Langenscheidt Großwörterbuch Deutsch als Fremdsprache auf einen Blick:

ren bekommen ⟨Freude, Glück, Liebe, Trauer e.⟩ **3** ***(von j-m) etw. e.*** *geschr*; von j-m in e-r bestimmten Weise behandelt werden ⟨von j-m Hass, Mitleid e.⟩ || *zu* **2 er·fahr·bar** *Adj*

er·fah·ren² **1** *Partizip Perfekt*; ↑ ***erfahren¹*** **2** *Adj*; (***in etw.*** (*Dat*)) ***e.*** (auf e-m bestimmten Gebiet) geübt u. sicher: *Er ist ein erfahrener Pilot*; *Er ist sehr e. im Fliegen* || -K: ***lebens-, welt-***

Er·fah·rung *die*; -, *-en*; **1** ein Wissen od. Können, das man nicht theoretisch aus Büchern, sondern in der Praxis (durch eigene Erlebnisse) bekommt ⟨E. haben, etw. aus eigener E. wissen⟩: *Er hat viel E. als Arzt, auf diesem Gebiet, in seinem Beruf, mit Autos* || K-: ***Erfahrungs-, -austausch; erfahrungs-, -gemäß*** || -K: ***Auslands-, Geschäfts-, Lebens-, Unterrichts-*** **2** *mst Pl*; Erlebnisse, aus denen man etw. lernt ⟨Erfahrungen machen, sammeln⟩ **3** ***etw. in E. bringen*** durch (intensives) Nachforschen Kenntnis von etw. erhalten ≈ herausfinden

Er·fah·rungs·wert *der*; etw., das man aus vielen Beobachtungen u. Erfahrungen (u. nicht aus exakten Messungen) weiß

er·fas·sen; *erfasste, hat erfasst*; [Vt] **1** ***etw. e.*** das Wesentliche e-r Sache verstehen ≈ begreifen: *Er hat sofort erfasst*, worum *es mir ging* **2** ***j-n / etw. e.*** *Admin geschr*; e-e Gruppe von Personen od. Sachen in e-r Liste, Statistik *o.Ä.* sammeln od. registrieren ⟨etw. statistisch e.⟩ **3** ***etw. erfasst j-n / etw.*** etw. nimmt od. reißt j-n / etw. durch seine eigene Bewegung mit: *Der Radfahrer wurde von e-m Auto erfasst* **4** ***etw. erfasst j-n*** etw. versetzt j-n in e-n Zustand, in dem er sich kaum od. nicht beherrschen kann: *Er wurde von Abscheu, Angst erfasst* || NB: *mst* im Passiv! **5** ***etw. e.*** e-n Text *o.Ä.* (*mst* am Computer) tippen || ID ***Du hasts erfasst!*** *gespr iron*; verwendet, wenn j-d etw. Selbstverständliches endlich versteht || *zu* **1, 2** u. **5 Er·fas·sung** *die*

er·fin·den; *erfand, hat erfunden*; [Vt] **1** ***etw. e.*** durch Forschung *o.Ä.* etw. Neues konstruieren od. etw. auf e-e neue Art nutzen: *Alfred Nobel hat das Dynamit erfunden* || NB: ↑ ***entdecken*** **2** ***j-n / etw. e.*** von e-r Person / Sache erzählen, die es nur in der Fantasie gibt: *Die Figuren des Films sind frei erfunden* || *hierzu* **Er·fin·der** *der*; *-s*, -; **Er·fin·de·rin** *die*; -, *-nen*

er·fin·de·risch *Adj*; mit vielen Ideen, wie man in der Technik od. auch im Alltag Probleme einfach lösen kann: *ein erfinderischer Geist* (= j-d, der e. ist)

Er·fin·dung *die*; -, *-en*; **1** *nur Sg*; das Erfinden (1,2) **2** das Neue, das j-d erfunden (1) hat: *Das Rad war e-e sehr wichtige E.* **3** das, was sich j-d ausgedacht (erfunden (2)) hat ≈ Fiktion: *Seine Abenteuer sind (e-e) reine E.* **4** ***e-e E. machen*** etw. Neues erfinden (1)

Er·folg *der*; *-(e)s*, *-e*; **1** das positive Ergebnis (od. Ziel), das man haben wollte (u. erreicht hat) ↔ Misserfolg ⟨etw. ist ein großer, guter, schöner, voller, zweifelhafter E.; mit etw. E. haben, E. (bei j-m) haben; e-n E. mit etw. erzielen, etw. mit / ohne E. tun⟩: *Seine Bewerbung hat wenig Aussicht auf E.* || K-: ***Erfolgs-, -aussichten, -chancen, -meldung, -quote*** || -K: ***Publikums-, Wahl-*** **2** ***etw. ist von E. gekrönt*** etw. hat das gewünschte Ergebnis

> **Er·folg ver·spre·chend** *Adj*; ⟨e-e Idee, ein Plan *o.Ä.*⟩ so, dass sie wahrscheinlich Erfolg (1) bringen werden || NB: aber: *äußerst erfolgversprechend* (zusammengeschrieben)

er·fol·gen; *erfolgte, ist erfolgt*; [Vi] **1** ***etw. erfolgt*** (***auf etw.*** (*Akk*) / ***nach etw.***) etw. geschieht als Folge, Konsequenz von etw. ≈ etw. tritt ein ↔ etw. bleibt aus: *Auf sein Klopfen erfolgte keine Antwort*; *Auf*

typische Verbindungen
Genitiv Singular
Nominativ Plural
Kompositum mit Stichwort am Anfang
Kompositum mit Stichwort am Ende
Synonym
Angabe zur Wortart (transitives Verb)
Sachgebietsangabe
Satzbaumuster (Pattern)
idiomatische Wendung
Angabe zur Sprachebene (gesprochene Sprache)
Angabe zur Sprechabsicht (ironisch)
abgeleitetes Wort
3. Person Singular Imperfekt und Perfekt
Substantiv wird nur im Singular verwendet
Angabe der entsprechenden Bedeutung von *erfinden*
Beispiele
Hinweis auf sprachliche Besonderheiten
getrennt geschriebene Wörter durch Rahmen hervorgehoben
Angabe zur Wortart (intransitives Verb)
Antonym

Langenscheidt

Großwörterbuch Deutsch als Fremdsprache

Das einsprachige Wörterbuch für alle, die Deutsch lernen

Neubearbeitung

Herausgeber
Professor Dr. Dieter Götz
Professor Dr. Günther Haensch
Professor Dr. Hans Wellmann

In Zusammenarbeit mit der Langenscheidt-Redaktion

Langenscheidt

Berlin · München · Wien · Zürich · New York

Herausgeber

Professor Dr. Dieter Götz
Professor Dr. Günther Haensch
Professor Dr. Hans Wellmann

Redaktionsbüro Augsburg

Leitung

Dr. Günther Jehle
Susanne Marwitz, M. A.

Mitarbeiter

Manfred Dickersbach
Dr. Sabine Freund
Dr. Nicoline Hortzitz-Ernst
Elisabeth Leube
Dr. Christine Mayr
Dr. Elmar Schafroth

Langenscheidt-Redaktion München

Projektleitung

Dr. Vincent J. Docherty
Eveline Ohneis, M. A.

Mitarbeiter

Martin Fellermayer
Dr. Wolfgang Walther

Info-Fenster

Sabine Arcas
Wolfgang Worsch

Neubearbeitung

Druck: GGP Media, Pößneck
Printed in Germany · ISBN 3-468-49027-5 (Hardcover)
3-468-96705-5 (Broschur)

2. 3. 4. 5. 07 06 05 04 03

Inhalt

Vorwort

Das **Langenscheidt Großwörterbuch Deutsch als Fremdsprache** ist ein einsprachiges Lernerwörterbuch, das ganz gezielt auf die Bedürfnisse all derjenigen zugeschnitten ist, die Deutsch lernen. Dieses speziell konzipierte Nachschlagewerk liefert nicht nur einfache, leicht verständliche Definitionen zu rund 66.000 aktuellen Stichwörtern und Wendungen aus allen Bereichen des deutschen Wortschatzes. Es gibt den Wörterbuchbenutzern darüber hinaus alle wesentlichen Hilfestellungen zum Gebrauch dieser Wörter und Wendungen, sodass sie sicher mit der deutschen Sprache umzugehen lernen. Dies gilt gleichermaßen für das Sprechen, Schreiben und Übersetzen sowie für das Hör- und Leseverständnis.

Erstmals 1993 als völlige Neuentwicklung erschienen, stellte das **Großwörterbuch Deutsch als Fremdsprache** damals eine bahnbrechende Neuerung im Bereich Deutsch als Fremdsprache dar. Innerhalb weniger Jahre etablierte es sich als Standardwerk, dessen Nutzen inzwischen zahlreiche Schüler, Studenten und Lehrer, aber auch allgemein an der deutschen Sprache Interessierte schätzen.

In der vorliegenden **Neubearbeitung** dieses Nachschlagewerks verbindet der Verlag einmal mehr Bewährtes mit innovativen Entwicklungen und bietet auf diese Weise den Benutzern hohe inhaltliche Qualität und moderne Gestaltung zugleich. So sorgen jetzt blaue Stichwörter für eine noch bessere Übersichtlichkeit und schnelle Orientierung im Wörterbuch, und zahlreiche Info-Fenster zur deutschen Landeskunde und Grammatik runden das Gesamtwerk ab.

Das **Großwörterbuch Deutsch als Fremdsprache** ist in erster Linie ein Wörterbuch der modernen deutschen Standardsprache. Da für die Lernenden aber der lebendige Sprachgebrauch ebenso wichtig ist, finden sie hier auch umfangreichen Wortschatz der Umgangssprache. Genaue Stilangaben helfen ihnen dabei, das jeweilige Wort richtig zu verwenden. Neben dem aktuellen Wortschatz der deutschen Allgemeinsprache enthält das Werk gebräuchliche Ausdrücke verschiedener Fachbereiche. Um den Lernenden ein möglichst breites Spektrum zu bieten, werden nicht zuletzt die wichtigsten Besonderheiten des österreichischen und schweizerischen Sprachgebrauchs berücksichtigt.

Besonderer Wert wird im **Großwörterbuch Deutsch als Fremdsprache** auf das Lernen im sprachlichen Zusammenhang gelegt. Dies ermöglichen über 63.000 Beispielsätze und Kollokationen sowie zahlreiche Muster der Wort- und Satzbildung. Rund 30.000 in den Wörterbucheinträgen angegebene Wortzusammensetzungen fördern die aktive Wortschatzerweiterung der Lernenden. Dort, wo es sinnvoll ist, werden zudem Synonyme und Antonyme zu den Stichwörtern angegeben, ebenso ausführliche Grammatikhilfen sowie über 2.100 Extra-Hinweise zum richtigen Sprachgebrauch. Zahlreiche Abbildungen illustrieren auf anschauliche Weise die Worterklärungen.

Das **Langenscheidt Großwörterbuch Deutsch als Fremdsprache** ermöglicht den Lernenden auf vielfältige Weise, ihre Deutschkenntnisse entscheidend zu verbessern. Es ist daher ein unentbehrliches Hilfsmittel für Schule, Studium und Beruf.

Herausgeber und Verlag

Lexikographische Vorbemerkungen

Das **Langenscheidt Großwörterbuch Deutsch als Fremdsprache** ist ein Lern- und Nachschlagewerk für Schüler, Studenten, Lehrer und alle, die ihre Kenntnisse im Schreiben, Lesen, Sprechen und Hören deutscher Texte vertiefen und erweitern wollen. Es widmet denjenigen sprachlichen Erscheinungen besondere Aufmerksamkeit, die dem Lernenden erfahrungsgemäß erklärt werden müssen. Dies gilt z. B. für explizite Kasusangaben in syntaktischen Einheiten, wenn die Präposition entweder den Akkusativ oder den Dativ verlangen kann.

Umfang und Struktur der Einträge orientieren sich an den Erfahrungen, die in der Forschung wie auch in der Vermittlung von Fremdsprachen über Jahrzehnte hinweg gesammelt wurden. Die Erklärungen der Stichwörter sind so einfach, verständlich und präzise wie möglich. Kollokationen und Beispielsätze erhellen den Gebrauch des Wortes im sprachlichen Kontext. Semantische Angaben zu Bedeutungsvarianten, Synonyme, Antonyme und charakteristische Beispiele er- gänzen die Erklärungen. Hinweise zur Worttrennung, Betonung und Aussprache sowie Strukturformeln als Anleitung zur Bildung syntaktisch und semantisch richtiger Sätze bieten dem Benutzer nützliche Hilfen für den sicheren Sprach- gebrauch. Typische Komposita, idiomatische Ausdrücke und zusätzliche Hinweise vervollständigen diese Einträge. Die Illustrationen veranschaulichen Bedeutungsunterschiede und semantische Zusammenhänge.

Alle diese wichtigen Angaben vermitteln in ihrer Gesamtheit ein klares Bild von Inhalt und Umfang der Bedeutungen eines Stichworts und tragen zu einer „integrativen Bedeutungsbeschreibung" bei. Somit ist dieses einsprachige Lern- und Nachschlagewerk die ideale Ergänzung zum zweisprachigen Wörterbuch.

Das **Langenscheidt Großwörterbuch Deutsch als Fremdsprache** ist Nachschlagewerk, Leitfaden für den richtigen produktiven wie rezeptiven Sprachgebrauch und Unterrichtsmittel zugleich. Welche Dienste das Wörterbuch dem Benutzer leistet, wenn er korrekte deutsche Sätze bilden will, kann z. B. anhand der Strukturformeln oder Satzbaumuster erläutert werden, die nicht nur bei Verben, sondern auch bei Substantiven und Adjektiven angegeben werden:

> **fah·ren**; ... **2** ***j-n/etw.*** **(*mit etw.*)** ***irgendwohin f.*** (*hat*) j-n/etw. mit e-m Fahrzeug an e-n bestimmten Ort bringen, transportieren: *e-n Schwerverletzten* (*mit dem Krankenwagen*) *ins Krankenhaus f.*; *Ziegelsteine* (*mit e-m Lastwagen*) *zur Baustelle f.*

Mit der Formel ***jn/etw.*** **(*mit etw.*)** ***irgendwohin f.*** (die Abkürzung *f.* steht für das Stichwort *fahren*) wird dem Benutzer das Muster genannt, nach dem er richtige Sätze oder Teilsätze bilden kann. Die Strukturformel wird dann erklärt und durch Beispiele mit konkretem Inhalt gefüllt. Dies befähigt den Benutzer, das Stichwort im richtigen sprachlichen Kontext selbstständig zu verwenden. Die obige Formel sagt aus, dass ‚jemand eine andere Person oder ein Ding mit einem Fahrzeug an einen bestimmten Ort transportiert'.

Moderne einsprachige Lernerwörterbücher beschränken sich nicht darauf, grammatisch korrekten, semantisch präzisen und stilistisch angemessenen Sprachgebrauch darzustellen. Sie verstehen sich auch als Quelle und Vermittler kultureller und sozialer Besonderheiten, deren Kenntnis für den Zweck der Kommunikation notwendig ist:

> **hoch·ach·tungs·voll** *Adv*; *veraltend*; verwendet als Formel am Schluss e-s offiziellen Briefes (z.B. an e-e Behörde od. e-e Firma) || NB: Heute verwendet man eher: *Mit freundlichen Grüßen*

Natürlich konnten Hinweise auf kulturelle und gesellschaftliche Zusammenhänge in einem handlichen Wörterbuch des vorliegenden Typs nur punktuell gegeben werden. Bewusst wurde aus Platzgründen auch auf etymologische Angaben, sehr fachspezifische oder wenig bekannte Wörter und Bedeutungen verzichtet. Das Hauptaugenmerk lag vielmehr auf der „modernen deutschen Standardsprache" als überregionaler Variante des Deutschen. Auf Unterschiede im Sprachgebrauch in Österreich und in der Schweiz wurde gesondert hingewiesen, ebenso auf weit verbreitete regionale Besonderheiten des Sprachgebrauchs innerhalb Deutschlands. Einbezogen wurden auch Fachwörter, die zur Alltagssprache gehören. Die Auswahl der Stichwörter erfolgte unter besonderer Berücksichtigung dessen, was der Lernende braucht. Weitere Kriterien waren die Häufigkeit des Gebrauchs und die Zugehörigkeit zum Standard. Als Quelle und Orientierungshilfe dienten Textsammlungen und Befragungen von Muttersprachlern und Lernenden des Deutschen. Aktuelle Wörter und Neuwörter wurden daher in gebührender Weise berücksichtigt. Jüngsten politischen und gesellschaftlichen Entwicklungen, die z.B. in veränderten Eigennamen (siehe dazu Anhang 1) ihren Niederschlag fanden, wurde ebenso Rechnung getragen.

In vielen Fällen gehören Beispiele zu den festen Bestandteilen der Einträge. Beispiele erfüllen je nach Typ eines Wörterbuchs unterschiedliche Funktionen. In manchen Wörterbüchern dienen sie beispielsweise als Nachweis oder Beleg für Bedeutungen, in anderen sollen sie alles repräsentieren, was nicht systematisch dargestellt werden kann, und in wieder anderen haben sie eine vorwiegend illustrierende und didaktische Funktion. Die derzeitige lexikographische Diskussion hat sich auf eine Auseinandersetzung zugespitzt, die mit „echte Beispiele gegen erfundene Beispiele" beschrieben werden kann. Natürlich ist ein umfangreiches Korpus eine ergiebige Quelle für authentische Beispiele. Aber auch echte Beispiele müssen danach ausgewählt werden, wie typisch sie sind, und müssen gegebenenfalls abgewandelt werden. In diesem Wörterbuch wird die didaktische Funktion des Beispiels als die wichtigste angesehen. Deshalb wurde darauf verzichtet, nur solche Beispiele anzuführen, die einem Korpus entstammen.

Mit dem erfassten Wortschatz soll dem Lernenden der Zugang zu Textarten geebnet werden, auf die er selbst stößt, wenn er nicht mehr nur Lehrbücher des Deutschen benutzt, sondern z. B. Zeitungen und Zeitschriften, Fachtexte oder moderne Literatur liest.

Das **Langenscheidt Großwörterbuch Deutsch als Fremdsprache** ist ein Nachschlagewerk zur Rechtschreibung, zur Grammatik und zur Bedeutung eines Wortes sowie ein Leitfaden zum richtigen Sprachgebrauch. Die Angaben zur Bedeutung und die Hinweise zu sozialen und kulturellen Besonderheiten bieten dem Benutzer ein Höchstmaß an Verständlichkeit und führen ihn Schritt für Schritt zu der erstrebten sprachlichen Sicherheit. Somit ist dieses Wörterbuch nicht nur eine wichtige Quelle für die Textproduktion und Textrezeption, sondern auch eine unerlässliche Stütze für das selbstständige Arbeiten außerhalb des Unterrichts.

Die Herausgeber und die Redaktion sind allen Benutzern dankbar, die dem Verlag Vorschläge zur weiteren Verbesserung des Wörterbuchs mitteilen, denn „so eine Arbeit wird eigentlich nie fertig, man muss sie für fertig erklären, wenn man nach Zeit und Umständen das Mögliche gethan hat" (J. W. von Goethe).

Die Herausgeber

Hinweise für die Benutzer

Mit den folgenden Hinweisen soll den Benutzern Einblick in die Struktur des ***Langenscheidt Großwörterbuches Deutsch als Fremdsprache*** gegeben werden.

Damit wird einerseits das Ziel verfolgt, die Prinzipien des Aufbaus der Stichwortartikel deutlich zu machen. Andererseits soll vor allem den Lernenden erklärt werden, wie man ein Maximum an Information aus der kompakten Struktur der Einträge herauslesen kann.

Durch aufmerksames Lesen der folgenden Seiten wird es Ihnen noch leichter fallen, dieses Wörterbuch sicher zu handhaben. Sie werden spezielle Informationen schneller finden, und die regelmäßige Benutzung des Wörterbuchs wird Ihnen auch bei der *aktiven* Anwendung des Deutschen größere Sicherheit geben.

1. Wo findet man was?

1.1. Alphabetische Ordnung

Die Stichwörter sind alphabetisch geordnet. Die so genannten Umlaute *ä*, *ö*, *ü* werden alphabetisch nicht als *ae*, *oe*, *ue*, sondern wie die Vokale *a*, *o*, *u* behandelt. Dies gilt auch für *äu*, das wie *au* behandelt wird. Die Wörter, die z. B. mit *Mä-* beginnen, stehen also nicht zusammen nach *m-a-d*, sondern werden wie die Wörter mit *Ma-* eingeordnet:

Marathon – Märchen – märchenhaft – Marder; *Mahlzeit – Mähne – mahnen.*

Der Buchstabe *ß* wird als Variante von *ss* behandelt und genauso eingeordnet, z. B.:

Masseur – maßgebend – maßgeblich – massieren – mäßig.

1.2. Abkürzungen, Abkürzungswörter

In den Hauptteil des Wörterbuches wurden wichtige Abkürzungswörter aufgenommen, die in dieser Form in der gesprochenen Sprache verwendet werden, z. B. *IHK*, *EG*, *NATO*. Auch geläufige Abkürzungen wie *v. Chr.*, *MwSt.* usw. werden als eigene Stichwörter behandelt. Die Abkürzungen, die in den Definitionen usw. verwendet werden, sind auf der ersten Innenseite des Buches zu finden.

1.3. Zusammengesetzte Wörter: Komposita und abgeleitete Wörter

1.3.1. Komposita: || -K: und || K-:

Die Zahl der Komposita im Deutschen ist theoretisch unbegrenzt, denn die meisten Substantive können von der Wortbildung her an andere Substantive (oder an ein schon bestehendes Kompositum) angehängt werden und so ein neues Wort bilden (*Wohnung – Wohnungstür – Wohnungstürschlüssel* usw.). Es würde natürlich den Rahmen dieses Wörterbuchs sprengen, wenn alle diese Zusammensetzungen in voller Länge definiert würden. Aber die Bedeutungen vieler dieser Zusammensetzungen sind anhand der einzelnen Bestandteile der Wörter zu erschließen. Deshalb erscheinen viele solcher „transparenten" Komposita in diesem Wörterbuch unter der entsprechenden Bedeutung des Stichworts (oder beider Stichwörter), und zwar als Komposita ohne eigene Definition. Dadurch konnte Platz für andere Informationen gewonnen und dennoch eine Vielzahl typischer Komposita erfasst werden.

Das Symbol || -K: gibt an, dass das Stichwort den letzten Teil des Kompositums bildet:

Mo̲·nat *der*; ... **1** ... || -K: ***Ernte-, Frühlings-, Herbst-, Kalender-, Sommer-, Winter-***

Das bedeutet, dass die angegebenen Wörter alle mit *-monat* verbunden werden (*Erntemonat*, *Frühlingsmonat*, usw.).

Die Angabe || K-: gibt an, dass das Stichwort den ersten Teil des Kompositums bildet. In diesem Fall wird das Stichwort selbst auch wiederholt, da oft Änderungen seiner Form (z. B. Anhängen von *-s-* oder *-n-*) zu beachten sind:

Mo̲·nat *der*; ... || K-: ***Monats-, -anfang, -beginn, -ende, -hälfte, -lohn, -mitte, -name; monate-, -lang***

Das bedeutet, dass man folgende Wörter bilden kann: *Monatsanfang*, *Monatsbeginn*, *Monatsende* usw. Auch das Adjektiv *monatelang* wird hier als Kompositum angegeben (und *monate-* dementsprechend kleingeschrieben).

Wörter, die nach neuer Rechtschreibung getrennt zu schreiben sind, sind weiterhin an dieser Stelle zu finden:

schwe̲r[1] *Adj*; ... || K-: ***schwer bewaffnet, krank, verletzt, verwundet, ...***

Diese Angaben dienen insbesondere der Wortschatzerweiterung (s. auch 1.5. – Elemente der Wortbildung). Es gibt aber auch Zusammensetzungen, deren Bedeutung nicht zu erschließen ist. So ist *Hausmeister* nicht unter dem Stichwort *Haus* zu finden, weil die Bedeutung nicht ohne weiteres aus den Bestandteilen *Haus-* + *Meister* erkennbar ist. *Hausmeister* ist daher ein eigenes Stichwort.

1.3.2. Abgeleitete Wörter: || *hierzu*

Wenn ein Wort sich direkt (ohne Bedeutungswandel) von einem angegebenen Stichwort ableitet, wird dieses abgeleitete Wort ohne eigene Definition am Ende des Eintrags aufgeführt:

ạb·stam·men ... || *hierzu* **Ạb·stam·mung** *die*

Die Bedeutung des abgeleiteten Wortes ergibt sich aus der Definition, die für das Stichwort angegeben ist.

Bezieht sich die Ableitung nicht auf alle aufgeführten Bedeutungen (**1, 2, 3** usw.), wird dies auch angegeben:

ạb·stau·ben ... || *zu* **2 Ạb·stau·ber** *der*; *-s*; -

Das bedeutet, dass sich hier *Abstauber* nur auf die zweite Bedeutung des Stichworts bezieht.

Bei Substantiven, die auf *-tion*, *-ung*, *-heit* oder *-keit* enden, werden die Formen des Genitivs Singular und des Nominativs Plural nicht angegeben (vgl. 5.1.), da bei diesen weiblichen Substantiven die Genitivform mit dem Nominativ identisch ist und da alle diese Substantive den Nominativ Plural auf *-en* bilden.

Verben, die als Ableitungen aufgeführt werden, erscheinen mit einer Angabe zum Hilfsverb für zusammengesetzte Vergangenheitsformen (vgl. 5.2.) und der Bezeichnung *Vt*, *Vi* usw. (vgl. 8.).

Auch hier bleiben nun getrennt geschriebene Wörter an ihrem Platz:

E̲is·lauf *der*; ... || *hierzu* **E̲is lau·fen** (*ist*) *Vi*; ...

1.4. Homonyme und Homographe

Homonyme sind Wörter, die gleich ausgesprochen und geschrieben werden, aber ganz unterschiedliche Bedeutungen haben, z. B. der *Band* (= Buch), das *Band* (= ein schmaler Streifen Stoff o. Ä.). Homographe sind Wörter, die gleich geschrieben werden, aber unterschiedlich in der Aussprache (und Bedeutung) sind (z. B. das *Band* [bant] und die *Band* [bɛnt]).

Homonyme werden als separate Einträge behandelt und durch hochgestellte Zahlen voneinander getrennt:

Bạnk[1] *die* ... ein länglicher Sitz ...
Bạnk[2] *die* ... ein Unternehmen, das gespartes Geld verwahrt ...
Bạnk[3] *die* ... die Kasse (e-r Spielbank), die während e-s Glücksspiels ... von e-m Angestellten verwaltet wird ...

Auch Homographe werden durch hochgestellte Zahlen markiert:

Te·no̲r[1] *der* ... **3** ... die höchste Singstimme bei Männern
Te̲·nor[2] *der* ... die allgemeine Einstellung, die in etw. zum Ausdruck kommt

1.5. Elemente der Wortbildung

Um dem Benutzer Einblick in die Mechanismen der Wortbildung in der deutschen Sprache zu gewähren, wurden viele Wortbildungselemente als eigene Stichwörter behandelt. Zu diesen gehören sowohl Substantive und Adjektive (z. B. *Rahmen-*, *-muffel*; *wohl-*, *-bereit*) als auch Präfixe und Suffixe (z. B. *auf-*, *be-*, *-heit*). Es werden typische Bedeutungen, Funktionen und Verbindungen erläutert.

Bei Präfixverben werden auch zusätzliche Strukturformeln zum Wortgebrauch angegeben (vgl. auch 9.4.1.).

Darüber hinaus gibt die Angabe *nicht (mehr) produktiv*, *wenig/begrenzt/sehr produktiv* Aufschluss über die Wahrscheinlichkeit weiterer Verbindungen, in denen diese Wortbildungselemente vorkommen können:

-fach *im Adj, begrenzt produktiv, nur attr od adv*; ... **zweifach, dreifach, vierfach** *usw*; **mehrfach, vielfach**

Ehemalige Wortbildungselemente, die nach der neuen Rechtschreibung in freien Wortkombinationen stehen, behalten einen eigenen Eintrag:

voll[2] [f-] *mit Verb, wenig produktiv*; ... **etw. voll füllen, etw. voll gießen, etw. voll packen, ...**

Wörter, die sich „verselbstständigt" haben (wie z. B. *einfach*) erscheinen aber als eigenes Stichwort.

1.6. Idiomatische Wendungen, Redensarten, Sprichwörter: || ID

Feste Wendungen, die aus mehreren Wörtern bestehen (wie z. B. *nicht auf den Mund gefallen sein*; *Wer zuletzt lacht, lacht am besten*), werden in diesem Wörterbuch nach dem Zeichen || ID aufgeführt. Bestimmend für die alphabetische Einordnung ist dabei im Allgemeinen das erste Substantiv in der Wendung: *nicht auf den Mund gefallen sein* steht daher nach || ID im Eintrag zu *Mund*; *Das ist schon die halbe Miete* steht unter *Miete*. Wenn die Wendung kein Substantiv enthält, wird nach dem ersten Adjektiv bzw. Verb eingeordnet: *Wer zuletzt lacht, lacht am besten* steht daher nach || ID im Stichwortartikel *lachen*. Ausnahmen in dieser Zuordnung sind in begründeten Fällen möglich.

Sprichwörter werden in ihrer üblichen Form angegeben (also meist als ganze Sätze). Idiome und Redensarten werden entweder mit dem Verb im Infinitiv angegeben (z. B. *j-m auf die Pelle rücken*) oder, falls die Wendung normalerweise in einer ganz bestimmten Form auftritt, in dieser Form (*mst Jeder hat sein Päckchen zu tragen*). Die Einschränkung durch *mst* (= meist) deutet darauf hin, dass auch andere Formen der Wendung möglich sind (z. B. *Auch ich habe mein Päckchen zu tragen*).

2. Die Schreibung der Wörter

2.1. Orthographie

Die Orthographie der Wörter entspricht der neuen deutschen Rechtschreibung, wie sie in *DUDEN Band 1*: *Die deutsche Rechtschreibung* (21. Auflage, 1996) verwendet wird.

Bei Wörtern mit unterschiedlicher Schreibweise wird von der selteneren Form auf die üblichere Form verwiesen:

Re·co̱r·der *der*; ↑ **Rekorder**

In den Fällen, wo die Auffindbarkeit eines Stichwortes gefährdet ist, bringen wir an alphabetischer Stelle einen Verweis von der alten auf die neue Schreibung:

Wä̱ch·te *die*; ↑ **Wechte**
Ste̱n·gel *der*; ↑ **Stängel**

Wortverbindungen, die weiterhin als eine Einheit empfunden werden, bleiben als Stichwörter erhalten. Sie folgen auf den Eintrag des ersten Wortes und sind in einen Rahmen gesetzt:

zu[3] ...

zu̱ sein (*ist*) [Vi] ... **zu vi̱el** *Indefinitpronomen*; ... **zu we̱·nig** *Indefinitpronomen*; ...

2.2. Trennung der Wörter

Jedes Stichwort wird mit den möglichen Trennungen angegeben:

Fo̱·to·ap·pa·rat

Die Punkte zeigen, wo das Wort (am Zeilenende) getrennt werden kann. *Fotoapparat* kann so wie folgt getrennt werden:

Fo-toapparat
Foto-apparat
Fotoap-parat
Fotoappa-rat

Bei Komposita, die aus mehr als zwei Wörtern bestehen, ersetzt ein senkrechter Strich einen der Punkte an der Trennstelle: *Fach|ober·schu·le*, *Fernsprech|an·sa·ge·dienst*. Dieser Strich gibt an, aus welchen größeren Einheiten das gesamte Wort aufgebaut ist. Das Wort kann natürlich auch an der Stelle des Striches getrennt werden, also *Fachoberschule*.

Der Strich wird auch verwendet, um Verwechslungen in der Aussprache vorzubeugen: *Lach|er·folg*, *be|in·hal·ten*.

3. Die Aussprache der Wörter

Um dem Benutzer die korrekte Betonung zu erleichtern, finden sich beim Stichwort entsprechende Angaben. In manchen Fällen wird auch die phonetische Umschrift in eckigen Klammern nach dem Stichwort aufgeführt.

3.1. Angaben beim Stichwort

Die Silben, die den Hauptton tragen, sind in der Regel schon bei jedem Stichwort durch einen Punkt oder einen Strich unter dem Vokal bzw. Diphthong gekennzeichnet. Längere Wörter haben häufig *zwei* Silben, die betont werden.

Ein Punkt unter einem Vokal zeigt an, dass es sich um einen kurzen Laut handelt: *Fens·ter*, *Rat·te*, *Tisch*, *Müt·ze*. Ein Strich unter einem Vokal zeigt an, dass hier ein langer Laut vorliegt. Dabei ist ie wie [iː] auszusprechen: *Tag*, *Rahmen*, *Mie·te*, *Bee·re*, *Se·gen*, *Mehl*. Betonte Diphthonge erhalten ebenfalls diesen Strich: *Gleis*, *Haus*, *Leu·te*. Bei zwei verschiedenen Betonungsmöglichkeiten wird das Stichwort wiederholt: *unheimlich*, *unheimlich*; *Republik*, *Republik*.

Hinweis: Länge oder Kürze wird nur für den betonten Vokal bzw. Diphthong angegeben: *Früh·lings·tag*, *Ko·pi·lot*. Hier wird also das lange [aː] von *-tag* (*Tag*) bzw. das lange [oː] von *-pilot* (*Pi·lot*) nicht besonders gekennzeichnet.

3.2. Angaben in eckigen Klammern nach dem Stichwort

Nicht bei jedem deutschen Wort ist die Aussprache ohne weiteres aus der Schreibung ersichtlich. In solchen Fällen wurde dem Stichwort die Lautschrift (in eckigen Klammern) hinzugefügt. Das gilt insbesondere für Fremd- und Lehnwörter. Verwendet wurden die Symbole der phonetischen Umschrift der *International Phonetic Association/Association Phonétique Internationale*. Grundlage für unsere Umschrift war das Standardwerk: *DUDEN Band 6*: *Das Aussprachewörterbuch* (3. Auflage, 1990).

Dort, wo mit der Lautschrift die Silbenbetonung angegeben wurde, wurde auf die Betonungsangabe beim Stichwort verzichtet.

Wo sich Ausspracheprobleme nur bei einzelnen Lauten oder bei Teilen eines Wortes ergeben, wurden nur die betreffenden Laute oder Wortteile in der Lautschrift hinzugefügt: *Cem·ba·lo* [tʃ-]; *ent·lar·ven* [-f-]. Das Wort *Cembalo* beginnt mit einem [tʃ], nicht mit einem [k] oder einem [ts], und der Buchstabe *v* in *entlarven* wird [f] gesprochen, nicht [v].

3.3. Liste der verwendeten Lautschrift-Symbole

Symbol	*Beispiel*	*Beispiel in Lautschrift*
a	**hat**	hat
aː	**Tag**	taːk
ɐ	**Theater**	te'aːtɐ
ɐ̯	**leer**	leːɐ̯
ã	**balancieren**	balã'siːrən
ãː	**Balance**	ba'lãːs(ə)
a͜i	**steil**	ʃta͜il
aɪ	**Midlife-Crisis**	'mɪdlaɪf'kraɪsɪs
a͜u	**Laut**	la͜ut
aʊ	**Tower**	'taʊə
b	**Ball**	bal
ç	**ich**	ɪç
d	**du**	duː
dʒ	**Gin**	dʒɪn
e	**Tenor**	te'noːɐ̯
eː	**sehen**	'zeːən
ɛ	**hätte**	'hɛtə
ɛː	**wählen**	'vɛːlən
ɛ̃	**Interieur**	ɛ̃te'ri̯øːɐ̯
ɛ̃ː	**Satin**	za'tɛ̃ː
ɛə	**Jobsharing**	'dʒɔbʃɛərɪŋ
eɪ	**Aids**	eɪdz
ə	**Affe**	'afə
f	**Fenster, Vater**	'fɛnstɐ, 'faːtɐ
g	**gern**	gɛrn
h	**Hut**	huːt
i	**Triumph**	tri'ʊmf
iː	**viel**	fiːl
i̯	**Podium**	'poːdi̯ʊm
ɪ	**bitte**	'bɪtə
j	**ja**	jaː
k	**Kunst**	kʊnst
l	**Lust**	lʊst
l̩	**Nebel**	'neːbl̩
m	**Moment**	mo'mɛnt
m̩	**großem**	'groːsm̩
n	**nett**	nɛt

Symbol	*Beispiel*	*Beispiel in Lautschrift*
n̩	**reden**	'reːdn̩
ŋ	**lang, Mangan**	laŋ, maŋ'gaːn
o	**Poesie**	poe'ziː
oː	**rot**	roːt
o̯	**Toilette**	to̯a'lɛtə
õ	**Fondue**	fõ'dyː
õː	**Fonds**	fõː
ɔ	**toll**	tɔl
ø	**ökonomisch**	øko'noːmɪʃ
øː	**hören**	'høːrən
œ	**spöttisch**	'ʃpœtɪʃ
œ̃ː	**Parfum**	par'fœ̃ː
o͜u	**Know-how**	no͜u'ha͜u
oʊ	**Show**	ʃoʊ
ɔ͜y	**heute**	'hɔ͜ytə
ɔɪ	**Joint**	dʒɔɪnt
p	**Pelz**	pɛlt͜s
r	**Ring**	rɪŋ
s	**Nest, Ruß, besser**	nɛst, ruːs, 'bɛsɐ
ʃ	**Schotte**	'ʃɔtə
t	**Tag**	taːk
t͜s	**Zunge, Benzin**	't͜sʊŋə, bɛn't͜siːn
t͜ʃ	**Putsch**	pʊt͜ʃ
θ	**Thriller**	'θrɪlɐ
u	**kulant**	ku'lant
uː	**Schuhe**	'ʃuːə
u̯	**aktuell**	ak'tu̯ɛl
ʊ	**null**	nʊl
v	**Wasser, Vase**	'vasə, 'vaːzə
x	**achten**	'axtn
y	**dynamisch**	dy'naːmɪʃ
yː	**über, Mühe**	'yːbɐ, 'myːə
y̆	**Nuance**	'ny̆ãːsə
ʏ	**synchron**	zʏn'kroːn
z	**sagen, Reise**	'zaːgn̩, 'ra͜izə
ʒ	**Manege**	ma'neːʒə

Liste der Sonderzeichen

ˈ Betonungsakzent; steht vor der betonten Silbe.

ː Längenzeichen; drückt aus, dass der davor stehende Vokal lang gesprochen wird.

˜ Zeichen für nasalierte Vokale; steht über dem betreffenden Laut.

‿ Bindebogen; verbindet zusammengehörige Laute, wie z. B. Diphthonge.

̯ kleiner Halbkreis unter einem Vokal; bezeichnet unsilbische Vokale, also solche Vokale, die innerhalb einer Silbe nur mitklingen, aber nicht besonders hervorgehoben werden.

̩ Zeichen für die silbischen Konsonanten l̩, m̩ und n̩, also Konsonanten, die einen ə-Laut in sich aufsaugen und dadurch eine eigene Silbe bilden.

| Knacklaut vor Vokalen. In Wörtern wie *beachten* [bəˈ|axtn̩] entsteht, bevor der betonte Vokal (hier das *a*) gesprochen wird, eine Art kleiner Pause, und es wird für das *a* neu angesetzt. Dieser Vorgang wird durch den senkrechten Strich verdeutlicht.

4. Abkürzungen und Konventionen bei den Definitionen

4.1. Die Abkürzung des Stichworts

Das Stichwort erscheint in den Strukturformeln (vgl. 9.1.), den Kollokationen (vgl. 7.4.) und den Beispielen (vgl. 7.5.) in abgekürzter Form (Anfangsbuchstabe plus Punkt), sofern es im jeweiligen Kontext nicht verändert wird:

> **Fi·gur** *die* ... **1** ... ⟨e-e gute, schlanke, tolle F. haben⟩: *Als Mannequin muss sie sehr auf ihre F. achten u. lebt deshalb nur von Diätkost*

Stichwörter bis zu drei Buchstaben werden voll ausgeschrieben. Das gilt auch für Stichwörter, die aus zwei (oder mehr) Wörtern bestehen (z. B. *fiftyfifty*).

Bei Wortverbindungen werden beide Teile abgekürzt, so wird z. B. *siedend heiß* abgekürzt zu *s. h.*, *abwärts gehen* zu *a. g.*
Flektierte Formen und Pluralformen werden ebenfalls in voller Länge geschrieben (auch wenn sie formgleich mit der Singularform sind). Das Verb erscheint nur im Infinitiv in der abgekürzten Form (also auch nicht in der dritten Person Plural Präsens oder im Partizip Perfekt, selbst wenn diese die gleiche Form haben wie der Infinitiv).

4.2. Die Abkürzung von „und"

Das Wort „und" wird in abgekürzter Form als „u." verwendet. Nur beim Buchstaben „U" wird *und* voll ausgeschrieben, um Verwechslungen mit dem abgekürzten Stichwort zu vermeiden:

> **ụn·ge·fähr** ... ***u.*** + *Angabe der Länge, der Menge, der Zeit o. Ä.* drückt aus, dass die Angabe nicht genau zutrifft und dass es vielleicht ein bisschen mehr od. ein bisschen weniger sein kann...: *Die Strecke ist u. 10 Kilometer lang*

4.3. Die Abkürzung von „etwas"

Das Wort „etwas" wird als „etw." abgekürzt, wenn es durch ein Substantiv ersetzt werden kann (vgl. 9.1.). Wo dies nicht der Fall ist, wird „etwas" voll ausgeschrieben:

> **zu·schụl·den** ... ***sich*** (*Dat*) ***etwas/nichts z. kommen lassen***

Ebenfalls voll ausgeschrieben wird „etwas" im Sinne von „ein bisschen".

4.4. Die Abkürzung des unbestimmten Artikels

Der unbestimmte Artikel wird in der Regel in abgekürzter Form verwendet:

e-e = eine
e-m = einem
e-n = einen
e-r = einer
e-s = eines

Die Form „ein" wird nicht abgekürzt.

Ebenfalls nicht abgekürzt werden „eine", „einer", „eines" usw., wenn sie als Zahladjektiv gebraucht werden, und „einen" bzw. „einem" als Akkusativ bzw. Dativformen von „man":

Fi·lia·le *die*; ... **2** eines von mehreren Büros od. Geschäften *mst* e-r Bank od. e-r Versicherung, ...

Ra·che *die*; ... e-e Handlung, mit der man j-n (außerhalb des Gesetzes) bestraft, der einem selbst od. e-m Freund etw. Böses getan hat

4.5. Komposita in Klammern

Damit der Wortschatz in den Definitionen möglichst leicht verständlich bleibt, werden präzisierende Elemente von Komposita gelegentlich in Klammern angegeben:

Fich·te *die*; ... **1** ein (Nadel)Baum mit ...

Wer das Kompositum *Nadelbaum* kennt, bekommt dadurch eine genauere Definition, aber die Erklärung ohne ‚Nadel' reicht auch aus. Die Angaben erfolgen ohne Bindestrich, damit der Lernende nicht in Versuchung kommt, das zusammengesetzte Wort selbst mit einem Bindestrich zu schreiben.

5. Wortart und Morphologie

5.1. Substantive

Substantive werden nach folgendem Muster angegeben:

Au·to *das*; *-s*, *-s*; ...

Nach dem Stichwort erscheint also die Genusangabe (*der*, *die*, *das*), dann die Form des Genitivs Singular, wobei der Strich das Stichwort ersetzt: *-s* (also: *des Autos*), und schließlich die Pluralform: *-s* (also: *die Autos*). Erscheint der Strich allein als Angabe, bedeutet dies, dass das Stichwort in seiner Form unverändert bleibt:

Ar·bei·ter *der*; *-s*, *-*; ... [= Genitiv: *des Arbeiters*, Plural: *die Arbeiter*]

Eingeklammerte Teile der Form können auch weggelassen werden:

Ring *der*; *-(e)s*, *-e*; ... [= Genitiv: *des Rings* oder *des Ringes*, Plural: *die Ringe*]

Gibt es mehrere Pluralformen, so werden diese aufgeführt und durch einen Schrägstrich voneinander getrennt:

Wort *das*; *-(e)s*, *Worte/Wörter*; ...

Doch kann man nicht immer zwischen den Pluralformen beliebig wählen. Die jeweils zutreffende Pluralform wird deshalb bei der entsprechenden Unterbedeutung eigens angegeben:

Wort ... 1 (*Pl Wörter*) ...**2** (*Pl Worte*) ...

Bei Komposita wird aus Platzgründen im Allgemeinen auf die oben beschriebenen Angaben verzichtet:

Mahn·ge·bühr *die*; ...

Fehlen also die Angaben beim Kompositum, so lassen sich die Genitiv- und Pluralformen vom Grundwort (hier *Gebühr*) ableiten.

Bei Substantiven, die ihre Form z. B. auch im Akkusativ oder im Dativ Singular ändern, wird in einer eigenen Rubrik zusätzlich darauf hingewiesen:

Mensch *der*; *-en*, *-en*; ... || NB: *der Mensch*; *den*, *dem*, *des Menschen*

Diese Angaben stehen, wie in vielen modernen Lehrbüchern, in der Reihenfolge Nominativ, Akkusativ, Dativ, Genitiv.

Wenn sich der Plural vom Singular nicht nur durch die Endung, sondern auch durch Veränderung des Wortstammes unterscheidet, wird dies angegeben:

Maus *die*; *Mäu·se*; ...

Andere Unterschiede zwischen den Formen des Singulars und des Plurals werden ebenfalls verzeichnet – so z. B. wenn sich im Plural die Betonung ändert oder wenn bei einem Fremd- oder Lehnwort die Pluralform fürs Deutsche untypisch ist:

Di·rek·tor *der*; *-s*, *Di·rek·to·ren* [Wechsel der betonten Silbe]

Cel·lo ['tʃɛlo] *das*; *-s*, *Cel·li*; ...

Wenn das Substantiv nur im Singular gebraucht wird, ist dies nach der Angabe der Genitivform vermerkt:

Mut *der*; *-(e)s*; *nur Sg* ...

Bei Substantiven, die nur im Plural verwendet werden, erscheint ebenfalls ein entsprechender Hinweis:

Ma·chen·schaf·ten *die*; *Pl* ...

Die Angaben *mst Sg* und *mst Pl* nach dem Substantiv beziehen sich darauf, dass das betreffende Wort normalerweise im Singular bzw. im Plural verwendet wird.

5.2. Verben

Die Wortart „Verb" wird nach folgendem Muster behandelt:

mị·schen; *mischte, hat gemischt*; ...

Nach dem Infinitiv erscheinen also die 3. Person Singular des Imperfekts (hier: *mischte*) und des Perfekts (hier: *hat gemischt*).

Bei unregelmäßigen Verben wird auch die Form der 3. Person Singular des Präsens angegeben, wenn sie vom Stamm des Infinitivs abweicht:

ge̱·ben; *gibt, gab, hat gegeben*; ...

Wenn das Verb in den zusammengesetzten Zeiten mit *sein* konstruiert wird, lautet die Angabe beim Perfekt *ist*:

rẹn·nen; *rannte, ist gerannt*; ...

Bei nur reflexiv gebrauchten Verben wird *sich* angegeben:

be·trịn·ken, sich; *betrank sich, hat sich betrunken*; ...

Einige Verben werden im Perfekt im süddeutschen und österreichischen Sprachgebrauch mit *ist* konstruiert. Diese regionale Variante steht nach der Form mit *hat*:

schwịm·men; *schwamm, hat / bes südd* Ⓐ *ist geschwommen*; ...

Bei Verben, die mit einem Präfix beginnen (z. B. *an-*, *auf-*, *ein-*, *hinter-*, *unter-* usw.), wird aus Platzgründen anstelle der vollen Morphologie nur das Hilfsverb genannt, das in den zusammengesetzten Zeiten gebraucht wird (*hat*/*ist* bzw. bei Pluralsubjekt *haben*/*sind*):

ạn·ma·len (*hat*) ...

Im Eintrag zum Präfix selbst (hier *an-*) wird ein Muster für die Formen des Imperfekts und des Perfekts aufgeführt:

ạn ... Die Verben mit *an-* werden nach folgendem Muster gebildet: *anschreiben – schrieb an – angeschrieben*

Analog dazu bildet man also die Formen *anmalen – malte an – hat angemalt*.

In Ausnahmefällen werden jedoch auch bei Präfixverben die Vergangenheitsformen angegeben, besonders wenn das Verb untrennbar ist oder wenn das Perfekt ohne -ge- gebildet wird:

um·ge̱·ben; *umgibt, umgab, hat umgeben*; ...

a̱uf·mar·schie·ren; *marschierte auf, ist aufmarschiert*; ...

Im Übrigen wird die Wortart „Verb" auch durch die Angaben *Vt*, *Vt/i*, *Vi*, *Vr*, *Vimp* gekennzeichnet. Diese Kategorien werden in 8. näher erläutert.

5.3. Adjektive und Adverbien

5.3.1. Die Formen des Adjektivs

Adjektive werden mit der Kurzform *Adj* gekennzeichnet. Sie erscheinen in ihrer Grundform ohne Endung (so wie in einem Satz nach einer Form von *sein*):

schlẹcht *Adj*; ... (also: *Der Film war schlecht*)

Eine Reihe von Adjektiven wird nie in der unflektierten Form (also ohne Endung) verwendet. Auf solche Fälle verweist ein Strich am Ende des Wortes:

nächs·t- *Adj*; ...

Einige andere Adjektive können überhaupt nicht flektiert werden. Diese werden mit der Angabe *indeklinabel* bezeichnet:

ro̱·sa *Adj*; *indeklinabel*; ... (also: *ein rosa Kleid, eine rosa Blüte*)

Wenn das Adjektiv in der flektierten Form Änderungen gegenüber der Grundform erfährt, wird darauf am Ende des Eintrags in einer Angabe nach || NB: eigens hingewiesen:

ma·ka̱·ber *Adj*; ... || NB: *makaber* –> *ein makabrer Scherz*

Wo es sinnvoll ist, werden auch die Formen des Komparativs und des Superlativs angegeben:

ạrm, *ärmer*, *ärmst-*; *Adj*; ...

Nach dem gleichen Prinzip wird – wo nötig – die Angabe *ohne Steigerung* ergänzt, wenn das jeweilige Adjektiv nicht im Komparativ oder im Superlativ verwendet wird:

be·sọn·de·r- *Adj*; *nur attr*, *ohne Steigerung*, *nicht adv*; ...

Dieser Hinweis fehlt aber, wenn die Adjektive schon von ihrer Bedeutung her nicht (oder höchstens im humorvollen oder ironischen Sprachgebrauch) gesteigert werden (z. B. *tot*, *schwarz*).

5.3.2. Die Verwendung von Adjektiven und Adverbien

Die Abkürzung *Adj* kennzeichnet die Wortart „Adjektiv“:

schlecht *Adj*; ...

Mit dieser Markierung ist zugleich schon gesagt, dass dieses Adjektiv sowohl attributiv (vor einem Substantiv, z. B. *ein schlechter Film*) als auch prädikativ (wie in *Der Film war schlecht*) verwendet werden kann. Darüber hinaus zeigt die Markierung an, dass auch eine adverbielle Verwendung möglich ist (z. B. *Er hat schlecht gearbeitet*).
Allerdings lässt nicht jedes Adjektiv alle drei Verwendungsmöglichkeiten zu. Dann wird – wenn nötig – die Bezeichnung *Adj* durch eine einschränkende Markierung ergänzt. Die Bezeichnung *nur attr* bedeutet, dass das Wort nur attributiv (also nur vor einem Substantiv) verwendet werden kann, während *nur präd* angibt, dass das Adjektiv nur als Bestandteil eines Prädikats vorkommt. Die Bezeichnung *nicht adv* bedeutet, dass das Wort nicht adverbiell verwendet wird. Diese Hinweise können sich auch nur auf eine der Unterbedeutungen des Adjektivs beziehen.

Reine Adverbien (als Wortart) werden mit der Kurzform *Adv* gekennzeichnet:

hier *Adv*; ...

5.4. Weitere Wortarten

Die anderen Wortarten sind entweder mit ihrer vollständigen Bezeichnung oder als leicht verständliche Abkürzungen markiert: *Artikel*, *Demonstrativpronomen*, *Fragewort*, *Indefinitpronomen*, *Interjektion*, *Konjunktion*, *Partikel*, *Personalpronomen*, *Possessivpronomen*, *Relativpronomen*, *Zahladj*(*ektiv*).

6. Stilistische Hinweise

6.1. Allgemeine Erläuterung

Es gibt in jeder Sprache Wörter, die nur in ganz bestimmten Sprech- oder Schreibsituationen verwendet werden. Ihr Gebrauch hängt von einer Reihe von Faktoren ab, auf die in diesem Wörterbuch durch verschiedene Markierungen verwiesen wird. Manche Wörter gelten z. B. als unhöflich oder als vulgär, andere werden nur von oder im Gespräch mit Kindern gebraucht, wiederum andere gehören zu einem Fachwortschatz oder zu einer regionalen Variante des Deutschen. Im Folgenden werden die Angaben zur Stil- oder Gebrauchsebene erläutert.

6.2. Stilebene

6.2.1. Markierung der umgangssprachlichen und gehobenen Stilebenen: *gespr*, (*Admin*) *geschr*, *lit*

Eine Reihe von Wörtern oder Wortverbindungen wird – normalerweise – nur in der gesprochenen Sprache verwendet, z. B. *durchdrehen* (= ‚sehr nervös werden, die Nerven verlieren‘) oder *echt* (= ‚wirklich‘ – *Das hast du echt toll gemacht!*). Solche Wörter kann man verwenden, wenn man mit Freunden und Bekannten spricht, also in einer privaten, alltäglichen Unterhaltung. Sie werden mit *gespr* (= „gesprochen“) gekennzeichnet. Natürlich kann man sie auch schreiben, etwa in privaten Briefen; man findet sie sicherlich auch in Romanen, Theaterstücken usw., wenn gesprochene Sprache wiedergegeben wird (etwa in Dialogen). Man wird sie aber nur selten im Nachrichtenteil einer Zeitung lesen oder in Aufsätzen verwenden.

Im Gegensatz zu diesem „gesprochenen“ Wortschatz gibt es auch Wörter, die man normalerweise eher in der geschriebenen Sprache verwendet, z. B. *Misshelligkeiten* (= ‚Streit‘) oder *Argwohn* (= ‚Misstrauen‘). Solche Wörter werden in diesem Wörterbuch mit *geschr* (= „geschrieben“) gekennzeichnet. Die meisten dieser Ausdrücke könnte man auch als „förmlich“ oder „gehoben“ bezeichnen. Natürlich kann man sie auch in der gesprochenen Sprache (z. B. in einer Rede) benutzen, sie gehören aber nicht zur allgemein üblichen Alltagssprache.

Einige Wörter werden fast ausschließlich in Geschäftsbriefen, im administrativen Bereich, in offiziellen Anordnungen usw. gebraucht. Wörter dieser Art werden hier mit *Admin geschr* (= gehört zur Schriftsprache der Verwaltung/Administration) gekennzeichnet:

Fahr·zeug·hal·ter *der*; *Admin geschr*; ...

Die Markierung *lit* (= literarischer Sprachgebrauch) kennzeichnet Wörter, die meist in literarischen Texten vorkommen (z. B. *der Dämmer*).

6.2.2. Markierung der saloppen bzw. vulgären Umgangssprache: *gespr!*; *vulg*

Um die Sprachwirklichkeit annähernd abzudecken, wurden hier auch Wörter und Ausdrücke aufgenommen, die normalerweise in Sprachlehrwerken nicht behandelt werden. Es handelt sich dabei um Schimpfwörter, Kraftausdrücke und Wörter aus dem sexuellen Bereich, die als vulgär, ordinär oder verletzend gelten.

Benutzen sollte der Lernende diese Wörter möglichst nicht. Er soll aber andererseits umfassend über die gesamte Sprachrealität informiert werden.

Die Bezeichnungen *gespr!* (= untere Schicht der gesprochenen Sprache) bzw. *vulg* (= „vulgär") zeigen an, dass es sich um einen Sprachgebrauch handelt, bei dem Vorsicht geboten ist.

6.3. Markierung der Einstellung des Sprechers: *euph*, *pej*, *hum*, *iron*

Um auf einige besondere Sprechabsichten hinzudeuten, die mit dem Gebrauch bestimmter Wörter verbunden sind, werden folgende Markierungen verwendet:

euph für den „euphemistischen" Sprachgebrauch. Mit Wörtern, die so gekennzeichnet sind, wird etwas Unangenehmes, Schockierendes oder Trauriges ausgedrückt, ohne dass das übliche „direkte" Wort dafür genannt wird (da dieses zu drastisch klingt). Mit *euph* wird z. B. das Wort *entschlafen* bezeichnet, das anstelle von *sterben* verwendet wird.

pej für den „pejorativen" oder abwertenden Sprachgebrauch. Mit so gekennzeichneten Wörtern ist eine negative Wertung durch den Sprecher verbunden (z. B. wenn man ein relativ großes Mietshaus als *Mietskaserne* bezeichnet).

hum für den humorigen oder humorvollen Sprachgebrauch (z. B. *meine bessere Hälfte* = meine Frau / mein Mann).

iron für den ironischen Sprachgebrauch (z. B. *Du hast mir gerade noch gefehlt* = dich kann ich in dieser Situation nicht gebrauchen).

Natürlich können im Deutschen – wie in anderen Sprachen auch – viele Wörter auch ironisch verwendet und damit ihr ursprünglicher Sinn genau ins Gegenteil verkehrt werden. Das hängt vom Kontext ab. So bedeutet „großartig" bei ironischem Gebrauch ‚sehr schlecht'. Auf diese weit verbreiteten sprachlichen Phänomene wird aber (besonders aus Platzgründen) nicht immer ausdrücklich hingewiesen. Ganz allgemein gilt, dass insbesondere „positive" Adjektive oft ironisch verwendet werden, um etwas Negatives zu bezeichnen.

6.4. Sprache und Zeitbezug: *veraltet – veraltend – hist*

Die Sprache verändert sich im Lauf der Zeit. Sie ist einem dauernden Wandel unterworfen und entwickelt sich mit den Lebensformen der Menschen und dem Fortschritt der Technik. Manche Wörter verlieren dabei an Aktualität, neue kommen hinzu. Es gibt eine Reihe von Wörtern, die nur noch relativ selten gebraucht werden. Den meisten Sprechern erscheinen sie dann als „altmodisch", wenn sie besonders von der älteren Generation verwendet werden. Solche Wörter (wie z. B. *Mentor*, *Missetat*, *geziemend*) werden hier mit *veraltend* gekennzeichnet.

Andere Wörter und Konstruktionen, die früher üblich waren, werden heute nicht mehr oder nur mit einem besonderen Effekt gebraucht. Die (stilistische) Kennzeichnung solcher Begriffe lautet: *veraltet* (z. B. *Backfisch*, *Pestilenz*).

Oft hat die Entwicklung der Gesellschaft bestimmte Gegenstände aus dem Alltag verdrängt. Wenn man über solche Dinge spricht, die es früher gegeben hat, dann sind – genau genommen – nicht die Wörter dafür veraltet, sondern die Sachen selbst, z. B. *Postkutsche*, *Guillotine*. Solche Wörter werden mit *hist* (= „historisch") gekennzeichnet und in der Vergangenheitsform definiert:

Rüs·tung *die*; **1 … 2** *hist*; e-e Kleidung aus Metall, die die Ritter im Kampf trugen

Die Markierung *hist* (*DDR*) bezeichnet Sachverhalte, Institutionen usw. aus der ehemaligen DDR, die es seit der Wiedervereinigung Deutschlands im Jahre 1990 nicht mehr gibt.

6.5. Sprache und Region: Ⓐ, ⒸⒽ, Ⓓ, *nordd*, *südd*, *ostd*

In dieses Wörterbuch wurden in gewissem Umfang auch Wörter aufgenommen, die vorwiegend in bestimmten Regionen des deutschen Sprachgebietes gebraucht werden. Die Kennzeichnungen hierfür sind:

Ⓐ für den Sprachgebrauch in Österreich;

ⒸⒽ für den Sprachgebrauch in der deutschsprachigen Schweiz;

nordd, *südd*, *ostd* für den Sprachgebrauch im nördlichen, südlichen oder östlichen Teil Deutschlands.

Die Staaten, in denen Deutsch gesprochen wird – Deutschland, Österreich und die Schweiz – haben zum Teil unterschiedliche politische, rechtliche usw. Systeme und Institutionen. Diese Unterschiede drücken sich auch im Wortschatz aus. In den meisten Bundesländern Deutschlands wird der Regierungschef der Landesregierung als *Ministerpräsident* bezeichnet, in Österreich dagegen als *Landeshauptmann*. Der *Bundespräsident* hat in der Schweiz eine andere Funktion als der deutsche *Bundespräsident*. Auf solche landeskundlichen Besonderheiten wird mit den internationalen Autokennzeichen hingewiesen:

Ⓐ für Österreich
ⒸⒽ für die Schweiz
Ⓓ für Deutschland

6.6. Wort und Sachgebiet: Fachwortschatz

In dieses Wörterbuch wurden auch Bezeichnungen aus Fachsprachen aufgenommen, die in die Allgemeinsprache eingedrungen sind. Des besseren Verständnisses wegen wurden sie mit leicht verständlichen Abkürzungen gekennzeichnet, die auf das jeweilige Fachgebiet hinweisen, z. B. *Archit* für „Architektur", *Geol* für „Geologie", *EDV* für „elektronische Datenverarbeitung, Computer". Eine ausführliche Liste dieser Bezeichnungen finden Sie im Abkürzungsverzeichnis (auf der ersten Innenseite des Buches).

7. Bedeutungsangaben

7.1. Allgemeine Erläuterungen

Die Bedeutungen der Stichwörter werden, so weit es geht, durch einen einfachen und verständlichen Wortschatz beschrieben.

Die Einträge beschränken sich jedoch nicht auf diese Umschreibungen allein. Vielmehr erschließt sich die tatsächliche Bedeutung der Stichwörter dem Benutzer aus den Definitionen <u>und</u> den ergänzenden Angaben. Dazu gehören insbesondere Synonyme (Wörter mit ähnlicher Bedeutung), Antonyme (Gegenwörter), Kollokationen (typische Verbindungen), Anwendungsbeispiele und Komposita (Zusammensetzungen). Diese Fülle an Informationen bettet das Stichwort sozusagen in sein lexikalisches Umfeld ein, zeigt es in seinem üblichen sprachlichen Kontext.

7.2. Synonyme: ≈

Ein Synonym ist ein Wort, das eine ganz ähnliche Bedeutung wie ein anderes Wort hat. Synonyme werden hier gegebenenfalls nach der Definition der jeweiligen Bedeutung des Stichworts angegeben, entweder als eine Art Zusammenfassung dieser Definition oder als Ergänzung dazu. Sie stehen nach dem Zeichen ≈:

Ma·ga·zin[2] ... **1** (*bes* in Geschäften, Bibliotheken u. Museen) ein großer Raum, in dem die Dinge gelagert werden, die man im Moment nicht braucht od. zeigt ≈ Lager(raum) ...

Das Wort *Lager* bzw. *Lagerraum* hat hier in etwa die gleiche Bedeutung wie *Magazin* und kann in vielen Fällen anstelle von *Magazin* verwendet werden.

Es darf jedoch nicht vergessen werden, dass es kaum ein Synonympaar gibt, bei dem man immer das eine Wort für das andere nehmen kann. Nicht zuletzt aus diesem Grund wird nur in Ausnahmefällen ein Synonym statt einer vollständigen Definition angegeben:

fies ... *Adj*; *gespr pej* ≈ gemein[1] (1)

Bei Synonymangaben zu Verben wird die Strukturformel (vgl. 9.4.1.) nicht wiederholt, wenn sie für das Synonym auch unverändert gilt:

kom·pli·zie·ren ... Vi ***etw. k.*** ... ≈ erschweren [Das „etw." als Akkusativobjekt gilt also auch für ‚erschweren'.]

Darüber hinaus finden sich Synonyme auch in der Worterklärung (Definition), wo es zweckmäßig war, diese so knapp wie möglich zu halten:

Ẹck *das*; ... **2** ***über E.*** *gespr* ≈ diagonal

7.3. Antonyme: ↔

Ein Antonym ist ein Wort, das auf der gleichen Bezugsebene eine Art Gegenpol zum betreffenden Stichwort bildet. Antonyme stehen nach dem Zeichen ↔:

ạlt ... **1** ... schon seit vielen Jahren lebend ... ↔ jung ... **5** ... lange gebraucht ↔ neu ... **6** schon lange vorhanden, vor langer Zeit hergestellt od. erworben ↔ frisch ... **12** ... aus dem Altertum ... ↔ modern ...

Die Angabe des Antonyms dient also der Bedeutungsdifferenzierung und gleichzeitig auch der Wortschatzerweiterung.

In einigen Fällen stehen nach dem Zeichen ↔ Wörter, die im strengen Sinne keine Antonyme sind, sondern Angaben, die helfen, das Stichwort systematisch einzuordnen:

UKW ... ↔ Kurzwelle, Mittelwelle, Langwelle
Fuß·gän·ger ... ↔ Radfahrer, Autofahrer
Hạlb·schuh ... ↔ Stiefel, Sandale

7.4. Kollokationen: ⟨ ⟩

Kollokationen sind typische Verbindungen aus mehreren Wörtern, die eine syntaktische Einheit bilden. Sie sind für den Lernenden von besonderer Bedeutung, denn sie zeigen ihm „Partner", mit denen das Stichwort häufig zu finden ist. Das ist wichtig für die Sprachproduktion, bei der es ja besonders darauf ankommt, die Wörter unterschiedlicher Wortarten (Adjektiv + Substantiv, Verb + Objekt usw.) so zu verknüpfen, dass sie zusammenpassen (kompatibel sind).

Der Begriff Kollokation wird in diesem Wörterbuch relativ weit gefasst, sodass dazu auch durchaus lose Kombinationen zählen, die aufgrund ihrer semantischen Verträglichkeit eine Einheit bilden und somit für den Benutzer relevant sind. Die Kollokationen erscheinen hier in spitzen Klammern ⟨ ⟩:

Mọrd ... ⟨e-n M. begehen, verüben, aufklären; j-n des Mordes verdächtigen; j-n wegen Mord(es) anklagen, verurteilen; j-n zu e-m/zum M. anstiften; ein grausamer, politischer M.; ein M. aus Eifersucht⟩

Weitere typische Verbindungen werden oft in den Beispielsätzen angegeben.

Wenn das Stichwort in der Regel nur mit einem bestimmten Wort oder mit nur wenigen anderen Wörtern verbunden werden kann, wird dies durch den Hinweis *mst* (= meist, meistens) innerhalb der spitzen Klammern verzeichnet:

auf·zie·hen[4] ... Vi **1** ***etw. zieht auf*** ... ⟨*mst* Nebel, ein Gewitter⟩

7.5. Beispiele

Um die Kontextualisierung des Stichworts abzurunden, werden gegebenenfalls auch Beispiele für den Gebrauch angegeben.

Diese Beispiele bzw. Beispielsätze stehen nach dem Zeichen : und sind in *kursiver* Schrift gedruckt. Am Ende des Beispielsatzes steht in der Regel kein Punkt:

kri·tisch ... 2 ...: *Er äußerte sich k. zu den neuen Beschlüssen der Regierung* **3 ...:** *Der Kranke befindet sich in e-m äußerst kritischen Zustand, es ist fraglich, ob er die Nacht überlebt*

In manchen Fällen erscheinen innerhalb der Beispielsätze Wörter wie „dass", „ob" oder „zu", die nicht kursiv gedruckt sind, sondern in normaler Schrift stehen. Es handelt sich hier um Fälle, in denen das „etw." als Akkusativobjekt aus der angegebenen Strukturformel (vgl. Abschnitt 9.) durch einen Nebensatz (als „nichtnominale Ergänzung") ersetzt wird. Der Gebrauch der normalen Schriftart in Beispielsätzen deutet also auf Konstruktionen hin, in denen statt eines Substantivs ein Satzteil steht:

be·haup·ten ... Vt **1** ***etw. b.*** **...** *Er behauptet, gestern krank gewesen* zu *sein*; *Seine Frau behauptet, er sei nicht zu Hause*/dass *er nicht zu Hause sei*

glau·ben ... Vt **3 (*j-m*) *etw. g.*** **...:** *Ich kann einfach nicht g.*, dass *er das machen wollte*

fest·ste·hen ... Vi ***etw. steht fest*** **...:** *Steht schon fest*, wann *sie heiraten?*

7.6. Sonstige Angaben

Zusätzlich zu den bereits erläuterten „Bausteinen" der einzelnen Einträge erscheinen gegebenenfalls auch Komposita – typische Zusammensetzungen, in denen das Stichwort am Anfang oder am Ende steht. Diese Komposita werden nach dem Symbol || -K: bzw. || K-: aufgeführt (Näheres dazu unter 1.3.1.).

Wörter, die vom Stichwort abgeleitet sind und ohne eigene Definition verstanden werden können, werden nach der Bezeichnung || *hierzu* bzw. || *zu* **1, 2** usw. angegeben (Näheres dazu unter 1.3.2.).

Um dem Benutzer einen Hinweis auf etymologische Zusammenhänge zu geben, die ohne historisches Vorwissen nachvollzogen werden können, sind gegebenenfalls auch verwandte Begriffe am Ende des Eintrags verzeichnet, und zwar nach dem Symbol || ►:

bre·chen ... || ► *Bruch*
mah·len ... || ► *Mühle*

Diese „Mitglieder derselben Wortfamilie" werden an der entsprechenden alphabetischen Stelle vollständig definiert.

8. Die Klassifizierung der Verben

Die Verben werden je nach Gebrauch in verschiedene Kategorien eingeteilt.

8.1. Vi / *Vi*

„intransitives Verb". Solche Verben (wie z. B. *schlafen* oder *lachen*) werden ohne Akkusativobjekt gebraucht:

Er schläft; *Sie lachte.*

Auch Fälle wie *eine Stunde warten* oder *die Nacht durcharbeiten* werden in diesem Werk als „intransitiv" gekennzeichnet. *Eine Stunde* oder *die Nacht* werden hier als freie adverbiale Bestimmung (der Zeit) verstanden.

8.2. Vt / *Vt*

„transitives Verb". Solche Verben (wie z. B. *bearbeiten* oder *riskieren*) werden immer mit einem Akkusativobjekt gebraucht:

Sie bearbeitet den Fall; *Er riskierte e-n Blick.*

Die meisten der Verben, die mit *Vt* bezeichnet werden, können auch im Passiv stehen. Wenn dies nicht der Fall ist, wird das durch den Hinweis „kein Passiv!" angezeigt:

be·kom·men ... Vt kein Passiv! ...

8.3. Vt/i / *Vt/i*

Einige transitive Verben können auch ohne Akkusativobjekt verwendet werden (z. B. *malen*, *lesen*):

Ich möchte jetzt lesen; *Ich möchte jetzt die Zeitung lesen.*

Solche Verben werden mit *Vt/i* gekennzeichnet, und das „etw." in der Strukturformel (vgl. Abschnitt 9.) wird eingeklammert (weil das Akkusativobjekt weggelassen werden kann):

ma·len ... Vt/i **1 (*etw.*) *m.*** **...**

8.4. [Vr] / *Vr*

„reflexives Verb". Diese Verben werden mit dem Reflexivpronomen im Akkusativ konstruiert:

seh·nen, sich ... [Vr] ***sich nach j-m/etw. s. ...*** *Er sehnte sich nach seiner Frau.*

Verben, die ein Reflexivpronomen im Dativ verlangen, werden im Allgemeinen mit einem Akkusativobjekt verbunden und dann mit *Vt* gekennzeichnet:

bre·chen ... [Vt] **... 2** ***sich*** (*Dat*) ***etw. b. ...*** *Er hat sich beim Skifahren das Bein gebrochen.*

Wenn das „sich" ein direktes Objekt ist und durch „j-n" (vgl. 9.3.) ersetzt werden kann, wird das Verb ebenfalls mit *Vt* gekennzeichnet:

hal·ten ... [Vt] **... 18** ***j-n/sich/etw. für etw. h. ...*** *j-n für mutig, sich für e-n Helden h.*

8.5. [Vimp] / *Vimp*

Diese Abkürzung steht für: „unpersönlich konstruiertes Verb". Beispiele hierfür:

Es schneit; *Es regnet*.

Wenn das „es" am Anfang einer Konstruktion dagegen als Pronomen fungiert, das den Inhalt eines vorangehenden/folgenden (Neben)Satzes aufnimmt, kann man nicht von einem *Vimp* sprechen:

vor·kom·men ... [Vi] **... 2** ***etw. kommt*** **(*j-m*)** ***vor*** **...**: Es *kann schon mal v.*, dass *man keine Lust zum Arbeiten hat*

Die Besonderheit der Konstruktion wird hier dadurch gekennzeichnet, dass „es" und „dass" in normaler statt in kursiver Schrift erscheinen (vgl. dazu auch Abschnitt 7.5.).

Noch ein Beispiel:

las·sen ... 10 ***es lässt sich*** + *Adv* + *Infinitiv* ...: *Es lässt sich schwer sagen, was er jetzt vorhat*; *Bei dir lässt sichs* (*gut*) *leben*

Das „es" erscheint hier in kursiver Schrift, weil es auch in der Strukturformel vorkommt.

8.6. Die Reihenfolge bei der Verbklassifizierung

Wenn ein Verb mehrere der oben genannten Verwendungen hat – also z.B. sowohl transitiv als auch intransitiv und auch reflexiv konstruiert werden kann –, erscheinen die unterschiedlichen Verwendungen in der Regel in folgender Reihenfolge: *Vt*, *Vt/i*, *Vi*, *Vr*, *Vimp*. Ein Beispiel für ein Verb mit mehreren Konstruktionen:

füh·len ... [Vt] **1** ***etw. f. ...***; [Vi] **4** ***nach etw. f. ...***; [Vr] **5** ***sich irgendwie f. ...***

Demnach wird *fühlen* in den ersten drei aufgeführten Verwendungen transitiv konstruiert, in der vierten intransitiv und ab der fünften reflexiv. Abweichungen von der angegebenen Reihenfolge sind auf die Gebrauchshäufigkeit einzelner Unterbedeutungen zurückzuführen.

8.7. Hilfsverben: *haben* bzw. *sein*

Wenn verschiedene Unterbedeutungen mit unterschiedlichen Hilfsverben (*haben* oder *sein*) konstruiert werden, steht der Zusatzhinweis (*hat*) bzw. (*ist*). Bezieht sich dieser Hinweis auf nur eine Unterbedeutung, dann steht er nach der entsprechenden Ziffer:

ab·lau·fen [Vi] (*ist*) **1 ... 2 ...** [Die Angabe *ist* bezieht sich auf alle intransitiven Verwendungen.]

ab·le·gen (*hat*) [Vt/i] **1 ...**; [Vt] **2 ... 3 ... 4 ... 5 ... 6 ...**; [Vi] **7 ...** [Die Angabe *hat* bezieht sich auf alle Unterbedeutungen.]

ab·fah·ren [Vt] **1** ***etw. a.*** (*hat*) ... **2** ***etw. a.*** (*hat/ist*) ... **3** ***etw. a.*** (*hat*) ... **4** ***j-m etw. a.*** (*hat*) ...; [Vi] (*ist*) **5 ... 6 ... 7 ...** [Die Angabe *hat* bezieht sich auf die Bedeutungen **1, 3** und **4**, Bedeutung **2** kann mit *hat* oder *ist* konstruiert werden, und alle intransitiven Verwendungen (**5–7**) werden mit *ist* verbunden.]

9. Der Gebrauch des Stichworts: syntaktische Angaben

9.1. Vorbemerkung

Um dem Benutzer den grammatikalisch richtigen Gebrauch des Stichworts im Satzgefüge zu erleichtern, gibt es – wo angebracht – auch entsprechende Strukturformeln. Diese Formeln zeigen sozusagen im Kleinformat – in verkürzter Form und mit Ersatzformen wie „j-d" oder „etw." für Subjekt und Objekt –, wie die jeweilige Konstruktion zusammengesetzt wird.

Die Strukturformeln erscheinen vor der jeweiligen Definition und stehen in kursiver, fett gedruckter Schrift. Wie bei den Beispielsätzen wird auch hier das Stichwort in abgekürzter Form wiedergegeben (vgl. 4.1.):

er·i̦n·nern ... Vt **1** ***j-n an etw.*** (*Akk*) ***e.***

Diese Strukturformel steht also für:

jemanden an etwas (*Akkusativ*) ***erinnern***

Die folgende Darstellung beschreibt im Einzelnen, wie die Strukturformeln zu verstehen sind. Zunächst wird eine Einführung zum Aufbau der Formeln gegeben, dann folgen Beispiele mit Erklärungen zu den einzelnen Wortarten.

9.2. Einführung in die Strukturformeln

Die Formeln sollen für den Benutzer eine wertvolle Hilfe bei der Textproduktion sein. Aus diesem Grund geben diese Strukturmuster – insbesondere bei Verbverbindungen – an, ob ein (direktes oder indirektes) Objekt notwendig (obligatorisch) ist, mit welchen Präpositionen das Stichwort verbunden wird, in welchem Kasus die Ergänzung steht (besonders nach der Präposition) usw.:

emp·fi̦n·den ... Vt **1** ***etw. e.*** ...

Die vollständige Form der Formel wäre „etwas empfinden", und die anschließende Definition sowie die Kollokationen zeigen, was mit „etwas" gemeint ist:

...ein bestimmtes (körperliches od. seelisches) Gefühl ... ⟨Durst, Hitze, Schmerzen e.; Liebe, Angst, Trauer, Hass e.⟩

Das „etwas" drückt hier gleichzeitig aus, dass das Verb *empfinden* in diesem Sinne mit einem direkten Objekt (einem Akkusativobjekt) verbunden werden muss.

In anderen Fällen sind die Ergänzungen zum Stichwort nicht obligatorisch, sondern „fakultativ" (d.h. sie können auch weggelassen werden). Diese Angaben stehen dann in Klammern (...):

ta̦·deln ... Vt ***j-n*** (***wegen etw.***) ***t.***

In diesem Fall kann man sagen: *Sie hat ihn getadelt* oder aber: *Sie hat ihn wegen seiner Bemerkungen getadelt.*

Noch ein Beispiel:

fü̲h·ren ... Vt ... **17** ... ***ein Gespräch*** (***mit j-m***) ***f.*** ...

Auch hier gibt es zwei Möglichkeiten: *Wir haben ein Gespräch geführt* oder aber: *Ich habe mit ihm ein Gespräch geführt.*

Wenn in der Formel ein Schrägstrich (/) zwischen zwei Angaben erscheint, dann heißt dies, dass beide (austauschbare) Alternativen zur Wahl stehen:

ke̦n·nen ... Vt ... **3** ***j-n/etw. k.***

Man kann also sagen: *Ich kenne ihn* oder: *Ich kenne seinen Namen.*

9.3. Der Kasus in den Strukturformeln

Für den Lernenden ist es natürlich ganz wichtig zu wissen, in welchem Kasus die Ergänzung zum Stichwort steht (besonders nach Präpositionen). In allen Zweifelsfällen wird deshalb der Kasus immer eigens angegeben:

fei̲·len ... Vi **2** ***an etw.*** (*Dat*) ***f.*** ...: *Er feilt schon seit Tagen an seiner Rede*

e·ri̦n·nern ... Vt **1** ***j-n an etw.*** (*Akk*) ***e.*** ...: *j-n an e-n Termin, an sein Versprechen e.*

a̦n·bin·den ... Vt ***j-n/etw.*** (***an etw.*** (*Dat, Akk*)) ***a.*** ...: *den Hund am/an den Zaun a.*

Eine zweite Möglichkeit, den Kasus zu erkennen, ist die jeweilige (abgekürzte) Form von „jemand":

j-d = jemand (Nominativ)
j-n = jemanden (Akkusativ)
j-m = jemandem (Dativ)
j-s = jemandes (Genitiv)

Steht nach der Form von „jemand" auch „etwas", dann bezieht sich der Kasus von „jemand" analog auch auf „etwas": ***j-n/etw.*** (= Akkusativ), ***j-m/etw.*** (= Dativ) usw. Ein Beispiel dafür:

ei̲·fer·süch·tig *Adj*; ***e.*** (***auf j-n/etw.***) ...

Entsprechend der Formel kann man also sagen:

Sie war eifersüchtig. Sie war eifersüchtig auf ihn. Sie war eifersüchtig auf seinen Erfolg.

Bei Präpositionen, die nur einen Kasus regieren (z. B. *bei*, das immer den Dativ hat, oder *um*, das immer mit dem Akkusativ verbunden wird), wird der Kasus nicht eigens angegeben. Selbstverständlich ist aber die Kasusangabe unter dem entsprechenden Stichwort (*bei*, *um* usw.) zu finden.

Das direkte Objekt von transitiven Verben steht grundsätzlich im Akkusativ. In Formeln wie der folgenden:

be·mer·ken ... Vt ... **2** ***etw. b.***

ist dieses „etw." als Akkusativ zu verstehen, obwohl dies nicht eigens angegeben ist. Nur beim indirekten Objekt (im Dativ) oder bei einem Genitivobjekt erfolgt ein Zusatzhinweis:

nach·ge·hen ... Vi ... **3** ***etw.*** (*Dat*) ***n.***

Hier sagt man also: *seinen Geschäften nachgehen.*

In der Formel

flie·gen ... Vt **3** ***j-n/etw. irgendwohin f.***

bedeutet die Angabe *irgendwohin* etwa „an einen bestimmten Ort, in eine bestimmte Richtung". Ein Beispiel für eine solche Konstruktion wäre also:

Das Rote Kreuz flog Medikamente in das Katastrophengebiet.

Weitere unbestimmte Angaben dieser Art sind:

irgendwann (bezeichnet eine Zeitangabe)
irgendwie (bezeichnet eine Beschreibung einer Art und Weise oder eines Zustands)
irgendwo (bezeichnet eine Ortsangabe)
irgendwoher (bezeichnet die Richtung von einem Ort aus zu einem Ziel hin)

Andere Bestandteile der Strukturformeln sind im Allgemeinen anhand der Beispielsätze relativ leicht zu verstehen. In den folgenden Abschnitten werden außerdem zahlreiche Einzelbeispiele erläutert.

9.4. Beispiele für Strukturformeln

Die folgenden Beispiele bilden eine repräsentative Auswahl aus den Angaben, die in den Strukturformeln häufig vorkommen. Die Beispiele beziehen sich in der Regel auf nur eine von mehreren Bedeutungen des jeweiligen Stichworts. Erläuterungen zu den Strukturformeln werden in eckigen Klammern [...] angegeben.

9.4.1. Strukturformeln beim Verb

9.4.1.1. Vi

lä·cheln ... Vi [keine Strukturformel. Beispiel für den Gebrauch: *Als sie ihn sah, lächelte sie u. gab ihm die Hand.*]

tau·en ... Vi **1** ***etw. taut*** [Strukturformel mit „etw." als Subjekt, da ein menschliches Subjekt nicht möglich ist. Beispiel für den Gebrauch: *Das Eis taut.*]

füh·ren ... Vi ... **23** ***etw. führt zu etw.*** [Auch hier „etw." als Subjekt; Anschluss mit *zu etw.* in dieser Bedeutung obligatorisch. Beispiel für den Gebrauch: *Die Politik der Regierung hat zu Protesten der Bürger geführt.*]

füh·ren ... Vi ... **22** ***etw. führt irgendwohin*** [Wieder nur „etw." als Subjekt; Anschluss mit „irgendwohin" (= zu einem bestimmten Ort, in eine bestimmte Richtung) obligatorisch. Beispiel für den Gebrauch: *Führt dieser Weg zum Bahnhof?*]

flir·ten ... Vi **(*mit j-m*) *f.*** [Anschluss mit „mit j-m" fakultativ. Beispiel für den Gebrauch: *Sie flirtete* (*mit ihm*).]

bli·cken ... Vi ... **2** ***irgendwie b.*** [„Irgendwie" beschreibt einen Zustand und ist ein obligatorischer Anschluss. Beispiel für den Gebrauch: *Sie blickte finster.*]

bren·nen ... Vi ... **9** ***darauf b.*** (+ ***zu*** + *Infinitiv*) [Anschluss mit „zu + Infinitiv" ist fakultativ. Beispiel für den Gebrauch: *Ich brenne darauf* (*,das nächste Spiel zu bestreiten*).]

ver·han·deln ... Vi **1** (***mit j-m / e-r Firma*** *o. Ä.*) (***über etw.*** (*Akk*)) ***v.*** [Beide Anschlüsse fakultativ. Beispiele für den Gebrauch: *Wir verhandeln noch*; *Wir verhandeln noch mit ihnen/mit der Firma*; *Wir verhandeln noch über die Termine*; *Wir verhandeln noch mit der Firma über die Termine.*]

zäh·len ... Vi ... **6** ***j-d zählt*** + *Altersangabe* [Diese Konstruktion wird nicht als „transitiv", sondern als „intransitiv" betrachtet. Beispiel für den Gebrauch: *Er zählt 80 Jahre.*]

zäh·len ... Vi ... **7** ***etw. zählt*** + *Mengenangabe* [Menschliches Subjekt in dieser Konstruktion nicht möglich. Deshalb Angabe mit „etw." als Subjekt. Beispiel für den Gebrauch: *Die Schule zählt 500 Schüler.*]

zu·sam·men·kom·men ... [Vi] ... **3 *etw.*** (*Kollekt od Pl*) ***kommt zusammen*** [Konstruktion nur mit einem Kollektivbegriff (z. B. *Geld*) oder einem Substantiv im Plural als Subjekt möglich. Beispiele für den Gebrauch: *Bei der Sammlung ist viel Geld / sind mehrere Hundert Mark zusammengekommen.*]

zu·sam·men·flie·ßen ... [Vi] ... **2** ⟨Farben, Klänge⟩ ***fließen zusammen*** [Konstruktion mit menschlichem Subjekt nicht möglich. Nur Substantiv im Plural als Subjekt möglich. Substantive, die häufig als Subjekt verwendet werden, erscheinen in spitzen Klammern (als Kollokationen) vor dem Strukturmuster. Beispiel für den Gebrauch: *Auf diesem Bild fließen die roten Farbtöne auf sehr interessante Weise zusammen.*]

9.4.1.2. [Vt]

durch·füh·ren ... [Vt] **1 *etw. d.*** [Das direkte Objekt kann nicht weggelassen werden. Beispiel für den Gebrauch: *Sie führte ihren Plan durch.*]

ge·ben ... [Vt] **1 *j-m etw. g.*** [Die Konstruktion verlangt ein direktes und ein indirektes Objekt. Beispiel für den Gebrauch: *Sie gab mir das Geld.*]

er·su·chen ... [Vt] ***j-n / e-e Behörde*** *o. Ä.* ***um etw. e.*** [Auch hier sind ein direktes und ein indirektes Objekt obligatorisch. Beispiel für den Gebrauch: *Er ersuchte das Ministerium um e-e Auskunft.*]

er·hal·ten ... [Vt] **1 *etw.* (*von j-m / e-r Behörde*** *o. Ä.*) ***e.*** [Anschluss fakultativ. Beispiel für den Gebrauch: *Ich habe noch keine Antwort* (*von ihm / von der Behörde*) *erhalten.*]

er·ken·nen ... [Vt] ... **2 *j-n/etw.* (*an etw.*** (*Dat*)) ***e.*** [Anschluss fakultativ. Beispiel für den Gebrauch: *Ich habe ihn* (*an seiner Stimme*) *sofort erkannt.*]

vor·stel·len ... [Vt] ... **3 *sich*** (*Dat*) ***j-n/etw.* (*irgendwie*) *v.*** [Das „sich" im Dativ wird nicht als „reflexiv" aufgefasst. „Irgendwie" beschreibt hier eine Art und Weise. Beispiele für den Gebrauch: *Das kann ich mir* (*lebhaft*) *vorstellen*; *Ich habe ihn mir / mir das Hotel anders vorgestellt.*]

vor·stel·len ... [Vt] ... **1 *j-n/sich* (*j-m*) *v.*** [Die Angaben „j-n" und „sich" sind austauschbar und bezeichnen ein Akkusativobjekt, deswegen ist „sich (jemandem) vorstellen" nicht unter [Vr] zu finden. Beispiele für den Gebrauch: *Er stellte mich* (*seiner Freundin*) *vor. Ich stellte mich/meinen Bruder* (*ihren Eltern*) *vor.*]

ver·nach·läs·si·gen ... [Vt] ... **2 *etw. v. können*** [Diese Konstruktion verlangt die Anwendung einer Form von *können*. Beispiel für den Gebrauch: *Diese kleinen Abweichungen von der Regel können wir vernachlässigen.*]

be·kom·men ... [Vt] ... **16 *etw.*** + *Partizip Perfekt* + ***b.*** [Diese Konstruktion verlangt ein Partizip Perfekt. Beispiel für den Gebrauch: *Ich bekam Blumen geschenkt.*]

9.4.1.3. [Vt/i]

un·ter·rich·ten ... [Vt/i] **1 (*etw.*) (*an etw.*** (*Dat*)) ***u.*** [Das transitive Verb kann auch ohne Objekt verwendet werden. Auch der Anschluss mit „an etw." ist fakultativ. Beispiele für den Gebrauch: *Er unterrichtet. Er unterrichtet Englisch. Er unterrichtet an der Volkshochschule. Er unterrichtet Englisch an der Volkshochschule.*]

9.4.1.4. [Vr]

er·käl·ten, sich ... [Vr] **1 *sich e.*** [Verwendung ohne jeden Anschluss möglich. Beispiel für den Gebrauch: *Sie hat sich erkältet.*]

be·mü·hen ... [Vr] **2 *sich* (*um etw.*) *b.*; *sich b.* + *zu*** + *Infinitiv* [Anschluss mit „um etw." fakultativ. Konstruktion mit „zu + Infinitiv" in dieser Bedeutung auch möglich. Beispiele für den Gebrauch: *Er hat sich sehr bemüht. Er bemüht sich um eine Stelle bei der Post*; *Er hat sich sehr bemüht, bessere Noten zu bekommen.*]

ver·ste·hen ... [Vr] **6 *j-d versteht sich* (*irgendwie*) *mit j-m*;** ⟨Personen⟩ ***verstehen sich* (*irgendwie*)** [Konstruktion ohne „mit" nur mit einem Subjekt im Plural möglich. Konstruktion mit „mit" kann ein Subjekt im Singular oder im Plural haben. Beispiele für den Gebrauch: *Ich verstehe mich gut mit meiner Kollegin / meinen Kollegen*; *Wir verstehen uns gut mit unseren Nachbarn*; *Die beiden Kinder verstehen sich gut.* (Das „sich" im letzten Satz drückt eine Gegenseitigkeit aus und könnte durch „einander" ersetzt werden.)]

zer·schla·gen ... [Vr] **4 *etw. zerschlägt sich*** [Menschliches Subjekt nicht möglich, also Konstruktion mit „etw." als Subjekt. Beispiel für den Gebrauch: *Ihre Pläne haben sich zerschlagen.*]

9.4.1.5. [Vimp]

reg·nen ... [Vimp] **1 *es regnet*** [Konstruktion ohne Anschluss möglich. Beispiel für den Gebrauch: *Es regnet* (*in Strömen*).]

reg·nen ... [Vimp] **3 *es regnet etw.*** (*Pl*) [Objekt nur im Plural möglich. Beispiel für den Gebrauch: *Es regnete Anfragen.*]

9.4.2. Strukturformeln beim Substantiv

Ab·wasch *der*; *-(e)s*; *nur Sg*; [Substantiv nur im Singular konstruiert, keine Pluralform möglich.]

Va·ter·freu·den *die*; *Pl*; [Substantiv ist eine Pluralform, eine Singularform des Wortes existiert nicht.]

Macht *die*; *-*, *Mäch·te*; **1** *nur Sg*; ... **2** *nur Sg*; ... **3** *nur Sg*; ... **4** ... **5** ... **6** *mst Pl*; ... [Die Unterbedeutungen **1–3** werden nur im Singular konstruiert, bei den Bedeutungen **4** und **5** kann *Macht* im Singular oder im Plural stehen, bei **6** ist die Pluralform am geläufigsten.]

I·de·al ... *das*; *-s*, *-e*; ... **2** *nur Sg*; *mst* **das I.** + *Gen Sg*; [Konstruktion nur im Singular möglich, meistens mit dem bestimmten Artikel (*das Ideal*) und einem Substantiv im Genitiv Singular. Beispiel für den Gebrauch: *Er war das Ideal eines Ehemanns und Vaters.*]

Al·ter *das*; *-s*; *nur Sg*; ... **6** *Kollekt*; [Diese Unterbedeutung ist ein Kollektivbegriff (mit der Bedeutung „alte Menschen"). Beispiel für den Gebrauch: *das Alter achten.*]

Lie·be *die*; *-*, *nur Sg*; **1 die L.** (**zu j-m**) [Anschluss mit „zu j-m" fakultativ. Beispiel für den Gebrauch: *die Liebe der Eltern zu ihren Kindern.*]

Mut *der*; *-(e)s*; *nur Sg*; **1 der Mut** (**für/zu etw.**) [Anschluss mit „für/zu etw." fakultativ. Das „etwas" kann auch durch einen Satzteil ersetzt werden. Beispiele für den Gebrauch: *Sie zeigte viel Mut*; *Er hatte nicht den Mut, ihr die Wahrheit* zu *sagen*. (Das „zu" erscheint in Normalschrift, um anzuzeigen, dass ein Objektsatz anstelle eines Substantivs steht; vgl. Abschnitt 7.5.)]

Berg *der*; *-(e)s*, *-e*; ... **3 ein B.** + *Gen Pl*; **ein B. von** + *Pl od nicht zählbares Subst* [*Berg* wird hier entweder mit einem Substantiv im Plural (im Genitiv oder mit *von* + Dativ) oder mit einem nicht zählbaren Substantiv (mit *von* + Dativ) verbunden. Beispiele für den Gebrauch: *Er saß hinter einem Berg (alter) Bücher / von Büchern*; *ein Berg von Müll.*]

Be·stand *der*; *-(e)s*, *Be·stän·de*; ... **2 der B.** (**an etw.** (*Dat*) (*Kollekt od Pl*)) [Anschluss mit „an etw." fakultativ. Ergänzung nur mit einem Substantiv im Plural oder mit einem Kollektivbegriff möglich. Beispiele für den Gebrauch: *der Bestand an Waren / an Vieh.*]

Er·schei·nung *die*; *-*, *-en*; ... **3 e-e** + *Adj* + **E. sein** [Die Konstruktion verlangt ein Adjektiv. Beispiele für den Gebrauch: *eine stattliche, elegante, sportliche Erscheinung sein.*]

9.4.3. Strukturformeln beim Adjektiv und beim Adverb

freund·lich *Adj*; **1 f.** (**zu j-m**) [Anschluss mit „zu j-m" fakultativ. Beispiel für den Gebrauch: *Sie war immer sehr freundlich (zu mir).*]

emp·feh·lens·wert *Adj*; ... **2 es ist e.** + **zu** + *Infinitiv* [Konstruktion verlangt eine verbale Ergänzung mit „zu + Infinitiv". Beispiel für den Gebrauch: *Es ist empfehlenswert, einen Tisch vorher zu reservieren.*]

ent·schie·den ... **3** *Adj*; *nur adv*; **e.** + **zu** + *Adj*; [In dieser Bedeutung wird das Adjektiv *entschieden* nur adverbiell verwendet und auch mit „zu + Adjektiv" verbunden. Beispiel für den Gebrauch: *Das ist mir entschieden zu teuer.*]

Bei manchen Adjektiven oder einzelnen Bedeutungen von ihnen stehen anstelle einer Strukturformel typische „Partner" für Kollokationen (in spitzen Klammern) vor der Definition:

pflicht·be·wusst *Adj*; ... ⟨ein Mensch⟩ so, dass er genau weiß, was seine Pflicht ist, u. entsprechend handelt

schüch·tern *Adj*; ... **2** ⟨ein Blick, ein Annäherungsversuch⟩ so, dass sie die Unsicherheit des Betreffenden zeigen

Hierdurch wird von vornherein die Bezugsperson bzw. -sache eingegrenzt, aber gleichzeitig werden Partizipialkonstruktionen mit „wissend", „handelnd", „seiend" usw. vermieden, die sehr unnatürlich klingen.

Langenscheidt

Großwörterbuch Deutsch als Fremdsprache

Das einsprachige Wörterbuch für alle, die Deutsch lernen

A, a

A, a [aː] *das*; -, - / *gespr auch -s*; **1** der erste Buchstabe des Alphabets ⟨ein großes A; ein kleines a⟩ **2** *Mus*; der sechste Ton der C- Dur-Tonleiter || K-: ***A-Dur, a-Moll*** || ID ***das A und O*** + *Gen* / ***von etw.*** das Wichtigste; ***von A bis Z*** von Anfang bis Ende ≈ gänzlich; ***Wer A sagt, muss auch B sagen*** wer e-e Sache beginnt, muss sie auch zu Ende bringen

Ä, ä [ɛː] *das*; -, - / *gespr auch -s*; der Umlaut des a ⟨ein großes Ä; ein kleines ä⟩

à [a] *Präp*; *mit Akk*; verwendet (mit e-r Zahl), um den Preis, das Gewicht *o.Ä.* von etw. anzugeben: *Zwei Briefmarken à 56 Cent*

ạ- *im Adj, wenig produktiv*; drückt das Gegenteil des Adjektivs aus, dem es vorangestellt ist ≈ un-; ***ahistorisch*** ⟨e-e Betrachtungsweise⟩, ***alogisch*** ⟨das Denken⟩, ***amusisch*** ⟨ein Mensch⟩, ***anormal*** ⟨Zustände⟩, ***asymmetrisch*** ⟨e-e Figur⟩ || NB: das Präfix lautet *ab-* in *abnorm* und *an-* in *anorganisch*

Aa [aˈ|a] (*das*); -; *nur Sg, gespr*; (verwendet von u. gegenüber Kindern) ≈ Kot ⟨Aa machen⟩

Aal *der*; -(*e*)*s*, -*e*; ein (Speise)Fisch, der wie e-e Schlange aussieht || K-: ***Aal-, -fang, -suppe*** || -K: ***Fluss-, Räucher-*** || ID ***sich winden wie ein Aal*** versuchen, sich aus e-r unangenehmen Situation (*mst* mit Ausreden) zu befreien

aa·len, sich; *aalte sich, hat sich geaalt*; [Vr] ***sich a.*** sich bequem ausstrecken u. ruhen ⟨sich in der Sonne a.⟩

aal·glạtt *Adj*; *ohne Steigerung, pej*; fähig, sich geschickt durch alle (unangenehmen) Situationen (hindurch) zu bewegen: *ein aalglatter Politiker*

Aas *das*; -*es*; *nur Sg*; **1** das Fleisch von e-m toten Tier: *Geier u. Hyänen fressen Aas* || K-: ***Aas-, -fresser*** **2** *gespr pej*; als Schimpfwort verwendet für e-n bösen, gemeinen Menschen **3** ***kein Aas*** *gespr pej* ≈ niemand: *Das interessiert doch kein Aas!*

aa·sen; *aaste, hat geaast*; [Vi] ***(mit etw.) a.*** *gespr*; etw. verschwenden ⟨mit seinem Geld, seinen Kräften a.⟩

Aas·gei·er *der*; **1** ein Geier, der sich von Aas ernährt **2** *gespr pej*; j-d, der andere Menschen ausnutzt u. ausbeutet

ạb[1] *Präp*; *mit Dat*; **1** verwendet, um den Zeitpunkt zu bezeichnen, von dem an etw. zutrifft ≈ von (5) … an ↔ bis: *Ab dem 18. Lebensjahr ist man volljährig*; *Ab nächster Woche habe ich wieder mehr Zeit*; *ab nächstem / nächsten Sonntag* **2** verwendet, um e-n örtlichen Ausgangspunkt zu ↑ bezeichnen ≈ von (4) … an ↔ bis ⟨etw. ab Werk liefern⟩: *Ab dieser Stelle kannst du allein weitergehen* **3** verwendet, um den Punkt zu bezeichnen, von dem aus etw. gerechnet wird ≈ von (3) … an: *ein Stammbaum ab der zweiten Generation* || NB: **a)** Gebrauch ↑ *Tabelle unter* ***Präpositionen***; **b)** *ab* kann auch mit adverbiellen Ausdrücken verbunden werden: *ab hier, ab morgen, ab nächster Woche*

ạb[2] *Adv*; **1** ***von irgendwann / irgendwo ab*** verwendet, um e-n Punkt zu bezeichnen, an dem etw. beginnt ⟨von heute, jetzt, hier, Mittwoch *usw* ab⟩ **2** verwendet in Fahrplänen, um e-n Ort od. Zeitpunkt zu nennen, von / an dem ein Zug *o.Ä.* abfährt ↔ an: *München ab 8.32 Uhr, Augsburg an 9.05 Uhr* **3** *gespr*; verwendet, um j-m zu befehlen wegzugehen ≈ fort: *Ab* (*ins Bett mit dir*)*!* **4** ***ab und zu*** / *nordd* ***ab und an*** ≈ manchmal **5** verwendet in Bühnenanweisungen, um auszudrücken, dass j-d die Bühne verlässt: *wütend ab* **6** *mst Mil*; verwendet, um j-m zu befehlen, etw. zu senken od. abzusetzen: *Helm ab!*; *Gewehr ab!*

ạb sein (*ist*) [Vi] **1** ***etw. ist*** (***von etw.***) ***ab*** etw. ist von der Stelle getrennt, wo es ursprünglich war: *An meinem Mantel sind zwei Knöpfe ab*; *Der Ast ist ab* **2** *gespr*; ohne Energie u. Kraft sein: *Nach der schweren Arbeit war er ganz / total / völlig ab*

ạb- *im Verb, betont u. trennbar, sehr produktiv*; Die Verben mit *ab-* werden nach folgendem Muster gebildet: *abschreiben - schrieb ab - abgeschrieben*

1 *ab-* drückt aus, dass sich j-d / etw. von e-m Ort entfernt od. dass j-d / etw. von e-m Ort entfernt wird ≈ weg-, fort- ↔ hin-;
abfahren: *Wir fuhren in Köln morgens um sieben ab* ≈ Wir verließen Köln um sieben Uhr
ebenso: ***abfliegen, etw. fließt ab, abmarschieren, abreisen, etw. abschicken, sich*** (***von etw.***) ***abschnellen, etw. absenden, sich*** (***von etw.***) ***abstoßen, j-n / ein Tier / etw. abtransportieren,*** (***von etw.***) ***abtreiben,*** (***von / aus etw.***) ***abziehen***

2 *ab-* drückt aus, dass etw. (*mst* mit e-m Werkzeug) von etw. getrennt wird ≈ los-, weg- ↔ an-[1] (1);
etw. (***von etw.***) ***absägen***: *Er sägte den Ast ab* ≈ Er trennte den Ast mit e-r Säge vom Baum
ebenso: (***etw.***) (***von etw.***) ***abbeißen, etw. abbinden, etw.*** (***von etw.***) ***abbrechen,*** (***j-m / sich***) ***etw. abhacken, etw. abkappen, etw. abknipsen, etw.*** (***von etw.***) ***abknöpfen, etw.*** (***von etw.***) ***abkoppeln, etw.*** (***von etw.***) ***abschlagen, etw.*** (***von etw.***) ***abschneiden, etw.*** (***von etw.***) ***abschnippeln, etw.*** (***von etw.***) ***abtrennen, etw.*** (***von etw.***) ***abzupfen***

3 *ab-* drückt aus, dass etw. (*z.B.* Staub) von e-m Gegenstand entfernt wird (*mst* weil man es dort nicht haben will) ≈ weg-;
etw. (***von etw.***) ***abwischen***: *Sie wischte den Staub von den Regalen ab* ≈ Sie entfernte den Staub mit e-m Lappen von den Regalen
ebenso: ***etw.*** (***von etw.***) ***abbeizen, etw.*** (***von etw.***) ***abblasen, etw.*** (***von etw.***) ***abbürsten, etw.*** (***von etw.***) ***abfegen, etw.*** (***von etw.***) ***abfeilen, etw.*** (***von etw.***) ***abhobeln, etw.*** (***von etw.***) ***abkehren, etw.*** (***von etw.***) ***abkratzen, etw. abmähen, etw.*** (***von etw.***) ***abpflücken,*** (***j-m / sich***) ***etw. abrasieren, etw.*** (***von etw.***) ***absaugen, etw.*** (***von etw.***) ***abschleifen***

4 *ab-* drückt aus, dass mit e-m Gegenstand (*z.B.* e-m Regal) etw. gemacht wird, um etw. davon zu entfernen;
etw. abwischen: *die Regale abwischen* ≈ Staub *usw* von den Regalen mit e-m Lappen entfernen
ebenso: ***etw. abbeizen, etw. abbürsten, etw. abfegen, etw. abfeilen, etw. abhobeln, etw. abkehren, etw. abkratzen, etw. abmähen, etw. abpflücken, etw. absaugen, etw. abschleifen***

5 *ab-* drückt aus, dass die Funktion von etw. vorübergehend beendet wird ≈ aus- (3) ↔ ein-, an-;
etw. abdrehen: *Er drehte die Heizung ab* ≈ Er drehte an der Heizung, sodass sie nicht mehr heizte;
ebenso: ***etw. abdrosseln, etw. abschalten, etw. absperren, etw. abstellen***
6 *ab-* drückt aus, dass ein Vorbild od. ein Original imitiert wird;
j-n / etw. abzeichnen: *Die Schüler zeichnen e-e Statue ab* ≈ Die Schüler zeichnen e-e Statue, die so aussieht wie die Statue, die vor ihnen steht
ebenso: ***etw. abformen, j-n / etw. abfotografieren, (etw.) (von etw.) ablesen, etw. abmalen, etw. (von / aus etw.) abschreiben, etw. abtippen***
7 *ab-* drückt aus, dass das Gegenteil von dem geschieht, was das Verb ohne *ab-* bezeichnet;
j-n / etw. abbestellen: *Er bestellte die Zeitung ab* ≈ Er teilte mit, dass er die Zeitung nicht mehr bekommen will
ebenso: ***j-n (von etw.) abberufen, j-m / sich etw. abgewöhnen, j-n / sich (bei etw. / von etw.) abmelden, (j-m) (von etw.) abraten, j-n / sich / etw. abschminken***

ạb·än·dern (*hat*) [Vt] ***etw. a.*** etw. ein wenig ändern ⟨den Antrag a.; den Rock, die Hose *o.Ä.* a.⟩ || *hierzu* **Ạb·än·de·rung** *die*

ạb·ar·bei·ten (*hat*) [Vt] **1** ***etw. a.*** etw. durch Arbeiten reduzieren u. schließlich beseitigen ⟨e-e Schuld, e-e Strafe a.⟩; [Vr] **2** ***sich a.*** sehr lange u. sehr schwer arbeiten, bis man völlig erschöpft ist ≈ sich abmühen: *Da arbeitet man sich tagelang ab, u. das ist nun der Dank* || *zu* **1** **Ạb·ar·bei·tung** *die*; *nur Sg*

Ạb·art *die*; ***e-e A.*** + *Artikel* + *Subst* (*im Gen*) e-e Art[2], die sich nur wenig von e-r anderen Art unterscheidet: *Der schwarze Panther ist e-e A. des Leoparden*

ạb·ar·tig *Adj*; (*bes* im sexuellen Verhalten) vom Normalen krankhaft abweichend ≈ pervers ⟨a. veranlagt sein⟩ || ► ***Art***[2]

ạb·bau·bar *Adj*; *nicht adv*; so, dass es abgebaut (4) werden kann ⟨ein Gift, Abfall; biologisch a.⟩

ạb·bau·en (*hat*) [Vt] **1** ***etw. a.*** Bodenschätze aus der Erde holen ≈ fördern ⟨Erz, Eisen, Kohle (im Tagebau, unter Tage) a.⟩ **2** ***etw. a.*** etw. für den Transport in seine Teile zerlegen ≈ abbrechen (4) ↔ aufbauen ⟨e-e Baracke, ein Gerüst, e-n Stand, ein Zelt a.⟩ **3** ***etw. a.*** etw. in der Zahl od. im Ausmaß verringern, reduzieren ⟨ein Defizit, Misstrauen, Personal, Privilegien, Vorurteile a.⟩ **4** ***etw. baut etw. ab*** *Chem*; etw. zerlegt etw. in einfachere Moleküle ⟨etw. baut Fett, Stärke, Schadstoffe ab⟩; [Vi] **5** ***j-d baut ab*** j-d wird schwächer u. kann nicht mehr so viel leisten || *zu* **1-4** **Ạb·bau** *der*; *nur Sg*

ạb·bei·ßen (*hat*) [Vt/i] ***(etw.) (von etw.) a.*** ein Stück von etw. beißen, mit den Zähnen von etw. trennen: *ein Stück Brot a.; Willst du mal a.?*

ạb·bei·zen (*hat*) [Vt] **1** ***etw. (von etw.) a.*** etw. mit Beize von etw. entfernen ⟨Farbe, Rost a.⟩ **2** ***etw. a.*** Farbe *o.Ä.* von etw. mit Beize entfernen: *den alten Schrank a.*

ạb·be·kom·men; *bekam ab, hat abbekommen*; [Vt] **1** ***etw. (von j-m / etw.) a.*** e-n Teil von etw. bekommen: *ein Stück Kuchen a.* **2** ***etw. a.*** e-n Schaden erleiden: *Er hat bei dem Unfall ein paar Kratzer / nichts abbekommen* **3** ***etw. a.*** es schaffen, etw. von etw. zu entfernen od. abzumachen: *Wie bekomme ich nun diese Fettflecken von der Hose ab?*

ạb·be·ru·fen; *berief ab, hat abberufen*; [Vt] ***j-n (von etw.) a.*** j-n aus seinem Amt entlassen od. ihm ein neues Amt geben: *e-n Botschafter von seinem Posten a.* || *hierzu* **Ạb·be·ru·fung** *die*; *mst Sg*

ạb·be·stel·len; *bestellte ab, hat abbestellt*; [Vt] **1** ***etw. a.*** mitteilen, dass man etw., das man bestellt hat, nicht mehr haben will: *ein gebuchtes Hotelzimmer a.* ↔ bestellen (2) **2** ***j-n a.*** j-n, den man zu sich bestellt hat, nicht kommen lassen ↔ bestellen (4): *die Handwerker wieder a.* || *hierzu* **Ạb·be·stel·lung** *die*

ạb·bet·teln (*hat*) [Vt] ***j-m etw. a.*** *gespr*; so lange betteln, bis man von j-m das Gewünschte bekommt: *Er bettelte seinem Vater ein Eis ab*

ạb·be·zah·len; *bezahlte ab, hat abbezahlt*; [Vt] **1** ***etw. a.*** e-e Summe Geld so zurückzahlen, dass man in regelmäßigen Abständen (*z.B.* jeden Monat) e-n Teil davon bezahlt: *seine Schulden a.* **2** ***etw. a.*** für etw., das man gekauft hat, so zahlen, dass man in regelmäßigen Abständen (*z.B.* jeden Monat) e-n Teil des Preises bezahlt: *das Auto, die Waschmaschine a.* || *hierzu* **Ạb·be·zah·lung** *die*

ạb·bie·gen [Vt] (*hat*) **1** ***etw. a.*** etw. in e-e andere Richtung biegen ≈ krümmen: *e-n Finger nach hinten a.* **2** ***etw. a.*** *gespr*; etw. durch geschicktes Verhalten verhindern: *Wir konnten die Durchführung des Plans nicht mehr a.*; [Vi] (*ist*) **3** ***j-d / etw. biegt ab*** j-d ändert (im Straßenverkehr) die Richtung, e-e Straße ändert die Richtung ⟨nach links / rechts a.; vom Weg a.⟩: *Die Straße biegt nach 50 Metern (nach) links ab*; *An der nächsten Kreuzung musst du (nach) rechts a.*

Ạb·bie·gung *die* ≈ Abzweigung

Ạb·bild *das*; e-e genaue Wiedergabe, Reproduktion von j-m / etw. ≈ Ebenbild: *ein A. der Natur*

ạb·bil·den (*hat*) [Vt] ***j-n / etw. a.*** j-n / etw. auf e-m Foto od. Bild zeigen, darstellen: *Auf der Titelseite der Zeitung war der neue Minister abgebildet*

Ạb·bil·dung *die*; *-, -en*; **1** *nur Sg*; das Abbilden **2** ein Bild (*mst* e-e Zeichnung) *bes* in e-m Buch, das e-n Text ergänzt; *Abk* Abb.: *ein Schulbuch mit vielen farbigen Abbildungen*

ạb·bin·den (*hat*) [Vt] **1** ***etw. a.*** etw., das mit e-m Knoten irgendwo befestigt ist, lösen ≈ losbinden ⟨ein Kopftuch, e-e Krawatte, e-e Schürze a.⟩ **2** ***etw. a.*** etw. so fest zusammenpressen, dass kein Blut mehr fließt ≈ abschnüren ⟨die Adern, die Nabelschnur, e-e Wunde a.⟩: *Die Schlagader ist verletzt, der Arm muss abgebunden werden* **3** ***etw. a.*** e-e Flüssigkeit mit Mehl *o.Ä.* vermischen ⟨*mst* e-e Soße, e-e Suppe a.⟩; [Vi] **4** ***etw. bindet ab*** etw. wird hart ⟨ein Kleber, der Mörtel, der Zement⟩ || *zu* **2** u. **4** **Ạb·bin·dung** *die*

Ạb·bit·te *die*; *mst Sg*, *veraltend*; e-e Bitte darum, dass j-d einem verzeiht ⟨(j-m) A. leisten, schulden, tun⟩

ạb·bla·sen (*hat*) [Vt] **1** ***etw. a.*** *gespr*; etw. nicht stattfinden lassen, obwohl es angekündigt war ≈ absagen ⟨ein Fest, e-n Streik, e-e Veranstaltung a.⟩ **2** ↑ ***ab-*** (3)

ạb·blät·tern (*ist*) [Vi] ***etw. blättert ab*** etw. löst sich in kleinen flachen Stücken u. fällt herunter ≈ etw. löst sich ab ⟨die Farbe; etw. blättert von der Wand ab⟩

ạb·blen·den (*hat*) [Vt] **1** ***etw. a.*** ein Licht (*z.B.* mit e-m Tuch) teilweise od. ganz verdecken (damit es nicht direkt in die Augen scheint); [Vi] **2** bei e-m Auto *o.Ä.* das Fernlicht abschalten u. das Abblendlicht einschalten (weil Gegenverkehr kommt) ↔ aufblenden

Ạb·blend|licht *das*; *nur Sg*; die Beleuchtung des Autos, die man benutzt, wenn nachts ein Auto entgegenkommt (weil so die anderen Fahrer nicht geblendet werden) ↔ Standlicht, Fernlicht ⟨das A. einschalten⟩

ạb·blit·zen (*ist*) [Vi] *gespr*; **1** ***bei j-m (mit etw.) a.*** bei j-m (mit etw.) keinen Erfolg haben ≈ von j-m abgewiesen werden ⟨bei j-m mit e-m Vorschlag, e-r Bitte a.⟩ **2** ***j-n a. lassen*** nicht auf e-n Flirt eingehen **3** ***j-n a. lassen*** j-s Forderung, Wunsch ablehnen

ạb·blo·cken; *blockte ab, hat abgeblockt*; [Vt]

j-n / etw. a. etw. tun, damit etw. nicht die gewünschte Wirkung hat ⟨e-n Angriff, j-s Kritik a.⟩

ạb·bra·ten *(hat)* [Vt] ***etw. a.*** Fleisch in der Pfanne braten: *ein Schnitzel a.*

ạb·brau·sen[1] *(hat)* [Vt] ***j-n / sich / etw. a.*** aus der Dusche Wasser über j-n / sich / etw. laufen lassen

ạb·brau·sen[2] *(ist)* [Vi] *gespr*; schnell u. mit lautem Geräusch von irgendwo wegfahren

ạb·bre·chen [Vt] *(hat)* **1** ***etw.*** **(*von etw.*)** ***a.*** etw. von etw. durch Brechen entfernen: *e-n dürren Ast a.* **2** ***etw. a.*** etw. (plötzlich) beenden, bevor das gewünschte Ziel erreicht ist ⟨e-e Beziehung, ein Studium, e-e Verhandlung, e-e Veranstaltung a.⟩ **3** ***etw. a.*** ein Gebäude zerstören, weil es nicht mehr benutzt werden kann od. um Platz für etw. anderes zu schaffen ≈ abreißen **4** ***etw. a.*** ≈ abbauen (2); [Vi] **5** ***etw. bricht ab*** *(ist)* etw. bricht u. löst sich dadurch von irgendwo: *Der Ast ist bei starkem Wind abgebrochen* **6** ***etw. bricht ab*** *(ist)* etw. bricht in zwei (od.mehr) Teile (u. wird so unbrauchbar) ⟨ein Bleistift, ein Messer⟩ **7** ***etw. bricht ab*** *(ist)* etw. hört plötzlich auf: *Die Musik brach plötzlich ab* **8** ***j-d bricht*** **(*mitten in ...*)** ***ab*** *(hat)* j-d hört plötzlich mit etw. auf: *Er brach mitten im Satz ab* || ID ***sich*** *(Dat)* ***einen a.*** *gespr*; sich sehr, übermäßig anstrengen (oft weil man etw. nicht geschickt genug macht)

ạb·brem·sen *(hat)* [Vt/i] **(*etw.*)** ***a.*** die Geschwindigkeit reduzieren (bis man zum Stehen kommt) ↔ beschleunigen: *Er musste (das Auto) stark a.*

ạb·bren·nen [Vt] *(hat)* **1** ***etw. a.*** etw. durch Feuer zerstören ≈ verbrennen (4): *e-e alte Hütte a.* **2** ***ein Feuerwerk a.*** verschiedene Feuerwerkskörper anzünden u. explodieren od. in die Luft fliegen lassen; [Vi] *(ist)* **3** ***etw. brennt ab*** etw. wird durch Feuer völlig zerstört ≈ etw. brennt nieder

ạb·brin·gen *(hat)* [Vt] ***j-n von etw. a.*** j-n dazu bringen od. überreden, etw. nicht zu tun ⟨j-n von e-m Gedanken, e-m Vorhaben a.⟩: *Der Polizist konnte den Mann im letzten Moment* davon *a.* zu *springen*

ạb·brö·ckeln *(ist)* [Vi] **1** ***etw. bröckelt ab*** etw. löst sich in kleinen Teilen von irgendwo u. fällt herab ≈ etw. löst sich ab: *Der Putz bröckelt von der Mauer ab* **2** ***etw. bröckelt ab*** *Ökon*; etw. verliert allmählich an Wert ⟨die Aktienkurse⟩

Ạb·bruch *der*; *-(e)s, Ab·brü·che*; **1** das Abbrechen (3) (e-s Gebäudes) ≈ Abriss ↔ Aufbau ⟨reif zum / für den A. sein⟩ || K-: ***Abbruch-, -erlaubnis, -firma, -genehmigung, -unternehmen*** **2** das Abbauen (2): *der A. des Zeltlagers* **3** das Abbrechen (2): *Nach dem A. der Friedensverhandlungen kam es zu neuen Kämpfen* **4** ***etw. tut etw.*** *(Dat)* **(*keinen*)** ***A.*** etw. schadet e-r Sache (nicht) || *zu* **1** **ạb·bruch·reif** *Adj*

ạb·brü·hen *(hat)* [Vt] ***etw. a.*** etw. (vor dem weiteren Verarbeiten) mit kochendem Wasser übergießen: *Mandeln muss man a., dann lassen sie sich schälen*

ạb·brum·men *(hat)* [Vt] ***etw. a.*** *gespr*; e-e Strafe im Gefängnis verbüßen: *Er muss noch zwei Jahre a.*

ạb·bu·chen *(hat)* [Vt] ***etw.*** **(*von etw.*)** ***a.*** Geld(beträge) von e-m Konto wegnehmen: *Die Miete wird vom Konto abgebucht* || *hierzu* **Ạb·bu·chung** *die*

ạb·bürs·ten *(hat)* [Vt] **1** ***etw.*** **(*von etw.*)** ***a.*** etw. mit e-r Bürste von etw. entfernen: *Haare von der Jacke a.* **2** ***j-n / sich / etw. a.*** j-n / sich / etw. mit e-r Bürste reinigen: *e-n Mantel a.*

ạb·bü·ßen *(hat)* [Vt] ***etw. a.*** für etw. Böses, das man getan hat, büßen, es durch Buße wieder gutmachen ⟨e-e Schuld a.⟩

Abc [abeˈt͜seː] *das*; -, -; *mst Sg*; **1** das Alphabet **2** ***das Abc*** + *Gen* die Anfänge, die fundamentalen Kenntnisse: *Er lernt gerade das Abc des Segelns*

ạb·che·cken *(hat)* [Vt] ***etw. a.*** *gespr*; (*bes* von Jugendlichen verwendet) ≈ überprüfen: *Hast du abgecheckt*, ob *der Boss damit einverstanden ist?*

Abc-Schüt·ze [abeˈt͜seː-] *der*; *hum*; ein Kind im ersten Schuljahr ≈ Erstklässler, Schulanfänger

ABC-Waf·fen [abeˈt͜seː-] *die*; *Pl*; atomare, biologische u. chemische Waffen

ạb·däm·men *(hat)* [Vt] **1** ***etw. a.*** fließendes Wasser durch e-n Damm zurückhalten ≈ stauen **2** ***etw. a.*** etw. durch e-n Damm vor Wasser schützen ⟨ein Gebiet, e-e Wiese a.⟩ || *hierzu* **Ạb·däm·mung** *die*

ạb·damp·fen *(ist)* [Vi] *gespr* ≈ abreisen, wegfahren

ạb·dan·ken *(hat)* [Vi] von e-r hohen Position zurücktreten ⟨ein Herrscher, ein König, ein Präsident⟩ || *hierzu* **Ạb·dan·kung** *die*

ạb·de·cken *(hat)* [Vt] **1** ***etw.*** **(*mit etw.*)** ***a.*** etw. *mst* Schützendes auf etw. legen ↔ aufdecken ⟨ein Beet, e-n Brunnen, den Fußboden a.⟩ || K-: ***Abdeck-, -haube, -plane*** **2** ***etw. a.*** das Dach e-s Gebäudes entfernen ↔ decken ⟨ein Dach, ein Haus a.⟩: *Der Sturm hat viele Häuser abgedeckt* **3** ***j-d / etw. deckt etw. ab*** j-d / etw. berücksichtigt etw. vollständig ⟨j-s Bedürfnisse, e-n Bedarf a.⟩: *Diese Regel deckt sämtliche Fälle ab*; *Der Plan des Kanzlers deckt auch einige Forderungen der Opposition ab*; [Vt/i] **4** **(*den Tisch*)** ***a.*** (nach dem Essen) das Geschirr vom Tisch entfernen ≈ abräumen

ạb·dich·ten *(hat)* [Vt] ***etw. a.*** etw. für Wasser od. kalte Luft undurchlässig machen ≈ isolieren ⟨ein Fenster, e-e Tür a.⟩ || *hierzu* **Ạb·dich·tung** *die*

ạb·drän·gen *(hat)* [Vt] ***j-n / etw.*** **(*von etw.*)** ***a.*** j-n / etw. von e-r Stelle (weg)drängen ≈ verdrängen: *j-n vom Weg / von der Straße a.*

ạb·dre·hen [Vt] *(hat)* **1** ***etw. a.*** *gespr*; etw. stoppen, indem man e-n Hahn schließt od. e-n Schalter betätigt ≈ abschalten, abstellen ↔ aufdrehen ⟨das Gas, den Strom, das Wasser a.⟩ **2** ***etw. a.*** etw. durch e-e drehende Bewegung von etw. trennen, entfernen ⟨e-n Knopf, e-n Schraubverschluss a.⟩ **3** ***etw. a.*** etw. vom Betrachter weg, in e-e andere Richtung drehen ≈ abwenden ↔ zuwenden ⟨das Gesicht, den Oberkörper a.⟩ **4** ***etw. a.*** etw. zu Ende filmen ⟨e-n Film, e-e Szene a.⟩; [Vi] *(ist / hat)* **5** ⟨*mst* ein Flugzeug, ein Schiff⟩ ***dreht ab*** ein Flugzeug, ein Schiff ändert den Kurs, die Richtung; [Vr] *(hat)* **6** ***sich a.*** sich vom Betrachter weg, in e-e andere Richtung drehen ≈ sich abwenden

ạb·drif·ten *(ist)* [Vi] ⟨*mst* ein Boot⟩ ***driftet ab*** ein Boot kann den Kurs nicht halten, wird (von der Strömung) weggetrieben ≈ ein Boot treibt ab (3)

Ạb·druck[1] *der*; *-(e)s, -e*; **1** die gedruckte Version e-s Gedichts, Romans, Vortrags *usw* **2** das nochmalige Drucken e-s Textes ⟨e-n A. genehmigen⟩

Ạb·druck[2] *der*; *-(e)s, Ab·drü·cke*; die Form, die ein Körper durch festen Druck auf ein Material hinterlässt ⟨e-n A. (in Gips, in Wachs) von etw. machen⟩ || -K: ***Finger-, Fuß-, Gebiss-; Gips-***

ạb·dru·cken *(hat)* [Vt] ***etw. a.*** etw. *mst* in e-r Zeitung od. Zeitschrift erscheinen lassen ≈ drucken (1): *e-n Artikel in e-r Zeitung a.*

ạb·drü·cken *(hat)* [Vt] **1** **(*j-m / sich*)** ***etw. a.*** (j-m / sich) e-n Körperteil so stark drücken, dass kein Blut, keine Luft mehr hindurchgeht: *sich e-e Ader a.* **2** ***etw.*** **(*in etw.*** *(Dat)***)** ***a.*** e-n Abdruck[2] von etw. in e-m weichen Material machen; [Vi] **3** bei e-r Waffe e-n Schuss auslösen ≈ schießen; [Vr] **4** ***sich*** **(*von etw.*)** ***a.*** sich von irgendwo wegdrücken ≈ sich abstoßen: *Er drückte sich kraftvoll vom Sprungbrett ab* **5** ***etw. drückt sich ab*** etw. ist sichtbar: *Seine Fußspuren hatten sich im Sand abgedrückt*

ạb·dun·keln *(hat)* [Vt] **1** ***etw. a.*** das Licht schwächer machen, sodass es dunkler wird ≈ verdunkeln (2):

ein Zimmer, e-e Lampe a. **2 *etw. a.*** *mst* e-e Farbe dunkler machen

ab·du·schen (*hat*) Vt ***j-n / sich / etw. a.*** ≈ duschen

ab·eb·ben; *ebbte ab, ist abgeebbt*; Vi ***etw. ebbt ab*** etw. wird geringer, weniger, schwächer ↔ etw. schwillt an ⟨das Hochwasser, das Interesse, der Lärm⟩ || ► ***Ebbe***

-a·bel *im Adj nach bestimmten Verben* (*mst auf -ieren*), *betont, wenig produktiv*; verwendet, um auszudrücken, dass etw. möglich od. j-d / etw. für etw. geeignet ist ≈ -bar; ***akzeptabel, deklinabel*** ≈ deklinierbar ↔ indeklinabel ⟨ein Wort⟩, ***transportabel*** ⟨ein Fernsehapparat⟩, ***praktikabel*** ⟨e-e Lösung, e-e Methode⟩, ***reparabel*** ≈ reparierbar ↔ irreparabel ⟨ein Schaden⟩ || NB: *der Schaden ist irreparabel → ein irreparabler Schaden*

A·bend *der*; *-s, -e*; **1** die (Tages)Zeit von Einbruch der Dämmerung bis ungefähr 24 Uhr ↔ Morgen ⟨am frühen, späten A.; am A.; gegen A.⟩ || K-: ***Abend-, -dämmerung, -essen, -gebet, -himmel, -lied, -mahlzeit, -nachrichten, -programm, -sonne, -spaziergang, -stunde, -veranstaltungen, -zeit, -zeitung*** || -K: ***Sommer-, Winter-; Sonntag-, Montag-*** *usw* **2** am A. (1) ↔ Morgen ⟨gestern, heute, morgen A.⟩ || NB: mit den Namen von Wochentagen zusammengeschrieben: *Sie starb Montagabend* **3** e-e gesellschaftliche Veranstaltung am A. (1) ⟨ein musikalischer A.⟩ **4 *ein bunter A.*** Veranstaltung am A. (1) mit e-m abwechslungsreichen Programm **5 *Guten / guten A.!*** verwendet als Gruß, wenn man j-n am A. (1) trifft od. sich von ihm verabschiedet ⟨j-m e-n Guten / guten A. wünschen⟩ **6 *der Heilige A.*** der 24. Dezember **7 *A. für A.*** an jedem A. (1) **8 *zu A. essen*** die Abendmahlzeit essen || *zu* **1 a·bend·lich** *Adj*; *nur attr od adv*

A·bend·brot *das*; *nur Sg, mst nordd*; ein (bescheidenes) Essen am Abend, *mst* mit Brot

A·bend·es·sen *das*; die Mahlzeit, die man abends isst: *Was gibts heute zum A.?*

a·bend·fül·lend *Adj*; *mst attr, nicht adv*; mehrere Stunden e-s Abends dauernd ⟨*mst* ein Film, ein Programm⟩

A·bend·gym·na·si·um *das*; e-e Schule, in der Erwachsene, die tagsüber arbeiten, am Abend auf das Abitur vorbereitet werden

A·bend·kas·se *die*; *mst in* ***an der A.*** an der Kasse, die am Abend, direkt vor der Veranstaltung, geöffnet ist ↔ im Vorverkauf ⟨Karten für e-n Ball, ein Konzert an der A. kaufen⟩

A·bend·kleid *das*; ein elegantes u. *mst* langes Kleid für e-e festliche Veranstaltung am Abend

A·bend·land *das*; *nur Sg, geschr*; die europäischen Völker zusammen als kulturelle Einheit (im Gegensatz zu den Ländern des Ostens) ≈ Okzident ↔ Morgenland, Orient || *hierzu* **a·bend·län·disch** *Adj*

a·bend·li·ch- *Adj*; *nur attr, nicht adv*; am Abend stattfindend, für den Abend typisch *o.Ä.* ⟨die Dämmerung, e-e Feierstunde, die Kühle⟩

A·bend·mahl *das*; *nur Sg, Rel*; **1 *das letzte A.*** die Mahlzeit, die Christus mit seinen Jüngern in der Nacht einnahm, in der er gefangen genommen wurde **2** e-e religiöse Handlung in christlichen Kirchen, bei der durch das Essen der Hostie u. das Trinken von Wein an den Tod Christi erinnert wird ⟨das A. empfangen⟩ || NB: In der katholischen Kirche sagt man dafür *die (heilige) Kommunion*

A·bend·rot *das*; *nur Sg*; die gelbrote Farbe, die der Himmel bei schönem Wetter am Abend hat, wenn die Sonne untergeht ↔ Morgenrot

a·bends *Adv*; am Abend ↔ morgens

A·bend·schu·le *die*; e-e Schule, an der der Unterricht abends stattfindet u. die *bes* von Berufstätigen besucht wird

A·bend·stern *der*; *nur Sg*; ein Stern (der Planet Venus), der abends sehr hell am Himmel leuchtet

A·ben·teu·er *das*; *-s, -*; **1** ein spannendes u. aufregendes Erlebnis od. Unternehmen (*mst* voller Gefahren) ⟨ein gefährliches A. bestehen, erleben⟩ || K-: ***Abenteuer-, -film, -geschichte, -roman, -urlaub*** **2** e-e kurze sexuelle Beziehung zu j-m ⟨ein pikantes A.; ein A. suchen⟩ || -K: ***Liebes-*** || ID ***sich in (jedes) A. stürzen*** (immer wieder) außergewöhnliche Erlebnisse suchen || *zu* **1 A·ben·teu·rer** *der*; *-s, -*; **A·ben·teu·re·rin** *die*; *-, -nen*; **a·ben·teu·er·lich** *Adj*

A·ben·teu·er·lust *die*; *nur Sg*; der Wunsch, Abenteuer (1) zu erleben || *hierzu* **a·ben·teu·er·lus·tig** *Adj*

a·ber[1] *Konjunktion*; **1** verwendet, um e-n Teilsatz einzuleiten, der e-n Gegensatz zum Vorausgegangenen ausdrückt ≈ jedoch: *Jetzt habe ich keine Zeit, a. morgen* **2** verwendet, um e-e Behauptung einzuschränken ≈ allerdings: *teuer, a. gut*; *Er ist alt, a. noch sehr rüstig*; *Er ist zwar nicht reich, dafür a. gesund* **3** verwendet, um e-n Einwand vorzubringen od. um j-m zu widersprechen: *A. nein!*; *A. warum denn?*; *A. das kann doch nicht wahr sein!* || NB: Bei *aber* steht das Verb (im Gegensatz zu *weil, dass, obwohl o.Ä.*) nicht am Ende des Satzes

a·ber[2] *Partikel*; *unbetont*; **1** verwendet, um auszudrücken, dass etw., das man feststellt, ungewöhnlich ist od. nicht so zu erwarten war ≈ vielleicht: *Das hast du a. fein gemacht!* (*mst* gegenüber Kindern verwendet); *Ist das a. kalt!*; *Hast du a. viele Kleider!* **2** verwendet in Aufforderungen, um auszudrücken, dass man ungeduldig wird: *Jetzt sei a. endlich still!*; *Nun hör a. mal auf!* **3** verwendet, um Ärger auszudrücken: *A. (, a.)!*; *A. Kinder, was soll denn das?*; *Wie kann man a. auch nur so dumm sein?* **4** verwendet, um die Antwort auf e-e Entscheidungsfrage zu verstärken: *„Kommst du mit?" - „A. ja / A. gern / A. sicher / A. natürlich!"*

A·ber *das*; *-s, -*; *mst in* ***ohne Wenn u. A.*** ↑ ***Wenn***

A·ber·glau·be(n) *der*; *nur Sg*; der Glaube an Dinge, die Glück bringen od. schaden, wie Hexerei u. Zauberei, die man nicht mit der Vernunft erklären kann || *hierzu* **a·ber·gläu·bisch** *Adj*

A·ber·hun·dert, a·ber·hun·dert *Zahlwort*; *indeklinabel*; viele Hundert: *A. wilde Bienen*

A·ber·hun·der·te, a·ber·hun·der·te *Zahlwort*; **A.** *+Gen / (von j-m / etw. (Pl))* viele Hunderte: *A. kleiner Insekten / von kleinen Insekten*

ab|er·ken·nen; *erkannte ab / aberkannte, hat aberkannt*; Vt ***(j-m) etw. a.*** durch e-n Beschluss etw. für ungültig erklären ↔ zuerkennen ⟨j-m ein Recht, e-e Auszeichnung a.⟩: *Ihm wurde der Titel des Boxweltmeisters aberkannt*; *Das Gericht erkannte ihm die Bürgerrechte ab* || *hierzu* **Ab|er·ken·nung** *die*; *mst Sg*

a·ber·ma·li·g- *Adj*; *nur attr, nicht adv, geschr*; noch einmal stattfindend ≈ wiederholt

a·ber·mals *Adv*; *geschr*; noch einmal ≈ wiederum

ab·ern·ten (*hat*) Vt **1 *etw. a.*** alle Früchte, das ganze Gemüse, das ganze Getreide *o.Ä.* ernten: *die Äpfel, den Weizen a.* **2 *etw. a.*** durch Ernten der Früchte, des Gemüses, des Getreides *o.Ä.* etw. völlig leer machen: *den Apfelbaum, das Feld a.*

A·ber·tau·send, a·ber·tau·send, *Zahlwort*; *indeklinabel*; viele Tausend: *A. kleine Mücken*

A·ber·tau·sen·de, a·ber·tau·sen·de, *Zahlwort*; **A.** *+Gen* / ***(von j-m / etw.*** *(Pl))* viele Tausende: *Tausende u. A. von Flüchtlingen verlassen zurzeit das Land*

a̲·ber·wit·zig *Adj*; völlig unsinnig ⟨e-e Vorstellung, ein Plan⟩ || *hierzu* **A̲·ber·witz** *der*; *nur Sg*

ạb|er·zie·hen; *erzog ab, hat aberzogen*; [Vt] ***j-m etw. a.*** j-n durch Erziehung dazu bringen, schlechtes Verhalten abzulegen ≈ abgewöhnen ↔ anerziehen: *e-m Kind die schlechten Manieren a.*

ạb·fah·ren [Vt] **1** ***etw. a.*** (*hat*) etw. mit e-m Fahrzeug wegtransportieren **2** ***etw. a.*** (*hat / ist*) e-e Strecke suchend entlangfahren **3** ***etw. a.*** (*hat*) etw. durch häufiges Fahren abnutzen ⟨e-n Reifen a.⟩ **4** ***j-m etw. a.*** (*hat*) j-m e-n Körperteil durch Überfahren abtrennen: *Ihm wurden bei dem Unfall beide Beine abgefahren*; [Vi] (*ist*) **5** (von Personen) ≈ wegfahren **6** ***etw. fährt ab*** ein Fahrzeug setzt sich in Bewegung od. verlässt e-n Ort **7** (***voll***) ***auf j-n / etw. a.*** *gespr*; von j-m / etw. begeistert sein: *auf ein Mädchen, auf Rockmusik a.* || *zu* **5** u. **6** **ạb·fahr·be·reit** *Adj*

Ạb·fahrt *die*; **1** das Abfahren (6) ↔ Ankunft: *die A. des Zuges* || K-: ***Abfahrts-, -ort, -signal, -termin, -zeit*** **2** e-e Fahrt auf Skiern vom Berg ins Tal || K-: ***Abfahrts-, -lauf, -rennen*** **3** e-e Strecke (beim Skifahren), die vom Berg ins Tal führt: *e-e anspruchsvolle A.* **4** die Straße, auf der man die Autobahn verlässt ≈ Ausfahrt ↔ Auffahrt ⟨die A. verpassen⟩ || *zu* **1** **ạb·fahrt·be·reit** *Adj*

Ạb·fall *der*; **1** unbrauchbare Reste, Überreste ≈ Müll ⟨radioaktiver A.; A. wieder verwerten⟩ || K-: ***Abfall-, -beseitigung, -eimer, -haufen, -kübel, -tonne, -verbrennungsanlage*** || -K: ***Küchen-*** **2** *nur Sg*; das Schwächerwerden ⟨*mst* e-r Leistung⟩ **3** *nur Sg*; das Abfallen (4) von e-m Glauben ⟨der A. vom Glauben, von Gott⟩

ạb·fal·len (*ist*) [Vi] **1** ***etw. fällt ab*** etw. löst sich von etw. u. fällt herunter: *Im Herbst fallen die Blätter der Bäume ab* **2** ***etw. fällt ab*** etw. verläuft schräg nach unten ↔ etw. steigt an: *Die Straße fällt hier steil ab* **3** ***etw. fällt*** (***für j-n***) ***ab*** *gespr*; j-d bekommt etw. nebenbei als Gewinn, Vorteil od. Anteil: *„Was fällt für mich ab, wenn ich euch helfe?"* **4** ***von j-m / etw. a.*** e-r Person od. Sache allmählich untreu werden ≈ sich von j-m / etw. lossagen ⟨von e-r Partei, vom Glauben a.⟩ **5** schlechter werden ⟨in seinen Leistungen a.⟩ **6** ***j-d / etw. fällt*** (***neben / gegenüber j-m / etw.***; ***gegen j-n / etw.***) ***ab*** j-d / etw. ist im Vergleich zu j-m / etw. schwächer, schlechter: *Neben dem ersten fällt sein zweiter Film stark ab*

ạb·fäl·lig *Adj*; mit Verachtung, ohne Respekt ⟨e-e Bemerkung; sich a. (über j-n) äußern⟩

Ạb·fall·pro·dukt *das*; **1** ein Produkt, das bei e-m Arbeitsprozess entsteht u. nicht mehr gebraucht wird ≈ Rest **2** ein Produkt, das ungeplant bei der Arbeit an e-r neuen Erfindung entsteht ≈ Nebenprodukt **3** ein Produkt, das aus Abfällen (1) hergestellt wird

ạb·fäl·schen (*hat*) [Vt] ***etw. a.*** *Sport*; den Schuss e-s anderen durch e-e (*mst* unabsichtliche) Berührung in e-e andere Richtung lenken ⟨den Ball, e-n Schuss a.⟩

ạb·fan·gen (*hat*) [Vt] **1** ***j-n / etw. a.*** verhindern, dass j-d / etw. sein Ziel erreicht ⟨e-n Brief, e-n Spion a.⟩ **2** ***j-n a.*** auf j-n warten, um ihn zu treffen ≈ abpassen (1): *Ich fing ihn ab, um ihn zu warnen* **3** ***j-n / etw. a.*** j-n / etw. aufhalten, abwehren ⟨e-n Angriff, den Feind a.⟩ **4** ***etw. a.*** etw. wieder unter Kontrolle bringen ⟨ein Flugzeug, ein Fahrzeug a.⟩ **5** ***etw. a.*** etw. abschwächen, parieren ⟨e-n Stoß a.⟩ **6** ***j-n a.*** *Sport*; j-n überholen ⟨den Konkurrenten a.⟩: *Er konnte den Gegner gerade noch vor dem Ziel a.*

Ạb·fang·jä·ger *der*; *Mil*; ein Flugzeug, das gegen angreifende Flugzeuge eingesetzt wird

ạb·fär·ben (*hat*) [Vi] **1** ***etw. färbt ab*** etw. überträgt seine Farbe auf etw. anderes: *Vorsicht - der Stoff färbt ab!* **2** ***etw. färbt*** (***auf j-n***) ***ab*** etw. wirkt sich auf j-d anderen (*mst* negativ) aus: *Das schlechte Benehmen seines Freundes färbt auf ihn ab*

ạb·fas·sen (*hat*) [Vt] ***etw. a.*** etw. schriftlich formulieren, verfassen ⟨e-n Artikel, ein Testament, e-n Brief *o.Ä.* a.⟩ || *hierzu* **Ạb·fas·sung** *die*; *mst Sg*

ạb·fau·len (*ist*) [Vi] ***etw. fault ab*** etw. fault u. löst sich dabei von etw. ⟨die Blätter⟩

ạb·fei·ern (*hat*) [Vt] ***etw. a.*** *gespr*; für Überstunden, die man gearbeitet hat, statt (mehr) Geld (mehr) Freizeit nehmen ⟨Überstunden, Mehrarbeit a.⟩

ạb·fei·len (*hat*) [Vt] **1** ***etw.*** (***von etw.***) ***a.*** etw. durch Feilen von etw. entfernen: *Unebenheiten von e-m Schlüssel a.* **2** ***etw. a.*** etw. durch Feilen kleiner od. schöner machen: *sich die Fingernägel a.*; [Vt/i] **3** (***etw.***) (***von j-m***) ***a.*** *gespr*; bei e-r Prüfung *o.Ä.* (etw.) von j-m abschreiben (u. so tun, als ob man es selbst gewusst hätte)

ạb·fer·ti·gen (*hat*) [Vt] **1** ***j-n a.*** bestimmte Formalitäten für j-n erledigen, damit er seine Reise fortsetzen kann ⟨Fluggäste am Schalter, bei der Passkontrolle a.⟩ **2** ***j-n*** (***mit etw.***) ***a.*** *gespr*; j-n unfreundlich behandeln ⟨j-n schroff, kurz, an der Tür a.⟩

Ạb·fer·ti·gung *die*; -, *-en*; **1** *nur Sg*; das Abfertigen, *mst* von Fluggästen od. Gepäck || K-: ***Abfertigungs-, -halle, -schalter*** || -K: ***Gepäck-*** **2** ≈ Abfindung (2)

ạb·feu·ern (*hat*) [Vt] **1** ***etw. a.*** aus e-r Schusswaffe schießen ⟨e-n Schuss a.⟩ **2** ***etw. a.*** ≈ abschießen ⟨e-e Rakete a.⟩

ạb·fie·seln; *fieselte ab, hat abgefieselt*; [Vt] *südd gespr* ≈ abnagen (1,2)

ạb·fin·den (*hat*) [Vt] **1** ***j-n*** (***mit etw.***) ***a.*** j-m für e-n Schaden od. für e-n Verlust Geld geben ≈ entschädigen ⟨j-n großzügig a.⟩; [Vr] **2** ***sich mit j-m / etw. a.*** j-n / etw. akzeptieren (*mst* weil es nichts Besseres gibt) ≈ sich zufrieden geben: *Er kann sich mit seiner Entlassung / seinem Schicksal nicht a.*

Ạb·fin·dung *die*; -, *-en*; **1** e-e einmalige Bezahlung an j-n, der e-n Schaden od. Verlust hat ≈ Entschädigung **2** das Geld, das j-d bekommt, wenn er e-e Arbeit geleistet od. auf ein Recht verzichtet hat || K-: ***Abfindungs-, -summe***

ạb·fi·schen (*hat*) [Vt] ***etw. a.*** etw. leer fischen ⟨e-n Teich, e-n Weiher a.⟩

ạb·fla·chen; *flachte ab, hat / ist abgeflacht*; [Vt] (*hat*) **1** ***etw. a.*** etw. flach(er) machen; [Vi] (*ist*) **2** ***etw. flacht ab*** etw. wird flacher ⟨ein Ufer⟩ **3** ***etw. flacht ab*** etw. wird (in der Qualität) schwächer od. schlechter ⟨Leistungen, die Konzentration; das Interesse⟩: *Die Diskussion ist schließlich stark abgeflacht* || *hierzu* **Ạb·fla·chung** *die*; *mst Sg*

ạb·flau·en; *flaute ab, ist abgeflaut*; [Vi] ***etw. flaut ab*** etw. wird allmählich schwächer ↔ etw. nimmt zu ⟨der Lärm, der Wind, die Leidenschaft⟩

ạb·flie·gen [Vi] (*ist*) **1** ***j-d / etw. fliegt ab*** ein Flugzeug (bzw. dessen Besatzung) startet u. fliegt weg: *Unsere Maschine ist pünktlich abgeflogen*; [Vt] (*hat*) / *bes südd* (*ist*) **2** *mst* ***j-d fliegt etw.*** (***nach etw.***) ***ab*** j-d sucht e-e Strecke, ein Gebiet in e-m Flugzeug ab: *Der Pilot hat das Dschungelgebiet nach dem abgestürzten Hubschrauber abgeflogen* || ► ***Abflug***

ạb·flie·ßen (*ist*) [Vi] **1** ***etw. fließt ab*** etw. fließt an e-e andere Stelle (weg): *Das Wasser konnte nicht a., weil das Rohr verstopft war* **2** ***etw. fließt ins Ausland ab*** ⟨Geld, Kapital *o.Ä.*⟩ wird im Ausland u. nicht im Inland investiert

Ạb·flug *der* ≈ der Start (e-s Flugzeuges) || K-: ***Abflugs-, -ort, -zeit*** || *hierzu* **ạb·flug·be·reit** *Adj*

Ạb·fluss *der*; **1** *nur Sg*; das Abfließen (des Wassers) **2** e-e Stelle, an der e-e Flüssigkeit abfließt: *Der A. des Waschbeckens ist verstopft* || K-: ***Abfluss-, -graben, -rinne, -rohr***

Ab·fol·ge *die*; e-e Reihenfolge, e-e Sequenz ⟨in rascher, logischer A.; die A. der Ereignisse⟩
ab·for·dern *(hat)* [Vt] ***j-m etw. a.*** von j-m etw. fordern, verlangen ≈ j-m etw. abverlangen ⟨j-m große Leistungen, ein Bekenntnis, ein Versprechen a.⟩
ab·fra·gen *(hat)* [Vt/i] **1** ***(j-n / j-m) (etw.) a.*** j-m Fragen über etw. stellen, um seine Kenntnisse zu prüfen: *Der Lehrer fragte den / dem Schüler die Vokabeln ab*; [Vt] **2** ***etw. a.*** *EDV*; sich Daten geben lassen ≈ abrufen (2) ⟨Informationen a.⟩
ab·fres·sen *(hat)* [Vt] ***ein Tier frisst etw. ab*** ein Tier frisst etw. von irgendwo weg
ab·frie·ren [Vt] *(hat)* **1** ***sich (Dat) etw. a.*** *gespr*; an e-m Körperteil solche Erfrierungen bekommen, dass dieser nicht mehr funktionieren kann u. *mst* amputiert wird: *Sie hat sich im Gebirge e-e Zehe abgefroren*; [Vi] *(ist)* **2** ***etw. friert ab*** etw. stirbt durch die Einwirkung von Frost ab ⟨Pflanzen⟩ || ID ***sich (Dat) einen a.*** *gespr hum*; stark frieren
Ab·fuhr *die*; -, *-en*; **1** *nur Sg*; das Abtransportieren ⟨die A. der Waren⟩ || -K: ***Müll-*** **2** *gespr*; e-e Absage, e-e Zurückweisung ↔ Zustimmung ⟨j-m e-e A. erteilen; sich *(Dat)* e-e A. holen⟩ **3** *Sport*; e-e sehr hohe Niederlage ⟨e-e A. bekommen⟩
ab·füh·ren *(hat)* [Vt] **1** ***j-n a.*** j-n, der festgenommen wurde, wegbringen: *Der Polizist führte den Verbrecher ab* **2** ***etw. (an j-n) a.*** an j-n Geld bezahlen ⟨Steuern, Beiträge, Gelder a.⟩; [Vi] **3** ***etw. führt ab*** etw. bewirkt, dass sich der Darm entleert
Ab·führ|mit·tel *das*; ein Medikament od. Mittel, das e-e schnelle Entleerung des Darms bewirkt
ab·fül·len *(hat)* [Vt] **1** ***etw. (in etw. (Akk)) a.*** e-e Flüssigkeit in kleinere Gefäße füllen ⟨Wein in Flaschen a.⟩ || K-: ***Abfüll-, -datum, -maschine*** **2** ***j-n a.*** *gespr*; j-n betrunken machen
Ab·ga·be *die*; **1** *nur Sg*; das Übergeben e-r Sache an j-n || K-: ***Abgabe-, -termin*** **2** *nur Sg*; ***die A. (an j-n)*** der Verkauf (e-r Ware) (an j-n) ↔ Ankauf ⟨A. nur an Erwachsene⟩ || K-: ***Abgabe-, -preis*** **3** *nur Sg*; das Verkünden *z.B.* e-r Erklärung od. e-s Urteils **4** *Sport*; das Zuspielen des Balls || -K: ***Ball-*** **5** *Sport*; der Verlust *z.B.* e-s Punktes od. e-s Satzes **6** *nur Sg*; das Abgeben des Stimmzettels bei e-r Wahl || -K: ***Stimm-*** **7** *nur Sg*; das Abfeuern e-s Schusses **8** *mst Pl*; die Summe, die man an die Kommune od. an den Staat zahlen muss ≈ Steuer ⟨Abgaben erheben, entrichten, zahlen⟩ || -K: ***Sozial-***
ab·ga·ben·frei *Adj*; *(Admin) geschr*; so, dass man dafür keine Abgaben / Steuern zahlen muss ↔ abgabenpflichtig (2)
ab·ga·ben·pflich·tig, ab·ga·be·pflich·tig *Adj*; *(Admin) geschr*; **1** verpflichtet, Abgaben / Steuern zu zahlen **2** so, dass man dafür Abgaben / Steuern zahlen muss ↔ abgabenfrei ⟨e-e Tätigkeit⟩
Ab·gang *der*; **1** *nur Sg*; das Weg-, Fortgehen: *ein unbemerkter A.* **2** das Verlassen der Bühne ↔ Auftritt ⟨ein glänzender A.⟩ **3** *nur Sg*; das Ausscheiden aus e-r Schule || K-: ***Abgangs-, -zeugnis*** || -K: ***Schul-*** **4** ein Gang od. e-e Treppe, die abwärts führen ↔ Aufgang || -K: ***Treppen-*** **5** *Sport*; das Abspringen von e-m Turngerät: *ein gelungener A. vom Reck* **6** *Med*; der Prozess, bei dem sich etw. aus dem Körper entfernt: *der A. von Nierensteinen* **7** ***e-n A. haben*** e-e Fehlgeburt haben || ID ***sich (Dat) e-n guten A. verschaffen*** sich so verhalten, dass andere e-n guten Eindruck von einem haben, wenn man weggeht || *zu* **3** **Ab·gän·ger** *der*; *-s*, -; **Ab·gän·gerin** *die*; -, *-nen*
ab·gän·gig *Adj*; *nicht adv*, *südd* vermisst, verschwunden: *Das Kind war drei Tage lang a.*
Ab·gas *das*; *-es*, *-e*; *mst Pl*; Gase, die entstehen, wenn etw. verbrennt || K-: ***Abgas-, -katalysator, -test, -turbine, -untersuchung*** || -K: ***Auspuff-, Industrie-*** || *hierzu* **ab·gas·re·du·ziert** *Adj*
ab·gas·arm *Adj*; ⟨ein Fahrzeug, ein Auto⟩ so, dass sie wenig Abgase produzieren
ab·gau·nern; *gaunerte ab, hat abgegaunert*; [Vt] ***j-m etw. a.*** *gespr*; von j-m etw. durch e-n Trick bekommen: *j-m sein ganzes Geld beim Kartenspiel a.*
ab·ge·ar·bei·tet **1** *Partizip Perfekt*; ↑ ***abarbeiten*** **2** *Adj*; von langer u. anstrengender Arbeit sehr müde, erschöpft od. schwach ⟨a. sein, aussehen⟩
ab·ge·ben *(hat)* [Vt] **1** ***etw. (bei j-m) a.*** j-m etw. (über)geben: *die Schularbeiten beim Lehrer a.* **2** ***etw. a.*** e-e Ware verkaufen **3** ***etw. a.*** ein Amt freiwillig nicht länger ausüben ↔ übernehmen **4** ***etw. a.*** etw. öffentlich verkünden ⟨e-e Erklärung, ein Gutachten, ein Urteil a.⟩ **5** ***etw. a.*** etw. von sich auf etw. anderes übertragen ⟨Wärme, Energie, Strahlen a.⟩ **6** ***(j-m) etw. a.*** j-m e-n Teil von dem geben, was man besitzt: *Willst du mir nicht ein Stück von deiner Schokolade a.?* **7** ***den Ball a.*** *Sport*; den Ball e-m Mitspieler zuspielen **8** ***etw. a.*** *Sport*; etw. verlieren ⟨e-n Punkt, e-n Satz a.⟩ **9** ***seine Stimme a.*** ≈ wählen[2] **10** ***e-n Schuss a.*** ≈ schießen, e-n Schuss abfeuern **11** ***j-d / etw. gibt etw. ab*** *gespr*; j-d / etw. stellt etw. dar (5) ⟨j-d gibt e-e traurige Figur, ein gutes Vorbild ab; etw. gibt ein schönes Motiv ab⟩: *Er wird e-n guten Ehemann a.*; [Vr] **12** ***sich mit j-m / etw. a.*** *gespr, mst pej*; sich mit j-m / etw. beschäftigen: *Mit solchen Kleinigkeiten gebe ich mich nicht ab* **13** ***sich mit j-m a.*** *gespr*; enge Kontakte zu j-m haben, der als ungeeignete od. schlechte Gesellschaft angesehen wird: *Du solltest dich nicht mit so e-m Kerl a.!* || ► ***Abgabe***
ab·ge·brüht **1** *Partizip Perfekt*; ↑ ***abbrühen*** **2** *Adj*; *gespr pej*; (durch negative Erlebnisse) unempfindlich u. abgestumpft, ohne moralische Skrupel ≈ skrupellos ⟨ein Betrüger, ein Killer⟩ || *zu* **2** **Ab·ge·brüht·heit** *die*; *nur Sg*
ab·ge·dro·schen *Adj*; *gespr pej*; zu oft gebraucht u. abgenutzt ≈ banal ⟨e-e Redensart, e-e Phrase, e-e Ausrede⟩ || *hierzu* **Ab·ge·dro·schen·heit** *die*; *nur Sg*
ab·ge·feimt *Adj*; *nicht adv*, *pej* ≈ raffiniert, durchtrieben ⟨ein Gauner, ein Schurke, ein Lügner⟩
ab·ge·fuckt [-fakt] *Adj*; *vulg*; *bes* von Jugendlichen verwendet, um ein sehr negatives Urteil auszusprechen: *ein total abgefuckter Typ*
ab·ge·grast **1** *Partizip Perfekt*; ↑ ***abgrasen*** **2** *Adj*; *nicht adv*; *gespr*; keine Möglichkeiten mehr bietend, sich damit zu beschäftigen ⟨ein Bereich der Wissenschaft⟩
ab·ge·grif·fen *Adj*; *nicht adv*; **1** durch häufiges Anfassen abgenutzt ⟨ein Buch⟩ **2** *pej* ≈ abgedroschen ⟨e-e Phrase⟩
ab·ge·hackt **1** *Partizip Perfekt*; ↑ ***abhacken*** **2** *Adj*; nicht fließend u. harmonisch ≈ stockend ⟨e-e Äußerung, e-e Bewegung; a. sprechen⟩
ab·ge·half·tert *Adj*; *nicht adv*, *gespr*, *oft pej*; ⟨ein Funktionär, ein Politiker⟩ ohne den Einfluss u. die Position, die sie einmal gehabt haben
ab·ge·han·gen *Adj*; *nicht adv*; durch langes Hängen weich u. zart geworden ⟨Fleisch, Filet; gut a.⟩
ab·ge·härmt *Adj*; *nicht adv*, *geschr*; von Sorgen u. Kummer gezeichnet ⟨ein Gesicht⟩
ab·ge·hen *(ist)* [Vi] **1** ***von etw. a.*** e-e Schule *o.Ä.* verlassen ⟨von der Schule, Universität a.⟩ **2** ***etw. geht irgendwo ab*** etw. zweigt von e-m größeren Weg ab ↔ etw. mündet irgendwo ein: *Hier geht ein kleiner Weg ab* **3** ***etw. geht (von etw.) ab*** *gespr*; etw. löst sich: *Mir ist ein Knopf vom Mantel abgegangen* **4** ***von etw. a.*** nicht mehr auf etw. bestehen ≈ aufgeben[2] (2) ⟨von seinen Forderungen, seinen Gewohnheiten, seinem Standpunkt a.⟩ **5** ***etw. geht ab*** etw. wird vom Körper mit den Exkrementen ausgeschieden ⟨Blut, Gallensteine⟩ **6** ***etw. geht***

(von etw.) ab etw. wird von etw. abgezogen: *Vom Preis gehen noch fünf Prozent ab* **7 etw. geht irgendwie ab** *gespr* ≈ etw. geht irgendwie aus, endet irgendwie: *Der Unfall ist gut / glimpflich abgegangen* **8 etw. geht j-m ab** *gespr*; etw. fehlt j-m: *Mir gehen 10 Euro ab*; *Ihm geht jedes Verständnis für Kinder ab* **9** *Sport*; ein Gerät mit e-m Sprung verlassen u. damit die Übung beenden || ► **Abgang**

ạb·ge·kämpft *Adj*; sichtbar müde od. erschöpft ⟨e-n abgekämpften Eindruck machen⟩

ạb·ge·kar·tet *Adj*; *nicht adv*, *pej*; *mst in* **ein abgekartetes Spiel / e-e abgekartete Sache** e-e Angelegenheit / e-e Sache, die (zum Nachteil e-s anderen) heimlich vereinbart wurde

ạb·ge·klärt 1 *Partizip Perfekt*; ↑ **abklären 2** *Adj*; durch Erfahrung ausgeglichen, reif u. klug ≈ besonnen: *a. reagieren*; *a. über etw. sprechen* || *zu* **2 Ạb·ge·klärt·heit** *die*; *nur Sg*

ạb·ge·le·gen *Adj*; weit entfernt u. isoliert ↔ nahe ⟨ein Dorf⟩ || *hierzu* **Ạb·ge·le·gen·heit** *die*; *nur Sg*

ạb·gel·ten (*hat*) Vt **etw. a.** e-e Schuld bezahlen od. wieder gutmachen || *hierzu* **Ạb·gel·tung** *die*; *nur Sg*

ạb·ge·macht 1 *Partizip Perfekt*; ↑ **abmachen 2** *Adj*; verwendet, um auszudrücken, dass man e-n Vorschlag akzeptiert ≈ o.k., in Ordnung: *„Wir treffen uns morgen, ja?“ - „A.!“* || ID *mst* **Das war e-e abgemachte Sache!** es war alles schon vorher verabredet (*mst* zum Nachteil des Sprechers)

ạb·ge·mel·det 1 *Partizip Perfekt*; ↑ **abmelden 2** *Adj*; *nicht adv*; *mst in* **bei j-m a. sein** *gespr*; von j-m verachtet werden, nicht mehr zu j-s Freunden zählen

ạb·ge·neigt *Adj*; *mst präd*; **1 j-m / etw. a. (sein)** j-m / etw. gegenüber negativ eingestellt (sein) ↔ zugetan **2** *mst* **nicht a. sein zu** + *Infinitiv* nichts dagegen haben, etw. zu tun

Ạb·ge·ord·ne·te *der / die*; *-n, -n*; **1** ein gewähltes Mitglied e-s Parlaments ≈ Volksvertreter || -K: **Bundestags-, Landtags-, Parlaments-, Volkskammer- 2** ein Beauftragter, Delegierter *z.B.* e-s Vereins || NB: *ein Abgeordneter*; *der Abgeordnete*; *den, dem, des Abgeordneten*

Ạb·ge·ord·ne·ten·haus *das* ≈ Parlament

ạb·ge·ris·sen 1 *Partizip Perfekt*; ↑ **abreißen 2** *Adj*; in schlechter Kleidung ↔ gepflegt **3** *Adj*; von vielen Pausen (beim Sprechen) unterbrochen, ohne Zusammenhang ⟨Äußerungen, e-e Sprechweise⟩ || *zu* **2** u. **3 Ạb·ge·ris·sen·heit** *die*; *nur Sg*

Ạb·ge·sand·te *der / die*; *-n, -n*; *veraltend*; j-d, der von e-m Herrscher mit e-r Botschaft od. e-m Auftrag zu j-m geschickt wird || NB: *ein Abgesandter*; *der Abgesandte*; *den, dem, des Abgesandten*

ạb·ge·schie·den *Adj*; **1** weit entfernt von anderen ⟨ein Haus, ein Dorf⟩ **2** ohne Kontakt zu anderen: *ein abgeschiedenes Leben führen* || *hierzu* **Ạb·ge·schie·den·heit** *die*; *nur Sg*

ạb·ge·schlafft *Adj*; *gespr*; müde u. erschöpft ↔ frisch (5) ⟨ein abgeschlaffter Typ; a. aussehen⟩

ạb·ge·schla·gen 1 *Partizip Perfekt*; ↑ **abschlagen 2** *Adj* ≈ erschöpft, zerschlagen ⟨e-n abgeschlagenen Eindruck machen⟩ **3** *Adj*; *Sport*; klar geschlagen, besiegt: *Sie landete a. auf dem 14. Platz*

ạb·ge·schlos·sen 1 *Partizip Perfekt*; ↑ **abschließen 2** *Adj*; *nicht adv*; für sich e-e Einheit bildend ⟨e-e Wohnung⟩

ạb·ge·schmackt *Adj*; *nicht adv*, *pej* ≈ geschmacklos, taktlos ⟨Redensarten, Späße⟩ || *hierzu* **Ạb·ge·schmackt·heit** *die*; *nur Sg*

ạb·ge·se·hen 1 *Partizip Perfekt*; ↑ **absehen 2 a. von / von ... a.** wenn man etw. nicht berücksichtigt ≈ außer[1] (1): *A. von der Fahrt / Von der Fahrt a. war der Urlaub sehr schön* **3 a. davon** außerdem, im Übrigen: *A. davon wissen wir gar nicht, wo er wohnt*

ạb·ge·spannt 1 *Partizip Perfekt*; ↑ **abspannen 2** *Adj*; müde u. ohne Energie ↔ erholt ⟨a. aussehen, wirken⟩ || *zu* **2 Ạb·ge·spannt·heit** *die*; *nur Sg*

ạb·ge·spielt 1 *Partizip Perfekt*; ↑ **abspielen 2** *Adj*; durch häufigen Gebrauch abgenutzt ⟨e-e Schallplatte, ein Film, ein Tennisball⟩

ạb·ge·stan·den 1 *Partizip Perfekt*; ↑ **abstehen 2** *Adj*; nicht mehr frisch ⟨Luft, ein Geruch, Wasser⟩

ạb·ge·ta·kelt *Adj*; *gespr pej*; drückt aus, dass j-d durch seinen Lebensstil alt u. verbraucht wirkt ⟨j-d sieht a. aus⟩

ạb·ge·win·nen (*hat*) Vt **1 j-m etw. a.** von j-m etw. gewinnen: *Er hat ihm beim Pokern 2000 Euro abgewonnen* **2 j-m etw. a.** erreichen, dass j-d etw. tut ≈ entlocken ⟨j-m ein Lächeln, ein Versprechen a.⟩ **3 etw.** (*Dat*) **etw. a.** etw. Gutes an etw. finden: *Er kann der modernen Kunst nichts Faszinierendes a.*; *Ich kann der Sache nichts Positives a.*

ạb·ge·wöh·nen (*hat*) Vt **1 j-m / sich etw. a.** j-n / sich dazu bringen, e-e schlechte Gewohnheit aufzugeben ↔ j-m / sich etw. angewöhnen ⟨j-m / sich das Rauchen, das Trinken a.⟩ **2 etw. ist zum Abgewöhnen** etw. ist so, dass man nichts mehr davon haben möchte: *Das Fernsehprogramm ist mal wieder zum Abgewöhnen!*

ạb·ge·zehrt *Adj*; *nicht adv*; von Hunger, Krankheit od. großer Anstrengung sehr erschöpft u. mager: *Sie macht e-n abgezehrten Eindruck*

ạb·gie·ßen (*hat*) Vt **1 etw. a.** e-e Flüssigkeit (aus e-m Gefäß, von etw.) weggießen: *das Wasser von den Kartoffeln a.* **2 etw. a.** etw. durch e-n Guss nachbilden ⟨e-e Statue, e-e Büste a.⟩ || ► **Abguss**

Ạb·glanz *der*; *nur Sg*; **1** der reflektierte Glanz *z.B.* des Mondscheins **2 ein A.** + *Gen*; *geschr*; ein Rest, an dem man die Spuren von etw. Vergangenem noch erkennt: *nur ein schwacher A. des vergangenen Reichtums*

ạb·glei·ten (*ist*) Vi **(von etw.) a.** (den Halt verlieren u. mit etw.) seitlich *mst* nach unten gleiten: *Er ist mit dem Messer abgeglitten u. hat sich geschnitten*

Ạb·gott *der*; **1** j-d, der sehr geliebt u. übertrieben verehrt wird: *Er ist der A. seiner Eltern* **2** *veraltend*; ein heidnischer Gott ≈ Götze

ạb·göt·tisch *Adj*; *nur attr od adv*; sehr stark übertrieben ⟨e-e Liebe; j-n a. verehren, lieben⟩

ạb·gra·ben (*hat*) Vt *mst in* **j-m das Wasser a.** j-n beruflich od. geschäftlich so stark schädigen, dass seine Existenz gefährdet wird

ạb·gra·sen (*hat*) Vt **1 ein Tier grast etw. ab** ein Tier frisst das Gras von etw. weg: *Das Vieh graste die Weide ab* **2 etw. (nach j-m / etw.) a.** *gespr* ≈ absuchen: *ein Waldstück nach Pilzen a.*; *alle Läden a.*

ạb·gren·zen (*hat*) Vt **1 etw. a.** etw. durch e-e Grenze von etw. trennen: *Die Schnur grenzt das Becken für Nichtschwimmer ab* **2 etw. (gegen etw.) a.**; **etw. (von etw.) a.** zeigen, wo die Grenze zwischen zwei Dingen liegt ≈ trennen (2): *die Rechte deutlich von den Pflichten a.*; Vr **3 sich von j-m / etw. a.** sich von j-m / etw. distanzieren: *Sie versuchte, sich von der Politik ihrer Partei abzugrenzen* || *hierzu* **Ạb·gren·zung** *die*

Ạb·grund *der*; **1** e-e sehr große, gefährliche Tiefe ⟨ein tiefer A.; in e-n A. stürzen⟩ **2** *nur Sg* ≈ Verderben, Untergang ⟨j-n an den Rand des Abgrunds bringen⟩ **3** ein Gegensatz, den man nicht überwinden kann ≈ Kluft[1] (2): *Zwischen der Opposition u. der Regierung tun sich Abgründe auf* **4 ein gähnender A.** *geschr*; ein tiefer, dunkler A. (1)

ạb·grün·dig *Adj*; **1** *geschr* ≈ geheimnisvoll, rätselhaft ⟨ein Geheimnis, ein Gedanke, ein Lächeln; a. lächeln⟩ **2** *nur adv*; verwendet, um Adjektive zu verstärken ≈ sehr: *a. boshaft, gemein*

ạb·grund·tief *Adj*; (auf negative Weise) enorm

stark, intensiv ⟨ein Hass, e-e Wut; j-n a. hassen, verachten⟩

ạb·gu·cken (*hat*) [Vt] **1 etw.** (**bei j-m**) **a.**; (**j-m**) **etw. a.** *gespr*; etw. nachahmen, nachmachen, nachdem man es bei j-m gesehen hat: *Diesen Trick hat er* (*bei*) *seinem Vater abgeguckt*; [Vt/i] **2** (**etw.**) (**bei j-m**) **a.** *gespr*; (in der Schule) bei Prüfungen von j-m abschreiben

Ạb·guss *der*; die Nachbildung e-s Originals ⟨ein A. in Bronze, Gips, Wachs; der A. e-r Statue⟩

ạb·ha·ben (*hat*) [Vt] *gespr*; **1 etw.** (**von etw.**) **a.** e-n Teil von etw. bekommen: *Willst du auch ein Stück von dem Kuchen a.?* || NB: *mst* im Infinitiv **2 etw. a.** etw. nicht (auf dem Kopf) tragen ↔ aufhaben ⟨den Hut, die Mütze, die Brille a.⟩

ạb·ha·cken (*hat*) [Vt] (**j-m / sich**) **etw. a.** etw. mit e-r Hacke od. Axt von etw. anderem trennen: *e-n abgestorbenen Ast a.*

ạb·ha·ken (*hat*) [Vt] **1 etw. a.** etw. mit e-m Häkchen versehen als Zeichen, dass es erledigt ist: *die Namen auf e-r Liste a.* **2 etw. a.** ein *mst* unangenehmes Erlebnis schnell vergessen: *Unser Streit ist bereits abgehakt* || NB *zu* **2**: *mst* im Perfekt

ạb·hal·ten (*hat*) [Vt] **1 j-n von etw. a.** j-n daran hindern, etw. zu tun ⟨j-n von der Arbeit a.⟩: *Sei ruhig u. halte mich nicht ständig vom Lernen ab!* **2 etw. a.** etw. veranstalten, stattfinden lassen ⟨e-e Sitzung, e-n Kurs, Wahlen a.⟩ **3 etw. hält etw. ab** etw. bewirkt, dass Schnee, Licht, Hitze *o.Ä.* nicht eindringt: *Laub auf Gemüsebeeten soll den Frost a.* || *zu* **2 Ạb·hal·tung** *die*; *nur Sg*

ạb·han·deln (*hat*) [Vt] **1 j-m etw. a.** so lange mit j-m handeln, bis er einem etw. zu e-m Preis verkauft, den man zu zahlen bereit ist **2 etw. a.** etw. wissenschaftlich bearbeiten od. behandeln ⟨ein Thema, e-e Frage, ein Kapitel a.⟩ || *zu* **2 Ạb·hand·lung** *die*

ab·hạn·den *Adv*; *mst in* **etw. ist** (**j-m**) **a. gekommen** etw. ist verloren gegangen

Ạb·hang *der*; e-e schräge Fläche zwischen e-m höher u. e-m tiefer gelegenen Gelände ⟨ein steiler, sanfter A.⟩ || -K: ***Berg-***

ạb·hän·gen[1]; *hing ab, hat abgehangen*; [Vi] **1 etw. hängt von etw. ab** etw. ist durch etw. bedingt od. bestimmt ⟨etw hängt vom Zufall ab⟩: *Es hängt vom Wetter ab, ob wir baden gehen können* **2 von etw. a.** etw. unbedingt brauchen ≈ etw. benötigen: *vom Geld der Eltern a.* **3 von j-m a.** *gespr*; j-s Autorität, Macht unterworfen sein ⟨von seinem Vorgesetzten a.⟩

ạb·hän·gen[2]; *hängte ab, hat abgehängt*; [Vt] **1 etw. a.** etw. von einem Haken od. Nagel (herunter)nehmen ↔ aufhängen ⟨ein Bild a.⟩ **2 etw.** (**von etw.**) **a.** e-e Verbindung lösen ≈ abkuppeln ↔ anhängen[2] (1) ⟨e-n Wagen, e-n Waggon a.⟩ **3 j-n a.** *gespr*; j-n hinter sich lassen, weil man schneller od. besser ist ≈ loswerden, abschütteln ⟨e-n Verfolger, e-n Konkurrenten a.⟩

ạb·hän·gig *Adj*; *nicht adv*; **1** (**von j-m / etw.**) **a. sein** die Hilfe, Unterstützung *o.Ä.* von j-m / etw. brauchen ↔ selbstständig sein ⟨von seinen Eltern a. sein⟩ **2 etw. ist a. von etw.** etw. ist durch etw. bedingt ⟨vom Erfolg, Wetter, Zufall a.⟩ **3 etw. ist von etw. a.** ein Staat *o.Ä.* ist politisch, wirtschaftlich u. militärisch nicht selbstständig **4 a.** (**von etw.**) süchtig nach etw.: *Ihr Freund ist* (*von Drogen u. Tabletten*) *a.* **5 etw. von etw. a. machen** e-e bestimmte Bedingung stellen, unter der man etw. akzeptiert || *zu* **1-4 Ạb·hän·gig·keit** *die*

-ab·hän·gig *im Adj nach Subst, begrenzt produktiv*; **1** sich mit der genannten Sache ändernd, durch sie bedingt ↔ -unabhängig; ***altersabhängig*** ⟨e-e Besoldung⟩, ***leistungsabhängig*** ⟨e-e Bezahlung⟩, ***preisabhängig*** ⟨e-e Nachfrage⟩, ***wetterabhängig*** ⟨ein Fahrplan⟩ **2** nach etw. süchtig ≈ -süchtig; ***alkoholabhängig, drogenabhängig, heroinabhängig, tablettenabhängig***

ạb·här·ten (*hat*) [Vt] **1 etw. härtet ab** etw. macht den Körper od. die Seele weniger empfindlich; [Vr] **2 sich** (**gegen etw.**) **a.** seinen Körper durch bestimmte Maßnahmen (*z.B.* kalte Duschen *o.Ä.*) gegen Krankheiten unempfindlicher machen || *hierzu* **Ạb·här·tung** *die*; *nur Sg*

ạb·hau·en[1]; *haute ab / geschr veraltend hieb ab, hat abgehauen*; [Vt] **etw. a.** etw. *mst* mit e-r Axt von etw. trennen: *Er haute den Ast mit e-m Schlag ab*

ạb·hau·en[2]; *haute ab, ist abgehauen*; [Vi] *gespr*; von irgendwo weggehen / verschwinden, wo es einem nicht gefällt od. wo man nicht erwünscht ist: *Hau ab, ich kann dich nicht mehr sehen!*; *Als ihn sein Vater verprügelte ist er von zu Hause abgehauen*

ạb·häu·ten (*hat*) [Vt] **ein Tier a.** e-m Tier die Haut, das Fell abziehen ≈ enthäuten

ạb·he·ben (*hat*) [Vt/i] **1** (**etw.**) **a.** etw. heben u. von etw. entfernen ↔ auflegen: *den Telefonhörer a.*; *Es hebt keiner ab*; [Vt] **2 etw. a.** e-e Geldsumme vom Bankkonto *o.Ä.* nehmen ↔ einzahlen ⟨Geld a.⟩: *500 Euro vom Sparbuch a.*; [Vi] **3 etw. hebt ab** etw. hebt sich beim Start in die Luft ↔ etw. landet ⟨ein Flugzeug⟩ **4** *gespr*; sehr eingebildet werden: *Hoffentlich hebt er nicht ab, wenn er den Job kriegt!*; [Vr] **5 j-d / etw. hebt sich** (**von j-m / etw.**) **ab** j-d / etw. unterscheidet sich deutlich von j-m / etw.: *Das Rot hebt sich deutlich vom Hintergrund ab*; *Sie hebt sich in ihren Leistungen stark von ihrer Kollegin ab*

ạb·hef·ten (*hat*) [Vt] **etw. a.** etw. in e-n Ordner od. Hefter einordnen ⟨Rechnungen, Briefe a.⟩

ạb·hei·len (*ist*) [Vi] **etw. heilt ab** etw. heilt vollständig: *Die Wunde ist ohne Narbe abgeheilt*

ạb·hel·fen (*hat*) [Vi] **etw.** (*Dat*) **a.** etw. durch gezielte Maßnahmen beseitigen ⟨der Not, dem Übel, e-r Krankheit a.⟩

ạb·het·zen, sich (*hat*) [Vr] **sich a.** *gespr*; sich so beeilen, dass man erschöpft ist

Ạb·hil·fe *die*; *nur Sg*; das Beseitigen e-s negativen Zustands ⟨A. schaffen; für A. sorgen⟩ || NB: ein Anschluss mit Genitiv ist nicht möglich

ạb·ho·beln (*hat*) [Vt] **1 etw. a.** etw. mit e-m Hobel von etw. entfernen **2 etw. a.** etw. mit e-m Hobel glatt machen: *das Brett a.*

ab·họld *Adj*; *nicht adv*; *mst in* **j-m / etw. a. sein** *veraltend*; j-n / etw. ablehnen, nicht mögen ≈ j-m / etw. abgeneigt sein

ạb·ho·len (*hat*) [Vt] **1 etw. a.** etw., das bereit liegt od. das bestellt wurde, mitnehmen: *e-e Kinokarte an der Kasse a.*; *beim Bäcker die bestellten Brötchen a.* **2 j-n a.** j-n an e-m vereinbarten Ort treffen u. mit ihm weggehen: *Ich hole dich vom / am Bahnhof ab* || *zu* **1 Ạb·ho·lung** *die*; *mst Sg*

Ạb·hol·markt *der*; ein Geschäft, in dem man bestimmte Waren (*mst* Getränke od. Möbel) für e-n günstigen Preis bekommt, wenn man sie selbst abholt (anstatt sie nach Hause liefern zu lassen) || -K: ***Getränke-, Möbel-***

Ạb·hol·preis *der*; ein Preis, den man für bestimmte Waren (*z.B.* Möbel) zahlt, wenn man sie selbst im Geschäft abholt ≈ Mitnahmepreis

ạb·hol·zen; *holzte ab, hat abgeholzt*; [Vt] **etw. a.** Bäume e-s Waldes fällen ↔ aufforsten ⟨e-n Wald a.⟩ || *hierzu* **Ạb·hol·zung** *die*

ạb·hor·chen (*hat*) [Vt] **1 j-n / etw. a.** (als Arzt) j-s Oberkörper od. Organe auf bestimmte Geräusche prüfen, untersuchen ⟨das Herz, die Lunge a.⟩ **2 etw. a.** ≈ abhören (3)

ạb·hö·ren (*hat*) [Vt] **1 j-m etw. a.**; **j-n a.** j-n durch Fragen prüfen ≈ abfragen: *e-m Schüler die Vokabeln a.*; *Willst du mich abhören?* **2 j-n / etw. a.** (als Arzt) j-n od. seine Organe auf bestimmte Geräusche prüfen, untersuchen ≈ abhorchen (1) **3 *j-n / etw. a.*** etw. heimlich mit anhören ≈ belauschen ⟨Telefongespräche a.; j-d wird abgehört⟩ || K-: ***Abhör-, -aktion, -gerät*** || *zu* **3 ạb·hör·si·cher** *Adj*; *nicht adv*

ạb·hun·gern (*hat*) [Vt] **1 *sich*** (*Dat*) ***etw. a.*** (durch Hungern) Geld sparen, um sich etw. leisten zu können ≈ absparen: *sich das Geld für die Autoreparatur a. müssen* **2** (***sich*** (*Dat*)) ***etw. a.*** *gespr*; durch Hungern Gewicht abnehmen: *In einer Woche hat sie drei Kilo abgehungert*

Ạ·bi *das*; *-s*, *-s*; *mst Sg*, *gespr*; (*bes* von Schülern verwendet) *Kurzw* ↑ ***Abitur***

A·bi·tu̲r *das*; *-s*, *-e*; *mst Sg*; die abschließende Prüfung an e-m Gymnasium, die Voraussetzung für ein Studium an der Universität ist ≈ Hochschulreife || K-: ***Abitur-, -klasse, -note, -prüfung, -zeugnis***

A·bi·tu·ri·ent [abitu'ri̯ɛnt] *der*; *-en*, *-en*; ein Schüler der letzten Klasse des Gymnasiums kurz vor, im od. nach dem Abitur || NB: *der Abiturient*; *den, dem, des Abiturienten* || *hierzu* **A·bi·tu·ri·ẹn·tin** *die*; *-, -nen*

ạb·ja·gen (*hat*) [Vt] **1 *j-m etw. a.*** j-m etw. nach ziemlich langem Bemühen wegnehmen: *dem gegnerischen Spieler den Ball a.*; *j-m die Beute a.*; [Vr] **2 *sich a.*** *gespr* ≈ sich abhetzen

ạb·kan·zeln; *kanzelte ab*, *hat abgekanzelt*; [Vt] ***j-n a.*** *gespr*; j-n scharf kritisieren u. dabei demütigen: *Er hat mich vor allen Leuten abgekanzelt*

ạb·kap·seln, sich; *kapselte sich ab*, *hat sich abgekapselt*; [Vr] ***sich*** (***von j-m***) ***a.*** sich von seiner Umgebung od. von seinen Freunden isolieren || *hierzu* **Ạb·kap·se·lung** *die*; *mst Sg*

ạb·kas·sie·ren; *kassierte ab*, *hat abkassiert*; [Vt/i] (***j-n***) ***a.*** Geld von j-m kassieren ⟨Fahrgäste, Gäste e-s Restaurants a.⟩: *Darf ich bitte a., ich habe jetzt Dienstschluss*

ạb·kau·en (*hat*) [Vt] ***etw. a.*** durch Kauen kleine Stücke von etw. entfernen: *abgekaute Fingernägel*

ạb·kau·fen (*hat*) [Vt] **1** (***j-m***) ***etw. a.*** von j-m etw. kaufen, erwerben ↔ (j-m) etw. verkaufen **2 *j-m etw. a.*** *gespr*; j-m etw. glauben: *Diese Geschichte kauft ihm doch keiner ab* || ID ↑ ***Schneid***

Ạb·kehr *die*; *-*; *nur Sg*; ***die A.*** (***von j-m / etw.***) das Aufgeben od. Ändern seiner früheren Ansichten, Gewohnheiten *usw* ⟨die A. vom Glauben, von Gott, von e-m Laster, von e-r politischen Überzeugung⟩

ạb·keh·ren[1] [Vt] (*hat*) **1 *etw. / sich*** (***von j-m / etw.***) ***a.*** etw. / sich von j-m / etw. wegdrehen ≈ abwenden: *den Blick* (*von etw.*) *a.*; [Vi] (*ist*) **2 *von etw. a.*** e-e Überzeugung od. Gewohnheit aufgeben od. ändern; [Vr] (*hat*) **3 *sich von etw. a.*** ≈ a. (2)

ạb·keh·ren[2] (*hat*) [Vt] **1** ↑ ***ab-*** (3) **2** ↑ ***ab-*** (4)

ạb·klap·pern (*hat*) [Vt] ***j-n / etw.*** (*Kollekt od Pl*) (***nach etw.***) ***a.*** *gespr*; nacheinander zu e-r Anzahl von Personen od. Orten gehen, um etw. Bestimmtes zu finden ⟨die ganze Stadt, alle Geschäfte / Straßen a.⟩

ạb·klä·ren (*hat*) [Vt] ***etw. a.*** ein Problem lösen od. e-e Frage entscheiden ≈ klären (1)

Ạb·klatsch *der*; *-(e)s*; *nur Sg*, *pej*; e-e Nachahmung, Imitation ohne großen Wert: *der billige A. e-r griechischen Statue*

ạb·klem·men (*hat*) [Vt] ***etw. a.*** etw. mit e-r Klemme zusammenpressen ⟨ein Kabel a.⟩

ạb·klin·gen (*ist*) [Vi] **1 *etw. klingt ab*** etw. wird leiser ⟨der Lärm, die Lautstärke⟩ **2 *etw. klingt ab*** etw. wird schwächer, weniger intensiv ≈ etw. lässt nach ⟨das Fieber, e-e Krankheit⟩

ạb·klop·fen (*hat*) [Vt] **1 *etw.*** (***von etw.***) ***a.*** etw. von etw. durch Klopfen entfernen: *den Staub von der Jacke a.* **2 *etw. a.*** etw. durch Klopfen sauber machen: *die verstaubte Decke a.* **3 *j-n / etw. a.*** j-n / etw. durch Klopfen untersuchen ⟨e-n Kranken, die Lunge a.; e-e Mauer a.⟩ **4 *etw. auf etw.*** (*Akk*) (***hin***) ***a.***; ***etw. nach etw. a.*** *gespr*; etw. auf etw. hin untersuchen, prüfen ⟨etw. auf Fehler (hin) a.; etw. nach Fehlern a.⟩: *Wir werden seine Argumente auf ihre Stichhaltigkeit hin a.*

ạb·knab·bern (*hat*) [Vt] *gespr*; **1 *etw.*** (***von etw.***) ***a.*** etw. in ganz kleinen Bissen von etw. abbeißen: *die Schokolade von dem Keks a.* **2 *etw. a.*** an etw. knabbern, bis nichts mehr daran ist: *e-n Knochen a.*

ạb·knal·len (*hat*) [Vt] ***j-n / ein Tier a.*** *gespr pej*; j-n / ein Tier ohne Mitleid, brutal durch Schüsse töten

ạb·kni·cken [Vt] (*hat*) **1 *etw. a.*** etw. durch Knicken nach unten biegen od. ganz abtrennen ⟨e-n Stiel, e-e Blume a.⟩; [Vi] (*ist*) **2 *etw. knickt ab*** etw. bildet e-n spitzen Winkel: *Dort knickt die Straße ab*

ạb·knip·sen (*hat*) [Vt] ***etw. a.*** das Ende, die Spitze e-s Gegenstandes (mit e-r Zange, den Zähnen, den Fingern) abtrennen ≈ abzwicken ⟨e-n Draht, die Zigarrenspitze a.⟩

ạb·knöp·fen (*hat*) [Vt] **1** ↑ ***ab-*** (2) **2 *j-m etw. a.*** *gespr*; j-n dazu bringen, etw. (*mst* gegen seinen Willen) herzugeben ≈ j-m etw. abnehmen (5) ⟨j-m Geld a.⟩

ạb·knut·schen (*hat*) [Vt] ***j-n a.*** *gespr*, *oft pej*; j-n lange u. heftig küssen

ạb·ko·chen (*hat*) [Vt] ***etw. a.*** etw. durch Kochen von Bakterien befreien ⟨Wasser, Milch, medizinische Instrumente a.⟩

ạb·kom·man·die·ren; *kommandierte ab*, *hat abkommandiert*; [Vt] ***j-n*** (***zu etw.***) ***a.*** *mst gespr hum*; j-n irgendwohin schicken, damit er dort e-e bestimmte Aufgabe erfüllt: *Meine Mutter hat mich zum Geschirrspülen abkommandiert*

ạb·kom·men (*ist*) [Vi] **1 *von etw. a.*** sich (ohne es zu wollen) von der Richtung entfernen, in die man sich bereits bewegt hat ⟨vom Weg a.⟩ **2 *von etw. a.*** über etw. anderes sprechen, als eigentlich geplant war ⟨vom Thema a.⟩ **3 *von etw. a.*** etw. nicht mehr tun od. beibehalten wollen ≈ etw. aufgeben ⟨von e-r Ansicht, e-m Plan, e-m Vorhaben a.⟩

Ạb·kom·men *das*; *-s*, *-*; e-e Vereinbarung od. ein Vertrag *bes* zwischen Staaten od. (internationalen) Institutionen ⟨ein internationales A.; ein A. treffen, schließen⟩ || -K: ***Handels-, Kultur-***

ạb·kömm·lich *Adj*; *mst präd*, *ohne Steigerung*, *nicht adv*; frei für e-e andere Arbeit od. Aufgabe: *Keiner unserer Mitarbeiter ist zurzeit a.* || NB: *mst* verneint

Ạb·kömm·ling *der*; *-s*, *-e*; *veraltend* ≈ Nachkomme ↔ Vorfahr: *Er ist ein A. e-r berühmten Familie*

ạb·kön·nen (*hat*) [Vt] ***j-n / etw. nicht a.*** *nordd gespr*; j-n / etw. nicht mögen od. nicht ertragen können

ạb·kop·peln (*hat*) [Vt] ***etw.*** (***von etw.***) ***a.*** die Verbindung zwischen zwei Fahrzeugen lösen[1] (1): *e-n Waggon von der Lokomotive a.*

ạb·krat·zen[1] (*hat*) [Vt] **1 *etw.*** (***von etw.***) ***a.*** etw. von etw. durch Kratzen entfernen: *Erde von den Schuhen a.* **2 *etw. a.*** etw. durch Kratzen sauber machen: *den Spachtel a.*

abkratzen[1] (1)

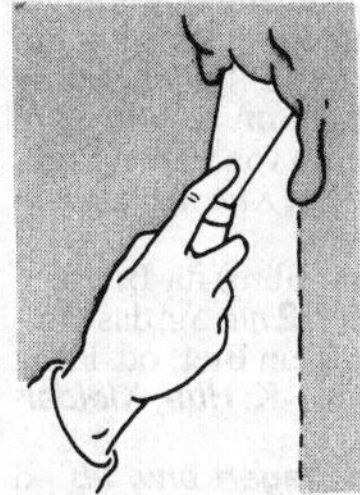

ạb·krat·zen[2] (*ist*) [Vi] *vulg* ≈ sterben

ạb·krie·gen (*hat*) [Vt] ***etw. a.*** *gespr* ≈ abbekommen

ạb·küh·len (*hat*) [Vt] **1 *etw. / sich a.*** etw. kühler machen / sich erfrischen: *Ich habe meine Füße in kaltes Wasser gestellt, um sie abzukühlen*; [Vi] **2 *etw. kühlt ab*** etw. wird kühler ↔ etw. erwärmt sich ⟨das Wetter, e-e heiße Flüssigkeit, die Herdplatte⟩; [Vimp] **3 *es***

kühlt (**sich**) **ab** die Temperaturen sinken: *Heute Nacht hat es* (*sich*) *merklich abgekühlt*

Ab·kunft *die*; -; *nur Sg*, *veraltend* ≈ Abstammung

ab·kup·peln (*hat*) Vt **etw.** (**von etw.**) **a.** die Verbindung zwischen zwei Fahrzeugen lösen: *den Anhänger vom Traktor a.*

ab·kür·zen (*hat*) Vt **1 etw. a.** zwischen zwei Orten e-n kürzeren Weg als den normalen finden ⟨e-n Weg a.⟩ **2 etw. a.** etw. zeitlich kürzer machen ⟨e-e Rede, e-n Vortrag a.⟩ **3 etw. a.** etw. kürzer machen ≈ kürzen ⟨ein Wort, e-n Text a.⟩

Ab·kür·zung *die*; -, *-en*; **1** ein kürzerer Weg (zwischen zwei Orten) als der normale ⟨e-e A. gehen, nehmen⟩ **2** e-e zeitliche Verkürzung **3** ein abgekürztes Wort: *„Fa." ist die A. von „Firma"* || K-: ***Abkürzungs-, -verzeichnis***

Häufig benutzte Abkürzungen

AB	Anrufbeantworter
Abo	Abonnement
ADAC	Allgemeiner Deutscher Automobilclub
AIDS	Immunschwächekrankheit (aus dem Englischen: Acquired Immune Deficiency Syndrome)
EU	Europäische Union
Info(s)	Information(en)
KO	kaputt, erschöpft (ursprünglich Knockout beim Boxen)
LKW	Lastkraftwagen
O-Saft	Orangensaft
PC	Computer
PKW	Personenkraftwagen
Profi	Professioneller, Gegenteil von Amateur
Promi	Prominenter
SMS	kurze Nachricht am Handy (aus dem Englischen: Short Message Service)
TG	Tiefgarage
TÜV	Technischer Überwachungsverein
Uni	Universität
WG	Wohngemeinschaft

ab·küs·sen (*hat*) Vt **j-n a.** j-n mehrere Male heftig küssen

ab·la·den (*hat*) Vt **1 etw.** (**von etw.**) **a.** etw. *mst* von e-m Wagen heraus- od. herunternehmen ↔ aufladen: *Säcke mit Mehl vom Wagen a.* **2 etw. a.** *mst* e-n Wagen leer machen, indem man die Ladung herunternimmt: *e-n Lastwagen a.* **3 etw. auf j-n a.** *gespr*; j-m etw. Unangenehmes weitergeben, j-n mit etw. Unangenehmem belasten ≈ j-m etw. aufbürden: *Er hat die ganze Verantwortung auf mich abgeladen* **4 etw.** (**bei j-m**) **a.** *gespr*; j-m (zu seiner eigenen Erleichterung) von seinen Problemen od. Sorgen erzählen: *seinen Kummer bei e-m Freund a.*

Ab·la·ge *die*; **1** ein Fach *o.Ä.* (im Büro) für Briefe u. Dokumente || K-: ***Ablage-, -korb*** **2** *nur Sg*; das Ordnen von Akten: *die A. machen* **3** ein Brett od. Fach, auf das man Kleider legen kann || -K: ***Hut-, Kleider-*** **4** (CH) ≈ Agentur, Zweigstelle

ab·la·gern (*hat*) Vt **1 j-d / etw. lagert etw. ab** j-d lässt etw. liegen u. sich ansammeln, etw. sammelt etw. an: *Hier lagert der Fluss Geröll ab* **2 etw. a.** etw. lange lagern u. es dadurch in der Qualität verbessern ⟨Weine, Fleisch a.⟩; Vi **3 etw. lagert ab** etw. wird durch langes Lagern in der Qualität besser ⟨Wein, Fleisch, Zigarren⟩; Vr **4 etw. lagert sich ab** etw. bleibt liegen u. sammelt sich an: *In der Wasserleitung lagert sich Kalk ab* || *hierzu* **Ab·la·ge·rung** *die*

Ab·lass *der*; *-es*, *Ab·läs·se*; *kath*; ein Nachlass od. e-e Reduzierung der Strafe für begangene Sünden || K-: ***Ablass-, -brief, -handel***

ab·las·sen (*hat*) Vt **1 etw. a.** e-e Flüssigkeit od. ein Gas aus etw. herausströmen lassen **2 etw.** (**an j-m**) **a.** *gespr*; durch Schimpfen od. Erzählen etw. loswerden ⟨seinen Hass, Zorn an j-m a.; Dampf (= Wut) a.⟩; Vi **3 von etw. a.** etw. nicht mehr tun ≈ etw. aufgeben: *von e-m Plan, von e-r Gewohnheit a.*

Ab·lauf *der*; **1** die (*mst* chronologische) Reihenfolge von etw. ⟨der A. der Ereignisse, des Programms⟩ || -K: ***Tages-*** **2** die Art u. Weise, wie ein Geschehen od. e-e Handlung verläuft: *der reibungslose A. der Verhandlungen* || -K: ***Arbeits-, Handlungs-, Produktions-*** **3** das Enden e-r Frist: *nach A. der Wartezeit* **4** ≈ Abfluss (2): *der A. im Waschbecken* || K-: ***Ablauf-, -rohr***

ab·lau·fen Vi (*ist*) **1 etw. läuft ab** etw. fließt in den Abfluss ↔ etw. läuft ein: *In der Dusche läuft das Wasser schlecht ab* **2 etw. läuft ab** etw. rollt von e-r Spule ab ≈ etw. spult sich ab ⟨ein Film⟩ **3 etw. läuft irgendwie ab** etw. geschieht auf bestimmte Weise ≈ etw. verläuft irgendwie, geht irgendwie vor sich: *Wie soll das Programm a.?* **4 etw. läuft ab** etw. geht zu Ende ↔ etw. beginnt ⟨e-e Frist, e-e Wartezeit⟩ **5 etw. läuft ab** etw. wird ungültig ≈ etw. läuft aus ⟨ein Pass, ein Visum, ein Vertrag⟩; Vt **6 etw. a.** (*hat / ist*) an e-r Stelle suchend, prüfend entlanggehen ⟨e-e Strecke,ein Gebiet a.⟩ **7 etw. a.** (*hat*) etw. durch häufiges Laufen abnutzen ⟨die Schuhe, die Sohlen a.⟩

Ab·laut *der*; *mst Sg*, *Ling*; der Wechsel des Vokals in der betonten Silbe von (etymologisch) verwandten Wörtern: *Bei „singen - sang - gesungen" liegt ein A. vor* || *hierzu* **ab·lau·ten** (*hat*) *Vi*

Ab·le·ben *das*; *-s*; *nur Sg*, *geschr*; der Tod e-s Menschen || *hierzu* **ab·le·ben** (*ist*) *Vi*

ab·le·cken (*hat*) Vt **1 etw.** (**von etw.**) **a.** etw. von etw. durch Lecken entfernen: *den Honig vom Löffel a.* **2 etw. a.** etw. durch Lecken sauber machen: *den Löffel a.*

ab·le·gen (*hat*) Vt/i **1** (**etw.**) **a.** ein Kleidungsstück vom Körper nehmen ≈ ausziehen ↔ anziehen ⟨den Mantel, die Jacke a⟩: *Wollen Sie nicht* (*den Mantel*) *a.?*; Vt **2 etw. a.** e-e Prüfung machen ⟨ein Examen, e-e Prüfung a.⟩ **3 etw. a.** e-e negative Eigenart unterdrücken: *seine Schüchternheit a.* **4 etw. a.** etw. in e-n Ordner stecken (um es aufzubewahren) ⟨e-n Brief, ein Dokument a.⟩ **5 e-n Eid a.** etw. (offiziell) schwören ≈ e-n Eid leisten **6 ein Geständnis a.** (vor Gericht od. vor der Polizei) zugeben, dass man ein Verbrechen begangen hat; Vi **7** ⟨*mst* ein Schiff⟩ **legt ab** ein Schiff fährt vom Ufer od. vom Kai weg ↔ ein Schiff *o.Ä.* legt an || ▸ ***Ablage***

Ab·le·ger *der*; *-s*, -; der Teil e-r Pflanze, den man abschneidet u. in Wasser od. in Erde steckt, damit er Wurzeln bildet u. zu e-r neuen Pflanze heranwächst

ab·leh·nen (*hat*) Vt **1 etw. a.** etw. nicht annehmen, weil man es nicht will od. kann ≈ ausschlagen (3) ⟨ein Amt, e-e Einladung, ein Geschenk *o.Ä.* a.⟩ **2 etw. a.** etw. nicht akzeptieren, nicht erfüllen ⟨e-e Bitte, ein Gesuch, e-e Forderung *o.Ä.* a.⟩ **3 etw. a.** sich weigern, etw. zu tun ≈ verweigern: *e-e Diskussion über etw. a.*; *es a.*, *e-n Befehl auszuführen* **4 j-n / etw. a.** j-n / etw. schlecht finden u. für ungeeignet halten ↔ gutheißen: *e-n Politiker, e-e Regierung, ein Theaterstück a.* || *hierzu* **Ab·leh·nung** *die; mst Sg*

ab·leis·ten *(hat)* Vt **etw. a.** als Soldat (*z.B.* 12 Monate lang) in der Armee arbeiten ⟨den Wehrdienst a.⟩ || NB: Man sagt *den Wehrdienst ableisten*, aber: *Zivildienst leisten*

ab·lei·ten *(hat)* Vt **1 etw. a.** Gase od. Flüssigkeiten in e-e andere Richtung leiten, kanalisieren ⟨Rauch, Dampf a.⟩ **2 etw. von j-m / etw. a.** etw. auf seinen Ursprung zurückführen ≈ herleiten (1); Vr **3 etw. leitet sich von etw. ab** etw. hat seinen Ursprung in etw. ≈ etw. stammt aus etw.: *Das Wort „Wein" leitet sich von dem lateinischen „vinum" ab*

Ab·lei·tung *die; -, -en;* **1** *nur Sg;* das Ableiten *z.B.* e-r Flüssigkeit in e-e andere Richtung || K-: **Ableitungs-, -rohr 2** *nur Sg;* das Zurückführen von etw. auf seinen Ursprung **3** *Ling;* ein Wort, das aus e-m anderen gebildet wurde: *„säubern" ist e-e A. von „sauber"*

ab·len·ken *(hat)* Vt **1 etw. a.** etw. in e-e andere Richtung lenken ≈ ableiten (1); Vt/i **2 (j-n) (von etw.) a.** j-s Aufmerksamkeit auf etw. anderes lenken: *j-n von seiner Arbeit a.; Lenk nicht ab!* **3 (j-n) (von etw.) a.** j-n auf andere Gedanken bringen ≈ j-n zerstreuen ⟨j-n von seinen Sorgen, seinem Kummer a.⟩

Ab·len·kung *die;* **1** e-e Unterhaltung *o.Ä.*, die j-n von etw. ablenkt (3) ≈ Zerstreuung **2** das Ablenken (2)

Ab·len·kungs·ma·nö·ver *das;* e-e Maßnahme, um j-n abzulenken (2)

ab·le·sen *(hat)* Vt/i **1 (etw.) (von etw.) a.** etw. Geschriebenes laut vorlesen ↔ frei sprechen; Vt **2 etw. a.** den Messwert auf e-r Skala od. Anzeige anschauen ≈ feststellen: *die Temperatur vom Thermometer a.* **3 etw. (aus etw.) a.** e-e Information aus etw. entnehmen: *e-e Entwicklung aus e-r Statistik a.* **4 j-m etw. von den Augen, vom Gesicht a.** schon an j-s Gesichtsausdruck erkennen, was er denkt od. was er sich wünscht ⟨j-m die Wünsche, die Gedanken von den Augen a.⟩ || *zu* **2** u. **3 ab·les·bar** *Adj*

ab·leug·nen *(hat)* Vt **etw. a.** ≈ leugnen

ab·lich·ten; *lichtete ab, hat abgelichtet;* Vt **1 etw. a.** *geschr* ≈ fotokopieren **2 j-n / etw. a.** *gespr* ≈ fotografieren || *hierzu* **Ab·lich·tung** *die*

ab·lie·fern *(hat)* Vt **etw. (bei j-m) a. / (j-m) etw. a.** etw. j-m (pflichtgemäß) liefern, bei j-m abgeben: *die bestellte Ware pünktlich, rechtzeitig a.* || *hierzu* **Ab·lie·fe·rung** *die; nur Sg*

ab·lo·cken *(hat)* Vt **j-m etw. a.** etw. durch freundliches Benehmen u. Schmeicheln von j-m bekommen ⟨j-m ein Geheimnis, ein Lächeln, ein Versprechen a.⟩

ab·lö·schen *(hat)* Vt **1 etw. a.** etw., das auf e-e Tafel geschrieben wurde, entfernen ≈ abwischen **2 etw. (mit etw.) a.** Flüssigkeit zu e-r kochenden od. bratenden Speise gießen: *den Braten mit Weißwein a.*

Ab·lö·se *die; -, -n;* **1** *bes südd* die Summe Geld, die man für Möbel *o.Ä.* zahlt, die man beim Einzug in e-e Wohnung vom bisherigen Mieter übernimmt: *Der Vormieter hat e-e A. von 4000 Euro für die Küche verlangt* **2** *Sport;* die Summe Geld, die beim Wechsel e-s Sportlers von e-m Verein zum anderen bezahlt wird || K-: **Ablöse-, -summe**

ab·lö·sen *(hat)* Vt **1 etw. (von etw.) a.** etw. vorsichtig von etw. entfernen ≈ abmachen (1): *alte Tapeten von der Wand a.* **2 j-n a.** j-s Tätigkeit (für e-e bestimmte Zeit) übernehmen: *e-n Kollegen bei der Arbeit a.* **3 etw. a.** etw. auf einmal bezahlen ⟨e-e Hypothek, j-s Möbel a.⟩; Vr **4 etw. löst sich (von etw.) ab** ≈ etw. löst sich (von etw.), etw. geht (von etw.) ab (3) || *hierzu* **Ab·lö·sung** *die; nur Sg; zu* **1** u. **3 ab·lös·bar** *Adj*

ab·luch·sen [-ks-]; *luchste ab, hat abgeluchst;* Vt **j-m etw. a.** *gespr;* von j-m etw. durch e-e Täuschung bekommen, erhalten ⟨j-m ein Geheimnis, Geld a.⟩

ABM [aːbeːˈ|ɛm] *die; Abk für* Arbeitsbeschaffungsmaßnahme

ab·ma·chen *(hat)* Vt **1 etw. (von etw.) a.** *gespr;* etw. von etw. lösen, entfernen ↔ anbringen: *ein Schild, ein Plakat a.* **2 etw. (mit j-m) a.** e-n Termin mit j-m besprechen ≈ vereinbaren, festlegen: *Wir müssen noch e-n Termin für unser nächstes Treffen a.* **3 etw. (unter sich (Dat Pl)) a.** ein Problem im Gespräch klären: *Wir wollen das lieber unter uns a.* **4 etw. mit sich selbst a.** selbst die Lösung zu e-m Problem finden, es bewältigen || *zu* **2 Ab·ma·chung** *die*

ab·ma·gern; *magerte ab, ist abgemagert;* Vi mager werden: *Sie sieht sehr abgemagert aus* || *hierzu* **Ab·ma·ge·rung** *die; nur Sg*

Ab·mah·nung *die;* ein Schreiben, in dem der Chef e-n Angestellten auffordert, sein Verhalten zu ändern || *hierzu* **ab·mah·nen** *Vi*

ab·ma·len *(hat)* Vt **etw. a.** etw. durch Malen genau kopieren: *e-e Landschaft a.*

ab·mar·schie·ren; *marschierte ab, hat / ist abmarschiert;* Vi *(ist)* **1** marschierend e-n Ort verlassen ≈ aufbrechen; Vt *(hat / ist)* **2 etw. a.** e-e Strecke marschierend entlanggehen ⟨e-e Straße, e-e Gegend a.⟩ || *zu* **1 Ab·marsch** *der;* **ab·marsch·be·reit** *Adj*

ab·mel·den *(hat)* Vt **1 j-n / sich a.** der zuständigen Institution mitteilen, dass j-d / man in e-e neue Wohnung zieht ↔ anmelden: *sich / die Familie beim Einwohnermeldeamt a.* **2 j-n / sich (bei etw. / von etw.) a.** e-m Verantwortlichen mitteilen, dass j-d / man nicht mehr Mitglied (e-r Vereinigung, Schule) ist od. dass j-d / man nicht mehr an etw. teilnehmen will ↔ anmelden: *j-n / sich bei e-m Sportclub a.; sich von e-m Lehrgang wieder a.* **3 etw. a.** der zuständigen Institution mitteilen, dass ein Fahrzeug, Telefon *o.Ä.*, nicht mehr benutzt wird ↔ anmelden: *sein Motorrad für den Winter a.;* Vr **4 sich (bei j-m) a.** *bes Mil;* e-m Vorgesetzten mitteilen, dass man an e-n anderen Ort od. in Urlaub geht ↔ sich zurückmelden || *hierzu* **Ab·mel·dung** *die*

ab·mes·sen *(hat)* Vt **etw. a.** ≈ messen (1) ⟨die Entfernung, e-n Stoff a.⟩

Ab·mes·sung *die;* **1** *nur Sg;* das Abmessen *z.B.* e-r Entfernung **2** *mst Pl, Tech;* die Maße, Dimensionen e-s Fahrzeugs: *die Abmessungen e-r Lokomotive*

ab·mil·dern *(hat)* Vt **etw. mildert etw. ab** etw. macht etw. schwächer, geringer ⟨etw. mildert den Lärm, den Druck ab⟩: *Der weiche Boden milderte den Sturz ab* || *hierzu* **Ab·mil·de·rung** *die; nur Sg*

ABM-Kraft [aːbeːˈ|ɛm-] *die;* j-d, dessen Lohn (größtenteils) nicht der Arbeitgeber, sondern das Arbeitsamt zahlt

ab·mon·tie·ren; *montierte ab, hat abmontiert;* Vt **etw. (von etw.) a.** etw. von etw. entfernen ↔ montieren: *die Räder, den Kotflügel (von dem Auto) a.*

ABM-Stel·le [aːbeːˈ|ɛm-] *die;* e-e Arbeitsstelle, die das Arbeitsamt finanziert, um die Arbeitslosigkeit zu verringern

ab·mü·hen, sich *(hat)* Vr **sich (mit j-m / etw.) a.** sich mit e-r (anstrengenden) Arbeit od. mit j-m große Mühe geben (*z.B.* um ihn etw. zu lehren)

ab·murk·sen; *murkste ab, hat abgemurkst;* Vt **j-n a.** *gespr!* ≈ töten

ab·na·beln; *nabelte ab, hat abgenabelt;* Vt **1 j-n a.** ein neugeborenes Kind von der Nabelschnur trennen; Vr **2 sich (von j-m) a.** *gespr;* sich aus e-r sehr engen Bindung zu j-m lösen || *hierzu* **Ab·na·be·lung** *die; nur Sg* || ► **Nabel**

ạb·na·gen (*hat*) Vt **1** ***j-d / ein Tier nagt etw.*** **(*von etw.*)** ***ab*** j-d / ein Tier entfernt etw. von etw. durch Nagen: *Der Hund nagte das Fleisch von den Knochen ab* **2** ***j-d / ein Tier nagt etw. ab*** j-d / ein Tier nagt an etw., bis nichts mehr daran ist: *e-n Knochen a.*

Ạb·nä·her *der*; *-s, -*; e-e zusätzliche Falte, die in ein Kleidungsstück genäht wird, um es enger zu machen || *hierzu* **ạb·nä·hen** (*hat*) *Vt*

Ạb·nah·me *die*; *-*; *nur Sg*; **1** das Abnehmen (2): *die A. der Prüfung* **2** das Abnehmen (3) ≈ Kauf: *die A. großer Mengen Getreide* **3** das Abnehmen (9) ↔ Zunahme: *E-e A. von 10 Pfund ist bei dieser Diät durchaus möglich* || -K: ***Gewichts-*** **4** das Abnehmen (11) ↔ Zunahme: *die starke A. der Geburten*

ạb·neh·men (*hat*) Vt **1** ***etw. a.*** etw. von der bisherigen Position herunternehmen ↔ auflegen, aufsetzen, aufhängen ⟨den Telefonhörer, den Hut, e-n Deckel, die Wäsche, ein Bild *o.Ä.* a.⟩ **2** ***etw. a.*** e-e Leistung, den Zustand e-r Sache prüfen, kontrollieren ⟨e-e Prüfung, ein Fahrzeug a.⟩ **3** **(*j-m*)** ***etw. a.*** e-m Händler Waren abkaufen **4** ***j-m etw. a.*** e-n schweren Gegenstand od. e-e schwierige Aufgabe für j-n übernehmen ↔ übertragen: *j-m e-e Last, ein großes Problem a.* **5** ***j-m etw. a.*** *gespr* ≈ j-m etw. (weg)nehmen: *j-m wegen zu schnellen Fahrens den Führerschein a.*; *Wenn man da rein will, nehmen sie einem fünf Euro ab* **6** ***j-m etw. a.*** *gespr*; j-m glauben, was er erzählt: *Du glaubst doch nicht, dass ich dir diese Geschichte abnehme!*; *Hat er dir abgenommen*, dass *du krank warst?* **7** **(*j-m*)** ***etw. a.*** j-m e-n Körperteil entfernen, abtrennen ≈ amputieren ⟨j-m den Arm, e-n Finger *usw* a.⟩; Vt/i **8** **(*etw.*)** ***a.*** beim Stricken die Zahl der Maschen verringern: *am Rand zwei Maschen a.* **9** **(*etw.*)** ***a.*** an Gewicht verlieren ↔ zunehmen: *Ich habe schon drei Kilo abgenommen!*; Vi **10** ***etw. nimmt ab*** etw. wird in seiner Intensität schwächer ↔ etw. nimmt zu ⟨der Sturm, die Kälte; das Gehör *o.Ä.*; das Leistungsvermögen⟩ **11** ***etw. nimmt ab*** etw. wird immer weniger, reduziert sich ↔ etw. nimmt zu: *Die Zahl der Geburten nimmt ständig ab* **12** ***der Mond nimmt ab*** der Mond ist jede Nacht zu e-m kleineren Teil sichtbar als die Nacht davor ↔ der Mond nimmt zu || ► ***Abnahme***

Ạb·neh·mer *der*; *-s, -*; j-d, der etw. kauft: *Ich brauche e-n A. für meine zwei Konzertkarten*

Ạb·nei·gung *die*; ***e-e A.*** **(*gegen j-n / etw.*)** *mst Sg*; ein starkes Gefühl, dass man j-n / etw. nicht mag, nicht ausstehen kann ≈ Aversion ↔ Zuneigung

ạb·nib·beln; *nibbelte ab, ist abgenibbelt*; Vi *nordd gespr!* ≈ sterben

ab·nọrm *Adj*; **1** anders als das, was allgemein als normal gilt ≈ krankhaft ⟨e-e Veranlagung, j-s Verhalten⟩ **2** über das Normale hinausgehend ↔ normal: *ein a. übergewichtiger Mann* || *hierzu* **Ab·nor·mi·tät** *die*; *-, -en*

ạb·nor·mal *Adj* ≈ abnorm

ạb·nö·ti·gen (*hat*) Vt ***j-m / sich etw. a.*** j-n / sich dazu zwingen, gegen seinen Willen etw. zu tun ⟨j-m e-e Erklärung, ein Geständnis, ein Kompliment a.⟩

ạb·nut·zen (*hat*) Vt **1** ***etw. a.*** etw. durch (häufigen) Gebrauch im Wert mindern od. in der Funktion schlechter machen ⟨Kleider, Geräte, ein Sofa, e-n Stuhl *usw* a.⟩; Vr **2** ***etw. nutzt sich ab*** etw. verliert durch den Gebrauch an Wert, wird schlechter || *hierzu* **Ạb·nut·zung** *die*; *nur Sg*

ạb·nüt·zen (*hat*) Vt *u.* Vr *bes südd* ≈ abnutzen || *hierzu* **Ạb·nüt·zung** *die*; *nur Sg*

A·bon·ne·ment [abɔn(ə)'mɑ̃:] *das*; *-s, -s*; ***ein A.*** **(*für etw.*)** e-e Vereinbarung, mit der man sich verpflichtet, etw. regelmäßig u. über e-n längeren Zeitraum zu kaufen ⟨ein A. für e-e Zeitung, e-e Zeitschrift, das Theater; ein A. haben, nehmen, beziehen, erneuern, abbestellen; etw. im A. haben⟩

A·bon·nẹnt *der*; *-en, -en*; j-d, der ein Abonnement hat || NB: *der Abonnent*; *den, dem, des Abonnenten* || *hierzu* **A·bon·nẹn·tin** *die*; *-, -nen*

a·bon·nie·ren; *abonnierte, hat abonniert*; Vt ***etw. a.*** etw. für e-n längeren Zeitraum (u. daher *mst* zu e-m billigeren Preis) bestellen ⟨e-e Zeitung, e-e Zeitschrift a.⟩ || ID ***auf etw.*** (*Akk*) ***abonniert sein*** *gespr*; immer wieder in e-e bestimmte Situation geraten: *Ich bin zurzeit auf Autounfälle abonniert*

ạb·ord·nen (*hat*) Vt ***j-n*** **(*zu / nach etw.*)** ***a.*** j-n offiziell beauftragen, irgendwohin zu gehen ≈ delegieren

Ạb·ord·nung *die*; **1** *nur Sg*; das Abordnen **2** e-e Gruppe von Personen, die offiziell zu e-r Veranstaltung geschickt wird ≈ Delegation ⟨e-e A. entsenden⟩ || -K: ***Regierungs-***

A·bọrt[1] *der* ≈ Toilette, WC || NB: *A.* wird in der Hochsprache gemieden, ist aber in der Amtssprache noch gebräuchlich

A·bọrt[2] *der*; *Med* ≈ Fehlgeburt ⟨e-n A. haben⟩

ạb·pa·cken (*hat*) Vt ***etw. a.*** e-e bestimmte Menge von etw. verpacken, um es zu verkaufen: *Fleisch, Wurst u. Käse sind abgepackt* || *hierzu* **Ạb·pa·ckung** *die*

ạb·pas·sen (*hat*) Vt **1** ***j-n a.*** auf j-n warten, um sich dann (wegen e-s Wunsches) an ihn zu wenden ≈ abfangen (2): *Die Journalisten passten den Minister am Eingang zum Bundestag ab* **2** ***etw. a.*** warten, bis der günstige Zeitpunkt für etw. gekommen ist ≈ abwarten ⟨den richtigen Augenblick, e-e günstige Gelegenheit a.⟩

ạb·pau·sen (*hat*) Vt ***etw. a.*** ≈ nachzeichnen (2)

ạb·pel·len (*hat*) Vt ***etw. a.*** *nordd* ≈ pellen (1) ⟨Kartoffeln, die Wurst a.⟩

ạb·per·len (*ist*) Vi ***etw. perlt ab*** etw. kann in etw. nicht eindringen u. bildet deswegen an dessen Oberfläche Tropfen: *Das Wasser perlt an den Federn der Ente ab*

ạb·pfei·fen (*hat*) Vt/i **(*etw.*)** ***a.*** *Sport*; (als Schiedsrichter) ein Spiel durch e-n Pfiff beenden ↔ anpfeifen || *hierzu* **Ạb·pfiff** *der*

ạb·pla·cken, sich (*hat*) Vr ***sich a.*** *nordd gespr* ≈ sich abmühen

ạb·pla·gen, sich (*hat*) Vr ***sich*** **(*mit etw.*)** ***a.*** ≈ sich abmühen

ạb·plat·zen (*ist*) Vi ***etw. platzt*** **(*von etw.*)** ***ab*** etw. löst sich als Schicht plötzlich von der Oberfläche e-s Gegenstandes ≈ etw. springt ab ⟨die Farbe, der Lack⟩

ạb·pral·len (*ist*) Vi ***etw. prallt irgendwo ab*** etw. wird beim Auftreffen auf e-n Gegenstand zurückgeworfen: *Der Ball prallte vom Torpfosten ab* || *hierzu* **Ạb·prall** *der*; *-(e)s*; *nur Sg*

ạb·pum·pen (*hat*) Vt ***etw. a.*** etw. mithilfe e-r Pumpe von irgendwo entfernen ≈ absaugen (1): *Die Feuerwehr pumpte das Wasser ab, das im Keller stand*

ạb·put·zen (*hat*) Vt **1** ***etw.*** **(*von etw.*)** ***a.*** *mst* Schmutz von etw. entfernen: *die Erde von den Schuhen a.* **2** ***etw. a.*** etw. durch Wischen od. Bürsten sauber machen: *Putz dir die Schuhe ab, bevor du ins Haus gehst!*

ạb·quä·len (*hat*) Vr **1** ***sich*** **(*mit j-m / etw.*)** ***a.*** sich mit j-m / etw. so viel Mühe geben, dass es zur Qual wird ≈ sich abmühen; Vt **2** ***sich*** (*Dat*) ***etw. a.*** mit großer Mühe u. Anstrengung etw. hervorbringen ≈ sich (*Dat*) etw. abzwingen ⟨sich ein Lächeln a.⟩

ạb·qua·li·fi·zie·ren; *qualifizierte ab, hat abqualifiziert*; Vt ***j-n / etw. a.*** j-n / etw. als sehr schlecht beurteilen: *e-n Kandidaten, e-n Film a.* || *hierzu* **Ạb·qua·li·fi·zie·rung** *die*; *nur Sg*

ạb·ra·ckern, sich (*hat*) [Vr] **sich** (**mit etw.**) **a.** *gespr* ≈ sich abmühen

Ab·ra·ka·dab·ra (*das*); *-s*; *nur Sg*; verwendet (als Zauberformel) von Zauberkünstlern, bevor sie e-n Trick vorführen

ạb·ra·sie·ren; *rasierte ab, hat abrasiert*; [Vt] **1** (**j-m / sich**) **etw. a.** etw. durch Rasieren entfernen ≈ wegrasieren: *sich den Bart, die Haare a.* **2 etw. rasiert etw. ab** *gespr*; e-e Explosion, ein Sturm *o.Ä.* entfernt etw. od. zerstört es völlig

ạb·ra·ten (*hat*) [Vi] (**j-m**) (**von etw.**) **a.** j-m empfehlen, etw. nicht zu tun ↔ j-m zuraten: *j-m von e-r Reise, e-m Plan a.*; *Da kann ich nur a.*

ạb·räu·men (*hat*) [Vt/i] **1** (**etw.**) **a.** Gegenstände, die auf (der Oberfläche von) etw. stehen, von dort wegnehmen: *das Geschirr a.* **2** (**etw.**) **a.** etw. durch Wegräumen von Gegenständen leer machen ⟨den Tisch a.⟩

ạb·rau·schen (*ist*) [Vi] *gespr*; sich schnell entfernen

ạb·re·a·gie·ren; *reagierte ab, hat abreagiert*; [Vt] **1 etw.** (**an j-m / etw.**) **a.** (j-m / etw.) etw. tun, damit man seine Aggressionen *o.Ä.* los wird ⟨seinen Ärger, seine Enttäuschung an j-m / etw. a.⟩: *Er reagiert seine schlechte Laune ständig an mir ab*; [Vr] **2 sich** (**an j-m / etw.**) **a.** (j-m / etw.) etw. tun, um sich wieder zu beruhigen: *Er reagiert sich ständig an seinen Kindern ab*; *Ich kann mich beim Sport toll a.*

ạb·rech·nen (*hat*) [Vt] **1 etw.** (**von etw.**) **a.** etw. von e-r Summe, e-r Zahl abziehen / subtrahieren: *die Unkosten vom Umsatz a.*; *die Steuern vom Lohn a.*; [Vi] **2** am Ende e-s bestimmten Zeitraums e-e Rechnung machen: *Die Kassiererin muss jeden Abend genau a.*; *Wir zahlen 300 Euro jeden Monat - abgerechnet wird am Ende des Jahres* **3 mit j-m a.** sich an j-m für ein Unrecht rächen, das er einem getan hat

Ạb·rech·nung *die*; **1** die Rechnung, die alle Kosten e-r bestimmten Zeit / Arbeit enthält ⟨die monatliche, jährliche A. machen⟩ || K-: **Abrechnungs-, -buch, -unterlagen** || -K: **Betriebs-, Jahres-, Lohn-, Gehalts-** **2** *nur Sg*; **die A.** (**mit j-m**) das Abrechnen (3) mit j-m: *Die Stunde der A. ist gekommen*

Ạb·re·de *die*; *mst* **etw. in A. stellen** *geschr*; etw. heftig leugnen ≈ von sich weisen, abstreiten

ạb·re·gen, sich (*hat*) [Vr] **sich** (**wieder**) **a.** *gespr* ≈ sich beruhigen ↔ sich aufregen: *Komm, reg dich ab!*

ạb·rei·ben (*hat*) [Vt] **1 etw.** (**von etw.**) **a.** etw. von etw. durch Reiben entfernen: *den Rost von dem Blech a.* **2 etw. a.** etw. durch Reiben sauber machen: *das Blech a.* **3 j-n / sich / etw. a.** j-n / sich / etw. (*mst* mit e-m Handtuch) trocknen; [Vr] **4 etw. reibt sich ab** etw. nutzt sich durch starke Reibung mit der Unterlage ab, wird beschädigt ⟨ein Reifen, ein Stoff, ein Tuch⟩ || ► **Abrieb**

Ạb·rei·bung *die*; **1** *gespr*; Schläge, Prügel, die j-d als Strafe bekommt ⟨j-m e-e gehörige, anständige A. verabreichen, verpassen⟩ **2** das Einreiben der Haut *z.B.* mit Schnee (zu Heilzwecken)

Ạb·rei·se *die*; *mst Sg*; der Beginn e-r Reise ≈ Abfahrt ↔ Anreise ⟨bei der A.⟩ || K-: **Abreise-, -tag, -termin**

ạb·rei·sen (*ist*) [Vi] mit e-r Reise beginnen ≈ abfahren (5)

ạb·rei·ßen (*hat*) [Vt] **1 etw.** (**von etw.**) **a.** etw. durch Reißen von etw. trennen ≈ wegreißen: *ein Blatt vom Kalender a.* || K-: **Abreiß-, -block, -kalender** **2 etw. a.** etw. niederreißen (1) od. auseinander nehmen ⟨ein Gebäude, ein Gerüst a.⟩; [Vi] (*ist*) **3 etw. reißt ab** etw. hört plötzlich auf od. wird unterbrochen ⟨die Telefonverbindung, der Kontakt⟩ **4 etw. reißt nicht ab** etw. hört nicht auf: *Die Kette der schlimmen Unfälle auf den Autobahnen reißt nicht ab*

ạb·rei·ten [Vt] **1 etw. a.** (*hat / ist*) an e-r Strecke od. Fläche entlangreiten: *e-e Grenze, ein Gelände a.* **2 ein Pferd a.** (*hat*) ein Pferd so lange reiten, bis es müde ist; [Vi] (*ist*) **3** ≈ wegreiten

ạb·rich·ten (*hat*) [Vt] **ein Tier a.** ein Tier erziehen ≈ dressieren || *hierzu* **Ạb·rich·tung** *die*; *nur Sg*

Ạb·rieb *der*; *-(e)s*; *nur Sg*; **1** die Abnutzung durch Reibung || -K: **Reifen-** **2** das abgeriebene Material || *hierzu* **ạb·rieb·fest** *Adj*; *nicht adv*

ạb·rie·geln; *riegelte ab, hat abgeriegelt*; [Vt] **1 etw. a.** etw. mit e-m Riegel versperren ⟨die Tür, das Tor, das Fenster a.⟩ **2 etw. a.** ≈ absperren (1) ⟨ein Gebiet, die Unfallstelle (hermetisch) a.⟩ || *hierzu* **Ạb·rie·ge·lung** *die*; *nur Sg*

ạb·rin·gen (*hat*) [Vt] **1 j-m etw. a.** von j-m etw. nur mit großer Mühe bekommen: *den Eltern e-e Erlaubnis a.* **2 sich** (*Dat*) **etw. a.** sich mühsam zwingen, etw. zu sagen od. zu tun: *sich ein Lächeln a.*

Ạb·riss[1] *der*; *nur Sg*; das Abreißen, das Niederreißen e-s Gebäudes || K-: **Abriss-, -arbeiten, -firma, -gebäude**

Ạb·riss[2] *der*; e-e kurze Darstellung, ein Überblick über das Wichtigste: *ein A. der deutschen Geschichte*

ạb·rol·len [Vt] (*hat*) **1 etw.** (**von etw.**) **a.** etw. von e-r Rolle herunternehmen, indem man es abwickelt ⟨ein Seil, ein Kabel a.⟩; [Vi] (*ist*) **2 etw. rollt ab** etw. läuft von e-r Rolle herunter ≈ etw. wickelt, spult sich ab ⟨ein Kabel, ein Seil, ein Film⟩; [Vr] (*hat*) **3 sich a.** mit dem Körper e-e rollende Bewegung machen, um e-n Aufprall zu mindern: *Bei der Landung rollte sich der Fallschirmspringer geschickt ab*

ạb·rub·beln (*hat*) [Vt] **j-n / sich / etw. a.** *bes nordd gespr*; j-n / sich / etw. kräftig abreiben, frottieren

ạb·rü·cken [Vt] (*hat*) **1 etw.** (**von etw.**) **a.** etw. von etw. ein Stückchen wegschieben: *den Schrank von der Wand a.*; [Vi] (*ist*) **2 von j-m / etw. a.** sich von j-m / etw. ein Stückchen entfernen **3 von j-m / etw. a.** deutlich zeigen, dass man mit j-m / etw. nicht einverstanden ist ≈ sich von j-m / etw. distanzieren: *von seinen Parteifreunden, von seinen Anschauungen a.* **4** *Mil* ≈ abmarschieren (1)

Ạb·ruf *der*; *mst Sg*; **1 auf A.** bereit, sofort e-r Aufforderung zu folgen: *sich auf A. bereithalten* **2** *Ökon*; das Bestellen e-r Ware **3** *EDV*; die Entnahme von Informationen aus dem Computer ↔ Eingabe

ạb·ru·fen (*hat*) [Vt] **1 etw. a.** bestellte Waren zu e-m bestimmten Zeitpunkt anfordern **2 etw. a.** *EDV*; Daten aus dem Speicher e-s Computers holen || K-: **Abruf-, -taste** || *hierzu* **ạb·ruf·be·reit** *Adj*

ạb·run·den (*hat*) [Vt] **1 etw. a.** etw. rund machen ⟨e-e Kante, e-e Ecke a.⟩ **2 etw.** (**auf etw.** (*Akk*)) **a.** e-e Zahl auf die nächste runde od. volle Zahl bringen, indem man etw. davon abzieht (od. seltener etw. hinzufügt) ↔ aufrunden: *€ 10,35 auf € 10 a.*; *die Zahl 6.391 auf 6.39 a.* **3 j-d / etw. rundet etw. ab** j-d / etw. verbessert, vervollständigt den Gesamteindruck e-r Sache ⟨etw. rundet ein Programm, e-n Bericht, den Geschmack ab⟩ || *hierzu* **Ạb·run·dung** *die*; *nur Sg*

ạb·rup·fen (*hat*) [Vt] **etw.** (**von etw.**) **a.** *gespr*; etw. von etw. abreißen ⟨Blätter a.⟩

ab·rụpt *Adj*; plötzlich u. überraschend (eintretend) ⟨ein Ende; etw. a. abbrechen, beenden⟩

ạb·rüs·ten (*hat*) [Vt/i] ⟨ein Staat *o.Ä.*⟩ **rüstet** (**etw.**) **ab** ein Staat *o.Ä.* reduziert die Zahl der Waffen (u. der Soldaten) ↔ ein Staat *o.Ä.* rüstet auf

Ạb·rüs·tung *die*; *nur Sg*; das Abrüsten || K-: **Abrüstungs-, -abkommen, -verhandlungen**

ạb·rut·schen (*ist*) [Vi] **1** (den Halt verlieren u.) seitwärts (nach unten) rutschen ≈ abgleiten **2** *gespr*; im Niveau sinken, schlechter werden ⟨j-s

Leistungen⟩: *Dieses Jahr ist er in Mathematik stark abgerutscht*

ABS [aːbeːˈ|ɛs] *ohne Artikel, indeklinabel*; (*Abk für* Antiblockiersystem) ein System, das verhindert, dass die Reifen e-s Autos blockieren, wenn man stark bremst: *Der Wagen ist mit ABS ausgerüstet*

ab·sä·beln (*hat*) [Vt] ***etw. a.*** *gespr hum* ≈ abschneiden (1), abschnippeln

ab·sa·cken (*ist*) [Vi] *gespr*; **1** ***etw. sackt ab*** etw. sinkt (plötzlich) nach unten ⟨der Boden, das Fundament; das Flugzeug⟩ **2** ***j-d / etw. sackt ab*** j-d / etw. wird im Niveau schlechter ⟨j-s Leistungen⟩: *Er ist dieses Jahr in Chemie abgesackt*

Ab·sa·ge *die*; **1** die Mitteilung, dass etw. abgelehnt ist ↔ Zusage ⟨e-e A. erhalten; j-m e-e A. erteilen⟩ **2** ***e-e A. an j-n / etw.*** e-e Zurückweisung od. Ablehnung von etw.: *Sein Austritt aus der Partei war e-e A. an diese Art der Politik*

ab·sa·gen (*hat*) [Vt] **1** ***etw. a.*** mitteilen, dass etw. nicht stattfindet ↔ ankündigen ⟨ein Konzert, e-e Konferenz, seinen Besuch a.⟩; [Vi] **2** (***j-m***) ***a.*** j-m mitteilen, dass etw. Geplantes nicht stattfinden kann ↔ zusagen: *Sie wollte kommen, aber dann hat sie abgesagt*

ab·sä·gen (*hat*) [Vt] **1** ***etw.*** (***von etw.***) ***a.*** etw. von etw. durch Sägen entfernen: *e-n abgestorbenen Ast a.* **2** ***j-n a.*** *gespr*; j-n aus seiner Position entfernen, ihn entlassen ⟨e-n Politiker, e-n Trainer a.⟩

ab·sah·nen; *sahnte ab, hat abgesahnt*; [Vt/i] (***etw.***) ***a.*** *gespr*; etw. Wertvolles (auf nicht ganz korrekte Weise) in seinen Besitz bringen: *bei e-m Geschäft e-e Menge Geld a.*

Ab·satz *der*; **1** der Teil e-s geschriebenen Textes, der mit e-r neuen Zeile beginnt u. *mst* aus mehreren Sätzen zu e-m bestimmten Thema besteht ≈ Abschnitt: *e-n / mit e-m neuen A. beginnen*; *e-n A. lesen* **2** e-e Stelle in e-m geschriebenen Text, an der ein neuer A. (1) beginnt ⟨e-n A. machen⟩ **3** *mst Sg, Ökon*; der Verkauf von Waren ⟨etw. findet großen, guten, reißenden A.; der A. stockt⟩ || K-: ***Absatz-, -flaute, -gebiet, -krise, -markt*** **4** e-e große, breite Stufe, die e-e Treppe unterbricht: *auf dem A. stehen bleiben* **5** der erhöhte Teil der Schuhsohle unter der Ferse ⟨flache / niedrige, hohe Absätze⟩ || -K: ***Gummi-, Stiefel-*** || ↑ *Abb. unter* **Schuhe** || ID ***auf dem A. kehrtmachen*** plötzlich umkehren

ab·sau·fen (*ist*) [Vi] *gespr*; **1** ≈ untergehen, sinken ⟨ein Schiff⟩ **2** ≈ ertrinken **3** ***etw. säuft ab*** etw. funktioniert nicht mehr, weil die Zündkerzen nass sind ⟨ein Auto, ein Motor⟩

ab·sau·gen (*hat*) [Vt] **1** ***etw.*** (***aus / von etw.***) ***a.*** etw. durch Saugen entfernen: *das Regenwasser mit e-r Pumpe a.* **2** ***etw. a.*** etw. mit e-m Staubsauger von Schmutz u. Staub befreien: *den Teppich a.*

ab·scha·ben (*hat*) [Vt] **1** ***etw.*** (***von etw.***) ***a.*** etw. durch Kratzen von etw. entfernen ≈ abkratzen[1](1) **2** ***etw. a.*** etw. durch Kratzen von etw. frei machen ≈ abkratzen[1](2)

ab·schaf·fen; *schaffte ab, hat abgeschafft*; [Vt] **1** ***etw. a.*** Gesetze od. Regelungen außer Kraft setzen, beseitigen ↔ einführen ⟨die Todesstrafe a.⟩ **2** ***etw. a.*** *gespr*; etw. (das regelmäßig Geld kostet od. viel Mühe macht) aus seinem Besitz weggeben ↔ anschaffen ⟨ein Haustier, ein Auto a.⟩ **3** ***etw. a.*** *gespr*; etw. für immer beseitigen: *Diese langen Sitzungen sollte man a. / gehören abgeschafft* || *hierzu* **Ab·schaf·fung** *die*; *nur Sg*

ab·schä·len (*hat*) [Vt] **1** ***etw.*** (***von etw.***) ***a.*** die Schale, Rinde von etw. entfernen: *die Baumrinde a.* **2** ***etw. a.*** etw. von seiner Schale od. Rinde befreien: *e-n Apfel, e-n Baum a.*

ab·schal·ten (*hat*) [Vt/i] **1** (***etw.***) ***a.*** ≈ abstellen (4) ↔ einschalten: *den Fernseher a.*; [Vi] **2** *gespr*; aufhören, sich auf etw. zu konzentrieren: *Gegen Ende des Vortrages schaltete ich ab* **3** nicht mehr an seine Sorgen denken, sich entspannen: *im Urlaub mal richtig a.*

ab·schät·zen (*hat*) [Vt] ***etw. a.*** etw. (*bes* etw. Zukünftiges) schätzen[1](1) ⟨e-n Gewinn, ein Risiko a.⟩: *a., wie lange etw. noch dauern wird* || *hierzu* **Ab·schät·zung** *die*; *mst Sg*

ab·schät·zig *Adj*; ⟨e-e Bemerkung, ein Blick⟩ so, dass sie Verachtung ausdrücken ≈ abfällig, geringschätzig ↔ anerkennend: *j-n / etw. a. beurteilen*

ab·schau·en (*hat*) [Vt] **1** ***etw.*** (***bei j-m***) ***a.***; ***j-m etw. a.*** *gespr* ≈ abgucken (1); [Vt/i] **2** (***etw.***) (***bei j-m***) ***a.*** *südd* ≈ abgucken (2)

Ab·schaum *der*; *nur Sg, pej*; die Menschen, die von anderen als moralisch verachtenswert od. minderwertig angesehen werden ⟨der A. der Menschheit, der Gesellschaft⟩

Ab·scheu *der*; *-s*; *seltener*: *die*; *-*; *nur Sg*; ***A.*** (***vor / gegenüber j-m / etw.***) ⟨haben, empfinden⟩ ein physischer od. moralischer Ekel, ein heftiger Widerwille, e-e sehr starke Abneigung (empfinden) || ► ***verabscheuen***

Ab·scheu er·re·gend *Adj*; so, dass man Abscheu empfindet ⟨ein Abscheu erregender Anblick, Geruch⟩ || NB: aber *äußerst abscheuerregend* (zusammengeschrieben)

ab·scheu·ern (*hat*) [Vt] **1** ***etw.*** (***von etw.***) ***a.*** etw. durch kräftiges Reiben (*mst* mit e-r Bürste) von etw. entfernen **2** ***etw. a.*** ≈ scheuern (1): *den Fußboden, den Holztisch a.*; [Vr] **3** ***etw. scheuert sich ab*** etw. nutzt sich durch Reiben ab ⟨ein Hemdkragen⟩

ab·scheu·lich *Adj*; **1** aus moralischer Sicht verdammenswert ⟨ein Laster, ein Verbrechen, e-e Lüge⟩ **2** Abscheu erregend ≈ ekelhaft, eklig ⟨ein Gestank; a. aussehen, riechen⟩ **3** *nur adv, gespr*; verwendet, um Adjektive od. Verben negativ zu verstärken ≈ sehr, schrecklich: *Es ist a. kalt*; *Das tut a. weh* || *zu* **1** u. **2** **Ab·scheu·lich·keit** *die*

ab·schi·cken (*hat*) [Vt] ***etw. a.*** *mst* Post an j-n senden ≈ absenden ⟨e-n Brief, ein Paket a.⟩

ab·schie·ben [Vt] (*hat*) **1** ***etw. von etw. a.*** etw. von etw. durch Schieben (ein Stückchen) entfernen ≈ wegschieben **2** ***etw. auf j-n a.*** etw., das man nicht haben will, auf j-d anderen übertragen ≈ abwälzen ⟨e-e Schuld, die Verantwortung auf j-n a.⟩ **3** ***j-n a.*** j-n, der in e-m Land Asyl sucht, nicht im Land bleiben lassen ≈ ausweisen ⟨Asylanten, Flüchtlinge (über die Grenze) a.⟩ || K-: ***Abschiebe-, -haft*** **4** ***j-n a.*** j-n auffordern, das Land sofort zu verlassen, *mst* weil er etw. begangen hat, was der Staat nicht duldet ⟨unerwünschte Personen a.⟩ **5** ***j-n a.*** *gespr*; j-m seine Macht nehmen, indem man ihn an e-m anderen Ort einsetzt: *e-n Richter in die Provinz a.*; [Vi] (*ist*) **6** *gespr pej* ≈ weggehen: *Er schob beleidigt ab*; *Schieb ab!* || *zu* **3, 4** u. **5** **Ab·schie·bung** *die*; *mst Sg*

Ab·schied *der*; *-(e)s, -e*; *mst Sg*; **1** ***der A.*** (***von j-m / etw.***) die Situation, die Worte u. die Geste, wenn man selbst od. j-d anders weggeht ≈ Trennung: *ein tränenreicher A.* || K-: ***Abschieds-, -brief, -feier, -kuss, -schmerz, -wort*** **2** (***von j-m / etw.***) ***A. nehmen*** *geschr*; sich von j-m / etw. verabschieden **3** *geschr*; die (Bitte um) Entlassung *mst* e-s hohen Beamten od. Offiziers ⟨seinen A. nehmen, einreichen⟩ || K-: ***Abschieds-, -gesuch***

ab·schie·ßen (*hat*) [Vt] **1** ***etw. a.*** etw. (*z.B.* e-n Pfeil od. e-e Rakete) in Bewegung setzen **2** ***etw. a.*** e-e Schusswaffe benutzen ⟨e-e Pistole, ein Gewehr *o.Ä.* a.⟩ **3** ***ein Tier a.*** ein wildes Tier mit e-m Schuss töten **4** ***j-n / etw. a.*** ein Fahrzeug od. Flugzeug (im

Krieg) durch Schüsse zerstören ⟨ein Flugzeug, e-n Panzer a.⟩: *Er wurde abgeschossen, als er über feindliches Territorium flog* **5** ***j-n a.*** *gespr*; j-n, der e-e hohe Stellung hat, von seinem Posten absetzen ⟨e-n Politiker, e-n Manager, e-n Trainer a.⟩ **6** ***j-m etw. a.*** j-m mit e-m Schuss e-n Teil des Körpers abtrennen || ▸ ***Abschuss***

ạb·schin·den, sich (*hat*) [Vr] ***sich*** (***mit etw.***) ***a.*** *gespr* ≈ sich abmühen

ạb·schir·men; *schirmte ab, hat abgeschirmt*; [Vt] **1** ***j-n / etw.*** (***gegen etw.***) ***a.*** j-n / etw. vor etw. schützen, etw. von j-m / etw. fern halten: *j-n gegen neugierige Blicke, gegen Gefahren a.* **2** ***etw. a.*** die (unangenehme) Wirkung von etw. mithilfe e-r Schutzvorrichtung verringern ⟨Licht, Lärm a.⟩ || *hierzu* **Ạb·schir·mung** *die*

ạb·schir·ren (*hat*) [Vt/i] (***ein Tier***) ***a.*** e-m Zugtier das Geschirr[2] abnehmen ↔ anschirren ⟨e-n Esel, ein Pferd, e-n Ochsen a.⟩

ạb·schlach·ten (*hat*) [Vt] ***j-n / ein Tier a.*** Menschen od. Tiere grausam (u. in großer Zahl) töten: *Sie wurden mit Bajonetten regelrecht abgeschlachtet*

Ạb·schlag *der*; **1** der erste Teil e-r Geldsumme, die gezahlt werden muss ≈ Anzahlung || K-: ***Abschlags-, -summe, -zahlung*** **2** der Betrag, um den ein Preis reduziert wird ≈ Preisnachlass ↔ Aufschlag: *ein A. von zehn Prozent* **3** *Sport*; das Abschlagen (3) des Balls

ạb·schla·gen (*hat*) [Vt] **1** ***etw.*** (***von etw.***) ***a.*** etw. durch Schlagen von etw. trennen: *e-n Ast a.* **2** (***j-m***) ***etw. a.*** e-n Wunsch, den j-d geäußert hat, nicht erfüllen ≈ ablehnen ⟨j-m e-e Bitte, e-n Wunsch a.⟩; [Vt/i] **3** (***den Ball***) ***a.*** *Sport*; (beim Fußball) den Ball (vom Tor aus) ins Spielfeld schießen

ạb·schlä·gig *Adj*; *geschr*; ablehnend ⟨e-e Antwort, ein Bescheid; etw. a. beantworten⟩

ạb·schle·cken (*hat*) [Vt] *südd* ≈ ablecken (1,2)

ạb·schlei·fen (*hat*) [Vt] **1** ***etw.*** (***von etw.***) ***a.*** etw. durch Schleifen von etw. entfernen: *die alte Farbe von dem Schrank a.* **2** ***etw. a.*** etw. durch Schleifen sauber (u. glatt) machen: *das Brett a.*; [Vr] **3** ***etw. schleift sich ab*** etw. wird durch Reibung glatt

ạb·schlep·pen (*hat*) [Vt] **1** ***j-n / etw. a.*** ein kaputtes Fahrzeug mithilfe e-s anderen Fahrzeugs irgendwohin ziehen: *Er hat mich / mein Auto abgeschleppt* || K-: ***Abschlepp-, -dienst, -seil, -stange*** **2** ***j-n a.*** *gespr*; j-n (*mst* mit sexuellen Absichten) zu sich nach Hause nehmen; [Vr] **3** ***sich*** (***mit etw.***) ***a.*** *gespr*; große Mühe beim Tragen von etw. Schwerem haben

Ạb·schlepp|wa·gen *der*; ein kleiner Lastwagen mit e-r Art Kran, mit dem man Autos abtransportiert

ạb·schlie·ßen (*hat*) [Vt] **1** ***etw. a.*** etw. mit e-m Schlüssel verschließen ↔ aufschließen ⟨e-n Schrank, e-e Tür, e-e Wohnung a.⟩ **2** ***etw. a.*** etw. wie geplant beenden ⟨e-e Schule, ein Studium, e-e Untersuchung (erfolgreich) a.⟩: *Für diese Arbeit benötigen Sie e-e abgeschlossene Ausbildung* **3** ***j-n / etw. von etw. a.*** j-n / etw. durch ein Hindernis von der Umwelt trennen ≈ abschneiden (2): *Das Dorf wurde durch die Lawine von der Umwelt abgeschlossen* || NB: *mst* im Passiv **4** ***etw. hermetisch / luftdicht a.*** e-n Raum so schließen, dass keine Luft herauskommen od. hineinkommen kann **5** ***etw. a.*** sich mit j-m über etw. einigen od. etw. unterschreiben u. in Kraft setzen ≈ vereinbaren ⟨ein Abkommen, ein Bündnis, e-e Versicherung, e-n Vertrag, e-n Waffenstillstand, e-e Wette a.⟩; [Vi] **6** ***mit etw. a.*** *geschr*; mit etw. enden: *Die Geschichte schließt mit dem Tod des Helden ab* **7** ***mit etw. a.*** *Ökon*; etw. am Jahresende in der Bilanz ermitteln ⟨mit Gewinn, Verlust a.⟩; [Vr] **8** ***sich*** (***von j-m / gegen j-n***) ***a.*** *geschr*; den Kontakt zu j-m aufgeben ≈ sich zurückziehen

Ạb·schluss *der*; **1** das geplante (erfolgreiche) Ende von etw. ⟨der A. des Studiums, der Arbeit, der Untersuchung, der Verhandlung; zu e-m A. gelangen / kommen; etw. zum A. bringen⟩ || K-: ***Abschluss-, -bericht*** **2** die Prüfung, mit der e-e Ausbildung endet ⟨e-n A. machen, keinen, e-n guten A. haben⟩: *die Schule ohne A. verlassen* || K-: ***Abschluss-, -ball, -feier; -prüfung, -zeugnis*** || -K: ***Hauptschul-, Realschul-, Schul-*** **3** das Abschließen (5) von etw. ⟨der A. e-s Bündnisses, e-s Vertrags, e-r Versicherung; kurz vor dem A. stehen⟩ || -K: ***Geschäfts-, Vertrags-*** **4** *Ökon*; die Bilanz, die ein Geschäft aufstellt ⟨den A. machen⟩ || -K: ***Jahres-***

ạb·schme·cken (*hat*) [Vt/i] (***etw.***) ***a.*** (während der Zubereitung) den Geschmack e-r Speise prüfen und sie dann entsprechend würzen ⟨die Soße a.⟩

ạb·schmei·ßen (*hat*) [Vt] ***etw. a.*** *gespr* ≈ abwerfen

ạb·schmel·zen [Vi] (*ist*) **1** ***etw. schmilzt ab*** etw. schmilzt u. löst sich so von etw. ⟨Eis, ein Metall⟩; [Vt] (*hat*) **2** ***etw.*** (***von etw.***) ***a.*** etw. zum Schmelzen bringen u. dadurch von etw. anderem trennen

ạb·schmet·tern (*hat*) [Vt] ***j-n / etw. a.*** *gespr*; j-s Wunsch od. Plan sehr entschlossen (u. unerwartet) ablehnen ↔ annehmen, akzeptieren ⟨e-n Antrag, e-e Beschwerde a.⟩

ạb·schmie·ren [Vt] (*hat*) **1** ***etw. a.*** Teile e-r Maschine, e-s Motors mit Fett, Schmiere versehen ≈ schmieren (1) ⟨das Fahrgestell a.⟩; [Vi] (*ist*) **2** ⟨ein Flugzeug⟩ ***schmiert ab*** ein Flugzeug dreht sich zur Seite (u. stürzt dann *mst* ab)

ạb·schmin·ken (*hat*) [Vt] ***j-n / sich a.***; (***sich*** (*Dat*)) ***etw. a.*** j-n / sich selbst von Schminke säubern: *e-n Schauspieler / sich a.; sich das Gesicht a.* || ID *mst* ***Das kannst du dir a.!*** *gespr*; das kommt absolut nicht infrage

ạb·schnal·len (*hat*) [Vt] **1** ***j-n / sich a.***; (***j-m / sich*** (*Dat*)) ***etw. a.*** (j-m / sich) e-n Gurt *o.Ä.* abnehmen, indem man e-e Schnalle öffnet ↔ anschnallen: *den Sicherheitsgurt a.*; [Vi] **2** *mst* ***Da schnallst du ab!*** *gespr*; das ist kaum zu glauben: *Wenn du das siehst, (da) schnallst du ab!*

ạb·schnei·den (*hat*) [Vt] **1** (***sich*** (*Dat*)) ***etw. a.*** etw. durch Schneiden von etw. trennen: *Blumen, ein Stück Kuchen a.; sich die Haare a.; Er hat sich fast den Finger abgeschnitten* **2** ***etw. schneidet j-n / etw. von j-m / etw. ab*** etw. trennt j-n / etw. von j-m / etw. räumlich, etw. isoliert j-n / etw.: *Der starke Schneefall schnitt das Dorf vom Umland ab* **3** ***j-m das Wort a.*** j-n im Gespräch unterbrechen **4** ***j-m den Weg a.*** vor j-m an e-m bestimmten Ort sein, indem man e-e Abkürzung benutzt; [Vi] **5** (***bei etw.***) ***irgendwie a.*** ein bestimmtes Ergebnis erzielen ⟨bei e-m Test gut, schlecht a.⟩: *Er schnitt bei der Prüfung hervorragend ab*

ạb·schnel·len, sich (*hat*) [Vr] ***sich*** (***von etw.***) ***a.*** in die Höhe springen, indem man sich mit den Beinen kräftig abstößt: *Er schnellte sich vom Sprungbrett ab*

ạb·schnip·peln (*hat*) [Vt] ***etw. a.*** *gespr* ≈ abschneiden (1)

Ạb·schnitt *der*; **1** ein inhaltlich zusammengehöriger Teil e-s Texts: *Der Aufsatz gliedert sich in drei Abschnitte* **2** ein Teil e-s Formulars, e-r Eintrittskarte *o.Ä.*, den man abtrennen kann: *Bewahren Sie diesen A. gut auf!* **3** ein bestimmter Zeitraum, e-e Periode: *Nach seiner Entlassung aus dem Gefängnis begann ein neuer A. in seinem Leben* || -K: ***Lebens-*** **4** ein Teil e-s Gebietes, e-r Strecke ⟨e-n A. abfahren, absuchen, überprüfen⟩ || -K: ***Autobahn-, Front-, Strecken-*** || *zu* **1, 3** u. **4** **ạb·schnitt(s)·wei·se** *Adj*; *mst adv*

ạb·schnü·ren (*hat*) [Vt] ***j-d / etw. schnürt (j-m) etw. ab*** j-d / etw. unterbricht das Strömen von etw. (*z.B.* des Bluts in den Adern) durch Druck von außen: *Der enge Kragen schnürt mir die Luft ab* || *hierzu* **Ạb·schnü·rung** *die*

ạb·schöp·fen (*hat*) [Vt] **1 *etw. (von etw.) a.*** etw., das sich oben auf e-r Flüssigkeit befindet, mit e-m Löffel *o.Ä.* wegnehmen: *die Sahne von der Milch, das Fett von der Suppe a.* **2 *etw. a.*** *Ökon*; Gewinne einbehalten u. nicht neu investieren ⟨Gewinne a.⟩ || *hierzu* **Ạb·schöp·fung** *die*

ạb·schot·ten; *schottete ab, hat abgeschottet*; [Vt] ***j-n / etw. / sich a.*** dafür sorgen, dass j-d / etw. / man keinen Kontakt mehr zu j-m / etw. hat: *ein Land während e-r Krise a.*; *sich a., um in Ruhe arbeiten zu können*

ạb·schrä·gen; *schrägte ab, hat abgeschrägt*; [Vt] ***etw. a.*** e-e Fläche schräg(er) machen ⟨ein Dach a.⟩

ạb·schrau·ben (*hat*) [Vt] **1 *etw. (von etw.) a.*** etw. durch e-e drehende Bewegung von etw. entfernen: *den Deckel des Marmeladenglases a.* **2 *etw. a.*** etw., das mit Schrauben irgendwo befestigt ist, (durch Lösen der Schrauben) von dort entfernen

ạb·schre·cken (*hat*) [Vt] **1 *j-n (von etw.) a.*** j-n durch Androhen od. Zeigen von etw. Negativem dazu bringen, e-e (beabsichtigte) Handlung nicht auszuführen: *j-n durch hohe Strafen vom Stehlen a.*; *abschreckende Maßnahmen ergreifen*; *ein abschreckendes Beispiel geben* **2 *etw. schreckt j-n (von etw.) ab*** etw. hindert j-n an seiner Absicht: *Die extreme Kälte schreckt mich nicht davon ab, nach Sibirien zu fahren* **3 *etw. a.*** e-n heißen Gegenstand schnell mit kaltem Wasser abkühlen ⟨gekochte Eier, Eisen a.⟩

Ạb·schre·ckung *die*; *-, -en*; *mst Sg*; das Abschrecken (1) *z.B.* e-s Gegners od. Verbrechers ⟨j-m zur / als A. dienen⟩ || K-: ***Abschreckungs-, -mittel, -politik, -strategie, -waffe***

ạb·schrei·ben (*hat*) [Vt/i] **1 (*etw.*) (*von j-m*) *a.*** den Text e-s anderen übernehmen, kopieren u. ihn als eigenes Werk ausgeben: *Er schrieb fast den ganzen Aufsatz vom Nachbarn ab*; [Vt] **2 *etw.* (*von / aus etw.*) *a.*** e-e handschriftliche Kopie von e-m Text machen, ihn noch einmal schreiben **3 *etw. a.*** *Ökon*; den Preis von Gegenständen, die mit der Zeit an Wert verlieren, von der Bilanz e-s Geschäfts abziehen (u. deswegen weniger Steuern zahlen) ⟨ein Auto, ein Haus, e-e Maschine a.⟩ **4 *j-n (als etw.) a.*** *gespr*; j-n nicht mehr als Freund ansehen bzw. nicht mehr glauben, dass j-d noch lebt: *Diesen komischen Typ kannst du (als Freund) wohl a.* **5 *etw. a.*** *gespr*; nicht mehr hoffen, etw. noch zu haben od. zu bekommen: *Die zwanzig Euro, die du ihm geliehen hast, kannst du a.*; [Vi] **6 *j-m a.*** e-e Einladung schriftlich absagen || *zu* **3 Ạb·schrei·bung** *die* || ► ***Abschrift***

ạb·schrei·ten (*hat / ist*) [Vt] **1 *etw. a.*** e-e Strecke mit großen Schritten entlanggehen, um ihre Länge festzustellen ≈ abmessen **2 *die Front a.*** (bei e-m Staatsbesuch) mit feierlichen u. langsamen Schritten an e-r Reihe von Soldaten entlanggehen

Ạb·schrift *die* ≈ Kopie ↔ Original: *e-e beglaubigte A. e-s Zeugnisses einreichen*

ạb·schrub·ben (*hat*) [Vt] ***j-n / sich / etw. a.*** *gespr* ≈ abbürsten

ạb·schuf·ten, sich (*hat*) [Vr] ***sich a.*** *gespr* ≈ sich abarbeiten (2)

ạb·schup·pen (*hat*) [Vt] **1 *e-n Fisch a.*** die Schuppen e-s Fisches entfernen; [Vr] **2 *etw. schuppt sich ab*** etw. löst sich in Schuppen von etw. ⟨die Haut⟩

ạb·schür·fen (*hat*) [Vt] (***sich*** (*Dat*)) ***etw. a.*** die Haut durch starke Reibung verletzen: *Er schürfte sich beim Sturz das Knie / am Knie die Haut ab*

Ạb·schür·fung *die*; **1** e-e Wunde, die durch Abschürfen entstanden ist || -K: ***Haut-*** **2** das Abschürfen der Haut

Ạb·schuss *der*; **1** das Zünden u. Abfeuern *z.B.* e-r Rakete, e-r Kanone || K-: ***Abschuss-, -basis, -rampe*** **2** das Abschießen (3), das Töten durch Schüsse ⟨das Wild zum A. freigeben⟩ || K-: ***Abschuss-, -quote, -zahl, -zeit*** || ID ***Das ist der A.!*** *gespr*; verwendet, um seine Verärgerung od. Empörung über etw. auszudrücken

ạb·schüs·sig *Adj*; *nicht adv*; sich stark in e-e Richtung neigend ≈ abfallend ⟨ein Hang, e-e Straße, ein Ufer⟩ || *hierzu* **Ạb·schüs·sig·keit** *die*; *nur Sg*

Ạb·schuss·lis·te *die*; *mst in* (***bei j-m***) ***auf der A. stehen*** *gespr*; verwendet, um auszudrücken, dass j-d bei j-m sehr unbeliebt ist od. dass j-d bald seinen Arbeitsplatz verlieren soll

ạb·schüt·teln (*hat*) [Vt] **1 *etw. (von etw.) a.*** etw. durch Schütteln von etw. entfernen: *das Mehl (von der Schürze) a.* **2 *etw. a.*** *gespr*; sich von etw. Unangenehmem befreien ≈ überwinden (2) ⟨die Müdigkeit a.⟩: *Ich kann meine Angst vor Spinnen einfach nicht a.* **3 *j-n a.*** *gespr*; schneller sein als die Verfolger u. sie deshalb loswerden: *Dem Verbrecher gelang es, die Polizei abzuschütteln*

ạb·schwä·chen (*hat*) [Vt] **1 *etw. a.*** etw. mildern, schwächer machen ⟨seine Aussagen a.⟩; [Vr] **2 *etw. schwächt sich ab*** etw. wird milder, schwächer ≈ etw. lässt nach ↔ etw. verstärkt sich ⟨der Lärm, der Wind⟩ || *hierzu* **Ạb·schwä·chung** *die*; *nur Sg*

ạb·schwat·zen (*hat*) [Vt] ***j-m etw. a.*** *gespr*; j-n (durch langes Reden) dazu bringen, dass er einem etw. gibt: *seiner Mutter Geld a.*

ạb·schwei·fen (*ist*) [Vi] ***von etw. a.*** sich vom Thema entfernen (u. e-e Zeit lang von etw. anderem reden) || *hierzu* **Ạb·schwei·fung** *die*

ạb·schwel·len; *schwillt ab, schwoll ab, ist abgeschwollen*; [Vi] **1 *etw. schwillt ab*** etw. wird allmählich leiser od. weniger intensiv ↔ etw. schwillt an ⟨der Lärm, das Dröhnen e-s Flugzeugs⟩ **2 *etw. schwillt ab*** etw. wird nach dem Schwellen (*z.B.* wegen e-r Entzündung, e-r Verletzung) wieder normal ⟨ein Gelenk, ein Muskel⟩

ạb·schwin·deln (*hat*) [Vt] ***j-m etw. a.*** von j-m etw. durch Schwindeln, durch e-e Täuschung erlangen: *e-r alten Frau Geld a.*

ạb·schwir·ren (*ist*) [Vi] *gespr pej* ≈ weggehen, abhauen, abzischen: *Schwirr ab!*

ạb·schwö·ren (*hat*) [Vi] ***etw.*** (*Dat*) ***a.*** *geschr*; e-e schlechte Angewohnheit, e-e Einstellung aufgeben ≈ sich von etw. lossagen ⟨dem Alkohol, e-m Glauben a.⟩

ạb·seg·nen (*hat*) [Vt] ***etw. a.*** *gespr hum*; (*mst* als Vorgesetzter) e-m Plan zustimmen

ạb·seh·bar *Adj*; so, dass man es früh erkennen kann ≈ vorhersehbar ⟨e-e Entwicklung⟩ **2 *in absehbarer Zeit*** *geschr* ≈ ziemlich bald

ạb·se·hen (*hat*) [Vt] **1 *etw. a.*** etw. vorhersehen, ahnen ⟨die Folgen, den Ausgang e-r Sache a.⟩: *Das Ende des Streiks ist noch nicht abzusehen*; [Vi] **2 *von etw. a.*** etw., das man geplant od. beabsichtigt hat, nicht durchführen / tun ⟨von e-r Strafe a.⟩ **3 *von etw. a.*** etw. nicht berücksichtigen: *von j-s Fehlern a.* || NB: Partizip Perfekt wie e-e Präposition verwendet ↑ ***abgesehen von*** **4 *es auf j-n / etw. abgesehen haben*** *gespr*; das starke Verlangen haben, mit j-m in Kontakt zu treten od. etw. zu bekommen, zu erreichen: *Er hat es auf seine hübsche Nachbarin abgesehen*; *Er hatte es längst auf dieses Auto abgesehen*; *Er hat es* darauf *abgesehen, mich zu ärgern* **5 *es auf j-n abgesehen haben*** *gespr*; auf unfaire Weise j-m ständig zeigen, dass man Macht über ihn hat: *Heute hat es der Meister auf den Lehrling abgesehen*

ạb·sei·fen; *seifte ab, hat abgeseift*; [Vt] **(*j-m / sich*) *etw. a.*; *j-n / sich a.*** j-n / sich / etw. mit Seife waschen ⟨j-m den Rücken a.⟩

ạb·sei·hen *(hat)* [Vt] ***etw. a.*** e-e Flüssigkeit durch ein Sieb gießen, um sie zu reinigen od. um feste Bestandteile darin aufzufangen: *die Soße, die Brühe a.*

ạb·sei·len; *seilte ab, hat abgeseilt*; [Vt] **1 *j-n / sich / etw.* (*von etw.*) *a.*** j-n / sich / etw. an e-m Seil herunterlassen: *e-n Bergsteiger an e-m Strick vom Felsen a.*; [Vr] **2 *sich* (*irgendwohin*) *a.*** *gespr*; sich schnell u. unauffällig entfernen ≈ sich absetzen (13): *sich ins Ausland a.*

ạb·seits[1] *Präp*; *mit Gen*; seitlich von etwas entfernt ⟨a. des Weges, der Straße⟩ || NB: auch adverbiell verwendet mit *von*: *abseits vom Trubel*

ạb·seits[2] *Adv*; **1** in relativ großer Entfernung, weit entfernt (vom Standpunkt des Sprechers) ⟨a. stehen, liegen; sich a. halten⟩ **2 *a. stehen, sein*** *Sport*; (beim Fußball) als Angreifer in e-r Position stehen, in der (bei der Ballabgabe) nur noch ein Spieler der gegnerischen Mannschaft zwischen einem selbst u. dem gegnerischen Tor steht

Ạb·seits *das*; -; *nur Sg*; **1** *Sport*; (beim Fußball) die Situation, in der mindestens ein Spieler abseits[2](2) ist ⟨im A. stehen, sein; ins A. laufen⟩: *(Das war) A.! - Das Tor gilt nicht* || K-: ***Abseits-, -position, -stellung*** **2** *mst* ***ins A. geraten / im A. stehen*** vernachlässigt, nicht mehr beachtet werden

ạb·sen·den; *sendete / sandte ab, hat abgesendet / abgesandt*; [Vt] ***etw. a.*** ≈ abschicken || K-: ***Absende-, -termin*** || *hierzu* **Ạb·sen·dung** *die*; *nur Sg*

Ạb·sen·der *der*; *-s*, -; **1** die Person, die etw. (*bes* per Post) abschickt ↔ Empfänger **2** der Name u. die Adresse des Absenders (1), die auf dem Brief *o.Ä.* stehen; *Abk* Abs.

ạb·sen·ken *(hat)* [Vt] **1 *etw. a.*** etw. tiefer, niedriger legen ≈ senken; [Vr] **2 *etw. senkt sich ab*** ≈ etw. senkt sich, neigt sich ⟨das Gelände⟩

Ab·sẹnz *die*; -, *-en*; **1** *geschr*; das Fehlen e-r Person an e-m Ort ≈ Abwesenheit ↔ Anwesenheit **2** *südd* (CH) das Fehlen e-s Schülers in der Schule || K-: ***Absenzen-, -heft, -liste***

ạb·ser·vie·ren; *servierte ab, hat abserviert*; [Vt] **1 *j-n a.*** *gespr*; j-n aus seiner Stellung entlassen ⟨e-n Angestellten, e-n Minister a.⟩ **2 *j-n* (*mit etw.*) *a.*** *gespr* ≈ abspeisen

ạb·set·zen *(hat)* [Vt] **1 *etw. a.*** *mst* etw., das man auf dem Kopf od. der Nase hat, herunternehmen ≈ abnehmen ↔ aufsetzen ⟨den Hut, die Mütze, die Brille a.⟩ **2 *etw. a.*** etw. Schweres (vorübergehend) auf den Boden stellen ⟨den Koffer a.⟩ **3 *etw. setzt etw. ab*** etw. sammelt etw. am Boden an, lagert es dort ab: *Der Fluss setzte Geröll ab* **4 *etw. a.*** die Benutzung e-r Sache für e-n Augenblick unterbrechen ↔ ansetzen: *die Feder, die Geige, das Glas a.* **5 *j-n a.*** j-n aus seinem Amt entlassen ↔ einsetzen: *den Leiter e-r Behörde a.* **6 *j-n irgendwo a.*** *gespr*; j-n mit dem Auto irgendwohin bringen u. dort aussteigen lassen: *j-n am Flughafen a.* **7 *etw.* (*von etw.*) *a.*** ≈ streichen (6): *ein Stück vom Spielplan a.* **8 *etw.* (*von der Steuer*) *a.*** die Kosten von etw. (*z.B.* von Arbeitskleidung, von Fachbüchern *o.Ä.*) von der Summe des Einkommens abziehen, auf das man Steuern zahlen muss: *seine Werbekosten (von der Steuer) a.* **9 *etw. a.*** *Ökon*; etw. in großer Menge oder Zahl verkaufen **10 *etw.* (*von etw.*) *a.*** etw. deutlich von etw. abheben, mit etw. kontrastieren: *e-e Farbe deutlich vom Hintergrund a.* **11 *etw. a.*** ein Medikament (für längere Zeit) nicht mehr einnehmen ⟨die Pille, die Tabletten a.⟩; [Vr] **12 *etw. setzt sich ab*** etw. sammelt sich am Boden an, bleibt dort liegen ⟨Schlamm, Geröll⟩ **13 *sich* (*irgendwohin*) *a.*** irgendwohin fliehen (weil man verfolgt od. von der Polizei gesucht wird) ⟨sich ins Ausland a.⟩ **14 *sich von etw. a.*** deutlich zeigen, dass man mit etw. nicht einverstanden ist ≈ sich von etw. distanzieren (1) **15 *j-d / etw. setzt sich von j-m / etw. ab*** j-d / etw. ist deutlich anders als j-d / etw. || *zu* **8 ạb·setz·bar** *Adj*; *nicht adv*; *zu* **5, 7, 8, 11** u. **13 Ạb·set·zung** *die* || ► ***Absatz***

ạb·si·chern *(hat)* [Vt] **1 *etw.* (*mit / durch etw.*) *a.*** durch gezielte Maßnahmen verhindern, dass für andere e-e Gefahr entsteht: *e-e Baugrube mit e-m Seil a.*; [Vr] **2 *sich* (*gegen etw.*) *a.*** durch gezielte Maßnahmen verhindern, dass etw. Unerwünschtes eintritt ≈ sich (vor etw.) schützen ⟨sich vertraglich a.⟩: *sich gegen unerwartete Reparaturkosten a.* || *hierzu* **Ạb·si·che·rung** *die*

Ạb·sicht *die*; -, *-en*; **1 *die A.*** (+ *zu* + *Infinitiv*) das, was j-d sich vorgenommen hat zu tun ⟨e-e A. haben / sich mit e-r A. tragen; etw. liegt (nicht) in j-s A.⟩: *Er hatte die A., nach Amerika auszuwandern* || K-: ***Absichts-, -erklärung*** **2 *etw. mit / ohne A. tun*** etw. ganz bewusst tun / etw. aus Versehen tun **3 *ernste Absichten* (*auf j-n / mit j-m*) *haben*** j-n heiraten wollen **4 *in der besten A.*** ohne etw. Böses zu wollen || *zu* **1 ạb·sichts·los** *Adj* || ► ***beabsichtigen***

ạb·sicht·lich *Adj*; *ohne Steigerung*; mit Absicht, mit festem Willen / Vorsatz ≈ vorsätzlich ⟨e-e Beleidigung, ein Foul; j-n a. ärgern⟩

ạb·sin·ken *(ist)* [Vi] **1 *j-d / etw. sinkt ab*** j-d / etw. sinkt nach unten **2 *etw. sinkt ab*** etw. wird schlechter, schwächer ⟨j-s Leistungen, das Niveau⟩

ạb·sit·zen [Vt] *(hat) gespr*; **1 *etw. a.*** e-e Zeitspanne nur durch seine Anwesenheit, ohne sinnvolle Tätigkeit hinter sich bringen: *Er sitzt jeden Tag seine acht Stunden im Büro ab* **2 *etw. a.*** e-e Freiheitsstrafe verbüßen: *e-e Strafe, zehn Jahre a.*; [Vi] *(ist)* **3 (*von e-m Tier*) *a.*** *mst* von e-m Pferd heruntersteigen ↔ aufsitzen **4** (CH) ≈ sich hinsetzen: *Sitz ab!*

ab·so·lut *Adj*; *ohne Steigerung*; **1** *nur attr od adv*, *gespr*; so, dass es e-e Grenze erreicht hat, die nicht mehr übertroffen wird ≈ total (1) ⟨ein Dummkopf, ein Idiot, Quatsch, Spitze, Unsinn; a. blödsinnig, unmöglich; etw. a. nicht wollen⟩ || NB: *mst* in Verbindung mit e-r negativen Aussage od. e-m Superlativ **2** *mst attr*; ohne Störung od. Einschränkung ↔ relativ ⟨Frieden, Konzentration, Ruhe, Stille⟩ **3** von niemandem in der Macht eingeschränkt, allein herrschend ≈ unumschränkt ⟨ein Herrscher, ein Monarch⟩ || NB: ↑ ***Gehör, Mehrheit***

Ab·so·lu·ti·on [-'tsi̯oːn] *die*; -, *-en*; *kath*; das Befreien von den Sünden, die gerade gebeichtet wurden ⟨j-m die A. erteilen⟩

Ab·so·lu·tịs·mus *der*; -; *nur Sg*, *hist*; **1** e-e Form der Monarchie, bei der der Kaiser / König alle Macht allein hatte, *bes* im Europa des 17. u. 18. Jahrhunderts ≈ Alleinherrschaft || NB: ↑ ***Totalitarismus*** **2** die Epoche des A. (1) in Europa || *hierzu* **ab·so·lu·tịs·tisch** *Adj*

Ab·sol·vẹnt [-v-] *der*; *-en, -en*; j-d, der e-e (höhere) Schule, e-n Kurs abgeschlossen hat || -K: ***Hochschul-*** || NB: *der Absolvent*; *den, dem, des Absolventen* || *hierzu* **Ab·sol·vẹn·tin** *die*; -, *-nen*

ab·sol·vie·ren [-v-]; *absolvierte, hat absolviert*; [Vt] *geschr*; **1 *etw. a.*** e-e Schule od. e-n Kurs erfolgreich beenden ⟨e-e Fachschule, e-n Lehrgang a.⟩ **2 *etw. a.*** e-e geforderte Leistung erfüllen ⟨ein Pensum, das Training a.⟩ **3 *etw. a.*** e-e Prüfung ablegen u. bestehen ⟨ein Examen a.⟩

ab·sọn·der·lich *Adj*; *geschr*; stark von e-r Norm, vom Üblichen abweichend ≈ merkwürdig, eigenartig ⟨ein Verhalten, e-e Idee, ein Gedanke, ein Mensch⟩ || *hierzu* **Ab·sọn·der·lich·keit** *die*

ạb·son·dern *(hat)* [Vt] **1 *j-n / etw.* (*von j-m / etw.*) *a.***

j-n / etw. von e-r Gruppe trennen ≈ isolieren: *Jungtiere, kranke Tiere von der Herde a.* **2** ***j-d / etw. sondert etw. ab*** j-d / etw. gibt etw. durch die Haut od. e-e Wunde nach außen ab ≈ j-d / etw. scheidet etw. aus ⟨Schweiß a.⟩: *Die Wunde sondert Eiter ab*; [Vr] **3** ***sich*** **(*von j-m / etw.*)** ***a.*** den Kontakt zu j-m / etw. abbrechen ≈ sich isolieren: *sich von der Umwelt, den Klassenkameraden a.*

Ạb·son·de·rung *die*; -, *-en*; **1** ein Stoff, der aus dem Körper ausgeschieden wird, *z.B.* Schweiß, Eiter || -K: ***Drüsen-, Körper-*** **2** *nur Sg*; das Absondern (2)

ab·sor·bie·ren; *absorbierte, hat absorbiert*; [Vt] **1** ***etw. absorbiert etw.*** *Tech*; etw. nimmt etw. in sich auf ≈ etw. saugt etw. auf ⟨etw. absorbiert Dämpfe, Strahlen⟩ **2** ***etw. absorbiert j-n / etw.*** *geschr*; etw. nimmt j-n / etw. in Anspruch ≈ etw. beansprucht j-n / etw.: *Mein neuer Beruf absorbiert mich völlig* || *zu* **1 Ab·sorp·ti·on** *die*; -; *nur Sg*

ạb·spal·ten; *spaltete ab, hat abgespaltet / abgespalten*; [Vt] **1** ***etw.*** **(*von etw.*)** ***a.*** etw. durch Spalten von etw. trennen ≈ abtrennen; [Vr] **2** ***j-d / etw. spaltet sich*** **(*von j-m / etw.*)** ***ab*** j-d / etw. trennt sich von j-m / etw. (u. bildet e-e eigene Einheit): *E-e Gruppe hat sich von der Partei abgespalten* || *hierzu* **Ạb·spal·tung** *die*

ạb·span·nen (*hat*) [Vt/i] **(*ein Tier*)** ***a.*** ein Tier, das e-n Wagen zieht, vom Geschirr befreien ⟨ein Pferd a.⟩

ạb·spa·ren (*hat*) [Vt] ***sich*** (*Dat*) ***etw.*** **(*von etw.*)** ***a.*** mit etw. so lange sparsam sein, bis man etw. Bestimmtes mit dem dadurch gesparten Geld kaufen kann: *Er sparte sich das Geschenk vom Taschengeld ab*

ạb·spe·cken; *speckte ab, hat abgespeckt*; [Vt/i] **(*etw.*)** ***a.*** *gespr*; sein Gewicht reduzieren, indem man weniger isst ≈ abnehmen (9): *zwei Kilo a.*

ạb·spei·chern (*hat*) [Vt] ***etw. a.*** *EDV*; Daten, die man mithilfe e-s Computers bearbeitet hat, speichern, um sie später wieder abrufen zu können ⟨e-e Grafik, e-n Text a.⟩

ạb·spei·sen (*hat*) [Vt] ***j-n*** **(*mit etw.*)** ***a.*** j-m etw. versprechen od. etw. von geringem Wert geben, damit er aufhört zu bitten od. zu fordern ⟨j-n mit leeren Versprechungen, mit ein paar Euro a.; sich nicht a. lassen⟩

ạb·spens·tig *Adj*; *nur präd, nicht adv*; *mst in* ***j-m j-n a. machen*** j-n von j-m weglocken (damit er zu einem selbst kommt): *j-m den Freund a. machen*

ạb·sper·ren (*hat*) [Vt] **1** ***etw. a.*** etw. für j-n unzugänglich machen (dadurch, dass e-e Sperre errichtet wird) ≈ abriegeln (2) ⟨die Unglücksstelle a.⟩; [Vt/i] **2** **(*etw.*)** ***a.*** *südd* ≈ abschließen (1) ⟨e-e Tür, e-e Wohnung a.⟩

Ạb·sper·rung *die*; -, *-en*; **1** *nur Sg*; das Absperren (1) ⟨die A. e-r Unfallstelle⟩ **2** e-e Barriere od. ein Hindernis, die den Zugang zu etw. verhindern ⟨e-e A. errichten, umgehen, niederreißen⟩

ạb·spie·len (*hat*) [Vt] **1** ***etw. a.*** etw. von Anfang bis Ende spielen (9) ⟨e-e Schallplatte, ein Tonband a.⟩; [Vt/i] **2** **(*etw.*)** **(*an j-n*)** ***a.*** *Sport*; (etw.) an e-n Mitspieler weitergeben ≈ j-m (etw.) zuspielen ⟨den Ball, den Puck a.⟩; [Vr] **3** ***etw. spielt sich ab*** etw. geschieht, ereignet sich ⟨e-e Aktion, ein Vorgang⟩: *Die Schießerei spielte sich auf offener Straße ab* || *zu* **2 Ạb·spiel** *das*; *nur Sg*

ạb·split·tern (*ist*) [Vi] ***etw. splittert*** **(*von etw.*)** ***ab*** etw. löst sich in Splittern von etw. ≈ etw. springt ab ⟨die Farbe⟩ || *hierzu* **Ạb·split·te·rung** *die*

ạb·spre·chen (*hat*) [Vt] **1** ***etw.*** **(*mit j-m*)** ***a.*** (mit j-m) über etw. sprechen u. es gemeinsam vereinbaren ≈ verabreden ⟨e-e Reise, e-n Termin a.⟩: *e-n Zeitplan mit e-m Kollegen a.* **2** ***j-m etw. a.*** ein Recht, ein Privileg, das j-d genießt, für ungültig erklären ≈ j-m etw. aberkennen **3** ***j-m etw. a.*** *geschr*; behaupten, dass j-d etw. nicht hat: *j-m den guten Willen a.*; *E-n gewissen Charme kann man ihm nicht a.*; [Vr] **4** ***j-d spricht sich mit j-m ab***; ⟨Personen⟩ ***sprechen sich ab*** zwei od. mehrere Personen gleichen ihre Pläne / Ziele an || *zu* **1** u. **4 Ạb·spra·che** *die*

ạb·sprei·zen (*hat*) [Vt] ***etw. a.*** ein Glied vom Körper wegstrecken ⟨e-n Arm, ein Bein a.⟩

ạb·spren·gen (*hat*) [Vt] ***etw.*** **(*von etw.*)** ***a.*** etw. von etw. durch Sprengen entfernen: *e-n Felsvorsprung a.*

ạb·sprin·gen (*ist*) [Vi] **1** sich von der Unterlage (mit den Füßen u. Beinen) abdrücken u. springen: *beim Hochsprung kräftig a.* **2** **(*von etw.*)** ***a.*** von irgendwo herunterspringen ⟨vom Pferd a.⟩: *Er ist mit dem Fallschirm abgesprungen* **3** ***etw. springt*** **(*von etw.*)** ***ab*** ≈ etw. platzt, splittert ab **4** **(*von etw.*)** ***a.*** *gespr*; bei etw. nicht mehr mitmachen: *von e-r geplanten Reise a.*; *Vier Teilnehmer sind vom Kurs bereits abgesprungen* || *zu* **1** u. **2 Ạb·sprung** *der*

ạb·sprit·zen [Vt] (*hat*) **1** ***j-n / etw. a.*** j-n / etw. durch Bespritzen mit Wasser sauber machen ⟨das Auto a.⟩; [Vi] (*ist*) **2** ***etw. spritzt*** **(*von etw.*)** ***ab*** etw. wird in kleinen Tropfen vom Boden weggeschleudert ⟨Matsch, Wasser⟩

ạb·spu·len (*hat*) [Vt] **1** ***etw. a.*** etw. von e-r Spule od. Rolle ziehen ≈ abwickeln (1) ↔ aufspulen ⟨e-n Faden, e-n Film a.⟩ **2** ***etw. a.*** *gespr*; etw. immer wieder tun, erzählen *o.Ä.*: *alte Geschichten a.*

ạb·spü·len (*hat*) [Vt/i] **1** **(*etw.*)** ***a.*** Geschirr durch Spülen reinigen || K-: ***Abspül-, -mittel***; [Vt] **2** ***etw.*** **(*von etw.*)** ***a.*** etw. durch Spülen von etw. entfernen ≈ wegspülen: *den Schmutz mit Wasser a.*

ạb·stam·men; *stammte ab*, -; [Vi] **1** ***von j-m / etw. a.*** der Nachkomme von j-m / etw. sein ⟨von e-r guten Familie a.⟩ **2** ***etw. stammt von etw. ab*** etw. hat seinen Ursprung in etw.: *Das Wort „Wein" stammt vom lateinischen „vinum" ab* || NB: kein Perfekt! || *hierzu* **Ạb·stam·mung** *die*

Ạb·stam·mungs·leh·re *die*; die Theorie, dass sich alle höheren Lebewesen aus anderen (einfacheren) Lebensformen entwickelt haben ≈ Evolutionstheorie

Ạb·stand *der*; **1** ***ein A.*** **(*von / zu j-m / etw.*)** e-e (relativ geringe) räumliche Entfernung zwischen zwei Dingen / Personen ≈ Distanz, Zwischenraum: *Der A. von ihm zum Haus / sein A. vom / zum Haus beträgt zwei Meter*; *beim Autofahren großen A. zum Vordermann halten* || -K: ***Achsen-, Rad-, Zeilen-*** **2** ***ein A.*** **(*auf j-n / etw.*)**; ***ein A.*** **(*zu j-m / etw.*)** e-e zeitliche Distanz ⟨in kurzen, (un)regelmäßigen Abständen aufeinander folgen, wiederkehren⟩: *Der zweite Läufer hat zehn Minuten A. / e-n A. von zehn Minuten auf den / zum ersten* || -K: ***Alters-, Zeit-*** **3** ***A.*** **(*von / zu j-m*)** *nur Sg*; e-e Haltung gegenüber j-m, dem man wenig Gefühle zeigt u. mit dem man nur wenig Kontakt hat ≈ Zurückhaltung, Reserviertheit ⟨(gebührenden, großen) A. halten / wahren; j-m mit (e-m gewissen) A. begegnen⟩ **4** ***A.*** **(*von / zu j-m / etw.*)** die Fähigkeit, j-n / etw. nach e-r gewissen Zeit objektiv, ohne heftige Gefühle zu beurteilen ⟨(nicht) genug A. haben; A. gewinnen⟩: *Er hat noch nicht genug A. zu seiner Scheidung, um darüber zu sprechen* **5** *gespr* ≈ Ablöse (2), Abfindung || K-: ***Abstands-, -summe*** **6** ***mit A.*** + *Superlativ* mit großem Vorsprung ≈ bei weitem: *Er war mit A. der Jüngste in der Klasse* **7** ***von etw. A. nehmen*** *geschr*; etw., das man geplant od. beabsichtigt hat, nicht tun

ạb·stat·ten; *stattete ab, hat abgestattet*; [Vt] *geschr*; **1** ***j-m e-n Besuch a.*** j-n besuchen **2** ***j-m seinen Dank a.*** j-m danken

ạb·stau·ben (*hat*) [Vt] **1** ***etw. a.*** den Staub von e-m Gegenstand entfernen ⟨den Schrank a.⟩ **2** ***etw.*** **(*irgendwo*)** ***a.*** *gespr*; j-m etw. abbetteln od. etw. stehlen || *zu* **2 Ạb·stau·ber** *der*; *-s*, -

ạb·ste·chen (*hat*) [Vt] **1** ***etw. a.*** etw. mit e-m Messer, Spaten *o.Ä.* aus etw. heraustrennen: *das Gras, die Erde am Rand des Beets a.* **2** ***ein Tier a.*** ein Tier töten, indem man ihm mit e-m Messer die Ader am Hals durchschneidet **3** ***j-n a.*** *gespr*; j-n *mst* mit e-m Messer od. Dolch töten; [Vi] **4** ***j-d / etw. sticht von j-m / etw. ab*** j-d / etw. unterscheidet sich deutlich von j-m / etw. ≈ j-d / etw. hebt sich ab (5) || NB: *zu* **4**: nicht im Perfekt verwendet!

Ạb·ste·cher *der*; *-s*, *-*; ein kleiner Ausflug zu e-m Ort, der abseits der Reiseroute liegt: *e-n A. zu e-m See, nach Köln machen*

ạb·ste·cken (*hat*) [Vt] **1** ***etw. a.*** e-e Fläche od. Strecke durch Markierungen kennzeichnen ⟨ein Grundstück a.⟩ **2** ***etw. a.*** etw. seinen Zielen entsprechend planen ≈ festlegen **3** ***etw. a.*** ein Kleidungsstück vor dem Nähen mit Stecknadeln dem Körper anpassen

ạb·ste·hen (*hat* / *südd* ⓒⓗ *ist*) [Vi] ***etw. steht (von etw.) ab*** etw. liegt nicht an (1), sondern bildet e-n weiten Winkel mit etw. ⟨Haare, Zöpfe, Ohren⟩: *Er hat abstehende Ohren*

Ạb·stei·ge *die*; *-*, *-n*; *pej*; ein billiges, *mst* schmutziges Hotel *o.Ä.*

ạb·stei·gen (*ist*) [Vi] **1** ***(von etw.) a.*** von etw. heruntersteigen ⟨vom Fahrrad, vom Pferd a.⟩ **2** ***irgendwo a.*** ein Zimmer in e-m Hotel. *o.Ä.* mieten: *im Hotel „Europe" a.* **3** *mst* ⟨e-e Mannschaft⟩ ***steigt ab*** *Sport*; e-e Mannschaft muss am Ende der Saison in e-e tiefere Liga gehen ↔ e-e Mannschaft steigt auf || *zu* **3** **Ạb·stei·ger** *der*; *-s*, *-*

ạb·stel·len (*hat*) [Vt] **1** ***etw. irgendwo a.*** etw., das man (zurzeit) nicht braucht, an e-n geeigneten Platz bringen: *e-n alten Schrank auf dem Speicher a.* || K-: ***Abstell-, -fläche, -kammer, -platz, -raum*** **2** ***etw. (irgendwo) a.*** etw. (Schweres) vorübergehend irgendwohin stellen ⟨ein Tablett, e-n Koffer a.⟩ **3** ***j-n (für etw.) a.*** (*Admin*) *geschr*; j-m befehlen, (*mst* für j-d anderen) e-e bestimmte Aufgabe zu erledigen: *nach e-r Überschwemmung Polizisten, Soldaten für Hilfsarbeiten a.* **4** ***etw. a.*** etw. mit e-m Schalter *o.Ä.* außer Betrieb setzen ≈ abschalten ⟨das Gas, das Licht, e-e Maschine, den Motor, den Strom, das Wasser a.⟩ **5** ***etw. a.*** *geschr*; e-n schlechten Zustand beenden ≈ beseitigen ⟨Mängel, Missstände, j-s Unarten a.⟩ **6** ***etw. auf j-n / etw. a.*** etw. so gestalten, dass es sich für j-n, für e-n bestimmten Zweck eignet: *die Werbung auf bestimmte Verbraucher a.* || *zu* **3, 5** u. **6** **Ạb·stel·lung** *die*; *nur Sg*

Ạb·stell·gleis *das*; ein Gleis, auf dem Eisenbahnwagen abgestellt werden, wenn sie nicht gebraucht werden || ID ***j-n aufs A. schieben*** *gespr*; j-n in e-e Position bringen, in der er kaum mehr Einfluss hat

ạb·stem·peln (*hat*) [Vt] **1** ***etw. a.*** e-n Stempel auf etw. drücken ≈ stempeln ⟨e-n Brief, e-e Briefmarke, ein Dokument a.⟩ **2** ***j-n / etw. als etw. a.*** j-n / etw. als etw. (Negatives) bezeichnen: *j-n als Lügner a.*

ạb·step·pen (*hat*) [Vt] ***etw. a.*** etw. mit e-r haltbaren Naht versehen ⟨e-e Decke, e-n Saum a.⟩

ạb·ster·ben (*ist*) [Vi] **1** ***e-e Pflanze stirbt ab*** e-e Pflanze wird krank (und stirbt dann *mst*) **2** ***etw. stirbt ab*** etw. wird so kalt od. so schlecht durchblutet, dass man dort nichts mehr fühlen kann, es nicht mehr bewegen kann ⟨Zehen, Finger, Gliedmaßen⟩

Ạb·stieg *der*; *-s*, *-e*; *mst Sg*; **1** das Gehen od. der Weg vom Berg ins Tal ↔ Aufstieg ⟨der A. vom Gipfel⟩ **2** e-e Verschlechterung von j-s (Lebens)Verhältnissen ⟨ein wirtschaftlicher, sozialer A.⟩ **3** *Sport*; der Wechsel am Ende der Saison in e-e tiefere Division od. Liga ⟨gegen den A. kämpfen⟩ || K-: ***Abstiegs-, -gefahr, -kandidat*** || *zu* **3** **ạb·stiegs·ge·fähr·det** *Adj*

ạb·stim·men (*hat*) [Vt] **1** ***etw. auf j-n / etw. a.*** etw. so handhaben, bearbeiten, dass es zu j-m / etw. passt ⟨die Werbung auf den Verbraucher a.⟩ **2** ***j-d stimmt etw. mit j-m ab***; ⟨Personen⟩ ***stimmen etw. ab*** *mst* zwei Personen sprechen über e-n Plan *o.Ä.* u. ändern diesen so, dass beide damit einverstanden sind; [Vi] **3** ***j-d*** (*Kollekt od Pl*) ***stimmt (über j-n / etw.) ab*** mehrere Personen beschließen etw. durch Abgabe ihrer Stimme[2] (2) ⟨geheim, offen, durch Handzeichen über e-n Antrag a.⟩

Ạb·stim·mung *die*; **1** ***die A.*** (***auf etw.*** (*Akk*) / ***mit etw.***) das Abstimmen (1) ≈ Angleichung: *die A. der Vorträge auf das / mit dem Programm* **2** ***die A.*** (***über etw.***) das Abstimmen (3) ⟨e-e geheime, namentliche A.⟩ **3** ***etw. zur A. bringen*** über etw. abstimmen (3) **4** ***etw. kommt zur A.*** etw. wird durch A. (2) entschieden ⟨ein Antrag, ein Gesetz⟩

abs·ti·nẹnt *Adj*; *ohne Steigerung*; so, dass man auf bestimmte Genüsse (*bes* Alkohol) verzichtet ≈ enthaltsam ⟨a. leben, sein⟩ || *hierzu* **Abs·ti·nẹnz** *die*; *nur Sg*; **Abs·ti·nẹnz·ler** *der*; *-s*, *-*; **Abs·ti·nẹnz·le·rin** *die*; *-*, *-nen*

ạb·stop·pen (*hat*) [Vt] **1** ***etw. a.*** ≈ stoppen, anhalten (1): *die Maschine a.* **2** ***etw. a.*** die Zeit mit der (Stopp)Uhr messen; [Vi] **3** *mst* ***j-d stoppt ab*** j-d hält (mit einem Fahrzeug) an ⟨plötzlich a.⟩

Ạb·stoß *der*; **1** ein Stoß, mit dem sich j-d von e-r Stelle wegbewegt ⟨der A. vom Boden, vom Sprungbrett⟩ **2** *Sport*; ein Schuss, mit dem der Ball vom Torraum aus wieder ins Spiel gebracht wird

ạb·sto·ßen (*hat*) [Vt] **1** ***etw. a.*** etw. von sich wegstoßen **2** ***etw. a.*** die Spitze e-s Gegenstandes (unabsichtlich) beschädigen ⟨Ecken a.⟩ **3** ***etw. a.*** etw. (billig) verkaufen, weil man es nicht mehr haben will od. weil man dringend Geld braucht; [Vt/i] **4** ***etw. stößt (j-n) ab*** etw. ruft in j-m Ekel od. Widerwillen hervor ↔ etw. zieht j-n an: *Sein Benehmen stößt mich ab*; [Vr] **5** ***sich (von etw.) a.*** sich mit e-m kräftigen Stoß von etw. wegbewegen: *Der Schwimmer hat sich vom Beckenrand abgestoßen*

ạb·sto·ßend **1** *Partizip Präsens*; ↑ ***abstoßen*** **2** *Adj*; so, dass bei j-m Ekel od. Widerwillen entsteht ⟨ein Anblick, ein Äußeres; ein Gedanke; a. hässlich⟩

ạb·stot·tern (*hat*) [Vt] ***etw. a.*** *gespr*; etw. in vielen (kleinen) Raten bezahlen: *das Auto a.*

abs·tra·hie·ren [-'hiːrən]; *abstrahierte*, *hat abstrahiert*; [Vi] **1** aus dem Besonderen, aus den Details die allgemeinen Prinzipien entnehmen ≈ verallgemeinern **2** ***von etw. a.*** *geschr*; etw. nicht berücksichtigen ≈ von etw. absehen (3)

abs·trạkt, *abstrakter*, *abstraktest-*; *Adj*; **1** nur in der Theorie, ohne erkennbaren Bezug zur Wirklichkeit ↔ konkret, anschaulich ⟨e-e Darstellung, ein Vortrag, Wissen⟩ **2** so, dass sich darin ein allgemeines Prinzip zeigt ⟨ein Begriff, e-e Denkweise⟩ **3** keine Gegenstände darstellend ↔ gegenständlich ⟨die Kunst, die Malerei, ein Gemälde⟩

Abs·trak·ti·on [-'t͜sioːn] *die*; *-*, *-en*; **1** das Abstrahieren || K-: ***Abstraktions-, -vermögen*** **2** etw., das abstrakt (2) ist

ạb·stram·peln, sich (*hat*) [Vr] ***sich a.*** *gespr*; sich (*bes* beim Radfahren) sehr anstrengen

ạb·strei·fen (*hat*) [Vt] **1** ***etw. a.*** etw. von etw. herunterstreifen: *Die Schlange streift die Haut ab* **2** ***etw. a.*** sich von etw. befreien, etw. aufgeben ≈ ablegen (3): *seine Schüchternheit a.* **3** ***sich*** (*Dat*) ***etw. a.*** die Sohlen der Schuhe sauber machen, bevor man in ein Haus geht ⟨*mst* sich die Füße, Schuhe a.⟩

ạb·strei·ten (*hat*) [Vt] **1** ***etw. a.*** (mit Nachdruck) sagen, dass etw., das ein anderer behauptet, nicht wahr ist: *Er streitet ab*, dass *er der Schuldige ist*; *Sie streitet ab, die Tat begangen* zu *haben* **2** ***j-m etw. a.*** behaupten, dass j-d etw. nicht hat ≈ absprechen (3): *j-m den guten Willen a.*

Ab·strich *der*; **1** *nur Pl*; e-e Kürzung e-r Geldsumme ⟨Abstriche am Etat, am Haushaltsgeld hinnehmen müssen, machen⟩ **2** *Med*; das Entnehmen von kleinen Teilen der Haut, Schleimhaut *o.Ä.*, um diese im Labor untersuchen zu können ⟨e-n A. machen⟩ **3** *Med*; der kleine Teil der Haut *o.Ä.*, der zur Untersuchung im Labor entnommen wurde

abs·trus, *abstruser, abstrusest-*; *Adj*; nicht klar durchdacht u. deswegen unverständlich ≈ verworren ⟨ein Gedanke, e-e Idee⟩

ab·stu·fen (*hat*) [Vt] **1 *etw. a.*** etw. in e-e Skala gliedern ≈ staffeln ⟨Farben, Gehälter / Löhne a.⟩ **2 *etw. a.*** etw. in Stufen unterteilen ⟨ein Gelände, e-n Hang a.⟩ **3 *j-n / etw. a.*** j-s Gehalt reduzieren od. seine Position in e-r Hierarchie tiefer stellen || *hierzu* **Ab·stu·fung** *die*

ab·stump·fen; *stumpfte ab, hat / ist abgestumpft*; [Vt] (*hat*) **1 *etw. a.*** etw. stumpf machen ⟨Ecken, Kanten a.⟩; [Vt/i] (*hat*) **2 *etw. stumpft* (*j-n*) *ab*** etw. macht j-n gefühllos u. apathisch: *Die Ereignisse haben ihn abgestumpft*; [Vi] (*ist*) **3 *etw. stumpft ab*** etw. wird stumpf ⟨e-e Spitze, e-e Schere⟩ **4 *j-d / etw. stumpft ab*** j-d / etw. wird gefühllos ⟨Menschen; j-s Gefühle, j-s Gewissen⟩ || *zu* **2** u. **4 Ab·ge·stumpft·heit** *die*; *nur Sg*

Ab·sturz *der*; **1** das Abstürzen (1), der Sturz aus großer Höhe: *der A. e-s Hubschraubers* || K-: ***Absturz-, -stelle, -ursache*** || -K: ***Flugzeug-*** **2** das Abstürzen (3): *Ein Systemfehler hat den Computer zum A. gebracht*

ab·stür·zen (*ist*) [Vi] **1 *j-d / etw. stürzt ab*** j-d / etw. fällt aus großer Höhe hinunter ⟨ein Flugzeug⟩ **2 *etw. stürzt ab*** etw. ist sehr steil ⟨e-e Felswand⟩ **3 *etw. stürzt ab*** *EDV*; ein Computer reagiert auf keine Eingabe mehr u. muss abgeschaltet werden ⟨ein Computer, ein Programm stürzt ab⟩

ab·stüt·zen (*hat*) [Vt] **1 *etw. a.*** etw. so stützen, dass es nicht einstürzen kann ⟨e-e Brücke, ein Dach, e-e Mauer a.⟩; [Vr] **2 *sich* (*von etw.*) *a.*** sich durch Drücken mit Armen od. Beinen von etw. weghalten: *sich vom Boden a.* || *zu* **1 Ab·stüt·zung** *die*

ab·su·chen (*hat*) [Vt] ***etw.* (*nach j-m / etw.*) *a.*** suchend durch ein Gelände, e-e Gegend *o.Ä.* gehen: *Die Polizei suchte den Wald nach der Vermissten ab*

ab·surd, *absurder, absurdest-*; *Adj*; ohne Sinn, nicht logisch ≈ unsinnig, sinnlos ⟨e-e Idee, e-e Vorstellung; etw. klingt a.; etw. a. finden⟩ || *hierzu* **Ab·sur·di·tät** *die*; -, *-en*

Abs·zess [apsˈt͡sɛs] *der / auch das*; *Abs·zes·ses, Abszes·se*; *Med*; e-e geschwollene Stelle am od. im Körper, die voll Eiter ist

Abs·zis·se [apsˈt͡sɪsə] *die*; -, *-n*; *Math*; der Abstand, den ein Punkt von der senkrechten (y-)Achse e-s Koordinatensystems hat ↔ Ordinate || K-: ***Abszissen-, -achse***

Abt *der*; *-(e)s, Äb·te*; *kath*; verwendet bei bestimmten religiösen Orden als Bezeichnung für den Leiter e-s Klosters || *hierzu* **Äb·tis·sin** *die*; -, *-nen*

ab·tas·ten (*hat*) [Vt] ***j-n / etw. a.*** j-n / etw. mit den Händen vorsichtig anfassen, gründlich betasten (um nach etw. zu suchen): *Der Arzt tastete den Bauch des Patienten ab*

ab·tau·chen (*ist*) [Vi] ⟨ein U-Boot⟩ ***taucht ab*** ein U-Boot geht unter Wasser

ab·tau·en [Vt] (*hat*) **1 *etw. a.*** etw. von Eis befreien, indem man das Eis tauen lässt ⟨den Kühlschrank a.⟩ || K-: ***Abtau-, -automatik***; [Vi] (*ist*) **2 *etw. taut ab*** etw. wird durch Tauen von Eis frei **3 *etw. taut ab*** etw. löst sich von etw., indem es taut ⟨das Eis⟩

Ab·tei *die*; -, *-en*; *kath*; ein Kloster, das von e-m Abt / e-r Äbtissin geleitet wird

Ab·teil *das*; **1** ein abgeteilter Raum für Personen in e-m Eisenbahnwagen || K-: ***Abteil-, -tür*** || -K: ***Nichtraucher-, Raucher-, Schlafwagen-, Zug-*** **2** ein kleiner Raum, der durch Wände von e-m größeren Raum getrennt ist: *ein A. e-s Kellers, e-s Schranks* || -K: ***Keller-, Schrank-*** || NB: ↑ ***Fach***

ab·tei·len (*hat*) [Vt] ***etw. a.*** *mst* e-n Raum in zwei od. mehr Teile trennen

Ab·tei·lung[1] *die*; **1** ein relativ selbstständiger Teil innerhalb e-s Unternehmens (e-s Kaufhauses, e-s Krankenhauses *usw*) || K-: ***Abteilungs-, -chef, -leiter*** || -K: ***Export-, Import-, Verkaufs-, Versand-, Werbe-*** **2** *Mil*; e-e Gruppe von Soldaten, die e-e Einheit bilden || K-: ***Abteilungs-, -führer, -kommandeur*** **3** *Biol*; die höchste Kategorie im Reich (= System) der Pflanzen. Jede A. ist in *Klassen* unterteilt

Ab·tei·lung[2] *die*; *mst Sg*; das Abteilen od. Trennen

ab·tip·pen (*hat*) [Vt] ***etw. a.*** *gespr*; e-n *mst* handschriftlichen Text auf der Schreibmaschine abschreiben

Ab·tö·nung *die* ≈ Schattierung, Farbton

ab·tö·ten (*hat*) [Vt] **1 *etw. a.*** sehr kleine Lebewesen od. einzelne Körperzellen töten, zerstören ⟨Bakterien, Keime, Mikroorganismen a.⟩ **2** ⟨Horrorfilme *o.Ä.*⟩ ***töten die Gefühle ab*** Horrorfilme *o.Ä.* zerstören die Gefühle der Menschen || *hierzu* **Ab·tö·tung** *die*; *nur Sg*

ab·tra·gen (*hat*) [Vt] **1 *etw. trägt etw. ab*** etw. beseitigt e-e Erhebung, macht ein Gelände flach: *Wind, Wasser u. Eis können mit der Zeit ganze Gebirge a.* **2 *etw. a.*** e-n Teil des Erdbodens wegnehmen: *mit dem Bagger e-e Schicht Erde a.* **3 *etw. a.*** ein altes Gebäude abreißen ⟨ein Haus, e-e Mauer a.⟩ **4 *etw. a.*** ein Kleidungsstück durch häufiges Tragen abnutzen: *abgetragene Schuhe* **5 *etw. a.*** Schulden bezahlen ≈ abzahlen ⟨e-e Hypothek, Schulden a.⟩; [Vt/i] **6 (*etw.*) *a.*** *geschr*; etw. vom Tisch abräumen ↔ auftragen ⟨Getränke, Speisen a.⟩ || *zu* **1, 2, 3** u. **5 Ab·tra·gung** *die*

ab·träg·lich *Adj*; *mst präd*; ***j-m / etw. a.*** schädlich, nachteilig für j-n / etw.: *Rauchen ist der Gesundheit a.* || *hierzu* **Ab·träg·lich·keit** *die*; *nur Sg*

ab·trans·por·tie·ren; *transportierte ab, hat abtransportiert*; [Vt] ***j-n / etw. a.*** j-n / etw. mit e-m Fahrzeug von e-m Ort wegbringen: *die Verletzten im Krankenwagen a.* || *hierzu* **Ab·trans·port** *der*

ab·trei·ben [Vi] (*hat*) **1 *etw. treibt j-n / etw. ab*** etw. bewirkt, dass sich j-d / etw. in e-e andere als die gewünschte Richtung bewegt: *Der Wind hat den Ballon, das Schiff abgetrieben*; [Vt/i] (*hat*) **2 (*ein Kind*) *a.*** e-e Schwangerschaft abbrechen (lassen); [Vi] (*ist*) **3 *j-d / etw. treibt ab*** j-d / etw. wird abgetrieben (1): *Das Boot trieb vom Ufer ab*

Ab·trei·bung *die*; -, *-en*; das Abtreiben (2) ≈ Schwangerschaftsabbruch: *e-e A. hinter sich* (*Dat*) *haben* || K-: ***Abtreibungs-, -gesetz, -klinik, -pille, -verbot***

ab·tren·nen (*hat*) [Vt] ***etw.* (*von etw.*) *a.*** etw. (das mit etw. verbunden ist) von etw. trennen: *die Knöpfe a.*; *e-n Teil des Kellers a.*

ab·tre·ten [Vt] (*hat*) **1 (*j-m*) *etw. a.*; *etw.* (*an j-n*) *a.*** j-m etw. geben, das eigentlich einem selbst zusteht ≈ j-m etw. überlassen ⟨j-m ein Recht, sein Zimmer a.⟩ **2 *etw. a.*** etw. durch häufiges Betreten abnutzen ⟨e-n Teppich a.⟩ **3 *etw. a.*** etw. durch Treten von etw. entfernen **4 (*sich* (*Dat*)) *etw. a.*** die Sohlen der Schuhe sauber machen, bevor man in ein Haus geht ≈ abstreifen (3), abputzen (2); [Vi] (*ist*) **5** den Bereich verlassen, in dem man gearbeitet hat ⟨von der Bühne a.⟩

Ab·tre·tung *die*; -, *-en*; **1** *nur Sg*; das Abtreten (1) **2** etw., das man an j-n abgetreten (1) hat

ab·trock·nen [Vt] (*hat*) **1 *j-n / sich / sich* (*Dat*) *etw. a.*** e-n Körperteil mit e-m Tuch *o.Ä.* trocken machen ⟨sich die Hände a.⟩; [Vt/i] (*hat*) **2** (***etw.***) ***a.*** Geschirr *o.Ä.* trocken machen; [Vi] (*ist / auch hat*) **3** ***etw. trocknet ab*** etw. wird trocken: *Die Straße ist nach dem Regen schnell wieder abgetrocknet*

ạb·trop·fen (*ist*) [Vi] **1** ***etw. tropft*** (***von etw.***) ***ab*** etw. fällt in Form von Tropfen herunter: *Tau tropft von den Blättern ab* **2** ***etw. tropft ab*** etw. verliert Feuchtigkeit in Tropfen ⟨das Geschirr a. lassen⟩

ạb·trot·zen (*hat*) [Vt] ***j-m etw. a.*** etw. (oft durch ständiges Fragen u. Bitten) gegen Widerstand von j-m bekommen: *seinem Chef ein paar Tage Urlaub a.*

ạb·trün·nig *Adj*; *ohne Steigerung, nicht adv, geschr, auch hist* ≈ untreu ⟨Gefolgsleute, Vasallen; e-m Glauben, e-m König, e-r Partei a. werden⟩ || *hierzu* **Ạb·trün·ni·ge** *der / die*; *-n, -n*

ạb·tun (*hat*) [Vt] **1** ***etw.*** (***als etw.***) ***a.*** (ohne viel Überlegung) etw. als unwichtig von sich weisen ⟨e-n Einwand, ein Problem als unwichtig a.⟩ **2** ***etw. a.*** *gespr*; ≈ abnehmen (1) ⟨die Brille, den Ring a.⟩

ạb·tup·fen (*hat*) [Vt] **1** ***etw.*** (***von etw.***) ***a.*** etw. *z.B.* mit Watte od. e-m weichen Tuch tupfend von etw. entfernen: *das Blut vom Finger des Verletzten a.* **2** ***etw. a.*** etw. durch Tupfen von e-r Flüssigkeit befreien: *die Stirn des Verletzten a.*

ạb·ur·tei·len (*hat*) [Vt] **1** ***j-n a.*** ein (negatives) Urteil über j-n aussprechen ⟨e-n Verbrecher a.⟩ **2** ***etw. a.*** etw. sehr negativ beurteilen: *die moderne Kunst leichtfertig a.* || *zu* **1** **Ạb·ur·tei·lung** *die*; *nur Sg*

ạb|ver·lan·gen; *verlangte ab, hat abverlangt*; [Vt] **1** ***j-d / etw. verlangt j-m etw. ab*** j-d / etw. fordert *mst* etw. Schwieriges od. Unangenehmes von j-m ⟨etw. verlangt j-m alles ab⟩: *Diese Aufgabe verlangt mir höchste Konzentration ab* **2** ***j-m etw. a.*** von j-m relativ viel Geld für etw. verlangen

ạb·wä·gen; *wog / wägte ab, hat abgewogen / selten abgewägt*; [Vt] ***etw. a.*** mehrere Möglichkeiten sorgfältig prüfen ⟨seine Chancen, sein Urteil, seine Worte a.⟩: *die Vor- u. Nachteile e-r Sache sorgfältig gegeneinander a.* || *hierzu* **Ạb·wä·gung** *die*; *nur Sg*

ạb·wäh·len (*hat*) [Vt] ***j-d*** (*Kollekt od Pl*) ***wählt j-n ab*** mehrere Personen stimmen dafür, dass j-d, der für e-n Posten gewählt wurde, diesen Posten wieder verliert || *hierzu* **Ạb·wahl** *die*

ạb·wäl·zen (*hat*) [Vt] ***etw. auf j-n a.*** etw. Unangenehmes auf j-d anderen übertragen, ihn damit belasten ⟨die Schuld, die Verantwortung auf j-n a.⟩

ạb·wan·deln (*hat*) [Vt] ***etw. a.*** die Form od. den Inhalt e-r Sache (*mst* wenig) ändern ⟨ein Thema a.⟩ || *hierzu* **Ạb·wand·lung** *die*

ạb·wan·dern (*ist*) [Vi] an e-n anderen Ort, in e-n anderen Bereich wechseln: *Die ersten Zuschauer wandern bereits ab* (= gehen nach Hause); *Viele unserer Wähler sind zu anderen Parteien abgewandert* || *hierzu* **Ạb·wan·de·rung** *die*

Ạb·wart *der*; *-(e)s, -e*; (CH) ≈ Hausmeister

ạb·war·ten (*hat*) [Vt/i] **1** (***j-n / etw.***) ***a.*** warten, bis j-d kommt / bis etw. eintritt ⟨e-e günstige Gelegenheit, j-s Ankunft, den weiteren Verlauf der Entwicklung a.⟩ **2** (***etw.***) ***a.*** warten, bis etw. vorbei ist ⟨den Regen, das Unwetter a.⟩ || ID ***a. u. Tee trinken*** *gespr*; Geduld haben u. warten, bis etw. eintritt

ạb·wärts *Adv*; **1** in Richtung nach unten ≈ hinunter ↔ aufwärts ⟨a. fahren, steigen⟩: *Die Straße führt a.* || K-: ***Abwärts-, -bewegung, -trend*** **2** ***von j-m*** (***an***) ***a.*** (in e-r Hierarchie) alle außer denen, die e-e höhere Position als die genannte haben: *Vom Unteroffizier (an) a. müssen alle im Kasernenhof antreten*

> **ạb·wärts ge·hen**; *ging abwärts, ist abwärts gegangen*; [Vimp] ***mit j-m / etw. geht es abwärts*** j-s Situation / etw. wird schlechter ↔ mit j-m / etw. geht es aufwärts: *Mit ihrer Gesundheit geht es abwärts*

Ạb·wasch *der*; *-(e)s*; *nur Sg*; **1** das schmutzige Geschirr, das abgewaschen werden muss **2** das Abwaschen des Geschirrs ⟨den A. machen⟩ || ID ***Das geht in 'einem A.*** *gespr*; das kann man alles zusammen erledigen

ạb·wa·schen (*hat*) [Vt] **1** ***etw.*** (***von etw.***) ***a.*** etw. von etw. mit Wasser entfernen: *die Soße vom Teller a.*; [Vt/i] **2** (***etw.***) ***a.*** etw. mit Wasser reinigen: *das Geschirr a.* || K-: ***Abwasch-, -becken, -lappen, -mittel, -wasser*** || *hierzu* **ạb·wasch·bar** *Adj*; *nicht adv*

Ạb·was·ser *das*; *-s, Ab·wäs·ser*; Wasser, das schmutzig ist, weil es in Haushalten od. in technischen Anlagen benutzt wurde: *Der Betrieb darf kein A. mehr in den Fluss leiten* || K-: ***Abwasser-, -kanal, -kläranlage, -leitung, -reinigung***

ạb·wech·seln [-ks-] (*hat*) [Vr] **1** ***j-d wechselt sich mit j-m*** (***bei etw.***) ***ab***; ⟨Personen⟩ ***wechseln sich*** (***bei etw.***) ***ab*** zwei od. mehrere Personen tun etw. im Wechsel: *Wir wechseln uns bei langen Fahrten immer ab* **2** ***etw. u. etw. wechseln*** (***sich***) ***ab***; ***etw. wechselt sich mit etw. ab*** etw. geschieht od. zeigt sich in regelmäßigem Wechsel mit etw. (*mst* Kontrastierendem): *In seinem Leben wechselten (sich) Glück u. Unglück ständig ab*

Ạb·wechs·lung [-ks-] *die*; *-, -en*; **1** e-e unterhaltsame Unterbrechung des Alltags ≈ Zerstreuung ↔ Eintönigkeit: *viel A. haben* **2** *nur Sg*; e-e (interessante) Folge von verschiedenen Dingen: *A. ins Programm bringen* || *hierzu* **ạb·wechs·lungs·reich** *Adj*

Ạb·we·ge *die*; *Pl*; *mst in* ***auf A. geraten / kommen***; ***auf Abwegen sein*** ein Leben führen, das die meisten Menschen für unmoralisch halten

ạb·we·gig *Adj*; nicht normal u. daher sonderbar od. nicht erwünscht ↔ nahe liegend ⟨ein Gedanke, ein Vergleich⟩ || *hierzu* **Ạb·we·gig·keit** *die*; *nur Sg*

Ạb·wehr *die*; *-*; *nur Sg*; **1** das Zurückschlagen e-s Gegners od. e-s feindlichen Angriffs ≈ Verteidigung || K-: ***Abwehr-, -bereitschaft*** **2** ein Verhalten, mit dem man e-e Person od. Sache, die man nicht mag, ablehnt od. abweist ≈ Ablehnung ⟨bei j-m auf A. stoßen⟩ || K-: ***Abwehr-, -haltung, -reaktion*** **3** *Kollekt, Sport*; die Gruppe der verteidigenden Spieler e-r Mannschaft || K-: ***Abwehr-, -reihe, -spieler*** || *zu* **3** **ạb·wehr·schwach** *Adj*; **ạb·wehr·stark** *Adj*

Ạb·wehr|dienst *der*; ein Geheimdienst, der Spione entdecken soll

ạb·weh·ren (*hat*) [Vt] **1** ***j-n / etw. a.*** verhindern, dass ein Gegner od. etw. Bedrohliches Erfolg hat ⟨den Feind, e-e Attacke a.⟩ **2** ***j-n / etw. a.*** j-n / etw. von sich weisen ⟨Neugierige, Reporter, j-s Hilfe a.⟩; [Vt/i] **3** (***etw.***) ***a.*** *Sport*; etw. erfolgreich zurückschlagen ⟨e-n Ball a.; e-n Angriff a.⟩

Ạb·wehr|kraft *die*; *mst Pl*; die Fähigkeit des Körpers, sich vor Krankheiten zu schützen

Ạb·wehr|stoff *der*; *mst Pl* ≈ Antikörper

ạb·wei·chen; *wich ab, ist abgewichen* [Vi] **1** ***von etw. a.*** e-e bestimmte Richtung verlassen ⟨vom Kurs, von der Route a.⟩ **2** ***j-d / etw. weicht von etw. ab*** j-d / etw. unterscheidet sich von etw. ⟨von der Wahrheit a.⟩: *Sein Ergebnis weicht von unseren Erkenntnissen ab* || *hierzu* **Ạb·wei·chung** *die*

ạb·wei·sen (*hat*) [Vt] **1** ***j-n / etw. a.*** j-n / etw. heftig, entschieden ablehnen ⟨e-e Bitte, e-n Antrag a.⟩ **2** ***j-n a.*** j-n wegschicken, ohne mit ihm zu sprechen ↔ empfangen: *e-n Besucher, e-n Vertreter, e-n Bettler (an der Haustür) a.* || *hierzu* **Ạb·wei·sung** *die*

ạb·wei·send **1** *Partizip Präsens*; ↑ **abweisen** **2** *Adj*; misstrauisch u. unfreundlich, ablehnend ⟨e-e Bewegung, e-e Geste; sich a. verhalten⟩

ạb·wen·den; *wendete / wandte ab, hat abgewendet / abgewandt*; [Vt] **1** ***etw. a.*** (*wendete / wandte ab*) etw.

von etw. weg-, zur anderen Seite wenden ⟨den Blick, den Kopf a.⟩ **2** ***etw. a.*** (*wendete ab*) verhindern, dass etw. wirksam wird ⟨Schaden, e-e Gefahr von j-m a.⟩; [Vr] **3** ***sich*** (***von j-m / etw.***) ***a.*** (*wendete / wandte ab*) sich von j-m / etw. weg-, auf die andere Seite drehen ↔ sich j-m / etw. zuwenden || *zu* **2** u. **3** **Ạb·wen·dung** *die*; *nur Sg*

ạb·wer·ben (*hat*) [Vt] (***j-m***) ***j-n a.*** j-n dazu bringen, nicht mehr für j-d anderen, sondern für einen selbst zu arbeiten *o.Ä.*: (*j-m*) *die Arbeitskräfte, Kunden, Leser, Mitglieder a.* || *hierzu* **Ạb·wer·bung** *die*

ạb·wer·fen (*hat*) [Vt] **1** ***etw. a.*** etw. aus der Höhe herunterwerfen, fallen lassen: *Im Herbst werfen die Bäume ihr Laub ab* **2** ***etw. wirft etw. ab*** etw. bringt etw. als Gewinn ⟨ein Geschäft wirft hohe Gewinne, Profite ab⟩ || *zu* **1** **Ạb·wurf** *der*

ạb·wer·ten (*hat*) [Vt] **1** ***etw.*** (***auf etw.*** (*Akk*)) ***a.*** den Wert e-r Währung reduzieren ↔ aufwerten **2** ***etw. a.*** etw. in seinem Wert, seiner Bedeutung mindern: *abwertende Bemerkungen machen* || *hierzu* **Ạb·wer·tung** *die*

ạb·we·send *Adj*; **1** nicht da, wo man / es sein sollte ↔ anwesend: *ohne Erlaubnis a. sein* **2** nicht (auf das Wesentliche) konzentriert ↔ aufmerksam: *Sie sah mich a. an* || *zu* **1** **Ạb·we·sen·de** *der / die*; *-n, -n*

Ạb·we·sen·heit *die*; -; *nur Sg*; **1** das (körperliche) Abwesendsein ↔ Anwesenheit ⟨während / in j-s A.⟩ **2** der Zustand, in dem j-d nicht konzentriert ist || ID ***durch A. glänzen*** *gespr iron*; e-n schlechten Eindruck machen, weil man nicht da ist

ạb·wet·zen (*hat*) [Vt] ***etw. a.*** etw. durch Reibung abnutzen: *ein Polster, ein Sofa a.*

ạb·wi·ckeln (*hat*) [Vt] **1** ***etw. a.*** etw. von e-r Spule od. Rolle abrollen ≈ abspulen (1) ⟨e-n Faden a.⟩ **2** ***etw. a.*** etw. ordnungsgemäß erledigen, zu Ende bringen ⟨ein Geschäft reibungslos a.⟩ || *zu* **2** **Ạb·wick·lung** *die*; *nur Sg*

ạb·wie·geln; *wiegelte ab, hat abgewiegelt*; [Vt] **1** ***j-n a.*** j-n, der wütend ist, beruhigen ≈ beschwichtigen ↔ aufwiegeln: *Demonstranten a.*; [Vt/i] **2** (***etw.***) ***a.*** *oft pej*; etw. harmloser darstellen, als es ist, um j-n, der wütend ist, zu beruhigen

ạb·wie·gen; *wog ab, hat abgewogen*; [Vt] ***etw. a.*** das Gewicht e-r Menge durch Wiegen feststellen: *ein Pfund Äpfel a.*

ạb·wim·meln (*hat*) [Vt] ***j-n / etw. a.*** *gespr*; j-n / etw. von sich weisen, fern halten ⟨e-n lästigen Verehrer, e-n Auftrag a.⟩

ạb·win·ken (*hat*) [Vi] (***j-m***) ***a.*** j-m zu verstehen geben, dass man etw. ablehnt: *Ich wollte ihn trösten, aber er winkte ab*

ạb·wirt·schaf·ten (*hat*) [Vi] *mst* ***etw. hat abgewirtschaftet*** etw. ist wirtschaftlich ruiniert: *Der Staat, der Betrieb, die Firma hat abgewirtschaftet*

ạb·wi·schen (*hat*) [Vt] **1** ***etw.*** (***von etw.***) ***a.*** etw. durch Wischen von etw. entfernen: *den Staub vom Schrank a.* **2** ***etw. a.*** etw. durch Wischen reinigen: *den Tisch, den Schrank a.*

ạb·wra·cken; *wrackte ab, hat abgewrackt*; [Vt] ***etw. a.*** ein Fahrzeug in seine Teile zerlegen u. zu Schrott machen ⟨ein Auto, ein Schiff a.⟩

ạb·wür·gen (*hat*) [Vt] *gespr*; **1** ***etw. a.*** etw. autoritär od. undemokratisch beenden ⟨e-e Diskussion, jede Kritik a.⟩ **2** ***den Motor a.*** den Motor e-s Autos zum Stillstand bringen, wenn man das Auto falsch bedient, *z.B.* zu wenig Gas gibt

ạb·zah·len (*hat*) [Vt] ***etw. a.*** etw. (in Raten) bezahlen ⟨ein Darlehen, e-n Kredit a., ein Auto in Raten a.⟩

ạb·zäh·len (*hat*) [Vt] **1** ***j-n / etw.*** (*Kollekt od Pl*) ***a.*** die genaue Zahl / Menge von Personen / Dingen feststellen ⟨die Schüler, das Geld a.⟩ **2** ***etw.*** (*Pl*) ***a.*** e-e bestimmte Anzahl zählen u. diese von e-r größeren Menge wegnehmen: *Er zählte sieben Hunderteuroscheine ab*

Ạb·zah·lung *die*; **1** *nur Sg*; das Abzahlen || K-: ***Abzahlungs-, -geschäft, -rate*** **2** ein Teil der Geldsumme, die bezahlt werden muss ≈ Rate **3** ***etw. auf A. kaufen*** etw. kaufen u. jeden Monat e-n bestimmten Teil der gesamten Geldsumme bezahlen

ạb·zap·fen (*hat*) [Vt] **1** ***etw. a.*** e-e Flüssigkeit aus e-m Behälter mithilfe e-s Hahns[2] entnehmen ⟨Bier, Wein a.⟩ **2** ***j-m Geld a.*** *gespr*; von j-m auf nicht ganz korrekte Weise Geld nehmen

Ạb·zei·chen *das*; **1** ein kleiner Gegenstand aus Metall od. Stoff, den man *mst* an der Kleidung befestigt, um zu zeigen, dass man Mitglied e-r Organisation ist od. zu e-r Gruppe gehört: *ein A. an der Jacke tragen* || -K: ***Partei-*** **2** ein A. (1), das man aufgrund seines Rangs od. seiner Leistungen bekommt || -K: ***Rang-, Sport-***

ạb·zeich·nen (*hat*) [Vt] **1** ***etw. a.*** etw. genau so zeichnen, wie es ist, e-e Vorlage in Form e-r Zeichnung kopieren **2** ***etw. a.*** etw. mit den Anfangsbuchstaben seines Namens versehen, um auszudrücken, dass man mit etw. einverstanden ist: *Der Chef muss den Bericht noch a.*; [Vr] **3** ***etw. zeichnet sich ab*** etw. wird in seinen Ausmaßen allmählich deutlich, erkennbar ≈ etw. deutet sich an ⟨ein Trend, ein Umschwung, e-e Wende, e-e Gefahr⟩

ạb·zie·hen [Vt] (*hat*) **1** ***etw.*** (***von etw.***) ***a.*** etw. von etw. durch Ziehen entfernen: *den Ring vom Finger a.* **2** ***etw. a.*** e-e Hülle durch Ziehen von etw. entfernen ↔ beziehen: *die Betten, die Bettbezüge a.* **3** ***etw. a.*** e-e (Foto)Kopie von etw. machen ≈ kopieren **4** ***j-n / etw.*** (*Kollekt od Pl*) ***a.*** *Mil*; Truppen aus e-m Gebiet zurückziehen **5** ***etw.*** (***von etw.***) ***a.*** etw. von etw. subtrahieren ⟨die Unkosten vom Gewinn a.⟩: *Wenn man zwei von fünf abzieht, bleibt ein Rest von drei*; [Vi] (*ist*) **6** ***etw. zieht ab*** etw. bewegt sich von e-m Ort weg ⟨Nebel, Rauch⟩ **7** ***j-d*** (*Kollekt od Pl*) ***zieht ab*** Soldaten verlassen ein Gebiet **8** *gespr* ≈ weggehen ⟨strahlend, zufrieden a.⟩ || ► ***Abzug***

ạb·zie·len (*hat*) [Vi] ***j-d zielt mit etw. auf etw.***(*Akk*) ***ab / etw. zielt auf etw.*** (*Akk*) ***ab*** j-d / etw. hat etw. als Ziel: *Seine Bemerkung zielte auf unser Mitleid ab*

ạb·zi·schen (*ist*) [Vi] *gespr, oft pej* ≈ weggehen: *„Zisch ab, du nervst mich!"*

ạb·zo·cken (*hat*) [Vt] ***j-n a.*** *gespr*; beim Kartenspiel od. bei e-m Geschäft viel Geld von j-m gewinnen

Ạb·zug *der*; **1** *mst Sg*; das Abziehen (4), Wegziehen ⟨der A. des Heeres, der Soldaten⟩ **2** e-e Anlage, durch die Gase od. Dämpfe abgeleitet werden || K-: ***Abzugs-, -rohr, -schacht*** || -K: ***Dampf-*** **3** *mst Pl*; das Geld, das vom Lohn jeden Monat abgezogen wird, um Steuern, Versicherungen *usw* zu zahlen: *hohe monatliche Abzüge haben* || -K: ***Lohn-*** **4** ein Hebel an e-r Schusswaffe, durch den der Schuss ausgelöst wird: *Er hat den Finger am A.* || K-: ***Abzugs-, -bügel*** **5** e-e (Foto)Kopie e-r Vorlage, e-s Originals **6** ein Foto, das auf der Grundlage e-s Negativs hergestellt wurde || -K: ***Probe-*** || *zu* **3** **ạb·zugs·frei** *Adj*

ạb·züg·lich *Präp*; *mit Gen*, (*Admin*) *geschr*; unter Reduzierung der Summe um ↔ zuzüglich: *die Miete a. der Nebenkosten*; *ein Preis a. 3% Skonto* || NB: Gebrauch ↑ *Tabelle unter* ***Präpositionen***

ạb·zugs·fä·hig *Adj*; *nicht adv*; so, dass man deswegen weniger Steuern zahlen muss ⟨Ausgaben⟩

ạb·zup·fen (*hat*) [Vt] ***etw.*** (***von etw.***) ***a.*** etw. durch Zupfen von etw. trennen: *Beeren* (*vom Strauch*) *a.*

ạb·zwa·cken (*hat*) [Vt] ***etw.*** (***von etw.***) ***a.*** *gespr*; von e-r (kleinen) Geldsumme noch etw. Geld für e-n anderen Zweck wegnehmen

ạb·zwei·gen [Vi] (*ist*) **1** ***etw. zweigt*** (***irgendwohin***) ***ab*** e-e Straße, ein Weg *o.Ä.* geht weg von der bisherigen Richtung u. in e-e andere ⟨etw. zweigt nach links, rechts ab⟩; Vt (hat) **2** (**sich** (*Dat*)) **etw. a.** etw. (*mst* auf nicht ganz korrekte Weise) zu e-m bestimmten Zweck beiseite bringen

Ạb·zwei·gung *die*; -, *-en*; ein abzweigender Weg, e-e abzweigende Straße: *die rechte A. nehmen*

ạb·zwi·cken (*hat*) Vt **etw. a.** *gespr*; etw. mit e-r Zange *o.Ä.* durchtrennen ⟨e-n Draht, ein Kabel, e-n Ast a.⟩

ạb·zwin·gen (*hat*) Vt **j-m / sich etw. a.** j-n / sich selbst mit großer Mühe dazu bringen, die genannte Reaktion zu zeigen: *j-m / sich ein Lächeln a.*

Ac·ces·soire [aksɛˈso̯aːɐ̯] *das*; -s, -s; *mst Pl*; kleine, modische Dinge, die zu etw., *bes* zur Kleidung, dazugehören, *z.B.* Schmuck, Gürtel, Sonnenbrille

ạch! *Interjektion*; **1** verwendet, um Bedauern od. Schmerz auszudrücken: *Ach Gott!*; *Ach, du lieber Himmel!*; *Ach, das tut mir aber Leid!* **2** verwendet, um e-n Wunsch od. e-e Sehnsucht auszudrücken: *Ach, wäre die Prüfung doch schon vorbei!* **3** verwendet, um Erstaunen od. Freude auszudrücken: *Ach, ist dieser Augenblick herrlich!*; *Ach, wie nett, Sie zu treffen!* **4 ach ja** verwendet, um auszudrücken, dass man sich an etw. erinnert: *Ach ja, jetzt weiß ich, wen du meinst!* **5 ach ja?** verwendet, um Zweifel od. Überraschung auszudrücken: *„Das war keine Absicht von mir." - „Ach ja?"*; *„Er sitzt schon wieder im Gefängnis." - „Ach ja?"* **6 ach so** verwendet, um auszudrücken, dass man etw. plötzlich verstanden hat: *Ach so, jetzt ist mir das klar!* **7 ach wo / ach woher / ach was** verwendet, um auszudrücken, dass man j-s Vermutung, Behauptung *o.Ä.* ablehnt: *Ach wo, das stimmt doch überhaupt nicht!*

Ạch *gespr*; *nur in* **1 mit Ach und Krach** mit größter Mühe, gerade noch ⟨e-e Prüfung mit Ach u. Krach bestehen⟩ **2 Ach u. Weh schreien** laut jammern

Achị̣l·les·fer·se *die*; der Bereich, in dem man j-n verletzen, beleidigen od. demütigen kann ≈ j-s schwacher Punkt

Achị̣l·les·seh·ne *die*; e-e Sehne am Unterschenkel zwischen Wadenmuskel u. Ferse

Ạch·se [-ks-] *die*; -, *-n*; **1** e-e Stange, die als Teil e-s Fahrzeugs, Wagens zwei gegenüber liegende Räder verbindet || K-: **Achs-, -abstand**; **Achsen-, -bruch** || -K: **Antriebs-, Hinter-, Vorder-** **2** e-e gedachte Linie, um die ein Körper rotiert ⟨sich um die eigene A. drehen⟩ || -K: **Erd-, Körper-** **3** *Math*; e-e gedachte od. fixierte Linie, die bei e-r Drehung ihre Lage nicht verändert || -K: **Koordinaten-, Symmetrie-**; **x-Achse, y-Achse** || ID **auf A. sein** *gespr*; auf (Geschäfts)Reisen sein

Ạch·sel [-ks-] *die*; -, *-n*; **1** die Stelle, an der die Arme in den Körper übergehen ⟨unter den Achseln schwitzen, die Achseln hochziehen⟩ || K-: **Achsel-,**

Ach so!

Im Deutschen gibt es eine Reihe kurzer Ausrufe, die je nach Zusammenhang und Intonation eine völlig unterschiedliche Bedeutung haben können. Auch sind sie oft leicht mit einem ähnlich klingenden Ausdruck zu verwechseln.

So kann zum Beispiel **„ach"** sowohl Bedauern und Schmerz ausdrücken, als auch für einen Wunsch, eine Sehnsucht, Erstaunen oder Freude stehen:

Ach, das ist aber schade! *(Bedauern)*
Ach, wie gerne würde ich jetzt zum Skifahren gehen! *(Wunsch)*
Ach, ist das schön hier! *(Freude)*

Hier einige weitere Beispiele und was sie ausdrücken:

ach je	Bedauern, Erschrecken
ach so	wenn man etwas verstanden hat
ah	Erstaunen, Bewunderung, Wohlbehagen oder wenn man etwas verstanden hat
aha	wenn man etwas verstanden hat oder etwas geschieht, was man vorausgesehen hat
ätsch	Schadenfreude
au / aua / autsch	Schmerz
au ja	Freude, Zustimmung
au weh / au weia	wenn man etwas Unangenehmes bemerkt oder erfährt
hoppla	wenn man gestolpert ist oder sich ungeschickt verhalten hat
hu / huch	Erschrecken oderwenn man mit etwas Unangenehmem in Berührung kommt
i / igitt	Ekel
na	Ärger, Ungeduld oder um eine Frage oder Aufforderung einzuleiten
na, na, na	Kritik
nanu	Überraschung
o weh	Bedauern, Erschrecken
oh	Freude, Überraschung, Entsetzen, Enttäuschung
oho	Erstaunen
oje / ojemine	Bedauern
pfui	wenn man etwas als schmutzig, eklig, unmoralisch empfindet
pst	um jemanden aufzufordern, still zu sein
puh	wenn man etwas als unangenehm empfindet
tja	Zögern, Nachdenklichkeit, Verlegenheit, Resignation
uff	Anstrengung, Erleichterung
ui	Überraschung

-haar, -höhle, -schweiß || *zu* **Achselhöhle** ↑ *Abb. unter* **Mensch 2 mit den Achseln zucken** beide Schultern hochziehen, um j-m zu zeigen, dass man keinen Rat, auf e-e Frage keine Antwort weiß od. dass einem etw. gleichgültig ist || K-: **Achsel-, -zucken**

ạch·sel·zu·ckend *Adj*; *nur attr od adv*, *oft pej*; keine Gefühle od. Interesse zeigend ≈ gleichgültig: *Er nahm seine Entlassung a. zur Kenntnis*

-ach·sig *im Adj*, *nicht produktiv*; mit der genannten Zahl von Achsen; **einachsig, zweiachsig**

ạcht[1] *Zahladj*; (als Ziffer) 8; ↑ **Anhang** (4) || NB: Gebrauch ↑ *Beispiele unter* **vier** || ID **in / vor a. Tagen** *gespr*; in / vor einer Woche

ạcht[2] *nur in* **zu a.** mit insgesamt 8 Personen

Ạcht[1] *die*; -, *-en*; **1** die Zahl 8 **2** etw. mit der Form der Ziffer 8: *e-e A. auf dem Eis laufen* **3** j-d / etw. mit der Ziffer / Nummer 8 (*z.B.* ein Spieler, ein Bus *o.Ä.*)

Ạcht[2] *nur in* **1 etw. außer A. lassen** e-n Umstand, e-e Bedingung nicht berücksichtigen, nicht beachten **2 sich** (*Akk*) (**vor j-m / etw.**) **in A. nehmen** aufpassen, dass einem nichts Unangenehmes passiert ≈ sich (vor j-m / etw.) hüten: *Nimm dich in A. vor Dieben!*; *Nimm dich in A.*, dass *du nicht krank wirst* **3** (**auf j-n / etw.**) **A. geben** j-m / etw. besondere Aufmerksamkeit geben, damit kein Schaden entsteht ≈ aufpassen ⟨auf ein kleines Kind, auf die Gesundheit, auf den Verkehr A. geben⟩: *Gib A., damit du nicht stolperst!* **4 hab A.!**; **habt A.!** *gespr veraltend* ≈ Achtung!, Vorsicht!

Ạcht[3] *die*; -; *nur Sg*, *hist*; ein Zustand, in dem j-d vom Schutz des geltenden Rechts ausgeschlossen ist ≈ Bann, Ächtung ⟨die A. über j-n verhängen, aussprechen; j-n in A. u. Bann erklären, tun⟩

ạch·t- *Zahladj*, *nur attr*, *nicht adv*; **1** in e-r Reihenfolge an der Stelle acht ≈ 8. || NB: Gebrauch ↑ *Beispiele unter* **viert- 2 der achte Teil** (**von etw.**) ≈ ⅛

ạcht·bar *Adj*; ⟨ein Bürger; ein Ergebnis, e-e Leistung; a. handeln⟩ so, dass sie Respekt verdienen

Ạcht·eck *das*; *-s*, *-e*; e-e geometrische Figur, die acht Ecken hat || *hierzu* **ạcht·e·ckig** *Adj*

ạch·tel *Adj*; *nur attr*, *indeklinabel*, *nicht adv*; den 8. Teil von etw. bildend ≈ ⅛: *ein a. Liter* || ↑ **viertel**

Ạch·tel *das*, Ⓒⓗ *mst der*; *-s*, *-*; **1** der 8. Teil (⅛) von etw., *mst* e-r Menge od. Masse: *ein A. e-s Liters* **2** *Mus* ≈ Achtelnote

Ạch·tel·fi·na·le *das*; *Sport*; der Teil e-s Wettbewerbs, in dem die letzten 16 Spieler od. Mannschaften um das Weiterkommen kämpfen ⟨ins A. einziehen, kommen; im A. ausscheiden⟩

Ạch·tel·no·te *die*; *Mus*; die Note ♪, die den achten Teil e-r ganzen Note dauert

ạch·ten; *achtete*, *hat geachtet*; Vt **1 j-n a.** vor j-m (*z.B.* wegen seiner Persönlichkeit) großen Respekt haben, e-e hohe Meinung von ihm haben ≈ (hoch) schätzen **2 j-n / etw. a.** e-r Person / Sache Respekt entgegenbringen (auch wenn man sie nicht mag) ⟨seine Mitmenschen, die Gefühle anderer a.⟩: *Er ist mir zwar unsympathisch, aber ich achte ihn wegen seiner Leistungen*; Vi **3 auf j-n / etw. a.** j-m Aufmerksamkeit schenken, j-n / etw. mit Interesse wahrnehmen ≈ beachten: *Während seines Vortrags achtete er kaum auf seine Zuhörer* **4 auf j-n / etw. a.** j-n / etw. beobachten, um zu verhindern, dass ihm etw. Unangenehmes passiert ≈ aufpassen ⟨auf ein Kind a.⟩ || *zu* **2 ạch·tens·wert** *Adj*

ạ̈ch·ten; *ächtete*, *hat geächtet*; Vt **1 j-n ä.** *geschr*; j-n nicht mehr in e-r Gemeinschaft sein lassen ≈ verbannen **2 etw. ä.** *geschr*; Handlungen od. Institutionen verdammen ⟨die Todesstrafe ä.⟩ **3 j-n ä.** *hist*; über j-n die Acht[3] aussprechen ≈ verbannen || *hierzu* **Ạ̈ch·tung** *die*

ạch·tens *Adv*; verwendet bei e-r Aufzählung, um anzuzeigen, dass etw. an 8. Stelle kommt

Ạch·ter *der*; *-s*, *-*; **1** *gespr*; die Ziffer 8 **2** *gespr*; etw., das mit der Zahl 8 bezeichnet wird, *mst* ein Bus od. e-e Straßenbahn **3** *Sport*; ein schmales u. schnelles Boot mit acht Ruderern || -K: **Renn- 4** *gespr*; e-e Verbiegung e-s Rades (*mst* bei Fahrrädern): *Das Fahrrad hat e-n A.* (*am / im Vorderrad*)

Ạch·ter·bahn *die*; e-e Bahn (auf e-m Rummelplatz) mit kleinen Wagen, die auf Schienen steil nach oben od. unten und scharfe Kurven fährt ⟨A. fahren⟩

ạch·tern *Adv*; *Seefahrt* ≈ hinten: *Der Wind kommt von a.*

acht·ge·ben, **ạcht·ha·ben** ↑ **Acht**[2]

ạcht·hun·dert *Zahladj*; (als Zahl) 800

ạcht·los; *Adj*; *mst adv*; ohne die nötige Sorgfalt, ohne über die Folgen nachzudenken ≈ unachtsam ↔ achtsam ⟨a. mit etw. umgehen⟩: *a. e-e brennende Zigarette im Wald wegwerfen* || *hierzu* **Ạcht·lo·sig·keit** *die*; *nur Sg*

ạcht·sam *Adj*; *geschr*; **1** *mst adv*; mit großer Sorgfalt ≈ vorsichtig ↔ unachtsam, achtlos ⟨a. mit etw. umgehen⟩ **2** ≈ aufmerksam ⟨a. zuhören⟩ || *hierzu* **Ạcht·sam·keit** *die*; *nur Sg*

Acht·stụn·den|tag *der*; *mst Sg*; ein Tag mit e-r Arbeitszeit von acht Stunden

ạcht·tä·gi·g- *Adj*; *nur attr*, *nicht adv*; **1** acht Tage dauernd **2** *gespr*; sieben Tage, eine Woche dauernd

ạcht·tau·send *Zahladj*; (als Zahl) 8000

Ạcht·tau·sen·der *der*; *-s*, *-*; ein Berg, der (mehr als) 8000 Meter hoch ist

Acht·und·sẹch·zi·ger *der*; *-s*, *-*; *gespr*; j-d, der in der Zeit um 1968 in der Studentenbewegung aktiv war od. der ihre Ideen unterstützt hat

Ạch·tung *die*; -; *nur Sg*; **1** die gute Meinung, die man von j-m hat ≈ Hochschätzung ⟨in j-s A. steigen, fallen; sich allgemeiner A. erfreuen⟩ **2 die A.** (**vor j-m / etw.**) das Achten (2), Respektieren von j-m / etw. ≈ Respekt ↔ Missachtung || K-: **Achtungs-, -erfolg** || -K: **Selbst- 3 A.!** verwendet, um j-n vor e-r Gefahr zu warnen od. um j-n auf etw. aufmerksam zu machen: *A., Stufe!*; *A., A., e-e wichtige Durchsage!* || ID **alle A.!** *gespr*; verwendet, um Bewunderung auszudrücken || *zu* **1** u. **2 Ạch·tung ge·bie·tend** *Adj*; *nicht adv*; *zu* **1 ạch·tungs·voll** *Adj*

acht·zehn ['axtse:n] *Zahladj*; (als Zahl) 18; ↑ **Anhang** (4)

ạcht·zehn·hụn·dert ['axt͜se:n-] *Zahladj*; (als Zahl) 1800 || NB: als Jahreszahl verwendet man *a.* u. nicht eintausendachthundert

acht·zehn·t- ['axt͜se:nt-] *Zahladj*, *nur attr*, *nicht adv*; **1** in e-r Reihenfolge an der Stelle 18 ≈ 18. **2 der achtzehnte Teil** (**von etw.**) ≈ 1/18

acht·zig ['axt͜sɪç] *Zahladj*; **1** (als Zahl) 80; ↑ **Anhang** (4) **2 Anfang, Mitte, Ende a. sein** ungefähr 80 bis 83, 84 bis 86, 87 bis 89 Jahre alt sein

Ạcht·zig *die*; -, *-en*; *mst Sg*; **1** die Zahl 80 **2** j-d / etw. mit der Zahl / Nummer 80

acht·zi·ger ['axt͜sɪgɐ] *Adj*; *nur attr*, *indeklinabel*, *nicht adv*; die zehn Jahre (e-s Jahrhunderts od. Menschenlebens) von 80 bis 89 betreffend ⟨die a. Jahre; j-d ist in den Achtzigern⟩ || K-: **Achtziger-, -jahre**

Ạcht·zi·ger *der*; *-s*, *-*; *gespr*; j-d, der zwischen 80 u. 89 Jahre alt ist || *hierzu* **Ạcht·zi·ge·rin** *die*; -, *-nen*

Ạcht·zy·lin·der *der*; ein Auto, das e-n Motor mit acht Zylindern hat

ạ̈ch·zen; *ächzte*, *hat geächzt*; Vi **1** vor Schmerz od. Anstrengung stöhnend ausatmen ⟨sich ächzend bücken⟩: *unter Ächzen u. Stöhnen e-n schweren Koffer tragen* **2 etw. ächzt** etw. gibt ein ächzendes (1)

Geräusch von sich ≈ etw. knarrt ⟨das Gebälk, ein Stuhl, e-e Treppe⟩

A·cker *der; -s, A·cker*; e-e große Fläche, auf der ein Bauer *z.B.* Getreide od. Kartoffeln anbaut ≈ Feld ⟨e-n A. bearbeiten, bebauen, bestellen, pflügen⟩ || K-: ***Acker-, -boden, -fläche, -land*** || -K: ***Kartoffel-, Kraut-, Rüben-***

A·cker·bau *der; nur Sg*; das Bepflanzen u. Nutzen von Äckern in der Landwirtschaft ⟨A. treiben; A. u. Viehzucht⟩

A·cker·gaul *der*; ein großes, schweres Pferd, das Pflüge u. schwere Wagen zieht

a·ckern; *ackerte, hat geackert*; Vt/i **1** (***etw.***) ***a.*** ≈ pflügen ⟨das Feld a.⟩; Vi **2** *gespr*; hart, schwer arbeiten ≈ schuften, sich abmühen: *Er musste ganz schön a., um die Prüfung zu bestehen*

Ac·ryl [a'kry:l] *das; -s; nur Sg*; ein Kunststoff, aus dem man *bes* Farben u. Textilien macht || K-: ***Acryl-, -faser, -lack***

a.D. [a:'de:] (*Abk für* außer Dienst) verwendet hinter der Berufsbezeichnung von Beamten od. Offizieren, die pensioniert od. aus anderen Gründen nicht mehr im Staatsdienst sind: *ein General a.D.*

ad ab·sur·dum *nur in* ***j-n / etw. ad absurdum führen*** *geschr*; Widersprüche aufdecken u. so beweisen, dass j-d Unrecht hat od. dass etw. falsch, sinnlos ist

ADAC [a:de:|a:'tse:] *der; -(s); nur Sg*; (*Abk für* Allgemeiner Deutscher Automobil-Club) ein Verein für Autofahrer in Deutschland, der seinen Mitgliedern Pannenhilfe, Straßenkarten *usw* anbietet u. ihre Interessen vertritt

ad ac·ta [at'akta] *nur in* ***etw. ad acta legen*** *geschr*; **1** etw. zu den Akten legen ≈ ablegen (4) ⟨ein Dokument ad acta legen⟩ **2** e-e bestimmte Angelegenheit als erledigt ansehen ⟨e-n Fall, ein lästiges Problem ad acta legen⟩

A·dam (*der*); *-s; nur Sg*; (in der Bibel) der erste Mensch, der von Gott erschaffen wurde || ID ***bei A. u. Eva anfangen*** (bei e-m Vortrag) sehr lange reden, bevor man zum eigentlichen Thema kommt, u. damit die Zuhörer langweilen; ***nach A. Riese*** *gespr hum*; wenn man richtig rechnet: *Sieben u. sechs macht nach A. Riese dreizehn*

A·dams·ap·fel *der; nur Sg*; der Teil der Kehle, der sich sichtbar bewegt, wenn j-d (*bes* ein Mann) spricht od. schluckt

A·dams·kos·tüm *das; nur Sg; mst* ***im A.*** *gespr hum*; (als Mann) nackt, ohne Kleidung ⟨im A. herumlaufen⟩

A·dap·ta·ti·on [-'tsio:n] *die; -, -en*; **1** *geschr*; die Abänderung e-s literarischen Werks für ein anderes Medium, e-e andere Gattung ≈ Adaption: *die A. e-s Romans für den Film* || -K: ***Film-, Theater-*** **2** *nur Sg, Biol*; die Anpassung von Organen an die jeweiligen Bedingungen der Umwelt **3** *nur Sg, Soz*; die Anpassung des menschlichen Verhaltens an die gesellschaftlichen Konventionen || *hierzu* **a·dap·tie·ren** (*hat*) *Vt*

A·dap·ter *der; -s, -*; ein kleines Gerät od. ein Zwischenstück, das man benutzt, um ein Gerät an e-e Stromquelle anzuschließen od. um zwei Geräte zu verbinden, die sonst nicht kompatibel wären

a·dä·quat *Adj; geschr*; den Umständen angemessen, entsprechend ↔ inadäquat ⟨e-e Bezeichnung, e-e Bezahlung⟩: *e-n Ausdruck a. übersetzen*

ad·die·ren; *addierte, hat addiert*; Vt/i (***etw.*** (*Pl*)) ***a.***; (***etw. zu etw.***) ***a.*** die Summe errechnen ≈ zusammenzählen ↔ subtrahieren ⟨Zahlen a.⟩ || K-: ***Addier-, -maschine*** || *hierzu* **Ad·di·ti·on** *die; -, -en*

a·de! [a'de:] *gespr*; verwendet als Abschiedsgruß ≈ auf Wiedersehen, leb(t) wohl ⟨j-m ade, Ade sagen⟩

A·de·bar *der; -s, -e; oft* ***Meister A.*** *bes nordd, hum*; verwendet als Bezeichnung für den Storch

A·del *der; -s; nur Sg, Kollekt*; **1** (in bestimmten Ländern) die Gruppe von Leuten, die (durch ihre Herkunft) e-r sozialen Schicht angehören, die früher besondere Privilegien hatte ≈ Aristokratie: *A. u. Geistlichkeit waren die privilegierten Stände im Mittelalter* **2** *mst* ***von A. sein*** aus e-r aristokratischen Familie stammen

a·de·lig *Adj*; ↑ ***adlig*** || *hierzu* **A·de·li·ge** *der / die; -n, -n*

a·deln; *adelte, hat geadelt*; Vt **1** ***j-n a.*** j-n in den Adel (1) aufnehmen, ihm e-n Adelstitel geben **2** ***etw. adelt j-n*** *geschr*; etw. lässt j-n würdig u. edel erscheinen: *Sein großzügiges Verhalten adelt ihn*

A·dels·prä·di·kat *das*; ein Teil des Namens von adligen Personen: *„von" ist das häufigste A.*

A·dels·ti·tel *der*; ein Bestandteil des (adeligen) Namens, der auch als Titel gebraucht wird (*z.B. Graf, Herzog*) || NB: *mst* erkennbar an der Form „von": *Fürst Otto von Bismarck*

A·der *die; -, -n*; **1** e-e Art Rohr od. Leitung (Arterie od. Vene) im Körper von Menschen u. Tieren, in der das Blut fließt ≈ Blutgefäß ⟨e-e A. abbinden⟩ || -K: ***Puls-*** **2** e-e sichtbare Linie auf e-m Blatt od. dem Flügel von Insekten ≈ Rippe || -K: ***Blatt-*** **3** e-e Schicht unter der Erde od. in Felsen, in der Mineralien od. Erze liegen od. Wasser fließt: *Die Bergleute stießen auf e-e ergiebige A.* || -K: ***Gold-, Wasser-*** **4** ***e-e A.*** (***für etw.***) *nur Sg, gespr*; die Begabung, das Talent für etw. ⟨e-e dichterische, künstlerische A. haben⟩: *Er hat keine A. für technische Dinge* **5** ***j-n zur A. lassen*** *gespr hum*; j-m (durch Betrug) viel Geld abnehmen **6** ***j-n zur A. lassen*** *hist*; (als Arzt) j-m Blut abnehmen || ► ***geädert***

A·der·lass *der; A·der·las·ses, A·der·läs·se*; **1** *hist*; das Abnehmen e-r großen Menge Blut ⟨e-n A. vornehmen, veranlassen⟩ **2** *geschr*; der große Verlust an Menschen durch Tod od. Flucht (*mst* im Krieg od. durch den Zusammenbruch e-s Regimes)

ad hoc [at'hɔk] *geschr*; spontan, aus der Situation heraus ⟨etw. ad hoc entscheiden; e-n Ausdruck ad hoc bilden⟩ || K-: ***Ad-hoc-Bildung***

a·di·eu! [a'diø:] *veraltend*; verwendet als Abschiedsgruß ≈ auf Wiedersehen, leb(t) wohl

Ad·jek·tiv [-f] *das; -s, -e; Ling*; ein Wort, das man deklinieren u. *mst* auch steigern kann, das im Deutschen entweder beim Verb (präd. od. adv.) od. vor dem Substantiv (attr.) steht u. das diesem e-e bestimmte Eigenschaft / ein Merkmal zuschreibt ≈ Eigenschaftswort: *Der Satz „Das kleine Kind ist krank" enthält die Adjektive „klein" u. „krank"* || *hierzu* **ad·jek·ti·visch** [-v-] *Adj* || ↑ Tabelle Seite 26

Ad·ju·tant *der; -en, -en; Mil*; ein Offizier, der für e-n höheren Offizier bestimmte Tätigkeiten (*mst* Büroarbeiten) übernimmt || NB: *der Adjutant; den, dem, des Adjutanten*

Ad·ler *der; -s, -*; **1** der größte Raubvogel in Europa || K-: ***Adler-, -horst*** **2** der A. (1) als Symbol e-s Königs, e-s Landes *o.Ä.*, der auf Fahnen, Münzen u. Wappen abgebildet ist: *der preußische A. u. der gallische Hahn*

Ad·ler·au·ge *das; mst in* ***Adleraugen haben*** sehr gut sehen können

Ad·ler·blick *der; nur Sg*; ein scharfer, durchdringender Blick ⟨e-n A. haben⟩

Ad·ler·na·se *die*; e-e stark gekrümmte Nase ≈ Hakennase

ad·lig *Adj; nicht adv*; zum Adel (1) gehörend || *hierzu* **Ad·li·ge** *der / die; -n, -n*

Ad·mi·nis·tra·ti·on [-'tsio:n] *die; -, -en; geschr* ≈ Verwaltung || *hierzu* **ad·mi·nis·tra·tiv** *Adj*

Adjektive

		Deklinationstyp A			Deklinationstyp B			Deklinationstyp C		
Nominativ										
Sg	*m*	jener	junge	Mann		frisch**er**	Wind	kein	jung**er**	Mann
	f	jene	junge	Frau		frische	Luft	keine	junge	Frau
	n	jenes	junge	Mädchen		frisch**es**	Wasser	kein	jung**es**	Mädchen
Pl		jene	jung**en**	Leute	(einige)	junge	Leute	keine	jung**en**	Leute
Akkusativ										
Sg	*m*	jenen	jung**en**	Mann	(für)	frisch**en**	Wind	keinen	jung**en**	Mann
	f	jene	junge	Frau	(für)	frische	Luft	keine	junge	Frau
	n	jenes	junge	Mädchen	(für)	frisch**es**	Wasser	kein	jung**es**	Mädchen
Pl		jene	jung**en**	Leute	(einige)	junge	Leute	keine	jung**en**	Leute
Dativ										
Sg	*m*	jenem	jung**en**	Mann	(mit)	frisch**em**	Wind	keinem	jung**en**	Mann
	f	jener	jung**en**	Frau	(mit)	frisch**er**	Luft	keiner	jung**en**	Frau
	n	jenem	jung**en**	Mädchen	(mit)	frisch**em**	Wasser	keinem	jung**en**	Mädchen
Pl		jenen	jung**en**	Leuten	(einigen)	jung**en**	Leuten	keinen	jung**en**	Leuten
Genitiv										
Sg	*m*	jenes	jung**en**	Mannes	(trotz)	frisch**en**	Windes	keines	jung**en**	Mannes
	f	jener	jung**en**	Frau	(trotz)	frisch**er**	Luft	keiner	jung**en**	Frau
	n	jenes	jung**en**	Mädchens	(trotz)	frisch**en**	Wassers	keines	jung**en**	Mädchens
Pl		jener	jung**en**	Leute	(einiger)	jung**er**	Leute	keiner	jung**en**	Leute
		Adjektive, die nach dem bestimmten Artikel *der* stehen (↑ Tabelle unter ***Artikel***), und Adjektive, die auf *derjenige, derselbe, dieser, jeder, mancher* und *welcher* folgen, werden ebenfalls nach diesem Muster flektiert. Dieser Typ der Flexion wird auch als „schwache Deklination" bezeichnet.			Adjektive, die nach den Indefinitpronomen *manch, solch, viel, welch* und *irgendein* stehen, werden ebenfalls nach diesem Muster flektiert. Adjektive, die auf *ein paar, einzelne, etliche, gewisse, lauter, mehrere, viele* und auf Zahlen ab *zwei* folgen, werden nach dem Muster *einige* gebildet. Dieser Typ der Flexion wird auch als „starke Deklination" bezeichnet.			Adjektive, denen ein Possessivpronomen vorausgeht, werden ebenfalls nach diesem Muster flektiert (↑ Tabellen unter ***mein*** und unter ***Possessivpronomen***). Dieser Typ der Flexion wird auch als „gemischte Deklination" bezeichnet.		

Ad·mi·ral *der*; *-s, -e / Ad·mi·rä·le*; *Mil*; ein General in der Marine || K-: ***Admirals-, -stab*** || *hierzu* **Ad·mi·ra·li·tät** *die*; -, *-en*

A·do·nis *der*; -, *-se*; *geschr, oft Sg, hum*; verwendet als Bezeichnung für e-n schönen jungen Mann

a·dop·tie·ren; *adoptierte, hat adoptiert*; [Vt] ***j-n a.*** ein Kind, dessen Vater / Mutter man selbst nicht ist, als eigenes Kind annehmen || *hierzu* **A·dop·ti·on** *die*; -, *-en*

A·dop·tiv·el·tern [-f-] *die*; die Eltern e-s (von ihnen) adoptierten Kindes

A·dop·tiv·kind [-f-] *das*; ein Kind, das von j-m adoptiert wurde

Ad·res·sat *der*; *-en, -en*; j-d, an den e-e Sendung od. Botschaft gerichtet ist ≈ Empfänger ↔ Absender ⟨der A. e-s Briefes⟩ || NB: *der Adressat*; *den, dem, des Adressaten* || *hierzu* **Ad·res·sa·tin** *die*; -, *-nen*

Ad·ress·buch *das*; **1** ein Heft, in das man Adressen u. Telefonnummern von seinen Freunden u. Bekannten schreibt **2** ein Buch mit den Adressen der Einwohner e-r Stadt od. Gemeinde

Ad·res·se *die*; -, *-n*; **1** die Angabe des Namens, der Straße u. des Wohnorts e-r Person ≈ Anschrift ⟨seine A. angeben, aufschreiben, hinterlassen; j-s A. lautet ...⟩: *Auf dem Brief fehlt noch die A. des Absenders* || K-: ***Adressen-, -verzeichnis*** **2** *geschr*; ein offizieller Brief od. e-e feierliche Rede, mit denen man j-n grüßt od. ihm dankt || -K: ***Dank-, Gruß-*** **3** *EDV*; e-e Nummer od. ein Name, unter denen man Informationen im Speicher e-s Computers ablegt / findet **4** *EDV*; e-e Folge von Buchstaben u. Zeichen, die man in e-n Computer eingeben muss, um j-n über das Internet zu erreichen || -K: ***E-Mail-Adresse***; ***Web-*** || ID ***bei j-m an die falsche / verkehrte A. kommen / geraten***; ***bei j-m an der falschen / verkehrten A. sein*** *gespr*; sich mit e-r Bitte, e-m Wunsch *o.Ä.* an die falsche Person gewandt haben; *mst* ***an der richtigen A. sein*** *gespr*; sich an die richtige Person od. Stelle gewandt haben, die einem helfen kann: *Mit Ihrer Beschwerde sind Sie hier an der richtigen A.*

ad·res·sie·ren; *adressierte, hat adressiert*; [Vt] **1 *etw. a.*** die Adresse des Empfängers auf etw. schreiben ⟨e-n Brief, ein Paket, e-e Karte a.⟩ || K-: ***Adressier-, -maschine*** **2 *etw. an j-n a.*** etw. an j-n schicken, senden: *Der Brief war an mich adressiert* **3 *etw. an j-n a.*** j-n zum Empfänger e-r Mitteilung bestimmen ≈ etw. an j-n richten: *Diese Beschwerde / Dieser Vorwurf war an dich adressiert* || NB *zu* **2** u. **3**: *mst* im Zustandspassiv!

ad·rẹtt, *adretter, adrettest-*; *Adj*; hübsch u. sehr gepflegt, aber nicht elegant ≈ proper ⟨ein Mädchen; a. angezogen sein⟩

Ad·vẹnt [-v-] *der*; *-(e)s*; *nur Sg*, *Rel*; **1** die Zeit vom vierten Sonntag vor Weihnachten bis Weihnachten ⟨im A.⟩ || K-: ***Advents-, -sonntag, -zeit*** **2 *erster / zweiter / dritter / vierter A.*** der erste / zweite / dritte / vierte Sonntag in der Adventszeit ⟨am ersten *usw* A.⟩

Advent

In Deutschland ist es Brauch, den Advent – die Zeit vom vierten Sonntag vor Weihnachten bis Weihnachten – zu feiern. Man stellt einen **Adventskranz** aus Tannenzweigen auf, auf dem vier Kerzen stecken. Am ersten Adventssonntag wird die erste Kerze angezündet, am zweiten Adventssonntag kommt die zweite dazu, bis dann am letzten Wochenende vor Weihnachten alle vier Kerzen brennen.
Für Kinder gibt es **Adventskalender**, die für jeden Tag vom 1. Dezember bis Weihnachten ein kleines Fenster haben, hinter dem ein Bild oder Schokolade verborgen ist.
In der Adventszeit werden auch die typischen Süßigkeiten für Weihnachten, wie zum Beispiel Stollen, Lebkuchen und Plätzchen, vorbereitet.

Ad·vẹnts·ka·len·der *der*; ein Kalender für Kinder für die Zeit vom 1. bis zum 24. Dezember mit 24 geschlossenen Fenstern, von denen jeden Tag eines geöffnet werden darf. Dahinter ist ein Bild, Schokolade *o.Ä.*

Ad·vẹnts·kranz *der*; ein Kranz aus Tannenzweigen mit vier Kerzen, von denen man am ersten Adventssonntag eine anzündet, am zweiten zwei *usw*

Adventskranz

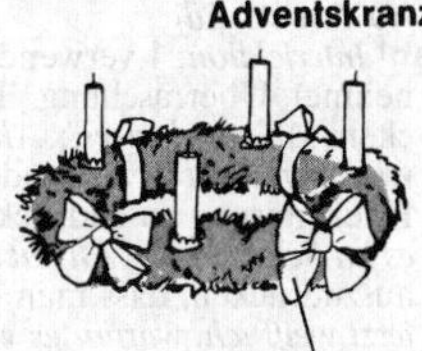

die Schleife

Ad·vẹrb [-v-] *das*; *-s*, *Ad·ver·bi·en* [-iən]; *Ling*; ein Wort, das keine (Flexions)Endungen hat u. das die Bedeutung e-s Verbs, e-s Adjektivs od. e-s anderen Adverbs in e-m Satz modifiziert, indem es angibt, unter welchen Umständen (Zeit, Ort, Art u. Weise, Grund) etw. geschieht ≈ Umstandswort: *Der Satz „Sie ist angeblich hier gewesen" enthält die Adverbien „angeblich" u. „hier"* || K-: ***Adverbial-, -satz*** || -K: ***Kausal-, Lokal-, Modal-, Temporal-*** || *hierzu* **ad·ver·bi·a̲l** *Adj*; **ad·ver·bi·ẹll** *Adj*

Ad·vo·ka̲t [-v-] *der*; *-en*, *-en*; (CH), *sonst veraltend* ≈ Rechtsanwalt || NB: *der Advokat*; *den, dem, des Advokaten*

Ae·ro·bic [ɛ'roːbɪk] *(das)*; *-s*; *nur Sg*; e-e Form der Gymnastik mit Musik

ae·ro·dy·na̲·misch ['ɛːro-] *Adj*; mit e-r Form, die der Luft wenig Widerstand entgegensetzt ⟨ein Auto, ein Flugzeug⟩ || *hierzu* **Ae·ro·dy·na̲·mik** *die*; *nur Sg*

Af·fä̲·re *die*; *-, -n*; **1** ein (unangenehmer) Vorfall, e-e (peinliche) Angelegenheit ⟨e-e peinliche A.; e-e A. aus der Welt schaffen; j-n in e-e A. hineinziehen, verwickeln⟩ || -K: ***Bestechungs-*** **2** e-e Liebesbeziehung ≈ Verhältnis (3): *Er hatte e-e A. mit seiner Nachbarin* || -K: ***Liebes-*** **3** *gespr* ≈ Sache (1), Angelegenheit: *Das Ganze war e-e A. von höchstens zehn Minuten* || ID ***sich aus der A. ziehen*** sich geschickt aus e-r unangenehmen Situation befreien

Ạf·fe *der*; *-n*, *-n*; **1** ein Säugetier, das dem Menschen ähnlich ist u. gerne (auf Bäume) klettert || K-: ***Affen-, -käfig*** **2** *gespr pej*; verwendet als Schimpfwort für j-n: *So ein eingebildeter A.!*; *Du A.!* || ID *mst* **(*Ich denk,*) *mich laust der A.!*** *gespr*; verwendet, um Überraschung auszudrücken; ***dem / seinem Affen Zucker geben*** *gespr hum*; seinen Wünschen nachgeben; *mst* ***Du bist wohl vom (wilden) Affen gebissen?*** *gespr*; du bist wohl verrückt?; ***e-n Affen (sitzen) haben*** *gespr*; betrunken sein; ***e-n Affen an j-m gefressen haben*** *gespr*; j-n übertrieben gern haben || NB: *der Affe*; *den, dem, des Affen*

Af·fẹkt *der*; *-(e)s*, *-e*; *mst in* ***im A.*** in e-m so wütenden, erregten Zustand, dass man die Kontrolle über sich verliert ↔ vorsätzlich ⟨ein Mord, e-e Tötung im A.; im A. handeln⟩: *Er hatte seine Frau im A. geschlagen* || K-: ***Affekt-, -ausbruch, -handlung***

af·fek·ti̲ert, *affektierter, affektiertest-*; *Adj*; *pej*; so unnatürlich u. übertrieben, dass es lächerlich od. unsympathisch wirkt ≈ gekünstelt ↔ ungezwungen ⟨ein Benehmen, ein Getue, ein Lachen, ein Wesen; sich a. benehmen, geben⟩: *Sie fiel durch ihre affektierte Art unangenehm auf* || *hierzu* **Af·fek·ti̲ert·heit** *die*; *nur Sg*

Ạf·fen- *im Subst, begrenzt produktiv, gespr*; sehr groß, sehr stark; e-e ***Affengeschwindigkeit***, e-e ***Affenhitze***, e-e ***Affenkälte***, ein ***Affentempo***

ạf·fen·ar·tig *Adj*; *gespr*; **1** wie ein Affe ⟨ein Benehmen⟩ **2** *nur attr, nicht adv*; sehr groß ⟨e-e Geschwindigkeit, ein Tempo⟩ **3 *a. schnell*** sehr schnell

ạf·fen·gei̲l *Adj*; *ohne Steigerung, gespr* ≈ affenstark

Ạf·fen·lie̲·be *die*; *nur Sg, gespr, mst pej*; e-e übertriebene Liebe, bei der j-d die Fehler des anderen nicht beachtet: *Sie hing mit e-r A. an ihrem Kind*

ạf·fen·stạrk *Adj*; *ohne Steigerung, gespr*; *bes* von Jugendlichen verwendet, um etw. sehr Attraktives od. Beeindruckendes zu bezeichnen

Ạf·fen·the·a·ter *das*; *nur Sg*, *gespr*; verwendet, um e-e Situation, e-n Vorgang, ein Verhalten *o.Ä.* zu bezeichnen, die als lästig, übertrieben od. lächerlich empfunden werden ⟨ein A. machen, veranstalten⟩

Ạf·fen·za̲hn *der*; *gespr*; e-e sehr hohe Geschwindigkeit ⟨e-n A. draufhaben (= sehr schnell fahren); mit e-m A. fahren⟩

ạf·fig *Adj*; *gespr pej*; eitel u. affektiert ≈ geziert ⟨ein Getue⟩

Af·fi·ni·tä̲t *die*; *-, -en*; **1 *e-e A.* (*zu j-m / etw.*)**; ***e-e A.* (*zwischen j-m / etw. u. j-m / etw.*; *zwischen*** ⟨Personen / Dingen⟩) *geschr*; e-e Ähnlichkeit aufgrund formaler od. inhaltlicher Übereinstimmungen u. die Anziehung, die darauf beruht ⟨e-e beachtliche, erstaunliche, gewisse A. zu j-m / etw. aufweisen, besitzen, haben⟩: *Zwischen dem Werk Mozarts u. dem Haydns bestehen zahlreiche Affinitäten* **2** *Chem*; die Neigung e-r Substanz, sich mit e-r anderen zu verbinden

af·fir·ma·ti̲v [-f] *Adj*; *ohne Steigerung, geschr*; mit e-r bestätigenden od. bejahenden Aussage ⟨e-e Äußerung⟩

Af·fịx *das*; *-es*, *-e*; *Ling*; ein (Wortbildungs)Element, das (als Präfix, Infix od. Suffix) mit dem Wortstamm verbunden wird u. damit ein neues Wort bildet

Af·front [a'frõː] *der*; *-s*, *-s*; ***ein A.* (*gegen j-n / etw.*)** *geschr*; e-e schwere Beleidigung od. Verspottung ⟨etw. als e-n A. empfinden⟩: *Sein Benehmen war ein A. gegen den Gastgeber*

Af·gha·ne [af'gaːnə] *der*; *-n*, *-n*; **1** ein Bewohner von

Afghanistan **2** ein Windhund mit langem, seidigem Fell || NB: *der Afghane*; *den, dem, des Afghanen*

Ạf·ri·ka (*das*); *-s*; *nur Sg*; der drittgrößte Kontinent der Erde; ↑ *NB unter* **Anhang** (1) || K-: ***Afrika-, -forscher, -reisende(r)*** || *hierzu* **Af·ri·ka·ner** *der*; *-s, -*; **Af·ri·ka·ne·rin** *die*; *-, -nen*; **af·ri·ka·nisch** *Adj*

Ạf·ter *der*; *-s, -*; der Ausgang des Darms, durch den die Exkremente ausgeschieden werden

AG [a'geː] *die*; *Abk*; ↑ ***Aktiengesellschaft***

A·ga·ve [-v-] *die*; *-, -n*; e-e tropische Pflanze mit spitzen, fleischigen Blättern u. Dornen

A·gẹnt *der*; *-en, -en*; **1** j-d, der versucht (für e-e Regierung) geheime Informationen zu bekommen (*z.B.* über militärische Einrichtungen e-s anderen Landes) ≈ Spion ⟨e-n Agenten entlarven, enttarnen⟩ || K-: ***Agenten-, -film, -ring, -tätigkeit, -thriller, -zentrale*** || -K: ***Geheim-*** **2** j-d, dessen Beruf es ist, Künstlern Engagements zu vermitteln **3** *Ökon veraltend*; j-d, der im Auftrag e-r Firma Geschäfte vermittelt od. abschließt ≈ Vertreter || -K: ***Versicherungs-*** || NB: *der Agent*; *den, dem, des Agenten* || *hierzu* **A·gẹn·tin** *die*; *-, -nen*

A·gen·tur *die*; *-, -en*; **1** e-e Geschäftsstelle e-s Unternehmens ≈ Vertretung (5) || -K: ***Immobilien-, Versicherungs-*** **2** *Kurzw* ↑ ***Nachrichtenagentur*** || K-: ***Agentur-, -bericht, -meldung*** **3** *Kurzw* ↑ ***Werbeagentur***

Ag·gre·gat *das*; *-(e)s, -e*; *Elektr*; e-e Maschine od. ein Gerät, das aus mehreren (zusammenwirkenden) Einzelteilen besteht || -K: ***Strom-***

Ag·gre·gat·zu·stand *der*; *mst Sg*, *Phys*; die Form, in der e-e Substanz auftritt ⟨im festen, flüssigen, gasförmigen A. sein⟩: *Wasser wird durch Erhitzen vom flüssigen in den gasförmigen A. gebracht*

Ag·gres·si·on [-'sioːn] *die*; *-, -en*; **1** *Psych*; ein Verhalten von Tieren u. Menschen, mit dem sie Macht ausüben od. versuchen, Macht zu gewinnen, *bes* indem sie kämpfen od. Personen od. Dingen Schaden zufügen ⟨zu Aggressionen neigen⟩ || K-: ***Aggressions-, -hemmung, -lust, -stau, -trieb, -überschuss***; ***aggressions-, -fördernd, -hemmend*** **2** ***Aggressionen (gegen j-n / etw.)*** ein Gefühl der Wut od. Ablehnung ⟨(angestaute) Aggressionen abbauen; (an j-m / etw.) seine Aggressionen abreagieren; Aggressionen bekommen, haben⟩ **3** ***e-e A. (gegen etw.)*** ein militärischer Angriff e-s Landes || K-: ***Aggressions-, -krieg***

ag·gres·siv [-f] *Adj*; **1** mit der Neigung zu Aggressionen (2,3) ≈ streitsüchtig ↔ friedfertig ⟨ein Mensch; ein Verhalten; a. reagieren; sich a. (gegenüber j-m) verhalten⟩ **2** mit dem Ziel e-r Aggression (1): *e-e aggressive Politik betreiben* **3** ≈ rücksichtslos ↔ defensiv (2) ⟨e-e Fahrweise; a. fahren⟩ **4** energisch u. gezielt: *e-e aggressive politische Werbung* **5** *Sport*; mit dem (ständigen) Willen anzugreifen ⟨ein Spieler, e-e Spielweise; a. spielen⟩ || *hierzu* **Ag·gres·si·vi·tät** *die*; *nur Sg*

Ag·grẹs·sor *der*; *-s*, *Ag·gres·so·ren*; ein Land, das ein anderes angreift

Ä·gi·de *die*; *nur in* ***unter j-s Ä. (stehen)*** *geschr*; unter j-s Leitung, Schutz (sein)

a·gie·ren; *agierte, hat agiert*; [Vi] **1** ***irgendwie a.*** *geschr*; irgendwie (*mst* überlegt) handeln ⟨behutsam, selbstständig, vorsichtig a.⟩ **2** ***gegen j-n a.*** *geschr*; (heimlich) versuchen, j-n bewusst zu schädigen: *Viele seiner Kollegen agierten hinter seinem Rücken gegen ihn* **3** *Thea veraltend*; als Schauspieler auftreten ⟨auf der Bühne a.⟩

a·gil *Adj*; *geschr*; **1** geistig u. körperlich in e-r sehr guten Verfassung: *Trotz seines hohen Alters war er immer noch sehr a.* **2** aktiv u. beweglich ⟨ein Fußballspieler⟩ || *hierzu* **A·gi·li·tät** *die*; *-*; *nur Sg*

A·gi·ta·ti·on [-'tsioːn] *die*; *-, -en*; *mst Sg*; **1** *geschr pej*; die demagogische Aktivität e-r Person od. politischen Gruppe mit dem Ziel, die Bevölkerung zu beeinflussen u. politische Veränderungen herbeizuführen ≈ Hetze ⟨A. (gegen j-n / etw.) betreiben⟩ || -K: ***Wahl-*** **2** ***A. (für etw.)*** *hist* (*DDR*); die Propaganda für bestimmte politische Ziele || K-: ***Agitations-, -arbeit***

a·gi·tie·ren; *agitierte, hat agitiert*; [Vi] **1** ***(für, gegen j-n / etw.) a.*** *geschr pej*; Agitation (1) betreiben **2** ***(für, gegen j-n / etw.) a.*** *hist* (*DDR*); Agitation (2) betreiben || *hierzu* **A·gi·ta·tor** *der*; *-s, -en*; **a·gi·ta·to·risch** *Adj*

A·go·nie *die*; *-, -n* [-'niːən]; *Med*; das Stadium, das unmittelbar vor dem Tod kommt ≈ Todeskampf ⟨in A. liegen, verfallen⟩

Ag·rar·ge·sell·schaft *die*; e-e Gesellschaft[1] (1), die (hauptsächlich) von der Landwirtschaft lebt

ag·ra·risch *Adj*; *mst attr*, *geschr* ≈ landwirtschaftlich: *agrarische Erzeugnisse*, *Produkte*

Ag·rar·land *das* ≈ Agrarstaat

Ag·rar·markt *der*; ein Markt (3) für landwirtschaftliche Produkte

Ag·rar·po·li·tik *die*; e-e Politik, die die Gestaltung u. Förderung der Landwirtschaft zum Ziel hat

Ag·rar·pro·dukt *das*; ein landwirtschaftliches Produkt

Ag·rar·re·form *die*; e-e Reform der Landwirtschaft

Ag·rar·staat *der*; ein Staat, in dem hauptsächlich Landwirtschaft (u. nur wenig Industrie) betrieben wird

Ag·ree·ment [ə'griːmənt] *das*; *-s, -s*; *Pol*; **1** die Zustimmung e-r Regierung zur Entsendung e-s ausländischen diplomatischen Vertreters in ihr Land **2** e-e formlose Vereinbarung *bes* im diplomatischen Verkehr

Ag·ro·nom *der*; *-en, -en*; ein Landwirt mit akademischer Ausbildung || NB: *der Agronom*; *den, dem, des Agronomen*

Ag·ro·no·mie *die*; *-*; *nur Sg*; die Wissenschaft, die sich mit dem Ackerbau beschäftigt || *hierzu* **ag·ro·no·misch** *Adj*

ah! *Interjektion*; **1** verwendet, um Erstaunen, (angenehme) Überraschung, Bewunderung auszudrücken: *Ah, du bist es!*; *Ah, das war mir neu!*; *Ah, wie interessant* **2** verwendet, um Wohlbehagen od. Erleichterung auszudrücken: *Ah, wie herrlich kühl es im Schatten ist!*; *Ah, tut das gut!* **3** verwendet, um auszudrücken, dass man etw. verstanden hat: *Ah, jetzt weiß ich, warum es vorher nicht funktionierte!*

äh *Interjektion*; verwendet, um beim Reden e-e kleine Pause zu füllen, wenn man nicht (mehr) weiß, was man ursprünglich sagen wollte: *Äh, wo war ich stehen geblieben?*

a·ha! [a'ha(ː)] *Interjektion*; **1** verwendet, um auszudrücken, dass man etw. plötzlich verstanden hat: *Aha, jetzt ist mir alles klar!* **2** verwendet, wenn man zufrieden feststellt, dass soeben etw. geschehen ist, was man schon vorausgesehen hat ≈ na bitte!: *Aha, das musste ja so kommen!*

A·ha-Ef·fẹkt *der*; *mst Sg*; die Reaktion, die eintritt, wenn man über etw. sehr erstaunt ist od. etw. plötzlich verstanden hat: *Der A. war umso größer, als ich mich dann im Spiegel sah*

A·ha-Er·leb·nis *das*; *mst Sg*; das plötzliche Verstehen eines Sachverhaltes: *Als sie das erste Mal gemeinsam Urlaub machten, war es für beide ein richtiges A.*

Ahn *der*; *-s / -en, -en*; *mst Pl*; j-d, der in früheren Zeiten gelebt hat u. von dem man abstammt ≈ Vorfahr: *Unsere Ahnen stammen aus Italien* || K-: ***Ahnen-, -bild, -forschung, -galerie, -kult***; ***Ahn-, -frau, -herr*** || NB: *der Ahn*; *den, dem Ahn / Ahnen*; *des Ahns / Ahnen* || *hierzu* **Ah·nin** *die*; *-, -nen*

ahn·den; *ahndete, hat geahndet*; [Vt] **etw. (mit etw.) a.** *geschr*; (*mst* von e-r Institution) etw. (streng) bestrafen ⟨ein Unrecht, ein Verbrechen, ein Vergehen (mit e-r Strafe) a.⟩: *e-n Mord mit e-r Freiheitsstrafe a.*; *Das Foul des Verteidigers wurde mit e-m Platzverweis geahndet* || *hierzu* **Ahn·dung** *die*; *nur Sg*

äh·neln; *ähnelte, hat geähnelt*; [Vt] **j-d / etw. ähnelt j-m / etw. (in etw.** (*Dat*)) *mst* zwei Personen / Dinge sind ähnlich od. sehen ähnlich aus (in Bezug auf etw.): *Ein Wolkenkratzer ähnelt dem anderen*; *Sie ähnelt ihrer Mutter*; *Seine Gedichte ähneln sich alle (in ihrer Thematik)*; *Seine beiden Geschwister ähneln einander sehr*

ah·nen; *ahnte, hat geahnt*; [Vt] **1 etw. a.** von e-m (zukünftigen) Geschehen e-e vage Vorstellung od. Vermutung haben ≈ vermuten (1) ⟨ein Geheimnis, die Wahrheit a.; etw. dunkel (= vage) a.⟩: *Ich konnte doch nicht a.*, dass *ihn das so kränken würde* **2 etw. a.** das Gefühl haben, dass etw. Unangenehmes passieren wird ⟨ein Unglück, ein Unheil a.; nichts Gutes, Böses a.⟩ || ID *mst* **(Ach,) du ahnst es nicht!** *gespr*; verwendet als Ausruf der unangenehmen Überraschung

Ah·nen·ta·fel *die*; *geschr*; e-e Übersicht, die zeigt, wie j-s Ahnen miteinander verwandt sind

ähn·lich[1] *Adj*; **1 ä. (wie j-d / etw.)** in charakteristischen Merkmalen übereinstimmend ↔ anders (als j-d / etw.): *Ich hatte e-n ähnlichen Gedanken wie du*; *Mandarinen schmecken so ä. wie Orangen* **2 j-m / etw. ä. sein / sehen** mit j-m / etw. in Bezug auf charakteristische äußere Merkmale übereinstimmen ⟨j-m / etw. täuschend, verblüffend, zum Verwechseln ä. sein / sehen⟩: *Sie ist / sieht ihrer Mutter sehr ä.*; *Seine beiden Geschwister sehen sich / einander sehr ä.* **3 oder so ä.** *gespr*; verwendet, um auszudrücken, dass man etw., *mst* e-n Namen, nicht (mehr) genau weiß: *Er heißt Naumann oder so ä.* **4 und Ähnliches / oder Ähnliches** verwendet nach e-r Aufzählung von Dingen vergleichbarer Art; *Abk* u.Ä. / o.Ä.: *Bücher, Zeitschriften und Ähnliches* || ID *mst* **Das sieht dir / ihm / ihr ä.!** *gespr*; das ist typisch für dich / ihn / sie || *zu* **1** u. **2 Ähn·lich·keit** *die*

ähn·lich[2] *Präp*; *mit Dat*; **j-m / etw. ä.**; **ä. j-m / etw.** *geschr*; ungefähr so wie j-d / etw., in der Art von j-m / etw: *er betrat das Lokal ä. einem Westernhelden*

-ähn·lich *im Adj, ohne Steigerung, begrenzt produktiv*; in vielem so wie das im ersten Wortteil Genannte od. vergleichbar damit; **gottähnlich** ⟨ein Mensch⟩, **menschenähnlich** ⟨ein Affe⟩, **parkähnlich** ⟨ein Garten⟩, **totenähnlich** ⟨ein Schlaf, e-e Starre⟩, **wasserähnlich** ⟨e-e Substanz⟩

Ah·nung *die*; -, *-en*; **1** ein vages Gefühl von e-m bevorstehenden (unangenehmen) Ereignis ≈ Vorgefühl, Vermutung ⟨e-e böse, dunkle, düstere A.; e-e A. befällt, überkommt j-n⟩: *Meine Ahnungen haben nicht getrogen* (= waren richtig) **2 (von etw.) e-e A. haben** etw. wissen (weil man es mitgeteilt bekam od. selbst erlebt hat) od. sich etw. vorstellen können ⟨von etw. nicht die entfernteste, geringste, leiseste, mindeste A. haben⟩: *Hast du e-e A., wie er heißt?*; *Ich hatte doch keine A., dass er längst tot war*; *Habt ihr e-e A., wie der Unfall passiert ist?* || NB: *mst* in verneinter od. fragender Form **3 (von etw.) e-e A. haben** in e-m bestimmten Bereich Kenntnisse haben, die man durch Lernen erworben hat ≈ sich (in etw.) auskennen ⟨von etw. nicht die geringste, leiseste A. haben⟩: *Er hat von Technik absolut keine A.* || ID **Hast 'du e-e A.!** *gespr*; da täuschst du dich aber!; **Keine A.!** *gespr*; verwendet als Antwort, um auszudrücken, dass man etw. nicht weiß || *zu* **1 ah·nungs·los** *Adj*; **Ah·nungs·lo·sig·keit** *die*; *nur Sg*; **ah·nungs·voll** *Adj*

a·hoi! *Interjektion*; *mst in* **Boot, Schiff a.!** *Seefahrt*; verwendet als Ruf von Seeleuten, um andere Schiffe zu grüßen od. zu warnen

A·horn *der*; -*(e)s*, *-e*; *mst Sg*; **1** ein Laubbaum, der *bes* in kühlen, nördlichen Ländern wächst || K-: **Ahorn-, -blatt, -sirup 2** *nur Sg*; das Holz des Ahorns (1)

Äh·re *die*; -, *-n*; **1** der oberste Teil e-s Getreidehalms, an dem sich die Körner befinden || K-: **Ähren-, -feld, -kranz, -lese** || -K: **Getreide- 2** *Bot*; die Form der Blüte bestimmter Pflanzen, wie *z.B.* bei Getreidearten u. vielen Gräsern, bei der mehrere Blüten übereinander an e-m Stiel wachsen

Ähre

Aids [eɪdz] (*das*); -; *nur Sg*; (*Abk für* Acquired Immune Deficiency Syndrome) e-e übertragbare Krankheit, die die Abwehrkräfte des Körpers so schwächt, dass man viele Krankheiten bekommt u. *mst* an e-r von ihnen stirbt || K-: **Aids-, -infektion, -infizierte(r), -kampagne, -kranke(r), -patient(in), -test, -tote(r)**; **aids-, -infiziert, -krank**

Air·bag ['ɛːɐ̯bɛk] *der*; *s, -s*; *Auto*; e-e Art großes Kissen vorne im Auto, das sich bei e-m Unfall sehr schnell mit Luft füllt, sodass man nicht nach vorne fallen kann

Air·bus ['ɛːɐ̯bʊs] *der*; ein Flugzeug aus e-r Reihe modernster, unterschiedlich großer Flugzeugtypen, die alle in Europa entwickelt wurden u. sehr viele Passagiere transportieren können

Air-Con·di·tio·ning, **Air·con·di·tio·ning** ['ɛːɐ̯kɔndɪʃnɪŋ] *das*; *-s*, *-s* ≈ Klimaanlage

a·is, **A·is** ['aːɪs] *das*; -, -; *Mus*; der Halbton über dem a || K-: **ais-Moll**

A·ka·de·mie *die*; -, *-n* [-'miːən]; **1** e-e Vereinigung von Gelehrten, die die Kunst, Literatur u. Wissenschaften fördert: *die A. der Künste / Wissenschaften* || K-: **Akademie-, -mitglied** || -K: **Dichter-, Sprach- 2** e-e Fachhochschule od. Kunstschule || -K: **Fach-, Kunst-, Musik- 3** *hist* (*DDR*); e-e Einrichtung für die Weiterbildung von Erwachsenen **4** das Gebäude, in dem sich e-e A. (1,2) befindet

A·ka·de·mi·ker *der*; *-s*, -; j-d, der ein Studium an e-r Universität (od. Hochschule) abgeschlossen hat || K-: **Akademiker-, -arbeitslosigkeit, -schwemme** || *hierzu* **A·ka·de·mi·ke·rin** *die*; -, *-nen*

a·ka·de·misch *Adj*; **1** *nur attr od adv*; an e-r Universität od. Hochschule (erworben) ⟨e-e Bildung, e-e Laufbahn, ein Grad, ein Titel⟩ **2** *pej*; wenig verständlich, zu theoretisch ⟨e-e Auffassung, e-e Ausdrucksweise, ein Stil⟩: *Seine Äußerungen zur Kunst sind mir zu a.*

A·ka·zie [-ts̮iə] *die*; -, *-n*; ein Baum od. Strauch, der in warmen Ländern wächst u. schmale, lange Blätter u. kleine, runde, gelbe Blüten hat

Ak·kla·ma·ti·on [-'ts̮ioːn] *die*; -, *-en*; *bes geschr*; **1** ≈ Zustimmung **2 j-n durch A. wählen** j-n wählen, indem man seinen Namen ruft

ak·kli·ma·ti·sie·ren, sich; *akklimatisierte sich, hat sich akklimatisiert*; [Vr] **sich (irgendwo) a.** sich an e-e neue Umgebung, an neue (klimatische) Verhältnisse gewöhnen: *Hast du dich im neuen Job schon akklimatisiert?*; *Sie konnte sich in der Großstadt leicht, schnell, nur schwer* (= mit Mühe) *a.* || *hierzu* **Ak·kli·ma·ti·sie·rung** *die*; *nur Sg*

Ak·kord[1] *der*; -*(e)s*, *-e*; *Mus*; das gleichzeitige Erklingen von drei od. mehr Tönen verschiedener Höhe

⟨ein voller, dissonanter A.; e-n A. (auf dem Klavier, auf der Gitarre) spielen, anschlagen⟩ || -K: ***Dur-, Moll-***

Ak·kord[2] *der*; *-s*; *nur Sg*; e-e Bezahlung nach der Menge der geleisteten Arbeit, nicht nach der Zeit ⟨im A. arbeiten⟩ || K-: ***Akkord-, -arbeit, -lohn***

Ak·kor·de·on *das*; *-s*, *-s*; ein tragbares Musikinstrument mit Tasten u. Knöpfen, bei dem die Töne durch Ziehen u. Drücken des mittleren Teils erzeugt werden u. das *bes* für Volksmusik verwendet wird ≈ Ziehharmonika || K-: ***Akkordeon-, -spieler***

Akkordeon

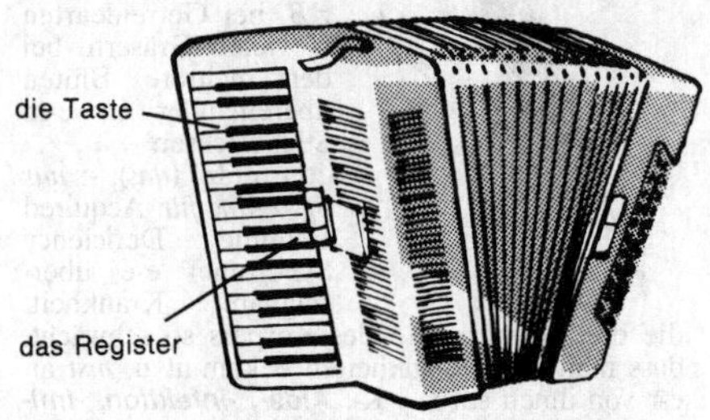

ak·kre·di·tie·ren; *akkreditierte*, *hat akkreditiert*; [Vt] ***j-n a.*** *Pol*; j-n als offiziellen Vertreter seines Staates bzw. seiner Regierung anerkennen ⟨e-n Botschafter, e-n Diplomaten, e-n Gesandten, e-n Journalisten a.⟩ || *hierzu* **Ak·kre·di·tie·rung** *die*; *nur Sg*

Ak·ku *der*; *-s*, *-s*; *Kurzw* ↑ ***Akkumulator***

Ak·ku·mu·la·tor *der*; *-s*, *Ak·ku·mu·la·to·ren*; *Elektr*; ein Gerät, mit dem man Strom speichert ⟨e-n A. aufladen⟩

ak·ku·mu·lie·ren; *akkumulierte*, *hat akkumuliert*; [Vt] **1** ***etw. a.*** *geschr* ≈ anhäufen, speichern: *Radioaktive Strahlen werden im Körper von Menschen u. Tieren akkumuliert*; [Vr] **2** ***etw. akkumuliert sich*** *geschr*; etw. wird immer mehr ≈ etw. häuft sich: *Bei dem Forschungsprojekt akkumulierten sich die Schwierigkeiten* || *hierzu* **Ak·ku·mu·la·ti·on** *die*; *-*, *-en*

ak·ku·rat[1], *akkurater*, *akkuratest-*; *Adj*; **1** äußerst sorgfältig, ordentlich ⟨ein Mensch, e-e Handschrift; a. gekleidet sein⟩ **2** *mst adv*; mit großer Genauigkeit, mit hoher Präzision ⟨a. arbeiten⟩

ak·ku·rat[2] *Adv*; *südd* ≈ genau (1), gerade[1] (4): *Es ist a. drei Uhr*; *A. das habe ich gesagt!*

Ak·ku·sa·tiv [-f] *der*; *-s*, *-e*; *Ling*; der Kasus, in dem *bes* das Objekt e-s transitiven Verbs steht ≈ Wenfall, vierter Fall ⟨etw. steht im A.⟩: *Die Präposition „für" verlangt den A.*; *Im Satz „Ich habe sie gefragt" steht „sie" im A.* || K-: ***Akkusativ-, -objekt***

Ak·ne *die*; *-*; *nur Sg*; e-e Erkrankung der Haut in Form von eitrigen Pickeln *bes* im Gesicht, die *mst* bei Jugendlichen vorkommt

Ak·ri·bie *die*; *-*; *nur Sg*, *geschr*; sehr große Genauigkeit u. Sorgfalt: *mit wissenschaftlicher A. arbeiten* || *hierzu* **ak·ri·bisch** *Adj*

Ak·ro·bat *der*; *-en*, *-en*; j-d, der *bes* in e-m Zirkus sehr schwierige Körperbewegungen u. Balanceakte macht, wie *z.B.* hoch über dem Boden auf e-m Seil gehen || NB: *der Akrobat*; *den, dem, des Akrobaten* || *hierzu* **Ak·ro·ba·tin** *die*; *-*, *-nen*

Ak·ro·ba·tik *die*; *-*; *nur Sg*; **1** *Kollekt*; die Übungen e-s Akrobaten **2** (körperliche) Geschicklichkeit || -K: ***Gedanken-*** || *hierzu* **ak·ro·ba·tisch** *Adj*

Akt[1] *der*; *-(e)s*, *-e*; **1** *geschr* ≈ Handlung, Tat ⟨ein rechtswidriger Akt; ein Akt der Empörung, Verzweiflung⟩ || -K: ***Gnaden-, Rache-, Terror-*** **2** ≈ Zeremonie ⟨ein denkwürdiger, feierlicher, festlicher Akt⟩: *der Akt der Trauung* || -K: ***Fest-*** **3** ein größerer Abschnitt e-s Theaterstücks, der *mst* aus mehreren Szenen besteht ≈ Aufzug[2] (1): *Ein klassisches Drama besteht aus fünf Akten* || -K: ***Schluss-*** **4** e-e einzelne Vorführung beim Zirkus: *ein akrobatischer Akt* || -K: ***Balance-, Dressur-***

Akt[2] *der*; *-(e)s*, *-e*; *Kunst*; ein Bild od. e-e Statue, die e-n nackten Menschen darstellen ⟨ein männlicher, weiblicher, liegender, sitzender Akt; e-n Akt malen, zeichnen⟩ || K-: ***Akt-, -foto, -malerei, -modell, -zeichnung***

Akt[3] *der*; *-(e)s*, *-en*; *südd* ≈ Akte

Ak·te *die*; *-*, *-n*; *mst Pl*; e-e (geordnete Sammlung von) Unterlagen zu e-m (gerichtlichen, administrativen) Fall od. Thema ⟨e-e A. anlegen, bearbeiten, einsehen; (un)erledigte, geheime, vertrauliche Akten; ein Stoß Akten; Akten ablegen; in den Akten blättern⟩: *Der Vorfall kommt in die Akten* (= wird als Notiz in den Akten registriert) || K-: ***Akten-, -notiz, -ordner, -schrank, -vermerk, -zeichen*** || -K: ***Gerichts-, Polizei-, Prozess-*** || ID ***etw. zu den Akten legen*** etw. als abgeschlossen od. erledigt ansehen; ***über etw.*** (*Akk*) ***die Akten schließen*** etw. für abgeschlossen erklären

Ak·ten·kof·fer *der*; ein (*mst* schmaler, eleganter) Koffer, in dem man Unterlagen für Sitzungen, Geschäfte *usw* transportiert

ak·ten·kun·dig *Adj*; *mst in* ***j-d / etw. ist / wird a.*** j-d / etw. wird in offiziellen Akten, Schriften genannt u. ist also bekannt

Ak·ten·map·pe *die*; **1** ≈ Aktentasche **2** ein Ordner, e-e Hülle *o.Ä.* aus ziemlich starkem Papier, in denen Akten aufbewahrt werden

Ak·ten·ta·sche *die*; e-e Tasche mit Griff, in der man Dokumente, Bücher *oÄ.* bei sich trägt

-ak·ter *der*; *-s*, *-*; *im Subst*, *wenig produktiv*; ein Theaterstück mit der genannten Zahl von Akten[1](3): ***Einakter, Zweiakter, Dreiakter, Fünfakter***

Ak·teur [ak'tøːɐ̯] *der*; *-s*, *-e*; **1** *geschr*; j-d, der aktiv an e-m Geschehen teilnimmt: *Die eigentlichen Akteure in dem Spionagefall wurden nie gefasst* **2** ≈ Schauspieler **3** *Sport* ≈ Spieler, Wettkämpfer: *der beste A. auf dem Platz*

Ak·tie ['aktsi̯ə] *die*; *-*, *-n*; *Ökon*; e-e Art Urkunde über e-n bestimmten Anteil am Kapital u. am Gewinn e-r Aktiengesellschaft ⟨die Aktien steigen, fallen; sein Geld, Vermögen in Aktien anlegen⟩: *Aktien abstoßen, bevor sie fallen*; *Die Firma gibt neue Aktien aus* || K-: ***Aktien-, -geschäft, -inhaber, -kapital, -kauf, -kurs, -markt*** || ID ***j-s Aktien steigen*** *gespr*; j-s Aussichten auf Erfolg werden besser; ***Wie stehen die Aktien?*** *gespr hum*; wie gehts?

Ak·ti·en·ge·sell·schaft *die*; *Ökon*; ein Unternehmen, das Aktien ausgibt, mit denen sich *mst* viele Menschen an dem Unternehmen finanziell beteiligen. Anteile e-r A. kann man an der Börse kaufen u. verkaufen; *Abk* AG

Ak·ti·on [-'tsi̯oːn] *die*; *-*, *-en*; **1** e-e (gemeinschaftlich) geplante Handlung, mit der ein bestimmtes Ziel erreicht werden soll ⟨e-e militärische, politische A. einleiten, starten, durchführen⟩: *zu e-r A. für den Frieden aufrufen*; *die A. „Brot für die Welt"* || K-: ***Aktions-, -gemeinschaft, -programm, -woche*** || -K: ***Befreiungs-, Rettungs-, Spenden-*** **2** *nur Pl*, *geschr* ≈ Tätigkeiten: *Seine Aktionen wurden immer weniger, beschränkten sich auf das Nötigste* **3** *Sport*; e-e einzelne Handlung od. Leistung e-s Sportlers: *E-e tolle A. des Hamburger Torwarts!* || -K: ***Einzel-*** || ID (***voll***) ***in A. sein***; ***sich in*** (***voller***) ***A. befinden*** gerade (intensiv) mit etw. beschäftigt sein; ***in A. treten*** aktiv, wirksam werden

Ak·ti·o·när *der*; *-s*, *-e*; *Ökon*; j-d, der Aktien besitzt

Ak·ti·o·nis·mus *der*; *-*; *nur Sg*; **1** der Versuch, *bes* das Bewusstsein u. die Einstellung der Menschen durch gezielte (oft provozierende) Aktionen zu verändern **2** *mst pej*; der übertriebene Drang, etw. zu tun ⟨blinder, purer A.⟩ || *hierzu* **Ak·ti·o·nịst** *der*; *-en, -en*; **Ak·ti·o·nịs·tin** *die*; -, *-nen*

Ak·ti·ons·ra·di·us *der*; **1** *geschr*; j-s Wirkungs- od. Einflussbereich **2** die Entfernung, die *z.B.* ein Flugzeug zurücklegen kann, ohne neu tanken zu müssen

ak·tiv [-f] *Adj*; **1** so, dass man immer bereit ist, etw. zu tun u. sich zu engagieren, u. dies auch tut ≈ tätig ⟨gesellschaftlich, politisch, sexuell a. sein; a. an etw. mitarbeiten; sich a. an etw. beteiligen; etw. a. unterstützen⟩ **2** ***a. sein*** mit Engagement, Interesse u. Tatkraft etw. tun od. ausführen ↔ passiv sein **3** voller Energie u. Unternehmungslust ↔ inaktiv ⟨ein aktives Leben führen⟩: *Trotz seiner 70 Jahre ist er noch sehr a.* **4** *ohne Steigerung*; als Mitglied e-s Sportvereins an Übungen u. Wettkämpfen teilnehmen ⟨ein Mitglied, ein Sportler⟩: *sportlich a.*; *ein aktiver Tennisspieler* **5** ***irgendwo a. sein*** *ohne Steigerung*; sich als Mitglied e-r Gruppe für deren Ziele engagieren: *in der Frauenbewegung a. sein* **6** so, dass es e-e besondere Wirkung auf etw. ausübt ⟨biologisch, hygienisch a.⟩: *Das Mittel wirkt a. auf Herz u. Kreislauf* **7** *mst attr*, *Chem*; besonders reaktionsfähig ⟨Sauerstoff, Wasserstoff⟩ || K-: ***Aktiv-, -kohle*** **8** ['akti:f] *ohne Steigerung*, *Ling*; im Aktiv[1] (stehend) ⟨ein Verb⟩ ≈ aktivisch || *zu* **1, 2, 3, 5, 6** u. **7 Ak·ti·vi·tät** [-v-] *die*; -, *-en*; *zu* **4 Ak·ti·ve** *der* / *die*; *-n, -n*

-ak·tiv [-f] *im Adj nach Subst*, *wenig produktiv*; so, dass das im ersten Wortteil Genannte verstärkt od. aktiviert wird; ***atmungsaktiv, oberflächenaktiv*** ⟨ein Stoff⟩, ***stoffwechselaktiv*** ⟨Nahrung⟩

Ak·tiv[1] [-f] *das*; *-s*; *nur Sg*, *Ling*; die Form, in der das Verb steht, wenn das Subjekt des Verbs auch die Handlung ausführt ↔ Passiv: *In dem Satz „Er trinkt Bier" steht das Verb im A.* || K-: ***Aktiv-, -konstruktion, -satz*** || *hierzu* **ak·ti·visch** [-v-] *Adj*

Ak·tiv[2] [-f] *das*; *-s, -e* / *-s*; *hist* (*DDR*); e-e Arbeitsgruppe, deren Mitglieder zusammen eigene gesellschaftliche od. politische Aufgaben erfüllen mussten || -K: ***Eltern-, Ernte-, Gewerkschafts-, Neuerer-, Partei-; FDJ-Aktiv***

Ak·ti·va [-v-] *die*; *Pl*, *Ökon*; das Vermögen (*z.B.* an Geld od. Wertpapieren), das e-e Firma hat ↔ Passiva

Ak·tiv·bür·ger *der*; (CH) ein Bürger mit aktivem Wahlrecht

ak·ti·vie·ren [-v-]; *aktivierte, hat aktiviert*; [Vt] **1 *j-n*** (***zu etw.***) ***a.*** j-n dazu veranlassen, etw. zu tun, sich für etw. zu engagieren: *die Jugend zu politischer Mitarbeit a.* **2 *etw. a.*** *bes Med*; die Tätigkeit von etw. anregen: *Das Medikament aktiviert den Kreislauf* **3 *etw. a.*** *Chem*; etw. aktiv (7) machen || *hierzu* **Ak·ti·vie·rung** *die*; *nur Sg*

Ak·ti·vịs·mus [-v-] *der*; -; *nur Sg*; ein Handeln, das ganz genau an e-m Ziel orientiert ist, u. das engagierte Eintreten für dieses Ziel

Ak·ti·vịst [-v-] *der*; *-en, -en*; **1** j-d, der entschieden u. durch persönliches Handeln für e-e Sache eintritt (*bes* in der Politik) **2** *hist* (*DDR*); j-d, der für große Leistungen vom Staat *z.B.* mit dem Titel „A. der sozialistischen Arbeit" ausgezeichnet worden ist || K-: ***Aktivisten-, -ehrung, -kommission*** || NB: *der Aktivist*; *den, dem, des Aktivisten*

Ak·tiv·ur·laub *der*; ein Urlaub, in dem man sich viel bewegt u. *bes* Sport treibt

ak·tu·a·li·sie·ren; *aktualisierte, hat aktualisiert*; [Vt] ***etw. a.*** etw. so bearbeiten u. verändern, dass es auf dem neuesten Stand ist u. wieder in die Gegenwart passt ⟨ein Wörterbuch, e-n Reiseführer a.⟩ || *hierzu* **Ak·tu·a·li·sie·rung** *die*; *nur Sg*

ak·tu·ẹll *Adj*; **1** gegenwärtig vorhanden u. *mst* wichtig u. / od. interessant ⟨ein Ereignis, ein Problem, ein Thema, ein Theaterstück⟩: *Was gibt es Aktuelles* (= welche Neuigkeiten gibt es)? **2** ≈ modisch, zeitgemäß ⟨ein Trend⟩: *Krawatten sind wieder a. geworden* || *hierzu* **Ak·tu·a·li·tät** *die*; -; *nur Sg*

Aku·punk·tur *die*; -, *-en*; ein Verfahren, bei dem versucht wird, j-n durch Einstiche mit feinen (Metall)Nadeln in bestimmte Stellen der Haut von Schmerzen zu befreien od. von seiner Krankheit zu heilen || *hierzu* **a·ku·punk·tie·ren** (*hat*) *Vt*

A·kụs·tik *die*; -; *nur Sg*; **1** *Phys*; die Lehre vom Schall **2** die Wirkung von Schall u. Klang bei Rede u. Musik in e-m geschlossenen Raum: *Der Saal hat e-e gute A.* || *hierzu* **a·kụs·tisch** *Adj*

a·kut, *akuter, akutest-*; *Adj*; **1** im Augenblick sehr dringend ≈ vordringlich ⟨e-e Frage, ein Problem; etw. ist / wird a.⟩: *Die Umweltverschmutzung stellt e-e akute Bedrohung für uns dar* **2** *Med*; ⟨e-e Erkrankung⟩ so, dass sie plötzlich ausgebrochen ist u. schnell u. heftig verläuft ↔ chronisch

AKW [aka've:] *das*; *-(s), -s*; *gespr*, *Kurzw*; ↑ ***Atomkraftwerk***

Ak·zẹnt *der*; *-(e)s, -e*; **1** *nur Sg*; die typische Art, die Laute e-r Sprache auszusprechen, die *mst* zeigt, aus welchem Land od. Gebiet j-d stammt ≈ Tonfall ⟨mit hartem, starkem, ausländischem A. sprechen⟩: *Sein polnischer A. ist leicht zu erkennen* **2** der Schwerpunkt, der auf etw. gelegt wird ≈ Nachdruck: *auf e-e Aussage besonderen A. legen* **3** *Ling*; das Hervorheben e-s Vokals od. e-r Silbe (innerhalb e-s Wortes od. e-s Satzes), indem man sie (besonders) betont u. / od. die Tonhöhe ändert ≈ Betonung: *Im Wort „Moral" liegt der A. auf der letzten Silbe* || -K: ***Satz-, Wort-*** **4** *Ling*; ein geschriebenes Zeichen, das die betonte Silbe markiert (wie *z.B.* im Spanischen) od. die Vokalqualität angibt (wie *z.B.* im Französischen) || ID (***neue***) ***Akzente setzen*** Anregungen (*mst* für etw. Neues) geben || *zu* **1 ak·zẹnt·frei** *Adj*

ak·zen·tu·ie·ren [-tu'i:rən]; *akzentuierte, hat akzentuiert*; *geschr*; [Vt/i] **1** (***etw.***) ***a.*** etw. *bes* deutlich aussprechen od. betonen: (*die Wörter*) *genau a.*; [Vt] **2** ***etw. akzentuiert etw.*** etw. betont etw., hebt etw. hervor: *Der dunkle Hintergrund akzentuiert die hellen Farben im Vordergrund des Bildes* || *hierzu* **Akzen·tu·ie·rung** *die*

ak·zep·ta·bel, *akzeptabler, akzeptabelst-*; *Adj*; ⟨ein Angebot, ein Preis; e-e Leistung⟩ so, dass man sie akzeptieren od. mit ihnen zufrieden sein kann ≈ annehmbar, brauchbar ↔ inakzeptabel || NB: *akzeptabel* → *ein akzeptabler Vorschlag* || *hierzu* **Akzep·ta·bi·li·tät** *die*; -; *nur Sg*

Ak·zep·tạnz *die*; *nur Sg*; die Bereitschaft, etw. Neues zu akzeptieren

ak·zep·tie·ren; *akzeptierte, hat akzeptiert*; [Vt] **1 *etw. a.*** mit etw. einverstanden sein ≈ annehmen (2) ↔ ablehnen ⟨ein Angebot, e-n Vorschlag, e-e Bedingung a.⟩ **2 *etw. a.*** etw. als gegeben hinnehmen (weil man es nicht ändern kann) ≈ sich mit etw. abfinden ↔ sich gegen etw. auflehnen ⟨sein Schicksal, seine Krankheit a.⟩: *Du musst a.*, dass *man daran nichts ändern kann* **3 *etw. a.*** etw. gelten lassen ⟨j-s Entschuldigungen, Gründe (für etw.) a.⟩ **4 *j-n*** (***als etw.***) ***a.*** mit j-m (in e-r Funktion) einverstanden sein ≈ anerkennen: *Er wurde von allen* (*als Partner*) *akzeptiert* || *zu* **1 ak·zep·tier·bar** *Adj*; *nicht adv* || ► ***akzeptabel***

-al *im Adj*, *betont*, *wenig produktiv*; **1** in der Art u. Weise von j-m / etw., wie j-d / etw. ≈ -artig, -haft; ***horizontal, katastrophal, normal, triumphal*** **2** *ohne Steigerung*; von etw. ausgehend od. in Bezug auf etw.; ***formal, hormonal, kolonial, national, regional*** || NB: ↑ ***-ell***

à la ['ala] *Präp; mit Nom, Akk* **1** in der typischen Art, dem Stil *bes* e-r Person: *ein Hut à la Humphrey Bogart* **2** so zubereitet, wie es für j-n, e-e Gegend typisch ist: *Rinderbraten à la Esterhazy* || NB: beim Subst. steht kein Artikel

A·la·bas·ter *der; -s; nur Sg*; ein weißer, leicht transparenter Stein, aus dem man *z.B.* Schmuck od. Vasen macht

à la carte [ala'kart] *mst in* ***à la carte essen / bestellen*** nicht ein festes Menü essen, sondern Gerichte von der Speisekarte (aus)wählen

A·larm *der; -(e)s, -e*; **1** ein Signal (*z.B.* das Heulen e-r Sirene od. das Läuten e-r Glocke), das vor e-r Gefahr warnen soll ⟨A. auslösen, geben, läuten⟩ || K-: ***Alarm-, -anlage, -glocke*** || -K: ***Bomben-, Feuer-, Flieger-*** **2** die Zeit, in der Gefahr besteht (u. in der *z.B.* Polizei, Feuerwehr od. Militär in Aktion sind): *Der A. dauerte mehrere Stunden* || K-: ***Alarm-, -zustand*** **3** ***blinder / falscher A.*** A. (1), der aus Versehen od. absichtlich ohne berechtigten Grund ausgelöst wurde, od. e-e grundlose Aufregung || ID ***A. schlagen*** auf ein Problem od. e-e Gefahr aufmerksam machen

A·larm·be·reit·schaft *die; nur Sg*; das Bereitsein (*z.B.* der Feuerwehr), im Notfall sofort Hilfe zu leisten ⟨in A. sein, j-n in A. versetzen⟩ || *hierzu* **a·larm·be·reit** *Adj*

a·lar·mie·ren; *alarmierte, hat alarmiert*; [Vt] **1** ***j-n a.*** j-n zum Einsatz, zu Hilfe rufen ⟨die Feuerwehr, die Polizei, die Bergwacht, den Nachbarn a.⟩ **2** ***etw. alarmiert j-n*** etw. versetzt j-n in Aufregung, Unruhe od. Schrecken ≈ etw. schreckt j-n auf: *Sein Schreien alarmierte die ganze Nachbarschaft*; *Sein Gesundheitszustand ist alarmierend* (= sehr schlecht)

A·larm·sig·nal *das*; ein Zeichen, das vor e-r Gefahr warnt od. warnen sollte ≈ Alarmzeichen: *Blut im Urin ist ein A.*

A·larm·stu·fe *die*; eine von mehreren Stufen auf e-r Skala (*mst* von eins bis drei), die angeben, wie groß die Gefahr ist: *Es wurde A. drei gegeben*

Al·bat·ros *der; -, -se*; ein sehr großer, *mst* weißer Vogel (im südlichen Teil der Erde), der sehr lange Strecken fliegen kann

Alb·druck *der; nur Sg*; ein Gefühl der Angst od Beklemmung (im Schlaf), das *mst* durch e-n schlimmen Traum ausgelöst wird

Alb·drü·cken *das; -s; nur Sg* ≈ Albdruck

al·bern *Adj; pej*; **1** nicht vernünftig, nicht passend ≈ kindisch, töricht ⟨ein Kichern, ein Lachen, ein Witz; ein Benehmen, ein Getue; sich a. aufführen⟩: *Es ist doch a.*, dass *du dich nicht untersuchen lassen willst* **2** *gespr* ≈ unwichtig ⟨ein Fehler, Zeug⟩: *Wegen so e-r albernen Erkältung gehst du nicht zur Arbeit?* || *zu* **1** **Al·bern·heit** *die; nur Sg*

Al·bi·no *der; -s, -s*; ein Mensch od. Tier, dem natürlicher Farbstoff von Geburt an fehlt u. dessen Haut u. Haare daher ganz hell sind

Alb·traum *der*; **1** ein Traum von schrecklichen Erlebnissen ⟨e-n A. haben⟩ **2** e-e schlimme Vorstellung: *Im Hochhaus wohnen zu müssen, ist ein A. für mich*

Al·bum *das; -s, Al·ben / gespr auch -s*; **1** e-e Art Buch mit ziemlich dicken Blättern, in dem man *bes* Briefmarken od. Fotos sammelt: *Fotos in ein A. kleben* || -K: ***Briefmarken-, Foto-*** **2** e-e od. zwei zusammengehörende Langspielplatten: *Die Popgruppe hat ein neues A. herausgebracht* || -K: ***Doppel-, Platten-***

Al·chi·mie *die; -; nur Sg, hist*; die mittelalterliche Chemie, die *bes* versuchte, Metalle in Gold zu verwandeln || *hierzu* **Al·chi·mist** *der; -en, -en*; **al·chi·mis·tisch** *Adj*

Al·ge *die; -, -n*; e-e einfache, *mst* sehr kleine Pflanze, die im Wasser schwimmt || K-: ***Algen-, -teppich***

Al·geb·ra *die; -; nur Sg*; ein Gebiet der Mathematik, in dem man Symbole u. Buchstaben *bes* zur Lösung von Gleichungen benutzt || *hierzu* **al·geb·ra·isch** *Adj*

Al·go·rith·mus *der; -, Al·go·rith·men; Math, EDV*; e-e Reihe von Anweisungen, Befehlen *o.Ä.*, die in e-r festgelegten (wiederholten) Folge ausgeführt werden, um ein Problem zu lösen od. um etw. zu berechnen

a·li·as *Präp; mit Nom, Akk*; auch ... genannt, auch bekannt als ...: *Roger Moore a. James Bond* || NB: *a.* steht zwischen zwei Namen

A·li·bi *das; -s, -s*; **1** ***ein A.*** (***für etw.***) der Nachweis, dass j-d zur Zeit e-s Verbrechens nicht am Tatort war u. somit nicht der Täter sein kann ⟨ein lückenloses, glaubhaftes A. haben; ein A. vorweisen; j-s A. bestätigen, anzweifeln⟩: *Er hat für die Tatzeit kein A.* **2** ***ein A.*** (***für etw.***) e-e Ausrede od. Rechtfertigung (für ein Fehlverhalten) ⟨nach e-m A. suchen⟩

Ali·bi- *im Subst, betont, wenig produktiv*; verwendet, um auszudrücken, dass etw. nur vorgetäuscht od. als Vorwand gebraucht wird; die ***Alibifrau*** (die einzige Frau *z.B.* in e-m Komitee, das von Männern dominiert wird); die ***Alibifunktion***: *Diese Maßnahmen haben nur e-e Alibifunktion* (= sollen nur andere Missstände verbergen); die ***Alibifrage***: *Er kam mit e-r Alibifrage - eigentlich wollte er nur plaudern*

A·li·men·te *die; Pl*; das Geld, das ein Mann (monatlich) der Mutter seines unehelichen Kindes bezahlen muss, wenn er nicht mit ihr zusammenwohnt ⟨A. zahlen; e-n Mann auf A. verklagen⟩

Al·ka·li *das; -s, Al·ka·li·en* [-iən]; *Chem*; e-e bittere Substanz, die sich in Wasser löst u. die mit Säuren Salze (*z.B.* Soda) bildet ≈ Lauge, Base || *hierzu* **al·ka·lisch** *Adj*

Al·ko·hol ['alkoho:l] *der; -s, -e; mst Sg*; **1** e-e farblose, leicht brennbare Flüssigkeit, die *z.B.* in Bier u. Wein enthalten ist od. die zur Desinfizierung verwendet wird ⟨reiner, destillierter A.; e-e Wunde mit A. desinfizieren⟩: *Dieser Schnaps enthält 40% A.* || K-: ***Alkohol-, -gehalt*** **2** *nur Sg*; verwendet als Bezeichnung für Getränke, die A. (1) enthalten u. von denen man betrunken werden kann ⟨sich nichts aus A. machen; dem A. verfallen sein; (stark) nach A. riechen⟩: *Wir haben keinen Tropfen A. im Haus* || K-: ***Alkohol-, -genuss, -konsum, -missbrauch, -sucht, -test, -verbot, -verbrauch, -vergiftung; alkohol-, -abhängig, -krank, -süchtig*** || ID ⟨seine Probleme⟩ ***in A. ertränken*** sie durch Trinken von großen Mengen A. zu vergessen versuchen; ***j-n unter A. setzen*** *gespr*; j-n betrunken machen; ***unter A. stehen*** angetrunken, betrunken sein; ***A. löst die Zunge*** A. (2) bewirkt, dass man mehr u. ungehemmter redet als sonst || *hierzu* **al·ko·ho·lisch** *Adj*; *zu* **1** **al·ko·hol·frei** *Adj*; *nicht adv*; **al·ko·hol·hal·tig** *Adj*; *nicht adv*

Al·ko·ho·li·ka *die; Pl, geschr, Kollekt*; alkoholische Getränke

Al·ko·ho·li·ker *der; -s, -*; **1** j-d, der viel u. oft Alkohol[2] trinkt u. danach süchtig ist ≈ Trinker: *Ihr Bruder ist A.* **2** ***Anonyme Alkoholiker*** e-e Gruppe von (ehemaligen u. gegenwärtigen) Alkoholikern, die sich treffen, um gemeinsam zu versuchen, ohne Alkohol zu leben; *Abk* AA

al·ko·ho·li·siert *Adj; geschr* ≈ betrunken: *Der alkoholisierte Fahrer verursachte e-n Unfall*

Al·ko·ho·lis·mus *der; -; nur Sg, geschr*; das krankhafte Bedürfnis, Alkohol (in großen Mengen) zu trinken ≈ Trunksucht

Al·ko·hol·spie·gel *der*; die Konzentration von Alkohol im Blut ⟨ein hoher, niedriger A.; der A. sinkt, steigt⟩: *Sein A. betrug 1,2 Promille*

all *Indefinitpronomen*; **1** verwendet, um die maximale Menge, Größe, Stärke *o.Ä.* von etw. zu bezeichnen ≈ ganz, gesamt: *alle Menschen dieser Welt*; *trotz aller Bemühungen*; *Er sagte es mit aller Deutlichkeit*; *all sein Geld*; *all die Jahre über*; *Sind jetzt alle da?*; *Ist das alles, was du darüber weißt?* || NB: *all* hat keine Endung, wenn es bei nicht zählbaren Begriffen vor dem bestimmten Artikel, dem Possessivpronomen od. dem Demonstrativpronomen steht: *all das / mein / dieses Gepäck* **2** verwendet, um die einzelnen Teile e-r Menge zu betonen ≈ jede(r), jedes *usw*: *Alle fünf waren wir todmüde*; *Alle (Teilnehmer) bekommen e-n kleinen Preis* **3** verwendet mit e-r Zeit- od. Maßangabe, um auszudrücken, dass etw. (in regelmäßigen Abständen) wiederkehrt od. wiederholt wird ≈ im Abstand von …: *Wir treffen uns nur alle vier Jahre*; *Alle zehn Kilometer machten wir e-e kleine Pause* || ID ***alles in allem*** im Ganzen (gesehen) ≈ insgesamt: *Alles in allem war ihre Leistung ganz gut*; ***vor allem*** verwendet, um etw. (besonders) hervorzuheben ≈ besonders, hauptsächlich; *Abk* v.a.: *Vor allem ist es sehr anstrengend, e-e Bergtour zu machen* || NB: wie ein Subst. od. ein attributives Adj. verwendet

All *das*; *-s*; *nur Sg* ≈ Kosmos, Weltraum ⟨das All erforschen, ins All vordringen⟩: *e-n Satelliten ins All schicken*

all- *im Adj, ohne Steigerung, wenig produktiv*; **1** verwendet, um auszudrücken, dass etw. immer zu der genannten Zeit passiert; ***allabendlich*** ⟨der Spaziergang⟩, ***alljährlich*** ⟨die Festspiele, ein Ereignis⟩, ***allsonntäglich*** ⟨der Besuch⟩, ***alltäglich*** **2** ganz, völlig; ***allbekannt*** ⟨ein Politiker⟩, ***allgewaltig*** ⟨ein Herrscher⟩, ***allmächtig*** ⟨Gott⟩

all·abend·lich *Adj*; *nur attr od adv*; jeden Abend (geschehend od. stattfindend)

all·be·kann·t- *Adj*; *nur attr, nicht adv*; überall, allgemein bekannt

all·dem ↑ ***alledem***

al·le[1] *Indefinitpronomen*; ↑ ***all***

al·le[2] *Adv*; *gespr*; **1** ***etw. ist a.*** etw. ist aufgebraucht, zu Ende: *Das Benzin, das Geld, das Brot ist a.* **2** ***etw. wird a.*** etw. geht zu Ende: *Die Vorräte werden a.* **3** ***etw. a. machen*** etw. aufessen

al·le·dem ≈ all diesem ⟨trotz, von a.⟩: *Nichts von a. ist wahr* || NB: steht nur nach Präp. mit Dat.

Al·lee *die*; -, *-n* [a'leː(ə)n]; ein Weg od. e-e Straße mit Bäumen an beiden Seiten || -K: ***Birken-, Pappel-***

Allee

Al·le·go·rie *die*; -, *-n* [-'riːən]; die Darstellung e-s abstrakten Begriffs (*z.B.* des Todes, der Liebe) als Bild od. Person in der Malerei, Dichtung *usw* || *hierzu* **al·le·go·risch** *Adj*

al·lein[1] *Adj*; *nur präd od adv*; **1** ohne andere Personen ≈ für sich ⟨j-n a. lassen; a. sein wollen⟩: *a. leben, reisen, in Urlaub fahren, ausgehen, wohnen*; *In diesem Wald sind wir ganz a.* **2** ≈ einsam ⟨sich (sehr) a. fühlen⟩ **3** *nur adv*; ohne dass j-d hilft ⟨etw. a. erledigen, können, machen; a. mit etw. fertig werden⟩: *Unser Sohn konnte mit elf Monaten schon a. gehen* **4** ***von a.*** ohne dass j-d aktiv wird, etw. dazu tut ≈ von selbst: *Die Flasche ist ganz von a. umgefallen*; *Ich weiß schon von a., was ich tun muss!*

al·lein[2] *Partikel*; *betont u. unbetont*; **1** ≈ nur, ausschließlich: *A. er / Er a. muss das entscheiden*; *Du a. kannst mir noch helfen* **2** (***schon***) ***a.***; ***a.*** (***schon***) verwendet, um e-e Aussage als besonders wichtig zu betonen: *A. schon der Gesundheit zuliebe solltest du nicht rauchen, außerdem ist es teuer*; *Schon a. der Gedanke, das zu tun, ist abscheulich*

al·lein[3] *Konjunktion*; *lit* ≈ aber, doch: *Wir wollten uns seiner annehmen, a. er schickte uns fort*

al·lein er·zie·hend *Adj*; *nur attr, nicht adv*; ⟨ein Vater, e-e Mutter⟩ ohne (Ehe)Partner || *hierzu* **Al·lein·er·zie·her** *der*; *-s*, -

al·lein se·lig ma·chend *Adj*; *nicht adv*; **1** *kath*; ⟨die Kirche, der Glaube⟩ so, dass sie allein zum christlichen Heil führen **2** *gespr*; einzig wahr od. richtig: *Er hält seine Lebensauffassung für allein selig machend*

al·lein ste·hend *Adj*; *nicht adv*; **1** ohne Familie od. (Ehe)Partner: *e-e allein stehende Frau* **2** einzeln, für sich gelegen ⟨ein Haus, ein Bau⟩ || *zu* **1 Al·lein·ste·hen·de, al·lein Ste·hen·de** *der / die*; *-n, -n*

Al·lein- *im Subst, betont, begrenzt produktiv*; verwendet, um auszudrücken, dass etw. nur auf eine Person zutrifft, j-d etw. als Einziger, ohne andere, tut od. hat; der ***Alleinbesitz***, der ***Alleinerbe***, die ***Alleinherrschaft*** ⟨ausüben⟩, der ***Alleinherrscher***, der ***Alleininhaber*** ⟨e-s Geschäfts⟩, die ***Alleinschuld*** ⟨an etw. haben⟩

al·lei·ne *Adj*; *nur präd od adv, gespr* ≈ allein[1]

Al·lein·gang *der*; **1** e-e Handlungsweise, bei der man sich nur auf sich selbst verlässt u. (bewusst) auf die Hilfe od. den Rat anderer verzichtet ⟨etw. im A. tun, unternehmen⟩ **2** *Sport*; e-e Aktion e-s Einzelnen ohne die Hilfe seiner Mannschaft: *ein Tor im A. erzielen*

al·lei·nig *Adj*; **1** *nur attr, nicht adv* ≈ einzig ⟨der Erbe, der Herrscher, der Grund⟩ **2** *nicht adv*, ≈ allein stehend: *ein alleiniger Herr*

Al·lein·sein *das*; *-s*; *nur Sg*; das Leben ohne die Gesellschaft anderer Menschen ≈ Einsamkeit: *Angst vor dem A. haben*; *Die jungen Leute genossen das A. in der neuen Wohnung*

al·le·mal *Adv*; *gespr*; **1** verwendet, um auszudrücken, dass man sehr sicher ist, dass etw. Zukünftiges eintritt od. gelingt: *Das schaffen wir a.!*; *Das bringe ich a. (noch) fertig* **2** verwendet, um positiv auf e-e Frage zu antworten ≈ ganz bestimmt: *„Wird es funktionieren?“ - „A.!“* **3** *nordd* ≈ jedes Mal, (bisher) immer: *Es hat noch a. geklappt* || NB: ↑ ***Mal***[1]

al·len·falls *Adv*; **1** im äußersten Fall ≈ höchstens: *Es kann a. noch zehn Minuten dauern* **2** *gespr, oft iron*; im günstigsten Fall ≈ bestenfalls: *In diesem*

Anzug kannst du a. auf e-n Kostümball gehen, aber nicht zu e-m Empfang!

al·lent·hal·ben *Adv*; *geschr veraltend* ≈ überall

al·ler- *im Adj u. Adv, betont, sehr produktiv, gespr*; verwendet, um e-n Superlativ zu verstärken; ***allerbest-, allerhöchstens, allerletzt-, allerliebst-, allerschlimmst-, allerschönst-, allerspätestens***

al·ler·dings *Adv*; **1** *unbetont*; verwendet, um e-e (höfliche) Einschränkung od. ein zögerndes Zugeständnis zu machen ≈ jedoch: *Ich muss a. zugeben, dass ich selbst nicht dabei war*; *Das Essen war gut, a. etwas teuer* **2** *betont*; verwendet, um e-e Frage mit Nachdruck zu bejahen, *bes* wenn der Gesprächspartner mit der Frage Zweifel, Verwunderung *o.Ä.* angedeutet hat: *„Tut es sehr weh?" - „A.!"*; *„Hast du das etwa gewusst?" - „A., auch wenn du es mir nicht glaubst!"*

Al·ler·gen *das*; *-s, -e*; *Med*; e-e Substanz, die e-e Allergie auslösen kann

Al·ler·gie *die*; *-, -n* [-ˈgiːən]; *Med*; ***e-e A.*** (***gegen etw.***) e-e krankhafte (Über)Empfindlichkeit gegenüber etw. (*bes* Lebensmitteln, Chemikalien, Insektengiften, Tierhaaren) ⟨an e-r A. leiden⟩: *Meine Mutter hat e-e A. gegen Hausstaub*

Al·ler·gi·ker *der*; *-s, -*; j-d, der Allergien hat || *hierzu* **Al·ler·gi·ke·rin** *die*; *-, -nen*

al·ler·gisch *Adj*; **1** bedingt durch e-e Allergie ⟨e-e Krankheit, e-e Reaktion⟩ **2** ***a.*** (***gegen etw.***) an e-r Allergie leidend: *Ihre Haut ist a. gegen Haarspray* **3** ***a. gegen etw. sein*** *gespr*; etw. hassen od. verabscheuen: *Ich bin a. gegen solche Witze* **4** ***a. auf j-n / etw. reagieren*** *gespr*; durch j-n / etw. gereizt werden und allzu energisch handeln: *Auf Faulheit reagiert sie a.*

al·ler·hand *Indefinitpronomen*; *indeklinabel*, *gespr*; ziemlich viel, einiges ≈ allerlei ⟨a. erleben; sich a. gefallen lassen⟩: *a. Ärger, Schwierigkeiten haben*; *Ich war auf a. vorbereitet, nur darauf nicht* || ID ***Das ist*** (***ja / doch / wirklich***) ***a.!*** *gespr*; das geht zu weit, ist unverschämt || NB: *a.* verwendet man wie ein attributives Adj. (*a. Probleme*) od. wie ein Subst. (*Hier gibt es a. zu sehen*)

Al·ler·hei·li·gen (*das*); *kath*; der Feiertag am 1. November (zum Gedenken an die Heiligen) ⟨an / zu A.⟩: *Morgen ist A.* || NB: ↑ ***Allerseelen***

al·ler·lei *Indefinitpronomen*; *indeklinabel*; viele (verschiedene) Dinge od. Arten von etw. ⟨sich a. zu erzählen haben; a. zu sehen bekommen⟩: *a. Ausreden, Ideen haben* || ID ⟨man erzählt sich, man hört⟩ ***so a.*** *gespr*; so einiges, so manches || NB: *a.* verwendet man wie ein attributives Adj. (*a. Unsinn*) od. wie ein Subst. (*Du hast sicher a. zu erzählen*)

Al·ler·lei *das*; *-s*; *nur Sg*; e-e Zusammenstellung aus verschiedenen Sorten von Dingen ⟨buntes A. (= e-e vielfältige Mischung)⟩: *ein A. aus Käse, Wurst u. Gemüse*

al·ler·letz·t- *Adj*; *ohne Steigerung*; **1** ↑ ***aller-*** **2** *nur attr, nicht adv, gespr* ≈ geschmacklos, häßlich: *Du hast wieder mal die allerletzte Frisur!* || ID *mst* ***j-d / etw. ist*** (***ja / wirklich***) ***das Allerletzte*** *gespr*; verwendet, um j-n / etw. zu tadeln od. als sehr negativ zu bezeichnen

al·ler·liebs·t- *Adj*; *ohne Steigerung*; **1** ↑ ***aller-*** **2** sehr hübsch ≈ niedlich ⟨ein Mädchen, ein Kleidchen⟩

al·ler·orts *Adv*; *geschr veraltend* ≈ überall

Al·ler·see·len (*das*); *kath*; der 2. November als Gedenktag für die Verstorbenen ⟨an / zu A.⟩

al·ler·seits *Adv*; *gespr*; alle(n) (zusammen): *Guten Morgen a.!*; *Ich wünsche a. e-e gute Nacht!*

Al·ler·welts- *im Subst, begrenzt produktiv, gespr, mst pej*; ganz normal, allgemein bekannt u. deswegen nicht interessant ≈ alltäglich, Durchschnitts-; der ***Allerweltsgeschmack***, das ***Allerweltsgesicht***, der ***Allerweltsname***, das ***Allerweltsthema***

Al·ler·wer·tes·te *der*; *-n, -n*; *gespr euph hum* ≈ Gesäß, Hintern || NB: *mein Allerwertester*; *der Allerwerteste*; *den, dem, des Allerwertesten*

al·les *Indefinitpronomen*; ↑ ***all***

al·le·samt *Indefinitpronomen*; *gespr*; alle zusammen, ohne Ausnahme: *Wir haben a. den Raum verlassen*

Al·les·fres·ser *der*; *-s, -*; ein Tier, das sowohl Fleisch als auch Pflanzen frisst: *Das Schwein ist ein A.* || *hierzu* **al·les fres·sen·d-** *Adj*; *nur attr, nicht adv*

Al·les·kle·ber *der*; ein Klebstoff, der für viele verschiedene Materialien verwendet werden kann

all·ge·gen·wär·tig *Adj*; *nicht adv*; überall u. immer gegenwärtig

all·ge·mein *Adj*; **1** *nur attr, nicht adv*; allen (od. den meisten) Leuten gemeinsam, von allen ausgehend ⟨das Interesse, die Meinung⟩: *auf allgemeinen Wunsch* **2** *nur adv*; bei allen, von allen ≈ überall (3) ↔ nirgends ⟨a. bekannt, beliebt, üblich, verständlich (sein); es wird a. berichtet, erzählt, gefordert, dass ...⟩: *ein a. erwartetes Ergebnis* **3** *nur attr od adv*; alle od. alles betreffend, für alle bestimmt ⟨e-e Bestimmung, e-e Verordnung; die (politische, wirtschaftliche) Lage, die Not; die Geschäfts-, die Lieferbedingungen⟩: *das allgemeine Wahlrecht* || K-: ***Allgemein-, -gültigkeit***; ***allgemein gültig, verbindlich*** **4** nicht auf Details eingehend od. beschränkt ↔ speziell ⟨e-e Aussage, ein Begriff; ein Überblick⟩: *e-e a. gehaltene Definition* || K-: ***Allgemein-, -bildung, -wissen*** **5** *oft pej*; ohne konkreten Inhalt ≈ banal, oberflächlich ⟨e-e Formulierung; Redensarten⟩: *Allgemeines Geschwätz hilft bei der Lösung e-s Problems nicht weiter* **6** ***im Allgemeinen*** in den meisten Fällen ≈ im Großen u. Ganzen

> **all·ge·mein ver·ständ·lich** *Adj*; *ohne Steigerung*; für alle gut verständlich ⟨e-e Erklärung, e-e Erläuterung, e-e Anweisung; sich a. v. ausdrücken⟩

All·ge·mein|arzt *der*; ein Arzt, der nicht auf die Behandlung ganz bestimmter Krankheiten / Organe spezialisiert ist ≈ Allgemeinmediziner, praktischer Arzt

All·ge·mein|gut *das*; *mst Sg*; etw., das (fast) alle wissen: *Die Erkenntnis, dass die Erde sich um die Sonne dreht, gehört schon lange zum A.*

All·ge·mein·heit *die*; **1** *nur Sg*; alle Leute ≈ die Öffentlichkeit ⟨etw. für das Wohl der A., für die A. tun; etw. dient der A., ist für die A. bestimmt⟩ **2** *nur Sg* ≈ Vagheit: *e-e Definition von zu großer A.* **3** *nur Pl*; allgemeine od. triviale Bemerkungen ≈ Allgemeinplätze ⟨sich in Allgemeinheiten ergehen⟩

All·ge·mein|me·di·zin *die*; der medizinische Bereich für die Behandlung *mst* leichterer Krankheiten, für die kein Spezialist notwendig ist || *hierzu* **All·ge·mein·me·di·zi·ner** *der*

All·ge·mein|platz *der*; *mst Pl, pej* ≈ Gemeinplatz

all·ge·wal·tig *Adj*; *geschr*; absolute Gewalt ausübend ≈ allmächtig

All|heil·mit·tel *das*; *mst pej od iron*; **1** e-e Medizin gegen viele Krankheiten **2** ein Mittel zur Lösung aller Probleme: *Dieser Vorschlag ist auch kein A.*

Al·li·anz [aˈli̯ant͜s] *die*; *-, -en*; **1** *Pol, hist*; ein Bündnis zwischen Staaten od. deren Armeen || -K: ***Militär-*** **2** die NATO od. das NATO-Bündnis ⟨ein Staat tritt der A. bei, verlässt die A.⟩

Al·li·ga·tor *der*; *-s, Al·li·ga·to·ren*; e-e Art Krokodil, das in Seen, Flüssen u. Sümpfen der warmen Gegenden Amerikas u. Chinas lebt

al·li·iert [ali'iːɐt] *Adj*; *nicht adv*, *Pol*; **1** durch ein politisches Bündnis vereint ≈ verbündet ⟨die Truppen, die Soldaten⟩ **2** die Alliierten (2) betreffend, zu ihnen gehörend ⟨die Truppen⟩

Al·li·ier·te *der*; *-n*, *-n*; **1** *mst Pl*, *Pol*; ein Mitgliedsstaat e-s Bündnisses; ein Verbündeter **2** ***die Alliierten*** *nur Pl*, *hist*; (im 1. Weltkrieg) die Staaten, die sich gegen das Deutsche Reich verbündeten, (im 2. Weltkrieg) *bes* die USA, Großbritannien, Frankreich u. die Sowjetunion, die sich gegen Deutschland u. Italien verbündeten || NB: *ein Alliierter*; *der Alliierte*; *den, dem, des Alliierten*

Al·li·te·ra·ti·on [-'tsioːn] *die*; *-*, *-en*; *geschr*; die Wiederholung von gleichen od. ähnlichen Lauten am Anfang von aufeinander folgenden Wörtern, um e-n stilistischen Effekt zu erzeugen: *„Haus u. Hof" od. „wogende Wellen" sind Alliterationen*

all·jähr·lich *Adj*; *nur attr od adv*; jedes Jahr (geschehend od. stattfindend)

All·macht *die*; *nur Sg*; **1** die absolute, grenzenlose Macht über alle u. alles ≈ Omnipotenz: *die A. Gottes* **2** *geschr*; die absolute Ausübung von Macht (in e-m Bereich) ⟨die A. der Natur, des Staates, der Partei, des Geldes⟩

all·mäch·tig *Adj*; *nicht adv*; mit absoluter Macht über alles u. alle ≈ allgewaltig: *der allmächtige Gott*

All·mäch·ti·ge *der*; *-n*; *nur Sg*, *geschr*; verwendet nur mit bestimmtem Artikel als Bezeichnung für den christlichen Gott: *bei Gott, dem Allmächtigen, schwören* || NB: *der Allmächtige*; *den, dem, des Allmächtigen*

all·mäh·lich *Adj*; *ohne Steigerung*; langsam u. kontinuierlich ≈ nach u. nach ↔ abrupt: *Es wird a. dunkel*; *Es trat e-e allmähliche Besserung seines Gesundheitszustandes ein*

all·mo·nat·lich *Adj*; *nur attr od adv*; jeden Monat geschehend od. stattfindend

All·rad|an·trieb *der*; ein Antrieb, der auf alle Räder e-s Autos wirkt: *ein Geländewagen mit A.*

All·round- [ɔːl'raund-] *im Subst*, *begrenzt produktiv*; mit Fähigkeiten auf allen möglichen Gebieten; das ***Allroundgenie***, der ***Allroundkünstler***, der ***Allroundmusiker***, der ***Allroundspieler*** ⟨in e-r Mannschaft⟩, der ***Allroundsportler***, das ***Allroundtalent***

all·seits *Adv*; bei, von allen ≈ überall ⟨a. beliebt, bekannt (sein)⟩: *Es wird a. gefordert, gewünscht, dass ...* || *hierzu* **all·sei·tig** *Adj*

All·tag *der*; *nur Sg*; **1** der (*mst* monotone) Ablauf des Lebens, der ständig im gleichen Rhythmus geschieht u. wenig Abwechslung od. Freude mit sich bringt ⟨im A.; der graue, triste, monotone A.; dem A. entfliehen⟩ || K-: ***Alltags-, -beschäftigung, -erfahrung, -kleid, -kleidung, -leben, -sorgen, -sprache, -trott*** || -K: ***Arbeits-*** **2** der (normale) Arbeitstag od. Werktag (im Gegensatz zum Wochenende od. zu e-m Feiertag)

all·täg·lich *Adj*; **1** ohne etw. Besonderes ≈ durchschnittlich, gewöhnlich ↔ außergewöhnlich: *Sie hatte ein alltägliches Gesicht*; *Das Konzert war ein nicht alltägliches Erlebnis* (= war etw. Besonderes) **2** *nur attr od adv*; in Bezug auf od. für den Alltag (2) ⟨Kleidung⟩ || *zu* **1 All·täg·lich·keit** *die*; *nur Sg*

all·um·fas·send *Adj*; *ohne Steigerung*, *geschr*; alles einschließend: *e-e allumfassende Erneuerung der Wirtschaft*

Al·lü·re *die*; *-*, *-n*; *mst Pl*; ein auffallendes, eigenwilliges, *mst* arrogantes Benehmen ⟨Allüren annehmen, ablegen, haben, an den Tag legen (= zeigen)⟩: *ein Filmstar ohne Allüren* || -K: ***Star-***

all·wis·send *Adj*, *nicht adv*; mit e-m alles umfassenden Wissen: *Gott ist a.* || *hierzu* **All·wis·sen·heit** *die*; *nur Sg*

all·wö·chent·lich *Adj*; *nur attr od adv*; jede Woche geschehend od. stattfindend

all·zu[1] *Adv*; in zu hohem Maße ≈ übertrieben, übermäßig: *ein a. auffälliges Benehmen*; *Er ist nicht a. intelligent*; *Es ist nicht a. weit von hier*

all·zu[2] *mit Adj u. Adv*, *sehr produktiv*; viel zu; ***allzu früh, allzu gern, allzu sehr, allzu viel, allzu wenig***

> **all·zu gern** *Adv*; **1** viel zu gern: *Er isst a. g. Schokolade* **2 nur a. g.** sehr gern: *Sie hat ihm nur a. g. geholfen*

All·zweck- *im Subst*, *begrenzt produktiv*; für sehr viele verschiedene Zwecke verwendbar; die ***Allzweckhalle***, ***Allzweckmöbel***, der ***Allzweckreiniger***, das ***Allzwecktuch*** || NB: ↑ ***Mehrzweck-***

Alm *die*; *-*, *-en*; e-e Wiese im Hochgebirge, auf der im Sommer das Vieh weidet ⟨das Vieh auf die Alm treiben, von der Alm abtreiben⟩ || K-: ***Alm-, -abtrieb, -auftrieb, -hirt, -hütte***

Al·ma Ma·ter *die*; *-*; *nur Sg*, *geschr veraltend*; verwendet als Bezeichnung für e-e Universität

Al·ma·nach *der*; *-s*, *-e*; **1** ein Katalog od. Buch, in dem ein Verlag einige der Bücher (in Form von Textproben) vorstellt, die innerhalb e-s Jahres bei ihm erschienen sind || -K: ***Verlags-*** **2** *veraltend*; ein Kalender mit e-r Sammlung von Geschichten zu bestimmten Themen (*z.B.* Reisen, Theater)

Al·mo·sen *das*; *-s*, *-*; **1** ein Lohn, den man als nicht ausreichend empfindet, od. ein wertloses Geschenk, das j-s Würde verletzt ⟨nicht auf A. angewiesen sein⟩ **2** *veraltend*; etw. (*z.B.* Essen, Kleidung, Geld), das man armen Leuten schenkt ≈ Spende ⟨e-m Bettler ein A. geben; um (ein) A. bitten⟩ || K-: ***Almosen-, -empfänger***

a·lo·gisch *Adj*; *geschr*; nicht logisch ≈ unlogisch

Alp *die*; *-*, *-en*; (CH) ≈ Alm

Al·pa·ka *das*; *-s*, *-s*; **1** ein Lama, das in den südamerikanischen Anden lebt **2** *nur Sg*; die Wolle des Alpakas (1)

Alp·druck *der*; ↑ ***Albdruck***

Alp·drü·cken *das*; *-s* ↑ ***Albdrücken***

Al·pe *die*; *-*, *-n*; ≈ Alm

Al·pen *die*; *Pl*; verwendet als Bezeichnung für das höchste europäische Gebirge || K-: ***Alpen-, -flora, -länder, -salamander, -verein***

Al·pen·glü·hen *das*; *-s*; *nur Sg*; das (rötliche) Leuchten der Gipfel der Alpen bei Sonnenuntergang

Al·pen·ro·se *die*; e-e Pflanze mit roten Blüten, die *mst* als niedriger Strauch im Hochgebirge Europas u. Asiens vorkommt || NB: ↑ ***Rhododendron***

Al·pen·veil·chen *das*; e-e Blume mit roten bis weißen Blüten, die in den Voralpen wächst, im Winter blüht u. die viele Leute als Zimmerpflanze halten

Al·pha [-f-] *das*; *-(s)*, *-s*; der erste Buchstabe des griechischen Alphabets (A, α)

Al·pha·bet [-f-] *das*; *-(e)s*, *-e*; die feste Reihenfolge der Buchstaben e-r Sprache: *das lateinische, griechische, kyrillische A.* || *hierzu* **al·pha·be·tisch** *Adj*

> **Das Alphabet**
>
> Das deutsche Alphabet besteht aus 26 Buchstaben, davon sind fünf **Vokale** oder Selbstlaute (**a**, **e**, **i**, **o**, **u**) und der Rest **Konsonanten** oder Mitlaute. Zusätzlich gibt es noch die **Umlaute ä**, **ö** und **ü** sowie den Buchstaben **ß** – das so genannte **scharfe S**.

al·pha·be·ti·sie·ren [-f-]; *alphabetisierte, hat alphabetisiert*; [Vt] ***etw. a.*** etw. nach dem Alphabet ordnen: *Karteikarten a.*

al·pha·nu·me·risch [-f-] *Adj*; *EDV*; ⟨ein Zeichen, ein Ausdruck⟩ so, dass sie sowohl Buchstaben als auch Zahlen enthalten od. verwenden

Al·pha·strah·len [-f-] *die*; *Pl*, *Phys*; radioaktive Strahlen, die aus α-Teilchen bestehen; *Abk* α-Strahlen

Al·pha·teil·chen [-f-] *das*; *Phys*; der (radioaktiv u. positiv geladene) Kern e-s (Helium)Atoms (der aus zwei Protonen u. zwei Neutronen besteht); *Abk* α-Teilchen

Alp·horn *das*; ein sehr langes Blasinstrument aus Holz (das *bes* in der Schweiz verwendet wird) ⟨das, auf dem A. blasen⟩ || K-: ***Alphorn-, -bläser***

al·pin *Adj*; **1** *nicht adv*; im Hochgebirge gelegen, auf die Alpen bezogen ≈ Hochgebirgs- ⟨e-e Landschaft, Skigebiete⟩ **2** *nicht adv*; im Hochgebirge vorkommend ⟨die Fauna, die Flora⟩ **3** *nur attr, nicht adv*; zu den drei Skidisziplinen (Abfahrtslauf, Slalom u. Riesenslalom) gehörig ⟨e-e Sportart, e-e Disziplin, ein Wettbewerb⟩ **4** *nur attr, nicht adv*; für das Bergsteigen bestimmt ⟨e-e Ausrüstung⟩

Al·pi·nis·mus *der*; -; *nur Sg*; *geschr*; das Bergsteigen im (alpinen) Hochgebirge || *hierzu* **Al·pi·nist** *der*; *-en, -en*; **Al·pi·nis·tin** *die*; -, *-nen*

Alp·traum *der*; ↑ ***Albtraum***

als[1] *Konjunktion*; **1** verwendet, um auszudrücken, dass das Ereignis des Nebensatzes zur gleichen Zeit stattfindet wie das Ereignis des Hauptsatzes ≈ während: *Als ich gehen wollte, (da) läutete das Telefon* **2** verwendet, um auszudrücken, dass das Ereignis des Nebensatzes nach dem Ereignis des Hauptsatzes stattfindet: *Als er nach Hause kam, (da) war seine Frau bereits fort* **3** verwendet (mit Plusquamperfekt), um auszudrücken, dass das Ereignis des Nebensatzes vor dem Ereignis des Hauptsatzes geschah ≈ nachdem: *Als er gegangen war, (da) fing das Fest erst richtig an* **4** verwendet mit e-r Zeitangabe, um e-n Zeitpunkt anzugeben: *Vor e-m Jahr, als ich noch in Amerika studierte, …*; *in dem Augenblick, als plötzlich die Tür aufging* || NB: In temporalen Nebensätzen mit *als* steht das Verb am Ende des Nebensatzes: *Als ich dich gestern anrief, warst du nicht da*

als[2] *Konjunktion*; verwendet, um e-n Kontrast herzustellen **1** (bei Verschiedenheit) verwendet nach e-m Komparativ, um e-n Vergleich zu ziehen: *Er ist größer als du*; *Sie ist raffinierter als du glaubst* || NB: In der gesprochenen Sprache wird beim Vergleich auch *wie* verwendet; aber das gilt als stilistisch unschön od. grammatikalisch falsch **2** ***was / wer / wo*** *usw* ***sonst als*** + *Subst / Pronomen* verwendet, um auszudrücken, dass nur eine Person / Sache *usw* infrage kommt: *Wo sonst als hier kann man so gut essen?*; *Wer sonst als dein Vater könnte das gesagt haben?* **3** (oft in Verbindung mit *ob* od. *wenn*) verwendet, um auszudrücken, wie j-d od. etw. auf j-n wirkt ⟨(so) tun, als (ob, wenn)⟩: *Er machte (auf mich) den Eindruck, als schliefe er / als ob er schliefe*; *Es kam mir vor, als wenn er gerade erst aufgestanden wäre* || NB: Wenn *als* ohne *ob* od. *wenn* gebraucht wird, folgt der Konjunktiv u. e-e Inversion von Verb u. Subjekt **4** verwendet, um e-n verkürzten Ausrufesatz einzuleiten, der das Gegenteil des Gesagten ausdrücken soll (auch mit *ob, wenn*): *Als wäre es ein Verbrechen!*; *Als ob / wenn er nicht ganz genau Bescheid wüsste!* **5** verwendet in einigen festen Verbindungen: ***nichts als*** (= nur), ***alles andere als*** (= überhaupt nicht), ***anders als*** (= nicht so, wie), ***niemand anders als, kein anderer als*** + Personenbezeichnung (= genau, gerade, ausgerechnet): *Das ist ja alles andere als billig*; *Sie redet doch nichts (anderes) als Unsinn* **6** verwendet anstatt *wie* bei einigen festen Verbindungen: *so bald / schnell als möglich* || NB: ↑ ***insofern*** (2), ***sowohl***

als[3] *Konjunktion*; verwendet, um ein Bezugswort od. e-e Aussage näher zu erläutern **1** fest verbunden mit bestimmten Verben, verwendet vor e-m Subst. od. e-m Adj. ⟨sich herausstellen als; sich erweisen als; etw. als etw. empfinden⟩: *Die Behauptung hat sich als falsch herausgestellt*; *Die neue Show erwies sich als Flop*; *Ich habe seine Bemerkungen als (e-e) Frechheit empfunden* **2** verwendet, um e-e adverbielle Bestimmung anzuschließen: *e-n Raum als Esszimmer benutzen*; *j-m etw. als Andenken schenken* **3** verwendet, um e-e Apposition einzuleiten (die *mst* die Funktion od. Eigenschaft des Substantivs nach *als* ausdrückt): *ich als Vorsitzender*; *meine Aufgabe als Erzieher* || NB: der Kasus des Substantivs nach *als* richtet sich nach dem Kasus des Substantivs od. Pronomens, auf das es sich bezieht: *Ihm als erfahrenem Autofahrer hätte das nicht passieren dürfen*; *Wir werden ihn als guten Menschen in Erinnerung behalten*; Anstatt e-s Genitivs steht aber *mst* der Nominativ: *der Ruf meines Vaters als Arzt* **4** ***zu*** + *Adj*, ***als dass*** verwendet anstelle e-s Satzes mit *um … zu*, drückt e-e irreale Folge aus: *Meine Zeit ist zu kostbar, als dass ich sie hier vergeude*; *Du bist viel zu klug, als dass du das nicht wüsstest* || NB: *mst* mit Konjunktiv **5** ***umso*** + *Komparativ*, ***als*** verwendet, um e-n Grund anzugeben: *Das Ganze ist umso peinlicher, als wir uns dadurch selbst lächerlich machen*; *Das Argument ist umso wichtiger, als es zum ersten Mal den Kern der Frage trifft* **6** ***als da sind*** *veraltend*; verwendet, um e-e Aufzählung einzuleiten ≈ wie z.B.: *Prominente, als da sind Politiker, Schauspieler, Sänger*

als·bald *Adv*; *veraltend*; kurz darauf, sogleich

als·bal·di·g- *Adj*; *nur attr, nicht adv, geschr*; umgehend, so schnell / bald wie möglich: *Wir erwarten die alsbaldige Erledigung der Angelegenheit*

als·dann *Adv*; **1** *geschr veraltend* ≈ dann, sodann, als Nächstes: *A. wandte er sich seinem Besucher zu* **2** *südd gespr*; verwendet, um j-n aufzufordern, etw. zu tun, od. um e-e abschließende Bemerkung einzuleiten ≈ nun (dann), also dann: *A., reden Sie endlich!*; *A., bis morgen!*

al·so[1] *Adv*; **1** verwendet, um e-e logische Schlussfolgerung auszudrücken ≈ folglich: *Es brannte Licht - a. musste j-d da sein* **2** *veraltet* ≈ so, auf diese Art: *A. sprach Zarathustra*

al·so[2] *Adv*; verwendet, um etw. Gesagtes zusammenzufassen od. zu präzisieren ≈ das heißt, mit anderen Worten: *Bier, Wein, Schnaps, a. alkoholische Getränke, gibt es nicht*; *Ihm gefällt die Musik der Wiener Klassik, a. Haydn, Mozart u. Beethoven*

al·so[3] *Partikel*; **1** *betont u. unbetont*; verwendet, um ein Gespräch *o.Ä.* zu beenden: *A. dann, auf Wiedersehen u. viel Spaß!*; *A., das wars für heute - tschüs!* **2** *unbetont*; verwendet, um e-e Aussage (noch einmal) zu bekräftigen od. um auszudrücken, dass man mit e-r (unausgesprochenen) Bestätigung od. Zustimmung rechnet: *Ihr wisst jetzt a. Bescheid, oder?*; *Wir treffen uns a. morgen!* **3** *unbetont*; verwendet, um e-n Gedanken nach e-r Unterbrechung wieder aufzunehmen: *Ich bin der Meinung … a., ich glaube, dass …* **4** *unbetont, gespr*; verwendet, um e-e plötzliche Erkenntnis auszudrücken: *Aha, du hast mich a. angelogen!* **5** *betont u. unbetont, gespr*; verwendet, um e-e positive Antwort einzuleiten, die man nach anfänglichem Zögern nun doch gibt ⟨a. gut!, a. schön!⟩: *A. in Ordnung, du bekommst die 50 Euro!* **6** *betont, gespr*; (ohne eigentliche Bedeutung) am Anfang des Satzes verwendet, *mst* bevor man etw. erklärt od. beschreibt: *A., Sie müssen jetzt Folgendes machen …* **7** *betont u. unbetont, gespr*; verwendet, um e-e Aufforderung, Aussage od. Frage einzuleiten: *A., kommt jetzt!*; *A., wenn sie nicht sofort damit aufhören, dann hole ich die Polizei!*; *A., kann ich jetzt gehen oder nicht?*; *A., wenn Sie mich fragen, …* **8** ***na 'a.!*** *gespr*; verwendet, um (mit Genugtuung) festzustellen, dass etw. entgegen j-s Erwartung doch funktioniert, eingetreten ist *o.Ä.*: *Na a., warum nicht gleich so!* **9** ***a. 'bitte!*** *gespr*; verwendet, um Empörung auszudrücken: *A. bitte! - Hältst du mich vielleicht für blöd?*

ạlt, *älter, ältest-*; *Adj*; **1** *nicht adv*; schon seit vielen Jahren lebend od. vorhanden ↔ jung ⟨Menschen, Tiere, Pflanzen⟩: *Er ist nicht sehr alt geworden*; *Alte Leute sind nicht mehr so beweglich wie junge* **2** *nicht adv*; mit Merkmalen des Alterns, mit Spuren e-s langen Lebens ⟨sich alt fühlen, vorkommen⟩: *Seine alten Hände zitterten* **3** *ohne Steigerung*; (*mst* nach e-r Zeitangabe od. nach *wie*) in / mit e-m bestimmten Alter: *ein drei Monate altes Baby*; *Wie alt bist du?*; *Für wie alt schätzen sie ihn denn?*; *Unser Auto ist erst ein Jahr alt* **4** verwendet, um Menschen, aber auch Tiere u. Pflanzen in Bezug auf ihr Alter zu vergleichen: *Sie ist erheblich älter als er*; *Ich bin doppelt so alt wie du*; *seine um vier Jahre ältere Schwester* **5** *nicht adv*; lange gebraucht ↔ neu ⟨Schuhe, Kleider, Möbel⟩: *Das alte Haus wurde abgerissen* **6** schon lange vorhanden, vor langer Zeit hergestellt od. erworben ↔ frisch ⟨Lebensmittel; e-e Wunde, e-e Spur; Blumen⟩: *Das Brot schmeckt aber ziemlich alt* **7** *nicht adv*; seit ziemlich langer Zeit vorhanden, vor ziemlich langer Zeit entstanden u. seither bewahrt ↔ neu ⟨e-e Erfahrung, e-e Tradition, e-e Gewohnheit, Rechte, ein Geschlecht, e-e Kirche, e-e Stadt⟩ **8** *ohne Steigerung, nicht adv*; ⟨ein Fehler, ein Problem, Vorurteile, Erinnerungen⟩ so, dass sie sehr oft vorkommen **9** *nur attr, ohne Steigerung, nicht adv* ≈ langjährig ↔ neu ⟨ein Kunde, ein Freund⟩ **10** *ohne Steigerung, nicht adv*; schon lange u. überall bekannt (u. daher nicht mehr interessant) ↔ neu ⟨ein Trick, ein Witz⟩ **11** *nur attr, nicht adv*; aus e-r früheren Zeit, Epoche ⟨Lieder, Sagen, Meister⟩: *e-e Uniform aus der alten Zeit* **12** *nur attr, ohne Steigerung, nicht adv*; aus dem Altertum ≈ antik, klassisch ↔ modern ⟨Sprachen; die Römer, die Griechen, die Germanen⟩ **13** *nur attr, ohne Steigerung, nicht adv*; durch das Alter wertvoll geworden ⟨Münzen, Porzellan, Wein⟩ **14** *nur attr, ohne Steigerung, nicht adv*; (von früher her) bekannt ≈ vertraut, gewohnt: *Ihnen bot sich das alte Bild* **15** *nur attr, ohne Steigerung, nicht adv*; ehemalig, von früher ⟨ein Kollege, ein Schüler, ein Lehrer; e-e Wohnung, e-e Rechnung⟩ **16** *mst* ***Na, alter Junge / Freund / Knabe, wie gehts?*** *gespr*; verwendet, um j-n auf vertrauliche Weise anzureden || NB: nur von Männern gebraucht **17** *nur attr, ohne Steigerung, nicht adv*; *gespr pej*; verwendet, um ein Schimpfwort, e-e negative Charakterisierung e-r Person zu intensivieren ⟨dieser alte Gauner, Geizkragen, Schwätzer, Egoist; diese alte Hexe, Ziege, Schlampe!⟩ || ID **(*ganz schön*) *alt aussehen*** *gespr*; ziemlich große Probleme haben ≈ keine gute Figur machen; *mst* ***Hier werde ich nicht alt!*** *gespr*; hier bleibe ich nicht lange; *mst* ***etw. macht j-n alt*** *gespr*; etw. (*z.B.* e-e Frisur, ein Kleid) lässt j-n älter aussehen, als er in Wirklichkeit ist; ***Alt u. Jung*** alte u. junge Menschen, alle: *Er ist beliebt bei Alt u. Jung*; *mst* ***Es bleibt alles beim Alten*** nichts wird sich ändern; ***immer noch der / die Alte sein*** *gespr*; sich nicht verändert haben

ạlt- *im Adj, wenig produktiv, ohne Steigerung, nicht adv*; seit langem; ***altbekannt*** ⟨e-e Tatsache⟩, ***altbewährt*** ⟨ein Hausmittel, ein Prinzip⟩, ***alteingeführt*** ⟨e-e Firma, Bräuche⟩, ***alteingesessen*** ⟨e-e Familie⟩, ***altgewohnt*** ⟨die Umgebung⟩, ***altvertraut***

Ạlt *der*; *-(e)s*; *nur Sg, Mus*; **1** e-e tiefe Singstimme bei Frauen od. Jungen ⟨*Alt* singen⟩ **2** die Gesamtheit der tiefen Frauen- od. Knabenstimmen e-s Chors: *Der Alt setzte zu spät ein* **3** e-e bestimmte, relativ hohe Stimme bei Blasinstrumenten || K-: ***Alt-, -flöte, -klarinette, -posaune, -saxophon***

Ạlt- *im Subst, betont, begrenzt produktiv*; **1** verwendet, um auszudrücken, dass etw. bereits benutzt wurde u. jetzt Abfall ist, den man aber noch einmal für andere Zwecke bearbeiten od. verwenden kann; das ***Alteisen***, das ***Altglas***, die ***Altkleider***, das ***Altmetall***, das ***Altöl***, das ***Altpapier***, der ***Altreifen***, die ***Altwaren*** **2** ≈ ehemalig, Ex-; der ***Altbundeskanzler***, der ***Altbundespräsident***, der ***Altbürgermeister***

ạlt·an·ge·stammt, **alt·ạn·ge·stammt** *Adj*; *ohne Steigerung, nicht adv*; seit langem existierend u. fest verwurzelt ↔ neuerworben ⟨Rechte⟩

Al·tar *der*; *-(e)s, Al·tä·re*; **1** e-e Art Tisch (aus Holz od. Stein) in christlichen Kirchen, auf dem die Hostien u. der Wein für das Sakrament des Abendmahls vorbereitet werden ⟨ein geschnitzter A.; an den, vor den, zum A. treten⟩ || K-: ***Altar-, -bild, -gemälde, -leuchter, -raum*** **2** e-e Art Tisch, auf dem e-m (heidnischen) Gott das Opfer dargebracht wird ⟨j-n auf dem A. opfern⟩: *der A. des Zeus* || ID ***e-e Frau zum A. führen*** *geschr*; e-e Frau heiraten

ạlt·ba·cken *Adj*; **1** *nicht adv*; nicht mehr frisch ⟨Brot, Plätzchen⟩ **2** *pej* ≈ altmodisch ↔ modern ⟨a. gekleidet sein⟩: *Seine Ansichten sind ein wenig a.*

Ạlt·bau *der*; *-s, -ten*; ein Haus, das *mst* schon vor dem Zweiten Weltkrieg gebaut wurde ↔ Neubau || K-: ***Altbau-, -sanierung, -siedlung, -wohnung***

Ạl·te[1] *der*; *-n, -n*; **1** ein alter Mann ≈ Greis **2** *gespr pej*; (von Jugendlichen verwendet) ≈ Vater: *Mein Alter hat was dagegen* **3** *gespr pej* ≈ Ehemann: *Mein Alter sitzt dauernd vor dem Fernseher* || NB *zu* **2** u. **3**: *mst* mit e-m Possessivpronomen, nicht mit dem unbestimmten Artikel verwendet **4** *gespr pej* ≈ Vorgesetzter, Chef: *Ist der A. schon da?* || NB: *mst* mit dem bestimmten Artikel verwendet **5** *mst* ***wie ein Alter*** ⟨reden⟩ wie ein Erwachsener || NB: *ein Alter*; *der Alte*; *den, dem, des Alten*

Ạl·te[2] *die*; *-n, -n*; **1** e-e alte Frau ≈ Greisin **2** *gespr pej*; (von Jugendlichen verwendet) ≈ Mutter: *Meine A. hat sich ganz schön aufgeregt* **3** *gespr pej* ≈ Ehefrau: *Meine A. sitzt schon wieder vor dem Spiegel* || NB *zu* **2** u. **3**: *mst* mit e-m Possessivpronomen, nicht mit dem unbestimmten Artikel verwendet **4** *gespr pej* ≈ Vorgesetzte, Chefin: *Hast du die A. heute schon gesehen?* **5** *Zool*; das Muttertier: *Die A. säugt ihre Jungen* || NB *zu* **4** u. **5**: *mst* mit dem bestimmten Artikel verwendet

Ạl·te[3] *das*; *-n*; *nur Sg, Kollekt*; Dinge, Gebräuche u. Gewohnheiten aus früheren Zeiten ⟨am Alten hängen; dem Alten nachtrauern⟩ || NB: *Altes*; *das Alte*; *dem, des Alten*

Ạl·ten *die*; *Pl*; **1** alte Menschen || K-: ***Alten-, -betreuung, -club, -pflege, -pfleger, -tagesstätte, -wohnheim*** **2** *gespr pej*; (von Jugendlichen verwendet) ≈ Eltern **3** *Zool*; die Eltern e-s Tieres: *Die A. füttern die Jungen* || NB *zu* **2** u. **3**: *mst* mit e-m Possessivpronomen od. dem bestimmten Artikel verwendet

Ạl·ten·heim *das*; ein Heim, in dem alte Menschen wohnen u. gepflegt u. betreut werden

Ạl·ten·hil·fe *die*; *Admin geschr*; die Unterstützung u. Betreuung alter u. *mst* kranker Menschen durch den Staat, die Kirche *o.Ä.*

Al·ten·teil *das*; die Leistungen (*z.B.* Wohnrecht, Unterhalt, Geldrente), die *mst* ein Bauer laut Vertrag bis ans Ende seines Lebens von dem bekommt, dem er seinen Hof übergeben hat || ID ***sich aufs A. zurückziehen / setzen*** nicht mehr aktiv am öffentlichen Leben teilnehmen

Al·ter *das*; *-s*; *nur Sg*; **1** die Anzahl der Jahre, die man / ein Tier bereits gelebt hat ⟨j-n nach seinem A. fragen; j-s A. schätzen⟩: *Er starb im A. von 60 Jahren*; *im (zarten) A. von acht Jahren* || K-: ***Alters-, -gruppe, -stufe*** **2** ein Stadium des Lebens, in dem man ein gewisses A. (1) erreicht hat ⟨ins schulpflichtige, heiratsfähige A. kommen; ein schwieriges, gefährliches A.; im fortgeschrittenen, hohen, kritischen A. sein⟩: *Mein Opa ist im hohen A. noch sehr rüstig* || -K: ***Baby-, Erwachsenen-, Greisen-, Jugend-, Kindes-*** **3** die Zeit, seit der e-e Sache existiert: *das A. e-s Kunstgegenstandes, e-r Handschrift schätzen, bestimmen* **4** der letzte Abschnitt des Lebens, in dem man bereits e-e hohe Anzahl von Lebensjahren hat ⟨vom A. gebeugt sein⟩: *Im A. lässt oft die Konzentration nach* || K-: ***Alters-, -beschwerden, -erscheinungen, -fürsorge, -rente, -schwäche, -starrsinn*** **5** das lange Bestehen e-r Sache ⟨etw. ist durch sein / durch das A. abgenutzt, brüchig, verblichen, vergilbt, zerfressen⟩ **6** *Kollekt*; alte Menschen ↔ Jugend ⟨das A. achten, ehren⟩ **7** Menschen mit e-m bestimmten A. (1): *Jedes A. war auf dem Familienfest vertreten* **8** ***ein biblisches A.*** ⟨erreichen, haben⟩ ein sehr hohes A. (1) **9** *mst* ***ein Mann im besten A.*** *euph*; ein Mann im A. (2) von etwa 40 bis 60 Jahren || ID ***A. schützt vor Torheit nicht*** auch wenn man alt ist, macht man oft noch Dummheiten || *zu* **2** u. **4** **al·ters·be·dingt** *Adj*

äl·ter *Adj*; **1** *Komparativ*; ↑ ***alt*** **2** *nicht adv*; ziemlich alt: *ein älterer Mann*; *Ihr Freund ist schon etwas ä.* **3** *nicht adv*, *euph* ≈ alt ⟨ein älterer Herr, e-e ältere Dame; ältere Herrschaften⟩

Al·ter·chen (*das*); *-s*; *nur Sg*, *hum od pej*; verwendet als (vertrauliche) Anrede für e-n alten Mann

Äl·te·re *der*; *-n*, *-n*; *hist*; *Name +* ***der Ä.*** verwendet, um von zwei berühmten, miteinander verwandten Personen, die den gleichen Namen haben, diejenige zu bezeichnen, die früher geboren wurde ↔ Jüngere: *Johann Strauß der Ä.* || NB: *der Ältere*; *den, dem, des Älteren*

al·tern; *alterte, hat / ist gealtert*; [Vi] **1** (*ist*) (sichtlich) älter, alt werden ⟨Menschen⟩: *e-e alternde Diva*; *Er ist in den letzten Jahren stark gealtert* **2** ***etw. altert*** (*ist / hat*) etw. verändert seine Eigenschaften u. seine Qualitäten im Verlauf e-s bestimmten Zeitraums ⟨Stoffe, Produkte⟩: *gealterter* (= lange gelagerter) *Wein* || *hierzu* **Al·te·rung** *die*; *nur Sg* || ► ***überaltert***

al·ter·na·tiv [-f] *Adj*; **1** *geschr*; ⟨ein Konzept, ein Plan, ein Programm⟩ so, dass sie e-e zweite Möglichkeit darstellen: *Es stehen a. zwei Vorschläge zur Wahl* **2** in starkem Gegensatz zu dem stehend, was bisher üblich war ⟨e-e Politik, e-e Ernährungsweise; Energiequellen, Lebensformen⟩ || K-: ***Alternativ-, -energie, -medizin, -szene*** **3** mit dem Ziel, die Umwelt zu schonen u. zu schützen u. dafür auf zu viel Konsum u. Technik zu verzichten ⟨ein Leben, ein Mensch; a. denken, leben, wohnen⟩ || *zu* **3** **Al·ter·na·ti·ve** *der / die*; *-n*, *-n*

Al·ter·na·ti·ve [-və] *die*; *-*, *-n*; *geschr*; **1** die Entscheidung od. Wahl zwischen zwei Möglichkeiten, die sich gegenseitig ausschließen ⟨sich vor e-e A. gestellt sehen⟩: *Ich stehe vor der A., entweder zu studieren od. e-e Lehre anzufangen* **2** e-e (von mehreren) andere(n) Möglichkeit(en): *Sonnen- u. Windenergie als Alternativen zur Atomenergie*

al·ter·nie·ren; *alternierte, hat alterniert*; [Vi] ***etw. alterniert mit etw.***; ***etw. u. etw. alternieren*** (***miteinander***) *geschr*; zwei Dinge folgen abwechselnd aufeinander, wechseln sich ab: *In dem Gemälde alternieren helle u. dunkle / helle mit dunklen Farben*

al·ters *nur in* ***von a.*** / ***seit a. her*** *lit od veraltend*; schon immer, von jeher

al·ters·ab·hän·gig *Adj*; vom Alter bestimmt: *e-e altersabhängige Gehaltszulage*

Al·ters·ge·nos·se *der*; j-d, der das gleiche Alter hat: *Sie spielt nicht gern mit Altersgenossen, sondern am liebsten mit älteren Kindern* || *hierzu* **Al·ters·ge·nos·sin** *die*

al·ters·grau *Adj*; ⟨Menschen, Haare⟩ grau vom hohen Alter

Al·ters·gren·ze *die*; **1** das Alter, ab dem man etw. tun od. nicht mehr tun darf / kann ⟨e-e A. festlegen⟩: *Die A. für das aktive Wahlrecht liegt bei 18 Jahren* **2** das Alter, ab dem man (normalerweise) e-e Rente od. Pension bekommt ⟨die A. erreichen⟩: *Die A. für Frauen wurde auf 60 Jahre heruntergesetzt*

Al·ters·grün·de *die*; *Pl*; *mst in* **aus Altersgründen** weil man ein relativ hohes Alter erreicht hat: *aus Altersgründen ein Amt niederlegen*

Al·ters·heim *das* ≈ Altenheim

Al·ters·jahr *das*; (CH) ≈ Lebensjahr

Al·ters·klas·se *die*; **1** *Kollekt*; Personen, die (etwa) das gleiche Alter haben ≈ Altersgruppe **2** *Sport*; e-e Kategorie für die Sportler, die etwa das gleiche Alter haben (*z.B.* Senioren, Junioren)

Al·ters·prä·si·dent *der*; das älteste Mitglied e-s Vereins od. e-s Parlaments, das so lange den Vorsitz hat, bis der gewählte Präsident das Amt übernimmt

al·ters·schwach *Adj*; **1** (von Personen) aufgrund des hohen Alters körperlich nicht mehr in guter Verfassung ≈ gebrechlich **2** *gespr*, *mst hum*; ⟨ein Auto, ein Tisch⟩ schon relativ alt u. deshalb nicht mehr voll funktionsfähig || *hierzu* **Al·ters·schwä·che** *die*; *nur Sg*

Al·ters·ver·sor·gung *die*; die finanzielle Versorgung alter Menschen durch e-e Versicherung, Rente od. durch private Fürsorge

Al·ter·tum *das*; *-s*, *Al·ter·tü·mer*; **1** *nur Sg*; der älteste historische Zeitabschnitt e-r Kultur od. e-s Volkes, *bes* in Europa ↔ Mittelalter, Neuzeit **2** *nur Sg*; die älteste historische u. kulturelle Epoche der Griechen u. Römer ≈ Antike **3** *nur Pl*; die Überreste (*bes* Monumente, Kunstgegenstände) aus dem A. (1) ⟨Altertümer sammeln⟩ || K-: ***Altertums- -forscher, -kunde, -wissenschaft***

al·ter·tüm·lich *Adj*; **1** aus früher Zeit, charakteristisch für e-e vergangene Zeit ↔ modern ⟨ein Bauwerk; e-e Schreibweise⟩ **2** *pej* ≈ altmodisch ↔ modern ⟨Vorstellungen, Ansichten⟩

Al·ter·tums·wert *der*; *mst in* ***etw. hat / besitzt A.*** **a)** etw. ist aufgrund des Alters besonders wertvoll ⟨Gegenstände⟩: *Diese Vase hat A.*; **b)** *gespr hum*; verwendet, um auszudrücken, dass etw. sehr alt (u. daher altmodisch) ist: *Dein Auto hat auch schon fast A.!*

Äl·tes·te *der / die*; *-n*, *-n*; **1** das älteste Mitglied od. Oberhaupt e-r Gemeinschaft, Gemeinde || -K: ***Dorf-, Gemeinde-*** **2** *gespr*; der älteste Sohn, die älteste Tochter: *Unsere Ä. heiratet demnächst* || NB: *ein Ältester*; *der Älteste*; *den, dem, des Ältesten*

Äl·tes·ten·rat *der*; **1** die Gruppe der Ältesten e-r Gesellschaft od. e-s Naturvolkes, die über Fragen des Zusammenlebens entscheidet **2** *nur Sg*, ein Organ, das aus Mitgliedern der Parteien besteht, die im Bundestag vertreten sind, und unter anderem die Aufgabe hat, den Bundestagspräsidenten bei seiner Arbeit zu unterstützen

Äl·tes·ten·recht *das*; *nur Sg*; e-e rechtliche Regelung, nach der der älteste Sohn Anspruch auf das Erbe (des Vaters) hat

alt·ge·dient *Adj*; *ohne Steigerung, nicht adv*; lange im Dienst gewesen ⟨ein Soldat⟩

Alt·glas *das*; *nur Sg*; bereits verwendete Flaschen u. Gläser, die gesammelt u. wieder verwendet werden || K-: ***Altglas-, -behälter, -sammlung, -verwertung***

Alt·gold *das*; **1** Gold, das (durch chemische Behandlung) e-e dunklere Farbe bekommen hat **2** bereits verarbeitetes Gold, aus dem neue Gegenstände gemacht werden können

alt|her·ge·bracht *Adj*; *ohne Steigerung, nicht adv*; seit langer Zeit vorhanden u. üblich ≈ traditionell ⟨Sitten, Vorstellungen⟩

alt·hoch·deutsch *Adj*; *Ling*; verwendet als Bezeichnung für die älteste Stufe der hochdeutschen Dialekte vom 8. bis 11. Jahrhundert; *Abk* ahd. || *hierzu* **Alt·hoch·deutsch** *das*; **Alt·hoch·deut·sche** *das*

alt·jüng·fer·lich, **alt·jüng·fer·lich** *Adj*; *ohne Steigerung*; wie e-e alte Jungfer, übertrieben ängstlich u. *mst* etwas altmodisch ⟨e-e Frau, ein Benehmen; sich a. kleiden⟩

Alt·klei·der|samm·lung *die*; e-e (öffentliche) Sammlung von bereits getragener Kleidung (die *z.B.* an Arme u. Obdachlose gegeben wird)

alt·klug, *altkluger, altklugst-*; *Adj*; *pej*; in Sprache u. Verhalten e-m Erwachsenen ähnlich ≈ vorlaut ⟨Kinder⟩: *a. reden, antworten* || *hierzu* **Alt·klug·heit** *die*; *nur Sg*

Alt·last *die*; *mst Pl*; Flächen, die durch giftige Abfälle, die früher dort gelagert wurden, verseucht sind od. diese Abfälle selbst ⟨Altlasten aufbereiten, beseitigen, sanieren⟩ || K-: ***Altlasten-, -problem***

ält·lich *Adj*; *oft euph*; (schon) mit einigen Merkmalen des Alters, nicht mehr ganz jung (aussehend) ⟨ein Fräulein, ein Herr, e-e Dame; ä. aussehen⟩

Alt·ma·te·ri·al *das*; alte Sachen (*z.B.* Papier, Gegenstände aus Metall), die wieder verwendet werden können || K-: ***Altmaterial-, -sammlung***

Alt·meis·ter *der*; **1** der bedeutendste (*mst* ältere od. verstorbene) Vertreter e-s Berufszweiges (*bes* in der Kunst od. Wissenschaft) **2** *Sport*; ein Sportler, e-e Mannschaft od. ein Verein, die früher e-e Meisterschaft gewonnen haben

alt·mo·disch *Adj*; **1** nicht (mehr) der aktuellen Mode entsprechend ↔ modern, modisch ⟨Kleidung, Möbel⟩: *a. gekleidet sein* **2** konservativ, nicht mehr der gegenwärtigen Zeit angemessen ⟨Ansichten, Sitten⟩: *Seine Eltern sind ein wenig a.*

Alt·pa·pier *das*; *nur Sg*; gebrauchtes Papier, das gesammelt u. so bearbeitet wird, dass man es wieder verwenden kann || K-: ***Altpapier-, -sammlung***

Alt·phi·lo·lo·ge [-f-] *der*; j-d, der die Sprache (Griechisch u. / od. Latein) u. Literatur der klassischen Antike studiert (hat) || *hierzu* **Alt·phi·lo·lo·gie** *die*; *nur Sg*

Alt·ru·is·mus *der*; -; *nur Sg, geschr*; e-e Art zu denken u. zu handeln, die das Glück u. Wohl anderer als das Wichtigste betrachtet ↔ Egoismus || *hierzu* **Alt·ru·ist** *der*; *-en, -en*; **alt·ru·is·tisch** *Adj*

Alt·schnee *der*; Schnee, der vor einiger Zeit gefallen u. auf der Erde liegen geblieben ist ↔ Neuschnee

Alt·sil·ber *das*; **1** Silber, das (durch chemische Behandlung) e-e dunklere Farbe bekommen hat **2** bereits verarbeitetes Silber, aus dem neue Gegenstände gemacht werden können

Alt·stadt *die*; der älteste (*mst* historische) Teil e-r Stadt ⟨in der A. wohnen⟩ || K-: ***Altstadt-, -sanierung***

alt·tes·ta·men·ta·risch *Adj*; nach der Art des Alten Testaments, im Alten Testament (vorkommend)

Alt·wa·ren *die*; *Pl*; gebrauchte Gegenstände, *z.B.* Möbel, Geschirr || K-: ***Altwaren-, -händler***

Alt·wei·ber|som·mer *der*; e-e Zeit im Herbst, in der das Wetter noch so schön wie im Sommer ist

A·lu *das*; *-s*; *nur Sg, gespr, Kurzw* ↑ **Aluminium** || K-: ***Alu-, -felge, -folie, -rad***

A·lu·mi·ni·um *das*; *-s*; *nur Sg*; ein silbriges, fast weißes (Leicht)Metall, aus dem *z.B.* Fahrräder, Flugzeugteile u. Kochtöpfe hergestellt werden; *Chem* Al || K-: ***Aluminium-, -blech, -folie***

Alz·hei·mer (*die*); -; *nur Sg, gespr*; e-e Krankheit des Gehirns, bei der man allmählich das Gedächtnis verliert u. schließlich völlig hilflos wird ≈ Alzheimerkrankheit

am *Präp mit Artikel* ≈ an dem || NB: *am* kann nicht durch *an dem* ersetzt werden **a)** in geographischen Namen und Ausdrücken: *Frankfurt am Main, Köln am Rhein, am Meer, am Äquator, am Fuß des Berges*; **b)** in Datumsangaben: *am Dienstag, dem / den vierten März; am 20. Mai*; **c)** in Wendungen wie: *am Ende, am Ziel sein, am Werk (sein), etw. am Rande bemerken, am angegebenen Ort; am Zuge sein, etw. am Stück kaufen*; **d)** in Superlativen: *Sie singt am schönsten* || NB: nur bei prädikativ u. adverbiell gebrauchtem Superlativ || ID ***am*** + *Infinitiv* + ***sein*** *gespr*; verwendet, um auszudrücken, dass man etw. gerade tut ≈ beim + *Infinitiv* + sein: *Ich bin gerade am Überlegen*, was *wir machen sollen*

A·mal·gam *das*; *-s, -e*; **1** *Chem*; e-e Mischung aus e-m Metall u. Quecksilber: *e-e Zahnfüllung aus A.* || K-: ***Amalgam-, -füllung*** || -K: ***Silber-*** **2** *geschr* ≈ Gemisch: *ein A. aus Epos u. Drama*

A·ma·teur [ama'tøːɐ] *der*; *-s, -e*; **1** j-d, der e-e Tätigkeit nicht als Beruf, sondern nur als Hobby betreibt ↔ Professionelle(r) || K-: ***Amateur-, -filmer, -fotograf, -funker*** **2** ein aktiver Sportler (in e-m Verein), der für seine sportliche Tätigkeit nicht bezahlt wird ↔ Profi || K-: ***Amateur-, -boxer, -fußball, -fußballer, -liga, -mannschaft, -sportler, -status*** **3** *pej*; j-d, der Anfänger od. Laie auf e-m Gebiet ist ≈ Dilettant ↔ Fachmann, Profi || *zu* **3 a·ma·teur·haft** *Adj*; *pej*

A·ma·zo·ne *die*; *-, -n*; **1** *Sport, gespr*; e-e Reiterin **2** (in der griechischen Mythologie) e-e Angehörige e-s kriegerischen Volkes von Frauen **3** *pej*; e-e sehr männlich wirkende Frau

Am·bi·gu·i·tät *die*; *-, -en*; *geschr*; e-e Zwei- od. Mehrdeutigkeit || *hierzu* **am·big** *Adj*

Am·bi·ti·on [-'tsioːn] *die*; *-, -en*; *mst Pl*; ***Ambitionen*** (***auf etw.*** (*Akk*)) ***haben*** mit viel Ehrgeiz ein bestimmtes Ziel erreichen wollen ⟨künstlerische, politische Ambitionen haben⟩: *Er hat Ambitionen auf das Amt des Präsidenten*

am·bi·ti·o·niert [-tsio-] *Adj*; *geschr* ≈ ehrgeizig

am·bi·va·lent [-va'lɛnt] *Adj*; *ohne Steigerung, geschr*; ⟨e-e Meinung, ein Gefühl⟩ so, dass sie in verschiedene Richtungen gehen u. sich selbst oft widersprechen || *hierzu* **Am·bi·va·lenz** *die*; *-, -en*

Am·boss *der*; *-es, -e*; **1** ein eiserner Block mit e-r ebenen Fläche, auf dem der Schmied das (heiße) Eisen mit dem Hammer formt **2** *Med*; einer von drei kleinen Knochen im Ohr, die den Schall ins Innere des Gehörs weiterleiten

am·bu·lant *Adj*; **1** *Med*; ⟨e-e Behandlung; e-n Patienten a. behandeln⟩ so, dass der Patient dabei nicht im Krankenhaus bleiben muss ↔ stationär **2** von Ort zu Ort unterwegs ⟨Handel, ein Gewerbe⟩

Am·bu·lanz *die*; *-, -en*; *Med*; **1** ≈ Krankenwagen, Rettungswagen **2** e-e Abteilung in e-m Krankenhaus, in der die Patienten ambulant (1) behandelt werden

A·mei·se *die*; -, *-n*; ein kleines, rotbraunes od. schwarzes Insekt, das in gut organisierten Gemeinschaften lebt u. *mst* Bauten in Form von Hügeln (auf dem / im Boden) errichtet ⟨fleißig, emsig sein wie e-e A.⟩: *In diesem Wald wimmelt es von Ameisen* || K-: ***Ameisen-, -gift, -staat***

A·mei·sen·bär *der*; ein südamerikanisches Säugetier mit langer, klebriger Zunge (u. rüsselförmiger Schnauze), das sich von Ameisen u. Termiten ernährt

A·mei·sen|ei *das*; *mst Pl*, *gespr*; eine der Puppen² der Ameisen

A·mei·sen·hau·fen *der*; e-e Art kleiner Hügel (aus kleinen Pflanzenteilen u. Erde), in dem Ameisen leben

A·mei·sen·säu·re *die*; *nur Sg*; e-e organische Säure, die *z.B.* im Gift der Ameisen vorkommt

a·men *Rel*; verwendet als Schlusswort nach dem Gebet, der Predigt od. dem Segen

A·men *das*; *-s*; *nur Sg*, *Rel*; das Schlusswort des Gebets, der Predigt od. des Segens ⟨das A. sagen⟩ || ID *mst* ***Das ist so sicher wie das A. in der Kirche*** *gespr*; das trifft ganz sicher zu; ***sein A.*** (***zu etw.***) ***geben*** *gespr*; seine Zustimmung (zu etw.) geben; ***zu allem Ja / ja u. A. / a. sagen*** *gespr*; (kritiklos) alles akzeptieren

A·me·ri·ka (*das*); *-s*; *nur Sg*; **1** der zweitgrößte Kontinent der Erde || -K: ***Mittel-, Nord-, Süd-*** **2** *gespr* ≈ USA || *zu* **1** u. **2** ↑ *NB unter* **Anhang** (1) || *zu* **2** **A·me·ri·ka·ner** *der*; *-s*, -; **A·me·ri·ka·ne·rin** *die*; -, *-nen*; **a·me·ri·ka·nisch** *Adj*

A·me·ri·ka·ni·sie·rung *die*; -; *nur Sg*; der Vorgang od. die Handlung, bei denen die Verhältnisse in e-m Land nach dem Vorbild der USA gestaltet werden || *hierzu* **a·me·ri·ka·ni·sie·ren** (*hat*) *Vt*

A·me·thyst *der*; *-(e)s*, *-e*; ein violetter Halbedelstein, der oft als Schmuck getragen wird

A·mi *der*; *-(s)*, *-(s)*; *gespr*, *oft pej*; *Kurzw* ↑ ***Amerikaner***

A·mi·no·säu·re *die*; *Chem*; eine der organischen Säuren

Am·man *der*; *-(e)s*, *Am·män·ner*; (CH) ≈ Bürgermeister || -K: ***Gemeinde-, Stadt-***

Am·me *die*; -, *-n*; e-e Frau, die ein fremdes Kind mit ihrer Muttermilch ernährt (u. es betreut)

Am·men·mär·chen *das*; e-e erfundene Geschichte, die nur ein naiver Zuhörer glauben kann

Am·mo·ni·ak, **Am·mo·ni·ak** [-i̯ak] *das*; *-s*; *nur Sg*; ein farbloses, scharf riechendes Gas aus Stickstoff u. Wasserstoff, das *z.B.* als Kühlmittel verwendet wird || K-: ***Ammoniak-, -salz***

Am·mo·ni·um [-i̯ʊm] *das*; *-s*; *nur Sg*; e-e Verbindung aus Wasserstoff u. Stickstoff, die sich bei chemischen Reaktionen wie ein Metall verhält; *Chem* NH_4

Am·ne·sie *die*; -, *-n* [-iːən]; *Med*; ein teilweiser od. ganzer Verlust des Gedächtnisses ≈ Gedächtnisschwund

Am·nes·tie *die*; -, *-n* [-iːən]; e-e (von der Legislative beschlossene) Aufhebung od. Milderung der Strafe für e-e Gruppe von *mst* politischen Häftlingen ⟨e-e A. erlassen, unter die A. fallen⟩ || NB: im Unterschied zur A. entscheidet über e-e *Begnadigung bes* das Staatsoberhaupt || *hierzu* **am·nes·tie·ren** (*hat*) *Vt*; **Am·nes·tie·rung** *die*

A·mö·be *die*; -, *-n*; *Biol*; ein sehr kleines Lebewesen, das aus nur einer Zelle besteht, *mst* im Wasser lebt u. ständig seine Gestalt wechselt. Amöben können Krankheiten übertragen || K-: ***Amöben-, -ruhr***

A·mok, **A·mok** *nur in* **1** ***A. laufen*** in blinder, krankhafter Wut mit e-r Waffe umherlaufen u. töten || K-: ***Amok-, -lauf, -läufer, -schütze*** **2** ***A. fahren*** sehr rücksichtslos mit dem Auto fahren u. dabei Unfälle verursachen || K-: ***Amok-, -fahrer, -fahrt***

a·mo·ra·lisch *Adj*; ⟨ein Mensch, e-e Handlung⟩ so, dass sie nicht an der herrschenden Moral orientiert sind ≈ unsittlich

a·morph [-f] *Adj*; **1** *geschr*; nicht geformt, ohne Gestalt ≈ formlos (1) ⟨e-e Masse⟩ **2** *Biol*; ohne feste Gestalt ⟨Körperformen⟩: *E-e Amöbe ist a.*

a·mor·ti·sie·ren; *amortisierte*, *hat amortisiert*; *Ökon*; [Vt] **1** ***etw. a.*** (Geld)Schulden nach e-m festen Plan allmählich zurückzahlen ⟨e-e Hypothek, ein Darlehen a.⟩ **2** ***etw. a.*** Geld, das durch Ausgaben verloren ging, durch Gewinne zurückbekommen ⟨Kosten, Investitionen a.⟩; [Vr] **3** ***etw. amortisiert sich*** etw. bringt die Kosten e-r Investition wieder ein ⟨e-e Anschaffung⟩ || *hierzu* **A·mor·ti·sa·ti·on** *die*

a·mou·rös [amuˈrøːs] *Adj*; *nicht adv*; in Form e-r flüchtigen sexuellen Beziehung ⟨*mst* ein Abenteuer⟩

Am·pel *die*; -, *-n*; **1** e-e (Signal)Anlage, die durch den Wechsel verschiedenfarbiger Lichter od. durch Blinken eines Lichts den Straßenverkehr *bes* an Kreuzungen regelt: *Er bekam e-e Strafe, weil er bei Rot über die A. fuhr* || -K: ***Verkehrs-*** **2** ein hängendes Gefäß für Zimmerpflanzen u. Blumen || -K: ***Blumen-***

Am·pel·an·la·ge *die*; *Admin geschr* ≈ Ampel (1)

Am·pel·ko·a·li·ti·on *die*; *Pol*; e-e Koalition zwischen SPD, FDP u. Grünen

Am·pere [amˈpɛːɐ̯] *das*; *-(s)*, -; die Einheit, in der man die Stärke des elektrischen Stroms misst; *Phys* A: *Diese Sicherung ist mit 15 A. belastbar*

Am·phi·bie [amˈfiːbi̯ə] *die*; -, *-n*; *Zool*; ein Tier (*z.B.* ein Frosch), das sowohl auf dem Land als auch im Wasser leben kann || *hierzu* **am·phi·bisch** *Adj*

Am·phi·bi·en·fahr·zeug *das*; ein Fahrzeug, das man auf dem Land u. im Wasser verwenden kann

Am·phi·the·a·ter [amˈfiː-] *das*; ein rundes od. ovales Bauwerk ohne Dach mit stufenförmig angeordneten Sitzreihen, das *bes* in der Antike für Wettkämpfe, Spiele u. Theateraufführungen benutzt wurde: *Das Kolosseum in Rom ist das größte A. der Welt*

Amp·li·tu·de *die*; -, *-n*; *Phys*; die Distanz zwischen der Mitte u. dem oberen od. unteren Maximum e-r Schwingung: *Die Lautstärke nimmt zu, wenn sich die A. der Schallwelle vergrößert*

Am·pul·le *die*; -, *-n*; *Med*; ein kleines Rohr aus Glas *mst* zur Aufbewahrung von sterilen Flüssigkeiten für Injektionen

am·pu·tie·ren; *amputierte*, *hat amputiert*; [Vt/i] ((***j-m***) ***etw.***) ***a.*** ein Körperteil durch eine Operation vom Körper abtrennen: *Die Ärzte mussten ihm den Finger a.* || *hierzu* **Am·pu·ta·ti·on** *die*; -, *-en*

Am·sel *die*; -, *-n*; ein mittelgroßer Singvogel. Das Männchen ist schwarz u. hat e-n gelben Schnabel

Amt *das*; *-(e)s*, *Äm·ter*; **1** e-e offizielle Stellung (*z.B.* beim Staat, in der Kirche), die mit bestimmten Aufgaben u. Pflichten verbunden ist ⟨ein ehrenvolles, verantwortungsvolles Amt; ein Amt antreten, ausüben, bekleiden, innehaben, übernehmen; sein Amt niederlegen, zur Verfügung stellen; j-m ein Amt anvertrauen; j-n seines Amtes entheben; für ein Amt kandidieren; sich um ein Amt bewerben⟩: *j-n für das Amt des Parteivorsitzenden suchen* || K-: ***Amts-, -antritt, -eid, -kollege, -missbrauch, -niederlegung, -periode, -vorgänger, -zeit*** **2** e-e Aufgabe od. Verpflichtung, die j-d übernommen hat: *Er übt sein Amt als Jugendleiter gewissenhaft aus*; *Ich habe das schwere Amt, die Todesnachricht zu überbringen* **3** *Admin*; e-e öffentliche (zentrale od. örtliche) Institution ≈ Behörde ⟨ein Amt einschalten⟩: *das Amt für Forstwirtschaft* || K-: **Amts-, -arzt, -bezirk, -gang, -inhaber, -vorsteher, -zimmer** || -K: **Arbeits-, Gesundheits-, Landrats-, Schul-** **4** ein Gebäude, in dem ein Amt (3) ist ⟨auf ein Amt gehen⟩ **5** **Auswärtiges Amt** verwendet als offizielle Bezeichnung für das Außenministerium || ID **in Amt u. Würden** *oft iron*; in e-r gesicherten beruflichen Stellung; *mst* **kraft meines Amtes (als)** *geschr veraltend*; aufgrund meiner Stellung (als); **von Amts wegen** *geschr*; im Auftrag e-s Amtes (3) od. aus beruflichen Gründen || NB: ↑ **walten**

am·tie·ren; *amtierte, hat amtiert*; [Vi] **1** **e-e bestimmte Zeit / als etw. a.** ein Amt (1) ausüben: *Er amtiert erst seit kurzem; als Direktor a.* **2** **als etw. a.** *oft hum*; e-e Funktion übernehmen ≈ als etw. fungieren: *Er amtiert gerne als Fremdenführer* || zu **1** **am·tie·ren·d-** *Adj; nur attr, nicht adv*

amt·lich *Adj*; **1** *nur attr od adv*; von e-m Amt (3) od. e-r Behörde (ausgehend) ≈ behördlich ⟨ein Schreiben, e-e Bekanntmachung, e-e Bescheinigung; e-e Abschrift, e-e Fotokopie a. beglaubigen lassen; etw. a. bestätigen, dementieren⟩: *etw. aus amtlicher Quelle erfahren; das Auto mit dem amtlichen Kennzeichen M-AD 500* **2** dienstlich od. offiziell ↔ privat ⟨in amtlicher Eigenschaft, in amtlichem Auftrag⟩ **3** *nicht adv*; ernst aussehend, wirkend ⟨e-e amtliche Miene machen, aufsetzen⟩ || ID **Ist das a.?** *gespr*; **a)** steht das offiziell fest?; **b)** ist das auch wirklich wahr?; *mst* **Das ist a.** *gespr*; das ist ganz sicher

Amt·mann *der*; *-(e)s, Amt·män·ner od Amt·leu·te*; ein Beamter des gehobenen Dienstes in Verwaltung od. Justiz || *hierzu* **Amt·män·nin** *die*; *-, -nen*; **Amt·frau** *die*

Amts·be·fug·nis *die*; *mst Pl*; die Berechtigung u. die Macht, die mit e-m Amt (1) verbunden sind ⟨seine Amtsbefugnisse überschreiten⟩

Amts·be·zeich·nung *die*; der offizielle Name od. Titel *bes* für j-n, der im Staatsdienst arbeitet

Amts·deutsch *das*; *mst pej*; die komplizierte Ausdrucksweise, wie sie *bes* in juristischen u. administrativen Texten üblich ist ≈ Behördendeutsch

Amts·die·ner *der*; *hist*; j-d, der in e-m Amt (3) beschäftigt ist u. dort (Hilfs)Dienste mit wenig Verantwortung ausübt

Amts·ein·füh·rung *die*; ein feierlicher, zeremonieller Akt, bei dem j-m ein Amt (1) übergeben wird: *die A. des Ministers*

Amts·ge·heim·nis *das* ≈ Dienstgeheimnis

Amts·ge·richt *das*; **1** das unterste Gericht in der Hierarchie der Gerichte[1] (1) (zuständig für Entscheidungen im Straf-, Zivil- u. Handelsrecht) **2** das Gebäude des Amtsgerichts (1)

Amts·ge·schäf·te *die*; *Pl, Kollekt*; alle Tätigkeiten, die mit e-m (*mst* öffentlichen) Amt (1) verbunden sind

Amts·hand·lung *die*; etw., das man selbst tut od. veranlasst, weil man durch sein Amt (1) das Recht od. die Pflicht dazu hat

Amts·hil·fe *die*; die Hilfe, die sich Behörden gegenseitig bei der Erfüllung ihrer Aufgaben leisten

amts·mü·de *Adj*; ohne Lust, ein Amt (1) weiter auszuüben

Amts·rich·ter *der*; ein Richter an e-m Amtsgericht

Amts·schim·mel *der*; *nur Sg, hum, mst pej*; das pedantische Einhalten u. Befolgen von (Dienst)Vorschriften ≈ Bürokratismus || ID **den A. reiten** *hum, mst pej*; die Dienstvorschriften zu genau einhalten

Amts·spra·che *die*; die Sprache (od. eine von mehreren Sprachen), die in e-m Staat offiziell gesprochen wird

Amts·stun·den *die*; *Pl*; die Öffnungszeiten e-r Behörde, e-s Amtes

Amts·weg *der*; *mst in* **j-d / etw. geht / nimmt den A.** j-s Angelegenheit wird von e-r Behörde (od. von mehreren Behörden hintereinander) bearbeitet

A·mu·lett *das*; *-(e)s, -e*; ein kleiner Gegenstand, den man (*mst* an e-r Kette um den Hals) trägt, weil man glaubt, dass er vor Unheil schützen od. Glück bringen kann ≈ Talisman

a·mü·sant, *amüsanter, amüsantest-*; *Adj*; lustig u. unterhaltsam ↔ langweilig: *e-e amüsante Geschichte erzählen*

A·mü·se·ment [amyz(ə)'mãː] *das*; *-s, -s*; *geschr*; **1** ein interessanter od. unterhaltsamer Zeitvertreib ≈ Vergnügen ↔ Langeweile **2** e-e (*mst* kurze, oberflächliche) Liebesbeziehung

a·mü·sie·ren; *amüsierte, hat amüsiert*; [Vt] **1** **etw. amüsiert j-n** etw. erheitert j-n, bringt j-n zum Lachen: *Sein komisches Gesicht amüsierte uns*; [Vr] **2** **sich (irgendwie) a.** auf angenehme od. lustige Weise die Zeit verbringen ↔ sich langweilen ⟨sich glänzend, großartig, königlich, köstlich, prächtig a.⟩: *Amüsierst du dich (gut)?* **3** **sich über j-n / etw. a.** über j-n / etw. lachen, spotten **4** **sich mit j-m a.** mit j-m e-e kurze Liebesaffäre haben

an[1] *Präp*; **1** *mit Dat*; verwendet, um die räumliche Nähe zu etw. od. den Kontakt mit etw. anzugeben: *an der Hauptstraße wohnen*; *(nahe) an der Tür*; *an der Bar sitzen*; *Die Lampe hängt an der Decke*; *Hamburg liegt an der Alster*; *an derselben Stelle*; *der Ort, an dem er starb* || ↑ *Abb. unter* **Präpositionen** **2** *mit Dat*; verwendet, um e-n Zeitpunkt anzugeben, *bes südd* auch vor der Bezeichnung von Festtagen (≈ zu): *an e-m Sonntagmorgen*; *an meinem Geburtstag*; *an diesem Abend*; *an Ostern, an Weihnachten* **3** *mit Dat* ≈ mit (Hilfe von): *j-n an der Stimme, an der Schrift erkennen*; *sich die Hände an e-m Handtuch abwischen*; *an Krücken gehen* **4** *mit Dat*; verwendet, um anzugeben, dass j-d bei e-r Institution (beruflich) tätig ist: *Lehrer an e-m Gymnasium, Schauspieler an e-m Theater sein* **5** *mit Dat*; verwendet mit e-m Subst., um auszudrücken, dass e-e Tätigkeit od. Beschäftigung noch nicht beendet ist: *an e-m Buch schreiben, arbeiten*; *an der Arbeit sein* **6** *mit Dat*; verwendet, um sich auf e-e unbestimmte Menge zu beziehen: *Was haben Sie an Kameras da?*; *Was besitzt er noch an Immobilien?* **7** *mit Dat*; verwendet, um e-e Eigenschaft anzudeuten: *Sie hat nichts Aufregendes an sich* **8** *mit Dat*; verwendet zur Angabe e-s Grundes, e-r Ursache: *an e-r Krankheit leiden*; *an Unterernährung sterben* **9** *mit Dat*; verwendet mit bestimmten Verben, Substantiven u. Adjektiven, um e-e Ergänzung anzuschließen: *an j-m / etw. hängen, (ver)zweifeln, interessiert sein, Interesse haben*; *an etw. schuld sein*; *an e-r Meinung festhalten*; *an etw. riechen*; *an etw. teilnehmen*; *an j-m / etw. vorbeigehen, vorbeifahren*; *Es liegt an dir, nun etw. zu unternehmen* **10** *mit Akk*; verwendet mit Tätigkeitsverben, um die Bewegung in e-e bestimmte Richtung anzugeben: *etw. an die Mauer lehnen, an die Wand hängen*; *sich an den Tisch setzen* || ↑ *Abb. unter* **Präpositionen** **11** *mit Akk*; verwendet mit bestimmten Verben, um e-e Ergänzung anzuschließen: *an j-n / etw. denken, glauben, appellieren*; *sich an j-n / etw. erinnern*; *sich an j-n wenden* **12** **bis an etw.** (*Akk*) verwendet, um anzugeben, wie weit, bis wohin sich etw. erstreckt ≈ bis zu: *Das Wasser ging mir bis an die Knie*; *Der Lärm drang bis an mein Fenster* **13** **etw. an etw.** (zwischen jeweils dem gleichen Subst. ohne Artikel) verwendet, um die räumliche Nähe zweier Dinge od. die große Anzahl ähnlicher Dinge zu betonen: *Tür an Tür (mit j-m) wohnen*; *Kopf an Kopf* (= dicht nebeneinander) *stehen*; *Es* *reihten sich Häuser an Häuser* **14 an was** *gespr* ≈ woran **15** verwendet, um bei einigen Verben ein Objekt anzuschließen: *teilnehmen an, abtreten an, hindern an* || ID **an** (**u. für**) **sich** eigentlich, im Grunde; ↑ **Bord**[1] (2), **Deck**, **Land**[1]

an[2] *Adv*; **1** verwendet (auf Fahrplänen *o.Ä.*), um die Ankunft e-s Verkehrsmittels anzugeben ↔ ab: *an München / München an: 12.20* **2 von ... an** verwendet, um e-n örtlichen Ausgangspunkt anzugeben ≈ von ... ab: *Von hier an wird das Gelände sumpfig* **3 von ... an** verwendet, um den zeitlichen Ausgangspunkt von etw. anzugeben ≈ ab[1] (1): *von jetzt, von heute an; von Jugend, von Kindheit an; Von Montag an bin ich im Urlaub* **4 an die** + *Zahl*; *gespr*; fast die genannte Zahl ≈ um (die): *Ich schätze, er ist so an die 30 Jahre alt; Bis Hamburg sind es noch an die 200 Kilometer*

> **an sein** (*ist*) [Vi] **etw. ist an** *gespr*; etw. ist angeschaltet, in Betrieb ↔ etw. ist aus: *Das Licht, das Radio ist an*

an-[1] *im Verb, betont u. trennbar, sehr produktiv*; Die Verben mit *an-* werden nach folgendem Muster gebildet: *anschreiben - schrieb an - angeschrieben*

1 *an-* drückt aus, dass man j-n / etw. irgendwo befestigt ↔ ab- (2);

etw. **(*an etw.*** (*Dat / Akk*)) ***annageln***: *Er nagelte die Latte am Zaun an* ≈ Er befestigte die Latte mit Nägeln am Zaun

ebenso: ***j-n / ein Tier / etw.*** **(*an etw.*** (*Dat / Akk*)) ***anbinden, etw.*** **(*an etw.*** (*Dat / Akk*)) ***anhängen, etw.*** **(*an etw.*** (*Dat / Akk*)) ***anheften, j-n / ein Tier / etw.*** **(*an etw.*** (*Dat / Akk*)) ***anketten, etw.*** **(*an etw.*** (*Dat / Akk*)) ***ankleben, etw.*** **(*an etw.*** (*Dat / Akk*)) ***anknöpfen, etw.*** **(*an etw.*** (*Dat / Akk*)) ***anknoten, etw.*** **(*an etw.*** (*Dat*)) ***anknüpfen, etw.*** **(*an etw.*** (*Dat / Akk*)) ***anleimen, etw.*** **(*an etw.*** (*Dat / Akk*)) ***anlöten, etw.*** **(*an etw.*** (*Dat / Akk*)) ***annähen, etw.*** **(*an etw.*** (*Dat / Akk*)) ***anschrauben, etw.*** **(*an etw.*** (*Dat / Akk*)) ***anschweißen***

2 *an-* drückt aus, dass e-e Handlung nur für kurze Zeit od. nur zu e-m geringen Grad (nur ansatzweise) ausgeführt wird;

etw. anbraten: *Sie brät das Fleisch bei hoher Hitze an* ≈ Sie brät das Fleisch nur kurze Zeit bei hoher Hitze;

ein Tier frisst etw. an: *Die Mäuse haben den Käse angefressen* ≈ Die Mäuse haben e-n Teil des Käses gefressen

ebenso: ***etw. anbeißen, etw. anbohren, etw. andünsten, etw. anknabbern, ein Tier nagt etw. an, etw. ansägen, etw. antrinken***

3 *an-* drückt aus, dass die Handlung auf j-n / etw. gerichtet ist;

⟨ein Hund⟩ ***bellt j-n an***: *Der Hund bellte den Briefträger an* ≈ Der Hund bellte in die Richtung des Briefträgers

ebenso: ***j-n anbrüllen, j-n anfauchen, j-n anflehen, j-n / etw. angaffen, j-n angähnen, j-n angrinsen, j-n / etw. angucken, j-n / etw. anhauchen, j-n anhusten, j-n anlächeln, j-n anlügen, j-n anniesen, j-n / etw. anschauen, j-n anschmunzeln, j-n anschreien, j-n anschwindeln, j-n / etw. ansehen, j-n anspucken, j-n / etw. anstarren***

4 *an-* drückt *mst* im Partizip Perfekt zusammen mit *kommen* aus, dass j-d / etw. sich dem Standort des Sprechers od. der genannten Person(en) nähert ≈ her-, heran-;

angebraust kommen: *Wir warteten gerade auf den Bus, da kam er auf dem Motorrad angebraust* ≈ ..., da näherte er sich mit hoher Geschwindigkeit auf dem Motorrad

ebenso: ***angerannt kommen, angerast kommen, angeritten kommen, angesegelt kommen, angeschlichen kommen***

an-[2] *im Adj, wenig produktiv*; ↑ **a-**

A·na·chro·nis·mus [-kro-] *der*; -, *A·na·chro·nis·men*; *geschr*; **1** e-e Einrichtung od. Erscheinung, die nicht mehr zu e-r bestimmten Zeit passt ⟨etw. ist zu e-m A. geworden⟩ **2** e-e Aussage, die nicht wahr sein kann, weil ihre Teile zeitlich nicht zueinander passen: *In dem Satz „Goethe telefonierte öfter mit Schiller" steckt ein A.* || *hierzu* **a·na·chro·nis·tisch** *Adj*

a·nal *Adj*; *nur attr od adv*; den After betreffend, im After, Po

a·na·log *Adj*; **1 a.** (**zu j-m / etw.**); **a.** (**j-m / etw.**) *geschr*; j-m / e-r Sache in bestimmten Eigenschaften entsprechend od. ähnlich ≈ vergleichbar ⟨e-e Erscheinung, ein Ergebnis; in analoger Reihenfolge, Weise⟩: *a.* (*zu*) *diesem Fall* **2** auf herkömmliche Weise aufgenommen ↔ digital ⟨e-e Aufnahme⟩ **3** ⟨ein Messgerät, e-e Uhr, e-e Waage⟩ mit Skala bzw. Zifferblatt ↔ digital (1)

A·na·lo·gie *die*; -, *-n* [-iːən]; ***e-e A.*** **(*zwischen j-m / etw.*** *Pl*) e-e ähnliche od. fast gleiche Struktur aufgrund übereinstimmender Merkmale ⟨etw. weist e-e A. auf; in A. zu j-m / etw.⟩: *Zwischen den beiden Romanen besteht e-e A.* || K-: ***Analogie-, -schluss***

An·al·pha·bet ['an|alfabeːt] *der*; *-en, -en*; j-d, der nicht lesen u. schreiben gelernt hat || NB: *der Analphabet; den, dem, des Analphabeten* || *hierzu* **An·al·pha·be·tin** *die*; -, *-nen*

An·al·pha·be·ten·tum *das*; *-s*; *nur Sg*; die Unfähigkeit (von Menschen e-s bestimmten Landes od. Gebietes) zu lesen u. zu schreiben

An·al·pha·be·tis·mus *der*; -; *nur Sg*, *geschr* ≈ Analphabetentum

A·na·ly·se *die*; -, *-n*; **1** e-e Untersuchung, bei der ein Sachverhalt, e-e Situation, ein Text (gedanklich) in die wichtigsten Elemente zerlegt wird ⟨e-e kritische, wissenschaftliche A. durchführen, vornehmen; etw. e-r A. unterziehen⟩ **2** *Chem*; e-e Methode, mit der man herausfinden will, welche Bestandteile e-e Substanz hat ↔ Synthese ⟨e-e qualitative, quantitative A. durchführen⟩ **3** *Kurzw gespr*; ↑ ***Psychoanalyse***

a·na·ly·sie·ren; *analysierte, hat analysiert*; [Vt] **1 etw. a.** etw. in Bezug auf einzelne Merkmale od. Eigenschaften untersuchen, um dadurch Klarheit über seine Struktur zu bekommen ⟨e-e Beziehung, e-n Satz, e-n Text, e-n Traum, ein Musikstück, ein Buch a.; Probleme a.⟩ **2 *j-n a.*** j-n psychoanalytisch behandeln **3 *etw. a.*** *Chem*; e-e Analyse (2) (mit e-r Substanz) durchführen ⟨e-e chemische Verbindung a.⟩

A·na·ly·sis *die*; -; *nur Sg*; **1** *Math*; ein Teilgebiet der Mathematik, in dem die Infinitesimalrechnung angewendet wird **2** *Geom*; ein Verfahren, mit dem geometrische Aufgaben gelöst werden können

A·na·ly·tik *die*; -; *nur Sg*, *Philos*; die Lehre u. Kunst des Analysierens (1,2) || *hierzu* **A·na·ly·ti·ker** *der*; *-s*, -; **A·na·ly·ti·ke·rin** *die*; -, *-nen*; **a·na·ly·tisch** *Adj*

A·nä·mie *die*; -, *-n* [-iːən]; *Med*; e-e Erkrankung durch Mangel an roten Blutkörperchen; Blutarmut || *hierzu* **a·nä·misch** *Adj*

A·na·nas *die*; -, - / *-se*; **1** e-e bräunlich gelbe tropische Frucht mit sehr saftigem u. süßlich schmeckendem Fleisch || ↑ *Abb. unter* ***Obst*** || K-: ***Ananas-, -scheibe, -stück*** **2** *nur Sg*; e-e tropische Pflanze, deren Frucht die A. (1) ist

A·na·pher [-f-] *die*; -, *-n*; *Ling*; ein Stilmittel, bei dem ein Wort od. mehrere Wörter am Anfang aufeinander folgender Sätze od. Satzteile wiederholt werden: *Der Satz „Sie war jung, sie war schön, sie war reich" zeigt e-e A.* (*von sie*) || *hierzu* **a·na·pho·risch** *Adj*

A·nar·chie [anarˈçiː] *die*; -, *-n* [-iːən]; der Zustand *bes* in e-m Staat, in dem es weder Herrschaft noch (politische od. gesellschaftliche) Ordnung gibt ≈ Chaos ⟨es herrscht A.⟩: *e-n Staat an den Rand der A. bringen*

a·nar·chisch *Adj*; **1** ohne Herrschaft u. Ordnung ⟨Verhältnisse, Zustände⟩ **2** (von Personen) nicht bereit, sich Gesetzen zu unterwerfen || *zu* **2 A·nar·chist** *der*; *-en, -en*; **A·nar·chis·tin** *die*; -, *-nen*

A·nar·cho *der*; *-s, -s*; *gespr pej*; j-d, der *bes* mit Gewalt gegen die politischen Zustände u. die Macht des Staates protestiert u. kämpft || K-: ***Anarcho-, -gruppe, -szene, -terror***

An·äs·the·sie *die*; -, *-n* [-ˈziːən]; *Med*; **1** ein Zustand (*mst* durch Narkose herbeigeführt), in dem man weder Schmerzen noch Kälte od. Hitze *usw* spürt **2** der Vorgang, durch den e-e A. (1) herbeigeführt wird ≈ Narkose ⟨lokale A.⟩ || *zu* **2 An·äs·the·sist** *der*; *-en, -en*; **An·äs·the·sis·tin** *die*; -, *-nen*; **an·äs·the·sie·ren** (*hat*) *Vt*

A·na·tom *der*; *-en, -en*; *Med*; j-d, der sich wissenschaftlich mit Anatomie beschäftigt || NB: *der Anatom; den, dem, des Anatomen*

A·na·to·mie *die*; -, *-n* [-ˈmiːən]; *Med*; **1** *nur Sg*; die Wissenschaft vom Körperbau des Menschen u. der Tiere u. vom Bau der Pflanzen **2** der Aufbau, die Struktur des (menschlichen) Körpers: *die unterschiedliche A. von Mann u. Frau* || *hierzu* **a·na·to·misch** *Adj*

an·bag·gern (*hat*) *Vt* ***j-n a.*** *gespr*; *bes* als Mann versuchen, zu j-m sexuellen Kontakt zu bekommen

an·bah·nen (*hat*) *Vr* **1** ***etw. bahnt sich an*** etw. beginnt, sich zu entwickeln ⟨e-e Freundschaft, e-e Wende⟩; *Vt* **2** ***etw. a.*** Vorbereitungen treffen, damit etw. zustande kommt ⟨e-e Heirat, ein Gespräch a.⟩ || *hierzu* **An·bah·nung** *die*

an·bän·deln; *bändelte an, hat angebändelt*; *Vi* ***j-d bändelt mit j-m an*** *gespr*; j-d versucht, mit j-m e-e (nicht ernsthafte) Liebesbeziehung anzufangen

An·bau *der*; *-(e)s, -ten*; **1** *nur Sg*; das Anbauen (1) (e-s Gebäudes od. Gebäudeteils) an ein bereits bestehendes Gebäude **2** ein Gebäude od. Teil e-s Gebäudes, die (zusätzlich) an ein Hauptgebäude gebaut sind **3** *nur Sg*; das Anpflanzen von (Nutz)Pflanzen ⟨der Anbau von Getreide, Kartoffeln, Gemüse, Wein⟩ || K-: ***Anbau-, -fläche, -gebiet*** || -K: ***Gemüse-, Obst-, Wein-***

An·bau- *im Subst, betont, wenig produktiv*; verwendet, um auszudrücken, dass etw. aus einzelnen Teilen besteht, die gut zusammenpassen u. ergänzt werden können; die ***Anbauküche***, die ***Anbaumöbel*** (*Pl*), der ***Anbauschrank***, die ***Anbauwand*** (aus Schränken u. Regalen)

an·bau·en (*hat*) *Vt/i* **1** (***etw.*** (***an etw.*** (*Akk*))) ***a.*** etw. an ein bereits bestehendes Gebäude bauen: *e-e Garage* (*an das Haus*) *a.* || NB: im Zustandspassiv oft mit Dativ: *die Garage war am Haus angebaut*; *Vt* **2** ***etw. a.*** (Nutz)Pflanzen auf e-m Feld, in e-m Beet *usw* anpflanzen

An·be·ginn (*der*); *mst in* **1** ***von A.*** (***an***) *geschr*; von Anfang an **2** ***seit A.*** ⟨der Welt⟩ *geschr veraltend*; seit Beginn

an·be·hal·ten; *behält an, behielt an, hat anbehalten*; *Vt* ***etw. a.*** ein (od. mehrere) Kleidungsstück(e) angezogen lassen ↔ ausziehen ⟨die Schuhe a.⟩: *Sie können Ihren Mantel ruhig a.*

an·bei *Adv*; *Admin geschr*; zusammen mit e-m Schreiben, Brief, Paket ≈ in der Anlage (7): *A. übersenden wir Ihnen das angeforderte Informationsmaterial*

an·bei·ßen (*hat*) *Vt* **1** ***etw. a.*** anfangen, etw. zu essen, den ersten Biss in etw. machen: *e-n Apfel a.*; *Vi* **2** ***ein Fisch beißt an*** ein Fisch verschluckt den Köder, hängt an der Angel: *Ich glaube, es hat einer angebissen* **3** (***auf etw.*** (*Akk*)) ***a.*** *gespr*; e-m Angebot od. e-r Verlockung nicht widerstehen können: *Auf das Sonderangebot haben die meisten Kunden sofort angebissen* || ID ***zum Anbeißen sein / aussehen*** *gespr hum*; sehr hübsch od. attraktiv sein

an·be·lan·gen; *belangte an, hat anbelangt*; *Vt mst in* ***was j-n / etw. anbelangt*** ≈ was j-n / etw. betrifft

an·bel·len (*hat*) *Vt* **1** ⟨ein Hund⟩ ***bellt j-n / etw. an*** ein Hund bellt in Richtung von j-m / etw. **2** ***j-n a.*** *gespr*; j-n anschreien

an·be·rau·men; *beraumte an, hat anberaumt*; *Vt* ***etw. a.*** *Admin geschr*; etw. (für e-n bestimmten Zeitpunkt) festsetzen ⟨ein Treffen, e-n Termin, e-e Sitzung a.⟩ || *hierzu* **An·be·rau·mung** *die*

an·be·ten (*hat*) *Vt* **1** ***j-n a.*** zu e-m Gott beten u. ihn verehren ⟨Gott, e-n Götzen a.⟩ **2** ***j-n / etw. a.*** j-n / etw. in extremem Maße verehren || *hierzu* **An·be·tung** *die*; *mst Sg*

An·be·tracht *nur in* ***in A.*** (+ *Gen*) *geschr*; wenn man berücksichtigt, dass … ≈ unter Berücksichtigung von, angesichts: *in A. dessen, dass …*; *in A. der gegenwärtigen Situation*

an·be·tref·fen; *anbetrifft, anbetraf, hat anbetroffen*; *Vt mst in* ***was j-n / etw. anbetrifft*** *geschr*; was j-n / etw. betrifft

an·bet·teln (*hat*) *Vt* ***j-n*** (***um etw.***) ***a.*** sich bettelnd an j-n wenden ⟨j-n um Brot, Geld a.⟩

an·bie·dern, sich; *biederte sich an, hat sich angebiedert*; *Vr* ***sich*** (***bei j-m***) ***a.*** *pej*; sich j-m vertraulich nähern und ihm schmeicheln: *Ich will mich nicht bei meinem Chef a.* || *hierzu* **An·bie·de·rung** *die*

an·bie·ten (*hat*) *Vt* **1** (***j-m***) ***etw. a.*** j-m durch Worte od. Gesten zeigen, dass man ihm etw. Angenehmes, Nützliches od. Hilfreiches geben will ⟨j-m e-n Stuhl, seinen Platz a.; j-m seine Hilfe, Begleitung, seinen Schutz a.; e-m Gast ein Getränk, e-e Mahlzeit, e-e Zigarette a.⟩: *Er bot mir an, mich ins Theater zu begleiten*; *Darf ich euch etwas* (*zum Trinken*) *a.?* **2** (***j-m***) ***etw. a.*** j-m etw. vorschlagen (das er ablehnen od. annehmen kann) ⟨j-m das Du a. (= j-m vorschlagen, dass man jetzt „du" statt „Sie" zueinander sagt), e-e Lösung, e-n Tausch a.⟩: *Der Vorsitzende bot dem Komitee seinen Rücktritt an* **3** (***j-m***) ***etw. a.*** für etw. werben, das man verkaufen will ⟨auf dem Markt Waren (zum Verkauf) a.; e-m Verlag ein Manuskript (zur Veröffentlichung) a.⟩ **4** ***j-d*** / ⟨e-e Institution *o.Ä.*⟩ ***bietet*** (***j-m***) ***etw. an*** j-d / e-e Institution *o.Ä.* gibt j-m die Möglichkeit, an etw. teilzunehmen ⟨ein Schulfach a.⟩: *Die Volkshochschule bietet e-n Kurs in Yoga an*; *Vr* **5** ***sich*** (***j-m***) ***a.*** sich bereit erklären, e-e bestimmte Aufgabe, Tätigkeit zu übernehmen: *sich* (*j-m*) *als Dolmetscher a.* **6** ***etw. bietet sich*** (***für etw.***) ***an*** etw. ist e-e günstige Möglichkeit od. gut geeignet ≈ etw. kommt in Betracht: *Bei den vielen Feiertagen bietet es sich doch geradezu an, jetzt Urlaub zu machen* || ► ***Angebot***

an·bin·den (*hat*) *Vt* ***j-n / etw.*** (***an etw.*** (*Dat / Akk*)) ***a.*** j-n / etw. mit e-r Schnur, Leine *o.Ä.* an etw. befestigen ≈ festbinden: *den Hund am / an den Zaun a.*

An·blick *der*; **1** *nur Sg*; das Anblicken, Betrachten: *Beim bloßen A. des Unfalls wurde ihr schlecht* **2** das, was sich als momentanes Bild dem Auge darbietet: *Nach dem Ausbruch des Vulkans bot sich den Helfern ein trostloser A.* || ID ***ein A. für Götter*** *gespr hum*; ein A. (2), der zum Lachen reizt

an·bli·cken (*hat*) [Vt] ***j-n / etw. a.*** seinen Blick auf j-n / etw. richten ⟨j-n fassungslos, fragend, lächelnd, mit großen Augen a.⟩
an·blin·ken (*hat*) [Vt] ***j-n a.*** *bes* beim Autofahren j-m (mit der Lichthupe) ein Lichtsignal geben: *j-n a., um auszudrücken, dass man ihn zuerst fahren lässt*
an·blin·zeln (*hat*) [Vt] ***j-n a.*** blinzeln, mit den Augen zwinkern u. j-m damit ein Signal geben
an·boh·ren (*hat*) [Vt] **1** ***etw. a.*** durch e-e Bohrung in etw. eindringen (um es zu nutzen) ⟨ein Erdgasfeld, ein Fass a.⟩ **2** ***etw. a.*** ein Loch in etw. bohren, das aber nicht sehr tief ist ⟨ein Brett a.⟩
an·bra·ten (*hat*) [Vt] ***etw. a.*** etw. bei großer Hitze kurz braten ⟨Fleisch a.⟩
an·bräu·nen (*hat*) [Vt] ***etw. a.*** etw. in heißem Fett od. Öl ein wenig braun werden lassen ⟨Zwiebeln a.⟩
an·bre·chen [Vt] (*hat*) **1** ***etw. a.*** etw. (*mst* Essbares) (zum Verbrauch) öffnen: *e-e Tafel Schokolade, e-e Flasche Wein a.*; *e-e angebrochene Dose Mais*; [Vi] (*ist*) **2** ***etw. bricht an*** *geschr*; etw. beginnt ⟨der Tag, der Morgen, e-e neue Zeit⟩ || ► ***Anbruch***
an·bren·nen [Vt] (*hat*) **1** ***etw. a.*** etw. durch Anzünden zum Brennen bringen ⟨Holz a.⟩; [Vi] (*ist*) **2** ***etw. brennt an*** etw. beginnt (*mst* leicht) zu brennen ⟨ein Balken⟩ **3** ***etw. brennt an*** etw. bekommt beim Kochen zu viel Hitze u. setzt sich am Boden des Kochtopfes fest ⟨das Essen, die Milch⟩
an·brin·gen (*hat*) [Vt] **1** ***etw. irgendwo a.*** etw. irgendwo aufhängen, befestigen ↔ abmachen: *e-e Lampe an der Decke, ein Schild an der Wand a.* **2** ***etw. a.*** etw. zeigen, erzählen ⟨sein Wissen, e-e Geschichte a.⟩: *Er konnte seinen neuesten Witz a.* **3** ***etw. a.*** *gespr*; e-e Ware verkaufen: *Unser altes Auto ist schwer anzubringen* **4** ***j-n / etw. a.*** *gespr*; j-n / etw. (von irgendwoher) mit nach Hause bringen: *Unser Sohn brachte e-e junge Katze an* **5** ***j-n (irgendwo / als etw.) a.*** *gespr*; für j-n e-n Beruf, e-e sichere Zukunft suchen u. finden: *j-n in e-m Betrieb / als Lehrling a.* || *zu* **1** **An·brin·gung** *die*; *nur Sg*
An·bruch *der*; *nur Sg*, *geschr* ≈ Anfang, Beginn: *bei A. der Dunkelheit, der Nacht*
an·brül·len (*hat*) [Vt] **1** ***ein Tier brüllt j-n an*** ein Tier wendet sich zu j-m hin u. brüllt **2** ***j-n a.*** *gespr*; j-n mit lauter Stimme tadeln
An·dacht *die*; -, *-en*; **1** ein kurzer Gottesdienst mit Gebeten || -K: ***Abend-, Mai-, Morgen-*** **2** *nur Sg*; die geistige Haltung od. die Konzentration, die zum Gebet nötig ist: *in A. versunken beten* **3** *nur Sg*; die Konzentration der Gedanken auf e-e bestimmte Sache: *mit A. der Rede lauschen* || *zu* **2** u. **3** **an·däch·tig** *Adj*
an·dau·ern (*hat*) [Vi] ***etw. dauert an*** etw. besteht od. wirkt weiterhin, etw. hört noch nicht auf: *Die Verhandlungen dauern noch an*; *die andauernde Hitze*
an·dau·ernd **1** *Partizip Präsens*; ↑ ***andauern*** **2** *Adj*; *nur attr od adv*, *oft pej*; fortwährend, ständig: *Sie fragt mich a. dasselbe*
An·den·ken *das*; *-s*, *-*; ***ein A.*** (***an j-n / etw.***) **1** *nur Sg*; die Erinnerung an j-n od. etw.: *zum A. an den Toten e-n Kranz auf das Grab legen* **2** ein Souvenir, ein kleiner Gegenstand zur Erinnerung an j-n od. etw.: *Er gab mir die Fotos als A. an die Reise* || K-: ***Andenken-, -laden***
an·de·r- *Indefinitpronomen*; **1** nicht gleich, verschieden: *anderer Meinung sein als j-d*; *e-e andere Arbeit suchen*; *Er möchte in e-r anderen Stadt leben* **2** verwendet, um den Rest e-s Paares / e-r Gruppe zu bezeichnen: *Wo sind die anderen (Mädchen) aus eurer Gruppe?*; *In der einen Hand hielt er ein Glas, in der anderen e-e Zigarette* **3** verwendet, um noch zusätzlich vorhandene Personen / Dinge zu bezeichnen ≈ weiter-: *Du brauchst nicht so traurig zu sein, bloß weil dein Vater dir das Auto nicht gibt. - Es gibt doch noch andere Möglichkeiten, in Urlaub zu fahren* || NB: *ander-* verwendet man wie ein attributives Adj. (*andere Kinder*) od. wie ein Subst. (*Andere behaupten, dass das nicht wahr sei*) || ID ***alles andere als*** + *Adj / Adv* genau das Gegenteil von + Adj. / Adv.; *mst* ***Beinahe hätte ich etwas anderes gesagt*** *gespr*; ich hätte fast etw. Unanständiges, Unpassendes gesagt; ↑ ***Land***[2] (8), ***Umstand*** (8)
an·de·ren·falls, **an·dern·falls** *Adv*, *geschr*; verwendet, um *mst* negative Konsequenzen anzukündigen, wenn etw. nicht eintrifft ≈ sonst: *Bei dieser Operation muss man sehr vorsichtig sein, a. können Komplikationen auftreten*
an·de·ren·teils *Adv*; *mst in* ***einesteils ... anderenteils*** *geschr* ≈ einerseits ... andererseits
an·de·rer·seits *Adv*; *mst in* ***einerseits ... andererseits ...*** verwendet, um bei zwei Gegensätzen auszudrücken, dass man vom zweiten Gegensatz spricht: *Einerseits freute er sich auf Weihnachten, a. langweilte er sich während der Festtage meistens*
an·der·mal *nur in* ***ein a.*** zu e-m anderen Zeitpunkt: *Heute habe ich keine Zeit, das machen wir doch ein a.*
än·dern; *änderte*, *hat geändert*; [Vt] **1** ***etw. ä.*** etw. in e-e andere, neue od. bessere Form bringen ⟨das Aussehen, das Verhalten, den Plan, die Richtung ä.⟩ **2** ***etw. ändert j-n*** etw. bewirkt, dass j-d sein Verhalten, seine Einstellung wechselt: *Dieses Erlebnis hat ihn sehr geändert*; [Vr] **3** ***j-d / etw. ändert sich*** j-d / etw. nimmt e-e andere Eigenschaft od. Form, ein anderes Verhalten an ⟨ein Mensch, das Wetter, die Lage⟩ || ► ***Änderung***
an·ders *Adv*; **1** auf e-e andere, verschiedene Art u. Weise ↔ genauso ⟨a. denken, fühlen⟩: *Sie packt Probleme ganz a. an als er* **2** verwendet nach Interrogativpronomen (*z.B. wie, wo*) u. Adverbien, um e-e Alternative auszudrücken: *Wie hätte ich das Problem a. lösen sollen?*; *Irgendwo a. im All gibt es vielleicht noch menschenähnliche Lebewesen*

an·ders den·ken·d- *Adj*; *nur attr, nicht adv*; mit e-r anderen Meinung (in Bezug auf ein bestimmtes Problem): *e-e anders denkende Gruppe von Politikern*
an·ders ge·ar·tet *Adj*; von e-r anderen Art, mit anderen Merkmalen ⟨ein Problem⟩
an·ders ge·sinnt *Adj*; anders denkend, mit e-r anderen Einstellung zu etw.
an·ders lau·tend *Adj*; *nicht adv*; andere Informationen od. Aussagen enthaltend ⟨ein Bericht, e-e Meldung⟩

an·ders·ar·tig *Adj*; mit Merkmalen e-r anderen Art ⟨ein Verhalten, e-e Denkweise⟩ || *hierzu* **An·ders·ar·tig·keit** *die*; *nur Sg*
an·der·seits *Adv* ≈ andererseits
an·ders·far·big *Adj*; mit e-r anderen Farbe
an·ders·he·rum *Adv*; **1** in e-e andere od. entgegengesetzte Richtung: *e-n Schrank a. stellen* **2** in e-r anderen od. entgegengesetzten Stellung: *Die Kommode steht jetzt a.* **3** ***j-d ist a.*** *gespr!* j-d ist homosexuell
an·ders·rum *Adv*; *gespr* ↑ ***andersherum***
an·ders·spra·chig *Adj*; e-e andere Sprache verwendend ⟨Menschen, Völker; ein Bevölkerungsteil; Literatur⟩
an·ders·wie *Adv*; *gespr*; auf andere Art u. Weise: *Dieses Problem hätte man a. lösen können*
an·ders·wo *Adv*; *gespr*; an irgendeinem anderen Ort ≈ woanders: *Du musst das Auto a. parken*
an·ders·wo·her *Adv*; *gespr*; von (irgend)einem anderen Ort

ạn·ders·wo·hin *Adv; gespr;* an (irgend)eine andere Stelle: *Ich häng das Bild lieber a.*

ạn·dert·hạlb *Zahladj;* ein Ganzes u. ein Halbes ≈ eineinhalb; 1½ ⟨a. Liter, Meter, Stunden⟩ || *hierzu* **ạn·dert·hạlb·fach** *Adj; nur attr od adv;* **ạn·dert·hạlb·mal** *Adv*

Ạn·de·rung *die; -, -en;* ***e-e Ä.*** (+ *Gen*); ***e-e Ä.*** (***von j-m / etw.***) das Ändern (1,2): *die Ä. e-s Gesetzes beschließen; am Bauplan e-e Ä. vornehmen* || K-: ***Änderungs-, -antrag, -vorschlag***

ạn·de·rungs·be·dürf·tig *Adj;* ⟨ein Bauplan, ein Gesetzesentwurf⟩ so, dass sie geändert werden sollten

ạn·der·wär·tig *Adj; nur attr od adv;* von e-r anderen Stelle kommend ⟨Informationen⟩

ạn·der·wei·tig *Adj; nur attr od adv;* außerdem noch vorhanden ≈ sonstig: *sich mit anderweitigen Problemen auseinander setzen; e-n Auftrag a.* (= an einen anderen) *vergeben*

ạn·deu·ten (*hat*) [Vt] **1** ***etw. a.*** durch kleine Hinweise auf etw. aufmerksam machen ⟨e-n Wunsch a.⟩: *Sie deutete mit e-m Blick an,* dass *sie heimfahren wollte* **2** ***etw. a.*** etw. unvollständig darstellen, aber das Ganze erkennen lassen ≈ skizzieren: *Der Maler deutet den Hintergrund mit ein paar Pinselstrichen an;* [Vr] **3** ***etw. deutet sich an*** etw. wird erkennbar: *Der Sonnenaufgang deutet sich durch das Morgenrot an*

Ạn·deu·tung *die;* **1** ein indirekter, relativ vager Hinweis auf etw.: *Sie sprach nur in Andeutungen von ihren Zukunftsplänen* **2** ein schwaches Anzeichen (2): *Er sah mich mit der A. e-s Lächelns an* || *hierzu* **ạn·deu·tungs·wei·se** *Adj; nur attr od adv*

ạn·dich·ten (*hat*) [Vt] ***j-m etw. a.*** über j-n etw. sagen, das nicht wahr ist

ạn·di·cken; *dickte an, hat angedickt;* [Vt] ***etw. a.*** etw. beim Kochen fester, weniger flüssig machen ⟨die Soße, die Suppe mit Mehl, Stärke a.⟩

ạn·dis·ku·tie·ren (*hat*) [Vt] ***etw. a.*** anfangen, über etw. zu diskutieren ⟨ein Thema, ein Problem a.⟩

Ạn·drang *der; -(e)s; nur Sg;* e-e große Menschenmenge, die auf engem Raum zusammenkommt: *Am Eingang herrschte ein großer A. von Kindern*

ạn·drän·gen·d- *Adj; nur attr, nicht adv;* in großer Zahl sich zu etw. hin bewegend: *die andrängende Menschenmenge* || *hierzu* **ạn·drän·gen** (*ist*) *Vi*

ạn·dre·hen (*hat*) [Vt] **1** ***etw. a.*** durch Drehen die Zufuhr e-r Flüssigkeit, e-s Gases ermöglichen: *den Hahn, das Wasser a.* **2** ***etw. a.*** etw. durch Drehen e-s Hebels od. Schalters in Betrieb setzen ⟨das Radio, das Licht, e-e Maschine a.⟩ **3** ***etw. a.*** etw. durch Drehen befestigen ≈ festdrehen ⟨e-e Schraube a.⟩ **4** ***j-m etw. a.*** *gespr;* j-m etw. (*mst* von schlechter Qualität u. zu teuer) verkaufen: *Wo hast du dir denn diesen altmodischen Pullover a. lassen?*

ạnd·ren·falls *Adv;* ↑ ***anderenfalls***

ạnd·rer·seits *Adv;* ↑ ***andererseits***

ạn·dro·hen (*hat*) [Vt] (***j-m***) ***etw. a.*** j-m sagen, dass man ihn bestrafen wird (*mst* wenn er mit etw. nicht aufhört) ⟨j-m Prügel, e-e Strafe a.⟩: *Er drohte ihr an, sie zu entlassen* || *hierzu* **Ạn·dro·hung** *die*

ạn·drü·cken (*hat*) [Vt] **1** ***etw.*** (***an etw.*** (*Akk*)) ***a.*** etw. durch Druck an etw. befestigen: *den Aufkleber, das Pflaster a.;* [Vr] **2** ***sich*** (***an j-n / etw.***) ***a.*** sehr fest od. eng mit j-m / etw. in Kontakt kommen: *Das Kind drückt sich im Dunkeln fest an seine Mutter an*

ạn·ecken; *eckte an, ist angeeckt;* [Vi] **1** (***an etw.*** (*Dat*)) ***a.*** aus Versehen an etw. anstoßen ⟨an e-m Tisch, am Randstein a.⟩ **2** (***mit etw.***) (***bei j-m / etw.***) ***a.*** *gespr;* durch unpassendes Verhalten unangenehm auffallen: *Wegen seiner Kleidung eckte er beim Chef an*

ạn·eig·nen, sich; *eignete sich an, hat sich angeeignet;* [Vr] **1** ***sich*** (*Dat*) ***etw. a.*** etw. an sich nehmen, das einem nicht gehört: *Er eignete sich unerlaubt mehrere Bücher seines Freundes an* **2** ***sich*** (*Dat*) ***etw. a.*** etw. durch Lernen, Üben erwerben ⟨sich Kenntnisse, e-n besseren Stil, gutes Benehmen, Wissen a.⟩ || *hierzu* **Ạn·eig·nung** *die; mst Sg* || ► ***eigen*** (1)

an·ei·nạn·der[1] *Adv;* **1** e-e Person / Sache an die andere od. an der anderen: *Die Zelte stehen zu dicht a.* **2** verwendet, um e-e Gegenseitigkeit auszudrücken: *Wir denken oft a.* (= ich denke oft an sie, u. sie oft an mich); *Sie gingen wortlos a. vorbei*

an·ei·nạn·der[2] *mit Verb, begrenzt produktiv;* Die Verben mit *aneinander* werden nach folgendem Muster gebildet: *aneinander binden - band aneinander - aneinander gebunden*

aneinander drückt aus, dass e-e feste Verbindung zwischen mehreren Dingen, Menschen hergestellt wird ↔ auseinander (1);

⟨Dinge⟩ ***aneinander schrauben***: *Er schraubte die beiden Bretter aneinander* ≈ Er befestigte das eine Brett mit Schrauben an dem anderen

ebenso: ⟨Personen / Dinge⟩ ***aneinander binden***, ⟨Dinge⟩ / ***sich*** (*Pl*) ***aneinander drücken***, ⟨Personen⟩ ***aneinander fesseln***, ⟨Dinge⟩ ***aneinander fügen***, ⟨Dinge⟩ ***aneinander heften***, ⟨Dinge⟩ / ***sich*** (*Pl*) ***aneinander klammern***, ⟨Dinge⟩ ***aneinander kleben***, ⟨Dinge⟩ ***aneinander knoten***, ⟨Dinge⟩ ***aneinander knüpfen***, ⟨Dinge⟩ ***aneinander koppeln***, ⟨Dinge⟩ ***aneinander nähen***, ⟨Dinge⟩ ***aneinander schließen, sich*** (*Pl*) ***aneinander schmiegen***, ⟨Dinge⟩ ***aneinander schweißen, aneinander stoßen***

---

an·ei·nạn·der ge·ra·ten; *geriet aneinander, ist aneinander geraten;* [Vi] ***j-d gerät mit j-m aneinander***; ⟨Personen⟩ ***geraten aneinander*** *mst* zwei Personen fangen an zu streiten: *Sie gerieten oft heftig aneinander; Er ist mit ihr öfters aneinander geraten*

an·ei·nạn·der gren·zen (*haben*) [Vi] ⟨Gärten, Grundstücke⟩ ***grenzen aneinander*** Gärten, Grundstücke haben e-e gemeinsame Grenze

an·ei·nạn·der hän·gen[1]; *hängte aneinander, hat aneinander gehängt;* [Vt] ⟨Dinge⟩ ***a. h.*** ein Ding an das andere hängen: *Güterwaggons a. h.*

an·ei·nạn·der hän·gen[2]; *hingen aneinander, haben | südd sind aneinander gehangen;* [Vi] **1** ⟨Dinge⟩ ***hängen aneinander*** mehrere Dinge hängen dicht bei- od. nebeneinander: *Die Trauben hingen nur so aneinander* **2** ⟨Personen⟩ ***hängen aneinander*** zwei od. mehrere Personen mögen sich, sind innerlich verbunden: *Unsere Kinder hängen aneinander*

an·ei·nạn·der rei·hen (*hat*) [Vt] **1** ⟨Dinge⟩ ***a. r.*** ein Ding neben das andere stellen u. so e-e Reihe bilden ⟨Kisten a. r.⟩; [Vr] **2** ⟨Dinge⟩ ***reihen sich aneinander*** Dinge bilden e-e Reihe ⟨Bücher⟩ || *hierzu* **An·ei·nạn·der|rei·hung** *die*

A·nek·do̲·te *die; -, -n;* e-e kurze, *mst* lustige Geschichte über e-e bekannte Persönlichkeit od. ein Geschehen || *hierzu* **a·nek·do̲·ten·haft** *Adj*

ạn·ekeln (*hat*) [Vt] ***j-d / etw. ekelt j-n an*** j-d / etw. hat e-e abstoßende Wirkung auf j-n, ruft Ekel bei j-m hervor: *Der schlechte Geruch ekelte mich an*

A·ne·mo̲·ne *die; -, -n;* e-e kleine *mst* weiße Blume, die im Frühling *bes* im Wald blüht

ạn|er·kannt **1** *Partizip Perfekt;* ↑ ***anerkennen*** **2** *Adj; ohne Steigerung;* wegen bestimmter Fähigkeiten od. Qualitäten allgemein geschätzt od. geachtet: *ein international anerkannter Musiker*

ạn|er·kann·ter·ma̲·ßen *Adv; geschr;* nach allgemeiner Einschätzung, Beurteilung: *Er ist a.*

e-e Koryphäe auf dem Gebiet der Herztransplantation

an|er·ken·nen; *erkannte an / selten auch anerkannte, hat anerkannt*; [Vt] **1** ***j-n / etw. a.*** j-n / etw. positiv beurteilen ⟨j-s Leistungen a.⟩ **2** ***etw. a.*** etw. respektieren, achten u. befolgen ⟨e-e Abmachung, e-e Regel, e-e Vorschrift a.⟩ **3** ***j-n / etw.*** (***als etw.*** (*Akk*)) ***a.*** j-n / etw. als gültig u. rechtmäßig betrachten ⟨e-n Staat a.; e-e Prüfung a.⟩ **4** ***die Vaterschaft a.*** (offiziell) sagen, dass man j-s Vater ist

an|er·ken·nens·wert *Adj*; positive Reaktionen bei den Mitmenschen hervorrufend ≈ lobenswert ⟨e-e Leistung, ein Verhalten⟩

An|er·ken·nung *die*; -; *nur Sg*; **1** das Anerkennen (1): *die A. ihrer Leistungen* **2** (***keine***) ***A. finden*** (nicht) anerkannt (1,2) werden **3** ***j-m / etw.*** (***keine***) ***A. zollen*** *geschr*; j-n / etw. (nicht) anerkennen (1) **4** das Anerkennen (3,4): *die A. der Vaterschaft*; *die diplomatische A. e-s neugegründeten Staates*

an|er·zie·hen; *erzog an, hat anerzogen*; [Vt] (***j-m***) ***etw. a.*** durch Erziehung j-n an etw. gewöhnen, j-n etw. lehren: *Ist seine Rücksichtslosigkeit angeboren od. anerzogen?* || NB: *mst* im Zustandspassiv

an·fah·ren [Vt] (*hat*) **1** ***j-n a.*** j-n mit e-m Fahrzeug streifen u. dadurch verletzen: *Nachts wurde ein Radfahrer, der ohne Licht fuhr, angefahren* **2** ***etw. a.*** etw. mit e-m Fahrzeug liefern ⟨Lebensmittel, Möbel a.⟩ **3** ***j-n a.*** *gespr*; j-n laut u. zornig tadeln: *Fahr mich doch nicht so an!*; [Vi] (*ist*) **4** ***j-d / etw. fährt an*** j-d bringt sein Fahrzeug in Bewegung / ein Fahrzeug setzt sich in Bewegung: *Der Zug fuhr mit e-m kräftigen Ruck an*; *Er musste auf der vereisten Straße ganz langsam a.* || *zu* **2** **An·fahrt** *die*

An·fall *der*; **1** ein kurzer krankhafter Zustand, der plötzlich und sehr heftig eintritt ⟨e-n A. bekommen, haben⟩: *e-n epileptischen A. erleiden* || -K: ***Herz-, Husten-*** **2** ***ein A.*** (***von etw.***) das kurze u. plötzliche Auftreten e-s Gemütszustandes ⟨etw. tun in e-m A. von Eifersucht, Wahnsinn⟩ || NB: vor dem Subst. steht kein Artikel **3** ***e-n A. bekommen*** sehr zornig werden **4** *nur Sg, Admin geschr*; das Anfallen (2): *mit dem A. von viel Arbeit rechnen*

an·fal·len [Vt] (*hat*) **1** ***ein Tier fällt j-n an*** ein Tier greift j-n an u. verletzt ihn *mst* dabei: *Unser Hund hat den Briefträger angefallen*; [Vi] (*ist*) **2** ***etw. fällt an*** *Admin geschr*; etw. entsteht immer wieder od. ist ständig vorhanden: *die laufend anfallende Post erledigen*; *Bei diesem Projekt fielen sehr hohe Kosten an*

an·fäl·lig *Adj*; *nicht adv*; **1** ***a.*** (***für etw.***) nicht resistent gegen etw., keinen Widerstand gegen etw. zeigend ⟨a. sein für Krankheiten, Beeinflussungen⟩ || -K: ***frost-, krankheits-, stress-*** **2** ***a.*** (***für etw.***) nicht gut gegen negative Einflüsse geschützt ⟨e-e Maschine, die Wirtschaft⟩: *Der neue Computer ist a. für Störungen* || -K: ***pannen-, störungs-*** || *hierzu* **An·fäl·lig·keit** *die*; *nur Sg*

An·fang *der*; **1** *nur Sg*; der Zeitpunkt, zu dem etw. anfängt (3): *am A. dieses Jahrhunderts*; *den A. des Films verpassen* || K-: ***Anfangs-, -gehalt, -kapital, -kenntnisse, -schwierigkeiten, -stadium*** **2** ***A.*** + *Zeitangabe* am A. (1) des genannten Zeitraums: *A. Juli beginnen die Ferien*; *A. 1980*, *A. nächster Woche* **3** *nur Sg*; die Stelle, an der etw. anfängt (5) ⟨der A. der Autobahn, e-s neuen Kapitels in e-m Roman⟩ **4** *nur Pl* ≈ Ursprung: *Die Anfänge der Menschheit liegen in Afrika* || ID ***von A. an*** gleich zu Beginn: *Ich war von A. an dagegen*; ***den A. machen*** *gespr*; als Erster etw. beginnen; ***A.*** ⟨zwanzig, dreißig, vierzig *usw*⟩ ***sein*** ca. 20 bis 23, 30 bis 33 *usw* Jahre alt sein; ***Aller A. ist schwer*** wenn man etw. Neues beginnt, hat man immer Probleme

an·fan·gen (*hat*) [Vt/i] **1** (***etw.***) ***a.*** den ersten Teil e-r Sache machen, mit etw. beginnen ⟨e-e Arbeit, ein Gespräch, ein neues Leben a.; von vorn a.⟩: *Wann fangen wir* (*die Sitzung*) *endlich an?*; *Er fing an, laut zu singen* / *Er fing laut zu singen an*; *Das Auto fängt allmählich an zu rosten* / *zu rosten an*; [Vt] **2** ***etw. a.*** *gespr*; etw. machen, tun ⟨etw. geschickt a.⟩: *Was fangen wir nach dem Essen an?*; [Vi] **3** ***etw. fängt*** (***irgendwann***) ***an*** etw. findet von e-m bestimmten Zeitpunkt an statt: *Das Konzert fängt um 8 Uhr an* **4** (***mit etw.***) ***a.*** ≈ a. (1) **5** ***etw. fängt irgendwo an*** etw. erstreckt sich von e-r bestimmten Stelle aus: *Hinter dieser Bergkette fangen die Dolomiten an* **6** ***etw. fängt mit etw. an*** etw. hat etw. als Beginn: *Der Film fing mit e-m Mord an* || ID *mst* ***Das fängt ja gut / heiter an!*** *gespr iron*; das ist kein guter Start; ***mit j-m / etw. nicht viel / nichts a. können*** j-n / etw. nicht verstehen, mit j-m nicht gern zusammen sein, etw. nicht gern tun; ***mit sich / seiner Freizeit nichts a. können*** nicht fähig sein, seine Freizeit sinnvoll zu nutzen

An·fän·ger *der*; *-s*, -; j-d, der gerade mit e-r Ausbildung / Tätigkeit beginnt ⟨Kurse für A.⟩ || ID ***ein blutiger A.*** ein völliger Neuling || *hierzu* **An·fän·ge·rin** *die*; -, *-nen*

an·fäng·lich *Adj*; **1** *nur attr, nicht adv*; am Anfang (noch) vorhanden ⟨Zögern, Misstrauen, Schüchternheit⟩ **2** *nur adv*; zuerst, am Anfang

an·fangs[1] *Adv*; zuerst, am Anfang

an·fangs[2] *Präp*; *mit Gen, gespr*; am Anfang, zu Beginn (e-s Zeitraums): *a. des Monats*

An·fangs·buch·sta·be *der*; der erste Buchstabe e-s Wortes

an·fas·sen (*hat*) [Vt] **1** ***j-n / etw. a.*** j-n / etw. mit der Hand berühren u. greifen: *Er fasst mich immer an, wenn er mit mir spricht* **2** ***j-n irgendwie a.*** j-n irgendwie behandeln, mit j-m irgendwie umgehen ⟨j-n rau, hart, sanft a.⟩ **3** ***etw. irgendwie a.*** *gespr*; etw. irgendwie anfangen, beginnen ⟨e-e Aufgabe geschickt a.⟩ || ID *mst* ***Fass doch mal mit an!*** *gespr*; hilf doch mal mit!

an·fau·chen (*hat*) [Vt] **1** ⟨*mst* e-e Katze⟩ ***faucht j-n / etw.*** / ***ein Tier an*** e-e Katze faucht in die Richtung von j-m / etw. / e-m Tier **2** ***j-n a.*** *gespr*; j-n heftig tadeln, zurechtweisen

an·fau·len (*ist*) [Vi] ***etw. fault an*** etw. beginnt (*mst* leicht) zu faulen: *angefaultes Obst*

an·fech·ten; *ficht an, focht an, hat angefochten*; [Vt] ***etw. a.*** die Gültigkeit od. Richtigkeit e-r Sache nicht anerkennen ⟨das Testament, e-n Vertrag a.⟩ || *hierzu* **An·fech·tung** *die*; **an·fecht·bar** *Adj*

an·fein·den; *feindete an, hat angefeindet*; [Vt] ***j-n a.*** zu j-m, den man nicht leiden kann, sehr unhöflich sein od. ihn bekämpfen || *hierzu* **An·fein·dung** *die*

an·fer·ti·gen (*hat*) [Vt] ***etw. a.*** *geschr*; etw. herstellen, machen ⟨ein Gutachten a.; Kleider beim Schneider a. lassen; ein Bild, ein Porträt a. (lassen)⟩ || *hierzu* **An·fer·ti·gung** *die*; *nur Sg*

an·feuch·ten; *feuchtete an, hat angefeuchtet*; [Vt] ***etw. a.*** etw. ein wenig feucht machen ⟨die Lippen a.⟩ || *hierzu* **An·feuch·tung** *die*; *nur Sg*

an·feu·ern (*hat*) [Vt] **1** ***j-n a.*** (*bes* beim Sport) durch Zurufe *usw* j-n zu größeren Leistungen treiben: *Die Fans feuerten ihre Mannschaft frenetisch an* **2** ***etw. a.*** in etw. ein Feuer machen ≈ anzünden ⟨e-n Ofen, e-n Herd a.⟩ || *zu* **1** **An·feu·e·rung** *die*; *nur Sg*

an·fle·hen (*hat*) [Vt] ***j-n a.*** j-n dringend um etw. bitten, *mst* indem man sein Mitleid erregt: *Er flehte sie an, ihn nicht zu verlassen*

an·flie·gen [Vt] (*hat*) **1** ***j-d / etw. fliegt etw. an*** ein Flugzeug bzw. dessen Besatzung fliegt in Richtung auf etw. ⟨e-n Flughafen, e-e Stadt a.⟩ **2** ⟨e-e Fluggesellschaft⟩ ***fliegt etw. an*** e-e Fluggesellschaft hat e-e Fluglinie zu e-r bestimmten Stadt: *Die Fluggesellschaft fliegt New York direkt an*; [Vi] (*ist*) **3** ***etw. /***

ein Vogel kommt angeflogen etw. / ein Vogel fliegt in j-s Richtung: *Die Vögel kamen angeflogen*

An·flug *der*; *mst Sg*; **1** *mst* ***im / beim A. auf etw.*** (*Akk*) in der letzten Phase des Flugs vor der Landung an e-m bestimmten Ziel: *Das Flugzeug befindet sich im A. auf Paris* **2** e-e gerade noch erkennbare Andeutung von etw. ⟨der A. e-s Lächelns⟩

an·for·dern (*hat*) [Vt] ***j-n / etw. a.*** nach j-m / etw. (dringend) verlangen od. etw. bestellen ⟨ein Gutachten, Ersatzteile a.; Arbeitskräfte a.⟩

An·for·de·rung *die*; **1** *mst Pl*; die (*mst* hohen) Maßstäbe, nach denen j-s Leistungen beurteilt werden ⟨hohe, große Anforderungen an j-n stellen; den Anforderungen nicht gewachsen sein⟩ **2** *nur Sg*; das Anfordern ⟨die A. von Waren, Arbeitskräften⟩

An·fra·ge *die*; **1** e-e Frage od. Bitte um Auskunft (die *mst* an e-e staatliche Institution gerichtet ist) ⟨e-e A. an e-e Behörde richten⟩ **2** *Pol*; die (*mst* schriftliche) Bitte e-r parlamentarischen Gruppe an die Regierung, e-n Sachverhalt genau darzustellen

an·fra·gen (*hat*) [Vi] (***bei j-m / etw.***) ***a.*** sich an j-n / e-e Institution mit e-r Frage wenden ⟨höflich, bescheiden a., ob …⟩

an·fres·sen (*hat*) [Vt] **1** ***ein Tier frisst etw. an*** ein Tier frisst etw. nur zu e-m kleinen Teil: *Die Mäuse haben den Käse angefressen* **2** ***etw. frisst etw. an*** etw. löst etw. teilweise in seine Bestandteile auf ≈ etw. zersetzt etw.: *Der Rost frisst das Eisen an* **3** ***sich*** (*Dat*) ***e-n Bauch a.*** *gespr*; so viel essen, dass man e-n dicken Bauch bekommt

an·freun·den, sich; *freundete sich an, hat sich angefreundet*; [Vr] **1** ***j-d freundet sich mit j-m an***; ⟨Personen⟩ ***freunden sich an*** zwei od. mehrere Leute werden Freunde **2** ***sich*** (***nicht***) ***mit etw. a. können*** mit etw. (nicht) zurechtkommen, sich (nicht) an etw. gewöhnen ⟨sich nicht mit dem Gedanken a. können, etw. zu tun⟩: *Er kann sich nicht mit der modernen Technik a.*

an·frie·ren (*ist*) [Vi] ***etw. friert*** (***an etw.*** (*Dat*)) ***an*** etw. klebt durch Einwirkung des Frosts an etw.: *Die Scheibenwischer sind angefroren*

an·fü·gen (*hat*) [Vt] ***etw.*** (***etw.*** (*Dat*) ***/ an etw.*** (*Dat / Akk*)) ***a.*** *geschr*; e-r Sache etw. hinzufügen, hinzusetzen || *hierzu* **An·fü·gung** *die*

an·füh·len (*hat*) [Vt] **1** ***etw. a.*** etw. prüfend anfassen ⟨e-n Stoff, j-s Stirn a.⟩; [Vr] **2** ***etw. fühlt sich irgendwie an*** etw. vermittelt (beim Anfassen) e-n bestimmten Eindruck: *Dieser Stoff fühlt sich rau an*

An·fuhr *die*; -, *-en*; der Transport zum Ziel ↔ Abfuhr (1): *die pünktliche A. der Lieferung*

an·füh·ren (*hat*) [Vt] **1** ***etw. a.*** etw. erwähnen, vorbringen: *Er führte zu seiner Entschuldigung an*, dass *der Wecker nicht geklingelt habe* **2** ***j-n / etw. a.*** j-n / etw. als Beweis od. Beleg zitieren ⟨e-e Stelle aus e-m Gedicht a.⟩ **3** ***etw. a.*** an der Spitze e-r Gruppe sein: *E-e Kapelle führt den Festzug an* **4** ***etw. a.*** e-e Gruppe leiten u. ihr Befehle geben ⟨e-e Kompanie a.⟩ **5** ***j-n a.*** *gespr* ≈ foppen || *zu* **1, 2** u. **4** **An·füh·rung** *die*; *mst Sg*; *zu* **4** **An·füh·rer** *der*; **An·füh·re·rin** *die*

An·füh·rungs·stri·che *die*; *Pl* ≈ Anführungszeichen

An·füh·rungs·zei·chen *das*; *-s*, *-*; *mst Pl*; die Zeichen „ u. “, die verwendet werden, um e-e wörtliche Rede, Zitate od. ironisch gemeinte Wendungen anzuzeigen ⟨etw. in Anführungszeichen setzen⟩: *Die Zeichen ‚…' sind einfache Anführungszeichen*

an·fül·len (*hat*) [Vt] ***etw.*** (***mit etw.***) ***a.*** etw. vollständig mit etw. füllen

an·fun·keln (*hat*) [Vt] ***j-n a.*** j-n wütend ansehen

An·ga·be *die*; -, *-n*; **1** ≈ Information, Auskunft: *genaue Angaben über e-n Unfall machen* || -K: ***Orts-, Zeit-*** **2** *nur Sg*, *gespr pej*; ein Verhalten, durch das man die Bewunderung anderer Leute erlangen will ≈ Angeberei, Prahlerei **3** *Sport*; ein Schlag, mit dem der Ball (*bes* bei Netzspielen) ins Spiel gebracht wird ≈ Aufschlag ⟨A. haben, e-e scharfe A. machen⟩ || NB: ↑ ***Anstoß***

an·gaf·fen (*hat*) [Vt] ***j-n / etw. a.*** *gespr pej*; j-n intensiv, neugierig betrachten ≈ anstarren

an·ge·ben (*hat*) [Vt] **1** (***j-m***) ***etw. a.*** etw. nennen, um j-m e-e Information zu geben ⟨seinen Namen, seine Adresse a.⟩: *Er gab als Grund für seine Verspätung an*, dass *er den Bus verpasst habe* **2** ***etw. a.*** etw. bestimmen, festsetzen ⟨den Takt, das Tempo a.⟩ **3** ***etw. a.*** etw. deutlich zeigen, markieren: *Ölquellen auf e-r Landkarte a.* **4** ***j-n als etw. a.*** (bei der Polizei) melden, mitteilen, dass j-d etw. getan hat: *Der Zeuge gab e-n blonden Jugendlichen als Täter an*; [Vi] **5** (***mit etw.***) ***a.*** *gespr pej*; etw. übertrieben stolz zeigen od. erzählen, um von anderen Leuten bewundert zu werden ≈ prahlen: *Gib doch nicht so an mit deinem neuen Auto!* **6** *Sport*; (bei Netzspielen) den Ball ins Spiel bringen || *zu* **5** **An·ge·ber** *der*; *-s*, *-*; **An·ge·be·rin** *die*; *-*, *-nen*; **an·ge·be·risch** *Adj* || ► ***Angabe***

An·ge·be·te·te *der / die*; *-n*, *-n*; *oft iron*; verwendet zur Bezeichnung der Person, die sehr von j-m verehrt od. geliebt wird || NB: *der Angebetete*; *ihr Angebeteter*; *ihren, ihrem, ihres Angebeteten*

an·geb·lich *Adj*; *nur attr od adv*; wie j-d behauptet (was jedoch nicht als sicher od. bewiesen gilt) ≈ vermeintlich: *ihr angeblicher Cousin*; *Er ist a. sehr reich (aber ich glaube es nicht)*

an·ge·bo·ren *Adj*; *nicht adv*; von Geburt an vorhanden, nicht anerzogen ⟨ein Instinkt, e-e Krankheit, e-e Abneigung⟩

An·ge·bot *das*; *-(e)s*, *-e*; **1** das Anbieten e-r Ware zum Kauf ⟨j-m ein günstiges A. machen⟩ **2** ***das A.*** (***an etw.*** (*Dat*)) die Menge e-r angebotenen Ware: *ein reichhaltiges A.* (*an Obst, Fleisch*) **3** *Ökon*, *Kollekt*; alle Waren u. Dienstleistungen, die es auf dem Markt gibt **4** ***A. u. Nachfrage*** *Ökon*; das Verhältnis zwischen dem A. (3) u. dem, was tatsächlich gekauft wird: *A. u. Nachfrage regeln den Preis e-r Ware*

an·ge·bracht **1** *Partizip Perfekt*; ↑ ***anbringen*** **2** *Adj*; genau passend für e-e bestimmte Situation ≈ angemessen ↔ unpassend ⟨etw. für a. halten; es ist a., dass …⟩

an·ge·bro·chen **1** *Partizip Perfekt*; ↑ ***anbrechen*** **2** *Adj*; ***ein angebrochener Abend, Tag*** ein Abend, Tag, der zum Teil schon vergangen ist: *Was machen wir mit dem angebrochenen Abend?* **3** *Adj*; (zum Essen od. Trinken) schon geöffnet ⟨e-e Weinflasche, e-e Packung⟩

an·ge·brü·tet *Adj*; ⟨ein Ei⟩ so, dass das Huhn schon darauf gebrütet hat (u. es deswegen nicht mehr genießbar ist)

an·ge·bun·den **1** *Partizip Perfekt*; ↑ ***anbinden*** **2** *Adj*; (***mit / wegen j-m / etw.***) ***a. sein*** *gespr*; gewisse Pflichten erfüllen müssen u. daher wenig Zeit für sich selbst haben: *Mit zwei kleinen Kindern bin ich völlig a.* **3** *Adj*; ***kurz a. sein*** unfreundlich sein, sehr knappe Antworten geben

an·ge·dei·hen *nur in* ***j-m etw. a. lassen*** *geschr od iron*; j-m etw. Positives geben od. gewähren: *j-m ein verdientes Lob a. lassen*

an·ge·du·selt *Adj*; *gespr*; leicht betrunken

an·ge·gos·sen *Adj*; *mst in* ***etw. sitzt / passt wie a.*** *gespr*; ein Kleidungsstück passt ganz genau

an·ge·hei·ra·tet *Adj*; *nicht adv*; durch Heirat Mitglied der Verwandtschaft geworden: *e-e angeheiratete Tante*

ạn·ge·hei·tert *Adj*; durch das Trinken von Alkohol in fröhlicher Stimmung || ► ***heiter*** (1)

ạn·ge·hen [Vi] **1** ***j-n / etw. a.*** (*hat / südd* (CH) *ist*) j-n / etw. angreifen, hart attackieren: *Er ging seinen Gegenspieler ungewöhnlich hart an* **2** ***etw. a.*** (*hat / südd* (CH) *ist*) anfangen, etw. zu behandeln, etw. zu lösen versuchen ⟨ein Problem, ein Thema a.⟩ **3** *mst* ***etw. geht j-n (et)was / nichts an*** (*ist*) etw. ist / ist nicht j-s Angelegenheit, etw. betrifft j-n / betrifft j-n nicht: *Hör zu, das geht auch dich (etwas) an; Das sind deine Probleme, die gehen mich nichts an* || NB: *mst* im *Präsens* u. *Imperfekt* **4** ***was j-n / etw. angeht, ...*** *gespr*; in Bezug auf j-n / etw., was j-n / etw. betrifft, ...: *Was deine Arbeit angeht, so kann ich dir sagen, dass sie nur noch besser werden kann* **5** ***j-n um etw. a.*** (*hat / südd* (CH) *ist*) *geschr*; j-n um etw. bitten ⟨j-n um Geld, um e-n Rat a.⟩; [Vi] (*ist*) **6** ***gegen j-n / etw. a.*** j-n / etw. durch gezielte Maßnahmen bekämpfen ⟨gegen Missstände, Verbrechen a.⟩ **7** ***etw. geht an*** *gespr* ≈ etw. fängt an: *Weißt du, wann die Schule wieder angeht?* **8** ***etw. geht an*** *gespr*; etw. beginnt zu brennen ↔ etw. geht aus ⟨das Feuer, der Ofen, das Licht⟩ **9** ***etw. geht an*** *gespr*; etw. kommt in Gang ≈ etw. springt an (3) ↔ etw. geht aus ⟨der Motor, das Auto⟩; [Vimp] **10** ***es geht nicht / gerade noch an, (dass) ...*** es kann nicht / gerade noch akzeptiert od. zugelassen werden, dass ...: *Es geht nicht an, während des Unterrichts zu rauchen*

ạn·ge·hen·d- **1** *Partizip Präsens*; ↑ ***angehen*** **2** *Adj*; *nur attr, nicht adv*; verwendet, um auszudrücken, dass j-d bald e-n bestimmten Beruf ausüben wird, aber noch in der Ausbildung steht: *ein angehender Arzt, Schauspieler*

ạn·ge·hö·ren; *gehörte an, hat angehört*; [Vi] ***etw.*** (*Dat*) ***a.*** Mitglied od. Teil von etw. (*mst* e-r Gruppe od. Organisation) sein ⟨e-m Verein, e-m Komitee a.⟩ || *hierzu* **ạn·ge·hö·rig** *Adj*; **Ạn·ge·hö·rig·keit** *die*; *nur Sg*

Ạn·ge·hö·ri·ge *der / die*; *-n, -n*; **1** *mst Pl*; die Mitglieder e-r Familie od. der Verwandtschaft || -K: ***Familien-*** **2** j-d, der Mitglied e-r bestimmten Gruppe od. Organisation ist || -K: ***Betriebs-*** || NB: *ein Angehöriger; der Angehörige; den, dem, des Angehörigen*

ạn·ge·keucht *nur in* ***a. kommen*** *gespr*; in großer Hast, keuchend zu j-m kommen

Ạn·ge·klag·te *der / die*; *-n, -n*; j-d, der vor Gericht steht, weil er e-e Straftat begangen haben soll || NB: **a)** *ein Angeklagter; der Angeklagte; den, dem, des Angeklagten*; **b)** *Angeklagter* ist man in e-m Strafprozess, *Beklagter* in e-m Zivilprozess

ạn·ge·knackst *Adj*; *nicht adv, gespr*; in nicht ganz gesundem, intaktem Zustand ⟨das Selbstbewusstsein, die Gesundheit⟩ || ► ***Knacks*** (3)

ạn·ge·kro·chen *mst in* ***a. kommen*** *pej*; nach e-m Streit *o.Ä.* schuldbewusst zu j-m kommen u. sich versöhnen wollen

Ạn·gel[1] *die*; *-, -n*; ein biegsamer Stab, an dem e-e Schnur mit e-m Haken befestigt ist, mit dem man Fische fangen kann ⟨die A. auswerfen; e-n Fisch an der A. haben⟩ || K-: ***Angel-, -haken, -rute, -schnur***

Ạn·gel[2] *die*; *-, -n*; ein kleines Stück aus Metall od. Eisen in Form e-s kleinen Stabes, an dem Türen od. Fenster so befestigt sind, dass sie sich drehen können || -K: ***Tür-*** || ID ***etw. aus den Angeln heben*** etw. fundamental verändern; ↑ ***Tür***

Ạn·ge·le·gen·heit *die*; ein Sachverhalt od. ein Problem ⟨e-e dringende, peinliche A. regeln; in e-r bestimmten A. zu j-m kommen; sich in fremde Angelegenheiten mischen⟩ || -K: ***Geschäfts-, Privat-***

ạn·geln; *angelte, hat geangelt*; [Vt/i] **1** (***etw.***) ***a.*** Fische mit der Angel[1] fangen; [Vt] **2** (***sich*** (*Dat*)) ***j-n a.*** *gespr pej*; e-n Partner finden, den man heiraten kann: *Am liebsten möchte sie sich e-n Millionär a.*; [Vi] **3** ***nach etw. a.*** *gespr*; mühsam versuchen, etw. zu fassen, das man kaum erreichen kann

Ạn·gel·punkt *der*; **1** ***der (Dreh- u.) A.*** ein Zentrum, an dem alles zusammenkommt: *Paris ist der (Dreh- u.) A. der internationalen Mode* **2** das Wichtigste, von dem sehr viel abhängt: *der A. e-r Karriere*

Ạn·gel·sach·se [-zaksə] *der*; *-n, -n*; *bes* ein Engländer od. j-d, der englischer Abstammung ist u. dessen Muttersprache Englisch ist || NB: *der Angelsachse; den, dem, des Angelsachsen* || *hierzu* **ạn·gel·säch·sisch** *Adj*

ạn·ge·mes·sen *Adj*; (***etw.*** (*Dat*)) ***a.*** den Gegebenheiten, Umständen entsprechend ≈ adäquat: *ein angemessenes Verhalten; Das Gehalt ist der Leistung a.*

ạn·ge·nehm *Adj*; **1** so, dass etw. ein erfreuliches, positives Gefühl hervorruft: *e-e angenehme Nachricht; Ich war a. überrascht* **2** ⟨ein Mensch⟩ so, dass er auf seine Mitmenschen e-n guten Eindruck macht **3** (***sehr***) ***a.!*** verwendet, nachdem sich j-d einem vorgestellt hat bzw. j-d einem vorgestellt wurde: *„Mein Name ist Becker" - „A., ich heiße Müller"*

Ạn·ge·neh·me *das*; *-n*; *nur Sg*; **1** etw., das angenehm ist **2** ***das A. mit dem Nützlichen verbinden*** etw. tun, das Spaß macht u. zugleich nützlich ist || NB: *Angenehmes; das Angenehme; dem, des Angenehmen*

Ạn·ger *der*; *-s, -*; *veraltet* ≈ Dorfwiese

ạn·ge·rast *nur in* ***a. kommen*** sehr schnell näher kommen: *Der Sportwagen kam mit überhöhter Geschwindigkeit a.*

ạn·ge·regt **1** *Partizip Perfekt*; ↑ ***anregen*** **2** *Adj* ≈ lebhaft (2) ⟨ein Gespräch, e-e Diskussion⟩

ạn·ge·sagt **1** *Partizip Perfekt*; ↑ ***ansagen*** **2** ***etw. ist angesagt*** *gespr*; (*bes* von Jugendlichen verwendet) etw. ist als Nächstes geplant od. ist Mode : *„Was ist jetzt angesagt? Kino od. Essen gehen?"*

ạn·ge·säu·selt *Adj*; *gespr*; leicht betrunken

ạn·ge·saust *nur in* ***a. kommen*** schnell in j-s Richtung laufen od. fahren u. zu ihm kommen

ạn·ge·schịm·melt *Adj*; teilweise verschimmelt ⟨ein Stück Brot⟩

ạn·ge·schla·gen **1** *Partizip Perfekt*; ↑ ***anschlagen*** **2** *Adj*; in nicht ganz intaktem, gesundem Zustand ⟨das Selbstbewusstsein, die Gesundheit; ein Betrieb⟩ **3** *Adj*; *Sport*; erschöpft u. *mst* leicht verletzt ⟨ein Boxer⟩ **4** *Adj*; leicht beschädigt ⟨ein Teller, e-e Tasse *o.Ä.*⟩

ạn·ge·schneit *nur in* ***a. kommen*** *gespr*; unerwartet, überraschend irgendwohin kommen

ạn·ge·se·hen **1** *Partizip Perfekt*; ↑ ***ansehen*** **2** *Adj*; *nicht adv*; von den Mitmenschen sehr geachtet, respektiert ⟨ein Mitbürger⟩

Ạn·ge·sicht *das*; *nur Sg, geschr*; **1** *veraltend* ≈ Gesicht, Gesichtsausdruck **2** ***im A.*** + *Gen* in e-r Situation, in der j-d mit etw. Bedrohlichem konfrontiert wird: *Im A. des Todes änderte er sein Testament*

ạn·ge·sichts *Präp*; *mit Gen*; unter Berücksichtigung von, wenn man ... berücksichtigt ≈ im Hinblick auf, wegen ⟨a. der Tatsache, dass ...⟩: *A. der hohen Zahl an Arbeitslosen müssen sich die Politiker geeignete Maßnahmen überlegen* || NB: auch adverbiell verwendet mit *von*: *a. von zwei Millionen Arbeitslosen*

ạn·ge·spannt **1** *Partizip Perfekt*; ↑ ***anspannen*** **2** *Adj*; in e-m Zustand, in dem man alle seine Kräfte auf ein bestimmtes Ziel konzentriert ≈ angestrengt: *j-m mit angespannter Aufmerksamkeit zuhören* **3** *Adj*; *nicht adv*; in e-m Zustand, der leicht zu e-m Konflikt führt ⟨e-e politische Situation, ein Verhältnis⟩

ạn·ge·staubt *Adj*; *nicht adv*; **1** ein wenig mit Staub bedeckt **2** *gespr*; nicht mehr ganz modern ⟨e-e Meinung, e-e Methode⟩

ạn·ge·stellt 1 *Partizip Perfekt*; ↑ ***anstellen* 2** *Adj*; ***(irgendwo) a.*** bei e-r Firma od. Institution beschäftigt ⟨fest a. sein⟩: *bei der Post, an der Universität a. sein*

Ạn·ge·stell·te *der / die*; *-n, -n*; j-d, der für ein festes monatliches Gehalt bei e-r Firma od. Behörde (*mst* im Büro) arbeitet ↔ Arbeiter, Beamte(r) ⟨ein leitender, kaufmännischer Angestellter⟩ || -K: ***Bank-, Büro-*** || NB: *ein Angestellter*; *der Angestellte*; *den, dem, des Angestellten*

ạn·ge·strengt 1 *Partizip Perfekt*; ↑ ***anstrengen* 2** *Adj* ≈ angespannt (2), konzentriert ⟨a. zuhören⟩

ạn·ge·tan 1 *Partizip Perfekt*; ↑ ***antun* 2** *Adj*; ***von j-m / etw. a. sein*** von j-m / etw. e-e sehr positive Meinung haben, begeistert sein **3** *Adj*; ***es j-m a. haben*** *gespr*; j-m sehr gut gefallen, j-n begeistern

ạn·ge·trun·ken *Adj*; ein wenig betrunken

ạn·ge·wandt 1 *Partizip Perfekt*; ↑ ***anwenden* 2** *Adj*; *nur attr, nicht adv*; direkt auf die Praxis bezogen ↔ theoretisch ⟨Mathematik, Sprachwissenschaft⟩

ạn·ge·wie·sen *Adj*; *mst in* ***auf j-n / etw. a. sein*** j-n / etw. unbedingt brauchen od. benötigen ≈ von j-m / etw. abhängig sein: *Als Bauer ist man auf gutes Wetter a.*

ạn·ge·wöh·nen (*hat*) [Vt] ***j-m / sich etw. a.*** etw. zur Gewohnheit machen ↔ abgewöhnen ⟨sich das Rauchen, Trinken a.⟩: *Er hat sich angewöhnt, jeden Abend e-n Spaziergang zu machen* || *hierzu* **Ạn·ge·wöh·nung** *die*; *nur Sg*

Ạn·ge·wohn·heit *die*; e-e *mst* schlechte Eigenschaft od. ein störendes Verhalten, das sich j-d angewöhnt hat ⟨e-e schlechte, seltsame A.⟩

ạn·ge·wur·zelt *Adj*; *mst in* ***wie a. dastehen / stehen bleiben*** (*mst* vor Erstaunen) dastehen / stehen bleiben, ohne sich zu bewegen: *Er blieb wie a. stehen u. starrte mich an*

ạn·ge·zeigt 1 *Partizip Perfekt*; ↑ ***anzeigen* 2** *Adj*; *nicht adv*, *geschr*; in e-r bestimmten Situation genau passend ≈ angebracht, angemessen ⟨etw. für a. halten⟩

ạn·ge·zo·gen 1 *Partizip Perfekt*; ↑ ***anziehen* 2** *Adj*; *nicht adv*; ***irgendwie a.*** auf e-e bestimmte Art gekleidet ⟨elegant, gut, teuer, warm a.⟩

An·gi·na [aŋ'gi:na] *die*; *-, An·gi·nen*; *mst Sg*, *Med*; e-e schmerzhafte Entzündung von Hals u. Mandeln ≈ Mandelentzündung

ạn·glei·chen (*hat*) [Vt] ***sich / etw. (j-m / etw.) a.***; ***sich / etw. (an j-n / etw.) a.*** sich / etw. so verändern, dass man / es j-m / etw. ähnlich wird od. zu j-m / etw. passt ≈ sich / etw. j-m / etw. anpassen: *sein Aussehen dem seines Idols a.*; *sich seiner / an seine Umgebung a.* || *hierzu* **Ạn·glei·chung** *die*

Ạng·ler *der*; *-s, -*; j-d, der mit e-r Angel[1] Fische fängt || *hierzu* **Ạng·le·rin** *die*; *-, -nen*

ạn·glie·dern (*hat*) [Vt] ***etw.*** (***an etw.*** (*Akk*) ***/ etw.*** (*Dat*)) ***a.*** etw. zu e-m zusätzlichen Bestandteil e-r größeren Sache machen: *Dem Kaufhaus wurde e-e neue Abteilung angegliedert* || *hierzu* **Ạn·glie·de·rung** *die*

Ang·lis·tik [aŋ'glɪstɪk] *die*; *-*; *nur Sg*; die Wissenschaft, die sich *bes* mit der englischen Sprache u. der englischsprachigen Literatur beschäftigt ⟨A. studieren⟩ || *hierzu* **Ang·lịst** *der*; *-en, -en*; **Ang·lịs·tin** *die*; *-, -nen*

Ang·li·zịs·mus [aŋgli-] *der*; *-, An·gli·zis·men*; *Ling*; ein englisches Wort od. e-e englische Wendung, die in e-e andere Sprache übernommen wurden: *„Der frühe Vogel fängt den Wurm" ist ein A.*

ạn·glot·zen (*hat*) [Vt] ***j-n / etw. a.*** *gespr pej*; j-n starr u. mit e-m dummen, ausdruckslosen Gesicht ansehen

An·go·ra·kat·ze [aŋ'go:ra-] *die*; e-e Katze mit feinen langen Haaren ≈ Perserkatze

An·go·ra·wol·le [aŋ'go:ra-] *die*; e-e sehr feine, weiche Wolle

ạn·grei·fen (*hat*) [Vt/i] **1** ***(j-n / etw.) a.*** *mst* mit Waffen gegen j-n / etw. zu kämpfen beginnen, um ihn / es zu schädigen od. zu zerstören ≈ attackieren ⟨den Feind, e-e feindliche Stellung a.⟩ **2** ***(etw.) a.*** *gespr*; e-e Aufgabe od. Arbeit anfangen, beginnen ≈ anpacken (3) ⟨seine Hausaufgaben a.⟩ **3** ***(j-n) a.*** *Sport*; die Initiative ergreifen, um zum sportlichen Erfolg zu kommen ↔ verteidigen; [Vt] **4** ***j-n / etw. a.*** j-n / etw. mündlich od. schriftlich stark kritisieren: *Der Redner griff die Politik der Regierung scharf an* **5** ***etw. greift etw. a.*** etw. beschädigt (*mst* aufgrund von chemischen Reaktionen) etw.: *Viele Säuren greifen Eisen an* **6** ***etw. greift j-n / etw. an*** etw. schwächt den Zustand e-r Person od. Sache ≈ etw. zehrt an j-m / etw.: *Die Reise hat ihn / seine Gesundheit stark angegriffen* **7** ***etw. a.*** beginnen, Vorräte od. Reserven zu verbrauchen ⟨seine Ersparnisse a.⟩ **8** ***j-n / etw. a.*** *südd gespr* ≈ berühren; [Vr] **9** ***etw. greift sich irgendwie an*** *südd gespr*; etw. vermittelt beim Anfassen od. Berühren ein bestimmtes Gefühl ≈ etw. fühlt sich irgendwie an ⟨sich hart, weich, angenehm a.⟩ || *zu* **1** u. **3 Ạn·grei·fer** *der*; *-s, -*; **Ạn·grei·fe·rin** *die*; *-, -nen* || ► ***Angriff***

ạn·gren·zen·d- *Adj*; *nur attr, nicht adv*; (***an etw.*** (*Akk*)) ***a.*** sich direkt neben etw. befindend: *Das an den Wald angrenzende Grundstück gehört e-m Arzt* || *hierzu* **an·gren·zen** (*hat*) *Vi*

Ạn·griff *der*; **1** ***ein A.*** (***gegen / auf j-n / etw.***) das Angreifen (1) e-s Gegners, Feindes ≈ Offensive ⟨e-n A. fliegen, abwehren, zurückschlagen⟩ || K-: ***Angriffs-, -krieg*** || -K: ***Bomben-, Luft-, Panzer-, Überraschungs-*** **2** ***ein A.*** (***gegen / auf j-n / etw.***) das scharfe Kritisieren, Angreifen (4) ≈ Vorwurf: *Die Zeitung richtete heftige Angriffe gegen die Regierung* **3** ***ein A.*** (***gegen / auf j-n / etw.***) *Sport*; e-e planmäßige Aktion, die zum Ziel hat, den sportlichen Erfolg zu erreichen (*z.B.* mit e-m Tor) ⟨e-n A. starten, abwehren⟩: *stürmische Angriffe auf das Tor des Gegners* **4** *nur Sg*, *Sport*; die Spieler e-r Mannschaft, die angreifen (3) ↔ Abwehr || K-: ***Angriffs-, -spieler*** **5** ***etw. in A. nehmen*** anfangen, e-e Aufgabe od. Arbeit durchzuführen: *den Bau e-r Garage in A. nehmen*

Ạn·griffs·flä·che *die*; die Stelle, an der *mst* chemische Substanzen od. Wind u. Regen einwirken od. angreifen (5) können || ID ***(j-m) e-e A. bieten*** (j-m) e-n Anlass *mst* zur Kritik geben

ạn·griffs·lus·tig *Adj*; immer bereit, j-n anzugreifen ≈ aggressiv ⟨ein Tier: ein Hund, ein Tiger *o.Ä.*; ein Mensch⟩

Ạn·griffs·punkt *der*; ein Fehler od. e-e Schwäche e-s Menschen, die e-m anderen die Möglichkeit zu Kritik bietet ⟨j-m e-n A. bieten⟩

ạn·grin·sen (*hat*) [Vt] ***j-n a.*** j-n grinsend ansehen ⟨j-n dümmlich, freundlich, herausfordernd a.⟩

ạngst *Adj*; *nur in* ***j-m ist / wird*** (***es***) ***a.*** (***u. bange***) (***vor j-m / etw.***) j-d hat / bekommt (große) Angst vor e-r gefährlichen od. bedrohlichen Person / Sache: *Als plötzlich ein großer Hund vor ihm auftauchte, wurde ihm a. u. bange* || NB: *j-m ist a.*, aber *j-d hat Angst*

Ạngst *die*; *-, Ängs·te*; **1** ***A.*** (***vor j-m / etw.***) der psychische Zustand von j-m, der bedroht wird od. sich in Gefahr befindet ⟨große A. vor j-m / etw. haben, bekommen; A. haben, dass …; j-m A. machen, einflößen; aus A. etw. verschweigen⟩: *Der Briefträger* *hat A. vor unserem bissigen Hund* || K-: ***Angst-, -gefühl, -schweiß; angst-, -erfüllt*** || -K: ***Examens-, Todes-*** **2** *nur Sg*; ***A.*** (***um j-n / etw.***) die ernsthafte Sorge, dass j-m etw. Schlimmes passiert, dass man j-n / etw. verliert ⟨A. um sein Leben, seinen Arbeitsplatz haben⟩: *Jedes Mal, wenn er zum Klettern ins Gebirge fährt, hat seine Mutter A. um ihn* || ID ***j-m A.*** (***u. Bange***) ***machen*** bewirken, dass j-d (große) Angst bekommt; ***es mit der A. zu tun bekommen / kriegen*** *gespr*; plötzlich A. (1) haben, weil man e-e Gefahr od. Bedrohung erkannt hat; ***vor A.*** (***fast***) ***vergehen / umkommen*** sehr große A. haben; *mst* ⟨furchtbare, schreckliche⟩ ***Ängste ausstehen*** große A. (1) haben || NB: *j-d hat A.*, aber *j-m ist angst* || *hierzu* **ạngst·voll** *Adj*

Ạngst·ha·se *der*; *gespr iron*; j-d, der sehr schnell Angst bekommt ≈ Feigling, Hasenfuß

ạ̈ngs·ti·gen; *ängstigte, hat geängstigt*; [Vt] *geschr*; **1** ***j-n ä.*** bewirken, dass j-d Angst (1) bekommt ≈ j-m Angst machen; [Vr] **2** ***sich*** (***vor j-m / etw.***) ***ä.*** vor j-m / etw. Angst (1) haben ≈ sich (vor j-m / etw.) fürchten (5) **3** ***sich*** (***um j-n***) ***ä.*** sich um j-n Sorgen machen, Angst (2) um j-n haben

ạ̈ngst·lich *Adj*; **1** mit der Eigenschaft, leicht u. oft Angst zu bekommen ≈ furchtsam **2** *mst adv*; voll Angst: *Er blickte sich ä. um*; *Die Katze versteckte sich ä. unter dem Schrank* **3** *nur adv*; sehr sorgfältig u. genau ⟨ä. auf etw. (*Akk*) bedacht sein, etw. ä. hüten⟩

ạn·gu·cken (*hat*) [Vt] ***j-n / etw. a.*** *gespr* ≈ ansehen (1,2,3)

ạn·gur·ten; *gurtete an, hat angegurtet*; [Vt] ***j-n / sich a.*** j-m / sich auf dem Sitz e-s Autos od. Flugzeugs e-n Sicherheitsgurt anlegen: *In manchen Ländern ist es Vorschrift, sich im Auto anzugurten*

ạn·ha·ben (*hat*) [Vt] **1** ***etw. a.*** *gespr*; ein Kleidungsstück angezogen haben, es tragen: *ein neues Hemd a.* || NB: bei Kopfbedeckungen sagt man *aufhaben*: *Er hatte e-n Hut auf* **2** ***j-m etwas / nichts a. können*** beweisen / nicht beweisen können, dass j-d schuldig ist **3** ***j-m / etw.*** (***et***)***was / nichts a. können*** j-m / etw. e-n / keinen Schaden zufügen können: *Wir warteten in der Hütte, wo uns das Gewitter nichts a. konnte*

ạn·haf·ten (*hat*) [Vi] **1** ***etw. haftet an j-m / etw. an*** etw. bleibt (durch seine Beschaffenheit od. durch e-n Klebstoff) an j-m / etw. kleben **2** ***etw. haftet j-m / etw. an*** *geschr*; etw. gehört (nach der Meinung der Leute) zu j-m / etw. ↔ j-d / etw. ist frei von etw. ⟨j-m haftet ein Makel an, e-r Sache haftet ein Fehler, Mangel an⟩

ạn·hal·ten (*hat*) [Vt] **1** ***j-n / etw. a.*** j-n / etw. (auf seinem Weg, in seiner Bewegung) dazu zwingen, stehen zu bleiben: *ein Auto, die Uhr a.* **2** ***die Luft / den Atem a.*** absichtlich längere Zeit nicht atmen **3** ***j-n zu etw. a.***; ***j-n*** (***dazu***) ***a.*** + ***zu*** + *Infinitiv* (durch Ermahnungen) j-n dazu bringen, dass er etw. tut od. beachtet ≈ j-n zu etw. ermahnen ⟨j-n zur Arbeit, zur Pünktlichkeit a.⟩; [Vi] **4** seine Bewegung unterbrechen u. stehen bleiben ↔ weitergehen, weiterfahren ⟨ein Autofahrer, ein Radfahrer, ein Fußgänger⟩ **5** ***etw. hält an*** etw. bleibt auch weiterhin in seinem (*mst* ziemlich lange) bestehenden Zustand ≈ etw. dauert fort ⟨der Regen, e-e Hitzewelle⟩: *e-e anhaltende Trockenperiode*

Ạn·hal·ter *der*; *-s, -*; **1** j-d, der am Straßenrand steht u. (durch Handzeichen) die Autofahrer bittet, ihn kostenlos mitzunehmen ≈ Tramper **2** ***per A. fahren*** *gespr*; als A. (1) in e-m Fahrzeug mitfahren ≈ trampen || *zu* **1** **Ạn·hal·te·rin** *die*; *-, -nen*

Ạn·halts·punkt *der*; ein Ding od. Ereignis, das dazu dient, e-e Meinung zu bilden od. zu begründen ≈ Indiz, Hinweis: *Der Kommissar suchte nach Anhaltspunkten, die zur Aufklärung des Verbrechens führen könnten*

an·hạnd *Präp*; *mit Gen*; unter Berücksichtigung von, mithilfe von: *Das Gericht fällte a. des vorliegenden Tatbestands sein Urteil* || NB: auch adverbiell verwendet mit *von*: *Er wurde a. von Fingerabdrücken überführt*

Ạn·hang *der*; **1** *mst Sg*; ein Nachtrag (ein Text, e-e Tabelle *o.Ä.*), der e-m Buch od. Text am Ende angefügt ist ≈ Appendix (1); *Abk* Anh.: *Im A. des Wörterbuches steht e-e Liste mit unregelmäßigen Verben* **2** *nur Sg*, *Kollekt*; die Freunde od. Anhänger *z.B.* e-s Vereins od. e-r geistigen Bewegung ≈ Anhängerschaft ⟨keinen großen A. haben⟩ **3** *nur Sg*, *gespr* ≈ Freund(in), Begleiter(in)

ạn·hän·gen[1]; *hing an, hat angehangen*; [Vi] ***j-m / etw. a.*** *geschr*; ein Anhänger[2] von j-m / etw. sein ↔ j-n / etw. ablehnen ⟨e-r Ideologie, e-r Partei a.⟩

ạn·hän·gen[2]; *hängte an, hat angehängt*; [Vt] **1** ***etw.*** (***an etw.*** (*Akk*)) ***a.*** etw. an etw. hängen od. befestigen ↔ abhängen: *e-n Waggon an den Zug a.* **2** ***etw.*** (***an etw.*** (*Akk*)) ***a.*** *gespr*; etw. zu etw. bereits Fertigem hinzufügen: *an e-n Brief noch ein paar Zeilen a.* **3** ***j-m etw. a.*** *gespr*; behaupten, dass ein Unschuldiger etw. Böses od. Negatives getan hat: *Sie wollten ihm den Mord a.* **4** ***etw.*** (***an etw.*** (*Akk*)) ***a.*** etw. um den genannten Zeitraum verlängern: *an die Geschäftsreise ein paar Tage Urlaub a.*

Ạn·hän·ger[1] *der*; *-s, -*; **1** ein Wagen ohne eigenen Motor, der an ein Fahrzeug angehängt u. von diesem gezogen wird || -K: ***Pkw-Anhänger, Lkw-Anhänger; Boots-, Wohnwagen-*** **2** ein Schmuckstück, das man an e-r Kette tragen kann

Ạn·hän·ger[2] *der*; *-s, -*; j-d, der von e-r Person od. von e-r Sache (*z.B.* von e-r Partei, e-r Ideologie od. e-r Mannschaft) so überzeugt ist, dass er sich sehr dafür interessiert u. sich auch aktiv dafür engagiert: *ein A. der Opposition* || *hierzu* **Ạn·hän·ge·rin** *die*; *-, -nen*; **Ạn·hän·ger·schaft** *die*; *nur Sg* || NB: ↑ ***Fan***

ạn·hän·gig *Adj*; *nicht adv*, *Jur*; bei e-m Gericht eingeleitet ⟨ein Verfahren, e-e Klage⟩: *gegen j-n e-n Prozess wegen Steuerhinterziehung a. machen*

ạn·häng·lich *Adj*; *nicht adv*; darum bemüht, engen Kontakt zu j-m zu halten ⟨ein Kind, ein Freund⟩ || *hierzu* **Ạn·häng·lich·keit** *die*; *nur Sg*

Ạn·häng·sel *das*; *-s, -*; **1** ein kleiner Gegenstand, den man *z.B.* an e-r Kette od. an e-m Schlüsselbund trägt **2** *pej*; j-d, den man *mst* als störend od. aufdringlich betrachtet

ạn·hau·chen (*hat*) [Vt] ***j-n / etw. a.*** durch den Mund ausatmen u. die warme Luft gegen j-n / etw. blasen: *die gefrorene Fensterscheibe, die kalten Finger a.*

ạn·hau·en (*hat*) [Vt] **1** ***j-n*** (***um etw. / wegen etw.***) ***a.*** *gespr*; j-n sehr direkt bitten, einem etw. zu schenken, etw. zu zahlen od. Geld zu leihen: *e-n Bekannten um ein Bier, um 100 Euro a.* **2** ***sich*** (*Dat*) ***etw.*** (***an etw.*** (*Dat*)) ***a.*** *gespr*; sich verletzen, indem man gegen etw. stößt: *sich den Kopf am Regal a.*

ạn·häu·fen (*hat*) [Vt] **1** ***etw.*** (*Kollekt od Pl*) ***a.*** e-e größere Anzahl od. Menge e-r Sache (als Vorrat) sammeln ⟨Vorräte, Geld, Wissen a.⟩; [Vr] **2** ***etw. häuft sich an*** etw. nimmt an Umfang od. Anzahl zu ≈ etw. sammelt sich an ⟨Briefe, Anträge, die Arbeit⟩ || *hierzu* **Ạn·häu·fung** *die*

ạn·he·ben[1] *hob an, hat angehoben*; [Vt] **1** ***etw. a.*** e-n Gegenstand (für kurze Zeit) nach oben heben ↔ absetzen (2) **2** ***etw. a.*** bewirken, dass die Quantität od. Qualität von etw. größer wird ≈ erhöhen ⟨die Löhne, den Lebensstandard a.⟩ || *zu* **2** **Ạn·he·bung** *die*

ạn·he·ben[2] *hub / hob an, hat angehoben*; [Vi] *veraltend od lit* **1** ***a.*** + *zu* + *Infinitiv* etw. beginnen:

Er hub an zu singen **2 etw. hebt an** etw. beginnt ⟨die Musik, e-e neue Ära⟩

an·heim fal·len *fällt anheim, fiel anheim, ist anheim gefallen*; Vi *geschr veraltend*; *mst in* **1 j-d / etw. fällt der Vergessenheit anheim** j-d / etw. wird vergessen **2 etw. fällt der Zerstörung anheim** etw. wird zerstört
an·heim stel·len *stellte anheim, hat anheim gestellt*; Vt **j-m etw. a. s.** *geschr veraltend*; j-m e-n Sachverhalt erzählen u. ihm die Entscheidung überlassen

an·hei·melnd *Adj*; vertraut, gemütlich, angenehm auf j-n wirkend
an·hei·zen (*hat*) Vt/i **1** (**etw.**) **a.** (*mst* in e-m Ofen) Feuer machen, um zu heizen ⟨den Ofen a.⟩; Vt **2 etw. a.** *gespr*; bewirken, dass etw. intensiver od. heftiger wird ⟨e-e Diskussion, e-n Streit, die Stimmung a.⟩
an·herr·schen (*hat*) Vt **j-n a.** j-n heftig u. autoritär tadeln, zurechtweisen
an·heu·ern; *heuerte an, hat angeheuert*; Vt **1 j-n a.** *Seefahrt*; j-n *mst* mit e-m Vertrag dazu verpflichten, auf e-m Schiff zu arbeiten ⟨e-n Matrosen a.⟩ **2 j-n a.** *gespr, oft pej*; j-n dazu verpflichten, e-e bestimmte (*mst* illegale) Arbeit zu tun ⟨e-n Killer a.⟩; Vi **3** (**auf etw.** (*Dat*)) **a.** die Arbeit auf e-m Schiff aufnehmen ⟨ein Matrose⟩ || *hierzu* **An·heu·e·rung** *die*; *mst Sg*
An·hieb *nur in* **auf A.** *gespr*; sofort, beim ersten Versuch ⟨etw. auf A. schaffen⟩: *Sein Experiment klappte auf A.*
an·him·meln; *himmelte an, hat angehimmelt*; Vt **j-n a.** *gespr, oft pej*; j-n auf übertriebene Weise verehren od. bewundern ≈ vergöttern: *e-n Popstar a.* || *hierzu* **An·him·me·lung** *die*; *mst Sg*
An·hö·he *die*; e-e Stelle im Gelände, die höher liegt als die Umgebung: *Von dieser A. hat man e-n wunderbaren Blick aufs Meer*
an·hö·ren (*hat*) Vt **1** (**sich** (*Dat*)) **etw. a.** (aufmerksam) zuhören, was j-d sagt od. erzählt, was gesungen od. gespielt wird ⟨sich e-e Schallplatte, e-e Sendung im Radio, ein Hörspiel, j-s Argumente, e-e Diskussion a.⟩: *Ich kann mir seine Lügen nicht mehr länger a.* **2 etw. mit a.** etw. unfreiwillig, zufällig hören ≈ mithören: *ein geheimes Gespräch im Nebenzimmer mit a.* **3 j-n a.** j-n sagen lassen, was er sagen will ≈ j-m zuhören **4 j-m etw. a.** am Klang von j-s Stimme etw. über seinen Zustand od. seine Situation erkennen ≈ j-m etw. anmerken: *Er hörte ihr an, dass sie enttäuscht war* **5 j-n a.** j-n um seinen Rat, um seine Meinung bitten, weil man über ein Thema informiert werden will ⟨e-n Experten a.⟩; Vr **6 j-d / etw. hört sich irgendwie an** *gespr*; j-d / etw. macht e-n bestimmten (*mst* akustischen) Eindruck ≈ j-d / etw. klingt (2) irgendwie: *Die Schallplatte hört sich verkratzt an*; *Dein Vorschlag hört sich nicht schlecht an*
An·hö·rung *die*; -, *-en*; e-e Veranstaltung (*z.B.* im Parlament), bei der Experten od. Personen, die von e-m bestimmten Fall betroffen sind, öffentlich etw. zu e-m Thema sagen u. Informationen geben ≈ Hearing: *e-e öffentliche A. von Sachverständigen* || K-: **Anhörungs-, -verfahren**
a·ni·ma·lisch *Adj*; *pej*; nicht vom Verstand kontrolliert, sondern von den Trieben (wie bei Tieren) ≈ triebhaft ⟨e-e Lust, ein Vergnügen, ein Bedürfnis⟩
A·ni·ma·teur [anima'tøːɐ] *der*; *-s, -e*; ein Angestellter *mst* e-s Reiseunternehmens, der den Gästen hilft, *bes* mit Sport u. Spielen ihre Freizeit zu gestalten
a·ni·mie·ren; *animierte, hat animiert*; Vt **j-n zu etw. a.** durch sein Verhalten bewirken, dass j-d etw. (ebenfalls) tut ≈ j-n zu etw. verleiten: *j-n dazu a., Alkohol zu trinken*
A·ni·mo·si·tät *die*; -, *-en*; *mst Pl*; **Animositäten** (**gegen j-n / etw.**) *geschr* ≈ Abneigung, Aversion
An·ion ['anioːn] *das*; *-s, -en*; *Phys*; ein negativ geladenes elektrisches Teilchen ↔ Kation
A·nis, A·nis *der*; *-(es)*; *nur Sg*; **1** e-e Gewürz- u. Heilpflanze **2** ein Gewürz, das aus A. (1) gewonnen wird || K-: **Anis-, -brot, -öl, -schnaps**
an·kämp·fen (*hat*) Vi **gegen j-n / etw. a.** versuchen, j-n / etw. zu überwinden od. zu besiegen: *gegen die Dummheit anderer a.*; *gegen die Müdigkeit a.*
an·kau·fen (*hat*) Vt **etw.** (*Kollekt od Pl*) **a.** *Ökon*; wertvolle Gegenstände od. große Mengen e-r Ware kaufen ⟨Wertpapiere, Schmuck, Grundstücke a.⟩ || *hierzu* **An·kauf** *der*; **An·käu·fer** *der*
An·ker *der*; *-s*, -; **1** e-e Art schwerer Haken, der an e-m Seil od. an e-r Kette ins Wasser gelassen wird u. dann verhindert, dass sich ein Schiff od. Boot im Wasser fortbewegt ⟨den A. (aus)werfen, hieven, lichten⟩ || K-: **Anker-, -boje, -kette, -platz, -winde** || -K: **Rettungs- 2 j-d geht** (**irgendwo**) **vor A.** j-d wirft an e-r bestimmten Stelle den A. vom Boot (u. geht an Land) **3** *mst* ⟨ein Boot⟩ **liegt vor A.** ein Boot ist mit dem Anker am Grund befestigt || *zu* **1 an·kern** (*hat*) *Vi*
an·ket·ten (*hat*) Vt **j-n / ein Tier / etw.** (**an etw.** (*Dat / Akk*)) **a.** j-n / ein Tier / etw. mit e-r Kette an etw. festmachen: *e-n Hund an e-m / e-n Laternenpfahl a.*; *sein Motorrad a.*
an·kläf·fen (*hat*) Vt ⟨ein Hund⟩ **kläfft j-n an** *gespr*; ein Hund bellt laut u. wütend zu j-m hin
An·kla·ge *die*; **1** e-e Beschuldigung vor Gericht gegen j-n, ein Verbrechen begangen zu haben ⟨gegen j-n A. erheben; wegen etw. unter A. stehen⟩ || K-: **Anklage-, -punkt, -schrift 2** *oft Pl*; Verhaltensweisen od. Äußerungen, die zeigen, dass man j-m die Schuld an etw. gibt ≈ Vorwürfe ⟨Anklagen gegen j-n vorbringen⟩ **3** *nur Sg, Jur*; diejenige Partei (*mst* der Staatsanwalt), die vor Gericht anklagt (1) ↔ Verteidigung (5): *Hat die A. noch Fragen an den Zeugen?*
an·kla·gen (*hat*) Vt **1 j-n** (**wegen etw.**) **a.** j-n vor Gericht beschuldigen, ein Verbrechen begangen zu haben ↔ verteidigen (3) ⟨j-n wegen Diebstahls a.; j-n des Mordes a.⟩ **2 j-n / sich / etw. a.** j-m / sich heftig Vorwürfe machen, j-m / sich / etw. die Schuld für etw. geben ⟨das Schicksal, Missstände a.⟩ || *zu* **1 An·klä·ger** *der*; **An·klä·ge·rin** *die*
an·klam·mern (*hat*) Vt **1 etw.** (**an etw.** (*Dat / Akk*)) **a.** etw. mit e-r Klammer an etw. befestigen ≈ festklammern; Vr **2 sich an j-m / j-n / etw. a.** sich an j-m / etw. festhalten: *Das ängstliche Kind klammerte sich am / an den Rock seiner Mutter an* **3 sich an j-n / etw. a.** (*mst* in e-m psychisch labilen Zustand) Schutz u. Hilfe bei j-m / etw. suchen ≈ sich an j-m / etw. festhalten (6) ⟨sich an e-e Hoffnung, an die / e-e Religion a.⟩
An·klang *der*; **1** *nur Pl*; **Anklänge** (**an j-n / etw.**) ähnliche Merkmale wie j-d / etw., Ähnlichkeiten mit j-m / etw.: *Das Bild zeigt deutliche Anklänge an Picasso* **2 etw. findet A.** (**bei j-m**) etw. bewirkt bei j-m eine positive Reaktion, wird positiv aufgenommen ≈ etw. findet (bei j-m) Zustimmung: *Sein Vorschlag fand bei allen Mitgliedern großen A.*
an·kle·ben Vt (*hat*) **1 etw.** (**an etw.** (*Dat / Akk*)) **a.** etw. mit Klebstoff irgendwo befestigen ≈ festkleben ⟨Tapeten, Plakate (an die Wände) a.⟩; Vi (*ist*) **2 etw. klebt** (**an etw.** (*Dat*)) **an** etw. bleibt fest an etw. kleben ≈ etw. haftet[1] (1) (an etw.) ⟨der Klebstoff, der Kaugummi, der Teig⟩

ạn·klei·den (*hat*) [Vt] ***j-n / sich a.*** *geschr*; j-n / sich anziehen² || *hierzu* **Ạn·klei·dung** *die*

ạn·kli·cken (*hat*) [Vt] ***etw. a.*** *EDV*; auf e-e Taste der Maus (2) drücken, um eine von mehreren Möglichkeiten, die auf dem Bildschirm dargestellt sind, auszuwählen ⟨ein Symbol, e-e Option a.⟩

ạn·klin·gen [Vi] **1** ***etw. klingt an*** (*ist*) etw. wird in indirekter Weise deutlich ⟨Untertöne, Meinungen⟩: *In seinen Worten klang ein wenig Kritik an* **2** ***etw. klingt an etw.*** (*Akk*) ***an*** (*hat*) etw. ist e-r Sache unter e-m bestimmten Gesichtspunkt ähnlich ≈ etw. erinnert an etw.: *Seine Ausdrucksweise klingt an die seines Vaters an* || ► ***Anklang***

ạn·klop·fen (*hat*) [Vi] **1** an die Tür klopfen, weil man in e-n Raum treten will: *Er klopfte zuerst an, bevor er ins Zimmer seines Chefs ging* **2** ***bei j-m*** (***um etw.***) ***a.*** *gespr*; j-n vorsichtig bitten, einem etw. zu geben

ạn·knab·bern (*hat*) [Vt] ***ein Tier knabbert etw. an*** ein Tier nagt mit den Zähnen an etw.

ạn·knip·sen (*hat*) [Vt] ***etw. a.*** *gespr*; mit e-m Schalter ein elektrisches Gerät in Betrieb setzen ≈ einschalten (1) ⟨e-e Lampe, das Licht a.⟩

ạn·knüp·fen (*hat*) [Vt] **1** ↑ ***an-*** (1) **2** ***etw.*** (***mit j-m***) ***a.*** e-n Kontakt, e-e Verbindung zu j-m herstellen: *erste Geschäftskontakte a.*; [Vi] **3** ***an etw.*** (*Akk*) ***a.*** etw. so beginnen, dass es e-e Verbindung zu etw. od. e-n Zusammenhang mit etw. hat ≈ etw. wieder aufnehmen ⟨an e-n alten Brauch, an die Ideen seines Vorgängers a.⟩ || *zu* **2** u. **3** **Ạn·knüp·fung** *die*

Ạn·knüp·fungs·punkt *der*; ein Thema od. ein Gedanke, mit dem man ein Gespräch fortführen kann: *Inges Erzählung bot mir den idealen A.* (*ich wollte sowieso über das Thema sprechen*)

ạn·knur·ren (*hat*) [Vt] ⟨ein Hund⟩ ***knurrt j-n an*** ein Hund knurrt in j-s Richtung

ạn·koh·len; *kohlte an, hat / ist angekohlt*; [Vt] (*hat*) **1** ***j-n a.*** *gespr*; j-m e-e unwahre Geschichte erzählen, um sich über ihn ein bisschen lustig zu machen ≈ anschwindeln; [Vi] (*ist*) **2** ***etw. kohlt an*** etw. wird durch Brennen schwarz: *ein angekohltes Brett* || NB: *mst* im *Partizip Perfekt*

ạn·kom·men (*ist*) [Vi] **1** (***irgendwo***) ***a.*** e-n Ort / Adressaten (*bes* am Ende e-r Reise / des Transports) erreichen: *Seid ihr gut in Italien angekommen?*; *Ist mein Paket schon bei dir angekommen?* **2** ***j-d / etw. kommt*** (***bei j-m***) ***an*** j-d / etw. ruft bei j-m e-e positive Reaktion hervor, ist j-m sympathisch: *Der Vorschlag kam bei allen* (*gut*) *an* **3** ***gegen j-n / etw.*** (***nicht***) ***a.*** geistig od. körperlich (nicht) besser sein als j-d / etw.: *Gegen die Leistungen meines Kollegen komme ich nicht an* || NB: *mst* verneint **4** ***mit etw. a.*** *gespr*; j-n mit etw. (*mst* e-r Bitte) belästigen: *Er kommt dauernd mit neuen Problemen an*; [Vt] **5** ***etw. kommt j-n hart / schwer an*** verwendet, um auszudrücken, dass j-d etw. als schwierig empfindet u. es sehr ungern tut: *Die neue Arbeit kommt mich schwer an*; [Vimp] **6** ***es kommt auf j-n / etw. an*** (***, ob …***) es hängt von j-m / etw. ab (, ob …): *Es kommt auf die Bezahlung an, ob ich die Arbeitsstelle annehme* **7** ***j-m kommt es auf etw.*** (*Akk*) ***an*** etw. ist für j-n sehr wichtig: *Mir kommt es* darauf *an*, was *der Facharzt zu meiner Krankheit meint* || ID ***es auf etw.*** (*Akk*) ***a. lassen*** e-e geplante Handlung durchführen, obwohl sie auch negative Folgen haben kann: *Ich lasse es* darauf *a.*, dass *er mir kündigt*; ***wenn es darauf ankommt*** in dem Augenblick, von dem alles abhängt: *Er ist zwar ziemlich faul, aber wenn es darauf ankommt, kann man sich auf ihn verlassen*; ***Das / Es kommt darauf an*** *gespr*; das könnte durchaus sein, das ist noch unsicher, das hängt noch von bestimmten Umständen ab

ạn·kop·peln (*hat*) [Vt] **1** ***etw.*** (***an etw.*** (*Akk*)) ***a.*** ≈ ankuppeln: *e-n Waggon an e-n Zug a.*; [Vi] **2** ***etw. koppelt*** (***an etw.*** (*Akk*)) ***an*** etw. schließt sich mithilfe e-r Automatik selbstständig an ein Fahrzeug an: *Die Mondfähre koppelte an das Raumfahrzeug an* || *hierzu* **Ạn·kopp·lung** *die*

ạn·kot·zen (*hat*) [Vt] ***j-d / etw. kotzt j-n an*** *gespr!* j-d / etw. ruft in j-m heftigen Widerwillen hervor, geht j-m auf die Nerven: *Diese stupide Arbeit kotzt mich an!*

ạn·krei·den; *kreidete an, hat angekreidet*; [Vt] ***j-m etw. a.*** *gespr*; (wegen e-s Verhaltens, e-r Tat) j-m etw. vorwerfen

ạn·kreu·zen; *kreuzte an, hat angekreuzt*; [Vt] **1** ***etw. a.*** in e-m Text etw. hervorheben, indem man ein Kreuz daneben zeichnet ≈ markieren (1) **2** ***etw. a.*** *bes* auf e-m Formular od. in e-r Prüfung e-e Frage beantworten, indem man ein Kreuz (in ein Kästchen) macht: *e-e Antwort richtig a.*

ạn·kün·den (*hat*) [Vt] ***etw. a.*** *geschr veraltend* ≈ ankündigen

ạn·kün·di·gen (*hat*) [Vt] **1** ***etw. a.*** ein bevorstehendes Ereignis (öffentlich) bekannt geben ⟨ein Konzert, seinen Besuch a.⟩: *die Veröffentlichung eines Buches a.* **2** ***j-n / sich*** (***bei j-m***) ***a.*** j-m mitteilen, dass j-d / man zu ihm (zu Besuch) kommen wird; [Vr] **3** ***etw. kündigt sich an*** *geschr*; bestimmte Anzeichen geben deutlich zu erkennen, dass etw. bald kommt: *Durch die ersten schweren Stürme im September kündigt sich der Herbst an* || *zu* **1** u. **2** **Ạn·kün·di·gung** *die*

Ạn·kunft *die*; -; *nur Sg*; das Ankommen an e-m Ort ↔ Abfahrt / Abflug: *die verspätete A. e-s Flugzeugs melden* || K-: ***Ankunfts-, -zeit***

ạn·kup·peln (*hat*) [Vt] ***etw.*** (***an etw.*** (*Akk*)) ***a.*** *mst* e-n Anhänger an ein Fahrzeug mit e-m Motor hängen u. ihn dort befestigen: *e-n Waggon an den Zug a.* || *hierzu* **Ạn·kupp·lung** *die*

ạn·kur·beln (*hat*) [Vt] **1** ***etw. a.*** e-n Motor mit e-r Kurbel in Gang bringen ⟨den Traktor, e-e Maschine a.⟩ **2** ***etw. a.*** durch spezielle Maßnahmen die Leistung u. Produktivität e-r Sache erhöhen ⟨die Wirtschaft a.⟩ || *hierzu* **Ạn·kurb·lung** *die*

ạn·lä·cheln (*hat*) [Vt] ***j-n a.*** j-n ansehen u. dabei lächeln ≈ j-m zulächeln

ạn·la·chen (*hat*) [Vt] **1** ***j-n a.*** j-n ansehen u. dabei lachen **2** ***etw. lacht j-n an*** etw. sieht so aus, dass j-d gute Laune od. Lust darauf bekommt: *Sie machte den Vorhang auf u. die Sonne lachte sie an*; *Der Kuchen hat mich so angelacht, ich musste ihn einfach probieren* **3** ***sich*** (*Dat*) ***j-n a.*** *gespr*; mit j-m e-e Bekanntschaft anfangen (*mst* zum Zweck e-r oberflächlichen Liebesbeziehung)

Ạn·la·ge *die*; **1** ein *mst* eingegrenztes Gebiet, das zu e-m bestimmten Zweck entworfen u. gestaltet worden ist ⟨e-e militärische A.⟩ || -K: ***Freizeit-, Park-, Sport-*** **2** ***e-e öffentliche A.*** ≈ Park **3** ***e-e A.*** (***zu etw.***) e-e Fähigkeit, e-e Eigenschaft od. ein Talent, die bei j-m von Geburt an vorhanden sind ≈ Veranlagung: *Er hat e-e gute A., um ein Musikinstrument zu spielen* || -K: ***Charakter-*** **4** die Art, wie etw. gestaltet od. aufgebaut ist: *Die A. des Theaterstücks eignet sich gut für e-e Darstellung auf e-r kleinen Bühne* **5** das (gewinnbringende) Anlegen (5) von Geld od. Kapital ≈ Investition: *Das Haus ist e-e sichere A.* || K-: ***Anlage-, -berater, -kapital*** || -K: ***Kapital-*** **6** alle technischen Konstruktionen, die e-n bestimmten Zweck erfüllen || NB: ↑ ***-anlage*** **7** *gespr*; e-e A. (6) zum Musikhören, die aus zwei Lautsprechern, Radio, CD-Spieler *usw* besteht || -K: ***Stereo-*** **8** *Admin geschr*; etw., das e-m (*mst* formellen) Schreiben mitgegeben, beigelegt wird: *In der A. / Als A. übersende ich Ihnen e-n Teil des Manuskripts*

-an·la·ge *die*; *im Subst, begrenzt produktiv*; e-e technische Einrichtung od. ein Gerät (mit Zubehör); die ***Alarmanlage*** ⟨e-r Fabrik⟩, die ***Beleuchtungsanlage*** ⟨e-s Autos⟩, die ***Bewässerungsanlage*** ⟨für ein Feld⟩, die ***Kühlanlage*** ⟨e-s Schlachthofes, e-s Schiffes⟩, die ***Scheibenwischanlage*** ⟨e-s Autos⟩, die ***Sendeanlage*** ⟨e-r Rundfunkstation⟩, die ***Signalanlage*** ⟨der Eisenbahn⟩, die ***Stereoanlage***, die ***Waschanlage*** ⟨für Autos⟩

ạn·lan·gen [Vt] **1** *nur in* ***was j-n / etw. anlangt*** ≈ was j-n / etw. betrifft, anbelangt **2 *j-n / etw. a.*** (*hat*) *südd gespr* ≈ anfassen (1), berühren; [Vi] (*ist*) **3** ≈ ankommen || NB *zu 3*: *mst* im Perfekt

Ạn·lass *der*; *-es, An·läs·se*; **1** ein (*mst* feierliches) gesellschaftliches Ereignis ⟨ein besonderer, feierlicher, festlicher A.⟩ **2** e-e Ursache, die plötzlich etw. auslöst, hervorruft: *der A. des Streits*; *Das ist kein A. zur Besorgnis* **3 *aus gegebenem A.*** *Admin geschr*; aufgrund bestimmter Umstände: *Aus gegebenem A. möchten wir noch einmal darauf hinweisen, dass die Fenster bei Sturm geschlossen werden müssen* **4 *aus A.*** (+ *Gen*) verwendet, um auszudrücken, dass etw. die Ursache, der Grund für etw. ist ≈ anlässlich: *Aus A. seines 80. Geburtstages gab er e-e große Feier* **5 (*sich* (*Dat*)) *etw. zum A. nehmen* + *zu*** + *Infinitiv* e-e Gelegenheit nutzen, um etw. zu tun

ạn·las·sen (*hat*) [Vt] **1 *etw. a.*** *gespr*; ein Kleidungsstück weiterhin am Körper tragen ↔ ausziehen: *Lass deine Jacke an, wir gehen gleich wieder hinaus in die Kälte* **2 *etw. a.*** *gespr*; ein elektrisches Gerät od. e-n Motor weiterhin in Betrieb lassen ↔ ausschalten: *den Fernseher a.* **3 *etw. a.*** den Motor e-s Fahrzeugs mithilfe *mst* des Zündschlüssels in Gang setzen ≈ starten ↔ abstellen ⟨den Motor, ein Auto a.⟩; [Vr] **4 *etw. lässt sich irgendwie an*** *gespr*; etw. beginnt in bestimmter Weise: *Die Obsternte lässt sich dieses Jahr gut an*

Ạn·las·ser *der*; *-s, -*; e-e Vorrichtung, die e-n Motor startet

ạn·läss·lich *Präp*; *mit Gen*, *geschr*; verwendet, um auszudrücken, dass etw. der Grund für etw. ist: *A. seines Jubiläums gab es e-e große Feier*

ạn·las·ten (*hat*) [Vt] ***j-m etw. a.*** behaupten, dass j-d schuld an etw. od. verantwortlich für etw. ist: *j-m e-n Überfall, die Schuld für etw. a.*

Ạn·lauf *der*; **1** *Sport*; ein kurzer, schneller Lauf, um die nötige Geschwindigkeit für e-n Sprung od. e-n Wurf zu bekommen: *beim Weitspringen e-n großen A. nehmen* **2** *Sport*; die Strecke für den A. (1) **3** ≈ Versuch (3): *etw. bereits im ersten A. schaffen* **4 *e-n neuen A. nehmen / machen*** etw. noch einmal versuchen

ạn·lau·fen [Vt] (*hat*) **1 *etw. a.*** sich mit dem Schiff e-m Ort nähern, um dort anzulegen (11) ≈ ansteuern (1); [Vi] (*ist*) **2 *angelaufen kommen*** in j-s Richtung laufen u. zu ihm kommen: *Wir wollten gerade gehen, da kam ein Kind angelaufen u. brachte e-e Nachricht* **3 *etw. läuft an*** etw. beginnt zu laufen ⟨der Motor, die Maschine⟩ **4 *etw. läuft an*** etw. (*mst* Wichtiges) beginnt, kommt allmählich in Gang: *die Produktion von Waren, e-e Kampagne läuft an*; *Nächste Woche laufen die Vorbereitungen für die Olympischen Spiele an* **5 *etw. läuft an*** etw. wird (durch e-e plötzliche Änderung der Lufttemperatur) mit Wasserdampf bedeckt ⟨e-e Brille, ein Fenster, e-e Fensterscheibe, ein Spiegel⟩ **6 *blau / rot a.*** aus Atemnot blau od. aus Wut rot im Gesicht werden: *Er bekam e-n Erstickungsanfall u. lief blau an*

Ạn·lauf·stel·le *die*; **1** e-e Stelle, e-e Person od. e-e Institution, an die sich j-d wenden kann, der in e-r bestimmten Situation Hilfe od. Rat braucht **2** ein (*mst* geheimer) Treffpunkt für Spione, Untergrundkämpfer, Terroristen *o.Ä.*

Ạn·lauf·zeit *die*; *nur Sg*; die Zeit, die j-d / etw. braucht, um bei e-r *mst* neuen Tätigkeit seine optimale Leistung zu bringen: *Der neue Mitarbeiter braucht e-e gewisse A., um alles über seine neuen Aufgaben zu lernen*

Ạn·laut *der*; *Ling*; der erste Laut e-s Wortes od. e-r Silbe ↔ Auslaut

ạn·le·gen (*hat*) [Vt] **1 *etw. a.*** etw. zu e-m bestimmten Zweck entwerfen u. gestalten ⟨e-n Park, ein Beet a.⟩ **2 *etw. a.*** etw. nach e-m bestimmten System gestalten ≈ erstellen ⟨e-e Kartei, ein Verzeichnis a.⟩ **3 *etw.* (*an etw.*** (*Dat / Akk*)) ***a.*** etw. so an etw. legen, setzen od. stellen, dass es damit in Berührung kommt: *Er legte das Lineal an die Skizze an u. zog e-n dicken Strich* **4 *etw. a.*** *geschr*; (*bes* elegante, teure) Kleidung anziehen ⟨ein Abendkleid, e-e Uniform a.⟩ **5 *etw. a.*** Kapital so einsetzen, dass es Gewinn bringt: *sein Geld Gewinn bringend / in Aktien a.* **6 *etw.* (*für etw.*) *a.*** e-e bestimmte Summe Geld für e-n *mst* ziemlich großen (Gebrauchs)Gegenstand ausgeben: *Wieviel wollen Sie für das neue Klavier a.?* **7 (*j-m*) *etw. a.*** (bei j-m) etw. so anbringen, befestigen, dass es hält ⟨j-m e-n Verband, Fesseln a.⟩ **8 (*bei etw.* (*selbst*) *mit*) *Hand a.*** bei etw. mit körperlichem Einsatz helfen **9 *e-n strengen Maßstab* (*an j-n / etw.*) *a.*** j-n / etw. streng beurteilen **10 *es auf etw.*** (*Akk*) ***a.*** bewusst so handeln, dass negative Konsequenzen daraus entstehen können: *Er hat es nur auf e-n Streit angelegt*; [Vi] **11** *mst* ***j-d legt irgendwo an*** j-d kommt mit e-m Schiff (*mst* im Hafen) an u. macht es dort (mit Tauen) fest ↔ j-d legt ab || K-: ***Anlege-, -platz, -stelle*** **12 (*auf j-n / ein Tier / etw.*) *a.*** auf j-n / ein Tier / etw. mit dem Gewehr zielen; [Vr] **13 *sich mit j-m a.*** *gespr*; (absichtlich) e-n Streit mit j-m provozieren || ► ***Anlage***

ạn·leh·nen (*hat*) [Vt] **1 *etw.* (*an etw.*** (*Dat / Akk*)) ***a.*** etw. an etw. lehnen: *ein Brett an e-r / an e-e Wand a.* **2 *etw. a.*** etw. teilweise, jedoch nicht ganz schließen, sodass ein kleiner Spalt offen bleibt ⟨die Tür, ein Fenster a.⟩; [Vr] **3 *sich* (*an j-n / etw.*) *a.*** sich gegen j-n / etw. lehnen **4 *j-d / etw. lehnt sich an j-n / etw. an*** j-d / etw. nimmt j-n / etw. als Vorbild u. ahmt ihn / es in seinen wesentlichen Merkmalen nach: *Seine Theorie lehnt sich stark an die seines Lehrers an*

Ạn·leh·nung *die*; *nur Sg*; ***in / unter A. an j-n / etw.*** nach dem Vorbild e-r Person / Sache, unter Beibehaltung der wesentlichen Merkmale e-r Person / Sache: *ein Gebäude in A. an die Architektur der Antike bauen*

Ạn·leh·nungs·be·dürf·nis *das*; *oft hum*; das Bedürfnis od. Verlangen, geliebt zu werden u. sehr enge u. *mst* zärtliche Kontakte zu j-m zu haben || *hierzu* **ạn·leh·nungs·be·dürf·tig** *Adj*

ạn·lei·ern (*hat*) [Vt] ***etw. a.*** *gespr*; dafür sorgen, dass etw. allmählich in Gang od. in Schwung kommt: *Gespräche / Kontakte mit e-m neuen Geschäftspartner a.*

Ạn·lei·he *die*; *-, -n*; **1** *Ökon*; (von Staaten, Gemeinden *usw*) das Entleihen e-r (*mst* hohen) Geldsumme für e-n längeren Zeitraum ⟨e-e A. aufnehmen, machen⟩ **2** *oft pej*; das Verwenden od. Zitieren von Ideen od. Formulierungen e-r *mst* berühmten Persönlichkeit: *In seinem Roman machte er mehrere Anleihen bei Thomas Mann*

ạn·lei·men (*hat*) [Vt] ***etw.* (*an etw.*** (*Dat / Akk*)) ***a.*** etw. mit Leim an etw. befestigen

ạn·lei·ten (*hat*) [Vt] ***j-n* (*bei etw.*) *a.*** j-m für e-e Aufgabe od. Arbeit nützliche Hinweise geben: *die Schüler bei ihren Hausaufgaben a.*

Ạn·lei·tung *die*; ***e-e A.* (*für / zu etw.*)** **1** ein nützlicher Hinweis od. e-e Regel, die j-m zeigen, wie er e-e für ihn neue Aufgabe od. Arbeit richtig erledigen kann **2** ein Zettel od. ein Heft mit Anleitungen (1) || -K: ***Arbeits-, Bedienungs-, Gebrauchs-***

ạn·ler·nen (*hat*) [Vt] **1** ***j-n a.*** j-m die notwendigen Informationen geben u. Übungen mit ihm machen, damit er e-e berufliche Tätigkeit ausüben kann: *ein angelernter Arbeiter* || K-: ***Anlern-, -zeit*** **2** ***sich*** (*Dat*) ***etw. a.*** *gespr*; durch Lernen etw. (oft kurzfristig) im Gedächtnis behalten

ạn·le·sen (*hat*) [Vt] **1** ***etw. a.*** nur die ersten Seiten von etw. lesen **2** ***sich*** (*Dat*) ***etw. a.*** durch Lesen sein Wissen (oft nur oberflächlich) vergrößern: *In kürzester Zeit hat er sich medizinische Kenntnisse angelesen*

ạn·lie·fern (*hat*) [Vt] ***etw. a.*** bestellte od. schon bezahlte Waren (in ziemlich großen Mengen) liefern || *hierzu* **Ạn·lie·fe·rung** *die*

ạn·lie·gen (*hat*) [Vi] **1** ***etw. liegt eng an*** etw. berührt den Körper direkt, etw. liegt direkt am Körper ⟨Kleidungsstücke⟩ **2** ***etw. liegt an*** etw. muss bearbeitet od. erledigt werden: *Was liegt denn heute an?*

Ạn·lie·gen *das*; *-s*, -; ein Problem *o.Ä.*, das man *mst* als Frage od. Bitte an j-n vorträgt ⟨ein A. an j-n haben; ein A. vorbringen⟩

ạn·lie·gend **1** *Partizip Präsens*; ↑ ***anliegen*** **2** *Adj*; *nur attr*, *nicht adv*; in direkter Nähe zu e-r Fläche od. zu e-m Gebiet ≈ angrenzend, benachbart: *die anliegenden Ortschaften*

Ạn·lie·ger *der*; *-s*, -; **1** j-d, der an e-r Straße wohnt u. dort bestimmte Rechte u. Pflichten hat: *In dieser Straße dürfen nur Anlieger parken* **2** ***Anlieger frei*** drückt aus, dass nur diejenigen die Straße befahren dürfen, die dort wohnen od. die Zugang zu e-m Haus dort benötigen

Ạn·lie·ger·staat *der*; ein Staat, der an e-n anderen Staat od. an ein Meer grenzt: *Marokko gehört zu den Anliegerstaaten des Mittelmeers*

ạn·lo·cken (*hat*) [Vt] **1** ***ein Tier a.*** ein Tier dazu bringen, dass es einem näher kommt **2** ***j-d / etw. lockt j-n an*** j-d / etw. bringt j-n dazu, in ein Geschäft *o.Ä.* zu kommen (*mst* durch etw. Interessantes od. Attraktives): *Unser neues Produkt lockt viele Kunden an*; *Er lockt die Kunden mit Billigangeboten an*

ạn·lö·ten (*hat*) [Vt] ***etw.*** (***an etw.*** (*Dat / Akk*)) ***a.*** etw. durch Löten an etw. befestigen

ạn·lü·gen (*hat*) [Vt] ***j-n a.*** j-m e-e Lüge erzählen ≈ belügen

Ạn·ma·che *die*; -; *nur Sg*, *gespr pej*; (*bes* von jungen Frauen verwendet) die unangenehme Art, wie ein Mann e-e Frau anspricht od. sich zu ihr verhält, wenn er sich für sie sexuell interessiert

ạn·ma·chen (*hat*) [Vt] **1** ***etw. a.*** *bes* das Licht, ein elektrisches Gerät od. e-n Motor in Funktion setzen ≈ einschalten ⟨den Fernseher, den Herd, das Licht a.⟩ **2** ***etw. a.*** Feuer in etw. machen, damit Hitze entsteht ↔ ausmachen ⟨den Kamin, den Ofen a.⟩ **3** ***etw.*** (***irgendwo***) ***a.*** *gespr*; etw. irgendwo festmachen ≈ befestigen: *ein Plakat an der Wand a.* **4** ***etw. a.*** etw. herstellen, indem man die einzelnen notwendigen Bestandteile dieser Sache vermischt ⟨Mörtel a.⟩ **5** ***etw.*** (***mit etw.***) ***a.*** etw. mit bestimmten Zutaten vermischen u. dadurch würzen ⟨den Salat (mit Essig u. Öl) a.⟩ **6** ***j-n a.*** *gespr*, *mst pej*; (*mst* in Bezug auf e-n Mann) *mst* e-e Frau (in aufdringlicher Weise) ansprechen, weil man sich für sie sexuell interessiert: *in der Disko ein Mädchen a.* **7** ***j-n a.*** *gespr pej*; Streit mit j-m suchen ⟨j-n blöd a.⟩: *Mach mich nicht an!* (= lass mich doch in Ruhe!) **8** ***j-d / etw. macht j-n an*** *gespr*; j-d / etw. wirkt auf j-n attraktiv od. begehrenswert ≈ j-d / etw. gefällt j-m: *Der Kuchen macht mich richtig an*

ạn·mah·nen (*hat*) [Vt] ***etw. a.*** j-n schriftlich daran erinnern, dass er etw. noch nicht bezahlt hat od. etw. Ausgeliehenes noch nicht zurückgegeben hat ⟨e-e Zahlung a.⟩ || *hierzu* **Ạn·mah·nung** *die*

ạn·ma·len (*hat*) [Vt] **1** ***etw.*** (***an etw.*** (*Akk*)) ***a.*** *gespr*; etw. (*mst* zur Verdeutlichung) auf etw. malen, zeichnen od. schreiben: *e-e Skizze an die Tafel a.* **2** ***etw. a.*** *mst* e-e ziemlich große Fläche mit Farbe versehen ≈ bemalen; [Vr] **3** ***sich a.*** *gespr*, *mst pej*; sich (zu stark) schminken

Ạn·marsch *der*; **1** das Gehen, der Marsch zu e-m Ort **2** der Weg des Anmarschs (1) || ID ***im A. sein*** *gespr*; unterwegs, auf dem Weg sein: *Ran an die Arbeit - der Boss ist bereits im A.!* || *hierzu* **ạn·mar·schie·ren** (*ist*) *Vi*

ạn·ma·ßen, sich; *maßte sich an*, *hat sich angemaßt*; [Vr] ***sich*** (*Dat*) ***etw. a.*** *oft pej*; etw. tun, ohne dass man dazu fähig od. berechtigt ist ≈ sich etw. herausnehmen (3) ⟨sich ein Privileg a.⟩: *Er maßt sich an, über Dinge zu urteilen, die er nicht versteht*

ạn·ma·ßend *Adj*; *pej*; mit e-m übertriebenen od. nicht angemessenen Selbstbewusstsein ≈ arrogant ↔ bescheiden ⟨e-e Bemerkung; sich a. benehmen⟩

Ạn·ma·ßung *die*; -, *-en*; **1** das Ausüben von Tätigkeiten, zu denen man weder fähig noch berechtigt ist ⟨die A. von Befugnissen⟩ **2** *nur Sg*, *geschr*; ein arrogantes, oft provozierendes Verhalten

ạn·mel·den (*hat*) [Vt] **1** ***j-n / sich / etw.*** (***bei j-m***) ***a.*** mit j-m e-n Termin für ein Treffen od. e-n Besuch vereinbaren ⟨sein Kind beim Arzt a.; seinen Besuch a.⟩ **2** ***j-n / sich*** (***zu etw.***) ***a.*** mitteilen, dass j-d / man an etw. teilnehmen will ↔ j-n / sich (von etw.) abmelden ⟨j-n / sich zu e-m Kurs, Lehrgang a.⟩ || K-: ***Anmelde-, -frist*** **3** ***j-n / sich / etw.*** (***irgendwo***) ***a.*** j-n / sich / etw. bei e-r amtlichen Stelle eintragen, registrieren lassen ⟨sein Auto, das Radio a.⟩: *Nach der Ankunft in der Bundesrepublik muss man sich beim Einwohnermeldeamt a.* || NB: ↑ ***abmelden, ummelden*** || K-: ***Anmelde-, -gebühr, -pflicht*** **4** ***etw.*** (***bei j-m***) ***a.*** j-m sein Problem od. seine persönliche Einstellung zu etw. mitteilen, äußern ≈ vorbringen ⟨seine Wünsche, Zweifel, e-n Einspruch a.⟩ || *zu* **1, 2** u. **3** **Ạn·mel·dung** *die*

anmelden – ummelden
In Deutschland gibt es die so genannte **Meldepflicht**. Jede Person, ob deutscher Staatsbürger oder nicht, muss sich innerhalb einer Woche bei dem zuständigen **Einwohnermeldeamt** anmelden, wenn sie einen festen **Wohnsitz** nimmt. Als fester Wohnsitz gilt eine Wohnung, die man für einen längeren Zeitraum bezieht, z. B. um zu studieren. Bei einem Umzug im gleichen Ort muss man sich **ummelden**; bei einem Umzug von einer Stadt zu einer anderen muss man sich am bisherigen Wohnsitz **abmelden** und am neuen Wohnsitz beim dortigen Einwohnermeldeamt **anmelden**. Ähnliche Bestimmungen gelten in Österreich und der Schweiz.

ạn·mer·ken (*hat*) [Vt] **1** ***etw. a.*** etw. ergänzend zu etw. feststellen od. sagen ≈ hinzufügen: *Er merkte an, dass es sich dabei nur um ein vorläufiges Ergebnis handle* **2** ***etw. a.*** etw. Wichtiges *mst* in e-m Text durch ein Zeichen besonders markieren **3** ***j-m etw. a.*** *gespr*; etw. an j-s Aussehen od. an seinem Verhalten erkennen ⟨j-m seinen Kummer, seine Freude, Wut a.; sich (*Dat*) nichts a. lassen⟩: *Man merkt ihm nicht an, dass er schon 65 ist*; *Ihr war die schlaflose Nacht deutlich anzumerken*

An·mer·kung *die*; -, *-en*; **1** e-e ergänzende (schriftliche od. mündliche) Äußerung zu etw. ⟨e-e kritische A. machen⟩ **2** e-e kurze ergänzende od. erklärende Bemerkung (*mst* in e-r wissenschaftlichen Arbeit) zu e-m Text ≈ Fußnote

an·mon·tie·ren; *montierte an, hat anmontiert*; [Vt] **etw.** (**an etw.** (*Dat* | *Akk*)) **a.** etw. durch Schrauben, Schweißen *usw* irgendwo befestigen

an·mot·zen (*hat*) [Vt] **j-n a.** *gespr* ≈ beschimpfen: *Hör doch auf, mich ständig anzumotzen!*

An·mut *die*; -; *nur Sg*, *geschr*; die Eigenschaft, sich sehr harmonisch u. elegant zu bewegen u. zu verhalten ≈ Grazie: *e-e Primaballerina voller A.* || *hierzu* **an·mu·tig** *Adj*

an·mu·ten; *mutete an, hat angemutet*; [Vt] **etw. mutet j-n irgendwie an** *geschr*; etw. erweckt bei j-m e-n bestimmten (*mst* ungewöhnlichen) Eindruck ≈ etw. wirkt auf j-n irgendwie: *Sein Verhalten mutet mich äußerst eigenartig an*

an·na·geln (*hat*) [Vt] **etw.** (**an etw.** (*Dat* | *Akk*)) **a.** etw. mit e-m Nagel / mit Nägeln an etw. befestigen: *ein Brett an die / der Wand a.*

an·na·gen (*hat*) [Vt] ⟨e-e Maus *o.Ä.*⟩ **nagt etw. an** e-e Maus *o.Ä.* beschädigt etw. durch Nagen od. frisst kleine Stücke von etw. weg: *Mäuse hatten das Kabel angenagt*

an·nä·hen (*hat*) [Vt] **etw.** (**an etw.** (*Dat* | *Akk*)) **a.** etw. durch Nähen an etw. befestigen ≈ festnähen: *den abgerissenen Knopf wieder an dem / an den Mantel a.* || ↑ *Abb. unter* **nähen**

an·nä·hern (*hat*) [Vt] **1 etw. etw.** (*Dat*) **a.** etw. e-r Sache ähnlich machen: *e-e Kopie dem Original a.*; [Vr] **2 sich j-m / etw. a.** versuchen, Kontakt zu j-m / etw. aufzunehmen od. in e-e gewisse Beziehung zu ihm zu treten: *Er versuchte, sich den Gastgebern in dem fremden Land anzunähern* || *hierzu* **An·nä·he·rung** *die*

an·nä·hernd 1 *Partizip Präsens*; ↑ **annähern 2** *Partikel*; *unbetont u. betont*, *geschr*; so, dass es etw. (*mst* e-r bestimmten Anzahl od. Größe) sehr nahe kommt ≈ ungefähr, fast ↔ genau: *Die Antwort ist a. richtig*; *A. 100 Zuschauer besuchten die Veranstaltung*; *Er ist nicht a. so intelligent, wie ich gemeint habe*

An·nä·he·rungs·ver·such *der*; der Versuch, mit j-m (*mst* des anderen Geschlechts) näher in Kontakt zu kommen ⟨ein plumper A.; e-n A. machen⟩: *Ich hab seine dämlichen Annäherungsversuche satt!*

An·nah·me *die*; -, *-n*; **1** das Annehmen(1) e-r Sache, die j-d j-m geben od. schenken will ↔ Ablehnung ⟨die A. (e-s Schreibens *o.Ä.*) verweigern⟩ || K-: **Annahme-, -stelle 2** das Annehmen (2) *z.B.* e-s Vorschlags, e-r Bedingung ↔ Ablehnung **3** das Annehmen (3) *z.B.* e-s Antrags ↔ Ablehnung **4** das Annehmen (4) e-r Tatsache (aufgrund bestimmter Informationen od. e-s bestimmten Vorwissens) ≈ Vermutung ⟨e-e falsche, richtige A.; der A. sein, dass ...; Grund zur A. haben, dass ...; etw. tun in der A., dass ...⟩: *Gehe ich recht in der A., dass Sie hier neu sind?* (= ist meine Vermutung richtig, dass ...)

An·na·len *die*; *Pl*; *geschr*; Bücher, in denen jedes Jahr die wichtigsten (geschichtlichen) Ereignisse aufgezeichnet werden ≈ Jahrbücher || ID ***etw. geht in die A. ein*** ein Ereignis ist so wichtig, dass es nicht vergessen wird

an·nehm·bar *Adj*; **1** so, dass alle Beteiligten damit einverstanden sein können ≈ akzeptabel ⟨ein Vorschlag, ein Kompromiss⟩ **2** *gespr*; so, dass man damit zufrieden sein kann: *Das Haus sieht von außen ganz a. aus*

an·neh·men (*hat*) [Vt/i] **1** (**etw.**) **a.** etw., das j-d einem geben od. schenken will, nicht zurückweisen ≈ entgegennehmen ↔ ablehnen ⟨ein Geschenk a.⟩ **2** (**etw.**) **a.** etw., *z.B.* ein Angebot, das j-d gemacht hat, akzeptieren od. mit etw. einverstanden sein ↔ ablehnen ⟨e-e Einladung, e-n Vorschlag, e-e Bedingung a.; e-e Entschuldigung a.⟩: *„Ich habe ihm ein wirklich tolles Angebot gemacht" - „Und hat er (es) angenommen?"* **3** (**etw.**) **a.** etw., nachdem man es geprüft hat, akzeptieren od. gut finden ↔ ablehnen ⟨e-n Antrag, e-n Gesetzesentwurf a.⟩ **4** (**etw.**) **a.** etw. (aufgrund bestimmter Informationen) glauben: *„Kommt er noch?" - „Ich nehme schon an"*; *Wir nahmen seine Unschuld an*; *Ich nehme an,* dass *sie uns die Antwort gibt*; *Ich nahm an, er würde es machen*; *Er nahm an, das Problem lösen* zu *können*; [Vt] **5 j-n a.** e-e positive Antwort auf j-s Bewerbung (*mst* für e-e berufliche Stelle od. für e-n Ausbildungsplatz) geben **6 etw. a.** etw. tun, weil man es bei anderen gesehen od. sich daran gewöhnt hat ≈ übernehmen ↔ ablegen ⟨e-e Gewohnheit, schlechte Manieren a.⟩ **7 etw. a.** etw. als Hypothese voraussetzen: *Nehmen wir einmal an, wir hätten kein Wasser* / dass *wir kein Wasser hätten - was würde sich dann in unserem Leben ändern?* **8 angenommen, ...** verwendet, um auszudrücken, dass etw. als Hypothese den weiteren Gedanken zugrunde gelegt wird: *Angenommen, sie kommt nicht, was machen wir dann?* **9 ein Kind a.** *gespr*; ein Kind, dessen Vater / Mutter man selbst nicht ist, in die Familie aufnehmen ≈ adoptieren **10** ***etw. nimmt Gestalt / Formen an*** das Ergebnis od. das Endprodukt e-r Sache

<table>
<tr><th colspan="2">annehmen, vermuten, denken</th></tr>
<tr><td>Es gibt im Deutschen verschiedene Verben, die die Meinung des Betroffenen zu einem bestimmten Vorfall oder Zustand wiedergeben. Die Wahl des richtigen Verbs hängt nicht zuletzt vom Grad der Überzeugung/Sicherheit ab, mit der diese Meinung ausgedrückt wird.

annehmen drückt den höchsten Grad an Sicherheit aus. Ein Irrtum ist zwar möglich, aber aus der Sicht dessen, der etwas annimmt, sehr unwahrscheinlich: Die Polizei nimmt an, dass es sich um ein Verbrechen handelt; Ich nehme an, er wird morgen von seiner Reise zurückkommen.</td><td>vermuten drückt aus, dass etwas als ziemlich sicher gilt. Es ist wahrscheinlich, dass die Vermutung auch zutrifft: Man vermutet menschliches Versagen als Ursache des Unglücks; Ich vermute, dass er die Prüfung nicht bestehen wird.

denken, glauben und meinen betonen dagegen, dass es sich um ein persönliches Urteil handelt und dass andere Menschen darüber ganz anders urteilen können: Meinst/Glaubst du, dass das geht?; Ich denke, er kommt bestimmt. In der Vergangenheitsform verwendet, drücken diese drei Verben oft aus, dass sich jemand geirrt hat: Ich habe geglaubt, sie würde vor uns da sein.</td></tr>
</table>

wird (allmählich) deutlich od. erkennbar: *Unsere Urlaubspläne nehmen langsam Gestalt an* **11** ***etw. nimmt etw. an*** etw. erreicht e-n bestimmten Umfang, e-e bestimmte Intensität, bestimmte Dimensionen: *Seine Brutalität nahm immer schlimmere Formen an*; [Vr] **12** ***sich j-s / etw. a.*** *geschr*; sich um j-n / etw. kümmern, für j-n / etw. sorgen || ▶ ***Annahme***

An·nehm·lich·keit *die*; -, *-en*; *mst Pl, geschr*; etw., das angenehm od. bequem ist u. Vorteile bringt: *Seit ich in Berlin lebe, genieße ich die Annehmlichkeiten des Lebens in der Großstadt*

an·nek·tie·ren; *annektierte, hat annektiert*; [Vt] *mst* ⟨ein Land⟩ ***annektiert etw.*** *geschr*; *mst* ein Land bringt ein Gebiet (*mst* mit Gewalt u. ohne rechtlichen Anspruch) in seinen Besitz ⟨ein Land annektiert ein Gebiet, ein Land⟩ || *hierzu* **An·nek·tie·rung** *die*; **An·ne·xi·on** *die*; -, *-en*

an·no, An·no **1** ***a. dazumal*** *gespr hum*; früher, vor langer Zeit **2** *veraltend*; im Jahre: *a. 1492* **3** ***a. / A. Domini*** nach unserer Zeitrechnung ≈ nach Christus; *Abk* a. D. / A. D.

An·non·ce [a'nõːsə] *die*; -, *-n* ≈ Anzeige, Inserat ⟨e-e A. aufgeben; sich auf e-e A. melden⟩ || K-: ***Annoncen-, -teil*** || -K: ***Heirats-, Zeitungs-***

an·non·cie·ren [anõ'siːrən]; *annoncierte, hat annonciert*; [Vt/i] **(*etw.*) (*irgendwo*) *a.*** e-e Annonce veröffentlichen u. etw. anbieten: *in der Tageszeitung e-e Wohnung a.*

an·nul·lie·ren; *annullierte, hat annulliert*; [Vt] ***etw. a.*** *geschr*; offiziell erklären, dass etw. nicht mehr gültig ist ⟨ein Gesetz, ein Urteil, e-e Ehe a.⟩ || *hierzu* **An·nul·lie·rung** *die*

A·no·de *die*; -, *-n*; *Elektr*; der Pol, der positiv geladen ist u. somit die Elektronen anzieht ≈ Pluspol ↔ Kathode

an·öden; *ödete an, hat angeödet*; [Vt] ***j-d / etw. ödet j-n an*** *gespr*; j-d / etw. langweilt j-n sehr: *Das Leben auf dem Lande ödet mich einfach an!* || ▶ ***öde*** (3)

a·no·mal *Adj*; *geschr*; nicht normal ≈ abnorm ⟨ein Verhalten⟩

A·no·ma·lie *die*; -, *-n* [-'liːən]; *geschr*; e-e Erscheinung, die vom Normalen (oft in krankhafter Weise) abweicht ≈ Abnormität

a·no·nym [ano'nyːm] *Adj*; **1** ohne den Namen des Verfassers, Absenders *usw* ⟨ein Brief, ein Leserbrief, ein Anruf; a. bleiben wollen⟩: *Der Spender möchte a. bleiben* **2** *gespr, mst pej*; so beschaffen, dass es für die Menschen schwierig ist, miteinander in Kontakt zu kommen ⟨ein Häuserblock, e-e Wohnsiedlung⟩

A·no·ny·mi·tät *die*; -; *nur Sg*; **1** der Zustand od. Umstand, bei dem j-s Name od. Identität nicht bekannt ist ⟨die A. wahren⟩ **2** der Zustand, bei dem etw. anonym (2) ist: *Die A. der Großstadt zieht viele Verbrecher an*

A·no·rak *der*; *-s, -s*; e-e sportliche Jacke (*mst* mit Kapuze), die gut gegen Wasser u. Wind schützt u. *z.B.* beim Skifahren getragen wird

an·ord·nen[1] (*hat*) [Vt] ***etw. a.*** (als Autorität) bestimmen od. befehlen, dass etw. *mst* offiziell durchgeführt wird: *Die Regierung ordnete e-e Untersuchung der Ursachen des Unglücks an* || *hierzu* **An·ord·nung** *die*

an·ord·nen[2] (*hat*) [Vt] ***etw.*** (*Kollekt od Pl*) ***irgendwie a.*** etw. nach e-m bestimmten Schema auf- od. zusammenstellen: *Wörter alphabetisch, nach Sachgebieten a.* || *hierzu* **An·ord·nung** *die*

an·or·ga·nisch *Adj*; *nicht adv, Chem*; die unbelebten Teile der Natur betreffend ↔ organisch ⟨Chemie⟩: *Salze sind anorganische chemische Verbindungen*

a·nor·mal *Adj*; *geschr*; nicht normal ⟨ein Verhalten⟩

an·pa·cken (*hat*) [Vt] **1** ***j-n / etw. a.*** j-n / etw. kräftig od. fest mit den Händen greifen **2** ***j-n irgendwie a.*** *gespr*; j-n irgendwie behandeln: *Jetzt ist er beleidigt, du hast ihn wohl zu hart angepackt* **3** ***etw. irgendwie a.*** *gespr*; e-e Aufgabe od. Arbeit in e-r bestimmten Weise bewältigen, durchführen: *Er versteht es, heikle Probleme richtig anzupacken*; [Vi] **4** ***mit a.*** *gespr*; bei e-r (körperlichen) Arbeit helfen, *bes* beim Tragen **5** ***a. können*** *gespr*; bei (körperlicher) Arbeit viel leisten können

an·pas·sen (*hat*) [Vt] **1** ***etw. j-m / etw. a.*** etw. so bearbeiten od. verändern, dass es j-m od. zu etw. passt: *das Kleid der Figur / der Kundin a.* **2** ***etw. etw.*** (*Dat*) ***a.*** etw. so gestalten, dass es zu e-r bestimmten Situation od. Bedingung passt od. für sie geeignet ist ≈ etw. auf etw. abstimmen: *seine Kleidung der Jahreszeit a., sein Verhalten der Situation a.*; [Vr] **3** ***sich*** (***j-m / etw.***) ***a.***; ***sich*** (***an j-n / etw.***) ***a.*** sich so verändern, dass man zu j-m od. zu den jeweiligen Umständen passt u. ohne Schwierigkeiten mit ihnen leben kann: *sich seinen / an seine Kollegen a.*; *In kürzester Zeit hat sich sein Kreislauf dem tropischen Klima angepasst*

An·pas·sung *die*; -, *-en*; *mst Sg*; **1** ***die A.*** (***an j-n / etw.***) das Verhalten, durch das man sich an j-n / etw. anpasst (3): *die A. an die Umgebung, an die Umwelt* || K-: ***Anpassungs-, -fähigkeit, -schwierigkeiten, -vermögen***; ***anpassungs-, -fähig*** **2** ***die A.*** (***an etw.*** (*Akk*)) der Vorgang, durch den man zwei od. mehrere Dinge aufeinander abstimmt: *die A. der Löhne / Gehälter / Renten an die Inflationsrate*

an·pei·len (*hat*) [Vt] **1** ***etw. a.*** *Tech*; durch Peilen den Standort od. die Richtung der Bewegung von etw. bestimmen: *e-n Sender a.* **2** ***etw. a.*** *gespr hum*; versuchen, ein bestimmtes Ziel zu erreichen: *Ich peile in Mathematik e-e 2* (= Note 2) *an* || *zu* **1** **An·pei·lung** *die*; *nur Sg*

an·pfei·fen (*hat*) [Vt/i] **1** (***etw.***) ***a.*** *Sport*; als Schiedsrichter ein Spiel durch e-n Pfiff beginnen lassen ↔ abpfeifen: *Der Schiedsrichter pfiff das Spiel an*; [Vt] **2** ***j-n a.*** *gespr* ≈ tadeln

An·pfiff *der*; **1** *mst Sg, Sport*; der Beginn e-s (Teils e-s) Spiels durch e-n Pfiff vom Schiedsrichter **2** *gespr*; ein heftiger Tadel (*mst* durch e-n Vorgesetzten) ⟨e-n A. bekommen⟩

an·pflan·zen (*hat*) [Vt] **1** ***etw.*** (***irgendwo***) ***a.*** Pflanzen in den Erdboden stecken, damit sie dort wachsen können: *Blumen, Mais, Sträucher a.* **2** ***etw. a.*** e-e Fläche bepflanzen ⟨e-n Garten, ein Beet a.⟩

An·pflan·zung *die*; **1** die Fläche, auf der Sträucher, junge Bäume *o.Ä.* angepflanzt sind **2** das Anpflanzen (1) od. der Anbau: *die A. von Mais, Sträuchern, Bäumen* **3** das Anpflanzen (2) ⟨die A. e-s Gartens, e-s Beets⟩

an·pflau·men; *pflaumte an, hat angepflaumt*; [Vt] ***j-n a.*** *gespr pej* ≈ anpöbeln

an·pin·seln (*hat*) [Vt] ***etw. a.*** *gespr*; mit e-m Pinsel Farbe auf etw. streichen ≈ bemalen ⟨den Zaun a.⟩: *die Augenwimpern a.* (= schminken)

an·pir·schen, sich (*hat*) [Vr] ***sich*** (***an ein Tier***) ***a.*** sich (als Jäger) leise u. vorsichtig (e-m Tier) nähern

an·pö·beln (*hat*) [Vt] ***j-n a.*** *pej*; j-n mit beleidigenden Worten u. Handlungen belästigen od. provozieren: *Sie wurde von den Rowdies auf offener Straße angepöbelt* || *hierzu* **An·pö·be·lung** *die*

an·pran·gern; *prangerte an, hat angeprangert*; [Vt] ***j-n / etw. a.*** öffentlich schwere Vorwürfe gegen j-n / etw. machen ⟨Missstände, Unsitten a.⟩ || *hierzu* **An·pran·ge·rung** *die*

an·prei·sen (*hat*) [Vt] ***etw. a.*** e-e Ware od. Dienstleistungen *bes* wegen guter Qualität loben ≈ empfehlen || *hierzu* **An·prei·sung** *die*

ạn·pro·bie·ren (*hat*) [Vt/i] **(etw.) a.** ein Kleidungsstück anziehen, damit man sieht, ob es die richtige Größe hat u. ob es einem gefällt: *Ich möchte gern diese drei Kostüme a.* || *hierzu* **Ạn·pro·be** *die*

ạn·pum·pen (*hat*) [Vt] **j-n (um etw.) a.** *gespr*; j-n bitten, einem Geld zu leihen

ạn·quat·schen (*hat*) [Vt] **j-n a.** *gespr*; sehr direkt (u. in lässigem Ton) ein Gespräch mit j-m anfangen ≈ ansprechen (1): *von e-m Fremden auf der Straße angequatscht werden*

Ạn·rai·ner *der*; *-s, -*; *bes südd* der Nachbar, der auf dem Grundstück direkt nebenan wohnt

Ạn·rai·ner·staat *der* ≈ Anliegerstaat

ạn·ra·ten (*hat*) [Vt] **j-m etw. a.** j-m empfehlen, etw. Bestimmtes zu tun

Ạn·ra·ten *nur in* **auf A.** + *Gen, geschr*; auf Empfehlung (*mst* e-s Arztes): *Auf A. seines Hausarztes macht er e-n Erholungsurlaub an der Nordsee*

an·rau·en ['anrauən]; *raute an, hat angeraut*; [Vt] **etw. a.** die Oberfläche e-r Sache ein bisschen rau machen: *ein Brett mit Sandpapier a.*

ạn·rau·schen (*ist*) [Vi] *gespr, mst pej*; irgendwohin kommen u. dabei versuchen, alle Aufmerksamkeit auf sich zu lenken ⟨angerauscht kommen⟩: *Gestern rauschte er mit e-m Rolls Royce an*

ạn·rech·nen (*hat*) [Vt] **1 (j-m) etw. (auf etw.** (*Akk*)**) a.** beim Verkauf den Wert e-r alten (gebrauchten) Ware *o.Ä.* berücksichtigen, die der Käufer als Teil der Zahlung bietet (u. den Preis um den Wert dieser Ware senken): *Der Händler hat mir aus Kulanz den alten Fernseher auf den neuen angerechnet*; *j-m e-e Gutschrift a.* **2 j-m etw. hoch a.** j-s Verhalten sehr positiv bewerten: *Ich rechne (es) ihm hoch an*, dass *er mir geholfen hat*

Ạn·recht *das*; *mst Sg*; **ein A. (auf etw.** (*Akk*)**)** das Recht, etw. zu fordern, für sich zu beanspruchen ≈ Anspruch ⟨ein A. auf Wohngeld / Unterhalt haben⟩

Ạn·re·de *die*; die sprachliche Form, in der man sich mündlich od. am Anfang e-s Briefs an j-n wendet ⟨e-e höfliche A.⟩

ạn·re·den (*hat*) [Vt] **1 j-n a.** sich mit Worten an j-n wenden ≈ ansprechen (1) **2 j-n irgendwie a.** sich in e-r bestimmten vorgegebenen sprachlichen Form an j-n wenden ⟨j-n mit „du", mit „Sie", mit seinem Titel a.⟩: *Unser Chef liebt es, mit „Herr Direktor" angeredet zu werden*; [Vi] **3 gegen etw. a.** versuchen, so laut zu sprechen, dass man trotz e-s lauten Geräusches noch gehört wird: *Gegen diesen Lärm kann ich nicht mehr a.!* **4 gegen j-n a.** versuchen, (in e-r Diskussion) bessere Argumente zu bringen als j-d anderer (um sich gegen ihn durchzusetzen): *gegen e-n Redner der Opposition a.*

ạn·re·gen (*hat*) [Vt] **1 etw. a.** die Idee zu etw. geben: *Sie regte an, das Haus* zu *verkaufen* **2 j-n zu etw. a.** versuchen, durch e-n Vorschlag od. Hinweis j-n dazu zu bringen, etw. zu tun ≈ j-n zu etw. ermuntern **3 etw. regt j-n / etw. an** etw. hat e-e belebende, aktivierende Wirkung auf j-n / etw. ⟨etw. regt j-s Fantasie, den Appetit an⟩: *ein sehr anregendes Gespräch mit j-m führen*; *Sekt regt den Kreislauf an*

Ạn·re·gung *die*; **1 e-e A. (zu etw.)** ein Vorschlag, mit dem j-d zu etw. angeregt werden soll: *die A. zu e-r Reise geben, erhalten* **2 e-e A. (für etw.)** ein *mst* nützlicher Hinweis od. Vorschlag, den man von j-m bekommt od. j-m gibt ≈ Tipp, Denkanstoß: *Ich habe hier wichtige Anregungen für meine weitere Arbeit gefunden* **3 zur A.** + *Gen*; mit e-r belebenden, aktivierenden Wirkung auf etw.: *e-e Tablette zur A. des Kreislaufs, des Appetits*

ạn·rei·chern; *reicherte an, hat angereichert*; [Vt] **1 etw. (mit etw.) a.** etw. qualitativ verbessern od. gehaltvoller machen, indem man *z.B.* etw. hinzufügt: *e-n Fruchtsaft mit Vitaminen a.*; *angereichertes Uran*; [Vr] **2 etw. reichert sich an** *geschr*; etw. sammelt sich in großen Mengen an: *Die Giftstoffe reichern sich in der Luft an* **3 etw. reichert sich mit etw. an** *geschr*; etw. wird mit bestimmten Substanzen voll: *Das Grundwasser reichert sich mehr u. mehr mit Chemikalien an* || *hierzu* **Ạn·rei·che·rung** *die*

ạn·rei·hen (*hat*) [Vt] **1 etw. (an etw.** (*Akk*)**) a.** etw. e-r Reihe hinzufügen; [Vr] **2 j-d / etw. reiht sich (an etw.** (*Akk*)**) an** j-d / etw. kommt als weiterer Teil zu e-r Reihe hinzu: *Bitte reihen Sie sich hinten an!*

Die Anrede

Wer sagt was zu wem?
Du zueinander sagen:

- Mitglieder einer Familie und Verwandte untereinander
- Freunde untereinander
- Erwachsene zu Kindern und Jugendlichen (unter ca. 16 Jahren)
- Studenten untereinander
- Arbeitskollegen untereinander, sofern sie dies vereinbart haben
- Kinder und jüngere Leute untereinander (z. B. auch im Sportverein, beim Militär)

In Gebeten wird auch Gott mit *du* angeredet.
Sie zueinander sagen:

- Erwachsene untereinander, sofern die Anrede mit *du* nicht ausdrücklich vereinbart wurde (Vorgesetzte/Mitarbeiter, Lehrer/Schüler, Professoren/Studenten usw.)
- Kinder und Jugendliche zu Erwachsenen, wenn sie nicht verwandt oder befreundet sind

Als Faustregel gilt, dass *du* und *ihr* Vertrautheit ausdrücken, *Sie* aber Distanz schafft.

Die Anrede mit *du* setzt das Einverständnis der angeredeten Person voraus. Dieses Einverständnis ergibt sich entweder aus der Situation, oder der eine bietet dem anderen das *Du* ausdrücklich an, nachdem sie sich vorher mit *Sie* angeredet haben.

Soll auf eine feierliche Art das *Du* angeboten werden, so trinkt man miteinander „Brüderschaft", das heißt, dass man zusammen ein Glas Sekt oder Wein trinkt. Dabei ist zu beachten, dass meist der Ältere dem Jüngeren, der Vorgesetzte seinem Mitarbeiter usw. das *Du* anbietet.

Mehrere Leute, zu denen man einzeln *du* sagt, spricht man mit *ihr* an. Mehrere Personen, zu denen man einzeln *Sie* sagt, spricht man mit *Sie* an. Befinden sich unter den angesprochenen Personen solche, die man duzt, und solche, die man siezt, dann ist es besser, alle zusammen mit *Sie* anzureden.

An·rei·se *die*; *mst Sg*; **1** die Fahrt zum Reiseziel: *Die A. dauerte 6 Stunden* **2** *geschr*; die Ankunft e-s Besuchers ↔ Abreise ⟨j-s A. erwarten⟩ || K-: ***Anreise-, -tag***

an·rei·sen (*ist*) [Vi] zu seinem Reiseziel fahren ↔ abreisen: *Wir sind erst gestern mit dem Wohnwagen angereist*

an·rei·ßen (*hat*) [Vt] **1** ***etw. a.*** *gespr*; die Verpackung e-r Ware öffnen u. sie zu verbrauchen beginnen: *e-e Tafel Schokolade a.* **2** ***etw. a.*** etw. kurz od. oberflächlich besprechen od. im Gespräch behandeln ⟨e-e Frage, ein Problem, ein Thema a.⟩

An·reiz *der*; ***ein A.*** (***zu etw.***) etw. Interessantes od. Attraktives, das j-n zu etw. motivieren soll ≈ Ansporn ⟨j-m e-n materiellen A. geben⟩: *j-m e-n A. bieten, e-e unangenehme Arbeit* zu *tun*

an·rem·peln (*hat*) [Vt] ***j-n a.*** mit der Schulter od. dem Ellbogen (absichtlich) gegen j-n stoßen, während man an ihm vorbeigeht: *im Gedränge angerempelt werden*

an·ren·nen (*ist*) [Vi] **1** ***angerannt kommen*** schnell in j-s Richtung laufen u. zu ihm kommen: *Gerade als sie das Geschäft schließen wollte, kam noch ein Kunde angerannt* **2** ***gegen j-n / etw. a.*** zu j-m / etw. laufen, mit der Absicht, gegen ihn zu kämpfen od. es zu zerstören *o.Ä.* ⟨gegen den Feind, die Festung, e-e Mauer von Vorurteilen a.⟩ **3** ***gegen j-n / etw. a.*** *gespr*; (*mst* ohne Aussicht auf Erfolg) versuchen, besser zu sein als j-d anderer / etw. anderes ⟨gegen die Konkurrenz a.⟩; [Vt] **4** ***sich*** (*Dat*) ***etw.*** (***an etw.*** (*Dat*)) ***a.*** *gespr*; beim Gehen od. Laufen gegen etw. stoßen u. sich dabei verletzen

An·rich·te *die*; -, *-n*; ein Schrank, in dem *bes* Geschirr aufbewahrt wird u. der e-e Fläche hat, auf der man Speisen vorbereiten u. abstellen kann

an·rich·ten (*hat*) [Vt] **1** ***etw. a.*** die bereits zubereiteten Speisen (*bes* auf e-m großen Teller od. in e-r Schüssel) zusammenstellen: *Ihr könnt kommen, das Essen ist angerichtet!* **2** ***etw. a.*** (*mst* ohne Absicht) etw. Unerwünschtes verursachen ⟨Schaden, Unheil, ein heilloses Durcheinander a.⟩

an·rol·len [Vt] (*hat*) **1** ***etw. a.*** etw. durch Rollen irgendwohin bringen ⟨Fässer a.⟩; [Vi] (*ist*) **2** ***etw. rollt an*** etw. beginnt zu rollen: *Langsam rollte der Zug an*

an·ros·ten (*ist*) [Vi] ***etw. rostet an*** etw. beginnt zu rosten ⟨Stahl, ein Messer⟩ || NB: *mst* im Partizip Perfekt

an·rü·chig *Adj*; *nicht adv*; **1** (aus sittlicher u. moralischer Sicht) mit e-m schlechten Ruf ⟨e-e Bar, ein Nachtclub⟩ **2** ⟨ein Lebenswandel, ein Witz⟩ so, dass sie als unmoralisch empfunden werden ≈ anstößig

an·rü·cken (*ist*) [Vi] **1** ***j-d / etw.*** (*Kollekt od Pl*) ***rückt an*** e-e organisierte Gruppe kommt zu e-m Einsatz heran ⟨die Polizei, die Feuerwehr, die Truppen⟩ **2** ***j-d*** (*Kollekt od Pl*) ***rückt an*** *gespr iron*; Personen kommen (in großer Zahl): *Plötzlich rückte meine gesamte Verwandtschaft an*

An·ruf *der*; e-e telefonische Verbindung od. ein Gespräch am Telefon mit j-m ⟨e-n A. bekommen, erhalten; auf e-n dringenden A. warten⟩: *Ist ein A. für mich gekommen?* || NB: ↑ ***Telefonat***

An·ruf|be·ant·wor·ter *der*; *-s*, -; *mst* ***ein automatischer A.*** e-e Art Tonbandgerät, das man an sein Telefon anschließen kann, damit der Anrufer e-e Nachricht hinterlassen kann

an·ru·fen (*hat*) [Vt/i] **1** (***j-n***) ***a.*** mit j-m per Telefon in Kontakt treten: *Hat j-d angerufen?*; *Ruf doch mal an!*; *Ich rufe dich morgen Abend an u. gebe dir Bescheid*; [Vt] **2** ***j-n / etw. a.*** j-n od. e-e übergeordnete Stelle bitten zu helfen od. ein Problem zu entscheiden ⟨die Gerichte a.⟩; [Vi] **3** ***bei j-m a.*** ≈ a. (1) || *zu* **1** u. **3** **An·ru·fer** *der*; *-s*, -; **An·ru·fe·rin** *die*; -, *-nen*; *zu* **2** **An·ru·fung** *die*

an·rüh·ren (*hat*) [Vt] **1** ***j-n / etw. a.*** j-n / etw. mit der Hand greifen od. anfassen: *„Wer hat diese Unordnung verursacht?" - „Ich nicht, ich habe hier überhaupt nichts angerührt"* **2** ***etw. a.*** (e-n Teil von) etw. essen, trinken od. verbrauchen: *Früher aß er viel Fleisch, aber seit kurzem ist er Vegetarier u. rührt kein Fleisch mehr an* || NB: *zu* **1** u. **2**: *mst* verneint **3** ***etw.*** (***mit etw.***) ***a.*** die einzelnen Zutaten od. Bestandteile e-r Masse miteinander mischen ⟨Kleister, Gips mit Wasser a.; den Teig a., die Soße mit Mehl a.⟩

ans *Präp mit Artikel* ≈ an das || NB: *ans* kann nicht durch *an das* ersetzt werden **a**) in Wendungen wie: *etw. kommt ans Licht*; **b**) in Verbindungen mit e-m substantivierten Infinitiv: *ans Aufhören denken*

an·sä·en (*hat*) [Vt/i] (***etw.***) ***a.*** Samen auf / in die Erde tun, damit neue Pflanzen wachsen: *Blumen, e-n neuen Rasen a.*

An·sa·ge *die*; (im Radio / Fernsehen od. bei e-r Veranstaltung) der (kurze) Text, mit dem man j-n / etw. ansagt (1) ⟨die A. machen⟩

an·sa·gen (*hat*) [Vt] **1** ***j-n / etw. a.*** (im Radio / Fernsehen od. bei e-r Veranstaltung) die Zuhörer / Zuschauer informieren, welche Sendung, welcher Programmteil od. welcher Künstler als Nächstes kommt ≈ ankündigen (1); [Vr] **2** ***sich*** (***bei j-m***) ***a.*** j-m seinen bevorstehenden Besuch mitteilen ≈ ankündigen (2): *Für Sonntag hat sich Besuch angesagt* || *zu* **1** **An·sa·ger** *der*; *-s*, -; **An·sa·ge·rin** *die*; -, *-nen* || ► ***angesagt***

an·sä·gen (*hat*) [Vt] ***etw. a.*** e-n (kleinen) Einschnitt in etw. sägen ⟨e-n Baum, ein Brett a.⟩

an·sam·meln (*hat*) [Vt] **1** ***etw.*** (*Kollekt od Pl*) ***a.*** bestimmte Gegenstände (*mst* wahllos) aufbewahren, um e-e möglichst große Menge davon zu haben ⟨Münzen, Antiquitäten, Vorräte a.⟩; [Vr] **2** ***etw. sammelt sich an*** etw. erreicht allmählich e-n bestimmten Umfang, e-e Intensität *o.Ä.* ⟨Staub; Wut, Ärger⟩: *Bei mir hat sich wieder mal e-e Menge Arbeit angesammelt*

An·samm·lung *die*; *Kollekt*; **1** alle Dinge, die j-d angesammelt hat **2** e-e Menschenmenge, die an e-m Ort wegen e-s bestimmten Vorfalls zusammengekommen ist || -K: ***Menschen-***

an·säs·sig *Adj*; *mst* ***irgendwo a. sein*** an dem genannten Ort leben

An·satz *der*; **1** die Stelle, an der etw. (*bes* ein Körperteil) anfängt od. sich zu entwickeln beginnt || -K: ***Haar-, Hals-*** **2** die ersten sichtbaren Zeichen od. die Vorstufe e-r (möglichen) Entwicklung: *Aus Kummer aß er so viel, dass er den A. zu e-m Bauch bekam*; *In seinen ersten Gemälden zeigte er gute Ansätze, einmal ein berühmter Maler zu werden* || -K: ***Bauch-, Rost-*** **3** *nur Sg*, *Mus*; die Art u. Weise (*bes* die Stellung der Lippen u. der Zunge), mit der ein Sänger od. Bläser e-n Ton erzeugt ⟨e-n guten, weichen, harten A. haben⟩ **4** *Math*; die mathematische Form, in die e-e Aufgabe gebracht wird, die als Text formuliert ist ⟨den richtigen A. finden⟩

An·satz·punkt *der*; die Stelle od. Tatsache, die man als Basis für den Beginn od. die Weiterführung e-r Handlung nimmt: *Der A. für seine Kritik war ihr mangelndes Engagement*

an·satz·wei·se *Adv*; bisher nur in geringem Maße ⟨etw. ist (nur) a. vorhanden⟩: *Der Plan ist erst a. ausgearbeitet*

an·sau·fen (*hat*) [Vt] *nur in* ***sich*** (*Dat*) ***einen*** (***Rausch***) ***a.*** *gespr!* ≈ sich betrinken

an·schaf·fen (*hat*) [Vt] **1** (***sich*** (*Dat*)) ***etw. a.*** e-n (*mst* ziemlich großen, wertvollen) Gebrauchsgegenstand kaufen: *sich e-n Wohnwagen, e-e neue Waschmaschine a.*; [Vt/i] **2** ((***j-m***) ***etw.***) ***a.*** *südd gespr* ≈ befehlen; [Vi] **3 a.** (**gehen**) *gespr*; als Prostituierte Geld verdienen

An·schaf·fung *die*; -, *-en*; **1** *nur Sg*; der Kauf e-s größeren Gebrauchsgegenstands: *In diesem Jahr stehen einige größere Anschaffungen an* || K-: **Anschaffungs-, -kosten, -preis, -wert 2** der Gegenstand, den man sich angeschafft (1) hat ⟨e-e teure, notwendige A.⟩

an·schal·ten (*hat*) [Vt/i] (**etw.**) **a.** ein elektrisches Gerät in Betrieb setzen ≈ einschalten (1) ↔ ab-, ausschalten: *e-e Lampe, den Fernseher a.*

an·schau·en (*hat*) [Vt] **j-n / etw. a.** *bes südd* (CH) ≈ ansehen (1)

an·schau·lich *Adj*; (aufgrund von Beispielen od. guten Erklärungen) klar u. einfach zu verstehen ⟨e-e Darstellung⟩: *e-n komplizierten technischen Sachverhalt a. erklären, darstellen* || hierzu **An·schau·lich·keit** *die*; *nur Sg*

An·schau·ung *die*; -, *-en*; **1** **e-e A.** (**über etw.** (*Akk*) **/ zu etw.**) e-e bestimmte Meinung od. Ansicht über etw. ≈ Auffassung ⟨e-e A. vertreten; j-s Anschauungen (zu e-m Problem) teilen; zu der A. gelangen, dass ...⟩ **2** **e-e A.** (**von etw.**) das, was man sich unter e-r Sache vorstellt, was man unter ihr versteht ≈ Vorstellung, Auffassung: *Was ist Ihre A. von der Ehe?* || -K: **Lebens- 3** *nur Sg* ≈ Erfahrung, Beobachtung ⟨etw. aus eigener A. kennen⟩

An·schau·ungs·ma·te·ri·al *das*; *Kollekt*; Gegenstände (wie *z.B.* Bilder) u. Beispiele, durch die (im Unterricht) ein konkreter u. verständlicher Eindruck von etw. vermittelt wird

An·schein *der*; *nur Sg*, *geschr*; **1** der äußere Eindruck (der oft nicht den wirklichen Tatsachen entspricht): *Sie weckten in uns den A., dass sie sehr ehrlich wären, doch dann betrogen sie uns* **2 sich den A. geben, j-d / etw. zu sein** so tun, als ob man j-d / etw. wäre: *Er gibt sich den A., ein erfolgreicher Geschäftsmann zu sein* **3 es hat den A., dass ... / als ob ...** etw. erweckt den Eindruck, dass ...: *Es hat den A., als ob wir hier nicht willkommen wären* **4 dem / allem A. nach** so, wie es zu sein scheint ≈ anscheinend, vermutlich

an·schei·nend *Adv*; den Tatsachen, dem äußerlich Erkennbaren nach zu urteilen, wie es als wahrscheinlich angenommen wird ≈ vermutlich: *A. ist sie schon mit dem Fahrrad weggefahren* || NB: ↑ **scheinbar**

an·schi·cken, sich (*hat*) [Vr] **sich a.** + **zu** + *Infinitiv geschr*; kurz davor sein, etw. zu tun: *Er schickte sich an, uns e-n Vorwurf zu machen, besann sich aber dann anders*

an·schie·ben (*hat*) [Vt/i] (**j-n / etw.**) **a.** durch Schieben bewirken, dass ein stehendes Fahrzeug anfängt zu rollen: *Schiebst du mich an, die Batterie vom Auto ist leer?*

an·schie·len (*hat*) [Vt] **j-n a.** *gespr*; j-n schielend, von der Seite her ansehen

an·schie·ßen [Vt] (*hat*) **1 j-n / ein Tier a.** j-n / ein Tier mit e-m Schuss treffen, so dass er / es verletzt, aber nicht tot ist; [Vi] (*ist*) **2** *mst* **angeschossen kommen** *gespr*; sich sehr schnell in j-s Richtung bewegen u. zu ihm kommen ⟨ein Auto⟩

an·schir·ren (*hat*) [Vt/i] (**ein Tier**) **a.** e-m Pferd, Ochsen od. Esel das Geschirr[2] anlegen

An·schiss *der*; *-es, -e*; *gespr!* e-e harte Kritik ⟨e-n A. bekommen, kassieren, kriegen⟩

An·schlag[1] *der*; **1** ein Papier od. Plakat, das zur Bekanntmachung öffentlich aushängt ≈ Aushang: *den A. am schwarzen Brett beachten* || K-: **Anschlag-, -brett, -säule 2** die Art, in der j-d die Tasten e-s Instruments, e-s Geräts niederdrückt ⟨e-n harten, weichen A. auf dem Klavier haben⟩ **3** *mst Pl*; das Niederdrücken e-r Schreibmaschinentaste ⟨250 Anschläge in der Minute machen, schreiben⟩ **4** die Stelle, bis zu der man etw. Bewegliches (*z.B.* e-e Kurbel, e-n Hebel od. e-n Knauf) drehen od. bewegen kann: *die Heizung bis zum A. aufdrehen* **5** die Stellung od. Haltung, in der man mit e-r Schusswaffe sofort schießen kann ⟨das Gewehr im A. halten⟩

An·schlag[2] *der*; ein krimineller Versuch, (*mst* aus politischen Gründen) j-n zu töten od. etw. zu zerstören ≈ Attentat ⟨e-n A. auf e-n Politiker, auf e-e Botschaft verüben⟩ || -K: **Bomben-, Mord-, Sprengstoff-, Terror-**

an·schla·gen [Vt] (*hat*) **1 etw.** (**an etw.** (*Dat* / *Akk*)) **a.** e-e Information durch e-n Anschlag[1] (1) öffentlich bekannt machen ≈ aushängen[1] (2): *Die Termine für die nächsten Vorstellungen werden am schwarzen Brett / an das schwarze Brett angeschlagen* **2** (**sich** (*Dat*)) **etw.** (**an etw.** (*Dat*)) **a.** (unabsichtlich) mit e-m Körperteil gegen etw. stoßen u. sich dabei *mst* leicht verletzen: *sich den Kopf an der Tür a.* **3 etw. a.** auf e-m Tasten- od. Saiteninstrument bestimmte Töne erklingen lassen ⟨e-n Akkord, e-e Melodie a.⟩ **4 e-n** ⟨ernsten, unverschämten⟩ **Ton a.** ernst, unverschämt *usw* mit j-m sprechen; [Vi] **5 etw. schlägt bei j-m an** (*hat*) *gespr*; etw. lässt j-n an Gewicht zunehmen: *Sie muss ständig auf ihr Gewicht achten, da bei ihr jede Süßigkeit anschlägt* **6** (**mit etw.**) **an etw.** (*Akk*) **a.** (*ist*) heftig an e-n Gegenstand stoßen: *Er ist mit dem Kopf an die Mauer angeschlagen*

an·schlei·chen, sich (*hat*) [Vr] **j-d / ein Tier schleicht sich** (**an j-n / etw.** (*Akk*)) **an** j-d / ein Tier nähert sich j-m / e-r Sache heimlich od. leise: *Der Löwe schlich sich an die Antilope an*

an·schlep·pen (*hat*) [Vt] **1 etw. a.** etw. Schweres unter großer Anstrengung herantragen **2** *mst* **j-d schleppt j-n / etw. an** j-d zieht ein Fahrzeug mit e-m anderen Fahrzeug, um den Motor wieder in Gang zu setzen ⟨ein Auto a.⟩ **3 j-n / etw. a.** *gespr*; j-n / etw. (*mst* unerwartet od. unerwünscht) mit nach Hause, zu e-r Party *o.Ä.* bringen

an·schlie·ßen (*hat*) [Vt] **1 etw.** (**an etw.** (*Dat* / *Akk*)) **a.** etw. mit etw. in e-e feste Verbindung bringen ≈ anmontieren: *den Schlauch am / an den Wasserhahn a.* **2 etw.** (**an etw.** (*Akk*)) **a.** ein elektrisches Gerät mit e-m Stromkreis verbinden ≈ installieren: *den Herd, die Waschmaschine an das Stromnetz a.* **3 etw.** (**an etw.** (*Dat* / *Akk*)) **a.** etw. mit e-m Schloss an etw. festmachen ≈ anketten: *das Fahrrad an e-m / e-n Laternenpfahl a.* **4 etw.** (**an etw.** (*Akk*)) **a.** e-e Äußerung od. Bemerkung zu etw. bereits Gesagtem hinzufügen: *an j-s Vortrag noch e-e Frage a.* **5 etw.** (**etw.** (*Dat*) **/ an etw.** (*Akk*)) **a.** etw. e-r Sache anfügen: *Dem Krankenhaus wurde ein Pflegeheim angeschlossen*; [Vi] **6 etw. schließt an etw.** (*Akk*) **an** etw. liegt unmittelbar neben etw. ≈ etw. grenzt an etw.: *Das Grundstück schließt direkt an den Park an* **7 etw. schließt an etw.** (*Akk*) **an** *geschr*; etw. folgt (zeitlich) auf etw.: *An die Premiere schloss e-e Diskussion mit dem Regisseur an*; [Vr] **8 etw. schließt sich** (**an etw.** (*Akk*)) **an** etw. kommt als weiterer Teil zu etw. hinzu **9 sich j-m a.** zu j-m kommen u. auch das tun, was er tut: *Da er ganz allein im Ausland war, schloss er sich e-r Gruppe junger Amerikaner an* **10 sich j-m / etw. a.** *geschr*; zu verstehen geben, dass man die Meinung e-s anderen für gut hält, dass man ihr zustimmt: *sich der Ansicht e-s Kollegen a.* || ► **Anschluss**

an·schlie·ßend 1 *Partizip Präsens*; ↑ **anschließen 2** *Adv*; *geschr*; direkt nach etw. ≈ danach, hinterher

An·schluss *der*; **1** die Verbindung mit e-m System von Leitungen || K-: **Anschluss-, -rohr** || -K: **Gas-, Strom-, Telefon-, Wasser- 2** die telefonische Verbindung mit dem Gesprächspartner ⟨keinen A. bekommen; kein A. unter dieser Nummer⟩ **3** e-e öffentliche Verkehrsverbindung, die von e-m bestimmten Ort in die gewünschte Richtung weiterführt ≈ Verbindung (2): *In Hamburg haben Sie um 20 Uhr A. nach Kiel* || K-: ***Anschluss-, -flug, -zug*** **4** *nur Sg*; persönliche Kontakte zu j-m ⟨A. suchen, A. haben⟩: *Er tut sich sehr schwer, als Fremder A. zu finden* **5** *nur Sg*; ***der A. an j-n / etw., zu j-m / etw.*** das Erreichen des Leistungsniveaus von anderen auf e-m Gebiet od. in e-r Disziplin ⟨den A. an die Weltspitze halten, verlieren⟩: *den A. an die Technik der Amerikaner, an e-n Spitzenathleten erreichen* **6** ***im A. an etw.*** (*Akk*) *geschr*; (zeitlich) direkt nach etw.: *Im A. an die Tagesschau sehen Sie „Panorama"* **7** *hist*; die Eingliederung Österreichs in das Deutsche Reich (1938) || ID ***den A. verpasst haben*** *gespr*; die Möglichkeit nicht genutzt haben, *mst* sich beruflich zu verbessern

Ạn·schluss|stel·le *die*; e-e Stelle, an der man e-e Autobahn verlassen od. auf sie hinauffahren kann

ạn·schmie·gen, sich (*hat*) [Vr] ***sich*** (***an j-n***) ***a.*** sich zärtlich ganz eng an j-n lehnen

ạn·schmieg·sam *Adj*; mit e-m starken Bedürfnis nach Zärtlichkeit ⟨ein Kind⟩ || *hierzu* **Ạn·schmieg·sam·keit** *die*; *nur Sg*

ạn·schmie·ren (*hat*) [Vt] **1** ***etw. a.*** *pej*; e-n Gegenstand od. e-e Fläche hässlich bemalen **2** ***j-n / sich*** (***mit etw.***) ***a.*** j-n / sich (unabsichtlich) mit Farbe od. Dreck schmutzig machen ≈ beschmutzen **3** ***j-n a.*** *gespr*; j-n absichtlich täuschen ≈ hereinlegen

ạn·schnal·len (*hat*) [Vt] **1** (***j-m / sich***) ***etw. a.*** etw. mit Riemen od. Schnallen irgendwo befestigen ⟨die Skier a.⟩ **2** ***j-n / sich a.*** *gespr* ≈ j-n / sich angurten || K-: ***Anschnall-, -pflicht***

ạn·schnau·zen (*hat*) [Vt] ***j-n a.*** *gespr pej*; j-n mit bösen u. lauten Worten tadeln, rügen

ạn·schnei·den (*hat*) [Vt] **1** ***etw. a.*** das erste Stück von e-m Ganzen abschneiden ⟨den Kuchen, die Wurst a.⟩ **2** ***etw. a.*** im Gespräch mit e-m Thema beginnen (u. es *mst* nicht vollständig behandeln) ⟨e-e Frage, ein Problem a.⟩ **3** ***den Ball a.*** *Sport*; den Ball so werfen od. schießen, dass er während des Flugs seine Richtung leicht ändert: *ein angeschnittener Ball* || ► ***Anschnitt***

Ạn·schnitt *der*; **1** die Fläche, die entsteht, wenn man e-n Teil *z.B.* von e-m Laib Brot od. e-r Stange Wurst abschneidet ≈ Schnittfläche **2** das abgeschnittene erste Stück *z.B.* von Brot, Käse od. Wurst

ạn·schrau·ben (*hat*) [Vt] ***etw.*** (***an etw.*** (*Dat / Akk*)) ***a.*** etw. an etw. mit Schrauben befestigen

ạn·schrei·ben (*hat*) [Vt] **1** ***etw.*** (***an etw.*** (*Dat / Akk*)) ***a.*** etw. an e-e senkrechte Fläche schreiben ⟨schwierige Wörter an die Tafel a.⟩ **2** ***j-n / etw. a.*** sich schriftlich (mit e-r Bitte od. e-m Antrag) an j-n / e-e Institution wenden ⟨die Krankenkasse, die Stadtverwaltung a.⟩; [Vt/i] **3** (***etw.***) ***a. lassen*** etw. nicht sofort bezahlen, sondern auf die Rechnung setzen lassen || ID ***bei j-m schlecht / gut angeschrieben sein*** *gespr*; j-d hat e-e schlechte / gute Meinung von einem || ► ***Anschrift***

ạn·schrei·en [Vt] ***j-n a.*** ≈ anbrüllen (2)

Ạn·schrift *die*; die Straße u. der Ort, wo j-d wohnt ≈ Adresse ⟨seine A. nennen⟩ || -K: ***Urlaubs-***

ạn·schul·di·gen; *schuldigte an, hat angeschuldigt*; [Vt] ***j-n*** (***etw.*** (*Gen*) / ***wegen etw.*** (*Gen*)) ***a.*** *geschr*; (öffentlich) behaupten, dass j-d etw. *mst* Kriminelles getan hat ≈ beschuldigen ⟨j-n (wegen) e-s Verbrechens a.⟩ || *hierzu* **Ạn·schul·di·gung** *die*

ạn·schwär·men [Vt] (*hat*) **1** ***j-n a.*** j-n stark (*mst* übertrieben) verehren: *e-n Popstar a.*; [Vi] (*ist*) **2** *mst in* ⟨Menschen, Bienen *usw*⟩ ***kommen angeschwärmt*** Menschen, Bienen *usw* kommen in großer Zahl irgendwohin

ạn·schwär·zen (*hat*) [Vt] ***j-n*** (***bei j-m***) ***a.*** *gespr pej*; versuchen, j-s Ansehen zu schaden, indem man Schlechtes über ihn sagt ≈ verleumden, schlecht machen || *hierzu* **Ạn·schwär·zung** *die*

ạn·schwel·len; *schwillt an, schwoll an, ist angeschwollen*; [Vi] **1** ***etw. schwillt an*** etw. bekommt (oft durch Krankheit) e-n größeren Umfang ⟨die Beine, die Adern⟩ **2** ***etw. schwillt an*** etw. nimmt an Intensität zu u. wird deshalb lauter od. größer ⟨die Musik; das Hochwasser, der Wildbach⟩ || *zu* **1 Ạn·schwel·lung** *die*

ạn·schwem·men (*hat*) [Vt] ***etw. schwemmt etw. an*** das Meer, ein Fluss *o.Ä.* treibt etw. Schwimmendes ans Ufer || *hierzu* **Ạn·schwem·mung** *die*

ạn·schwin·deln (*hat*) [Vt] ***j-n a.*** *gespr*; (*bes* über etw. Unwichtiges) nicht die Wahrheit sagen ≈ belügen, ankohlen (1)

ạn·se·hen (*hat*) [Vt] **1** ***j-n / etw. a.*** den Blick aufmerksam auf j-n / etw. richten ≈ anschauen **2** ***sich*** (*Dat*) ***j-n / etw. a.*** j-n / etw. längere Zeit aufmerksam betrachten (um ihn / es kennen zu lernen): *sich die Kleider im Schaufenster a.* **3** ***sich*** (*Dat*) ***etw. a.*** als Zuschauer etw. sehen od. zu e-r Veranstaltung gehen: *sich ein Theaterstück, ein Fußballspiel* (*im Fernsehen*) *a.* **4** ***j-m etw. a.*** an j-s Äußeren od. Gesichtsausdruck etw. erkennen ≈ j-m etw. anmerken (3): *j-m das schlechte Gewissen, die gute Laune a.* **5** ***j-n / etw. für / als etw. a.*** glauben, dass j-d / etw. etw. Bestimmtes ist ≈ j-n / etw. für etw. halten ⟨j-n für e-n Verbrecher a.⟩: *Ich sehe ihn nicht als meinen Freund an* **6** *mst* ***etw. nicht*** (***mit***) ***a. können*** etw., das einem nicht gefällt, nicht akzeptieren können, ohne etw. zu unternehmen: *Ich kann diese Ungerechtigkeit nicht länger mit a.!* **7** ***irgendwie anzusehen sein*** ≈ irgendwie aussehen: *Die Blumen sind hübsch anzusehen* || ID ***Sieh*** (***mal***) (***einer***) ***an!*** *gespr*; verwendet, um Erstaunen auszudrücken; ***j-n von oben herab a.*** j-m zeigen, dass man sich ihm überlegen fühlt || ► ***Ansicht***

Ạn·se·hen *das*; *-s*; *nur Sg*; **1** die gute Meinung, die andere od. die Öffentlichkeit von j-m / etw. haben ≈ Prestige ⟨großes A. bei j-m genießen; bei j-m in hohem A. stehen⟩ **2** ***ohne A. der Person*** *geschr*; ohne Rücksicht auf die gesellschaftliche Stellung e-r Person

ạn·sehn·lich *Adj*; *geschr*; **1** *nicht adv*; ziemlich groß ≈ beträchtlich ⟨e-e Summe, e-e Menge, ein Vermögen⟩ **2** mit gutem Aussehen ≈ attraktiv ⟨e-e Person⟩ || *zu* **2 Ạn·sehn·lich·keit** *die*; *nur Sg*

ạn·sei·len (*hat*) [Vt] ***j-n / sich a.*** (beim Bergsteigen) j-n / sich an e-m Seil festmachen, um zu verhindern, dass er / man abstürzt

ạn·sen·gen; *sengte an, hat angesengt*; [Vt] (***sich*** (*Dat*)) ***etw. a.*** die Haare od. e-n Stoff durch die Einwirkung von Hitze leicht beschädigen ⟨sich die Haare, den Mantel a.⟩

ạn·set·zen (*hat*) [Vt] **1** ***etw.*** (***an etw.*** (*Dat / Akk*)) ***a.*** etw. an etw. fügen u. daran festmachen ⟨Ärmel an das Kleid a.⟩ **2** ***etw. a.*** die Zutaten, die man zu etw. benötigt, mischen u. dann stehen lassen, damit sich die Konsistenz od. der Geschmack verändert ⟨e-n Teig, e-e Bowle a.⟩ **3** ***etw. a.*** etw. an den Mund setzen ⟨ein Glas, ein Blasinstrument a.⟩ **4** ***etw. a.*** bestimmen, wann etw. stattfindet ⟨e-e Tagung, e-e Besprechung a.⟩: *e-e Sitzung für die nächste Woche a.* **5** ***etw. setzt etw. an*** etw. wird allmählich von e-r Schicht bedeckt ⟨etw. setzt Kalk, Rost an⟩ **6** ***j-d / etw. setzt etw. an*** j-d / etw. beginnt, etw. zu entwickeln ≈ j-d / etw. bekommt (23) etw.: *Die Bäume setzen schon Blätter an; Du solltest mehr Sport treiben, du setzt e-n Bauch an!* **7** ***Fett a.*** *gespr*;

dick werden **8** ***etw. irgendwie a.*** die Summe, die Höhe e-r Sache schätzen ≈ veranschlagen ⟨die Kosten, den Gewinn relativ hoch a.⟩: *den Wert des Schmucks mit 4000 Euro a.* **9** ***j-n auf j-n / etw. a.*** dafür sorgen, dass j-d j-n / etw. beobachtet od. verfolgt ⟨e-n Detektiv auf j-n, auf j-s Spur a.⟩; [Vi] **10** (***zu etw.***) ***a.*** sich bereit machen, etw. zu tun ⟨zu e-m Sprung, zu e-r Frage a.⟩ **11** (***mit etw.***) ***a.*** mit etw., das sich auf etw. Vorausgegangenes bezieht, beginnen: *An dieser Stelle möchte ich mit meiner Kritik a.* **12** ***etw. setzt an*** etw. bleibt am Boden (des Topfes) haften ⟨Milch, Reis⟩; [Vr] **13** ***etw. setzt sich an*** etw. bildet sich u. bleibt haften ⟨Rost, Schimmel⟩ || ► ***Ansatz***

An·sicht *die*; -, *-en*; **1** ***e-e A.*** (***über j-n / etw., zu etw.***) j-s Meinung zu e-r Person od. Sache, nachdem er darüber nachgedacht hat ⟨e-e A. über j-n / etw. haben, äußern, vertreten; sich j-s A. anschließen; anderer A. sein; meiner A. nach; der A. sein / zur A. neigen, dass ...⟩: *Er teilte uns seine A. zu dem politischen Skandal mit* **2** ein gemaltes Bild od. ein Foto *z.B.* von e-r Landschaft, e-r Stadt, e-m Gebäude **3** die Seite e-s Gebäudes, die man gerade sieht ⟨die vordere, hintere A. des Hauses⟩ || -K: ***Hinter-, Seiten-, Vorder-*** **4** ***zur A.*** zum Ansehen u. Prüfen (vor dem Kauf): *ein Buch zur A. bestellen*

an·sich·tig *nur in* ***j-s / etw. a. werden*** *geschr* ≈ j-n / etw. sehen, erblicken

An·sichts·kar·te *die*; e-e Postkarte mit Bildern / dem Bild *mst* e-r Landschaft od. e-r Stadt

An·sichts·sa·che *die*; *nur in* ***Das / etw. ist A.*** darüber kann man unterschiedlicher Meinung sein

an·sie·deln (*hat*) [Vt] **1** ***j-n irgendwo a.*** bestimmen, dass j-d an e-m bestimmten Ort leben, sich niederlassen muss: *Flüchtlinge in e-m Dorf a.* **2** ***etw. irgendwo a.*** (*mst* aufgrund bestimmter Merkmale) bestimmen, zu welchem Bereich etw. gehört: *Diese Funde sind in der Bronzezeit anzusiedeln*; [Vr] **3** ***sich irgendwo a.*** sich an e-m Ort niederlassen, um dort (auf Dauer) zu leben

An·sied·lung *die*; **1** *mst* ein ziemlich kleines Dorf **2** *nur Sg*; das Ansiedeln (1) **3** *nur Sg*; das Sichansiedeln an e-m Ort

An·sin·nen *das*; *-s*, -; *geschr*; e-e Bitte, die *mst* als unverschämt empfunden wird ≈ Zumutung ⟨ein freches, unverschämtes A.⟩

an·sons·ten *Adv*; *gespr*; **1** falls nicht ≈ sonst, andernfalls: *Du musst mir die Wahrheit sagen - a. kann ich dir nicht helfen* **2** wenn man etwas Bestimmtes nicht berücksichtigt ≈ abgesehen davon, im Übrigen: *Letzte Woche war ich erkältet, aber a. fühle ich mich zurzeit sehr gut*

an·span·nen (*hat*) [Vt/i] **1** (***ein Tier***) ***a.*** ein Tier vor den Wagen spannen ⟨ein Pferd, e-n Ochsen a.⟩; [Vt] **2** ***etw. a.*** etw. durch Ziehen od. Spannen straff machen ⟨ein Seil, e-n Draht a.⟩ **3** ***etw. a.*** etw. in e-n Zustand der Spannung[1] (1) bringen ⟨die Nerven, die Muskeln a.⟩

An·span·nung *die*; **1** *nur Sg*; das Anspannen (3): *unter A. aller Kräfte* **2** der Zustand extremer Belastung od. Spannung[1] (1) ≈ Stress

An·spiel *das*; *mst Sg*, *Sport*; **1** der Wurf od. Schuss, mit dem ein Spiel od. Spielabschnitt eröffnet wird ⟨A. haben⟩: *A. zur zweiten Halbzeit* **2** ein Wurf od. Schuss, mit dem man e-n Mitspieler anspielt (1)

an·spie·len (*hat*) [Vt] **1** ***j-n a.*** *Sport*; den Ball zu e-m Mitspieler werfen od. schießen: *den Mittelstürmer in aussichtsreicher Position a.*; [Vi] **2** ***auf j-n / etw. a.*** durch e-e indirekte Bemerkung auf j-n / etw. versteckt hinweisen, ohne die Person / Sache selbst zu erwähnen: *Mit seiner Äußerung spielte er auf die schmutzige Kleidung seines Nachbarn an*

An·spie·lung *die*; -, *-en*; ***e-e A.*** (***auf j-n / etw.***) e-e Bemerkung, mit der j-d auf j-n / etw. anspielt (2) ⟨e-e A. auf j-n / etw. machen, verstehen⟩: *Seine ständigen Anspielungen auf ihre Misserfolge waren unfair*

an·spit·zen (*hat*) [Vt] **1** ***etw. a.*** e-n stumpfen Gegenstand spitz machen ⟨den Bleistift a.⟩ **2** ***j-n a.*** *gespr* ≈ anstacheln

An·sporn *der*; *-(e)s*; *nur Sg*; ***ein A.*** (***zu / für etw.***) e-e Motivation zu e-r größeren Leistung ≈ Anreiz: *durch e-e Belohnung e-n A. zu intensiverer Arbeit schaffen*

an·spor·nen; *spornte an, hat angespornt*; [Vt] ***j-n*** (***zu etw.***) ***a.*** j-n mit Worten od. *z.B.* durch e-e Belohnung zu e-r Leistung motivieren: *e-n Sportler zu größerem Kampfgeist a.* || *hierzu* **An·spor·nung** *die*

An·spra·che *die*; **1** e-e *mst* öffentliche Rede, die j-d zu e-m *mst* festlichen Anlass hält: *Auf der Jubiläumsfeier hielt der Chef e-e kurze A.* || -K: ***Begrüßungs-, Fest-*** **2** *nur Sg*, *bes südd* der Kontakt zu anderen Menschen ⟨(mehr) A. brauchen; wenig, keine A. haben⟩

an·sprech·bar *Adj*; *nicht adv*; in der Lage, sich mit j-m zu beschäftigen od. e-e Mitteilung entgegenzunehmen: *Der Chef ist erst nach der Konferenz wieder a.*; *Erst e-e Woche nach dem Unfall war er wieder a.*

an·spre·chen (*hat*) [Vt] **1** ***j-n a.*** sich mit Worten an j-n wenden ≈ anreden (1): *Er hat sie einfach auf der Straße angesprochen* **2** ***etw. a.*** in e-m Gespräch mit e-m bestimmten Thema od. Problem beginnen ≈ zur Sprache bringen: *Er hat auf der Party den Skandal, in den er verwickelt war, angesprochen* **3** ***j-n*** (***auf etw.*** (*Akk*) / ***wegen etw.***) ***a.*** sich mit Worten in e-r bestimmten Angelegenheit an j-n wenden: *Ich werde ihn darauf a., ob er mir e-e Arbeitsstelle besorgen kann* **4** ***j-d / etw. spricht j-n an*** j-d / etw. ruft e-e positive Reaktion bei j-m hervor, gefällt j-m ⟨Musik, die Malerei⟩; [Vi] **5** (***auf etw.*** (*Akk*)) ***a.*** auf etw. positiv reagieren: *Der Patient spricht auf die Behandlung an* **6** ***etw. spricht bei j-m an*** etw. wirkt so, dass sich j-s Zustand verbessert: *Das Medikament spricht bei dem Patienten nicht an* **7** ***sich*** (***durch etw.***) ***angesprochen fühlen*** Interesse od. Gefallen an etw. finden ⟨sich von e-m Vorschlag, e-r Idee, der neuen Mode angesprochen fühlen⟩ **8** ***sich angesprochen fühlen*** den Eindruck haben, dass e-e Kritik, Aufforderung *o.Ä.* an einen selbst gerichtet ist|| ► ***Ansprache***

an·spre·chend 1 *Partizip Präsens*; ↑ ***ansprechen*** **2** *Adj*; auf seine Mitmenschen e-n guten Eindruck machend ≈ attraktiv, reizvoll ⟨ein Äußeres, e-e Erscheinung; ein ansprechendes Wesen haben⟩

An·sprech·part·ner *der*; j-d, an den man sich (mit Fragen, Problemen) wenden kann

an·sprin·gen [Vt] (*hat*) **1** ***ein Tier springt j-n an*** ein Tier nähert sich j-m mit e-m Sprung, *mst* um ihn anzugreifen: *Der Hund sprang den Jogger an*; [Vi] (*ist*) **2** ***angesprungen kommen*** in j-s Richtung springen u. zu ihm kommen **3** ***etw. springt an*** etw. kommt in Gang, beginnt zu laufen ⟨der Motor, das Auto⟩: *Wenn es sehr kalt ist, springt unser Wagen oft nicht an* **4** ***auf etw.*** (*Akk*) ***a.*** *gespr*; auf etw. positiv, mit Zustimmung reagieren: *Er ist auf meinen Vorschlag sofort angesprungen*

an·sprit·zen (*hat*) [Vt] ***j-n / etw. a.*** j-n / etw. (spritzend) nass machen

An·spruch *der*; **1** *oft Pl*; ***ein A.*** (***an j-n / etw.***) (oft relativ hohe) Erwartungen od. Forderungen, die man in Bezug auf j-n hat ⟨seine Ansprüche herabsetzen⟩: *Er stellt hohe Ansprüche an seine Mitarbeiter* **2** (***ein***) ***A. auf j-n / etw.*** ein Recht auf j-n / etw., (rechtlich begründete) Forderungen in Bezug auf j-n / etw. ⟨A. auf Urlaub, Schadenersatz haben, erheben⟩: *Jeder Angestellte hat e-n A. darauf, gemäß seiner Qualifikation bezahlt zu werden* || -K: ***Besitz-, Erb-, Gebiets-, Rechts-, Renten-, Schadenersatz-, Urlaubs-*** **3 *etw. in A. nehmen*** *geschr*; etw. (das man angeboten bekommen hat) für sich nutzen, gebrauchen: *Ich werde Ihr freundliches Angebot gern in A. nehmen* **4 *j-d / etw. nimmt j-n in A.*** *geschr*; j-d / etw. fordert j-s Einsatz u. Kräfte, beansprucht j-n: *Mein Beruf nimmt mich stark in A.*

an·spruchs·los *Adj*; **1** mit nur wenig Ansprüchen (1) gegenüber j-m / etw. ≈ genügsam, bescheiden ⟨a. leben⟩ **2** von geringem ästhetischem, geistigem Wert, *mst* nur der Unterhaltung dienend ⟨Musik, ein Gespräch⟩ || *hierzu* **An·spruchs·lo·sig·keit** *die*; *nur Sg*

an·spruchs·voll *Adj*; **1** mit hohen Ansprüchen (1) gegenüber j-m / etw., sehr hohe Leistungen von j-m / etw. fordernd ⟨ein Kunde, ein Gast⟩ **2** von hohem ästhetischem od. geistigem Wert ⟨ein Buch, Literatur, Musik⟩

an·spü·len *(hat)* Vt ***etw. spült etw. an*** das Meer, ein Fluss *o.Ä.* treibt etw., das im Wasser schwimmt, an den Strand od. an das Ufer ≈ etw. schwemmt etw. an: *Die Kisten wurden angespült*

an·sta·cheln; *stachelte an, hat angestachelt*; Vt ***j-n (zu etw.) a.*** mit gezielten Worten od. Maßnahmen j-n dazu treiben od. motivieren, etw. zu tun ≈ anspornen ⟨j-n zu größeren Leistungen a.⟩ || *hierzu* **An·sta·che·lung** *die*

An·stalt *die*; -, *-en*; **1** *oft veraltend*; e-e öffentliche Institution, die der Bildung od. anderen (*mst* wohltätigen) Zwecken dient ⟨e-e technische, hauswirtschaftliche A.⟩ || K-: ***Anstalts-, -leiter*** || NB: ↑ ***-anstalt*** **2** ein Gebäude, in dem psychisch Kranke behandelt u. versorgt werden ⟨j-n in e-e A. einweisen; j-n aus e-r A. entlassen; e-e geschlossene A.⟩ || K-: ***Anstalts-, -arzt*** || -K: ***Irren-, Heil-***

-an·stalt *die*; *begrenzt produktiv*, *oft veraltend*; ein öffentliches Gebäude, e-e öffentliche Einrichtung; e-e ***Badeanstalt*** ≈ Schwimmbad; e-e ***Erziehungsanstalt*** ≈ Erziehungsheim; e-e ***Strafanstalt*** ≈ Gefängnis; e-e ***Lehranstalt*** ≈ Schule; e-e ***Versuchsanstalt*** ≈ Forschungsinstitut

An·stal·ten *die*; *mst in* **(*keine*) *A. machen*** (+ ***zu*** + *Infinitiv*) *gespr*; an seinem Verhalten (nicht) erkennen lassen, dass man etw. tun will: *Als sein Vorgesetzter ins Zimmer kam, machte er (keine) Anstalten aufzustehen*

An·stand *der*; *-(e)s*; *nur Sg*; das Benehmen, das den Verhaltensnormen e-r Gesellschaft entspricht ⟨den A. wahren; (keinen) A. haben; die Regeln des Anstands beachten⟩

an·stän·dig *Adj*; **1** dem Anstand entsprechend ⟨sich a. benehmen, kleiden⟩ **2** e-n guten Charakter zeigend: *Er ist ein anständiger Kerl*; *Er hat uns immer a. behandelt* **3** *gespr*; so, dass es j-n zufrieden stellt ≈ angemessen ⟨ein Gehalt, ein Honorar⟩: *Hast du für dein gebrauchtes Auto noch e-n anständigen Preis bekommen?* **4** *nicht adv*, *gespr*; ziemlich groß ≈ beträchtlich ⟨e-e Summe, e-e Leistung, e-e Rechnung, e-e Portion⟩ **5** *nur adv*, *ohne Steigerung*, *gespr* ≈ ordentlich (5), sehr: *j-m a. die Meinung sagen* || *zu* **1** u. **2 An·stän·dig·keit** *die*; *nur Sg*

An·stands·be·such *der*; ein Besuch, den man nur aus Höflichkeit macht

An·stands·ge·fühl *das*; *nur Sg*; das Wissen, wie man sich benehmen soll ⟨kein A. haben⟩

an·stands·hal·ber *Adv*; nur aus Höflichkeit u. um zu zeigen, dass man Anstand hat

an·stands·los *Adv*; *gespr*; ohne zu zögern u. ohne Probleme zu bereiten ≈ ohne weiteres: *Er hat mir a. seinen Wagen geliehen*

An·stands|wau·wau *der*; *gespr hum*; j-d, der durch seine Anwesenheit bewirken soll, dass sich *bes* Jugendliche anständig benehmen

an·star·ren *(hat)* Vt ***j-n / etw. a.*** den Blick starr auf j-n / etw. richten ⟨j-n unverwandt a.; die Wände a.⟩

an·statt[1] *Konjunktion*; als Ersatz für etw., als (gegensätzliche) Alternative zu etw. ≈ statt[1]: *Er hat den ganzen Nachmittag gespielt, a. zu lernen*; *Sollen wir lieber zum Essen gehen, a. selbst zu kochen?*; *A. dass du hier faul herumsitzt, solltest du mir lieber helfen* || NB: Die Konstruktion mit *dass* gehört eher der gesprochenen Sprache an

an·statt[2] *Präp*; *mit Gen*; als Ersatz für, als Alternative zu ≈ anstelle, statt[2]: *Er kam a. seiner Frau* || NB: Gebrauch ↑ *Tabelle unter* ***Präpositionen***

an·stau·en *(hat)* Vt **1 *j-d / etw. staut etw. an*** j-d / etw. staut od. sammelt etw. (Fließendes), indem es am Weiterfließen gehindert wird ⟨Wasser a.⟩; Vr **2 *etw. staut sich an*** etw. kann nicht weiterfließen u. sammelt sich daher ⟨Blut, Wasser⟩ **3 *etw. staut sich (bei j-m) an*** ein Gefühl wird bei j-m immer stärker, weil es nach außen nicht gezeigt wird ⟨Wut, Ärger⟩

an·stau·nen *(hat)* Vt ***j-n / etw. a.*** j-n / etw. staunend betrachten

an·ste·chen *(hat)* Vt **1 *etw. a.*** ≈ anzapfen (1) ⟨ein Fass Bier a.⟩ **2 *etw. a.*** in e-e Speise *mst* mit der Gabel stechen, um zu prüfen, ob sie schon fertig ist ⟨Fleisch, e-n Kuchen a.⟩ || ► ***Anstich***

an·ste·cken *(hat)* Vt **1 *j-n (mit etw.) a.*** e-e Krankheit, die man selbst hat, auf j-n übertragen ≈ j-n infizieren: *Er hat mich mit seiner Grippe angesteckt* **2 *j-n (mit etw.) a.*** bewirken, dass j-d ähnliche Gefühle od. Reaktionen zeigt: *Er hat uns mit seinem Lachen angesteckt* **3 (*j-m / sich*) *etw. a.*** j-m / sich etw. am Körper od. an e-m Kleidungsstück befestigen ⟨sich e-e Brosche a., j-m e-n Ring, e-n Orden a.⟩ **4 (*j-m / sich*) *etw. a.*** bewirken, dass etw. brennt ≈ anzünden ⟨sich e-e Zigarette a.; e-e Kerze a.⟩; Vr **5 *sich (bei j-m) (mit etw.) a.*** e-e Infektionskrankheit von j-m bekommen ≈ sich infizieren || *zu* **1 An·ste·ckung** *die*; *mst Sg*

an·ste·ckend *Adj*; *nicht adv*; **1** auf andere übertragbar ⟨e-e Krankheit⟩ **2** ⟨ein Gelächter⟩ so, dass es bewirkt, dass j-d ähnliche Gefühle od. Reaktionen zeigt

An·ste·ckungs·ge·fahr *die*; *nur Sg*; die Gefahr, dass j-d durch e-e Krankheit angesteckt (1) wird ≈ Infektionsgefahr

an·ste·hen *(hat / südd* Ⓒⓗ *ist)* Vi **1** sich in e-e Reihe mit anderen Personen stellen (*bes* vor e-r Kasse od. e-m Schalter) ≈ Schlange stehen ⟨im Kino an der Kasse a.⟩ **2 *etw. steht an*** etw. muss getan od. erledigt werden: *Heute steht e-e Menge Arbeit an*; *Was steht jetzt noch an?* **3 *etw. a. lassen*** etw., das man eigentlich dringend tun od. erledigen müsste, auf e-n späteren Zeitpunkt verschieben ≈ etw. hinauszögern: *e-e Entscheidung ein paar Tage a. lassen* **4 *nicht a.*** + ***zu*** + *Infinitiv*; *geschr veraltend*; etw. sofort tun, ohne länger darüber nachgedacht zu haben **5 *etw. steht an*** etw. ist festgelegt: *Der nächste Termin steht für den 30. Dezember an*

an·stei·gen *(ist)* Vi **1 *etw. steigt an*** etw. führt nach oben / aufwärts, etw. wird steiler ⟨e-e Straße, ein Gelände, ein Weg⟩ **2 *etw. steigt an*** etw. wird höher ↔ etw. fällt ⟨der Wasserstand, die Temperatur⟩ **3 *etw. steigt an*** etw. steigt in der Anzahl od. Menge ↔ etw. fällt (4): *Die Zahl der Kursteilnehmer ist im Vergleich zum Vorjahr angestiegen* || ► ***Anstieg***

an·stel·le, an Stel·le *Präp*; *mit Gen / von* + *Dat*; stellvertretend für ≈ statt, anstatt: *A. des Meisters führte der Lehrling die Reparatur aus* || NB: auch adverbiell verwendet mit *von*: *A. von Bäumen wurden Hecken gepflanzt*

an·stel·len (*hat*) [Vt] **1** ***etw. a.*** das Gas, Wasser od. Öl in e-r Leitung zum Fließen bringen (indem man e-n Schalter betätigt) ↔ abstellen: *die Heizung, den Herd a.* **2** ***etw. a.*** ein elektrisches Gerät mit e-m Schalter in Betrieb setzen ≈ einschalten (1) ↔ abschalten: *den Fernseher, das Radio a.* **3** ***j-n a.*** j-m gegen Bezahlung *mst* für längere Zeit Arbeit geben ≈ einstellen ↔ entlassen: *Die Firma hat dieses Jahr schon drei neue Sekretärinnen angestellt* **4** ***j-n zu etw. a.*** *gespr*; j-m e-e Aufgabe geben ≈ j-n mit etw. beauftragen: *j-n zum Aufräumen a.* **5** ***etw. a.*** *gespr*; etw. (Besonderes) unternehmen, tun: *Was stellen wir heute Abend noch an?*; *Ich habe schon alles Mögliche angestellt, um sie wieder zu sehen* **6** ***etw. irgendwie a.*** etw., *mst* ein Problem od. e-e bestimmte Aufgabe, irgendwie zu lösen versuchen: *Wie soll ich es nur a., dass ich diese Arbeitsstelle bekomme?* **7** ***etw. a.*** *gespr*; etw. tun, was *mst* unangenehme Folgen hat ≈ anrichten (2): *Die Kinder sind so ruhig; wahrscheinlich haben sie wieder etwas angestellt* **8** ***etw.*** (***an etw.*** (*Akk*)) ***a.*** etw. so an etw. setzen, lehnen od. stellen, dass es mit ihm in Berührung kommt: *die Leiter an die Wand a.*; [Vr] **9** ***sich*** (***um etw.***) ***a.*** sich in e-e Reihe mit anderen Personen stellen (*bes* vor der Kasse od. e-m Schalter) ≈ anstehen (1) ⟨sich um Theaterkarten a.; sich hinten a.⟩ **10** ***sich*** (***bei etw.***) ***irgendwie a.*** *gespr*; bei etw. (*mst* beim Lösen e-s Problems od. e-r Aufgabe) geschickt od. ungeschickt sein ⟨sich geschickt, dumm a.⟩ || ID *mst* ***Stell dich nicht so an!*** *gespr*; sei nicht so wehleidig / ungeschickt!

an·stel·lig *Adj*; *veraltend* ≈ geschickt ⟨sich a. zeigen⟩: *ein anstelliger u. fleißiger Arbeiter* || *hierzu* **An·stel·lig·keit** *die*; *nur Sg*

An·stel·lung *die*; **1** e-e Arbeitsstelle *mst* für ziemlich lange Zeit aufgrund e-s Vertrags ⟨e-e A. finden, haben⟩: *e-e A. beim Staat* **2** *nur Sg*; das Anstellen (3) ⟨die A. neuer Arbeitskräfte⟩

an·steu·ern (*hat*) [Vt] **1** ***etw. a.*** (*bes* mit e-m Schiff) in Richtung auf ein Ziel fahren ⟨das Ufer, e-n Hafen a.⟩ **2** ***etw. a.*** *gespr*; etw. zum Ziel haben ⟨ein Gasthaus a.; e-e Karriere a.⟩ || *hierzu* **An·steu·e·rung** *die*; *nur Sg*

An·stich *der*; *mst Sg*; das Öffnen durch e-n Schlag ≈ Anstechen (1) ⟨der A. e-s Fasses⟩ || -K: ***Bier-***

An·stieg *der*; *-(e)s, -e*; **1** *nur Sg*; das Ansteigen (1) ≈ Steigung: *der steile A. der Straße gleich hinter der großen Kurve* **2** *nur Sg*; der Prozess, bei dem man irgendwohin nach oben geht ≈ Aufstieg ⟨e-n steilen, beschwerlichen A. hinter sich haben⟩ **3** der Weg hinauf: *den westlichen A. zum Gipfel benutzen* **4** *nur Sg*; das Ansteigen (2) ⟨der A. der Temperatur, des Wassers⟩ || -K: ***Druck-, Temperatur-*** **5** *mst Sg*; das Ansteigen (3) ≈ Zunahme ⟨der A. der Teilnehmerzahlen⟩

an·stif·ten (*hat*) [Vt] **1** ***etw. a.*** durch sein Verhalten bewirken, dass etw. entsteht od. ausgelöst wird ⟨e-n Krieg, e-e Intrige, e-n Streich a.⟩ **2** ***j-n*** (***zu etw.***) ***a.*** j-n dazu bringen od. überreden, etw. zu tun, das dumm ist od. das gegen das Gesetz od. die Moral verstößt ≈ j-n zu etw. verleiten: *Er hatte seinen Freund* dazu *angestiftet, in die Wohnung einzubrechen* || *hierzu* **An·stif·tung** *die*; *nur Sg*; *zu* **2** **An·stif·ter** *der*; *-s, -*; **An·stif·te·rin** *die*; *-, -nen*

an·stim·men (*hat*) [Vt] **1** ***etw. a.*** etw. zu singen od. zu spielen beginnen ⟨ein Lied, e-e Melodie a.⟩ **2** ***etw. a.*** beginnen, laut zu schreien, rufen, lärmen *o.Ä.* ⟨ein Geschrei, ein Geheul a.⟩

An·stoß *der*; **1** ***der A.*** (***zu etw.***) etw. (oft ein Gedanke, e-e Idee), das die Ursache od. die Motivation für etw. ist ⟨den A. zu etw. geben⟩ || -K: ***Denk-*** **2** *mst Sg*, *Sport*; (im Fußball) der erste Schuss, mit dem e-e Halbzeit eröffnet wird ⟨A. haben⟩ **3** ***A.*** (***an etw.*** (*Dat*)) ***nehmen*** etw. für falsch halten (weil man es nicht mag) u. sich deshalb darüber ärgern ≈ etw. beanstanden: *Er nahm A. daran,* dass *sie in Jeans ins Theater ging* **4** (***bei j-m***) ***A. erregen*** durch sein Handeln j-s Gefühle verletzen u. ihn somit ärgern: *durch obszöne Bemerkungen A. erregen*

an·sto·ßen [Vt] (*hat*) **1** ***j-n a.*** j-m durch e-n Stoß (mit dem Ellbogen od. Fuß) e-n Hinweis auf etw. geben: *Sie stieß ihn heimlich unter dem Tisch mit dem Fuß an* **2** ***j-n / etw. a.*** j-m / etw. (oft ohne Absicht) e-n kleinen Stoß geben ⟨seinen Nachbarn a.⟩; [Vi] **3** ***j-d stößt mit j-m*** (***auf j-n / etw.***) ***an***; ⟨Personen⟩ ***stoßen*** (***auf j-n / etw.***) ***an*** (*hat*) zwei od. mehrere Personen stoßen (vor dem Trinken *mst* von alkoholischen Getränken) die gefüllten Gläser mit dem Rand leicht gegeneinander, um auf j-n / etw. zu trinken ⟨auf j-s Erfolg, Geburtstag a.⟩: *Er hob das Glas u. stieß mit seinen Freunden auf das Gelingen ihrer Expedition an* **4** ***an etw.*** (*Dat / Akk*) ***a.*** (*ist*) (ohne Absicht) gegen etw. stoßen **5** (***bei j-m***) ***a.*** (*ist*) ≈ anecken (2) **6** (***mit der Zunge***) ***a.*** (*hat*) *gespr* ≈ lispeln **7** (*hat*) *Sport*; den Anstoß (2) ausführen

an·stö·ßig *Adj*; so, dass es den Anstand, das moralische Empfinden verletzt ≈ unanständig ⟨ein Lied, ein Witz; sich a. benehmen⟩ || *hierzu* **An·stö·ßig·keit** *die*

an·strah·len (*hat*) [Vt] **1** ***j-n a.*** j-n mit sehr freundlicher, glücklicher Miene ansehen ≈ anlachen (1) **2** ***j-n / etw. a.*** Lichtstrahlen auf e-e Person / Sache richten, um sie besser sichtbar zu machen ⟨e-e Kirche, e-n Sänger auf der Bühne a.⟩

an·stre·ben (*hat*) [Vt] ***etw. a.*** etw. zum Ziel haben, nach etw. streben ⟨e-e steile Karriere a.⟩

an·strei·chen (*hat*) [Vt] **1** ***etw. a.*** (mit e-m Pinsel) e-n Gegenstand od. e-e Fläche ganz mit Farbe bemalen ⟨den Zaun a.⟩ **2** ***etw. a.*** etw. Besonderes in e-m Text kennzeichnen od. markieren: *die Druckfehler in e-m Text* (*rot*) *a.* || ► ***Anstrich***

An·strei·cher *der*; *-s, -* ≈ Maler (2)

an·stren·gen; *strengte an, hat angestrengt*; [Vt] **1** ***etw. a.*** geistige od. körperliche Kräfte sehr stark einsetzen, um besondere Leistungen zu erzielen ⟨seinen Geist, seine Kräfte a.⟩ **2** ***etw. strengt j-n / etw. an*** etw. belastet j-n / etw. stark u. ermüdet ihn / es dadurch ≈ etw. strapaziert j-n / etw.: *Das lange Gespräch hat mich sehr angestrengt*; *Lesen bei schlechtem Licht strengt die Augen an / ist für die Augen sehr anstrengend* **3** (***gegen j-n***) ***e-n Prozess a.*** *Jur*; veranlassen, dass gegen j-n ein gerichtliches Verfahren begonnen wird; [Vr] **4** ***sich a.*** sich große Mühe geben, ein bestimmtes Ziel zu erreichen ⟨sich körperlich a.⟩: *Er hat sich sehr angestrengt, um seinen Gästen e-n schönen Abend zu bieten*

An·stren·gung *die*; *-, -en*; **1** das Einsetzen geistiger od. körperlicher Kräfte, um ein bestimmtes Ziel zu erreichen ⟨in seinen Anstrengungen nachlassen; Anstrengungen machen, unternehmen⟩ || -K: ***Kraft-*** **2** die starke Belastung, Beanspruchung geistiger od. körperlicher Kräfte, die zur Folge hat, dass man müde wird ≈ Strapaze: *Die Tour war mit großen körperlichen Anstrengungen verbunden*

An·strich *der*; **1** *nur Sg*; ein Eindruck in der äußeren Erscheinung e-r Sache ≈ Note[4] ⟨e-r Sache e-n künstlerischen, würdigen, offiziellen A. geben⟩ **2** Farbe, die auf etw. aufgetragen worden ist ⟨den A. trocknen lassen; ein heller A.⟩ || -K: ***Außen-, Innen-, Tarn-*** **3** das Anstreichen (1)

An·sturm *der*; *mst Sg*; **1** ***ein A.*** (***auf j-n / etw.*** (*Kollekt od Pl*)) das heftige Drängen *mst* vieler Personen in die Richtung, in der sich j-d / etw. befindet ≈ Andrang: *Auf die Sonderangebote herrschte ein* *wahrer A.; Der Star war nach dem Konzert dem A. seiner Fans ausgesetzt* || -K: **Käufer-, Massen- 2 ein A.** (**auf j-n / etw.** (*Kollekt od Pl*)) der Angriff auf den Feind

an·stür·men (*ist*) Vi **j-d / etw.** (*Kollekt od Pl*) **stürmt gegen j-n / etw. an** *mst* viele Soldaten greifen plötzlich den Feind an ⟨gegen ein fremdes Heer, gegen die Feinde a.⟩

an·su·chen (*hat*) Vi (**bei j-m**) **um etw. a.** *veraltend*; j-n förmlich um etw. bitten

An·su·chen *das*; *-s*, *-*; *Admin geschr*; e-e förmliche (u. *mst* schriftliche) Bitte ≈ Gesuch

An·ta·go·nis·mus *der*; *-*, *An·ta·go·nis·men*; *geschr*; ein Gegensatz, der nicht überwunden werden kann ≈ Widerstreit ⟨der A. verschiedener Interessen, Meinungen; der A. von Arm u. Reich⟩ || *hierzu* **an·ta·go·nis·tisch** *Adj*

An·ta·go·nist *der*; *-en*, *-en*; *geschr*; **1** j-d, der sich e-m anderen ständig widersetzt ≈ Gegner **2** *Lit*; e-e Figur in e-m literarischen Werk, die der Hauptfigur gegenüber gestellt ist || NB: *der Antagonist*; *den, dem, des Antagonisten* || *hierzu* **An·ta·go·nis·tin** *die*; *-*, *-nen*

an·tan·zen (*ist*) Vi *gespr, mst pej*; unerwartet (u. zu e-m ungünstigen Zeitpunkt) an e-n bestimmten Ort od. zu j-m kommen ⟨angetanzt kommen⟩: *Sie tanzt immer dann an, wenn man überhaupt keine Zeit für sie hat*

Ant·ark·tis *die*; *-*; *nur Sg*; das Gebiet, das um den Südpol der Erde liegt || *hierzu* **ant·ark·tisch** *Adj*

an·tas·ten (*hat*) Vt **1 etw. a.** anfangen, etw. zu verbrauchen ≈ anbrechen (1) ⟨die Ersparnisse, die Vorräte nicht a. wollen⟩ **2 etw. a.** gegen etw. ideell Wertvolles verstoßen ≈ beeinträchtigen ⟨die Rechte, die Unabhängigkeit e-s Staates a.⟩ || NB: *mst* verneint

an·täu·schen (*hat*) Vi **etw. a.** *Sport*; so tun, als ob man e-e bestimmte Bewegung machen wollte, um den Gegner zu täuschen ⟨e-n Wurf, e-n Schuss a.⟩

An·teil *der*; **1 ein A.** (**an etw.** (*Dat*)) der Teil e-r Sache, auf den j-d ein Recht hat od. an dem j-d beteiligt ist ⟨seine Anteile fordern, auf seinen A. verzichten⟩: *j-s A. am Gewinn*; *der A. des Einzelnen am Bruttosozialprodukt* || -K: **Arbeitgeber-, Arbeitnehmer-, Erb-, Gewinn-, Lohn- 2 der A.** (+ *Gen*) *geschr*; ein bestimmter Teil *mst* im Verhältnis zum Ganzen: *Der überwiegende A. der Bevölkerung ist gegen das neue Gesetz* || -K: **Bevölkerungs-, Haupt- 3** *mst Pl, Ökon*; e-e Beteiligung am Kapital e-r Firma ⟨seine Anteile verkaufen; Anteile erwerben⟩ || K-: **Anteils-, -eigner** || -K: **Geschäfts- 4 an etw.** (*Dat*) **A. nehmen / zeigen** Mitgefühl für etw. haben, zeigen ⟨an j-s Unglück, an e-m Todesfall A. nehmen / zeigen⟩ **5 an etw.** (*Dat*) **A. nehmen / zeigen / bekunden** *gespr*; Interesse für etw. zeigen ⟨an e-m Vorschlag A. nehmen / zeigen⟩ **6 an etw.** (*Dat*) **A. haben** an etw. beteiligt sein, mitwirken: *an e-m Projekt maßgeblichen A. haben*

An·teil·nah·me *die*; *-*; *nur Sg*; **1** das Mitgefühl gegenüber j-m, das man *mst* nach außen zeigt (bei e-m Todesfall) ⟨j-n seiner aufrichtigen A. versichern; j-m seine A. bekunden⟩ **2** das Interesse an e-r Sache, das man *mst* nach außen zeigt ⟨ein Geschehen mit begeisterter, kritischer, reger A. verfolgen⟩

An·ten·ne *die*; *-*, *-n*; e-e Vorrichtung aus Metall (oft auf dem Dach e-s Hauses), mit der man Radio- od. Fernsehsendungen empfangen od. senden kann || K-: **Antennen-, -mast, -verstärker** || -K: **Fernseh-, Haus-, Radio-, Zimmer-**

An·ten·nen·wald *der*; *gespr, oft hum*; e-e große Ansammlung von Antennen auf den Dächern der Häuser

An·tho·lo·gie *die*; *-*, *-n* [-'giːən]; *geschr*; e-e Zusammenstellung von Gedichten od. ziemlich kurzen literarischen Texten, die oft dasselbe Thema haben u. aus verschiedenen Büchern u. von verschiedenen Schriftstellern stammen || -K: **Lyrik-**

Anth·ra·zit, **Anth·ra·zit** *der*; *-(e)s*, *-e*; *mst Sg*; e-e Kohleart, die sehr langsam verbrennt u. viel Wärme erzeugt || *hierzu* **anth·ra·zit·far·ben** *Adj*

Anth·ro·po·lo·gie *die*; *-*; *nur Sg*; die Wissenschaft, die sich mit der Entwicklung des Körpers, des Geistes u. der Gesellschaft des Menschen beschäftigt || *hierzu* **Anth·ro·po·lo·ge** *der*; *-n*, *-n*; **Anth·ro·po·lo·gin** *die*; *-*, *-nen*; **anth·ro·po·lo·gisch** *Adj*

an·ti-, **An·ti-** *im Adj u. Subst, betont u. unbetont, begrenzt produktiv*; gegen j-n / etw. gerichtet, genau das Gegenteil von j-m / etw.; ***antiautoritär*** ⟨e-e Erziehung⟩, ***antidemokratisch*** ⟨Tendenzen, Äußerungen⟩, ***antifaschistisch*** ⟨der Widerstand, e-e Politik⟩, ***antiimperialistisch*** ⟨e-e Haltung⟩, ***antisemitisch*** ⟨e-e Gesinnung⟩; der ***Antiheld***, der ***Antikommunist***, die ***Antikriegsdemonstration***, der ***Antimilitarismus***, der ***Antisemitismus***

An·ti|al·ko·ho·li·ker *der*; j-d, der grundsätzlich keinen Alkohol trinkt

an·ti·au·to·ri·tär *Adj*; in dem Glauben, dass Kinder ohne Zwang erzogen werden sollen u. dass sie selbstständig Entscheidungen treffen dürfen ↔ autoritär, repressiv ⟨e-e Erziehung, ein Lehrer; sich a. verhalten; a. eingestellt sein, denken⟩

An·ti·ba·by|pil·le *die*; *mst Sg*, *gespr*; e-e Tablette, die e-e Frau regelmäßig nimmt, um nicht schwanger zu werden ≈ die Pille

An·ti·bi·o·ti·kum [-'bioː-] *das*; *-s*, *An·ti·bi·o·ti·ka*; *Med*; e-e Substanz (wie *z.B.* Penizillin), die Bakterien tötet

an·ti|de·mo·kra·tisch *Adj*; nicht demokratisch, die Demokratie ablehnend

An·ti|fa·schis·mus *der*; alle Bewegungen u. Ideologien, die sich gegen den Faschismus u. den Nationalsozialismus wenden || *hierzu* **An·ti|fa·schist** *der*; **an·ti|fa·schis·tisch** *Adj*

An·ti|im·pe·ri·a·lis·mus *der*; alle Bewegungen u. Ideologien, die sich gegen den Imperialismus wenden || *hierzu* **An·ti|im·pe·ri·a·list** *der*; **an·ti|im·pe·ri·a·lis·tisch** *Adj*

an·tik *Adj*; *ohne Steigerung*; **1** *nur attr od adv*; das klassische, griechisch-römische Altertum betreffend, zur Antike gehörend ⟨die Philosophie, die Kultur, die Mythologie⟩ **2** alt, aus e-r alten Epoche stammend ⟨Möbel⟩ **3** im Stil e-r vergangenen Epoche gestaltet || NB: ↑ ***antiquiert***, ***antiquarisch***

An·ti·ke *die*; *-*; *nur Sg*; der älteste historische Zeitraum der Griechen u. Römer (*bes* von der Kultur her gesehen) ≈ Altertum (2) ⟨die griechische, römische A.; die Kunstwerke der A.⟩

an·ti|kom·mu·nis·tisch *Adj*; gegen den Kommunismus gerichtet ⟨e-e Haltung, e-e Propaganda⟩

An·ti·kör·per *der*; *mst Pl*, *Med*; e-e Substanz, die im Blut gebildet wird u. den Körper gegen bestimmte Krankheiten schützt

An·ti·lo·pe *die*; *-*, *-n*; ein sehr schlankes Tier, das *bes* in Afrika u. Asien vorkommt, Hörner hat u. sehr schnell laufen kann

An·ti|mi·li·ta·ris·mus *der*; e-e Haltung, die grundsätzlich jede Form militärischer Handlungen ablehnt || *hierzu* **An·ti|mi·li·ta·rist** *der*; **an·ti|mi·li·ta·ris·tisch** *Adj*

An·ti·pa·thie *die*; *-*, *-n* [-'tiːən]; **e-e A.** (**gegen j-n / etw.**) *geschr*; das beständige Gefühl, j-n nicht leiden zu können od. zu hassen ≈ Abneigung ↔ Sympathie ⟨e-e starke, unüberwindliche A.⟩

An·ti·po·de *der*; *-n*, *-n*; **1** *geschr*; j-d, der e-e ganz andere Meinung hat als j-d anderes **2** *Geogr*; j-d, der an e-m genau entgegengesetzten Punkt der Erde wohnt

an·tip·pen (*hat*) Vt **1** ***j-n / etw. a.*** j-n / etw. mit den Fingerspitzen berühren: *j-n an der Schulter a.* **2** ***etw. a.*** *gespr*; etw. im Gespräch vorsichtig od. als Andeutung erwähnen ⟨ein heikles Thema a.⟩

An·ti·quar [-ˈkvaːɐ̯] *der*; *-s, -e*; j-d, der mit gebrauchten, oft wertvollen Büchern od. Antiquitäten handelt || *hierzu* **An·ti·qua·rin** *die*; *-, -nen*

An·ti·qua·ri·at [-kvaˈri̯aːt] *das*; *-(e)s, -e*; **1** e-e Buchhandlung, die alte (oft wertvolle) Bücher kauft u. verkauft **2** *nur Sg*; der Handel mit alten Büchern

an·ti·qua·risch [-ˈkvaːrɪʃ] *Adj*; **1** *nur attr, nicht adv*; aus e-m Antiquariat stammend ⟨ein Buch⟩ **2** *nur attr od adv*; bereits gebraucht u. relativ alt ⟨ein Spielzeug; etw. a. kaufen⟩

an·ti·quiert [-kv-] *Adj*; *pej*; nicht mehr zur modernen Zeit passend, nicht aktuell ≈ veraltet, altmodisch ↔ modern ⟨Vorstellungen, j-s Denkweise⟩

An·ti·qui·tät [-kv-] *die*; *-, -en*; *oft Pl*; ein Kunst- od. Gebrauchsgegenstand (*z.B.* Möbel, Geschirr), der alt u. selten u. deshalb sehr wertvoll geworden ist || K-: ***Antiquitäten-, -geschäft, -händler, -sammler***

An·ti|se·mi·tis·mus *der*; *-*; *nur Sg*; **1** die feindliche u. aggressive Haltung gegenüber den Juden **2** e-e Bewegung, die aus religiösen, politischen od. rassistischen Gründen e-e feindliche u. aggressive Haltung gegenüber den Juden hat || *hierzu* **An·ti|se·mit** *der*; *-en, -en*; **an·ti|se·mi·tisch** *Adj*

An·ti·sep·ti·kum *das*; *-s, An·ti·sep·ti·ka*; *Med*; ein chemisches Mittel, das Krankheitserreger abtötet u. *bes* verwendet wird, um die Infektion von Wunden zu verhindern || *hierzu* **an·ti·sep·tisch** *Adj*

An·ti·the·se *die*; e-e Aussage, die das Gegenteil e-r bereits aufgestellten These behauptet ≈ Gegenthese

an·ti·zi·pie·ren; *antizipierte, hat antizipiert*; Vt ***etw. a.*** *geschr*; etw., das erst später kommt od. geschieht, schon vorher sagen od. tun ≈ vorwegnehmen ⟨e-e künftige Entwicklung a.⟩ || *hierzu* **An·ti·zi·pa·ti·on** *die*; *-, -en*

Ant·litz *das, -es, -e*; *mst Sg, lit* ≈ Gesicht

An·to·nym *das*; *-s, -e*; ***ein A.*** (***zu etw.***) *Ling*; ein Wort, das die entgegengesetzte Bedeutung e-s anderen Wortes hat ≈ Gegenteil ↔ Synonym: „*Heiß*" *ist ein A. zu „kalt*"

An·trag *der*; *-(e)s, An·trä·ge*; **1** ***ein A.*** (***auf etw.*** (*Akk*)) die schriftliche Bitte, etw. genehmigt od. gewährt zu bekommen: *e-n A. auf Unterstützung einreichen* || K-: ***Antrags-, -formular*** **2** ***e-n A.*** (***auf etw.*** (*Akk*)) ***stellen*** schriftlich darum bitten, dass etw. genehmigt od. gewährt wird **3** das Formular für e-n A. (1) **4** ein Vorschlag, der *mst* e-e Forderung enthält u. über den abgestimmt wird ⟨e-n A. annehmen, ablehnen; über e-n A. abstimmen; e-n A. im Parlament einbringen⟩ **5** *Kurzw* ↑ ***Heiratsantrag***: *seiner Freundin e-n A. machen* || *zu* **2** **An·trag·stel·ler** *der*; *-s, -*; **An·trag·stel·le·rin** *die*; *-, -nen*

an·tra·gen (*hat*) Vt ***j-m etw. a.*** *geschr*; j-m e-n Dienst od. e-e Gunst anbieten ⟨j-m seine Hilfe a.⟩

an·tref·fen (*hat*) Vt ***j-n*** (***irgendwo / irgendwie / irgendwann***) ***a.*** j-n dort erreichen, wo man ihn vermutet od. j-n in e-m bestimmten Zustand (vor)finden ⟨j-n im Büro, bei guter Gesundheit a.⟩: *Ich konnte ihn gestern nicht a.*

an·trei·ben (*hat*) Vt **1** ***j-n*** (***zu etw.***) ***a.*** j-n (*mst* mit Worten) dazu bringen, etw. zu tun od. sich in bestimmter Weise zu verhalten ⟨j-n zur Arbeit, zur Eile a.⟩ **2** ***etw. treibt j-n*** (***zu etw.***) ***an*** etw. motiviert j-n dazu, etw. zu tun ≈ etw. stachelt j-n an: *Der Ehrgeiz treibt sie zu immer besseren Leistungen an* **3** ***etw. treibt etw. an*** etw. setzt od. hält ein Gerät od. Fahrzeug in Funktion: *Das Spielzeugboot wird von einem Motor angetrieben* **4** ***etw. treibt etw. an*** ≈ etw. schwemmt od. spült etw. an: *Der Sturm hat ein Boot angetrieben* || ► ***Antrieb***

an·tre·ten Vi (*hat*) **1** ***etw. a.*** etw. (zum ersten Mal) beginnen ⟨e-e Stelle, e-e Arbeit, das / ein Studium a.⟩ **2** ***etw. a.*** etw. beginnen, nachdem man alle notwendigen Vorbereitungen getroffen hat ⟨die Reise, den Heimweg a.⟩ **3** ***etw. a.*** ein Fahrzeug durch Treten des Anlassers in Gang setzen ≈ starten ⟨das Moped a.⟩ **4** ***j-s Nachfolge a.*** die Funktion seines Vorgängers übernehmen **5** ***ein Erbe / e-e Erbschaft a.*** sein Erbteil übernehmen **6** ***den Beweis*** (***für etw.***) ***a.*** *geschr*; etw. beweisen: *Ich werde den Beweis a., dass der Angeklagte unschuldig ist*; Vi (*ist*) **7** ***zu etw. a.*** an e-n Ort kommen, um dort seine Pflicht zu tun ⟨pünktlich zum Dienst a.⟩ **8** ⟨Truppen *o.Ä.*⟩ ***treten an*** *Mil*; Truppen *o.Ä.* stellen sich in e-r Formation auf: *Wir treten zum Appell an* **9** (***gegen j-n***) ***a.*** *Sport*; an e-m Wettkampf teilnehmen, gegen j-n spielen, laufen *o.Ä.*: *gegen den Weltmeister a.*

An·trieb *der*; **1** *nur Sg*; etw., das j-m die (psychische) Kraft gibt, etw. zu tun ≈ Motivation, Auftrieb (1): *Das Lob gibt ihm neuen A.* **2** die Kraft, die e-e technische Vorrichtung antreibt: *e-e Maschine mit elektrischem, mechanischem A.* || K-: ***Antriebs-, -kraft, -welle*** || -K: ***Raketen-*** **3** ***etw. aus eigenem A. tun*** etw. tun, ohne dass man dazu von j-d anderem veranlasst wird

an·trin·ken (*hat*) Vt **1** ***etw. a.*** e-e Flasche *o.Ä.* öffnen u. anfangen zu trinken: *e-e angetrunkene Flasche Wein* **2** ***sich*** (*Dat*) ***e-n Rausch / Schwips a.*** ≈ sich betrinken **3** ***sich*** (*Dat*) ***einen a.*** *gespr* ≈ sich betrinken **4** ***sich*** (*Dat*) ***Mut a.*** so viel Alkohol trinken, dass man die Angst vor j-m / etw. verliert

An·tritt *der*; *-s*; *nur Sg*; **1** der Beginn, das Antreten (1): *der A. des Studiums* **2** der Beginn, das Antreten (2): *bei A. der Reise* **3** die Übernahme, das Antreten (5): *der A. der Erbschaft*

An·tritts·be·such *der*; ein offizieller Besuch, bei dem sich j-d, der e-e (*mst* diplomatische) Aufgabe übernommen hat, vorstellt ⟨seinen A. machen⟩

an·tun (*hat*) Vt **1** ***j-m etw. a.*** so handeln, dass es für j-n negative Folgen hat ≈ j-m etw. zufügen (1) ⟨j-m ein Leid, ein Unrecht a.⟩ **2** ***sich*** (*Dat*) (***et***)***was a.*** *gespr euph*; Selbstmord begehen

an·tur·nen [ˈantœrnən]; *turnte an, hat angeturnt*; Vt ***j-d / etw. turnt j-n an*** *gespr*; j-d / etw. versetzt j-n in e-n sehr fröhlichen od. rauschähnlichen Zustand: *Laute Rockmusik turnt mich unwahrscheinlich an*

Ant·wort *die*; *-, -en*; **1** ***e-e A.*** (***auf etw.*** (*Akk*)) e-e mündliche od. schriftliche Äußerung, mit der man *bes* auf e-e Frage, e-e Bitte od. e-n Brief reagiert ↔ Frage ⟨e-e höfliche, kluge, schnippische, unverschämte A. geben⟩: *Ich habe immer noch keine A. auf meinen Brief erhalten* || K-: ***Antwort-, -brief, -schreiben*** **2** ***e-e A.*** (***auf etw.*** (*Akk*)) e-e Handlung, mit der man auf e-e andere Handlung reagiert ≈ Reaktion: *Lautes Gelächter war die A. auf sein Missgeschick* || ID ***Keine A. ist auch eine A.*** auch durch Schweigen kann man seine Einstellung ausdrücken

ant·wor·ten; *antwortete, hat geantwortet*; Vt **1** (***j-m***) ***etw.*** (***auf etw.*** (*Akk*)) ***a.*** j-m etw. als Antwort auf e-e Frage, Bitte od. e-n Brief sagen / schreiben ↔ fragen: *Was hast du ihm darauf geantwortet?*; Vi **2** (***j-m***) (***auf etw.*** (*Akk*)) ***a.*** auf e-e Frage, Bitte od. e-n Brief e-e Antwort geben ≈ etw. beantworten ⟨mit Ja od. Nein a.⟩: *Du hast auf meine Frage noch nicht geantwortet*; *Ich habe sie dreimal angeschrieben, aber sie antwortet einfach nicht* **3** ***auf etw.***

(*Akk*) ***mit etw. a.*** auf e-e Handlung, ein Verhalten in bestimmter Weise reagieren: *Er antwortete auf meine Bemerkung mit lautem Lachen*

ạn·ver·trau·en; *vertraute an, hat anvertraut*; [Vt] **1** ***j-m etw. a.*** j-m, den man für ehrlich hält, etw. Wertvolles zur Aufbewahrung geben: *j-m seinen Schmuck, sein Geld a.* **2** ***j-m etw. a.*** j-n, den man für geeignet hält, mit e-r Tätigkeit beauftragen ≈ j-m etw. übertragen (8) ⟨j-m ein Amt, e-e Aufgabe a.⟩ **3** ***j-m j-n a.*** j-n, den man liebt, e-r vertrauenswürdigen Person (*mst* zur Pflege od. Betreuung) überlassen: *j-m sein Kind für ein paar Tage a.; Er will seine kranke Frau nur e-m Spezialisten a.* **4** ***j-m etw. a.*** e-r vertrauenswürdigen Person etw. Geheimes od. Intimes sagen ⟨j-m ein Geheimnis, seinen Kummer a.⟩; [Vr] **5** ***sich j-m a.*** e-r vertrauenswürdigen Person *bes* seine Geheimnisse, Sorgen u. seinen Kummer erzählen ≈ j-n ins Vertrauen ziehen: *sich dem Pfarrer a.*

ạn·vi·sie·ren [-v-]; *visierte an, hat anvisiert*; [Vt] **1** ***etw. a.*** etw., das man sich als Ziel gesetzt hat, zu erreichen versuchen: *e-e Erhöhung der Produktion a.* **2** ***j-n / etw. a.*** mit e-m Gewehr auf j-n / etw. zielen

ạn·wach·sen (*ist*) [Vi] **1** ***etw. wächst an*** etw. wächst irgendwo fest, verbindet sich allmählich mit dem Untergrund ⟨die transplantierte Haut; der verpflanzte Baum⟩ **2** ***etw. wächst an*** etw. wird in Zahl od. Menge allmählich u. dauernd mehr ≈ etw. nimmt zu ↔ etw. geht zurück ⟨die Bevölkerung, der Lärm, die Menge, die Schulden⟩

ạn·wäh·len (*hat*) [Vt] ***j-n / etw. a.*** die Telefonnummer von j-m od. von e-m Ort wählen

Ạn·walt *der*; *-(e)s, An·wäl·te*; **1** *Kurzw* ↑ ***Rechtsanwalt*** || K-: ***Anwalts-, -büro, -kanzlei*** **2** *geschr*; j-d, der sich öffentlich dafür einsetzt, dass e-e gute Sache od. e-e benachteiligte Person gefördert wird ≈ Fürsprecher: *Er ist immer ein A. der Armen gewesen* **3** ***sich zum A. für j-n machen*** *geschr*; seinen ganzen Einfluss dazu verwenden, j-m zu helfen || *zu* **1** u. **2** **Ạn·wäl·tin** *die*; *-, -nen*

Ạn·wand·lung *die*; *-, -en*; **1** *geschr*; e-e plötzlich auftretende Änderung der Stimmung od. des Verhaltens e-r Person ≈ Laune: *In e-r A. von Großzügigkeit schenkte er ihr ein teures Auto* **2** (***seltsame***) ***Anwandlungen haben*** sich plötzlich ganz sonderbar, eigenartig verhalten

ạn·wär·men (*hat*) [Vt] ***etw. a.*** etw. ein wenig warm machen ⟨das Essen, das Bett a.⟩

Ạn·wär·ter *der*; **1** ***ein A.*** (***auf etw.*** (*Akk*)) ein Bewerber od. ein Kandidat, der gute Chancen hat, e-e berufliche Stellung zu bekommen || -K: ***Offiziers-*** **2** ***der A.*** (***auf etw.*** (*Akk*)) *Sport*; ein Teilnehmer an e-m Wettkampf, der gute Chancen hat, zu gewinnen ≈ Favorit ⟨der A. auf den Sieg, auf den Titel⟩ || -K: ***Titel-*** || *hierzu* **Ạn·wär·te·rin** *die*

Ạn·wart·schaft *die*; *-; nur Sg*; ***die A.*** (***auf etw.*** (*Akk*)) die berechtigte Erwartung od. die Aussicht auf etw.: *die A. auf e-e Direktorenstelle*

ạn·wei·sen; *wies an, hat angewiesen*; *geschr*; [Vt] **1** ***j-n a.*** + ***zu*** + *Infinitiv* j-m den Auftrag geben, etw. zu tun ≈ beauftragen: *Ich habe ihn angewiesen, die Sache sofort zu erledigen* **2** ***j-n*** (***bei etw.***) ***a.*** j-m bei e-r Tätigkeit Hinweise u. Instruktionen geben ≈ anleiten, einweisen: *den neuen Mitarbeiter bei seiner Arbeit a.* **3** ***j-m etw. a.*** bestimmen, dass j-d etw. bekommt ≈ j-m etw. zuteilen ⟨j-m e-e Wohnung, e-e neue Arbeitsstelle a.⟩ **4** ***etw.*** (***an j-n***) ***a.*** veranlassen, dass j-d durch e-e Bank e-e Geldsumme bekommt ≈ überweisen ⟨das Gehalt, e-n Scheck an j-n a.⟩

Ạn·wei·sung *die*; **1** *geschr* ≈ Auftrag, Befehl ⟨j-s Anweisungen befolgen; strikte A. haben + zu + *Infinitiv*⟩ **2** ein Heft od. kleines Buch mit Hinweisen od. Instruktionen ≈ Anleitung (2) || -K: ***Gebrauchs-*** **3** das Anweisen (4) e-r Geldsumme ≈ Überweisung || -K: ***Gehalts-, Honorar-*** **4** ein Formular für e-e Anweisung (3) || -K: ***Bank-, Post-***

ạn·wend·bar *Adj*; *nicht adv*; so beschaffen, dass es angewendet werden kann || *hierzu* **Ạn·wend·bar·keit** *die*; *nur Sg*

ạn·wen·den; *wendete / wandte an, hat angewendet / angewandt*; [Vt] **1** ***etw. a.*** etw. zu e-m bestimmten Zweck benutzen ⟨Gewalt a.; e-e List, e-n Trick a.⟩ **2** ***etw. auf etw.*** (*Akk*) ***a.*** etw. Allgemeines od. Abstraktes auf e-n speziellen Fall beziehen: *Diese mathematische Formel lässt sich nicht auf unseren Sonderfall a.*

Ạn·wen·der *der*; *-s, -*; j-d, der *bes* ein Computerprogramm benutzt

Ạn·wen·dung *die*; *-, -en*; **1** *nur Sg*; das Anwenden (1): *Unter A. e-s Tricks schaffte es der Betrüger, in die Wohnung zu kommen* || K-: ***Anwendungs-, -bereich, -gebiet, -möglichkeit*** **2** ***die A.*** + *Gen* / ***von etw. auf etw.*** (*Akk*) das Beziehen von etw. Allgemeinem auf e-n speziellen Fall: *die A. e-s Paragraphen auf e-n Fall* **3** ***etw. findet A.*** *geschr*; etw. wird angewendet: *Roboter finden in dieser Autofabrik keine A.*

ạn·wer·ben (*hat*) [Vt] ***j-n*** (***für / zu etw.***) ***a.*** versuchen, j-n als (Mit)Arbeiter bei etw. zu bekommen ≈ anheuern (2) ⟨Arbeitskräfte, Hilfsarbeiter a.⟩

ạn·wer·fen (*hat*) [Vt] **1** ***etw. a.*** e-n Mechanismus in Betrieb setzen ≈ starten ⟨den Motor, den Propeller a.⟩; [Vi] **2** *Sport*; (*bes* im Hand- u. Basketball) das Spiel od. e-e Spielhälfte durch e-n Wurf beginnen || ► ***Anwurf***

Ạn·we·sen *das*; *-s, -*; *geschr*; ein Grundstück *mst* mit e-m Haus u. Nebengebäuden ⟨ein landwirtschaftliches A.⟩

ạn·we·send *Adj*; *ohne Steigerung, nicht adv*; sich an e-m Ort befindend ↔ abwesend (1) ⟨Personen⟩: *bei e-r Veranstaltung a. sein* || *hierzu* **Ạn·we·sen·de** *der / die*; *-n, -n*

Ạn·we·sen·heit *die*; *-; nur Sg*; **1** die Tatsache, dass sich j-d an e-m Ort befindet ↔ Abwesenheit: *Die Parade fand in A. des Präsidenten statt* **2** die Tatsache, dass etw. irgendwo vorhanden ist, existiert ≈ das Vorhandensein: *die A. von Giftstoffen in der Luft*

Ạn·we·sen·heits·lis·te *die*; e-e Liste, in die alle Anwesenden (*bes* bei e-r Sitzung) ihre Namen eintragen

ạn·wi·dern; *widerte an, hat angewidert*; [Vt] ***j-d / etw. widert j-n an*** j-d / etw. erregt in j-m Ekel u. Widerwillen

ạn·win·keln; *winkelte an, hat angewinkelt*; [Vt] ***etw. a.*** Arme od. Beine so beugen, dass sie e-n Winkel bilden

Ạn·woh·ner *der*; *-s, -*; j-d, der an od. neben etw. (*mst* e-r Straße *o.Ä.*) wohnt ≈ Anlieger: *die Anwohner der Fußgängerzone* || *hierzu* **Ạn·woh·ne·rin** *die*; *-, -nen* || NB: ↑ ***Bewohner***

ạn·wur·zeln (*ist*) [Vi] **1** ***etw. wurzelt an*** e-e Pflanze bildet Wurzeln u. wächst fest **2** ***wie angewurzelt*** *gespr*; ohne sich zu bewegen ⟨wie angewurzelt dastehen, stehen bleiben⟩

Ạn·zahl *die*; *nur Sg*; **1** ***e-e A.*** (+ *Gen* / ***von*** ⟨Personen / Dingen⟩) e-e unbestimmte, nicht genau zählbare Menge von Personen od. Dingen ⟨e-e stattliche, große A.⟩: *e-e A. von Schülern; e-e A. Kinder* **2** ***die A.*** (+ *Gen* / ***an*** ⟨Personen / Dingen⟩) die zählbare Menge von Personen od. Dingen e-s Ganzen ≈ Zahl: *Die A. der Mitglieder unseres Vereins ist gestiegen* || NB: Ist *A.* das Subjekt des Satzes, steht das Verb *mst* im Singular, kann aber auch im

Plural stehen: *Bei dem Fest war / waren e-e große A. von Gästen anwesend*

an·zah·len (*hat*) [Vt] ***etw. a.*** bei e-m Kauf e-n ersten Teil des gesamten Betrages zahlen ⟨e-n Kühlschrank, e-n Fernseher a.⟩: *Er musste für sein Auto 3000 Euro a.*

An·zah·lung *die*; der erste Teil des Gesamtpreises e-r Ware, den man zahlen muss, damit man die Ware bekommt: *e-e A. von 100 Euro leisten*

an·zap·fen (*hat*) [Vt] **1 *etw. a.*** e-e Art Rohr (e-n Hahn) in ein Fass schlagen, damit man die Flüssigkeit (*z.B.* Bier od. Wein) aus dem Fass nehmen kann ⟨ein Fass Bier a.⟩ **2 *etw. a.*** *gespr*; e-r Leitung illegal e-e Flüssigkeit entnehmen ⟨e-e Pipeline a.⟩ **3 *e-e Telefonleitung a.*** *gespr*; die Telefongespräche anderer (illegal) abhören

An·zei·chen *das*; **1** etw. äußerlich Sichtbares, das etw. Zukünftiges ankündigt ≈ Vorzeichen ⟨die A. e-s Gewitters, e-r Krankheit⟩: *Alle Anzeichen sprechen dafür, dass der Minister seinen Auslandsbesuch absagt* **2** etw. äußerlich Sichtbares, das e-n bestimmten Zustand erkennen lässt ≈ Ansatz: *keine Anzeichen von Trauer, Reue zeigen*

an·zeich·nen (*hat*) [Vt] **1 *etw.* (*an etw.* (*Akk*)) *a.*** etw. *mst* an e-e Tafel zeichnen, damit es alle gut sehen können: *e-e Skizze, ein Schema, ein Dreieck an die Tafel a.* **2 *etw. a.*** ein Wort od. e-n Teil e-s Textes durch ein Zeichen hervorheben ≈ markieren: *wichtige Passagen in e-m Text a.*

An·zei·ge *die*; -, -*n*; **1** ein (*mst* kurzer) Text, den man in e-r Zeitung od. Zeitschrift drucken lässt, weil man etw. verkaufen will od. etw. sucht ≈ Annonce, Inserat ⟨e-e A. aufgeben⟩ **2** die öffentliche Bekanntmachung (in e-r Zeitung) e-s familiären Ereignisses || -K: ***Heirats-, Todes-*** **3** e-e Mitteilung *mst* an die Polizei, dass j-d e-e Straftat begangen hat ⟨A. gegen j-n erstatten; etw. zur A. bringen⟩ **4** *nur Sg*; das Anzeigen (5) ⟨die A. e-s Resultats⟩ **5** e-e technische Vorrichtung, auf der man Messungen od. andere Informationen über etw. ablesen kann || K-: ***Anzeige-, -gerät, -tafel***

an·zei·gen (*hat*) [Vt] **1 *etw. a.*** ein familiäres Ereignis öffentlich (in e-r Zeitung) bekannt geben ⟨seine Verlobung, seine Hochzeit, die Geburt e-s Kindes a.⟩ **2 *j-n a.*** e-r Behörde (*mst* der Polizei) mitteilen, dass j-d e-e Straftat begangen hat **3 *etw. a.*** e-r Behörde (*mst* der Polizei) mitteilen, dass e-e Straftat begangen worden ist: *e-n Einbruch a.* **4 (*j-m*) *etw. a.*** j-m wichtige od. notwendige Informationen über etw. geben ≈ j-m etw. angeben (1), zeigen ⟨j-m den Weg, die Richtung a.⟩ **5 *etw. zeigt etw. an*** etw. gibt Messungen od. andere Informationen über etw.: *Die Waage zeigt 75 Kilo an*

An·zei·gen·blatt *das*; e-e Zeitung, die fast nur aus Anzeigen (1) besteht u. die man in den Briefkasten bekommt, ohne dafür zu zahlen

an·zet·teln; *zettelte an, hat angezettelt*; [Vt] ***etw. a.*** *gespr*; etw. Negatives vorbereiten u. veranlassen, dass es geschieht ≈ anstiften (1) ⟨e-n Aufstand, e-e Rauferei a.⟩

an·zie·hen (*hat*) [Vt] **1 *j-m / sich etw. a.*** j-n / sich so mit e-m Kleidungsstück bedecken, dass man es am Körper trägt ↔ ausziehen: *sich ein Hemd, e-e Jacke a.; e-m Kind die Strümpfe a.* **2 *j-n / sich a.*** j-n / sich so mit den notwendigen Kleidungsstücken versehen, dass er / man sie am Körper trägt ↔ ausziehen ⟨ein Baby, ein kleines Kind a.⟩ **3 *j-d / etw. zieht j-n an*** j-d / etw. weckt j-s Interesse stark ≈ j-d / etw. lockt j-n an (2): *Viele Leute fühlten sich durch die Werbung angezogen* **4 *etw. zieht etw. an*** etw. übt (elektro)magnetische Kräfte auf etw. aus: *Ein Magnet zieht Eisen an* **5 *etw. zieht etw. an*** etw. absorbiert e-e Substanz, die sich in unmittelbarer Nähe befindet: *Salz zieht Wasser an* **6 *etw. a.*** etw. durch Ziehen straff machen ≈ anspannen (2) ⟨e-e Schnur, e-e Saite a.⟩ **7 *etw. a.*** e-n Arm, ein Bein in Richtung zum Körper ziehen: *Wenn man über ein Hindernis springt, muss man die Beine a.* **8 *e-e Schraube a.*** e-e Schraube so drehen, dass sie fest sitzt **9 *die Handbremse a.*** die Handbremse durch Ziehen betätigen **10 *irgendwie angezogen sein*** bestimmte Kleidungsstücke tragen od. seine Kleidungsstücke in bestimmter Weise am Körper tragen: *Er ist immer sehr schick angezogen*; [Vi] **11 *etw. zieht an*** *Ökon*; etw. steigt od. wird höher ⟨die Preise⟩ **12 *j-d / etw. zieht irgendwie an*** j-d / etw. erreicht (*mst* plötzlich) e-e höhere Geschwindigkeit ≈ j-d / etw. beschleunigt: *Er / Sein Motorrad zog sehr schnell an* || ► ***Anzug***

an·zie·hend 1 *Partizip Präsens*; ↑ ***anziehen*** **2** *Adj*; reizvoll, attraktiv u. sympathisch im Aussehen od. Verhalten

An·zie·hung *die*; *mst Sg*; **die A. (*auf j-n / etw.*)** die Eigenschaft, Interesse auf sich zu ziehen ≈ Reiz ⟨e-e starke A. auf j-n haben, ausüben⟩

An·zie·hungs·kraft *die*; **1 die A. (*auf j-n / etw.*)** ≈ Anziehung **2** *Phys*; die natürliche Kraft, mit der *bes* e-e große Masse e-e kleinere Masse zu sich heranzieht ≈ Schwerkraft, Gravitation: *Die A. der Erde ist ungefähr sechsmal so groß wie die des Mondes* || -K: ***Erd-***

an·zo·ckeln (*ist*) [Vi] *gespr, oft pej*; *bes* langsam od. zu spät irgendwohin kommen ⟨angezockelt kommen⟩

An·zug[1] *der*; e-e Kleidung (*bes* für Männer), die aus e-r langen Hose u. e-r Jacke (u. e-r Weste) besteht, die alle aus dem gleichen Stoff gemacht sind ⟨ein zweireihiger A., ein maßgeschneiderter A.⟩ || ↑ *Abb. unter* ***Bekleidung***

An·zug[2] *der*; *nur Sg*; **1 *j-d / etw. ist im A.*** j-d / etw. (*bes* etw. Bedrohliches) kommt näher od. heran: *Der Feind / ein Unwetter ist im A.* **2** ≈ Beschleunigung: *Der Sportwagen hat e-n guten A.*

an·züg·lich *Adj*; *geschr*; (im moralischen Sinn) unanständig ≈ obszön ⟨ein Witz, ein Gedanke, e-e Bemerkung⟩ || *hierzu* **An·züg·lich·keit** *die*

an·zün·den (*hat*) [Vt] **(*sich* (*Dat*)) *etw. a.*** bewirken, dass etw. brennt ⟨sich e-e Zigarette a.; ein Feuer, e-n Ofen, e-e Kerze a.⟩

an·zwei·feln (*hat*) [Vt] ***etw. a.*** Zweifel an der Richtigkeit od. Wahrheit e-r Sache haben ≈ bezweifeln

AOK [aː|oːˈkaː] *die*; *Kurzw* ↑ ***Ortskrankenkasse***

A·or·ta [aˈɔrta] *die*; -, *Aor·ten*; *Med*; die größte Arterie, die das frische Blut vom Herzen in den Körper bringt ≈ Hauptschlagader

a·part *Adj* ≈ reizvoll, geschmackvoll ⟨a. aussehen; ein Gesicht, ein Kleid⟩

A·part·heid *die*; -; *nur Sg*; die Trennung zwischen Farbigen u. Weißen in der Republik Südafrika || K-: ***Apartheid-, -politik***

A·part·ment *das*; *-s, -s*; e-e relativ kleine, komfortable Wohnung, in der *mst* nur eine Person lebt

A·pa·thie *die*; -, *-n* [-iːən]; ein Zustand, in dem j-d völlig uninteressiert an seinen Mitmenschen u. an seiner Umwelt ist ≈ Teilnahmslosigkeit || *hierzu* **a·pa·thisch** *Adj*

a·per [ˈaːpɐ] *Adj*; *nicht adv*; *südd* (CH) nicht mit Schnee bedeckt ≈ schneefrei ⟨e-e Straße, ein Hang⟩

A·pe·ri·tif *der*; *-s, -s*; ein alkoholisches Getränk, das man vor e-r Mahlzeit trinkt u. das den Appetit anregen soll

Ap·fel *der*; *-s, Äp·fel*; e-e rundliche Frucht mit weißem Fruchtfleisch, e-r roten, grünen od. gelben Schale u. braunen Kernen || ↑ *Abb. unter* ***Obst*** || K-: ***Apfel-, -baum; -kuchen, -most, -mus, -saft, -strudel, -wein*** || ID ***in den sauren A. beißen***

(***müssen***) *gespr*; etw. Unangenehmes tun (müssen); ***Der A. fällt nicht weit vom Stamm*** *hum*; verwendet, um auszudrücken, dass j-d in e-r Eigenschaft, in seinem Verhalten Vater od. Mutter ähnlich ist; (***etw.***) ***für e-n A. und ein Ei*** (***kaufen***) *gespr*; (etw.) sehr billig (kaufen)

Ap·fel·schor·le *die / das*; ein Getränk aus Apfelsaft u. Mineralwasser

Ap·fel·si·ne *die*; -, *-n* ≈ Orange || ↑ *Abb. unter* ***Obst***

A·pho·ris·mus [-f-] *der*; -, *A·pho·ris·men*; ein kurzer u. *mst* geistreicher Spruch, der *bes* e-e wichtige Erfahrung od. e-e Lebensweisheit enthält || *hierzu* **a·pho·ris·tisch** *Adj*

APO, **A·po** *die*; -; *nur Sg*, *Pol*, *hist*; (*Abk für* außerparlamentarische Opposition) verwendet als Bezeichnung für e-e oppositionelle Bewegung außerhalb des Parlaments in der Zeit um 1968

a·po·dik·tisch *Adj*; *geschr*; so, dass kein Widerspruch akzeptiert wird ⟨e-e Aussage, e-e Behauptung⟩: *etw. a. erklären, behaupten*

A·po·ka·lyp·se *die*; -; *nur Sg*, *geschr*; e-e Katastrophe, die so schlimm ist, dass man meinen könnte, das Ende der Welt sei gekommen || *hierzu* **a·po·ka·lyp·tisch** *Adj*

a·po·li·tisch *Adj*; *geschr*; ohne Interesse an der Politik ⟨ein Mensch⟩

A·pos·tel *der*; *-s*, -; **1** *Rel*; einer der zwölf ersten Anhänger von Jesus Christus od. einer der frühen christlichen Missionare **2** *oft iron*; j-d, der sich mit oft übertriebenem Eifer für e-e Lehre od. Anschauung einsetzt: *ein A. der Enthaltsamkeit* || -K: ***Gesundheits-***

A·po·stroph [-f] *der*; *-s*, *-e*; *Ling*; das grafische Zeichen ', das anzeigt, dass *z.B.* ein Vokal od. e-e Silbe ausgelassen wurde ≈ Auslassungszeichen ⟨e-n A. setzen⟩: *Der A. in „Da kommt 'n Hund" ersetzt ein „e" und ein „i"*

a·po·stro·phie·ren [-f-]; *apostrophierte, hat apostrophiert*; [Vt] ***j-n als etw. a.*** *geschr*; j-n als etw. bezeichnen: *j-n als intelligent a.*; *j-n als Verräter a.*

A·po·the·ke *die*; -, *-n*; ein Geschäft, in dem man Arzneimittel kaufen kann || *hierzu* **A·po·the·ker** *der*; *-s*, -; **A·po·the·ke·rin** *die*; -, *-nen*

a·po·the·ken·pflich·tig *Adj*; *nicht adv*; nur in e-r Apotheke zu kaufen ⟨ein Medikament⟩

Ap·pa·rat *der*; *-(e)s*, *-e*; **1** ein technisches Gerät, das aus mehreren Teilen besteht u. bestimmte Funktionen erfüllt || -K: ***Fernseh-***, ***Foto-***, ***Radio-***, ***Telefon-*** **2** *mst Sg*; e-e Gruppe von Körperteilen od. Organen, die zusammenarbeiten, um e-e gemeinsame Aufgabe zu erfüllen || -K: ***Atmungs-***, ***Bewegungs-***, ***Verdauungs-*** **3** *mst Sg*, *Kollekt*; alle Personen u. Hilfsmittel, die man für e-e bestimmte Aufgabe od. für e-e Institution / Organisation braucht || -K: ***Beamten-***, ***Partei-***, ***Polizei-***, ***Regierungs-***, ***Verwaltungs-***

Ap·pa·ra·tur *die*; -, *-en*; *Kollekt*; die technischen Apparate u. Instrumente, die man zu e-m gewissen Zweck zusammengestellt hat ⟨e-e komplizierte A.⟩

Ap·par·te·ment [apart(ə)'mãː] *das*; *-s*, *-s* ≈ Apartment

Ap·pell *der*; *-s*, *-e*; **1** ***ein A.*** (***an j-n / etw.***) e-e mündliche od. schriftliche Äußerung, durch die j-d gemahnt od. auf etw. Negatives aufmerksam gemacht wird ⟨ein A. an j-s Vernunft; e-n A. an die Öffentlichkeit richten⟩ **2** ***ein A.*** (***zu etw.***) der Versuch, j-n dazu zu bringen, ein bestimmtes Ziel zu verfolgen ≈ Aufruf ⟨ein A. zur Solidarität, zum Frieden⟩ **3** *Mil*; e-e Veranstaltung, bei der sich die Soldaten aufstellen, um gezählt zu werden u. Befehle zu erhalten ⟨zum (morgendlichen) A. antreten⟩ || -K: ***Morgen-***

ap·pel·lie·ren; *appellierte, hat appelliert*; [Vi] ***an j-n / etw. a.*** e-n Appell (1) an j-n / etw. richten ≈ zu etw. aufrufen (4) ⟨an j-s Vernunft, Gewissen a.⟩: *an die Demonstranten a., keine Gewalt anzuwenden*

Ap·pen·dix *der*; *-(es)*, *Ap·pen·di·zes* [-tseːs]; **1** *geschr* ≈ Anhang (1) **2** *Med* ≈ Blinddarm

Ap·pe·tit, **Ap·pe·tit** *der*; *-(e)s*; *nur Sg*; **1** ***A.*** (***auf etw.*** (*Akk*)) das Bedürfnis od. Verlangen, etw. zu essen ⟨keinen, großen A. (auf etw.) haben, bekommen; den A. anregen, verderben⟩: *Hast du A. auf Fisch?* || K-: ***Appetit anregend*** **2** ***Guten A.!*** verwendet als höfliche Formel, bevor man anfängt zu essen ≈ Mahlzeit! || *zu* **1** **ap·pe·tit·los** *Adj*; **Ap·pe·tit·lo·sig·keit** *die*; *nur Sg*

ap·pe·tit·lich *Adj*; **1** so, dass man davon Appetit bekommt ⟨e-e Speise; etw. ist a. zubereitet, sieht a. aus⟩ **2** *gespr*; jung u. frisch aussehend u. deshalb attraktiv

Ap·pe·tit·züg·ler *der*; *-s*, -; ein Medikament, das bewirken soll, dass man weniger isst

ap·plau·die·ren; *applaudierte, hat applaudiert*; [Vi] (***j-m***) ***a.*** mehrere Male in die Hände klatschen, um dadurch zu zeigen, dass einem j-d od. das, was er getan hat, sehr gut gefällt ≈ j-m Beifall spenden: *Das Publikum applaudierte dem jungen Opernsänger begeistert*

Ap·plaus *der*; *-es*; *nur Sg*; Lob u. Anerkennung (für j-n od. für seine Leistung), die man dadurch zeigt, dass man wiederholt in die Hände klatscht ≈ Beifall ⟨(ein) stürmischer, begeisterter A. für j-n; A. bekommen, erhalten; (j-m) A. spenden⟩

ap·por·tie·ren; *apportierte, hat apportiert*; [Vt/i] ⟨ein Hund⟩ ***apportiert*** (***etw.***) ein Hund bringt e-n

Wann setzt man einen Apostroph?

Der Apostroph ersetzt ausgelassene Buchstaben und Wortteile, wenn die Wörter sonst schwer lesbar oder schwer zu verstehen wären:
Sie kam mit'm Auto, mit 'nem Freund; 's ist Zeit; die fleiß'gen Bienen; der Ku'damm (= Kurfürstendamm) *in Berlin*

In vielen Fällen kann ein Apostroph stehen, muss aber nicht. Die neue Rechtschreibung bevorzugt hier die Schreibung ohne Apostroph:
Wie gehts/geht's?; das warn/war'n Spaß; Sone/so'ne blöde Idee!; Der Brief liegt aufm/auf'm Tisch; die goetheschen/Goethe'schen Dramen

Der Apostroph steht auch anstelle einer Genitivendung, wenn Eigennamen auf *s*, *ß*, *z*, *x*, *ce* enden und der Eigenname allein, ohne Artikel, Possessivpronomen usw. steht:
Pythagoras' Lehrsatz, Maurice' Freund, Montreux' Stadtväter,
aber: *der Lehrsatz des Pythagoras, der Freund unseres Maurice, die Stadtväter des schönen Montreux.*

In der Regel gibt es keine Abtrennung von Genitiv-*s* oder Plural-*s* mit Apostroph:
Lisas Freunde, Herrn Hubers Hund, die Hubers (= Familie Huber)

In bestimmten Fällen kann jedoch das Genitiv-*s* mit Apostroph abgetrennt werden (z. B. bei Geschäftsnamen):
Rudi's Milchbar, Inge's Wollstube

Gegenstand od. ein vom Jäger getötetes Tier herbei

Ap·po·si·ti·on [-'tsio:n] *die*; -, *-en*; *Ling*; ***e-e A.*** (***zu etw.***) e-e nähere Bestimmung *mst* zu e-m Substantiv od. e-m Personalpronomen, die im gleichen Kasus steht wie das Substantiv od. Pronomen: *In dem Satz „Mein Onkel, ein bekannter Arzt, kommt morgen zu Besuch", ist „ein bekannter Arzt" e-e A. zu „mein Onkel"*

Ap·pro·ba·ti·on [-'tsio:n] *die*; -, *-en*; (*Admin*) *geschr*; die staatliche Genehmigung, die ein Arzt od. Apotheker für seinen Beruf braucht

Ap·ri·ko·se *die*; -, *-n*; e-e runde, kleine Frucht mit gelber od. orangefarbener samtiger Schale u. e-m relativ großen Kern || K-: ***Aprikosen-, -baum, -marmelade***

Ap·ril *der*; *-(s)*, *-e*; *mst Sg*; der vierte Monat des Jahres ⟨im A.; Anfang, Mitte, Ende A.; am 1., 2., 3. A.; der launische A.⟩ || ID ***j-n in den A. schicken*** *gespr*; e-n Aprilscherz mit j-m machen; ***A., A.!*** verwendet, um j-m zu sagen, dass man gerade e-n Aprilscherz mit ihm gemacht hat

> **April, April!**
>
> Am 1. April ist es Brauch, Familienangehörigen, Freunden oder Kollegen einen Streich zu spielen. Mit dem Ausruf **„April, April!"** wird die betreffende Person am Ende darauf aufmerksam gemacht, dass man sie **„in den April geschickt hat"**. Der Ausdruck „April, April!" wird auch manchmal bei anderen Gelegenheiten verwendet, um jemanden darauf hinzuweisen, dass ein Scherz mit ihm gemacht wurde.
> Am 1. April werden oft auch in den Medien scherzhafte Meldungen veröffentlicht, bei denen nicht sofort zu erkennen ist, ob es sich um die Wahrheit handelt.

Ap·ril·scherz *der*; ein Scherz (*bes* e-e erfundene Geschichte), mit dem man j-n am 1. April neckt ⟨auf e-n A. hereinfallen⟩ || ID *mst* ***Das ist wohl ein A.!*** *gespr*; verwendet, um auszudrücken, dass man etw. nicht glaubt

Ap·ril·wet·ter *das*; *nur Sg*; ein Wetter, bei dem sich Regen u. Sonnenschein oft abwechseln

a pri·o·ri *Adv*; *geschr*; grundsätzlich, *mst* ohne sich vorher genau mit den Details beschäftigt zu haben ≈ von vornherein: *die Änderung e-s Gesetzes a priori ablehnen*

a·pro·pos [apro'po:] *Adv*; verwendet im Gespräch, um auszudrücken, dass man durch ein Thema an etw. erinnert wurde: *„Ich habe mir gerade ein neues Buch gekauft" - „A. Bücher, du wolltest mir doch mal ein paar Romane empfehlen"*

A·qua·pla·ning *das*; *-s*; *nur Sg*; das Rutschen der Autoreifen auf e-r nassen Straße

A·qua·rell *das*; *-s*, *-e*; ein Bild, das mit Wasserfarben gemalt ist || K-: ***Aquarell-, -farbe, -malerei***

A·qua·ri·um *das*; *-s*, *Aqua·ri·en* [-iən]; ein *mst* rechteckiger Behälter aus Glas, in dem Fische u. Wasserpflanzen gehalten werden

Ä·qua·tor *der*; *-s*; *nur Sg*; ein gedachter Kreis um die Erde, der diese in e-e nördliche u. e-e südliche Hälfte teilt || *hierzu* **ä·qua·to·ri·al** *Adj*

ä·qui·va·lent [-v-] *Adj*; *ohne Steigerung*, *geschr*; ***ä.*** (***zu etw.***) mit dem gleichen Wert, der gleichen Bedeutung od. Größe ≈ gleichwertig ⟨ein Ausdruck, e-e Leistung⟩ || *hierzu* **Ä·qui·va·lenz** *die*; -, *-en*

Ä·qui·va·lent [-v-] *das*; *-(e)s*, *-e*; *geschr*; ***ein Ä.*** (***für*** / ***von*** / ***zu etw.***) etw., das genau den gleichen Wert, die gleiche Bedeutung od. Größe hat wie etw. anderes ≈ Entsprechung, Gegenwert: *Das deutsche Wort „gemütlich" hat im Englischen kein genaues Ä.*

Ar *das*; *-s*, -; verwendet als Bezeichnung für ein Flächenmaß von 100m²; *Abk* a: *ein Wald mit 50 a*

Ä·ra *die*; -, *Ä·ren*; *mst Sg*, *geschr*; ein relativ langer Zeitraum, der *bes* von e-r Persönlichkeit od. e-r bestimmten Sache bestimmt ist od. war ≈ Epoche ⟨der Anbruch e-r neuen Ära⟩: *die Ära Kennedy*; *die Ära der Computertechnik*

a·ra·bisch *Adj*; **1** das Land u. die Kultur der Araber betreffend **2** ***e-e arabische Ziffer / Zahl*** e-e Ziffer / Zahl, die aus den Zeichen 1, 2, 3, 4 *usw* besteht ↔ e-e römische Ziffer

Ar·beit *die*; -, *-en*; **1** ***die A.*** (***an etw.*** (*Dat*)) die Tätigkeit, bei der man geistige od. / u. körperliche Kräfte einsetzt u. mit der man e-n bestimmten Zweck verfolgt ⟨e-e leichte, interessante, geistige, körperliche A.; seine A. organisieren, erledigen, verrichten; an die A. gehen⟩: *die A. an e-m Projekt* || K-: ***Arbeits-, -ablauf, -eifer, -leistung, -material, -pensum, -plan, -technik, -tempo, -weise*** || -K: ***Büro-, Feld-, Garten-, Haus-***; ***Kopf-, Muskel-*** **2** *nur Sg*; die Tätigkeit, die man als Beruf ausübt || K-: ***Arbeits-, -anweisung, -atmosphäre, -bedingungen, -beginn, -erfahrung, -erlaubnis, -erleichterung, -gerät, -kleidung, -kollege, -lohn, -pause, -schluss, -stunde, -unfall, -vertrag, -woche, -zimmer*** || -K: ***Halbtags-, Ganztags-, Schicht-*** **3** *nur Sg* ≈ Arbeitsplatz ⟨A. finden, suchen; seine A. verlieren; zur / in die A. gehen⟩ || K-: ***Arbeits-, -suche, -vermittlung*** **4** ***A.*** (***mit j-m / etw.***) *nur Sg*; die Mühe od. Anstrengung, die man hat, wenn man sich mit j-m / etw. beschäftigt ⟨viel A. mit j-m / etw. haben; keine Mühe u. A. scheuen⟩: *E-e Mutter hat mit e-m kleinen Kind viel A.* **5** das Ergebnis e-r planvollen Tätigkeit ⟨e-e wissenschaftliche A.; seine A. vorlegen⟩: *die Arbeiten e-s Künstlers ausstellen* || -K: ***Bastel-, Häkel-, Hand-***; ***Qualitäts-, Stümper-, Wert-***; ***Diplom-, Doktor-*** **6** e-e schriftliche od. praktische Prüfung, ein Test: *Der Lehrer ließ e-e A. schreiben* || -K: ***Abschluss-, Prüfungs-*** **7** ***seine A. tun / machen*** so (fleißig u. sorgfältig) arbeiten, wie man es von einem erwarten kann **8** ***etw. in A. geben*** etw. (von e-m Handwerker) anfertigen od. machen lassen: *e-n Schrank, e-n Mantel in A. geben* **9** ***etw. in A. haben*** (als Handwerker) gerade mit der Herstellung e-r Sache beschäftigt sein **10** ***etw. ist in A.*** etw. wird gerade bearbeitet od. hergestellt **11** ***e-r*** (***geregelten***) ***A. nachgehen*** *geschr*; berufstätig sein, e-n Beruf ausüben || ID ***ganze / gründliche A. leisten*** etw. sehr gründlich u. exakt tun od. durchführen; ***die A. nicht gerade erfunden haben*** *gespr iron*; faul sein

ar·bei·ten; *arbeitete*, *hat gearbeitet*; [Vi] **1** e-e körperliche od. geistige Tätigkeit verrichten ⟨körperlich, geistig a.; gewissenhaft, fleißig a.⟩ **2** e-e Tätigkeit als Beruf ausüben ⟨halbtags, ganztags a.⟩: *bei der Post a.*; *in der Fabrik a.*; *als Elektriker a.* **3** ***etw. arbeitet*** etw. erfüllt regelmäßig seine Funktionen ⟨das Herz, die Lunge⟩ **4** ***etw. arbeitet*** etw. ist in Tätigkeit, in Betrieb: *Die Maschine arbeitet sehr leise* **5** ***an etw.*** (*Dat*) ***a.*** (*z.B.* als Autor od. Handwerker) mit der Herstellung e-r Sache beschäftigt sein: *an e-m Roman, e-r Vase a.* **6** ***mit etw. a.*** (als Handwerker) ein bestimmtes Material verarbeiten: *Am liebsten arbeite ich mit Ton* **7** ***über j-n / etw. a.*** sich genau über j-n od. ein bestimmtes Thema informieren u. darüber e-e (*mst* wissenschaftliche) Arbeit (5) schreiben: *über Kafka a.*; *über den Symbolismus a.* **8** ***für etw. a.*** sich für etw. einsetzen, engagieren: *für den Frieden a.*; *für e-e politische Idee a.* **9** ***an sich***

(*Dat*) ***a.*** versuchen, seine Fähigkeiten od. Eigenschaften zu verbessern: *Ein Sänger muss hart an sich a., um e-e Rolle in e-r Oper zu bekommen* **10** ***sein Geld a. lassen*** *gespr*; sein Geld so auf e-r Bank anlegen, dass es Gewinn bringt; [Vr] **11** ***sich durch etw. a.*** mit Mühe u. großer Anstrengung e-e ziemlich große Schwierigkeit od. viel Arbeit (4) bewältigen: *sich durch den Schnee a.*; *sich durch e-n Berg von Briefen a.* **12** ***sich nach oben a.*** sehr viel u. gründlich a. (1), um wirtschaftlichen u. sozialen Erfolg zu haben

Ar·bei·ter *der*; *-s*, -; **1** ein Arbeitnehmer, der seinen Lebensunterhalt durch *mst* körperliches Arbeiten verdient ⟨ein gelernter, ungelernter A.⟩ || K-: ***Arbeiter-, -familie, -kind, -partei, -viertel*** || -K: ***Bau-, Fabrik-, Hafen-, Land-*** **2** j-d, der in bestimmter Weise arbeitet (1) ⟨ein gewissenhafter, fleißiger, schneller A.⟩ || NB: nur in Verbindung mit e-m Adj. || *hierzu* **Ar·bei·te·rin** *die*; -, *-nen*

Ar·bei·ter·be·we·gung *die*; *nur Sg*, *Pol*; der organisierte Zusammenschluss der Industriearbeiter seit dem Ende des 19. Jahrhunderts zur Verbesserung ihrer ökonomischen, sozialen u. politischen Situation

Ar·bei·ter·klas·se *die*; *nur Sg*, *veraltend*; die soziale Schicht, die *bes* aus Arbeitern (1) besteht

Ar·bei·ter·schaft *die*; -; *nur Sg*, *Kollekt*; alle Arbeiter (1)

Ar·bei·ter-und-Bau·ern-Staat *der*; *hist*; verwendet als Bezeichnung für die DDR

Ar·bei·ter|wohl·fahrt *die*; e-e wohltätige Organisation, die *bes* Erholungs- u. Kinderheime für Arbeiter (1) u. deren Kinder hat

Ar·beit·ge·ber *der*; *-s*, -; e-e Person od. Firma, die Leute als Arbeiter od. Angestellte einstellt u. beschäftigt u. ihnen dafür Geld bezahlt ↔ Arbeitnehmer || *hierzu* **Ar·beit·ge·be·rin** *die*; -, *-nen*

Ar·beit·neh·mer *der*; *-s*, -; j-d, der bei e-r Firma angestellt ist u. für seine Arbeit bezahlt wird ↔ Arbeitgeber || *hierzu* **Ar·beit·neh·me·rin** *die*; -, *-nen*; **ar·beit·neh·mer|feind·lich** *Adj*; **ar·beit·neh·mer|freund·lich** *Adj*

ar·beit·sam *Adj*; *geschr veraltend*; viel u. fleißig arbeitend || *hierzu* **Ar·beit·sam·keit** *die*; *nur Sg*

Ar·beits·amt *das*; e-e staatliche Behörde, deren Aufgabe es ist, Arbeitsplätze zu vermitteln u. sich um Leute zu kümmern, die e-n Beruf haben wollen od. arbeitslos sind

ar·beits·auf·wen·dig, **ar·beits·auf·wän·dig** *Adj*; mit viel Arbeit verbunden ⟨ein Verfahren⟩

Ar·beits·be·schaf·fung *die*; *nur Sg*; das Schaffen u. Subventionieren von Arbeitsplätzen durch den Staat

Ar·beits·be·schaf·fungs|maß·nah·me *die*; e-e Maßnahme, mit der der Staat neue Arbeitsplätze schaffen will; *Abk* ABM: *Diese Stelle wird als A. zu zwei Dritteln vom Arbeitsamt finanziert* || NB: ↑ ***ABM- Kraft***, ***ABM-Stelle***

Ar·beits·be·schei·ni·gung *die*; ein Dokument, das bestätigt, dass j-d e-n bestimmten Beruf ausübt

Ar·beits·dienst *der*; *mst Sg*; e-e Arbeit für den Staat, für die man nicht od. nur sehr gering bezahlt wird ⟨A. leisten; j-n zum A. heranziehen⟩: *Im Dritten Reich mussten die Jugendlichen A. leisten*

Ar·beits·er·laub·nis *die*; die Bescheinigung e-r Behörde (1), die ein ausländischer Bürger benötigt, um in e-m bestimmten Land arbeiten zu dürfen ⟨j-m e-e A. erteilen⟩

Ar·beits·es·sen *das*; e-e Zusammenkunft, bei der Geschäfts- od. Verhandlungspartner zusammen essen u. Probleme diskutieren ⟨sich zu e-m A. treffen⟩

ar·beits·fä·hig *Adj*; *nicht adv*; gesundheitlich od. physisch in der Lage zu arbeiten ↔ arbeitsunfähig || *hierzu* **Ar·beits·fä·hig·keit** *die*; *nur Sg*

Ar·beits·gang *der*; ein Teil e-r größeren Arbeit (1), den man in e-r bestimmten Zeit macht ≈ Durchgang: *Diese Maschine schneidet u. formt das Blech in einem A.*

Ar·beits·ge·mein·schaft *die*; **1** e-e Gruppe (*mst* von Schülern od. Studenten), die gemeinsam auf e-m bestimmten Gebiet arbeiten ⟨e-e A. bilden⟩ **2** *Ökon*; e-e Gruppe von Firmen, die sich verbinden, um zusammen ein Projekt zu verwirklichen

Ar·beits·ge·neh·mi·gung *die* ≈ Arbeitserlaubnis

Ar·beits·ge·richt *das*; ein Gericht, das sich speziell um die Probleme kümmert, die das Arbeitsrecht betreffen

Ar·beits·ho·se *die*; e-e Hose, die man *bes* bei körperlicher Arbeit trägt || ↑ *Abb. unter* ***Arbeitskleidung***

Ar·beits·hy·po·the·se *die*; e-e (vorläufige) Hypothese, die als Grundlage für die weitere (wissenschaftliche) Arbeit dient

Ar·beits·kampf *der*; e-e Auseinandersetzung zwischen Arbeitnehmern u. Arbeitgebern (*bes* in Form von Streik, Boykott od. Aussperrung), bei der es vor allem um Arbeitsbedingungen u. Löhne geht

Ar·beits·klei·dung *die*; Kleidung, die man *bes* bei körperlicher Arbeit trägt

Arbeitskleidung

Ar·beits·kli·ma *das*; *nur Sg*; die Atmosphäre, Stimmung, die in e-r Firma *bes* zwischen Vorgesetzten u. Untergebenen u. zwischen den Mitarbeitern herrscht: *In unserem Betrieb herrscht ein gesundes, zwangloses A.*

Ar·beits·kraft *die*; **1** *nur Sg*; die Kraft u. Energie, die man zu e-r geistigen od. körperlichen Arbeit hat ⟨(sich) seine A. erhalten⟩ **2** *Ökon*; jeder Mensch, der e-e Arbeit leisten kann ⟨e-e vollwertige A.; der Bedarf / Mangel an Arbeitskräften⟩

ar·beits·los *Adj*; *nicht adv*; (*mst* wegen der schlechten wirtschaftlichen Situation) ohne Arbeit (2): *Er wurde aus seinem Betrieb entlassen u. ist jetzt a.*

Ar·beits·lo·se *der* / *die*; *-n*, *-n*; j-d, der arbeitslos ist || K-: ***Arbeitslosen-, -quote, -unterstützung, -versicherung, -zahl*** || NB: *ein Arbeitsloser*; *der Arbeitslose*; *den, dem, des Arbeitslosen*

Ar·beits·lo·sen·geld *das*; *nur Sg*; das Geld, das Arbeitslose während e-r bestimmten Zeit vom Staat bekommen ⟨A. bekommen, beziehen⟩

Ar·beits·lo·sen·hil·fe *die*; *nur Sg*, das Geld, das Arbeitslose e-e Zeit lang vom Staat bekommen, wenn sie auf Arbeitslosengeld keinen Anspruch mehr haben u. auch sonst keine finanziellen Mittel haben ⟨auf A. angewiesen sein⟩

Ar·beits·lo·sig·keit *die*; *-*; *nur Sg*; **1** der Zustand, arbeitslos zu sein **2** der Mangel an Arbeitsplätzen ⟨zunehmende A.; die A. bekämpfen⟩ || -K: ***Langzeit-***

Ar·beits·markt *der*; *Ökon*; der Bereich der Wirtschaft, in dem es um das Angebot von u. die Nachfrage nach Arbeitsplätzen geht: *die Situation auf dem A.*

Ar·beits·mo·ral *die*; j-s persönliche Einstellung gegenüber der Arbeit, die er tun soll ⟨e-e hohe, gute, schlechte A. haben⟩

Ar·beits|nie·der·le·gung *die*; *-*, *-en*; *Admin geschr* ≈ Streik

Ar·beits·ort *der*; der Ort, in dem j-d seinen Beruf ausübt ↔ Wohnort

Ar·beits·platz *der*; **1** e-e Stellung od. Beschäftigung, die für j-n als Beruf zur Verfügung steht ≈ Arbeitsstelle (1) ⟨ein sicherer A.; seinen A. verlieren⟩ **2** der Platz od. Raum, wo j-d arbeitet ⟨seinen A. aufräumen; die Sicherheit am A.⟩

Ar·beits·recht *das*; *nur Sg*; die Gesetze, die die Verhältnisse u. die Stellung der Arbeitnehmer (*bes* in Bezug auf den Arbeitgeber) regeln || *hierzu* **ar·beits·recht·lich** *Adj*

ar·beits·scheu *Adj*; ohne Lust u. Willen zu arbeiten

Ar·beits·schutz *der*; *nur Sg*; der durch Gesetze festgelegte Schutz der Arbeitnehmer *bes* vor gesundheitlicher Gefährdung u. zu starker Belastung am Arbeitsplatz || K-: ***Arbeitsschutz-, -bestimmung***

Ar·beits·stät·te *die*; **1** *Admin*; der Betrieb, in dem man arbeitet **2** *veraltend* ≈ Arbeitsplatz (2)

Ar·beits·stel·le *die*; **1** e-e Stellung od. Beschäftigung, die für j-n als Beruf zur Verfügung steht ≈ Arbeitsplatz (1) ⟨e-e neue A. suchen⟩ **2** der Betrieb, in dem j-d arbeitet: *Fahrten von der Wohnung zur A.*

Ar·beits·su·chen·de *der* / *die*; *-n*, *-n*; j-d, der e-e Arbeit (2) od. e-n Job sucht || NB: *ein Arbeitssuchender*; *der Arbeitssuchende*; *den, dem, des Arbeitssuchenden*

Ar·beits·tag *der*; **1** diejenigen Stunden am Tag, in denen man (beruflich) arbeitet ↔ Feierabend: *e-n harten, anstrengenden A. hinter sich haben* **2** ein Tag, an dem man in seinem Beruf arbeitet: *28 Arbeitstage Urlaub haben*

Ar·beits·tei·lung *die*; *nur Sg*, *Ökon*; die Verteilung e-r Arbeit od. Aufgabe auf mehrere Personen

Ar·beits·tier *das*; **1** ein Tier, das dazu verwendet wird, e-e bestimmte Arbeit zu machen: *In Indien werden Elefanten als Arbeitstiere verwendet* **2** *iron od pej*; ein Mensch, der sehr viel u. intensiv arbeitet (u. sich oft nur für seine Arbeit interessiert)

ar·beits·un·fä·hig *Adj*; gesundheitlich od. physisch nicht in der Lage zu arbeiten ↔ arbeitsfähig || *hierzu* **Ar·beits·un·fä·hig·keit** *die*; *nur Sg*

Ar·beits·ver·hält·nis *das*; **1** *nur Pl*; die Bedingungen, die am Arbeitsplatz herrschen **2** das rechtliche Verhältnis zwischen dem Arbeitnehmer u. dem Arbeitgeber (das *mst* durch e-n Vertrag geregelt ist) **3** ***in e-m (festen) A. stehen*** *Admin*; bei e-r Firma als Arbeitnehmer (fest) angestellt sein

Ar·beits·wut *die*; *oft iron*; sehr großer Eifer od. Ehrgeiz, mit dem man seine Arbeit macht: *Da packte mich die A. u. ich arbeitete fast die ganze Nacht hindurch*

Ar·beits·zeit *die*; **1** die (gesetzlich od. vertraglich) festgelegte Anzahl von Stunden, die ein Arbeitnehmer pro Tag, Woche od. Monat arbeiten muss ⟨e-e feste A.⟩ || K-: ***Arbeitszeit-, -regelung, -verkürzung*** || -K: ***Wochen-*** **2** die Zeit, die man für e-e Arbeit benötigt od. zur Verfügung hat: *Die A. für diese Prüfung beträgt zwei Stunden* **3** ***gleitende A.*** ein System, bei dem es e-e Zeitspanne für Beginn u. Ende der täglichen Arbeitszeit gibt (die einem *z.B.* erlaubt, früher als die anderen mit der Arbeit zu beginnen u. dafür früher nach Hause zu gehen) ⟨gleitende A. haben⟩

ar·bit·rär *Adj*; *geschr*; auf e-r subjektiven Meinung od. dem Zufall basierend (u. nicht nach objektiven Kriterien erfolgend) ≈ willkürlich ⟨e-e Auswahl, e-e Entscheidung⟩

ar·cha·isch *Adj*; *geschr*; **1** nicht den modernen Verhältnissen der Zeit entsprechend ≈ veraltet ⟨ein Ausdruck, ein Wort, j-s Stil⟩ **2** aus vor- u. frühgeschichtlicher Zeit ⟨Werkzeuge, e-e Zeichnung⟩

Ar·cha·is·mus *der*; *-*, *Ar·cha·is·men*; *Ling*; ein Wort od. e-e Wendung, die in der heutigen Zeit nicht mehr verwendet werden

Ar·chä·o·lo·gie *die*; *-*; *nur Sg*; die Wissenschaft, die sich mit ausgegrabenen Überresten wie *z.B.* Statuen, Vasen u. Werkzeugen aus vergangenen Zeiten beschäftigt, um damit frühere Kulturen zu erforschen || *hierzu* **Ar·chä·o·lo·ge** *der*; *-n*, *-n*; **Ar·chä·o·lo·gin** *die*; *-*, *-nen*; **ar·chä·o·lo·gisch** *Adj*; *nur attr od adv*

Ar·che *die*; *-*, *-n*; *mst in* ***die A. Noah*** *Rel*; e-e Art Schiff, das Noah baute, um sich, seine Familie u. die Tiere vor der Sintflut zu retten

Ar·che·typ *der*; *geschr*; die *mst* rekonstruierte, originale Form od. Gestalt e-s Lebewesens od. e-r Sache ≈ Urtyp

Ar·chi·pel *der*; *-s*, *-e*; *Geogr*; e-e ziemlich große Gruppe von *mst* kleinen, zusammengehörigen Inseln

Ar·chi·tekt *der*; *-en*, *-en*; j-d, der auf e-r Hochschule ausgebildet wurde, um beruflich Pläne für Bauwerke zu entwerfen u. ihre Fertigstellung zu beaufsichtigen || NB: *der Architekt*; *den, dem, des Architekten* || *hierzu* **Ar·chi·tek·tin** *die*; *-*, *-nen*

Ar·chi·tek·tur *die*; *-*, *-en*; **1** *nur Sg*; die Wissenschaft, die sich mit der Gestaltung von Häusern, Plätzen *o.Ä.* beschäftigt ⟨A. studieren⟩ **2** *nur Sg*; die Art u. Weise, in der ein Bauwerk künstlerisch gestaltet wurde: *die A. e-s griechischen Tempels bewundern* **3** die A. (2) in e-m bestimmten Land od. e-r bestimmten Epoche ≈ Baustil: *die A. des alten Griechenland*; *die A. des Barock* || *zu* **2** u. **3** **ar·chi·tek·to·nisch** *Adj*; *nur attr od adv*

Ar·chiv [-f] *das*; *-s*, *-e*; **1** e-e Sammlung von historisch wichtigen Dokumenten (wie *z.B.* Urkunden od. Berichten) **2** der Ort, an dem e-e solche Sammlung aufbewahrt wird

Ar·chi·var [-'vaːɐ] *der*; *-s*, *-e*; j-d, der beruflich ein Archiv betreut || *hierzu* **Ar·chi·va·rin** *die*; *-*, *-nen*

ar·chi·vie·ren [-v-]; *archivierte*, *hat archiviert*; [Vt] ***etw. a.*** *geschr*; Dokumente in ein Archiv einordnen: *e-e Urkunde, e-n historischen Bericht a.* || *hierzu* **Ar·chi·vie·rung** *die*; *nur Sg*

ARD [aː|ɛrˈdeː] *die*; *-*; *nur Sg*, **1** (*Abk für* Arbeitsgemeinschaft der öffentlich-rechtlichen Rundfunkanstalten der Bundesrepublik Deutschland) mehrere Rundfunkanstalten, die sich zusammengeschlossen haben, um gemeinsam das Programm zu gestalten **2** das Fernsehprogramm, das von der ARD (1) gesendet wird ≈ Erste(s) Programm

A·re·al *das*; *-s, -e*; *geschr*; **1** ≈ Fläche (1): *ein A. von 20km² * **2** ein Gebiet od. Gelände, das *mst* zu e-m bestimmten Zweck eingegrenzt ist: *das A. der Automobilausstellung*

A·re·na *die*; -, *Are·nen*; **1** e-e Art Stadion mit (in Stufen ansteigenden) Sitzreihen, in denen sportliche Wettkämpfe u. andere Veranstaltungen stattfinden || -K: ***Stierkampf-, Zirkus-*** **2** *geschr*; der Ort, an dem ein politischer, wirtschaftlicher od. militärischer Kampf stattfindet ≈ Schauplatz

arg, *ärger, ärgst-*; *Adj*; **1** mit sehr negativen Konsequenzen ≈ schlimm, übel ⟨e-e List, ein Streich; auf das Ärgste gefasst sein (= mit dem Schlimmsten rechnen)⟩ **2** (in negativer Weise) groß, stark ≈ furchtbar, schrecklich ⟨e-e Enttäuschung, ein Gedränge, Schmerzen⟩ **3** *nur adv*, *gespr* ≈ sehr, äußerst: *arg jung sein*; *sich arg freuen* || ID ***etw. liegt im Argen*** etw. ist in Unordnung, in e-m desolaten Zustand

Är·ger *der*; *-s*; *nur Sg*; **1 *Ä.* (*über j-n / etw.*)** ein Gefühl starker Unzufriedenheit u. leichten Zorns ≈ Unmut, Verstimmung ⟨j-s Ä. erregen, seinen Ä. unterdrücken, seinem Ä. Luft machen⟩: *Sie konnte ihren Ä. darüber nicht verbergen* **2 *Ä.* (*mit j-m / etw.*)** *Kollekt*; unangenehme Erlebnisse od. negative Erfahrungen, die Ä. (1) verursachen ⟨viel, keinen Ä. mit j-m / etw. haben⟩: *Wenn du freundlich zu ihm bist, ersparst du dir viel Ä. mit ihm* || ID *mst* ***Mach keinen Ä.!*** *gespr*; mach keine Schwierigkeiten!

är·ger·lich *Adj*; **1 *ä.* (*auf, über j-n / etw.*)** Ärger über j-n / etw. verspürend od. zeigend ⟨ä. reagieren; leicht, schnell ä. werden⟩ **2** so, dass es Ärger hervorruft ≈ unerfreulich, unangenehm ⟨ein Ereignis, ein Vorfall⟩: *Es war ja wirklich ä., dass du den Zug versäumt hast*

är·gern; *ärgerte, hat geärgert*; [Vt] **1 *j-n ä.*** durch sein Verhalten bewirken, dass j-d Ärger empfindet: *seinen jüngeren Bruder ä.* || NB: ↑ ***necken***; [Vr] **2 *sich* (*über j-n / etw.*) *ä.*** Ärger über j-n / etw. empfinden ≈ sich aufregen (3): *Der Lehrer ärgerte sich maßlos über seine frechen Schüler*; *Ich habe mich furchtbar* (darüber) *geärgert*, dass *du nicht zu meiner Party gekommen bist* **3 *sich grün u. blau ä.***; ***sich schwarz ä.*** *gespr*; sehr großen Ärger empfinden

Är·ger·nis *das*; *-ses, -se*; etw., das die Ursache für j-s Ärger ist od. das j-s Ärger erregt ⟨ein öffentliches Ä.⟩: *die Ärgernisse, auf die man im Berufsleben trifft*; *Seine Unpünktlichkeit ist ein ständiges Ä.*

Arg·list *die*; *nur Sg*, *geschr*; ein Verhalten, mit dem man bewusst (*mst* auf versteckte Weise) j-m schaden will ≈ Hinterlist || *hierzu* **arg·lis·tig** *Adj*

arg·los *Adj*; **1** ⟨ein Mensch, e-e Bemerkung⟩ so, dass sie nichts Böses beabsichtigen od. niemandem schaden wollen ≈ harmlos **2** nichts Böses ahnend ≈ ahnungslos: *Ganz a. vertraute er dem Betrüger* || *hierzu* **Arg·lo·sig·keit** *die*; *nur Sg*

Ar·gu·ment *das*; *-(e)s, -e*; ***ein A.* (*für, gegen j-n / etw.*)** etw., womit man e-e Behauptung, e-n Standpunkt begründet od. rechtfertigt ⟨ein stichhaltiges, überzeugendes A.⟩: *Argumente für u. gegen Atomkraftwerke vorbringen*; *die verschiedenen Argumente abwägen* || *hierzu* **ar·gu·men·tie·ren** (*hat*) *Vt / i*; **ar·gu·men·ta·tiv** *Adj*

Ar·gu·men·ta·ti·on [-ˈtsi̯oːn] *die*; -, *-en*; die Art u. Weise, in der man die Argumente bringt || K-: ***Argumentations-, -hilfe, -grundlage***

Ar·gus·au·gen *die*; *Pl*; *mst in* ***j-n / etw. mit A. beobachten / bewachen*** *geschr*; j-n / etw. sehr aufmerksam beobachten / bewachen

Arg·wohn *der*; *-(e)s*; *nur Sg*, *geschr*; ***der A.* (*gegen j-n / etw.*)** e-e sehr misstrauische Einstellung gegenüber j-m / etw. ≈ Misstrauen ⟨j-s A. erregen⟩ || *hierzu* **arg·wöh·nisch** *Adj*

arg·wöh·nen; *argwöhnte, hat geargwöhnt*; [Vt] ***etw. a.*** *geschr*; voller Argwohn etw. annehmen, vermuten

A·rie [ˈaːri̯ə] *die*; -, *-n*; ein Lied für e-n einzelnen Sänger *bes* in e-r Oper ⟨e-e A. singen⟩ || -K: ***Opern-***

A·ris·to·krat *der*; *-en, -en*; **1** ein Angehöriger des Adels ≈ Adliger **2** j-d, der e-e edle Gesinnung hat u. sich sehr vornehm benimmt || NB: *der Aristokrat*; *den, dem, des Aristokraten*

A·ris·to·kra·tie *die*; -; *nur Sg*; **1** *geschr* ≈ Adel (1) **2** *hist*; e-e Staatsform, in der e-e privilegierte Gruppe von adligen Personen herrscht || *hierzu* **a·ris·to·kra·tisch** *Adj*

A·rith·me·tik *die*; -; *nur Sg*; ein Teilgebiet der Mathematik: *Die Addition, die Subtraktion, die Multiplikation u. die Division sind die vier grundlegenden Rechenarten in der A.* || *hierzu* **a·rith·me·tisch** *Adj*; *nur attr od adv*

Ar·ka·de *die*; -, *-n*; **1** *nur Pl*; e-e Reihe von Bogen, die von Säulen od. Pfeilern getragen werden u. unter denen man (*bes* an Gebäuden od. an Geschäftshäusern) durchgehen kann: *sich unter den Arkaden die Schaufenster anschauen* **2** *geschr*; ein Bogen, der von Säulen od. Pfeilern gestützt wird

Ark·tis *die*; -; *nur Sg*; das Gebiet um den Nordpol ↔ Antarktis

ark·tisch *Adj*; *nur attr od adv*, *ohne Steigerung*; **1** die Arktis betreffend, aus der Arktis (stammend) ↔ antarktisch **2** wie in der Arktis ⟨Temperaturen, Kälte⟩

arm, *ärmer, ärmst-*; *Adj*; **1** mit nur wenig Besitz u. Geld ≈ mittellos ↔ reich ⟨ein Mensch, e-e Familie, ein Land⟩: *Er ist ein Kind armer Eltern* **2 *arm an etw.*** (*Dat*) ***sein*** von e-r Sache nur sehr wenig haben od. enthalten ↔ reich an etw. sein: *ein Land, das arm an Bodenschätzen ist*; *Diese Speise ist arm an Kalorien* **3** in e-m Zustand, der j-s Mitleid erregt ≈ bedauernswert ⟨ein armer Hund / Kerl / Teufel (= Mensch)⟩: *„Seine Eltern haben sich scheiden lassen" - „Ach, das arme Kind!"*; *„Du Ärmster, ist es schlimm?"* **4 *arm dran sein*** *gespr*; in e-m Zustand od. in e-r Situation sein, in der man bedauert od. bemitleidet wird **5 *um j-n / etw. ärmer sein / werden*** j-n / etw. verloren haben / verlieren

Arm *der*; *-(e)s, -e*; **1** einer der beiden Körperteile des Menschen od. Affen, die an den Schultern anfangen u. bis zu den Fingern reichen ⟨der rechte, linke Arm; die Arme ausbreiten, ausstrecken, verschränken; den Arm um j-n / um j-s Schulter legen; ein Kind auf den Arm nehmen; sich (*Dat*) den Arm brechen⟩ || ↑ *Abb. unter* ***Mensch*** || K-: ***Arm-, -bruch*** **2** ein schmaler, länglicher Teil, der seitlich von e-m Hauptteil od. Zentrum abzweigt: *die Arme e-s Wegweisers, e-s Flusses, e-r Waage, e-s Leuchters* || -K: ***Fluss-, Meeres-*** **3** *Kurzw* ↑ ***Fangarm*** **4 *Arm in Arm*** (bei zwei Personen) einen Arm (1) am angewinkelten Arm (1) des anderen eingehakt: *Er ging mit seiner Frau Arm in Arm spazieren* **5 *j-n in die Arme nehmen / schließen*** seine Arme (1) um j-s Oberkörper legen (weil man ihn *z.B.* liebt od. trösten will) ≈ umarmen || ID ***den längeren Arm haben*** in e-r Angelegenheit mehr Einfluss haben; ***j-n mit offenen Armen aufnehmen / empfangen*** j-n sehr freundlich, mit großer Freude aufnehmen / empfangen; ***j-m unter die Arme greifen*** *gespr*; j-m in e-r schwierigen Situation helfen; ***j-n auf den Arm nehmen*** *gespr*; e-n Scherz mit j-m machen (sodass man über ihn lachen kann) ≈ sich über j-n lustig machen; ***j-m in die Arme laufen*** *gespr*; j-n zufällig treffen (*bes* dann, wenn man ihn nicht treffen möchte); ***j-m in den Arm fallen*** j-n hindern, etw. zu tun

-arm *im Adj, mst ohne Steigerung, sehr produktiv*; mit e-r geringen Menge von der genannten Sache ≈ arm (2) an etw. ↔ reich; ***fantasiearm*** ⟨ein Mensch⟩, ***fettarm*** ⟨e-e Kost⟩, ***gefühlsarm*** ⟨ein Mensch⟩, ***geräuscharm*** ⟨e-e Maschine⟩, ***ideenarm*** ⟨ein Film⟩, ***kalorienarm*** ⟨e-e Kost⟩, ***kontaktarm*** ⟨ein Mensch⟩, ***niederschlagsarm*** ⟨ein Monat⟩, ***nikotinarm*** ⟨e-e Zigarette⟩, ***stickstoffarm*** ⟨ein Boden⟩

Ar·ma·tur *die*; -, *-en*; *mst Pl*; **1** die Teile von Maschinen od. Fahrzeugen, mit denen man diese bedient od. ihre Funktion überwacht **2** die Teile *bes* von Waschbecken od. Duschen, mit denen man das Wasser reguliert

Ar·ma·tu·ren·brett *das*; der Teil e-s Fahrzeugs *o.Ä.*, an dem die Armaturen (1) befestigt sind

Arm·band *das*; ein Band (*bes* aus Leder) od. e-e Kette, die man am Handgelenk trägt || K-: ***Armband-, -anhänger*** || -K: ***Gold-, Leder-***

Arm·band|uhr *die*; e-e Uhr, die (mit e-m Leder- od. Metallband) am Handgelenk getragen wird

Arm·bin·de *die*; e-e Binde, die (*mst* als besonderes Kennzeichen) um den oberen Teil des Arms getragen wird: *Blinde tragen eine gelbe A. mit drei schwarzen Punkten*

Arm·brust *die*; e-e (mittelalterliche) Schusswaffe mit e-m länglichen Holzteil u. e-m Bogen (*mst* aus Metall), mit der Pfeile abgeschossen werden || K-: ***Armbrust-, -schütze***

Ar·me *der / die*; *-n, -n*; *mst Pl*; Leute, die sehr arm (1) sind ↔ Reiche: *Geld für die Armen sammeln* || K-: ***Armen-, -hilfe, -viertel*** || NB: *ein Armer*; *der Arme*; *den, dem, des Armen*

Ar·mee *die*; -, *-n* [-'meːən]; **1** *Kollekt*; alle Streitkräfte e-s Staates ⟨in die A. eintreten, zur A. gehen⟩ **2** die Streitkräfte e-s Staates, die vorwiegend auf dem Boden kämpfen ≈ Heer ↔ Marine, Luftwaffe || K-: ***Armee-, -general, -korps*** **3** ***die Rote A.*** *hist*; die A. (1) der Sowjetunion

Är·mel *der*; *-s*, *-*; der Teil e-s Kleidungsstücks, der den Arm teilweise od. ganz bedeckt ⟨die Ärmel hochkrempeln⟩: *ein Kleid mit langen Ärmeln* || ID ***etw. aus dem Ä. schütteln*** *gespr*; *bes* Kenntnisse u. Informationen ohne große Mühe von sich geben (ohne darauf vorbereitet zu sein); ***die Ärmel hochkrempeln*** *gespr*; energisch ans Werk gehen

Är·mel·ka·nal *der*; *nur Sg*; der schmale Teil des Meeres zwischen Frankreich u. England

är·mel·los *Adj*; *nicht adv*; ohne Ärmel ⟨e-e Weste⟩

Ar·men·haus *das*; *hist*; ein Haus, in dem arme Leute sehr billig od. kostenlos e-e Wohnung bekamen

-ar·mig *im Adj, begrenzt produktiv*; mit der genannten Zahl von Armen; ***einarmig, zweiarmig, dreiarmig, vierarmig*** *usw*

Arm·leh·ne *die*; die seitliche Lehne e-s Stuhls od. Sessels, auf die man den Arm stützen kann

Arm·leuch·ter *der*; *gespr pej*; verwendet als Schimpfwort für j-n, der etw. Dummes getan hat od. den man nicht mag

ärm·lich *Adj*; ziemlich arm (1) ⟨Verhältnisse; ä. wohnen, ä. gekleidet sein⟩ || *hierzu* **Ärm·lich·keit** *die*; *nur Sg*

Arm·loch *das*; die Öffnung an e-m Kleidungsstück, an der man den Ärmel annäht

arm·se·lig *Adj*; **1** sehr arm (1) ⟨e-e Behausung, e-e Hütte, ein Leben⟩ **2** in der Ausstattung u. Qualität weit unter dem Durchschnitt ≈ kümmerlich, dürftig ⟨e-e Wohnung, e-e Mahlzeit⟩ **3** *mst pej*; nicht den Erwartungen entsprechend ≈ dürftig ⟨e-e Auskunft, ein Vortrag, e-e Vorstellung⟩ || *hierzu* **Arm·se·lig·keit** *die*; *nur Sg*

Ar·mut *die*; -; *nur Sg*; **1** der Zustand, arm (1) zu sein, der (sehr) große Mangel an Geld u. Besitz ≈ Mittellosigkeit ↔ Reichtum ⟨in A. leben; in e-m Land herrscht bittere, tiefe, drückende A.⟩ **2** ***A.*** (***an etw.*** (*Dat*)) der Zustand, arm (2) an etw. zu sein ≈ Dürftigkeit ↔ Reichtum: *die A. e-s Textes an sachlichen Informationen*

Ar·muts·zeug·nis *das*; **1** *mst in* ***etw. ist ein A. für j-n / etw.*** etw. zeigt die Schwäche od. schlechte Leistung von j-m / etw. **2** ***sich*** (***mit etw.***) ***ein A. ausstellen*** durch e-e Leistung seine mangelnden Fähigkeiten beweisen

Ar·ni·ka *die*; -, *-s*; e-e Heilpflanze mit gelben Blüten

A·ro·ma *das*; *-s, -s / A·ro·men*; **1** der gute u. intensive Geschmack od. Geruch von etw. ⟨das A. von Kaffee, Tee, Früchten, Zigarren⟩ **2** e-e künstliche Substanz mit e-m bestimmten Geschmack, die Lebensmitteln hinzugefügt wird || *hierzu* **a·ro·ma·tisch** *Adj*; *zu* **2** **a·ro·ma·ti·sie·ren** (*hat*) *Vt*

ar·ran·gie·ren [arã'ʒiːrən, -'ʒiːrn̩]; *arrangierte, hat arrangiert*; [Vt] **1** ***etw. a.*** die nötigen Vorbereitungen treffen, damit etw. durchgeführt werden kann ≈ organisieren: *ein Gespräch, ein Treffen zwischen Staatsmännern a.* **2** ***etw. a.*** etw. künstlerisch anordnen: *Blumen kunstvoll a.* **3** ***etw. a.*** ein Musikstück für e-e bestimmte Besetzung od. Aufführung bearbeiten; [Vr] **4** ***j-d arrangiert sich mit j-m***; ⟨Personen⟩ ***arrangieren sich*** *mst* zwei Personen schließen e-n Kompromiss: *Wir waren unterschiedlicher Meinung, konnten uns aber in den wichtigen Punkten a.* **5** ***sich*** (***mit etw.***) ***a.*** sich mit den gegebenen Umständen abfinden ≈ sich mit etw. zufrieden geben: *Der Autor musste sich mit den politischen Verhältnissen seines Landes a.* || *zu* **2** u. **3** **Ar·ran·ge·ment** [arãʒ(ə)'mãː] *das*; *-s, -s*

Ar·rest *der*; *-(e)s, -e*; e-e Strafe, bei der man nur kurze Zeit im Gefängnis bleiben muss (*bes* in der Armee) ⟨j-n unter A. stellen⟩: *verschärften A. bekommen* || *hierzu* **ar·res·tie·ren** (*hat*) *Vt*

ar·re·tie·ren; *arretierte, hat arretiert*; [Vt] **1** ***etw. a.*** bewegliche Teile e-s Geräts durch e-n Mechanismus blockieren ≈ einrasten lassen: *die Handbremse a.* **2** ***j-n a.*** *veraltet* ≈ verhaften

ar·ri·viert [-v-] *Adj*; *nicht adv*, *geschr*; öffentlich anerkannt ⟨ein Schriftsteller, ein Künstler, ein Politiker⟩

ar·ro·gant *Adj*; *pej*; ⟨ein Mensch⟩ so, dass er e-e tatsächliche od. eingebildete Überlegenheit anderen in verletzender Weise zeigt ≈ anmaßend, überheblich ↔ bescheiden: *Seine arrogante Art macht ihn unsympathisch* || *hierzu* **Ar·ro·ganz** *die*; -; *nur Sg*

Arsch *der*; *-(e)s, Är·sche*; *vulg*; **1** ≈ Gesäß, Hintern || K-: ***Arsch-, -backe*** **2** verwendet als Schimpfwort für j-n, über den man sich ärgert || ID *mst* ***Leck mich doch am A.!*** *vulg*; lass mich in Ruhe!; ***etw. ist im A.*** *gespr!* etw. ist kaputt; ***j-m in den A. kriechen*** *vulg*; sich genau so verhalten, wie es ein anderer will od. erwartet, um dadurch Vorteile zu erhalten; ***am A. der Welt*** *gespr!* an e-m völlig abgelegenen, einsamen Ort

arsch·kalt *Adj*; *ohne Steigerung*, *gespr!* sehr kalt ⟨hier ist es a.⟩

Arsch·krie·cher *der*; *-s, -*; *vulg*; j-d, der j-m übertrieben schmeichelt, um Vorteile zu bekommen

Arsch·loch *das*; *vulg*; **1** ≈ After **2** verwendet als Schimpfwort für j-n, den man nicht mag

Ar·sen *das*; *-s*; *nur Sg*; **1** ein metallisches Element; *Chem* As **2** (*Kurzw für* Arsenik) e-e giftige Verbindung aus A. (1) u. Sauerstoff

Ar·se·nal *das*; *-s, -e*; **1** ein Waffenlager **2** *Kollekt*; alle Waffen, die ein Heer zur Verfügung hat || -K: ***Waffen-*** **3** ***ein A.*** + *Gen* / ***von etw.*** *gespr*; e-e (große) Menge von Gegenständen: *ein A. alter Uhren*

Art[1] *die*; *-, -en*; **1** *mst* ***Art*** (***u. Weise***) *mst* mit e-m Adj, verwendet, um anzugeben, wie etw. gemacht wird: *Er musste ihr den Unfall auf schonende Art* (*u. Weise*) *beibringen* **2** *nur Sg*; die charakteristische Eigenschaft e-r Person ≈ Natur (4) ⟨e-e herzliche, stille, gutmütige Art⟩: *Das ist ganz seine Art* **3** ***e-e Art*** + *Gen*; ***e-e Art von j-m / etw.*** (verwendet zur Klassifizierung von ähnlichen Gegenständen od. Personen) ≈ Sorte, Kategorie: *Diese Art* (*von*) *Menschen kann ich nicht leiden*; *e-e bestimmte Art Bücher / von Büchern bevorzugen* **4** *nur Sg* ≈ Beschaffenheit ⟨Fragen, Probleme (von) allgemeiner Art⟩ || ID *gespr*; *mst* ***so e-e Art*** (***von***) so etw. Ähnliches wie: *Ist das so eine Art Bettcouch?*; ***Das ist keine Art u. Weise*** *gespr*; das ist kein anständiges Benehmen

Art[2] *die*; *-, -en*; *bes Biol*; die niedrigste Kategorie im System der Lebewesen ≈ Spezies: *Tiger u. Löwe sind Arten der Gattung „Großkatzen"* || K-: ***Arten-, -reichtum, -schutz, -vielfalt***; ***art-, -eigen, -fremd, -verwandt*** || -K: ***Pflanzen-, Tier-, Vogel-***; ***Unter-*** || ID ***aus der Art schlagen*** sich anders entwickeln als seine Familie: *Ihr jüngster Sohn ist ganz aus der Art geschlagen* || NB: *Rasse* u. *Sorte* werden verwendet, um Unterschiede innerhalb e-r *Art* von Tieren bzw. von gezüchteten Pflanzen zu machen. Diese Begriffe werden aber *mst* nicht zu den biologischen Kategorien gerechnet || *hierzu* **ar·ten·reich** *Adj*; *nicht adv*

Ar·te·rie [-iə] *die*; *-, -n*; ein Blutgefäß, das das Blut vom Herzen in den Körper führt ≈ Schlagader ↔ Vene || K-: ***Arterien-, -verkalkung***

art·ge·recht *Adj*: ⟨e-e Tierhaltung⟩ so, dass die Tiere richtig ernährt werden u. sich so bewegen können, wie es ihren Bedürfnissen entspricht

Arth·ri·tis *die*; *-, Arth·ri·ti·den*; *mst Sg*, *Med*; e-e chronische Entzündung der Gelenke || *hierzu* **arth·ri·tisch** *Adj*

ar·tig *Adj*; mit der Verhaltensweise, die Erwachsene von Kindern erwarten ≈ brav, folgsam: *Sei a.!*; *Gib a. die Hand!* || *hierzu* **Ar·tig·keit** *die*; *nur Sg*

-ar·tig *im Adj*, *ohne Steigerung*, *sehr produktiv*; so beschaffen wie od. ähnlich wie das im ersten Wortteil Genannte; ***blitzartig*** ⟨e-e Reaktion⟩, ***katzenartig*** ⟨e-e Geschicklichkeit⟩, ***krebsartig*** ⟨e-e Geschwulst⟩, ***palastartig*** ⟨ein Haus⟩, ***sintflutartig*** ⟨Regen⟩, ***wellenartig*** ⟨e-e Bewegung⟩

Ar·ti·kel, **Ar·ti·kel** *der*; *-s, -*; **1** ein geschriebener Text in e-r Zeitung, Zeitschrift *o.Ä.* ⟨e-n A. schreiben, verfassen⟩ || -K: ***Zeitungs-*** **2** e-e bestimmte Sorte von Gegenständen, die verkauft wird ≈ Ware: *Dieser A. ist gerade im Sonderangebot* **3** *Ling*; e-e Wortart, die das Genus e-s Substantivs bezeichnet: *„Der" ist der bestimmte, „ein" der unbestimmte männliche A.* **4** ein Abschnitt e-s Gesetzes, Vertrags: *nach Paragraph fünf, A. zwei des Grundgesetzes* (*§ 5 Art. 2. GG*)

ar·ti·ku·lie·ren; *artikulierte, hat artikuliert*; *geschr*; [Vt] **1** ***etw.*** (***durch etw.***) ***a.*** etw. durch Worte od. Taten zum Ausdruck bringen ⟨seine Gedanken, Bedürfnisse a.⟩: *Die Arbeiter artikulierten ihre Forderungen durch Streiks*; [Vt/i] **2** (***etw.***) ***irgendwie a.*** etw. irgendwie aussprechen ⟨Laute, Wörter deutlich, exakt,

Artikel

bestimmter Artikel					*unbestimmter Artikel*				
Nominativ					*Nominativ*				
Sg	*m*	der	große	Tisch	*Sg*	*m*	ein	großer	Tisch
	f	die	große	Bank		*f*	eine	große	Bank
	n	das	große	Bett		*n*	ein	großes	Bett
Pl		die	großen	Dinge	*Pl*			große	Dinge
Akkusativ					*Akkusativ*				
Sg	*m*	den	großen	Tisch	*Sg*	*m*	einen	großen	Tisch
	f	die	große	Bank		*f*	eine	große	Bank
	n	das	große	Bett		*n*	ein	großes	Bett
Pl		die	großen	Dinge	*Pl*			große	Dinge
Dativ					*Dativ*				
Sg	*m*	dem	großen	Tisch	*Sg*	*m*	einem	großen	Tisch
	f	der	großen	Bank		*f*	einer	großen	Bank
	n	dem	großen	Bett		*n*	einem	großen	Bett
Pl		den	großen	Dingen	*Pl*			großen	Dingen
Genitiv					*Genitiv*				
Sg	*m*	des	großen	Tisches	*Sg*	*m*	eines	großen	Tisches
	f	der	großen	Bank		*f*	einer	großen	Bank
	n	des	großen	Bettes		*n*	eines	großen	Bettes
Pl		der	großen	Dinge	*Pl*			großer	Dinge

schlecht a.⟩; [Vr] **3 *sich irgendwie a.*** seine Gedanken in Worte fassen: *Sie kann sich gut a.*

Ar·til·le·rie *die*; -, *-n* [-iːən]; *mst Sg*; der Teil e-r Armee, der mit großen Geschützen u. Kanonen ausgerüstet ist || K-: ***Artillerie-, -beschuss, -feuer*** || *hierzu* **Ar·til·le·rist** *der*; *-en, -en*

Ar·ti·scho·cke *die*; -, *-n*; e-e Gemüsepflanze mit großen Blüten, die in Mittelmeerländern wächst || K-: ***Artischocken-, -boden, -herz***

Ar·tist *der*; *-en, -en*; ein Künstler im Zirkus od. Varieté (*z.B.* ein Akrobat od. ein Jongleur), der mit Geschick u. Körperbeherrschung sein Können zeigt || NB: *der Artist*; *den, dem, des Artisten* || *hierzu* **Ar·tis·tin** *die*; -, *-nen*; **Ar·tis·tik** *die*; *nur Sg*; **ar·tis·tisch** *Adj*

Arz·nei *die*; -, *-en*; ein Medikament gegen Krankheiten ≈ Medizin (2) ⟨(j-m) e-e A. verordnen, verschreiben; e-e A. einnehmen⟩ || K-: ***Arznei-, -buch, -kunde, -pflanze***

Arz·nei·mit·tel *das* ≈ Arznei, Medikament || K-: ***Arzneimittel-, -konsum, -missbrauch***

Arzt *der*; *-es, Ärz·te*; j-d, der an e-r Universität ausgebildet wurde, damit er Kranke behandeln kann ≈ Mediziner, Doktor ⟨e-n A. holen, konsultieren; zum A. gehen⟩: *Bei welchem A. sind Sie in Behandlung?* || K-: ***Arzt-, -praxis*** || -K: ***Augen-, Haut-, Kinder-, Nerven-, Zahn-*** || *hierzu* **Ärz·tin** *die*; -, *-nen*; **ärzt·lich** *Adj*; *nur attr od adv*

Arzt·hel·fe·rin *die*; verwendet als Berufsbezeichnung für e-e Angestellte, die dem Arzt in seiner Praxis hilft

as, **As** *das*; -, -; *Mus*; der Halbton unter dem a || K-: ***As-Dur***

As *das*; ↑ ***Ass***

As·best *der*; *-(e)s*; *nur Sg*; ein feuerfester, faseriger Stoff, dessen Staub (gesundheits)schädlich ist: *Schutzanzüge, Isolierplatten aus A.*

A·sche die; -, -n; die grauen, pulverförmigen Reste, die übrig bleiben, wenn etw. verbrannt worden ist || K-: ***asch-, -blond, -fahl, -grau***

A·schen·bahn *die*; e-e Bahn[1] (3) für Wettläufe, die oft mit e-r Art rotem Sand bedeckt ist

A·schen·be·cher *der*; ein Gefäß für die Asche u. die Reste von Zigaretten *o.Ä.* ⟨die Zigarette im A. ausdrücken; den A. ausleeren⟩

A·schen·put·tel *(das)*; *-s*; *nur Sg*; e-e weibliche Märchenfigur

A·scher *der*; *-s*, -; *gespr* ≈ Aschenbecher

A·scher·mitt·woch *der*; der erste Tag der Fastenzeit der Christen (nach dem Fasching)

ä·sen; *äste, hat geäst*; [Vi] ⟨ein Hirsch, ein Reh *o.Ä.*⟩ ***äst*** ein Hirsch, ein Reh *o.Ä.* frisst

a·sep·tisch *Adj*; *Med* ≈ keimfrei

A·si·at [a'zi̯aːt] *der*; *-en, -en*; ein Einwohner Asiens || NB: *ein Asiat(e)*; *der Asiat*; *den, dem, des Asiaten* || *hierzu* **A·si·a·tin** *die*; -, *-nen*

a·si·a·tisch [a'zi̯aːtɪʃ] *Adj*; **1** zu Asien gehörend: *China ist ein asiatisches Land* **2** typisch für Asien: *asiatische Tempel*

A·si·en ['aːzi̯ən] *-s*; *nur Sg*; der größte Kontinent der Erde

As·ke·se *die*; -; *nur Sg*; **1** *Rel*; e-e Art Buße, bei der j-d keusch u. enthaltsam ist u. fastet: *Der Mönch lebt in strenger A.* **2** e-e sehr einfache, enthaltsame Art zu leben: *ein Leben in A. führen* || *hierzu* **As·ket** *der*; *-en, -en*; **as·ke·tisch** *Adj*

a·so·zi·al *Adj*; *ohne Steigerung*; **1** *pej*; für die Gesellschaft schädlich ⟨a. handeln, sich a. verhalten⟩ **2** so beschaffen od. sich so verhaltend, dass man nicht in die Gesellschaft integriert wird ⟨aus asozialen Verhältnissen stammen⟩: *In diesem Stadtteil leben viele asoziale Menschen* || *hierzu* **A·so·zi·a·le** *der / die*; *-n, -n*

As·pekt *der*; *-(e)s, -e*; **1** die Perspektive, von der aus man ein Problem betrachtet ≈ Sichtweise: *ein Problem unter finanziellem A. betrachten* **2** ein Teilbereich e-s Sachverhalts ≈ Gesichtspunkt: *Der A. Umwelt ist bei der Planung zu kurz gekommen*

As·phalt, **As·phalt** [-f-] *der*; *-s, -e*; ein schwarzgraues Material, das *bes* als Straßenbelag verwendet wird || K-: ***Asphalt-, -bahn, -straße*** || *hierzu* **as·phal·tie·ren** *(hat) Vt*

As·pik, **As·pik** *der, auch das*; *-s*; *nur Sg*; e-e durchsichtige, geleeartige Masse, in die *mst* Fleisch od. Fisch eingelegt werden ≈ Sülze

As·pi·rant *der*; *-en, -en*; **1** *geschr*; ein Bewerber für e-n bestimmten Posten od. Beruf ≈ Anwärter **2** *hist* (*DDR*); j-d, der sich nach dem abgeschlossenen Hochschulstudium auf e-n höheren akademischen Grad vorbereitet || NB: *der Aspirant*; *den, dem, des Aspiranten* || *hierzu* **As·pi·ran·tin** *die*; -, *-nen*

aß *Imperfekt, 1. u. 3. Person Sg*; ↑ ***essen***

Ass *das*; *-es, -e*; **1** die höchste Spielkarte || ↑ *Abb. unter* **Spielkarten** **2** *gespr*; j-d mit herausragendem Können auf e-m Gebiet: *ein Ass in Physik* || -K: ***Tennis-*** **3** *Sport*; ein Aufschlagball (*bes* im Tennis), den der Gegner nicht erreicht

ä·ße *Konjunktiv II, 1. u. 3. Person Sg*; ↑ ***essen***

As·ses·sor *der*; *-s, As·ses·so·ren*; j-d, der e-e höhere Beamtenstelle anstrebt || *hierzu* **As·ses·so·rin** *die*; -, *-nen*

as·si·mi·lie·ren; *assimilierte, hat assimiliert*; [Vt/i] **1 *etw. assimiliert (etw.)*** *Biol*; e-e Pflanze nimmt Nährstoffe auf u. wandelt sie zu körpereigenen Substanzen um: *Pflanzen assimilieren Kohlendioxid*; [Vr] **2 *sich (an etw. (Akk)) a.*** *geschr*; sich an e-e neue Umgebung anpassen: *Den Gastarbeitern fiel es schwer, sich an die ungewohnten Verhältnisse zu a.* || *hierzu* **As·si·mi·la·ti·on** *die*; -, *-en*; **As·si·mi·lie·rung** *die*

As·sis·tent *der*; *-en, -en*; j-d, der j-m (*z.B.* e-m Professor, Arzt od. Minister) bei der Arbeit hilft || NB: *der Assistent*; *den, dem, des Assistenten* || *hierzu* **As·sis·ten·tin** *die*; -, *-nen*

as·sis·tie·ren; *assistierte, hat assistiert*; [Vi] ***(j-m) (bei etw.) a.*** j-m (*mst* dem verantwortlichen Vorgesetzten) bei der Arbeit helfen: *Zwei Schwestern assistierten dem Arzt bei der Operation*

As·so·zi·a·ti·on [asotsi̯a'tsi̯oːn] *die*; -, *-en*; *mst Pl*; die Gedanken u. Gefühle, die durch e-n bestimmten äußeren Eindruck hervorgerufen werden ⟨(positive, negative) Assoziationen wecken, hervorrufen⟩ || *hierzu* **as·so·zi·a·tiv** *Adj*; *geschr*

as·so·zi·ie·ren [asotsi'iːrən]; *assoziierte, hat assoziiert*; [Vt] ***etw. (mit j-m / etw.) a.*** *geschr*; e-e Person, e-e Wahrnehmung od. ein Gefühl gedanklich mit etw. in Verbindung bringen: *schöne Erinnerungen mit e-m Geruch a.*

Ast *der*; *-(e)s, Äs·te*; **1** der Teil e-s Baumes, der aus dem Stamm wächst || K-: ***Ast-, -gabel*** **2** die Stelle in bearbeitetem Holz, an der im Baum ein Ast (1) war || K-: ***Ast-, -loch*** **3** ein Teil e-s sich verzweigenden Systems: *Im Delta teilt sich der Fluss in viele Äste* || ID ***auf dem absteigenden Ast sein*** in e-r Situation od. Verfassung sein, die immer schlechter wird; ***sich*** (*Dat*) ***e-n Ast lachen*** *gespr*; sehr lachen

As·ter *die*; -, *-n*; e-e Blume, die *bes* im Herbst in vielen Farben blüht

Ast·ga·bel *die*; die Stelle, an der ein Ast (1) aus e-m anderen herauswächst

Äs·thet *der*; *-en, -en*; j-d mit viel Sinn u. Liebe für alles Schöne || NB: *der Ästhet*; *den, dem, des Ästheten*

Äs·the·tik *die*; -, *-en*; **1** die Wissenschaft od. Philosophie des Schönen **2** *nur Sg*; die Prinzipien od. Regeln, nach denen man das Schöne beurteilt: *die mo-*

derne, klassizistische Ä. **3** *nur Sg*; das subjektiv Schöne: *die Ä. e-r tänzerischen Bewegung, e-r Blume* || *hierzu* **äs·the·tisch** *Adj*

Asth·ma *das*; *-s*; *nur Sg*; e-e (krankhafte) Atemnot, die *mst* plötzlich auftritt || *hierzu* **asth·ma·tisch** *Adj*

Asth·ma·ti·ker *der*; *-s*, *-*; j-d, der an Asthma leidet || *hierzu* **Asth·ma·ti·ke·rin** *die*; *-*, *-nen*

ast·rein *Adj*; *ohne Steigerung*, *gespr*; besonders gut, einwandfrei: *e-e astreine Arbeit* || ID **(*etw. ist*) *nicht ganz a.*** *gespr*; (etw. ist) nicht ganz legal od. erlaubt

Ast·ro·lo·gie *die*; *-*; *nur Sg*; die Lehre vom Einfluss der Sterne auf die Menschen u. auf ihr Schicksal ≈ Sterndeutung || *hierzu* **Ast·ro·lo·ge** *der*; *-n*, *-n*; **Ast·ro·lo·gin** *die*; *-*, *-nen*; **ast·ro·lo·gisch** *Adj*; *nur attr od adv*

Ast·ro·naut *der*; *-en*, *-en*; j-d, der mit e-r Rakete ins Weltall fährt ≈ Raumfahrer || NB: *der Astronaut*; *den, dem, des Astronauten* || *hierzu* **Ast·ro·nau·tin** *die*; *-*, *-nen*

Ast·ro·no·mie *die*; *-*; *nur Sg*; die Wissenschaft von den Himmelskörpern || *hierzu* **Ast·ro·nom** *der*; *-en*, *-en*

ast·ro·no·misch *Adj*; **1** *nur attr od adv*; die Astronomie betreffend ⟨Beobachtungen⟩ **2** *nicht adv*, *gespr*; unvorstellbar hoch ⟨Preise, Zahlen⟩: *astronomische Ausgaben für die Rüstung* **3** ***a. hoch*** *gespr*; sehr hoch

ASU ['aːzuː] *die*; *-*, *-s*; (*Abk für* Abgassonderuntersuchung) e-e regelmäßige Untersuchung, bei der man prüft, ob die Abgase e-s Autos *o.Ä.* nicht zu viel Gift enthalten ⟨die A. machen⟩ || K-: ***ASU-Plakette***

A·syl *das*; *-(e)s*, *-e*; **1** *nur Sg*; der Aufenthalt, den ein Staat e-m Ausländer gewährt, um ihn vor Verfolgung zu schützen ⟨um A. bitten, (j-m) politisches A. gewähren⟩ || K-: ***Asyl-, -antrag, -bewerber, -gewährung, -recht, -suchende(r)*** **2** e-e Unterkunft für Personen ohne Wohnung ≈ Heim

A·sy·lant *der*; *-en*, *-en*; j-d, der um politisches Asyl bittet od. es (gewährt) bekommt || NB: **a)** *Asylant* wird oft negativ verwendet, *Asylbewerber* od. *Asylsuchender* sind relativ neutrale Ausdrücke; **b)** *der Asylant*; *den, dem, des Asylanten* || *hierzu* **A·sy·lan·tin** *die*; *-*, *-nen*

a·sym·met·risch *Adj*; nicht symmetrisch || *hierzu* **A·sym·met·rie** *die*

-at *das*; *-(e)s*, *-e*; *im Subst*, *betont*, *wenig produktiv*; **1** das Ergebnis e-s Vorgangs, e-r Handlung, die ein Verb auf *-ieren* bezeichnet; ***Destillat, Diktat, Fabrikat, Filtrat, Imitat, Resultat, Zitat*** **2** die Tätigkeit in e-r bestimmten Funktion; ***Referendariat, Volontariat*** **3** der Ort, an dem j-d mit der genannten Funktion tätig ist; ***Direktorat, Konsulat, Lektorat, Notariat, Sekretariat*** **4** e-e Gruppe von Personen mit der genannten Funktion; ***Direktorat, Kommissariat*** **5** *Chem*; ein Salz des genannten Elements; ***Carbonat, Chlorat, Manganat, Nitrat, Phosphat, Sulfat***

A·te·li·er [ate'lieː] *das*; *-s*, *-s*; **1** der Arbeitsraum e-s Künstlers || -K: ***Maler-*** **2** ein Raum od. ein Gebäude für Filmaufnahmen || -K: ***Film-***

A·tem *der*; *-s*; *nur Sg*; **1** die Luft, die sich von der Lunge zu Mund od. Nase bewegt u. umgekehrt ⟨den A. anhalten; A. holen, schöpfen⟩ || K-: ***Atem-, -not, -wege*** **2** die Art u. Weise, wie j-d atmet ⟨flacher, stoßweiser A.⟩ || K-: ***Atem-, -technik*** **3** ***außer A. sein*** erschöpft sein u. nicht gut atmen können **4** ***außer A. geraten*** wegen körperlicher Anstrengung schwer atmen **5** ***wieder zu A. kommen*** sich erholen (u. wieder ruhig atmen können), nachdem man *z.B.* gerannt ist **6** ***e-n schlechten A. haben*** Mundgeruch haben || ID ***j-n in A. halten*** j-n nicht zur Ruhe kommen lassen

a·tem·be·rau·bend *Adj*; so erregend od. schön, dass man (unwillkürlich) den Atem anhält ⟨ein Anblick, ein Ereignis, e-e Szene⟩

a·tem·los *Adj*; **1** keuchend vor Anstrengung **2** voller Spannung ⟨Stille; a. lauschen⟩ **3** sehr schnell (ablaufend): *die atemlose Abfolge des Programms*; *ein atemloses Tempo*

A·tem·pau·se *die*; *mst in* ***e-e A. einlegen*** e-e kurze Pause machen

A·tem·zug *der*; das (einmalige) Einsaugen der Luft in die Lunge ⟨ein tiefer A.⟩ || ID ***im gleichen / in demselben A.*** im gleichen Augenblick, zur selben Zeit; ***bis zum letzten A.*** bis zum Tod

A·the·ist [ate'ɪst] *der*; *-en*, *-en*; j-d, der nicht an Gott od. ein höheres Wesen glaubt || NB: *der Atheist*; *den, dem, des Atheisten* || *hierzu* **A·the·is·tin** *die*; *-*, *-nen*; **A·the·is·mus** *der*; *nur Sg*; **a·the·is·tisch** *Adj*

Ä·ther ['ɛːtɐ] *der*; *-s*; *nur Sg*; e-e farblose Flüssigkeit, die man früher als Narkosemittel verwendet hat

ä·the·risch *Adj*; *nicht adv*; **1** *geschr*, *oft iron*; zart u. zerbrechlich: *e-e ätherische Erscheinung* **2** *nur attr*, *nicht adv*, *Chem*; gut riechend u. leicht verdunstend ⟨Öle⟩

Ath·let *der*; *-en*, *-en*; **1** ein trainierter Sportler **2** ein muskulöser Mann || NB: *der Athlet*; *den, dem, des Athleten* || *zu* **1** **Ath·le·tin** *die*; *-*, *-nen*; *zu* **2** **ath·le·tisch** *Adj*

At·lan·tik *der*; *-s*; *nur Sg*; der Ozean zwischen Amerika u. Europa bzw. Afrika || *hierzu* **at·lan·tisch** *Adj*

At·las *der*; *- / -ses*, *At·lan·ten / At·las·se*; **1** e-e Sammlung von Landkarten in e-m Buch || -K: ***Welt-*** **2** ein (wissenschaftliches) Buch über ein bestimmtes Gebiet mit Bildern, Tabellen u. Erläuterungen || -K: ***Anatomie-, Sprach-***

at·men; *atmete*, *hat geatmet*; [Vi] Luft in die Lunge saugen u. wieder ausströmen lassen ⟨stoßweise, schwer a.⟩

At·mos·phä·re [-f-] *die*; *-*, *-n*; **1** *nur Sg*; die Mischung aus Gasen, die e-n Planeten umgibt: *Die A. der Erde besteht aus Luft* **2** *nur Sg*; die Stimmung innerhalb e-r Gruppe ⟨e-e frostige, gespannte, gelöste, heitere A.⟩ **3** *nur Sg*; die Stimmung, die von Räumen od. der Umgebung ausgeht ⟨e-e anheimelnde, gepflegte A.⟩ **4** *Phys*; e-e Einheit zur Messung des Drucks; *Abk* atm || *zu* **1** u. **4** **at·mos·phä·risch** *Adj*

At·mung *die*; *-*; *nur Sg*; das Atmen: *Die A. des Kranken setzte aus* || K-: ***Atmungs-, -organ, -stillstand*** || -K: ***Haut-, Lungen-***

at·mungs·ak·tiv *Adj*; so, dass dabei Luft an die Haut kommt u. man nicht schwitzt ⟨ein Gewebe, Kleidung⟩

A·toll *das*; *-s*, *-e*; e-e Insel od. ein Ring von sehr kleinen Inseln aus Korallen im (tropischen) Meer

A·tom *das*; *-s*, *-e*; *Phys*, *Chem*; der kleinste, chemisch nicht mehr teilbare, charakteristische Teil e-s Elements || K-: ***Atom-, -gewicht, -kern, -masse***

A·tom- *im Subst*, *betont*, *begrenzt produktiv*; verwendet in Bezug auf Waffen u. Energie, die auf der Spaltung von Atomkernen beruhen ≈ Kern-; die ***Atombombe***, der ***Atombunker***, die ***Atomenergie***, die ***Atomexplosion***, die ***Atomkraft***, das ***Atomkraftwerk***, der ***Atomkrieg***, die ***Atommacht***, der ***Atommüll***, der ***Atomreaktor***, der ***Atomstrom***, der ***Atomtest***, der ***Atomtod***, die ***Atomwaffen***, die ***Atomwirtschaft***, das ***Atomzeitalter*** || NB: im Gegensatz zu *Kern-* wird *A.* *mst* in negativen Zusammenhängen verwendet

a·to·mar *Adj*; **1** *nur attr od adv*; die Kernenergie od.

die Kernspaltung betreffend, auf ihr beruhend ⟨das Zeitalter; Waffen⟩: *ein U-Boot mit atomarem Antrieb* **2** *nur attr, nicht adv*; mit atomaren (1) Waffen ⟨ein Krieg, die Rüstung⟩: *die atomare Bedrohung der Menschheit* **3** *nur attr, nicht adv*; die Atome betreffend ⟨die atomare Struktur e-r Materie⟩

A·tom·phy·sik *die*; ein Gebiet der Physik, das sich mit Atomen u. Molekülen beschäftigt

A·tom·pilz *der*; e-e große Wolke mit der Form e-s Pilzes, die bei e-r Atomexplosion entsteht

A·tom|sperr·ver·trag *der*; *nur Sg*; ein Vertrag zwischen den Atommächten, der die Weitergabe von Atomwaffen u. nuklearem Material an andere Staaten verbietet

-a·tor *der*; *-s, -a·to·ren*; *im Subst, begrenzt produktiv*; verwendet, um aus e-m Verb auf *-ieren* ein Substantiv zu machen. Das Substantiv bezeichnet die Person / Sache, die das tut, was im Verb ausgedrückt wird; ***Agitator, Illustrator, Generator, Isolator, Transformator, Vibrator***

At·ta·ché [ata'ʃeː] *der*; *-s, -s*; ein Angestellter im diplomatischen Dienst, der für bestimmte Sachgebiete zuständig ist || -K: ***Kultur-, Militär-***

At·ta·cke *die*; *-, -n*; ***e-e A.*** (***gegen j-n / etw.***) **1** ein schneller militärischer Angriff ⟨e-e A. reiten; zur A. blasen, übergehen⟩ **2** *Sport*; ein aggressiver Angriff, der den Gegner in Schwierigkeiten bringt: *Der Fechter hat die A. des Gegners abgewehrt* **3** harte Kritik: *e-e öffentliche A. gegen ein Gesetz* **4** das plötzliche Auftreten von Krankheitssymptomen ≈ Anfall: *Der Patient erlag der A.* || -K: ***Fieber-, Herz-*** || *zu* **1, 2** u. **3 at·ta·ckie·ren** *(hat) Vt*

At·ten·tat *das*; *-(e)s, -e*; ***ein A.*** (***auf / gegen j-n***) ein Mord(versuch), der *mst* politisch motiviert ist ≈ Anschlag[2] ⟨ein A. auf / gegen j-n verüben; e-m A. zum Opfer fallen⟩ || ID ***ein A. auf j-n vorhaben*** *gespr hum*; j-n um e-n großen Gefallen bitten wollen || *hierzu* **At·ten·tä·ter** *der*

At·test *das*; *-(e)s, -e*; e-e ärztliche Bescheinigung über den gesundheitlichen Zustand e-r Person ⟨(j-m) ein A. ausstellen, ein A. vorlegen⟩

at·tes·tie·ren; *attestierte, hat attestiert*; [Vt] ***j-m etw. a.*** *geschr*; j-m etw. bestätigen ≈ bescheinigen: *Die Prüfer attestierten ihm sehr gute Kenntnisse*

At·trak·ti·on [-'tsioːn] *die*; *-, -en*; **1** j-d / etw. von besonderem Interesse: *Der Löwe war die größte A. des Zirkus* **2** die Faszination, die von e-r sehr interessanten Person / Sache ausgeht

at·trak·tiv [-f] *Adj*; **1** ⟨ein Angebot⟩ so, dass es e-n besonderen Anreiz bietet ≈ verlockend **2** äußerlich anziehend ≈ hübsch ⟨e-e Frau, e-e Erscheinung⟩

At·trap·pe *die*; *-, -n*; e-e Imitation, die täuschend echt aussieht ≈ Nachbildung: *Die Bombe war nur e-e A.*

At·tri·but *das*; *-(e)s, -e*; *geschr*; **1** ein besonderes od. charakteristisches Merkmal, das j-d (nach Ansicht der anderen) hat: *Die Zuverlässigkeit ist eines seiner besten Attribute* **2** *Ling*; e-e nähere Bestimmung *bes* zu e-m Substantiv || *zu* **2 at·tri·bu·tiv** *Adj*

a·tü (*Abk für* Atmosphärenüberdruck) verwendet, um auszudrücken, um wie viele Atmosphären (4) ein Druck (*z.B.* in e-m Reifen) höher ist als der normale Luftdruck: *ein Reifen mit 2,4 atü*

a·ty·pisch *Adj*; *geschr*; nicht typisch für j-n / etw.: *ein atypisches Erscheinungsbild e-r Krankheit*

ät·zen; *ätzte, hat geätzt*; [Vt/i] **1 *etw. ätzt*** (***etw.***) etw. greift die Oberfläche *bes* von Metall u. Geweben an u. zerstört sie langsam: *Säure ätzt Löcher in Eisen*; [Vt] **2 *etw. in etw.*** (*Akk*) ***ä.*** durch gezielte Anwendung von Säuren od. Laugen ein Bild od. e-e Schrift auf e-r Oberfläche erscheinen lassen: *e-e Rose in e-e Metallplatte ä.*

ät·zend 1 *Partizip Präsens*; ↑ ***ätzen* 2** *Adj* ≈ beleidigend, kränkend ⟨Spott, Zynismus⟩ **3** *Adj*; *gespr*; *bes* von Jugendlichen verwendet, um j-n / etw. negativ zu beurteilen ⟨echt ä.⟩

au! *Interjektion*; **1** verwendet als Ausruf des Schmerzes **2** verwendet als Ausruf der Freude, Zustimmung ⟨au ja!⟩: *Au, das machen wir!*

Au *die*; *-, -en*; *südd* ↑ ***Aue***

aua! *Interjektion* ≈ au (1)

Au·ber·gi·ne [obɛr'ʒiːnə] *die*; *-, -n*; **1** e-e längliche, *mst* violette Frucht, die man als Gemüse isst **2** die Pflanze, die diese Früchte trägt || ↑ *Abb. unter* ***Gemüse***

auch[1] *Adv*; verwendet, um auszudrücken, dass für j-n / etw. das Gleiche gilt wie für e-e andere Person / Sache ≈ ebenfalls, genauso: *„Ich war letzte Woche in Rom“ - „Ich war a. da!“*; *„Mein Radio ist kaputt!“ - „Meines funktioniert a. nicht“*; *A. Christian war auf dem Fest* (nicht nur Werner) || ID ***A. 'das noch!*** verwendet, um Ungeduld darüber auszudrücken, dass zu anderen ärgerlichen Ereignissen od. Umständen noch etw. hinzukommt

auch[2] *Partikel*; *unbetont*; **1** verwendet, um zu betonen, dass e-e Aussage auf alle / alles zutrifft, einschließlich der genannten Person / Sache (von der es nicht unbedingt zu erwarten war) ≈ selbst, sogar: *A. der klügste Schüler macht mal e-n Fehler*; *Sie geht jeden Tag spazieren, a. wenn es regnet*; *A. der schönste Tag geht einmal zu Ende* **2** in Fragen verwendet, wenn man sich vergewissern will, dass etw. so ist, wie es sein sollte: *Hast du die Haustür a. wirklich abgeschlossen?*; *Bist du a. nicht zu müde zum Fahren?*; *Vergisst du das a. ganz bestimmt nicht?* **3** verwendet, um j-n dazu zu ermahnen, etw. Bestimmtes zu tun: *Sei a. schön brav bei der Oma!*; *Zieh dich a. immer warm an im Gebirge, damit du nicht krank wirst!* **4** verwendet, um e-e Erklärung zu verstärken: *Er ist schon ziemlich alt, darum hört er a. so schlecht*; *Es ist ihr peinlich, dass sie so groß ist. Deswegen hat sie a. auf deinen Witz so empfindlich reagiert* **5** verwendet, um e-r Aussage indirekt zuzustimmen u. e-n Grund dafür zu nennen, warum etw. zu erwarten war: *„Ganz schön kalt hier!“ - „Kein Wunder, die Heizung ist ja a. kaputt“*; *Er spielt sehr gut. Er übt aber a. in jeder freien Minute* **6** in rhetorischen Fragen verwendet, die e-n Grund für etw. Negatives nennen, das j-d festgestellt hat: *„Mir ist so kalt!“ - „Warum ziehst du dich a. nicht wärmer an?“*; *„Er hat mich betrogen!“ - „Wie konntest du a. nur so naiv sein, ihm zu vertrauen?“* **7** in Nebensätzen ohne Hauptsatz verwendet, um etw. zu bestätigen u. gleichzeitig positiv od. negativ zu beurteilen: *Dass es a. gerade heute regnen muss!*; *Dass wir uns aber a. ausgerechnet hier treffen!*

auch[3] *mst in* **1** *Interrogativpronomen* + ***a.*** (***immer***) verwendet, um e-e Aussage allgemeiner zu formulieren ≈ egal + *Interrogativpronomen*: *Wie die Entscheidung a. (immer) ausfallen wird, wir müssen sie akzeptieren*; *Was er a. tut, macht er gründlich*; *Du bist mir willkommen, wann immer du a. kommst* || NB: Wortstellung im Nebensatz *mst* wie in e-m normalen Aussagesatz (keine Inversion!) **2 *so*** + *Adj* ***j-d / etw. a. ist***; ***so / sooft / sosehr / soviel*** + *Adv* ***j-d / etw. a.*** + *Verb* verwendet, um auszudrücken, dass etw. an der Tatsache nichts ändern kann, die im Hauptsatz genannt wird: *So groß der Hund a. ist, ich habe keine Angst vor ihm*; *So schnell er a. rennen kann, ich bin immer noch schneller*; *Sosehr ich es mir a. wünsche, es wird nicht funktionieren* || NB: **a)** Wortstellung im Nebensatz wie in e-m normalen Aussagesatz (keine Inversion!); **b)** ↑ ***nur*[2]*, sowohl, wenn***

Au·di·enz [au'diɛnts] *die*; *-, -en*; ein Empfang zum

Gespräch mit e-r hohen Persönlichkeit: *e-e A. beim König, Papst*

au·di·o·vi·su·ell [audio-] *Adj; nur attr od adv*; zugleich akustisch u. optisch wirksam ⟨Medien, der Unterricht⟩

Au·di·to·ri·um [-iʊm] *das; -s, Au·di·to·rien* [-iən]; **1** ein großer Hörsaal e-r Hochschule **2** *Kollekt*; alle Zuhörer in e-m Raum ⟨ein aufmerksames A.⟩

Aue *die; -, -n; mst Pl, veraltet*; ein feuchtes, flaches Gelände entlang e-s Flusses || K-: ***Auen-, -landschaft, -wald*** || -K: ***Donau-, Tal-***

Au·er·huhn *das*; der größte Hühnervogel in Europa || *hierzu* **Au·er·hahn** *der*; **Au·er·hen·ne** *die*

Au·er·och·se *der; hist*; ein großes (Wild)Rind mit langem, zottigem Fell, das heute ausgestorben ist

auf[1] *Präp; mit Dat / Akk*; **1** *mit Dat*; verwendet, um e-n (statischen) Kontakt von oben zu bezeichnen ↔ unter[1] (1): *Das Glas steht, der Brief liegt auf dem Tisch* || ↑ *Abb. unter* ***Präpositionen*** **2** *mit Akk*; verwendet zur Bezeichnung e-r Bewegungsrichtung, bei der e-e Fläche od. e-e Stelle von oben her berührt wird ↔ unter[1] (2): *den Koffer auf den Boden stellen; den Verletzten auf e-e Bahre legen* || ↑ *Abb. unter* ***Präpositionen*** **3** *mit Dat*; verwendet, um j-s Gegenwart im Gebäude e-r Institution auszudrücken: *auf der Post, auf der Bank sein* **4** ***auf etw.*** (*Akk*) ***gehen*** zu e-r Institution hingehen, um dort etw. zu erledigen: *Ich gehe jetzt auf die Bank* (*um Geld abzuheben*), *auf die Post* (*um Briefmarken zu kaufen*) **5** *mit Dat*; bei (e-r geselligen Zusammenkunft): *auf der Hochzeit, auf der Party sein; j-n auf e-m Ball kennen lernen* **6** ***auf etw.*** (*Akk*) ***gehen*** zu etw. (*mst* e-r geselligen Zusammenkunft) hingehen, um daran teilzunehmen: *auf e-e Feier, auf ein Fest, auf e-e Party gehen* **7** *mit Dat*; bezeichnet e-n zeitweiligen Aufenthalt od. Zustand: *auf Montage; auf Reisen; auf der Fahrt nach Berlin; auf der Flucht; auf der Suche nach j-m / etw.* **8** *mit Akk*; verwendet zur Bezeichnung e-r Bewegungsrichtung von unten nach oben: *auf e-e Leiter steigen; auf e-n Berg klettern* **9** ***auf etw.*** (*Akk*) ***zu*** verwendet, um die räumliche Annäherung an etw. zu bezeichnen ≈ in Richtung: *Das Schiff steuerte auf den Hafen zu* **10** *mit Akk*; verwendet bei Bezeichnungen der räumlichen Distanz: *Die Explosion war auf einige Kilometer zu hören* **11** *mit Akk*; verwendet bei Bezeichnungen e-s Zeitraums: *auf unbestimmte Zeit verreisen* **12** *mit Akk*; verwendet bei Bezeichnungen e-r zeitlichen Reihenfolge: *von heute auf morgen; in der Nacht von Sonntag auf Montag* **13** ***auf etw.*** (*Akk*) (***genau***) verwendet, um e-n genauen Zeitpunkt od. e-e genaue Summe zu bezeichnen: *auf den Tag genau vor zehn Jahren; Das stimmt auf den Cent genau!* **14** *mit Akk*; verwendet zur Bezeichnung der Art u. Weise: *etw. auf Englisch sagen; ein Glas auf einen Schluck austrinken* **15** *mit Akk*; verwendet zur Bezeichnung e-s Grundes: *auf Befehl, auf Veranlassung, auf Wunsch des Chefs; auf Anraten des Arztes* **16** *mit Akk*; verwendet zur Bezeichnung e-r Zuordnung, e-r Relation: *Auf 30 Schüler kommt ein Lehrer* **17** verwendet mit Verben, um ein Objekt anzuschließen: *sich verlassen auf, warten auf, bestehen auf* || NB: Gebrauch ↑ *Tabelle unter* ***Präpositionen***

auf[2] *Adv*; **1** verwendet (als Ellipse), um j-n aufzufordern, etw. zu öffnen ↔ zu: *Mund auf!; Tür auf!* || NB: ↑ ***auf sein*** **2** verwendet, um j-n zur Eile zu treiben: *Auf gehts!; Auf, wir gehen gleich!* || ID ***auf u. ab*** verwendet zur Bezeichnung e-r pendelartigen Bewegung in vertikaler od. horizontaler Richtung: *im Zimmer auf u. ab gehen*; ***auf u. davon*** *gespr*; plötzlich geflüchtet u. verschwunden: *Der Dieb war auf u. davon*; ***auf u. nieder*** nach oben u. dann wieder nach unten: *Das kleine Mädchen hüpfte vor Freude auf u. nieder*

> **auf sein** (*ist*) [Vi] *gespr*; **1** ***etw. ist auf*** etw. ist offen ↔ etw. ist geschlossen, zu: *Das Fenster war die ganze Nacht auf* **2** ***etw. ist auf*** etw. ist nicht abgeschlossen: *Das Auto war auf* **3** ***etw. ist auf*** etw. ist für die Kundschaft geöffnet: *Die Bäckerei ist bis 13 Uhr auf* **4** ***j-d ist auf*** j-d ist nicht mehr od. noch nicht im Bett: *Ich bin heute schon seit sechs Uhr auf*

auf- *im Verb, betont u. trennbar, sehr produktiv*; Die Verben mit *auf-* werden nach folgendem Muster gebildet: *aufschreiben - schrieb auf - aufgeschrieben*

1 *auf-* drückt aus, dass etw. geöffnet wird ↔ zu-;
etw. aufstoßen: *Er stieß mit dem Fuß die Tür auf* ≈ Er stieß mit dem Fuß gegen die Tür, damit sie sich öffnete
ebenso: ***etw. aufbeißen, etw. aufblättern, etw. aufbohren, etw. aufdrücken, etw. aufhacken, etw. aufklappen, etw. aufknacken, etw. aufknöpfen, etw. aufknoten, etw. aufkratzen, etw. aufritzen, etw. aufschneiden, etw. aufschrauben, etw. aufsprengen, etw. aufstechen***

2 *auf-* drückt aus, dass e-e Handlung plötzlich beginnt;
etw. leuchtet auf: *Sie sah, wie in der Ferne ein Licht aufleuchtete* ≈ Sie sah, wie plötzlich ein Licht zu leuchten begann
ebenso: ***etw. blitzt auf, etw. flackert auf, etw. flammt auf, etw. glüht auf, aufhorchen, auflachen, etw. lodert auf, aufschluchzen, aufschreien, aufstöhnen***

3 *auf-* drückt aus, dass man etw. mit etw. anderem in Kontakt bringt ≈ an- (1);
etw. (***auf etw.*** (*Akk*)) ***aufkleben***: *Er klebte die Briefmarke auf das Kuvert auf* ≈ Er machte die Briefmarke feucht u. drückte sie auf das Kuvert
ebenso: ***etw.*** (***auf etw.*** (*Akk*)) ***aufdrucken, etw.*** (***auf etw.*** (*Akk*)) ***aufdrücken, etw.*** (***auf etw.*** (*Akk*)) ***aufleimen, etw.*** (***auf etw.*** (*Akk*)) ***aufnähen, etw.*** (***auf etw.*** (*Akk*)) ***aufsprühen***

4 *auf-* drückt aus, dass durch e-e Handlung od. e-n Vorgang j-d / etw. nach oben od. in die Höhe kommt ≈ hoch-;
etw. aufwirbeln: *Das vorbeifahrende Auto wirbelte viel Staub auf* ≈ Das Auto wirbelte den Staub in die Luft
ebenso: ***ein Tier flattert auf / fliegt auf,*** (***sich*** (*Dat*)) ***etw. aufkrempeln, etw. spritzt auf, aufsteigen, auftauchen***

5 *auf-* drückt aus, dass e-e Handlung zu Ende gebracht wird;
(***etw.***) ***aufessen***: *Wer hat den Kuchen aufgegessen?* ≈ Wer hat den Rest des Kuchens gegessen?
ebenso: ***ein Tier frisst*** (***j-n / etw.***) ***auf, etw. auffuttern, etw. aufrauchen***

6 *auf-* drückt aus, dass e-e Handlung noch einmal ausgeführt wird;
(***sich*** (*Dat*)) ***etw. aufwärmen***: *Sie wärmte die Suppe auf* ≈ Sie machte die (kalte) Suppe noch einmal warm
ebenso: ***etw. aufbacken, etw. aufpolstern***

7 *auf-* drückt aus, dass j-d / etw. in den Zustand gebracht wird od. kommt, den das Adjektiv bezeichnet, von dem das Verb abgeleitet ist;
j-n aufheitern: *Er ist so traurig, wir müssen ihn etwas aufheitern* ≈ Wir müssen versuchen, ihn heiter zu machen
ebenso: ***etw. auffrischen, etw. aufhellen, etw.***

aufklären, etw. auflockern, j-n aufmuntern, etw. aufrauen, etw. aufweichen*; *etw. weicht auf

auf·ar·bei·ten (*hat*) [Vt] **1** ***etw. a.*** etw. (mit dem man im Rückstand ist) zu Ende bearbeiten, fertig machen ⟨die Akten, die Korrespondenz a.⟩ **2** ***etw. a.*** etw. Schriftliches *mst* zu e-m bestimmten Thema nach inhaltlichen Aspekten prüfen u. strukturieren ⟨Ergebnisse, Fakten a.⟩ **3** ***etw. a.*** Möbel (durch neuen Stoff, neue Farbe *o.Ä.*) erneuern: *Sie ließ das Sofa a.* **4** ***etw. a.*** etw. innerlich bewältigen, indem man es noch einmal analysiert u. darüber nachdenkt ⟨Erlebnisse, Eindrücke a.⟩ **5** ***etw. a.*** *gespr*; etw. vollständig verbrauchen: *Stoffreste a.* || *hierzu* **Auf·ar·bei·tung** *die*; *nur Sg*

auf·at·men (*hat*) [Vi] **1** einmal tief atmen u. damit Erleichterung ausdrücken **2** nach e-r Belastung erleichtert sein: *Nach dem Stress der letzten Tage konnte sie endlich a.*

auf·ba·cken; *bäckt* / *backt auf*, *backte* / *veraltend buk auf*, *hat aufgebacken*; [Vt] ***etw. a.*** etw. kurz backen u. es dadurch wieder knusprig machen: *die Brötchen vom Vortag kurz a.*

auf·bah·ren; *bahrte auf*, *hat aufgebahrt*; [Vt] ***j-n (irgendwo) a.*** den Sarg mit e-m Toten an e-m besonderen Ort (*z.B.* in e-r Leichenhalle) aufstellen || *hierzu* **Auf·bah·rung** *die*; *nur Sg* || ► ***Bahre***

Auf·bau *der*; *-(e)s*, *-ten*; **1** *nur Sg*; das Aufbauen (1) ↔ Abbau ⟨der A. e-s Gerüsts, e-s Lagers⟩ **2** *nur Sg*; das erneute Aufbauen (2) von etw. Zerstörtem ↔ Abbruch: *Nach dem Krieg erfolgte der A. der Städte* **3** *nur Sg*; die Organisation, Schaffung od. Errichtung e-s (funktionierenden) Systems: *den wirtschaftlichen A. fördern*; *am A. der Demokratie mitarbeiten*; *Die Firma befindet sich noch im A.* **4** *nur Sg*; die Gliederung, Struktur von etw. ⟨der A. e-r Rede, e-r Oper, e-s Bildes⟩ **5** *mst Pl*; das, was auf e-e Basis aufgesetzt ist ⟨die Aufbauten von Gebäuden, Kraftfahrzeugen, Schiffen⟩

auf·bau·en (*hat*) [Vt] **1** ***etw. a.*** etw. (aus einzelnen Teilen) zusammensetzen u. aufrichten ≈ aufstellen (1), errichten (2) ⟨ein Gerüst, ein Zelt, e-e Baracke a.⟩ **2** ***etw. a.*** etw. Zerstörtes neu bauen, errichten: *zerbombte Städte neu a.* **3** ***etw. a.*** etw. wirkungsvoll anordnen: *die Geschenke unterm Weihnachtsbaum a.* **4** (***sich*** (*Dat*)) ***etw. a.*** etw. entstehen lassen, schaffen (u. organisieren) ⟨e-e Fabrik, e-e Organisation, e-e Partei a.; sich e-e neue Existenz a.⟩ **5** ***etw. irgendwie a.*** etw. in e-r bestimmten Weise gestalten od. gliedern: *e-n Roman spannend a.*; *e-e logisch aufgebaute Beweisführung* **6** ***j-n a.*** j-s Karriere vorbereiten u. steuern: *e-n Sportler systematisch a.*; *e-n Politiker a.* **7** ***etw. baut j-n auf*** *gespr*; etw. macht j-m Mut; [Vi] **8** (***etw.***) ***auf etw.*** (*Dat*) ***a.*** etw. als Grundlage od. Ausgangspunkt für etw. benutzen: *e-n physikalischen Beweis auf e-r Versuchsreihe a.*; *Es sind schon Grundlagen vorhanden, auf denen wir a. können*; [Vi] **9** ***etw. baut auf etw.*** (*Dat*) ***auf*** etw. hat etw. als Grundlage, Voraussetzung: *Der Unterricht an der Universität baut meist auf dem Schulwissen auf*; [Vr] **10** ***etw. baut sich auf*** etw. entsteht ⟨ein Hoch, e-e Gewitterfront, e-e Regenfront⟩ **11** ***sich irgendwo a.*** *gespr*; sich irgendwohin stellen u. durch seine Körperhaltung j-m drohen od. ein Gefühl der Überlegenheit, der Wut *o.Ä.* ausdrücken: *sich drohend vor j-m a.*

auf·bäu·men, sich; *bäumte sich auf*, *hat sich aufgebäumt*; [Vr] **1** ***ein Tier bäumt sich auf*** ein Tier richtet sich (vor etw. Bedrohlichem) ruckartig auf ⟨ein Pferd⟩ **2** ***sich gegen j-n / etw. a.*** auf j-n / etw. wütend sein u. sich deshalb wehren ≈ sich (gegen j-n / etw.) auflehnen (1)

auf·bau·schen; *bauschte auf*, *hat aufgebauscht*; [Vt] **1** ***etw. bauscht etw. auf*** *mst* der Wind füllt etw. mit Luft u. gibt ihm somit mehr Volumen ⟨der Wind bauscht ein Segel, e-n Rock auf⟩ **2** ***etw. a.*** über ein Ereignis in übertriebener Weise berichten: *Die Presse bauschte den Vorfall maßlos auf*

auf·be·geh·ren; *begehrte auf*, *hat aufbegehrt*; [Vi] (***gegen j-n / etw.***) ***a.*** *geschr*; sich aus Empörung gegen j-n / etw. *mst* lautstark wehren ≈ sich auflehnen, sich empören ⟨gegen sein Schicksal a.⟩

auf·be·hal·ten; *behält auf*, *behielt auf*, *hat aufbehalten*; [Vt] ***etw. a.*** *gespr*; etw. auf dem Kopf lassen, nicht abnehmen ⟨den Hut, die Mütze a.⟩

auf·bei·ßen (*hat*) [Vt] ***etw. a.*** etw. durch Beißen öffnen ⟨Nüsse a.⟩

auf·be·kom·men (*hat*) [Vt] *gespr*; **1** ***etw. a.*** etw. Geschlossenes öffnen können: *e-e Tür*, *e-e Konservendose a.*; *Kannst du das Gurkenglas a.?* **2** ***etw. a.*** (vom Lehrer) e-e Aufgabe gestellt bekommen ⟨Hausaufgaben a.⟩: *Habt ihr heute viel aufbekommen?*

auf·be·rei·ten; *bereitete auf*, *hat aufbereitet*; [Vt] **1** ***etw. a.*** Rohstoffe so verändern, dass man sie dann verwenden kann: *Eisenerze a.* **2** ***etw. a.*** e-e verbrauchte Flüssigkeit reinigen ⟨Trinkwasser a.⟩ **3** ***etw. a.*** Zahlen od. Ergebnisse e-r Analyse auswerten od. verständlich darstellen ⟨Daten, Statistiken a.⟩: *Forschungsergebnisse für die Veröffentlichung a.* || *hierzu* **Auf·be·rei·tung** *die*

auf·bes·sern (*hat*) [Vt] ***etw. a.*** etw. in der Qualität od. Quantität ergänzen od. vermehren ⟨das Gehalt⟩: *seine Sprachkenntnisse a.*; *durch Jobs das Taschengeld a.* || *hierzu* **Auf·bes·se·rung** *die*

auf·be·wah·ren; *bewahrte auf*, *hat aufbewahrt*; [Vt] ***etw. a.*** etw. (*mst* Wertvolles) für e-e gewisse Zeit sicher lagern: *Schmuck im Safe a.* || *hierzu* **Auf·be·wah·rung** *die*; *nur Sg*

auf·bie·gen (*hat*) [Vt] ***etw. a.*** etw. so (auseinander) biegen, dass die Teile in verschiedene Richtungen zeigen ⟨e-e Klammer, e-n Draht a.⟩

auf·bie·ten (*hat*) [Vt] **1** ***etw.*** (***für / zu etw.***) ***a.*** besondere Leistungen bringen, um etw. zu erreichen ≈ einsetzen (2): *alle Kräfte*, *seinen ganzen Einfluss zum Gelingen e-s Projekts a.* **2** ***j-n / etw.*** (*Kollekt od Pl*) ***für / zu etw. a.*** *geschr*; bestimmte Gruppen od. Organisationen einsetzen, um etw. zu erreichen ≈ mobilisieren (1): *Die Regierung musste Militär u. Polizei a.*, *um für Ruhe zu sorgen* || *zu* **1 Auf·bie·tung** *die*; *nur Sg* || ► ***Aufgebot***

auf·bin·den (*hat*) [Vt] **1** ***etw. a.*** etw. öffnen, das zugeschnürt ist ↔ zubinden ⟨e-n Sack, e-e Schürze, die Schuhe a.⟩ **2** ***etw. a.*** etw. Herunterhängendes nach oben binden ⟨Pflanzen a.⟩ **3** ***j-m etw. a.*** *gespr*; j-m absichtlich etw. Unwahres erzählen ⟨j-m e-e Lüge, e-e Geschichte a.⟩: *Wer hat dir denn dieses Märchen aufgebunden?* || ID ↑ ***Bär***

auf·blä·hen (*hat*) [Vt] **1** *mst* ***etw. ist aufgebläht*** etw. ist voll Luft, rund u. prall: *Der Bauch des Babys war völlig aufgebläht*; [Vr] **2** ***etw. bläht sich auf*** *mst pej*; etw. wird umfangreicher als notwendig: *Die Verwaltung bläht sich immer weiter auf* **3** ***sich a.*** *pej* ≈ sich aufblasen (2)

auf·bla·sen (*hat*) [Vt] **1** ***etw. a.*** etw. (mit dem Mund) mit Luft füllen ⟨e-n Luftballon, e-e Luftmatratze

aufblasen (1)

a.〉; Vr **2 sich a.** *pej*; anderen zeigen, dass man sich für wichtig hält || *zu* **1 auf·blas·bar** *Adj*

auf·blät·tern (*hat*) Vt **etw. a.** etw. an e-r bestimmten Seite öffnen ≈ aufschlagen (2) 〈ein Buch, e-e Zeitung, e-e Zeitschrift a.〉 || ► **Blatt** (3)

auf·blei·ben (*ist*) Vi **1** noch nicht zum Schlafen ins Bett gehen: *Die Kinder dürfen bis neun Uhr a.* **2 etw. bleibt auf** etw. ist weiterhin offen: *Das Fenster soll nachts a.*

auf·blen·den (*hat*) Vt/i **1** (**etw.**) **a.** beim Auto das Fernlicht einschalten ↔ abblenden 〈die Scheinwerfer a.〉; Vi **2** *TV*, *Film*; e-e Szene durch langsames Öffnen der Blende beginnen ↔ ausblenden (1)

auf·bli·cken (*hat*) Vi ≈ aufsehen

auf·blit·zen (*hat*) Vi **etw. blitzt auf** etw. leuchtet plötzlich kurz 〈e-e Taschenlampe, ein Messer〉

auf·blü·hen (*ist*) Vi **1 etw. blüht auf** e-e Pflanze öffnet die Blüten **2 etw. blüht auf** etw. entwickelt sich günstig 〈der Handel, die Wissenschaft〉 **3** ≈ aufleben (2)

auf·bo·cken (*hat*) Vt **etw. a.** *mst* ein Fahrzeug mithilfe e-s Gestells, e-s Bocks[2] (2) vom Boden heben: *ein Auto zum Reparieren a.*

auf·boh·ren (*hat*) Vt **etw. a.** etw. durch Bohren öffnen od. ein Loch in etw. bohren 〈e-n Tresor, e-n Zahn a.〉

auf·bran·den; *brandete auf, ist aufgebrandet*; Vi *geschr*; **1 etw. brandet auf** etw. schlägt laut, tosend nach oben 〈Wellen, Wogen〉 **2 etw. brandet auf** etw. wird plötzlich laut u. heftig 〈Beifall〉

auf·brau·chen (*hat*) Vt **etw. a.** etw. bis auf den letzten Rest, vollständig verbrauchen 〈Geld, Energie, seine Geduld a.〉

auf·brau·sen (*ist*) Vi **1 etw. braust auf** etw. steigt wirbelnd u. schäumend nach oben: *Der Sturm ließ das Meer a.* **2 etw. braust auf** etw. wird plötzlich laut u. heftig 〈Beifall, Jubel, Lärm〉 **3** in heftigen Zorn geraten ≈ auffahren (3): *wegen jeder Kleinigkeit a.*

auf·bre·chen Vt (*hat*) **1 etw. a.** etw. (Verschlossenes) mit Gewalt öffnen 〈e-e Tür, ein Schloss, e-e Kiste (mit e-m Stemmeisen) a.〉 **2 etw. a.** e-e Öffnung in e-e geschlossene Fläche brechen ≈ aufreißen (3) 〈Beton, Asphalt, die Erde a.〉 **3 etw. a.** etw. Verschlossenes schnell u. ungeduldig öffnen 〈e-n Brief, ein Telegramm a.〉 **4 ein Tier a.** getötetes Wild öffnen, um die Eingeweide zu entfernen; Vi (*ist*) **5 etw. bricht auf** etw. öffnet sich von selbst 〈e-e Eisdecke, e-e Narbe, e-e Blüte〉 **6 etw. bricht auf** etw. wird plötzlich deutlich, ist zu erkennen ≈ etw. tritt auf: *Gegensätze, verborgene Ängste brechen auf* **7** (**zu etw.**) (**irgendwohin**) **a.** (irgendwohin) fortgehen, sich auf den Weg machen: *zu e-r Expedition, nach Rom a.*; *Unsere Gäste brachen alle gemeinsam auf* **8 zu etw. a.** etw. Neues beginnen: *zu großen Taten, zu neuen Ufern* (= zu e-m neuen Leben) *a.* || ► **Aufbruch**

auf·brin·gen (*hat*) Vt **1 etw.** (**für j-n / etw.**) **a.** etw. (*mst* unter schwierigen Bedingungen) für j-n / etw. beschaffen od. zusammenbringen: *Mut, Kraft für e-e Entscheidung a.* **2 etw. a.** etw. Neues anderen bekannt machen 〈e-e Mode, ein Gerücht a.〉 **3 j-n** (**gegen j-n**) **a.** j-n wütend machen: *Mit seinem Verhalten brachte er alle gegen sich auf*; *Sie war ganz aufgebracht über sein Verhalten* **4 etw. a.** *gespr*; etw. Geschlossenes öffnen können: *die Tür, das verklemmte Fenster nicht a.* **5 j-n / etw. a.** *Seefahrt*; ein fremdes Schiff stoppen u. besetzen 〈ein Schiff a.〉

Auf·bruch *der*; *nur Sg*; **1** das Aufbrechen (7), der Beginn e-r Reise 〈ein allgemeiner, überstürzter A.; zum A. drängen, mahnen〉 **2** das Aufbrechen (8)

Auf·bruch(s)·stim·mung *die*; *mst in* **in A. sein** unruhig sein, weil man bald losgehen od. losfahren will

auf·brü·hen (*hat*) Vt **etw. a.** mit kochendem Wasser ein Getränk zubereiten 〈Tee, Kaffee a.〉

auf·brum·men (*hat*) Vt *gespr*; **1 j-m etw. a.** j-m e-e Strafe geben ≈ j-m etw. auferlegen: *Der Richter brummte ihm 5 Jahre Gefängnis auf* **2 j-m etw. a.** j-m viel Arbeit zu tun geben

auf·bür·den; *bürdete auf, hat aufgebürdet*; Vt **1 j-m / sich etw. a.** j-n / sich mit etw. Unangenehmem belasten 〈j-m / sich viel Arbeit, große Verantwortung a.〉 **2 j-m / e-m Tier etw. a.** *geschr*; e-e Last auf j-n / ein Tier laden: *dem Esel zwei Säcke Mehl a.*

auf·de·cken (*hat*) Vt **1 j-n / sich / etw. a.** die Decke, Bedeckung *o.Ä.* von j-m / sich / etw. wegnehmen ↔ zudecken 〈ein Beet, ein Bett, e-n Kranken a.〉 **2 etw. a.** etw. Verborgenes (u. *mst* Negatives) in der Öffentlichkeit bekannt machen 〈j-s Fehler, j-s Schwächen, ein Verbrechen a.〉: *Die Reporter deckten den Skandal schonungslos auf*; Vi **3** *gespr*; den Tisch decken ↔ abdecken || *zu* **2 Auf·de·ckung** *die*

auf·don·nern, sich (*hat*) Vr **sich a.** *gespr*; sich übertrieben u. geschmacklos kleiden, schminken u. schmücken ≈ sich auftakeln (2)

auf·drän·gen (*hat*) Vt **1 j-m etw. a.** versuchen, j-m etw. gegen seinen Willen zu geben od. zu verkaufen: *Der Vertreter wollte der alten Frau ein Abonnement für e-e Zeitschrift a.*; Vr **2 sich j-m a.** j-m gegen dessen Willen anbieten, sein Freund, Helfer od. Begleiter zu sein: *Er drängte sich uns förmlich auf* **3 etw. drängt sich** (**j-m**) **auf** etw. wird j-m (unwillkürlich) bewusst: *Bei diesem Film drängen sich mir Bilder aus meiner Schulzeit auf*

auf·dre·hen (*hat*) Vt **1 etw. a.** durch Öffnen e-s Hahnes od. Ventils e-e Flüssigkeit od. ein Gas strömen lassen ↔ zudrehen 〈den Hahn, das Gas, das Wasser a.〉 **2 etw. a.** *gespr*; ein elektrisches Gerät lauter stellen 〈das Radio, die Stereoanlage a.〉 **3 j-m / sich die Haare a.** die Haare auf Lockenwickler wickeln; Vi **4** *gespr*; die Leistung od. das Tempo steigern: *Am Schluss drehte die Mannschaft noch mächtig auf*

auf·dring·lich *Adj*; **1** immer wieder belästigend, störend ↔ zurückhaltend: *Sein Benehmen ist ziemlich a.*; *Der aufdringliche Kerl soll mich in Ruhe lassen!* **2** (zu) intensiv u. stark 〈ein Geruch, ein Geschmack, Farben〉 || *hierzu* **Auf·dring·lich·keit** *die*

Auf·druck *der*; *-(e)s, Auf·drü·cke*; das, was auf Papier od. auf e-n Stoff gedruckt ist

auf·dru·cken (*hat*) Vt **etw.** (**auf etw.** (*Akk*)) **a.** etw. auf etw. drucken 〈ein Muster (auf e-n Stoff), e-n Stempel (auf Papier) a.〉

auf·drü·cken (*hat*) Vt **1 etw. a.** etw. durch Drücken öffnen ↔ zudrücken 〈ein Fenster, e-e Tür a.〉 **2 etw.** (**auf etw.** (*Akk*)) **a.** etw. auf etw. drücken od. aufprägen: *ein Siegel* (*auf ein Dokument*) *a.*

auf·ei·n̥an·der[1] *Adv*; **1** eine Person / Sache auf die andere od. auf der anderen: *Man darf diese zerbrechlichen Gegenstände nicht a. lagern* **2** drückt e-e Gegenseitigkeit aus: *Sie achten a., nehmen Rücksicht a.*; *Wir sind a. angewiesen* (= ich bin auf ihn angewiesen u. er auf mich) **3** eine Person / ein Tier gegen die / das andere: *Sie gingen a. los, prügelten a. ein* **4** nahe zusammen: *Die Häuser stehen eng a.*

auf·ei·n̥an·der[2] *mit Verb, begrenzt, produktiv*; Die Verben mit *aufeinander* werden nach folgendem Muster gebildet: *aufeinander legen - legte aufeinander - aufeinander gelegt*

1 *aufeinander* drückt aus, dass zwei od. mehrere Personen / Tiere / Dinge so angeordnet werden od. sind, dass eine(s) auf der / dem anderen liegt; ⟨Dinge⟩ **aufeinander legen**: *Er legte die Hefte aufeinander* ≈ Er legte ein Heft auf das andere ebenso: ⟨die Zähne⟩ **aufeinander beißen**, ⟨Dinge⟩ **aufeinander drücken**, ⟨Dinge⟩ **aufeinander häufen**, ⟨Personen / Tiere / Dinge⟩ **liegen aufeinander**, ⟨Dinge⟩ **aufeinander pressen**, ⟨Dinge⟩ **aufeinander schichten**, ⟨Dinge⟩ **aufeinander setzen**, ⟨Dinge⟩ **aufeinander türmen** **2** *aufeinander* drückt aus, dass zwei od. mehrere Personen / Tiere / Dinge miteinander in Kontakt gebracht werden od. (durch Zufall) in Kontakt kommen;

⟨Tiere⟩ **aufeinander hetzen**: *Er hetzte die Kampfhähne aufeinander* ≈ Er hetzte einen Hahn gegen den anderen

ebenso: ⟨Dinge⟩ **aufeinander drücken**, ⟨Dinge⟩ **aufeinander schlagen**, ⟨Dinge⟩ **stoßen aufeinander**, ⟨Personen / Dinge⟩ **treffen aufeinander**

auf·ei·nan·der fol·gen (*sind*) Vi ⟨Bilder, Szenen *o.Ä.*⟩ **folgen aufeinander** ein Bild, eine Szene *o.Ä.* folgt auf das / die andere od. kommt nach dem / der anderen || *hierzu* **Auf·ei·nan·der·fol·ge** *die*

auf·ei·nan·der pral·len (*sind*) Vi **1** ⟨Meinungen *o.Ä.*⟩ **prallen aufeinander** die Meinungen, die in e-r Diskussion ausgesprochen werden, sind sehr unterschiedlich **2** ⟨Autos *o.Ä.*⟩ **prallen aufeinander** *mst* zwei Autos stoßen zusammen

auf·ei·nan·der sto·ßen (*sind*) Vi **1** ↑ **aufeinander**[2] (2) **2** ⟨Personen⟩ **stoßen aufeinander** zwei od. mehrere Personen begegnen sich zufällig

auf·ei·nan·der tref·fen (*sind*) Vi ⟨Personen / Mannschaften *o.Ä.*⟩ **treffen aufeinander** *mst* zwei Personen / Mannschaften *o.Ä.* treffen als Gegner in e-m (Wett)Kampf zusammen: *Im Halbfinale trafen die Mannschaften aus England u. Frankreich aufeinander*

Auf·ent·halt *der*; -(e)s, -e; **1** die Anwesenheit (e-r Person) an e-m Ort für e-e bestimmte Zeit: *ein einjähriger A. im Ausland* || K-: **Aufenthalts-, -beschränkung, -dauer, -erlaubnis, -genehmigung, -ort** || -K: **Auslands-, Erholungs-, Studien-** **2** die kurze Unterbrechung e-r Fahrt od. Reise: *Der Zug hat in Köln 15 Minuten A.*; *ohne A. durchfahren* **3** *geschr*; der Ort, an dem j-d (gerade) wohnt

Auf·ent·halts·raum *der*; ein Zimmer (*z.B.* in e-r Schule od. in e-r Firma), in dem man sich *bes* während e-r Pause aufhalten kann

auf·er·le·gen; *erlegte auf / auferlegte, hat auferlegt*; Vt **j-m / sich etw. a.** j-n / sich dazu zwingen, etw. Unangenehmes zu tun od. zu ertragen ≈ j-m / sich etw. aufbürden (1) ⟨sich keinen Zwang, j-m e-e Strafe a.⟩

auf·er·ste·hen; *erstand auf, ist auferstanden*; Vi **1** *Rel*; nach dem Tod wieder aufwachen u. leben: *Jesus ist von den Toten auferstanden* **2 etw. ersteht auf** *geschr*; etw. wird erneut wichtig: *E-e uralte Idee ist wieder auferstanden* || zu **1 Auf·er·ste·hung** *die*; *nur Sg*

auf·es·sen; *isst auf, aß auf, hat aufgegessen*; Vt/i **(etw.) a.** etw. zu Ende essen, so dass kein Rest bleibt: *Das Kind isst nie seinen Brei auf*

auf·fä·deln (*hat*) Vt ⟨Dinge⟩ **a.** Perlen *o.Ä.* auf e-e Schnur od. e-n Faden reihen ⟨Perlen a.⟩

auf·fah·ren Vi (*ist*) **1 auf j-n / etw. a.** während der Fahrt auf j-n / etw. stoßen ≈ aufprallen: *Das Auto / Er fuhr auf den Lastwagen auf* || K-: **Auffahr-, -unfall** **2** (**auf j-n / etw.**) **a.** sich dem vorausfahrenden Fahrzeug nähern ⟨zu dicht a.⟩ **3** (**aus etw.**) **a.** aus e-m ruhigen Zustand plötzlich hochschrecken ≈ hochfahren ⟨aus Gedanken, aus dem Schlaf a.⟩; Vt (*hat*) **4 etw. a.** *gespr*; seinen Gästen viel zu essen u. zu trinken anbieten ≈ auftischen (1) **5 etw. a.** *Mil*; etw. an e-e bestimmte Stelle fahren u. zum Gefecht aufstellen ⟨Geschütze, Kanonen a.⟩

Auf·fahrt *die*; **1** e-e Straße, die direkt zu e-r Autobahn führt ↔ Ausfahrt || K-: **Autobahn-** **2** e-e (ansteigende) Straße, die zum Eingang e-s größeren Gebäudes führt: *Die Kutsche fuhr die A. zum Schloss hinauf* **3** e-e Fahrt zu e-m höher gelegenen Punkt: *Die A. zum Gipfel dauert 15 Minuten*

auf·fal·len (*ist*) Vi **1 j-d / etw. fällt (j-m) auf** j-d / etw. erregt durch etw. Besonderes Aufmerksamkeit: *Sie fiel durch ihre Intelligenz auf* **2 etw. fällt (an j-m / etw.) auf** e-e bestimmte Eigenschaft *o.Ä.* ist besonders deutlich: *Fällt dir nichts an dem Auto auf?*; *Mir fällt (an ihm) auf,* dass *er sehr nervös ist*

auf·fal·lend **1** *Partizip Präsens*; ↑ **auffallen** **2** *Adj*; so, dass es auffällt ⟨e-e Erscheinung, e-e Figur⟩: *Das Auffallendste an ihm sind seine langen Haare* **3** *Adj*; *nur adv*; verwendet, um ein Adj. zu verstärken ≈ sehr, besonders: *a. elegant gekleidet sein, a. nervös sein*

auf·fäl·lig *Adj*; so, dass es auffällt ⟨Kleidung, ein Benehmen⟩ || *hierzu* **Auf·fäl·lig·keit** *die*

auf·fan·gen (*hat*) Vt **1 etw. a.** etw., das fällt od. fliegt, mit den Händen aus der Luft greifen ⟨e-n Ball a.⟩ **2 j-n a.** j-n mit den Händen greifen u. ihn so vor e-m möglichen Sturz bewahren **3 j-n** (*mst Pl*) **a.** *mst* mehrere Leute vorläufig unterbringen u. versorgen ⟨Flüchtlinge, Einwanderer a.⟩ || K-: **Auffang-, -lager** **4 etw. a.** e-e Flüssigkeit in e-m Gefäß sammeln: *Regenwasser in e-r Tonne a.* || K-: **Auffang-, -becken** **5 etw. a.** e-r Bewegung durch e-e weiche, federnde Reaktion die Wucht nehmen ⟨e-n Schlag, Stoß a.⟩ **6 etw. a.** die negativen Folgen von etw. durch geeignete Maßnahmen zu mildern versuchen: *den Kursverfall, die Preissteigerung a.* **7 etw. a.** bestimmte Signale (zufällig) empfangen ⟨e-n Funkspruch a.⟩: *Die Küstenwache fing e-n Notruf auf*

auf·fas·sen (*hat*) Vt **1 etw. als etw. a.; etw. irgendwie a.** von etw. e-e bestimmte, *mst* sehr subjektive Meinung haben ≈ verstehen (1) ⟨Worte falsch, als Beleidigung, als Vorwurf, als Schmeichelei a.⟩: *Er fasste die Bewegung als Angriff auf u. lief sofort weg* **2 etw. irgendwie a.** etw. Neues, Schwieriges verstehen u. geistig verarbeiten ≈ begreifen: *Sie konnte den Unterrichtsstoff mühelos a.*

Auf·fas·sung *die*; **1 e-e A.** (**von etw.**) / (**über etw.** (*Akk*)) die Meinung, die man darüber hat, wie etw. ist od. sein sollte ≈ Vorstellung ⟨j-s A. teilen; der A. sein, dass …; die A. vertreten, dass …; zu der A. kommen, dass …⟩: *Wir sind unterschiedlicher A.* darüber, wie *man Kinder erzieht*; *Er hat e-e seltsame A.* davon, was *Freundschaft bedeutet*; *Nach meiner A. ist das falsch* || -K: **Arbeits-, Berufs-, Geschichts-, Kunst-, Lebens-** **2** *nur Sg* ≈ Auffassungsgabe

Auf·fas·sungs|ga·be *die*; *nur Sg*; die Fähigkeit, etw. (schnell) zu verstehen u. geistig zu verarbeiten ⟨e-e gute, schnelle A. haben⟩

auf·fin·den (*hat*) Vt **1 j-n / etw. a.** j-n / etw. (oft nach langem Suchen) finden od. entdecken: *Die verlorene Geldbörse war nirgends aufzufinden* || NB: *mst* verneint u. im Infinitiv **2 j-n / etw. irgendwie a.** j-n / etw. in e-m bestimmten Zustand finden ⟨j-n verletzt, tot a.⟩ || *zu* **1 auf·find·bar** *Adj*; *nicht adv*

auf·fi·schen (*hat*) Vt *gespr*; **1 j-n / etw. a.** j-n / etw. aus dem Wasser ziehen u. retten **2 j-n a.** *oft pej*; j-n (zufällig) treffen u. kennen lernen ≈ aufgabeln (1)

auf·fla·ckern (*ist*) Vi **1 etw. flackert auf** etw. beginnt plötzlich (kurz) zu leuchten ⟨ein Licht, e-e Kerze⟩

2 *etw. flackert in j-m auf* etw. entsteht in j-m: *Misstrauen flackerte in ihr auf*
auf·flam·men (*ist*) Vi **1 *etw. flammt auf*** Flammen entstehen irgendwo, etw. beginnt zu leuchten ⟨das Feuer⟩ **2 *etw. flammt auf*** etw. entwickelt sich plötzlich ⟨Hass, Liebe, Zorn⟩
auf·flat·tern (*ist*) Vi ⟨ein Vogel⟩ ***flattert auf*** ein Vogel fliegt flatternd nach oben
auf·flie·gen (*ist*) Vi **1** ⟨ein Vogel⟩ ***fliegt auf*** ein Vogel fliegt nach oben **2 *etw. fliegt auf*** etw. öffnet sich plötzlich ⟨e-e Tür, ein Fenster⟩ **3 *etw. fliegt auf*** *gespr*; etw. wird plötzlich abgebrochen od. kommt nicht zustande ⟨e-e Konferenz, ein Treffen⟩: *Die Band ließ das Konzert a.* **4 *etw. fliegt auf*** etw. wird entdeckt u. scheitert somit ⟨ein Spionagering, e-e Schmugglerbande⟩
auf·for·dern (*hat*) Vt **1 *j-n (zu etw.) a.*** j-n um etw. bitten ⟨j-n zum Tanz a.⟩: *Er forderte sie auf, sich zu setzen* **2 *j-n zu etw. a.*** von j-m offiziell verlangen, dass er etw. tut: *Sie werden aufgefordert, dort um 14 Uhr zu erscheinen* || *hierzu* **Auf·for·de·rung** *die*
auf·fors·ten; *forstete auf, hat aufgeforstet*; Vt ***etw. a.*** e-e Fläche mit Bäumen bepflanzen ⟨e-e Lichtung a.⟩ || *hierzu* **Auf·fors·tung** *die* || ▶ ***Forst***
auf·fres·sen (*hat*) Vt/i **1 *ein Tier frisst (j-n / etw.) auf*** ein Tier frisst j-n / etw. ganz, so dass kein Rest bleibt: *sein Futter a.*; *Der Wolf fraß Rotkäppchen auf*; Vt **2** ⟨Insekten⟩ ***fressen j-n auf*** *gespr*; Insekten beißen od. stechen j-n in großer Zahl ⟨die Mücken, die Schnaken fressen j-n (ganz) auf⟩ **3 *etw. frisst j-n auf*** etw. macht j-n krank, weil es ihm all seine Kraft wegnimmt ⟨Kummer, Trauer, Sorgen, die Arbeit⟩
auf·fri·schen; *frischte auf, hat / ist aufgefrischt*; Vt (*hat*) **1 *etw. a.*** etw. Vergangenes od. Vergessenes wieder ins Gedächtnis rufen: *Erinnerungen, seine Englischkenntnisse a.*; Vi (*hat / ist*) **2 *etw. frischt auf*** etw. wird stärker ↔ etw. flaut ab ⟨der Wind⟩ || *zu* **1 Auf·fri·schung** *die*; *nur Sg*
auf·füh·ren (*hat*) Vt **1 *etw. a.*** ein künstlerisches Werk (auf e-r Bühne) e-m Publikum zeigen ⟨ein Schauspiel, ein Ballett, e-e Oper a.⟩ **2 *etw. a.*** etw. in e-r Liste od. Aufzählung zusammenfassen, nennen: *Beispiele, Daten in e-r Tabelle a.*; Vr **3 *sich irgendwie a.*** *gespr*; sich irgendwie verhalten, benehmen ⟨sich gut, unmöglich (= schlecht) a.⟩ **4 *sich a.*** *gespr pej*; sich schlecht benehmen: *Führ dich doch nicht so auf!*
Auf·füh·rung *die*; **1** ein künstlerisches Stück, das aufgeführt (1) wird ⟨e-e gelungene, effektvolle A.⟩ **2** das Aufführen (1): *am Tag der A.* || -K: ***Theater-***
auf·fül·len (*hat*) Vt ***etw. a.*** etw., das nicht mehr ganz voll ist od. das leer ist, wieder voll machen: *den Tank mit Benzin a.*; *ein Regal mit Waren a.*
Auf·ga·be[1] *die*; **1** etw., das man aus bestimmten Gründen tun muss ≈ Verpflichtung ⟨e-e interessante, unangenehme A.; etw. als seine A. ansehen; e-e A. bekommen, erfüllen, ausführen; j-m e-e A. geben, übertragen⟩ || K-: ***Aufgaben-, -bereich, -gebiet*** **2** der Zweck od. die Funktion, die von j-m / etw. erfüllt werden sollen: *Ampeln haben die A., den Verkehr zu regeln* **3** ein *mst* mathematisches Problem ⟨e-e A. lösen; j-m e-e A. stellen⟩ || -K: ***Rechen-*** **4** *nur Sg*; das Aufgeben[1] (1) ⟨die A. e-s Pakets, e-s Inserats, e-r Bestellung⟩ || -K: ***Gepäck-*** **5** *mst Pl, Kurzw* ↑ ***Hausaufgabe, Schulaufgabe*** ⟨seine Aufgaben machen⟩
Auf·ga·be[2] *die*; *nur Sg*; die (vorzeitige) Beendigung e-r Sache od. e-s Vorhabens (in e-r oft schwierigen Situation) ⟨die A. des Berufs; j-n zur A. zwingen⟩: *die A. des Boxers in der achten Runde*
auf·ga·beln; *gabelte auf, hat aufgegabelt*; Vt *gespr*; **1 *j-n a.*** *oft pej*; j-n zufällig treffen u. kennen lernen: *Wo hast du denn diesen Typ aufgegabelt?* **2 *etw. a.*** etw. zufällig finden u. mitnehmen: *e-e schöne Uhr auf dem Flohmarkt a.*
Auf·gang *der*; **1** e-e Treppe, die nach oben führt: *Der A. zum Turm ist sehr eng* || -K: ***Bühnen-, Treppen-*** **2** das Aufgehen ↔ Untergang ⟨*mst* der A. der Sonne, des Mondes⟩ || -K: ***Mond-, Sonnen-***
auf·ge·ben[1] (*hat*) Vt **1 *etw. a.*** j-m / e-r Institution etw. zur Bearbeitung od. Weiterleitung geben ⟨e-n Brief, ein Paket, ein Telegramm a.; e-e Bestellung beim Ober a.; e-e Annonce, e-e Anzeige in der Zeitung a.⟩ **2 (*j-m*) *etw. a.*** (als Lehrer) seinen Schülern Arbeiten geben, die sie zu Hause erledigen müssen ⟨Hausaufgaben, e-e Übersetzung a.⟩: *Der Lehrer gibt zu viel auf* **3 *etw. gibt j-m Rätsel auf*** etw. ist für j-n nicht zu verstehen: *Ihr Verschwinden gab uns viele Rätsel auf* || ▶ ***Aufgabe***[1]
auf·ge·ben[2] (*hat*) Vt **1 *etw. a.*** definitiv aufhören, etw. zu tun ↔ anfangen ⟨das Rauchen, Trinken a.⟩ **2 *etw. a.*** (oft in e-r schwierigen Situation) auf etw. verzichten (müssen), etw. nicht mehr verwirklichen können ⟨die Wohnung, den Betrieb, das Geschäft a.; die Hoffnung, den Widerstand, e-n Plan a.⟩: *Wegen ihrer Krankheit musste sie ihren Beruf a.* **3 *j-n a.*** die Hoffnung verlieren, dass j-d (vor dem Tod od. aus e-r ernsten Situation) noch gerettet werden kann: *Die Ärzte hatten den Patienten bereits aufgegeben*; Vi **4** (wegen e-r Verletzung od. der aussichtslosen Situation) e-n (Wett)Kampf, e-e Arbeit *o.Ä.* nicht zu Ende führen: *Der Läufer war so erschöpft, dass er kurz vor dem Ziel a. musste* || ▶ ***Aufgabe***[2]
auf·ge·bla·sen 1 *Partizip Perfekt*; ↑ ***aufblasen*** **2** *Adj*; *gespr pej* ≈ überheblich, arrogant || *zu* **2 Auf·ge·bla·sen·heit** *die*; *nur Sg*
Auf·ge·bot *das*; *mst Sg*; **1** die öffentliche Bekanntgabe e-r Eheschließung ⟨das A. bestellen, aushängen⟩ **2 *ein A.* (*an* ⟨Personen / Dingen⟩)** e-e (große) Zahl von Personen od. Dingen, die für e-n bestimmten Zweck eingesetzt werden ⟨ein (großes) A. an Polizeikräften, Stars, Material u. Technik⟩ **3 *mit / unter A.*** + *Gen*; *geschr veraltend*; mit dem / unter Einsatz von ⟨unter A. aller Kräfte⟩ || ▶ ***aufbieten***
auf·ge·dreht 1 *Partizip Perfekt*; ↑ ***aufdrehen*** **2** *Adj*; *gespr*; gut gelaunt, lustig u. *mst* etwas nervös ≈ aufgekratzt: *An meinem Geburtstag war ich völlig a.*
auf·ge·dun·sen *Adj*; *nicht adv*; ungesund u. dick aussehend ≈ aufgeschwemmt ⟨ein Gesicht, ein Körper⟩
auf·ge·hen (*ist*) Vi **1 *etw. geht auf*** etw. öffnet sich ↔ etw. geht zu ⟨e-e Tür, ein Fenster, e-e Knospe, ein Regenschirm⟩ **2 *etw. geht auf*** etw. wird über dem Horizont sichtbar ↔ etw. geht unter ⟨*mst* die Sonne, der Mond⟩ **3 *etw. geht auf*** etw. dehnt sich (beim Backen) nach oben aus ⟨das Brot, der Kuchen⟩ **4 *etw. geht auf*** etw. keimt u. wächst aus der Erde ≈ etw. treibt, sprießt ⟨die Saat⟩ **5 *etw. geht auf*** etw. löst sich ⟨ein Knoten, e-e Naht⟩ **6 *j-d geht in etw.* (*Dat*) *auf*** j-d tut etw. mit großer Freude, hat viel Freude an etw. ⟨in seiner Arbeit, in e-r Aufgabe völlig a.⟩ **7 *etw. geht j-m auf*** etw. wird j-m verständlich: *Plötzlich gingen ihm die Zusammenhänge des Skandals auf* **8 *etw. geht auf*** *Math*; etw. hat ein Resultat ohne Rest (3): *Die Rechnung geht glatt auf* || ID ↑ ***Licht, Rechnung*** || ▶ ***Aufgang***
auf·ge·ho·ben 1 *Partizip Perfekt*; ↑ ***aufheben*** **2** *mst in* (***bei j-m / irgendwo***) ***gut a. sein*** *gespr*; bei j-m / irgendwo in Sicherheit sein u. *mst* gut betreut od. beaufsichtigt werden: *Die Kinder sind bei den Großeltern gut a.*

auf·gei·len; *geilte auf, hat aufgegeilt; vulg;* Vt **1 *j-n a.*** bewirken, dass j-d sexuell erregt wird; Vr **2 *sich (an j-m / etw.) a.*** j-n / etw. betrachten, um sich sexuell zu erregen **3 *sich an etw.*** *(Dat)* ***a.*** *pej;* Freude, Genugtuung od. übertriebenen Ärger empfinden, *bes* weil j-d e-n Fehler gemacht hat || ► ***geil***

auf·ge·klärt 1 *Partizip Perfekt;* ↑ ***aufklären* 2** *Adj; nicht adv;* vom Verstand bestimmt u. ohne Vorurteile: *ein aufgeklärter Mensch des 20. Jahrhunderts*

auf·ge·kratzt 1 *Partizip Perfekt;* ↑ ***aufkratzen* 2** *Adj; gespr;* in (übertrieben) guter Laune ≈ aufgedreht

auf·ge·legt 1 *Partizip Perfekt;* ↑ ***auflegen* 2 *zu etw. a. sein*** in der Stimmung sein, etw. zu tun ≈ Lust zu etw. haben: *zum Scherzen a. sein* **3 *gut / schlecht a. sein*** in guter / schlechter Laune sein

auf·ge·löst 1 *Partizip Perfekt;* ↑ ***auflösen* 2** *Adj;* durch Schmerz od. Freude sehr verwirrt u. nervös: *Nach dem Unfall war sie völlig a.*

auf·ge·schlos·sen 1 *Partizip Perfekt;* ↑ ***aufschließen* 2** *Adj;* ***etw.*** *(Dat)* ***gegenüber a.; a. (für etw.)*** interessiert u. offen gegenüber allem Neuen: *a. sein für die Probleme anderer; der modernen Technik a. gegenüber stehen* || *hierzu* **Auf·ge·schlos·sen·heit** *die; nur Sg*

auf·ge·schmis·sen *Adj; nur präd, nicht adv, gespr;* in e-r ausweglosen Lage ≈ hilflos: *Ohne seine Frau ist er total a.*

auf·ge·schos·sen 1 *Partizip Perfekt;* ↑ ***aufschießen* 2** *Adj; nicht adv;* sehr groß u. schlank ⟨ein Junge, ein Mann; hoch, lang a.⟩

auf·ge·schwemmt *Adj; nicht adv;* dick u. schwammig ≈ aufgedunsen ⟨ein Gesicht, ein Körper⟩: *Er ist ganz a., weil er zu viel Bier trinkt*

auf·ge·ta·kelt 1 *Partizip Perfekt;* ↑ ***auftakeln* 2** *Adj; gespr, oft pej;* (übertrieben) elegant od. modisch gekleidet (u. geschminkt)

auf·ge·weckt 1 *Partizip Perfekt;* ↑ ***aufwecken* 2** *Adj;* (für sein Alter) schnell denkend u. intelligent ⟨ein Kind, ein Schüler⟩ || *zu* **2 Auf·ge·weckt·heit** *die; nur Sg*

auf·gie·ßen *(hat)* Vt **1 *etw. a.*** ein Getränk herstellen, indem man heißes Wasser über Kaffeepulver od. Teeblätter gießt ≈ aufbrühen ⟨Kaffee, Tee a.⟩ **2 *etw. a.*** e-r Speise Wasser zufügen, damit Soße entsteht ⟨den Braten a.⟩

auf·glie·dern *(hat)* Vt ***etw. (in etw. (Akk)) a.*** ein Ganzes nach bestimmten Gesichtspunkten aufteilen ≈ strukturieren, untergliedern

auf·glü·hen *(hat / ist)* Vi ***etw. glüht auf*** etw. beginnt zu glühen: *Unter der Asche glühte das Feuer noch einmal auf*

auf·grei·fen *(hat)* Vt **1 *j-n a.*** e-n Gesuchten finden u. festnehmen: *e-n durchgebrannten Jugendlichen, e-n flüchtigen Verbrecher a.* **2 *etw. a.*** ein Problem *o.Ä.* als Anregung aufnehmen u. sich damit beschäftigen: *ein Thema a. u. darüber schreiben* **3 *etw. a.*** etw. (unmittelbar) Vorangehendes (noch einmal) erwähnen u. diskutieren ⟨ein Thema, e-n Gedanken a.⟩: *die vorherige Frage noch einmal a.*

auf·grund, auf Grund *Präp; mit Gen;* verwendet, um den Grund od. die Ursache anzugeben ≈ wegen ⟨a. der Tatsache, dass ...⟩: *a. des schlechten Wetters* || NB: auch adverbiell verwendet mit *von: A. von Zeugenaussagen wurde er verurteilt*

auf·gu·cken *(hat)* Vi *gespr* ≈ aufsehen

Auf·guss *der;* **1** heißes Wasser, das über bestimmte Kräuter *o.Ä.* gegossen u. als Medizin od. Getränk (*mst* als Tee) verwendet wird || K-: ***Aufguss-, -beutel* 2** *pej;* e-e fantasielose Kopie von etw. (*z.B.* e-s Kunstwerks) ≈ Abklatsch

auf·ha·ben *(hat) gespr;* Vt **1 *etw. a.*** etw. geöffnet haben ↔ zuhaben: *die Augen a.; Jetzt hat er den Schirm endlich auf, u. es regnet nicht mehr!* **2 *etw. a.*** e-e Kopfbedeckung od. Brille aufgesetzt haben ⟨e-n Hut, e-n Helm, e-e Mütze, e-e Brille a.⟩ **3 *etw. a.*** etw. als Hausaufgabe machen müssen: *Wir haben heute e-n Aufsatz auf;* Vi **4 *etw. hat auf*** etw. ist geöffnet ↔ etw. hat zu ⟨ein Geschäft, ein Büro⟩: *Hat die Post noch auf?*

auf·ha·cken *(hat)* Vt ***etw. a.*** etw. mit der Hacke öffnen od. aufbrechen ⟨das Eis, die Straße a.⟩

auf·hal·sen; *halste auf, hat aufgehalst;* Vt ***j-m / sich j-n / etw. a.*** *gespr pej;* j-m / sich e-e unangenehme Aufgabe geben, j-n / sich mit e-r unangenehmen Person belasten ≈ j-m / sich j-n / etw. aufbürden (1) ⟨j-m / sich viel Arbeit a.⟩

auf·hal·ten *(hat)* Vt **1 *j-n / etw. a.*** j-n / etw. (vorübergehend) an der Fortsetzung e-r Tätigkeit od. e-s Weges hindern: *Der Regen, die Panne, der Chef hat mich aufgehalten* **2 *j-d / etw. hält etw. auf*** j-d / etw. verzögert od. bremst e-e Entwicklung od. den Verlauf e-s Geschehens: *die Inflation a.* **3 *(j-m) etw. a.*** für j-n (oft als höfliche Geste) e-e Tür geöffnet halten; Vr **4 *sich irgendwo a.*** für e-e bestimmte Zeit an e-m Ort sein: *sich in den USA, bei Verwandten a.* **5 *sich mit j-m / etw. a.*** bei der Beschäftigung mit j-m / etw. (zu viel) Zeit verlieren: *Sie hielt sich nicht mit Vorreden auf, sondern kam gleich zum Thema*

auf·hän·gen; *hängte auf, hat aufgehängt;* Vt **1 *etw. (irgendwo) a.*** etw. an od. über etw. hängen ⟨e-n Hut a.; Wäsche zum Trocknen a.⟩: *ein Bild an der Wand, an e-m Nagel a.* **2 *j-n / sich a.*** j-n / sich selbst töten, indem man ihm / sich e-n Strick um den Hals legt u. ihn / sich *z.B.* an e-n Baum hängt **3 *j-m etw. a.*** *gespr;* j-m gegen seinen Willen e-e Aufgabe übertragen ≈ j-m etw. aufhalsen, aufbürden **4 *etw. an etw.*** *(Dat)* ***a.*** e-e Geschichte mit e-r *mst* sensationellen od. aktuellen Begebenheit beginnen lassen: *Die Story hängen wir an dem Vatermord auf;* Vt/i **5 *(den (Telefon)Hörer) a.*** den Telefonhörer auf die Gabel legen u. dadurch die Verbindung unterbrechen ≈ einhängen: *Ich wollte weiterreden, aber sie hatte schon aufgehängt* || NB: Die gesprochenen Formen *hing auf, hat aufgehangen* gelten als falsch

Auf·hän·ger *der; -s, -;* **1** ein kleines Band *bes* an Kleidungsstücken u. Handtüchern, mit dem man diese aufhängen kann **2 *ein A. (für etw.)*** e-e Einzelheit (*z.B.* ein Ereignis), mit der man *bes* e-e Geschichte od. ein Thema beginnt ⟨etw. als A. benutzen⟩

auf·he·ben[1] *(hat)* Vt **1 *etw. a.*** etw., das auf dem Boden liegt, nehmen u. in die Höhe heben: *am Strand e-e schöne Muschel a.* **2 *j-n a.*** j-m, der gestürzt ist, helfen aufzustehen ⟨e-n Verletzten a.⟩ **3 *(j-m / sich) etw. a.*** etw. nicht sofort verbrauchen, sondern für später behalten ≈ aufbewahren: *ein Stück Kuchen für den nächsten Tag a.* **4 *(sich*** *(Dat)*) ***etw. a.*** etw. nicht wegwerfen, sondern behalten: *Die Ansichtskarte hebe ich (mir) zur Erinnerung an den Urlaub auf*

auf·he·ben[2] *(hat)* Vt **1 *etw. a.*** e-e Regelung nicht länger gültig sein lassen ≈ abschaffen ⟨e-e Verordnung, ein Gesetz a.⟩: *Paragraph 17 des Gesetzes ist hiermit aufgehoben* **2 *etw. a.*** *geschr;* e-e Veranstaltung offiziell beenden ≈ beschließen ⟨e-e Konferenz, e-e Versammlung a.⟩ **3 *etw. hebt etw. auf*** etw. hat e-e gleich große, entgegengesetzt wirkende Kraft wie etw. anderes ≈ etw. neutralisiert etw.: *Die Bremskraft e-s Flugzeugs muss die Schubkraft a., damit es bei der Landung zum Stehen kommt* || *hierzu* **Auf·he·bung** *die; mst Sg*

Auf·he·ben(s) *nur in* ***viel / wenig / kein Aufheben(s) um / von etw. machen*** *geschr;* etw. für wichtig / weniger wichtig / unwichtig halten u. entsprechend viel od. wenig darüber reden

auf·hei·tern; *heiterte auf, hat aufgeheitert*; [Vt] **1 *j-n a.*** j-n, der traurig ist, froh od. heiter machen (indem man ihm *z.B.* etw. Lustiges erzählt); [Vr] **2 *etw. heitert sich auf*** etw. wird froh, heiter ⟨j-s Gesicht, j-s Stimmung⟩ **3 *es / der Himmel heitert sich auf*** die Wolken verschwinden u. die Sonne kommt heraus || *hierzu* **Auf·hei·te·rung** *die*

auf·hei·zen *(hat)* [Vt] **1 *etw. heizt etw. auf*** etw. macht etw. warm, heiß: *Mittags heizt die Sonne die Ebene, das Wasser auf* **2 *etw. a.*** Gefühle (*bes* Wut, Ärger) stärker machen ⟨die Stimmung a.⟩

auf·hel·fen *(hat)* [Vi] j-m helfen aufzustehen: *E-e Passantin half dem gestürzten Mann wieder auf*

auf·hel·len; *hellte auf, hat aufgehellt*; [Vt] **1 *etw. a.*** etw. hell(er) machen **2 *etw. a.*** die Hintergründe e-s Geschehens klären: *Nachdem die Motive aufgehellt waren, konnte der Täter gefasst werden*; [Vr] **3 *der Himmel hellt sich auf*** der Himmel wird klarer **4 *etw. hellt sich auf*** etw. macht wieder e-n freundlichen Eindruck ≈ etw. heitert sich auf ⟨ein Gesicht, e-e Miene⟩ || *zu* **1** u. **2 Auf·hel·lung** *die*; *mst Sg*

auf·het·zen *(hat)* [Vt] **1 *j-n (gegen j-n / etw.) a.*** j-n dazu bringen, über j-n / etw. wütend od. verärgert zu sein: *Sie hetzt ihren Bruder ständig gegen den Vater auf* **2 *j-n zu etw. a.*** j-n dazu bringen, etw. *mst* Böses zu tun: *Er war zu der Tat aufgehetzt worden*

auf·heu·len *(hat)* [Vi] **1 *j-d / ein Tier heult auf*** j-d / ein Tier gibt für kurze Zeit heulende Geräusche von sich: *Der Hund heulte auf, als ich ihm auf die Pfote trat* **2 *ein Motor heult auf*** ein (Auto)Motor wird für kurze Zeit sehr laut, weil der Fahrer viel Gas gibt: *den Motor a. lassen*;

auf·ho·len *(hat)* [Vt/i] ***(etw.) a.*** e-n Rückstand gegenüber j-m / etw. verkleinern od. völlig beseitigen ≈ etw. wettmachen ⟨e-e Verspätung, e-n Vorsprung a.⟩: *Der Schwimmer holte zwar auf, konnte aber nicht mehr gewinnen*

auf·hor·chen *(hat)* [Vi] **1** plötzlich etw. hören u. sich auf das Geräusch konzentrieren: *Er horchte auf, als j-d seinen Namen rief* **2 *etw. lässt j-n a.*** etw. erregt j-s Interesse: *Seine Erfindung ließ die Öffentlichkeit a.*

auf·hö·ren *(hat)* [Vi] **1 *a.* + *zu* +** *Infinitiv* etw. nicht länger tun ↔ anfangen, beginnen + zu + Infinitiv: *Ende des Monats höre ich auf zu arbeiten*; [Vi] **2 *(mit etw.) a.*** etw. nicht länger tun ↔ (mit etw.) anfangen, beginnen: *mit dem Rauchen a.*; *mit der Arbeit eine Stunde früher a. als sonst* **3 *etw. hört auf*** etw. ist zu Ende ↔ etw. fängt an: *Endlich hörte der Sturm auf*; *Das Tal hört hier auf* || ID *mst* ***Da hört (sich) doch alles auf!*** *gespr*; verwendet, um seine Empörung über etw. auszudrücken

auf·kau·fen *(hat)* [Vt] ***etw.*** (*Kollekt od Pl*) ***a.*** große Mengen, oft alle Vorräte e-r bestimmten Ware kaufen: *Aktien, Industrieanlagen a.* || *hierzu* **Auf·käu·fer** *der*; **Auf·kauf** *der*

auf·kei·men *(ist)* [Vi] **1 *etw. keimt auf*** etw. kommt keimend aus der Erde ⟨die Saat⟩ **2 *etw. keimt auf*** etw. entsteht allmählich ⟨Angst, Zweifel⟩

auf·klap·pen [Vt] *(hat)* **1 *etw. a.*** e-n Teil od. mehrere Teile e-r Sache so bewegen, dass sich der Gegenstand öffnet ↔ zuklappen ⟨e-n Koffer, e-n Liegestuhl, ein Taschenmesser a.⟩; [Vi] *(ist)* **2 *etw. klappt auf*** etw. öffnet sich plötzlich ⟨der Koffer, der Deckel des Kofferraums⟩

auf·kla·ren; *klarte auf, hat aufgeklart*; [Vi] ***der Himmel / das Wetter / es klart auf*** die Wolken verschwinden

auf·klä·ren *(hat)* [Vt] **1 *etw. a.*** den wahren Sachverhalt deutlich machen ≈ aufdecken (2) ⟨ein Verbrechen, e-n Irrtum, Widersprüche a.⟩ **2 *j-n über etw.*** (*Akk*) ***a.*** j-m etw. Kompliziertes verständlich machen, j-n über etw. informieren: *Der Anwalt klärte ihn über seine Rechte auf* **3 *j-n a.*** j-m, *mst* e-m Kind, sexuelle Vorgänge erklären: *Sein Sohn wurde schon früh aufgeklärt*; [Vr] **4 *etw. klärt sich auf*** etw. wird verständlich od. durchschaubar: *Durch e-n Zufall klärte sich die Sache endlich auf* **5 *der Himmel / das Wetter / es klärt sich auf*** das Wetter wird freundlicher u. heller

Auf·klä·rung *die*; -, *-en*; *mst Sg*; **1** das Aufklären (1) ⟨die A. e-s Verbrechens, e-s Missverständnisses⟩ || K-: ***Aufklärungs-, -quote*** **2** Informationen über bestimmte Probleme od. Situationen: *von der Regierung A. über den Arbeitsmarkt verlangen* || K-: ***Aufklärungs-, -kampagne*** **3** das Erklären sexueller Vorgänge (*mst* gegenüber Kindern) ⟨A. betreiben⟩: *In der Schule gehört die A. zum Biologieunterricht* || K-: ***Aufklärungs-, -buch, -film*** **4** e-e geistige Strömung des 18. Jahrhunderts in Europa, die sich mit Vernunft u. naturwissenschaftlichem Denken gegen Aberglauben u. Absolutismus wandte ≈ Rationalismus: *das Zeitalter der A.* **5** *Mil*; die Beobachtung u. das Aufspüren der Orte, an denen sich Waffen u. Truppen des Gegners befinden || K-: ***Aufklärungs-, -flugzeug, -satellit***

auf·kle·ben *(hat)* [Vt] ***etw. (auf etw.*** (*Akk*)***) a.*** etw. auf etw. kleben: *e-e Briefmarke (auf den Brief) a.*

Auf·kle·ber *der*; *-s*, -; ein kleiner Zettel od. ein kleines Bild, die man zu e-m bestimmten Zweck auf etw. klebt || -K: ***Gepäck-, Paket-***

auf·knöp·fen *(hat)* [Vt] ***etw. a.*** etw., das mit Knöpfen geschlossen ist, öffnen ↔ zuknöpfen: *die Bluse a.*

auf·knüp·fen *(hat)* [Vt] **1 *etw. a.*** etw., das durch Knoten verbunden wurde, wieder lösen **2 *j-n a.*** *gespr*; j-n aufhängen

auf·ko·chen [Vt] *(hat)* **1 *etw. a.*** etw. so heiß machen, dass es kocht ⟨die Suppe, die Milch a.⟩; [Vi] *(ist)* **2 *etw. kocht auf*** etw. beginnt zu kochen: *den Pudding kurz a. lassen*

auf·kom·men *(ist)* [Vi] **1 *etw. kommt auf*** etw. entsteht u. verbreitet sich ⟨ein Gerücht, (gute) Stimmung, Zweifel, Langeweile⟩ **2 *etw. kommt auf*** etw. bildet sich u. nähert sich langsam ≈ etw. zieht heran, zieht auf[4] (1) ⟨ein Sturm, ein Gewitter⟩: *aufkommende Bewölkung* **3 *für j-n / etw. a.*** entstehende Kosten bezahlen ⟨für den Schaden, ein Projekt, ein Kind a.⟩ **4 *irgendwie / irgendwo a.*** nach e-m Sprung od. Flug wieder den Boden berühren ≈ landen: *Das Pferd kam nach dem Hindernis weich auf* **5** *Sport*; e-n Vorsprung des Gegners verringern ≈ aufholen: *Der Läufer kam auf u. siegte im Schlussspurt* **6 *etw. kommt auf*** *südd*; etw. wird bekannt ⟨ein Betrug, ein Verbrechen⟩

Auf·kom·men *das*; *-s*, -; *mst Sg*; ***das A. (an j-m / etw.*** (*Pl*)***)*** die Menge od. Anzahl von Personen / Dingen, die zusammenkommt: *ein sinkendes / steigendes A. an Steuereinnahmen* || -K: ***Anzeigen-, Fahrgast-, Steuer-, Verkehrs-, Zins-***

auf·krat·zen *(hat)* [Vt] ***(sich*** (*Dat*)***) etw. a.*** etw. durch Kratzen öffnen ⟨e-e (abheilende) Wunde wieder a.⟩

auf·krem·peln *(hat)* [Vt] ***(sich*** (*Dat*)***) etw. a.*** den unteren Teil e-s Kleidungsstücks mehrmals umschlagen ⟨(sich) die Ärmel, Hosenbeine a.⟩

auf·kreu·zen *(ist)* [Vi] ***(irgendwo) a.*** *gespr*; überraschend irgendwo erscheinen

auf·krie·gen *(hat)* [Vt] ***etw. a.*** *gespr*; etw. öffnen können ⟨e-e Tür, e-e Schublade a.⟩: *Hilf mir mal, ich krieg das Fenster nicht auf*

auf·kün·di·gen *(hat)* [Vt] **1 *etw. a.*** ≈ kündigen ⟨ein Arbeitsverhältnis a.⟩ **2 *j-m die Freundschaft a.***

j-m sagen, dass man nicht mehr sein Freund sein will

auf·la·chen (*hat*) [Vi] plötzlich kurz lachen

auf·la·den (*hat*) [Vt] **1** ***etw.*** (***auf etw.*** (*Akk*)) ***a.*** etw. (zur Beförderung) auf etw. laden ↔ abladen: *das Frachtgut auf e-n LKW, e-n Eisenbahnwaggon a.* **2** ***j-m / sich etw. a.*** *gespr*; j-n / sich selbst mit Verantwortung od. Arbeit belasten, sie j-m übertragen: *Du lädst dir zu viele Pflichten auf* **3** ***etw. a.*** elektrische Energie in etw. speichern ↔ entladen ⟨e-e Batterie, e-n Akkumulator a.⟩: *den Rasierapparat an der Steckdose a.* || K-: ***Auflade-, -gerät***; [Vr] **4** ***etw. lädt sich auf*** etw. erzeugt durch Reibung e-e elektrostatische Ladung: *Beim Kämmen können sich die Haare a.* || *zu* **4** **Auf·la·dung** *die*; *mst Sg*

Auf·la·ge *die*; **1** die Zahl der gedruckten Exemplare *z.B.* e-s Buches od. e-r Zeitung: *e-e Zeitschrift mit e-r hohen A.* || K-: ***Auflagen-, -höhe*** **2** e-e Unterlage od. e-e Fläche, auf die beim Schreiben od. Malen die Hand od. der Arm gestützt werden kann || -K: ***Schreib-*** **3** *oft Pl*; e-e Verpflichtung, an die sich j-d halten muss ⟨j-m etw. zur A. machen⟩: *Dem Mieter zur A. machen*, dass *er sich um den Garten kümmert*

auf·la·gen·schwach *Adj*; *nicht adv*; mit niedriger Auflage (1) ⟨e-e Zeitung⟩

auf·la·gen·stark *Adj*; *nicht adv*; mit hoher Auflage (1) ⟨e-e Zeitung⟩

auf·las·sen (*hat*) [Vt] **1** ***etw. a.*** *gespr*; etw. offen lassen, nicht schließen ↔ zulassen: *Lass die Tür auf, es ist so heiß hier!* **2** ***etw. a.*** *gespr*; e-e Kopfbedeckung auf dem Kopf behalten ⟨den Hut, die Mütze a.⟩ **3** ***j-n a.*** *gespr*; ein Kind noch nicht ins Bett schicken, es aufbleiben lassen **4** ***etw. a.*** etw. nicht mehr nutzen ⟨e-e Fabrik a.⟩ || NB: *mst* im Zustandspassiv

auf·lau·ern (*hat*) [Vi] ***j-m a.*** sich irgendwo verstecken u. auf j-n warten, *mst* um ihn plötzlich anzugreifen: *Der Täter lauerte seinem Opfer in der Tiefgarage auf*

Auf·lauf[1] *der*; *mst Sg*; e-e spontane Ansammlung vieler Personen: *Vor der Firma war ein A. empörter Arbeiter* || -K: ***Menschen-***

Auf·lauf[2] *der*; e-e Speise, die im Herd überbacken wird || -K: ***Nudel-, Reis-***

auf·lau·fen (*ist*) [Vi] **1** ⟨ein Schiff *o.Ä.*⟩ ***läuft*** (***auf etw.*** (*Akk*)) ***auf*** ein Schiff *o.Ä.* bleibt auf e-m Hindernis stecken: *Das Segelschiff lief auf ein Riff auf* **2** (***auf j-n***) ***a.*** *Sport*; mit j-m zusammenprallen: *Der Verteidiger ließ den Stürmer a.* **3** ***j-n a. lassen*** *gespr*; j-n vor anderen absichtlich in e-e peinliche Situation bringen

auf·le·ben (*ist*) [Vi] **1** ***etw. lebt auf*** etw. wird (wieder) frisch, wächst u. blüht: *Die Natur lebte nach dem Regen auf* **2** ***j-d lebt auf*** j-d wird froh u. munter: *Sie lebte durch die neue Aufgabe auf* **3** ***etw. lebt auf*** etw. wird lebhaft u. interessant ⟨e-e Diskussion⟩ **4** ***etw. lebt wieder auf*** etw. (das vergangen od. schon vergessen ist) wird wieder aktuell od. beliebt ⟨(alte) Bräuche, Traditionen⟩

auf·le·cken (*hat*) [Vt] ***etw. a.*** e-e Flüssigkeit durch Lecken vom Boden entfernen: *Die Katze leckte die verschüttete Milch vom Fußboden auf*

auf·le·gen (*hat*) [Vt] **1** ***etw. a.*** etw. zu e-m bestimmten Zweck auf etw. legen od. drauftun: *e-e Schallplatte a. u. abspielen*; *Für meinen Geschmack hat sie zu viel Rouge aufgelegt* **2** *mst* ***etw. wird aufgelegt*** etw. wird gedruckt u. herausgegeben: *Dieser Roman wird nicht mehr aufgelegt* **3** ***etw. a.*** e-e neue Produktionsserie starten: *Ab Januar legen wir das neue Modell in e-r großen Serie auf* **4** ***etw. a.*** brennbares Material in den Ofen tun ⟨Kohle, Briketts, (ein Scheit) Holz a.⟩ **5** ***etw. irgendwo a.*** etw. (*mst* Gedrucktes) der Öffentlichkeit zugänglich machen: *Baupläne im Rathaus, Formulare im Vorzimmer a.*; [Vt/i] **6** (***den*** (***Telefon***)***Hörer***) ***a.*** den Telefonhörer auf die Gabel legen u. dadurch die Verbindung unterbrechen ↔ abheben: *In ihrer Wut hat sie einfach aufgelegt* || ► ***Auflage***

auf·leh·nen, sich (*hat*) [Vr] **1** ***sich*** (***gegen j-n / etw.***) ***a.*** sich weigern, e-n Zustand zu akzeptieren (u. Widerstand dagegen leisten): *sich gegen die Eltern, sich gegen die Unterdrückung e-r Minderheit a.* **2** ***sich*** (***auf etw.*** (*Akk*)) ***a.*** sich (mit den Armen) auf etw. stützen: *sich auf den Tisch a.* || *zu* **1** **Auf·leh·nung** *die*

auf·le·sen (*hat*) [Vt] **1** ***etw.*** (*Kollekt od Pl*) ***a.*** ≈ aufsammeln **2** ***j-n / etw. a.*** *gespr*; j-n / etw. (zufällig) finden u. mitnehmen: *e-n Tramper, e-e ausgesetzte Katze a.*

auf·leuch·ten (*hat / ist*) [Vi] ***etw. leuchtet auf*** etw. leuchtet plötzlich (für kurze Zeit)

auf·lie·gen (*hat*) [Vi] ***etw. liegt*** (***irgendwo***) ***auf*** *Admin*; etw. kann *bes* in e-r öffentlichen Institution von jedem eingesehen od. abgeholt werden ⟨Formulare, Listen⟩

auf·lis·ten; *listete auf, hat aufgelistet*; [Vt] ***etw.*** (*Kollekt od Pl*) ***a.*** etw. in e-e Liste schreiben ⟨Wörter a.⟩

auf·lo·ckern (*hat*) [Vt] **1** ***etw. a.*** etw. locker machen: *im Frühjahr die Erde a.* **2** ***etw. irgendwie a.*** etw. abwechslungsreich gestalten: *ein Fest durch Spiele, graue Häuserfronten mit Bäumen a.*; [Vr] **3** ***etw. lockert sich auf*** etw. löst sich zu einzelnen Wolken auf ⟨die dichte Bewölkung⟩ **4** ***sich a.*** die Muskeln durch Schütteln entspannen: *sich nach der Arbeit, vor e-m Start a.* || *hierzu* **Auf·lo·cke·rung** *die*

auf·lo·dern (*ist*) [Vi] ***etw. lodert auf*** etw. wird plötzlich sehr intensiv ⟨das Feuer, die Flammen; Widerstand, Kämpfe⟩

auf·lös·bar *Adj*; *nicht adv*; so, dass man es auflösen (4) kann ⟨ein Vertrag⟩ || NB: ≠ löslich

auf·lö·sen (*hat*) [Vt] **1** ***etw.*** (***in etw.*** (*Dat*)) ***a.*** etw. in e-r Flüssigkeit vollständig zergehen lassen ⟨Zucker in Kaffee, Honig in Tee a.⟩: *e-e Tablette in Wasser a.* **2** ***etw. a.*** e-e Veranstaltung *mst* mit autoritären Mitteln beenden: *Die Polizei löste die Demonstration auf* **3** ***etw. a.*** die Existenz e-r Organisation (vorübergehend) beenden ⟨e-e Partei, das Parlament a.⟩ **4** ***etw. a.*** etw. für nicht mehr gültig erklären ⟨e-n Vertrag a.⟩ **5** ***etw. a.*** etw. Rätselhaftes verständlich od. durchschaubar machen ≈ aufklären (1) ⟨ein Geheimnis, e-n Widerspruch, ein Rätsel a.⟩ **6** *mst* ***etw. ist aufgelöst*** *Mus*; ein Vorzeichen ist wieder rückgängig gemacht: *Das b ist aufgelöst, du musst ein h spielen!*; [Vr] **7** ***etw. löst sich*** (***in etw.*** (*Dat*)) ***auf*** etw. zergeht u. wird allmählich unsichtbar: *Salz löst sich in Wasser auf*; *Der Nebel hat sich schnell aufgelöst* **8** ***etw. löst sich auf*** etw. hört auf zu bestehen, geht zu Ende ⟨e-e Organisation, ein Verein⟩: *Der Stau hat sich inzwischen aufgelöst* || *zu* **2-6** u. **8** **Auf·lö·sung** *die*

aufm, **auf'm** *Präp mit Artikel*; *gespr* ≈ auf dem, auf einem

auf·ma·chen (*hat*) [Vt] **1** ***etw. a.*** *gespr*; etw. Geschlossenes öffnen ↔ zumachen ⟨e-e Tür, e-e Flasche, e-n Brief, den Mund a.⟩ **2** ***etw. a.*** *gespr*; ein Geschäft od. e-e Firma neu gründen ≈ eröffnen **3** ***etw. irgendwie a.*** etw. in e-r bestimmten Weise gestalten: *Der Artikel war groß aufgemacht* || NB: *mst* im Partizip Perfekt; [Vi] **4** ***etw. macht auf*** *gespr*; etw. wird für Kunden geöffnet ↔ etw. schließt ⟨ein Geschäft, ein Amt⟩: *Diese Boutique hat letzte Woche neu aufgemacht*; [Vr] **5** ***sich*** (***irgendwohin***) ***a.*** e-n Weg antreten ≈ irgendwohin aufbrechen: *Nach der Arbeit machten sie sich (in die Berge) auf* **6** ***sich a.*** + ***zu*** + *Infinitiv* beginnen, etw. zu tun: *Endlich machte sich j-d auf, mir zu helfen*

Auf·ma·cher *der*; der auffällige Titel des wichtigsten Artikels e-r Zeitung *o.Ä.* od. der Artikel selbst

Auf·ma·chung *die*; -, *-en*; die äußere Form von etw., die Art, wie etw. gestaltet ist: *e-e effektvolle A.*

auf·ma·len (*hat*) [Vt] ***etw.*** (***auf etw.*** (*Dat* / *Akk*)) ***a.*** etw. auf etw. malen od. zeichnen

auf·mar·schie·ren; *marschierte auf, ist aufmarschiert*; [Vi] ***j-d / etw.*** (*Kollekt od Pl*) ***marschiert auf*** e-e Gruppe von Personen stellt sich so auf u. verteilt sich so (*z.B.* an e-r Grenze), dass militärische Aktionen möglich sind ⟨Soldaten, Truppen, die Armee⟩ || *hierzu* **Auf·marsch** *der*

auf·merk·sam *Adj*; **1** mit allen Sinnen u. Gedanken auf etw. konzentriert ⟨a. zuhören, zuschauen⟩: *Sie ist e-e aufmerksame Schülerin* **2** sehr rücksichtsvoll, höflich u. hilfsbereit: *ein aufmerksamer junger Mann*; *Das ist sehr a. von Ihnen!* **3** ***j-n*** (***auf j-n / etw.***) ***a. machen*** j-s Interesse auf j-n / etw. lenken, ihn auf j-n / etw. hinweisen **4** (***auf j-n / etw.***) ***a. werden*** j-n / etw. wahrnehmen, sich für j-n / etw. interessieren

Auf·merk·sam·keit *die*; -, *-en*; **1** *nur Sg*; die Konzentration, das rege Interesse ⟨A. für etw. zeigen; j-d / etw. erregt j-s A.⟩: *Die A. des Schülers lässt nach* **2** *mst Sg*; ein höfliches, hilfsbereites Benehmen: *Er kümmert sich mit großer A. um sie* **3** e-e freundliche, hilfsbereite Handlung od. ein kleines Geschenk ⟨j-n mit Aufmerksamkeiten überschütten, verwöhnen⟩

auf·mi·schen (*hat*) [Vt] ***j-n a.*** *gespr!* (*bes* von Jugendlichen verwendet) j-n verprügeln

auf·mö·beln; *möbelte auf, hat aufgemöbelt*; [Vt] *gespr*; **1** ***j-n a.*** ≈ aufmuntern **2** ***etw. a.*** etw. (*mst* Altes od. Gebrauchtes wieder) in e-n besseren Zustand bringen: *ein altes Fahrrad wieder a.*

auf·mot·zen (*hat*) [Vt] ***etw. a.*** *gespr pej*; e-r Sache e-e besondere Wirkung geben: *ein Auto mit Spoilern a.*

auf·mu·cken; *muckte auf, hat aufgemuckt*; [Vi] *gespr*; sich kurz u. *mst* ohne viel Erfolg gegen j-n / etw. wehren: *Die Schüler muckten nur kurz auf, dann schrieben sie die Prüfung*

auf·mun·tern; *munterte auf, hat aufgemuntert*; [Vt] ***j-n a.*** bewirken, dass j-d, der schlecht gelaunt od. traurig ist, wieder lustiger wird || *hierzu* **Auf·mun·te·rung** *die* || ► ***munter***[1]

auf·müp·fig *Adj*; *gespr*; sich e-r Autorität widersetzend ↔ untertänig ⟨e-e Bürgerinitiative, Schüler, Studenten⟩ || *hierzu* **Auf·müp·fig·keit** *die*

aufn, **auf'n** *Präp mit Artikel*; *gespr* ≈ auf den, auf einen

auf·nä·hen (*hat*) [Vt] ***etw.*** (***auf etw.*** (*Akk*)) ***a.*** etw. auf etw. nähen: *e-e Tasche auf ein Kleid a.*

Auf·nah·me *die*; -, *-n*; **1** *nur Sg*; das Aufnehmen (1) ⟨die A. von Verhandlungen⟩ **2** *nur Sg*; das Aufnehmen (5) ⟨die A. e-s Patienten im Krankenhaus⟩ **3** *nur Sg*; das Aufnehmen (6) ⟨die A. e-s Mitglieds in e-r Organisation⟩ || K-: ***Aufnahme-, -antrag, -gebühr*** **4** *nur Sg*; das Aufnehmen (8): *die A. des Stücks in den Spielplan* **5** *nur Sg*; das Aufnehmen (10) ⟨die A. von Details, Fakten⟩ **6** ein Bild, das mit e-m Fotoapparat od. e-r Filmkamera gemacht wurde ≈ Fotografie ⟨Aufnahmen machen⟩ || -K: ***Blitzlicht-, Film-, Landschafts-*** **7** das, was auf e-m Tonband od. e-r Schallplatte gespeichert ist || K-: ***Aufnahme-, -studio*** || -K: ***Live-, Studio-; Schallplatten-, Tonband-*** **8** *nur Sg*; das Aufnehmen (14) ↔ Abgabe: *die A. von Sauerstoff durch die Lunge* **9** *nur Sg*; das Aufnehmen (15) ⟨die A. e-r Fährte, e-r Spur⟩ **10** *nur Sg*; das Aufnehmen (16): *die A. e-s Kredits* || -K: ***Kredit-*** **11** das Aufnehmen (17) ⟨die A. von Nahrung⟩ || -K: ***Nahrungs-***

auf·nah·me·fä·hig *Adj*; *nicht adv*; ***a.*** (***für etw.***) in der Lage, etw. zu verstehen od. etw. zu lernen ⟨ein Schüler⟩ || *hierzu* **Auf·nah·me·fä·hig·keit** *die*; *nur Sg*

Auf·nah·me·prü·fung *die*; e-e Prüfung, die man machen muss, wenn man *z.B.* e-e (höhere) Schule od. e-e Universität besuchen will

auf·neh·men (*hat*) [Vt] **1** ***etw. a.*** mit etw. beginnen ⟨Kontakte, Verhandlungen, Nachforschungen, die Arbeit, die Verfolgung a.⟩: *seine Tätigkeit als Arzt a.* **2** ***etw. a.*** etw. (wieder) erwähnen ⟨den Faden e-r Diskussion, ein Argument, ein Thema erneut a.⟩ **3** ***etw. a.*** etw. vom Boden zu sich nehmen ≈ aufheben: *das Taschentuch* (*vom Boden*) *a.* **4** ***j-n a.*** j-n als Gast in seinem Haus wohnen u. schlafen lassen ≈ beherbergen: *Wir wurden von unseren Bekannten sehr freundlich aufgenommen* **5** ***j-n im Krankenhaus a.*** e-m Patienten e-n Platz zur stationären Behandlung geben **6** ***j-n*** (***in etw.*** (*Akk*)) ***a.*** j-n Mitglied in e-r Organisation werden lassen ⟨j-n in e-e Partei, in e-n Verein a.⟩: *Der Tennisclub hat 30 neue Mitglieder aufgenommen* **7** ***etw. nimmt j-n / etw.*** (*Kollekt od Pl*) ***auf*** etw. hat genügend Platz / Raum für j-n / etw. ≈ etw. fasst j-n / etw.: *Das Flugzeug nimmt 300 Passagiere auf*; *Der Tank kann 36 Liter a.* **8** ***etw. in etw.*** (*Akk*) ***a.*** etw. (zusätzlich) in etw. einfügen: *ein Theaterstück in den Spielplan, e-n Aufsatz in e-e Zeitschrift a.* **9** ***etw. irgendwie a.*** auf etw. in bestimmter Weise reagieren: *e-e Nachricht enttäuscht a.*; *Das Publikum nahm den Film begeistert auf* **10** ***etw. a.*** sich etw. geistig bewusst machen, etw. geistig verarbeiten: *Ich habe zu viel gesehen, ich kann nichts mehr a.*; *den Lernstoff schnell, leicht a.* **11** ***etw. a.*** etw. schriftlich festhalten ⟨ein Protokoll, e-n Unfall a.⟩: *Die Polizei nahm die Anzeige auf* **12** ***etw. a.*** etw. fotografieren od. filmen: *Wo ist der Film aufgenommen worden?* **13** ***etw.*** (***auf etw.*** (*Akk*)) ***a.*** Töne u. Geräusche auf Tonband od. Schallplatte speichern ↔ löschen: *die Hitparade, Vogelgezwitscher auf Kassette a.* **14** ***etw. nimmt etw. auf*** etw. bindet e-e Flüssigkeit od. ein Gas (vorübergehend) an sich ≈ etw. absorbiert etw. ↔ etw. gibt etw. ab: *Das Blut nimmt durch die Lunge Sauerstoff auf* **15** *mst* ***ein Tier nimmt etw. auf*** ein Tier findet u. verfolgt e-e Fährte od. e-e Spur: *Der Hund nahm die Spur, die Witterung auf* **16** ***etw. a.*** Geld leihen (sodass man Schulden hat) ⟨e-e Hypothek, e-n Kredit a.⟩: *bei der Bank 10000 Euro a., um ein Geschäft zu gründen* **17** ***Nahrung a.*** *Med* ≈ essen: *Der Patient nimmt wieder N. auf* **18** ***es mit j-m a.*** mit j-m konkurrieren (können) || ► ***Aufnahme***

auf·nö·ti·gen (*hat*) [Vt] ***j-m etw. a.*** j-n zwingen, etw. zu nehmen: *j-m noch ein Stück Kuchen a.*

auf·okt·roy·ie·ren [-|ɔktro(i)'iːrən]; *oktroyierte auf, hat aufoktroyiert*; [Vt] ***j-m etw. a.*** *geschr*; j-n dazu zwingen, e-e bestimmte Meinung od. Anschauung zu übernehmen ≈ j-m etw. aufzwingen

auf·op·fern (*hat*) [Vt] **1** (***j-m / etw.***) ***etw. a.*** *geschr*; etw. ganz in den Dienst e-r Person / Sache stellen ⟨sein Leben, seine Zeit j-m / etw. a.⟩: *Er hat seine ganze Energie u. Kraft der Politik aufgeopfert*; [Vr] **2** ***sich*** (***für j-n / etw.***) ***a.*** sein Leben ganz in den Dienst e-r Person / Sache stellen: *sich für sein Idol, sein Ziel, seine Kinder a.* || *hierzu* **auf·op·fernd** *Adj*

Auf·op·fe·rung *die*; -, *-en*; *mst Sg*; **1** ***A.*** (***für j-n / etw.***) das Aufopfern (1) **2** ***A.*** (***für j-n***) der Prozess, in dem man sich für j-n aufopfert (2): *sich mit A. um j-n kümmern* || *hierzu* **auf·op·fe·rungs·voll** *Adj*

auf·päp·peln; *päppelte auf, hat aufgepäppelt*; [Vt] ***j-n / etw. a.*** *gespr*; ein krankes od. schwaches (in der Entwicklung zurückgebliebenes) Lebewesen durch besondere Pflege wieder stärken: *ein schwaches Kind, ein Vögelchen a.*

auf·pas·sen (*hat*) [Vi] **1** seine Aufmerksamkeit auf etw. (oft Wichtiges) lenken, sich konzentrieren: *In der Schule musst du a.*; *Pass auf, dass dich nie-*

mand sieht! **2 *auf j-n / etw. a.*** j-n / etw. beobachten, sodass nichts Unerwünschtes passiert ≈ j-n / etw. beaufsichtigen: *auf die Kinder a.*; *Kannst du mal schnell auf meine Tasche a.?* || *zu* **2 Auf·pas·ser** *der*; *-s, -*; **Auf·pas·se·rin** *die*; *-, -nen*

auf·peit·schen (*hat*) Vt **1 *etw. peitscht etw. auf*** der Wind, der Sturm *o.Ä.* versetzt etw. in heftige Bewegung: *Der Orkan peitschte das Meer auf* **2 *j-n / etw. a.*** j-n in Erregung versetzen: *die Stimmung, das Publikum durch heiße Rhythmen a.*

auf·pep·pen; *peppte auf, hat aufgepeppt*; Vt ***etw. a.*** *gespr*; e-r Sache mehr Schwung od. e-e bessere Wirkung geben: *e-n Song neu aufnehmen u. dabei a.*

auf·pflan·zen (*hat*) Vt **1 *etw. a.*** *Mil*; etw. aufstellen: *e-e Fahne, e-e Standarte a.*; Vr **2 *sich irgendwo a.*** *gespr*; sich provozierend irgendwo hinstellen

auf·pi·cken (*hat*) Vt ⟨ein Vogel, ein Huhn *o.Ä.*⟩ ***pickt etw. auf*** ein Vogel, ein Huhn *o.Ä.* nimmt etw. durch Picken vom Boden auf: *Die Hühner pickten die Körner auf*

auf·plat·zen (*ist*) Vi ***etw. platzt auf*** etw. öffnet sich, indem es platzt

auf·plus·tern; *plusterte auf, hat aufgeplustert*; Vt **1 *ein Vogel plustert etw. / sich auf*** ein Vogel stellt die Federn auf, um größer zu erscheinen, sich zu wärmen *o.Ä.*: *Bei Gefahr plustert der Truthahn sein Gefieder auf*; Vr **2 *sich a.*** *pej* ≈ prahlen

auf·pral·len (*ist*) Vi (***auf etw.*** (*Dat / Akk*)) ***a.*** auf etw. prallen ≈ aufschlagen ⟨auf dem Boden a.⟩ || *hierzu* **Auf·prall** *der*; *-s, -e*; *mst Sg*

Auf·preis *der*; e-e Summe Geld, die zusätzlich für e-e Ware gezahlt werden muss: *für Extras am Auto e-n A. zahlen müssen*

auf·pum·pen (*hat*) Vt **1 *etw. a.*** etw. durch Pumpen mit Luft füllen u. prall machen ⟨e-n Reifen, e-n Fußball a.⟩ **2 *etw. a.*** die Reifen von etw. a. (1) ⟨ein Fahrrad a.⟩

auf·put·schen; *putschte auf, hat aufgeputscht*; Vt **1 *j-n / etw.* (*zu etw.*) *a.*** j-n / etw. durch geeignete Worte od. Taten in e-e erregte Stimmung bringen od. zu (*mst* gewalttätigen) Handlungen treiben ≈ aufpeitschen (2); Vr **2 *sich* (*mit etw.*) *a.*** bestimmte Substanzen zu sich nehmen, um seine Müdigkeit zu überwinden od. sich in Erregung zu versetzen ⟨sich mit Kaffee, Drogen a.⟩ || K-: ***Aufputsch-, -mittel***

auf·put·zen (*hat*) Vt *gespr*; **1 *j-n / sich / etw. a.*** j-n / sich / etw. besonders schön schmücken **2 *etw. a.*** versuchen, etw. positiver erscheinen zu lassen ⟨sein Image a.⟩

auf·quel·len (*ist*) Vi **1 *etw. quillt auf*** etw. vergrößert (durch Aufnahme von Flüssigkeit) sein Volumen ⟨der Teig, die Haferflocken, die Körner⟩ **2 *etw. quillt auf*** etw. schwillt (leicht) an: *ein aufgequollenes Gesicht*

auf·raf·fen (*hat*) Vt **1 *etw. a.*** etw. in großer Eile aufheben: *Der Räuber raffte das Geld auf u. floh*; Vr **2 *sich a.*** mühsam aufstehen: *sich vom Stuhl a. u. den Fernseher ausschalten* **3 *sich zu etw. a.*** sich dazu zwingen, etw. zu tun: *Ich kann mich heute zu nichts a.*

auf·ra·gen (*hat*) Vi ***etw. ragt auf*** etw. ragt in die Höhe

auf·rap·peln, sich (*hat*) Vr *gespr*; **1 *sich a.*** mühsam aufstehen ⟨sich nach e-m Sturz a.⟩ **2 *sich wieder a.*** sich nach e-r Krankheit langsam erholen **3 *sich zu etw. a.*** sich zu etw. aufraffen (3) || NB: *ich rapple mich auf*

auf·rau·en [-rauən]; *raute auf, hat aufgeraut*; Vt ***etw. a.*** etw. rau machen: *aufgeraute Hände haben*

auf·räu·men (*hat*) Vt/i **1 (*etw.*) *a.*** herumliegende Dinge an ihren Platz bringen, um Ordnung zu schaffen: *den Schreibtisch a.*; Vi **2 *mit etw. a.*** die Existenz od. Verbreitung von Vorurteilen, Einstellungen *o.Ä.* beenden: *Moderne Wissenschaftler räumen mit altmodischen Ansichten auf* **3 *unter*** ⟨Personen (*Dat*)⟩ ***a.*** *gespr*; mehrere Personen e-r Gruppe (von *mst* Kriminellen) töten od. verhaften: *Die Soldaten hatten unter den Rebellen gründlich aufgeräumt*

auf·rech·nen (*hat*) Vt ***etw. mit / gegen etw. a.*** Dinge miteinander vergleichen u. den Unterschied festlegen ⟨Konten, Summen, Schulden gegeneinander a.⟩: *Als die Forderungen gegeneinander aufgerechnet wurden, blieb nichts übrig*

auf·recht *Adj*; **1** in e-r geraden, senkrechten Haltung ↔ krumm ⟨ein Gang; a. sitzen, gehen⟩: *vor Müdigkeit nicht mehr a. stehen können* **2** ehrlich u. mutig zu seiner Überzeugung stehend ≈ redlich: *ein aufrechter Demokrat*

auf·recht|er·hal·ten; *erhält aufrecht, erhielt aufrecht, hat aufrechterhalten*; Vt ***etw. a.*** etw. so lassen, wie es ist od. etw. verteidigen ⟨e-e Freundschaft, e-e Behauptung, ein Angebot, den Kontakt a.⟩ || *hierzu* **Auf·recht·er·hal·tung** *die*; *nur Sg*

auf·re·gen; *regte auf, hat aufgeregt*; Vt **1 *etw. regt j-n auf*** etw. bewirkt, dass j-d starke Gefühle bekommt, *bes* weil er mit Spannung darauf wartet: *Der Arzt meint, Besuch würde den Kranken zu sehr a.*; *In der Nacht vor der Prüfung war sie so aufgeregt, dass sie nicht schlafen konnte* **2 *j-n* (*durch / mit etw.*) *a.*** *gespr* ≈ ärgern: *den Lehrer mit dummen Streichen a.*; *Du regst mich maßlos auf!*; Vr **3 *sich* (*über j-n / etw.*) *a.*** starke Gefühle haben, *bes* weil man mit Sorge auf etw. wartet od. in Wut gerät ↔ sich beruhigen: *Reg dich nicht so auf, es wird schon nichts passieren!*; *sich über seinen Chef fürchterlich a.*

auf·re·gend 1 *Partizip Präsens*; ↑ ***aufregen*** **2** *Adj*; ⟨ein Erlebnis, ein Film⟩ spannend u. so, dass sie j-n begeistern: *Ist es nicht a., beim Pferderennen zuzusehen?* **3** *Adj*; ⟨e-e Frau, ein Mann, ein Kleid, ein Parfüm⟩ so, dass sie j-s (sexuelles) Interesse erregen

Auf·re·gung *die*; **1** ein Zustand od. ein Ereignis, bei dem j-d nervös od. erregt (u. sehr aktiv) ist ↔ Ruhe ⟨in A. geraten⟩: *In der A. der Hochzeitsvorbereitungen hat sie ganz vergessen, die Blumen zu bestellen*; *Was soll die ganze A.?*; *Die ganze A. war umsonst* **2 *in heller A.*** in großer A. (1): *Alle waren in heller A., weil das Kind verschwunden war*

auf·rei·ben (*hat*) Vt **1 *etw. reibt j-n auf*** etw. überfordert j-s Kräfte u. macht ihn körperlich u. seelisch schwach ≈ etw. zermürbt j-n: *Die große Verantwortung reibt ihn auf* **2** ⟨Truppen *o.Ä.*⟩ ***reiben*** ⟨ein Bataillon *o.Ä.*⟩ ***auf*** Truppen *o.Ä.* vernichten e-e Gruppe von Soldaten *mst* völlig **3 (*sich* (*Dat*)) *etw. a.*** etw. so lange reiben, bis es wund ist ≈ wund reiben; Vr **4 *sich irgendwo a.*** sich durch Reibung e-e Wunde zuziehen: *Bei der Wanderung hat sie sich an den Fersen aufgerieben* **5 *sich a.*** sich durch längere seelische od. körperliche Überforderung schwach machen: *Er reibt sich im Beruf auf*

auf·rei·ßen Vt (*hat*) **1 *etw. a.*** etw. *mst* durch Zerreißen der Hülle öffnen ⟨e-n Brief, e-n Beutel a.⟩ **2 *etw. a.*** etw. plötzlich u. schnell öffnen ⟨den Mund, das Fenster a.⟩ **3 *etw. a.*** die Oberfläche von etw. öffnen ⟨e-e Straße a.⟩ **4 *etw. a.*** e-n Sachverhalt (kurz) darstellen: *die Vorgehensweise kurz a.* **5 *j-n a.*** *gespr!* schnell u. oberflächlich sexuellen Kontakt zu j-m aufnehmen; Vi **6 *etw. reißt auf*** (*ist*) etw. bekommt e-n Riss: *Die Tüte riss auf, u. alles fiel heraus* **7** ⟨*mst* die Wolkendecke, die Bewölkung⟩ ***reißt auf*** (*hat*) *gespr*; der Himmel wird klarer, sodass das Wetter schöner wird; Vimp (*hat*) **8 *es reißt auf*** die Wolken öffnen sich, das Wetter wird besser || *zu* **4 Auf·riss** *der*; *zu* **5 Auf·rei·ßer** *der*; *-s, -*

auf·rei·zen (*hat*) Vt **1 *etw. reizt j-n auf*** etw. macht j-n sehr wütend **2 *j-d / etw. reizt j-n auf*** j-d / etw. erregt j-s (sexuelle) Gefühle stark: *sich aufreizend kleiden* || NB: oft im Partizip Präsens

auf·rich·ten (*hat*) Vt **1 *j-n / etw. a.*** j-n / etw. aus zusammengesunkener od. geknickter Lage wieder in e-e aufrechte Stellung bringen: *e-n Kranken im Bett a.* **2 *j-n a.*** j-m seelische Kraft geben ↔ deprimieren: *j-n nach e-m Misserfolg wieder a.* **3 *etw. a.*** etw. (*bes* aus Balken od. Stangen) aufbauen ⟨ein Gerüst a.⟩; Vr **4 *sich a.*** den Körper aus e-r sitzenden od. liegenden Position in e-e senkrechte Lage bringen: *sich im Bett a.* **5 *sich (an j-m / etw.) a.*** sein psychisches Gleichgewicht durch j-n / etw. wieder finden

auf·rich·tig *Adj*; den tatsächlichen Gefühlen entsprechend ≈ ehrlich ⟨ein Mensch; j-m aufrichtige Zuneigung, Sympathie entgegenbringen⟩: *Das tut mir a. Leid* || *hierzu* **Auf·rich·tig·keit** *die*; *nur Sg*

Auf·riss *der*; e-e technische Zeichnung von e-r Seite *z.B.* e-s Hauses od. e-r Maschine

auf·rit·zen (*hat*) Vt ***etw. a.*** etw. öffnen, indem man daran ritzt: *ein Paket mit dem Messer a.*

auf·rol·len (*hat*) Vt **1 *etw. a.*** etw. so wickeln, dass e-e Rolle daraus entsteht ↔ entrollen ⟨e-n Teppich, ein Plakat a.⟩ **2 *etw. (auf etw. (Akk)) a.*** etw. auf e-e Spule od. Rolle wickeln: *Er rollte die Schnur auf ein Stück Holz auf* **3 *etw. a.*** etw., das zu e-r Rolle gewickelt ist, auseinander ziehen od. glatt machen ≈ auseinander rollen: *e-n roten Teppich a. u. vor dem Palast ausbreiten* **4 *etw. a.*** e-n Sachverhalt od. ein Geschehen logisch u. genau rekonstruieren: *Das Gericht rollte den Fall noch einmal von vorne auf* **5 *das Feld von hinten a.*** *Sport*; die Gegner von e-r hinteren Position aus überholen: *Der Läufer rollte das Feld von hinten auf u. siegte*

auf·rü·cken (*ist*) Vi **1** nach vorne rücken u. so die Lücken in e-r Reihe schließen ≈ aufschließen (2): *Nach langem Warten rückten wir endlich bis zum Eingang auf* **2 *(in etw. (Akk)) a.*** in e-e höhere Stellung kommen: *in e-e führende Position a.*

auf·ru·fen (*hat*) Vt **1 *j-n a.*** j-s Namen nennen, um festzustellen, ob er da ist **2 *j-n a.*** den Namen e-s Wartenden nennen, um ihm mitzuteilen, dass er nun an der Reihe ist ⟨e-n Patienten, e-n Zeugen a.⟩ **3 *j-n a.*** *mst* e-n Schüler während des Unterrichts etw. fragen; Vt/i **4 *(j-n (Kollekt od Pl)) zu etw. a.*** *mst* e-e große Gruppe von Personen auffordern, etw. zu tun ⟨(j-n) zum Widerstand, zum Frieden, zur Abrüstung a.⟩: *Die Gewerkschaften riefen zum Streik auf* || *zu* **2** u. **4 Auf·ruf** *der*

Auf·ruhr [-ruːɐ̯] *der*; *-s, -e*; *mst Sg*; **1** der Widerstand e-r Gruppe mit ähnlichen Interessen gegen e-e Autorität ≈ Rebellion: *Nach der Kundgebung brach unter den Arbeitern der offene A. aus* **2** e-e heftige emotionale Erregung ⟨etw. versetzt j-s Gefühle in A.⟩ || *zu* **1 Auf·rüh·rer** *der*; *-s, -*; **auf·rüh·re·risch** *Adj*

auf·rüh·ren (*hat*) Vt **1 *etw. a.*** am Boden abgesetzte Substanzen in e-r Flüssigkeit durch Rühren wieder verteilen **2 *j-d / etw. rührt etw. (in j-m) auf*** j-d / etw. ruft etw. Vergessenes (in j-m) wieder wach: *Dieses Bild rührte Erinnerungen in ihm auf* **3 *etw. a.*** etw. Vergangenes u. Unangenehmes wieder erwähnen: *alte Geschichten a.* **4 *etw. rührt j-n auf*** etw. erregt j-n stark: *Die Nachricht hatte ihn im Innersten aufgerührt*

auf·run·den (*hat*) Vt ***etw. a.*** e-e Zahl auf die nächste runde od. volle Zahl bringen, indem man etw. hinzufügt ↔ abrunden: *€ 4,86 auf € 5 a.*

auf·rüs·ten (*hat*) Vi **1** ⟨ein Staat *o.Ä.*⟩ ***rüstet auf*** ein Staat *o.Ä.* vergrößert die Anzahl der Waffen (u. Soldaten) ↔ ein Staat *o.Ä.* rüstet ab; Vt **2 *etw. a.*** *bes EDV*; *bes* e-n Computer mit e-r besseren Ausstattung ergänzen: *e-n Computer mit e-m schnelleren Prozessor a.* || *hierzu* **Auf·rüs·tung** *die*; *mst Sg*

auf·rüt·teln (*hat*) Vt **1 *j-n a.*** j-n durch Schütteln wecken ≈ wachrütteln **2 *j-n a.*** j-s Gewissen wecken, j-n sensibilisieren: *j-n aus seiner Lethargie a.*

aufs *Präp mit Artikel* ≈ auf das || NB: *aufs* kann nicht durch *auf das* ersetzt werden in Wendungen wie: *sein Leben aufs Spiel setzen*

auf·sa·gen (*hat*) Vt **1 *etw. a.*** etw., das man auswendig gelernt hat, vortragen ⟨ein Gedicht a.⟩ **2 *j-m etw. a.*** *geschr*; e-e Verbindung zu j-m für beendet erklären ≈ (auf)kündigen ⟨j-m das Arbeitsverhältnis, die Freundschaft a.⟩

auf·sam·meln (*hat*) Vt ***etw.*** (*Kollekt od Pl*) ***a.*** Dinge, die verstreut herumliegen, aufheben ⟨die Scherben a.⟩

auf·säs·sig *Adj*; *pej*; ⟨ein Mensch⟩ so, dass er sich oft u. *mst* unberechtigt über etw. beschwert ≈ trotzig || *hierzu* **Auf·säs·sig·keit** *die*; *mst Sg*

Auf·satz *der*; **1** ein Text, der von e-m Schüler geschrieben wird u. der ein Thema behandelt, das vom Lehrer gestellt wurde || K-: ***Aufsatz-, -thema*** **2** e-e (wissenschaftliche) Abhandlung e-s Themas, die *mst* in e-r Zeitschrift erscheint **3** das Teil, das oben auf e-m Möbelstück angebracht wird: *ein Büfett mit e-m A.* || -K: ***Schrank-***

auf·sau·gen (*hat*) Vt ***etw. a.*** e-e Flüssigkeit aufnehmen: *Der Schwamm saugt das Wasser auf*; *Sie saugte das Wasser mit dem Schwamm auf*

auf·schau·en (*hat*) Vi ≈ aufsehen

auf·schäu·men (*hat / ist*) Vi ***etw. schäumt auf*** etw. steigt mit Schaum in die Höhe: *Die Milch ist beim Kochen aufgeschäumt*

auf·scheu·chen (*hat*) Vt *mst* ***ein Tier a.*** *mst* ein Tier so stören, dass es wegläuft, wegfliegt *o.Ä.*

auf·scheu·ern (*hat*) Vt ***(sich (Dat)) etw. a.*** (sich) etw. durch Reiben verletzen ⟨sich das Knie a.⟩

auf·schich·ten (*hat*) Vt ***etw.*** (*Kollekt od Pl*) ***a.*** ≈ aufstapeln ⟨Holz(scheite) a.⟩ || ► ***Schicht*** (1)

auf·schie·ben (*hat*) Vt **1 *etw. a.*** etw. *mst* Unangenehmes nicht sofort, sondern später erledigen ≈ verschieben: *den Besuch beim Zahnarzt immer wieder a.* **2 *etw. a.*** etw. durch Schieben öffnen ⟨e-e Tür a.⟩ || ID ***Aufgeschoben ist nicht aufgehoben!*** wenn etw. nicht jetzt getan wird, bedeutet das nicht, dass es nie getan wird || ► ***Aufschub***

auf·schie·ßen (*ist*) Vi **1 *etw. schießt auf*** etw. bewegt sich schnell wie bei e-r Explosion nach oben ⟨e-e Stichflamme, e-e Fontäne, ein Wasserstrahl⟩ **2** schnell wachsen: *Der Junge ist innerhalb kürzester Zeit hoch aufgeschossen*

Auf·schlag *der*; **1** e-e Erhöhung, e-e Verteuerung des Preises || -K: ***Preis-*** **2** der Teil an Kleidungsstücken, der nach außen gefaltet ist: *e-e Hose mit A.* **3** *Sport*; ein Schlag mit der Hand / mit dem Schläger, durch den der Ball zu Beginn e-s Ballwechsels auf die Seite des Gegners befördert wird: *e-n harten A. haben*; *Wer hat (den) A.?* || K-: ***Aufschlag-, -fehler, -verlust, -wechsel*** **4** der Aufprall auf die Erde

auf·schla·gen Vt (*hat*) **1 *etw. a.*** etw. durch einen od. mehrere Schläge öffnen ⟨ein Ei a.⟩ **2 *etw. a.*** etw. an e-r bestimmten Stelle öffnen ↔ zuschlagen ⟨ein Buch, e-e Zeitung a.⟩ **3 *die Augen a.*** die Augen weit öffnen **4 *etw. a.*** etw. *mst* für kurze Zeit errichten ↔ abbauen, abbrechen ⟨ein Zelt, ein Lager a.⟩: *Die Expedition schlug ihr Lager am Fuß des Berges auf* **5 *etw. irgendwo a.*** seinen Wohnsitz (für begrenzte Zeit) an e-m Ort einrichten ⟨*mst* sein Quartier, seine Zelte irgendwo a.⟩ **6 *sich (Dat) etw. a.*** sich bei e-m Aufprall od. Sturz ein Körperteil verletzen: *Er fiel vom Fahrrad u. schlug sich das Knie auf*; Vt/i (*hat*) **7 *((um) etw.) a.*** den Preis um e-n bestimmten Betrag erhöhen: *Die Tankstellen haben* *(um) 10% aufgeschlagen*; [Vt] **8** *(hat) Sport*; den Ball zu Beginn e-s Ballwechsels (beim Tennis, Volleyball *o.Ä.*) ins gegnerische Feld bringen **9** (***auf etw.*** *(Dat / Akk)*) ***a.*** *(ist)* im Fallen hart auf etw. treffen ⟨auf der Erde, dem Pflaster a.⟩

auf·schlie·ßen *(hat)* [Vt/i] **1** (***etw.***) (***mit etw.***) ***a.*** ein Schloss mit e-m Schlüssel öffnen ↔ abschließen ⟨e-e Tür, e-e Kasse, ein Haus a.⟩; [Vi] **2** nach vorne rücken u. so die Lücken in e-r Reihe schließen ≈ aufrücken (1): *Bitte a.!* **3** (***zu j-m / etw.***) ***a.*** *Sport*; bis zu e-r führenden Mannschaft, e-m führenden Sportler vorrücken: *zur Tabellenspitze a.*

auf·schlit·zen *(hat)* [Vt] ***etw. a.*** e-n Schlitz in etw. machen ⟨*z.B.* mit e-m Messer⟩: *mit e-m Messer den Briefumschlag a.*

auf·schluch·zen *(hat)* [Vi] plötzlich stark schluchzen

Auf·schluss *der*; ***A.*** (***über j-n / etw.***) e-e Information, die das Verständnis erleichtert ≈ Aufklärung: *Der Bericht gibt A. über die Hintergründe des Skandals*

auf·schlüs·seln; *schlüsselte auf, hat aufgeschlüsselt*; [Vt] ***j-n*** *(Kollekt od Pl)* ***/ etw. nach etw. a.*** *mst* Personen / Dinge auf e-r Liste nach e-m bestimmten Schema od. System gliedern: *e-e Rechnung nach einzelnen Posten a.* || *hierzu* **Auf·schlüs·se·lung** *die*; *nur Sg*

auf·schluss·reich *Adj*; ⟨e-e Erklärung, e-e These, e-e Tabelle⟩ so, dass sie Aufschluss über etw. geben

auf·schnap·pen [Vt] *(hat)* **1** ***etw. a.*** *gespr*; etw. (durch Zufall) hören ⟨ein Gerücht, e-e Nachricht a.⟩: *Wo hast du denn das aufgeschnappt?* **2** ***ein Tier schnappt etw. auf*** ein Tier fängt etw. mit dem Maul od. Schnabel: *Möwen können Brotstücke im Flug a.*; [Vi] *(ist)* **3** ***etw. schnappt auf*** etw. öffnet sich plötzlich ⟨die Autotür, der Koffer⟩

auf·schnei·den *(hat)* [Vt] **1** ***etw. a.*** etw. durch Schneiden öffnen ⟨e-e Verpackung, e-n Knoten a.⟩ **2** ***etw. a.*** etw. Ganzes in Stücke od. Scheiben teilen ⟨e-n Kuchen, e-e Wurst a.⟩; [Vi] **3** *gespr pej*; beim Erzählen stark übertreiben ≈ prahlen || *zu* **3** **Auf·schnei·der** *der*; **auf·schnei·de·risch** *Adj* || ► ***Aufschnitt***

Auf·schnitt *der*; *mst Sg*; e-e Mischung von Scheiben verschiedener Sorten Wurst, Schinken od. Käse || K-: ***Aufschnitt-, -platte*** || -K: ***Käse-, Wurst-***

auf·schnü·ren *(hat)* [Vt] ***etw. a.*** die Schnüre *o.Ä.* von etw. lösen ⟨ein Paket, die Schuhe a.⟩

auf·schrau·ben *(hat)* [Vt] **1** ***etw. a.*** etw. öffnen, indem man an e-m Verschluss dreht od. Schrauben löst ⟨ein Marmeladenglas, e-n Füller a.; e-n Deckel a.⟩ **2** ***etw. auf etw.*** *(Akk)* ***a.*** etw. mithilfe von Schrauben auf etw. festmachen

auf·schre·cken[1]; *schreckte auf, hat aufgeschreckt*; [Vt] **1** ***j-n / ein Tier a.*** j-n / ein Tier erschrecken, sodass er / es e-e schnelle Bewegung macht: *Das Reh wurde durch den Schuss aufgeschreckt* **2** ***j-n aus etw. a.*** j-n erschrecken u. ihn dabei bei etw. stören ≈ j-n aus etw. reißen ⟨*mst* j-n aus seinen Gedanken, Träumen a.⟩

auf·schre·cken[2]; *schrak / schreckte auf, ist aufgeschreckt*; [Vi] erschrecken u. deshalb e-e schnelle Bewegung machen ⟨aus dem Schlaf a.⟩: *Er schreckte auf, als es 12 Uhr schlug*

auf·schrei·ben *(hat)* [Vt] **1** (***sich*** *(Dat)*) ***etw. a.*** etw. schreiben, damit man es nicht vergisst: *besondere Erlebnisse im Tagebuch a.*; *Sie hat sich seine Adresse aufgeschrieben* **2** ***j-n a.*** *gespr*; *mst* die Nummer von j-s Autokennzeichen od. j-s Namen u. Adresse notieren, weil er ein Delikt begangen hat: *Der Polizist schrieb den Falschparker auf* || ► ***Aufschrift***

auf·schrei·en *(hat)* [Vi] plötzlich kurz schreien: *Sie schrie vor Entsetzen laut auf* || *hierzu* **Auf·schrei** *der*

Auf·schrift *die*; e-e schriftliche Information über den Gegenstand, an dem sie befestigt ist: *e-e Flasche mit der A. „Gift!"* || -K: ***Flaschen-***

Auf·schub *der*; die Verlegung e-s Termins auf e-n späteren Zeitpunkt: *Die Bank gewährte dem Schuldner (e-n) A.* || -K: ***Straf-, Zahlungs-*** || ID ***ohne A.*** *geschr*; ohne Verzögerung ≈ sofort

auf·schür·fen *(hat)* [Vt] (***sich*** *(Dat)*) ***etw. a.*** (sich) die Haut durch Reibung verletzen: *Bei seinem Sturz vom Rad hat er sich beide Knie aufgeschürft*

auf·schüt·teln *(hat)* [Vt] ***etw. a.*** etw. lockern od. mischen, indem man es schüttelt ⟨ein Kissen, e-e Bettdecke a.; e-n Orangensaft a.⟩

auf·schüt·ten *(hat)* [Vt] ***etw. a.*** etw. entstehen lassen, indem man Erde *o.Ä.* irgendwohin schüttet ⟨e-n Damm, e-e Straße a.⟩

auf·schwat·zen *(hat)* [Vt] ***j-m etw. a.*** j-n dazu überreden, etw. zu kaufen (das er eigentlich nicht haben will): *Der Vertreter konnte ihm e-n Staubsauger a.*

auf·schwät·zen *(hat)* [Vt] ***j-m etw. a.*** *südd* ≈ j-m etw. aufschwatzen

Auf·schwung *der*; **1** e-e Verbesserung *bes* der wirtschaftlichen Lage ⟨e-n A. erfahren, erleben⟩: *ein leichter A. am Arbeitsmarkt* || -K: ***Wirtschafts-*** **2** ***etw. nimmt e-n A.*** etw. verbessert sich (finanziell) ⟨die Wirtschaft⟩ **3** e-e Verbesserung der psychischen Situation: *Die Freundschaft gibt ihm neuen A.* **4** *Sport*; e-e Bewegung beim Turnen, mit der man sich auf das Turngerät schwingt

auf·se·hen *(hat)* [Vi] **1** (***von etw.***) ***a.***; (***zu j-m / etw.***) ***a.*** nach oben blicken: *Sie sah kurz von ihrem Buch auf, als er vorüberging* **2** ***zu j-m a.*** gegenüber j-m Hochachtung empfinden ≈ j-n bewundern ⟨zu seinen Eltern, Lehrern, Vorbildern a.⟩

Auf·se·hen *das*; *-s*; *nur Sg*; e-e große öffentliche Aufmerksamkeit, die durch ein Ereignis *o.Ä.* ausgelöst wird ⟨großes, einiges A. erregen⟩: *Sein neues Buch sorgte für großes A.* || K-: ***Aufsehen erregend***

Auf·se·her *der*; j-d, dessen Beruf es ist, *mst* in e-m Gefängnis *o.Ä.* die Aufsicht zu führen || -K: ***Gefängnis-, Museums-*** || *hierzu* **Auf·se·he·rin** *die*

auf·sei·ten, auf Sei·ten *Präp*; *mit Gen*; in Bezug auf e-e bestimmte Person od. Gruppe von Personen ≈ seitens: *A. des Klägers gab es keine Einwände gegen das Urteil*

auf·set·zen[1] *(hat)* [Vt] **1** (***j-m / sich***) ***etw. a.*** e-e Kopfbedeckung auf seinen eigenen / j-s Kopf setzen ↔ abnehmen ⟨e-n Hut, e-n Helm, e-e Mütze a.⟩ **2** ***e-e Brille a.*** e-e Brille auf die Nase setzen **3** ***etw. a.*** etw. auf den Herd stellen, damit es kochen kann ⟨Wasser, die Milch, das Essen a.⟩ **4** ***etw. a.*** seinem Gesicht e-n besonderen Ausdruck geben ⟨e-e freundliche, Furcht erregende *usw* Miene a.⟩ **5** ***etw. a.*** etw. mit dem Untergrund in Kontakt bringen: *den verletzten Fuß vorsichtig a.* **6** ***etw. a.*** ein Flugzeug landen: *Der Pilot setzte die Maschine sanft auf*; [Vi] **7** ⟨ein Flugzeug *o.Ä.*⟩ ***setzt*** (***auf etw.*** *(Dat / Akk)*) ***auf*** ≈ ein Flugzeug *o.Ä.* landet: *Das Flugzeug setzt auf der Landebahn auf*; [Vr] **8** ***sich a.*** vom Liegen zum Sitzen kommen: *sich im Bett a.*

auf·set·zen[2] *(hat)* [Vt] **1** ***etw. a.*** ein Dokument dem Zweck angemessen formulieren u. schreiben ⟨e-n Vertrag, ein Testament a.⟩ **2** ***etw. a.*** e-n Entwurf für etw. schreiben ⟨e-n Brief, e-n Aufsatz a.⟩: *Ich habe die Bewerbung dreimal aufgesetzt, bevor ich sie endlich abschickte* || ► ***Aufsatz***

auf·seuf·zen *(hat)* [Vi] plötzlich od. kurz seufzen ⟨erleichtert a.⟩

Auf·sicht *die*; **1** ***die A.*** (***über j-n / etw.***) *nur Sg*; die Beobachtung u. Kontrolle, um Schaden zu vermeiden od. um zu garantieren, dass etw. nach den Vorschriften getan wird ⟨strenge A. führen; A. haben⟩: *Dieses Experiment darf nur unter A. e-s Chemikers ablaufen* || K-: ***Aufsichts-, -amt, -behörde, -per-***

sonal, -pflicht; ***Aufsicht führend*** **2** *mst Sg*; j-d, der j-n / etw. beaufsichtigt: *die A. im Museum*

Auf·sichts·rat *der*; *Kollekt*; e-e Gruppe von Personen *mst* in größeren Firmen, die die Entscheidungen des Vorstandes überwachen || K-: ***Aufsichtsrat-, -mitglied, -vorsitzende(r)***

auf·sit·zen (*ist*) [Vi] **1** sich auf ein Reittier setzen ↔ absitzen **2** ***j-m / etw. a.*** *gespr*; das Opfer e-r Täuschung od. e-s Betrugs werden: *Er war e-m Betrüger aufgesessen*

auf·spal·ten (*hat*) [Vt] **1** ***etw.*** (***in etw.*** (*Akk*)) ***a.*** etw. durch Spalten in Teile zerlegen ⟨e-n Holzklotz a.⟩; [Vr] **2** ***etw. spaltet sich*** (***in*** (*Akk*)) ***auf*** etw. trennt sich in einzelne Teile od. Gruppen ⟨e-e Partei⟩

auf·span·nen (*hat*) [Vt] ***etw. a.*** etw. (das zusammengefaltet od. zusammengeklappt ist) öffnen od. spannen ⟨den Regenschirm a.⟩

auf·spa·ren (*hat*) [Vt] (***sich*** (*Dat*)) ***etw. a.*** etw. für e-n späteren Zeitpunkt übrig lassen, behalten: *den Kuchen nicht gleich essen, sondern ihn für später a.*

auf·sper·ren (*hat*) [Vt] **1** ***etw.*** (***mit etw.***) ***a.*** *südd* ≈ aufschließen (1) ⟨e-e Tür a.⟩ **2** ***etw. a.*** *gespr*; etw. weit öffnen ≈ aufreißen (2) ⟨den Mund weit a.⟩

auf·spie·len (*hat*) [Vi] **1** Musik machen, um j-n zu unterhalten ⟨zum Tanz a.⟩ **2** ***irgendwie a.*** *Sport*; ein gutes Spiel machen ⟨befreit, selbstsicher, groß a.⟩: *a. wie die Profis*; [Vr] **3** ***sich*** (***als etw.***) ***a.*** *gespr pej*; sich für wichtiger halten, als man ist, u. sich entsprechend benehmen: *sich als Anführer a.*; *sich vor anderen groß a.*

auf·spie·ßen (*hat*) [Vt] **1** ***etw.*** (***mit etw.***) ***a.*** etw. mithilfe e-s spitzen Gegenstands nehmen od. aufheben: *ein Stück Fleisch, e-e Olive a.* **2** ***j-n / etw. a.*** j-n / etw. öffentlich u. *mst* satirisch kritisieren

auf·split·tern [Vi] (*ist*) **1** ***etw. splittert*** (***in etw.*** (*Akk*)) ***auf*** etw. löst sich in einzelne Teile od. Splitter auf; [Vr] (*hat*) **2** ***etw. splittert sich auf*** ≈ etw. spaltet sich auf

auf·spren·gen (*hat*) [Vt] ***etw. a.*** etw. (Verschlossenes) mit Gewalt od. mithilfe von Sprengstoff öffnen ⟨e-e Tür, e-n Tresor a.⟩

auf·sprin·gen (*ist*) [Vi] **1** schnell u. plötzlich aufstehen: *Als es klingelte, sprang er sofort auf u. rannte zur Tür* **2** (***auf etw.*** (*Akk*)) ***a.*** mit e-m Sprung auf ein fahrendes Fahrzeug gelangen ↔ abspringen: *Er sprang auf den Zug auf* **3** ***etw. springt auf*** etw. öffnet sich plötzlich von selbst ↔ etw. fällt zu ⟨ein Koffer, ein Schloss⟩ **4** ***etw. springt auf*** etw. bekommt durch Trockenheit od. Kälte Risse ≈ etw. platzt auf: *aufgesprungene u. blutende Lippen*

auf·sprit·zen (*ist*) [Vi] ⟨e-e Flüssigkeit⟩ ***spritzt auf*** e-e Flüssigkeit spritzt in die Höhe

auf·spu·len (*hat*) [Vt] ***etw.*** (***auf etw.*** (*Akk*)) ***a.*** etw. auf e-e Spule (auf)wickeln: *die Angelschnur war nicht richtig aufgespult*

auf·spü·ren (*hat*) [Vt] ***j-n / ein Tier / etw. a.*** j-n / ein Tier / etw. nach gründlicher u. intensiver Suche finden ⟨e-n Verbrecher, das Wild, j-s Versteck a.⟩: *Der Hund hat den Verschütteten aufgespürt*

auf·sta·cheln; *stachelte auf, hat aufgestachelt*; [Vt] **1** ***j-n*** (***gegen j-n / etw.***) ***a.*** in j-m e-e Abneigung od. Hass gegen j-n / etw. erzeugen ≈ aufhetzen (1): *Er stachelte sie ständig gegen seinen Rivalen auf* **2** ***j-n*** (***zu etw.***) ***a.*** j-n zu mehr Eifer, zu größerer Leistung treiben ≈ anspornen: *Sein Trainer stachelte ihn zu immer neuen Höchstleistungen auf*

auf·stamp·fen (*hat*) [Vi] mit den Füßen fest auf den Boden stampfen ⟨vor Wut a.⟩

Auf·stand *der*; der aktive Widerstand e-r Gruppe benachteiligter Personen gegen die Verursacher ihrer Situation ≈ Rebellion ⟨e-n A. blutig niederschlagen⟩: *Die Erhöhung der Brotpreise löste e-n A. aus* || -K: ***Bauern-, Volks-*** || *hierzu* **auf·stän·disch** *Adj*; *nicht adv*; **Auf·stän·di·sche** *der / die*; *-n, -n*

auf·sta·peln (*hat*) [Vt] ***etw.*** (*Kollekt od Pl*) ***a.*** etw. zu e-m Stapel schichten: *Bücher, Kisten a.*

auf·stau·en (*hat*) [Vt] **1** ***etw. a.*** e-n Fluss *o.Ä.* mithilfe e-s Damms daran hindern weiterzufließen; [Vr] **2** ***etw. staut sich auf*** etw. sammelt sich an e-m Hindernis in großer Menge: *Vor den Bergen hatte sich warme Luft aufgestaut* **3** ***etw. staut sich*** (***in j-m***) ***auf*** ein Gefühl wird immer intensiver ⟨Ärger, Wut⟩

auf·ste·chen (*hat*) [Vt] ***etw. a.*** etw. öffnen, indem man hineinsticht

auf·ste·cken (*hat*) [Vt] **1** *gespr*; ein Vorhaben nicht zu Ende führen: *Du machst den Fehler, zu früh aufzustecken*; [Vt] **2** ***j-m / sich das Haar / die Haare a.*** j-m / sich das lange Haar hochnehmen u. mit Nadeln u. Klammern befestigen

auf·ste·hen [Vi] **1** (*ist*) aus e-r liegenden od. sitzenden Position in e-e stehende Position kommen: *nach e-m Sturz kaum mehr a. können*; *Sie stand auf u. bot mir ihren Sitzplatz an* **2** (*ist*) (nach dem Aufwachen od. nach e-r Krankheit) das Bett verlassen: *Ich bin gerade erst aufgestanden*; *Der Patient darf noch nicht a.* **3** ***etw. steht auf*** (*hat / südd* (CH) *ist*) etw. ist offen ↔ etw. ist zu ⟨ein Fenster, e-e Tür⟩ **4** ***etw. steht*** (***auf etw.*** (*Dat*)) ***auf*** (*ist*) etw. steht auf etw.: *Der Schrank steht nur auf drei Beinen* (*auf dem Boden*) *auf* || ID *mst* ***Da musst du*** (***schon***) ***früher / eher a.!*** *gespr*; wenn du etw. erreichen willst, musst du geschickter, intelligenter handeln als bisher

auf·stei·gen (*ist*) [Vi] **1** ***j-d / etw. steigt auf*** j-d / etw. steigt nach oben: *zur Spitze des Berges a.*; *Der Ballon stieg rasch auf* **2** ***j-d / etw. steigt auf*** j-d / etw. bewegt sich in e-r Flüssigkeit nach oben ⟨Blasen; ein Taucher⟩ **3** ***etw. steigt in j-m auf*** ein Gefühl entsteht in j-m ↔ etw. legt sich ⟨Neid, Wut, Rührung⟩ **4** (***zu etw.***) ***a.*** e-e höhere soziale, *mst* berufliche Position erhalten ≈ avancieren ⟨zum Abteilungsleiter, zur Chefsekretärin a.⟩ **5** *mst* ⟨e-e Mannschaft⟩ ***steigt auf*** *Sport*; e-e Mannschaft kommt in die nächsthöhere Liga: *Der Tabellenführer hat die größten Chancen aufzusteigen* || *zu* **4** u. **5** **Auf·stei·ger** *der*; *-s, -*; **Auf·stei·ge·rin** *die*; *-, -nen*

auf·stel·len (*hat*) [Vt] **1** ***etw. a.*** etw. *mst* aus einzelnen Teilen zusammensetzen u. an e-n Ort stellen ≈ aufbauen (1) ⟨ein Zelt, ein Gerüst, e-e Baracke a.⟩ **2** ***etw. a.*** etw., das umgefallen ist, wieder in die alte Lage bringen: *Er stellte das umgestoßene Glas schnell wieder auf* **3** ***etw.*** (*Kollekt od Pl*) ***a.*** etw. (in e-r bestimmten Ordnung) irgendwohin stellen: *die Schachfiguren a.*; *Stühle vor der Bühne a.* **4** ***ein Tier stellt die Ohren auf*** ein Tier richtet die Ohren nach oben **5** ***etw. a.*** etw. *mst* öffentlich äußern, aussprechen ⟨e-e Behauptung, e-e Forderung a.⟩ **6** ***etw. a.*** etw. aus einzelnen Teilen zu e-m Ganzen zusammenfügen ⟨e-e Bilanz, e-e Liste, e-n Plan, ein Programm, e-e Rechnung a.⟩ **7** ***etw. a.*** allgemein gültige Regeln durch Forschung erarbeiten ↔ widerrufen ⟨e-e neue Theorie, ein mathematisches Gesetz a.⟩ **8** ***e-n Rekord a.*** *Sport*; e-e neue Bestleistung in e-r Disziplin erreichen || NB: ↑ ***brechen*** (9) **9** ***j-n a.*** j-n an e-r bestimmten Stelle postieren: *an e-r wichtigen Kreuzung e-n Polizisten a.* **10** ***j-n*** (***als etw.***) (***für etw.***) ***a.*** j-n bei e-r Wahl als Kandidaten melden ≈ nominieren: *Er wurde als Kandidat für die Europawahlen aufgestellt* **11** ***j-n a.*** *Sport*; j-n als Mitglied e-r Mannschaft für e-n Wettkampf melden ≈ nominieren: *Wegen mehrerer Verletzter musste der Trainer fünf Ersatzspieler a.*; [Vr] **12** ***etw. stellt sich auf*** etw. richtet sich nach oben ≈ etw. sträubt sich ⟨das Fell, die Haare⟩ **13** ***j-d*** (*Kollekt od Pl*) ***stellt sich*** (***irgendwie***) ***auf*** mehrere Per-

sonen stellen sich so, dass e-e bestimmte Ordnung hergestellt wird ⟨sich (*Pl*) nebeneinander, in Zweierreihen a.⟩
Auf·stel·lung *die*; *mst Sg*; **1** das Aufstellen (5) ⟨die A. e-r Behauptung⟩ **2** das Aufstellen (6) ⟨die A. e-s Programms⟩ || -K: ***Kosten-*** **3** das Aufstellen (7) ⟨die A. e-r Hypothese⟩ **4** das Aufstellen (10) ≈ Nominierung ⟨die A. e-s Kandidaten⟩ **5** *Sport*; die Namen der Spieler, die für e-n Wettkampf aufgestellt (11) wurden ⟨die A. bekannt geben⟩ || -K: ***Mannschafts-*** **6** ***j-d*** (*Kollekt od Pl*) ***nimmt A.*** Personen stellen sich auf (13)
auf·stem·men (*hat*) Vt ***etw. a.*** etw. (mit e-m Stemmeisen od. Meißel) gewaltsam öffnen ⟨e-e Tür a.⟩
Auf·stieg *der*; *-(e)s, -e*; *mst Sg*; **1** das Gehen od. der Weg vom Tal zum Berg hinauf **2** e-e Verbesserung der (Lebens)Verhältnisse ⟨der soziale, wirtschaftliche A.⟩ **3** *Sport*; der Wechsel am Ende der Saison in e-e höhere Division od. Liga ↔ Abstieg (3)
auf·stö·bern (*hat*) Vt **1** ***j-n / etw. a.*** *gespr*; j-n / etw. nach langem Suchen finden ≈ aufspüren **2** ***ein Tier a.*** Wildtiere (mit Hunden) suchen u. aus ihrem Versteck jagen
auf·sto·cken (*hat*) Vt/i **1** (***etw.***) (***um etw.***) ***a.*** e-e Menge (um etw.) vermehren ≈ erhöhen: *Der Etat wurde um 20 Prozent aufgestockt* **2** (***etw.***) ***a.*** weitere Etagen auf ein Gebäude bauen, es höher machen ⟨ein Haus a.⟩ || *hierzu* **Auf·sto·ckung** *die*
auf·sto·ßen Vt (*hat*) **1** ***etw. a.*** etw. durch e-n Stoß öffnen ⟨e-e Tür a.⟩ **2** (***sich*** (*Dat*)) ***etw. a.*** sich etw. verletzen, indem man gegen etw. stößt ≈ aufschlagen (6) ⟨(sich) den Ellbogen, das Knie a.⟩; Vi **3** (*hat*) Gas, Luft aus dem Magen durch die Speiseröhre entweichen lassen ≈ rülpsen ⟨laut, leise, unauffällig a.⟩ **4** ***etw. stößt j-m*** (***irgendwie***) ***auf*** (*ist*) *gespr*; j-m fällt etw. (*mst* negativ u. unangenehm) auf: *Sein freches Auftreten ist mir übel aufgestoßen*
auf·stre·bend *Adj*; *mst attr*; **1** steil nach oben gerichtet: *hoch aufstrebende Mauern* **2** auf dem Weg zum Erfolg ⟨ein junger Mann, ein Unternehmen⟩
Auf·strich *der*; *mst Sg*; das, was auf e-e Scheibe Brot gestrichen wird: *Butter als A.* || -K: ***Brot-***
auf·stüt·zen (*hat*) Vt **1** ***etw.*** (***auf etw.*** (*Dat / Akk*)) ***a.*** e-n Körperteil auf etw. stützen: *die Arme auf den Tisch a.* **2** ***j-n a.*** j-n aufrichten (1), indem man ihn stützt; Vr **3** ***sich*** (***mit etw.***) (***auf j-n / etw.***) ***a.*** sich auf j-n / etw. stützen: *sich mit den Ellbogen a.*
auf·su·chen (*hat*) Vt *geschr*; **1** ***j-n a.*** zu e-m bestimmten Zweck zu j-m gehen ⟨e-n Arzt, e-n Anwalt a.⟩: *Ich suche Sie nur auf, um mich zu verabschieden* **2** ***etw. a.*** zu e-m bestimmten Zweck in e-n Raum gehen ⟨den Speisesaal, den Hörsaal, die Toilette a.⟩
auf·ta·keln; *takelte auf, hat aufgetakelt*; Vt **1** ***etw. a.*** ein Segelschiff mit der Ausrüstung versehen, an der die Segel befestigt werden; Vr **2** ***sich a.*** *gespr, oft pej*; sich (übertrieben) elegant od. modisch kleiden (u. schminken) || ► ***aufgetakelt***
Auf·takt *der*; **1** ein unvollständiger Takt am Beginn e-s Musikstücks **2** *mst Sg*; der erste Teil e-r Veranstaltung ≈ Eröffnung: *Zum A. des Festaktes spielte das Mozartquintett*
auf·tan·ken (*hat*) Vt/i (***etw.***) ***a.*** den Tank e-s Fahrzeugs mit Treibstoff füllen ⟨ein Flugzeug a.⟩
auf·tau·chen (*ist*) Vi **1** ***j-d / etw. taucht auf*** j-d / etw. kommt an die Wasseroberfläche ⟨ein Taucher, ein U-Boot⟩ **2** ***j-d taucht auf*** j-d ist plötzlich u. überraschend da: *Nach Jahren tauchte er wieder auf* **3** ***j-d / etw. taucht auf*** j-d / etw. wird überraschend sichtbar: *Plötzlich tauchte ein Bär vor ihm auf* **4** ***etw. taucht auf*** etw. entsteht unerwartet ⟨ein Problem⟩
auf·tau·en Vt (*hat*) **1** ***etw. a.*** etw. Gefrorenes zum Schmelzen bringen od. von Eis befreien: *gefrorenes Fleisch, ein Türschloss a.*; Vi (*ist*) **2** ***etw. taut auf*** etw. schmilzt, das Eis verschwindet: *Langsam taut das Eis auf den Seen auf* **3** *gespr*; nicht mehr so schüchtern *o.Ä.* sein, sondern anfangen, mit den anderen zu sprechen: *Im Laufe des Abends taute er auf*
auf·tei·len (*hat*) Vt **1** ***etw. a.*** etw. teilen u. *mst* mehreren Personen geben: *e-n Kuchen, ein Land a.*; *das Erbe untereinander a.* **2** ***j-n / etw.*** (*Kollekt od Pl*) (***in etw.*** (*Akk*)) ***a.*** mehrere Personen / etw. in Gruppen od. Einheiten teilen ≈ einteilen: *Die Teilnehmer des Sprachkurses wurden in drei Gruppen aufgeteilt* || *hierzu* **Auf·tei·lung** *die*
auf·ti·schen; *tischte auf, hat aufgetischt*; Vt **1** (***j-m***) ***etw. a.*** Speisen anbieten: *Es wurden Kaviar u. Hummer aufgetischt* **2** (***j-m***) ***etw. a.*** *gespr*; (j-m) etw. erzählen, das *mst* nicht wahr ist ⟨Lügen, Geschichten a.⟩: *Er tischt jeden Tag e-e neue Ausrede auf*
Auf·trag *der*; *-(e)s, Auf·trä·ge*; **1** die Anweisung zur Erledigung e-r Aufgabe ⟨j-m e-n A. erteilen, geben; e-n A. bekommen, erledigen, ausführen⟩: *Er hat den A. zu unserer vollsten Zufriedenheit ausgeführt* **2** ***im A.*** + *Gen* / ***von j-m*** verwendet, um auszudrücken, dass j-d von j-m / e-r Firma beauftragt wurde, etw. zu tun || NB: Die Abkürzung *i.A.* erscheint *mst* bei der Unterschrift in Geschäftsbriefen **3** die Bestellung von Waren od. Dienstleistungen ⟨e-r Firma, e-m Handwerker e-n A. geben; etw. in A. geben⟩: *den A. an das billigste Bauunternehmen vergeben* || K-: ***Auftrag-, -geber, -nehmer***; ***Auftrags-, -bestätigung*** || -K: ***Millionen-*** **4** *mst Sg*; e-e wichtige Verpflichtung: *Die Regierung hat den A., die Arbeitslosigkeit zu bekämpfen*
auf·tra·gen (*hat*) Vt **1** ***j-m etw. a.*** j-n bitten od. verpflichten, etw. zu tun ⟨j-m Grüße a.⟩: *Mir wurde aufgetragen, hier aufzupassen* **2** ***etw.*** (***auf etw.*** (*Akk*)) ***a.*** e-e dünne Schicht auf etw. streichen u. gleichmäßig verteilen ⟨Lack, Farbe, Make-up a.⟩ **3** ***etw. a.*** *gespr*; ein Kleidungsstück von j-d anderem übernehmen u. so lange anziehen, bis es abgenutzt ist: *Sie musste die Kleider ihrer älteren Schwester a.* **4** ***etw. a.*** *geschr*; Speisen u. Getränke (*bes* bei e-m feierlichen Anlass) auf den Tisch bringen; Vi **5** ***etw. trägt auf*** etw. bewirkt, dass j-d dicker erscheint als er ist ⟨Kleidung⟩: *Dieser Stoff trägt zu sehr auf* **6** ***dick a.*** *gespr* ≈ übertreiben, angeben: *Der trägt aber wieder mal dick auf!*
Auf·trags·ein·gang *der*; das Eintreffen e-s Auftrags (3) ⟨den A. bestätigen⟩
auf·tref·fen (*ist*) Vi (***auf etw.*** (*Dat / Akk*)) ***a.*** (*z.B.* bei e-m Sturz) auf e-e Fläche treffen, fallen
auf·trei·ben (*hat*) Vt **1** ***j-n / etw. a.*** *gespr*; e-e Person / Sache, die dringend gebraucht wird, beschaffen, finden: *das nötige Geld, e-n Arzt a.* **2** ***etw. treibt etw. auf*** etw. vergrößert das Volumen von etw. (durch die Entwicklung von Gas *o.Ä.*): *Hefe treibt den Teig auf*; *ein aufgetriebener Bauch* || NB: *zu* **2**: *mst* im Partizip Perfekt
auf·tren·nen (*hat*) Vt ***etw. a.*** die Fäden e-r Naht durchschneiden ⟨*mst* e-e Naht, e-n Saum a.⟩
auf·tre·ten Vi (*ist*) **1** ***irgendwie a.*** sich auf e-e bestimmte Art u. Weise verhalten ⟨(un)sicher, arrogant, überheblich a.⟩ **2** ***irgendwie a.*** den Fuß / die Füße in e-r bestimmten Art auf den Boden setzen ⟨leise, laut, vorsichtig a.⟩ **3** ***als etw. a.*** in e-r bestimmten Rolle od. Funktion agieren ⟨als Zeuge, Helfer, Konkurrent a.⟩ **4** ***etw. tritt auf*** etw. entsteht plötzlich u. unerwartet ⟨e-e Epidemie, ein Problem⟩: *Hinterher trat die Frage nach den Ursachen auf* **5** in e-m Theater od. Film e-e Rolle spielen od. vor e-m Publikum singen ⟨ein Schau-

spieler, ein Sänger, ein Tänzer⟩: *Hitchcock trat in allen seinen Filmen auch selbst auf*; [Vi] (*hat*) **6 etw. a.** so gegen etw. treten, dass es aufgeht ⟨die Tür a.⟩

Auf·tre·ten *das*; *-s*; *nur Sg*; die Art u. Weise, wie j-d auftritt (1) ≈ Verhalten, Benehmen: *ein resolutes, selbstsicheres A. haben*

Auf·trieb *der*; *nur Sg*; **1** die innere Kraft, die j-n zu neuen Taten fähig macht ≈ Schwung: *Erfolgserlebnisse geben neuen A.* **2** *Phys*; die aufwärts gerichtete Kraft, die auf e-n Körper wirkt: *Durch den A. schwimmt Holz im Wasser*

Auf·tritt *der*; **1** der Moment, in dem j-d (*bes* als Schauspieler, Sänger, Tänzer auf der Bühne) erscheint **2** die Zeit, in der j-d auftritt (5): *Die Schauspielerin war während ihres gesamten Auftritts sichtlich nervös* **3** die Art u. Weise, wie j-d auftritt (1,5): *Das war ein toller A.!* **4** ein Teil e-s Aktes (im Drama) ≈ Szene: *der dritte A. des zweiten Aktes*

auf·trump·fen; *trumpfte auf, hat aufgetrumpft*; [Vi] **(*mit etw.*) *a.*** deutlich zeigen, dass man überlegen sein will: *mit seinem Wissen, mit Argumenten a.*

auf·tun (*hat*) [Vt] **1 *etw. a.*** *gespr*; etw. (durch Zufall) überraschend finden: *Ich habe e-e neue Kneipe aufgetan* **2 *etw. a.*** *geschr veraltend* ≈ öffnen; [Vr] **3 *etw. tut sich auf*** *geschr veraltend* ≈ etw. öffnet sich **4 *etw. tut sich* (*j-m*) *auf*** etw. wird für j-n sichtbar od. erkennbar: *Ein weites Tal tat sich vor ihr auf*; *Durch die Erbschaft taten sich ihr neue Perspektiven auf*

auf·wa·chen (*ist*) [Vi] **1** aufhören zu schlafen ≈ wach werden: *Bist du aufgeweckt worden od. bist du von selbst aufgewacht?* **2 (*aus e-m Traum* / *aus seiner Lethargie*) *a.*** aufhören, unrealistisch zu denken od. gleichgültig zu sein

auf·wach·sen (*ist*) [Vi] ***irgendwo* / *irgendwie a.*** seine Kindheit u. Jugend irgendwo / irgendwie verbringen ⟨auf dem Land, in der Stadt a.⟩

auf·wal·len (*ist*) [Vi] **1 *etw. wallt auf*** etw. gerät an der Oberfläche in heftige Bewegung: *die Milch kurz a. lassen* **2 *etw. wallt in j-m auf*** *geschr*; ein Gefühl entsteht plötzlich u. heftig in j-m ⟨Hass, Mitleid, Missgunst⟩ || *zu* **2 Auf·wal·lung** *die*

Auf·wand *der*; *-(e)s*; *nur Sg*; alles, was eingesetzt od. verwendet wird, um ein Ziel zu erreichen od. um e-n Plan zu realisieren ⟨unnötigen, übertriebenen A. betreiben⟩: *Mit e-m A. von mehreren Millionen Euro baute die Stadt ein neues Theater*; *So viel A. lohnt sich nicht* || -K: ***Arbeits-, Zeit-***

auf·wän·dig ↑ ***aufwendig***

Auf·wands|ent·schä·di·gung *die*; das Geld, das man (von e-r Firma) als Ausgleich für bestimmte Kosten zurückbekommt

auf·wär·men (*hat*) [Vt] **1 *etw. a.*** etw. (Gekochtes) noch einmal warm machen: *am Abend die Reste vom Mittagessen a.* **2 *etw. a.*** *gespr*; etw. Negatives nach einiger Zeit wieder erwähnen ⟨e-n alten Streit a.⟩: *Immer wieder wärmst du die alten Geschichten auf!*; [Vr] **3 *sich a.*** den frierenden Körper wieder warm machen ⟨sich an e-m Ofen, mit e-m Tee / Grog a.⟩ **4 *sich a.*** seine Muskeln, Sehnen u. Gelenke durch Bewegung u. Gymnastik für e-e sportliche Tätigkeit vorbereiten ⟨sich vor dem Start a.⟩ || K-: ***Aufwärm-, -gymnastik***

auf·war·ten (*hat*) [Vi] **1 *mit etw. a.*** etw. Besonderes bieten od. vorbringen ⟨mit e-r Überraschung a.⟩: *Bei der Besprechung wartete er mit völlig neuen Argumenten auf* **2 *mit etw. a.*** *geschr*; besondere Speisen anbieten ≈ etw. auftischen (1)

auf·wärts *Adv*; **1** nach oben ↔ abwärts: *ein a. führender Weg*; *den Fluss a. fahren* || K-: ***Aufwärts-, -trend*** **2 *von ... a.*** alles oberhalb der genannten Sache (in e-r Hierarchie): *vom Hauptmann a.*

> **auf·wärts ge·hen** *ging aufwärts, ist aufwärts gegangen*; [Vimp] ***es geht aufwärts*** **(*mit j-m* / *etw.*)** j-m geht es besser, etw. macht Fortschritte: *Jetzt geht es aufwärts mit der Wirtschaft*

Auf·war·tung *die*; -, *-en*; *mst in* ***j-m seine A. machen*** j-m e-n höflichen Besuch machen

Auf·wasch *der*; *-(e)s*; *mst in* ***in 'einem A.*** alles zusammen od. gleichzeitig: *Wir treffen uns morgen, dann können wir alles in einem A. erledigen*

auf·we·cken (*hat*) [Vt] ***j-n a.*** ≈ wecken (1)

auf·wei·chen; *weichte auf, hat* / *ist aufgeweicht*; [Vt] (*hat*) **1 *j-d* / *etw. weicht etw. auf*** j-d / etw. macht etw. durch Feuchtigkeit weich: *Der Regen hat den Boden aufgeweicht*; [Vi] (*ist*) **2 *etw. weicht auf*** etw. wird durch Nässe weich

auf·wei·sen (*hat*) [Vt] **1 *etw. a.*** etw. erreichen u. vorzeigen ⟨Erfolge a. können⟩ **2 *j-d* / *etw. weist etw. auf*** j-d / etw. hat bestimmte Merkmale od. Eigenschaften: *Die Ware weist zahlreiche Mängel auf*

auf·wen·den; *wandte* / *wendete auf, hat aufgewandt* / *aufgewendet*; [Vt] ***etw.* (*für etw.*) *a.*** etw. verwenden od. einsetzen (*mst* um ein Ziel zu erreichen) ⟨viel Energie, Zeit, Geld für ein Vorhaben, e-n Plan a.⟩: *Sie musste ihre ganze Kraft a., um die Kiste in das Auto zu heben* || ► ***Aufwand***

auf·wen·dig *Adj*; mit viel Aufwand verbunden u. *mst* sehr teuer ≈ kostspielig: *die aufwendige Inszenierung e-s Dramas*

Auf·wen·dung *die*; **1** *nur Sg* ≈ Einsatz: *mit* / *unter A. aller Kräfte* **2** *nur Pl*, *Admin geschr*; die Kosten od. Ausgaben, die j-m bei e-r Arbeit entstehen

auf·wer·fen (*hat*) [Vt] **1 *etw. a.*** etw. ansprechen od. erwähnen, um es anderen Personen bewusst zu machen ⟨im Gespräch, in der Diskussion, in der Debatte e-e neue Frage a.⟩ **2 *etw. a.*** durch Anhäufen von Material etw. entstehen lassen ↔ abtragen ⟨e-n Damm a.⟩

auf·wer·ten (*hat*) [Vt] *mst in* ***j-d* / *etw. wird* (*um etw.*) *aufgewertet*** der Wert od. die Stellung e-r Person / Sache wird verbessert ⟨e-e Währung, j-s Position wird aufgewertet⟩: *Der Euro wurde um 0,5 Prozent aufgewertet* || *hierzu* **Auf·wer·tung** *die*

auf·wi·ckeln (*hat*) [Vt] ***etw. a.*** etw. auf e-e Rolle od. zu e-r Rolle wickeln ⟨e-e Schnur, ein Kabel, e-n Faden a.⟩

auf·wie·geln; *wiegelte auf, hat aufgewiegelt*; [Vt] ***j-n* (*gegen j-n* / *etw.*) *a.*** j-n zum Widerstand gegen j-n / etw. bewegen ≈ aufhetzen (2): *E-e Mannschaft zur Meuterei gegen den Kapitän a.* || *hierzu* **Auf·wie·ge·lung** *die*; **Auf·wieg·ler** *der*; *-s*, -

auf·wie·gen (*hat*) [Vt] ***etw. wiegt etw. auf*** etw. gleicht etw. Negatives aus: *Die positiven Aspekte wiegen die Nachteile voll auf*

Auf·wind *der*; **1** Luft, die nach oben strömt ↔ Abwind ⟨A. bekommen, haben⟩: *Der Drachenflieger ließ sich im A. gleiten* **2 (*neuen*) *A. bekommen*; *im A. sein*** Fortschritte machen od. Erfolge haben

auf·wir·beln [Vt] (*hat*) **1 *etw. wirbelt etw. auf*** etw. wirbelt etw. (Leichtes) hoch in die Luft: *Der Wind wirbelte den Staub, die Blätter auf* **2 *j-d* / *etw. wirbelt viel Staub auf*** j-s Aktionen / ein Vorfall *o.Ä.* lösen heftige Diskussionen aus; [Vi] (*ist*) **3 *etw. wirbelt auf*** etw. Leichtes wirbelt in die Luft ⟨Blätter, Schnee, Staub⟩

auf·wi·schen (*hat*) [Vt] **1 *etw. a.*** *mst* Schmutz od. Flüssigkeit durch Wischen (vom Fußboden) entfernen: *verschüttete Milch vom Boden a.* **2 *etw. a.*** *bes* den Fußboden durch Wischen reinigen: *die Küche, den Boden nass a.* || K-: ***Aufwisch-, -lappen***

auf·wüh·len (*hat*) [Vt] **1 *etw. a.*** e-e (Erd)Fläche durch Graben, durch Druck *usw* aufreißen (3):

Der Maulwurf hat den ganzen Rasen aufgewühlt; *Schwere Lastwagen haben den Waldweg aufgewühlt* **2** ***etw. wühlt etw. auf*** etw. versetzt Wasser in starke Bewegung: *Der starke Wind wühlte das Meer auf* **3** ***etw. wühlt j-n auf*** etw. erregt, erschüttert j-n innerlich sehr

auf·zäh·len (*hat*) [Vt] ***j-n / etw.*** (*Kollekt od Pl*) ***a.*** mehrere Personen od. Dinge der Reihe nach einzeln nennen: *Sie zählte auf, was sie auf die Reise mitnehmen musste* || *hierzu* **Auf·zäh·lung** *die*

auf·zäu·men (*hat*) [Vt] ***ein Tier a.*** e-m Reit- od. Zugtier die Riemen anlegen, mit denen es geführt wird ⟨ein Pferd a.⟩

auf·zeh·ren (*hat*) [Vt] ***etw. a.*** *geschr*; etw., das als Vorrat gedacht ist, vollständig verbrauchen ⟨seine Ersparnisse a.⟩: *Als alle Lebensmittel aufgezehrt waren, mussten sie hungern*

auf·zeich·nen (*hat*) [Vt] **1** ***etw. a.*** e-e Zeichnung od. Skizze von etw. machen: *Ich zeichne dir den Weg auf* **2** ***etw. a.*** etw. Wichtiges schriftlich festhalten ⟨Erinnerungen, Eindrücke, Gefühle im Tagebuch a.⟩ **3** (***sich*** (*Dat*)) ***etw. a.*** etw. auf Tonband od. Video speichern, *mst* um es später sehen / hören zu können: *„Hast du den Spielfilm gestern Abend gesehen?" - „Nein, aber ich hab ihn (mir) aufgezeichnet"*

Auf·zeich·nung *die*; **1** *mst Pl*; die schriftlichen Notizen von Erinnerungen, Eindrücken *o.Ä.* || -K: ***Tagebuch-*** **2** e-e Aufnahme od. ein Filmbericht, die zu e-m späteren Zeitpunkt gesendet werden ↔ Livesendung

auf·zei·gen (*hat*) [Vt] ***etw. a.*** *geschr*; etw. deutlich darstellen od. zeigen ⟨Probleme, Fehler a.⟩: *Der Referent zeigte auf, wie das Gesetz entstanden ist*

auf·zie·hen[1] (*hat*) [Vt] **1** ***etw. a.*** etw. nach oben ziehen ⟨e-e Fahne, ein Segel a.⟩ **2** ***etw. a.*** etw. durch Ziehen öffnen ⟨den Vorhang a.⟩ **3** ***etw.*** (***auf etw.*** (*Akk*)) ***a.*** etw. so auf etw. befestigen, dass es gespannt ist: *e-e Leinwand auf e-n Rahmen a.* **4** ***etw. a.*** e-e Feder[3] spannen, die e-n Mechanismus antreibt ⟨e-e Uhr a.⟩: *Die Spielpuppe muss man a., damit sie läuft* **5** ***j-n*** (***mit etw.***) ***a.*** *gespr*; j-n necken u. damit ärgern: *Alle ziehen ihn wegen seiner komischen Aussprache auf* **6** ***e-e Spritze a.*** e-e Spritze zur Injektion vorbereiten, indem man sie mit e-m Serum füllt || ► ***Aufzug***[1]

auf·zie·hen[2] (*hat*) [Vt] ***j-n / ein Tier a.*** ein Kind großziehen od. ein junges Tier ernähren u. pflegen, bis es ausgewachsen ist || ► ***Aufzucht***

auf·zie·hen[3] (*hat*) [Vt] *gespr*; ***etw. a.*** e-e Veranstaltung planen u. durchführen: *e-e Show groß a.*

auf·zie·hen[4] (*ist*) [Vi] **1** ***etw. zieht auf*** etw. entsteht od. kommt näher ⟨*mst* Nebel, ein Gewitter⟩ **2** ⟨*mst* e-e Garde, die Wache⟩ ***zieht auf*** e-e Garde, die Wache stellt sich (in bestimmter Ordnung) an ihren Platz || ► ***Aufzug***[3]

Auf·zucht *die*; *mst Sg*; das Ernähren u. Pflegen *mst* von jungen Tieren: *die A. von Küken, von Fohlen* || -K: ***Geflügel-, Rinder-***

Auf·zug[1] *der*; ein technisches Gerät, in dem j-d / etw. in e-m Gebäude senkrecht nach oben od. unten transportiert wird ≈ Fahrstuhl, Lift: *Nehmen wir den A. od. die Treppe?* || -K: ***Personen-, Speisen-***

Auf·zug[2] *der*; **1** ein Teil e-s Theaterstücks ≈ Akt: *e-e Tragödie in fünf Aufzügen* **2** *nur Sg*, *pej*; die Art u. Weise, wie sich j-d gekleidet od. frisiert hat: *In diesem A. kannst du doch nicht in die Schule gehen!*

Auf·zug[3] *der*; **1** *nur Sg*; das Aufziehen[4] (1) ⟨der A. einzelner Wolkenfelder⟩ **2** das Aufmarschieren von Soldaten: *der A. der Wache vor dem Palast*

auf·zwin·gen (*hat*) [Vt] **1** ***j-m etw. a.*** j-m etw. so anbieten, dass er es nicht ablehnen kann ⟨j-m seine Hilfe, seinen Rat a.⟩ **2** ***j-m etw. a.*** j-n (oft mit Gewalt) zwingen, etw. *mst* Fremdes od. Unerwünschtes anzunehmen ⟨j-m seinen Willen a.⟩: *e-m Volk mit Gewalt e-e andere Kultur a.*

Aug·ap·fel *der*; der kugelförmige Teil des Auges, der in der Augenhöhle liegt: *Die Lider schützen die Augäpfel* || ↑ *Abb. unter* **Auge** || ID ***j-n / etw. wie seinen A. hüten*** auf j-n / etw. besonders gut aufpassen

Au·ge *das*; *-s, -n*; **1** das Organ, mit dem Menschen u. Tiere sehen ⟨glänzende, leuchtende, strahlende, sanfte, traurige, blutunterlaufene, tiefliegende, tränende Augen; mit den Augen zwinkern; sich die Augen reiben⟩: *ein Kind mit braunen Augen*; *Er ist auf einem A. blind*; *Sie schämte sich so, dass sie ihm nicht in die Augen sehen konnte* || K-: ***Augen-, -arzt, -braue, -farbe, -klinik, -leiden, -lid, -muskel, -optiker, -tropfen*** **2** *nur Pl*; die Punkte auf einer Seite e-s Würfels, e-s Dominosteins *o.Ä.* || ↑ *Abb. unter* **Domino** **3** *nur Pl*; der Wert, den e-e Spielkarte in e-m Spiel hat ≈ Punkt: *Das Ass zählt elf Augen* **4** die Stelle, an der aus e-r Pflanze e-e Knospe od. ein Trieb wächst: *die Augen e-r Kartoffel, e-r Rose* **5** ***ein blaues A.*** ein A. (1), um das herum die Haut nach e-m Schlag od. Stoß rot od. blau (angelaufen) ist **6** ***das A. des Gesetzes*** *hum*; die Polizei **7** ***gute / schlechte Augen haben*** gut / schlecht sehen **8** ***Augen haben wie ein Luchs*** sehr gut sehen **9** ***vor j-s Augen*** so, dass j-d dabei zusieht: *Das Kind ist vor meinen Augen überfahren worden* **10** ***mit bloßem Auge*** ohne Brille, Fernglas *o.Ä.* ⟨etw. mit bloßen A. erkennen, sehen, unterscheiden können⟩ || ID ***unter j-s Augen*** so, dass es j-d hätte bemerken müssen: *Der Betrug ist direkt unter seinen Augen geschehen*; ***sich*** (*Dat*) ***die Augen verderben*** die Augen zu sehr anstrengen u. ihnen dadurch schaden; ***j-m wird schwarz vor Augen*** j-d wird (fast) bewusstlos; ***so weit das Auge reicht*** so weit man sehen kann; ***sich*** (*Dat*) ***die Augen aus dem Kopf schauen / sehen*** *gespr*; sehr intensiv mit den Augen nach j-m / etw. sehen / suchen; *mst* ***Geh mir aus den Augen!, Komm mir nicht mehr unter die Augen!*** *gespr*; Ich will dich hier nicht mehr sehen; ***seine Augen überall haben*** alles aufmerksam beobachten; ***j-n / etw. nicht aus den Augen lassen*** j-n / etw. scharf u. ununterbrochen beobachten; ***j-n / etw. im A. behalten*** j-n / etw. scharf u. konzentriert beobachten, j-n / etw. nicht vergessen; ***seinen Augen kaum / nicht trauen*** über etw., das man sieht, so überrascht sein, dass man es kaum glauben kann; ***ein A. / beide Augen zudrücken*** e-n Fehler od. e-n Mangel sehr nachsichtig behandeln; ***j-m gehen die Augen über*** *gespr*; j-d ist von der großen Schönheit, Menge *o.Ä.* von etw., das er sieht, überrascht: *Wenn du die Geschenke siehst, gehen dir die Augen über!*; ***j-m gehen die Augen auf*** *gespr*; j-d durchschaut etw. plötzlich; ***j-m die Augen*** (***über j-n / etw.***) ***öffnen*** j-m die Wahrheit über j-n / etw. sagen; ***j-m etw. vor Augen führen*** j-m etw. klar machen; ⟨ein Gespräch⟩ ***unter vier Augen*** zwischen nur zwei Personen; ***sich*** (*Pl*) ***A. in A. gegenüber stehen*** sich (*Pl*) sehr nahe gegenüber stehen u. fixieren; ***die Augen offen halten*** aufpassen, Acht geben; ***ein*** (***wachsames***) ***A. auf j-n / etw. haben*** auf j-n / etw. aufpassen; ***ein A. für etw. haben*** etw. schnell u. richtig beurteilen können, etw. gut verstehen; ***keine Augen im Kopf haben*** *gespr*; unaufmerksam sein, nicht aufpassen; ***j-n / etw. aus den Augen verlieren*** den Kontakt zu j-m / etw. verlieren; ***etw. mit anderen Augen sehen*** etw. aus e-r anderen Perspektive sehen; ***etw. mit e-m lachenden u. e-m weinenden A. sehen*** positive u. negative Aspekte an etw. sehen; ***etw. ins A. fas-***

sen planen, etw. zu tun; ***ein A. auf j-n / etw. werfen*** *gespr*; sich für j-n / etw. interessieren; ***etw. fällt / springt / sticht ins A.*** etw. ist sehr auffällig; ***e-r Gefahr ins A. sehen*** e-r Gefahr nicht ausweichen; *mst* ***Das kann ins A. gehen*** das kann schlimme Konsequenzen haben; ***mit e-m blauen A. davonkommen*** *gespr*; e-e unangenehme Situation ohne größeren Schaden überstehen; ***kein A. zutun*** nicht schlafen können; ***große Augen machen*** *gespr* ≈ staunen; ***j-m schöne Augen machen*** mit j-m flirten; ***j-m*** ⟨e-n Wunsch, e-e Bitte⟩ ***von den Augen ablesen*** j-s Wunsch od. Bitte erkennen, ohne dass er sie ausspricht; ***sich*** (*Dat*) ***die Augen aus dem Kopf weinen*** heftig weinen; ***Da bleibt kein A. trocken*** *gespr*; etw. ist so lustig od. traurig, dass man weinen muss; ***Aus den Augen, aus dem Sinn*** was / wen man nicht sieht, vergisst man leicht; ***A. um A., Zahn um Zahn*** verwendet, um auszudrücken, dass man sich mit den gleichen Mitteln rächen will

Auge

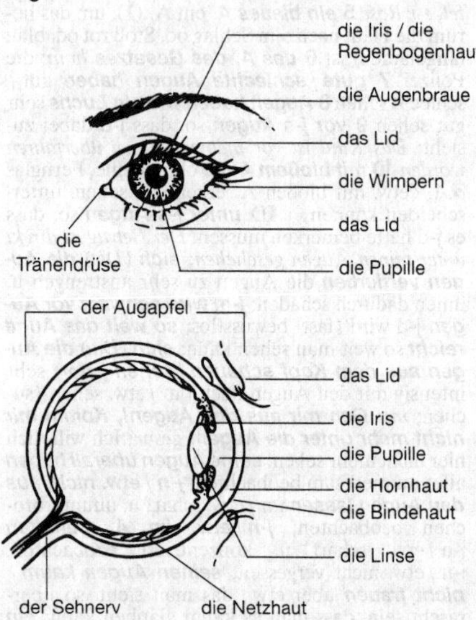

Au·gen·blick *der*; ein ganz kurzer Zeitraum ≈ Moment ⟨der richtige, entscheidende A. für etw.⟩: *Warten Sie bitte e-n A., sie kommt gleich* || ID (***Einen***) ***A. bitte!*** *gespr*; bitte warten Sie ein bisschen; ***im A.*** ≈ jetzt: *Komm später vorbei, im A. bin ich beschäftigt*; ***im letzten A.*** gerade noch rechtzeitig: *Der Ertrinkende wurde im letzten A. gerettet*

au·gen·blick·lich *Adj*; **1** *nur attr od adv*; in diesem Augenblick, zurzeit ≈ derzeitig, momentan: *Sein augenblicklicher Gesundheitszustand ist gut*; *A. ist die Lage sehr schlecht* **2** *nur adv*; ohne Zeit zu verlieren ≈ sofort: *Verlassen Sie a. den Raum!*

Au·gen·höh·le *die*; der Teil des Kopfes, in dem das Auge liegt

Au·gen·maß *das*; *nur Sg*; **1** die Fähigkeit, bestimmte Entfernungen od. Mengen zu schätzen ⟨ein gutes A. haben; etw. nach (dem) A. schätzen⟩ **2** die Fähigkeit, e-e Situation einzuschätzen: *Er hat nicht das richtige A. für diese schwierige Situation*

Au·gen·merk *das*; *-(e)s*; *nur Sg* ≈ Aufmerksamkeit ⟨sein A. auf j-n / etw. richten, lenken, konzentrieren⟩: *Ihr A. galt besonders den Armen*

Au·gen·schein *der*; *nur Sg*, *geschr*; ein erster, *mst* oberflächlicher Eindruck: *Man soll nicht nach dem A. urteilen* || ID ***j-n / etw. in A. nehmen*** *geschr*; j-n / etw. ganz exakt u. kritisch betrachten

au·gen·schein·lich *Adj*; *geschr*; auf den ersten Blick sichtbar ≈ offensichtlich, offenbar: *Hier ist a. ein Verbrechen geschehen*

Au·gen·wei·de *die*; -; *nur Sg*; ein sehr schöner Anblick: *Der Ausblick war e-e wahre A.*

Au·gen·wi·sche·rei *die*; -, *-en*; *pej*; der Versuch, etw. Negatives positiver darzustellen, als es ist

Au·gen·zeu·ge *der*; j-d, der ein Geschehen selbst gesehen hat u. darüber etw. aussagen kann: *A. e-s Verbrechens werden* || K-: ***Augenzeugen-, -bericht***

au·gen·zwin·kernd *Adj*; *mst adv*; mit e-r schnellen Bewegung des Auges, das man (mehrmals) kurz schließt, um so j-m zu signalisieren, dass man etw. anders meint, als es gesagt wurde, od. dass man auf seiner Seite ist

-äu·gig *im Adj, begrenzt produktiv*; mit der genannten Art od. Zahl von Augen, mit der genannten Augenfarbe; ***blauäugig, braunäugig, grünäugig, rotäugig*** *usw*; ***großäugig, helläugig, scharfäugig, schlitzäugig, einäugig, kuhäugig, rehäugig***

Au·gust[1] *der*; *-(e)s / -, -e*; *mst Sg*; der achte Monat des Jahres; *Abk* Aug. ⟨im A.; Anfang, Mitte, Ende A.; am 1., 2., 3. A.⟩

Au·gust[2] *der*; *-s / -, -e*; *mst* ***ein dummer A.*** ein Clown im Zirkus (der so tut, als ob er dumm sei)

Auk·ti·on [-ˈt͡si̯oːn] *die*; -, *-en*; e-e Veranstaltung, bei der Waren an denjenigen verkauft werden, der das meiste Geld dafür bietet ≈ Versteigerung: *e-e A. für alte Möbel* || -K: ***Bilder-, Kunst-, Vieh-***

Au·la *die*; -, *Au·len / Au·las*; ein großer Saal (*bes* in Schulen) für Veranstaltungen od. Versammlungen: *die Weihnachtsfeier in der A. abhalten*

Au·pair-Mäd·chen, **Au·pair-mäd·chen** [oːˈpɛːɐ-, oːˈpɛːr-] *das*; e-e junge Frau, die im Ausland *mst* in e-m Haushalt arbeitet, um Sprache u. Land kennen zu lernen: *Nach dem Abitur ging sie als A. nach Paris*

aus[1] *Präp*; *mit Dat*; **1** verwendet zur Bezeichnung e-r Bewegungsrichtung von innen nach außen: *den Bleistift aus der Schublade nehmen* **2** verwendet zur Bezeichnung e-r Bewegungsrichtung von e-m Ausgangspunkt weg: *j-m ein Buch aus der Hand reißen* **3** verwendet, um anzugeben, woher j-d / etw. kommt od. stammt: *Er kommt aus Sizilien* **4** verwendet zur Bezeichnung des Materials, mit dem etw. gemacht wird: *Die Kette ist aus Gold*; *aus verschiedenen Zutaten e-n Kuchen backen* **5** verwendet, um e-n Teil e-s Ganzen zu bezeichnen: *e-e Auswahl aus Dürers Gemälden*; *Einer aus der Klasse fehlt* **6** verwendet zur Bezeichnung e-s Grundes od. e-r Ursache: *aus Angst lügen*; *Aus welchem Grund hast du das gesagt?* **7** verwendet zur Bezeichnung des Zustandes am Beginn e-r Veränderung od. Verwandlung: *Aus der Raupe wird ein Schmetterling* **8** verwendet zur Bezeichnung e-r Distanz: *etw. aus weiter Ferne hören*; *etw. aus e-r Entfernung von 100 Metern erkennen* **9** verwendet, um anzugeben, von welcher Zeit etw. stammt ≈ von: *e-e Verordnung aus dem Jahr 1890*; *ein Foto aus seiner Kinderzeit* **10** ***aus ... heraus*** mit Pronomen od. mit unbestimmtem Artikel verwendet, um die inneren Beweggründe für j-s Handlung zu bezeichnen ≈ aus (6): *Aus e-r Laune heraus lud er alle seine Freunde in die Kneipe ein* **11** ***von ... aus*** verwendet, um den Punkt zu nennen, von dem e-e Bewegung od. Richtung ausgeht: *Von Berlin aus flogen wir nach Hamburg* **12** ***von mir / ihm / ihr aus*** *gespr*; j-d hat nichts dagegen: „Kann ich hier rauchen?" - „Von mir aus." || NB: statt *aus was* verwendet man *woraus*

aus[2] *Adv*; **1** verwendet, um j-n aufzufordern, etw. außer Funktion zu setzen ↔ an: *Licht aus!*; *Den Motor aus!* **2 Es ist aus (u. vorbei) mit etw.** *gespr*; etw. ist definitiv zu Ende od. gescheitert: *Wir haben kein Geld mehr - nun ist es aus (u. vorbei) mit unserer Weltreise* || ID **weder aus noch ein wissen** nicht mehr wissen, was man tun soll

aus sein (*ist*) *Vi* *gespr*; **1 etw. ist aus** etw. ist zu Ende od. vorbei: *Um zwölf Uhr ist die Schule aus*; *Das Spiel ist aus, wenn einer zwanzig Punkte hat* **2 etw. ist aus** etw. brennt nicht mehr ⟨das Feuer, die Kerze⟩ **3 etw. ist aus** etw. ist nicht in Betrieb od. nicht eingeschaltet ↔ etw. ist an ⟨elektrische Geräte: das Radio, der Staubsauger *usw*⟩ **4 j-d ist aus** j-d ist irgendwohin ausgegangen: *Gestern Abend waren wir aus. Wir waren im Theater* **5 etw. ist aus** *Sport*; etw. ist außerhalb der Grenzen des Spielfelds ⟨der Ball⟩ **6 auf etw.** (*Akk*) **a. s.** etw. sehr gern haben od. erreichen wollen: *auf Abenteuer a. s.*; *Er ist* darauf *aus, immer der Erste* zu *sein*; *Vimp* **7 mit j-m / etw. ist es aus** für j-n / etw. gibt es keine Rettung mehr **8 mit j-m** (*Sg / Pl*) **/ zwischen j-m** (*Pl*) **ist es aus** e-e Liebesbeziehung od. Freundschaft ist beendet **9 mit etw. ist es aus** etw. ist zu Ende, geht (so) nicht weiter: *Mit meiner Gutmütigkeit ist es jetzt endgültig aus!*

Aus *das*; -; *nur Sg*; **1** *Sport*; der Raum, der außerhalb des Spielfeldes liegt ⟨den Ball ins Aus schießen⟩ **2** *gespr*; das Ende e-s Zustands ⟨für j-n / etw. kommt das Aus; etw. ist das Aus für j-n / etw.⟩

aus- *im Verb, betont u. trennbar, sehr produktiv*; Die Verben mit *aus-* werden nach folgendem Muster gebildet: *ausschreiben - schrieb aus - ausgeschrieben*

1 *aus-* drückt aus, dass etw. nach außen kommt od. gebracht wird ≈ hinaus-, heraus- ↔ hinein-, herein-;

etw. aus etw. auspressen: *Sie presste den Rest der Zahnpasta aus der Tube aus* ≈ Sie drückte so kräftig auf die Tube, dass die Zahnpasta nach außen kam

ebenso: **(etw.) ausatmen, etw. aus etw. ausgießen, etw. aus etw. ausgraben, (etw. aus etw.) ausladen, etw. aus etw. ausleeren, etw. aus etw. auslöffeln, etw. aus etw. auspumpen, (etw. aus etw.) ausräumen, etw. aus etw. aussaugen, etw. aus etw. ausschaben, etw. aus etw. ausschöpfen, etw. aus etw. ausschütten, etw. aus etw. auswickeln**

2 *aus-* drückt aus, dass etw. leer gemacht wird;

etw. auspressen: *Sie presste e-e Orange aus* ≈ Sie drückte so lange auf die Orange, bis kein Saft mehr darin war

ebenso: ⟨ein Ei⟩ **ausblasen, etw. ausgießen, etw. auskippen, etw. auskratzen, etw. ausladen, etw. auslecken, etw. ausleeren, etw. auslöffeln, etw. auspumpen, etw. ausquetschen, etw. ausräumen, etw. aussaugen, etw. ausschaben, etw. ausschöpfen, etw. ausschütten, (etw.) austrinken**

3 *aus-* drückt aus, dass ein Gerät außer Funktion gesetzt wird od. dass ein Feuer, eine Flamme *o.Ä.* nicht mehr brennt ↔ ein-;

etw. ausschalten: *Er schaltete die Kaffeemaschine aus* ≈ Er drückte auf den Knopf, sodass die Kaffeemaschine nicht mehr in Funktion war

ebenso: **etw. ausblasen, etw. ausdrehen, etw. geht aus, etw. ausknipsen, etw. auslöschen, etw. ausmachen, etw. auspusten, etw. austreten**

4 *aus-* drückt aus, dass etw. sehr gründlich u. intensiv od. bis zum Schluss getan wird;

etw. ausdiskutieren: *Das Problem ist noch nicht ausdiskutiert* ≈ Das Problem muss noch gründlich diskutiert werden

ebenso: ⟨ein Vogel⟩ **brütet etw. aus, etw. ausformulieren, etw. ausheilen / etw. heilt aus, ausschlafen, sich austoben, etw. austüfteln**

5 *aus-* drückt aus, dass etw. in mehrere Richtungen geht;

etw. ausfahren: *Er fährt für e-e Brauerei Getränke aus* ≈ Er fährt die Getränke zu den Leuten

ebenso: **etw. ausstreuen, etw. austragen**

aus·ar·bei·ten (*hat*) *Vt* **etw. a.** etw., das als Entwurf od. Plan schon vorhanden ist, bis ins Detail fertig machen || *hierzu* **Aus·ar·bei·tung** *die*

aus·ar·ten; *artete aus, ist ausgeartet*; *Vi* **etw. artet (in etw.** (*Akk*) **/ zu etw.) aus** *pej*; etw. wird zu etw., das nicht gut ist: *Die Geburtstagsfeier artete in ein Trinkgelage aus*

aus·at·men (*hat*) *Vt/i* **(etw.) a.** Luft durch Nase od. Mund nach außen strömen lassen ↔ einatmen ⟨tief, hörbar a.⟩

aus·ba·den (*hat*) *Vt* **etw. a. (müssen)** *gespr*; die unangenehmen Folgen von etw. tragen (müssen) ⟨die Fehler, Versäumnisse e-s anderen a.⟩

aus·bag·gern (*hat*) *Vt* **1 etw. a.** ein Loch in den Boden baggern ⟨e-e Baugrube a.⟩ **2 etw. a.** etw. mithilfe e-s Baggers größer od. tiefer machen ⟨das Flussbett a.⟩ ≈ ausheben (1) || *hierzu* **Aus·bag·ge·rung** *die*

aus·ba·lan·cie·ren; *balancierte aus, hat ausbalanciert*; *Vt* ⟨Dinge⟩ **a.** Dinge in den Zustand des Gleichgewichts bringen od. im Gleichgewicht halten ⟨Gewichte, Kräfte a.⟩ || *hierzu* **Aus·ba·lan·cie·rung** *die*; *mst Sg*

aus·bau·en (*hat*) *Vt* **1 etw. a.** ein Teil aus etw. mithilfe von Werkzeug entfernen ⟨e-n Motor a.⟩ **2 etw. a.** etw. erweitern, vergrößern u. verbessern ⟨das Straßennetz, seine Machtposition, e-n Vorsprung, die gegenseitigen Beziehungen a.⟩ **3 etw. (zu etw.) a.** etw. durch Bauen verändern: *die alte Fabrik zu e-m Museum a.*; *Vt/i* **4 (etw.) a.** ein Haus (od. Teile davon) größer machen: *Wir wollen nächstes Jahr a.* **5 (etw.) a.** e-e noch ungenutzte Wohnfläche bewohnbar machen ⟨den Keller, das Dach a.⟩ || *hierzu* **Aus·bau** *der*; *nur Sg*; *zu* **2 aus·bau·fä·hig** *Adj*; *nicht adv*

aus·bei·ßen (*hat*) *Vt* **1 sich** (*Dat*) **e-n Zahn a.** auf etw. Hartes beißen u. dabei e-n Zahn abbrechen; *Vimp* **2** *mst* **Da / Jetzt beißts (bei j-m) aus** *südd gespr*; das geht nicht od. das kann / weiß j-d nicht

aus·bes·sern (*hat*) *Vt* **etw. a.** beschädigte Stellen e-r Sache reparieren ⟨Wäsche, das Dach, den Straßenbelag a.⟩ || *hierzu* **Aus·bes·se·rung** *die*

aus·beu·len; *beulte aus, hat ausgebeult*; *Vt* **etw. a.** Beulen aus etw. entfernen ⟨e-e Autotür a.⟩ || *hierzu* **Aus·beu·lung** *die*

Aus·beu·te *die*; *mst Sg*; der Ertrag od. Gewinn aus e-r Leistung od. e-r Arbeit ⟨e-e geringe, reiche, wissenschaftliche A.⟩

aus·beu·ten; *beutete aus, hat ausgebeutet*; *Vt* **1 j-n a.** von j-m Leistungen verlangen od. erzwingen, damit man selbst davon profitiert, od. ohne sie angemessen zu bezahlen ⟨j-n schamlos, skrupellos a.⟩ **2 etw. a.** etw. völlig ausnutzen, abbauen u. verbrauchen: *natürliche Vorräte an Wasser, Erdöl a.*; *Rohstoffe a.* || *hierzu* **Aus·beu·tung** *die*; *zu* **1 Aus·beu·ter** *der*; *-s, -*; **Aus·beu·te·rin** *die*; *-, -nen*

aus·be·zah·len; *bezahlte aus, hat ausbezahlt*; *Vt* **1 (j-m) etw. a.** ≈ auszahlen (1) **2 j-n a.** ≈ auszahlen (2) ⟨e-n Erben, e-n Teilhaber⟩ || *hierzu* **Aus·be·zah·lung** *die*

aus·bil·den (*hat*) [Vt] **1** ***j-n / sich*** (***zu etw.*** / ***als etw.***) ***a.*** (j-n) in e-m Beruf unterrichten ⟨e-n Lehrling a.; j-n zum Facharbeiter a.; sich als Schauspieler a. lassen⟩ **2** ***etw. a.*** e-e Fähigkeit trainieren od. schulen ⟨sein Talent, seine Stimme a.⟩ **3** ***etw. bildet etw. aus*** etw. bekommt od. entwickelt etw. ⟨e-e Pflanze bildet Triebe, Wurzeln, Knospen aus⟩; [Vr] **4** ***etw. bildet sich aus*** etw. entsteht allmählich: *ein Talent, e-e Blüte bildet sich aus* || *zu* **1** **Aus·bil·der** *der*; *-s*, *-*; **Aus·bil·de·rin** *die*; *-*, *-nen*

Aus·bil·dung *die*; *mst Sg*; **1** das Vorbereiten e-s Menschen auf seinen zukünftigen Beruf ⟨sich in der A. befinden⟩ || K-: ***Ausbildungs-, -beruf, -firma, -kosten, -maßnahmen, -platz, -stelle, -zeit*** || -K: ***Berufs-, Spezial-*** **2** das, was man während der Vorbereitung auf den Beruf lernt ⟨e-e gründliche, solide, künstlerische A. erhalten⟩ **3** das Entstehen ≈ Entwicklung: *die A. von Knospen, Blättern*

aus·bit·ten (*hat*) [Vt] **1** ***sich*** (*Dat*) ***etw. a.*** etw. energisch, mit Nachdruck verlangen ⟨sich Ruhe a.⟩ **2** ***sich*** (*Dat*) ***etw. a.*** *geschr*; um etw. bitten ⟨sich Bedenkzeit a.⟩ || ID *mst* ***Das möchte ich mir ausgebeten haben!*** das erwarte ich, das verlange ich

aus·bla·sen (*hat*) [Vt] ***etw. a.*** etw. Brennendes durch Blasen auslöschen ⟨ein Streichholz, e-e Kerze a.⟩

aus·blei·ben (*ist*) [Vi] **1** ***etw. bleibt aus*** etw. trifft (entgegen der Regel, der Erwartung) nicht ein: *Die erhoffte Besserung blieb aus*; *Es blieb nicht aus*, dass *der Betrug entdeckt wurde* **2** nicht mehr eintreffen od. erscheinen ⟨die Gäste, die Kunden⟩ **3** nicht nach Hause kommen ⟨lange, die Nacht über a.⟩

aus·blei·chen[1]; *blich aus, ist ausgeblichen / ausgebleicht*; [Vi] ***etw. bleicht aus*** etw. verliert an (Intensität der) Farbe ≈ etw. verblasst ⟨die Gardine, der Stoff⟩

aus·blei·chen[2]; *bleichte aus, hat ausgebleicht*; [Vt] ***etw. bleicht etw. aus*** etw. bewirkt, dass etw. seine Farbe verliert: *Die Sonne hat den Stoff ausgebleicht*

aus·blen·den (*hat*) [Vt] **1** ***etw. a.*** Ton u. / od. Bild aus e-r Sendung herausnehmen ↔ einblenden: *Gegen Ende der Übertragung wurde die Musik ausgeblendet*; [Vr] **2** ***sich*** (***aus etw.***) ***a.*** sich aus e-r laufenden Sendung ausschalten || *hierzu* **Aus·blen·dung** *die*

Aus·blick *der*; **1** ***ein A.*** (***auf, über etw.*** (*Akk*)) das Bild, das sich j-m von e-m *mst* erhöhten Standpunkt aus bietet ≈ Aussicht ⟨e-n herrlichen A. haben; ein A. auf die Stadt⟩ **2** ***ein A.*** (***auf etw.*** (*Akk*)) ≈ Vorschau: *ein A. auf die kommende Theatersaison*

aus·bli·cken (*hat*) [Vi] ***nach j-m / etw. a.*** ≈ nach j-m / etw. ausschauen (1)

aus·blu·ten [Vi] **1** ***ein Tier blutet aus*** (*ist*) ein Tier blutet so lange, bis kein Blut mehr im Körper ist ⟨das geschlachtete Huhn, das Schwein⟩ **2** ***etw. blutet aus*** (*hat*) etw. hört auf zu bluten ⟨die Wunde⟩

aus·boo·ten; *bootete aus, hat ausgebootet*; [Vt] ***j-n a.*** *gespr*; j-n aus seiner Position od. Stellung verdrängen: *Er hat seinen Konkurrenten ausgebootet*

aus·bor·gen (*hat*) [Vt] ≈ ausleihen

aus·bre·chen [Vt] (*hat*) **1** (***j-m / sich***) ***etw. a.*** etw. aus etw. herausbrechen ⟨sich e-n Zahn a.⟩; [Vi] (*ist*) **2** (***aus etw.***) ***a.*** sich (oft mit Gewalt) aus e-r unangenehmen Situation befreien ⟨aus dem Gefängnis, aus e-m Käfig a.⟩: *Ein Tiger brach aus dem Zoo aus* **3** ***etw. bricht aus*** etw. beginnt od. entsteht plötzlich u. heftig ⟨Feuer, Jubel, ein Krieg, e-e Hungersnot, e-e Panik, e-e Krankheit, e-e Seuche⟩ **4** ***in etw.*** (*Akk*) ***a.*** plötzlich heftige Gefühlsäußerungen zeigen ⟨in Lachen, Tränen, Geschrei, Jubel a.⟩ **5** ***ein Vulkan bricht aus*** ein Vulkan schleudert plötzlich Lava u. Gesteinsbrocken heraus || ▸ ***Ausbruch***

Aus·bre·cher *der*; *-s*, *-*; ein Gefangener, der sich mit Gewalt aus dem Gefängnis befreit (hat)

aus·brei·ten (*hat*) [Vt] **1** ***etw.*** (*Kollekt od Pl*) ***a.*** Gegenstände übersichtlich nebeneinander hinlegen (um sie j-m zu zeigen) ⟨Geschenke, Waren a.⟩ **2** ***etw. a.*** etw. auseinander falten u. offen (vor j-n) hinlegen ⟨e-n Plan, e-e Decke a.⟩: *Er breitete die Straßenkarte auf dem Boden aus* **3** ***etw.*** (***vor j-m***) ***a.*** (j-m) etw. ausführlich schildern ⟨seine Probleme, Gedanken, Sorgen a.⟩ **4** ***etw. a.*** etw. weit nach außen strecken ⟨j-d breitet die Arme aus; ein Vogel breitet die Flügel aus⟩ **5** ***etw. a.*** e-e Anschauung od. Idee vielen Menschen bekannt machen ⟨e-e Lehre, e-e Religion a.⟩; [Vr] **6** ***etw. breitet sich aus*** etw. wird immer größer u. bedeckt schließlich e-e große Fläche ⟨das Feuer, der Nebel, e-e Stadt⟩ **7** ***etw. breitet sich aus*** etw. ergreift od. betrifft viele Menschen ⟨e-e Unruhe, e-e Seuche⟩ **8** ***etw. breitet sich aus*** etw. wird bei vielen Menschen bekannt u. gewinnt an Einfluss ⟨e-e Ideologie, ein Gerücht, e-e Mode⟩|| *zu* **5-8** **Aus·brei·tung** *die*; *nur Sg*

aus·bren·nen (*ist*) [Vi] ***etw. brennt aus*** etw. brennt so, dass der innere Teil völlig zerstört wird ⟨ein Haus, ein Auto⟩ || ▸ ***ausgebrannt***

aus·brin·gen (*hat*) [Vt] **1** ***etw.*** (***auf j-n / etw.***) ***a.*** (oft bei e-r Feier) etw. Positives über j-n / etw. sagen ⟨e-n Toast, ein Hoch *o.Ä.* (auf j-n, auf j-s Gesundheit) a.⟩ **2** ***etw. a.*** etw. auf Feldern u. Wiesen verteilen ⟨Dünger a.⟩ || *zu* **2** **Aus·brin·gung** *die*; *mst Sg*

Aus·bruch *der*; **1** ***der A.*** (***aus etw.***) die gewaltsame (Selbst)Befreiung *mst* aus dem Gefängnis: *e-n A. bemerken, vereiteln* || K-: ***Ausbruchs-, -versuch*** **2** *nur Sg*; der plötzliche, heftige Beginn von etw. ⟨der A. e-s Krieges, e-r Krankheit⟩ || -K: ***Kriegs-*** **3** das (explosionsartige) Herausschleudern von Lava ≈ Eruption || -K: ***Vulkan-*** **4** e-e spontane, heftige Reaktion des Gemüts || -K: ***Freuden-, Gefühls-, Temperaments-, Wut-*** **5** ***etw. kommt zum A.*** etw. beginnt plötzlich ≈ etw. bricht aus (3)

aus·brü·ten (*hat*) [Vt] **1** ***ein Vogel brütet etw. aus*** ein Vogel sitzt auf befruchteten Eiern, bis sich junge Vögel entwickelt haben: *Die Henne hat sechs Küken ausgebrütet* **2** ***etw. a.*** *gespr*; sich etw. ausdenken ⟨e-n Plan, Unsinn a.⟩ **3** ***etw. a.*** *gespr*; kurz vor e-r ansteckenden Erkrankung sein ⟨e-e Grippe a.⟩

Aus·buch·tung *die*; *-*, *-en*; die Stelle, an der etw. nach außen gewölbt ist: *e-e A. der Straße* || ▸ ***Bucht***

aus·bud·deln (*hat*) [Vt] ***etw. a.*** *gespr* ≈ ausgraben (1)

aus·bü·geln (*hat*) [Vt] ***etw. a.*** *gespr*; etw., das man falsch gemacht hat (bzw. nicht hätte tun sollen), korrigieren od. wieder gutmachen ⟨e-n Fehler a.⟩

aus·bu·hen (*hat*) [Vt] ***j-n / etw. a.*** *gespr*; durch Rufe zeigen, dass man mit j-m od. seiner Darbietung nicht einverstanden ist: *e-n Politiker, e-n Sänger a.*

aus·bür·gern; *bürgerte aus, hat ausgebürgert*; [Vt] ***j-n a.*** j-m die Staatsbürgerschaft nehmen ↔ einbürgern || *hierzu* **Aus·bür·ge·rung** *die*

aus·bürs·ten (*hat*) [Vt] ***etw. a.*** etw. mit e-r Bürste reinigen ⟨die Hose, den Mantel a.⟩

aus·che·cken (*hat*) [Vi] (***aus etw.***) ***a.*** *bes* am Ende des Aufenthalts in e-m Hotel das Zimmer räumen u. den Schlüssel zurückgeben ⟨aus e-m Hotel a.⟩

Aus·dau·er *die*; *nur Sg*; **1** der beständige Eifer u. die Geduld, mit denen man etw. tut: *seinen Hobbys mit großer A. nachgehen* **2** *Sport*; die Fähigkeit, den Körper lange anzustrengen, ohne müde zu werden: *Ein Marathonläufer braucht viel A.* || K-: ***Ausdauer-, -training*** || *hierzu* **aus·dau·ernd** *Adj*

aus·deh·nen (*hat*) [Vt] **1** ***etw. a.*** die Länge, Fläche od. das Volumen e-r Sache größer machen: *ein Gummiband, ein Gebiet a.* **2** ***etw.*** (***auf j-n / etw.***) ***a.*** etw. vergrößern u. auf andere Menschen od. Bereiche erweitern ⟨seinen Einfluss (auf andere Menschen) a.⟩: *die Untersuchungen auf andere Themen* *a.* **3 *etw. a.*** etw. zeitlich verlängern ⟨e-n Besuch, e-n Aufenthalt a.⟩: *ausgedehnte Spaziergänge*; Vr **4 *etw. dehnt sich aus*** etw. bekommt e-n größeren Umfang, ein größeres Volumen: *Luft dehnt sich bei Erwärmung aus* **5 *etw. dehnt sich* (*irgendwo / irgendwohin*) *aus*** etw. erstreckt sich irgendwo(hin), etw. reicht über etw. hinweg: *Ein Tief dehnt sich über Südeuropa aus* || *hierzu* **Aus·deh·nung** *die*

aus·den·ken *(hat)* Vt **(*sich* (*Dat*)) *etw. a.*** etw. durch (intensives) Überlegen (er)finden od. planen ≈ ersinnen ⟨(sich) e-e Geschichte, e-e Überraschung a.⟩ || ID ***etw. ist nicht auszudenken*** etw. ist so schlimm, dass man kaum daran zu denken wagt: *Die Folgen e-r Klimaveränderung sind nicht auszudenken*; *mst* ***Da musst du dir* (*schon*) *etw. anderes a.*** *gespr*; deine Argumente überzeugen mich nicht

aus·dis·ku·tie·ren; *diskutierte aus, hat ausdiskutiert*; Vt ***etw. a.*** so lange über etw. diskutieren, bis man zu e-m abschließenden Ergebnis kommt ⟨ein Problem, ein Thema a.⟩

aus·dor·ren; *dorrte aus, ist ausgedorrt*; Vi ***etw. dorrt aus*** etw. wird durch starke, ständige Hitze völlig trocken

aus·dör·ren Vt *(hat)* **1 *etw. dörrt etw. aus*** etw. macht etw. ganz trocken od. dürr: *Die Hitze hat die Felder ausgedörrt*; Vi *(ist)* **2 *etw. dörrt aus*** ≈ etw. dorrt aus

aus·dre·hen *(hat)* Vt ***etw. a.*** durch Drehen e-s Schalters od. e-s Knopfes bewirken, dass kein Wasser, Strom od. Gas mehr fließt

Aus·druck[1] *der*; *-(e)s, Aus·drü·cke*; ein gesprochenes od. geschriebenes Wort od. e-e feste Wendung ⟨ein mundartlicher, passender, treffender A.; nach dem richtigen A. suchen; e-n A. gebrauchen⟩: *„Pennen" ist ein umgangssprachlicher A. für „schlafen"*

Aus·druck[2] *der*; *-(e)s*; *nur Sg*; **1** die künstlerische Wirkung, die j-d erzielt, wenn er ein Musikstück, ein Gedicht *o.Ä.* vorträgt: *ein Lied mit viel A. vortragen* **2** der sprachliche Stil, die Art u. Weise, sich zu äußern ≈ Ausdrucksweise ⟨Gewandtheit im A. besitzen⟩ **3** *geschr*; ***ein A.*** + *Gen* das, wodurch sich *bes* ein Gemütszustand od. e-e Eigenschaft zeigt ⟨mit dem A. des Bedauerns⟩: *Sein Verhalten ist A. seiner Gleichgültigkeit* **4** *mst* die emotionalen Regungen, die sich in j-s Gesicht widerspiegeln ⟨ein fröhlicher, leidender, zufriedener A.; ein A. von Hass; ein Gesicht ohne A.⟩ **5 *etw. zum A. bringen*** *geschr*; etw. äußern, ausdrücken[2] (3) **6 *etw. kommt* (*in etw.* (*Dat*)) *zum A.*** etw. zeigt sich, etw. wird deutlich ≈ etw. drückt sich in etw. aus[2] (5): *Seine Meinung kommt in seinem Verhalten deutlich zum A.* **7 *etw.* (*Dat*) *A. geben / verleihen*** *geschr*; etw. klar ausdrücken[2] (1) ⟨seinem Gefühl, seinen Gedanken A. verleihen⟩ || *zu* **1** u. **4 aus·drucks·los** *Adj*; **aus·drucks·voll** *Adj*; *zu* **1** u. **2 aus·drucks·stark** *Adj*

Aus·druck[3] *der*; *-(e)s, Aus·dru·cke*; die gedruckte Wiedergabe e-s Texts, der im Computer gespeichert ist od. war ≈ Print-out || -K: ***Computer-***

aus·dru·cken *(hat)* Vt ***etw. a.*** e-n gespeicherten Text gedruckt wiedergeben: *e-e Datei a.*

aus·drü·cken[1] *(hat)* Vt **1 *etw. a.*** etw. durch Drücken od. Pressen (aus etw.) entfernen ≈ auspressen (1): *Saft (aus e-r Zitrone) a.* **2 *etw. a.*** etw. durch Drücken od. Pressen von e-r Flüssigkeit befreien ≈ auspressen (2) ⟨e-e Orange, e-e Zitrone, e-n Schwamm a.⟩ **3 *e-e Zigarette a.*** die Glut e-r Zigarette durch Drücken löschen

aus·drü·cken[2] *(hat)* Vt **1 *etw.* (*irgendwie*) *a.*** etw. in e-r bestimmten Art sagen od. schreiben ≈ formulieren: *e-n Sachverhalt verständlich a.*; *die wirtschaftliche Entwicklung in Zahlen a.* **2 (*j-m*) *etw. a.*** j-m sagen od. mitteilen, was man fühlt od. hofft ⟨(j-m) seine Gefühle, seine Hoffnungen, seine Zuversicht a.⟩ **3 *etw. drückt etw. aus*** etw. zeigt *bes* e-n bestimmten Gemütszustand: *Sein Gesicht drückt Ratlosigkeit aus*; Vr **4 *sich irgendwie a.*** in bestimmter Weise sprechen od. schreiben ⟨sich gewählt, ungenau a.⟩: *Er drückte sich so vage aus, dass ihn niemand verstand* **5 *etw. drückt sich in etw.* (*Dat*) *aus*** etw. wird in etw. sichtbar od. deutlich: *In seiner Haltung drückt sich Aggression aus*

aus·drück·lich *Adj*; *nur attr od adv*; klar u. deutlich (formuliert), mit besonderem Nachdruck ≈ unmissverständlich ⟨etw. a. bestimmen, verlangen; a. um etw. bitten; mit ausdrücklicher Erlaubnis⟩

Aus·drucks·wei·se *die*; der Stil od. die Art u. Weise, wie j-d spricht od. sich ausdrückt ⟨e-e gewählte, legere A.⟩

aus·düns·ten *(hat)* Vt ***j-d / etw. dünstet etw. aus*** j-d / etw. gibt e-n (*mst* unangenehmen) Geruch von sich || *hierzu* **Aus·düns·tung** *die*

aus·ei·nan·der[1] *Adv*; **1** räumlich voneinander getrennt ↔ zusammen: *Die Häuser liegen weit a.*; *Seine Zähne stehen etwas a.* **2** *gespr*; zeitlich voneinander getrennt: *Die Schwestern sind 4 Jahre a.* (= die eine Schwester ist 4 Jahre älter als die andere); *Die Ereignisse liegen weit a.* **3** eine Sache aus der anderen / auf der Basis der anderen ⟨sich a. entwickeln, ableiten⟩ **4** ⟨Personen⟩ ***sind a.*** *gespr*; zwei Personen sind nicht mehr als (Liebes)Paar zusammen

aus·ei·nan·der[2] *mit Verb, begrenzt produktiv*; Die Verben mit *auseinander* werden nach folgendem Muster gebildet: *auseinander biegen - bog auseinander - auseinander gebogen*

1 *auseinander* drückt aus, dass zwei od. mehr Personen / Tiere / Dinge sich in verschiedene Richtungen bewegen, sodass e-e räumliche Trennung entsteht;

auseinander fliegen: *Die Vögel flogen erschreckt auseinander* ≈ Die Vögel flogen in verschiedene Richtungen

ebenso: ⟨Dinge⟩ ***auseinander biegen***, ⟨Personen / Tiere⟩ ***auseinander jagen***, ⟨Personen⟩ ***laufen, streben auseinander***, ⟨Personen / Tiere⟩ ***auseinander treiben***, ⟨Dinge⟩ ***treiben auseinander***, ⟨Dinge⟩ ***auseinander ziehen***

2 *auseinander* drückt aus, dass dabei zwei od. mehrere Teile entstehen;

etw. auseinander brechen: *Sie brach die Schokolade auseinander* ≈ Sie zerbrach die Schokolade in mehrere Teile

ebenso: ***etw. bricht auseinander, etw. auseinander reißen, etw. auseinander schneiden***

aus·ei·nan·der brin·gen *(hat)* Vt ⟨Personen⟩ ***a. b.*** *gespr*; die Freundschaft zwischen (zwei) Menschen lösen od. beenden: *Der Streit hat die Freunde auseinander gebracht*

aus·ei·nan·der di·vi·die·ren; *dividierte auseinander, hat auseinander dividiert*; Vt ***etw. a. d.*** Zusammengehörendes voneinander trennen u. so e-e Einheit auflösen: *e-e Gruppe, ein Problem a. d.*

aus·ei·nan·der fal·len *(ist)* Vi ***etw. fällt auseinander*** etw. löst sich in einzelne Teile auf: *Das alte Regal fällt bald auseinander*

aus·ei·nan·der fal·ten *(hat)* Vt ***etw. a. f.*** etw. öffnen u. vor sich ausbreiten ↔ zusammenfalten ⟨e-n Brief, ein Tischtuch a.⟩

aus·ei·nan·der flie·gen *(ist)* Vi **1** ↑ ***auseinan-***

der² (1) **2 etw. fliegt auseinander** *gespr*; etw. explodiert od. zerfällt in mehrere Teile ⟨ein Fahrrad, ein Haus⟩

aus·ei·nan·der ge·hen (*ist*) Vi **1 etw. geht auseinander** e-e Beziehung zwischen Menschen geht zu Ende ⟨e-e Ehe, e-e Verlobung, e-e Freundschaft⟩ **2** ⟨Personen⟩ **gehen auseinander** *mst* zwei Personen trennen sich od. beenden die Beziehung: *Nach zehn Jahren Ehe gingen Bernd u. Sonja (im Zorn, im besten Einvernehmen) auseinander* **3** in verschiedene Richtungen weggehen ⟨e-e Menschenmenge⟩ **4** ⟨Wege, Straßen⟩ **gehen auseinander** Wege, Straßen *o.Ä.* trennen sich an e-r bestimmten Stelle u. führen in verschiedene Richtungen weiter **5 etw. geht auseinander** etw. teilt sich (in der Mitte) u. bewegt sich nach beiden Seiten hin ⟨ein Vorhang⟩ **6** ⟨Ansichten, Meinungen *o.Ä.*⟩ **gehen auseinander** Ansichten, Meinungen *o.Ä.* sind verschieden **7 etw. geht auseinander** *gespr*; etw. wird lose u. zerfällt in mehrere Teile ⟨ein Buch, ein Möbelstück⟩ **8** *gespr hum*; dick werden: *Er ist in den letzten Monaten ziemlich auseinander gegangen*

aus·ei·nan·der hal·ten (*hat*) Vt ⟨Personen / Dinge⟩ **a. h.** den Unterschied zwischen ähnlichen Personen / Dingen erkennen: *Ich kann die Zwillinge kaum a. h.*

aus·ei·nan·der klaf·fen (*hat*) Vi **1 etw. klafft auseinander** etw. ist weit offen u. an den Seiten gedehnt ⟨die Haut, e-e Wunde⟩ **2** ⟨Ansichten, Interessen *o.Ä.*⟩ **klaffen auseinander** Ansichten, Interessen *o.Ä.* sind sehr verschieden

aus·ei·nan·der kla·mü·sern; *klamüserte auseinander, hat auseinander klamüsert*; Vt **etw. a. k.** *gespr*; etw. Verworrenes mühevoll ordnen od. entwirren

aus·ei·nan·der lau·fen (*ist*) Vi **1** ↑ **auseinander²** (1) **2** ⟨Wege, Straßen, Gleise *o.Ä.*⟩ **laufen auseinander** Wege, Straßen, Gleise *o.Ä.* führen von e-r bestimmten Stelle an in ganz verschiedene Richtungen **3 etw. läuft auseinander** etw. wird weich u. flüssig ⟨Käse, Eis⟩

aus·ei·nan·der le·ben, sich (*hat*) Vr ⟨Personen⟩ **leben sich auseinander** zwei od. mehrere Personen werden sich nach e-r Zeit der Liebe u. Verbundenheit seelisch fremd ⟨die Geschwister⟩: *Das Ehepaar hatte sich nach zwanzig Jahren vollkommen auseinander gelebt*

aus·ei·nan·der neh·men (*hat*) Vt **etw. a. n.** etw. (Komplexes) in seine einzelnen Teile zerlegen ⟨e-n Motor, ein Uhrwerk a.⟩

aus·ei·nan·der rei·ßen (*hat*) Vt **1** ↑ **auseinander²** (2) **2** ⟨Personen⟩ **a. r.** die Personen e-r zusammengehörenden Gruppe voneinander trennen: *Durch die Scheidung der Eltern wurde die Familie auseinander gerissen*

aus·ei·nan·der set·zen (*hat*) Vt **1 j-m etw. a. s.** j-m e-n komplizierten Sachverhalt genau erklären ≈ j-m etw. darlegen: *Ich kann dir jetzt nicht diesen ganzen chemischen Prozess a. s.*; Vr **2 sich mit etw. a. s.** sich intensiv mit etw. beschäftigen (um die eigene Meinung darüber zu überprüfen) ≈ sich mit etw. befassen: *sich kritisch mit der Philosophie Schopenhauers a. s.* **3 sich mit j-m a. s.** mit j-m kritisch über ein Thema sprechen, zu dem er e-e andere Einstellung hat als man selbst

aus·ei·nan·der zie·hen (*hat*) Vt **1** ↑ **auseinander²** (1) **2 etw. a. z.** etw. (Elastisches) durch Ziehen dehnen ⟨das Gummiband, das Akkordeon a. z.⟩ **3** ⟨Dinge⟩ **sind auseinander gezogen** Dinge liegen weit voneinander entfernt: *Die Häuser des Ortes sind weit auseinander gezogen*

Aus·ei·nan·der|set·zung *die*; -, *-en*; **1 e-e A.** (**mit j-m / etw.**) e-e intensive u. kritische Beschäftigung mit j-m / etw. **2 e-e A.** (**mit j-m**) ein Streit od. Kampf (mit j-m) ⟨e-e heftige, blutige, militärische A. mit j-m haben⟩

aus·er·ko·ren *Adj*; *nicht adv*; (**zu etw.**) **a.** *geschr*; zu etw. bestimmt od. ausgewählt: *Sie war (dazu) a., die Führung zu übernehmen*

aus·er·le·sen *Adj*; von bester Qualität ⟨Weine⟩ || *hierzu* **Aus·er·le·sen·heit** *die*; *nur Sg*

aus·er·se·hen; *ersah aus, hat ausersehen*; Vt **j-n für / zu etw. a.** *geschr*; j-n für e-e Aufgabe auswählen ⟨dafür ausersehen sein⟩ || NB: nur selten im Imperfekt, *mst* im Zustandspassiv!

aus·er·wäh·len; *erwählte aus, hat auserwählt*; Vt **j-n** (**zu etw.**) **a.** *geschr*; j-n (aus e-r Gruppe) für e-e ganz besondere Aufgabe heraussuchen || NB: nur selten im Imperfekt || *hierzu* **Aus·er·wähl·te** *der / die*; *-n, -n*

aus·fah·ren Vt (*hat*) **1 j-n a.** j-n (im Kinderwagen, Rollstuhl) fahren ⟨ein kleines Kind, e-n Behinderten a.⟩ **2 etw.** (*Kollekt od Pl*) **a.** Waren mit dem Auto transportieren u. liefern **3** *mst* **etw. wird ausgefahren** etw. wird so stark befahren, dass es beschädigt od. abgenutzt wird ⟨Straßen, Wege a.⟩ **4 etw. a.** e-n Teil e-s Gerätes od. e-r Maschine mit mechanischer od. elektronischer Hilfe nach außen gleiten lassen ⟨das Fahrwerk, die Landeklappen a.⟩ **5 etw. voll a.** ein Fahrzeug so fahren, dass der Motor maximal belastet ist; Vi (*ist*) **6 j-d / ⟨ein Schiff *o.Ä.*⟩ fährt aus** j-d / ein Schiff *o.Ä.* fährt vom Land od. aus e-m Hafen auf das Meer

Aus·fah·rer *der*; j-d, dessen Beruf es ist, Waren auszufahren (2) || -K: **Bier-, Getränke-**

Aus·fahrt *die*; **1** e-e Stelle, an der man aus e-m Hof, e-r Garage *o.Ä.* hinausfahren kann ↔ Einfahrt ⟨die A. e-s Hofes, e-s Fabrikgeländes, e-r Tiefgarage; die A. freihalten; j-m die A. versperren⟩ || -K: **Hafen-** **2** ein Weg, der von e-m Hof, e-r Garage *o.Ä.* zur öffentlichen Straße führt ↔ Einfahrt **3** e-e Straße, in die man einbiegt, um die Autobahn zu verlassen ↔ Auffahrt || -K: **Autobahn-** **4** ≈ Spazierfahrt **5** das Wegfahren vom Land aufs Meer hinaus **6** das Wegfahren aus e-m begrenzten Raum (*bes* e-m Bahnhof) ↔ Einfahrt ⟨die A. freigeben⟩: *Die A. des Zuges verzögert sich um 10 Minuten*

Aus·fall *der*; **1** *nur Sg*; der Verlust (*mst* der Haare od. Zähne auf natürliche Weise) || -K: **Haar-** **2** *nur Sg*; der Umstand, dass etw. Erwartetes od. Geplantes nicht stattfindet ⟨der A. des Unterrichts, e-r Veranstaltung⟩: *der A. des Fußballspiels wegen Regens* **3** *Ökon*; ein unerwartet schlechtes Ergebnis ≈ Einbuße ⟨Ausfälle in der Produktion⟩ **4** die Situation, in der j-d für e-e bestimmte Zeit nicht mehr arbeitet od. etw. nicht mehr funktioniert ⟨der A. e-s Mitarbeiters, e-s Triebwerks⟩ || -K: **Strom-** **5** *Mil*; das Durchbrechen e-r Blockade od. Belagerung ≈ Angriff ⟨e-n A. wagen, unternehmen⟩

aus·fal·len (*ist*) Vi **1 etw. fällt** (**j-m / e-m Tier**) **aus** etw. löst sich aufgrund des Alters od. e-r Krankheit vom Körper ⟨*mst* die Haare, die Zähne, die Federn⟩: *Ihm fielen schon früh die Haare aus* **2 etw. fällt aus** etw. findet nicht statt ⟨ein Konzert, der Unterricht, e-e Fernsehsendung⟩ **3 etw. fällt aus** etw. funktioniert nicht mehr ≈ etw. setzt aus ⟨der Strom, ein Signal, e-e Maschine⟩ **4** (*bes* wegen Krankheit) nicht arbeiten können, nicht zur Verfügung stehen **5 etw. fällt irgendwie aus** etw. ist am Ende irgendwie, hat ein bestimmtes Ergebnis: *Die Ernte fiel schlecht aus*; *Das Urteil fiel milde aus*

aus·fal·lend **1** *Partizip Präsens*; ↑ **ausfallen** **2** *Adj*; **a.** (**gegen j-n**) stark beleidigend, sehr unverschämt ⟨a. werden; e-e Bemerkung⟩

aus·fäl·lig *Adj*; *nur präd* ≈ ausfallend (2)
Aus·fall(s)|tor *das*; ein Ort (*bes* ein Hafen), von dem aus viele wichtige Verkehrsverbindungen ins Ausland gehen: *Hamburg ist das A. zum Atlantik*
Aus·fall|stra·ße *die*; e-e mehrspurige Straße für den Verkehr, der aus e-r Stadt hinausgeht
aus·fech·ten (*hat*) Vt **etw. a.** etw. sehr intensiv diskutieren od. über etw. streiten ≈ austragen ⟨e-n Kampf, e-e Meinungsverschiedenheit *o.Ä.* a.⟩
aus·fe·gen (*hat*) Vt **etw. a.** ≈ auskehren
aus·fei·len (*hat*) Vt **1 etw. a.** etw. mit der Feile herstellen od. bearbeiten **2 etw. a.** etw. bereits Geschaffenes bis ins kleinste Detail sorgfältig verbessern ⟨ein Gedicht, e-e Ansprache, e-n Text a.⟩ || NB: *mst* im Zustandspassiv!
aus·fer·ti·gen (*hat*) Vt **etw. a.** *Admin*; ein Dokument schreiben u. mit Unterschrift u. Siegel versehen ≈ ausstellen ⟨e-n Pass, e-e Urkunde a.⟩
Aus·fer·ti·gung *die*; **1** *mst Sg*; das Ausfertigen e-s wichtigen od. amtlichen Dokuments **2** ein Exemplar e-s wichtigen od. amtlichen Dokuments: *die Formulare in zweifacher A. abgeben*
aus·fin·dig *Adj*; *mst in* **j-n / etw. a. machen** j-n / etw. nach langem Suchen u. Fragen finden: *e-n alten Bekannten, ein Geschäft a. machen*
aus·flie·gen Vi (*hat*) **1 j-n / etw. a.** j-n / etw. im Flugzeug wegbringen od. abtransportieren ↔ einfliegen ⟨Kranke, Belagerte a.⟩ **2 etw. a.** ein Flugzeug bis zur Grenze seiner Leistungsfähigkeit fliegen; Vi (*ist*) **ein Vogel fliegt aus** ein Vogel verlässt sein Nest || ID *mst* **Alle sind ausgeflogen** *gespr*; niemand ist zu Hause
aus·flie·ßen (*ist*) Vi **1 etw. fließt aus** etw. fließt durch ein Loch *o.Ä.* aus e-m Behälter ⟨Öl, Benzin⟩ **2 etw. fließt aus** etw. verliert durch ein Loch *o.Ä.* Flüssigkeit ⟨ein Fass, ein Tank⟩
aus·flip·pen; *flippte aus, ist ausgeflippt*; Vi *gespr*; **1** (aufgrund starker Belastung *o.Ä.*) die Kontrolle über sich verlieren **2** (vor Freude) völlig begeistert, fast in Ekstase sein: *Nach dem Sieg flippte er total aus!* **3** unter dem Einfluss von Drogen stehen
Aus·flucht *die*; -, *Aus·flüch·te*; *mst Pl*, *geschr*; **1** ≈ Ausrede, Vorwand ⟨immer neue Ausflüchte gebrauchen / erfinden⟩ **2 Ausflüchte machen** Ausreden gebrauchen
Aus·flug *der*; e-e Wanderung od. Fahrt zu e-m interessanten Ort: *e-n A. in die Berge machen* || K-: **Ausflugs-, -dampfer, -fahrt, -ort, -verkehr** || -K: **Sonntags-** || *hierzu* **Aus·flüg·ler** *der*; *-s, -*
Aus·flugs|lo·kal *das*; ein Lokal, das bei Ausflügen häufig besucht wird (weil es *z.B.* schön gelegen ist)
Aus·fluss *der*; *mst Sg*; **1** *Med*; e-e Flüssigkeit, die *bes* aus e-r Wunde od. der Scheide der Frau abgesondert wird **2** *geschr*; **ein A.** + *Gen* e-e unmittelbare Folge od. Auswirkung: *ein A. der Phantasie, e-r Weltanschauung* **3** ≈ Abfluss
aus·for·mu·lie·ren; *formulierte aus, hat ausformuliert*; Vt **etw. a.** etw. genau u. sorgfältig formulieren: *Sein Vortrag war bis ins Detail ausformuliert*
aus·for·schen (*hat*) Vt **1 etw. a.** etw. durch ständiges Forschen u. Suchen herausfinden **2 j-n a.** j-n (durch die Polizei) suchen lassen u. finden || *hierzu* **Aus·for·schung** *die*
aus·fra·gen (*hat*) Vt **j-n (über j-n / etw.) a.** j-m viele u. aufdringliche Fragen stellen: *Seine Mutter fragt ihn ständig über seine neue Freundin aus*
aus·fran·sen; *franste aus, ist ausgefranst*; Vi **etw. franst aus** etw. verliert am Rand kleine Fäden (Fransen) ⟨e-e Hose, ein Rock⟩: *ausgefranste Jeans*
aus·fres·sen (*hat*) Vt **etw. ausgefressen haben** *gespr*; etw. Verbotenes getan haben: *Was hat der Hund / der Kleine ausgefressen?*
Aus·fuhr *die*; -, *-en*; **1** *nur Sg*; das Verkaufen von Waren an das Ausland ≈ Export ↔ Einfuhr, Import ⟨die A. von Waren, Devisen; die A. beschränken, erleichtern, verbieten⟩ || K-: **Ausfuhr-, -artikel, -bestimmungen, -erklärung, -genehmigung, -quote, -verbot, -zoll** || -K: **Getreide- 2** die exportierte Ware
aus·füh·ren[1] (*hat*) Vt **1 etw. a.** etw. exportieren ↔ einführen ⟨Rohstoffe, Getreide, Waren a.⟩ **2 j-n a.** j-n zum gemeinsamen Besuch e-s Lokals, e-r Veranstaltung *o.Ä.* einladen u. mitnehmen: *e-e junge Frau zum Essen, zum Tanz a.* **3 j-n a.** j-n zu e-m Spaziergang mitnehmen u. dabei *mst* an der Hand führen ⟨Behinderte, Blinde a.⟩ **4 ein Tier a.** ein Tier regelmäßig ins Freie führen ⟨e-n Hund a.⟩
aus·füh·ren[2] (*hat*) Vt **1 etw. a.** etw. in die Tat umsetzen, verwirklichen ↔ von etw. ablassen ⟨e-n Befehl, e-n Plan, e-e Idee a.⟩ **2 etw. a.** e-e Arbeit tun ⟨e-e Reparatur, e-e Operation, ein Experiment a.⟩ **3 etw. a.** detailliert über etw. sprechen od. schreiben ≈ erläutern ⟨e-e Idee, e-e Theorie näher a.⟩ || *zu* **1** u. **2 aus·führ·bar** *Adj*; *nicht adv*
aus·führ·lich *Adj*; sehr genau, mit vielen Details ≈ eingehend ⟨e-e Beschreibung, ein Bericht; etw. a. erläutern⟩ || *hierzu* **Aus·führ·lich·keit** *die*; *nur Sg*
Aus·füh·rung *die*; **1** *nur Sg*; das Ausführen[2] (1) od. die Realisierung ⟨die A. e-s Plans, e-s Auftrags⟩ **2** die Art, in der Produkte gestaltet od. ausgestattet sind ⟨einfache, exklusive A.⟩: *Küchen in verschiedenen Ausführungen* || -K: **Luxus-, Sonder-, Qualitäts- 3** die Art u. Weise, wie e-e Bewegung gemacht wird **4** *nur Pl*; ein (ziemlich langer) Bericht, e-e Erklärung od. Rede: *j-s Ausführungen aufmerksam zuhören* **5 etw. kommt / gelangt zur A.** *geschr*; etw. wird getan od. erledigt ⟨ein Vorhaben, ein Plan⟩
aus·fül·len (*hat*) Vt **1 etw. (mit etw.) a.** etw. (mit etw.) füllen od. voll machen **2 etw. a.** Fehlendes in e-m Text ergänzen, das Betreffende in die Lücken e-s Textes hineinschreiben ⟨ein Formular, e-n Fragebogen, e-n Scheck a.⟩ **3 etw. füllt j-n aus** etw. beschäftigt j-n stark (u. gibt ihm dabei Zufriedenheit): *Sein Beruf als Manager füllt ihn völlig aus*
Aus·ga·be[1] *die*; **1** *mst Pl*; e-e Summe, die man für etw. zu zahlen hat ↔ Einnahmen ⟨die Ausgaben beschränken, kürzen⟩ || K-: **Ausgaben-, -politik** || -K: **Staats-, Verteidigungs- 2 laufende Ausgaben** Geld (*z.B.* für die Miete), das man regelmäßig zu zahlen hat ↔ Einkünfte **3** *nur Sg*; die Verteilung ⟨die A. von Essen, Fahrkarten, Gepäck⟩ || -K: **Bücher-, Waren- 4** *nur Sg*; die Bekanntgabe ⟨die A. e-s Befehls, des Wetterberichts⟩ || -K: **Befehls-**
Aus·ga·be[2] *die*; **1** die Form, in der ein Buch veröffentlicht wird ⟨die erste, zweite *usw*, neueste A.; e-e illustrierte, kommentierte, ungekürzte A.⟩: *Goethes „Faust" in der A. von 1808* || -K: **Gesamt- 2** die Nummer od. Folge e-r Zeitung, Zeitschrift od. e-r regelmäßigen Sendung (*z.B.* im Fernsehen): *die heutige A. des „Spiegel"; die letzte A. der Tagesschau* || -K: **Abend-, Samstags-, Wochenend-**
Aus·gang *der*; **1** die Tür, durch die man e-n Raum od. ein Gebäude verlässt ↔ Eingang: *Alle Ausgänge waren versperrt* || K-: **Ausgangs-, -tor, -tür** || -K: **Haupt-, Hinter-, Neben-, Not-, Seiten- 2** die Stelle, an der e-e Fläche, ein Gebiet *o.Ä.* endet ⟨am A. des Dorfes, Waldes⟩ || -K: **Orts- 3** die Stelle, an der ein Organ endet od. in ein anderes übergeht ⟨der A. des Darms, des Magens⟩ **4** *nur Sg*; (bei Soldaten) die Erlaubnis, nach dem Dienst die Kaserne zu verlassen ⟨A. haben⟩ || K-: **Ausgangs-, -sperre 5** *nur Sg*; die Art u. Weise, wie etw. endet ≈ Ende ⟨ein (un)glücklicher, überraschender A.⟩: *ein Unfall*

mit tödlichem A. || -K: ***Prozess-, Wahl-*** **6** *nur Sg, geschr*; der letzte Teil e-s langen Zeitabschnitts ↔ Anfang ⟨am A. des Mittelalters, e-r Epoche⟩

Aus·gangs|po·si·ti·on *die*; ***e-e A.*** (***für etw.***) die Situation, in der sich j-d am Anfang (*z.B.* e-r Tätigkeit) befindet: *e-e gute A. für e-n Wettkampf haben*

Aus·gangs|punkt *der*; die Stelle od. der Ort, wo etw. anfängt od. die Grundlage, von der man ausgeht ↔ Ziel ⟨der A. e-r Reise, e-s Ausflugs, e-r Rede; zum A. zurückkehren⟩

aus·ge·ben (*hat*) [Vt] **1** ***etw.*** (***für etw.***) ***a.*** Geld zahlen, um e-e Ware od. Dienstleistung zu bekommen ↔ einnehmen: *Er gibt im Monat 100 Euro für sein Hobby aus* **2** ***etw.*** (***an j-n*** (*Kollekt od Pl*)) ***a.*** etw. an mehrere Personen aushändigen od. verteilen ↔ erhalten: *Essen, Getränke, Gutscheine an die Mitarbeiter a.***3** (***j-m***) ***etw.a.*** j-n zu e-m Getränk einladen: *seinen Freunden e-e Runde Bier a.* **4** ***etw. gibt etw. aus*** e-e Institution bringt etw. in Umlauf ⟨Briefmarken, Banknoten a.⟩ **5** ***etw. a.*** etw. bekannt machen ⟨e-n Befehl, e-e Parole *o.Ä.* a.⟩ **6** ***j-n / etw. für / als etw. a.*** j-n / etw. ganz anders präsentieren als er / es ist: *ein Schmuckstück als Handarbeit, für echtes Gold a.*; [Vr] **7** ***sich als / für etw. a.*** behaupten, etw. zu sein, was man nicht ist: *Um sie zu beeindrucken, gab er sich als Arzt aus* || ID ***einen a.*** *gespr*; für jeden am Tisch (*bes* in e-m Gasthaus) ein Getränk bezahlen || ► ***Ausgabe***

aus·ge·beult **1** *Partizip Perfekt*; ↑ ***ausbeulen*** **2** *Adj*; *nicht adv*; durch langes Tragen *z.B.* an den Knien ausgedehnt ⟨Hose, Jacke⟩

aus·ge·blu·tet **1** *Partizip Perfekt*; ↑ ***ausbluten*** **2** *Adj*; (*bes* nach e-m Krieg od. e-r Epidemie) ganz erschöpft od.verarmt ⟨ein Land, die Bevölkerung⟩

aus·ge·bombt *Adj*; *nicht adv*; (nach e-m Fliegerangriff) durch Bomben völlig zerstört ⟨Häuser, e-e Stadt⟩

aus·ge·brannt **1** *Partizip Perfekt*; ↑ ***ausbrennen*** **2** *Adj*; *gespr*; physisch od. psychisch am Ende || NB: ↑ ***abgebrannt***

aus·ge·bucht *Adj*; so, dass es keine Plätze mehr gibt: *Der Flug nach New York ist bereits a.*

aus·ge·bufft *Adj*; *gespr*, *oft pej* ≈ clever ⟨ein Geschäftsmann⟩

Aus·ge·burt *die*; *geschr pej*; **1** ***e-e A.*** + *Gen* etw. *mst* Schlechtes od. Abnormes, das sich j-d ausdenkt ⟨die A. e-s kranken Hirns / Geistes, e-r schmutzigen Phantasie⟩ **2** ***e-e A. von etw.*** verwendet, um j-n in Bezug auf e-e schlechte Eigenschaft zu bezeichnen: *Er ist e-e A. von Niedertracht*

aus·ge·dehnt **1** *Partizip Perfekt*; ↑ ***ausdehnen*** **2** *Adj*; von relativ langer Dauer ⟨ein Frühstück, ein Spaziergang⟩ **3** *Adj*; sehr genau ≈ umfangreich ⟨Nachforschungen⟩

aus·ge·dient *mst in* ***etw. hat a.*** etw. wird nach langer Zeit nicht mehr gebraucht, ist nutzlos

aus·ge·fal·len **1** *Partizip Perfekt*; ↑ ***ausfallen*** **2** *Adj*; *nicht adv*; ganz anders, als die Leute erwarten ≈ ungewöhnlich, auffällig ⟨ein Kleid, e-e Idee⟩

aus·ge·flippt **1** *Partizip Perfekt*; ↑ ***ausflippen*** **2** *Adj*; *gespr*; ⟨ein Typ⟩ so, dass er sich *bes* durch sein Verhalten od. durch seine Kleidung außerhalb der gesellschaftlichen Konventionen stellt

aus·ge·gli·chen **1** *Partizip Perfekt*; ↑ ***ausgleichen*** **2** *Adj*; ohne starke Schwankungen, gleichmäßig od. ruhig ⟨ein Klima, ein Charakter⟩ **3** *Adj*; mit e-r gleichmäßigen Verteilung von positiven u. negativen Seiten od. Aspekten ⟨e-e Bilanz, ein Spiel⟩ || *zu* **2** u. **3** **Aus·ge·gli·chen·heit** *die*; *nur Sg*

aus·ge·hen (*ist*) [Vi] **1** (***mit j-m***) ***a.*** *bes* abends (mit j-m) zu e-r Veranstaltung, in ein Lokal *o.Ä.* gehen **2** ***etw. geht*** (***j-m***) ***aus*** etw. geht zu Ende (obwohl es noch gebraucht wird) ⟨das Geld, die Kraft, die Geduld geht j-m aus⟩: *Mir ist das Benzin ausgegangen* **3** ***etw. geht aus*** ein elektrisches Gerät *o.Ä.* hört auf, in Funktion zu sein, zu leuchten od. zu brennen ↔ etw. geht an ⟨der Fernseher, das Radio *usw*; der Motor; das Licht, die Kerze, das Feuer⟩ **4** ***etw. geht irgendwie aus*** etw. endet auf bestimmte Weise ↔ etw. fängt an: *Wie ist die Sache ausgegangen?*; *Wenn das nur gut ausgeht!* **5** ***etw. geht von irgendwo aus*** etw. beginnt irgendwo ↔ etw. endet irgendwo: *Diese Bahnlinie geht von Rom aus u. führt dann nach Verona* **6** ***etw. geht von j-m / etw. aus*** etw. wird von j-m / etw. ausgestrahlt od. verbreitet ⟨Ruhe, Sicherheit⟩ **7** ***etw. geht von j-m aus*** etw. wird von j-m veranlasst od. organisiert: *Diese Umfrage geht vom Ministerium aus* **8** ***von etw. a.*** etw. voraussetzen, etw. als Basis betrachten: *Ich gehe* davon *aus*, dass *alle einverstanden sind* **9** ***etw. geht*** (***j-m / e-m Tier***) ***aus*** etw. löst sich aufgrund des Alters od. e-r Krankheit vom Körper ≈ etw. fällt aus ⟨*mst* die Federn, die Haare, die Zähne⟩ || ID ↑ ***leer***

aus·ge·hend **1** *Partizip Präsens*; ↑ ***ausgehen*** **2** *Adj*; *nur attr*, *nicht adv*; zu Ende gehend ⟨die Epoche⟩: *das ausgehende Mittelalter*

aus·ge·hun·gert **1** *Partizip Perfekt*; ↑ ***aushungern*** **2** *Adj*; *gespr*; mit sehr großem Hunger **3** *Adj*; durch langes Hungern völlig erschöpft: *Die Kriegsgefangenen waren völlig a.*

aus·ge·kocht **1** *Partizip Perfekt*; ↑ ***auskochen*** **2** *Adj*; (durch zu langes Kochen) geschmacklos **3** *Adj*; *nicht adv*, *gespr*; mit vielen Tricks (2) arbeitend ≈ raffiniert ⟨ein Betrüger, ein Gauner⟩

aus·ge·las·sen **1** *Partizip Perfekt*; ↑ ***auslassen*** **2** *Adj*; übermütig, wild u. fröhlich ↔ ruhig, still ⟨Kinder, e-e Stimmung; a. herumspringen, toben, tanzen⟩ || *zu* **2** **Aus·ge·las·sen·heit** *die*; *mst Sg*

aus·ge·latscht *Adj*; *nicht adv*, *gespr*; ⟨Schuhe⟩ so lange getragen, dass sie ihre Form verloren haben

aus·ge·lit·ten *mst in* ***a. haben*** *euph*; nach schwerer u. langer Krankheit gestorben sein

aus·ge·macht **1** *Partizip Perfekt*; ↑ ***ausmachen*** **2** *Adj*; *nur attr od adv*, *pej*; verwendet, um e-n negativen Ausdruck zu verstärken ≈ groß, sehr ⟨ein Betrüger, e-e Dummheit, ein Schwachsinn⟩

aus·ge·mer·gelt *Adj*; (durch Krankheit od. lange, große Anstrengung) sehr mager geworden ⟨e-e Gestalt, Gefangene, Kranke; a. aussehen⟩

aus·ge·nom·men **1** *Partizip Perfekt*; ↑ ***ausnehmen*** **2** *Konjunktion* ≈ außer dass, es sei denn: *Ich reise morgen ab, a. es kommt noch etw. dazwischen* || NB: Wortstellung wie im Hauptsatz **3** *Konjunktion*; ***a.*** + *Subst* / *Subst* + ***a.*** ≈ außer: *Alle waren gekommen, a. der Präsident / der Präsident a. / den Präsidenten a.* || NB: bei Nachstellung *mst* mit Akk.

aus·ge·po·wert [-poːvɐt] *Adj*; *gespr*; sehr erschöpft ≈ ausgepumpt, erledigt

aus·ge·prägt *Partizip Perfekt*; ↑ ***ausprägen*** **2** *Adj*; *nicht adv*; deutlich, stark ausgebildet ⟨ein Kinn, ein Profil; e-e Vorliebe⟩ || *zu* **2** **Aus·ge·prägt·heit** *die*; *nur Sg*

aus·ge·pumpt *Adj*; *nicht adv*; völlig erschöpft

aus·ge·rech·net **1** *Partizip Perfekt*; ↑ ***ausrechnen*** **2** *Partikel*; *unbetont*; verwendet, um auszudrücken, dass man etw. von der genannten Person nicht erwartet hätte (u. deswegen *mst* überrascht od. verärgert ist): *A. in Renate musste er sich verlieben!*; *A. du musst das sagen!* **3** *Partikel*; *unbetont*; verwendet mit e-r Zeitangabe, um auszudrücken, dass etw. zu e-m sehr ungünstigen od. unpassenden Zeitpunkt passiert: *A. heute bin ich krank, wo ich doch e-n wichtigen Termin habe!*; *A. wenn wir mal ins Kino gehen wollen, kommt Besuch!* **4** *Partikel*; *unbetont*; verwendet, um auszudrücken, dass man etw. für unwahrscheinlich hält: *Warum sollte j-d* *a. mein Auto stehlen?*; *Es wird schon nicht a. heute regnen*

aus·ge·schlos·sen 1 *Partizip Perfekt*; ↑ **ausschließen 2** *Adj*; *nur präd, nicht adv* ≈ unmöglich: *Es ist ganz a., dass er den Titel gewinnt*; *Ein Irrtum ist a.*

aus·ge·schnit·ten 1 *Partizip Perfekt*; ↑ **ausschneiden 2** *Adj*; *nicht adv*; mit e-m Ausschnitt (1) ⟨e-e Bluse, ein Kleid; tief, weit a.⟩

aus·ge·sorgt *nur in* **a. haben** nie mehr arbeiten müssen, um Geld zu verdienen: *Wenn ich im Lotto eine Million Euro gewinne, dann habe ich a.*

aus·ge·spielt 1 *Partizip Perfekt*; ↑ **ausspielen 2** *nur in* (**bei j-m**) **a. haben** *gespr*; von j-m verachtet werden od. seine Sympathie verloren haben

aus·ge·spro·chen 1 *Partizip Perfekt*; ↑ **aussprechen 2** *Adj*; *nur attr, nicht adv*; sehr groß od. besonders auffällig ⟨e-e Vorliebe, e-e Neigung; ausgesprochenes Glück haben⟩ **3** *Adj*; *nur adv*; verwendet, um Adjektive od. Verben zu verstärken ≈ sehr: *a. nachlässig, hilfreich*

aus·ge·stal·ten *(hat)* Vt **etw. a.** e-r Sache e-e besondere Form geben ⟨ein Thema, e-e Feier, e-n Raum a.⟩ || *hierzu* **Aus·ge·stal·tung** *die*; *mst Sg*

aus·ge·stor·ben 1 *Partizip Perfekt*; ↑ **aussterben 2** *Adj*; *nicht adv*; ohne Lebewesen od. ohne Menschen: *Nachts wirkt die Stadt wie a.*

aus·ge·sucht 1 *Partizip Perfekt*; ↑ **aussuchen 2** *Adj*; *nur attr, nicht adv*; von hervorragender Qualität ≈ exquisit ⟨Wein, Speisen⟩ **3** *Adj*; *nur attr, nicht adv, geschr* ≈ ausgesprochen, betont ⟨j-n mit ausgesuchter Höflichkeit, Zuvorkommenheit behandeln⟩ **4** *Adj*; *nur adv*; verwendet, um Adjektive zu verstärken ≈ sehr, besonders ⟨a. schöne Blumen; ein a. schmackhaftes Essen⟩

aus·ge·träumt *Adj*; *mst in* **ein Traum ist a.** j-d hat die Hoffnung auf etw. verloren

aus·ge·wach·sen [-ks-] **1** *Partizip Perfekt*; ↑ **auswachsen 2** *Adj*; *nicht adv*; ⟨Tiere⟩ so, dass sie nicht mehr weiter wachsen, größer werden **3** *Adj*; *nur attr, nicht adv, gespr*; sehr groß ⟨Blödsinn, ein Idiot, ein Skandal, Unsinn⟩

aus·ge·wählt 1 *Partizip Perfekt*; ↑ **auswählen 2** *Adj*; *nur attr, nicht adv*; (als Bestes) ausgesucht: *Goethes ausgewählte Gedichte*

aus·ge·wa·schen 1 *Partizip Perfekt*; ↑ **auswaschen 2** *Adj*, *nicht adv*; so oft gewaschen, dass die Farbe schwächer geworden ist ⟨e-e Jeans⟩

aus·ge·wo·gen 1 *Partizip Perfekt*; ↑ **auswiegen 2** *Adj*; *nicht adv*; in e-m Zustand des Gleichgewichts ≈ ausgeglichen ⟨e-e Politik, ein Charakter, ein Verhältnis⟩ || *zu* **2 Aus·ge·wo·gen·heit** *die*; *nur Sg*

aus·ge·zeich·net 1 *Partizip Perfekt*; ↑ **auszeichnen 2** *Adj*; sehr gut ≈ hervorragend: *Sie singt a.*; *Er ist ein ausgezeichneter Reiter*; *Das Essen schmeckt a.*

aus·gie·big *Adj*; so, dass es mehr als genug ist ≈ reichlich: *ein ausgiebiges Frühstück*; *von e-r Möglichkeit a. Gebrauch machen* || *hierzu* **Aus·gie·big·keit** *die*; *nur Sg*

aus·gie·ßen *(hat)* Vt **1 etw. a.** e-e Flüssigkeit aus e-m Gefäß gießen: *den Wein a.* **2 etw. a.** ein Gefäß (in dem Flüssigkeit ist) leeren: *e-e Flasche a.* **3 etw.** (**mit etw.**) **a.** ein Loch od. e-e Form mit etw. Flüssigem füllen

Aus·gleich *der*; *-(e)s, -e*; *mst Sg*; **1** e-e Art Gleichgewicht ⟨e-n A. herbeiführen, anstreben⟩ **2** etw., das e-n Verlust od. Mangel kompensiert: *Als A. für seine Überstunden erhält er zwei Tage frei* || K-: **Ausgleichs-, -sport 3** *Sport*; die gleiche Zahl von Punkten: *Maier erzielte den A. zum 2:2 in der 90. Minute*

aus·glei·chen *(hat)* Vt **1 etw.** (*Pl*) **a.** verschiedene Dinge einander nähern, sodass nur noch geringe od. gar keine Unterschiede mehr da sind ⟨Differenzen, Meinungsverschiedenheiten a.⟩ **2 etw.** (**durch etw.**) **a.** e-n Mangel, etw. Fehlendes od. Unzureichendes mithilfe e-r anderen Qualität beseitigen: *Er gleicht seine mangelnde technische Begabung durch viel Fleiß aus*; Vi **3** *Sport*; den Vorsprung e-s Gegners einholen (2) ≈ den Ausgleich erzielen; Vr **4** ⟨Unterschiede⟩ **gleichen sich aus** Unterschiede wirken so zusammen, dass keine Gegensätze od. Kontraste mehr vorhanden sind

aus·glei·ten *(ist)* Vi **1** (beim Gehen über e-e glatte Stelle) das Gleichgewicht verlieren u. fallen ≈ ausrutschen ⟨auf Glatteis, auf e-r Bananenschale a.⟩ **2 etw. gleitet j-m aus** etw. rutscht j-m plötzlich aus der Hand: *Er verletzte sich am Bein, weil ihm die Axt ausgeglitten war*

aus·gra·ben *(hat)* Vt **1 etw. a.** etw. durch Graben aus der Erde nehmen ⟨e-e Pflanze, e-n Schatz a.⟩ **2 etw. a.** etw. unter vielen anderen Dingen versteckt finden ⟨alte Briefe, Fotos a.⟩ **3 etw. a.** längst vergessene Tatsachen wieder in Erinnerung rufen: *Erinnerungen aus der Jugendzeit wieder a.*; Vt/i **4** (**etw.**) **a.** durch Graben alte Paläste, Gräber *usw* freilegen: *Seit fast 200 Jahren wird in Pompeji ausgegraben* || NB *zu* **4**: *mst* im Passiv!

Aus·gra·bung *die*; *-, -en*; **1** das Freilegen von Gebäuden u. antiken Gegenständen, die verschüttet sind ⟨e-e A. leiten⟩ **2** etw., das ausgegraben worden ist ≈ Fund: *gut erhaltene Ausgrabungen aus vorchristlicher Zeit* **3** e-e Stelle, an der Ruinen, Gräber *usw* aus früheren Zeiten gefunden u. freigelegt wurden

aus·gu·cken *(hat)* Vi *gespr*; **1 nach j-m / etw. a.** j-n / etw. mit den Augen suchen ≈ nach j-m / etw. ausschauen **2 irgendwie a.** ≈ aussehen (1,3)

Aus·guss *der*; **1** verwendet, um das Becken in der Küche zu bezeichnen, wenn eine Flüssigkeit hineingeschüttet wird **2** das Rohr e-s Beckens, durch das das Wasser abfließt

aus·ha·ben *(hat) gespr*; Vt **1 etw. a.** ein Kleidungsstück ausgezogen haben ⟨den Mantel, die Hose, den Rock a.⟩ **2 etw.a.** etw. zu Ende gelesen haben ⟨ein Buch, e-e Zeitschrift⟩ **3 etw. a.** ein elektrisches Gerät ausgeschaltet haben: *den Fernsehapparat a.* **4** *bes* mit der Arbeit od. mit dem Unterricht fertig sein ≈ freihaben: *Wir haben heute schon um 11 Uhr aus*

aus·ha·ken *(hat)* Vt **etw. a.** etw. durch Lösen e-s Hakens öffnen od. von etw. losmachen ⟨e-e Kette, e-n Fensterladen a.⟩ || ID **bei j-m hakt es aus** *gespr*; **a)** j-d versteht / begreift etw. nicht mehr; **b)** j-d verliert die Nerven

aus·hal·ten *(hat)* Vt **1 etw. a.** schwierige Bedingungen *o.Ä.* ertragen können ≈ erdulden ⟨Hunger, Kälte, Schmerzen a. müssen⟩: *die Hitze nicht länger a. können*; *Dieser Wagen hält große Belastungen aus*; *Wie hältst du es nur aus, in dieser Hitze zu arbeiten?* **2 es irgendwo a.** *gespr*; e-n Zustand, e-e Situation an e-m Ort ertragen können: *Er hält es in der Stadt nicht mehr aus* || NB: *mst* verneint od. in Fragesätzen **3 j-n a.** *gespr pej*; alles für j-n bezahlen, zu dem man *mst* e-e sexuelle Beziehung hat: *Seit er arbeitslos ist, lässt er sich von seiner Freundin a.* || ID **Hier / So lässt es sich** (**gut**) **a.** *gespr hum*; hier / so ist es sehr angenehm

aus·han·deln *(hat)* Vt **etw. a.** etw. in (mühsamen) Verhandlungen erreichen od. vereinbaren ⟨e-n Preis, e-n Vertrag, e-n Kompromiss *o.Ä.* a.⟩ || *hierzu* **Aus·hand·lung** *die*

aus·hän·di·gen; *händigte aus, hat ausgehändigt*; Vt (**j-m**) **etw. a.** e-m Berechtigten etw. offiziell übergeben ⟨j-m ein Einschreiben, e-e Urkunde, e-n

Schlüssel a.⟩ || *hierzu* **Aus·hän·di·gung** *die*; *nur Sg*

Aus·hang *der*; e-e öffentliche Information, die an e-m dafür bestimmten Platz angeheftet wird ⟨etw. durch A. bekannt geben⟩: *Bitte beachten Sie den A. am schwarzen Brett!*

aus·hän·gen[1]; *hängte aus, hat ausgehängt*; Vt **1** ***etw. a.*** etw. aus seiner Befestigung heben ⟨e-n Fensterladen a.⟩ **2** ***etw.*** **(*irgendwo*)** ***a.*** e-e öffentliche Information an e-r dafür bestimmten Stelle aufhängen

aus·hän·gen[2]; *hing aus, hat ausgehangen*; Vi ***etw. hängt aus*** etw. hängt an e-r für alle sichtbaren Stelle ⟨die Speisekarte, der Fahrplan, die Ankündigung⟩

Aus·hän·ge|schild *das*; e-e Person od. Sache, die man öffentlich vorzeigt, um e-n guten Eindruck zu machen ⟨als A. dienen⟩

aus·har·ren *(hat)* Vi *geschr*; unter schwierigen Bedingungen (irgendwo) bleiben: *noch e-e Weile a.*

aus·he·ben *(hat)* Vt **1** ***etw. a.*** etw. durch das Herausgraben von Erde schaffen ↔ zuschütten ⟨e-e Grube, e-n Schacht *o.Ä.* a.⟩ **2** ***j-n a.*** j-n in seinem Versteck finden u. verhaften ⟨e-e Gangsterbande a.⟩ **3** ***etw. a.*** *mst* das Versteck e-r Gruppe von Verbrechern entdecken: *e-n Unterschlupf für Terroristen a.* || *hierzu* **Aus·he·bung** *die*

aus·he·cken; *heckte aus, hat ausgeheckt*; Vt ***etw. a.*** *gespr pej*; etw. (*mst* Unerwünschtes) ausdenken u. planen ⟨e-n Plan, e-e Dummheit, e-e List a.⟩

aus·hei·len Vt *(hat)* **1** ***etw. a.*** e-e Krankheit heilen: *Der Arzt hat ihre Grippe völlig ausgeheilt*; Vi *(ist)* **2** ***etw. heilt aus*** etw. wird wieder besser ≈ etw. gesundet ⟨e-e Verletzung⟩

aus·hel·fen *(hat)* Vi **1** **(*irgendwo*)** ***a.*** e-e fehlende Arbeitskraft (vorübergehend) ersetzen **2** ***j-m*** **(*mit etw.*)** ***a.*** j-m e-e Kleinigkeit geben od. leihen, die er gerade braucht: *Können Sie mir mit e-r Briefmarke a.?*

Aus·hil·fe *die*; **1** *mst Sg*; die zeitlich begrenzte Mitarbeit ⟨j-n zur A. suchen⟩ || K-: ***Aushilfs-, -kellner*** **2** j-d, der nur vorübergehend irgendwo mitarbeitet od. j-n vertritt || *zu* **1** **aus·hilfs·wei·se** *Adv*

Aus·hilfs|kraft *die* ≈ Aushilfe (2)

aus·höh·len; *höhlte aus, hat ausgehöhlt*; Vt **1** ***j-d / etw. höhlt etw. aus*** j-d gräbt ein Loch in etw., etw. macht etw. im Inneren hohl: *Die Felsen werden von der Brandung ausgehöhlt* **2** ***etw. höhlt etw. aus*** *geschr*; etw. schwächt od. verschlechtert etw. ≈ etw. untergräbt etw. ⟨etw. höhlt j-s Ansehen, Gesundheit aus⟩ || *hierzu* **Aus·höh·lung** *die*; *mst Sg*

aus·ho·len *(hat)* Vi **1** den Arm od. Fuß ausgestreckt weit nach hinten bewegen, um viel Schwung für e-n Wurf, Schlag od. Tritt zu bekommen ⟨weit a.; mit dem Arm / dem Schwert zum Wurf / Schlag a.⟩ || K-: ***Aushol-, -bewegung*** **2** große Schritte machen ⟨weit a.⟩ **3** ***weit a.*** bei e-m Bericht, e-r Erzählung ganz von vorn beginnen: *Um die Verschmelzung von Atomkernen zu erklären, muss ich weiter a.*

aus·hor·chen *(hat)* Vt ***j-n a.*** j-m (unauffällig) viele Fragen stellen, um e-e bestimmte Information zu bekommen || *hierzu* **Aus·hor·chung** *die*; *mst Sg*

aus·hun·gern *(hat)* Vt **1** ***j-n a.*** j-m nichts zu essen geben od. verhindern, dass er essen kann (*mst* damit er kapituliert) **2** ⟨e-e Stadt, e-e Festung *o.Ä.*⟩ ***a.*** die Bewohner e-r Stadt, e-r Festung *o.Ä.* a. (1)

aus·keh·ren *(hat)* Vt ***etw. a.*** e-n Raum mit e-m Besen vom Schmutz befreien ⟨e-n Saal a.⟩

aus·ken·nen, sich *(hat)* Vr ***sich*** **(*irgendwo*)** ***a.***; ***sich*** **(*mit etw.*)** ***a.*** etw. genau kennen, detaillierte Informationen über etw. haben: *Kennst du dich in Paris aus?*; *Kennst du dich mit Computern aus?*

aus·kip·pen *(hat)* Vt **1** ***etw. a.*** etw. durch Kippen ausleeren: *e-n Eimer a.* **2** ***etw. a.*** etw. aus e-m Behälter durch Kippen leeren: *den Sand aus dem Eimer a.*

auskippen

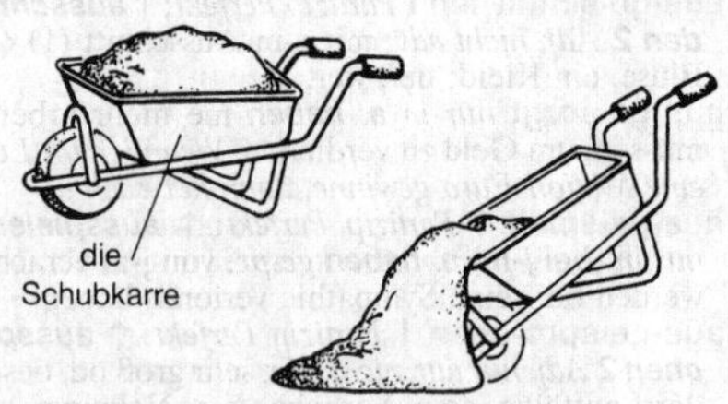

aus·klam·mern *(hat)* Vt ***etw.*** **(*aus etw.*)** ***a.*** etw. nicht besprechen, etw. von der Besprechung ausschließen: *ein heikles Problem aus der Diskussion a.* || *hierzu* **Aus·klam·me·rung** *die*

Aus·klang *der*; *nur Sg*; das Ende e-s (festlichen) Tags, e-r Veranstaltung: *ein Lied zum A. der Feier*

aus·klei·den *(hat)* Vt **1** ***j-n / sich a.*** *geschr*; j-m / sich die Kleidung ausziehen ↔ ankleiden **2** ***etw.*** **(*mit etw.*)** ***a.*** die Wände e-s Raumes od. Behälters innen mit Stoff, Teppichen *o.Ä.* versehen || *zu* **2** **Aus·klei·dung** *die*; *mst Sg*

aus·klin·gen *(ist)* Vi ***etw. klingt irgendwie / mit etw. aus*** ein Fest *o.Ä.* geht irgendwie zu Ende: *ein Fest ruhig a. lassen*

aus·klin·ken; *klinkte aus, hat ausgeklinkt*; Vt **1** ***etw. a.*** etw. von e-m Haken od. aus e-r Halterung lösen u. fallen lassen ⟨ein Schleppseil, e-e Bombe a.⟩; Vr **2** ***sich a.*** sich von e-m Haken lösen: *Vor dem Absprung musst du daran denken, dich auszuklinken*

aus·klop·fen *(hat)* Vt ***etw. a.*** etw. durch Klopfen sauber machen ⟨e-n Teppich a.⟩

aus·klü·geln; *klügelte aus, hat ausgeklügelt*; Vt ***etw. a.*** durch intensives Nachdenken etw. Raffiniertes erfinden ≈ austüfteln: *e-e ausgeklügelte Methode* || *hierzu* **Aus·klü·ge·lung** *die*

aus·knip·sen *(hat)* Vt/i **(*etw.*)** ***a.*** den elektrischen Strom od. ein elektrisches Gerät mit e-m Schalter abstellen ≈ ausschalten ⟨das Licht, e-e Lampe a.⟩

aus·kno·beln *(hat)* Vt **1** ***etw. a.*** *gespr*; ein Problem durch konzentriertes Nachdenken lösen **2** ***etw. a.*** durch ein Würfelspiel *o.Ä.* festlegen, wer etw. bekommt od. wer etw. (*mst* Unangenehmes) tun muss: *Sie knobelten aus*, wer *das Geschirr spülen musste*

aus·ko·chen *(hat)* Vt **1** ***etw. a.*** etw. (lange) in Wasser kochen, damit e-e Suppe entsteht ⟨Fleisch, Knochen a.⟩ **2** ***etw. a.*** *gespr*; sich etw. Schlimmes od. etw. Raffiniertes ausdenken

aus·kom·men *(ist)* Vi **1** ***mit j-m*** **(*gut / schlecht*)** ***a.*** ein gutes / schlechtes Verhältnis zu j-m haben ≈ sich mit j-m (gut / schlecht) vertragen / verstehen: *Kommt ihr gut miteinander aus od. streitet ihr häufig?* **2** ***mit j-m / etw. / ohne j-n / etw.*** **(*irgendwie*)** ***a.*** sich auf die genannte Art u. Weise mit od. ohne j-n / etw. zurechtfinden: *Mit diesem Gehalt komme ich überhaupt nicht aus*; *Ich komme auch ohne deine Hilfe gut aus*; *Evi muss ohne Auto a.*

Aus·kom·men[1] *das*; *-s*; *nur Sg*; **1** Geld, das man regelmäßig bekommt u. das für den Lebensunterhalt reicht ⟨ein gutes, sicheres A. haben⟩ **2** ***sein A. haben*** genug Geld zum Leben haben

Aus·kom·men[2] *das*; *mst in* ***mit j-m gibt es kein A.*** mit j-m kann man nicht ohne Streit leben

aus·kos·ten *(hat)* Vt ***etw. a.*** etw. gründlich u. intensiv genießen ⟨e-n Erfolg, e-n Triumph a.⟩

aus·krat·zen *(hat)* Vt ↑ ***aus-*** (2) || ID *mst* ***Ich könn-***

te ihm / ihr die Augen a. ich bin sehr wütend auf ihn / sie || NB: nur von Frauen verwendet

aus·ku·geln (*hat*) [Vt] ***j-m / sich etw. a.*** ≈ j-m / sich etw. ausrenken ⟨*mst* sich den Arm a.⟩

aus·küh·len (*hat*) [Vt] **1** ***etw. kühlt j-n / etw. aus*** j-d / etw. wird durch etw. vollkommen kalt: *von e-m Spaziergang ausgekühlt sein*; *Der eisige Wind hatte den Raum völlig ausgekühlt*; [Vi] (*ist*) **2** ***etw. kühlt aus*** etw. wird vollkommen kalt: *Das Zimmer kühlt im Winter schnell aus* || *hierzu* **Aus·küh·lung** *die*; *nur Sg*

aus·kund·schaf·ten; *kundschaftete aus, hat ausgekundschaftet*; [Vt] ***etw. a.*** durch unauffälliges Fragen od. Beobachten etw. in Erfahrung bringen ⟨j-s Vermögen, Ersparnisse, die Gegend a.⟩ || *hierzu* **Aus·kund·schaf·tung** *die*

Aus·kunft *die*; *-, Aus·künf·te*; **1** ***e-e A.*** (***über j-n / etw.***) e-e Information, die man auf e-e Frage erhält ⟨e-e falsche, genaue, telefonische A.; j-n um (e-e) A. bitten; j-m (e-e) A. geben; j-m die A. verweigern; Auskünfte einholen⟩ **2** *nur Sg*; die Stelle (*z.B.* am Bahnhof, beim Telefonamt), wo man um A. (1) bitten kann ≈ Information (2) ⟨die A. anrufen⟩ || -K: ***Telefon-, Zug-*** || K-: ***Auskunfts-, -beamte(r), -schalter*** **3** *nur Sg*; j-d, der angestellt ist, um Informationen zu geben: *Fragen Sie die A.!*

aus·kup·peln (*hat*) [Vt/i] (***etw.***) ***a.*** *Auto*; durch Drücken des Kupplungspedals den Motor vom Getriebe trennen: *vor dem Schalten a.*

aus·ku·rie·ren (*hat*) [Vt] **1** ***j-n / etw. a.*** ≈ heilen; [Vr] **2** ***sich a.*** sich von e-r Krankheit völlig erholen

aus·la·chen (*hat*) [Vt] ***j-n a.*** sich über j-n lustig machen, indem man über ihn lacht: *Er wurde ausgelacht, weil er so ungeschickt war*

aus·la·den (*hat*) [Vt/i] **1** (***etw.***) ***a.*** etw., das in e-m Fahrzeug transportiert wurde, herausnehmen: *die Möbel aus dem Lieferwagen a.*; [Vt] **2** ***j-n a.*** j-m, den man eingeladen hatte, sagen, dass er doch nicht kommen soll **3** ***etw. a.*** ein Fahrzeug, Flugzeug *o.Ä.* von den Dingen, die darin transportiert wurden, frei machen: *e-n Lieferwagen a.*

aus·la·dend **1** *Partizip Präsens*; ↑ **ausladen** **2** *Adj*; *nicht adv*; sehr breit, weit nach außen reichend ⟨ein Bauwerk⟩ **3** *Adj*; *nicht adv*; mit den Armen weit nach außen ⟨e-e Geste, e-e Bewegung⟩

Aus·la·ge *die*; **1** die Waren, die im Schaufenster liegen od. dort ausgestellt sind: *sich die Schuhe in der A. ansehen* **2** *mst Pl*; e-e Summe Geld, die man bezahlt hat u. später zurückbezahlt bekommt ≈ Unkosten, Spesen: *Er bekam die bei seiner Geschäftsreise entstandenen Auslagen zurückerstattet*

Aus·land *das*; *-s*; *nur Sg*; **1** jedes Land, das nicht das eigene ist ↔ Inland ⟨ins A. reisen, ins A. gehen (um dort zu leben); Waren aus dem A. importieren⟩ || K-: ***Auslands-, -amt, -aufenthalt, -reise, -spiel, -tournee*** **2** *Kollekt*; die Bevölkerung od. Regierung fremder Länder ⟨Kontakte zum A. knüpfen; vom A. abhängig, auf das A. angewiesen sein⟩ || K-: ***Auslands-, -korrespondent, -presse*** || *hierzu* **aus·län·di·sch-** *Adj*; *nur attr, nicht adv*

Aus·län·der *der*; *-s, -*; j-d, der Staatsbürger e-s fremden Landes ist: *Viele Ausländer leben hier schon seit 30 Jahren* || K-: ***Ausländer-, -amt, -anteil, -behörde, -feindlichkeit, -politik, -polizei***; ***ausländer-, -feindlich*** || *hierzu* **Aus·län·de·rin** *die*; *-, -nen*

Aus·län·der|an·teil *der*; der Teil der Bevölkerung, e-r Schulklasse *o.Ä.*, der aus Ausländern besteht

Aus·lands|ge·spräch *das*; ein Telefongespräch mit j-m, der im Ausland ist

Aus·lands|schul·den *die*; *Pl*; die Schulden, die *bes* ein Staat im Ausland hat

Aus·lands|stu·di·um *das*; das Studium an e-r Hochschule im Ausland

Aus·lands|ver·mö·gen *das*; Vermögen, das j-d / e-e Firma od. ein Staat im Ausland angelegt hat

Aus·lands|ver·tre·tung *die*; e-e od. mehrere Personen, die e-e Firma offiziell im Ausland vertreten

aus·las·sen (*hat*) [Vt] **1** ***j-n / etw. a.*** j-n / etw. (in e-r Reihenfolge) übersehen od. nicht berücksichtigen, etw. nicht sagen, schreiben od. tun: *bei der Verteilung von Bonbons ein Kind a.*; *beim Abschreiben aus Versehen e-n Satz a.*; *Er lässt keine Gelegenheit aus, sie zu besuchen* **2** ***etw. an j-m a.*** j-n aus Ärger, Enttäuschung od. Zorn schlecht behandeln ≈ etw. an j-m abreagieren ⟨seine Launen, Wut an j-m a.⟩ **3** ***etw. a.*** etw. so lange erhitzen bis das Fett flüssig wird ⟨Schmalz, Speck, Butter *o.Ä.* a.⟩ **4** ***etw. a.*** *gespr*; etw. ausgeschaltet lassen ⟨das Licht, den Strom *o.Ä.* a.⟩; [Vr] **5** ***sich*** (***über j-n / etw.***) ***a.*** *pej*; ein (negatives) ausführliches Urteil über j-n / etw. abgeben: *Er hat sich lange u. heftig über dein Benehmen ausgelassen*

Aus·las·sung *die*; *-, -en*; **1** das Auslassen (1) **2** *nur Pl*; ***Auslassungen*** (***über j-n / etw.***) *mst* negative Äußerungen od. Aussagen über j-n / etw.

Aus·las·sungs|zei·chen *das* ≈ Apostroph

aus·las·ten (*hat*) [Vt] ***etw. a.*** die Leistungskraft e-r Fabrik, e-r Maschine, e-s Motors *o.Ä.* voll ausnutzen: *Die Kapazität des Betriebs ist nur zu 50% ausgelastet* **2** ***etw. lastet j-n aus*** etw. nimmt j-s Zeit u. Energie voll in Anspruch, beansprucht j-n ganz: *Ich bin mit der Vorbereitung für das Fest völlig ausgelastet* || *hierzu* **Aus·las·tung** *die*; *nur Sg*

Aus·lauf *der*; **1** die Stelle, an der Flüssigkeit aus e-m Gefäß fließen kann **2** *nur Sg*; e-e Möglichkeit (*bes* für Kinder u. Haustiere), im Freien herumzulaufen od. zu spielen: *Ein Schäferhund hat in der Stadt zu wenig A.* **3** e-e Fläche, die von e-m Zaun umgeben ist, innerhalb dessen sich Tiere frei bewegen können

aus·lau·fen (*ist*) [Vi] **1** ***etw. läuft aus*** etw. fließt *mst* aus e-m Loch od. Leck in e-m Gefäß heraus: *Der Tank hatte ein Leck - dadurch ist das ganze Öl ausgelaufen* **2** ***etw. läuft aus*** etw. wird leer, weil die Flüssigkeit herausfließt: *Nach dem Verkehrsunfall ist der Tank ausgelaufen* **3** ***j-d*** / ⟨ein Schiff *o.Ä.*⟩ ***läuft aus*** j-d / ein Schiff *o.Ä.* verlässt e-n Hafen, um aufs Meer zu fahren **4** ***etw. läuft aus*** etw. wird langsam u. bleibt allmählich stehen ⟨der Motor, das Auto, der Propeller⟩ **5** ***etw. läuft aus*** etw. geht zu Ende od. nähert sich seinem Ende ↔ etw. beginnt ⟨ein Weg, ein Kurs, ein Programm, ein Vertrag⟩ **6** ***etw. läuft in etw.*** (*Akk*) ***aus*** etw. mündet harmonisch in etw. ein od. geht in etw. über: *Das Gebirge läuft in e-e Hügelkette aus* **7** ***etw. läuft*** (***für j-n***) ***irgendwie aus*** *gespr*; etw. geht (für j-n) auf e-e bestimmte Art zu Ende ≈ etw. geht aus, etw. endet: *Diese Angelegenheit wird für ihn schlimm a.*

Aus·läu·fer *der*; *-s, -*; **1** *Meteorologie*; der äußere Teil ⟨e-r atlantischen Störung, e-s Tiefs, e-s Erdbebens⟩ || -K: ***Tief-*** **2** die äußeren, niedrigen Teile ⟨e-s Gebirges⟩ || -K: ***Gebirgs-***

Aus·lauf|mo·dell *das*; ein Modell, das noch verkauft, aber nicht mehr hergestellt wird: *ein A. zu reduziertem Preis*

aus·lau·gen; *laugte aus, hat ausgelaugt*; [Vt] **1** *mst* ***etw. wird ausgelaugt*** e-r Substanz werden wichtige Bestandteile entzogen: *Durch ständiges Bepflanzen wird der Boden ausgelaugt* **2** *mst* ***j-d ist ausgelaugt*** j-d ist durch starke Beanspruchung od. große Anstrengung erschöpft: *Nach dem Marathonlauf war er (von der Anstrengung) völlig ausgelaugt*

Aus·laut *der*; *mst Sg, Ling*; der letzte Laut e-s Wortes od. e-r Silbe ↔ Anlaut ⟨etw. steht im A.⟩

aus·le·ben, sich (*hat*) [Vr] ***sich a.*** die angenehmen Seiten des Lebens voll genießen

aus·le·cken (*hat*) [Vt] **1** ***etw. a.*** etw. durch Lecken leer od. sauber machen: *die Schüssel a.* **2** ***etw. a.*** etw. aus etw. lecken: *den Honig a.* (*der im Topf ist*)

aus·lee·ren (*hat*) [Vt] **1** ***etw. a.*** etw. aus e-m Gefäß gießen, schütten *usw*: *das Wasser* (*aus der Schüssel*) *a.* **2** ***etw. a.*** ein Gefäß leer machen: *den Eimer a.*

aus·le·gen (*hat*) [Vt] **1** ***etw. a.*** etw. öffentlich so hinlegen, dass es von allen Interessierten angesehen werden kann ≈ ausbreiten ⟨Waren im Schaufenster a.; Listen zum Eintragen a.; Pläne zur Einsichtnahme a.⟩ **2** ***etw. a.*** etw. so hinlegen, dass es von e-m Tier gefressen werden soll ⟨Gift, e-n Köder a.⟩ **3** ***etw. mit etw. a.*** den Boden e-s Möbelstücks od. Raumes mit etw. (Schützendem) bedecken ≈ auskleiden ⟨ein Zimmer mit Teppichen, e-e Schublade mit Papier a.⟩ **4** ***etw. für etw. a.*** ein technisches Gerät od. ein Gebäude so planen od. konstruieren, dass e-e bestimmte Leistung / Kapazität erreicht wird: *Das Stadion ist für 30000 Besucher ausgelegt* || NB: *mst* im Zustandspassiv! **5** ***j-m etw. a.*** / ***etw. für j-n a.*** j-m das Geld für etw. leihen: *Kannst du das Geld für die Kinokarte für mich a.?* **6** ***etw.*** (***irgendwie***) ***a.*** e-e Geschichte od. Erscheinung nach seiner eigenen Ansicht erklären ≈ interpretieren ⟨e-n Text, e-n Roman falsch a.⟩ **7** (***j-m***) ***etw. als etw. a.*** e-e Eigenschaft od. Handlung, die man bei j-m beobachtet, falsch deuten || *zu* **6** **Aus·le·gung** *die*

Aus·le·ge·wa·re *die*; *nur Sg, Kollekt*; Teppichböden u. PVC-Böden

aus·lei·ern (*hat*) [Vt] **1** ***etw. a.*** etw. oft benutzen od. waschen u. dadurch weiter od. lockerer machen: *ein ausgeleierter Pullover* **2** ***etw. a.*** etw. durch häufigen Gebrauch stark abnutzen ⟨ein Gewinde a.⟩

Aus·lei·he *die*; -, *-en*; **1** ein Schalter in e-r Bibliothek, an dem man Bücher ausleihen kann **2** *nur Sg*; das Ausleihen von Büchern, Schallplatten *usw* für e-e bestimmte Zeit ≈ Verleih

aus·lei·hen (*hat*) [Vt] **1** (***j-m***) ***etw. a.*** j-m etw. vorübergehend zur (*mst* kostenlosen) Benutzung geben ≈ leihen ↔ etw. (von j-m) zurückfordern: *Mein Rad kann ich dir nicht a.*; *Würdest du mir bitte dein Auto morgen kurz a.?* **2** (***sich*** (*Dat*)) ***etw.*** (***bei*** / ***von j-m***) ***a.*** sich etw. geben lassen, das man für e-e bestimmte Zeit (*mst* kostenlos) benutzen darf ↔ (j-m) etw. zurückgeben: *Kann ich* (*mir*) *e-n Bleistift bei dir a.?*

aus·ler·nen (*hat*) [Vi] *mst* ***ausgelernt haben*** mit der beruflichen Ausbildung fertig sein || ID *mst* ***Man lernt nie aus*** man macht immer wieder neue Erfahrungen

Aus·le·se *die*; **1** *nur Sg*; das Auswählen des / der Besten: *e-e strenge A. treffen* **2** *Kollekt*; e-e Gruppe von speziell ausgewählten Dingen aus e-r Menge: *e-e A. aus seinen Gedichten* **3** *Kollekt*; die besten Personen aus e-r Gruppe: *e-e A. der besten Sänger* **4** ein sehr guter Wein aus ausgesuchten Weintrauben

aus·le·sen (*hat*) [Vt] **1** ***etw. a.*** etw. zu Ende lesen ⟨ein Buch, e-n Roman⟩ **2** ***etw.*** (*Kollekt od Pl*) ***a.*** bestimmte Dinge nach bestimmten Kriterien aus e-r Menge auswählen: *die verfaulten Beeren a.*

aus·leuch·ten (*hat*) [Vt] ***etw. a.*** e-n Raum völlig hell machen od. bis in sämtliche Ecken beleuchten ⟨die Bühne a.⟩ || *hierzu* **Aus·leuch·tung** *die*

aus·lie·fern (*hat*) [Vt] **1** ***etw. a.*** Waren (im Auftrag e-r Firma) liefern **2** ***j-n*** (***an j-n***) ***a.*** j-n an die Organe e-s anderen Staates übergeben ⟨politische Gefangene, Verbrecher a.⟩: *Die Terroristen wurden an die USA ausgeliefert* **3** ***j-n etw.*** (*Dat*) ***a.*** j-n ohne Hilfe etw. Negativem od. e-r Gefahr überlassen ⟨j-n dem Tode, Hunger, Schicksal a.⟩: *Schutzlos sind sie dem Regen u. der Kälte ausgeliefert* **4** ***j-m ausgeliefert sein*** in e-r Situation sein, in der j-d mit einem machen kann, was er will || *zu* **1** u. **2** **Aus·lie·fe·rung** *die*

aus·lie·gen (*hat* / *südd* (CH) *ist*) [Vi] **1** ***etw. liegt aus*** etw. ist zum Verkauf (*bes* im Schaufenster) ausgestellt ⟨Waren⟩ **2** ***etw. liegt aus*** etw. liegt zum Ansehen, Unterschreiben od. Mitnehmen offen da ⟨Listen, Pläne, Zeitschriften⟩

aus·löf·feln (*hat*) [Vt] **1** ***etw. a.*** etw. mit e-m Löffel leer machen ⟨den Teller a.⟩ **2** ***etw. a.*** etw. mit e-m Löffel aus etw. nehmen ⟨die Suppe a.⟩

aus·lö·schen (*hat*) [Vt] **1** ***etw. a.*** etw. löschen od. ausmachen ⟨ein Feuer, das Licht a.⟩ **2** ***etw. a.*** etw. zerstören, etw. verschwinden lassen ⟨Spuren, die Erinnerung an j-n a.⟩ **3** ***j-d*** / ***etw. löscht j-n*** / ***etw.*** (*mst Kollekt od Pl*) ***aus*** *geschr*; j-d / etw. vernichtet *mst* viele Leute: *Der Krieg löschte ganze Familien aus*

aus·lo·sen (*hat*) [Vt] ***j-n*** / ***etw. a.*** e-e Person od. ein Ding durch das Los (2) für etw. bestimmen: *Wir losen aus*, wer *als Erster spielt* || *hierzu* **Aus·lo·sung** *die*

aus·lö·sen (*hat*) [Vt] **1** ***etw. a.*** (gewollt od. ungewollt) e-n Mechanismus in Bewegung setzen ⟨e-n Schuss, Alarm, das Blitzlicht a.⟩ || K-: ***Auslöse-, -mechanismus*** **2** ***etw. a.*** durch e-e bestimmte Aktion etw. hervorrufen, etw. entstehen lassen ⟨e-n Krieg, e-e Revolte, e-e Revolution a.⟩ **3** ***etw.*** (***bei j-m***) ***a.*** bei j-m e-e bestimmte Reaktion herbeiführen od. verursachen ⟨Freude, e-n Streit, Gelächter, Panik *usw* a.⟩: *Die Nachricht löste bei allen Bestürzung aus* **4** ***j-n a.*** Geld zahlen, damit j-d frei wird ⟨Gefangene, Geiseln a.⟩ || *zu* **1** u. **4** **Aus·lö·sung** *die*; *nur Sg*

Aus·lö·ser *der*; *-s*, -; **1** ein Knopf, Schalter *o.Ä.*, mit dem man e-n Mechanismus in Bewegung setzt: *auf den A. drücken u. ein Foto machen* **2** der Grund od. der Anlass für etw.: *Das Attentat war A. e-r Revolte*

aus·lo·ten; *lotete aus, hat ausgelotet*; [Vt] **1** ***etw. a.*** mit dem Lot (1) die Tiefe des Wassers bestimmen: *die Wassertiefe a.* **2** ***etw. a.*** mit dem Lot (1) die Senkrechte bestimmen: *e-e Wand a.* **3** ***etw. a.*** (vorsichtig) versuchen, etw. über j-n / etw. zu erfahren ⟨e-e Situation, j-s Wesen a.⟩ || *hierzu* **Aus·lo·tung** *die*

aus·lüf·ten (*hat*) [Vt] ***etw. a.*** frische Luft an etw. / in etw. kommen lassen: *nach Rauch riechende Kleider zum Auslüften auf den Balkon hängen*

aus·ma·chen (*hat*) [Vt] **1** ***etw. a.*** bewirken, dass etw. nicht mehr brennt ↔ anzünden ⟨das Feuer, e-e Kerze, e-e Zigarette a.⟩ **2** ***etw. a.*** *gespr*; bewirken, dass ein technisches Gerät nicht mehr in Funktion ist ≈ ausschalten ↔ anmachen ⟨den Fernseher, die Heizung, den Motor a.⟩ **3** ***j-n*** / ***etw. a.*** j-n / etw. durch genaues Hinsehen entdecken: *ein Schiff am Horizont a.* **4** ***etw. macht etw. aus*** etw. hat e-n bestimmten Wert, e-e bestimmte Bedeutung, ist etw. ⟨ etw. macht wenig, nichts, e-e Menge aus⟩: *Die Differenz macht 3 Meter aus*; *Ruhe u. Erholung machen e-n wesentlichen Teil des Urlaubs aus* **5** ***j-d macht etw. mit j-m aus***; ⟨Personen⟩ ***machen etw. aus*** *gespr*; *mst* zwei Personen vereinbaren od. verabreden etw., machen etw. ab: *Hast du mit dem Zahnarzt schon e-n Termin ausgemacht?* **6** ***j-d macht etw. mit j-m aus***; ⟨Personen⟩ ***machen etw.*** (***unter sich*** (*Dat*)) ***aus*** *gespr*; Personen diskutieren ein Problem u. einigen sich auf e-e Lösung: *Macht das unter euch aus!* **7** *mst* ***etw. macht j-m etwas*** / ***nichts aus*** *gespr*; etw. stört j-n / etw. stört j-n nicht: *Hitze macht mir nichts aus*; *Macht es Ihnen etwas aus*, wenn *ich rauche?*; *Ich hoffe*, *es macht Ihnen nichts aus*, dass *ich heute Abend e-e Party gebe*

aus·ma·len (*hat*) [Vt] **1** ***etw. a.*** die Innenräume e-s Gebäudes mit Farbe od. Bildern versehen ⟨e-e Kirche, e-n Saal a.⟩ **2** ***etw. a.*** Zeichnungen od. vorgegebene Umrisse farbig machen ≈ kolorieren ⟨Figuren in e-m Malbuch a.⟩ **3 *j-m / sich etw. a.*** j-m etw. genau beschreiben, sich etw. genau vorstellen: *Er malt sich schon jetzt aus,* was *er auf der Reise erleben wird* || *hierzu* **Aus·ma·lung** *die*; *mst Sg*

aus·ma·növ·rie·ren; *manövrierte aus, hat ausmanövriert*; [Vt] ***j-n a.*** *pej*; sich durch raffinierte Tricks e-n Vorteil gegenüber e-m anderen verschaffen ⟨e-n Konkurrenten a.⟩ || *hierzu* **Aus·ma·növ·rie·rung** *die*; *nur Sg* || ► ***Manöver*** (2)

Aus·maß *das*; **1** *mst Sg*; ein (hohes) Maß an etw. *mst* Negativem ≈ Umfang ⟨e-e Katastrophe von ungeahntem A.; das ganze / genaue A. der Zerstörung, des Schadens *usw*; ein erschreckendes A. an Gleichgültigkeit; etw. nimmt solche Ausmaße an, dass …⟩ **2** *mst Pl* ≈ Größe, Dimension: *ein Gebiet mit den Ausmaßen e-r Kleinstadt*

aus·mer·zen; *merzte aus, hat ausgemerzt*; [Vt] ***etw. a.*** etw. Unerwünschtes od. Schädliches völlig entfernen od. vernichten ⟨Unkraut, Ungeziefer a.; Rechtschreibfehler a.⟩ || *hierzu* **Aus·mer·zung** *die*

aus·mes·sen *(hat)* [Vt] ***etw. a.*** die Größe od. die Dimensionen e-r Sache durch Messen präzise bestimmen ⟨ein Grundstück, e-e Wohnung a.⟩ || *hierzu* **Aus·mes·sung** *die*

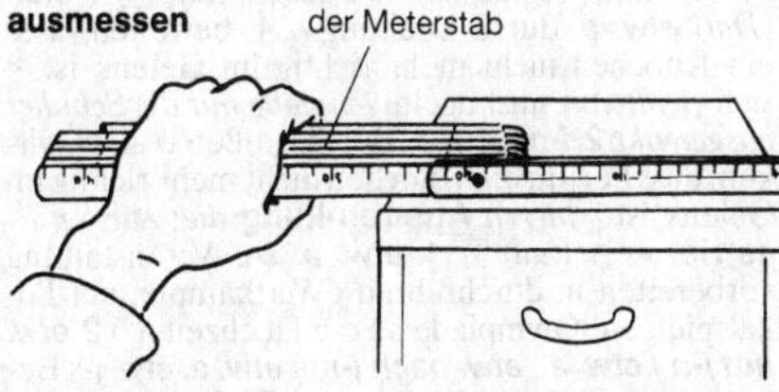

aus·mis·ten; *mistete aus, hat ausgemistet*; [Vt/i] **1** ***(etw.) a.*** *gespr*; das, was man nicht mehr braucht, aus etw. entfernen u. wegwerfen ⟨seine alten Schulhefte, die Briefmarkensammlung a.⟩ **2** ***(etw.) a.*** etw. von Mist befreien ⟨den Stall a.⟩

aus·mus·tern *(hat)* [Vt] **1** ***etw. a.*** alte, unbrauchbar gewordene Dinge beiseite stellen u. nicht mehr verwenden **2** ***j-n a.*** j-n wegen seiner schlechten Gesundheit nicht zum Militärdienst einziehen || *hierzu* **Aus·mus·te·rung** *die*; *nur Sg*

Aus·nah·me *die*; *-, -n*; **1** e-e Person / Sache, die von der Regel od. Norm abweicht u. etw. Besonderes darstellt ⟨e-e rühmliche, seltene A.; mit einigen wenigen Ausnahmen; alle ohne A.⟩ || K-: ***Ausnahme-, -bestimmungen, -fall, -genehmigung, -regelung*** **2 *e-e A. machen*** anders handeln als sonst: *Das geht normalerweise nicht, aber machen wir doch mal e-e A.* **3 *bei / wegen j-m / etw. e-e A. machen*** j-n / etw. anders (*mst* besser) behandeln als andere: *Die Arbeit beginnt um acht, nur Paul fängt e-e halbe Stunde später an, da bei ihm e-e A. gemacht wird* **4 *mit A.*** + *Gen*; ***mit A. von j-m / etw.*** *geschr*; abgesehen von ≈ außer: *Mit A. meines Bruders gingen alle baden*; *Er liest alles mit A. von Romanen* || ID ***Ausnahmen bestätigen die Regel*** verwendet, um auszudrücken, dass (fast) jede Regel e-e A. hat

Aus·nah·me|zu·stand *der*; *nur Sg*; **1** e-e politische Situation, die die Regierung dazu zwingt, bestimmte Rechte außer Kraft zu setzen ⟨den A. erklären, verhängen, aufheben⟩ **2** ein nicht alltäglicher Zustand: *Diese Umleitung ist nur ein A.*

aus·nahms·los *Adj*; *nur attr od adv*; ohne Ausnahme: *Es handelt sich a. um junge Bäume*

aus·nahms·wei·se *Adv*; abweichend von e-r Regelung, e-m Prinzip *o.Ä.* ⟨etw. a. erlauben⟩: *Ihr könnt a. schon jetzt heimgehen*

aus·neh·men *(hat)* [Vt] **1 *j-n / sich / etw. (von etw.) a.*** behaupten, dass j-d / man selbst / etw. von e-r Aussage, Regelung *o.Ä.* nicht betroffen ist ≈ ausschließen: *Ich kann von diesem Vorwurf niemanden a.*; *Die Straße ist für sämtliche Fahrzeuge gesperrt, Anlieger* (= Leute, die dort wohnen) *ausgenommen* **2 *j-n a.*** *gespr*; von j-m auf listige Art viel Geld nehmen **3 *ein Tier a.*** aus e-m getöteten Tier die Eingeweide herausnehmen; [Vr] **4 *etw. nimmt sich irgendwie aus*** *gespr*; etw. erzielt e-e gewisse optische Wirkung ≈ etw. sieht irgendwie aus: *Vor dem Rathaus nimmt sich der Brunnen gut aus*

aus·neh·mend 1 *Partizip Präsens*; ↑ ***ausnehmen*** **2** *Adj*; *nur attr od adv, geschr*; besonders, ungewöhnlich: *etw. ist von ausnehmender Qualität, a. gut*

aus·nüch·tern; *nüchterte aus, hat ausgenüchtert*; [Vt] *mst in* ***j-n a. lassen*** e-n Betrunkenen so lange schlafen lassen (*mst* in e-m Raum der Polizei), bis er wieder nüchtern ist

Aus·nüch·te·rung *die*; *-, -en*; *mst Sg*; das Ausnüchtern || K-: ***Ausnüchterungs-, -zelle***

aus·nut·zen *(hat)* [Vt] **1 *j-n a.*** von j-s Diensten od. Arbeit profitieren, ohne ihn angemessen zu belohnen od. zu bezahlen ≈ ausbeuten: *seine Freunde, billige Arbeitskräfte schamlos a.* **2 *etw. (zu / für etw.) a.*** etw. zu e-m bestimmten Zweck verwenden od. etw. zu etw. nutzen ⟨e-e Gelegenheit, seine Zeit, das gute Wetter a.⟩: *die Bahnfahrt* dazu *a., ein bisschen zu arbeiten* **3** *mst* ***seine Machtposition a.*** seine einflussreiche Stellung *o.Ä.* zu seinen eigenen Zwecken nutzen || *hierzu* **Aus·nut·zung** *die*; *nur Sg*

aus·nüt·zen *(hat)* [Vt] *bes südd* ≈ ausnutzen || *hierzu* **Aus·nüt·zung** *die*; *nur Sg*

aus·pa·cken *(hat)* [Vt] **1 *etw. a.*** etw., das eingepackt ist, aus der Verpackung nehmen; [Vt/i] **2 *(etw.) a.*** e-n Behälter leer machen, indem man den Inhalt herausnimmt ↔ packen ⟨ein Paket, e-e Reisetasche a.⟩; [Vi] **3** *gespr*; (aus Ärger über j-n od. unter Zwang) erzählen, was man nicht verraten wollte / sollte: *Er bekam Angst u. packte bei der Polizei aus*

aus·par·ken *(hat)* [Vi] *gespr*; mit dem Auto aus e-r Parklücke herausfahren ↔ einparken: *beim Ausparken e-n anderen Wagen beschädigen*

aus·peit·schen *(hat)* [Vt] ***j-n a.*** j-n (mehrmals) mit e-r Peitsche schlagen || *hierzu* **Aus·peit·schung** *die*

aus·pfei·fen *(hat)* [Vt] ***j-n / etw. a.*** (bei e-r Veranstaltung) durch Pfiffe zeigen, dass man j-n / das Dargebotene nicht gut findet ⟨e-n Redner, ein Theaterstück a.⟩

aus·plün·dern *(hat)* [Vt] ***j-n / etw. a.*** ≈ ausrauben || *hierzu* **Aus·plün·de·rung** *die*; *mst Sg*

aus·po·sau·nen; *posaunte aus, hat ausposaunt*; [Vt] ***etw. a.*** *pej*; etw. Geheimes od. Intimes überall erzählen

aus·pres·sen *(hat)* [Vt] **1 *etw. (aus etw.) a.*** etw. durch Pressen herausdrücken: *den Rest der Zahnpasta aus der Tube a.* **2 *etw. a.*** Obst pressen, damit der Saft herauskommt ⟨Orangen, Zitronen a.⟩

aus·pro·bie·ren; *probierte aus, hat ausprobiert*; [Vt] **1 *etw. (an j-m / etw.) a.*** etw. zum ersten Mal benutzen od. anwenden, um festzustellen, ob es brauchbar ist: *ein neues Kochrezept, e-e andere Route a.*; *neue Tabletten an j-m a.*; *a.*, ob / wie *etw. funktioniert* **2 *etw. a.*** etw. zum ersten Mal machen, um zu sehen, ob es einem gefällt

Aus·puff *der*; *-s, -e*; ein Rohr, durch das die Abgase aus e-r Maschine od. aus e-m Motor nach außen geleitet werden || K-: ***Auspuff-, -rohr***

aus·pum·pen *(hat)* [Vt/i] **1 *(etw.) (aus etw.) a.*** Flüssigkeit durch Pumpen entfernen: *das Wasser aus dem*

Keller a.; [Vt] **2 *etw. a.*** etw. durch Pumpen leer machen: *den Keller a.*

aus·pus·ten (*hat*) [Vt] ***etw. a.*** *gespr* ≈ ausblasen

aus·quar·tie·ren; *quartierte aus, hat ausquartiert*; [Vt] ***j-n a.*** j-n (*mst* vorübergehend) in e-m anderen Zimmer od. e-r anderen Wohnung unterbringen: *Wenn Gäste kommen, werden die Kinder ausquartiert* || *hierzu* **Aus·quar·tie·rung** *die*; *mst Sg*

aus·quet·schen (*hat*) [Vt] **1 *etw. a.*** ≈ auspressen (2) ⟨Orangen, Zitronen a.⟩ **2 *j-n* (*über etw.* (*Akk*)) *a.*** *gespr*; j-m (oft aus Neugier) so viele Fragen stellen, bis er schließlich alles erzählt

aus·ra·die·ren; *radierte aus, hat ausradiert*; [Vt] **1 *etw. a.*** etw., das mit Bleistift geschrieben od. gezeichnet wurde, mit e-m Radiergummi entfernen ≈ wegradieren **2 *j-d / etw. radiert etw. aus*** *gespr*; j-d / etw. vernichtet, zerstört etw. vollständig ⟨*mst* e-e Stadt, e-e Gegend a.⟩

aus·ran·gie·ren (*hat*) [Vt] ***etw. a.*** etw., das man nicht mehr braucht, beiseite stellen u. nicht mehr benutzen ≈ ausmustern: *alte Güterwaggons, schadhafte Maschinen a.*

aus·ras·ten (*ist*) [Vi] **1 *etw. rastet aus*** etw. löst sich aus e-r Halterung od. springt heraus ↔ etw. rastet ein ⟨ein Hebel⟩ **2** *gespr*; die Nerven verlieren u. sich plötzlich aggressiv od. sonderbar verhalten; [Vimp] **3 *bei j-m rastet es aus*** *gespr*; j-d rastet aus (2)

aus·rau·ben (*hat*) [Vt] **1 *j-n a.*** j-m mit Gewalt alles wegnehmen, was er bei sich hat ⟨e-n Passanten a.⟩ **2 *etw. a.*** den ganzen wertvollen Inhalt von etw. rauben ⟨ein Haus, ein Auto a.⟩

aus·räu·chern (*hat*) [Vt] **1** ⟨Ungeziefer⟩ ***a.*** Ungeziefer durch Rauch vernichten **2 *etw. a.*** etw. (*mst* e-n Raum) durch Rauch od. Gas von Ungeziefer befreien || *hierzu* **Aus·räu·che·rung** *die*; *mst Sg*

aus·räu·men (*hat*) [Vt/i] **1 (*etw.* (*Kollekt od Pl*)) *a.*** Gegenstände aus e-m Zimmer, e-m Schrank *o.Ä.* räumen; [Vt] **2 *etw. a.*** ein Zimmer, e-n Schrank *o.Ä.* leer machen **3 *etw. a.*** etw. durch gute Argumente od. durch e-e überzeugende Tat beseitigen ⟨Bedenken, Zweifel, e-n Verdacht a.⟩ || *hierzu* **Aus·räu·mung** *die*; *nur Sg*

aus·rech·nen (*hat*) [Vt] **1 *etw. a.*** etw. durch Rechnen feststellen ≈ ermitteln ⟨die Entfernung, Differenz, Geschwindigkeit, Kosten a.⟩: *Er hat ausgerechnet,* wie *groß die Wahrscheinlichkeit ist, e-n Sechser im Lotto zu haben* **2** *mst* ***sich*** (*Dat*) ***gute / keine Chancen a.*** annehmen, dass man bei etw. gute / keine Chancen auf Erfolg hat: *Er rechnet sich beim Rennen gute Chancen aus*

Aus·re·de *die*; **1** ein (angeblicher) Grund, der als Entschuldigung vorgebracht wird ≈ Vorwand ⟨e-e passende A. parat / bereit haben; immer e-e A. wissen⟩ **2 *e-e faule A.*** *gespr*; e-e Entschuldigung, die niemand glaubt

aus·re·den (*hat*) [Vt] **1 *j-m etw. a.*** j-n dazu veranlassen, dass er seine Meinung od. ein Vorhaben aufgibt: *Sie hat ihm ausgeredet, nach Bangkok* zu *fliegen*; [Vi] **2** zu Ende sprechen: *Lass mich bitte a.!*

aus·rei·chen (*hat*) [Vi] **1 *etw. reicht aus*** etw. ist in genügender Menge vorhanden ⟨Vorräte, Geldmittel⟩: *Das Heizöl muss bis März a.* **2 *etw. reicht* (*für etw.*) *aus*** etw. ist (für e-n bestimmten Zweck) von genügender Qualität ⟨j-s Talent, j-s Begabung⟩: *Seine Kenntnisse reichen für diese Arbeit nicht aus*

aus·rei·chend 1 *Partizip Präsens*; ↑ ***ausreichen*** **2** *Adj*; verwendet als Bezeichnung für die relativ schlechte (Schul)Note 4 (auf der Skala von 1-6 bzw. *sehr gut* bis *ungenügend*), mit der man e-e Prüfung *o.Ä.* gerade noch bestanden hat ⟨„a." in etw. (*Dat*) haben, bekommen⟩

aus·rei·fen (*ist*) [Vi] **1 *etw. reift aus*** etw. reift ganz: *Die Pfirsiche sind noch nicht ausgereift* **2 *etw. reift aus*** etw. entwickelt sich vollkommen: *e-n Plan a. lassen*; *ein ausgereifter Charakter* || *hierzu* **Aus·rei·fung** *die*; *nur Sg*

Aus·rei·se *die*; *nur Sg*; das Verlassen e-s Landes (mit e-m Verkehrsmittel) ↔ Einreise: *Bei der A. werden die Pässe kontrolliert* || K-: ***Ausreise-, -erlaubnis, -genehmigung, -verbot***

aus·rei·sen (*ist*) [Vi] **(*aus e-m Land*) *a.*** ein Land (offiziell) verlassen

aus·rei·ßen [Vt] (*hat*) **1 (*j-m / sich*) *etw. a.*** etw. durch Reißen entfernen: *j-m ein Haar a.*; [Vi] (*ist*) **2 *etw. reißt aus*** etw. löst sich ruckartig von dem Teil, an dem es befestigt war: *Bei diesem Stoff reißen die Knöpfe leicht aus* **3 (*aus / von irgendwo*) *a.*** weglaufen, *bes* weil man e-e Situation unangenehm findet ⟨von zu Hause a.⟩: *Er riss aus, weil er sich mit seinem schlechten Zeugnis nicht nach Hause traute* **4 *ein Tier reißt aus*** ein Tier läuft weg: *Jemand hat die Haustür offen gelassen, u. der Hund ist ausgerissen* **5 (*vor j-m / etw.*) *a.*** aus Angst vor j-m / etw. weglaufen: *Die Katze riss aus, als sie den Hund sah*; *Die Tiere rissen vor dem Feuer aus* || *zu* **3 Aus·rei·ßer** *der*; *-s, -*; **Aus·rei·ße·rin** *die*; *-, -nen*

aus·rei·ten (*ist*) [Vi] auf e-m Pferd spazieren reiten || *hierzu* **Aus·ritt** *der*

aus·ren·ken; *renkte aus, hat ausgerenkt*; [Vt] **1 *sich*** (*Dat*) ***etw. a.*** durch Drehung *o.Ä.* bewirken, dass ein Knochen nicht mehr richtig im Gelenk ist ≈ sich (*Dat*) etw. auskugeln: *Ich habe mir die Schulter ausgerenkt* **2 *j-m etw. a.*** durch Stoßen *o.Ä.* bewirken, dass bei j-m ein Knochen nicht mehr richtig im Gelenk ist || *hierzu* **Aus·ren·kung** *die*; *nur Sg*

aus·rich·ten (*hat*) [Vt] **1 *etw. a.*** e-e Veranstaltung vorbereiten u. durchführen ⟨Wettkämpfe, ein Pokalspiel, e-e Olympiade a.; e-e Hochzeit a.⟩ **2 *etw. auf j-n / etw. a.***; ***etw. nach j-m / etw. a.*** etw. j-s Bedürfnissen u. Wünschen od. e-m Ziel anpassen: *ein Konzert auf ein jugendliches Publikum a.*; *das Angebot nach der Nachfrage a.*; *Sein Verhalten war* darauf *ausgerichtet* zu *imponieren* **3 *j-n / etw.*** (*Kollekt od Pl*) ***a.*** Menschen od. Gegenstände so aufstellen, dass sie e-e gerade Linie bilden ⟨Soldaten, Kegel a.⟩ **4 (*j-m*) *etw. a.*** j-m im Auftrag e-s Dritten e-e Nachricht überbringen ≈ j-m etw. bestellen ⟨j-m e-n Gruß a.⟩: *Hast du ihr ausgerichtet,* dass *sie mich nächste Woche besuchen soll?* **5** *mst* **(*bei j-m*) (*et*)*was / nichts a.*** *gespr*; durch die Anwendung bestimmter Methoden j-s Verhalten (nicht) ändern ≈ (bei j-m) etwas / nichts erreichen: *Mit Strafen kannst du bei ihm absolut nichts a.* **6 *j-n a.*** *südd*; schlecht über j-n reden ≈ verleumden || *zu* **1, 2** u. **3 Aus·rich·tung** *die*; *nur Sg*

aus·rol·len [Vt] (*hat*) **1 *etw. a.*** etw. flach u. glatt machen ⟨*mst* den Teig a.⟩ **2 *etw. a.*** etw., das zusammengerollt war, ausbreiten ⟨e-n Teppich a.⟩; [Vi] (*ist*) ***etw. rollt aus*** etw. rollt immer langsamer, bis es zum Stillstand kommt ⟨ein Flugzeug, ein Auto (langsam) a. lassen⟩

aus·rot·ten; *rottete aus, hat ausgerottet*; [Vt] **1 *j-n / etw.*** (*Kollekt od Pl*) ***a.*** alle Lebewesen e-r Art völlig vernichten: *ausgerottete Tierarten, Schädlinge* **2 *etw. a.*** (oft mit großem Engagement) etw. völlig beseitigen ⟨e-e Unsitte, den Aberglauben a.⟩ || *hierzu* **Aus·rot·tung** *die*; *mst Sg*

aus·rü·cken (*ist*) [Vi] **1** ⟨die Polizei, die Feuerwehr *o.Ä.*⟩ ***rückt aus*** e-e geschlossene Gruppe geht od. fährt von e-m Standort aus irgendwohin (wo sie gebraucht wird) **2** *gespr* ≈ ausreißen (3,4) ⟨ein Jugendlicher, ein Kind, ein Tier⟩

Aus·ruf *der*; ein kurzer, plötzlicher Ruf als Ausdruck e-r Emotion ⟨ein A. des Schreckens, der Überraschung⟩

aus·ru·fen (*hat*) [Vt] **1 *etw. a.*** plötzlich u. kurz etw.

rufen: *„Toll!", rief sie aus, als sie von dem Vorschlag hörte* **2 *etw. a.*** etw. öffentlich verkünden u. damit in Kraft setzen ≈ proklamieren ⟨den Notstand, e-n Streik, die Republik a.⟩ **3 *etw. a.*** etw. über Lautsprecher bekannt geben: *auf dem Bahnsteig e-e Zugverspätung a.; im Bus die Haltestelle a.* **4 *j-n a.*** bekannt geben, dass j-d gesucht wird ⟨j-n über Lautsprecher a. lassen⟩ **5 *j-n zu etw. a.*** *hist*; bekannt geben, dass j-d zu etw. gewählt wurde ⟨j-n zum König a.⟩ || *zu* **2** u. **5 Aus·ru·fung** *die*; *mst Sg*

Aus·ru·fe|zei·chen *das*; das Zeichen !, verwendet am Ende e-s Ausrufs, e-s Wunsches, e-r Aufforderung od. e-s Befehls (*z.B. Achtung!; Halt!; Kommen Sie bald wieder!*)

aus·ru·hen (*hat*) Vr **1 *sich (von etw.) a.*** nach e-r Anstrengung ruhen u. sich erholen ⟨sich von der Arbeit a.⟩; Vt **2 *etw. a.*** *gespr*; e-n Körperteil ruhen lassen, nicht beanspruchen ⟨die Füße, die Beine, die Augen a.⟩

aus·rup·fen (*hat*) Vt ***(j-m / e-m Tier) etw. a.*** ≈ ausreißen (1): *e-m Huhn die Federn a.*

aus·rüs·ten (*hat*) Vt **1 *j-n (irgendwie / mit etw.) a.*** j-m die Dinge mitgeben, die er für ein Vorhaben braucht: *e-n Bergsteiger mit Seil u. Pickel a.; Die Truppe wird mit den modernsten Waffen ausgerüstet; Das Schiff war für die lange Reise ungenügend ausgerüstet* **2 *etw. (mit etw.) a.*** e-e Maschine od. ein Fahrzeug mit Geräten od. Instrumenten versehen ≈ ausstatten: *ein Auto mit e-m Katalysator a.*

Aus·rüs·tung *die*; **1** *nur Sg*; das Ausrüsten (1) e-r Person mit dem, was sie für ihre Zwecke braucht **2** *nur Sg*; die Ausstattung e-r Maschine od. e-s Fahrzeugs mit bestimmten Geräten **3** alle Gegenstände, die j-d für e-n bestimmten Zweck braucht || K-: ***Ausrüstungs-, -gegenstände*** || -K: ***Ski-, Sport-*** **4** alle technischen Geräte, die für das Funktionieren e-s Fahrzeugs *o.Ä.* notwendig sind: *elektronische Ausrüstungen für den Flugzeugbau*

aus·rut·schen (*ist*) Vi **1** auf glattem Boden rutschen (u. hinfallen) **2 *etw. rutscht j-m aus*** etw. gleitet j-m plötzlich aus der Hand: *Beim Tennisspielen rutschte ihm der Schläger aus* || ID ***j-m rutscht die Hand aus*** *gespr euph*; j-d ohrfeigt j-n plötzlich (*mst* nachdem er lange provoziert worden ist)

Aus·rut·scher *der*; *-s, -*; *gespr*; ein einmaliger Fehler, der jedem passieren kann

Aus·saat *die*; **1** das Verteilen der Samenkörner über die Felder: *Im März wird mit der A. begonnen* **2** die Samenkörner, die man ausgesät hat ≈ Saat ⟨die A. geht auf⟩

aus·sä·en (*hat*) Vt ***etw. a.*** ≈ säen

Aus·sa·ge *die*; *-, -n*; **1 *e-e A. (über j-n / etw.)*** das, was über e-n Sachverhalt gesagt, geäußert wird ≈ Äußerung: *nach A. e-s Fachmanns* **2 *e-e A. (zu etw.)*** (*bes* vor Gericht od. bei der Polizei) ein Bericht über e-n Vorfall od. e-n Unfall ⟨die A. verweigern, widerrufen; e-e A. zu etw. machen⟩ || K-: ***Aussage-, -verweigerung*** **3** der gedankliche Inhalt e-s künstlerischen od. religiösen Werkes

aus·sa·ge·kräf·tig *Adj*; mit e-m tieferen Sinn, der klar erkennbar u. wirkungsvoll ist ⟨ein Bild⟩ || *hierzu* **Aus·sa·ge·kraft** *die*; *nur Sg*

aus·sa·gen (*hat*) Vt **1 *etw. sagt etw. (über j-n / etw.) aus*** etw. bringt etw. zum Ausdruck: *Das Bild sagt viel über den Künstler aus;* Vt/i **2 *(etw.) a.*** (vor Gericht, bei der Polizei) über e-n Vorfall od. Unfall berichten ⟨für, gegen j-n a.; als Zeuge a.⟩: *Hierzu möchte ich nichts a.; Er sagte aus,* dass *er zur Tatzeit zu Hause gewesen sei*

aus·sä·gen (*hat*) Vt ***etw. a.*** mit e-r kleinen Säge Formen aus e-m Stück Holz sägen

Aus·sa·ge|satz *der*; *Ling*; ein Satz, der über e-n Sachverhalt berichtet („Es ist 13^{00} Uhr") u. nicht die Form e-s Fragesatzes („Wie viel Uhr ist es?") oder e-s Befehlssatzes („Gib mir das Buch!") hat

Aus·satz *der*; *nur Sg* ≈ Lepra ⟨A. haben⟩ || *hierzu* **aus·sät·zig** *Adj*; *nicht adv*

Aus·sät·zi·ge *der / die*; *-n, -n*; j-d, der Aussatz hat || NB: *ein Aussätziger; der Aussätzige; den, dem, des Aussätzigen*

aus·sau·gen (*hat*) Vt **1 *etw. a.*** etw. durch Saugen entfernen: *Bei e-m Schlangenbiss muss man sofort das Gift aussaugen* **2 *etw. a.*** etw. durch Saugen leer machen ⟨Eier a.⟩

aus·scha·ben (*hat*) Vt **1 *etw. a.*** etw. durch Schaben aus dem Inneren von etw. entfernen ≈ auskratzen: *die Reste aus e-r Schüssel a.* **2 *etw. a.*** etw. durch Schaben putzen: *e-n Topf a.* **3 *die Gebärmutter a.*** *Med*; *bes* krankes Gewebe aus der Gebärmutter e-r Frau durch Schaben entfernen || *zu* **3 Aus·scha·bung** *die*

aus·schach·ten; *schachtete aus, hat ausgeschachtet*; Vt ***etw. a.*** durch Graben etw. erzeugen ↔ zuschütten ⟨e-e Baugrube a.⟩ || *hierzu* **Aus·schach·tung** *die*

aus·schal·ten (*hat*) Vt **1 *etw. a.*** mit e-m Schalter bewirken, dass ein Motor od. ein elektrisches Gerät nicht mehr in Betrieb ist **2 *j-n / etw. a.*** verhindern, dass j-d handeln kann od. dass etw. wirksam wird ⟨die Konkurrenz, störende Einflüsse a.⟩: *Der Diktator schaltete das Parlament aus;* Vr **3 *etw. schaltet sich aus*** ein elektrisches Gerät schaltet sich von selbst ab od. bleibt stehen: *Der Wecker schaltet sich automatisch aus* || *zu* **2 Aus·schal·tung** *die*; *nur Sg*

Aus·schank *der*; *-(e)s*; *nur Sg*; **1** das Ausschenken von *mst* alkoholischen Getränken in e-m Gasthaus: *Der A. von Alkohol an Jugendliche unter 16 ist verboten* **2** e-e Art Tisch in e-r Gaststätte, an dem Getränke ausgeschenkt werden ≈ Theke || ► ***ausschenken***

Aus·schau (*die*); *nur Sg*; **1** *mst* ***(nach j-m / etw.) A. halten*** suchend umherblicken, um zu sehen, ob j-d / etw. kommt, auf den / das man (schon lange) wartet **2 *nach etw. A. halten*** nach etw. suchen

aus·schau·en (*hat*) Vi **1 *nach j-m / etw. a.*** suchend umherblicken, um zu sehen, ob j-d / etw. kommt, auf den / das man (schon lange) wartet ≈ nach j-m / etw. Ausschau halten **2 *irgendwie a.*** *südd* aufgrund bestimmter äußerer Merkmale e-n bestimmten Eindruck erwecken ≈ aussehen ⟨blass, krank a.⟩ || ID *mst* ***Wie schauts aus mit dir?*** *südd gespr*; **a)** Wie geht es dir? **b)** Was meinst du dazu?; *mst* ***Es schaut schlecht (für j-n) aus*** *gespr, südd* j-d hat wenig Hoffnung auf Erfolg

aus·schei·den Vt (*hat*) **1 *etw. (aus etw.) a.*** ⟨Exkremente, Kot, Harn, Urin⟩ durch den Darm od. die Blase nach außen abgeben || NB: Schweiß, Duftstoffe *usw* sondert man ab; Vi (*ist*) **2 *j-d / etw. scheidet aus*** j-d / etw. wird nicht berücksichtigt, weil er / es nicht geeignet ist ⟨e-e Möglichkeit⟩: *Dieser Bewerber scheidet aus, weil er die Prüfung nicht bestanden hat* **3** an Spielen, Wettkämpfen nicht mehr teilnehmen können (weil man verloren hat, verletzt ist *o.Ä.*): *Wegen e-r Verletzung musste er nach der 2. Runde a.* **4 *(aus etw.) a.*** *geschr*; e-e Tätigkeit nicht weiter ausüben u. dadurch e-e Gruppe verlassen ⟨aus dem Berufsleben, der Regierung, e-r Firma a.⟩

Aus·schei·dung *die*; **1** *nur Sg*; das Ausscheiden (1) von Urin u. Kot **2** *mst Pl*; die Substanzen, die der Körper nicht verwerten kann u. somit nach außen abgibt ≈ Exkremente || K-: ***Ausscheidungs-, -produkt*** **3** ein Wettkampf, in dem ein Teil der Teilnehmer ausscheiden (3) muss: *sich in der A. für den Endkampf qualifizieren* || K-: ***Ausscheidungs-, -kampf, -runde*** || -K: ***End-***

aus·schel·ten (*hat*) [Vt] ***j-n a.*** ≈ schimpfen
aus·schen·ken (*hat*) [Vt/i] **1** (***etw.***) ***a.*** (alkoholische) Getränke (in e-m Gasthaus) in Gläser füllen u. verkaufen **2** (***etw.***) ***a.*** Getränke in ein Glas gießen || ► ***Ausschank***
aus·sche·ren (*ist*) [Vi] **1** (***aus etw.***) ***a.*** plötzlich seitlich den (geraden) Weg verlassen (*z.B.* in e-r Reihe od. in e-r Autoschlange): *Gerade als ich überholen wollte, scherte ein Auto / j-d vor mir aus* **2** nicht mehr die Meinung haben, die man vorher mit anderen Menschen geteilt hat
aus·schif·fen; *schiffte aus, hat ausgeschifft*; [Vt] **1** ***j-n a.*** j-n mit kleinen Booten von e-m Schiff an Land bringen; [Vr] **2** ***sich a.*** das Schiff verlassen ≈ an Land gehen || *hierzu* **Aus·schif·fung** *die*; *mst Sg*
aus·schil·dern (*hat*) [Vt] ***etw. a.*** e-e Strecke durch Schilder markieren: *Der Weg zum Stadion ist ausgeschildert* || *hierzu* **Aus·schil·de·rung** *die*
aus·schimp·fen (*hat*) [Vt] ***j-n a.*** ≈ j-n schimpfen, zurechtweisen
aus·schlach·ten (*hat*) [Vt] **1** ***etw. a.*** *gespr pej*; etw. zu journalistischen Zwecken (skrupellos) ausnutzen ⟨e-n Vorfall, ein Ereignis a.⟩ **2** ***ein Tier a.*** die Eingeweide aus e-m geschlachteten Tier entfernen **3** ***etw. a.*** *gespr*; aus e-m alten Auto, e-m Motor *o.Ä.* die noch brauchbaren Teile herausnehmen: *e-n alten VW-Käfer a.* || *hierzu* **Aus·schlach·tung** *die*; *mst Sg*
aus·schla·fen (*hat*) [Vi] **1** so lange schlafen, bis man nicht mehr müde ist: *Morgen früh sollst du mich nicht wecken, da will ich endlich einmal a.*; [Vt] **2** ***seinen Rausch a.*** nachdem man zu viel Alkohol getrunken hat, so lange schlafen, bis man wieder nüchtern ist
Aus·schlag *der*; **1** e-e Erkrankung, die Flecken und Entzündungen auf der Haut entstehen lässt: *e-n A. an den Händen haben* || -K: ***Haut-*** **2** die Bewegung e-s Pendels od. Zeigers *bes* zur Seite **3** ***etw. gibt den A.*** (***für etw.***) etw. ist entscheidend für etw.: *Seine gute Kondition gab den A. für seinen Sieg*
aus·schla·gen (*hat*) [Vt] **1** ***j-m e-n Zahn a.*** j-m so ins Gesicht schlagen, dass er dabei e-n Zahn verliert **2** (***j-m***) ***etw. a.*** j-m etw. nicht erlauben od. genehmigen ⟨e-e Bitte, e-e Forderung a.⟩ **3** ***etw. a.*** etw., das man angeboten bekommt, nicht annehmen ≈ ablehnen ⟨ein Angebot, e-e Einladung a.⟩; [Vi] **4** ***etw. schlägt aus*** etw. bewegt sich (von der Ruhelage aus) zur Seite ⟨ein Pendel, ein Zeiger⟩ **5** ***ein Tier schlägt aus*** ein Tier stößt od. tritt *bes* mit dem Huf (nach j-m / etw.) ⟨Pferde, Esel, Maultiere⟩: *Das Pferd scheute u. schlug nach allen Seiten aus* **6** ***e-e Pflanze schlägt aus*** ein Baum od. Strauch bekommt Blätter
aus·schlag·ge·bend *Adj*; *nicht adv*; ***etw. ist a.*** (***für etw.***) etw. hat wesentlichen Einfluss auf e-n Vorgang, e-e Entscheidung *o.Ä.* ≈ etw. ist entscheidend: *Seine Erfahrung war a.* dafür, dass *er den Posten bekam*
aus·schlie·ßen (*hat*) [Vt] **1** ***j-n a.*** das Haus, die Wohnung zuschließen, damit j-d nicht hineinkommt ≈ aussperren **2** ***j-n*** (***aus etw.***) ***a.*** bestimmen, dass j-d nicht mehr Mitglied e-r Gruppe od. Organisation ist: *Wegen seines schlechten Verhaltens wurde er aus der Partei ausgeschlossen* **3** ***j-n / etw.*** (***von etw.***) ***a.*** beschließen, dass j-d / etw. irgendwo nicht (mehr) teilnehmen darf ⟨j-n von e-r Sitzung a.⟩ **4** ***etw. von etw. a.*** bestimmen, dass etw. bei etw. nicht berücksichtigt wird ⟨etw. vom Umtausch a.⟩ **5** ***etw. a.*** e-n Grund od. e-e Erklärung für nicht zutreffend erachten: *Die Polizei schließt Mord als Todesursache aus* **6** ***etw. a.*** unmöglich machen, verhindern, dass etw. Gültigkeit hat od. zur Wirkung kommt ⟨e-n Irrtum, jeden Zweifel, den Zufall a.⟩: *Wir müssen bei unserem Versuch jede Unsicherheit a.* || *zu* **1** u. **5** **Aus·schlie·ßung** *die* || ► ***Ausschluss***
aus·schließ·lich[1] *Präp*; *mit Gen / Dat*; mit Ausnahme von ≈ außer ↔ einschließlich: *Versichert ist das ganze Gepäck a.* (*der*) *Wertgegenstände* || NB: Gebrauch ↑ *Tabelle unter* ***Präpositionen***
aus·schließ·lich[2] *Partikel*; *betont u. unbetont*; verwendet, um auszudrücken, dass etw. nur für die genannte Person / Sache gilt ≈ nur: *Der Parkplatz ist a. für Kunden reserviert*
aus·schließ·li·ch- *Adj*; *nur attr, nicht adv* ≈ alleinig-, uneingeschränkt ⟨der Anspruch, das Recht⟩: *Sein ausschließliches Interesse gilt der Politik*
aus·schlüp·fen (*ist*) [Vi] ⟨ein Vogel, ein Reptil *usw*⟩ ***schlüpft aus*** ein Vogel, ein Reptil *usw* kommt aus dem Ei heraus
Aus·schluss *der*; **1** das Verbot für j-n, an etw. teilzunehmen: *Der Prozess findet unter A. der Öffentlichkeit statt* **2** ***der A.*** (***aus etw.***) das Ausstoßen od. Verbannen aus e-r Gruppe: *j-m mit dem A. aus der Partei drohen* || ► ***ausschließen***
aus·schmie·ren (*hat*) [Vt] **1** ***etw.*** (***mit etw.***) ***a.*** etw. innen *mst* mit Fett od. Butter versehen ≈ einfetten ⟨e-e Backform a.⟩ **2** ***j-n a.*** *bes südd, gespr* ≈ betrügen, hereinlegen
aus·schmü·cken (*hat*) [Vt] **1** ***etw.*** (***mit etw.***) ***a.*** e-n Raum im Inneren *bes* mit Gemälden od. Stuck verzieren **2** ***etw.*** (***mit etw.***) ***a.*** etw. durch erfundene Details interessanter machen ⟨e-e Erzählung, e-e Geschichte mit vielen Anekdoten a.⟩ || *hierzu* **Aus·schmü·ckung**; *die*
aus·schnei·den (*hat*) [Vt] ***etw.*** (***aus etw.***) ***a.*** (aus Papier, Stoff *usw*) Stücke schneiden: *Kinder schneiden gern Figuren aus*
Aus·schnitt *der*; **1** (an Kleidern, Blusen) die *mst* etwas weitere Öffnung für Kopf u. Hals ⟨ein weiter, tiefer, runder A.⟩ **2** ein bestimmter, oft inhaltlich repräsentativer Teil e-s Ganzen ⟨ein A. e-s Buches, e-s Konzerts, e-r Radiosendung⟩
aus·schöp·fen (*hat*) [Vt] **1** ↑ ***aus-*** (1) **2** ↑ ***aus-*** (2) **3** ***etw. a.*** etw. in vollem Maße ausnutzen: *alle Möglichkeiten a.* || *zu* **3** **Aus·schöp·fung** *die*; *nur Sg*
aus·schrau·ben (*hat*) [Vt] ***etw. a.*** etw. entfernen, indem man es (wie e-e Schraube) aus etw. herausdreht
aus·schrei·ben (*hat*) [Vt] **1** ***etw. a.*** ein Wort mit allen Buchstaben, nicht abgekürzt schreiben **2** ***etw. a.*** etw. öffentlich bekannt machen u. die Bedingungen dafür ankündigen ⟨e-e Stelle, e-n Wettbewerb, Meisterschaften a.⟩ **3** (***j-m***) ***etw. a.*** etw. schreiben u. es j-m geben ≈ ausstellen ⟨(j-m) ein Attest, ein Rezept, e-n Scheck a.⟩ || *zu* **2** **Aus·schrei·bung** *die*
aus·schrei·ten (*hat / ist*) [Vi] mit (kräftigen u.) weiten Schritten gehen
Aus·schrei·tung *die*; -, *-en*; *mst Pl*; unkontrollierte u. gewalttätige Handlungen: *Nach dem Fußballspiel kam es zu Ausschreitungen*
Aus·schuss *der*; **1** e-e Gruppe von Personen, die aus e-r größeren Gruppe ausgewählt ist, um besondere Aufgaben zu erfüllen od. bestimmte Probleme zu behandeln ≈ Kommission ↔ Plenum ⟨e-n A. einsetzen, der A. tritt zusammen⟩ || -K: ***Prüfungs-***, ***Sonder-***, ***Wahl-*** **2** *nur Sg*, *Kollekt*; minderwertige Waren od. Produkte mit Fehlern: *möglichst wenig A. produzieren* || K-: ***Ausschuss-***, ***-ware***
aus·schüt·teln (*hat*) [Vt] ***etw. a.*** *mst* Krümel *o.Ä.* durch Schütteln aus etw. entfernen: *das Tischtuch a.*
aus·schüt·ten (*hat*) [Vt] **1** ***etw. a.*** etw. aus e-m Gefäß schütten: *das Wasser a.* **2** ***etw. a.*** ein Gefäß durch Schütten leeren: *ein Glas a.* **3** ***etw. a.*** etw. auszahlen od. verteilen ⟨e-e Dividende, Lotteriegewinne, Zinsen a.⟩ || *zu* **3** **Aus·schüt·tung** *die*

aus·schwär·men (*sind*) [Vi] ⟨Bienen, Touristen *usw*⟩ ***schwärmen aus*** Bienen, Touristen *usw* verteilen sich von e-r bestimmten Stelle aus (in großer Zahl) nach allen Richtungen
aus·schwei·fend *Adj*; so, dass dabei ein normales Maß stark überschritten wird ⟨e-e Phantasie, e-e Lebensweise, e-e Schilderung⟩
Aus·schwei·fung *die*; -, *-en*; e-e ausschweifende Handlung od. ein ausschweifender Gedanke ≈ Exzess: *die Ausschweifungen seiner Fantasie*
aus·schwei·gen, sich (*hat*) [Vr] ***sich*** (***über j-n / etw.***) ***a.*** über j-n / etw. nichts sagen: *Er schwieg sich über seine Vergangenheit aus*
aus·schwen·ken [Vt] (*hat*) **1** ***etw. a.*** *mst* ein Gefäß kurz im Wasser hin u. her bewegen od. Wasser in ihm schwenken, um es (oft nur oberflächlich) zu reinigen ⟨ein Glas, e-n Krug a.⟩ **2** ***etw. a.*** ein Teil e-r Maschine seitlich nach außen drehen ⟨den Arm e-s Krans a.⟩; [Vi] (*ist*) **3** ***etw. schwenkt aus*** etw. bewegt sich (*bes* beim Abbiegen) seitwärts von der Fahrtrichtung weg: *Der Anhänger des Lastzuges schwenkte aus u. beschädigte ein parkendes Auto*
aus·se·hen (*hat*) [Vi] **1** ***irgendwie a.*** (aufgrund äußerer Merkmale) e-n bestimmten Eindruck machen, e-e optische Wirkung erzielen ⟨gut, krank, freundlich, hübsch a.⟩ **2** ***etw. sieht irgendwie aus*** etw. scheint (aufgrund bestimmter Anzeichen) irgendwie zu sein ⟨etw. sieht gefährlich, schlimm aus⟩: *Die Situation der Arbeitslosen sieht ungünstig aus* **3** ***wie j-d / etw. a.*** ähnliche od. gleiche äußere Merkmale haben wie j-d / etw., j-m / etw. ähnlich sehen: *Er sieht aus wie James Dean* **4** ***etw. sieht nach etw. aus*** *gespr*; etw. ist (aufgrund bestimmter Anzeichen) wahrscheinlich: *Heute sieht es nach Regen aus*; *Das sieht mir nach Betrug aus*; [Vimp] **5** ***mit etw. sieht es gut / schlecht aus*** *gespr*; die Chancen, dass etw. stattfindet od. dass etw. so ist, wie erwartet, sind gut / schlecht: *Es regnet schon seit Stunden, da sieht es schlecht aus mit unserem Ausflug* || ID ***So siehst du 'aus!*** *gespr*; so wie du das denkst, geht es nicht!; *mst* ***Wie siehst denn 'du*** (***wieder***) ***aus!*** *gespr*; verwendet, wenn man sich über j-s Aussehen wundert od. ärgert
Aus·se·hen *das*; *-s*; *nur Sg*; die Art u. Weise, wie j-d aussieht ≈ das Äußere: *Du solltest die Menschen nicht nach ihrem A. beurteilen*
au·ßen *Adv*; **1** auf der Seite, die am weitesten vom Zentrum entfernt u. der Umgebung zugewandt ist ↔ innen: *Sein Mantel ist innen rot gefüttert u. a. grau* || K-: ***Außen-, -fläche, -seite, -wand*** **2** außerhalb e-s abgeschlossenen Raumes ≈ draußen: *Kein Laut dringt nach a.* || K-: ***Außen-, -antenne, -temperatur*** **3** ***nach a.*** zu den anderen Menschen, an die Öffentlichkeit: *Von dem Skandal darf nichts nach a. gelangen* **4** ***nach a. hin*** in der äußeren Wirkung: *Nach a. hin ist er der glückliche Familienvater*
Au·ßen·ar·bei·ten *die*; *Pl*; die Tätigkeiten, die beim Bau e-s Gebäudes außen (*bes* an den Mauern) vorgenommen werden ↔ Innenarbeiten
Au·ßen|auf·nah·me *die*; *mst Pl*; *bes* e-e Filmaufnahme, die im Freien gemacht wird ↔ Innenaufnahme
Au·ßen·bord|mo·tor *der*; ein Motor, der an e-m Boot außen angebracht ist: *ein Motorboot mit A.*
aus·sen·den; *sandte / sendete aus, hat ausgesandt / ausgesendet*; [Vt] **1** ***j-n a.*** j-n mit e-m Auftrag irgendwohin schicken ⟨Boten, Missionare, Spione a.⟩ **2** ***etw. sendet etw. aus*** etw. gibt etw. ab od. strahlt etw. aus ⟨etw. sendet Radiowellen, Signale, Strahlen aus⟩ || *hierzu* **Aus·sen·dung** *die*
Au·ßen·dienst *der*; *nur Sg*; der Dienst außerhalb der Firma od. Behörde (*z.B.* als Vertreter) ↔ Innendienst ⟨im A. tätig sein⟩|| K-: ***Außendienst-, -mitarbeiter***
Au·ßen·han·del *der*; *nur Sg*; der Handel mit dem Ausland ↔ Binnenhandel
Au·ßen·mi·nis·ter *der*; der Minister e-s Landes, der für die Beziehungen zum Ausland verantwortlich ist ↔ Innenminister || *hierzu* **Au·ßen·mi·nis·te·ri·um** *das*
Au·ßen·po·li·tik *die*; die Politik, die sich mit den Beziehungen eines Staates zu anderen Staaten befasst ↔ Innenpolitik || *hierzu* **au·ßen·po·li·tisch** *Adj*; *nur attr od adv*
Au·ßen·sei·ter *der*; *-s*, *-*; **1** j-d, der sich nicht an die Normen e-r Gruppe od. Gesellschaft anpasst u. deshalb nicht in sie integriert ist: *Schon in der Schule war er ein A.* || K-: ***Außenseiter-, -rolle*** **2** *Sport*; ein Sportler od. e-e Mannschaft mit ganz geringen Chancen auf e-n Sieg in e-m Wettkampf: *Ganz überraschend gewann ein krasser A. das Tennisturnier* || *hierzu* **Au·ßen·sei·te·rin** *die*; -, *-nen*
Au·ßen·spie·gel *der*; ein Spiegel außen am Fahrzeug, in dem man den Verkehr hinter sich beobachten kann ↔ Innenspiegel || ↑ *Abb. unter* ***Auto***
Au·ßen·stän·de *die*; *Pl*, *Admin geschr*; das Geld, das ein Geschäftsmann, e-e Firma *o.Ä.* noch von den Kunden für Waren bekommt, die bereits geliefert wurden ⟨A. haben, eintreiben⟩
au·ßen·ste·hen·d- *Adj*; *nur attr, nicht adv*; ⟨Leute, Menschen⟩ so, dass sie nicht zu e-r bestimmten Gruppe gehören
Au·ßen·ste·hen·de *der / die*; *-n*, *-n*; j-d, der nicht zu e-r bestimmten Gruppe od. Gemeinschaft gehört: *Als Außenstehender kann er unser Problem kaum beurteilen* || NB: *ein Außenstehender*; *der Außenstehende*; *den, dem, des Außenstehenden*
Au·ßen·stel·le *die*; e-e Abteilung, Stelle (4) e-r Behörde, die außerhalb der Zentrale *mst* in e-r kleinen Stadt liegt: *die A. des Gesundheitsamts*
Au·ßen·welt *die*; *nur Sg*; **1** die Menschen u. Ereignisse außerhalb e-s abgeschlossenen Bereichs (*z.B.* außerhalb e-s Klosters, e-s abgelegenen Gebirgsdorfes): *Nach den heftigen Schneefällen war das Dorf von der A. abgeschnitten* **2** die Vorgänge u. Dinge, die um einen herum passieren u. die man mit den Sinnesorganen wahrnimmt ↔ Innenwelt
au·ßer[1] *Präp*; *mit Dat*; **1** mit Ausnahme von, ausgenommen: *A. e-r leichten Prellung war er unverletzt*; *Der Zug verkehrt täglich a. sonntags* **2** zusätzlich zu od. gleichzeitig mit: *A. Gold wird auch Uran abgebaut*; *A. Peter u. Werner kommt auch noch Sabine mit ins Kino* **3** ***a.*** *mit Subst ohne Artikel*; (räumlich od. zeitlich) nicht innerhalb von, nicht im Einflussbereich von ≈ außerhalb ⟨a. Haus, Sichtweite sein⟩: *Der Schwerverletzte ist a. Lebensgefahr* **4** ***a. sich*** (*Dat*) ***sein*** (***vor etw.***) in e-m unkontrollierten emotionalen Zustand sein ⟨a. sich sein vor Freude, Glück, Ärger, Zorn⟩
au·ßer[2] *Konjunktion*; verwendet, um e-e Einschränkung auszudrücken: *Wir gehen morgen schwimmen, a. es regnet* (= …, wenn es nicht regnet); *Ich fahre mit dem Rad zur Arbeit, a.* wenn *es zu kalt ist* (= …, es sei denn, es ist zu kalt); *Das Konzert war sehr gut, a.* dass *es zu laut war* (= …, aber es war zu laut); *Sie geht überhaupt nicht mehr aus dem Haus, a.* um *einzukaufen* (= … nur noch zum Einkaufen) || NB: vor *a.* steht ein Komma
au·ßer- *im Adj, begrenzt produktiv*; außerhalb von etw., nicht in etw.; ***außerbetrieblich*** ⟨Interessen⟩, ***außerberuflich*** ⟨Belastungen⟩, ***außereuropäisch*** ⟨Länder, Einflüsse⟩, ***außerehelich*** ⟨Verkehr, Kinder⟩, ***außerirdisch*** ⟨ein Wesen⟩, ***außerparlamentarisch*** ⟨die Opposition⟩, ***außerschulisch*** ⟨e-e

Erziehung, e-e Bildung⟩, ***außertariflich*** ⟨Vereinbarungen⟩

äu·ße·r- *Adj*; *nur attr, nicht adv*; **1** auf der Seite, die der Umgebung zugewandt ist, auf der Außenseite ↔ inner- ⟨die äußere Mauer, Schicht; e-e äußere Verletzung⟩ **2** von außen od. von der Umwelt herkommend ⟨äußere Einflüsse, Ursachen⟩ **3** von außen (mit den Sinnesorganen) wahrnehmbar, erkennbar ⟨e-e äußere Ähnlichkeit; ein äußeres Bild; ein äußerer Wandel⟩

au·ßer·dem *Adv*; **1** verwendet, um auszudrücken, dass noch etw. Zusätzliches hinzukommt ≈ zusätzlich, überdies, u. dazu: *Der Verein hat zwei Sportplätze, a. kann man in der Halle trainieren*; *Er spielt Trompete u. a. Schlagzeug* **2** verwendet, um e-e weitere Begründung anzuführen: *Es ist viel zu spät zum Spazierengehen, a. regnet es*

Äu·ße·re *das*; *-n*; *nur Sg*; der (optische) Eindruck, den j-d / etw. auf seine Umgebung macht ≈ Erscheinungsbild ⟨ein jugendliches, gepflegtes Äußeres haben; großen Wert auf das Ä. legen; j-n nach seinem Äußeren beurteilen⟩ || NB: *ein Äußeres*; *das Äußere*; *dem, des Äußeren*

au·ßer·ge·wöhn·lich *Adj*; das normale Maß übertreffend, über es hinausgehend ≈ außerordentlich ↔ durchschnittlich: *e-e außergewöhnliche Begabung*; *a. fleißig sein*

au·ßer·halb[1] *Präp*; *mit Gen*; **1** verwendet, um auszudrücken, dass etw. für den genannten Zeitraum nicht zutrifft: *A. der Hochsaison ist es hier sehr ruhig*; *Unser Arzt ist auch a. der Sprechzeiten* (= auch wenn er keine Sprechstunde hat) *telefonisch erreichbar* **2** verwendet, um auszudrücken, dass etw. nicht in dem genannten Gebiet od. Bereich liegt ⟨a. des Hauses⟩: *Diese Befugnisse liegen a. meines Kompetenzbereichs* || NB: auch adverbiell verwendet mit *von*: *a. von Köln*

au·ßer·halb[2] *Adv*; *gespr*; nicht in der Stadt selbst, nicht im Stadtgebiet: *Da er weit a. wohnt, braucht er über eine Stunde bis ins Zentrum der Stadt*

Au·ßer·kraft|set·zung *die*; -, *-en*; *mst Sg*, *Admin geschr*; der offizielle Akt, durch den etw. ungültig wird ≈ Aufhebung ⟨die A. e-r Verordnung, e-s Gesetzes⟩

äu·ßer·lich *Adj*; **1** das Wahrnehmbare od. Sichtbare betreffend ↔ innerlich: *Ä. wirkte er ganz ruhig, aber innerlich erregte er sich sehr* **2** das Aussehen betreffend: *Er hat sich im letzten Jahr ä. nicht verändert* **3** die Oberfläche des Körpers betreffend: *ein Medikament zur äußerlichen Anwendung*

Äu·ßer·lich·keit *die*; -, *-en*; *mst Pl*; **1** die Form od. Art, durch die man (mit Kleidung u. Benehmen) auf seine Umwelt wirkt: *sich durch Äußerlichkeiten blenden lassen*; *auf Äußerlichkeiten Wert legen* **2** unwichtige Details e-r Sache

äu·ßern; *äußerte, hat geäußert*; [Vt] **1** ***etw. ä.*** etw. mündlich od. schriftlich zum Ausdruck bringen ≈ mitteilen ⟨seine Ansicht, seine Meinung, e-n Verdacht, e-e Vermutung, seine Unzufriedenheit ä.⟩: *Der Minister äußerte, er wolle noch im selben Jahr seinem Kollegen e-n Besuch abstatten*; [Vr] **2** ***sich zu etw. ä.*** (mündlich od. schriftlich) e-e offizielle Stellungnahme zu e-m Problem abgeben: *Der Regierungssprecher wollte sich zu den Fragen nicht ä.* **3** ***sich*** (***über j-n / etw.***) ***ä.*** seine Meinung über j-n / etw. sagen ≈ zu j-m / etw. Stellung nehmen: *Der Abgeordnete äußerte sich kritisch über die Umweltpolitik der Regierung* **4** ***etw. äußert sich irgendwie / in etw.*** (*Dat*) etw. wird irgendwie / in Form von etw. nach außen sichtbar od. erkennbar ≈ etw. kommt irgendwie zum Ausdruck: *Seine Nervosität äußert sich in seinem unruhigen Verhalten*; *Wie äußert sich diese Krankheit?*

au·ßer·or·dent·lich *Adj*; **1** *nicht adv*; über dem Durchschnitt (liegend) ≈ überdurchschnittlich ⟨e-e Begabung, e-e Energie, e-e Leistung, ein Mensch⟩ **2** *nur attr, nicht adv*; vom Gewohnten, von der normalen Ordnung abweichend ⟨e-e Begebenheit, e-e Sitzung, e-e Vollmacht⟩ **3** *nur adv*; verwendet, um Adjektive, Adverbien od. Verben zu verstärken ≈ sehr: *a. begabt sein*; *Ich bedaure das a.*

au·ßer|plan·mä·ßig *Adj*; nicht (so, wie ursprünglich) geplant: *e-e außerplanmäßige Zwischenlandung*; *e-e a. stattfindende Versammlung*

äu·ß·erst *Adv*; verwendet, um Adjektive od. Adverbien zu verstärken ≈ sehr, extrem: *Das ist ä. kompliziert, verwirrend, wichtig*

äu·ßers·t- *Adj*; *nur attr, nicht adv*; **1** am weitesten entfernt ↔ innerst- ⟨am äußersten Ende, Rand⟩: *im äußersten Süden Italiens*; *die äußerste Schicht der Atmosphäre* **2** im stärksten, höchsten Maße ≈ höchst-, größt-: *mit äußerster Sorgfalt arbeiten, mit äußerster Vorsicht vorgehen* **3** in höchstem Maße ungünstig ≈ schlimmst- ⟨im äußersten Fall⟩

au·ßer·stan·de, **au·ßer Stan·de** *Adj*; *nur präd, nicht adv, geschr*; nicht in der Lage, nicht fähig (etw. zu tun) ⟨a. sein + zu + *Infinitiv*; sich a. fühlen / sehen + zu + *Infinitiv*⟩: *Ich sah mich a., den Termin einzuhalten*

Äu·ßers·te *das*; *-n*; *nur Sg*; **1** das, was gerade noch möglich ist ⟨es bis zum Äußersten treiben; bis zum Äußersten gehen; das Ä. wagen⟩ **2** das Schlimmste, das man sich vorstellen kann ⟨auf das / aufs Ä. gefasst sein; es nicht zum Äußersten kommen lassen⟩ **3** ***auf das / aufs Ä.*** ≈ sehr: *aufs Ä. erschrocken sein*

Äu·ße·rung *die*; -, *-en*; das, was j-d zu e-m Thema (als persönliche Meinung) sagt od. schreibt ≈ Bemerkung: *Er bereut seine unbedachte Ä.*; *sich jeder Ä. enthalten* || -K: ***Meinungs-***

aus·set·zen (*hat*) [Vt] **1** ***j-n / ein Tier a.*** *bes* ein Kind od. ein Haustier irgendwohin bringen u. dort zurücklassen, ohne sich weiter darum zu kümmern ⟨e-n Säugling, e-e Katze, e-n Hund a.⟩: *Meuterer auf e-r einsamen Insel a.* **2** ***ein Tier a.*** ein wildes Tier irgendwohin bringen u. freilassen: *in Gefangenschaft großgezogene Uhus a.* **3** ***j-n / sich / etw. etw.*** (*Dat*) ***a.*** verursachen, dass j-d / man / etw. in Berührung mit e-m negativen Einfluss od. e-r unangenehmen Sache kommt: *seine Haut der Sonne a.*; *Wenn du schweigst, setzt du dich dem Verdacht aus, schuldig zu sein*; *Wir sind ständig radioaktiver Strahlung ausgesetzt* || NB: oft im Zustandspassiv! **4** ***etw.*** (***für etw.***) ***a.*** e-e Belohnung für etw. versprechen: *tausend Euro für Hinweise auf den Täter a.* **5** ***etw. a.*** *Jur*; etw. nicht sofort durchführen, auf später verschieben ⟨e-e Gerichtsverhandlung, ein Urteil, e-e Strafe auf Bewährung a.⟩ **6** *mst* ***(et)was / nichts*** (***an j-m / etw.***) ***auszusetzen haben / finden*** j-n / etw. kritisieren / nicht kritisieren: *Er ist nie zufrieden, er hat an allem etwas auszusetzen* **7** *mst* (***an j-m / etw.***) ***ist (et)was / nichts auszusetzen***; (***an j-m / etw.***) ***gibt es (et)was / nichts auszusetzen*** es gibt etwas / nichts zu kritisieren: *An deinen Kochkünsten gibt es nichts auszusetzen*; [Vt/i] **8** (***etw.***) ***a.*** e-e Pause machen, für kurze Zeit nicht weitermachen: *beim Würfelspiel* (*eine Runde*) *a. müssen*; [Vi] **9** (***mit etw.***) ***a.*** etw. für kurze Zeit unterbrechen ⟨e-n Streik a.⟩: *Sie musste wegen Krankheit drei Wochen mit dem Training a.* **10** ***etw. setzt aus*** etw. funktioniert plötzlich nicht mehr ⟨ein Motor, j-s Herz⟩ || *zu* **1, 2, 4** u. **5 Aus·set·zung** *die*; *mst Sg*

Aus·sicht *die*; -, *-en*; **1** *nur Sg*; ***A.*** (***auf etw.*** (*Akk*)) der freie Blick auf die Umgebung ≈ Ausblick ⟨e-e herrliche, weite A. (auf die Umgebung) haben; j-m die A. verbauen, versperren⟩ || K-: ***Aussichts-, -punkt, -turm*** **2** *oft Pl*; ***A.*** (***auf etw.*** (*Akk*)) e-e berechtigte Erwartung ≈ Hoffnung, Chance ⟨(keine) Aussicht(en) auf Erfolg haben⟩: *Wie stehen deine Aussichten, e-e Anstellung zu bekommen?* **3** *nur Pl*; **Aussichten (auf etw.** (*Akk*)) die beruflichen Möglichkeiten, die sich j-m in der Zukunft bieten: *ein angehender Diplomat mit glänzenden Aussichten* **4 etw. in A. haben** begründete Hoffnung auf etw. haben: *Hast du schon e-e neue Stelle in A.?* **5 j-m etw. in A. stellen** *geschr*; j-m (für gute Leistungen) etw. versprechen || **zu 2 aus·sichts·reich** *Adj*

aus·sichts·los *Adj*; ohne Hoffnung auf Erfolg ≈ hoffnungslos ↔ aussichtsreich ⟨e-e Situation, ein Vorhaben⟩: *Es ist völlig a., hier nach Gold zu suchen* || *hierzu* **Aus·sichts·lo·sig·keit** *die*; *nur Sg*

aus·sie·ben (*hat*) [Vt] **1 etw.** (**aus etw.**) **a.** etw. durch Sieben von etw. trennen; [Vt/i] **2** (**j-n** (*mst Pl*)) **a.** Bewerber nach strengen Maßstäben auswählen

aus·sie·deln (*hat*) [Vt] **j-n a.** die Bewohner e-s Gebiets veranlassen od. dazu zwingen, sich an e-m anderen Ort niederzulassen || *hierzu* **Aus·sied·lung** *die*

Aus·sied·ler *der*; *-s, -*; e-e Person deutscher Herkunft, die *bes* aus e-m osteuropäischen Land nach Deutschland kommt, um dort zu leben

Aus·sied·ler|hof *der*; ein Bauernhof, der außerhalb e-s Dorfes gebaut wurde u. nur von Wiesen u. Äckern umgeben ist

aus·söh·nen, sich; *söhnte sich aus, hat sich ausgesöhnt*; [Vr] **j-d söhnt sich mit j-m aus**; ⟨Personen⟩ **söhnen sich aus** *geschr*; *mst* zwei Personen bauen (nach e-m Streit) wieder e-e gute Beziehung auf ≈ Personen versöhnen sich: *Jahrelang gingen sie sich aus dem Weg, jetzt haben sie sich wieder ausgesöhnt* || *hierzu* **Aus·söh·nung** *die*; *mst Sg*

aus·son·dern; *sonderte aus, hat ausgesondert*; [Vt] **j-n / etw.** (*mst Kollekt od Pl*) **a.** einzelne Personen od. Dinge wegen bestimmter Eigenschaften aus e-r Menge herausnehmen: *die wertvollsten Exemplare a.* || *hierzu* **Aus·son·de·rung** *die*; *mst Sg*

aus·sor·tie·ren; *sortierte aus, hat aussortiert*; [Vt] **etw.** (*mst Kollekt od Pl*) **a.** ≈ aussondern || *hierzu* **Aus·sor·tie·rung** *die*; *mst Sg*

aus·span·nen (*hat*) [Vt/i] **1** (**ein Tier**) **a.** e-m Tier das Geschirr[2] abnehmen u. es vom Wagen losmachen ↔ anspannen ⟨ein Pferd, e-n Ochsen a.⟩; [Vt] **2 j-m j-n a.** *gespr*; j-m den Freund / die Freundin wegnehmen; [Vi] **3** für e-e bestimmte Zeit nicht arbeiten, um sich zu erholen: *Es ist höchste Zeit, wieder einmal richtig auszuspannen*; [Vr] **4 sich a.** *gespr* ≈ a. (3)

aus·spa·ren (*hat*) [Vt] **1 etw. a.** e-e Stelle in e-m Raum od. von e-r Fläche für j-n / etw. frei lassen: *im Zimmer e-e Ecke für die Stereoanlage a.* **2 etw. a.** über ein Thema nicht sprechen ≈ vermeiden: *Das Thema „Umweltschutz" blieb bei der Besprechung ausgespart* || *hierzu* **Aus·spa·rung** *die*; *mst Sg*

aus·spei·en (*hat*) [Vt] **1 etw. a.** Nahrung durch den Mund nach außen befördern ≈ erbrechen; [Vi] **2** ≈ ausspucken (3)

aus·sper·ren (*hat*) [Vt] **1 j-n a.** durch Verschließen der Tür j-n daran hindern, in e-n Raum zu gelangen ≈ ausschließen **2 j-n a.** Arbeiter, die streiken od. mit Streik drohen, nicht zur Arbeit lassen: *Der Betrieb sperrte die Arbeiter aus* || *zu* **2 Aus·sper·rung** *die*

aus·spie·len (*hat*) [Vt/i] **1** (**etw.**) **a.** e-e Spielkarte (offen) auf den Tisch legen: *den Herzkönig a.*; [Vt] **2** *mst* ⟨e-e Geldsumme⟩ **wird ausgespielt** e-e bestimmte Geldsumme wird bei e-r Lotterie als Gewinn ausgegeben **3 j-n a.** *Sport*; mit dem Ball am Gegner vorbeikommen: *den Verteidiger geschickt a.* **4 j-n gegen j-n a.** *gespr*; j-n dazu benutzen, sich mit dessen Hilfe e-n Vorteil gegenüber e-m Dritten zu verschaffen: *Unsere Tochter spielt uns immer gegeneinander aus* || *zu* **2 Aus·spie·lung** *die*

aus·spi·o·nie·ren; *spionierte aus, hat ausspioniert*; [Vt] **1 etw. a.** *pej*; sich bemühen, durch heimliches Suchen etw. zu entdecken ⟨ein Geheimnis, j-s Versteck a.⟩ **2 j-n a.** *pej*; versuchen, durch heimliches Nachfragen private Informationen über j-n zu finden: *Ich glaube, unser Nachbar will uns a.*

Aus·spra·che *die*; **1** *nur Sg*; die Art, wie j-d e-n Laut / mehrere Laute mit dem Mund produziert, artikuliert ⟨e-e korrekte, undeutliche A. haben⟩ **2** *nur Sg*; die Art, wie e-e Sprache gesprochen wird: *Im Englischen kann man nicht immer eindeutig von der Schreibung auf die A. schließen* || K-: **Aussprache-, -regel, -wörterbuch 3** ein offenes Gespräch, in dem ein Problem geklärt wird ⟨e-e offene, vertrauliche A. mit j-m haben; e-e A. herbeiführen⟩

aus·spre·chen (*hat*) [Vt] **1 etw. a.** e-e Folge von Lauten mit dem Mund produzieren ≈ artikulieren ⟨ein Wort, e-n Satz richtig, laut u. deutlich a.⟩: *Wie spricht man dieses Wort aus?* **2 etw. a.** etw. mündlich od. schriftlich mitteilen od. ausdrücken ↔ verschweigen ⟨e-n Wunsch, sein Bedauern, seine Kritik (offen) a.⟩; [Vi] **3** zu Ende sprechen; [Vr] **4 sich** (**über etw.** (*Akk*)) **a.** offen sagen, welche Probleme man hat od. was einem nicht gefällt: *Du musst dich einfach mal über deine Ängste a.!* **5 sich irgendwie über j-n / etw. a.** *geschr*; ein bestimmtes Urteil über j-n / etw. abgeben ⟨sich anerkennend, lobend über j-n / etw. a.⟩ **6 sich für / gegen j-n / etw. a.** *geschr*; j-m / etw. zustimmen bzw. j-n / etw. ablehnen: *Die Mehrheit sprach sich für den Streik aus*; *sich gegen die Wiedereinführung der Todesstrafe a.* **7 j-d spricht sich mit j-m aus**; ⟨Personen⟩ **sprechen sich aus** *mst* zwei Personen klären im Gespräch ihre unterschiedlichen Ansichten u. Meinungen (*mst* nach e-m Streit) || *zu* **1 aus·sprech·bar** *Adj*; *nicht adv*

Aus·spruch *der*; e-e bemerkenswerte Äußerung *mst* e-r bekannten Persönlichkeit

aus·spu·cken (*hat*) [Vt] **1 etw. a.** *gespr*; etw., das man nicht essen will, aus dem Mund spucken: *e-n Kirschkern a.* **2 etw. spuckt etw. aus** *gespr*; etw. gibt nach Ablauf e-s technischen Prozesses das Erwünschte aus: *Der Computer spuckt Daten, der Automat Fahrkarten aus*; [Vi] **3** Speichel auf den Boden spucken ⟨verächtlich vor j-m a.⟩ || ID *mst* (**Komm,**) **spucks aus!** *gespr*; verwendet, um j-n aufzufordern, etw. zu erzählen

aus·spü·len (*hat*) [Vt] **1 etw.** (**aus etw.**) **a.** etw. durch Spülen entfernen: *das Shampoo aus den Haaren a.*; [Vt/i] **2** (**sich** (*Dat*)) (**etw.**) **a.** (etw.) durch Spülen (oft mit e-r besonderen Flüssigkeit) sauber machen ⟨ein Handtuch, e-e Wunde, sich den Mund a.⟩: *nach dem Bohren* (beim Zahnarzt) *a.*

aus·staf·fie·ren; *staffierte aus, hat ausstaffiert*; [Vt] **1 j-n / etw.** (**mit etw.**) **a.** j-n / etw. mit etw. Neuem od. etw. Nötigem versehen ≈ ausstatten: *die Kinder mit neuen Skianzügen, ein Zimmer mit Möbeln a.*; [Vr] **2 sich** (**mit etw.**) **a.** sich neue Kleider kaufen || *hierzu* **Aus·staf·fie·rung** *die*; *mst Sg*

Aus·stand *der*; *mst Sg*; **1** die Niederlegung der Arbeit für e-e bestimmte Zeit ≈ Streik ⟨in den A. treten, sich im A. befinden⟩ **2** *mst in* **seinen A. geben** ein kleines Fest für seine Kollegen machen, wenn man e-e Arbeitsstelle verlässt ↔ Einstand

aus·stat·ten; *stattete aus, hat ausgestattet*; [Vt] **1 j-n mit etw. a.** j-m etw. für e-n bestimmten Zweck geben od. mitgeben ≈ j-n mit etw. ausrüsten: *j-n mit warmer Kleidung a.* **2 etw. mit etw. a.** e-n Raum od. Gegenstand mit etw. Notwendigem ausrüsten: *e-e Wohnung mit Teppichböden a.* **3 j-n mit etw. a.**

geschr; j-m bestimmte Rechte übertragen ⟨j-n mit e-r Vollmacht a.⟩

Aus·stat·tung *die*; -, *-en*; *mst Sg*; **1** *Kollekt*; die Einrichtung (*bes* die Möbel) in e-r Wohnung **2** *Kollekt*; die Instrumente od. Geräte, die in e-m Gebäude od. in e-m Fahrzeug vorhanden sind ≈ Ausrüstung: *die A. e-r Klinik* **3** die äußere, optische Gestaltung ⟨die A. e-s Buches, Theaterstücks, Films⟩

aus·ste·chen (*hat*) Vt **1** ***j-n*** (***in etw.*** (*Dat*)) ***a.*** besser sein als j-d u. ihn von seinem Platz verdrängen ⟨j-n in der Gunst der anderen a.⟩: *Er stach im Hochsprung seine Konkurrenten klar aus* **2** ***j-m die Augen a.*** j-s Augen (mit e-m spitzen Gegenstand) so verletzen, dass er nicht mehr sehen kann; Vt/i **3** (***etw.***) ***a.*** etw. mit Formen aus e-m ausgerollten Teig schneiden ⟨Plätzchen a.⟩: *Ich rolle den Teig aus u. du stichst aus* || K-: ***Ausstech-, -form***

aus·ste·hen (*hat*) Vt **1** ***etw. a.*** etw. Unangenehmes erdulden müssen ⟨starke Schmerzen, große Angst a.⟩ **2** ***j-n / etw. nicht a. können*** *gespr*; j-n / etw. für unsympathisch halten od. nicht leiden können: *Ich kann es einfach nicht a.*, wenn *man mich wie ein Kind behandelt*; Vi **3** ***etw. steht noch aus*** etw. fehlt noch, etw. ist noch nicht ganz fertig ⟨e-e Antwort, e-e Entscheidung⟩ || ID ***Irgendwann ist alles ausgestanden*** *gespr*; irgendwann ist auch e-e sehr unangenehme Situation vorbei

aus·stei·gen (*ist*) Vi **1** (***aus etw.***) ***a.*** ein Fahrzeug verlassen ↔ einsteigen ⟨aus dem Auto, Bus, Flugzeug, Zug a.⟩ **2** (***aus etw.***) ***a.*** *gespr*; aufhören, bei e-m Projekt od. in e-m Geschäft mitzuarbeiten: *Er stieg (aus dem Unternehmen) aus, weil man ihm zu wenig bezahlte* **3** (***aus etw.***) ***a.*** *gespr*; seinen Beruf aufgeben u. ein Leben führen, das nicht den üblichen Konventionen entspricht || *zu* **3** **Aus·stei·ger** *der*; *-s*, *-*; **Aus·stei·ge·rin** *die*; -, *-nen*

aus·stel·len (*hat*) Vt/i **1** (***etw.***) ***a.*** Gegenstände in der Öffentlichkeit, im Schaufenster od. in e-r Ausstellung präsentieren ⟨Handarbeiten, Kunstwerke a.⟩; Vt **2** (***j-m***) ***etw. a.*** ein Dokument für j-n schreiben u. es ihm geben ⟨j-m e-n Pass, e-e Bescheinigung, ein Zeugnis a.⟩: *Der Arzt stellte ihr ein Attest aus* || *zu* **1** **Aus·stel·ler** *der*; *-s*, *-*; **Aus·stel·le·rin** *die*; -, *-nen*

Aus·stel·lung *die*; **1** e-e Veranstaltung, bei der besonders interessante, sehenswerte od. neue Objekte dem Publikum gezeigt werden: *e-e A. antiker Möbel* || K-: ***Ausstellungs-, -katalog, -räume*** || -K: ***Industrie-, Kunst-, Landwirtschafts-*** **2** *nur Sg*; das Ausstellen (2) ⟨die A. e-s Dokuments, Gutachtens⟩ || K-: ***Ausstellungs-, -datum***

aus·ster·ben (*ist*) Vi ⟨e-e Tierart / e-e Pflanzenart *o.Ä.*⟩ ***stirbt aus*** e-e Tierart, e-e Pflanzenart *o.Ä.* hört auf zu existieren: *Die Wale sind vom Aussterben bedroht*

Aus·steu·er *die*; *nur Sg*; das Geld u. die für e-n Haushalt nötigen Gegenstände, die e-e Frau mit in die Ehe bringt

aus·steu·ern (*hat*) Vt/i (***etw.***) ***a.*** bei e-r (Ton)Aufnahme die Lautstärke regeln || *hierzu* **Aus·steu·e·rung** *die*

Aus·stieg *der*; *-(e)s*, *-e*; *mst Sg*; **1** ***der A.*** (***aus etw.***) das Aussteigen aus e-m (geschlossenen) Fahrzeug: *der A. e-s Astronauten aus dem Spacelab* **2** ***der A.*** (***aus etw.***) das Aussteigen (2) ⟨der A. aus e-m Projekt⟩: *der A. aus der Kernenergie* **3** die Stelle, an der man aus e-m Fahrzeug steigt || ► ***aussteigen***

aus·stop·fen (*hat*) Vt **1** ***etw.*** (***mit etw.***) ***a.*** etw. Leeres od. Hohles vollständig mit etw. füllen: *ein Kissen mit Schaumstoff, ein Loch in der Wand mit Papier a.* **2** ***ein Tier a.*** das Fleisch aus e-m toten Tier entfernen u. das Tier mit e-m besonderen Material füllen, um seine natürliche Form zu bewahren ≈ präparieren: *ein ausgestopfter Adler*

Aus·stoß *der*; *mst Sg*; **1** *Ökon*; die gesamte Produktion e-r Fabrik od. e-r Maschine in e-m bestimmten Zeitraum: *e-n jährlichen A. von 1000 Autos haben* **2** die Menge Abgase, die ein Motor od. e-e Fabrik an die Umwelt abgibt ≈ Emission: *den A. von Schadstoffen verringern*

aus·sto·ßen (*hat*) Vt **1** ***j-n*** (***aus etw.***) ***a.*** j-m, der unerwünscht ist, verbieten, weiterhin in e-r Gruppe, Gemeinschaft *o.Ä.* zu leben ≈ ausschließen **2** ***etw. a.*** etw. plötzlich hören lassen od. von sich geben ⟨e-n Fluch, e-n Seufzer, e-n Schrei a.⟩ **3** ***etw. stößt etw. aus*** etw. bläst etw. mit Druck hinaus ⟨etw. stößt Dampf, Gase, Rauchwolken aus⟩ **4** ***etw. stößt etw.*** (*Pl*) ***aus*** etw. stellt e-e bestimmte Zahl von Produkten od. e-e bestimmte Menge von etw. (in e-m bestimmten Zeitraum) her: *Die Fabrik stößt täglich 200 Maschinen aus* || *zu* **1** **Aus·sto·ßung** *die*

aus·strah·len (*hat*) Vt **1** ***etw. strahlt etw. aus*** e-e Rundfunk- od. Fernsehstation überträgt od. sendet ein Programm: *Das Fußballspiel wird live ausgestrahlt* **2** ***etw. a.*** e-n Eindruck od. e-e Wirkung verbreiten / von sich ausgehen lassen ⟨Freude, Ruhe, Sicherheit a.⟩: *Birgit strahlte Heiterkeit aus*; *Der Ofen strahlt Hitze aus*; Vi **3** ***etw. strahlt von irgendwo irgendwohin aus*** etw. verbreitet seine Wirkung von e-r bestimmten Stelle aus an andere Stellen ⟨Schmerzen⟩

Aus·strah·lung *die*; **1** die Übertragung ⟨die A. e-r Fernsehsendung⟩ **2** *nur Sg*; e-e bestimmte Wirkung, die j-d aufgrund seiner Persönlichkeit auf seine Mitmenschen ausübt ≈ Charme ⟨A. haben⟩

aus·stre·cken (*hat*) Vt **1** ***etw. a.*** e-n Teil des Körpers in die Länge dehnen ⟨die Arme, die Beine a.⟩: *Die Schnecke streckte ihre Fühler aus*; Vr **2** ***sich*** (***irgendwo***) ***a.*** sich bequem hinlegen u. die Beine von sich strecken ⟨sich auf der Couch a.⟩ **3** ***sich a.*** sich auf die Zehenspitzen stellen u. die Arme in die Höhe strecken ≈ sich strecken

aus·strei·chen (*hat*) Vt ***etw. a.*** e-n Strich durch etw. Geschriebenes *o.Ä.* ziehen u. es damit ungültig machen ≈ durchstreichen ⟨ein falsches Wort a.⟩

aus·streu·en (*hat*) Vt ***etw.*** (*Kollekt od Pl*) ***a.*** etw. über e-e Fläche streuen

aus·strö·men Vi (*hat*) **1** ***etw. strömt etw. aus*** *geschr*; etw. verbreitet etw. um sich herum ⟨Hitze, Wärme, e-n Geruch a.; etw. strömt Behaglichkeit aus⟩: *Die Blüte strömt e-n zarten Duft aus*; Vi (*ist*) **2** ***etw. strömt*** (***aus etw.***) ***aus*** Gas od. Flüssigkeit strömt aus e-m Behälter, e-r Leitung *o.Ä.*

aus·su·chen (*hat*) Vt/i (***j-n/etw.*** (***für j-n / etw.***)) ***a.***; ((***j-m / sich***) ***j-n / etw.***) ***a.*** ≈ auswählen

Aus·tausch *der*; *nur Sg*; **1** das gegenseitige Geben u. Bekommen von Waren: *technische Geräte im A. gegen Rohstoffe erhalten* || -K: ***Güter-, Waren-*** **2** das Ersetzen e-s *mst* kaputten Teils e-r Maschine durch ein neues Teil: *der A. e-s schadhaften Motors* **3** *Sport*; das Ersetzen e-s Spielers durch e-n anderen Spieler **4** das gegenseitige Mitteilen von Ansichten, Gedanken *o.Ä.* || -K: ***Gedanken-, Meinungs-*** **5** das wechselseitige Entsenden von Personen in ein anderes Land ⟨der A. von Botschaftern, Studenten⟩: *e-n Spion im A. gegen e-n anderen freilassen* || -K: ***Gefangenen-, Schüler-***

aus·tau·schen (*hat*) Vt **1** ***etw.*** (***gegen / für etw.***) ***a.*** j-m Waren od. Produkte geben u. von ihm dafür andere Dinge bekommen ≈ eintauschen ⟨Rohstoffe gegen Maschinen a.⟩ **2** ***etw. a.*** *bes* ein kaputtes Teil e-r Maschine durch ein neues Teil ersetzen ≈ auswechseln ⟨e-n Motor a.⟩ || K-: ***Austausch-, -motor*** **3** ***j-n a.*** *Sport*; e-n Spieler durch e-n anderen Spieler ersetzen **4** ***j-d tauscht etw. mit j-m aus***; ⟨Personen⟩ ***tauschen etw. aus*** Personen teilen sich gegenseitig ihre Gedanken, Erfahrungen, Meinungen mit: *Urlaubserinnerungen mit seinen Freunden a.* **5 *j-n*** (*Pl*) ***a.*** j-n in ein anderes Land schicken u. dafür e-e Zahl an Personen im eigenen Land aufnehmen ⟨Diplomaten, Gefangene, Studenten a.⟩ || K-: ***Austausch-, -aktion***; ***-schüler, -student*** || *zu* **2**

aus·tausch·bar *Adj*; *nicht adv*

aus·tei·len (*hat*) [Vt] **1** (***j-m / an j-n***) ***etw.*** (*Kollekt od Pl*) ***a.*** von e-r vorhandenen Menge jedem Einzelnen e-n Teil geben ≈ verteilen ↔ bekommen, einsammeln ⟨Geschenke, Lebensmittel, Komplimente a.⟩: *den Kindern das Essen a.*; *Prospekte an die Passanten a.*; [Vt/i] **2** (***etw.*** (*Pl*)) ***a.*** bei Karten- u. Gesellschaftsspielen die Karten, Spielmarken *usw* an die Mitspieler geben: *Wer teilt aus?*; [Vi] **3** ohne Rücksicht auf die Gefühle von anderen handeln ↔ einstecken: *Wer austeilt, muss auch einstecken lernen*

Aus·ter *die*; -, *-n*; ein Meerestier (e-e Muschel), das von zwei flachen Schalen umgeben ist, oft roh gegessen wird u. das e-e Perle hervorbringen kann ⟨e-e A. aufbrechen, ausschlürfen⟩ || ↑ *Abb. unter* ***Schalentiere*** || K-: ***Austern-, -fischerei, -zucht***

Aus·tern·bank *die*; e-e Stelle am Meeresboden, an der viele Austern leben (u. gezüchtet werden)

aus·til·gen (*hat*) [Vt] ***etw. a.*** ≈ vernichten ⟨Motten, Unkraut a.⟩ || *hierzu* **Aus·til·gung** *die*; *mst Sg*

aus·to·ben (*hat*) [Vi] **1** *mst* ***etw. hat ausgetobt*** etw. hat aufgehört (zu toben) ⟨das Feuer, der Sturm⟩; [Vr] **2** ***sich a.*** durch Spiel, Sport *o.Ä.* seine überschüssige Energie loswerden

Aus·trag *der*; *-(e)s*; *nur Sg*, *südd* ≈ Altenteil

aus·tra·gen (*hat*) [Vt] **1** ***etw.*** (*Kollekt od Pl*) ***a.*** Waren od. Sendungen an e-e *mst* ziemlich große Zahl von Personen liefern ≈ zustellen ⟨Zeitungen, die Post a.⟩ **2** ***etw. a.*** e-n Konflikt zu Ende od. zur Entscheidung bringen ≈ ausfechten ⟨e-n Kampf, ein Duell a.⟩: *Tragt eure Streitigkeiten unter euch aus!* **3** ***etw. a.*** etw. organisieren u. durchführen ⟨e-n Wettbewerb, e-n Sportwettkampf a.⟩ **4** ***e-e Frau trägt ein Kind aus*** e-e Frau trägt ein ungeborenes Kind bis zum Ende der Schwangerschaft im Leib **5** ***ein Tier trägt ein Junges aus*** ein weibliches Tier trägt ein ungeborenes Tier im Leib, bis es geboren wird

Aus·trä·ger *der*; j-d, der Zeitungen od. Zeitschriften den Abonnenten ins Haus bringt || -K: ***Zeitungs-*** || *hierzu* **Aus·trä·ge·rin** *die*; -, *-nen*

Aus·tra·gung *die*; -, *-en*; **1** das Austragen (2) e-s Konflikts, bis e-e Entscheidung herbeigeführt ist **2** die Organisation u. Durchführung von Wettbewerben: *sich um die A. der Olympischen Spiele bewerben* || K-: ***Austragungs-, -ort***

Aus·tra·li·en [-i̯ən] (*das*); *-s*; *nur Sg*; der kleinste Kontinent der Erde || ↑ *NB unter* ***Anhang*** (1) || *hierzu* **Aus·tra·li·er** *der*; *-s*, -; **Aus·tra·lie·rin** *die*; -, *-nen*; **aus·tra·lisch** *Adj*

aus·trei·ben (*hat*) [Vt] **1** ***j-m etw. a.*** durch energisches Verhalten erreichen, dass j-d e-e *mst* schlechte Gewohnheit od. Eigenschaft nicht mehr hat ≈ j-m etw. abgewöhnen ⟨j-m das Lügen, seine Überheblichkeit a.⟩: *Diese Unsitte werde ich dir schon noch a.!* **2** (***j-m***) ***etw. a.*** versuchen, j-n von e-r bösen Macht od. Kraft zu befreien ⟨Geister, Dämonen, den Teufel a.⟩ || *zu* **2** **Aus·trei·bung** *die*

aus·tre·ten [Vt] (*hat*) **1** ***etw. a.*** etw. mit dem Fuß löschen ⟨das Feuer, e-n Funken, die Glut a.⟩ **2** ***etw. a.*** Schuhe durch häufige Verwendung weit u. bequem machen / etw. abnutzen ⟨e-e Stufe, e-e Treppe⟩ || NB: *mst* im Zustandspassiv!; [Vi] (*ist*) **3** ***etw. tritt*** (***aus etw.***) ***aus*** etw. kommt aus der Erde od. aus e-m Behälter heraus ≈ etw. strömt aus ⟨Gas, Wasser⟩: *Aus dem Tank traten gefährliche Dämpfe aus* **4** (***aus etw.***) ***a.*** e-e Organisation verlassen ↔ in etw. eintreten ⟨aus der Kirche, e-m Verein, e-r Partei a.⟩ **5** ***a. gehen / müssen*** *euph*; auf die Toilette gehen od. müssen || ► ***Austritt***

aus·trick·sen (*hat*) [Vt] **1** ***j-n a.*** *gespr*; durch e-n Trick (1) verhindern, dass j-m etw. gelingt: *Ich traue ihm nicht, er hat schon zu viele Geschäftsfreunde ausgetrickst* **2** ***j-n a.*** *Sport*; seinen Gegner mit e-m Trick (1) täuschen ≈ ausspielen (3) ⟨den Verteidiger a.⟩

aus·trin·ken (*hat*) [Vt/i] **1** (***etw.***) ***a.*** ein Glas, e-e Tasse *o.Ä.* durch Trinken leeren **2** (***etw.***) ***a.*** e-e Flüssigkeit in e-m Glas *o.Ä.* ganz trinken

Aus·tritt *der*; **1** *mst Sg*; das Entweichen od. Ausströmen von Gasen od. Flüssigkeiten aus e-m Behälter **2** die Beendigung der Mitgliedschaft in e-r Organisation ↔ Beitritt: *Er gab seinen A. aus der Partei bekannt* || K-: ***Austritts-, -erklärung***

aus·trock·nen [Vt] (*hat*) **1** ***etw. trocknet etw. aus*** etw. lässt etw. sehr trocken werden: *Die Sonne hat den Boden ausgetrocknet*; [Vi] (*ist*) **2** ***etw. trocknet aus*** etw. wird sehr trocken ⟨der Boden, das Feld⟩ || *hierzu* **Aus·trock·nung** *die*; *nur Sg*

aus·tüf·teln (*hat*) [Vt] ***etw. a.*** etw. durch intensives Überlegen bis ins kleinste Detail planen od. festlegen ⟨e-n Plan, e-e neue Methode a.⟩

aus·üben (*hat*) [Vt] **1** ***etw. a.*** in e-m Handwerk, Gewerbe, Beruf *o.Ä.* tätig sein ⟨e-n Beruf, e-e Tätigkeit a.⟩: *den Beruf e-s Schreiners a.* **2** ***etw. a.*** etw. besitzen u. davon Gebrauch machen ⟨*mst* Macht, Herrschaft a.⟩ **3** ***etw.*** (***auf j-n / etw.***) ***a.*** e-e bestimmte Wirkung (auf j-n / etw.) haben ⟨Druck, e-n Einfluss, e-n Reiz, e-e Wirkung a.⟩ || *zu* **1** u. **2** **Aus·übung** *die*; *nur Sg*

aus·ufern; *uferte aus, ist ausgeufert*; [Vi] ***etw. ufert*** (***in etw.*** (*Akk*)) ***aus*** etw. überschreitet das tolerierte, übliche Maß || *hierzu* **Aus·ufe·rung** *die*

Aus·ver·kauf *der*; der vollständige Verkauf aller Waren zu besonders niedrigen Preisen ⟨etw. im A. kaufen⟩ || K-: ***Ausverkaufs-, -preise*** || -K: ***Total-***

aus·ver·kauft *Adj*; *nicht adv*; **1** restlos verkauft ⟨Waren⟩ **2** so, dass alle Eintrittskarten dafür verkauft wurden ⟨ein Konzert, e-e Kinovorstellung⟩

aus·wach·sen (*hat*) [Vr] ***etw. wächst sich zu etw. aus*** etw. wird etw., etw. entwickelt sich zu etw. ⟨etw. wächst sich zu e-r Gefahr, zu e-r Sucht, zu e-m Problem aus⟩ || ID *mst* ***Das ist ja zum Auswachsen!*** das ist zum Verzweifeln!

Aus·wahl *die*; *nur Sg*; **1** das Aussuchen von etw. Bestimmtem aus e-r Menge ⟨freie A. haben⟩ || K-: ***Auswahl-, -verfahren*** **2** ***e-e A. treffen*** etw. aus e-r Menge aussuchen **3** ***etw.*** (*Kollekt od Pl*) ***steht zur A.*** etw. ist als Menge, aus der man wählen kann, vorhanden **4** ***e-e A.*** (***an etw.*** (*Dat, Kollekt od Pl*)) die Menge od. der Vorrat, aus der / dem ausgewählt wird: *etw. ist nur in geringer A. vorhanden*; *e-e große / reiche A. an Reiseliteratur* **5** *Kollekt*; e-e Anzahl von Dingen, die zu e-m bestimmten Zweck zusammengestellt sind: *e-e A. aus der neuen Kollektion, aus j-s künstlerischem Schaffen*; *e-e A. der neuesten Schallplatten* **6** *Kollekt*; *Sport*; e-e Mannschaft, die aus den besten Sportlern verschiedener Vereine zusammengestellt ist || K-: ***Auswahl-, -mannschaft, -spieler***

aus·wäh·len (*hat*) [Vt/i] (***j-n / etw.*** (***für j-n / etw.***)) ***a.***; ((***j-m / sich***) ***j-n / etw.***) ***a.*** j-n / etw. (nach bestimmten Kriterien) aus e-r Menge nehmen: *sich aus dem Angebot etw. Passendes a.*; *Sie wurde für den Wettkampf ausgewählt*

aus·wal·zen (*hat*) [Vt] **1** ***etw. a.*** etw. durch Walzen od. Pressen flach machen (u. so in der Fläche vergrößern) ⟨Blech, den Teig a.⟩ **2** ***etw. a.*** *gespr pej*; etw. lang u. breit od. sehr ausführlich erzählen od. diskutieren ⟨e-e Geschichte, ein Thema a.⟩

Aus·wan·de·rer *der*; j-d, der sein Heimatland verlässt od. verlassen hat, um in e-m anderen Land zu leben ≈ Emigrant ↔ Einwanderer

aus·wan·dern (*ist*) [Vi] sein Heimatland verlassen, um in e-m anderen Land zu leben ≈ emigrieren ↔ einwandern || *hierzu* **Aus·wan·de·rung** *die*; *mst Sg*

aus·wär·ti·g- *Adj*; *nur attr, nicht adv*; **1** aus e-m anderen Ort ⟨ein Teilnehmer, e-e Mannschaft, Kunden⟩ **2** außerhalb des eigenen Wohnorts ⟨e-e auswärtige Schule besuchen⟩ **3** die Beziehungen zum Ausland betreffend **4** ***das Auswärtige Amt*** das Außenministerium || *zu* **1 Aus·wär·ti·ge** *der / die*; *-n, -n*

aus·wärts *Adv*; **1** nicht in dem Ort, in dem man wohnt ⟨a. arbeiten⟩ **2** ***von a.*** von e-m anderen Ort: *Er kommt von a.* **3** *Sport*; am Ort des Gegners ↔ zu Hause: *Nächste Woche spielt Bayern München a. gegen Hamburg* || K-: ***Auswärts-, -spiel***

aus·wa·schen (*hat*) [Vt] **1** ***etw. a.*** etw. durch Waschen sauber machen ⟨e-n Pullover a.⟩ **2** ***etw. a.*** Schmutz *o.Ä.* von etw. entfernen ⟨e-n Fleck a.⟩ **3** ***etw. wäscht etw. aus*** Wasser macht durch seine ständige Einwirkung Gestein hohl u. brüchig: *ein von der Brandung ausgewaschener Felsen*

aus·wech·seln (*hat*) [Vt] **1** ***etw. a.*** ein *mst* kaputtes od. abgenutztes Teil durch ein neues ersetzen ≈ austauschen ⟨e-e Glühbirne, Kugelschreibermine a.⟩; [Vt/i] **2** ***(j-n) a.*** *Sport*; e-n Spieler durch e-n anderen ersetzen ≈ austauschen: *Der Mittelstürmer musste wegen e-r Verletzung ausgewechselt werden* || K-: ***Auswechsel-, -spieler*** || *hierzu* **Aus·wechs·lung** *die*; *zu* **1 aus·wech·sel·bar** *Adj*; *nicht adv*

Aus·weg *der*; e-e Möglichkeit, aus e-r schwierigen, oft hoffnungslosen Situation herauszukommen ⟨nach e-m A. suchen; keinen A. mehr wissen⟩

aus·weg·los *Adj*; *nicht adv*; so, dass man es nicht ändern / bessern kann ≈ hoffnungslos: *Die Lage ist fast a.* || *hierzu* **Aus·weg·lo·sig·keit** *die*; *nur Sg*

aus·wei·chen; *wich aus, ist ausgewichen*; [Vi] **1** ***(j-m / etw.) a.*** um j-n / etw. herumgehen, -fahren od. zur Seite treten, um nicht getroffen zu werden od. um e-n Zusammenstoß zu vermeiden ⟨e-m Hieb, e-m Hindernis, e-m Schlag a.⟩: *Durch e-n Sprung auf die Seite konnte er dem Auto gerade noch a.* **2** ***(j-m / etw.) a.*** versuchen, den Kontakt mit j-m, e-e unangenehme Situation od. die Beantwortung e-r Frage zu vermeiden ⟨j-s Fragen, e-r Entscheidung, e-m Gespräch a.⟩: *Seit unserem letzten Streit weicht er mir ständig aus* **3** ***auf etw.*** (*Akk*) ***a.*** (durch e-n äußeren Zwang) etw. als Ersatz nehmen: *auf e-n anderen Termin, neue Energiequellen, andere Verkehrsmittel a.* || K-: ***Ausweich-, -möglichkeit***

aus·wei·chend **1** *Partizip Präsens*; ↑ ***ausweichen*** **2** *Adj*; absichtlich ungenau ⟨e-e Antwort⟩

Aus·weich|ma·nö·ver *das*; e-e Reaktion, durch die man (*bes* als Autofahrer) e-m Hindernis ausweicht (1), um e-n Zusammenstoß zu vermeiden

aus·wei·den (*hat*) [Vt] ***ein Tier a.*** aus dem Leib e-s toten Tieres die Eingeweide herausnehmen: *ein Reh a.* || *hierzu* **Aus·wei·dung** *die*; *nur Sg*

aus·wei·nen, sich (*hat*) [Vr] ***sich*** (***bei j-m***) ***a.*** j-m von dem eigenen Kummer u. den Sorgen erzählen

Aus·weis *der*; *-es, -e*; ein Dokument, das von e-r Institution ausgestellt ist u. das angibt, wer der Inhaber ist, wo er Mitglied ist od. wozu er berechtigt ist ⟨ein (un)gültiger A.; e-n A. beantragen, ausstellen, vorzeigen; den A. verlangen, die Ausweise kontrollieren⟩ || K-: ***Ausweis-, -kontrolle*** || -K: ***Behinderten-, Bibliotheks-, Polizei-, Schüler-, Schwerbeschädigten-, Studenten-, Teilnehmer-*** || NB: ↑ ***Personalausweis***

aus·wei·sen (*hat*) [Vt] **1** ***j-n*** (***aus e-m Land***) ***a.*** (als Behörde) j-n, der unerwünscht ist, offiziell auffordern, das Land sofort zu verlassen ⟨Diplomaten, Reporter, Ausländer a.⟩ **2** ***etw. a.*** *Ökon*; etw. durch e-e Rechnung, Liste od. Statistik deutlich machen od. belegen ⟨Gewinne, Verluste, Ausgaben a.⟩ **3** ***etw. weist j-n als etw. aus*** etw. zeigt, dass j-d etw. ist od. e-e bestimmte Funktion hat: *Dieser Film weist ihn als begabten Regisseur aus* **4** ***etw.*** (***als etw.***) ***a.*** *Admin*; durch e-e Planung e-n bestimmten Zweck od. e-e Nutzung festlegen: *Dieses Grundstück ist als Baugebiet ausgewiesen*; [Vr] **5** ***sich*** (***als etw.***) ***a.*** mit seinem Pass / Ausweis beweisen, wer man ist, seine Identität nachweisen ⟨sich als Journalist, Reporter a.⟩ || *zu* **1, 2** u. **4 Aus·wei·sung** *die*

Aus·weis|pa·pie·re *die*; *Pl, Admin geschr*; die amtlichen Dokumente (*z.B.* Pass, Personalausweis od. Führerschein), mit denen j-d seine Identität nachweisen kann

aus·wei·ten (*hat*) [Vt] **1** ***etw. a.*** ≈ ausdehnen (1,2); [Vr] **2** ***etw. weitet sich aus*** ≈ etw. breitet sich aus || *hierzu* **Aus·wei·tung** *die*

aus·wen·dig *Adv*; **1** ohne e-n Text als Vorlage zu haben, aus / nach dem Gedächtnis ⟨ein Gedicht, Lied a. vortragen; die Regeln a. wissen⟩: *Ich kann das Referat schon a.* **2** ***j-n / etw. in- u. auswendig kennen*** *gespr*; j-n / etw. sehr gut, ganz genau kennen || NB: ↑ ***lernen*** (4)

aus·wer·fen (*hat*) [Vt] **1** ***etw. wirft etw.*** (*Pl*) ***aus*** etw. produziert e-e bestimmte Menge von etw. **2** ***etw. a.*** etw. ins Wasser werfen, um Fische zu fangen ↔ einholen ⟨*mst* die Angel, die Netze a.⟩ **3** ***den Anker a.*** den Anker ins Wasser lassen ↔ den Anker einholen

aus·wer·ten (*hat*) [Vt] ***etw. a.*** den Inhalt von etw. prüfen u. analysieren, um daraus Schlüsse ziehen zu können ⟨Dokumente, Berichte, Statistiken kritisch, wissenschaftlich a.⟩ || *hierzu* **Aus·wer·tung** *die*; **aus·wert·bar** *Adj*; *nicht adv*

aus·wet·zen (*hat*) [Vt] *mst in* ***e-e Scharte a.*** *gespr*; etw., was man falsch gemacht hat, wieder in Ordnung bringen

aus·wi·ckeln (*hat*) [Vt] ***etw. a.*** etw. aus e-r Hülle aus Papier od. Stoff herausnehmen ⟨ein Bonbon, ein Geschenk a.⟩

aus·wie·gen (*hat*) [Vt] **1** ***etw. a.*** das Gewicht e-r Sache ganz genau bestimmen ≈ wiegen **2** ***etw. a.*** aus e-r Menge von etw. so viel zusammenstellen, bis ein bestimmtes Gewicht erreicht ist: *ein Kilo Äpfel a.*

aus·win·den (*hat*) [Vt] ***etw. a.*** *bes südd* (CH) ≈ auswringen

aus·wir·ken, sich (*hat*) [Vr] ***etw. wirkt sich*** (***irgendwie***) (***auf j-n / etw.***) ***aus*** etw. hat e-e bestimmte Wirkung, e-n Effekt auf j-n / etw.: *Das kalte Wetter wird sich negativ auf die Ernte a.*

Aus·wir·kung *die*; ***e-e A.*** (***auf j-n / etw.***) ≈ Wirkung, Effekt: *Die Auswirkungen des Krieges auf die Bevölkerung waren verheerend*

aus·wi·schen (*hat*) [Vt] **1** ***etw. a.*** etw. durch Wischen (innen) sauber machen ⟨ein Glas, e-n Schrank, die Küche a.; sich die Augen a.⟩ **2** ***j-m eins a.*** *gespr*; (aus Rache od. als Strafe) etw. tun, das j-n ärgert od. ihm schadet: *Ihr werde ich schon noch eins a.*

aus·wrin·gen (*hat*) [Vt] ***etw. a.*** etw. (*z.B.* ein nasses Tuch od. nasse Wäsche) so stark drehen u. pressen, dass das Wasser heraustropft: *e-n nassen Lappen a.*

Aus·wuchs [-ks] *der*; *-es, Aus·wüch·se*; **1** e-e Körperstelle, an der Haut od. Gewebe (als Zeichen e-r Krankheit) übermäßig stark wächst ≈ Wucherung **2** *mst Pl*; Entwicklungen, die als übertrieben u. deshalb schädlich gelten

aus·wuch·ten (*hat*) [Vt] ***etw. a.*** ein Rad so bearbeiten, dass es sich ganz sauber u. gerade um seine Achse dreht ⟨ein Rad a.⟩ || *hierzu* **Aus·wuch·tung** *die*

Aus·wurf *der*; *mst Sg*; **1** *Med*; ausgespuckter

Schleim **2** *geschr pej*; e-e Person od. Sache, die minderwertig od. ekelhaft ist

aus·wür·feln (*hat*) [Vt] ***etw. a.*** durch Würfeln entscheiden, wer e-n Preis bekommt od. etw. tun muss od. tun darf

aus·zah·len (*hat*) [Vt] **1** ***(j-m) etw. a.*** e-n Geldbetrag an j-n zahlen ⟨den Lohn, den Gewinn, das Erbe, Prämien a.⟩ **2** ***j-n a.*** j-m die Geldsumme zahlen, auf die er Anspruch hat ⟨e-n Miterben, e-n Teilhaber a.⟩; [Vr] **3** ***etw. zahlt sich aus*** etw. ist nützlich, etw. lohnt sich od. bringt Gewinn ein ⟨der Aufwand, die Bemühungen, die Investitionen⟩ || *zu* **1** u. **2** **Aus·zah·lung** *die*

aus·zäh·len (*hat*) [Vt] **1** ***etw.*** (*Pl*) ***a.*** die Anzahl der Dinge e-r Menge (durch Zählen) genau bestimmen: *nach der Wahl die abgegebenen Stimmen a.* **2** ***j-n a.*** *Sport*; (als Schiedsrichter beim Boxen) durch Zählen von 1 bis 10 bestimmen, dass ein kampfunfähiger Boxer verloren hat || *hierzu* **Aus·zäh·lung** *die*

aus·zan·ken (*hat*) [Vt] ***j-n a.*** ≈ schimpfen

aus·zeh·ren (*hat*) [Vt] ***etw. zehrt j-n / etw. aus*** etw. nimmt j-m / dem Körper die ganze Kraft u. Energie weg, sodass er sehr mager wird: *Die Krankheit zehrt ihn aus*; *ein ausgezehrtes Gesicht* || NB: oft im Zustandspassiv! || *hierzu* **Aus·zeh·rung** *die*; *nur Sg*

aus·zeich·nen (*hat*) [Vt] **1** ***etw. a.*** Waren mit der Angabe des Preises versehen: *die im Schaufenster ausgestellten Kleider a.* **2** ***j-n / etw.* (*mit etw.*) *a.*** j-n / etw. (mit e-m Preis *o.Ä.*) als besonders gut anerkennen: *e-n Film mit der Goldenen Palme von Cannes a.* **3** ***etw. zeichnet j-n / etw. aus*** etw. ist (im positiven Sinn) typisch od. charakteristisch für j-n / etw.: *Ehrlichkeit zeichnet sie aus*; *Hohe Leitfähigkeit zeichnet dieses Metall aus* || NB: kein Passiv!; [Vr] **4** ***sich durch etw. a.*** aufgrund von besonderen Eigenschaften od. Fähigkeiten besser sein als andere ≈ herausragen: *sich durch Schnelligkeit vor / gegenüber den anderen a.*; *Er zeichnet sich* dadurch *aus*, dass *er mehrere Sprachen spricht*

Aus·zeich·nung *die*; **1** *nur Sg*; das Auszeichnen (1,2) **2** ein Preis od. Orden, mit dem man j-n für seine Verdienste auszeichnet (2) ⟨j-m e-e A. verleihen⟩ **3** e-e besondere Ehrung: *Die Wahl zum Vorsitzenden war für ihn e-e besondere A.* **4** ***mit A.*** verwendet, um auszudrücken, dass e-e Prüfung mit der absolut besten Note abgeschlossen wurde ⟨sein Examen mit A. bestehen⟩

aus·zie·hen [Vt] (*hat*) **1** ***etw. a.*** e-n Gegenstand dadurch länger, breiter od. größer machen, dass man ineinander geschobene Teile ausklappt *o.Ä.* ⟨e-e Antenne, den Tisch, die Couch a.⟩ || K-: ***Auszieh-, -tisch*** **2** ***(j-m / sich) etw. a.*** sich od. j-m ein Kleidungsstück vom Körper nehmen ↔ anziehen ⟨die Hose, die Socken, die Jacke *usw* a.⟩: *Zieh dir die Schuhe aus!* **3** ***j-n / sich a.*** j-m / sich (alle) Kleidungsstücke vom Körper nehmen ↔ anziehen ⟨sich nackt a.⟩ **4** ***j-m / sich etw. a.*** j-m / sich etw. aus dem Körper ziehen ⟨j-m / sich e-n Dorn, e-n Zahn a.⟩; [Vi] (*ist*) **5** (***aus etw.***) ***a.*** (mit allen Möbeln *usw*) e-e Wohnung für immer verlassen ≈ wegziehen ↔ einziehen: *Familie Schmidt ist gestern ausgezogen*; *Ich will aus diesem Haus a.* **6** ***j-d*** (*Kollekt od Pl*) ***zieht aus etw. aus*** Personen verlassen e-n Ort in e-r Gruppe gemeinsam ↔ j-d (*Kollekt od Pl*) zieht in etw. (*Akk*) ein: *Die Truppen zogen aus der Kaserne zum Manöver aus*; *Die Gruppe zog feierlich aus dem Saal aus* **7** mit e-m bestimmten Ziel od. e-r besonderen Absicht fortgehen ≈ losziehen: *a.*, *um die Welt kennen zu lernen* || *zu* **1** **aus·zieh·bar** *Adj*; *nicht adv* || ► ***Auszug***

Aus·zu·bil·den·de *der / die*; *-n*, *-n*; *Admin*; ein Jugendlicher / e-e Jugendliche, der / die in e-m Betrieb od. e-r Behörde e-n Beruf erlernt ≈ Azubi, Lehrling || NB: *ein Auszubildender*; *der Auszubildende*; *den*, *dem*, *des Auszubildenden*

Aus·zug *der*; **1** *nur Sg*; das Ausziehen (5) aus e-r Wohnung ↔ Einzug: *j-m beim A. helfen* **2** *nur Sg*; das Ausziehen (6) aus e-m Raum od. Gebiet ↔ Einzug: *der A. des Olympiateams aus dem Stadion* **3** e-e Substanz od. Essenz, die aus Pflanzen gewonnen wurde ≈ Extrakt **4** ein ausgewählter Teil von etw. Schriftlichem od. Vorgetragenem ⟨ein A. aus e-r Predigt, e-r Rede, e-r Ansprache, e-r Schrift⟩: *e-n A. aus dem Gesamtwerk veröffentlichen*; *ein Gedicht nur in Auszügen kennen* **5** e-e schriftliche Mitteilung über e-n bestimmten Teil von Daten: *in der Sparkasse nach Auszügen fragen* || -K: ***Bank-, Grundbuch-, Konto-***

aus·zugs|wei·se *Adv*; in Form von Auszügen (4) ≈ teilweise: *e-e Ansprache a. abdrucken*

aus·zup·fen (*hat*) [Vt] ***etw. a.*** ≈ ausreißen (1)

au·tark *Adj*; fähig, von der eigenen Produktion zu leben ≈ unabhängig ⟨wirtschaftlich, kulturell a.⟩ || *hierzu* **Au·tar·kie** *die*; *-*, *-n*; *mst Sg*

au·then·tisch *Adj*; (garantiert) in der richtigen, ursprünglichen Form, nicht verändert ≈ echt ⟨ein Kunstwerk, ein Bericht, ein Text⟩ || *hierzu* **Au·then·ti·zi·tät** *die*; *nur Sg*

Au·to *das*; *-s*, *-s*; ein *mst* geschlossenes Fahrzeug, das gewöhnlich vier Räder hat, von e-m Motor angetrieben wird u. *bes* zur Beförderung von Personen dient ⟨ein gebrauchtes A.; ein A. parken, voll ausfahren, abschleppen; (mit dem) A. fahren⟩: *Bist du zu Fuß od. mit dem A. da?* || K-: ***Auto-, -abgase, -aufkleber, -bau, -diebstahl, -fabrik, -fahrer, -fahrt, -geschäft, -händler, -industrie, -karosserie, -kolonne, -lackierer, -marke, -mechaniker, -museum, -panne, -radio, -reifen, -rennen, -schlosser, -schlüssel, -sport, -telefon, -unfall, -verkehr, -werkstatt, -wrack, -zubehör*** || -K: ***Last-, Miet-, Personen-, Polizei-*** || *hierzu* **Au·to·fah·ren** *das*; *-s*; *nur Sg* || ↑ Abb. Seite 116

au·to-, Au·to- *im Adj u. Subst*, *unbetont*, *wenig produktiv*; **1** drückt aus, dass etw. ohne fremde Hilfe geschieht; der ***Autodidakt, autodidaktisch***, die ***Autohypnose***, die ***Autosuggestion*** **2** so, dass etw. automatisch funktioniert; der ***Autofokus*** ⟨e-r Kamera⟩, der ***Autopilot*** ⟨e-s Flugzeugs⟩, das ***Autozoom*** ⟨e-r Kamera⟩

Au·to·at·las *der*; ein Buch mit vielen Landkarten, die Straßen u. Autobahnen zeigen u. andere wichtige Informationen für Autofahrer bieten

Au·to·bahn *die*; e-e sehr breite Straße, die aus zwei getrennten Fahrbahnen besteht, keine Kreuzung

Die Autobahn

Die deutschsprachigen Länder verfügen über ein gut ausgebautes Autobahnnetz.
In Deutschland ist die Benutzung der Autobahn für PKW-Fahrer kostenlos. Es gibt keine generelle Geschwindigkeitsbeschränkung.
In der Schweiz und in Österreich wird eine **Autobahngebühr** (in Österreich auch **Maut** genannt) verlangt. Die Autofahrer, die auf eine österreichische oder Schweizer Autobahn fahren, müssen einen Pauschalbetrag für einen bestimmten Zeitraum bezahlen und bekommen dafür eine **Vignette**, einen Aufkleber, den sie sichtbar am Auto anbringen müssen.

Das Auto – der Deutschen liebstes Kind?

Die Deutschen sind ein Volk von Autofahrern – so ist oft zu lesen. Deutschland gehört zu den Ländern mit der höchsten Dichte an Autos: etwa 500 Autos pro 1000 Einwohner. Laut Statistik legt der Deutsche drei Viertel aller zurückgelegten Kilometer im Auto zurück; dies vor allem in den Städten, aber auch auf den **Autobahnen** mit einer Gesamtlänge von mehr als 11 500 Kilometern und – einzigartig in Europa – ohne verbindliche Geschwindigkeitsbegrenzung.
Darüber hinaus ist das Auto ein Symbol für den **Wohlstand** geworden. Man liest und hört oft: *Wenn es der Autoindustrie gut geht, geht es dem Land gut.* Gleichzeitig ist das Auto aber in Sachen **Umweltverschmutzung** die Nummer 1.
Das Auto ist für viele mehr als nur Fortbewegungsmittel, es ist auch ein persönliches Statussymbol. Mit bestimmten Automarken wird die Vorstellung verbunden, dass man „es geschafft hat", dass man z. B. Single mit gutem Einkommen oder dass man sportlich ist. Von anderen Automarken heißt es, sie würden hauptsächlich von Lehrern bzw. Beamten gefahren, wieder andere werden mit Rücksichtslosigkeit im Straßenverkehr assoziiert.
Besonders an Samstagvormittagen kommt es zu dem Phänomen des massenhaften, rituellen Autowaschens, bei dem sich vor allem Männer an ihrem „liebsten Kind", dem Auto, zu schaffen machen, damit „es" auch weiterhin gut aussieht.

Auto

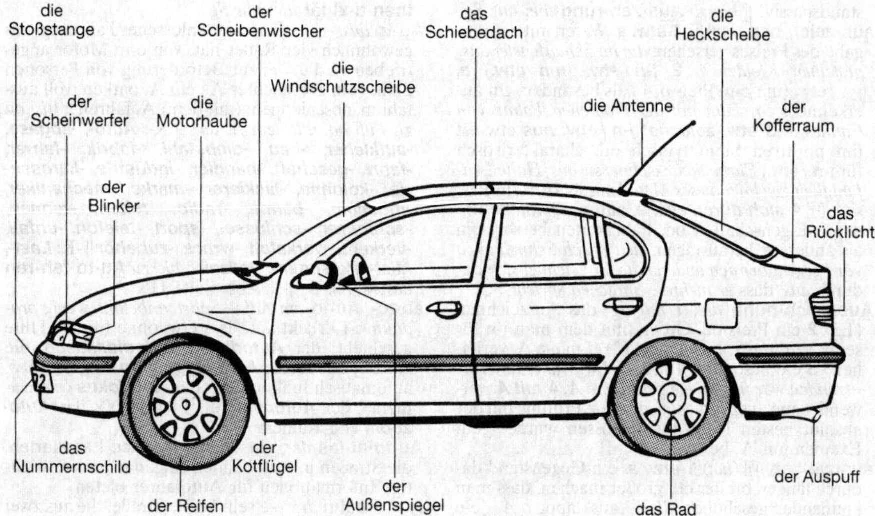

hat u. die nur von Fahrzeugen benutzt werden darf, die mindestens 60km / h fahren können ⟨auf der A. fahren⟩ || K-: ***Autobahn-, -anschlussstelle, -auffahrt, -ausfahrt, -gebühr, -kreuz, -polizei, -raststätte***

Au·to·bahn|drei·eck *das*; e-e Stelle, an der zwei Autobahnen in der Form e-s „Y" zusammentreffen (d.h. e-e Autobahn hört dort auf bzw. fängt dort an) u. man von einer Autobahn zur anderen wechseln kann

Au·to·bahn|kreuz *das*; e-e Stelle, an der zwei Autobahnen über- u. untereinander hinwegführen u. an der man von einer Autobahn zur anderen wechseln kann, ohne über e-e Kreuzung zu fahren

Au·to·bi·o·gra·phie [-f-] *die*; e-e *mst* literarische Beschreibung des eigenen Lebens || *hierzu* **au·to·bi·o·gra·phisch** *Adj*

Au·to·bom·be *die*; e-e Bombe, die in e-m Auto versteckt ist, damit sie dort explodiert

Au·to·bus *der* ≈ Bus || K-: ***Autobus-, -haltestelle***

Au·to·car [-kaːɐ̯] *der*; *-s, -s*; Ⓒⓗ ≈ (Auto)Bus

Au·to·di·dakt *der*; *-en, -en*; *geschr*; j-d, der durch selbstständiges Studium Wissen od. Fertigkeiten erwirbt, ohne von e-m Lehrer unterrichtet zu werden || *hierzu* **au·to·di·dak·tisch** *Adj*; || NB: *der Autodidakt; den, dem, des Autodidakten*

Au·to·fäh·re *die*; e-e große Fähre, die Autos u. Personen transportiert

au·to·frei *Adj*; *nicht adv*; für den Autoverkehr verboten ⟨ein Sonntag, e-e Zone⟩

Au·to|fried·hof *der*; ein Platz, an dem die Wracks alter Autos gesammelt (u. verschrottet) werden

au·to·gen *Adj*; *mst in* ***autogenes Training*** Übungen (auf psychotherapeutischer Basis), mit deren Hilfe man sich völlig entspannt

Au·to·gramm *das*; *-s, -e*; die eigenhändige Unterschrift *mst* e-r bekannten Persönlichkeit: *e-n Fußballstar um ein A. bitten*

Au·to·gramm|jä·ger *der*; j-d, der sich bemüht, möglichst viele Autogramme zu sammeln

Au·to·haus *das*; ein großes Geschäft, in dem Autos (*mst* e-r bestimmten Marke) verkauft werden

Au·to·kar·te *die*; e-e Landkarte für Autofahrer
Au·to|kenn·zei·chen *das*; die Buchstaben u. Ziffern auf dem Nummernschild e-s Autos ≈ amtliches Kennzeichen

Die Autokennzeichen

Die Nummernschilder der Autos in Deutschland sind weiß mit schwarzer Schrift. Die Aufschrift besteht aus einer Abkürzung für die Stadt oder Gemeinde, in der das Auto zugelassen ist, und einer Kombination aus ein oder zwei Buchstaben und einer bis zu vierstelligen Ziffer, zum Beispiel: **B – SL 4673**.
Hier die Abkürzungen für einige große Städte:

B	Berlin
C	Chemnitz
D	Düsseldorf
DD	Dresden
DO	Dortmund
E	Essen
F	Frankfurt am Main
H	Hannover
HB	Hansestadt Bremen
HH	Hansestadt Hamburg
HRO	Hansestadt Rostock
K	Köln
L	Leipzig
M	München
S	Stuttgart

Au·to·ki·no *das*; ein Kino, bei dem die Filme im Freien gezeigt werden u. man im Auto sitzt, während man sie ansieht
Au·to·kna·cker *der*; *-s, -*; *gespr*; j-d, der Autos aufbricht, um sie dann auszurauben
Au·to·krat *der*; *-en, -en*; *geschr*; **1** ein Herrscher, der völlig unabhängig u. durch nichts eingeschränkt seine Macht ausübt **2** j-d, der Entscheidungen nur nach seinem eigenen Willen trifft || NB: *der Autokrat; den, dem, des Autokraten* || *hierzu* **au·to·kra·tisch** *Adj*; *zu* **1 Au·to·kra·tie** *die*; *-; nur Sg*
Au·to·mar·der *der*; *gespr*; j-d, der Gegenstände aus Autos stiehlt
Au·to·mat *der*; *-en, -en*; **1** ein Apparat, in den man *mst* Geld einwirft, um Dinge wie Zigaretten, Briefmarken od. Fahrkarten zu bekommen: *Zigaretten, Briefmarken aus dem Automaten holen* || -K: ***Fahrkarten-, Getränke-, Kaffee-, Münz-, Zigaretten-*** **2** e-e Maschine, die ohne menschliche Hilfe nach e-m Programm Arbeiten ausführt || NB: *der Automat; den, dem, des Automaten*
Au·to·ma·tik *die*; *-, -en*; **1** *mst Sg, Tech*; e-e Vorrichtung, die e-n mechanischen Vorgang regelt u. überwacht: *die A. e-r Heizungsanlage*; *ein Auto mit A.* (= bei dem man nicht selbst schalten (2) muss) **2** *nur Sg*; das selbstständige Ablaufen e-s einmal in Gang gesetzten Vorgangs
au·to·ma·tisch *Adj*; **1** mit e-r Automatik (1) ausgestattet ↔ mechanisch ⟨e-e Bremse, e-e Kamera, ein Signal⟩ **2** ohne, dass man sich bewusst darauf konzentrieren muss, wie von selbst erfolgend ⟨e-e Bewegung, e-e Reaktion; etw. ganz a. tun⟩
au·to·ma·ti·sie·ren; *automatisierte, hat automatisiert*; Vt/i ***(etw.) a.*** die automatische Steuerung von Vorgängen in der Produktion od. die automatische Herstellung von Produkten in e-m Betrieb einführen: *Die Produktion in dieser Fabrik soll jetzt automatisiert werden* || *hierzu* **Au·to·ma·ti·sie·rung** *die*; **Au·to·ma·ti·on** *die*; *-, -en*
Au·to·ma·tis·mus *der*; *-, Au·to·ma·tis·men*; **1** *Tech*; das selbsttätige Ablaufen e-s mechanischen Vorgangs: *der A. e-r Ampelanlage* **2** *Psych, Med, geschr*; ein *mst* körperlicher od. psychischer Vorgang od. Prozess (*z.B.* ein Reflex), der nicht vom Bewusstsein beeinflusst wird
Au·to·mi·nu·te *die*; *mst Pl*; die Strecke, die ein Auto durchschnittlich in einer Minute fährt: *Das Stadtzentrum ist nur zehn Autominuten von hier entfernt*
Au·to·mo·bil *das*; *-s, -e*; *geschr veraltend* ≈ Personenwagen, Auto || K-: ***Automobil-, -ausstellung, -klub***
au·to·nom *Adj*; **1** *Pol*; ⟨ein Staat, e-e Provinz⟩ in Bezug auf die Verwaltung unabhängig: *Die meisten ehemaligen Kolonien sind jetzt autonome Staaten* **2** ⟨Gruppen⟩ linksradikal u. *bes* bei Demonstrationen oft aggressiv gegenüber den Ordnungsmächten || *zu* **2 Au·to·no·me** *der / die*; *-n, -n*
Au·to·no·mie *die*; *-, -n* [-miːən]; *mst Sg, geschr*; die Unabhängigkeit *bes* e-s Gebietes innerhalb e-s Staates in Bezug auf Politik, Verwaltung u. Kultur ⟨nach A. streben⟩: *Sardinien genießt A. innerhalb des italienischen Staates* || K-: ***Autonomie-, -bestrebungen***
Au·to·num·mer *die*; *gespr* ≈ Autokennzeichen
Au·top·sie *die*; *-, -n* [-ˈsiːən]; *Med*; die Untersuchung e-r Leiche, *bes* um die Todesursache festzustellen ⟨e-e A. vornehmen⟩
Au·tor *der*; *-s, Au·to·ren* [-ˈtoːrən]; j-d, der e-n *mst* literarischen od. wissenschaftlichen Text geschrieben hat ⟨ein klassischer, zeitgenössischer, viel gelesener A.⟩ || K-: ***Autoren-, -kollektiv, -lesung, -verzeichnis*** || -K: ***Drehbuch-, Kinderbuch-, Roman-*** || *hierzu* **Au·to·rin** *die*; *-, -nen*
Au·to|rei·se·zug *der*; ein Zug, der Reisende u. gleichzeitig ihre Autos transportiert
au·to·ri·sie·ren; *autorisierte, hat autorisiert*; Vt *geschr*; **1 *j-n zu etw. a.*** j-m offiziell zu etw. die Erlaubnis geben ≈ bevollmächtigen: *Er ist autorisiert, den Vertrag abzuschließen* **2 *etw. a.*** e-n Text (durch den Autor od. e-e Institution) offiziell genehmigen: *e-e autorisierte Ausgabe, Übersetzung* || *hierzu* **Au·to·ri·sa·ti·on** *die*; *-, -en*
au·to·ri·tär [-ˈtɛːɐ̯] *Adj*; **1** ⟨Erziehung, Eltern⟩ absoluten Gehorsam verlangend ↔ antiautoritär **2** ⟨ein Regime, ein Staat⟩ so, dass sie keinen politischen Widerstand dulden ↔ demokratisch: *a. regieren*
Au·to·ri·tät *die*; *-, -en*; **1** das große Ansehen od. die Macht, die j-d od. e-e Institution (*mst* wegen besonderer Fähigkeiten od. aus Tradition) hat ⟨elterliche, kirchliche, staatliche A.; A. besitzen, genießen; j-s A. untergraben⟩: *Die A. der Kirche wird von vielen Leuten nicht anerkannt* || K-: ***Autoritäts-, -anspruch, -prinzip*** **2** j-d, der aufgrund seiner hervorragenden Leistungen auf e-m Gebiet großes Ansehen genießt ⟨als A. auf / in e-m Gebiet gelten⟩
au·to·ri·ta·tiv [-f] *Adj*; *geschr*; auf Autorität beruhend
au·to·ri·täts·gläu·big *Adj*; *pej*; (von Menschen) so, dass sie e-r Person (*z.B.* e-m Vorgesetzten) od. e-r Institution alles glauben u. sich diesen unterordnen || *hierzu* **Au·to·ri·täts·gläu·big·keit** *die*; *nur Sg*
Au·to·skoo·ter [-skuːtɐ] *der*; *-s, -*; (auf dem Jahrmarkt) ein kleines, elektrisch betriebenes Auto, das auf allen Seiten durch dicken Gummi geschützt ist u. mit dem man versucht, andere zu stoßen od. ihnen geschickt auszuweichen
Au·to·stopp *der*; *-s*; *nur Sg*; das Anhalten von Au-

tos, indem man dem Autofahrer mit der Hand ein Zeichen gibt, das bedeutet, dass man mitgenommen werden will: *per A. nach Italien fahren* || NB: per A. ≈ per Anhalter

Au·to·stun·de *die*; die Strecke, die ein Auto durchschnittlich in einer Stunde zurücklegt ⟨eine A. entfernt⟩

Au·to·ver·leih *der*; e-e Firma, die Autos u. relativ kleine Lastwagen für bestimmte Zeit gegen Bezahlung verleiht

Au·to·ver·mie·tung *die* ≈ Autoverleih

autsch! *Interjektion*; verwendet als Ausruf, wenn etw. plötzlich weh tut

au·weh! *Interjektion*; verwendet als Ausruf, wenn man etw. Unangenehmes od. Schlimmes bemerkt: *A., jetzt habe ich meinen Geldbeutel vergessen!*

a·van·cie·ren [avã'siːrən]; *avancierte, ist avanciert*; [Vi] **(zu etw.) a.** *geschr*; (in e-r Hierarchie) e-e höhere Stellung erreichen: *In kürzester Zeit ist sie zur Solotänzerin avanciert*

A·vant·gar·de [avã'gard(ə)] *die*; -, -*n*; *mst Sg, geschr, Kollekt*; die ersten Personen, die e-e völlig neue geistige, künstlerische od. politische Richtung vertreten || *hierzu* **A·vant·gar·dist** *der*; -*en*, -*en*; **a·vant·gar·dis·tisch** *Adj*

A·ver·si·on [avɛr'zi̯oːn] *die*; -, -*en*; **e-e A. (gegen j-n / etw.)** *geschr*; e-e starke Abneigung, ein Widerwille ⟨e-e A. gegen Gewalt haben / hegen⟩

A·xi·om [a'ksi̯oːm] *das*; -*s*, -*e*; ein fundamentales Prinzip, das als gültig u. richtig anerkannt ist, ohne dass es schon bewiesen ist ⟨ein mathematisches A.⟩ || *hierzu* **a·xi·o·ma·tisch** *Adj*

Axt [akst] *die*; -, *Äx·te*; ein Werkzeug mit e-r kräftigen Schneide am Ende e-s längeren, dicken Holzstiels, das verwendet wird, um Bäume zu fällen u. um Holz zu hacken || ID ⟨hausen, sich benehmen⟩ ***wie die Axt im Walde*** *gespr*; wild u. ungezügelt leben, sich benehmen; *mst* ***Die Axt im Haus erspart den Zimmermann*** wenn man mit Werkzeug umgehen kann, braucht man keinen Handwerker

Axt

die Axt

das Beil

A·za·lee [atsa'leːə] *die*; -, -*n*; ein niedriger Strauch mit kleinen, harten Blättern u. leuchtend weißen, roten od. rosa Blüten

A·zu·bi *der*; -*s*, -*s*; *gespr*, *Kurzw* ↑ ***Auszubildende*** || *hierzu* **A·zu·bi** *die*; -, -*s*

a·zur·blau *Adj*; *nicht adv*, *geschr*; leuchtend blau wie der Himmel

B, b

B, b [beː] *das*; -, - / *gespr auch -s*; **1** der zweite Buchstabe des Alphabets ⟨ein großes B; ein kleines b⟩ **2** *Mus*; der Halbton unter dem h || K-: ***B-Dur***; ***b-Moll*** **3** *Mus*; das Zeichen ♭, das e-e Note um e-n halben Ton tiefer setzt

Ba·by ['beːbi] *das*; *-s, -s*; **1** ein kleines Kind in seinem ersten Lebensjahr ≈ Säugling || K-: ***Baby-, -ausstattung, -flasche, -kost, -nahrung, -wäsche*** **2** ***ein B. bekommen, erwarten*** ≈ schwanger sein **3** *gespr*; ein sehr junges Tier || -K: ***Elefanten-, Löwen-, Vogel-***

Ba·by·boom *der*; *hum*; das Phänomen, dass zu e-r bestimmten Zeit besonders viele Babys geboren werden

Ba·by·sit·ter *der*; *-s, -*; j-d, der (gegen Bezahlung) auf ein Baby od. kleines Kind aufpasst, wenn die Eltern nicht zu Hause sind || *hierzu* **ba·by·sit·ten** *Vi nur Infinitiv*; **Ba·by·sit·ting** *das*; *-s*; *nur Sg*

Ba·by·speck *der*; *nur Sg*; die rundlichen Formen, die typisch sind für den Körper e-s Babys od. Kleinkindes

Ba·by·strich *der*; **1** *nur Sg*; die Prostitution *mst* minderjähriger Mädchen **2** e-e Straße od. Gegend, in der sich minderjährige Mädchen prostituieren

Bach *der*; *-(e)s, Bä·che*; ein kleiner Wasserlauf, der nicht die Größe e-s Flusses hat ⟨der B. rauscht, windet sich / schlängelt sich durch das Tal⟩ || ID ***etw. geht den B. runter*** *gespr*; etw. misslingt ⟨ein Plan, e-e Unternehmung⟩

Johann Sebastian Bach

Johann Sebastian Bach war einer der herausragendsten Musiker und Komponisten des deutschen Barock.
Er wurde 1685 in Eisenach (Thüringen) geboren. Er arbeitete zuerst als Organist in verschiedenen Städten. 1708 nahm er eine Stelle als Organist und Kammermusiker am Hof von Weimar an. Später erhielt er das Amt des Konzertmeisters, erst in Weimar, dann am Hof von Anhalt-Köthen. Aus dieser Zeit stammen die ***Brandenburgischen Konzerte***. 1723 wurde er Kantor an der **Thomasschule** in Leipzig. Dort entstanden unter anderem die ***Johannespassion***, die ***Matthäuspassion*** und das ***Weihnachtsoratorium***. Er komponierte außerdem Kantaten, Choräle und Messen. Er starb 1750 in Leipzig.

Bach·stel·ze *die*; *-, -n*; ein schlanker Singvogel mit schwarzweißen Federn, der sich *bes* in der Nähe von Bächen u. Flüssen aufhält

Back·blech *das*; e-e flache Platte aus Blech, auf der man Kuchen *o.Ä.* zum Backen in den Ofen schiebt

Back·bord *(das)*; *Seefahrt*; *mst in* ***nach B.*** zur linken Seite e-s Schiffes (od. Flugzeuges) hin ↔ nach Steuerbord ⟨nach B. rudern⟩ || *hierzu* **back·bord(s)** *Adv*

Ba·cke¹ *die*; *-, -n*; einer der beiden Gesichtsteile links u. rechts von Nase u. Mund ≈ Wange ⟨gerötete, rote, runde, volle Backen haben; e-e dicke, geschwollene B. haben⟩ || ↑ *Abb. unter* ***Kopf*** || K-: ***Backen-, -bart, -knochen*** || ID ***Backen wie ein Hamster haben*** *gespr*; dicke Backen haben

Ba·cke² *die*; *-, -n*; *gespr*; eine der beiden (halbrunden) Hälften des Gesäßes

Ba·cke³ *die*; *-, -n*; einer von zwei Teilen e-s Werkzeugs (*z.B.* e-s Schraubstocks, e-r Zange), e-r Maschine od. e-r Bremse, mit denen man etw. festhalten, anpressen od. zusammendrücken kann || -K: ***Brems-***

ba·cken; *bäckt / backt, backte / veraltet buk, hat gebacken*; [Vt/i] **1** ***(etw.) b.*** e-n Teig aus Mehl *usw* machen, formen u. im (Back)Ofen heiß machen, bis er gar ist ⟨Brot, Plätzchen, e-n Kuchen b.⟩ || K-: ***Back-, -aroma, -buch, -rezept, -zutaten***; [Vt] **2** ***etw. b.*** e-e Speise (in e-r Pfanne) in heißem Fett zubereiten ≈ braten ⟨Eier, Fleisch, Geflügel, Fisch b.⟩: *gebackene Leber* || NB: *braten* ist hier das häufigere Wort; *backen* wird *bes* verwendet, wenn die Speise paniert ist; [Vi] **3** ***etw. bäckt / backt*** etw. wird im Ofen od. in der Pfanne so lange erhitzt, bis es fertig od. gar ist: *Das Brot muss e-e Stunde b.; Die Plätzchen backen noch*

Ba·cken·zahn *der*; einer der hinteren Zähne, die zum Zermahlen der Nahrung dienen ↔ Schneidezahn, Eckzahn

Bä·cker *der*; *-s, -*; j-d, der beruflich Brot, Brötchen, Kuchen *usw* für den Verkauf herstellt || K-: ***Bäcker-, -geselle, -handwerk, -innung, -laden, -lehrling, -meister***; ***Bäckers-, -frau*** || *hierzu* **Bä·cke·rin** *die*; *-, -nen*

Bä·cke·rei *die*; *-, -en*; ein Betrieb (mit Laden), in dem Backwaren für den Verkauf hergestellt werden

Back·fisch *der*; **1** *gespr veraltend*; ein Mädchen im Alter von etwa 14 bis 17 Jahren **2** ein panierter, gebratener Fisch

Back·form *die*; e-e Art Schale mit einer bestimmten Form, in der etw. gebacken wird

Back·ground ['bɛkgraunt] *der*; *-s, -s*; **1** *geschr*; der geistige, gesellschaftliche *o.Ä.* Hintergrund e-r Person / Sache: *j-s soziologischer B.* **2** *Mus*; der (Klang)Hintergrund (Rhythmusschläge, festgelegte Harmonie *usw*) für das Spiel e-s Solisten

Back·ofen *der*; **1** ein großer Ofen, in dem der Bäcker Brot, Kuchen *o.Ä.* backt **2** der Teil des Herdes, in dem *z.B.* Kuchen u. Plätzchen gebacken werden ≈ Backröhre || ↑ *Abb. unter* ***Herd***

Back·pfei·fe *die*; *gespr veraltend* ≈ Ohrfeige

Back·pul·ver *das*; ein Pulver, das während des Backens geringe Mengen von Gas erzeugt u. so den Teig locker macht

Back·rohr *das*; *südd* ≈ Backofen (2)

Back·röh·re *die* ≈ Backofen (2)

Back·stein *der*; *bes nordd*; ein rechteckiger, *mst* rötlicher Stein, den man zum Bauen verwendet ≈ Ziegel || K-: ***Backstein-, -bau, -gotik***

Back·stu·be *die*; der Raum, in dem ein Bäcker arbeitet

bäckt *Präsens, 3. Person Sg*; ↑ ***backen***

Bạck·wa·re *die*; -, *-n*; *mst Pl*, *Kollekt*; alles, was von e-m Bäcker hergestellt wird, *z.B.* Brot, Kuchen, Gebäck

Bad *das*; *-(e)s*, *Bä·der*; **1** das Baden (1,2): *sich durch ein Bad erfrischen* || -K: ***Wannen-***; ***Warm-*** **2** das Wasser, das man in e-e Wanne füllt, um (j-n / etw.) zu baden (1,2) ⟨j-m / sich ein Bad einlaufen lassen; ins Bad steigen; ein heißes, ein warmes Bad⟩ **3** ≈ Badezimmer: *e-e Wohnung mit zwei Zimmern, Küche u. Bad* **4** ein Gelände od. Gebäude, wo man (*mst* nachdem man Eintritt bezahlt hat) baden (3) kann || -K: ***Schwimm-***; ***Frei-***, ***Hallen-***, ***Strand-*** **5** *nur Sg*; das Baden (3): *Ein Bad in diesem Fluss ist gefährlich* **6** *mst Pl*; das Baden (2) *mst* zu medizinischen Zwecken ⟨medizinische Bäder⟩: *j-m warme Bäder verordnen* **7** ein Ort, in den viele Menschen fahren, um dort durch Bäder (6) geheilt zu werden || -K: ***Heil-***, ***Kur-***, ***Thermal-*** || NB: oft als Teil von Ortsnamen: *Bad Wörishofen* **8** *fachsprachlich*; e-e Flüssigkeit, in die man etw. zu e-m bestimmten Zweck taucht || -K: ***Fixier-***, ***Reinigungs-***; ***Tauch-*** **9** ***ein Bad nehmen*** ≈ baden (2) || ID (***das***) ***Bad in der Menge*** der direkte Kontakt (*mst* e-r bekannten Persönlichkeit) mit e-r Menschenmenge

Ba·de- *im Subst*, *begrenzt produktiv*; **1** bezeichnet etw., das man zum od. nach dem Baden (1,2,3) verwendet; ***Bade-***, ***-kappe***, ***-mantel***, ***-mütze***, ***-öl***, ***-schwamm***, ***-thermometer***, ***-tuch***, ***-wasser*** **2** bezeichnet etw., das zum Baden (3) geeignet ist; ***Bade-***, ***-see***, ***-strand***, ***-wetter***

Ba·de·an·stalt *die*; *veraltend*; ein öffentliches Schwimmbad (im Freien)

Ba·de·an·zug *der*; ein einteiliges Kleidungsstück, das Mädchen u. Frauen *bes* zum Schwimmen tragen

Ba·de·ho·se *die*; e-e kurze Hose, die Jungen u. Männer *bes* zum Schwimmen tragen

Ba·de·lus·ti·ge *der / die*; *-n*, *-n*; *mst Pl*; j-d, der (besonders gern) zum Baden (3) geht || NB: *ein Badelustiger*; *den, dem, des Badelustigen*

Ba·de·meis·ter *der*; j-d, dessen Beruf es ist, in e-m Schwimmbad od. an e-m Badestrand aufzupassen, dass keine Unfälle *o.Ä.* passieren

ba·den; *badete*, *hat gebadet*; [Vt] **1** ***j-n / etw. b.*** j-n, ein Tier od. e-n Teil des eigenen Körpers in Wasser (in e-r Wanne) tauchen, um sie zu waschen, zu erfrischen od. zu heilen ⟨ein Baby, e-n Patienten, e-e Wunde b.⟩; [Vi] **2** seinen eigenen Körper b. (1) ≈ ein Bad nehmen ⟨kalt, warm, heiß b.⟩ **3** in e-m Fluss, See, Schwimmbad *usw* (zum Vergnügen) schwimmen ⟨nackt b.; b. gehen⟩: *Sie badet am liebsten im Meer* || ID (***bei / mit etw.***) ***b. gehen*** *gespr*; mit e-m Plan keinen Erfolg haben

Ba·de·ni·xe *die*; *hum*; e-e junge weibliche Person in e-m Badeanzug

Ba·de·ofen *der*; ein Ofen in e-m Badezimmer, den man heizt, um heißes Wasser zum Baden zu haben

Ba·de·ort *der*; ein Ort (am Meer od. an e-m See), in den man reist, um dort zu baden (3)

Ba·de·sa·chen *die*; *Pl*; alles, was man zum Baden (3) braucht, *z.B.* Badehose, Handtuch

Ba·de·sai·son *die*; der Zeitraum, während dessen man im Freien schwimmen kann

Ba·de·wan·ne *die*; e-e Wanne, in der man baden (2) kann ⟨in der B. sitzen⟩

Ba·de·zeug *das*; *nur Sg*, *gespr* ≈ Badesachen

Ba·de·zim·mer *das*; ein Raum (mit e-r Badewanne od. Dusche), der zum Baden (1,2) eingerichtet ist ≈ Bad (3) ⟨ein gefliestes, gekacheltes B.⟩

Bad·min·ton ['bɛtmɪntən] *das*; *-s*; *nur Sg*; Federball (2) als Wettkampf ⟨B. spielen⟩ || K-: ***Badminton-***, ***-match***, ***-schläger***, ***-spieler***, ***-turnier***

baff *Adj*; *nur präd*; ***b. sein*** *gespr*; sehr erstaunt sein über etw., das man nicht erwartet od. vermutet hat: *Da bin ich aber b.!*

Ba·fög / BAföG *das*; *-(s)*, *nur Sg*; (*Abk für* Bundesausbildungsförderungsgesetz) **1** ein Gesetz, das die finanzielle Unterstützung von Schülern, Studenten u. Lehrlingen durch den Staat regelt **2** *gespr*; das Geld, das aufgrund des B. (1) bezahlt wird ⟨B. beantragen, bekommen⟩ || K-: ***Bafög-Antrag***

Ba·ga·ge [ba'gaːʒ(ə)] *die*; -, *-en*; *mst Sg*, *gespr pej*; e-e Gruppe von Personen, über die man sich ärgert od. die man als minderwertig ansieht ≈ Pack, Gesindel

Ba·ga·tell·de·likt *das*; *Jur*; e-e relativ harmlose strafbare Handlung, für die man nur e-e Geldstrafe bekommt ≈ Ordnungswidrigkeit

Ba·ga·tel·le *die*; -, *-n*; etw., das unwichtig ist u. das man nicht sehr ernst zu nehmen braucht

Ba·ga·tell·fall *der*; *geschr*; e-e harmlose, unbedeutende Angelegenheit: *Der Auffahrunfall war für die Versicherung nur ein B.*

Ba·ga·tell·scha·den *der*; *geschr*; ein geringer Schaden (*z.B.* an e-m Auto nach e-m Unfall)

Bag·ger *der*; *-s*, -; e-e große, fahrbare Maschine, mit der man große Mengen von Erde u. Steinen ausgraben kann

Bag·ger·füh·rer *der*; ein Arbeiter, der e-n Bagger bedient

bag·gern; *baggerte*, *hat gebaggert*; [Vt/i] **1** (***etw.***) ***b.*** ein Loch oder e-e Grube mit e-m Bagger machen **2** (***etw.***) ***b.*** (beim Volleyball) den Ball mit der Innenfläche der Unterarme spielen

Bag·ger·see *der*; ein See, der nicht natürlich entstanden ist. Wo ein B. ist, war früher e-e Kiesgrube *o.Ä.*

Ba·guette [ba'gɛt] *die*, -, *-n* / *das*, *-s*, *-s*; ein sehr langes, schmales Weißbrot, wie es in Frankreich oft gegessen wird ≈ Stangenweißbrot

Bahn[1] *die*; -, *-en*; **1** ein Weg, den man sich macht, wenn Hindernisse da sind: *sich / j-m e-e B. durch das hohe Gras, die Menschenmenge schaffen, suchen* **2** der Weg, den ein fliegender od. kreisender Körper zurücklegt ⟨die B. e-r Rakete, e-s Geschosses, e-s Planeten, e-s Satelliten berechnen, bestimmen; ein Satellit bewegt sich auf e-r kreisförmigen B.⟩ || -K: ***Flug-*** **3** *Sport*; die Strecke in e-m Sportstadion, auf der ein Wettrennen stattfindet ⟨von der B. abkommen⟩ || -K: ***Aschen-***, ***Asphalt-***, ***Gras-***, ***Sand-*** **4** e-e abgegrenzte Strecke mit e-r bestimmten Breite u. Länge, auf der sportliche Wettkämpfe (Wettrennen *o.Ä.*) stattfinden ⟨von der B. abkommen, aus der B. getragen werden (= zu schnell sein u. in e-r Kurve die B. unfreiwillig verlassen)⟩ || -K: ***Eis-***, ***Rodel-***, ***Rollschuh-***; ***Renn-*** **5** ein abgegrenzter Teil (Streifen) e-r B. (4), auf dem ein Teilnehmer e-s Wettbewerbs laufen, schwimmen, fahren *o.Ä.* muss **6** ≈ Fahrspur: *e-e Straße mit vier Bahnen* **7** *mst Pl*; die Art und Weise, wie etw. verläuft od. verlaufen soll: *j-s Leben verläuft in geregelten Bahnen*; *etw. in die richtige B. lenken*; *sich in neuen Bahnen bewegen* || NB: nur zusammen mit e-m Adj. **8** ein längliches u. schmales Teilstück, das von Textilien, Tapeten od. Papier in Form von Streifen abgeschnitten wird || -K: ***Papier-***, ***Stoff-***, ***Tapeten-*** || ID ***auf die schiefe B. geraten / kommen*** ein unmoralisches, kriminelles Leben beginnen; ***etw. wirft j-n aus der B.*** etw. bewirkt, dass j-d verzweifelt, orientierungslos *o.Ä.* wird

Bahn[2] *die*; -, *-en*; **1** *Kurzw* ↑ ***Eisenbahn*** (1,2) ⟨mit der B. fahren, reisen; das Gepäck per / mit der B. (ver)schicken⟩ || K-: ***Bahn-***, ***-fahrt***, ***-reise*** **2** *nur Sg*; ein Unternehmen der Eisenbahn (3) ⟨bei der B. arbeiten, sein⟩: *Die B. erhöht ihre Preise* || K-: ***Bahn-***,

-arbeiter, -beamte(r), -personal **3** *nordd, Kurzw* ↑ ***Straßenbahn*** **4** *nur Sg, gespr* ≈ Bahnhof ⟨j-n von der B. abholen; j-n zur B. begleiten, bringen⟩ **5** ein Eisenbahngleis od. Schienenweg ⟨e-e neue B. bauen, legen⟩

bahn·bre·chend *Adj*; e-e völlig neue Entwicklung einleitend ≈ Epoche machend ⟨e-e Erfindung, e-e Theorie⟩

Bahn·damm *der*; die Anhäufung aus Erde u. Steinen, auf der die Gleise der Eisenbahn liegen

bah·nen; *bahnte, hat gebahnt*; Vt **1** ***j-m / sich e-n Weg durch etw. / irgendwohin b.*** für j-n / sich die Voraussetzungen schaffen, durch etw. hindurch / irgendwohin zu gelangen ⟨sich / j-m e-n Weg durch das Dickicht, die Menschenmenge, zum Ausgang, ins Freie b.⟩ **2** ***j-m den Weg (irgendwohin) b.*** für j-n die Voraussetzungen schaffen, etw. zu erreichen ≈ j-m den Weg ebnen ⟨j-m den Weg zum Erfolg, zum Ziel, nach oben b.⟩

Bahn·gleis *das*; die Schienen für die Eisen- od. Straßenbahn

Bahn·hof *der*; *-(e)s, Bahn·hö·fe*; **1** e-e Haltestelle (für Reise- u. Güterzüge) mit Gleisen u. den dazugehörigen Gebäuden ⟨der Zug fährt, rollt in den B. ein, hält nicht an jedem B.; j-n am / vom B. abholen; j-n zum B. bringen, begleiten; auf dem B.⟩ || K-: ***Bahnhofs-, -viertel*** || -K: ***Güter-, Rangier-*** **2** ein großes Gebäude auf e-m B. (1), in dem sich Wartesäle, Schalter für Fahrkarten u. Gepäck, Toiletten *usw* befinden ⟨im B.⟩ || K-: ***Bahnhofs-, -gebäude, -halle, -restaurant*** || ID *mst* ***Ich verstehe nur B.*** *gespr*; Ich verstehe nichts; ***(ein) großer B.*** *gespr*; ein festlicher Empfang *bes* auf e-m B. (1) od. e-m Flugplatz

Bahn·hofs|mis·si·on *die*; e-e Einrichtung der Kirchen auf Bahnhöfen, in der Reisenden (wenn sie in Not sind) geholfen wird

Bahn·li·nie *die*; **1** die Strecke zwischen zwei Orten, auf der e-e Eisenbahn regelmäßig fährt **2** das Gleis für e-e Eisenbahn: *die B. überqueren*

Bahn·schran·ke *die*; e-e Schranke auf Straßen od. Wegen, die geschlossen wird, damit *bes* Autos nicht das Gleis überqueren, wenn ein Zug kommt

Bahn·steig *der*; *-(e)s, -e*; die erhöhte Plattform auf e-m Bahnhof, die parallel zu den Gleisen verläuft u. Reisenden zum Ein- u. Aussteigen dient || K-: ***Bahnsteig-, -kante***

Bahn|über·gang *der*; die Stelle, an der e-e Straße od. ein Weg ein Bahngleis überquert ⟨ein (un)beschrankter B.⟩

Bah·re *die*; *-, -n*; ein tragbares Gestell, auf dem man Kranke, Verletzte od. Tote transportiert ⟨j-n auf der B. wegtragen⟩ || -K: ***Kranken-, Toten-; Trag-***

Bai *die*; *-, -en*; **1** ≈ Meeresbucht **2** ≈ Meeresbusen

Bai·ser [bɛˈzeː] *das*; *-s, -s*; ein Gebäck aus schaumigem Eiweiß u. Zucker

Bais·se [ˈbɛːs(ə)] *die*; *-, -n*; *Ökon*; das Fallen der Preise od. der Wertpapierkurse an der Börse ↔ Hausse

Ba·jo·nett *das*; *-(e)s, -e*; ein langes Messer, das auf den Lauf e-s Gewehrs aufgesetzt wird ⟨mit aufgepflanztem B.⟩ || ↑ *Abb. unter* ***Waffen***

Ba·ke *die*; *-, -n*; **1** ein Verkehrsschild, das (in bestimmten Abständen) dreimal hintereinander aufgestellt ist, um Eisenbahnübergänge u. Autobahnausfahrten anzukündigen **2** ein Schild od. Zeichen, das Schiffen od. Flugzeugen zur Orientierung od. als Signal dient

Bak·te·rie [-riə] *die*; *-, -n*; *mst Pl*; sehr kleine pflanzenartige Lebewesen, von denen einige Arten Krankheiten erregen können: *Bakterien abtöten; sich mit Bakterien infizieren*

Bak·te·ri·en·kul·tur *die*; Bakterien, die zu wissenschaftlichen Zwecken gezüchtet werden ⟨e-e B. ansetzen⟩

Bak·te·ri·o·lo·gie *die*; *-; nur Sg*; die Wissenschaft, die sich mit Bakterien beschäftigt || *hierzu* **Bak·te·ri·o·lo·ge** *der*; *-n, -n*; **bak·te·ri·o·lo·gisch** *Adj*; *nur attr od adv*

Ba·lan·ce [baˈlãːs(ə)] *die*; *-; nur Sg* ≈ Gleichgewicht ⟨die B. halten, verlieren⟩

ba·lan·cie·ren [balãˈsiːrən]; *balancierte, hat / ist balanciert*; Vt *(hat)* **1** ***etw. (auf etw. (Dat)) b.*** e-n Gegenstand im Gleichgewicht halten (während man sich fortbewegt): *e-n Ball auf der Stirn b.*; Vi *(ist)* **2** ***(über etw. (Akk)) b.*** das Gleichgewicht halten, während man über etw. sehr Schmales geht ⟨über e-n Baumstamm, ein Seil b.⟩ || K-: ***Balancier-, -stange***

bald[1] *Adv*; **1** nach relativ kurzer Zeit ⟨b. danach, b. darauf, so b. wie möglich⟩: *Ich hoffe, du besuchst mich b. wieder; B. ist Weihnachten* **2** innerhalb e-r relativ kurzen Zeit ≈ schnell: *Er hatte den komplizierten Mechanismus b. verstanden* **3** *gespr* ≈ fast, beinahe: *Ich hätte b. vergessen, den Brief aufzugeben; Ich warte schon b. eine Stunde* **4** *südd gespr*; verwendet, um e-e drohende Frage od. Aufforderung zu verstärken ≈ endlich: *Bist du jetzt b. still?* || ID ***bis (auf) b.!*** *gespr*; verwendet, um sich von j-m zu verabschieden; ***Wirds b.?*** verwendet, um j-n aufzufordern, etw. schneller zu tun

bald[2] *nur in* ***bald ... bald*** *geschr*; verwendet um auszudrücken, dass zwei od. mehrere (gegensätzliche) Dinge direkt aufeinander folgen od. rasch wechseln ≈ einmal .. ein andermal: *b. hier, b. da; B. weinte sie, b. lachte sie*

Bal·da·chin *der*; *-s, -e*; ein Dach aus Stoff *bes* über e-m Thron, e-m Altar od. e-m Bett

Bäl·de *nur in* ***in B.*** *veraltend*; nach relativ kurzer Zeit ≈ bald, in Kürze: *Darüber wird in B. entschieden*

bal·di·g- *Adj*; *nur attr, ohne Steigerung, nicht adv, geschr*; in kurzer Zeit, bald erfolgend ⟨um baldige Antwort bitten; auf baldiges Wiedersehen!⟩ || *hierzu* **bal·digst** *Adv*

bald·mög·lichst *Adj*; *nur attr od adv, geschr*; so schnell od. bald wie möglich (erfolgend) ⟨um baldmöglichste Erledigung bitten⟩

Bald·ri·an *der*; *-s, -e*; **1** e-e Heilpflanze, deren Wurzeln ein stark riechendes Öl enthalten, das beruhigend auf die Nerven wirkt **2** *nur Sg*; ein Extrakt, der aus den Wurzeln des Baldrians (1) hergestellt u. *mst* als Medizin verwendet wird || K-: ***Baldrian-, -öl, -tropfen***

Balg[1] *der*; *-(e)s, Bäl·ge*; **1** das abgezogene Fell von Tieren ⟨e-n B. ausstopfen⟩ **2** *Kurzw* ↑ ***Blasebalg***

Balg[2] *das / der*; *-s, bes nordd Bäl·ger / bes südd Bälge*; *mst pej*; ein (freches, schlecht erzogenes) Kind

bal·gen, sich; *balgte sich, hat sich gebalgt*; Vr ***j-d / ein Tier balgt sich mit j-m / e-m Tier***; ⟨Personen, Tiere⟩ ***balgen sich*** zwei od. mehrere Personen od. Tiere raufen od. ringen miteinander (*mst* aus Übermut od. beim Spielen): *Die Kinder, jungen Hunde balgten sich*

Bal·ken *der*; *-s, -*; **1** ein langes, schweres Stück Holz (mit viereckigem Querschnitt), das *bes* beim Bau von Häusern verwendet wird ⟨ein morscher, ein tragender B.; neue Balken einziehen; etw. mit Balken abstützen⟩ || -K: ***Dach-, Quer-, Stütz-*** **2** ein schmaler (farbiger) Streifen *bes* auf Wappen, Flaggen od. Schildern **3** *Sport, Kurzw* ↑ ***Schwebebalken*** ⟨am B. turnen⟩ || ID ***lügen, dass sich die Balken biegen*** *gespr*; so lügen, dass es auffällt

Bal·kon [balˈkɔŋ, balˈkoːn, balˈkõː] *der*; *-s, -s / -e*; **1** e-e Plattform (mit e-m Geländer od. e-r Mauer), die an die Außenwand e-s Gebäudes gebaut ist

⟨auf den B. (hinaus)gehen; sich auf den B. setzen⟩ || K-: ***Balkon-, -blume, -pflanze*** **2** *Kollekt*; die Sitzreihen im Kino od. Theater, die sich (weit) über den anderen befinden || ↑ *Abb. unter* ***Theater***

Ball[1] *der*; *-(e)s*, *Bäl·le*; **1** ein runder Gegenstand aus Leder, Gummi od. Plastik, der *mst* mit Luft gefüllt ist u. als Spielzeug od. Sportgerät verwendet wird ⟨der B. springt auf, prallt gegen die Wand; e-n B. aufpumpen; den B. abspielen, ins Tor schießen, köpfen; j-m den B. zuwerfen, zuspielen; den B. fangen, stoppen; (mit dem) B. spielen⟩ || -K: ***Gummi-, Leder-, Plastik*-, *Tennis-*** **2** die Art, wie ein B. (1) geschlagen, geworfen od. geschossen wird ≈ Schlag, Wurf, Schuss ⟨ein angeschnittener B.; ein B. mit viel Effet; ein B. ist schwer zu halten⟩ || ID ***am B. bleiben*** *gespr*; **a)** e-e Tätigkeit od. Beschäftigung weiterhin energisch betreiben, sich davon nicht abbringen lassen; **b)** neueste Entwicklungen (*bes* im Beruf) verfolgen, damit man gut informiert ist

Ball[2] *der*; *-(e)s*, *Bäl·le*; eine relativ große, festliche Tanzveranstaltung ⟨ein festlicher, glanzvoller B.; e-n B. veranstalten, geben; auf e-n B. gehen⟩ || K-: ***Ball-, -kleid, -nacht, -saal*** || -K: ***Abitur-, Faschings-, Schul-, Uni-***

Bal·la·de *die*; *-, -n*; ein langes Gedicht, das ein handlungsreiches u. *mst* tragisches Geschehen erzählt: *die B. vom Erlkönig* || *hierzu* **bal·la·den·haft** *Adj*

Bal·last, Bal·last *der*; *-(e)s*; *nur Sg*; **1** e-e schwere Last (*z.B.* Sand, Wasser, Steine), die auf e-m Schiff mitgeführt wird, um es im Gleichgewicht zu halten **2** Sand od. Wasser in Säcken, die aus e-m Ballon abgeworfen werden, wenn er höher steigen soll ⟨B. abwerfen⟩ **3** etw., das einem hinderlich ist ⟨überflüssigen B. abwerfen, mit sich schleppen⟩

Bal·last·stof·fe *die*; *Pl*; die Bestandteile bestimmter pflanzlicher Nahrungsmittel, die nicht od. nur zum Teil vom Körper verwertet werden u. somit die Verdauung fördern

bal·len; *ballte, hat geballt*; Vt **1** ***etw.*** (***zu etw.***) ***b.*** etw. so zusammenpressen, dass es e-e annähernd runde Form annimmt ⟨die Hand zur Faust b.⟩; Vr **2** ***etw. ballt sich*** (***zu etw.***) etw. wird zu e-r dichten Masse: *Der Schnee, der Lehm ballt sich zu Klumpen*

Bal·len *der*; *-s, -*; **1** ein Bündel bestimmter Produkte, das (für den Transport) fest zusammengepresst u. verschnürt wird ⟨ein B. Baumwolle, Tabak, Tee⟩ **2** e-e Menge von etw., die zu e-m Quader zusammengepresst wird ⟨ein B. Heu, Stroh⟩ || -K: ***Heu-, Stroh-*** **3** ***ein B. Stoff / Tuch*** ein ziemlich langes Stück Stoff / Tuch, das (in der ursprünglichen Breite) zusammengerollt ist **4** die Verdickung an den Handflächen u. Fußsohlen von Menschen u. manchen Säugetieren || ↑ *Abb. unter* ***Hand*** || -K: ***Daumen-, Fuß-, Hand-***

Bal·le·ri·na *die*; *-, Bal·le·ri·nen*; e-e Tänzerin in e-m Ballett

Bal·ler·mann *der*; *-s, Bal·ler·män·ner*; *gespr* ≈ Pistole, Revolver

bal·lern; *ballerte, hat / ist geballert*; *gespr*; Vi (*hat*) **1** ***etw. irgendwohin b.*** etw. mit Wucht irgendwohin werfen, schleudern od. schießen, sodass *mst* ein lautes Geräusch entsteht: *den Ball gegen den Pfosten b.*; Vi **2** (*hat*) mehrmals hintereinander ziellos schießen ⟨mit Platzpatronen b.; wie wild durch die Gegend b.⟩ **3** ***gegen / an etw.*** (*Akk*) ***b.*** (*ist*) mit Wucht gegen / an etw. stoßen od. schlagen, sodass ein lautes Geräusch entsteht ⟨gegen, an die Tür b.⟩

Bal·lett *das*; *-s, -e*; **1** *nur Sg*; ein Tanz, der von Musik begleitet wird u. e-e Geschichte darstellt, ohne dass gesprochen od. gesungen wird ⟨das höfische, klassische, moderne B.; ein B. aufführen, tanzen⟩: *Tschaikowskis B. „Schwanensee"* || K-: ***Ballett-, -musik*** **2** *Kollekt*; e-e Gruppe von Tänzern u. Tänzerinnen, die ein B. (1) tanzen || K-: ***Ballett-, -schule, -tänzer(in), -truppe***

Bal·lett·meis·ter *der*; j-d, dessen Beruf es ist, ein Ballett (2) auszubilden u. zu leiten

Bal·lis·tik *die*; *-*; *nur Sg*, *Phys*; die Wissenschaft, die sich mit der Bewegung von Gegenständen beschäftigt, die geschossen od. geschleudert werden || *hierzu* **bal·lis·ti·sch-** *Adj*; *nur attr, nicht adv*

Bal·lon [baˈlɔŋ, baˈloːn, baˈlõː] *der*; *-s, -s / -e*; **1** e-e große Hülle, die mit heißer Luft od. mit Gas gefüllt wird u. fliegen kann ⟨im B. aufsteigen, fliegen; B. fahren⟩ || K-: ***Ballon-, -fahrer, -führer, -hülle, -korb*** || -K: ***Heißluft-*** **2** *Kurzw* ↑ ***Luftballon*** **3** e-e große Flasche mit kurzem Hals u. dickem Bauch

Bal·lon·müt·ze *die*; e-e runde Mütze mit Schirm[1] (4)

Ball·spiel *das*; ein Spiel mit e-m Ball, das als Wettkampf zwischen zwei Mannschaften ausgetragen wird: *Fußball ist ein B.*

Bal·lungs·ge·biet *das*; ein Gebiet, in dem mehrere Städte nahe beieinander liegen u. in dem sehr viel Industrie ist

Bal·lungs·raum *der* ≈ Ballungsgebiet

Bal·lungs·zent·rum *das*; die ungefähre Mitte od. das Zentrum e-s Ballungsgebietes

Bal·sam *der*; *-s*; *nur Sg*; **1** e-e ölige Flüssigkeit, die intensiv, aber angenehm riecht u. *bes* dazu dient, Parfüm herzustellen od. (als Medizin) Schmerzen zu lindern **2** ***B.*** (***für etw.***) *geschr*; die Linderung e-s seelischen od. körperlichen Schmerzes ⟨etw. ist B. für j-s Seele, seelische Schmerzen, Wunden⟩ || *zu* **1 bal·sa·mie·ren** (*hat*) *Vt*

Ba·lus·tra·de *die*; *-, -n*; e-e Art Geländer, das aus kleinen Säulen besteht, die oben miteinander verbunden sind

Balz *die*; *-*; *nur Sg*; **1** das besondere Verhalten, mit dem männliche Vögel (während der Paarungszeit) um ein Weibchen werben || K-: ***Balz-, -laut, -verhalten, -zeit*** **2** die Paarungszeit, während der die B. (1) stattfindet || *zu* **1 bal·zen** (*hat*) *Vi*

Bam·bus *der*; *- / -ses, -se*; **1** *mst Sg*; e-e hohe tropische Graspflanze mit dicken, hohlen Stängeln, die innerhalb kurzer Zeit hölzern werden **2** *nur Sg*, *Kollekt*; getrocknete Stängel des Bambus (1), aus denen Stöcke, Möbel *o.Ä.* hergestellt werden: *e-e Hütte aus B.* || K-: ***Bambus-, -rohr, -stab, -stock, -stuhl***

Bam·mel *nur in* (***e-n***) ***B.*** (***vor j-m / etw.***) ***haben*** *gespr*; Angst vor j-m / etw. haben: *Ich hatte (e-n) wahnsinnigen B. vor meinem Lehrer*

ba·nal *Adj*; **1** *pej*; ohne gute Ideen, trivial ≈ geistlos ⟨ein Witz, e-e Ausrede, e-e Frage⟩ **2** nicht kompliziert, nicht außergewöhnlich ≈ simpel ⟨e-e Angelegenheit, e-e Geschichte⟩

ba·na·li·sie·ren; *banalisierte, hat banalisiert*; Vt ***etw. b.*** etw. so darstellen, als wäre es unwichtig

Ba·na·li·tät *die*; *-, -en*; **1** *nur Sg* ≈ Geistlosigkeit, Trivialität **2** *mst Pl*; e-e Äußerung, die keine neuen Ideen beinhaltet ≈ Gemeinplatz ⟨Banalitäten daherreden, erzählen, von sich geben⟩

Ba·na·ne *die*; *-, -n*; e-e längliche, gekrümmte, tropische Frucht mit gelber Schale u. e-m weichen, süß schmeckenden Fruchtfleisch || ↑ *Abb. unter* ***Obst*** || K-: ***Bananen-, -schale, -staude***

Ba·na·nen·re·pub·lik *die*; *pej*; ein kleines Land in den tropischen Gebieten (Mittel)Amerikas, das wirtschaftlich u. industriell unterentwickelt ist

Ba·nau·se *der*; *-n, -n*; *pej*; j-d, der nur sehr oberflächliche Kenntnisse od. Ansichten über kulturelle, künstlerische Dinge hat || -K: ***Kultur-, Kunst-*** || NB: *der Banause*; *den, dem, des Banausen*

band *Imperfekt, 1. u. 3. Person Sg;* ↑ ***binden***

Band[1] *das; -(e)s, Bän·der;* **1** ein dünner, schmaler Streifen aus Stoff, Seide, Leder *o.Ä.*, mit dem etw. verbunden, verstärkt od. geschmückt wird ⟨ein schmales, breites B.; ein B. knoten, zerschneiden⟩: *ein B. im Haar tragen* || -K: ***Gummi-; Arm-, Haar-, Hals-*** **2** *mst Pl, Med;* das starke, elastische Gewebe in der Form e-s Bandes (1), das die Knochen im Körper zusammenhält ⟨(sich (*Dat*)) die Bänder überdehnen, zerren⟩ || K-: ***Bänder-, -dehnung, -riss, -zerrung*** **3** ein schmales B. (1) aus Kunststoff, auf dem man Musik, Filme *o.Ä.* speichern kann ⟨ein B. (in den Kassetten-, Videorekorder) einlegen, aufnehmen, abspielen, überspielen, löschen⟩ || K-: ***Band-, -geschwindigkeit*** || -K: ***Ton-, Video-*** **4** *Kurzw* ↑ ***Farbband*** **5** *Kurzw* ↑ ***Fließband*** ⟨am B. arbeiten, stehen⟩ || K-: ***Band-, -arbeit, -arbeiter*** **6** e-e (endlose) Vorrichtung zum Transportieren von Materialien, Gütern *o.Ä.* (*z.B.* im Bergbau) || ID ***am laufenden Band*** *gespr;* immer wieder, ohne Unterbrechung

Band[2] *der; -(e)s, Bän·de;* **1** eines von mehreren Büchern, die zusammen ein Werk od. e-e Reihe bilden: *ein Werk in zehn Bänden* **2** ein Buch, das e-e Sammlung od. e-e Auswahl von Texten od. Bildern enthält || -K: ***Bild-, Gedicht-*** || ID *mst* ***Das spricht Bände*** *gespr;* das sagt sehr viel aus (über j-n / etw.)

Band[3] [bɛnt] *die; -, -s;* e-e Gruppe von Musikern, die *bes* moderne Musik wie Rock, Jazz *usw* spielt ⟨e-e B. aufmachen, gründen; in e-r B. spielen⟩ || -K: ***Beat-, Jazz-, Rock-***

Ban·da·ge [ban'daːʒə] *die; -, -n;* ein (elastischer) Verband, der an e-m Körperteil angelegt wird, der verletzt ist od. sehr strapaziert wird ⟨j-m e-e B. anlegen⟩

ban·da·gie·ren [banda'ʒiːrən]; *bandagierte, hat bandagiert;* Vt ***j-n b.; (j-m) etw. b.*** j-n / e-n Körperteil mit e-r Bandage versehen ≈ verbinden: *das Knie, den Oberschenkel b.*

Band·brei·te *die; nur Sg;* die Auswahl od. Vielfalt von Dingen der gleichen od. ähnlichen Art

Ban·de[1] *die; -, -n;* **1** e-e (*mst* organisierte) Gruppe von Personen, die Verbrechen planen u. begehen ⟨e-e B. auffliegen lassen, ausheben; der Anführer e-r B.⟩ || K-: ***Banden-, -chef, -führer, -mitglied*** || -K: ***Diebes-, Drogen-, Gangster-, Räuber-, Schmuggler-, Verbrecher-*** **2** *pej od hum;* e-e Gruppe *bes* von Kindern od. Jugendlichen, die gemeinsam etw. unternehmen ⟨e-e ausgelassene B.⟩

Ban·de[2] *die; -, -n; Sport;* **1** der innere Rand e-s Billardtisches ⟨e-e Kugel an / über die B. spielen; die Kugel prallt von der B. ab⟩ **2** die feste Umrandung der Spielfläche beim Eishockey **3** die äußere Umrandung e-s Spielfeldes (beim Fußball, Tennis *usw*), die oft als Abgrenzung von den Zuschauern dient || K-: ***Banden-, -werbung***

Ban·de[3] *die; Pl;* **1** *geschr veraltend;* enge gute Beziehungen zu j-m ≈ Bindung ⟨die B. der Liebe, der Freundschaft⟩ || -K: ***Ehe-, Liebes-*** **2** ***zarte B. (mit j-m) knüpfen*** *mst hum;* beginnen, j-n zu lieben

Ban·de·ro·le *die; -, -n;* **1** ein kleiner Streifen aus Papier, der ein Zeichen trägt u. dazu dient, zoll- od. steuerpflichtige Waren, *bes* Tabakwaren, zu versiegeln **2** ein Stück festes Papier, das um e-e gefaltete Zeitung od. Zeitschrift gewickelt wird u. die Adresse des Empfängers trägt

-bän·dig *im Adj, begrenzt produktiv;* mit der genannten Zahl von Bänden[2]; ***einbändig, zweibändig, dreibändig*** *usw;* ***mehrbändig, vielbändig***

bän·di·gen; *bändigte, hat gebändigt;* Vt **1** ***ein Tier b.*** bewirken, dass sich ein wildes od. tobendes Tier beruhigt: *e-n Löwen b.* **2** ***j-n b.*** bewirken, dass j-d ruhig u. gehorsam wird ≈ beruhigen ⟨Kinder, e-n Betrunkenen b.⟩ **3** ***etw. b.*** etw. unter Kontrolle bringen ≈ beherrschen ⟨Naturgewalten, Triebe b.⟩ || *hierzu* **Bän·di·gung** *die; nur Sg*

Ban·dit, **Ban·dit** *der; -en, -en;* **1** j-d, der (als Mitglied e-r Bande) Verbrechen begeht **2** ***ein einarmiger B.*** *gespr hum* ≈ Spielautomat || NB: *der Bandit; den, dem, des Banditen*

Band·lea·der ['bɛntliːdɐ] *der; -s, -;* j-d, der e-e Band[3] leitet

Band·schei·be *die; Med;* ein kleiner, relativ weicher Knochen zwischen je zwei Wirbeln der Wirbelsäule || K-: ***Bandscheiben-, -schaden***

Band·wurm *der;* ein langer Wurm, der im Darm von Menschen u. Tieren leben kann ⟨vom B. befallen sein; Bandwürmer haben⟩

bang *Adj;* ↑ ***bange***

ban·ge, *banger / bänger, bangst- / bängst-; Adj;* von Angst erfüllt ⟨bange Minuten durchleben; in banger Erwartung, Sorge; j-m ist, wird b. (zumute, ums Herz)⟩

Ban·ge *die; -; nur Sg;* ***B. (vor j-m / etw.)*** *gespr* ≈ Angst (1) ⟨große, keine, ganz schöne B. haben; j-m (Angst u.) B. machen⟩: *Nur keine B., das kriegen wir schon wieder hin!*

ban·gen; *bangte, hat gebangt;* Vi **1** ***um j-n / etw. b.*** um j-n / etw. Angst (2) haben: *Die Geiseln bangen um ihr Leben;* Vimp **2** ***j-m bangt (es) vor etw.*** (*Dat*) j-d hat Angst (1) vor etw.: *Mir bangt (es) vor der Prüfung*

Ban·jo ['bɛndʒo] *das; -s, -s;* ein Musikinstrument, das ähnlich wie e-e Gitarre ist u. *bes* in der Countrymusik u. im frühen Jazz verwendet wird

Bank[1] *die; -, Bän·ke;* **1** ein länglicher Sitz (*mst* aus Holz), auf dem mehrere Personen sitzen können ⟨sich auf e-e B. setzen⟩ || -K: ***Garten-, Park-*** **2** ein Tisch mit e-r B. (1) od. e-m Stuhl in der Schule ⟨in der ersten B. sitzen⟩ || K-: ***Bank-, -nachbar*** || -K: ***Schul-*** || ID ***etw. auf die lange B. schieben*** *gespr;* etw. Unangenehmes auf e-n späteren Zeitpunkt verschieben; ***durch die B.*** *gespr;* ohne Ausnahme, ganz u. gar; *mst* ***vor leeren Bänken*** ⟨spielen, sprechen, stehen⟩ vor sehr wenig Publikum spielen, sprechen, stehen

Bank[2] *die; -, -en;* **1** ein Unternehmen, das gespartes Geld verwahrt, das Geld auszahlt u. Kredite gibt ⟨zur / auf die B. gehen; ein Konto bei der B. haben, eröffnen⟩ || K-: ***Bank-, -angestellte(r), -direktor, -guthaben, -institut, -kaufmann, -konto, -kredit, -kunde, -lehre, -safe, -überfall, -überweisung*** || -K: ***Handels-, Privat-*** **2** das Gebäude, in dem e-e B.[2] (1) ihren Sitz hat

Bank[3] *die; -; nur Sg;* die Kasse (e-r Spielbank), die während e-s Glücksspiels (*z.B.* Roulette) von e-m Angestellten verwaltet wird, der gegen alle anderen spielt ⟨gegen die B. setzen, spielen; die B. gewinnt⟩ || K-: ***Bank-, -halter*** || ID ***die B. sprengen*** das gesamte Geld gewinnen, das sich in der B. befindet

-bank *die; im Subst, wenig produktiv;* e-e (zentrale) Institution, an der bestimmte wichtige Dinge gesammelt u. aufbewahrt werden; ***Blutbank, Datenbank, Organbank, Samenbank***

Bank·au·to·mat *der;* ein Automat, bei dem man sich Geld holen kann, wenn die Bank[2] geschlossen hat ≈ Geldautomat

Bän·kel·sang *der; -(e)s; nur Sg, hist;* ein Vortrag von Liedern, die *mst* e-n traurigen od. spektakulären Inhalt haben || *hierzu* **Bän·kel·sän·ger** *der*

Ban·ker ['bɛŋkɐ] *der; -s, -; gespr* ≈ Bankier, Bankkaufmann

Ban·kett[1] *das; -(e)s, -e;* ein festliches Essen, das aus e-m besonderen Anlass od. zu Ehren e-r Persönlichkeit gegeben wird ⟨für j-n ein B. geben⟩

Ban·kẹtt[2] *das*; *-(e)s*, *-e*; der schmale (oft nicht befestigte) Seitenstreifen neben e-r Straße: *Der Autofahrer kam aufs B. u. geriet ins Schleudern*

Bạnk·ge·heim·nis *das*; *nur Sg*; das Recht u. die Pflicht e-r Bank[2], die Daten (*z.B.* finanzielle Verhältnisse) ihrer Kunden geheim zu halten ⟨das B. verletzen; etw. unterliegt dem B.⟩

Ban·kier [baŋˈkieː] *der*; *-s*, *-s*; der Leiter od. Inhaber e-r Bank[2]

Bạnk|leit·zahl *die*; e-e Zahlenreihe, mit der e-e bestimmte Bank[2] od. Sparkasse gekennzeichnet wird; *Abk* BLZ

Bạnk·no·te *die*; ein Stück Papier, das vom Staat gedruckt wird u. (als Papiergeld) e-n bestimmten Geldwert hat ≈ Geldschein ⟨Banknoten bündeln⟩

Bạnk·raub *der*; ein bewaffneter Überfall auf e-e Bank[2] (um Geld zu rauben) ⟨e-n B. verüben⟩ || *hierzu* **Bạnk·räu·ber** *der*

bank·rọtt *Adj*; **1** unfähig, seine Schulden zu bezahlen ≈ zahlungsunfähig ⟨ein Unternehmen, ein Unternehmer; b. sein⟩ **2** ***b. sein*** *gespr*; kein Geld mehr haben ≈ pleite sein

Bank·rọtt *der*; *-(e)s*, *-e*; **1** die Unfähigkeit e-s Unternehmens od. Unternehmers, seine Schulden zu bezahlen ⟨kurz vor dem B. stehen⟩ **2** der Zusammenbruch od. das Scheitern e-s Systems ≈ Ruin ⟨ein politischer, wirtschaftlicher B.⟩ || K-: ***Bankrott-, -erklärung*** **3** ***B. gehen*** unfähig werden, seine Schulden zu bezahlen

Bạnn *der*; *-(e)s*; *nur Sg*; **1** die starke magische Kraft od. die faszinierende Wirkung, die j-d / etw. auf j-n ausübt ⟨j-n in seinen B. ziehen⟩: *Der spannende Film hielt ihn in B.* **2** *kath*; die Strafe, die der Papst verhängt, um j-n aus der kirchlichen Gemeinschaft auszuschließen ⟨den B. über j-n aussprechen, verhängen; j-n mit dem B. belegen⟩ || -K: ***Kirchen-*** || ID ***den B. des Schweigens brechen*** e-e *mst* unangenehme Zeit des Schweigens beenden; *mst* ***Endlich war der B. gebrochen*** Endlich war die anfängliche Zurückhaltung od. e-e Hemmung überwunden; ***j-n in seinen B. schlagen*** j-n faszinieren

bạn·nen; *bannte*, *hat gebannt*; [Vt] **1** *mst* ***j-d ist gebannt*** j-d ist von etw. völlig fasziniert ⟨die Zuhörer waren, lauschten (wie) gebannt; j-n / etw. (wie) gebannt anstarren⟩ || NB: *mst* im Zustandspassiv! **2** ***e-e Gefahr b.*** e-e Gefahr beseitigen **3** ***j-n b.*** *kath hist* ≈ exkommunizieren

Bạn·ner *das*; *-s*, *-*; *hist*; e-e Fahne mit dem Wappen e-s Herrschers || -K: ***Sieges-***

Bạnn·kreis *der*; *veraltend* ≈ Einflussbereich ⟨in j-s B. geraten; sich j-s B. nicht entziehen können⟩

Bạnn·mei·le *die*; **1** die nähere Umgebung e-s Parlaments, in der *bes* Demonstrationen verboten sind **2** *hist*; das Gebiet um e-e Stadt od. um e-n Ort, für das *mst* bestimmte Vorschriften galten

ba̲r[1] *Adj*; **1** in Form von Münzen od. Geldscheinen ⟨bares Geld; etw. (in) bar bezahlen; e-e Summe bar auf den Tisch legen⟩: *Möchten Sie bar od. mit Scheck bezahlen?*; *Sie gewinnen bis zu 100 Euro in bar!* || K-: ***Bar-, -betrag, -zahlung*** **2** ***etw. nur gegen bar verkaufen*** etw. nur verkaufen, wenn bar bezahlt wird

ba̲r[2] *Adj*; **1** *nur attr, nicht adv, geschr*; nichts anderes als ≈ rein, pur: *Das ist barer Unsinn* **2** ***bar etw.*** (*Gen*) *geschr*; völlig ohne etw.: *bar aller Hoffnung*; *bar jeglichen Gefühls, Mitgefühls*; *bar jeder Vernunft* || NB: *mst* mit Adjektiven wie *jeglich-, all, jeder*

-ba̲r *im Adj, sehr produktiv*; **1** (*mit passivischer Bedeutung aus transitiven Verben gebildet*) drückt aus, dass das, was im ersten Wortteil genannt wird, getan werden kann (verneint *mst* mit *un-*); ***(un)abwendbar*** ⟨ein Unglück⟩, ***(un)anfechtbar*** ⟨ein Vertrag⟩, ***(un)annehmbar*** ⟨Bedingungen⟩, ***(un)auffindbar*** ⟨e-e Stelle⟩, ***(un)auflösbar*** ⟨e-e Bindung⟩, ***(un)ausführbar*** ⟨ein Auftrag⟩, ***auswechselbar*** ⟨ein Objektiv⟩, ***(un)beeinflussbar*** ⟨ein Mensch⟩, ***(un)befahrbar*** ⟨ein Weg⟩, ***(un)benutzbar*** ⟨ein Gerät⟩, ***(un)berechenbar*** ⟨e-e Handlung, ein Mensch⟩, ***unbezweifelbar*** ⟨e-e Tatsache⟩, ***(un)bezwingbar*** ⟨e-e Macht⟩, ***biegbar*** ⟨Material⟩, ***(un)brauchbar*** ⟨ein Gerät⟩, ***(un)datierbar*** ⟨ein Text, ein Fund⟩, ***(un)definierbar*** ⟨ein Begriff⟩, ***dehnbar*** ⟨Material⟩, ***deutbar*** ⟨e-e Geste⟩, ***drehbar*** ⟨e-e Tür⟩, ***(un)durchführbar*** ⟨ein Plan, ein Vorhaben⟩, ***(un)durchschaubar*** ⟨j-s Absichten⟩, ***erfassbar*** ⟨ein Faktum⟩, ***(un)erfüllbar*** ⟨e-e Forderung⟩, ***(un)erkennbar*** ⟨Zusammenhänge⟩, ***(un)erklärbar*** ⟨e-e Theorie⟩ ↔ unerklärlich, ***(un)erreichbar*** ⟨ein Ziel⟩, ***(un)ersetzbar*** ⟨e-e Arbeitskraft⟩, ***(un)erziehbar*** ⟨ein Kind⟩, ***essbar*** ⟨e-e Frucht, ein Pilz⟩, ***(un)heilbar*** ⟨e-e Krankheit⟩, ***(un)hörbar*** ⟨ein Ton, ein Geräusch⟩, ***lieferbar*** ⟨e-e Ware⟩, ***(un)kontrollierbar*** ⟨e-e Handlung⟩, ***(un)korrumpierbar*** ⟨ein Beamter⟩, ***(un)lenkbar*** ⟨ein Fahrzeug⟩, ***(un)lesbar*** ⟨ein Text⟩ ↔ unleserlich, ***(un)lösbar*** ⟨e-e Aufgabe⟩, ***manipulierbar*** ⟨ein Leser⟩, ***objektivierbar*** ⟨ein Eindruck, ein Ergebnis⟩, ***(un)passierbar*** ⟨ein Weg⟩, ***(un)teilbar*** ⟨e-e Zahl⟩, ***(un)transportierbar*** ⟨ein Gerät⟩, ***(un)überbietbar*** ⟨ein Angebot, e-e Leistung⟩, ***(un)überschaubar*** ⟨ein Bereich⟩, ***(un)übersehbar*** ⟨ein Fehler⟩, ***(un)übertragbar*** ⟨e-e Infektion⟩, ***(un)veränderbar*** ⟨ein Zustand⟩ ↔ unveränderlich, ***(un)vergleichbar*** ⟨e-e Zeit, ein Wert⟩ ↔ unvergleichlich, ***(un)vermeidbar*** ⟨e-e Gefahr⟩ ↔ unvermeidlich, ***(un)verschließbar*** ⟨e-e Tür⟩, ***(un)verwechselbar*** ⟨e-e Person⟩, ***(un)verwendbar*** ⟨ein Erzeugnis⟩, ***(un)vorhersehbar*** ⟨e-e Aktion⟩, ***unantastbar*** ⟨ein Recht⟩, ***unaufschiebbar*** ⟨ein Besuch⟩, ***unausrottbar*** ⟨e-e Plage⟩, ***unbelehrbar*** ⟨ein Mensch⟩, ***unbesiegbar*** ⟨e-e Armee⟩, ***(un)bespielbar*** ⟨ein Sportplatz⟩, ***unbestreitbar*** ⟨e-e Tatsache⟩, ***(un)bewohnbar*** ⟨e-e Gegend⟩, ***(un)bezahlbar*** ⟨ein Bild, ein Gemälde⟩, ***unbezähmbar*** ⟨Leidenschaften⟩, ***(un)einnehmbar*** ⟨e-e Bastion⟩, ***(un)entwirrbar*** ⟨ein Knäuel⟩, ***unfassbar*** ⟨ein Ereignis⟩, ***unleugbar*** ⟨e-e Tatsache⟩, ***(un)regierbar*** ⟨ein Land⟩, ***unschätzbar*** ⟨ein Wert⟩, ***unüberbrückbar*** ⟨e-e Kluft⟩, ***unüberhörbar*** ⟨ein Ruf⟩, ***(un)überwindbar*** ⟨ein Hindernis⟩, ***unvereinbar*** ⟨Gegensätze⟩, ***unverkennbar*** ⟨e-e Tendenz⟩, ***unverwechselbar*** ⟨ein Kennzeichen⟩, ***(un)verwundbar*** ⟨ein Held⟩, ***(un)zerreißbar*** ⟨ein Band⟩, ***unzerstörbar*** ⟨e-e Basis⟩, ***(un)zustellbar*** ⟨ein Brief⟩, ***waschbar*** ⟨ein Stoff⟩, ***(un)widerlegbar*** ⟨e-e These⟩, ***(un)zerlegbar*** ⟨e-e Maschine⟩, ***zertrennbar*** ⟨e-e Bindung⟩ ↔ unzertrennlich **2** (*mit aktivischer Bedeutung aus intransitiven Verben*) drückt aus, dass das, was im ersten Wortteil genannt wird, leicht passieren kann (verneint mit *un-*); ***(un)brennbar*** ⟨ein Stoff⟩ (=er kann leicht brennen), ***streitbar*** ⟨e-e Person⟩, ***unentrinnbar*** ⟨ein Schicksal⟩, ***unsinkbar*** ⟨ein Schiff⟩, ***unversiegbar*** ⟨e-e Quelle⟩, ***unwandelbar*** ⟨j-s Treue⟩

Ba̲r[1] *die*; *-*, *-s*; **1** ein Lokal, in dem man an e-r langen Theke sitzen kann u. in dem manchmal auch kleine Mahlzeiten serviert werden ⟨in e-e Bar gehen⟩ || K-: ***Bar-, -musik*** **2** e-e erhöhte Theke in e-m Lokal od. e-r Diskothek, an der man auf besonders hohen Stühlen sitzt ≈ Theke ⟨an der Bar sitzen⟩ **3** ein (abgetrennter) kleiner Raum in Festhallen, Hotels, Theatern *usw*, der mit e-r Bar (2) ausgestattet ist || -K: ***Hotel-*** **4** ein Möbelstück od. ein Fach e-s Schrankes, in dem alkoholische Getränke aufbewahrt werden || -K: ***Getränke-***; ***Schrank-*** **5** e-e Auswahl verschiedener alkoholischer Getränke

für den privaten Bedarf, die in e-r Bar (4) aufbewahrt werden
Bar[2] *das*; *-s*, *-* / *-s*; *Phys*; die Einheit, mit der der Luftdruck gemessen wird; *Abk* b || NB: kein *-s* im Plural in Verbindung mit Zahlwörtern: *fünf Bar*
Bär *der*; *-en*, *-en*; **1** ein großes, schweres Raubtier mit dickem Pelz, das süße Nahrung (*bes* Honig) liebt ⟨ein zottiger Bär; der Bär brummt⟩ || K-: ***Bären-, -fell, -jagd, -tatze*** || -K: ***Braun-, Eis-, Grisli-*** **2** ***ein Bär*** (***von einem Mann***) *gespr*; ein sehr großer u. starker Mann **3** ***der Große Bär, der Kleine Bär*** zwei der Sternbilder des nördlichen Himmels || ID ***j-m e-n Bären aufbinden*** *gespr*; j-m e-e unwahre Geschichte so erzählen, dass er sie glaubt; *mst* ⟨hungrig, stark sein⟩ ***wie ein Bär*** *gespr* ≈ sehr || NB: *der Bär*; *den, dem, des Bären* || *zu* **1 Bä·rin** *die*; *-*, *-nen*
Ba·ra·cke *die*; *-*, *-n*; ein primitiver, einstöckiger Bau mit flachem Dach, der *bes* Soldaten od. Obdachlosen als provisorische Wohnung dient ⟨in e-r B. hausen⟩ || -K: ***Holz-, Wellblech-***
Bar·bar *der*; *-en*, *-en*; *pej*; **1** ein roher u. brutaler Mensch **2** ein unzivilisierter, ungebildeter Mensch || NB: *der Barbar*; *den, dem, des Barbaren* || *zu* ***Barbarei*** ↑ ***-ei***
bar·ba·risch *Adj*; **1** grausam u. brutal ⟨ein Verbrechen, e-e Strafe; j-n b. foltern⟩ **2** unzivilisiert, rau ⟨Sitten; Methoden⟩ **3** *nicht adv*, *gespr*; sehr groß, sehr intensiv ⟨e-e Hitze, e-e Kälte, ein Lärm, ein Gestank⟩ **4** *nur adv*, *gespr*; verwendet, um Adjektive u. Verben negativ zu verstärken ≈ sehr, grässlich: *b. laut*; *Hier stinkt es b.!*
bär·bei·ßig *Adj*; *veraltend*; unfreundlich, mürrisch || *hierzu* **Bär·bei·ßig·keit** *die*; *nur Sg*
Bar·bier *der*; *-s*, *-e*; *veraltet*; ein Friseur für Herren, der auch Bärte pflegt u. rasiert || K-: ***Barbier-, -messer***
bar·bu·sig *Adj*; *nicht adv*; mit nacktem Busen
Bar·da·me *die*; e-e Frau, die an e-r Bar[1] (2) *bes* Getränke mixt u. ausgibt
Bä·ren- *im Subst*, *wenig produktiv*, *gespr*; sehr kräftig, sehr groß; der ***Bärenhunger***, die ***Bärenkälte***, die ***Bärenkraft*** || NB: *mst* mit dem unbestimmten Artikel verwendet
Bä·ren·dienst *der*; *nur in* ***j-m e-n B. erweisen / leisten*** etw. für j-n tun, das zwar gut gemeint ist, sich aber als nachteilig für ihn herausstellt
Bä·ren·haut *die*; *mst in* ***auf der B. liegen*** *gespr pej* ≈ nichts tun, faulenzen
Bä·ren·na·tur *die*; *gespr*; e-e sehr robuste Gesundheit od. Widerstandskraft ⟨e-e B. haben, besitzen⟩
bä·ren·stark *Adj*; *ohne Steigerung*, *gespr*; **1** sehr gut: *Der Urlaub war einfach b.!* **2** sehr stark ⟨ein Mann⟩
bar·fuß *Adv*; ohne Schuhe u. Strümpfe ⟨b. gehen, laufen, herumlaufen, sein⟩ || *hierzu* **bar·fü·ßig** *Adj*; *nicht adv*
barg *Imperfekt*, *1. u. 3. Person Sg*; ↑ ***bergen***
Bar·geld *das*; *nur Sg*; Münzen od. Geldscheine (im Gegensatz zu e-m Scheck) als Zahlungsmittel: *Ich habe kein B. bei mir, nehmen Sie auch e-n Scheck an?* || *hierzu* **bar·geld·los** *Adj*
bar·häup·tig *Adj*; *nicht adv*, *geschr*; ohne e-e Kopfbedeckung
Bar·ho·cker *der*; ein hoher Hocker an e-r Bar[1] (2) || ↑ *Abb. unter* ***Hocker***
Ba·ri·ton, Ba·ri·ton *der*; *-s*, *-e*; *Mus*; **1** *nur Sg*; die mittlere Stimmlage bei Männern zwischen Tenor u. Bass ⟨B. singen; e-n kräftigen B. haben⟩ **2** ein Sänger, der B. (1) singt **3** *nur Sg*; e-e Partie in e-m Musikstück, die für e-n B. (1) geschrieben ist ⟨den B. singen⟩
Bar·kas·se *die*; *-*, *-n*; *Seefahrt*; ein relativ großes Motorboot, das *bes* zum Transport von Personen in e-m Hafen dient
Bar·ke *die*; *-*, *-n*; ein kleines Boot ohne Mast, wie es *z.B.* von Fischern verwendet wird
Bar·kee·per [-kiːpɐ] *der*; *-s*, *-*; ein Mann, der an e-r Bar[1] (2) *bes* die Getränke mixt u. serviert
barm·her·zig *Adj*; ***b.*** (***gegen j-n / mit j-m***) mit tiefem Mitgefühl für die Not e-s anderen ⟨sich b. zeigen⟩ || *hierzu* **Barm·her·zig·keit** *die*; *nur Sg*
Bar·mi·xer *der* ≈ Barkeeper
ba·rock *Adj*; **1** im Stile des Barock gestaltet, aus der Zeit des Barock stammend ⟨e-e Kirche; Figuren; Malerei, Musik, Sprache⟩ **2** *geschr*; sonderbar, exzentrisch ⟨j-s Anschauungen⟩
Ba·rock *das*, *der*; *-(s)*; *nur Sg*; **1** ein Stil der (europäischen) Kunst (von 1600 bis 1750), der *bes* durch zahlreiche Ornamente gekennzeichnet ist || K-: ***Barock-, -kirche, -kunst, -malerei, -musik, -stil, -zeit, -zeitalter*** **2** die Epoche des Barock (1) ⟨im B.; etw. stammt aus dem B.⟩
Ba·ro·me·ter *das*; *-s*, *-*; **1** das Gerät, mit dem der Luftdruck gemessen wird ⟨das B. fällt, steigt⟩: *Das B. zeigt „Regen" an* || K-: ***Barometer-, -stand*** **2** ***ein B.*** (***für etw.***) *geschr* ≈ Maßstab: *Investitionen sind ein B. für die Konjunktur* || ID ***Das B. steht auf Sturm*** es herrscht e-e gespannte od. gereizte Stimmung
Ba·ron *der*; *-s*, *-e*; **1** *nur Sg*; ein französischer Adelstitel **2** j-d, der diesen Titel trägt **3** *nur Sg*; verwendet als Anrede für e-n Freiherrn || *hierzu* **Ba·ro·nin** *die*; *-*, *-nen*
Ba·ro·ness, Ba·ro·nes·se *die*; *-*, *Ba·ro·nes·sen*; die Tochter e-s Barons
Bar·ras *der*; *-*; *nur Sg*, *gespr* ≈ Militär ⟨beim B. sein; zum B. müssen⟩
Bar·ren[1] *der*; *-s*, *-*; *Sport*; ein Turngerät mit zwei parallelen Stangen aus Holz, die von Stützen gehalten werden ⟨am B. turnen⟩ || K-: ***Barren-, -kür, -turnen, -übung***
Bar·ren[2] *der*; *-s*, *-*; ein längliches, viereckiges Stück Gold, Silber *o.Ä.* || K-: ***Barren-, -gold, -silber*** || -K: ***Gold-, Silber-***
Bar·rie·re [ba'ri̯eːrə] *die*; *-*, *-n*; **1** ein Hindernis, das j-n von etw. fernhält ⟨e-e B. errichten, durchbrechen⟩ **2** etw. (*mst* nicht Konkretes), das die Leute daran hindert, miteinander harmonisch zu leben, zu arbeiten *o.Ä.* ⟨Barrieren abbauen, beseitigen, überwinden⟩
Bar·ri·ka·de *die*; *-*, *-n*; ein Hindernis, das errichtet wurde, um e-e Straße zu sperren (*z.B.* bei Straßenschlachten, gewalttätigen Demonstrationen) ⟨e-e B. errichten⟩ || ID ***auf die Barrikaden gehen / steigen*** heftig protestieren
barsch, *barscher*, *barsch(e)st-*; *Adj*; auf unfreundliche Art und Weise ≈ grob ⟨e-e Antwort; j-n b. anfahren; etw. in barschem Ton sagen⟩
Barsch *der*; *-es*, *-e*; ein Speisefisch mit stacheligen Flossen, der in Süßwasser lebt
Bar·schaft *die*; *-*, *-en*; *mst Sg*; das Bargeld, das j-d hat
Bar·scheck *der*; ein Scheck, für den man bei e-r Bank Bargeld bekommt ↔ Verrechnungsscheck
barst *Imperfekt*, *1. u. 3. Person Sg*; ↑ ***bersten***
Bart[1] *der*; *-(e)s*, *Bär·te*; **1** die *mst* kräftigen Haare im Gesicht des Mannes, *bes* zwischen Mund u. Nase, an den Backen u. am Kinn ⟨ein dichter, dünner, gepflegter B.; sich e-n B. wachsen lassen; e-n B. tragen; den B. abrasieren, abnehmen, stutzen⟩ || K-: ***Bart-, -haar, -stoppeln, -träger*** || -K: ***Kinn-, Oberlippen-, Spitz-, Voll-*** **2** die Haare an der Schnauze von Hunden, Katzen u. anderen Säugetieren || ID *mst* ⟨ein Witz⟩ ***hat*** (***'so***) ***e-n B.*** *gespr*; ein Witz *o.Ä.* ist längst bekannt u. deswegen uninteressant; ***etw.***

in seinen B. (***hinein***)***murmeln*** / (***hinein***)***brummen*** *gespr*; etw. leise u. undeutlich vor sich hin sagen; ***j-m um den B. gehen*** *gespr* ≈ j-m schmeicheln || *zu* **1 bart·los** *Adj*; *nicht adv*

Bart[2] *der*; *-(e)s*, *Bär·te*; der untere Teil e-s Schlüssels, der den Riegel e-s Schlosses bewegt || ↑ *Abb. unter* ***Schlüssel***

bär·tig *Adj*; *nicht adv*; mit e-m Bart[1]

Bart·wuchs *der*; die Art und Weise, wie ein Bart wächst ⟨e-n schwachen, spärlichen, starken B. haben⟩

Bar·ver·mö·gen *das*; das gesamte Geld, das j-d in bar besitzt od. auf dem Sparkonto hat

Ba·salt *der*; *-(e)s*, *-e*; ein dunkles, *mst* grünlich schwarzes Gestein vulkanischen Ursprungs || K-: ***Basalt-, -block***

Ba·sar [-'zaːɐ̯] *der*; *-s*, *-e*; **1** e-e Veranstaltung, bei der (*mst* kleinere) Gegenstände verkauft werden u. das Geld verwendet wird, um anderen zu helfen || -K: ***Wohltätigkeits-*** **2** e-e Straße mit Geschäften in e-r orientalischen Stadt

Ba·se[1] *die*; *-*, *-n*; *Chem*; e-e Substanz, die in Verbindung mit Säuren Salze bildet ↔ Säure || *hierzu* **ba·sisch** *Adj*

Ba·se[2] *die*; *-*, *-n*; *veraltend* ≈ Cousine

Base·ball ['beːsboːl] *der*; *-*; *nur Sg*; **1** *ohne Artikel*; ein Spiel zwischen zwei Mannschaften, bei dem ein Spieler e-n kleinen Ball mit e-m Schläger wegschlägt u. versucht, zu vier Punkten des Spielfelds (die Male) zu laufen, bevor die andere Mannschaft ihn od. ein Mal mit dem Ball berühren kann || K-: ***Baseball-, -match, -spiel, -spieler*** **2** der Ball, der beim B. (1) verwendet wird

ba·sie·ren; *basierte*, *hat basiert*; [Vi] ***etw. basiert auf etw.*** (*Dat*) *geschr*; etw. stützt sich auf etw., hat etw. als Basis: *Der Film basiert auf e-m authentischen Ereignis*

Ba·si·li·ka *die*; *-*, *Ba·si·li·ken*; e-e Kirche, deren mittleres Schiff länger u. höher ist als die Seitenschiffe ⟨e-e romanische B.⟩

Ba·si·li·kum *das*; *-*; *nur Sg*; **1** e-e Pflanze mit aromatischen Blättern, die als Gewürz u. Heilmittel verwendet werden **2** das Gewürz, das aus dieser Pflanze gewonnen wird

Ba·sis *die*; *-*, *Ba·sen*; **1** *mst Sg*; ***e-e B.*** (***für etw.***) etw. (bereits Vorhandenes), auf das man etw. aufbauen kann od. von dem aus man etw. weiterentwickeln kann ≈ Grundlage ⟨e-e gemeinsame, sichere, solide B. für e-e Zusammenarbeit schaffen⟩: *Unsere Freundschaft beruht auf der B., dass jeder den anderen respektiert* || K-: ***Basis-, -wissen*** || -K: ***Verhandlungs-, Verständigungs-*** **2** *Archit*; ein Block aus Stein *o.Ä.*, auf dem *bes* e-e Säule od. ein Pfeiler steht ≈ Sockel || ↑ *Abb. unter* ***Säule*** **3** *Mil*; e-e Zone, in der Truppen stationiert sind u. von der aus militärische Operationen vorgenommen werden können ≈ Stützpunkt: *e-e B. für Mittelstreckenraketen einrichten* || -K: ***Flotten-, Militär-, Operations-*** **4** e-e Vorrichtung, von der aus Raketen gestartet werden ≈ Startrampe || -K: ***Abschuss-, Raketen-*** **5** der Ort od. das Lager, von dem aus e-e Expedition *o.Ä.* unternommen wird: *Man trug den verletzten Bergsteiger zurück zur B.* || K-: ***Basis-, -lager*** **6** *Pol*; die Mitglieder e-r Partei od. e-r Gewerkschaft (im Gegensatz zu den Führungskräften) **7** *Geom*; die Grundlinie e-r Figur: *die B. e-s gleichschenkligen Dreiecks berechnen* **8** *Math*; die Zahl, die zusammen mit e-m Exponenten auftritt u. mit diesem e-e Potenz od. e-n Logarithmus bildet

Bas·ken·müt·ze *die*; e-e flache Mütze *mst* aus Wolle od. Filz

Bas·ket·ball ['ba(ː)skətbal] *der*; **1** *ohne Artikel*, *nur Sg*; ein Ballspiel zwischen zwei Mannschaften, bei dem versucht wird, e-n großen Ball in den Korb des Gegners zu werfen || K-: ***Basketball-, -spieler*** **2** der Ball, der beim B. (1) verwendet wird

bass *nur in* ***bass erstaunt*** / ***verwundert sein*** *veraltend*; sehr erstaunt / verwundert sein

Bass *der*; *-es*, *Bäs·se*; **1** *nur Sg*; die tiefste Stimmlage bei Männern ⟨Bass singen; e-n vollen Bass haben⟩ || K-: ***Bass-, -sänger*** **2** die tiefste Stimmlage, die nur von bestimmten Instrumenten (*z.B.* Orgel, Kontrabass, Bassgitarre) gespielt wird: *Im zweiten Satz der Symphonie dominiert der Bass* || K-: ***Bass-, -begleitung, -instrument*** **3** ein Sänger, der Bass (1) singt ≈ Bassist **4** *Kurzw für* die Musikinstrumente (*z.B.* Bassgeige, Bassgitarre), die den Bass (2) spielen: *Er spielt den Bass im Orchester* **5** *mst Pl*; die tiefen Töne auf e-r Schallplatten- od. Tonbandaufnahme ≈ Tiefen ↔ Höhen ⟨die Bässe / den Bass aufdrehen, zurückdrehen⟩

Bass·gei·ge *die* ≈ Kontrabass

Bas·sin [ba'sɛ̃ː] *das*; *-s*, *-s*; ein rechteckiges od. rundes Becken (*mst* aus Beton) in Gärten od. öffentlichen Schwimmbädern, das mit Wasser gefüllt wird u. *bes* zum Baden u. Schwimmen dient || -K: ***Schwimm-***

Bas·sist *der*; *-en*, *-en*; *Mus*; j-d, der Bass (1) singt od. den Bass (4) spielt || NB: *der Bassist*; *den*, *dem*, *des Bassisten*

Bass·schlüs·sel *der*; *Mus*; der Notenschlüssel 𝄢, der die Basspartie(n) e-s Musikstücks anzeigt ≈ F-Schlüssel ↔ Violinschlüssel

Bast *der*; *-(e)s*; *nur Sg*; e-e Art dicker Faden unter der Rinde mancher Bäume, der zum Flechten verwendet wird || K-: ***Bast-, -matte, -tasche***

bas·ta! *Interjektion*; *gespr*; verwendet, um *mst* e-e Äußerung od. Diskussion endgültig abzuschließen: *Du machst jetzt deine Schularbeiten, u. damit b.!*

Bas·tard *der*; *-(e)s*, *-e*; **1** *Biol*; ein Tier od. e-e Pflanze, die das Produkt e-r Kreuzung unterschiedlicher Rassen od. Arten sind **2** *gespr! pej*; verwendet, um j-n zu bezeichnen, den man als minderwertig betrachtet

bas·teln; *bastelte*, *hat gebastelt*; [Vt/i] **1** (***etw.***) ***b.*** (als Hobby) *mst* kleine Gegenstände aus Papier, Holz, Draht, Stoff *usw* zusammenbauen od. herstellen: *ein Mobile, ein Modellflugzeug b.* || K-: ***Bastel-, -arbeit, -buch, -material, -raum, -vorlage, -zimmer***; [Vi] **2** ***an etw.*** (*Dat*) ***b.*** über längere Zeit hinweg etw. b. (1): *Er bastelt an e-m Regal* **3** ***an etw.*** (*Dat*) ***b.*** *gespr*; (seit längerer Zeit) versuchen, etw. zu reparieren, zu verbessern od. fertig zu stellen: *an e-m Motorrad, an seiner Doktorarbeit b.*

Bas·ti·on [bas'ti̯oːn] *die*; *-*, *-en*; **1** der vorspringende Teil an der Mauer e-r Festung od. e-r Burg ⟨e-e B. stürmen⟩ **2** etw., das als besonders starker Vertreter von etw. gilt u. nur schwer zu erschüttern ist: *Irland gilt als B. des Katholizismus*

Bast·ler *der*; *-s*, *-*; j-d, der gern u. regelmäßig bastelt

bat *Imperfekt*, *1. u. 3. Person Sg*; ↑ ***bitten***

Ba·tail·lon [batal'joːn] *das*; *-s*, *-e*; e-e militärische Einheit, die aus mehreren Kompanien od. Batterien besteht || K-: ***Bataillons-, -kommandeur***

Ba·tik *die*; *-*, *-en*; **1** *nur Sg*; e-e Technik, bei der man einzelne Teile e-s Stoffs mit Wachs bedeckt od. abbindet, damit diese beim Färben die Farbe nicht annehmen **2** ein Stoff, der durch B. (1) gefärbt wurde || *zu* **1 ba·ti·ken** (*hat*) *Vt / i*

Ba·tist *der*; *-(e)s*, *-e*; ein dünner, feiner Stoff aus Baumwolle od. Seide

Bat·te·rie[1] *die*; *-*, *-n* [-'riːən]; **1** ein Apparat, in dem chemische Prozesse ablaufen, die elektrischen Strom erzeugen: *Die B. seines Autos ist leer u. muss aufgeladen werden* || -K: ***Auto-*** **2** ein (*mst* zylinderförmiger) Typ e-r B. (1), der ein kleineres elektrisches Gerät mit Strom versorgt (*z.B.* e-e Taschenlampe) ⟨neue Batterien einsetzen; die B. auswechseln, erneuern⟩ || -K: ***Radio-, Taschenlampen-***

Bat·te·rie[2] *die*; -, *-n* [-'ri:ən]; **1** e-e militärische Einheit der Artillerie || NB: entspricht etwa der *Kompanie* **2** *gespr*; ***e-e B.*** + *Gen* / ***von etw.*** e-e große Anzahl gleicher od. ähnlicher Gegenstände: *Er besaß e-e ganze B. (von) Pfeifen, Flaschen*

bat·te·rie·be·trie·ben *Adj*; *mst attr*; von er- Batterie[1] mit Strom versorgt ⟨e-e Uhr⟩

Bat·te·rie·huhn *das*; ein Huhn, das neben sehr vielen anderen Hühnern in e-m sehr kleinen Käfig gehalten wird, damit es dort Eier legt

Bat·zen *der*; *-s*, -; **1** e-e größere, *mst* weiche Masse (*bes* aus Lehm od. Erde) ohne bestimmte Form ≈ Klumpen **2** ***ein B. Geld*** *gespr*; viel Geld

Bau[1] *der*; *-(e)s*, *-ten*; **1** *nur Sg*; das Herstellen von Häusern, Straßen, Brücken *usw*: *Der Bau ihres Hauses geht nur langsam voran* || K-: ***Bau-, -arbeiten, -maßnahme***; ***-material***; ***-branche, -firma, -gewerbe, -industrie***; ***-ingenieur***; ***-konjunktur***; ***-finanzierung, -kosten, -kredit***; ***-erlaubnis, -genehmigung***; ***-projekt*** || -K: ***Brücken-, Kirchen-, Straßen-, Wohnungs-*** **2** *nur Sg*; die Konstruktion u. Herstellung *bes* von technischen Geräten, Fahrzeugen, Motoren od. Musikinstrumenten || -K: ***Fahrzeug-, Flugzeug-, Maschinen-, Orgel-, Schiff(s)-*** **3** *nur Sg*; der Ort od. Platz, an dem ein Bau (1) durchgeführt wird ≈ Baustelle || K-: ***Bau-, -aufzug, -gerüst, -kran, -zaun, -zelt*** **4** ein (*mst* ziemlich großes) Bauwerk od. Gebäude: *Das Kolosseum in Rom ist ein gigantischer Bau* **5** *nur Sg*; die spezifische Art, wie j-s Körper gewachsen ist ≈ Statur ⟨von kräftigem, schwachem Bau sein⟩ || -K: ***Körper-*** **6** ***etw. befindet sich im / in Bau***, ***etw. ist im / in Bau*** etw. wird gerade gebaut (1,2): *Das neue Klinikum befindet sich noch im Bau / ist noch im Bau* **7** ***auf dem Bau arbeiten*** als Arbeiter od. Handwerker auf Baustellen arbeiten || *zu* **7** **Bau·ar·bei·ter** *der*; **Bau·leu·te** *die* (*Pl*)

Bau[2] *der*; *-(e)s*, *-e*; **1** e-e Höhle unter der Erde, in der manche Tiere (*z.B.* Füchse, Dachse, Kaninchen) leben ⟨e-n Bau anlegen⟩ || -K: ***Dachs-, Fuchs-, Kaninchen-*** **2** *nur Sg*, *gespr*, *Mil* ≈ Arrestzelle

Bau·ab·nah·me *die*; die Überprüfung e-s fertigen Gebäudes durch die Baubehörde

Bau·amt *das* ≈ Baubehörde

Bau·auf·sicht *die*; **1** die Überprüfung durch e-e Behörde, ob die gesetzlichen Vorschriften für ein Bauwerk eingehalten werden od. wurden || K-: ***Bauaufsichts-, -behörde*** **2** die Behörde, die diese Überprüfung durchführt

Bau·be·hör·de *die*; e-e staatliche Institution, die entscheidet, ob u. nach welchen Vorschriften ein Gebäude gebaut werden darf

Bau·boom [-bu:m] *der*; e-e Zeit, während der sehr viel gebaut wird

Bauch *der*; *-(e)s*, *Bäu·che*; **1** der vordere Teil des Körpers beim Menschen, der zwischen Brust u. Becken liegt u. in dem sich Magen u. Darm befinden ⟨den B. einziehen⟩: *Schläfst du auf dem B. oder auf dem Rücken?* || ↑ *Abb. unter* **Mensch** || K-: ***Bauch-, -gegend, -umfang*** **2** der untere Teil des Rumpfes bei Wirbeltieren || K-: ***Bauch-, -fleisch, -flosse, -rippe*** **3** das überflüssige Fett am B. (1), das sich *bes* bei Menschen bildet, die zu viel essen u. sich zu wenig bewegen: *Er hat schon mit 20 einen B. angesetzt / bekommen* || K-: ***Bauch-, -ansatz*** **4** *gespr*; der innere Teil des Bauches (1), *mst* der Magen: *Mit e-m leeren B. kann ich nicht arbeiten*; *Vom vielen Essen tut mir der B. weh* || K-: ***Bauch-, -schmerzen*** **5** der dicke, gewölbte Teil e-s Gegenstands, *bes* e-r Flasche, e-r Vase od. e-s Krugs || -K: ***Flaschen-*** **6** der innere (hohle) Teil *bes* e-s Schiffes || ID (***mit etw.***) ***auf den B. fallen*** *gespr*; mit etw. keinen Erfolg haben; *mst* ⟨e-e Frage⟩ ***aus dem*** (***hohlen***) ***B.*** ⟨beantworten⟩ *gespr*; e-e Frage *o.Ä.* spontan, ohne Vorbereitung beantworten; ***nichts im B. haben*** *gespr*; hungrig sein; ***sich den B. vollschlagen*** *gespr*; sich satt essen; ***sich vor Lachen den B. halten*** *gespr*; intensiv (u. lange) lachen

Bauch·de·cke *die*; die Oberfläche des Bauches beim Menschen u. bei Wirbeltieren

Bauch·fell *das*; *Med*; e-e Haut im Innern des Bauches, die die Bauchhöhle umhüllt || K-: ***Bauchfell-, -entzündung***

Bauch·höh·le *die*; *Med*; ein Hohlraum im Inneren des Bauches, der Magen, Darm *usw* enthält

bau·chig *Adj*; *nicht adv*; mit e-m Bauch (5) ⟨e-e Flasche, ein Krug⟩

Bauch·la·den *der*; e-e Art Kasten, den ein Verkäufer an e-m Riemen um den Hals trägt, u. aus dem er *bes* Zigaretten od. Süßigkeiten verkauft

Bauch·lan·dung *die*; *gespr*; **1** die Landung e-s Flugzeugs auf der Unterseite des Rumpfes anstatt auf den Rädern **2** ein beruflicher od. privater Misserfolg

bäuch·lings *Adv*; *veraltend*; **1** auf dem Bauch **2** mit dem Bauch voran: *b. ins Bett fallen*

Bauch·mus·kel *der*; *mst Pl*; einer von mehreren Muskeln in der Bauchdecke || K-: ***Bauchmuskel-, -training*** || ID ***etw. strapaziert j-s Bauchmuskeln*** *hum*; etw. bringt j-n zum Lachen

Bauch·mus·ku·la·tur *die*; *Kollekt*; die Bauchmuskeln

Bauch·na·bel *der* ≈ Nabel

Bauch·red·ner *der*; j-d, der sprechen kann, ohne dass er dabei die Lippen bewegt || *hierzu* **bauch·re·den** *Vi*; *mst im Infinitiv*

Bauch|spei·chel·drü·se *die*; *Med*; e-e Drüse in der Nähe des Magens, die Insulin produziert u. Enzyme bildet, die Eiweiße, Fette u. Kohlenhydrate abbauen; *Med* Pankreas

Bauch·tanz *der*; ein Tanz, der von e-r Tänzerin vorgeführt wird, die Bauch u. Hüften rhythmisch bewegt || *hierzu* **Bauch·tän·ze·rin** *die*; **bauch·tan·zen** *Vi*; *nur im Infinitiv*

Bauch·weh *das*; *nur Sg*; *gespr* ≈ Bauchschmerzen ⟨B. haben⟩

Bau·denk·mal *das*; ein Bauwerk od. ein Gebäude, das künstlerisch od. historisch bedeutend ist u. *mst* unter Denkmalschutz steht

Bau·ele·ment *das*; eines der vorgefertigten Teile, aus denen *bes* moderne Bauten (*z.B.* Fertighäuser), Maschinen u. technische Geräte zusammengefügt werden

bau·en; *baute*, *hat gebaut*; [Vt/i] **1** (***etw.***) ***b.*** etw. aus verschiedenen Teilen u. Materialien (*z.B.* Holz, Stein, Zement) nach e-m bestimmten Plan errichten od. herstellen (lassen) ⟨e-e Brücke, Straße, ein Haus b.⟩: *Die Regierung beschloss, neue Eisenbahnstrecken u. Autobahnen zu bauen*; [Vt] **2** ***etw. b.*** ein technisches Produkt aus mehreren Teilen *mst* nach e-m bestimmten Plan herstellen ≈ anfertigen, konstruieren ⟨Fahrzeuge, Maschinen, Musikinstrumente b.⟩ || NB: ↑ ***-bauer*** (1) **3** ***etw. b.*** (als Tier) e-n Platz zum Schlafen od. Brüten gestalten ⟨e-e Höhle, ein Nest b.⟩ **4** ***e-n Unfall b.*** *gespr*; e-n Unfall verursachen **5** ***Mist b.*** *gespr*; e-n Fehler machen; [Vi] **6** ein Gebäude (*mst* ein Haus) errichten (lassen): *Wir müssen noch kräftig sparen, dann können wir nächstes Jahr b.* **7** ***an etw.*** (*Dat*) ***b.*** über längere Zeit hinweg etw. b. (1,2) **8** ***auf j-n / etw. b.*** festes Vertrauen zu j-m / etw. haben ≈ sich auf j-n / etw. verlassen: *Auf ihn kann man immer b.*

Bau·er[1] *der*; *-n* / *selten -s*, *-n*; **1** j-d, der auf dem Land wohnt u. (als Beruf) Vieh hält od. züchtet u. / od. Getreide, Kartoffeln *usw* anpflanzt ≈ Landwirt || K-: ***Bauern-, -dorf, -familie, -haus, -junge, -knecht, -magd, -sohn, -tochter*** || -K: ***Berg-, Genossenschafts-, Groß-, Klein-*** || NB: ↑ ***-bauer*** (2) **2** *gespr pej*; ein ungebildeter Mensch **3** eine der acht kleinsten Figuren e-r Farbe im Schachspiel || ↑ *Abb. unter* **Schachfiguren** || ID ***Die dümmsten Bauern ernten / haben die größten Kartoffeln*** *gespr*; verwendet, wenn j-d Glück od. Erfolg hat, obwohl er es nicht verdient; ***Was der B. nicht kennt, isst er nicht*** *gespr*; verwendet, wenn j-d prinzipiell Speisen / Getränke ablehnt od. nicht probiert, weil er sie nicht kennt || NB: *der Bauer; den, dem, des Bauern*

Bau·er[2] *der, das*; *-s, -*; ein Käfig, in dem Vögel in der Wohnung gehalten werden ≈ Vogelkäfig || -K: ***Vogel-***

-bau·er *im Subst, wenig produktiv*; **1** j-d, der (als Beruf) *mst* Fahrzeuge od. Musikinstrumente baut; ***Fahrzeugbauer, Flugzeugbauer, Geigenbauer, Klavierbauer, Maschinenbauer, Orgelbauer, Schiffsbauer*** **2** j-d, der als Bauer (1) bestimmte Pflanzen, Früchte od. andere Erzeugnisse produziert; ***Milchbauer, Obstbauer, Weinbauer***

Bäu·e·rin *die*; *-, -nen*; **1** e-e Frau, die e-e Landwirtschaft betreibt **2** die Frau e-s Bauern (1)

bäu·e·risch *Adj*; ↑ ***bäurisch***

bäu·er·lich *Adj*; den Bauern (1) od. die Landwirtschaft betreffend

Bau·ern·fän·ger *der*; *-s, -*; *gespr*; j-d, der betrügerische Geschäfte macht u. dabei *bes* einfache od. unerfahrene Menschen schädigt

Bau·ern·hof *der*; ein Grundstück mit dem Wohnhaus e-s Bauern, dem Stall, der Scheune, dem Silo *usw* ⟨auf dem B. arbeiten; von e-m B. stammen⟩

Bau·ern·re·gel *die*; e-e einfache Regel (*mst* in Form e-s Reims) über das Wetter od. die Ernte

Bau·ern·the·a·ter *das*; **1** ein *mst* ziemlich kleines Theater, in dem (humoristische) volkstümliche Stücke aufgeführt werden, die vom bäuerlichen Leben handeln **2** *Kollekt*; e-e Gruppe von Schauspielern, die volkstümliche Theaterstücke aufführen

Bau·ers·frau *die* ≈ Bäuerin

Bau·ers·leu·te *die*; der Bauer u. seine Frau

bau·fäl·lig *Adj*; *nicht adv*; in so schlechtem Zustand, dass es leicht einstürzen könnte ⟨ein Haus⟩ || *hierzu* **Bau·fäl·lig·keit** *die*; *nur Sg*

Bau·ge·län·de *das*; **1** ein Gelände, auf dem offiziell Gebäude errichtet werden dürfen ≈ Bauland ⟨ein B. erschließen⟩ **2** ≈ Baugrund

Bau·gru·be *die*; ein großes Loch in der Erde, das für das Fundament e-s Gebäudes bestimmt ist

Bau·grund *der*; ein Stück Land, auf dem ein Gebäude errichtet wird od. werden soll

Bau|hand·werk *das*; *Kollekt*; alle handwerklichen Berufe, die beim Bau e-s Hauses notwendig sind (*z.B.* Maurer, Zimmerer, Elektriker) || *hierzu* **Bau|hand·wer·ker** *der*

Bau·herr *der*; j-d, der den Auftrag erteilt, etw. zu bauen, u. den Bau bezahlt

Bau·jahr *das*; das Jahr, in dem ein Haus errichtet, ein Fahrzeug gebaut wurde, *o.Ä.*: *Mein Auto ist B. 89*

Bau·kas·ten *der*; ein Kasten mit Teilen aus Holz od. Metall od. Plastik, Schrauben *usw*, mit denen Kinder spielen u. etw. bauen können

Bau·kas·ten|sys·tem *das*; ein System, bei dem *bes* Häuser od. Motoren *usw* aus verschiedenen standardisierten Einzelteilen zusammengebaut werden, die miteinander auf verschiedene Weise kombinierbar sind

Bau·klotz *der*; ein kleiner, eckiger Gegenstand aus Holz od. Plastik, mit dem Kinder spielen u. etw. bauen können || ID ***Bauklötze / Bauklötzer staunen*** *gespr*; sehr erstaunt sein

Bau·kunst *die*; *nur Sg*; die Architektur e-r bestimmten Epoche od. e-s Volkes: *die B. der italienischen Renaissance*

Bau·land *das*; *nur Sg* ≈ Baugelände (1)

Bau·lei·ter *der*; der Chef auf e-r Baustelle (*mst* ein Bauingenieur) || *hierzu* **Bau·lei·tung** *die*; *nur Sg*

bau·lich *Adj*; *nur attr od adv*; ein Bauwerk betreffend ⟨Maßnahmen, Veränderungen; etw. b. verändern⟩

Bau·lö·we *der*; *gespr*; j-d, der mit Bau, Kauf u. Verkauf von Häusern viel Geld verdient

Bau·lü·cke *die*; ein Grundstück ohne Haus zwischen anderen Grundstücken mit Häusern

Baum *der*; *-(e)s, Bäu·me*; e-e große Pflanze mit e-m Stamm aus Holz, aus dem Äste mit Zweigen wachsen, die Nadeln od. Blätter tragen ⟨e-n B. pflanzen, fällen; ein B. schlägt aus (= bekommt im Frühling frische Blätter), wird grün, verliert seine Blätter / seine Nadeln, blüht, trägt Früchte⟩ || K-: ***Baum-, -rinde, -stamm, -wipfel*** || -K: ***Laub-, Nadel-, Obst-*** || ID *mst* ***Bäume ausreißen können*** *gespr*; sich so gesund u. kräftig fühlen, dass man glaubt, jede (körperliche) Leistung mühelos vollbringen zu können

Bau·markt *der*; ein Geschäft, in dem man Materialien für Bauarbeiten kaufen kann

Baum·be·stand *der*; *Kollekt*; alle Bäume in e-m bestimmten Gebiet

Baum·blü·te *die*; *nur Sg*; **1** das Blühen *mst* der Obstbäume **2** die Zeit der B. (1)

Bau·meis·ter *der*; *hist* ≈ Architekt

bau·meln; *baumelte, hat gebaumelt*; [Vi] **1** ***j-d / etw. baumelt irgendwo*** j-d / etw. hängt von etw. herab, ohne den Boden zu berühren u. schwingt dabei hin u. her, vor u. zurück: *an e-m Ast / Seil b.* **2** ***die Beine b. lassen / mit den Beinen b.*** sitzend die Beine hin u. her schwingen: *Er saß auf dem Tisch u. ließ die Beine b.*

baum·hoch *Adj*; *ohne Steigerung, nicht adv*; so hoch wie ein Baum || NB: *baumhoch → ein baumhoher Mast*

Baum·kro·ne *die*; alle Äste u. Zweige e-s Baumes

baum·lang *Adj*; *ohne Steigerung, nicht adv, gespr*; sehr groß u. schlank ⟨ein Kerl⟩ || NB: *b.* wird nur bei Männern verwendet

Baum·schu·le *die*; e-e Art Gärtnerei, in der Bäume u. Sträucher gezüchtet (u. verkauft) werden

Baum·ster·ben *das*; e-e Situation, in der in relativ kurzer Zeit viele Bäume krank werden u. absterben

Baum·stumpf *der*; der untere Teil e-s Baumstammes, der in der Erde bleibt, nachdem der Baum gefällt worden ist

Baum·wol·le *die*; *nur Sg*; **1** e-e strauchartige Pflanze, die *bes* in heißen Gebieten angebaut wird u. die Samen mit langen, weißen Fasern hat, aus denen Garn hergestellt wird ⟨B. anbauen⟩ || K-: ***Baumwoll-, -feld, -plantage, -strauch*** **2** *Kollekt*; die langen, weißen Fasern der Samen der B. (1) ⟨B. pflücken⟩ || K-: ***Baumwoll-, -ernte, -garn, -pflücker, -spinnerei*** **3** Garn od. Gewebe, das aus B. (2) hergestellt u. *mst* zu Textilien verarbeitet wird: *ein Pullover aus 100% B.* || K-: ***Baumwoll-, -hemd, -industrie, -produktion, -pullover, -stoff*** || *zu* **3 baum·wol·le·n-** *Adj*; *nur attr, nicht adv*

Bau·plan *der*; die technischen Zeichnungen, die genau zeigen, wie ein neues Bauwerk aussehen soll ⟨e-n B. genehmigen lassen⟩

Bau·platz *der*; ein Stück Land, das j-d gekauft hat, um darauf zu bauen

Bau·preis *der*; die Kosten für den Bau[1] (1) e-s Hauses, e-r Brücke *o.Ä.*

bäu·risch *Adj*; *pej*; ohne Manieren u. Taktgefühl ≈ grob, derb ⟨Sprache, Manieren; sich b. benehmen⟩ || NB: *bäurisch* ist im Gegensatz zu *bäuerlich* sehr abwertend

Bausch *der*; *-es*, *-e* / *Bäu·sche*; ein kleines, leicht zusammengedrücktes Stück e-s weichen Materials (*mst* Watte) || -K: ***Watte-*** || ID *mst* ***etw. in B. u. Bogen ablehnen / verurteilen*** etw. als Ganzes ablehnen / verurteilen

bau·schen; *bauschte*, *hat gebauscht*; [Vt] **1** ***etw. bauscht etw.*** etw. füllt *mst* e-n leichten Stoff mit Luft, so dass er sich stark wölbt: *Der Windstoß bauschte den Vorhang*; [Vr] **2** ***etw. bauscht sich*** etw. wird *bes* durch Luft prall od. gewölbt ≈ etw. bläht sich auf ⟨ein Segel, ein Kleid⟩

Bau·schutt *der*; *nur Sg*; Abfälle u. Trümmer (*z.B.* Mauerstücke, Holz, Eisenteile), die beim Bau, Umbau od. Abbruch e-s Gebäudes entstehen

Bau·spar|dar·le·hen *das*; ein Darlehen, das man von e-r Bausparkasse für den Bau od. die Renovierung von Wohnungen od. Häusern bekommt

bau·spa·ren; *nur Infinitiv*; [Vi] bei e-r Bausparkasse Geld sparen, um später damit ein Haus bauen / kaufen od. e-e Wohnung kaufen zu können || *hierzu* **Bau·spa·ren** *das*; **Bau·spa·rer** *der*; *-s*, *-*

Bau|spar·kas·se *die*; ein Kreditinstitut, das aus dem gesparten Geld seiner Mitglieder Darlehen gewährt, mit denen man ein Haus od. e-e Wohnung bauen, kaufen od. renovieren kann

Bau·spar|ver·trag *der*; ein Vertrag, den man (mit e-r Bausparkasse) abschließt, um regelmäßig Geld zu sparen u. nach einiger Zeit zusätzlich e-n Kredit für ein Haus od. e-e Wohnung zu bekommen

Bau·stein *der*; **1** ein Stein, der zum Bauen (1) verwendet wird ≈ Ziegel **2** ein wichtiger Teil e-s Ganzen, *z.B.* e-r chemischen Verbindung od. e-s komplizierten technischen Geräts

Bau·stel·le *die*; **1** ein Platz, auf dem ein Gebäude errichtet wird ⟨auf e-r B. arbeiten⟩: *Betreten der B. verboten!* **2** e-e Stelle an od. auf e-r Straße, an der (Reparatur)Arbeiten durchgeführt werden: *Die Autobahn ist wegen e-r B. halbseitig gesperrt*

Bau·stil *der*; die typische Art u. Weise, in der etw. erbaut wurde ⟨der romanische, gotische, klassizistische *usw* B.⟩

Bau·stoff *der*; ein Material (wie *z.B.* Ziegel, Beton *o.Ä.*), das beim Bau[1] (1) verwendet wird ≈ Baumaterial || K-: ***Baustoff-, -handel, -händler***

Bau·stopp *der*; das Aufhören mit den Bauarbeiten (bevor der Bau fertig ist) ⟨e-n B. verhängen⟩

Bau·tech·nik *die*; **1** die Methoden des Bauens **2** die Wissenschaft vom Bauen || *hierzu* **bau·tech·nisch** *Adj*; *nur attr od adv*

Bau·teil *das*; **1** ≈ Bauelement **2** ein bestimmter Teil e-s Bauwerks

Bau·ten *die*; *Pl*; ↑ ***Bau***[1] (4)

Bau·trä·ger *der*; *-s*, *-*; *bes* e-e Gesellschaft, die Wohngebäude baut od. bauen lässt, um anschließend die Wohnungen zu vermieten od. zu verkaufen

Bau|un·ter·neh·men *das*; **1** ≈ Baufirma **2** ein Projekt für e-n Bau[1] (1) ≈ Bauvorhaben || *zu* **1** **Bau|un·ter·neh·mer** *der*

Bau|vor·ha·ben *das*; ein Projekt, bei dem der Bau von Wohnhäusern *usw* in e-m bestimmten Zeitraum geplant ist

Bau·wei·se *die*; die Art u. Weise, wie ein Bauwerk gebaut wird / wurde

Bau·werk *das*; das, was erbaut worden ist, *z.B.* ein Turm, ein Wohnhaus, e-e Schule *o.Ä.* ⟨ein schönes, eindrucksvolles, prächtiges, verfallenes B.⟩

Bau·we·sen *das*; *nur Sg*, *Kollekt*; alle Bereiche u. Institutionen aus Industrie, Wirtschaft u. Wissenschaft, die sich in Theorie u. Praxis mit dem Bauen (1) beschäftigen

Bau·xit, **Bau·xit** [-ks-] *der*; *-s*, *-e*; ein Mineral, aus dem Aluminium gewonnen wird

Bau·zeich·nung *die*; e-e technische Zeichnung in e-m Bauplan || *hierzu* **Bau·zeich·ner** *der*

Bau·zeit *die*; die Zeit, die man braucht, um etw. zu bauen (1)

Bayern
Der Freistaat Bayern ist das größte Bundesland Deutschlands. Seine Geschichte reicht bis in 6. Jahrhundert zurück. Bis zur Mitte des 20. Jahrhunderts waren die Landwirtschaft und die Viehzucht die wichtigsten Wirtschaftszweige. Seit dem zweiten Weltkrieg entwickelte sich Bayern zu einem modernen Industrie- und Dienstleistungsstaat. Heute erwirtschaftet die bayerische Industrie 37% des Bruttoinlandsproduktes ganz Deutschlands, mehr als die Hälfte davon im Dienstleistungssektor. Wichtig ist auch der Fremdenverkehr. Ein Großteil der Touristen kommt nach Bayern wegen der schönen Landschaft und der traditionellen Bräuche, die hier noch an vielen Orten lebendig sind.

Ba·zil·le *die*; *-*, *-n*; **1** *mst Pl*; e-e Bakterie, die die Form e-s Stäbchens hat u. Krankheiten erregen kann **2** ***e-e linke B.*** *gespr*, *hum od pej*; verwendet, um j-n zu bezeichnen, der sehr listig ist u. mit vielen Tricks arbeitet

Ba·zil·lus *der*; *-*, *Ba·zil·len*; *mst Pl* ≈ Bazille

Bd. / **Bde.** *Abk für* Band[2] / Bände

be- *im Verb*, *unbetont u. nicht trennbar*, *sehr produktiv*; Die Verben mit *be-* werden nach folgendem Muster gebildet: *bejubeln - bejubelte - bejubelt*

1 *be-* wird verwendet, um aus e-m intransitiv verwendbaren Verb ein transitives Verb zu machen; ***etw. beantworten***: *Sie beantwortete die Frage* ≈ Sie antwortete auf die Frage

ebenso: ***j-n / etw. bedrohen, etw. befahren, j-n / etw. begaffen, etw. begehen, j-n / etw. begucken, etw. bejammern, etw. bejubeln, j-n / etw. bekämpfen, j-n / etw. belauschen, etw. beleuchten, etw. bemalen, j-n / etw. beschießen, etw. beschreiben, j-n beschwindeln, j-n / etw. besiegen, j-n / etw. bestaunen, j-n / etw. beurteilen, j-n / etw. beweinen, etw. bewohnen, etw. bezweifeln***

2 *be-* + transitiv verwendbares Verb ermöglicht e-e Änderung der Perspektive beim Akkusativobjekt; ***etw. (mit etw.) belegen***: *Sie belegte das Brot mit Wurstscheiben* ≈ Sie legte Wurstscheiben auf das Brot

j-n bestehlen: *Er bestahl die alte Frau* ≈ Er stahl etw. von der alten Frau

j-n beerben: *Er beerbte seine Großmutter* ≈ Er erbte etw. von seiner Großmutter

ebenso: ***j-n / etw. (mit etw.) bedecken, etw. (mit etw.) bedrucken, j-n / etw. (mit etw.) begießen, j-n / etw. (mit etw.) behängen, etw. (mit etw.) bekleben, j-n / sich / etw. (mit etw.) bekleckern, etw. (mit etw.) bekritzeln, etw. (mit etw.) beladen, j-n / etw. (mit etw.) beliefern, j-n berauben, j-n (mit etw.) beschenken, etw. (mit etw.) beschmie-***

ren, etw. (***mit etw.***) ***besticken, j-n / etw.*** (***mit etw.***) ***bewerfen***

3 *be-* wird verwendet, um aus e-m Substantiv ein transitives Verb zu machen u. auszudrücken, dass man j-m / etw. etw. gibt;

benoten: *Der Lehrer benotete die Aufsätze der Schüler* ≈ Der Lehrer gab jedem Aufsatz e-e Note

ebenso: ***etw. bebildern, etw. beflaggen, etw. / sich beflecken, etw. befrieden, j-n*** (***zu etw.***) ***beglückwünschen, etw. begrenzen, j-n / etw. begutachten, j-n beherbergen, j-n bemitleiden, j-n benachrichtigen, e-n Vogel beringen, j-n beschatten, etw. beschriften, j-n besolden, j-n beurlauben, j-n bevollmächtigen, j-n bewaffnen***

4 *be-* wird verwendet, um aus e-m Adjektiv ein transitives Verb zu machen u. auszudrücken, dass man bewirkt, dass j-d / etw. in e-n bestimmten Zustand kommt;

j-n / ein Tier befreien: *Sie befreite den Vogel aus seinem Käfig* ≈ Sie ließ den Vogel aus dem Käfig, sodass er frei war

ebenso: ***etw.*** (***mit etw.***) ***befeuchten, j-n belustigen, sich bereichern, j-n / sich beruhigen, j-n / sich beunruhigen***

be·ạb·sich·ti·gen; *beabsichtigte, hat beabsichtigt*; [Vt] ***etw. b.*** die Absicht haben, etw. zu tun: *Sie beabsichtigen, nächstes Jahr zu heiraten*; *Das Foul war nicht beabsichtigt*

be·ạch·ten; *beachtete, hat beachtet*; [Vt] **1** ***etw. b.*** auf etw. achten (3) u. es befolgen ↔ missachten ⟨Gesetze, Ratschläge, Regeln b.⟩: *beim Autofahren die Verkehrsregeln b.* **2** ***etw. b.*** von etw. Kenntnis nehmen ⟨Hinweise b.⟩: *Beachten Sie bitte, dass wir unser Geschäft heute früher schließen!* **3** ***j-n / etw. b.*** von j-m / etw. bewusst Notiz nehmen ↔ ignorieren: *Ich glaube, ich habe wenig Chancen bei ihr*; *sie beachtet mich kaum* || NB: *zu* **3** verwendet *mst* in der Verneinung od. mit e-r Einschränkung wie *kaum*

be·ạch·tens·wert *Adj*; so beschaffen, dass es Anerkennung u. Lob verdient ≈ bemerkenswert ⟨e-e Leistung⟩

be·ạcht·lich *Adj*; **1** von relativ großer Bedeutung, Menge od. hoher Qualität ≈ beträchtlich: *Sein Ansehen als Politiker ist b.* **2** so beschaffen, dass man damit (sehr) zufrieden sein kann ≈ respektabel ⟨e-e Leistung, ein Resultat⟩

Be·ạch·tung *die*; -; *nur Sg*; **1** das Beachten (1) ⟨von Regeln⟩ **2** ***B. verdienen*** *geschr*; es wert sein, beachtet zu werden **3** ***j-m / etw. keine B. schenken*** j-n / etw. nicht beachten (3) **4** (***keine***) ***B. finden*** *geschr*; (nicht) beachtet (3) werden

Be·ạm·te *der*; *-n*, *-n*; j-d (*z.B.* ein Lehrer od. Polizist), der im Dienst des Staates arbeitet u. dadurch bestimmte Rechte (*z.B.* Anstellung auf Lebenszeit, Anspruch auf Pension) u. Pflichten (*z.B.* Verfassungstreue, Streikverbot) hat || K-: ***Beamten-, -anwärter, -beleidigung, -laufbahn*** || -K: ***Finanz-, Kriminal-, Polizei-, Post-, Verwaltungs-, Zoll-*** || NB: *ein Beamter*; *der Beamte*; *den, dem, des Beamten* || *hierzu* **Be·ạm·tin** *die*; -, *-nen* || ► **Amt**

Be·ạm·ten·ver·hält·nis *das*; *geschr*; *mst in* **1** ***im B. sein*** als Beamter beim Staat arbeiten **2** ***j-n ins B. übernehmen*** j-n zum Beamten ernennen ≈ j-n verbeamten

be·ạ̈ngs·ti·gend *Adj*; so, dass es Angst od. Unruhe hervorruft: *e-e beängstigende Stille*

be·ạn·spru·chen; *beanspruchte, hat beansprucht*; [Vt] **1** ***etw. b.*** etw. (*mst* in schriftlicher Form) fordern, auf das man ein Recht hat od. zu haben glaubt ≈ verlangen, Anspruch auf etw. erheben ↔ auf etw. verzichten ⟨sein Recht, seinen Erbanteil b.⟩: *Sie beansprucht Schadenersatz für ihr beschädigtes Auto* **2** ***etw. b.*** von etw. Gebrauch machen, das einem j-d angeboten od. gegeben hat ≈ etw. in Anspruch nehmen ⟨j-s Aufmerksamkeit, Hilfe b.⟩: *Es ist schon spät u. ich möchte Ihre Gastfreundschaft wirklich nicht länger b.* **3** ***j-n / etw. b.*** j-n / etw. sehr viel od. sehr oft in Anspruch nehmen: *Die drei kleinen Kinder beanspruchen sie sehr* **4** ***etw. beansprucht etw.*** etw. strapaziert etw., etw. nutzt etw. ab: *Wenn man Passstraßen fährt, werden die Bremsen stark beansprucht* **5** ***etw. beansprucht etw.*** etw. benötigt Zeit od. Raum: *Das neue Sofa beansprucht zu viel Platz*; *Das Projekt beansprucht mehr Zeit als vorgesehen* || *zu* **3** **Be·ạn·spru·chung** *die*; *mst Sg*

be·ạn·stan·den; *beanstandete, hat beanstandet*; [Vt] ***etw.*** (***an etw.*** (*Dat*)) ***b.*** sagen, dass man e-n Fehler od. Mangel festgestellt hat ⟨e-e Entscheidung, e-e fehlerhafte Ware b.⟩: *Der Kultusminister beanstandet*, dass *an den Schulen zu wenig gelernt wird*; *Haben Sie etwas an meiner Arbeit zu b.?* || *hierzu* **Be·ạn·stan·dung** *die*

be·ạn·tra·gen; *beantragte, hat beantragt*; [Vt] **1** ***etw.*** (***bei j-m / etw.***) ***b.*** versuchen, durch e-n schriftlichen Antrag (1) (*mst* an e-e Behörde) etw. zu bekommen ≈ e-n Antrag (1) auf etw. stellen ⟨e-e Aufenthaltsgenehmigung, Sozialhilfe, ein Visum b.⟩: *Als er seinen Job verlor, beantragte er Arbeitslosengeld* **2** ***etw. b.*** (*mst* bei e-m Prozess od. bei e-r Sitzung) etw. fordern od. verlangen ⟨e-n Haftbefehl b.; e-e Unterbrechung, e-e Vertagung b.⟩: *Der Staatsanwalt beantragte, die Immunität des Politikers aufzuheben*; *Der Vorstand beantragt*, dass *neu abgestimmt wird* || *hierzu* **Be·ạn·tra·gung** *die*; *nur Sg*

be·ạnt·wor·ten; *beantwortete, hat beantwortet*; [Vt] **1** ***etw. b.*** auf e-e Frage antworten **2** ***etw. mit etw. b.*** etw. als Reaktion auf e-e Handlung tun ≈ auf etw. reagieren: *Sie beantwortete sein Lächeln mit e-m zärtlichen Blick*

Be·ạnt·wor·tung *die*; -; *nur Sg*; **1** das Beantworten (1) (e-r Frage) **2** *nur in* **in B.** + *Gen* (*Admin*) *geschr*; als Antwort auf etw.: *in B. Ihres Schreibens vom 15.2.*

be·ạr·bei·ten; *bearbeitete, hat bearbeitet*; [Vt] **1** ***etw. b.*** für etw. verantwortlich sein, es prüfen u. *mst* darüber entscheiden ⟨e-e Akte, e-n Antrag, e-n Fall, ein Sachgebiet b.⟩ **2** ***etw. b.*** e-e Arbeit über etw. schreiben ⟨ein Thema, e-e Aufgabe b.⟩ **3** ***etw.*** (***neu***) ***b.*** e-e Vorlage (*mst* e-n Text) verfassen od. nach bestimmten Kriterien verändern ≈ überarbeiten **4** ***etw.*** (***mit etw.***) ***b.*** *mst* ein Material so verändern, dass es e-e bestimmte Form od. Beschaffenheit hat ⟨Holz, Metall, Rohstoffe, e-n Acker b.⟩ **5** ***etw. mit etw. b.*** etw. *mst* mit e-r chemischen Substanz behandeln, um es zu reinigen od. zu konservieren: *verkalkte Fliesen mit Säure b.* **6** ***j-n / etw. mit etw. b.*** *gespr*; j-n / etw. mehrmals schlagen od. treten ⟨j-n / etw. mit Fäusten, Fußtritten b.⟩ **7** ***j-n b.*** *gespr*; versuchen, j-n von etw. zu überzeugen od. seine Zustimmung zu etw. zu bekommen, *bes* indem man lange u. intensiv auf ihn einredet || *zu* **1, 2** u. **3** **Be·ạr·bei·ter** *der*; **Be·ạr·bei·te·rin** *die*

Be·ạr·bei·tung *die*; -, *-en*; **1** das Bearbeiten (1) ⟨e-s Antrags⟩ || K-: ***Bearbeitungs-, -gebühr*** **2** das Bearbeiten (2,3) ⟨e-s Themas, e-s Textes⟩ **3** die neue, veränderte Fassung *mst* e-s literarischen od. musikalischen Werkes: *Shakespeares „Othello" in der musikalischen B. von Verdi* || -K: ***Bühnen-, Neu-*** **4** das Bearbeiten (4,5) ⟨von Holz, Metall⟩

be·ạrg·wöh·nen; *beargwöhnte, hat beargwöhnt*; [Vt] ***j-n / etw. b.*** gegenüber j-m / etw. e-n bestimmten Verdacht haben

Beat [biːt] *der*; -(*s*); *nur Sg*, *Mus*; **1** ≈ Beatmusik || K-: ***Beat-, -band, -gruppe, -party, -platte*** **2** ein bestimmter Rhythmus *bes* im B. (1) u. Jazz

be·at·men; *beatmete, hat beatmet*; [Vt] ***j-n*** (***künstlich***) ***b.*** j-m, der nicht mehr selbst atmen kann, Luft in die Lunge blasen od. ihm durch e-e Maschine Sauerstoff zuführen || *hierzu* **Be·at·mung** *die; mst Sg*

Beat·mu·sik ['bi:t-] *die; nur Sg*; e-e Stilrichtung der modernen Unterhaltungsmusik, die um 1960 in Großbritannien entstand

be·auf·sich·ti·gen; *beaufsichtigte, hat beaufsichtigt*; [Vt] ***j-n / etw. b.*** darauf achten, dass j-d / etw. sich so verhält od. arbeitet, wie es erwünscht od. vorgeschrieben ist ≈ überwachen ⟨Arbeiter, j-s Arbeit, Kinder b.⟩ || *hierzu* **Be·auf·sich·ti·gung** *die; nur Sg*

be·auf·tra·gen; *beauftragte, hat beauftragt*; [Vt] ***j-n*** (***mit etw.***) ***b.*** j-m (in Form e-r Bitte od. e-s Befehls) den Auftrag geben, etw. für einen zu tun: *j-n mit der Anfertigung e-s Plans b.*

Be·auf·trag·te *der / die; -n, -n*; j-d, der e-n *mst* offiziellen Auftrag hat, etw. Bestimmtes zu tun: *der B. e-r Kommission* || -K: ***Lehr-, Sonder-*** || NB: *ein Beauftragter; der Beauftragte; den, dem, des Beauftragten*

be·äu·gen; *beäugte, hat beäugt*; [Vt] ***j-n / etw. b.*** *mst hum*; j-n / etw. genau u. forschend betrachten: *e-n Fremden, etw. Interessantes b.* || ► ***Auge***

be·bau·en; *bebaute, hat bebaut*; [Vt] **1** ***etw.*** (***mit etw.***) ***b.*** auf e-r Fläche (ein) Gebäude errichten: *ein Grundstück mit Häusern b.* **2** ***etw. b.*** den Boden od. Acker bearbeiten (4), um etw. darauf anpflanzen zu können ⟨ein Feld, e-n Acker b.⟩ || *zu* **1 Be·bau·ung** *die; nur Sg*

be·ben; *bebte, hat gebebt*; [Vi] **1** ***etw. bebt*** etw. wird *bes* durch den Knall e-r Explosion od. durch ein Erdbeben erschüttert ⟨die Häuser, die Mauern, die Erde⟩ **2** (***vor etw.*** (*Dat*)) ***b.*** heftig zittern ⟨j-s Lippen⟩: *Seine Stimme bebte vor Erregung*; *Er bebte vor Wut*

Be·ben *das; -s, -*; **1** ≈ Erdbeben **2** *nur Sg*; der Zustand, in dem etw. bebt (1,2) ⟨das B. e-s Hauses, e-r Stimme⟩

be·bil·dern; *bebilderte, hat bebildert*; [Vt] ***etw. b.*** etw. mit Bildern versehen ⟨e-n Text, ein Buch b.⟩ || *hierzu* **Be·bil·de·rung** *die; nur Sg*

Be·cher *der; -s, -*; **1** ein Trinkgefäß (*mst* nicht aus Glas) *mst* ohne Henkel u. ohne Fuß: *aus e-m B. trinken* || -K: ***Papp-, Plastik-, Silber-, Zinn-*** **2** e-e Art B. (1), der für andere Zwecke (als das Trinken) verwendet wird || -K: ***Eier-, Mess-, Würfel-***

Becher

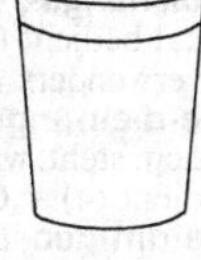

der Joghurtbecher — der Würfelbecher — der Becher(1)

be·chern; *becherte, hat gebechert*; [Vi] *gespr hum*; viel Alkohol trinken ≈ zechen

be·cir·cen [bə'tsɪrtsn̩] ↑ ***bezirzen***

Be·cken *das; -s, -*; **1** ein relativ großer Behälter für Wasser, der *mst* in der Küche od. im Bad ist u. der *bes* zum Waschen u. Spülen dient || -K: ***Spül-, Wasch-*** **2** ein großer Behälter, der (im Boden) künstlich angelegt ist u. mit Wasser gefüllt wird, sodass man *z.B.* darin schwimmen kann ≈ Bassin || K-: ***Becken-, -rand*** || -K: ***Nichtschwimmer-, Plansch-, Schwimm-*** **3** der gebogene Teil *bes* des menschlichen Skeletts, der die Wirbelsäule mit den Beinen verbindet u. vor dem bestimmte Organe (*z.B.* der Darm) liegen || ↑ *Abb. unter* ***Skelett*** || K-: ***Becken-, -bruch, -knochen*** **4** *Geol*; e-e große Mulde in der Erdoberfläche **5** *Mus*; ein Schlaginstrument, das aus einer od. zwei Scheiben aus Metall besteht || ↑ *Abb. unter* ***Schlaginstrumente***

Bec·que·rel [bɛkə'rɛl] *das; -s, -*; e-e Einheit, mit der man Radioaktivität misst; *Abk* Bq

be·dacht *Adj*; **1** *Partizip Perfekt*; ↑ ***bedenken*** **2** ***auf etw.*** (*Akk*) ***b. sein*** konsequent u. sorgfältig auf etw. achten ⟨auf seinen Vorteil b. sein⟩: *Er war stets darauf b., e-n guten Eindruck zu machen* **3** mit sehr viel Ruhe u. Übersicht ≈ überlegt ⟨Handlungen⟩

Be·dacht *nur in* ***mit / voll B.*** ⟨handeln, sprechen⟩ ruhig u. überlegt

be·däch·tig *Adj*; **1** langsam u. ruhig (in Bezug auf Bewegungen) **2** überlegt (in Bezug auf Sprechen od. Handeln) || *hierzu* **Be·däch·tig·keit** *die; nur Sg*

be·dan·ken, sich; *bedankte sich, hat sich bedankt*; [Vr] ***sich*** (***bei j-m***) (***für etw.***) ***b.*** (j-m) seinen Dank für etw. zum Ausdruck bringen: *Hast du dich* (*bei deiner Tante*) *schon* (*für das Geschenk*) *bedankt?* || ID *mst* ***Bedanke dich bei 'ihm / 'ihr*** (***dafür***) *gespr iron*; er / sie ist schuld daran

Be·darf *der; -(e)s; nur Sg*; **1** ***der B.*** (***an j-m / etw.***) *Kollekt*; die Zahl od. Menge an Menschen, Dingen od. Leistungen, die man zu e-m bestimmten Zweck braucht ⟨B. an j-m / etw. haben; es besteht (kein) B. an j-m / etw.; der B. an j-m / etw. ist gedeckt⟩: *An neuen Wohnungen besteht großer B.* || K-: ***Bedarfs-, -ermittlung, -forschung*** || -K: ***Erdöl-, Energie-, Strom-*** **2** ***bei B.*** wenn es erforderlich ist **3** (***je***) ***nach B.*** wie man es gerade benötigt || ID *mst* ***Mein B. ist gedeckt!*** *gespr*; ich habe genug davon

-be·darf *der; im Subst, begrenzt produktiv*; **1** verwendet als Kollektivbezeichnung, um die Dinge od. Personen zu bezeichnen, die j-d für e-n bestimmten Zweck braucht; ***Bürobedarf, Energiebedarf, Heimwerkerbedarf, Personalbedarf, Reisebedarf, Schreibbedarf*** **2** drückt aus, dass etw. getan werden muss; ⟨es herrscht⟩ ***Entscheidungsbedarf*** (= etw. muss entschieden werden), ***Erneuerungsbedarf, Handlungsbedarf, Nachholbedarf***

Be·darfs·fall *der; nur in* ***im B. / für den B.*** wenn es nötig ist / sein sollte ≈ bei Bedarf

be·darfs·ge·recht *Adj*; (*Admin*) *geschr*; so, dass es sich stets nach dem wirklichen Bedarf richtet ⟨etw. b. produzieren⟩

be·dau·er·lich *Adj; nicht adv*; ⟨ein Fehler, ein Vorfall⟩ so, dass sie zu bedauern (2) sind

be·dau·er·li·cher·wei·se *Adv; geschr* ≈ leider

be·dau·ern; *bedauerte, hat bedauert*; [Vt] **1** ***j-n b.*** für j-n, dem es nicht gut geht, Mitgefühl od. Sympathie zeigen ≈ bemitleiden: *e-n kranken Menschen b.* **2** ***etw. b.*** etw. als unerfreulich, schade ansehen: *Er bedauerte*, dass *er sie nicht persönlich kennen lernen konnte*; *Wir bedauern, Ihnen mitteilen* zu *müssen, dass Sie die Prüfung nicht bestanden haben* || ID ***j-d ist zu b.*** mit j-m muss man Mitleid haben; (***ich***) ***bedaure*** verwendet, wenn man e-e Bitte nicht erfüllen kann

Be·dau·ern *das; -s; nur Sg*; **1** ***B.*** (***über etw.*** (*Akk*)) ≈ Mitgefühl ⟨sein B. über etw. ausdrücken⟩: *Worte des Bedauerns* **2** das Gefühl der Traurigkeit od. Enttäuschung: *Zu meinem B. fiel das Konzert aus*

be·dau·erns·wert *Adj*; ⟨ein Mensch⟩ so, dass er zu bedauern (1) ist

be·de·cken; *bedeckte, hat bedeckt*; [Vt] **1** ***j-n / etw.*** (***mit etw.***) ***b.*** *mst* e-e Decke od. ein Tuch über j-n / etw. legen, sodass man ihn / es nicht mehr sieht: *den Boden mit Matten b.; e-n Toten mit e-m*

Leinentuch b. **2 *etw. bedeckt etw.*** etw. befindet sich in großer Anzahl od. in dichter Form auf etw.: *Schnee bedeckte die Wiesen* **3 *etw. bedeckt etw.*** etw. verhüllt od. verbirgt etw. ganz od. teilweise: *Der Rock bedeckte kaum ihre Knie*

be·dẹckt **1** *Partizip Perfekt*; ↑ ***bedecken*** **2** *Adj*; *nicht adv*; voller Wolken ≈ bewölkt ⟨der Himmel⟩ **3 *sich b. halten*** aus bestimmten Gründen nichts über etw. sagen

be·dẹn·ken; *bedachte, hat bedacht*; [Vt] **1 *etw. b.*** etw. (*bes* im Hinblick auf etw., das noch geschehen wird) prüfend überlegen ≈ über etw. nachdenken, etw. berücksichtigen: *die Folgen e-r Handlung genau, gründlich b.*; *Er fährt immer ohne Helm Motorrad, ohne zu b.*, wie *gefährlich das ist* **2 *j-n mit etw. b.*** *geschr*; j-m (aus Sympathie) etw. geben: *j-n mit Applaus, Geschenken, Ratschlägen b.* **3 (*j-m*) *zu b. geben, dass ...*** *geschr*; j-n auf etw. hinweisen, das berücksichtigt werden muss

Be·dẹn·ken *das*; *-s, -*; *mst Pl*; ***Bedenken* (*gegen j-n / etw.*)** Zweifel od. Befürchtungen in Bezug auf j-n / etw. ⟨ernsthafte, schwerwiegende B. haben, äußern; j-s B. beseitigen, zerstreuen⟩: *Haben Sie irgendwelche Bedenken*, dass *das Projekt ein Misserfolg werden könnte?*

be·dẹn·ken·los *Adj*; **1** ohne Skrupel od. Hemmungen ≈ rücksichtslos: *e-e Situation b. ausnützen* **2** ohne Überlegung: *sich j-m b. anvertrauen* **3** *mst adv*; ohne dass man sich Gedanken machen muss, dass etw. Schlimmes passiert: *Diese Pilze kann man b. essen* || *zu* **1** u. **2 Be·dẹn·ken·lo·sig·keit** *die*; *nur Sg*

be·dẹnk·lich *Adj*; **1** so, dass es (für j-n) gefährlich sein könnte ≈ bedrohlich ⟨j-s Gesundheitszustand, e-e Situation⟩ **2** voller Bedenken ≈ skeptisch, nachdenklich, besorgt ⟨ein Gesicht⟩ **3** moralisch od. gesetzlich fragwürdig ≈ zweifelhaft: *bedenkliche Mittel anwenden, um sein Ziel zu erreichen*

Be·dẹnk·zeit *die*; *nur Sg*; die Zeit, die j-d bekommt, um etw. genau zu überlegen, bevor er sich entscheidet ⟨j-m B. geben, gewähren, einräumen; um B. bitten⟩: *Sie haben drei Tage B., dann möchte ich e-e klare Antwort!*

be·dẹp·pert *Adj*; *gespr, oft pej* ≈ verlegen, ratlos ⟨b. dreinschauen, dastehen⟩

be·deu̲·ten; *bedeutete, hat bedeutet*; [Vt] **1 *etw. bedeutet etw.*** etw. hat e-e bestimmte Bedeutung (1): *Was hat dein Verhalten zu b.?*; *Rotes Licht im Verkehr bedeutet*, dass *man anhalten od. warten muss* **2 *etw. bedeutet etw.*** etw. hat e-e bestimmte sprachliche Bedeutung (1): *Weißt du, was das Wort „Quasar" bedeutet?* **3 *etw. bedeutet etw.*** etw. bringt etw. mit sich: *Viele wissen nicht, was es bedeutet, allein zu sein*; *Der Tod bedeutet für viele etw. Schreckliches* **4 *etw. bedeutet etw.*** etw. hat etw. Bestimmtes zur Folge: *Wenn ich noch länger warten muss, bedeutet das für mich, den Zug zu verpassen* **5 *etw. bedeutet etw.*** etw. ist ein Zeichen für etw.: *Dunkle Wolken bedeuten Regen*; *Sein Gesichtsausdruck bedeutete nichts Gutes* **6 (*j-m*) *etw. b.*** (für j-n) wichtig, viel wert sein: *Luxus bedeutet mir nichts*; *Du bedeutest mir alles* || NB: *zu* **1-6** kein Passiv!

be·deu̲·tend *Adj*; **1** ⟨ein Gelehrter, ein Künstler; ein Bauwerk, ein Kunstwerk⟩ so, dass sie durch große Leistungen od. Qualität aus e-r Gruppe vergleichbarer Personen od. Dinge herausragen **2** mit viel Ansehen u. Einfluss ≈ herausragend ⟨e-e Persönlichkeit⟩ **3** mit weit reichenden Folgen ≈ wichtig ⟨ein Ereignis, e-e Erfindung, e-e Entwicklung⟩ **4** ⟨ein Vermögen, ein Talent⟩ so (groß), dass sie Beachtung od. Lob verdienen ≈ beachtlich: *Wir sind unserem Ziel e-n bedeutenden Schritt näher gekommen* **5** *nur adv*; verwendet, um ein Adj. im Komparativ od. ein Verb zu verstärken ≈ wesentlich: *Der Kranke sieht heute schon b. besser aus*; *Die Chancen haben sich b. verschlechtert*

be·deu̲t·sam *Adj*; **1** ≈ bedeutend (3), wichtig **2** ≈ bedeutungsvoll (2), viel sagend || *hierzu* **Be·deu̲t·sam·keit** *die*; *nur Sg*

Be·deu̲·tung *die*; *-, -en*; **1** das, was mit Sprache, Zeichen, e-m Verhalten *o.Ä.* ausgedrückt werden soll: *Das Wort „Bank" hat mehrere Bedeutungen*; *„Synonyme" sind Wörter mit gleicher B.* || K-: ***Bedeutungs-, -lehre, -wandel, -wörterbuch*** **2** etw., das qualitativ wichtig ist od. e-e besondere Wirkung hat ≈ Wichtigkeit, Tragweite: *Diese Entscheidung war von besonderer politischer B. für die Weiterentwicklung des Landes* **3** ≈ Sinn (3) ⟨e-e tiefere B.⟩

be·deu̲·tungs·los *Adj* ≈ unwichtig, irrelevant ⟨ein Einwand, ein Fehler⟩ || *hierzu* **Be·deu̲·tungs·lo·sig·keit** *die*; *nur Sg*

be·deu̲·tungs·voll *Adj*; **1** voll Bedeutung (2) ≈ wichtig, relevant **2** von besonderer Bedeutung (1) ≈ viel sagend ⟨ein Blick, ein Lächeln; j-n b. ansehen⟩

be·die̲·nen; *bediente, hat bedient*; [Vt/i] **1 (*j-n*) *b.*** (als Kellner) e-m Gast Speisen u. Getränke (an den Tisch) bringen ≈ servieren: *In diesem Lokal wird man sehr korrekt bedient*; *Wer bedient an diesem Tisch?*; [Vt] **2 *j-n b.*** (als Verkäufer) e-m Kunden durch Ratschläge beim Kauf helfen: *Werden Sie schon bedient?* **3 *j-n b.*** für j-n etw. tun, weil er selbst es nicht tun will od. kann: *Wenn er abends nach Hause kommt, lässt er sich gern von seiner Frau b.* **4 *etw. b.*** *mst* ein relativ großes Gerät od. e-e Maschine korrekt gebrauchen u. ihre Funktionen kontrollieren ⟨e-n Kran, e-e Waschmaschine b.⟩; [Vr] **5 *sich b.*** sich etw. zu essen od. trinken nehmen, *mst* nachdem j-d es einem angeboten hat ≈ zugreifen: *Hier sind ein paar belegte Brote - bedient euch bitte!* **6 *sich etw.* (*Gen*) *b.*** *geschr*; von etw., das man hat, Gebrauch machen ≈ etw. benutzen: *sich beim Übersetzen e-s Wörterbuchs b.* || ID *mst* **(*mit etw.*) *gut / schlecht bedient sein*** *gespr*; mit etw. zufrieden / nicht zufrieden sein können; *mst* ***Ich bin bedient!*** *gespr*; Ich habe genug davon

Be·die̲ns·te·te *der / die*; *-n, -n*; **1** (*Admin*) *geschr*; j-d, der im öffentlichen Dienst angestellt ist || -K: ***Post-, Staats-*** **2** ≈ Hausangestellte(r) || NB: *ein Bediensteter*; *der Bedienstete*; *den, dem, des Bediensteten*

Be·die̲·nung *die*; *-, -en*; **1** *nur Sg*; das Bedienen (1) e-s Gastes ⟨inklusive B.; mit / ohne B.⟩ **2** *nur Sg*; das Bedienen (2) e-s Kunden ⟨prompte B.⟩ **3** *nur Sg*; das Bedienen (4) *mst* e-r Maschine || K-: ***Bedienungs-, -fehler, -komfort*** **4** j-d, der in e-m Lokal bedient (1) (als Anrede *bes* gegenüber Frauen verwendet): *B., zahlen bitte!*

Be·die̲·nungs|an·lei·tung *die*; ein Heft *o.Ä.*, in dem steht, wie man e-e Maschine od. ein Gerät bedient (4) ≈ Gebrauchsanweisung

be·dịn·gen; *bedingte, hat bedingt*; [Vt] **1 *etw. bedingt etw.*** etw. hat etw. zur Folge ≈ etw. bewirkt etw.: *Höhere Löhne bedingen höhere Preise*; *Seine mangelnde Konzentrationsfähigkeit ist psychisch bedingt* **2** ⟨zwei od. mehrere Faktoren⟩ ***bedingen sich gegenseitig / wechselseitig*** zwei od. mehrere Zusammenhänge, Zustände *o.Ä.* stehen so miteinander in Beziehung, dass die Existenz od. Veränderung der einen Sache von der Existenz od. Veränderung der anderen Sache abhängt: *Das Lohnniveau u. die Kaufkraft bedingen sich gegenseitig*

be·dịngt **1** *Partizip Perfekt*; ↑ ***bedingen*** **2** *Adj*; *mst adv*; nicht in vollem Umfang, nicht ohne Einschränkung ⟨b. geeignet, verwendungsfähig, einsetzbar⟩: *Ihr Einwand ist nur b. berechtigt* **3** *Adj*; von bestimmten Vorstellungen od. Bedingungen abhängig ⟨e-e Strafe, e-e Zusage⟩

-be·dingt *im Adj, begrenzt produktiv*; verwendet, um auszudrücken, dass das, was im ersten Wortteil genannt wird, der Grund od. die Ursache für etw. anderes ist; ***altersbedingt, berufsbedingt*** ⟨Krankheiten⟩, ***krankheitsbedingt*** ⟨Erscheinungen⟩, ***preisbedingt*** ⟨e-e Absatzsteigerung⟩, ***saisonbedingt*** ⟨ein Urlauberrückgang⟩, ***verletzungsbedingt*** ⟨ein Ausfall⟩, ***witterungsbedingt*** ⟨Schäden⟩, ***zufallsbedingt*** ⟨ein Ereignis⟩

Be·dingt·heit *die*; -; *nur Sg*; die Art u. Weise, wie etw. bestimmt ist od. verursacht wird: *die soziologische B. von Verbrechen*

Be·din·gung *die*; -, *-en*; **1** e-e Forderung, von deren Erfüllung *mst* e-e Vereinbarung od. ein Vertrag abhängig gemacht wird ⟨(j-m) e-e B. stellen⟩: *Ihre Bedingungen sind für uns nicht akzeptabel* **2** ***B. für etw.*** e-e Voraussetzung, ohne die etw. nicht realisiert werden kann: *Ich helfe dir nur unter der B., dass du mir auch hilfst* || -K: ***Liefer-, Zahlungs-*** **3** *nur Pl*; bestimmte Umstände, die j-n / etw. beeinflussen ⟨gute, (un)günstige Bedingungen; die äußeren, klimatischen Bedingungen⟩: *unter erschwerten Bedingungen arbeiten* || -K: ***Lebens-, Witterungs-***

be·din·gungs·los *Adj*; **1** ohne jede Einschränkung ↔ bedingt ⟨Vertrauen⟩ **2** ohne e-e Bedingung (1) ⟨b. kapitulieren⟩

be·drän·gen; *bedrängte, hat bedrängt*; [Vt] **1** ***j-n (mit etw.) b.*** j-n wiederholt bitten, drängen, etw. zu tun **2** ***j-n / etw. b.*** versuchen, j-n / etw. durch heftiges, wiederholtes Angreifen in e-e schwierige Lage zu bringen: *Die Festung wurde von den feindlichen Truppen bedrängt* || NB: *mst* im Passiv || *hierzu* **Be·drän·gung** *die*; *nur Sg*

Be·dräng·nis *die*; -; *nur Sg*; e-e sehr unangenehme u. schwierige Situation ≈ Notlage ⟨in B. sein / geraten; j-n in B. bringen⟩

be·dro·hen; *bedrohte, hat bedroht*; [Vt] **1** ***j-n (mit etw.) b.*** j-m mit Worten od. Taten drohen: *j-n mit e-r Pistole b.*; *j-n mit dem Tod b.* **2** ***etw. bedroht j-n*** etw. stellt für j-n e-e Gefahr dar ≈ etw. gefährdet j-n: *Epidemien u. Naturkatastrophen bedrohen die Menschheit* || *hierzu* **Be·dro·hung** *die*

be·droh·lich *Adj*; so, dass es e-e Gefahr darstellt od. ankündigt ≈ gefährlich ⟨e-e Situation⟩: *Das Hochwasser nahm bedrohliche Ausmaße an*

be·droht 1 *Partizip Perfekt*; ↑ ***bedrohen*** **2** *Adj*; *mst präd*; in Gefahr ⟨j-s Leben, die Umwelt⟩ **3** ***e-e Pflanze / ein Tier ist vom Aussterben b.*** e-e Pflanze, ein Tier ist in Gefahr auszusterben

be·dru·cken; *bedruckte, hat bedruckt*; [Vt] ***etw. (mit etw.) b.*** auf Stoff, Papier *o.Ä.* etw. drucken: *ein mit Blumen bedruckter Stoff*

be·drü·cken; *bedrückte, hat bedrückt*; [Vt] ***etw. bedrückt j-n*** etw. bewirkt, dass j-d traurig, pessimistisch *usw* ist ≈ etw. deprimiert j-n ⟨j-d wird von Kummer, Sorgen, Einsamkeit bedrückt⟩: *Sie sieht bedrückt aus* || *hierzu* **Be·drü·ckung** *die*; *nur Sg*

be·dür·fen; *bedarf, bedurfte, hat bedurft*; *geschr*; [Vt] **1** ***j-s / etw. b.*** j-n / etw. brauchen ⟨j-s Hilfe, der Ruhe b.; etw. bedarf e-r Erklärung⟩; [Vimp] **2** ***es bedarf j-s / etw.*** j-d / etw. wird benötigt, ist nötig: *Es hätte nur eines Wortes bedurft u. ich hätte ihr verziehen*

Be·dürf·nis *das*; *-ses, -se*; **1** ***ein B. (nach etw.)*** die Notwendigkeit od. der Wunsch, etw. zu bekommen, das man braucht ⟨ein B. nach Liebe, Schlaf haben, verspüren⟩: *die Produktion den Bedürfnissen des Marktes anpassen* || K-: ***Bedürfnis-, -befriedigung, -entwicklung*** || -K: ***Mitteilungs-, Schlaf-, Sicherheits-*** **2** *mst* ***es ist mir ein B.*** (+ ***zu*** + *Infinitiv*) ich möchte / muss unbedingt etw. sagen, tun *o.Ä.* || *hierzu* **be·dürf·nis·los** *Adj*

be·dürf·tig *Adj*; *nicht adv*; **1** auf (materielle) Hilfe anderer angewiesen ≈ arm (1) **2** ***j-s / etw. b. sein*** *geschr*; j-n / etw. unbedingt brauchen ⟨der Liebe, des Trostes b. sein⟩ || *zu* **1 Be·dürf·tig·keit** *die*; *nur Sg*

-be·dürf·tig *im Adj, begrenzt produktiv*; verwendet, um auszudrücken, dass das, was im ersten Wortteil genannt wird, gebraucht od. benötigt wird; ***erholungsbedürftig, hilfsbedürftig*** ⟨ein Kranker⟩, ***liebebedürftig*** ⟨ein Kind⟩, ***pflegebedürftig*** ⟨alte Menschen⟩, ***reparaturbedürftig*** ⟨ein Auto⟩, ***ruhebedürftig, schutzbedürftig, verbesserungsbedürftig*** ⟨ein Plan, ein Entwurf⟩, ***wärmebedürftig*** ⟨e-e Pflanze⟩

Beef·steak ['bi:fste:k] *das*; *-s, -s*; **1** e-e Scheibe gebratenes Rindfleisch, *mst* von der Lende des Rindes **2** ***deutsches B.*** ≈ Frikadelle

be·eh·ren; *beehrte, hat beehrt*; [Vt] ***j-n / etw. (mit etw.) b.*** *oft iron*; j-n / e-e Veranstaltung durch seine Anwesenheit od. durch seinen Besuch würdigen ⟨j-n mit seinem Besuch b.⟩ || ID ***Beehren Sie uns bald wieder!*** verwendet, um e-n Kunden od. e-n zahlenden Gast höflich zu verabschieden

be·ei·den; *beeidete, hat beeidet*; [Vt] ***etw. b.*** e-n Eid darauf schwören, dass etw. wahr ist ⟨e-e Aussage b.⟩

be·ei·digt *Adj*; ⟨ein Dolmetscher, ein Sachverständiger⟩ so, dass sie e-n Eid abgegeben haben, immer die Wahrheit zu sagen, u. sie deshalb ihre Fachkenntnisse bei Gerichtsverhandlungen *o.Ä.* anwenden dürfen

be·ei·len, sich; *beeilte sich, hat sich beeilt*; [Vr] ***sich (bei / mit etw.) b.*** etw. schneller als üblich tun, um ein Ziel rechtzeitig zu erreichen od. um rechtzeitig fertig zu werden: *Sie musste sich b., um ihr Flugzeug nicht zu verpassen*; *Beeil dich ein bisschen, sonst kommen wir zu spät!*

Be·ei·lung *mst in* ***(los,) B.! / etwas B., bitte!*** *gespr*; verwendet, um j-n aufzufordern, sich zu beeilen

be·ein·dru·cken; *beeindruckte, hat beeindruckt*; [Vt] ***j-n b.*** in j-s Bewusstsein od. Erinnerung e-n starken Eindruck hinterlassen ⟨j-n tief, stark b.⟩

be·ein·flus·sen; *beeinflusste, hat beeinflusst*; [Vt] **1** ***j-n (bei etw. / in etw.*** (*Dat*)***) b.*** auf j-n so einwirken, dass er *mst* anders denkt od. handelt: *j-n in seinem Urteil b.* **2** ***etw. b.*** bewirken, dass sich etw. (deutlich) ändert: *j-s Meinung b.* || *hierzu* **Be·ein·flus·sung** *die*; **be·ein·fluss·bar** *Adj*; *nicht adv* || ▶ ***Einfluss***

be·ein·träch·ti·gen; *beeinträchtigte, hat beeinträchtigt*; [Vt] ***etw. beeinträchtigt etw.*** etw. hat e-e negative Wirkung auf etw.: *Lärm während der Arbeit beeinträchtigt die Konzentration* || *hierzu* **Be·ein·träch·ti·gung** *die*

be·en·den; *beendete, hat beendet*; [Vt] ***etw. b.*** *mst* e-e Tätigkeit zu Ende führen od. sie nicht weitermachen ↔ beginnen ⟨e-n Streit, e-e Unterhaltung, seine Lehre b.⟩ || *hierzu* **Be·en·dung** *die*; *nur Sg*

be·en·di·gen; *beendigte, hat beendigt*; [Vt] ***etw. b.*** ≈ beenden || *hierzu* **Be·en·di·gung** *die*; *nur Sg*

be·en·gen; *beengte, hat beengt*; [Vt] **1** ***etw. beengt j-n*** etw. ist zu eng für j-n ⟨Kleidungsstücke⟩: *ein beengender Kragen* **2** ***etw. beengt j-n*** etw. lässt j-m nur wenige persönliche Freiheiten ⟨Verbote, Vorschriften⟩ || NB: *mst* im Partizip Präsens || *hierzu* **Be·en·gung** *die*

be·engt 1 *Partizip Perfekt*; ↑ ***beengen*** **2** *Adj*; ohne genügend Raum zur freien Bewegung ⟨b. wohnen, sich b. fühlen⟩ || *hierzu* **Be·engt·heit** *die*; *nur Sg*

be·er·ben; *beerbte, hat beerbt*; [Vt] ***j-n b.*** j-s Erbe[2] werden

be·er·di·gen; *beerdigte, hat beerdigt*; [Vt] ***j-n b.*** e-n Verstorbenen *mst* im Rahmen e-r Trauerfeier in e-m Sarg ins Grab legen (lassen) ≈ begraben, bestatten, beisetzen || *hierzu* **Be·er·di·gung** *die*

Be·er·di·gungs·in·sti·tut *das* ≈ Bestattungsinstitut

Bee·re *die*; -, *-n*; eine von vielen kleinen, *mst* süßen essbaren Früchten, die auf manchen kleinen Pflanzen od. Sträuchern wachsen (*z.B.* Erdbeeren, Himbeeren, Brombeeren, Johannisbeeren, Heidelbeeren) || K-: ***Beeren-, -obst, -strauch, -wein***

Beet *das*; *-(e)s, -e*; ein relativ kleines, *mst* rechteckiges Stück Boden (in e-m Garten), auf dem *bes* Blumen, Gemüse od. Salat angepflanzt werden ⟨ein B. anlegen, umgraben⟩ || -K: ***Blumen-, Gemüse-***

Bee·te *die*; ↑ ***Bete***

be·fä·hi·gen; *befähigte, hat befähigt*; Vt ***etw. befähigt j-n zu etw.*** *geschr*; etw. gibt j-m die Möglichkeit, die Fähigkeit od. das Recht, etw. zu tun: *Sein Talent befähigt ihn* dazu, *später ein großer Künstler* zu *werden*

be·fä·higt [-ɪçt] **1** *Partizip Perfekt*; ↑ ***befähigen*** **2** *Adj*; (***zu etw.***) ***b.*** *geschr*; mit e-r besonderen Fähigkeit od. Qualifikation zu etw.

Be·fä·hi·gung *die*; -, *-en*; *mst Sg*; ***e-e B.*** (***für / zu etw.***) die Fähigkeit od. die Qualifikation, e-e bestimmte Tätigkeit auszuüben || K-: ***Befähigungs-, -nachweis***

be·fahl *Imperfekt, 1. u. 3. Person Sg*; ↑ ***befehlen***

be·fahr·bar *Adj*; *nicht adv*; so beschaffen, dass man darauf fahren kann: *Die Passstraße ist im Winter nur selten b.* || *hierzu* **Be·fahr·bar·keit** *die*; *nur Sg*

be·fah·ren; *befährt, befuhr, hat befahren*; Vt ***etw. b.*** mit e-m Fahrzeug auf e-r Straße, e-m Weg *usw* fahren: *Diese Straße wird nur noch wenig befahren* || NB: *mst* im Passiv!

Be·fall *der*; *-(e)s*; *nur Sg*; der Zustand *bes* e-r Pflanze, wenn sie Schädlinge, Krankheiten *usw* hat || -K: ***Pilz-, Schädlings-, Virus-***

be·fal·len; *befiel, hat befallen*; Vt **1** ***etw. befällt j-n*** etw. wirkt *mst* plötzlich u. sehr intensiv auf j-n ⟨Angst, Fieber, Reue, e-e Krankheit⟩ **2** ***etw. befällt etw.*** schädliche Stoffe od. Schädlinge bedecken *mst* e-e Pflanze: *Die Pflanzen waren von Läusen befallen* || NB: *mst* im Passiv!

be·fan·gen *Adj*; **1** in seinem Verhalten nicht frei, sicher od. natürlich ≈ gehemmt: *Er wirkte sehr b.* **2** *bes Jur*; (als Richter, Zeuge) nicht mehr in der Lage, objektiv zu sein, weil man schon e-e bestimmte Meinung hat ⟨j-n / sich für b. erklären; j-n als b. ablehnen⟩ || *hierzu* **Be·fan·gen·heit** *die*; *nur Sg*

be·fas·sen, sich; *befasste sich, hat sich befasst*; Vr ***sich mit j-m / etw. b.*** sich für j-n / etw. interessieren u. sich *mst* intensiv mit ihm / damit beschäftigen ⟨sich mit e-m Problem / Thema, mit Kindern b.⟩

Be·fehl *der*; *-(e)s, -e*; **1** ***der B.*** (***zu etw.***) e-e (von e-m Vorgesetzten ausgegebene) mündliche od. schriftliche Mitteilung, dass etw. Bestimmtes getan werden muss ⟨j-m e-n B. geben, erteilen; e-n B. ausführen, befolgen; den B. verweigern, sich e-m B. widersetzen⟩: *Der General gab den B. zum Angriff / anzugreifen* || K-: ***Befehls-, -empfänger, -verweigerung*** **2** *nur Sg*, *Mil* ≈ Kommando (2) ⟨den B. über j-n / etw. haben; unter j-s B. stehen⟩ **3** e-e Anweisung *mst* an e-n Computer, e-e bestimmte Aufgabe auszuführen

be·feh·len; *befiehlt, befahl, hat befohlen*; Vt **1** (***j-m***) ***etw. b.*** j-m e-n Befehl (1) erteilen: *Der General befahl den Rückzug / befahl den Soldaten, sich zurückzuziehen* **2** ***j-n zu j-m / irgendwohin b.*** *Mil*; j-n durch e-n Befehl veranlassen, zu j-m / an e-n bestimmten Ort zu gehen: *die Truppen an die Front b.*

be·feh·li·gen; *befehligte, hat befehligt*; Vt ***etw. b.*** *Mil*; die Befehlsgewalt über etw. haben ≈ kommandieren ⟨Truppen b.⟩

Be·fehls·form *die* ≈ Imperativ

Be·fehls·ge·walt *die*; ***die B.*** (***über j-n / etw.***) *Mil*; das Recht u. die Macht, j-m / e-r Truppe in e-m bestimmten Bereich Befehle zu erteilen ≈ Kommando (2)

Be·fehls·ha·ber *der*; *-s*, -; *Mil*; j-d, der e-r relativ großen militärischen Einheit Befehle erteilen darf ≈ Kommandeur

be·fes·ti·gen; *befestigte, hat befestigt*; Vt **1** ***etw.*** (***an etw.*** (*Dat*)) ***b.*** etw. (*z.B.* mit Schrauben, Nägeln, e-r Schnur) so mit etw. in Kontakt bringen, dass es fest ist: *ein Regal an der Wand b.*; *ein Boot an e-m Pfahl b.* **2** ***etw. b.*** daran arbeiten, dass etw. fester od. stabiler wird ⟨das Ufer, den Damm b.⟩ || *hierzu* **Be·fes·ti·gung** *die*

be·feuch·ten; *befeuchtete, hat befeuchtet*; Vt (***sich*** (*Dat*)) ***etw.*** (***mit etw.***) ***b.*** etw. feucht machen ⟨die Luft b.; sich die Lippen b.⟩: *sich den Zeigefinger b., um leichter umblättern zu können* || *hierzu* **Be·feuch·tung** *die*; *nur Sg*

be·fiehlt *Präsens, 3. Person Sg*; ↑ ***befehlen***

be·fin·den; *befand, hat befunden*; Vt **1** ***j-n / etw. als / für irgendwie b.***; ***b., dass ...*** *geschr*; (auch als Richter od. Fachmann) zu der Überzeugung kommen, dass j-d / etw. irgendwie ist ⟨j-n als / für (un)schuldig b.; etw. für gut, richtig b.⟩: *Das Gericht befand in seinem Urteil, dass der Angeklagte unschuldig war*; *Der Gutachter befand die Unterschrift für echt*; *Er hat es nicht einmal für nötig befunden, sich bei mir für meine Hilfe zu bedanken*; Vr **2** ***sich irgendwo b.*** *geschr*; an e-m bestimmten Ort, an e-r bestimmten Stelle sein: *sich im Ausland, auf dem Heimweg b.*; *Das Büro des Chefs befindet sich im dritten Stock*; *Unter den Zuschauern befinden sich auch einige Prominente* **3** ***sich irgendwie b.*** *geschr*; in e-m bestimmten gesundheitlichen Zustand sein ⟨sich gut, wohl b.⟩ **4** ***sich in etw.*** (*Dat*) ***b.*** in e-r bestimmten Situation, in e-m bestimmten Zustand sein ⟨sich im Unrecht, in e-r peinlichen Lage b.⟩: *Sein altes Auto befindet sich noch in gutem Zustand*

Be·fin·den *das*; *-s*; *nur Sg*; **1** der (gesundheitliche) Zustand von j-m ⟨sich nach j-s B. erkundigen⟩ **2** *mst* ***nach j-s B.*** *geschr*; nach j-s Meinung / Urteil ≈ nach j-s Ermessen

be·find·lich *Adj*; *mst attr, nicht adv, geschr*; **1** an e-m bestimmten Ort: *der vor dem Dom befindliche Platz* **2** in e-m bestimmten Zustand: *ein in Bearbeitung befindliches Gesetz*

be·flag·gen; *beflaggte, hat beflaggt*; Vt ***etw. b.*** an etw. eine od. mehrere Flaggen befestigen: *das Rathaus b.* || *hierzu* **Be·flag·gung** *die*

be·fle·cken; *befleckte, hat befleckt*; Vt **1** ***sich / etw. b.*** e-n Fleck auf sich / etw. machen ≈ beschmutzen: *den neuen Anzug mit Kaffee b.* **2** ***etw. b.*** etw. *mst* durch Worte (in der Öffentlichkeit) als negativ erscheinen lassen ⟨j-s Ehre, Ruf b.⟩ || NB: *zu* **2**: *mst* im Zustandspassiv || *hierzu* **Be·fle·ckung** *die*; *nur Sg*

be·flei·ßi·gen, sich; *befleißigte sich, hat sich befleißigt*; Vr ***sich etw.*** (*Gen*) ***b.*** *geschr*; sich mit viel Eifer od. Fleiß um etw. bemühen: *sich guter Manieren, e-r korrekten Aussprache b.*

be·flis·sen *Adj*; *mst adv, geschr*; mit sehr großem Eifer ⟨ein Diener, ein Verkäufer⟩ || -K: ***dienst-*** || *hierzu* **Be·flis·sen·heit** *die*; *nur Sg*

be·flü·geln; *beflügelte, hat beflügelt*; Vt ***etw. beflügelt j-n / etw.*** (***zu etw.***) *geschr*; etw. regt j-n / etw. in produktiver od. kreativer Weise an ≈ etw. spornt j-n an ⟨etw. beflügelt j-s Fantasie, Schöpfungskraft⟩: *Das Lob beflügelte ihn zu noch besseren Leistungen*

be·foh·len *Partizip Perfekt*; ↑ ***befehlen***

be·fọl·gen; *befolgte, hat befolgt*; [Vt] ***etw. b.*** etw. so ausführen od. einhalten, wie es verlangt od. empfohlen wird ≈ sich an etw. halten ⟨Befehle, Gesetze, Vorschriften b.; Ratschläge, Hinweise b.⟩ || *hierzu* **Be·fọl·gung** *die*; *nur Sg*

be·fọr·dern; *beförderte, hat befördert*; [Vt] **1** ***j-n / etw.*** (***mit / in etw.*** *(Dat)*) (***irgendwohin***) ***b.*** j-n / etw. *bes* mithilfe e-s Transportmittels von e-m Ort an e-n anderen bringen ≈ transportieren: *Koffer mit der Bahn, Pakete mit der Post b.* **2** ***j-n*** (***zu etw.***) ***b.*** j-m e-e höhere *mst* dienstliche od. militärische Stellung geben: *j-n zum Oberinspektor, zum General b.* || *hierzu* **Be·för·de·rung** *die*

Be·för·de·rungs·mit·tel *das*; *(Admin) geschr*; ein Fahrzeug, mit dem Personen od. Sachen transportiert werden (*z.B.* ein Bus od. ein Zug)

be·fra·gen; *befragte, hat befragt*; [Vt] ***j-n*** (***zu etw. / über etw.*** *(Akk)*) ***b.*** j-m zu e-m bestimmten Thema od. über e-n bestimmten Vorfall Fragen stellen ⟨e-n Experten, e-n Zeugen, den Arzt b.⟩: *Die Polizei hat ihn zu dem Verkehrsunfall befragt* || *hierzu* **Be·fra·gung** *die*

be·frei·en; *befreite, hat befreit*; [Vt] **1** ***j-n / sich / etw.*** (***von j-m / etw.***) ***b.*** j-n / sich selbst / etw. von e-r Last, e-m äußeren Druck *o.Ä.* frei machen: *Menschen von der Diktatur b.* **2** ***j-n / sich / ein Tier*** (***aus / von etw.***) ***b.*** durch e-e (oft gewaltsame) Aktion erreichen, dass j-d / man selbst / ein Tier nicht länger gefangen od. in e-r bedrohlichen Situation ist ⟨j-n aus dem Gefängnis, aus e-r Gefahr, aus der Gewalt von Terroristen, von seinen Fesseln b.; ein Tier aus seinem Käfig b.⟩: *e-n Verletzten aus dem brennenden Auto b.* **3** ***j-n / sich / etw. von etw. b.*** von j-m / sich / etw. etw. Unangenehmes od. Störendes nehmen: *j-n von seinem Leiden, seinen Sorgen, seinen Vorurteilen b.; das Auto vom Schnee b.* **4** ***j-n von etw. b.*** veranlassen, dass j-d e-e Verpflichtung / seine Pflicht nicht erfüllen muss ⟨j-n vom Militärdienst, von Abgaben, Steuern b.⟩: *e-n Schüler wegen Krankheit vom Unterricht b.* || *hierzu* **Be·frei·ung** *die*; *nur Sg*

be·frẹm·den; *befremdete, hat befremdet*; [Vt] ***etw. befremdet j-n*** *geschr*; etw. hat auf j-n e-e seltsame, *mst* unangenehme Wirkung: *Seine schroffe Reaktion befremdete uns* || *hierzu* **be·frẹmd·lich** *Adj*

Be·frẹm·den *das*; *-s*; *nur Sg, geschr*; das Gefühl, das man hat, wenn man etw. als seltsam, unangenehm od. unhöflich empfindet ⟨etw. mit B. feststellen⟩

be·freun·den, sich; *befreundete sich, hat sich befreundet*; [Vr] **1** ***j-d befreundet sich mit j-m***; ⟨Personen⟩ ***befreunden sich*** *mst* zwei Personen werden Freunde **2** ***j-d befreundet sich mit etw.*** ≈ j-d freundet sich mit etw. an (2)

be·freun·det **1** *Partizip Perfekt*; ↑ ***befreunden*** **2** *Adj*; (***mit j-m***) ***b.*** mit e-m freundschaftlichen Verhältnis (zu j-m): *Sie sind eng miteinander b.; Ich bin mit ihm schon lange b.*

be·frie·den; *befriedete, hat befriedet*; [Vt] ***etw. b.*** *geschr*; durch geeignete Maßnahmen bewirken, dass irgendwo kein Krieg, Kampf *o.Ä.* mehr herrscht ⟨ein Land b.⟩ || *hierzu* **Be·frie·dung** *die*; *nur Sg*

be·frie·di·gen; *befriedigte, hat befriedigt*; [Vt] **1** ***j-n b.*** j-s Erwartungen od. Verlangen erfüllen, sodass er zufrieden ist ⟨j-n sexuell b.⟩: *Er hat sehr hohe Ansprüche u. ist daher schwer zu b.* **2** ***etw. b.*** *mst* ein Bedürfnis, Verlangen erfüllen ⟨j-s Ansprüche, Forderungen b.⟩; [Vt] **3** ***sich*** (***selbst***) ***b.*** ≈ onanieren, masturbieren

be·frie·di·gend *Adj*; **1** so, dass es die Beteiligten zufrieden macht: *e-e befriedigende Lösung finden* **2** ≈ durchschnittlich ⟨e-e Leistung⟩ **3** verwendet als Bezeichnung für die durchschnittliche Note 3 (auf der Skala von 1-6 bzw. *sehr gut* bis *ungenügend*) ⟨„b." in etw. *(Dat)* haben, bekommen⟩

Be·frie·di·gung *die*; *-*; *nur Sg*; **1** das Befriedigen (2) ⟨die B. von Ansprüchen, Bedürfnissen⟩ **2** ***B.*** (***über etw.*** *(Akk)*) ≈ Zufriedenheit, Genugtuung ⟨B. empfinden, erlangen⟩

be·frịs·ten; *befristete, hat befristet*; [Vt] ***etw.*** (***auf etw.*** *(Akk)*) ***b.*** etw. nur eine bestimmte Zeit gültig sein lassen: *Die Aufenthaltserlaubnis ist auf drei Monate befristet* || NB: *mst* im Zustandspassiv! || *hierzu* **Be·frịs·tung** *die*; *nur Sg*

be·frụch·ten; *befruchtete, hat befruchtet*; [Vt] **1** ⟨e-e männliche Samenzelle⟩ ***befruchtet e-e weibliche Eizelle / ein Ei*** e-e männliche Samenzelle verschmilzt mit der weiblichen Eizelle, sodass ein neues Lebewesen entsteht **2** ***ein Tier befruchtet ein Tier*** ein männliches Tier bringt seinen Samen in die Geschlechtsorgane e-s weiblichen Tieres, sodass e-e Eizelle befruchtet (1) wird **3** ***ein Tier / etw. befruchtet e-e Pflanze*** *mst* ein Insekt / der Wind bewirkt, dass aus e-r Blüte e-e Frucht entstehen kann (indem Blütenstaub auf sie gelangt) **4** ***e-e Frau künstlich b.*** auf künstliche Weise bewirken, dass die Eizelle e-r Frau befruchtet (1) wird **5** ***etw. befruchtet j-n / etw.*** etw. hat e-e kreative Wirkung auf j-n / etw.: *Die Ideen Rousseaus hatten e-e befruchtende Wirkung auf die Literatur seiner Epoche* || NB: ↑ ***besamen*** || *zu* **1-4** **Be·frụch·tung** *die*

Be·fu·g·nis *die*; *-, -se*; *mst* ***die B. zu etw. haben*** *(Admin) geschr*; das Recht od. die Macht haben, etw. zu tun

be·fugt *Adj*; (***zu etw.***) ***b. sein*** *(Admin) geschr*; das Recht od. die Macht haben, etw. zu tun, *mst* weil man von e-m Vorgesetzten / durch ein Gesetz dazu autorisiert worden ist: *Ich bin nicht* (dazu) *b., Ihnen Auskunft* zu *geben*

be·füh·len; *befühlte, hat befühlt*; [Vt] ***etw. b.*** etw. an mehreren Stellen mit den Fingern berühren, um festzustellen, wie es ist ≈ betasten: *Der Arzt befühlte ihren Bauch*

be·fụm·meln; *befummelte, hat befummelt*; [Vt] *gespr pej*; **1** ***j-n b.*** *mst* e-e Frau sexuell berühren u. dadurch belästigen **2** ***etw. b.*** etw. kurz anfassen, *mst* um die Qualität zu prüfen ⟨Waren⟩

Be·fụnd *der*; *-(e)s, -e*; **1** das Ergebnis e-r *mst* medizinischen Untersuchung **2** ***ein negativer / positiver B.*** ein B. (1), bei dem keine / e-e Krankheit festgestellt wird **3** ***ohne B.*** *Med*; ohne nachweisbare Krankheit; *Abk* o.B.

be·fụ̈rch·ten; *befürchtete, hat befürchtet*; [Vt] ***etw. b.*** der Meinung sein, dass etw. Gefährliches od. Unangenehmes geschehen könnte: *Er befürchtet, dass er entlassen wird / entlassen* zu *werden* || *hierzu* **Be·fụ̈rch·tung** *die*

be·für·wor·ten; *befürwortete, hat befürwortet*; [Vt] ***etw. b.*** (deutlich) sagen od. zeigen, dass man für etw. ist, etw. unterstützt ⟨e-n Vorschlag, e-e Idee b.⟩ || *hierzu* **Be·für·wor·tung** *die*

be·gabt *Adj*; *nicht adv*; (***für etw.***) ***b.*** ⟨ein Schüler, ein Künstler⟩ so, dass sie e-e Begabung (für etw.) haben ≈ talentiert: *Sie ist handwerklich / vielseitig b.*

Be·ga·bung *die*; *-, -en*; ***e-e B.*** (***für / zu etw.***) die angeborene Fähigkeit e-s Menschen, auf e-m bestimmten Gebiet (*mst* überdurchschnittliche) geistige od. körperliche Leistungen zu vollbringen ≈ Talent ⟨e-e musikalische, natürliche B. haben⟩: *Er hat (die / e-e) B. zum Schriftsteller*

be·gạnn *Imperfekt, 1. u. 3. Person Sg*; ↑ ***beginnen***

be·gạt·ten; *begattete, hat begattet*; [Vt] ***ein Tier begattet ein Tier***; ***Tiere begatten sich*** ein männliches Tier bringt seinen Samen in die Geschlechtsorgane e-s weiblichen Tieres zum Zweck der Fortpflanzung || *hierzu* **Be·gạt·tung** *die*

be·ge·ben, sich; *begibt sich, begab sich, hat sich begeben*; [Vr] *geschr*; **1 sich irgendwohin b.** irgendwohin gehen ⟨sich zu j-m, nach Hause b.⟩: *Nach der Begrüßung begaben sich die Gäste in den Speisesaal* **2 sich in (ärztliche) Behandlung b.** sich wegen e-r Krankheit von e-m Arzt behandeln lassen **3 sich an etw.** (*Akk*) **b.** mit e-r Tätigkeit beginnen ⟨sich an die Arbeit, ans Werk b.⟩ **4 sich in Gefahr b.** sich in Gefahr bringen **5 sich zur Ruhe b.** sich schlafen legen **6 etw. begibt sich** *veraltend* ≈ etw. geschieht, etw. ereignet sich: *In diesem Schloss sollen sich seltsame Dinge begeben haben*; [Vimp] **7** *veraltend*; *mst* **es begab sich, dass ...** es ereignete sich, dass ...: *Es begab sich, dass der König krank wurde*

Be·ge·ben·heit *die*; -, *-en*; *geschr*; ein *mst* außergewöhnliches Ereignis: *Sein Roman beruht auf e-r wahren B.*

be·geg·nen; *begegnete, ist begegnet*; [Vi] **1 j-m b.** mit j-m zufällig irgendwo zusammenkommen: *Als ich aus der Bahn ausstieg, begegnete ich meinem Lehrer*; *Wir sind uns / einander gestern in der Stadt begegnet* **2 j-m irgendwie b.** *geschr*; j-m gegenüber e-e bestimmte Haltung, Einstellung zeigen ⟨j-m abweisend, mit Respekt b.⟩ **3 etw.** (*Dat*) **b.** *mst* mit e-r Meinung, Haltung konfrontiert werden: *Einer solch arroganten Einstellung begegnet man wirklich selten* **4 etw.** (*Dat*) **irgendwie b.** auf etw. auf die genannte Weise reagieren, etw. (*mst* Negativem) entgegenwirken: *e-r kritischen Situation mit Entschlossenheit b.*

Be·geg·nung *die*; -, *-en*; **1 e-e B.** (**mit j-m / etw.**) das (zufällige od. vereinbarte) Zusammentreffen e-r Person mit e-r anderen Person, e-m Tier od. e-r Sache: *e-e B. zwischen zwei Politikern*; *die erste B. des Kindes mit wilden Tieren* **2** ein Wettkampf zwischen Sportlern: *Bei ihrer letzten B. trennten sie sich unentschieden*

be·geh·bar *Adj*; *nicht adv*; so beschaffen, dass man dort gehen kann ⟨ein Weg⟩

be·ge·hen; *beging, hat begangen*; [Vt] **1 etw. b.** etw. Negatives tun ⟨e-e Dummheit, e-n Fehler, e-e Sünde, ein Verbrechen, e-n Verrat b.⟩ **2 Selbstmord b.** ≈ sich töten **3 etw. b.** *geschr*; ein *mst* bedeutendes Fest feiern ⟨ein Jubiläum b.⟩: *seinen 50. Geburtstag b.* **4 etw. b.** irgendwo entlanggehen, um etw. zu prüfen ⟨e-e Stecke b.⟩

be·geh·ren; *begehrte, hat begehrt*; [Vt] **1 j-n b.** das starke Verlangen haben, in sexuellen Kontakt mit j-m zu kommen ⟨e-e Frau, e-n Mann b.⟩ **2 etw. b.** *geschr*; das starke Verlangen haben, etw. zu besitzen: *Schmuck u. Edelsteine b.* **3 etw. b.** *geschr*; dringend um etw. bitten ⟨Einlass, sein Recht b.⟩: *Er begehrte zu erfahren, was geschehen war* || *zu* **1** u. **2 be·geh·rens·wert** *Adj*

Be·geh·ren *das*; *-s*, -; *mst Sg*; **1** ein heftiges Verlangen nach j-m / etw. **2** *veraltend*; e-e Frage od. Bitte, mit der man j-n anspricht: *Was ist Ihr Begehr(en)?*

be·gehr·lich *Adj*; *geschr veraltend*; mit Begierde ≈ verlangend ⟨j-n / etw. b. ansehen⟩

be·gehrt 1 *Partizip Perfekt*; ↑ **begehren 2** *Adj*; ⟨ein Titel, ein Fachmann, ein Künstler⟩ so beschaffen, dass sie *mst* von vielen gewollt od. gewünscht werden ≈ beliebt: *Der Oscar ist für jeden Schauspieler e-e begehrte Trophäe*

be·geis·tern; *begeisterte, hat begeistert*; [Vt/i] **1** (**j-n**) **b.** j-n so beeindrucken, dass er ein starkes Gefühl der Bewunderung od. Freude empfindet u. dieses *mst* offen zeigt: *Der Pianist begeisterte (die Zuhörer) durch sein virtuoses Spiel*; [Vt] **2 j-n für j-n / etw. b.** in j-m sehr großes Interesse für j-n / etw. hervorrufen: *j-n für seine Ideen b.*; *Trotz seiner Bemühungen konnte er mich nicht für abstrakte Kunst b.*; [Vr] **3 sich für j-n / etw. b.** sich sehr für j-n / etw. interessieren: *Sie konnte sich nie für Mathematik b.*

be·geis·tert 1 *Partizip Perfekt*; ↑ **begeistern 2** *Adj*; (**von j-m / etw.**) **b.** voller Begeisterung: *Die Jugendlichen waren von dem Rockkonzert b.*; *ein begeisterter Skifahrer*

Be·geis·te·rung *die*; -; *nur Sg*; **B.** (**über etw.** (*Akk*)) ein Gefühl großer Freude u. Bewunderung ≈ Enthusiasmus ⟨seine B. über etw. ausdrücken; in B. geraten; etw. löst B. aus⟩ || *hierzu* **be·geis·te·rungs·fä·hig** *Adj*

Be·gier·de *die*; -, *-n*; **B.** (**nach etw.**) ein leidenschaftliches Verlangen *bes* nach materiellen Werten u. nach Genuss: *seine B. nach Reichtum*

be·gie·rig *Adj*; **b.** (**auf etw.** (*Akk*) **/ nach etw.**) von starkem Verlangen nach j-m / etw. erfüllt: *auf e-e Neuigkeit b. sein*; *Er warf begierige Blicke auf sie*

be·gie·ßen; *begoss, hat begossen*; [Vt] **1 etw.** (**mit etw.**) **b.** etw. durch Gießen nass machen ⟨die Blumen b.⟩ **2 etw. b.** *gespr*; alkoholische Getränke trinken, um ein Ereignis zu feiern: *j-s Geburtstag b.*

Be·ginn *der*; *-s*; *nur Sg*; **1** der Zeitpunkt, zu dem etw. anfängt (3) ≈ Anfang (1) ↔ Ende: *bei / zu B. e-r Veranstaltung, e-s Krieges, e-s Jahrhunderts* **2** die Stelle, an der etw. anfängt (3) ≈ Anfang (2) ↔ Ende: *der B. e-s Buches, der Autobahn*

be·gin·nen; *begann, hat begonnen*; [Vt/i] **1** (**etw.**) **b.** mit *mst* e-r Tätigkeit anfangen (1): *die Arbeit b.*; *Sie begann ein Bild zu malen*; *Das Auto beginnt zu rosten*; [Vt] **2 etw. b.** bewirken, dass etw. anfängt od. entsteht ⟨e-n Krieg, e-n Streit b.; ein Gespräch, e-e Unterhaltung b.⟩; [Vi] **3 etw. beginnt irgendwann** etw. fängt zu e-m bestimmten Zeitpunkt an (3): *Die Vorlesung beginnt e-e Woche später als angekündigt*; *Es beginnt zu regnen* **4 etw. beginnt irgendwo** etw. fängt an e-r bestimmten Stelle an (4): *Hinter der Brücke beginnt die Autobahn* **5 j-d beginnt mit etw.** ≈ j-d beginnt (1) etw.: *Er begann mit der Arbeit* **6 etw. beginnt mit etw.** etw. hat etw. als Anfang: *Das Konzert begann mit e-r Sinfonie von Mozart*

be·glau·bi·gen; *beglaubigte, hat beglaubigt*; [Vt] **etw. b.** (*mst* als Behörde) mit Siegel u. Unterschrift bestätigen, dass etw. echt od. mit dem Original identisch ist ⟨ein Dokument (notariell) b. lassen⟩: *die beglaubigte Kopie e-s Zeugnisses* || *hierzu* **Be·glau·bi·gung** *die*

Be·glau·bi·gungs·schrei·ben *das*; ein geschriebener Text, mit dem etw. beglaubigt wird

be·glei·chen; *beglich, hat beglichen*; [Vt] *geschr*; **1 etw. b.** etw. bezahlen ⟨e-e Rechnung, e-e Schuld b.⟩ **2 e-e Schuld b.** j-m das tun (etw. Gutes od. Schlechtes), was er einem selbst getan hat || *hierzu* **Be·glei·chung** *die*; *nur Sg*

Be·gleit- *im Subst*; **1** verwendet, um auszudrücken, dass *mst* ein Schriftstück etw. anderem beigefügt ist; der **Begleitbrief**, die **Begleitpapiere**, das **Begleitschreiben**, der **Begleittext**, der **Begleitzettel** **2** verwendet, um auszudrücken, dass etw. (unvermeidlicherweise) in Zusammenhang mit etw. auftritt; die **Begleiterscheinung(en)** ⟨des Alters⟩, das **Begleitsymptom** ⟨e-r Krankheit⟩, der **Begleitumstand** ⟨e-r Tat⟩ **3** verwendet, um auszudrücken, dass j-d / ein Fahrzeug andere Personen / Fahrzeuge *mst* zum Schutz begleitet; das **Begleitflugzeug**, die **Begleitmannschaft**, die **Begleitperson**, das **Begleitschiff**, (der) **Begleitschutz** **4** *Mus*; verwendet, um auszudrücken, dass etw. als Begleitung (4) gespielt od. gesungen wird; das **Begleitinstrument**, die **Begleitmusik**, die **Begleitstimme**

be·glei·ten; *begleitete, hat begleitet*; [Vt] **1 j-n** (**irgendwohin**) **b.** mit j-m (irgendwohin) mitgehen od. mitfahren, *mst* um ihm Gesellschaft zu leisten od. ihn zu schützen ⟨j-n zum Bahnhof, zu e-m Ball b.⟩: *Nach dem Film begleitete er sie nach Hause* **2 ein Fahrzeug b.** mit e-m Fahrzeug zum Schutz mitfahren ≈ eskortieren: *Die Limousine des Präsidenten wurde von der Polizei begleitet* **3 j-n (auf / an etw.** (*Dat*)) **b.** ein gesungenes od. instrumentales Solo durch ein Instrument od. mehrere Instrumente musikalisch unterstützen: *e-n Sänger auf dem Klavier, am Bass b.* **4 etw. ist von etw. begleitet** etw. tritt zusammen, gleichzeitig mit etw. auf: *Der Orkan war von heftigen Regenfällen begleitet*

Be·glei·ter *der*; *-s*, *-*; **1** j-d, der e-e Person begleitet (1,3) **2 j-s ständiger B.** *euph*; der Geliebte e-r Frau || *hierzu* **Be·glei·te·rin** *die*; *-*, *-nen*

Be·glei·tung *die*; *-*, *-en*; *mst Sg*; **1** das Begleiten (1,2) **2 in B.** (+ *Gen*); **in B.** (**von j-m / etw.**) (von j-m / etw.) begleitet (1,2): *Sie kam in B.* (*e-s älteren Herrn*) **3** e-e Person od. e-e Gruppe von Personen, die j-n begleiten (1): *sich von seiner B. nach Hause bringen lassen* **4** das Begleiten (3) e-s Solos durch ein Musikinstrument od. mehrere Musikinstrumente ⟨die B. zu etw. spielen⟩

be·glü·cken; *beglückte, hat beglückt*; [Vt] **j-n (mit etw.) b.** *geschr od iron*; j-n glücklich machen ⟨j-n mit e-m Geschenk b.⟩ || *hierzu* **Be·glü·ckung** *die*; *nur Sg*

be·glück·wün·schen; *beglückwünschte, hat beglückwünscht*; [Vt] **j-n (zu j-m / etw.) b.** ≈ j-m gratulieren: *j-n zu e-m Erfolg b.* || ▶ ***Glückwunsch***

be·gna·det *Adj*; *geschr*; mit e-m außergewöhnlichen, *mst* künstlerischen Talent ⟨ein Künstler⟩

be·gna·di·gen; *begnadigte, hat begnadigt*; [Vt] **j-n (zu etw.) b.** e-n Verurteilten von e-r Strafe ganz od. teilweise befreien: *e-n zum Tode Verurteilten zu lebenslanger Haft b.* || *hierzu* **Be·gna·di·gung** *die*

be·gnü·gen, sich; *begnügte sich, hat sich begnügt*; [Vr] **1 sich mit etw. b.** mit etw. Einfachem od. mit weniger zufrieden sein, als man haben könnte ≈ sich mit etw. zufrieden geben ⟨sich mit dem Nötigsten b.⟩: *sich mit e-r einfachen Mahlzeit b.* **2 sich mit etw. b.** weniger tun als man tun könnte ≈ sich auf etw. beschränken: *Anstatt vor Gericht zu gehen begnügte er sich* damit, *die Sache privat* zu *regeln*

Be·go·nie [-iə] *die*; *-*, *-n*; e-e Pflanze, die man wegen ihrer auffälligen Blätter u. farbigen Blüten oft als Schmuck ins Zimmer stellt

be·gon·nen *Partizip Perfekt*; ↑ ***beginnen***

be·gra·ben; *begräbt, begrub, hat begraben*; [Vt] **1 j-n b.** e-n Verstorbenen in ein Grab legen u. dieses mit Erde auffüllen **2 etw. begräbt j-n / etw.** (**unter sich** (*Dat*)) (*mst* bei Naturkatastrophen) Erdmassen, Trümmer od. e-e Schneelawine decken j-n / etw. zu (u. erdrücken ihn / es durch ihr Gewicht) ≈ etw. verschüttet j-n / etw.: *Die Lava des Vulkans begrub ein ganzes Dorf unter sich* **3 etw. b.** etw. aufgeben, *mst* weil keine Chance mehr besteht, es zu verwirklichen ⟨seine Hoffnungen, Pläne, Träume b.⟩ **4 etw. b.** *mst* e-e Auseinandersetzung nicht mehr weiterführen ⟨e-e Feindschaft, e-n Streit b.⟩

Be·gräb·nis *das*; *-ses*, *-se*; der Vorgang, bei dem ein Verstorbener im Rahmen e-r Trauerfeier begraben wird ≈ Beerdigung ⟨e-m B. beiwohnen⟩ || K-: ***Begräbnis-, -feier*** || ▶ ***Grab***

be·gra·di·gen; *begradigte, hat begradigt*; [Vt] **etw. b.** etw. gerade machen ⟨e-n Fluss, e-e Straße b.⟩ || *hierzu* **Be·gra·di·gung** *die*

be·grap·schen; *begrapschte, hat begrapscht*; [Vt] **j-n / etw. b.** *gespr pej* ≈ befummeln

be·grei·fen; *begriff, hat begriffen*; [Vt/i] **1 (etw.) b.** die Gründe verstehen, warum etw. so ist: *Ich kann diese komplizierten Formeln nicht b.*; *Er hat nicht begriffen*, warum *wir ihm nicht helfen konnten*; *Begreif doch endlich*, dass *ich es nur gut mit dir meine!*; [Vt] **2 j-n / etw. als etw. b.** *geschr* ≈ j-n / etw. als etw. ansehen / betrachten; [Vr] **3 sich als etw. b.** *geschr*; sich als etw. ansehen / betrachten || ▶ ***Begriff***

be·greif·lich *Adj*; **1** *mst präd*; so beschaffen, dass man dafür Verständnis haben kann ≈ verständlich ⟨ein Verhalten, e-e Reaktion⟩ **2 j-m etw. b. machen** versuchen, j-n durch Argumente von etw. zu überzeugen: *Ich wollte ihr b. machen, wie Leid mir alles tat* || *zu* **1 be·greif·li·cher·wei·se** *Adv*

be·gren·zen; *begrenzte, hat begrenzt*; [Vt] **1 etw. b.** Grenzen für ein Gebiet od. e-n Zeitraum setzen **2 etw. b.** verhindern, dass etw. größer wird ⟨e-n Schaden, ein Risiko b.⟩

be·grenzt 1 *Partizip Perfekt*; ↑ ***begrenzen* 2** *Adj*; *nicht adv*; nicht sehr groß od. ausgeprägt: *nur begrenzte Möglichkeiten haben* **3** *Adj*; *nur adv*; nur zu e-m bestimmten Grad (4) ⟨b. tauglich⟩

Be·gren·zung *die*; *-*, *-en*; **1** das Begrenzen (1,2) **2** Zäune, Linien *o.Ä.*, mit denen man etw. begrenzt(1)

Be·griff *der*; *-(e)s*, *-e*; **1** ein Ausdruck od. Wort, das e-e bestimmte Sache (oft aus e-m speziellen Bereich) bezeichnet ⟨ein technischer, umgangssprachlicher B.; e-n B. definieren, erläutern⟩: *„Aquarell" ist ein B. aus der Malerei* || K-: ***Begriffs-, -bestimmung*** || -K: ***Fach-*** **2** *nur Sg*; die konkrete Vorstellung, die man sich von e-r Sache macht ⟨sich (*Dat*) e-n falschen B. von etw. machen; sich (*Dat*) keinen B. von etw. machen können⟩ **3 *ein B. von etw.*** *nur Sg*; e-e bestimmte Auffassung (1) von etw.: *Heutzutage herrscht ein anderer B. von Gleichberechtigung als früher* || -K: ***Pflicht-, Zeit-*** **4** die abstrakte Vorstellung von e-r Sache aufgrund ihrer wichtigen Merkmale || -K: ***Freiheits-*** **5** ***(j-m) ein B. sein*** j-m bekannt sein: *Mozart ist heute jedem ein B.* || ID ***für j-s B. / Begriffe*** nach j-s Meinung; ***im B. sein / stehen*** + ***zu*** + *Infinitiv* kurz davor sein, etw. zu tun; ***schwer von B. sein*** *gespr*; lange brauchen, um etw. zu verstehen

be·grif·fen 1 *Partizip Perfekt*; ↑ ***begreifen* 2 *etw. ist in der Entwicklung b.*** etw. entsteht noch, ändert sich noch

be·griff·lich *Adj*; *nur attr od adv*, *geschr*; in Bezug auf den Begriff (1,4): *Bei e-r Definition ist begriffliche Klarheit notwendig*

be·griffs·stut·zig *Adj*; ⟨ein Mensch⟩ so, dass es schwer für ihn ist, etw. (sofort) zu begreifen (1), zu verstehen (1) || *hierzu* **Be·griffs·stut·zig·keit** *die*; *nur Sg*

be·grün·den; *begründete, hat begründet*; [Vt] **1 etw.** (**mit etw.**) **b.** e-n Grund / Gründe für etw. angeben (*bes* um sich zu rechtfertigen) ⟨sein Verhalten, seine Meinung, seine Abwesenheit b.⟩ **2 etw. b.** *geschr*; etw. neu schaffen ≈ gründen: *e-e wissenschaftliche Lehre b.*

Be·grün·der *der*; *-s*, *-*; j-d, der *bes* e-e Lehre od. Kunstrichtung neu schafft: *Picasso gilt als B. des Kubismus* || *hierzu* **Be·grün·de·rin** *die*; *-*, *-nen*

be·grün·det 1 *Partizip Perfekt*; ↑ ***begründen* 2 etw. ist durch etw. / in etw.** (*Dat*) **b. / etw. liegt in etw.** (*Dat*) **b.** *geschr*; etw. hat seinen Grund in etw., etw. ist das Ergebnis von etw.: *Ihr Erfolg liegt in ihrem Charme b.*

Be·grün·dung *die*; *-*, *-en*; **1 e-e B.** (**für etw.**) etw., das als Grund für etw. angegeben wird ⟨etw. als B. angeben, vorbringen⟩: *Sein Chef verlangte von ihm e-e B. für sein unhöfliches Verhalten* **2** das Begründen (2) ⟨die B. e-r Lehre, e-r Kunstrichtung⟩

be·grü·nen; *begrünte, hat begrünt*; [Vt] **etw. b.** irgendwo Gras, Bäume *o.Ä.* anpflanzen, um das Aussehen zu verbessern ⟨e-n Hof b.; begrünte Flächen⟩ || *hierzu* **Be·grü·nung** *die*; *nur Sg* || ▶ ***Grün*** (3)

be·grü·ßen; *begrüßte, hat begrüßt*; [Vt] **1** ***j-n b.*** j-n (bei seiner Ankunft) mit e-m Gruß empfangen: *Der Außenminister wurde bei seiner Ankunft auf dem Flughafen vom Staatspräsidenten begrüßt* **2** ***etw. b.*** *geschr*; etw. als sehr positiv od. erfreulich betrachten ≈ gutheißen ⟨e-n Vorschlag, e-e Entscheidung b.⟩ || *zu* **1 Be·grü·ßung** *die*; *zu* **2 be·grü·ßens·wert** *Adj*; *nicht adv*

Die Begrüßung
Die übliche formelle Begrüßung in Deutschland besteht darin, dass man seinem Gegenüber die Hand schüttelt. Vor allem bei jungen Frauen, die gut befreundet sind, sieht man auch immer mehr, dass sie sich mit zwei Küssen auf die Wangen begrüßen.

be·gün·sti·gen; *begünstigte, hat begünstigt*; [Vt] **1** ***etw. begünstigt j-n / etw.*** etw. hat e-e positive, günstige Wirkung auf j-n / etw. ⟨j-d ist vom Glück, Zufall begünstigt⟩: *Das gute Wetter begünstigte den Verlauf des Rennens* **2** ***j-n b.*** j-n so behandeln, dass er anderen gegenüber e-n Vorteil hat ≈ bevorzugen ⟨e-n Bewerber b.⟩ **3** ***ein Verbrechen b.*** *Jur*; ein Verbrechen, das e-e andere Person begangen hat, bewusst der Polizei nicht melden || *zu* **2** u. **3 Be·güns·ti·gung** *die*

be·gut·ach·ten; *begutachtete, hat begutachtet*; [Vt] **1** ***etw. b.*** etw. kritisch prüfen **2** ***etw. b.*** zu etw. ein Gutachten machen || *hierzu* **Be·gut·ach·tung** *die*

be·gü·tert *Adj*; *nicht adv*; im Besitz von viel Vermögen ≈ reich || ► ***Gut***

be·haart *Adj*; mit vielen, dicht gewachsenen Haaren ⟨die Beine, die Brust; stark b. sein⟩

Be·haa·rung *die*; *-*; *nur Sg*; **1** die Körperhaare beim Menschen **2** die Haare am Körper e-s Tieres ≈ Fell

be·hä·big *Adj*; **1** ⟨Menschen, Bewegungen⟩ langsam u. schwerfällig, *bes* weil der Betroffene dick (u. müde od. faul) ist **2** (CH) ≈ reich, wohlhabend **3** (CH) groß u. schön ≈ stattlich ⟨ein Haus⟩ || *hierzu* **Be·hä·big·keit** *die*; *nur Sg*

be·haf·tet *Adj*; *nur in* ***mit etw. b.*** mit etw. Negativem versehen ⟨mit e-m Fehler, e-m Makel, e-r Krankheit b.⟩

be·ha·gen; *behagte, hat behagt*; [Vi] ***etw. behagt j-m*** etw. entspricht j-s Erwartungen, Vorstellungen ≈ etw. gefällt j-m: Es *behagt ihm nicht*, dass *er täglich so früh aufstehen muss*

Be·ha·gen *das*; *-s*; *nur Sg*; das angenehme Gefühl, das man hat, wenn man sich wohl fühlt u. zufrieden ist ↔ Unbehagen ⟨etw. mit B. genießen⟩ || -K: ***Wohl-***

be·hag·lich *Adj*; **1** ⟨e-e Atmosphäre, Wärme; ein Zimmer⟩ so, dass sie ein angenehmes Gefühl der Zufriedenheit geben **2** ruhig u. voller Behagen: *b. im Sessel sitzen* || *hierzu* **Be·hag·lich·keit** *die*; *nur Sg*

be·hal·ten; *behält, behielt, hat behalten*; [Vt] **1** ***etw. b.*** etw., das man (bekommen) hat, nicht wieder zurückgeben od. aufgeben (müssen) ↔ hergeben ⟨ein Geschenk, seinen Arbeitsplatz b.; e-n Gegenstand als Andenken, als Pfand b.⟩: *als Frau nach der Heirat den Mädchennamen b.*; *Kann ich das Buch e-e Weile b.?*; *Sie können das Wechselgeld b.!* **2** ***j-n b.*** sich nicht von j-m trennen (müssen): *j-n als Freund b.*; *e-n Angestellten b.* **3** ***etw. b.*** etw. in unveränderter Weise, in seinem bisherigen Zustand haben ≈ bewahren ⟨seinen Humor b.; etw. behält seine Gültigkeit, seinen Wert⟩ **4** ***etw. b.*** (***können***) etw. im Gedächtnis bewahren, sodass man sich jederzeit daran erinnert ≈ sich etw. merken (können) ↔ vergessen: *Er kann mühelos viele Telefonnummern b.* **5** ***j-n*** (***irgendwo***) ***b.*** j-n nicht von e-m bestimmten Ort gehen lassen: *e-n Gast über Nacht bei sich / in seiner Wohnung b.*; *e-n Verdächtigen in Haft, e-n Patienten im Krankenhaus b.* **6** ***etw. irgendwo b.*** etw. an e-r bestimmten Stelle lassen: *die Mütze auf dem Kopf, die Hände in den Hosentaschen b.* **7** ***etw. für sich b.*** niemandem von e-r Sache erzählen ⟨ein Geheimnis, e-e Neuigkeit für sich b.⟩ **8** ***die Nerven b.*** in e-r schwierigen Situation ruhig bleiben **9** ***die Oberhand b.*** über j-n siegen, der Stärkere bleiben **10** ***die Übersicht b.*** in e-r schwierigen Situation die Zusammenhänge erkennen können

Be·häl·ter *der*; *-s, -*; etw., in das man Gegenstände od. feste, gasförmige u. flüssige Stoffe tut, um sie aufzubewahren od. zu transportieren: *Kisten, Tonnen, Gläser, Dosen u. Flaschen sind Behälter* || -K: ***Gas-, Öl-, Wasser-*** || NB: ↑ ***Gefäß***

be·hän·de [-h-] *Adj*; *geschr*; (*bes* in seinen Bewegungen) schnell u. geschickt ↔ ungeschickt || *hierzu* **Be·hän·dig·keit** *die*; *nur Sg*

be·han·deln; *behandelte, hat behandelt*; [Vt] **1** ***j-n irgendwie b.*** j-m gegenüber ein bestimmtes Verhalten zeigen ⟨j-n gut, schlecht, ungerecht, wie ein kleines Kind b.⟩: *alle Menschen gleich b.* **2** ***etw. irgendwie b.*** ein technisches Gerät od. ein Material in bestimmter Weise gebrauchen / handhaben: *e-e Maschine fachmännisch b.*; *Glas vorsichtig b.* **3** ***etw. irgendwie b.*** *mst* mit e-r Angelegenheit in bestimmter Weise umgehen ⟨e-e Sache vertraulich b.⟩ **4** ***j-n*** (***irgendwie***) ***b.*** (als Arzt) e-m Kranken od. Verletzten Hilfe geben (indem man ihn mit Medikamenten od. e-r Therapie zu heilen versucht) ⟨e-n Patienten ambulant, stationär, homöopathisch, medikamentös b.⟩ **5** ***j-n / etw.*** (***mit etw.***) ***b.*** versuchen, j-n / e-e Verletzung od. Krankheit mit bestimmten Mitteln zu heilen: *e-e offene Wunde mit Jod b.* **6** ***etw. mit etw. b.*** *mst* chemische Mittel auf ein Material od. Pflanzen einwirken lassen: *Obstbäume mit Chemikalien, Holz mit Lack b.* **7** ***etw. behandelt etw.*** *bes* ein Buch, Film *o.Ä.* hat etw. zum Thema od. Inhalt ≈ etw. stellt etw. dar: *Seine Dissertation behandelt das Problem der Arbeitslosigkeit* **8** ***etw. b.*** (*bes* als Lehrer) etw. zum Thema (des Unterrichts) machen u. untersuchen: *In Geschichte behandeln wir gerade den Dreißigjährigen Krieg* **9** ***etw. b.*** e-n Aspekt od. ein Thema (*bes* auf Sitzungen) mit mehreren diskutieren ≈ besprechen || *hierzu* **Be·hand·lung** *die*

Be·hang *der*; etw., das *bes* als Dekoration von etw. herabhängt, *z.B.* Christbaumschmuck, Vorhänge || -K: ***Baum-, Wand-***

be·hän·gen; *behängte, hat behängt*; [Vt] ***etw.*** (***mit etw.***) ***b.*** etw. (in relativ großer Zahl) an etw. hängen: *die Wände mit Bildern b.*

be·har·ren; *beharrte, hat beharrt*; [Vi] ***auf etw.*** (*Dat*) ***b.*** *bes* e-e Meinung nicht ändern wollen ≈ auf etw. bestehen ⟨auf seinem Standpunkt, seinem Entschluss b.⟩: *Er beharrte auf seiner Absicht, allein in Urlaub zu fahren* || *hierzu* **Be·har·rung** *die*; *nur Sg*

be·harr·lich *Adj*; mit sehr viel Entschlossenheit u. festem Willen ⟨seine Meinung b. verteidigen⟩: *Nach seiner Festnahme weigerte er sich b., e-e Aussage zu machen* || *hierzu* **Be·harr·lich·keit** *die*; *nur Sg*

be·hau·chen; *behauchte, hat behaucht*; [Vt] **1** ***etw. b.*** auf etw. hauchen: *die Brillengläser b. u. dann putzen* **2** *mst* ***etw. ist behaucht*** *Ling*; ein Konsonant wird so ausgesprochen, dass man danach e-e Art *h* hört (wie *z.B.* bei dem *t* in *Tal*) ⟨ein behauchtes p, t, k⟩ || *hierzu* **Be·hau·chung** *die*; *nur Sg*

Behälter und Gefäße

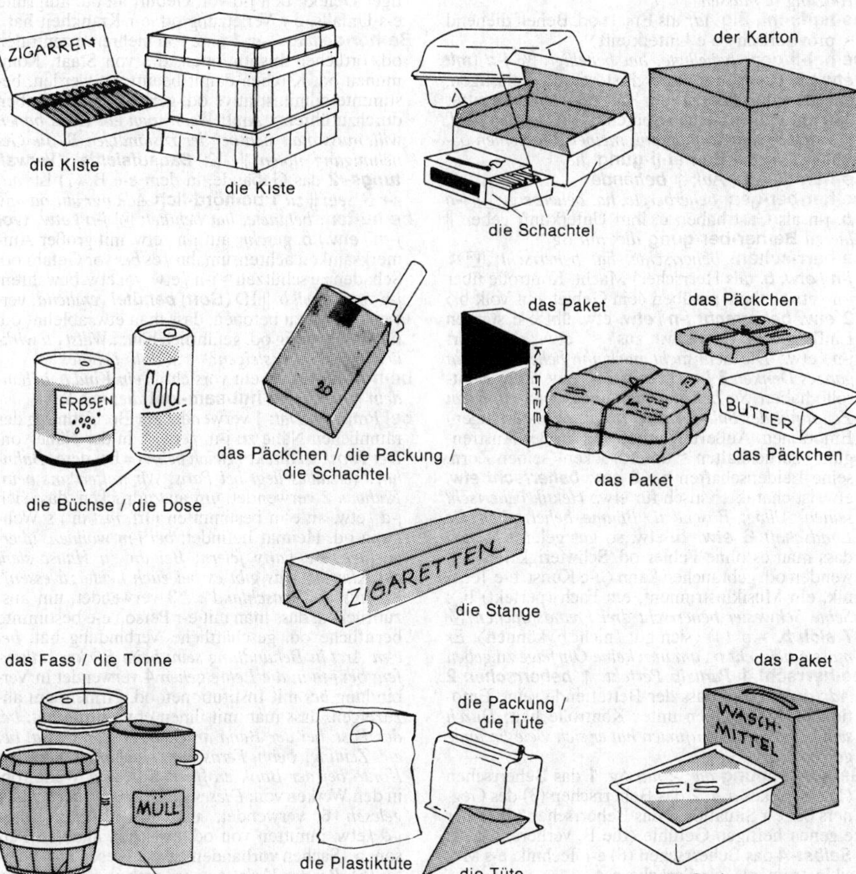

die Kiste
die Kiste
die Schachtel
der Karton
das Paket
das Päckchen
die Büchse / die Dose
das Päckchen / die Packung / die Schachtel
das Paket
das Päckchen
die Stange
das Fass / die Tonne
die Packung / die Tüte
das Paket
das Fass
die Tonne
die Plastiktüte
die Tüte
die Packung

be·hau·en; *behaute, hat behauen*; [Vt] **etw. (mit etw.) b.** ein Material durch Hauen *bes* mit Hammer u. Meißel so verändern, dass es e-e bestimmte Form bekommt: *e-n Marmorblock b.*

be·haup·ten; *behauptete, hat behauptet*; [Vt] **1 etw. b.** etw., das nicht bewiesen ist, mit Bestimmtheit für wahr od. richtig erklären: *Er behauptet, gestern krank gewesen* zu *sein*; *Seine Frau behauptet, er sei nicht zu Hause* / dass *er nicht zu Hause sei*; *Können Sie auch beweisen*, was *Sie da behaupten?* **2 etw. b.** etw. erfolgreich verteidigen, *bes* indem man überzeugende Argumente anführt od. gute Leistungen erbringt ⟨seinen Standpunkt, seine Stellung b.⟩: *Der Spieler konnte seinen Platz in der Nationalmannschaft b.*; [Vr] **3 sich b.** Widerstände überwinden u. sich Respekt verschaffen: *Er konnte sich als Neuling in der Firma (seinen Kollegen gegenüber) nur schwer b.* **4 sich gegen j-n / in etw.** (*Dat*) **b.** gegen e-n sportlichen Gegner / in e-m sportlichen Wettkampf siegen

Be·haup·tung *die*; -, *-en*; e-e Aussage od. Erklärung, in der etw. behauptet (1) wird ⟨e-e B. aufstellen, widerlegen, zurücknehmen⟩

Be·hau·sung *die*; -, *-en*; *oft pej*; ein Zimmer od. e-e Wohnung ⟨e-e ärmliche B.⟩

be·he·ben; *behob, hat behoben*; [Vt] **etw. b.** etw. Unangenehmes od. Störendes beseitigen ⟨e-n Schaden, e-n Fehler, e-e Bildstörung b.⟩ || *hierzu* **Be·he·bung** *die*; *nur Sg*

be·hei·ma·tet *Adj*; *nicht adv*; **irgendwo b. sein** aus e-m bestimmten Ort od. Land stammen: *Beethoven war in der Nähe von Bonn b.*; *Der Koalabär ist in Australien b.* || ▸ **Heimat**

be·hei·zen; *beheizte, hat beheizt*; [Vt] **etw. (mit etw.) b.** ein Gebäude od. e-n Raum mit e-r Heizung warm machen || *hierzu* **Be·hei·zung** *die*; *nur Sg*; **be·heiz·bar** *Adj*

Be·helf *der*; *-(e)s, -e*; *mst Sg*; e-e Maßnahme, die ein Problem für e-e relativ kurze Zeit (aber nicht endgültig) löst ≈ Provisorium || K-: ***Behelfs-, -ausfahrt, -brücke, -quartier*** || -K: ***Not-***

be·hel·fen, sich; *behilft sich, behalf sich, hat sich beholfen*; [Vr] **1 sich** (*Akk*) **mit etw. / irgendwie b.** sich mit etw. Einfachem od. Provisorischem helfen, weil nichts Besseres vorhanden ist: *Als der Strom ausfiel, mussten wir uns mit Kerzen b.* **2 sich** (*Akk*) **ohne**

j-n / etw. b. allein / ohne etw. in e-r (oft schwierigen) Situation zurechtkommen: *sich im Winter ohne Heizung b. müssen*

be·helfs·mä·ßig *Adj*; als Ersatz od. Behelf dienend ≈ provisorisch ⟨e-e Unterkunft⟩

be·hel·li·gen; *behelligte, hat behelligt*; [Vt] ***j-n*** (***mit etw.***) ***b.*** *geschr*; j-n dadurch stören od. belästigen, dass man ihn (ständig) um Rat, Auskunft *usw* bittet ⟨j-n mit Fragen, seinen Sorgen b.⟩: *Es tut mir Leid, dass ich Sie am Sonntag mit meinen Problemen behellige* || *hierzu* **Be·hel·li·gung** *die*

be·hen·de [-h-] *Adj*; ↑ ***behände***

be·her·ber·gen; *beherbergte, hat beherbergt*; [Vt] ***j-n b.*** j-n als Gast haben u. ihm Unterkunft geben || *hierzu* **Be·her·ber·gung** *die*; *nur Sg*

be·herr·schen; *beherrschte, hat beherrscht*; [Vt] **1** ***j-n / etw. b.*** (als Herrscher) Macht, Kontrolle über j-n / etw. haben, ausüben ⟨ein Gebiet, ein Volk b.⟩ **2** ***etw. beherrscht j-n / etw.*** etw. übt e-n starken Einfluss auf j-n / etw. aus ≈ etw. dominiert j-n / etw.: *Die Sehnsucht nach ihr beherrscht sein ganzes Denken* **3** ***j-n / etw. b.*** j-n / etw. unter Kontrolle haben: *Sie beherrschten ihre Gegner zu jedem Zeitpunkt des Spiels* **4** ***etw. b.*** seine (*mst* heftigen) Emotionen, Äußerungen (oft mit großer Anstrengung) zurückhalten ≈ unterdrücken ⟨seinen Zorn, seine Leidenschaften b.⟩ **5** ***etw. beherrscht etw.*** etw. ist charakteristisch für etw.: *Hektik beherrscht seinen Alltag*; *Büsche u. Bäume beherrschen die Landschaft* **6** ***etw. b.*** etw. so gut gelernt haben, dass man es ohne Fehler od. Schwierigkeiten anwenden od. gebrauchen kann ⟨e-e Kunst, e-e Technik, ein Musikinstrument, ein Fach (perfekt) b.⟩: *Seine Schwester beherrscht drei Fremdsprachen*; [Vr] **7** ***sich b.*** ≈ b. (4) ⟨sich gut / nicht b. können⟩: *Er musste sich sehr b., um ihm keine Ohrfeige zu geben*

be·herrscht **1** *Partizip Perfekt*; ↑ ***beherrschen*** **2** *Adj*; drückt aus, dass der Betreffende seine Emotionen, Äußerungen unter Kontrolle hält: *Durch sein beherrschtes Auftreten hat er sich viele Freunde geschaffen*

Be·herr·schung *die*; -; *nur Sg*; **1** das Beherrschen (1) e-s Volkes *o.Ä.* **2** das Beherrschen (3) des Gegners od. e-r Situation **3** das Beherrschen (4) seiner eigenen heftigen Gefühle ⟨die B. verlieren⟩ || -K: ***Selbst-*** **4** das Beherrschen (6) e-r Technik, e-s Musikinstruments, e-r Sprache *o.Ä.*

be·her·zi·gen; *beherzigte, hat beherzigt*; [Vt] ***etw. b.*** sich in seinem Handeln nach etw. richten ≈ befolgen ⟨j-s Worte, Ratschlag, Warnung b.⟩ || *hierzu* **Be·her·zi·gung** *die*; *nur Sg*

be·herzt *Adj*; *geschr* ≈ mutig, tapfer ⟨ein Vorgehen, ein Verhalten⟩ || *hierzu* **Be·herzt·heit** *die*; *nur Sg*

be·hilf·lich *Adj*; *nicht adv*; *mst in* ***j-m*** (***bei etw.***) ***b. sein*** *geschr*; j-m helfen, etw. zu tun: *e-m Freund beim Aufräumen b. sein*

be·hin·dern; *behinderte, hat behindert*; [Vt] **1** ***j-n*** (***bei etw.***) ***b.*** j-n, der etw. tun möchte, dabei stören: *Der Ring behinderte sie bei der Arbeit, also nahm sie ihn ab* **2** ***etw. b.*** e-e negative, störende Wirkung auf etw. haben ⟨den Verkehr, die Sicht, den Verlauf e-s Spiels b.⟩

be·hin·dert **1** *Partizip Perfekt*; ↑ ***behindern*** **2** *Adj*; *nicht adv*; mit e-r Behinderung (2) ⟨geistig, körperlich b.⟩: *ein behindertes Kind haben* || -K: ***geh-, körper-, seh-***

Be·hin·der·te *der / die*; *-n, -n*; j-d, der e-e Behinderung (2) hat ⟨ein geistig, körperlich Behinderter⟩ || K-: ***Behinderten-, -ausweis, -sport*** || -K: ***Geh-, Körper-, Seh-*** || NB: *ein Behinderter*; *der Behinderte*; *den, dem, des Behinderten* || *hierzu* **be·hin·der·ten·ge·recht** *Adj*

Be·hin·de·rung *die*; -, *-en*; **1** das Behindern (1,2): *Die falsch geparkten Autos sind e-e B. für den Verkehr* **2** *nur Sg*; ein ernsthafter körperlicher od. geistiger Defekt, den j-d von Geburt an od. aufgrund e-s Unfalls, e-r Verletzung od. e-r Krankheit hat

Be·hör·de *die*; -, *-n*; **1** eine von mehreren zentralen od. örtlichen Institutionen, die von Staat, Kommunen od. Kirchen damit beauftragt werden, bestimmte administrative od. gerichtliche Aufgaben durchzuführen ≈ Amt: *Wenn man ein Haus bauen will, muss man sich bei der zuständigen B. die Genehmigung holen* || -K: ***Bauaufsichts-, Verwaltungs-*** **2** das Gebäude, in dem e-e B. (1) ist: *auf e-r B. sein* || *zu* **1** **be·hörd·lich** *Adj*; *nur attr od adv*

be·hü·ten; *behütete, hat behütet*; [Vt] ***j-n / etw.*** (***vor j-m / etw.***) ***b.*** *geschr*; auf j-n / etw. mit großer Aufmerksamkeit achten, um ihn / es *bes* vor Gefahr od. Schaden zu schützen ≈ j-n / etw. vor etw. bewahren: *j-n vor Unheil b.* || ID (***Gott***) ***behüte!*** *veraltend*; verwendet, um zu betonen, dass man etw. ablehnt od. für zu schwierig od. gefährlich hält: *„Willst du wirklich den Berg besteigen?" - „(Gott) behüte!"*

be·hut·sam *Adj*; sehr vorsichtig: *ein Kind b. behandeln* || *hierzu* **Be·hut·sam·keit** *die*; *nur Sg*

bei *Präp*; *mit Dat*; **1** verwendet zur Bezeichnung der räumlichen Nähe zu j-m / etw. ≈ in der Nähe von: *Der Kiosk ist direkt / gleich beim* (= bei dem) *Bahnhof*; *Versailles liegt bei Paris*; *Wir treffen uns beim Rathaus* **2** verwendet, um auszudrücken, dass sich j-d / etw. an e-m bestimmten Ort, *mst* in j-s Wohnung od. Heimat befindet: *bei j-m wohnen, übernachten, e-e Party feiern*; *Bei ihr zu Hause steht ein Klavier*; *Was gibt es bei euch heute zu essen?*; *bei uns in Deutschland ...* **3** verwendet, um auszudrücken, dass man mit e-r Person e-e bestimmte berufliche od. geschäftliche Verbindung hat: *bei e-m Arzt in Behandlung sein*; *beim Bäcker einkaufen*; *bei j-m in die Lehre gehen* **4** verwendet in Verbindung *bes* mit Institutionen od. Firmen, um anzuzeigen, dass man mit ihnen etw. zu tun hat: *bei der Post, bei der Bahn arbeiten*; *bei e-r Firma, bei e-r Zeitung, beim Fernsehen beschäftigt sein*; *ein Konto bei der Bank eröffnen* **5** in e-m Werk von, in den Werken von: *Dieses Zitat habe ich bei Schiller gelesen* **6** verwendet, um auszudrücken, dass j-d / etw. inmitten von od. zwischen anderen Personen / Sachen vorhanden bzw. anwesend ist ≈ unter (5): *Bei den Verletzten war auch sein Bruder*; *Bei den Sachen des Toten befanden sich e-e Uhr u. e-e Geldbörse* **7** mit j-m zusammen: *bei j-m im Auto sitzen*; *Er war die ganze Zeit über bei seiner kranken Mutter* **8** ***bei sich*** verwendet, um auszudrücken, dass j-d etw. mit sich trägt: *kein Geld bei sich haben*; *e-e Waffe bei sich tragen* **9** verwendet in Verbindung *bes* mit Verben des Greifens, um auszudrücken, dass j-d / ein Tier j-n / ein Tier an e-m bestimmten (Körper)Teil festhält ≈ an: *j-n bei der Hand nehmen* **10** verwendet zur Bezeichnung e-s Zeitpunktes: *bei Beginn / Ende des Konzerts*; *bei Dämmerung / Tagesanbruch / Einbruch der Dunkelheit* **11** drückt aus, dass e-e Handlung gerade abläuft: *bei der Durchsicht seiner Papiere*; *beim Mittagessen sein* **12** verwendet, um die Begleitumstände od. Bedingungen e-r Handlung, e-s Ereignisses *usw* anzugeben: *Bei schönem Wetter machen wir morgen e-e Radtour* **13** verwendet, um den Hintergrund e-s Ereignisses, e-r Handlung *o.Ä.* zu bezeichnen: *bei e-m Erdbeben, e-m Unfall verletzt werden*; *Er hat sich beim Sport das Bein gebrochen* **14** verwendet, um auszudrücken, dass etw. die Voraussetzung für etw. anderes ist: *Bei e-r monatlichen Belastung von 300 Euro wirst du deine Schulden bald abbezahlt haben* **15** verwendet, um den Grund für etw. anzugeben: *Bei seinem Lebenswandel musste er ja krank wer-*

den!; *Bei deinem Gehalt könntest du mich ruhig zum Essen einladen!* **16** verwendet, um auszudrücken, dass j-d / etw. e-e bestimmte Eigenschaft hat od. in e-m bestimmten Zustand ist: *Bei meinem Auto muss etwas mit der Bremse nicht in Ordnung sein* **17** was j-n / etw. betrifft, in Bezug auf j-n / etw.: *Er hat kein Glück bei den Frauen*; *Unpünktlichkeit? - So was gibt es bei ihm nicht!* **18** drückt aus, dass etw. (*bes* e-e innere Haltung) zwar vorhanden ist, aber in e-r bestimmten Situation von e-m anderen Gefühl überwogen wird ≈ trotz: *Bei aller Liebe, aber so was kann ich nicht akzeptieren*; *Bei allem Verständnis für deine Launen - aber diesmal gehst du zu weit!*

bei- *im Verb, betont u. trennbar, begrenzt produktiv*; Die Verben mit *bei-* werden nach folgendem Muster gebildet: *beifügen - fügte bei - beigefügt*
bei- drückt aus, dass etw. zu etw. anderem hinzukommt od. bei ihm dabei ist ≈ hinzu-;
(***etw.*** (*Dat*)) ***etw. beilegen***: *Sie legte den Bewerbungsunterlagen ein Foto bei* ≈ Sie legte ein Foto zu / mit den anderen Unterlagen in den Umschlag
ebenso: (***etw.*** (*Dat*)) ***etw. beifügen***, (***etw.*** (*Dat*)) ***etw. beigeben***, (***etw.*** (*Dat*)) ***etw. beiheften***, ***etw. liegt*** (***etw.*** (*Dat*)) ***bei***, (***etw.*** (*Dat*)) ***etw. beimischen***

bei·be·hal·ten; *behält bei, behielt bei, hat beibehalten*; [Vt] ***etw. b.*** etw. (bewusst) nicht ändern, bei etw. bleiben ↔ ändern, aufgeben ⟨etw. unverändert b.; e-e Gewohnheit b.⟩: *Die Regierung behielt ihren bisherigen politischen Kurs bei* || *hierzu* **Bei·be·hal·tung** *die*; *nur Sg*

Bei·blatt *das* ≈ Beilage (1)

Bei·boot *das*; ein kleines Boot, das auf Schiffen mitgeführt wird u. *bes* dazu dient, Personen od. Güter an Land zu bringen ⟨das B. herablassen, hochhieven⟩

bei·brin·gen (*hat*) *gespr*; [Vt] **1** ***j-m etw. b.*** ≈ j-n etw. lehren: *j-m Anstand, das Schreiben, das Tanzen, das Windsurfen, die Grundregeln der Grammatik b.* **2** ***j-m etw. b.*** j-m e-e Nachricht, die für ihn unangenehm od. traurig ist, mitteilen od. klar machen ⟨j-m etw. schonend b.⟩: *Wie sollte er ihr nur b., dass er e-e andere liebte?*

Beich·te *die*; -, *-n*; **1** e-e religiöse Handlung, bei der der Gläubige (im Beichtstuhl od. mit anderen im Gebet) seine Sünden bekennt ⟨zur B. gehen; die B. ablegen, hören⟩: *Der Pfarrer nahm dem Kranken die B. ab* (= hörte die B. an) || K-: ***Beicht-, -geheimnis*** **2** *oft iron*; ein Geständnis, das man j-m macht, *mst* weil man ein schlechtes Gewissen hat

beich·ten; *beichtete, hat gebeichtet*; [Vt/i] **1** (***j-m***) (***etw.***) ***b.*** seine Sünden während e-r Beichte bekennen ⟨seine Sünden b.; b. gehen⟩; [Vt] **2** (***j-m***) ***etw. b.*** j-m mitteilen, dass man etw. Verbotenes od. Schlimmes getan hat, *mst* weil man ein schlechtes Gewissen hat: *Ich muss dir b., dass ich viel Geld beim Pokern verloren habe*

Beicht·stuhl *der*; *kath*; e-e Art Kabine aus Holz, in der j-d e-m Priester seine Sünden beichtet

Beicht·va·ter *der*; *mst Sg*, *kath*; ein Priester, bei dem j-d beichtet

bei·de *Pronomen* (*Pl*); **1** *unbetont*, (*mst*) *in Verbindung mit e-m Artikel od Pronomen*; verwendet, um zwei Personen, Sachen od. Vorgänge zusammenfassend zu nennen, die der Sprecher als bekannt voraussetzt. Der Gegensatz zu nur einer der genannten Personen *usw* wird dabei nicht betont (neutrale Aussage): *Meine beiden Töchter sind bereits verheiratet*; *Jeder der beiden / von (den) beiden hat ein eigenes Auto* **2** *betont*, *ohne Artikel od Pronomen*; verwendet, um sich auf zwei Personen, Sachen od. Vorgänge gleichzeitig zu beziehen, wobei der Gegensatz zu nur einer dieser Personen *usw* betont wird: *Meine Töchter sind b. verheiratet* (nicht nur eine Tochter); *Zwei meiner Freunde hatten e-n Unfall, beiden aber geht es gut*; *Ich würde am liebsten auf beide Partys gehen*; *Gestern u. vorgestern habe ich bei dir angerufen, aber b. Mal(e) warst du nicht zu Hause* || NB: **a)** *beide* verwendet man wie ein attributives Adj. (*beide Kinder*) od. wie ein Subst. (*Beide haben gesagt, ...*); **b)** ↑ ***beides***

bei·der·lei *Adj*; *nur attr*, *indeklinabel*, *nicht adv*; verwendet, um beide Arten der genannten Sache zu bezeichnen: *Menschen b. Geschlechts*

bei·der·sei·tig *Adj*; *nur attr od adv*; (von zwei Personen / Sachen) sowohl die eine als auch die andere betreffend ⟨sich in beiderseitigem Einverständnis, Interesse trennen⟩: *e-e Angelegenheit zur beiderseitigen Zufriedenheit regeln*

bei·der·seits[1] *Präp*; *mit Gen*; auf beiden Seiten: *b. des Flusses, des Weges, der Grenze* || NB: auch adverbiell verwendet mit *von*: *b. von dem Grundstück*

bei·der·seits[2] *Adv*; bei beiden Personen od. Parteien: *B. gab es Missverständnisse*

bei·des *Pronomen* (*Sg Neutrum*); **1** *mst unbetont*; verwendet, um zwei verschiedenartige Sachen, Vorgänge *o.Ä.* zusammenfassend zu nennen, die der Sprecher als bekannt voraussetzt. Der Gegensatz zu nur einer der genannten Sachen *usw* wird dabei nicht betont: *B. ist zwar sehr schön, aber leider zu teuer* **2** *betont*; verwendet, um sich auf zwei verschiedenartige Sachen, Vorgänge *o.Ä.* gleichzeitig zu beziehen, wobei der Gegensatz zu nur einer der genannten Sachen *usw* betont wird: *Er kann b. - Klavier u. Gitarre spielen* (nicht nur das eine); *Er hat ein neues Auto u. e-e neue Wohnung - mit beidem ist er sehr zufrieden* || NB: **a)** *beides* wird wie ein Subst. verwendet (*B. ist sehr schön*); **b)** ↑ ***beide***

beid·hän·dig *Adj*; *nur attr od adv*; mit beiden Händen ↔ einhändig

bei·dre·hen (*hat*) [Vi] ***etw. dreht bei*** *Seefahrt*; ein Schiff verlangsamt die Fahrt u. ändert die Richtung

beid·sei·tig *Adj*; *nur attr od adv*; auf beiden Seiten ≈ beiderseitig ↔ einseitig: *b. gelähmt sein*

bei·ei·nan·der[1] *Adv*; eine Person / Sache neben der anderen, zu e-r Gruppe vereinigt ≈ zusammen, beisammen: *Zu Weihnachten ist die ganze Familie b.*

bei·ei·nan·der[2] *mit Verb, begrenzt produktiv*; Die Verben mit *beieinander* werden nach folgendem Muster gebildet: *beieinander liegen - lagen beieinander - beieinander gelegen*
beieinander drückt aus, dass zwei od. mehr Personen, Dinge *o.Ä.* zusammen sind, eine / eines mit der / dem anderen ist ≈ beisammen-, zusammen-;
⟨Personen⟩ ***sitzen beieinander***: *Sie saßen gemütlich beieinander u. unterhielten sich* ≈ Sie saßen alle zusammen u. unterhielten sich
ebenso: ***j-n / etw.*** (*Kollekt od Pl*) ***beieinander haben***, ***j-n / etw.*** (*Kollekt od Pl*) ***beieinander halten***; ⟨*mst* Dinge⟩ ***liegen beieinander***, ⟨Personen⟩ ***sind beieinander***, ⟨Personen⟩ ***stehen beieinander***

bei·ei·nan·der ha·ben (*hat*) [Vt] **1** ***etw.*** (*Kollekt od Pl*) ***b. h.*** etw. (geordnet u.) gesammelt haben ⟨seine Gedanken, seine Siebensachen b. h.⟩: *Hast du das Geld für das Motorrad schon beieinander* (= gespart)? **2** ***seine*** (***fünf***) ***Sinne*** (***noch***) ***b. h.*** *gespr*; vernünftig denken können || ID *mst* ***Du hast*** (***sie***) ***wohl nicht*** (***mehr***) ***alle beieinander!*** *gespr*; du bist wohl verrückt!

bei·ei·nan·der sein (*ist*) [Vi] **1** ⟨Personen⟩ ***sind beieinander*** ↑ ***beieinander***[2] **2** *gespr*; ***gut / schlecht b. s.*** in gutem / schlechtem (gesundheitlichem) Zustand sein **3** ***nicht*** (***mehr***) ***ganz / recht b. s.*** ein bisschen verrückt sein

Bei·fah·rer *der*; **1** j-d, der in e-m Auto vorn neben dem Fahrer sitzt || K-: ***Beifahrer-, -sitz*** **2** j-d, der (beruflich) neben dem Fahrer e-s Last- od. Rennwagens sitzt, um bestimmte Aufgaben zu erfüllen || *hierzu* **Bei·fah·re·rin** *die*

Bei·fall *der*; *-(e)s*; *nur Sg*; **1** ≈ Applaus ⟨geringer, lauter, tosender B.; B. klatschen; viel B. bekommen, ernten⟩ || K-: ***Beifalls-, -ruf*** **2** e-e sehr positive Beurteilung *bes* e-r Ansicht, Entscheidung od. Leistung ⟨(für etw.) B. ernten; etw. findet (j-s) B.⟩ **3** ***B. heischend*** Zustimmung erwartend: *B. heischend um sich blicken*

bei·fäl·lig *Adj*; ⟨ein Kopfnicken, ein Lächeln⟩ so, dass sie Zustimmung od. Anerkennung zeigen ≈ zustimmend

Bei·falls·sturm *der*; *mst Pl*; sehr starker, begeisterter Beifall ≈ Ovation

bei·fü·gen *(hat)* [Vt] ***(etw.*** *(Dat)*) ***etw. b.*** etw. zu etw. anderem hinzutun ≈ beigeben, beilegen: *e-m Brief ein Foto b.*

Bei·fü·gung *die*; *-, -en*; **1** *nur Sg*; das Beifügen **2** *Ling* ≈ Attribut

Bei·ga·be *die*; **1** etw., das man zusätzlich zu e-r Sache (gratis) bekommt: *Beim Kauf seiner neuen Brille bekam er ein Etui als B.* || -K: ***Gratis-*** **2** *nur Sg*, *geschr*; das Beigeben *bes* von Gewürzen: *unter B. von ein wenig Zucker*

beige [*präd* beːʃ, *attr* ˈbeːʒə] *Adj*; von e-r hellen, gelblich braunen Farbe (wie Sand): *ein beiges Hemd* || NB: die attributive Verwendung gehört der gesprochenen Sprache an; um sie zu vermeiden, verwendet man *beigefarben*: *e-e beigefarbene Bluse*

bei·ge·ben *(hat)* [Vt] **1** ***(etw.*** *(Dat)*) ***etw. b.*** etw. zu etw. anderem hinzutun: *e-m Brief ein Foto b.*; *dem Teig ein Ei b.*; [Vi] **2** ***klein b.*** *gespr*; (*mst* nach e-r Auseinandersetzung) nachgeben, aufgeben, weil man sich unterlegen fühlt

Bei·ge·schmack *der*; *nur Sg*; **1** ein zusätzlicher Geschmack, der *mst* als störend empfunden wird: *Bier aus der Dose hat oft e-n metallischen B.* **2** ein *mst* unangenehmer Eindruck, den etw. bei j-m hinterlässt: *Die ganze Affäre hatte e-n unangenehmen B.*

Bei·heft *das*; **1** ein Heft mit Erläuterungen, Lösungen *o.Ä.*, das *mst* zu e-m Buch gehört, aber manchmal auch getrennt von diesem Buch verkauft wird **2** ein Heft mit Erläuterungen zu e-r CD, Kassette *o.Ä.*

bei·hef·ten *(hat)* [Vt] ***(etw.*** *(Dat)*) ***etw. b.*** etw. an etw. heften: *e-r Akte e-e Notiz b.*

Bei·hil·fe *die*; *-, -n*; **1** Geld, das man unter bestimmten Voraussetzungen vom Staat bekommt (*mst* wenn das eigene Geld nicht ausreicht) ⟨B. beantragen, bekommen⟩ || -K: ***Arbeitslosen-, Ausbildungs-, Familien-*** **2** ***B.*** (***zu etw.***) *Jur*; das Verhalten, mit dem man j-n dazu ermutigt od. ihm dabei hilft, e-e kriminelle Tat zu planen od. auszuführen ⟨B. zum Mord, zur Flucht; (j-m) B. leisten⟩

Bei·klang *der*; *-(e)s*; *mst Sg*; etw., das bei e-r Äußerung *o.Ä.* mitschwingt od. zu erkennen ist ≈ Unterton: *Seine Worte hatten e-n ironischen B.*

bei·kom·men *(ist)* [Vi] **1** ***j-m*** (***irgendwie / mit etw.***) ***b.*** (durch Reden) Einfluss auf j-n ausüben, *mst* um zu bewirken, dass er sich so verhält, wie man es möchte ⟨j-m nicht, nur schwer b. (können)⟩: *Ihm ist leider nur mit viel Härte beizukommen* **2** ***etw.*** *(Dat)* (***irgendwie / mit etw.***) ***b.*** ein Problem auf bestimmte Weise lösen ≈ etw. bewältigen: *Der Umweltverschmutzung ist nur mit strengen Strafen beizukommen*

Beil *das*; *-(e)s, -e*; e-e kleine Axt || ↑ *Abb. unter* ***Axt***

Bei·la·ge *die*; *-, -n*; **1** *mst* ein Werbeprospekt, der in e-e Zeitung od. Zeitschrift gelegt od. geheftet ist **2** ***e-e B.*** (***zu etw.***) etw. (*bes* Gemüse od. Teigwaren), das man zu e-m Hauptgericht isst: *Als B. zum Steak gab es Reis u. Bohnen*

bei·läu·fig *Adj*; *ohne Steigerung*; **1** so geäußert, dass es zufällig od. nebensächlich erscheint ⟨e-e Bemerkung; etw. b. erwähnen⟩ **2** ≈ ungefähr, circa || *zu* **1** **Bei·läu·fig·keit** *die*; *nur Sg*

bei·le·gen *(hat)* [Vt] **1** ***(etw.*** *(Dat)*) ***etw. b.*** etw. zu etw. legen ≈ beigeben, beifügen: *e-m Brief ein Foto b.* **2** ***etw. b.*** etw. auf friedliche Weise beenden ⟨e-n Streit b.⟩ || *zu* **2** **Bei·le·gung** *die*; *nur Sg*

bei·lei·be *Adv*; verwendet, um e-e verneinte Aussage zu verstärken ≈ wirklich: *Ich bin b. kein Experte, aber das hätte ich auch gewusst*

Bei·leid *das*; *-(e)s*; *nur Sg*; die Worte, die man j-m sagt od. schreibt, um ihm zu zeigen, dass man mit ihm über den Tod e-s Menschen trauert ⟨j-m sein aufrichtiges B. aussprechen, bekunden, bezeigen⟩ || K-: ***Beileids-, -besuch, -bezeigung, -karte, -schreiben***

bei·lie·gen *(hat)* [Vi] ***etw. liegt*** (***etw.*** *(Dat)*) ***bei*** etw. ist *mst* bei e-m Schreiben auch dabei

bei·lie·gend **1** *Partizip Präsens*; ↑ ***beiliegen*** **2** *Adj*; *nicht adv*, *(Admin) geschr* ≈ als Anlage (7), anbei: *B. senden wir Ihnen das gewünschte Formular*

beim *Präp mit Artikel* ≈ bei dem || NB: *beim* kann nicht durch *bei dem* ersetzt werden **a)** in festen Wendungen wie: *e-e Gelegenheit beim Schopf packen*; *Das geht beim besten Willen nicht*; **b)** mit dem substantivierten Infinitiv: *j-m beim Kartenspielen zusehen*

bei·men·gen; *mengte bei*, *hat beigemengt*; [Vt] ***(etw.*** *(Dat)*) ***etw. b.*** (*bes* beim Kochen) e-e Substanz durch Rühren mit e-r anderen mischen ≈ beimischen, zusetzen (1): *dem Mehl etwas Salz b.*

bei·mes·sen *(hat)* [Vt] ***etw.*** *(Dat)* ***etw. b.*** glauben, dass etw. wichtig od. bedeutsam ist: *e-r Angelegenheit keine Bedeutung, großen Wert b.*

bei·mi·schen *(hat)* [Vt] ***etw.*** *(Dat)* ***etw. b.*** etw. zu etw. anderem tun u. dann mischen || *hierzu* **Bei·mi·schung** *die*

Bein *das*; *-(e)s, -e*; **1** einer der beiden Körperteile des Menschen (bestehend aus Oberschenkel, Unterschenkel u. Fuß), mit denen man läuft, geht od. steht ⟨krumme, lange, schlanke, hübsche Beine haben; die Beine ausstrecken, spreizen, übereinander schlagen⟩ || ↑ *Abb. unter* ***Mensch*** **2** einer von zwei, vier od. mehr Körperteilen des Tieres, auf denen es steht od. sich fortbewegt: *E-e Spinne hat acht Beine* **3** eines der dünnen Teile e-s Möbelstücks od. Geräts, auf denen es steht: *ein Stuhl, ein Stativ mit drei Beinen* || -K: ***Stuhl-, Tisch-*** **4** einer der beiden länglichen Teile e-r Hose, die die Beine (1) bedecken || -K: ***Hosen-*** **5** *Pl Bei·ner, südd* (CH) ≈ Knochen || ID ***j-m ein B. stellen*** **a)** bewirken, dass ein anderer stolpert od. fällt, indem man ihm ein B. (1) in den Weg stellt; **b)** (durch Intrigen) bewirken, dass j-d scheitert; ***mit dem linken B. zuerst aufgestanden sein*** *gespr*; schlecht gelaunt, mürrisch sein; (***bereits***) ***mit einem B. im Grabe stehen*** *gespr*; sehr krank sein; ***sich*** *(Dat)* ***kein B. ausreißen*** *gespr*; sich (bei e-r Arbeit) nicht mehr Mühe geben als unbedingt nötig; ***alles, was Beine hat*** *gespr* ≈ jedermann; ***j-m auf die Beine helfen*** **a)** j-m, der gestürzt ist, helfen aufzustehen; **b)** j-m aus e-r (finanziellen) Notlage helfen; ***wieder auf den Beinen sein*** *gespr*; wieder gesund sein; ⟨*mst* den ganzen Tag / von früh bis spät⟩ ***auf den Beinen sein*** *gespr*; sehr lange unterwegs od. aktiv sein; ***sich kaum noch / sich nicht mehr auf den Beinen halten können*** vor Müdigkeit, Erschöpfung beinahe zusammenbrechen; ***etw. steht auf wackeligen / schwachen Beinen*** etw. ist unsicher od. nicht beweisbar ⟨e-e These, Behauptung⟩; ***mit beiden Beinen (fest) im Leben stehen*** realistisch sein u. sich in jeder Lage zu helfen wissen; ***sich** (Dat) **die Beine vertreten*** *gespr*; spazieren gehen (*bes* nachdem man lange gesessen hat); *mst* ***etw. hat Beine bekommen / gekriegt*** *gespr*; etw. ist plötzlich verschwunden od. ist gestohlen worden; ***j-m Beine machen*** *gespr*; **a)** j-n fortjagen; **b)** j-n mit heftigen Worten zu schnellerem Arbeiten antreiben; ***sich** (Dat) **die Beine in den Bauch / Leib stehen*** *gespr*; lange stehen u. warten müssen; ***etw. auf die Beine stellen*** *gespr*; etw. Beachtliches leisten, etw. zustande bringen; ***auf eigenen Beinen stehen*** nicht mehr auf die (finanzielle) Hilfe anderer angewiesen sein; ***sich auf die Beine machen*** *gespr*; sich auf den Weg machen; *mst* ***etw. geht in die Beine*** *gespr* **a)** e-e körperliche Tätigkeit strengt die Beine sehr an; **b)** etw. hat e-n Rhythmus, der einen zum Tanzen anregt; ***die Beine unter den Arm / in die Hand nehmen*** *gespr* ≈ sich beeilen

bei·nah *Partikel*; *gespr*; ↑ ***beinahe***

bei·na·he, bei·na·he *Partikel*; *betont u. unbetont*; **1** drückt aus, dass etw. (e-e Handlung, ein Ereignis, die Verwirklichung e-s Plans *o.Ä.*) erst im letzten Moment verhindert wird ≈ fast: *Ich hätte heute schon b. e-n Unfall verursacht* **2** drückt aus, dass die genannte Zahl, Größe, Menge, Qualität *usw* (noch) nicht ganz erreicht ist ≈ fast, nahezu: *Er ist b. so groß wie sie*; *Sie warteten b. drei Stunden* || NB: in der gesprochenen Sprache wird (*bes* in Verbindung mit Zahlenangaben) eher *fast* verwendet: *Es ist schon fast drei Uhr*; *b.* u. *fast* können ein Verb modifizieren, *nahezu* jedoch nicht: *Ich wäre b. / fast gefallen*

Bei·na·he|zu·sam·men·stoß *der*; ein Zusammenstoß, der nur knapp vermieden werden konnte

Bei·na·me *der*; ein Name, den man j-m / etw. zusätzlich gibt, um ein bestimmtes charakteristisches Merkmal zu betonen: *Man hatte dem König den Beinamen „der Tapfere" gegeben*

Bein·am·pu·tier·te *der / die*; *-n, -n*; j-d, dem man ein Bein od. beide Beine amputiert hat || NB: *ein Beinamputierter*; *der Beinamputierte*; *den, dem, des Beinamputierten*

Bein·bruch *der*; der Bruch e-s Knochens im Bein || ID *mst* ***Das ist (doch) kein B.!*** *gespr*; das ist doch nicht so schlimm

be|in·hal·ten [bə'|ɪn-]; *beinhaltet, beinhaltete, hat beinhaltet*; [Vt] ***etw. beinhaltet etw.*** *geschr*; *bes* etw. Geschriebenes hat etw. zum Inhalt od. bringt etw. zum Ausdruck: *Das neue Gesetz beinhaltet e-e Verschärfung der Bestimmungen zum Umweltschutz*

bein·hạrt *Adj*; *ohne Steigerung*; **1** *bes südd* sehr hart: *beinhartes Brot*; *Der Boden ist b. gefroren* **2** *gespr*; *bes* von Jugendlichen verwendet, um Bewunderung *z.B.* für j-s Mut od. Frechheit auszudrücken

-bei·nig *im Adj*, *begrenzt produktiv*; **1** mit der genannten Zahl von Beinen: ***einbeinig, zweibeinig, dreibeinig, mehrbeinig*** *usw* **2** mit der genannten Art von Beinen: ***krummbeinig, kurzbeinig, langbeinig***

bei·pflich·ten; *pflichtete bei, hat beigepflichtet*; [Vi] ***j-m / etw. (in etw. (Dat)) b.*** (offen u. deutlich) sagen, dass man mit j-s Meinung einverstanden ist ≈ j-m zustimmen: *Ich kann ihm / seinem Vorschlag in allen Punkten b.*

Bei·rat *der*; *-(e)s, Bei·rä·te*; mehrere Vertreter von Interessengruppen u. Experten, die e-r Institution zugeordnet sind u. diese zu bestimmten Themen beraten

be·ịr·ren [bə'|ɪr-]; *beirrte, hat beirrt*; [Vt] ***j-n b.*** j-n unsicher machen, sodass er e-n bestimmten Plan nicht mehr (richtig) ausführen kann ≈ verunsichern ⟨sich von niemandem, durch nichts b. lassen⟩ || NB: *mst* verneint u. in Verbindung mit *lassen*

bei·sạm·men *Adv* ≈ beieinander, zusammen(1)

bei·sạm·men- *im Verb, betont u. trennbar, begrenzt produktiv* ≈ zusammen-(1)

Bei·sạm·men·sein *das*; *-s*; *nur Sg*; ein Treffen (*mst* in e-m Gasthaus) zwischen Bekannten u. Freunden (oft um etw. zu feiern) ⟨ein fröhliches, gemütliches, geselliges B.⟩

Bei·schlaf *der*; *Jur, geschr* ≈ Geschlechtsverkehr ⟨den B. ausüben, vollziehen⟩

Bei·sein *nur in* ***im B.*** + *Gen* / ***im B. von j-m*** *geschr*; während die genannte Person anwesend ist: *im B. e-s Notars*; *im B. von / der Zeugen*

bei·sei·te *Adv*; **1** auf die Seite, aus dem Weg ⟨j-n b. drängen; j-n / etw. b. schieben; etw. b. legen, schaffen⟩ **2 *etw. b. bringen / schaffen*** etw. heimlich irgendwohin bringen od. verstecken ⟨Diebesgut, e-e Leiche⟩ **3 *etw. b. lassen*** etw. nicht erwähnen, sich nicht mit etw. beschäftigen **4 *etw. (für etw.) b. legen*** Geld für später sparen: *Geld für ein Moped b. legen* **5 *j-n b. schaffen*** *euph*; j-n ermorden ≈ beseitigen

bei·set·zen (*hat*) [Vt] ***j-n b.*** *geschr*; e-n Verstorbenen (od. dessen Asche) feierlich ins Grab legen || *hierzu* **Bei·set·zung** *die*

Bei·sit·zer *der*; *-s, -*; *Admin*; ein Mitglied e-s Gerichts, e-r Verwaltungsbehörde, des Verwaltungsvorstands e-s Vereins *o.Ä.*, das neben dem Vorsitzenden über Urteile, Beschlüsse *usw* mitentscheidet || *hierzu* **Bei·sit·ze·rin** *die*; *-, -nen*

Bei·spiel *das*; *-s, -e*; **1 *ein B. (für etw.)*** etw., das oft aus e-r Anzahl gleichartiger Dinge als typisch herausgegriffen wird, um etw. Charakteristisches zu zeigen, um etw. Abstraktes zu illustrieren od. um e-e Behauptung zu bekräftigen ⟨ein anschauliches, treffendes B.; ein B. anführen; etw. an e-m B. / anhand e-s Beispiels erklären, erläutern, veranschaulichen, zeigen; etw. mit Beispielen belegen⟩: *Diese Passage ist ein gutes B. für den nüchternen Stil Hemingways*; *Beispiele anführen, um seine These zu untermauern* || K-: ***Beispiel-, -satz*** **2** j-d od. j-s Verhalten, der / das in irgendeiner Weise vorbildlich u. deshalb wert ist, nachgeahmt zu werden ≈ Vorbild ⟨j-m ein B. sein / geben; e-m B. folgen⟩: *Sein Mut sollte uns allen ein B. sein* **3** j-d od. j-s Verhalten, der / das e-e Abschreckung od. Warnung darstellt ⟨ein abschreckendes B.; etw. ist j-m ein B.⟩ **4 *zum B.*** verwendet, um ein B. (1) anzukündigen; *Abk* z.B.: *Viele Tiere, zum B. Elefanten, haben ein sehr gutes Gedächtnis* || ID ***etw. ist ohne B.*** etw. ist in derselben Art od. im selben Ausmaß noch nie dagewesen; ***sich** (Dat) **(an j-m / etw.) ein B. nehmen*** sein Verhalten an e-r Person / Sache orientieren, die man als Vorbild nimmt; ***mit gutem B. vorangehen*** etw. (Schwieriges) als Erster tun, um so für andere ein Vorbild zu sein

bei·spiel|ge·bend *Adj*; *nicht adv* ≈ vorbildlich || NB: seltener als ***beispielhaft***

bei·spiel|haft *Adj*; ⟨ein Verhalten, Benehmen⟩ so, dass sie als Vorbild od. Ideal gelten können ≈ vorbildlich || *hierzu* **Bei·spiel·haf·tig·keit** *die*; *nur Sg*

bei·spiel|los *Adj*; noch nie dagewesen, in seiner Art unvergleichlich ≈ einzigartig, einmalig

bei·spiels|hal·ber *Adv* ≈ zum Beispiel

bei·spiels|wei·se *Adv* ≈ zum Beispiel

bei·sprin·gen (*ist*) [Vi] ***j-m b.*** j-m, der in Not ist, (schnell) helfen ⟨j-m in der Not, in e-r Gefahr b.⟩

bei·ßen; *biss, hat gebissen*; [Vt] **1 *etw. b.*** etw. mit den Zähnen kleiner machen, um es essen zu können ≈ kauen: *hartes Brot nicht b. können* **2 *j-n (in etw. (Akk)) b.*** j-n mit den Zähnen verletzen: *j-n ins Bein, in den Finger b.*; *Er wurde von e-r Giftschlange in* *den Fuß gebissen* **3 *etw. in etw.*** (*Akk*) ***b.*** *mst* e-n Stoff mit den Zähnen packen u. daran reißen, sodass ein Loch entsteht: *Der Hund hat ein Loch in die Hose des Briefträgers gebissen*; [Vt] **4** ⟨ein Insekt⟩ ***beißt*** (***j-n***) *gespr*; ein Insekt sticht in die Haut e-s Menschen u. saugt Blut aus ≈ ein Insekt sticht (j-n): *viele Mücken beißen*; *von Schnaken gebissen werden*; [Vi] **5 *in etw.*** (*Akk*) ***b.*** die Zähne in etw. Essbares drücken, um es zu essen ⟨in ein Brötchen, in e-n Apfel b.⟩ **6 *in / auf etw.*** (*Akk*) ***b.*** (beim Essen) etw. unabsichtlich mit den Zähnen verletzen ⟨sich in / auf die Zunge, die Lippen b.⟩ **7 *auf etw.*** (*Akk*) ***b.*** (während man die Nahrung kaut) auf etw. Hartes treffen ⟨auf e-n Kern, e-n Knochen b.⟩ **8 *ein Tier beißt nach j-m / etw.*** ein Tier versucht, j-n / etw. mit den Zähnen zu packen, *bes* um ihn / es zu verletzen: *Die Dogge biss nach dem Fremden* **9 *j-m / e-m Tier in etw.*** (*Akk*) ***b.*** j-n / ein Tier irgendwo mit den Zähnen verletzen: *j-m ins Bein, in den Finger b.* **10 *ein Tier beißt*** ein Tier neigt dazu, Menschen anzugreifen, um sie mit den Zähnen zu verletzen ≈ ein Tier ist bissig: *Vorsicht, dieser Hund beißt!* **11 *die Fische beißen*** die Fische lassen sich mit e-r Angel fangen: *Morgens beißen die Fische am besten* **12 *etw. beißt*** (***in etw.*** (*Dat*)) ein Geruch oder Gas ist / riecht stechend od. scharf ≈ etw. brennt (7) in der Nase ⟨Rauch⟩: *ein beißender Geruch*; *Tränengas beißt in den Augen*; [Vr] **13 *etw. beißt sich mit etw.***; ⟨Farben *o.Ä.*⟩ ***beißen sich*** *gespr*; zwei od. mehr Farben passen nicht zusammen, harmonieren nicht miteinander: *Das Braun der Vorhänge beißt sich mit dem Grün der Tapete*; [Vimp] **14 *j-n beißt es*** (***irgendwo***) *südd gespr* ≈ j-n juckt, kitzelt es || ID ***nichts zu b. haben*** *gespr*; nichts zu essen haben, hungern müssen; *mst* ***Er wird*** (***dich***) ***schon nicht*** (***gleich***) ***b.*** *gespr hum*; du brauchst vor ihm keine Angst zu haben || ► ***Biss, bissig***

bei·ßend **1** *Partizip Präsens*; ↑ ***beißen*** **2** *Adj*; ⟨Ironie, Kritik, Spott⟩ so geäußert od. formuliert, dass sie sehr beleidigend od. verletzend wirken

Beiß·zan·ge *die*; **1** e-e Zange, mit der man *bes* Nägel aus e-m Brett ziehen kann || ↑ *Abb. unter* ***Werkzeug*** **2** *gespr pej*; e-e Frau, die sich oft (ohne Grund) mit j-m streitet

Bei·stand *der*; *-(e)s, Bei·stän·de*; **1** *nur Sg*; die Hilfe, die man j-m in e-r schwierigen Lage gibt ⟨j-n um B. bitten; j-m B. leisten⟩ || K-: ***Beistands-, -pakt, -vertrag*** **2** *Jur*; j-d, der *bes* e-m Angeklagten hilft, indem er seine Interessen vertritt u. ihn berät || -K: ***Rechts-***

bei·ste·hen (*hat* / *südd* (CH) *ist*) [Vi] ***j-m*** (***in etw.*** (*Dat*)) ***b.*** j-m in e-r schwierigen Situation helfen ↔ j-n im Stich lassen ⟨j-m in der Not, in e-r gefährlichen Situation b.⟩ || ► ***Beistand***

Bei·stell·tisch *der*; ein kleiner Tisch, den man *bes* neben ein Sofa stellt, um *z.B.* e-e Leselampe darauf zu stellen

bei·steu·ern (*hat*) [Vt] ***etw. zu etw. b.*** (als Einzelner für e-e Gruppe) e-e bestimmte (oft finanzielle) Leistung erbringen, um etw. (gemeinsam Geplantes) zu ermöglichen od. bei e-r gemeinsamen Aktion mitzuwirken: *Geld zum Kauf e-s neuen Autos b.*; *e-e Wortmeldung zu e-r Diskussion b.*

bei·stim·men (*hat*) [Vi] ***j-m / etw. b.*** j-m / j-s Meinung (*bes* bei e-r Diskussion) ausdrücklich zustimmen: *e-m Antrag, dem Referenten b.*

Bei·strich *der*; *veraltend* ≈ Komma

Bei·trag *der*; *-(e)s, Bei·trä·ge*; **1 *ein B.*** (***für etw.***) die Summe Geld, die ein Mitglied regelmäßig pro Monat / Jahr *bes* an e-n Verein od. an e-e Versicherung zahlt od. zahlen muss ⟨seinen B. zahlen, entrichten⟩: *Er zahlt 30 Euro B. pro Jahr für die Mitgliedschaft im Sportverein* || K-: ***Beitrags-, -erhöhung, -pflicht, -rückerstattung, -zahlung*** || -K: ***Gewerkschafts-, Jahres-, Krankenversicherungs-, Mitglieds-, Monats-, Rentenversicherungs-, Sozialversicherungs-, Unkosten-*** **2 *ein B.*** (***zu etw.***) die Leistung od. Mitarbeit, die j-d erbringt, um e-m gemeinsamen Ziel zu dienen ⟨seinen B. zum Umweltschutz leisten; ein entscheidender, wichtiger B. zur Abrüstung, zur Völkerverständigung⟩ **3 *ein B.*** (***zu etw.***) / (***über etw.*** (*Akk*)) ein Bericht od. ein Aufsatz, die *bes* für e-e Zeitung, Zeitschrift od. für e-n (wissenschaftlichen) Sammelband geschrieben werden u. ein spezielles Thema behandeln ⟨e-n B. in e-r Zeitschrift abdrucken, veröffentlichen⟩

bei·tra·gen (*hat*) [Vti] (***etw.***) ***zu etw. b.*** e-n Beitrag (2) zu e-r Sache leisten, an der *mst* viele Menschen interessiert sind ⟨sein(en) Teil zu etw. b.⟩: *viel, wenig, nichts zur Sicherung des Friedens, zum Gelingen e-s Abends b.*; *Louis Pasteur trug viel* dazu *bei, Bakterien zu erforschen*

bei·trags·pflich·tig *Adj*; (*Admin*) *geschr*; verpflichtet, e-n bestimmten Beitrag (1) zu zahlen

bei·tre·ten (*ist*) [Vi] ***etw.*** (*Dat*) ***b.*** Mitglied in e-r Vereinigung od. Organisation werden ≈ in etw. eintreten ↔ aus etw. austreten ⟨e-r Partei, e-m Verein, der Gewerkschaft b.⟩ || *hierzu* **Bei·tritt** *der*

Bei·werk *das*; *nur Sg*; etw., das man zu e-r Sache dazugetan hat, das aber nicht nötig ist u. oft stört ⟨überflüssiges, schmückendes B.⟩

bei·woh·nen (*hat*) [Vi] ***etw.*** (*Dat*) ***b.*** *geschr*; bei etw. anwesend sein: *e-r feierlichen Zeremonie b.*

Bei·ze *die*; *-, -n*; **1** ein flüssiges chemisches Mittel, mit dem *bes* Holz, oft auch Metalle, Textilien od. Tierhaut behandelt werden || K-: ***Beiz-, -mittel*** **2** e-e Flüssigkeit *mst* aus Wasser, Essig u. Gewürzen, in die man *bes* rohes Fleisch legt, um es zu würzen: *Steaks in B. einlegen*

bei·zei·ten *Adv*; *veraltend*; so früh, dass es für ein bestimmtes Vorhaben od. Ziel günstig od. früh genug ist ≈ rechtzeitig ⟨b. abreisen, aufstehen⟩

bei·zen; *beizte, hat gebeizt*; [Vt] ***etw. b.*** *mst* Holz mit Beize behandeln || *hierzu* **Bei·zung** *die*; *nur Sg*

be·ja·hen; *bejahte, hat bejaht*; [Vt] **1 *etw. b.*** e-e Frage mit „Ja" beantworten ↔ verneinen ⟨e-e Frage b.; e-e bejahende Antwort, Geste⟩ **2 *etw. b.*** e-e positive Einstellung zu etw. haben, mit etw. einverstanden sein ≈ billigen ↔ ablehnen ⟨e-n Plan, e-e Entscheidung, j-s Handeln, die Ehe, das Leben *usw* b.⟩ || *hierzu* **Be·ja·hung** *die*; *mst Sg*

be·jahrt *Adj*; *nicht adv*, *geschr*; von (relativ) hohem Alter ≈ alt || *hierzu* **Be·jahrt·heit** *die*; *nur Sg*

be·jam·mern; *bejammerte, hat bejammert*; [Vt] ***etw. b.*** über etw. traurig sein u. klagen ⟨sein Schicksal, j-s Tod b.⟩

be·ju·beln; *bejubelte, hat bejubelt*; [Vt] ***j-n / etw. b.*** über j-n / etw. jubeln

be·kam *Imperfekt, 1. u. 3. Person Sg*; ↑ ***bekommen***

be·kä·me *Konjunktiv II, 1. u. 3. Person Sg*; ↑ ***bekommen***

be·kämp·fen; *bekämpfte, hat bekämpft*; [Vt] ***j-n / etw. b.*** gegen j-n / etw. kämpfen (1,3): *Ungeziefer, den Missbrauch von Drogen b.* || *hierzu* **Be·kämp·fung** *die*; *nur Sg*

be·kannt **1** *Partizip Perfekt*; ↑ ***bekennen*** **2** *Adj*; im Gedächtnis vieler Menschen vorhanden ⟨ein Lied, ein Schauspieler; allgemein b. sein⟩ **3** *Adj*; ***als j-d / etw. b. sein*** den Ruf haben, etw. zu sein: *Er ist als Lügner b.*; *Der Ort ist als Ferienparadies b.* **4** *Adj*; ***für etw. b. sein*** wegen e-r bestimmten Eigenschaft geschätzt / nicht geschätzt sein: *für seinen Fleiß, für seine Unehrlichkeit b. sein*; *Sie ist b.* dafür, dass *sie sehr geizig ist* / *Sie ist b.* dafür, *sehr geizig zu sein* **5** *Adj*; (***j-m***) ***b.***(etw. ist) so, dass j-d es kennt od.

davon gehört hat ⟨etw. wird b.; etw. als b. voraussetzen⟩: *Mir ist nichts von e-r neuen Regelung b.* (= Ich habe noch nichts von e-r neuen Regelung gehört); *Ist Ihnen b.*, dass *Ihr Nachbar geheiratet hat?* (= wissen Sie schon, dass …); *Die Entführung wurde bald b.*; *Es darf nicht b. werden, dass* … **6** *Adj*; **(*j-m*) *b.*** ⟨Personen⟩ so, dass sie j-d seit längerer Zeit kennt: *Auf der Party sah ich lauter bekannte Gesichter* (= viele Leute, die ich kenne) **7** *Adj*; ***j-d / etw. kommt j-m b. vor*** e-e Person / Sache macht auf j-n den Eindruck, dass er sie bereits kennt: *Der Mann an der Theke kommt mir b. vor* **8** *Adj*; ***mit j-m b. sein / werden*** j-n kennen gelernt haben / kennen lernen ⟨mit j-m gut, erst seit kurzem b. sein⟩ **9** *Adj*; ***mit etw. b. sein*** *geschr*; über etw. (genau) informiert sein: *mit dem Inhalt e-s Schreibens b. sein* **10** *Adj*; ***etw. b. geben*** etw. (*z.B.* durch die Presse) der Öffentlichkeit mitteilen ⟨etw. im Fernsehen, Rundfunk b.⟩: *Der Minister gab seinen Rücktritt bekannt* **11** *Adj*; ***etw. b. machen*** etw. der Öffentlichkeit mitteilen ≈ b. geben: *Er machte bekannt*, dass … **12** *Adj*; ***j-n / sich mit etw. b. machen*** j-n / sich über etw. informieren **13** *Adj*; ***j-n mit j-m b. machen*** (als Dritter) j-n j-m vorstellen: *Darf ich Sie mit meiner Frau b. machen?* || *zu* **2 Be·kạnnt·heit** *die*; *nur Sg*; *zu* **10 Be·kannt·ga·be** *die*; *nur Sg*

Be·kạnn·te *der / die*; *-n, -n*; **1** j-d, den man (oft durch seinen Beruf) kennt u. gelegentlich trifft, mit dem man jedoch nicht unbedingt ein freundschaftliches Verhältnis hat ↔ Fremde(r): *im Biergarten zufällig zwei alte Bekannte treffen* **2** ***ein guter Bekannter / e-e gute Bekannte*** e-e Person, die man zwar gut kennt u. öfter trifft, die aber (noch) kein richtiger Freund / keine richtige Freundin ist **3** *euph* ≈ Geliebter, Geliebte: *Er fuhr mit seiner Bekannten in Urlaub* || NB: *ein Bekannter*; *der Bekannte*; *den, dem, des Bekannten*

Be·kạnn·ten·kreis *der*; alle Bekannten, die man hat ⟨e-n großen B. haben; zu j-s B. zählen⟩

be·kạnn·ter·ma·ßen *Adv*; (*Admin*) *geschr* ≈ bekanntlich

be·kạnnt·lich *Adv*; wie jeder weiß, wie allgemein bekannt ist: *Rauchen ist b. schädlich*

Be·kạnnt·ma·chung *die*; -, *-en*; **1** das bekannt (11) machen ≈ Mitteilung **2** der Zettel od. das Plakat, auf dem die Informationen stehen, die bekannt gemacht werden

Be·kạnnt·schaft *die*; -, *-en*; **1** *nur Sg*; der persönliche Kontakt mit j-m (*mst* auf e-r unverbindlichen Ebene) ⟨mit j-m B. schließen; e-e langjährige B.⟩ **2** *nur Sg* ≈ Bekanntenkreis **3** *mst Pl*; Personen, zu denen man e-e oberflächliche Beziehung hat: *Er hat zahlreiche Bekanntschaften* || -K: ***Damen-, Frauen-, Herren-, Männer-*** **4** ***mit etw. B. machen*** *gespr*; mit etw. *mst* Unangenehmem in Kontakt kommen, es kennen lernen: *mit den skrupellosen Methoden e-s Diktators B. machen* **5** ***j-s B. machen*** j-n kennen lernen

be·keh·ren; *bekehrte, hat bekehrt*; [Vt] ***j-n / sich* (*zu etw.*) *b.*** j-n / sich dazu bringen, seine Religion, Ansichten od. Weltanschauung zu ändern ⟨j-n zu e-r anderen Meinung, politischen Gesinnung b.⟩: *Ein chinesischer Priester bekehrte ihn zum Buddhismus* || *hierzu* **Be·keh·rung** *die*

be·kẹn·nen; *bekannte, hat bekannt*; [Vt/i] **1** **(*etw.*) *b.*** *mst* voller Reue offen sagen od. gestehen, dass man etw. *mst* Schlechtes getan hat ≈ beichten ⟨seine Sünden, seine Schuld b.⟩; [Vt] **2** ***seinen Glauben b.*** offen zeigen od. sagen, dass man e-m (religiösen) Glauben angehört; [Vr] **3** ***sich zu j-m / etw. b.*** öffentlich u. deutlich sagen, dass man von j-m / von (der Notwendigkeit) e-r Sache überzeugt ist ⟨sich zu e-m guten Freund, zur Demokratie, zum Christentum b.⟩ **4** ***sich schuldig b.*** (*bes* vor Gericht) offen zugeben, dass man ein Verbrechen begangen hat

Be·kẹn·ner·brief *der*; ein Brief, in dem j-d schreibt, dass er ein (*mst* terroristisches) Verbrechen begangen hat ≈ Bekennerschreiben

Be·kẹnnt·nis *das*; *-ses, -se*; **1** das Bekennen (1) e-r Schuld od. e-r unmoralischen Tat: *ein aufrichtiges B. seiner Sünden ablegen* **2** ***ein B.* (*zu etw.*)** e-e *mst* öffentliche Erklärung, mit der man sich zu etw. bekennt (3) **3** die Zugehörigkeit zu e-r Religion ≈ Konfession || -K: ***Glaubens-***

be·kla·gen; *beklagte, hat beklagt*; [Vt] **1** ***j-n / etw. b.*** *mst* über e-n Verlust, e-n Todesfall *o.Ä.* sehr traurig sein (u. klagen): *den Tod e-s Verwandten b.*; [Vr] **2** ***sich* (*bei j-m*) (*über j-n / etw.*) *b.*** j-m deutlich sagen, dass man mit e-r Person / Sache nicht zufrieden ist od. sie als störend empfindet ≈ sich beschweren: *sich über j-s Unfreundlichkeit, zu viel Arbeit / Lärm b.*; *Er hat sich bei mir* darüber *beklagt*, dass *wir ihn nicht eingeladen haben*

be·kla·gens·wert *Adj*; **1** ≈ bedauerlich ⟨ein Unfall, ein Verlust⟩ **2** so, dass man damit überhaupt nicht zufrieden sein kann: *Die Wohnung ist in e-m beklagenswerten Zustand*

Be·klag·te *der / die*; *-n, -n*; *Jur*; j-d, der in e-m Zivilprozess verklagt worden ist || NB: **a)** ↑ ***Angeklagte*(*r*)**; **b)** *ein Beklagter*; *der Beklagte*; *den, dem, des Beklagten*

be·klạt·schen; *beklatschte, hat beklatscht*; [Vt] ***j-n / etw. b.*** seine Anerkennung od. Begeisterung über j-n / etw. ausdrücken, indem man in die Hände klatscht

be·klau·en; *beklaute, hat beklaut*; [Vt] ***j-n b.*** *gespr*; j-m etw. stehlen

be·kle·ben; *beklebte, hat beklebt*; [Vt] ***etw.* (*mit etw.*) *b.*** etw. auf etw. anderes kleben: *die Wände mit Tapeten b.*

be·klẹ·ckern; *bekleckerte, hat bekleckert*; [Vt] ***j-n / sich / etw.* (*mit etw.*) *b.*** *gespr*; beim Essen, Trinken od. durch Vergießen von Flüssigkeiten Flecke auf die Kleidung *o.Ä.* machen: *das Tischtuch b.*; *sein Hemd b.* || ID ↑ ***Ruhm***

be·klei·den; *bekleidete, hat bekleidet*; [Vt] ***etw. b.*** *geschr*; e-e bestimmte Stellung haben u. die entsprechende Arbeit leisten ⟨ein Amt, e-e Stellung b.⟩

be·klei·det **1** *Partizip Perfekt*; ↑ ***bekleiden*** **2** *Adj*; **(*mit etw.*) *b. sein*** (eine bestimmte) Kleidung tragen: *Er war mit e-r kurzen Hose u. e-m T-Shirt b.* **3** *Adj*; *mst* **(*nur*) *leicht / notdürftig b. sein*** (nur) wenige Kleidungsstücke tragen

Be·klei·dung *die*; *mst Sg*; **1** *Kollekt*; die Kleidungsstücke, die man *bes* für e-n bestimmten Zweck od. zu e-r bestimmten Jahreszeit trägt ≈ Kleidung: *leichte B. für den Sommer* || K-: ***Bekleidungs-, -artikel, -industrie*** || -K: ***Damen-, Herren-, Kinder-***; ***Sommer-, Winter-***; ***Berufs-, Freizeit-, Sport-*** **2** *geschr*; das Bekleiden ⟨die B. e-s Amtes⟩ || ↑ Abb. Seite 146

be·klẹm·mend *Adj*; ⟨ein Gefühl, Schweigen⟩ so, dass sie Angst od. Unruhe verursachen ≈ beängstigend

Be·klẹm·mung *die*; -, *-en*; ein Gefühl der Angst od. Beunruhigung

be·klọm·men *Adj*; von Angst od. Unruhe erfüllt ≈ bang || *hierzu* **Be·klọm·men·heit** *die*; *nur Sg*

be·klọppt *Adj*; *nicht adv*, *nordd gespr* ≈ dumm, verrückt

be·knạckt *Adj*; *nicht adv*; *gespr* ≈ dumm, albern ⟨b. aussehen⟩

be·knien [bəˈkniː(ə)n]; *bekniete, hat bekniet*; [Vt] ***j-n b.***

Bekleidung

(+ **zu** + *Infinitiv*) *gespr*; j-n lange u. intensiv bitten, e-n Wunsch zu erfüllen: *Sie bekniete ihren Vater, ihr ein Fahrrad zu kaufen*

be·kom·men[1]; *bekam, hat bekommen*; [Vt] kein Passiv! **1** ***etw.* (*von j-m*) *b.*** in den Besitz e-r Sache kommen, indem j-d sie einem gibt od. schickt ≈ erhalten, kriegen ⟨e-n Brief, ein Telegramm, ein Geschenk, e-e Belohnung b.⟩: *Ich bekomme schon seit Tagen keine Post mehr*; *Für ihre guten Leistungen in der Schule bekam sie von ihrem Vater ein Fahrrad* **2** ***etw.* (*von j-m*) *b.*** der Adressat e-r (mündlichen) Mitteilung sein, die von j-m kommt ≈ erhalten, kriegen ⟨e-e Antwort, e-n Befehl, e-e Nachricht, e-e Rüge, e-n Funkspruch b.; Auskunft, Glückwünsche b.⟩ **3** ***etw.* (*von j-m*) *b.*** in den Genuss *bes* der öffentlichen Anerkennung kommen ⟨viel Beifall, e-n Orden, den Nobelpreis b.⟩ **4** ***etw.* (*von j-m*) *b.*** Empfänger e-r Hilfeleistung sein ⟨erste Hilfe, Nachhilfe(unterricht) b.⟩ **5** ***etw.* (*von j-m*) *b.*** auf etw. e-n Anspruch haben, *z.B.* weil man j-m etw. geliehen hat: *Ich bekomme noch 20 Euro von dir* **6** ***etw.* (*von j-m*) *b.*** das Ziel od. Opfer e-r unangenehmen od. aggressiven Handlung sein ⟨Prügel, e-n Schlag auf den Kopf, e-e Ohrfeige, e-n Fußtritt b.⟩ **7** ***etw.* (*von j-m*) *b.*** sich ein kirchliches Sakrament geben lassen ⟨die Absolution, die Letzte Ölung, den Segen b.⟩ **8** ***etw. b.*** durch Suchen od. eigenes Bemühen erreichen, dass man etw. (zur Verfügung) hat: *Karten für ein Konzert b.*; *in der Innenstadt keinen Parkplatz b.*; *e-e Filmrolle b.* **9** ***etw. b.*** etw., das man angestrebt hat, verwirklichen (*mst* indem man Hindernisse überwindet) ⟨seinen Willen, sein Recht b.⟩ **10** ***etw. b.*** etw., das einem zusteht, beanspruchen dürfen ⟨Urlaub b.⟩ **11** ***etw. b.*** Empfänger e-r gerichtlichen / behördlichen Mitteilung (*mst* als Konsequenz e-r Straftat) sein ⟨e-e Anzeige, ein Strafmandat, e-n Strafzettel b.⟩ **12** ***etw. b.*** durch Erfahrung od. Information erreichen, dass man etw. versteht od. weiß ⟨(e-n) Einblick in etw., e-n Eindruck von etw. b.⟩ **13** ***etw. b.*** e-n *mst* telefonischen Kontakt herstellen ⟨e-n Anschluss, e-e Verbindung b.⟩ **14** ***etw. b.*** *gespr*; *mst* ein Verkehrsmittel (noch rechtzeitig) erreichen ↔ verpassen, versäumen ⟨den Bus, die U-Bahn b.⟩ **15** ***etw. b.*** durch e-n Gerichtsbeschluss e-e bestimmte Strafe erhalten ⟨e-e Haftstrafe, e-e Geldstrafe, ein Jahr *o.Ä.* Gefängnis b.⟩ **16** ***etw.* + *Partizip Perfekt* + *b.*** der Adressat e-r Mitteilung, der Empfänger e-s Geschenks *o.Ä.* sein: *Ich habe* (*von ihm*) *Blumen geschenkt bekommen* (= er hat mir Blumen geschenkt); *Sie hat ihre Fahrtkosten erstattet bekommen* (= man hat ihre Fahrtkosten erstattet) || NB: nur mit transitiven Verben verwendet, die zwei Objekte (Dativ u. Akkusativ) haben können (*z.B. mitteilen, leihen, genehmigen*) **17** ***etw. zu* + *Infinitiv* + *b.*** die Möglichkeit haben, etw. zu tun od. etw. wahrzunehmen ⟨etw. zu essen, trinken b.⟩: *Auf unserer Reise durch Afrika bekamen wir nur wenige wilde Tiere zu sehen* **18** ***etw. zu* + *Infinitiv* + *b.*** verwendet, um auszudrücken, dass j-d etw. Unangenehmes ertragen muss: *j-s Rache zu spüren b.*; *böse Worte zu hören b.* **19** ***etw. b.*** mit etw. Unangenehmem od. Negativem konfrontiert werden ⟨schlechtes Wetter, Regen, Ärger, Streit, Schwierigkeiten b.⟩ **20** ***etw. b.*** e-e körperliche od. emotionale Veränderung erfahren ⟨Durst, Hunger b.; Schmerzen, Fieber, e-e Krankheit b.; e-n Bauch, graue Haare, Falten, e-n roten Kopf b.; Angst, Lust b.; Komplexe b.⟩: *Das Baby bekommt Zähne*; *Wenn ich mich aufrege, bekomme ich Herzklopfen* **21** ***e-e Frau bekommt ein Baby / ein Kind*** e-e Frau ist schwanger **22** *mst* ⟨ein Paar⟩ ***bekommt Nachwuchs*** e-e Frau u. ein Mann werden Eltern **23** ***etw. bekommt etw.*** etw. entwickelt etw. (Neues): *Die Pflanzen bekommen Blüten*; *Die Bäume bekommen Triebe / frisches Laub* **24** ***j-n / etw. irgendwie b.*** *gespr*; verwendet, um auszudrücken, dass es einem gelingt, j-n / etw. in e-n bestimmten Zustand zu versetzen: *ein Kind satt, e-e Tischdecke sauber, die Fische ganz frisch b.* **25** ***etw. irgendwohin b.*** *gespr*; erreichen od. bewirken, dass etw. an e-e erwünschte Stelle kommt: *das Wild vor das Gewehr, e-n Nagel nicht in die Wand b.* **26** ***etw. aus / von etw. b.*** *gespr*; erreichen, dass sich etw. nicht mehr an e-r bestimmten Stelle befindet: *den Fleck aus der Hose, den Nagel nicht aus der Wand b.* **27** ***j-n irgendwohin / zu etw. b.*** *gespr*; erreichen, dass j-d irgendwohin geht od. etw. Erwünschtes tut ≈ j-n irgendwohin / zu etw. bringen: *Er ist einfach nicht ins Kino zu b.!*; *Ich kann ihn nicht dazu b., die Wahrheit zu sagen* || ID ***Was bekommen Sie?*** *gespr*; (als Frage des Verkäufers) was möchten Sie kaufen?; ***Was bekommen Sie** (**dafür**)**?*** *gespr*; (als Frage des Kunden) wieviel Geld muss ich Ihnen dafür bezahlen?

be·kom·men[2]; *bekam, ist bekommen*; [Vi] ***etw. bekommt j-m irgendwie*** etw. wirkt sich irgendwie auf j-s Gesundheit od. Wohlbefinden aus: *Das scharfe Essen ist ihm schlecht bekommen*; *Der Klimawechsel bekommt ihm nicht* (= er verträgt ihn nicht)

be·kömm·lich *Adj*; *nicht adv*; so beschaffen, dass der Magen es gut verträgt ≈ leicht verdaulich, verträglich ⟨ein Essen, e-e Mahlzeit⟩ || *hierzu* **Be·kömm·lich·keit** *die*; *nur Sg*

be·kös·ti·gen; *beköstigte, hat beköstigt*; [Vt] ***j-n b.*** *geschr*; j-m (regelmäßig) zu essen geben || *hierzu* **Be·kös·ti·gung** *die*; *nur Sg* || ► ***Kost***

be·kräf·ti·gen; *bekräftigte, hat bekräftigt*; [Vt] **1** ***etw.*** (***mit*** / ***durch etw.***) ***b.*** ausdrücklich betonen, dass etw. der Wahrheit entspricht, dass man es mit etw. ernst meint *o.Ä.* ⟨seine Absicht, seine Meinung b.⟩: *Er bekräftigte sein Versprechen mit e-m / durch e-n Eid* **2** ***etw. bekräftigt j-n in etw.*** (*Dat*) etw. ermutigt j-n, seine Meinung od. Haltung nicht aufzugeben ⟨etw. bekräftigt j-n in seinem Entschluss, in seiner Auffassung⟩ || *hierzu* **Be·kräf·ti·gung** *die*

be·kreu·zi·gen, sich; *bekreuzigte sich, hat sich bekreuzigt*; [Vr] ***sich b.*** *kath*; (*z.B.* beim Betreten e-r Kirche) das Zeichen des Kreuzes über seine Stirn (u. Brust) machen || *hierzu* **Be·kreu·zi·gung** *die*

be·krie·gen; *bekriegte, hat bekriegt*; [Vt] **1** ***j-n b.*** *veraltend od lit*; Krieg gegen j-n führen: *Sie bekriegen sich / einander schon lange*

be·krit·teln; *bekrittelte, hat bekrittelt*; [Vt] ***j-n / etw. b.***; ***etw. an j-m b.*** *pej*; j-n / etw. ohne guten Grund (ständig) kritisieren || *hierzu* **Be·krit·te·lung** *die*

be·krit·zeln; *bekritzelte, hat bekritzelt*; [Vt] ***etw. b.*** auf etw. kritzeln: *ein Blatt Papier b.*

be·küm·mern; *bekümmerte, hat bekümmert*; [Vt] ***etw. bekümmert j-n*** etw. erfüllt j-n mit Kummer od. Sorge: *Es bekümmerte ihn, dass seine Mutter krank war* || ID *mst* ***Was bekümmert 'Sie das?*** was haben Sie damit zu tun?; *mst* ***Das braucht dich nicht zu b.*** *gespr*; das ist nicht deine Sache, damit hast du nichts zu tun

be·küm·mert **1** *Partizip Perfekt*; ↑ ***bekümmern*** **2** *Adj*; ***b.*** (***über etw.*** (*Akk*)) von Sorge od. Kummer erfüllt ≈ traurig, besorgt ⟨b. schauen⟩

be·kun·den; *bekundete, hat bekundet*; [Vt] (***j-m***) ***etw. b.*** *geschr*; (j-m gegenüber) *mst* Gefühle offen zeigen ⟨j-m sein Mitleid b.; reges Interesse an j-m / etw. b.⟩ || *hierzu* **Be·kun·dung** *die*

be·lä·cheln; *belächelte, hat belächelt*; [Vt] ***j-n / etw. b.*** spöttisch reagieren, weil man j-n / etw. als schlecht od. ungeeignet betrachtet ≈ sich über j-n / etw. lustig machen: *Seine Vorschläge werden nur belächelt*

be·la·den; *belädt, belud, hat beladen*; [Vt] ***etw.*** (***mit etw.***) ***b.*** etw. auf e-e Fläche (*mst* e-s Fahrzeugs) laden: *e-n Lastwagen mit Erde b.* || *hierzu* **Be·la·dung** *die*; *nur Sg*

Be·lag *der*; *-(e)s, Be·lä·ge*; **1** e-e Schicht aus e-m bestimmten Material, mit der etw. bedeckt wird, um es *bes* vor Abnutzung od. Reibung zu schützen: *die Straße / den Fußboden mit e-m neuen B. versehen* || -K: ***Fußboden-***, ***Straßen-*** **2** *nur Sg*; e-e dünne Schicht *bes* aus Schmutz od. Bakterien, die sich auf etw. gebildet hat ⟨ein B. auf der Zunge, auf den Zähnen, auf dem Spiegel⟩ || -K: ***Staub-***; ***Zahn-*** **3** *nur Sg*; das, was man *bes* auf e-e Scheibe Brot od. ein Brötchen legt (*z.B.* Wurst, Käse) || -K: ***Brot-***

be·la·gern; *belagerte, hat belagert*; [Vt] **1** ⟨Truppen *o.Ä.*⟩ ***belagern etw.*** Truppen *o.Ä.* umgeben etw. für längere Zeit, um es zu erobern ⟨e-e Burg, e-e Festung, e-e Stadt b.⟩ **2** ⟨Personen⟩ ***belagern j-n / etw.*** *gespr*; Personen drängen sich (in großer Zahl) um j-n / etw., um etw. Bestimmtes zu bekommen: *die Kinokasse, den Auskunftsschalter b.*; *Die Jugendlichen belagerten den Popstar, um ein Autogramm zu bekommen* || *hierzu* **Be·la·ge·rung** *die*; *zu* **1** **Be·la·ge·rer** *der*; *-s, -*

be·läm·mert *Adj*; *gespr*; **1** dumm u. verwirrt od. niedergeschlagen ⟨ein belämmertes Gesicht machen; b. aussehen⟩ **2** verwendet, um Ärger über etw. auszudrücken: *Das belämmerte Radio ist schon wieder kaputt!*; *Das Wetter im Urlaub war b.*

Be·lang *der*; *- (e)s, -e*; **1** *nur Pl*; die Angelegenheiten od. Faktoren, die für j-n od. innerhalb e-s Bereichs wichtig sind ≈ Interessen ⟨die ökonomischen, sozialen Belange; j-s Belange wahrnehmen⟩ **2** (***etw. ist***) (***für j-n***) ***von B.*** / ***ohne B.*** (etw. ist) für j-n wichtig / nicht wichtig

be·lan·gen; *belangte, hat belangt*; [Vt] **1** ***j-n*** (***wegen*** / ***für etw.***) ***b.*** mithilfe e-s Rechtsanwalts od. der Polizei dafür sorgen, dass j-d für etw. bestraft wird od. e-n Schaden ersetzen muss ≈ verklagen ⟨j-n gerichtlich b.⟩: *j-n wegen Betruges b.* **2** ***was j-n / etw. belangt*** *veraltend*; verwendet, um den Bezug zu j-m / etw. herzustellen ≈ was j-n / etw. betrifft, anbelangt

be·lang·los *Adj*; *nicht adv*; ***b.*** (***für j-n / etw.***) ohne Bedeutung od. Folgen ≈ unwichtig ⟨e-e Bemerkung⟩: *Sein Alter ist für diese Aufgabe b.* || *hierzu* **Be·lang·lo·sig·keit** *die*

be·las·sen; *belässt, beließ, hat belassen*; [Vt] **1** ***j-n bei*** / ***in etw.*** (*Dat*) ***b.*** nicht versuchen, *bes* j-s Meinung od. Einstellung zu ändern ⟨j-n bei seiner Meinung, seinem Irrtum, bei / in seinem Glauben b.⟩ **2** ***etw. in etw.*** (*Dat*) ***b.*** den bisherigen Zustand e-r Sache nicht ändern: *ein Theaterstück in seiner ursprünglichen Besetzung b.* **3** ***etw. irgendwo b.*** etw. nicht von seinem bisherigen Platz entfernen: *Tiere in ihrer natürlichen Umgebung b.* || ID ***alles beim Alten b.*** *gespr*; nichts verändern; ***es dabei b.*** *gespr*; etw. so lassen, wie es ist, nichts mehr ändern

be·las·ten; *belastete, hat belastet*; [Vt] **1** ***j-n*** (***mit*** / ***durch etw.***) ***b.*** j-s psychische od. physische Kräfte stark beanspruchen od. strapazieren: *j-n mit Problemen, zusätzlicher Arbeit stark b.*; *Die Scheidung von seiner Frau hat ihn sehr belastet* **2** ***j-d / etw. belastet etw.*** (***mit*** / ***durch etw.***) j-d bewirkt, dass etw. e-e störende od. schädliche Wirkung auf etw. hat / etw. hat e-e solche Wirkung auf etw.: *Wir belasten die Luft mit Abgasen*; *Die Abgase belasten die Luft*; *seinen Magen mit schweren Mahlzeiten, sein Gewissen mit Vorwürfen b.* **3** ***etw.*** (***mit etw.***) ***b.*** bewirken, dass sich etw. Schweres in od. auf etw. befindet: *die Ladefläche e-s Lastwagens b.*; *Die Brücke brach zusammen, da sie zu stark belastet wurde* **4** ***j-n b.*** es durch Aussagen vor Gericht wahrscheinlich erscheinen lassen, dass ein Angeklagter schuldig ist ↔ entlasten (3): *belastendes Material gegen j-n vorbringen*; *Die Aussage der Zeugin belastete ihn schwer* **5** ***etw.*** (***mit etw.***) ***b.*** Geld von etw. nehmen ⟨j-s Guthaben, Konto b.⟩ **6** ***etw. mit etw. b.*** e-e finanzielle Schuld auf etw. übertragen: *ein Grundstück mit e-r Hypothek b.* **7** ***j-n / etw.*** (***mit etw.***) ***b.*** Geld von j-m / etw. fordern u. dadurch *mst* Probleme schaffen: *die Arbeitnehmer mit höheren Steuern, den Etat mit zusätzlichen Ausgaben b.* || *zu* **1, 2** u. **3** **be·last·bar** *Adj*; *nicht adv*; **Be·last·bar·keit** *die*; *mst Sg* || ► ***Last*** (2)

be·läs·ti·gen; *belästigte, hat belästigt*; [Vt] **1** ***j-n*** (***mit etw.***) ***b.*** j-n stören od. verärgern, indem man zu unpassender Zeit od. immer wieder etw. von ihm möchte ≈ behelligen ⟨j-n mit seinen Problemen, Sorgen b.⟩ **2** ***j-n b.*** j-n nicht in Ruhe lassen od. versuchen, ihn zu etw. zu zwingen, was er nicht will ⟨ein Mädchen, e-e Frau unsittlich b.⟩: *Ich wurde* *auf der Straße von Betrunkenen belästigt* || *hierzu* **Be·läs·ti·gung** *die* || ► **lästig**

Be·las·tung *die*; -, *-en*; **1** das Belasten (1) e-r Person *bes* durch Stress **2** das, wodurch j-d belastet (1) wird: *Seine Krankheit stellt für ihn e-e schwere B. dar* **3** das, wodurch etw. belastet (2) wird: *Bleifreies Benzin bedeutet e-e geringere B. der Umwelt* || -K: ***Schadstoff-, Umwelt-*** **4** das Belasten (3) ⟨die B. e-r Brücke⟩ || K-: ***Belastungs-, -grenze, -probe*** **5** das Gewicht, das e-e Fläche, e-n Körper od. e-e (technische) Konstruktion belastet (3): *Die zulässige B. des Fahrstuhls liegt bei 600kg* **6** das Belasten (4) e-s Angeklagten || K-: ***Belastungs-, -zeuge*** **7** das Belasten (6) e-r Sache *mst* durch finanzielle Schulden: *die B. e-s Hauses mit e-r Hypothek*

be·lau·ern; *belauerte, hat belauert*; [Vt] ***j-n b.*** j-n sehr genau beobachten (*z.B.* um ihn zu fangen od. um festzustellen, ob er e-n Fehler macht) || *hierzu* **Be·lau·e·rung** *die*

be·lau·fen, sich; *beläuft sich, belief sich, hat sich belaufen*; [Vr] ***etw. beläuft sich auf etw.*** (*Akk*) etw. stellt e-e bestimmte Anzahl dar od. macht e-e bestimmte Summe aus ≈ etw. beträgt[1] etw.: *Der entstandene Sachschaden beläuft sich auf 1000 Euro*

be·lau·schen; *belauschte, hat belauscht*; [Vt] ***j-n / etw. b.*** e-r Person / e-m Gespräch heimlich zuhören || *hierzu* **Be·lau·schung** *die*; *nur Sg*

be·le·ben; *belebte, hat belebt*; [Vt] **1** ***etw. belebt j-n / etw.*** etw. hat auf j-n / etw. e-e aktivierende, stimulierende Wirkung ≈ etw. regt j-n / etw. an: *Kaffee belebt den Kreislauf*; *Konkurrenz belebt das Geschäft* **2** ***etw.*** (***mit / durch etw.***) ***b.*** etw. interessant(er) od. lebendig(er) machen: *ein Zimmer durch bunte Tapeten b.*; *e-e Unterhaltung mit witzigen Bemerkungen b.*; [Vr] **3** ***etw. belebt sich*** etw. wird intensiver od. kommt in Schwung ⟨der Handel, die Konjunktur⟩ **4** ***etw. belebt sich*** etw. wird allmählich voll von Menschen od. Fahrzeugen ⟨ein Bahnhof, e-e Kneipe, e-e Straße⟩ ↔ etw. leert sich: *An warmen Sommerabenden beleben sich die Straßen des Stadtzentrums* || *hierzu* **Be·le·bung** *die*; *mst Sg*

be·lebt *Adj*; **1** *Partizip Perfekt*; ↑ ***beleben*** **2** voller Menschen od. Fahrzeuge ↔ leer ⟨e-e Straße, e-e Kreuzung⟩: *Die Fußgängerzone ist immer sehr b.*

Be·leg *der*; *-(e)s, -e*; **1** ***ein B.*** (***für etw.***) etw. Schriftliches, *mst* e-e Rechnung od. Quittung, das bestätigt, dass man etw. bezahlt, bekommen od. getan hat || -K: ***Buchungs-, Spenden-, Zahlungs-*** **2** etw. Schriftliches, das als Beweis *bes* für e-e Aussage in e-m Buch *o.Ä.* dient ⟨ein Zitat als B. anführen⟩ || K-: ***Beleg-, -stelle***

be·le·gen; *belegte, hat belegt*; [Vt] **1** ***etw.*** (***mit etw.***) ***b.*** etw. mit e-m Belag bedecken: *e-n Tortenboden mit Erdbeeren, ein Brot mit Wurst b.* **2** ***etw.*** (***mit / durch etw.***) ***b.*** etw. *bes* durch e-n Beleg nachweisen od. beweisen: *Ausgaben, Spenden durch Quittungen b.*; *e-e Behauptung mit e-m Zitat b.* **3** ***etw. b.*** sich *bes* als Student für e-e Vorlesung, ein Seminar *o.Ä.* einschreiben ⟨e-n Kurs, e-e Vorlesung b.⟩ || K-: ***Beleg-, -bogen*** **4** ***etw. b.*** (als Sportler) in e-m Wettkampf e-n bestimmten Rang erreichen: *den zweiten Platz b.* **5** ***j-n / etw. mit etw. b.*** bewirken, dass etw. (*mst* Unangenehmes) für j-n / etw. zur Pflicht wird ⟨j-n mit e-r Strafe, mit e-m Bußgeld b.⟩: *Zigaretten mit e-r höheren Steuer b.* || *zu* **2** u. **3** **Be·le·gung** *die*; *nur Sg*; *zu* **2** **be·leg·bar** *Adj*; *nicht adv* || ► **Belag**

Be·leg·schaft *die*; -, *-en*; alle Personen, die in e-m Betrieb beschäftigt sind ≈ Personal

be·legt **1** *Partizip Perfekt*; ↑ ***belegen*** **2** *Adj*; *nicht adv*; von Personen besetzt ↔ frei ⟨ein Zimmer, ein Hotel⟩: *Alle Betten des Krankenhauses sind zurzeit b.* **3** *Adj*; *nicht adv*; für j-n reserviert ⟨ein Platz, ein Stuhl⟩ **4** *Adj*; *nicht adv*; (***mit etw.***) ***b.*** mit Wurst, Käse *usw* bedeckt ⟨ein Brot⟩ **5** *Adj*; *nicht adv*; mit e-m Belag (2) bedeckt als Zeichen für e-e Krankheit *o.Ä.* ⟨die Zunge⟩ **6** *Adj*; *nicht adv*; nicht klar klingend ≈ heiser ⟨j-s Stimme⟩ **7** *Adj*; *nicht adv*; ***etw. ist b.*** etw. ist besetzt (4) ⟨ein Anschluss, e-e Nummer (beim Telefonieren)⟩

be·leh·ren; *belehrte, hat belehrt*; [Vt] **1** ***j-n*** (***über etw.*** (*Akk*)) ***b.*** j-n über etw. informieren: *e-n Verhafteten über seine Rechte b.*; *Er ließ sich von ihr* (darüber) *b.*, was *er zu tun hatte* **2** ***j-n e-s Besseren b.*** j-n dazu bringen, e-e falsche Meinung, e-e ungünstige Absicht *o.Ä.* aufzugeben ⟨sich e-s Besseren b. lassen⟩ || *zu* **1** **Be·leh·rung** *die*

be·leibt *Adj*; *euph*; (von Menschen) ≈ dick, korpulent || *hierzu* **Be·leibt·heit** *die*; *nur Sg* || ► **Leib**

be·lei·di·gen; *beleidigte, hat beleidigt*; [Vt] **1** ***j-n*** (***durch / mit etw.***) ***b.*** j-s Gefühle od. Ehre durch Worte od. Handlungen sehr verletzen ≈ kränken ⟨j-n schwer b.⟩: *e-e beleidigende Bemerkung* **2** ***etw. beleidigt das Auge / Ohr*** etw. sieht sehr schlecht aus / klingt sehr unangenehm || ► **Leid** (1)

be·lei·digt **1** *Partizip Perfekt*; ↑ ***beleidigen*** **2** *Adj*; in seinen Gefühlen od. in seiner Ehre verletzt ⟨tief, zutiefst, tödlich b.⟩: *Sie ist wegen jeder Kleinigkeit b.* **3** *nur attr od adv*; ⟨ein Gesicht, e-e Reaktion⟩ so, dass sie zeigen, dass j-d b. (2) ist || ID ↑ ***Leberwurst***

Be·lei·di·gung *die*; -, *-en*; **1** e-e Äußerung od. e-e Handlung, die j-s Gefühle verletzt ⟨e-e schwere B.; e-e B. zurücknehmen; sich für e-e B. entschuldigen⟩ **2** *nur Sg*; das Kränken, Beleidigen (1) || -K: ***Beamten-*** **3** ***e-e B. für das Auge / Ohr*** etw., das sehr schlecht aussieht / klingt

be·lei·hen; *belieh, hat beliehen*; [Vt] ***etw. b.*** *mst* e-r Bank etw. als Sicherheit nennen u. dafür Geld bekommen ⟨ein Grundstück, ein Haus b.⟩

be·lem·mert *Adj*; ↑ ***belämmert***

be·le·sen *Adj*; *nicht adv*; ⟨Menschen⟩ mit sehr großem Wissen, weil sie viel gelesen haben || *hierzu* **Be·le·sen·heit** *die*; *nur Sg*

be·leuch·ten; *beleuchtete, hat beleuchtet*; [Vt] **1** ***etw.*** (***mit etw.***) ***b.*** etw. durch Licht od. Lampen hell machen: *E-e Laterne beleuchtete den Hof*; *Die Bühne wurde mit Scheinwerfern beleuchtet* **2** ***etw. b.*** sich Gedanken über etw. machen, etw. (genauer) untersuchen ≈ betrachten ⟨ein Problem, Thema, e-n Aspekt kritisch b.⟩

Be·leuch·tung *die*; -, *-en*; **1** das Beleuchten (1) ⟨e-s Raumes⟩: *für ausreichende B. sorgen* || -K: ***Bühnen-*** **2** *Kollekt*; *bes* Lampen u. Kerzen, die etw. beleuchten (1) ⟨e-e künstliche, elektrische, festliche B.⟩: *im Schaufenster die B. einschalten* || -K: ***Fest-, Kerzen-*** **3** das Beleuchten (2) ⟨e-s Themas⟩

be·lich·ten; *belichtete, hat belichtet*; [Vt/i] (***etw.***) ***b.*** Lichtstrahlen auf e-n Film od. auf Fotopapier fallen lassen: *beim Fotografieren ein Foto zu stark b.*

Be·lich·tung *die*; das Belichten ⟨die B. e-s Films, e-s Fotos⟩ || K-: ***Belichtungs-, -automatik, -dauer, -messer, -zeit***

be·lie·ben; *beliebte, hat beliebt*; *geschr*; [Vi] **1** ***b.*** + ***zu*** + *Infinitiv* (oft *iron* verwendet) etw. gern od. aus Gewohnheit tun ⟨zu scherzen b.⟩: *Er beliebte, nicht zu antworten*; [Vimp] **2** ***es beliebt j-m*** + ***zu*** + *Infinitiv* es ist j-s Wunsch / es gefällt j-m, etw. zu tun: *Sie können kommen, wann es Ihnen beliebt*

Be·lie·ben *das*; *-s*; *nur Sg*; *mst in* ***nach B.*** wie man es möchte, wie es einem gefällt ⟨ganz nach B. wählen, handeln können⟩

be·lie·big *Adj*; **1** gleichgültig welcher, welche, welches ↔ bestimmt: *jede beliebige Arbeit annehmen*; *zu jeder beliebigen Zeit erreichbar sein* **2** so, wie man es will, wie es einem gefällt: *Du kannst das Buch b. lange behalten*; *Die Reihenfolge ist b.*

be·liebt 1 *Partizip Perfekt*; ↑ **belieben 2** *Adj*; *nicht adv*; (**bei j-m**) **b.** (von vielen) sehr geschätzt ⟨ein Heilmittel, ein Politiker, ein Spiel, ein Urlaubsland⟩: *Er war bei seinen Kollegen sehr b.* **3** *Adj*; *nicht adv*; (**bei j-m**) **b.** sehr verbreitet od. oft angewandt ⟨ein Aufsatzthema, e-e Redensart⟩ **4 sich** (**bei j-m**) **b. machen** sich bewusst so verhalten, dass es j-m gefällt || *hierzu* **Be·liebt·heit** *die*; *nur Sg*

be·lie·fern; *belieferte*, *hat beliefert*; [Vt] **j-n / etw.** (**mit etw.**) **b.** Waren an j-n / etw. liefern ⟨e-n Kunden, ein Warenhaus b.⟩ || *hierzu* **Be·lie·fe·rung** *die*

bel·len; *bellte*, *hat gebellt*; [Vi] **ein Hund bellt** ein Hund gibt die Laute von sich, die für seine Art typisch sind

bel·lend 1 *Partizip Präsens*; ↑ **bellen 2** *Adj*; *nur attr od adv*; laut ⟨ein Husten⟩

Bel·let·ris·tik *die*; -; *nur Sg*; jede Art von (*bes* anspruchsvoller) fiktionaler Literatur, die der Unterhaltung dient (wie *z.B.* Romane, Erzählungen, Novellen) ↔ Sachliteratur, Fachliteratur || *hierzu* **bel·let·ris·tisch** *Adj*

be·lo·bi·gen; *belobigte*, *hat belobigt*; [Vt] **j-n b.** *veraltend*; j-m ein offizielles Lob geben ≈ auszeichnen || *hierzu* **Be·lo·bi·gung** *die*

be·loh·nen; *belohnte*, *hat belohnt*; [Vt] **1 j-n** (**für etw.**) (**mit etw.**) **b.** j-m etw. geben, weil er einem geholfen hat, Gutes getan hat *o.Ä.* ⟨j-n für seine Ehrlichkeit, Mühe b.⟩: *Sie belohnte ihn für seine Hilfe mit 100 Euro* **2 etw.** (**mit / durch etw.**) **b.** etw. *bes* durch e-e freundliche Reaktion anerkennen ⟨j-s Gutmütigkeit, j-s Hilfsbereitschaft b.⟩

Be·loh·nung *die*; -, *-en*; **1 e-e B.** (**für etw.**) das, was j-d als Anerkennung für e-e gute Tat *o.Ä.* bekommt ⟨etw. als, zur B. bekommen⟩: *e-e B. für die Aufklärung e-s Verbrechens aussetzen* **2** *nur Sg*; das Belohnen (1): *die B. e-s ehrlichen Finders*

be·lü·gen; *belog*, *hat belogen*; [Vt] **j-n b.** j-n anlügen

be·lus·ti·gen; *belustigte*, *hat belustigt*; [Vt] **j-n** (**mit etw.**) **b.** bewirken, dass sich j-d amüsiert: *das Publikum mit Witzen b.* || *hierzu* **Be·lus·ti·gung** *die*

be·mäch·ti·gen, sich; *bemächtigte sich*, *hat sich bemächtigt*; [Vr] **sich j-s / etw. b.** *geschr*; j-n / etw. mit Gewalt nehmen: *Durch e-n Putsch bemächtigte sich das Militär der Staatsgewalt* || *hierzu* **Be·mäch·ti·gung** *die*; *nur Sg* || ► **Macht** (1,2)

be·ma·len; *bemalte*, *hat bemalt*; [Vt] **etw. b.** Bilder od. Farben auf etw. malen: *e-e Vase b.*; *ein bemalter Schrank* || *hierzu* **Be·ma·lung** *die*

be·män·geln; *bemängelte*, *hat bemängelt*; [Vt] **etw.** (**an j-m / etw.**) **b.** sagen, dass man etw. als Fehler od. Mangel empfindet ≈ kritisieren, beanstanden: *Die Chefin bemängelte seine Unpünktlichkeit*; *An der Arbeit ist nichts zu b.* || *hierzu* **Be·män·ge·lung** *die*

be·mannt *Adj*; *nicht adv*; (**mit j-m**) **b.** mit e-r Mannschaft, e-m Team versehen ⟨ein Flugzeug, Schiff, Boot⟩: *ein mit fünf Astronauten bemanntes Raumschiff*

be·merk·bar *Adj*; *ohne Steigerung*, *nicht adv*; **1** so, dass man es sehen, hören od. riechen kann ≈ wahrnehmbar: *ein kaum bemerkbarer Farbunterschied* **2 etw. macht sich b.** etw. zeigt seine *mst* unangenehmen Wirkungen: *Wenn sie lange Strecken laufen muss, macht es sich b.*, dass *sie zu viel raucht* **3 sich b. machen** sich so verhalten, dass andere Menschen auf einen aufmerksam werden: *Der Verletzte versuchte vergeblich, sich b. zu machen*

be·mer·ken[1]; *bemerkte*, *hat bemerkt*; [Vt] **1 j-n / etw. b.** j-n / etw. sehen, hören od. riechen ≈ wahrnehmen: *Es kam zu e-m Zusammenstoß, weil der Autofahrer den Radfahrer zu spät bemerkt hatte* **2 etw. b.** *bes* durch Überlegen od. Nachdenken etw. erkennen: *Hast du denn nicht bemerkt*, dass *man dich betrügen wollte?*

be·mer·ken[2]; *bemerkte*, *hat bemerkt*; [Vt] **etw.** (**zu etw.**) **b.** etw. zu e-m bestimmten Thema sagen ⟨etw. nebenbei, beiläufig, am Rande b.⟩: *Dazu möchte ich b.*, dass …; *Nebenbei bemerkt, das Essen war miserabel*

be·mer·kens·wert *Adj*; **1** gut od. auffällig u. daher wert, dass man es beachtet ≈ beachtlich: *e-e bemerkenswerte Arbeit*; *Das Bemerkenswerte an der Sache ist, dass niemand wusste, wie er eigentlich heißt* **2** *Adv*; verwendet, um Adjektive od. Adverbien zu verstärken: *Das Essen schmeckte b. gut*; *Sie gab ein b. offenes Interview*

Be·mer·kung *die*; -, *-en*; e-e kurze, oft mündliche Äußerung zu etw. ⟨e-e ironische, kritische, unpassende B.; e-e B. über j-n / etw.; e-e B. zu etw. machen⟩ || -K: **Schluss-, Zwischen-**

be·mes·sen; *bemisst*, *bemaß*, *hat bemessen*; [Vt] **1 etw. b.** die Menge, Intensität *o.Ä.* von etw. (aufgrund e-r Schätzung, Berechnung od. Vorschrift) festlegen ⟨die Menge, den Umfang, den Preis, e-e Strafe b.⟩: *ein großzügig bemessenes Trinkgeld*; *Die Arbeitspausen sind sehr knapp bemessen* || NB: *mst* im Partizip Perfekt; [Vr] **2 etw. bemisst sich** (**nach etw.**) etw. wird nach e-m bestimmten System berechnet: *Die Heizungskosten bemessen sich nach dem Verbrauch* || *hierzu* **Be·mes·sung** *die*

be·mit·lei·den; *bemitleidete*, *hat bemitleidet*; [Vt] **j-n b.** mit j-m Mitleid haben || *hierzu* **Be·mit·lei·dung** *die*; *nur Sg*

be·mit·lei·dens·wert *Adj*; Mitleid erregend

be·mit·telt *Adj*; *ohne Steigerung*, *nicht adv*; *Adv* + **b.** mit der (ungefähr) angegebenen Menge Geld: *nicht besonders gut b. sein* || ► **Mittel** (4)

be·mü·hen; *bemühte*, *hat bemüht*; [Vt] **1 j-n b.** *geschr*; j-s Hilfe in Anspruch nehmen: *In dieser Angelegenheit müssen wir einen Fachmann b.*; [Vr] **2 sich** (**um etw.**) **b.**; **sich b.** + **zu** + *Infinitiv* sich Mühe geben od. Anstrengungen machen, um etw. zu erreichen ⟨sich redlich, umsonst, vergeblich b.⟩: *Sie bemüht sich, bessere Noten zu bekommen*; *Er bemüht sich um e-e Stelle bei der Post* **3 sich um j-n b.** versuchen, j-m zu helfen ≈ sich um j-n kümmern: *Sie bemühte sich um den Verletzten* **4 sich um j-n b.** freundlich zu j-m sein, um seine Zuneigung zu bekommen: *Er bemühte sich sehr um das Mädchen*

be·müht 1 *Partizip Perfekt*; ↑ **bemühen 2** *Adj*; **b. sein** + **zu** + *Infinitiv* sich viel Mühe geben, etw. zu erreichen: *Ein Verkäufer sollte immer b. sein, die Kunden freundlich zu bedienen* **3** *Adj*; **um etw. b. sein** sich um etw. bemühen (2) **4** *Adj*; **um j-n b. sein** sich um j-n bemühen (3)

Be·mü·hung *die*; -, *-en*; *mst Pl*; die Anstrengungen od. die Mühe, mit denen man etw. erreichen will: *Seine Bemühungen um den Verletzten waren umsonst* **2** *nur Pl*, *geschr*; (auf Rechnungen) die geleistete Arbeit: *Für meine Bemühungen erlaube ich mir, Ihnen € 160 zu berechnen*

be·mü·ßigt *Adj*; *nur in* **sich b. sehen / finden / fühlen** + **zu** + *Infinitiv*; *geschr veraltend od iron*; glauben, etw. Bestimmtes unbedingt tun zu müssen

be·mut·tern; *bemutterte*, *hat bemuttert*; [Vt] **j-n b.** *oft iron*; für j-n wie e-e Mutter (*bes* in übertriebener Weise) sorgen || *hierzu* **Be·mut·te·rung** *die*; *nur Sg*

be·nach·bart *Adj*; *ohne Steigerung*, *nicht adv*; in direkter Nähe befindlich: *das benachbarte Dorf*

be·nach·rich·ti·gen; *benachrichtigte*, *hat benachrichtigt*; [Vt] **j-n** (**von etw.**) **b.**; **j-n b., dass …** j-m e-e Nachricht von etw. geben ≈ informieren

Be·nach·rich·ti·gung *die*; -, *-en*; **1** *nur Sg*; das Benachrichtigen: *die B. der Familie des Verunglückten* **2** e-e *mst* schriftliche Nachricht ≈ Mitteilung

be·nach·tei·li·gen; *benachteiligte, hat benachteiligt*; [Vt] ***j-n (gegenüber j-m) b.*** j-n schlechter behandeln als andere, j-m weniger zukommen lassen als anderen ↔ begünstigen, bevorzugen ⟨sich benachteiligt fühlen⟩: *Das Testament benachteiligte den älteren Sohn gegenüber dem jüngeren* || *hierzu* **Be·nach·tei·li·gung** *die* || ► ***Nachteil***

be·ne·belt *Adj*; *mst präd, gespr*; leicht betrunken

Be·ne·fiz- *im Subst, betont, wenig produktiv*; verwendet, um auszudrücken, dass etw. wohltätigen Zwecken dient; das ***Benefizkonzert***, das ***Benefizspiel***, die ***Benefizveranstaltung***

be·neh·men, sich; *benimmt sich, benahm sich, hat sich benommen*; [Vt] ***sich irgendwie b.*** (in Bezug auf die gesellschaftlichen Konventionen) ein bestimmtes Verhalten zeigen ⟨sich gut, unhöflich, anständig (gegenüber j-m) b.⟩: *Er hat sich wie ein Kind benommen* || ID ***Benimm dich!*** Verhalte dich anständig!; ***sich unmöglich b.*** *gespr*; sich sehr schlecht b.; ***sich zu b. wissen*** gute Manieren haben

Be·neh·men *das*; *-s*; *nur Sg*; **1** die Art u. Weise, wie man sich in Gesellschaft von anderen verhält ≈ Manieren ⟨ein gutes, feines B.; kein (= ein schlechtes) B. haben⟩: *Sein unhöfliches B. provozierte die Gäste* **2** ***im B. mit j-m*** (*Admin*) *geschr*; nach Besprechung e-s Problems mit j-d anderem **3** *mst* ***sich*** (*Akk*) ***mit j-m ins B. setzen*** *geschr*; sich an j-n wenden, *bes* um etw. zu besprechen

be·nei·den; *beneidete, hat beneidet*; [Vt] ***j-n (um etw.) b.*** Neid empfinden, weil man j-s Fähigkeiten od. das, was ihm gehört, selbst gern hätte ↔ j-m etw. gönnen: *Er beneidet mich um mein neues Auto* || ID ***nicht zu b. sein*** in e-r schwierigen Situation sein

be·nei·dens·wert *Adj*; so, dass man neidisch werden könnte ↔ bedauernswert: *e-e beneidenswerte Person*; *Sein Haus ist b. groß*

be·nen·nen; *benannte, hat benannt*; [Vt] **1** ***etw. b.*** das richtige Wort für etw. sagen (können): *Ich kann diese Pflanze nicht b.* **2** ***j-n / etw. (nach j-m / etw.) b.*** j-m / etw. e-n Namen (den Namen von j-m / etw.) geben: *den Sohn nach dem Großvater b.*; *e-e Straße nach e-m Wissenschaftler b.* **3** ***j-n als etw. b.*** j-n für e-e bestimmte Aufgabe od. für ein Amt vorschlagen: *Er wurde als Zeuge benannt*

Be·nen·nung *die*; *-, -en*; **1** *nur Sg*; das Benennen (3) ⟨die B. e-s Zeugen⟩ **2** das Wort für e-e Sache ≈ Bezeichnung: *Für das „Brötchen" gibt es viele Benennungen*

Ben·gel *der*; *-s, - / bes nordd gespr -s*; ein (frecher) Junge

Be·nimm *der*; *nur in* (***keinen***) ***B. haben*** *gespr*; (kein) gutes Benehmen haben

Ben·ja·min *der*; *-s, -e*; *mst hum*; der Jüngste in e-r Gruppe

be·nom·men *Adj*; *nur präd od adv*; nicht ganz bei Bewusstsein, leicht betäubt: *Er war von dem Sturz e-e Zeit lang b.* || *hierzu* **Be·nom·men·heit** *die*; *nur Sg*

be·no·ten; *benotete, hat benotet*; [Vt] ***etw. b.*** e-r Leistung *o.Ä.* e-e Note[2] (1) geben: *e-e Schularbeit b.* || *hierzu* **Be·no·tung** *die*

be·nö·ti·gen; *benötigte, hat benötigt*; [Vt] ***j-n / etw. b.*** j-n / etw. (zu e-m bestimmten Zweck) haben müssen ≈ brauchen (1): *zur Einreise ein Visum b.*; *dringend benötigte Ersatzteile*

be·nut·zen; *benutzte, hat benutzt*; [Vt] **1** ***etw. (zu / für etw.) b.*** etw. für e-n bestimmten Zweck nehmen ≈ verwenden, gebrauchen: *ein Handtuch zum Trocknen b.*; *ein Wörterbuch zum Nachschlagen b.*; *e-n Gasherd zum Kochen b.*; *den Haupteingang e-s Gebäudes b.*; *ein viel, wenig benutzter Weg* **2** ***etw.*** (***zu / für etw.***) ***b.*** ein Verkehrsmittel nehmen ⟨das Auto, das Fahrrad, die U-Bahn b.⟩ **3** ***etw.*** (***als / zu etw.***) ***b.*** etw. so einsetzen, dass man den gewünschten Zweck erreicht: *Sie benutzte die Gelegenheit, um ihr Anliegen vorzutragen*; *Er benutzte die Ferien* dazu, *den Unterrichtsstoff* zu *wiederholen* **4** ***j-n*** (***als / zu etw.***) ***b.*** *pej*; j-n auf unfaire Weise für seine Zwecke einsetzen: *j-n als Geisel b.*; *j-n b., um seine Wut abzureagieren*; *Sie fühlte sich von ihm benutzt* || *zu* **1** u. **2** **be·nutz·bar** *Adj*; *nicht adv*; **Be·nut·zung** *die*; *nur Sg*

be·nüt·zen; *benützte, hat benützt*; [Vt] *südd* (CH) ≈ benutzen || *hierzu* **Be·nüt·zung** *die*; *nur Sg*

Be·nut·zer *der*; *-s, -*; *geschr*; j-d, der etw. zu e-m bestimmten Zweck benutzt (1) || -K: ***Bibliotheks-, Wörterbuch-*** || *hierzu* **Be·nut·ze·rin** *die*; *-, -nen*

Be·nüt·zer *der*; *-s, -*; *südd* ≈ Benutzer || *hierzu* **Be·nüt·ze·rin** *die*; *-, -nen*

be·nut·zer·freund·lich *Adj*; so beschaffen, dass man es ohne Schwierigkeiten benutzen (1) kann ⟨ein Handbuch⟩ || *hierzu* **Be·nut·zer·freund·lich·keit** *die*; *nur Sg*

be·nutzt **1** *Partizip Perfekt*; ↑ ***benutzen*** **2** *Adj*; *ohne Steigerung, nicht adv*; nicht mehr frisch ≈ gebraucht ⟨Wäsche⟩: *Ist das Handtuch schon b.?*

Ben·zin *das*; *-s*; *nur Sg*; e-e Flüssigkeit, die leicht brennt u. die *bes* als Treibstoff für Motoren verwendet wird ⟨(un)verbleites, bleifreies B.; B. tanken⟩ || K-: ***Benzin-, -feuerzeug, -kanister, -motor, -verbrauch*** || -K: ***Normal-, Super-***

Ben·zin|gut·schein *der*; ein Gutschein, Kupon, den man vor e-r Reise kauft u. für den man (im Ausland) Benzin bekommt

be·o·bach·ten; *beobachtete, hat beobachtet*; [Vt] **1** ***j-n / etw. b.*** e-e Person, Sache od. e-n Vorgang lange betrachten, *bes* um zu erkennen, was geschieht ⟨j-n / etw. heimlich, kritisch, genau b.; sich beobachtet fühlen⟩: *Er beobachtete den Flug der Vögel*; *Sie beobachtete* (*ihn dabei*), *wie er Geld stahl* **2** ***j-n / etw. b.*** sein Interesse über längere Zeit auf j-n / etw. richten u. dabei auf Veränderungen achten: *e-n Patienten b.*; *Er beobachtete die Entwicklung seiner Kinder mit Sorge* **3** ***j-n b.*** ≈ überwachen: *Er wird von der Polizei beobachtet* **4** ***etw.*** (***an j-m***) ***b.*** *geschr* ≈ bemerken[1]: *Ich habe beobachtet, dass du weniger rauchst*

Be·o·bach·ter *der*; *-s, -*; **1** j-d, der j-n / etw. beobachtet (1) (u. e-e Änderung sofort feststellt) ⟨ein scharfer, kritischer, aufmerksamer B.⟩ **2** j-d, der (*mst* beruflich) bestimmte Entwicklungen verfolgt u. darüber berichtet ⟨ein politischer, militärischer B.⟩ || -K: ***Konferenz-***

Be·o·bach·tung *die*; *-, -en*; **1** das Beobachten ⟨medizinische, militärische B.; Beobachtungen über etw. anstellen⟩: *Die Versuchstiere stehen unter ständiger B.*; *Aus eigener B. weiß ich, dass …* **2** e-e Feststellung als Ergebnis e-r B. (1) ⟨seine Beobachtungen aufzeichnen, mitteilen⟩

be·or·dern; *beorderte, hat beordert*; [Vt] ***j-n irgendwohin b.*** j-m befehlen, an e-n bestimmten Ort od. zu j-m zu kommen / gehen: *Er wurde nach Berlin beordert* || *hierzu* **Be·or·de·rung** *die* || ► ***Order***

be·pa·cken; *bepackte, hat bepackt*; [Vt] ***j-n / etw.*** (***mit etw.***) ***b.*** j-n / etw. mit viel Gepäck *o.Ä.* beladen: *das Auto voll b.*; *Er war mit Koffern schwer bepackt*

be·pflan·zen; *bepflanzte, hat bepflanzt*; [Vt] ***etw.*** (***mit etw.***) ***b.*** etw. mit Pflanzen versehen: *den Straßenrand mit Bäumen b.* || *hierzu* **Be·pflan·zung** *die*

be·pin·seln; *bepinselte, hat bepinselt*; [Vt] ***etw.*** (***mit etw.***) ***b.*** *gespr*; mit e-m Pinsel e-e Flüssigkeit od. Farbe auf etw. bringen: *den Kuchen mit Schokoladenguss b.*

be·quat·schen; *bequatschte, hat bequatscht*; Vt *gespr*; **1 etw.** (**mit j-m**) **b.** über etw. sprechen, sich über etw. unterhalten **2 j-n b.** ≈ überreden: *Er hat mich so lange bequatscht, bis ich ja gesagt habe*

be·quem [-kv-] *Adj*; **1** so beschaffen, dass man sich darin od. damit wohl fühlt ⟨ein Auto, ein Kleid, ein Sessel, Schuhe⟩: *Auf deinem Sofa sitzt man sehr b.* **2** ⟨e-e Ausrede, ein Weg⟩ so, dass sie keine Mühe verursachen ≈ leicht ↔ anstrengend: *Er bevorzugt die bequemere Lösung*; *Der See ist in e-r Stunde zu Fuß b. zu erreichen* **3** *pej*; ⟨ein Mensch⟩ so, dass er sich nicht gern anstrengt ≈ träge, faul: *Er lässt seine Frau das Geschirr spülen, weil er zu b. dazu ist*; *Er wird allmählich b.* || ID **Machen Sie es sich** (*Dat*) **b.!** verwendet als Aufforderung an e-n Gast, sich zu setzen

be·que·men, sich [-kv-]; *bequemte sich, hat sich bequemt*; Vr **sich zu etw. b.** *geschr*; sich endlich zu etw. entschließen, das man gar nicht tun will: *Er bequemte sich endlich zu e-r Antwort* / *Er bequemte sich endlich* (dazu,) zu *antworten*

Be·quem·lich·keit [-kv-] *die*; -, *-en*; **1** *nur Sg*; der Zustand, in dem etw. bequem (1) ist ≈ Komfort: *Er liebt die B.*; *für die B. der Gäste sorgen* **2** ein (Einrichtungs)Gegenstand, der der B. (1), dem Komfort dient: *Das Auto besitzt alle Bequemlichkeiten* **3** *nur Sg*, *pej*; die Eigenschaft, bequem (3) zu sein ≈ Faulheit: *etw. aus B. nicht tun*

be·rap·pen; *berappte, hat berappt*; Vt **etw.** (**für etw.**) **b.** *gespr*; etw. widerwillig bezahlen: *Für die Reparatur muss ich 150 Euro b.*

be·ra·ten; *berät, beriet, hat beraten*; Vt **1 j-n** (**bei / in etw.** (*Dat*)) **b.** j-m durch seinen Rat (bei e-r Entscheidung) helfen ⟨j-n gut, klug, richtig b.; sich b. lassen⟩: *Ein Fachmann hat mich in dieser Sache beraten* **2 j-d / etw.** (*Kollekt od Pl*) **berät etw.**; **j-d berät etw. mit j-m** zwei od. mehrere Leute besprechen, erörtern ein Problem: *Sie berieten*, was *sie tun sollten* / ob *sie das tun sollten*; Vi **3** (**über etw.** (*Akk*)) **b.** ein Problem mit j-m besprechen, um e-e Entscheidung treffen zu können: *Sie beraten noch über die Ausführung des Plans*; Vr **4 sich** (**mit j-m**) (**über etw.** (*Akk*)) **b.** ein Problem mit j-m besprechen, um e-e Entscheidung treffen zu können: *Er beriet sich mit seiner Frau über den Kauf e-s Hauses* || ID **mit etw. gut / schlecht beraten sein** in e-r bestimmten Sache richtig / falsch handeln

be·ra·tend 1 *Partizip Präsens*; ↑ **beraten 2** *Adj*; mit der Funktion, e-e Angelegenheit zu diskutieren (aber nicht zu beschließen) ⟨ein Ausschuss⟩

Be·ra·ter *der*; *-s*, -; j-d, der (beruflich) j-n auf e-m bestimmten Gebiet berät (1) ⟨ein technischer, juristischer, politischer B.⟩ || K-: **Berater-, -gremium, -vertrag** || -K: **Berufs-, Steuer-, Industrie-, Unternehmens-**

be·rat·schla·gen; *beratschlagte, hat beratschlagt*; Vt **1 etw.** (**mit j-m**) **b.** ≈ beraten (2): *Sie beratschlagten*, ob *sie die Reise buchen sollten*; Vr **2 sich** (**mit j-m**) (**über etw.** (*Akk*)) **b.** ≈ beraten (4): *Vor dem Kauf möchte ich mich noch mit meiner Frau b.*; *Sie beratschlagten sich* darüber, was *zu tun sei* || *hierzu* **Be·rat·schla·gung** *die*

Be·ra·tung *die*; -, *-en*; **1** *nur Sg*; das Erteilen von Rat u. Auskunft auf e-m Gebiet ⟨ärztliche, juristische, fachkundige B.⟩ || K-: **Beratungs-, -gespräch** || -K: **Berufs-, Ehe-, Studien-, Unternehmens- 2** das Beraten (3) e-s Problems, e-s Falles *o.Ä.* ≈ Besprechung ⟨die B. aufnehmen, abbrechen⟩: *Das Gericht zog sich zur B. zurück* || K-: **Beratungs-, -ausschuss 3 etw. ist in B., kommt zur B.** über etw. wird diskutiert

Be·ra·tungs·stel·le *die*; e-e Einrichtung, die bei Problemen (*z.B.* in der Kindererziehung, in der Ehe od. bei Drogenabhängigkeit) durch Gespräche u. Ratschläge helfen will || -K: **Drogen-, Erziehungs-**

be·rau·ben; *beraubte, hat beraubt*; Vt **1 j-n** (**etw.** (*Gen*)) **b.** j-m etw. mit Gewalt stehlen **2** *mst* **j-n / ein Tier seiner Freiheit b.** j-n / ein Tier in Gefangenschaft nehmen || *zu* **1 Be·rau·bung** *die*; *nur Sg*

be·raubt 1 *Partizip Perfekt*; ↑ **berauben 2 etw.** (*Gen*) **b.** *geschr*; so, dass der Betroffene etw. verloren hat od. etw. nicht mehr hat ⟨aller Kräfte, der Freunde b.⟩

be·rau·schen, sich; *berauschte sich, hat sich berauscht*; Vr **1 sich an etw.** (*Dat*) **b.** *geschr*; etw. *mst* Schönes intensiv auf sich wirken lassen: *Sie berauschten sich an diesem Anblick* **2 sich** (**an etw.** (*Dat*)) **b.** ≈ sich betrinken || *hierzu* **Be·rau·schung** *die*; *nur Sg* || ► **Rausch** (2)

be·rau·schend 1 *Partizip Präsens*; ↑ **berauschen 2** *Adj*; so wirkend, dass man sehr beeindruckt ist ⟨ein Erlebnis⟩ **3** Alkohol enthaltend ≈ alkoholisch: *ein berauschendes Getränk* || ID *mst* **etw. ist nicht gerade b.** *gespr*; etw. ist nicht sehr gut

be·rech·en·bar *Adj*; **1** ⟨ein Mensch; j-s Handeln⟩ so, dass man (voraus)sagen kann, wie sie in Zukunft sein werden **2** ⟨Kosten *usw*⟩ so, dass man sie berechnen (1) kann

be·rech·nen; *berechnete, hat berechnet*; Vt **1 etw. b.** durch Rechnen herausfinden, wie groß etw. ist ≈ ausrechnen ⟨den Preis, die Kosten, die Größe, die Länge, die Höhe, die Entfernung, den Schaden b.⟩: *den Benzinverbrauch b.*; *die Fläche der Wohnung b.* **2 etw. für j-n b.**; **etw. auf etw.** (*Akk*) **b.** etw. im voraus kalkulieren, planen: *den Kredit auf elf Jahre b.*; *Das Essen ist für vier Personen berechnet* **3** (**j-m**) **etw. b.** j-n e-e Summe Geld *bes* für e-e Dienstleistung bezahlen lassen: *Für die Arbeit berechne ich Ihnen € 80*

be·rech·nend 1 *Partizip Präsens*; ↑ **berechnen 2** *Adj*; *oft pej*; ⟨ein Mensch⟩ so, dass er immer e-n Vorteil für sich sucht ≈ eigennützig: *e-e kalt / kühl berechnende Person*

Be·rech·nung *die*; -, *-en*; **1** das Berechnen (1) ⟨Berechnungen anstellen; nach meiner B.⟩: *die B. der Heizungskosten* || K-: **Berechnungs-, -grundlage, -tabelle** || -K: **Kosten- 2** das Berechnen (2) e-r Sache im voraus: *Nach seiner B. beträgt die Bauzeit zwei Jahre* **3** *nur Sg*; e-e Überlegung od. Absicht, die sich am eigenen Vorteil orientiert ⟨kühle, eiskalte B.⟩: *Das tut er nur aus B.*; *Bei ihm ist alles B.*

be·rech·ti·gen; *berechtigte, hat berechtigt*; Vt/i **1 etw. berechtigt** (**j-n**) **zu etw.** etw. gibt j-m das Recht, etw. zu tun: *Das Abitur berechtigt* (*Sie*) *zum Studium an e-r Universität*; Vi **2 etw. berechtigt zu etw.** etw. weckt e-e Erwartung, die wahrscheinlich erfüllt wird ⟨etw. berechtigt zu der Annahme, dass ...⟩: *Seine Leistungen berechtigen zu großen Hoffnungen*

be·rech·tigt 1 *Partizip Perfekt*; ↑ **berechtigen 2** *Adj*; *nicht adv*; aus Gründen, die allgemein anerkannt u. überprüfbar sind ≈ legitim ⟨Hoffnung, ein Einwand, e-e Forderung, ein Vorwurf⟩ **3 zu etw. b. sein** das Recht haben, etw. zu tun: *Kinder sind nicht b.*, *Alkohol* zu *kaufen*

Be·rech·ti·gung *die*; -, *-en*; *mst Sg*; **1 die B.** (**zu etw.**) das Recht od. die Erlaubnis, etw. zu tun ⟨die B. zu etw. haben, bekommen; j-m e-e B. erteilen, absprechen⟩: *Haben Sie die B.*, *hier zu parken?* || -K: **Lehr-, Wahl- 2 die B.** (+ *Gen*) die Tatsache, dass etw. berechtigt (3) od. richtig ist: *Die B. der Forderung wurde anerkannt*

be·re·den; *beredete, hat beredet*; Vt **1 etw.** (**mit j-m**) **b.** ≈ besprechen; Vr **2 sich** (**mit j-m**) (**über etw.** (*Akk*)) **b.** ≈ sich mit j-m beraten

Be·red·sam·keit *die*; -; *nur Sg*; die Fähigkeit, sich gut auszudrücken u. dadurch auf die Zuhörer zu wirken ≈ Eloquenz ⟨etw. mit großer B. erklären; über große B. verfügen⟩ || *hierzu* **be·red·sam** *Adj*

be·redt [bəˈreːt] *Adj*; **1** fähig, wirksam zu reden ≈ redegewandt, eloquent: *ein beredter Verkäufer*; *sich b. verteidigen* **2** *geschr*; ausdrucksvoll, vielsagend ⟨ein Schweigen, ein Blick, e-e Gestik⟩

Be·reich *der*; -*(e)s*, -*e*; **1** e-e Fläche od. ein Raum, die *mst* durch ein charakteristisches Merkmal von ihrer Umgebung abgegrenzt sind ≈ Sektor: *Die Fahrkarte gilt nur im B. der Stadt*; *Dieser Wald liegt im militärischen B.* || -K: ***Küsten-, Stadt-*** **2** ein Fach- od. Aufgabengebiet, das von anderen abgegrenzt ist ⟨im B. der Kunst, der Technik, der Naturwissenschaft, der Literatur, der Familie; im politischen, technischen B.⟩: *Dieses Problem fällt nicht in den B. meiner Pflichten* || -K: ***Aufgaben-, Einfluss-, Fach-, Kompetenz-*** || ID *mst* ***etw. liegt im B. des Möglichen*** etw. ist unter bestimmten Bedingungen möglich od. wahrscheinlich

be·rei·chern; *bereicherte, hat bereichert*; *geschr*; [Vt] **1** ***etw.*** (***mit / um etw.***) ***b.*** etw. durch den Erwerb bestimmter Dinge größer werden lassen ≈ erweitern ⟨sein Wissen, seine Kenntnisse, seine Erfahrung, e-e Sammlung b.⟩; [Vt/i] **2** ***etw. bereichert*** (***j-n / etw.***) etw. lässt j-s Erfahrung (durch Eindrücke, Erlebnisse) größer werden: *Die Reise nach Indien wird ihn / sein Leben sehr b.*; [Vr] **3** ***sich*** (***an j-m / etw.***) ***b.*** seinen materiellen Reichtum (auf unmoralische Weise) vergrößern ⟨sich auf j-s Kosten b.; sich schamlos, skrupellos b.⟩: *Er hat sich im Krieg an dem Besitz anderer schamlos bereichert* || *hierzu* **Be·rei·che·rung** *die*; *nur Sg*

be·rei·fen; *bereifte, hat bereift*; [Vt] ***etw. b.*** etw. mit Reifen versehen: *ein Auto neu b.*

be·reift **1** *Partizip Perfekt*; ↑ ***bereifen*** **2** *Adj*; mit Reif bedeckt

Be·rei·fung *die*; -, -*en*; **1** *Kollekt*; die Reifen an e-m Fahrzeug **2** *nur Sg*; das Bereifen e-s Fahrzeugs

be·rei·ni·gen; *bereinigte, hat bereinigt*; [Vt] ***etw. b.*** etw., das zu Problemen geführt hat, wieder in Ordnung bringen ≈ beilegen (2), klären ⟨ein Missverständnis, e-n Streit b.⟩ || *hierzu* **Be·rei·ni·gung** *die*

be·rei·sen; *bereiste, hat bereist*; [Vt] ***etw. b.*** ein Land, e-e Gegend *usw* kennen lernen , indem man dorthin reist || *hierzu* **Be·rei·sung** *die*

be·reit *Adj*; *nur präd, ohne Steigerung, nicht adv*; **1** (***zu etw.***) ***b.*** für e-n bestimmten Zweck zur Verfügung stehend ≈ fertig, vorbereitet: *Wir sind b. zur Abfahrt*; **2** (***zu etw.***) ***b.*** mit dem Willen, bestimmte Erwartungen od. Forderungen zu erfüllen ⟨sich (zu etw.) b. finden, erklären, zeigen⟩: *Wärst du b., dieses Risiko einzugehen?*; *zu allem b. sein*; *Er ist nicht b., unsere Ideen zu akzeptieren*

-be·reit *im Adj, begrenzt produktiv*; **1** verwendet, um auszudrücken, dass man darauf vorbereitet ist, e-e bestimmte Handlung sofort auszuführen; ***abfahr(t)bereit*** ⟨ein Zug⟩, ***aufbruchbereit*** ⟨ein Reisender⟩, ***kampfbereit*** ⟨das Heer⟩, ***reisebereit*** ⟨ein Urlauber⟩, ***sprungbereit*** ⟨e-e Raubkatze⟩, ***startbereit*** **2** verwendet, um auszudrücken, dass j-d den Willen zu etw. hat; ***diskussionsbereit*** ⟨der Verhandlungspartner⟩, ***friedensbereit, kompromissbereit, konzessionsbereit, verhandlungsbereit, verständigungsbereit***

be·rei·ten; *bereitete, hat bereitet*; [Vt] **1** ***j-d / etw. bereitet j-m etw.*** j-d / etw. ruft bei j-m e-e bestimmte geistige od. psychische Wirkung hervor ⟨j-d / etw. bereitet j-m Freude, Genugtuung, Angst, Kopfzerbrechen, Schwierigkeiten, Sorgen⟩: *Dieses Problem hat ihm schlaflose Nächte bereitet* **2** (***j-m / sich***) ***etw. b.*** *geschr*; e-e Speise od. ein Getränk zubereiten: *j-m / sich das Essen, e-n Tee b.* **3** (***j-m / sich***) ***etw. b.*** *geschr*; j-m / sich etw. zurechtmachen: *j-m / sich ein Bad, das Bett b.*

be·reit·ha·ben; *hatte bereit, hat bereitgehabt*; [Vt] ***etw. b.*** etw. für e-n bestimmten Zweck sofort zur Verfügung haben ≈ parat haben: *Er hat stets e-e Entschuldigung bereit*

be·reit·hal·ten; *hält bereit, hielt bereit, hat bereitgehalten*; [Vt] **1** ***etw. b.*** etw. so aufbewahren, dass es sofort zur Verfügung steht: *Halten Sie bitte Ihren Ausweis bereit!*; [Vr] **2** ***sich*** (***für j-n / etw.***) ***b.*** sofort zur Verfügung stehen

be·reit·le·gen; *legte bereit, hat bereitgelegt*; [Vt] (***j-m / für j-n***) ***etw. b.*** etw. irgendwohin legen, wo es j-m sofort zur Verfügung steht: *Ich habe dir das Werkzeug schon bereitgelegt, du kannst gleich anfangen*

be·reit·ma·chen; *machte bereit, hat bereitgemacht*; [Vt] **1** (***j-m***) ***etw. b.*** etw. für e-n bestimmten Zweck vorbereiten ≈ fertig machen: *Ich habe dir das Bad bereitgemacht*; [Vr] **2** ***sich*** (***für etw.***) ***b.*** alles Nötige tun, um für etw. bereit (1) zu sein: *Machen Sie sich bitte (für den Auftritt) bereit*

be·reits *Partikel*; *unbetont*; **1** verwendet, um auszudrücken, dass etw. relativ früh od. früher als erwartet geschieht ≈ schon[1] (1) ↔ erst: *Letztes Jahr schneite es b. im Oktober*; *Er kommt b. morgen, nicht erst übermorgen*; *Wir waren gerade erst angekommen, da wollte er b. wieder weg* **2** verwendet, um auszudrücken, dass es später ist als erwartet ≈ schon[1] (2) ↔ noch nicht: *Oh, es ist b. sechs Uhr, eigentlich wollte ich noch einkaufen gehen*; *Es war b. Mitternacht, als sie ins Bett gingen* **3** verwendet, um auszudrücken, dass man (zu einem bestimmten Zeitpunkt) weniger erwartet hätte ≈ schon[1] (1) ↔ erst: *Um acht Uhr hatte er b. drei Gläser Bier getrunken*; *Sie ist erst vierzig Jahre alt u. b. Großmutter* **4** verwendet, um auszudrücken, dass e-e Handlung zu e-m bestimmten Zeitpunkt abgeschlossen ist ≈ schon[1] (2) ↔ noch nicht: *Als wir die Wohnung besichtigen wollten, war sie b. vergeben* **5** verwendet für den Zeitraum von der Vergangenheit bis zum Zeitpunkt der Äußerung od. für den Zeitraum in der Vergangenheit vor e-m anderen Ereignis: *Bist du b. in Amerika gewesen?*; *Ich hatte b. gehört, dass er die Firma verlässt, bevor man mir es offiziell mitteilte* **6** verwendet, um auszudrücken, dass etw. ein ausreichender Grund für e-e Aussage, Wirkung *o.Ä.* ist ≈ allein[2] (2), schon[2] (10): *B. der Gedanke daran ist mir zuwider*; *B. sehr geringe Mengen radioaktiver Strahlung können Krebs erzeugen*

Be·reit·schaft *die*; -, -*en*; **1** *nur Sg*; der Zustand, in dem etw. zum sofortigen Gebrauch zur Verfügung steht: *Die Fahrzeuge stehen in B.* **2** ***die B.*** (***zu etw.***) *nur Sg*; der Wille, etw. (oft Schwieriges od. Unangenehmes) zu tun: *seine B. zur Mitarbeit*; *Er erklärte seine B., die Aufgabe zu übernehmen* **3** ein Dienst, bei dem *bes* Polizisten, Soldaten, Sanitäter *o.Ä.* immer bereit (1) sein müssen, um in e-m Notfall ihre Arbeit tun zu können ⟨B. haben⟩ || K-: ***Bereitschafts-, -arzt, -dienst*** **4** e-e Gruppe von Polizisten, Soldaten *o.Ä.*, die B. (3) hat

Be·reit·schafts·po·li·zei *die*; e-e spezielle Einheit der Polizei, die immer bereit sein muss einzugreifen (*bes* bei Massenveranstaltungen od. bei großer Störung der öffentlichen Ordnung)

be·reit·ste·hen; *stand bereit, hat / südd* (CH) *ist bereitgestanden*; [Vi] ***etw. steht*** (***für j-n / etw.***) ***bereit*** etw. kann sofort benutzt werden ⟨das Essen, ein Zug, ein Flugzeug⟩

be·reit·stel·len; *stellte bereit, hat bereitgestellt*; [Vt] **1** ***etw.*** (***für j-n / etw.***) ***b.*** etw. *mst* als Unterstützung, Hilfe geben ≈ gewähren ⟨Geld, Waren b.⟩: *Die Re-*

gierung stellte für das Projekt 15 Millionen Euro bereit **2 etw. b.** *bes* Fahrzeuge od. technische Geräte so irgendwohin stellen, dass sie sofort verwendet werden können: *Der Zug wird auf Gleis 5 bereitgestellt* || *hierzu* **Be·reit·stel·lung** *die*

be·reit·wil·lig *Adj*; von sich aus bereit (2), etw. zu tun: *ein bereitwilliger Helfer; Obwohl er sehr beschäftigt war, gab er uns b. Auskunft* || *hierzu* **Be·reit·wil·lig·keit** *die*; *nur Sg*

be·reu·en; *bereute, hat bereut*; Vt **etw. b.** an e-e eigene Tat denken u. dabei wünschen, dass man sie nicht getan hätte ⟨e-n Fehler, e-e Sünde bitter, tief b.⟩: *Der Mörder bereut seine Tat aufrichtig; Sie bereut*, dass *sie nicht mit uns nach Berlin gefahren ist*

Berg *der*; *-(e)s, -e*; **1** e-e große u. massive Erhebung im Gelände ↔ Tal ⟨ein hoher, steiler, schneebedeckter B.; e-n B. besteigen, erklettern, bezwingen; auf e-n B. steigen, klettern⟩: *Die Zugspitze ist der höchste B. Deutschlands; vom B. ins Tal blicken* || K-: ***Berg-, -bewohner, -dorf, -führer, -gipfel, -schuh, -station, -tour, -wanderung, -welt*** || *zu* **Bergschuh** ↑ *Abb. unter* **Schuhe** **2** *nur Pl*; e-e Landschaft, die aus Bergen (1) u. Tälern besteht ≈ Gebirge ↔ Flachland: *in die Berge fahren* **3** *gespr*; ***ein B.*** *+ Gen Pl*; ***ein B. von*** *+ Pl od nicht zählbares Subst*; e-e große Menge von etw.: *Hinter e-m B. (alter) Bücher / von (alten) Büchern sitzen; Berge von Müll sammelten sich an* || -K: ***Bücher-, Schulden-, Wäsche-*** **4** ***über B. und Tal*** ≈ bergauf u. bergab || ID ***(längst) über alle Berge sein*** *gespr*; (*mst* nach e-m Verbrechen) schon sehr weit weg sein; ***j-m über den B. helfen*** *gespr*; j-m helfen, e-e schwierige Situation zu überstehen; ***Berge versetzen können*** scheinbar Unmögliches können; ***über den / dem B. sein*** *gespr*; *bes* e-e Krankheit od. e-e schwierige Situation überstanden haben; ***mit seiner Meinung hinterm B. halten*** *gespr*; seine Meinung nicht offen sagen || ► ***bergig, Gebirge***

-berg *der*; *im Subst, wenig produktiv*; e-e viel größere Menge als nötig ist; ***Bettenberg*** ⟨der Hotels⟩, ***Butterberg, Studentenberg***

berg·ab *Adv*; vom Berg (1) in Richtung Tal || ID *mst* ***mit j-m / etw. geht es b.*** *gespr*; der Zustand e-r Person / Sache wird schlechter ⟨mit e-m Geschäft, j-s Gesundheit geht es b.⟩

berg·ab·wärts *Adv* ≈ bergab

berg·an *Adv*; vom Tal auf den Berg (1) hinauf

Berg·ar·bei·ter *der*; ein Arbeiter, der im Bergbau beschäftigt ist

berg·auf *Adv* ≈ bergan || ID *mst* ***mit j-m / etw. geht es b.*** *gespr*; der Zustand e-r Person / Sache wird besser ⟨mit j-s Gesundheit, mit e-m Geschäft geht es b.⟩

berg·auf·wärts *Adv* ≈ bergauf

Berg·bahn *die*; e-e Art Zug (Zahnradbahn) od. ein Sitz od. e-e kleine Kabine, die an e-m Seil hängen (Seilbahn) u. die auf e-n Berg führen

Berg·bau *der*; *nur Sg*; das Suchen, Gewinnen u. Fördern *bes* von Kohle, Salz u. Metallen || K-: ***Bergbau-, -ingenieur, -kunde***

ber·gen; *birgt, barg, hat geborgen*; Vt **1** ***j-n / etw. b.*** j-n / etw. (*z.B.* nach e-m Unfall od. Unglück) finden u. an e-n sicheren Ort bringen ⟨Leichen, Opfer, Tote, ein Auto b.; ein Schiff, e-n Schatz b.⟩: *Die vermissten Bergsteiger konnten nur noch tot geborgen werden; e-e gesunkene Jacht b.* **2** ***etw. birgt etw.*** *geschr* ≈ etw. enthält etw.: *Das Museum birgt viele Schätze* **3** ***etw. birgt etw. (in sich)*** *geschr*; etw. trägt ein Risiko in sich: *E-e Reise durch die Wüste birgt viele Gefahren (in sich)* || NB: *zu* **2** u. **3**: kein Passiv!

ber·gig *Adj*; *nicht adv*; mit vielen Bergen ↔ eben, flach ⟨e-e Landschaft, ein Gelände⟩

Berg·ket·te *die*; e-e Reihe von einzelnen Bergen

Berg·kris·tall *der*; ein heller Kristall aus Quarz

Berg·mann *der*; *-(e)s, Berg·leu·te / (seltener) Berg·män·ner* ≈ Bergarbeiter || *hierzu* **berg·män·nisch-** *Adj*; *nur attr, nicht adv*

Berg·not *die*; *nur Sg*; e-e lebensgefährliche Situation beim Bergsteigen od. Skifahren ⟨in B. sein, geraten; j-n aus B. retten⟩

Berg·pre·digt *die*; *nur Sg*; e-e Predigt von Jesus Christus, in der er *bes* über die christliche Lebensweise spricht

berg·stei·gen; *ist berggestiegen*; Vi im Gebirge wandern u. klettern || NB: nur im Infinitiv u. Perfekt! || *hierzu* **Berg·stei·ger** *der*; *-s, -*; **Berg·stei·ge·rin** *die*; *-, -nen*

Berg-und-Tal-Bahn *die*; *veraltend* ≈ Achterbahn

Berg-und-Tal-Fahrt *die*; **1** e-e Fahrt vom Tal auf den Berg u. zurück **2** die Schwankungen e-r Währung, e-r Leistung: *die Berg-und-Tal-Fahrt des Dollars*

Ber·gung *die*; *-, -en*; *mst Sg*; das Bergen (1) ⟨die B. e-s Verunglückten, e-s Wracks⟩ || K-: ***Bergungs-, -aktion, -arbeiten, -mannschaft, -schiff, -trupp, -versuch***

Berg·wacht *die*; *-, -en*; *mst Sg*; e-e Organisation, die *bes* Bergsteiger u. Skifahrer rettet, die in Gefahr geraten sind

Berg·wand *die*; e-e fast senkrechte Seite e-s Berges: *e-e B. bezwingen*

Berg·werk *das*; e-e Grube od. e-e Anlage mit Gängen unter der Erde u. technischen Einrichtungen zur Gewinnung von Mineralien od. Kohle

Be·richt *der*; *-(e)s, -e*; **1** ***ein B. (über j-n / etw.)*** das, was j-d über / von etw. erzählt od. schreibt ⟨ein mündlicher, schriftlicher, wahrheitsgetreuer B.; e-n B. abfassen, vorlegen, anfordern; nach Berichten von Augenzeugen⟩: *e-n ausführlichen B. über den Unfall geben* || -K: ***Reise-, Unfall-*** **2** ***(j-m) (über etw. (Akk)) B. erstatten*** j-m über etw. berichten **3** e-e offizielle Mitteilung ≈ Kommuniqué: *der B. zur Lage der Nation* **4** ***ein B. (über j-n / etw.)*** e-e *mst* aktuelle Information über j-n / etw. in den Medien ≈ Reportage: *Berichte aus dem Ausland; ein B. über die Gipfelkonferenz* || -K: ***Fernseh-, Korrespondenten-***

be·rich·ten; *berichtete, hat berichtet*; Vt **1** ***(j-m) etw. b.*** j-m (auf *mst* objektive Weise) mitteilen, was man gesehen od. gehört hat ⟨j-m alles, vieles, allerlei, nichts b.⟩: *Korrespondenten berichten*, dass *es zu e-r Revolte gekommen sei* || NB: Das Akkusativobjekt ist nie ein Subst.; Vi **2** ***(j-m) (von etw.) b.; (j-m) (über etw. (Akk)) b.*** ≈ b. (1): *über e-n Unfall, von e-r Reise ausführlich b.*

Be·richt|er·stat·ter *der*; *-s, -*; **1** j-d, der (von irgendwoher) für e-e Zeitung od. für e-e Fernseh- od. Rundfunkanstalt über aktuelle Ereignisse berichtet ≈ Korrespondent **2** j-d, der e-e Gruppe über ein bestimmtes Thema informiert

Be·richt|er·stat·tung *die*; das (offizielle) Berichten (1) e-s Reporters *o.Ä.* ⟨e-e einseitige, objektive, (un)sachliche B.⟩ || -K: ***Kriegs-***

be·rich·ti·gen; *berichtigte, hat berichtigt*; Vt/i **1** ***(etw.) b.*** e-n Fehler beseitigen ≈ korrigieren: *falsche Zahlen, Angaben in e-r Liste b.*; Vt **2** ***etw. b.*** *Ökon*; das fehlende Geld bezahlen ⟨ein Konto, e-e Rechnung b.⟩ || *hierzu* **Be·rich·ti·gung** *die* || ► ***richtig*** (1)

be·rie·seln; *berieselte, hat berieselt*; Vt ***j-n (mit etw.) b.*** etw. auf j-n lange Zeit einwirken lassen (ohne dass er es bewusst wahrnimmt): *Im Supermarkt wird man oft mit Musik berieselt* || *hierzu* **Be·rie·se·lung** *die*

be·rit·te·n- *Adj*; *nur attr, nicht adv*; auf Pferden reitend: *berittene Polizei*

Berlin

Berlin ist gleichzeitig Hauptstadt und Bundesland. Es hat eine Ausdehnung von 890 km^2 und 3,5 Millionen Einwohner.
Die Stadt war seit der Gründung des Deutschen Reichs 1871 das politische, wirtschaftliche und kulturelle Zentrum Deutschlands. In den zwanziger Jahren des 20. Jahrhunderts war es schon eine internationale Metropole, die in keiner Weise hinter Städten wie Paris, London oder New York zurückstand.
Im Zweiten Weltkrieg wurde die Stadt fast vollständig zerstört. Nach dem Krieg teilten die Alliierten die Stadt in vier Sektoren auf. Aufgrund von Spannungen zwischen den Alliierten verhängte die Sowjetunion 1948 eine Wirtschaftsblockade über Westberlin, das wie eine Insel von sowjetischem Gebiet eingeschlossen war. Der Westteil der Stadt musste fast ein Jahr lang über eine **Luftbrücke** versorgt werden. Bei der Gründung der beiden deutschen Staaten wurde Ostberlin die Hauptstadt der DDR, provisorische Hauptstadt der Bundesrepublik wurde Bonn.
1961 errichtete die DDR **die Berliner Mauer**, die Stadt blieb 28 Jahre lang geteilt.
Seit dem 3. Oktober 1990 ist Berlin erneut die Hauptstadt Deutschlands, 1999 zog auch die Regierung wieder nach Berlin um.

Ber·li·ner *der*; *-s, -*; **1** j-d, der in der Stadt Berlin wohnt od. dort geboren ist ⟨ein gebürtiger, waschechter (= typischer) B.⟩ **2** ≈ Pfannkuchen (2), Krapfen || *zu* **1 Ber·li·ne·rin** *die*; *-, -nen*

ber·li·nern; *berlinerte, hat berlinert*; [Vi] mit dem Akzent od. dem Dialekt der Stadt Berlin sprechen

Ber·mu·das *die*; *Pl*; **1** e-e Inselgruppe im Atlantik **2** e-e (Sommer- oder Bade)Hose, die bis zum Knie geht ⟨B. tragen⟩

Bern·har·di·ner *der*; *-s, -*; ein großer, kräftiger Hund, mit dem man *bes* die Leute sucht, die von e-r Lawine verschüttet wurden

Bern·stein *der*; *nur Sg*; e-e Art gelber od. brauner, oft durchsichtiger Stein, der vor langer Zeit aus dem Harz von Bäumen entstanden ist || K-: ***Bernstein-, -anhänger, -kette, -schmuck*** || *hierzu* **bern·stein|far·ben** *Adj*

Ber·ser·ker, Ber·ser·ker *der*; *-s, -*; ein sehr zorniger u. gewalttätiger Mensch: *wie ein B. rasen, toben* || *hierzu* **ber·ser·ker·haft** *Adj*

bers·ten; *birst, barst, ist geborsten*; [Vi] *geschr*; **1 *etw. birst*** etw. bricht plötzlich auseinander, in mehrere Teile ⟨Glas, e-e Eisfläche, e-e Mauer⟩: *Bei dem Erdbeben barst die Straße*; *Bei der Kollision ist das Schiff in zwei Teile geborsten* **2 *vor etw.*** (*Dat*) ***b.*** wegen e-s sehr intensiven Gefühls seine Beherrschung verlieren ⟨vor Ärger, Zorn, Wut, Freude, Lachen b.⟩ || ID *mst* ***etw. ist zum Bersten voll*** etw. ist überfüllt

be·rüch·tigt *Adj*; *nicht adv*; ***b.*** (***für / wegen etw.***) mit dem Ruf, in bestimmter Hinsicht besonders schlimm zu sein: *Er ist als Lehrer wegen seiner Strenge b.*; *ein für Schlägereien berüchtigtes Lokal*

be·rück·sich·ti·gen; *berücksichtigte, hat berücksichtigt*; [Vt] **1 *etw. b.*** bei seinen Überlegungen an etw. denken, etw. in seine Gedanken einbeziehen ≈ beachten: *Wenn man berücksichtigt,* dass *sie erst seit zwei Jahren Englisch lernt, kann sie es schon gut* **2 *j-n b.*** bei e-r Auswahl j-m e-e Chance geben ⟨e-n Bewerber, e-n Kandidaten b.⟩: *Auch Behinderte werden für diese Stelle berücksichtigt* **3 *etw. b.*** j-s Wünsche bei e-r Entscheidung *o.Ä.* beachten ⟨e-n Antrag, e-e Bestellung, e-e Bitte b.⟩ || ► ***Rücksicht***

Be·rück·sich·ti·gung *die*; *-*; *nur Sg*; **1** das Berücksichtigen (1) ⟨die B. e-r Tatsache⟩: *unter B. der Vor- u. Nachteile*; *bei B. der Hintergründe* **2** das Berücksichtigen (2) ⟨die B. e-s Bewerbers⟩ **3** das Berücksichtigen (3) ⟨die B. e-s Antrags, e-r Bitte⟩ **4** das Einhalten (1) von Regeln: *unter B. aller Vorschriften*

Be·ruf *der*; *-(e)s, -e*; **1** e-e Tätigkeit in e-m bestimmten Aufgabenbereich, mit der man seinen Lebensunterhalt verdient u. zu der man *mst* e-e spezielle Ausbildung braucht ⟨ein technischer, kaufmännischer B.; e-n B. erlernen, ergreifen, ausüben, wählen; e-m B. nachgehen; den B. wechseln; keinen festen B. haben⟩: *Was sind Sie von B.?*; *Er ist Arzt von B.*; *die doppelte Belastung durch Haushalt u. B.*; *Erfolg im B. haben* || K-: ***Berufs-, -anfänger, -ausbildung, -bezeichnung, -erfahrung, -kleidung, -wahl***; ***-bildungszentrum, -(fach)schule*** **2** (***die***) ***freie(n) Berufe*** bestimmte selbstständige Berufe, *bes* Arzt u. Rechtsanwalt || ID ***im B. stehen*** e-n B. ausüben; *mst* ***Du hast deinen B. verfehlt*** *gespr, mst iron*; wegen deiner Fähigkeiten (auf e-m bestimmten Gebiet) hättest du e-n anderen B. wählen sollen

be·ru·fen; *berief, hat berufen*; [Vt] **1 *j-n in / auf etw.*** (*Akk*) ***b.***; ***j-n zu etw. b.*** j-m e-e *mst* hohe, verantwortungsvolle Funktion übertragen ≈ j-n zu etw. ernennen ⟨j-n in ein Amt, auf e-n Lehrstuhl, zu j-s Nachfolger b.⟩ **2 *j-n*** (***als etw.***) ***irgendwohin b.*** j-m anbieten, an e-m anderen Ort e-e höhere, wichtigere Funktion zu übernehmen: *Er wurde als Minister nach Wien berufen*; [Vr] **3 *sich auf j-n / etw. b.*** j-n als Zeugen od. etw. als Beweis od. Rechtfertigung nennen: *sich auf die Verfassung b.*; *sich auf e-n Zeugen b.* || ID ***sich zu etw. berufen fühlen*** glauben, etw. gut tun zu können od. etw. tun wollen: *sich zum Schauspieler berufen fühlen*; *Ich fühle mich nicht* dazu *berufen*, *Kinder* zu *erziehen*

be·ruf·lich *Adj*; **1** *nur attr od adv*; in Bezug auf den Beruf ⟨e-e Fortbildung; b. verreist⟩: *Ich habe hier b. zu tun* **2** *nur adv*; als Beruf: *b. in e-m Lokal Klavier spielen*; *Was machen Sie b.?*

Be·rufs- *im Subst*, *begrenzt produktiv*; verwendet, um auszudrücken, dass j-d e-e Tätigkeit als Beruf ausübt; ***Berufsboxer, Berufsfeuerwehr, Berufsmusiker, Berufsschauspieler, Berufssoldat, Berufssportler***

Be·rufs·aus·sich·ten *die*; *Pl*; die Chancen, in e-m bestimmten Beruf e-e Stelle zu finden

be·rufs·be·dingt *Adj*; durch den Beruf (1) verursacht od. mit ihm zusammenhängend ⟨Krankheiten⟩

Be·rufs·be·ra·ter *der*; j-d, dessen Beruf es ist, andere darüber zu informieren, welchen Beruf sie ergreifen könnten

Be·rufs·be·ra·tung *die*; **1** e-e Stelle (beim Arbeitsamt), bei der man darüber beraten wird, welchen Beruf man ergreifen kann u. wie man das macht **2** die Beratung bei dieser Stelle

Be·rufs·bild *das*; *mst Sg*; *Kollekt*; die wichtigsten

Merkmale, die e-n bestimmten Beruf u. die Ausbildung dazu charakterisieren: *Von der Stewardess haben viele ein falsches B.*

be·rufs·fremd *Adj*; *nicht adv*; nicht zu den Aufgaben e-s Berufs gehörend: *e-e berufsfremde Tätigkeit*

Be·rufs·ge·heim·nis *das*; **1** *nur Sg*; das Verbot, bestimmte Informationen weiterzugeben, die man durch e-n Beruf erhält: *Der Arzt ist an das B. gebunden* **2** e-e Information, die unter das B. (1) fällt: *Das Ergebnis der Untersuchung ist ein B.*

Be·rufs·grup·pe *die*; e-e Gruppe von Berufen mit bestimmten gemeinsamen (Tätigkeits)Merkmalen: *Arzt, Krankenschwester u. Pfleger zählen zur B. der medizinischen Berufe*

Be·rufs·krank·heit *die*; e-e Krankheit, die man durch die Ausübung e-s Berufs bekommt

Be·rufs·le·ben *das*; *mst in* ***im B. stehen*** e-n Beruf ausüben

be·rufs·mä·ßig *Adj*; *nur attr od adv*; als / von Beruf: *Er spielt b. Tennis*

Be·rufs·schu·le *die*; e-e Schule, die man neben der normalen Berufsausbildung (als Lehrling) besuchen muss || K-: ***Berufsschul-, -lehrer*** || *hierzu* **Be·rufs·schü·ler** *der*; **Be·rufs·schü·le·rin** *die*

Be·rufs·stand *der*; **1** *Kollekt*; alle Personen, die denselben Beruf haben: *der B. der Ärzte* **2** e-e Gruppe bestimmter Berufe, *z.B.* die freien Berufe (2)

be·rufs·tä·tig *Adj*; *nicht adv*; e-n Beruf ausübend ↔ arbeitslos || *hierzu* **Be·rufs·tä·ti·ge** *der* / *die*; *-n, -n*; **Be·rufs·tä·tig·keit** *die*; *nur Sg*

be·rufs·un·fä·hig *Adj*; *mst präd, nicht adv, Admin geschr*; aufgrund *mst* e-r Krankheit nicht in der Lage, seinen Beruf auszuüben || *hierzu* **Be·rufs·un·fä·hig·keit** *die*; *nur Sg*

Be·rufs·ver·bot *das*; **1** das Verbot (*mst* aufgrund e-r Straftat *o.Ä.*), e-n bestimmten Beruf auszuüben **2** die Praxis des Staates, Menschen mit e-r politischen Gesinnung, die als extrem angesehen wird, in staatlichen Institutionen keine Stellung zu geben ⟨B. erhalten; j-n mit B. belegen⟩

Be·rufs·ver·kehr *der*; sehr dichter Verkehr vor Beginn u. nach Ende der Arbeitszeit ≈ Stoßverkehr: *Um sieben Uhr beginnt der morgendliche B.*

Be·rufs·ziel *das*; der Beruf, den j-d erlernen möchte: *Sein B. ist es, Arzt zu werden*

Be·ru·fung *die*; -, *-en*; **1** *nur Sg*; ***die B.*** (***zu etw.***) ein innerer Drang, den j-d hat, e-n bestimmten Beruf auszuüben od. bestimmte Aufgaben zu erfüllen: *Er fühlt die B., den Kranken zu helfen* **2** *mst Sg*; das Berufen (1,2) e-r Person ⟨die B. auf e-n Lehrstuhl, an e-e Universität, ins Ministerium⟩: *Man erwartet seine B. zum Direktor* **3** *nur Sg*; das Nennen e-r Person als Zeugen od. e-r Sache als Beweis / Rechtfertigung ⟨unter B. auf das Gesetz, auf e-n Zeugen⟩ **4** *mst Sg, Jur*; die im Recht vorgesehene Möglichkeit, nach e-m Gerichtsurteil bei e-m höheren Gericht e-e neue Verhandlung zu verlangen ⟨B. gegen ein Urteil einlegen; in die B. gehen⟩ || K-: ***Berufungs-, -gericht***

be·ru·hen; *beruhte, hat beruht*; [Vi] ***etw. beruht auf etw.*** (*Dat*) etw. hat etw. als Basis od. Ursache ≈ etw. basiert auf etw.: *Diese Geschichte beruht auf Tatsachen* || ID ***etw. auf sich*** (*Dat*) ***b. lassen*** e-e (*mst* problematische) Sache nicht mehr verfolgen

be·ru·hi·gen [bəˈruːɪgn̩]; *beruhigte, hat beruhigt*; [Vt] **1** ***j-n b.*** bewirken, dass j-d wieder ruhig wird, nachdem er sich aufgeregt hat; [Vr] **2** ***sich b.*** nach großer Aufregung wieder in e-n normalen Zustand kommen: *Als wir das Kind trösteten, beruhigte es sich u. hörte auf zu weinen* **3** ***etw. beruhigt sich*** etw. kehrt nach e-r Unruhe wieder in den normalen Zustand zurück: *Nach dem Sturm hatte sich das Meer bald wieder beruhigt*

be·ru·hi·gend [bəˈruːɪgn̩t] **1** *Partizip Präsens*; ↑ ***beruhigen*** **2** *Adj*; mit der Wirkung, dass man wieder ruhig wird ⟨ein Medikament, Trost, Musik⟩: *Die Farbe Grün wirkt b. auf mich* **3** *Adj*; mit der Wirkung, dass man Sicherheit od. Zufriedenheit fühlt ⟨ein Vorsprung⟩

Be·ru·hi·gung [bəˈruːɪgʊŋ] *die*; -; *nur Sg*; **1** das Erreichen e-s ruhigen seelischen Zustands: *ein Medikament zur B.* || K-: ***Beruhigungs-, -mittel, -spritze, -tablette*** **2** das Erreichen e-s normalen Zustands nach e-r Unruhe: *die B. der politischen Lage* **3** ein Gefühl der Sicherheit: *Für die Eltern war es e-e B. zu wissen, dass ihren Kindern nichts passiert war*

be·rühmt *Adj*; *nicht adv*; *mst* wegen besonderer Merkmale od. Leistungen sehr vielen Leuten bekannt u. von ihnen anerkannt ≈ prominent ⟨wegen etw. b. sein; (mit e-m Schlag) b. werden⟩: *ein berühmter Schriftsteller*

Be·rühmt·heit *die*; -, *-en*; **1** *nur Sg*; der Zustand, berühmt zu sein ≈ Ruhm ⟨B. erlangen⟩ **2** j-d, der berühmt ist || ID ***j-d / ein Ort*** *o.Ä.* ***gelangt zu / bringt es zu trauriger B.*** *iron*; j-d wird wegen e-r schlechten Tat, ein Ort wird wegen e-s Unglücks *o.Ä.* bekannt

be·rüh·ren; *berührte, hat berührt*; [Vt] **1** ***j-n / etw. b.*** so nahe an j-n / etw. herankommen, dass kein Zwischenraum bleibt: *Sie standen so eng beieinander, dass sie sich mit den / dass sich ihre Schultern berührten; Ihr Kleid berührte fast den Boden* **2** ***j-n / etw. b.*** *bes* die Finger od. die Hand leicht auf od. an j-n / etw. legen ≈ anfassen: *Am Käfig stand „Bitte nicht b.!"* **3** ***etw. berührt j-n*** etw. bewirkt, dass j-d Mitleid bekommt ≈ etw. bewegt j-n ⟨j-n zutiefst b.⟩: *Seine traurige Geschichte hat sie so sehr berührt, dass sie fast zu weinen anfing* **4** ***etw. berührt j-n irgendwie*** etw. hat e-e bestimmte (*mst* negative) Wirkung auf j-n ⟨etw. berührt j-n (un)angenehm, peinlich, schmerzlich, seltsam⟩ **5** ***etw. b.*** über ein Thema (kurz) sprechen ≈ ansprechen (2): *In seinem Vortrag hat er viele interessante Probleme berührt*; [Vr] **6** ⟨Meinungen, Ansichten, Interessen *o.Ä.*⟩ ***berühren sich*** Meinungen, Ansichten, Interessen *o.Ä.* sind in bestimmten Punkten gleich od. ähnlich ↔ Meinungen *usw* klaffen auseinander: *In diesem Punkt b. sich unsere Ansichten*

Be·rüh·rung *die*; -, *-en*; **1** das Berühren (1,2), der Kontakt mit j-m / etw.: *Sie zuckt bei der leichtesten B. zusammen*; *Vermeiden Sie jede B. mit dem giftigen Stoff!* **2** das Kennenlernen e-r Person / Sache ⟨mit j-m / etw. in B. kommen; j-n mit etw. in B. bringen⟩: *Die Reise nach Ägypten brachte uns mit e-r fremden Kultur in B.* || K-: ***Berührungs-, -angst*** **3** das Berühren (5) ⟨e-s Problems, Themas⟩

Be·rüh·rungs·punkt *der*; **1** ein Gedanke *o.Ä.*, den unterschiedliche Meinungen, Theorien *usw* gemeinsam haben **2** ein Punkt, an dem sich Linien, Flächen od. Körper berühren (1)

be·sa·gen; *besagte, hat besagt*; [Vt] ***etw. besagt etw.*** *geschr*; etw. hat etw. zum (sprachlichen) Inhalt ⟨ein Gesetz, ein Paragraph, e-e Vorschrift besagt, dass ...⟩ || NB: **a**) das Akkusativobjekt ist nie ein Subst.; **b**) kein Passiv!

be·sagt **1** *Partizip Perfekt*; ↑ ***besagen*** **2** *Adj*; *nur attr, nicht adv, veraltend*; verwendet, um auszudrücken, dass man sich auf e-e Person / Sache bezieht, die man vorher bereits erwähnt hat: *Die besagte Person ist dem Angeklagten nicht bekannt*

be·sa·men; *besamte, hat besamt*; [Vt] ***ein Tier b.*** mit dem Samen e-s männlichen Tieres auf künstlichem Wege ein weibliches Tier befruchten ⟨e-e Kuh, e-e Stute b.⟩ || *hierzu* **Be·sa·mung** *die*

be·sạ̈nf·ti·gen; *besänftigte, hat besänftigt*; [Vt] ***j-n b.*** *bes* durch Worte bewirken, dass j-d, der wütend od. aufgeregt ist, wieder in e-n normalen Zustand kommt ≈ beruhigen || *hierzu* **Be·sạ̈nf·ti·gung** *die*

Be·sạtz *der*; *-es, Be·sät·ze*; etw. (Pelz, Spitze *o.Ä.*), das auf e-n Stoff als Verzierung aufgenäht ist || -K: ***Pelz-, Spitzen-***

Be·sạt·zung *die*; -, *-en*; **1** alle Personen, die auf e-m Schiff, in e-m Flugzeug, Raumschiff *o.Ä.* arbeiten || K-: ***Besatzungs-, -mitglied*** **2** *nur Sg, Mil*; die Truppen e-s Staates, die ausländisches Gebiet besetzen (4) || K-: ***Besatzungs-, -truppen, -zone***

Be·sạt·zungs·macht *die*; der Staat, der ein ausländisches Gebiet besetzt (4)

be·sau̲·fen, sich; *besäuft sich, besoff sich, hat sich besoffen*; [Vr] ***sich b.*** *gespr!* ≈ sich betrinken

Be·säu̲f·nis *das*; *-ses, -se*; *gespr!*; ein Zusammensein von Personen, bei dem sie sehr viel Alkohol trinken

be·schä̲·di·gen; *beschädigte, hat beschädigt*; [Vt] ***etw. b.*** e-r Sache Schaden zufügen: *Bei dem Zusammenstoß wurde sein Auto schwer beschädigt*

Be·schä̲·di·gung *die*; -, *-en*; **1** das Beschädigen e-r Sache **2** die Stelle an e-r Sache, die beschädigt wurde / ist

be·schạf·fen[1]; *beschaffte, hat beschafft*; [Vt] **1** ***etw. (für etw.) b.*** etw., das man (dringend) braucht, von irgendwo nehmen od. bekommen: *Wie soll ich mir das Geld für den Urlaub b.?*; *Das Buch ist nicht zu b.* **2** ***(j-m / sich) j-n / etw. b.*** bewirken od. arrangieren, dass man / j-d e-e Person od. Sache, die man / er braucht, auch bekommt ≈ besorgen (1): *Wer kann ihm e-e Wohnung b.?*; *Er beschaffte sich e-n neuen Mitarbeiter* || *hierzu* **Be·schạf·fung** *die*; *nur Sg*

be·schạf·fen[2] *Adj*; *nicht adv*; **1** ***irgendwie b. sein*** ⟨e-e Person, e-e Sache⟩ so, dass sie bestimmte Eigenschaften haben: *Er ist eben so b., dass er schnell zornig wird*; *Das Material ist so b., dass es Druck aushält* **2** ***etw. ist irgendwie b.*** etw. ist in e-m bestimmten Zustand: *Wie ist die Straße b.?*

Be·schạf·fen·heit *die*; -; *nur Sg*; **1** ***die B.*** (+ *Gen* / ***von etw.***) alle spezifischen Eigenschaften od. Qualitäten, die e-e Sache hat: *die B. des Wassers, von Benzin* **2** ***die B.*** (+*Gen* / ***von etw.***) die Qualität, der Zustand von etw.: *die B. e-r Straße*

be·schạ̈f·ti·gen; *beschäftigte, hat beschäftigt*; [Vt] **1** ***j-n b.*** j-m gegen Bezahlung Arbeit geben: *Der Betrieb beschäftigt 150 Personen* **2** ***j-n (mit etw.) b.*** j-m etw. zu tun geben: *Kinder muss man ständig b., damit sie sich nicht langweilen* **3** ***etw. beschäftigt j-n*** etw. ruft bei j-m Nachdenken hervor: *Diese Frage beschäftigt mich schon seit längerer Zeit* || NB: *zu* **3** kein Passiv!; [Vr] **4** ***sich mit j-m b.*** sich um j-n kümmern: *Unsere Oma beschäftigt sich viel mit ihren Enkeln* **5** ***sich (mit etw.) b.*** mit e-r Tätigkeit seine Zeit verbringen: *Er beschäftigt sich gern mit seinen Blumen*; *sich mit Büchern b.* **6** ***sich mit etw. b.*** intensiv u. längere Zeit über etw. nachdenken ≈ sich mit etw. befassen: *Er beschäftigt sich mit mathematischen Problemen* **7** ***etw. beschäftigt sich mit etw.*** etw. hat etw. zum Inhalt: *Sein Aufsatz beschäftigt sich mit dem Verhältnis von Mensch u. Natur*

be·schạ̈f·tigt **1** *Partizip Perfekt*; ↑ ***beschäftigen*** **2** *Adj*; *nicht adv*; ***irgendwo b. sein*** bei e-r Firma *o.Ä.* gegen Bezahlung arbeiten: *Sie ist in e-m Reisebüro / bei der Deutschen Bahn b.* **3** *Adj*; *nicht adv*; ***b. sein*** sehr viel Arbeit haben: *Er ist beruflich so b., dass er kaum noch Zeit für seine Familie hat* **4** *Adj*; *nicht adv*; ***(mit etw.) b. sein*** gerade dabei sein, etw. zu tun: *Sie war gerade damit b., den Rasenmäher zu reparieren*; *Der Vogel ist mit dem Füttern der Jungen b.*

Be·schạ̈f·tig·te *der / die*; *-n, -n*; j-d, der für e-n Betrieb *o.Ä.* gegen Bezahlung arbeitet: *Die Firma hat 500 Beschäftigte* || NB: *ein Beschäftigter*; *der Beschäftigte*; *den, dem, des Beschäftigten*

Be·schạ̈f·ti·gung *die*; -, *-en*; **1** e-e Tätigkeit, mit der man seine Zeit verbringt: *Sport zu treiben ist e-e gesunde B.* **2** die Arbeit, die man macht, um Geld zu verdienen ⟨e-r (geregelten) B. nachgehen; ohne B. sein⟩ **3** ***die B. mit etw.*** das Nachdenken über etw. ⟨die B. mit Fragen, Problemen⟩ **4** ***die B. mit etw.*** das Arbeiten mit etw. od. an etw.

Be·schạ̈f·ti·gungs·ver·hält·nis *das* ≈ Arbeitsverhältnis

be·schä̲·men; *beschämte, hat beschämt*; [Vt] ***j-d beschämt j-n (mit etw.) / etw. beschämt j-n*** j-s gutes Verhalten *o.Ä.* bewirkt, dass sich ein anderer schämt, ist e-m anderen peinlich: *Deine Großzügigkeit beschämt mich!* || ► ***Scham***

be·schä̲·mend **1** *Partizip Präsens*; ↑ ***beschämen*** **2** *Adj*; so schlecht od. schlimm, dass man sich dafür schämen muss ⟨e-e Einstellung, e-e Haltung⟩: *Sein Lohn ist b. niedrig* **3** *Adj*; so, dass es Scham hervorruft: *Es ist ein beschämendes Gefühl, sie so hart arbeiten zu sehen*

be·schä̲mt **1** *Partizip Perfekt*; ↑ ***beschämen*** **2** *Adj*; ***(über etw.*** *(Akk)****) b. sein*** Scham empfinden, weil sich j-d schlecht verhält: *Sie war über seine beleidigenden Worte b.*

Be·schä̲·mung *die*; -, *-en*; *mst Sg*; das, was man empfindet, wenn man sich (*mst* wegen e-s schlechten Verhaltens) schämt

be·schạt·ten; *beschattete, hat beschattet*; [Vt] **1** ***j-n b.*** j-m heimlich folgen und ihn dabei beobachten: *e-n Agenten durch den Geheimdienst b. lassen* **2** ***etw. beschattet j-n / etw.*** etw. bewirkt, dass j-d / etw. von der Sonne nicht beschienen wird || *zu* **1 Be·schạt·tung** *die*

be·schau̲·lich *Adj*; ruhig u. friedlich: *ein beschauliches Leben führen* || *hierzu* **Be·schau̲·lich·keit** *die*; *nur Sg*

Be·schei̲d *der*; *-(e)s, -e*; **1** *nur Sg, ohne Artikel*; e-e erwartete Information über etw. ⟨j-m (über etw. *(Akk)*) B. geben, sagen; (über etw. *(Akk)*) B. bekommen, erhalten⟩: *Sag mir bitte B., ob du zu meiner Party kommen kannst!* **2** e-e Nachricht über die Entscheidung e-r Behörde: *Er stellte den Antrag vor drei Monaten u. hat immer noch keinen B. bekommen* || -K: ***Steuer-*** **3** ***(über j-n / etw.) B. wissen*** (über j-n / etw.) viel wissen od. informiert sein || ID ***j-m (gehörig) B. sagen / stoßen*** *gespr*; j-m sehr deutlich sagen, dass man anderer Meinung ist als er

be·schei̲·den[1] *Adj*; **1** mit wenig zufrieden, mit nur geringen Ansprüchen ≈ genügsam ↔ anspruchsvoll: *Trotz seines Reichtums ist er ein sehr bescheidener Mensch geblieben* **2** ≈ zurückhaltend, unaufdringlich: *ein bescheidenes Auftreten, Verhalten* **3** ≈ einfach, schlicht ⟨ein Haus, e-e Mahlzeit⟩: *Sie führen ein bescheidenes Leben* **4** nicht den Erwartungen u. Bedürfnissen entsprechend ⟨ein Lohn, Lebensverhältnisse, Leistungen⟩: *Wegen des schlechten Wetters fiel die Ernte recht b. aus* **5** *gespr euph*; äußerst schlecht ≈ beschissen: *Es sieht b. aus* || *zu* **1** u. **2 Be·schei̲·den·heit** *die*; *nur Sg*

be·schei̲·den[2]; *beschied, hat beschieden*; [Vt] ***etw. bescheidet j-m etw.*** *geschr*; e-e übernatürliche Macht gibt od. schenkt j-m etw., das er sich gewünscht hat: *Das Schicksal hat ihnen keine Kinder beschieden*; *Ihm war kein Erfolg beschieden* || NB: *mst* im Zustandspassiv u. verneint

be·schei̲·den[3]**, sich**; *beschied sich, hat sich beschieden*; [Vr] ***sich mit etw. b.*** *geschr*; mit weniger zufrieden sein, als man gern hätte ≈ sich mit etw. begnügen: *Da sie nicht genug Geld hatte, musste sie sich mit e-r sehr kleinen Wohnung b.*

be·schei·nen; *beschien, hat beschienen*; [Vt] ***etw. bescheint etw.*** etw. scheint auf etw.: *ein von der Sonne beschienener Platz* || NB: *mst* im Passiv!
be·schei·ni·gen; *bescheinigte, hat bescheinigt*; [Vt] **1** ***(j-m) etw. b.*** durch seine Unterschrift bestätigen, dass man etw. erhalten hat od. dass etw. wahr ist: *den Empfang e-s Briefes, den Erhalt des Geldes b.; j-m b.*, dass *er an e-m Kurs teilgenommen hat* **2** ***j-m etw. b.*** erklären, dass j-d e-e bestimmte Eigenschaft od. bestimmte Kenntnisse hat ≈ j-m etw. attestieren: *e-m Studenten gute Sprachkenntnisse b.*
Be·schei·ni·gung *die*; -, *-en*; ***e-e B.* (*über etw.*** (*Akk*)) ein Blatt Papier, auf dem etw. bestätigt ist ⟨e-e B. ausstellen, vorlegen⟩: *Bringen Sie e-e B. über Ihre Arbeitsunfähigkeit!*
be·schei·ßen; *beschiss, hat beschissen*; *vulg*; [Vt] **1** ***j-n*** (***um etw.***) ***b.*** ≈ j-n (um etw.) betrügen; [Vt/i] **2** (***j-n***) ***b.*** ≈ betrügen
be·schen·ken; *beschenkte, hat beschenkt*; [Vt] ***j-n*** (***mit etw.***) ***b.*** j-m etw. als Geschenk geben: *die Kinder zu Weihnachten reich b.* || *hierzu* **Be·schen·kung** *die*
be·sche·ren; *bescherte, hat beschert*; [Vt] **1** ***j-m etw. b.***; ***j-n*** (***mit etw.***) ***b.*** j-m etw. zu Weihnachten schenken: *Was hat dir das Christkind beschert?* **2** ***etw. beschert j-m etw.*** *geschr*; etw. bewirkt, dass j-d etw. bekommt od. erlebt ≈ bringen (5): *Dieser Tag bescherte uns e-e riesige Überraschung*
Be·sche·rung *die*; -, *-en*; **1** das Austeilen der Geschenke zu Weihnachten **2** *mst Sg*, *gespr iron*; e-e ärgerliche Überraschung, ein unangenehmer Vorfall ⟨e-e schöne B. anrichten⟩: *Da haben wir die B.!*
be·scheu·ert *Adj*; *gespr!*; **1** dumm, nicht sehr intelligent **2** unerfreulich ⟨ein Vorfall, e-e Situation⟩
be·schich·ten; *beschichtete, hat beschichtet*; [Vt] ***etw.*** (***mit etw.***) ***b.*** etw. fest mit e-r Schicht aus e-r anderen Substanz verbinden: *e-e mit Kunststoff beschichtete Karosserie* || *hierzu* **Be·schich·tung** *die*; *nur Sg*
be·schi·cken; *beschickte, hat beschickt*; [Vt] **1** ***etw.*** (***mit etw.***) ***b.*** *Tech*; etw. mit e-m Material füllen, das bearbeitet od. verarbeitet werden soll ⟨e-n Hochofen b.⟩: *e-n Reaktor mit Plutonium b.* **2** ***etw. b.*** *bes nordd* ≈ erledigen: *Sie konnte nicht viel b., weil sie immer wieder abgelenkt wurde*
be·schi·ckert *Adj*; *bes nordd gespr*; leicht betrunken ≈ angeheitert
be·schie·ßen; *beschoss, hat beschossen*; [Vt] **1** ***j-n / etw.*** (***mit etw.***) ***b.*** auf j-n / etw. (im Verlauf eines Kampfes) schießen **2** ***j-n b.*** *gespr*; j-n heftig kritisieren: *In der Debatte wurde er von allen Seiten beschossen* **3** ***etw.*** (***mit etw.***) ***b.*** *Phys*; elementare Teilchen mit hoher Geschwindigkeit auf Atomkerne auftreffen lassen: *Atomkerne mit Neutronen b.* || *zu* **1** u. **3** **Be·schie·ßung** *die* || ► ***Beschuss***
be·schil·dern; *beschilderte, hat beschildert*; [Vt] ***etw. b.*** etw. mit Schildern versehen (*bes* um so den Weg zu weisen): *Die Umleitung ist beschildert* || *hierzu* **Be·schil·de·rung** *die*
be·schimp·fen; *beschimpfte, hat beschimpft*; [Vt] **1** ***j-n*** (***mit etw.***) ***b.*** j-n durch Schimpfworte kränken od. beleidigen (auch *z.B.* indem man behauptet, er habe etw. Verbotenes getan) **2** ***j-n*** (***als etw.***) ***b.*** j-n beleidigen, indem man ihn als etw. Negatives bezeichnet ⟨j-n als Dieb, Verräter b.⟩
Be·schimp·fung *die*; -, *-en*; **1** *nur Sg*; das Beschimpfen **2** die Worte, mit denen man j-n beschimpft
be·schir·men; *beschirmte, hat beschirmt*; [Vt] ***j-n*** (***vor etw.*** (*Dat*)) ***b.*** *geschr veraltend* ≈ beschützen || *hierzu* **Be·schir·mung** *die*; *nur Sg*
Be·schiss *der*; *nur Sg*, *vulg* ≈ Betrug || NB: kein Genitiv
be·schis·sen *vulg*; **1** *Partizip Perfekt*; ↑ ***bescheißen*** **2** *Adj*; äußerst schlecht: *Das Essen war / schmeckte b.*; *Er steckt in e-r beschissenen Lage*
Be·schlag[1] *der*; **1** ein Metallteil, das mehrere Teile zusammenhält u. / od. diese verziert ⟨die Beschläge e-r Tür, e-s Fensters, e-s Schranks, e-r Truhe, e-s Gewehrs⟩ **2** *mst Sg*; die Hufeisen, die ein Pferd trägt
Be·schlag[2] *der*; *nur Sg*; e-e dünne Schicht *bes* aus Wasserdampf, die sich auf e-r Oberfläche gebildet hat: *An den Fensterscheiben bildet sich ein B.*
Be·schlag[3] *ohne Artikel*; **1** ***j-n / etw. in B. nehmen / mit B. belegen*** j-n / etw. ganz für sich allein beanspruchen od. benutzen: *Meine Frau nahm das Auto gestern den ganzen Tag in B.* **2** ***etw. nimmt j-n in B.*** etw. beansprucht j-s ganze Zeit u. Aufmerksamkeit: *Seine Arbeit / seine Familie nimmt ihn zurzeit ganz in B.*
be·schla·gen[1]; *beschlägt, beschlug, hat beschlagen*; [Vt] **1** ***etw. b.*** etw. *bes* mit Nägeln an / auf etw. festmachen: *e-n Schuh mit Nägeln b.* **2** ***ein Tier b.*** die Hufe *bes* e-s Pferdes mit Hufeisen versehen || *hierzu* **Be·schla·gung** *die*; *nur Sg*
be·schla·gen[2]; *beschlägt, beschlug, hat / ist beschlagen*; [Vt] (*hat*) **1** ***etw. beschlägt etw.*** etw. bedeckt etw. mit e-r dünnen Schicht: *Der Dampf hat die Fensterscheiben beschlagen*; [Vi] (*ist*) **2** ***etw. beschlägt*** etw. bekommt e-e dünne Schicht *bes* aus Dampf od. Schimmel; [Vr] (*hat*) **3** ***etw. beschlägt sich*** ≈ etw. beschlägt[2] (2) ⟨Metalle, Käse⟩: *Als er von draußen in das warme Zimmer kam, beschlug sich seine Brille*
be·schla·gen[3] *Adj*; *nicht adv*, *gespr*; ***b.*** (***in etw.*** (*Dat*)) mit sehr guten Kenntnissen auf e-m bestimmten Gebiet: *e-e beschlagene Schülerin*; *in Kunstgeschichte (nicht) sehr b. sein*
be·schlag·nah·men; *beschlagnahmte, hat beschlagnahmt*; [Vt] **1** ***etw. b.*** *Jur*; j-m etw. in amtlichem, offiziellem Auftrag wegnehmen ≈ konfiszieren ⟨die Beute, Möbel b.⟩: *Der Zöllner beschlagnahmte die Ware* **2** ***j-n / etw. b.*** *gespr*; j-n / etw. in Beschlag[3] nehmen || *zu* **1** **Be·schlag·nah·mung** *die*; **Be·schlag·nah·me** *die*; *nur Sg*
be·schlei·chen; *beschlich, hat beschlichen*; [Vt] ***etw. beschleicht j-n*** *geschr*; etw. erfasst od. ergreift j-n langsam u. unbemerkt ⟨Furcht, Angst⟩
be·schleu·ni·gen; *beschleunigte, hat beschleunigt*; [Vt/i] **1** (***etw.***) ***b.*** die Geschwindigkeit höher werden lassen ⟨das Tempo, die Fahrt b.⟩: *Als er nachts verfolgt wurde, beschleunigte er seinen Schritt*; *Dieses Auto beschleunigt in 15 Sekunden von 0 auf 100 Stundenkilometer*; *Beim Überholen sollte man kräftig b.*; [Vt] **2** ***etw. b.*** den Ablauf e-s Vorgangs schneller werden lassen ⟨e-e Arbeit, e-n Prozess b.⟩: *Viel Wärme beschleunigt das Wachstum von Pflanzen*; [Vr] **3** ***etw. beschleunigt sich*** etw. wird schneller ⟨das Tempo, die Atmung, ein Vorgang⟩: *Bei körperlicher Belastung beschleunigt sich der Puls*
Be·schleu·ni·gung *die*; -, *-en*; **1** *nur Sg*; das Beschleunigen (1) ⟨die B. des Tempos⟩ **2** *nur Sg*; das Beschleunigen (2) ⟨die B. der Arbeit, e-s Vorgangs⟩: *die B. der Bauarbeiten* **3** der Grad, in dem ein Fahrzeug schneller werden kann || K-: ***Beschleunigungs-, -vermögen***
be·schlie·ßen[1]; *beschloss, hat beschlossen*; [Vt] **1** ***etw. b.*** nach längerer Überlegung sich entscheiden od. bestimmen, was gemacht wird: *die Stillegung e-s Betriebes b.*; *Er beschloss, sich ein neues Auto* zu *kaufen*; *Sie beschloss*, dass *diese Lösung die beste sei* **2** ***etw. b.*** etw. durch e-e Abstimmung festlegen ⟨ein Gesetz, e-n Antrag b.⟩: *Die Regierung beschloss, die Renten* zu *erhöhen*; [Vi] **3** ***über etw.*** (*Akk*) ***b.*** über etw. abstimmen (3): *Das Parlament beschließt über die Gesetzesvorlage*; *Wir müssen heute* darüber *be-*

schließen, ob der Verein aufgelöst werden soll || ► **Beschluss**

be·schlie·ßen[2]; *beschloss, hat beschlossen*; [Vt] **etw. (mit etw.) b.** *mst* e-e Veranstaltung (mit etw.) beenden: *ein Fest mit e-m Feuerwerk b.*

Be·schluss *der; -es, Be·schlüs·se*; **1 ein B. (über etw. (*Akk*)); der B.** (+ **zu** + *Infinitiv*) *mst* e-e offizielle Entscheidung einer od. mehrerer Personen, etw. zu tun: *auf / laut B. des Parlaments, der Versammlung* || -K: **Gerichts-, Partei-, Regierungs- 2 e-n B. fassen** *geschr*; etw. beschließen, entscheiden || *zu* **2 Be·schluss·fas·sung** *die; mst Sg*

be·schluss·fä·hig *Adj; nicht adv*; dazu berechtigt, e-n Beschluss zu fassen, weil genügend stimmberechtigte Mitglieder anwesend sind ↔ beschlussunfähig ⟨e-e Versammlung, das Parlament⟩ || *hierzu* **Be·schluss·fä·hig·keit** *die; nur Sg*

be·schmei·ßen; *beschmiss, hat beschmissen*; [Vt] **j-n / etw. (mit etw.) b.** *gespr* ≈ bewerfen

be·schmie·ren; *beschmierte, hat beschmiert*; [Vt] **1 etw. (mit etw.) b.** Fett, Schmutz *o.Ä.* auf etw. bringen u. es damit schmutzig machen **2 etw. (mit etw.) b.** *pej*; e-e Fläche mit Parolen, Sprüchen *o.Ä.* bemalen: *Wände mit Sprüchen b.*

be·schmut·zen; *beschmutzte, hat beschmutzt*; [Vt] **1 j-n / etw. (mit etw.) b.** j-n / etw. schmutzig machen **2 j-n / etw. b.** j-n / etw. schlecht machen ⟨das Ansehen, den Ruf, die Ehre e-r Person b.⟩ || *hierzu* **Be·schmut·zung** *die*

be·schnei·den; *beschnitt, hat beschnitten*; [Vt] **1 etw. b.** etw. mit e-r Schere *o.Ä.* kürzer machen ⟨e-e Hecke, die Rosen b.; e-m Vogel die Flügel b.⟩ **2 (j-m) etw. b.; j-n in etw. (*Dat*) b.** etw., worauf j-d ein Recht hat, um e-n gewissen Teil od. Grad kürzen, reduzieren ≈ (j-m) etw. / j-n in etw. einschränken ⟨j-s Rechte, Freiheiten b.⟩: *Er wurde in seiner persönlichen Freiheit beschnitten* **3 j-n b.** e-m Mann die Haut am vorderen Ende des Penis bzw. e-r Frau die Klitoris entfernen || *hierzu* **Be·schnei·dung** *die*

be·schnüf·feln; *beschnüffelte, hat beschnüffelt*; [Vt] **1 ein Tier beschnüffelt j-n / etw.** ein Tier hält die Nase dicht an j-n / etw. u. riecht: *Der Hund beschnüffelte sein Futter* **2 j-n / etw. b.** *gespr*; versuchen, j-n / etw. kennen zu lernen || *hierzu* **Be·schnüf·fe·lung** *od* **Be·schnüff·lung** *die*

be·schnup·pern; *beschnupperte, hat beschnuppert*; [Vt] **1 ein Tier beschnuppert j-n / etw.** ein Tier beschnüffelt j-n / etw. **2 j-n / etw. b.** *gespr*; versuchen, j-n / etw. kennen zu lernen

be·schö·ni·gen; *beschönigte, hat beschönigt*; [Vt] **etw. b.** etw. Negatives *mst* mit Worten so darstellen, dass es besser erscheint, als es in Wirklichkeit ist ⟨e-n Fehler b.⟩: *Der Minister will die wirtschaftliche Lage nur b.* || *hierzu* **Be·schö·ni·gung** *die* || ► **schön**

be·schrän·ken; *beschränkte, hat beschränkt*; [Vt] **1 etw. (auf etw. (*Akk*)) b.** e-r Sache e-e Grenze setzen ≈ begrenzen (2) ⟨Ausgaben, Kosten, den Import, die Zahl der Teilnehmer b⟩: *Die Redezeit ist auf 5 Minuten beschränkt; Die Zahl der Studienplätze bleibt weiterhin beschränkt* **2 j-n in etw. (*Dat*) b.** ≈ j-n in etw. beschneiden (2) ⟨j-n in seinen Rechten, in seiner Freiheit b.⟩; [Vr] **3 sich (auf etw. (*Akk*)) b.** den Verbrauch von etw. od. den Anspruch auf etw. reduzieren: *sich auf das Notwendigste b.*

be·schrankt *Adj; nicht adv*; mit Schranken ⟨*nur* ein Bahnübergang⟩

be·schränkt **1** *Partizip Perfekt*; ↑ **beschränken 2** *Adj; pej*; mit wenig Intelligenz ≈ dumm: *Nimm nicht alles ernst, was er sagt, er ist etwas b.* || *zu* **2 Be·schränkt·heit** *die; nur Sg*

Be·schrän·kung *die; -, -en*; **1** *mst Sg*; **die B. (+ *Gen* / von etw.) (auf etw. (*Akk*))** das Beschränken (1) ⟨die B. von Kosten, Ausgaben⟩: *e-e B. der Kosten auf € 1000 verlangen* || -K: **Geschwindigkeits-, Handels-, Import-, Preis-, Rüstungs- 2** das Beschränken (2) e-r Person in ihren Rechten u. Freiheiten ⟨j-m Beschränkungen auferlegen⟩ || -K: **Aufenthalts-, Freiheits-, Reise-**

be·schrei·ben; *beschrieb, hat beschrieben*; [Vt] **1 (j-m) j-n / etw. b.** die Merkmale e-r Person od. e-r Sache nennen, damit j-d e-e genaue Vorstellung davon bekommt ⟨etw. ausführlich, anschaulich, sorgfältig b.⟩: *Sie beschrieb der Polizei den Dieb so genau, dass diese ihn festnehmen konnte; den Hergang e-s Unfalls b.; Können Sie uns b.,* wie *das passiert ist?* **2 etw. beschreibt etw.** etw. führt e-e bestimmte (*mst* kurvenförmige) Bewegung aus: *Die Erde beschreibt e-e ellipsenförmige Bahn um die Sonne* || ID **etw. ist nicht zu b.** etw. (*z.B.* j-s Freude od. Entsetzen) ist äußerst groß od. stark

Be·schrei·bung *die; -, -en*; **1** das Beschreiben (1) **2** e-e Aussage od. ein Bericht, die j-n / etw. beschreiben (1) ⟨e-e detaillierte, ausführliche B. von j-m / etw. geben⟩: *Seine B. trifft genau auf den Verdächtigen zu* || -K: **Landschafts-, Personen-** || ID **etw. spottet jeder B.** etw. ist äußerst schlimm od. schlecht

be·schrei·ten; *beschritt, hat beschritten*; [Vt] *geschr*; **1 andere / neue / bessere** *o.Ä.* **Wege b.** andere / neue *usw* Methoden finden u. ausprobieren, sich neu orientieren: *neue Wege in der Wissenschaft b.* **2 den Rechtsweg b.** sich wegen e-s Streits od. e-s Problems an ein Gericht wenden || *hierzu* **Be·schrei·tung** *die; nur Sg*

Be·schrif·tung *die; -, -en*; die Zahlen, Namen od. Wörter, die man auf e-n Gegenstand schreibt, um ihn identifizieren zu können || *hierzu* **be·schrif·ten** *Vt* || ► **Schrift** (2)

be·schul·di·gen; *beschuldigte, hat beschuldigt*; [Vt] **j-n (etw. (*Gen*)) b.** behaupten, dass j-d etw. Negatives getan hat od. an etw. schuld ist ⟨j-n e-s Mordes, des Diebstahls b.⟩ || *hierzu* **Be·schul·dig·te** *der / die; -n, -n*

Be·schul·di·gung *die; -, -en*; e-e Äußerung, mit der man j-m die Schuld für etw. gibt ⟨Beschuldigungen gegen j-n erheben, vorbringen; e-e B. zurückweisen, von sich weisen⟩

be·schum·meln; *beschummelte, hat beschummelt*; [Vt/i] **(j-n) b.** *gespr* ≈ betrügen

Be·schuss *der; -es; nur Sg*; **1** *mst* scharfe (öffentliche) Kritik von mehreren Personen: *Der Minister geriet / stand wegen seiner Privatgeschäfte unter B.* **2** *Mil*; intensives Schießen mit Waffen ⟨j-n / etw. unter B. nehmen; unter B. liegen, stehen⟩: *Die Soldaten nehmen / halten die Stadt unter B.* || -K: **Artillerie- 3** *Phys*; das Beschießen (3) von Atomkernen || -K: **Elektronen-**

be·schüt·zen; *beschützte, hat beschützt*; [Vt] **j-n (vor j-m / etw.) b.** ≈ schützen (1): *seine Kinder vor e-r Gefahr b.* || *hierzu* **Be·schüt·zer** *der; -s, -*; **Be·schüt·ze·rin** *die; -, -nen*

be·schwat·zen; *beschwatzte, hat beschwatzt*; [Vt] **j-n (zu etw.) b.** *gespr* ≈ überreden (wollen)

Be·schwer·de *die; -, -n*; **1 e-e B. (gegen j-n / über j-n / etw.)** e-e mündliche od. schriftliche Äußerung, mit der man sich bei j-m über j-n / etw. beschwert[1]: *Er hat wegen des Lärms e-e B. gegen seinen Nachbarn vorgebracht* **2 e-e B. (gegen etw.)** *Jur*; ein Schreiben, mit dem man gegen den Beschluss e-s Gerichts od. e-r Behörde protestiert ⟨B. einreichen, einlegen⟩ || K-: **Beschwerde-, -frist, -schrift**

Be·schwer·den *die; Pl*; die Probleme, die man aufgrund des Alters od. e-r Krankheit mit e-m Körperteil od. e-m Organ hat ⟨etw. macht, verursacht j-m

B.〉: *Ich darf keine fetten Speisen essen, sonst bekomme ich B. mit dem Magen* || -K: **Herz-, Magen-, Nieren-, Schluck-, Verdauungs-** || *hierzu* **be·schwer·de·frei** *Adj*; *nicht adv*

be·schwe·ren[1], **sich**; *beschwerte sich, hat sich beschwert*; [Vr] **sich** (**bei j-m**) (**über j-n / etw.**) **b.** j-m mitteilen, dass man mit j-m / etw. überhaupt nicht zufrieden ist ≈ sich über j-n / etw. beklagen: *Sie beschwerte sich bei ihrem Chef* darüber, dass *sie viel zu viel Arbeit hatte* || ► **Beschwerde**

be·schwe·ren[2]; *beschwerte, hat beschwert*; [Vt] **etw.** (**mit etw.**) **b.** etw. schwerer machen, indem man etw. hineintut, darauflegt *usw*, damit es fest an seinem Platz bleibt: *e-n Fesselballon mit Sandsäcken b.*; *Papiere mit Steinen b., damit sie der Wind nicht fortweht* || *hierzu* **Be·schwe·rung** *die*

be·schwer·lich *Adj*; mit großer Mühe verbunden ≈ anstrengend, mühsam 〈e-e Arbeit, e-e Aufgabe, e-e Reise〉 || *hierzu* **Be·schwer·lich·keit** *die*

be·schwich·ti·gen; *beschwichtigte, hat beschwichtigt*; [Vt] **j-n / etw. b.** bewirken, dass j-s Ärger, Zorn *o.Ä.* geringer wird ≈ beruhigen 〈j-s Zorn, Hass b.; die erhitzten Gemüter b.; e-e beschwichtigende Geste〉: *Er versuchte, die streitenden Nachbarn zu b.* || *hierzu* **Be·schwich·ti·gung** *die*

be·schwin·deln; *beschwindelte, hat beschwindelt*; [Vt] **j-n b.** *gespr* ≈ anschwindeln

be·schwingt *Adj*; lebhaft u. mit viel Schwung 〈e-e Melodie, ein Rhythmus, e-e Stimmung, e-e Rede〉 || *hierzu* **Be·schwingt·heit** *die*; *nur Sg*

be·schwipst *Adj*; *gespr*; in leicht betrunkenem Zustand ≈ angeheitert

be·schwö·ren; *beschwor, hat beschworen*; [Vt] **1 etw. b.** schwören, dass etw. so war, wie man es behauptet: *Ich kann b.*, dass *ich die Tür abgeschlossen habe* **2 j-n b.** + **zu** + *Infinitiv* durch intensives Bitten zu erreichen versuchen, dass j-d etw. tut ≈ j-n anflehen + zu + Infinitiv: *Er beschwor sie, bei ihm zu bleiben* **3 j-n / etw. b.** *bes* durch Magie versuchen, dass e-e höhere Macht ihren Einfluss ausübt od. aber ihren Einfluss aufgibt 〈die Götter, Geister, Dämonen b.〉 || *hierzu* **Be·schwö·rung** *die*

be·seelt *Adj*; *nicht adv*; **1** mit e-r Seele 〈ein Wesen〉 **2 von etw. b.** von etw. erfüllt 〈von e-r Hoffnung, von Idealismus *o.Ä.* b.〉

be·se·hen; *besieht, besah, hat besehen*; [Vt] **j-n / etw. b.** j-n / etw. aufmerksam u. genau betrachten

be·sei·ti·gen; *beseitigte, hat beseitigt*; [Vt] **1 etw. b.** bewirken, dass etw. nicht mehr vorhanden ist: *Abfall, e-n Fleck, ein Problem, Missstände, ein Missverständnis b.*; *Der Einbrecher beseitigte alle Spuren* **2 j-n b.** *gespr euph*; j-n ermorden: *e-n Gegner b.* || *zu* **1 Be·sei·ti·gung** *die*; *nur Sg* || ► **Seite**[2]

Be·sen *der*; *-s*, *-*; **1** ein Gegenstand mit (zusammengebundenen) Borsten u. e-m langen Stiel, mit dem man kehren u. fegen kann: *den Hof mit dem B. fegen* || K-: **Besen-, -kammer, -schrank, -stiel** || -K: **Hand- 2** *gespr pej*; verwendet als Schimpfwort für e-e Frau, die unfreundlich u. streitsüchtig ist || ID *mst* **Ich fresse e-n B., wenn das stimmt!** *gespr*; Es würde mich sehr wundern, wenn das wahr ist; **Neue Besen 'kehren gut** verwendet, um auszudrücken, dass man *mst* von e-m neuen Angestellten od. Chef erwartet, dass er seine neue Aufgabe sehr gut erfüllt

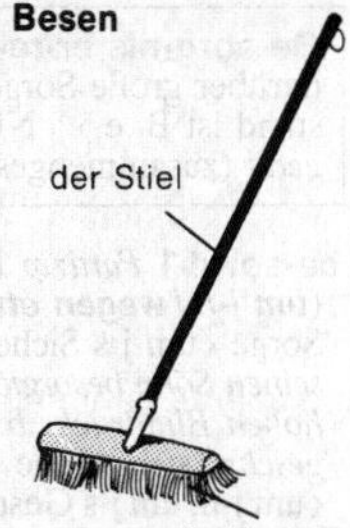

be·ses·sen 1 *Partizip Perfekt*; ↑ **besitzen 2** *Adj*; (**von etw.**) **b. sein** etw. auf übertriebene Weise in den Mittelpunkt seines Lebens stellen 〈von e-r Idee, e-r Leidenschaft, e-m Wunsch b. sein〉: *Er ist so sehr von seiner Arbeit b., dass er seine Familie völlig vernachlässigt* || -K: **arbeits-, macht-, pflicht- 3** *Adj*; (**von etw.**) **b.** (wie) von Geistern beherrscht: *Er ist vom Teufel b.*; *Sie rannte wie b. davon* **4** *Adj*; *nur adv*, *gespr*; **wie b.** sehr od. übertrieben eifrig: *Sie arbeitet / schreibt / übt wie b.* || *hierzu* **Be·ses·sen·heit** *die*; *nur Sg*

be·set·zen; *besetzte, hat besetzt*; [Vt] **1 etw. b.** e-n Platz für sich od. für j-d anderen frei halten 〈e-n Stuhl, e-n Tisch im Restaurant b.; e-n Platz im Bus, im Theater, neben sich für j-n b.〉 **2 etw.** (**mit j-m**) **b.** j-m e-e Stelle (2) geben 〈ein Amt, e-n Posten (mit j-m) b.〉: *e-e Rolle mit e-m bekannten Schauspieler b.* **3 etw. mit etw. b.** etw. als Ornament od. als Schmuck auf e-n Stoff nähen: *e-e Bluse mit Spitzen b.* **4** 〈Truppen *o.Ä.*〉 **besetzen etw.** *Mil*; Truppen *o.Ä.* dringen in ein fremdes Gebiet ein u. bleiben dort, um die Macht der Eroberer auszuüben: *seine Truppen aus den besetzten Gebieten abziehen* **5 etw. b.** sich längere Zeit an e-m Ort aufhalten, um e-e Forderung durchzusetzen od. um zu demonstrieren 〈ein Baugelände, ein Haus, e-e Botschaft b.〉: *Demonstranten besetzten die Zufahrt zum Kernkraftwerk* **6 ein Haus b.** illegal in ein leer stehendes Haus einziehen, *bes* um zu verhindern, dass es abgerissen wird

be·setzt 1 *Partizip Perfekt*; ↑ **besetzen 2** *Adj*; *nur präd*, *nicht adv*; **etw. ist b.** etw. wird gerade von j-m benutzt 〈ein Stuhl, die Toilette〉 **3** *Adj*; *nur präd*, *nicht adv*; **etw. ist b.** etw. hat keine freien (Sitz)Plätze mehr: *Der Zug war bis auf den letzten Platz b.* **4** *Adj*; *nur präd*, *nicht adv*; 〈das Telefon〉 **ist b.** j-d telefoniert gerade **5** *Adj*; *nur präd*, *nicht adv*; **j-d ist b.** *gespr*; j-d ist nicht zu sprechen, weil er gerade e-e Besprechung hat

Be·setzt·zei·chen *das*; *nur Sg*; (beim Telefonieren) ein Lautsignal, das nach dem Wählen der Nummer ertönt, wenn diese nicht frei ist ↔ Freizeichen

Be·set·zung *die*; *-*, *-en*; **1** *nur Sg*; das Besetzen (1,2,4-6): *die B. e-s Postens mit e-m Angestellten*; *die B. e-s Landes durch feindliche Truppen*; *die B. e-s Hauses durch Jugendliche* || -K: **Neu-**; **Haus- 2** *Kollekt*; alle Schauspieler, die *bes* in e-m Theaterstück die Rollen spielen: *die B. ändern*; *ein Stück in neuer B. aufführen*

be·sich·ti·gen; *besichtigte, hat besichtigt*; [Vt] **etw. b.** irgendwohin gehen u. etw. (genau) ansehen, um es kennen zu lernen 〈e-e Stadt, e-e Kirche, ein Haus b.〉 || ► **Sicht** (1)

Be·sich·ti·gung *die*; *-*, *-en*; das Besichtigen: *Die B. des Doms ist ab 10 Uhr möglich* || K-: **Besichtigungs-, -fahrt, -termin, -zeit** || -K: **Haus-, Kirchen-, Schloss-, Stadt-**

be·sie·deln; *besiedelte, hat besiedelt*; [Vt] **etw. b.** in e-m nicht bewohnten Gebiet Häuser bauen, um dort zu leben || *hierzu* **Be·sie·de·lung** *die*; *mst Sg*

be·sie·delt 1 *Partizip Perfekt*; ↑ **besiedeln 2** *Adj*; *nicht adv*; (**irgendwie**) **b.** mit (e-r gewissen Zahl von) Menschen, die dort leben 〈dicht, dünn b.〉: *Japan ist ein sehr dicht besiedeltes Land* (= sehr viele Menschen leben dort)

be·sie·geln; *besiegelte, hat besiegelt*; [Vt] **1 etw. b.** e-e Vereinbarung für gültig erklären: *e-e Abmachung per Handschlag b.* **2 etw. besiegelt j-s Schicksal** etw. bewirkt, dass etw. Schlimmes für j-n nicht mehr abzuwenden ist: *Durch diesen groben Fehler war sein Schicksal besiegelt* || *zu* **1 Be·sie·ge·lung** *die*

be·sie·gen; *besiegte, hat besiegt*; [Vt] **1 j-n b.** in e-m

(Wett)Kampf mit j-m der Sieger sein **2** ***etw. b.*** etw. unter Kontrolle bekommen ≈ überwinden ⟨Schwierigkeiten b.; seine Müdigkeit b.; j-s Zweifel b.⟩ || *zu* **1 Be·sieg·te** *der / die; -n, -n*

be·sịn·gen; *besang, hat besungen*; [Vt] ***j-n / etw. b.*** j-n / etw. in e-m Lied (*mst* lobend) darstellen ⟨e-n Helden, die Natur b.⟩

be·sịn·nen, sich; *besann sich, hat sich besonnen*; [Vr] **1** ***sich b.*** *geschr*; seine Gedanken intensiv auf ein Problem konzentrieren ≈ überlegen, nachdenken ⟨sich e-n Augenblick, kurz, e-e Weile b.⟩: *Er fällte die Entscheidung, ohne sich lange zu b.* **2** ***sich auf etw.*** (*Akk*) ***b.*** etw. in die Erinnerung zurückrufen, sich e-r Sache bewusst werden: *Als er sich endlich auf seine Fähigkeiten besann, hatte er wieder Erfolg* **3** ***sich e-s anderen / Besseren b.*** *geschr*; sich anders / für etw. Besseres entscheiden

be·sịnn·lich *Adj*; ⟨Gedanken, Worte; e-e Feier, e-e Zeit⟩ so, dass sie einen zum Nachdenken bringen ≈ beschaulich || *hierzu* **Be·sịnn·lich·keit** *die; nur Sg*

Be·sịn·nung *die; -; nur Sg*; **1** ≈ Bewusstsein (1) ⟨ohne / nicht bei B. sein; wieder zur B. kommen⟩: *Der Verletzte verlor die B.* **2** ≈ Vernunft ⟨j-n zur B. bringen; zur B. kommen⟩ **3** ruhiges u. intensives Nachdenken über sich u. sein Tun od. über ein Thema: *vor lauter Arbeit nicht zur B. kommen* **4** der Prozess, bei dem man sich e-r Sache bewusst wird: *die B. auf das Wesentliche*

be·sịn·nungs·los *Adj*; **1** ohne Bewusstsein (1) ≈ ohnmächtig **2** ***b. vor etw.*** (*Dat*) aufgrund e-r starken Aufregung nicht fähig zu denken: *b. vor Wut zuschlagen* || *zu* **1 Be·sịn·nungs·lo·sig·keit** *die; nur Sg*

Be·sịtz *der; -es; nur Sg*; **1** das, was j-d besitzt (1) ≈ Eigentum (1) ⟨privater, staatlicher B.; seinen B. vergrößern⟩: *Die Ware geht mit der Bezahlung in Ihren B. über*; *Er verlor seinen ganzen B.* || K-: ***Besitz-, -anspruch*** || -K: ***Haus-, Land-*** **2** *Jur*; das, was j-d besitzt (2) || NB: ↑ ***Eigentum*** (2) **3** das Verfügen über etw., das man erworben od. bekommen hat ⟨etw. in seinen B. bringen; im B. e-r Sache sein⟩: *im vollen B. seiner geistigen Kräfte sein*; *Wie kam er in den B. der geheimen Dokumente?* **4** ***von etw. B. nehmen / ergreifen*** *geschr*; etw. nehmen, um es allein zu haben u. besitzen (1)

be·sịtz·an·zei·gend *Adj*; *nur in* ***besitzanzeigendes Fürwort*** ≈ Possessivpronomen

be·sịt·zen; *besaß, hat besessen*; [Vt] **1** ***etw. b.*** über etw. Materielles verfügen, das man erworben od. bekommen hat ⟨ein Haus, e-n Hof, ein Grundstück, ein Auto, viel Geld, Aktien b.⟩ **2** ***etw. b.*** *Jur*; die tatsächliche Herrschaft od. Gewalt über etw. haben (auch ohne Eigentümer zu sein) **3** ***etw. b.*** e-e Eigenschaft, Qualität od. ein Wissen haben ⟨Fantasie, Talent, Mut, Geschmack b.; die Frechheit, die Fähigkeit b., etw. zu tun⟩: *Er besitzt gute Sprachkenntnisse* **4** ***etw. besitzt etw.*** etw. ist mit etw. ausgerüstet od. versehen: *Dieses Auto besitzt e-e Servolenkung* || NB: *zu* **1-4**: kein Passiv!

Be·sịt·zer *der; -s, -*; **1** j-d der etw. besitzt (1): *Das Restaurant wechselte den B.*; *Er ist stolzer B. e-s Reitpferdes* || K-: ***Besitzer-, -wechsel*** || -K: ***Fabrik-, Haus-*** **2** *Jur*; j-d, der etw. besitzt (2) || *hierzu* **Be·sịt·ze·rin** *die; -, -nen*

Be·sịtz·tum *das; -s, Be·sitz·tü·mer; geschr*; **1** *nur Sg, Kollekt*; alles, was j-d besitzt (1) **2** *mst Pl*; die Grundstücke u. die Gebäude, die j-d, e-e Institution *o.Ä.* besitzt (1): *die Besitztümer der Kirche*

Be·sịtz·ver·hält·nis·se *die; Pl*; **1** das System der Verteilung von materiellen Gütern u. Geld in e-r Gesellschaft: *Die ungerechten B. waren e-e Ursache für die Revolution* **2** der rechtliche Status u. die Ordnung e-s Besitzes (1): *Die B. dieser Firma sind schwer zu durchschauen*

be·sọf·fen **1** *Partizip Perfekt* ↑ ***besaufen*** **2** *Adj; gespr!*; völlig betrunken || *zu* **2 Be·sọf·fe·ne** *der / die; -n, -n*

be·sọh·len; *besohlte, hat besohlt*; [Vt] ***etw. b.*** (neue) Sohlen an Schuhe *o.Ä.* machen: *Stiefel neu b. lassen*

Be·sọl·dung *die; -, -en; mst Sg*; das Geld, das *bes* Soldaten u. Beamte für ihre Arbeit bekommen || *hierzu* **be·sọl·den** (*hat*) *Vt* || ► ***Sold***

be·sọn·de·r- *Adj; nur attr, ohne Steigerung, nicht adv*; **1** sich vom Gewöhnlichen, Normalen unterscheidend ≈ außergewöhnlich ⟨unter besonderen Umständen⟩: *keine besonderen Vorkommnisse*; *keine besonderen Merkmale / Kennzeichen* **2** von e-r spezifischen Art ≈ speziell ⟨e-e Ausbildung, Fähigkeiten⟩: *Für diese Tätigkeit benötigen Sie e-e besondere Ausbildung* **3** besser od. schöner als der Durchschnitt ⟨Qualität, e-e Leistung⟩: *Die Landschaft der Insel Capri ist von besonderer Schönheit* **4** stärker od. intensiver als normal ≈ groß ⟨Freude, Mühe⟩: *sich e-r Aufgabe mit besonderer Sorgfalt widmen* **5** ***im Besonderen*** ≈ besonders[2]

Be·sọn·der·heit *die; -, -en*; ein Merkmal od. e-e Eigenschaft, worin sich etw. von etw. anderem (deutlich) unterscheidet ≈ Eigenart: *die Besonderheiten der deutschen Sprache in Österreich*

be·sọn·ders[1] *Adv*; **1** stärker od. intensiver als normal ≈ nachdrücklich ⟨etw. b. betonen, hervorheben⟩ **2** getrennt von anderen Dingen ≈ separat: *Dieses Thema müssen wir später b. behandeln* **3** verwendet, um Adjektive zu verstärken ≈ sehr: *Das Buch ist b. interessant*; *Sie ist b. nett* **4** ***nicht b.*** *gespr*; nicht gut, eher schlecht: *Ich fühle mich heute gar nicht b.*; *Seine Leistungen waren nicht b.*

be·sọn·ders[2] *Partikel; betont u. unbetont*; verwendet, um e-n Teil des Satzes hervorzuheben ≈ vor allem: *B. im Januar war es diesen Winter sehr kalt*; *Er isst gerne Obst, b. Äpfel u. Birnen*

be·sọn·nen **1** *Partizip Perfekt*; ↑ ***besinnen*** **2** *Adj*; ruhig u. vernünftig ⟨ein Mensch, ein Verhalten⟩ || *hierzu* **Be·sọn·nen·heit** *die; nur Sg*

be·sọr·gen; *besorgte, hat besorgt*; [Vt] **1** ***(j-m) etw. b.*** bewirken od. arrangieren, dass j-d etw. erhält ≈ beschaffen[1] (2) ⟨e-e Theaterkarte, ein Hotelzimmer, ein Taxi b.⟩: *Kannst du (mir) Zigaretten b.?*; *Er will seinem Sohn e-e Stelle bei der Post b.* **2** ***etw. b.*** e-e Aufgabe ausführen ≈ erledigen: *Die Übersetzung des Romans besorgte der Autor selbst*

Be·sọrg·nis *die; -, -se; mst Sg*; ***B.*** (***um j-n / etw.***) ein Zustand, in dem man sich wegen e-r Person / Sache Sorgen macht ↔ Sorglosigkeit ⟨mit tiefer, ernster, echter B.; in B. geraten, sein; etw. erregt (j-s) B.; es besteht kein Anlass / Grund zur B.⟩

> **Be·sọrg·nis er·re·gend** *Adj*; so, dass man sich darüber große Sorgen macht ⟨j-s Aussehen, Zustand ist B. e.⟩ || NB: aber *äußerst besorgniserregend* (zusammengeschrieben)

be·sọrgt **1** *Partizip Perfekt*; ↑ ***besorgen*** **2** *Adj*; ***b.*** (***um j-n / wegen etw.*** (*Gen / gespr auch Dat*)) voll Sorge ⟨um j-s Sicherheit, Leben b. sein⟩: *der um seinen Sohn besorgte Vater*; *Der Arzt ist wegen ihres hohen Blutdrucks b.* **3** *Adj*; ***b.*** (***um j-n / etw.***) ***sein*** *geschr*; sich Mühe geben, für j-n Gutes zu tun ⟨um j-n, um j-s Gesundheit, Zufriedenheit b. sein⟩

Be·sọr·gung *die; -, -en*; **1** ***e-e B. / Besorgungen machen*** etw. einkaufen: *Für Weihnachten muss ich noch ein paar Besorgungen machen* **2** *nur Sg*; das Besorgen (2) e-r Aufgabe od. e-r Angelegenheit

be·spạn·nen; *bespannte, hat bespannt*; [Vt] **1 etw.** (**mit etw.**) **b.** ein Tuch, Stoff, Papier *o.Ä.* über / auf etw. spannen: *e-e Gitarre mit neuen Saiten b.* **2 etw.** (**mit etw.**) **b.** Zugtiere vor e-m Wagen festmachen: *e-e Kutsche mit zwei Pferden b.*

Be·spạn·nung *die*; -, *-en*; das Material (*z.B.* der Stoff), mit dem ein Gegenstand bespannt (1) ist

be·spiel·bar *Adj*; in e-m Zustand, dass man darauf ein Ballspiel machen kann ⟨ein Spielfeld⟩: *Der Tennisplatz war kurze Zeit nach dem Gewitter wieder b.*

be·spie·len; *bespielte, hat bespielt*; [Vt] **etw.** (**mit etw.**) **b.** Musik *o.Ä.* auf e-m Tonband od. e-r Kassette speichern: *e-e bespielte Kassette*

be·spịt·zeln; *bespitzelte, hat bespitzelt*; [Vt] **j-n b.** *pej*; (als Spion) heimlich beobachten, was j-d tut || *hierzu* **Be·spịt·ze·lung** *die* || ▸ **Spitzel**

be·spọ̈t·teln; *bespöttelte, hat bespöttelt*; [Vt] **j-n / etw. b.** über j-n / etw. spöttisch od. verächtlich reden || *hierzu* **Be·spọ̈t·te·lung** *die*

be·spre·chen; *bespricht, besprach, hat besprochen*; [Vt] **1 etw.** (**mit j-m**) **b.** mit anderen über etw. sprechen: *ein Problem mit e-m Kollegen b.*; *Sie besprachen*, wohin *die Reise gehen sollte* **2 etw. b.** *bes* schriftlich seine kritische Meinung zu etw. äußern ≈ rezensieren ⟨e-n Film, ein Buch, ein Konzert in e-r Zeitung, im Rundfunk b.⟩; [Vr] **3 sich** (**mit j-m**) (**über etw.** (*Akk*)) **b.** mit j-m über etw. reden ≈ sich beraten: *Wir müssen uns noch mit e-m Fachmann über den Umbau des Hauses b.*

Be·spre·chung *die*; -, *-en*; **1** das Besprechen (1) ⟨die B. e-s Problems⟩ **2 e-e B.** (**über etw.** (*Akk*)) e-e Zusammenkunft od. Sitzung, bei der etw. besprochen (1) wird ⟨e-e B. ansetzen, abhalten; auf e-r B. sein; e-e B. haben⟩ **3** ein Text, in dem etw. besprochen (2) wird ≈ Rezension, Kritik (2) ⟨die B. e-s Buches, e-s Films⟩ || -K: **Buch-, Film-**

be·sprịt·zen; *bespritzte, hat bespritzt*; [Vt] **j-n / etw.** (**mit etw.**) **b.** j-n / etw. nass machen od. mit etw. bedecken, indem man mit etw. spritzt: *j-n mit Wasser b.*

be·sprü·hen; *besprühte, hat besprüht*; [Vt] **etw. b.** etw. auf etw. sprühen: *Pflanzen mit Wasser b.* || *hierzu* **Be·sprü·hung** *die*; *nur Sg*

be·spụ·cken; *bespuckte, hat bespuckt*; [Vt] **j-n / etw. b.** ≈ anspucken

bẹs·ser *Adj*; **1 b.** (**als j-d / etw.**) verwendet als Komparativ zu *gut*: *Heute ist das Wetter b. als gestern*; *Erzähl du diesen Witz, du kannst das b. als ich!* **2** von hoher Qualität: *ein besseres Hotel* **3** *nur attr, nicht adv, mst iron*; zu e-r hohen sozialen Schicht gehörig ⟨die besseren Leute; nur in besseren Kreisen verkehren; etw. Besseres sein wollen⟩ **4** *nur attr, nicht adv, gespr pej*; verwendet, um j-n / etw. abzuwerten ≈ nicht (viel) mehr als: *Er ist nur ein besserer Hilfsarbeiter*; *Das Haus ist e-e bessere Hütte* **5** *nur adv* ≈ lieber: *Ich glaube, wir sollten b. gehen* || ID **umso / desto b.** *gespr*; verwendet, um j-m gegenüber seine Zufriedenheit über e-e Nachricht auszudrücken; **b. ist b.** *gespr*; man kann nicht vorsichtig genug sein; **b.** (**gesagt**) mit genaueren Worten; *mst* **j-d hat Besseres zu tun** j-d hat keine Zeit für j-n / etw. od. keine Lust zu etw.; **j-d stellt sich b.** j-d hat jetzt mehr Geld

bẹs·sern; *besserte, hat gebessert*; [Vt] **1 etw. bessert j-n** etw. bewirkt, dass j-s Charakter od. Verhalten besser wird: *Die Erziehung im Internat hat ihn auch nicht gebessert*; [Vr] **2 etw. bessert sich** etw. kommt in e-n besseren Zustand od. erreicht ein höheres Niveau ↔ etw. verschlechtert sich ⟨das Wetter, die Gesundheit, e-e Leistung⟩: *Seine finanzielle Lage bessert sich nur langsam* **3 sich b.** sich in bestimmter Hinsicht besser verhalten: *„Du rauchst ja schon wieder!" - „Ich werde versuchen, mich zu b."*

Bẹs·se·rung *die*; -; *nur Sg*; **1** der Übergang in e-n erwünschten (besseren) Zustand ⟨e-e gesundheitliche, wirtschaftliche, soziale B.; e-e B. der Lage⟩: *Der Kranke ist auf dem Wege der B.*; *Auf dem Arbeitsmarkt ist e-e B. eingetreten* || -K: **Wetter- 2 Gute B.!** verwendet, um e-m Kranken zu wünschen, dass er bald wieder gesund wird ⟨j-m gute B. wünschen⟩

Bẹs·ser·wes·si *der*; *s, -s*; *gespr iron pej*; *bes* von Ostdeutschen verwendet, um e-n überheblichen Westdeutschen zu bezeichnen

Bẹs·ser·wis·ser *der*; *-s, -*; *pej*; j-d, der glaubt, (immer) alles besser zu wissen || *zu* **Besserwisserei** ↑ **-ei**

bẹs·t- *Adj*; **1** verwendet als Superlativ zu *gut*: *Das ist der beste Wein, den ich je getrunken habe*; *Dieses Kleid gefällt mir am besten*; *Er ist der Beste seiner Mannschaft* || K-: **best-, -bezahlt, -informiert 2** sehr gut, optimal: *bei bester Gesundheit sein*; *Wir sind die besten Freunde*; *Das Wetter war nicht gerade das beste* (= war ziemlich schlecht) || K-: **Best-, -zustand 3** in sehr hoher sozialer Stellung: *aus bestem Hause, aus besten Verhältnissen stammen* **4 Es ist das Beste** (**, wenn ...**) *gespr*; es ist sinnvoll od. angebracht: *Es ist das Beste, wenn du nach Hause gehst, bevor es dunkel wird*; *Ich glaube, es ist das Beste, du überlegst dir das noch mal* **5 am besten** verwendet, um auszudrücken, dass etw. die vernünftigste Lösung ist: *Du gehst jetzt am besten ins Bett, damit du morgen ausgeschlafen bist* **6 aufs Beste / beste** sehr gut ⟨aufs Beste / beste vorbereitet⟩ || ID *mst* **mit j-m steht es nicht zum Besten** *gespr*; j-d hat gesundheitliche, persönliche od. finanzielle Probleme; **das Beste ist für j-n gerade gut genug** *oft iron*; verwendet, um auszudrücken, dass j-d sehr hohe Ansprüche stellt; **sein Bestes geben** etw. so gut wie möglich tun; **das Beste aus etw. machen** in e-r ungünstigen Situation dennoch etw. Positives erreichen; **etw. zum Besten geben** *mst* Erlebnisse od. Anekdoten erzählen, *bes* um die Leute zu unterhalten; **j-n zum Besten haben / halten** j-n (auf spöttische Weise) ärgern u. lächerlich machen

Be·stạnd *der*; *-(e)s, Be·stän·de*; **1** *nur Sg*; das Existieren e-r Sache zu e-m gewissen Zeitpunkt u. in der Zukunft ≈ Fortdauer ⟨etw. hat keinen B.; etw. ist von (kurzem) B.⟩: *Der B. des Betriebes ist bedroht* **2 der B.** (**an etw.** (*Dat*) (*Kollekt od Pl*)) die Menge an Gütern, Geld od. Waren ≈ Vorrat ⟨der B. an Waren, Vieh⟩ || K-: **Bestands-, -liste** || -K: **Baum-, Bücher-, Vieh-, Wald-, Waren-**

be·stạn·den *Partizip Perfekt*; ↑ **bestehen**

be·stặn·dig *Adj*; **1** so, dass es sich nicht (schnell) ändert ≈ stabil ⟨ein Zustand, das Wetter⟩ **2** lange dauernd ⟨Regen, Glück⟩: *Während unseres Urlaubs regnete es b.* **3 b. gegen etw.** so beschaffen, dass es nicht zerstört od. angegriffen wird: *Platin ist b. gegen Säure* || *hierzu* **Be·stặn·dig·keit** *die*; *nur Sg*

-be·stặn·dig *im Adj, begrenzt produktiv*; drückt aus, dass etw. gegen das im 1. Wortteil Genannte widerstandsfähig od. davor geschützt ist; **feuerbeständig, hitzebeständig** ⟨ein Material, Plastik⟩, **korrosionsbeständig, säurebeständig, wetterbeständig** ⟨e-e Farbe⟩, **temperaturbeständig, frostbeständig, kältebeständig** ⟨Pflanzen⟩ || *hierzu* **-be·stặn·dig·keit** *die*; *nur Sg*

Be·stạnds·auf·nah·me *die*; **1** das Feststellen und Kategorisieren des Bestandes (2) ≈ Inventur: *Bevor für die Bibliothek neue Bücher gekauft werden, muss e-e B. gemacht werden* **2** e-e kritische Analyse der Ereignisse, die zur gegenwärtigen Situation führten: *Der Parteitag begann mit e-r B. durch den Vorsitzenden*

Be·stạnd·teil *der*; ein Teil e-s kompletten Ganzen ≈ Komponente ⟨etw. ist ein wesentlicher B. von etw.;

etw. in seine Bestandteile zerlegen〉: *Eiweiße u. Fette sind wichtige Bestandteile der Nahrung des Menschen* || ID ***etw. löst sich*** (*Akk*) ***in seine Bestandteile auf*** *gespr hum*; etw. geht kaputt od. verschwindet (3)

be·stär·ken; *bestärkte, hat bestärkt*; [Vt] ***j-n*** (***in etw.*** (*Dat*)) ***b.*** / ***j-n b.*** + ***zu*** + *Infinitiv* j-m sagen od. zeigen, dass man seine Haltung od. seine Pläne für richtig hält (u. ihn ermuntern, dass er dabeibleibt) 〈j-n in seinem Glauben, in seiner Annahme b.〉 || *hierzu* **Be·stär·kung** *die* || ► ***stark*** (2)

be·stä·ti·gen; *bestätigte, hat bestätigt*; [Vt] **1** ***etw. b.*** von e-r Aussage sagen, dass sie richtig ist ↔ bestreiten, widerrufen 〈e-e Aussage, Behauptung, Nachricht, Meldung offiziell, schriftlich b.〉: *Die Agentur bestätigt*, dass *die Züge heute wegen e-s Streiks nicht fahren* **2** ***etw. b.*** erklären, dass etw. gültig ist 〈ein Urteil b.〉 **3** ***etw. bestätigt etw.*** etw. zeigt, dass e-e Vermutung richtig ist ↔ etw. widerlegt etw. 〈etw. bestätigt e-n Verdacht, e-e Vermutung, e-e Theorie, e-e Annahme〉 **4** ***etw. b.*** *geschr*; j-m mitteilen od. bescheinigen, dass man etw. erhalten hat 〈den Eingang e-s Schreibens, e-s Briefes b.; e-n Auftrag b.〉 **5** ***etw. bestätigt j-n in etw.*** (*Dat*) etw. zeigt j-m, dass seine Vermutung richtig war ≈ etw. bestärkt j-n in etw.: *Die Katastrophe bestätigte ihn in seiner Skepsis gegenüber der Technik* **6** ***j-n*** (***in etw.*** (*Dat*)) (***als etw.***) ***b.*** offiziell erklären, dass man j-n in e-m Amt, in e-r Stellung weiterhin haben will: *Die Mitgliederversammlung bestätigte ihn* (*in seiner Funktion*) *als Präsident des Vereins*; [Vr] **7** ***etw. bestätigt sich*** etw. erweist sich als richtig: *Der Verdacht auf Krebs hat sich* (*nicht*) *bestätigt*

Be·stä·ti·gung *die*; -, *-en*; **1** das Bestätigen (1,2,4): *die B. e-r Nachricht, e-s Urteils, e-s Verdachts* **2** das Bestätigen (6) e-r Person in ihrem Amt: *seine B. als Vorsitzender* **3** ***e-e B.*** (***über etw.*** (*Akk*)) ein Schriftstück od. e-e mündliche Erklärung, die etw. bestätigen (1) 〈e-e B. ausstellen, vorlegen〉 **4** etw., das e-e Vermutung *o.Ä.* bestätigt (3) **5** ***e-e B.*** (***über etw.*** (*Akk*)) *Admin geschr*; e-e mündliche od. schriftliche Erklärung, die etw. bestätigt (4): *e-e B. über den Erhalt der Ware* || -K: **Empfangs-** **6** ***etw. findet seine B.*** etw. erweist sich als richtig

be·stat·ten; *bestattete, hat bestattet*; [Vt] ***j-n b.*** *geschr*; e-n Toten od. dessen Asche feierlich in ein Grab legen *o.Ä.* ≈ beisetzen || *hierzu* **Be·stat·tung** *die*

Be·stat·tungs·in·sti·tut *das*; e-e Firma, die Tote bestattet u. sich um die notwendigen Formalitäten kümmert ≈ Beerdigungsinstitut

be·stäu·ben; *bestäubte, hat bestäubt*; [Vt] **1** ***etw. b.*** *Bot*; Blütenstaub auf die weibliche Blüte übertragen **2** ***etw.*** (***mit etw.***) ***b.*** Pulver od. Puder auf etw. streuen: *den Kuchen mit Puderzucker b.* || *zu* **1** **Be·stäu·bung** *die*

be·stau·nen; *bestaunte, hat bestaunt*; [Vt] ***j-n*** / ***etw. b.*** j-n / etw. staunend betrachten

be·ste·chen; *besticht, bestach, hat bestochen*; [Vt] **1** ***j-n*** (***mit etw.***) ***b.*** j-m Geld od. ein Geschenk geben, um dadurch (gegen die offiziellen Bestimmungen) e-n Vorteil zu erhalten 〈e-n Richter, e-n Zeugen mit Geld b.; sich b. lassen〉: *Die Transportfirma hat versucht, den Zöllner zu b.*; [Vi] **2** ***j-d*** / ***etw. besticht durch etw.*** j-d / etw. macht (durch etw. Positives) auf andere e-n sehr guten Eindruck: *Das Abendkleid besticht durch seine Eleganz*; *Er bestach durch seinen Charme*

be·stech·lich *Adj*; 〈Menschen〉 so, dass man sie bestechen (1) kann ≈ korrupt || *hierzu* **Be·stech·lich·keit** *die*; *nur Sg*

Be·ste·chung *die*; -, *-en*; **1** *nur Sg*; das Bestechen (1) 〈die B. e-s Zeugen, e-s Wachtpostens〉 **2** der Vorgang, bei dem j-d bestochen (1) wird od. wurde ≈ Korruption || K-: ***Bestechungs-, -affäre, -geld, -skandal, -summe***

Be·steck *das*; -(*e*)*s*, *-e*; **1** *mst Sg*, *Kollekt*; die Geräte (*bes* ein Messer, e-e Gabel u. ein Löffel), die man zum Essen verwendet 〈das B. auflegen〉 || -K: ***Ess-, Fisch-, Silber-*** || NB: Im Plural nur mit Mengenangaben gebräuchlich: *fünf Bestecke* (= *5 Messer, 5 Gabeln u. 5 Löffel*) **2** die Instrumente, die *bes* ein Arzt zu e-m bestimmten Zweck braucht 〈ein chirurgisches B.〉

Be·steck·kas·ten *der*; ein Behälter mit unterschiedlich großen Fächern[1], in dem das Besteck aufbewahrt wird

be·ste·hen[1]; *bestand, hat bestanden*; [Vi] ***etw. besteht*** etw. existiert od. ist vorhanden: *Es besteht der Verdacht, dass er der Täter ist*; *An diesem Strand besteht die Möglichkeit, Wasserski zu fahren*; *Die Gefahr e-r Überschwemmung besteht nicht mehr*; *Unsere Firma besteht nun seit mehr als zehn Jahren* || ► ***Bestand***

be·ste·hen[2]; *bestand, hat bestanden*; [Vi] **1** ***etw. besteht aus etw.*** etw. ist aus e-m bestimmten Stoff od. Material: *Der Tisch besteht aus Holz* **2** ***etw. besteht aus etw.*** etw. hat mehrere Teile: *Die Wohnung besteht aus fünf Zimmern, Küche u. Bad*; *Das Lexikon besteht aus drei Bänden* **3** ***etw. besteht in etw.*** (*Dat*) etw. hat etw. zum Inhalt: *Ihre Aufgabe besteht im Wesentlichen* darin, *den Text auf Rechtschreibfehler* zu *überprüfen*

be·ste·hen[3]; *bestand, hat bestanden*; [Vt/i] **1** (***etw.***) ***b.*** *bes* bei e-r Prüfung, e-m Test od. bei etw. Gefährlichem Erfolg haben 〈e-e Prüfung, die Probezeit, e-n Kampf b.〉: *Er hat* (*das Examen mit der Note „gut"*) *bestanden*; [Vi] **2** ***in etw.*** (*Dat*) ***b.*** in e-r schwierigen od. gefährlichen Situation stark genug sein, um Erfolg zu haben ≈ sich in / bei etw. bewähren 〈in der Prüfung, im Kampf b.〉

be·ste·hen[4]; *bestand, hat bestanden*; [Vi] (***gegenüber j-m***) ***auf etw.*** (*Dat*) ***b.*** e-e Meinung od. Forderung mit Nachdruck u. beharrlich vertreten ≈ auf etw. beharren 〈auf seiner Meinung, seinem Recht b.〉: *Er besteht* darauf, dass *in seinem Zimmer nicht geraucht wird*; *Sie bestand* darauf *mitzukommen*

> **be·ste·hen blei·ben**; *blieb bestehen, ist bestehen geblieben*; [Vi] ***etw. bleibt bestehen*** etw. ist auch in Zukunft vorhanden ≈ etw. dauert an: *Die Gefahr bleibt bestehen*
>
> **be·ste·hen las·sen**; *lässt bestehen, ließ bestehen, hat bestehen* (*ge*)*lassen*; [Vt] ***etw. b. l.*** etw. nicht ändern ≈ beibehalten: *die alten Verhältnisse b. l.*

be·steh·len; *bestiehlt, bestahl, hat bestohlen*; [Vt] ***j-n*** (***um etw.***) ***b.*** j-m etw. stehlen

be·stei·gen; *bestieg, hat bestiegen*; [Vt] ***etw. b.*** auf etw. (hinauf)steigen 〈e-n Berg, e-n Turm b.〉 || *hierzu* **Be·stei·gung** *die*

be·stel·len; *bestellte, hat bestellt*; [Vt] **1** ***etw.*** (***bei j-m*** / ***etw.***) ***b.*** durch e-n Auftrag veranlassen, dass e-e Ware geliefert wird 〈Ersatzteile, Möbel, ein Buch b.; etw. schriftlich, telefonisch b.〉: *bei e-m Versandhaus e-n Pullover b.*; *die bestellte Ware im Geschäft abholen* || K-: ***Bestell-, -liste, -schein*** **2** ***etw. b.*** veranlassen, dass etw. reserviert wird 〈Kinokarten, Theaterkarten, ein Hotelzimmer b.〉: *für 13 Uhr e-n Tisch für vier Personen im Restaurant b.*; [Vt/i] **3** (***etw.***) ***b.*** in e-m Lokal der Bedienung sagen, was man essen od. trinken will 〈ein Menü b., ein Glas Wein b.〉: *Haben Sie schon bestellt?*; [Vt] **4** ***j-n*** (***irgendwohin***) ***b.*** j-m den Auftrag geben, an e-n bestimmten Ort zu kommen 〈e-n Handwerker (ins Haus), ein Taxi (vor die Tür) b.〉: *Der Chef bestellte den Vorarbeiter zu sich ins Büro* **5** (***j-m***) ***etw.*** (***von***

j-m*)** ***b. j-m e-e Nachricht von j-d anderem überbringen ≈ j-m etw. ausrichten: *Bestelle ihm viele Grüße von mir!*; *Kann / Soll ich ihr etw. b.?*; *Er lässt b.*, dass *er nicht zur Arbeit kommen kann* **6** ***etw. b.*** den Boden so bearbeiten, dass Pflanzen wachsen können ⟨ein Feld, den Acker b.⟩ || ID ***es ist um j-n / etw. gut / schlecht bestellt*** j-d / etw. ist in e-m guten / schlechten Zustand; *mst* ***j-d hat nicht viel / nichts zu b.*** *gespr*; j-d hat wenig / keinen Einfluss || *zu* **1 Be·stẹl·ler** *der*; *-s*, *-*; **Be·stẹl·le·rin** *die*; *-*, *-nen*

Be·stẹll·kar·te *die*; e-e vorgedruckte Karte, mit der man Waren per Post bestellen (1) kann

Be·stẹll·num·mer *die*; e-e bestimmte Nummer e-r Ware in e-m Versandhauskatalog, unter der man diese Ware bestellen (1) kann

Be·stẹl·lung *die*; *-*, *-en*; **1** ***e-e B.*** **(*über etw.*** (*Akk*)**)** der Auftrag, durch den man etw. bestellt (1,3) ⟨e-e B. aufgeben, entgegennehmen⟩: *Ihre B. über 2000 Liter Heizöl ist bei uns eingegangen* **2** die bestellte (1) Ware: *Ihre B. liegt zum Abholen bereit*

bẹs·ten·falls *Adv*; im günstigsten Fall: *Er wird in der Prüfung b. e-e durchschnittliche Note bekommen*

bẹs·tens *Adv*; **1** *gespr*; sehr gut, ausgezeichnet: *Das hat ja b. geklappt!* **2** sehr herzlich: *Ich danke Ihnen b. für Ihre Hilfe*

be·steu·ern; *besteuerte, hat besteuert*; [Vt] **1** ***j-n b.*** von j-m für etw. Steuern verlangen **2** ⟨der Staat⟩ ***besteuert etw.*** der Staat zieht von j-s Einkommen *o.Ä.* Steuern ab ⟨der Staat besteuert j-s Einkommen, j-s Vermögen⟩ || *hierzu* **Be·steu·e·rung** *die*; *mst Sg*

Bẹst·form *die*; *mst* ***in B. sein*** in sehr guter körperlicher Verfassung sein (um hervorragende sportliche Leistungen zu bringen) ≈ in Höchstform sein

bes·ti·a·lisch [bɛsˈti̯aːlɪʃ] *Adj*; **1** sehr grausam u. unmenschlich ⟨ein Mord; b. wüten⟩ **2** so sehr od. so stark, dass man es kaum ertragen kann ⟨ein Gestank; b. stinken⟩ || *zu* **1 Bes·ti·a·li·tät** *die*; *mst Sg*

be·stị·cken; *bestickte, hat bestickt*; [Vt] ***etw.*** **(*mit etw.*)** ***b.*** etw. durch Sticken verzieren

Bẹs·tie [-ti̯ə] *die*; *-*, *-n*; **1** ein Tier, das als sehr wild u. grausam gilt **2** *pej*; verwendet als Schimpfwort für j-n, der sehr grausam od. unmenschlich ist

be·stịm·men; *bestimmte, hat bestimmt*; [Vt] **1** ***etw. b.*** ≈ festlegen, festsetzen ⟨das Ziel, e-n Zeitpunkt b.⟩ **2** ***etw. für j-n / etw. b.*** etw. e-r Person od. e-m bestimmten Zweck zukommen lassen: *Das Geld ist für dich (allein) bestimmt!*; *Im Budget sind 15 Millionen für den Straßenbau bestimmt* || NB: *mst* im Zustandspassiv! **3** ***etw. b.*** etw. auf wissenschaftliche Weise prüfen u. herausfinden ≈ feststellen: *das Alter e-s Bauwerks, ein Virus b.* **4** ***etw. b.*** herausfinden u. sagen, zu welcher Kategorie etw. gehört od. wo sich etw. befindet ⟨Pflanzen, Tiere, j-s Standort b.⟩: *die Wortarten in e-m Text b.* **5** ***etw. bestimmt etw.*** etw. hat e-n wichtigen Anteil an etw., das man sieht ≈ etw. prägt etw.: *Wälder bestimmten das Bild der Landschaft* **6** ***j-n zu etw. b.*** j-n für ein Amt auswählen, vorsehen; j-n in ein Amt einsetzen: *Er bestimmte ihn zu seinem Stellvertreter*; [Vt/i] **7** **(*etw.*)** ***b.*** e-e Entscheidung treffen, die für andere gilt ≈ anordnen ⟨etw. gesetzlich b.⟩: *Der Chef bestimmt*, wer *welche Aufgaben zu erledigen hat*; *Du hast hier nichts zu b.!*; [Vi] **8** ***über j-n / etw. b.*** die Macht od. das Recht haben, j-n / etw. nach eigenen Ideen einzusetzen od. zu verwenden ≈ über j-n / etw. verfügen: *Der Direktor bestimmt über die Verwendung des Geldes*; *Über meine Freizeit bestimme ich!*

be·stịmmt[1] **1** *Partizip Perfekt*; ↑ **bestimmen** **2** *Adj*; *nur attr, nicht adv*; feststehend, in e-m Ausmaß, das festgelegt ist (u. dem Sprecher od. Hörer bekannt ist): *e-n bestimmten Betrag, e-e bestimmte Summe Geld bezahlen*; *e-e bestimmte Anzahl von etw.*; *sich zu e-r bestimmten Zeit treffen*; *Der Preis soll e-e bestimmte Höhe nicht überschreiten* **3** *nur attr, nicht adv*; von anderen Personen / Sachen derselben Art deutlich unterschieden (hier aber nicht genauer beschrieben od. beschreibbar): *ein bestimmtes Buch schon lange suchen*; *Das hat e-n bestimmten Zweck* **4** so, dass es Entschlossenheit demonstriert: *Der Ton des Redners war höflich, aber b.*

be·stịmmt[2] *Adv*; **1** verwendet, um auszudrücken, dass man etw. für sehr wahrscheinlich hält ≈ gewiss ⟨ganz b.⟩: *Du wirst b. Erfolg haben bei deiner Arbeit*; *Ich habe b. vieles falsch gemacht!* **2** ohne Zweifel, mit absoluter Sicherheit: *Weisst du das b.?*

Be·stịmmt·heit *die*; *-*; *nur Sg*; **1** ein entschlossenes, bestimmtes[1] (4) Verhalten: *mit der nötigen B. auftreten* **2** ***mit B.*** ≈ bestimmt[2] (2), mit Sicherheit: *Kannst du mit B. sagen, dass du morgen kommst?*

Be·stịm·mung *die*; *-*, *-en*; **1** e-e Regelung, die in e-m Vertrag, Gesetz od. in e-r Anordnung steht ≈ Vorschrift ⟨Bestimmungen einhalten, verletzen, erlassen⟩: *Nach den geltenden Bestimmungen dürfen diese Waffen nicht exportiert werden* **2** *nur Sg*; das Bestimmen (3) ⟨die B. des Alters e-s Bauwerks⟩ **3** *nur Sg*; das Bestimmen (4) ⟨die B. von Pflanzen, Tieren⟩ || K-: ***Bestimmungs-, -buch*** **4** der Gebrauch od. Zweck, für den etw. bestimmt (2) ist: *Die Straße wurde ihrer B. übergeben* **5** *nur Sg*; ein starkes Gefühl, für etw. (von Gott, vom Schicksal) auserwählt zu sein: *Er folgte seiner B. u. ging ins Kloster* **6** ***adverbiale B.*** *Ling*; ein Satzteil, der *bes* den Ort, die Zeit od. die Art u. Weise e-r Handlung / e-s Geschehens angibt

Be·stịm·mungs- *im Subst, begrenzt produktiv*; verwendet, um den Ort zu bezeichnen, an den etw. gebracht werden soll od. der das Ziel e-r Reise ist; der ***Bestimmungsbahnhof***, der ***Bestimmungshafen***, der ***Bestimmungsort***

Bẹst·leis·tung *die*; das beste Ergebnis, das ein Sportler (in e-r Disziplin) erzielt (hat): *seine persönliche B. übertreffen / einstellen*

bẹst·mög·lich *Adj*; *nur attr od adv*; so gut wie nur irgendwie möglich: *die bestmögliche Lösung*; *das Bestmögliche tun*

be·stra·fen; *bestrafte, hat bestraft*; [Vt] **1** ***j-n*** **(*für / wegen etw.*)** ***b.*** j-m wegen seines Verhaltens od. wegen e-s Verbrechens e-e Strafe geben ⟨j-n hart b.⟩: *Er wurde wegen Diebstahls mit drei Monaten Gefängnis bestraft* **2** ***etw. b.*** e-e bestimmte Tat mit e-r Strafe belegen: *Zuwiderhandlungen werden bestraft!* **3** ***etw. wird bestraft***; ***j-d wird für etw. bestraft*** j-d muss die negativen Konsequenzen e-r Handlung *o.Ä.* erdulden ⟨für seinen Leichtsinn, für seine Unachtsamkeit bestraft werden; j-s Leichtsinn *usw* wird bestraft⟩ || *zu* **1 Be·stra·fung** *die*

be·strah·len; *bestrahlte, hat bestrahlt*; [Vt] **1** ***etw. b.*** etw. durch Lichtstrahlen in der Dunkelheit sichtbar machen ≈ beleuchten: *e-n Kirchturm nachts b.* **2** ***j-n / etw. b.*** j-n / etw. mit wärmenden od. radioaktiven Strahlen medizinisch behandeln: *ein Geschwür, den Rücken b.* || *hierzu* **Be·strah·lung** *die*

Be·stre·ben *das*; *-s*; *nur Sg*; ***das B.*** + ***zu*** + *Infinitiv* die Anstrengungen, die man macht, um ein Ziel zu erreichen: *sein B., erfolgreich zu sein*

be·strebt *Adj*; *nur präd, nicht adv*; ***b. sein*** + ***zu*** + *Infinitiv* sich Mühe geben, ein Ziel zu erreichen: *Er ist b., die Wünsche aller Leute zu berücksichtigen*

Be·stre·bung *die*; *-*, *-en*; *mst Pl*; die Anstrengungen, die man macht, um etw. zu erreichen: *Es sind Bestrebungen im Gange, die Berufsausbildung stärker an der Praxis zu orientieren*

be·strei·chen; *bestrich, hat bestrichen*; [Vt] ***etw.*** **(*mit***

etw.) **b.** etw. auf etw. streichen: *die Wände mit Farbe b.; ein Brot mit Marmelade b.*

be·strei·ken; *bestreikte, hat bestreikt;* [Vt] **etw. b.** ein Unternehmen od. e-e Firma durch e-n Streik am normalen Geschäftsbetrieb hindern: *Dieser Betrieb wird seit drei Wochen bestreikt* || *hierzu* **Be·strei·kung** *die; mst Sg*

be·strei·ten[1]; *bestritt, hat bestritten;* [Vt] **etw. b.** sagen, dass e-e Feststellung, Aussage *o.Ä.* nicht wahr ist ↔ zugeben, gestehen ⟨e-e Behauptung, e-e Tatsache b.; etw. lässt sich nicht b.⟩: *Er bestreitet entschieden, den Unfall verursacht zu haben* || *hierzu* **Be·strei·tung** *die; nur Sg*

be·strei·ten[2]; *bestritt, hat bestritten;* [Vt] **1 etw. b.** das nötige Geld für etw. geben od. zur Verfügung stellen ≈ finanzieren ⟨die Kosten, das Studium, den Lebensunterhalt b.⟩: *Er bestreitet den Unterhalt für seine Familie allein* **2 etw. b.** etw. durchführen od. bei der Durchführung von etw. e-e sehr wichtige Rolle haben ⟨e-n Wettkampf, e-e Fernsehsendung b.⟩ || *hierzu* **Be·strei·tung** *die; nur Sg*

be·streu·en; *bestreute, hat bestreut;* [Vt] **etw.** (**mit etw.**) **b.** etw. auf etw. streuen: *das Fleisch mit Salz u. Pfeffer b.*

Best·sel·ler *der; -s, -;* e-e Ware (*mst* ein Buch), die während e-s bestimmten Zeitraums besonders häufig verkauft wird: *Sein erster Roman wurde sofort zum B.* || K-: **Bestseller-, -autor, -liste**

be·stü·cken; *bestückte, hat bestückt;* [Vt] **etw.** (**mit etw.**) **b.** ein Gerät, e-e Maschine (oft e-e Waffe) *o.Ä.* mit notwendigen Teilen ausrüsten: *Der Panzer ist mit modernen Kanonen bestückt* || *hierzu* **Be·stü·ckung** *die; mst Sg*

be·stückt 1 *Partizip Perfekt;* ↑ **bestücken 2** *Adj; mst* **gut / reich b.** ⟨ein Geschäft, ein Betrieb *o.Ä.*⟩ so, dass sie e-e große Auswahl an Waren bieten: *Diese Buchhandlung ist mit fremdsprachiger Literatur gut b.*

be·stür·men; *bestürmte, hat bestürmt;* [Vt] **1 j-n** (**mit etw.**) **b.** j-n mit Fragen *o.Ä.* stark bedrängen: *Die Journalisten bestürmten den Minister mit Fragen* **2 etw. b.** *veraltend* ≈ angreifen

be·stürzt *Adj;* **b.** (**über etw.** (*Akk*)) von etw. Schlimmem erschreckt ≈ erschüttert ⟨bestürzte Gesichter, Mienen⟩: *Er war tief b. über den Tod seines Kollegen*

Be·stür·zung *die; -; nur Sg;* **B.** (**über etw.** (*Akk*)) das Gefühl, das man empfindet, wenn man etw. Schlimmes erfährt ≈ Erschütterung: *Die B. über den Selbstmord des Schülers war groß; Der tödliche Unfall des Rennfahrers löste große B. aus*

Be·such *der; -(e)s, -e;* **1** das Besuchen (1) *bes* von Verwandten od. Bekannten ⟨j-m e-n B. abstatten; e-n B. machen; bei j-m zu B. sein; (zu j-m) zu B. kommen⟩: *Unsere Tante kommt einmal im Jahr für zwei Wochen zu B.; Er war bei e-m Kollegen zu B.* || -K: **Beileids-, Höflichkeits-, Kranken- 2** ein Aufenthalt an e-m Ort während e-s begrenzten Zeitraums, um etw. anzusehen od. um sich *z.B.* über kulturelle Dinge zu informieren: *An meinen ersten B. in Paris habe ich nur gute Erinnerungen; Der B. des Museums lohnt sich* || -K: **Konzert-, Museums-, Theater- 3** *nur Sg;* j-d, der bei j-m zu B. (1) ist ≈ Gast / Gäste ⟨B. haben, bekommen, erwarten⟩: *Unser B. bleibt bis zum Abendessen* || NB: ↑ **Besucher 4** *nur Sg;* das Besuchen (3) e-r Schule od. Universität: *Nach fünfjährigem B. des Gymnasiums begann er e-e Lehre* || -K: **Schul- 5 hoher B.** wichtige Gäste

-be·such *der; im Subst, begrenzt produktiv;* drückt aus, dass j-d j-n / etw. besucht; **Arztbesuch** ⟨e-s Patienten⟩, **Firmenbesuch** ⟨e-s Vertreters⟩, **Hausbesuch** ⟨e-s Arztes⟩, **Museumsbesuch, Staatsbesuch** ⟨e-s Politikers⟩, **Vertreterbesuch** ⟨erwarten⟩, **Verwandtenbesuch** ⟨bekommen⟩

be·su·chen; *besuchte, hat besucht;* [Vt] **1 j-n b.** zu j-m gehen od. fahren, um e-e bestimmte Zeit bei ihm zu sein ⟨e-n Freund, e-n Verwandten b.; e-n Kranken im Krankenhaus b.⟩: *In den Ferien besuchte er seine Großmutter; Komm mich doch mal in meiner neuen Wohnung b.!* **2 etw. b.** bei e-r Veranstaltung *o.Ä.* anwesend sein ⟨e-e Ausstellung, ein Konzert, e-e Theateraufführung, den Gottesdienst b.⟩ **3 etw. b.** zu e-r Schule od. Universität gehen, um dort am Unterricht teilzunehmen ⟨e-e Schule, e-e Universität b.; den Unterricht, e-n Kurs, e-e Vorlesung regelmäßig b.⟩

Be·su·cher *der; -s, -;* **1** j-d, der sich für e-e bestimmte Zeit bei j-m geschäftlich, dienstlich od. privat aufhält (um etw. mit ihm zu besprechen): *Der Präsident empfing die ausländischen Besucher* **2** j-d, der sich in e-r fremden Stadt, an e-m öffentlichen Ort aufhält od. der e-e Veranstaltung besucht (2) ⟨die Besucher e-s Konzerts, e-s Theaters, e-s Museums⟩: *Der Kölner Dom beeindruckt alle Besucher; Die Besucher strömten in den Saal* || NB: ↑ **Besuch** (3) || -K: **Kino-, Kirchen-, Theater-** || *hierzu* **Be·su·che·rin** *die; -, -nen*

Be·suchs·er·laub·nis *die;* die Erlaubnis, j-n zu besuchen, der in e-m Gefängnis, e-m Krankenhaus, e-m Internat *o.Ä.* ist ⟨e-e B. erhalten⟩

Be·suchs·zeit *die;* e-e festgesetzte Zeit, zu der man j-n besuchen darf, der *bes* in e-m Gefängnis od. in e-m Krankenhaus ist

be·su·deln; *besudelte, hat besudelt;* [Vt] *mst pej;* **1 j-n / etw. / sich** (**mit etw.**) **b.** j-n / etw. / sich *mst* mit e-r Flüssigkeit schmutzig machen ≈ beschmutzen **2 etw. b.** *geschr;* die Ehre od. den Ruf von j-m auf schlimmste Weise verletzen ⟨j-s Andenken, j-s Namen b.⟩ || *hierzu* **Be·su·de·lung** *die*

be·tagt *Adj; nicht adv, geschr;* alt ⟨Menschen⟩: *e-e betagte Dame*

be·tas·ten; *betastete, hat betastet;* [Vt] **j-n / etw. b.** j-n / etw. mit den Fingern berühren (*mst* zum Zweck e-r Untersuchung): *Vorsichtig betastete der Arzt das gebrochene Gelenk*

be·tä·ti·gen; *betätigte, hat betätigt;* [Vt] **1 etw. b.** *geschr;* e-e mechanische Vorrichtung bedienen ⟨die Bremse, e-n Hebel, die Hupe, e-n Lichtschalter, den Blinker b.⟩; [Vr] **2 sich irgendwie / als etw. b.** auf e-m bestimmten Gebiet aktiv sein ⟨sich sportlich, politisch, schriftstellerisch, künstlerisch b.⟩: *Der ehemalige Fußballstar betätigt sich jetzt als Sportreporter* || *hierzu* **Be·tä·ti·gung** *die* || ► **tätig**

Be·tä·ti·gungs·feld *das;* ein Gebiet od. Bereich, auf / in dem sich j-d betätigt (2): *In der Werbebranche bietet sich ein weites B.*

be·täu·ben; *betäubte, hat betäubt;* [Vt] **1 j-n / ein Tier / etw. b.** *mst* vor e-r Operation j-n / ein Tier od. e-n Körperteil gegen Schmerzen unempfindlich machen: *j-n vor der Zahnbehandlung mit e-r Spritze örtlich b.; e-n Patienten mit e-r Narkose b.* **2 etw. betäubt j-n / ein Tier** etw. macht j-n / ein Tier für e-e begrenzte Zeit bewusstlos: *Ein Schlag auf den Kopf betäubte ihn* **3 etw. betäubt j-n** etw. bewirkt, dass j-d nicht mehr klar denken u. fühlen kann ↔ etw. belebt j-n: *Der Lärm / der Schreck / der Duft betäubte ihn* **4 sich / etw.** (**mit etw.**) **b.** (durch etw.) bewirken, dass man ein unangenehmes Gefühl nicht mehr so stark empfindet: *Er will seinen Kummer mit Alkohol b.*

Be·täu·bung *die; -, -en;* **1** *nur Sg;* das Betäuben (1) e-s Menschen, e-s Tieres od. e-s Körperteils ⟨e-e örtliche B.⟩ || K-: **Betäubungs-, -mittel 2** *nur Sg;* das Betäuben (2) e-s Menschen od. e-s Tieres **3**

der Zustand, in dem ein Mensch od. Tier betäubt (2) ist: *sich von e-r leichten B. schnell wieder erholen*

Be·te *die*; -; *nur Sg*; *nur in* ***Rote B.*** rote, runde Rüben, die man *bes* als Salat isst

be·tei·li·gen; *beteiligte, hat beteiligt*; [Vt] **1** ***j-n (an etw.*** (*Dat*)) ***b.*** j-m e-n Teil *bes* von seinem (eigenen) Gewinn geben ⟨j-n am Geschäft, am Umsatz b.⟩: *Bist du am Gewinn beteiligt?* **2** ***j-n (an etw.*** (*Dat*)) ***b.*** j-m die Möglichkeit geben, bei etw. aktiv mitzuwirken: *Die Bürger werden an der Straßenplanung beteiligt*; [Vr] **3** ***sich (an etw.*** (*Dat*)) ***b.*** bei etw. aktiv mitwirken ⟨sich an e-r Diskussion, e-m Spiel b.⟩: *Der Schüler beteiligte sich lebhaft am Unterricht*; *An dem Handelsboykott waren nur wenige Länder b.*; *die an dem Verbrechen beteiligten Personen* **4** ***sich (an etw.*** (*Dat*)) ***b.*** gemeinsam mit anderen Geld zahlen od. investieren, um etw. zu realisieren: *Der Staat beteiligt sich mit 5 Millionen an den Kosten des Projekts* || *hierzu* **Be·tei·li·gung** *die*

Be·tei·lig·te *der / die*; *-n*, *-n*; **1** ***der / die B. (an etw.*** (*Dat*)) j-d, der an etw. beteiligt (1) ist: *die am Gewinn Beteiligten* **2** ***der / die B. (an etw.*** (*Dat*)) j-d, der bei etw. mitwirkt od. von etw. betroffen ist: *Alle Beteiligten akzeptierten den Kompromiss* || NB: *ein Beteiligter*; *der Beteiligte*; *den, dem, des Beteiligten*

be·ten; *betete, hat gebetet*; [Vi] **1** ***(für j-n / um etw.) (zu j-m) b.*** bestimmte Worte sprechen, mit denen man (e-n) Gott lobt, um etw. bittet od. für etw. dankt: *zu Gott b.*; *für e-n Kranken b.*; *um e-e gute Ernte b.*; *Das Kind betet jeden Abend vor dem Schlafengehen*; [Vt] **2** ***etw. b.*** ein bestimmtes Gebet sprechen ⟨e-n Rosenkranz, ein Vaterunser b.⟩

be·teu·ern; *beteuerte, hat beteuert*; [Vt] ***etw. b.*** etw. mit Nachdruck behaupten: *Der Angeklagte beteuert seine Unschuld*; *Der Beamte beteuerte, von niemandem Geld angenommen zu haben* || *hierzu* **Be·teu·e·rung** *die*

be·ti·teln; *betitelte, hat betitelt*; [Vt] **1** ***etw. b.*** e-r Sache e-n Titel geben ⟨ein Buch, e-n Film b.⟩ **2** ***j-n (mit)*** + *Subst* + ***b.*** j-n mit e-m Titel od. Schimpfwort anreden: *j-n (mit) Blödmann b.* || *hierzu* **Be·ti·te·lung** *die*

Be·ton [be'tɔŋ, be'toːn, be'tõː] *der*; *-s*; *nur Sg*; e-e Mischung aus Zement, Sand, Kies u. Wasser, die zum Bauen verwendet wird u. nach dem Trocknen sehr hart wird ⟨B. mischen⟩: *e-e Brücke aus B.* || K-: ***Beton-, -bunker, -decke, -mischmaschine, -pfeiler, -wand*** || -K: ***Stahl-***

be·to·nen; *betonte, hat betont*; [Vt] **1** ***etw. b.*** e-e Silbe od. ein Wort hervorheben, indem man es kräftig ausspricht ⟨ein Wort richtig, falsch, auf der Stammsilbe b.; e-e betonte Silbe⟩: *Das Wort „Katze" wird auf der ersten Silbe betont* **2** ***etw. b.*** auf etw. besonders hinweisen ≈ hervorheben: *Der Redner betonte, dass er mit dieser Regelung nicht zufrieden sei* **3** ***etw. betont etw.*** etw. macht etw. deutlich, hebt es hervor: *Die enge Kleidung betont ihre Körperformen*

be·to·nie·ren; *betonierte, hat betoniert*; [Vt/i] ***(etw.) b.*** etw. mit Beton bauen ⟨e-e Decke, e-e Brücke b.⟩ || *hierzu* **Be·to·nie·rung** *die*

Be·ton·klotz [-'toːn-, -'tɔŋ-] *der*; *pej*; ein *mst* großes, hässliches Bauwerk aus Beton

Be·ton·kopf [-'toːn-, -'tɔŋ-] *der*; *gespr pej*; j-d (*bes* ein Politiker od. ein Funktionär), der überhaupt nicht bereit ist, vernünftige neue Ideen zu akzeptieren

be·tont 1 *Partizip Perfekt*; ↑ ***betonen*** || -K: ***end-*** **2** *Adj*; (*mst* übertrieben) deutlich od. ausdrücklich ⟨mit betonter Höflichkeit; b. gleichgültig, lässig⟩

-be·tont *im Adj, begrenzt produktiv*; vorwiegend von der genannten Sache bestimmt; ***gefühlsbetont*** ⟨ein Mensch⟩, ***kampfbetont*** ⟨ein Spiel⟩, ***körperbetont*** ⟨e-e Kleidung⟩, ***zweckbetont*** ⟨Möbel⟩

Be·to·nung *die*; -, *-en*; **1** die Stelle im Wort od. im Satz, die betont (1) wird ≈ Akzent: *In dem Wort „Verfassung" liegt die B. auf der zweiten Silbe* **2** *nur Sg*; das Betonen (1) ⟨die B. e-s Wortes, e-r Silbe⟩ || K-: ***Betonungs-, -regel*** **3** *nur Sg*; das Betonen (2) ⟨e-r Aussage⟩ ≈ Hervorhebung

Be·ton·wüs·te [-'toːn-, -'tɔŋ-] *die*; *pej*; ein Gebiet mit vielen Gebäuden aus Beton u. wenig Pflanzen

be·tö·ren; *betörte, hat betört*; [Vt] **1** ***j-d / etw. betört j-n*** *geschr*; j-d / etw. bewirkt, dass j-d verliebt od. fasziniert ist: *Sie betörte ihn durch ihren Blick* **2** *mst* ***ein betörendes Angebot*** *geschr*; ein sehr verlockendes Angebot || *hierzu* **Be·tö·rung** *die*

Be·tracht *geschr*; *nur in* **1** ***(für etw.) in B. kommen*** für e-n bestimmten Zweck e-e günstige, realisierbare Möglichkeit sein ≈ infrage kommen: *Wegen seiner Affären kam er nicht für das Amt des Präsidenten in B.* **2** ***j-n / etw. in B. ziehen*** j-n / etw. bei der Planung berücksichtigen, mit in seine Überlegungen einbeziehen: *bei e-r Expedition alle möglichen Gefahren in B. ziehen* **3** ***etw. außer B. lassen*** etw. bei der Planung nicht berücksichtigen

be·trach·ten; *betrachtete, hat betrachtet*; [Vt] **1** ***j-n / etw. b.*** j-n / etw. genau ansehen ⟨j-n / etw. prüfend, nachdenklich, nur flüchtig b.⟩: *ein Kunstwerk, j-s Verhalten b.* **2** ***etw. irgendwie b.*** über etw. nachdenken u. ein Urteil darüber abgeben: *e-e Angelegenheit ganz nüchtern u. sachlich b.*; *e-n Fall isoliert / gesondert b.* **3** ***j-n / etw. als etw. b.*** von e-r Person / Sache e-e bestimmte Meinung haben ≈ j-n / etw. als etw. ansehen (5) ⟨j-n als seinen Feind, Freund b.⟩: *Er betrachtet ihn als seinen größten Konkurrenten*; *Ich betrachte es als meine Pflicht, Ihnen die volle Wahrheit zu sagen* || *zu* **1** u. **2** **Be·trach·tung** *die*; **Be·trach·ter** *der*; *-s*, -; **Be·trach·te·rin** *die*; -, *-nen*

be·trächt·lich *Adj*; **1** relativ groß, wichtig od. gut ≈ beachtlich ⟨Kosten, Verluste, Gewinne, Schaden⟩: *beträchtlichen Erfolg haben*; *die Preise b. erhöhen* **2** *nur adv*; verwendet, um ein Adj. im Komparativ zu verstärken ≈ wesentlich: *Sie sind b. reicher als wir*

Be·trag *der*; *-s*, *Be·trä·ge*; **1** e-e bestimmte Menge Geld: *hohe Beträge überweisen* || -K: ***Geld-, Kauf-, Rechnungs-*** **2** ***B. (dankend) erhalten!*** verwendet auf Kassenbons u. Quittungen, um anzuzeigen, dass die Ware bezahlt ist

be·tra·gen[1]; *beträgt, betrug, hat betragen*; [Vt] ***etw. beträgt etw.*** etw. hat ein bestimmtes Ausmaß od. e-n bestimmten Wert: *Die Entfernung vom Hotel zum Strand beträgt 500 Meter*; *Die Rechnung beträgt € 100* || NB: kein Passiv!

be·tra·gen[2], **sich**; *beträgt sich, betrug sich, hat sich betragen*; [Vr] ***sich irgendwie b.*** ein bestimmtes Verhalten in Bezug auf die gesellschaftlichen Normen zeigen ≈ sich benehmen ⟨sich anständig, schlecht b.⟩

Be·tra·gen *das*; *-s*; *nur Sg*; die Art u. Weise, wie sich j-d benimmt ≈ Benehmen

be·trau·en; *betraute, hat betraut*; [Vt] ***j-n mit etw. b.*** *geschr*; j-n e-e Aufgabe ausführen lassen, weil man Vertrauen zu ihm hat ≈ j-m etw. übertragen ⟨j-n mit e-m schwierigen Auftrag, mit e-m Amt b.⟩: *Er war damit betraut, die Gäste zu empfangen* || *hierzu* **Be·trau·ung** *die*; *nur Sg*

be·trau·ern; *betrauerte, hat betrauert*; [Vt] ***j-n b.*** um j-n trauern, weil er gestorben ist

Be·treff *der*; *Admin geschr*; verwendet, um in e-m geschäftlichen Brief (zu Beginn, noch vor der Anrede) anzugeben, wegen welcher Sache man schreibt; *Abk* Betr.: *Betr.: Ihre Rechnung vom 5. Januar*

be·tref·fen; *betrifft, betraf, hat betroffen*; [Vt] **1** ***etw. betrifft j-n / etw.*** etw. ist für j-n / etw. wichtig od. relevant: *Der Naturschutz ist e-e Aufgabe, die uns* *alle betrifft*; *Seine Bemerkung betraf nur e-n Teil der ganzen Problematik* **2 *etw. betrifft j-n*** etw. fügt j-m seelische Qualen zu ≈ etw. bestürzt j-n: *Sein Elend hat mich zutiefst betroffen* || NB: *mst* im Perfekt od. unpersönlich formuliert: *Es betrifft mich sehr, dass …* **3 *was j-n / etw. betrifft*** verwendet, um den Bezug zu j-m / etw. auszudrücken: *Was mich betrifft, kannst du die Aktion vergessen* (= Ich mache bei der Aktion nicht mit)

be·tref·fend 1 *Partizip Präsens*; ↑ ***betreffen*** **2** *Adj*; *nur attr, nicht adv*; verwendet, um sich auf j-n / etw. zu beziehen, der / das bereits bekannt ist od. erwähnt wurde: *Sie konnte das betreffende Wort nicht im Wörterbuch finden* **3** *verbunden mit e-m Subst* ≈ im Hinblick auf, bezüglich: *Ihre Anfrage b. Ihre Steuernachzahlung / Ihren Steuerbescheid wird in den nächsten Tagen beantwortet*

Be·tref·fen·de *der / die*; *-n, -n*; die Person, um die es sich handelt: *Wer hat sein Auto vor der Ausfahrt abgestellt? Der B. möge es bitte wegfahren* || NB: *der Betreffende*; *den, dem, des Betreffenden*

be·treffs *Präp*; *mit Gen*, *Admin geschr*; ***b. etw.*** (*Gen*) etw. betreffend (1), sich auf etw. beziehend ≈ bezüglich etw. (*Gen*): *B. Ihres Antrags auf Gehaltserhöhung teile ich Ihnen Folgendes mit: …* || NB: Gebrauch ↑ *Tabelle unter* ***Präpositionen***

be·trei·ben; *betrieb, hat betrieben*; [Vt] **1 *etw.*** (***irgendwie***) ***b.*** auf dem genannten Gebiet aktiv sein ⟨Politik, Sport, ein Hobby b.⟩: *Er betreibt sein Studium sehr ernsthaft* **2 *etw. b.*** für die Organisation e-s *mst* wirtschaftlichen Unternehmens verantwortlich sein ⟨ein Geschäft, ein Gewerbe, ein Hotel b.⟩: *Das Kraftwerk wird vom Staat betrieben* **3 *etw. b.*** sich bemühen, etw. zu erreichen: *den Umsturz der Regierung b.* || ID ***auf j-s Betreiben*** (***hin***) *geschr*; weil es j-d beantragt, gefordert od. veranlasst hat || *zu* **2 Be·trei·ber** *der*; *-s, -* || ► ***Betrieb***

be·tre·ten[1]; *betritt, betrat, hat betreten*; [Vt] ***etw. b.*** in e-n Raum hineingehen ↔ verlassen ⟨ein Zimmer b.⟩

be·tre·ten[2] *Adj*; (*bes* wegen e-s Fehlers) mit e-m Gesichtsausdruck, der verrät, dass man sich schuldig fühlt ≈ verlegen ⟨ein betretenes Gesicht machen; b. lächeln, schweigen⟩ || *hierzu* **Be·tre·ten·heit** *die*; *nur Sg*

be·treu·en; *betreute, hat betreut*; [Vt] **1 *j-n b.*** auf j-n aufpassen u. für ihn sorgen ⟨Kinder, Kranke b.⟩ **2 *etw. b.*** (*bes* mit Ratschlägen) helfen u. dafür sorgen, dass etw. gut funktioniert: *ein Projekt, ein Geschäft b.* **3 *j-n / etw. b.*** in e-m Gebiet od. bei e-r Gruppe von Personen dafür sorgen, dass alles gut funktioniert: *Dieser Vertreter der Firma betreut das Stadtgebiet*; *Die Kunden werden ständig von verschiedenen Sachbearbeitern betreut* || *hierzu* **Be·treu·ung** *die*; *nur Sg*; *zu* **1 Be·treu·er** *der*; *-s, -*; **Be·treu·e·rin** *die*; *-, -nen* || ► ***treu***

Be·trieb[1] *der*; *-(e)s, -e*; **1** alle Gebäude, technischen Anlagen *usw*, die zusammengehören u. in denen bestimmte Waren produziert od. Dienstleistungen erbracht werden ≈ Firma, Unternehmen[2] ⟨ein privater, staatlicher, landwirtschaftlicher B.; e-n B. aufbauen, gründen, leiten, herunterwirtschaften, stilllegen⟩: *Er arbeitet als Schlosser in e-m kleinen B.*; *In unserem B. sind 200 Personen beschäftigt* || K-: ***Betriebs-, -angehörige*(*r*), *-eröffnung, -geheimnis, -führung, -kapital, -leitung, -organisation, -praktikum, -unfall, -urlaub, -vermögen***; ***-arzt, -krankenkasse*** || -K: ***Industrie-*** **2** *nur Sg*, *Kollekt*; alle Personen, die in e-m B. (1) arbeiten || K-: ***Betriebs-, -ausflug, -versammlung*** **3** das Gelände, auf dem ein B. (1) ist u. die dazugehörigen Gebäude: *Er kommt um vier Uhr aus dem B.*

Be·trieb[2] *der*; *-s*; *nur Sg*; **1** das Arbeiten von technischen Apparaten u. Einrichtungen ⟨e-e Maschine in B. nehmen⟩ || K-: ***Betriebs-, -dauer, -kosten, -störung, -überwachung, -zeit*** **2** *mst* ***etw. ist in / außer B.*** ein Gerät, e-e Maschine *o.Ä.* ist eingeschaltet / ist nicht eingeschaltet od. funktioniert nicht: *Der Lift, das Telefon, die Heizung ist nicht in B. / ist außer B.* **3 *den B. aufnehmen / einstellen*** die Arbeit beginnen / beenden **4** *Kollekt*; die Aktivitäten u. Arbeiten, die an e-r Stelle od. in e-r Institution ablaufen ⟨den B. aufhalten, lahm legen⟩: *Zu Weihnachten herrscht auf dem Bahnhof großer B.*; *Am Samstagabend war reger B. im Restaurant* || -K: ***Krankenhaus-, Schul-, Universitäts-*** || ► ***Inbetriebnahme***

be·trieb·sam *Adj*; immer mit etw. beschäftigt ≈ geschäftig, rührig: *b. hin u. her eilen* || *hierzu* **Be·trieb·sam·keit** *die*; *nur Sg*

Be·triebs·an·lei·tung *die*; e-e Broschüre od. ein Heft, die erklären, wie man e-e (*mst* relativ große u. komplizierte) Maschine bedient

be·triebs·be·reit *Adj*; *mst* ***etw. ist b.*** ein Gerät od. e-e Maschine ist bereit, in Betrieb[2] genommen zu werden

be·triebs·blind *Adj*; *pej*; ***b.*** (***gegenüber etw.***) (aus Gewohnheit *o.Ä.*) nicht mehr in der Lage, Fehler od. Mängel im eigenen (Arbeits)Bereich zu erkennen || *hierzu* **Be·triebs·blind·heit** *die*; *nur Sg*

be·triebs·ei·gen *Adj*; *nicht adv*; e-m Betrieb[1] (1) gehörend: *ein betriebseigenes Erholungsheim*

be·triebs·fremd *Adj*; *nicht adv*, *Admin geschr*; nicht zum Betrieb[1] (1) gehörend: *Betriebsfremden Personen ist der Zutritt verboten!*

be·triebs·in·tern *Adj*; *Admin geschr*; ⟨e-e Regelung⟩ so, dass sie nur den Betrieb selbst od. die Angehörigen des Betriebs betrifft: *etw. b.* (= *innerhalb des Betriebs*) *regeln*

Be·triebs·kli·ma *das* ≈ Arbeitsklima

Be·triebs·rat *der*; **1** ein Gremium, das von den Arbeitnehmern e-s Betriebs alle vier Jahre neu gewählt wird u. die Aufgabe hat, die Interessen der Arbeitnehmer gegenüber dem Arbeitgeber zu vertreten: *Der B. besteht in großen Unternehmen aus bis zu 31 Mitgliedern* || K-: ***Betriebsrats-, -mitglied, -sitzung, -vorsitzende*(*r*), *-wahlen*** **2** ein Mitglied e-s Betriebsrats (1)

Be·triebs·ren·te *die*; die Rente, die ein Betrieb[1] (1) e-m Angestellten zahlt (zusätzlich zur gesetzlichen Rente)

be·triebs·si·cher *Adj*; *Tech*; gegen Störungen im Betrieb[2] (1) gesichert ⟨e-e Anlage, e-e Maschine⟩ || *hierzu* **Be·triebs·si·cher·heit** *die*; *nur Sg*

Be·triebs·sys·tem *das*; *EDV*; ein Programm, das ein Computer braucht, um überhaupt arbeiten u. andere Programme bearbeiten zu können

Be·triebs·wirt *der*; j-d, der Betriebswirtschaft studiert hat

Be·triebs·wirt·schaft *die*; die Wissenschaft, die sich mit der Organisation u. Führung von Betrieben[1] (1) unter ökonomischen Aspekten beschäftigt; *Abk* BWL || K-: ***Betriebswirtschafts-, -lehre***

Be·triebs·wirt·schaft·ler *der*; *gespr*; j-d, der Betriebswirtschaft lehrt od. studiert

be·trin·ken, sich; *betrank sich, hat sich betrunken*; [Vr] ***sich b.*** von e-m alkoholischen Getränk so viel trinken, dass man sich nicht mehr unter Kontrolle hat ⟨sich sinnlos, aus Kummer b.⟩

be·trof·fen 1 *Partizip Perfekt*; ↑ ***betreffen*** **2** *Adj*; (***von etw.***) ***b.*** bei e-m Unglück in Mitleidenschaft gezogen, bei e-m Unwetter geschädigt *o.Ä.* ↔ verschont: *die vom Hochwasser betroffenen Gebiete* **3** *Adj*; ***b.*** (***über etw.*** (*Akk*)) durch etw. Schlimmes od. Trauriges emotional sehr bewegt ≈ bestürzt || *zu* **3 Be·trof·fen·heit** *die*; *nur Sg*

be·trü·ben; *betrübte, hat betrübt*; [Vt] ***etw. betrübt j-n*** *geschr veraltend*; etw. macht j-n traurig

be·trüb·lich *Adj*; ⟨e-e Situation, ein Vorfall, Verhältnisse⟩ so beschaffen, dass sie traurig machen

be·trübt *Adj*; *geschr* ≈ traurig ⟨Menschen; b. aussehen⟩ || *hierzu* **Be·trübt·heit** *die*; *nur Sg*

Be·trug *der*; *-(e)s*; *nur Sg*; **1** e-e Handlung, mit der man j-n betrügt (1) ⟨e-n schweren B. begehen, verüben; etw. durch B. (an j-m) erlangen⟩ || -K: ***Versicherungs-*** **2** ***ein frommer B.*** das Verschweigen von etw. Unangenehmem j-m gegenüber, um diesem zu helfen

be·trü·gen; *betrog, hat betrogen*; [Vt] **1** ***j-n*** (***um etw.***) ***b.*** j-n bewusst täuschen, *mst* um damit Geld zu bekommen: *j-n beim Kauf e-s Gebrauchtwagens b.*; *Er wurde um seinen Lohn betrogen* **2** ***j-n*** (***mit j-m***) ***b.*** außerhalb der Ehe (od. e-r Zweierbeziehung) sexuelle Kontakte haben; [Vr] **3** ***sich*** (***selbst***) ***b.*** sich selbst etw. glauben machen wollen, was nicht der Wirklichkeit entspricht, u. sich dadurch selbst schaden: *Du betrügst dich selbst, wenn du von deiner neuen Arbeit zu viel erwartest* || *zu* **1 be·trü·ge·risch** *Adj*; **Be·trü·ger** *der*; *-s, -*; **Be·trü·ge·rin** *die*; *-, -nen* || *zu* ***Betrügerei*** ↑ ***-ei***

be·trun·ken *Adj*; in dem Zustand, in dem man sich befindet, wenn man zu viel Alkohol getrunken hat ↔ nüchtern ⟨leicht, völlig b.⟩ || *hierzu* **Be·trun·ke·ne** *der / die*; *-n, -n* || ▸ ***betrinken***, ***Trunkenheit***

Bett *das*; *-(e)s, -en*; **1** das Möbelstück, in dem man schläft ⟨im B. liegen; ins / zu B. gehen, sich ins B. legen; die Kinder ins B. bringen, schicken⟩ || K-: ***Bett-, -couch, -decke, -gestell, -kante, -laken, -rand*** || -K: ***Doppel-, Ehe-, Holz-, Kinder-*** **2** *Kollekt*; die Decken u. Kissen auf e-m B. (1) ≈ Bettzeug ⟨das B. beziehen⟩ || K-: ***Bett-, -bezug, -federn, -überzug, -wäsche*** || -K: ***Feder-*** **3** ***das B. machen*** das B. (2) nach dem Schlafen in Ordnung bringen **4** *Kurzw* ↑ ***Flussbett*** || ID ***ans B. gefesselt sein***; ***das B. hüten müssen*** wegen e-r Krankheit im B. bleiben müssen; ***sich ins gemachte B. legen*** etw., das andere durch Arbeit geschaffen haben, übernehmen, ohne selbst etw. leisten zu müssen; ***mit j-m ins B. gehen / steigen*** *gespr*; mit j-m Sex haben || *zu* **3 Bet·ten·ma·chen** *das*; *-s*; *nur Sg*

bet·tel·arm *Adj*; *ohne Steigerung*; sehr arm

bet·teln; *bettelte, hat gebettelt*; [Vi] **1** (***um etw.***) ***b.*** j-n dauernd u. intensiv um etw. bitten: *Das Kind bettelte so lange, bis die Mutter ihm ein Eis kaufte* **2** (***um etw.***) ***b.*** j-n um Geld (od. andere Dinge) bitten, weil man arm ist ⟨um Almosen, Brot b. (gehen)⟩

Bet·tel·stab *der*; *geschr, nur in* **1** ***j-n an den B. bringen*** j-n finanziell ruinieren **2** ***an den B. kommen*** sehr arm werden

bet·ten; *bettete, hat gebettet*; [Vt] **1** ***j-n / etw. irgendwohin b.*** *geschr veraltend*; j-n sorgfältig auf ein Bett *o.Ä.* legen: *den Verletzten auf das Sofa b.*; *den Kopf auf ein Kissen b.* **2** ***j-n zur letzten Ruhe b.*** *geschr*; j-n begraben || ID ***Wie man sich bettet, so liegt man*** es hängt von jedem Einzelnen ab, was für ein Leben er führt

Bett·ge·schich·te *die*; *pej*; **1** e-e sexuelle Beziehung zu j-m **2** e-e Geschichte in e-r Zeitschrift *o.Ä.* über e-e B. (1)

Bett·hup·ferl *das*; *-s, -*; *bes südd gespr*; e-e kleine Süßigkeit, die ein Kind bekommt, bevor es schlafen geht

bett·lä·ge·rig *Adj*; *nicht adv*; so krank, dass man (*mst* lange Zeit) im Bett liegen muss

Bett·ler *der*; *-s, -*; j-d, der bettelt (2) || *hierzu* **Bett·le·rin** *die*; *-, -nen*

Bett·näs·ser *der*; *-s, -*; j-d (*bes* ein Kind), der ohne Absicht sein Bett mit Urin nass macht, während er schläft || *hierzu* **Bett·näs·sen** *das*; *-s*; *nur Sg*

Bett·pfan·ne *die*; e-e flache Schüssel, die man unter j-n schiebt, der nicht aus dem Bett aufstehen kann, damit er Darm u. Blase entleeren kann

Bett·ru·he *die*; das Ruhen im Bett ⟨e-m Kranken (strengste) B. verordnen⟩

Bett·schwe·re *die*; *nur in* ***die nötige B. haben*** *gespr*; müde genug sein, um schlafen zu gehen

Bett·sze·ne *die*; e-e Szene *mst* in e-m Film, in der sexuelle Handlungen im Bett gezeigt werden

Bett·tuch *das*; ein großes, *mst* weißes Tuch, das man über die Matratze des Bettes legt u. auf dem man schläft ≈ (Bett)Laken

Bett·vor·le·ger *der*; *-s, -*; e-e Art kleiner Teppich neben dem Bett

Bett·zeug *das*; *gespr* ≈ Bett (2)

be·tucht *Adj*; *nicht adv*, *gespr*; mit viel Geld u. Vermögen ≈ reich

be·tu·lich *Adj*; ein bisschen ungeschickt (u. *mst* langsam), aber freundlich um j-n / etw. bemüht ⟨e-e betuliche Art haben⟩ || hierzu **Be·tu·lich·keit** *die*; *nur Sg*

Beu·ge·haft *die*; *Jur*; die (vorläufige) Haft, durch die versucht wird, j-n z.B. zu e-r Aussage od. zu e-m Eid zu bringen ⟨j-n in B. nehmen⟩

beu·gen[1]; *beugte, hat gebeugt*; [Vt] **1** ***etw. b.*** e-n Körperteil aus seiner normalen Haltung nach unten, nach hinten od. zur Seite bewegen ↔ strecken ⟨den Arm, die Knie, den Kopf, den Nacken, den Rücken b.⟩; [Vr] **2** ***sich irgendwohin b.*** im Stand den Oberkörper in e-e bestimmte Richtung bewegen ↔ sich aufrichten ⟨sich nach vorn, aus dem Fenster, über ein Kind b.⟩ **3** ***sich j-m / etw. b.*** *geschr*; j-m / etw. (oft nach längerem Widerstand) nachgeben ⟨sich dem Druck der Öffentlichkeit b.⟩ || NB: ↑ ***Recht*** || *zu* **1 Beu·gung** *die*

beu·gen[2]; *beugte, hat gebeugt*; [Vt] ***etw. b.*** *Ling*; ein Wort in diejenige Form bringen, die es wegen der Satzstellung, des Tempus, des Numerus *usw* braucht ≈ flektieren ⟨ein Adjektiv, ein Substantiv, ein Verb b.⟩: *Das Verb „spielen" wird schwach gebeugt* || *hierzu* **Beu·gung** *die*; *nur Sg*

Beu·le *die*; *-, -n*; **1** e-e Stelle, an der die Haut *bes* nach e-m Stoß od. Schlag geschwollen ist: *Nach seinem Sturz hatte er e-e dicke B. an der Stirn* **2** e-e Stelle, an der ein Gegenstand durch e-n Stoß e-e andere Form bekommen hat: *Das Auto hat bei dem Unfall nur e-e kleine B. bekommen*

be·un·ru·hi·gen; *beunruhigte, hat beunruhigt*; [Vt] ***j-n b.*** j-n unruhig od. besorgt (2) machen || *hierzu* **Be·un·ru·hi·gung** *die*

be·ur·kun·den; *beurkundete, hat beurkundet*; [Vt] (***j-m***) ***etw. b.*** durch ein Dokument amtlich bestätigen, dass etw. geschehen ist od. dass etw. wahr od. echt ist ⟨die Geburt, e-n Todesfall b.; etw. notariell b.⟩ || *hierzu* **Be·ur·kun·dung** *die* || ▸ ***Urkunde***

be·ur·lau·ben; *beurlaubte, hat beurlaubt*; [Vt] **1** ***j-n b.*** j-m Urlaub geben **2** ***j-n b.*** j-n (*mst* wegen e-s Vergehens) e-e Zeit lang vom Dienst suspendieren || *hierzu* **Be·ur·lau·bung** *die*

be·ur·tei·len; *beurteilte, hat beurteilt*; [Vt] ***j-n / etw.*** (***irgendwie / nach etw.***) ***b.*** sich e-e Meinung darüber bilden (u. diese äußern), wie j-d / etw. ist ≈ bewerten (1) ⟨j-n / etw. falsch, richtig b.; etw. ist schwer zu b.⟩: *j-n nach seinen Leistungen b.*; *Der Lehrer beurteilte ihren Aufsatz als gut*; *Kannst du b.*, ob *das stimmt?*; *Man sollte Leute nicht* danach *b.*, wie *sie aussehen* || ▸ ***Urteil***

Be·ur·tei·lung *die*; *-, -en*; **1** das Beurteilen e-r Person od. e-r Leistung **2** *bes* ein schriftlicher Text (*z.B.* ein Gutachten od. ein Zeugnis), in dem j-d beurteilt wird ⟨e-e dienstliche B.; e-e B. schreiben⟩

Beu·te *die*; *-*; *nur Sg*; **1** etw., das j-d zu Unrecht (oft mit Gewalt) an sich nimmt ⟨j-m zur B. fallen⟩: *Die*

Diebe teilen sich die B. || K-: ***Beute-, -stück*** || -K: ***Diebes-, Kriegs-*** **2** ein Tier, das von Menschen / anderen Tieren als Nahrung gefangen wird: *Der Adler hielt seine B. in den Krallen* || K-: ***Beute-, -fang, -tier*** **3** *geschr*; das Opfer von j-s Handeln od. e-s Ereignisses ⟨j-s B. sein, werden⟩: *Das Schiff wurde e-e B. des Orkans* || ID ***fette, reiche B. machen*** (*bes* auf illegale Weise) viel in seinen Besitz (1) bringen

Beu·tel *der*; *-s, -*; **1** ein relativ kleiner Behälter in der Form e-s Sackes (*bes* aus Stoff, Leder od. Plastik): *seinen Tabak im B. aufbewahren*; *Fleisch in e-m Beutel einfrieren* || -K: ***Geld-, Leder-, Müll-, Plastik-, Tabak(s)-*** **2** (bei bestimmten Tieren) e-e tiefe Hautfalte in der Form e-s Sackes, in der das Junge transportiert wird: *Das Junge des Kängurus sitzt im B. seiner Mutter* || K-: ***Beutel-, -tier*** || ID ***j-s B. ist leer*** *gespr*; j-d hat kein Geld (mehr); ***(tief) in den B. greifen müssen*** *gespr*; viel Geld zahlen müssen; ***etw. reißt ein Loch in j-s B.*** *gespr*; etw. belastet j-n finanziell sehr stark

beu·teln; *beutelte, hat gebeutelt*; Vt *mst in* ⟨vom Leben (arg / hart)⟩ ***gebeutelt werden*** *gespr*; große Probleme u. Schwierigkeiten haben

be·völ·kern; *bevölkerte, hat bevölkert*; Vt **1** ⟨Menschen, Tiere⟩ ***bevölkern etw.*** Menschen / Tiere leben irgendwo od. ziehen in e-r größeren Gruppe in ein Gebiet, um dort zu leben ≈ Menschen bewohnen, besiedeln etw. ⟨Menschen bevölkern ein Land⟩ **2** ⟨Menschen, Tiere⟩ ***bevölkern etw.*** Menschen / Tiere sind in großer Zahl irgendwo: *Viele Touristen bevölkern die Straßen u. Plätze von Paris*

Be·völ·ke·rung *die*; *-, -en*; *Kollekt*; die (Zahl der) Personen, die in e-m bestimmten Gebiet wohnen ⟨die einheimische, ländliche, weibliche B.; die B. e-r Stadt, e-s Landes⟩: *Die B. nimmt ständig zu* || K-: ***Bevölkerungs-, -abnahme, -wachstum, -zunahme***; ***-gruppe, -statistik, -zahl*** || -K: ***Land-, Stadt-, Welt-***

Be·völ·ke·rungs|dich·te *die*; die Anzahl von Menschen, die auf e-r bestimmten Fläche wohnen ⟨e-e hohe, geringe B.⟩: *Die B. in Indien steigt ständig*

Be·völ·ke·rungs|ex·plo·si·on *die*; e-e sehr schnelle Zunahme der Bevölkerung der Erde od. e-s Landes: *die B. in China u. in Indien*

be·voll·mäch·ti·gen; *bevollmächtigte, hat bevollmächtigt*; Vt ***j-n (zu etw.) b.*** j-m e-e Vollmacht geben: *Sie bevollmächtigte ihn* dazu, *ihre Post entgegenzunehmen* ≈ ermächtigen

Be·voll·mäch·tig·te *der / die*; *-n, -n*; j-d, der e-e Vollmacht für etw. hat || -K: ***Handlungs-*** || NB: *ein Bevollmächtigter*; *der Bevollmächtigte*; *den, dem, des Bevollmächtigten*

Be·voll·mäch·ti·gung *die*; *-, -en*; e-e mündliche od. schriftliche Aussage, die j-m das Recht gibt, etw. zu tun ≈ Vollmacht

be·vor *Konjunktion*; **1** verwendet, um auszudrücken, dass e-e Handlung zeitlich früher als e-e andere abläuft ↔ nachdem: *B. wir essen, musst du den Tisch decken*; *Kurz b. er starb, änderte er das Testament* **2** ***b. nicht*** verwendet, um im Nebensatz die Bedingung anzugeben, unter der die Handlung des Hauptsatzes stattfinden kann ≈ wenn nicht zuvor: *B. du nicht genügend Geld verdienst, kannst du dir kein Auto kaufen* (= erst musst du genügend Geld verdienen, dann kannst du dir ein Auto kaufen)

be|vor·mun·den; *bevormundete, hat bevormundet*; Vt ***j-n b.*** *pej*; j-n nicht selbstständig handeln lassen: *Er ist schon 18 Jahre alt u. wird immer noch bevormundet* || *hierzu* **Be·vor·mun·dung** *die* || ► ***Vormund***

be·vor|ste·hen; *stand bevor, hat / südd* CH *ist bevorgestanden*; Vi ***etw. steht (j-m) bevor*** etw. wird bald geschehen: *die bevorstehenden Wahlen*; *Der schlimmste Teil der Prüfungen steht mir noch bevor*

be|vor·zu·gen; *bevorzugte, hat bevorzugt*; Vt **1** ***j-n (vor / gegenüber j-m) b.*** so handeln, dass j-d im Vergleich zu anderen Vorteile hat ↔ benachteiligen: *Unser Lehrer bevorzugt die Mädchen vor den Jungen* **2** ***j-n / etw. (vor j-m / etw.) b.*** j-n / etw. lieber mögen als j-d anderen / etw. anderes ≈ vorziehen: *Sie bevorzugt es, allein zu leben*; *Ich bevorzuge Taschenbücher* || *hierzu* **Be·vor·zu·gung** *die*; *mst Sg*

be·wa·chen; *bewachte, hat bewacht*; Vt **1** ***j-n b.*** aufpassen, dass j-d nicht wegläuft od. ausbricht ⟨e-n Gefangenen, e-n Verbrecher b.⟩ **2** ***etw. b.*** aufpassen, dass niemand ein Haus *o.Ä.* betritt, der kein Recht dazu hat ≈ hüten: *Der Wachhund bewacht das Haus* || *hierzu* **Be·wa·chung** *die*; **Be·wa·cher** *der*; *-s, -*; **Be·wa·che·rin** *die*; *-, -nen*

be·wach·sen *Adj*; ***(mit etw.) b.*** mit Pflanzen bedeckt ≈ zugewachsen ⟨ein Ufer, e-e Böschung⟩: *e-e mit Moos bewachsene Mauer* || -K: ***efeu-, schilf-***

be·waff·nen; *bewaffnete, hat bewaffnet*; Vt **1** ***j-n b.*** j-m Waffen geben, damit er kämpfen kann; Vr **2** ***sich b.*** sich e-e Waffe od. Waffen besorgen

be·waff·net **1** *Partizip Perfekt*; ↑ ***bewaffnen*** **2** *Adj*; ***irgendwie b.***; ***mit etw. b.*** mit Waffen der genannten Art ausgerüstet: *Schwer bewaffnete Truppen stürmten das Gebäude*; *Mit e-m Messer b. ging er auf mich los* **3** *Adj*; ***mit etw. b.*** *hum*; mit dem genannten Gegenstand ausgerüstet: *Mit Schnorchel u. Flossen b. ging ich zum Strand*

Be·waff·nung *die*; *-, -en*; **1** *nur Sg*; das Bewaffnen (1) **2** die Waffen od. die militärische Ausrüstung, die j-d zur Verfügung hat

be·wah·ren; *bewahrte, hat bewahrt*; Vt **1** ***etw. b.*** *mst* etw. Positives auch in e-r schwierigen Situation beibehalten ⟨die Beherrschung, die Fassung, seinen Gleichmut, seinen Humor, Ruhe b.⟩ **2** ***etw. b.*** etw. aufrechterhalten od. pflegen[2] (1) ⟨Bräuche, Traditionen b.; das Andenken an j-n b.⟩ **3** ***j-n / etw. vor j-m / etw. b.*** j-n / etw. vor e-r Gefahr od. Bedrohung schützen: *j-n vor e-r bösen Überraschung b.*; *den Wald vor dem Aussterben b.*; *Er hat mich* davor *bewahrt, e-e große Dummheit zu machen* **4** ***etw. b.*** ≈ aufbewahren || *hierzu* **Be·wah·rung** *die*; *nur Sg*

be·wäh·ren, sich; *bewährte sich, hat sich bewährt*; Vr ***j-d / etw. bewährt sich*** e-e Person / Sache zeigt nach längerer Erprobung od. Arbeit deutlich, dass sie für etw. gut geeignet ist ↔ versagen: *Er hat sich als Arzt bewährt*; *Dieses Medikament hat sich seit Jahren bestens bewährt*

be·wahr·hei·ten, sich; *bewahrheitete sich, hat sich bewahrheitet*; Vr ***etw. bewahrheitet sich*** etw. bisher Ungewisses zeigt sich als wahr ≈ etw. bestätigt sich ⟨e-e Befürchtung, e-e Voraussage⟩: *Ihre Vermutungen scheinen sich zu b.* || *hierzu* **Be·wahr·hei·tung** *die*; *nur Sg*

be·währt **1** *Partizip Perfekt*; ↑ ***bewähren*** **2** *Adj*; *nur attr, nicht adv*; seit relativ langer Zeit für etw. verwendet u. dafür gut geeignet ⟨ein Medikament, e-e Methode⟩ **3** *Adj*; *nur attr, nicht adv*; seit relativ langer Zeit irgendwo tätig u. dafür gut geeignet: *ein bewährter Journalist* || *hierzu* **Be·währt·heit** *die*; *nur Sg*

Be·wäh·rung *die*; *-, -en*; **1** der Beweis, dass man für etw. geeignet ist ↔ Versagen ⟨j-s B. auf e-m Posten, in e-m Amt⟩ || K-: ***Bewährungs-, -probe*** **2** *Jur*; e-e Zeitspanne, nach deren Ablauf ein Verurteilter nicht ins Gefängnis muss, wenn er keine neuen Straftaten begangen hat u. sich regelmäßig bei e-m Bewährungshelfer gemeldet hat ⟨e-e Strafe auf / zur B. aussetzen; B. bekommen⟩: *Das Gericht verurteilte ihn zu zwei Monaten Gefängnis auf / mit B.* || K-: **Bewährungs-, -frist, -strafe**

Be·wäh·rungs·hel·fer *der*; j-d, der (im Auftrag e-s Gerichts) j-n betreut, der auf Bewährung (2) verurteilt ist

be·wal·det *Adj*; *nicht adv*; mit e-m Wald bewachsen ⟨ein Hügel, e-e Fläche⟩

be·wäl·ti·gen; *bewältigte, hat bewältigt*; Vt **1 etw. b.** e-e schwierige Aufgabe mit Erfolg ausführen ≈ meistern ⟨e-e Arbeit, e-e Schwierigkeit mit Mühe, kaum, spielend b.⟩: *Der Läufer bewältigte die Marathonstrecke in zweieinhalb Stunden* **2 etw. b.** ein Problem geistig verarbeiten u. oft darüber nachdenken, bis es einem keinen Kummer mehr macht ≈ überwinden, mit etw. fertig werden: *ein furchtbares Erlebnis, die Vergangenheit, seine harte Jugend b.* || *hierzu* **Be·wäl·ti·gung** *die*; *mst Sg*

be·wan·dert *Adj*; *mst in* **in etw.** *(Dat)* **(gut, sehr) b. sein** sich in e-m bestimmten Fachgebiet (sehr) gut auskennen: *Sie ist in mittelalterlicher Geschichte sehr b.*

Be·wandt·nis *die*; *mst in* **mit j-m / etw. hat es e-e besondere B.** verwendet, um auszudrücken, dass j-d / etw. e-n besonderen Hintergrund hat

be·warb *Imperfekt, 1. u. 3. Person Sg*; ↑ **bewerben**

be·wäs·sern; *bewässerte, hat bewässert*; Vt **etw. b.** e-e relativ große Fläche, auf der Pflanzen wachsen, mit Wasser versorgen (*mst* mit e-m besonderen System): *Reisfelder b.*

Be·wäs·se·rung *die*; -, *-en*; das Bewässern || K-: **Bewässerungs-, -anlage**

be·we·gen[1]; *bewegte, hat bewegt*; Vt **1 etw. (irgendwohin) b.** bewirken, dass etw. an e-n anderen Ort od. in e-e andere Position kommt: *Nur zusammen konnten sie den schweren Schrank von der Stelle b.*; *Seit dem Unfall kann er das linke Bein nicht mehr b.* **2 etw. b.** bewirken, dass etw. nicht stillsteht, sondern fährt, sich dreht *o.Ä.*: *Der Luftzug bewegt die Vorhänge*; *Der Wasserstrom bewegt e-e Turbine*; *Wind u. Wellen bewegen das Schiff* **3 etw. bewegt j-n** etw. bewirkt, dass j-d intensiv od. voll von Sorge nachdenkt ⟨ein Gedanke, e-e Frage bewegt j-n⟩: *Dieses Problem bewegt die Wissenschaftler schon lange* **4 etw. bewegt j-n** etw. lässt in j-m Gefühle entstehen: *Der Film hat mich tief bewegt*; Vr **5 sich b.** seine Lage, Haltung *o.Ä.* ändern: *sich vor Schmerzen kaum b. können*; *Der Vogel bewegt sich nicht mehr. Er ist wohl tot*; *Die Fahne bewegte sich leicht im Wind* **6 sich (irgendwohin) b.** an e-n anderen Ort gehen od. fahren: *Der Wachsoldat bewegt sich stundenlang nicht von der Stelle*; *Die Fahrzeugkolonne bewegt sich langsam zum Flughafen* **7 etw. bewegt sich** etw. kommt auf e-m bestimmten Weg von e-m Ort zum anderen: *Die Erde bewegt sich um die Sonne*; *Der Zeiger der Uhr bewegt sich jede Minute* **8 sich b.** den Körper durch Sport, *bes* durch Laufen od. Wandern gesund halten ⟨sich im Freien, in der frischen Luft b.⟩: *Du musst dich mehr b., sonst wirst du zu dick!* **9 sich irgendwo b.** mit bestimmten Menschen Kontakt haben: *Sie bewegt sich gerne in Künstlerkreisen* || ID **(Jetzt) beweg dich!** *gespr*; mach schneller!

be·we·gen[2]; *bewog, hat bewogen*; Vt **1 j-n zu etw. b.** bewirken, dass j-d etw. tut ≈ j-n zu etw. veranlassen ⟨j-n zur Mitarbeit, Teilnahme an etw. b.⟩: *Was hat ihn wohl* dazu *bewogen, dich noch einmal anzurufen?*; *Er war nicht* (dazu) *zu b., auf sein Auto* zu *verzichten* **2 sich zu etw. b. lassen** sich nach einigem Zögern zu etw. bereit erklären ≈ sich zu etw. überreden lassen: *Die Entführer ließen sich* dazu *b., die Geisel freizulassen*

Be·weg·grund *der*; **der B. (für etw.)** das Motiv für e-e Handlung *o.Ä.* ⟨aus moralischen, niedrigen, tieferen Beweggründen handeln⟩

be·weg·lich *Adj*; **1** (von Teilen e-s Gegenstandes) so beschaffen, dass ihre Lage od. Richtung bei normalem Gebrauch geändert wird ↔ starr: *die beweglichen Teile des Motors kontrollieren*; *Die Puppe hat bewegliche Beine u. Arme* **2** (von Teilen e-s Gegenstands) so, dass man sie leicht bewegen[1] (1) kann: *die Schublade ist nur schwer b.* **3** ⟨Menschen, Tiere⟩ so gebaut od. trainiert, dass sie ihre Körperteile ohne viel Mühe in die gewünschte Position bringen können: *E-e Turnerin muss e-n sehr beweglichen Körper haben*; *Obwohl er etwas dick ist, ist er sehr b.* **4** *nur attr, nicht adv*; ⟨Besitz, Habe⟩ so beschaffen, dass man sie transportieren kann ↔ unbeweglich: *Maschinen zählen im Unterschied zu Gebäuden zu den beweglichen Gütern* **5** dazu fähig, gedanklich schnell zu reagieren ≈ flexibel ⟨ein Geist; (geistig) b. sein⟩ || *hierzu* **Be·weg·lich·keit** *die*; *nur Sg*

be·wegt 1 *Partizip Perfekt*; ↑ **bewegen**[1] **2** *Adj*; in e-m Zustand, in dem man starke Gefühle hat ≈ ergriffen ⟨mit bewegten Worten, bewegter Stimme Abschied nehmen; vor Freude, Angst b. sein; tief b.⟩ **3** *Adj*; voll von Ereignissen ⟨Zeiten; ein bewegtes Leben führen, hinter sich haben⟩ **4** *Adj*; mit hohen Wellen ⟨das Meer, die See⟩

Be·we·gung[1] *die*; -, *-en*; **1** das Bewegen[1] (1) e-s Körperteils ⟨e-e B. mit dem Arm machen; e-e weit ausladende, geschmeidige, heftige, ruckartige, unbeholfene, ungeschickte B.⟩ || -K: **Arm-, Hand-, Körper- 2** die Änderung der Position, Lage od. Stellung e-s Körpers ⟨e-e B. im Kreis⟩: *die B. des Zeigers e-r Uhr, e-s Planeten* || -K: **Aufwärts-, Rückwärts-, Vorwärts-**; **Kreis- 3** *nur Sg*; das Sichbewegen (8) (um gesund u. fit zu bleiben): *Der Arzt hat ihr viel B. empfohlen* || K-: **Bewegungs-, -armut, -drang, -therapie 4** *nur Sg*, *Phys*; die Ortsveränderung e-s Körpers in Bezug auf e-n anderen Körper od. auf die Umgebung ⟨etw. in B. bringen, setzen, halten; etw. setzt sich, gerät, kommt, ist, bleibt in B.⟩: *Der Zug setzte sich in B.* || K-: **Bewegungs-, -energie 5** *nur Sg*; e-e starke gefühlsmäßige Reaktion auf etw. Positives od. Negatives ⟨seine B. (nicht) verbergen, zeigen (können, wollen)⟩ ≈ Erregung: *Der Angeklagte nahm das Urteil ohne sichtbare B. auf* **6** e-e positive od. negative Entwicklung ⟨e-e rückläufige B.; etw. kommt, gerät in B.; etw. ist in B.⟩: *die Bewegungen des Dollarkurses* || ID **etw. kommt / gerät in B.** etw. beginnt sich zu ändern; **B. in etw.** *(Akk)* **bringen** bewirken, dass sich etw. zu ändern beginnt (das sich lange Zeit nicht verändert hat); **einiges in B. setzen** mit vielen Mitteln versuchen, sein Ziel (trotz Hindernissen) zu erreichen || *zu* **1 be·we·gungs·los** *Adj*

Be·we·gung[2] *die*; -, *-en*; **1** die Bestrebungen e-r Gruppe von Menschen, ein gemeinsames (*bes* politisches od. ideologisches) Ziel zu verwirklichen ⟨e-e religiöse, patriotische, revolutionäre B.⟩ **2** e-e Gruppe von Menschen, die für ein gemeinsames (*bes* politisches od. ideologisches) Ziel kämpft ⟨sich e-r B. anschließen⟩ || -K: **Friedens-, Menschenrechts-**; **Arbeiter-, Frauen-, Studenten-**

Be·we·gungs·frei·heit *die*; *nur Sg*; **1** das Recht od. die Möglichkeit, selbstständig zu handeln ⟨j-s B. einschränken; j-m viel B. lassen⟩ **2** der Raum, den man zur Verfügung hat, um *bes* seine Arme u. Beine zu bewegen: *Unser moderner Reisebus bietet Ihnen noch mehr B.*

be·weih·räu·chern; *beweihräucherte, hat beweihräuchert*; Vt **j-n / etw. / sich selbst b.** *pej*; j-n / etw. / sich selbst übertrieben loben ⟨j-s Werke, e-n Autor b.⟩ || *hierzu* **Be·weih·räu·che·rung** *die*

be·wei·nen; *beweinte, hat beweint*; [Vt] ***j-n / etw. b.*** wegen des Todes e-s Menschen od. wegen e-s Unglücks weinen u. traurig sein

Be·weis *der*; *-es, -e*; **1 *ein B.* (*für etw.*)** Tatsachen od. Argumente, die die Richtigkeit von etw. deutlich machen ⟨den B. für e-e Behauptung erbringen, liefern; ein schlüssiger, überzeugender B.⟩: *Der Anwalt legte Beweise für die Unschuld seines Mandanten vor*; *Der Angeklagte wurde aus Mangel an Beweisen freigesprochen* **2 *der B.*** (+ *Gen* / ***für etw.***) ein sichtbares Zeichen für e-e innere Haltung od. Fähigkeit: *Als B. seiner Liebe kaufte er ihr e-n teuren Brillantring* || -K: ***Ergebenheits-, Gunst-, Vertrauens-*** **3** *Math*; die Schlussfolgerungen, mit denen man *mst* e-n Lehrsatz beweist (3) **4 *ein schlagender / zwingender B.*** ein B. (1), der alle überzeugt **5 *den B.* (*für etw.*) *antreten* (*müssen*)** e-n B. (1) liefern (müssen), den andere erwarten **6 *etw. unter B. stellen*** etw. beweisen (2): *seine Hilfsbereitschaft unter B. stellen*

be·wei·sen; *bewies, hat bewiesen*; [Vt] **1 (*j-m*) *etw. b.*** j-m mithilfe *bes* von Tatsachen u. Argumenten die Richtigkeit e-r Behauptung, Vermutung *o.Ä.* zeigen ≈ nachweisen: *Es lässt sich nicht mehr b.*, ob *der Angeklagte zur Tatzeit angetrunken war*; *Ich werde dir noch b.*, dass *meine These richtig ist* **2 (*j-m*) *etw. b.*** j-m deutlich zeigen, dass man e-e bestimmte innere Haltung od. e-e bestimmte Fähigkeit hat ⟨seine Ausdauer, seine Hilfsbereitschaft, seine Klugheit, seinen Mut b.⟩: *durch die richtigen Worte sein Einfühlungsvermögen b.*; *Sein Verhalten beweist jedem*, dass *er sehr egoistisch ist* **3 *etw. b.*** *Math*; durch Schlussfolgerungen zeigen, dass e-e These od. ein Lehrsatz richtig ist: *Ein Axiom kann man nicht b.*

Be·weis·füh·rung *die*; der Aufbau der Argumentation bei e-m Beweis (1) ⟨e-e lückenlose, überzeugende B.⟩

Be·weis·ket·te *die*; e-e geordnete, logische Folge von Argumenten u. Fakten bei e-m Beweis (1) ⟨e-e lückenlose B.⟩

Be·weis·ma·te·ri·al *das*; *nur Sg*, *Jur*; das Material, das dazu dient, die Schuld od. Unschuld e-s Beschuldigten zu beweisen (1)

Be·weis·mit·tel *das*; *Jur*; etw., das hilft, j-s Schuld od. Unschuld zu beweisen (1) ⟨etw. als B. zulassen⟩

Be·weis·not *die*; *nur Sg*; die (schwierige) Situation, in der man (*bes* vor Gericht) etw. nicht beweisen (1) kann ⟨in B. geraten⟩

Be·weis·stück *das*; ein Gegenstand, mit dem man etw. beweisen (1) kann

be·wen·den *nur in* ***es bei / mit etw. b. lassen*** etw. nicht bis zur letzten Konsequenz verfolgen: *Der Angeklagte konnte froh sein, dass es das Gericht bei / mit e-r Geldstrafe b. ließ u. ihn nicht zu e-r Haftstrafe verurteilte*

be·wer·ben, sich; *bewirbt sich, bewarb sich, hat sich beworben*; [Vr] **1 *sich* (*irgendwo*) (*um etw.*) *b.*** durch ein Schreiben u. / od. ein Gespräch versuchen, e-e Arbeitsstelle zu bekommen: *Er bewirbt sich bei e-r Computerfirma* (*um e-e Anstellung als Programmierer*); *Hiermit bewerbe ich mich um e-n Ausbildungsplatz zum Industriekaufmann* **2 *sich* (*um etw.*) *b.*** sich für ein Amt zur Wahl stellen ≈ für etw. kandidieren: *Kandidaten aus allen Parteien bewerben sich um das Amt des Präsidenten* **3 *sich* (*um etw.*) *b.*** sich bemühen, etw. zu bekommen, was andere auch wollen ⟨sich um e-n Studienplatz b.⟩: *Fünf Firmen bewerben sich um den Auftrag* || *hierzu* **Be·wer·ber** *der*; *-s, -*; **Be·wer·be·rin** *die*; *-, -nen*

Be·wer·bung *die*; *-, -en*; **1 *e-e B.* (*um etw.*)** der Vorgang, bei dem man sich um etw. bewirbt: *die B. um e-e Stelle, um e-n Ausbildungsplatz, um e-n Studienplatz*; *die B. bei e-r Firma* **2 *e-e B.* (*um etw.*)** das Schreiben, mit dem sich j-d um e-e Stelle bewirbt (1,3) ⟨seine B. abfassen, einreichen⟩: *Auf die Ausschreibung der Stelle gingen mehr als 100 Bewerbungen ein* || K-: ***Bewerbungs-, -formular, -schreiben, -unterlagen***

be·wer·fen; *bewirft, bewarf, hat beworfen*; [Vt] ***j-n / etw. mit etw. b.*** etw. auf j-n / etw. werfen

be·werk·stel·li·gen; *bewerkstelligte, hat bewerkstelligt*; [Vt] ***etw. b.*** etw. Schwieriges mit Geschick u. oft auch mit Tricks erfolgreich erreichen: *Wie hat er* es *nur wieder bewerkstelligt, so schnell e-e Genehmigung* zu *bekommen?* || *hierzu* **Be·werk·stel·li·gung** *die*; *nur Sg*

be·wer·ten; *bewertete, hat bewertet*; [Vt] **1 *j-n / etw. b.*** (ausgehend von e-m Maßstab, e-r Skala *o.Ä.*) beurteilen, wie gut od. schlecht j-s Leistung, Verhalten *usw* ist ≈ benoten ⟨etw. gerecht, positiv, zu hoch b.⟩: *Der Lehrer bewertete das Referat mit e-r guten Note* **2 *etw. als etw. b.*** *geschr*; etw. als etw. betrachten (2): *Die Opposition bewertete die Ausführungen des Ministers als geschickten Versuch, die Regierungskrise zu vertuschen* **3 *etw. mit etw. b.*** *Ökon*; den Wert e-r Sache feststellen: *j-s Besitz mit e-r Million Dollar b.*

Be·wer·tung *die*; *-, -en*; **1** *nur Sg*; das Bewerten (1) ⟨die B. e-r Leistung⟩ || K-: ***Bewertungs-, -maßstab, -richtlinien, -skala*** **2** Worte, Noten od. Punkte, die j-s Leistung bewerten (1): *Der Schüler ist mit der B. seines Aufsatzes nicht zufrieden* **3** *nur Sg*, *Ökon*; das Bewerten (3) ⟨die B. des Besitzes⟩

be·wies *Imperfekt, 1. u. 3. Person Sg*; ↑ **beweisen**

be·wil·li·gen; *bewilligte, hat bewilligt*; [Vt] **(*j-m / etw.*) *etw. b.*** *Admin geschr*; auf j-s Wunsch od. Antrag hin etw. erlauben od. gewähren ↔ ablehnen: *Der Stadtrat bewilligte seinen Antrag*; *Der Universität wurden mehr Gelder u. neue Stellen bewilligt* || *hierzu* **Be·wil·li·gung** *die*

be·wirbt *Präsens, 3. Person Sg*; ↑ **bewerben**

be·wir·ken; *bewirkte, hat bewirkt*; [Vt] ***etw. b.*** etw. als Ergebnis herbeiführen od. als Wirkung hervorrufen ≈ verursachen: *Durch sein schlechtes Benehmen bewirkte er genau das Gegenteil von dem, was er wollte*; *Wir wollen durch e-e Kampagne b.*, dass *die Bevölkerung auf die Probleme des Umweltschutzes aufmerksam wird* || *hierzu* **Be·wir·kung** *die*; *nur Sg*

be·wir·ten; *bewirtete, hat bewirtet*; [Vt] ***j-n* (*mit etw.*) *b.*** e-m Gast Essen u. Trinken geben: *j-n mit Würstchen u. Bier b.* || *hierzu* **Be·wir·tung** *die*; *mst Sg*

be·wirt·schaf·ten; *bewirtschaftete, hat bewirtschaftet*; [Vt] **1 *etw. b.*** (als Gastwirt) irgendwo Essen u. Trinken gegen Bezahlung servieren ⟨e-e Almhütte, ein Gasthaus b.⟩ **2 *etw. b.*** etw. landwirtschaftlich nutzen ⟨ein Feld, e-n Hof b.⟩ || *hierzu* **Be·wirt·schaf·tung** *die*; *mst Sg* || ► ***Wirtschaft*** (2)

be·wog *Imperfekt, 1. u. 3. Person Sg*; ↑ **bewegen**[2]

be·wo·gen *Partizip Perfekt*; ↑ **bewegen**[2]

be·woh·nen; *bewohnte, hat bewohnt*; [Vt] ***etw. b.*** in e-r Wohnung, in e-m Haus *usw* wohnen: *ein Reihenhaus b.* || *hierzu* **Be·woh·ner** *der*; *-s, -*; **Be·woh·ne·rin** *die*; *-, -nen*; **be·wohn·bar** *Adj*; *nicht adv*

be·wöl·ken, sich; *bewölkte sich, hat sich bewölkt*; [Vr] **1** *mst* ***der Himmel bewölkt sich*** der Himmel wird von Wolken bedeckt ↔ der Himmel heitert sich auf; [Vimp] **2 *es bewölkt sich*** der Himmel wird von Wolken bedeckt || *zu* **1 be·wölkt** *Adj*; *nicht adv*

Be·wöl·kung *die*; *-*; *nur Sg*; **1** *Kollekt*; die Wolken über e-m bestimmten Gebiet ⟨leichte, starke, aufgelockerte, wechselnde B.⟩: *am Samstag über Süddeutschland u. der Schweiz geschlossene B.*; *Nachmittags riss die B. auf* (= wurde es etwas sonniger) || K-: ***Bewölkungs-, -auflockerung, -rückgang,***

***-zunahme* 2** der Vorgang, bei dem sich der Himmel bewölkt

be·wọr·ben *Partizip Perfekt*; ↑ ***bewerben***

Be·wuchs [bə'vu:ks] *der*; *-es*; *nur Sg*, *Kollekt*; die Pflanzen, die an e-m bestimmten Ort wachsen ⟨dichter, spärlicher B.⟩: *der B. des Berges, der Böschung, des Ufers* || -K: ***Baum-, Gras-***

be·wụn·dern; *bewunderte, hat bewundert*; [Vt] **1** ***j-n b.***; (***an j-m***) ***etw. b.*** j-n / e-e bestimmte Eigenschaft *o.Ä.* von j-m sehr gut finden ⟨j-s Ausdauer, j-s Geschicklichkeit, j-s Mut b.⟩: *Ich bewundere sie wegen ihrer Geduld mit den drei Kindern*; *Sie bewundert an ihm*, dass *er so natürlich ist* **2** ***etw. b.*** etw. anschauen, das einem wegen seiner Schönheit od. seines Wertes sehr gut gefällt: *die griechischen Vasen im Museum b.*; *ein Gemälde von Rembrandt b.* || *hierzu* **Be·wụn·de·rer** *der*; *-s*, *-*; **Be·wụn·de·rin** *die*; *-*, *-nen*

be·wụn·derns·wert *Adj*; ⟨e-e Person, e-e Leistung *o.Ä.*⟩ so, dass man sie bewundern kann od. soll: *Seine Geduld ist b.*

Be·wụn·de·rung *die*; *-*; *nur Sg*; ein Gefühl der großen Anerkennung für j-n / etw. ⟨j-d / etw. erfüllt j-n mit B., erregt j-s B.; große B. für j-n / etw. haben; voller B. für j-n / etw.⟩

be·wụsst *Adj*; **1** *nur attr od adv*; so, dass man dabei die Konsequenzen voraussieht u. mit ihnen rechnet ≈ absichtlich ⟨e-e Tat, e-e Handlung; etw. b. tun⟩: *e-e b. falsche Anschuldigung* **2** in e-m Zustand, in dem man alles klar versteht: *Er war zu jung, um den Krieg b. zu erleben* **3** ***j-d ist sich*** (*Dat*) ***etw.*** (*Gen*) ***b.***; ***j-m ist etw. b.*** etw. ist j-m klar ⟨sich seiner / keiner Schuld b. sein⟩: *Ein Chirurg sollte sich seiner großen Verantwortung b. sein*; *Ich bin mir völlig* (*dessen*) *b.*, dass *dies ein Fehler war* **4** ***j-d wird sich*** (*Dat*) ***etw.*** (*Gen*) ***b.***; ***j-m wird etw. b.*** j-d erkennt etw. klar, das er vorher nicht gewusst hatte: *Er wurde sich seines egoistischen Verhaltens zu spät b.*; *Mir wurde b.*, wie *schädlich das Rauchen ist* **5** *nur attr, nicht adv*; von etw. fest überzeugt u. mit dem Wissen, welche Konsequenzen es hat: *ein bewusster Atheist / Katholik / Anhänger des Marxismus* **6** *nur attr, nicht adv*; verwendet, um sich auf e-e Person / Sache zu beziehen, die schon bekannt ist od. bereits erwähnt wurde ≈ besagt: *An jenem bewussten Tag geschah dann der Unfall*

> **be·wụsst ma·chen**; *machte bewusst, hat bewusst gemacht*; [Vt] ***j-m etw. b. m.*** j-m etw. klarmachen: *j-m b. m.*, dass *er durch seine Faulheit sich selbst schadet*

-be·wusst *im Adj, begrenzt produktiv*; drückt aus, dass das im ersten Wortteil Genannte als sehr wichtig anerkannt wird; ***gesundheitsbewusst, modebewusst, naturbewusst, umweltbewusst*** ⟨denken, handeln, leben⟩

be·wụsst·los *Adj*; *ohne Steigerung, nicht adv*; ohne Bewusstsein (1) ≈ ohnmächtig ⟨b. sein, werden, zusammenbrechen, zu Boden fallen; j-n b. schlagen (= so schlagen, dass er das Bewusstsein verliert)⟩ || *hierzu* **Be·wụsst·lo·se** *der / die*; *-n*, *-n*

Be·wụsst·lo·sig·keit *die*; *-*; *nur Sg*; **1** der Zustand, in dem man ohne Bewusstsein (1) ist ≈ Ohnmacht (1) ⟨in tiefer B. liegen; aus seiner B. erwachen⟩ **2** ***bis zur B.*** *gespr pej*; so lange, bis es wirklich zu viel ist: *bis zur B. arbeiten*; *j-n bis zur B. ärgern*

Be·wụsst·sein *das*; *-s*; *nur Sg*; **1** der Zustand, in dem j-d (physisch) dazu in der Lage ist, die eigene Existenz u. seine Umwelt normal wahrzunehmen ↔ Bewusstlosigkeit ⟨das B. verlieren, wiedererlangen; wieder zu B. kommen; bei / ohne B. sein⟩: *e-n Verletzten durch künstliche Beatmung wieder zu B. bringen*; *e-e Operation bei vollem B. erleben* **2** der Zustand, in dem man sich e-r Sache bewusst (3) ist u. entsprechend handelt: *Im vollen B. seiner großen Verantwortung übernahm er die Leitung des Projekts*; *den Menschen die Folgen des Waldsterbens ins B. bringen* || -K: ***Pflicht-, Schuld-, Verantwortungs-*** **3** *Kollekt*; die Ansichten u. Überzeugungen e-s Menschen (*bes* im intellektuellen u. ideologischen Bereich) ⟨politisches, nationales, geschichtliches, religiöses, ästhetisches B.⟩ || K-: ***Bewusstseins-, -bildung*** || -K: ***Geschichts-, Klassen-, Standes-*** **4** *Psych*; die Fähigkeit, Vorgänge in seiner Umwelt durch den Verstand u. die Sinne aufzunehmen u. zu behalten || K-: ***Bewusstseins-, -erweiterung, -störung, -trübung, -veränderung***

be·zah·len; *bezahlte, hat bezahlt*; [Vt/i] **1** (***etw.***) ***b.*** für e-n Gegenstand, den man kauft, für e-e geleistete Arbeit *o.Ä.* das Geld zahlen ⟨etw. bar, mit Scheck b.⟩: *Er bezahlte das neue Auto in Raten* **2** (***etw.***) ***b.*** e-e Schuld mit der fälligen Summe Geld begleichen ⟨e-e Rechnung, seine Schulden, die Miete, die Zeche b.⟩; [Vt] **3** ***j-n*** (***für etw.***) ***b.*** j-m Geld zahlen für die Arbeit, die er leistet ≈ entlohnen: *e-n Handwerker b.*; *Er wird* dafür *bezahlt*, dass *er den Rasen mäht* **4** ***j-m etw. b.*** etw. für j-d anderen zahlen: *Sein reicher Onkel bezahlt ihm das Studium*; *Ich bezahle dir das Bier* **5** ***j-n*** (***für etw.***) ***b.*** j-m Geld geben, damit er etw. tut, wovon man sich e-n Vorteil erhofft ⟨e-n Agenten, e-n Killer b.; ein bezahlter Mörder⟩ || ID *mst* ***etw. ist nicht*** (***mehr***) ***zu b.*** die Kosten von etw. sind so hoch, dass man es nicht b. (1) kann

be·zahlt 1 *Partizip Perfekt*; ↑ ***bezahlen*** **2** *Adj*; *nicht adv*; ***irgendwie b.*** so, dass man dafür viel od. wenig Geld bekommt ⟨ein Job, e-e Stellung, e-e Arbeit ist gut, schlecht, ausgezeichnet b.⟩ **3** *Adj*; ***etw. macht sich b.*** etw. lohnt sich: *Es machte sich b.*, dass *er Spanisch lernte, bevor er nach Argentinien fuhr*

Be·zah·lung *die*; *-*, *-en*; *mst Sg*; **1** das Bezahlen ⟨die B. in Raten, der Ware, der Arbeit, des Studiums, der Rechnung⟩ **2** das Geld, das j-d *bes* für geleistete Arbeit bekommt: *j-m gute B. für e-n Job anbieten*

be·zäh·men; *bezähmte, hat bezähmt*; [Vt] **1** ***etw. b.*** seine *mst* heftigen Emotionen zurückhalten ≈ beherrschen, zügeln ⟨seine Neugier, seine Ungeduld b.⟩; [Vr] **2** ***sich b.*** ≈ b. (1): *Er konnte sich bei ihrem Anblick kaum b.* || *hierzu* **Be·zäh·mung** *die*; *nur Sg*

be·zau·bern; *bezauberte, hat bezaubert*; [Vt/i] (***j-n***) (***durch etw.***) ***b.*** durch sein Aussehen od. Handeln in j-m Zuneigung od. Bewunderung für sich hervorrufen ≈ entzücken: *Sie bezaubert alle Männer durch ihren Charme*; *e-e bezaubernde Frau*

be·zau·bernd 1 *Partizip Präsens*; ↑ ***bezaubern*** **2** *Adj*; sehr schön ⟨ein Abend, ein Kleid⟩

be·zeich·nen; *bezeichnete, hat bezeichnet*; [Vt] **1** ***j-n / etw.*** (***als etw.***) ***b.*** e-r Person / Sache das richtige, zutreffende Wort zuordnen: *Jemanden, der e-e Wohnung mietet, bezeichnet man als „Mieter"*; *Wie bezeichnet man im Deutschen die Stelle, an der sich zwei Straßen kreuzen?* **2** ***etw. bezeichnet etw.*** ein Wort hat e-e bestimmte Bedeutung ≈ etw. bedeutet etw.: *Das Wort „Bank" bezeichnet ein Möbelstück u. ein Geldinstitut* **3** ***etw.*** (***mit etw.***) ***b.*** etw. mit e-m Zeichen zeigen ≈ markieren, kennzeichnen: *die Betonung der Silbe mit e-m Akzent b.*; *den Verlauf des Weges mit Markierungen b.* **4** ***j-n / sich / etw. als etw. b.*** j-m / sich / etw. e-e bestimmte Eigenschaft zuordnen od. etw. nennen: *j-n als seinen Freund, Feind b.*; *j-n als* (*e-n*) *Idioten, intelligenten Menschen b.*; *j-n als freundlich, geizig b.*; *etw. als schön, teuer b.*

be·zeich·nend 1 *Partizip Präsens*; ↑ ***bezeichnen*** **2** *Adj*; *nicht adv*; ***b.*** (***für j-n / etw.***) ≈ typisch: *Dieser*

Fehler ist b. für seinen Leichtsinn || *hierzu* **be·zeich·nen·der·wei·se** *Adv*

Be·zeich·nung *die*; -, *-en*; **1** ***e-e B.*** (***für j-n / etw.***) ein Wort, das j-n / etw. bezeichnet (1) ≈ Name: *e-e Blume mit e-r deutschen u. e-r lateinischen B.* || -K: ***Pflanzen-, Tier-*** **2** *nur Sg*; das Bezeichnen (1) e-r Sache

be·zei·gen; *bezeigte, hat bezeigt*; [Vt] ***j-m etw. b.*** *geschr*; j-m etw. klar zeigen ≈ bekunden, erweisen ⟨j-m seinen Respekt b.⟩ || *hierzu* **Be·zei·gung** *die*; *mst Sg*

be·zeu·gen; *bezeugte, hat bezeugt*; [Vt] **1** ***etw. b.*** als Zeuge sagen, ob j-s Aussage richtig war ⟨j-s Alibi unter Eid b.; etw. vor Gericht / gerichtlich b.⟩: *Ich kann b.*, dass *sie den ganzen Abend zu Hause war* **2** ***etw. bezeugt etw.*** ein Text, ein Fund *o.Ä.* beweist etw.: *Der Standort des Klosters ist durch e-e Urkunde aus dem 11. Jahrhundert bezeugt* **3** ***j-m etw. b.*** *geschr*; j-m seine innere Einstellung deutlich machen / zum Ausdruck bringen ≈ erweisen ⟨j-m seine Hochachtung, seine Dankbarkeit, sein Beileid b.⟩ || *hierzu* **Be·zeu·gung** *die*

be·zich·ti·gen; *bezichtigte, hat bezichtigt*; [Vt] ***j-n etw.*** (*Gen*) ***b.*** *geschr*; behaupten, dass j-d etw. Schlechtes tut od. getan hat ≈ beschuldigen ⟨j-n e-r Lüge, e-s Verbrechens b.⟩: *Damals bezichtigten die Großmächte einander, den Rüstungswettlauf zu beschleunigen* || *hierzu* **Be·zich·ti·gung** *die*

be·zie·hen[1]; *bezog, hat bezogen*; [Vt] **1** ***etw.*** (***mit etw.***) ***b.*** um etw. *mst* e-n Stoff spannen u. befestigen ⟨Möbel (neu) b.⟩ **2** ***etw.*** (***mit etw.***) ***b.*** ein Kissen, e-e Decke od. e-e Matratze mit Bettwäsche umhüllen od. bedecken ⟨die Kopfkissen, das Bett frisch b.⟩ **3** ***etw. b.*** in ein Gebäude einziehen, um es in bestimmter Weise zu nutzen ↔ aus etw. ausziehen: *Ein Elektrounternehmen bezieht die leer stehende Schule* **4** ***etw. b.*** *Mil*; an e-n Ort gehen, von dem aus man etw. gut verteidigen / angreifen kann ⟨e-e Stellung, e-n Posten b.⟩ **5** *mst* ***e-n*** (***klaren***) ***Standpunkt b.*** / (***deutlich***) ***Stellung b.*** *geschr*; e-e feste Meinung einnehmen u. verteidigen || ► ***Bezug***[1]

be·zie·hen[2]; *bezog, hat bezogen*; [Vt] **1** ***etw.*** (***durch / über j-n, von j-m***) ***b.*** *geschr*; e-e Ware von e-m bestimmten Händler erhalten: *Die Ersatzteile sind nur durch / über den Fachhandel zu b.*; *Wir beziehen unser Heizöl seit Jahren von dieser Firma* **2** ***etw.*** (***von j-m / aus etw.***) ***b.*** von e-r Firma, e-m Amt *o.Ä.* regelmäßig Geld bekommen ⟨von e-r Firma Gehalt, Lohn b.; aus e-m Geschäft Einkünfte b.; Arbeitslosengeld, Sozialhilfe, e-e Rente, Wohngeld b.⟩ **3** ***etw.*** (***von j-m / aus etw.***) ***b.*** Informationen regelmäßig auf e-e bestimmte Art u. Weise bekommen: *sein Wissen von Bekannten, aus Büchern, aus Zeitschriften b.* || *zu* **1** u. **2** **Be·zie·her** *der*; *-s*, -; **Be·zie·he·rin** *die*; -, *-nen* || ► ***Bezug***[2]

be·zie·hen[3]; *bezog, hat bezogen*; [Vt] **1** ***etw. auf etw.*** (*Akk*) ***b.*** etw. in e-m bestimmten Zusammenhang od. unter e-m bestimmten Aspekt betrachten: *Man muss die Preise auf die Löhne b.*; *Bezogen auf seine Qualifikation u. Leistung ist seine Bezahlung schlecht* **2** ***etw. auf 'sich*** (*Akk*) ***b.*** glauben, dass man Gegenstand od. Ziel e-r Äußerung od. e-r Handlung ist ⟨e-e Geste, ein Handzeichen auf sich b.; alles auf sich b.⟩: *Er hat die Kritik auf sich bezogen u. ist beleidigt*; [Vr] **3** ***etw. bezieht sich auf etw.*** (*Akk*) etw. hängt mit etw. (in bestimmter Weise) zusammen: *Dein Beispiel bezieht sich nicht auf dein Argument* **4** ***sich auf etw.*** (*Akk*) ***b.*** auf etw. in e-r Äußerung hinweisen: *Sie bezog sich auf unser Gespräch von gestern Abend* **5** ***sich auf j-n / etw. b.*** j-n / etw. als Quelle der eigenen Information u. / od. als Autorität nennen ≈ sich auf j-n / etw. berufen: *sich auf e-n Artikel in der Zeitung b.*; *In seinem Referat bezog er sich auf die Aussagen berühmter Wissenschaftler* || ► ***Bezug***[3]

Be·zie·hung *die*; -, *-en*; **1** ***e-e B.*** (***zwischen etw.*** (*Dat*) ***u. etw.*** (*Dat*)) ein bestimmter, oft ursächlicher Zusammenhang zwischen zwei od. mehreren Phänomenen ⟨etw. steht in B. zu etw.; etw. mit etw. in B. bringen; etw. zu etw. in B. setzen⟩: *die B. zwischen Wohlstand u. der Geburtenzahl untersuchen*; *die Wahlbeteiligung mit dem Wetter in B. setzen*; *Sein Selbstmord steht sicher in B. zu seiner langen Krankheit* **2** *mst Pl*; ***Beziehungen*** (***mit / zu j-m / etw.***) bestimmte Verbindungen zwischen Personen, Gruppen, Institutionen od. Staaten ⟨verwandtschaftliche, freundschaftliche, wirtschaftliche Beziehungen; mit / zu j-m Beziehungen aufnehmen, knüpfen, unterhalten; mit / zu j-m in B. treten; die Beziehungen (zu j-m) abbrechen⟩: *die diplomatischen Beziehungen zu e-m Staat abbrechen*; *Die besseren internationalen Beziehungen ermöglichen Fortschritte bei der Abrüstung* || -K: ***Geschäfts-, Verwandtschafts-, Wirtschafts-*** **3** *nur Pl*; ***Beziehungen*** (***zu j-m***) Kontakte zu j-m, die von Vorteil sind: *Er bekam e-n Ferienjob, weil er gute Beziehungen zum Chef der Firma hat* **4** *mst Sg*; ***e-e B.*** (***zu j-m / etw.***) e-e *mst* positive innere Haltung gegenüber j-m / etw.: *Zur abstrakten Kunst habe / finde ich keine* (*rechte*) *B.* **5** ***e-e B.*** (***mit / zu j-m***) *mst* sexuelle Kontakte zu j-m ⟨e-e intime, sexuelle B. mit / zu j-m haben / unterhalten⟩ || -K: ***Zweier-, Dreiecks-*** **6** der Aspekt, unter dem man etw. betrachtet ≈ Hinsicht: *In gewisser B. hast du Recht* **7** ***mit B. auf j-n / etw.*** indem man sich auf j-n / etw. bezieht: *Mit B. auf die Situation der Firma sagte der Leiter, dass er niemanden zusätzlich einstellen könne* || ID ***seine Beziehungen spielen lassen*** *iron*; sich durch seine Beziehungen (3) e-n Vorteil verschaffen

Be·zie·hungs·kis·te *die*; *gespr*; verwendet als Bezeichnung für ein (oft problematisches od. kompliziertes) (Liebes)Verhältnis zwischen zwei Menschen

be·zie·hungs·los *Adj*; ohne erkennbaren inneren Zusammenhang: *Fotos u. Text stehen in dieser Zeitschrift oft b. nebeneinander*

be·zie·hungs·wei·se *Konjunktion*; **1** drückt aus, dass auf etw. zwei verschiedene Aussagen zutreffen (wobei keine genaueren Angaben dazu gemacht werden); *Abk* bzw.: *Die Kandidaten kommen aus München bzw. Köln* (= einige kommen aus München, einige aus Köln); *Meine alten Schallplatten habe ich verkauft bzw. verschenkt* (= ich habe manche verkauft u. manche verschenkt) **2** verwendet, um e-e Aussage zu präzisieren; *Abk* bzw. ≈ genauer gesagt: *Großbritannien bzw. Schottland verfügt über große Ölreserven in der Nordsee* **3** verwendet, um e-e Alternative anzugeben; *Abk* bzw. ≈ oder (aber): *Ich könnte Sie heute bzw. morgen besuchen*

be·zif·fern; *bezifferte, hat beziffert*; [Vt] ***etw. auf etw.*** (*Akk*) ***b.*** *geschr*; etw. berechnen od. schätzen u. in Zahlen angeben: *Der Schaden wird auf zwei Millionen Euro beziffert* || NB: *mst* im Passiv || *hierzu* **Be·zif·fe·rung** *die*; *nur Sg* || ► ***Ziffer***

Be·zirk *der*; *-(e)s, -e*; **1** ein Gebiet, das für e-n bestimmten Zweck od. durch ein bestimmtes Merkmal abgegrenzt ist ≈ Gegend ⟨ein ländlicher, städtischer B.; ein Gebiet in Bezirke aufteilen / unterteilen⟩: *die Kunden e-s Bezirks betreuen* || K-: ***Bezirks-, -grenze, -krankenhaus, -liga*** || -K: ***Polizei-, Stadt-, Verwaltungs-*** **2** ein Gebiet mit seinen Behörden innerhalb einiger Bundesländer ≈ Regierungsbezirk: *Bayern ist in sieben Bezirke unterteilt* || K-: ***Bezirks-, -regierung*** **3** (CH) ein Gebiet mit

seinen Behörden innerhalb e-s Bundeslandes bzw. Kantons
Be·zirks·tag *der*; das Parlament e-s Bezirks (2)
be·zir·zen [bəˈtsɪrtsn̩]; *bezirzte, hat bezirzt*; Vt ***j-n b.*** (von Frauen) sich so verhalten, dass ein Mann sich in einen verliebt ≈ betören: *sich von e-r hübschen jungen Frau b. lassen*
-be·zo·gen *im Adj, begrenzt produktiv*; drückt aus, dass sich etw. nach dem im ersten Wortteil Genannten richtet od. daran orientiert; ***praxisbezogen*** ⟨ein Unterricht, ein Lehrbuch⟩, ***sachbezogen*** ⟨e-e Überlegung⟩, ***textbezogen*** ⟨e-e Analyse, e-e Betrachtungsweise⟩, ***zukunftsbezogen*** ⟨e-e Planung⟩
Be·zug[1] *der*; **1** der Stoff, mit dem man ein Möbelstück bezieht[1] (1) ≈ Überzug || -K: ***Leder-, Stoff-*** **2** ein Tuch od. Laken, mit dem man ein Kissen, e-e Decke od. e-e Matratze bezieht[1] (2) || -K: ***Bett-, Kissen-***
Be·zug[2] *der*; **1** *nur Sg*; das Beziehen[2] (1) e-r Ware: *der regelmäßige B. e-r Zeitung* || K-: ***Bezugs-, -bedingungen, -preis, -quelle*** **2** *nur Sg*; das Beziehen[2] (2) von Geld ⟨zum B. e-r Rente, von Arbeitslosengeld, Kindergeld berechtigt sein⟩ || K-: ***bezugs-, -berechtigt*** **3** *nur Pl, auch Sg*; das Gehalt, das Einkommen, die Rente *o.Ä.*: *Seine monatlichen Bezüge belaufen sich auf fast 4000 Euro*
Be·zug[3] *nur in* **1** ***B. auf j-n / etw. nehmen*** *geschr*; sich auf j-n / etw. beziehen[3] (4): *Er nahm in seiner Rede B. auf unsere neuen Vorschläge* **2** ***in B. auf j-n / etw.*** hinsichtlich e-r Person / Sache ≈ was j-n / etw. betrifft: *In B. auf seinen Beruf ist er sehr gewissenhaft* **3** ***mit / unter B. auf etw.*** (*Akk*) *Admin geschr*; verwendet in Briefen, um sich auf etw. zu beziehen, das bereits bekannt ist: *Unter B. auf Ihr Angebot vom 3. Mai bestelle ich 30 Flaschen Wein* **4** ***zu j-m / etw. keinen B.*** (***mehr***) ***haben*** *gespr*; j-n / etw. nicht (mehr) verstehen od. sich nicht (mehr) für ihn / dafür interessieren
be·züg·lich *Präp; mit Gen, Admin geschr* ≈ in Bezug auf, hinsichtlich: *B. Ihres Antrags möchten wir Ihnen Folgendes mitteilen ...* || NB: Gebrauch ↑ *Tabelle unter* ***Präpositionen***
Be·zug·nah·me *die*; -; *nur Sg, Admin geschr*; *mst* ***mit / unter B. auf j-n / etw.*** verwendet, um sich auf j-n / etw. zu beziehen: *mit / unter B. auf e-n Experten e-e Forderung geltend machen*
be·zugs·fer·tig *Adj*; für den Einzug vorbereitet ⟨e-e Wohnung, ein Haus⟩
Be·zugs·per·son *die*; *Psych*; die Person, an der sich j-d (bedingt durch e-e seelische Bindung) stark orientiert: *Eltern u. Geschwister sind die wichtigsten Bezugspersonen für ein kleines Kind*
be·zwe·cken; *bezweckte, hat bezweckt*; Vt ***etw.*** (***mit etw.***) ***b.*** etw. zu erreichen versuchen ≈ beabsichtigen: *Weißt du, was er damit b. wollte?*
be·zwei·feln; *bezweifelte, hat bezweifelt*; Vt ***etw. b.*** Zweifel an etw. haben (u. äußern) ≈ anzweifeln: *Ich bezweifle, dass er Recht hat*
be·zwin·gen; *bezwang, hat bezwungen*; Vt **1** ***j-n b.*** j-n im Kampf od. Wettkampf besiegen ⟨e-n Feind, die gegnerische Mannschaft b.⟩ **2** ***etw. b.*** mit großer körperlicher Anstrengung u. oft unter Gefahr sein Ziel erreichen ⟨e-n Berg, e-e Strecke b.⟩ **3** ***etw. b.*** mit etw. Schwierigem fertig werden, etw. überwinden ≈ bewältigen ⟨Schwierigkeiten, ein Problem⟩ **4** ***etw. b.*** etw. unterdrücken od. beherrschen ⟨seinen Hunger, seine Gefühle, seine Leidenschaft b.⟩ || *hierzu* **Be·zwin·gung** *die*; *nur Sg*; **be·zwing·bar** *Adj*; *zu* **1** u. **2** **Be·zwin·ger** *der*; *-s, -*
BGB [begeˈbeː] *das*; -; *nur Sg, Abk für* Bürgerliches Gesetzbuch
BH [beːˈhaː] *der*; *-s, -s*; *gespr* ≈ Büstenhalter
Bhf. *Abk für* Bahnhof
bi *Adj*; *nur präd, ohne Steigerung, nicht adv, gespr, Kurzw* ↑ ***bisexuell*** (1)
Bi·ath·lon [-atlɔn] *das*; *-s, -s*; *mst Sg*; e-e sportliche Disziplin, die aus Skilanglauf u. Schießen besteht || *hierzu* **Bi·ath·let** *der*
bib·bern; *bibberte, hat gebibbert*; Vi (***vor etw.*** (*Dat*)) ***b.*** *gespr*; am ganzen Körper heftig zittern ⟨vor Angst, vor Kälte b.⟩
Bi·bel *die*; -, *-n*; **1** *nur Sg*; die Sammlung der Schriften, die Grundlage der christlichen Religion (Altes u. Neues Testament) u. der jüdischen Religion (Altes Testament) ist ≈ die Heilige Schrift ⟨die B. auslegen, übersetzen⟩ || K-: ***Bibel-, -auslegung, -spruch, -stelle, -übersetzung*** **2** ein Exemplar der B. (1) als Buch **3** *iron*; ein Buch, dessen Aussage für j-s Denken u. Handeln sehr wichtig ist: *Die Werke Hermann Hesses sind für ihn e-e B.*
Bi·ber *der*; *-s, -*; **1** ein (Nage)Tier mit e-m platten Schwanz, das gut schwimmen, Dämme bauen u. Bäume fällen kann || K-: ***Biber-, -fell, -pelz*** **2** *nur Sg*; der Pelz des Bibers (1)
Bib·li·o·gra·fie, **Bib·li·o·gra·phie** [-ˈfiː] *die*; -, *-n* [-ˈfiːən]; ein Verzeichnis (*z.B.* in e-m Buch), in dem verschiedene Bücher, Aufsätze *o.Ä.* zu e-m bestimmten Thema genannt u. nach bestimmten Kriterien (*z.B.* Titel, Verfasser) geordnet sind: *e-e B. zu e-m Thema zusammenstellen* || *hierzu* **bib·li·o·gra·fisch**, **bib·li·o·gra·phisch** *Adj*; *nur attr od adv*
Bib·li·o·thek *die*; -, *-en*; **1** e-e große Sammlung *bes* von Büchern, die nach Fachgebieten geordnet sind u. *mst* ausgeliehen werden können ≈ Bücherei ⟨e-e öffentliche, städtische B.; e-e B. benutzen; sich in / von der B. Bücher ausleihen⟩ || K-: ***Bibliotheks-, -angestellte*** (***r***), ***-benutzer, -kunde, -wissenschaft*** || -K: ***Fach-, Lehrer-, Leih-, Staats-, Universitäts-*** **2** ein Gebäude od. Raum, in dem sich e-e B. (1) befindet ⟨in der B. arbeiten⟩ || K-: ***Bibliotheks-, -gebäude, -zimmer*** **3** e-e Sammlung von Büchern in e-m privaten Haus || -K: ***Privat-***
Bib·li·o·the·kar *der*; *-s, -e*; j-d, der beruflich die Bücher in e-r Bibliothek verwaltet, ordnet, pflegt *usw* u. neue Bücher bestellt || *hierzu* **Bib·li·o·the·ka·rin** *die*; -, *-nen*
bib·lisch *Adj*; *ohne Steigerung*; ⟨e-e Figur, e-e Gestalt, e-e Geschichte⟩ so, dass sie aus der Bibel (1) kommen || NB: ↑ ***Alter***
Bi·det [biˈdeː] *das*; *-s, -s*; ein sehr niedriges Waschbecken für den Unterkörper, auf das man sich setzt
bie·der *Adj*; **1** *pej*; (in Bezug auf Verhalten, Kleidung u. Geschmack) konservativ u. unauffällig ≈ brav (4), spießig ⟨b. aussehen, gekleidet sein⟩: *e-e biedere Wohnungseinrichtung* **2** *veraltend*; ehrlich u. tüchtig ⟨ein Bürger, ein Handwerker⟩ || *hierzu* **Bie·der·keit** *die*; *nur Sg*
Bie·der·mei·er *das*; *-(s)*; *nur Sg, hist*; e-e Richtung der Kunst im deutschsprachigen Raum zwischen etwa 1815 und 1848 || K-: ***Biedermeier-, -möbel, -stil***
bie·gen; *bog, hat / ist gebogen*; Vt (*hat*) **1** ***etw. b.*** etw. durch Druck in seiner Form so verändern, dass es nicht mehr gerade ist ⟨e-e Stange, e-n Draht, ein Blech b.⟩: *Der Schlosser konnte das Rohr erst b., nachdem er es heiß gemacht hatte* **2** ***etw. irgendwohin b.*** e-n Körperteil von seiner normalen Position in e-e be-

biegen

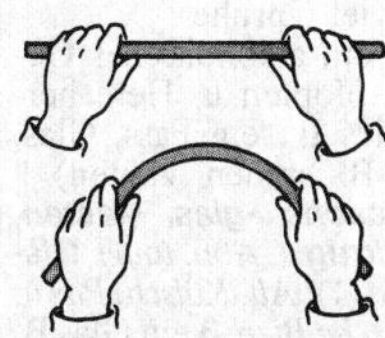

stimmte Richtung bewegen: *den Kopf nach hinten / vorn b.; den Daumen zur Seite b.* **3 etw. irgendwohin b.** etw., das einen behindert, in e-e bestimmte Richtung bewegen u. es dabei leicht verformen: *e-n Ast zur Seite b.*; [Vi] (*ist*) **4 in / um etw.** (*Akk*) **b.** durch e-e Änderung seiner Richtung irgendwohin gehen od. fahren: *Das Auto bog um die Ecke; Der Radfahrer bog in e-e Nebenstraße*; [Vr] (*hat*) **5 etw. biegt sich** etw. gibt unter Druck nach u. ist (*mst* nur für e-e bestimmte Zeit) nicht gerade: *Der Baum bog sich im Wind; Die Matratze bog sich unter seinem Gewicht* || ID **auf Biegen u. Brechen** *gespr*; ohne Rücksicht auf negative Folgen: *etw. auf Biegen u. Brechen durchsetzen wollen* || ▶ **Bogen**

bieg·sam *Adj*; *nicht adv*; **1** so beschaffen, dass man es biegen kann, ohne dass es bricht: *ein biegsamer Stock* **2** sehr beweglich (3): *e-n biegsamen Körper haben* || *hierzu* **Bieg·sam·keit** *die*; *nur Sg*

Bie·gung *die*; -, *-en*; die Stelle, an der e-e Strecke ihren geraden Verlauf ändert ≈ Kurve: *Der Weg, die Straße, das Gleis macht e-e B.* || -K: ***Straßen-, Weg-***

Bie·ne *die*; -, *-n*; **1** ein Insekt (mit e-m Giftstachel), das Honig u. Wachs produziert ⟨emsige, fleißige Bienen; Bienen fliegen aus, summen, schwärmen; j-d züchtet Bienen; von e-r B. gestochen werden⟩: *Der Imker züchtet Bienen* || K-: ***Bienen-, -haus, -honig, -königin, -schwarm, -volk, -wachs, -zucht*** || -K: ***Honig-*** **2** ***e-e flotte B.*** *gespr veraltend hum*; e-e sehr attraktive junge Frau || ID ***fleißig wie e-e B.*** sehr fleißig

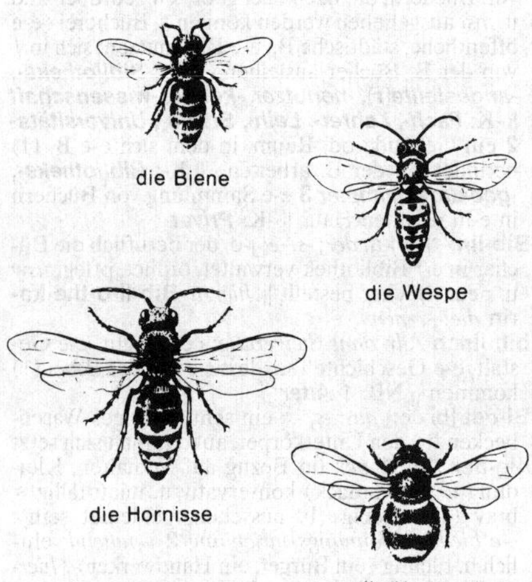

bie·nen·flei·ßig *Adj*; sehr fleißig

Bie·nen·stich *der*; **1** ein schmerzhafter Stich von e-r Biene **2** ein Kuchen mit Cremefüllung u. e-m Belag aus Zucker u. Mandeln

Bie·nen·stock *der*; *-(e)s, Bie·nen·stö·cke*; ein Kasten, in dem Bienen leben u. gezüchtet werden || ID *mst* ***Da wimmelt es wie in e-m B.*** *gespr*; Da gibt es sehr viele Menschen u. viel Unruhe

Bier *das*; *-(e)s, -e*; **1** *nur Sg*; ein alkoholisches Getränk, das *bes* aus Gerste, Hopfen u. Hefe hergestellt wird ⟨helles, dunkles B.; ein Fass, Glas, Kasten, Krug, Träger B.; B. brauen, zapfen⟩ || K-: ***Bier-, -dose, -fass, -flasche, -glas, -kasten, -krug*** || *zu* ***Bierglas*** u. ***Bierkrug*** ↑ *Abb. unter* ***Gläser*** **2** e-e bestimmte Sorte B. (1): *Alt, Kölsch, Pils u. Weißbier sind berühmte deutsche Biere* **3** ein Glas B. (1) (*mst* ein viertel od. halber Liter) ⟨ein kleines, großes B.⟩ || NB: Beim Bestellen in e-m Lokal *o.Ä.* sagt man *zwei, drei usw Bier* **4 auf ein B.** (***irgendwohin***) ***gehen*** *gespr*; in ein Lokal *o.Ä.* gehen (um dort B. zu trinken) || ID *mst* ***Das ist nicht 'mein B.*** *gespr*; darum muss od. will ich mich nicht kümmern

Das Bier

Bier ist eines der beliebtesten Getränke der Deutschen. Seine Herstellung ist in Deutschland an ein strenges Reinheitsgebot gebunden.
Zuerst wird aus gekeimten und getrockneten Gerstenkörnern **Malz** hergestellt. Das Malz wird mit Wasser gemischt und mit **Hopfen** gekocht, das gibt dem Bier seinen typischen Geschmack. Nachdem die Mischung gefiltert und abgekühlt wird, fügt man Hefe hinzu, damit das Bier gärt.
Es gibt viele verschiedene Arten von Bier, die häufigsten sind: **Helles**, **Pils** (besonders bitter), **Weizenbier** oder **Weißbier** (statt aus Gerste aus Weizen hergestellt), **Dunkles** und **Bockbier** (mit einem höheren Alkoholgehalt). In vielen Regionen Deutschlands gibt es ein eigenes, typisches Bier, wie zum Beispiel das **Kölsch** in Köln oder das **Altbier** in Düsseldorf.
Häufig wird auch eine Mischung, die jeweils zur Hälfte aus Bier und Zitronenlimonade besteht, getrunken. Dieses Getränk heißt **Alsterwasser** im Norden und **Radler** im Süden Deutschlands.

Bier·bauch *der*; *gespr*; der dicke Bauch, den manche Männer *bes* vom Biertrinken haben

Bier·de·ckel *der*; ein Stück Pappe, auf das man *bes* in e-m Lokal sein Glas stellt

bier·ernst *Adj*; *gespr*; übertrieben ernst ⟨Personen⟩

Bier·gar·ten *der*; ein Ort im Freien mit Bäumen, (Sitz)Bänken od. Stühlen u. Tischen, an dem man *bes* Bier kaufen u. sich sein Essen mitbringen kann: *München ist für seine Biergärten bekannt*

Der Biergarten

Ein Biergarten ist ein Lokal im Freien, manchmal in einem Park, manchmal auch einfach bei einer Gaststätte. Vor allem im Süden Deutschlands und in Österreich verbringt man hier gerne die Sommerabende bei einem Bier und einem Imbiss (Brotzeit). Die einfachen Holzbänke und Tische stehen traditionellerweise unter schattigen Kastanienbäumen. An einem Verkaufsstand kann man Getränke und einfache Gerichte (zum Beispiel Würstchen, gegrillte Hähnchen, Wurstsalat) kaufen. In Bayern ist es oft auch erlaubt, sich wie bei einem Picknick das eigene Essen mitzubringen.

Bier·lau·ne *die*; *mst in* **in B. sein** *gespr*; lustig, fröhlich sein

Bier·lei·che *die*; *gespr hum*; j-d, der *bes* so viel Bier getrunken hat, dass er irgendwo liegt u. schläft

Bier·zelt *das*; ein großes Zelt auf e-m Fest od. Jahrmarkt, in dem man Bier trinken kann

Biest *das*; *-(e)s, -er*; *gespr pej*; verwendet für e-e Person / ein Tier, über die / das man sich ärgert ⟨ein faules, freches, ungezogenes B.⟩: *Das B. hat mich gebissen!*

bies·tig *Adj*; *gespr pej*; **1** gemein ⟨Menschen⟩ **2** sehr schlecht ⟨Wetter⟩

bie·ten; *bot, hat geboten*; Vt **1** ***(j-m) etw. b.*** j-m die Chance od. Möglichkeit zu etw. geben: *Der Urlaub bot ihm endlich die Gelegenheit, bei seiner Familie zu sein*; *Der Posten bietet (ihr) die Chance zum beruflichen Aufstieg* **2** ***(j-m) etw. b.*** ein Programm (*mst* zur Unterhaltung) bereitstellen, das j-d nutzen kann: *Was wird zurzeit in der Oper geboten?*; *Hier wird viel / nichts / nur wenig geboten*; *Das Hotel bietet (seinen Gästen) vielfältige Freizeitmöglichkeiten* **3** ***etw. bietet (j-m) etw.*** etw. hat e-e Qualität, die j-d nutzen kann: *Ein großes Auto bietet mehr Komfort*; *Dieses Kochbuch bietet dem Leser praktische Ratschläge* **4** ***(j-m) etw. b.*** j-m etw. gewähren od. geben ⟨j-m Trost, Hilfe b.⟩: *seinen Kindern Liebe u. Geborgenheit b.*; *Flüchtlingen ein Zuhause b.*; *e-r älteren Dame den Arm b.* **5** ***(j-m) etw. b.*** (vor j-m) e-e bestimmte Leistung vollbringen od. vorführen ≈ darbieten: *Der Sportler bot e-e hervorragende Leistung*; *Die Theatergruppe hat (den Zuschauern) e-e berauschende Vorstellung geboten* **6** ***sich (Dat) etw. b. lassen*** *gespr*; etw. Unangenehmes od. Negatives dulden, ohne zu protestieren: *Diese Frechheit lasse ich mir nicht b.!*; *Und so was lässt du dir als Chef bieten!* || NB: *mst* verneint; Vt/i **7** ***(etw. (für / auf etw. (Akk))) b.*** (*bes* auf e-r Versteigerung) e-e bestimmte Summe nennen, die man bereit wäre, für e-n Gegenstand zu zahlen: *Er hat 4000 Euro für das Gemälde geboten*; *Wer bietet mehr?*; Vr **8** ***etw. bietet sich (j-m)*** Möglichkeiten, Gelegenheiten sind für j-n vorhanden: *Dem Gefangenen bot sich die Gelegenheit zur Flucht*; *E-e so gute Chance bietet sich (dir) nicht oft*; *Es bot sich (ihm) die Möglichkeit, kostenlos nach Paris zu fahren* **9** ***etw. bietet sich (j-m)*** ⟨ein Anblick, e-e Szene⟩ ist für j-n deutlich sichtbar: *Vom Gipfel des Berges bietet sich e-e wunderbare Aussicht* || ► ***Angebot***

Bi·ga·mie *die*; *nur Sg*; e-e illegale Form der Ehe, bei der ein Partner mit zwei Partnern verheiratet ist

bi·gott, *bigotter, bigottest-*; *Adj*; *pej*; **1** ⟨Menschen⟩ übertrieben fromm **2** ⟨Gerede⟩ scheinheilig || *hierzu* **Bi·got·te·rie** *die*; *nur Sg*

Bi·ki·ni *der*; *-s, -s*; ein Badeanzug für Frauen, der aus zwei Teilen besteht || -K: ***Mini-***

Bi·lanz *die*; *-, -en*; **1** *nur Sg*; das Resultat e-r Folge von Ereignissen ≈ Ergebnis: *Zahlreiche Verletzte sind die traurige B. der Straßenkämpfe*; *Mit 21 Siegen u. nur einer Niederlage hatte die Mannschaft im vergangenen Jahr e-e positive B.* **2** *Ökon*; e-e Aufstellung, in der man die Einnahmen u. Ausgaben e-r Firma miteinander vergleicht ⟨e-e ausgeglichene, e-e positive B. (= mit Gewinn), e-e negative B. (= mit Verlust); e-e B. aufstellen⟩ || K-: ***Bilanz-, -buchhalter, -prüfer, -summe*** || -K: ***Geschäfts-, Unternehmens-, Zwischen-*** **3** ***B. ziehen***; ***die B. aus etw. ziehen*** die Ergebnisse von vergangenen Ereignissen zusammenfassen

bi·lan·zie·ren; *bilanzierte, hat bilanziert*; Vt/i ***(etw.) b.*** *Ökon*; etw. in e-r Bilanz (2) darstellen ⟨Aktiva u. Passiva b.⟩ || *hierzu* **Bi·lan·zie·rung** *die*; *nur Sg*

bi·la·te·ral, bi·la·te·ral *Adj*; zwischen zwei Ländern ≈ zweiseitig ⟨Beziehungen, Gespräche, Verträge⟩

Bild *das*; *-(e)s, -er*; **1** das, was man *mst* mit Farben u. *bes* auf künstlerische Weise auf e-e Fläche (*bes* auf Papier) malt od. zeichnet ⟨ein B. malen, zeichnen, aufhängen, einrahmen⟩: *mit Wasserfarben ein B. von e-r Landschaft malen* || K-: ***Bilder-, -galerie, -haken, -rahmen*** || *zu* ***Bilderhaken*** ↑ *Abb. unter* ***Haken*** **2** e-e Fotografie ⟨ein B. (von j-m / etw.) machen; ein B. vergrößern, verkleinern, entwickeln (lassen); etw. im B. festhalten⟩: *Sind die Bilder von deinem Fest gut geworden?* || -K: ***Pass-, Urlaubs-*** **3** die Reproduktion e-r Zeichnung, e-s Gemäldes od. e-r Fotografie ≈ Abbildung: *ein Buch mit vielen Bildern*; *ein T-Shirt mit e-m lustigen B. bedrucken* **4** das, was man *z.B.* beim Fernsehen auf dem Bildschirm od. im Kino auf der Leinwand sieht ⟨das B. flimmert⟩ || K-: ***Bild-, -folge, -frequenz, -qualität, -schärfe, -störung*** || -K: ***Fernseh-*** **5** ***ein B.*** *+ Gen*; *Adj +* ***B.*** die Szene, die einem in e-r bestimmten Situation begegnet ≈ Anblick (2) ⟨ein B. des Grauens, des Jammers, des Schreckens⟩: *Den Sanitätern bot sich am Unfallort ein grauenvolles B.* **6** die Vorstellung, die man sich von etw. macht od. machen kann ⟨sich ein B. von j-m / etw. machen⟩: *Der Politiker will sich ein B. von der Lage im Katastrophengebiet machen*; *Ich hatte ein falsches B. von ihm* || -K: ***Berufs-, Geschichts-, Menschen-, Zukunfts-*** **7** ≈ Metapher: *Er verwendet zahlreiche Bilder in seinen Gedichten* || ID ***(über j-n / etw.) im Bilde sein*** über j-n / etw. gut informiert sein; ***j-n (über j-n / etw.) ins B. setzen*** *geschr*; j-n über j-n / etw. informieren; *mst* ***Das ist / war ein B. für Götter*** *gespr hum*; das ist / war ein sehr komischer Anblick; ***ein 'Bild von e-m Mann / e-r Frau sein*** *gespr*; sehr gut aussehen u. gut gebaut sein; ***ein B. des Jammers sein*** so aussehen, dass die anderen Mitleid bekommen || *zu* **7** **bil·der·reich** *Adj*

Bild·be·richt *der*; ein Bericht od. e-e Reportage in e-r Zeitung od. im Fernsehen, der / die durch Fotografien od. durch e-n Film illustriert wird

Bild·do·ku·ment *das*; ein Bild (*mst* e-e Fotografie), das dokumentarischen od. historischen Wert hat

bil·den; *bildete, hat gebildet*; Vt **1** ***etw. (aus etw.) b.*** aus e-m Material ein Objekt herstellen u. ihm dabei e-e bestimmte Form geben ≈ formen: *Masken aus Ton, Figuren aus Wachs b.* **2** ***etw. bildet etw.*** etw. lässt etw. entstehen: *Die Pflanze bildet Ableger*; *An der Stelle, an der sie verbrannt wurde, bildet die Haut Blasen* **3** ***etw. b.*** e-e sprachliche Form entstehen lassen, indem man bestimmte Elemente zusammenfügt: *e-n Relativsatz b.*; *von e-m Wort den Plural b.* **4** ***etw. b.*** e-e bestimmte Form od. e-e geometrische Figur entstehen lassen: *Die Neugierigen bildeten e-n Kreis um die Unfallstelle*; *Die Wartenden bilden e-e Schlange von 200 Metern* **5** ***etw. bildet etw.*** etw. stellt durch seine Form od. Stellung etw. dar, etw. hat e-e bestimmte Funktion: *Der Fluss bildet die Grenze zwischen beiden Staaten*; *Der Grundriss der Kapelle bildet ein Sechseck* **6** ⟨Personen⟩ ***bilden etw.*** e-e Gruppe von Personen bewirkt od. trägt dazu bei, dass e-e bestimmte Organisation entsteht ⟨e-e Arbeitsgruppe, e-n Ausschuss, e-e Kommission, e-e Regierung b.⟩ **7** ⟨Personen, Dinge⟩ ***bilden etw.*** e-e Gruppe von Personen od. Dingen stellt zusammen etw. Bestimmtes dar, was sie allein nicht sind: *Elf Fußballspieler bilden eine Mannschaft* **8** ***sich (Dat) über j-n / etw., zu etw. e-e Meinung / ein Urteil b.*** aufgrund bestimmter Informationen u. Eindrücke zu e-r Meinung / zu e-m Urteil kommen; Vt/i **9** ***(j-n) b.*** bewirken, dass j-d Bildung[2] (1) erhält: *Reisen bildet (den Menschen)*; Vr **10** ***etw. bildet sich*** etw. entsteht (*mst* langsam): *Am Himmel bilden sich Wolken*; *Auf der Haut bilden sich Blasen* **11** ***sich b.*** sich Bildung[2] (1) aneignen || ► ***Gebilde***

Bil·der·buch *das*; ein Buch für Kinder, das e-e Geschichte in Bildern erzählt || ID ***wie im B.*** sehr schön: *ein Wetter wie im B.*

Bil·der·buch- *im Subst*, *wenig produktiv*; sehr

schön, ideal; die ***Bilderbuchlandung*** ⟨e-s Flugzeugs⟩, der ***Bilderbuchsommer***, das ***Bilderbuchtor*** (beim Sport), das ***Bilderbuchwetter*** || NB: *mst* mit dem unbestimmten Artikel verwendet

Bịl·der·ge·schich·te *die*; e-e kurze Erzählung (mit e-r Pointe), deren Inhalt durch e-e Reihe von Zeichnungen dargestellt wird

Bịl·der·rät·sel *das*; ein Rätsel, bei dem man Bildern Worte zuordnen muss, aus denen dann die Lösung gebildet wird ≈ Rebus

Bịld·flä·che *die*; *nur in* **1** ***(wie) von der B. verschwunden*** nicht mehr in der Öffentlichkeit zu sehen: *Ihr Mann ist seit Tagen (wie) von der B. verschwunden* **2** ***von der B. verschwinden*** *gespr*; schnell weggehen, um nicht gesehen od. erkannt zu werden **3** ***auf der B. erscheinen*** *gespr*; plötzlich irgendwo erscheinen ≈ auftauchen (2)

bịld·haft *Adj*; **1** mit vielen Metaphern: *e-e bildhafte Sprache* **2** so deutlich u. klar wie in e-m Bild (1) ⟨sich etw. b. vorstellen; j-m etw. b. beschreiben⟩ || *hierzu* **Bịld·haf·tig·keit** *die*; *nur Sg*

Bịld·hau·er *der*; *-s, -*; ein Künstler, der Skulpturen entwirft u. diese *bes* aus Stein u. Holz herstellt: *Michelangelo ist auch ein berühmter B.* || *hierzu* **Bild·hau·e·rei** *die*; *-*; *nur Sg*

bịld·hübsch *Adj*; *ohne Steigerung*; sehr hübsch ⟨e-e Frau, ein Mädchen⟩

bịld·lich *Adj*; **1** *nur attr*; mithilfe eines Bildes od. mehrerer Bilder (1,2,3): *die bildliche Darstellung e-r Entwicklung, e-s Vorgangs* **2** als Bild (7) verwendet od. ein Bild (6) hervorrufend ⟨ein Ausdruck, ein Vergleich⟩ || *hierzu* **Bịld·lich·keit** *die*; *nur Sg*

Bịld·nis *das*; *-ses, -se*; *geschr*; die Darstellung e-r Person in e-m Bild (1) ≈ Porträt

Bịld·re·por·ta·ge *die*; e-e Reportage in der Zeitung od. im Fernsehen, die hauptsächlich aus Fotografien od. e-m Film (u. nur relativ wenig Text) besteht

Bịld·röh·re *die*; der Teil e-s Fernsehgeräts, mit dem das empfangene Bild auf dem Bildschirm sichtbar gemacht wird

Bịld·schirm *der*; der Teil e-s Fernsehgeräts od. e-s Computers, auf dem das Bild od. der Text erscheint || ↑ *Abb. unter* ***Computer***

Bịld·schirm|ar·beit *die*; *nur Sg*; das berufliche Arbeiten mit e-m Computer

Bịld·schirm|scho·ner *der*; *-s, -*; *EDV*; e-e Funktion des Computers zum Stromsparen. Wenn längere Zeit nichts eingegeben wurde, erscheint auf dem Bildschirm ein bestimmtes Bild

Bịld·schirm|text *der*; **1** *nur Sg*; ein System, bei dem man per Telefon Informationen bekommen kann, die auf e-m Bildschirm erscheinen; *Abk* Btx: *über B. Waren bestellen, Informationen abrufen* **2** der Text od. die Grafik, die bei diesem System auf dem Bildschirm erscheinen

bịld·schön *Adj*; *ohne Steigerung*; sehr schön

Bịld·te·le·fon *das*; ein Telefon, bei dem man die Person, mit der man spricht, auf e-m Bildschirm sieht

Bịl·dung[1] *die*; *-, -en*; **1** *nur Sg*; das Bilden (2) ⟨die B. von Ablegern, Blasen, Geschwüren⟩ || -K: ***Blasen-, Knospen-, Wolken-*** **2** *nur Sg*; das Bilden (3) e-r sprachlichen Form: *die B. des Imperativs, des Konjunktivs* || -K: ***Imperativ-, Konjunktiv-, Plural-*** **3** ein Wort, das aus bestimmten Teilen gebildet (3) wurde: *Alle Bildungen auf „-heit" u. „-keit" sind feminin* || -K: ***Wort-*** **4** das Bilden (6) e-r bestimmten Organisation ⟨die B. e-r Arbeitsgruppe, e-r Regierung⟩ || -K: ***Cliquen-, Gruppen-, Kabinetts-, Regierungs-*** **5** *nur Sg*; das Bilden (8) ⟨die B. e-r Meinung, e-s Urteils⟩: *Die B. der öffentlichen Meinung wird vom Fernsehen gelenkt* || -K: ***Bewusstseins-, Meinungs-, Urteils-***

Bịl·dung[2] *die*; *-*; *nur Sg*; **1** das (durch Erziehung) erworbene Wissen u. Können auf verschiedenen Gebieten (auch was soziale Normen betrifft) ⟨e-e umfassende, höhere, humanistische, lückenhafte B. besitzen, haben; ein Mensch mit / von B.⟩: *Die Eltern u. die Schule vermitteln dem Jugendlichen die erforderliche B.* **2** der Prozess, bei dem ein Mensch (durch Erziehung u. Ausbildung) Wissen u. Können auf verschiedenen Gebieten erwirbt ⟨e-e höhere B. erhalten, genießen⟩: *Jeder Mensch hat das Recht auf B.* || K-: ***Bildungs-, -anstalt, -drang, -eifer, -politik, -reise*** || -K: ***Berufs-, Erwachsenen-, Hochschul-, Schul-***

Bịl·dungs·bür·ger·tum *das*; *-s*; *nur Sg*, *hist*; (*bes* im 19. Jahrhundert) der Teil des Bürgertums, der e-e *mst* klassische Bildung[2] (1) als sehr wichtig betrachtete

Bịl·dungs·chan·cen *die*; *nur Pl*; die Möglichkeit, in e-r Gesellschaft e-e gute Bildung[2] (1) zu bekommen: *gleiche B. für alle fordern*

bịl·dungs·feind·lich *Adj*; *Admin geschr*; so beschaffen, dass es für den Erwerb von Bildung[2] (1) nicht günstig ist

bịl·dungs·hung·rig *Adj*; *nicht adv*; mit starkem Verlangen nach Bildung[2] (1) ⟨ein Mensch⟩

Bịl·dungs·lü·cke *die*; *mst hum*; fehlendes Wissen in e-m bestimmten Gebiet

Bịl·dungs·sys·tem *das*; *Kollekt*; alle Schulen u. Universitäten, die es in e-m Land gibt, u. deren Aufgaben ≈ Bildungswesen

Bịl·dungs·ur·laub *der*; der Urlaub, den ein Arbeitnehmer bekommt, um sich beruflich weiterbilden zu können

Bịl·dungs·weg *der*; *nur Sg*; **1** *Kollekt*; die verschiedenen Phasen der Ausbildung von der Grundschule bis zum Ende der Berufsausbildung **2** ***der zweite B.*** ein System, das Leuten, die bereits e-n Beruf ausüben, erlaubt, durch den Besuch von Abend- u. Wochenendkursen nachträglich e-e höhere schulische Qualifikation zu erwerben ⟨die mittlere Reife, das Abitur auf dem zweiten B. erwerben, machen, nachholen⟩

Bịl·dungs·we·sen *das* ≈ Bildungssystem

Bil·lard ['bɪljart] *das*; *-s*; *nur Sg*; ein Spiel, das man auf e-r Art Tisch spielt, der mit e-m grünen Stoff überzogen ist u. bei dem man mit e-m Stock Kugeln in bestimmte Positionen od. Löcher stößt ⟨(e-e Partie) B. spielen⟩ || K-: ***Billard-, -kugel, -tisch, -saal, -stock***

Bil·lett [bɪl'jɛt] *das*; *-(e)s, -s*; **1** *veraltend od* Ⓒⓗ ≈ Fahrkarte **2** Ⓒⓗ ≈ Eintrittskarte || -K: ***Theater-***

Bil·li·ạr·de [-li̯-] *die*; *-, -n*; 1000 Billionen; *Math* 10^{15}

bịl·lig *Adj*; **1** so, dass es relativ wenig Geld kostet ↔ teuer: *Äpfel sind diese Woche besonders b.*; *In diesem Geschäft kann man b. einkaufen* || K-: ***Billig-, -flug, -preis*** **2** *pej*; von schlechter Qualität: *Er trug e-n billigen Anzug* || K-: ***Billig-, -ware*** **3** *pej*; moralisch verwerflich: *Das ist e-e billige Ausrede*; *Er verwendet billige Tricks, um seine Waren zu verkaufen*

bịl·li·gen; *billigte, hat gebilligt*; Vt **1** ***etw. b.*** *geschr*; etw. positiv beurteilen u. es deshalb zulassen ≈ akzeptieren, gutheißen ↔ missbilligen, ablehnen ⟨e-n Vorschlag, j-s Entschluss, Pläne b.⟩: *Als Ihr Arzt kann ich es nicht b.*, dass *Sie so viel arbeiten* **2** ***etw. b.*** *geschr*; etw. amtlich od. durch Beschluss genehmigen ⟨ein Projekt, ein Gesetz b.⟩ || *hierzu* **Bịl·li·gung** *die*; *nur Sg*

Bil·li·on [-li̯-] *die*; *-, -en*; 1000 Milliarden; *Math* 10^{12}

bịm·meln; *bimmelte, hat gebimmelt*; Vi ***etw. bimmelt*** *gespr*; etw. klingelt, etw. läutet ⟨e-e Glocke, e-e Klingel, ein Wecker, das Telefon⟩

Bims·stein *der*; **1** *nur Sg*; ein sehr leichtes, poröses vulkanisches Gestein **2** ein Stück B. (1), das man *bes* verwendet, um die Hände zu reinigen

bin *Präsens, 1. Person Sg*; ↑ **sein**

Bin·de *die*; -, *-n*; **1** ein langer Streifen aus e-m besonderen Stoff, den man um verletzte Körperstellen wickelt ≈ Verband[1] ⟨e-e elastische B.; e-e B. anlegen⟩: *e-e B. um das verletzte Handgelenk wickeln; den Arm in e-r Binde tragen* || -K: **Arm-, Augen-; Gummi-, Mull- 2** ein Streifen aus Watte, der von Frauen während der Menstruation verwendet wird || -K: **Damen-, Monats- 3** ein Streifen aus Stoff, den man *z.B.* als Kennzeichen um den Oberarm trägt od. den man j-m vor die Augen bindet, damit er nichts sieht || -K: **Arm-, Augen-** || ID **sich** (*Dat*) **einen hinter die B. gießen / kippen** *gespr hum*; ein alkoholisches Getränk konsumieren

Bin·de·ge·we·be *das*; ein Gewebe, das die Organe des Körpers miteinander verbindet u. sie umhüllt || K-: **Bindegewebs-, -entzündung, -schwäche**

Bin·de·glied *das*; e-e Person, e-e Sache od. ein Teil, die e-e Verbindung zwischen zwei Personen, Sachen, Bereichen *usw* herstellen

Bin·de·haut *die*; *mst Sg*; die dünne Haut innen am Augenlid u. außen am Auge || ↑ *Abb. unter* **Auge** || K-: **Bindehaut-, -entzündung**

bin·den[1]; *band, hat gebunden*; [Vt] **1 *j-n / etw.* (*mit etw.*) *an etw.*** (*Akk*) ***b.*** e-e Person / Sache *mst* mit e-m Strick so an etw. festmachen, dass sie dort bleibt ≈ anbinden: *ein Boot mit e-r Leine an e-n Pflock b.; e-n Gefangenen an e-n Baum b.* **2 *etw. um etw. b.*** um etw. ein Band *o.Ä.* legen u. die Enden aneinander befestigen: *ein Tuch um den Kopf b.; e-e Krawatte um den Hals b.* **3 *etw.* (*zu etw.*) *b.*** *bes* Blumen, Borsten, Haare *o.Ä.* (mithilfe e-r Schnur, e-s Drahts *o.Ä.*) aneinander befestigen ⟨e-n Strauß, e-n Kranz, e-n Besen b.⟩: *Rosen zu e-m Strauß b.; Zweige zu e-m Kranz b.* **4 (*j-m / sich*) *etw. b.*** etw. mit e-m Knoten od. e-r Schleife festmachen ⟨die Schnürsenkel b.; sich die Krawatte b.⟩: *e-m kleinen Kind die Schuhe b.* **5 *etw. b.*** lose Blätter durch e-n Einband zusammenfügen u. so ein Buch herstellen ⟨ein Buch b.⟩: *die Doktorarbeit, den Jahrgang e-r Zeitschrift zum Binden geben* **6 *etw.* (*mit etw.*) *b.*** *mst* eine Soße od. e-e Suppe weniger flüssig machen, indem man *bes* Mehl hinzufügt **7 *etw. bindet etw.*** e-e Flüssigkeit nimmt e-e *mst* pulverförmige Substanz auf: *Wasser bindet den Staub* || K-: **Binde-, -mittel**; [Vi] **8 *etw. bindet*** etw. hält fest: *Dieser Klebstoff bindet gut* **9 *etw. bindet*** etw. wird fest: *Dieser Zement bindet schnell* || ► **Bindung**[2]

bin·den[2]; *band, hat gebunden*; [Vt] **1 *j-n / sich* (*an etw.*** (*Akk*)) ***b.*** j-n / sich *bes* durch e-e moralische od. gesetzliche Verpflichtung dazu bringen, etw. zu beachten ⟨j-n an e-n Vertrag b.⟩ || NB: *mst* im Zustandspassiv; [Vr] **2 *sich b.*** sich für e-n Lebenspartner entscheiden: *Sie hat sich mit siebzehn schon gebunden; Ich will mich noch nicht b.* || ► **Bindung**[1], **gebunden**

Bin·de·strich *der*; ein kurzer Strich, der zusammengehörige Wörter verbindet od. auf die Verbindung zu e-m später folgenden Wort hinweist, *z.B.* in *Goethe-Gymnasium; 2-kg-Dose; Hin- u. Rückfahrt* || NB: Der B. kann auch zur Verdeutlichung gesetzt werden: *Teeei / Tee-Ei, Schifffahrt / Schiff-Fahrt*

Bin·de·wort *das*; -(*e*)*s*, *Bin·de·wör·ter*; *Ling* ≈ Konjunktion

Bind·fa·den *der*; e-e feste u. dünne Schnur, mit der man *bes* Pakete zusammenbindet || ↑ *Abb. unter* **Schnur** || ID **Es regnet Bindfäden** es regnet stark u. ohne Unterbrechung

Bin·dung[1] *die*; -, *-en*; **1 *e-e B.* (*an j-n*)** e-e starke emotionale Beziehung zu e-r Person ⟨e-e B. eingehen, auflösen⟩: *Er hat e-e besonders enge B. an seine Familie* **2 *e-e B.* (*zu etw.* / *an etw.*** (*Akk*)) e-e emotionale Beziehung aufgrund e-r persönlichen Erfahrung: *e-e starke B. zu seiner Heimatstadt, an ein Erbstück haben* **3 *e-e B.* (*an etw.*** (*Akk*)) e-e Verpflichtung aufgrund e-s Vertrags od. e-s Versprechens ⟨e-e vertragliche B. eingehen⟩

Bin·dung[2] *die*; -, *-en*; e-e Vorrichtung am Ski, die den Skischuh am Ski befestigt ⟨die B. geht auf; die B. einstellen⟩ || -K: **Sicherheits-**

bin·nen *Präp*; *mit Gen / Dat*; innerhalb (des Zeitraums) von ≈ in[1] (3): *Er hofft, seine Arbeit b. drei Jahren erledigt zu haben; B. weniger Augenblicke war die Straße mit Schnee bedeckt* || NB: Gebrauch ↑ Tabelle unter **Präpositionen**

Bin·nen- *im Subst, wenig produktiv*; **1** drückt aus, dass etw. auf dem Festland od. im Landesinneren ist; die **Binnengewässer**, der **Binnenhafen**, die **Binnenschiffahrt**, der **Binnensee 2** drückt aus, dass etw. im Inland (im Gegensatz zum Ausland) ist; der **Binnenhandel**, der **Binnenmarkt**

Bin·se *die*; -, *-n*; e-e Pflanze mit langen, rohrförmigen Blättern, die am od. im Wasser wächst || ID ***etw. geht in die Binsen*** *gespr*; etw. (*bes* ein Vorhaben) gelingt nicht, bleibt ohne Erfolg

Bin·sen·weis·heit *die*; e-e Tatsache, die schon allgemein bekannt ist ≈ Gemeinplatz

bi·o-, Bi·o- ['bi:o-] *im Adj u. Subst, begrenzt produktiv*; **1** in Bezug auf Lebewesen, das organische Leben; **biochemisch**, die **Biochemie**, die **Biophysik**, der **Biorhythmus, biotechnisch 2** *gespr*; mit Substanzen u. Methoden, die möglichst natürlich u. gesund sind (ohne Gift, künstlichen Dünger, Kunststoffe *usw*); der **Biobauer**, das **Bioerzeugnis**, die **Biofarbe**, der **Biogarten**, der **Bioladen**, die **Biokost**, die **Biomöbel**

Bi·o·che·mie *die*; die Wissenschaft, die sich mit den chemischen Vorgängen in lebenden Organismen beschäftigt || *hierzu* **Bi·o·che·mi·ker** *der*; **Bi·o·che·mi·ke·rin** *die*; **bi·o·che·misch** *Adj*

Bi·o·graf, Bi·o·graph [-f] *der*; *-en, -en*; j-d, der e-e Biografie schreibt od. geschrieben hat || NB: *der Biograf; den, dem, des Biografen*

Bi·o·gra·fie, Bi·o·gra·phie [-'fi:] *die*; -, *-n* [-'fi:ən]; **1** e-e Beschreibung des Lebens e-r *mst* berühmten Person ⟨e-e B. verfassen⟩: *e-e B. von Charles Dickens schreiben* **2** *geschr* ≈ Lebenslauf || *hierzu* **bi·o·gra·fisch, bi·o·gra·phisch** *Adj*; *nur attr od adv*

Bi·o·lo·ge *der*; *-n, -n*; j-d, der Biologie studiert hat u. sich beruflich mit Biologie beschäftigt || NB: *der Biologe; den, dem, des Biologen* || *hierzu* **Bi·o·lo·gin** *die*; -, *-nen*

Bi·o·lo·gie *die*; -; *nur Sg*; die Wissenschaft, die sich mit allen Formen des Lebens von Menschen, Tieren u. Pflanzen beschäftigt || K-: **Biologie-, -buch, -lehrer, -note, -stunde, -unterricht** || NB: als Schul- od. Studienfach oft abgekürzt zu *Bio*

bi·o·lo·gisch *Adj*; *ohne Steigerung*; **1** zur Biologie gehörig od. sie betreffend: *e-e biologische Untersuchung* **2** so beschaffen od. wirkend, dass es die Natur u. einzelne Organismen nicht schädigt ⟨ein Waschmittel, e-e Hautcreme⟩ **3** ⟨e-e Waffe⟩ *bes* auf Bakterien od. Viren basierend, die schwere Krankheiten hervorrufen: *chemische, atomare u. biologische Waffen*

bi·o·lo·gisch-dy·na·misch *Adj*; ohne künstliche Hilfsmittel wie Kunstdünger u. Pflanzenschutzmittel: *biologisch-dynamischer Anbau von Getreide*

Bi·o·mas·se *die*; *nur Sg*, *Biol*; die gesamte Menge organischer Substanzen, die es irgendwo gibt

Bi·o·müll *der*; kompostierbare Abfälle (*bes* aus Garten u. Küche)

Bi·o·ton·ne *die*; e-e Mülltonne für Biomüll

Bi·o·top *der / das*; *-s*, *-e*; ein (natürlicher) Lebensraum für bestimmte Tiere u. Pflanzen || -K: ***Feucht-***

birgt *Präsens, 3. Person Sg*; ↑ ***bergen***

Bir·ke *die*; *-*, *-n*; **1** ein Laubbaum, dessen Rinde weiße u. dunkle Streifen hat, u. der *bes* im nördlichen Teil der Erde vorkommt || K-: ***Birken-, -allee, -holz, -laub, -rinde, -zweig*** **2** *nur Sg*; das Holz der B. (1)

Bir·ne[1] *die*; *-*, *-n*; **1** e-e saftige, gelbgrüne Baumfrucht, die zum Stiel hin schmaler wird || ↑ *Abb. unter* ***Obst*** || K-: ***Birn-, -baum***; ***Birnen-, -kompott, -saft*** **2** der Baum, dessen Früchte Birnen (1) sind **3** *gespr hum*; der Kopf e-s Menschen

Bir·ne[2] *die*; *-*, *-n*; *Kurzw* ↑ ***Glühbirne*** ⟨e-e B. einschrauben; e-e kaputte B. auswechseln⟩ || K-: ***Birnen-, -fassung***

birst *Präsens, 2. u. 3. Person Sg*; ↑ ***bersten***

bis[1] **1** *Präp*; *mit Akk*; verwendet, um den Endpunkt e-s Zeitraums zu bezeichnen: *Bis Sonntag bleibt das Wetter schön*; *Das Geschäft ist von morgens acht bis abends sechs geöffnet* || NB: auch mit e-r weiteren Präp. verwendet, die dann den Kasus des Substantivs od. Pronomens bestimmt: *Sie bleibt bis zum Sonntag*; *Er lernt bis in die Nacht hinein* **2** *Präp*; *mit Akk*; verwendet, um e-n Zeitpunkt auszudrücken, zu dem etw. fertig sein soll od. sein wird: *Bis (Ende) Mai wird das Haus fertig* || NB: auch mit e-r weiteren Präp. verwendet, die dann den Kasus bestimmt: *Bis zum Sommer habe ich alle Prüfungen schon hinter mir* **3** *Präp*; *mit Akk*; verwendet mit e-r Zeitangabe, um den Endpunkt e-r abgelaufenen Zeitspanne auszudrücken: *Bis jetzt hat sie noch nicht angerufen*; *Bis 1990 hatte niemand von ihm etwas gehört* || NB: auch mit e-r weiteren Präp. verwendet, die dann den Kasus bestimmt: *Bis zum Sommer war alles wunderbar*; *Bis vor einem Jahr war sie noch gesund* **4** *Präp*; *mit Akk*; verwendet mit e-r Zeitangabe als Formel, wenn man sich von j-m verabschiedet, den man wiedersehen wird: *Bis bald / morgen / später / Montag / nächste Woche!* **5** *Präp*; *mit Akk*; verwendet mit Ortsnamen *o.Ä.*, die den (oft nur vorläufigen) Endpunkt e-r Reise *o.Ä.* angeben: *Bis Stuttgart fahre ich mit dem Auto, dann nehme ich den Zug* || NB: auch mit *nach* (+ *Dat*) verwendet: *Wie weit ist es bis nach Innsbruck?* **6** *Präp*; *mit Akk*; verwendet mit e-m Richtungsadverb, um den Endpunkt e-s Weges *o.Ä.* auszudrücken: *Früher bin ich jeden Abend bis hierher gelaufen* **7** ***bis*** + *Präp* + *Ortsangabe* verwendet, um den Endpunkt e-s Weges, e-r Fahrt *o.Ä.* auszudrücken: *Der Bus fährt bis zum Königsplatz*; *Das Taxi fuhr bis vor das Hotel*; *Die Polizei folgte den Verbrechern bis in die Wohnung* || NB: Der Kasus hängt von der zweiten Präp. ab **8** ***bis*** + *Präp* + *Subst* verwendet, um e-e räumliche Abgrenzung auszudrücken: *Das Grundstück erstreckt sich bis zum Wald*; *Der Blick reicht bis weit ins Tal*; *Er stand bis an die Knie im Wasser* || NB: Der Kasus hängt von der zweiten Präp. ab **9** ***bis zu*** + *Zahlangabe* verwendet, um e-e obere Grenze auszudrücken: *Die Temperaturen erreichten bis zu 40° C im Schatten*; *Der Kanister fasst bis zu fünf Liter* **10** ***bis zu etw.*** (*Dat*) verwendet, um e-e äußerste Grenze anzugeben: *bis zum Überdruss*; *bis zur Erschöpfung marschieren* **11** ***bis auf j-n / etw.*** alle mit Ausnahme der genannten Person(en) / Sache(n) ≈ außer[1] (1): *Bis auf zwei haben alle Studenten die Prüfung bestanden* **12** ***bis auf den letzten / die, das letzte*** + *Subst* + *Partizip Perfekt* ≈ vollständig + *Partizip Perfekt*: *Das Kino war bis auf den letzten Platz besetzt*; *Ich habe das Geld bis auf den letzten Cent ausgegeben* **13** *Zahl* + ***bis*** + *Zahl* verwendet, um die untere u. obere Grenze e-r Maß- od. Zeitangabe auszudrücken ≈ zwischen + *Zahl* und + *Zahl*: *Der Vortrag dauert zwei bis drei Stunden*; *Solche Schuhe kosten 100 bis 150 Euro* **14** ***von*** + *Ortsangabe* ***bis*** + *Ortsangabe* verwendet, um Anfangs- u. Endpunkt e-r räumlichen Erstreckung auszudrücken: *von Hamburg bis Bremen*

bis[2] *Konjunktion*; **1** verwendet im Nebensatz, um anzugeben, wann die Handlung des Hauptsatzes zu Ende ist: *Ich bleibe hier, bis der Regen aufhört*; *Ich warte, bis du wiederkommst* **2** verwendet im Nebensatz, um den Zeitpunkt anzugeben, zu dem e-e Bedingung erfüllt sein muss ≈ bevor … nicht: *Das Kind darf nicht auf den Spielplatz, bis es seine Hausaufgaben fertig hat* || NB: der Hauptsatz ist immer verneint

Bi·sam·rat·te *die*; ein Nagetier, das im od. am Wasser lebt u. das ein wertvolles Fell hat

Bi·schof *der*; *-s*, *Bi·schö·fe*; *Rel*; ein Priester mit hohem Rang, der alle Kirchen u. Priester e-s großen Gebietes (e-s Bistums od. e-r Diözese) unter sich hat || K-: ***Bischofs-, -konferenz, -mütze, -stab, -synode*** || -K: ***Landes-*** || *hierzu* **bi·schöf·lich** *Adj*; *mst attr*

bi·se·xu·ell *Adj*; **1** (*bei Menschen*) mit e-r sexuellen Neigung sowohl zu Männern als auch zu Frauen **2** (*bei Tieren*) mit männlichen u. weiblichen Geschlechtsmerkmalen: *Schnecken sind b.* || *hierzu* **Bi·se·xu·a·li·tät** *die*; *nur Sg*

bis·her *Adv*; (von e-m Zeitpunkt in der Vergangenheit) bis zum heutigen Tag, bis jetzt ≈ bislang: *B. haben wir es immer so gemacht*

bis·he·ri·g- *Adj*; *nur attr, nicht adv*; bis zum jetzigen Zeitpunkt (so) gewesen od. vorhanden: *Ihre bisherige Karriere ist sehr erfolgreich verlaufen*; *Der bisherige Außenminister wird jetzt Finanzminister*

Bis·kuit [bɪsˈkviːt, ˈbɪskvɪt] *das / der*; *-s*, *-s*; ein leichtes Gebäck, das ohne Fett hergestellt wird: *ein Tortenboden aus B.* || K-: ***Biskuit-, -rolle, -teig***

bis·lang *Adv*; *geschr* ≈ bisher

Otto von Bismarck

Otto von Bismarck (1815-1898) war ein deutscher Politiker und Diplomat. Unter dem deutschen Kaiser **Wilhelm I.** war er Ministerpräsident und später auch Reichskanzler. Bismarck wird als der Urheber der Einigung Deutschlands (1871) angesehen. Seiner Meinung nach sollte Preußen als der stärkste und am besten organisierte Kern des damaligen **Deutschen Kaiserreichs** die Hauptrolle bei der Vereinigung der deutschen Staaten spielen. Er vertrat einen Nationalismus, der alle deutschen Staaten einschloss und der zum Teil wirtschaftliche Gründe hatte, wie unter anderem die Notwendigkeit eines freien Warenaustauschs oder die Industrialisierung des Landes. Innenpolitisch von Bedeutung war die Einführung der Sozialversicherung durch ihn.

Biss *der*; *-es*, *-e*; **1** der Vorgang, bei dem j-d / ein Tier e-n Menschen od. ein Tier beißt (2) od. in etw. beißt (4): *der giftige B. e-r Kobra* **2** die Wunde, die durch e-n B. (1) entsteht || K-: ***Biss-, -wunde*** **3** *Sport, gespr*; großes Engagement, großer Einsatz (3): *mit / ohne B. spielen*

biss *Imperfekt, 1. u. 3. Person Sg*; ↑ ***beißen***

biss·chen *Indefinitpronomen*; *indeklinabel*; **1** ***ein b.*** e-e relativ kleine Menge von etw. ≈ etwas, ein wenig: *Hast du ein b. Zeit für mich?*; *Ich möchte noch* *ein b. Suppe, bitte; Warte noch ein b., gleich hört es auf zu regnen* **2 *kein b.*** + *Subst* überhaupt kein + Subst.: *Sie hatte kein b. Angst* **3 *das b.*** + *Subst* verwendet, um auszudrücken, dass der Sprecher etw. für sehr unwichtig hält: *Das b. Regen macht doch nichts!* || ID (***Ach***) ***du liebes b.!*** *gespr*; verwendet als Ausruf des Erschreckens od. Erstaunens

Bis·sen *der*; *-s*, *-*; **1** das Stück, das man von fester Nahrung abgebissen hat bzw. abbeißen kann: *Kann ich e-n B. von deinem Sandwich haben?* || -K: ***Brot-, Fleisch-*** **2** *nur Sg*; *gespr*; e-e kleine Mahlzeit: *Lass uns noch e-n B. essen, bevor wir fahren* || ID ***keinen B. herunterbringen*** *gespr*; (*z.B.* wegen Übelkeit od. aus Nervosität) nichts essen können; ***keinen B. anrühren*** *gespr*; von etw. (das einem angeboten wird) nichts essen; ***j-m bleibt der B. im Hals(e) stecken*** *gespr*; j-d ist sehr stark erschrocken; ***sich den letzten B. vom Mund(e) absparen*** *gespr*; sehr sparsam leben

bis·sig *Adj*; **1** ⟨ein Hund⟩ so, dass er gern Menschen beißt (2): *Vorsicht, bissiger Hund!* **2** scharf kritisierend (u. *mst* sogar beleidigend) ⟨j-s Stil, j-s Humor, Bemerkungen⟩ || *hierzu* **Bis·sig·keit** *die*

bist *Präsens, 2. Person Sg*; ↑ ***sein***

Bist·ro, Bist·ro *das*; *-s*, *-s*; ein Lokal mit kleinen *mst* runden Tischen, in dem man Getränke u. kleine Mahlzeiten bekommen kann || K-: ***Bistro-, -stuhl, -tisch***

Bis·tum *das*; *-s*, *Bis·tü·mer*; das Gebiet, das ein katholischer Bischof verwaltet ≈ Diözese

bis·wei·len *Adv*; *geschr* ≈ manchmal, ab und zu

Bit *das*; *-(s)*, *-(s)*; *EDV*; die kleinste (Informations)Einheit beim elektronischen Rechnen u. in der Datenverarbeitung

bit·te *Partikel*; **1** *betont u. unbetont*; verwendet, um e-n Wunsch, e-n Vorschlag, e-e Aufforderung *o.Ä.* höflich auszudrücken: *Reichst du mir mal die Butter, b.?; Nehmen Sie b. Platz!; Du musst Bitte / bitte sagen!* **2** *betont u. unbetont*; verwendet, um e-n Wunsch, e-e Aufforderung *o.Ä.* zu verstärken: *Würden Sie mir b. erklären, was hier vor sich geht!* **3** *betont*; verwendet (als Antwort auf e-e Frage), um Zustimmung auszudrücken: *„Kann ich das Salz haben?" - „B.!"; „Darf ich das Fenster aufmachen?" - „B.!"* **4** *betont*; ***b.*** (***sehr / schön***) verwendet als höfliche Antwort, nachdem sich j-d bei einem (mündlich) bedankt hat: *„Vielen Dank!" - „B. (schön)."* **5** *betont*; ***b.*** (***sehr / schön***)***!*** verwendet, um j-m etw. anzubieten **6** *betont*; (***ja,***) ***b.!*** verwendet, um etw. anzunehmen, das einem j-d anbietet ↔ (nein,) danke: *„Möchten Sie noch e-n Kaffee?" - „(Ja,) b.!"* **7** *betont*; ***ja, b.?*** verwendet, *bes* wenn man den Telefonhörer abnimmt od. die Haustür aufmacht. Man fordert damit j-n auf zu sagen, warum er angerufen hat od. gekommen ist **8** (**'*wie***) ***b.?*** verwendet, um j-n aufzufordern, das zu wiederholen, was er gerade gesagt hat, *mst* weil man es akustisch nicht verstanden hat **9** ***'wie b.?*** verwendet, um Erstaunen auszudrücken: *Wie b.? Hat er das wirklich gesagt?* **10** *betont*; ***na b.!*** *gespr*; verwendet, um auszudrücken, dass man mit etw. ohnehin gerechnet hat: *Na b., was habe ich gesagt, sie kommt doch nicht!*

Bit·te *die*; *-*, *-n*; ***e-e B.*** (***an j-n***) (***um etw.***) ein Wunsch, der an j-n gerichtet ist ⟨e-e dringende, dringliche B.; e-e B. an j-n richten; e-e B. erfüllen, abschlagen, zurückweisen⟩

bit·ten; *bat, hat gebeten*; Vt/i **1** (***j-n***) ***um etw. b.*** e-n Wunsch an j-n richten, damit er erfüllt wird ↔ j-m für etw. danken ⟨j-n dringend, höflich, herzlich, eindringlich um etw. b.⟩: *j-n um e-n Gefallen, um Auskunft b.; Dürfte ich Sie* (darum) *b., in diesem Raum nicht zu rauchen!*; Vi **2 *j-n irgendwohin b.*** j-n höflich auffordern, irgendwohin zu gehen: *Der Chef hat alle Mitarbeiter zu sich gebeten* || ID ***Ich bitte Sie / dich!*** *gespr*; verwendet, um Empörung / Ärger auszudrücken od. um j-n aufzufordern, etw. (Störendes) nicht zu tun; ***Darf ich b.?*** verwendet als höfliche Formel, um j-n aufzufordern, einzutreten od. mit einem zu tanzen; ***b. u. betteln*** sehr intensiv u. andauernd um etw. b. (1) || ▶ ***ungebeten***

bit·ter *Adj*; **1** von unangenehm herbem Geschmack, wie *z.B.* die Kerne e-s Apfels od. e-r Zitrone ↔ süß ⟨e-e Medizin, e-e Pille⟩ **2** sehr enttäuschend od. sehr unangenehm ≈ schmerzlich ⟨e-e bittere Enttäuschung erleben; e-e bittere Erfahrung machen; bittere Not leiden⟩ **3** *nur adv*; verwendet, um Adjektive od. Verben zu verstärken ≈ sehr ⟨etw. b. bereuen, etw. b. nötig haben, sich b. beklagen⟩

bit·ter- *im Adj, wenig produktiv*; verwendet, um negative Adjektive zu intensivieren; ***bitterböse*** ⟨ein Gesichtsausdruck, ein Mensch⟩, ***bitterernst*** ⟨e-e Lage, e-e Situation⟩, ***bitterkalt*** ⟨der Wind⟩

Bit·ter·keit *die*; *-*; *nur Sg*; **1** der bittere (1) Geschmack von etw. **2** ≈ Verbitterung ⟨etw. mit B. sagen⟩

bit·ter·lich *Adj*; *ohne Steigerung, nur adv*; sehr stark, intensiv ⟨b. weinen, frieren; sich b. beklagen⟩

bit·ter·süß, bit·ter-süß *Adj*; *ohne Steigerung*; **1** zugleich bitter u. süß ⟨e-e Medizin⟩ **2** zugleich traurig u. schön ⟨e-e Erinnerung, e-e Liebesgeschichte⟩

Bitt·schrift *die*; *veraltend* ≈ Petition

Bitt·stel·ler *der*; *-s*, *-*; j-d, der *mst* bei e-r offiziellen Stelle um Hilfe bittet || *hierzu* **Bitt·stel·le·rin** *die*; *-*, *-nen*

Bi·wak *das*; *-s*, *-s / -e*; ein sehr einfaches Lager (2) *mst* aus Zelten (*bes* bei Bergtouren od. Expeditionen, früher auch im Krieg) ⟨ein B. abbrechen, errichten⟩ || *hierzu* **bi·wa·kie·ren** (*hat*) *Vi*

bi·zarr *Adj*; von ungewöhnlicher u. unharmonischer Form / Art ≈ eigenwillig, seltsam ⟨Felsen, Gestalten, Einfälle⟩

Bi·zeps *der*; *-*, *-e*; der (deutlich hervortretende) Muskel des Oberarms, mit dem man den Unterarm beugt

Bla·bla *das*; *-s*; *nur Sg*, *gespr*; dummes Gerede

Black-out, Black·out ['blɛk|aut; 'blɛk'|aut] *der / das*; *-(s)*, *-s*; e-e plötzlich auftretende, *mst* kurze Bewusstseinsstörung ⟨e-n B. haben⟩

blä·hen ['blɛːən]; *blähte, hat gebläht*; Vt **1 *etw. bläht etw.*** e-e (Luft)Strömung wölbt etw. od. macht es prall: *Der Wind bläht die Segel*; Vi **2 *etw. bläht*** etw. bewirkt Blähungen im Darm: *Kohl bläht*; Vr **3 *etw. bläht sich*** etw. wird durch e-e (Luft)Strömung gewölbt od. prall: *Der Vorhang blähte sich im Wind*

Blä·hung ['blɛːʊŋ] *die*; *-*, *-en*; *mst Pl*; Gase, die sich bei der Verdauung im Bauch bilden ⟨Blähungen haben, an Blähungen leiden⟩

bla·ma·bel *Adj*; mit der Wirkung, dass sich der Betreffende schämt ≈ beschämend ⟨ein Ergebnis, ein Vorfall⟩: *Die Mannschaft erlitt e-e blamable Niederlage* || NB: *blamabel* → *ein blamables Ergebnis*

Bla·ma·ge [bla'maːʒə] *die*; *-*, *-n*; ein Vorfall od. e-e Angelegenheit, die für j-n sehr peinlich ist: *Es war e-e große B. für ihn, dass er bei der Prüfung durchgefallen war*

bla·mie·ren; *blamierte, hat blamiert*; Vt **1 *j-n b.*** j-n in Verlegenheit bringen od. lächerlich machen; Vr **2 *sich*** (***vor j-m***) ***b.*** sich durch sein Verhalten lächerlich machen ⟨sich vor aller Welt / vor allen Leuten b.⟩

blan·chie·ren [blã'ʃiːrən]; *blanchierte, hat blanchiert*; Vt ***etw. b.*** *bes* Gemüse für kurze Zeit in kochendes Wasser geben: *Bohnen zwei Minuten b., um sie dann einzufrieren*

blank, *blanker, blankst-; Adj*; **1** (sauber,) glatt u. glänzend ⟨etw. b. putzen, reiben, scheuern⟩: *e-e blanke Fensterscheibe* || NB: um *blank* zu verstärken, verwendet man in der gesprochenen Sprache *blitzblank* **2** ≈ nackt, unbedeckt: *sich auf den blanken Boden setzen; e-n heißen Topf mit der blanken Hand anfassen* **3** *nur attr, nicht adv* ≈ rein (7) ⟨Hass, Hohn, Neid, Unsinn⟩ **4** ***b. sein*** *gespr*; kein Geld mehr haben

blan·ko *Adv*; mit der Unterschrift versehen, aber ohne Zeit- od. Zahlenangaben *o.Ä.*: *j-m e-n Scheck b. ausstellen, geben* || K-: ***Blanko-, -scheck***

Bla·se *die*; -, *-n*; **1** e-e Art Kugel aus Luft od. Gas (oft in e-r Flüssigkeit) ⟨Blasen bilden sich, platzen, steigen auf⟩ || -K: ***Luft-, Seifen-*** **2** e-e Art Hohlraum unter der Haut, der durch starke Reibung od. Verbrennung entstanden ist u. *mst* mit e-r Flüssigkeit gefüllt ist: *Nach dem langen Marsch hatten wir Blasen an den Füßen* || -K: ***Blut-, Eiter-, Brand-*** **3** e-e Art kleiner Sack im Körper von Menschen od. Tieren, in dem sich der Urin sammelt ≈ Harnblase ⟨e-e schwache B. haben; die B. entleeren⟩ || K-: ***Blasen-, -entzündung, -katarrh, -leiden***

Bla·se·balg *der*; ein Gerät, mit dem man durch Drücken kräftige Luftströme erzeugen kann, um *z.B.* ein Feuer stark brennen zu lassen ⟨den B. treten⟩

bla·sen; *bläst, blies, hat geblasen*; [Vi] **1** ***(irgendwohin) b.*** die Lippen so formen, wie wenn man ein O sagt u. die Luft kräftig (irgendwohin) ausstoßen: *ins Feuer b., damit es besser brennt; b., damit die Suppe kühler wird* **2** ***etw. bläst*** etw. weht stark ⟨der Wind, der Sturm⟩; [Vt/i] **3** ***(etw.) b.*** mit e-m Musikinstrument Töne produzieren, indem man es an den Mund hält u. bläst (1) ⟨(das) Horn, (die) Posaune *usw* b.; ein Lied, e-e Melodie b.; (das Signal) zum Angriff, zum Rückzug b.⟩ || K-: ***Blas-, -kapelle, -musik, -orchester***; [Vt] **4** ***j-d / etw. bläst etw. irgendwohin*** e-e Person / Sache treibt etw. irgendwohin, indem sie e-n Luftstrom erzeugt: *Er blies ihr Rauch ins Gesicht; Der Wind blies Sand durch die Ritzen* **5** ***j-m einen b.*** *vulg*; e-n Mann sexuell befriedigen, indem man seinen Penis in den Mund nimmt

Blä·ser *der*; *-s, -*; j-d, der in e-m Orchester od. in e-r Kapelle ein Blasinstrument spielt || K-: ***Bläser-, -chor, -ensemble*** || -K: ***Blech-, Holz-***

bla·siert *Adj*; arrogant u. den Eindruck erweckend, als sei man von allem gelangweilt ≈ überheblich ⟨ein Mensch, ein Typ; (j-s) Gerede⟩ || *hierzu* **Bla·siert·heit** *die*; *nur Sg*

Blas·in·stru·ment *das*; ein Musikinstrument, mit dem man Töne produziert, indem man mit dem Mund Luft hineinpresst od. -bläst || -K: ***Blech-, Holz-***

Blas·phe·mie [-f-] *die*; -; *nur Sg, geschr*; Spott *bes* über Gott od. etw. Heiliges ≈ Gotteslästerung || *hierzu* **blas·phe·misch** *Adj*

Blas·rohr *das*; ein langes, dünnes Rohr, mit dem Kugeln od. Pfeile abgeschossen werden können, indem man kräftig hineinbläst

blass, *blasser / blässer, blassest- / blässest-; Adj*; **1** fast ohne die natürliche Farbe, fast weiß ≈ bleich ⟨ein Gesicht, ein Teint; b. aussehen, werden; b. vor Schreck⟩ || NB: um *blass* zu verstärken, verwendet man in der gesprochenen Sprache *leichenblass* **2** nur wenig leuchtend ≈ schwach ⟨Licht, ein Schein⟩ **3** ohne kräftigen Farbton ↔ kräftig: *ein blasses Grün* || K-: ***blass-, -blau, -grün*** **4** nur schwach od. vage vorhanden ⟨e-e Ahnung, e-e Erinnerung, e-e Hoffnung⟩ || NB: ↑ ***Dunst, Schimmer*** || *zu* **1** **Bläs·se** *die*; *nur Sg*

bläst *Präsens, 2. u. 3. Person Sg*; ↑ ***blasen***

Blatt *das*; *-(e)s, Blät·ter*; **1** (*Pl Blätter*) einer der flachen u. länglichen / ovalen, *mst* grünen Teile e-r Pflanze, die sich bei den Blumen am Stängel u. bei Bäumen an den Zweigen befinden ⟨ein gezacktes, welkes, verdorrtes B.; die Blätter fallen (ab), färben sich, rascheln, rauschen; e-e Pflanze verliert Blätter, wirft Blätter ab⟩ || K-: ***Blatt-, -gewächs, -stiel*** || -K: ***Ahorn-, Buchen-, Eichen-*** *usw*; ***Erdbeer-, Klee-, Salat-, Tabak-*** *usw* || NB: ↑ ***Laub*** **2** (*Pl Blatt / Blätter*) ein rechteckiges Stück Papier (*mst* in e-m bestimmten Format) ⟨ein leeres B. (Papier); fliegende, lose Blätter; ein B. zerknüllen⟩: *100 Blatt Schreibmaschinenpapier* || -K: ***Deck-, Falt-, Kalender-, Noten-, Zeichen-*** **3** (*Pl Blätter*) einer der Teile e-s Buches od. Heftes, der *mst* (auf beiden Seiten) bedruckt od. beschrieben ist ≈ Seite: *ein B. aus e-m Buch herausreißen* || -K: ***Titel-*** **4** (*Pl Blätter*) ≈ Zeitung || -K: ***Abend-, Extra-, Wochen-*** **5** (*Pl Blätter*) *mst Sg, Kollekt*; die Karten, die ein Spieler bei e-m Kartenspiel bekommen hat ⟨ein gutes, schlechtes B. haben⟩ **6** (*Pl Blatt*) e-e Spielfarbe im deutschen Kartenspiel od. e-e Karte dieser Farbe || ↑ *Abb. unter* ***Spielkarten*** || NB: ↑ ***Herz*** (6,7) || ID ***kein B. vor den Mund nehmen*** seine Meinung offen sagen; *mst* ***j-d ist ein unbeschriebenes B.*** **a)** von j-m weiß man noch nichts; **b)** j-d hat wenig Erfahrung auf e-m bestimmten Gebiet; *mst* ***Das steht auf e-m anderen B.*** das hat mit der betreffenden Sache nichts zu tun; *mst* ***Das B. hat sich gewendet***

Blasinstrumente

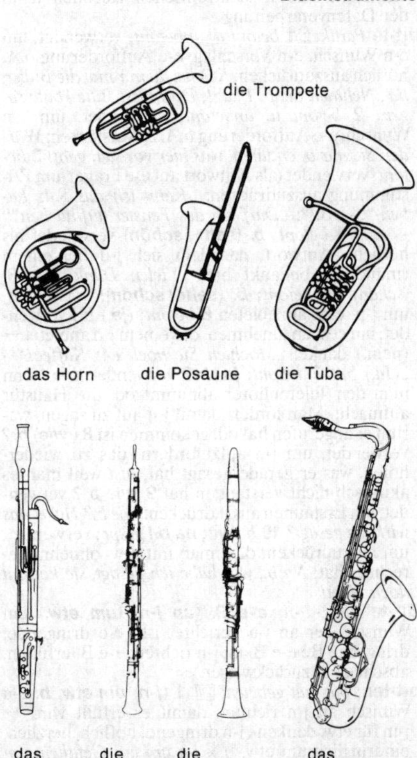

gespr; die Situation ist völlig anders geworden || *zu* **1 blatt·ar·tig** *Adj*; **blatt·ähn·lich** *Adj*; **blatt·förmig** *Adj*; **blatt·los** *Adj*; **blatt·reich** *Adj*

blät·tern; *blätterte, hat / ist geblättert*; [Vi] **1 in etw.** (*Dat*) **b.** (*hat*) die Seiten e-s Buches od. e-r Zeitung kurz betrachten u. schnell zu den nächsten Blättern weitergehen: *in e-r Illustrierten b.* **2 etw. blättert** (**von etw.**) (*ist*) etw. löst sich in kleinen, flachen Stücken von etw. u. fällt herunter ≈ etw. bröckelt ab ⟨die Farbe, der Anstrich⟩; [Vt] (hat) **3 etw. irgendwohin b.** etw. Stück für Stück schnell nebeneinander irgendwo hinlegen: *Geldscheine, Spielkarten auf den Tisch b.*

Blät·ter·teig *der*; ein Teig, der nach dem Backen aus mehreren lockeren, dünnen Schichten besteht || K-: ***Blätterteig-, -gebäck, -pastete***

Blatt·gold *das*; e-e sehr dünne Schicht Gold, mit der man *z.B.* Figuren bedeckt

Blatt·laus *die*; ein kleines Insekt, das vom Saft der Blätter lebt u. dadurch die Pflanzen schädigt

Blatt·pflan·ze *die*; e-e Pflanze, die (schöne) Blätter, aber keine Blüten hat

-blätt·rig *im Adj, begrenzt produktiv*; mit der genannten Art od. Zahl von Blättern (1); ***großblättrig, kleinblättrig, rundblättrig, vierblättrig*** ⟨ein Kleeblatt⟩

Blatt·sa·lat *der*; e-e Pflanze, deren Blätter man als Salat isst (*z.B.* Kopfsalat, Feldsalat, Radicchio)

Blatt·werk *das*; *-s*; *nur Sg*, *Kollekt*; die Blätter e-r Pflanze ≈ Laub

blau, *blauer, blau(e)st-*; *Adj*; **1** von der Farbe des Himmels bei sonnigem Wetter: *blaue Augen haben*; *ein Tuch b. färben*; *e-n Stuhl b. anstreichen* || K-: ***blau gestreift***; ***blau-, -grau, -grün*** || -K: ***hell-, dunkel-***; ***himmel-*** **2** (aufgrund großer Kälte) blutleer: *vor Kälte blaue Lippen bekommen* **3** *nicht adv*; in Wasser mit Salz u. Essig gekocht: *Aal b.*; *Forelle b.* || NB: nur unflektiert u. nach dem Subst. verwendet **4** *gespr* ≈ betrunken || *zu* **1 Blau** *das*; *-*; *nur Sg*

blau·äu·gig *Adj*; **1** *nicht adv*; mit blauen Augen **2** ahnungslos u. gutgläubig wie ein Kind ≈ naiv || *zu* **2 Blau·äu·gig·keit** *die*; *nur Sg*

Blau·bee·re *die* ≈ Heidelbeere

blau·blü·tig *Adj*; *oft iron*; aus e-r adeligen Familie (stammend) || *hierzu* **Blau·blü·tig·keit** *die*; *nur Sg*

Blaue *das*; *nur in* **1 ins B.** zu e-m Ziel, das nicht vorher bestimmt ist od. das die meisten nicht kennen ⟨e-e Fahrt, e-e Wanderung, ein Ausflug ins B.⟩ **2 *das B. vom Himmel herunterlügen*** *gespr*; große Lügen erzählen **3 *j-m das B. vom Himmel versprechen*** *gespr*; j-m etw. versprechen, das man nicht einhalten kann od. will

Bläue *die*; *-*; *nur Sg*; die blaue (1) Farbe, die blaue Beschaffenheit: *die B. des Meeres*

Blau·helm *der*; *mst Pl*; ein Soldat, der für die Vereinten Nationen (UN) tätig ist u. in Krisengebieten den Frieden sichern soll || K-: ***Blauhelm-, -einsatz, -mandat, -soldat, -truppe***

Blau·kraut *das*; *nur Sg*, *südd* ≈ Rotkohl

bläu·lich *Adj*; von schwach blauer Farbe

Blau·licht *das*; *nur Sg*; ein optisches Signal an den Autos *bes* der Feuerwehr, der Polizei u. des Roten Kreuzes, das ihnen überall die Vorfahrt gewährt: *Der Rettungswagen brachte ihn mit B. ins Krankenhaus*

blau·ma·chen; *machte blau, hat blaugemacht*; [Vi] *gespr*; (e-e bestimmte Zeit) nicht zur Arbeit gehen, weil man keine Lust dazu hat: *Er machte einfach einen Tag blau, weil er zum Baden wollte* || NB: ↑ ***schwänzen***

Blau·säu·re *die*; *nur Sg*; e-e sehr giftige Säure, die *z.B.* in bitteren Mandeln vorkommt; *Chem* HCN

Bla·zer ['ble:zɐ] *der*; *-s*, *-*; ein sportliches Jackett

Blech *das*; *-s*, *-e*; **1** ein Metall, das zu e-r dünnen Schicht gewalzt wurde: *Das B. ist verrostet, verbeult* || K-: ***Blech-, -blasinstrument, -büchse, -dose, -eimer, -geschirr, -kanister*** || -K: ***Kupfer-, Weiß-*** **2** *Kurzw* ↑ ***Backblech*** **3** *nur Sg*, *gespr*; dummes Gerede ≈ Unsinn: *Was redest du wieder für ein B.!* || ID ***aufs B. hauen*** *gespr*; (*bes* von Jugendlichen verwendet) ≈ angeben, prahlen

ble·chen; *blechte, hat geblecht*; [Vt/i] **(etw.) (für etw.) b.** *gespr*; (ungern) Geld für etw. bezahlen

ble·chern *Adj*; **1** so klingend, wie wenn man auf Blech schlägt ⟨ein Geräusch, ein Ton⟩ **2** *nicht adv*; aus Blech (1) gemacht

Blech·la·wi·ne *die*; *iron*; e-e große Anzahl von Autos, die dicht hinter- u. nebeneinander fahren

Blech·scha·den *der*; e-e Beschädigung e-s Autos, die *mst* bei e-m Unfall entstanden ist: *Bei dem Zusammenstoß wurde niemand verletzt, es entstand nur B.*

ble·cken; *bleckte, hat gebleckt*; [Vt] ***ein Tier bleckt die Zähne*** ein Tier zeigt die Zähne als Ausdruck der Aggression od. Angst ≈ ein Tier fletscht die Zähne ⟨Hunde⟩

Blei *das*; *-s*; *nur Sg*; ein sehr schweres, relativ weiches, grau glänzendes Metall; *Chem* Pb ⟨schwer wie B.⟩ || K-: ***Blei-, -gehalt, -kugel, -platten, -rohr***; ***blei-, -grau*** || ID ***B. in den Gliedern haben*** *gespr*; sich sehr müde fühlen || *hierzu* **blei·arm** *Adj*; **blei·far·ben** *Adj*; **blei·hal·tig** *Adj*

Blei·be *die*; *-*; *nur Sg*, *gespr*; ein Zimmer od. e-e Wohnung, wo man (oft nur für kürzere Zeit) wohnen kann ≈ Unterkunft ⟨keine B. haben; sich e-e neue B. suchen⟩

blei·ben; *blieb, ist geblieben*; [Vi] **1 (*irgendwo*) b.** e-n Ort, e-n Platz (für e-e bestimmte Zeit) nicht verlassen: *Sie ist krank u. bleibt heute im Bett*; *Bei schönem Wetter bleibt das Auto in der Garage u. wir fahren mit dem Fahrrad*; *Wie lange bist du in Kanada geblieben?*; *Er bleibt noch bis morgen, dann fährt er nach Hause* **2 (*irgendwie*) b.**; **etw.** (*Nom*) **b.**; **in etw.** (*Dat*) **b.** weiterhin so sein wie bisher ⟨in Bewegung b.⟩: *Er bleibt in jeder Situation höflich*; *Der Spender will ungenannt b.*; *Bleibt das Wetter so wie heute?*; *Trotz aller Probleme blieben sie Freunde*; *Ihre Bemühungen blieben ohne Erfolg*; *Bei diesem Wetter bleibt die Heizung die ganze Nacht in Betrieb* **3 am Leben b.** nicht sterben **4 (*j-m*) *im Gedächtnis / in Erinnerung b.*** nicht vergessen werden **5 *bei etw. b.*** etw., das man bereits gedacht od. gesagt hat, nicht ändern ⟨bei seiner Ansicht, seiner Aussage, seinem Entschluss, seiner Meinung b.⟩: *Er blieb dabei*, dass ... **6 *bei der Wahrheit b.*** nicht lügen **7 *bei der Sache b.*** sich nicht ablenken lassen od. das Thema nicht wechseln **8** ⟨hängen, liegen, sitzen, stehen⟩ ***b.*** weiterhin hängen, liegen, sitzen, stehen: *Die Wäsche muss an der Wäscheleine hängen b., bis sie ganz trocken ist* **9 *etw. bleibt* (*j-m*)** (+***zu*** + *Infinitiv*) etw. ist (oft als einzige Möglichkeit) noch für j-n übrig, steht noch zur Verfügung: *Uns blieb nicht viel Zeit*; *Von seinem riesigen Vermögen ist fast nichts geblieben*; *Mir bleibt nur noch zu hoffen*, dass *sie wieder gesund wird*; *Was bleibt jetzt noch zu tun?*; Es bleibt *abzuwarten*, wie *sich die Sache entwickeln wird*; [Vimp] **10 *es bleibt bei etw.*** etw. wird nicht geändert, behält seine Gültigkeit, nichts anderes kommt hinzu: *Es bleibt bei unserer Abmachung*; *Es kann nicht* dabei *b.*, dass *einer allein die ganze Arbeit macht*; *Wenn er weiterhin so viel trinkt, wird es nicht bei dem einen Unfall b.* || ID ***Wo bleibt j-d / etw.?*** verwendet, um Ungeduld darüber auszudrücken, dass j-d / etw. noch nicht da ist: *Wo bleibt er denn so lange?*; *mst* ***Wo bleibst du denn*** (***so lange***)***?*** *gespr*; warum kommst du erst jetzt?; ***Wo ist** (**denn**) **j-d** / **etw. geblieben?*** *gespr*; verwendet, um auszudrücken, dass man j-n / etw. nicht finden kann: *Wo ist denn mein Schlüssel geblieben?*; *mst* ***Und wo bleibe 'ich** (**dabei**)**?*** *gespr*; und was soll aus mir werden?; ***(zu)sehen, wo man bleibt*** *gespr*; sich selbst darum kümmern, dass man bekommt, was man braucht *o.Ä.*; *mst* ***Das bleibt unter uns!*** *gespr*; das soll kein anderer erfahren

> **blei·ben las·sen**; *lässt bleiben, ließ bleiben, hat bleiben (ge)lassen*; [Vt] ***etw. b. l.*** *gespr*; etw. nicht tun, das man tun wollte od. sollte: *Wenn du nicht mitkommen willst, dann lass es eben bleiben!*

blei·bend **1** *Partizip Präsens*; ↑ ***bleiben*** **2** *Adj*; *nur attr, nicht adv*; immer fortbestehend ⟨Erinnerungen, Schäden, Werte⟩

bleich *Adj*; **1** von fast weißer Hautfarbe, sehr blass: *Sein Gesicht war b. vor Angst, vor Schrecken* || NB: um *bleich* zu verstärken, verwendet man in der gesprochenen Sprache *kreidebleich, totenbleich* **2** hell u. fast farblos ≈ fahl ⟨ein Lichtschimmer, das Mondlicht⟩ || *hierzu* **Bleich·heit** *die*; *nur Sg*

blei·chen[1]; *bleichte, hat gebleicht*; [Vt] ***etw. b.*** etw. so behandeln, dass es heller od. weiß wird ⟨Haare, Wäsche, Wolle b.⟩ || K-: ***Bleich-, -mittel***

blei·chen[2]; *bleichte / veraltet blich, ist gebleicht / veraltet geblichen*; [Vi] ***etw. bleicht*** etw. wird heller od. weiß ⟨die Haare bleichen / die Wäsche bleicht in der Sonne⟩

blei·ern *Adj*; *nicht adv*; **1** *nur attr*; aus Blei: *bleierne Rohre* **2** *mst attr*; so, dass man sich dabei sehr schwach u. müde fühlt ⟨e-e Müdigkeit, ein Schlaf, e-e Schwere⟩

blei·frei *Adj*; ohne Blei ⟨Farben, Benzin⟩

Blei·frei *das*; *-s*; *nur Sg*; Benzin ohne Blei ⟨B. fahren, tanken⟩

Blei·gie·ßen *das*; *-s*; *nur Sg*; ein Spiel am letzten Tag des Jahres, bei dem man flüssiges Blei in kaltes Wasser gießt u. aus den entstandenen Figuren Prophezeiungen für die Zukunft macht

Blei·kris·tall *das*; *nur Sg*; ein wertvolles, dickes Glas, aus dem Vasen *usw* gemacht werden. In B. können Muster geschliffen werden

Blei·stift *der*; ein Stift *mst* aus Holz, der im Inneren e-e trockene graue od. schwarze Masse enthält, mit der man schreiben od. zeichnen kann ⟨ein harter, weicher, stumpfer, spitzer B.; e-n B. (an)spitzen⟩ || K-: ***Bleistift-, -mine, -zeichnung***

Blen·de *die*; -, *-n*; **1** *Foto*; der Teil e-r Kamera, mit dem reguliert wird, wieviel Licht bei e-r Aufnahme auf den Film fallen soll ⟨die B. einstellen⟩ **2** *Foto*; die Größe der B. (1) (die in Zahlen ausgedrückt wird): *mit B. 11 fotografieren* **3** ein flacher Gegenstand, der oft vor od. hinter Fenstern angebracht ist, um vor hellem Licht zu schützen: *(beim Autofahren) die B. herunterklappen* || -K: ***Sonnen-***

blen·den; *blendete, hat geblendet*; [Vt/i] **1** ***etw. blendet*** (***j-n***) etw. scheint j-m so hell ins Gesicht, dass er nichts od. nicht viel sehen kann: *Die Sonne blendet (mich)* **2** (***j-n***) ***b.*** j-n so stark beeindrucken, dass er nicht mehr objektiv urteilen kann ≈ täuschen: *sich von Macht, Reichtum, Schönheit, vom äußeren Schein b. lassen*; [Vt] **3** ***j-n*** (***mit etw.***) ***b.*** j-m etw. so ins Gesicht strahlen, dass er nichts od. nicht viel sehen kann: *j-n mit e-r Lampe b.* **4** ***j-n b.*** *hist*; (als Strafe) j-n blind machen || *zu* **2** **Blen·der** *der*; *-s*, -; *pej*

blen·dend **1** *Partizip Präsens*; ↑ ***blenden*** **2** *Adj*; sehr gut, großartig ⟨ein Aussehen, e-e Erscheinung; sich b. amüsieren, mit j-m verstehen⟩: *Mir geht es b.*; *Du siehst b. aus* **3** ***b. weiß*** sehr, strahlend weiß ⟨Wäsche, Zähne⟩

Bles·se *die*; -, *-n*; **1** ein weißer Fleck auf der Stirn *bes* von Pferden **2** *bes* ein Pferd mit e-r B. (1)

Bles·sur *die*; -, *-en*; *veraltend*; e-e (leichte) Verwundung od. Verletzung

blich *Imperfekt, 1. u. 3. Person Sg*; ↑ ***bleichen***[2]

Blick *der*; *-(e)s, -e*; **1** ***ein B.*** (***auf j-n*** / ***etw.***) das *mst* kurze Richten der Augen auf j-n / etw. ⟨e-n flüchtigen, kritischen, kurzen, raschen B. auf etw. werfen; j-m e-n fragenden, warnenden B. zuwerfen; etw. mit einem B. erkennen, erfassen, überschauen; j-s B. fällt auf j-n / etw.⟩: *Bevor er in den Zug einstieg, warf er noch e-n B. auf den Fahrplan*; *Ihre Blicke begegneten sich u. sie lächelten sich zu* || K-: ***Blick-, -richtung*** **2** *nur Sg*; der Ausdruck, der von j-s Augen abgelesen werden kann ⟨e-n durchdringenden, sanften, verzweifelten B. haben⟩ **3** *nur Sg*; ***ein B.*** (***auf etw.*** (*Akk*)) die Möglichkeit, etw. von e-r bestimmten Stelle aus zu sehen ≈ Aussicht (1): *ein Zimmer mit B. aufs Gebirge* || -K: ***Fern-, Rund-*** **4** *nur Sg*; ***ein B.*** (***für j-n*** / ***etw.***) die Fähigkeit, Zusammenhänge leicht erkennen u. bestimmte Dinge sicher beurteilen zu können ⟨ein geschulter, scharfer, sicherer B.; e-n B. für j-n / etw. haben, bekommen⟩ || ID ***auf den ersten B.*** sofort, beim ersten Mal ⟨j-n / etw. auf den ersten B. erkennen, sehen⟩; ***erst auf den zweiten B.*** erst bei genauerem Hinsehen; ***j-n keines Blickes würdigen*** (aus Ärger od. als Strafe) so tun, als ob man j-n nicht kenne; ***e-n B. hinter die Kulissen werfen*** / ***tun*** sich mit den Hintergründen e-r Sache befassen; ***Wenn Blicke töten könnten!*** verwendet, um auszudrücken, dass j-s B. (2) voller Hass od. Wut war; *mst* ***den bösen B. haben*** nach Meinung mancher Leute die Fähigkeit haben, anderen zu schaden, indem man sie nur ansieht

bli·cken; *blickte, hat geblickt*; [Vi] **1** ***irgendwohin b.*** seine Augen / den Blick (kurz) in e-e bestimmte Richtung wenden ≈ irgendwohin sehen, schauen: *zur Seite b.*; *j-m ins Gesicht b.*; *aus dem Fenster b.* **2** ***irgendwie b.*** e-n bestimmten Gesichtsausdruck haben ⟨finster, freundlich, streng b.⟩ || ID *mst* ***Das lässt 'tief b.!*** *gespr*; verwendet, um auszudrücken, dass etw. (ein Verhalten, e-e Bemerkung *o.Ä.*) viel über j-n aussagt; ***sich*** (***bei j-m***) ***b. lassen*** *gespr*; j-m e-n kurzen Besuch abstatten; *mst* ***Lass dich hier nie mehr*** / ***wieder b.!*** *gespr*; komm nie wieder hierher!

Blick·feld *das*; *nur Sg*; alles, was man sehen kann, ohne sich von der Stelle zu bewegen od. sich umzudrehen ≈ Gesichtskreis ⟨aus j-s B. verschwinden⟩ || ID ***j-n*** / ***sich*** / ***etw. ins B. rücken*** die Aufmerksamkeit (der Öffentlichkeit) auf j-n / sich / etw. lenken

Blick·punkt *der*; *mst* ***im B.*** ⟨der Öffentlichkeit⟩ ***stehen*** große Beachtung finden, auf großes Interesse stoßen

Blick·win·kel *der*; die Perspektive, aus der man etw. beurteilt ≈ Standpunkt: *e-e Angelegenheit aus dem B. des Verbrauchers betrachten*

blieb *Imperfekt, 1. u. 3. Person Sg*; ↑ ***bleiben***

blies *Imperfekt, 1. u. 3. Person Sg*; ↑ ***blasen***

blind *Adj*; *ohne Steigerung*; **1** ohne die Fähigkeit, zu sehen, ohne Sehvermögen ⟨b. sein, werden; auf e-m Auge b. sein⟩: *b. geboren werden* **2** *nur attr od adv*; völlig unkritisch ≈ bedingungslos ⟨Gehorsam, Glaube, Vertrauen⟩: *Er ist so ehrlich u. zuverlässig, dass du ihm b. vertrauen kannst* **3** ***b. vor*** ⟨Wut, Hass, Liebe, Eifersucht *o.Ä.*⟩ ***sein*** so starke Gefühle haben, dass man nicht mehr klar denken kann **4** ***b. für etw. sein*** etw. nicht bemerken (wollen): *Er ist b. für das Elend rings um ihn* **5** *mst* *attr*; (von *mst* negativen Gefühlen) so stark, dass der Betroffene nicht mehr vernünftig handelt ≈ maßlos, ungezügelt ⟨Angst, Hass, Wut⟩: *In blindem Zorn schlug er auf seinen Hund ein* **6** *nicht adv*; nicht (mehr) durchsichtig od. glänzend ≈ matt, trübe ↔ blank ⟨e-e Fensterscheibe, ein Spiegel⟩ **7** ⟨ein Fenster, ein Knopfloch, Munition, e-e Tür⟩ so, dass sie nicht ihre eigentliche Funktion erfüllen (sondern nur Attrappen sind) **8** *nur adv*; ohne etw. zu sehen (*z.B.* weil es dunkel ist): *Er stapfte b. durch das Zimmer u. stieß sich dabei den Kopf am Schrank an* **9** *nur adv*; ohne hinzusehen ⟨b. Schreibmaschine schreiben; b. Klavier spielen; b. Schach spielen (= ohne das Brett vor sich zu haben)⟩ || ID *mst* ***Bist du (denn) b.?*** *gespr*; verwendet, um Ärger darüber auszudrücken, dass j-d etw. offensichtlich nicht gesehen od. bemerkt hat || NB: ↑ ***Alarm, Passagier***

> **blind schrei·ben**; *schrieb blind, hat blind geschrieben*; [Vi] (mit allen zehn Fingern) auf der Schreibmaschine *o.Ä.* schreiben, ohne dabei auf die Tasten zu sehen

Blind- *im Subst, nicht produktiv*; drückt aus, dass etw. (*z.B.* wegen starken Nebels) nur mithilfe der Bordinstrumente e-s Flugzeugs geschieht; der ***Blindflug***, die ***Blindlandung***, der ***Blindstart***

Blind·darm *der*; **1** *gespr*; die kleine, wurmähnliche Fortsetzung des Dickdarms; *Med* Wurmfortsatz, Appendix || K-: ***Blinddarm-, -entzündung, -operation*** **2** *Med*; der Teil des Dickdarms, der keine Funktion bei der Verdauung hat u. an dem sich der B. (1) befindet

Blin·de *der / die*; *-n, -n*; j-d, der blind (1) ist: *e-n Blinden über die Straße führen* || K-: ***Blinden-, -anstalt, -bücherei, -führer, -heim, -hilfswerk, -lehrer, -stock*** || ID *mst* ***Das sieht doch ein Blinder (mit dem Krückstock)!*** *gespr*; das ist doch ganz einfach zu sehen, zu bemerken || NB: *ein Blinder*; *der Blinde*; *den, dem, des Blinden*

Blin·de·kuh *ohne Artikel, indeklinabel*; ein Kinderspiel, bei dem j-d mit verbundenen Augen versuchen muss, andere zu fangen ⟨B. spielen⟩

Blin·den·hund *der*; ein Hund, der gelernt hat, e-n Blinden zu führen

Blin·den·schrift *die*; e-e Schrift aus erhöhten Punkten, die ein Blinder lesen kann, indem er sie mit den Fingern abtastet

Blind·flug *der*; ein Flug, bei dem der Pilot (wegen Wolken, Nebel) nichts sehen kann

Blind·gän·ger *der*; *-s, -*; ein Geschoss, das abgeschossen wurde u. beim Aufschlagen nicht explodiert ist ⟨e-n B. entschärfen⟩ **2** *gespr pej* ≈ Versager

Blind·heit *die*; *-*; *nur Sg*; **1** der Zustand, blind (1) zu sein ⟨angeborene B.⟩ **2** ***B. gegen(über) etw.*** das (absichtliche) Übersehen od. Nichterkennen *bes* von Gefahren u. Fehlern: *j-s politische B.*; *ihre B. gegenüber den Fehlern ihres Mannes* || ID ***mit B. geschlagen sein*** etw., das offensichtlich ist, nicht bemerken od. sehen

blind·lings *Adv*; **1** ohne vorher nachzudenken (*bes* weil man große Angst od. Wut spürt) ⟨b. um sich schießen, schlagen; b. ins Verderben rennen⟩ **2** ohne kritisches Urteil ≈ blind (2) ⟨j-m b. vertrauen, gehorchen, folgen⟩

Blind·schlei·che *die*; *-, -n*; ein harmloses, bräunliches Tier, das in Europa lebt u. das wie e-e kleine Schlange aussieht

blin·ken; *blinkte, hat geblinkt*; [Vi] **1** ***etw. blinkt*** etw. leuchtet in kurzen Abständen auf: *Nachts blinken die Lichter der Stadt* || K-: ***Blink-, -signal*** **2** (bei e-m Fahrzeug) den Blinker aufleuchten lassen: *Er bog nach rechts ab, ohne zu b.*

Blin·ker *der*; *-s, -*; ein kleines gelbes od. orangefarbenes Licht an e-m Fahrzeug, das der Fahrer aufleuchten lässt, *bes* um anzuzeigen, dass er die Fahrtrichtung ändern will ⟨den B. betätigen, setzen⟩ || ↑ *Abb. unter* ***Auto***

Blink·licht *das*; ein Lichtsignal im Straßenverkehr, das in regelmäßigen Abständen kurz aufleuchtet: *Der Bahnübergang ist durch ein B. gesichert*

blin·zeln; *blinzelte, hat geblinzelt*; [Vi] die Augen mehrmals hintereinander schnell auf- u. zumachen ⟨mit den Augen b.; listig, vor Müdigkeit b.⟩: *Als er aus der Dunkelheit ins grelle Sonnenlicht kam, musste er b.*

Blitz *der*; *-es, -e*; **1** ein sehr helles Licht, das man bei e-m Gewitter plötzlich am Himmel sieht (weil elektrischer Strom von e-r Wolke zur anderen od. zur Erde fließt) ⟨B. u. Donner; irgendwo schlägt ein B. ein; j-d wird vom B. erschlagen; j-d / etw. wird vom B. getroffen; Blitze zucken am Himmel⟩ || K-: ***Blitz-, -schlag*** **2** *Foto*; *Kurzw* ↑ ***Blitzlicht, Blitzlichtgerät*** || K-: ***Blitz-, -würfel*** || ID ***(schnell) wie ein geölter / der B.*** *gespr*; sehr schnell; ***wie vom B. getroffen*** ⟨dastehen, stehen bleiben, sein⟩ so erschreckt od. entsetzt, dass man nicht reagieren kann; *mst* ***etw. kommt wie ein B. aus heiterem Himmel*** *mst* etw. Unangenehmes geschieht völlig überraschend; ***etw. schlägt ein wie ein B.*** etw. verursacht große Überraschung u. Aufregung

blitz- *im Adj, wenig produktiv, gespr*; verwendet, um ein Adj. positiv zu verstärken; ***blitzblank*** ⟨geputzt⟩, ***blitzgescheit, blitzsauber, blitzschnell***

Blitz- *im Subst, begrenzt produktiv*; sehr schnell (u. *mst* überraschend); die ***Blitzaktion***, der ***Blitzbesuch***, die ***Blitzkarriere***, der ***Blitzkrieg***, der ***Blitzstart***

Blitz·ab·lei·ter *der*; **1** e-e Anlage auf dem Dach, die verhindern soll, dass ein Blitz das Gebäude beschädigt **2** j-d, an dem ein anderer seine Wut abreagiert ⟨j-m als B. dienen; j-n als B. benutzen⟩

blitz·ar·tig *Adv*; *gespr*; sehr schnell ⟨b. verschwinden⟩

blit·zen; *blitzte, hat geblitzt*; [Vi] **1** ***etw. blitzt*** etw. leuchtet mehrere Male kurz (u. sehr schnell) auf ≈ etw. funkelt ⟨ein Lichtschein, ein Diamant⟩: *Seine Augen blitzten vor Freude* **2** *gespr*; beim Fotografieren ein Blitzlicht verwenden; [Vimp] **3** ***es blitzt*** am Himmel sind Blitze zu sehen: *Es blitzt u. donnert*; [Vt] **4** ***j-n b.*** *gespr*; ein Fahrzeug, das zu schnell fährt od. an e-r roten Ampel nicht hält, mithilfe e-s speziellen Gerätes fotografieren: *Die Polizei hat mich bei e-r Radarkontrolle geblitzt*

Blitz·licht *das*; ein hell u. kurz aufleuchtendes Licht, das man zum Fotografieren in dunklen Räumen braucht ⟨mit B. fotografieren⟩ || K-: ***Blitzlicht-, -aufnahme, -gerät***

Block *der*; *-(e)s, -s / Blö·cke*; **1** (*Pl Blöcke*) ein schweres, massives Stück Holz, Metall od. Stein mit Kanten: *ein unbehauener B. aus Granit* || -K: ***Holz-, Marmor-, Stein-*** **2** (*Pl Blocks / Blöcke*) ein großes Wohngebäude mit mehreren Etagen || -K: ***Wohn-*** **3** (*Pl Blocks / Blöcke*) e-e Gruppe mehrerer (*mst* gleicher od. ähnlicher) Häuser, die aneinander gebaut od. im Viereck um e-n Innenhof gebaut sind || -K: ***Häuser-*** **4** (*Pl Blöcke*) ein politischer od. wirtschaftlicher Zusammenschluss von Parteien od. Staaten ⟨e-n B. bilden⟩ || K-: ***Block-, -bildung*** || -K: ***Militär-, Staaten-, Währungs-, Wirtschafts-; Ost-*** **5** (*Pl Blocks / Blöcke*) e-e ziemlich große Zahl gleich großer Papierblätter, die an einer Seite zusammengeheftet sind, damit man sie einzeln abreißen kann || -K: ***Brief-, Quittungs-, Schreib-, Zeichen-*** **6** (*Pl Blöcke*) *Kollekt*; e-e Gruppe von gleichartigen Dingen, die e-e Einheit bilden (u. *mst* zusammen bearbeitet werden) || -K: ***Daten-, Informations-***

Blo·cka·de *die*; -, *-n*; die Absperrung aller Zufahrtswege zu e-m Land, e-m Gebiet, e-r Stadt *o.Ä.* ⟨e-e B. brechen, über ein Land verhängen⟩

Block|buch·sta·be *der*; ein großer Buchstabe, der in der Form e-s gedruckten lateinischen Buchstabens geschrieben wird: *seinen Namen in Blockbuchstaben schreiben*

Block·flö·te *die*; e-e Flöte aus Holz mit acht Löchern ↔ Querflöte || ↑ *Abb. unter* ***Flöten*** || -K: ***Alt-, Sopran-***

block·frei *Adj*; *mst attr, nicht adv*; zu keinem Block (4) gehörend ⟨ein Land, ein Staat⟩ || *hierzu* **Block·frei·heit** *die*; *nur Sg*

Block·haus *das*; ein einfaches Haus mit Wänden aus Baumstämmen

blo·ckie·ren; *blockierte, hat blockiert*; [Vt] **1** ***etw. b.*** e-e Sperre errichten, um zu verhindern, dass ein Weg od. ein Zugang benutzt werden kann: *Die Demonstranten blockierten die Straße mit alten Autos* **2** ***etw. blockiert etw.*** etw. macht e-n Verkehrsweg (als Folge e-s bestimmten Vorfalls) unpassierbar: *Ein umgestürzter Lastwagen blockiert die Autobahn*; [Vt/i] **3** (***etw.***) ***b.*** bewirken, dass e-e konstante Bewegung aufhört, dass etw., das fließt od. sich dreht, stillsteht ⟨die Gaszufuhr, den Verkehr, den Nachschub b.⟩; [Vi] **4** ***etw. blockiert*** etw. wird plötzlich gehemmt u. hört auf, sich zu drehen ⟨der Motor, die Räder⟩: *Er bremste so stark, dass die Räder blockierten* || *zu* **1, 2** u. **3 Blo·ckie·rung** *die*; *nur Sg* || ► ***Blockade***

Block·schrift *die*; *nur Sg*; e-e (Hand)Schrift, die aus großen Blockbuchstaben besteht

blöd, blö·de *Adj*; *pej*; **1** *gespr* ≈ dumm ⟨ein Fehler, e-e Frage, Gerede; b. daherreden, grinsen, lachen; sich b. anstellen⟩: *Er ist viel zu blöd(e), um diesen komplizierten Sachverhalt zu begreifen* **2** *veraltet* ≈ schwachsinnig, idiotisch ⟨ein Kind⟩ || NB: in prädikativer Stellung *mst blöde* **3** *gespr*; unangenehm (u. ärgerlich) ≈ dumm (5) ⟨e-e Angelegenheit, ein Gefühl, e-e Geschichte; etw. wird j-m zu b.⟩: *Allmählich wird es mir zu blöd(e), so lange zu warten* **4** *gespr*; verwendet, um Ärger über j-n / etw. auszudrücken: *Das blöde Auto springt nicht an!* || *zu* **1** u. **2 Blöd·heit** *die*; *nur Sg*; *zu* **3 blö·der·wei·se** *Adv*

Blö·de·lei *die*; -, *-en*; **1** *nur Sg*; das Blödeln **2** ein alberner Witz, Scherz

blö·deln; *blödelte, hat geblödelt*; [Vi] *gespr*; (absichtlich) Unsinn reden od. machen

Blö·di·an *der*; *-s, -e*; *gespr pej* ≈ Blödmann

Blöd·mann *der*; *Pl Blöd·män·ner*; *gespr pej*; verwendet als Schimpfwort für e-n Jungen od. Mann, über den man sich ärgert ≈ Idiot

Blöd·sinn *der*; *nur Sg, pej*; etw., das keinen Sinn hat, dummes Zeug ≈ Unsinn ⟨B. reden, schreiben, treiben; nur B. im Kopf haben⟩ || *hierzu* **blöd·sin·nig** *Adj*

blö·ken; *blökte, hat geblökt*; [Vi] ***ein Schaf*** *o.Ä.* ***blökt*** ein Schaf gibt die Laute von sich, die für seine Art typisch sind

blond *Adj*; **1** von gelblicher, heller Farbe ⟨ein Bart, j-s Haar, Locken⟩ || -K: ***dunkel-, gold-, rot-, semmel-, stroh-*** **2** mit blondem (1) Haar ⟨ein Mädchen, ein Junge⟩ || K-: ***blond gelockt***

Blon·di·ne *die*; -, *-n*; e-e (*mst* junge, attraktive) Frau mit blonden Haaren

bloß[1] *Adj*; *ohne Steigerung*; **1** *mst attr* ≈ nackt: *mit bloßem Oberkörper in der Sonne sitzen* **2** *mst attr*; ohne etw. Schützendes darauf, daran *o.Ä.*: *auf dem bloßen Erdboden liegen* **3** *nur attr, nicht adv*; ohne etw. Zusätzliches (darin, davor, dabei *o.Ä.*): *etw. mit bloßem Auge* (=ohne Brille, Fernglas *o.Ä.*) *erkennen* **4** *nur attr, nicht adv* ≈ nichts anderes als: *Was er sagt, sind bloße Vermutungen*; *Glaub das nicht. Das sind bloße Redensarten*

bloß[2] *Adv*; verwendet, um etw., das man vorher gesagt hat, einzuschränken ≈ nur[1]: *Das Konzert war toll, b. war die Musik ein bisschen zu laut*; *Das habe ich ja gleich gesagt, du hast es mir b. nicht geglaubt*; *Ich habe das auch gehört. Ich frage mich b., stimmt das auch?*

bloß[3] *Partikel*; **1** *betont u. unbetont*; verwendet, um e-e Aussage einzuschränken ≈ nur[3] (1), lediglich: *Ich habe b. noch fünf Euro*; *Die Kugel hat ihn b. gestreift* (u. nicht voll getroffen) **2** *unbetont*; ***b. noch*** + *Adj* (*oft im Komparativ*) verwendet, um auszudrücken, dass etw. e-e unerwünschte Wirkung hat ≈ nur[3] (4): *Bleib im Bett, sonst wirst du b. noch krank*; *Sag lieber nichts, sonst wird er b. noch wütender*; *Wenn du an dem Mückenstich kratzt, juckt er b. noch mehr* **3** *unbetont* ≈ nur[3] (2) **4** *unbetont, gespr*; ***b. so*** + *Verb* ≈ nur[3] (3) || NB: *zu* **3** u. **4**: *nur* wird in diesen Fällen wesentlich häufiger gebraucht

bloß[4] *Partikel*; *betont u. unbetont*; **1** in Fragen verwendet, um Ratlosigkeit auszudrücken u. *mst* die Hoffnung, dass einem der Gesprächspartner helfen kann ≈ nur[4] (1): *Wo ist denn b. mein Schlüssel?*; *Was kann da b. passiert sein?*; *Wie funktioniert das b.?* **2** in Ausrufesätzen u. rhetorischen Fragen verwendet, um Bewunderung, Kritik *o.Ä.* auszudrücken ≈ nur[4] (2): *Was hast du da b. wieder angestellt!*; *Wie konntest du b. so etwas Schreckliches tun?*; *Warum hast du das b. nicht schon früher gesagt?* **3** verwendet, um j-n zu beruhigen, zu trösten od. ihm Mut zu machen ≈ nur[4] (3): *Reg dich b. nicht auf!*; *B. keine Angst!* **4** verwendet, um aus e-r Aufforderung e-e Drohung od. Warnung zu machen ≈ nur[4] (4), ja (11): *Halt b. endlich den Mund!*; *Glaub b. nicht, dass ich mir das gefallen lasse!*; *„Soll ich ihn mal fragen?“ - „B. nicht, da wird er nur wütend!“* **5** verwendet, um e-n dringenden Wunsch auszudrücken ≈ nur[4] (5): *Hätte ich das doch b. nicht gesagt!*; *Wenn wir b. schon da wären!*

Blö·ße *die*; -; *nur Sg*; *mst in* ***sich*** (*Dat*) ***e-e / keine B. geben*** e-e / keine Schwäche zeigen

bloß·le·gen; *legte bloß, hat bloßgelegt*; [Vt] **1** ***etw. b.*** etw., das unter der Erde liegt, ausgraben *o.Ä.* ≈ freilegen ⟨antike Gebäudereste, den Grundriß e-r Burg b.⟩ **2** ***etw. b.*** etw. Verstecktes herausfinden u. bekannt machen ≈ aufdecken: *die Motive e-s Verbrechens b.*

bloß·stel·len; *stellte bloß, hat bloßgestellt*; [Vt] **1** ***j-n b.*** j-s Schwäche od. Fehler anderen Leuten (auf oft beleidigende Weise) zeigen ≈ blamieren (1); [Vr] **2** ***sich b.*** ≈ sich blamieren || *hierzu* **Bloß·stel·lung** *die*

Blou·son [blu'zõː, blu'zɔŋ] *der, das*; *-s, -s*; e-e kurze, weite Jacke od. Bluse, die an der Taille eng anliegt

blub·bern; *blubberte, hat geblubbert*; [Vi] ***etw. blubbert*** etw. erzeugt das Geräusch, das *z.B.* entsteht, wenn e-e dicke Suppe in e-m Topf kocht

Blue Jeans, Blue·jeans ['bluːdʒiːns] *die*; -, -; e-e Hose aus festem, *mst* blauem Baumwollstoff ≈ Jeans || NB: Wenn B. das Subjekt des Satzes ist, steht das Verb im Sg. od. Pl.: *Ihre B. hatte / hatten ein Loch*

Blues [bluːz, -s] *der*; -, -; **1** *nur Sg*; e-e Musikrichtung, die durch langsame u. *mst* melancholische Musik gekennzeichnet ist **2** ein Musikstück dieses Typs ⟨e-n B. spielen⟩

Bluff [blʊf, blœf] *der*; *-s, -s*; *oft pej*; e-e bewusste Täuschung

bluf·fen ['blʊfn̩, 'blœfn̩]; *bluffte, hat geblufft*; [Vt/i] **(j-n) b.** (*bes* durch freches, riskantes Verhalten) j-n täuschen od. irreführen: *beim Pokern b.*

blü·hen ['bly:ən]; *blühte, hat geblüht*; [Vi] **1 etw. blüht** etw. hat gerade eine Blüte od. mehrere Blüten ⟨etw. blüht rot, weiß *usw*, früh, spät, üppig⟩: *e-e blühende Wiese*; *Die Mandelbäume blühen im März* **2 etw. blüht** etw. entwickelt sich stark u. günstig ≈ etw. floriert ⟨das Geschäft, der Handel, der Schmuggel⟩ **3 etw. blüht j-m** *gespr iron*; j-m steht etw. Unangenehmes bevor; [Vimp] **4 es (grünt u.) blüht** viele Blumen, Bäume *usw* (wachsen u.) blühen: *Im Frühling grünt u. blüht es überall* || ► **Blüte**

blü·hend ['bly:ənt] **1** *Partizip Präsens*; ↑ **blühen 2** *Adj*; *mst attr, nicht adv*; sehr lebhaft ⟨e-e Phantasie⟩ **3** *Adj*; *mst attr, nicht adv*; sehr gut ⟨j-s Gesundheit⟩ **4** *Adj*; frisch u. gesund ⟨b. aussehen⟩ || NB: ↑ **Leben**

Blu·me *die*; *-, -n*; **1** e-e relativ kleine Pflanze mit auffälligen Blüten ⟨e-e blühende, duftende B.; Blumen pflanzen, züchten⟩ || K-: **Blumen-, -beet, -erde, -garten, -rabatte, -zwiebel** || -K: **Garten-, Sumpf-, Wald-, Wiesen-; Frühlings-, Sommer-, Herbst- 2** eine Blüte od. mehrere Blüten an e-m Stiel od. Stängel ⟨frische, welke, verwelkte, duftende Blumen; Blumen pflücken, schneiden, trocknen; ein Strauß Blumen⟩ || K-: **Blumen-, -händler, -kranz, -laden, -strauß, -vase 3** e-e Pflanze, die in e-m Topf *o.Ä.* wächst: *Die Blumen im Wohnzimmer müssen noch gegossen werden!* || K-: **Blumen-, -erde, -fenster 4** das Aroma des Weins ≈ Bukett || ID **(j-m) etw. durch die B. sagen** j-m etw. nicht direkt, sondern nur in Andeutungen sagen; **Danke für die Blumen!** *iron*; (als Antwort auf e-e Kritik *o.Ä.*) danke für das „Kompliment"!

Blumen

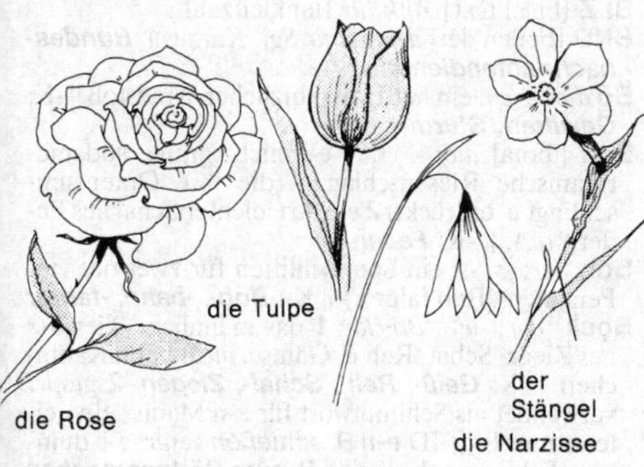

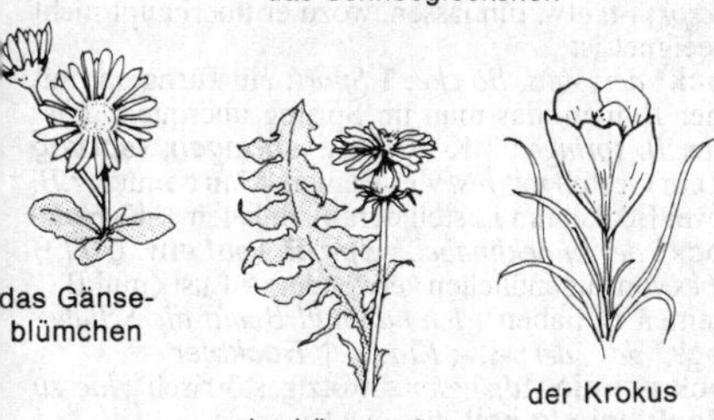

Blu·men·kohl *der*; e-e Kohlsorte, deren große, weiße, feste Blüten gekocht als Speise gegessen werden können || ↑ *Abb. unter* **Gemüse**

Blu·men·stock *der* ≈ Blume (3)

Blu·men·topf *der*; ein Gefäß aus Ton od. Kunststoff, in das man Zimmerpflanzen pflanzt

blü·me·rant *Adj*; *gespr*; *mst in* **j-m ist / wird b.** (**zumute**) j-m ist unwohl, übel

blu·mig *Adj*; **1** *oft pej*; mit vielen Bildern u. Beispielen ≈ weitschweifig ⟨e-e Redeweise⟩ **2** mit intensivem Aroma ⟨Wein⟩

Blu·se *die*; *-, -n*; ein Kleidungsstück aus leichtem Stoff, das Mädchen u. Frauen am Oberkörper tragen ⟨e-e kurzärmelige, langärmelige B.⟩ || ↑ *Abb. unter* **Bekleidung**

Blut *das*; *-(e)s*; *nur Sg*; die rote Flüssigkeit in den Adern von Menschen u. Tieren ⟨frisches, sauerstoffreiches, verbrauchtes, sauerstoffarmes B.; B. fließt, quillt, strömt, tropft aus e-r Wunde; j-m B. abnehmen; B. spenden⟩ || K-: **Blut-, -ader, -blase, -fleck, -gerinnung, -konserve, -lache, -serum, -spur, -transfusion, -untersuchung, -verlust**; **blut-, -befleckt, -beschmiert, -rot, -überströmt, -verschmiert** || ID **B. geleckt haben** etw. kennen gelernt u. daran Gefallen gefunden haben; **an etw.** (*Dat*) **klebt B.** etw. steht in engem Zusammenhang mit e-m Mord; **j-n bis aufs B. peinigen / reizen** j-n sehr stark quälen od. provozieren; **j-d hat etw. im B.**; **etw. liegt j-m im B.** j-d hat ein Talent od. e-e Fähigkeit (von Geburt an); **blaues B.** (**in den Adern**) **haben** aus e-r adeligen Familie stammen; **frisches / neues B.** *veraltend*; verwendet, um e-n od. mehrere Menschen zu bezeichnen, die neu in e-r Firma *o.Ä.* sind; **ein junges B.** *veraltend*; ein junger Mensch; *mst* **Das gibt böses B.** das verursacht Ärger u. Hass; **heißes / feuriges B. haben** sehr temperamentvoll sein; **ruhiges / kaltes B. bewahren** ruhig u. beherrscht bleiben; (**Nur**) **ruhig B.!** nicht aufregen!; **B. u. Wasser schwitzen** *gespr*; in e-m Zustand großer Angst od. Aufregung sein

Blut bil·dend *Adj*; ⟨ein Medikament⟩ so, dass es die Bildung roter Blutkörperchen fördert

Blut·al·ko·hol *der*; *nur Sg*; die Menge Alkohol, die sich im Blut befindet: *e-n B. von 1,2 Promille feststellen*

blut·arm *Adj*; mit zu wenig roten Blutkörperchen im Blut; *Med* anämisch || *hierzu* **Blut·ar·mut** *die*; *nur Sg*

Blut·bad *das*; *nur Sg* ≈ Massaker ⟨ein B. anrichten⟩

Blut·bank *die*; *-, -en*; e-e (zentrale) Institution, an der gespendetes Blut gesammelt u. aufbewahrt wird

Blut·bild *das*; das Ergebnis der Analyse des Blutes e-s Patienten

Blut·druck *der*; *nur Sg*; der Druck, den das strömende Blut in den Adern erzeugt ⟨e-n hohen, niedrigen B. haben; den B. messen⟩ || K-: **Blutdruck-, -messung**

Blut·druck|mes·ser *der*; *-s, -*; ein Gerät, mit dem man den Blutdruck messen kann

Blü·te[1] *die*; *-, -n*; **1** der Teil e-r Pflanze, der *mst* durch seine Farbe od. seinen Duft besonders auffällt u. aus dem sich die Frucht entwickelt ⟨e-e duftende, sternförmige, zarte, rote, blaue *usw* B.⟩ || K-: **Blüten-, -blatt, -honig, -knospe 2** *nur Sg, Kollekt*; alle Blüten (1) einer od. mehrerer Pflanzen zusammen: *Durch den Frost ist die gesamte B. erfroren* **3** *nur Sg*; das Blühen: *den Lavendel nach der B. zurückschneiden* **4** die Zeit, in der Pflanzen blühen || K-: **Blüte-, -zeit** || -K: **Baum-, Heide- 5** *nur Sg*; die Zeit, in der etw. besonders gut entwickelt u. erfolgreich ist ≈ Höhepunkt: *die B. der Kunst, des Handwerks* || K-: **Blüte-, -zeit** || ID **in der B. seiner Jahre** *geschr*; in seinen besten Lebensjahren; **etw. treibt üppi-**

ge / seltsame Blüten etw. nimmt seltsame, eigenartige Erscheinungsformen an

Blü·te[2] *die*; -, *-n*; *gespr*; ein gefälschter Geldschein: *Blüten in Umlauf bringen*

Blut·egel *der*; ein kleines, wurmähnliches Tier, das (im Wasser lebt u.) bei Menschen u. Tieren Blut saugt

blu·ten; *blutete, hat geblutet*; [Vi] Blut (aus e-r Wunde) verlieren: *Der Verletzte blutete aus dem Mund; Meine Nase blutet; e-e heftig blutende Wunde* || ID ***schwer b. müssen*** *gespr*; viel Geld für etw. bezahlen müssen || *hierzu* **Blu·tung** *die*

Blü·ten·staub *der* ≈ Pollen

Blut|ent·nah·me *die*; das Entnehmen von Blut, um es zu untersuchen ⟨e-e B. vornehmen⟩

blü·ten·weiß *Adj*; *ohne Steigerung*; sehr weiß (u. sauber) ⟨ein Hemd, Wäsche⟩

Blu·ter *der*; *-s*, *-*; j-d, dessen Blut nicht die Fähigkeit besitzt zu gerinnen || K-: ***Bluter-, -krankheit***; ***bluter-, -krank***

Blut|er·guss *der*; e-e Ansammlung von Blut außerhalb der Adern, die durch e-n heftigen Stoß od. Schlag verursacht wird: *Bei e-m B. bildet sich ein blauer Fleck unter der Haut*

Blut|farb·stoff *der*; *nur Sg*; der rote Farbstoff, der im Blut ist; *Med* Hämoglobin

Blut·ge·fäß *das* ≈ Ader

Blut·ge·rinn·sel *das*; e-e Ansammlung von geronnenem Blut in e-m Blutgefäß, die bewirkt, dass das Blut nicht mehr fließen kann; *Med* Thrombus

Blut·grup·pe *die*; eine der vier Gruppen, in die man das Blut (nach bestimmten erblichen Merkmalen) einteilt ⟨j-s B. bestimmen⟩: *die vier Blutgruppen 0, A, B u. AB* || K-: ***Blutgruppen-, -bestimmung***

Blut·hoch·druck *der*; die Krankheit, bei der man ständig zu hohen Blutdruck hat; *Med* Hypertonie

blu·tig *Adj*; **1** voll Blut ⟨ein Verband, e-e Waffe⟩ **2** sehr grausam, viele Verletzte u. Tote fordernd ↔ unblutig ⟨e-e Auseinandersetzung, ein Krieg, e-e Rache, Unruhen⟩: *e-e Revolte b. niederschlagen* **3** *nur attr, nicht adv, gespr*; verwendet, um ein Subst. od. Adj. zu verstärken ≈ absolut, total ⟨*mst* Ernst, ein Anfänger⟩

blut·jung *Adj*; *ohne Steigerung*; noch sehr jung, fast noch ein Kind: *Er war b., als er seine Eltern verlor*

Blut·kör·per·chen *das*; *-s*, *-*; *mst Pl*; die winzigen festen Bestandteile des Blutes ⟨rote, weiße Blutkörperchen⟩: *zu wenig rote Blutkörperchen haben*

Blut·krebs *der*; *nur Sg*; e-e Erkrankung des Blutes, die zum Tode führen kann; *Med* Leukämie

Blut|kreis·lauf *der*; *nur Sg*; die strömende Bewegung des Blutes durch den Körper, die durch das Herz in Gang gehalten wird

blut·leer *Adj*; (fast) ohne Blut (u. daher blass wirkend) ⟨Lippen⟩ || *hierzu* **Blut·lee·re** *die*; *nur Sg*

Blut·oran·ge *die*; e-e Orange mit dunkelrotem Saft u. Fruchtfleisch

Blut·pro·be *die*; die Entnahme u. Untersuchung e-r kleinen Menge Blut ⟨e-e B. anordnen, entnehmen, vornehmen⟩

Blut·ra·che *die*; *nur Sg*; e-e Form der Selbstjustiz, bei der ein Mörder od. ein Mitglied seiner Verwandtschaft von den Verwandten des Opfers getötet wird ⟨B. an j-m üben⟩

Blut·rei·ni·gung *die*; die Befreiung des Blutes von schädlichen Stoffen durch e-e bestimmte Kur || K-: ***Blutreinigungs-, -tee*** || *hierzu* **blut·rei·ni·gend** *Adj*

blut·rüns·tig *Adj*; **1** von starkem Verlangen erfüllt zu töten ⟨ein Herrscher⟩ **2** ⟨ein Film, ein Roman⟩ so, dass sie von grausamen u. blutigen Ereignissen berichten

Blut·sau·ger *der*; *-s*, *-*; **1** ein Insekt, das sticht u. Blut saugt: *Schnaken u. Wanzen sind Blutsauger* **2** ein Mensch, der andere (wirtschaftlich) ausbeutet **3** ≈ Vampir (1)

Blut·schan·de *die*; *nur Sg*; Geschlechtsverkehr zwischen nahen Verwandten (wie *z.B.* Geschwistern) ≈ Inzest || *hierzu* **blut·schän·de·risch** *Adj*

Blut·sen·kung *die*; e-e Untersuchung des Blutes, bei der gemessen wird, wie schnell die roten Blutkörperchen in ungerinnbar gemachtem Blut sinken, um bestimmte Krankheiten feststellen zu können

Blut·spen·de *die*; die freiwillige Abgabe von gesundem Blut, das für Transfusionen verwendet wird: *die Bevölkerung zur B. aufrufen* || *hierzu* **Blut·spen·der** *der*; **Blut·spen·de·rin** *die*

blut·stil·lend *Adj*; *nicht adv*; mit der Wirkung, dass e-e Wunde nicht mehr blutet ⟨ein Mittel, ein Verband⟩

Blut·sturz *der*; *nur Sg*; ein plötzliches starkes Bluten *bes* aus Mund od. Nase ⟨e-n B. erleiden⟩

bluts·ver·wandt *Adj*; *ohne Steigerung*, *nicht adv*; durch e-n gemeinsamen Vorfahren verwandt || *hierzu* **Bluts·ver·wand·te** *der / die*; **Bluts·ver·wandt·schaft** *die*

Blut·tat *die*; *geschr* ≈ Mord ⟨e-e B. begehen⟩

Blut|über·tra·gung *die* ≈ (Blut)Transfusion

blut|un·ter·lau·fen *Adj*; durch e-e Ansammlung von Blut im Gewebe rötlich gefärbt ⟨*mst* Augen⟩

Blut·ver·gie·ßen *das*; *-s*; *nur Sg*; das Töten u. Verletzen vieler Menschen: *ein unnötiges B. vermeiden*

Blut·ver·gif·tung *die*; e-e Erkrankung durch e-e infizierte Wunde, wobei sich die Infektion stark ausbreitet; *Med* Sepsis ⟨an (e-r) B. sterben⟩

Blut·wurst *die*; e-e Wurst aus Schweinefleisch, Speck u. dem Blut des geschlachteten Tieres

Blut·zu·cker *der*; der Traubenzucker, der im Blut gelöst ist ⟨der B. ist zu hoch; zu viel B. haben⟩

BLZ [beːlɛl'tsɛt] *Abk für* Bankleitzahl

BND [beːlɛn'deː] *der*; *-*; *nur Sg*, *Kurzw* ↑ ***Bundesnachrichtendienst***

Bö *die*; *-*, *-en*; ein heftiger, plötzlicher Windstoß || -K: ***Gewitter-, Sturm-***

Boa ['boːa] *die*; *-*, *-s*; **1** e-e nicht giftige südamerikanische Riesenschlange (die ihre Opfer umschlingt u. erdrückt) **2** e-e Art leichter Schal aus Federn *o.Ä.* || -K: ***Feder-***

Bob *der*; *-s*, *-s*; ein Sportschlitten für zwei od. vier Personen ⟨Bob fahren⟩ || K-: ***Bob-, -bahn, -fahrer***

Bock[1] *der*; *-(e)s*, *Bö·cke*; **1** das männliche Tier *bes* bei Ziege, Schaf, Reh u. Gämse, *auch* beim Kaninchen || -K: ***Geiß-, Reh-, Schaf-, Ziegen-*** **2** *gespr!* verwendet als Schimpfwort für e-n Mann ⟨ein geiler, sturer B.⟩ || ID ***e-n B. schießen*** *gespr*; e-n dummen Fehler machen; ***den B. zum Gärtner machen*** *gespr*; j-n etw. tun lassen, wozu er überhaupt nicht geeignet ist

Bock[2] *der*; *-(e)s*, *Bö·cke*; **1** *Sport*; ein Turngerät mit vier Beinen, das man im Sprung überquert: *über den B. springen* || K-: ***Bock-, -springen, -sprung*** **2** ein Gestell mit *mst* vier Beinen. Man benutzt *z.B.* zwei Böcke, um Lasten darauf zu legen || -K: ***Holz-***

Bock[3] *der*; *indeklinabel*, *gespr*; **B.** (**auf etw.** (*Akk*)) (*bes* von Jugendlichen verwendet) ≈ Lust ⟨null B. / keinen B. haben⟩: *Ich hab null B. auf die Schule*

Bock[4] *das / der*; *-s*, *-*; *Kurzw* ↑ ***Bockbier***

bock·bei·nig *Adj*; *gespr* ≈ trotzig, störrisch || *hierzu* **Bock·bei·nig·keit** *die*; *nur Sg*

Bock·bier *das*; ein sehr starkes Spezialbier

bo·cken; *bockte, hat gebockt*; [Vi] **1** ***ein Tier bockt*** ein Tier bewegt sich nicht od. nur widerwillig weiter ⟨ein Pferd, ein Esel⟩ **2** ***ein Kind bockt*** ein Kind ist widerspenstig u. störrisch || *hierzu* **bo·ckig** *Adj*

Bock·mist *der*; *gespr! pej* ≈ Unsinn

Bocks·horn *das*; *mst in* **sich (nicht) ins B. jagen lassen** sich (keine) Angst machen od. sich (nicht) täuschen od. verwirren lassen

bock·steif *Adj*; *ohne Steigerung*, *gespr*; sehr steif u. unbeweglich

Bock·wurst *die*; e-e Wurst aus magerem Fleisch, die im Wasser heiß gemacht u. *mst* mit e-m Brötchen u. Senf gegessen wird

Bo·den[1] *der*; *-s*, *Bö·den*; **1** die oberste Schicht der Erdoberfläche (*bes* in Bezug auf ihre Nutzbarkeit) ⟨fruchtbarer, lehmiger, steiniger, sandiger B.; der B. ist aufgewühlt, aufgeweicht, gefroren, verseucht⟩: *Kartoffeln gedeihen am besten in lockerem u. sandigem B.* || K-: **Boden-, -bearbeitung, -belastung, -beschaffenheit, -erosion, -feuchtigkeit, -nutzung, -qualität, -untersuchung, -verbesserung** || -K: **Fels-, Lehm-, Sand-, Wald- 2** *nur Sg*; die Fläche (im Freien u. in Räumen), auf der man steht u. geht / auf der (in Räumen) die Möbel stehen od. auf der man (im Freien) baut ⟨auf den / zu B. fallen, sinken, stürzen; auf dem / am B. liegen; auf dem B. sitzen; etw. vom B. aufheben; j-n / etw. zu B. drücken; den B. fegen, kehren, (auf)wischen, putzen⟩: *nach der Seereise wieder festen B. unter den Füßen haben* || K-: **Boden-, -belag, -heizung, -pflege** || -K: **Bretter-, Holz-, Parkett-, Teppich- 3** die unterste, horizontale Fläche e-s Behälters *o.Ä.* ⟨der B. e-r Kiste, e-r Truhe, e-s Koffers, e-s Schranks⟩: *Am B. des Tanks hat sich Schmutz abgesetzt* **4** *nur Sg*; die unterste Fläche e-s Gewässers ≈ Grund: *auf dem / am B. des Meeres, Teiches, Kanals* || -K: **Meeres- 5** *Adj* + **B.** ein bestimmtes Gebiet ≈ Territorium ⟨deutscher, englischer *usw* B.⟩: *nach e-m Aufenthalt im Ausland wieder heimatlichen B. betreten* **6** ≈ Grundlage, Basis: *auf sicherem / schwankendem B. stehen*; *auf dem B. der Demokratie bleiben* || ID **(an) B. gewinnen / verlieren** an Bedeutung gewinnen / verlieren; **B. gutmachen / wettmachen** *gespr*; Fortschritte machen u. so j-s Vorsprung verringern; **am B. zerstört sein** *gespr*; (psychisch u. physisch) völlig erschöpft sein; **auf dem B. der Tatsachen bleiben** vernünftig u. praktisch denken; **etw. fällt auf fruchtbaren B.** etw. wird gern befolgt u. übt somit e-e sichtbare Wirkung aus; **etw. aus dem B. stampfen** etw. in kürzester Zeit errichten od. hervorbringen; **festen B. unter den Füßen haben** (*mst* wirtschaftlich) e-e sichere Grundlage haben; **j-m brennt der B. unter den Füßen** j-d spürt, dass er in Gefahr ist; **den B. unter den Füßen verlieren a)** nicht mehr fest stehen können; **b)** wirtschaftlich keine sichere Grundlage mehr haben; **j-m den B. unter den Füßen wegziehen** j-m seine wirtschaftliche Grundlage nehmen; **etw.** (*Dat*) **den B. entziehen** e-r Sache die Grundlage nehmen; **j-n zu B. strecken** j-n niederschlagen

Bo·den[2] *der*; *-s*; *Bö·den*; der unbewohnte Raum direkt unter dem Dach e-s Gebäudes ≈ Dachboden || K-: **Boden-, -fenster, -kammer, -treppe**

Bo·den·flä·che *die*; **1** die Fläche e-s Bodens[1](2) **2** das Land[1] (2), auf dem sich Äcker u. Weiden befinden

Bo·den·frost *der*; Frost auf dem Erdboden u. in seiner obersten Schicht: *Für die Nacht ist B. angesagt* || K-: **Bodenfrost-, -gefahr**

Bo·den·haf·tung *die*; *nur Sg*; der direkte Kontakt von Reifen e-s Fahrzeugs mit der Straße: *Diese Reifen haben in der Kurve e-e gute B.*

Bo·den·le·ger *der*; *-s*, *-*; j-d, der beruflich Fußböden legt u. repariert

bo·den·los *Adj*; **1** *gespr*; verwendet, um negative Substantive, Adjektive u. Adverbien zu verstärken ≈ unerhört, enorm ⟨e-e Frechheit, (ein) Leichtsinn, e-e Unverschämtheit; b. frech, leichtsinnig⟩ **2** *gespr*; sehr schlecht ⟨e-e Arbeit, Leistungen⟩ **3** sehr tief ⟨e-e Tiefe; etw. fällt ins Bodenlose⟩

Bo·den·ne·bel *der*; Nebel über dem Erdboden (aber nicht in höheren Luftschichten) ↔ Hochnebel

Bo·den·per·so·nal *das*; das Personal, das auf e-m Flugplatz (u. nicht im Flugzeug) arbeitet (*z.B.* ein Fluglotse) ↔ Flugpersonal

Bo·den·satz *der*; *nur Sg*, *Kollekt*; die Teilchen, die sich aus e-r Flüssigkeit abgesondert u. am Boden e-s Gefäßes angesammelt haben

Bo·den·schät·ze *die*; *Pl*; die Vorräte an Rohstoffen im Erdboden (die abgebaut werden) ⟨der Abbau, die Gewinnung von Bodenschätzen⟩: *Sibirien ist reich an Bodenschätzen*

bo·den·stän·dig *Adj*; **1** in e-m bestimmten Gebiet entstanden u. dafür typisch ⟨Bauweise, Kultur, Trachten⟩ **2** ⟨e-e Bevölkerung, e-e Familie, ein Mensch⟩ sehr stark mit der Gegend verbunden, in der sie geboren wurden u. in der sie leben || *hierzu* **Bo·den·stän·dig·keit** *die*; *nur Sg*

Bo·den·sta·ti·on *die*; e-e Station auf der Erde, von der aus der Flug e-s Raumfahrzeugs gesteuert u. überwacht wird

Bo·dy ['bɔdi] *der*; *-s*, *-s*; *gespr*; **1** *bes hum*; der menschliche Körper **2** Unterwäsche in einem Stück *bes* für Babys u. Frauen

Bo·dy·buil·ding ['bɔdibɪldɪŋ] *das*; *-s*; *nur Sg*; das Trainieren bestimmter Muskeln, um e-e bessere Figur zu bekommen ⟨B. machen, betreiben⟩

Böe ['bøː(ə)] *die*; *-*, *-n*; ↑ **Bö**

bog *Imperfekt*, *1. u. 3. Person Sg*; ↑ **biegen**

Bo·gen[1] *der*; *-s*, *-* / *Bö·gen*; **1** ein Teil e-r nicht geraden Linie ≈ Biegung, Kurve: *Der Fluss / Weg macht / beschreibt e-n B.*; *etw. in hohem B. werfen*; *in großem B. um etw. herumfahren* **2** ein Stück Mauer in der Form e-s Bogens (1), das zwei Pfeiler od. Mauern verbindet ⟨ein flacher, gotischer, romanischer, spitzer B.⟩: *Die Brücke spannt sich in weitem B. über den Fluss* || -K: **Brücken-, Fenster-, Rund-, Spitz-, Tor- 3** ein Stab aus elastischem Holz, der mit Pferdehaaren bespannt ist u. mit dem man Streichinstrumente spielt || K-: **Bogen-, -führung, -haltung** || -K: **Geigen- 4** ein gekrümmter Stab aus starkem Holz od. Kunststoff, der mit e-r Sehne od. e-r Schnur bespannt ist u. als Waffe od. Sportgerät verwendet wird ⟨den B. spannen; mit Pfeil u. B. schießen⟩ || K-: **Bogen-, -schießen, -schütze** || -K: **Jagd-** || ID **den B. überspannen** mit etw. zu weit gehen, etw. übertreiben; **e-n großen B. um j-n / etw. machen** j-n / etw. bewusst meiden; **den B. heraushaben** *gespr*; wissen, welche Technik man anwenden muss, damit etw. funktioniert; **in**

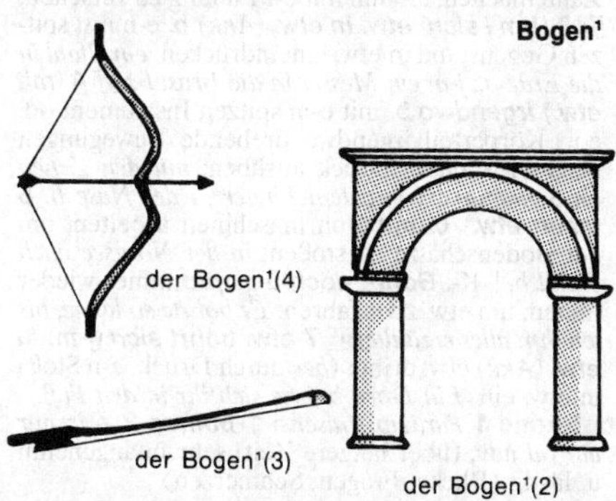

Bogen[1]

der Bogen[1](4) der Bogen[1](3) der Bogen[1](2)

***hohem B. hinausgeworfen werden / hinausfliegen** gespr*; e-n Raum sofort verlassen müssen od. sofort von seinem Arbeitgeber entlassen werden || *zu* **1 bo·gen·för·mig** *Adj*

Bo·gen[2] *der*; *-s*, *- / Bö·gen*; **1** ein Blatt Papier, auf das man schreibt: *e-n neuen B. in die Schreibmaschine einspannen* **2** ein *mst* großes, rechteckiges Stück Papier für bestimmte Zwecke ⟨ein B. Geschenkpapier, Packpapier, Zeichenpapier; ein B. Briefmarken; e-n B. aufrollen, falten⟩ || -K: ***Brief-, Druck-, Zeitungs-***

Bo·heme [bo'(h)ɛːm] *die*; *-*; *nur Sg*, *Kollekt*; *bes* Künstler, die ein unkonventionelles Leben frei von gesellschaftlichen Zwängen führen || *hierzu* **Bo·he·mi·en** [bo(h)e'mi̯ɛ̃ː] *der*; *-s*, *-s*

Boh·le *die*; *-*, *-n*; ein sehr dickes Brett || K-: ***Bohlen-, -brücke, -weg*** || -K: ***Holz-***

böh·misch *Adj*; **1** in Bezug auf Böhmen **2 *etw. kommt j-m b. vor*** j-d versteht etw. nicht, etw. erscheint j-m unglaubwürdig || ID: ↑ ***Dorf***

Boh·ne *die*; *-*, *-n*; **1** e-e Gemüsepflanze, die als kleiner Busch vorkommt od. an Stangen hochwächst u. längliche, *mst* grüne Früchte hat || K-: ***Bohnen-, -blüte, -ranke*** || -K: ***Busch-, Soja-, Stangen-*** **2** die Frucht der B. (1) ⟨Bohnen pflücken, brechen⟩ || K-: ***Bohnen-, -salat, -suppe*** **3** der rundlich-ovale Kern der B. (2) ⟨weiße, dicke Bohnen⟩ **4** der Samenkern bestimmter Pflanzen (*z.B.* des Kaffeestrauchs, des Kakaobaums) ⟨Bohnen rösten⟩ || -K: ***Kaffee-, Kakao-*** **5 *blaue Bohnen*** *veraltend hum*; die Kugeln, die aus e-m Gewehr od. e-r Pistole geschossen werden || ID *mst* ***nicht die B.*** *gespr*; überhaupt nicht: *Das interessiert mich nicht die B.!*

Boh·nen·kaf·fee *der*; *nur Sg*; **1** (gemahlene) Kaffeebohnen: *ein Pfund B.* **2** ein dunkles Getränk, das aus Kaffeebohnen u. heißem Wasser hergestellt wird: *e-e Tasse B.*

Boh·nen·kraut *das*; *nur Sg*; e-e Gewürzpflanze, mit der man *bes* Bohnen würzt

Boh·nen·stan·ge *die*; **1** e-e lange Stange, an der (Stangen)Bohnen hochwachsen **2** *gespr hum*; j-d, der sehr groß u. mager ist

Boh·ner *der*; *-s*, *-*; ein Gerät, mit dem man Fußböden bohnert

boh·nern; *bohnerte, hat gebohnert*; [Vt/i] **(*etw.*) *b.*** etw. mit Wachs einreiben u. blank polieren ⟨den Fußboden b.⟩ || K-: ***Bohner-, -wachs***

boh·ren; *bohrte, hat gebohrt*; [Vt/i] **1 (*etw.*) (*irgendwohin*) *b.*** mit e-m Werkzeug ein Loch od. e-e Öffnung in etw. machen: *(mit dem Bohrer) Löcher (in ein Brett / in die Wand) b.*; *e-n Brunnen b.*; *In der Wohnung über mir wird den ganzen Tag gebohrt* || K-: ***Bohr-, -loch, -maschine*** || *zu* ***Bohrmaschine*** ↑ *Abb. unter* ***Werkzeug*** **2 (*e-n Zahn*) *b.*** (als Zahnarzt) mit e-m elektrischen Gerät ein Loch in e-n Zahn machen, um ihn mit e-r Füllung zu versehen; [Vt] **3 (*j-m / sich*) *etw. in etw.*** (*Akk*) ***b.*** e-n *mst* spitzen Gegenstand in etw. hineindrücken: *e-n Pfahl in die Erde b.*; *j-m ein Messer in die Brust b.*; [Vi] **4 (*mit etw.*) *irgendwo b.*** mit e-m spitzen Instrument od. e-m Körperteil irgendwo drehende Bewegungen machen u. dabei Druck ausüben: *mit den Zehen im Schlamm b.*; *mit dem Finger in der Nase b.* **5 (*nach etw.*) *b.*** mit Bohrmaschinen arbeiten, um auf Bodenschätze zu stoßen: *in der Nordsee nach Erdöl b.* || K-: ***Bohr-, -loch*** **6** *gespr*; immer wieder fragen, um etw. zu erfahren: *Er bohrte so lange, bis ich ihm alles erzählte*; [Vr] **7 *etw. bohrt sich* (*j-m*) *in etw.*** (*Akk*) etw. dringt (*bes* durch Druck, e-n Stoß) in etw. ein: *Ein Dorn bohrte sich ihr in den Fuß*

boh·rend 1 *Partizip Präsens*; ↑ ***bohren*** **2** *Adj*; *nur attr od adv*; (über längere Zeit) sehr unangenehm u. lästig ⟨Blicke, Fragen, Schmerzen⟩

Boh·rer *der*; *-s*, *-*; ein spitzer, spiralförmig gedrehter Stift aus Metall *mst* am Ende e-r Bohrmaschine, mit dem man Löcher in hartes Material (wie *z.B.* Holz, Stein) machen kann || ↑ *Abb. unter* ***Werkzeug*** || -K: ***Holz-, Gesteins-; Pressluft-***

Bohr·in·sel *die*; e-e Plattform, die im Meer befestigt ist u. von der aus *bes* nach Erdöl gebohrt wird

Boh·rung *die*; *-*, *-en*; **1** das Bohren (5) **2** das Loch, das mit e-m Bohrer hergestellt wurde

bö·ig *Adj*; durch Böen gekennzeichnet ⟨Wetter, Wind⟩

Boi·ler ['bɔylɐ] *der*; *-s*, *-*; ein Gerät, das *mst* an der Wand befestigt ist u. mit dem man gespeichertes Wasser heiß machen kann ⟨den B. aufheizen, einschalten, ausschalten⟩ || -K: ***Elektro-, Gas-***

Bo·je ['boːjə] *die*; *-*, *-n*; ein schwimmender Gegenstand, der mit e-r Leine *o.Ä.* am Boden e-s Flusses, Sees od. des Meeres befestigt ist u. als Markierung für Schiffe u. Boote dient: *gefährliche Stellen durch Bojen markieren* || -K: ***Heul-, Leucht-, Schwimm-***

-bold *der*; *-(e)s*, *-e*; *im Subst*, *wenig produktiv*, *pej*; j-d, der (unangenehm) auffällt, weil er bestimmte Dinge (gern od. oft) macht, oft in e-m bestimmten Zustand ist *o.Ä.*; ***Lügenbold, Raufbold, Saufbold, Scherzbold, Trunkenbold, Witzbold***

Böl·ler *der*; *-s*, *-*; **1** ein kleines Geschütz, mit dem *bes* bei festlichen Anlässen (Salut)Schüsse abgegeben werden || K-: ***Böller-, -schuss*** **2** ein Feuerwerkskörper, der laut knallt

Boll·werk *das*; **1** *hist*; starke u. feste Bauten u. Mauern, die e-n Ort od. e-e Stadt vor den Feinden schützen sollten ≈ Festung **2** ein Ort, an dem *bes* e-e Ideologie, e-e Religion *o.Ä.* sehr stark unterstützt od. verteidigt wird ≈ Hochburg: *ein B. des Katholizismus*

Bol·sche·wist *der*; *-en*, *-en*; *hist*, *mst pej*; ein (sowjetischer) Kommunist || NB: *der Bolschewist*; *den, dem, des Bolschewisten* || *hierzu* **bol·sche·wis·tisch** *Adj*

Bol·zen *der*; *-s*, *-*; ein dicker Stift aus Eisen od. Holz, der Teile e-r Konstruktion verbindet: *zwei Eisenstangen mit e-m B. aneinander befestigen* || ↑ *Abb. unter* ***Werkzeug***

bol·zen·ge·ra·de *Adj*; *gespr*; ganz gerade ⟨b. dastehen; sich b. aufrichten⟩

Bom·bar·de·ment [bɔmbardə'mãː] *das*; *-s*, *-s*; das Bombardieren (1) *z.B.* e-r Stadt

bom·bar·die·ren; *bombardierte, hat bombardiert*; [Vt] **1 *j-n / etw. b.*** j-n / etw. mit Kanonen od. Bomben angreifen ⟨den Feind, e-e Stadt, die feindlichen Stellungen b.⟩ **2 *j-n / etw.* (*mit etw.*) *b.*** *gespr*; zahlreiche Gegenstände auf j-n / etw. werfen ⟨j-n mit Schneebällen, faulen Tomaten b.⟩ **3 *j-n mit etw. b.*** *gespr*; j-n mit sehr vielen Fragen, Briefen *o.Ä.* belästigen ⟨j-n mit Fragen, Protesten b.⟩ || *hierzu* **Bom·bar·die·rung** *die*

bom·bas·tisch *Adj*; *oft pej*; stark übertrieben, mit viel zu viel Aufwand ⟨e-e Rede, ein Palast⟩

Bom·be *die*; *-*, *-n*; ein Gegenstand *mst* aus Metall, der (mit Sprengstoff gefüllt ist u.) viel zerstört, wenn er explodiert ⟨e-e B. legen, entschärfen; e-e B. (aus dem Flugzeug) abwerfen⟩: *e-e B. mit Zeitzünder* || K-: ***Bomben-, -alarm, -angriff, -anschlag, -attentat, -drohung, -explosion, -krater, -splitter, -terror, -trichter*** || -K: ***Atom-, Brand-, Wasserstoff-*** || ID ***etw. schlägt wie e-e B. ein*** etw. verursacht Aufregung u. Schrecken; ***Die B. ist geplatzt*** **a)** etw. (Unangenehmes), das man schon länger erwartet hat, ist jetzt geschehen; **b)** etw., das längere Zeit geheim gehalten wurde, ist jetzt bekannt geworden

Bom·ben- *im Subst*, *begrenzt produktiv*, *gespr*; besonders gut, groß, stark; erstklassig; der ***Bomben-***

erfolg, das ***Bombengehalt***, das ***Bombengeschäft***, die ***Bombenhitze***, die ***Bombenrolle*** ⟨in e-m Film⟩, die ***Bombenstimmung*** ⟨bei e-r Party⟩

bom·ben·fest *Adj*; *gespr*; ganz fest: *Mit diesem Klebstoff hält es b.*

bom·ben·si·cher *Adj*; *gespr*; absolut sicher: *ein bombensicherer Plan*

Bom·ber *der*; *-s*, *-*; ein Flugzeug, mit dem man Bomben abwirft

bom·big *Adj*; *gespr* ≈ großartig, ausgezeichnet ⟨e-e Stimmung, e-e Atmosphäre⟩

Bom·mel *der*; *-s*, *-* / *die*; *-*, *-n*; *gespr*; e-e Art kleine Kugel aus Wolle (wie *z.B.* an e-r Pudelmütze)

Bon [bɔŋ, bõː] *der*; *-s*, *-s*; **1** ein kleiner Papierstreifen, auf dem die Preise der Waren stehen, die man in e-m Geschäft eingekauft hat ≈ Kassenzettel **2** ein Zettel od. ein Blatt Papier, für die man Waren mit e-m festgelegten Wert bekommt ≈ Gutschein: *e-n Bon im Wert von 20 Euro einlösen* || -K: ***Essens-***, ***Getränke-***

Bon·bon [bɔŋˈbɔŋ; bõˈbõː; ˈbɔŋbɔŋ] *der* / *südd das*; *-s*, *-s*; ein kleines Stück aus *mst* harter u. gefärbter Zuckermasse, das *mst* süß schmeckt ⟨e-n B. lutschen⟩ || -K: ***Husten-***; ***Zitronen-***

Bon·bo(n)·nie·re [bɔŋboˈnjeːrə] *die*; *-*, *-n*; **1** *veraltend*; ein Behälter aus Glas *o.Ä.* mit Süßigkeiten **2** e-e Schachtel mit Pralinen

Bon·mot [bõˈmoː] *das*; *-s*, *-s*; *geschr*; ein geistreicher u. zur Situation passender Ausspruch

Bo·nus *der*; *-* / *-ses*, *-se*; ein Vorteil (*bes* an Geld od. Punkten), den man j-m gewährt, um ihn für etw. zu belohnen od. zu entschädigen ↔ Malus ⟨j-m e-n B. gewähren⟩

Bon·ze *der*; *-n*, *-n*; *gespr pej*; **1** j-d, der e-e leitende Stellung hat (u. oft arrogant u. rücksichtslos seine Vorteile ausnützt) || -K: ***Partei-*** **2** *oft Pl*; ein sehr reicher Mensch, der seinen Reichtum auf arrogante Weise zeigt || NB: *der Bonze*; *den*, *dem*, *des Bonzen*

Boom [buːm] *der*; *-s*, *-s*; ein plötzliches, starkes Anwachsen der Nachfrage u. ein damit verbundenes wirtschaftliches Wachstum ≈ Hochkonjunktur || -K: ***Bau-***

boo·men [ˈbuːmən]; *boomte*, *hat geboomt*; [Vi] ***etw. boomt*** e-e Sportart *o.Ä.* erlebt e-n Boom

Boot *das*; *-(e)s*, *-e*; ein relativ kleines, *mst* offenes Wasserfahrzeug ≈ Kahn: *in e-m B. über den Fluss rudern* || K-: ***Boots-***, ***-bau***, ***-bauer***, ***-fahrt***, ***-steg***, ***-verleih***, ***-zubehör*** || -K: ***Motor-***, ***Paddel-***, ***Ruder-***, ***Segel-***; ***Rettungs-*** || ID *mst* ***Wir sitzen alle im selben / in 'einem B.*** wir sind alle in der gleichen schwierigen Situation u. müssen zusammenhalten

Boots·mann *der*; *-(e)s*, *Boots·leu·te*; *Mil*; ein Unteroffizier bei der Marine

Bor *das*; *-s*; *nur Sg*; ein chemisches Element; *Chem* B || K-: ***Bor-***, ***-salbe***, ***-wasser***

Bord[1] (*der*); *-(e)s*; *nur Sg*; **1** der obere, seitliche Rand e-s Schiffes ⟨j-n / etw. über B. werfen⟩ **2** ***an B.*** (+ *Gen*) auf e-m Schiff, in e-m Flugzeug od. Raumschiff: *Der Kapitän begrüßte die Passagiere an B. seiner Boeing 747* **3** ***an / von B. gehen*** ein Schiff, Flugzeug od. Raumschiff betreten / verlassen **4** ***über B. gehen*** von e-m Schiff ins Wasser fallen || ID *mst* ***Mann über B.!*** verwendet, um auszudrücken, dass j-d vom Schiff ins Wasser gefallen ist; ***etw. über B. werfen*** *gespr*; etw. ganz aufgeben: *seine Pläne über B. werfen*; *alle Vorsicht über B. werfen* (= etw. Riskantes unternehmen)

Bord[2] *das*; *-(e)s*, *-e*; ein Brett, das an der Wand befestigt wird, damit man Geschirr od. Bücher darauf abstellen kann || K-: ***Bücher-***; ***Wand-***

Bord·buch *das*; ein Buch auf e-m Schiff, in das der Kapitän schreibt, was während e-r Fahrt geschieht ⟨ein B. führen⟩

Bor·dell *das*; *-s*, *-e*; ein Haus, in dem Prostitution betrieben wird

Bord·kan·te *die* ≈ Bordsteinkante

Bord·stein *der*; der Rand des Bürgersteigs, der aus länglichen Steinen besteht || K-: ***Bordstein-***, ***-kante***

bor·gen; *borgte*, *hat geborgt*; [Vt] **1** ***j-m etw. b.*** j-m etw. vorübergehend zur (*mst* kostenlosen) Benutzung geben ≈ j-m etw. leihen: *j-m seinen Schirm b.*; *Kannst du mir ein paar Euro b.?* **2** (***sich*** (*Dat*)) ***etw.*** (***bei / von j-m***) ***b.*** sich etw. geben lassen, das man für e-e bestimmte Zeit (*mst* kostenlos) benutzen darf ≈ (sich) etw. leihen: *Das Fahrrad ist nur geborgt*; *Er muss* (*sich*) *Geld bei seinem Sohn b.*

Bor·ke *die*; *-*, *-n*; *nordd*; die starke äußerste Schicht e-s Baumstammes ≈ Rinde

Bor·ken·kä·fer *der*; ein Käfer, der *mst* unter der Rinde od. im Holz von Bäumen lebt (u. für die Bäume sehr schädlich ist)

bor·niert *Adj*; *pej*; fest auf seinen eigenen Ideen u. Meinungen beharrend ≈ engstirnig ↔ einsichtig || *hierzu* **Bor·niert·heit** *die*; *nur Sg*

Bör·se[1] *die*; *-*, *-n*; **1** e-e Art Markt, der regelmäßig an e-m bestimmten Ort stattfindet u. auf dem die Preise von Wertpapieren (*z.B.* Aktien) od. von bestimmten Waren (*z.B.* Edelmetall, Kaffee) festgesetzt werden ⟨an der B. spekulieren⟩: *An der New Yorker B. fiel der Kurs des Dollars* || K-: ***Börsen-***, ***-aufsicht***, ***-beginn***, ***-bericht***, ***-makler***, ***-nachrichten***, ***-schluss***, ***-spekulation*** || -K: ***Waren-***, ***Wertpapier-*** **2** das Gebäude, in dem die B. (1) stattfindet

Bör·se[2] *die*; *-*, *-n*; *geschr veraltend* ≈ Geldbeutel, Portemonnaie || -K: ***Geld-***

Bör·sen·krach *der*; der Zusammenbruch des Geschäfts an e-r Börse[1] durch ein unerwartetes u. starkes Abfallen der Börsenkurse

Bör·sen·kurs *der*; der Preis von Devisen, Aktien *usw* an der Börse[1]

Bors·te *die*; *-*, *-n*; **1** ein steifes, dickes Haar *bes* des Schweins || -K: ***Schweins-*** **2** ein künstlich hergestelltes Haar in der Art e-r B. (1), aus dem man Bürsten, Besen u. Pinsel macht: *die Borsten der Zahnbürste* || ↑ *Abb. unter* ***Besen*** u. ***Pinsel***

bors·tig *Adj*; *nicht adv*; **1** mit Borsten ⟨ein Tier⟩ **2** hart wie Borsten ⟨Haare, ein Bart⟩

Bor·te *die*; *-*, *-n*; ein schmaler Streifen Stoff, den man als Schmuck an den Rand von Tischdecken, Röcken *o.Ä.* näht ⟨etw. ist mit Borten besetzt⟩ || -K: ***Gold-***, ***Spitzen-***

bös *Adj*; ↑ ***böse***

bös·ar·tig *Adj*; **1** mit der Absicht, anderen zu schaden ⟨ein Mensch, e-e Bemerkung⟩ **2** (lebens)gefährlich ⟨ein Geschwür, e-e Krankheit, ein Tumor⟩ || *hierzu* **Bös·ar·tig·keit** *die*; *nur Sg*

Bö·schung *die*; *-*, *-en*; die schräge Seite e-s Erdwalls od. Abhangs ⟨e-e steile, sanfte B.⟩ || -K: ***Straßen-***, ***Ufer-***

bö·se *Adj*; **1** so handelnd od. planend, dass es moralisch schlecht ist od. dass man absichtlich anderen schadet ≈ schlecht, schlimm ↔ gut ⟨ein Mensch, Gedanken⟩: *das Böse im Menschen*; *Das war nicht b. gemeint* **2** ≈ schlimm, unangenehm ↔ gut, schön ⟨e-e Angelegenheit, e-e Enttäuschung⟩: *e-e böse Überraschung erleben*; *bösen Zeiten entgegengehen*; *Er ahnte nichts Böses* **3** *nicht adv*; (***j-m***) ***b.*** (***wegen etw.*** (*Gen* / *Dat*)) ***sein***; (***auf j-n*** / ***mit j-m***) ***b. sein*** voller Ärger u. Wut auf j-n sein ≈ wütend auf j-n sein: *Ich habe unsere Verabredung vergessen. Bist du mir deswegen jetzt b.?* **4** ***b. werden*** in Wut geraten **5** *gespr*; ungehorsam, den Eltern nicht gehorchend ↔ artig, brav ⟨ein Kind⟩ **6** *nur attr od adv*, *gespr*; verwendet, um e-n hohen Grad auszudrücken ≈ sehr stark, schlimm ⟨e-e Verletzung⟩: *Er* *hat sich ganz b. in den Finger geschnitten* || ID ***im Bösen*** ⟨auseinander gehen⟩ in ärgerlicher, zorniger Stimmung (auseinander gehen); ***mit j-m / etw. sieht es b. aus*** *gespr*; j-d / etw. befindet sich in e-r schlimmen od. hoffnungslosen Situation

Bö·se·wicht *der*; *veraltend od hum*; j-d, der böse (1) ist ≈ Schuft, Schurke

bos·haft *Adj*; **1** ⟨ein Mensch⟩ so, dass er mit Freude u. voller Absicht anderen Böses tut **2** ⟨ein Gelächter, ein Grinsen⟩ so, dass sie Freude darüber zeigen, dass j-m etw. Böses geschieht **3** ⟨e-e Kritik, ein Kommentar⟩ voller Spott || *hierzu* **Bos·haf·tig·keit** *die*; *mst Sg*

Bos·heit *die*; -, *-en*; **1** *nur Sg*; das Schlechtsein, das Bösesein ⟨etw. aus B. tun; unter j-s B. leiden⟩ **2** e-e boshafte (1) Tat od. Aussage ≈ Gemeinheit: *j-m Bosheiten an den Kopf werfen* (= j-n beleidigen)

Boss *der*; *-es, -e*; *gespr*; j-d, der ein Unternehmen od. e-e Gruppe von Mitarbeitern leitet ≈ Chef (1) ⟨der B. e-r Firma, Gewerkschaft, Bande⟩ || -K: ***Banden-, Gewerkschafts-***

bös·wil·lig *Adj* ≈ bösartig (1) ⟨e-e Beschädigung, e-e Verleumdung⟩ || *hierzu* **Bös·wil·lig·keit** *die*; *nur Sg*

bot *Imperfekt, 1. u. 3. Person Sg*; ↑ ***bieten***

Bot *das*; *-(e)s, -e*; ⒸⒽ ≈ Mitgliederversammlung

Bo·ta·nik *die*; -; *nur Sg*; die Wissenschaft, die sich mit den Pflanzen beschäftigt ≈ Pflanzenkunde ⟨ein Lehrbuch der B.⟩ || *hierzu* **Bo·ta·ni·ker** *der*; *-s*, -; **Bo·ta·ni·ke·rin** *die*; -, *-nen*

bo·ta·nisch *Adj*; *nur attr od adv*; **1** für die wissenschaftliche Beschäftigung mit Pflanzen bestimmt ⟨e-e Exkursion, ein Institut, ein Lehrbuch⟩ **2** in Bezug auf die Botanik: *botanische Studien* ||NB: ↑ ***Garten***

Bo·te *der*; *-n, -n*; **1** j-d, den man schickt, um e-m anderen *bes* e-e Nachricht zu überbringen: *j-m ein Telegramm durch e-n Boten zustellen lassen* || -K: ***Amts-, Eil-, Gerichts-, Post-*** **2** *mst* **die Boten** + *Gen geschr*; etw., das etw. direkt Bevorstehendes anzeigt: *Schwalben sind die Boten des Sommers* || -K: ***Friedens-, Frühlings-, Unglücks-*** || NB: *der Bote; den, dem, des Boten* || *hierzu* **Bo·tin** *die*; -, *-nen*

Bot·schaft[1] *die*; -, *-en*; **1 *e-e B.* (*für j-n*) (*von j-m*)** e-e Nachricht od. offizielle Mitteilung, die man j-m durch j-d anderen überbringen lässt ⟨j-m e-e B. (über)senden; für j-n e-e B. hinterlassen; e-e geheime B.⟩ **2 *e-e B.* (*an j-n*)** e-e Rede, in der e-e Person des öffentlichen Lebens *bes* aufgrund e-s speziellen Anlasses e-e bestimmte Aussage macht: *Die B. des Präsidenten wird im Fernsehen ausgestrahlt*; *Der Papst hat e-e B. an die Gläubigen gerichtet* || -K: ***Neujahrs-, Weihnachts-*** **3** *geschr*; e-e Neuigkeit od. neue Idee, die man anderen mitteilt ⟨e-e freudige, traurige, willkommene B. verkünden⟩ || -K: ***Freuden-, Schreckens-, Unglücks-*** **4 *die Frohe B.*** *Rel*; das Evangelium

Bot·schaft[2] *die*; -, *-en*; **1** die offizielle diplomatische Vertretung e-s Staates in e-m anderen Staat: *Als er in Italien seinen Pass verloren hatte, wandte er sich an die deutsche B. in Rom* **2** das Gebäude, in dem sich e-e B.[2] (1) befindet

Bot·schaf·ter *der*; *-s*, -; der höchste diplomatische Vertreter e-s Landes in e-m anderen Land || K-: ***Botschafter-, -konferenz*** || *hierzu* **Bot·schaf·te·rin** *die*; -, *-nen*

Bott *das*; ↑ ***Bot***

Bot·tich *der*; *-s, -e*; ein großer, runder od. ovaler Behälter aus Holz || -K: ***Holz-, Wasch-***

Bouil·lon [bʊl'jɔŋ, bu'jõː] *die*; -, *-s*; *mst Sg*; e-e klare Suppe, die man durch das Kochen von Fleisch, Knochen u. Gemüse herstellt ≈ Fleischbrühe ⟨B. mit Ei⟩ || -K: ***Hühner-, Rinds-***

Bou·le·vard [bul(ə)'vaːɐ̯] *der*; *-s, -s*; e-e breite Straße in e-r großen Stadt, an deren Seiten *mst* Bäume stehen: *die Boulevards von Paris*

Bou·le·vard·blatt *das* ≈ Boulevardzeitung

Bou·le·vard·stück *das*; ein unterhaltsames Theaterstück

Bou·le·vard·the·a·ter *das*; ein kleines Theater, in dem Boulevardstücke gespielt werden

Bou·le·vard·zei·tung *die*; e-e Zeitung, die *bes* sensationelle Geschichten u. Skandale über berühmte Persönlichkeiten enthält

Bou·quet [bu'keː] *das*; *-s, -s*; ↑ ***Bukett***

Bour·geois [bʊr'ʒoa] *der*; -, - [-s]; ein Angehöriger der Bourgeoisie || *hierzu* **bour·geois** *Adj*

Bour·geoi·sie [bʊrʒoa'ziː] *die*; -, *-n* [-'ziːən]; *mst Sg*, *Kollekt*; **1** *pej*; (*bes* von Kommunisten u. Sozialisten verwendet) die reichen, mächtigen Bürger im Kapitalismus **2** *geschr veraltend*; angesehene u. reiche Bürger

Bou·tique [bu'tiːk] *die*; -, *-n* [-kn̩]; ein *mst* kleines, relativ teures Geschäft für Kleidung || -K: ***Mode-***

Bow·le ['boːlə] *die*; -, *-n*; ein kaltes Getränk, das man aus Früchten, Fruchtsaft, Wein u. Sekt mischt ⟨e-e B. ansetzen⟩ || -K: ***Ananas-, Erdbeer-***

Bow·ling ['boːlɪŋ] *das*; *-(s)*; *nur Sg*; e-e Art Kegelspiel mit zehn Kegeln || K-: ***Bowling-, -bahn, -klub***

Box *die*; -, *-en*; **1** ein Behälter mit Deckel || -K: ***Frischhalte-, Gefrier-, Kühl-, Tiefkühl-*** **2** *mst Pl*, *gespr*; die Lautsprecher, die zu e-r Stereoanlage gehören **3** der abgeteilte Platz für ein Pferd in e-m Stall || -K: ***Pferde-***

bo·xen; *boxte, hat geboxt*; Vi **1** (***gegen j-n***) ***b.*** nach festen (Wettkampf)Regeln mit den Fäusten mit j-m kämpfen: *gegen den Titelverteidiger b.* || K-: ***Box-, -handschuh, -kampf, -sport*** || *zu* ***Boxhandschuh*** ↑ *Abb. unter* ***Handschuhe***; Vt **2 *j-n*** (***irgendwohin***) ***b.*** j-m mit der Faust gegen e-e Körperstelle stoßen: *j-n (in die Rippen) b*; Vr **3 *j-d boxt sich mit j-m***; ⟨Personen⟩ ***boxen sich*** *gespr*; *mst* zwei Personen schlagen sich gegenseitig mit den Fäusten

Bo·xer[1] *der*; *-s*, -; j-d, der die Sportart Boxen ausübt || -K: ***Amateur-, Berufs-***

Bo·xer[2] *der*; *-s*, -; ein großer Hund mit braunem, glattem Fell, platter Schnauze u. stark verkürztem Schwanz || ↑ *Abb. unter* ***Hunde*** || K-: ***Boxer-, -hund, -hündin***

Bo·xer·shorts *die*; *Pl*; e-e weite, kurze, dünne Hose, die man *bes* als Unterhose trägt

Box·ring *der*; der quadratische Kampfplatz für Boxkämpfe, der mit Seilen begrenzt ist

Boy·kott [bɔy'kɔt] *der*; *-s, -s / -e*; ***der B.*** (+ *Gen* / ***von etw.***) das Boykottieren ⟨e-m Land den B. erklären; zum B. aufrufen⟩ || K-: ***Boykott-, -drohung, -erklärung, -maßnahmen***

boy·kot·tie·ren; *boykottierte, hat boykottiert*; Vt ***j-n / etw. b.*** als Protest gegen etw. sich weigern, mit e-m Land politische Beziehungen zu unterhalten, mit j-m Handel zu treiben, etw. zu kaufen od. an etw. teilzunehmen: *die Lehrveranstaltungen b., um gegen die schlechten Studienbedingungen zu protestieren* || *hierzu* **Boy·kot·tie·rung** *die*; *nur Sg*

brab·beln; *brabbelte, hat gebrabbelt*; *gespr*; Vi **1** Laute von sich geben, die wie Sprache klingen (aber noch nicht sprechen können) ⟨ein Baby⟩; Vt/i **2** (***etw.***) ***b.*** leise u. undeutlich reden **3** (***etw.***) ***b.*** Unsinn reden || *zu* ***Gebrabbel*** ↑ ***Ge-***

brach *Imperfekt, 1. u. 3. Person Sg*; ↑ ***brechen***

Bra·che *die*; -, *-n*; **1** e-e Fläche, die landwirtschaftlich nicht genutzt wird u. daher von verschiedenen Pflanzen bewachsen ist || K-: ***Brach-, -land*** **2** die Zeit, während der e-e Fläche landwirtschaftlich nicht genutzt wird

Bra·chi·al·ge·walt *die*; *nur Sg*; brutale körperliche Gewalt, mit der man versucht, seine Ziele durchzusetzen

brach·lie·gen; *lag brach, hat brachgelegen*; [Vi] **1** ***etw. liegt brach*** etw. wird landwirtschaftlich nicht genutzt ⟨Ackerland⟩ **2** ***etw. liegt brach*** *geschr*; etw. bleibt ungenutzt ⟨Fähigkeiten⟩

brach·te *Imperfekt, 1. u. 3. Person Sg*; ↑ ***bringen***

brä̈ch·te *Konjunktiv II, 1. u. 3. Person Sg*; ↑ ***bringen***

bra·ckig *Adj*; leicht salzig u. daher nicht genießbar ⟨Wasser; etw. schmeckt b.⟩

Brack·was·ser *das*; *-s, -*; *mst Sg*; ein Gemisch aus Salz- u. Süßwasser, das sich *bes* dort bildet, wo ein Fluss ins Meer mündet

Braille·schrift ['braj-] *die*; *nur Sg*; die international übliche Blindenschrift

Bran·che ['brã:ʃə] *die*; *-, -n*; *Kollekt*; alle Betriebe u. Geschäfte, die mit der Herstellung od. dem Vertrieb von gleichen od. ähnlichen Produkten u. Leistungen beschäftigt sind ≈ Geschäftszweig ⟨in e-r B. arbeiten; aus e-r B. kommen⟩ || K-: ***Branchen-, -kenntnis*** || -K: ***Elektro-, Lebensmittel-, Textil-***

bran·chen·fremd *Adj*; nicht zu e-r bestimmten Branche gehörend

bran·chen·üb·lich *Adj*; so, wie es in e-r bestimmten Branche üblich ist

Bran·chen·ver·zeich·nis *das*; ein Telefonbuch mit geschäftlichen Telefonnummern u. Adressen, die nach Branchen geordnet sind ≈ die Gelben Seiten

Brand *der*; *-(e)s, Brän·de*; **1** ein Feuer, das *mst* großen Schaden anrichtet ⟨ein verheerender B.; ein B. bricht aus, wütet; e-n B. bekämpfen, löschen, verursachen⟩: *Hamburg wurde 1842 durch e-n großen B. zerstört* || K-: ***Brand-, -gefahr, -geruch, -opfer, -schaden, -schutz, -spur, -stätte, -stelle, -ursache, -verhütung*** || -K: ***Steppen-, Wald-, Zimmer-*** **2** *gespr*; starker, quälender Durst ⟨e-n B. haben⟩ **3** ***etw. gerät in B.*** etw. fängt an zu brennen **4** ***etw. in B. setzen / stecken*** etw. anzünden (in der Absicht, dass es niederbrennt)

brand- *im Adj, wenig produktiv* ≈ sehr, äußerst, absolut; ***brandaktuell*** ⟨e-e Nachricht, e-e Reportage⟩, ***brandeilig*** ⟨ein Auftrag⟩, ***brandgefährlich, brandneu*** ⟨ein Auto, ein Modell⟩

Brand·an·schlag *der*; ein Anschlag[2] (*mst* auf ein Gebäude), bei dem Feuer gelegt wird

Brand·bla·se *die*; e-e Blase auf der Haut, die durch heißes Wasser, Feuer *o.Ä.* entsteht

bran·den; *brandete, hat gebrandet*; [Vi] ***etw. brandet an etw.*** (*Akk*) ***/ gegen etw.*** Wasser schlägt heftig gegen e-n Felsen od. gegen das Ufer (u. schäumt u. rauscht dabei) ⟨das Meer, die Wellen, die Wogen⟩

brand·heiß *Adj*; *ohne Steigerung, nicht adv, gespr*; aktuell u. sehr wichtig ⟨e-e Nachricht, e-e Meldung⟩

Brand·herd *der*; die Stelle, an der ein großer Brand angefangen hat: *Man vermutet den B. in der Bar des Hotels*

Brand·mal *das*; e-e Narbe od. ein Fleck auf der Haut nach e-r Verbrennung

brand·mar·ken; *brandmarkte, hat gebrandmarkt*; [Vt] ***j-n / etw.*** (***als etw.***) ***b.*** j-n / etw. öffentlich als etw. Negatives bezeichnen: *Er wurde als Verräter gebrandmarkt* || *hierzu* **Brand·mar·kung** *die*; *nur Sg*

Brand·mau·er *die*; e-e spezielle Mauer zwischen zwei aneinander gebauten Gebäuden, die verhindern soll, dass bei e-m Brand das Feuer von e-m Gebäude auf das andere übergreift

brand·schat·zen; *brandschatzte, hat gebrandschatzt*; [Vt/i] (***etw.***) ***b.*** *hist*; e-e Stadt od. ein Land plündern, indem man Feuer legt || *hierzu* **Brand·schat·zung** *die*

Brand·stif·ter *der*; *-s, -*; j-d, der absichtlich e-n Brand verursacht || *hierzu* **Brand·stif·tung** *die*

Bran·dung *die*; *-*; *nur Sg*; die spritzenden u. schäumenden Wellen des Meeres, wenn sie auf den Strand aufschlagen od. sich an e-m Felsen brechen: *ein von der B. ausgehöhlter Fels*

Brand·wa·che *die*; (CH) die Berufsfeuerwehr

Brand·wun·de *die*; e-e Wunde, die durch Feuer, Berühren heißer Gegenstände *o.Ä.* entsteht

Bran·dy ['brɛndi] *der*; *-s, -s*; verwendet als Bezeichnung für Weinbrand

brann·te *Imperfekt, 1. u. 3. Person Sg*; ↑ ***brennen***

Brannt·wein *der*; ein sehr starkes alkoholisches Getränk, das durch Destillation gewonnen wird ≈ Schnaps ⟨B. brennen⟩

brät *Präsens, 3. Person Sg*; ↑ ***braten***

Brat- *im Subst, begrenzt produktiv*; **1** geeignet od. bestimmt, gebraten zu werden, od. bereits gebraten; der ***Bratfisch***, das ***Brathähnchen***, das ***Brathuhn***, die ***Bratwurst*** **2** zum Braten verwendet; die ***Bratfolie***, die ***Bratpfanne***, der ***Bratrost***, der ***Bratspieß***

Bratpfanne

bra·ten; *brät, briet, hat gebraten*; [Vt] **1** ***etw. b.*** etw. in heißem Fett in der Pfanne od. im Backofen braun u. gar werden lassen ⟨Fleisch, Fisch, ein Kotelett b.⟩; [Vi] **2** ***etw. brät*** etw. wird (in der Pfanne od. im Backofen) braun u. gar: *Die Gans muss zwei Stunden b.* || K-: ***Brat-, -zeit*** **3** ***in der Sonne b.*** *gespr*; lange in der heißen Sonne liegen

Bra·ten *der*; *-s, -*; **1** ein (*mst* großes) Stück Fleisch, das im Herd od. an e-m Spieß gebraten wird od. wurde ⟨ein knuspriger, saftiger B.; e-n kalten B. aufschneiden; den B. in den Ofen schieben; den B. wenden⟩ || K-: ***Braten-, -duft, -fett*** || -K: ***Gänse-, Hasen-, Kalbs-, Rinder-, Schweine-*** || ID ***den B. riechen*** *gespr*; ahnen, dass man Opfer e-s Streiches od. e-r Intrige werden soll

Bra·ten·saft *der*; *nur Sg*; die Flüssigkeit, die beim Braten aus dem Fleisch herauskommt

Brat·he·ring *der*; ein gebratener Hering, der *mst* in e-r Marinade sauer eingelegt ist

Brat·kar·tof·feln *die*; *Pl*; gebratene Scheiben von (gekochten) Kartoffeln: *B. mit Speck u. Zwiebeln*

Brat·röh·re *die* ≈ Backofen

Brat·sche *die*; *-, -n*; ein Musikinstrument, das ähnlich wie e-e Geige aussieht, aber etwas größer ist u. tiefer klingt ≈ Viola || ↑ *Abb. unter* ***Streichinstrumente*** || *hierzu* **Brat·schist** *der*; *-en, -en*; **Brat·schis·tin** *die*; *-, -nen*

Brat·wurst *die*; e-e Wurst, die man in der Pfanne brät od. die man grillt

Brauch *der*; *-(e)s, Bräu·che*; (innerhalb e-r Gemeinschaft od. in e-m Gebiet) etw., das man bei bestimmten Gelegenheiten gewöhnlich tut, weil es Tradition ist ⟨ein alter, christlicher, ehrwürdiger B.; e-n B. pflegen, wieder aufleben lassen⟩: *Es ist ein alter B., an Weihnachten Geschenke zu machen*; *Bei uns ist es B., vor dem Essen „Guten Appetit" zu wünschen* || -K: ***Advents-, Hochzeits-, Oster-, Weihnachts-***

brauch·bar *Adj*; **1** *nicht adv*; in e-m Zustand, in dem die jeweilige Funktion (noch) erfüllt wird: *Mein Schirm ist zwar alt, aber noch ganz b.* **2** *gespr*; relativ gut ≈ akzeptabel: *Er hat brauchbare Entwürfe abgeliefert* || *hierzu* **Brauch·bar·keit** *die*; *nur Sg*

brau·chen; *brauchte, hat gebraucht*; [Vt] **1** ***j-n / etw.*** (***für j-n, für / zu etw.***) ***b.*** j-n / etw. *mst* zu e-m bestimmten Zweck haben müssen ≈ benötigen ⟨Freunde, Geld, Hilfe, Ruhe, Erholung b.⟩: *Diese Pflanze braucht viel Licht u. Wasser*; *Ich brauche noch e-n kräftigen Mann, der mir hilft, den schweren Schrank zu transportieren* **2** ***etw. b.*** e-e bestimmte Menge Zeit od. Material zur Verfügung haben müssen (um e-e bestimmte Leistung zu erbringen): *Für dieses Kleid brauchte sie drei Meter Stoff*; *Er braucht noch drei Tage, bis er seine Arbeit beendet hat* **3** ***etw. b.*** etw. für e-n bestimmten Zweck nehmen u. verwenden, sodass es nicht mehr da ist ≈ verbrauchen: *Auf dem Oktoberfest hat er ziemlich viel Geld gebraucht*; *Mein Auto braucht 10 Liter Benzin auf 100 Kilometer* **4** ***etw. braucht etw.*** für etw. ist etw. nötig: *Diese Arbeit braucht Zeit / Geduld* **5** ***etw. b.*** ≈ gebrauchen, benutzen ⟨seinen Verstand b.⟩ **6** ***j-n / etw.*** (***irgendwie***) ***b. können*** irgendeine Verwendung für j-n / etw. haben: *Können Sie noch Helfer b.?*; *Die Farbreste kann ich gut b.* **7** ***j-n / etw. nicht b.*** (***können***) *gespr*; j-n / etw. (in e-r bestimmten Situation) nicht haben wollen: *Bei dieser komplizierten Arbeit kann ich dich nicht b.*; *Deine Ratschläge brauche ich jetzt auch nicht mehr* **8** ***b.*** + ***nicht*** + ***zu*** +*Infinitiv* etw. nicht tun müssen: *Ihr braucht nicht länger zu warten* **9** ***b.*** + ***nicht*** + ***zu*** + *Infinitiv* verwendet als abgeschwächter verneinter Imperativ: *Da brauchst du nicht zu lachen! - Die Sache ist sehr ernst*; *Ihr braucht keine Angst zu haben!* **10** ***b.*** + ***nur*** / ***bloß*** + ***zu*** + *Infinitiv* nichts anderes tun müssen als: *Du brauchst nur auf den Knopf zu drücken, dann funktioniert die Maschine* || NB: *zu* **8, 9** u. **10**: Der Infinitiv ohne *zu* ist *bes* in der gesprochenen Sprache sehr gebräuchlich: *Du brauchst es mir nur sagen.* Manche Leute finden diesen Gebrauch nicht akzeptabel; [Vimp] **11** ***es braucht etw.*** *südd* (CH) etw. ist notwendig: *Es braucht noch ein wenig Salz* || ID ***Das brauchts nicht*** *gespr*; das ist nicht nötig; *mst* ***Er ist zu nichts zu b.*** *gespr*; er ist sehr ungeschickt

Brauch·tum *das*; *-s*; *nur Sg*; *Kollekt*; alle Bräuche, die im Laufe der Zeit (in e-m Gebiet, in e-r Gemeinschaft *o.Ä.*) entstanden sind u. überliefert wurden ⟨das B. pflegen⟩ || K-: ***Brauchtums-, -pflege***

Braue *die*; *-, -n*; einer der beiden Bogen über dem Auge, die aus feinen Haaren bestehen ≈ Augenbraue ⟨buschige Brauen; die Brauen hochziehen, runzeln⟩ || ↑ *Abb. unter* **Auge**

brau·en; *braute, hat gebraut*; [Vt] **1** ***etw. b.*** Bier herstellen || K-: ***Brau-, -gerste, -kessel*** **2** ***etw. b.*** *gespr hum*; mit heißem Wasser ein Getränk zubereiten ⟨e-n starken Kaffee, Tee b.⟩ || *zu* **1** **Brau·er** *der*; *-s, -*

Brau·e·rei *die*; *-, -en*; **1** e-e Firma, die Bier braut || K-: ***Brauerei-, -pferd, -wagen*** || -K: ***Bier-***; ***Kloster-, Schloss-*** **2** das Gebäude, in dem Bier gebraut wird

Brau·haus *das* ≈ Brauerei

braun, *brauner / bräuner, braunst- / bräunst-*; *Adj*; **1** von der Farbe, die Schokolade u. Erde haben: *braune Augen haben* || -K: ***dunkel-, kakao-, rot-, schwarz-*** **2** von relativ dunkler Hautfarbe (weil man lange in der Sonne war) ↔ blass: *ganz b. im Gesicht sein*; *b. aus dem Urlaub zurückkommen* || *hierzu* **Braun** *das*; *-s*; *nur Sg*

> **braun ge·brannt** *Adj*; vom Aufenthalt in der Sonne gebräunt

Bräu·ne *die*; *-*; *nur Sg*; die braune Tönung der Haut, *bes* nachdem man lange in der Sonne war ⟨e-e leichte, tiefe B.⟩

bräu·nen; *bräunte, hat gebräunt*; [Vt] **1** ***etw. bräunt j-n / etw.*** etw. bewirkt, dass j-d / etw. braun wird: *Er kam tief gebräunt aus seinem Urlaub auf den Bahamas zurück* **2** ***etw. b.*** etw. durch Erhitzen in Fett od. im Backofen braun werden lassen ⟨Butter, Fleisch, Zucker b.⟩; [Vr] **3** ***sich b.*** sich *mst* in die Sonne legen, um braun zu werden: *sich auf dem Balkon b.* (*lassen*) || *zu* **1** u. **3** **Bräu·nung** *die*

Braun·koh·le *die*; e-e Kohle, die nicht so hart ist wie die Steinkohle u. beim Verbrennen viel Ruß erzeugt ⟨B. fördern⟩

bräun·lich *Adj*; von schwacher brauner Farbe

Brau·se[1] *die*; *-, -n*; **1** ≈ Dusche ⟨unter der B. stehen⟩ || K-: ***Brause-, -bad*** **2** ein Plastik- od. Metallteil mit Löchern, aus dem das Wasser in dünnen Strahlen fließt (*z.B.* bei e-r Gießkanne)

Brau·se[2] *die*; *-, -n*; *mst Sg*, *gespr veraltend* ≈ Limonade || K-: ***Brause-, -limonade, -pulver***

brau·sen[1]; *brauste, hat / ist gebraust*; [Vi] **1** ***etw. braust*** (*hat*) etw. macht (*mst* als Folge eigener starker Bewegung) ein gleichmäßiges, intensives Geräusch ≈ etw. rauscht, tost ⟨das Meer, die Brandung, der Sturm⟩: *brausender Beifall* **2** ***irgendwohin b.*** (*ist*) *gespr*; sich mit hoher Geschwindigkeit irgendwohin bewegen (*bes* mit Fahrzeugen) ≈ rasen

brau·sen[2]; *brauste, hat gebraust*; [Vi] **1** ≈ duschen ⟨heiß, kalt b.⟩; [Vr] **2** ***sich b.*** ≈ (sich) duschen

Braut *die*; *-, Bräu·te*; **1** e-e Frau am Tag ihrer Hochzeit: *Braut u. Bräutigam strahlten glücklich* || K-: ***Braut-, -bukett, -eltern, -kleid, -kranz, -mutter, -schleier, -schmuck, -strauß, -vater, -wagen*** **2** ≈ Verlobte ⟨j-s B. sein⟩ **3** *gespr*; (*bes* von Jugendlichen verwendet) ≈ Mädchen ⟨e-e tolle, heiße B.⟩

Bräu·ti·gam *der*; *-s, -e*; **1** ein Mann am Tag seiner Hochzeit **2** ≈ Verlobter ⟨j-s B. sein⟩

Braut·jung·fer *die*; e-e (*mst* unverheiratete) Freundin od. Verwandte der Braut, die diese in die Kirche begleitet

Braut·nacht *die*; *veraltend* ≈ Hochzeitsnacht

Braut·paar *das*; Mann u. Frau kurz vor u. am Tag ihrer Hochzeit

Braut·schau *die*; *nur in* ***auf B. gehen*** *gespr hum*; e-e Frau zum Heiraten suchen

brav [-f], *braver / gespr auch bräver* [-v-], *bravst- / brävst-* [-f-]; *Adj*; **1** den Erwachsenen gehorchend ≈ folgsam, artig ↔ böse ⟨ein Kind⟩: *Wenn du b. bist, bekommst du ein Eis* **2** *nur attr od adv*, *oft pej*; Pflichten od. Befehle korrekt erfüllend, ohne viel darüber nachzudenken ⟨ein Mann, ein Bürger, ein Schüler⟩ **3** *nur attr od adv*; zufrieden stellend, aber nicht mehr als durchschnittlich ≈ ordentlich ⟨e-e Leistung⟩: *Er hat das Gedicht b. aufgesagt*; *Sie spielt schon recht b., könnte aber besser sein* **4** *pej*; ohne besonderen Reiz ≈ hausbacken ⟨ein Mädchen, ein Kleid⟩ **5** *veraltend* ≈ mutig, tapfer ⟨ein Soldat; b. kämpfen⟩ || *hierzu* **Brav·heit** *die*; *nur Sg*

bra·vo! [-v-] *Interjektion*; verwendet als Ausruf des Beifalls für e-e gute Leistung, *bes* im Theater ⟨b. rufen⟩ || K-: ***Bravo-, -ruf***

Bra·vour, Bra·vur [bra'vuːɐ] *die*; *-*; *nur Sg*, *geschr*; **1** die meisterhafte Bewältigung e-r Aufgabe *o.Ä.* ⟨ein Problem mit B. lösen, meistern⟩: *Er hat die schwierige Sonate mit B. bewältigt* || K-: ***Brav(o)ur-, -leistung*** **2** große Tapferkeit ⟨mit B. kämpfen⟩ || *hierzu* **bra·v(o)u·rös** *Adj*

BRD [beːǀɛr'deː] *die*; *-*; *nur Sg*, *gespr*; verwendet als inoffizielle Bezeichnung für die Bundesrepublik Deutschland

Brech·ei·sen *das*; e-e stabile Stange aus Eisen mit e-m spitzen Ende, mit der man *z.B.* verschlossene Türen mit Gewalt öffnen kann ≈ Brechstange

bre·chen; *bricht, brach, hat / ist gebrochen*; [Vt] (*hat*) **1** ***etw. b.*** etw. Stabiles od. Hartes mit Gewalt in zwei od. mehrere Stücke teilen: *e-e Stange, e-n Ast in* *zwei Teile b.* **2 sich** (*Dat*) **etw. b.** sich so verletzen, dass sich der Knochen e-s Körperteils in zwei Teile teilt: *Er hat sich beim Skifahren das Bein gebrochen* **3 etw. b.** die Gültigkeit e-s Versprechens od. e-r Regelung missachten, sich nicht daran halten ⟨e-n Vertrag, ein Versprechen, den Waffenstillstand b.⟩ **4 etw. b.** etw., das ein Hindernis *o.Ä.* darstellt, überwinden od. beugen ⟨j-s Trotz, Widerstand, Willen b.⟩ **5 etw. bricht etw.** etw. lenkt e-n Lichtstrahl, Schallwellen *o.Ä.* in e-e andere Richtung: *Wasser bricht das Licht* **6 etw. b.** Gestein mit bestimmten Geräten aus Felsen *o.Ä.* lösen ≈ abbauen ⟨Marmor, Schiefer, Steine b.⟩ **7 das / sein Schweigen b.** *geschr*; nach relativ langem Schweigen dann doch über etw. reden **8 sein Wort b.** ein Versprechen, das man gegeben hat, nicht halten **9 e-n Rekord b.** e-e Leistung bringen, die den bestehenden Rekord übertrifft; [Vt/i] (*hat*) **10 (etw.) b.** etw. aus seinem Magen durch den Mund von sich geben ≈ sich übergeben, sich erbrechen ⟨Blut, Galle b.⟩: *Ihm war schlecht u. er musste b.*; [Vi] **11 etw. bricht** (*ist*) etw. teilt sich unter äußerem Druck od. durch Gewalt in zwei od. mehrere Stücke: *Das Brett ist in der Mitte gebrochen*; *Die Äste brachen unter der Last der Früchte* **12 mit j-m / etw. b.** (*hat*) *geschr*; den Kontakt mit j-m od. die Fortführung e-r Sache beenden ⟨mit der Tradition, mit der Vergangenheit, mit e-r Gewohnheit b.⟩: *Sie hat mit ihrer Familie ganz gebrochen* **13 irgendwoher b.** (*ist*) plötzlich von irgendwoher hervorkommen: *Das Licht bricht durch die Wolken*; *Reiter brachen aus dem Gebüsch*; [Vr] **14 etw. bricht sich irgendwo** (*hat*) etw. trifft auf ein Hindernis u. wird von dort zurückgeworfen od. in verschiedene Richtungen gelenkt: *Die Wellen b. sich an den Felsen*; *Das Licht bricht sich im Glas* || ID **etw. ist brechend / zum Brechen voll** *gespr*; ein Lokal, ein Zug *o.Ä.* ist so voll mit Menschen, dass kein Platz mehr für weitere Personen da ist || ► **Bruch**

Bre·cher *der*; *-s*, *-*; e-e sehr hohe u. starke Welle im Meer

Brech·mit·tel *das*; e-e Medizin, die j-m hilft, seinen Magen (*z.B.* bei Vergiftungen) zu entleeren || ID **j-d / etw. ist (für j-n) das reinste B.** *gespr pej*; j-d wird von j-m gehasst od. vollkommen abgelehnt

Brech·reiz *der*; *nur Sg*; das Gefühl, sich erbrechen zu müssen ⟨e-n B. haben⟩

Brech·stan·ge *die* ≈ Brecheisen || ID **es mit der B. versuchen** mit Gewalt (1) versuchen, sein Ziel zu erreichen

Bre·chung *die*; *-*, *-en*; *Phys*; e-e Änderung der Richtung von Licht- od. Schallwellen beim Übergang aus e-r Substanz in e-e andere od. beim Auftreffen auf ein anderes Medium || K-: **Brechungs-, -ebene, -winkel**

Bre·douil·le [bre'duljə] *die*; *gespr veraltend*; *mst in* **1 in der B. sein / sitzen** in e-r unangenehmen, schwierigen Lage sein **2 in die B. kommen / geraten** in e-e unangenehme, schwierige Lage kommen

Brei *der*; *-(e)s*, *-e*; *mst Sg*; **1** e-e gekochte, dickflüssige Speise aus Grieß, Haferflocken, Kartoffeln, Reis *o.Ä.* || -K: **Grieß-, Hafer-, Kartoffel-, Reis- 2** e-e zähflüssige Masse ⟨etw. zu B. zerstampfen; e-n B. anrühren⟩ || ID **j-m B. ums Maul schmieren** *gespr!* j-m schmeicheln; **um den (heißen) B. herumreden** *gespr*; es nicht wagen, ein problematisches Thema direkt anzusprechen || *hierzu* **brei·ig** *Adj*

breit, *breiter*, *breitest-*; *Adj*; **1** *Maßangabe* + **b.** verwendet, um (im Gegensatz zur Länge od. Höhe) die kleinere horizontale Ausdehnung e-r Fläche od. e-s Körpers anzugeben ↔ lang, hoch: *Die Küche ist vier Meter lang u. drei Meter b.*; *Wie b. ist dieser Tisch?* **2** *Maßangabe* + **b.** verwendet, um (im Gegensatz zur Höhe u. Tiefe) die horizontale Ausdehnung e-s Gegenstandes anzugeben, wenn man ihn von vorne sieht ↔ hoch, tief: *Der Schrank ist 1,50m b. u. 40cm tief* || K-: **Breit-, -format 3** so, dass es e-e ziemlich od. überdurchschnittlich große Ausdehnung von e-r Seite zur anderen hat (im Vergleich mit anderen Objekten od. zur Norm) ↔ schmal ⟨ein Fluss, e-e Straße, ein Bett, e-e Nase, Schultern⟩: *Der Schreibtisch ist schön b.* || ↑ *Abb. unter* **Eigenschaften 4** (bei e-r Erzählung) genaue Details gebend u. dabei oft vom zentralen Thema abkommend ≈ weitschweifig ⟨etw. b. erzählen, darstellen⟩ **5** *nur attr od adv*; sehr viele Menschen betreffend ⟨die Öffentlichkeit, die Masse, ein Interesse; e-e b. angelegte Untersuchung⟩: *Der Appell fand ein breites Echo in der Bevölkerung* **6** langsam u. mit gedehnten Vokalen ⟨e-e Aussprache⟩ || NB: ↑ **weit**

> **breit ma·chen, sich**; *machte sich breit, hat sich breit gemacht*; [Vr] **1 sich (irgendwo) b. m.** *bes* auf dem Sofa, Sessel od. Bett viel Raum für sich einnehmen od. beanspruchen: *Mach dich doch nicht so breit!* **2 etw. macht sich breit** *pej*; etw. (Negatives) wird immer beliebter ≈ etw. breitet sich aus: *Diese Unsitte macht sich bei der Jugend (immer mehr) breit*

breit·bei·nig *Adj*; *mst adv*; mit gespreizten Beinen ⟨b. dastehen⟩

Brei·te *die*; *-*, *-n*; **1** (im Vergleich zur Länge od. Höhe) die kleinere horizontale Ausdehnung e-r Fläche od. e-s Körpers ↔ Länge, Höhe: *Das Volumen e-s Würfels berechnet man, indem man die Länge mit der B. u. der Höhe multipliziert* || ↑ *Abb. unter* **geometrische Figuren 2** (im Gegensatz zur Höhe u. Tiefe) die horizontale Ausdehnung e-s Gegenstandes, wenn man ihn von vorn sieht ↔ Höhe, Tiefe: *Das Tor hat e-e B. von nur zwei Metern* **3** die relativ große Ausdehnung in seitlicher Richtung, zwischen zwei Seiten (im Vergleich mit anderen Objekten od. zur Norm): *ein Fluss von ungeheurer B.* **4** *Geogr*; die Entfernung e-s Ortes vom Äquator ⟨nördliche, südliche B.⟩: *Der Ort liegt auf dem 30. Grad südlicher B.* **5** *nur Pl*; ein Gebiet, das innerhalb bestimmter Breitengrade liegt: *In unseren gemäßigten Breiten wachsen kaum tropische Pflanzen* **6 in epischer B.** *pej*; sehr detailliert: *e-e Geschichte in epischer B. erzählen* || ID **in die B. gehen** *gespr*; dick werden || NB: ↑ **Weite**

brei·ten; *breitete*, *hat gebreitet*; [Vt] **1 etw. über j-n / etw.** (*Akk*) **b.** etw. über j-n / e-n Gegenstand legen u. ihn damit bedecken: *e-e Decke über das Sofa b.*; [Vr] **2 etw. breitet sich über etw.** (*Akk*) *geschr*; etw. legt sich langsam über etw.: *Der Nebel breitete sich über die Felder*

Brei·ten·grad *der*; *Geogr*; die nördliche od. südliche Entfernung (e-s imaginären Kreises um die Erde) vom Äquator ↔ Längengrad: *München liegt auf dem 48. B.*

Brei·ten·sport *der*; *Kollekt*; die Sportarten, die von sehr vielen Menschen betrieben werden

Brei·ten·wir·kung *die*; die Wirkung auf große Teile der Bevölkerung: *Der Roman erhielt viele Literaturpreise, blieb aber ohne B.*

breit·schla·gen (*hat*) [Vt] *mst in* **sich** (*Akk*) **(zu etw.) b. lassen** *gespr*; sich zu etw. überreden lassen: *Ich habe mich wieder b. lassen, länger zu arbeiten*

breit·schult·rig *Adj*; *nicht adv*; mit breiten Schultern ⟨ein Mann⟩

Breit·sei·te *die*; **1** die breitere Seite (*z.B.* e-s Tisches) **2** *Mil*; das gleichzeitige Abfeuern aller Kanonen auf einer der beiden Längsseiten e-s Schiffes ⟨e-e B. (auf j-n / etw.) abfeuern, abgeben⟩ || ID ***e-e B. auf j-n abfeuern*** *geschr*; j-n heftig kritisieren

breit·tre·ten; *tritt breit, trat breit, hat breitgetreten*; Vt *gespr pej*; **1** ***etw. b.*** lange u. ausführlich über ein Thema reden und damit seine Zuhörer langweilen **2** ***etw. b.*** etw., das eigentlich geheim bleiben sollte, allen Leuten erzählen: *e-n peinlichen Vorfall b.*

Breit·wand *die*; e-e sehr breite Leinwand im Kino, auf die Filme projiziert werden || K-: ***Breitwand-, -film***

Brems·be·lag *der*; e-e Schicht aus e-m festen Material, die e-n Teil der Bremse[1] (1) bildet ⟨die Bremsbeläge erneuern⟩

Brem·se[1] *die*; -, *-n*; **1** e-e Vorrichtung, mit der man ein Fahrzeug od. e-e Maschine verlangsamen od. zum Halten bringen kann ⟨e-e automatische, hydraulische B.; die Bremsen quietschen; die B. betätigen⟩: *Das Unglück geschah, weil die Bremsen versagt haben* || K-: ***Brems-, -kraft, -pedal, -probe*** **2** *mst* ein Hebel od. Pedal, mit dem man die B. (1) betätigt ⟨(auf) die B. drücken, treten⟩ || -K: ***Fuß-, Hand-, Not-***

Brem·se[2] *die*; -, *-n*; e-e Art große Fliege, die Menschen u. Tiere sticht u. Blut saugt || K-: ***Bremsen-, -plage, -stich***

brem·sen; *bremste, hat gebremst*; Vt/i **1** ***(etw.) b.*** mithilfe e-r Bremse[1] (allmählich) die Geschwindigkeit e-s Fahrzeugs reduzieren ↔ beschleunigen ⟨e-e Lokomotive, e-n Wagen b.; kurz, scharf b.⟩; Vt **2** ***etw. b.*** etw. so beeinflussen, dass es langsamer wird ⟨e-e Entwicklung b.⟩ **3** ***j-n b.*** j-n so beeinflussen, dass er nicht mehr so aktiv, schnell *o.Ä.* ist **4** ***j-d ist nicht (mehr) zu b.*** j-d wird sehr aktiv, lustig *o.Ä.*: *Wenn er getrunken hat, ist er nicht mehr zu b.* || *zu* **1** u. **2 Brem·sung** *die*

Brems·klotz *der*; **1** *mst* ein dickes Stück Holz, das man unter das Rad e-s Fahrzeugs legt, um zu verhindern, dass es rollt **2** der Teil e-r Bremse[1] (1), der durch Reibung die Bremswirkung herbeiführt

Brems·licht *das*; ein *mst* rotes Licht am hinteren Ende e-s Fahrzeugs, das beim Bremsen aufleuchtet

Brems·spur *die*; schwarze Streifen, die die Reifen e-s Fahrzeugs auf der Straße hinterlassen, wenn scharf gebremst wurde

Brems·weg *der*; die Strecke, die ein Fahrzeug benötigt, um beim Bremsen zum Stehen zu kommen

brenn·bar *Adj*; *ohne Steigerung, nicht adv*; so, dass es (*mst* leicht u. gut) brennen kann: *feuchtes Holz ist schlecht b.* || *hierzu* **Brenn·bar·keit** *die*; *nur Sg*

Brenn·ele·ment *das*; e-e Einheit aus vielen Brennstäben, mit deren Hilfe in Atomkraftwerken Energie gewonnen wird ⟨ein abgebranntes, radioaktiv strahlendes B.⟩

bren·nen; *brannte, hat gebrannt*; Vi **1** ***etw. brennt*** etw. wird vom Feuer zerstört od. beschädigt ⟨lichterloh (= stark) b.⟩: *Die Scheune brennt. Da hat der Blitz eingeschlagen* **2** ***etw. brennt*** etw. produziert Flammen od. Glut (u. wird dabei verbraucht) ⟨ein Feuer, e-e Kerze, ein Streichholz, e-e Zigarette⟩ **3** ***etw. brennt*** ein Gerät, das Wärme od. Licht produziert, ist in Betrieb ≈ etw. ist an ⟨der Herd, die Lampe, der Ofen⟩: *Er hat in der ganzen Wohnung das Licht b. lassen* **4** ***etw. brennt (irgendwie)*** etw. ist so beschaffen, dass es b. (1,2) kann: *Dürre Äste brennen wie Stroh* (= sehr gut) **5** ⟨die Sonne⟩ ***brennt*** die Sonne scheint heiß u. intensiv **6** ***etw. brennt*** etw. verursacht ein unangenehmes Gefühl od. Schmerzen: *Das Desinfektionsmittel brannte in der Wunde* **7** ***etw. brennt*** ein Körperteil ist entzündet u. schmerzt: *die Augen brennen* **8** ***vor etw.*** (*Dat*) ***b.*** wegen e-s intensiven Gefühls sehr ungeduldig sein ⟨vor Liebe, Neugier, Ungeduld b.⟩ **9** ***darauf b.*** (+ ***zu*** + *Infinitiv*) ungeduldig darauf warten, etw. tun zu können: *Er brannte darauf, ihr die Neuigkeiten zu erzählen*; Vimp **10** ***(bei j-m / irgendwo) brennt es*** *mst* j-s Haus brennt (1); Vt **11** ***etw. b.*** ein bestimmtes Produkt herstellen, indem man auf (Roh)Stoffe große Hitze einwirken lässt ⟨Porzellan, Ziegel b.⟩ **12** ***etw. b.*** durch Destillation Getränke mit hohem Alkoholgehalt herstellen ⟨Schnaps, Whisky b.⟩ **13** ***etw. in etw.*** (*Akk*) ***b.*** durch etw. Brennendes od. Glühendes irgendwo e-e Markierung hinterlassen: *Ich habe mit der Kerze ein Loch in den Teppich gebrannt*; Vr **14** ***sich b.*** *gespr*; sich durch Feuer *o.Ä.* verletzen ≈ sich verbrennen: *Ich habe mich am Ofen gebrannt* || ID *mst* ***Wo brennts denn?*** *gespr*; welche dringenden Probleme gibt es?

bren·nend **1** *Partizip Präsens*; ↑ ***brennen*** **2** *Adj*; *nicht adv*; äußerst wichtig ⟨Fragen, Probleme⟩ **3** *Adv*; *gespr* ≈ sehr ⟨*mst* sich b. für etw. interessieren⟩

Bren·ner *der*; *-s*, -; der Teil e-r Heizung, in dem der Brennstoff (*z.B.* Gas, Erdöl) verbrannt wird

Bren·ne·rei *die*; -, *-en*; **1** e-e Fabrik, in der starke alkoholische Getränke durch Destillation hergestellt werden || -K: ***Schnaps-*** **2** *nur Sg*; die Herstellung von alkoholischen Getränken durch Destillation

Brenn·glas *das*; e-e Linse, die alle Strahlen, die (parallel) durch sie einfallen, in e-m Punkt sammelt

Brenn·holz *das*; *nur Sg*; Holz, mit dem man ein Feuer macht ⟨B. sammeln⟩

Brenn·ma·te·ri·al *das*; *Kollekt*; die Stoffe (wie *z.B.* Papier, Holz u. Kohle), die man zum Heizen verwendet ≈ Brennstoff (1)

Brenn·nes·sel *die*; e-e Pflanze, deren Blätter feine Haare haben, die (bei Berührung) unangenehm juckende Flecken auf der Haut verursachen

Brenn·punkt *der*; **1** ≈ Mittelpunkt, Zentrum ⟨im B. des Geschehens, des öffentlichen Interesses stehen⟩ **2** *Phys*; der Punkt, in dem sich ursprünglich parallele Strahlen treffen, nachdem ihre Richtung *z.B.* durch e-e Linse verändert wurde ≈ Fokus

Brenn·spie·gel *der*; *Phys*; ein Spiegel mit e-r nach innen gebogenen Oberfläche, der bewirkt, dass parallel einfallende Strahlen sich in e-m Punkt treffen

Brenn·stab *der*; ein langer, dünner Stab aus Metall, der Uran od. Plutonium enthält. Viele Brennstäbe bilden zusammen ein Brennelement

Brenn·stoff *der*; **1** festes, flüssiges od. gasförmiges Material (*z.B.* Holz, Kohle, Erdöl), das Wärme abgibt, wenn man es verbrennt ⟨natürlicher, künstlicher B.⟩ **2** *Phys*; ein Material wie Uran od. Plutonium, aus dem Atomenergie gewonnen wird

Brenn·wei·te *die*; *Phys*; der Abstand des Brennpunkts von der Mitte e-r Linse od. e-s Spiegels (1)

brenz·lig *Adj*; **1** *gespr* ≈ gefährlich ⟨e-e Situation⟩: *Die Sache wird mir allmählich zu b.* **2** *veraltend*; so riechend, als ob es brennen würde ⟨ein Geruch⟩

Bre·sche *die*; *mst in* **1** ***(für j-n) in die B. springen***; ***sich*** (*Akk*) ***für j-n in die B. werfen*** j-m in e-r Notlage helfen **2** ***für j-n e-e Bresche schlagen*** durch intensives Bemühen j-m zum Erfolg verhelfen

Brett *das*; *-(e)s*, *-er*; **1** ein langes, flaches (u. relativ breites) geschnittenes Stück Holz ⟨ein dickes, dünnes, schmales B.; Bretter schneiden, sägen⟩ || K-: ***Bretter-, -boden, -bude, -dach, -schuppen, -wand, -zaun*** || -K: ***Bücher-, Sitz-*** **2** e-e Platte (aus Holz od. Pappe), die in Quadrate od. in Linien eingeteilt ist u. auf der man Spielfiguren hin u. her bewegt, *z.B.* bei Schach od. Mühle || K-: ***Brett-, -spiel*** || -K: ***Schach-, Spiel-*** **3** *nur Pl*, *gespr*; die Bühne e-s Theaters ⟨auf den Brettern stehen⟩ **4** *nur Pl*, *gespr hum* ≈ Skier ⟨(sich) die Bretter anschnallen⟩ **5** ***das***

schwarze B. e-e Tafel, an der wichtige u. aktuelle Informationen angebracht sind || ID ***die Bretter, die die Welt bedeuten*** die Bühne e-s Theaters *usw* (als der wichtigste Ort für e-n Schauspieler od. Sänger); ***ein B. vor dem Kopf haben*** *gespr*; etw. (momentan) nicht begreifen od. nicht wissen

Brettspiele

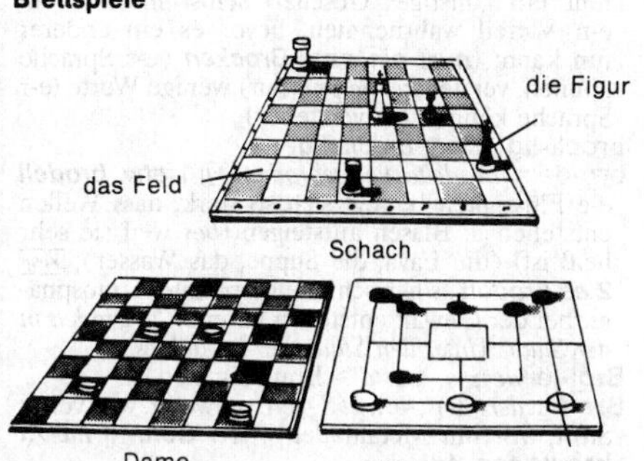

Bre̱·ze *die*; -, *-n*; *südd* ≈ Brezel

Bre̱·zel *die*; -, *-n*; ein salziges Stück Gebäck, das ungefähr die Form e-r 8 hat || ↑ *Abb. unter* **Brot**

brịcht *Präsens, 3. Person Sg*; ↑ **brechen**

Brie̱f *der*; *-(e)s, -e*; **1** e-e *mst* relativ lange, persönliche schriftliche Mitteilung in e-m Umschlag, die man an j-n schickt ⟨j-m / an j-n e-n B. schreiben; e-n B. diktieren, frankieren, einwerfen, per / als Einschreiben schicken, bekommen, öffnen, lesen, beantworten⟩ || K-: ***Brief-, -kuvert, -papier, -porto, -umschlag, -waage*** **2** ***ein offener B.*** ein B. (1), der in der Presse veröffentlicht wird u. in dem ein *mst* aktuelles gesellschaftspolitisches Thema behandelt wird **3** ***ein blauer B.*** *gespr*; ein offizieller B. (1), der e-e negative od. unangenehme Mitteilung (*z.B.* e-e Kündigung) enthält || ID ***j-m B. u. Siegel auf etw.*** (*Akk*) ***geben*** *veraltend*; j-m etw. fest versprechen od. garantieren

Brie̱f·be·schwe·rer *der*; *-s, -*; ein *mst* dekorativer, schwerer Gegenstand, den man auf Papiere legt, damit sie nicht vom Wind *o.Ä.* weggeweht werden

Brie̱f·bo·gen *der*; ein einzelnes Blatt Papier, das man verwendet, um e-n Brief (1) zu schreiben

Brie̱f·bom·be *die*; ein Brief od. ein Päckchen mit Sprengstoff, der beim Öffnen explodiert

Brie̱f·freund *der*; ein (*mst* ausländischer) Freund, mit dem man nur od. hauptsächlich schriftlichen Kontakt hat

Brie̱f·ge·heim·nis *das*; *nur Sg*; das (staatlich garantierte) Recht, dass *z.B.* Briefe u. verschlossene Urkunden nur vom Empfänger geöffnet werden dürfen

Brie̱·fing *das*; *-s, -s*; ein Gespräch in e-m Unternehmen *usw*, durch das j-d schnell über aktuelle Tatsachen informiert wird || *hierzu* **brie̱·fen** *Vt*

Brie̱f·kas·ten *der*; **1** ein Behälter in Postämtern od. an Straßen, in den man Briefe u. Postkarten einwirft, damit sie von der Post befördert werden ⟨e-n Brief in den B. werfen; ein B. wird geleert⟩ **2** ein kleinerer Behälter an privaten Häusern u. Wohnungstüren, in den der Postbote Briefe *usw* wirft

Brie̱f·kas·ten|fir·ma *die*; e-e Firma, die nur zum Schein existiert u. unter deren Namen *mst* Betrügereien begangen werden

Brie̱f·kon·takt *der* ≈ Briefwechsel (1)

Brie̱f·kopf *der*; der obere Teil e-s Briefes, der *bes* die Adresse des Absenders u. Empfängers enthält

brie̱f·lich *Adj*; in Form eines od. mehrerer Briefe ≈ schriftlich

Brie̱f·mar·ke *die*; ein kleines, viereckiges Stück Papier (mit e-m bestimmten Geldwert), das man auf Briefe, Postkarten, Pakete *usw* klebt, um dadurch die Beförderung durch die Post zu bezahlen || K-: ***Briefmarken-, -album, -sammler, -sammlung***

Brie̱f·öff·ner *der*; e-e Art Messer, mit dem man Briefe öffnet

Brie̱f·ro·man *der*; e-e Romanform (*bes* des 18. Jahrhunderts), die aus e-r Reihe von (erfundenen) Briefen besteht

Brie̱f·schrei·ber *der*; j-d, der (gern) Briefe schreibt || *hierzu* **Brie̱f·schrei·be·rin** *die*

Brie̱f·ta·sche *die*; e-e kleine Mappe, in der man Ausweis, Geldscheine *usw* mit sich trägt

Brie̱f·tau·be *die*; e-e (dressierte) Taube, die schriftliche Nachrichten überbringen kann, weil sie immer wieder an ihren Heimatort zurückfindet

Brie̱f·trä·ger *der*; j-d, der beruflich (als Angestellter der Post) Briefe u. Päckchen zu den Empfängern bringt ≈ Postbote || *hierzu* **Brie̱f·trä·ge·rin** *die*

Brie̱f·wech·sel *der*; **1** der Austausch von Briefen zwischen zwei od. mehreren Personen ≈ Korrespondenz ⟨mit j-m in B. stehen⟩ **2** *Kollekt*; alle Briefe, die sich zwei od. mehrere Personen in e-m bestimmten Zeitraum geschrieben haben: *der B. zwischen Goethe u. Schiller*

brie̱t *Imperfekt, 1. u. 3. Person Sg*; ↑ **braten**

Bri·ga̱·de *die*; -, *-n*; **1** *Mil*; e-e relativ große Einheit des Heeres || K-: ***Brigade-, -general*** **2** *hist* (*DDR*); das kleinste Kollektiv, das aus mehreren Arbeitern bestand || K-: ***Brigade-, -führer, -leiter***

Bri·kẹtt *das*; *-s, -s*; ein Heizmaterial aus Kohle, das in e-e viereckige od. ovale Form gepresst ist || -K: ***Eier-***

bril·lant [-l'jant] *Adj*; sehr gut ≈ ausgezeichnet, hervorragend: *Er hat e-n brillanten Vortrag gehalten* || *hierzu* **Bril·lạnz** *die*; -; *nur Sg*

Bril·lant [-l'jant] *der*; *-en, -en*; ein sehr wertvoller, geschliffener Diamant (der stark funkelt) || K-: ***Brillant-, -brosche, -ring, -schliff, -schmuck*** || NB: *der Brillant*; *den, dem, des Brillanten*

Brị·lle *die*; -, *-n*; geschliffene Gläser, die man in e-m Gestell auf der Nase trägt u. die einem helfen, besser zu sehen ⟨e-e B. für die Nähe, Ferne; e-e B. tragen, aufsetzen, abnehmen, putzen; e-e stärkere B. brauchen⟩ || K-: ***Brillen-, -bügel, -etui, -fassung, -futteral, -gestell, -glas*** || -K: ***Sonnen-*** || ID *mst* ⟨alles⟩ ***durch e-e / die rosarote B. sehen*** *gespr*; alles (kritiklos u. naiv) als positiv bewerten

Brille

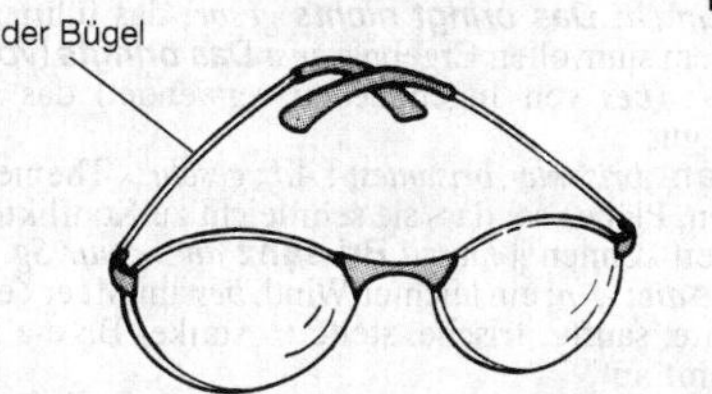

Brị·llen·schlan·ge *die*; **1** e-e sehr giftige Schlange, die am oberen Teil des Rückens e-e Zeichnung hat, die e-r Brille ähnlich sieht ≈ Kobra **2** *gespr hum, mst pej*; *bes* e-e Frau, die e-e Brille trägt u. damit nicht attraktiv aussieht

Brị·llen·trä·ger *der*; j-d, der ständig e-e Brille tragen muss || *hierzu* **Brị·llen·trä·ge·rin** *die*

bril·lie·ren [brɪl'ji:-]; *brillierte, hat brilliert*; [Vi] **(mit etw.)** ***b.*** sich durch eine besondere Leistung von anderen Leuten unterscheiden ≈ herausragen, glänzen: *Der Tennisspieler brillierte mit seiner ausgefeilten Technik*

Brim·bo̲·ri·um *das*; *-s*; *nur Sg*, *gespr pej*; ein großer Aufwand, der in keinem angemessenen Verhältnis zur Bedeutung e-r Person od. Sache steht

brịn·gen; *brachte*, *hat gebracht*; [Vt] **1** ***etw. irgendwohin b.***; ***j-m etw. b.*** bewirken, dass etw. an e-n bestimmten Ort / zu e-r bestimmten Person gelangt: *Er hat die Briefe zur Post gebracht*; *Hast du ihm das Buch schon gebracht, das du ihm versprochen hast?*; *Der Bäcker bringt uns die Brötchen jeden Morgen ins Haus* **2** ***j-n irgendwohin b.*** j-n (zu Fuß od. mit e-m Fahrzeug) irgendwohin begleiten: *Ich habe meinen Gast zum Bahnhof gebracht*; *Er brachte sie nach dem Kino nach Hause* **3** ***j-m etw. b.*** ein *mst* relativ kleines Geschenk zu j-m tragen u. es ihm geben: *Ich habe meiner Mutter zum Geburtstag Blumen gebracht* **4** 〈das Fernsehen, e-e Zeitung *usw*〉 ***bringt etw.*** *gespr*; das Fernsehen, e-e Zeitung *usw* informiert die Zuschauer, Leser *usw* über etw. od. unterhält sie mit etw.: *Die Zeitungen brachten ausführliche Artikel über das Attentat*; *Das Fernsehen bringt heute Abend e-n tollen Film* **5** ***etw. bringt etw.*** etw. hat etw. zum Ergebnis: *Geld kann Zinsen b.*; *Das Hoch wird schönes Wetter b.*; *Das bringt nur Ärger* **6** ***etw. b.*** *gespr*; fähig sein, etw. zu tun: *Er bringt die geforderten Leistungen einfach nicht* **7** ***j-n zu etw. b.*** erreichen, dass j-d etw. tut: *Er konnte mich immer wieder zum Lachen b.*; *j-n* dazu *bringen*, *nachzugeben* **8** ***etw. nicht über sich*** (*Akk*) ***b.*** sich nicht entschließen können, etw. (Unangenehmes) zu tun: *Ich bringe es nicht über mich, ihm die volle Wahrheit* zu *sagen* **9** ***j-n vor Gericht b.*** bewirken, dass j-d wegen e-s Verbrechens vor Gericht gestellt wird: *Er wurde wegen schwerer Körperverletzung vor Gericht gebracht* **10** ***j-n in Gefahr b.*** (durch e-e unvorsichtige Handlung) bewirken, dass j-d in Gefahr gerät: *Durch seine unvorsichtige Fahrweise hat er andere in Gefahr gebracht* **11** ***etw.*** (***wieder***) ***in Ordnung b.*** *gespr*; e-n Fehler *o.Ä.*, den man selbst gemacht hat od. den andere gemacht haben, korrigieren: *Mach dir keine Sorgen - das bringe ich schon wieder in Ordnung* **12** ***j-n um etw. b.*** *gespr*; j-m Schaden zufügen, indem man ihm etw. wegnimmt: *Der Dieb hat die alte Frau um ihre Ersparnisse gebracht* **13** ***etw. bringt etw. mit sich*** etw. hat etw. zur Folge: *Mein Job bringt* es *mit sich*, dass *ich oft im Ausland bin* || ID ***es*** (***bis***) ***zu etw. b.*** *gespr*; Erfolg haben u. (*mst* beruflich) etw. erreichen: *Er hat es bis zum Direktor gebracht*; ***j-d / etw. bringt es auf etw.*** (*Akk*) *gespr*; j-d / etw. erreicht e-e bestimmte Leistung: *Mein Wagen bringt es auf 180km / h*; ***Das bringt nichts*** *gespr*; das führt zu keinem sinnvollen Ergebnis; *mst* ***Das bringts*** (***voll***) *gespr*; (*bes* von Jugendlichen verwendet) das ist sehr gut

bri·sạnt, *brisanter*, *brisantest-*; *Adj*; *geschr*; 〈Themen, Ideen, Pläne〉 so, dass sie sehr leicht zu Konflikten führen können || *hierzu* **Bri·sạnz** *die*; *-*; *nur Sg*

Bri̲·se *die*; *-*, *-n*; ein leichter Wind, *bes* am Meer 〈e-e leichte, sanfte, frische, steife (= starke) B.; e-e B. kommt auf〉

brö̤·cke·lig *Adj*; so, dass es leicht in einzelne Teile zerfällt 〈Gestein, Mauerwerk〉

brö̤·ckeln; *bröckelte*, *hat / ist gebröckelt*; [Vt] (*hat*) **1** ***etw.*** (***in etw.*** (*Akk*)) ***b.*** etw. in kleine Stücke zerteilen (u. in etw. hineingeben): *Der alte Mann bröckelte das Brot in die Suppe*; [Vi] (*ist*) **2** ***etw. bröckelt*** (***von etw.***) etw. zerfällt in kleine Stücke (u. fällt von irgendwo herunter) 〈Gestein, der Putz〉: *Der Putz bröckelt schon von der Mauer*

brọ·cken; *brockte*, *hat gebrockt*; [Vt] **1** ***etw. in etw.*** (*Akk*) ***b.*** ≈ bröckeln (1) **2** ***etw. b.*** *südd* reife Früchte od. Blumen pflücken

Brọ·cken *der*; *-s*, *-*; **1** ***ein B.*** (+ *Subst*) ein unregelmäßig geformtes Stück, das *mst* von e-m größeren Ganzen abgeteilt wurde 〈ein B. Erde, Stein, Brot〉 **2** ***ein harter B.*** *gespr*; e-e komplizierte u. schwer lösbare Aufgabe: *Diese Mathematikaufgabe ist ein harter B.* **3** *gespr*, *mst hum*; ein großer, schwerer Mensch od. Gegenstand || ID ***j-m e-n dicken B. vor der Nase wegschnappen*** *gespr*; als Konkurrent ein günstiges Geschäft selbst machen od. e-n Vorteil wahrnehmen, bevor es ein anderer tun kann; (***nur***) ***ein paar Brocken*** 〈e-r Sprache können, verstehen〉 *gespr*; (nur) wenige Worte (e-r Sprache können od. verstehen)

brö̤ck·lig *Adj*; ↑ ***bröckelig***

bro̲·deln; *brodelte*, *hat gebrodelt*; [Vi] **1** ***etw. brodelt*** e-e Flüssigkeit bewegt sich so stark, dass Wellen entstehen u. Blasen aufsteigen (*bes* weil sie sehr heiß ist) 〈die Lava, die Suppe, das Wasser〉; [Vimp] **2** ***es brodelt*** es herrscht e-e gespannte Atmosphäre, bei der Gewalt entstehen könnte: *Es brodelt in der Stadt*; *Unter den Studenten brodelt es*

Broi̲·ler *der*; *-s*, *-*; *ostd* ≈ Brathähnchen

Bro·ka̲t *der*; *-(e)s*, *-e*; *mst Sg*; ein schwerer, wertvoller Stoff, *mst* mit Metallfäden || -K: ***Gold-*** || *hierzu* **bro·ka̲·ten** *Adj*

Brọk·ko·li *der*; *-(s)*, *-(s)*; ein Gemüse (ein Kohl), dessen feste grüne Blüten man isst

Bro̲m *das*; *-s*; *nur Sg*; ein chemisches Element, das in flüssigem Zustand rotbraun ist u. scharf riecht; *Chem* Br

Brọm·bee·re *die*; **1** e-e schwarze Beere, die der Himbeere ähnlich sieht u. ein bisschen sauer schmeckt **2** ein Strauch mit Stacheln, an dem Brombeeren (1) wachsen || K-: ***Brombeer-***, ***-gestrüpp***, ***-strauch***

bron·chi·a·l- [brɔn'çia:l-] *Adj*; *nur attr*, *nicht adv*; in Bezug auf die Bronchien || K-: ***Bronchial-***, ***-asthma***, ***-karzinom***, ***-katarrh***

Bron·chie ['brɔnçiə] *die*; *-*, *-n*; *mst Pl*; die beiden Äste der Luftröhre, die sich in der Lunge in immer kleinere Äste verzweigen

Bron·chi̲·tis *die*; *-*; *nur Sg*, *Med*; e-e Entzündung der Bronchien

Bron·ze ['brõ:sə] *die*; *-*, *-n*; **1** *nur Sg*; e-e Mischung aus Kupfer u. Zinn, die e-e gelbbraune Farbe hat || K-: ***Bronze-***, ***-medaille*** **2** e-e Statue, Plastik aus B. (1) || K-: ***Bronze-***, ***-guss*** **3** e-e Farbe (2), die feinen Metallstaub enthält || K-: ***Bronze-***, ***-farbe*** **4** die Farbe der B. (1): *Das Kleid ist in B. gehalten* **5** ***B. gewinnen*** *Sport*; die Medaille aus B. (1) für den dritten Platz bekommen || *zu* **1, 2** u. **3** **bron·zen** *Adj*; *zu* **3** **bron·ze·far·ben** *Adj*; **bron·zi̲e·ren** (*hat*) *Vt*

Bron·ze·zeit ['brõ:sə-] *die*; *nur Sg*; der Zeitraum (zwischen 1800 u. 700 vor Christus), in dem Waffen u. Werkzeuge *bes* aus Bronze (1) hergestellt wurden

Bro̲·sa·me *die*; *-*, *-n*; *mst Pl*, *veraltend* ≈ Krümel (*mst* von Brot od. Kuchen)

Brọ·sche *die*; *-*, *-n*; ein Schmuckstück für Frauen, das man mit e-r Nadel *mst* an Kleid od. Bluse befestigt: *e-e mit Perlen besetzte B.*

Bro·schü̲·re *die*; *-*, *-n*; e-e Art kleines Heft od. Buch mit Informationen zu e-m bestimmten Thema || -K: ***Informations-***

Brö̲·sel *der*, *südd das*; *-s*, *-*; *mst Pl*; sehr kleine Stückchen *mst* von Brot, Brötchen od. Kuchen ≈ Krümel || -K: ***Semmel-***

brö̲·seln; *bröselte*, *hat gebröselt*; [Vi] ***etw. bröselt*** etw. ist so trocken, dass Krümel abfallen 〈ein Kuchen, ein Brötchen〉

Bro̲t *das*; *-(e)s*, *-e*; **1** *nur Sg*, *Kollekt*; ein wichtiges Nahrungsmittel, das aus Mehl, Wasser, Salz u. Hefe *o.Ä.* gebacken wird 〈frisches, knuspriges, altbackenes B.; B. backen⟩ || K-: ***Brot-, -suppe, -teig*** || -K: ***Roggen-, Vollkorn-, Weiß-*** **2** ein einzelnes, ziemlich großes Stück B. (1) ⟨ein Laib B.⟩: *Hole bitte zwei Brote vom Bäcker* || K-: ***Brot-, -korb, -krümel, -laib, -messer, -kruste, -rinde, -schnitte*** || *zu* ***Brotkorb*** ↑ *Abb. unter* **Frühstückstisch** **3** e-e Scheibe, die vom B. (2) abgeschnitten wird ⟨e-e Scheibe B.; Brote streichen⟩: *ein B. mit Wurst u. Käse belegen* || K-: ***Brot-, -aufstrich, -belag*** || -K: ***Käse-, Marmeladen-, Wurst-*** **4** ***ein belegtes B.*** ein B. (3) mit Käse od. Wurst, das oft mit e-r weiteren Scheibe B. bedeckt ist **5** ***das tägliche B.*** alles, was man jeden Tag zum Essen braucht **6** ***flüssiges B.*** *gespr hum* ≈ Bier || ID *mst* ⟨j-n / etw. brauchen⟩ ***wie das tägliche B.*** j-n / etw. unbedingt brauchen; ***für ein Stück B.*** sehr billig: *für ein Stück B.* (= für wenig Geld) *arbeiten*; ***sich sein B. mühsam / sauer verdienen*** *gespr*; sehr hart (für seinen Lebensunterhalt) arbeiten müssen; ***etw. ist ein hartes / schweres B.*** etw. ist schwere Arbeit, e-e mühsame Art, sein Geld zu verdienen *o.Ä.*

Das Brot

In Deutschland gibt es mehr als hundert verschiedene Sorten Brot.
Der traditionelle Brottyp ist das **Schwarzbrot**, das aus **Sauerteig** hergestellt wird. Man unterscheidet nach den Inhaltsstoffen zum Beispiel **Weizenbrot**, **Roggenbrot** und **Mischbrot**, die wiederum in viele verschiedene Unterarten aufgeteilt werden können. Beliebte Brotsorten sind auch **Bauernbrot** oder **Sonnenblumenbrot**. Es gibt eine große Anzahl verschiedener **Vollkornbrote**.
Weißbrot gibt es als **Toastbrot**, als französisches **Stangenweißbrot**, das hier ebenso wie in Frankreich auch **Baguette** heißt, als italienische **Ciabatta** oder als türkisches **Fladenbrot**.
Auch die **Brötchen** gibt es in vielen verschiedenen Formen und mit unterschiedlichen Zutaten, beliebt sind zum Beispiel Brötchen mit Mohn, Sesam, Kümmel, Sonnenblumenkernen, Kürbiskernen oder mit Käse oder Speck.
Eine besondere Spezialität sind die **Brezeln**, ein Gebäck, das etwa die Form einer 8 hat und vor dem Backen mit Lauge bestrichen und mit grobem Salz bestreut wird.

Bröt·chen *das*; *-s, -*; ein kleines rundes od. ovales Gebäck, das *bes* aus Weizenmehl, Wasser od. Milch u. Hefe hergestellt wird ⟨ein frisches, knuspriges, belegtes B.⟩ || -K: ***Käse-, Wurst-; Kümmel-, Mohn-, Sesam-*** || ID *mst* ***j-d muss sich seine Brötchen sauer verdienen*** *gespr*; j-d muss hart arbeiten, um seinen Lebensunterhalt zu verdienen; ***kleine(re) Brötchen backen (müssen)*** *gespr hum*; (*mst* in finanzieller Beziehung) bescheiden(er) sein (müssen)
Bröt·chen·ge·ber *der*; *gespr hum* ≈ Arbeitgeber
brot·los *Adj*; *mst attr, nicht adv, iron*; so, dass es nicht soviel Geld einbringt, dass man davon leben kann ⟨e-e Tätigkeit, e-e Kunst⟩
Brot·zeit *die*; *nur Sg, südd*; **1** e-e kurze Pause (*bes* während der Arbeit), in der man etw. isst ⟨B. machen⟩ **2** das, was man während der B. (1) isst
Bruch[1] *der*; *-(e)s, Brü·che*; **1** der Vorgang, bei dem etw. unter äußerem Druck od. durch Gewalt in zwei od. mehrere Stücke geteilt wird ⟨der B. e-r Achse,

Brot

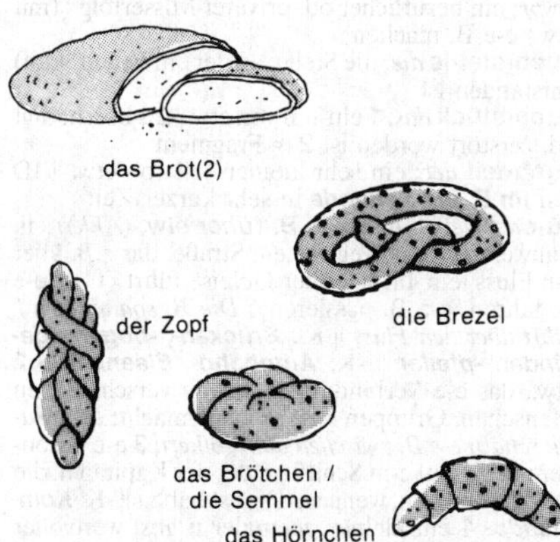

e-s Wasserrohres; etw. geht zu B. / in die Brüche (= etw. bricht)⟩ **2** *nur Sg*; die Missachtung e-r mündlichen od. schriftlichen Regelung ⟨der B. e-s Vertrages, des Waffenstillstands⟩ || -K: ***Vertrags-*** **3** *nur Sg*; die Beendigung e-s Kontaktes ⟨der B. mit der Vergangenheit, mit seiner Familie⟩: *Es kam zum endgültigen B. zwischen den Geschäftspartnern* **4** der Zustand, dass ein Knochen in zwei od. mehrere Stücke gebrochen ist ⟨ein einfacher, glatter, komplizierter, offener B.; e-n B. einrichten, schienen⟩ || -K: ***Arm-, Becken-, Bein-*** **5** e-e Ausstülpung des Bauchfells, die durch den Druck innerer Organe nach außen entstanden ist ⟨sich einen B. heben; j-n an e-m / am B. operieren⟩ || K-: ***Bruch-, -operation*** **6** die Darstellung e-s Zahlenwerts, bei der die Zahl, die über dem Strich steht (der Zähler), zu teilen ist durch die Zahl, die unter dem Strich steht (der Nenner), *z.B.* ⅙, ¾ ⟨mit Brüchen rechnen; e-n B. kürzen⟩ || K-: ***Bruch-, -rechnen, -rechnung, -strich, -zahl*** **7** *gespr!* ≈ Einbruch ⟨e-n B. machen⟩ || ID ***etw. ist in die Brüche / zu B. gegangen*** *gespr*; etw. ist kaputtgegangen ⟨*mst* e-e Beziehung, e-e Freundschaft, e-e Ehe⟩ || *zu* **1** **bruch·fest** *Adj*; **bruch·frei** *Adj*; **bruch·si·cher** *Adj*
Bruch[2] *der, das*; *-(e)s, Brü·che*; *nordd* ≈ Moor
Bruch·bu·de *die*; *gespr pej*; e-e (alte) Wohnung od. ein (altes) Haus in sehr schlechtem Zustand
brü·chig *Adj*; **1** so beschaffen, dass es leicht Risse bekommt u. auseinander brechen kann ↔ fest ⟨Leder; Mauerwerk⟩ **2** nicht kraftvoll ≈ schwach ⟨e-e Stimme⟩ || *hierzu* **Brü·chig·keit** *die*; *nur Sg*
Bruch·lan·dung *die*; **1** e-e missglückte Landung,

Das Brötchen

Das typische Brötchen, das man zum Frühstück oder zum Abendessen isst, hat verschiedene Bezeichnungen, je nach Region oder Land, in dem man sich befindet.

Hier einige Beispiele:
in Hamburg: **das Rundstück**
in Berlin: **die Schrippe**
in Süddeutschland und Österreich: **die Semmel**

Das allgemeinste und am weitesten verbreitete Wort dafür ist **Brötchen**.

bei der ein Flugzeug *mst* stark beschädigt wird **2** *gespr*; ein beruflicher od. privater Misserfolg ⟨(mit etw.) e-e B. machen⟩

Bruch·stel·le *die*; die Stelle, an der ein Bruch[1] (1,4) entstanden ist

Bruch·stück *das*; **1** ein Teil von etw., das beschädigt od. zerstört worden ist **2** ≈ Fragment

Bruch·teil *der*; ein sehr kleiner Teil von etw. || ID *mst* ***im B. e-r Sekunde*** in sehr kurzer Zeit

Brü·cke *die*; -, *-n*; **1** ***e-e B.*** (***über etw.*** (*Akk*)) ein Bauwerk für e-n Weg od. e-e Straße, das *z.B.* über e-n Fluss, ein Tal od. über Geleise führt ⟨über e-e B. fahren, e-e B. passieren⟩: *Die B. spannt sich / führt über den Fluss* || K-: ***Brücken-, -bogen, -geländer, -pfeiler*** || -K: ***Autobahn-, Eisenbahn-*** **2** etw., das e-e Verbindung zwischen verschiedenen Menschen, Gruppen *o.Ä.* möglich macht: *Die Musik schafft e-e B. zwischen den Völkern* **3** e-e besondere Stelle auf e-m Schiff, an der der Kapitän u. die Offiziere stehen, wenn sie Dienst haben || -K: ***Kommando-*** **4** ein kleiner, schmaler u. *mst* wertvoller Teppich **5** ein künstlicher Zahn, der zwischen zwei Zähnen befestigt wird, um e-e Zahnlücke auszufüllen || ID ***alle Brücken hinter sich abbrechen*** *gespr*; ein ganz neues Leben beginnen; ***j-m goldene Brücken bauen*** es j-m leichter machen, etw. zuzugeben, sich zu entschuldigen *o.Ä.*; ***j-d / etw. schlägt e-e B.*** (***zwischen*** ⟨Menschen, Dingen *o.Ä.*⟩) j-d / etw. schafft e-e Verbindung zwischen Menschen, Dingen *o.Ä.*

Bru·der *der*; *-s, Brü·der*; **1** ein männlicher Verwandter, der dieselben Eltern hat ↔ Schwester ⟨mein jüngerer, älterer, leiblicher B.⟩: *Wie viele Geschwister hast du? - Einen B. u. zwei Schwestern* || K-: ***Bruder-, -liebe, -mord*** || -K: ***Halb-, Stief-*** **2** *kath*; ein Mitglied e-s Ordens ≈ Mönch || -K: ***Kloster-*** || NB: auch als Anrede verwendet: *B. Andreas* **3** j-d, mit dem man verbündet ist u. der dieselben Interessen hat || K-: ***Bruder-, -kuss*** **4** *gespr pej*; verwendet als Bezeichnung für e-n Mann mit schlechtem Charakter ⟨ein übler, windiger B.⟩: *Diesem B. traue ich nicht* **5** ***ein warmer B.*** *gespr! pej* ≈ Homosexuelle(r)

Bru·der·herz *das*; *gespr hum*; verwendet als Bezeichnung für den Bruder

Bru·der·krieg *der*; ein Krieg zwischen Völkern, die miteinander verwandt sind

brü·der·lich *Adj*; *nur attr od adv*; **1** typisch für e-n (guten) Bruder (1) ⟨Liebe, Verbundenheit⟩ **2** wie ein Bruder (1,3) ≈ freundschaftlich ⟨j-m b. helfen; etw. mit j-m b. teilen⟩ || *zu* **1** **Brü·der·lich·keit** *die*; *nur Sg*

Brü·der·schaft *die*; *mst in* ***mit j-m B. trinken*** beschließen, „du" zueinander zu sagen u. diesen Beschluss feiern, indem man ein Glas Wein *o.Ä.* zusammen trinkt

Brü·he ['bryːə] *die*; -, *-n*; **1** die Flüssigkeit, die entsteht, wenn man Fleisch, Knochen od. Gemüse in Wasser kocht ⟨e-e klare, kräftige, heiße B.⟩ || -K: ***Fleisch-, Gemüse-*** **2** *gespr pej*; ein wässeriger Kaffee od. Tee **3** *gespr pej*; schmutziges Wasser: *In dieser B. kann man doch nicht schwimmen!*

brü·hen ['bryːən]; *brühte, hat gebrüht*; [Vt] **1** ***etw. b.*** ein Getränk mit heißem Wasser zubereiten ⟨Kaffee, Tee b.⟩ **2** ***etw. b.*** kochendes Wasser über etw. gießen, damit man die Oberfläche entfernen kann ⟨Mandeln, Tomaten b.⟩

brüh·heiß *Adj*; sehr heiß ⟨Flüssigkeiten⟩

brüh·warm *Adj*; *gespr*; *nur in* (***j-m***) ***etw. b. erzählen*** e-e (*mst* vertrauliche) Information sofort anderen Personen erzählen

Brüh·wür·fel *der*; ein Extrakt aus Fleisch in Form e-s Würfels, aus dem man e-e Brühe (1) machen kann, wenn man heißes Wasser dazugibt

brül·len; *brüllte, hat gebrüllt*; [Vt/i] **1** (***etw.***) ***b.*** mit sehr lauter (u. *mst* voller) Stimme sprechen ≈ schreien: *Er brüllte: „Pass auf!"*; [Vi] **2** sehr laute Töne (keine Wörter) von sich geben ≈ schreien ⟨vor Lachen, Schmerzen b.⟩ **3** *gespr pej*; laut u. heftig weinen: *Jetzt brüll nicht! Du musst trotzdem ins Bett* **4** ⟨ein Löwe, ein Tiger, ein Rind⟩ ***brüllt*** ein Löwe, Tiger, Rind gibt die Laute von sich, die für seine Art typisch sind: *Er brüllte wie ein Löwe* || ID *mst* ***Das ist ja zum Brüllen!*** *gespr*; das ist so lustig, dass man laut u. sehr heftig lachen muss || *zu* ***Brüllerei*** ↑ ***-ei*** || ► ***Gebrüll***

Brumm·bär *der*; *gespr*; j-d, der (oft) schlecht gelaunt u. unfreundlich ist

brum·meln; *brummelte, hat gebrummelt*; [Vt/i] (***etw.***) (***vor sich*** (*Akk*) ***hin***) ***b.*** *gespr*; so leise u. undeutlich sprechen, dass es andere kaum verstehen können

brum·men; *brummte, hat gebrummt*; [Vt/i] **1** (***etw.***) (***vor sich*** (*Akk*) ***hin***) ***b.*** etw. mit tiefer Stimme, undeutlich (u. nicht sehr schön) od. falsch singen: *Er brummte ein Lied vor sich hin* **2** (***etw.***) ***b.*** etw. undeutlich u. unfreundlich sagen; [Vi] **3** ***etw. brummt*** etw. erzeugt tiefe, lang gezogene, monotone Laute ⟨e-e Fliege, ein Käfer, ein Bär, ein Motor, ein Flugzeug⟩ **4** *gespr*; im Gefängnis sitzen: *Er muss zwei Jahre b.* || *zu* ***Gebrumm*** ↑ ***Ge-***

Brum·mer *der*; *-s, -*; ***ein*** (***dicker***) ***B.*** verwendet, um auszudrücken, dass j-d / etw. relativ groß u. schwer ist (*z.B.* e-e große Fliege, ein dickes Baby, ein großer Lastwagen)

Brum·mi *der*; *-s, -s*; *gespr hum*; ein großer Lastwagen

brum·mig *Adj*; *gespr*; schlecht gelaunt ≈ mürrisch

brü·nett *Adj*; mit braunen Haaren ⟨e-e Frau⟩

Brunft *die*; -, *Brünf·te*; *mst Sg*; die Zeit im Herbst, in der Rehe u. Hirsche sich paaren || K-: ***Brunft-, -schrei, -zeit*** || *hierzu* **brunf·tig** *Adj*

Brun·nen *der*; *-s, -*; **1** ein tiefes Loch, das in die Erde gegraben (u. oft von e-r Mauer umgeben) ist, um daraus Wasser holen zu können ⟨e-n B. bohren, graben; Wasser aus dem B. holen⟩: *Der B. ist versiegt* (= gibt kein Wasser mehr) || K-: ***Brunnen-, -pumpe, -wasser*** **2** ein künstlerisch gestaltetes Becken *mst* mit e-r Wasserfontäne || K-: ***Brunnen-, -becken*** || -K: ***Spring-, Zier-*** **3** das Wasser *bes* e-r Heilquelle || K-: ***Brunnen-, -kur*** **4** das Wasserbecken u. der Wasserhahn

Brunst *die*; -, *Brüns·te*; *mst Sg* ≈ Brunft || *hierzu* **brüns·tig** *Adj*

brüsk *Adj*; in unhöflicher Weise kurz u. knapp ≈ barsch ⟨e-e Antwort; etw. b. ablehnen⟩

brüs·kie·ren; *brüskierte, hat brüskiert*; [Vt] ***j-n b.*** *geschr*; j-n sehr unhöflich behandeln: *Er hat mich durch sein Verhalten brüskiert* || *hierzu* **Brüs·kie·rung** *die*

Brust *die*; -, *Brüs·te*; **1** *nur Sg*; der vordere Teil des (Ober)Körpers von Menschen und Wirbeltieren, der Herz u. Lunge enthält ↔ Rücken || ↑ *Abb. unter* ***Mensch*** || K-: ***Brust-, -muskel, -umfang*** **2** jeder der beiden Teile am Oberkörper der Frau, in denen nach der Geburt e-s Kindes Milch entsteht || K-: ***Brust-, -krebs, -operation*** **3** *nur Sg, Kollekt*; beide Brüste (2) e-r Frau ≈ Busen (1) ⟨e-e straffe, volle, schlaffe B.⟩ **4** *nur Sg, gespr* ≈ Lunge: *Sie hat es auf der B.* (= sie hat Lungenbeschwerden) || K-: ***Brust-, -leiden*** **5** *nur Sg*; ein Stück Fleisch aus der B. (1) e-s Schlachttieres **6** *ohne Artikel, nur Sg, Sport*; *Kurzw* ↑ ***Brustschwimmen*** **7** ***e-m Kind die B. geben*** ein Kind mit der Milch aus den Brüsten (2) füttern || ID ***mit geschwellter B.*** (übertrieben) stolz; ***einen zur B. nehmen*** *gespr*; Alkohol trinken; (***irgendwo***) ***schwach auf der B. sein*** *gespr iron*; (in bestimm-

ten Bereichen) Schwächen od. Fehler haben; ***sich in die B. werfen*** mit etw. angeben, prahlen
Brust·bein *das*; der schmale, flache Knochen im oberen Teil der Brust (1), an dem die oberen Rippen angewachsen sind || ↑ *Abb. unter* ***Skelett***
Brust·beu·tel *der*; e-e Art Beutel, in dem man *bes* im Urlaub seinen Pass od. sein Geld aufbewahrt, u. den man mit e-r Schnur um den Hals trägt
Brust·bild *das*; ein Bild, auf dem man nur Kopf u. Brust e-s Menschen sieht
brüs·ten, sich; *brüstete sich, hat sich gebrüstet*; [Vr] ***sich*** (***mit etw.***) ***b.*** *pej*; auf bestimmte Erfolge u. Leistungen übermäßig stolz sein u. sie jedem erzählen ≈ sich etw. (*Gen*) rühmen, mit etw. prahlen
Brust·fell *das*; *mst Sg*, *Med*; e-e dünne Haut, die beim Menschen u. bei Wirbeltieren die Brusthöhle umgibt || K-: ***Brustfell-, -entzündung***
Brust·höh·le *die*; der Raum im Körper von Menschen u. Wirbeltieren, in dem sich Herz u. Lunge befinden
Brust·kas·ten *der*; *mst Sg*, *gespr* ≈ Brustkorb
Brust·korb *der*; *mst Sg*; der Teil des Skeletts, der Herz u. Lunge umschließt: *Beim Einatmen hebt sich der B., beim Ausatmen senkt er sich*
Brust·schwim·men *das*; e-e Schwimmtechnik, bei der man auf der Brust im Wasser liegt, die Arme gleichzeitig nach vorn führt, um sie seitlich an den Körper zurückzuführen u. bei der man die Beine an den Rumpf zieht, um sie dann kräftig nach hinten zu stoßen
Brust·ta·sche *die*; e-e Tasche an Kleidungsstücken in Höhe der Brust, *bes* bei Jacken für Herren
Brust·ton *der*; *mst in* ***etw. im B. der Überzeugung sagen / behaupten*** etw. mit sehr viel Überzeugung sagen / behaupten
Brüs·tung *die*; -, *-en*; **1** e-e Art Mauer, die an Balkonen od. Brücken angebracht ist (, damit man nicht herunterfallen kann) ⟨sich über die B. beugen, lehnen⟩ **2** ein Teil der Wand zwischen Fußboden u. Fenster
Brust·war·ze *die*; jede der beiden kleinen dunklen Spitzen an der Brust (1) || ↑ *Abb. unter* ***Mensch***
Brut *die*; -; *nur Sg*; **1** *Kollekt*; alle jungen Tiere, die aus Eiern schlüpfen u. zu einem Nest *o.Ä.* gehören ⟨die B. von Vögeln, Fischen, Reptilien; die B. aufziehen⟩ || K-: ***Brut-, -pflege*** || -K: ***Vogel-*** **2** der Vorgang des Ausbrütens von Eiern: *Der Vogel hat mit der B. begonnen* || K-: ***Brut-, -ei, -henne, -zeit*** **3** *gespr pej* ≈ Gesindel
bru·tal *Adj*; ohne Rücksicht u. mit roher Gewalt ≈ grausam, rücksichtslos ⟨ein Mensch, ein Verbrechen; j-n b. misshandeln⟩ || *hierzu* **Bru·ta·li·tät** *die*
Bru·ta·lo *der*; *-s, -s*; *gespr pej*; ein brutaler Mensch
Brut·ap·pa·rat *der*; e-e technische Anlage, in der Eier ausgebrütet werden
brü·ten; *brütete, hat gebrütet*; [Vi] **1** ⟨ein Huhn, ein Vogel *o.Ä.*⟩ ***brütet*** ein Huhn, ein Vogel *o.Ä.* sitzt so lange auf befruchteten Eiern, bis die Jungtiere ausschlüpfen: *Die Henne brütet* **2** (***über etw.*** (*Dat*)) ***b.*** *gespr*; lange u. intensiv über ein Problem nachdenken, um e-e Lösung zu finden ≈ über etw. (*Dat / Akk*) grübeln: *über e-r Mathematikaufgabe b.*
brü·tend **1** *Partizip Präsens*; ↑ ***brüten*** **2** *Adj*; *nur attr, nicht adv*; sehr heiß u. schwül ⟨Hitze⟩
Brü·ter *der*; *-s, -*; *Phys*; ***ein*** (***schneller***) ***B.*** ein Typ des Atomreaktors, der mehr spaltbares Material erzeugt, als er verbraucht
Brut·hit·ze *die*; *gespr*; e-e übermäßige Hitze
Brut·kas·ten *der*; ein Apparat im Krankenhaus, in dem Babys, die zu früh geboren wurden, in den ersten Tagen od. Wochen ernährt u. gepflegt werden
Brut·schrank *der*; ein Apparat in Labors, in dem man Mikroorganismen wachsen lässt
Brut·stät·te *die*; **1** der Platz, an dem Tiere ihre Eier ausbrüten **2** *geschr*; e-e Stelle, an der sich schädliche Insekten schnell vermehren **3** *geschr*; ***e-e B.*** + *Gen* ein Ort, an dem es besonders viel Kriminalität gibt: *e-e B. des Verbrechens*
brut·to *Adv*; **1** zusammen mit der Verpackung ↔ netto: *Das Päckchen Kaffee wiegt ein Kilogramm b. / b. ein Kilogramm* || K-: ***Brutto-, -gewicht*** **2** (von Löhnen, Gehältern *o.Ä.*) bevor Steuern od. andere Kosten abgezogen sind ↔ netto: *Sie verdient nur 1400 Euro b. im Monat* || K-: ***Brutto-, -einkommen, -gehalt, -lohn, -preis, -verdienst***
Brut·to|re·gis·ter·ton·ne *die*; *Seefahrt*; ein Maß, mit dem das Volumen e-s Schiffes berechnet wird; *Abk* BRT
Brut·to|so·zi·al·pro·dukt *das*; *Ökon*; der Wert aller Waren u. Dienstleistungen, die die Bevölkerung e-s Staates *mst* während e-s Jahres produziert
brut·zeln; *brutzelte, hat gebrutzelt*; [Vt] **1** ***etw. b.*** *gespr*; etw. in heißem Fett od. Öl in der Pfanne braten; [Vi] **2** ***etw. brutzelt*** etw. brät in (spritzendem) Fett od. Öl
BSE [be|ɛs'|eː] *Biol*; (*Abk für englisch* bovine spongiform enzephalopathy) ≈ Rinderwahn
Bub *der*; *-en, -en*; *südd* (CH) ≈ Junge || K-: ***Buben-, -streich*** || NB: **a**) im Nominativ Singular auch **Bub**; **b**) *der Bub*; *den, dem, des Buben* || *hierzu* **bu·ben·haft** *Adj*
Bu·be *der*; *-n, -n*; **1** e-e Spielkarte mit dem Bild e-s jungen Mannes ⟨den Buben ausspielen⟩ || ↑ *Abb. unter* ***Spielkarten*** **2** ***ein böser B.*** *veraltend pej*; verwendet für e-n unmoralischen u. oft kriminellen Mann || NB: *der Bube*; *den, dem, des Buben*
Buch *das*; *-(e)s, Bü·cher*; **1** e-e relativ große Anzahl von bedruckten u. gebundenen Blättern Papier, die von e-m Umschlag *mst* aus Karton od. Leinen umgeben sind ⟨ein B. drucken⟩ || K-: ***Buch-, -drucker, -druckerei, -einband, -format, -hülle, -umschlag***; ***Bücher-, -regal, -schrank, -stütze*** **2** ein (literarischer, wissenschaftlicher *usw*) Text in Form e-s Buchs (1) ⟨ein spannendes, langweiliges B.; ein B. schreiben, herausgeben⟩ || K-: ***Buch-, -besprechung, -laden, -messe, -titel, -verleih***; ***Bücher-, -freund, -verzeichnis*** || -K: ***Schul-***; ***Koch-*** **3** *Ökon*; e-e Sammlung von (*mst* gebundenen) Blättern Papier, auf denen die Einnahmen u. Ausgaben e-s Betriebs registriert werden ⟨B. / die Bücher führen⟩ **4** ein Teil e-s größeren literarischen od. wissenschaftlichen Werkes: *die fünf Bücher (des) Moses* **5** ***das Goldene B.*** ein großes Buch (*mst* e-r Stadt), in das sich besonders wichtige Gäste eintragen **6** ***das B. der Bücher*** *geschr*; die Bibel || ID ***j-d / etw. ist j-m ein B. mit sieben Siegeln*** *geschr*; j-d kann j-n / etw. überhaupt nicht verstehen; ***j-d ist ein offenes B. für j-n*** j-d ist j-m sehr vertraut, sodass dieser seine Gefühle leicht erkennen kann; ***j-d redet wie ein B.*** *gespr pej*; j-d redet ununterbrochen; *mst* ⟨dumm⟩ ***wie es im Buche steht*** *gespr pej*; in sehr hohem Maße dumm (*o.Ä.*); ***etw. schlägt*** (***bei etw.***) ***zu Buche*** etw. hat e-e bestimmte (merkliche) Auswirkung auf etw.
Buch·bin·der *der*; *-s, -*; j-d, der beruflich Blätter zu Büchern zusammenbindet od. -klebt || *hierzu* **Buch·bin·de·rei** *die*; -, *-en*
Buch·druck *der*; *-s*; *nur Sg*; **1** das Drucken von Büchern **2** *Kollekt*; alle technischen Verfahren, die zum Drucken von Büchern verwendet werden: *Johannes Gutenberg war der Erfinder des Buchdrucks*
Bu·che *die*; -, *-n*; **1** ein großer Laubbaum mit glattem Stamm u. kleinen braunen, dreikantigen Früchten (Bucheckern) || K-: ***Buchen-, -holz, -scheit, -wald*** **2** *nur Sg*; das Holz der B. (1)

Buch·ecker *die*; -, *-n*; die kleine, dreikantige Frucht der Buche

bu·chen; *buchte, hat gebucht*; [Vt/i] **1** **(*etw.* (*für j-n*)) *b.*** (für j-n) e-n Platz für e-e Reise, in e-m Hotel *o.Ä.* reservieren lassen ⟨ein Zimmer, e-e Kabine, e-n Flug b.⟩: *Buchen Sie für uns bitte e-n Flug nach Rio de Janeiro*; [Vt] **2** ***etw. b.*** etw. in e-m (Geschäfts)Buch notieren od. registrieren ⟨Geld auf ein Konto b.⟩ || *hierzu* **Bu·chung** *die*

Bü·che·rei *die*; -, *-en*; e-e *mst* öffentliche Bibliothek, in der man Bücher ausleihen kann || -K: ***Schul-, Stadt-***

Bü·cher·narr *der*; j-d, der sehr gern u. viel liest

Bü·cher·wurm *der*; *mst Sg, gespr hum* ≈ Büchernarr

Buch·fink *der*; ein bunter Singvogel

Buch·füh·rung *die*; *nur Sg*; das systematische Notieren u. Registrieren der Einnahmen u. Ausgaben in e-m Betrieb *o.Ä.* ⟨die B. machen⟩

Buch·ge·mein·schaft *die*; e-e Art Klub, in dem man als Mitglied die angebotenen Bücher billiger kaufen kann als in e-r Buchhandlung

Buch·hal·ter *der*; j-d, der (beruflich) die Buchführung macht

Buch·hal·tung *die*; **1** *nur Sg* ≈ Buchführung **2** die Abteilung e-s Betriebs, in der die Buchführung gemacht wird

Buch·han·del *der*; *nur Sg, Kollekt*; alle Verlage u. Geschäfte, in denen Bücher, Zeitungen *usw* hergestellt u. verkauft werden

Buch·händ·ler *der*; j-d, der beruflich (nach e-r entsprechenden Ausbildung) Bücher verkauft || *hierzu* **Buch·händ·le·rin** *die*

Buch·hand·lung *die*; ein Geschäft od. Laden, in dem man Bücher kaufen kann

Buch·ma·cher *der*; j-d, der beruflich *bes* bei Pferderennen Wetten annimmt

Buch·se ['bʊksə] *die*; -, *-n*; e-e Öffnung an e-m Gerät (wie *z.B.* e-m Radio), durch die mithilfe e-s Steckers ein weiteres Gerät angeschlossen werden kann || -K: ***Lautsprecher-***

Büch·se ['bʏksə] *die*; -, *-n*; **1** ein ziemlich kleines Gefäß aus Metall mit Deckel ≈ Dose: *Kekse in e-r B. aufbewahren* || -K: ***Sammel-, Spar-*** **2** ein Gefäß aus Metall, in dem Lebensmittel konserviert werden ≈ Dose || ↑ *Abb. unter* ***Behälter und Gefäße*** || K-: ***Büchsen-, -fleisch, -milch*** || -K: ***Konserven-*** **3** ein Gewehr, das *bes* bei der Jagd auf Großwild verwendet wird

Büch·sen·öff·ner *der*; ein Gerät, mit dem man Büchsen (2) öffnet ≈ Dosenöffner

Buch·sta·be *der*; *-ns, -n*; der kleinste grafische Bestandteil e-s geschriebenen Wortes: *Das Wort „Rad" besteht aus drei Buchstaben* || -K: ***Groß-, Klein-*** || ID ***sich auf seine vier Buchstaben setzen*** *gespr hum*; sich hinsetzen

buch·sta·bie·ren; *buchstabierte, hat buchstabiert*; [Vt/i] **(*etw.*) *b.*** die Buchstaben e-s Wortes in ihrer Reihenfolge einzeln nennen: *Buchstabieren Sie bitte langsam u. deutlich Ihren Namen!* || *hierzu* **Buch·sta·bie·rung** *die*; *nur Sg*

buch·stäb·lich *Adv*; verwendet, um ein Verb od. ein Adj. zu verstärken ≈ regelrecht, im wahrsten Sinne des Wortes: *Er war b. blau vor Kälte*

Bucht *die*; -, *-en*; der Teil e-s Meeres od. Sees, der sich in Form e-s Bogens ins Land hinein erstreckt || -K: ***Felsen-, Meeres-***

Bu·ckel *der*; *-s*, -; **1** e-e stark nach außen gebogene Stelle am Rücken: *Der alte Mann hat e-n B.* **2** *gespr* ≈ Rücken: *mit dem Rucksack auf dem B.* **3** *gespr*; e-e kleine Erhebung in e-r Ebene ≈ Hügel **4** *gespr*; e-e leicht gewölbte Stelle auf e-r ebenen Fläche ≈ Unebenheit: *die Buckel auf der Bettdecke glätten* || ID *mst* ***j-d / etw. hat*** (***schon***) ***80*** *o.Ä.* ***Jahre auf dem B.*** *gespr*; j-d / etw. ist (schon) 80 *o.Ä.* Jahre alt; ***den B. für etw. hinhalten*** *gespr*; die Verantwortung für etw. tragen; ***den B. vollkriegen*** *gespr*; Prügel bekommen; *mst* ***Rutsch mir doch den B. runter!*** *gespr!*; lass mich in Ruhe; ***e-n breiten B. haben*** *gespr*; viel Kritik *o.Ä.* ertragen können || *hierzu* **bu·cke·lig, buck·lig** *Adj*

bu·ckeln; *buckelte, hat gebuckelt*; [Vt] **1** ***etw. b.*** sich e-e Last auf den Rücken laden ⟨e-n Sack b.⟩; [Vi] **2** **(*vor j-m*) *b.*** *pej*; sich gegenüber e-r einflussreichen Person, *z.B.* seinem Chef, unterwürfig verhalten **3** ***ein Tier buckelt*** ein Tier macht den Rücken krumm ⟨ein Pferd, e-e Katze⟩

bü·cken, sich; *bückte sich, hat sich gebückt*; [Vr] ***sich b.*** den Oberkörper nach vorn u. nach unten bewegen, beugen[1] (1) (oft um mit der Hand den Boden zu berühren): *Er bückte sich, um das Taschentuch aufzuheben*

Bück·ling *der*; *-s, -e*; **1** ein geräucherter Hering **2** *gespr hum*; e-e Verbeugung ⟨e-n B. machen⟩

Bud·del *die*; -, *-n*; *nordd gespr* ≈ Flasche

bud·deln; *buddelte, hat gebuddelt*; *gespr*; [Vt/i] **1** **(*etw.*) *b.*** ≈ graben ⟨e-e Grube, ein Loch b.; in der Erde b.⟩ **2** ***etw. aus etw. b.*** etw. durch Graben aus der Erde holen: *Kartoffeln, e-n Stein aus der Erde b.*; [Vi] **3** (von Kindern) mit Eimer u. Schaufel *bes* im Sand spielen: *im Sandkasten b.*

Bud·dhis·mus [bʊ'dɪsmʊs] *der*; -; *nur Sg*; e-e Religion u. Philosophie, die von Buddha begründet wurde u. *bes* in (Süd)Ostasien verbreitet ist || *hierzu* **Bud·dhist** *der*; *-en, -en*; **bud·dhis·tisch** *Adj*

Bu·de *die*; -, *-n*; **1** ein kleines Haus (auf dem Jahrmarkt), das *mst* aus Brettern gebaut ist || -K: ***Los-, Markt-, Würstchen-*** **2** *gespr pej*; ein Haus, das in e-m schlechten Zustand ist **3** *gespr*; (*mst* von jungen Leuten verwendet) das Zimmer, in dem man wohnt || -K: ***Studenten-*** || ID ***j-m die B. einrennen*** *gespr pej*; j-n immer wieder (wegen der gleichen Sache) besuchen; *mst* ***Ich habe heute sturmfreie B.*** *gespr*; (von Jugendlichen verwendet) meine Eltern sind heute nicht zu Hause; **(*j-m*) *die B. auf den Kopf stellen*** *gespr*; in j-s Wohnung od. Haus e-e große Unordnung verursachen; ***j-m auf die B. rücken*** *gespr*; j-n besuchen, obwohl er das vielleicht nicht mag

Bud·get [bʏ'dʒeː] *das*; *-s, -s*; **1** *Ökon, Pol*; das Geld, das j-m, e-r Institution *usw* für e-n bestimmten Zeitraum zu e-m bestimmten Zweck zur Verfügung steht ≈ Etat || -K: ***Familien-, Haushalts-, Staats-*** **2** *Ökon, Pol*; ein Plan, in dem festgelegt wird, wie viel Geld der Staat (*z.B.* durch Steuern) einnimmt u. wie viel er ausgibt **3** *gespr hum*; das Geld, das j-d für e-n bestimmten Zweck zur Verfügung hat || -K: ***Urlaubs-***

Bü·fett *das*; *-(e)s, -e* / *-s*; ↑ ***Büffet***

Büf·fel *der*; *-s*, -; ein sehr großes, wild lebendes Rind, das *bes* in Afrika u. im südlichen Asien vorkommt || K-: ***Büffel-, -fell***

büf·feln; *büffelte, hat gebüffelt*; [Vt/i] **(*etw.*) *b.*** *gespr*; sehr intensiv lernen ≈ pauken ⟨Vokabeln, für e-e Prüfung b.⟩

Buf·fet [bʏ'feː] *das*; *-s, -s*; (CH) ≈ Büffet

Büf·fet [bʏ'feː] *das*; *-s, -s*; **1** ein niedriger Schrank für Geschirr ≈ Anrichte **2** e-e Art Tisch in e-m Lokal od. Restaurant, an dem man (alkoholische) Getränke od. Speisen bekommt **3** ***ein*** (***kaltes***) ***B.*** (bei größeren Festen) verschiedene (kalte) Speisen, die auf e-m langen Tisch stehen, von dem man selbst nehmen kann, was man will

Bug *der*; *-(e)s, -e*; der vordere (spitz zulaufende) Teil e-s Schiffes od. Flugzeuges ↔ Heck || ↑ *Abb. unter* ***Flugzeug, Segelboot***

Bü·gel *der; -s, -;* **1** *Kurzw* ↑ ***Kleiderbügel*** **2** einer der beiden seitlichen Teile der Brille, die man über die Ohren legt || ↑ *Abb. unter* **Brille** **3** *Kurzw* ↑ ***Steigbügel*** ⟨in den B. steigen⟩
Bü·gel·ei·sen *das; -s, -;* ein (elektrisch) aufheizbares Gerät, mit dem man Kleidungsstücke od. Stoffe glatt macht || -K: ***Dampf-***
Bü·gel·fal·te *die; mst Pl;* e-e Falte, die man absichtlich in Kleidungsstücke (*z.B.* in e-e Hose) bügelt || ↑ *Abb. unter* **Falte**
bü·gel·frei *Adj;* so, dass man es (nach dem Waschen) nicht bügeln muss ⟨ein Hemd⟩
bü·geln; *bügelte, hat gebügelt;* Vt/i ***(etw.) b.*** Kleidungsstücke od. Stoffe mit e-m heißen Bügeleisen glatt machen ⟨e-e Hose, e-e Bluse b.⟩ || K-: ***Bügel-, -brett, -maschine, -tisch, -wäsche***
Bug·gy ['bagi] *der; -s, -s;* ein Kinderwagen, den man zusammenklappen kann || ↑ *Abb. unter* **Kinderwagen**
bug·sie·ren; *bugsierte, hat bugsiert;* Vt ***j-n / etw. irgendwohin b.*** *gespr;* j-n / etw. unter großer Anstrengung irgendwohin bringen
buh! *Interjektion;* verwendet, um auszudrücken, dass einem e-e Darbietung (*z.B.* im Theater) nicht gefällt || K-: ***Buh-, -ruf***
bu·hen; *buhte, hat gebuht;* Vi mehrmals „buh" rufen (wenn einem etw. nicht gefällt)
buh·len; *buhlte, hat gebuhlt;* Vi **1** ***um j-n / etw. b.*** *geschr, oft pej;* sich intensiv bemühen, j-n / etw. zu bekommen ≈ um j-n / etw. werben ⟨um j-s Gunst, Liebe b.; um Anerkennung b.⟩ **2** ***mit j-m b.*** *veraltet;* mit j-m e-e Liebesbeziehung haben
Buh·mann *der; -(e)s, Buh·män·ner; gespr;* j-d, dem man die Schuld für alle Probleme, Misserfolge *o.Ä.* gibt ≈ Sündenbock ⟨j-n zum B. machen⟩
Büh·ne *die; -, -n;* **1** die (leicht erhöhte) Fläche in e-m Theater, auf der die Schauspieler zu sehen sind ⟨e-e drehbare, versenkbare B.; auf die B. treten⟩ || ↑ *Abb. unter* **Theater** || K-: ***Bühnen-, -beleuchtung, -dekoration, -vorhang*** || -K: ***Dreh-*** **2** *geschr* ≈ Theater ⟨ein Stück auf die B. bringen⟩: *Das Stück wurde an allen größeren Bühnen gespielt* || ID ***etw.*** ⟨schnell, gut, erfolgreich⟩ ***über die B. bringen*** *gespr;* etw. schnell, gut, erfolgreich durchführen od. beenden; ***etw. geht irgendwie über die B.*** *gespr;* etw. spielt sich irgendwie ab, nimmt e-n bestimmten Verlauf
Büh·nen·aus·spra·che *die;* die normierte Aussprache des Hochdeutschen, wie sie *z.B.* von Schauspielern (in klassischen Stücken) gesprochen wird
Büh·nen·bild *das;* die Dekoration u. die Requisiten, mit denen die Bühne bei e-m Theaterstück ausgestattet ist
Büh·nen·bild·ner *der; -s, -;* j-d, der (*bes* beruflich) Bühnenbilder gestaltet || *hierzu* **Büh·nen·bild·ne·rin** *die; -, -nen*
buk *Imperfekt, 1. u. 3. Person Sg, veraltet;* ↑ ***backen***
Bu·kett *das; -s, -e / -s;* **1** ein Strauß schön zusammengestellter Blumen **2** der Duft des Weines ⟨ein volles B.⟩
Bu·let·te *die; -, -n; nordd* ≈ Frikadelle
Bull·au·ge *das;* ein rundes Fenster im Rumpf e-s Schiffs
Bull·dog·ge *die;* ein relativ kleiner, dicker Hund mit sehr flacher, kurzer Schnauze
Bull·do·zer [-zɐ] *der; -s, -;* ein schweres Fahrzeug mit e-r großen Schaufel, mit der man Erdmassen wegschieben kann ≈ Planierraupe: *e-n Hügel mit dem B. abtragen*
Bul·le[1] *der; -n, -n;* **1** ein erwachsenes männliches Rind ≈ Stier ↔ Kuh **2** das erwachsene männliche Tier bei verschiedenen großen Säugetieren || -K: ***Elefanten-, Hirsch-*** **3** *gespr pej;* ein sehr großer Mann mit kräftigem Körper **4** *gespr! mst pej* ≈ Polizist || NB: *der Bulle; den, dem, des Bullen*
Bul·le[2] *die; -, -n;* ein Text in lateinischer Sprache, in dem der Papst Vorschriften, Gesetze *usw* veröffentlicht
Bul·len·hit·ze *die; gespr;* e-e sehr große Hitze
Bul·le·tin [bʏl'tɛ̃ː] *das; -s, -s;* ***ein B.*** **(*über etw.*** (*Akk*)) (*Admin*) *geschr;* ein offizieller, *mst* kürzerer Bericht über ein bestimmtes wichtiges Ereignis: *ein ärztliches B. über den Gesundheitszustand des Königs*
bul·lig *Adj; oft pej;* kräftig u. massig ⟨ein Mann⟩
bum! *Interjektion;* verwendet, um *z.B.* das Geräusch e-s Pistolenschusses od. e-s dumpfen Schlages zu imitieren
Bu·me·rang, Bu·me·rang *der; -s, -e / -s;* ein gebogenes Stück Holz, das wieder zurückkommt, wenn man es wirft, u. das die Ureinwohner Australiens zur Jagd verwenden ⟨e-n B. werfen, schleudern⟩ || ID ***etw. erweist sich als B.*** *gespr;* e-e Maßnahme, Handlung *usw,* die j-d anderem schaden sollte, schadet dem Verursacher selbst
Bum·mel *der; -s, -;* ein Spaziergang ohne konkretes Ziel: *e-n B. durch die Geschäftsstraßen machen* || -K: ***Einkaufs-; Stadt-***
bum·meln; *bummelte, hat / ist gebummelt;* Vi **1** (*ist*) ohne Eile u. ohne konkretes Ziel spazieren gehen: *durch die Stadt b.* **2** (*hat*) *gespr pej;* seine Arbeit sehr langsam (u. planlos) machen ≈ trödeln: *Er bummelt heute schon den ganzen Tag* **3** (*hat*) nichts Produktives tun ≈ faulenzen || K-: ***Bummel-, -leben*** || *hierzu* **Bumm·ler** *der; -s, -;* **Bumm·le·rin** *die; -, -nen* || *zu* ***Bummelei*** ↑ ***-ei***
Bum·mel·streik *der;* e-e Form des Streiks, bei der absichtlich langsam gearbeitet wird
Bum·mel·zug *der; gespr;* ein Zug, der in jedem kleinen Ort hält
bums! *Interjektion;* verwendet, um das Geräusch auszudrücken, das bei e-m Fall od. Stoß entsteht
bum·sen; *bumste, hat / ist gebumst;* Vi **1** ***gegen / an etw.*** (*Akk*) ***b.*** (*hat*) *gespr;* sehr kräftig an / gegen etw. schlagen ≈ pochen: *Er hat mit der Faust an die Tür gebumst* **2** ***gegen / an etw.*** (*Akk*) ***b.*** (*ist*) *gespr;* sich mit e-m Körperteil an etw. Hartem stoßen: *Sie ist mit der Schulter an den Schrank gebumst* **3** (***mit j-m***) ***b.*** (*hat*) *vulg;* Geschlechtsverkehr haben; Vt (*hat*) **4** ***j-n b.*** *vulg;* (als Mann) mit e-r Frau Geschlechtsverkehr haben; Vimp (*hat*) **5** ***irgendwo bumst es*** *gespr;* irgendwo gibt es e-n Zusammenstoß *o.Ä.* u. ein dumpfes Geräusch ≈ irgendwo kracht es: *An dieser Kreuzung hat es schon mehrmals gebumst*
Bund[1] *der; -(e)s, Bün·de;* **1** e-e organisierte Verbindung von zwei od. mehreren Partnern ≈ Vereinigung ⟨ein B. zweier Staaten; sich zu e-m B. zusammenschließen; e-m B. beitreten, angehören⟩ || -K: ***Ärzte-, Bauern-, Gewerkschafts-*** **2** (in e-r Föderation) der gesamte Staat im Gegensatz zu den einzelnen (Bundes)Ländern, wie *z.B.* in der Bundesrepublik Deutschland: *B. u. Länder* || K-: ***Bundes-, -behörde, -gebiet, -gericht, -gesetz, -hauptstadt, -regierung, -richter, -verfassung*** **3** *gespr, Kurzw* ↑ ***Bundeswehr***: *Mit 18 muss er zum B.* **4** ≈ Bündel ⟨ein B. Petersilie, Radieschen⟩ || ID ***den B. der Ehe*** (***mit j-m***) ***eingehen / schließen*** *geschr;* (j-n) heiraten; ***mit j-m im Bunde sein / stehen*** mit j-m verbündet sein (*mst* mit bösen Absichten)
Bund[2] *der; -(e)s, Bün·de;* ein fester Stoffstreifen, der e-n Rock od. e-e Hose an der Taille abschließt: *den Rock am B. enger machen*
Bünd·chen *das; -s, -;* ein Stoffstreifen od. ein ge-

strickter Streifen am Halsausschnitt od. am unteren Rand der Ärmel *bes* von Pullovern

Bụn·del *das*; *-s*, *-*; **1** einzelne gleiche od. unterschiedliche Dinge, die zu e-m Ganzen zusammengenommen od. zusammengebunden werden ⟨ein B. Stroh, Briefe; etw. zu e-m B. zusammenschnüren⟩ **2** *Math*, *Phys*; mehrere Linien od. Flächen, die sich in e-m Punkt treffen || ID *mst* ***Jeder hat sein B. zu tragen*** jeder hat in seinem Leben Probleme u. Kummer

bụ̈n·deln; *bündelte, hat gebündelt*; [Vt] ***etw. b.*** einzelne od. unterschiedliche Dinge zu e-m Bündel (1) zusammenfassen, *mst* indem man sie zusammenbindet ⟨Zeitungen b.⟩ || *hierzu* **Bụ̈n·de·lung** *die*; *nur Sg*

Bụn·des·bahn *die*; *nur Sg*; die staatlichen Unternehmen der Eisenbahn; *Abk* DB, ÖBB, (CH) SBB

Bụn·des·bank *die*; *nur Sg*, (***Deutsche***) ***B.*** die Bank, die in der Bundesrepublik Deutschland neues Geld in Umlauf bringt

Bụn·des·bür·ger *der*; ein Bürger der Bundesrepublik Deutschland

bụn·des·deutsch *Adj*; in Bezug auf die Bundesrepublik Deutschland

Bụn·des·deut·sche *der / die*; ein Staatsangehöriger der Bundesrepublik Deutschland

Bụn·des·fei·er *die*; (CH) e-e Feier am Abend des 1. August, des Schweizer Nationalfeiertages

Bụn·des·ge·nos·se *der*; *veraltend* ≈ Verbündete(r)

Bun·des|ge·rịchts·hof *der*; *nur Sg*, das oberste Gericht der Bundesrepublik Deutschland für Straf- u. Zivilprozesse; *Abk* BGH

Bun·des|grẹnz·schutz *der*; e-e Art Polizei in der Bundesrepublik Deutschland, die *bes* die Grenzen schützt; *Abk* BGS

Bụn·des·haus *das*; *nur Sg*; **1** das Gebäude, in dem sich der Bundestag versammelt **2** (CH) das Gebäude, in dem sich der Bundesrat (2) versammelt

Bụn·des·heer *das*; *nur Sg*, die Armee Österreichs

Bụn·des·ka·bi·nett *das*; die Minister der Regierung der Bundesrepublik Deutschland

Bụn·des·kanz·ler *der*; **1** der Vorsitzende der Bundesregierung **2** (CH) der Leiter der Kanzlei des Bundesrats, die dem Bundespräsidenten unterstellt ist

Bụn·des·land *das*; **1** ein Land, das zusammen mit anderen e-n Bundesstaat bildet **2** ***die alten Bundesländer*** die Bundesländer der Bundesrepublik Deutschland bis Oktober 1990 **3** ***die neuen Bundesländer*** die fünf Bundesländer, die früher das Territorium der DDR bildeten u. jetzt Teil der Bundesrepublik Deutschland sind

Bụn·des·li·ga *die*; die höchste Spielklasse in e-r Sportart ⟨in die B. aufsteigen; aus der B. absteigen⟩ || -K: ***Basketball-***, ***Eishockey-***, ***Fußball-***, ***Handball-***, ***Tischtennis-***, ***Volleyball-***

Bụn·des·mi·nis·ter *der*; ein Mitglied (Minister) der Bundesregierung

Bun·des|nạch·rich·ten·dienst *der*; *nur Sg*; ein Geheimdienst in der Bundesrepublik Deutschland, der Informationen aus dem Ausland beschaffen soll; *Abk* BND

Bụn·des·post *die*; *nur Sg*, das staatliche Unternehmen der Post in der Bundesrepublik Deutschland; *Abk* DBP

Bụn·des·prä·si·dent *der*; **1** das Staatsoberhaupt, das vor allem repräsentative Funktionen zu erfüllen hat **2** (CH) der Regierungschef der Schweiz (= der Vorsitzende des Bundesrates)

Bụn·des·rat *der*; **1** *nur Sg*, e-e Art Parlament, das nicht direkt gewählt wird, sondern sich aus Vertretern der einzelnen Bundesländer zusammensetzt. Der B. wirkt bei manchen Aufgaben des Bundestags / Nationalrats mit **2** *nur Sg*, (CH) die Regierung der Schweiz **3** (CH) ein Mitglied des Bundesrats (1,2)

Bụn·des·re·pub·lik *die*; *nur Sg*; **1** *Kurzw*; ↑ ***Bundesrepublik Deutschland*** || ↑ ***Anhang*** (1) **2** ein Bundesstaat (1) || *zu* **1 bụn·des·re·pub·li·ka·nisch** *Adj*

Die Bundesrepublik Deutschland

Die Bundesrepublik Deutschland ist eine parlamentarische Demokratie, ihre Verfassung ist im **Grundgesetz** festgelegt.
Staatsoberhaupt ist der **Bundespräsident**, der vor allem repräsentative Funktionen hat. Er wird für fünf Jahre gewählt und kann nur einmal wieder gewählt werden.
Neben dem Bundespräsidenten ist die **Bundesregierung** das oberste Organ der Exekutive. Sie besteht aus dem **Bundeskanzler** und den **Bundesministern**.
Der **Bundestag** ist das direkt gewählte Parlament Deutschlands. Er wird alle vier Jahre gewählt und wählt seinerseits den Bundeskanzler. Bei der Gesetzgebung wirkt auch der **Bundesrat** mit, der aus Vertretern der einzelnen Bundesländer besteht.
Zu den obersten Gerichten in Deutschland zählen der **Bundesgerichtshof**, der für Straf- und Zivilprozesse zuständig ist, und das **Bundesverfassungsgericht**.

Bụn·des·staat *der*; **1** ein Staat, der aus mehreren Ländern[2] (2) besteht **2** ein Land[2] (2) als Teil des Bundes[1] (2)

Bụn·des·stadt *die*; *nur Sg*, (CH) Bern als Hauptstadt der Schweiz

Bụn·des·stra·ße *die*; e-e relativ breite Straße, die größere Teile des Landes verbindet ↔ Autobahn, Landstraße

Bụn·des·tag *der*; *nur Sg*, das direkt gewählte Parlament in der Bundesrepublik Deutschland || K-: ***Bundestags-***, ***-abgeordnete(r)***, ***-fraktion***, ***-mitglied*** || NB: ↑ ***Bundesrat***

Bun·des|ver·fạs·sungs·ge·richt *das*; *nur Sg*, das höchste Gericht bei Fragen der Verfassung[1], des Grundgesetzes

Bụn·des·ver·samm·lung *die*; *nur Sg*; **1** die Personen, die den Bundespräsidenten wählen **2** (CH) *Kollekt*; der Schweizer Nationalrat u. Ständerat, die zusammen das Schweizer Parlament bilden

Bụn·des·wehr *die*; *-*; *nur Sg*, die Streitkräfte der Bundesrepublik Deutschland: *als Wehrpflichtiger, als Zeitsoldat bei der B. seinen Dienst leisten* || K-: ***Bundeswehr-***, ***-soldat***

bụn·des·weit *Adj*; *nur attr od adv*; im gesamten Staatsgebiet der Bundesrepublik Deutschland: *ein Gesetz mit bundesweiter Gültigkeit*

Bụnd·fal·ten|ho·se *die*; e-e bequeme, relativ weite Hose mit genähten Falten am Bund[2]

bụ̈n·dig *Adj*; **1** *Archit*; genau auf einer Linie abschließend ⟨etw. liegt b., schließt b. ab⟩ **2** (***kurz u.***) ***b.*** kurz u. treffend ⟨etw. kurz u. b. beantworten⟩

Bụ̈nd·nis *das*; *-ses*, *-se*; ***ein B.*** (***mit j-m***) ein Zusammenschluss von Partnern (*mst* von Staaten), der auf e-m Vertrag basiert u. der oft den Zweck hat, dass man sich gegenseitig hilft ≈ Union ⟨ein B. eingehen, schließen⟩ || K-: ***Bündnis-***, ***-partner***, ***-treue*** || -K: ***Militär-***, ***Verteidigungs-***

Bun·ga·low ['bʊŋgalo] *der*; *-s*, *-s*; ein *mst* großes (Wohn)Haus mit nur einer Etage || -K: ***Ferien-***

Bun·gee·sprin·gen ['bandʒɪ-] *das*; *-s*; *nur Sg*, *Sport*; das Springen aus großer Höhe, bei dem man an e-m starken elastischen Seil hängt, das verhindert, dass man den Boden berührt

Bun·ker *der*; *-s*, *-*; ein großer Raum unter der Erde, in dem man Schutz vor Bombenangriffen findet

Bun·sen·bren·ner *der*; ein kleines Gerät, mit dem man *bes* in Laboratorien Chemikalien erhitzt u. bei dem man die Hitze der Flamme regulieren kann

bunt, *bunter*, *buntest-*; *Adj*; **1** mit mehreren verschiedenen (leuchtenden) Farben ≈ farbig ⟨ein Bild, ein Blumenstrauß, ein Kleid⟩ || K-: ***Bunt-, -specht*** **2** *nur attr*; mit gemischtem Inhalt ⟨ein Abend, ein Programm, ein Teller (= mit verschiedenen Speisen)⟩ || ID ***es b. treiben*** *gespr*, *mst pej*; sich nicht an bestimmte (gesellschaftliche) Normen halten; *mst* ***Das wird mir jetzt zu b.!*** *gespr*; das dulde ich nicht mehr || *zu* **1 Bunt·heit** *die*; *nur Sg*

Bunt·stift *der*; ein Zeichen- od. Malstift mit e-r farbigen Mine

Bunt·wä·sche *die*; *nur Sg*; farbige Textilien, die man nicht zu heiß waschen darf ↔ Kochwäsche

Bür·de *die*; *-*, *-n*; *mst Sg*, *geschr*; **1** etw. relativ Schweres, das auf etw. anderem liegt od. lastet ≈ Last **2** etw., das j-m große Probleme u. Kummer bereitet ⟨e-e B. tragen; j-m e-e B. auferlegen, abnehmen⟩: *die B. des Alters*

Burg *die*; *-*, *-en*; ein großes, massives Gebäude, das im Mittelalter als Wohnsitz von Herrschern u. zur Verteidigung diente ⟨e-e verfallene B.; e-e B. belagern⟩: *die Burgen des Rheintals* || K-: ***Burg-, -graben, -graf, -herr, -ruine, -verlies, -vogt*** || -K: ***Ritter-***

Bür·ge *der*; *-n*, *-n*; (*auch Jur*) e-e Person, die garantiert u. dafür haftet, dass e-e andere Person ihr Versprechen halten u. *z.B.* ihre Schulden zahlen wird ⟨e-n Bürgen nennen / stellen; für j-n als B. eintreten⟩ || NB: *der Bürge*; *den*, *dem*, *des Bürgen*

bür·gen; *bürgte*, *hat gebürgt*; [Vi] **1** ***für etw. b.*** dafür garantieren, dass die Qualität von etw. gut ist: *Das Markenzeichen bürgt für Qualität* **2** ***für j-n b.*** (*auch Jur*) für j-n Bürge sein

Bür·ger *der*; *-s*, *-*; **1** j-d, der die Staatsbürgerschaft e-s Landes besitzt ≈ Staatsbürger: *die Rechte u. Pflichten der Bürger* || K-: ***Bürger-, -pflicht*** **2** ein Einwohner e-r Stadt od. Gemeinde, ein Mitglied der Gesellschaft ⟨ein braver, biederer B.⟩ **3** *hist*; j-d, der zu e-r gehobenen Schicht der Gesellschaft gehört (aber nicht adelig ist) || *hierzu* **Bür·ge·rin** *die*; *-*, *-nen*

Bür·ger·be·geh·ren *das*; *Pol*; die Forderung von Bürgern, dass e-e wichtige Angelegenheit (in der Gemeinde) entschieden werden muss. Dies geschieht *mst* in Form e-r Unterschriftensammlung

Bür·ger·ent·scheid *der*; *Pol*; die Entscheidung über eine wichtige politische Frage durch die Bürger. Ein B. findet auf lokaler Ebene statt

Bür·ger·ini·ti·a·ti·ve *die*; der Versuch e-r Gruppe von Bürgern (1,2), die Aufmerksamkeit der Öffentlichkeit auf bestimmte Probleme zu lenken, die von der Regierung od. der Gemeinde nicht od. nur schlecht gelöst wurden ⟨e-e B. gründen⟩

Bür·ger·krieg *der*; ein bewaffneter Kampf zwischen verschiedenen gesellschaftlichen od. politischen Gruppen innerhalb e-s Staates || *hierzu* **bür·ger·kriegs·ähn·lich** *Adj*

bür·ger·lich *Adj*; *mst attr*; **1** den Bürger (1,2) betreffend ⟨die Rechte, die Pflichten⟩ **2** den gesellschaftlichen Normen entsprechend ⟨e-e Ehe, ein Leben, e-e Partei⟩ **3** *pej* ≈ konservativ ⟨Anschauungen; j-d ist j-m zu b.⟩ || NB: ↑ ***Recht***

Bür·ger·meis·ter, **Bür·ger·meis·ter** *der*; der oberste Repräsentant e-r Stadt od. Gemeinde || *hierzu* **Bür·ger·meis·te·rin**, **Bür·ger·meis·te·rin** *die*

bür·ger·nah *Adj*; so, dass die Probleme u. Bedürfnisse der Bürger berücksichtigt werden ⟨Politik⟩

Bür·ger·recht *das*; *mst Pl*; eines der Rechte, die man als Staatsbürger hat, *z.B.* das Wahlrecht

Bür·ger·recht·ler *der*; *-s*, *-*; j-d, der dafür kämpft, dass die Bürger- u. Menschenrechte (für alle Bürger e-s Staates) verwirklicht werden: *der B. Martin Luther King*

Bür·ger·rechts|be·we·gung *die*; e-e Bewegung, die sich für die Verwirklichung der Bürger- u. Menschenrechte einsetzt

Bür·ger·schaft *die*; *-*, *-en*; *mst Sg*; **1** *Kollekt*; alle Bürger (2) **2** verwendet als Name für die Parlamente der Bundesländer Hamburg u. Bremen

Bür·ger·steig *der*; *bes nordd* ≈ Gehsteig

Bür·ger·tum *das*; *-s*; *nur Sg*, *Kollekt*; die Bürger (3): *das aufstrebende B. des 18. Jahrhunderts*

Bürg·schaft *die*; *-*, *-en*; **1** e-e Garantie, die j-d für j-n / etw. abgibt ⟨für j-n / etw. (e-e) B. leisten⟩ **2** e-e Summe Geld, mit der j-d für j-n bürgt ⟨e-e hohe B. übernehmen⟩ **3** *Jur*; ein Vertrag, mit dem sich j-d verpflichtet, für j-n Bürge zu sein ⟨e-e B. übernehmen⟩

Bur·les·ke *die*; *-*, *-n*; e-e Art Komödie mit *mst* einfacher Handlung u. derben Späßen ≈ Posse, Schwank || *hierzu* **bur·lesk** *Adj*

Bü·ro *das*; *-s*, *-s*; **1** ein Raum od. Gebäude, in dem die schriftlichen Arbeiten, die Verwaltung u. Organisation e-r Firma od. e-r Institution erledigt werden ⟨ins B. gehen⟩ || K-: ***Büro-, -angestellte(r), -arbeit, -gebäude, -gehilfe, -stunden, -tätigkeit*** **2** *Kollekt*; die Personen, die in e-m B. (1) arbeiten

Bü·ro·be·darf *der*; *Kollekt*; alle Gegenstände, die man zum Arbeiten in e-m Büro braucht (*z.B.* Schreibpapier, Disketten *usw*)

Bü·ro·haus *das*; ein Gebäude (*mst* ein Hochhaus), in dem sich nur Büros befinden

Bü·ro|kauf·mann *der*; j-d, der beruflich in e-m Büro kaufmännische Tätigkeiten erledigt || *hierzu* **Bü·ro|kauf·frau** *die*

Bü·ro·klam·mer *die*; e-e Klammer aus gebogenem Draht, mit der man Blätter zusammenheftet || ↑ *Abb. unter* ***Klammer*** (1)

Bü·ro·kra·tie *die*; *-*, *-n* [-'tiːən]; *mst Sg*, *oft pej*; alle Institutionen u. Organe der Verwaltung || *hierzu* **bü·ro·kra·tisch** *Adj*; **Bü·ro·krat** *der*; *-en*, *-en*

Bürgerinitiativen

In den **Bürgerinitiativen** schließen sich Bürger zusammen, die konkrete politische Ziele oder konkrete gemeinsame Interessen verfolgen. Dabei geht es ihnen zum Beispiel um Verbesserungen in einem Stadtviertel wie eine Umgehungsstraße oder den Bau eines Kindergartens oder um Themen des Umweltschutzes.

In einigen Bundesländern in Deutschland gibt es die Möglichkeit, dass die Bürger über ein **Bürgerbegehren** oder ein **Volksbegehren** direkt einen Antrag zu einem Thema in die Politik einbringen. Wenn die erforderliche Anzahl an Unterschriften dafür gesammelt werden kann, kommt es zu einem **Bürgerentscheid** oder **Volksentscheid**, bei dem alle Wahlberechtigten direkt über das betreffende Thema abstimmen können.

Bü·ro·kra·tis·mus *der*; *-s*; *nur Sg*, *pej*; das übertrieben genaue Befolgen von Regeln u. Vorschriften

Bürsch·chen *das*; *-s*, *-*; *mst pej*; verwendet, um e-n Jugendlichen od. jungen Mann zu bezeichnen, dessen Eigenschaften od. Verhalten man tadeln möchte ⟨ein freches B.⟩

Bur·sche *der*; *-n*, *-n*; **1** ein junger Mann (im Alter zwischen ca. 14 u. 20 Jahren) ≈ Jugendliche(r) ⟨ein fescher, toller B.⟩ **2** *pej* ≈ Mann ⟨ein seltsamer, gerissener B.⟩ || NB: *zu* **2**: nur mit attributivem Adj. verwendet; *zu* **1** u. **2**: *der Bursche*; *den*, *dem*, *des Burschen*

Bur·schen·schaft *die*; *-*, *-en*; e-e Vereinigung von Studenten, die keine Frauen als Mitglieder aufnimmt ⟨e-r B. angehören⟩

bur·schi·kos *Adj*; ⟨e-e Frau, ein Mädchen⟩ so, dass sie ein Verhalten zeigen, das eigentlich für e-n Mann od. e-n Jungen typisch ist

Bürs·te *die*; *-*, *-n*; ein Gegenstand mit Borsten, mit dem man etw. pflegt od. sauber macht || -K: ***Haar-***, ***Kleider-***, ***Klo-***, ***Massage-***, ***Schuh-***, ***Zahn-***

Bürsten

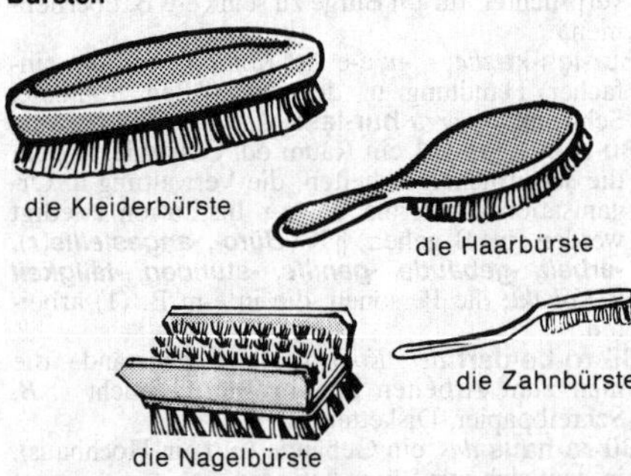

bürs·ten; *bürstete*, *hat gebürstet*; [Vt] **1** ***etw.*** (***von etw.***) ***b.*** etw. mit e-r Bürste entfernen ⟨Staub, Schmutz von den Kleidern, Schuhen b.⟩ **2** ***etw. b.*** etw. mit e-r Bürste behandeln u. somit pflegen od. säubern ⟨das Haar, die Zähne, die Haut b.⟩

Bür·zel *der*; *-s*, *-*; der Teil des Körpers e-s Vogels, wo der Schwanz beginnt: *der B. e-r Ente* || K-: ***Bürzel-***, ***-drüse***

Bus *der*; *-ses*, *-se*; ein langes u. großes Fahrzeug mit vielen Sitzplätzen, in dem Fahrgäste befördert werden ≈ Omnibus, Autobus ⟨ein städtischer Bus⟩: *mit dem Bus nach Neapel fahren* || K-: ***Bus-***, ***-anhänger***, ***-fahrer***, ***-fahrt***, ***-haltestelle***, ***-unternehmen*** || -K: ***Reise-***, ***Schul-***

Busch *der*; *-(e)s*, *Bü·sche*; **1** e-e Pflanze ohne Stamm mit vielen (u. dichten) Ästen aus Holz, die direkt aus dem Boden wachsen ≈ Strauch || -K: ***Holunder-***, ***Rosen-*** **2** mehrere abgeschnittene Äste mit Blüten ⟨ein B. Flieder⟩ **3** ein relativ großes Büschel **4** *nur Sg*, *Geogr*; e-e trockene Zone *bes* in Afrika u. Australien, in der *mst* nur niedrige Büsche (1) wachsen || ID (***bei j-m***) ***auf den B. klopfen*** *gespr*; e-e Anspielung machen od. vorsichtig Fragen stellen, um etw. Bestimmtes zu erfahren; ***sich in die Büsche schlagen*** *gespr*; heimlich verschwinden; *mst* ***Da ist doch*** (***et***) ***was im B.!*** *gespr*; Da wird doch etwas heimlich geplant od. vorbereitet

Bü·schel *das*; *-s*, *-*; einzelne, *mst* länglich gewachsene Teile, die zusammengebunden od. zusammengefasst werden ⟨ein B. Gras, Heu, Haare, Federn⟩

bu·schig *Adj*; **1** mit vielen, dicht gewachsenen Haaren ⟨die Augenbrauen⟩: *der buschige Schwanz des Fuchses* **2** wie ein Busch ⟨ein Strauch⟩ **3** mit vielen Büschen (1) ⟨ein Gelände⟩

Bu·sen *der*; *-s*, *-*; **1** *mst Sg*; beide Brüste (2) der Frau ⟨ein schlaffer, straffer, üppiger, voller B.⟩ || ↑ *Abb. unter* ***Mensch*** **2** *veraltet lit*; das Herz als der Ort, an dem die Seele u. die Gefühle des Menschen ihren Platz haben: *Hoffnungen im B. nähren*

Bu·sen·freund *der*; *veraltend*, *mst iron*; ein sehr enger Freund || *hierzu* **Bu·sen·freun·din** *die*

Bus·sard *der*; *-s*, *-e*; ein relativ großer Raubvogel

Bu·ße *die*; *-*, *-n*; **1** *nur Sg*; ein Verhalten, durch das j-d (*bes* aus religiösen Gründen) zeigt, dass es ihm leid tut, bestimmte Fehler od. Sünden begangen zu haben ≈ Reue ⟨B. tun; j-m B. predigen⟩ || K-: ***Buß-***, ***-predigt***, ***-sakrament*** **2** *kath*; die Gebete, die j-d als B. (1) betet **3** *Jur*; e-e geringe Strafe, *mst* Geld, das man für e-e Ordnungswidrigkeit zahlen muss

bü·ßen; *büßte*, *hat gebüßt*; [Vt] **1** ***etw.*** (***mit etw.***) ***b.*** (***müssen***) die Konsequenzen e-s großen Fehlers, den man gemacht hat, (als Strafe) ertragen (müssen): *Sie musste ihre Unvorsichtigkeit im Straßenverkehr mit dem Leben b.* || NB: kein Passiv! **2** ***etw. b.*** von seinen Sünden od. seiner Schuld wieder frei werden, indem man Buße (1,2) tut || NB: kein Passiv!; [Vi] **3** ***für etw. b.*** (***müssen***) ≈ etw. b. (1): *Er musste für seinen Leichtsinn b.* || ID ***Das sollst du mir büßen!*** dafür werde ich mich rächen

Buß·geld *das*; *Jur*; e-e bestimmte Summe Geld, die man als Strafe für e-e Ordnungswidrigkeit zahlen muss

Buß·geld|be·scheid *der*; *Admin*; e-e amtliche Benachrichtigung, dass man e-e Strafe zahlen muss

Buß·geld|ka·ta·log *der*; e-e Liste der Geldstrafen, die es *z.B.* für Verstöße gegen das Straßenverkehrsrecht gibt

Bus·si *das*; *-s*, *-s*; *bes südd gespr*; ein Kuss mit geschlossenen Lippen

Buß- und Bet·tag *der*; ein Feiertag (der evangelischen Kirche) an e-m Mittwoch im November, an dem sich die Gläubigen besinnen sollen

Büs·te, **Büs·te** *die*; *-*, *-n*; **1** e-e Skulptur, *mst* aus Marmor od. Bronze, die Kopf u. Brust e-s Menschen zeigt: *e-e B. von Beethoven* || -K: ***Bronze-***, ***Marmor-*** **2** *geschr veraltend* ≈ Busen

Büs·ten·hal·ter *der*; ein Wäschestück für Frauen, das die Brüste stützt od. formt; *Abk* BH

Bütt *die*; *-*, *-en*; ein Rednerpult, das wie ein Fass aussieht. Im Karneval hält man lustige Reden „in" (= hinter) der B. ⟨in die B. steigen⟩ || K-: ***Bütten-***, ***-rede***

Büt·te *die*; *-*, *-n*; ein großes (*mst* hölzernes) Gefäß in der Form e-r Wanne: *Trauben in die B. schütten*

But·ter *die*; *-*; *nur Sg*; ein Fett, das aus Milch hergestellt wird u. aufs Brot gestrichen od. auch beim Kochen verwendet werden kann ⟨frische, ranzige B.; etw. in B. braten⟩ || K-: ***Butter-***, ***-keks***, ***-kuchen***; ***-schmalz***; ***-dose***; ***-messer*** || *zu* ***Butterdose*** ↑ *Abb. unter* ***Frühstückstisch*** || ID *mst* ⟨es ist⟩ ***alles in B.*** *gespr*; (es ist) alles in Ordnung; ***sich*** (*Dat*) ***nicht die B. vom Brot nehmen lassen*** *gespr*; sich nicht benachteiligen lassen; ***j-m nicht die B. auf dem Brot gönnen*** *gespr*; j-m nichts Gutes gönnen

But·ter·berg *der*; *nur Sg*, *gespr*; e-e große Menge Butter, die produziert, aber nicht gebraucht wurde u. jetzt vom Staat auf Lager gehalten wird

But·ter·blu·me *die*; e-e Pflanze, die auf Wiesen wächst u. gelbe, leuchtende Blüten hat ≈ Dotterblume

But·ter·brot *das*; e-e Scheibe Brot, auf die man Butter gestrichen hat || ID ***um*** / ***für ein B.*** *gespr*; für sehr wenig Geld; ***j-m etw. aufs B. streichen*** / ***schmieren*** *gespr*; j-m (wiederholt) Vorwürfe machen, ihn kritisieren

Bu̧t·ter·brot|pa·pier *das*; ein spezielles Papier, das kein Fett durchlässt u. in das man *mst* belegte Brote einpackt ≈ Pergamentpapier

Bu̧t·ter·creme *die*; e-e süße Creme aus Butter, Milch u. Zucker, die man für Torten verwendet || K-: ***Buttercreme-, -schnitte, -torte***

Bu̧t·ter·milch *die*; e-e Art säuerliche Milch mit wenig Fett, die bei der Herstellung von Butter übrig bleibt

bu̧t·tern; *butterte, hat gebuttert*; [Vt] **1** ***etw. in etw.*** (*Akk*) ***b.*** *gespr*; *mst* Geld in etw. investieren (ohne dass es sich lohnt): *Er hat sein privates Vermögen in das Geschäft gebuttert*; [Vi] **2** Butter herstellen

bu̧t·ter·weich *Adj*; *ohne Steigerung*; sehr weich: *butterweiches Fleisch*

But·ton ['batn̩] *der*; *-s, -s*; ein rundes Stück Blech (mit e-r Aufschrift, e-m Symbol *o.Ä.*), das man mit e-r Nadel an der Kleidung befestigt, *z.B.* um seine Meinung zu zeigen || -K: ***Meinungs-***

Bu̧x *die*; -, *-en*; *nordd* ≈ Hose

Bu̧·xe *die*; -, *-n*; *nordd* ≈ Hose

b.w. *Abk für* bitte wenden || NB: ↑ ***wenden***

By·pass ['baipas] *der*; *-(es)*, *By·päs·se*; *Med*; e-e Art Schlauch, der anstelle e-r zu engen Ader (*bes* am Herzen) eingepflanzt wird, damit das Blut wieder besser fließen kann ⟨j-m e-n B. legen; e-n B. bekommen⟩ || K-: ***Bypass-, -operation***

Byte [bait] *das*; *-(s)*, *-(s)*; *EDV*; e-e (Informations)Einheit beim elektronischen Rechnen u. bei der Datenverarbeitung: *ein B. hat acht Bit* || -K: ***Kilo-, Mega-, Giga-***

bzw. *Abk*; ↑ ***beziehungsweise***

C

C, c

C, c [t͡seː] *das; -, - / gespr auch -s;* **1** der dritte Buchstabe des Alphabets ⟨ein großes C; ein kleines c⟩ **2** *Mus;* der erste Ton der C-Dur-Tonleiter ⟨das hohe, tiefe C⟩ || K-: ***C-Dur; c-Moll***

ca. ['t͡sɪrka] *Abk* ↑ ***circa***

Ca·ba·ret [kaba'reː] *das; -s, -s;* ↑ ***Kabarett***

Ca̲b·rio *das; -s, -s; Kurzw* ↑ ***Cabriolet***

Cab·ri·o·let [kabrio'leː] *das; -s, -s;* ↑ ***Kabriolett***

Ca·fé [ka'feː] *das; -s, -s;* e-e Gaststätte, in der man Kaffee trinken u. Kuchen essen kann || -K: ***Garten-, Straßen-*** || NB: ≠ Kaffee

Ca·fe·te·ria [-'riːa] *die; -, -s;* ein Restaurant, in dem man sich Speisen und Getränke *mst* selbst holt

Cal·ci·um ['kaltsi̯um] *das; -s; nur Sg;* ↑ ***Kalzium***

Call·girl ['kɔːlgøːɐ̯l] *das; -s, -s;* e-e Frau, mit der man sich telefonisch zu bezahltem Sex verabredet

Cạm·cor·der [k-] *der; -s, -;* e-e tragbare Filmkamera, die Bilder elektronisch aufzeichnet (3), sodass man sich die Filme am Fernsehgerät ansehen kann

Ca·mem·bert ['kaməmbeːɐ̯] *der; -s, -s;* ein weicher, weißlicher Käse mit e-r dünnen Schicht Schimmel

Ca·mi·on [ka'mi̯õː] *der; -s, -s;* Ⓒⓗ ≈ Lastwagen

Camp [kɛmp] *das; -s, -s;* ein Platz mit Zelten od. Baracken, in denen man *mst* für kurze Zeit wohnt ≈ Lager: *die Ferien in e-m C. verbringen*

cam·pen ['kɛmpn̩]; *campte, hat gecampt;* Vi ***(irgendwo) c.*** e-e kürzere Zeit, *bes* während des Urlaubs, in e-m Zelt od. Wohnwagen wohnen: *Wir campen am Seeufer*

Cam·per ['kɛmpɐ] *der; -s, -;* **1** j-d, der campt **2** ein Wohnwagen zum Campen

Cam·ping ['kɛmpɪŋ] *das; -s; nur Sg;* der Aufenthalt im Zelt od. Wohnwagen *bes* während des Urlaubs || K-: ***Camping-, -artikel, -ausrüstung, -bedarf, -liege, -möbel, -platz, -stuhl, -tisch, -urlaub, -zelt***

Cạm·ping·bus *der;* ein relativ großes Auto, in dem man wohnen u. schlafen kann

Cạm·ping·füh·rer *der;* ein Buch, in dem steht, wo es Campingplätze gibt

Cam·pus ['kampʊs] *der; -, -; mst Sg;* die Fläche (*bes* außerhalb des Stadtzentrums), auf der die Gebäude sind, die zu e-r Universität gehören

Cape [keːp] *das; -s, -s;* e-e Art weiter Mantel ohne Ärmel, den man um die Schultern legt ≈ Umhang || -K: ***Regen-***

Cap·puc·ci·no [kapʊ't͡ʃiːno] *der; -s, -s;* ein Kaffee (mit aufgeschäumter Milch), der auf italienische Art zubereitet ist

Ca·ra·van ['ka(ː)ravan] *der; -s, -s;* **1** ein Wohnwagen, der an e-n Personenwagen angehängt wird **2** ≈ Kombi(wagen)

Ca̲·ri·tas *die; -; nur Sg;* e-e Institution der katholischen Kirche, die sich sozialen Aufgaben widmet || K-: ***Caritas-, -verband***

Ca·ro·ti̲n *das; -s; nur Sg;* ↑ ***Karotin***

Car·toon [kar'tuːn] *der, das; -(s), -s;* **1** e-e witzige Zeichnung, die *mst* Politiker u. politische Ereignisse verspottet ≈ Karikatur **2** e-e gezeichnete (oft satirische) Geschichte ≈ Comic

Car·too·nist [kartu'nɪst] *der; -en, -en;* j-d, der Cartoons zeichnet || NB: *der Cartoonist; den, dem, des Cartoonisten*

Ca·sa·no·va [kaza'noːva] *der; -s, -s; gespr;* ein Mann, der schon viele Frauen verführt hat: *Er ist ein richtiger C.*

Cas·sẹt·te *die; -, -n;* ↑ ***Kassette***[1]

Ca̲s·ting [k-] *das; -s, -s; Film, Thea;* das Auswählen von Darstellern nach kurzen Probeauftritten

Cạs·tor·be·häl·ter [k-] *der;* ein Behälter, in dem radioaktive Stoffe transportiert od. gelagert werden

Cạs·tor·trans·port [k-] *der;* der Transport von Castorbehältern

cat·chen ['kɛt͡ʃn̩]; *catchte, hat gecatcht;* Vi ***(gegen j-n / mit j-m) c.*** vor einem Publikum mit j-m e-n Ringkampf machen, bei dem alle Griffe erlaubt sind || *hierzu* **Cạt·cher** *der; -s, -*

CB-Funk [t͡seː'beː-] *der;* (e-e Anlage für privaten) Sprechfunk innerhalb der näheren Umgebung || *hierzu* **CB-Fun·ker** *der*

CD [t͡seː'deː] *die; -, -s;* (*Abk für* Compact Disc) e-e kleine Schallplatte, die mit e-m Laserstrahl abgespielt wird

CD-Play·er [t͡seː'deːpleːjɐ] *der; -s, -;* ein elektronisches Gerät, mit dem man CDs abspielen kann

CD-Player

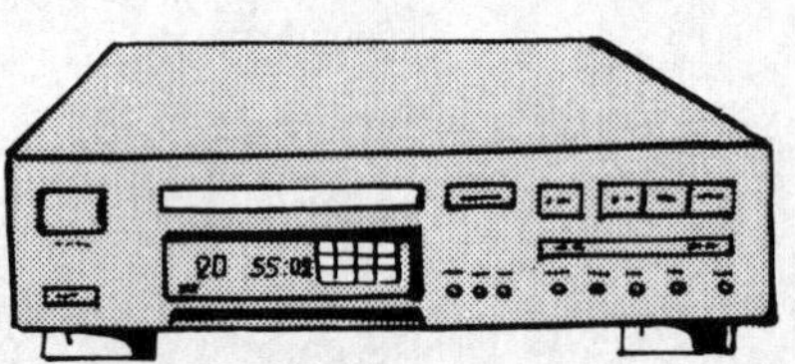

CD-ROM [t͡sede'rɔm] *die; -, -(s); EDV;* e-e Art CD mit Daten, die ein Computer lesen, aber nicht verändern kann: *Ein Programm auf C.*

CD-Spie·ler [t͡seː'deː-] *der* ≈ CD-Player

CDU [t͡seːdeː'|uː] *die; -; nur Sg;* (*Abk für* Christlich-Demokratische Union) e-e politische Partei in Deutschland

Cel·list [t͡ʃɛ'lɪst] *der; -en, -en;* j-d, der (beruflich) Cello spielt || NB: *der Cellist; den, dem, des Cellisten* || *hierzu* **Cel·lịs·tin** *die; -, -nen*

Cel·lo ['t͡ʃɛlo] *das; -s, Cel·li;* ein großes Instrument mit tiefem Klang, das wie eine große Geige aussieht u. das man beim Spielen zwischen den Knien hält ⟨C. spielen⟩ || ↑ *Abb. unter* ***Streichinstrumente*** || K-: ***Cello-, -konzert, -spieler***

Cel·lo·phan® [t͡sɛlo'faːn] *das; -s; nur Sg;* e-e durchsichtige Folie, mit der man Lebensmittel einpackt || K-: ***Cellophan-, -tüte***

Cel·si·us ['t͡sɛlzi̯ʊs] verwendet als Bezeichnung für e-e Skala, mit der die Temperatur gemessen wird; *Abk* C: *Wasser kocht bei 100° C; Temperaturen zwischen 25° u. 30° C* || K-: ***Celsius-, -skala***

Cem·ba·lo ['t͡ʃɛmbalo] *das; -s, -s / Cem·ba·li;* e-e Art Klavier, das man *bes* vom 16. bis zum 18. Jahrhundert verwendet hat

Cent *der; -(s), -(s);* **1** [t͡sɛnt] die kleinste Einheit des Geldes der Europäischen Union; *Abk* c., ct.: *Ein*

Euro hat 100 Cent || NB: der Plural lautet *Cents*, wenn man von einzelnen Münzen spricht u. *Cent*, wenn man von der Summe spricht **2** [sɛnt] die kleinste Einheit des Geldes *bes* in den USA: *Ein Dollar hat 100 Cent*

Cen·ter ['sɛntɐ] *das*; *-s*, -; e-e Art Kaufhaus (oft mit Selbstbedienung) ≈ Einkaufszentrum || -K: ***Bekleidungs-, Einkaufs-, Garten-, Schuh-***

ces, Ces [t͡sɛs] *das*; -,-;*Mus*; der Halbton unter dem c

CH [t͡seː'haː] (*Abk für* Confoederatio Helvetica) verwendet als Bezeichnung für die Schweiz (*mst* bei Adressen u. Kraftfahrzeugen)

Cha·mä·le·on [ka-] *das*; *-s, -s*; e-e Art Eidechse, die ihre Farbe je nach ihrer Umgebung ändern kann

Cham·pag·ner [ʃam'panjɐ] *der*; *-s*, -; **1** ein Sekt, der in der Champagne (Frankreich) hergestellt wird **2** *veraltend* ≈ Sekt

Cham·pig·non ['ʃampɪnjɔŋ] *der*; *-s, -s*; ein *mst* weißer essbarer Pilz, der *z.B.* auf Wiesen wächst od. gezüchtet wird || -K: ***Wiesen-, Zucht-***

Cham·pi·on ['t͡ʃɛmpi̯ən] *der*; *-s, -s*; *Sport*; der beste Sportler od. die beste Mannschaft in e-r Sportart ⟨den C. herausfordern, besiegen⟩: *der C. im Boxen* || -K: ***Box-, Hockey-, Tennis-*** *usw*

Chan·ce ['ʃãːsə, ʃãːs] *die*; -, *-n*; ***e-e C.*** (***auf etw.*** (*Akk*)) e-e günstige Gelegenheit od. die Möglichkeit, etw. zu erreichen ⟨e-e C. verpassen, wahrnehmen; hundertprozentige, große, nur geringe, keine Chancen haben; j-m e-e C. bieten; sich (*Dat*) e-e gute C. bei etw. ausrechnen⟩: *Du hast gute Chancen, im Beruf weiterzukommen*; *Sein Plan hatte nicht die geringste C. auf Erfolg* || *ID* (***bei j-m***) ***Chancen haben*** (auf j-n) sexuell attraktiv wirken || *hierzu* **chan·cen·los** *Adj*; **chan·cen·reich** *Adj*

Chan·cen·gleich·heit *die*; dieselben Voraussetzungen od. Möglichkeiten für jeden in Ausbildung u. Beruf

Chan·son [ʃã'sõː] *das*; *-s, -s*; **1** ein *mst* satirisches od. kritisches Lied zu aktuellen Themen || K-: ***Chanson-, -sänger*** **2** ein Lied, das im Kabarett gesungen wird

Cha·os ['kaːɔs] *das*; -; *nur Sg*; ein sehr großes Durcheinander (oft verbunden mit Zerstörung): *Nach dem Sturm herrschte in der Stadt das reinste C.*; *Was habt ihr hier wieder für ein C. angerichtet?*

Cha·ot [ka'oːt] *der*; *-en, -en*; *pej*; **1** j-d mit radikalen politischen Zielen, für die er auch mit anarchistischen Aktionen kämpft **2** *gespr*; j-d, der ohne Ordnung u. Plan denkt u. handelt || *zu* **2 Cha·o·tin** *die*; -, *-nen* || *NB*: *der Chaot*; *den, dem, des Chaoten*

cha·o·tisch [ka'oːtɪʃ] *Adj*; **1** gekennzeichnet durch großes Durcheinander u. Zerstörung ⟨Zeiten, Verhältnisse⟩ **2** *gespr*; in völlig ungeordnetem Zustand: *Die Versammlung verlief ziemlich c.*

Cha·rak·ter [ka-] *der*; *-s, Cha·rak·te·re*; **1** alle Eigenschaften, die das Verhalten (e-s Menschen, e-s Tieres, e-r Gruppe) bestimmen u. somit von anderen unterscheiden ≈ Wesen (2) ⟨ein ausgeprägter, edler, fester, schwacher, starker, streitsüchtiger, wankelmütiger C.; etw. bildet, formt den C.⟩ || K-: ***Charakter-, -bild, -bildung, -eigenschaft, -fehler, -festigkeit, -schwäche, -stärke***; ***charakter-, -schwach, -stark*** **2** ein besonderes Merkmal e-r Sache ⟨der feierliche, geheime, vertrauliche, zweifelhafte C. e-r Sache⟩: *e-e Landschaft von südländischem C.* **3** ein Mensch, bei dem e-e bestimmte, *mst* positive Eigenschaft besonders stark ist **4** e-e Figur (mit bestimmten Eigenschaften od. Merkmalen) in e-m Schauspiel, Roman *o.Ä.* || K-: ***Charakter-, -darsteller, -rolle*** || ID ⟨ein Mensch⟩ ***von C.*** ein Mensch mit festem Willen; ⟨ein Mensch⟩ ***ohne C.*** ein Mensch mit schlechten Eigenschaften; ***C. beweisen*** auch in schwierigen Situationen seinen Prinzipien treu bleiben

cha·rak·te·ri·sie·ren [ka-]; *charakterisierte, hat charakterisiert*; [Vt] **1** ***j-n / etw.*** (***irgendwie***) ***c.*** die Eigenart od. das Wesen e-r Person od. Sache beschreiben ⟨j-n / etw. kurz, treffend c.⟩: *e-e Romanfigur c.* **2** ***etw. charakterisiert j-n / etw.*** etw. ist typisch für j-n / etw. || *hierzu* **Cha·rak·te·ri·sie·rung** *die*

Cha·rak·te·ris·tik [ka-] *die*; -, *-en*; die Beschreibung des Charakters e-r Person od. Sache

Cha·rak·te·ris·ti·kum [ka-] *das*; *-s, Cha·rak·te·ris·tika*; *geschr*; e-e typische Eigenschaft, die j-n od. etw. besonders kennzeichnet

cha·rak·te·ris·tisch [ka-] *Adj*; ***c.*** (***für j-n / etw.***) ≈ bezeichnend, typisch ⟨e-e Eigenschaft, ein Merkmal⟩: *Dieses Verhalten ist höchst c. für ihn*

cha·rak·ter·lich [ka-] *Adj*; *nur attr od adv*; in Bezug auf den Charakter (1) ⟨Eigenschaften; ein Fehler; j-n c. beurteilen, einschätzen⟩

Cha·rak·ter·zug *der*; etw., das für j-s Charakter besonders typisch ist ⟨ein hervorstechender C.⟩

Cha·ris·ma, Cha·ris·ma [ça-, ka-] *das*; *-s, Cha·rismen / Cha·ris·ma·ta*; *geschr* ≈ Ausstrahlung (2), Ausstrahlungskraft || *hierzu* **cha·ris·ma·tisch** *Adj*

char·mant [ʃar'mant] *Adj*; voll Charme ⟨e-e Dame, ein Herr; c. lächeln⟩

Charme [ʃarm] *der*; *-s*; *nur Sg*; **1** der reizvolle, positive Eindruck, den e-e Person od. Sache auf j-n macht ⟨der C. e-r Frau, e-r Stadt; bezaubernder, unwiderstehlicher, weiblicher C.; C. ausstrahlen; (viel) C. haben⟩ **2** ***seinen C. spielen lassen*** *gespr*; sich absichtlich liebenswürdig u. höflich verhalten (*mst* um dadurch e-n Vorteil für sich zu erreichen)

Char·meur [ʃar'møːɐ̯] *der*; *-s, -s / -e*; ein Mann, der versucht, mit seinem Charme Frauen für sich zu gewinnen

Char·ta ['ka-] *die*; -, *-s*; e-e Urkunde, die e-e *mst* politische Verfassung enthält: *die C. der Vereinten Nationen*

char·tern ['t͡ʃa-]; *charterte, hat gechartert*; [Vt] ***etw. c.*** ein Flugzeug, Schiff für e-e bestimmte Reise mieten || K-: ***Charter-, -flug, -flugzeug, -gesellschaft***

Chas·sis [ʃa'siː] *das*; -, - [-'siːs] ≈ Fahrgestell

Chauf·feur [ʃɔ'føːɐ̯] *der*; *-s, -e*; j-d, der beruflich e-n Personenwagen für andere fährt || -K: ***Taxi-*** || *hierzu* **Chauf·feu·rin** *die*; -, *-nen*

chauf·fie·ren [ʃɔ-]; *chauffierte, hat chauffiert*; [Vt] ***j-n*** (***irgendwohin***) ***c.*** (*mst* als Chauffeur) j-n in e-m Auto irgendwohin fahren

Chaus·see [ʃɔ'seː] *die*; -, *-n* [-'seːən]; *veraltend* ≈ Landstraße || K-: ***Chaussee-, -baum, -graben***

Chau·vi ['ʃoːvi] *der*; *-s, -s*; *gespr pej*; ein Mann, der so handelt, als ob Männer den Frauen überlegen seien

Chau·vi·nist [ʃovi'nɪst] *der*; *-en, -en*; *pej*; **1** j-d, der sehr nationalistisch ist u. andere Völker verachtet **2** ≈ Chauvi || NB: *der Chauvinist*; *den, dem, des Chauvinisten* || *hierzu* **Chau·vi·nis·mus** *der*; -; *nur Sg*; **chau·vi·nis·tisch** *Adj*

che·cken ['t͡ʃɛkn̩]; *checkte, hat gecheckt*; [Vt] **1** ***j-n / etw. c.*** j-n / etw. überprüfen od. kontrollieren ⟨Fahrzeuge, Ausweise, Listen c.⟩ **2** ***etw. c.*** *gespr* ≈ begreifen, verstehen, kapieren: *Hast du das jetzt erst gecheckt?*

Check·lis·te *die*; **1** e-e Liste aller Teile e-s komplizierten Apparates, die überprüft werden müssen **2** e-e Liste mit den Passagieren e-s Flugzeugs

Chef [ʃɛf] *der*; *-s, -s*; **1** ein Mann, der e-e Gruppe von Mitarbeitern leitet ≈ Leiter, Vorgesetzter ⟨der C. der Firma, des Betriebs, des Unternehmens, des Konzerns⟩: *e-n großzügigen, strengen C. haben* || -K: ***Banken-, Behörden-, Betriebs-, Büro-, Firmen-, Personal-*** **2** *Kurzw* ↑ ***Küchenchef***, ***Chef-***

C

koch || ID ***den C. markieren*** *gespr*; sich so benehmen, als wäre man der C. (1);

Chef- *im Subst, begrenzt produktiv*; **1** j-d, der e-e Gruppe von Menschen mit dem gleichen Beruf leitet; der ***Chefarzt***, der ***Chefingenieur***, der ***Chefkoch***, der ***Chefpilot***, der ***Chefredakteur*** **2** j-d, der in e-m Beruf od. e-r Tätigkeit maßgebend ist; der ***Chefdesigner***, der ***Chefideologe***, der ***Cheftheoretiker***

Chef·eta·ge *die*; **1** die Etage (in e-m Bürohaus), in der die Räume der Chefs sind **2** *Kollekt, gespr*; alle Personen, die ein Unternehmen gemeinsam leiten

Che·fin *die*; -, *-nen*; **1** e-e Frau, die e-e Abteilung od. e-n Betrieb leitet **2** *gespr*; die Frau des Chefs (1)

Chef·se·kre·tä·rin *die*; die Sekretärin des Chefs (1)

Chef·vi·si·te *die*; *mst Sg*; der Besuch, den der Chefarzt bei den Patienten im Krankenhaus regelmäßig macht

Che·mie [çe-, ke-] *die*; -; *nur Sg*; **1** die Wissenschaft, die sich mit den Eigenschaften u. dem Verhalten der Grundstoffe u. ihrer Verbindungen (4) beschäftigt ⟨die anorganische, organische, physikalische C.⟩: *Er studiert C.* || K-: ***Chemie-, -arbeiter, -faser, -industrie, -konzern, -laborant, -student, -unternehmen, -werk*** **2** ein Fach in der Schule, in dem die Kinder etwas über C. (1) lernen

Che·mi·ka·lie [çemi'kaːli̯ə, ke-] *die*; -, *-n*; *mst Pl*; industriell hergestellte chemische (1) Stoffe ⟨mit gefährlichen, giftigen Chemikalien arbeiten⟩

Che·mi·ker ['çeː-, 'keː-] *der*; *-s*, -; j-d, der sich beruflich mit Chemie beschäftigt || -K: ***Lebensmittel-*** || *hierzu* **Che·mi·ke·rin** *die*; -, *-nen*

che·misch ['çeː-, 'keː-] *Adj*; *nur attr od adv*; **1** ⟨die Industrie, ein Element, e-e Reaktion⟩ so, dass sie zur Chemie (1) gehören od. auf Stoffumwandlung beruhen **2** mit Chemikalien ⟨Düngung; etw. c. reinigen⟩ **3** ***chemische Waffen*** chemische (1) Substanzen (Gase *o.Ä.*), die *mst* Vergiftungen *o.Ä.* verursachen

Che·mo·the·ra·pie [çeː-, keː-] *die*; *mst Sg*; die Behandlung *bes* von Krebs mit chemischen Mitteln

-chen *das*; *-s*, -; *sehr produktiv*; verwendet, um die Verkleinerungsform e-s Substantivs zu bilden (*mst* in Verbindung mit Umlaut des betonten Vokals) ≈ -lein; ***Bäumchen, Bildchen, Häuschen, Hündchen, Pferdchen, Tännchen*** || NB: nicht nach Substantiven auf *-ch*: *Bächlein, Büchlein*

chic [ʃɪk] *Adj*; *mst präd od adv*; ↑ ***schick*** || *hierzu* **Chic** *der*; *-s*; *nur Sg*

Chi·co·rée ['ʃɪkore] *der*; *-s od die*; -; *nur Sg*; e-e weißgelbe kleine Gemüsepflanze mit leicht bitterem Geschmack, die man *bes* im Winter als Salat isst

Chif·fon ['ʃɪfõ] *der*; *-s*, *-s*; ein sehr leichter, dünner, leicht durchsichtiger Stoff: *ein Abendkleid aus C.*

Chiff·re ['ʃɪfrə, 'ʃɪfɐ] *die*; -, *-n*; **1** ein Zeichen, das für e-n Buchstaben od. ein Wort steht ≈ Geheimzeichen, Kennzeichen **2** e-e bestimmte Nummer, unter der man Zeitungsanzeigen aufgibt, wenn man seine Telefonnummer *o.Ä.* nicht nennen will: *Das Inserat erscheint unter der C. 923* || K-: ***Chiffre-, -anzeige, -nummer***

chiff·rie·ren [ʃɪf-]; *chiffrierte, hat chiffriert*; [Vt] ***etw. c.*** etw. in Geheimschrift schreiben ≈ verschlüsseln ↔ dechiffrieren, entschlüsseln ⟨ein Telegramm, e-e Botschaft⟩ || NB: *mst* im Zustandspassiv

Chi·li ['tʃiːli] *der*; *-s*, *-s*; ein sehr scharfer, kleiner Paprika || K-: ***Chili-, -schote, -soße***

Chi·na·kohl ['çiːna-, 'kiːna-] *der*; e-e Gemüsepflanze mit hellgrünen, krausen Blättern

chi·ne·sisch [çi-, ki-] *Adj*; in Bezug auf China, seine Bewohner od. deren Sprache || ID ***etw. ist c. für j-n*** *gespr*; etw. ist für j-n sprachlich völlig unverständlich

Chi·nin [çi-, ki-] *das*; *-s*; *nur Sg*; ein Medikament gegen Fieber u. Malaria

Chip [tʃɪp] *der*; *-s*, *-s*; **1** ein sehr kleines Plättchen aus Silikon zum Speichern der Informationen in EDV-Anlagen || -K: ***Mikro-*** **2** e-e Spielmarke beim Roulette **3** *mst Pl*; dünne Scheiben von Kartoffeln, die roh in Fett gebraten wurden u. in Tüten verkauft werden || -K: ***Kartoffel-, Paprika-***

Chip·kar·te ['tʃɪp-] *die*; e-e kleine Karte aus Plastik, mit e-m Chip (1), die man anstelle von Geld, als Ausweis *o.Ä.* benutzen kann

Chi·rurg [çi-, ki-] *der*; *-en*, *-en*; ein Arzt mit e-r (Spezial)Ausbildung für Operationen || NB: *der Chirurg; den, dem, des Chirurgen* || *hierzu* **chi·rur·gisch** *Adj*; *nur attr od adv*

Chi·rur·gie [çi-, ki-] *die*; -; *nur Sg*; **1** das Gebiet der Medizin, das sich mit Operationen beschäftigt: *ein Facharzt für C.*; *ein Lehrbuch der C.* **2** die Abteilung in e-r Klinik, in der Operationen ausgeführt u. operierte Patienten gepflegt werden

Chlor [kloːɐ̯] *das*; *-s*; *nur Sg*; ein chemisches Element, das als Gas gelbgrün u. giftig ist; *Chem* Cl || K-: ***Chlor-, -gas, -kalk, -oxid, -säure, -verbindung, -wasserstoff*** || *hierzu* **chlor·hal·tig** *Adj*

chlo·riert *Adj*; *ohne Steigerung, nicht adv*; ⟨Wasser⟩ mit Chlor versehen ≈ gechlort

Chlo·ro·form [klo-] *das*; *-s*; *nur Sg*; e-e süßlich riechende Flüssigkeit, mit der man j-n betäuben kann

Chlo·ro·phyll [kloro'fʏl] *das*; *-s*; *nur Sg*; der grüne Farbstoff in den Pflanzen ≈ Blattgrün

Choke [tʃoːk] *der*; *-s*, *-s*; ein Mechanismus im Auto, den man *bes* bei kaltem Motor benutzt, um besser starten zu können ⟨den C. ziehen; mit gezogenem C. fahren⟩

Cho·le·ra ['koː-] *die*; -; *nur Sg*; e-e schwere, ansteckende Krankheit, die *bes* den Magen u. den Darm angreift ⟨an C. erkranken, sterben⟩ || K-: ***Cholera-, -bazillus, -epidemie, -impfung, -kranke(r)***

Cho·le·ri·ker [ko-] *der*; *-s*, -; j-d, der schnell sehr wütend wird || *hierzu* **cho·le·risch** *Adj*

Cho·les·te·rin [ço-, ko-] *das*; *-s*; *nur Sg*; ein Fett, das in allen Zellen des Körpers vorkommt

Cho·les·te·rin·spie·gel *der*; *nur Sg*; die Menge Cholesterin, die im Blut enthalten ist ⟨e-n hohen, niedrigen C. haben⟩

Chor[1] [koːɐ̯] *der*; *-(e)s*, *Chö·re*; **1** e-e Gruppe von Personen, die gemeinsam *mst* öffentlich singen ⟨ein gemischter C.; e-n C. leiten⟩ || K-: ***Chor-, -gesang, -knabe, -konzert, -leiter, -musik, -probe, -sänger*** || -K: ***Frauen-, Kinder-, Knaben-, Männer-; Kirchen-, Opern-, Schul-*** **2** ein gemeinsames Rufen od. Sprechen von mehreren Personen ⟨etw. im C. sprechen⟩: *„Willkommen!", riefen alle im C.* **3** e-e Gruppe von Personen, die gemeinsam auf Blasinstrumenten musizieren || -K: ***Bläser-, Posaunen-*** **4** *Thea*; e-e Gruppe von Schauspielern, die gemeinsam Kommentare zu dem sprechen, was auf der Bühne geschieht: *der C. des antiken griechischen Dramas*

Chor[2] [koːɐ̯] *der*; *-(e)s*, *Chö·re*; der nach Osten gerichtete Teil e-r Kirche, in dem *mst* der Altar steht || K-: ***Chor-, -altar, -gestühl, -schranke, -umgang***

Cho·ral [ko-] *der*; *-s*, *Cho·rä·le*; ein feierliches Lied, das *bes* bei religiösen Anlässen gesungen wird

Cho·re·o·graf, Cho·re·o·graph [koreo'graːf] *der*; *-en*, *-en*; j-d, der (Ballett)Tänze entwirft, arrangiert u. leitet || NB: *der Choreograf; den, dem, des Choreografen* || *hierzu* **Cho·re·o·gra·fin, Cho·re·o·gra·phin** *die*; -, *-nen*

Cho·re·o·gra·fie, Cho·re·o·gra·phie [koreogra'fiː] *die*; -, *-n* [-'fiːən]; die künstlerische Gestaltung e-s Balletts, e-s Tanzes ⟨die C. übernehmen; für die C. verantwortlich sein⟩ || *hierzu* **cho·re·o·gra·fisch**, **cho·re·o·gra·phisch** *Adj*; *nur attr od adv*

Cho·se ['ʃoːzə] *die*; -, *-n*; *mst Sg, gespr, oft pej* ≈ Angelegenheit, Sache (1): *Ich möchte mit dieser C. nichts mehr zu tun haben*

Chow-Chow [tʃau'tʃau] *der*; *-s, -s*; ein mittelgroßer Hund mit Falten auf der Stirn, dickem Fell u. blauer Zunge

Christ [krɪst] *der*; *-en, -en*; ein Mitglied e-r christlichen Religion ⟨ein gläubiger, überzeugter, getaufter C.⟩ || NB: *der Christ*; *den, dem, des Christen* || *hierzu* **Chrịs·tin** *die*; -, *-nen*

Chrịst·baum *der*; *südd* ≈ Weihnachtsbaum || K-: ***Christbaum-, -schmuck***

Chrịst·de·mo·krat *der*; ein Mitglied der CDU

Chrịs·ten·heit *die*; -; *nur Sg*; *Kollekt*; alle Christen

Chrịs·ten·tum *das*; *-s*; *nur Sg*; der Glaube, der auf der Lehre von Jesus Christus basiert ⟨sich zum C. bekennen, j-n zum C. bekehren⟩

Chris·ti·a·ni·sie·rung [krɪst-] *die*; -; *nur Sg*; der Prozess, bei dem ein Volk, e-e Gruppe *o.Ä.* zum Christentum bekehrt wird || *hierzu* **chris·ti·a·ni·sie·ren** (*hat*) *Vt*

Chrịst·kind *das*; *nur Sg*; **1** Jesus Christus als neugeborenes Kind ≈ Jesuskind **2** e-e Art Engel, von dem Kinder (*bes* in Süddeutschland) glauben, er bringe an Weihnachten die Geschenke || NB: ↑ ***Weihnachtsmann***

Chrịst·kindl·markt, **Chrịst·kind·les·markt** *der*; *südd* ↑ ***Weihnachtsmarkt***

christ·lich ['krɪst-] *Adj*; **1** *nur attr od adv*; auf der Lehre von Jesus Christus basierend ⟨der Glaube, die Religion⟩ **2** sich zur Lehre von Jesus Christus bekennend ⟨ein Mensch, e-e Kirche⟩ **3** mit dem Christentum als Basis ⟨Kunst⟩ **4** christlichen (1) Prinzipien entsprechend ⟨e-e Erziehung, die Nächstenliebe; c. handeln⟩

Chrịst·met·te *die*; der Gottesdienst am späten Abend des 24. Dezember

Chrịst·nacht *die*; die Nacht vom 24. auf den 25. Dezember ≈ Weihnachtsnacht

Chrịst·stol·len *der*; ein längliches Gebäck mit Rosinen, Zitronat, Orangeat u. Gewürzen, das für die Zeit um Weihnachten gebacken wird

Chris·tus ['krɪstʊs] (*der*); *Chris·ti*; *nur Sg*; **1** (in den christlichen Religionen) der Sohn Gottes; Jesus Christus: *die Geburt, der Tod, die Auferstehung Christi* || K-: ***Christus-, -figur, -glaube, -statue, -verehrung*** **2** ***vor / nach C.*** vor / nach dem Beginn der abendländischen Zeitrechnung ; *Abk* v. Chr., n. Chr.

Chrom [kroːm] *das*; *-s*; *nur Sg*; ein sehr hartes, silbern glänzendes Metall, mit dem man *bes* andere Metalle bedeckt, um sie vor Rost zu schützen; *Chem* Cr || K-: ***Chrom-, -dioxid, -stahl***

Chro·mo·som [kro-] *das*; *-s, -en*; *Biol*; e-e Art sehr kleiner Faden im Innern e-r Zelle, der Form, Wachstum *usw* e-s Lebewesens bestimmt. Chromosomen bestehen aus Genen

Chro·nik ['kroːnɪk] *die*; -, *-en*; ein Bericht, der die geschichtlichen Ereignisse in ihrer genauen Reihenfolge schildert: *die C. e-s Klosters, e-r Epoche*

chro·nisch ['kroː-] *Adj*; **1** ⟨e-e Krankheit, Schmerzen⟩ so, dass sie sehr lange dauern ↔ akut: *e-e chronische Erkältung haben* **2** *gespr* ≈ ständig, dauernd ⟨ein Geldmangel, ein Übel⟩: *Sie ist c. unterbezahlt*

Chro·nịst [kro-] *der*; *-en, -en*; **1** j-d, der e-e Chronik schreibt **2** j-d, der Ereignisse beobachtet u. über sie e-n schriftlichen Bericht verfasst || NB: *der Chronist*; *den, dem, des Chronisten*

Chro·no·lo·gie [kro-] *die*; -, *-n* [-lo'giːən]; die zeitliche Reihenfolge von Ereignissen || *hierzu* **chro·no·lo·gisch** *Adj*

Chry·san·the·me [kryzan'teːmə] *die*; -, *-n*; e-e Blume mit großen Blüten, die spät im Herbst im Garten blüht

ciao! [tʃau] *gespr* ≈ tschüs

cir·ca ['tsɪrka] *Adv*; ↑ ***zirka***

cis, Cis [tsɪs] *das*; -, -; *Mus*; der Halbton über dem c || K-: ***Cis-Dur, cis-Moll***

Ci·ty ['sɪti] *die*; -, *-s*; das Zentrum e-r Großstadt ≈ Innenstadt || K-: ***City-, -nähe***

Clan [klaːn, klɛn] *der*; *-s, -e / -s*; *Kollekt*; **1** e-e schottische Sippe **2** *pej iron*; e-e Gruppe, die fest zusammenhält || -K: ***Familien-***

clean [kliːn] *Adj*; *gespr*; *mst in* ***c. sein*** keine Drogen mehr nehmen

cle·ver ['klɛvɐ] *Adj*; *oft pej*; klug u. geschickt alle Vorteile ausnutzend ≈ raffiniert ⟨ein Geschäftsmann, ein Politiker, ein Plan, ein Verkäufer; c. vorgehen⟩ || NB: ≠ intelligent

Clinch [klɪn(t)ʃ] *der*; *-(e)s*; *nur Sg*; *mst* ***mit j-m im C. liegen / in den C. gehen*** *gespr, mst hum*; mit j-m Streit haben / bekommen

Clịp *der*; *-s, -s*; **1** ↑ ***Klipp*** **2** ein ganz kurzer Ausschnitt e-s Films, e-r Sendung || -K: ***Film-, Nachrichten-*** **3** *Kurzw* ↑ ***Videoclip***

Cli·que ['klɪkə] *die*; -, *-n*; *Kollekt*; **1** e-e Gruppe *mst* von Jugendlichen, die oft zusammen sind u. alles gemeinsam machen **2** *pej*; e-e Gruppe von Personen, die sich rücksichtslos nur für das Interesse ihrer eigenen Gruppe einsetzen

Clị·quen·wirt·schaft *die*; *nur Sg, pej*; das Bestreben e-r Clique (2), ihre Interessen durchzusetzen ⟨C. treiben⟩

Clou [kluː] *der*; *-s, -s*; der beste, besonders überraschende Punkt ≈ Höhepunkt: *Der C. des Ganzen ist, dass …*

Clown [klaun] *der*; *-s, -s*; j-d, der lustig geschminkt *mst* im Zirkus Späße macht u. durch seine Ungeschicklichkeit die Zuschauer zum Lachen bringt || -K: ***Musik-, Zirkus-***

Clụb *der*; *-s, -s*; ↑ ***Klub***

c / o [tseː'|oː] in Anschriften verwendet, um auszudrücken, dass j-d vorübergehend bei j-m in dessen Wohnung lebt

Coach [koːtʃ] *der*; *-(s), -s*; *Sport*; j-d, der e-n Sportler od. e-e Mannschaft trainiert u. betreut ≈ Trainer

Co·ca ['koːka] *das*; *-(s), - / -s od die*; -, - / *-s*; *nordd* ≈ Cola

Co·cker·spa·ni·el ['kɔkɐʃpaːniəl] *der*; *-s, -s*; ein relativ kleiner Hund mit langen Haaren u. lang herabhängenden Ohren

Cọck·pit *das*; *-s, -s*; **1** der Teil e-s Flugzeugs, von dem aus der Pilot das Flugzeug steuert || ↑ *Abb. unter* ***Flugzeug*** **2** der Platz des Fahrers im Rennwagen

Cock·tail ['kɔkteːl] *der*; *-s, -s*; e-e Mischung von Getränken mit u. ohne Alkohol ⟨e-n C. mixen⟩ || K-: ***Cocktail-, -party***

Cọck·tail·kleid *das*; ein elegantes Kleid, wie es *bes* auf Partys getragen wird

Code [koːt, koːd] *der*; *-s, -s*; ↑ ***Kode*** || *hierzu* **co·die·ren** (*hat*) *Vt*

Cof·fe·in [kɔf-] *das*; *nur Sg*; ↑ ***Koffein***

Cog·nac® ['kɔnjak] *der*; *-s, -s*; **1** ein französischer Weinbrand **2** ≈ Weinbrand || *hierzu* **cọg·nac·far·ben** *Adj*

Coif·feur [koa'føːɐ] *der*; *-s, -e*; *geschr od* ⒸⒽ ≈ Friseur || *hierzu* **Coif·feu·se** [koa'føːzə] *die*; -, *-n*

Coke® [koːk] *das*; *-s, -s* ≈ Cola

Co·la ['koːla] *das*; *-(s), - / -s od die*; -, - / *-s*; e-e braune Limonade, die Koffein enthält || K-: ***Cola-, -dose***

Col·la·ge [kɔ'laːʒə] *die*; -, *-n*; ein Bild, das aus verschiedenen aufgeklebten u. gemalten Teilen besteht

Col·lie ['kɔli] *der*; *-s, -s*; ein großer Hund mit weißem u. hellbraunem Fell u. spitzer Schnauze || ↑ *Abb. unter* ***Hunde***

Col·li·er [kɔ'li̯eː] *das*; *-s, -s*; ein wertvoller Schmuck aus mehreren Reihen Perlen od. Edelsteinen, den man am Hals trägt || -K: ***Brillant-, Perlen-***

Co·lor·film [ko-] *der* ≈ Farbfilm

Colt® [kɔlt] *der*; *-s, -s*; e-e Art Revolver ⟨den C. ziehen⟩

Com·bo ['kɔ-] *die*; *-, -s*; *Mus*; e-e kleine Gruppe von Musikern *bes* für Jazzmusik || -K: ***Jazz-***

Come-back, **Come·back** [kam'bɛk] *das*; *-(s), -s*; **1** das Auftreten e-s Künstlers, Sportlers od. Politikers in der Öffentlichkeit nach e-r längeren Unterbrechung seiner Karriere ⟨sein C. feiern; er versuchte ein C.⟩ **2** ***etw. erlebt ein C.*** etw. wird wieder modern, beliebt

Co·me·con ['kɔmekɔn] *der, das*; *-; nur Sg*; (*Abk für* Council for Mutual Economic Assistance) *hist*; e-e Wirtschaftsorganisation der Länder des Ostblocks

Co·mic ['kɔ-] *der*; *-s, -s*; **1** e-e Geschichte, die aus e-r Reihe von gezeichneten Bildern mit kurzen Texten besteht || K-: ***Comic-, -heft*** **2** ein Heft, das Comics (1) enthält

Co̱·mic Strip, **Co̱·mic·strip** [-strɪp] *der*; *-s, -s*; ↑ ***Comic***

Com·pa̱ct Disc, **Com·pa̱ct·disc** *die*; *-, -s*; ↑ ***CD***

Com·pu·ter [kɔm'pjuːtɐ] *der*; *-s, -*; e-e elektronische Anlage, die Daten speichern u. wiedergeben u. schnell rechnen kann ⟨e-n C. programmieren, füttern; Daten in den C. einspeisen; ein Programm in den C. eingeben⟩ || K-: ***Computer-, -anweisung, -befehl, -berechnung, -eingabe, -fehler, -firma, -gerät, -hersteller, -ingenieur, -kriminalität, -linguistik, -programm, -sprache***; ***computer-, -gerecht, -gesteuert, -gestützt***

Computer

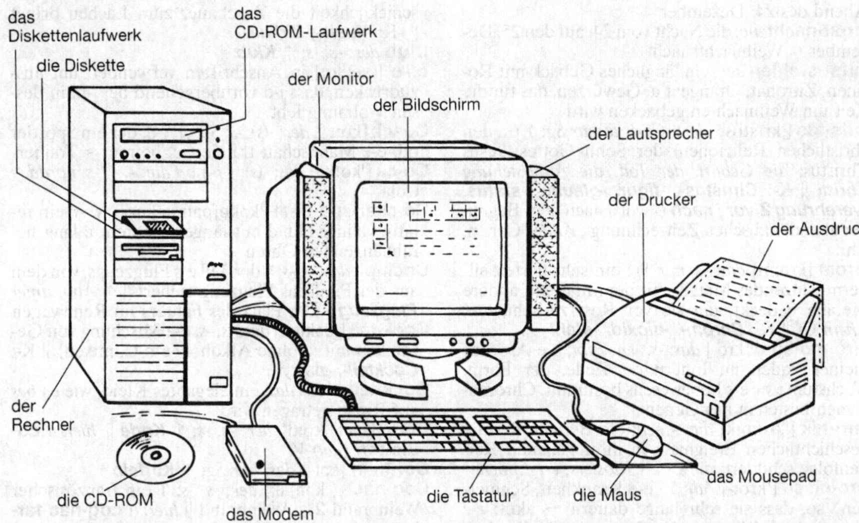

Com·pu̱·ter·si·mu·la·ti·on *die*; das Simulieren (2) von Vorgängen mithilfe von Computern: *den Ablauf e-s Flugzeugabsturzes mittels C. darstellen*

Com·pu̱·ter·spiel *das*; ein Spiel, das mithilfe e-s Computerprogramms gespielt wird u. bei dem die Figuren auf dem Bildschirm erscheinen

Com·pu̱·ter·vi·rus *der*; *mst Pl*, *EDV*; ein illegal manipuliertes Computerprogramm, das, wenn es angewandt wird, andere Programme unbrauchbar macht

Con·fé·ren·ci·er [kõferã'si̯eː] *der*; *-s, -s*; j-d, der bei Veranstaltungen u. Shows die Stars ankündigt (u. selbst mit kleineren Beiträgen die Zuschauer unterhält)

Con·fi·se·ri̱e [kɔn-, kõ-] *die*; *-, -n* [-'riːən]; ↑ ***Konfiserie***

Con·tai·ner [kɔn'teːnɐ] *der*; *-s, -*; ein großer Behälter für Abfall od. zum Transport || K-: ***Container-, -bahnhof, -hafen, -schiff, -terminal*** || -K: ***Altpapier-, Glas-, -Müll-***

Con·ter·ga̱n·kind *das*; ein Mensch, dessen Arme / Beine nicht richtig gewachsen sind, weil seine Mutter in der Schwangerschaft das Medikament Contergan® eingenommen hatte

co̱nt·ra *Präp*; *mit Akk*; ↑ ***kontra***

cool [kuːl] *Adj*; *gespr, bes von Jugendlichen verwendet*; **1** ruhig, gelassen u. überlegen ⟨c. bleiben⟩ **2** verwendet, um j-n / etw. sehr positiv zu bewerten: *ein cooler Job, ein cooler Typ*

Co̱·pi·lot *der*; ↑ ***Kopilot***

Co·py·right ['kɔpirai̯t] *das*; *-s, -s*; ***das C.*** (***auf etw.*** (*Akk*)) das Recht, als Einziger ein Buch, e-e Schallplatte, e-n Film *o.Ä.* herstellen, verkaufen u. verleihen zu dürfen ≈ Urheberrecht

Co̱rd [kɔrt] *der*; *-(e)s*; *nur Sg*;↑ ***Kord***

Cor·ned Beef, **Cor·ned·beef** ['kɔːnd 'biːf] *das*; *-s*; *nur Sg*; feingehacktes u. gekochtes Rindfleisch in Dosen

Cor·ner ['kɔːnɐ] *der*; *-s, -*; (CH) *Sport*; ein Eckball beim Fußball

Corn·flakes ['kɔːnfleɪks] *die*; *Pl*; geröstete Flocken aus Mais, die man mit Milch u. Zucker zum Frühstück isst

Corps [koːɐ̯] *das*; ↑ ***Korps***

Cor·pus De·lic·ti ['kɔrpʊs de'lɪkti] *das*; *-, Cor·po·ra De·lic·ti*; *Jur*; ein Gegenstand, der als Beweis für e-e Tat, *bes* ein Verbrechen dient || NB: ↑ ***Korpus***

Cor·ti·so̱n [kɔr-] *das*; *-s*; *nur Sg*; ↑ ***Kortison***

Couch [kau̯tʃ] *die*; *-, -s / auch -en* ≈ Sofa

Co̱uch·gar·ni·tur *die*; e-e Couch u. zwei od. drei

Sessel, die mit dem gleichen Stoff bezogen sind u. zusammengehören ≈ Polstergarnitur
Couch·tisch *der*; ein niedriger Tisch, der zu e-r Couchgarnitur passt
Cou·leur [ku'lø:ɐ̯] *die*; -, *-s*; *mst Sg*; e-e bestimmte Einstellung od. Weltanschauung: *Politiker verschiedener C. kamen zu der Tagung*
Count-down, **Count·down** ['kaunt'daun] *der*; *-s*, *-s*; **1** das Zählen von e-r Zahl zurück nach Null bis zum Beginn e-s Ereignisses (*mst* dem Start e-r Rakete) ⟨ein reibungsloser C.⟩ **2** die Zeit bis zum Beginn e-s Ereignisses ≈ Frist ⟨der C. läuft⟩
Coup [ku:] *der*; *-s*, *-s*; **1** e-e riskante, überraschende, oft illegale Handlung: *Den Posträubern ist ein großer C. gelungen* **2** ***e-n C. landen*** *gespr*; e-n C. (1) mit Erfolg ausführen
Cou·pé [ku'pe:] *das*; *-s*, *-s*; **1** ein sportliches Auto mit zwei Türen **2** *veraltet* ≈ Eisenbahnabteil
Cou·pon [ku'põ:] *der*; *-s*, *-s*; ↑ ***Kupon***
Cou·ra·ge [ku'ra:ʒə] *die*; -; *nur Sg*, *gespr* ≈ Mut, Unerschrockenheit ⟨C. zeigen⟩ || ID ***Angst vor der eigenen C. kriegen*** *gespr*; (nachdem man e-n ersten mutigen Schritt gemacht hat) im entscheidenden Moment zögern od. unsicher werden
cou·ra·giert [kura'ʒi:ɐ̯t] *Adj*; mit viel Mut ≈ mutig, beherzt ⟨e-e Frau; c. handeln⟩
Cou·sin [ku'zɛ̃:] *der*; *-s*, *-s*; der Sohn e-r Schwester od. e-s Bruders der Eltern ≈ Vetter
Cou·si·ne [ku'zi:nə] *die*; -, *-n*; die Tochter e-r Schwester od. e-s Bruders der Eltern ≈ Kusine
Cou·vert [ku've:ɐ̯] *das*; *-s*, *-s*; ↑ ***Kuvert***
Co·ver ['kavɐ] *das*; *-s*, *-s*; **1** die Titelseite e-r Illustrierten || K-: ***Cover-, -girl*** **2** die Hülle (*mst* aus Karton) e-r Schallplatte || -K: ***Platten-***
Cow·boy ['kaubɔy] *der*; *-s*, *-s*; (in den USA u. in Kanada) ein Mann, der auf e-m Pferd reitet u. auf Rinder aufpasst || K-: ***Cowboy-, -film, -hut, -kleidung, -sattel***
Crack[1] [krɛk] *der*; *-s*, *-s*; *gespr*; j-d, der etw. besonders gut kann u. sich dafür begeistert || -K. ***Computer-, Eishockey-, Fußball-, Tennis-*** *usw*
Crack[2] [krɛk] *das*; *-(s)*; *nur Sg*; ein synthetisch hergestelltes Rauschgift, das Kokain enthält
Cre·do ['kre:-] *das*; *-s*, *-s*; ↑ ***Kredo***
creme [kre:m] *Adj*; *nur präd*, *nicht adv*; schwach gelb ≈ cremefarben
Creme[1] [kre:m] *die*; -, *-s* / (CH) *-n* [-ən]; **1** e-e dickflüssige, oft schaumige, süße Speise: *e-e Torte mit C. füllen* || K-: ***Creme-, -speise, -törtchen*** || -K: ***Erdbeer-, Schokoladen-, Vanille-*** **2** e-e weiche, fettige Masse (oft mit Parfüm) in Tuben od. kleinen Dosen, die man in die Haut reibt || -K: ***Gesichts-, Hand-, Haut-, Sonnen-*** || *hierzu* **cre·mig** *Adj*
Creme[2] [krɛ:m] *die*; -; *nur Sg*, *geschr*, *oft pej*; das Beste, das Oberste: *die C. der Gesellschaft*
Crème de la crème ['krɛ:m də la 'krɛ:m] *die*; -; *nur Sg*, *geschr iron*; die oberste u. vornehmste Schicht der Gesellschaft
Crème fraîche ['krɛ:m 'frɛʃ] *die*; -, *Crèmes fraîches*; e-e sehr fette saure Sahne
Crêpe [krɛp] *die*; -, *-s*; ein dünner, *mst* gefüllter Pfannkuchen (1)
Crew [kru:] *die*; -, *-s*; *Kollekt*; e-e Gruppe von Personen, die gemeinsam *mst* in e-m Flugzeug arbeiten ≈ Mannschaft ⟨die C. e-s Flugzeugs, e-s Schiffes⟩
Crois·sant [kroa'sã:] *das*; *-(s)*, *-s*; ein süßes Gebäck in Form e-s Horns ≈ Hörnchen
Crou·pier [kru'pie:] *der*; *-s*, *-s*; ein Angestellter e-s Spielkasinos, der das (Glücks)Spiel leitet
Crux [krʊks] *die*; -; *nur Sg*; die besondere Schwierigkeit, der Nachteil: *Das ist die C. an dieser Sache*
CSU [tse:|ɛs'|u:] *die*; -; *nur Sg*; (*Abk für* Christlich-Soziale Union) e-e politische Partei in Bayern
Cup [kap] *der*; *-s*, *-s*; **1** ein Gefäß aus Metall, das der Sieger e-s sportlichen Wettkampfes bekommt ≈ Pokal (1) ⟨um den Cup kämpfen; den Cup gewinnen, verteidigen⟩ **2** der Wettbewerb, bei dem ein Cup (1) zu gewinnen ist || K-: ***Cup-, -finale, -sieger*** || -K: ***Europa-, Welt-***
Cur·ry ['kœri] *der*; *-s*; *nur Sg*; e-e scharfe, gelbbraune Mischung aus indischen Gewürzen || K-: ***Curry-, -pulver, -reis, -soße, -wurst***
Cur·sor ['kø:ɐ̯sɐ] *der*; *-s*, *-(s)*; *EDV*; ein Zeichen auf dem Bildschirm, das zeigt, an welcher Stelle der nächste Buchstabe *o.Ä.* erscheinen wird, den man in den Computer eingibt
Cut·ter ['katɐ] *der*; *-s*, -; *Film*, *TV*; j-d, der die vielen Aufnahmen, die bei e-m Film gemacht werden, so zusammenstellt, wie der Film schließlich gezeigt wird || *hierzu* **Cut·te·rin** *die*; -, *-nen*
Cy·ber·space ['saibəspeis] *der*; *nur Sg*; *EDV*; Bezeichnung für e-n dreidimensionalen Raum, der vom Computer simuliert wird, aber echt wirkt

D

D, d

D, d [de:] *das*; -, - / *gespr auch -s*; **1** der vierte Buchstabe des Alphabets ⟨ein großes D; ein kleines d⟩ **2** der zweite Ton der C-Dur-Tonleiter || K-: ***D-Dur***; ***d-Moll***

da[1] *Adv*; **1** verwendet, um darauf hinzuweisen, wo j-d / etw. ist ↔ hier: *Da ist er!*; *Da liegt es!* **2 *da*** + *Ortsangabe* verwendet, um auf e-e bestimmte Stelle od. e-n bestimmten Ort zu verweisen ⟨da drinnen, draußen, drüben, oben, unten, vorn *usw*⟩: *Hier ist das Haus, in dem ich früher wohnte, u. da vorn ist meine alte Schule* || NB: *zu* **1** u. **2**: *Da* wird oft mit e-r Geste verbunden **3** verwendet, um auf e-n vorher erwähnten Ort zu verweisen ≈ dort: *Gehen wir nach nebenan, da können wir uns ungestört unterhalten* **4** *gespr* ≈ hier: *Ich bin gleich wieder da!*; *Bleib da, wenn ich mit dir rede!* **5** *gespr*; verwendet nach e-m Subst. od. Pronomen, um auf j-n / etw. (mit Nachdruck) zu verweisen: *Der Stuhl da wackelt*; *„Welche Bonbons magst du?" - „Die da!"* **6 *da, wo …*** an der Stelle, an der … ≈ dort, wo: *Die Schlüssel hängen da, wo sie immer hängen* **7** *mst gespr*; verwendet nach e-r Zeitangabe od. e-m Temporalsatz, um diese zu verstärken: *Heute Nacht, da war es sehr kalt*; *Als ich nach Hause kam, da wartete sie schon auf mich* **8** in dieser Hinsicht, in diesem Fall: *Da hat er natürlich Recht* **9** aus diesem Grund: *Du warst sehr fleißig in letzter Zeit, da kannst du ruhig einmal Urlaub machen* **10** verwendet, um e-e kurze Erläuterung einzuleiten: *„Wo gehts hier zum Theater?" - „Da müssen Sie immer geradeaus gehen!"* **11** verwendet, um e-n Satzteil mit e-r überraschenden Entwicklung einzuleiten: *Als ich um die Ecke bog, da stand auf einmal ein riesiger Hund* **12** *oft gespr*; verwendet am Satzanfang, um e-e Aussage einzuleiten: *Da fällt mir noch was ein …*; *Da soll es e-n Arzt geben, der …* || ID ***da u. da*** *gespr*; verwendet, um sich auf e-n Ort zu beziehen, ohne ihn genau zu nennen: *Er sagte, er hätte dich da u. da gesehen*; ***da u. dort*** an manchen Stellen, an manchen Orten; ***von da an*** von diesem Zeitpunkt an: *Er hatte einmal e-n Unfall. Von da an war er sehr vorsichtig*

da[2] *Konjunktion*; **1** verwendet, um den Grund für etw. einzuleiten ≈ weil: *Da es regnete, gingen wir nicht spazieren* **2** *geschr*; verwendet, um e-n Zeitpunkt näher zu bestimmen ≈ als: *In den Tagen, da die Welt noch jung war, lebte einmal ein König …* **3 *jetzt / nun, da …*** *geschr*; verwendet, um auszudrücken, dass zum jetzigen Zeitpunkt e-e Situation besteht, die ein Grund für etw. ist ≈ nachdem, wo: *Jetzt, da die Arbeit fast fertig ist, wollen auf einmal alle helfen*

> **da sein** (*ist*) [Vi] **1** anwesend od. zu Hause sein: *Ist Klaus da?* **2 *etw. ist da*** etw. ist vorhanden: *Ist noch Bier da?* **3** am Leben sein: *Keiner ihrer alten Freunde war mehr da* **4** *gespr*; irgendwo angekommen sein: *Der Zug müsste schon längst da sein* **5 *ganz da sein*** *gespr*; wach, klar im Kopf sein: *Ich bin gerade erst aufgestanden u. noch nicht ganz da* **6 *voll da sein*** *gespr*; gesund u. fit sein: *Er war lange Zeit verletzt, aber jetzt ist er wieder voll da* **7 *für j-n da sein*** bereit sein, j-m zu helfen: *Du weißt, ich bin immer für dich da* **8 *zu etw. da sein*** e-n bestimmten Zweck, e-e bestimmte Aufgabe erfüllen ≈ zu etw. dienen: *Geld ist* dazu *da*, dass *man es ausgibt*; *Glaubst du, ich bin nur* dazu *da, dich* zu *bedienen?* || ID *mst* ***So was ist noch nie da gewesen*** *gespr*; das hat es noch nie gegeben

da- *im Verb, betont u. trennbar, wenig produktiv*; die Verben mit *da-* werden nach folgendem Muster gebildet: *daliegen - lag da - dagelegen*;
da- drückt aus, dass sich j-d / etw. an e-m bestimmten Ort befindet od. an e-m Ort, den alle Personen kennen;
j-n / etw. dalassen: *Kannst du mir das Buch d.? Ich würde es gerne lesen* ≈ lass bitte das Buch hier bei mir
ebenso: ***j-n / etw. dabehalten***; ***dableiben, dahocken, daliegen, dasitzen, dastehen***

da- / da·r- + *Präp*; **1** verwendet, um sich auf ein Subst. od. e-n Satzteil zu beziehen, wenn man diese nicht wiederholen will; *ein Projekt planen u. die* ***dabei*** (= bei dem Projekt) *entstehenden Kosten berechnen*; *Der Clown hat Späße gemacht u.* ***dadurch*** (= durch die Späße) *die Kinder zum Lachen gebracht*; *Er hat sein Auto verkauft u. noch 2000 Euro* ***dafür*** (= für das Auto) *bekommen*; *Du bist ja heiser -* ***dagegen*** (= gegen die Heiserkeit) *hilft warmer Tee am besten*; *Siehst du den Busch? Die Kinder verstecken sich* ***dahinter*** (= hinter dem Busch); *Er nahm e-n Lappen u. putzte* ***damit*** (= mit dem Lappen) *sein Fahrrad*; *Jetzt macht sie Abitur u.* ***danach*** (= nach dem Abitur) *will sie studieren*; *Da drüben ist mein Auto u.* ***daneben*** (= neben meinem Auto) *das von meinem Chef*; *Er hat e-e Gräte verschluckt u. wäre fast* ***daran*** (= an der Gräte) *erstickt*; *Er kann gut mit Leuten umgehen.* ***Darauf*** (= auf dieser Fähigkeit) *beruht sein Erfolg*; *Sie nahm den Becher u. trank* ***daraus*** (= aus dem Becher); *Siehst du das große Haus?* ***Darin*** (= in diesem Haus) *habe ich viele Jahre gewohnt*; *Preise von 200 Euro u.* ***darüber*** (= über 200 Euro); *Ihr Finger blutete, u. so machte sie e-n Verband* ***darum*** (= um den Finger); *Ich habe Pflaumen gekauft, aber* ***darunter*** (= unter den Pflaumen) *waren einige schlechte Früchte*; *Da ist e-e Bar u. nicht weit* ***davon*** (= von der Bar) *ist e-e Disko*; *Der Film beginnt um acht Uhr -* ***davor*** (= vor dem Film) *kommt nur Werbung*; *Ich koche Reis mit Gemüse* ***dazu*** (= zu dem Reis); *Am Vormittag finden zwei Vorträge statt.* ***Dazwischen*** (= zwischen den beiden Vorträgen) *ist e-e kleine Pause* **2** verwendet, um auf e-e verbale Ergänzung hinzuweisen (*mst* in Form e-s dass-Satzes, e-s wie-Satzes od. e-s Infinitivsatzes), die *mst* e-e Konstruktion mit e-m Substantiv ersetzt; *j-m* ***dabei*** *helfen, die Wohnung zu tapezieren* (= beim Tapezieren der Wohnung); *Ich habe das Problem* ***dadurch*** *gelöst, dass ich den Termin verschoben habe* (= durch e-e Verschiebung des Termins); *e-m Freund* ***dafür*** *dan-*

D

ken, dass er geholfen hat (= für seine Hilfe danken); *Sie protestierten* **dagegen**, *dass in ihrer Nähe ein neuer Flughafen gebaut werden sollte* (= gegen den geplanten Bau ...); *Er hatte nicht* **damit** *gerechnet, dass sie noch anrufen würde* (= nicht mehr mit e-m Anruf von ihr gerechnet); *Sie richtet sich* **danach**, *was in den Vorschriften steht* (= nach den Vorschriften); *Das Projekt wäre fast* **daran** *gescheitert, dass nicht genug Geld zur Verfügung stand* (= an Geldmangel gescheitert); *Ich habe* **darauf** *gewartet, dass sie so reagiert* (= auf e-e solche Reaktion); *Ich mache mir nicht viel* **daraus**, *ins Kino zu gehen* (= nicht viel aus e-m Kinobesuch); *Die Aufgabe besteht* **darin**, *die Fläche des Dreiecks zu berechnen* (= im Berechnen der Fläche des Dreiecks); *Ich habe mich* **darüber** *geärgert, dass mein Vorschlag abgelehnt wurde* (= über die Ablehnung meines Vorschlags); *Es ging ihm* **darum**, *die Produktivität zu steigern* (= um e-e Steigerung der Produktivität); *Er leidet sehr* **darunter**, *dass er allein ist* (= unter dem Alleinsein); *Wir haben* **davon** *gesprochen, dass Paul befördert wird* (= von Pauls bevorstehender Beförderung); *Sie hat keine Angst* **davor** *zu sterben* (= keine Angst vor dem Tod); *Hat er sich* **dazu** *geäußert, wie er das alles organisieren will?* (= zu seinen Plänen für die Organisation) **3** (als Konjunktion) verwendet, um e-n Teilsatz einzuleiten, der e-n Gegensatz od. e-e Einschränkung enthält; *Er ist schon ein Filmstar,* **dabei** *ist er fast noch ein Kind*; *Sie ist e-e sehr gute Schwimmerin,* **dafür** *läuft sie relativ langsam*; *Mein Bruder steht gern früh auf, aber ich* **dagegen** *schlafe lieber bis elf Uhr* || NB: **a**) *zu* **3**: das Verb steht hier nicht am Ende des Teilsatzes; **b**) das **-r-** wird hinzugefügt, wenn die Präp. mit e-m Vokal anfängt: *darum*

da·bei, *betont* **dabei** ↑ **da- / dar-** + *Präp* (1,2,3) || ID ***Ich bleibe d.!*** ich ändere meine Meinung nicht

> **da·bei sein**; *ist dabei, war dabei, ist dabei gewesen*; [Vi] bei etw. anwesend sein, mitmachen: *War sie (bei dem Gespräch) dabei?*; *„Gehen wir schwimmen?" - „Ja, ich bin dabei!"* || ID ***Es / Da ist doch nichts dabei*** *gespr*; das ist nicht so schlimm / schwierig / gefährlich

da·bei·blei·ben (*ist*) [Vi] **1** e-e Tätigkeit fortsetzen: *Die Arbeit läuft gut - jetzt müssen wir d.* **2** bei etw. / irgendwo bleiben: *Viele seiner Freunde traten aus dem Verein wieder aus. Nur er blieb dabei*

da·bei·ha·ben (*hat*) [Vt] *gespr*; **1** ***j-n / etw. d.*** von j-m begleitet werden / etw. bei sich haben: *Wenn sie einkaufen geht, hat sie immer ihren Hund dabei*; *Hast du deinen Ausweis dabei?* **2** *mst* ***j-n (nicht) d. wollen*** (nicht) wollen, dass j-d an etw. teilnimmt: *Deinen Freund möchte ich auf meiner Party nicht d.!*

da·bei·ste·hen (*hat / südd ist*) [Vi] bei anderen Personen stehen (u. *mst* zusehen, was sie tun): *Wir redeten alle miteinander, aber sie stand nur stumm dabei*

da·blei·ben (*ist*) [Vi] ≈ hierbleiben

Dach *das*; *-(e)s, Dä·cher*; **1** die Konstruktion, die ein Gebäude (oben) bedeckt ⟨ein steiles, flaches D.; das D. mit Ziegeln, Schindeln decken⟩: *Der Orkan hat viele Dächer abgedeckt*; *Die undichte Stelle im D. muss ausgebessert werden* || K-: ***Dach-, -balken, -fenster, -first, -kammer, -luke, -schindel, -wohnung, -ziegel*** || -K: ***Flach-, Stroh-, Ziegel-*** **2** die Konstruktion, die ein Fahrzeug (oben) bedeckt: *Der Regen trommelte auf das D. des Wohnmobils* || -K: ***Auto-, Wagen-*** **3** ***unterm D.*** im obersten Stockwerk ⟨e-e Wohnung, ein Zimmer unterm D.; j-d wohnt unterm D.⟩ || ID ***(k)ein D. über dem Kopf haben*** *gespr*; (k)eine Unterkunft, (k)eine Wohnung haben; ***mit j-m unter einem D. leben / wohnen / hausen*** mit j-m im selben Haus wohnen; ***etw. unter D. u. Fach bringen*** etw. mit Erfolg beenden; ***etw. ist unter D. u. Fach*** etw. ist (mit Erfolg) abgeschlossen ⟨ein Vertrag⟩; ***j-m aufs D. steigen*** *gespr*; j-n energisch rügen, tadeln; ***eins aufs D. bekommen / kriegen*** *gespr*; **a**) gerügt, getadelt werden; **b**) e-n Schlag auf den Kopf bekommen; ***j-m eins aufs D. geben*** *gespr*; **a**) j-n rügen, tadeln; **b**) j-m auf den Kopf schlagen

Dach·bo·den *der*; der nicht bewohnte Raum direkt unter dem (schrägen) Dach e-s Gebäudes ≈ Speicher, Boden[2]: *auf dem D. Wäsche trocknen*

Dach·de·cker *der*; *-s, -*; j-d, der beruflich Dächer mit Ziegeln *o.Ä.* deckt

Dach·gar·ten *der*; ein Garten, der auf dem flachen Dach e-s Hauses angelegt ist

Dach·ge·päck·trä·ger *der*; ein Gestell für das Dach e-s Autos, auf dem man große Gepäckstücke befestigen kann

Dach·ge·schoss, **Dach·ge·schoß** *das*; das oberste (bewohnte) Stockwerk e-s Hauses (das direkt unter dem Dach liegt)

Dach·la·wi·ne *die*; Schnee, der von e-m schrägen Dach (1) (abrutscht u.) auf den Boden fällt: *Vorsicht, D.!*

Dach·or·ga·ni·sa·ti·on *die*; e-e Vereinigung, zu der sich mehrere Gruppen, Verbände *o.Ä.* verbunden haben

Dach·pap·pe *die*; e-e feste Pappe mit e-r Schicht Teer u. Sand, mit der man die Dächer von kleinen Häusern aus Holz (= Schuppen) gegen Wasser schützt

Dach·rin·ne *die*; e-e Rinne (*mst* aus Blech) am Rand e-s Daches, durch die das Regenwasser abfließt

Dachs [daks] *der*; *-es, -e*; ein Tier mit grauem Fell u. schwarzen u. weißen Streifen am Kopf, das in Höhlen im Wald lebt u. nachts aktiv ist

Dach·scha·den *der*; *mst in* ***e-n (kleinen) D. haben*** *gespr*; (ein bisschen) verrückt sein

Dach·stu·be *die*; ein Zimmer direkt unter dem Dach e-s Hauses

Dach·stuhl *der*; e-e Konstruktion aus Balken *o.Ä.*, an der die (Dach)Ziegel befestigt werden

dach·te *Imperfekt, 1. u. 3. Person Sg*; ↑ ***denken***

Dach·ter·ras·se *die*; e-e Art Terrasse auf e-m flachen Dach

Dach·trä·ger *der*; ein Gestell, das auf ein Auto montiert wird, um damit Gepäck zu transportieren

Dach·ver·band *der* ≈ Dachorganisation

Da·ckel *der*; *-s, -*; ein kleiner Hund mit langem Körper u. sehr kurzen Beinen || ↑ *Abb. unter* ***Hunde*** || -K: ***Kurzhaar-, Langhaar-, Rauhaar-***

da·durch, *betont* **da·durch** **1** ↑ **da- / dar-** + *Präp* (1,2) **2** *Adv*; ***d., dass ...*** verwendet, um e-n Nebensatz einzuleiten, der den Grund für das angibt, was im Hauptsatz genannt wird ≈ weil: *D., dass sie nicht zum Arzt ging, verschlimmerte sich ihre Krankheit*

da·für, *betont* **da·für** ↑ **da- / dar-** + *Präp* (1,2,3)

> **da·für kön·nen** (*hat*) [Vi] ***j-d kann etwas / nichts dafür*** (, ***dass ...***) *gespr*; j-d ist an etw. schuld / nicht schuld: *Sie kann nichts dafür,* dass *sie zu spät gekommen ist*; *Was kann ich dafür,* wenn *du morgens nicht aufstehen kannst?* || NB: *mst* verneint od. in Fragen

da·für·hal·ten (*hat*) [Vi] ***j-d hält dafür, dass ...*** *geschr veraltend*; j-d äußert die Meinung, dass ... || ID ***nach meinem Dafürhalten*** *veraltend*; meiner Meinung nach

da·für·ste·hen (*hat / ist*) [Vimp] ***es steht nicht dafür,***

D

dass … / + ***zu*** +*Infinitiv*; *südd* es lohnt sich nicht, etw. zu tun *o.Ä.*: *Es steht nicht dafür, dass du dir solche Mühe machst*; *Es steht nicht dafür, sich so anzustrengen*

DAG [de|a'geː] *die*; *Abk für* Deutsche Angestelltengewerkschaft

da·ge·gen, *betont* **da·ge·gen 1** ↑ ***da-*** / ***dar-*** + *Präp* (1,2,3) **2** *Adv*; *gespr* ≈ im Vergleich: *Schau mal, wie dick er ist! D.* (= im Vergleich zu ihm) *bin ich ja noch schlank*

da·ge·gen·hal·ten (*hat*) Vt ***etw. d.*** *geschr*; e-e gegensätzliche Meinung vertreten ≈ einwenden: *Man kann d.*, dass …

da·ge·gen·set·zen (*hat*) Vt ***etw. d.*** ≈ dagegenhalten ⟨d., dass …⟩

da·ge·gen·stel·len, sich (*hat*) Vr ***sich d.*** (***, dass …***) sich gegen e-e genannte Sache wenden: *Dort war e-e neue Straße geplant, aber e-e Bürgerinitiative stellte sich dagegen*

da·ha·ben (*hat*) Vt *gespr*; **1** ***etw. d.*** etw. (als Vorrat) zur Verfügung haben: *Haben wir noch Wein da?* **2** ***j-n d.*** j-n zu Besuch haben: *Wir haben gerade Austauschschüler da*

da·heim *Adv*; *bes südd*; **1** in der eigenen Wohnung ≈ zu Hause ⟨d. sein, bleiben⟩: *Um 10 Uhr bist du wieder d.!* **2** dort, wo man geboren od. aufgewachsen ist || ID ***Wie gehts d.?*** *gespr*; Wie geht es der Familie?

da·her ['daːheːɐ̯, da'heːɐ̯] *Adv*; **1** aus dem genannten Grund ≈ deshalb: *Sie will abnehmen, d. isst sie so wenig* **2** (***von***) ***d.*** von dem vorher erwähnten Ort, von dort: *„Warst du im Konzert?" - „Ja, von d. komme ich gerade / Ja, ich komme gerade von d."* || NB: in der Stellung nach dem Verb ist die Betonung oft [da'heːɐ̯] **3** wegen der genannten Ursache, durch den erwähnten Umstand: *Das Missverständnis kommt d., dass …*

da·her- [da'heːɐ̯-] *im Verb, betont u. trennbar, sehr produktiv, gespr*; Die Verben mit *daher-* werden nach folgendem Muster gebildet: *daherkommen - kam daher - dahergekommen*

1 *mst pej*; *daher-* drückt in Verbindung mit Verben des Sagens aus, dass j-d ohne viel nachzudenken redet od. viel Unsinn redet;

etw. dahersagen: *Ich wollte dich nicht verletzen. Ich habe das nur so dahergesagt* ≈ Ich habe nicht daran gedacht, dass ich dich mit meinen Worten verletzen könnte

ebenso: (***etw.***) ***daherfaseln***, (***etw.***) ***daherlabern***, (***etw.***) ***daherplappern***, (***etw.***) ***daherquatschen***, (***etw.***) ***daherreden***, (***etw.***) ***daherschwatzen***

2 *mst Partizip Perfekt* + ***kommen***; *daher-* drückt aus, dass e-e Bewegung aus e-r nicht näher bezeichneten Richtung zu dem Sprecher od. e-m Ziel hin verläuft ≈ herbei-;

dahergefahren kommen: *Als sie über die Straße gehen wollte, kam ein Auto dahergefahren* ≈ Ein Auto fuhr auf sie zu

ebenso: ***dahergebraust kommen***, ***dahergeflogen kommen***, ***dahergelatscht kommen***, ***dahergeritten kommen***, ***dahergerollt kommen***, ***daherkommen***, ***daherstolziert kommen***

da·her·brin·gen (*hat*) Vt **1** ***j-n*** / ***etw. d.*** *bes südd gespr*; j-n / etw. Unpassendes *o.Ä.* (mit)bringen: *Was bringst denn du daher?* **2** *pej*; etw. Unpassendes als Argument anführen: *Was du* (*da*) *daherbringst, ist wirklich lächerlich!*

da·her·ge·lau·fen 1 *Partizip Perfekt*; *nur in* ***d. kommen*** *gespr*; aus e-r nicht näher bezeichneten Richtung gelaufen kommen: *Ich wollte gerade fortgehen, da kam der Postbote mit e-m Telegramm d.* **2** *Adj*; *nur attr, nicht adv, gespr pej*; verwendet, um auszudrücken, dass man von j-m wenig hält ⟨ein Kerl, ein Typ⟩

da·her·kom·men (*ist*) Vi *gespr*; **1** (***irgendwie***) ***d.*** ↑ ***daher-*** (2) **2** ***irgendwie d.*** *pej*; sich auf bestimmte Weise bewegen, auf bestimmte Weise gekleidet sein: *Wie kommst denn du daher? Willst du in dieser alten Jacke etwa mit ins Theater?*

da·hin, *betont* **da·hin** *Adv*; **1** an den genannten Ort, in die genannte Richtung: *Wir wollten nach München. Auf dem Weg d. hatten wir e-n Unfall*; *Stellen Sie bitte das neue Sofa d.!* || NB: Wenn man auf e-e bestimmte Stelle zeigt, verwendet man die betonte Form *dahin* **2** ***'d. …, wo …*** verwendet, um auf e-n bestimmten Ort hinzuweisen, wo etw. ist: *Der Bergführer hat uns d. geführt, wo die Aussicht am schönsten ist* **3** ***bis 'd.*** bis zu dem genannten Zeitpunkt: *Nächste Woche sind die Prüfungen. Bis d. muss ich noch viel lernen* || ID ***etw. ist d.*** [-'-] *gespr*; etw. ist vorbei, verloren ⟨j-s Glück, j-s Geld⟩; ***etw. geht 'd., dass*** / + ***zu*** + *Infinitiv* etw. hat den genannten Inhalt od. Zweck ⟨j-s Anordnungen, Befehle, Wünsche *usw*⟩: *Unsere Pläne gehen dahin, bis Ende des Jahres e-n Gewinn zu erzielen*; ***'d. gehend*** in diesem Sinn: *Er hat sich d. gehend geäußert, dass er bald in Rente gehen will*

da·hin- *im Verb, betont u. trennbar, sehr produktiv*; Die Verben mit *dahin-* werden nach folgendem Muster gebildet: *dahinfließen - floss dahin - dahingeflossen*

1 *dahin-* drückt aus, dass sich j-d / etw. in e-e nicht näher bezeichnete Richtung bewegt;

dahingleiten: *Der Adler gleitet ruhig dahin* ≈ Der Adler gleitet ruhig durch die Luft

ebenso: ***dahinbrausen***, ***dahineilen***, ***dahinfließen***, ***dahinkriechen***, ***dahinschleichen***

2 *gespr, mst pej*; *dahin-* drückt (in Verbindung mit Verben des Sagens) aus, dass j-d ohne nachzudenken etw. sagt, was er nicht so meint;

(***etw.***) ***dahinplappern***: *Das ist nur so dahingeplappert* ≈ Das ist nicht ernst gemeint

ebenso: ***dahinreden***, ***etw. dahinsagen***, (***etw.***) ***dahinschwatzen***

da·hi·nab, *betont* **da·hi·nab** *Adv*; dort hinab: *Zum Strand geht es d.*

da·hi·nauf, *betont* **da·hi·nauf** *Adv*; in diese Richtung hinauf: *Zum Bahnhof müssen wir d.*

da·hi·naus, *betont* **da·hi·naus** *Adv*; dort hinaus: *Der Dieb ist d. gelaufen*

da·hi·nein, *betont* **da·hi·nein** *Adv*; in diese Richtung hinein: *Die Maus ist d. verschwunden*

da·hin·flie·gen (*ist*) Vi **1** ⟨ein Vogel⟩ ***fliegt dahin*** ↑ ***dahin-*** (1) **2** ***etw. fliegt*** (***nur so***) ***dahin*** etw. vergeht schnell, ohne dass man es merkt ⟨die Zeit, die Jahre⟩

da·hin·ge·gen, *betont* **da·hin·ge·gen** *Adv*; *geschr*; im Gegensatz dazu: *Die meisten Vögel können fliegen, der Pinguin d. nicht*

da·hin·ge·stellt *Adv*; **1** ***etw. d.*** (***sein***) ***lassen*** e-n Sachverhalt nicht näher untersuchen od. diskutieren: *Ich möchte es d. sein lassen*, ob *er uns absichtlich ignorierte* **2** *mst* ***es sei d., ob …*** verwendet, um auszudrücken, dass etw. unsicher od. fraglich ist: *Ob man das glauben kann, sei d.* **3** *mst* ***etw. bleibt d.*** etw. kann jetzt nicht entschieden werden: Wer *sein Nachfolger werden wird, bleibt noch d.*

da·hin·le·ben (*hat*) Vi ***irgendwie d.*** ein *mst* langweiliges u. monotones Leben führen ≈ vor sich hinleben ⟨eintönig d.⟩

da·hin·plät·schern (*ist*) Vi ***etw. plätschert dahin*** *gespr*; etw. ist langweilig u. ohne Höhepunkte ⟨e-e Unterhaltung, ein Vortrag; ein Spiel⟩

da·hin·raf·fen (*hat*) Vt ⟨e-e Krankheit⟩ ***rafft j-n dahin*** *gespr*; e-e Krankheit bewirkt, dass j-d sterben muss: *Die Pest hat im Mittelalter viele Menschen dahingerafft*

da·hin·schlep·pen, sich *(hat)* [Vr] **1** ***j-d / etw. schleppt sich dahin*** j-d / etw. kann sich nur langsam (u. mühsam) fortbewegen ⟨die Autokolonne, der Verkehr⟩ **2** ***etw. schleppt sich dahin*** etw. macht nur langsam Fortschritte ⟨die Verhandlungen⟩

da·hin·sie·chen *(ist)* [Vi] *veraltend*; *(bes* von alten Menschen) *mst* sehr krank u. ohne Aussicht auf Besserung sein u. dabei immer schwächer werden

da·hin·ten *Adv* ≈ dort hinten: *Hier habe ich gewohnt, u. d. ist meine frühere Schule*

da·hin·ter, *betont* **da·hin·ter** ↑ ***da-*** / ***dar-*** + *Präp* (1)

da·hin·ter klem·men, sich *(hat)* [Vr] ***sich (gewaltig) d. k.*** *gespr*; sich sehr bemühen, anstrengen, intensiv arbeiten, *mst* um ein bestimmtes Ziel zu erreichen: *Du musst dich d. k., damit du die Prüfung schaffst!*

da·hin·ter kom·men *(ist)* [Vt/i] **1** ***d. k.*** (, ***dass*** / ***wie*** / ***wo*** ... *usw*) *gespr*; etw. Unbekanntes od. etw., das man nicht wissen soll, herausfinden: *Er ist dahinter gekommen, wo der Schlüssel versteckt war*; [Vi] **2** ***(j-m) d. k.*** *gespr*; etw. Negatives über j-n herausfinden: *Er hat sie angelogen, aber sie ist (ihm) dahinter gekommen*

da·hin·ter ste·cken *(hat)* [Vi] ***j-d / etw. steckt dahinter*** *gespr*; j-d ist der Urheber von etw. / etw. ist der Grund für etw.: *Ich bekomme ständig anonyme Anrufe. Wer kann nur d. s.?* || ID *mst* ***Da steckt nichts / nicht viel dahinter*** *gespr*; etw. ist in Wirklichkeit nicht so wichtig, wie es den Anschein hat

da·hin·ter ste·hen *(hat / südd (CH) ist)* [Vi] **1** für e-n Plan od. Vorschlag sein u. ihn (öffentlich) unterstützen: *Das neue Gesetz ist umstritten, aber die meisten stehen dahinter* **2** ***etw. steht dahinter*** etw. ist der Grund für etw. (schon Erwähntes): *Es steht doch e-e bestimmte Absicht dahinter!*

da·hin·ter·her *Adv*; *nur in* ***d. sein, dass ...*** *gespr*; sich intensiv darum bemühen, dass etw. geschieht: *Unsere Mutter ist sehr d., dass wir vor Mitternacht zu Hause sind*

da·hi·nü·ber, *betont* **da·hi·nü·ber** *Adv*; in diese Richtung hinüber: *Wir müssen d., zu dem Dorf auf der anderen Seite des Flusses*

da·hi·nun·ter, *betont* **da·hi·nun·ter** *Adv*; in diese Richtung hinunter: *Der Schlüssel ist d., in dieses Loch, gefallen*

da·hin·ve·ge·tie·ren [-v-] *(hat)* [Vi] *mst in* ***nur noch d.*** ohne Interesse, ohne Lebensinhalt, ohne Hoffnung *o.Ä.* leben

da·hin·zie·hen [Vi] *(ist)* **1** *mst* ⟨Wolken *o.Ä.*⟩ ***ziehen dahin*** Wolken *o.Ä.* bewegen sich langsam weiter; [Vr] *(hat)* **2** ***etw. zieht sich dahin*** etw. vergeht nur sehr langsam ⟨die Tage⟩

Dah·lie ['da:liə] *die*; -, *-n*; e-e große Blume (im Garten), die im Herbst viele große, bunte Blüten hat

da·las·sen *(hat)* [Vt] ***j-n / etw. d.*** *gespr*; j-n / etw. an e-m bestimmten Ort (vorübergehend) zurücklassen: *Lass die Kinder da, ich passe schon auf sie auf*; *Du kannst deine Sachen ruhig d.*

dal·li *mst in* ***d., d.!***; ***(jetzt) aber d.!***; ***ein bisschen d.!*** *gespr*; verwendet, um j-n aufzufordern, sich zu beeilen ≈ schnell!

da·ma·lig- *Adj*; *nur attr, nicht adv*; in der Vergangenheit ≈ früher- ↔ jetzig-: *die damaligen Zustände, mein damaliger Freund*

da·mals *Adv*; verwendet, um sich auf e-n Zeitpunkt in der Vergangenheit zu beziehen, über den gerade gesprochen wird: *Als d. die Schule brannte, hatten wir schulfrei*

Da·mast *der*; -(e)s; *nur Sg*; ein teurer Stoff (*mst* aus Baumwolle, Leinen od. Seide) mit e-m glänzenden Muster in derselben Farbe. Aus D. macht man *z.B.* Tischdecken u. Servietten || K-: ***Damast-, -decke, -serviette, -tuch***

Da·me *die*; -, *-n*; **1** verwendet als höfliche Anrede od. Bezeichnung für e-e Frau ↔ Herr: *E-e ältere D. wartet auf Sie*; *Meine Damen u. Herren, ich freue mich, Sie heute Abend hier begrüßen zu dürfen* || K-: ***Damen-, -begleitung, bekanntschaft, -besuch, -gesellschaft***; ***-bekleidung, -(fahr)rad, -friseur, -handtasche, -hut, -mantel, -mode, -oberbekleidung, -schneider, -schuh, -strümpfe, -wäsche*** **2** e-e Frau, die *bes* durch ihr Aussehen u. Verhalten vornehm wirkt ↔ Herr ⟨die große, vornehme D. spielen⟩: *Eure Tochter ist schon e-e richtige D.* **3** *nur Pl*, *Sport*; verwendet als Bezeichnung für Frauen: *Im Weitsprung der Damen siegte e-e Amerikanerin* || K-: ***Damen-, -doppel, -einzel, -fußball, -handball, -mannschaft*** **4** e-e wichtige Figur beim Schach, die in alle Richtungen beliebig weit ziehen kann ≈ Königin || ↑ *Abb. unter* ***Schachfiguren*** **5** e-e Spielkarte, auf der e-e Frau zu sehen ist u. deren Wert zwischen König u. Bube liegt || ↑ *Abb. unter* ***Spielkarten*** || -K: ***Herz-, Karo-, Kreuz-, Pik-*** **6** ein Spiel, das man mit flachen, runden Steinen auf e-m Schachbrett spielt || ↑ *Abb. unter* ***Brettspiele*** || K-: ***Dame-, -brett, -spiel, -stein*** **7** ***die D. des Hauses*** verwendet als höfliche Bezeichnung für die Gastgeberin **8** ***e-e D. von Welt*** e-e D. (2), die schon viel erlebt u. von der Welt gesehen hat u. ein gutes Benehmen hat **9** ***j-s alte D.*** *gespr hum*; j-s Mutter || ID ***sehr geehrte / verehrte Damen u. Herren*** verwendet als höfliche, neutrale Anrede in e-m offiziellen Brief od. für das Publikum e-r Veranstaltung

Da·men·bin·de *die* ≈ Binde (2)

da·men·haft *Adj*; e-r Dame (2) entsprechend, wie e-e Dame (2) (wirkend): *Ihr neues Kleid ist betont d.*

Da·men·wahl *die*; *mst Sg*; ein Tanz, bei dem die Frauen die Männer auffordern (u. nicht umgekehrt): *Jetzt ist D.!*

Dam·hirsch *der*; ein Hirsch mit weißen Flecken auf hellbraunem Fell u. mit e-m Geweih, dessen Enden flach u. breit sind

da·mit[1], *betont* **da·mit** **1** ↑ ***da-*** / ***dar-*** + *Präp* (1,2) **2** *Adv*; *betont*; verwendet, um auszudrücken, dass etw. die Folge von etw. ist ≈ infolgedessen, darum: *Er spielt sehr gut Fußball u. hat d. die Chance, einmal Profi zu werden*

da·mit[2] *Konjunktion*; verwendet, um das Ziel od. den Zweck e-r Handlung anzugeben: *Lass uns rechtzeitig gehen, d. wir den Zug nicht verpassen* || NB: Wenn das Subjekt des Haupt- u. Nebensatzes die gleiche Person ist, ist e-e Konstruktion mit *um ... zu + Infinitiv* häufiger: *Er musste sich richtig strecken, um sie zu sehen* (= damit er sie sehen konnte)

däm·lich *Adj*; *bes nordd*, *gespr pej*; sehr dumm ≈ einfältig: *Bist du wirklich zu d., das zu kapieren?* || *hierzu* **Däm·lich·keit** *die*; *nur Sg*

Damm *der*; -(e)s, *Däm·me*; **1** e-e Art Mauer (aus Erde), die vor Überschwemmungen schützt od. mit der man Wasser aufstaut ⟨e-n D. aufschütten, bauen⟩: *Der alte D. ist baufällig u. droht zu brechen* || K-: ***Damm-, -bruch*** || -K: ***Stau-*** **2** der Unterbau, das Fundament für Schienen, Straßen od. Wege ⟨e-n D. befestigen⟩ || -K: ***Bahn-, Straßen-*** **3** *Med*; der Teil des Körpers zwischen After u. den Geschlechtsorganen || K-: ***Damm-, -riss, -schnitt*** || ID ***nicht (ganz) auf dem D. sein*** *gespr*; sich (leicht) krank fühlen; ***wieder auf dem D. sein*** wieder gesund sein

däm·men; *dämmte, hat gedämmt*; [Vt] **1** ***etw. d.***

D

geschr; Wasser durch e-n Damm zurückhalten ≈ eindämmen ⟨die Fluten, das Wasser d.⟩; Vt/i **2 etw. dämmt (etw.)** etw. bildet e-e schützende Schicht u. verringert so die Wirkung von etw. ≈ etw. dämpft (etw.) ⟨etw. dämmt die Wärme, den Schall⟩: *das Dach innen mit Schaumstoff verkleiden, um die Wärme zu d.* || K-: ***Dämm-, -schicht, -stoff***

Däm·mer *der*; *-s*; *nur Sg*, *lit* ≈ Dämmerlicht || -K: ***Abend-, Morgen-***

däm·me·rig *Adj*; ↑ **dämmrig**

däm·mern; *dämmerte, hat gedämmert*; Vi **1 *der Morgen / der Tag dämmert*** es wird hell **2 *der Abend dämmert*** es wird dunkel **3 *vor sich*** (*Akk*) ***hin d.*** in e-m Zustand zwischen Wachen u. Schlafen sein ≈ dösen || K-: ***Dämmer-, -schlaf, -zustand*** **4 *etw. dämmert j-m*** *gespr*; (der Grund für) etw. wird j-m allmählich klar: *Jetzt dämmert* (es) *mir*, warum *er den Schlüssel wollte*; Vimp **5 *es dämmert*** es wird (morgens) hell bzw. (abends) dunkel || K-: ***Dämmer-, -licht, -schein, -stunde***

Däm·me·rung *die*; -; *nur Sg*; **1** die Zeit am Abend, wenn es langsam dunkel wird ⟨in der D.; bei Einbruch der D.⟩ || -K: ***Abend-*** **2** die Zeit am frühen Morgen, wenn es hell wird (bevor die Sonne aufgeht) ≈ Tagesanbruch || -K: ***Morgen-***

dämm·rig *Adj*; *nicht adv*; (nur) wenig hell ≈ halbdunkel: *In den Kirchen ist das Licht oft d.*

Dä·mon *der*; *-s, Dä·mo·nen*; **1** (*bes* in der Mythologie) ein Wesen, das die Macht des Bösen verkörpert ≈ Teufel **2** die Macht des Bösen, das Böse (im Menschen) ⟨von e-m D. besessen sein⟩ || *hierzu* **dä·mo·nisch** *Adj*

Dampf *der*; *-(e)s, Dämp·fe*; **1** die heiße (gasähnliche) Feuchtigkeit, die *bes* beim Kochen von Wasser entsteht: *Durch den D. sind die Küchenfenster beschlagen* || K-: ***Dampf-, -bad*** || -K: ***Wasser-*** **2** *Phys*; das, was entsteht, bevor e-e erhitzte Flüssigkeit in den gasförmigen Zustand übergeht || K-: ***Dampf-, -druck, -heizung, -wolke*** **3** *nur Pl*; die Gase, die bei chemischen Prozessen entstehen ⟨chemische, giftige Dämpfe⟩ || ID ***aus etw. ist der D. raus*** *gespr*; etw. hat seine Anziehungskraft, seinen Schwung verloren; ***D. ablassen*** *gespr*; seine Wut od. seinen Ärger deutlich zeigen; ***j-m D. machen*** *gespr*; j-n antreiben, schneller zu arbeiten; ***D. hinter etw.*** (*Dat*) ***machen / setzen*** *gespr*; dafür sorgen, dass *bes* e-e Arbeit schneller ausgeführt wird

Dampf|bü·gel·ei·sen *das*; ein Bügeleisen, das die Wäsche während des Bügelns mit Dampf feucht macht, damit sie leichter zu bügeln ist

damp·fen; *dampfte, hat gedampft*; Vi **1 *etw. dampft*** etw. ist so heiß od. wird so erwärmt, dass Dampf entsteht: *Das heiße Essen dampft auf dem Tisch*; *Nach dem plötzlichen Regen dampfte die feuchte Erde* **2** ⟨*mst* ein Pferd⟩ ***dampft*** ein Pferd schwitzt

dämp·fen[1]; *dämpfte, hat gedämpft*; Vt **1 *etw. dämpft etw.*** etw. senkt die Intensität von Geräuschen u. Stößen ≈ etw. schwächt etw. ab ⟨etw. dämpft den Schall, den Aufprall⟩ **2 *j-d / etw. dämpft etw.*** j-s Einstellung *o.Ä.* / etw. Negatives macht ein positives Gefühl schwächer: *Die schlechte Nachricht / Er mit seinem Pessimismus dämpfte ihre Freude* || *zu* **1 Dämp·fung** *die*

dämp·fen[2]; *dämpfte, hat gedämpft*; Vt **1 *etw. d.*** Nahrung im Wasserdampf gar werden lassen ≈ dünsten ⟨Gemüse d.⟩ **2 *etw. d.*** Kleidung *o.Ä.* mit e-m Bügeleisen u. mit Wasserdampf glätten: *die Bluse, den Pulli d.*

Damp·fer *der*; *-s, -*; ein *mst* relativ großes Schiff, das mit Dampfkraft angetrieben wird || K-: ***Dampfer-, -fahrt*** || -K: ***Fluss-, Fracht-, Küsten-***; ***Rad-*** || ID ***auf dem falschen D. sein / sitzen*** *gespr*; etw. völlig falsch verstanden od. eingeschätzt haben

Dämp·fer *der*; *-s, -*; ein Gegenstand, der Geräuschen od. Stößen ihre Intensität nimmt || -K: ***Schall-, Stoß-*** || ID ***e-n D. bekommen*** (*mst* in e-m Gefühl der Freude od. des Stolzes) ein negatives Erlebnis haben; ***j-m e-n D. geben / aufsetzen*** *gespr*; bewirken, dass j-s (übertriebene) Freude od. (übertriebener) Stolz gebremst wird

Dampf·kes·sel *der*; ein Kessel (3), in dem durch Hitze Wasserdampf von hohem Druck erzeugt wird, *bes* um e-e Maschine anzutreiben

Dampf·kraft *die*; *Phys*; die Kraft, die durch den Druck von Dampf entsteht

Dampf·ma·schi·ne *die*; e-e fahrbare Maschine mit e-r Walze, die den Druck von Dampf in mechanische Kraft umsetzt

Dampf·nu·del *die*; *bes südd*; ein Stück Hefeteig, das in der geschlossenen Pfanne gebacken wird: *Dampfnudeln mit Vanillesoße*

Dampf·wal·ze *die*; e-e große Maschine, mit der man frischen Teer auf der Straße fest u. glatt macht

da·nach, *betont* **da·nach** ↑ ***da- / dar-*** + *Präp* (1,2)

Dan·dy ['dendi] *der*; *-s, -s*; *veraltend pej* ≈ Geck || *hierzu* **dan·dy·haft** *Adj*

da·ne·ben, *betont* **da·ne·ben** ↑ ***da- / dar-*** + *Präp* (1)

da·ne·ben- *im Verb, betont u. trennbar, begrenzt produktiv*; Die Verben mit *daneben-* werden nach folgendem Muster gebildet: *danebenfallen - fiel daneben - danebengefallen*

daneben- drückt aus, dass ein geplantes Ziel nicht erreicht wird ≈ vorbei-;

danebenschießen: *Obwohl er nicht weit vom Tor entfernt war, schoss er dennoch daneben* ≈ Er traf mit dem Ball nicht ins Tor

ebenso: ***danebenfallen, danebengreifen, danebenhauen, danebenschlagen, danebentreffen, danebenwerfen, danebenzielen***

da·ne·ben·be·neh·men, sich (*hat*) Vr ***sich d.*** *gespr*; sich (*bes* in e-r Gesellschaft) falsch benehmen

da·ne·ben·ge·hen (*ist*) Vi **1 *etw. geht daneben*** etw. trifft das Ziel nicht ⟨ein Schlag, ein Schuss⟩ **2 *etw. geht daneben*** *gespr*; etw. verläuft nicht so, wie man es erwartet hat ≈ etw. misslingt: *Die Prüfung ist völlig danebengegangen*

da·ne·ben·grei·fen (*hat*) Vi **1** ↑ ***daneben-*** **2** (***mit etw.***) ***d.*** *gespr*; etw. falsch einschätzen ≈ danebenliegen **3** (***mit etw.***) ***d.*** *gespr* ≈ sich danebenbenehmen

da·ne·ben·lie·gen (*hat*) Vi (***mit etw.***) ***d.*** *gespr*; etw. falsch einschätzen od. beurteilen: *Mit dieser Meinung liegst du völlig daneben*

da·ne·ben·ra·ten (*hat*) Vi *gespr*; falsch raten

da·ne·ben·tip·pen (*hat*) Vi *gespr* ≈ danebenraten

da·nie·der·lie·gen; *lag danieder, hat / südd* CH *ist daniedergelegen*; Vi (***mit etw.***) ***d.*** *geschr*; krank im Bett liegen: *mit e-r Grippe d.*

dank *Präp*; *mit Gen / Dat*; verwendet, um den Grund für etw. *mst* Positives einzuleiten ≈ aufgrund: *Sie konnte das Problem d. ihrer Erfahrung lösen* || NB: Gebrauch ↑ *Tabelle unter* ***Präpositionen***

Dank *der*; *-(e)s*; *nur Sg*; **1 *der D.*** (***für etw.***) das Gefühl od. die Worte der Anerkennung für j-s Hilfe, Freundlichkeit *o.Ä.* ⟨j-m seinen D. ausdrücken, aussprechen; j-m D. schulden, j-m zu D. verpflichtet sein; Besten / Herzlichen / Schönen D.!⟩: *Haben Sie vielen D. für Ihre Hilfe!* || K-: ***Dank-, -gebet, -schreiben***; ***Dankes-, -formel, -worte*** **2 *als / zum D.*** als Zeichen der Anerkennung für j-s Hilfe *o.Ä.* ≈ Belohnung: *Nehmen Sie dieses Geschenk als / zum D. für Ihre Hilfe* || *zu* **1 dank·er·füllt** *Adj*; *nicht adv*

dank·bar *Adj*; **1** (***j-m***) (***für etw.***) ***d.*** voll Dank ⟨sich j-m d. erweisen, zeigen; j-m (für etw.) d. sein⟩: *Ich bin Ihnen für Ihre Hilfe sehr d.* **2 d. für etw. sein** sich über etw. freuen (*mst* weil man es sehr nötig braucht): *Alte Leute sind oft für jede Hilfe d.* **3** *mst attr*; ⟨ein Publikum⟩ voll Anerkennung od. Bewunderung **4** *nicht adv*; ⟨e-e Arbeit, e-e Aufgabe⟩ so, dass sie mit relativ geringem Aufwand ausgeführt werden können ≈ lohnend **5** *nicht adv, gespr*; (verwendet in Bezug auf ein Material *o.Ä.*) widerstandsfähig u. leicht zu pflegen: *Die Hose ist aus e-m dankbaren Stoff* || *zu* **1** u. **3 Dank·bar·keit** *die*; *nur Sg*

dan·ke 1 d. (**für etw.**) verwendet, um j-m seinen Dank auszudrücken ⟨Danke / d. sagen; d. sehr! d. schön!⟩: *D. für das Geschenk!*; *D.* (*dafür*), dass *Sie mir geholfen haben* **2** (**nein**) **d.** verwendet, um e-e Einladung od. ein Angebot höflich abzulehnen: *„Kann ich dich in meinem Auto mitnehmen?"* - *„(Nein) d., ich gehe lieber zu Fuß"*; *„Möchten Sie noch Tee?"* - *„Nein d."* **3** (**ja**) **d.** verwendet, um e-e Einladung od. ein Angebot höflich anzunehmen ≈ ja bitte: *„Kann ich dir behilflich sein?"* - *„Ja d."* **4** (formelhaft) verwendet in einigen höflichen Antworten: *„Gesundheit!"* - *„D.!"*; *„Wie geht es dir?"* - *„D., gut"*; *„Viele Grüße von meiner Schwester"* - *„D.!"*

dan·ken; *dankte, hat gedankt*; [Vt] **1 j-m etw.** (**irgendwie**) **d.** j-m seinen Dank, seine Anerkennung (für etw., das er gemacht hat) zum Ausdruck bringen: *Kein Mensch dankte (es) ihr*, dass *sie sich solche Mühe gemacht hatte* **2 j-m etw. mit etw. d.** *oft iron*; irgendwie auf etw. (Gutes) reagieren: *Man hat ihm seine Freundschaft mit Verrat gedankt* / damit *gedankt*, dass *man ihn verraten hat*; [Vi] **3 j-m** (**für etw.**) **d.** j-m sagen, dass man ihm dankbar ist ≈ sich bei j-m bedanken ⟨j-m herzlich, überschwänglich, vielmals, von ganzem Herzen d.⟩: *Er dankte ihr für das Geschenk*; *e-e Einladung dankend annehmen*

dan·kens·wert *Adj*; *nicht adv, geschr*; so, dass es Dank verdient: *der dankenswerte Einsatz des Roten Kreuzes im Katastrophengebiet* || *hierzu* **dan·kens·wer·ter·wei·se** *Adv*

Dan·ke·schön *das*; -; *nur Sg*; etw. (Gesagtes od. Geschenktes), mit dem man j-m zeigt, wie dankbar man für etw. ist: *Ich möchte Ihnen für Ihre Hilfe ein herzliches D. sagen*; *Darf ich Ihnen diese Blumen als kleines D. überreichen?* || NB: aber *danke schön!* (getrennt geschrieben)

Dank·sa·gung *die*; -, *-en*; e-e (gedruckte) Karte (1) od. ein Inserat in der Zeitung, mit denen man sich *z.B.* für das Mitgefühl bei e-m Todesfall bedankt ⟨Danksagungen verschicken⟩

dann *Adv*; **1** zeitlich nach dem Erwähnten ≈ danach, später: *Wir sind zuerst zum Essen u. d. ins Kino gegangen* **2** zu dem genannten Zeitpunkt (in der Zukunft): *Er darf erst d. aufstehen, wenn er wieder gesund ist*; *Bald habe ich Geburtstag, d. wird gefeiert* **3** (in e-r Reihenfolge) (räumlich) hinter der erwähnten Person od. Sache ≈ danach, dahinter: *An der Spitze des Konvois fuhren Polizisten auf Motorrädern, d. folgte der Wagen mit dem Staatspräsidenten* **4** (in e-r Rangfolge) hinter der erwähnten Person od. Sache ≈ dahinter: *Am liebsten esse ich Kartoffeln, d. Nudeln u. d. erst Reis*; *Erster wurde der russische Läufer, d. kam der kanadische* **5** unter den genannten Umständen, in diesem Fall: *Wenn er das nicht versteht, d. ist er selbst schuld*; *Ich gehe nur d., wenn du mitkommst*; *Selbst d., wenn du Recht hättest, könnte ich dir nicht helfen* **6** *gespr*; verwendet, wenn man etw. folgert, das noch bestätigt werden soll: *D. ist sie also seine Schwester?*; *D. hast du das wohl gar nicht ernst gemeint?* **7** *gespr* ≈ außerdem, zusätzlich: *Bis zum Urlaub ist noch viel zu tun: Fahrkarten besorgen, packen - ach ja, u. d. brauchen wir noch e-n neuen Koffer* **8** *gespr*; verwendet, um vage auf e-n Zeitpunkt hinzuweisen, der in naher Zukunft liegt ≈ bald, später: *Wir treffen uns d. bei Renate*; *Tschüs, bis d.!* **9** (**also**) **d.** *gespr*; verwendet, wenn man ein Gespräch beendet (*bes* beim Abschied): *Tschüs d.!*; *Also d., machs gut*; *Also d., ich muss jetzt gehen* **10 d. u. d.** zu e-m bestimmten, aber nicht genannten Zeitpunkt: *Er sagte, sie hätten sich d. u. d. kennen gelernt* **11 d. u. wann** ≈ manchmal, ab u. zu **12 was** (**denn**) **d.?** ≈ was sonst?

dan·nen *Adv*; *mst in* **von d. gehen / ziehen** *veraltet od hum*; e-n bestimmten Ort verlassen

da·ran, *betont* **da·ran** ↑ **da- / dar-** + *Präp* (1,2)

da·ran·ge·ben (*hat*) [Vt] **etw. d.** *geschr* ≈ opfern (2): *Ich würde viel d.*, wenn *ich diese Tat ungeschehen machen könnte*

da·ran·ge·hen (*ist*) [Vi] **d.** + **zu** + *Infinitiv* mit etw. anfangen: *Wir sollten allmählich d., e-n Arbeitsplan zu entwerfen*

da·ran·ma·chen, sich (*hat*) [Vr] **sich d.** (+ **zu** + *Infinitiv*) *gespr*; mit etw. anfangen ≈ darangehen: *Ich habe mich darangemacht, mein Zimmer endlich aufzuräumen*

da·ran·set·zen (*hat*) [Vt] *mst* **alles d.** + **zu** + *Infinitiv* mit voller Energie versuchen, ein bestimmtes Ziel zu erreichen: *Er hat alles darangesetzt, den Job zu bekommen*

da·rauf, *betont* **da·rauf** ↑ **da- / dar-** + *Präp* (1,2)

da·rauf fol·gen·d- *Adj*; *nur attr, nicht adv*; so, dass es auf etw. (*mst* zeitlich) unmittelbar folgt ≈ nächst- ↔ vorausgehend-: *Der darauf folgende Tag war ein Sonntag*

da·rauf·hin, *betont* **da·rauf·hin** *Adv*; **1** als Konsequenz aus etw. Vorangegangenem, als Reaktion auf etw.: *Es gab e-n Eklat. D. verließen alle Gäste den Saal* **2** im Hinblick auf etw. Bestimmtes: *Das Obst wird d. überprüft, ob es schädliche Substanzen enthält*

da·raus, *betont* **da·raus** ↑ **da- / dar-** + *Präp* (1,2)

dar·ben; *darbte, hat gedarbt*; [Vi] *geschr*; unter e-m großen Mangel (an Nahrung, Kleidung *usw*) leiden

dar·bie·ten; *bietet dar, bot dar, hat dargeboten*; [Vt] **1** (**j-m**) **etw. d.** etw. in der Öffentlichkeit vorführen: *Bei dem Fest wurden verschiedene Sketche dargeboten* **2 etw. irgendwie d.** etw. irgendwie beschreiben od. vermitteln ≈ darstellen: *ein Thema interessant d.* **3** (**j-m**) **etw. d.** j-m etw. *mst* Essbares (oft in besonderer Weise) anbieten: *Den Gästen wurden verschiedene Delikatessen dargeboten*; [Vr] **4 etw. bietet sich** (**j-m**) **dar** etw. wird sichtbar ≈ etw. bietet sich j-m

Dar·bie·tung *die*; -, *-en*; **1** *nur Sg*; das Vorführen (1) ⟨die D. e-s Theaterstücks⟩ **2** *nur Sg*; die Darstellung ⟨die D. e-s Themas⟩ **3** das, was man (vor e-m Publikum) aufführt ≈ Aufführung ⟨e-e musikalische, tänzerische, folkloristische D.⟩

dar·brin·gen; *brachte dar, hat dargebracht*; [Vt] **j-m etw. d.** *geschr veraltend*; j-m etw. (*mst* in feierlicher Form) geben, überreichen ⟨j-m ein Geschenk, ein Opfer d.⟩ || *hierzu* **Dar·brin·gung** *die*

da·rein *Adv*; *geschr veraltend* ≈ hinein

darf *Präsens, 1. u. 3. Person Sg*; ↑ **dürfen**

da·rin, *betont* **dar·in** ↑ **da- / dar-** + *Präp* (1,2)

da·rin·nen *Adv*; *geschr*; in dem genannten Raum, Zimmer, Behälter *o.Ä.*

dar·le·gen; *legte dar, hat dargelegt*; [Vt] (**j-m**) **etw. d.** j-m e-n Sachverhalt beschreiben u. erklären ≈ erläutern ⟨seine Ansichten, Gründe d.; etw. schriftlich d.⟩ || *hierzu* **Dar·le·gung** *die*

Dar·le·hen [-leː(ə)n] *das*; *-s*, -; e-e Geldsumme, die j-d für bestimmte Zeit *z.B.* von e-r Bank bekommt u. die er (*mst* mit Zinsen) zurückzahlen muss ≈ Kredit ⟨ein hohes, (un)befristetes, zinsloses D.; ein D. aufnehmen, zurückzahlen; j-m ein D. gewähren⟩ || K-: ***Darlehens-, -rückzahlung, -summe, -vertrag, -zins*** || -K: ***Wohnungsbau-***

Darm *der*; *-(e)s*, *Där·me*; **1** das lange (schlauchförmige) Organ zwischen Magen u. After, das zur Verdauung dient. Durch den D. werden feste, unverdauliche Stoffe ausgeschieden || K-: ***Darm-, -entleerung, -geschwulst, -infektion, -inhalt, -krebs, -trägheit, -trakt, -wand*** **2** ein D. (1) von geschlachteten Tieren, der *bes* als Haut für Wurst verwendet wird || K-: ***Darm-, -saite***

Darm·flo·ra *die*; *Kollekt*; die Bakterien *o.Ä.*, die im Darm leben u. die die Verdauung bewirken ⟨e-e gesunde, intakte D.⟩

dar·nie·der·lie·gen ↑ ***daniederliegen***

dar·rei·chen; *reichte dar, hat dargereicht*; [Vt] ***(j-m) etw. d.*** *geschr*; j-m etw. *mst* feierlich als Geschenk geben ≈ übergeben

dar·stel·len; *stellte dar, hat dargestellt*; [Vt] **1** ***etw. stellt j-n / etw. dar*** ein Bild *o.Ä.* zeigt j-n / etw., gibt j-n / etw. wieder: *Dieses Fresko stellt Szenen aus dem Leben Jesu dar* **2** ***j-n / etw. irgendwie d.*** j-n / etw. beschreiben od. erklären ≈ schildern: *eine These ausführlich, verständlich d.*; *So wie du ihn darstellst, muss er ja ein richtiger Tyrann sein* **3** ***etw.*** **(*irgendwie*)** ***d.*** e-n Sachverhalt in Form *mst* e-r Zeichnung od. e-s Diagramms wiedergeben ≈ abbilden: *e-e mathematische Funktion grafisch d.* **4** ***j-n d.*** (als Schauspieler) e-e Rolle *bes* auf der Bühne spielen: *den Hamlet d.* **5** ***etw. stellt etw. dar*** etw. ist etw., bedeutet etw.: *Der Hunger in der Dritten Welt stellt nach wie vor ein enormes Problem dar* **6** ***j-d / etw. stellt etwas / nichts dar*** *gespr*; j-d / etw. macht *mst* aufgrund der äußeren Erscheinung großen / keinen Eindruck; [Vr] **7** ***etw. stellt sich*** **(*j-m*)** ***als etw. / irgendwie dar*** etw. erweckt bei j-m e-n bestimmten Eindruck ≈ etw. erweist sich als etw.: *Das Problem stellte sich als unlösbar dar* **8** ***sich*** **(*als etw.*)** ***d.*** bemüht sein, die Aufmerksamkeit anderer auf sich zu ziehen ≈ sich als etw. ausgeben: *Er stellt sich vor anderen immer als großer Dichter dar* || zu **1-4 Dar·stel·lung** *die*

Dar·stel·ler *der*; *-s*, -; j-d, der *bes* im Theater od. Film spielt ≈ Schauspieler: *Der D. des Mephisto bekam gute Kritiken* || -K: ***Haupt-, Laien-, Neben-*** || *hierzu* **Dar·stel·le·rin** *die*; *-, -nen*; **dar·stel·le·risch** *Adj*; *nur attr od adv*

da·rü·ber, *betont* **da·rü·ber** **1** ↑ ***da- / dar-*** + *Präp* (1,2) **2** *Adv* ≈ währenddessen: *Ich habe ein Buch gelesen u. bin d. eingeschlafen* **3** *Adv*; ***d. hinaus*** ≈ außerdem: *D. hinaus müssen wir das Protokoll noch schreiben*

> **da·rü·ber fah·ren** (*hat / ist*) [Vi] **(*mit etw.*)** ***d. f.*** (mit der Hand, e-m Tuch *o.Ä.*) etw. kurz streichen, wischen *o.Ä.*: *Ich hatte keine Zeit mehr, die Schuhe richtig zu putzen. Ich bin nur kurz mit e-m Lappen darüber gefahren*
>
> **dar·über ma·chen, sich** (*hat*) [Vr] ***sich d. m.*** *gespr*; mit etw. beginnen: *Es gibt viel zu tun. Wenn wir uns gleich darüber machen, sind wir um so früher fertig*
>
> **da·rü·ber ste·hen** (*hat / südd* (CH) *ist*) [Vi] sich durch etw. nicht ärgern od. stören lassen: *Kritik macht ihr nichts aus. Sie steht wirklich darüber*

da·rum, *betont* **da·rum** **1** ↑ ***da- / dar-*** + *Präp* (1,2) **2** *Adv* ≈ deshalb, daher: *Er ist oft unterwegs u. d. meist schwer zu erreichen*; *Sie war krank. D. konnte sie nicht kommen*

da·rum·kom·men (*ist*) [Vi] auf etw. gerade Erwähntes verzichten müssen: *Er hatte sich so auf die Reise gefreut u. jetzt ist er durch die Erkrankung leider darumgekommen* || NB: ↑ ***herumkommen***

da·rum·ste·hen (*hat / südd* (CH) *ist*) [Vi] ⟨Personen, Dinge⟩ ***stehen darum*** mehrere Personen od. Dinge stehen um etw. herum: *Siehst du die Quelle u. die Bäume, die darumstehen?*

da·run·ter, *betont* **da·run·ter** ↑ ***da- / dar-*** + *Präp* (1,2)

> **da·run·ter fal·len** (*ist*) [Vi] ***j-d / etw. fällt darunter*** j-d / etw. ist zu der genannten Gruppe od. Kategorie zu zählen: *Die Preise für verschiedene Lebensmittel sind gestiegen. Fleisch fällt auch darunter*
>
> **dar·un·ter lie·gen** (*hat / südd* (CH) *ist*) [Vi] **1** ***etw. liegt darunter*** etw. ist unter dem genannten Maß, Niveau, Wert *o.Ä.* **2** ***j-d liegt*** **(*mit etw.*)** ***darunter*** j-s Angebot, Leistung *o.Ä.* ist schlechter als das Genannte

das ↑ ***der***

Da·sein *das*; *-s*; *nur Sg*, *geschr*; **1** das Leben *bes* e-s Menschen ⟨ein kümmerliches D. führen⟩: *Sein ganzes D. war bestimmt von der Musik* || K-: ***Daseins-, -berechtigung, -zweck*** **2** *mst* ***ein armseliges D. fristen*** in sehr armen Verhältnissen leben

da·sit·zen (*hat / südd* (CH) *ist*) [Vi] **1** ↑ ***da-*** **2** **(*mit j-m / etw.*)** ***d.*** *gespr*; in e-r (*mst* finanziell) schlechten Situation sein ⟨allein d.⟩: *Ihr Mann hat sie verlassen. Nun sitzt sie mit drei kleinen Kindern da*

das·je·ni·ge ↑ ***derjenige***

dass *Konjunktion*; **1** verwendet, um e-n Nebensatz einzuleiten, der die Funktion des Subjekts des Hauptsatzes hat: *dass ich dich beleidigt habe, tut mir Leid*; *Stimmt es, dass sie morgen in Urlaub fährt?* **2** verwendet, um e-n Nebensatz einzuleiten, der die Funktion des Objekts des Hauptsatzes hat: *Ich wusste nicht, dass sie auch da sein würde* **3** verwendet, um e-n Nebensatz einzuleiten, der die Funktion e-s präpositionalen Objekts des Hauptsatzes hat: *Er hat sich darauf verlassen, dass sie ihm hilft* **4** verwendet, um e-n Nebensatz einzuleiten, der die Funktion e-s Attributs des Hauptsatzes hat: *Er war von seiner Überzeugung, dass alles noch klappen würde, nicht abzubringen* **5** verwendet, um e-n Nebensatz einzuleiten, der e-e Konsequenz ausdrückt: *Sie war so traurig, dass sie weinte* **6** verwendet in Verbindung mit bestimmten Adverbien, Konjunktionen, Partizipien od. Präpositionen ⟨als dass, (an)statt dass, außer dass, bis dass, kaum dass, nicht dass, nur dass, ohne dass, so, dass; angenommen, dass; vorausgesetzt, dass⟩ **7** *gespr*; verwendet, um (elliptische) Sätze einzuleiten, die e-n Wunsch, e-e Drohung od. Bedauern ausdrücken: *Dass du mir später ja keine Vorwürfe machst!*; *Dass er gerade jetzt krank werden muss, wo wir so viel Arbeit haben!* || NB: die konjugierte Verbform steht immer am Ende des Satzes

das·sel·be ↑ ***derselbe***

das·sel·bi·ge ↑ ***derselbige***

dass-Satz, **Dass·satz** *der*; ein Satz, der mit „dass" eingeleitet wird

da·ste·hen (*hat / südd* (CH) *ist*) [Vi] **1** ↑ ***da-*** **2** ***irgendwie d.*** *gespr*; sich in e-r bestimmten (*mst* persönlichen) Situation befinden ⟨allein, gut d.⟩: *Seit der Erbschaft steht er finanziell glänzend da* **3** ***irgendwie d.*** *gespr*; e-e bestimmte Wirkung auf andere haben: *Jetzt stehe ich wieder einmal vor allen ande-*

ren als Bösewicht da! || NB: aber: *Die Vase soll da stehen, auf dem Klavier* (getrennt geschrieben)

Da·tei *die*; -, *-en*; *bes EDV*; e-e Sammlung von Daten[2] (2), die nach bestimmten Kriterien geordnet (u. gespeichert) werden ⟨e-e D. erstellen, abspeichern⟩

Da·ten[1] *Pl*; ↑ **Datum**

Da·ten[2] *die*; *Pl*; **1** die Fakten od. Informationen zu e-m bestimmten Thema, die man durch Messungen, Experimente *o.Ä.* erhält u. die man *bes* in Zahlen ausdrückt ≈ Angaben ⟨technische, statistische D.⟩: *die neuesten D. zur Arbeitslosigkeit* || K-: **Daten-, -austausch, -erfassung, -material 2** *EDV*; Fakten u. Zahlen, die *bes* in e-m Computer gespeichert werden ⟨D. eingeben, speichern, abrufen⟩ || K-: **Daten-, -bestand, -speicher 3** ***j-s persönliche D.*** die Angaben über Alter, Beruf, Verdienst *o.Ä.* e-r Person

Da·ten|au·to·bahn *die*; *nur Sg*; *EDV*; Netz[2] zur Übertragung von Sprache, Bild, Text u. Ton über weite Entfernungen

Da·ten·bank *die*; *EDV*; e-e große Sammlung von Daten[2] (*mst* in e-m Computer), die nach verschiedenen Kriterien organisiert sind u. auch abgerufen werden können

Da·ten|fern·über·tra·gung *die*; *mst Sg*; *EDV*; das Übertragen von Informationen zwischen Computern, über Kabel od. Satelliten

Da·ten·miss·brauch *der*; die (unerlaubte) Weitergabe von j-s persönlichen Daten *o.Ä.* (*mst* in Form von Adressenlisten *o.Ä.*)

Da·ten·schutz *der*; *nur Sg*; der Schutz des Einzelnen davor, dass seine persönlichen Daten[2] (3) weitergegeben werden || K-: **Datenschutz-, -beauftragte(r), -gesetz** || *hierzu* **Da·ten·schüt·zer** *der*

Da·ten·trä·ger *der*; etw., *z.B.* e-e Diskette, worauf Daten *bes* für e-n Computer gespeichert werden

Da·ten·ver·ar·bei·tung *die*; *mst in* ***elektronische D.*** das Bearbeiten, Ordnen *o.Ä.* von Daten[2] am Computer; *Abk* EDV || K-: **Datenverarbeitungs-, -anlage**

da·tie·ren; *datierte, hat datiert*; [Vt] **1** ***etw. d.*** (als Experte) die Zeit bestimmen, in der etw. entstanden ist ⟨ein Kunstwerk, e-n Fund d.⟩: *Die Archäologen datierten das Grab auf etwa 500 v.Chr.* **2** ***etw. d.*** das Datum auf etw. schreiben ⟨e-n Brief, e-e Rechnung, ein Schreiben d.⟩; [Vi] **3** ***etw. datiert aus etw.*** etw. stammt aus e-r bestimmten Zeit ⟨ein Kunstwerk⟩: *Diese Vase datiert aus dem 3. Jahrhundert v.Chr.* **4** ***etw. datiert von*** + *Datum* etw. hat das genannte Datum ⟨ein Brief *o.Ä.*⟩: *Das Schreiben datiert vom 30.9. dieses Jahres* || *zu* **1** u. **2 Da·tie·rung** *die*

Da·tiv [-f] *der*; *-s, -e*; *Ling*; der Kasus, den *z.B.* die Präpositionen *von, seit* od. *mit* nach sich ziehen ≈ Wemfall, dritter Fall ⟨etw. steht im D.⟩: *Die Präposition „seit" fordert den D.: „seit dem letzten Jahr"* || K-: **Dativ-, -objekt**

da·to *Adv*; *nur in* **bis d.** *geschr* ≈ bisher, bis heute

Dat·sche *die*; -, *-n*; *ostd veraltend*; ein *mst* relativ kleines Wochenendhaus

Dat·tel *die*; -, *-n*; e-e süße, braune Frucht (mit e-m länglichen Kern), die an e-r Palme wächst || K-: **Dattel-, -palme**

Da·tum *das*; *-s, Da·ten*; **1** die Einordnung e-s bestimmten Tages in e-e Zeitrechnung: *Der Brief trägt das heutige D., das D. des / vom 12.9.1991*; *„Welches D. haben wir heute?" - „Den vierten März / Den Vierten"* || K-: **Datum-, -stempel**; **Datums-, -angabe, -stempel** || -K: **Abfüll-, Bestell-, Geburts-, Sterbe-, Verfall(s)-** || *zu* **Datumstempel** ↑ *Abb. unter* **Stempel 2** ein Zeitpunkt, zu dem *mst* etw. Besonderes geschieht ⟨ein denkwürdiges, historisches D.⟩ **3** ***älteren / früheren / neueren Datums*** aus älterer / früherer / neuerer Zeit

Dau·er *die*; -; *nur Sg*; **1** ein Zeitraum (von bestimmter Länge), während dessen etw. gültig ist od. geschieht ⟨auf / für unbestimmte D.⟩: *e-e Regierung für die D. von vier Jahren wählen*; *für die / während der D. der Konferenz* || -K: **Aufenthalts-, Belichtungs-, Gültigkeits- 2** das Fortbestehen von etw.: *Ihr Glück war nur von kurzer D.* (= hielt nicht lange) **3** ***auf (die) D.*** *gespr*; über e-n längeren, *mst* unbegrenzten Zeitraum hinweg: *Auf die D. wäre mir diese Arbeit zu anstrengend* **4** ***etw. ist von D.*** etw. besteht lange Zeit

Dau·er- *im Subst, betont, sehr produktiv*; so, dass etw. für lange Zeit existiert od. j-d etw. lange Zeit tut od. ist; der / die **Dauerarbeitslose**, die **Dauerarbeitslosigkeit**, die **Dauerausstellung**, die **Dauerbehandlung**, die **Dauerbelastung**, die **Dauerbeschäftigung**, der **Dauererfolg**, der **Dauerfrost**, der **Dauermieter**, der **Dauerparker**, die **Dauerregelung**, der **Dauerregen**, der **Dauerstress**

Dau·er·auf·trag *der*; der Auftrag e-s Kunden an seine Bank, regelmäßig Geldbeträge (*z.B.* für die Miete) von seinem Konto auf ein anderes zu überweisen ⟨e-n D. einrichten, kündigen⟩ || NB: ↑ **Einzugsermächtigung**

Dau·er·bren·ner *der*; *-s, -*; *gespr*; etw., das sehr lange aktuell u. erfolgreich ist (*z.B.* ein Film, ein Buch od. ein Musikstück)

Dau·er·gast *der*; **1** j-d, der für längere Zeit *bes* in e-m Hotel wohnt **2** *gespr, oft pej* ≈ Stammgast

dau·er·haft *Adj*; **1** ⟨e-e Freundschaft, e-e Lösung, ein Friede⟩ so (beschaffen), dass sie lange halten od. existieren ≈ beständig ↔ instabil **2** fest u. widerstandsfähig ≈ robust ⟨Materialien⟩ || *zu* **1 Dau·er·haf·tig·keit** *die*; *nur Sg*

Dau·er·kar·te *die*; e-e Eintritts- od. Fahrkarte, die über e-n längeren Zeitraum (*z.B.* e-e Saison, ein Jahr) gültig ist u. beliebig oft benutzt werden kann

Dau·er·lauf *der* ≈ Jogging ⟨e-n D. machen⟩

dau·ern; *dauerte, hat gedauert*; [Vi] **1** ***etw. dauert*** + *Zeitangabe* etw. besteht od. findet statt während des genannten Zeitraums: *Sein Auftritt dauerte eine Stunde*; *Die Verhandlungen dauerten bis spät in die Nacht*; [Vimp] **2** ***es dauert*** + *Zeitangabe* (**, bis ...**) die genannte Zeit ist für etw. erforderlich: *Es dauerte drei Wochen, bis ich seinen Brief bekam*; *Wie lange dauert es noch, bis du fertig bist?* || ID *mst* ***Das dauert aber / wieder!*** *gespr*; verwendet, um Ungeduld auszudrücken (*bes* wenn man bereits sehr lange auf j-n / etw. wartet)

dau·ernd 1 *Partizip Präsens*; ↑ **dauern 2** *Adj*; *nur attr od adv*; über lange Zeit vorhanden ≈ ständig ↔ gelegentlich ⟨etw. wird zu e-r dauernden Einrichtung⟩ **3** *Adj*; *nur attr od adv*; zu häufig ≈ fortwährend, ständig ↔ selten: *Ihre dauernden Klagen sind nicht mehr zu ertragen*; *D. macht er Fehler*

Dau·er·wel·le *die*; Wellen od. Locken, die mit chemischen Mitteln ins Haar gemacht werden u. die dann längere Zeit halten ⟨e-e leichte, starke D.; j-m e-e D. legen; j-s D. hält gut, hält nicht⟩

Dau·er·wurst *die*; e-e (geräucherte) harte Wurst (*z.B.* Salami), die sehr lange haltbar ist

Dau·er·zu·stand *der*; ein *mst* unangenehmer Zustand, dessen Ende nicht vorherzusehen ist: *Diese unerträgliche Situation darf nicht zum D. werden*

Däum·chen *das*; *-s, -*; ein kleiner Daumen || ID ⟨*mst* dasitzen u.⟩ ***D. drehen*** *gespr*; überhaupt nicht od. wenig arbeiten (*mst* weil man nichts zu tun bekommen od. keine Lust hat)

Dau·men *der*; *-s, -*; der kurze, kräftige Finger, den man gegen die anderen vier Finger drücken kann:

Kinder lutschen gern am D. || ↑ Abb. unter **Hand** || K-: ***Daumen-, -nagel*** || ID ***j-m den D. / die Daumen halten / drücken*** *gespr*; mit j-m hoffen, dass er Glück hat; *mst* ***über den D. gepeilt*** *gespr*; ungefähr geschätzt; ***den D. auf etw.*** (*Dat*) (***drauf***) ***haben / auf etw.*** (*Akk*) ***halten*** *gespr*; über etw. zu bestimmen haben u. geizig damit umgehen: *Sie hält den D. auf die Urlaubskasse*

Dau·men·schrau·be *die*; *mst Pl*, *hist*; ein mittelalterliches Gerät zum Foltern || ID ***j-m Daumenschrauben anlegen / ansetzen*** *gespr*; j-n unter sehr starken Druck setzen (*mst* um ihn zu zwingen, etw. zu tun)

Dau·ne *die*; -, *-n*; eine der weichen, kleinen Federn, die Enten u. Gänse vor Kälte schützen. Mit Daunen füllt man *z.B.* Kissen || K-: ***Daunen-, -bett, -decke, -jacke, -schlafsack***

Daus *nur in* ***ei der D.!*** *veraltet* ≈ nanu!

Da·vid(s)·stern *der*; ein Symbol des jüdischen Glaubens in der Form e-s Sterns

da·von, *betont* **da·von** ↑ ***da- / dar-*** + *Präp* (1,2)

da·von- *im Verb, betont u. trennbar, sehr produktiv*; Die Verben mit *davon-* werden nach folgendem Muster gebildet: *davoneilen - eilte davon - davongeeilt*

davon- drückt aus, dass e-e Bewegung von e-m Ort weg verläuft ≈ fort-, weg- ↔ heran-, herbei-;

davonlaufen: *Das Kind klingelte an der Haustür u. lief dann schnell davon* ≈ Das Kind lief von dem Haus weg

ebenso: ***davoneilen, davonfahren, davonfliegen, davonrasen, davonrennen, davonstolzieren,*** (***sich***) ***davonschleichen, sich davonschleppen***; ***j-n davonjagen, j-n davontreiben***

da·von·kom·men (*ist*) [Vi] **1** (***mit etw.***) ***d.*** e-e gefährliche Situation mit Glück überstehen u. nur relativ geringen Schaden erleiden ⟨mit dem Schrecken d.⟩: *bei e-m Unfall mit ein paar blauen Flecken, ein paar Kratzern d.*; *Er hat Glück gehabt, er ist noch einmal davongekommen!* **2** (***mit dem Leben***) ***d.*** in e-r gefährlichen Situation überleben

da·von·lau·fen (*ist*) [Vi] **1** ↑ ***davon-*** **2** *mst* ***ein Kind läuft*** (***seinen Eltern***) ***davon*** ein Kind läuft von zu Hause weg **3** ***ein Tier läuft*** (***j-m***) ***davon*** ein Tier läuft j-m weg u. kommt nicht wieder zurück **4** ***j-m d.*** *gespr*; den Ehepartner *o.Ä.* verlassen **5** ***j-m d.*** (viel) schneller laufen als j-d (mit dem zusammen man gerade in e-m Wettbewerb *o.Ä.* läuft) ≈ j-n abhängen **6** (***vor etw.*** (*Dat*)) ***d.*** *gespr*; alles versuchen, etw. nicht machen zu müssen, etw. nicht stattfinden zu lassen (*bes* weil man Angst davor hat): *vor e-r Aufgabe, vor der Begegnung mit j-m d.* || ID ***etw. ist zum Davonlaufen*** *gespr*; etw. ist unerträglich

da·von·ma·chen, sich (*hat*) [Vr] ***sich d.*** *gespr*; sich unauffällig entfernen ≈ sich davonstehlen

da·von·steh·len, sich (*hat*) [Vr] ***sich d.*** ≈ sich davonmachen

da·von·tra·gen (*hat*) [Vt] **1** ↑ ***davon-*** **2** ***etw. d.*** *geschr*; etw. Negatives als Folge von etw. erleiden ≈ sich (*Dat*) *etw. zuziehen* ⟨*e-e Verletzung, e-n Schaden d.*⟩ **3** ***den Sieg d.*** *geschr* ≈ siegen

da·vor[1], *betont* **da·vor** ↑ ***da- / dar-*** + *Präp* (1,2)

da·vor[2] *mit Verb, begrenzt produktiv*; Die Verben mit *davor* werden nach folgendem Muster gebildet: *davor legen - legte davor - davor gelegt*

davor drückt aus, dass j-d / etw. direkt vor etw. positioniert ist od. vor etw. gebracht wird;

davor schieben: *Er schloss die Tür u. schob e-n Schrank davor* ≈ Er schob e-n Schrank vor die Tür, damit man sie nicht öffnen konnte

ebenso: ***etw. davor halten,*** (***etw.***) ***davor hängen, etw. davor legen, davor liegen, sich / etw. davor setzen, davor sitzen, davor stehen, sich / etw. davor stellen***

> **da·vor ste·hen** (*hat / südd* (CH) *ist*) [Vi] **1** ↑ ***davor***[2] **2** kurz vor dem genannten Zeitpunkt, Ereignis sein: *„Wann macht eure Tochter Abitur?" - „Sie steht kurz davor"*

DAX® [daks] *der*; -; *nur Sg*, *Ökon*; (*Kurzw für* Deutscher Aktienindex) e-e Zahl, die den Durchschnitt des Preises der 30 wichtigsten deutschen Aktien angibt ⟨der DAX steigt, fällt, stagniert⟩

da·zu, *betont* **da·zu** **1** ↑ ***da- / dar-*** + *Präp* (1,2) **2** *Adv* ≈ außerdem: *Sie isst am liebsten Rouladen u. d. Klöße*

da·zu- *im Verb, betont u. trennbar, begrenzt produktiv*; Die Verben mit *dazu-* werden nach folgendem Muster gebildet: *dazuschreiben - schrieb dazu - dazugeschrieben*

dazu- drückt aus, dass e-e Gruppe, Menge, Zahl *o.Ä.* durch e-e Hinzufügung *o.Ä.* größer gemacht wird;

j-n / etw. dazubekommen: *Er kaufte zwei Kilo Äpfel u. bekam e-e Orange als Geschenk dazu* ≈ Er bekam e-e Orange zusätzlich zu den Äpfeln

ebenso: ***etw. dazugeben, dazukommen, sich / etw. dazulegen,*** (***etw.***) ***dazulernen, j-n / etw. dazurechnen, etw. dazuschreiben, sich / j-n dazusetzen, sich / etw. dazustellen,*** (***etw.***) ***dazuverdienen***

da·zu·ge·hö·ren (*hat*) [Vi] **1** ***zu j-m / etw. d.*** Teil e-s Ganzen, e-r Gruppe sein: *Er verkauft seine Angel u. alles, was dazugehört*; *Bei euch hat man sofort das Gefühl, dazuzugehören*; [Vimp] **2** ***es gehört etw. dazu*** + ***zu*** + *Infinitiv* etw. ist für etw. nötig: *Es gehört schon Mut dazu, seinem Chef die Meinung zu sagen* || *zu* **1** **da·zu·ge·hö·ri·g-** *Adj*; *nur attr, nicht adv*

da·zu·ge·sel·len, sich (*hat*) [Vr] ***sich d.*** sich e-r Gruppe *o.Ä.* anschließen

da·zu·kom·men (*ist*) [Vi] **1** ↑ ***dazu-*** **2** (***gerade***) ***d.*** (***,als ...***) (zufällig) an e-m Ort erscheinen, an dem gerade etw. geschieht od. geschehen ist: *Ich kam gerade dazu, als der Unfall passierte* || NB: aber: *dazu kommen* (getrennt geschrieben), *etw. zu tun* ≈ Zeit haben, etw. zu tun

da·zu·mal *Adv*; (***Anno***) ***d.*** ≈ damals

Da·zu·tun *nur in* ***ohne j-s D.*** ohne j-s Hilfe od. Einfluss: *Ohne mein D. hätte er die Stelle nie bekommen*

da·zwi·schen, *betont* **da·zwi·schen** ↑ ***da- / dar-*** + *Präp* (1)

da·zwi·schen- *im Verb, betont u. trennbar, begrenzt produktiv*; Die Verben mit *dazwischen-* werden nach folgendem Muster gebildet: *dazwischenrufen - rief dazwischen - dazwischengerufen*

dazwischen- drückt aus, dass e-e Handlung, ein Zustand *o.Ä.* unterbrochen od. gestört wird;

dazwischenfragen: *Darf ich einmal d., was Sie unter „Komplex" verstehen?* ≈ Entschuldigen Sie, wenn ich Sie unterbreche: Was verstehen Sie unter dem Begriff „Komplex"?

ebenso: ***dazwischenreden,*** (***etw.***) ***dazwischenrufen, j-n / etw. dazwischenschalten***

da·zwi·schen·fah·ren (*ist*) [Vi] j-n mit heftigen Worten bei etw. unterbrechen

da·zwi·schen·fun·ken (*hat*) [Vi] (***j-m***) ***d.*** *gespr*; durch Handlungen od. Worte bewirken, dass der Ablauf von etw. gestört wird: *Der Abend wäre so nett gewesen, wenn du mit deinen provozierenden Bemerkungen nicht immer dazwischengefunkt hättest*

da·zwi·schen·ge·hen (*ist*) [Vi] in e-n Kampf eingreifen, um ihn zu beenden: *Der Schiedsrichter ging mutig dazwischen, als die Spieler sich prügelten*

da·zwi·schen·kom·men (*ist*) [Vi] ***etw. kommt*** **(*j-m*)** ***dazwischen*** etw. ereignet sich unerwartet u. stört j-n od. hält ihn von etw. ab: *Wenn (mir) nichts dazwischenkommt, bin ich um 6 Uhr da*

da·zwi·schen·schie·ben (*hat*) [Vi] **1** ***etw. d.*** etw. irgendwo einfügen **2** ***j-n d.*** (als Arzt *o.Ä.*) j-m kurzfristig e-n Termin geben, damit er nicht lange warten muss

da·zwi·schen·tre·ten (*ist*) [Vi] *bes* in e-n Streit eingreifen, um ihn zu beenden: *Als sich die Diskussion zu e-m Streit entwickelte, musste ich d.*

DB [de'beː] *die*; -; *nur Sg*; **1** *Kurzw für* Deutsche Bundesbahn (bis 1993) **2** *Kurzw für* Deutsche Bahn AG (ab 1994) || NB: ↑ ***Bahn*** (2), ***Bundesbahn***

DDR [de(ː)de(ː)'|ɛr] *die*; -; *nur Sg*, *hist*; (*Abk für* Deutsche Demokratische Republik) einer der beiden deutschen Staaten (von 1949 bis 1990) || K-: ***DDR-Bürger, DDR-Regierung***

de-, **des-** *im Verb*; *unbetont u. nicht trennbar*, *wenig produktiv*, *geschr*; Die Verben mit *de-* und *des-* werden nach folgendem Muster gebildet: *dechiffrieren - dechiffrierte - dechiffriert*

de-, *des-* drückt aus, dass etw. rückgängig gemacht wird od. dass das Gegenteil von etw. geschieht; ***etw. demontieren***: *Die alten Maschinen werden demontiert* ≈ Die alten Maschinen werden wieder abgebaut, in ihre Einzelteile zerlegt

ebenso: ***etw. dechiffrieren, etw. dekodieren, etw. dezentralisieren***; ***etw. desinfizieren, sich / etw. desintegrieren, etw. desorganisieren, j-n desorientieren***

Deal [diːl] *der*; *-s*, *-s*; *gespr*; e-e (geschäftliche) Vereinbarung ≈ Abmachung, Handel ⟨mit j-m e-n D. haben, machen⟩

Dea·ler ['diːlɐ] *der*; *-s*, -; j-d, der illegal mit Rauschgift handelt || *hierzu* **dea·len** (*hat*) *Vi*

De·ba·kel *das*; *-s*, -; *geschr*; ein großer Misserfolg ⟨ein D. erleiden; etw. endet mit e-m D.⟩

De·bat·te *die*; -, *-n*; *geschr*; **1** ***e-e D.*** **(*über etw.*** (*Akk*)**)** e-e *mst* öffentliche Diskussion über Probleme, zu denen es verschiedene Meinungen gibt ⟨e-e erregte, heftige, hitzige D.; e-e D. eröffnen, führen⟩: *Zwischen Regierung u. Opposition kam es zu e-r heftigen D. über die Pläne für die Steuerreform* || -K: ***Bundestags-, Haushalts-, Parlaments-*** **2** ***etw. zur D. stellen*** ein Thema (in e-r Diskussionsrunde) einführen, damit darüber diskutiert wird **3** ***etw. steht nicht zur D.*** über ein Thema soll nicht diskutiert werden / braucht nicht diskutiert zu werden

de·bat·tie·ren; *debattierte, hat debattiert*; [Vt] **1** ***etw. d.*** über ein Thema diskutieren: *Das Parlament hat gestern den Gesetzesentwurf über das neue Streikrecht debattiert*; [Vi] **2** **(*über etw.*** (*Akk*)**) *d.*** ≈ d. (1)

De·büt [de'byː] *das*; *-s*, *-s*; der erste Auftritt e-s Künstlers, Sportlers od. Politikers vor e-m (relativ großen) Publikum ⟨sein D. geben, liefern⟩: *Das D. der jungen Opernsängerin war ein großer Erfolg* || *hierzu* **de·bü·tie·ren** (*hat*) *Vi*

de·chif·frie·ren [-ʃ-]; *dechiffrierte, hat dechiffriert*; [Vt] ***etw. d.*** *geschr*; die Bedeutung von etw. (*z.B.* e-m Kode) finden ≈ entschlüsseln ⟨e-n Kode, e-e Geheimschrift, e-e Nachricht d.⟩ || *hierzu* **De·chiff·rie·rung** *die*

Deck *das*; *-(e)s*, *-s*; **1** die waagrechte Fläche, die den Innenraum e-s Schiffs nach oben abschließt ⟨auf / an, unter D. sein; an, unter D. gehen⟩: *das D. schrubben*; *sich auf dem / an D. sonnen* || -K: ***Promenaden-, Sonnen-*** **2** e-e Art Stockwerk auf e-m großen Schiff: *Der Speisesaal befindet sich im mittleren D.* || -K: ***Ober-, Unter-, Zwischen-***; ***Passagier-***

De·cke[1] *die*; -, *-n*; **1** ein großes, rechteckiges Stück aus *mst* dickem, warmem Stoff, mit dem man *bes* im Bett den Körper bedeckt ⟨j-n / sich mit e-r D. zudecken, in e-e D. hüllen / wickeln; unter die D. kriechen, schlüpfen; unter der D. liegen⟩: *sich die D. über den Kopf, bis ans Kinn ziehen*; *e-e D. auf die Wiese legen / auf der Wiese ausbreiten u. sich darauf setzen* || -K: ***Daunen-, Feder-, Woll-***; ***Bett-, Reise-, Sofa-***; ***Pferde-, Sattel-*** **2** e-e Schicht, die etw. (*bes* e-e waagrechte Fläche) bedeckt: *Am Morgen lag e-e weiße D. (Schnee) über / auf der Wiese* || -K: ***Eis-, Gras-, Moos-, Nebel-, Rasen-, Schnee-, Staub-***; ***Bauch-, Straßen-*** || ID ***mit j-m unter einer D. stecken*** *gespr*; mit j-m gemeinsame Pläne (oft zum Nachteil anderer) haben; ***sich*** (*Akk*) ***nach der D. strecken müssen*** *gespr*; gezwungen sein, mit wenig Geld zu leben

De·cke[2] *die*; -, *-n*; die ebene Fläche (*z.B.* aus Holz od. Beton), die e-n Raum nach oben hin abschließt ↔ Fußboden ⟨e-e hohe, niedrige D.⟩: *Die Lampe hängt von der D. herab / an der D.*; *Er starrte nachdenklich an die / zur D.* || K-: ***Decken-, -beleuchtung, -gemälde, -lampe*** || -K: ***Beton-, Holz-, Stuck-***; ***Zimmer-*** || ID ***an die D. gehen*** *gespr*; wütend werden; ***j-m fällt die D. auf den Kopf*** *gespr*; j-d fühlt sich in seiner Wohnung *o.Ä.* einsam, ist deprimiert od. langweilt sich u. braucht Abwechslung

De·ckel *der*; *-s*, -; **1** der oberste Teil e-s Behälters (*z.B.* e-r Dose, e-s Topfes od. e-r Kiste), mit dem man ihn schließen kann: *den D. des Glases abschrauben*; *den D. der Truhe zufallen lassen, schließen* || -K: ***Koffer-***; ***Topf-***; ***Schraub-*** **2** der vordere od. hintere Teil des Einbandes e-s Buches ⟨den D. aufklappen, zuklappen⟩ || -K: ***Akten-, Buch-*** **3** *gespr hum* ≈ Hut || ID ***j-m eins auf den D. geben*** *gespr*; j-n tadeln, zurechtweisen od. verprügeln; ***eins auf den D. bekommen / kriegen*** *gespr*; getadelt, zurechtgewiesen od. verprügelt werden

Deckel

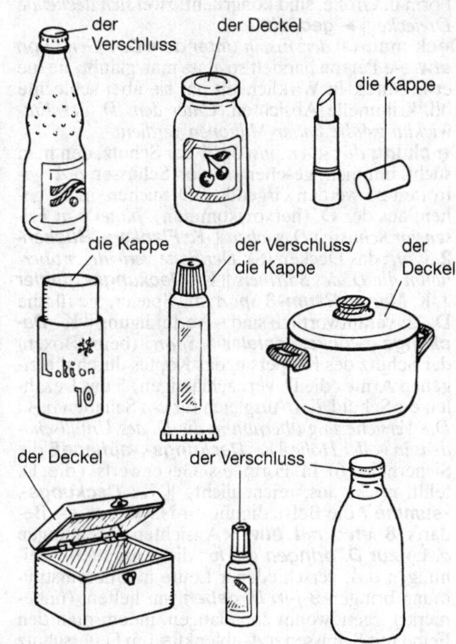

de·cken; *deckte, hat gedeckt*; [Vt] **1** ***etw. über j-n / etw. d.*** e-e Art Decke[1] (1) über j-n / etw. legen

≈ etw. über j-n / etw. breiten: *Zum Schutz gegen Frost decken wir im Herbst Tannenzweige über die Rosen* || K-: ***Deck-, -bett, -feder, -haar, -platte, -schicht*** **2** ***das Dach*** (***mit etw.***) ***d.*** das offene Dach e-s Hauses mit Ziegeln *o.Ä.* versehen **3** ***j-n*** / (***j-m***) ***etw. d.*** ≈ j-n / etw. schützen, abschirmen ⟨j-m den Rücken d.⟩: *Als die Schüsse fielen, warf sich die Mutter über ihr Kind u. deckte es mit ihrem eigenen Körper* **4** ***j-n / etw. d.*** (durch Lügen *o.Ä.*) dafür sorgen, dass j-d für e-e kriminelle Handlung *o.Ä.* nicht verantwortlich gemacht wird ⟨j-s Flucht, j-s Lügen d.⟩: *Bei dem Verhör durch die Polizei deckte sie ihren Geliebten durch e-e falsche Aussage* **5** ***etw. d.*** dafür sorgen, dass genug von e-r Ware vorhanden ist ⟨den Bedarf (an etw. (*Dat*)), die Nachfrage (nach etw.) d.⟩ **6** ***etw. deckt etw.*** etw. bringt so viel Geld ein, dass entstandene Kosten finanziert werden können: *Das Geld von der Versicherung deckt den Schaden nicht*; *Die Einnahmen haben nicht mal die Unkosten gedeckt*; [Vt/i] **7** (***den Tisch***) ***d.*** Geschirr, Besteck, Gläser, Servietten *usw* auf den Tisch tun ↔ abräumen: *für zwei Personen d.*; *Du kannst schon mal den Tisch d. - das Essen ist gleich fertig* **8** (***j-n***) ***d.*** *Sport*; (beim Fußball, Handball *usw*) nahe bei e-m gegnerischen Spieler bleiben u. zu verhindern versuchen, dass er den Ball bekommt **9** ***ein Tier deckt*** (***ein Tier***) ein männliches Tier befruchtet ein weibliches Tier: *Der Stier deckt die Kuh*; *die Stute decken lassen, zum Decken bringen* || K-: ***Deck-, -hengst***; [Vi] **10** ***etw. deckt*** e-e Farbe *o.Ä.* ist so intensiv, dass man den Untergrund nicht sieht: *Diese Wandfarbe deckt gut* || K-: ***Deck-, -anstrich, -farbe, -weiß***; [Vr] **11** ***etw. deckt sich mit etw.***; ⟨Ansichten, Aussagen, Beobachtungen, Meinungen *o.Ä.*⟩ ***decken sich*** Ansichten, Aussagen *usw* verschiedener Leute stimmen miteinander überein, sind gleich **12** ***etw. deckt sich mit etw.***; ⟨Körper *o.Ä.*⟩ ***decken sich*** *Geometrie*; zwei od. mehrere geometrische Flächen haben die gleiche Form u. Größe, sind kongruent: *zwei sich deckende Dreiecke* || ► ***gedeckt***

Dẹck·man·tel *der*; *mst in* ***unter dem D.*** + *Gen* / ***von etw.*** e-e Person handelt so, dass man glaubt, sie tue etw. Gutes. In Wirklichkeit hat sie aber schlechte od. kriminelle Absichten: *Unter dem D. der Entwicklungshilfe hat er Millionen verdient*

Dẹ·ckung *die*; -, *-en*; *mst Sg*; **1** der Schutz, den man sucht, um nicht gesehen od. von Schüssen *o.Ä.* getroffen zu werden ⟨irgendwo D. suchen, in D. gehen; aus der D. (hervor)kommen⟩: *hinter e-m Felsen vor Schüssen D. suchen* || -K: ***Flanken-, Rücken-*** **2** *Sport*; das Decken (8): *Der beste Verteidiger übernahm die D. des Stürmers* || K-: ***Deckungs-, -fehler*** || -K: ***Mann-, Raum-*** **3** *Sport*; die Spieler, die für die D. (2) verantwortlich sind ≈ Verteidigung || K-: ***Deckungs-, -lücke, -spieler*** **4** *Sport*; (beim Boxen) der Schutz des Körpers u. des Kopfes durch die eigenen Arme ⟨die D. vernachlässigen⟩ **5** das Bezahlen e-r Schuld, der Ausgleich für e-n Schaden *o.Ä.*: *Die Versicherung übernimmt die D. des Unfallschadens in voller Höhe* || K-: ***Deckungs-, -auflage*** **6** die Sicherheit (6) in Form e-s Gegenwerts ⟨die D. fehlt, reicht aus, reicht nicht⟩ || K-: ***Deckungs-, -summe*** **7** die Befriedigung e-r Nachfrage, e-s Bedarfs **8** ***etw. mit etw.*** / ⟨Ansichten, Meinungen *o.Ä.*⟩ ***zur D. bringen*** *geschr*; die Ansichten, Meinungen *o.Ä.* verschiedener Leute in Übereinstimmung bringen **9** ***j-m D. geben*** j-m helfen, (unbemerkt) irgendwohin zu gelangen, indem man den Feind mit Schüssen *o.Ä.* ablenkt ≈ j-m Feuerschutz geben || ID ***Volle D.!*** verwendet, um j-n aufzufordern, in D. (1) zu gehen

dẹ·ckungs·gleich *Adj*; *nicht adv*, *Geometrie*; völlig identisch in Form u. Größe ≈ kongruent || *hierzu* **Dẹ·ckungs·gleich·heit** *die*

de·co·die·ren [-k-] ↑ ***dekodieren***

de·duk·tiv, de·duk·tiv [-f] *Adj*; *geschr*; (*bes* verwendet in der Logik) so, dass man das Besondere aus dem Allgemeinen erschließt, logisch folgert ↔ induktiv ⟨ein Beweis, ein Schluss, ein Vorgehen⟩ || *hierzu* **de·du·zie·ren** (*hat*) *Vt*; **De·duk·ti·on** *die*; -, *-en*

de·es·ka·lie·ren; *deeskalierte, hat deeskaliert*; [Vt] ***etw. d.*** e-n Konflikt allmählich abschwächen

de fac·to [deːˈfakto] *Adv*; *geschr*; in Wirklichkeit, in der Praxis ≈ tatsächlich: *Der Sieger stand de facto schon vor der Wahl fest* || K-: ***De-facto-Anerkennung***

De·fä·tis·mus *der*; -; *nur Sg*, *geschr pej*; e-e Einstellung, bei der man annimmt, dass sich alles negativ entwickeln wird || *hierzu* **De·fä·tist** *der*; *-en*, *-en*; **de·fä·tis·tisch** *Adj*

De·fẹkt *der*; *-(e)s*, *-e*; **1** ein technischer Fehler in e-r Maschine: *Der Unfall wurde durch e-n D. an den Bremsen verursacht* **2** e-e Störung der Funktion e-s Organs od. der Psyche ⟨ein genetischer, geistiger, seelischer D.⟩

de·fẹkt *Adj*; *ohne Steigerung*, *nicht adv*; (verwendet in Bezug auf technische Geräte) nicht in Ordnung ≈ kaputt, schadhaft: *E-e defekte elektrische Leitung führte zu dem Brand*

de·fen·siv, de·fen·siv [-f] *Adj*; **1** nicht zum Angriff, sondern zur Verteidigung bestimmt ↔ offensiv (1) ⟨e-e Strategie, Waffen⟩ || K-: ***Defensiv-, -bündnis, -krieg, -taktik, -waffe*** **2** mit Rücksicht auf andere ≈ rücksichtsvoll ⟨e-e Fahrweise, ein Fahrer; d. fahren⟩ ↔ aggressiv **3** *Sport*; im Spiel nicht angreifend, sondern verteidigend ⟨ein Spieler; d. spielen⟩ || K-: ***Defensiv-, -spiel***

De·fen·si·ve, De·fen·si·ve [-və] *die*; -; *nur Sg*; **1** *geschr*; e-e Position, aus der heraus man sich (militärisch od. verbal) verteidigen muss ↔ Offensive (1) ⟨sich in die D. begeben; sich in die D. gedrängt fühlen⟩ **2** *Sport*; e-e Spielweise, die von der Verteidigung bestimmt ist ↔ Offensive (3) ⟨aus der D. heraus spielen; in die D. zurückgedrängt werden⟩

de·fi·nie·ren; *definierte, hat definiert*; [Vt] ***etw.*** (***irgendwie***) ***d.*** die Bedeutung e-s Wortes od. Begriffs genau beschreiben od. festlegen: *Abstrakte Begriffe wie „Freiheit" sind schwer zu d.*

De·fi·ni·ti·on [-ˈtsi̯oːn] *die*; -, *-en*; *geschr*; die genaue Erklärung e-s Begriffs ⟨e-e D. von etw. geben⟩: *Versuchen Sie e-e kurze D. des Begriffs „Klassik"!*

de·fi·ni·tiv, de·fi·ni·tiv [-f] *Adj*; *geschr*; nicht mehr zu verändern ≈ endgültig ⟨e-e Antwort, Entscheidung; sich d. für / gegen etw. entscheiden⟩

De·fi·zit *das*; *-s*, *-e*; **1** *Bank*; ein bestimmter Betrag Geld, der fehlt, weil man mehr Geld ausgibt als man einnimmt ⟨ein D. decken⟩ || -K: ***Außenhandels-, Haushalts-, Kassen-*** **2** *geschr*; ***ein D.*** (***an etw.*** (*Dat*)) ≈ Mangel [1] (1) ⟨ein D. ausgleichen⟩ || -K: ***Informations-***

de·for·mie·ren; *deformierte, hat deformiert*; [Vt] **1** ***etw. d.*** *geschr*; etw. in seiner Form so ändern, dass es nicht mehr (richtig) zu gebrauchen ist: *Bei dem Brand wurden durch die Hitze die Stahlträger des Gebäudes völlig deformiert* **2** *mst* ***etw. ist deformiert*** *mst* etw. ist in der Form entstellt || *hierzu* **De·for·ma·ti·on** *die*; **De·for·mie·rung** *die*

dẹf·tig *Adj*; *gespr*; **1** einfach, kalorienreich u. sättigend ⟨ein Essen, e-e Mahlzeit⟩ **2** grob u. direkt ≈ derb (1) ⟨Späße, ein Witz⟩

De·gen *der*; *-s*, -; *hist od Sport*; e-e Waffe zum Fechten mit e-r sehr langen, sehr dünnen Klinge || ↑ *Abb. unter* ***Waffen*** || K-: ***Degen-, -fechten***

De·ge·ne·ra·ti·on [-'tsio:n] *die*; -, *-en*; *mst Sg*; **1** *geschr*; e-e negative geistige od. moralische Entwicklung ≈ Verfall, Abstieg: *die moralische D. e-r übersättigten Gesellschaft* **2** *Biol*, *Med*; der Verlust von (positiven) Eigenschaften od. Merkmalen (*mst* im Laufe von mehreren Generationen, *z.B.* infolge von Inzucht) || *hierzu* **de·ge·ne·rie·ren** (*ist*) *Vi*

de·gra·die·ren; *degradierte, hat degradiert*; [Vt] **1** ***j-n*** ((***von etw.***) ***zu etw.***) ***d.*** j-n (*bes* beruflich) erniedrigen ≈ herabsetzen: *Der Schauspieler fühlte sich in der neuen Rolle zum bloßen Statisten degradiert* **2** ***j-n*** ((***von etw.***) ***zu etw.***) ***d.*** *Mil*; j-n in e-n niedrigeren Dienstrang versetzen || *hierzu* **De·gra·die·rung** *die*

dehn·bar *Adj*; *nicht adv*; **1** ⟨Materialien⟩ so beschaffen, dass man sie dehnen kann: *ein dehnbares Gewebe* **2** nicht eindeutig definiert (u. daher auf unterschiedliche Weise interpretierbar) ⟨ein Begriff⟩: *„Freiheit" ist ein dehnbarer Begriff* || *hierzu* **Dehn·bar·keit** *die*; *nur Sg*

deh·nen; *dehnte, hat gedehnt*; [Vt] **1** ***etw. d.*** etw. länger od. breiter machen, indem man (von beiden Seiten) daran zieht: *e-n Gummi so lange d., bis er reißt* **2** ***etw.*** / ***sich d.*** *bes* die Arme u. Beine ausstrecken (*bes* um die Muskeln u. Sehnen elastischer zu machen) ≈ recken || K-: ***Dehn-, -übungen***; [Vr] **3** ***etw. dehnt sich*** etw. wird länger bzw. breiter: *Der Pullover hat sich beim Waschen gedehnt* || *zu* **1** u. **2** **Deh·nung** *die*

Deich *der*; *-(e)s, -e*; ein Wall aus Erde, den man am Meer aufschüttet, um das Land vor Überschwemmungen zu schützen ≈ Damm (1) || K-: ***Deich-, -bruch***

Deich·sel [-ks-] *die*; -, *-n*; e-e Art Stange, die *z.B.* bei Pferde- od. Handwagen vorne in der Mitte befestigt ist u. mit der man den Wagen (zieht u.) lenkt

deich·seln [-ks-]; *deichselte, hat gedeichselt*; [Vt] ***etw. d.*** *gespr*; *mst* durch Geschick, seine Beziehungen *o.Ä.* e-e Situation zustande bringen, die für einen selbst sehr günstig ist: *Er hat das wieder mal so gedeichselt, dass er nur wenig zu arbeiten braucht*

dein *Possessivpronomen der 2. Person Sg* (*du*); ↑ *Tabellen unter* ***Possessivpronomen*** u. unter ***mein***

dei·n- *Possessivpronomen der 2. Person Sg* (*du*); ↑ ***mein-***

dei·ner *Personalpronomen der 2. Person Sg* (*du*), *Genitiv*; ↑ *Tabelle unter* ***Personalpronomen***

dei·ner·seits *Adv*; was dich betrifft, von dir aus: *Bestehen d. noch Zweifel?*

dei·nes·glei·chen *Pronomen*; *indeklinabel*, *geschr*, *oft pej*; Leute wie du: *Du u. d. glauben wohl, Geld verdient sich von selbst!*

dei·net·hal·ben *Adv*; *veraltet* ≈ deinetwegen

dei·net·we·gen *Adv*; **1** deshalb, weil es gut für dich ist ≈ dir zuliebe **2** aus e-m Grund, der dich betrifft: *D. mussten wir so lange warten!*

dei·net·wil·len *Adv*; *veraltend*; *nur in* ***um d.*** ≈ deinetwegen

dei·ni·g-, **Dei·ni·g-** *Possessivpronomen*; *veraltend*; wie ein Subst. verwendet für *der, die, das deine* / *Deine* || ↑ ***mein-***

de ju·re *Adv*; *mst in* ***etw. de jure anerkennen*** *geschr*; etw. formal (juristisch), von Rechts wegen anerkennen ↔ etw. de facto anerkennen

De·ka *das*; *-(s)*, -; 10 Gramm: *10 Deka* (= 100 Gramm) *Wurst*

de·ka·dent *Adj*; mit Merkmalen, die auf e-e moralische Verschlechterung, auf e-n kulturellen Verfall hinweisen: *dekadente Züge in der Kunst* || *hierzu* **De·ka·denz** *die*; -; *nur Sg*

De·kan *der*; *-s, -e*; **1** der Leiter e-r Fakultät an e-r Universität **2** ein protestantischer Geistlicher, der e-n bestimmten Bezirk leitet

De·ka·nat *das*; *-s, -e*; **1** das Büro eines Dekans (1,2) **2** *ev*; der Bezirk e-s Dekans (2) **3** die Amtszeit e-s Dekans (1,2)

de·kla·mie·ren; *deklamierte, hat deklamiert*; [Vt] **1** ***etw. d.*** *geschr*; ein Gedicht od. e-n Teil e-s Theaterstücks ausdrucksvoll vortragen **2** ***etw. d.*** *geschr*; über ein Thema gefühlvoll u. (zu) feierlich sprechen

de·kla·rie·ren; *deklarierte, hat deklariert*; [Vt] **1** ***etw. d.*** *Admin geschr*; (an der Grenze) die Waren angeben, für die man e-e Steuer bezahlen muss **2** ⟨ein Staat, e-e Regierung *o.Ä.*⟩ ***deklariert etw.*** *geschr*; ein Staat, e-e Regierung *o.Ä.* verkündet etw. feierlich || *hierzu* **De·kla·ra·ti·on** *die*; -, *-en*

de·klas·sie·ren; *deklassierte, hat deklassiert*; [Vt] ***j-n d.*** e-n Gegner (in e-m sportlichen Wettkampf) hoch besiegen || *hierzu* **De·klas·sie·rung** *die*

de·kli·nie·ren; *deklinierte, hat dekliniert*; [Vt/i] **1** (***etw.***) ***d.*** *Ling*; ein Substantiv, Adjektiv, Pronomen od. e-n Artikel in die Form setzen, die im Satz in der betreffenden Stellung gebraucht wird ≈ flektieren; [Vt] **2** ***etw. d.*** alle Fälle[2] (7) e-s Substantivs, Adjektivs, Pronomens od. Artikels nennen || *hierzu* **De·kli·na·ti·on** *die*; -, *-en* || NB: Verben werden nicht *dekliniert*, sondern *konjugiert*

> **Die Deklination**
>
> Im Deutschen werden die Substantive, Artikel, Adjektive und Pronomen abhängig von ihrer grammatischen Funktion im Satz dekliniert. Es gibt vier Fälle:
>
> **Nominativ** (1. Fall)
> **Genitiv** (2. Fall)
> **Dativ** (3. Fall)
> **Akkusativ** (4. Fall)
>
> Das **Subjekt** des Satzes steht im Nominativ. Der Genitiv wird verwendet, um Besitz oder Zugehörigkeit auszudrücken.
> Die **Objekte** zum Verb stehen meist im Akkusativ oder im Dativ.
>
> Auch nach einer Präposition wird das Substantiv, Pronomen usw. dekliniert. Der Fall hängt dabei jeweils vom Typ der Präposition ab.

de·ko·die·ren; *dekodierte, hat dekodiert*; [Vt] ***etw. d.*** *geschr*; etw. mit e-m Kode entschlüsseln || *hierzu* **De·ko·die·rung** *die*

De·kol·le·té, **De·kol·le·tee** [dekɔl'te:] *das*; *-s, -s*; *geschr*; ein tiefer Ausschnitt (1) an e-m (festlichen) Kleid ⟨ein gewagtes, tiefes D.⟩

De·kor *der, das*; *-s, -s*; ein farbiges Muster auf Gegenständen (*mst* aus Porzellan od. Glas) ⟨ein handgemaltes D.⟩ || -K: ***Gold-***

De·ko·ra·teur [-'tø:ɐ] *der*; *-s, -e*; j-d, der beruflich *bes* Schaufenster schmückt od. gestaltet

De·ko·ra·ti·on [-'tsio:n] *die*; -, *-en*; **1** *nur Sg*; das Dekorieren (1): *Die D. des Festsaals dauerte vier Stunden* **2** *Kollekt*; die Dinge, mit denen man *z.B.* e-n Raum schmückt ≈ Schmuck (2): *Die D. des Saals für den Faschingsball bestand aus Luftballons u. bunten Papierschlangen* || -K: ***Faschings-, Saal-, Zimmer-***

de·ko·ra·tiv [-f] *Adj*; (verwendet in Bezug auf Gegenstände) so, dass sie etw. (*z.B.* e-n Raum) schmücken ⟨e-e Vase⟩

de·ko·rie·ren; *dekorierte, hat dekoriert*; [Vt] **1** ***etw.*** (***mit etw.***) ***d.*** etw. mit etw. schöner machen, etw. gestalten ⟨ein Schaufenster d.⟩ **2** ***j-n d.*** j-m e-n Orden anheften, verleihen || *zu* **1 De·ko·rie·rung** *die*

Dek·ret *das*; *-(e)s, -e*; *geschr veraltend*; e-e offizielle Verordnung von e-r Behörde ⟨ein D. erlassen⟩ || *hierzu* **dek·re·tie·ren** *(hat) Vt*

D

De·le·ga·ti·on [-'tsio:n] *die*; -, *-en*; *geschr*; e-e Gruppe von Personen, die die Interessen e-r *mst* politischen od. wirtschaftlichen Organisation *bes* auf e-r Konferenz vertritt ≈ Abordnung || K-: ***Delegations-, -leiter, -mitglied, -teilnehmer*** || -K: ***Regierungs-***

de·le·gie·ren; *delegierte, hat delegiert*; Vt *geschr*; **1** ***j-n (irgendwohin) d.*** j-n als Vertreter e-r Gruppe zu e-r Konferenz *o.Ä.* senden (damit er sich dort für die Interessen der Gruppe einsetzt); Vt/i **2** ***(etw.) (an j-n)) d.*** (e-n Teil der) Aufgaben od. Pflichten von anderen Personen tun lassen ≈ j-m etw. übertragen: *Der Chef delegiert die Arbeit (an seine Mitarbeiter); Ein Manager muss d. können* || *hierzu* **De·le·gie·rung** *die*; *nur Sg*; *zu* **1 De·le·gier·te** *der / die*; *-n, -n*

Del·fin ↑ ***Delphin***

de·li·kat *Adj*; *geschr*; **1** ⟨e-e Speise⟩ so, dass sie sehr gut schmeckt ≈ exquisit **2** *nicht adv*; ⟨e-e Angelegenheit, ein Problem, ein Thema⟩ so, dass sie von j-m viel Taktgefühl *o.Ä.* verlangen ≈ heikel

De·li·ka·tes·se *die*; -, *-n*; e-e sehr feine u. außergewöhnliche, *mst* teure Speise: *Hummer ist e-e D.* || K-: ***Delikatessen-, -geschäft***

De·likt *das*; *-(e)s, -e*; *Jur*; e-e illegale Handlung ≈ Straftat: *Raub ist ein schweres D.* || -K: ***Eigentums-, Sittlichkeits-, Verkehrs-***

De·lin·quent *der*; *-en, -en*; *geschr* ≈ Straftäter || NB: *der Delinquent*; *den, dem, des Delinquenten*

De·li·ri·um *das*; *-s, De·li·ri·en* [-iən]; *mst Sg*, *geschr*; ein Zustand (der *bes* bei Kranken mit hohem Fieber u. bei Alkoholabhängigen vorkommt), in dem man verwirrt ist u. Dinge sieht, die nicht da sind

de·li·zi·ös *Adj*; *geschr* ≈ delikat (1), köstlich

Del·le *die*; -, *-n*; *gespr*; e-e leichte Vertiefung, die *bes* durch e-n Schlag od. Stoß entstanden ist: *j-m e-e D. ins Auto machen*

Del·phin[1] [-f-] *der*; *-s, -e*; ein (Säuge)Tier, das wie ein großer Fisch aussieht u. im Meer lebt

Del·phin[2] [-f-] *(das)*; *-s*; *nur Sg*, *Sport*; ein Schwimmstil, bei dem man beide Arme gleichzeitig aus dem Wasser schwingt u. die (geschlossenen) Beine wellenförmig bewegt || K-: ***Delphin-, -schwimmen, -schwimmer***

Del·ta *das*; *-(s), -s / Del·ten*; ein Gebiet, in dem sich ein großer Fluss in viele kleinere Flüsse teilt, die dann ins Meer münden: *das fruchtbare D. des Nils* || K-: ***Delta-, -mündung*** || -K: ***Fluss-; Nil-, Rhein-***

dem *Dat von* **der** *und* **das**; ↑ ***der***[1], ***der***[2], ***der***[3]; ↑ *Tabellen unter* ***Artikel, Demonstrativpronomen*** u. ***Relativpronomen***

De·ma·go·ge *der*; *-n, -n*; *geschr pej*; j-d, der versucht, andere von seinen (politischen) Ideen zu überzeugen, indem er bestimmte Gefühle wie Neid, Hass *usw* in ihnen weckt u. Dinge sagt, die nicht zu beweisen sind || *hierzu* **De·ma·go·gie** *die*; -; *nur Sg*; **de·ma·go·gisch** *Adj*

De·mar·ka·ti·ons·li·nie [-'tsio:ns-] *die*; der vorläufige Verlauf e-r Grenze, den zwei (od. mehrere) Staaten nach e-m Krieg festgelegt haben

de·mas·kie·ren; *demaskierte, hat demaskiert*; *geschr*; Vt **1** ***j-n d.*** den wahren Charakter, die wirklichen Absichten e-r Person aufdecken ≈ entlarven: *e-n Betrüger, Hochstapler d.*; Vr **2** ***sich d.*** durch e-e Bemerkung *o.Ä.* seinen wahren Charakter, seine wahren Absichten verraten || *hierzu* **De·mas·kie·rung** *die*

De·men·ti *das*; *-s, -s*; *geschr*; e-e offizielle Äußerung, mit der man e-e Behauptung od. Nachricht für falsch erklärt

de·men·tie·ren; *dementierte, hat dementiert*; Vt/i ***(etw.) d.*** *geschr*; e-e Behauptung od. Nachricht offiziell für falsch erklären: *Die Regierung dementiert, dass der Minister in e-n Skandal verwickelt ist*

dem·ent·spre·chend *Adj*; so, wie es logisch aus der vorher erwähnten Situation folgt: *Er hatte zu wenig geschlafen u. war d. schlecht gelaunt*

dem·ge·gen·über *Adv*; im Vergleich zum vorher Erwähnten: *Sein neues Buch ist ausgezeichnet. Die alten sind d. fast primitiv*

dem·ge·mäß *Adv*; als logische od. angemessene Folge des vorher erwähnten Umstandes ≈ dementsprechend, infolgedessen

De·mis·si·on [-'sio:n] *die*; -, *-en*; *geschr*; der Rücktritt e-r Regierung od. e-s Ministers von seinem Amt

dem·nach *Adv* ≈ also, folglich

dem·nächst *Adv*; in naher Zukunft ≈ bald[1] (1): *Sie werden d. heiraten*

De·mo *die*; -, *-s*; *gespr*, *Kurzw* ↑ ***Demonstration***

De·mo·krat *der*; *-en, -en*; **1** j-d, der nach den Prinzipien der Demokratie (1) lebt: *Das Land braucht mehr echte Demokraten unter den Politikern* **2** ein Mitglied e-r Partei, die in ihrem Namen das Wort *demokratisch (o.Ä.)* hat: *die Demokraten u. die Republikaner in den USA* || -K: ***Christ-, Sozial-*** || NB: *der Demokrat*; *den, dem, des Demokraten*

De·mo·kra·tie *die*; -, *-n* [-'ti:ən] **1** e-e Staatsform, in der die Bürger die Regierung selbst wählen: *Ein wesentliches Prinzip der D. ist die Pressefreiheit* **2** ein Land mit e-r D. (1) als Staatsform: *Die Schweiz ist e-e D.* **3** *nur Sg*; das Prinzip, nach dem die Mehrheit e-r Gruppe Entscheidungen fällt: *D. in der Familie, in der Schule, am Arbeitsplatz*

de·mo·kra·tisch *Adj*; **1** den Prinzipien der Demokratie (1) entsprechend ⟨e-e Partei, ein Staat, e-e Verfassung, Wahlen⟩ **2** nach dem Prinzip, dass das gilt, was die Mehrheit will ⟨e-e Entscheidung⟩: *Der Beschluss wurde d. gefasst*

de·mo·kra·ti·sie·ren; *demokratisierte, hat demokratisiert*; Vt ***etw. d.*** *geschr*; etw. so verändern, dass es demokratischen (1) Grundsätzen entspricht ⟨ein Land d.⟩: *die Hochschulen, die Verwaltung d. wollen* || *hierzu* **De·mo·kra·ti·sie·rung** *die*

de·mo·lie·ren; *demolierte, hat demoliert*; Vt ***etw. d.*** etw. (mit Absicht) zerstören od. beschädigen: *Die enttäuschten Fußballfans demolierten die Tribünen* || *hierzu* **De·mo·lie·rung** *die*

De·monst·rant *der*; *-en, -en*; j-d, der an e-r Demonstration[1] teilnimmt || NB: *der Demonstrant*; *den, dem, des Demonstranten* || *hierzu* **De·monst·ran·tin** *die*; -, *-nen*

De·monst·ra·ti·on[1] [-'tsio:n] *die*; -, *-en*; e-e Versammlung e-r (*mst* relativ großen) Menge von Menschen im Freien, um für od. gegen etw. zu protestieren: *e-e D. gegen Atomkraftwerke* || K-: ***Demonstrations-, -recht, -teilnehmer, -verbot, -zug*** || -K: ***Friedens-, Massen-, Protest-*** || ► ***demonstrieren***[1]

De·monst·ra·ti·on[2] [-'tsio:n] *die*; -, *-en*; *geschr*; **1** *mst Sg*; das Zeigen, wie etw. funktioniert: *die D. e-r chemischen Reaktion* || K-: ***Demonstrations-, -material, -objekt*** **2** die sichtbare Darstellung e-r bestimmten Absicht od. Einstellung: *Die Militärparade war als D. der Macht gedacht* || ► ***demonstrieren***[2]

de·monst·ra·tiv [-f] *Adj*; *geschr*; so, dass man dadurch seine Einstellung deutlich zeigt: *Die Opposition verließ d. den Parlamentssaal*; *Er sah d. über sie hinweg*

De·monst·ra·tiv·pro·no·men [-f-] *das*; *Ling*; ein

Pronomen wie *dieser* od. *jener*, das wie ein Adjektiv od. Substantiv verwendet wird u. das auf ein bereits erwähntes Substantiv / auf e-n bereits erwähnten Sachverhalt hinweist || ↑ *auch Tabelle unter* ***dieser***, ***derjenige***

Demonstrativpronomen: *der*				
	Sg			*Pl*
	m	*f*	*n*	
Nom	der	die	das	die
Akk	den	die	das	die
Dat	dem	der	dem	denen
Gen	dessen	deren	dessen	deren/ derer

Im Genitiv Plural nimmt man auch *deren* anstelle des Possessivpronomens *ihre(n)*: *Meine Freunde und deren / ihre Kinder.* Ansonsten steht *derer*: *Die Zahl derer, die allein leben, nimmt ständig zu.*

de·monst·rie·ren[1]; *demonstrierte, hat demonstriert*; [Vi] ***(für / gegen j-n / etw.) d.*** an e-r Demonstration[1] teilnehmen: *für den Frieden, gegen die Aufstellung von Raketen d.*

de·monst·rie·ren[2]; *demonstrierte, hat demonstriert*; [Vt] *geschr*; **1** ***etw. d.*** in gut verständlicher Weise zeigen, wie etw. funktioniert ≈ vorführen: *Der Biologielehrer demonstrierte anhand e-s Modells die Funktion des Herzens* **2** ***etw. d.*** e-e bestimmte Einstellung *o.Ä.* anderen Menschen deutlich zeigen: *Bei der Abstimmung demonstrierte die Koalition Geschlossenheit u. überstimmte die Opposition*

De·mon·ta·ge [demɔn'taːʒə] *die*; -, *-n*; *geschr*; **1** der Abbau, das Zerlegen von Gerüsten, technischen Anlagen *o.Ä.* ↔ Montage **2** *mst pej*; der allmähliche Abbau von etw. *mst* Positivem: *Die Opposition warf der Regierung e-e D. der Grundrechte vor* || *hierzu* **de·mon·tie·ren** *(hat) Vt*

de·mo·ra·li·sie·ren; *demoralisierte, hat demoralisiert*; [Vt] ***j-n d.*** j-m den Willen u. den Mut nehmen, etw. zu tun ≈ entmutigen: *Die dauernden Rückschläge demoralisierten ihn so, dass er seinen Plan schließlich ganz aufgab* || *hierzu* **De·mo·ra·li·sie·rung** *die*; *nur Sg*

De·mo·skop *der*; *-en, -en*; ein Wissenschaftler, der Demoskopie betreibt ≈ Meinungsforscher || NB: *der Demoskop*; *den, dem, des Demoskopen*

De·mo·sko·pie *die*; -; *nur Sg*; ein wissenschaftliches Verfahren, durch das die Meinung der Bevölkerung (*mst* durch Befragung einzelner Gruppen) erforscht wird ≈ Meinungsforschung || *hierzu* **de·mo·sko·pisch** *Adj*; *nur attr od adv*

De·mut *die*; -; *nur Sg*; das völlige Fehlen von persönlichem Stolz, die Einstellung, dass man Unglück, Leid *o.Ä.* ertragen muss, ohne zu klagen: *Schicksalsschläge in D. ertragen* || K-: ***Demuts-, -haltung*** || *hierzu* **de·mü·tig** *Adj*; **de·muts·voll** *Adj*

de·mü·ti·gen; *demütigte, hat gedemütigt*; [Vt] ***j-n d.*** j-n so behandeln, dass er in seiner Würde u. in seinem Stolz verletzt wird ≈ erniedrigen: *j-n d., indem man ihn vor den Kollegen lächerlich macht* || *hierzu* **De·mü·ti·gung** *die*

dem·zu·fol·ge *Adv*; als (logische) Folge des vorher Erwähnten ≈ deshalb, infolgedessen

den *Akk von* ***der***; ↑ ***der***[1], ***der***[2], ***der***[3]; ↑ *Tabellen unter* ***Artikel***, ***Demonstrativpronomen*** u. ***Relativpronomen***

de·nen *Demonstrativpronomen, Relativpronomen*; ↑ ***der***[2], ***der***[3] || NB: ↑ *Tabellen unter* ***Demonstrativpronomen*** u. ***Relativpronomen***

Denk·an·satz *der*; die grundlegenden Gedanken, die man sich zu e-m Thema macht

Denk·an·stoß *der*; ein geistiger Impuls od. e-e Anregung, die j-n dazu motivieren, über etw. nachzudenken ⟨j-m e-n D. geben⟩

denk·bar *Adj*; **1** *nicht adv* ≈ möglich, vorstellbar: *e-e denkbare Antwort, Lösung* **2** *nur adv*; verwendet, um (*mst* negative) Adjektive od. Adverbien zu verstärken ≈ sehr ⟨d. schlecht, d. ungünstig; d. knapp⟩

den·ken; *dachte, hat gedacht*; [Vt/i] **1** ***(etw.) d.*** mit dem Verstand Ideen u. Begriffe verarbeiten, Schlüsse ziehen *o.Ä.* ≈ überlegen ⟨klar, logisch, nüchtern, realistisch d.; abstraktes, analytisches, mathematisches Denken; e-n Gedanken als Erster d., zu Ende d.⟩: *Denk, bevor du sprichst!*; *Er war so betrunken, dass er nicht mehr vernünftig d. konnte*; *„Das ist aber seltsam", dachte sie* || K-: ***Denk-, -art, -fehler, -kategorie, -modell, -prozess, -schema, -vermögen, -vorgang, -weise*** || NB: Solange man nicht schläft, *denkt* man ohne bewusste Anstrengung fast die ganze Zeit. Wenn man aber über etw. *nachdenkt*, ist das meistens e-e bewusste Entscheidung **2** ***(etw.) d.*** e-e bestimmte Meinung od. Vermutung darüber haben, wie j-d / etw. vielleicht ist od. sein wird ≈ glauben (1): *Ich denke, dass es funktionieren wird*; *Sie dachte, ich würde sie anrufen*; *Wir dachten, im Recht zu sein*; *„Ob sie wohl noch kommt?" - „Ich denke schon / nicht"* || NB: ↑ siehe Erläuterungen auf Seite 55; [Vt] **3** ***etw. von j-m d.*** j-m bestimmte (charakterliche) Eigenschaften zuordnen: *Er denkt nichts Gutes von mir*; *Ich hätte nie von ihm gedacht, dass er so gemein sein könnte* **4** ***Was denkst du / denken Sie?*** verwendet, um j-n nach seiner Meinung zu etw. zu fragen **5** ***Was denkst du / denken Sie, wenn ...?*** verwendet, um j-n zu fragen, was er von e-m Vorschlag hält **6** ***sich (Dat) etw. (irgendwie) d.*** ein Bild od. e-e Ahnung davon haben, wie j-d / etw. ist, sein könnte od. sein wird ≈ sich etw. vorstellen: *Ich hätte mir gleich d. können, dass das nichts wird*; *Du kannst dir doch d., warum ich das nicht will*; *Als Vorspeise habe ich mir e-e Suppe gedacht*; [Vi] **7** ***irgendwie über j-n / etw. d.*** e-e bestimmte Einstellung zu od. Meinung von j-m / etw. haben: *Wie denkst du über meinen Vorschlag?*; *Wie denkt er über mich?* **8** *mst* ***schlecht von j-m d.*** e-e negative Meinung von j-m haben **9** ***irgendwie d.*** e-e bestimmte (allgemeine) Einstellung haben: *Er ist ein großzügig denkender Mensch*; *Denk doch mal ein bisschen praktisch. Was sollen wir denn mit so viel Gepäck auf e-r Wandertour?* **10** ***an j-n / etw. d.*** sich an j-n / etw. erinnern, j-n / etw. nicht vergessen: *Wie nett, dass Sie an meinen Geburtstag gedacht haben*; *Denkst du noch manchmal daran, wie schön es damals war?*; *Denk bitte daran, den Hund zu füttern!* **11** ***an j-n / sich / etw. d.*** sein Interesse, seine Gedanken auf j-n / sich / etw. (*bes* auf j-s Bedürfnisse) konzentrieren: *Er ist sehr egoistisch u. denkt immer nur an sich selbst*; *Du solltest mehr an deine Familie d.!* **12** ***(daran) d. + zu*** + *Infinitiv* die Absicht haben, etw. zu tun, etw. tun wollen ≈ mit dem Gedanken spielen + zu + *Infinitiv*: *Sie denkt daran, ihr Geschäft zu verkaufen*; *Ich denke nicht daran, ihm zu helfen* **13** ***laut d.*** seine Gedanken aussprechen, ohne damit j-m etw. mitteilen zu wollen: *„Was hast du gesagt?" - „Nichts. Ich habe nur laut gedacht"* **14** ***j-d / etw. gibt (j-m) zu d.*** j-d / etw. macht j-n nachdenklich od. misstrauisch || ID ***sich (Dat) nichts (weiter / Böses) bei etw. d.*** keine böse Absicht

D

bei etw. haben; *mst* ***Was hast du dir (eigentlich) dabei gedacht?*** *gespr*; verwendet, um Empörung über j-s Verhalten auszudrücken: *Was hast du dir eigentlich dabei gedacht, mich so vor den Gästen zu blamieren?*; ***so lange ich d. kann*** *gespr*; schon immer; *mst* ***Du wirst noch an mich d.!*** *gespr*; verwendet, um j-m zu drohen; *mst* ***Ich denke nicht daran*** (+ ***zu*** + *Infinitiv*) ich werde das auf keinen Fall tun: *Ich denke nicht daran, ihr zu helfen*; ***Wer hätte das gedacht!*** verwendet, um Überraschung auszudrücken; *mst* ***Das 'denkst du dir so!***; ***Das hast du dir so 'gedacht!*** *gespr*; das kommt nicht infrage; *mst* ***Wo denkst du hin?*** *gespr*; das geht nicht: *„Kommst du mit tanzen?" - „Wo denkst du hin? Ich muss für die Prüfung lernen!"*

-den·ken *das*; *-s*; *nur Sg*, *wenig produktiv*, *mst pej*; **1** bezeichnet e-e Einstellung, bei der auf die im ersten Wortteil genannte Sache großen Wert gelegt wird; ***Erfolgsdenken, Nützlichkeitsdenken, Prestigedenken, Profitdenken*** **2** bezeichnet e-e Einstellung, bei der alles nur im Hinblick auf die im ersten Wortteil genannte Sache beurteilt wird; ***Konkurrenzdenken, Zweckdenken*** **3** bezeichnet e-e Einstellung, bei der alles in bestimmte Kategorien eingeordnet wird; ***Freund-Feind-Denken, Schwarzweißdenken***

Den·ker *der*; *-s*, *-*; *geschr* ≈ Philosoph

denk·faul *Adj*; *nicht adv*; *pej*; zu faul zum Nachdenken

Denk·mal *das*; *-s*, *Denk·mä·ler* / *geschr selten -e*; **1** ein großer Gegenstand aus Stein od. Metall (*z.B.* e-e Statue), der auf e-m öffentlichen Platz an e-e Persönlichkeit od. an ein wichtiges Ereignis erinnern soll ≈ Monument ⟨j-m ein D. setzen; (j-m) ein D. errichten, ein D. enthüllen⟩ || -K: ***Beethoven-, Mozart-Denkmal*** *usw*; ***Grab-, Krieger-*** **2** etw., das seit längerer Zeit besteht u. das wert ist, geschätzt (u. bewahrt) zu werden: *Das Nibelungenlied ist ein D. der deutschen Literatur* || -K: ***Kultur-, Kunst-, Literatur-, Natur-, Sprach-*** || ID ***sich*** (*Dat*) ***ein D. setzen*** durch e-e große Leistung bewirken, dass man nach seinem Tod nicht vergessen wird

Denk·mal(s)|pfle·ge *die*; die Erhaltung von wertvollen alten Gebäuden *o.Ä.* || *hierzu* **Denk·mal(s)|pfle·ger** *der*

Denk·mal(s)|schutz *der*; *Kollekt*; alle (staatlichen) Maßnahmen, die die Erhaltung *bes* von wertvollen alten Gebäuden sichern ⟨etw. steht unter D.; etw. unter D. stellen⟩ || *hierzu* **Denk·mal(s)|schüt·zer** *der*

Denk·pau·se *die*; e-e kurze Unterbrechung, während der man Zeit hat, seine Gedanken zu ordnen ⟨e-e D. einlegen⟩

Denk·sport *der*; das Lösen von kniffligen Aufgaben

denks·te! *Interjektion*; *gespr*; verwendet, um *mst* j-m, den man duzt, zu sagen, dass er sich irrt

Denk·wei·se *die*; *mst Sg*; **1** die Art u. Weise, wie j-d denkt (1) **2** die geistige Haltung, die man gegenüber j-d anderem od. e-r Sache hat ≈ Gesinnung ⟨e-e fortschrittliche, konservative D.⟩

denk·wür·dig *Adj*; *nicht adv*; so wichtig, dass man es nicht vergessen sollte ⟨ein Datum, ein Ereignis, ein Tag⟩ || *hierzu* **Denk·wür·dig·keit** *die*; *nur Sg*

Denk·zet·tel *der*; *mst in* ***j-m e-n D. geben / verpassen*** *gespr*; j-n so bestrafen, dass er aus der Strafe lernt od. noch lange an sie denkt

denn[1] *Konjunktion*; **1** verwendet, um e-n Satz einzuleiten, in dem e-e (*mst* bereits bekannte) Ursache od. Begründung genannt wird ≈ weil: *Fahr vorsichtig, d. die Straßen sind glatt* || NB: Wortstellung wie im Hauptsatz **2** *geschr*; verwendet bei e-m Vergleich, um die doppelte Verwendung von *als* zu vermeiden ≈ als[2] (1): *Er ist als Sänger bekannter d. als Komponist* **3** *Komparativ* + ***d. je (zuvor)*** drückt aus, dass von etw. mehr da ist od. etw. intensiver ist als früher: *Dieses Jahr war das Wetter schlechter d. je (zuvor)*

denn[2] *Partikel*; **1** *unbetont*; verwendet, um e-e Frage freundlicher od. natürlicher klingen zu lassen: *Wie gehts dir d.?*; *Was machst du d. da?*; *Wie heißt du d.?* **2** *unbetont*; verwendet in Fragesätzen, um Überraschung od. Zweifel auszudrücken: *Geht das d. wirklich?*; *Hast du d. auch genug Geld?* **3** *unbetont*; verwendet in Frage- u. Aussagesätzen, um Ungeduld od. e-n Vorwurf auszudrücken: *Was macht ihr d. so lange?*; *Muss das d. sein?*; *Was ist d. jetzt schon wieder los?* **4** ***es sei d., …*** nur wenn etw. geschehen sollte od. der Fall ist ≈ außer[2] (, wenn, dass …): *Ich gehe nicht hin, es sei denn, du willst es unbedingt* **5** *betont*; verwendet, nachdem der Gesprächspartner etw. verneint od. abgelehnt hat, um nach e-r anderen Möglichkeit zu fragen: *„Der Wal ist kein Fisch" - „Was ist er d.?" - „Ein Säugetier!"* **6** *unbetont*; ***d. 'dann / stattdessen / sonst*** ≈ d.[2] (5): *„Ich mag keine Suppe" - „Was willst du d. dann?" - „Lieber ein Brot"* **7** *unbetont*; verwendet in rhetorischen Fragen, wenn man die Zustimmung des Zuhörers erwartet od. sich erhofft: *Wer hat d. schon so viel Geld?*; *Wer soll das d. kaufen?* **8** *unbetont*, *veraltend*; verwendet in Aussagesätzen (*bes* am Ende e-r längeren Erzählung), um e-e Folgerung auszudrücken: *So heirateten sie d. u. lebten glücklich u. zufrieden*; *Und so blieb es d. auch* **9** *unbetont*; verwendet in Ausrufesätzen, um Überraschung (u. oft Verärgerung) auszudrücken: *Ist d. das die Möglichkeit!*

den·noch *Adv* ≈ trotzdem: *Die Arbeit war schwer, d. hatte ich Spaß daran*

denn·schon ↑ ***wennschon***

den·tal *Adj*; **1** *Med*; in Bezug auf die Zähne || K-: ***Dental-, -labor*** **2** *Ling*; mithilfe der Zähne gebildet ⟨ein Laut⟩

de·nun·zie·ren; *denunzierte*, *hat denunziert*; [Vt] ***j-n (bei j-m) d.*** *pej*; (*bes* in e-m totalitären Staat aus politischen Gründen) j-n anzeigen (2) od. die Polizei auf etw. aufmerksam machen, was j-d macht (weil man ihm schaden will): *j-n bei der Polizei d.* || *hierzu* **De·nun·zi·ant** *der*; *-en*, *-en*; **De·nun·zi·an·tin** *die*; *-*, *-nen*; **De·nun·zi·a·ti·on** *die*; *-*, *-en*

Deo *das*; *-(s)*, *-s*; *gespr Kurzw* ↑ ***Deodorant*** || K-: ***Deo-, -roller, -spray, -stift*** || -K: ***Achsel-, Intim-***

De·o·do·rant *das*; *-s*, *-s*; ein kosmetisches Mittel gegen Körpergeruch

De·par·te·ment [depart(ə)'mã:] *das*; *-s*, *-s*; **1** ein Verwaltungsbezirk in Frankreich **2** (CH) ein Ministerium in der Schweiz **3** (CH) e-e Abteilung e-s Geschäfts

de·pla·ciert [-s-] *Adj*; ↑ ***deplatziert***

de·plat·ziert *Adj*; *pej*; in e-r bestimmten Situation nicht angemessen od. e-r Umgebung nicht angepasst ≈ unangebracht ⟨e-e Bemerkung; etw. wirkt d.⟩

De·po·nie *die*; *-*, *-n* [-'ni:ən]; ein großer Platz, an dem Müll *o.Ä.* gelagert wird ⟨e-e D. anlegen, schließen⟩ || -K: ***Giftmüll-, Müll-, Sondermüll-***

de·po·nie·ren; *deponierte*, *hat deponiert*; [Vt] ***etw. irgendwo d.*** etw. (*mst* Wertvolles) an e-m sicheren Ort aufbewahren (lassen): *Wertsachen im Safe d.* || *hierzu* **De·po·nie·rung** *die*

De·por·ta·ti·on [-'tsio:n] *die*; *-*, *-en*; der Abtransport *bes* von Gegnern e-s politischen Regimes od. von bestimmten Minderheiten *o.Ä.* in ein Lager *o.Ä.* || *hierzu* **de·por·tie·ren** (*hat*) *Vt*

De·pot [de'po:] *das*; *-s*, *-s*; **1** ein Lager für große Mengen *z.B.* an Lebensmitteln od. Waffen **2** e-e Sammelstelle für Züge, Busse *usw*, wenn sie (*z.B.* in der Nacht) nicht benutzt werden || -K: ***Omni-***

bus-, ***Straßenbahn-*** **3** *Bank*; die Abteilung e-r Bank, in der die Wertpapiere aufbewahrt u. verwaltet werden || K-: ***Depot-, -auszug, -gebühren, -geschäft*** || -K: ***Aktien-, Wertpapier-***

Depp *der*; *-en, -en*; *gespr südd* ≈ Dummkopf, Idiot || NB: *der Depp*; *den, dem Depp / Deppen, des Deppen*

De·pres·si·on [-'sio:n] *die*; *-, -en*; **1** *mst Pl*; ein Zustand, in dem man (oft ohne richtigen Grund) längere Zeit traurig u. mutlos ist: *Er leidet unter schweren Depressionen* **2** *Ökon*; der sehr schlechte Zustand der allgemeinen wirtschaftlichen Situation ≈ Wirtschaftskrise: *die große D. der 20er Jahre*

de·pres·siv [-f] *Adj*; *mst attr*; **1** traurig u. mutlos ⟨e-e Stimmung, ein Zustand⟩ **2** *Med*; ⟨ein Mensch⟩ so, dass er zu Depressionen neigt || *hierzu* **De·pres·si·vi·tät** *die*; *-*; *nur Sg*

de·pri·mie·ren; *deprimierte, hat deprimiert*; [Vt] **1** ***etw. deprimiert j-n*** etw. macht j-n traurig, mutlos od. hoffnungslos ⟨deprimiert aussehen; deprimierendes Wetter⟩ **2** ***j-n mit etw. d.*** j-n mit seinen Kommentaren, seinem Pessimismus *o.Ä.* traurig, mutlos *o.Ä.* machen

De·pu·tier·te *der / die*; *-n, -n*; verwendet als Bezeichnung für e-n Abgeordneten in manchen Ländern (*z.B.* in Russland) || -K: ***Volks-*** || NB: *ein Deputierter*; *der Deputierte*; *den, dem, des Deputierten*

der[1], *die, das*; *bestimmter Artikel*; **1** verwendet vor Substantiven, die etw. einmalig Vorhandenes bezeichnen: *die Erde, der Mond, die UNO usw* **2** verwendet, wenn das genannte Ding *o.Ä.* nur einmal in der Situation vorhanden ist: *Gib mir bitte die Schere*; *Sie saß auf der Couch*; *Er wäscht sich die* (= seine) *Hände, den Kopf*; *Sie wohnt in der Bahnhofsstraße* **3** verwendet vor Substantiven, die vom Sprecher u. Hörer aufgrund ihrer Vorkenntnisse eindeutig identifiziert werden können: *Wie war der Film?* **4** verwendet vor Substantiven, die im Gespräch, Text *o.Ä.* bereits (*mst* mit dem unbestimmten Artikel) erwähnt wurden: *Ein Mann u. e-e Frau standen auf einmal vor unserer Tür. Der Mann war groß, schlank …* **5** verwendet vor abstrakten Begriffen, wenn sie verallgemeinernd verwendet werden: *die Jugend*; *die Heimat*; *Das Leben könnte so einfach sein* **6** verwendet vor Substantiven, die durch ein Adj., e-n Nebensatz *o.Ä.* näher bestimmt sind: *Wir nehmen das Zimmer im ersten Stock*; *Sie hatte das Gefühl, krank zu sein* **7** verwendet vor geographischen Bezeichnungen (Namen von Meeren, Seen, Gebirgen *usw*) u. vor einigen Ländernamen: *die Alpen, der Bodensee, das Ruhrgebiet, die Pfalz*; *Italien, Frankreich, Spanien*, aber: *der Libanon, der Iran, die Schweiz, die Türkei* **8** verwendet vor manchen Eigennamen: *der Marienplatz, die ‚Zeit', der 1. F. C. Köln, die Berliner Philharmoniker* **9** verwendet vor Substantiven, die e-e Gattung *o.Ä.* als Gesamtheit bezeichnen (u. damit auch jeden einzelnen Vertreter dieser Gattung *o.Ä.*): *Der Mensch* (= jeder Mensch) *ist sterblich*; *Das Auto* (= jedes Auto) *verpestet die Umwelt*; *Watt hat die Dampfmaschine erfunden* **10** verwendet, um aus anderen Wortarten Substantive zu bilden: *das Wandern*; *das Spazierengehen*; *die Mutigen*; *die Benachteiligten*; *das ewige Hin und Her* **11** *gespr*; verwendet vor (Personen)Namen: *Der Peter hat angerufen*; *Die Meiers wollen umziehen* **12** verwendet anstelle der Präpositionen *pro* u. *je* vor bestimmten Mengen- u. Maßangaben: *Der Stoff kostet zehn Euro der Meter*; *Er verkauft die Tomaten zu zwei Euro das Pfund* || NB: ↑ *Tabelle unter* ***Artikel***

der[2], *die, das*; *Relativpronomen*; verwendet, um e-n Nebensatz einzuleiten u. auf ein vorausgehendes Substantiv od. Pronomen hinzuweisen: *das Buch, das er gelesen hat*; *ein Abend, dessen ich mich gerne erinnere*; *Das sind die Freundinnen, mit denen ich mich gestern getroffen habe* || NB: ↑ *Tabelle unter* ***Relativpronomen***

der[3], *die, das*; *Demonstrativpronomen*; **1** *attr, betont*; verwendet, um ausdrücklich auf e-e Person / Sache hinzuweisen, *mst* um sie von e-r anderen Person / Sache abzuheben ≈ dieser, diese, dieses: *Die Frau kenne ich, die andere aber nicht*; *Gerade an dem Tag kann ich nicht zu dir kommen* **2** ***deren / dessen*** + *Subst*; *geschr*; verwendet, um das Possessivpronomen *ihr / sein* zu ersetzen (*mst* um den Bezug zu verdeutlichen): *Er hat uns von dem Unfall u. dessen* (= seinen) *Folgen erzählt* **3** verwendet wie ein Subst., um direkt u. ausdrücklich auf j-n / etw. hinzuweisen: *Genau das wollte ich auch sagen*; *Die* (*da*) *kenne ich nicht* || NB: auf Personen bezogen ist dieser Gebrauch umgangssprachlich u. *mst* unhöflich: *Der versteht nichts davon!* **4** verwendet wie ein Subst., um ein bereits genanntes Subst. wieder aufzugreifen: *„Was hältst du von meinem Vorschlag?"* - *„Den finde ich gut"* **5** ***das***; wie ein Subst. verwendet, um sich (zusammenfassend) auf e-n bereits erwähnten Satz od. Text zu beziehen: *Gestern war ich in den Bergen. Das war herrlich!*; *Sie hat mich angelogen. Das werde ich ihr nie verzeihen!* **6** ***das***; wie ein Subst. verwendet bei unpersönlichen Verben u. in Sätzen mit Hilfsverb: *Das blitzt u. donnert schon seit einer Stunde*; *Darf ich vorstellen: Das ist meine Frau* **7** *gespr*; wie ein Subst. verwendet an Stelle des Personalpronomens *er* od. *sie*: *„Suchst du Monika?"* - *„Die ist zum Arzt gegangen"* || NB: ↑ *Tabelle unter* ***Demonstrativpronomen der***

der·art *Adv*; so sehr, in solch hohem Maß: *Er war d. aufgeregt, dass er anfing zu stottern*

der·ar·tig *Adj*; **1** *nicht adv* ≈ solch: *Derartige Beobachtungen habe ich nicht gemacht* **2** *nur adv* ≈ derart

derb *Adj*; **1** nicht den Normen für anständiges Benehmen entsprechend ≈ anstößig ⟨Witze, Sprüche⟩ **2** voller Kraft, nicht vorsichtig u. *mst* ungeschickt od. aggressiv ≈ grob (5) ↔ zart (6): *j-n d. an der Schulter packen* **3** grob, fest u. gut haltbar ↔ fein (1) ⟨Leder, Stoffe; Schuhe, Kleidung⟩: *Kartoffelsäcke aus derbem Leinen* || *hierzu* **Derb·heit** *die*; *nur Sg*

Der·by [-bi] *das*; *-s, -s*; *Sport*; **1** ein Rennen für (Voll-blut)Pferde von 3 Jahren **2** ein Spiel zwischen zwei Mannschaften aus der gleichen Stadt od. Gegend || -K: ***Lokal-***

der·einst *Adv*; **1** *geschr* ≈ später einmal **2** *veraltet* ≈ früher einmal, einst (1)

de·ren *Demonstrativpronomen, Relativpronomen*; ↑ ***der***[2], ***der***[3] || NB: ↑ *Tabellen unter* ***Demonstrativpronomen*** u. ***Relativpronomen***

de·rent·we·gen *Adv*; wegen derer: *Die Gäste kommen doch erst später. D. brauchst du dich also nicht so zu beeilen*

de·rent·wil·len *Adv*; *nur in* **um d.** ≈ derentwegen

de·rer *Demonstrativpronomen, gespr auch Relativpronomen*; ↑ ***der***[2], ***der***[3] || NB: ↑ *Tabellen unter* ***Demonstrativpronomen*** u. ***Relativpronomen***

der·ge·stalt *Adv*; ***d., dass …*** *geschr* ≈ so, dass …: *Die Verhandlungen verliefen d., dass jegliche Kritik sinnlos war*

der·glei·chen *Demonstrativpronomen*; *indeklinabel*; **1** *nur attr* ≈ solch-: *D. Dinge passieren jeden Tag* **2** so etw., etw. Ähnliches: *D. habe ich auch schon erlebt*

der·je·ni·ge, *diejenige, dasjenige*; *Demonstrativpronomen*; **1** wie ein Subst. verwendet, um mit besonderer Betonung auf e-e nicht näher genannte Person od. Sache hinzuweisen: *Wenn ich denjenigen erwische, der die Fensterscheibe eingeschlagen hat,* *dann kann er was erleben!* **2** wie ein attributives Adj. verwendet, um mit besonderer Betonung auf das nachfolgende Subst. hinzuweisen: *Diejenigen Schüler, die an dem Kurs teilnehmen wollen, möchten bitte ins Sekretariat kommen* || NB: nur vor nachfolgendem Relativsatz verwendet

D

Demonstrativpronomen: *derjenige*			
Nominativ			
	Sg	*m*	derjenige
		f	diejenige
		n	dasjenige
	Pl		diejenigen
Akkusativ			
	Sg	*m*	denjenigen
		f	diejenige
		n	dasjenige
	Pl		diejenigen
Dativ			
	Sg	*m*	demjenigen
		f	derjenigen
		n	demjenigen
	Pl		denjenigen
Genitiv			
	Sg	*m*	desjenigen
		f	derjenigen
		n	desjenigen
	Pl		derjenigen
Die übrigen Demonstrativpronomen und Indefinitpronomen werden nach demselben Muster gebildet.			

der·lei *Demonstrativpronomen; indeklinabel;* **1** *nur attr* ≈ solche **2** ≈ so etw., etw. Derartiges

der·ma·ßen *Adv*; in so hohem Maße, so (sehr): *Er ist d. eingebildet, dass er niemals als Erster grüßt*

Der·ma·to·lo·ge *der; -n, -n; Med* ≈ Hautarzt || *hierzu* **Der·ma·to·lo·gie** *die;* **der·ma·to·lo·gisch** *Adj; nur attr od adv*

der·sel·be, *dieselbe, dasselbe; Demonstrativpronomen;* **1** verwendet, um auszudrücken, dass j-d / etw. mit j-m / etw. identisch ist, dass es sich nur um eine Person / Sache handelt: *Er hat denselben Pullover wie du; Das ist doch dieselbe Person wie auf dem Foto* **2** *gespr* ≈ der, die, das gleiche: *Sie hat dieselbe Frisur wie ich* || NB: ↑ *Tabelle unter* ***derjenige***

der·sel·bi·ge, *dieselbige, dasselbige; Demonstrativpronomen; veraltend* ≈ derselbe || NB: ↑ *Tabelle unter* ***derjenige***

der·weil, **der·wei·len** *Adv* ≈ inzwischen

der·zeit *Adv*; **1** in der Gegenwart ≈ zurzeit, gegenwärtig ↔ seinerzeit **2** *veraltend* ≈ damals, seinerzeit

des- ↑ ***de***

De·sas·ter *das; -s, -; geschr*; ein großes Unglück, ein schlimmer Misserfolg ≈ Katastrophe: *Die Expedition endete mit e-m D.*

de·sen·si·bi·li·sie·ren; *desensibilisierte, hat desensibilisiert;* [Vt] ***j-n d.*** *Med*; j-n *mst* gegen Stoffe unempfindlich machen, gegen die er allergisch ist || *hierzu* **De·sen·si·bi·li·sie·rung** *die; nur Sg*

De·ser·teur [-'tøːɐ̯] *der; -s, -e*; ein Soldat, der seine Truppe heimlich verlässt, weil er nicht kämpfen will ≈ Fahnenflüchtige(r) || *hierzu* **de·ser·tie·ren** *(ist) Vi*

des·glei·chen *Adv; geschr* ≈ ebenfalls: *Bei dem Vortrag vermissten wir ein durchdachtes Konzept, d. e-e ansprechende Ausführung*

des·halb *Adv*; aus diesem Grund ≈ daher: *Sie kann sehr gut singen u. will d. Sängerin werden*

De·sign [di'zain] *das; -s, -s*; der Entwurf u. die Gestaltung e-s (industriellen) Produkts: *Möbel mit modernem D.* || -K: ***Auto-, Karosserie-, Textil-***

De·sig·ner [di'zainɐ] *der; -s, -*; j-d, der beruflich Designs macht || -K: ***Auto-, Mode-, Textil-*** || *hierzu* **De·sig·ne·rin** *die; -, -nen*

De·sig·ner- [di'zainɐ-] *im Subst, begrenzt produktiv*; verwendet, um auszudrücken, dass etw. individuell entworfen u. *mst* nur für wenige (nicht als Massenware) hergestellt wurde; die ***Designerbrille***, die ***Designerjeans***, die ***Designermode***

De·sig·ner·dro·ge [di'zainɐ-] *die*; e-e moderne, im Labor hergestellte Droge: *die Designerdrogen Ecstasy u. Crack*

de·sig·niert *Adj; nicht adv, geschr*; für ein (hohes) Amt gewählt, aber noch nicht im Amt: *der designierte Ministerpräsident*

des·il·lu·si·o·nie·ren [-zio-]; *desillusionierte, hat desillusioniert;* [Vt] ***j-n d.*** *geschr*; j-m seine Illusionen nehmen ≈ enttäuschen, ernüchtern || *hierzu* **Des·il·lu·si·o·nie·rung** *die; nur Sg*

Des·in·fek·ti·ons·mit·tel [-'tsioːns-] *das*; ein (chemisches) Mittel, mit dem *bes* Wunden od. medizinische Geräte desinfiziert werden: *Jod ist ein D.*

des·in·fi·zie·ren; *desinfizierte, hat desinfiziert;* [Vt/i] ***(etw.) d.*** etw. von Bakterien, Schmutz *o.Ä.* (mit e-m geeigneten Mittel) befreien ≈ keimfrei machen: *e-e Wunde mit Jod d.; Alkohol desinfiziert* || *hierzu* **Des·in·fek·ti·on** *die; -, -en; mst Sg*; **Des·in·fi·zie·rung** *die; mst Sg*

Des·in·teg·ra·ti·on [-'tsioːn] *die; geschr*; die Auflösung od. der Zerfall e-s Ganzen in mehrere Teile

Des·in·te·res·se *das; nur Sg, geschr*; der Mangel an Interesse ≈ Interesselosigkeit, Gleichgültigkeit || *hierzu* **des·in·te·res·siert** *Adj*

Desk·top-Pub·li·shing, **Desk·top·pub·li·shing** ['pablɪʃɪŋ] *das; -(s); nur Sg, EDV*; das formale Gestalten (Lay-out u. Satz) e-s Textes mit e-m Computer; *Abk* DTP

Des·o·do·rant ↑ ***Deodorant***

de·so·lat *Adj; geschr* ≈ trostlos, traurig ⟨ein Anblick, ein Zustand⟩

des·or·ga·ni·siert *Adj; nicht adv, geschr*; schlecht organisiert od. vorbereitet: *Unser Chef ist völlig d.* || *hierzu* **Des·or·ga·ni·sa·ti·on** *die; -; nur Sg*

des·ori·en·tiert *Adj; mst in* ***d. sein*** ≈ verwirrt, durcheinander sein || *hierzu* **Des·ori·en·tie·rung** *die; nur Sg*

des·pek·tier·lich *Adj; geschr* ≈ respektlos, geringschätzig ⟨e-e Äußerung, ein Verhalten⟩

des·pe·rat *Adj; geschr* ≈ verzweifelt ⟨e-e Lage⟩

Des·pot *der; -en, -en;* **1** ein Herrscher, der die absolute Macht besitzt u. *mst* mit Gewalt über seine Untertanen herrscht: *Nero war ein D.* **2** *pej*; j-d, der seine Macht dazu benutzt, andere zu unterdrücken ≈ Tyrann (1) || NB: *der Despot; den, dem, des Despoten* || *hierzu* **Des·po·tis·mus** *der; -; nur Sg;* **des·po·tisch** *Adj*

des·sen *Demonstrativpronomen, Relativpronomen;*

↑ ***der***[2], ***der***[3] || NB: ↑ *Tabellen unter* **Demonstrativpronomen** u. **Relativpronomen**

> **des·sen un·ge·ach·tet** *Adv*; *geschr*; trotz des Genannten ≈ trotzdem

des·sent·we·gen **1** *Demonstrativpronomen*; *veraltend, geschr* ≈ deshalb **2** *Relativpronomen*; *geschr veraltend*; wegen der vorher erwähnten Person od. Sache: *Das Problem, d. ich heute mit dir sprechen möchte, ist Folgendes …*

des·sent·wil·len *Adv*; *nur in* ***um d.*** *geschr* ≈ dessentwegen

Des·sert [dɛ'seːɐ̯] *das*; *-s*, *-s*; e-e süße Speise, die zum Abschluss e-s Gerichts[2] serviert wird ≈ Nachtisch, Nachspeise: *Es gab Obst u. Pudding als / zum D.* || K-: ***Dessert-, -löffel, -teller***

Des·sin [dɛ'sɛ̃ː] *das*; *-s*, *-s*; *geschr*; ein Muster auf Stoff od. Papier: *ein Stoff mit modischem D.*

Des·sous [dɛ'suː] *das*; *-*, *-* [dɛ'suːs]; *geschr*; elegante Unterwäsche für Frauen

de·sta·bi·li·sie·ren; *destabilisierte, hat destabilisiert*; [Vt] ***etw. d.*** e-n stabilen Zustand beseitigen

des·til·lie·ren; *destillierte, hat destilliert*; [Vt] ***etw. d.*** e-e Flüssigkeit verdampfen u. wieder flüssig werden lassen, um sie von Schmutz od. von anderen Bestandteilen zu trennen: *destilliertes Wasser in die Autobatterie nachgießen*; *Alkohol aus Wein d.* || K-: ***Destillier-, -apparat, -kolben*** || *hierzu* **Des·til·la·ti·on** *die*; *-*, *-en*; *mst Sg*

des·to *Konjunktion* ≈ um so || NB: ↑ ***je***

des·truk·tiv [-f] *Adj*; *geschr*; ⟨*mst* e-e Kritik⟩ so, dass sie nur negativ ist u. keine Vorschläge zur Verbesserung *o.Ä.* enthält ↔ konstruktiv

des·we·gen *Adv*; aus diesem Grund ≈ deshalb

De·tail [de'tai̯] *das*; *-s*, *-s*; *geschr*; **1** ≈ Einzelheit ⟨etw. bis ins kleinste D. beschreiben, erzählen⟩: *Der Zeuge konnte sich an alle Details des Unfalls erinnern* || K-: ***Detail-, -kenntnisse, -zeichnung*** **2** ***ins D. gehen*** etw. in allen Einzelheiten beschreiben, diskutieren *o.Ä.* **3** ***im D.*** ≈ im Einzelnen || ID ↑ ***Teufel***

de·tail·liert [deta'jiːɐ̯t] *Adj*; *geschr*; mit vielen Einzelheiten ≈ genau ⟨e-e Aufstellung, ein Bericht⟩: *Ich konnte keine detaillierten Angaben zu dem Zwischenfall machen*

De·tek·tiv [dedɛk'tiːf] *der*; *-s*, *-e*; j-d, der beruflich andere beobachtet *o.Ä.* u. Informationen über sie beschafft (oft im Zusammenhang mit Verbrechen): *der berühmte D. Sherlock Holmes* || K-: ***Detektiv-, -büro, -geschichte, -roman*** || -K: ***Kaufhaus-, Privat-*** || *hierzu* **De·tek·ti·vin** *die*; *-*, *-nen*

De·tek·tor [-'tektoɐ̯] *der*; *-s*, *De·tek·to·ren*; ein Gerät, mit dem man *bes* radioaktive Strahlung nachweist

De·to·na·ti·on [-'tsi̯oːn] *die*; *-*, *-en*; e-e starke u. laute Explosion: *Die Bombe verursachte e-e schwere D.* || *hierzu* **de·to·nie·ren** *(ist) Vi*

deucht *Präsens, 3. Person Sg*; ↑ ***dünken***

Deut *nur in* ***keinen / nicht einen D.*** *veraltend*; überhaupt nicht, nicht ein bisschen

deu·teln; *mst in* ***daran gibt es nichts zu d.*** *gespr*; dazu gibt es keine andere Lösung od. Interpretation, das ist eindeutig

deu·ten; *deutete, hat gedeutet*; [Vt] **1** ***etw.*** **(*als etw.* / *irgendwie*) *d.*** etw., dessen Sinn od. Zweck nicht sofort klar ist, erklären od. erläutern ≈ auslegen (6), interpretieren ⟨ein Orakel, e-n Traum; ein Gedicht d.⟩: *j-s Schweigen als Zustimmung d.*; [Vi] **2** **(*mit etw.*) *auf j-n* / *etw.*, *irgendwohin d.*** (*mst* mit dem Finger) auf j-n / etw., in e-e Richtung zeigen: *Ich sah den Vogel erst, als sie mit dem Finger auf ihn deutete* **3** ***etw. deutet auf j-n*** **(*als etw.*) / *etw.*** einige Anzeichen lassen vermuten, dass j-d etw. ist / dass etw. zutrifft ≈ etw. weist auf j-n / etw. hin: *Alles deutet auf e-n Wetterumschwung (hin)*; *Die Indizien deuten auf ihn als Täter* || *zu* **1** **deut·bar** *Adj*; *nicht adv*; **Deu·tung** *die*; **Deu·tungs·ver·such** *der*

deut·lich *Adj*; **1** gut zu erkennen ⟨e-e Ahnung, ein Gefühl; etw. d. fühlen, hören, sehen, wahrnehmen (können)⟩ **2** ⟨e-e Aussprache, e-e Schrift⟩ so klar u. genau, dass man sie gut verstehen, sehen od. hören kann: *Kannst du nicht ein bisschen deutlicher sprechen?* **3** so, dass man es nicht falsch verstehen kann ≈ eindeutig, unmissverständlich ⟨e-e Anspielung, ein Hinweis, ein Wink⟩: *Ich habe ihm dazu (klar u.) d. meine Meinung gesagt* **4** ***d. werden*** e-e Kritik od. e-n Tadel offen u. direkt äußern: *Ich fürchte, ich muss d. werden* || *hierzu* **Deut·lich·keit** *die*; *nur Sg*

deutsch *Adj*; **1** zu Deutschland u. seinen Bürgern gehörig ⟨die Geschichte, der Staat, die Staatsangehörigkeit, das Volk⟩: *die deutschen Dichter u. Denker* **2** in der Sprache, die in Deutschland, Österreich u. in Teilen der Schweiz gesprochen wird ⟨d. (mit j-m) reden, sprechen; sich d. unterhalten⟩ *die deutsche Übersetzung der Werke Shakespeares* || NB: aber: *etw. auf Deutsch sagen* (großgeschrieben) **3** *nur attr od adv*; in der Schriftart, die in Deutschland bis etwa 1940 verbreitet war ⟨die Buchstaben, die Schrift; d. geschrieben⟩ || ID ***mit j-m d. reden*** *gespr*; j-m offen u. direkt seine Meinung sagen, ohne ihn zu schonen

Deutsch *(das)*; *-(s)*; *nur Sg*; **1** *ohne Artikel*; die deutsche Sprache ⟨D. lernen, verstehen; (kein) D. sprechen; etw. auf D. sagen; sich (mit j-m) auf D. unterhalten⟩: *Meine französische Freundin spricht fließend D.*; *ein Brief in D.*; *Was heißt das auf D.?* || K-: ***Deutsch-, -kenntnisse, -kurs, -unterricht*** || NB: oft mit unbestimmtem Artikel verwendet, wenn man die Art beschreibt, wie j-d D. (1) spricht: *(ein) akzentfreies, gutes, fehlerfreies D. sprechen* **2** *mit Artikel*; verwendet, um auf e-e besondere Verwendung der deutschen Sprache durch e-e Person od. e-e Gruppe hinzuweisen: *Sie spricht ein (merkwürdiges) D.!*; *das D. des Übersetzers* || -K: ***Amts-, Beamten-, Juristen-, Zeitungs-***; ***Nord-, Süd-, Hoch-*** || NB: Die Komposita werden *mst* ohne Artikel verwendet **3** *ohne Artikel*; die deutsche Sprache u. Literatur als Unterrichtsfach in der Schule ⟨D. geben, lehren, unterrichten⟩ || K-: ***Deutsch-, -lehrer, -stunde, -unterricht*** || ID ***auf gut D.*** *gespr*; deutlicher u. direkter ausgedrückt ≈ im Klartext: *Sie sagt, sie hat Kopfschmerzen. Das heißt auf gut D., sie hat keine Lust*; ***zu D.*** verständlicher ausgedrückt ≈ auf D.: *Er ist Dermatologe, zu D. Hautarzt*; *mst* ***Verstehst du kein D. (mehr)?*** *gespr*; verwendet, um j-n darauf hinzuweisen, dass er (beim nächsten Mal) besser zuhören od. aufpassen sollte || *zu* **1** **deutsch·spra·chig** *Adj*; **deutsch·sprach·li·ch-** *Adj*; *nur attr, nicht adv, veraltend*

> **Deutsch sprechend** *Adj*; *nur attr, nicht adv*; ⟨ein Ausländer⟩ so, dass er Deutsch sprechen kann || NB: aber: *ein (jetzt gerade) deutsch sprechender Mann* (kleingeschrieben)

deutsch-deut·sch- *Adj*; *nur attr, nicht adv*, *Pol, hist*; ⟨die Beziehungen, die Grenze⟩ zwischen der Bundesrepublik Deutschland u. der DDR

Deut·sche[1] *der / die*; *-n*, *-n*; j-d, der die deutsche Staatsangehörigkeit hat || NB: *ein Deutscher*; *der Deutsche*; *den, dem, des Deutschen* || K-: ***Deutschen-, -feind, -freund, -hass***; ***deutsch-, -feindlich, -freundlich*** || *hierzu* **deutsch·stäm·mig** *Adj*; *nicht adv*

D

Die Deutschen – ein reisefreudiges Volk

Die Sehnsucht nach Sonne und das Interesse, andere Kulturen kennen zu lernen, machen die Deutschen zu einem reisefreudigen Volk. Die letzte Urlaubsreise ist ein beliebtes Gesprächsthema. Drei Viertel der Deutschen verbringen ihre Ferien im Ausland. Die beliebtesten Reiseziele sind Spanien, Österreich und Italien, gefolgt von Frankreich, Griechenland, der Türkei, den Vereinigten Staaten von Amerika und Skandinavien.

Deut·sche[2] *das*; *-n*; *nur Sg*; die deutsche Sprache ⟨etw. ins D., aus dem Deutschen übersetzen⟩ || NB: *das Deutsche*; *dem*, *des Deutschen*

Deut·sche Bahn *die*; *nur Sg*; das Unternehmen[2], dem fast der gesamte deutsche Eisenbahnverkehr untersteht

Deutsch·land *(das)*; *-s*; *nur Sg*; **1** der Staat in Mitteleuropa, in dem die Deutschen leben: *im heutigen D.* || -K: ***Ost-***, ***West-***; ***Nord-***, ***Süd-*** **2** die Vertreter der Bundesrepublik Deutschland bei internationalen Veranstaltungen, Konferenzen *o.Ä.*: *D. legte sein Veto ein*; *1:0 für D.!* || NB: aber: *die beiden Deutschland(s)* (= die beiden Teile Deutschlands vor der Wiedervereinigung)

Deutschland

Deutschland ist eine Republik (**Bundesrepublik Deutschland**) und liegt in Mitteleuropa. Das Land besteht aus 16 **Bundesländern**. Es hat eine Fläche von 357 000 km² und ist mit seinen beinahe 82 Millionen Einwohnern eines der bevölkerungsreichsten Länder Europas.
Die Hauptstadt ist **Berlin**. Einige andere wichtige Städte sind: **Frankfurt am Main**, die Finanzhauptstadt, **Hamburg** mit seinem Handelshafen, **Leipzig**, die Messestadt, **Dresden** und **München**.

Deutsch·land|fra·ge *die*; *nur Sg*, *hist*; die Probleme, die sich aus der Aufteilung Deutschlands nach dem zweiten Weltkrieg ergaben

Deutsch·land·lied *das*; die Nationalhymne des Deutschen Reiches ab 1922, deren dritte Strophe heute die deutsche Nationalhymne ist

Deutsch·tum *das*; *-s*; *nur Sg*; **1** *oft pej*; die Eigenschaften u. Verhaltensweisen, die für Deutsche typisch sind **2** die Zugehörigkeit zum deutschen Volk

De·vi·se [-v-] *die*; *-*, *-n*; *mst Sg*; e-e wichtige Erkenntnis od. Lebensweisheit, nach der man sich in e-r bestimmten Situation richtet ≈ Motto, Wahlspruch: *„Alles od. nichts" lautete die D.*

De·vi·sen [-v-] *die*; *Pl*; Geld *o.Ä.* in ausländischer Währung: *Touristen bringen D. ins Land* || K-: ***Devisen-***, ***-beschränkungen***, ***-bestimmungen***, ***-börse***, ***-einnahmen***, ***-geschäft***, ***-handel***, ***-kurse***, ***-schmuggel***, ***-vergehen***

de·vot [-v-] *Adj*; *geschr veraltend* ≈ unterwürfig ⟨e-e Haltung, e-e Verbeugung⟩

De·vo·ti·o·na·li·en [devotsio'naːliən] *die*; *Pl*, *Kollekt*; Gegenstände, die man kaufen kann u. die e-e religiöse Bedeutung haben (*z.B.* ein Kreuz, ein Heiligenbild, Kerzen) || K-: ***Devotionalien-***, ***-handlung***

De·zem·ber *der*; *-(s)*, *-*; *mst Sg*; der zwölfte Monat des Jahres; *Abk* Dez. ⟨im D.; Anfang, Mitte, Ende D.; am 1., 2., 3. D.⟩: *Im D. ist Weihnachten*

de·zent *Adj*; **1** unauffällig, aber geschmackvoll ≈ unaufdringlich ⟨Farben, Kleidung, Musik, ein Parfüm⟩: *Sie ist d. geschminkt* **2** zurückhaltend u. taktvoll ⟨ein Auftreten, ein Hinweis⟩

de·zent·ral, **de·zent·ral** *Adj*; *geschr*; **1** weit vom Mittelpunkt entfernt ↔ zentral ⟨e-e Lage⟩ **2** auf verschiedene Orte verteilt, von verschiedenen Orten ausgehend ⟨e-e Stromversorgung⟩

de·zent·ra·li·sie·ren; *dezentralisierte*, *hat dezentralisiert*; [Vt] ***etw. d.*** (*Admin*) *geschr*; Aufgaben u. Tätigkeiten von einer zentralen Stelle (*bes* in der Verwaltung) auf mehrere bzw. viele andere übertragen ⟨die Verwaltung d.⟩ || *hierzu* **De·zent·ra·li·sa·ti·on** *die*; *-*, *-en*; *mst Sg*; **De·zent·ra·li·sie·rung** *die*

De·zer·nat *das*; *-(e)s*, *-e*; *Admin geschr*; e-e Abteilung e-r Behörde (*bes* der Polizei), die ein bestimmtes Sachgebiet bearbeitet: *das D. für Wirtschaftskriminalität* || -K: ***Mord-***, ***Rauschgift-***

De·zi·bel *das*; *-s*, *-*; e-e Maßeinheit für die Lautstärke; *Abk* dB

de·zi·diert *Adj*; *geschr*; mit e-r festen Meinung zu e-r Angelegenheit ≈ entschieden: *ein dezidierter Gegner der Abtreibung*

De·zi·ma·le *die*; *-(n)*, *-n*; *Math*; e-e Zahl, die e-n Bruch im Dezimalsystem ausdrückt (u. deswegen rechts vom Komma steht) ≈ Kommastelle: *Die erste D. gibt die Zehntel, die zweite D. gibt die Hundertstel an*

De·zi·mal·stel·le *die*; *Math* ≈ Dezimale

De·zi·mal·sys·tem *das*; *nur Sg*, *Math*; das Zahlensystem, das auf der Zahl 10 aufbaut

De·zi·mal·zahl *die*; *Math*; e-e Zahl, deren Bruchteile rechts vom Komma stehen: *0,5 ist die D. für ½*

De·zi·me·ter *der*; der zehnte Teil e-s Meters; *Abk* dm: *Zehn Zentimeter sind ein D.*

de·zi·mie·ren; *dezimierte*, *hat dezimiert*; *geschr*; [Vt] **1** ***j-d / etw. dezimiert j-n*** (*Kollekt od Pl*) / ***Tiere*** Soldaten *o.Ä.* töten / e-e Katastrophe *o.Ä.* tötet viele Menschen od. Tiere: *Im Mittelalter hat die Pest die Bevölkerung stark dezimiert* || NB: *mst* im Passiv!; [Vr] **2** ***etw. dezimiert sich*** etw. wird in der Anzahl weniger ≈ etw. verringert sich: *Die Zahl der Wale hat sich in den letzten Jahren stark dezimiert* || *hierzu* **De·zi·mie·rung** *die*; *nur Sg*

DFB [deːɛf'beː] *der*; *Abk für* Deutscher Fußballbund

DGB [deːgeː'beː] *der*; *-(s)*; *nur Sg*; (*Abk für* Deutscher Gewerkschaftsbund) e-e Organisation, in der viele Gewerkschaften in Deutschland Mitglied sind

d. h. *Abk für* das heißt

Dia *das*; *-s*, *-s*; ein kleines, durchsichtiges Bild (ein Stück Film) in e-m Rahmen. Man steckt das D. so in e-n Apparat (e-n Projektor), dass es als großes Bild an der Wand *o.Ä.* zu sehen ist ⟨Dias vorführen⟩ || K-: ***Dia-***, ***-film***, ***-projektor***, ***-rahmen***, ***-show***, ***-vorführung***, ***-vortrag*** || -K: ***Farb-***, ***Schwarzweiß-***

Di·a·be·tes *der*; *-*; *nur Sg*, *Med*; e-e Krankheit, bei der j-d zu viel Zucker im Blut hat ≈ Zuckerkrankheit

Di·a·be·ti·ker *der*; *-s*, *-*; j-d, der Diabetes hat

di·a·bo·lisch *Adj*; *geschr*; ⟨ein Grinsen, ein Lächeln; ein Plan⟩ ≈ teuflisch

Di·a·dem *das*; *-s*, *-e*; ein halbrundes Schmuckstück, das Frauen um die Stirn od. im Haar tragen: *ein diamantenbesetztes D.*

Di·ag·no·se *die*; *-*, *-n*; *Med*; die Feststellung e-s Arztes, welche Krankheit ein Patient hat ⟨e-e D. stellen⟩: *Die D. lautete auf Magengeschwür* || *hierzu* **di·ag·nos·ti·zie·ren** (*hat*) *Vt*

di·a·go·nal *Adj*; **1** *Geometrie*; ⟨e-e Linie⟩ so, dass sie zwei Ecken e-s Vielecks, die nicht nebeneinander liegen, verbindet **2** schräg, quer verlaufend: *ein Hemd mit diagonalen Streifen*; *Er lief d. über das Spielfeld* **3 *etw. d. lesen*** etw. nur flüchtig durchlesen

Di·a·go·na·le *die*; *-n, -n*; *Geometrie*; e-e Linie, die zwei Ecken e-s Vielecks verbindet, die nicht nebeneinander liegen: *Die D. teilt ein Quadrat in zwei Dreiecke*

Di·a·gramm *das*; *-s, -e*; *geschr*; e-e graphische Darstellung, die zeigt, in welchem Verhältnis verschiedene Zahlen zueinander stehen: *die Entwicklung der Arbeitslosenzahlen in e-m D. verdeutlichen*

Di·a·kon, Di·a·kon *der*; *-s / -en, -e / -en*; **1** *ev*; ein Helfer für die Arbeit in e-r Pfarrgemeinde **2** ein Geistlicher, der noch nicht alle Rechte u. Pflichten e-s Priesters hat || NB: *der Diakon*; *den, dem Diakon / Diakonen, des Diakons / Diakonen*

Di·a·ko·nis·se *die*; *-, -n*; e-e Frau, die der evangelischen Kirche dient, indem sie in ihrer Gemeinde *z.B.* Kranke pflegt || K-: ***Diakonissen-, -haus***

Di·a·ko·nis·sin *die*; *-, -nen*; ↑ ***Diakonisse***

Di·a·lekt *der*; *-(e)s, -e*; die Variante e-r Sprache, aus der man die (geographische) Herkunft des Sprechers erkennen kann ≈ Mundart: *Für Ausländer ist es schwer, den bayerischen D. zu verstehen* || K-: ***Dialekt-, -ausdruck, -dichtung, -forschung, -wort*** || *hierzu* **di·a·lekt·frei** *Adj*

Dialekte

In den deutschsprachigen Ländern gibt es eine Vielzahl von Dialekten mit eigenen Besonderheiten. Zu den verbreitetsten zählen **Bayerisch**, **Fränkisch**, **Österreichisch**, **Plattdeutsch**, **Sächsisch**, **Schwäbisch** und **Schweizerdeutsch**. Dialekt wird hauptsächlich im familiären und ländlichen Bereich gesprochen. Die verschiedenen Dialekte können große Unterschiede zueinander aufweisen, so hat zum Beispiel ein Hamburger ernste Schwierigkeiten, einen Bayern, der reinen Dialekt spricht, zu verstehen.

Di·a·lek·tik *die*; *-*; *nur Sg*; **1** *Philos*; e-e Methode, e-n Denkprozess stufenweise zu entwickeln, indem man e-r These immer e-e Gegenthese gegenüber stellt u. aus beiden zu e-r Synthese kommt, die die Gegensätze beseitigt: *die D. Hegels* **2** *geschr*; die Tatsache, dass etw. zwei gegensätzliche Aspekte, e-n Widerspruch enthält || *hierzu* **di·a·lek·tisch** *Adj*

Di·a·log *der*; *-(e)s, -e*; **1** *geschr*; ein Gespräch zwischen zwei od. mehreren Personen ↔ Monolog ⟨e-n D. führen⟩ **2** die Gesamtheit der Gespräche in e-m Film, Theaterstück *o.Ä.* || K-: ***Dialog-, -regie***

Di·a·ly·se [-'ly:-] *die*; *-, -n*; *Med*; **1** das regelmäßige Reinigen von Blut (bei e-m Menschen, der kranke Nieren hat) || K-: ***Dialyse-, -gerät, -patient, -station, -zentrum*** **2 *an der D. hängen*** *gespr*; durch Schläuche mit e-m Gerät verbunden sein, das das Blut reinigt

Di·a·mant *der*; *-en, -en*; ein kostbarer, farbloser, sehr harter Edelstein, den man *bes* als Schmuck u. zum Schneiden von hartem Material verwendet || K-: ***Diamant-, -bohrer, -ring, -schmuck***; ***diamanten-, -besetzt*** || -K: ***Industrie-, Roh-*** || NB: *der Diamant*; *den, dem, des Diamanten*

Di·a·po·si·tiv, Di·a·po·si·tiv [-f] *das*; *geschr* ≈ Dia

Di·ar·rhö(e) [dia'rø:] *die*; *-, Di·ar·rhö·en* [-'rø:ən]; *Med* ≈ Durchfall

Di·as·po·ra *die*; *-*; *nur Sg*, *geschr*; **1** ein Gebiet, in dem e-e *mst* religiöse Minderheit lebt ⟨in der D. leben⟩ **2** die religiöse Minderheit, die in der D. (1) lebt

Di·ät *die*; *-, -en*; *mst Sg*; **1** e-e spezielle Nahrung, die ein Kranker bekommt u. die *z.B.* wenig Salz od. Fett enthält ≈ Schonkost ⟨j-n auf D. setzen; D. essen, halten (müssen)⟩: *Zuckerkranke müssen e-e strenge D. einhalten* || K-: ***Diät-, -koch, -kost*** || -K: ***Kranken-*** **2** e-e Art Fastenkur, während der man wenig isst, um Gewicht zu verlieren ⟨(e-e) D. machen, D. leben⟩

Di·ä·ten *die*; *Pl*; das Geld, das ein Abgeordneter e-s Parlaments für seine Arbeit erhält: *Der Bundestag hat die D. erhöht*

dich[1] *Personalpronomen der 2. Person Sg* (*du*), *Akkusativ*; ↑ *Tabelle unter* ***Personalpronomen***

dich[2] *Reflexivpronomen der 2. Person Sg* (*du*), *Akkusativ*; ↑ *Tabelle unter* ***Reflexivpronomen***

dicht, *dichter, dichtest-*; *Adj*; **1** mit wenig Platz zwischen den einzelnen Teilen, Personen od. Dingen ⟨Gestrüpp, Gewühl, Haar⟩: *Morgens herrscht auf den Straßen dichter Verkehr* || K-: ***dicht behaart, besiedelt, bevölkert, gedrängt*** **2** so, dass man kaum od. überhaupt nicht hindurchsehen kann ⟨Nebel, Qualm, Rauch, ein Schneetreiben, e-e Wolkendecke⟩ **3** so, dass *bes* Luft od. Wasser nicht hindurchdringen ≈ undurchlässig: *Ist das Boot / das Dach / das Fass d.?*; *Der Wasserhahn ist nicht mehr d. - er tropft* || -K: ***luft-, schall-, wasser-*** **4** straff, ohne langweilige Passagen ⟨e-e Handlung, ein Programm⟩ **5** *nur adv*; *mst in* ***etw. steht d. bevor*** etw. wird bald geschehen **6 *d. an / hinter etw.*** (*Dat*) / ***bei etw.*** nahe bei etw., knapp (4) bei **7 *d. an / bei d.*** *gespr*; sehr eng beieinander || ID *mst* ***Bist du nicht (mehr) ganz d.?*** *gespr!* verwendet, um seinen Ärger über j-s Dummheit auszudrücken

Dich·te *die*; *-*; *nur Sg*; **1** die Konzentration von etw.: *die D. des Verkehrs, des Nebels*; *die D.* (= Fülle) *der Haare* || -K: ***Einwohner-, Verkehrs-*** **2** die straffe, gedrängte Darstellung von etw. ⟨inhaltliche D.⟩ **3** *Phys*; das Verhältnis zwischen Masse u. Volumen: *die D. e-s Gases*

dich·ten[1]; *dichtete, hat gedichtet*; Vt/i **(*etw.*) (*über j-n / etw.*) *d.*** ein literarisches Werk (*bes* in Form von Versen) verfassen ⟨e-e Ballade, ein Epos, ein Sonett d.⟩

dich·ten[2]; *dichtete, hat gedichtet*; Vt **1 *etw. d.*** etw. dicht (3) machen ≈ abdichten ⟨Fugen, ein Leck d.⟩; Vt/i **2 *etw. dichtet* (*etw.*)** ein Material macht etw. dicht (3): *Das Isoliermaterial an den Fenstern dichtet nicht gut*

Dich·ter *der*; *-s, -*; j-d, der literarische Werke schreibt, *bes* Dramen u. Gedichte: *Goethe war ein großer D.* || K-: ***Dichter-, -lesung*** || NB: Autoren, die Romane *o.Ä.* schreiben, nennt man in der Regel *Schriftsteller* || *hierzu* **Dich·te·rin** *die*; *-, -nen*

dich·te·risch *Adj*; *nur attr od adv*; **1** in Bezug auf das Dichten[1] ⟨e-e Begabung, e-e Neigung⟩ **2** in Form e-s literarischen Werks: *die dichterische Gestaltung / Verarbeitung e-s Stoffes / Themas* **3** *nicht adv*; von e-m Dichter ⟨ein Werk⟩ || NB: ↑ ***Freiheit***

dicht·hal·ten; *hält dicht, hielt dicht, hat dichtgehalten*; Vi *gespr*; etw., das geheim ist, anderen Leuten nicht sagen ≈ schweigen

Dicht·kunst *die*; *nur Sg*, *veraltend*; Literatur als Kunst ≈ Poesie, Dichtung: *Malerei u. D.*

dicht·ma·chen; *machte dicht, hat dichtgemacht*; Vt/i **(*etw.*) *d.*** *gespr*; ein Geschäft schließen, nicht mehr weiterführen (lassen): *Er hat solche Schulden, er muss (den Laden) d.*

Dich·tung[1] *die*; -, *-en*; **1** ein literarisches Kunstwerk, *bes* ein Gedicht od. ein Theaterstück **2** *nur Sg*; *Kollekt*; die Gesamtheit der literarischen Werke: *die D. des Barock*

Dich·tung[2] *die*; -, *-en*; ein Ring aus Gummi *o.Ä.*, der *bes* Verschlüsse u. Verbindungen zwischen Rohren od. Schläuchen dicht (3) macht: *Der Wasserhahn tropft, weil die D. kaputt ist* || K-: ***Dichtungs-, -ring***

dick *Adj*; **1** mit relativ großem Querschnitt ↔ dünn: *e-e dicke Scheibe Brot, ein dicker Ast, ein dickes Seil; ein Brot d. mit Wurst belegen* **2** verwendet nach Maßangaben, um die Größe des Durchmessers anzugeben ≈ stark (10): *Das Kabel ist fünf Millimeter d. u. zehn Meter lang; e-e zehn Zentimeter dicke Mauer* || -K: ***arm-, finger-; zentimeter-, meter-*** **3** mit (zu) viel Fett am Körper ≈ fett ↔ schlank: *Iss nicht so viel Süßigkeiten, das macht d.!* || ↑ *Abb. unter* **Eigenschaften** **4** mit größerem Umfang als normal (*mst* weil es geschwollen ist): *durch e-e Entzündung ein dickes Knie bekommen; in der Schwangerschaft e-n dicken Bauch haben* **5** ⟨ein Saft, e-e Soße, e-e Suppe⟩ so, dass sie viel Bindemittel *o.Ä.* enthalten ≈ dickflüssig ↔ wässrig **6** *bes im Superlativ, gespr* ≈ dicht (1,2) ⟨mitten im dicksten Getümmel, Gewühl, Verkehr⟩: *dicke Nebelschwaden in der Luft* **7** ***ein dickes Lob*** e-e große Anerkennung: *Sie hat für ihre Arbeit ein dickes Lob geerntet* **8** *nur attr, nicht adv, gespr*; groß u. teuer ⟨ein Auto, ein Schlitten (= Auto)⟩ **9** *nur attr, nicht adv, gespr*; sehr eng, vertraut ⟨Freunde, e-e Freundschaft⟩ || ID ***j-n / etw. d. haben*** *gespr pej*; j-n / etw. nicht (mehr) mögen, nicht leiden können; ***mit j-m durch d. u. dünn gehen*** unter allen Umständen, in allen Situationen j-s Freund sein, ihm helfen u. ihn nie verlassen; *mst* ***Er / Sie trägt ganz schön d. auf*** *gespr pej*; er / sie übertreibt stark || *zu* **2 Di·cke** *die*; -, *-n*; *zu* **3 dick·bäu·chig** *Adj*; *nicht adv*; **Di·cke** *der / die*; *-n, -n*

Dick·darm *der*; der relativ dicke u. kurze Teil des Darms nach dem Dünndarm || K-: ***Dickdarm-, -krebs***

di·cke *Adv*; *gespr*; mehr als genug (*bes* in Bezug auf Geld) ⟨mit etw. d. auskommen; von etw. d. haben⟩: *Du musst es aber d. haben* (= viel Geld haben), *dass du dir das leisten kannst!*

dick·fel·lig *Adj*; *gespr pej*; ⟨ein Typ⟩ so gleichgültig, dass er kaum auf Kritik, Ablehnung *usw* reagiert ↔ feinfühlig || *hierzu* **Dick·fel·lig·keit** *die*; *nur Sg*

dick·flüs·sig *Adj* ≈ dick (5), zähflüssig ⟨ein Brei, Öl, Sirup⟩

Dick·häu·ter *der*; *-s*, -; *hum*; ein großes schweres Tier mit dicker Haut, *bes* ein Elefant || *hierzu* **dick·häutig** *Adj*; *nicht adv*

Di·ckicht *das*; *-(e)s, -e*; *mst Sg*; **1** *Kollekt*; dicht wachsende Büsche u. Sträucher: *sich im D. verstecken; das D. des Urwalds* **2** etw., das im Ganzen unübersichtlich u. verwirrend ist ≈ Dschungel (2): *das D. der Paragraphen* || -K: ***Paragraphen-***

Dick·kopf *der*; *gespr*; **1** j-d, der eigensinnig ist, der nicht nachgibt **2** ***e-n D. haben*** stur sein

dick·köp·fig *Adj*; *gespr* ≈ eigensinnig, stur || *hierzu* **Dick·köp·fig·keit** *die*; *nur Sg*

dick·lich *Adj*; *nicht adv*; nicht mehr schlank, aber auch noch nicht richtig dick (3)

Dick·milch *die*; saure, dickflüssige Milch

Dick·schä·del *der*; *gespr* ≈ Dickkopf

dick·tun, sich; *tat sich dick, hat sich dickgetan*; Vr ***sich (mit etw.) d.*** *gespr pej* ≈ angeben, prahlen

Dick·wanst *der*; *gespr pej*; j-d, der dick (3) ist

Di·dak·tik *die*; -; *nur Sg*; die Theorie des Unterrichts, die Wissenschaft, die sich mit Lehren u. Lernen beschäftigt || *hierzu* **Di·dak·ti·ker** *der*; *-s*, -; **Di·dak·ti·ke·rin** *die*; -, *-nen*; **di·dak·tisch** *Adj*

die ↑ ***der***

Dieb *der*; *-(e)s, -e*; j-d, der etw. stiehlt ⟨e-n D. fangen, fassen, auf frischer Tat ertappen⟩: *Der D. erbeutete Schmuck im Wert von tausend Euro; Haltet den D.!* || K-: ***Diebes-, -bande, -beute; Diebs-, -gesindel*** || -K: ***Auto-, Fahrrad-, Taschen-, Pferde-; Laden-*** || ID ⟨sich davonstehlen⟩ ***wie ein D. in der Nacht*** ≈ heimlich verschwinden || *hierzu* **Die·bin** *die*; -, *-nen* || *zu* ***Dieberei*** ↑ ***-ei***

Die·bes·gut *das*; *-s*; *nur Sg*; das, was ein Dieb gestohlen hat ≈ Beute

die·bisch *Adj*; **1** *nur attr, nicht adv*; ⟨e-e Elster, Gesindel⟩ so, dass sie oft stehlen **2** sehr stark od. intensiv ⟨e-e Freude, ein Vergnügen; sich d. freuen⟩

Dieb·stahl *der*; *-(e)s, Dieb·stäh·le*; das verbotene Nehmen (Stehlen) von Dingen, die anderen gehören ⟨e-n D. begehen; j-n wegen Diebstahls anzeigen, verurteilen⟩ || K-: ***Diebstahls-, -delikt; Diebstahl-, -versicherung*** || -K: ***Auto-, Fahrrad-, Juwelen-; Laden-***

die·je·ni·ge ↑ ***derjenige***

Die·le *die*; -, *-n*; **1** ein (*mst* größerer) Vorraum, der direkt hinter dem Eingang in e-m Haus liegt u. in dem sich *mst* die Garderobe befindet **2** *mst Pl*; die langen, schmalen Bretter e-s hölzernen Fußbodens: *Die Dielen knarren bei jedem Schritt* || K-: ***Dielen-, -(fuß)boden, -brett***

die·nen; *diente, hat gedient*; Vi **1** ***etw. dient etw.*** (*Dat*) etw. fördert od. unterstützt etw.: *Die Fortschritte in der Medizin dienen der Gesundheit der Menschen* **2** ***etw. dient (j-m) als / zu etw.*** etw. wird von j-m zu e-m bestimmten Zweck benutzt: *Die Schere dient mir auch als Brieföffner; Dieses Schiff dient zur medizinischen Betreuung der Bevölkerung auf den Inseln* **3** ***j-m / etw. d.*** *geschr*; sich für j-n / etw. sehr einsetzen: *Sie haben der Firma viele Jahre als Buchhalter (treu) gedient* **4** ***j-m / irgendwo d.*** in e-m privaten Haushalt gegen Lohn die Arbeit e-s Dieners, Dienstmädchens *o.Ä.* machen: *Er hat lange Jahre dem Herrn Baron (treu) gedient* **5** ***(irgendwo) d.*** *Mil*; seinen Militärdienst leisten: *Er hat (bei der Luftwaffe) gedient*

Die·ner *der*; *-s*, -; j-d, der in e-m privaten Haushalt gegen Lohn arbeitet u. andere Personen (*z.B.* beim Essen) bedient || *hierzu* **Die·ne·rin** *die*; -, *-nen*

Die·ner·schaft *die*; -; *nur Sg*, *Kollekt*; alle Diener (e-s privaten Haushalts)

dien·lich *Adj*; *mst in* ***etw. ist j-m / etw. d.*** etw. ist für j-n / etw. e-e Hilfe od. von Nutzen: *Die Hinweise der Zeugen waren der Polizei sehr d.*

Dienst *der*; *-(e)s, -e*; **1** *nur Sg*; die berufliche Arbeit, *bes* als Beamter, Soldat, Arzt, Krankenschwester *o.Ä.* ⟨den / zum D. antreten; im / außer D. sein; D. haben, machen, tun; sich zum D. melden; e-n D. ausüben, verrichten, versehen⟩: *zu spät zum D. kommen; Hast du morgen D.?; Sie muss am Wochenende D. tun; Machst du morgen für mich D.?* (= übernimmst du meine Schicht?) *Ich würde gern freinehmen* || K-: ***Dienst-, -antritt, -befehl, -beginn, -bereich, -gebrauch, -jubiläum, -schluss, -stunde, -unfall, -vorschrift, -zeit*** || -K: ***Kriegs-, Militär-, Wehr-, Zivil-; Polizei-, Schul-, Staats-, Verwaltungs-; Nacht-, Schicht-, Sonntags-, Wochenend-*** **2** *nur Sg*; das Arbeitsverhältnis, *bes* bei e-r Behörde od. in der Armee ⟨irgendwo im D. stehen, in D. treten; den D. antreten, aufnehmen, kündigen, quittieren; aus dem D. ausscheiden; j-n aus dem D. entlassen⟩ **3** *bes hist*; e-e Tätigkeit für e-n König *o.Ä.* od. (*z.B.* als Diener) in e-m Haushalt ⟨j-n in D. nehmen; in j-s Dienst(e) treten; in j-s Dienst(en) sein / stehen⟩: *James Bond, Geheimagent im Diens-*

te Ihrer Majestät **4** *mst Sg*; e-e Abteilung *mst* in der Regierung od. Verwaltung e-s Staates ⟨im auswärtigen, diplomatischen, technischen D. (tätig) sein⟩ || -K: ***Abwehr-, Geheim-*** **5** e-e Stufe auf der Skala der beruflichen Arbeit (*mst* für den Staat) ⟨der gehobene, mittlere D.⟩ **6** etw., das man für j-d anderen tut, um ihm zu helfen *o.Ä.* ⟨j-m / etw. e-n guten, großen D. erweisen, leisten; j-m seine Dienste anbieten; j-s Dienste in Anspruch nehmen⟩ || -K: ***Boten-, Kurier-, Lotsen-, Spitzel-, Zubringer-; Freundschafts-, Kunden-*** **7** der persönliche Einsatz zugunsten e-r bestimmten Sache: *Sie stellte sich in den D. der Allgemeinheit*; *Er steht im Dienste der Wissenschaft* **8** ***der öffentliche D.*** *Kollekt*; alle Angestellten der Städte, Gemeinden u. des Staats bzw. die Arbeit dieser Leute ⟨im öffentlichen D. arbeiten, sein⟩ **9** ***D. am Kunden*** *gespr*; e-e zusätzliche Leistung, für die ein Kunde nichts bezahlen muss **10** ***D. nach Vorschrift*** e-e Art zu arbeiten, bei der man sich so eng an alle Vorschriften hält (*mst* als Protest gegen etw.), dass man nur macht, was man unbedingt machen muss **11** ***außer D.*** nicht mehr aktiv ≈ im Ruhestand; *Abk* a.D. ⟨ein Hauptmann, ein Major *usw*⟩ **12** ⟨der Arzt, der Unteroffizier⟩ ***vom D.*** der Arzt, der Unteroffizier *o.Ä.*, der gerade im D. (1) u. deshalb verantwortlich ist **13** ***der Chef vom D.*** die Person, die bei e-r Zeitung od. Zeitschrift für die Koordination aller Abläufe verantwortlich ist **14** ⟨der Spaßmacher, der Torschütze⟩ ***vom D.*** j-d, der oft Witze macht, Tore schießt *usw* **15** ***etw. in D. stellen*** etw. in Betrieb nehmen ⟨ein Flugzeug, ein Schiff⟩ **16** ***etw. tut seinen D. / seine Dienste*** etw. funktioniert: *Das Fahrrad ist zwar alt, aber es tut noch seine Dienste* **17** ***etw. tut / leistet j-m gute Dienste*** etw. ist j-m nützlich: *Im Urlaub leisteten ihr ihre Sprachkenntnisse gute Dienste* **18** ***j-m e-n schlechten D. erweisen*** ohne Absicht j-m schaden **19** ***j-m zu Diensten sein / stehen*** sich j-m zur Verfügung stellen, um ihm zu helfen: *Ich stehe Ihnen zu Diensten, Madame* || ID ***Stets zu Ihren Diensten!*** *veraltend*; *bes* von Dienstpersonal, e-m Hotelangestellten *o.Ä.* (als Zeichen des Gehorsams) verwendet, um auszudrücken, dass sie j-m (gern) zur Verfügung stehen || *zu* **1 Dienst ha·ben·d-** *Adj*; *nur attr, nicht adv*; **Dienst tu·en·d-** *Adj*; *nur attr*; *nicht adv*

Dienst- *im Subst, betont, begrenzt produktiv*; **1** für berufliche Zwecke, im Dienst (1) gebraucht; das ***Dienstabteil*** ⟨im Zug⟩, die ***Dienstmütze***, das ***Dienstsiegel***, der ***Dienststempel***, das ***Diensttelefon*** **2** aus beruflichen Gründen; die ***Dienstfahrt***, der ***Dienstgang***, das ***Dienstgeheimnis***, die ***Dienstpost***, die ***Dienstreise***, das ***Dienstschreiben***

-dienst *der*; *im Subst, begrenzt produktiv*; e-e Organisation od. Gruppe mit bestimmten Aufgaben; ***Bereitschaftsdienst, Einsatzdienst, Ermittlungsdienst, (Katastrophen)Hilfsdienst, Nachrichtendienst, Ordnungsdienst, Rettungsdienst, Sanitätsdienst, Wachdienst***

Diens·tag *der*; der zweite Tag der Woche; *Abk* Di ⟨am D.; letzten, diesen, nächsten D.; D. früh⟩ || K-: ***Dienstag-, -abend, -mittag, -morgen, -nachmittag, -nacht, -vormittag; dienstag-, -abends, -mittags*** *usw.*

diens·tä·gi·g- *Adj*; *nur attr, nicht adv*; so, dass es an e-m Dienstag stattfindet: *unser dienstägiges Treffen*

diens·täg·li·ch- *Adj*; *nur attr, nicht adv*; so, dass es an jedem Dienstag stattfindet: *unsere regelmäßigen dienstäglichen Sitzungen*

diens·tags *Adv*; an jedem Dienstag, regelmäßig am Dienstag: *D. gehe ich immer in die Sauna*

Dienst·al·ter *das*; die Zahl der Jahre, die j-d in seinem Beruf (*bes* als Beamter od. Soldat) gearbeitet hat

Dienst·äl·tes·te *der / die*; j-d, der (*z.B.* innerhalb e-r Gruppe in e-r Abteilung) am längsten in seinem Beruf tätig ist

Dienst·aus·weis *der*; ein Ausweis, der beweist, dass j-d bei e-r bestimmten Behörde *o.Ä.* arbeitet

Dienst·au·to *das* ≈ Dienstwagen

dienst·bar *Adj*; *mst in* ***sich*** (*Dat*) ***j-n / etw. d. machen*** *geschr veraltet*; e-e Person / Sache so formen u. bilden, dass sie einem Nutzen bringt: *Der Mensch hat sich die Wasserkraft d. gemacht*

dienst·be·flis·sen *Adj*; *pej*; übertrieben eifrig, *bes* im Dienst (1): *D. erledigte er seine Arbeit*

Dienst·bo·te *der*; *veraltend* ≈ Hausangestellte(r) || K-: ***Dienstboten-, -eingang*** || *hierzu* **Dienst·botin** *die*

dienst·eif·rig *Adj*; *mst pej*; übertrieben fleißig, zu sehr bemüht, seinen Vorgesetzten zu gefallen || *hierzu* **Dienst·ei·fer** *der*

dienst·frei *Adj*; *nicht adv*; so, dass man nicht arbeiten muss ≈ frei (15) ⟨ein Tag, ein Wochenende; d. haben⟩

Dienst·ge·spräch *das*; ein (Telefon)Gespräch als Teil der beruflichen Arbeit ↔ Privatgespräch

Dienst·grad *der*; der militärische Rang, den j-d hat: *der D. e-s Leutnants*

Dienst·herr *der*; **1** ≈ Arbeitgeber **2** die Behörde, die j-m dienstlich (2) vorgesetzt ist

Dienst·leis·tung *die*; *mst Pl*, *Ökon*; e-e berufliche Tätigkeit, bei der man keine Waren produziert, sondern etw. für andere tut, wie *z.B.* als Arzt, Verkäufer, Beamter *usw* || K-: ***Dienstleistungs-, -beruf, -betrieb, -gewerbe, -unternehmen***

Dienst·leis·tungs|abend *der*; ein Abend (in jeder Woche), an dem Behörden länger geöffnet haben

Dienst·leis·tungs|ge·sell·schaft *die*; *Soz*; e-e moderne Gesellschaft, in der sehr viele Menschen Dienstleistungen anbieten

dienst·lich *Adj*; **1** aus beruflichen Gründen ⟨ein Gespräch, e-e Reise, ein Schreiben; d. verhindert sein, d. verreisen⟩ **2** in Bezug auf die berufliche Tätigkeit ⟨e-e Angelegenheit, ein Befehl⟩ **3** ≈ unpersönlich, formell ⟨ein Ton; d. werden⟩

Dienst·mäd·chen *das*; *veraltend* ≈ Hausangestellte

Dienst·mar·ke *die*; e-e kleine Scheibe (e-e Plakette), mit der Polizisten sich ausweisen können

Dienst·per·so·nal *das*; die Angestellten in e-m Haushalt od. e-m Hotel

Dienst·stel·le *die*; ein Amt (3), e-e Behörde ⟨e-e untergeordnete, vorgesetzte D.⟩: *Ich werde mich bei der obersten D. über Sie beschweren!* || K-: ***Dienststellen-, -leiter***

dienst·taug·lich *Adj*; (gesundheitlich) geeignet für den Wehrdienst ⟨d. sein⟩

dienst·ver·pflich·ten; -, *hat dienstverpflichtet*; [Vt] ***j-n d.*** j-n zwingen, bestimmte Aufgaben od. Arbeiten für den Staat zu tun: *im Krieg für Transporte dienstverpflichtet werden* || NB: nur im Infinitiv u. Partizip Perfekt || *hierzu* **Dienst·ver·pflich·tung** *die*

Dienst·waf·fe *die*; e-e Pistole *o.Ä.*, die ein Polizist *o.Ä.* im Beruf tragen darf

Dienst·wa·gen *der*; ein Auto, das für berufliche Zwecke benutzt wird

Dienst·weg *der*; *nur Sg*; der (*bes* bei Behörden) vorgeschriebene Ablauf bei Entscheidungen ⟨den D. einhalten; auf dem D.⟩

Dienst·woh·nung *die*; e-e Wohnung, die e-e Firma ihren Angestellten od. Arbeitern zur Verfügung stellt (*mst* nur solange diese bei ihr arbeiten)

dies ≈ dieses || ↑ ***dieser***

dies·be·züg·lich *Adj*; *nur attr od adv*, *Admin geschr*; in Bezug auf das Erwähnte: *D. teilen wir Ihnen mit, dass …*

die·se ↑ ***dieser***

Die·sel *der*; *-s, -*; **1** *nur Sg*, *Kurzw* ↑ ***Dieselöl*** **2** *gespr*;

ein Auto mit e-m Dieselmotor: *Er fährt e-n D.* || K-: ***Diesel-, -auto***

die·sel·be ↑ ***derselbe***

Die·sel·mo·tor *der*; ein Motor, der Öl anstelle von Benzin verbrennt

Die·sel·öl *das*; ein Kraftstoff, der zum Antrieb von Dieselmotoren dient

die·ser, *diese, dieses*; *Demonstrativpronomen*; **1** verwendet, um ausdrücklich auf e-e Person od. Sache hinzuweisen (auf die der Sprecher deutet): *Dieses Kleid gefällt mir gut* **2** verwendet, um etw. bereits Erwähntes hervorzuheben: *Dieser Fall liegt schon Jahre zurück*; *Diese Ausrede kenne ich* **3** verwendet, um e-n noch nicht abgelaufenen Zeitabschnitt zu bezeichnen: *Dieses Jahr / diesen Monat / diese Woche wollen wir fertig sein* **4** verwendet, um e-n genauen Zeitpunkt od. -raum in der Vergangenheit od. Zukunft anzugeben: *Am 28. Mai wird er 60. An diesem Tag gibt es ein großes Fest* **5** verwendet zusammen mit e-m Subst. od. e-m Personennamen, um sich auf die genannte Person (oft mit e-r Wertung) zu beziehen: *Dieser Peter ist ein netter Kerl* **6** ***dies(es)*** wie ein Subst. verwendet, um sich (zusammenfassend) auf e-n bereits erwähnten Satz od. Text zu beziehen: *Er beschloss, uns bei der Arbeit zu helfen. Dies war für uns von großem Nutzen* **7** in Verbindung mit *jener* wie ein Subst. verwendet, um sich auf die erste von zwei vorher erwähnten Personen zu beziehen: *Herr Dietz u. Herr Ludwig beteiligen sich auch am Projekt - dieser* (= Herr Dietz) *mit € 25000, jener mit € 30000*

Demonstrativpronomen: *dieser*

Nominativ					
	Sg	*m*	dieser	junge	Hund
		f	diese	junge	Katze
		n	dieses	junge	Pferd
	Pl		diese	jungen	Tiere
Akkusativ					
	Sg	*m*	diesen	jungen	Hund
		f	diese	junge	Katze
		n	dieses	junge	Pferd
	Pl		diese	jungen	Tiere
Dativ					
	Sg	*m*	diesem	jungen	Hund
		f	dieser	jungen	Katze
		n	diesem	jungen	Pferd
	Pl		diesen	jungen	Tieren
Genitiv					
	Sg	m	dieses	jungen	Hundes
		f	dieser	jungen	Katze
		n	dieses	jungen	Pferdes
	Pl		dieser	jungen	Tiere

Die übrigen Demonstrativpronomen und Indefinitpronomen werden nach demselben Muster gebildet.

die·sig *Adj*; *nicht adv*; mit Dunst od. leichtem Nebel ⟨das Wetter⟩

dies·jäh·ri·g- *Adj*; *nur attr, nicht adv*; in od. von diesem Jahr: *die diesjährige Ernte*

dies·mal *Adv*; bei dieser Gelegenheit, in diesem Fall: *D. machen wir es richtig*; *D. ist bei dem Unfall - Gott sei Dank - noch alles gut gegangen!* || *hierzu* **dies·ma·li·g-** *Adj*; *nur attr, nicht adv*

dies·sei·tig *Adj*; *mst attr, geschr*; **1** auf der Seite, auf der sich der Sprecher befindet ↔ jenseitig: *das diesseitige Ufer* **2** ≈ irdisch ⟨das Leben⟩

dies·seits *Präp*; *mit Gen, geschr*; auf der Seite, auf der sich der Sprecher befindet ↔ jenseits: *D. der Grenze verläuft e-e Straße* || NB: auch adverbiell verwendet mit *von*: *d. vom Gebirge*

Dies·seits *das*; -; *nur Sg, geschr*; das Leben in dieser Welt (im Unterschied zum Jenseits)

Diet·rich *der*; *-s, -e*; e-e Art Haken, mit dem man einfache Schlösser öffnen kann, wenn man keinen Schlüssel hat

Marlene Dietrich

Marlene Dietrich (1901–1992) war eine deutsche Schauspielerin und Sängerin. Der Film ***Der blaue Engel*** (1930) brachte ihr internationalen Ruhm. Sie spielte die blonde, kühle Schönheit wie keine andere und wurde zu einem der unsterblichen Mythen des Films. Einige ihrer berühmtesten Filme sind ***Shanghai-Express*** (1932), ***Arizona*** (1939) und ***Zeugin der Anklage*** (1957). In späteren Jahren widmete sie sich dem Gesang: ihr berühmtestes Lied ist wahrscheinlich ihre Version von ***Lili Marleen.***

dif·fa·mie·ren; *diffamierte, hat diffamiert*; [Vt] ***j-n / etw. d.*** *geschr pej*; den Ruf von j-m / etw. *mst* durch Lügen bewusst schädigen ≈ verleumden: *diffamierende Äußerungen* || *hierzu* **Dif·fa·mie·rung** *die*

Dif·fe·ren·ti·al, **Dif·fe·ren·zi·al** [-ˈt͡si̯aːl] *das*; *-s, -e*; ein Getriebe im Auto, bei dem sich ein Hinterrad in der Kurve schneller drehen kann als das andere || K-: ***Differenzial-, -getriebe***

Dif·fe·ren·ti·al·rech·nung, **Dif·fe·ren·zi·al·rech·nung** [-ˈt͡si̯aːl-] *die*; *Math*; e-e Methode, die Änderung e-r Kurve von einem Punkt zum nächsten zu berechnen || NB: ↑ ***Integralrechnung***

Dif·fe·renz *die*; -, *-en*; **1** ***e-e D.*** (***zwischen*** Personen / Dingen) *geschr* ≈ Unterschied: *Zwischen den beiden Kandidaten bestehen hinsichtlich ihrer Qualifikationen erhebliche Differenzen* || -K: ***Preis-, Zeit-*** **2** ***die D.*** (***von / zwischen etw.*** (*Dat*) ***u. etw.*** (*Dat*)) *Math*; das Ergebnis e-r Subtraktion: *Die D. von / zwischen 18 u. 14 ist 4* **3** *Ökon*; e-e Summe Geld, die *bes* bei der Abrechung fehlt ≈ Fehlbetrag: *Die Kasse weist e-e D. von zehn Euro auf* || K-: ***Differenz-, -betrag*** **4** *mst Pl*; ***Differenzen*** (***über etw.*** (*Akk*)) (***zwischen*** ⟨Personen⟩) ≈ Streit(igkeiten), Meinungsverschiedenheiten: *Über das Thema „Kindererziehung" kam es immer wieder zu ernsthaften Differenzen zwischen ihnen*

dif·fe·ren·zie·ren; *differenzierte, hat differenziert*; [Vi] (***zwischen etw.*** (*Dat*) ***u. etw.*** (*Dat*) ***/ zwischen*** ⟨Dingen⟩) ***d.*** *geschr*; (bei der Beurteilung von etw.) feine u. genaue Unterschiede machen: *differenzierte Methoden*; *Unser Chef differenziert genau zwischen privaten u. beruflichen Angelegenheiten* || *hierzu* **Dif·fe·ren·zie·rung** *die*

dif·fe·rie·ren; *differierten, haben differiert;* [Vi] *geschr;* ⟨Ansichten, Meinungen, Ziele *o.Ä.*⟩ ***differieren* (*voneinander*)** Ansichten, Meinungen, Ziele *o.Ä.* unterscheiden sich, sind voneinander verschieden

dif·fi·zil *Adj; nicht adv, geschr;* so kompliziert od. schwierig, dass man dafür viel Takt *o.Ä.* braucht: *Diese diffizile Angelegenheit erfordert viel Fingerspitzengefühl*

dif·fus *Adj; geschr;* **1** unregelmäßig in verschiedene Richtungen zerstreut ⟨Licht⟩ **2** nicht klar u. geordnet ⟨Eindrücke, Erinnerungen, Gedanken⟩

di·gi·tal *Adj;* **1** (verwendet in Bezug auf Uhrzeiten, Gewichtsangaben *o.Ä.*) in Form von Zahlen ausgedrückt (u. nicht auf e-m Zifferblatt, e-r Skala *o.Ä.*) ⟨ein Messgerät, e-e Uhr, e-e Waage⟩: *ein Radiowecker mit digitaler Leuchtanzeige* || K-: ***Digital-, -anzeige, -uhr*** **2** mit e-r Technik aufgenommen, die e-e sehr gute Klangqualität ermöglicht u. absolut rauschfrei ist ↔ analog (2) ⟨e-e Aufnahme⟩

Dik·ta·fon, Dik·ta·phon [-f-] *das; -s, -e* ≈ Diktiergerät

Dik·tat[1] *das; -(e)s, -e;* **1** ein Text, der *mst* den Schülern vorgelesen u. von diesen aufgeschrieben wird, damit sie richtig schreiben lernen ⟨ein D. geben, schreiben⟩: *Sie hat nur zwei Fehler im D.* **2** *nur Sg;* das Diktieren[1] ⟨etw. nach D. schreiben⟩: *die Sekretärin zum D. rufen*

Dik·tat[2] *das; -(e)s; nur Sg, geschr;* ein (gesellschaftlicher *o.Ä.*) Zwang: *sich nicht dem D. der Mode unterwerfen*

Dik·ta·tor *der; -s, Dik·ta·to·ren;* j-d, der in e-m Staat allein u. mit absoluter Macht herrscht (u. Gegner mit Gewalt unterdrückt)

dik·ta·to·risch *Adj; geschr;* **1** in der Art e-r Diktatur ⟨ein Regime⟩ **2** so, dass der Betroffene keinen Widerspruch zulässt ≈ autoritär ⟨e-e Entscheidung; etw. d. bestimmen, entscheiden⟩

Dik·ta·tur *die; -, -en; Pol;* **1** *nur Sg;* e-e Regierungsform, in der ein Mensch od. e-e Gruppe von Menschen die absolute Macht hat u. keine Gegner duldet: *Seit dem Putsch herrscht e-e D. der Militärs* || -K: ***Militär-*** **2** ein Staat, in dem e-e D. (1) besteht ⟨e-e D. errichten, abschaffen⟩: *Deutschland war unter Hitler e-e D.*

dik·tie·ren[1]; *diktierte, hat diktiert;* [Vt/i] ***(j-m) (etw.) d.*** j-m etw. (langsam u. deutlich) vorsprechen, damit er es mitschreiben kann: *j-m e-n Brief d.* || ► ***Diktat***[1]

dik·tie·ren[2]; *diktierte, hat diktiert;* [Vt/i] ***(j-m etw.) d.*** j-m autoritär sagen, was er tun soll ≈ vorschreiben: *Warum willst du mir immer d., wie ich mich zu verhalten habe?* || ► ***Diktat***[2]

Dik·tier·ge·rät *das;* ein kleines, spezielles Tonbandgerät, auf das man e-n Text spricht, der später mit der Schreibmaschine *o.Ä.* geschrieben wird

Dik·ti·on [-ˈtsio:n] *die; -, -en; mst Sg, geschr;* der Stil, die Art u. Weise, wie sich j-d mündlich od. schriftlich ausdrückt: *die klare D. seines Vortrags*

Di·lem·ma *das; -s, -s;* e-e Situation, in der man sich zwischen zwei schwierigen od. unangenehmen Möglichkeiten entscheiden muss ⟨in ein D. geraten; sich in e-m D. befinden⟩

Di·let·tant *der; -en, -en; geschr, mst pej;* j-d, der etw. (als Laie) tut u. dabei *mst* Fehler macht || NB: *der Dilettant; den, dem, des Dilettanten* || *hierzu* **Di·let·tan·tis·mus** *der; nur Sg;* **di·let·tan·tisch** *Adj*

Dill *der; -s; nur Sg;* e-e Pflanze mit sehr schmalen, zarten Blättern. Die Blätter od. deren Spitzen verwendet man als Gewürz: *D. schmeckt gut im Gurkensalat* || K-: ***Dill-, -spitzen***

Di·men·si·on [-ˈzio:n] *die; -, -en;* **1** *nur Pl, geschr;* die Größe e-s Körpers (3) ≈ Ausdehnung, Ausmaße (2): *ein Gebäudekomplex von gewaltigen Dimensionen* **2** *nur Pl, geschr* ≈ Ausmaß (1), Umfang (3): *Die Pest hat im Mittelalter verheerende Dimensionen angenommen* **3** *Math, Phys;* die Länge, Breite od. Höhe von etw.: *Eine Fläche hat zwei, ein Körper hat drei Dimensionen*

-di·men·sio·nal *im Adj, nicht produktiv;* mit der genannten Zahl od. Menge von Dimensionen (3); ***eindimensional, zweidimensional, dreidimensional, mehrdimensional***

D

DIN [di:n] *die; -; nur Sg;* (*Abk für* Deutsches Institut für Normung) verwendet in Verbindung mit e-r Nummer, um e-e bestimmte Norm zu bezeichnen (*z.B.* e-e genormte Größe): *DIN A4, DIN-A4-Blatt* || K-: ***DIN-Format, DIN-Norm***

Di·ner [diˈne:] *das; -s, -s; geschr;* ein festliches Essen mit Gästen ⟨zu e-m D. einladen; ein D. geben⟩

Ding *das; -(e)s, -e / gespr -er;* **1** (*Pl Dinge*) *mst Pl;* ein Gegenstand od. e-e Sache, die nicht genauer bezeichnet werden: *Sie hat auf die Reise nur die wichtigsten Dinge mitgenommen; Für die Reparatur des Autos fehlen mir noch ein paar Dinge* **2** (*Pl Dinger*) *gespr;* ein Gegenstand, den man nicht kennt u. deshalb nicht bezeichnen kann, od. ein Gegenstand, den man nicht mag: *Für diese kitschigen Dinger hast du so viel Geld bezahlt?* **3** (*Pl Dinge*) *nur Pl;* Sachverhalte, die j-n betreffen ≈ Angelegenheiten ⟨persönliche, private, öffentliche, schulische *o.Ä.* Dinge⟩: *Wir mussten noch einige wichtige Dinge besprechen; Er mischt sich in Dinge ein, die ihn nichts angehen* **4** (*Pl Dinge*) *nur Pl;* Ereignisse, die man nicht genauer beschreiben kann od. will: *In dem alten Schloss ereigneten sich seltsame Dinge* **5** (*Pl Dinger*) ***ein junges D.*** *gespr* ≈ Mädchen || ID ***vor allen Dingen*** insbesondere; ***guter Dinge sein*** fröhlich, optimistisch sein; ***über den Dingen stehen*** sich von (den alltäglichen) Schwierigkeiten nicht berühren lassen, immer überlegen u. gelassen sein; (*Pl Dinger*) ***ein (krummes) D. drehen*** *gespr euph;* e-e kriminelle Handlung begehen; *mst* ***Das geht / Da geht es nicht mit rechten Dingen zu*** *gespr;* das ist merkwürdig, sonderbar; *mst* ***Das ist ein D. der Unmöglichkeit!*** das ist doch unmöglich, das kann nicht so sein; *mst* ***Das ist ja ein D.!*** *gespr;* verwendet, um Erstaunen od. Empörung auszudrücken

din·gen; *dingte / dang, hat gedungen;* [Vt] ***j-n d.*** *geschr;* j-n beauftragen, ein Verbrechen (*mst* e-n Mord) zu begehen u. ihn dafür bezahlen: *e-n Mörder d.; ein gedungener Killer* || NB: Imperfekt selten

ding·fest *Adj; nur in* ***j-n d. machen*** ≈ verhaften: *e-n Verbrecher d. machen*

Dings *der / die / das; -; nur Sg, gespr;* e-e Person od. Sache, deren Name dem Sprecher im Augenblick nicht einfällt: *Der D. - wie heißt er denn gleich (wieder) - kommt heute Abend auch zur Versammlung; Sie wohnt in D. - na, du weißt schon wo*

Dings·bums *der / die / das; -; nur Sg, gespr* ≈ Dings

Dings·da *der / die / das; -; nur Sg; gespr* ≈ Dings

di·nie·ren; *dinierte, hat diniert;* [Vi] *geschr;* festlich essen (speisen): *Er dinierte im Hotel „Royal"*

Din·kel *der; -s; nur Sg;* e-e Getreideart

Di·no·sau·ri·er *der; -s, -;* verwendet als Bezeichnung für jede Art der (*mst* sehr großen) Reptilien, die vor Millionen von Jahren gelebt haben

Di·oxid, *das; -s, -e; Chem;* e-e Substanz, bei der zwei Sauerstoffatome an ein Atom e-s anderen Elements gebunden sind || -K: ***Kohlen-, Schwefel-***

Di·o·xin *das; -s, -e; Chem;* e-e sehr giftige Substanz (aus Chlor u. Kohlenwasserstoff)

Di·oxyd *das;* ↑ ***Dioxid***

Di·ö·ze·se *die; -, -n; kath;* ein kirchliches Gebiet, das ein Bischof leitet ≈ Bistum

Diph·the·rie [-f-] *die; -; nur Sg, Med;* e-e gefährliche

Infektionskrankheit, bei der sich *bes* auf den Mandeln[2] weiße Schichten (Beläge) bilden u. bei der der Kehlkopf sehr stark schwillt

Diph·thong [dɪf'tɔŋ] *der*; *-(e)s, -e*; *Ling*; ein Laut, der aus zwei Vokalen besteht, *z.B.* „au" od. „ei"

D

Dipl.-Ing. *Abk für* Diplomingenieur

Dip·lom *das*; *-s, -e*; **1** ein Zeugnis über ein abgeschlossenes Studium an der Universität od. über e-e bestandene Prüfung in e-m Handwerksberuf: *Gestern haben die Absolventen ihre Diplome bekommen* **2** ein akademischer Rang, den man erreicht, wenn man e-e Prüfung in bestimmten Fächern an der Universität od. Fachhochschule bestanden hat; *Abk* Dipl. ⟨ein D. erwerben⟩: *sein D. machen* || K-: ***Diplom-, -bibliothekar, -chemiker, -ingenieur, -kaufmann, -physiker, -psychologe***; ***-prüfung, -studium*** **3** e-e (Ehren)Urkunde, die j-d für e-e sehr gute Leistung bekommt: *Der Friseur erhielt bei dem Wettbewerb ein D.*

Dip·lom·ar·beit *die*; e-e wissenschaftliche Arbeit, die man schreiben muss, um ein Diplom (1,2) zu bekommen

Dip·lo·mat *der*; *-en, -en*; **1** ein offizieller Vertreter e-s Staates im Ausland || K-: ***Diplomaten-, -laufbahn, -pass, -viertel*** || NB: ↑ ***Botschafter***, ***Konsul*** **2** j-d, der sich sehr klug u. taktvoll im Umgang mit Menschen verhält || NB: *der Diplomat*; *den, dem, des Diplomaten*

Dip·lo·ma·tie *die*; *-*; *nur Sg*; **1** das Bemühen (*bes* der offiziellen Vertreter e-s Staates im Ausland) um gute Beziehungen zwischen den Staaten u. das Bestreben, die Interessen des eigenen Staates im Ausland zu wahren **2** das kluge, taktvolle Verhalten im Umgang mit anderen Menschen: *Mit etwas mehr D. hättest du den Streit vermeiden können*

dip·lo·ma·tisch *Adj*; **1** *nur attr od adv*; die Diplomatie (1) betreffend, durch Diplomatie (1): *e-n Konflikt auf diplomatischem Wege lösen* **2** *nur attr od adv*; die Diplomaten (1) betreffend, von Diplomaten (1): *Aus diplomatischen Kreisen verlautet, dass …* **3** von Diplomatie (2) bestimmt ≈ klug, (taktisch) geschickt ↔ undiplomatisch: *Es war nicht sehr d. von dir, ihm so direkt deine Meinung zu sagen*

dir[1] *Personalpronomen der 2. Person Sg (du), Dativ*; ↑ *Tabelle unter* ***Personalpronomen***

dir[2] *Reflexivpronomen der 2. Person Sg (du), Dativ*; ↑ *Tabelle unter* ***Reflexivpronomen***

di·rekt[1], *direkter, direktest-*; *Adj*; **1** *nur attr od adv*; auf dem kürzesten Weg zu e-m bestimmten Ort führend ≈ ohne Umweg: *Diese Straße geht d. zum Bahnhof* || K-: ***Direkt-, -flug*** **2** *nur attr, nicht adv*; ⟨j-s Nachbar⟩ so, dass er unmittelbar neben einem wohnt *o.Ä.* **3** ***d.*** *+ Präposition + Subst* in unmittelbarer Nähe der genannten Person / des genannten Orts: *Sie wohnt d. am Meer*; *Sie stand d. neben ihm* **4** *nur attr od adv*; ***d.*** *+ Präposition + Subst* unmittelbar nach / vor etw.: *Ich gehe d. nach der Arbeit nach Hause* **5** *nur attr od adv*; ohne (vermittelnde) Person od. Institution dazwischen ≈ unmittelbar (1) ⟨sich d. an j-n wenden⟩: *Ich möchte d. mit dem Chef sprechen*; *Eier d. vom Bauernhof kaufen / beziehen*; *Die verfeindeten Staaten lehnen direkte Verhandlungen ab* || K-: ***Direkt-, -bezug, -import, -verkauf*** **6** ⟨j-s Vorgesetzter⟩ so, dass er der Nächste in der Hierarchie ist **7** nicht sehr höflich, vorsichtig od. diskret ≈ offen (9), unverblümt ⟨j-m e-e direkte Frage stellen; j-m etw. d. ins Gesicht sagen⟩ **8** ≈ live (1) || K-: ***Direkt-, -übertragung*** **9** *mst* ***(e-e) direkte Verbindung irgendwohin*** e-e (Verkehrs)Verbindung, bei der man nicht umsteigen muss: *In München haben sie e-e direkte Verbindung nach Köln* || K-: ***Direkt-, -verbindung*** || *zu* **7** **Di·rekt·heit** *die*

di·rekt[2] *Partikel*; *unbetont*; **1** verwendet, um auszudrücken, dass man etw. nicht (in dieser Intensität) erwartet hätte ≈ wirklich, geradezu: *Diese Arbeit hat mir d. Spaß gemacht*; *Sein Engagement ist d. erstaunlich* **2** verwendet, um Überraschung u. zugleich Ungeduld auszudrücken: *Heute bist du ja mal d.* (=ausnahmsweise) *pünktlich!* **3** verwendet, um auszudrücken, dass etw. eigentlich nicht notwendig wäre: *Er hat sich d. dafür geschämt* **4** verwendet, um auszudrücken, dass man etw. tun sollte ≈ eigentlich: *Diesen Brief müssten wir d. neu schreiben*; *Wir müssten ihn d. warnen* **5** verwendet, um e-e ironische Aussage zu verstärken: *Das ist d. zum Lachen!*; *Das ist ja d. rührend!*

Di·rek·ti·on [-'tsio:n] *die*; *-, -en*; **1** e-e Gruppe von Personen, die ein Unternehmen, e-e (öffentliche) Institution *o.Ä.* gemeinsam leiten ≈ Leitung || K-: ***Direktions-, -assistent, -räume, -sekretärin*** || -K: ***Bank-, Polizei-*** **2** *nur Sg*; das Leiten e-s großen Unternehmens, e-r (öffentlichen) Institution *o.Ä.* ⟨die D. übertragen bekommen, j-n mit der D. von etw. betrauen⟩ **3** die Räume der D. (1)

Di·rek·ti·ve [-və] *die*; *-, -n*; *geschr* ≈ (An)Weisung ⟨e-e D. ausgeben, Direktiven erhalten, sich an e-e D. halten⟩

Di·rek·tor *der*; *-s, Di·rek·to·ren*; **1** der Leiter e-r *mst* öffentlichen Institution || -K: ***Museums-, Polizei-, Zoo-*** **2** der Leiter einer Schule, *bes* e-s Gymnasiums **3** der Leiter e-r Firma (od. e-s Teils e-s Unternehmens) ⟨ein kaufmännischer, technischer Direktor⟩ || *hierzu* **Di·rek·to·rin** *die*; *-, -nen*

Di·rek·to·rat *das*; *-(e)s, -e*; die Räume, in denen der Direktor u. seine Mitarbeiter arbeiten

Di·rekt·ri·ce [-'tri:sə] *die*; *-, -n*; e-e leitende Angestellte in Firmen, die Kleidung herstellen || NB: ≠ Direktorin

Di·ri·gent *der*; *-en, -en*; j-d, der ein Orchester od. e-n Chor dirigiert (1) || K-: ***Dirigenten-, -pult, -stab*** || NB: *der Dirigent*; *den, dem, des Dirigenten* || *hierzu* **Di·ri·gen·tin** *die*; *-, -nen*

di·ri·gie·ren; *dirigierte, hat dirigiert*; [Vt/i] **1** ***(j-n*** *(Kollekt od Pl)* ***/ etw.) d.*** die Aufführung e-s Musikstücks leiten, indem man durch Zeichen mit den Händen od. mit e-m Stab zeigt, wann u. wie die Musiker spielen sollen ⟨ein Ensemble, ein Orchester, ein Konzert, e-e Oper d.⟩: *Er dirigiert die Berliner Philharmoniker*; [Vt] **2** ***j-n / etw. irgendwohin d.*** (durch Gesten, Signale) j-m bei der Ausführung e-s Manövers helfen: *Der Beifahrer stieg aus u. dirigierte den Wagen durch die schmale Einfahrt*

Di·ri·gis·mus *der*; *-*; *nur Sg, Ökon*; die starke Lenkung der Wirtschaft durch den Staat || *hierzu* **di·ri·gis·tisch** *Adj*

Dirndl[1] *das*; *-s, -*; ein Trachtenkleid mit e-r Schürze || K-: ***Dirndl-, -bluse, -kleid, -rock, -schürze***

Dirndl[2] *das*; *-s, -n*; *südd* ≈ ein (junges) Mädchen

Dir·ne *die*; *-, -n* ≈ Prostituierte || K-: ***Dirnen-, -milieu***

Disc·jo·ckey *der*; ↑ ***Diskjockey***

Dis·co *die*; ↑ ***Disko***

Dis·count·ge·schäft [-'kaunt-] *das*; ein Geschäft mit Selbstbedienung u. *mst* niedrigen Preisen

dis·har·mo·nisch, **dis·har·mo·nisch** *Adj*; *geschr*; **1** ⟨Farben, Töne⟩ so, dass sie nicht gut zusammenpassen ↔ harmonisch (1) **2** mit Streit ↔ harmonisch (3): *Ihre Begegnung verlief d.* || *hierzu* **Dis·har·mo·nie**, **Dis·har·mo·nie** *die*; *-, -n*; **dis·har·mo·nie·ren**, **dis·har·mo·nie·ren** *(hat) Vi*

Dis·ket·te *die*; *-, -n*; *EDV*; e-e Art Scheibe, auf der man Daten speichert u. die man aus dem Computer herausnehmen kann ⟨etw. auf D. speichern; e-e neue D. einlegen⟩ || ↑ *Abb. unter* ***Computer*** || K-: ***Disketten-, -laufwerk*** || *zu* ***Diskettenlaufwerk*** ↑ *Abb. unter* ***Computer*** || NB: ↑ ***Festplatte***

Disk·jo·ckey *der*; j-d, der *bes* in Diskotheken od. im

Rundfunk die Schallplatten aussucht u. ankündigt

Dis·ko *die*; -, -s; *gespr*; *Kurzw* ↑ **Diskothek** (1) ⟨in die D. gehen⟩ || K-: ***Disko-, -musik, -sound***

Dis·kont *der*; -s, -e; der Zins *bes* für e-n Wechsel[2]

Dis·kont·satz *der*; die Höhe der Zinsen (in Prozent), die beim Ankauf *bes* von Wechseln[2] gezahlt werden müssen ⟨den D. senken, erhöhen⟩

Dis·ko·thek *die*; -, -en; **1** ein Lokal, in dem (*mst* von Schallplatten, CDs) moderne Tanzmusik gespielt wird **2** e-e größere Sammlung von Schallplatten

dis·kre·di·tie·ren; *diskreditierte, hat diskreditiert*; Vt **1** ***j-n d.*** *geschr*; j-n in schlechten Ruf bringen ≈ verleumden **2** ***etw. diskreditiert j-n*** *geschr*; etw. bringt j-n in schlechten Ruf, etw. schadet j-s Ansehen; Vr **3** ***sich*** (***durch / mit etw.***) ***d.*** *geschr*; dem eigenen Ansehen durch e-e bestimmte Handlung, seine Inkompetenz *o.Ä.* Schaden zufügen: *Er hat sich durch seine Äußerungen selbst diskreditiert* || *hierzu* **Dis·kre·di·tie·rung** *die*

Dis·kre·panz *die*; -, -en; *geschr*; ein deutlicher Unterschied zwischen zwei Dingen ≈ Missverhältnis: *Es gibt e-e deutliche D. zwischen seinen Versprechungen u. seinen Taten*

dis·kret *Adj*; rücksichtsvoll u. taktvoll, *bes* bei Dingen, die geheim od. unangenehm sind ↔ indiskret

Dis·kre·ti·on [-'tsi̯oːn] *die*; -; *nur Sg*; *geschr*; Takt u. Verschwiegenheit, *bes* bei Dingen, die geheim od. unangenehm sind ↔ Indiskretion ⟨etw. mit absoluter, äußerster, strengster D. behandeln; D. wahren; auf / mit j-s D. rechnen (können)⟩

dis·kri·mi·nie·ren; *diskriminierte, hat diskriminiert*; Vt **1** ***j-n d.*** j-n wegen seiner Nationalität, Rasse, Religion *o.Ä.* schlechter behandeln als andere ≈ benachteiligen **2** ***j-n / etw. d.*** durch (falsche) Behauptungen über j-n / etw. j-s Ruf schaden ≈ verleumden ⟨diskriminierende Äußerungen⟩ || *hierzu* **Dis·kri·mi·nie·rung** *die*; **Dis·kri·mi·na·ti·on** *die*; -, -en

Dis·kus *der*; -(ses), -se / *Dis·ken*; *Sport*; **1** e-e schwere Scheibe, *mst* aus Holz u. Metall, die geworfen wird **2** *gespr* ≈ Diskuswerfen

Dis·kus·si·on [-'si̯oːn] *die*; -, -en; **1** ***e-e D.*** (***über etw.*** (*Akk*)) ein (*mst* öffentliches) Gespräch über ein bestimmtes Thema zwischen Personen, die verschiedene Meinungen haben ≈ Aussprache ⟨e-e angeregte, lebhafte, öffentliche, politische D.; die D. eröffnen, schließen, abbrechen, beenden⟩ || K-: ***Diskussions-, -abend, -beitrag, -gegenstand, -grundlage, -leiter, -partner, -stoff, -teilnehmer, -thema*** || -K: ***Fernseh-, Radio-*** **2** ein Gespräch, durch das man j-s Meinung ändern will ≈ Auseinandersetzung ⟨sich auf keine D. einlassen, j-n in e-e D. verwickeln⟩ **3** ***etw. zur D. stellen*** andere auffordern, über etw. zu diskutieren **4** ***etw. steht*** (***nicht***) ***zur D.*** etw. kommt (nicht) infrage

Dis·kus·wer·fen *das*; -s; *nur Sg*, *Sport*; e-e Disziplin der Leichtathletik, bei der der Diskus möglichst weit geworfen werden muss || *hierzu* **Dis·kus·wer·fer** *der*; -s, -; **Dis·kus·wer·fe·rin** *die*; -, -nen

dis·ku·ta·bel *Adj*; *nicht adv*, *geschr*; gut od. wichtig genug, um diskutiert zu werden ≈ erwägenswert ↔ indiskutabel ⟨ein Vorschlag, ein Entwurf, ein Plan⟩ || NB: *diskutabel* → *ein diskutabler Vorschlag*

dis·ku·tie·ren; *diskutierte, hat diskutiert*; Vi **1** ***j-d diskutiert mit j-m*** (***über etw.*** (*Akk*)); ⟨Personen⟩ ***diskutieren*** (***über etw.*** (*Akk*)) zwei od. mehrere Personen führen ein relativ langes Gespräch (e-e Diskussion (1)) über ein Thema: *über Politik d.*; Vt **2** ⟨ein Ausschuss *o.Ä.*⟩ ***diskutiert etw.*** e-e Gruppe von Personen erörtert verschiedene Aspekte e-s Themas, damit jeder seine Meinung dazu sagen kann: *e-n Entwurf, e-n Plan, ein Ergebnis, e-n Vorschlag, ein Problem d.*

Dis·pens *der*; -es, -e; *die*; -, -en; *mst Sg*, *geschr*; die Befreiung von e-m Verbot od. e-r allgemeinen Verpflichtung (*z.B.* vom Zölibat der Priester) ⟨um D. nachsuchen, D. von etw. erhalten, j-m D. erteilen⟩

dis·pen·sie·ren; *dispensierte, hat dispensiert*; Vt ***j-n*** (***von etw.***) ***d.*** *geschr*; j-n von e-r allgemeinen Verpflichtung (ausnahmsweise od. für e-e bestimmte Zeit) befreien: *e-n Schüler vom Unterricht d.* || *hierzu* **Dis·pen·sie·rung** *die*

Dis·play [dɪs'pleɪ] *das*; -s, -s; **1** das Ausstellen von Waren auf e-e Art, die zum Kaufen anregen soll **2** *Elektr, EDV*; die optische Darstellung von Daten, durch Leuchtanzeige bei elektronischen Geräten, digitalen Uhren *o.Ä.* od. auf dem Bildschirm e-s Computers **3** *EDV* ≈ Bildschirm

dis·po·nie·ren; *disponierte, hat disponiert*; Vi (***über etw.*** (*Akk*)) ***d.*** *geschr*; bestimmen, wie man etw. einteilt od. benutzt ≈ über etw. verfügen ⟨über sein Geld, seine Zeit gut, schlecht, frei d. können; anders d. (= anders verfahren als geplant)⟩: *Er kann einfach nicht d., zur Monatsmitte geht ihm immer das Geld aus* || ► ***Disposition***

Dis·po·si·ti·on [-'tsi̯oːn] *die*; -, -en; *geschr*; **1** ***etw. zur D. haben*** über etw. (*mst* ein bestimmtes Maß an Zeit od. e-e bestimmte Menge Geld) bestimmen können **2** ***j-d / etw. steht*** (***j-m***) ***zur D.*** j-d / etw. kann von j-m verwendet werden: *Für den Ankauf neuer Maschinen steht der Abteilung enormes Kapital zur D.* **3** *mst Pl* ≈ Pläne ⟨seine Dispositionen treffen, ändern⟩ **4** ***e-e D.*** (***für / zu etw.***) ≈ Veranlagung ⟨e-e angeborene, vererbte, seelische D. zu e-r / für e-e Krankheit⟩ || ► ***disponieren***

Dis·put *der*; -(e)s, -e; **1** *geschr* ≈ Streit ⟨e-n D. mit j-m haben⟩ **2** *veraltend*; e-e wissenschaftliche Diskussion nach bestimmten Regeln ⟨ein gelehrter D.⟩ || *hierzu* **dis·pu·tie·ren** (*hat*) *Vi* || NB: ↑ ***Streit***

dis·qua·li·fi·zie·ren; [-kva-] *disqualifizierte, hat disqualifiziert*; Vt **1** ***j-n d.*** *Sport*; j-n von e-m Wettkampf ausschließen, weil er gegen e-e Regel verstoßen hat: *Der Läufer wurde wegen Verlassens der Bahn disqualifiziert* **2** ***etw. disqualifiziert j-n*** etw. zeigt, dass j-d für e-e Aufgabe od. e-e gesellschaftliche Stellung nicht geeignet ist: *Sein Verhalten in der Krise hat ihn als Abteilungsleiter disqualifiziert*; Vr **3** ***sich*** (***durch / mit etw.***) ***d.*** *geschr*; bei e-r bestimmten Gelegenheit falsch handeln od. sich nicht richtig benehmen u. so zeigen, dass man für e-e Aufgabe nicht geeignet ist || *zu* **1 Dis·qua·li·fi·zie·rung** *die*; **Dis·qua·li·fi·ka·ti·on** *die*; -, -en

Dis·ser·ta·ti·on [-'tsi̯oːn] *die*; -, -en; ***e-e D.*** (***über etw.*** (*Akk*) ***/ zu etw.***) e-e wissenschaftliche Arbeit, die man schreiben muss, um den Doktortitel zu bekommen ≈ Doktorarbeit ⟨e-e D. schreiben, abgeben, einreichen⟩ || *hierzu* **dis·ser·tie·ren** (*hat*) *Vi*

Dis·si·dent *der*; -en, -en; *Pol*; (*bes* in Bezug auf Regimekritiker in sozialistischen Ländern verwendet) j-d, der sich offen dazu bekennt, dass er gegen die offizielle Politik des Staates *o.Ä.* ist || NB: *der Dissident*; *den, dem, des Dissidenten*

Dis·so·nanz *die*; -, -en; **1** *Mus*; der Klang von Tönen, die zusammen unangenehm u. nicht harmonisch klingen **2** *mst Pl*; Meinungsverschiedenheiten (*bes* innerhalb e-r politischen Partei)

Dis·tanz *die*; -, -en; *geschr*; **1** ***die D.*** (***zwischen j-m / etw. u. j-m / etw.***) die räumliche Entfernung zwischen zwei Personen / Orten od. Punkten ≈ Abstand (1): *Aus dieser D. kann ich nichts erkennen* **2** *nur Sg*; ***D.*** (***zu j-m***) e-e Haltung gegenüber j-m, bei der man wenig Gefühle (für ihn) zeigt u. nur wenig Kontakt zu ihm hat ⟨auf D. achten, D. (zu j-m) halten, wahren, auf D. (zu j-m) bleiben, gehen⟩ **3** *nur Sg*; ***D.*** **(*zu j-m / etw.*)** der innere Abstand zu j-m / etw. (der einem erlaubt, objektiv zu sein) ⟨D. (zu j-m / etw.) gewinnen, etw. aus der D. betrachten⟩: *nicht die nötige D. haben, um objektiv bleiben zu können* **4** *Sport*; die vorgesehene Länge e-s Boxkampfs *o.Ä.*: *Der Kampf ging über die volle D.*

D

dis·tan·zie·ren; *distanzierte, hat distanziert*; Vr **1** ***sich von etw. d.*** (öffentlich) erklären, dass man *mst* e-e Äußerung, e-e Aktion *o.Ä.* nicht gut od. nicht richtig findet ⟨sich von e-m Bericht, e-m Parteiprogramm d.⟩ **2** ***sich von j-m d.*** mit j-m nichts mehr zu tun haben wollen: *Nach dem Skandal distanzierten sich viele Freunde von ihm*; Vt **3** ***j-n d.*** j-n in e-m Rennen *o.Ä.* deutlich besiegen || *hierzu* **Dis·tan·zie·rung** *die*

dis·tan·ziert **1** *Partizip Perfekt*; ↑ ***distanzieren*** **2** *Adj*; *geschr* ≈ zurückhaltend, kühl (2), reserviert || *zu* **2** **Dis·tan·ziert·heit** *die*; *nur Sg*

Dis·tel *die*; -, -*n*; e-e Pflanze mit *mst* violetten od. weißen Blüten, die Blätter mit kleinen dünnen Stacheln hat: *Der Esel frisst Disteln*

dis·tin·gu·iert [dɪstɪŋ'g(u)iːɐ̯t] *Adj*; *geschr*; ⟨*mst* ein Herr⟩ vornehm im Verhalten u. in der Art, sich zu kleiden

Dist·rikt *der*; -*(e)s*, -*e*; ein Verwaltungsbezirk in manchen Staaten, *z.B.* in den USA

Dis·zip·lin[1] *die*; -; *nur Sg*; **1** das Einhalten von bestimmten Regeln, Vorschriften *o.Ä.* (*bes* innerhalb e-r Gemeinschaft od. als Schüler, Soldat *o.Ä.*) ⟨äußerste, strenge, strikte, schlechte D., wenig D. haben, D. üben, D. wahren; gegen die D. verstoßen, die D. verletzen (= die Regeln od. Vorschriften nicht einhalten)⟩: *In der Armee herrscht strenge D.* || -K: ***Partei-*** **2** strenge Kontrolle des eigenen Tuns ⟨etw. erfordert, verlangt eiserne D. (= große Selbstbeherrschung)⟩: *Er hat nicht genug D., um sein Studium durchzuhalten* || -K: ***Selbst-***

Dis·zip·lin[2] *die*; -, -*en*; **1** ein Teilgebiet des Sports ≈ Sportart: *Der Weitsprung ist e-e D. der Leichtathletik* **2** ein Teilgebiet e-r Wissenschaft: *Rechtsgeschichte ist e-e juristische D.*

dis·zip·li·na·risch *Adj*; *mst* ⟨e-e Behörde⟩ ***geht gegen j-n d. vor*** *geschr*; e-e Behörde bestraft j-n, weil er gegen die Vorschriften verstoßen hat

Dis·zip·li·nar·stra·fe *die*; *Sport*; e-e Strafe, die ein Sportler (wegen seines unfairen sportlichen Verhaltens) von seinem Verein bekommt

Dis·zip·li·nar·ver·fah·ren *das*; *geschr*; ein (juristisches) Verfahren gegen j-n (*mst* e-n Beamten), der gegen die Vorschriften verstoßen hat

dis·zip·li·niert *Adj*; *geschr*; **1** durch strenge Disziplin[1] (1) ausgezeichnet ⟨e-e Klasse, e-e Truppe; sich d. verhalten⟩ **2** verantwortungsvoll u. mit viel Selbstkontrolle ⟨d. arbeiten⟩ || *hierzu* **Dis·zip·li·niert·heit** *die*; *nur Sg*

dis·zip·lin·los *Adj*; *geschr*; **1** ohne Disziplin[1] (1) ⟨e-e Klasse, e-e Truppe; sich d. verhalten⟩ **2** ohne Selbstdisziplin || *hierzu* **Dis·zip·lin·lo·sig·keit** *die*

Di·va [-v-] *die*; -, -*s* / *Di·ven*; e-e sehr beliebte (*mst* exzentrische) Sängerin od. Schauspielerin || -K: ***Film-, Operetten-, Opern-***

Di·ver·genz [-v-] *die*; -, -*en*; *geschr*; **1** das Auseinandergehen von Meinungen *o.Ä.* ↔ Konvergenz, Übereinstimmung **2** *mst Pl*; ***Divergenzen*** **(*über etw.*** (*Akk*) **/ *in etw.*** (*Dat*)**)** unterschiedliche Meinungen, die zu Konflikten führen können ≈ Meinungsverschiedenheiten (2) || *hierzu* **di·ver·gent** *Adj*

di·ver·gie·ren [-v-]; *divergierte, hat divergiert*; Vi ⟨Meinungen, Ansichten, Aussagen *o.Ä.*⟩ ***divergieren*** Meinungen, Ansichten, Aussagen *o.Ä.* weichen (stark) voneinander ab: *Die Aussagen der Zeugen divergieren stark*

di·ver·s- [-v-], (*kein Komparativ*), *diversest-*; *Adj*; *nur attr, nicht adv, nur mit Pl, geschr* ≈ mehrere (verschiedene): *diverse Möglichkeiten ausprobieren*

Di·vi·dend [-v-] *der*; -*en*, -*en*; *Math*; e-e Zahl, die durch e-e andere geteilt wird ≈ Zähler ↔ Divisor: *In der Rechnung 12:3 ist 12 der D. u. 3 der Divisor* || NB: *der Dividend; den, dem, des Dividenden*

Di·vi·den·de [-v-] *die*; -, -*n*; *Ökon*; der Anteil am Gewinn e-r Aktiengesellschaft, der jährlich an die Aktionäre ausgezahlt wird ⟨e-e Firma schüttet e-e hohe D. aus; die D. erhöhen⟩

di·vi·die·ren [-v-]; *dividierte, hat dividiert*; Vt/i **(*e-e Zahl durch e-e Zahl*) *d.*** *Math*; berechnen, wie oft *bes* e-e kleinere Zahl in e-r größeren Zahl enthalten ist ≈ teilen (2) ↔ multiplizieren: *Sechs dividiert durch zwei ist (gleich) drei (6:2=3)* || ► ***Division***[1]

Di·vi·si·on[1] [divi'zioːn] *die*; -, -*en*; *mst Sg*, *Math*; **1** das Dividieren ↔ Multiplikation **2** e-e Rechenaufgabe, bei der dividiert wird

Di·vi·si·on[2] [divi'zioːn] *die*; -, -*en*; **1** *Mil*; mehrere Einheiten, Regimenter (ca. 10000 Mann) (zu denen verschiedene Waffengattungen gehören) || K-: ***Divisions-, -kommandeur, -lazarett*** **2** *bes* CH *Sport* ≈ Liga (1) ⟨die erste, zweite D.⟩

Di·vi·sor [-'viː-] *der*; -*s*, *Di·vi·so·ren*; *Math*; e-e Zahl, durch die e-e andere geteilt (2) wird ≈ Nenner ↔ Dividend

Di·wan *der*; -*s*, -*e* / *auch* -*s*; **1** *südd* ≈ Sofa **2** *veraltend*; e-e Art Sofa ohne Rücken- u. Armlehne

Di·xie·land ['dɪksɪlɛnt] *der*; -; *nur Sg*, *Mus*; e-e Jazzart, die *bes* in den 20er Jahren sehr beliebt war

DKP [deːkaː'peː] *die*; -; *nur Sg*; *Abk für* Deutsche Kommunistische Partei

DM [deː'|ɛm] *hist*; *Abk für* Deutsche Mark

D-Mark *die*; *hist*; die ehemalige Währung in Deutschland ≈ Deutsche Mark

DNS [de|ɛn'|ɛs] *die*; -; *nur Sg*, *Biol*, *Chem*; (*Abk für* Desoxyribonukleinsäure) e-e Substanz (in Form von langen Ketten), aus der die Chromosomen bestehen u. die die genetische Information enthält || K-: ***DNS-Strang***

Do·ber·mann *der*; -*s*, *Do·ber·män·ner*; ein großer Hund mit glatten, kurzen braunen od. schwarzen Haaren, der *mst* als Wachhund gehalten wird

doch[1] *Konjunktion*; verwendet, um e-n Teilsatz einzuleiten, der e-n Gegensatz zum Vorausgegangenen ausdrückt: *Er tat alles, um rechtzeitig fertig zu sein, d. es gelang ihm nicht*

doch[2] *Adv*; **1** trotz des vorher erwähnten Umstands ≈ dennoch, trotzdem: *Er sagte, er würde es ihr nicht sagen, aber er hats d. gemacht* || NB: In diesem Sinne wird *doch* immer betont **2** verwendet, um e-e negative Aussage od. e-e verneinte Frage im positiven Sinne zu beantworten u. dem Sprecher somit zu widersprechen: *„Du hast ihn nicht etwa selbst angerufen?" - „D.!"*

doch[3] *Partikel*; *unbetont*; **1** verwendet in Aussagesätzen, um j-n an etw. zu erinnern, das bereits bekannt ist, u. um ihn indirekt zur Zustimmung aufzufordern: *Ich muss nach Hause, es ist d. schon spät*; *Sie ist d. kein Kind mehr!* **2** verwendet in rhetorischen Fragen, um auszudrücken, dass man glaubt, etw. zu wissen od. sich an etw. zu erinnern: *Du warst d. schon mal hier, nicht wahr?*; *Das war d. so, oder?* **3** verwendet in Fragen, die die Form von Aussagesätzen haben, um Zweifel od. Sorge auszudrücken, auf die man e-e beruhigende Antwort erwartet: *Du lässt mich d. jetzt nicht im Stich?*; *Das schaffst du d. hoffentlich?* **4** verwendet in Antworten auf Aufforderungen od. Vorwürfe, um diese zurückzuweisen: *„Mach den Fernseher ein bisschen leiser!" - „Habe ich d. schon!"*; *„Warum hast du mir nichts davon erzählt?" - „Ich konnte d. nicht wissen, dass es für dich so wichtig ist!"* **5** verwendet, um Aufforderungen zu verstärken: *Komm d. mal her zu mir!*; *Setzen Sie sich d. bitte*; *Schrei d. nicht so laut* || NB: Mit *bitte* od. *mal* wirkt die Aufforderung eher höflich, mit *endlich* wirkt sie ungeduldig od. vorwurfsvoll: *Hör d. endlich auf!* **6** verwendet in Ausrufesätzen, um Überraschung, Empörung *o.Ä.* auszudrücken: *Wie schön es hier d. ist!*; *Das ist d. eine Gemeinheit!*; *Das gibt's d. gar nicht!* **7** verwendet, um e-n dringenden Wunsch auszudrücken, der im Moment des Sprechens nicht erfüllbar ist ≈ bloß, nur: *Wenn er d. endlich käme!*; *Wenn es d. schon vorbei wäre!*; *Hätte ich das d. nie getan!* || NB: Das Verb steht im Konjunktiv II

Docht *der*; *-(e)s, -e*; e-e Art Schnur in e-r Kerze od. Lampe, die angezündet wird u. langsam verbrennt || ↑ *Abb. unter* ***Kerze***

Dock *das*; *-(e)s, -s*; e-e Anlage, in der Schiffe außerhalb des Wassers gebaut od. repariert werden || K-: ***Dock-, -arbeiter***

Dog·ge *die*; *-, -n*; ein sehr großer Hund mit e-r flachen Schnauze u. *mst* gelblich braunem Fell

Dog·ma *das*; *-s, Dog·men*; **1** *pej*; e-e Lehre *o.Ä.*, die den Anspruch erhebt, absolut gültig zu sein ⟨e-e Lehre, e-e Meinung zum D. erheben, sich an Dogmen klammern⟩ **2** *kath*; ein religiöser Grundsatz, der innerhalb der Kirche absolute Gültigkeit hat: *das D. von der Unfehlbarkeit des Papstes*

Dog·ma·tik *die*; *-*; *nur Sg*, *geschr*; **1** *mst pej*; e-e dogmatische Haltung **2** die systematische Darstellung der Dogmen (2) *bes* der christlichen Religion || *hierzu* **Dog·ma·ti·ker** *der*; *-s, -*; **Dog·ma·ti·ke·rin** *die*; *-, -nen*

dog·ma·tisch *Adj*; *geschr*, *mst pej*; (starr u. unkritisch) an Dogmen (1) festhaltend ⟨e-e Haltung, ein Standpunkt, j-s Denken⟩

Dog·ma·tis·mus *der*; *-*; *nur Sg*, *geschr*, *mst pej*; das starre Festhalten an bestimmten Lehren *o.Ä.*

Doh·le *die*; *-, -n*; ein Vogel, der ähnlich wie ein Rabe aussieht, aber kleiner ist

Dok·tor [-toːɐ, -tɐ] *der*; *-s, Dok·to·ren*; **1** *gespr*; verwendet als Anrede od. Bezeichnung für e-n Arzt ⟨e-n D. brauchen, holen; zum D. gehen, müssen⟩ **2** *nur Sg*; ein akademischer Grad u. Titel; *Abk* Dr.: *den D. der Chemie, Medizin machen / haben*; *Er ist D. der Biologie* (= hat e-n Doktortitel in Biologie); *Herr / Frau Dr. Baumann*; *Dr. Müllers Haus* || K-: ***Doktor-, -examen, -grad, -titel*** || NB: *der Bericht des Doktors*, aber: *der Bericht Doktor Meiers*; *D.* wird in der Anrede in Verbindung mit e-m Familiennamen abgekürzt geschrieben (*Sehr geehrter Herr Dr. Müller!*), ohne Familiennamen ausgeschrieben (*Sehr geehrter Herr Doktor!*) **3** ***den / seinen D. machen*** *gespr*; e-n Doktortitel erwerben

Dok·to·rand *der*; *-en, -en*; j-d, der an e-r Dissertation arbeitet, um den Doktortitel zu bekommen || NB: *der Doktorand*; *den, dem, des Doktoranden* || *hierzu* **Dok·to·ran·din** *die*; *-, -nen*

Dok·tor·ar·beit *die* ≈ Dissertation ⟨seine D. schreiben; e-e D. über etw. (*Akk*)⟩

Dok·tor·va·ter *der*; *gespr*; der (Universitäts)Professor, der e-m Doktoranden das Thema für seine Doktorarbeit gibt (u. ihn fachlich betreut)

Dokt·rin *die*; *-, -en*; **1** *Pol*; ein Grundsatz od. e-e grundsätzliche (programmatische) Aussage ⟨e-e D. aufstellen, nach e-r D. handeln⟩ **2** *geschr*, *mst pej* ≈ Dogma (1)

dokt·ri·när *Adj*; *geschr*, *mst pej*; nicht bereit, seine Meinung zu ändern

Do·ku·ment *das*; *-(e)s, -e*; **1** etw. Geschriebenes, das *mst* j-s Stand[2] od. Recht (2) betrifft u. das von e-r Behörde ausgestellt wird (*z.B.* der Personalausweis, der Pass, die Geburtsurkunde) ≈ Urkunde: *Wenn man heiraten will, muss man mehrere Dokumente vorlegen* **2** ein Text od. ein Gegenstand aus e-r *mst* vergangenen Epoche, der wichtige Informationen enthält ≈ Zeugnis (4) ⟨ein historisches D.⟩: *Die Grabsteine der Römer sind für die Historiker wichtige Dokumente* || -K: ***Bild-, Kultur-***

Do·ku·men·tar- *im Subst*, *wenig produktiv*; verwendet, um auszudrücken, dass bei der Behandlung des Themas nur Tatsachen enthalten sind (u. nichts Fiktives); ein ***Dokumentarbericht***, ein ***Dokumentarfilm***, ein ***Dokumentarhörspiel***, ein ***Dokumentarstück***

do·ku·men·ta·risch *Adj*; **1** ⟨e-e Aufnahme, ein Film, e-e Darstellung⟩ so, dass sie nur auf Tatsachen beruhen **2** *mst adv*; durch Dokumente (1,2) ⟨etw. ist d. belegt, bezeugt, nachweisbar⟩

Do·ku·men·ta·ti·on [-'tsi̯oːn] *die*; *-, -en*; **1** ***e-e D. (über etw.*** (*Akk*) ***/ zu etw.)*** e-e Sammlung von Dokumenten (*z.B.* Urkunden, Daten u. Fakten zu e-m Thema): *Im Anhang des Buches findet sich e-e ausführliche D. zum Thema „Umweltverschmutzung"* **2** ***e-e D. (über etw.*** (*Akk*) ***/ zu etw.)*** e-e dokumentarische (1) Sendung im Fernsehen od. Radio

Do·ku·men·ten·map·pe *die*; e-e Mappe, in der wichtige Dokumente (1) aufbewahrt werden

do·ku·men·tie·ren; *dokumentierte, hat dokumentiert*; *geschr*; [Vt] **1** ***etw. d.*** etw. (*mst* e-e Meinung, Haltung) deutlich zeigen ≈ bekunden, beweisen: *seinen guten Willen durch Taten d.*; [Vr] **2** ***etw. dokumentiert sich in etw.*** (*Dat*) etw. kommt in etw. deutlich zum Ausdruck

Dolch *der*; *-(e)s, -e*; e-e Art spitzes Messer, dessen Klinge auf beiden Seiten schneidet u. das als Stoßwaffe dient || ↑ *Abb. unter* ***Waffen*** || K-: ***Dolch-, -stich, -stoß***

Dol·de *die*; *-, -n*; *Bot*; viele kleine Blüten, die an feinen Stielen zusammen aus e-m Stängel wachsen || K-: ***Dolden-, -gewächs*** || *hierzu* **dol·den·för·mig** *Adj*

doll *Adj*; *gespr*, *bes nordd*; **1** ≈ toll **2** ≈ heftig

Dol·lar *der*; *-s, -s*; verwendet als Bezeichnung für die Währung mehrerer Staaten, *z.B.* für die der USA (Zeichen $) ⟨der amerikanische, kanadische D.⟩ || K-: ***Dollar-, -kurs, -note*** || NB: in Verbindung mit Zahlen wird *Dollar* als Pluralform verwendet: *Das Auto kostet 80 Dollar pro Tag*

Dol·metsch *der*; *-(e)s, -e*; ≈ Dolmetscher

dol·met·schen; *dolmetschte, hat gedolmetscht*; [Vt/i] ***(etw.) d.*** das, was j-d sagt, (*mst* sofort) mündlich in e-e andere Sprache übersetzen ⟨ein Gespräch, ein Interview d.⟩

Dol·met·scher *der*; *-s, -*; j-d, der (*mst* beruflich) etw. dolmetscht: *als D. beim Europaparlament arbeiten* || K-: ***Dolmetscher-, -diplom, -institut, -schule*** || -K: ***Konferenz-***; ***Konsekutiv-***, ***Simultan-*** || *hierzu* **Dol·met·sche·rin** *die*; *-, -nen*

Dom *der*; *-(e)s, -e*; e-e große Kirche, *mst* die Kirche e-s Bischofs (*bes* im deutschsprachigen Raum u. in Italien) ≈ Kathedrale, Münster: *der Kölner D.*; *der Mailänder D.* || K-: ***Dom-, -chor, -glocke***

Do·mä·ne *die*; *-, -n*; **1** *geschr*; das (Fach)Gebiet, in dem j-d tätig ist u. in dem er besonders gute Kenntnisse od. Fähigkeiten hat ≈ Spezialgebiet: *Seine eigentliche D. ist die Komödie, aber er spielt auch ernste Rollen* **2** ein relativ großer Besitz (mit Landwirtschaft), der dem Staat gehört

do·mi·nant *Adj*; **1** *geschr*; stark auffallend ≈ bestimmend ⟨ein Charakterzug; ein Motiv⟩ **2** *geschr*; sehr stark im Durchsetzen der eigenen Wünsche: *Seine*

Frau ist sehr d. **3** *Biol*; ⟨Merkmale, Erbfaktoren⟩ so, dass sie bei der Vererbung andere Merkmale verdrängen ↔ rezessiv

Do·mi·nanz *die*; -; *nur Sg*; **1** *geschr*; die Fähigkeit, seine eigenen Wünsche durchzusetzen **2** *Biol*; die Eigenschaft, bei der Vererbung andere Merkmale zu verdrängen **3** *geschr*; die Vorherrschaft

do·mi·nie·ren; *dominierte, hat dominiert*; *geschr*; [Vt/i] **1** **(*j-n / etw.*) *d.*** j-s Handeln / den Ablauf von etw. bestimmen ≈ beherrschen: *den Ehepartner d.*; *e-e dominierende Funktion, Stellung haben* || NB: *mst* im Passiv! **2** ***etw. dominiert* (*etw.*)** etw. ist (irgendwo) besonders wichtig, beherrschend od. auffällig ≈ etw. herrscht vor: *In seinem Leben dominieren die Fehlschläge*; *In diesem Bild dominieren dunkle Farben*; *Das Rot dominiert das Bild*

Do·mi·no *das*; *-s*; *nur Sg*; ein Spiel, bei dem flache, rechteckige (Spiel)Steine, die Punkte haben, nach bestimmten Regeln aneinander gelegt werden müssen || K-: ***Domino-, -spiel, -stein***

Dominosteine

Do·mi·zil [-ts-] *das*; *-s, -e*; *geschr*; der Ort, an dem j-d wohnt ≈ Wohnsitz

Dom·pfaff *der*; *-s / -en, -en*; ein Singvogel mit braungrauen Federn, bei dem das Männchen e-n roten Bauch hat || NB: *der D.*; *den, dem Dompfaff / Dompfaffen*; *des Dompfaffs / Dompfaffen*

Domp·teur [dɔmp'tøːɐ̯] *der*; *-s, -e*; j-d, der von Beruf Tiere *mst* für e-n Zirkus dressiert u. sie vorführt || *hierzu* **Domp·teu·se** [-'tøːzə] *die*; *-, -n*

Don·ner *der*; *-s, -*; *mst Sg*; das laute Geräusch, das man nach e-m Blitz hört ⟨der D. rollt, grollt, kracht (dumpf), dröhnt⟩ || K-: ***Donner-, -grollen, -rollen, -schlag*** || ID ***wie vom D. gerührt*** starr vor Schrecken

don·nern; *donnerte, hat / ist gedonnert*; [Vimp] (*hat*) **1** ***es donnert*** es ertönt das Geräusch des Donners: *Es blitzt u. donnert*; [Vi] **2** (*hat*) ***etw. donnert*** etw. macht ein lautes Geräusch, das dem Donner ähnlich ist ⟨Kanonen, Maschinen, Triebwerke⟩: *donnernder Applaus* **3** ***j-d / etw. donnert irgendwohin*** (*ist*) j-d / etw. bewegt sich schnell u. mit lautem Geräusch irgendwohin: *Das Flugzeug donnerte über die Startbahn*; *Die Lawine donnerte ins Tal* **4** ***j-d / etw. donnert irgendwohin*** (*ist*) *gespr*; j-d / etw. stößt mit großer Wucht gegen etw. **5** ***gegen / auf etw.*** (*Akk*) ***d.*** (*hat*) *bes* mit den Fäusten kräftig u. oft gegen etw. schlagen: *gegen e-e verschlossene Tür d.*; [Vt] (*hat*) **6** ***etw. irgendwohin d.*** *gespr*; etw. heftig irgendwohin werfen: *die Schulbücher in die Ecke d.*

Don·ners·tag *der*; *-(e)s, -e*; der vierte Tag der Woche; *Abk* Do ⟨am D.; letzten, diesen, nächsten D.; D. früh⟩ || K-: ***Donnerstag-, -abend, -mittag, -morgen, -nachmittag, -nacht***; ***donnerstag-, -abends, -mittags*** *usw*

don·ners·tags *Adv*; **1** an jedem Donnerstag **2** am (kommenden, nächsten) Donnerstag

Don·ner·wet·ter *das*; *gespr*; **1** lautes u. heftiges Schimpfen ⟨ein D. kriegen, es gibt ein D.⟩ **2** ***zum D.!*** verwendet als Ausruf des Zorns **3** ***D.!*** verwendet als Ausruf der Bewunderung

doof *Adj*; *gespr pej*; **1** besonders dumm, einfältig ≈ blöd, dämlich, bescheuert **2** verwendet, um seinen Ärger über j-n / etw. auszudrücken: *So ein doofer Film!* || *zu* **1** **Doof·heit** *die*; *nur Sg*

do·pen; *dopte, hat gedopt*; [Vt] ***j-n / sich / ein Tier d.*** *Sport*; die Leistungsfähigkeit mit verbotenen Medikamenten steigern: *Der Läufer wurde disqualifiziert, weil er gedopt war* || NB: *mst* im Zustandspassiv!

Do·ping *das*; *-s*; *nur Sg*, *Sport*; die Anwendung verbotener Medikamente, um die sportlichen Leistungen zu steigern: *Sie wurde wegen Dopings gesperrt* || K-: ***Doping-, -kontrolle***

Dop·pel *das*; *-s, -*; **1** das Spiel von zwei Spielern gegen zwei andere (*bes* beim Tennis u. Tischtennis) **2** ***ein gemischtes D.*** ein Spiel, das ein Herr u. e-e Dame gegen ein anderes Paar spielen (*bes* beim Tennis) || K-: ***Doppel-, -partner***

Dop·pel·agent *der*; ein Agent, der für zwei Staaten gleichzeitig als Spion arbeitet

Dop·pel·be·las·tung *die*; die Belastung (1), die dadurch verursacht wird, dass j-d für zwei anstrengende Aufgaben (Bereiche) verantwortlich ist: *die D. von Frauen durch Beruf u. Familie*

Dop·pel·bett *das*; ein Bett für zwei Personen

Dop·pel·de·cker *der*; *-s, -*; **1** ein Omnibus mit zwei Stockwerken || K-: ***Doppeldecker-, -bus*** **2** ein Flugzeug mit zwei Tragflächen auf jeder Seite, die übereinander liegen

dop·pel·deu·tig *Adj*; so, dass zwei Bedeutungen möglich sind ⟨e-e Äußerung, e-e Bemerkung⟩ || NB: ≠ zweideutig || *hierzu* **Dop·pel·deu·tig·keit** *die*; *nur Sg*

Dop·pel·gän·ger *der*; *-s, -*; j-d, der e-m anderen so ähnlich sieht, dass man beide miteinander verwechseln könnte ⟨j-s D. sein⟩ || *hierzu* **Dop·pel·gän·ge·rin** *die*; *-, -nen*

Dop·pel·haus *das*; ein Haus, das aus zwei gleichen Hälften besteht, wobei in jeder Hälfte eine Familie wohnt || K-: ***Doppelhaus-, -hälfte***

Dop·pel·hoch·zeit *die*; die gemeinsame Hochzeit von zwei Paaren

Dop·pel·kinn *das*; e-e Art Falte unter dem Kinn bei Menschen, die (im Gesicht) dick sind

Dop·pel·le·ben *das*; *mst* ***ein D. führen*** ein Verbrecher, ein Spion *o.Ä.* sein u. gleichzeitig so leben, als wäre man ein anständiger Bürger

Dop·pel·mord *der*; ein Mord, bei dem j-d zwei Menschen tötet ⟨e-n D. begehen⟩

Dop·pel·na·me *der*; ein Familien- od. Vorname, der aus zwei Namen besteht, *z.B.* Hans-Peter, Müller-Seidl

Dop·pel·punkt *der*; das Satzzeichen : , das *bes* vor direkter Rede, vor Aufzählungen u. Beispielen steht

dop·pel·rei·hig *Adj*; *mst* ***d. geknöpft*** mit zwei (senkrechten) Reihen von Knöpfen ⟨ein Sakko⟩

Dop·pel·rol·le *die*; zwei Rollen, die derselbe Schauspieler in e-m Film od. Theaterstück spielt ⟨e-e D. haben; in e-r D.⟩

dop·pel·sei·tig *Adj*; auf zwei nebeneinander liegenden Seiten e-s Buches, e-r Zeitschrift *usw* ⟨e-e Anzeige, e-e Fotografie⟩ || *hierzu* **Dop·pel·sei·te** *die*

dop·pel·sin·nig *Adj*; mit zwei Bedeutungen (wobei eine Bedeutung *mst* verschlüsselt u. nicht sofort zu verstehen ist) || *hierzu* **Dop·pel·sinn** *der*; *nur Sg*

Dop·pel·ste·cker *der*; ein Stecker, mit dem man zwei elektrische Geräte gleichzeitig (an eine Steckdose) anschließen kann

dop·pel·stö·ckig *Adj*; *nicht adv*; **1** mit zwei Geschossen od. Ebenen ≈ zweistöckig ⟨ein Bus, ein Haus⟩ **2** *gespr hum*; ⟨*mst* ein Cognac, ein Whisky⟩ ≈ doppelt (2)

dop·pelt *Adj*; **1** so, dass zweimal so viel von etw. vor-

D

handen ist *o.Ä.* ⟨e-e Menge, Ausgaben, Einnahmen⟩ **2** ⟨*mst* ein Cognac, ein Whisky⟩ mit der zweifachen Menge wie üblich in einem Glas **3** ***d. so*** + *Adj / Adv* verwendet, um auszudrücken, dass etw. in wesentlich höherem Maße zutrifft als sonst od. als normal ⟨d. so oft, groß, viel, schön⟩ **4** *pej*; nicht ehrlich ≈ heuchlerisch ⟨*mst* e-e doppelte Moral, doppeltes Spiel mit j-m treiben, mit doppelter Zunge sprechen⟩ || K-: ***Doppel-, -moral*** || ID ***d. u. dreifach*** *gespr, oft pej*; sehr od. übertrieben gründlich: *Er erklärt dir alles immer d. u. dreifach*; ***d. gemoppelt*** *gespr hum*; verwendet, um auszudrücken, dass etw. unnötig zweimal gemacht, gesagt wurde: *„Weißer Schimmel" ist d. gemoppelt*

Dop·pel·ver·die·ner *die*; *Pl*; Ehepartner, die beide arbeiten u. Geld verdienen

Dop·pel·zent·ner *der*; zwei Zentner, hundert Kilogramm

Dop·pel·zim·mer *das*; ein Zimmer für zwei Personen in e-m Hotel *o.Ä.* ≈ Zweibettzimmer ↔ Einzelzimmer, Einbettzimmer

dop·pel·zün·gig *Adj*; *pej*; nicht ehrlich ≈ heuchlerisch: *Man kann ihm nichts glauben, er ist d.* || *hierzu* **Dop·pel·zün·gig·keit** *die*; *nur Sg*

Do·ra·do *das*; *-s, -s*; ein idealer Ort für etw. ≈ Paradies (4): *Die französischen Alpen sind ein D. für Wintersportler*

Dorf *das*; *-(e)s, Dör·fer*; **1** ein (relativ kleiner Ort) auf dem Land mit wenigen Häusern, *bes* Bauernhöfen ↔ Stadt ⟨aus e-m D. kommen, sein, auf dem D. aufwachsen, wohnen⟩: *Er hat genug vom Stadtleben, er zieht jetzt aufs D.* || K-: ***Dorf-, -bewohner, -grenze, -kirche, -leute, -pfarrer, -platz, -schmied, -schule, -straße, -teich*** || -K: ***Bauern-, Berg-, Fischer-, Heimat-, Nachbar-*** **2** *gespr*; die Menschen, die in e-m bestimmten D. (1) wohnen: *Das halbe / ganze D. war auf dem Fest* **3** ***das olympische D.*** der Ort, in dem die Sportler bei e-r Olympiade wohnen || ID *mst* ***Das sind für mich böhmische Dörfer*** *gespr*; das ist mir völlig unverständlich

dörf·lich *Adj*; **1** zu e-m Dorf (1) gehörend ↔ städtisch ⟨das Leben, die Sitten, e-e Gemeinschaft⟩ **2** e-m Dorf (1) ähnlich ⟨e-e Kleinstadt, e-e Stadt⟩

Dorn *der*; *-(e)s, -en*; **1** ein harter, spitzer Teil am Stängel e-r Pflanze, wie *z.B.* am Stiel e-r Rose ⟨sich e-n D. eintreten; sich an e-m D. stechen⟩ || K-: ***Dorn-, -busch***; ***Dornen-, -gestrüpp, -hecke, -strauch, -zweig*** **2** *nur Pl, geschr* ≈ Leiden, Beschwernisse ⟨ein Lebensweg voller Dornen⟩ || K-: ***Dornen-, -weg*** || ID ***j-m ein D. im Auge sein*** j-n sehr stören, ärgern; ***Keine Rose ohne Dornen*** alles Gute hat auch Nachteile || *hierzu* **dor·nig** *Adj*; *nicht adv*; *zu* **2 dor·nen·reich** *Adj*; *nicht adv*; **dor·nen·voll** *Adj*; *nicht adv*

Dorn·rös·chen|schlaf *der*; *geschr*; ein Zustand, in dem sich lange Zeit nichts ändert: *Das Dorf erwacht langsam aus dem D.*

dör·ren; *dörrte, hat gedörrt*; [Vt] ***etw. d.*** Nahrungsmittel haltbar machen, indem man sie trocknet ⟨Fisch, Fleisch, Obst d.⟩ || K-: ***Dörr-, -fisch, -gemüse, -obst, -pflaume***

Dorsch *der*; *-(e)s, -e*; ein essbarer (Raub)Fisch, der im Meer lebt

dort *Adv*; **1** verwendet, um darauf hinzuweisen, wo j-d / etw. ist: *„Hat j-d meine Brille gesehen?" - „Sie ist d., wo du sie liegen gelassen hast"* **2** ***d.*** + *Ortsangabe* verwendet, um auf e-e bestimmte Stelle od. e-n bestimmten Ort zu verweisen ⟨d. drüben, hinten, vorn, oben, unten *usw*⟩ || NB: *zu* **1** u. **2: a)** *Dort* wird oft mit e-r Geste verbunden; **b)** Mit *dort* wird oft auf e-e Stelle verwiesen, die weiter von der Bezugsperson entfernt ist als bei *da*; **c)** *Da* klingt *mst* umgangssprachlicher als *dort* **3** verwendet, um auf e-n vorher erwähnten Ort zu verweisen: *Vor zwei Wochen waren wir in Köln. D. haben wir den Dom bewundert* || ID ***da u. d., hier u. d.*** an verschiedenen Orten, an verschiedenen Stellen ≈ hier u. da: *Ich bin schon da u. d. gewesen, aber zu Hause gefällt es mir am besten*

dort·her, dort·her *Adv*; *mst* ***von d.*** von e-m bestimmten Ort aus in die Richtung zum Sprecher hin

dort·hin, dort·hin *Adv*; zu e-m Ort hin

dort·hi·naus, dort·hi·naus *Adv*; *mst in* ***bis d.*** *gespr pej*; so sehr od. so viel, dass es stört: *Er ist arrogant bis d.*

dor·ti·g- *Adj*; *nur attr, nicht adv*; an dem erwähnten Ort: *In Frankfurt können Sie sich an unseren dortigen Filialleiter wenden*

Do·se *die*; *-, -n*; **1** ein kleiner Behälter mit Deckel || ↑ *Abb. unter* ***Behälter und Gefäße*** || -K: ***Blech-, Plastik-, Porzellan-***; ***Butter-, Kaffee-, Keks-, Puder-, Schmuck-, Zucker-*** **2** e-e Büchse mit konservierten Lebensmitteln ⟨sich aus der D. ernähren⟩: *Thunfisch in Dosen* || K-: ***Dosen-, -bier, -milch, -suppe, -wurst*** **3** *gespr*; *Kurzw* ↑ ***Steckdose***

dö·sen; *döste, hat gedöst*; [Vi] *gespr*; **1** sich in e-r Art Halbschlaf befinden: *am Strand liegen u. in der Sonne d.* **2** *mst* ***vor sich hin d.*** unaufmerksam u. unkonzentriert sein: *im Unterricht vor sich hin d.*

Do·sen·öff·ner *der*; ein Gerät, mit dem man Konservendosen öffnen kann ≈ Büchsenöffner

do·sie·ren; *dosierte, hat dosiert*; [Vt] ***etw. (irgendwie) d.*** e-e Menge (Dosis) von etw. abmessen ⟨ein Medikament (genau, zu hoch) d.⟩ || *hierzu* **Do·sie·rung** *die*

dö·sig *Adj*; *gespr* ≈ schläfrig

Do·sis *die*; *-, Do·sen*; die Menge *mst* e-s Medikaments od. Rauschgifts, die auf einmal od. in einer bestimmten Zeit genommen wird ⟨e-e schwache, starke, hohe, tödliche D. zu sich nehmen⟩ || -K: ***Tages-, Wochen-*** || ID ***e-e gehörige D.*** *gespr*; ziemlich viel: *Dazu braucht man e-e gehörige D. Mut*

Dos·sier [do'sie:] *das*; *-s, -s*; e-e (relativ große) Sammlung von Material od. Akten (zu e-r Person od. e-m Thema) ⟨ein D. anlegen, studieren⟩

do·tie·ren; *dotierte, hat dotiert*; [Vt] **1** ***etw. (mit etw.) d.*** für e-e *mst* relativ hohe Position in der Wirtschaft od. in der Verwaltung ziemlich viel Geld bezahlen: *Seine neue Stellung ist mit 6000 Euro im Monat dotiert* || NB: *mst* im Zustandspassiv! **2** ***etw. mit etw. d.*** e-n Wettkampf mit dem genannten Preisgeld ausstatten: *ein mit 15000 Euro dotiertes Pferderennen* || NB: *mst* im Partizip Perfekt! || *hierzu* **Do·tie·rung** *die*

Dot·ter *der / das*; *-s, -*; der gelbe Teil vom Ei ≈ Eigelb ↔ Eiweiß || K-: ***dotter-, -gelb*** || *hierzu* **dot·ter·far·ben** *Adj*; *nicht adv*

Dot·ter·blu·me *die*; e-e Wiesenblume mit leuchtend gelber Blüte (die *bes* an Bachufern wächst)

dou·beln ['du:bln]; *doubelte, hat gedoubelt*; [Vt] ***j-n d.*** (bei Filmaufnahmen) den Platz des betreffenden Schauspielers bei gefährlichen Szenen einnehmen

Dou·ble ['du:bl] *das*; *-s, -s*; j-d, der bei Filmaufnahmen e-n Schauspieler doubelt || NB: ↑ ***Stuntman***

down [daun] *Adj*; *nur präd od adv, indeklinabel*; *gespr*; **1** traurig, deprimiert **2** sehr müde, erschöpft

Do·zent *der*; *-en, -en*; **1** j-d, der an e-r Universität od. Hochschule lehrt (u. noch nicht Professor ist) **2** ein Lehrer in der Erwachsenenbildung, *z.B.* an der Volkshochschule || NB: *der Dozent*; *den, dem, des Dozenten* || *hierzu* **Do·zen·tin** *die*; *-, -nen*

do·zie·ren; *dozierte, hat doziert*; [Vi] ***(über etw. (Akk)) d.*** *pej*; etw. zu e-m Thema ausführlich u. auf arrogante od. belehrende Art u. Weise sagen: *Er doziert gern über die Außenpolitik*

dpa [depeˈ|aː] *die*; *Abk für* Deutsche Presse-Agentur

Dr. *Abk für* Doktor, immer mit e-m Zusatz (2); ***Dr. jur.*** Doktor der Rechtswissenschaft; ***Dr. med.*** Doktor der Medizin; ***Dr. phil.*** Doktor der Philosophie; ***Dr. rer. nat.*** Doktor der Naturwissenschaften; ***Dr. theol.*** Doktor der Theologie *usw*

Dra·che *der*; *-n*, *-n*; **1** (*bes* in Märchen u. Sagen) ein großes, gefährliches Tier mit Flügeln, Schuppen u. Krallen, das Feuer spuckt **2** *gespr pej*; verwendet als Bezeichnung für e-e Frau, die immer mit allen streitet || NB: *der Drache*; *den, dem, des Drachen*

Dra·chen *der*; *-s*, *-*; **1** ein Spielzeug, das aus e-m leichten Rahmen besteht, der mit Papier, Stoff *o.Ä.* überzogen ist. Der *D.* wird (an e-r Schnur) so gegen den Wind gehalten, dass er in die Luft aufsteigt ⟨e-n D. basteln, steigen lassen⟩ || K-: ***Drachen-, -schnur, -schwanz*** **2** ein Sportgerät (*mst* in der Form e-s Dreiecks), mit dem man von Bergen herab durch die Luft gleiten kann ≈ Hängegleiter || K-: ***Drachen-, -fliegen, -flieger*** || -K: ***Flug-*** || NB: ↑ ***Gleitschirm***

Dra·gee [draˈʒeː] *das*; *-s*, *-s*; **1** e-e kleine Kapsel mit e-m Medikament darin **2** e-e Süßigkeit in Form e-s Dragees (1)

Draht *der*; *-(e)s*, *Dräh·te*; **1** e-e Art Schnur aus Metall, die *z.B.* für elektrische Leitungen u. Zäune benutzt wird ⟨e-n D. spannen, ziehen, abkneifen⟩ || ↑ *Abb. unter* ***Glühbirne*** || K-: ***Draht-, -geflecht, -gitter, -rolle, -schere, -schlinge, -seil, -sieb, -verhau, -zange, -zaun*** || -K: ***Kupfer-, Messing-*** **2** ***der heiße D.*** e-e direkte Telefonverbindung zwischen den Regierungen zweier Staaten || ID (***schwer***) ***auf D. sein*** *gespr*; schnell u. klug handeln, tüchtig sein: *Ihn legt man nicht so schnell herein, er ist auf D.*; ***e-n guten D. zu j-m haben*** *gespr*; gute Beziehungen zu j-m haben (u. so Vorteile bekommen)

Draht·bürs·te *die*; e-e Bürste mit Borsten aus Draht, mit der man *z.B.* Rost od. Farbe entfernt

Draht·esel *der*; *gespr hum* ≈ Fahrrad

drah·tig *Adj*; *nicht adv*; relativ klein, schlank u. kräftig: *ein drahtiger Bursche* || NB: *mst* für Männer verwendet || *hierzu* **Drah·tig·keit** *die*; *nur Sg*

draht·los *Adj*; *mst in* ***ein drahtloses Telefon*** ein Telefon ohne Kabel, bei dem die Gespräche durch Funk übermittelt werden

Draht·seil·akt *der*; **1** e-e Vorführung im Zirkus *o.Ä.*, bei der ein Artist auf e-m Seil aus Draht balanciert **2** e-e riskante, gefährliche Handlung

Draht·zie·her *der*; *-s*, *-*; *pej*; j-d, der bei *mst* illegalen Handlungen andere für sich arbeiten lässt u. selbst im Hintergrund bleibt ≈ Hintermann (2)

Drai·na·ge [drɛˈnaːʒə] *die*; *-*, *-n*; ↑ ***Dränage***

dra·ko·nisch *Adj*; *geschr*; sehr hart od. streng ⟨*mst* e-e Strafe, Maßnahmen⟩

drall *Adj*; *nicht adv*; (*bes* bei Fauen verwendet) mit runden, kräftigen Formen ⟨ein Mädchen; Hüften⟩

Drall *der*; *-(e)s*, *-e*; *mst Sg*; **1** *Phys*; die Rotation e-s fliegenden Körpers um die eigene Achse **2** *gespr*; die Neigung von etw., sich in e-e bestimmte Richtung zu bewegen od. zu drehen || -K: ***Links-, Rechts-***

Dra·ma *das*; *-s*, *Dra·men*; **1** ein Text (in Dialogen), der im Theater gespielt wird ≈ Schauspiel, Theaterstück ⟨ein D. aufführen, inszenieren, spielen⟩: *ein D. in fünf Akten*; *„Hamlet" ist ein berühmtes D. von Shakespeare* || -K: ***Königs-, Ritter-*** **2** *nur Sg*; die literarische Gattung des Dramas (1): *das deutsche Drama im 19. Jahrhundert* **3** *mst Sg*; ein aufregendes Geschehen: *Das D. der Kindesentführung nahm ein glückliches Ende* || -K: ***Geisel-*** **4** *gespr pej*; e-e Situation, die von heftigen Emotionen (*mst* Wut od. Enttäuschung) bestimmt wird: *Mit meinen Eltern gibt es nach den Zeugnissen immer ein D.*; *Mach doch nicht aus jeder Kleinigkeit gleich ein D.!*

Dra·ma·tik *die*; *-*; *nur Sg*; **1** ≈ Spannung[1] (1) ⟨die D. e-s Kampfes, e-s Wettkampfes, e-r Situation⟩: *ein Spiel voller D.* **2** ≈ Drama (2) ↔ Epik, Lyrik

Dra·ma·ti·ker *der*; *-s*, *-*; j-d der Dramen (1) schreibt: *Bert Brecht ist einer der bekanntesten deutschen D.*

dra·ma·tisch *Adj*; **1** ≈ aufregend, spannend ⟨ein Wettkampf⟩: *Das Tennisfinale war äußerst d.*; *Die Rettungsaktion verlief d.* **2** *nur attr*, *nicht adv*; ⟨*mst* die Dichtung, die Literatur⟩ zur Gattung des Dramas gehörend ↔ episch, lyrisch

dra·ma·ti·sie·ren; *dramatisierte*, *hat dramatisiert*; [Vt] **1** ***etw. d.*** etw. als wichtiger behandeln, als es in Wirklichkeit ist ≈ hochspielen: *Wir wollen diesen Fall nicht d.* **2** ***etw. d.*** etw. in Form e-s Dramas darstellen ⟨e-n Stoff, e-n Roman d.⟩ || *hierzu* **Dra·ma·ti·sie·rung** *die*

Dra·ma·turg *der*; *-en*, *-en*; j-d, der in e-m Theater od. beim Fernsehen Stücke (für die Aufführung) aussucht, die Texte bearbeitet *usw*

Dra·ma·tur·gie *die*; *-*, *-n* [-ˈgiːən]; **1** die Lehre der Gestaltung von Dramen, Filmen *o.Ä.*, vor allem in Bezug auf die Folge der Handlung u. die Beziehungen der Personen **2** die Gestaltung e-s Dramas auf der Bühne od. e-s Films: *Die D. ließ einiges zu wünschen übrig* **3** e-e Abteilung an e-m Theater, bei Funk od. Fernsehen, in der Dramaturgen arbeiten || *hierzu* **dra·ma·tur·gisch** *Adj*; *nur attr od adv*

dran *Adv*; *gespr* ≈ daran: *Ich glaub nicht d.*; *Pass auf die Lampe auf - stoss dich nicht d.!* || ID *mst* ***gut, schlecht d. sein*** *gespr*; es gut, schlecht haben; *mst* ***an etw.*** (*Dat*) ***ist*** (***et***)***was*** / ***nichts d.*** *gespr*; etw. ist (zum Teil) wahr / nicht wahr: *An dem Gerücht ist nichts d.*; *mst* ***An ihm / ihr ist nichts d.*** *gespr*; Er / Sie ist sehr dünn; ↑ ***glauben***

> **dran sein** (*ist*) [Vi] ***j-d / etw. ist dran*** *gespr*; j-d ist der Nächste, der behandelt, bedient *o.Ä.* wird / etw. soll jetzt getan werden: *Bin ich jetzt dran mit Würfeln?*; *Welche Arbeit ist morgen dran?*

dran- *im Verb*, *betont u. trennbar*, *begrenzt produktiv*, *gespr*; Die Verben mit *dran-* werden nach folgendem Muster gebildet: *dranschrauben - schraubte dran - drangeschraubt*

dran- drückt aus, dass man etw. irgendwo befestigt od. gegen etw. hält, drückt *o.Ä.* ≈ an- (1) ↔ ab- (2);

etw. drannageln: *Er nagelte die Latte an den Zaun* ≈ Er befestigte die Latte mit Nägeln am Zaun

ebenso: ***etw. drandrücken, etw. dranhalten, etw. dranhängen, etw. drankleben, etw. dranknoten, etw. dranmachen, etw. dranschrauben***

Drä·na·ge [drɛˈnaːʒə] *die*; *-*, *-n*; ein System von Gräben od. Rohren, mit denen man das Wasser aus Feldern u. Wiesen ableitet

dran·blei·ben (*ist*) [Vi] *gespr*; **1** (***an j-m / etw.***) ***d.*** nicht aufhören, sich um j-n / etw. zu bemühen od. zu kümmern: *Wenn man bei ihm etwas erreichen will, muss man d.* **2** beim Telefonieren den Hörer nicht auflegen: *Bitte bleiben Sie* (*noch*) *dran!*

Drang *der*; *-(e)s*; *nur Sg*; ***der D.*** (***nach etw.***); ***der D.*** + ***zu*** + *Infinitiv* ein starkes Bedürfnis (nach etw. / etw. zu tun) ≈ Antrieb, Verlangen ⟨e-n D. verspüren; etw. aus e-m D. heraus tun; von e-m D. besessen sein⟩: *der D. nach Freiheit*; *der D., die sozialen Verhältnisse zu ändern* || -K: ***Arbeits-, Bewegungs-, Freiheits-, Geltungs-***

drang *Imperfekt*, *1. u. 3. Person Sg*; ↑ ***dringen***

drän·ge **1** *Präsens*, *1. Person Sg*; ↑ ***drängen*** **2** *Konjunktiv II*, *1. u. 3. Person Sg*; ↑ ***dringen***

drạn·ge·ben ↑ ***darangeben***
drạn·ge·hen ↑ ***darangehen***
drạ̈n·geln [-ŋln]; *drängelte, hat gedrängelt; gespr;* [Vi] **1** (***irgendwohin***) ***d.*** in e-r Menge von Menschen die anderen leicht stoßen *usw*, um schneller ans Ziel zu kommen ⟨nach vorne, nach draußen, zum Ausgang d.⟩: *Drängeln Sie doch nicht so!*; [Vr] **2** ***sich irgendwohin d.*** ≈ drängeln (1) || *zu* ***Drängelei*** ↑ ***-ei*** || ▸ ***Gedrängel***
drạ̈n·gen; *drängte, hat gedrängt;* [Vt] **1** ***j-n*** (***irgendwohin***) ***d.*** j-n (*mst* indem man drückt od. schiebt) an e-n Ort bewegen, ohne dass er es will ⟨j-n beiseite, hinaus, auf die Straße d.⟩: *Die Polizisten drängten die Demonstranten in e-e Ecke* **2** ***j-n*** (***zu etw.***) ***d.*** energisch versuchen, j-n davon zu überzeugen, etw. zu tun: *Er drängte sie zum Verkauf des Hauses* **3** ***j-n*** (***zu etw.***) ***d.*** energisch versuchen, j-n dazu zu bringen, etw. schnell od. schneller zu tun: *Seine Vorgesetzten drängten ihn, schneller zu arbeiten*; [Vi] **4** ⟨viele Personen⟩ ***drängen irgendwohin*** viele Personen versuchen, gegen Widerstand irgendwohin zu kommen: *Als das Feuer ausbrach, drängten alle zu den Türen* **5** ***auf etw.*** (*Akk*) ***d.*** versuchen zu erreichen, dass etw. schnell getan wird: *Er drängte auf Abschluss der Arbeiten*; [Vr] **6** ***sich irgendwohin d.*** andere drücken od. schieben, damit man irgendwohin gelangen kann: *Kurt drängt sich in jeder Schlange nach vorne* **7** ⟨viele Personen⟩ ***drängen sich*** (***irgendwo***) viele Menschen stehen irgendwo dicht beisammen: *Vor der Kasse drängten sich die Zuschauer* **8** ***sich nach etw. d.*** *gespr*; sich stark bemühen, etw. zu bekommen: *Er drängt sich nicht* danach, *diesen Posten* zu *übernehmen* || ID ***Die Zeit drängt*** man hat nicht mehr viel Zeit
Drạng·sal *die*; *-, -e; veraltet auch das; -(e)s, -e; geschr veraltend* ≈ Leiden, Bedrängnis
drang·sa·lie·ren; *drangsalierte, hat drangsaliert;* [Vt] ***j-n*** (***mit etw.***) ***d.*** *gespr*; j-n (durch etw., das man ständig wiederholt) ärgern u. belästigen ≈ quälen ⟨j-n mit Bitten, Forderungen, Fragen d.⟩ || *hierzu* **Drang·sa·lie·rung** *die*
drạn·hal·ten (*hat*) *gespr*; [Vt] **1** ***etw.*** (***irgendwo***) ***d.*** ↑ ***dran-***; [Vr] **2** ***sich d.*** sich mit etw. beeilen: *Wenn du rechtzeitig fertig sein willst, musst du dich d.*
drạn·hän·gen; *hängte dran, hat drangehängt;* [Vt] *gespr*; **1** ↑ ***dran-*** **2** ⟨e-e Stunde, ein paar Tage, Wochen *o.Ä.*⟩ (***an etw.*** (*Akk*)) ***d.*** etw. um den genannten Zeitraum verlängern: *Wenn wir noch e-e Stunde* (*Arbeit*) *d., werden wir heute fertig*
drạn·kom·men (*ist*) [Vi] *gespr*; **1** ***j-d kommt dran*** j-d kommt an die Reihe, bedient od. behandelt zu werden od. etw. zu tun ⟨als Erster, Nächster, Letzter d.⟩: *Bist du beim Arzt gleich drangekommen?* **2** ***etw. kommt dran*** mit etw. wird etw. getan ⟨etw. kommt als Erstes, Nächstes, Letztes dran⟩: *Wenn die Küche geputzt ist, kommt das Bad dran* **3** (als Schüler) vom Lehrer aufgefordert werden, e-e Frage zu beantworten *o.Ä.* **4** (***an j-n / etw.***) ***d.*** etw. greifen, mit den Händen *o.Ä.* erreichen können: *Ich bin zu klein, ich komme an die Bücher auf dem Regal nicht dran*
drạn·krie·gen (*hat*) [Vt] ***j-n d.*** *gespr* ≈ überlisten, hereinlegen ⟨j-n mit e-m Streich / Trick d.⟩
drạn·ma·chen (*hat*) *gespr*; [Vt] **1** ↑ ***dran-***; [Vr] **2** ***sich d.*** ↑ ***daranmachen***
drạn·neh·men (*hat*) [Vt] *gespr*; **1** ***j-n d.*** (als Lehrer) e-n Schüler auffordern, im Unterricht e-e Frage zu beantworten *o.Ä.* ≈ aufrufen **2** ***j-n / etw. d.*** j-n / etw. (entsprechend e-r festgelegten Reihenfolge) behandeln / bearbeiten *o.Ä.* ⟨j-n als Ersten, Nächsten, Letzten d.⟩: *Der Zahnarzt hat mich gleich drangenommen* (= sofort behandelt)
drạn·set·zen ↑ ***daransetzen***
dra·pie·ren; *drapierte, hat drapiert;* [Vt] **1** ***etw. d.*** e-n Stoff kunstvoll in Falten legen **2** ***etw.*** (***mit etw.***) ***d.*** e-n Raum *o.Ä.* mit e-m Stoff kunstvoll schmücken || *hierzu* **Dra·pie·rung** *die*
drạs·tisch *Adj*; **1** so, dass deutlich die unangenehmen, negativen Seiten e-s Ereignisses deutlich gezeigt werden ⟨ein Beispiel, e-e Schilderung; etw. d. darstellen, formulieren, schildern⟩: *Kinderarbeit ist ein drastischer Fall von Ausbeutung* **2** mit deutlich negativer Wirkung ⟨e-e Erhöhung der Preise⟩
drauf *Adv*; *gespr* ≈ darauf: *Ich bin nicht d. reingefallen!* || ID ***d. u. dran sein*** (+ ***zu*** + *Infinitiv*) *gespr*; kurz davor sein, etw. zu tun: *Ich war schon d. u. dran, ihm e-e Ohrfeige zu geben*; *mst* ***Er / Sie hat was d.*** *gespr*; er / sie ist intelligent, geschickt *o.Ä.* od. kann etw. Bestimmtes gut: *In Mathematik hat er ganz schön was d.*; ***gut d. sein*** *gespr*; in guter Laune, Stimmung sein
drauf- *im Verb, betont u. trennbar, begrenzt produktiv, gespr*; Die Verben mit *drauf-* werden nach folgendem Muster gebildet: *drauflegen - legte drauf - draufgelegt*
drauf- bezeichnet e-e Bewegung zu j-m hin od. zum oberen Teil von etw. od. bezeichnet die Lage oben, auf j-m / etw. ↔ drunter-;
etw. draufschrauben: *Er schraubte den Deckel auf die Flasche drauf* ≈ Er schraubte den Deckel oben auf die Flasche
ebenso: ***sich / j-n / etw. drauflegen, drauffliegen, etw. draufmachen, draufschlagen, sich / j-n / etw. draufsetzen, draufsitzen, draufstehen, sich / j-n / etw. draufstellen, drauftreten, etw. drauftun***
drauf·be·kom·men (*hat*) [Vt] ***eins / (et)was d.*** *gespr* ≈ ***draufkriegen***
Drauf·gän·ger *der*; *-s, -; mst pej*; j-d, der versucht, seine Ziele zu erreichen, ohne dabei auf Gefahren zu achten od. an die Konsequenzen seines Handelns zu denken || *hierzu* **drauf·gän·ge·risch** *Adj*
drauf·ge·ben (*hat*) [Vt] *mst in* ***j-m eins d.*** *gespr*; j-m e-n leichten Schlag geben od. ihn kritisieren, schimpfen
drauf·ge·hen (*ist*) [Vi] *gespr*; **1** (***bei etw.***) ***d.*** ≈ sterben **2** ***etw. geht*** (***bei etw.***) ***drauf*** etw. wird verbraucht: *Im Urlaub ist mein ganzes Geld draufgegangen* **3** ***etw. geht*** (***bei etw.***) ***drauf*** etw. geht bei etw. kaputt, wird zerstört
drauf·hal·ten (*hat*) [Vt] **1** ***etw.*** (***auf etw.*** (*Akk*)) ***d.*** *gespr*; etw. fest auf etw. halten: *e-n Finger auf den Knoten d.*; [Vi] **2** (***auf j-n / etw.***) ***d.*** j-n / etw. als Ziel für e-n Schuss (aus der Pistole *o.Ä.*) nehmen
drauf·kom·men (*ist*) [Vi] (***j-m***) (***auf etw.*** (*Akk*)) ***d.*** *gespr*; etw. herausfinden, entdecken: *Ich weiß nicht, wie er das geschafft hat, aber ich werde schon noch d.*; *Ich komme einfach nicht drauf*, wie *das geht*
drauf·krie·gen (*hat*) [Vt] ***eins / (et)was d.*** *gespr*; geschlagen, bestraft od. besiegt werden
drauf·los *Adv*; ohne lange zu zögern od. zu überlegen: *Nur d., dann schaffst du es schon!*
drauf·los- *im Verb, betont u. trennbar, begrenzt produktiv, gespr*; Die Verben mit *drauflos-* werden nach folgendem Muster gebildet: *drauflosrennen - rannte drauflos - drauflosgerannt*;
1 *drauflos-* drückt in Verbindung mit Verben der Bewegung aus, dass j-d / ein Tier anfängt sich zu bewegen, ohne ein festes Ziel zu haben;
drauflosspazieren: *Wir sind einfach mal drauflosspaziert* ≈ Wir sind zu e-m Spaziergang aufgebrochen, ohne ein festes Ziel zu haben
ebenso: ***drauflosfahren, drauflosrennen***
2 *drauflos-* drückt in Verbindung mit Verben des

Sagens aus, dass j-d anfängt zu reden, ohne lange zu überlegen, zu zögern; ***drauflosreden***: *Sie redete einfach d., damit niemand merkte, wie nervös sie war* ≈ Sie fing einfach an zu reden, damit niemand ...
ebenso: ***drauflosquatschen, drauflosschimpfen***
3 *drauflos-* drückt allgemein aus, dass j-d etw. tut, ohne sich e-n Plan, ein System zu machen; ***drauflosarbeiten***: *Ich wusste nicht, wo ich anfangen sollte, u. da hab ich einfach mal drauflosgearbeitet* ≈ Ich fing einfach an zu arbeiten
ebenso: ***drauflosschießen, draufloswirtschaften***

drauf·ma·chen (*hat*) [Vi] **1** ↑ ***drauf-*** **2** ***einen d.*** *gespr*; ausgelassen in Nachtlokalen, Kneipen *o.Ä.* feiern (u. dabei Alkohol trinken)

drauf·schla·gen (*hat*) [Vt] **1** ***etw.*** (***auf*** ⟨e-n Preis *o.Ä.*⟩) ***d.*** e-n Preis *o.Ä.* um e-e bestimmte Summe erhöhen: *zehn Prozent Provision auf den Preis d.*; [Vi] **2** ↑ ***drauf-***

drauf·schrei·ben (*hat*) [Vt/i] (***etw.***) (***auf etw.*** (*Akk*)) ***d.*** *gespr*; (etw.) auf etw. schreiben: *e-e Notiz auf e-n Zettel d.*

drauf·zah·len (*hat*) [Vi] (***bei etw.***) ***d.*** *gespr*; bei etw. e-n finanziellen Verlust haben

draus *Adv*; *gespr* ↑ ***daraus***

drau·ßen *Adv*; **1** außerhalb des Raumes, in dem man gerade ist, *mst* im Freien ↔ drinnen: *Er steht d. vor der Tür*; *Die Kinder gehen zum Spielen nach d.* **2** weit von bewohnten Gebieten entfernt: *d. auf dem Meer*

drech·seln [-ks-]; *drechselte, hat gedrechselt*; [Vt/i] (***etw.***) ***d.*** e-n Gegenstand *bes* aus Holz herstellen, indem man das Rohprodukt mit e-r Maschine schnell dreht u. dabei mit scharfen Werkzeugen bearbeitet: *ein gedrechseltes Stuhlbein* || NB: Bei Metall spricht man von *drehen*

Drech·sler [-ks-] *der*; *-s*, -; j-d, der beruflich drechselt || K-: ***Drechsler-, -arbeit, -meister***

Dreck *der*; *-(e)s*; *nur Sg*; **1** *gespr*; alle Dinge (wie *z.B.* Schmutz u. Abfall), die bewirken, dass etw. nicht sauber ist ⟨voller D. sein; mit D. verschmiert sein⟩: *Sein Gesicht war vor lauter D. kaum noch zu erkennen*; *D. vom Fußboden aufkehren*; *Der Apfel fiel in den D.* (= auf den Erdboden) || K-: ***Dreck-, -haufen, -spritzer*** **2** *gespr! pej*; e-e Sache od. Angelegenheit: *Kümmere dich doch um deinen eigenen D.!*; *Jetzt hab ich keine Lust mehr - mach deinen D. doch allein!* **3** *gespr pej*; etw., das qualitativ sehr schlecht ist ≈ Mist (2): *Was ist denn das für ein D.?* || ID ***jeder D.*** *gespr pej*; jede Kleinigkeit: *Unser Lehrer regt sich wegen jedem D. auf*; *mst* ***Das geht dich e-n D. an*** *gespr!* das ist nicht deine Sache u. du solltest dich nicht dafür interessieren: *Wo ich gestern Abend war, (das) geht dich e-n D. an!*; ***sich e-n D. um j-n / etw. kümmern / scheren*** *gespr!* sich überhaupt nicht um j-n / etw. kümmern; ***aus dem gröbsten D. heraus sein*** *gespr*; die Schwierigkeiten, die man am Anfang e-s Unternehmens hat, überwunden haben; ***D. am Stecken haben*** *gespr*; etw. Verbotenes od. Unmoralisches getan haben; ***j-n wie den letzten D. behandeln*** *gespr*; j-n sehr schlecht behandeln; ***im D. stecken / sitzen*** *gespr*; große Schwierigkeiten haben

Dreck-, Drecks- *im Subst, betont, wenig produktiv, gespr! pej*; verwendet, um auszudrücken, dass man sich über j-n / etw. sehr ärgert, dass man etw. als sehr unangenehm empfindet ≈ Mist-; die ***Drecksarbeit***, der ***Dreckskerl***, das ***Dreckschwein***, das ***Dreckwetter***, das ***Dreckszeug***

Dreck·fink *der*; *gespr hum*; j-d, der dreckig (1) ist od. viel Dreck (1) macht (*bes* für Kinder verwendet)

dre·ckig *Adj*; *gespr*; **1** *nicht adv*; voller Dreck (1) ≈ schmutzig ⟨sich bei e-r Arbeit d. machen; dreckige Hände, Füße haben⟩ **2** *nur attr od adv, pej*; gemein, ordinär ⟨ein Witz; d. lachen, grinsen⟩ || ID ***j-m geht es d.*** *gespr*; j-m geht es sehr schlecht

Dreck·nest *das*; *gespr! pej*; ein kleiner, langweiliger, schmutziger Ort

Drecks- ↑ ***Dreck-***

Dreck·sack *der*; *gespr!* verwendet als Schimpfwort

Dreck·sau *die*; *vulg*; verwendet als Schimpfwort

Dreck·schwein *das*; *gespr!* verwendet als Schimpfwort für j-n, der sehr schmutzig, sehr gemein od. sehr ordinär ist

Drecks·kerl *der*; *gespr!* verwendet als Schimpfwort

Dreck·spatz *der*; *gespr hum*; ↑ ***Dreckfink***

Dreh *der*; *-s, -s*; *gespr*; **1** ≈ Kniff, Trick **2** ***den*** (***richtigen***) ***D. heraushaben / herauskriegen*** wissen / erkennen, wie ein schwieriges Problem zu lösen ist || ID (***so***) ***um den D.*** *gespr*; ungefähr um die angegebene Zeit: *fünf Uhr od. so um den D.*

Dreh·ar·bei·ten *die*; *Pl*; das (*mst* professionelle) Aufnehmen e-s Films (2) ≈ das Filmen (1)

Dreh·bank *die*; e-e Maschine, in der sich ein eingespanntes Werkstück (aus Holz od. Metall) dreht u. dabei mit e-m Werkzeug bearbeitet werden kann

dreh·bar *Adj*; *nicht adv*; so (beschaffen), dass man es drehen (1) kann || *hierzu* **Dreh·bar·keit** *die*; *nur Sg*

Dreh|blei·stift *der*; ein Bleistift aus Metall, dessen Mine sich herausdrehen lässt

Dreh·buch *das*; ein Buch, in dem der Text für e-n Film u. die Anweisungen für die Regie stehen || K-: ***Drehbuch-, -autor, -vorlage***

dre·hen ['dreːən]; *drehte, hat gedreht*; [Vt] **1** ***j-n / sich / etw. d.*** j-n / sich / etw. um sein Zentrum, um seine Achse bewegen ≈ herumdrehen, sich umdrehen: *Die Schraube sitzt so fest, dass man sie nicht mehr d. kann*; *e-n Schalter nach rechts d., um das Licht anzumachen* || K-: ***Dreh-, -bewegung, -bühne, -impuls, -kran, -stuhl, -tür*** **2** ***etw. d.*** etw. durch Drehen (1) in der Hand od. in e-r Maschine seine Form geben ⟨Zigaretten, Pillen, Papierkügelchen d.⟩ **3** ***etw. d.*** e-n Gegenstand herstellen, indem man ein Stück Holz od. Metall an e-r Drehbank bearbeitet: *ein Stuhlbein d.*; [Vt/i] **4** (***etw.***) ***d.*** e-n Film mit der Kamera aufnehmen || K-: ***Dreh-, -ort, -pause***; [Vi] **5** ⟨*mst* der Wind⟩ ***dreht*** der Wind ändert seine Richtung **6** (***an etw.*** (*Dat*)) ***d.*** ein kleines Teil d. (1), das zu e-m größeren Gegenstand gehört: *an e-m Knopf d., um das Bild des Fernsehers schärfer zu machen*; [Vr] **7** ***etw. dreht sich um etw.*** etw. bewegt sich (*mst* in e-m Kreis) um e-n Punkt / e-e Achse herum ≈ etw. kreist um etw.: *Die Erde dreht sich um die Sonne* **8** ***etw. dreht sich*** etw. ändert seine Richtung: *Der Wind dreht sich* **9** ⟨*mst* das Gespräch *o.Ä.*⟩ ***dreht sich um j-n / etw.*** j-d / etw. ist Gegenstand des Gesprächs *o.Ä.*: *Ihre Unterhaltungen drehen sich ständig um das Wetter*; Es *dreht sich darum*, dass ... || ID *mst* ***Er / Sie hat sich gedreht u. gewendet*** er / sie wollte keine bestimmte Antwort geben; *mst* ***Das kann man d. u. wenden, wie man will*** an dieser Tatsache kann nichts mehr geändert werden; ***j-m dreht sich alles*** *gespr*; j-m ist schwindlig

Dre·her ['dreːɐ] *der*; *-s*, -; j-d, der beruflich (*bes* an der Drehbank) Metalle bearbeitet

Dreh·kreuz *das*; **1** e-e Vorrichtung an e-m Eingang *o.Ä.*, die sich nur in eine Richtung drehen lässt u. so verhindert, dass j-d in der falschen Richtung hindurchgeht **2** ↑ ***Drehscheibe*** (3): *Der Flug nach Griechenland geht über das D. München*

Dreh·or·gel *die*; ein (*mst* fahrbares) Musikinstrument, das Töne erzeugt, wenn man an e-r Kurbel dreht ≈ Leierkasten

Dreh·schei·be *die*; **1** (beim Töpfern) e-e Scheibe, die sich dreht u. auf der man die Gefäße formt **2**

e-e große, drehbare Plattform, mit der man *bes* Lokomotiven dreht, um sie auf ein anderes Gleis zu bringen **3** ein wichtiger Knotenpunkt, *mst* für den Verkehr

Dreh·strom *der*; ein elektrischer Strom, der durch die Verkettung von *mst* drei Wechselströmen entsteht u. die Grundlage der Stromversorgung bildet

Dre·hung ['dreːʊŋ] *die*; -, *-en*; ***e-e D.*** (***um etw.***) e-e Bewegung, bei der sich ein Körper einmal ganz um seine eigene Achse bewegt ⟨e-e halbe, ganze D. machen⟩

Dreh·wurm *der*; *mst in* ***den D. haben*** *gespr hum*; sich schwindlig fühlen

Dreh·zahl *die*; die Anzahl der Umdrehungen, die ein rotierender Körper in e-r bestimmten Zeit macht: *Um den Motor zu schonen, sollte man nicht ständig mit hohen Drehzahlen fahren* || K-: ***Drehzahl-, -messer***

drei *Zahladj*; (als Ziffer) 3; ↑ ***Anhang*** (4) || ID *mst* ***Er / Sie kann nicht bis d. zählen*** *gespr*; er / sie ist dumm || NB: Gebrauch ↑ *Beispiele unter* **vier**

> **drei vier·tel, drei vier·tel** *Adj*; *indeklinabel*; **1** *nur attr od adv*; verwendet, um drei Viertel e-s Ganzen zu bezeichnen ≈ $\frac{3}{4}$: *Die Flasche ist noch d. v. voll* || K-: ***Dreiviertel-, -jahr, -liter, -mehrheit, -stunde*** **2** ***d. v.*** (+ *Zahladj*); *gespr*; (bei Zeitangaben verwendet) ≈ Viertel (4) vor: *d. v. fünf* = 4^{45} *od.* 16^{45} *Uhr*; *Der Bus fährt jede Stunde um drei Viertel*

Drei *die*; -, *-en*; **1** die Zahl 3 **2** j-d / etw. mit der Nummer 3 **3** e-e relativ gute (Schul)Note (auf der Skala von 1-6), mit der man e-e Prüfung durchschnittlich bestanden hat ≈ befriedigend

Drei·bett|zim·mer *das*; ein Zimmer (*mst* in e-m Hotel od. Krankenhaus) mit drei Betten

Drei·eck *das*; *-s, -e*; e-e Fläche, die von drei geraden Linien begrenzt ist ⟨ein gleichschenkliges, spitzwinkliges, rechtwinkliges, gleichseitiges D.⟩ || *hierzu* **drei·eckig** *Adj*

Drei·ecks|ver·hält·nis *das*; e-e Liebesbeziehung zwischen drei Personen

Drei·ei·nig·keit *die* ≈ Dreifaltigkeit

Drei·er *der*; *-s, -*; *gespr*; **1** die Ziffer 3 **2** drei richtig angekreuzte Zahlen im Lotto (mit denen man den niedrigsten Preis gewinnt)

Drei·er·rei·he *die*; e-e Reihe von jeweils drei Personen od. Dingen, die nebeneinander stehen ⟨sich in D. aufstellen; in D. marschieren⟩

Drei·fal·tig·keit *die*; -; *nur Sg*; (nach der christlichen Lehre) die Einheit von Gott Vater, Gott Sohn (Christus) u. dem Heiligen Geist, die zusammen Gott sind ≈ Dreieinigkeit, Trinität

Drei·fuß *der*; e-e Konstruktion aus e-r (runden) Platte mit drei Füßen[1] (2) (*z.B.* ein Schemel)

drei·hun·dert *Zahladj*; (als Zahl) 300

Drei·kä·se|hoch *der*; *-s, -(s)*; *gespr hum*; ein kleines Kind, *mst* ein Junge

Drei·klang *der*; *Mus*; ein Akkord, der aus drei Tönen besteht

Drei·kö·nigs|fest *das*; ein (christliches) Fest (am 6. Januar) zur Erinnerung an die drei Könige, die Jesus Christus nach seiner Geburt besucht haben, um ihm Geschenke zu bringen

drein·bli·cken; *blickte drein, hat dreingeblickt*; [Vi] *mst in* ***finster d.*** wütend, böse sein u. das durch seinen Gesichtsausdruck zeigen

drein·re·den; *redete drein, hat dreingeredet*; [Vi] ***j-m*** (***in etw.*** (*Akk*) / ***bei etw.***) ***d.*** *gespr*; j-m (in aufdringlicher Weise) sagen, was er tun soll u. wie er es tun soll

drein·schau·en; *schaute drein, hat dreingeschaut*; [Vi] ***irgendwie d.*** *gespr*; e-n bestimmten Gesichtsausdruck haben ⟨fröhlich, müde, finster, traurig d.⟩

Drei·rad *das*; e-e Art kleines Fahrrad mit drei Rädern, *bes* für Kinder

Drei·satz *der*; *nur Sg*, *Math*; ein Rechenverfahren, bei dem man mithilfe von drei bekannten Größen e-e vierte unbekannte Größe berechnet || K-: ***Dreisatz-, -aufgabe, -rechnung***

Drei·sprung *der*; *nur Sg*, *Sport*; e-e Disziplin der Leichtathletik, bei der j-d versucht, durch drei aufeinander folgende Sprünge möglichst weit zu kommen || *hierzu* **Drei·sprin·ger** *der*

drei·ßig *Zahladj*; **1** (als Zahl) 30; ↑ ***Anhang*** (4) **2** ***Anfang, Mitte, Ende d. sein*** ungefähr 30 bis 33, 34 bis 36, 37 bis 39 Jahre alt sein

Drei·ßig *die*; -, *-en*; *mst Sg*; **1** die Zahl 30 **2** j-d / etw. mit der Zahl / Nummer 30

drei·ßi·ger *Adj*; *nur attr*, *indeklinabel*, *nicht adv*; die zehn Jahre (e-s Jahrhunderts od. Menschenlebens) von 30 bis 39 betreffend: *in den d. Jahren / den Dreißigern*; *Er ist in den / seinen Dreißigern* || K-: ***Dreißiger-, -jahre***

Drei·ßi·ger *der*; *-s, -*; *gespr*; j-d, der zwischen 30 u. 39 Jahre alt ist || -K: ***End-, Mitt-*** || *hierzu* **Drei·ßi·ge·rin** *die*; -, *-nen*

drei·ßigs·t- *Zahladj*; *nur attr*, *nicht adv*; **1** in e-r Reihenfolge an der Stelle 30 ≈ 30. **2** ***der dreißigste Teil*** (***von etw.***) ≈ $\frac{1}{30}$

dreist, *dreister, dreistest-*; *Adj* ≈ frech, unverschämt ⟨e-e Person, ein Verhalten⟩ || *hierzu* **Dreis·tig·keit** *die*

drei·tau·send, drei·tau·send *Zahladj*; (als Zahl) 3000

Drei·vier·tel|takt *der*; *nur Sg*, *Mus*; der Takt, den *z.B.* der Walzer hat

drei·zehn *Zahladj*; (als Zahl) 13; ↑ ***Anhang*** (4) || ID ***Jetzt schlägts d.!*** *gespr*; verwendet als Ausdruck der Empörung ≈ das geht zu weit!

drei·zehn·t- *Zahladj*; *nur attr*, *nicht adv*; **1** in e-r Reihenfolge an der Stelle 13 ≈ 13. || NB: Gebrauch ↑ *Beispiele unter* **viert-** **2** ***der dreizehnte Teil*** (***von etw.***) ≈ $\frac{1}{13}$

Dre·sche *die*; -; *nur Sg*; *mst in* ***D. bekommen / kriegen*** *gespr nordd*; Schläge, Prügel bekommen

dre·schen; *drischt, drosch, hat gedroschen*; [Vt/i] (***etw.***) ***d.*** trockenes Getreide (heute *mst* mit e-r Maschine) so schlagen, dass die Körner herausfallen ⟨Getreide, Korn d.⟩ || K-: ***Dresch-, -maschine***

Dress *der*; *-es, -e*; e-e Kleidung (mit bestimmten Farben od. Symbolen), die Sportler od. Mitglieder e-s Vereins tragen ≈ Trikot || -K: ***Mannschafts-, Sport-, Vereins-***

dres·sie·ren; *dressierte, hat dressiert*; [Vt] ***ein Tier d.*** ein Tier bestimmte Dinge (*z.B.* Kunststücke) lehren ≈ abrichten: *Tiere für den Zirkus d.*

Dres·sing *das*; *-s, -s*; e-e Soße, mit der man e-n Salat würzt ≈ Salatsoße || -K: ***Salat-***

Dress·man ['drɛsmən] *der*; *-s, Dress·men*; *mst Sg*; ein Mann, der (auf e-r Modenschau) Kleidung vorführt ↔ Mannequin

Dres·sur *die*; -, *-en*; *mst Sg*; **1** e-e Disziplin im Pferdesport, bei der die Pferde bestimmte schwierige Gangarten u. Figuren vorführen müssen || K-: ***Dressur-, -reiten*** **2** das Dressieren e-s Tieres: *den Hund zur D. geben* **3** ein Kunststück, das von e-m dressierten Tier *bes* im Zirkus vorgeführt wird || K-: ***Dressur-, -akt, -nummer***

drib·beln; *dribbelte, hat gedribbelt*; [Vi] *Sport*; (*bes* beim Fußball) den Ball (während man rennt) eng führen od. von einem Fuß zum anderen spielen u. so versuchen, am Gegner vorbeizukommen || *hierzu* **Dribb·ling** *das*

D

drif·ten; *driftete, ist gedriftet*; [Vi] ***j-d / etw. driftet irgendwo(hin)*** j-d treibt in e-m Boot auf dem Wasser ⟨*mst* ein Boot, ein Schiff⟩

dril·len; *drillte, hat gedrillt*; [Vi] **1 *j-n*** (*mst Pl*) ***d.*** *pej*; Soldaten e-e harte u. intensive (körperliche) Ausbildung geben **2 *j-n*** (*mst Pl*) ***d.*** *bes* Schülern durch monotone Wiederholungen Wissen u. Disziplin vermitteln || ID ***auf etw.*** (*Akk*) ***gedrillt sein*** *gespr*; auf etw. sehr gut vorbereitet sein, weil man es lange geübt hat || *hierzu* **Drill** *der*; *-(e)s*; *nur Sg*

Dril·ling[1] *der*; *-s, -e*; eines von drei Geschwistern, die bei derselben Geburt geboren werden ⟨Drillinge bekommen⟩

Dril·ling[2] *der*; *-s, -e*; ein Jagdgewehr mit drei Läufen

drin *Adv*; *gespr*; **1** verwendet, um e-e Ortsbestimmung mit *in* zu verstärken: *In der Dose sind ja keine Kekse mehr d.!* **2** ≈ drinnen (1) **3** ≈ drinnen (2) || ID ***etw. ist d.*** *gespr*; etw. ist möglich od. akzeptabel: *Dieser Preis ist gerade noch d.*; *mst* ***Das ist bei mir nicht d.*** *gespr*; das dulde ich nicht, da mache ich nicht mit

drin·gen; *drang, hat / ist gedrungen*; [Vi] **1 *etw. dringt irgendwohin*** (*ist*) etw. gelangt durch etw. hindurch an e-e bestimmte Stelle: *Regen dringt durch das Dach*; *Der Pfeil drang ihm ins Bein* **2 *auf etw.*** (*Akk*) ***d.*** (*hat*) energisch fordern, dass etw. getan wird ≈ auf etw. drängen: *auf sofortige Erledigung e-r Arbeit d.*; *Die Opposition drang auf Entlassung des Finanzministers* || ► ***Drang***

drin·gend **1** *Partizip Präsens*; ↑ ***dringen*** **2** *Adj*; so, dass es sofort getan (erledigt) werden muss ≈ eilig ⟨Arbeiten, ein Fall⟩: *Ich muss d. den Arzt sprechen*; *Bitte komm sofort - es ist d.!* **3** *Adj*; sehr wichtig für j-n u. deshalb eindringlich formuliert ≈ nachdrücklich ⟨e-e Bitte, ein Gesuch, e-e Frage; j-n d. um etw. bitten, j-n d. vor etw. warnen⟩ **4** *Adj*; sehr stark ⟨*mst* ein, der Verdacht⟩: *Es besteht der dringende Verdacht, dass er bestochen wurde*

dring·lich *Adj* ≈ dringend (2,3) || *hierzu* **Dring·lich·keit** *die*; *nur Sg*

Drink [drɪŋk] *der*; *-s, -s*; ein *mst* alkoholisches Getränk, das man anderen od. sich selbst bereitet

drin·nen *Adv*; **1** im Haus, nicht im Freien ⟨d. sein, bleiben, arbeiten⟩: *Draußen ist es kalt, aber hier d. ist es warm*; *Du bleibst d. u. machst erst deine Hausaufgaben!* **2** innerhalb e-s bestimmten Raumes, Gebäudes *o.Ä.* ↔ draußen: *„Ist j-d im Badezimmer?" - „Nein, es ist niemand d."*; *Von d. hörte man laute Musik*

drischt *Präsens, 3. Person Sg*; ↑ ***dreschen***

dritt *nur in* ***zu d.*** (mit insgesamt) drei Personen

drit·t-[1] *Zahladj*; **1** *nur attr, nicht adv*; in e-r Reihenfolge an der Stelle 3 ≈ 3. || NB: Gebrauch ↑ *Beispiele unter* ***viert-*** **2 *der Dritte*** verwendet, um Personen, Länder *usw* zu bezeichnen, die an etw. nicht direkt beteiligt sind: *Wenn zwei sich streiten, freut sich der Dritte* (Sprichwort); *geheime Informationen an Dritte weitergeben* || K-: ***Dritt-, -länder*** || ID ***der lachende Dritte*** j-d, der davon profitiert, dass zwei andere Personen sich streiten

dritt-[2] *im Adj, begrenzt produktiv*; verwendet zusammen mit e-m Superlativ, um auszudrücken, dass j-d / etw. in e-r Reihenfolge an der Stelle 3 steht; ***drittältest-, drittbest-, drittgrößt-, dritthöchst-, drittlängst-, drittschönst-***

Drit·tel *das*; *-s, -*; der 3. Teil von etw.: *Ein D. der Strecke liegt schon hinter uns*

drit·tel *Adj*; *nur attr, indeklinabel, nicht adv*; den 3. Teil von etw. bildend ≈ ⅓

drit·teln; *drittelte, hat gedrittelt*; [Vt] ***etw. d.*** etw. in drei gleiche Stücke teilen

drit·tens *Adv*; verwendet bei e-r Aufzählung, um anzuzeigen, dass etw. an 3. Stelle kommt

dritt·klas·sig *Adj*; *nicht adv*; von sehr schlechter Qualität: *e-e drittklassige Unterkunft*

dritt·ran·gig *Adj*; *nicht adv*; nicht wichtig ⟨*mst* Fragen, Probleme⟩

Dro·ge *die*; *-, -n*; **1** ein *mst* pflanzlicher, mineralischer od. chemischer Stoff, aus dem Medikamente bereitet werden **2** ein Rauschgift wie *z.B.* Heroin od. Kokain ⟨harte, weiche Drogen; unter dem Einfluss von Drogen stehen⟩ || K-: ***Drogen-, -abhängigkeit, -beratungsstelle, -entzug, -konsum, -szene, -sucht, -tote***; ***drogen-, -abhängig, -süchtig***

drö·ge *Adj*; *bes nordd gespr* ≈ langweilig

Dro·ge·rie *die*; *-, -n* [-'riːən]; ein Geschäft, in dem man *bes* Mittel zur Kosmetik u. Körperpflege (aber keine rezeptpflichtigen Medikamente) kaufen kann

Dro·gist *der*; *-en, -en*; j-d, der e-e Drogerie besitzt od. in e-r Drogerie arbeitet || NB: *der Drogist*; *den, dem, des Drogisten* || *hierzu* **Dro·gis·tin** *die*; *-, -nen*

dro·hen; *drohte, hat gedroht*; [Vi] **1** (***j-m***) ***mit etw. d.*** j-m durch Gesten zeigen, dass man ihn bestrafen (*z.B.* schlagen) wird, wenn er etw. tut (od. nicht tut) ⟨j-m mit dem Finger, mit der Faust, mit e-m Knüppel d.⟩ || K-: ***Droh-, -gebärde*** **2** (***j-m***) (***mit etw.***) ***d.***; (***j-m***) ***d.*** + ***zu*** + *Infinitiv* j-m sagen, dass man etw. tun wird, das für ihn schlecht od. unangenehm ist, wenn er etw. tut (od. nicht tut): *Sie drohte* (*ihrem Mann*) *mit der Scheidung*; *Ihr Chef drohte ihr* (*sie zu entlassen*) || K-: ***Droh-, -brief*** **3 *etw. droht*** (***j-m / etw.***) etw. passiert (j-m / etw.) möglicherweise od. wahrscheinlich ≈ etw. steht (j-m / etw.) bevor ⟨e-e Gefahr, ein Unheil, ein Unwetter, ein Gewitter; e-e drohende Gefahr⟩: *Der Firma droht der Bankrott* **4 *j-d / etw. droht*** + ***zu*** + *Infinitiv* j-d ist kurz davor, dass etw. Unangenehmes mit ihm geschieht / etw. Unangenehmes könnte bald passieren ≈ j-d / etw. ist im Begriff + zu + *Infinitiv*: *Sie drohte ohnmächtig zu werden*; *Die Mauer droht einzustürzen* || NB: von e-m nachfolgenden erweiterten Infinitiv mit *zu* nicht (!) durch ein Komma abgetrennt

Droh·ne *die*; *-, -n*; **1** e-e männliche Biene **2** *gespr pej*; j-d, der nicht arbeitet u. der vom Geld, von der Arbeit der anderen lebt

dröh·nen; *dröhnte, hat gedröhnt*; [Vi] **1 *etw. dröhnt*** etw. tönt lange, laut u. dumpf ⟨ein Motor, e-e Maschine⟩ **2 *etw. dröhnt*** etw. ist von e-m lauten, vibrierenden Geräusch erfüllt: *Die Erde dröhnte unter den Panzern* **3** *mst* ***dröhnendes Gelächter, dröhnender Beifall*** sehr lautes Gelächter, sehr lauter (donnernder) Beifall || ID *mst* ***Mir dröhnt der Kopf*** ich habe sehr starke Kopfschmerzen

Dro·hung *die*; *-, -en*; **1** Worte od. Gesten, mit denen man j-m droht ⟨e-e offene, versteckte D.; e-e D. aussprechen, ausstoßen, wahr machen; j-n durch Drohungen einschüchtern⟩ **2** *mst* ***leere Drohungen*** Drohungen (1), mit denen man *z.B.* versucht, j-m Angst zu machen, die man aber niemals verwirklichen würde

drol·lig *Adj*; **1** ⟨e-e Geschichte⟩ so, dass sie Spaß macht, amüsant ist **2** ⟨ein Mädchen; ein Kätzchen⟩ so, dass sie durch ihre äußere Erscheinung Sympathie hervorrufen ≈ niedlich || *hierzu* **Drol·lig·keit** *die*; *nur Sg*

Dro·me·dar, **Dro·me·dar** *das*; *-s, -e*; e-e Art Kamel mit nur einem Höcker

Drops *der / das*; *-, - / -e*; ein (Frucht)Bonbon, das ein bisschen sauer schmeckt

drosch *Imperfekt, 1. u. 3. Person Sg*; ↑ ***dreschen***

Drosch·ke *die*; *-, -n*; **1** *veraltend* ≈ Taxi **2** *hist*; e-e Art Kutsche

Dros·sel *die*; *-, -n*; ein relativ großer Singvogel, der in vielen Arten auf der ganzen Welt vorkommt. Zu den Drosseln gehören *z.B.* die Nachtigall, die Amsel od. das Rotkehlchen

dros·seln; *drosselte, hat gedrosselt*; [Vt] **1 etw. d.** die Leistung e-r Maschine *o.Ä.* reduzieren: *die Geschwindigkeit e-s Fahrzeugs d.; die Heizung d.* **2 etw. d.** die Menge von etw. reduzieren ⟨die Importe d.⟩: *die Stromzufuhr d.* || K-: ***Drossel-, -ventil*** || *hierzu* **Dros·se·lung** *die*

drü·ben *Adv*; **1** auf der anderen Seite *z.B.* e-r Linie, e-r Grenze, e-r Straße od. e-s Ozeans ⟨da d., dort d.; nach d. fahren, von d. kommen⟩: *Er war lange Zeit d. in Kanada u. spricht deswegen so gut Englisch; Hier sind wir noch in Hessen, aber dort d. beginnt bereits Bayern* **2** *hist*; von den Bewohnern der Bundesrepublik Deutschland u. der DDR verwendet, um den jeweils anderen Teil Deutschlands zu bezeichnen: *Er kommt von d.*

drü·ber *Adv*; *gespr*; ↑ ***darüber*** (1,2)

drü·ber- *gespr*; ↑ *Verbverbindungen mit* ***darüber-***

Druck[1] *der*; *-(e)s, Drü·cke*; **1** *mst Sg*; die Kraft, mit der *bes* ein Gas od. e-e Flüssigkeit (senkrecht) auf e-e Fläche wirken ⟨*mst* der D. nimmt ab, nimmt zu; etw. hat, steht unter D.⟩: *Je tiefer man taucht, desto größer wird der D. in den Ohren* || K-: ***Druck-, -ausgleich, -schwankung, -unterschied*** || -K: ***Außen-, Innen-; Gas-, Luft-, Wasser-; Über-, Unter-*** **2** *nur Sg*; **ein D.** (**auf etw.** (*Akk*)) das Drücken (1), das Betätigen *z.B.* e-s Hebels, e-r Taste: *Mit e-m D. auf diesen Knopf kann man das Licht ausmachen* || -K: ***Knopf-*** **3** *nur Sg*; ein unangenehmes Gefühl *bes* im Magen od. Kopf, das e-m D. (1) ähnlich ist ⟨*mst* e-n D. im Kopf, im Magen haben, verspüren⟩ **4** *nur Sg*; e-e psychische Belastung od. ein starker Einfluss, die j-n *mst* zu etw. drängen od. zwingen ≈ Zwang ⟨D. auf j-n ausüben, j-n unter D. setzen; unter finanziellem, psychischem D. stehen; unter D. arbeiten, handeln; auf j-m lastet ein D.⟩: *Die Massendemonstrationen verstärkten den D. auf die Regierung* || -K: ***Erfolgs-, Leistungs-, Noten-, Zeit-*** || ID ***D. hinter etw.*** (*Dat*) ***machen*** *gespr*; bewirken, dass *bes* e-e Arbeit schneller gemacht wird; ***in / im D. sein*** *gespr*; sehr viel zu tun u. sehr wenig Zeit haben || ▸ ***drücken***

Druck[2] *der*; *-(e)s, -e*; **1** *nur Sg*; ein maschinelles Verfahren, mit dem Texte, Bilder u. Muster in großen Mengen auf Papier od. Stoff übertragen werden || K-: ***Druck-, -farbe, -grafik, -industrie, -maschine, -muster, -papier, -verfahren, -vorlage*** || -K: ***Buch-, Farb-, Kursiv-, Schwarzweiß-, Stoff-*** **2** *nur Sg*; das Drucken (2) || K-: ***Druck-, -verbot*** **3** *nur Sg*; die Art od. Qualität, in der etw. gedruckt ist ⟨ein schwacher, verschwommener D.⟩ **4** ein gedrucktes Bild, Buch od. Stoffmuster ⟨ein alter, kostbarer, seltener, bunter D.⟩: *Das Gemälde ist nicht echt, es ist nur ein D.* **5 *etw. geht in D.*** etw. wird gedruckt (2) **6 *etw. in*** (***den***) ***D. geben*** etw. drucken (2) lassen: *ein Manuskript in D. geben* **7** *mst* ***etw. erscheint im D.*** etw. erscheint in gedruckter Form: *Ihr neuer Roman erscheint demnächst im D.*

Druck·ab·fall *der*; *Phys*; der Rückgang (die Reduzierung) *bes* des Luftdruckes ↔ Druckanstieg

Druck·an·stieg *der*; *Phys*; das Ansteigen (die Erhöhung) *bes* des Luftdruckes ↔ Druckabfall

Druck·buch·sta·be *der*; ein Buchstabe, der in Druckschrift gedruckt od. geschrieben ist

Drü·cke·ber·ger *der*; *-s, -*; *gespr pej*; j-d, der versucht, unangenehmen Aufgaben od. Pflichten aus dem Weg zu gehen || *zu* ***Drückebergerei*** ↑ ***-ei***

dru·cken; *druckte, hat gedruckt*; [Vt] **1 *etw.*** (***auf etw.*** (*Akk*)) ***d.*** Buchstaben, Muster od. Bilder mit mechanischen Mitteln auf Papier, Stoff *o.Ä.* bringen od. übertragen; [Vt/i] **2** (***etw.*** (*mst Kollekt od Pl*)) ***d.*** etw. *mst* in großer Zahl durch Drucken (1) produzieren ⟨*mst* Bücher, Zeitungen, Pamphlete d.⟩

drü·cken; *drückte, hat gedrückt*; [Vt] **1 *j-n / etw. irgendwohin d.*** mit Kraft od. Gewalt j-n / etw. (*bes* von sich weg) irgendwohin bewegen ↔ ziehen: *e-n Hebel nach unten d.; j-n an / gegen die Wand d.* **2 *j-n an sich*** (*Akk*) / ***ans Herz d.*** j-n *bes* als Zeichen von Freundschaft *o.Ä.* fest umarmen **3 *j-m etw. in die Hand d.*** j-m etw. in die Hand geben: *j-m Geld, e-n Schlüssel in die Hand d.* **4 *j-m die Hand d.*** j-m *bes* zur Begrüßung od. zum Abschied die Hand geben / schütteln **5 *etw. aus etw. d.*** mit Kraft bewirken, dass *mst* e-e weiche Masse od. e-e Flüssigkeit aus etw. herauskommt ≈ pressen: *Senf aus der Tube d.* **6 *etw. d.*** etw. auf ein niedrigeres Niveau bringen ⟨die Löhne, die Preise, die Noten d.⟩: *Der Durchschnitt wurde durch die schlechten Arbeiten gedrückt* **7 *etw. drückt j-n*** etw. belastet j-n psychisch: *Sein Gewissen drückt ihn* **8 *etw. drückt etw.*** etw. hat e-n negativen Einfluss auf etw.: *Der Vorfall drückte die Stimmung auf der Party*; [Vt/i] **9** (***etw.***) ***d.*** *bes* den Finger od. die Hand auf e-n Schalter, e-e Taste *o.Ä.* legen, sie so bewegen u. dadurch e-n Mechanismus betätigen ⟨die Hupe, die Klingel, den Knopf d.⟩ **10 *etw. drückt*** (***j-n***) (***irgendwo***) etw. ist zu klein, zu eng *o.Ä.* u. verursacht deswegen bei j-m leichte Schmerzen ⟨der Verband, die Schuhe, die Hose⟩ **11** (***etw.***) ***d.*** *gespr*; sich Rauschgift spritzen ⟨Heroin d.⟩; [Vi] **12 *auf etw.*** (*Akk*) ***d.*** ≈ d. (9) **13 *etw. drückt j-m aufs Gemüt*** etw. belastet j-n psychisch **14 *etw. drückt auf etw.*** (*Akk*) etw. beeinflusst etw. negativ; [Vr] **15 *sich an / in etw.*** (*Akk*) ***d.*** *mst* mit dem Rücken fest gegen etw. lehnen, *bes* um nicht aufzufallen od. um nicht gesehen zu werden ⟨sich an die Wand, in die Ecke d.⟩ **16 *sich d.*** heimlich weggehen, um nicht mehr dabei zu sein **17 *sich*** (***vor etw.*** (*Dat*) / ***um etw.***) ***d.*** *gespr*; e-e unangenehme Aufgabe od. Pflicht nicht erfüllen: *sich vor dem Aufräumen d.*

drü·ckend 1 *Partizip Präsens*; ↑ ***drücken*** **2** *Adj*; sehr groß, stark u. unangenehm ⟨*mst* e-e Hitze, e-e Schwüle⟩ **2** *Adj*; *mst attr*; sehr groß ⟨*mst* Not, Sorgen, Schulden⟩: *In vielen Ländern der Dritten Welt herrscht drückende Armut*

Dru·cker *der*; *-s, -*; **1** j-d, der beruflich mit dem Druck von Büchern, Zeitungen *o.Ä.* zu tun hat **2** e-e Maschine, die Daten u. Texte, die in e-m Computer gespeichert sind, auf Papier druckt || ↑ *Abb. unter* ***Computer*** || -K: ***Laser-, Matrix-, Nadel-, Tintenstrahl-***

Drü·cker *der*; *-s, -*; ein (relativ großer) Knopf *bes* zum Öffnen von Türen || ID ***am D. sein / sitzen*** *gespr*; die entscheidende Macht über etw. haben; ***auf den letzten D.*** *gespr*; gerade noch rechtzeitig, im letzten Augenblick

Dru·cke·rei *die*; *-, -en*; e-e Firma od. Werkstatt, in der Bücher, Zeitungen *usw* gedruckt werden

Dru·cker·pres·se *die*; *-, -n*; e-e Maschine, mit der *z.B.* Bücher u. Zeitungen gedruckt werden ≈ Druckmaschine

Dru·cker·schwär·ze *die*; *-*; *nur Sg*; e-e schwarze Farbe, die *z.B.* zum Drucken von Zeitungen benutzt wird

Druck·fah·ne *die*; die (vorläufige) gedruckte Form e-s Textes, die noch korrigiert werden kann

Druck·feh·ler *der*; ein Fehler in e-m gedruckten Text (der beim Setzen (17) des Texts entstand)

Druck·feh·ler|teu·fel *der*; *mst in* ***Hier hat der D. zugeschlagen*** *hum*; in diesem Text sind viele Druckfehler

druck·frisch *Adj*; *nicht adv*; gerade erst gedruckt ⟨e-e Zeitung, ein Buch⟩

Druck·knopf *der*; **1** ein (Metall)Knopf *mst* an Klei-

D

dungsstücken, der aus zwei runden Plättchen besteht, die ineinander gedrückt werden || ↑ *Abb. unter* ***Knopf*** **2** e-e Taste, auf die man drückt, um e-n Mechanismus zu betätigen || ↑ *Abb. unter* ***Schalter***

Druck·le·gung *die; -, -en;* der Arbeitsvorgang in e-r Druckerei, bei dem *z.B.* Bücher od. Zeitungen gedruckt werden

Druck·luft *die; nur Sg, Phys;* Luft, die mithilfe von Druck zusammengepresst ist (u. dann als Energie verwendet werden kann) || K-: ***Druckluft-, -bremse, -pumpe***

Druck·mes·ser *der; -s, -;* ein Gerät, mit dem der Druck[1] (1) *bes* von Gasen u. Flüssigkeiten gemessen wird ≈ Manometer

Druck·mit·tel *das;* etw., das geeignet ist, j-n zu beeinflussen od. zu etw. zu zwingen: *Die Arbeiter benutzen e-n Streik als D. für höhere Löhne*

druck·reif *Adj; nicht adv;* **1** ⟨*mst* ein Manuskript, ein Text⟩ so bearbeitet, dass sie gedruckt werden können **2** *oft hum;* stilistisch u. rhetorisch sehr gut formuliert: *Deine Rede zu meinem Geburtstag war geradezu d.!*

Druck·sa·che *die;* ein nicht verschlossener Brief, der nur e-n gedruckten (u. nicht handschriftlichen) Text enthält u. von der Post früher billiger als andere Briefe transportiert wurde

Druck·schrift *die; nur Sg;* **1** e-e Art der Handschrift, bei der man gedruckte Buchstaben nachahmt (damit ein Text besonders gut zu lesen ist): *ein Formular in D. ausfüllen* **2** ein gedruckter Text, der nicht gebunden ist

Druck·stel·le *die;* e-e Stelle an der Oberfläche *z.B.* e-r Frucht od. e-s Körperteils, die *mst* durch e-n ständigen Druck (1) beschädigt od. verletzt ist

Druck·tas·te *die* ≈ Druckknopf (2)

Druck·ver·band *der;* ein sehr enger Verband[1], der bei e-r Verletzung der Adern verhindert, dass man Blut verliert

Druck·wel·le *die;* stark zusammengepresste Luft, die sich infolge des hohen Drucks nach e-r Explosion *o.Ä.* sehr schnell bewegt u. ausbreitet

drum *Adv; gespr* ≈ darum || ID ***das (ganze) Drum u. Dran; alles Drum u. Dran*** *gespr;* alles, was dazugehört: *Er hat e-e eigene Wohnung mit allem Drum u. Dran; mst* ***was d. u. dran ist / hängt*** *gespr;* alles, was mit e-r Sache in Zusammenhang steht; ***Seis d.!*** *gespr;* verwendet, um auszudrücken, dass man sich mit etw. (*mst* Störendem) (schon) abgefunden hat

Drum·her·um *das; -(s); nur Sg, gespr;* alles, was zu etw. gehört (u. *mst* als störend empfunden wird): *Skifahren macht zwar Spaß, aber das D. mit den langen Wartezeiten nervt mich!*

drum·rum|kom·men; *kam drumrum, ist drumrumgekommen;* [Vi] **(*um etw.*) *d.*** *gespr;* etw. (*mst* Unangenehmes) nicht tun müssen || NB: *mst* verneint!

drum·rum|re·den; *redete drumrum, hat drumrumgeredet;* [Vi] **(*um etw.*) *d.*** *gespr* ≈ um etw. herumreden

drun·ten *Adv; südd gespr* ≈ dort unten: *d. im Tal*

drun·ter *Adv; gespr* ≈ darunter || ID *mst* ***Hier geht es / alles d. u. drüber*** *gespr;* hier herrscht überhaupt keine Ordnung

Drü·se *die; -, -n;* ein Körperorgan, das Flüssigkeiten (u. Hormone) produziert || K-: ***Drüsen-, -funktion, -krankheit, -schwellung*** || -K: ***Schweiß-, Tränen-***

Dschun·gel [ˈdʒʊŋl̩] *der; -s, -;* **1** ein sehr dichter Wald in den Tropen ≈ Urwald || K-: ***Dschungel-, -pfad*** **2** ein verwirrendes Durcheinander: *im D. der Großstadt* || -K: ***Paragraphen-***

DTP *Abk;* ↑ ***Desktop-Publishing***

du *Personalpronomen, 2. Person Sg;* **1** verwendet als vertraute Anrede an e-e Person (*bes* ein Kind, e-n Verwandten od. Freund): *Hast du Lust, ins Kino zu gehen?* || NB: ↑ Erläuterungen auf Seite 57 **2** verwendet als Anrede zu Tieren od. Dingen: *Du blöde Schreibmaschine, musst du jetzt kaputtgehen!* **3** *gespr;* verwendet als unpersönliches Pronomen ≈ man: *Mündliche Prüfungen sind ganz schwer - du bist aufgeregt u. kannst kaum was sagen!* || NB *zu* **1-3**: ↑ *Tabelle unter* ***Personalpronomen*** || ID ***Ich*** (*usw*) ***bin mit ihm*** (*usw*) ***per du / Wir sind per du*** wir sagen „du" zueinander, wir duzen uns ↔ wir siezen uns

Du *das; -(s), -(s); mst in* **1** ***j-m das Du anbieten*** j-m anbieten, dass man „du" zueinander sagt **2** ***auf Du u. Du mit j-m stehen*** mit j-m sehr vertraut sein || NB: ↑ Erläuterungen auf Seite 57

du·al *Adj; mst in* ***das Duale System*** e-e Gesellschaft, die Verpackungen recycelt, die den grünen Punkt tragen u. für deren Recycling der Hersteller e-e Gebühr bezahlt hat || NB: ↑ ***Punkt*** (12)

Du·a·lis·mus *der; -, Du·a·lis·men; geschr;* die Gegensätzlichkeit zweier Phänomene, die nebeneinander existieren, *z.B.* das Gute u. das Böse ≈ Polarität || *hierzu* **du·a·lis·tisch** *Adj*

Dü·bel *der; -s, -;* ein kleines Rohr aus Plastik, das man in ein (gebohrtes) Loch in e-r Mauer steckt, um Schrauben hineinzudrehen

Dübel

dü·beln; *dübelte, hat gedübelt;* [Vt] **1** ***etw. an etw.*** (*Akk*) ***d.*** etw. mithilfe von Dübeln *mst* an e-r Wand befestigen: *ein Schränkchen an die Wand d.;* [Vt/i] **2** (***etw. in etw.*** (*Akk*)) ***d.*** e-n Haken, e-n Nagel *o.Ä.* mithilfe von Dübeln an e-r Wand befestigen

du·bi·os [duˈbi̯oːs] *Adj; geschr;* ⟨*mst* Geschäfte, Machenschaften⟩ so, dass sie Misstrauen, Skepsis erwecken ≈ fragwürdig, verdächtig (2)

Dub·let·te *die; -, -n;* **1** ein Gegenstand e-r Sammlung, der zweimal vorhanden ist, *z.B.* bei Briefmarken ⟨Dubletten tauschen, verkaufen⟩ **2** e-e Imitation e-s Juwels

du·cken, sich; *duckte sich, hat sich geduckt; gespr;* [Vr] **1** ***sich d.*** den Kopf senken u. den Oberkörper od. die Knie so beugen, dass man e-r Gefahr (od. e-m Stoß) ausweichen kann: *Er muss sich d., damit er durch die Tür kommt* **2** ***sich d.*** *mst* aus Angst vor der Macht *bes* e-s Vorgesetzten alles tun, was von einem verlangt wird

Duck·mäu·ser *der; -s, -; gespr pej;* j-d, der (*mst* aus Angst) nicht wagt, seine Meinung zu sagen, j-m zu widersprechen || *hierzu* **duck·mäu·se·risch** *Adj*

du·deln; *dudelte, hat gedudelt;* [Vt/i] (***etw.***) ***d.*** *gespr pej;* auf e-m (Musik)Instrument in monotoner Weise Musik machen || *zu* ***Gedudel*** ↑ ***Ge-***

Du·del·sack *der;* ein (Blas)Instrument, das *bes* in Schottland gespielt wird. Der *D.* besteht aus e-r Art Sack u. mehreren Pfeifen || K-: ***Dudelsack-, -pfeifer, -spieler***

Du·den® *der; -s; nur Sg;* verwendet als Bezeichnung für ein Wörterbuch, das die Regeln der deutschen Rechtschreibung festhält

Du·ell *das; -s, -e;* **1** *hist;* ein Kampf zwischen zwei Personen, *mst* weil die Ehre eines der Teilnehmer verletzt wurde ⟨j-n zum D. (heraus)fordern; ein D. austragen⟩ || -K: ***Degen-, Pistolen-*** **2** ein Wettkampf zwischen zwei Sportlern od. zwei Mannschaften: *Die beiden Mannschaften lieferten sich ein packendes / spannendes D.* **3** *geschr;* ein (heftiges) Streitgespräch zwischen zwei Personen ≈ Wortgefecht ⟨sich (*Dat Pl*) ein D. liefern⟩

du·el·lie·ren, sich; *duellierte sich, hat sich duelliert*; [Vr] ***j-d duelliert sich mit j-m***; ⟨zwei Personen⟩ ***duellieren sich*** *hist*; zwei Personen kämpfen in e-m Duell (1)

Du·ett [du'ɛt] *das*; *-(e)s, -e*; *Mus*; ein Musikstück für zwei Sänger ⟨ein / im D. singen⟩ || -K: ***Opern-***

Duft *der*; *-(e)s, Düf·te*; ein angenehmer Geruch ⟨der liebliche, süße, zarte, betörende D. e-r Blume, e-s Parfüms⟩

duf·te *Adj*; *gespr veraltend* ≈ toll, prima: *Peter ist wirklich ein dufter Typ!*; *Das Wetter ist heute d.*

duf·ten; *duftete, hat geduftet*; [Vi] **1** ***etw. duftet*** etw. hat e-n angenehmen Geruch ⟨Rosen, Nelken *usw*⟩ **2** ***j-d / etw. duftet nach etw.*** j-d / etw. hat e-n besonderen, angenehmen Geruch: *Die Seife duftet nach Lavendel*; [Vimp] **3** ***es duftet*** (***nach etw.***) hier riecht es gut: *Hier duftet es nach Rosen*

duf·tig *Adj*; ⟨Seide, Spitzen, Haar⟩ zart, leicht u. locker || *hierzu* **Duf·tig·keit** *die*; *nur Sg*

Duft·no·te *die*; ein Geruch, der typisch *bes* für e-e bestimmte Seife od. ein bestimmtes Parfüm ist

Duft·stoff *der*; e-e Substanz, mit der ein besonderer, angenehmer Geruch erzeugt wird

Duft·wol·ke *die*; *gespr*, *mst hum*; ein starker Geruch (*mst* von Parfüm), den j-d / etw. hat ⟨sich mit e-r D. umgeben, in e-e D. gehüllt sein⟩

Du·ka·ten *der*; *-s, -*; *hist*; e-e Goldmünze, die (vom 13. bis 19. Jahrhundert) in Europa verbreitet war

dul·den; *duldete, hat geduldet*; [Vt] **1** ***etw. d.*** zulassen, dass etw. (mit dem man nicht einverstanden ist) geschieht ≈ tolerieren: *In dieser Sache dulde ich keinen Widerspruch* || NB: *mst* verneint! **2** ***j-n*** (***irgendwo***) ***d.*** j-s Anwesenheit tolerieren, obwohl man sie verbieten könnte **3** ***etw. duldet keinen Aufschub, keine Verzögerung*** *geschr*; etw. ist dringend, muss sofort gemacht werden: *Die Fertigstellung des Baus duldet keinen weiteren Aufschub*; [Vi] **4** (***irgendwie***) ***d.*** *geschr*; etw. sehr Unangenehmes auf die genannte Art u. Weise ertragen ⟨still, tapfer d.⟩ || *zu* **4 Dul·der** *der*; *-s-, -*; **Dul·de·rin** *die*; *-, -nen*; *zu* **1** u. **2 Dul·dung** *die*; *nur Sg* || ► ***Geduld***

Dul·der·mie·ne *die*; *mst Sg*, *pej*; ein leidender Gesichtsausdruck, mit dem j-d Schuldgefühle od. Mitleid hervorrufen will ⟨*mst* e-e D. aufsetzen; etw. mit D. hinnehmen, ertragen⟩

duld·sam *Adj*; voller Geduld od. Toleranz anderen Menschen gegenüber ≈ nachsichtig, tolerant ⟨ein Mensch; d. sein, sich d. zeigen⟩ || *hierzu* **Duld·sam·keit** *die*; *nur Sg*

Dult *die*; *-, -en*; *südd* ≈ Jahrmarkt

dumm, *dümmer, dümmst-*; *Adj*; **1** mit wenig Intelligenz (ganz allgemein od. auch nur in e-r bestimmten Situation) ↔ klug, intelligent: *Natürlich begreife ich das - ich bin doch nicht d.!* **2** von wenig Überlegung gekennzeichnet ≈ unklug, unüberlegt, unvernünftig: *Es war sehr d. von dir, im Regen spazieren zu gehen - jetzt bist du erkältet* **3** ≈ naiv, töricht: *Ich war so d. / d. genug, dir zu glauben!* **4** ohne logischen Zusammenhang, ohne Sinn ⟨e-e Frage, j-s Gerede; dummes Zeug reden⟩ **5** *gespr*; sehr unangenehm u. *mst* mit negativen Folgen: *Sei vorsichtig, das kann d. ausgehen!*; *Mir ist da etw. Dummes / e-e dumme Geschichte passiert* **6** *gespr*; unangenehm (u. ärgerlich) ⟨*mst* ein Fehler, ein Zufall, e-e Angewohnheit⟩ **7** *nicht adv*, *gespr* ≈ schwindlig: *Vom Karussellfahren wird mir immer so d. im Kopf* **8** *nur attr, nicht adv, gespr!* verwendet in Verbindung mit Schimpfwörtern, um j-n heftig zu tadeln: *So e-e dumme Gans!* || ID ***sich d. stellen*** *gespr*; so tun, als ob man etw. nicht weiß od. j-n nicht versteht; ***j-n für d. verkaufen*** (***wollen***) *gespr*; versuchen, j-m etw. Unsinniges od. Erfundenes glaubhaft zu machen: *Er will dich bloß für d. verkaufen!* (= reinlegen); ***sich*** (***von j-m***) ***nicht für d. verkaufen lassen*** *gespr*; etw. Unsinniges od. Erfundenes nicht glauben; ***ein dummes Gefühl*** (***bei etw.***) ***haben*** *gespr*; befürchten, dass etw. schlecht endet; ***j-m ist / wird etw. zu d.*** *gespr*; j-d verliert bei etw. die Geduld; *mst* ***Komm mir nicht so d.!*** *gespr*; sei nicht so unverschämt; ***d. u. dämlich*** *gespr*; sehr viel, sehr lange, sehr oft *usw* ⟨*mst* sich d. u. dämlich suchen, reden, verdienen⟩

Dumm·chen *das*; *-s, -*; *gespr pej*; verwendet als Bezeichnung *bes* für e-e naive Frau

dumm·dreist *Adj*; dumm u. frech zugleich ⟨e-e Antwort⟩ || *hierzu* **Dumm·dreis·tig·keit** *die*; *mst Sg*

Dum·me *der / die*; *-n, -n*; j-d, der dumm ist || ID (***für etw.***) ***e-n Dummen finden*** *gespr*; j-n finden, der so naiv ist, dass man ihn ausnutzen kann; (***am Ende / immer***) ***der D. sein*** *gespr*; bei etw. e-n Nachteil od. Schaden haben; (***für j-n***) ***den Dummen machen*** *gespr*; sich von j-m ausnutzen lassen || NB: *ein Dummer*; *der Dumme*; *den, dem, des Dummen*

Dum·me·jun·gen·streich *der*; *Dumme(n)jungenstreich(e)s, Dumme(n)jungenstreiche*; ein harmloser, törichter Streich || NB: *ein Dummerjungenstreich*

Dum·mer·chen *das*; *-s, -*; *gespr*; *mst* als (gutmütige) Anrede für ein kleines Kind verwendet, wenn man ihm etw. erklären muss od. es trösten will: *Wein doch nicht, du D.!*

dum·mer·wei·se, dum·mer·wei·se *Adv*; *gespr*; **1** ≈ leider: *Ich wollte ihn einladen, aber d. war er nicht zu Hause* **2** aus Leichtsinn, Dummheit (2): *Ich habe d. meinen Regenschirm im Zug liegen lassen*

Dumm·heit *die*; *-, -en*; **1** *nur Sg*; mangelnde Intelligenz ≈ Unwissenheit: *Das hat nichts mehr mit Pech zu tun, das ist reine D.!* **2** e-e dumme (2), unüberlegte Handlung od. Äußerung ⟨*mst* e-e D. machen, begehen⟩: *Es war e-e große D. von dir, ihm das zu sagen* **3** *nur Pl*; unsinnige, übermütige Handlungen ≈ Unsinn ⟨*mst* Dummheiten machen; nichts als Dummheiten im Kopf haben⟩

Dumm·kopf *der*; *pej*; verwendet als Schimpfwort für j-n, den man für dumm (1) hält

dümm·lich *Adj*; *pej*; so, dass es wenig intelligent wirkt ⟨*mst* ein Gesicht, ein Gesichtsausdruck; d. grinsen⟩

düm·peln; *dümpelte, hat gedümpelt*; [Vi] ⟨ein Boot *o.Ä.*⟩ ***dümpelt*** ein Boot *o.Ä.* schaukelt auf dem Wasser: *Im Hafen dümpeln viele Segelboote*

dumpf, *dumpfer, dumpfst-*; *Adj*; **1** ⟨Geräusche, Töne⟩ tief u. gedämpft: *das dumpfe Grollen des Donners* **2** ⟨ein Geruch⟩ so, dass es nach Feuchtigkeit u. Fäulnis riecht ≈ dumpfig, modrig, muffig: *In dem alten Gewölbe roch es d.* **3** *pej*; ⟨*mst* d. vor sich hin starren, brüten⟩ ohne seine Umgebung zu bemerken ≈ stumpf(sinnig), apathisch **4** ⟨e-e Ahnung, sich nur d. an etw. erinnern (können), e-n dumpfen Schmerz verspüren⟩ ≈ unbestimmt, undeutlich, dunkel ↔ klar, deutlich || *zu* **3 Dumpf·heit** *die*; *nur Sg*

dump·fig *Adj* ≈ dumpf (2) ⟨etw. riecht, schmeckt d.⟩

Dum·ping ['dampɪŋ] *das*; *-s*; *nur Sg*, *Ökon*; der Verkauf von Waren mit wenig od. ganz ohne Gewinn, um sich gegen Konkurrenten durchzusetzen || K-: ***Dumping-, -preis***

Dü·ne *die*; *-, -n*; ein Hügel aus Sand, *bes* am Meer od. in der Wüste || K-: ***Dünen-, -sand*** || -K: ***Wander-***

Dung *der*; *-(e)s*; *nur Sg*; Exkremente (Mist) von Tieren, die als Dünger *bes* für Felder, Äcker verwendet werden || K-: ***Dung-, -grube, -haufen*** || -K: ***Kuh-, Pferde-, Schaf-***

dün·gen; *düngte, hat gedüngt*; [Vt/i] **1** (**etw.**) **d.** Pflanzen Nährstoffe (Dünger) geben ⟨ein Beet, ein Feld, e-e Pflanze mit Jauche, Kalk, Mist d.⟩; [Vi] **2 etw. düngt** (**irgendwie**) etw. wirkt (irgendwie) als Dünger: *Vogelmist düngt gut* || K-: ***Dünge-, -kalk, -mittel*** || *zu* **1 Dün·gung** *die*; *nur Sg*

Dün·ger *der*; *-s, -*; flüssige od. feste Nährstoffe, die in die Erde gegeben werden, damit Pflanzen besser wachsen ⟨natürlicher, organischer, künstlicher D.; D. streuen, den Boden mit D. anreichern⟩ || -K: ***Blumen-, Rasen-; Flüssig-, Mineral-***

dun·kel, *dunkler, dunkelst-*; *Adj*; **1** *nicht adv*; ohne od. mit nur wenig Licht (wie in der Nacht od. am späten Abend) ↔ hell (1) ⟨ein Zimmer, e-e Straße; im Dunkeln sitzen⟩ **2 *es wird d.*** es wird Abend **3** *mst* braun od. schwarz ⟨e-e Hautfarbe, Augen, Haar; Brot, Bier⟩: *e-n dunklen Anzug tragen* **4** *nicht adv*; (in Bezug auf Farben verwendet) mit relativ viel Schwarz vermischt ↔ hell ⟨ein Blau, ein Braun *usw*⟩ || K-: ***dunkel-, -blau, -braun, -grün, -rot*** *usw* **5** ⟨*mst* Klänge, Töne, e-e Stimme⟩ ≈ tief (15), sonor ↔ hell **6** ⟨*mst* e-e Ahnung, ein Verdacht, e-e Erinnerung⟩ ≈ undeutlich, dumpf (4) ↔ klar, deutlich: *Ich kann mich nur d. an ihn erinnern* **7** schwer zu verstehen u. zu deuten: *e-e dunkle Textstelle* **8** *mst attr, nicht adv, pej*; ⟨*mst* Geschäfte, Machenschaften, Affären, e-e Vergangenheit⟩ kriminell od. unmoralisch (u. vor der Öffentlichkeit verborgen) **9** mit negativen Erfahrungen verbunden ≈ düster (3), unerfreulich: *ein dunkles Kapitel in der Geschichte*; *Das waren die dunkelsten Stunden in meinem Leben* || ID *mst* ⟨die Polizei⟩ ***tappt im Dunkeln*** die Polizei hat zu wenig Informationen, um ein Verbrechen *o.Ä.* aufklären zu können: *Bei dem Mord tappt die Polizei noch völlig im Dunkeln* || NB: *dunkel* → *dunkles Haar*

Dun·kel *das*; *-s*; *nur Sg, geschr* ≈ Dunkelheit ⟨im D. der Nacht⟩

Dün·kel *der*; *-s*; *nur Sg, geschr pej* ≈ Hochmut, Arroganz || -K: ***Standes-*** || *hierzu* **dün·kel·haft** *Adj*

dun·kel·blond *Adj*; blond mit e-m starken bräunlichen Ton ↔ hellblond

dun·kel·haa·rig *Adj*; *nicht adv*; mit dunklen Haaren

dun·kel·häu·tig *Adj*; *nicht adv*; mit dunkler Haut(farbe)

Dun·kel·heit *die*; *-*; *nur Sg*; **1** der Zustand, in dem etw. dunkel (1,3,4) ist **2 *bei Einbruch der D.*** wenn es dunkel (2) wird ≈ bei Sonnenuntergang

Dun·kel·kam·mer *die*; ein Raum, in dem es nur schwaches rotes Licht gibt u. in dem man die Negative von Filmen entwickelt

dun·keln; *dunkelte, hat gedunkelt*; [Vimp] ***es dunkelt*** *geschr*; es wird dunkel (2), es wird Abend

Dun·kel·zif·fer *die*; die Zahl der nicht offiziell gemeldeten Fälle von etw.: *Bei Sexualverbrechen muss man mit e-r hohen D. rechnen*

dün·ken; *dünkt / deucht, dünkte / deuchte, hat gedünkt / gedeucht*; [Vimp] *mst* ***mich / mir dünkt*** (**, *dass* ...**) *geschr veraltet* ≈ mir scheint, dass ...

dünn *Adj*; **1** von relativ geringem Umfang od. Durchmesser, von relativ geringer Stärke[1] (5) ↔ dick ⟨ein Ast, e-e Wand, e-e Eisdecke, ein Stoff, ein Fell, ein Faden, ein Brett, ein Buch *usw*⟩: *e-e dünne Scheibe vom Braten abschneiden*; *e-e Salbe d. auf die Wunde auftragen*; *Auf dem Schrank liegt e-e dünne Schicht Staub* **2** mit sehr wenig Fett am Körper ≈ mager, hager ↔ dick, fett || ↑ *Abb. unter* ***Eigenschaften*** **3** ⟨*mst* Kaffee, Tee, e-e Suppe, e-e Brühe⟩ mit (zu) viel Wasser zubereitet ↔ stark, kräftig **4** ⟨Haar⟩ ≈ wenig, spärlich ↔ dicht **5** ⟨Luft⟩ mit nur wenig Sauerstoff **6** ⟨*mst* ein Stimmchen⟩ hell (6), leise u. schwach **7 *d. besiedelt*** mit nur wenigen Siedlern, Bewohnern ↔ dicht besiedelt

Dünn·darm *der*; der Teil des Darms, der direkt an den Magen anschließt (u. in dem die meisten Verdauungsprozesse stattfinden) ↔ Dickdarm

dün·ne·ma·chen, sich; *machte sich dünne, hat sich dünnegemacht*; [Vr] ***sich d.*** *gespr*; heimlich, unauffällig von irgendwo weggehen ≈ sich verkrümeln

dünn·flüs·sig *Adj*; *nicht adv*; sehr flüssig ↔ dickflüssig ⟨Öl, e-e Farbe, e-e Soße *usw*⟩ || *hierzu* **Dünn·flüs·sig·keit** *die*; *nur Sg*

Dünn·pfiff *der*; *nur Sg, gespr!* ≈ Durchfall

Dünn·schiss *der*; *nur Sg, vulg* ≈ Durchfall

Dunst *der*; *-(e)s, Düns·te*; **1** *nur Sg*; e-e Art dünner, leichter Nebel *bes* aus Wasserdampf od. Abgasen: *Die Berge sind in dichten D. gehüllt*; *Über der Stadt liegt ein leichter D.* || K-: ***Dunst-, -schicht, -schleier, -schwaden*** **2 *ein D.*** (***von etw.***) Luft, die mit Partikeln von etw. gefüllt ist u. danach riecht (was *mst* als störend empfunden wird): *Ein D. von kaltem Rauch erfüllte das Zimmer* || K-: ***Dunst-, -wolke*** || -K: ***Küchen-, Zigaretten-*** || ID ***keinen blassen D.*** (***von etw.***) ***haben*** *gespr*; von etw. überhaupt nichts ahnen od. wissen

Dunst·ab·zugs|hau·be *die*; ein Gerät über dem Küchenherd, das Dünste u. Dämpfe nach draußen bläst

düns·ten; *dünstete, hat gedünstet*; [Vt] ***etw. d.*** etw. in e-m geschlossenen Topf mit wenig Wasser od. Fett bei geringer Hitze zubereiten ≈ dämpfen ↔ braten, kochen ⟨Gemüse, Fleisch, Fisch d.⟩

Dunst·glo·cke *die*; e-e Schicht aus Abgasen (Smog), die über e-m Gebiet, *mst* e-r Stadt, liegt

duns·tig *Adj*; *nicht adv*; **1** mit leichtem Nebel, Dunst (1), wobei das Wetter nicht unbedingt schlecht sein muss ⟨*mst* ein Tag, ein Morgen, (das) Wetter⟩ **2** mit warmer, schlechter, *mst* rauchiger Luft erfüllt ⟨ein Zimmer, e-e Kneipe⟩

Duo *das*; *-s, -s*; *Mus*; **1** ein Musikstück für zwei Instrumente **2** zwei Personen, die zusammen Musik machen || -K: ***Gitarren-, Klavier-*** *usw*

Dup·li·kat *das*; *-(e)s, -e*; *geschr*; e-e genaue Kopie *bes* e-s Dokuments ⟨ein D. anfertigen lassen⟩ ≈ Abschrift, Zweitschrift

Dup·li·zi·tät *die*; *-, -en*; *mst in* ***die D. der Ereignisse*** *geschr*; die Tatsache, dass unabhängig voneinander (zufällig) zwei gleiche od. sehr ähnliche Ereignisse vorkommen

Dur *das*; *-*; *nur Sg, Mus*; verwendet als Bezeichnung der Tonarten, die zwischen dem dritten u. vierten u. dem siebten u. achten Ton Abstände von Halbtönen haben ↔ Moll || K-: ***Dur-, -akkord, -tonart, -tonleiter*** || -K: ***C-Dur, D-Dur*** *usw*

durch[1] *Präp*; *mit Akk*; **1 *d. etw.*** (***hindurch***) verwendet, um anzugeben, dass e-e Bewegung an e-r Stelle in e-n Raum od. in ein Gebiet eindringt u. an e-r anderen, *bes* der entgegengesetzten Stelle wieder hinausgeht: *Sie schwamm d. den Fluss ans andere Ufer*; *Wir fahren von Deutschland durch Frankreich nach Spanien* **2 *d. etw.*** (***hindurch***) verwendet, um anzugeben, dass j-d / etw. auf der einen Seite in etw. hineingeht u. auf der anderen Seite wieder herauskommt: *Sie ging d. die Tür*; *Er schob das Papier d. e-n Spalt* **3 *d. etw.*** (***hindurch***) verwendet, um anzugeben, dass in e-n *mst* festen Körper e-e Öffnung gemacht wird, die von der einen Seite bis zur anderen geht: *Er bohrte ein Loch d. die Wand*; *ein Tunnel d. die Alpen* **4 *d. etw.*** (***hindurch***) verwendet, um anzugeben, dass man etw. sehen, hören *usw* kann, obwohl etw. anderes dazwischen ist: *Man hörte die Musik d. die Wand hindurch* **5** kreuz u. quer in e-m Gebiet *o.Ä.*: *Wir wanderten d. Bayern*; *Abends gin-*

gen wir noch d. die Straßen; *Die Polizei verfolgte den Verbrecher d. die ganze Stadt* **6** verwendet, um das Medium, den Stoff[1] *o.Ä.* anzugeben, in dem sich j-d / ein Tier / etw. in e-e Richtung bewegt: *Ein Vogel fliegt d. die Luft*; *Wir mussten das Auto d. den Schlamm schieben* **7** *mst Zeitangabe* (*im Akk*) + **d.** verwendet, um e-n Zeitraum zu bezeichnen, von dessen Anfang bis zu dessen Ende etw. dauert od. getan wird ≈ hindurch: *Die ganze Nacht d. konnte sie nicht schlafen*; *Den Winter d. musste ich mich auf die Prüfung vorbereiten* **8** verwendet, um e-e Handlung *o.Ä.* zu bezeichnen, mit der das Ziel od. e-e Wirkung erreicht wird: *D. Drücken dieses Knopfes schaltet man die Anlage ein*; *d. Lektüre sein Allgemeinwissen vergrößern* || NB: oft vor substantivierten Infinitiven **9** verwendet, um den Grund od. die Ursache für etw. anzugeben ≈ aufgrund, wegen: *D. den Regen wurde die Straße unpassierbar*; *D. viele Begegnungen wurden sie Freunde*; *D. ihre Schönheit hat sie überall Erfolg* **10** verwendet, um das Mittel anzugeben, das etw. bewirkt od. mit dem man sein Ziel erreicht: *Sie zerstörten die Stadt d. Bomben*; *Die Bevölkerung wurde d. Lautsprecher informiert*; *Er überzeugte ihn d. Argumente* **11** *bes* in Passivsätzen verwendet, um die Person anzugeben, die Träger e-r Handlung ist ≈ von: *Alle Arbeiten werden bei uns d. Spezialisten ausgeführt*

dụrch[2] *Adv*; *gespr*; **1** verwendet als verkürzte Form für viele Verben mit dem Präfix *durch-*[1]: *Der Zug ist schon d.* (= *durchgefahren*); *Das Fleisch ist d.* (= *durchgebraten*); *Lass mich mal d.* (= *durchgehen*) **2** *Uhrzeit* + **d.** verwendet, um auszudrücken, dass es kurz nach e-r bestimmten Uhrzeit ist: *„Wie spät ist es?" - „vier* (*Uhr*) *d."* **3 d. u. d.** verwendet, um e-n sehr hohen Grad, e-e sehr hohe Intensität auszudrücken ≈ total, ganz u. gar: *Er ist d. u. d. Egoist*; *d. u. d. nass sein* || ID ***etw. geht j-m d. u. d.*** etw. tut j-m sehr weh ⟨ein Geräusch, ein Kreischen, ein Schrei *o.Ä.*⟩

> **dụrch sein** (*ist*) [Vi] (***durch etw.***) ***d. s.*** *gespr*; verwendet als verkürzte Form vieler Verben mit *durch-*, um auszudrücken, dass e-e Tätigkeit ganz od. erfolgreich beendet ist, *z.B. durch e-e Stadt* ***d. s.*** (= durchgefahren sein); *durch e-e Absperrung* ***d. s.*** (= durchgegangen, durchgefahren, durchgebrochen *o.Ä.* sein); *durch e-n Roman* ***d. s.*** (= e-n Roman durchgelesen haben) || ID *mst* ***Er / Sie ist bei mir unten durch*** *gespr*; er / sie hat mich sehr enttäuscht u. deshalb mag ich ihn / sie nicht mehr

dụrch-[1] *im Verb, betont u. trennbar, sehr produktiv*; Die Verben mit *durch-* werden nach folgendem Muster gebildet: *durchfahren - fuhr durch - durchgefahren*

1 *durch-* drückt aus, dass j-d / etw. in e-n Raum, ein Gebiet hinein- u. wieder hinausgeht, -fährt *o.Ä.*, durch sie hindurchgeht, -fährt *o.Ä.*;
(durch etw.) dụrchfahren: *Auf seiner Reise in den Süden fuhr er durch München durch* ≈ Er fuhr durch München
ebenso: ***(durch etw.) dụrchgehen, (durch etw.) dụrchmarschieren, (durch etw.) dụrchreisen, (durch etw.) dụrchreiten, (durch etw.) dụrchschwimmen***

2 *durch-* drückt aus, dass j-d etw. durch e-e Öffnung hindurchbewegt od. dass sich j-d / etw. durch e-e Öffnung bewegt;
etw. (durch etw.) dụrchreichen: *Er reichte ihr den Koffer durch das Zugfenster durch* ≈ Er reichte ihr den Koffer (von draußen) ins Abteil (od. aber vom Abteil aus nach draußen)
ebenso: ***etw. (durch etw.) dụrchsieben, (durch etw.) dụrchsteigen, etw. (durch etw.) dụrchstecken***

3 *durch-* drückt aus, dass ein Material, Stoff *o.Ä.* (wie e-e Art Hindernis) überbrückt wird;
(durch etw.) dụrchsehen: *Das Fenster ist schmutzig - ich kann kaum d.* ≈ Das Fenster ist so schmutzig, dass man kaum von außen in den Raum od. aber von dem Raum aus nach draußen sehen kann;
ebenso: ***(durch etw.) dụrchblicken, etw. (durch etw.) dụrchfühlen, j-n / etw. (durch etw.) dụrchhören, etw. (durch etw.) dụrchschmecken***

4 *durch-* drückt aus, dass etw. vollständig, vom Anfang bis zum Ende, gemacht wird;
etw. dụrchlesen: *Er hat das dicke Manuskript durchgelesen* ≈ Er hat es von Anfang bis zum Ende gelesen
ebenso: ***etw. dụrchbürsten, etw. dụrchdiskutieren, etw. dụrchkramen, etw. dụrchnummerieren, etw. dụrchrechnen***

5 *durch-* drückt aus, dass etw. gespalten, geteilt wird, sodass *mst* zwei Stücke entstehen;
etw. dụrchsägen: *Er sägte das Brett durch* ≈ Er sägte das Brett in zwei Teile
ebenso: ***etw. dụrchbeißen, etw. dụrchbrechen, etw. dụrchhacken, etw. dụrchreißen, etw. dụrchschneiden***

6 *durch-* drückt aus, dass etw. durch langen Gebrauch völlig abgenutzt wird od. ist;
etw. dụrchwetzen: *Er hat seine Hose an den Knien durchgewetzt* ≈ Seine Hose hat an den Knien Löcher bekommen
ebenso: ***etw. dụrchlaufen, etw. rostet dụrch***

durch-[2] *im Verb*; *unbetont u. nicht trennbar, sehr produktiv*; Die Verben mit *durch-* werden nach folgendem Muster gebildet: *durchreiten - durchritt - durchritten*
durch- bildet aus intransitiven Verben transitive Verben u. drückt aus, dass e-e Bewegung von einer Grenze e-s Raumes od. Gebietes zur anderen geht od. viele Punkte des Raumes od. Gebietes berührt;
etw. durchschwịmmen: *Er durchschwamm den Fluss* ≈ Er schwamm von e-r Seite des Flusses zur anderen
ebenso: ***etw. durcheilen, etw. durchschreiten, etw. durchsegeln, etw. durchwandern, etw. durchwaten***

dụrch·ackern (*hat*) [Vt] ***etw. d.*** *gespr* ≈ durcharbeiten (1)

dụrch·ar·bei·ten (*hat*) [Vt] **1 *etw. d.*** e-n *mst* schwierigen Text sehr genau lesen, intensiv studieren (3) ⟨e-n Aufsatz, ein Buch, e-n Entwurf, e-n Plan d.⟩; [Vi] **2 *d.*** (***bis*** + *Zeitangabe*) / *Zeitangabe* (*im Akk*) ***d.*** (e-e bestimmte Zeit über) ohne Pause (weiter)arbeiten ⟨die Nacht, den (ganzen) Tag, in der Mittagspause d.⟩; [Vr] **3 *sich*** (***durch etw.***) ***d.*** sich durch etw. bewegen, indem man sich selbst (mühsam) e-n Weg macht ⟨sich durch ein Dickicht, ein Gestrüpp, (das) Unterholz, hohen Schnee, e-e Menschenmenge *o.Ä.* d.⟩ **4 *sich*** (***durch etw.***) ***d.*** ≈ d. (1) || *zu* **1 Dụrch·ar·bei·tung** *die*

dụrch·at·men (*hat*) [Vi] intensiv atmen, die ganze Lunge mit neuer Luft füllen ⟨*mst* tief d.⟩

dụrch·aus, durch·aus *Adv*; **1** verwendet, um auszudrücken, dass etw. wahrscheinlich, wahr od. richtig ist ≈ ohne weiteres: *Es ist d. möglich, dass es heute noch regnet* **2** verwendet in Antworten auf Fragen, die e-n Zweifel ausdrücken, um zu sagen, dass der Zweifel nicht berechtigt ist ≈ ganz u. gar: *„Hat er sich getäuscht?" - „Nein, er hat sich d. nicht getäuscht!"*; *„Habe ich dich beleidigt?" - „Aber nein, d. nicht!"* **3** ≈ unbedingt, auf jeden Fall: *Sie wollte d. allein spazieren gehen*

dụrch·ba·cken (*hat*) [Vt] ***etw. d.*** etw. so lange backen, bis es völlig fertig (= gar) ist ⟨das Brot, den Kuchen (gut) d.⟩

dụrch·bei·ßen (*hat*) [Vt/i] **1** ***(etw.) d.*** etw. in zwei Teile (zer)beißen: *e-n Bonbon d.*; [Vt] **2** ***ein Tier beißt j-m / e-m Tier die Kehle durch*** ein Tier beißt tief in die Kehle e-s Menschen od. Tiers (u. verletzt od. tötet ihn / es dadurch); [Vr] **3** ***sich (durch etw.) d.*** *gespr*; in e-r schwierigen Situation nicht aufgeben

dụrch·be·kom·men; *bekam durch, hat durchbekommen*; [Vt] *gespr*; **1** ***j-n d.*** ≈ durchbringen (1) **2** ***etw. (durch etw.) d.*** ≈ durchbringen (5) **3** ***j-n / etw. durch etw. d.*** *gespr*; j-n / etw. ohne Komplikationen durch den Zoll, e-e Kontrolle *o.Ä.* bringen **4** ***etw. (mit etw.) d.*** etw. trotz Schwierigkeiten in zwei Teile brechen, schneiden *usw*: *Mit der stumpfen Säge bekommst du den Ast nie durch!*

dụrch·bie·gen (*hat*) [Vt] **1** ***etw. d.*** etw. stark biegen: *ein Lineal, e-n Stab d.*; [Vr] **2** ***etw. biegt sich durch*** etw. biegt sich unter e-r Last ⟨*mst* ein Brett, ein Regal, e-e Stange⟩

dụrch·bla·sen (*hat*) [Vt] **1** ***etw. d.*** ein Rohr *o.Ä.* reinigen, indem man hineinbläst; [Vi] **2** ***(durch etw.) d.*** in ein Rohr *o.Ä.* blasen, sodass die Luft am anderen Ende wieder herauskommt

dụrch·blät·tern (*hat*) [Vt/i] ***(etw.) d.*** etw. nur teilweise u. schnell (oberflächlich) lesen ≈ überfliegen ⟨ein Buch, e-n Katalog, e-e Zeitschrift, Akten *o.Ä.* d.⟩

Dụrch·blick *der*; *-s*; *nur Sg*, *gespr* ≈ Einsicht, Einblick ⟨*mst* den (vollen) D. haben / kriegen, den D. verlieren⟩

dụrch·bli·cken (*hat*) [Vi] **1** ***(bei / in etw. (Dat)) d.*** *gespr*; etw. verstehen u. begreifen ⟨voll d.⟩: *Ich blicke in Mathe nicht ganz durch* **2** ***(durch etw.) d.*** durch e-e Öffnung *o.Ä.* sehen

dụrch·blu·ten; [Vi] **1** ***etw. blutet (durch etw.) durch*** (*hat*) Blut dringt durch e-n Verband *o.Ä.*: *Die Wunde hat durch den Verband durchgeblutet* **2** ***etw. blutet durch*** (*ist*) etw. saugt sich allmählich voll Blut ⟨ein Verband, e-e Binde⟩

durch·blu̲·tet *Adj*; *nicht adv*; *mst* ***etw. ist gut / schlecht d.*** etw. ist genügend / ungenügend mit Blut versorgt: *Die Beine sind schlecht d.*

Durch·blu̲·tung *die*; *-*; *nur Sg*; das Fließen des Blutes im Körper: *Bei Anstrengungen nimmt die D. der Muskeln zu* || K-: ***Durchblutungs-, -störungen***

dụrch·boh·ren[1] (*hat*) [Vt] ***etw. d.*** beim Bohren ein Loch in etw. machen, das von der einen Seite bis zur anderen geht ⟨ein Brett, e-e Wand d.⟩

durch·bo̲h·ren[2]; *durchbohrte, hat durchbohrt*; [Vt] ***j-n / etw. (mit etw.) d.*** etw. Spitzes durch etw. stoßen, e-e Waffe durch j-s Körper stoßen || ID ***j-n mit Blicken d.*** j-n sehr intensiv u. *mst* böse ansehen

dụrch·bo·xen (*hat*) *gespr*; [Vt] **1** ***etw. d.*** e-n Plan, ein Ziel gegen den Widerstand anderer durchsetzen; [Vr] **2** ***sich d.*** über längere Zeit mit Erfolg für die eigenen Interessen kämpfen: *Er ist ein Karrieremensch. Der boxt sich sicher noch bis ganz oben durch* **3** ***sich (durch etw.) d.*** sich rücksichtslos e-n Weg durch e-e Menschenmenge bahnen

dụrch·bra·ten (*hat*) [Vt] **1** ***etw. d.*** etw. so lange braten, bis es innen gar ist ⟨*mst* Fleisch, Fisch d.⟩: *ein Steak gut d.*; [Vi] **2** ⟨*mst* das Fleisch⟩ ***muss (noch richtig) d.*** *mst* das Fleisch muss so lange braten, bis es gar ist

dụrch·bre·chen[1] [Vt] (*hat*) **1** ***etw. d.*** etw. in zwei Teile brechen: *e-n Ast d.*; [Vi] (*ist*) **2** ***etw. bricht durch*** etw. bricht in zwei Teile, etw. zerfällt: *Das verfaulte Brett ist durchgebrochen*

durch·brẹ·chen[2]; *durchbricht, durchbrach, hat durchbrochen*; [Vt] ***etw. d.*** durch ein Hindernis kommen, indem man sich schnell u. mit Kraft bewegt: *Die Demonstranten durchbrachen die Absperrung* || *hierzu* **Durch·brẹ·chung** *die* || ► ***Durchbruch***

dụrch·bren·nen (*ist*) [Vi] **1** ***etw. brennt durch*** etw. wird durch zu starke Belastung zerstört, etw. funktioniert nicht mehr ⟨e-e Glühbirne, e-e Sicherung, ein Heizofen, e-e Lampe *o.Ä.*⟩ **2** ***j-d brennt (j-m) durch*** *gespr*; j-d verlässt j-n, bei dem er lebt, heimlich: *Seine Frau ist ihm durchgebrannt* **3** ***j-d brennt mit etw. durch*** *gespr*; j-d stiehlt etw. u. verschwindet damit: *Der Kassierer ist mit der Kasse durchgebrannt*

dụrch·brin·gen (*hat*) [Vt] **1** ***j-n d.*** j-n, der krank, schwach od. verletzt ist, so pflegen, dass er nicht stirbt: *Er war schwer verletzt, aber die Ärzte konnten ihn d.* **2** ***j-n / sich (mit etw.) d.*** für j-n / sich in e-r schweren Zeit sorgen: *Nach dem Tod ihres Mannes musste sie die Kinder allein d.* **3** ***etw. d.*** *pej*; viel Geld verschwenden: *In einem Jahr hat er das Vermögen seines Vaters durchgebracht* **4** ***etw. (irgendwo) d.*** erreichen, dass ein Antrag od. Vorschlag von e-r Behörde, e-m Parlament *o.Ä.* angenommen wird: *Der Minister hat sein Gesetz im Bundestag durchgebracht* **5** ***etw. (durch etw.) d.*** *gespr*; etw. durch e-e Öffnung bewegen können, weil es nicht zu groß ist: *Durch diese schmale Tür werden wir den Schrank nie d.* **6** ***etw. (mit etw.) d.*** *gespr* ≈ durchbekommen (4)

Dụrch·bruch *der*; *-(e)s*, *Durch·brü·che*; **1** ***der D. (zu etw.)*** ein Erfolg, auf den man lange gewartet hat u. der für die Zukunft entscheidend ist ⟨j-m / etw. zum D. verhelfen⟩: *Mit diesem Roman gelang ihm der D. zu Ruhm u. Reichtum* **2** ***ein D. (durch etw.)*** das (gewaltsame) Durchbrechen[2] e-s Hindernisses: *Den Truppen gelang der D. durch die feindlichen Stellungen*

dụrch·che·cken (*hat*) [Vt] **1** ***j-n / etw. d.*** j-n / etw. sorgfältig untersuchen **2** ***sich d. lassen*** *gespr*; sich vom Arzt gründlich untersuchen lassen

dụrch·den·ken[1] (*hat*) [Vt] ***etw. d.*** sich den Ablauf od. die Einzelheiten e-r Sache in Gedanken vorstellen: *Ich habe noch einmal unseren Plan von Anfang bis Ende durchgedacht*

durch·dẹn·ken[2]; *durchdachte, hat durchdacht*; [Vt] ***etw. (irgendwie) d.*** etw. gründlich überlegen u. dabei alle Details u. Konsequenzen beachten ⟨e-n Plan, ein Problem, ein Vorhaben gründlich / genau / bis ins Detail / in allen Einzelheiten d.⟩: *ein gut / schlecht durchdachter Plan*

dụrch·dis·ku·tie·ren; *diskutierte durch, hat durchdiskutiert*; [Vt] ***etw. d.*** etw. intensiv u. gründlich diskutieren ⟨ein Problem, e-e Frage d.⟩

dụrch·drän·geln, sich (*hat*) [Vr] ***sich (irgendwo(hin) / durch etw.) d.*** *gespr* ≈ sich durchdrängen

dụrch·drän·gen, sich (*hat*) [Vr] ***sich (irgendwo(hin) / durch etw.) d.*** sich durch e-e enge Stelle, e-e große Gruppe von Menschen *o.Ä.* drängen: *sich durch e-e Menschenmenge d.*

dụrch·dre·hen; *drehte durch, hat / ist durchgedreht*; [Vi] (*ist*) **1** ⟨Räder, Reifen⟩ ***drehen durch*** Räder od. Reifen kommen wegen fehlenden Widerstands nicht vorwärts, sondern drehen sich auf der Stelle: *Auf Glatteis drehen die Räder durch* **2** *gespr*; sehr nervös werden, die Nerven verlieren ≈ verrückt werden, ausflippen: *Bei dem Stress dreh ich noch völlig durch!*; [Vt] (*hat*) **3** ***etw. (durch etw.) d.*** etw. durch e-e Maschine drehen u. dabei klein machen ⟨Fleisch, Kartoffeln *usw* d.⟩

dụrch·drin·gen[1] (*ist*) [Vi] **1** ***j-d / etw. dringt (durch etw.) durch*** j-d / etw. gelangt durch etw. hindurch: *Überall an den Wänden war Feuchtigkeit durchgedrungen*; *Nur mit Mühe konnte ich das Dickicht d.* **2** ***etw. dringt durch*** etw. ist zu hören, zu sehen *o.Ä.*: *Die Mauer ist so dick, dass kein Geräusch d.*

kann **3 *etw. dringt* (*zu j-m*) *durch*** j-d erfährt etw.: *Die Nachricht ist bis zu uns nicht durchgedrungen*
durch·drịn·gen[2]; *durchdrang, hat durchdrungen*; [Vt] **1 *etw. durchdringt etw.*** etw. kommt durch etw. Dichtes hindurch: *Radioaktive Strahlung durchdringt sogar dicke Wände* **2** (***ganz***) ***von etw. durchdrungen sein*** ganz von e-m Gefühl od. e-m Gedanken erfüllt sein || *zu* **1 Durch·drịn·gung** *die*; *nur Sg*
dụrch·drin·gend 1 *Partizip Präsens*; ↑ ***durchdringen***[1] **2** *Adj*; *mst attr, nicht adv*; so intensiv, dass es unangenehm od. schmerzhaft ist ⟨ein Blick; ein Pfiff, ein Schrei; ein Geruch, ein Schmerz⟩
dụrch·drü·cken (*hat*) [Vt] **1 *etw.* (*durch etw.*) *d.*** etw. durch etw. pressen **2 *etw. d.*** *gespr*; etw. *mst* in e-r Versammlung, e-m Parlament *o.Ä.* gegen e-e starke Opposition durchsetzen ≈ durchboxen ⟨Pläne, Gesetze, Neuerungen *o.Ä.* d.⟩; [Vti] **3** (***etw.***) ***d.*** e-n Körperteil so stark wie möglich strecken, gerade machen ⟨*mst* die Knie, die Arme d.⟩ **4** (***etw.***) ***d.*** e-n Hebel od. Knopf so weit drücken, wie es möglich ist ⟨die Bremse, das Gaspedal d.⟩
dụrch·dür·fen; *darf durch, durfte durch, hat durchgedurft*; [Vi] (***durch etw.***) ***d.*** *gespr*; verwendet als verkürzte Form vieler Verben (der Bewegung) mit *durch*, um auszudrücken, dass e-e Handlung / e-e Bewegung erlaubt ist, *z.B. Darf ich durch?* (= durchgehen, durchfahren *o.Ä.*); *durch e-e Absperrung d.* (= durchgehen, durchfahren *o.Ä.* dürfen)
durch·ei·len; *durcheilte, hat durcheilt*; [Vt] ***etw. d.*** *geschr*; schnell quer durch e-n Raum laufen
durch·ei·nạn·der, dụrch·ei·nan·der[1] *Adv*; ohne Ordnung, ungeordnet: *Nach dem Fest lagen Flaschen u. Aschenbecher d. auf dem Boden herum*
durch·ei·nạn·der, dụrch·ei·nan·der[2] *Adj*; *nur präd, nicht adv*; *mst in* (***ganz / völlig***) ***d. sein*** *mst* wegen e-s bestimmten Ereignisses konfus, verwirrt sein
durch·ei·nạn·der[3] *mit Verb, begrenzt produktiv*; Die Verben mit *durcheinander* werden nach folgendem Muster gebildet: *durcheinander rufen - riefen durcheinander - durcheinander gerufen*
durcheinander drückt aus, dass viele einzelne Dinge vermischt werden (u. Unordnung entsteht) od. dass mehrere Personen etw. ohne Ordnung gleichzeitig tun;
durcheinander fallen: *Die Akten sind durcheinander gefallen* ≈ Die Akten sind umgefallen u. liegen nun ohne Ordnung da
ebenso: ***durcheinander laufen, durcheinander reden, durcheinander rufen, etw. durcheinander werfen***

durch·ei·nạn·der brin·gen (*hat*) [Vt] *gespr*; **1 *etw.*** (*Kollekt od Pl*) ***d. b.*** geordnete Dinge in Unordnung bringen: *die Papiere in der Eile d. b.* **2 *j-n / etw.*** (*Pl*) ***d. b.*** verschiedene Personen od. Gegenstände miteinander verwechseln: *Zwillinge kann man leicht d. b.* **3 *j-n* (*durch / mit etw.*) *d. b.*** ≈ verwirren: *Er hat mich mit seinen Zwischenfragen ganz durcheinander gebracht*
durch·ei·nạn·der ge·hen (*ist*) [Vi] *gespr*; ***etw. geht durcheinander*** etw. wird ohne Ordnung gemacht, läuft ohne System ab: *Alles ging durcheinander, weil niemand wusste, was zu tun war*
durch·ei·nạn·der kom·men (*ist*) [Vi] *gespr*; **1 *etw. kommt durcheinander*** etw. wird unordentlich: *Du brauchst nicht aufzuräumen, es kommt ja eh alles wieder durcheinander* **2 *j-d kommt durcheinander*** j-d wird verwirrt: *Jetzt bin ich ganz durcheinander gekommen*
durch·ei·nạn·der lau·fen (*ist*) [Vi] ⟨Personen⟩ ***laufen durcheinander*** viele Personen laufen (ohne Ziel, ohne Plan) hin u. her, kreuz u. quer: *Als das Feuer ausbrach, liefen alle in Panik durcheinander*
durch·ei·nạn·der re·den (*hat*) [Vi] ⟨Personen⟩ ***reden durcheinander*** viele Personen reden gleichzeitig, ohne darauf zu achten, was jeder sagt: *Wenn alle durcheinander reden, versteht man kein Wort!*
durch·ei·nạn·der wer·fen (*hat*) [Vt] **1 *etw.*** (*Kollekt od Pl*) ***d. w.*** etw. so (umher)werfen, dass Unordnung entsteht: *seine Kleidung d. w.* **2 *etw.*** (*Pl*) ***d. w.*** Dinge miteinander verwechseln: *schwierige Begriffe d. w.*
durch·ei·nạn·der wir·beln [Vi] (*ist*) **1 *etw.*** (*Kollekt od Pl*) ***wirbelt durcheinander*** *mst* leichte Dinge fliegen ziellos durch die Luft u. stoßen häufig aneinander: *Die Blätter wirbelten durcheinander*; [Vt] (*hat*) **2** ⟨der Wind *o.Ä.*⟩ ***wirbelt etw.*** (*Kollekt od Pl*) ***durcheinander*** der Wind *o.Ä.* setzt *mst* leichte Dinge in Bewegung, sodass sie umherfliegen: *Der Wind hat das Laub durcheinander gewirbelt*

Durch·ei·nạn·der, Dụrch·ei·nan·der *das*; *-s*; *nur Sg*; **1** der Zustand, in dem Dinge ohne Ordnung irgendwo herumliegen, -stehen ≈ Unordnung, Chaos: *Hier herrscht ja ein fürchterliches D.!* **2** e-e Situation, in der Menschen verwirrt hin u. her laufen u. nicht wissen, was sie tun sollen ≈ Wirrwarr ⟨ein allgemeines, heilloses, wüstes D. entsteht, herrscht⟩
dụrch·exer·zie·ren; *exerzierte durch, hat durchexerziert*; [Vt] **1 *etw.* (*mit j-m*) *d.*** *gespr*; etw. in allen Details üben: *die unregelmäßigen Verben mit e-m Schüler d.* **2 *etw. d.*** etw. in Gedanken ausprobieren ≈ durchspielen ⟨alle Möglichkeiten d.⟩
dụrch·fah·ren[1] (*ist*) [Vi] **1** (***durch etw.***) ***d.*** durch e-e enge Stelle, e-e Öffnung (hindurch)fahren: *durch ein Tor d.* **2** (***durch etw.***) ***d.*** (quer) durch ein Gebiet *o.Ä.* fahren: *durch die Schweiz d.* **3 *d.* (*bis*** + *Zeitangabe*) / *Zeitangabe* (*im Akk*) + ***d.* / *d. bis*** + *Ortsangabe* so lange od. bis zu e-m bestimmten (zeitlichen od. räumlichen) Punkt ohne Pause, ohne Unterbrechung fahren: *bis Mitternacht / acht Stunden d.*; *bis Berlin d.*
durch·fạh·ren[2]; *durchfährt, durchfuhr, hat durchfahren*; [Vt] **1 *etw. d.*** von einer Grenze e-s Gebietes zur anderen fahren od. innerhalb e-s Gebietes von einem Punkt zu e-m anderen fahren: *Im Urlaub durchfuhren wir Portugal* **2** ⟨ein Gedanke *o.Ä.*⟩ ***durchfährt j-n*** ein Gedanke *o.Ä.* ist plötzlich bei j-m vorhanden u. bewirkt ein starkes Gefühl (der Freude, der Angst *o.Ä.*)
Dụrch·fahrt *die*; -, *-en*; **1** e-e enge Stelle, *z.B.* ein Tor, durch die ein Wagen fahren kann **2** *mst Sg*; das Durchfahren[1] (1) ⟨*mst* D. verboten!⟩ **3** ≈ Durchreise ⟨auf der D. sein⟩ **4 *freie D. haben*** ohne Kontrollen durch etw. fahren dürfen: *An der Grenze nach Österreich haben Personenwagen häufig freie D.*
Dụrch·fall *der*; *-(e)s, Durch·fäl·le*; *mst Sg*; e-e Krankheit, bei der man flüssigen Kot ausscheidet; *Med* Diarrhöe ⟨*mst* D. haben, bekommen⟩
dụrch·fal·len (*ist*) [Vi] **1 *j-d / etw. fällt* (*durch etw.*) *durch*** j-d / etw. fällt durch e-e Öffnung *o.Ä.* ⟨durch ein Gitter, ein Loch, ein Netz d.; etw. fällt durch e-n Rost, ein Sieb *o.Ä.* durch⟩ **2** (***bei etw.* / *in etw.*** (*Dat*)) ***d.*** *gespr*; e-e Prüfung nicht bestehen: *im Abitur d.* || K-: ***Durchfall(s)-, -quote*** **3 *etw. fällt* (*bei j-m*) *durch*** *gespr*; etw. hat keinen Erfolg beim Publikum od. bei den Kritikern: *Das Theaterstück fiel beim Publikum durch*

dụrch·fau·len (*ist*) [Vi] ***etw. fault durch*** etw. fault immer weiter, bis es ganz zerstört ist ⟨Bretter, Balken *o.Ä.*⟩

dụrch·fech·ten (*hat*) [Vt] ***etw. d.*** für e-e Sache (*bes* vor Gericht od. in e-m Parlament) so lange kämpfen, bis man Erfolg hat: *Der Abgeordnete will ein neues Gesetz d.*

dụrch·fei·ern (*hat*) [Vi] ***d.*** (***bis*** + *Zeitangabe*); *Zeitangabe* (*im Akk*) + ***d.*** *gespr*; über e-n bestimmten Zeitraum feiern, ohne e-e Pause zu machen (um zu schlafen od. zu arbeiten) ⟨die (ganze) Nacht, bis zum Morgen d.⟩

dụrch·fin·den (*hat*) [Vi] **1** (***durch etw.*** / ***zu etw.***) ***d.*** e-n Weg, ein Ziel durch ein Gebiet *o.Ä.* finden: *Er hat nicht mehr durch den Wald durchgefunden* **2** (***durch etw.***) ***d.*** ≈ die Übersicht behalten: *durch e-n Berg von Akten d.*; [Vr] **3** ***sich*** (***irgendwo***(***hin***)) ***d.*** e-n bestimmten Ort suchen u. mit Mühe finden: *sich in der Großstadt d.* **4** ***sich durch etw. d.*** ≈ d. (2)

dụrch·flie·gen (*ist*) [Vi] **1** ***etw. fliegt*** (***durch etw.***) ***durch*** etw. fliegt durch etw.: *Ein Stein flog durch die Fensterscheibe durch* **2** (***bei etw.*** / ***in etw.*** (*Dat*)) ***d.*** *gespr* ≈ durchfallen (2)

dụrch·flie·ßen[1] (*ist*) [Vi] ⟨ein Bach, ein Fluss *o.Ä.*⟩ ***fließt*** (***durch etw.***) ***durch*** ein Bach, ein Fluss *o.Ä.* fließt durch etw.

durch·flie·ßen[2]; *durchfloss, hat durchflossen*; [Vt] ⟨ein Bach, ein Fluss *o.Ä.*⟩ ***durchfließt etw.*** ein Bach, ein Fluss *o.Ä.* fließt von einem Ende e-s Gebietes zum anderen: *Ein Fluss durchfließt das Tal*

durch·flu·ten; *durchflutete, hat durchflutet*; [Vt] *geschr*; ***etw. durchflutet etw.*** etw. dringt in e-n Raum ein u. erfüllt ihn ⟨*mst* Licht durchflutet / Sonnenstrahlen durchfluten e-n Raum⟩

durch·fọr·schen; *durchforschte, hat durchforscht*; [Vt] **1** ***etw.*** (***nach j-m*** / ***etw.***) ***d.*** etw. gründlich absuchen, um j-n / etw. zu finden ⟨ein Gebiet, e-e Gegend, e-n Wald d.⟩ **2** ***etw.*** (***nach etw.***) ***d.*** schriftliche Unterlagen, Bücher *o.Ä.* von Anfang bis Ende durcharbeiten, um etw. Bestimmtes zu finden, Überflüssiges zu entfernen *o.Ä.* ⟨die Literatur, literarische Quellen d.⟩ || *hierzu* **Durch·fọr·schung** *die*

durch·fọrs·ten; *durchforstete, hat durchforstet*; [Vt] **1** ***etw.*** (***nach j-m*** / ***etw.***) ***d.*** irgendwo gründlich nach j-m / etw. suchen: *ein Gebiet nach j-m d.*; *ein Buch nach e-m Zitat d.* **2** *mst* ***e-n Wald d.*** aus e-m Wald so viele Bäume entfernen, dass die übrigen Bäume besser wachsen können || *hierzu* **Durch·fọrs·tung** *die*

dụrch·fra·gen, sich (*hat*) [Vr] ***sich*** (***zu j-m*** / ***etw.*** / ***nach etw.***) ***d.*** den Weg zu e-m Ziel suchen u. dabei mehrere Leute fragen: *sich zum Zoo durchfragen*

dụrch·fres·sen, sich (*hat*) [Vr] **1** ***ein Tier frisst sich*** (***durch etw.***) ***durch*** ein Tier frisst ein Loch in etw. u. gelangt so durch etw. (hindurch): *Die Raupe hat sich durch den Apfel durchgefressen* **2** ***sich*** (***bei j-m***) ***d.*** *gespr pej*; häufig bei j-d anderem auf dessen Kosten essen: *Er frisst sich immer bei Peter durch*

durch·fro·ren *Adj*; *mst präd*; am ganzen Körper ganz ausgekühlt

Dụrch·fuhr *die*; -; *nur Sg*, *Admin geschr*; der Transport von Waren od. das Fahren von e-m Land in ein anderes durch ein drittes hindurch ≈ Transit || K-: ***Durchfuhr-, -erlaubnis, -handel, -verbot***

dụrch·füh·ren (*hat*) [Vt] **1** ***etw. d.*** etw., das geplant od. vorgeschrieben ist, in die Tat umsetzen ⟨e-n Plan, ein Vorhaben d.; e-n Auftrag, e-n Beschluss d.⟩ **2** ***etw. d.*** etw. (nach e-m Plan) machen ⟨ein Experiment, e-n Versuch, e-e Reparatur d.⟩ **3** ***etw. d.*** etw., das man geplant u. organisiert hat, stattfinden lassen ≈ veranstalten ⟨e-e Aktion, e-e Sammlung, e-e Konferenz, e-e Tagung d.⟩ || *hierzu* **Dụrch·füh·rung** *die*; *nur Sg*; **dụrch·führ·bar** *Adj*; *nicht adv*

dụrch·füt·tern (*hat*) [Vt] ***j-n d.*** *gespr*; j-n über relativ lange Zeit mit Essen versorgen

Dụrch·gang *der*; -(*e*)*s*, *Durch·gän·ge*; **1** ***ein D.*** (***zu etw.*** / ***zwischen etw.*** (*Dat*) ***u. etw.*** (*Dat*) / ***zwischen etw.*** (*Dat Pl*)) e-e *mst* relativ enge Verbindung zwischen zwei Räumen, Gebäuden *o.Ä.*, durch die man gehen kann: *Bitte den D. freihalten!* **2** *nur Sg*; das Überqueren *bes* e-r Fläche od. e-s Gebiets, die e-m anderen gehören: *D. verboten!* **3** eine von mehreren Phasen e-s Gesamtablaufs: *mehrere Durchgänge e-s Wettkampfes*; *im ersten D. an die Reihe kommen* || -K: ***Arbeits-, Probe-***

dụrch·gän·gig *Adj*; *mst adv*; immer, von Anfang bis Ende vorhanden: *Er hat d. gute Leistungen gebracht*

Dụrch·gangs|la·ger *das*; ein Lager (2), in dem *mst* Flüchtlinge od. Asylanten nach ihrer Ankunft für kurze Zeit wohnen

Dụrch·gangs|ver·kehr *der*; der Verkehr, der durch einen Ort zu anderen Orten geht

dụrch·ge·ben (*hat*) [Vt] ***etw. d.*** e-e Information durch Funk, Radio od. Fernsehen verbreiten ⟨e-e Meldung, e-e Nachricht, e-n Aufruf (im Fernsehen, über Funk) d.⟩

dụrch·ge·hen (*ist*) [Vt] **1** ***etw.*** (***auf etw.*** (*Akk*) (***hin***)) ***d.*** e-n Text genau lesen, um *z.B.* Fehler od. bestimmte Einzelheiten zu finden ≈ überprüfen (1): *e-n Aufsatz auf Kommafehler* (*hin*) *d.*; [Vi] **2** (***durch etw.***) ***d.*** durch etw. (hindurch)gehen: *durch ein Tor d.* **3** ***etw. geht*** (***durch etw.***) ***durch*** *gespr*; etw. ist kleiner als e-e bestimmte Öffnung u. kann deshalb durch sie (hindurch)gebracht werden ≈ durchpassen: *Die Tür ist so schmal, dass der Tisch nicht durchgeht* **4** ***etw. geht*** (***durch etw.***) ***durch*** *gespr*; etw. dringt durch etw.: *Das Wasser geht durch meine Schuhe durch* **5** *mst* ***ein Pferd geht*** (***j-m*** *od* ***mit j-m*** / ***etw.***) ***durch*** ein Pferd gehorcht nicht mehr u. galoppiert ohne Ziel davon: *Das Pferd ging* (*mit*) *dem Reiter durch* **6** ***etw. geht mit j-m durch*** *gespr*; etw. kann von j-m nicht mehr beherrscht werden ⟨die Nerven, j-s Gefühle gehen / das Temperament geht mit j-m durch⟩ **7** *mst* ***sie geht ihm durch*** / ***sie geht*** (***ihm***) ***mit j-m durch*** *gespr*; e-e Frau verschwindet heimlich (mit e-m anderen Mann) u. kommt nicht mehr wieder: *Sie ist ihm mit seinem besten Freund durchgegangen* **8** ***mit etw. d.*** mit etw. verschwinden: *Der Kassierer ist mit den Einnahmen durchgegangen* **9** ***etw. geht durch*** *gespr*; etw. wird von e-r Instanz akzeptiert, bewilligt: *Meinst du, mein Aufsatz geht so durch od. soll ich noch was ändern?* **10** (***j-m***) ***etw. d. lassen*** *gespr*; j-n nicht tadeln, verbessern od. bestrafen (obwohl es nötig wäre, er es verdient hätte) ≈ j-n nachsichtig behandeln: *j-m e-n Fehler d. lassen*; *Ich werde dein schlechtes Benehmen nicht d. lassen!* **11** ***etw. geht durch bis*** + *Zeitangabe* / *Ortsangabe* etw. dauert / führt ohne Pause, ohne Unterbrechung bis zu e-m bestimmten (zeitlichen od. räumlichen) Punkt: *Die Party geht durch bis morgen früh*; *Der Zug geht durch bis Bonn*

dụrch·ge·hend **1** *Partizip Präsens*; ↑ **durchgehen** **2** *Adv*; *mst in* ***j-d hat*** / ⟨ein Geschäft⟩ ***hat*** / ***ist d. geöffnet*** j-s Laden *o.Ä.* ist ohne (Mittags)Pause geöffnet: *Das Geschäft hat von 8 Uhr bis 18 Uhr d. geöffnet*

dụrch·ge·stal·ten; *gestaltete durch, hat durchgestaltet*; [Vt] ***etw. d.*** etw. gründlich, bis ins Detail gestalten || *hierzu* **Dụrch·ge·stal·tung** *die*; *nur Sg*

dụrch·gie·ßen (*hat*) [Vt] ***etw.*** (***durch etw.***) ***d.*** etw. durch etw. gießen: *den Tee durch ein Sieb d.*

dụrch·grei·fen (*hat*) [Vi] **1** (***durch etw.***) ***d.*** durch e-e

Öffnung greifen ⟨durch ein Gitter, e-n Zaun, e-n Spalt *o.Ä.* d.⟩ **2** *mst* ⟨die Polizei *o.Ä.*⟩ ***greift*** (***gegen j-n***) (***irgendwie***) ***durch*** die Polizei *o.Ä.* sorgt energisch dafür, dass Normen od. Gesetze befolgt werden ⟨energisch, hart, rücksichtslos d.⟩: *Die Polizei greift gegen betrunkene Autofahrer streng durch*

dụrch·grei·fend **1** *Partizip Präsens*; ↑ ***durchgreifen*** **2** *Adj*; *nicht adv*; ⟨*mst* Änderungen, Neuerungen⟩ sehr groß, mit starken Auswirkungen / Konsequenzen ≈ einschneidend, gravierend

dụrch·ha·ben (*hat*) [Vt] ***etw. d.*** *gespr*; verwendet als verkürzte Form vieler Verben mit *durch-*, um auszudrücken, dass e-e Tätigkeit ganz od. erfolgreich beendet ist, *z.B. ein Brett d.* (= durchgebohrt, durchgehackt, durchgesägt haben); *ein Gitter d.* (= durchgefeilt haben); *ein Buch d.* (= durchgelesen haben); *Akten d.* (= durchgesehen haben)

dụrch·ha·cken (*hat*) [Vt] ***etw. d.*** etw. in zwei Teile hacken ⟨e-n Ast, e-n Holzklotz, ein Brett *o.Ä.* d.⟩

dụrch·hal·ten (*hat*) [Vt] **1** ***etw. d.*** in e-r sehr unangenehmen od. schwierigen Situation seine (körperliche od. seelische) Kraft nicht verlieren ≈ aushalten (1), durchstehen: *Obwohl er krank war, hielt er die Strapazen der Reise gut durch*; *Die seelische Belastung halte ich nicht mehr länger durch*; [Vt/i] **2** (***etw.***) ***d.*** etw. gegen Widerstand anderer sehr lange od. bis zum Ende aushalten ↔ aufgeben ⟨bis zum Schluss d.⟩: *Die Mitglieder der Gewerkschaft haben (den Streik) zehn Wochen lang durchgehalten*

Dụrch·hal·te|ver·mö·gen *das*; *-s*; *nur Sg*; die Fähigkeit, e-e Anstrengung längere Zeit zu ertragen ≈ Ausdauer

dụrch·hän·gen; *hing durch, hat durchgehangen*; [Vi] **1** ***etw. hängt durch*** etw. biegt sich nach unten ⟨ein Seil, ein Kabel, e-e Wäscheleine, ein Brett *o.Ä.*⟩ **2** ***j-d hängt durch*** *gespr*; j-d hat keine Energie mehr, ist deprimiert od. müde

dụrch·hau·en; *haute / geschr hieb durch, hat durchgehauen*; [Vt] **1** ***etw. d.*** etw. (mit e-r Axt *o.Ä.*) in zwei Teile (zer)hauen: *e-n Ast d.* **2** ***j-n d.*** *gespr* ≈ verprügeln, verhauen

dụrch·he·cheln; *hechelte durch, hat durchgehechelt*; [Vt] ***j-n / etw. d.*** *gespr pej* ≈ über j-n / etw. klatschen[2], tratschen

dụrch·hei·zen (*hat*) [Vt/i] **1** (***etw.***) ***d.*** so heizen, dass es überall sehr warm wird: *e-e Wohnung, ein Zimmer ordentlich d.*; [Vi] **2** *Zeitangabe* (*im Akk*) + ***d.*** die genannte Zeit ununterbrochen heizen: *Wir mussten den ganzen Winter d.*

dụrch·hel·fen (*hat*) [Vi] **1** ***j-m*** (***durch etw.***) ***d.*** j-m helfen, durch e-e Öffnung, ein Hindernis *o.Ä.* zu gelangen **2** ***j-m*** (***durch etw.***) ***d.*** j-m helfen, e-e schwierige Zeit zu überstehen ⟨j-m durch e-e Krise, e-e Notlage d.⟩

dụrch·hö·ren (*hat*) [Vt] **1** ***etw.*** (***durch etw.***) ***d.*** etw. durch etw. (*z.B.* e-e Wand) hören: *die laute Musik des Nachbarn durch die Wand d.* **2** ***etw.*** (***durch etw.***) ***d.*** j-s Gefühle, Meinungen od. Absichten an der Art, wie er etw. sagt, erkennen: *Durch seine Worte hörte man die Enttäuschung durch*

dụrch·käm·men[1] (*hat*) [Vt] **1** ***etw. d.*** *bes* langes, dichtes Haar kämmen ⟨sein / j-s Haar d.⟩ **2** ***etw.*** (***nach j-m / etw.***) ***d.*** ≈ durchkämmen[2]

durch·kạ̈m·men[2]; *durchkämmte, hat durchkämmt*; [Vt] ***etw.*** (***nach j-m / etw.***) ***d.*** ein Gebiet mit mehreren Leuten gründlich u. systematisch durchsuchen: *Die Polizei durchkämmte den Wald nach der Vermissten* || *hierzu* **Durch·kạ̈m·mung** *die*; *nur Sg*

dụrch·kämp·fen (*hat*) [Vi] **1** *Zeitangabe* + ***d.*** e-e bestimmte Zeit lang ohne Unterbrechung kämpfen: *e-e Nacht d.*; [Vr] **2** ***sich*** (***durch etw.***) ***d.*** sich mühsam e-n Weg machen ⟨sich durch tiefen Schnee, dichtes Gestrüpp, e-e Menschenmenge d.⟩ **3** ***sich d.*** unter großer Anstrengung das zu bekommen versuchen, was man zum Leben braucht: *Die Bewohner der Armenviertel müssen sich ihr Leben lang d.* **4** ***sich zu etw. d.*** ≈ sich zu etw. durchringen

dụrch·kau·en (*hat*) [Vt/i] **1** (***etw.***) ***d.*** etw. gründlich kauen: *zähes Fleisch gut d.*; [Vt] **2** ***etw. d.*** *gespr*; *mst* e-n Lehrstoff so lange üben, bis ihn alle verstanden haben: *das Passiv im Unterricht d.*

dụrch·klet·tern (*ist*) [Vi] (***durch etw.***) ***d.*** durch e-e Öffnung klettern: *durch das Fenster d.*

dụrch·klin·gen [Vi] **1** ***etw. klingt*** (***durch etw.***) ***durch*** (*ist*) etw. ist zwischen anderen Tönen zu hören **2** ***etw. klingt durch*** (*hat / ist*) etw. ist indirekt zu erkennen, durch die Art, wie j-d etw. sagt

dụrch·kne·ten (*hat*) [Vt] ***etw. d.*** etw. gründlich kneten ⟨*mst* den Teig (gut) d.⟩

dụrch·kom·men (*ist*) [Vi] **1** (***durch etw.***) ***d.*** durch ein Hindernis, e-e enge Stelle gelangen können ⟨durch e-e Absperrung, ein Loch, e-e Menschenmenge, das Gewühl d.⟩ **2** (***durch etw.***) ***d.*** durch e-n Ort *o.Ä.* gehen, fahren, ohne dort anzuhalten: *Der Zug nach Leipzig muss gleich d.* **3** *gespr*; j-n telefonisch erreichen können, e-e freie Leitung bekommen ⟨sofort, auf Anhieb, nicht d. (können)⟩ **4** *gespr*; e-e Prüfung bestehen: *Wenn du für das Examen nicht lernst, kommst du nie durch!* **5** *gespr* ≈ überleben **6** ⟨e-e Nachricht⟩ ***kommt durch*** *gespr*; e-e Nachricht wird im Radio od. im Fernsehen gesendet **7** (***bei j-m***) ***mit etw. d.*** mit etw. ein bestimmtes Ziel erreichen, Erfolg mit etw. haben ≈ sich (bei j-m) (mit etw.) durchsetzen: *Mit deinen Ideen kommst du bei unserem Chef nicht durch*

dụrch·kön·nen (*hat*) [Vi] (***durch etw.***) ***d.*** *gespr*; verwendet als verkürzte Form vieler Verben (der Bewegung) mit *durch-*, um auszudrücken, dass etw. erlaubt od. möglich ist: *durch e-n Ort d.* (= durchfahren, durchgehen *usw* können); *durch e-n Fluss d.* (= durchschwimmen können); *durch e-e Absperrung d.* (= durchgehen, durchfahren *o.Ä.* können)

dụrch·kra·men (*hat*) [Vt] ***etw. d.*** *gespr* ≈ durchsuchen, durchwühlen ⟨*mst* e-e Schublade d.⟩

durch·kreu̲·zen; *durchkreuzte, hat durchkreuzt*; [Vt] *mst* ***j-s Absichten, Pläne d.*** bewirken, dass j-s Absichten, Pläne scheitern ≈ vereiteln, zunichte machen || *hierzu* **Durch·kreu̲·zung** *die*; *nur Sg*

dụrch·krie·chen (*ist*) [Vi] (***durch etw.***) ***d.*** durch etw. kriechen: *durch e-e Röhre d.*

dụrch·krie·gen (*hat*) [Vt] *gespr*; **1** ***j-n d.*** ≈ durchbringen (1) **2** ***etw.*** (***durch etw.***) ***d.*** ≈ durchbringen (5) **3** ***etw.*** (***mit etw.***) ***d.*** ≈ durchbekommen (4)

dụrch·la·den (*hat*) [Vt/i] (***etw.***) ***d.*** e-e Pistole od. ein Gewehr bereit zum Schießen machen, indem man e-e Patrone aus dem Magazin in den Lauf drückt

Dụrch·lass *der*; *-es*, *Durch·läs·se*; *geschr*; **1** *nur Sg*; die Erlaubnis, über e-e Grenze, durch e-e Sperre *o.Ä.* zu gehen ⟨*mst* j-m D. gewähren, verschaffen⟩ **2** e-e Stelle, an der j-d / etw. *mst* durch ein gesperrtes Gebiet gehen od. fahren darf ≈ Durchgang: *Bis auf e-n schmalen D. für Fußgänger ist das Gelände gesperrt*

dụrch·las·sen (*hat*) [Vt] **1** ***etw. lässt etw.*** (***durch etw.***) ***durch*** etw. verhindert nicht, dass etw. durch ein Hindernis, e-e Öffnung (hindurch) gelangt: *Das Dach lässt Regen durch*; *Die Vorhänge lassen fast kein Licht durch* **2** ***j-n / etw.*** (***durch etw.***) ***d.*** j-m erlauben, durch e-e Absperrung, ein Hindernis *o.Ä.* zu gehen od. zu fahren: *Die Wachen dürfen Personen ohne Ausweis nicht d.*

dụrch·läs·sig *Adj*; *nicht adv*; (***für etw.***) ***d.*** so, dass dadurch etw. (*z.B.* e-e Flüssigkeit, Licht *o.Ä.*) durchdringen kann ⟨Schuhe (= undicht)⟩ || -K:

licht-, luft-, wasser- || *hierzu* **Dụrch·läs·sig·keit** *die*; *nur Sg*

Dụrch·laucht *die*; -, *-en*; *hist*; verwendet als Anrede für Fürsten u. Fürstinnen, Prinzen und Prinzessinnen ⟨Seine, Ihre D.; Euer D.⟩

dụrch·lau·fen[1]; *lief durch, hat / ist durchgelaufen*; [Vi] (*ist*) **1** (***durch etw.***) ***d.*** durch e-e Öffnung, e-e enge Stelle laufen: *durch ein Tor d.* **2** (***durch etw.***) ***d.*** (quer) durch ein Gebiet *o.Ä.* laufen ≈ etw. durchqueren: *durch e-n Wald d.* **3** (***durch etw.***) ***d.*** durch etw. hindurchgehen *o.Ä.*, ohne dort länger stehen zu bleiben: *durch ein Kaufhaus nur d., ohne etw. zu kaufen* **4** ***etw. läuft*** (***durch etw.***) ***durch*** etw. dringt langsam durch etw. durch: *Der Kaffee ist noch nicht (durch den Filter) durchgelaufen* **5** ***d.*** (***bis*** + *Zeitangabe*) / *Zeitangabe* (*im Akk*) + ***d.*** / ***d. bis*** + *Ortsangabe* über e-n bestimmten Zeitraum od. bis zu e-m bestimmten (zeitlichen od. räumlichen) Punkt ohne Pause od. Unterbrechung laufen, fahren *o.Ä.*: *zwei Stunden, bis zum Morgengrauen d.*; *Der Zug läuft bis (nach) Zürich durch*; [Vt] (*hat*) **6** ***etw. d.*** etw. durch viel Laufen abnutzen (verschleißen) ⟨*mst* die Schuhe, die Sohlen d.⟩

durch·lau·fen[2]; *durchlief, hat durchlaufen*; [Vt] **1** ***etw. d.*** ≈ absolvieren, hinter sich bringen ⟨*mst* e-e Schule, e-e Ausbildung, ein Studium d.⟩ **2** ***etw. durchläuft etw.*** etw. geht durch bestimmte Stufen od. Phasen e-r Entwicklung: *Der Gesetzesvorschlag muss noch alle parlamentarischen Gremien d.* **3** ***etw. durchläuft j-n / j-s Körper*** *geschr*; etw. breitet sich plötzlich in j-s Körper aus ⟨ein Schauder, ein Beben, ein Zittern durchläuft j-n / j-s Körper⟩ **4** ***etw. d.*** von einem Ende e-s Gebietes *o.Ä.* zum anderen laufen ≈ durchqueren: *e-n Wald d.* || *zu* **2 Dụrch·lauf** *der*; *-(e)s*, *Durch·läu·fe*

Dụrch·lauf·er·hit·zer *der*; *-s*, *-*; ein Apparat, der Wasser heiß macht, während es hindurchläuft

dụrch·la·vie·ren, sich; *lavierte sich durch, hat sich durchlaviert*; [Vr] ***sich*** (***durch etw.***) ***d.*** *gespr*; durch Glück u. Geschick verschiedenen Gefahren entgehen u. Erfolg haben

durch·le·ben; *durchlebte, hat durchlebt*; [Vt] ***etw. d.*** *geschr*; e-e Situation, e-e bestimmte Zeit bewusst erleben: *frohe Stunden, Jahre der Not, e-e glückliche Kindheit, e-e Zeit der Trauer d.*

dụrch·le·sen (*hat*) [Vt] (***sich*** (*Dat*)) ***etw. d.*** e-n Text ganz lesen: *Lies das mal bitte durch!*

durch·leuch·ten; *durchleuchtete, hat durchleuchtet*; [Vt] **1** ***etw. d.*** etw. genau untersuchen, um Klarheit über alle Einzelheiten zu bekommen ⟨e-n Kriminalfall, ein Problem, j-s Vergangenheit *o.Ä.* d.⟩ **2** ***j-n / etw. d.*** ≈ röntgen || *hierzu* **Durch·leuch·tung** *die*

dụrch·lie·gen (*hat*) [Vt] ***etw. d.*** etw. zusammendrücken u. abnutzen, weil man viel darauf liegt ⟨*mst* e-e Matratze d.⟩

durch·lọ̈·chern; *durchlöcherte, hat durchlöchert*; [Vt] **1** ***etw. d.*** viele Löcher in etw. machen: *e-e Dose, e-e Schießscheibe mit Kugeln, Schüssen d.* **2** ***etw. d.*** e-e Regelung durch viele Ausnahmen in ihrer Wirkung schwächen ⟨Gesetze, Vorschriften d.⟩ || *hierzu* **Durch·lọ̈·che·rung** *die*; *nur Sg*

dụrch·lot·sen (*hat*) [Vt] ***j-n*** (***durch etw.***) ***d.*** *gespr*; j-n *mst* durch ein unbekanntes Gebiet lotsen (2): *e-n Autofahrer durch Berlin bis zum Olympiastadion d.*

dụrch·lüf·ten (*hat*) [Vt/i] (***etw.***) ***d.*** etw. lange u. gründlich lüften ⟨(ein Zimmer, die Wohnung) gut, ordentlich d.⟩

dụrch·ma·chen (*hat*) [Vt] **1** ***etw. d.*** etw. Negatives od. Unangenehmes, das längere Zeit dauert, erleben ⟨e-e schlimme Krankheit, e-e schlimme Zeit d.⟩: *Sie hat in ihrem Leben schon viel d. müssen* **2** ***etw. d.*** *gespr* ≈ durchlaufen[2] (1): *e-e Ausbildung d.*; [Vi] **3** ***d.*** (***bis*** + *Zeitangabe*) / *Zeitangabe* + ***d.*** *gespr* ≈ durchfeiern ⟨nachts, die Nacht, bis zum Morgengrauen d.⟩ **4** ***d.*** (***bis*** + *Zeitangabe*) / *Zeitangabe* + ***d.*** *gespr* ≈ durcharbeiten (2): *mittags, die Mittagspause, bis Mitternacht, bis 12 Uhr d.*

Dụrch·marsch *der*; *-(e)s*; *nur Sg*; **1** *gespr hum* ≈ Durchfall ⟨D. haben⟩ **2** *mst* ⟨Truppen *o.Ä.*⟩ ***sind auf dem D.*** Truppen *o.Ä.* marschieren gerade durch ein Gebiet hindurch

dụrch·mar·schie·ren; *marschierte durch, ist durchmarschiert*; [Vi] *mst* ⟨Soldaten, Truppen *o.Ä.*⟩ ***marschieren*** (***durch etw.***) ***durch*** Soldaten, Truppen *o.Ä.* marschieren auf dem Weg zu e-m bestimmten Ziel durch e-n Ort, ein Gebiet *o.Ä.*

durch·mẹs·sen; *durchmisst, durchmaß, hat durchmessen*; [Vt] ***etw. d.*** *geschr*; mit langsamen, großen Schritten durch e-n Raum gehen ≈ durchschreiten ⟨e-n Saal d.⟩

Dụrch·mes·ser *der*; *-s*, *-*; das Doppelte des Radius e-s Kreises od. e-r Kugel

durch·mị·schen; *durchmischte, hat durchmischt*; [Vt] ***etw. mit etw. d.*** e-n Stoff zu e-m anderen dazugeben u. beide gründlich miteinander mischen

dụrch·mo·geln, sich (*hat*) [Vr] ***sich d.*** *gespr*; durch (relativ harmlose) Tricks u. Lügen sein Ziel erreichen ⟨sich überall d.⟩

dụrch·müs·sen (*hat*) [Vi] **1** (***durch etw.***) ***d.*** *gespr*; verwendet als verkürzte Form vieler Verben (der Bewegung) mit *durch-*, um auszudrücken, dass j-d / ein Tier etw. tun muss, *z.B. durch e-e Stadt* ***d.*** (= durchfahren, durchgehen *usw* müssen); *durch e-n Fluss* ***d.*** (= durchschwimmen, durchwaten *o.Ä.* müssen); *durch e-e Absperrung* ***d.*** (= durchgehen, durchfahren *o.Ä.* müssen) **2** e-e schwierige od. unangenehme Situation, Prüfung, Probe *o.Ä.* ertragen müssen: *Du musst da durch, da hilft alles nichts!*

dụrch·na·gen (*hat*) [Vt] ⟨ein Tier⟩ ***nagt etw. durch*** ein Tier nagt etw. in zwei Teile: *Der Marder hat das Kabel durchgenagt*

durch·nạ̈s·sen; *durchnässte, hat durchnässt*; [Vt] ⟨der Regen *o.Ä.*⟩ ***durchnässt j-n / etw.*** der Regen *o.Ä.* macht j-n bzw. dessen Kleidung vollkommen nass ⟨völlig, bis auf die Haut durchnässt sein⟩ || NB: *mst* im Zustandspassiv!

dụrch·neh·men (*hat*) [Vt] ***etw. d.*** sich in der Schule, im Unterricht mit e-m Thema (Lehrstoff) gründlich beschäftigen ≈ behandeln (8): *Heute haben wir e-e neue Lektion in Latein durchgenommen*

dụrch·num·me·rie·ren; *nummerierte durch, hat durchnummeriert*; [Vt] ***etw. d.*** etw. von Anfang bis Ende (fortlaufend) nummerieren ⟨die Seiten eines Textes d.⟩ || *hierzu* **Dụrch·num·me·rie·rung** *die*; *nur Sg*

dụrch·pau·sen (*hat*) [Vt] ***etw. d.*** e-e Zeichnung *o.Ä.* kopieren, indem man *z.B.* mithilfe von durchsichtigem Papier die Linien nachzeichnet

dụrch·peit·schen (*hat*) [Vt] **1** ***etw. d.*** *gespr pej*; erreichen, dass ein Antrag *o.Ä.* von e-m Parlament, e-m Gremium *o.Ä.* schnell angenommen wird, ohne dass lange darüber diskutiert wird ⟨*mst* e-n Antrag, e-n Beschluss, ein Gesetz d.⟩ **2** ***j-n d.*** ≈ auspeitschen

durch·pflü·gen (*hat*) [Vt] **1** ⟨ein Fahrzeug *o.Ä.*⟩ ***durchpflügt etw.*** ein Fahrzeug *o.Ä.* macht e-e tiefe Spur (ähnlich der e-s Pfluges) in e-n feuchten, schweren Boden: *Panzer durchpflügten das Gelände* **2** *geschr*; ⟨ein Schiff, ein Wal *o.Ä.*⟩ ***durchpflügt das Meer*** ein Schiff od. ein großer Fisch macht e-e tiefe Spur in die Meeresoberfläche

dụrch·prü·fen (*hat*) [Vt] ***etw. d.*** etw. gründlich, systematisch prüfen: *Der Mechaniker muss das Auto d.*

dụrch·prü·geln (*hat*) [Vt] ***j-n d.*** *gespr*; j-n kräftig (ver)prügeln

dụrch·pus·ten (*hat*) [Vi] (**durch etw.**) **d.** *gespr*; durch ein Rohr *o.Ä.* blasen

durch·que·ren; *durchquerte, hat durchquert*; [Vt] **etw. d.** sich von einem Ende e-s Gebiets, Raumes *o.Ä.* zum anderen bewegen: *Um von Deutschland nach Spanien zu kommen, muss man Frankreich d.* || *hierzu* **Durch·que·rung** *die*

dụrch·ra·sen (*ist*) [Vi] (**durch etw.**) **d.** sehr schnell durch ein Gebiet, e-n Raum laufen, fahren *o.Ä.*

dụrch·ras·seln (*ist*) [Vi] (**durch / bei etw. / in etw.** (*Dat*)) **d.** *gespr*; e-e Prüfung nicht bestehen: *durchs Abitur d.; bei e-m Examen d.*

dụrch·rech·nen (*hat*) [Vt] **etw. d.** etw. gründlich, von Anfang bis Ende rechnen (u. prüfen) ⟨e-e Aufgabe d.; die Kosten, ein Angebot (noch einmal) d.⟩

dụrch·reg·nen (*hat*) [Vimp] **es regnet** (**durch etw.**) **durch** Regen dringt durch etw. (*mst* das Dach) durch

Dụrch·rei·che *die*; -, -*n*; e-e Öffnung in der Wand *mst* zwischen Küche u. Esszimmer, durch die man Essen, Geschirr *usw* reichen kann

dụrch·rei·chen (*hat*) [Vt] **etw.** (**durch etw.**) **d.** etw. durch e-e Öffnung reichen

Dụrch·rei·se *die*; -, -*n*; *mst Sg*; *mst in* **auf der D. sein / sich auf der D. befinden** während e-r Reise kurze Zeit an e-m Ort bleiben, bevor man zu seinem Ziel weiterreist: *„Bleiben Sie längere Zeit in Frankfurt?" - „Nein, ich bin nur auf der D."*

dụrch·rei·sen[1] (*ist*) [Vi] (**durch etw.**) **d.** auf e-r Reise durch e-n Ort, ein Gebiet kommen (u. dort höchstens für kurze Zeit bleiben)

durch·rei·sen[2]; *durchreiste, hat durchreist*; [Vt] **etw. d.** durch ein Gebiet od. Land auf e-r Reise gehen, fahren: *Er hat schon fast die ganze Welt durchreist*

Dụrch·rei·sen·de *der / die*; -*n*, -*n*; j-d, der sich auf der Durchreise befindet || NB: *ein Durchreisender; der Durchreisende; den, dem, des Durchreisenden*

Dụrch·rei·se|vi·sum *das*; e-e Genehmigung zum Durchreisen[2] eines Staates ≈ Transitvisum

dụrch·rei·ßen [Vt] (*hat*) **1 etw. d.** etw. in zwei Teile (zer)reißen: *ein Blatt Papier in der Mitte d.*; [Vi] (*ist*) **2 etw. reißt durch** etw. reißt (1)

dụrch·rei·ten[1] (*ist*) [Vi] **1** (**durch etw.**) **d.** durch e-e enge Stelle, e-e Öffnung *o.Ä.* reiten: *durch ein Tor d.* **2** (**durch etw.**) **d.** (quer) durch ein Gebiet *o.Ä.* reiten: *durch e-n Bach d.*

durch·rei·ten[2]; *durchritt, hat durchritten*; [Vt] **etw. d.** von e-m Ende e-s Gebietes *o.Ä.* zum anderen reiten: *e-n Wald d.*

dụrch·rin·gen, sich (*hat*) [Vr] **sich zu etw. d.** sich nach längerem Zögern zu etw. entschließen, das einem schwerfällt ⟨sich zu e-m Entschluss, e-r Entscheidung, e-r Entschuldigung *o.Ä.* d.⟩

dụrch·ros·ten (*ist*) [Vi] **etw. rostet durch** etw. rostet so stark, dass es Löcher bekommt od. bricht

dụrch·rüh·ren (*hat*) [Vt] **etw. d.** etw. gründlich (um)rühren: *den Kuchenteig mit dem Mixer gut d.*

dụrch·rut·schen (*ist*) [Vi] *gespr*; **1** (**durch etw.**) **d.** durch e-e Öffnung rutschen **2** *mst* e-e Prüfung gerade noch bestehen ⟨*mst* gerade noch (so) d.⟩

dụrchs *Präp mit Artikel* ≈ durch das || NB: *durchs* kann nicht durch *durch das* ersetzt werden in Wendungen wie: *für j-n d. Feuer gehen, mit j-m d. Leben gehen*

Dụrch·sa·ge *die*; -, -*n*; die Mitteilung e-r Information *bes* im Radio, Fernsehen od. über Lautsprecher ⟨e-e aktuelle, wichtige D. bringen, machen⟩: *Achtung, e-e D.: Wegen e-r Betriebsstörung verzögert sich die Abfahrt aller S-Bahnen*

dụrch·sa·gen (*hat*) [Vt] **etw. d.** e-e Information *bes* im Radio, Fernsehen od. über Lautsprecher mitteilen ≈ durchgeben

dụrch·sä·gen (*hat*) [Vt] **etw. d.** etw. in zwei Teile sägen: *e-n Ast d.*

durch·schau·bar *Adj*; **1** so, dass man das Ziel dahinter erkennen kann ⟨j-s Absichten, j-s Pläne⟩ **2** so, dass man leicht dahinterkommt ⟨ein Betrug, e-e List *o.Ä.*⟩ || *hierzu* **Durch·schau·bar·keit** *die*; *nur Sg*

dụrch·schau·en[1] (*hat*) [Vi] (**durch etw.**) **d.** ≈ durchblicken (2), durchsehen (4)

durch·schau·en[2]; *durchschaute, hat durchschaut*; [Vt] **1 j-n d.** j-s wahren Charakter erkennen: *Ich habe ihn durchschaut - er ist gar nicht so nett, wie er immer tut* **2 etw. d.** etw. als List od. Betrug erkennen **3 etw. d.** das Prinzip od. die Zusammenhänge von etw. Kompliziertem begreifen: *Die Bestimmungen sind schwer zu d.*

dụrch·schei·nen (*hat*) [Vi] **etw. scheint** (**durch etw.**) **durch** Lichtstrahlen dringen durch etw. hindurch: *Die Sonne schien durch die Wolken*

dụrch·schei·nend *Adj*; *nicht adv*; so (beschaffen), dass man dahinter etw. relativ gut erkennen kann ≈ lichtdurchlässig ⟨Haut, ein Papier, ein Stoff, ein Vorhang⟩ || NB: ≠ durchsichtig

dụrch·scheu·ern (*hat*) [Vt] **etw. d.** *mst* e-n Stoff durch Reiben dünn machen, beschädigen: *die Hose an den Knien d.*

dụrch·schie·ben (*hat*) [Vt] **etw.** (**durch etw.**) **d.** etw. durch e-e Öffnung schieben

dụrch·schim·mern (*hat*) [Vi] **1 etw. schimmert** (**durch etw.**) **durch** Licht *o.Ä.* dringt mit seinem Schimmer durch etw.: *Das Licht der Lampe schimmerte durch den Vorhang durch* **2 etw. schimmert durch** etw. ist andeutungsweise zu hören

dụrch·schla·fen (*hat*) [Vi] **d.** (**bis** + *Zeitangabe*) / *Zeitangabe* (*im Akk*) + **d.** ohne Unterbrechung e-e bestimmte Zeit lang od. bis zu e-m bestimmten Zeitpunkt schlafen ⟨die ganze Nacht, nachts, bis zum Morgen d.⟩

Dụrch·schlag *der*; -(*e*)*s*, *Durch·schlä·ge*; e-e Kopie e-s Textes, die während des Schreibens auf e-m zweiten Blatt entsteht, weil man spezielles Papier (Kohlepapier) verwendet ↔ Original

dụrch·schla·gen[1] [Vt] (*hat*) **1 etw. d.** etw. in zwei Teile schlagen, (zer)hauen **2 etw.** (**durch etw.**) **d.** auf etw. schlagen u. dadurch bewirken, dass es durch etw. dringt: *e-n Nagel durch ein Brett d.*; [Vi] (*ist*) **3 etw. schlägt** (**durch etw.**) **durch** etw. (*mst* Unangenehmes) dringt durch etw. hindurch: *Die Nässe ist durch die Wand durchgeschlagen*; [Vr] (*hat*) **4 sich** (**durch etw.**) / (**irgendwohin**) **d.** mithilfe von List, Geschicklichkeit od. aufgrund seiner Kampfkraft durch ein gefährliches Gebiet an ein Ziel kommen: *sich zur Grenze d.* **5 sich** (**irgendwie**) **d.** es immer wieder schaffen, dass man gerade genug Geld *usw* hat, um leben zu können ⟨sich allein, recht u. schlecht (= so gut es geht), irgendwie d. (müssen)⟩: *„Wie gehts?" - „Man schlägt sich so durch"*

durch·schla·gen[2]; *durchschlägt, durchschlug, hat durchschlagen*; [Vt] **etw. durchschlägt etw.** etw. dringt mit großer Kraft u. Geschwindigkeit durch ein Hindernis: *Die Pistolenkugel durchschlug die Fensterscheibe*

dụrch·schla·gend *Adj*; *nicht adv*; **1** ⟨*mst* ein Argument, ein Beweis⟩ so, dass sie andere Leute sofort u. endgültig überzeugen **2** ⟨*mst* ein Erfolg, e-e Wirkung⟩ sehr groß, bedeutsam ≈ entscheidend (3), tiefgreifend

Dụrch·schlag·pa·pier *das*; *nur Sg*; ein spezielles Papier, mit dem man Durchschläge (= Kopien) macht

Dụrch·schlags·kraft *die*; *nur Sg*; **1** die Fähigkeit, feste Körper zu durchschlagen[2] ⟨etw. ist von hoher, niedriger D.⟩: *Die Bombe hatte e-e gewaltige D.* **2**

die Fähigkeit, Leute zu überzeugen ≈ Wirksamkeit ⟨die D. e-s Arguments⟩

dụrch·schlän·geln, sich (*hat*) [Vr] ***sich*** **(*durch etw.*)** ***d.*** sich (geschickt) durch enge Stellen bewegen, indem man sich möglichst dünn macht

dụrch·schlei·chen, sich (*hat*) [Vr] ***sich*** **(*durch etw.*)** ***d.*** heimlich u. leise durch e-n Eingang *o.Ä.* gehen: *sich durch die Kinokasse d., ohne zu zahlen*

dụrch·schlüp·fen (*ist*) [Vi] **(*durch etw.*)** ***d.*** durch e-e Öffnung, e-e enge Stelle schlüpfen: *durch ein Loch im Zaun d.*

dụrch·schme·cken (*hat*) [Vt] **1** ***etw.*** **(*durch etw.*)** ***d.*** den Geschmack von etw. in e-r Speise, e-m Gericht deutlich spüren; [Vi] **2** ***etw. schmeckt durch*** etw. ist als Geschmack bemerkbar

dụrch·schmo·ren (*ist*) [Vi] ***etw. schmort durch*** *gespr*; etw. wird durch sehr große Hitze zerstört ⟨*mst* e-e elektrische Leitung, ein Kabel⟩

dụrch·schnei·den (*hat*) [Vt] ***etw. d.*** etw. in zwei Teile schneiden: *e-e Schnur, e-n Faden d.*

Dụrch·schnitt *der*; *-(e)s, -e*; **1** *mst Sg, Math*; die Zahl, die sich ergibt, wenn man mehrere Zahlen addiert u. dann durch ihre Anzahl teilt ≈ Mittelwert, arithmetisches Mittel ⟨den D. ermitteln, errechnen⟩: *Der D. von drei (3), fünf (5) u. sieben (7) ist / beträgt fünf (5)* || K-: ***Durchschnitts-, -alter, -einkommen, -geschwindigkeit, -gewicht, -lohn, -preis, -temperatur, -verdienst, -zeit*** || -K: ***Abitur-, Noten-*** **2** das normale, übliche Maß ≈ Mittelwert ⟨etw. liegt über, unter dem D.; etw. ist (guter) D.; etw. überschreitet, übersteigt den D.⟩: *Peters Leistungen in der Schule liegen weit über dem D.* || K-: ***Durchschnitts-, -leistung, -niveau, -talent*** **3** ***im D.*** ≈ normalerweise, im Allgemeinen: *Ich schlafe im D. sieben Stunden pro Tag*

dụrch·schnitt·lich *Adj*; **1** dem Durchschnitt (1) entsprechend, im Durchschnitt (3): *Sein durchschnittliches Jahreseinkommen liegt bei 40000 Euro*; *Die Firma produziert d. 100 Maschinen pro Tag* **2** weder besonders gut noch besonders schlecht ≈ mittelmäßig, normal ⟨e-e Begabung, e-e Leistung⟩: *ein d. begabtes Kind*; *von durchschnittlicher Intelligenz*

Dụrch·schnitts- *im Subst, begrenzt produktiv*; drückt aus, dass j-d / etw. dem Mittelmaß entspricht, weder besonders positiv noch besonders negativ auffällt; das ***Durchschnittsauto***, der ***Durchschnittsbürger***, der ***Durchschnittsdeutsche***, der ***Durchschnittsleser***

Dụrch·schnitts|wert *der*; *Math* ≈ Durchschnitt (1)

dụrch·schnüf·feln (*hat*) [Vt] ***etw. d.*** *gespr pej*; etw. aus Neugier od. zur Kontrolle durchsuchen ⟨j-s Zimmer, j-s Post, j-s Gepäck *o.Ä.* d.⟩

durch·schrei·ten; *durchschritt, hat durchschritten*; [Vt] ***etw. d.*** *geschr*; langsam u. feierlich von einem Ende e-s Raumes *o.Ä.* zum anderen gehen: *e-n Saal d.*

Dụrch·schrift *die*; *-, -en* ≈ Durchschlag, Kopie (2) ⟨von etw. e-e D. anfertigen⟩

Dụrch·schuss *der*; *-es, Durch·schüs·se*; **1** ein Schuss durch den Körper e-s Menschen od. Tieres hindurch ⟨ein glatter D.⟩ **2** (in e-m gedruckten Text) der Abstand zwischen den Zeilen

dụrch·schüt·teln (*hat*) [Vt] ***j-n / etw. d.*** j-n / etw. stark od. längere Zeit schütteln ⟨j-n / etw. gründlich d.⟩

dụrch·schwim·men[1] (*ist*) [Vi] **(*durch etw.*)** ***d.*** (quer) durch etw. schwimmen ⟨durch e-n Fluss, e-n See *o.Ä.* d.⟩

durch·schwịm·men[2]; *durchschwamm, hat durchschwommen*; [Vt] ***etw. d.*** von einer Seite e-s Flusses *o.Ä.* zur anderen schwimmen ⟨e-n Fluss, e-n See *o.Ä.* d.⟩

dụrch·schwit·zen (*hat*) [Vt] ***etw. d.*** ein Kleidungsstück durch Schweiß ganz nass machen: *ein durchgeschwitztes Hemd*

dụrch·se·hen (*hat*) [Vt] **1** ***etw. d.*** etw. nur teilweise od. kursorisch lesen, ohne auf Einzelheiten zu achten ≈ überfliegen: *e-n Bericht kurz d.* **2** ***etw.*** **(*auf etw.*** (*Akk*) **(*hin*))** ***d.*** etw. genau lesen, um es zu prüfen od. um etw. Bestimmtes zu finden: *e-n Aufsatz auf orthographische Fehler hin d.* **3** ***etw. d.*** *gespr*; in etw. nach etw. suchen: *Sieh mal deine Sachen durch, ob du den Schlüssel findest!*; [Vi] **4** **(*durch etw.*)** ***d.*** durch e-e Öffnung *o.Ä.* sehen ≈ durchblicken (2): *Lass mich auch einmal durch das Fernrohr d.!*

dụrch·sei·hen (*hat*) [Vt] ***etw. d.*** e-e Flüssigkeit durch ein feines Sieb fließen lassen, um kleine (Bestand)Teile zu entfernen ≈ filtern

dụrch·set·zen[1] (*hat*) [Vt] **1** ***etw.*** **(*gegen j-n*)** ***d.*** erreichen, dass etw. gemacht od. realisiert wird, obwohl andere dagegen sind ⟨ein Gesetz, e-e Regelung *o.Ä.* d.; seine Pläne, seine Absichten, seinen Willen *o.Ä.* d.⟩; [Vr] **2** ***sich*** **(*bei j-m*)** ***d.*** (als Autorität od. Vorgesetzter) j-n dazu bringen zu gehorchen: *Er konnte sich bei seinen Schülern nicht d.* **3** ***sich d.*** trotz Widerstands seine Ziele erreichen ≈ sich behaupten **4** ***etw. setzt sich durch*** etw. wird von den meisten Leuten akzeptiert || *zu* **1** **Dụrch·set·zung** *die*; *nur Sg*; **dụrch·setz·bar** *Adj*; *nicht adv*

durch·sẹt·zen[2]; *durchsetzte, hat durchsetzt*; [Vt] ***etw. ist mit*** ⟨Personen / Dingen⟩ ***durchsetzt*** viele Personen / Dinge sind irgendwo (gleichmäßig) verteilt: *Die Landschaft ist mit Bäumen durchsetzt*; *Die Verwaltung war mit Spitzeln durchsetzt*

Dụrch·set·zungs|ver·mö·gen *das*; *nur Sg*; die Fähigkeit, sich durchzusetzen[1] (3) ⟨kein D. haben⟩

Dụrch·sicht *die*; *-*; *nur Sg*; das Durchsehen (2): *Bei D. der Pläne stießen wir auf viele Fehler*

dụrch·sich·tig *Adj*; *nicht adv*; **1** so (beschaffen), dass man (wie *z.B.* bei Glas od. Wasser) hindurchsehen kann ≈ transparent ↔ undurchsichtig: *e-e durchsichtige Folie* **2** nicht raffiniert genug, um j-n zu täuschen ≈ (leicht) durchschaubar ⟨ein Manöver, ein Plan *o.Ä.*⟩ || *hierzu* **Dụrch·sich·tig·keit** *die*; *nur Sg*

dụrch·si·ckern (*ist*) [Vi] **1** ***etw. sickert*** **(*durch etw.*)** ***durch*** etw. dringt in kleinen Tropfen langsam durch etw. durch: *Blut sickerte durch den Verband durch* **2** ***etw. sickert durch*** etw. wird allmählich bekannt, obwohl es geheim bleiben soll: *Von diesem Projekt darf nichts an die Öffentlichkeit d.*

dụrch·sie·ben[1] (*hat*) [Vt] ***etw. d.*** etw. durch ein Sieb schütten ⟨Mehl, Sand *o.Ä.* d.⟩

durch·sie·ben[2]; *durchsiebte, hat durchsiebt*; [Vt] ***j-n / etw.*** **(*mit etw.*)** ***d.*** *gespr*; j-n / etw. mit vielen Schüssen treffen

dụrch·sol·len; *sollte durch, hat durchgesollt*; [Vi] **(*durch etw.*)** ***d.*** *gespr*; verwendet als verkürzte Form vieler Verben (der Bewegung) mit *durch-*, um auszudrücken, dass etw. getan werden soll: *durch e-n Fluss d.* (= durchschwimmen *o.Ä.* sollen); *durch e-e Absperrung d.* (= durchgehen, durchfahren *usw* sollen)

dụrch·spie·len (*hat*) [Vt] **1** ***etw. d.*** etw. (zur Probe) von Anfang bis Ende spielen: *e-e Szene e-s Theaterstücks d.*; *die Sonate vor Beginn des Konzerts noch einmal d.* **2** ***etw. d.*** genau überlegen, wie etw. (*z.B.* e-e Situation in der Zukunft) werden könnte (*mst* um Probleme von vornherein auszuschließen) ⟨e-e Situation, alle Möglichkeiten d.⟩

dụrch·spre·chen (*hat*) [Vt] **1** ***j-d spricht etw. mit j-m durch***; ⟨Personen⟩ ***sprechen etw. durch*** zwei od. mehrere Personen sprechen lange u. gründlich über etw.: *Wir müssen Ihren Vorschlag erst noch d.*; [Vi] **2** **(*durch etw.*)** ***d.*** etw. an den Mund halten, *z.B.* um seine Stimme zu verstärken od. zu verstellen ⟨durch ein Megaphon, ein Mikrofon *o.Ä.* d.⟩

dụrch·spü·len (*hat*) Vt **etw. d.** etw. gründlich spülen: *die Wäsche mit klarem Wasser mehrmals gut d.*

dụrch·star·ten (*ist*) Vi **1** nach dem Starten (Anlassen) des Motors stark beschleunigen; Vt/i **2** (**etw.**) **d.** e-e begonnene Landung beenden (abbrechen) u. weiterfliegen: *Der Pilot musste (die Maschine) kurz vor der Landung noch einmal d.*

dụrch·ste·chen[1] (*hat*) Vi **1 etw. sticht** (**durch etw.**) **durch** etw. ragt durch etw. durch **2 mit etw. durch etw. d.** mit e-m spitzen Gegenstand durch etw. stechen: *mit e-r Nadel durch den Stoff d.*

durch·stẹ·chen[2]; *durchsticht, durchstach, hat durchstochen*; Vt **etw. d.** etw. mit e-r Nadel, e-m Messer *o.Ä.* durchbohren

dụrch·ste·cken (*hat*) Vt **etw.** (**durch etw.** / **unter etw.** (*Dat*)) **d.** etw. durch e-e Öffnung, e-e enge Stelle stecken: *e-n Brief durch den Briefkastenschlitz, unter der Tür d.*

dụrch·ste·hen (*hat*) Vt **etw. d.** *gespr*; etw. Unangenehmes längere Zeit od. bis zum Ende ertragen

dụrch·stei·gen (*ist*) Vi **1** (**durch etw.**) **d.** durch e-e Öffnung, e-e enge Stelle steigen: *durch ein Loch im Zaun d.* **2** (**in etw.** (*Dat*)) **d.** *gespr*; (*bes* von Jugendlichen verwendet) etw. verstehen: *In Mathe steig ich nicht durch; Steigst du da durch?*

dụrch·stel·len (*hat*) Vt/i *mst* (**ein Gespräch**) **d.** ein Telefongespräch von einem Telefon zu e-m anderen Nebenanschluss weiterleiten

durch·stö·bern; *durchstöberte, hat durchstöbert*; Vt **etw.** (**nach etw.**) **d.** *gespr* ≈ durchsuchen (1)

dụrch·sto·ßen[1]; *stößt durch, stieß durch, hat / ist durchgestoßen*; Vt (*hat*) **1 etw.** (**durch etw.**) **d.** etw. durch etw. stoßen **2 etw. d.** ≈ durchscheuern; Vi (*ist*) **3** (**durch etw.**) (**irgendwohin**) **d.** sich gewaltsam den Weg zu e-m bestimmten Ziel bahnen: *Der Feind ist bis zur Brücke durchgestoßen*

durch·sto·ßen[2]; *durchstößt, durchstieß, hat durchstoßen*; Vt **j-n / etw.** (**mit etw.**) **d.** e-n Gegenstand mit viel Kraft schnell durch j-n / etw. stoßen

dụrch·stre·cken (*hat*) Vt **etw. d.** ein Körperteil so weit wie möglich strecken, gerade machen ≈ durchdrücken (3) ⟨*mst* die Arme, die Beine, die Knie, den Rücken d.⟩

dụrch·strei·chen (*hat*) Vt **etw. d.** e-n Strich durch etw. Geschriebenes od. Gezeichnetes machen (um auszudrücken, dass es falsch, ungültig ist) ≈ ausstreichen: *e-n Satz d. u. neu formulieren*

durch·strei·fen; *durchstreifte, hat durchstreift*; Vt **etw. d.** (ohne festes Ziel) durch ein Gebiet wandern ≈ durchwandern

durch·strö·men; *durchströmte, hat durchströmt*; Vt **1** ⟨ein Fluss *o.Ä.*⟩ **durchströmt etw.** ein Fluss *o.Ä.* durchfließt[2] etw. **2 etw. durchströmt j-n** j-d hat ein starkes, positives Gefühl ⟨(ein Gefühl der) Freude, Zärtlichkeit, Dankbarkeit, Wärme *o.Ä.* durchströmt j-n⟩

dụrch·stu·die·ren; *studierte durch, hat durchstudiert*; Vt **etw. d.** etw. sehr genau lesen, intensiv studieren

durch·su·chen; *durchsuchte, hat durchsucht*; Vt **1 etw.** (**nach j-m / etw.**) **d.** in e-m Gebiet, Raum nach j-m / etw. suchen, in e-m Behälter *o.Ä.* nach etw. suchen: *alle Taschen nach e-m Schlüssel d.; e-n Wald nach e-m Kind d.* **2 j-n** (**nach etw.**) **d.** in j-s Kleidung nach etw. (*z.B.* Drogen, e-r Waffe) suchen: *Die Polizei durchsuchte ihn* || *hierzu* **Durch·su·chung** *die*

Durch·su·chungs·be·fehl *der*; e-e amtliche Genehmigung für die Polizei, j-s Haus od. Wohnung nach j-m / etw. zu durchsuchen ⟨*mst* e-n D. haben⟩

dụrch·tas·ten, sich (*hat*) Vr **sich** (**durch etw.** / **irgendwo**(**hin**)) **d.** durch Tasten den Weg suchen: *sich im dunklen Zimmer zum Lichtschalter d.*

dụrch·tes·ten (*hat*) Vt **etw. d.** etw. gründlich testen

dụrch·trai·nie·ren; *trainierte durch, hat durchtrainiert*; Vt **etw. d.** etw. gründlich trainieren ⟨*mst* seinen Körper d.; ein durchtrainierter Körper⟩ || NB: *mst* im Partizip Perfekt od. im Zustandspassiv!

durch·trạ̈nkt *Adj*; *nicht adv*; (**etw. ist**) **mit / von etw. d.** (etw. ist) ganz feucht, nass von etw.: *ein von Blut durchtränkter Verband*

dụrch·tren·nen[1] (*hat*) Vt **etw. d.** etw. in zwei Teile trennen, schneiden: *Fäden d.*

durch·trẹn·nen[2]; *durchtrennte, hat durchtrennt*; Vt **etw. d.** ≈ durchtrennen[1] || *hierzu* **Durch·trẹn·nung** *die*; *mst Sg*

dụrch·tre·ten Vt/i (*hat*) **1** (**etw.**) **d.** e-n Hebel od. ein Pedal mit dem Fuß so weit wie möglich (nach unten) drücken: *die Bremse, das Gaspedal (e-s Autos) d.*; Vi (*ist*) **2** ⟨e-e Flüssigkeit, ein Gas⟩ **tritt** (**durch etw.**) **durch** e-e Flüssigkeit, ein Gas dringt durch etw. Undichtes

durch·trie·ben *Adj*; *pej*; auf e-e unangenehme (heimtückische) Weise schlau ≈ gerissen, raffiniert: *Er ist ein durchtriebener Bursche!* || *hierzu* **Durch·trie·ben·heit** *die*; *nur Sg*

durch·wạ·chen; *durchwachte, hat durchwacht*; Vt *Zeitangabe (im Akk)* + **d.** e-e bestimmte Zeit verbringen, ohne zu schlafen: *Sie hat viele Nächte am Bett des Kranken durchwacht*

durch·wạch·sen [-ks-] *Adj*; *nicht adv*; **1** ⟨Fleisch, Speck⟩ mit Streifen von Fett bzw. mit Streifen von Fleisch **2** *nur präd*, *gespr hum*; ⟨*nur* das Wetter⟩ abwechselnd gut (sonnig) u. schlecht (regnerisch)

Dụrch·wahl *die*; -; *nur Sg*; die direkte Wahl e-r Telefonnummer || K-: ***Durchwahl-, -nummer***

dụrch·wäh·len (*hat*) Vi **1** bei e-r Firma *o.Ä.* e-n bestimmten Anschluss direkt wählen ⟨d. können⟩ **2** e-e Telefonnummer im Ausland selbst wählen (ohne von der Vermittlung verbunden zu werden)

durch·wạn·dern; *durchwanderte, hat durchwandert*; Vt **etw. d.** von einem Ende e-s Gebietes *o.Ä.* zum anderen wandern od. innerhalb e-s Gebietes (große) Wanderungen machen: *ein Tal d.*

dụrch·wa·schen (*hat*) Vt **etw. d.** *gespr*; etw. schnell (mit der Hand) waschen: *die Socken kurz d.*

dụrch·wa·ten[1] (*ist*) Vi (**durch etw.**) **d.** (quer) durch etw. waten: *durch e-n Bach d.*

durch·wa·ten[2]; *durchwatete, hat durchwatet*; Vt **etw. d.** von einer Seite e-s Bachs *o.Ä.* zur anderen waten

dụrch·weg, **durch·wẹg** *Adv*; ohne Ausnahme, gänzlich

dụrch·wegs, **durch·wegs** *Adv*; *bes südd* CH *gespr* ≈ durchweg

dụrch·wer·fen (*hat*) Vt **etw.** (**durch etw.**) **d.** etw. durch e-e Öffnung *o.Ä.* werfen: *e-n Ball, e-n Stein durch e-e Fensterscheibe d.*

dụrch·wet·zen (*hat*) Vt **etw. d.** ≈ durchscheuern: *Er hat sein Hemd an den Ellbogen durchgewetzt*

dụrch·win·den, sich (*hat*) Vr **sich** (**durch etw.**) **d.** ≈ durchschlängeln

durch·wịrkt *Adj*; *nicht adv*; *mst in* **mit Goldfäden d.** (verwendet in Bezug auf e-n Stoff) mit einzelnen Goldfäden im Gewebe

dụrch·wol·len (*hat*) Vi *gespr*; **1** (**durch etw.**) **d.** verwendet als verkürzte Form vieler Verben (der Bewegung) mit *durch-*, um auszudrücken, dass j-d / ein Tier etw. tun will: *durch e-e Stadt d.* (= durchfahren *o.Ä.* wollen); *durch e-n Fluss d.* (= durchschwimmen *o.Ä.* wollen); *durch e-e Absperrung d.* (= durchgehen, durchfahren *o.Ä.* wollen) **2 zu j-m / irgendwo**(**hin**) **d.** versuchen, (durch e-e Sperre *o.Ä.*) zu j-m od. irgendwohin zu gelangen: *Er wollte zum Chef durch, wurde aber aufgehalten*

durch·wüh·len; *durchwühlte, hat durchwühlt*; Vt **etw. (nach etw.) d.** in e-m Raum od. Behälter nach etw. suchen u. dabei Unordnung machen: *e-n Schrank d.; e-e Schublade nach Geld d.*

D

durch·wursch·teln, sich; **durch·wurs·teln, sich** [-ʃt-]; *wurs(ch)telte sich durch, hat sich durchgewurs(ch)telt; gespr, bes südd*; Vr **sich (irgendwo / irgendwie) d.** gerade noch zurechtkommen: *sich in der Schule d.; sich im Leben d.; Man wurschtelt sich so durch*

durch·zäh·len (*hat*) Vt **j-n / etw.** (*Kollekt od Pl*) **d.** e-e Anzahl von Personen / Dingen von Anfang bis Ende, vom Ersten bis zum Letzten zählen || *hierzu* **Durch·zäh·lung** *die*

durch·zie·hen[1] Vt (*hat*) **1 j-n / etw. (durch etw.) d.** j-n / etw. durch e-e Öffnung, e-n Raum *o.Ä.* ziehen: *e-n Faden durchs Nadelöhr d.* **2 etw. d.** *gespr*; e-e Sache, die man angefangen hat, trotz Schwierigkeiten zu Ende führen ⟨e-e Arbeit, ein Vorhaben, sein Programm d.⟩; Vi (*ist*) **3 (durch etw.) d.** durch ein Gebiet, e-n Ort *o.Ä.* gehen, fahren *usw*; Vr (*hat*) **4 etw. zieht sich durch etw. durch** etw. ist von Anfang bis Ende bei etw. vorhanden: *ein Motiv zieht sich durch e-n Roman durch*

durch·zie·hen[2]; *durchzog, hat durchzogen*; Vt **1 etw. d.** sich von einem Ende e-s Gebietes *o.Ä.* zum anderen bewegen od. innerhalb e-s Gebietes kreuz u. quer ziehen (20): *Karawanen durchzogen die Wüste; Nach dem Erdbeben durchzogen Plünderer die Stadt* **2 etw.** (*Kollekt od Pl*) **durchzieht etw.** etw. verläuft in allen Richtungen (kreuz u. quer) durch ein Gebiet: *Viele Flüsse durchziehen die Ebene*

Durch·zug *der*; *-(e)s*; *nur Sg*; **1** ein starker Luftzug in e-m Gebäude od. e-m Raum, der entsteht, wenn gegenüber liegende Fenster od. Türen offen sind: *D. machen, um e-n Raum zu lüften* **2 der D. (durch etw.)** das Fahren od. Wandern durch ein Gebiet

durch·zwän·gen, sich (*hat*) Vr **sich (durch etw.) d.** sich durch e-e enge Stelle schieben, pressen: *sich durch ein Loch im Zaun d.*

dür·fen[1]; *darf, durfte, hat dürfen*; *Modalverb*; **1** *Infinitiv* + **d.** die Erlaubnis (e-r Autorität) haben, etw. zu tun: *Sie durfte ihn im Krankenhaus besuchen; Darf ich heute Abend ins Kino gehen?; Auf Autobahnen darf man nicht mit dem Fahrrad fahren* **2** *Infinitiv* + **d.** die Berechtigung haben, etw. zu tun, weil es (ethisch od. moralisch) richtig u. gut od. angemessen ist: *Im Urlaub darf man faul sein; Du hättest sie nicht schlagen d.; So böse Schimpfworte darf man nicht sagen* || NB: *mst* verneint **3** *Infinitiv* + **d.** verwendet, um e-e Bitte, e-e Aufforderung od. e-n Wunsch mit Nachdruck zu versehen: *Du darfst mir nicht mehr böse sein!* (= Sei mir nicht mehr böse!); *Du darfst nicht weinen!* (= Weine nicht!); *Du darfst nicht aufgeben!* (= Gib nicht auf!); *Wir dürfen keine Zeit verlieren* (= Wir müssen uns beeilen!) || NB: *mst* verneint **4** *Infinitiv* + **d.** verwendet, um j-m e-n Rat zu geben: *Du darfst nicht alles so ernst nehmen!* || NB: *mst* verneint **5** *Infinitiv* + **d.** e-n guten Grund haben, etw. zu tun: *Du darfst froh sein*, dass *bei dem Unfall nicht mehr passiert ist* **6** *Infinitiv* + **dürfte(n)** *usw* verwendet, um auszudrücken, dass etw. wahrscheinlich zutrifft: *Er dürfte der Täter sein; Das dürfte nicht schwierig sein; Er dürfte bald da sein* **7** *Infinitiv* + **d.** verwendet, um e-e Bitte, e-n Wunsch od. e-e Frage höflich auszudrücken: *Darf ich Sie kurz stören?; Dürfte ich Ihr Gespräch kurz unterbrechen?; Darf ich Sie bitten, dieses Formular auszufüllen?* || ID ↑ **wahr**

dür·fen[2]; *darf, durfte, hat gedurft*; Vt/i *gespr*; **1 (etw.) d.** die Erlaubnis haben, etw. zu tun: *„Heute Abend gehe ich mit meinem großen Bruder ins Kino" - „Darfst du das denn überhaupt?" - „Natürlich darf ich es!"* || NB: als Akkusativobjekt steht meist *es, das, dies* od. *viel, wenig, einiges, nichts*; Vi **2 irgendwohin d.** die Erlaubnis haben, irgendwohin zu gehen, zu fahren *o.Ä.*: *Dürfen wir heute ins Schwimmbad?* || NB: *dürfen*[2] wird als Vollverb verwendet; zusammen mit e-m Infinitiv wird es als Modalverb verwendet; ↑ **dürfen**[1]

durf·te *Imperfekt, 1. u. 3. Person Sg*; ↑ **dürfen**

dürf·te *Konjunktiv II, 1. u. 3. Person Sg*; ↑ **dürfen**

dürf·tig *Adj*; **1** ohne Luxus u. Komfort ≈ ärmlich ⟨*mst* e-e Behausung, e-e Unterkunft, Kleidung⟩ **2** ⟨ein Ergebnis, Kenntnisse⟩ so, dass sie für den jeweiligen Zweck nicht ausreichen

dürr *Adj*; *nicht adv*; **1** ≈ trocken, vertrocknet ↔ frisch, grün ⟨Holz, Äste, Zweige, Laub, Gras *o.Ä.*⟩ **2** sehr dünn ≈ hager **3** ⟨*mst* Boden⟩ ≈ unfruchtbar, karg **4 mit dürren Worten** ≈ knapp ⟨etw. mit dürren Worten sagen, schildern⟩

Dür·re *die*; *-, -n*; e-e lange Zeit ohne Regen, in der alle Pflanzen vertrocknen ≈ Trockenheit: *Die Gegend wurde von e-r schweren / verheerenden D. heimgesucht* || K-: **Dürre-, -jahr, -periode, -schäden**

Durst *der*; *-(e)s*; *nur Sg*; **1** das Gefühl, etw. trinken zu müssen ↔ Hunger ⟨D. bekommen, haben / verspüren; den D. löschen / stillen⟩ || K-: **durst-, -löschend, -stillend 2 D. auf etw.** (*Akk*) Lust auf ein bestimmtes Getränk: *D. auf ein kühles Bier haben* || -K: **Bier-, Kaffee- 3 ein D. nach etw.** *geschr*; ein starker (u. dauerhafter) Wunsch, etw. zu bekommen od. etw. zu tun: *von e-m brennenden D. nach Rache erfüllt sein* || -K: **Freiheits-, Rache-, Taten-, Wissens-** || ID **einen über den D. trinken** *gespr hum*; mehr Alkohol trinken, als man verträgt (u. deshalb betrunken werden)

durs·ten; *durstete, hat gedurstet*; Vi *mst in* **hungern u. d.** *geschr*; Hunger u. Durst haben

dürs·ten; *dürstete, hat gedürstet*; Vi **1 nach etw. d.** *geschr*; den starken Wunsch haben, etw. Wichtiges zu bekommen: *Die Sklaven dürsten nach Freiheit*; Vimp **2 j-n dürstet (es)** *veraltend*; j-d hat Durst (1)

durs·tig *Adj*; *nicht adv*; **1** so, dass man Durst (1) verspürt: *hungrig u. d. sein* **2 d. nach etw.** *geschr*; mit dem starken Wunsch, etw. zu bekommen od. zu tun || -K: **freiheits-, rache-, taten-, wissens-**

Durst·stre·cke *die*; e-e Zeit, in der man nur sehr wenig Geld od. mit anderen Schwierigkeiten zu kämpfen hat: *e-e finanzielle D. durchmachen müssen*

Dusch·bad *das*; **1** ein Raum mit e-r Dusche (1) **2** e-e kleine Wanne, in der man beim Duschen steht **3** e-e Art flüssige Seife zum Duschen

Du·sche, Du·sche *die*; *-, -n*; **1** e-e Vorrichtung (*mst* im Badezimmer), aus der Wasser in dünnen Strahlen fließt u. die man benutzt, um sich zu waschen ≈ Brause[1] (1) ⟨sich unter die D. stellen, unter die D. gehen, die D. auf- / zudrehen⟩ **2** der Raum od. die Kabine in e-m Raum, in denen sich die Dusche (1) befindet || K-: **Dusch-, -kabine, -raum, -vorhang, -wanne 3** das Duschen ⟨die tägliche, kalte, warme, heiße D.; e-e D. nehmen⟩ || K-: **Dusch-, -gel** || ID **e-e kalte D. (für j-n)** *gespr*; e-e große Enttäuschung (für j-n): *Ihre Absage wirkte wie / war e-e kalte D. für ihn*

du·schen, du·schen; *duschte, hat geduscht*; Vt/i **(j-n / sich) d.** j-n / sich unter die Dusche (1) stellen, um ihn / sich zu waschen: *(sich) nach dem Sport kalt d.*

Dü·se *die*; *-, -n*; das enge Ende e-s Rohres, durch das Flüssigkeiten od. Gase mit hoher Geschwindigkeit hinausgepresst werden

Du·sel *der; -s; nur Sg, gespr* ≈ Glück (1): *Bei dem Unfall hat er ganz schön D. gehabt*
dü·sen; *düste, ist gedüst;* Vi ***irgendwohin d.*** *gespr;* schnell irgendwohin fliegen, fahren od. laufen
Dü·sen·an·trieb *der; nur Sg;* der Antrieb *bes* e-s Flugzeugs durch Düsentriebwerk(e)
Dü·sen·flug·zeug *das;* ein Flugzeug mit Düsentriebwerk(en)
Dü·sen·jä·ger *der;* ein militärisches (Kampf)Flugzeug mit Düsentriebwerk(en)
Dü·sen·trieb·werk *das;* e-e Maschine, die die nötige Energie für den Antrieb *bes* e-s Flugzeuges erzeugt, indem Gase mit hoher Geschwindigkeit durch Düsen gepresst werden
Dus·sel *der; -s, -; bes nordd gespr pej* ≈ Dummkopf
dus·se·lig *Adj;* ↑ ***dusslig***
duss·lig *Adj; bes nordd gespr pej* ≈ dumm, dämlich || *hierzu* **Duss·lich·keit** *die*
düs·ter *Adj;* **1** ziemlich dunkel (u. deshalb beängstigend) ≈ finster (2): *ein düsterer Gang in e-m Parkhaus* **2** ≈ gedrückt, schwermütig ⟨j-s Blick, e-e Stimmung; ein düsteres Gesicht machen, d. dreinblicken⟩ **3** ≈ negativ ⟨e-e Prognose; ein düsteres Bild von etw. malen, etw. in düsteren Farben malen⟩ || *hierzu* **Düs·ter·heit / Düs·ter·keit** *die; nur Sg*
Dutt *der; -(e)s, -e / -s; mst Sg;* e-e Frisur, bei der Frauen ihr langes Haar zu e-m Knoten zusammenstecken
Dut·zend[1] *das; -s, -; veraltend;* e-e Menge von zwölf Stück derselben Art: *ein D. frische Eier kaufen; drei Dutzend Handtücher* || NB: Das Verb in e-m Satz mit *ein D. + Subst im Pl* als Subjekt kann sowohl im *Sg* als auch im *Pl* stehen: *Ein D. Eier kostet / kosten zwei Euro*
Dut·zend[2], **dut·zend** *Zahlwort; indeklinabel, gespr* ≈ Dutzende ⟨einige, ein paar D.⟩ || NB: verwendet wie ein Adj. od. Subst.
Dut·zen·de, **dut·zen·de** *Zahlwort, gespr;* **1** ***D.*** + *Gen* **/ *von*** ⟨Personen / Sachen⟩ verwendet, um e-e relativ große Zahl von Personen / Sachen auszudrücken: *D. von Leuten sind hier; Auf dem See sah man D. kleiner Segelboote* || NB: *Dutzend*[1] wird bei exakten Zahlenangaben, *Dutzend*[2] *und Dutzende* dagegen bei vagen Mengenangaben verwendet **2** ***in / zu Dutzenden*** in (relativ) großer Zahl: *Schaulustige kamen zu Dutzenden zum Unfallort*
dut·zend·fach *Adj; gespr;* sehr häufig, sehr oft
Dut·zend·ge·sicht *das; pej;* ein langweiliges, unauffälliges Gesicht
dut·zend·mal *Adv;* (***ein***) ***d.*** *gespr;* sehr oft
Dut·zend·wa·re *die; pej;* e-e billige Massenware: *Kauf das nicht, das ist doch nur D.!*
dut·zend·wei·se *Adv; gespr;* in großen Mengen ≈ zu Dutzenden
du·zen; *duzte, hat geduzt;* Vt **1** ***j-n d.*** j-n mit „du" anreden ↔ siezen: *seine Kollegen d.* || NB: ↑ Erläuterungen auf Seite 57; Vr **2** ***j-d duzt sich mit j-m;*** ⟨Personen⟩ ***duzen sich*** zwei od. mehrere Personen reden sich gegenseitig mit „du" an ↔ sich mit j-m siezen: *Er duzt sich mit seinem Chef*
Duz·freund *der;* ein guter Bekannter (aber kein Freund), mit dem man sich duzt
Dy·na·mik [dy-] *die; -; nur Sg;* **1** *geschr;* die Eigenschaft, sich aus inneren Ursachen u. nach eigenen Gesetzen zu verändern od. zu entwickeln ≈ Triebkraft ↔ Statik ⟨die D. der geschichtlichen, gesellschaftlichen Entwicklung⟩ **2** *Phys;* die Lehre darüber, wie Kräfte die Bewegung von Körpern beeinflussen **3** die Energie, die Vitalität e-s Menschen
dy·na·misch [dy-] *Adj;* **1** ⟨Verhältnisse, Abläufe⟩ so, dass sie sich schnell u. immer wieder ändern ↔ statisch: *Wachstum ist ein dynamischer Prozess* **2** mit Tatkraft u. Engagement: *Die Firma sucht e-n jungen, dynamischen Mitarbeiter für den Außendienst* **3** *mst* ***die dynamischen Gesetze*** *Phys;* die Gesetze, die Bewegungen betreffen, die durch Kräfte erzeugt werden
Dy·na·mit, **Dy·na·mit** [dy-] *das; -s; nur Sg;* ein Sprengstoff (der aus Nitroglyzerin hergestellt wird)
Dy·na·mo, **Dy·na·mo** [dy-] *der; -s, -s;* e-e kleine Maschine (*bes* für ein Fahrrad), mit der man elektrischen Strom für e-e Lampe erzeugt
Dy·nas·tie [dy-] *die; -, Dy·nas·ti·en* [-'tiːən]; **1** e-e Familie, aus der mehrere Generationen lang der jeweilige Herrscher e-s Staates kommt ≈ Herrscherhaus, Herrschergeschlecht **2** *geschr;* e-e Familie, die mehrere Generationen lang im öffentlichen Leben großen Einfluss hat u. sehr bekannt ist ≈ Clan || *zu* **1 dy·nas·ti·sch-** *Adj; nur attr, nicht adv*
D-Zug ['deː-] *der; veraltend;* ein schneller Zug, der nur in großen u. wichtigen Orten hielt ≈ Schnellzug || K-: ***D-Zug-Wagen, D-Zug-Zuschlag***

D

E, e

E, **e** [eː] *das*; -, - / *gespr auch -s*; **1** der fünfte Buchstabe des Alphabets ⟨ein großes E; ein kleines e⟩ **2** *Mus*; der dritte Ton der C-Dur-Tonleiter ‖ K-: ***E-Dur***; ***e-Moll***

Ẹb·be *die*; -, *-n*; *mst Sg*; **1** der niedrige Stand des Wassers am Meer ↔ Flut **2** das Zurückgehen des Wassers am Meer, das zur E. (1) führt: *der Eintritt der E.* **3** *gespr hum* ≈ Mangel *bes* an Geld: *Bei mir ist zurzeit E. in der Kasse* (= ich habe kaum noch Geld)

e·ben[1] *Adj*; **1** ohne Hebungen u. Senkungen, ohne Berge u. Täler ≈ flach ⟨Land, e-e Straße⟩: *Die Umgebung von Hannover ist ziemlich e.* **2** an allen Stellen gleichmäßig hoch ⟨Flächen⟩: *ein ebener Fußboden*

e·ben[2] *Adv*; **1** e-n Augenblick zuvor, sehr kurz vor dem jetzigen Zeitpunkt: *Ich bin e. (erst) nach Hause gekommen* **2** in diesem Augenblick ≈ jetzt: *Er kommt e. die Treppe herunter* **3** ***e.*** (***noch***) gerade noch zum richtigen Zeitpunkt: *Er hat den Bus e. noch erreicht* **4** *nordd gespr* ≈ schnell, rasch: *Komm doch e. mal zu mir!*

e·ben[3] *Partikel*; **1** *unbetont*; verwendet, um auszudrücken, dass e-e (oft negative) Tatsache unabänderlich ist, hingenommen werden muss ≈ halt[1] (1): *Das ist e. nicht mehr zu ändern*; *Du musst dich e. damit abfinden, dass er dich nicht mag* **2** *unbetont*; verwendet bei e-r Aufforderung, um auszudrücken, dass etw. als einzige Lösung e-s Problems angesehen wird ≈ halt[1] (2): *Dann fahr e. mit dem Bus* (*wenn dein Auto kaputt ist*) **3** *betont u. unbetont*; verwendet, um ein Wort, e-n Sachverhalt *o.Ä.* besonders zu betonen ≈ gerade[3] (1), genau (1): *E. dieses Buch* (*u. kein anderes*) *habe ich die ganze Zeit gesucht* **4** *betont*; verwendet, um Zustimmung auszudrücken ≈ genau (5): *„Dann müssen wir die Sitzung auf morgen verschieben." - „E.!"*; *„Ich finde ihn sehr unzuverlässig." - „E.!"* **5** *betont*; verwendet, um auf ironische Weise Zustimmung (u. zugleich Ungeduld) auszudrücken ≈ genau (5): *„Es ist schon acht Uhr." - „E.!"* (= also müssen wir uns beeilen); *„Du musst heute noch lernen." - „E.!"* (= also habe ich keine Zeit für dich) **6** (***oder***) ***e. 'nicht*** verwendet, um e-e Verneinung zu verstärken: *„Sie hat dich doch informiert, oder?" - „E. nicht!"*; *„Ich bin gespannt, was er inzwischen alles gemacht hat." - „Oder e. nicht* (*gemacht hat*)*!"* **7** ***'nicht e.*** ≈ nicht gerade: *Der Ring ist nicht e. billig* (= ist ziemlich teuer)

E·ben·bild *das*; *mst in* ***j-s E. sein*** fast genauso aussehen wie e-e andere Person: *Sie ist das* (*genaue*) *E. ihrer Mutter*

e·ben·bür·tig *Adj*; *nicht adv*; ⟨ein Gegner, ein Konkurrent⟩ so, dass sie die gleichen Fähigkeiten haben od. die gleichen Leistungen bringen ≈ gleichwertig ↔ unterlegen, überlegen ‖ *hierzu* **E·ben·bür·tig·keit** *die*; *nur Sg*

e·ben·da, **e·ben·da** *Adv*; (*bes* bei Zitaten verwendet als Ersatz für die genaue (Literatur)Angabe) genau an der eben schon erwähnten Stelle; *Abk* ebd. / ebda

E·be·ne *die*; -, *-n*; **1** ein großes, ebenes[1] (1) Stück Land ≈ Flachland ↔ Gebirge, Hügelland ⟨*mst* e-e weite E.⟩: *Zwischen den beiden Bergketten erstreckt sich e-e fruchtbare E.* ‖ -K: ***Fluss-***, ***Hoch-***, ***Tief-*** **2** der genannte Teil e-r Hierarchie od. e-r anderen Einteilung ≈ Niveau (1) ⟨auf unterster, oberster, privater, wissenschaftlicher *usw* E.⟩: *ein Problem auf internationaler E. diskutieren* **3** *Geometrie*; e-e Fläche, die weder begrenzt noch gekrümmt ist ⟨*mst* e-e schiefe E.⟩ **4** ein Stockwerk (in e-m großen modernen Gebäude)

e·ben·er·dig *Adj*; *bes* zu ebener Erde, im Erdgeschoss: *Die Wohnung liegt e.*

e·ben·falls *Partikel*; *betont* ≈ auch[1] (1), gleichfalls, ebenso: *Als ich die Party verließ, ging er e.*; *„Ich wünsche Ihnen alles Gute." - „Danke, e.!"*

E·ben·holz *das*; e-e Art von schwarzem, hartem Holz ⟨schwarz wie E.⟩: *Schnitzereien aus E.*

e·ben·mä·ßig *Adj*; *geschr*; so, dass es wohlgeformt ist u. harmonische Proportionen hat ⟨ein Körper, ein Gesicht⟩ ‖ *hierzu* **E·ben·maß** *das*; *nur Sg*; **E·ben·mä·ßig·keit** *die*; *mst Sg*

e·ben·so *Partikel*; *betont* ≈ auch[1] (1), ebenfalls ⟨e. gut, lange, oft, sehr, viel, wenig⟩

E·ber *der*; *-s*, -; ein männliches Schwein ↔ Sau

E·ber·esche *die*; ein Laubbaum mit kleinen, runden, gelben od. roten Früchten (die Vögel gern fressen)

eb·nen; *ebnete*, *hat geebnet*; [Vt] ***etw. e.*** etw. eben[1] (2) machen ⟨ein Beet, ein Feld, e-e Straße, e-n Weg *o.Ä.* e.⟩ ‖ ID ↑ ***Weg***

e·chauf·fie·ren [eʃɔ'fiːrən], **sich**; *echauffierte sich*, *hat sich echauffiert*; [Vr] ***sich*** (***über j-n / etw.***) ***e.*** *geschr veraltend* ≈ sich (über j-n / etw.) aufregen (3)

Ẹ·cho *das*; *-s*, *-s*; **1** die Erscheinung, dass *mst* Gesprochenes od. Gerufenes noch einmal zu hören ist, wenn es auf e-n Berg *o.Ä.* trifft **2** *nur Sg*; ***das E.*** (***auf etw.*** (*Akk*)) die *mst* öffentliche Reaktion auf etw. ≈ Resonanz ⟨ein starkes, schwaches, lebhaftes, anhaltendes E. haben, finden⟩: *Die Rede des Politikers fand kein E. bei den Wählern*

Ech·se ['ɛksə] *die*; -, *-n*; ein Reptil mit länglichem Körper und vier Beinen (wie *z.B.* ein Krokodil)

ẹcht[1], *echter*, *echtest-*; *Adj*; **1** *nicht adv*; nicht gefälscht, nicht kopiert ↔ imitiert, falsch (3): *ein Armband aus echtem Gold*; *ein echter Pelz*; *Das Bild ist ein echter Rembrandt* **2** *nicht adv*; nicht nur dem äußeren Schein nach ≈ wahr (2), wirklich (2) ↔ unecht: *e-e echte Freundschaft*; *Ihre Freude über meinen Besuch war nicht gespielt, sondern e.* **3** *nur attr*, *nicht adv*; mit den charakteristischen Eigenschaften e-r Person od. Sache ≈ typisch: *Er ist ein echter Münchner* ‖ NB: Steigerung nur in der gesprochenen Sprache möglich ‖ *zu* **1 Ẹcht·heit** *die*; *nur Sg*

ẹcht[2] *Partikel*; *betont*, *gespr*; **1** verwendet, um ein Adjektiv, ein Adverb od. ein Verb zu verstärken ≈ wirklich (3): *Das hast du e. toll gemacht!* **2** verwendet, um Überraschung, Begeisterung *o.Ä.* auszudrücken: *„Ich habe im Lotto gewonnen!" - „E.?"*

-echt *im Adj*, *wenig produktiv*; (*bes* in der Sprache der Werbung verwendet) drückt aus, dass etw. haltbar od. widerstandsfähig (gegen etw.) ist ≈ -fest; ***farbecht*** ⟨ein Material, ein Stoff⟩, ***kussecht*** ⟨ein Lippenstift⟩, ***lichtecht*** ⟨e-e Textilfarbe⟩

Eck *das*; *-s, -e / südd -en*; **1** *südd* ≈ Ecke **2 *über E.*** *gespr* ≈ diagonal: *e-e Serviette über E. zusammenlegen*

Eck- *im Subst, begrenzt produktiv*; verwendet zur Bezeichnung e-r Orientierungsmarke ≈ Richt-; die ***Eckdaten*** / die ***Eckwerte*** ⟨e-r Planung⟩, der ***Ecklohn*** ⟨der Arbeiter⟩, der ***Eckzins*** ⟨der Sparkassen, für Spargeld⟩

-eck *das*; *-s, -e*; *im Subst, begrenzt produktiv*; bezeichnet e-e geometrische Figur mit der genannten Zahl von Ecken; ***Dreieck, Viereck, Fünfeck*** *usw*; ***Vieleck***

Eck·ball *der*; (*bes* beim Fuß- u. Handball) ein Schuss bzw. Wurf, mit dem der Ball von e-r Ecke (1) des Spielfeldes aus wieder ins Spiel gebracht wird

Eck·bank *die*; e-e Bank[1] (1) aus zwei Teilen, die e-n Winkel von 90° bilden

E·cke *die*; *-, -n*; **1** der Punkt, wo sich zwei Linien od. Flächen treffen u. e-n Winkel (*mst* von 90°) bilden: *die E. e-s Buches, Tisches, Zimmers, Würfels*; *Ich habe mich an der E. des Schrankes gestoßen* || K-: ***Eck-, -fenster, -platz, -punkt, -schrank*** **2** der Ort, an dem sich zwei Straßen treffen: *das Haus an der E.* || K-: ***Eck-, -gebäude, -haus*** **3** *gespr*; ein kleines Stück ⟨e-e E. Wurst, Käse *usw*⟩ || -K: ***Käse-*** **4** *gespr*; ein Teil e-s Landes, e-s Ortes, Platzes, Gartens *o.Ä.* ≈ Winkel: *e-e entlegene E. der Stadt* **5** *Sport*; (*bes* beim Fuß- u. Handball) ≈ Eckball ⟨*mst* e-e E. treten, ausführen⟩ || K-: ***Eck-, -fahne*** || ID ***an allen Ecken und Enden*** *gespr*; überall; ⟨gleich⟩ ***um die E.*** ⟨wohnen⟩ *gespr*; ganz in der Nähe (wohnen); ***noch e-e ganze / ziemliche E.*** *gespr*; noch relativ weit; ***j-n um die E. bringen*** *gespr euph*; j-n töten; ***mit j-m um / über sieben Ecken verwandt*** *gespr*; sehr entfernt verwandt

e·ckig *Adj*; **1** mit Ecken ↔ rund: *ein eckiger Tisch* || ↑ *Abb. unter* ***Eigenschaften*** **2** taktlos, unhöflich ⟨ein Benehmen, ein Verhalten⟩ **3** ≈ ungeschickt ↔ harmonisch ⟨Bewegungen⟩

-eckig *im Adj, begrenzt produktiv*; mit der genannten Zahl von Ecken; ***dreieckig, viereckig, fünfeckig*** *usw*; ***vieleckig***

Eck·pfei·ler *der*; **1** der Pfeiler an der Ecke e-s Gebäudes, der die Funktion hat, das Gebäude zu tragen ≈ Säule **2** *geschr*; ein wichtiges Element, auf dem etw. basiert ≈ Stütze: *die Eckpfeiler e-r Theorie, der Gesellschaft*

Eck·stoß *der*; ein Eckball (beim Fußball)

Eck·zahn *der*; ein spitzer Zahn zwischen den Schneidezähnen u. den Backenzähnen

ECU [e'ky:] *der*; *-(s), -(s) od die*; *-, -*; (*Abk für* European Currency Unit) e-e Recheneinheit, die e-e gemeinsame Basis für alle Währungen in der Europäischen Union bildet

Ed. *Abk für* Edition, Ausgabe[2] (1)

ed. *Abk für* herausgegeben von ≈ hg., hrsg.

e·del, *edler, edelst-*; *Adj*; **1** so, dass der Betroffene dabei nicht egoistisch ist, sondern an die anderen denkt od. nach hohen moralischen Prinzipien handelt ≈ selbstlos ⟨ein Mensch, ein Spender; e-e Gesinnung, e-e Tat⟩ **2** *mst attr*; von sehr guter Qualität (u. teuer) ⟨Schmuck, Wein, Hölzer⟩ **3** *geschr*; von schöner, gleichmäßiger Form ⟨ein Wuchs, e-e Gestalt⟩ **4** *veraltet* ≈ adelig: *Er ist von edlem Geschlecht* || K-: ***Edel-, -leute*** || NB: *edel* → *e-e edle Gesinnung*

E·del·gas *das*; ein gasförmiges chemisches Element, das unter normalen Bedingungen keine Verbindung eingeht, wie *z.B.* Helium u. Neon

E·del·me·tall *das*; ein wertvolles Metall, das nicht rostet (*z.B.* Silber, Gold, Platin)

E·del·mut *der*; *nur Sg, geschr*; edles (1) Denken u. Handeln || *hierzu* **e·del·mü·tig** *Adj*

E·del·stahl *der*; *nur Sg*; ein sehr harter Stahl, der mit bestimmten Metallen vermischt ist: *e-e Bratpfanne aus rostfreiem E.*

E·del·stein *der*; ein Stück e-s seltenen, wertvollen Minerals (*z.B.* e-s Smaragds, Rubins, Diamanten): *ein Ring mit Edelsteinen*

E·del·weiß *das*; *-(es), -e*; e-e Blume mit e-r weißen Blüte in Form e-s Sterns, die im Hochgebirge wächst

E·den *nur in* ***der Garten E.*** *geschr, lit*; verwendet als Bezeichnung für das Paradies

e·di·e·ren; *edierte, hat ediert*; [Vt] ***etw. e.*** *geschr* ≈ herausgeben (3)

E·dikt *das*; *-(e)s, -e*; *hist*; e-e Anordnung, die *bes* ein Kaiser, König od. Fürst erlässt ⟨*mst* ein E. erlassen⟩: *das E. von Nantes*

E·di·ti·on [edi'tsio:n] *die*; *-, -en*; *geschr*; **1** das Drucken u. Publizieren von Büchern od. Zeitungen ≈ Herausgabe **2** ein *mst* wissenschaftlich bearbeitetes Werk ≈ Ausgabe[2] (1) ⟨*mst* e-e historische, wissenschaftliche E.⟩

EDV [e:de'fau] *die*; *-*; *nur Sg*; *Abk für* elektronische Datenverarbeitung || K-: ***EDV-Gerät, EDV-Kurs, EDV-Programm, EDV-System***

E·feu *der*; *-s*; *nur Sg*; e-e Pflanze, die *bes* an Mauern u. Bäumen hochwächst u. deren Blätter im Winter grün bleiben

Eff·eff *nur in* ***etw. aus dem E. können / beherrschen / wissen*** *gespr*; etw. sehr gut u. ohne Mühe können / beherrschen / wissen

Ef·fekt *der*; *-(e)s, -e*; **1** das Ergebnis e-r Handlung ≈ Wirkung ⟨etw. hat keinen, wenig, großen E.⟩: *Deine ständige Kritik hat den E., dass niemand mit dir arbeiten will* **2** etw., mit dem e-e bestimmte Reaktion, *z.B.* Bewunderung od. Erstaunen, hervorgerufen werden soll ≈ Trick (3) ⟨ein optischer, modischer, billiger, plumper E.⟩

Ef·fek·ten *die*; *Pl*, *Bank*; Wertpapiere, die an der Börse gehandelt werden || K-: ***Effekten-, -börse***

Ef·fekt·ha·sche·rei *die*; *-*; *nur Sg*, *pej*; der Versuch, andere durch Effekte (2) stark zu beeindrucken, obwohl die Leistungen nicht gut sind ⟨billige E.⟩

ef·fek·tiv [-f] *Adj*; **1** so, dass vorhandene Möglichkeiten gut ausgenutzt werden ≈ wirksam, erfolgreich: *Er könnte effektiver arbeiten, wenn er nicht dauernd gestört würde* **2 *der effektive Gewinn*** ≈ Nettogewinn **3** *nur adv, gespr*; verwendet, um e-e Aussage zu verstärken: *Ich habe e. nichts erreicht* || NB: *zu* **3**: *mst* in verneinten Aussagen verwendet || *zu* **1 Ef·fek·ti·vi·tät** *die*; *-*; *nur Sg*

ef·fekt·voll *Adj*; so, dass es durch bestimmte Effekte (2) die Aufmerksamkeit auf sich zieht: *ein effektvoller Auftritt*

ef·fi·zi·ent [ɛfi'tsiɛnt], *effizienter, effizientest-*; *Adj*; *geschr*; wirkungsvoll u. (ökonomisch) sinnvoll od. nützlich: *der effiziente Einsatz der EDV in der Buchhaltung* || *hierzu* **Ef·fi·zi·enz** *die*; *-, -en*

EG [e:'ge:] *die*; *-*; *nur Sg*; (*Abk für* Europäische Gemeinschaft) ↑ ***europäisch***

e·gal *Adj*; *nur präd, ohne Steigerung, nicht adv, gespr*; **1 *etw. ist e.*** etw. ist ohne Bedeutung für etw.: Es *ist egal*, *ob du heute kommst oder morgen* **2 *e.*** + *Fragewort* drückt aus, dass es keine Rolle spielt, wie, wo, wann *usw* etw. passiert od. wer etw. macht: *E. was ich tue, niemand beachtet mich* **3 *etw. ist j-m e.*** etw. interessiert j-n nicht: *Mir ist e.*, wann *du nach Hause kommst* **4 *j-m e. sein*** für j-n keinerlei Bedeutung (mehr) haben: *Sie hat ihn früher geliebt, aber jetzt ist er ihr e.*

E·gel *der*; *-s, -*; ↑ ***Blutegel***

Eg·ge *die*; *-, -n*; ein großes landwirtschaftliches Gerät, das von e-m Traktor gezogen wird u. mit vielen

Spitzen die Erde nach dem Pflügen klein macht || *hierzu* **eg·gen** (*hat*) *Vt / i*

E·go·is·mus [ego'ɪsmʊs] *der*; *nur Sg*, *mst pej*; die Eigenschaft, immer nur an sich selbst u. seinen Vorteil zu denken ≈ Selbstsucht ↔ Altruismus

E·go·ist [ego'ɪst] *der*; *-en*, *-en*; *pej*; j-d, der immer nur an sich selbst u. seinen Vorteil denkt ↔ Altruist || NB: *der Egoist*; *den, dem, des Egoisten* || *hierzu* **e·go·is·tisch** *Adj*

E

E·go·zent·ri·ker *der*; *-s*, -; *mst pej*; j-d, der (noch stärker als ein Egoist) nur an sich selbst und seinen Vorteil denkt || *hierzu* **e·go·zent·risch** *Adj*

eh [eː] *Partikel*; *betont*, *südd gespr* ≈ ohnehin, sowieso: *Du brauchst mir nichts zu erzählen, ich weiß es eh schon* || ID ***seit eh u. je*** *gespr*; schon immer; ***wie eh u. je*** *gespr*; wie schon immer

e·he ['eːə] *Konjunktion*; *geschr* ≈ bevor (1,2): *Ehe ich nicht weiß, was er will, reagiere ich nicht*

E·he ['eːə] *die*; -, *-n*; **1** die Lebensgemeinschaft, in der sich ein Mann u. e-e Frau befinden, nachdem sie einander geheiratet haben ⟨e-e gute, harmonische Ehe führen; j-m die Ehe versprechen; e-e kinderlose, zerrüttete Ehe; e-e Ehe scheitert, wird aufgelöst, wird geschieden⟩: *Sie hat ein Kind aus erster Ehe u. zwei Kinder aus zweiter Ehe* || K-: ***Ehe-, -bett, -gatte, -gattin, -gemeinschaft, -partner, -ring, -scheidung*** **2** ***e-e Ehe schließen*** als Priester od. Standesbeamter die Zeremonie e-r Trauung durchführen **3** ***e-e Ehe schließen / eingehen*** ≈ heiraten (1) **4** ***wilde Ehe*** *veraltend*; das Zusammenleben e-s Mannes und e-r Frau, die nicht miteinander verheiratet sind ⟨*mst* in wilder Ehe leben⟩ **5** ***die Ehe brechen*** sexuelle Kontakte außerhalb der Ehe haben

e·he·ähn·lich *Adj*; *mst attr, nicht adv*; so, als wäre man verheiratet ⟨e-e Gemeinschaft, ein Verhältnis⟩

E·he·be·ra·tung *die*; *mst Sg*; e-e *mst* kirchliche od. staatliche Stelle, bei der Ehepaare Rat u. Hilfe finden, wenn sie Probleme in ihrer Ehe haben ⟨zur E. gehen⟩ || K-: ***Eheberatungs-, -stelle*** || *hierzu* **E·he·be·ra·ter** *der*; **E·he·be·ra·te·rin** *die*

E·he·bre·cher *der*; *-s*, -; j-d, der Ehebruch begeht od. begangen hat || *hierzu* **E·he·bre·che·rin** *die*; -, *-nen*; **e·he·bre·che·risch** *Adj*

E·he·bruch *der*; *mst Sg*; e-e sexuelle Beziehung e-r verheirateten Person zu e-m Partner außerhalb der Ehe ⟨*mst* E. begehen⟩

E·he·frau *die*; die Frau, mit der ein Mann verheiratet ist ≈ Frau (2)

E·he·krach *der*; *gespr*; ein Streit zwischen Ehepartnern

E·he·leu·te *die*; *Pl* ≈ Ehepaar

e·he·lich *Adj*; **1** als Kind verheirateter Eltern geboren ↔ unehelich ⟨ein Kind⟩ **2** *nur attr, nicht adv*; auf die Ehe bezogen ⟨Rechte, Pflichten, die Gemeinschaft⟩ || *zu* **1 E·he·lich·keit** *die*; *nur Sg*

e·he·li·chen; *ehelichte, hat geehelicht*; Vt ***j-n e.*** *veraltet* ≈ heiraten

e·he·los *Adj*; *geschr* ≈ unverheiratet ⟨e. bleiben, leben⟩ || *hierzu* **E·he·lo·sig·keit** *die*; *nur Sg*

e·he·ma·li·g- *Adj*; *nur attr, nicht adv*; so, dass es der Vergangenheit angehört od. nicht mehr vorhanden ist ≈ früher- (2): *meine ehemalige Freundin*; *sein ehemaliger Chef*; *die ehemalige DDR*

e·he·mals *Adv*; *veraltend*; vor (relativ) langer Zeit

E·he·mann *der*; der Mann, mit dem e-e Frau verheiratet ist ≈ Mann (2)

E·he·paar *das*; ein Mann u. e-e Frau, die miteinander verheiratet sind

e·her ['eːɐ] *Adv*; *ohne Steigerung*; **1** *Komparativ zu bald*[1] *(1)* ≈ früher: *je e., umso besser*; *Morgen musst du e. aufstehen als heute, wenn du nicht wieder zu spät kommen willst* **2** *gespr*; verwendet, um auszudrücken, dass man etw. zwar ungern tut, aber es trotzdem etw. anderem vorzieht ≈ lieber: *E. gehe ich zu Fuß, als ein teures Taxi zu nehmen* **3** *gespr*; verwendet, um auszudrücken, dass j-d / etw. mehr durch e-e bestimmte Eigenschaft *o.Ä.* charakterisiert ist als durch e-e andere ≈ mehr: *Die Sonne ist heute e. rot als gelb*

E·he·recht *das*; *nur Sg*; *Jur*; alle Gesetze, die die Ehe betreffen

e·hern ['eːɐn] *Adj*; **1** *lit*; aus Eisen ⟨ein Schwert, e-e Rüstung⟩ **2** *geschr*; so, dass es nicht od. nur schwer geändert od. zerstört werden kann ≈ unumstößlich ⟨ein Bündnis, ein Gesetz, ein Wille⟩

E·he·schlie·ßung *die*; *Admin geschr*; die offizielle Zeremonie (beim Standesbeamten), bei der ein Mann u. e-e Frau heiraten

e·hes·t- *nur in* ***am ehesten*** *Adv*; **1** *Superlativ zu bald*[1] *(1)*; nach der kürzesten Zeit ≈ am frühesten: *Er ist am ehesten am Ziel angekommen* **2** *Superlativ zu eher*; mit größter Wahrscheinlichkeit: *Am ehesten ist möglich*, dass *ich ins Ausland gehe* **3** verwendet als Superlativ zu eher (2), um auszudrücken, dass man eine von mehreren Möglichkeiten als am wenigsten unangenehm empfindet: *Ich mag Hausarbeit nicht - aber am ehesten mag ich noch das Abspülen*

E·he·stand *der*; *nur Sg*, *Admin geschr*; *mst* ***in den E. treten*** ≈ heiraten

ehr·bar *Adj*; *geschr*; ⟨ein Bürger, ein Mensch⟩ so, dass sie sich verhalten, wie es Sitte u. Moral erfordern ≈ geachtet || *hierzu* **Ehr·bar·keit** *die*; *nur Sg*

Ehr·be·griff *der*; *mst Sg*; die Vorstellung, die j-d davon hat, wie man sich verhalten muss, um Ehre (1) zu haben

Eh·re *die*; -, *-n*; **1** *nur Sg*; das Bewusstsein, das man von seiner eigenen Würde u. von seinem Wert innerhalb der Gesellschaft hat ⟨seine E. wahren, verlieren; j-s E. verletzen⟩: *Durch die Bemerkung fühlte er sich in seiner E. gekränkt* || K-: ***Ehr-, -verlust*** **2** e-e Handlung od. ein Zeichen, mit denen andere Menschen e-r Person / Sache Respekt erweisen ⟨j-m E., große Ehren erweisen⟩ **3** ***j-n in Ehren halten*** j-n mit viel Respekt behandeln **4** ***zu Ehren*** + *Gen* um j-n zu ehren: *e-e Festrede zu Ehren des Bürgermeisters* **5** *nur Sg*, *veraltet* ≈ Jungfräulichkeit ⟨*mst* e-m Mädchen die E. nehmen / rauben; die E. verlieren⟩ || ID *mst* ***Ich habe die E. / Es ist mir e-e E.*** ⟨Sie bei mir begrüßen zu dürfen⟩ *geschr*; ich fühle mich geehrt (Sie hier als meinen Gast zu haben); *mst* ***Zu seiner / ihrer E. muss ich sagen, dass ...*** um gerecht zu sein, muss ich sagen, dass ...; ***j-m die letzte E. erweisen*** *geschr*; zu j-s Beerdigung gehen; ***auf E. u. Gewissen***; ***bei meiner E.*** verwendet, um die Wahrheit e-r Aussage zu betonen

Eh·ren- *im Subst*, *begrenzt produktiv*; **1** verwendet, um auszudrücken, dass das im zweiten Wortteil Genannte dazu dient, j-n zu ehren (1); die ***Ehrenfeier***, das ***Ehrengeleit***, der ***Ehrenplatz***, der ***Ehrenpreis***, der ***Ehrensalut***, die ***Ehrensalve***, das ***Ehrenspalier***, der ***Ehrentitel***, die ***Ehrenurkunde***, die ***Ehrenwache*** **2** verwendet, um auszudrücken, dass j-d e-n Titel nicht auf übliche Weise erworben hat, sondern dass ihm dieser Titel verliehen wurde; das ***Ehrenmitglied***, der ***Ehrenpräsident***

eh·ren; *ehrte, hat geehrt*; Vt **1** ***j-n e.*** j-m Ehre (2) erweisen ≈ achten: *seine Eltern e.*; *j-m ein ehrendes Andenken bewahren* **2** ***etw. ehrt j-n*** j-d fühlt sich durch etw. respektiert u. anerkannt: *Ihr Vertrauen ehrt mich* **3** ***j-n*** (***mit etw.***) (***für etw.***) ***e.*** j-m e-e Auszeichnung verleihen: *j-n mit e-r Urkunde für seine Leistungen e.*

eh·ren·amt·lich *Adj*; so, dass die Person, die die Tätigkeit ausübt, nicht dafür bezahlt wird ⟨e-e Funktion⟩: *Sie arbeitet als ehrenamtliche Helferin für das Rote Kreuz* || *hierzu* **Eh·ren·amt** *das*

Eh·ren·bür·ger *der*; **1** *nur Sg*; verwendet als Titel, den j-d für besondere Leistungen von e-r Stadt od. Gemeinde bekommt: *j-m für seine Verdienste für die Stadt den Titel / die Würde e-s Ehrenbürgers verleihen* **2** e-e Person, die diesen Titel erhalten hat || *zu* **1 Eh·ren·bür·ger·schaft** *die*; *mst Sg*

Eh·ren·dok·tor *der*; **1** *nur Sg*; ein akademischer Titel, den j-d für besondere Leistungen von e-r Universität bekommt, ohne e-e Dissertation an dieser Universität geschrieben (oder e-e Prüfung gemacht) zu haben; *Abk* Dr. h.c. / Dr. E.h. **2** e-e Person, die diesen Titel erhalten hat

Eh·ren·gast *der*; ein besonders wichtiger Gast bei e-m Fest od. e-r Veranstaltung

eh·ren·haft *Adj*; den Idealen der Ehre (1) entsprechend ≈ rechtschaffen: *ein ehrenhafter Mann* || *hierzu* **Eh·ren·haf·tig·keit** *die*; *nur Sg*

eh·ren·hal·ber *Adv*; um j-n zu ehren (3): *j-m e-n Titel e. verleihen*

Eh·ren·mal *das*; *-s, -e / Eh·ren·mä·ler*; ein Denkmal, das an die Soldaten erinnert, die im Krieg getötet wurden

Eh·ren·mann *der*; j-d, der sich ehrenhaft verhält

Eh·ren·mit·glied *das*; ein *mst* prominentes Mitglied in einem Club, e-r Partei *o.Ä.*, das keinen Beitrag zahlen muss || *hierzu* **Eh·ren·mit·glied·schaft** *die*

Eh·ren·rech·te *die*; *Pl*; *mst in* ***bürgerliche E.*** *Kollekt*; bestimmte Rechte, die jeder Staatsbürger hat, wie *z.B.* das Recht, wählen zu dürfen, od. das Recht, e-e öffentliche Funktion auszuüben ⟨j-m die bürgerlichen E. aberkennen⟩

Eh·ren·ret·tung *die*; *mst in* ***etw. zu j-s E. sagen*** *oft hum*; etw. sagen, um die persönliche Ehre (1) e-r anderen Person zu verteidigen

eh·ren·rüh·rig *Adj*; ⟨e-e Behauptung⟩ so, dass sie j-s Ehre (1) verletzt: *sich e. über j-n äußern*

Eh·ren·sa·che *die*; *mst in* ***Das ist doch E.!*** *gespr*; verwendet, um auszudrücken, dass etw. ganz natürlich u. selbstverständlich ist

Eh·ren·tag *der*; *geschr*; ein besonderer Tag, *z.B.* ein Geburtstag od. Jubiläum, an dem j-d geehrt wird ⟨seinen E. begehen⟩

eh·ren·voll *Adj*; ⟨ein Amt, e-e Aufgabe⟩ so, dass sie Ehre (2) u. Anerkennung für j-n bringen

Eh·ren·wa·che *die*; e-e Gruppe *mst* von Soldaten, die vor e-m Denkmal od. zu Ehren e-r hohen Persönlichkeit Wache hält

Eh·ren·wort *das*; *nur Sg*; *mst in* ***j-m sein E.*** (***auf etw.*** (*Akk*)) ***geben*** j-m etw. feierlich h versprechen od. versichern: *Ich gebe dir mein E.* (darauf), dass *ich nichts weitersage*

ehr·er·bie·tig *Adj*; *geschr* ≈ respektvoll || *hierzu* **Ehr·er·bie·tig·keit** *die*; *nur Sg*; **Ehr·er·bie·tung** *die*; *nur Sg*

Ehr·furcht *die*; *nur Sg*; ***E.*** (***vor j-m / etw.***) Respekt vor der Würde e-r Person / der Bedeutung e-r Sache ⟨j-m E. einflößen⟩: *E. vor dem Alter haben* || *hierzu* **ehr·fürch·tig** *Adj*; **ehr·furchts·voll** *Adj*

Ehr·ge·fühl *das*; *nur Sg*; **1** ***j-s E. verletzen*** j-n kränken od. beleidigen **2** ***kein E.*** (***im Leib***) ***haben*** unehrenhaft u. würdelos handeln

Ehr·geiz *der*; *nur Sg*; ein starkes Bemühen um Erfolg u. Ruhm ⟨ein gesunder, krankhafter E.; den E. haben, etw. zu tun; j-s E. anstacheln⟩: *Er hatte den E., der Beste in der Klasse zu sein* || *hierzu* **ehr·gei·zig** *Adj*

ehr·lich *Adj*; **1** so, dass der Betroffene die Wahrheit sagt, nicht lügt u. nichts verschweigt ≈ aufrichtig: *„Sei e., glaubst du das?" - „E. gesagt, nein"* **2** so, dass der Betroffene niemanden betrügt: *ein ehrlicher Mensch*; *ehrliche Absichten haben*; *es e. mit j-m meinen* **3** nicht vorgetäuscht, sondern wirklich empfunden ⟨Gefühle, Freude, Trauer *usw*⟩ **4** ***etw. e. verdient haben*** etw. wirklich verdient haben || ID ***E. währt am längsten*** wer e. ist, wird am Ende mehr Erfolg haben als j-d, der lügt od. betrügt || *zu* **2** u. **3** **Ehr·lich·keit** *die*; *nur Sg*

ehr·los ohne Ehre (1) ⟨*mst* ein Schurke⟩ || *hierzu* **Ehr·lo·sig·keit** *die*; *nur Sg*

Eh·rung *die*; *-, -en*; e-e Zeremonie, bei der j-d geehrt (3) wird || -K: ***Sieger-***

ehr·wür·dig *Adj*; *nicht adv*; geachtet u. geehrt, *mst* auch weil er / sie / es schon so alt ist ⟨e-e Tradition, ein Brauch, ein Denkmal; ein Greis⟩

ei *Interjektion*; (*mst* im Umgang mit Kindern) verwendet, um Erstauunnen *o.Ä.* auszudrücken od. um ein Kind zu trösten

Ei *das*; *-(e)s, -er*; **1** ein *mst* ovales Gebilde, das aus dem Körper bestimmter weiblicher Tiere kommt u. aus dem sich ein junges Tier entwickelt (*z.B.* ein Vogel, ein Reptil) ⟨ein Vogel / Reptil legt Eier, brütet Eier aus, schlüpft aus dem Ei⟩ || -K: ***Hühner-, Schlangen-, Vogel-*** **2** das Ei (1) *bes* e-s Huhns als Nahrungsmittel ⟨ein frisches, altes, faules, rohes, weiches / weich gekochtes, hartes / hart gekochtes Ei; Eier kochen⟩: *sich zwei Eier in die Pfanne schlagen* || ↑ *Abb. unter* **Frühstückstisch** || K-: ***Ei-, -dotter***; ***Eier-, -schale*** **3** e-e Geschlechtszelle e-s weiblichen Lebewesens, aus der nach der Verschmelzung mit e-r Samenzelle ein Mensch od. ein Tier heranwächst: *Das reife Ei wird befruchtet u. nistet sich in der Gebärmutter ein* || K-: ***Ei-, -zelle*** **4** *mst Pl, gespr!* ≈ Hoden || ID *mst* ***Das ist ein dickes Ei!*** *gespr*; verwendet, um auszudrücken, dass man über etw. empört ist; ⟨Personen⟩ ***gleichen sich wie ein Ei dem anderen*** zwei od. mehrere Personen sind / sehen sich sehr ähnlich; ***wie auf Eiern gehen*** *gespr*; sehr vorsichtig od. unsicher gehen; ***j-n / etw. wie ein rohes Ei behandeln*** j-n / etw. sehr vorsichtig behandeln; ***wie aus dem Ei gepellt aussehen*** *gespr*; sesehr elegant gekleidet sein u. gepflegt aussehen; ***das Ei des Kolumbus*** *geschr*; e-e sehr einfache, jedoch geschickte Lösung || NB: ↑ ***Apfel*** || *zu* **1** u. **2** **ei·för·mig** *Adj*

-ei *die*; *-, -en*; *im Subst, sehr produktiv*; **1** *nach Subst*; der Betrieb, in dem der genannte Beruf ausgeübt wird; ***Bäckerei, Druckerei, Gärtnerei, Metzgerei, Tischlerei*** **2** *nach Subst, mst pej*; e-e Handlung od. ein Verhalten wie das im ersten Wortteil Genannte; ***Barbarei, Besserwisserei, Betrügerei, Dieberei, Drückebergerei, Eigenbrötelei, Eselei, Ferkelei, Flegelei, Gaunerei, Geschäftemacherei, Lumperei, Philisterei, Preistreiberei, Prinzipienreiterei, Sauerei, Schurkerei, Schweinerei, Teufelei, Tölpelei, Tyrannei*** **3** *nach Verb, nur Sg, bes gespr pej*; verwendet, um auszudrücken, dass die genannte Handlung lästig ist, dass sie oft geschieht od. lange dauert ≈ Ge- (2); ***Brüllerei, Bummelei, Drängelei, Fahrerei, Fragerei, Fresserei, Herumhockerei, Heuchelei, Heulerei, Jammerei, Lauferei, Phrasendrescherei, Plackerei, Quengelei, Rennerei, Schlamperei, Schufterei, Schwarzseherei, Trödelei*** **4** *nach Verb*; etw., das durch die genannte Handlung entsteht (entstanden ist); ***Bastelei, Häkelei, Malerei, Schmiererei, Schnitzerei, Stickerei*** || NB: *zu* **2, 3** u. **4**: oft mit *-er* vor *-ei*

Ei·be *die*; *-, -n*; e-e Art kleiner, Nadelbaum mit kleinen u. giftigen roten Früchten

Ei·che *die*; *-, -n*; **1** ein großer Laubbaum mit sehr hartem Holz ⟨e-e knorrige, mächtige E.⟩: *Die ovalen Früchte der E. heißen Eicheln* || K-: ***Eichen-, -holz, -laub, -wald*** **2** *nur Sg*; das Holz der E. (1):

E

ein Bett aus E.; *ein Schlafzimmer in E.* || K-: ***Eichen-, -sarg, -schrank, -tisch***

Ei·chel *die*; -, *-n / Ei·chel* **1** (*Pl Eicheln*) die Frucht der Eiche (1) **2** (*Pl Eicheln*) der vorderste Teil des Penis **3** (*Pl Eichel*) e-e Spielfarbe im deutschen Kartenspiel od. e-e Karte dieser Farbe || NB: ↑ ***Herz*** (6,7) || ↑ *Abb. unter* ***Spielkarten***

ei·chen; *eichte, hat geeicht*; [Vt] ***etw. e.*** Maße u. Messgeräte prüfen u. e-r Norm anpassen ⟨Gewichte, e-e Waage, ein Thermometer *usw* e.⟩ || K-: ***Eich-, -amt, -gewicht, -maß, -meter, -stempel*** || ID ***auf etw. geeicht sein*** *gespr*; etw. besonders gut können, auf etw. spezialisiert sein || *hierzu* **Ei·chung** *die*

Eich·hörn·chen *das*; *-s*, *-*; ein kleines Nagetier mit dichtem, langem Schwanz, das auf Bäume klettert u. Nüsse u. Samen frisst

Eich·kätz·chen *das*; *-s*, *-*; ≈ Eichhörnchen

Eid *der*; *-(e)s*, *-e*; ein *mst* feierliches Versprechen, die Wahrheit zu sagen ≈ Schwur ⟨e-n Eid ablegen, leisten, schwören, brechen; etw. unter Eid aussagen, bezeugen; j-n von e-m / seinem Eid entbinden⟩ || K-: ***Eid-, -bruch***; ***Eides-, -formel, -pflicht*** || ID ***an Eides statt*** *Jur*; an Stelle e-s gerichtlichen Eides; ***der Eid des Hippokrates*** *Med*; das Versprechen, kranken Menschen immer zu helfen, das alle Ärzte ablegen müssen

eid·brü·chig *Adj*; *mst in* ***e. werden*** e-n Eid brechen

Ei·dech·se *die*; -, *-n*; ein kleines Kriechtier mit e-m langen, spitzen Schwanz, den es bei Gefahr abwerfen kann

ei·des·statt·lich *Adj*; *mst in* ***e-e eidesstattliche Erklärung abgeben*** *Jur*; e-e Aussage machen, die so verbindlich ist wie ein Eid vor Gericht

Eid·ge·nos·se *der*; verwendet als Bezeichnung für e-n Staatsbürger der Schweiz

Eid·ge·nos·sen·schaft *die*; ***die schweizerische E.*** der offizielle Name der Schweiz

eid·ge·nös·sisch *Adj*; (*bes Admin*) *geschr*; die Schweiz betreffend

Ei·er·be·cher *der*; ein kleines Gefäß, in dem ein gekochtes Ei serviert wird || ↑ *Abb. unter* ***Frühstückstisch***

Ei·er·koh·le *die*; *mst Pl*; e-e harte u. lang brennende Art von Kohle (die in eiförmigen Stücken verkauft wird)

Ei·er·kopf *der*; *gespr*; **1** *hum*, *oft pej*; ein Kopf, der e-e deutlich ovale Form hat **2** *pej*; verwendet als Schimpfwort für e-n Intellektuellen

Ei·er·ku·chen *der*; e-e Speise aus Eiern, Mehl u. Milch (u. Zucker), die in der Pfanne gebacken wird ≈ Pfannkuchen

ei·ern; *eierte, hat geeiert*; [Vi] ***etw. eiert*** *gespr*; etw. rollt od. dreht sich ungleichmäßig u. wackelt ⟨ein Rad, e-e Schallplatte *usw*⟩

Ei·er·stock *der*; *-(e)*, *Ei·er·stö·cke*; *mst Pl*; eines der beiden Organe im Körper von Frauen u. weiblichen Tieren, in denen die Eier (3) gebildet werden; *Med* Ovarium || K-: ***Eierstock-, -entzündung***

Ei·er·uhr *die*; e-e kleine Sanduhr, mit der ein kurzer Zeitraum (bis ca. 10 Minuten) gemessen wird

Ei·fer *der*; *-s*; *nur Sg*; **1** das starke Bemühen, ein Ziel zu erreichen ⟨blinder E.; j-s E. anstacheln, anspornen⟩: *Heute gehe ich voller E. an die Arbeit, gestern war ich nicht so fleißig* || -K: ***Arbeits-, Lern-*** **2** *mst pej*; e-e leidenschaftliche Gefühlsbewegung, bei der j-d die Kontrolle über sich verliert ⟨voller E.; in E. geraten⟩: *Er war in seinem E. zu weit gegangen* **3** ***mit missionarischem E.*** so, dass man dabei versucht, andere Leute von seiner Meinung zu überzeugen || ID ***im E. des Gefechts*** *gespr*; in der Eile, in der Aufregung

Ei·fe·rer *der*; *-s*, *-*; *mst* ***ein religiöser E.*** j-d, der sich fanatisch für e-e religiöse Idee einsetzt

Ei·fer·sucht *die*; *nur Sg*; ***E.*** (***auf j-n***) die oft übertriebene Angst e-s Menschen, die Liebe od. Aufmerksamkeit e-s anderen Menschen an e-e dritte Person zu verlieren ⟨*mst* blinde, rasende, krankhafte E.⟩

ei·fer·süch·tig *Adj*; ***e.*** (***auf j-n / etw.***) voll Eifersucht

eif·rig *Adj*; voll Eifer (1) ⟨*mst* ein Schüler, ein Student; e. lernen, arbeiten⟩

Ei·gelb *das*; *-(e)s*, *-e*; der gelbe Teil des (Hühner)Eis ≈ Dotter

ei·gen *Adj*; *ohne Steigerung*; **1** *mst attr*, *nicht adv*; verwendet, um auszudrücken, dass etw. j-m / etw. gehört: *Mit 18 Jahren hatte er schon ein eigenes Auto*; *Das kannst du mit deinem eigenen Geld kaufen!*; *Ich habe es mit eigenen Augen gesehen* **2** *mst attr*, *nicht adv*; verwendet, um auszudrücken, dass etw. von einem selbst kommt od. einen selbst betrifft: *etw. auf eigene Verantwortung tun*; *Er hat immer e-e eigene Meinung*; *Es ist ihre eigene Schuld, wenn sie nicht auf uns hört* || K-: ***Eigen-, -anteil, -bedarf, -finanzierung, -initiative, -kapital, -leistung, -verbrauch*** **3** (***etw. ist***) ***j-m / etw. e.*** (etw. ist) für e-e Person / Sache typisch od. charakteristisch: *mit dem ihr eigenen Charme*; *Diese Gesten sind ihm e.* **4** *nur präd*, *nicht adv*; eigenartig, sonderbar: *Sie ist zwar ganz nett, aber ein bisschen e.* **5** ***sich*** (*Dat*) ***etw. zu E. machen*** *geschr* ≈ sich etw. aneignen

-ei·gen *im Adj*, *begrenzt produktiv*; zu j-m / etw. (*mst* e-r Institution) gehörig; ***betriebseigen*** ⟨ein Kurheim⟩, ***firmeneigen*** ⟨ein Fahrzeug⟩, ***staatseigen*** ⟨ein Betrieb⟩, ***universitätseigen*** ⟨e-e Druckerei⟩

Ei·gen·art *die*; etw. (*mst* e-e Verhaltensweise), das typisch für j-n ist ≈ Charakterzug

ei·gen·ar·tig *Adj*; aufgrund ungewöhnlicher Eigenschaften auffällig, schwer verständlich od. schwer erklärbar ≈ merkwürdig: *Er ist ein eigenartiger Mensch. Man weiß nie, was in ihm vorgeht*; *Hier riecht es e.*; *Was ist das für ein eigenartiges Geräusch?* || *hierzu* **ei·gen·ar·ti·ger|wei·se** *Adv*

Ei·gen·bau *der*; *nur Sg*, *gespr*; ***in E.*** indem man es selbst herstellt od. konstruiert: *Unser Haus ist in E. entstanden*

Ei·gen·bröt·ler *der*; *-s*, *-*; *oft pej*; j-d, der Kontakt mit anderen Menschen vermeidet ≈ Sonderling || *hierzu* **ei·gen·bröt·le·risch** *Adj* || *zu* ***Eigenbrötelei*** ↑ ***-ei***

ei·gen·hän·dig *Adj*; *nur attr od adv*; so, dass es von einem selbst gemacht wird od. wurde (u. nicht von j-d anderem): *Wir benötigen Ihre eigenhändige Unterschrift*; *sein Haus e. bauen*

Ei·gen·heim *das*; ein (*mst* ziemlich einfaches) Haus, in dem der Eigentümer selbst wohnt

Ei·gen·heit *die*; -, *-en*; etw. (*mst* ein Merkmal od. e-e Verhaltensweise), das typisch für j-n ist ≈ Eigenart

Ei·gen·le·ben *das*; *nur Sg*; ein Leben, das bestimmt ist von persönlichen Vorstellungen ⟨*mst* ein E. führen, sein E. bewahren⟩

Ei·gen·lie·be *die*; *nur Sg* ≈ Egoismus

Ei·gen·lob *das*; ein Lob, mit dem sich j-d selbst lobt || ID ***E. stinkt*** *gespr*; man soll sich nicht selbst loben

ei·gen·mäch·tig *Adj*; ⟨e-e Entscheidung⟩ so, dass man dafür nicht den nötigen Auftrag od. die Erlaubnis hat ⟨e. handeln, vorgehen; etw. e. bestimmen, entscheiden⟩ || *hierzu* **Ei·gen·mäch·tig·keit** *die*; *nur Sg*

Ei·gen·na·me *der*; ein Name, mit dem man e-e individuelle Person / e-n einzelnen Ort *o.Ä.*- bezeichnet, um sie von anderen zu unterscheiden: *„Schiller", „Italien", „Rhein" u. „Hamburg" sind Eigennamen*

Ei·gen·nutz *der*; *-es*; *nur Sg*; ein (egoistisches) Verhalten mit dem Ziel, sich selbst Vorteile zu verschaffen ⟨etw. ist E.; etw. aus E. tun⟩ || *hierzu* **ei·gen·nüt·zig** *Adj*

Ei·gen·nut·zung *die; Jur;* das Kaufen od. Bauen e-s Hauses od. e-r Wohnung, um selbst darin zu wohnen

ei·gens *Adv;* für e-n besonderen, ganz bestimmten Zweck ≈ extra (3): *Ich habe den Kuchen e. für dich gebacken; Ich habe ihn e. noch daran erinnert, aber er hat es trotzdem vergessen*

Ei·gen·schaft *die; -, -en;* **1** etw., das für j-n / etw. typisch od. kennzeichnend ist: *Eitelkeit ist e-e schlechte E.; Dieses Metall hat die E., leicht verformbar zu sein* || -K: ***Charakter-, Material-*** **2** ***in e-r / j-s E.*** *geschr;* in e-r bestimmten Funktion od. Aufgabe: *Er sprach in seiner E. als Parteichef*

Ei·gen·schafts·wort *das; -(e)s, Ei·gen·schafts·wör·ter* ≈ Adjektiv

Ei·gen·sinn *der; nur Sg;* die Eigenschaft, immer nur das zu tun, was man selbst für richtig hält ≈ Starrsinn || *hierzu* **ei·gen·sin·nig** *Adj;* **Ei·gen·sin·nig·keit** *die; mst Sg*

ei·gen·stän·dig *Adj; geschr* ≈ selbstständig (1) || *hierzu* **Ei·gen·stän·dig·keit** *die; nur Sg*

ei·gent·lich *Partikel; betont u. unbetont;* **1** verwendet, um auf e-n Sachverhalt hinzuweisen, der dem Gesprächspartner *mst* nicht bekannt od. für ihn nicht erkennbar ist ≈ in Wirklichkeit: *E. gehe ich nicht gern in die Disko (aber heute mache ich e-e Ausnahme); E. heißt sie Augustine, aber jeder nennt sie Gusti* **2** verwendet, wenn man von etw. überzeugt ist u. man e-n Irrtum kaum für möglich hält: *E. müsste der Brief jetzt fehlerfrei sein; E. müsste er jetzt zu Hause sein (normalerweise ist er um diese Zeit da)* **3** ≈ genau genommen, streng genommen: *E. darf ich es dir noch nicht sagen, aber ich krieg den Job; E. müsste ich heute lernen (aber ich geh doch mit auf die Party)* **4** verwendet, wenn e-e Erwartung nicht erfüllt wird od. wurde: *E. müsste er schon längst hier sein (vielleicht ist etw. dazwischengekommen); E. hätte sie auch anrufen können* (= ich bin enttäuscht, dass sie nicht angerufen hat) **5** verwendet, um e-n neuen Gedanken in ein Gespräch ein-

Eigenschaften

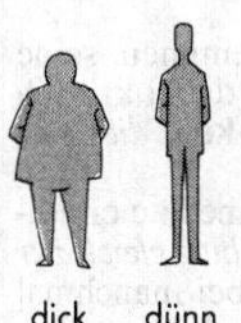

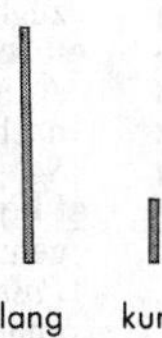

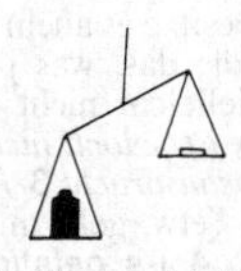

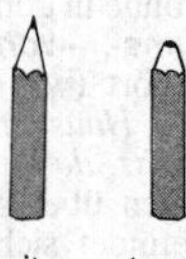

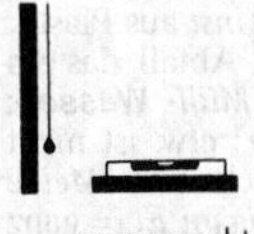

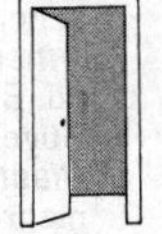

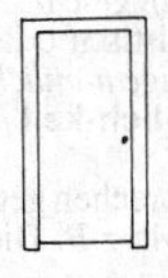

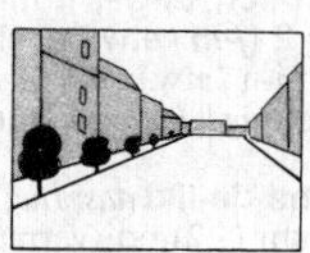

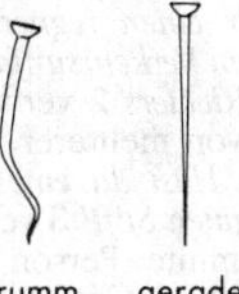

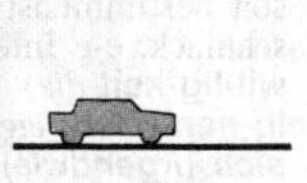

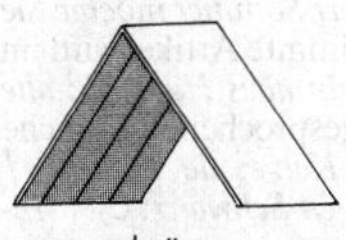

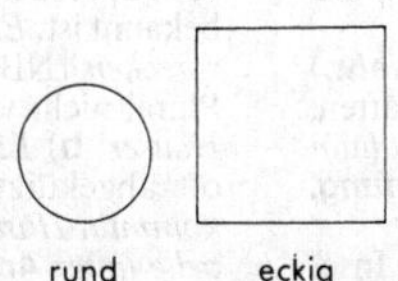

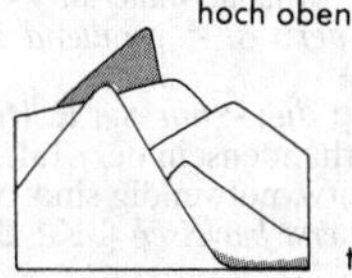

zubringen: *Wie geht es e. deinen Kindern?*; *Wie spät ist es e.?* **6** ≈ ursprünglich: *E. wollte ich schon um zehn Uhr gehen, u. jetzt ist es schon zwölf* **7** verwendet, wenn man (nach einiger Überlegung) zu e-m bestimmten Ergebnis kommt:*1*〉 *8* verwendet, um e-e Aussage einzuschränken: *„Hast du was dagegen, wenn meine Schwester mitkommt?"* - *„E. nicht (aber ich finde die Idee nicht besonders gut)"*

E

ei·gent·li·ch- *Adj*; *nur attr, ohne Steigerung, nicht adv*; **1** den wichtigsten Punkt betreffend: *der eigentliche Anlass unseres Treffens*; *Das eigentliche Problem liegt woanders* **2** der Realität entsprechend ≈ tatsächlich, wirklich (1): *Seine eigentlichen Absichten zeigte er erst später* **3** so, wie es zu Beginn war ≈ ursprünglich, anfänglich: *die eigentliche Bedeutung e-s Wortes*; *Sein eigentlicher Beruf ist Maurer, jetzt arbeitet er als Busfahrer*

Ei·gen·tor *das*; *Sport*; der unabsichtliche Schuss od. Wurf mit e-m Ball *o.Ä.* in das Tor der eigenen Mannschaft || ID ***ein Eigentor schießen*** *gespr*; so handeln, dass man sich selbst dabei schadet

Ei·gen·tum *das*; *-s*; *nur Sg*; **1** das, was j-m gehört ≈ Besitz (1) 〈persönliches, fremdes E.; sich an fremdem E. vergreifen〉: *Dieses Haus ist mein E.* (ich wohne in dem Haus u. besitze es auch) || K-: ***Eigentums-, -wohnung*** **2** *Jur*; das, was j-m rechtlich gehört (was er aber vielleicht nicht besitzt (2)): *Das Haus ist sein E., es ist jedoch nicht in seinem Besitz, da es der Staat beansprucht* **3** *Jur*; das Verfügen über sein E. (2) 〈etw. geht in j-s E. über, befindet sich in j-s E.〉 **4** ***j-s geistiges E.*** etw., das j-d erfunden hat od. e-e Idee, die j-d zuerst gehabt hat

Ei·gen·tü·mer *der*; *-s, -*; *mst Jur*; j-d, dem e-e Sache als Eigentum (1,2) gehört || *hierzu* **Ei·gen·tü·me·rin** *die*; *-, -nen*

ei·gen·tüm·lich, ei·gen·tüm·lich *Adj*; *geschr*; **1** ≈ eigenartig **2** (***j-m / etw.***) ***e.*** charakteristisch od. typisch (für j-n / etw.): *mit der ihm eigentümlichen Handbewegung* || *hierzu* **Ei·gen·tüm·lich·keit** *die*; *nur Sg*

Ei·gen·tums·de·likt *das*; *Jur*; ein Verbrechen gegen j-s Eigentum (1,2) od. Vermögen[2], wie *z.B.* Diebstahl, Betrug, Sachbeschädigung *usw*

ei·gen·ver·ant·wort·lich *Adj*; *geschr*; so, dass der Betroffene selbst allein die Verantwortung für etw. trägt 〈*mst* etw. e. entscheiden〉 || *hierzu* **Ei·gen·ver·ant·wort·lich·keit** *die*; *nur Sg*

ei·gen·wil·lig *Adj*; **1** mit e-m starken eigenen Willen u. nur selten bereit, das zu tun, was andere sagen ≈ eigensinnig **2** so, dass es stark von der Persönlichkeit u. dem Charakter der betreffenden Person bestimmt ist 〈j-s Stil, ein Gedanke, j-s Geschmack, e-e Interpretation *usw*〉 || *zu* **1 Ei·gen·wil·lig·keit** *die*

eig·nen, sich; *eignete sich, hat sich geeignet*; [Vr] **1** ***sich*** (***irgendwie***) ***für etw. e.*** die Eigenschaften od. Fähigkeiten haben, die nötig sind, um e-e bestimmte Funktion zu erfüllen: *Sie eignet sich gut für diesen Beruf* **2** ***etw. eignet sich*** (***irgendwie***) ***als etw.*** etw. hat die Eigenschaften, die nötig sind, um e-n bestimmten Zweck zu erfüllen: *Kork eignet sich gut als Isoliermaterial*

Eig·ner *der*; *-s, -*; *veraltend* ≈ Eigentümer || -K: ***Schiffs-***

Eig·nung *die*; *-*; *nur Sg*; ***E.*** (***für etw.***); ***E.*** (***zu etw.***) (das Vorhandensein der) Talente u. Eigenschaften, die für etw. notwendig sind: *Seine E. zum Studium muss er erst beweisen* || K-: ***Eignungs-, -prüfung, -test***

Ei·land *das*; *-(e)s, -e*; *lit veraltet*; e-e (*mst* kleine) Insel

Eil·bo·te *der*; ein Briefträger, der Eilbriefe *o.Ä.* bringt 〈durch Eilboten〉

Eil·brief *der*; ein Brief, der am Zielort sofort zum Empfänger gebracht wird u. nicht mit der normalen Post verteilt wird

Ei·le *die*; *-*; *nur Sg*; **1** das Bemühen od. der Zwang, etw. schnell zu tun 〈etw. in aller / großer / fieberhafter E. tun; zur E. getrieben werden〉: *Ich habe in der E. vergessen, e-n Schirm mitzunehmen* || K-: ***Eil-, -schritt, -tempo*** **2** ***in E. sein*** (zu) wenig Zeit haben: *Ich kann jetzt nicht reden, ich bin in E.* || ID ***mit etw. hat es*** (***keine***) ***E.*** *gespr*; etw. ist (nicht) sehr dringend, etw. muss (nicht) sehr schnell erledigt werden

Ei·lei·ter *der*; *-s, -*; ein Organ (in der ungefähren Form e-s kleinen Schlauchs) im Körper von Frauen u. weiblichen Tieren, in dem sich ein Ei vom Eierstock zur Gebärmutter bewegt; *Med* Tuba

ei·len; *eilte, hat / ist geeilt*; [Vi] **1** ***irgendwohin e.*** (*ist*) *geschr*; schnell irgendwohin gehen od. fahren: *Sie eilte nach Hause* **2** ***etw. eilt*** (*hat*) etw. ist eilig (1): *Der Brief eilt, er muss sofort zur Post*; [Vimp] (*hat*) **3** ***j-m eilt es mit etw.*** j-d will, dass etw. so schnell wie möglich getan wird

ei·lends *Adv*; *veraltend*; sehr schnell ≈ rasch, unverzüglich

eil·fer·tig *Adj*; *geschr pej*; in dem Bemühen, seine Aufgaben schnell zu erfüllen, ohne dabei kritisch nachzudenken || *hierzu* **Eil·fer·tig·keit** *die*; *nur Sg*

ei·lig *Adj*; **1** sehr wichtig u. daher schnell zu erledigen: *Dieser Brief ist sehr e., bring ihn bitte gleich zur Post!* **2** (zu) schnell gemacht (u. dabei manchmal unachtsam): *Er hat den Brief so e. geschrieben, dass man ihn nur mit Mühe lesen kann* **3** ***es e. haben*** keine od. nur wenig Zeit haben **4** ***es*** (***mit etw.***) ***e. haben*** etw. möglichst bald tun wollen

Eil·zug *der*; *hist*; ein Zug, der auch an relativ kleinen Orten hielt (aber nicht an allen, wie ein Nahverkehrszug)

Ei·mer *der*; *-s, -*; ein rundes Gefäß (*mst* aus Plastik od. Blech) *bes* für Flüssigkeiten od. Abfall, das e-n Bügel zum Tragen hat || -K: ***Abfall-, Müll-, Wasser-; Plastik-*** || ID ***etw. ist im E.*** *gespr*; etw. ist nicht mehr gebrauchsfähig, etw. ist gescheitert: *Meine Uhr kann ich wegwerfen, die ist völlig im E.* (= ganz kaputt); *Nach dieser Pleite waren ihre Pläne im E.* (= ohne Hoffnung auf Erfolg)

ein[1], *eine, ein*; *unbestimmter Artikel*; *unbetont*; **1** verwendet, um e-e bestimmte Person / Sache zu bezeichnen, die vorher noch nicht genannt wurde: *Ich wohne allein in einem großen Haus*; *Dieses Jahr hatten wir einen regnerischen Sommer*; *Er kam durch einen Verkehrsunfall ums Leben*; *Sie ist Tochter eines Richters* **2** verwendet, um e-e (beliebige) einzelne von mehreren möglichen Sachen zu bezeichnen: *Hast du eine Zigarette für mich?*; *Gib mir bitte einen Stift!* **3** verwendet, um e-e nicht näher bestimmte Person / Sache als Vertreter e-r Menge, Art od. Gattung zu bezeichnen: *Ein Hund bleibt dir immer treu*; *Ein Schotte trägt nicht immer e-n Schottenrock* **4** verwendet vor abstrakten Begriffen, die (*mst* durch e-n Relativsatz) näher bestimmt sind: *Er ging mit einer Begeisterung an die Arbeit, die ich bei ihm gar nicht kannte* **5** verwendet vom Sprecher, um auszudrücken, dass ihm j-d unbekannt ist: *Ein (gewisser) Herr Sommer möchte Sie sprechen* || NB: **a)** Der unbestimmte Artikel wird im Plural nicht verwendet: *Sg*: *ein altes Haus*, *Pl*: *alte Häuser*; **b)** *Ein* wird in der gesprochenen Sprache oft abgekürzt: *Sone / So'ne Katze*; *da kommtn / kommt'n Hund mit 'nem langen Schwanz*; **c)** ↑ *Tabelle unter* ***Artikel***

ein², *eine, ein*; *Zahladj*; *betont*; **1** verwendet, um bei zählbaren Begriffen den Zahlenwert 1 auszudrücken: *Jetzt warten wir schon eine Stunde*; *ein Pfund Äpfel*; *Hat sie zwei Autos od. nur ein(e)s?* || NB: **a)** oft durch *nur* od. *einzig-* verstärkt: *Ich hatte nur noch einen Euro / einen einzigen Euro in der Tasche*; **b)** Wenn *ein* vor e-m Subst. steht, wird es wie der unbestimmte Artikel flektiert **2** verwendet, um eine einzelne von mehreren Personen / Sachen zu bezeichnen: *Einer von euch muss hier bleiben*; *„Hier im Wald gibt es Rehe." - „Ja, da läuft eins"* || NB: **a)** verwendet wie ein Substantiv; **b)** Endungen wie beim stark gebeugten Adjektiv **3** ***der / die / das eine*** verwendet, um eine von zwei Personen / Sachen zu bezeichnen: *Der eine Bruder lebt in Amerika* (*u. der andere hier in Köln*) || NB: Endungen wie beim schwach gebeugten Adjektiv **4** *nicht flektiert*; verwendet zur Bezeichnung der Uhrzeit 1 Uhr bzw. 13 Uhr: *Es ist schon ein Uhr* || NB: aber: *Es ist eins* **5** ***ein oder zwei / ein bis zwei / ein, zwei*** *nicht flektiert*; verwendet, um e-e geringe Zahl auszudrücken ≈ ein paar: *Kann ich ein, zwei Tage bei dir übernachten?*; *Es dauert vielleicht ein bis zwei Stunden* **6** ***ein und derselbe / dieselbe / dasselbe*** verwendet, um *derselbe* (*usw*) zu intensivieren: *Das ist alles an ein und demselben Tag passiert* || NB: *ein* bleibt unflektiert **7** ***j-d / etw. ist j-s Ein u. Alles*** j-d / etw. ist für j-n sehr wichtig: *Ihr Pferd ist ihr Ein und Alles* || ID ↑ ***Mal***

ei·n-¹ *Indefinitpronomen*; **1** ≈ jemand: *Das muss einer machen, der etwas davon versteht* || NB: Endungen wie beim stark gebeugten Adjektiv **2** ***einer*** *gespr* ≈ man: *Das kann einer doch nicht wissen* (= Das kann man doch nicht wissen) **3** ***einen / einem*** verwendet als Akk. / Dat. von *man*: *Das macht einen ja ganz nervös*; *Das kann einem schon mal passieren* || ↑ *NB unter* ***man***¹ **4** *gespr*; verwendet in bestimmten Wendungen: *j-m eine reinhauen* (= j-m e-e Ohrfeige geben); *einen trinken* (= ein Getränk mit Alkohol trinken); *einen sitzen haben* (= betrunken sein)

ein-² *im Verb, betont u. trennbar, sehr produktiv*; Die Verben mit *ein-* werden nach folgendem Muster gebildet: *einbauen - baute ein - eingebaut*

1 *ein-* drückt aus, dass sich j-d / etw. von außen her in das Innere von etw. bewegt;
eintreten: *Sie trat in das Zimmer ein* ≈ Sie war außerhalb des Zimmers u. kam in das Zimmer hinein
ebenso: ***einfahren, einlaufen, einmarschieren, einreisen***

2 *ein-* drückt aus, dass man etw. in das Innere von etw. bringt od. es zu e-m Teil von etw. macht;
etw. (***in etw.*** (*Akk*)) ***einbauen***: *Er hat neue Bremsen in meinen Wagen eingebaut* ≈ Er hat die alten Bremsen herausgenommen u. neue hineingetan
ebenso: ***etw.*** (***in etw.*** (*Akk*)) ***einfüllen, etw.*** (***in etw.*** (*Akk*)) ***eingießen, etw.*** (***in etw.*** (*Akk*)) ***einheften, etw.*** (***in etw.*** (*Akk*)) ***einmontieren, etw.*** (***in etw.*** (*Akk*)) ***einschütten***

3 *ein-* drückt aus, dass bei e-r Handlung tiefere Stellen auf e-m Material entstehen;
etw. (***in etw.*** (*Akk*)) ***einritzen***: *Er ritzte seinen Namen in die Rinde des Baums ein* ≈ Er kratzte / schrieb seinen Namen mit e-m Messer *o.Ä.* in die Rinde, wodurch Kratzer od. Schnitte in der Rinde entstanden
ebenso: ***etw.*** (***in etw.*** (*Akk*)) ***einbrennen, etw.*** (***in etw.*** (*Akk*)) ***eingravieren, etw.*** (***in etw.*** (*Akk*)) ***einkerben, etw.*** (***in etw.*** (*Akk*)) ***einkratzen, etw.*** (***in etw.*** (*Akk*)) ***einmeißeln, etw.*** (***in etw.*** (*Akk*)) ***einschneiden***

4 *ein-* drückt aus, dass man um j-n / etw. herum etw. macht od. bildet;
etw. einrahmen: *ein Bild einrahmen* ≈ e-n Rahmen um ein Bild machen
ebenso: ***etw. eingittern, etw.*** (***mit etw.***) ***einfassen, j-n / etw. einkreisen***

5 *ein-* drückt aus, dass man etw. zerstört od. beschädigt;
etw. einwerfen: *mit dem Ball ein Fenster einwerfen* ≈ e-n Ball so werfen, dass er ein Fenster trifft u. das Glas beschädigt
ebenso: ***etw. eindrücken, etw. einreißen, etw. einschießen***

6 *ein-* drückt aus, dass das im zweiten Wortteil Genannte mit etw. gemacht wird;
etw. einebnen: *im Garten die Erde einebnen* ≈ im Garten die Erde (*z.B.* mit e-m Rechen) eben od. flach machen
ebenso: ***etw. eindeutschen, etw. einfeuchten***

7 *ein-* drückt aus, dass man um e-n Gegenstand herum etw. (als Verpackung) legt;
etw. einwickeln: *ein Geschenk einwickeln* ≈ Papier um ein Geschenk wickeln (als Verpackung od. um es schöner aussehen zu lassen)
ebenso: ***etw.*** (***in etw.*** (*Akk*)) ***einbinden, etw.*** (***in etw.*** (*Akk*)) ***einhüllen, etw.*** (***in etw.*** (*Akk*)) ***einpacken***

Ein·ak·ter *der*; *-s, -*; ein Theaterstück, das aus nur einem Akt besteht (u. *mst* kurz ist)

ei·nan·der *Pronomen*; eine Person / Sache der anderen od. die andere ≈ sich (gegenseitig): *Sie fielen e. um den Hals*; *Sie wollten e. erst einmal besser kennen lernen*; *Die vielen Autos behindern e.*

ein·ar·bei·ten (*hat*) [Vt] **1** ***j-n / sich*** (***in etw.*** (*Akk*)) ***e.*** j-n / sich mit e-r Arbeit od. Aufgabe, die neu ist, bekannt machen: *Der Lehrer hat sich in die neue Methode gut eingearbeitet* **2** ***etw.*** (***in etw.*** (*Akk*)) ***e.*** ein Detail in ein Ganzes einfügen: *Bevor das Buch veröffentlicht werden konnte, musste noch ein neues Kapitel eingearbeitet werden* **3** ***etw. e.*** e-n freien Tag *o.Ä.* ausgleichen, indem man an anderen Tagen mehr arbeitet: *Die freien Tage zwischen Weihnachten u. Neujahr müssen im November eingearbeitet werden* || *hierzu* **Ein·ar·bei·tung** *die*; *nur Sg*

ein·ar·mig *Adj*; *nicht adv*; mit nur einem Arm

ein·äschern; *äscherte ein, hat eingeäschert*; [Vt] **1** ***j-n e.*** e-n Toten verbrennen ⟨*mst* e-n Leichnam, e-n Toten e.⟩ **2** ***etw. e.*** etw. durch Feuer zerstören: *Im Krieg wurde die Stadt eingeäschert* || *hierzu* **Ein·äsche·rung** *die*

ein·at·men (*hat*) [Vt] **1** ***etw. e.*** atmen u. so Luft (Gase, Dämpfe *o.Ä.*) in die Lunge bringen ⟨giftige Dämpfe e.⟩; [Vi] **2** (***irgendwie***) ***e.*** atmen u. so Luft *usw* in die Lunge bringen ⟨tief e.⟩ || *hierzu* **Ein·at·mung** *die*; *nur Sg*

ein·äu·gig *Adj*; *nicht adv*; **1** mit nur einem Auge: *ein einäugiger Pirat* **2** *pej*; so, dass der Betreffende Prob- leme *usw* immer nur aus einer Perspektive betrachtet || *zu* **2** **Ein·äu·gig·keit** *die*; *nur Sg*

Ein·bahn|stra·ße *die*; e-e Straße, auf der man nur in einer Richtung fahren darf

ein·bal·sa·mie·ren; *balsamierte ein, hat einbalsamiert*; [Vt] ***j-n / ein Tier e.*** den Körper e-s toten Menschen od. e-s toten Tieres mit bestimmten Mitteln konservieren ⟨*mst* e-n Leichnam e.⟩ || *hierzu* **Ein·bal·sa·mie·rung** *die*

Ein·band *der*; *-(e)s, Ein·bän·de*; **1** der feste Teil e-s Buches, der aus den beiden Deckeln u. dem Rücken (5) besteht u. der die Seiten zusammenhält u. schützt ⟨*mst* ein lederner, kartonierter E.⟩ **2** e-e Art Hülle *mst* aus Plastik, in die *bes* ein Heft od. Buch (zum Schutz) gesteckt wird

E

Ein·bau *der*; -(e)s, -ten **1** *nur Sg*; das Einbauen (1,2) **2** etw. (*z.B.* ein Möbelstück), das eingebaut (1) ist
ein·bau·en (*hat*) [Vt] **1 *etw.* (*in etw.* (*Akk*)) *e.*** genau passende Teile in etw., das schon vorhanden ist, einfügen u. befestigen ⟨Möbel (in die Küche) e., Bremsen in das Auto e.⟩ || K-: ***Einbau-, -küche, -möbel, -schrank, -teil*** **2 *etw.* (*in etw.* (*Akk*)) *e.*** etw. zu etw. hinzutun, sodass es sich zu e-m sinnvollen Ganzen fügt: *Zitate in e-n Aufsatz e.*
ein·be·grif·fen *Adj*; (***in etw.*** (*Dat*)) ***e.*** ≈ einschließlich, inbegriffen ↔ ohne, nicht enthalten: *In diesem Preis ist die Lieferung der Ware e.*
ein·be·hal·ten; *behält ein, behielt ein, hat einbehalten*; [Vt] ***etw. e*** *Admin geschr*; etw. (*mst* Geld), das j-m eigentlich gehört, dieser Person nicht (zurück)geben od. auszahlen: *Da er bei der Bank noch Schulden hatte, behielt sie e-n Teil seines Gehalts ein*
ein·bei·nig *Adj*; *nicht adv*; mit nur einem Bein
ein·be·ru·fen; *berief ein, hat einberufen*; [Vt] **1 *j-n* (*zu etw.*) *e.*** anordnen, dass j-d seinen Wehrdienst leistet: *Sofort nach Abschluss der Schule wurde er (zum Wehrdienst) einberufen* **2 *etw. e.*** mehrere Personen bitten od. ihnen befehlen, sich zu e-r bestimmten Zeit (an e-m bestimmten Ort) zu versammeln ⟨*mst* e-e Konferenz, e-e Sitzung, das Parlament e.⟩
Ein·be·ru·fung *die*; -, *-en*; **1** die (schriftliche) Anordnung, seinen Wehrdienst zu leisten: *Er erhielt die E. kurz nach seinem 18. Geburtstag* || K-: ***Einberufungs-, -befehl, -termin*** **2** *nur Sg*; das Einberufen (2) e-r Konferenz *o.Ä.*
ein·be·to·nie·ren; *betonierte ein, hat einbetoniert*; [Vt] ***etw.* (*in etw.* (*Akk*)) *e.*** etw. befestigen, indem man es in e-e Masse aus Beton setzt: *Die Stahlträger wurden in den Boden einbetoniert* || *hierzu* **Ein·be·to·nie·rung** *die*
ein·bet·ten (*hat*) [Vt] ***etw. in etw.*** (*Akk*) ***e.*** *geschr*; etw. so in etw. legen, dass es geschützt u. umschlossen wird || NB: *mst* im Zustandspassiv! || *hierzu* **Ein·bet·tung** *die*
Ein·bett|zim·mer *das*; ein Zimmer in e-m Hotel od. Krankenhaus, in dem nur ein Bett steht ↔ Doppelzimmer, Zweibettzimmer
ein·be·zie·hen; *bezog ein, hat einbezogen*; [Vt] **1 *j-n in etw.*** (*Akk*) (***mit***) ***e.*** j-n (*bes* bei e-m Gespräch) mit berücksichtigen u. zur Teilnahme ermuntern od. auffordern: *Der Vorsitzende bezog alle Teilnehmer der Veranstaltung in die Diskussion (mit) ein* **2 *etw. in etw.*** (*Akk*) (***mit***) ***e.*** etw. bei etw. (*z.B.* bei Überlegungen od. Plänen) berücksichtigen u. als dazugehörend betrachten: *Ich habe bei meinen Überlegungen wichtige Gesichtspunkte nicht (mit) einbezogen* || *hierzu* **Ein·be·zie·hung** *die*; *nur Sg*
ein·bie·gen (*ist*) [Vi] ***irgendwohin e.*** die Richtung ändern u. nach links od. rechts (in e-e andere Straße) gehen od. fahren ⟨links, rechts, in e-e Seitenstraße *usw* e.⟩: *Er bog mit dem Motorrad langsam in den Feldweg ein*
ein·bil·den, sich (*hat*) [Vt] **1 *sich*** (*Dat*) ***etw. e.*** etw. glauben od. von etw. überzeugt sein, das nicht der Wahrheit entspricht: *Er bildete sich ein, Cäsar zu sein*; *Du bist nicht krank - das bildest du dir nur ein* **2 *sich*** (*Dat*) ***etwas / viel*** (***auf etw.*** (*Akk*)) ***e.*** deutlich (u. *mst* auf arrogante Weise) zeigen, dass man stolz auf etw. ist: *Sie bildete sich viel auf ihre Schönheit ein* **3 *sich*** (*Dat*) ***etw. e.*** *gespr*; etw. unbedingt haben wollen: *Das Mädchen hatte sich eine neue Puppe eingebildet* || ID *mst* ***Darauf brauchst du dir nichts ein(zu)bilden!*** das ist kein Grund, stolz zu sein
Ein·bil·dung *die*; -, *-en*; **1** *nur Sg*; die Gedanken od. die Vorstellung, die sich j-d von j-m / etw. macht ≈ Fantasie: *Dieses Problem existiert nur in seiner E.* (= existiert nicht wirklich) || NB: *mst* mit Possessivpronomen **2** etw., das man sich einbildet (1): *Ich habe ihn deutlich gesehen, es war sicherlich keine E.* **3** *nur Pl*; (krankhafte) Ideen, die j-n verfolgen ≈ Wahnbilder: *Er litt unter Einbildungen* **4** *nur Sg* ≈ Hochmut, Arroganz
Ein·bil·dungs·kraft *die*; *nur Sg*; die Fähigkeit, sich neue Ideen auszudenken, *bes* im Bereich der Kunst ≈ Vorstellungskraft, Fantasie
ein·bin·den (*hat*) [Vt] **1 *etw.* (*in etw.* (*Akk*)) *e.*** etw. (zum Schutz) in e-n Einband (2) od. Umschlag geben ⟨ein Buch, Heft e.⟩: *Das Buch war in e-n Umschlag aus Leinen eingebunden* **2 *j-n / etw. e.*** e-e Verletzung mit e-m Verband schützen: *Er war verletzt u. hatte Arme u. Beine eingebunden* **3 *j-n / etw.* (*in etw.* (*Akk*)) *e.*** j-n / etw. in etw. integrieren: *Ich habe versucht, den Außenseiter stärker in die Gruppe einzubinden* || *zu* **1** u. **3 Ein·bin·dung** *die*; *nur Sg*
ein·bläu·en; *bläute ein, hat eingebläut*; [Vt] ***j-m etw. e.*** *gespr*; durch ständiges Wiederholen, Drohen od. Strafen j-n dazu bringen, dass er etw. lernt od. tut ⟨j-m Gehorsam e.⟩: *den Kindern e., nicht auf die Straße zu laufen*
ein·blen·den (*hat*) [Vt] **1 *etw.* (*bei etw. / in etw.*** (*Dat / Akk*)) ***e.*** Bilder, Text u. / od. Ton in e-r Sendung od. in e-m Film (zusätzlich) sichtbar od. hörbar werden lassen ↔ ausblenden: *Der Film lief im amerikanischen Original, es wurden aber deutsche Untertitel eingeblendet*; [Vr] **2 *sich* (*in etw.*** (*Akk*)) ***e.*** sich in e-e laufende Sendung einschalten ↔ sich ausblenden || *hierzu* **Ein·blen·dung** *die*
Ein·blick *der*; *mst Sg*; **1** (***ein***) ***E.*** (***in etw.*** (*Akk*)) ein erster kurzer Eindruck e-r neuen Tätigkeit, e-s neuen Gebiets *o.Ä.* ⟨e-n E. bekommen, gewinnen; sich (*Dat*) e-n E. in etw. verschaffen; j-m (e-n) E. geben, gewähren, vermitteln⟩: *E-n umfassenden E. in meine neue Arbeit konnte mir mein Chef in der kurzen Unterredung nicht vermitteln* **2 *E.*** (***in etw.*** (*Akk*)) *bes Admin*; das Lesen von Dokumenten od. wichtigen Briefen ⟨*mst* E. in etw. nehmen⟩: *Ihm wurde E. in die Akten der Polizei gewährt* **3 *ein E.*** (***in etw.*** (*Akk*)) die Möglichkeit, in das Innere e-s Raumes zu sehen: *Mir war der E. in den Garten durch e-e hohe Mauer versperrt*
ein·bre·chen (*hat / ist*) [Vt] **1 *etw. e.*** (*hat*) etw. mit Gewalt öffnen od. beschädigen, um Zugang zu e-m Haus od. e-m Raum zu bekommen ⟨e-e Tür e.⟩; [Vi] **2 *in etw.*** (*Akk*) ***e.*** (*ist*) sich mit Gewalt Zugang zu e-m Haus, Raum *o.Ä.* verschaffen u. dann dort etw. stehlen: *Die Täter brachen nachts in die Bank ein* **3 *in etw.*** (*Dat*), ***bei j-m / etw. e.*** (*hat*) irgendwo e. (2): *Unbekannte Täter haben in der Kirche eingebrochen* **4 *in etw.*** (*Akk*) ***e.*** (*ist*) mit Gewalt in ein fremdes Gebiet eindringen, *bes* um es zu erobern od. zu zerstören ≈ in etw. einfallen: *Die feindlichen Truppen sind in das Land eingebrochen* **5 *etw. bricht ein*** (*ist*) etw. zerfällt in einzelne Teile u. stürzt nach unten: *Das Dach des alten Hauses ist eingebrochen* **6** (***in etw.*** (*Dat / Akk*)) ***e.*** (*ist*) durch etw., das an e-r bestimmten Stelle zerbricht, hindurch nach unten stürzen: *im / ins Eis e.* **7 *die Nacht bricht ein*** (*ist*) die Nacht beginnt **8** (***mit / bei etw.***) ***e.*** (*ist*) *gespr*; mit etw. keinen Erfolg haben, scheitern: *Mit seinem Plan ist er böse eingebrochen* || ► ***Einbruch***
Ein·bre·cher *der*; *-s*, -; j-d, der irgendwo einbricht (2,3)
ein·bren·nen (*hat*) [Vt] ***etw. in etw.*** (*Akk*) ***e.*** mit e-m sehr heißen Eisen ein Zeichen auf etw. brennen
ein·brin·gen (*hat*) [Vt] **1 *etw. e.*** etw., das geerntet wurde, in e-n Lagerraum, *z.B.* e-n Stall od. e-e Scheune bringen u. einlagern ⟨die Ernte e.; Kartoffeln, Heu e.⟩ **2 *etw. e.*** etw. vorschlagen, über das dann diskutiert (u. entschieden) wird ⟨e-n Antrag

e.⟩ **3 *etw. in etw.*** (*Akk*) ***e.*** etw. e-r Gemeinschaft geben, das dann allen zu gleichen Teilen gehört: *Sie hat ein beträchtliches Vermögen in die Ehe eingebracht* **4 *etw. bringt (j-m) etw. ein*** etw. bringt Nutzen od. Gewinn: *Das neue Produkt brachte der Firma hohe Gewinne ein*; Vr **5 *sich*** (***in etw.*** (*Dat* / *Akk*)) ***e.*** bei e-r Aufgabe od. Arbeit die eigenen Fähigkeiten u. Kenntnisse einsetzen ⟨sich in e-r / e-e Diskussion e.⟩ || *zu* **1** u. **2 Ein·brin·gung** *die*; *nur Sg*

ein·bro·cken; *brockte ein, hat eingebrockt*; Vt **1 *etw.*** (***in etw.*** (*Akk*)) ***e.*** etw. in kleine Stücke teilen u. in etw. hineingeben: *Brot in die Suppe e.* **2 *j-m / sich etw. e.*** *gespr*; j-m / sich selbst Schwierigkeiten machen: *Da hast du dir ja was Schönes* (= viele Probleme) *eingebrockt*

Ein·bruch *der*; **1** das gewaltsame Einbrechen (2,3) *z.B.* in ein fremdes / in e-m fremden Haus ⟨*mst* e-n E. begehen, verüben⟩: *der E. in ein / in e-m Juweliergeschäft* || K-: ***Einbruch(s)-, -delikt, -diebstahl, -versicherung, -werkzeug*** || -K: ***Bank-, Wohnungs-*** **2** das Einbrechen (4) *bes* in fremdes Gebiet: *Der E. der feindlichen Truppen kam überraschend* **3** das Herabstürzen einzelner Teile von etw.: *der E. des Gewölbes* **4** *nur Sg* ≈ Beginn ⟨*mst* bei, nach, vor E. der Dunkelheit, der Nacht⟩ || -K: ***Föhn-, Frost-, Kälte-*** **5** *gespr* ≈ Misserfolg ⟨*mst* e-n E. erleben, erleiden⟩ || *zu* **1 ein·bruch(s)·si·cher** *Adj*

ein·buch·ten; *buchtete ein, hat eingebuchtet*; *gespr*; Vt ***j-n e.*** j-n ins Gefängnis sperren

Ein·buch·tung *die*; -, *-en*; die Stelle, an der e-e Fläche od. Oberfläche nach innen gedrückt od. gebogen ist

ein·bud·deln (*hat*) Vt ***j-n / sich / etw.*** (***in etw.*** (*Akk*)) ***e.*** *gespr*; j-n / sich / etw. in der Erde od. im Sand vergraben: *Der Hund hat den Knochen eingebuddelt*

ein·bür·gern; *bürgerte ein, hat eingebürgert*; Vt **1 *j-n*** (***irgendwo / irgendwohin***) ***e.*** e-m Ausländer, der schon lange in e-m Land lebt, die Staatsangehörigkeit dieses Landes geben: *Sie wurde* (*in den / die USA*) *eingebürgert* **2 *etw. irgendwo e.*** etw., das fremd ist od. aus e-m anderen Gebiet kommt, irgendwo einführen (damit es dort üblich, gebräuchlich od. oft genutzt wird): *Die Kartoffel wurde in Europa eingebürgert*; Vr **3 *etw. bürgert sich ein*** etw. wird zur Gewohnheit, etw. gehört zum täglichen Leben: *Es hat sich in unserer Familie eingebürgert, dass am Sonntag die Männer kochen* || *zu* **1** u. **2 Ein·bür·ge·rung** *die*

Ein·bu·ße *die*; ein Verlust *mst* von Geld od. persönlicher Ehre ⟨schwere Einbußen hinnehmen müssen, erleiden⟩

ein·bü·ßen (*hat*) Vt **1 *etw. e.*** e-n *mst* finanziellen Verlust erleiden: *bei e-r Spekulation viel Geld e.* **2 *etw. e.*** etw. *mst* durch e-n Unfall verlieren ⟨ein Bein, ein Auge, das Augenlicht e.⟩

ein·cre·men; *cremte ein, hat eingecremt*; Vt **1 *j-n / sich e.*** j-m / sich Creme in die Haut reiben **2** (***j-m / sich***) ***etw. e.*** Creme auf die Haut (od. auf die Oberfläche von etw.) reiben ⟨sich das Gesicht e., die Schuhe e.⟩

ein·däm·men (*hat*) Vt **1 *etw. e.*** verhindern, dass etw. größer wird ⟨e-n Brand, e-e Epidemie, die Kriminalität *o.Ä.* e.⟩ **2 *etw. e.*** fließendes Wasser (durch e-n Damm) aufhalten ⟨e-n Fluss, das Hochwasser e.⟩ || *hierzu* **Ein·däm·mung** *die*

ein·de·cken (*hat*) Vt **1 *j-n*** (***mit etw.***) ***e.*** *gespr*; j-m viel mehr von etw. geben, als er braucht od. haben will ⟨j-n mit Arbeit, mit Vorwürfen, mit Geschenken e.⟩; Vr **2 *sich mit etw. e.*** Dinge, die man braucht, kaufen, *bes* um in Zukunft genug davon zu haben

ein·dei·chen; *deichte ein, hat eingedeicht*; Vt ***etw. e.*** etw. mit e-m Deich umgeben ⟨*mst* Land, e-n Fluss e.⟩ || *hierzu* **Ein·dei·chung** *die*

ein·deu·tig *Adj*; **1** völlig klar u. verständlich, nicht falsch zu verstehen ≈ unmissverständlich: *Ihre Antwort auf meine Einladung war ein eindeutiges Nein* **2** so, dass es ohne jeden Zweifel ist: *Der Verteidiger lieferte den eindeutigen Beweis für die Unschuld des Angeklagten* **3** genau definiert, sodass kein Missverständnis möglich ist ⟨ein Terminus⟩ || *hierzu* **Ein·deu·tig·keit** *die*; *nur Sg*

ein·deut·schen; *deutschte ein, hat eingedeutscht*; Vt ***etw. e.*** ein Wort aus e-r Fremdsprache in Aussprache u. / od. Schreibung der deutschen Sprache angleichen || *hierzu* **Ein·deut·schung** *die*

ein·di·cken; *dickte ein, hat / ist eingedickt*; Vt (*hat*) **1 *etw.*** (***mit etw.***) ***e.*** e-e Flüssigkeit dicker machen: *e-e Soße mit Mehl e.*; Vi (*ist*) **2 *etw. dickt ein*** e-e Flüssigkeit wird dicker

ein·dö·sen (*ist*) Vi *gespr*; in e-n leichten Schlaf fallen

ein·dre·hen (*hat*) Vt **1 *etw.*** (***in etw.*** (*Akk*)) ***e.*** etw. durch Drehen in etw. befestigen: *e-e neue Glühbirne in die Lampe e.* **2 *j-m / sich die Haare e.*** j-m / sich die Haare auf Lockenwickler drehen

ein·dril·len (*hat*) Vt ***j-m etw. e.*** *gespr, mst pej*; j-n etw. lehren, indem man es immer wieder sagt u. üben lässt

ein·drin·gen (*ist*) Vi **1 *etw. dringt*** (***in etw.*** (*Akk*)) ***ein*** etw. gelangt (durch ein Hindernis hindurch) tief in etw.: *Das Gas ist durch ein undichtes Rohr in das Zimmer eingedrungen*; *Der Splitter drang tief in den Arm ein* **2 *in etw.*** (*Akk*) ***e.*** ohne Erlaubnis (u. oft mit Gewalt) in ein fremdes Haus, Gebiet gehen: *Die Einbrecher drangen nachts in die Wohnung ein* **3 *in etw.*** (*Akk*) ***e.*** genaue, große Kenntnisse von etw. bekommen **4** (***mit etw.***) ***auf j-n e.*** ≈ j-n (mit etw.) belästigen: *Ich werde so lange auf dich e., bis du nachgibst* **5** (***mit etw.***) ***auf j-n e.*** ≈ j-n (mit etw.) bedrohen: *Er drang mit einem Messer auf sie ein*

ein·dring·lich *Adj*; nachdrücklich u. auf e-e starke Wirkung zielend ⟨e-e Bitte, e-e Warnung, Worte *usw*⟩ || *hierzu* **Ein·dring·lich·keit** *die*; *nur Sg*

Ein·dring·ling *der*; *-s, -e*; j-d, der irgendwo eindringt (2) od. eingedrungen ist

Ein·druck *der*; *-(e)s, Ein·drü·cke*; **1** die Wirkung, die j-d od. ein Erlebnis auf j-n macht (u. die Meinung, die sich so bildet) ⟨ein guter, tiefer, unauslöschlicher *usw* E.; *mst* e-n E. von etw. bekommen / gewinnen; neue Eindrücke sammeln; (keinen) E. auf j-n machen⟩: *Ich habe den E., dass hier etw. nicht in Ordnung ist* **2** e-e Art Spur, die in ein weiches Material gedrückt ist: *Die Räder hatten Eindrücke im Schnee hinterlassen* **3** (***bei j-m***) ***E. schinden*** *gespr, oft pej*; durch sein Verhalten versuchen, bei j-m e-n guten E. (1) zu machen || *zu* **1 ein·drucks·voll** *Adj*

ein·drü·cken (*hat*) Vt **1 *etw. e.*** etw. nach innen drücken u. dadurch beschädigen od. zerstören: *ein eingedrückter Kotflügel*; *Der Einbrecher hat die Fensterscheibe eingedrückt* **2 *etw. in etw.*** (*Akk*) ***e.*** durch Druck etw. in etw. gelangen lassen

ei·ne ↑ ***ein***

ein·eb·nen (*hat*) Vt **1 *etw. e.*** etw. so verändern, dass es flach od. eben wird **2 *etw. e.*** etw. so verändern, dass Unterschiede nicht mehr zu bemerken sind ⟨Differenzen, Unterschiede e.⟩ || *hierzu* **Ein·eb·nung** *die*

ein·ei·ig *Adj*; *nicht adv*; ⟨*mst* Zwillinge⟩ aus einer einzigen befruchteten Eizelle stammend

ein·ein·halb, ein·ein·halb *Zahladj*; *indeklinabel*; ein Ganzes plus die Hälfte davon: *Ich warte seit e. Wochen auf e-n Brief von ihm*

ei·nem ↑ ***ein*** || ↑ *auch NB unter* ***man***[1]

ei·nen[1]; *einte, hat geeint;* [Vt] ***j-n / etw. e.*** *geschr*; einzelne Personen od. Gruppen von Personen zu e-r Einheit verbinden: *ein Volk e.*

ei·nen[2] ↑ ***ein*** || ↑ *auch NB unter* ***man***[1]

ein·en·gen; *engte ein, hat eingeengt;* [Vt] **1** ***etw. engt j-n ein*** etw. ist so eng, dass sich j-d darin nicht richtig bewegen kann ⟨sich eingeengt fühlen⟩: *In dieser kleinen Wohnung fühlen wir uns richtig eingeengt* **2** *mst* ***j-n in seinen Rechten / in seiner Freiheit e.***; ***j-s Rechte / Freiheit e.*** j-m die Möglichkeit nehmen, das zu tun, was er tun möchte od. bisher getan hat || *hierzu* **Ein·en·gung** *die; nur Sg*

ei·ner ↑ ***ein***

Ei·ner *der; -s, -; Sport*; ein Ruderboot, in dem nur eine Person sitzen kann || K-: ***Einer-, -kajak***

ei·ner·lei *Adj; nur präd, nicht adv;* ***etw. ist (j-m) e.*** etw. ist (für j-n) nicht wichtig ≈ etw. ist j-m egal: *Es ist mir e.*, ob *er mit mir zufrieden ist oder nicht*

Ei·ner·lei *das; -s; nur Sg, pej*; etw., das immer wieder gleich u. daher langweilig ist ⟨das E. des Alltags⟩

ei·ner·seits *Adv; mst in* ***einerseits ... andererseits*** verwendet, um bei zwei gegensätzlichen Dingen auszudrücken, dass man vom ersten Ding spricht: *E. möchte ich gerne in der Großstadt wohnen, andererseits ist mir das Leben dort zu teuer*

ei·nes ↑ ***ein***

ei·nes·teils *Adv; mst in* ***einesteils ... anderenteils*** *geschr* ≈ einerseits ... andererseits

ein·fach[1] *Adj;* **1** schnell zu verstehen od. zu bewältigen, nicht kompliziert ≈ leicht (2) ↔ schwierig ⟨e-e Aufgabe, e-e Lösung, ein Problem, e-e Rechnung *usw*; es j-m / sich e. machen⟩: *Ich kann nicht mal die einfachsten Reparaturen ausführen* **2** ohne jeden Luxus ≈ bescheiden, schlicht ⟨Kleidung, e-e Mahlzeit *usw*⟩ **3** mit wenig Luxus zufrieden ≈ bescheiden ⟨ein Mensch⟩ **4** *nur attr od adv*; nur einmal gemacht od. vorhanden ↔ doppelt, mehrfach: *ein Formular in einfacher Ausfertigung*; *ein e. gefaltetes Blatt Papier* **5** *nur attr od adv*; nur für die Fahrt von einem Ort zum anderen gültig, aber nicht zurück ⟨*mst* e-e Fahrkarte⟩: *(Nach) München e., bitte!* || *zu* **1, 2** u. **3 Ein·fach·heit** *die; nur Sg*

ein·fach[2] *Partikel; betont u. unbetont, gespr*; **1** drückt aus, dass etw. ohne Probleme bzw. ohne große Überlegung möglich ist od. wäre: *Sie kaufte sich e. das teure Kleid*; *Warum hast du ihn nicht e. gefragt?*; *Komm doch e. mal bei mir vorbei!* **2** verwendet bei e-r Feststellung, wenn man sich auf keine weitere Diskussion einlassen will ≈ nun mal: *Ich hab e. keine Lust!* **3** drückt aus, dass ein Sachverhalt nicht geändert werden kann od. konnte ≈ halt[1] (1), nun mal, eben[3] (1): *Wir haben e. keine andere Möglichkeit (als das Haus zu verkaufen)*; *Er war e. zu müde, um noch wegzugehen* **4** *bes* in Ausrufen verwendet, in denen Emotionen (wie Freude, Ärger *usw*) zum Ausdruck kommen: *Dieser Vorschlag ist e. genial!*; *Er lässt sich e. nicht helfen!*

ein·fä·deln; *fädelte ein, hat eingefädelt;* [Vt] **1** ***etw. (in etw. (Akk)) e.*** etw. durch e-e enge Öffnung ziehen ⟨e-n Faden, Film, ein Tonband e.⟩ **2** ***e-e Nadel e.*** den Faden durch das Nadelöhr ziehen **3** ***etw. e.*** *gespr*; mit List od. Geschick veranlassen, dass etw. passiert ⟨etw. raffiniert, geschickt e.⟩: *e-e Intrige e.*; [Vr] **4** ***sich (in etw.) e.*** bei e-r mehrspurigen Straße mit dem Auto auf e-e andere Fahrspur wechseln, auf der schon andere fahren: *Einfädeln lassen!* || *hierzu* **Ein·fä·de·lung, Ein·fäd·lung** *die*

ein·fah·ren *(hat / ist)* [Vt] *(hat)* **1** ***etw. e.*** etw. ernten u. an e-n bestimmten Ort (*z.B.* in e-e Scheune) bringen ≈ einbringen ⟨die Ernte e.; Getreide, Heu e.⟩ **2** ***etw. e.*** ein neues Auto anfangs schonend fahren: *Ich darf nicht zu schnell fahren, das Auto wird gerade eingefahren* **3** ***etw. e.*** e-e Maschine, ein Gerät od. e-n Teil davon durch e-e Mechanik in das Innere von etw. bringen ↔ ausfahren (4): *Nach dem Start fährt das Flugzeug sein Fahrwerk ein*; *Bei diesem Auto kann die Antenne automatisch eingefahren werden* **4** ***etw. e.*** etw. beschädigen od. zerstören, indem man (*z.B.* mit dem Auto) dagegen fährt: *J-d hat heute Nacht unseren Zaun eingefahren*; [Vi] *(ist)* **5** ***etw. fährt (in etw. (Akk)) ein*** ein Zug / ein Schiff *o.Ä.* gelangt in den Bahnhof / Hafen *o.Ä.*: *Der Zug aus Mannheim fährt in Kürze ein*; [Vr] *(hat)* **6** ***sich e.*** sich mit e-m Fahrzeug vertraut machen, indem man es (oft) fährt **7** ***etw. fährt sich ein*** *gespr*; etw. wird zur Gewohnheit: *Das hat sich bei uns inzwischen so eingefahren*

Ein·fahrt *die;* **1** e-e Stelle, an der man in e-n Hof, e-e Garage *o.Ä.* hineinfahren kann ↔ Ausfahrt: *Die E. zur Garage war versperrt*; *die E. zum Hof teeren*; *E. freihalten!* || -K: ***Hof-*** **2** ein Weg, der von der öffentlichen Straße zu e-m Hof, e-r Garage *o.Ä.* führt ↔ Ausfahrt **3** *nur Sg*; das Einfahren (5) e-s Zuges od. die Erlaubnis dazu

Ein·fall *der;* **1** ein plötzlicher Gedanke, e-e neue Idee ⟨ein guter, glänzender, verrückter E.; e-n E. haben⟩: *Ihm kam der E. / Er kam auf den E., dass ...* **2** das Einfallen (4) (*z.B.* von Truppen) in ein fremdes Gebiet ≈ Eindringen **3** *nur Sg*; das Einfallen (5) von Lichtstrahlen

ein·fal·len *(ist)* [Vi] **1** ***etw. fällt j-m ein*** j-d hat e-n Einfall (1), e-e Idee od. denkt an etw.: *Ist das alles, was dir zu diesem Problem einfällt?* **2** ***etw. fällt j-m ein*** j-d erinnert sich wieder an etw.: *Jetzt fällt mir ein*, wo *ich diesen Mann schon einmal gesehen habe*; *In letzter Minute fiel ihm ein*, dass *er e-n Termin beim Zahnarzt hatte* **3** ***etw. fällt ein*** *bes* ein altes Gebäude od. Teile davon zerfallen in einzelne Teile od. stürzen nach unten ≈ etw. stürzt ein: *Das Dach der alten Scheune ist eingefallen* **4** ***in etw. (Akk) e.*** mit Gewalt (in ein fremdes Gebiet od. in e-e Gemeinschaft) eindringen ⟨Truppen⟩ **5** ***etw. fällt irgendwohin ein*** Licht od. Lichtstrahlen dringen in das Innere e-s Raumes || ID *mst* ***Was fällt dir (eigentlich) ein!*** *gespr*; verwendet als Ausdruck der Empörung über j-s Worte od. Verhalten ≈ Was erlaubst du dir!; *mst* ***Das fällt mir nicht im Traum ein!*** *gespr*; das mache ich auf keinen Fall; ***sich (Dat) etw. e. lassen (müssen)*** intensiv über etw. nachdenken (müssen), *bes* um ein Problem zu lösen

ein·falls·los *Adj*; ohne (gute) Einfälle od. Ideen: *ein einfallsloser Schriftsteller* || *hierzu* **Ein·falls·lo·sig·keit** *die; nur Sg*

ein·falls·reich *Adj*; mit vielen (guten) Einfällen od. Ideen ≈ originell || *hierzu* **Ein·falls·reich·tum** *der; nur Sg*

Ein·falt *die; -; nur Sg, geschr*; die Eigenschaft, naiv u. unkritisch zu sein u. alles zu glauben, was andere sagen ≈ Naivität, Arglosigkeit

ein·fäl·tig *Adj;* **1** naiv u. unkritisch wie ein kleines Kind ≈ arglos **2** nicht besonders intelligent ≈ dümmlich

Ein·falts·pin·sel *der; gespr pej*; j-d, der einfältig u. naiv ist

Ein·fa·mi·li·en|haus *das*; ein Wohnhaus für eine Familie ↔ Mehrfamilienhaus

ein·fan·gen *(hat)* [Vt] **1** ***j-n / etw. e.*** j-n / etw. fangen u. in e-n Käfig (od. ein Gefängnis) sperren: *Die Polizei fing den entlaufenen Zirkuslöwen wieder ein* **2** ***sich (Dat) etw. e.*** *gespr*; sich mit e-r Krankheit anstecken: *Ich habe mir e-n Schnupfen eingefangen* **3** ***sich (Dat) etw. e.*** *gespr*; *bes* Schläge, Prügel bekommen: *Er hat sich von seinem Bruder e-e Ohrfeige eingefangen* **4** ***etw. e.*** *geschr*; etw. Typisches festhalten u. darstellen: *Auf dem Bild hat er den Ausdruck ihrer Augen genau eingefangen*

ein·fär·ben (*hat*) [Vt] ***etw. e.*** e-r Sache, *mst* Textilien, e-e (neue) Farbe geben

ein·far·big *Adj*; ⟨ein Kleid, ein Stoff⟩ so, dass sie nur eine Farbe haben ↔ bunt, mehrfarbig

ein·fas·sen (*hat*) [Vt] **1 *etw.* (*mit etw.*) *e.*** etw. mit e-m (festen) Rand begrenzen ⟨e-n Garten, e-n Brunnen e.⟩: *ein Beet mit Steinen e.* **2 *etw.* (*mit etw.*) *e.*** etw. mit e-r Fassung[1] (2) versehen ⟨e-n Edelstein e.⟩

Ein·fas·sung *die*; **1** das Einfassen (1,2) (*z.B.* e-s Edelsteins) **2** das Material, mit dem etw. eingefasst (1) ist: *die steinerne E. e-s Grabes*

ein·fet·ten; *fettete ein, hat eingefettet*; [Vt] **1 *j-n / sich e.*** j-m / sich Fett, Vaseline *o.Ä.* in die Haut reiben **2 *etw. e.*** die Hand, den Arm *o.Ä.* mit Creme *o.Ä.* einreiben **3 *etw. e.*** e-e Maschine *o.Ä.* mit Fett schmieren || *hierzu* **Ein·fet·tung** *die*

ein·fin·den (*hat*) [Vr] ***sich* (*irgendwo*) *e.*** zu e-m bestimmten Zweck an e-n bestimmten Ort kommen: *Zum Empfang des Präsidenten hatten sich alle Diplomaten eingefunden*

ein·flech·ten (*hat*) [Vt] **1 *etw.* (*in etw.* (*Akk*)) *e.*** *bes* in e-m Gespräch od. e-r Rede etw. nebenbei od. zusätzlich sagen: *Anekdoten in e-n Vortrag e.* **2 *etw. in etw.* (*Akk*) *e.*** etw. in die Haare flechten ⟨ein Band in den Zopf e.⟩ || *hierzu* **Ein·flech·tung** *die*

ein·flie·gen (*hat / ist*) [Vt] (*hat*) **1 *j-n / etw.* (*irgendwohin*) *e.*** j-n / etw. mit dem Flugzeug irgendwohin bringen ⟨Lebensmittel, Medikamente, Soldaten e.⟩; [Vi] (*ist*) **2 *etw. fliegt irgendwohin ein*** ein Flugzeug fliegt in ein bestimmtes Gebiet: *Der Jumbojet ist in fremden Luftraum eingeflogen* **3 *irgendwo*(*her*) *e.*** mit dem Flugzeug ankommen: *Wir sind gerade erst aus Paris eingeflogen* || *zu* **2 Ein·flug** *der*

ein·flie·ßen (*ist*) [Vi] ***etw. fließt in etw.*** (*Akk*) ***ein*** *mst* e-e Flüssigkeit gelangt in ein Gewässer, ein Kanalsystem *o.Ä.*: *In den Kanal fließen Abwässer ein* **2 *etw. fließt* (*irgendwo*) *ein*** etw. bewegt sich in ein bestimmtes Gebiet ≈ etw. dringt ein: *Von Norden fließt Kaltluft nach Deutschland ein* **3 *etw. e. lassen*** etw. in e-m Gespräch od. e-r Rede nebenbei erwähnen

ein·flö·ßen; *flößte ein, hat eingeflößt*; [Vt] **1 *j-m etw. e.*** *bes* e-m Kranken etw. langsam u. vorsichtig zu trinken geben: *Sie flößte dem Patienten Kamillentee ein* **2 *j-m etw. e.*** in j-m ein bestimmtes Gefühl erzeugen ⟨j-m Achtung, Furcht, Respekt, Vertrauen e.⟩ || *hierzu* **Ein·flö·ßung** *die*; *mst Sg*

Ein·flug|schnei·se *die*; das Gebiet vor e-m Flughafen, über dem die Flugzeuge niedrig fliegen (um dann zu landen)

Ein·fluss *der*; *-es, Ein·flüs·se*; **1 *ein E.* (*auf j-n / etw.*)** die Wirkung (von j-m / etw.) auf j-n / etw. ⟨ein guter, nachhaltiger, schädlicher, schlechter E.; E. auf j-n haben, ausüben, nehmen; unter dem E. von j-m / etw. stehen⟩: *Er stand unter dem E. von Alkohol, als der Unfall passierte* || K-: ***Einfluss-, -bereich, -möglichkeit, -sphäre*** || -K: ***Alkohol-*** **2** gesellschaftliches Ansehen u. Macht ⟨E. besitzen⟩ || *zu* **2 ein·fluss·reich** *Adj*

Ein·fluss·nah·me *die*; -; *nur Sg*, *geschr*; ***e-e E.* (*auf j-n / etw.*)** das bewusste Einwirken (von j-m / etw.) auf j-n / etw. ≈ Beeinflussung

ein·flüs·tern (*hat*) [Vt] **1 *j-m etw. e.*** j-m etw. leise (ins Ohr) sagen: *Der Schüler flüsterte seinem Freund die Antwort ein* || *hierzu* **Ein·flüs·te·rung** *die*

ein·for·dern (*hat*) [Vt] ***etw. e.*** *Admin geschr*; nachdrücklich (oft mit e-r Mahnung (2)) fordern, dass man etw. von j-m (zurück)bekommt: *geschuldetes Geld e.* || *hierzu* **Ein·for·de·rung** *die*

ein·för·mig *Adj* ≈ monoton, langweilig ↔ abwechslungsreich ⟨e-e Arbeit, e-e Landschaft, ein Leben⟩ || *hierzu* **Ein·för·mig·keit** *die*; *nur Sg*

ein·fres·sen, sich (*hat*) [Vr] ***etw. frisst sich in etw.*** (*Akk*) ***ein*** etw. dringt tief in etw. ein, beschädigt od. zerstört es: *Die ätzende Säure hat sich tief in das Metall eingefressen*

ein·frie·den; *friedete ein, hat eingefriedet*; [Vt] ***etw. e.*** *geschr*; etw. zum Schutz mit e-r Mauer umgeben || *hierzu* **Ein·frie·dung** *die*

ein·frie·ren (*hat / ist*) [Vt] (*hat*) **1 *etw. e.*** Lebensmittel bei sehr kalten Temperaturen (ca. -18°C) konservieren ↔ auftauen ⟨Fleisch, Gemüse, Brot e.⟩ **2 *etw. e.*** j-s Kapital bei e-r Bank für ihn nicht mehr zugänglich machen ⟨Guthaben, Kredite e.⟩ **3 *etw. e.*** etw. für e-e bestimmte Zeit nicht ändern ⟨Löhne, Preise e.⟩ **4 *etw. e.*** etw. nicht weiterverfolgen, etw. auf sich beruhen lassen ⟨*mst* die Beziehungen, die Verhandlungen e.⟩; [Vi] (*ist*) **5 *etw. friert ein*** das Wasser in etw. wird zu Eis ⟨ein See, ein Teich, ein Bach friert ein⟩ **6 *etw. friert ein*** ein Rohr *o.Ä.* wird unbenutzbar, weil das Wasser darin zu Eis wird: *e-e eingefrorene Wasserleitung*

ein·fü·gen (*hat*) [Vt] **1 *etw.* (*in etw.* (*Akk*)) *e.*** etw. in etw. Vorhandenes einsetzen: *Steine in ein Mosaik e.*; *Anmerkungen in e-n Text e.*; [Vr] **2 *j-d / etw. fügt sich irgendwie* (*in etw.* (*Akk*)) *ein*** j-d / etw. ist so, dass er / es (nicht) zu anderen Menschen / Dingen passt: *Der neue Spieler fügt sich gut in unsere Mannschaft ein* || *hierzu* **Ein·fü·gung** *die*

ein·füh·len, sich (*hat*) [Vr] *mst in* ***sich in j-n / etw. e. können*** die Fähigkeit haben, Menschen od. Situationen gut zu verstehen || *hierzu* **Ein·füh·lung** *die*; *nur Sg*

ein·fühl·sam *Adj*; fähig, die Probleme u. Gefühle anderer gut zu verstehen ⟨*mst* e-e Person, Worte⟩ || *hierzu* **Ein·fühl·sam·keit** *die*; *nur Sg*

Ein·füh·lungs|ver·mö·gen *das*; *nur Sg*; die Fähigkeit, sich in die (psychische) Lage e-s Menschen hineinzuversetzen

Ein·fuhr *die*; -, *-en*; **1** *nur Sg*; das Einführen (1) von Waren aus dem Ausland, *z.B.* von Erdöl, Weizen *o.Ä.* ≈ Import ↔ Ausfuhr, Export: *die E. von Tierfellen beschränken* || K-: ***Einfuhr-, -beschränkung, -bestimmung, -genehmigung, -sperre, -verbot*** || -K: ***Getreide-, Waren-*** **2** die Waren, die eingeführt (1) werden || K-: ***Einfuhr-, -artikel***

ein·füh·ren (*hat*) [Vt] **1 *etw.* (*irgendwohin*) *e.*** Waren im Ausland kaufen u. in das eigene Land bringen ≈ importieren ↔ ausführen, exportieren: *Erdöl aus Saudi-Arabien nach Österreich e.* **2 *etw.* (*irgendwohin*) *e.*** etw. vorsichtig in e-e Öffnung schieben: *Die Ärzte führten e-n Schlauch in den Magen des Patienten ein* **3 *j-n in etw.* (*Akk*) *e.*** j-n mit etw., das ihm neu ist (*z.B.* e-r Arbeit, Theorie od. Methode), vertraut machen: *Der Dozent führte seine Studenten in die Grundlagen der Psychologie ein* **4 *etw.* (*irgendwo*) *e.*** etw., das neu ist, irgendwo bekannt machen, zu e-m festen Bestandteil von etw. machen od. zu e-r Gewohnheit werden lassen: *in e-m Betrieb die 35-Stunden-Woche e.* **5 *j-n / sich irgendwo e.*** j-n / sich in e-r gesellschaftlichen Gruppe bekannt od. mit e-r (neuen) Aufgabe vertraut machen: *Er führte seine zukünftige Ehefrau in die Familie ein*; *Der Dekan wurde in sein neues Amt eingeführt*

Ein·füh·rung *die*; **1** *nur Sg*; das Einführen (2-5) **2** ein Text od. e-e mündliche Erklärung, die das Grundwissen zu e-m Thema vermitteln: *e-e E. in die Psychologie*

Ein·füh·rungs|preis *der*; ein günstiger Preis, der die Käufer anlocken soll, e-e neue Ware zu kaufen

ein·fül·len (*hat*) [Vt] ***etw.* (*in etw.* (*Akk*)) *e.*** etw. in e-n

Behälter schütten, gießen *o.Ä.* ↔ ausleeren: *Wein in e-e Flasche e.*

Ein·ga·be *die*; **1** e-e *mst* (schriftliche) Bitte od. Beschwerde an e-e Institution (*z.B.* an ein Amt od. an das Parlament) ≈ Gesuch, Petition ⟨e-e E. machen, prüfen, ablehnen, an j-n / etw. richten⟩ **2** *nur Sg*; das Eingeben (2) von Daten in e-n Computer **3** *mst Pl*; Daten u. Informationen, die man e-m Computer eingibt ≈ Input

Ein·gang *der*; **1** e-e Tür, ein Tor od. e-e andere Öffnung, durch die man in ein Gebäude, e-n Raum od. Bereich gelangt ↔ Ausgang: *am E. des Zoos warten*; *den E. zur Höhle suchen*; *die Kirche durch e-n seitlichen E. betreten* || K-: **Eingangs-, -tor, -tür** || -K: **Dorf-, Haus-, Hof-, Orts-**; **Haupt-, Hinter-, Neben-, Seiten-, Vorder-** **2** die Öffnung, durch die etw. in das Innere e-s Organs gelangen kann ↔ Ausgang ⟨am E. *mst* des Magens, Darms⟩ || -K: **Darm-, Magen-** **3** **in etw.** (*Dat* / *Akk*) **E. finden** irgendwo akzeptiert, aufgenommen werden: *E. in vornehme Kreise / in vornehmen Kreisen finden*; *Seine Theorien haben keinen E. in die Praxis gefunden* **4** *nur Sg, Admin geschr* ≈ das Eingehen (12), Eintreffen ⟨der E. e-s Schreibens, der Ware *usw*⟩ || K-: **Eingangs-, -datum, -stempel** **5** *mst Pl*; die Postsendungen, Waren od. Geldsummen, die e-e Institution od. Firma erhält || -K: **Post-, Waren-** **6** *nur Sg, veraltend*; der zeitliche Beginn e-s Ereignisses ≈ Anfang: *am E. der Zeremonie*

ein·gän·gig *Adj*; **1** leicht im Gedächtnis zu behalten ⟨*mst* e-e Melodie⟩ **2** leicht zu verstehen ⟨Worte⟩ || *hierzu* **Ein·gän·gig·keit** *die*; *nur Sg*

ein·gangs[1] *Adv*; *mst geschr*; am Anfang: *Wie ich e. bereits erwähnte, ist dieses Problem besonders kompliziert*

ein·gangs[2] *Präp*; *mit Gen*, *geschr*; am Anfang, zu Beginn

ein·ge·ben (*hat*) [Vt] **1** **j-m etw. e.** j-m dabei helfen, ein Medikament einzunehmen: *Dem Patienten wurde die Arznei mit e-m Löffel eingegeben* **2** **etw.** (**in etw.** (*Akk*)) **e.** Daten od. Informationen in e-n Computer tippen

ein·ge·bil·det **1** *Partizip Perfekt*; ↑ **einbilden** **2** *Adj*; (**auf etw.** (*Akk*)) **e.** von der eigenen Überlegenheit sehr überzeugt (u. daher auch arrogant) ⟨maßlos e. sein; auf seine Herkunft e.⟩ **3** *Adj*; nur in den Gedanken u. nicht in Wirklichkeit vorhanden ⟨e-e Krankheit⟩

Ein·ge·bo·re·ne *der / die*; *-n, -n*; ein Angehöriger e-s Volkes, das seit langer Zeit in e-m bestimmten Gebiet lebt u. seine eigene Kultur hat || K-: **Eingeborenen-, -kultur, -siedlung** || NB: **a**) verwendet besonders für Naturvölker; **b**) *ein Eingeborener*; *der Eingeborene*; *den, dem, des Eingeborenen*

Ein·ge·bung *die*; *-, -en*; *geschr*; e-e sehr gute Idee, die *mst* künstlerisch wertvoll ist od. mit der ein relativ schwieriges Problem gelöst wird ≈ Inspiration ⟨e-e E. haben; e-r plötzlichen E. folgen⟩

ein·ge·denk *nur in* **j-s / etw.** (*Gen*) **e.** (**sein / bleiben**) *geschr*; indem man sich an j-n / etw. erinnert od. j-n / etw. berücksichtigt: *E. der Toten wollen wir beten*; *E. der Tatsache, dass ...*

ein·ge·fal·len **1** *Partizip Perfekt*; ↑ **einfallen** **2** *Adj*; *nicht adv*; stark abgemagert ⟨ein Gesicht, die Wangen⟩

ein·ge·fleisch·t- *Adj*; *nur attr, nicht adv*; ⟨e-e Gewohnheit, e-e Meinung, ein Vorurteil⟩ so, dass sie nicht mehr zu ändern sind || NB: ↑ **Junggeselle**

ein·ge·hakt **1** *Partizip Perfekt*; ↑ **einhaken** **2** *Adj*; Arm in Arm ⟨mit j-m e. gehen⟩

ein·ge·hen (*ist*) [Vt] **1** **etw.** (**mit j-m**) **e.** zu j-m persönliche, geschäftliche od. diplomatische Beziehungen herstellen, *mst* indem man e-e Art Vertrag schließt ⟨ein Bündnis, e-n Handel, e-e Wette mit j-m e.; Verpflichtungen e.⟩ **2** **etw. geht** ⟨e-e Bindung, Verbindung⟩ **mit etw. ein** e-e chemische Substanz verbindet sich mit e-r anderen zu e-m neuen Stoff **3** **ein / kein Risiko** (**bei / mit etw.**) **e.** etwas / nichts riskieren **4** **die Ehe mit j-m e.** *geschr* ≈ j-n heiraten; [Vi] **5** **auf j-n / etw. e.** sich (intensiv) mit j-m / etw. befassen ⟨auf j-s Fragen, j-s Probleme e.⟩: *auf ein Thema nicht näher e.* **6** **auf etw. e.** etw. akzeptieren ⟨auf ein Angebot, e-n Vorschlag e.⟩ **7** **etw. geht ein** *bes* ein Kleidungsstück wird beim Waschen kleiner od. enger **8** ⟨ein Tier, e-e Pflanze⟩ **geht** (**an etw.** (*Dat*)) **ein** ein Tier stirbt (an e-r Krankheit *o.Ä.*) / e-e Pflanze (die krank ist) verkümmert allmählich, bis sie abgestorben ist: *Unser Hund ist aus Kummer eingegangen* **9** **vor Hunger / Durst e.** *gespr*; sehr großen Hunger / Durst haben **10** **etw. geht ein** *gespr*; e-e Firma od. ein Unternehmen macht Konkurs **11** **j-d / etw. geht in die Geschichte / Geschichtsbücher ein** j-d / etw. ist so wichtig u. bedeutend, dass man später noch daran denkt: *Seine Entdeckungen werden in die Geschichte der Medizin eingehen* **12** **etw. geht** (**irgendwo**) **ein** etw. kommt beim Empfänger an ⟨ein Brief, ein Paket, e-e Sendung, e-e Lieferung⟩ **13** **etw. geht j-m ein** j-d versteht etw.: *Es wollte ihm nicht e.*, dass *er Unrecht hatte*

ein·ge·hend **1** *Partizip Präsens*; ↑ **eingehen** **2** *Adj*; sehr genau, bis ins Detail ≈ intensiv, ausführlich ↔ oberflächlich ⟨etw. e. behandeln, diskutieren⟩: *sich e. mit e-m Problem auseinander setzen*

Ein·ge·mach·te *das*; *-n*; *nur Sg*, *Kollekt*; Lebensmittel (*bes* Obst), die durch Kochen (*z.B.* als Kompott) konserviert wurden: *Im Keller haben wir noch 25 Gläser Eingemachtes* || NB: **a**) *Eingemachtes*; *das Eingemachte*; *dem, des Eingemachten*; **b**) *mst* ohne Artikel verwendet || ID **etw. geht ans E.** *gespr*; ein Problem ist sehr kompliziert u. kann nur mit größter Anstrengung u. unter großen (finanziellen) Opfern gelöst werden

ein·ge·nom·men **1** *Partizip Perfekt*; ↑ **einnehmen** **2** *Adj*; **von j-m / etw. e. sein** von j-m / etw. begeistert sein ≈ angetan sein: *Er war von ihrer liebenswerten Art e.* **3** *Adj*; **von sich e. sein** *pej*; arrogant u. überheblich sein ≈ von sich überzeugt sein

ein·ge·schwo·ren **1** *Partizip Perfekt*; ↑ **einschwören** **2** *Adj*; *nicht adv*; **auf j-n / etw. e. sein** j-n / etw. bevorzugen **3** **e-e eingeschworene Gemeinschaft** e-e Gruppe von Menschen, die immer zusammenhalten (4)

ein·ge·ses·sen **1** *Partizip Perfekt*; ↑ **einsitzen** **2** *Adj*; *mst attr, nicht adv*; schon sehr lang (*mst* seit Generationen) an e-m Ort, in e-r Stadt wohnend ⟨e-e Familie⟩

Ein·ge·ständ·nis *das*; *geschr*; das Zugeben e-r Schwäche, e-s Fehlers, e-r Schuld *o.Ä.*

ein·ge·ste·hen (*hat*) [Vt] (**j-m / sich**) **etw. e.** etw. zugeben (*mst* wenn man nicht richtig gehandelt hat) ↔ leugnen ⟨e-n Fehler, e-e Schwäche, e-e Tat e.⟩: *Ich muss leider e.*, dass *ich mich geirrt habe*

ein·ge·stellt **1** *Partizip Perfekt*; ↑ **einstellen** **2** *Adj*; *mst präd, nicht adv*; **irgendwie e.** mit e-r bestimmten Haltung od. Einstellung (4) zu etw. ≈ gesinnt: *Er ist sehr altmodisch e.*

Ein·ge·wei·de *die*; *Pl*; alle Organe, die in der Brust u. im Bauch von Menschen u. Tieren sind

Ein·ge·weih·te *der / die*; *-n, -n*; j-d, der über etw. informiert wurde, das nicht jeder weiß || NB: *ein Eingeweihter*; *der Eingeweihte*; *den, dem, des Eingeweihten*

ein·ge·wöh·nen (*hat*) [Vt] **j-n / sich** (**irgendwo**) **e.** j-n / sich an e-e neue Umgebung gewöhnen: *Er* *hat sich in der neuen Stadt / bei uns schnell eingewöhnt* || *hierzu* **Ein·ge·wöh·nung** *die*; *nur Sg*

ein·gie·ßen (*hat*) [Vt/i] ((**j-m**) **etw.**) **e.** (j-m) ein Getränk in e-e Tasse od. ein Glas gießen: *Gieß mir doch bitte noch e-n Schluck Kaffee ein!*; *Darf ich e.?*

ein·gip·sen (*hat*) [Vt] **1 etw. e.** e-n Körperteil mit e-m Gipsverband versehen ⟨e-n Arm, ein Bein e.⟩ **2 etw. e.** etw. mit Gips in e-m Loch (an der Wand) befestigen ⟨e-n Dübel, Haken e.⟩

ein·glei·sig *Adj*; **1** mit nur einem Gleis ⟨e-e Bahnlinie⟩ **2** so, dass man dabei nicht berücksichtigt, dass es auch e-e Alternative od. andere Möglichkeiten gibt ⟨e. denken, argumentieren⟩ || *hierzu* **Ein·glei·sig·keit** *die*; *nur Sg*

ein·glie·dern (*hat*) [Vt] **j-n / sich / etw.** (**in etw.** (*Akk*)) **e.** j-n / sich / etw. zu e-m Mitglied e-r Gruppe machen u. (an diese Gruppe) anpassen ≈ einordnen, integrieren: *e-n Verbrecher wieder in die Gesellschaft e.*; *sich in e-n Betrieb e.* || *hierzu* **Ein·glie·de·rung** *die*

ein·gra·ben (*hat*) [Vt] **1 etw.** (**in etw.** (*Akk*)) **e.** etw. in ein Loch, das man in die Erde gegraben hat, hineinlegen u. mit Erde *o.Ä.* wieder bedecken: *e-e Blumenzwiebel in den Boden e.*; [Vr] **2 sich e.** *Mil*; e-n Graben anlegen, um sich darin vor feindlichen Geschossen[1] zu schützen **3 etw. gräbt sich** (**in etw.** (*Akk*)) **ein** etw. drückt sich in e-n weichen Untergrund u. sinkt darin immer tiefer: *Der Fluss grub sich tief in das Hügelland ein* **4 ein Tier gräbt sich ein** ein Tier gräbt ein Loch in die Erde, in den Schlamm *o.Ä.*, um sich *z.B.* vor Feinden zu verstecken **5 etw. gräbt sich in j-s Gedächtnis** (*Akk*) **ein** ein Erlebnis *o.Ä.* kann von j-m nie mehr vergessen werden

ein·gra·vie·ren [-v-]; *gravierte ein, hat eingraviert*; [Vt] **etw.** (**in etw.** (*Akk*)) **e.** Worte, Zahlen od. Bilder mit e-m spitzen Gegenstand *mst* in Metall od. Stein ritzen

ein·grei·fen (*hat*) [Vi] **1** (**in etw.** (*Akk*)) **e.** eine Handlung od. Entwicklung (an der man nicht direkt beteiligt ist) lenken, stören od. stoppen ≈ einschreiten: *Der Lehrer griff nur manchmal in die Diskussion der Schüler ein*; *Wenn die Polizei nicht bald eingreift, wird es noch e-e große Schlägerei geben* **2 etw. greift in etw.** (*Akk*) **ein** *Tech*; etw. schiebt sich in e-e Vertiefung (von etw.) || ► **Eingriff**

Ein·greif·trup·pe *die*; *mst in* **e-e schnelle E.** *Mil*; e-e militärische Einheit, die für den Einsatz in Krisengebieten ausgebildet od. zusammengestellt wird

ein·gren·zen (*hat*) [Vt] **1 etw. grenzt etw. ein** etw. umgibt etw. als Grenze od. Absperrung ≈ etw. fasst etw. ein: *Ein Zaun grenzt den Garten ein* **2 etw.** (**auf etw.** (*Akk*)) **e.** etw. auf ein bestimmtes Maß, e-n bestimmten Inhalt *o.Ä.* beschränken ↔ erweitern (um etw.) ⟨e-n Begriff, ein Thema, e-n Themenkreis e.⟩: *Die Diskussion wurde streng* (*auf ein Thema*) *eingegrenzt* || *hierzu* **Ein·gren·zung** *die*

Ein·griff *der*; **1 ein E.** (**in etw.** (*Akk*)) das Verletzen der persönlichen Rechte e-r anderen Person ≈ Einmischung ⟨ein empfindlicher, schwerwiegender, unerhörter E.⟩: *Sie wehrte sich gegen die Eingriffe ihres Chefs in ihre Privatsphäre* **2** *geschr* ≈ Operation (1) ⟨ein operativer, chirurgischer E.; sich e-m E. unterziehen; e-n E. vornehmen⟩

ein·ha·ken (*hat*) [Vt] **1 etw. e.** etw. mit e-m Haken befestigen: *e-e Tür an der Wand e., damit sie offen bleibt*; [Vi] **2 irgendwo e.** *gespr*; j-n an e-m Punkt seiner Rede unterbrechen, um selbst etw. zu sagen ≈ eingreifen: *Bei dem Stichwort „Renten" hakte die Opposition im Parlament sofort ein*; [Vr] **3 sich bei j-m e.** (beim Gehen) seinen Arm unter den angewinkelten Arm e-r anderen Person schieben ≈ sich (bei j-m) unterhaken, einhängen

-ein·halb *im Zahladj, begrenzt produktiv, indeklinabel*; die genannte Zahl plus ein halb; **eineinhalb, zweieinhalb, dreieinhalb** *usw*

Ein·halt *der*; *nur in* **1 j-m E. gebieten** *geschr*; verhindern, dass j-d weiterhin etw. Unangenehmes od. Schädliches *o.Ä.* tut **2 etw.** (*Dat*) **E. gebieten** *geschr*; veranlassen, dass e-e unangenehme od. schädliche *o.Ä.* Sache od. Entwicklung gestoppt wird

ein·hal·ten (*hat*) [Vt] **1 etw. e.** sich an etw., wozu man sich verpflichtet od. entschlossen hat, halten (44) ⟨e-n Termin, e-e Verabredung, ein Versprechen e.; e-e Diät e.⟩ **2 etw. e.** etw. so lassen, wie es im Augenblick ist ↔ von etw. abweichen ⟨e-e Geschwindigkeit, e-e Richtung, e-n Kurs e.⟩; [Vi] **3 mit etw. e.** *geschr veraltend* ≈ mit etw. aufhören || NB: *zu* **3**: oft im Imperativ! || *zu* **1** u. **2 Ein·hal·tung** *die*; *nur Sg*

ein·han·deln (*hat*) [Vt] **sich** (*Dat*) **etw. e.** *gespr, pej od iron*; (*mst* als Konsequenz e-s Verhaltens) etw. Unangenehmes od. Negatives erleben müssen

ein·hän·gen; *hängte ein, hat eingehängt*; [Vt] **1 etw. e.** etw. an e-n Haken, an e-e Angel[2] (der Tür *o.Ä.*) hängen u. es dadurch befestigen ↔ aushängen ⟨e-n Anhänger, ein Fenster, e-e Tür *usw* e.⟩; [Vt/i] **2** (**etw.**) **e.** ein Telefongespräch beenden ≈ auflegen ⟨*mst* das Telefon, den Telefonhörer e.⟩: *Beim zweiten Anruf hängte sie ein*; [Vr] **3 sich bei j-m e.** *gespr* ≈ sich bei j-m einhaken

ein·hau·en (*hat*) [Vt] **1 etw. e.** *gespr* ≈ einschlagen (1,2); [Vi] **2 auf j-n / etw. e.** *gespr* ≈ einschlagen (6)

ein·hef·ten (*hat*) [Vt] **1 etw. e.** *bes* ein Blatt Papier in e-m Ordner od. in e-r Mappe *o.Ä.* befestigen: *e-n Beleg in den Ordner e.* **2 etw. e.** beim Nähen ein Teil an ein größeres Stück (Stoff) heften ↔ abtrennen ⟨e-n Ärmel, ein Futter, e-n Reißverschluss *usw* e.⟩

ein·hei·misch *Adj*; *mst attr, nicht adv*; **1** in e-m Ort / in e-m Land geboren u. dort lebend ↔ fremd ⟨die Bevölkerung⟩ **2** aus dem eigenen Land ⟨Produkte, Erzeugnisse⟩ || zu **1 Ein·hei·mi·sche** *der / die*; *-n, -n*

ein·heim·sen; *heimste ein, hat eingeheimst*; [Vt] **etw. e.** *gespr*; etw. für sich gewinnen od. bekommen ≈ erhalten ⟨Applaus, Lob, e-n Gewinn, e-n Preis e.⟩

ein·hei·ra·ten (*hat*) [Vi] **in etw.** (*Akk*) **e.** durch Heirat Mitglied e-r Familie werden, der ein Unternehmen, ein Betrieb *o.Ä.* gehört, von dem man dann profitiert ⟨in ein Unternehmen e.⟩

Ein·heit[1] *die*; -; *nur Sg*; das Zusammensein einzelner, verschiedener Teile, die so ein Ganzes bilden ⟨e-e E. bilden, werden, darstellen, wahren, anstreben, zerstören; die staatliche, politische E.; die E. e-s Landes, e-r Nation; die deutsche E.⟩ || K-: **Einheits-, -gedanke, -streben**

Ein·heit[2] *die*; *-, -en*; **1** e-e bestimmte Größe (wie *z.B.* ein Meter, ein Kilo od. ein Liter), die als Maß verwendet wird: *In welcher E. misst man in England die Temperatur?* || -K: **Gewichts-, Längen-, Maß-, Währungs- 2** e-e relativ große Gruppe von Soldaten od. Polizisten *o.Ä.*: *Er wurde in e-e andere E. versetzt* || -K: **Gefechts-, Polizei-, Truppen-**

ein·heit·lich *Adj*; **1** ⟨Kleidung; e-e Regelung⟩ so, dass sie für alle gleich sind **2** ⟨Ansichten, e-e Auffassung⟩ so, dass sie keine Unterschiede enthalten **3** ⟨ein Plan, ein (Kunst)Werk⟩ so, dass sie e-e Einheit[1] bilden || *hierzu* **Ein·heit·lich·keit** *die*; *nur Sg*

Ein·heits·preis *der*; ein Preis, der für mehrere Produkte gilt, die normalerweise nicht das Gleiche kosten

ein·hei·zen (*hat*) [Vi] **1** e-n Ofen, e-e Heizung in Betrieb setzen, um e-n Raum zu heizen: *Hast du in der*

E

Küche eingeheizt? **2** ***j-m e.*** *gespr*; j-n (be)schimpfen od. ihn antreiben ⟨j-m ordentlich e.⟩

ein·hel·lig *Adj*; ⟨e-e Auffassung, e-e Meinung, ein Urteil; Empörung⟩ so, dass sie von allen geteilt werden || *hierzu* **Ein·hel·lig·keit** *die*; *nur Sg*

ein·her- *im Verb, betont u. trennbar, begrenzt produktiv*; Die Verben mit *einher-* werden nach folgendem Muster gebildet: *einherschreiten - schritt einher - einhergeschritten*

einher- wird vor (intransitiv gebrauchten) Verben der Bewegung verwendet, um auszudrücken, dass die Bewegung *mst* langsam u. gleichmäßig ist u. dass das Ziel nicht näher angegeben wird;

einherstolzieren: *Es war nicht zu übersehen, wie er mit seinem Orden an der Brust einherstolzierte* ≈ Er schritt voller Stolz mit seinem Orden an den Zuschauern vorbei

ebenso: ***einherfahren, einhergehen, einherreiten, einherschleichen, einherschreiten, einherspazieren***

ein·her·ge·hen (*ist*) [Vi] **1** ↑ ***einher-*** **2** ***etw. geht mit etw. einher*** etw. passiert gleichzeitig mit etw. (od. ist unmittelbare Folge davon): *Mit dieser Krankheit gehen Fieber u. Ausschlag einher*

ein·ho·len (*hat*) [Vt] **1** ***j-n / etw. e.*** j-m / e-m Fahrzeug nachgehen, nachfahren *o.Ä.* u. ihn / es erreichen: *Der führende Läufer wurde kurz vor dem Ziel von den anderen eingeholt* **2** ***etw. e.*** ≈ aufholen, wettmachen ⟨e-e Verspätung, e-n Vorsprung, die verlorene Zeit, das Versäumte e.⟩ **3** ***etw. e.*** etw. zu sich ziehen u. dadurch vorübergehend außer Funktion setzen ⟨den Anker, e-e Fahne, ein Segel e.⟩ **4** ***etw.*** (***bei j-m***) ***e.*** *geschr*; sich von j-m etw. geben lassen ⟨e-e Auskunft, e-e Erlaubnis, e-n Rat e.⟩; [Vt/i] **5** (***etw.***) ***e.*** *gespr* ≈ einkaufen || *zu* **3** u. **4** **Ein·ho·lung** *die*; *nur Sg*

Ein·horn *das*; (in Märchen od. Fabeln) e-e Art weißes Pferd mit e-m langen spitzen Horn auf der Stirn

ein·hül·len (*hat*) [Vt] **1** ***j-n / sich / etw. e.*** j-n / sich / etw. in e-e Hülle wickeln ≈ einwickeln: *j-n / sich mit e-r Decke / in e-e Decke e.* **2** ***etw. hüllt j-n / etw. ein*** etw. umgibt j-n / etw. wie e-e Hülle ≈ etw. umhüllt j-n / etw.: *Nebel hüllte den Berg ein* || *hierzu* **Ein·hül·lung** *die*; *nur Sg*

ein·hun·dert, **ein·hun·dert** *Zahladj*; (als Zahl) 100 ≈ hundert; ↑ ***Anhang*** (4)

ein·hun·derts·t-, **ein·hun·derts·t-** *Zahladj*; *nur attr, nicht adv*; in e-r Reihenfolge an der Stelle einhundert ≈ 100.

ei·nig *Adj*; *mst präd*; **1** ***sich*** (*Pl*) (***über etw.*** (*Akk*)) ***e. sein*** die gleiche Meinung (über etw.) haben: *Alle Parteien sind sich* (darüber) *e.*, dass *mehr für den Umweltschutz getan werden muss* **2** ***sich*** (*Dat*) ***mit j-m*** (***über etw.*** (*Akk*)) ***e. sein*** die gleiche Meinung wie j-d (über etw.) haben: *Er ist sich mit ihr über das Projekt e.* **3** ***sich*** (*Dat*) (***mit j-m***) ***über etw.*** (*Akk*) ***e. werden*** sich mit j-m über etw. einigen (2) || *zu* **1** u. **2** **Ei·nig·keit** *die*; *nur Sg*

ei·ni·g- *Indefinitpronomen*; **1** *nur Pl*; verwendet, um e-e Anzahl (von Personen, Dingen *usw*) anzugeben, die nicht näher bestimmt wird, die aber nicht besonders groß ist ≈ mehrere: *für einige Tage verreisen*; *Vor dem Gericht warteten einige Demonstranten*; *Ich habe schon einige Mal(e) bei dir angerufen, aber du warst nie da* **2** *nur Sg*; verwendet, um e-e relativ kleine Menge od. e-n relativ kleinen Umfang (von etw.) zu bezeichnen: *Mit einigem guten Willen ist das Problem zu lösen*; *Dazu braucht es einige Übung* **3** (*mst betont*) ziemlich viel: *Das wird noch einige Zeit dauern* || NB: **a)** *einig-* verwendet man wie ein attributives Adj. (*einige Fragen*) od. (in Bedeutung **3**) wie ein Subst. (*Es gibt noch einiges zu tun*); **b)** ↑ *Tabelle unter* ***Adjektive***

ei·ni·gen; *einigte, hat geeinigt*; [Vt] **1** ***j-n / etw. e.*** einzelne Personen od. Gruppen von Personen zu e-r Einheit[1] machen ≈ vereinigen ⟨Länder, Staaten, Stämme, Völker e.⟩; [Vr] **2** ***sich*** (***mit j-m***) (***auf / über etw.*** (*Akk*)) ***e.*** e-e Meinungsverschiedenheit *o.Ä.* beenden, indem man e-e Lösung findet, die für alle akzeptabel ist: *Sie einigten sich auf e-n Kompromiss*

ei·ni·ger·ma·ßen *Partikel*; *betont u. unbetont*; **1** verwendet, um e-e Aussage abzuschwächen ≈ ziemlich, hinlänglich: *Die Prüfung hat e. gut geklappt*; *Ich bin e. sicher, dass sie kommt* **2** verwendet als Antwort auf e-e Frage, um auszudrücken, dass etw. nicht besonders gut, aber auch nicht besonders schlecht ist ≈ so lala: „*Wie gehts dir?*" - „*E.*"

ei·ni·ges ↑ ***einig-*** (3)

Ei·ni·gung *die*; -, *-en*; *mst Sg*, *geschr*; **1** der Vorgang od. das Ergebnis, wenn Personen od. Gruppen e-e Lösung zu e-m Problem finden, die für alle akzeptabel ist ⟨e-e E. erreichen, erzielen; zu e-r E. kommen⟩ **2** das Erreichen e-r Einheit[1]

ein·imp·fen (*hat*) [Vt] **1** ***j-m etw. e.*** *gespr, oft pej*; j-m etw. immer wieder sagen, damit er sich auch danach richtet: *Ihre Mutter hat ihr eingeimpft, nicht mit Fremden* zu *sprechen* **2** ***j-m etw. e.*** e-m Menschen od. e-m Tier e-n Impfstoff in den Körper spritzen || *hierzu* **Ein·imp·fung** *die*; *nur Sg*

ein·ja·gen (*hat*) [Vt] *nur in* ***j-d / etw. jagt j-m Angst / j-m e-n Schreck(en) ein*** *gespr*; j-d / etw. bewirkt, dass j-d (plötzlich) Angst od. e-n Schreck bekommt

ein·jäh·rig *Adj*; *nicht adv*; **1** *nur attr*; ein Jahr alt: *Seine Schwester hat e-n einjährigen Jungen* **2** *nur attr*; ein Jahr dauernd: *ein einjähriger Aufenthalt im Ausland* **3** verwendet für Pflanzen, die im Herbst absterben u. im folgenden Jahr nicht wieder wachsen: *Tomaten sind e., Petersilie ist zweijährig*

ein·kal·ku·lie·ren; *kalkulierte ein, hat einkalkuliert*; [Vt] ***etw. e.*** etw. (bei e-r Berechnung, e-r Planung od. e-r Überlegung) berücksichtigen: *Sind in / bei dieser Rechnung alle Kosten mit einkalkuliert?*; *Er hat in seinem Zeitplan keine Pausen einkalkuliert* || *hierzu* **Ein·kal·ku·lie·rung** *die*; *nur Sg*

ein·kas·sie·ren; *kassierte ein, hat einkassiert*; [Vt] **1** (***bei j-m***) ***etw. e.*** e-e Summe Geld von j-m verlangen u. bekommen ⟨Beiträge, Geld, Schulden e.⟩ **2** ***etw. e.*** *gespr*; j-m etw. wegnehmen || *zu* **1** **Ein·kas·sie·rung** *die*; *nur Sg*

Ein·kauf *der*; **1** das Einkaufen, Erwerben ↔ Verkauf (1) ⟨Einkäufe machen, seine Einkäufe erledigen⟩: *Achten Sie beim E. auf unsere Sonderangebote!* **2** *mst Pl*; die Waren, die man eingekauft hat: *Sie holte ihre Einkäufe aus dem Korb* || K-: ***Einkaufs-, -korb, -netz, -tasche, -wagen*** **3** *nur Sg*; die Abteilung in e-r Firma, die Waren für die Firma einkauft ↔ Verkauf (2)

Einkaufswagen

ein·kau·fen (*hat*) [Vt/i] **1** (***etw.***) ***e.*** Waren, die man täglich braucht (*mst* Lebensmittel), kaufen ↔ verkaufen: *Er hat vergessen, Brot einzukaufen*; [Vt] **2** ***etw. e.*** Waren od. Rohstoffe in größeren Mengen kaufen, um sie wieder zu verkaufen od. um damit etw. zu produzieren: *Der Autohändler hat auf der Messe zehn Sportwagen eingekauft* **3** ***j-n e.*** e-n (professionellen) Spieler für den eigenen Verein verpflichten u. dafür an dessen früheren Verein Geld zahlen (*bes* beim Fußball)

Ein·käu·fer *der*; ein Angestellter e-r Firma, der im Einkauf (3) arbeitet

Ein·kaufs·bum·mel *der*; ein Spaziergang durch die Stadt, bei dem man etw. einkaufen möchte

Ein·kaufs·preis *der*; der Preis, den ein Händler dem Hersteller für e-e Ware zahlt, die er dann selbst wieder verkauft

Ein·kaufs·zent·rum *das*; ein Gebäude (od. ein Komplex von Gebäuden), in dem mehrere Geschäfte untergebracht sind

ein·keh·ren *(ist)* Vi **1** (***in etw.*** *(Dat / selten Akk)*) ***e.*** *gespr*; e-e Fahrt, e-n Spaziergang *o.Ä.* unterbrechen, um in ein Gasthaus zu gehen: *Wir sind auf der Wanderung (in e-m gemütlichen Lokal) eingekehrt* **2** ***etw. kehrt*** (***wieder***) ***ein*** *geschr*; etw. erscheint od. kommt (wieder) ⟨Friede, Ordnung, Ruhe *o.Ä.*⟩: *Nach dem Aufstand ist jetzt wieder Ruhe im Land eingekehrt* || *hierzu* **Ein·kehr** *die*; -; *nur Sg*

ein·kei·len; *keilte ein, hat eingekeilt*; Vt ***mehrere Personen / Sachen keilen j-n / etw. ein*** *gespr*; mehrere Personen / Sachen machen e-n Platz, Raum so eng, dass sich andere nicht od. kaum noch bewegen können: *Mein Auto war auf dem Parkplatz von den anderen Fahrzeugen völlig eingekeilt* || NB: *mst* im Zustandspassiv

ein·kel·lern; *kellerte ein, hat eingekellert*; Vt ***etw. e.*** etw. als Vorrat in den Keller legen ⟨Äpfel, Kartoffeln, Kohlen, Wein e.⟩ || *hierzu* **Ein·kel·le·rung** *die*

ein·ker·ben; *kerbte ein, hat eingekerbt*; Vt ***etw.*** (***in etw.*** *(Akk)*) ***e.*** mit dem Messer Kerben od. Zeichen *usw* in e-n Gegenstand (*mst* aus Holz) machen || *hierzu* **Ein·ker·bung** *die*

ein·ker·kern; *kerkerte ein, hat eingekerkert*; Vt ***j-n e.*** *hist*; j-n in e-n Kerker sperren || *hierzu* **Ein·ker·ke·rung** *die*

ein·kes·seln; *kesselte ein, hat eingekesselt*; Vt ***j-n / etw. e.*** Menschen / etw. an e-m Ort festhalten, indem man (*mst* in großer Zahl) von allen Seiten gleichzeitig kommt u. sich an allen Seiten aufstellt, *bes* im Krieg od. bei der Jagd: *Die Stadt war von feindlichen Truppen eingekesselt*; *Die Jäger kesselten das Wild ein* || *hierzu* **Ein·kes·se·lung** *die*

ein·kla·gen *(hat)* Vt ***etw. e.*** vor Gericht gehen, um etw. zu erreichen, worauf man ein Recht hat: *Wenn Sie nicht freiwillig zahlen, werde ich die Schulden e.* || *hierzu* **ein·klag·bar** *Adj*

ein·klam·mern *(hat)* Vt ***etw. e.*** etw. Geschriebenes zwischen Klammern (2) setzen ⟨e-n Buchstaben, ein Wort, e-e Zahl e.⟩ || *hierzu* **Ein·klam·me·rung** *die*

Ein·klang *der*; *-s*; *nur Sg*; *geschr*; **1** ***in / im E.*** (***mit j-m / etw.***) in e-m Zustand, in dem sich zwei Dinge miteinander so vereinbaren lassen, dass sie nicht widersprüchlich sind ⟨etw. ist, steht in / im E. mit etw.; etw. *(Pl)* in E. bringen⟩: *Er ist sehr zufrieden, weil er seine privaten u. beruflichen Interessen miteinander in E. bringen konnte* **2** ***sich*** (***mit j-m***) ***in E.*** (***über etw.*** *(Akk)*) ***befinden*** die gleiche Meinung haben (wie ein anderer / andere)

ein·kle·ben *(hat)* Vt ***etw.*** (***in etw.*** *(Akk)*) ***e.*** etw. mit Klebstoff in e-m Buch, Heft *usw* befestigen: *Er hat die Fotos in sein Album eingeklebt*

ein·klei·den *(hat)* Vt **1** ***j-n / sich neu e.*** j-m / sich viele neue Kleidungsstücke kaufen: *Unser Sohn ist so gewachsen, dass ich ihn völlig neu e. muss* **2** ***j-n e.*** j-m e-e Uniform *o.Ä.* geben **3** ***etw. in etw.*** *(Akk)* ***e.*** etw. so formulieren, dass die Absicht nicht deutlich ausgesprochen wird: *Er hat seine Mahnung in freundliche Worte eingekleidet* || *hierzu* **Ein·klei·dung** *die*

ein·klem·men *(hat)* Vt **1** ***etw. e.*** etw. von verschiedenen Seiten so drücken, dass es sich nicht mehr bewegen kann: *ein Stück Holz in den Schraubstock e.* **2** ***j-m / sich etw. e.*** etw. e. (1), sodass es verletzt od. beschädigt wird: *sich den Finger in der Tür e.*

ein·klin·ken; *klinkte ein, hat / ist eingeklinkt*; Vt *(hat)* **1** ***etw. e.*** etw. schließen od. befestigen, indem man e-n Hebel *o.Ä.* (*z.B.* die Klinke e-r Tür) betätigt ↔ ausklinken: *e-e Tür e.*; Vi *(ist)* **2** ***etw. klinkt ein*** etw. wird durch e-n Mechanismus geschlossen od. befestigt: *Das Fahrgestell des Flugzeugs klinkt nach dem Start ein*

ein·kni·cken *(hat / ist)* Vt *(hat)* **1** ***etw. e.*** etw. so umbiegen, dass es e-n Knick (2) bekommt: *ein Streichholz, e-n Bogen Papier e.*; Vi *(ist)* **2** ***etw. knickt ein*** etw. bekommt e-n Knick (2): *Die Halme des Getreides sind bei dem Hagel eingeknickt*

ein·ko·chen Vt *(hat)* **1** ***etw. e.*** etw. konservieren, indem man es kocht u. so in Gläsern verschließt, dass keine Luft hineinkommt ≈ einmachen ⟨*mst* Gelee, Konfitüre, Marmelade e.⟩; Vi *(ist)* **2** ***etw. kocht ein*** etw. wird beim Kochen allmählich konzentrierter u. dicker

Ein·kom·men *das*; *-s*, -; **1** das Geld, das j-d in e-m bestimmten Zeitraum bekommt, *mst* als Lohn, Gehalt od. als Gewinn aus Geschäften ≈ Einkünfte ⟨ein gutes, festes, geringes, hohes, monatliches, jährliches, regelmäßiges E. haben, bekommen, erhalten; sein E. versteuern (müssen)⟩ || K-: ***Einkommens-, -einbuße*** || *hierzu* **ein·kom·mens·schwach** *Adj*; **ein·kom·mens·stark** *Adj*

Ein·kom·mens·schicht *die*; ein Teil e-r Gesellschaft, der sich von anderen Personengruppen durch die Höhe des Einkommens unterscheidet ⟨die gehobenen, mittleren, oberen, unteren Einkommensschichten⟩

Ein·kom·men(s)·steu·er *die*; e-e Steuer, die jeder zahlt, der freiberuflich arbeitet od. der zusätzlich zum Lohn od. Gehalt Einkommen hat (*z.B.* Miete *o.Ä.*) od. der als Arbeitnehmer mehr als e-e bestimmte Summe verdient || NB: ↑ ***Lohnsteuer***

Ein·kom·men(s)·steu·er|er·klä·rung *die*; die Angaben für das Finanzamt, wieviel Einkommen man im vorangegangenen Jahr hatte || NB: ↑ ***Lohnsteuerjahresausgleich***

ein·krei·sen *(hat)* Vt **1** ***j-n / etw. e.*** (von mehreren Personen) j-n / etw. von allen Seiten umgeben ≈ j-n einkesseln: *Die feindliche Armee hat die Stadt völlig eingekreist* **2** ***etw. e.*** e-n Kreis um etw. malen u. es dadurch markieren: *Er kreiste ihren Geburtstag auf dem Kalender rot ein* **3** ***etw. e.*** in e-r Diskussion od. Erörterung allmählich festlegen, was zu e-r Sache gehört ⟨e-e Frage, ein Problem, ein Thema e.⟩ || *zu* **1** u. **3** **Ein·krei·sung** *die*

Ein·künf·te *die*; *Pl*; das Geld, das j-d in e-m bestimmten Zeitraum bekommt ⟨E. beziehen⟩: *Neben seinem Gehalt hat er noch E. aus e-m Haus, das er vermietet hat* || -K: ***Neben-***

ein·la·den[1] *(hat)* Vt ***etw.*** (***in etw.*** *(Akk)*) ***e.*** etw., das irgendwohin transportiert werden soll, in ein Fahrzeug bringen ↔ ausladen: *Die Spediteure luden die vollen Kisten (in den Lkw) ein*

ein·la·den[2] *(hat)* Vt **1** ***j-n*** (***zu etw.***) ***e.*** j-n auffordern od. bitten, als Gast (1) zu einem zu kommen: *Ich habe ein paar gute Freunde zum Abendessen / zu uns eingeladen* **2** ***j-n*** (***irgendwohin / zu etw.***) ***e.*** mit j-m etw. gemeinsam unternehmen u. alle Kosten, die dabei entstehen, bezahlen: *Mein Freund hat mich ins Kino eingeladen*

ein·la·dend **1** *Partizip Präsens*; ↑ ***einladen*** **2** *Adj*; ⟨ein Essen, e-e Geste, das Wetter⟩ so, dass sie angenehm, verlockend od. attraktiv aussehen

Ein·la·dung *die*; -, *-en*; ***e-e E.*** (***zu etw.***) e-e mündliche od. schriftliche Aufforderung an j-n, als Gast zu einem zu kommen od. mit einem als Gast irgendwohin zu gehen ⟨e-e E. aussprechen, verschicken; e-e E. bekommen, annehmen, ablehnen, ausschlagen; e-r E. folgen⟩: *Ich habe ihm e-e E. zu meiner Party geschickt* || K-: ***Einladungs-, -schreiben***

Die Einladung

Ist man privat bei jemandem zum Essen eingeladen, gehört es zur Höflichkeit, pünktlich oder höchstens mit einer Viertelstunde Verspätung zu kommen.
Es ist üblich, dem Gastgeber eine Kleinigkeit zu schenken, zum Beispiel eine Flasche Wein oder einen Blumenstrauß. Bei näherer Bekanntschaft kann man auch nach Absprache eine Vorspeise oder einen Nachtisch zum Essen mitbringen, um dem Gastgeber Arbeit abzunehmen.
Zu Beginn des Essens wünscht man sich gewöhnlich „**Guten Appetit!**".
Auch wartet man normalerweise mit dem Trinken, bis der Gastgeber sein Glas erhebt und alle miteinander angestoßen haben. Hierbei wünscht man sich gewöhnlich „**Zum Wohl!**" oder sagt „**Prost!**", wobei man die Person, mit der man sich gerade zuprostet, direkt ansehen sollte.

Ein·la·ge *die*; **1** e-e *mst* künstlerische Vorstellung, die Abwechslung in ein festes Programm bringen soll ⟨e-e E. bringen⟩: *Auf dem Ball gab es als E. e-n Zauberer* || -K: ***Gesangs-*** **2** *mst Pl*, *Bank*; das Geld, das j-d auf e-m Konto bei e-r Bank hat: *ein Sparbuch mit e-r E. von 2000 Euro*; *Die Bank verfügt über Einlagen in Höhe von 50 Millionen Euro* **3** *Med*; e-e provisorische Füllung in e-m Zahn **4** *mst Pl*; e-e zusätzliche Sohle, die in e-n Schuh gelegt wird (um Plattfüße *o.Ä.* zu stützen) **5** etw. (*z.B.* Nudeln od. Fleisch), das in e-e Suppe getan wird: *e-e Brühe mit E.* || -K: ***Fleisch-***

ein·la·gern (*hat*) [Vt] **1** ***etw.*** (***irgendwo***) ***e.*** etw. als Vorrat in e-n Raum bringen u. dort aufbewahren: *Kartoffeln* (*im Keller*) *e.*; [Vr] **2** ***etw. lagert sich in etw.*** (*Akk*) ***ein*** e-e Substanz od. ein Stoff[1] (1) dringt tief in e-n festen Körper, e-n Organismus (1) *o.Ä.* ein u. setzt sich dort fest: *In den Stein haben sich Kristalle eingelagert* || *hierzu* **Ein·la·ge·rung** *die*

Ein·lass *der*; *-es, Ein·läs·se*; *mst Sg*, *geschr* ≈ Zutritt ⟨j-m E. gewähren, sich (*Dat*) E. verschaffen⟩ || K-: ***Einlass-, -zeit***

ein·las·sen[1] (*hat*) [Vt] **1** ***j-n*** (***irgendwohin***) ***e.*** *geschr*; j-m erlauben, ein abgesperrtes Gebiet, ein verschlossenes Gebäude *o.Ä.* zu betreten od. j-m zu diesem Zweck e-e Tür, ein Tor *o.Ä.* öffnen: *Der Pförtner ließ mich* (*in die Fabrik*) *ein* **2** ***etw.*** (***in etw.*** (*Akk*)) ***e.*** e-n relativ großen Behälter mit Wasser füllen ≈ einlaufen lassen ⟨(Wasser in) ein Becken, e-n Kanal, e-e Wanne e.⟩: *Lass bitte Wasser* (*in die Badewanne*) *ein!* **3** ***etw. in etw.*** (*Akk*) ***e.*** etw. so in Vertiefungen e-s Gegenstandes (aus Stein, Holz, Metall *o.Ä.*) anbringen, dass es genau hineinpasst

ein·las·sen[2], **sich** (*hat*) [Vr] **1** ***sich mit j-m e.*** *mst pej*; Kontakt mit j-m haben: *Lass dich bloß nicht mit diesen Leuten ein!* **2** ***sich mit j-m e.*** *mst pej*; ein Liebesverhältnis mit j-m anfangen: *Warum hast du dich mit diesem Kerl eingelassen?* **3** ***sich mit j-m e.*** mit j-m streiten: *Mit ihm würde ich mich nicht e.* || NB: *mst* verneint! **4** ***sich auf etw.*** (*Akk*) ***e.*** mit etw. anfangen, bei etw. mitmachen u. dabei unangenehme Folgen riskieren: *sich auf krumme Geschäfte e.*

Ein·lauf *der*; **1** *Sport*; das Einlaufen (5,6) **2** *Sport*; die Reihenfolge, in der die Läufer od. die Pferde bei e-m Rennen am Ziel ankommen **3** ein Ei od. e-e Art dünner Teig, die in der heißen Suppe zu Fäden werden **4** das Reinigen des (Dick)Darms mit e-r Flüssigkeit; *Med* Klistier ⟨j-m e-n E. machen⟩

ein·lau·fen [Vi] (*hat*) **1** ***etw. e.*** neue Schuhe tragen, bis sie bequem sind ⟨Stiefel e.⟩; [Vi] (*ist*) **2** ***etw. läuft ein*** etw. wird beim Waschen enger ≈ etw. schrumpft ⟨ein Kleid, ein Pullover⟩ **3** ***etw. läuft*** (***irgendwohin***) ***ein*** e-e Flüssigkeit (*mst* e-e relativ große Menge) fließt in ein Gefäß **4** ***etw. läuft*** (***irgendwo*** / ***irgendwohin***) ***e.*** ein Zug kommt im Bahnhof, ein Schiff im Hafen an: *Der Tanker lief in den* / *im Hafen ein* **5** ⟨e-e Mannschaft *o.Ä.*⟩ ***läuft*** (***irgendwohin***) ***ein*** e-e Mannschaft *o.Ä.* betritt zu Beginn e-s Spiels *o.Ä.* das Spielfeld **6** ⟨in das Ziel, die Zielgerade *o.Ä.*⟩ ***e.*** bei e-m Wettlauf das Ziel *usw* erreichen **7** ***etw. läuft*** (***bei j-m***) ***ein*** *Admin geschr* ≈ etw. geht ein (12); [Vr] **8** ***sich e.*** vor e-m Wettrennen die Muskeln locker machen, indem man läuft **9** ***etw. läuft sich ein*** e-e Maschine kommt (nach dem Einschalten) in den normalen Lauf

ein·le·ben, sich (*hat*) [Vr] ***sich*** (***irgendwo***) ***e.*** sich an e-e neue Umgebung gewöhnen: *Es wird lange dauern, bis ich mich in der neuen Stadt eingelebt habe*

Ein·le·ge·ar·beit *die*; **1** Ornamente aus vielen kleinen Teilen aus Holz, Elfenbein, Marmor *o.Ä.*, die in e-e Oberfläche (*mst* aus Holz) so eingefügt sind, dass eine glatte Fläche mit bestimmten Mustern entsteht ≈ Intarsien **2** ein Gegenstand (*mst* ein Möbelstück) mit Einlegearbeiten (1)

ein·le·gen (*hat*) [Vt] **1** ***etw.*** (***in etw.*** (*Akk*)) ***e.*** etw. irgendwo so anbringen od. hineintun, dass es benutzt werden kann ↔ herausnehmen ⟨e-n Film, e-e Kassette, e-e Diskette, e-e CD e.; e-e Sohle in e-n Schuh e.⟩ || K-: ***Einleg***(***e***)***-, -sohle*** **2** ***etw.*** (***in etw.*** (*Akk*)) ***e.*** Lebensmittel konservieren u. würzen, indem man sie in e-e Flüssigkeit legt ≈ einmachen: *Gurken, Bohnen* (*sauer, in Essig*), *Kirschen* (*in Rum*) *e.* **3** ***etw. in etw.*** (*Akk*) ***e.*** etw. als Ornament (Einlegearbeit) irgendwo anbringen: *Elfenbein in e-n Tisch e.* **4** ***etw. mit etw. e.*** etw. mit etw. als Ornament (Einlegearbeit) versehen: *e-n Tisch mit Elfenbein e.* **5** ⟨Beschwerde, Einspruch, sein Veto, Widerspruch⟩ (***gegen etw.***) ***e.*** förmlich gegen etw. protestieren: *Sie legten bei der Stadtverwaltung Beschwerde gegen den Bau der neuen Straße ein* **6** ⟨Berufung, Revision⟩ (***gegen etw.***) ***e.*** *Jur*; ein Gerichtsurteil durch ein höheres Gericht überprüfen lassen **7** ***etw. e.*** e-e Zeit der Entspannung zwischen Zeiten der Arbeit, Aktivität legen ⟨e-e Pause, e-e Rast, e-n Ruhetag e.⟩ **8** ***etw. e.*** etw. Zusätzliches od. Außergewöhnliches machen (*mst* um mit etw. schneller fertig zu werden) ⟨e-n Spurt e.; e-e zusätzliche Schicht e.⟩: *e-e Sonderschicht e., um e-n Auftrag rechtzeitig zu erfüllen* **9** ***etw. e.*** in e-n bestimmten Gang[4] schalten, *bes* beim Autofahren ⟨*mst* den ersten, zweiten, *usw* Gang, den Rückwärtsgang e.⟩

ein·lei·ten (*hat*) [Vt] **1** ***etw. mit etw. e.*** etw. mit etw. beginnen u. damit auf den Hauptteil vorbereiten ≈ eröffnen: *Er leitete die Feier mit der Begrüßung der Ehrengäste ein* **2** ***etw. e.*** *oft Admin geschr*; als zuständiger Beamter od. zuständige Behörde veranlassen, dass e-e Behörde tätig wird ⟨diplomatische, gerichtliche, juristische Maßnahmen, Schritte e.; e-n Prozess, e-e Untersuchung, ein Verfahren e.⟩ **3** ***e-e Geburt e.*** e-r schwangeren Frau Medikamente geben, die bewirken, dass die Geburt anfängt **4** ***etw. in etw.*** (*Akk*) ***e.*** Flüssigkeiten in etw. fließen lassen ⟨Abwässer, Rückstände in e-n Kanal, in e-n Fluss e.⟩ **5** ***etw. leitet etw. ein*** etw.

steht am Anfang von etw. Größerem, von e-r Reihe von Ereignissen

Ein·lei·tung *die*; **1** *nur Sg*; das Einleiten (1-4) **2** ein relativ kurzer Text, der am Anfang e-s Buches, Aufsatzes *usw* steht u. den Leser auf das Thema vorbereitet

ein·len·ken *(hat)* Vi in e-m (Streit)Gespräch od. in e-m Konflikt nicht weiter auf seiner Position bestehen, sondern nachgeben od. kompromissbereit sein: *Er lenkte ein, um e-n Kompromiss zu ermöglichen*

ein·le·sen *(hat)* Vt **1** ***etw.*** **(*in etw.*** *(Akk)*) ***e.*** Daten od. Informationen *mst* mithilfe e-s Geräts (Scanners) in e-n Computer übertragen; Vr **2** ***sich*** **(*in etw.*** *(Akk)*) ***e.*** sich mit e-m Thema (od. Wissensgebiet) vertraut machen, indem man viel darüber liest ≈ sich einarbeiten: *Ich brauchte zwei Wochen, um mich in die schwierige Materie einzulesen*

ein·leuch·ten *(hat)* Vi ***etw. leuchtet j-m ein*** etw. erscheint j-m logisch u. verständlich ⟨etw. klingt einleuchtend; einleuchtende Argumente⟩

ein·lie·fern *(hat)* Vt ***j-n*** **(*in etw.*** *(Akk)*) ***e.*** j-n als Häftling in ein Gefängnis od. als Kranken in ein Krankenhaus bringen || *hierzu* **Ein·lie·fe·rung** *die*

Ein·lie·ger·woh·nung *die*; e-e kleine, separate (Miet)Wohnung, die sich in e-m privaten (Einfamilien)Haus befindet

ein·lo·chen; *lochte ein, hat eingelocht*; Vt ***j-n e.*** *gespr*; j-n in ein Gefängnis sperren

ein·log·gen, sich; *loggte sich ein, hat sich eingeloggt*; Vr ***sich im Internet e.*** *EDV*; sich mit seinem Anwendernamen (Usernamen) anmelden

ein·lö·sen *(hat)* Vt **1** ***etw. e.*** j-m etw. geben u. Geld dafür bekommen ⟨*mst* e-n Scheck, e-n Wechsel e.⟩ **2** ***ein Pfand e.*** etw., das man verpfändet hat, zurückkaufen **3** ***etw. e.*** *geschr*; sich an etw. halten, das man versprochen hat ⟨*mst* ein Versprechen, ein Gelübde e.⟩ || *hierzu* **Ein·lö·sung** *die*

ein·lul·len; *lullte ein, hat eingelullt*; Vt **1** ***j-n e.*** j-n unvorsichtig od. unkritisch machen, indem man sehr freundlich zu ihm ist: *j-n mit Komplimenten e.* **2** ***etw. lullt j-n ein*** j-d wird schläfrig, *mst* weil die Geräusche um ihn herum gleich bleibend sind

ein·ma·chen *(hat)* Vt ***etw. e.*** Lebensmittel durch Einkochen (1) od. Einlegen (2) konservieren ⟨Äpfel, Birnen, Kirschen, Gurken, Marmelade e.⟩ || K-: ***Einmach-, -glas, -topf***

ein·mal[1] *Adv*; **1** (nur) ein einziges Mal: *Ich war nur e. in meinem Leben dort* **2** zu irgendeiner Zeit (in der Vergangenheit od. Zukunft): *Waren Sie schon e. in Spanien?* **3** ***auf 'e.*** ≈ plötzlich: *Auf e. brach der Ast* **4** ***auf 'e.*** zur gleichen Zeit: *Iss doch nicht alles auf e.!*

ein·mal[2] *Partikel, unbetont* **1** ***nun 'e.*** ≈ eben[3] (1): *Das ist nun e. so u. nicht anders* **2** ***erst e.*** ≈ zuerst, zunächst: *Darüber muss ich erst e. nachdenken*

Ein·mal·eins *das*; -; *nur Sg*; **1** ***das kleine E.*** das Multiplizieren der Zahlen 1-10 miteinander: *Kannst du schon das kleine E.?* **2** ***das große E.*** das Multiplizieren der Zahlen 1-20 mit den Zahlen 1-10 (od. 1-20) **3** das Grundwissen in e-m bestimmten Gebiet: *das E. des Kochens*

ein·ma·lig *Adj*; *ohne Steigerung*; **1** drückt aus, dass etw. nur ein einziges Mal geschieht ↔ mehrmalig: *e-e einmalige Abfindung, Ausgabe, Zahlung* **2** *gespr*; sehr selten u. besonders günstig ⟨*mst* e-e Chance, e-e Gelegenheit⟩ **3** *gespr*; von besonders guter Qualität: *Das Essen war e. (gut); Ich war bei e-m einmaligen Konzert* || *hierzu* **Ein·ma·lig·keit** *die*; *nur Sg*

ein·mar·schie·ren; *marschierte ein, ist einmarschiert*; Vi **1** ⟨e-e Truppe *o.Ä.*⟩ ***marschiert*** **(*in etw.*** *(Akk)*) ***ein*** *Mil*; e-e Truppe *o.Ä.* besetzt (4) ein Land **2** ⟨Personen⟩ ***marschieren in etw.*** *(Akk)* ***ein*** viele Personen gehen in e-r geordneten Gruppe (im gleichen Schritt) in e-n Raum *o.Ä.*: *Die Athleten marschierten ins Stadion ein* || *hierzu* **Ein·marsch** *der*

ein·mei·ßeln *(hat)* Vt ***etw.*** **(*in etw.*** *(Akk)*) ***e.*** etw. mit e-m Meißel in etw. gravieren: *e-e Inschrift in den Grabstein e.*

ein·mie·ten, sich *(hat)* Vr ***sich irgendwo / bei j-m e.*** in e-m Haus / bei j-m e-e Wohnung od. ein Zimmer mieten || *hierzu* **Ein·mie·tung** *die*

ein·mi·schen, sich *(hat)* Vr ***sich in etw.*** *(Akk)* ***e.*** in e-e Handlung eingreifen, die einen nicht betrifft: *sich in e-n Streit e.*; *sich in j-s Angelegenheiten e.* || *hierzu* **Ein·mi·schung** *die*

ein·mot·ten; *mottete ein, hat eingemottet*; Vt **1** ***etw. e.*** Stoffe od. Pelze lagern u. so behandeln, dass sie von Motten nicht zerstört werden: *e-n Pelzmantel e.* **2** ***etw. e.*** *gespr*; etw. längere Zeit nicht benutzen: *Im Winter wird mein Motorrad eingemottet*

ein·mün·den *(hat / ist)* Vi ***etw. mündet in etw.*** *(Akk)* ***ein*** etw. geht in etw. anderes über: *Der Fluss mündet ins Meer ein*; *Die Straße mündet in die Hauptstraße ein* || *hierzu* **Ein·mün·dung** *die*

ein·mü·tig *Adj*; so, dass alle Anwesenden dafür sind ≈ einstimmig, einhellig ⟨ein Beschluss; etw. e. beschließen⟩ || *hierzu* **Ein·mü·tig·keit** *die*; *nur Sg*

Ein·nah·me *die*; -, -n; **1** *oft Pl*; das Geld, das man für e-e Arbeit od. durch Verkaufen, Vermieten od. als Zinsen *o.Ä.* bekommt ↔ Ausgaben: *Die Einnahmen der Firma sind im letzten Jahr erheblich gestiegen* || -K: ***Jahres-, Tages-*** **2** *nur Sg*; das Einnehmen (2,3) e-s Medikaments od. e-r Mahlzeit **3** *nur Sg*; das Einnehmen (4) e-r Festung, Stadt *o.Ä.* ≈ Eroberung

Ein·nah·me|quel·le *die*; etw., das man nützen kann, um Geld zu verdienen: *Für viele arabische Länder ist Erdöl die wichtigste E.*

ein·ne·beln; *nebelte ein, hat eingenebelt*; Vt ***j-n / etw. e.*** j-n / etw. mit Rauch, Dampf *o.Ä.* umgeben od. erfüllen || *hierzu* **Ein·ne·be·lung** *die*

ein·neh·men *(hat)* Vt **1** ***etw. e.*** Geld für geleistete Arbeit, durch Verkaufen, Miete, Zinsen *o.Ä.* bekommen ↔ ausgeben (1): *Durch sein Mietshaus nimmt er im Jahr 20000 Euro ein* **2** ***etw. e.*** ein Medikament schlucken: *Sie müssen die Tropfen dreimal täglich e.* **3** ***etw. e.*** *geschr*; e-e Mahlzeit od. e-n Teil e-r Mahlzeit essen ⟨das Frühstück, das Abendessen, e-e Mahlzeit e.⟩ **4** ***j-d*** / ⟨e-e Armee *o.Ä.*⟩ ***nimmt etw. ein*** ein hoher Offizier / e-e Armee *o.Ä.* besetzt etw. mit Soldaten (*mst* nach e-m Kampf): *Es gelang Napoleon 1812, Moskau einzunehmen* **5** ***etw. nimmt etw. ein*** etw. füllt e-n bestimmten Raum od. ein bestimmtes Gebiet aus: *Der Schrank nimmt das halbe Zimmer ein* **6** ***seinen Platz e.*** sich setzen od. an seinen Platz gehen: *Nehmen Sie bitte Ihre Plätze ein, damit der Vortrag beginnen kann* **7** ***e-e Position / e-e Meinung / e-n Standpunkt e.*** e-e bestimmte Position / Meinung / e-n bestimmten Standpunkt in e-m Gespräch, e-m Streit *o.Ä.* vertreten **8** ***e-e liegende, sitzende, gebückte*** *usw* ***Stellung e.*** *geschr* ≈ sich hinlegen, hinsetzen, bücken *usw* **9** ***etw. nimmt j-n für / gegen j-n / etw. ein*** etw. erzeugt od. weckt in j-m ein positives / negatives Gefühl gegenüber j-m / etw.: *Ihr Lächeln nahm ihn für sie ein* **10** ***von j-m / etw. eingenommen sein*** sehr starke positive Gefühle für j-n / etw. haben

ein·neh·mend **1** *Partizip Präsens*; ↑ ***einnehmen*** **2** *Adj*; *mst in* ***ein einnehmendes Wesen besitzen / haben*** so (liebenswürdig u. charmant) sein, dass andere Menschen einen sofort sehr sympathisch u. Vertrauen erweckend finden

E

ein·ni·cken *(ist)* [Vi] (*mst* im Sitzen) für kürzere Zeit einschlafen, ohne es zu beabsichtigen

ein·nis·ten, sich *(hat)* [Vr] **1** ***sich irgendwo / bei j-m e.*** *gespr pej*; zu j-m zu Besuch kommen u. längere Zeit bei ihm bleiben, ohne dass er es will **2** ***ein Vogel nistet sich irgendwo ein*** ein Vogel baut irgendwo sein Nest **3** ⟨ein befruchtetes Ei⟩ ***nistet sich ein*** *Med*; ein befruchtetes Ei setzt sich im Uterus fest || *hierzu* **Ein·nis·tung** *die*

Ein·öde *die*; -, *-n*; *mst Sg*; e-e Gegend, in der keine (od. nur sehr wenige) Menschen wohnen (können)

ein·ölen *(hat)* [Vt] **1** ***j-n / sich e.*** j-m / sich Öl in die Haut reiben **2** (***j-m / sich***) ***etw. e.*** (j-m / sich) Öl auf die Haut geben: *j-m den Rücken e.* **3** ***etw. e.*** Öl auf die Oberfläche von etw. tun, damit ein Mechanismus besser funktioniert ⟨die Scharniere e.⟩

ein·ord·nen *(hat)* [Vt] **1** ***etw.*** (***in etw.*** (*Akk*)) ***e.*** etw. an den Platz tun, an den es nach e-r bestimmten Ordnung gehört: *Ich habe die Namen alphabetisch in die Kartei eingeordnet* **2** ***j-n / etw. irgendwo e.*** glauben od. denken, dass j-d / etw. an e-e bestimmte Stelle in e-m theoretischen, politischen *o.Ä.* System gehört ⟨j-n in e-e Kategorie e.⟩: *Viele hatten den neuen Präsidenten links eingeordnet, aber er erwies sich als relativ konservativ*; [Vr] **3** ***sich*** (***in etw.*** (*Akk*)) ***e.*** seinen Platz in e-r Gruppe od. Gemeinschaft finden u. gute Beziehungen zu den anderen haben ≈ sich integrieren: *Der neue Mitarbeiter konnte sich nicht in das Team e.* **4** ***sich irgendwo e.*** als Autofahrer, Radfahrer *o.Ä.* auf e-e bestimmte Spur (e-r Straße) wechseln, *z.B.* um abzubiegen: *Du musst dich jetzt links e.* || *zu* **2** u. **3 Ein·ord·nung** *die*

ein·pa·cken *(hat)* [Vt] ***etw.*** (***in etw.*** (*Akk*)) ***e.*** etw. in e-e Hülle od. e-n Behälter tun od. mit e-m besonderen Papier umwickeln ↔ auspacken: *die Blumen in Seidenpapier e.*; *den Anzug in den Koffer e.* || ID ***j-n / sich warm e.*** *gespr*; warme Kleidung anziehen; ***e. können*** *gespr*; aufgeben (4) (müssen): *Wenn die nächste Prüfung wieder so schlecht ausgeht, kann ich gleich e.*

ein·par·ken *(hat)* [Vi] (***irgendwo***) ***e.*** mit e-m Fahrzeug in e-e Parklücke fahren

ein·pas·sen *(hat)* [Vt] **1** ***etw.*** (***in etw.*** (*Akk*)) ***e.*** ein Teil (*z.B.* e-e technische Konstruktion) so groß machen, dass es genau in e-n dafür vorgesehenen Raum (3) passt, u. es dort einfügen: *Mosaiksteine e.*; *ein Schloss in die Tür e.*; [Vr] **2** ***sich*** (***in etw.*** (*Akk*)) ***e.*** ≈ sich einfügen (2), sich einordnen (3) || *zu* **1 Ein·pas·sung** *die*

ein·pau·ken *(hat)* [Vt] ***j-m etw. e.*** *gespr, mst pej*; j-n etw. durch ständiges Wiederholen lehren ⟨j-m die unregelmäßigen Verben, Vokabeln *usw* e.⟩

ein·pen·deln, sich *(hat)* [Vr] ***etw. pendelt sich*** (***auf etw.*** (*Akk*)) ***ein*** etw. erreicht (nach extremen Werten) e-n normalen od. mittleren Wert: *Die Preise für Erdöl haben sich wieder eingependelt*

ein·pfer·chen *(hat)* [Vt] **1** ⟨Personen / Tiere⟩ (***irgendwo***) ***e.*** e-e große Zahl von Menschen od. Tieren zwingen, in e-m sehr engen Raum zu sein **2** ***eingepfercht sein / stehen*** dicht gedrängt sein / stehen || *zu* **1 Ein·pfer·chung** *die*

ein·pflan·zen *(hat)* [Vt] **1** ***etw.*** (***in etw.*** (*Akk*)) ***e.*** e-e Pflanze in ein Gefäß od. in den Boden pflanzen: *Ich habe den Gummibaum in e-n größeren Topf eingepflanzt*; *Kakteen kann man in Sand e.* **2** ***j-m etw. e.*** j-m ein Organ (1), e-n Herzschrittmacher *o.Ä.* einsetzen || *hierzu* **Ein·pflan·zung** *die*

ein·pla·nen *(hat)* [Vt] ***etw.*** (***bei etw.***) ***e.*** etw. bei e-m Plan, den man macht, berücksichtigen: *Diese Verzögerung war bei dem Projekt nicht eingeplant* || *hierzu* **Ein·pla·nung** *die*

ein·prä·gen *(hat)* [Vt] **1** ***sich*** (*Dat*) ***etw. e.*** sich etw. ganz genau (in allen Einzelheiten) merken **2** ***j-m etw. e.*** j-m etw. immer wieder sagen, damit er sich alle Einzelheiten merkt u. sie im Gedächtnis behält: *Ich habe ihm genau eingeprägt*, was *er sagen soll* **3** ***etw.*** (***irgendwo***) ***e.*** ≈ etw. in etw. prägen (1); [Vr] **4** ***etw. prägt sich j-m ein*** etw. bleibt wegen e-r bestimmten Eigenschaft in j-s Gedächtnis ⟨etw. prägt sich j-m für immer, auf ewig, unauslöschlich *usw* ein⟩

ein·präg·sam *Adj*; so, dass man sich leicht daran erinnern kann || *hierzu* **Ein·präg·sam·keit** *die*; *nur Sg*

ein·pu·dern *(hat)* [Vt] **1** ***j-n / sich e.*** j-m / sich Puder auf die Haut (*mst* im Gesicht) geben **2** (***j-m / sich***) ***etw. e.*** j-m / sich Puder auf die Haut geben ⟨die Nase, das Gesicht e.⟩

ein·quar·tie·ren; *quartierte ein, hat einquartiert*; [Vt] **1** ***j-n irgendwo e.*** Soldaten *bes* während e-s Kriegs od. Manövers etw. als Unterkunft benutzen lassen **2** ***j-n irgendwo e.*** j-n irgendwo übernachten od. wohnen lassen ≈ unterbringen; [Vr] **3** ***sich irgendwo e.*** *mst* für relativ kurze Zeit (*z.B.* bei e-r Reise) irgendwo wohnen ⟨sich bei Bekannten, Freunden *usw* e.; sich in e-m Haus, Hotel *usw* e.⟩ || *hierzu* **Ein·quar·tie·rung** *die*

ein·quet·schen *(hat)* [Vt] ***j-m / sich etw. e.*** *gespr* ≈ j-m / sich etw. einklemmen (2) ⟨sich den Finger e.⟩

ein·rah·men *(hat)* [Vt] ***etw. e.*** etw. in e-n Rahmen tun, *mst* um es aufzuhängen ≈ rahmen ⟨ein Bild, ein Foto, e-e Urkunde *usw* e.⟩

Ein·rah·mung *die*; -, *-en*; **1** *nur Sg*; der Vorgang des Einrahmens **2** ≈ Rahmen (1)

ein·ras·ten; rastete ein, ist eingerastet; [Vi] ***etw. rastet ein*** etw. gleitet in e-e Vorrichtung (*z.B.* ein Türschloss od. e-e Halterung) u. bleibt dann dort durch e-e kleine Erhöhung *o.Ä.* fest: *das Lenkradschloss e. lassen*

ein·räu·men[1] *(hat)* [Vt] ***etw.*** (***in etw.*** (*Akk*)) ***e.*** etw. in e-r bestimmten Ordnung in e-n Raum od. e-n Behälter tun: *Bücher in ein Regal e.*

ein·räu·men[2] *(hat)* [Vt] **1** ***etw. e.*** sagen, dass ein anderer in einem bestimmten Punkt Recht hat *o.Ä.* ≈ zugeben ⟨e-n Fehler, e-n Irrtum *usw* e.⟩: *Der Zeuge räumte vor Gericht ein*, dass *er sich getäuscht haben könnte* **2** ***j-m etw. e.*** *mst Admin geschr*; j-m etw. geben ⟨j-m e-n Ehrenplatz, e-n Kredit, Rechte e.⟩ || *hierzu* **Ein·räu·mung** *die*; *nur Sg*

ein·re·den *(hat)* [Vt] **1** ***sich*** (*Dat*) ***etw. e.*** *gespr*; sich selbst belügen: *Rede dir nicht ein*, dass *du zu dick bist!* **2** ***j-m etw. e.*** *gespr*; j-m immer wieder dasselbe sagen, bis er es schließlich glaubt: *Wer hat dir denn diesen Unsinn eingeredet?*; [Vi] **3** ***auf j-n e.*** längere Zeit zu j-m sprechen, um ihn von etw. zu überzeugen ⟨mit Nachdruck, ununterbrochen auf j-n e.⟩

ein·rei·ben *(hat)* [Vt] **1** ***etw.*** (***in etw.*** (*Akk*)) ***e.*** *mst* e-e Flüssigkeit od. e-e Art Creme durch Reiben in etw. eindringen lassen: *e-e Salbe in die Haut e.* **2** ***j-m / sich etw. e.*** j-m / sich *mst* e-e Creme in die Haut reiben: *sich das Gesicht* (*mit Sonnencreme*) *e.*; [Vr] **3** ***sich*** (***mit etw.***) ***e.*** sich *mst* Creme in die Haut reiben || hierzu **Ein·rei·bung** *die*

ein·rei·chen *(hat)* [Vt] ***etw. e.*** *mst Admin geschr*; etw. (*mst* ein Formular, Dokument *o.Ä.*) zu e-r offiziellen Stelle bringen od. als Brief dorthin senden, damit es dort geprüft, bewertet od. bearbeitet wird ⟨e-n Antrag, e-e Beschwerde, e-n Entwurf, ein Gesuch, e-e Examensarbeit, (e-e) Klage bei Gericht e.⟩ || *hierzu* **Ein·rei·chung** *die*; *nur Sg*

ein·rei·hen *(hat)* [Vt] **1** ***j-n / etw. unter etw.*** (*Akk*) ***e.*** *geschr*; sagen, dass j-d / etw. zu e-r bestimmten Gruppe gehört ≈ j-n / etw. zu etw. zählen: *Er wird unter die reichsten Männer der Welt eingereiht*; [Vr] **2** ***sich*** (***in etw.*** (*Akk*)) ***e.*** sich an e-n Platz in e-r Reihe od. Schlange stellen: *Ich reihte mich in die Schlange vor dem Postschalter ein* || *hierzu* **Ein·rei·hung** *die*

ein·rei·hig *Adj*; mit nur einer Reihe von Knöpfen ↔ zweireihig ⟨ein Anzug, Mantel, Sakko⟩

ein·rei·sen *(ist)* Vi (vom Ausland her) über die Grenze in ein Land kommen ⟨nach Italien e.⟩: *Die Flüchtlinge durften in das Land nicht e.* || K-: **Einreise-, -erlaubnis, -genehmigung, -verbot, -visum** || *hierzu* **Ein·rei·se** *die*

ein·rei·ßen[1] Vt *(hat)* **1** **etw. e.** ein Gebäude *o.Ä.* zerstören, um den Platz wieder nutzen zu können ≈ abreißen (2) ⟨ein Haus, e-e Mauer, e-e Wand e.⟩ **2** **etw. e.** e-n Riss in etw. machen ⟨ein Stück Papier e.⟩; Vi *(ist)* **3** **etw. reißt ein** etw. bekommt e-n Riss: *Das Blatt ist unten eingerissen*

ein·rei·ßen[2] *(ist)* Vi **etw. reißt (bei j-m) ein** *gespr*; etw. wird zu e-r schlechten Gewohnheit: *Wir dürfen es gar nicht erst e. lassen*, dass *unsere Mitarbeiter zu spät zur Arbeit kommen*

ein·ren·ken; *renkte ein, hat eingerenkt*; Vt **1** **(j-m) etw. e.** (j-m) ein Körperglied, das *z.B.* durch e-n Unfall aus seiner richtigen Lage gekommen ist, wieder in die richtige Stellung bringen ⟨j-m den Arm, den Fuß, den Kiefer e.⟩ **2** **etw. e.** ein Verhältnis zwischen zwei od. mehreren Personen, das *z.B.* durch e-n Streit schlecht geworden ist, wieder in Ordnung bringen: *Er hat die peinliche Angelegenheit wieder eingerenkt*; Vr **3** **etw. renkt sich ein** ein schlechtes Verhältnis zwischen Personen wird nach einiger Zeit (von selbst) wieder besser || *zu* **1** **Ein·ren·kung** *die*

ein·rich·ten *(hat)* Vt **1** **etw. e.** Möbel, Gegenstände *usw* in e-n Raum / in Räume so stellen, wie man sie zum Leben od. Arbeiten braucht ⟨e-n Laden, ein Zimmer, e-e Wohnung e.⟩ **2** **etw. e.** e-e Institution od. e-n Teil e-r Institution neu schaffen ≈ eröffnen ⟨e-e Beratungsstelle, e-n Kindergarten e.⟩ **3** *mst* **es (sich** *(Dat)***) so e., dass ...** arrangieren od. möglich machen, dass ...: *Kannst du es so e., dass du pünktlich um 12 Uhr zum Mittagessen da bist?* **4** **etw. (irgendwie) e.** etw. nach e-m bestimmten Plan gestalten ⟨sein Leben, seinen Tagesablauf, seine Arbeit *usw* neu e.⟩; Vr **5** **sich (irgendwie) e.** sich seine Wohnung mit Möbeln, Gegenständen irgendwie gestalten ⟨sich elegant, gemütlich, geschmackvoll, völlig neu e.⟩ **6** **sich auf j-n / etw. e.** sich den Umständen anpassen, sich auf j-n / etw. vorbereiten: *Auf so viele Gäste bin ich nicht eingerichtet*

Ein·rich·tung *die*; **1** *nur Sg*; das Einrichten e-s Raumes, e-r Wohnung *usw* **2** *Kollekt*; alle Möbel u. Gegenstände *usw* e-s Raumes od. e-r Wohnung ≈ Ausstattung ⟨e-e alte, bequeme, schöne, hässliche *usw* E.⟩ || K-: **Einrichtungs-, -gegenstand** **3** ≈ Institution ⟨e-e kulturelle, öffentliche, staatliche *usw* E.⟩: *Die Stadtbibliothek ist e-e kommunale E.* **4** **e-e ständige E.** etw., das regelmäßig od. aus Gewohnheit stattfindet

ein·rol·len *(hat)* Vt **etw. e.** etw. so wickeln (od. so in etw. einwickeln), dass es die Form e-r Rolle bekommt: *den Teppich e.*

ein·ros·ten *(ist)* Vi **1** **etw. rostet ein** etw. wird rostig u. funktioniert deshalb nicht mehr richtig ⟨e-e Schraube, ein (Tür)Schloss⟩ **2** **j-d / etw. rostet ein** j-s körperliche od. geistige Beweglichkeit od. e-e Fähigkeit verkümmert allmählich, weil sie nicht geübt wird ⟨j-s Sprachkenntnisse, j-s Glieder⟩

ein·rü·cken Vt/i *(hat)* **1** **(etw.) (um etw.) e.** beim Schreiben e-s Textes eine neue Zeile weiter rechts beginnen lassen als die anderen Zeilen: *nach dem Absatz (um) fünf Anschläge e.*; Vi *(ist)* **2** **in etw.** *(Akk)* **e.** in e-e Stadt einmarschieren ⟨Truppen, Soldaten⟩ **3** *Mil*; mit dem Wehrdienst beginnen ⟨e. müssen⟩

ein·rüh·ren *(hat)* Vt **etw. (in etw.** *(Akk)***) e.** etw. durch Rühren mit etw. mischen: *ein Gewürz in e-e Suppe e.*

eins[1] *Zahladj*; (als Ziffer) 1; ↑ **Anhang** (4) : *e. plus / und e. ist / macht / gibt zwei* (1+1= 2); *Ein mal e. ist / macht / gibt e.* (1x1=1) || NB: Gebrauch ↑ *Beispiele unter* **vier** || ID **e., zwei, drei** *gespr*; sehr schnell ⟨e-n Auftrag e., zwei, drei erledigen⟩

eins[2] *Indefinitpronomen*; **1** *gespr* ≈ etwas: *E. verstehe ich nicht - woher hat sie meine Adresse?* **2** *gespr* ≈ eines: *Ich brauche ein neues Hemd u. zwar e., das zu meiner roten Krawatte passt* || NB: verwendet wie ein Subst.

eins[3] *Adj*; *geschr*; **1** **(mit j-m) e. sein** dieselbe Meinung haben (wie ein anderer): *Wir sind uns e.*; *Ich bin mit ihr e. darin / darüber, dass ...* **2** **(mit j-m) e. werden** zu e-r Übereinstimmung (mit j-m) kommen

Eins *die*; -, *-en*; **1** die Zahl 1: *e-e E. würfeln* **2** die beste (Schul)Note (auf der Skala von 1-6 bzw. *sehr gut* bis *ungenügend*) ≈ sehr gut ⟨e-e E. in etw. *(Dat)* haben, bekommen⟩: *Sie hat in Englisch e-e E.* **3** j-d / etw. mit der Nummer 1 (*z.B.* ein Bus, ein Sportler)

ein·sa·gen *(hat)* Vt/i **(j-m (etw.)) e.** *bes südd* (als Schüler) e-m anderen Schüler, der etwas nicht weiß, zuflüstern, was er sagen soll

ein·sam *Adj*; **1** ohne Kontakt zu anderen Menschen (u. deshalb traurig) ⟨e. u. allein; e. leben, sterben *usw*; sich e. fühlen⟩: *Viele alte Menschen leiden darunter, dass sie so e. sind* **2** weit entfernt von bewohnten Gebieten od. von der Zivilisation ≈ abgeschieden, entlegen ⟨ein Gebirgsdorf, Haus *usw*; e. wohnen⟩ **3** ohne Menschen od. nicht von Menschen bewohnt ≈ menschenleer, unbewohnt: *Sie ging nachts durch einsame Straßen* || *zu* **1** u. **3** **Ein·sam·keit** *die*; *nur Sg*

ein·sam·meln *(hat)* Vt **1** **etw.** *(Kollekt od Pl)* **e.** Gegenstände, die nicht weit weg voneinander liegen, von e-r Fläche nehmen u. irgendwohin tun: *im Herbst das Laub e.*; *die Spielkarten auf dem Tisch e.*; *die Äpfel unter dem Baum e.* **2** **etw.** *(Kollekt od Pl)* **e.** *bes* in e-r Klasse, Gruppe *o.Ä.* sich von den einzelnen Personen etw. geben lassen ⟨Geld, die Ausweise, die Hefte e.⟩ || *hierzu* **Ein·samm·lung** *die*

ein·sar·gen; *sargte ein, hat eingesargt*; Vt **j-n e.** e-n Toten in e-n Sarg legen ⟨e-e Leiche, e-n Toten e.⟩ || *hierzu* **Ein·sar·gung** *die*

Ein·satz *der*; **1** die Verwendung od. das Benutzen e-r Maschine od. e-s Geräts: *der E. e-s Computers* **2** das Einsetzen (3) von Menschen für e-e bestimmte Aufgabe od. Arbeit: *Wegen e-r Verletzung ist sein E. im nächsten Spiel gefährdet* **3** e-e Handlung od. Tat, die Kraft od. Mut verlangt ⟨j-n für seinen E. belohnen, loben⟩ **4** e-e Handlung, an der Militär, die Polizei *usw* beteiligt ist || K-: **Einsatz-, -befehl, -kommando, -leiter, -leitung** || -K: **Feuerwehr-, Polizei-, Truppen-** **5** ein Teil, das in e-n Stoff eingesetzt (1) ist **6** das Geld, um das man spielt od. das man auf etw. wettet ⟨hohe, niedrige Einsätze⟩ **7** ≈ Pfand (2): *Auf dieser Flasche ist ein E. von 15 Cent* **8** der Zeitpunkt (während e-s Musikstücks), zu dem ein Musiker od. Sänger zu spielen bzw. singen beginnen muss ⟨j-m den E. geben; den E. verpassen⟩ || *zu* **1, 2** u. **4** **ein·satz·be·reit** *Adj*; **ein·satz·fä·hig** *Adj*

ein·sau·gen[1]; *saugte ein, hat eingesaugt*; Vt **etw. saugt etw. ein** e-e Maschine od. ein Gerät (*z.B.* ein Staubsauger) nimmt etw. durch Saugen auf od. weg

ein·sau·gen[2]; *sog ein / saugte ein, hat eingesogen / eingesaugt*; Vt **etw. e.** Luft od. Dämpfe tief einatmen ⟨frische Luft e.⟩

ein·säu·men (*hat*) [Vt] **1 *etw. säumt etw. ein*** *geschr*; etw. umgibt etw. als Umgrenzung: *Der Parkweg wird von Rosen eingesäumt* **2 *etw. e.*** ein Kleidungsstück säumen[1] (2)

ein·scan·nen [-skɛn-]; *scannte ein, hat eingescannt*; *EDV*; [Vt] ***etw. e.*** mithilfe e-s Scanners Informationen auf e-n Computer, e-e Kasse *o.Ä.* übertragen ⟨Fotos, Grafiken, Preise, Texte e.⟩

ein·schal·ten (*hat*) [Vt] **1 *etw. e.*** ein Gerät durch Betätigung e-s Schalters zum Funktionieren bringen ⟨ein Radio, e-n Fernsehapparat, e-n Motor, e-n Apparat e.; das Licht, e-n Sender e.⟩ **2 *j-n / etw. e.*** (*mst* bei e-m relativ komplizierten Problem) j-n veranlassen, etw. zu tun ⟨die Polizei, e-n Anwalt, die Versicherung e.⟩; [Vr] **3 *sich e.*** ≈ eingreifen (1) || *zu* **1, 2** u. **3 Ein·schal·tung** *die*

Ein·schalt·quo·te *die*; -, *-n*; der Prozentsatz der Personen, die e-e bestimmte Sendung hören od. sehen im Verhältnis zur Gesamtzahl der Rundfunkhörer *bzw.* Fernsehteilnehmer

ein·schär·fen (*hat*) [Vt] ***j-m etw. e.*** j-m immer wieder etw. (energisch) sagen, damit er sich danach richtet: *Er schärfte seinen Kindern ein, immer nur bei Grün über die Straße zu gehen*

ein·schät·zen (*hat*) [Vt] ***j-n / etw. irgendwie e.*** sich e-e Meinung von j-m / etw. machen ≈ beurteilen ⟨j-n / etw. richtig, falsch, positiv, negativ e.⟩ || *hierzu* **Ein·schät·zung** *die*

ein·schen·ken (*hat*) [Vt/i] **(*j-m*) (*etw.*) *e.*** (j-m) ein Getränk in ein Glas, e-e Tasse *usw* gießen: *Darf ich Ihnen noch ein Glas Wein e.?*

ein·schi·cken (*hat*) [Vt] ***etw.*** (***an etw.*** (*Akk*)) ***e.*** etw., *mst* mit der Post, *bes* an e-e Institution schicken

ein·schie·ben (*hat*) [Vt] ***j-n / etw.*** (***in etw.*** (*Akk*)) ***e.*** j-n / etw. nachträglich od. zusätzlich an e-n Platz in e-r Reihe od. Folge von etw. setzen: *Vielleicht kann ich diese Konferenz noch in meinen Terminplan e.* || *hierzu* **Ein·schie·bung** *die*

ein·schie·ßen (*hat*) [Vt] **1 *etw. e.*** etw. durch Schießen (4) zerstören: *Der Junge hat mit e-m Ball die Fensterscheibe eingeschossen*; [Vr] **2 *sich auf j-n e.*** j-n immer wieder heftig kritisieren: *Die Presse hat sich auf den Außenminister eingeschossen*

ein·schif·fen; *schiffte ein, hat eingeschifft*; [Vt] **1 *j-n / etw. e.*** j-n / etw. an Bord e-s Schiffes bringen ⟨Passagiere, Transportgüter e.⟩; [Vr] **2 *sich*** (***irgendwo / irgendwohin***) ***e.*** an Bord e-s Schiffes gehen, um e-e Reise zu machen: *Wir schifften uns in Marseille nach Tunesien ein* || *hierzu* **Ein·schif·fung** *die*

ein·schla·fen (*ist*) [Vi] **1** anfangen zu schlafen: *Ich bin erst weit nach Mitternacht eingeschlafen* **2 *etw. schläft*** (***j-m***) ***ein*** ein Körperteil (*mst* ein Bein, e-e Hand od. ein Arm) wird so, dass man für kurze Zeit damit nicht mehr richtig fühlen kann, sondern nur mehr ein prickelndes Gefühl hat **3 *etw. schläft ein*** etw. wird langsam weniger u. hört schließlich auf: *Unsere Freundschaft schlief allmählich ein* **4** (***friedlich / sanft***) ***e.*** *euph*; sterben, ohne leiden zu müssen

ein·schlä·fern; *schläferte ein, hat eingeschläfert*; [Vt] **1 *etw. schläfert j-n ein*** etw. macht j-n müde, oft bis er einschläft: *Das Rauschen des Wasserfalls ist so richtig einschläfernd* (= macht sehr müde) || NB: *mst* im *Partizip Präsens!* **2 *ein Tier e.*** ein Tier töten, indem man ihm e-e starke Dosis e-s Narkotikums gibt: *Unsere kranke Katze musste eingeschläfert werden* || *zu* **2 Ein·schlä·fe·rung** *die*

Ein·schlag *der*; **1** der Vorgang, bei dem etw. Schweres auf etw. fällt od. trifft, u. das Ergebnis davon: *Beim E. der Bombe wurden mehrere Häuser zerstört* || K-: ***Einschlag-, -trichter*** || -K: ***Bomben-, Granat(en)-*** **2** e-e Eigenschaft od. mehrere Eigenschaften, die auf e-e bestimmte (fremde) Herkunft deuten: *An ihrem Temperament merkt man den italienischen E.*

ein·schla·gen (*hat / ist*) [Vt] (*hat*) **1 *etw. e.*** etw. Flaches zerstören, indem man kräftig darauf schlägt ⟨*mst* e-e Fensterscheibe, e-e Scheibe e.⟩ **2 *etw.*** (***in etw.*** (*Akk*)) ***e.*** auf e-n *mst* relativ langen Gegenstand schlagen, bis er in etw. steckt, ohne sich zu bewegen ⟨e-n Nagel in die Wand, e-n Pfahl in den Boden e.⟩ **3 *etw.*** (***in etw.*** (*Akk*)) ***e.*** etw. (zum Schutz od. zur Dekoration) in ein Papier od. Tuch wickeln ≈ einwickeln, einpacken: *Das Geschenk war in Seidenpapier eingeschlagen* **4 *etw. e.*** in e-e bestimmte Richtung gehen od. fahren ⟨e-e Richtung, e-n Weg, e-e Route *usw* e.⟩; [Vt/i] (*hat*) **5** (***etw.***) ***e.*** das Lenkrad nach links od. rechts drehen: *Du musst nach links e.*; [Vi] **6 *auf j-n / etw. e.*** (*hat*) j-n / etw. längere Zeit heftig schlagen **7 *etw. schlägt*** (***in etw.*** (*Akk*)) ***ein*** (*hat / ist*) etw. dringt mit lautem Knall irgendwo ein ⟨e-e Bombe, der / ein Blitz *usw*⟩ **8 *etw. schlägt ein*** (*hat / ist*) *gespr*; etw. hat schnell großen Erfolg: *Ihr neuer Song hat / ist voll eingeschlagen*; [Vimp] (*hat*) **9** *mst* ***es hat*** (***irgendwo***) ***eingeschlagen*** ein Blitz hat etw. getroffen

ein·schlä·gig *Adj*; **1** *nur attr, nicht adv*; zu dem entsprechenden Bereich des Handels od. der entsprechenden wissenschaftlichen Disziplin gehörend ⟨*mst* Geschäft, Literatur⟩: *Sie finden unser neues Kameramodell in allen einschlägigen Fachgeschäften* **2 *e. vorbestraft sein*** *Jur*; für das gleiche od. ein ähnliches Verbrechen bereits bestraft worden sein

ein·schlei·chen, sich (*hat*) [Vr] **1 *sich*** (***in etw.*** (*Akk*)) ***e.*** ohne Erlaubnis (u. ohne dass es j-d bemerkt) an e-n Ort, in ein Gebäude *o.Ä.* gehen: *Die Diebe schlichen sich nachts in das Haus ein* **2 *etw. schleicht sich*** (***in etw.*** (*Akk*)) ***ein*** etw. entsteht, ohne dass es j-d bemerkt ⟨*mst* ein Fehler⟩

ein·schlep·pen (*hat*) [Vt] ***etw.*** (***irgendwo / irgendwohin***) ***e.*** *mst* e-e ansteckende Krankheit od. Schädlinge (*mst* unbeabsichtigt) in ein anderes Land od. an e-n anderen Ort mitbringen

ein·schleu·sen (*hat*) [Vt] ***j-n / etw.*** (***irgendwo / irgendwohin***) ***e.*** j-n / etw. ohne Erlaubnis (u. ohne dass ein anderer es merkt) irgendwohin bringen ⟨e-n Agenten e.; Drogen, Rauschgift *usw* e.⟩ || *hierzu* **Ein·schleu·sung** *die*

ein·schlie·ßen (*hat*) [Vt] **1 *j-n*** (***in etw.*** (*Dat / Akk*)) ***e.*** verhindern, dass j-d e-n Raum verlässt, indem man die Tür mit e-m Schlüssel *o.Ä.* verschließt: *Die Häftlinge werden in ihren / ihre Zellen eingeschlossen* **2 *etw.*** (***in etw.*** (*Dat / Akk*)) ***e.*** verhindern, dass j-d an etw. gelangen kann, indem man es in e-n Behälter tut u. diesen mit e-m Schlüssel *o.Ä.* verschließt: *Er schloss die Diamanten im / in den Safe ein* **3 *j-d / etw. wird / ist von etw. eingeschlossen*** j-d / etw. ist / wird von allen Seiten von etw. umgeben: *Sie waren in den Bergen vom Schnee eingeschlossen* **4 *j-n / sich / etw. in etw.*** (*Akk*) / ***bei etw.*** (***mit***) ***e.*** j-n / sich / etw. in e-r Aussage auch meinen ⟨j-n in ein Gebet, e-e Kritik *o.Ä.* (mit) e.⟩ **5 *etw. ist in etw.*** (*Dat*) / ***bei etw. eingeschlossen*** etw. ist in e-m bestimmten Preis schon enthalten: *Die Bedienung ist im Preis eingeschlossen*; [Vr] **6 *sich*** (***in etw.*** (*Dat / Akk*)) ***e.*** die Tür des Raumes, in dem man ist, mit e-m Schlüssel *o.Ä.* verschließen, damit sonst niemand in den Raum kommen kann: *Aus Angst vor Verbrechern schließt er sich nachts immer ein*

ein·schließ·lich[1] *Präp*; *mit Gen / Dat*; drückt aus, dass das Genannte auch mit berücksichtigt wird od. wurde ≈ inklusive: *Der Preis beträgt 25 Euro e. Porto u. Verpackung* || NB: Gebrauch ↑ *Tabelle unter* ***Präpositionen***

ein·schließ·lich[2] *Adv*; ***bis e.*** verwendet bei Zeitangaben u. Zahlenangaben, um auszudrücken, dass etw. auch für die genannte Zeit od. Zahl gilt: *Das Geschäft ist bis e. Dienstag geschlossen*; *bis e. Seite 15*

ein·schlum·mern *(ist)* Vi *geschr* ≈ einschlafen

Ein·schluss *der*; *mst in* **unter / mit E.** + *Gen*; **unter E. von j-m / etw.** *Admin geschr*; so, dass die genannte Person / Sache auch mit dabei od. enthalten ist: *alle Parteien unter E. der Opposition*

ein·schmei·cheln, sich *(hat)* Vr **sich (bei j-m) e.** *pej*; sich bei j-m beliebt machen, indem man ihm schmeichelt || *hierzu* **Ein·schmei·che·lung, Ein·schmeich·lung** *die*

ein·schmei·ßen *(hat)* Vt *gespr* ≈ einwerfen (1,2,3)

ein·schmie·ren *(hat)* Vt **j-n / sich / etw. (mit etw.) e.**; **(j-m / sich) etw. (mit etw.) e.** *gespr*; j-n / sich / etw. mit Fett, Creme, Öl *o.Ä.* einreiben

ein·schmug·geln *(hat)* Vt **1 etw. (in etw. (Akk)) e.** Waren heimlich in ein Land bringen, obwohl es verboten ist ⟨Alkohol, Rauschgift, Tabak e.⟩ **2 j-n (in etw. (Akk)) e.** (durch e-n Trick *o.Ä.*) bewirken, dass j-d, der keine gültige Eintrittskarte hat, in e-e Veranstaltung kommt **3 j-n (in etw. (Akk)) e.** j-n, der keinen gültigen Pass *o.Ä.* hat, heimlich über die Grenze in ein Land bringen

ein·schnap·pen *(ist)* Vi **1 etw. schnappt ein** etw. schließt sich (*mst* mit e-m kurzen Geräusch) ⟨die Tür, das Schloss⟩ **2 eingeschnappt sein** *gespr*; beleidigt sein

ein·schnei·den *(hat)* Vt **1 etw. e.** e-n Schnitt (1) in etw. machen: *Du musst das Fleisch am Rand e., bevor du es brätst* **2 etw. in etw. (Akk) e.** *mst* ein Muster od. Buchstaben in e-n Baum *o.Ä.* ritzen; Vi **3 etw. schneidet ein** etw. ist an e-r bestimmten Stelle sehr eng u. unbequem ⟨ein Kleidungsstück⟩: *Der Rock schneidet in der Taille ein*

ein·schnei·dend 1 *Partizip Präsens*; ↑ **einschneiden 2** *Adj*; ⟨Maßnahmen, Reformen, Veränderungen⟩ so, dass sie e-e große od. tiefgreifende Wirkung haben ≈ drastisch

Ein·schnitt *der*; **1** ein (Zeit)Punkt, an dem sich etw. stark ändert ≈ Zäsur ⟨ein bedeutsamer, entscheidender, tiefer *usw* E.⟩: *Die Heirat bedeutete e-n E. in ihrem Leben* **2** e-e Art Öffnung, die in etw. geschnitten wurde: *ein E. bei e-r Operation*

ein·schnü·ren *(hat)* Vt **1 etw. e.** etw. mit e-r Schnur umwickeln, sodass es zusammenhält **2 etw. schnürt j-n / etw. ein** ≈ etw. schneidet ein (3) || *hierzu* **Ein·schnü·rung** *die*

ein·schrän·ken; *schränkte ein, hat eingeschränkt*; Vt **1 j-n (in etw. (Dat)) e.** entscheiden od. bewirken, dass j-d etw. weniger tut od. von etw. weniger hat als bisher ⟨j-n in seinen Chancen, Möglichkeiten, Rechten e.⟩: *Das Verbot der Gewerkschaften schränkt die Arbeiter in ihren Rechten ein* **2 etw. e.** etw. zu e-m geringeren Grad tun als bisher: *Nach der Krankheit schränkte er das Rauchen ein* (= rauchte er weniger) **3 irgendwo / irgendwie eingeschränkt sein** auf e-m bestimmten Gebiet od. in bestimmter Hinsicht nur wenig Möglichkeiten haben ⟨in seinen Rechten, Freiheiten *o.Ä.* eingeschränkt sein; finanziell, wirtschaftlich eingeschränkt sein⟩ **4 etw. e.** sagen, dass etw. nur unter bestimmten Bedingungen zutrifft ⟨e-e Äußerung, e-e Behauptung *o.Ä.* e.⟩; Vr **5 sich e. (müssen)** mit weniger Geld auskommen (müssen) als bisher

Ein·schrän·kung *die*; -, *-en*; **1** das Einschränken u. sein Ergebnis ⟨*mst* Einschränkungen machen, vornehmen⟩: *Wenn du keine Einschränkungen machst, wirst du deine Pläne nie realisieren können* **2** e-e Äußerung *o.Ä.*, die etw. einschränkt (4) ⟨etw. mit e-r E. versehen; etw. mit e-r E. sagen, behaupten; e-e E. machen⟩ **3 ohne E.** ohne Ausnahme, ohne Vorbehalt ≈ generell ⟨etw. gilt ohne E.; etw. ohne E. behaupten, sagen *usw*⟩

ein·schrau·ben *(hat)* Vt **etw. (in etw. (Akk)) e.** etw. durch Drehen in etw. befestigen: *e-e neue Birne in die Lampe e.*

ein·schrei·ben *(hat)* Vt **1 etw. (in etw. (Akk)) e.** etw. in ein Buch od. Heft schreiben ≈ eintragen: *Sie hat seine Telefonnummer in ihr Adressbuch eingeschrieben* **2 etw. e.** e-n Brief od. ein Päckchen (durch die Post) registrieren u. vom Empfänger quittieren lassen: *Diesen wichtigen Brief solltest du e. lassen* || NB: *mst* im Partizip Perfekt: *ein eingeschriebener Brief*; *etw. eingeschrieben schicken* || K-: **Einschreib(e)-, -brief, -gebühr, -sendung**; Vr **3 sich (irgendwo) e.** seinen Namen in e-e Liste eintragen, um an etw. teilzunehmen od. in etw. aufgenommen zu werden: *sich für e-n Kurs / bei der Volkshochschule e.*; *sich an der Universität e.* (= sich immatrikulieren) || *zu* **3 Ein·schrei·bung** *die*

Ein·schrei·ben *das*; ein Brief od. ein Päckchen, das eingeschrieben (2) verschickt wird ⟨etw. als / per E. schicken⟩

ein·schrei·ten *(ist)* Vi **(irgendwo) e.** *geschr* ≈ eingreifen (1)

ein·schrump·fen *(ist)* Vi ≈ schrumpfen (2)

Ein·schub *der*; ein (*mst* ziemlich kurzer) Text, der in e-n längeren eingefügt ist od. wird

ein·schüch·tern; *schüchterte ein, hat eingeschüchtert*; Vt **j-n e.** j-m Angst machen, *mst* indem man ihm mit etw. droht: *Ich lasse mich durch seinen aggressiven Ton nicht e.* || *hierzu* **Ein·schüch·terung** *die*

ein·schu·len *(hat)* Vt **j-n e.** ein Kind (zum ersten Mal) in e-e Schule aufnehmen || NB: *mst* im Passiv! || *hierzu* **Ein·schu·lung** *die*

Ein·schuss *der*; das Loch an der Stelle, an der e-e Pistolen- od. Gewehrkugel in etw. eingedrungen ist

ein·se·hen *(hat)* Vt **1 etw. e.** sich (*mst* durch j-s Argumente) von etw. überzeugen lassen u. es akzeptieren: *Ich sehe überhaupt nicht ein*, warum *ich immer die ganze Arbeit machen soll* **2 etw. e.** erkennen, sich überzeugen lassen, dass etw., das man gesagt od. getan hat, falsch war ⟨seinen Fehler, Irrtum, sein Unrecht *usw* e.⟩: *Er sah ein*, dass *er sich getäuscht hatte, u. entschuldigte sich* **3 etw. e.** alles sehen, was zu e-m bestimmten Gebiet od. e-m bestimmten Raum gehört, weil der Blick nicht behindert wird ⟨etw. e. können⟩: *Von hier aus kann ich den ganzen Saal e.* **4 etw. e.** *Admin geschr*; Akten lesen, *bes* im Zusammenhang mit wichtigen Entscheidungen od. Prozessen[1]

Ein·se·hen *das*; *nur in* **mit j-m (k)ein E. haben** *geschr*; (kein) Verständnis für j-n haben u. ihm (nicht) nachgeben

ein·sei·fen; *seifte ein, hat eingeseift*; Vt **1 j-n / sich / etw. e.** j-n / sich / etw. mit Seife (u. Wasser) einreiben: *sich vor dem Rasieren e.* **2 j-n e.** *gespr* ≈ betrügen

ein·sei·tig *Adj*; **1** *pej*; nur für einen bestimmten Teil od. Aspekt zutreffend (u. nicht für das Ganze) ⟨e-e Begabung, ein Interesse; e-e Beurteilung *usw*⟩: *Du siehst das Problem zu e.* **2** *mst adv*; nur auf einer Seite e-s Gegenstandes, der zwei Seiten hat: *Das Papier ist e. bedruckt* **3** *mst attr od adv*; nur auf einer Seite des Körpers / Organs ⟨*mst* e-e Lähmung, e-e Lungenentzündung⟩ **4** nur von einer Partei, von einem Partner *o.Ä.* ausgehend: *Ihre Liebe zu dem Mann war leider e.*; *Kein Staat will e. abrüsten* || *zu* **1** u. **4 Ein·sei·tig·keit** *die*; *nur Sg*

ein·sen·den *(hat)* Vt **etw. (an etw. (Akk)) e.** ≈ einschicken || K-: **Einsende-, -schluss, -termin**

Ein·sen·der *der*; j-d, der etw. eingeschickt hat || *hierzu* **Ein·sen·de·rin** *die*; -, *-nen*

E

Ein·sen·dung *die*; **1** *nur Sg*; der Vorgang des Einsendens **2** das, was eingeschickt wird, *z.B.* ein Brief od. e-e Postkarte

Ein·ser *der*; *-s, -*; *gespr* ≈ Eins

ein·set·zen (*hat*) [Vt] **1** ***etw.*** **(*in etw.*** (*Akk*)**) *e.*** ein *mst* bisher fehlendes Teil in etw. setzen ⟨e-e Fensterscheibe, e-n Flicken in die Hose, j-m e-n künstlichen Zahn e.⟩ **2** ***etw. e.*** etw. unter bestimmten Bedingungen zu e-m bestimmten Zweck verwenden: *Wegen des Schneefalls mussten Räumfahrzeuge eingesetzt werden* **3** ***j-n e.*** j-n für e-e bestimmte Arbeit verwenden: *Die neuen Mitarbeiter werden im Außendienst eingesetzt* **4** ***j-n als / zu etw. e.*** j-n für e-e Aufgabe, e-e Funktion *o.Ä.* bestimmen ⟨*mst* j-n als Erben, Nachfolger, Stellvertreter e.⟩ **5** ***etw.*** **(*für j-n / etw.*) *e.*** das Risiko eingehen, (für j-n / etw.) sein Leben, viel Geld *o.Ä.* zu verlieren ⟨sein Leben, viel Geld *usw* e.⟩ **6** ***etw. e.*** etw. als Einsatz (6) zahlen ⟨viel Geld e.⟩; [Vi] **7** ***etw. setzt ein*** *geschr*; etw., das e-e bestimmte Zeit dauern wird, fängt an ⟨Lärm, Regen, Schneefall *usw*⟩: *Nach der Pause setzte die Musik wieder ein*; [Vr] **8** ***sich*** **(*für j-n / etw.*) *e.*** sehr viel dafür tun, dass man selbst (od. ein anderer) ein Ziel erreicht: *Sie hat sich tatkräftig für die Interessen der Mieter eingesetzt* || *zu* **4** **Ein·set·zung** *die*

Ein·sicht *die*; *-, -en*; **1** ***E.*** **(*in etw.*** (*Akk*)**)** e-e bestimmte Erkenntnis, die e-n komplizierten Zusammenhang betrifft: *Die Psychoanalyse führt zu ganz neuen Einsichten in die menschliche Psyche* **2** *nur Sg*; die Erkenntnis, dass man Falsches getan hat ≈ Reue ⟨zur E. kommen; (späte) E. zeigen⟩ **3** *nur Sg, Admin geschr*; der Vorgang od. die Möglichkeit des Einsehens (4) ⟨E. in die Akten haben, nehmen; j-m E. in die Unterlagen gewähren⟩

ein·sich·tig *Adj*; **1** mit Einsicht (2) ⟨ein Mensch; sich e. benehmen, verhalten⟩ **2** verständlich, überzeugend ⟨ein Grund, Argumente; etw. ist leicht, schwer e.⟩

Ein·sied·ler *der* ≈ Eremit || K-: ***Einsiedler-, -dasein, -leben***

ein·sil·big *Adj*; **1** ⟨ein Mensch⟩ so, dass er nur wenig u. nicht gern redet **2** sehr kurz, knapp ⟨*mst* e-e Antwort⟩ **3** *nicht adv*; mit nur einer Silbe ⟨ein Wort⟩

ein·sin·ken (*ist*) [Vi] **(*in etw.*** (*Dat / Akk*)**) *e.*** in e-n weichen Untergrund sinken ⟨in den / im Morast, Schlamm *o.Ä.* e.⟩

ein·sit·zen (*hat*) [Vi] **(*in etw.*** (*Dat*)**) *e.*** *Admin geschr*; als Strafgefangener im Gefängnis sein ≈ inhaftiert sein: *Er sitzt in der Justizvollzugsanstalt* (*von*) *Bremen ein*

ein·span·nen (*hat*) [Vt] **1** ***j-n*** **(*zu etw. / für etw.*) *e.*** *gespr*; j-n e-e bestimmte Arbeit tun lassen: *Für die Gartenarbeit spannte er die ganze Familie ein* **2** ***etw.*** **(*in etw.*** (*Akk*)**) *e.*** etw. in e-e technische Vorrichtung spannen (2): *Sie spannte ein neues Blatt Papier in die Schreibmaschine ein* **3** ***ein Tier e.*** e-m Pferd, e-m Ochsen *o.Ä.* ein Geschirr[2] anlegen, damit es / er e-n Wagen *o.Ä.* ziehen kann

ein·spa·ren (*hat*) [Vt] **1** ***etw. e.*** etw. nicht verbrauchen od. in Anspruch nehmen ⟨Arbeitsplätze, Energie, Kosten, Material, Rohstoffe e.⟩ **2** ***j-n e.*** j-n nicht länger als Arbeitskraft beschäftigen ⟨Personal, Angestellte e.⟩ || *hierzu* **Ein·spa·rung** *die*

ein·spei·chern (*hat*) [Vt] ***etw.*** **(*in etw.*** (*Dat / Akk*)**) *e.*** Daten od. Informationen in e-m Computer *o.Ä.* speichern (2) || *hierzu* **Ein·spei·che·rung** *die*

ein·sper·ren (*hat*) [Vt] **1** ***j-n*** **(*in etw.*** (*Dat / Akk*)**) *e.*** ≈ einschließen (1) **2** ***j-n e.*** *gespr*; j-n ins Gefängnis bringen; [Vr] **3** ***sich*** **(*in etw.*** (*Dat / Akk*)**) *e.*** sich in etw. einschließen (6)

ein·spie·len (*hat*) [Vt] **1** ***etw. spielt etw. ein*** ein Film, e-e Show *o.Ä.* bringt dem Produzenten e-e bestimmte Summe Geld ein: *Der Film hat mehrere Millionen Euro eingespielt*; [Vr] **2** ***etw. spielt sich ein*** etw. wird üblich, wird zum normalen Ablauf ⟨e-e Arbeitsweise, e-e Methode, ein Verfahren⟩ **3** **(*gut*) *aufeinander eingespielt sein*** miteinander gut od. harmonisch arbeiten können *o.Ä.* ⟨e-e gut eingespielte Mannschaft; ein eingespieltes Team⟩

ein·spra·chig *Adj*; in od. mit nur einer Sprache ⟨Unterricht, ein Wörterbuch; e. aufwachsen⟩

ein·spre·chen (*hat*) [Vi] ***auf j-n e.*** ≈ auf j-n einreden

ein·spren·gen (*hat*) [Vt] ***etw. e.*** etw. feucht machen, indem man es mit Wasser bespritzt ⟨die Wäsche (vor dem Bügeln) e.⟩

ein·sprin·gen (*ist*) [Vi] **(*für j-n*) *e.*** für e-n anderen e-e Arbeit tun, weil dieser (*mst* plötzlich) verhindert od. krank geworden ist ⟨für e-n Kollegen e.⟩

ein·sprit·zen (*hat*) [Vt] **(*j-m*) *etw. e.*** ≈ injizieren || *hierzu* **Ein·sprit·zung** *die*

Ein·spruch *der*; *Jur, Admin geschr*; e-e schriftliche Erklärung (in e-r vorgegebenen Form), dass man e-e Entscheidung, ein Urteil *o.Ä.* nicht akzeptiert ≈ Protest ⟨E. (gegen etw.) erheben, einlegen; e-m E. stattgeben⟩ || K-: ***Einspruchs-, -frist, -recht***

ein·spu·rig *Adj*; **1** mit nur einer Fahrbahn ⟨*mst* e-e Straße⟩ **2** ***e. befahrbar*** so, dass nur auf einer der Spuren gefahren werden kann: *Wegen des Unfalls ist die Autobahn nur e. befahrbar*

einst *Adv*; *geschr*; **1** vor langer Zeit ≈ früher: *Auf diesem Schloss lebte einst ein König* **2** weit in der Zukunft: *E. wird der Tag kommen, an dem wir uns wiedersehen*

Ein·stand[1] *der*; *mst in* ***seinen E. geben*** ein kleines Fest für seine Kollegen veranstalten, wenn man an e-r neuen Arbeitsstelle anfängt ↔ Ausstand

Ein·stand[2] *der*; der Spielstand in e-m Spiel e-s Tennissatzes, wenn beide Spieler 40 Punkte haben u. ab dem ein Spieler zwei Punkte hintereinander gewinnen muss, um das Spiel für sich zu entscheiden

ein·stau·ben (*ist*) [Vi] ***etw. staubt ein*** etw. wird (allmählich) völlig von Staub bedeckt: *Die Bücher im Regal sind eingestaubt*

ein·ste·cken (*hat*) [Vt] **1** ***etw. e.*** e-n kleinen Gegenstand in seine Tasche stecken (1), um ihn mitzunehmen ⟨e-n Schlüssel, ein Taschentuch e.⟩: *Vergiss nicht, Geld einzustecken, wenn du in die Stadt gehst!* **2** ***etw. e.*** *gespr*; etw. in e-n Briefkasten werfen ≈ einwerfen (1) ⟨e-n Brief, ein Päckchen, e-e Postkarte e.⟩ **3** ***etw.*** **(*in etw.*** (*Akk*)**) *e.*** etw. in e-e Öffnung e-s Apparates od. e-s Mechanismus stecken (1), damit er funktioniert ⟨e-n Stecker (in e-e Steckdose) e., den Schlüssel (ins Schloss) e.⟩ **4** ***etw. e.*** *gespr*; Geld od. etw. Wertvolles (ganz) für sich behalten; [Vt/i] **5** **(*etw.*) *e.*** **(*müssen*)** *gespr*; etw. erleiden od. erdulden (müssen) ⟨e-e Niederlage e.; Kritik, Schläge e.⟩: *Wer viel austeilt, muss auch viel e. können*

ein·ste·hen (*ist*) [Vi] ***für j-n / etw. e.*** für etw. die Verantwortung übernehmen (müssen): *Der Minister muss für das Verhalten seiner Beamten e.*

ein·stei·gen (*ist*) [Vi] **1** **(*in etw.*** (*Akk*)**) *e.*** in das Innere e-s Fahrzeugs gehen od. steigen ↔ aussteigen ⟨in ein Auto, e-n Bus, ein Flugzeug, e-n Zug e.⟩ **2** **(*in etw.*** (*Akk*)**) *e.*** durch das Fenster in e-n Raum gelangen, *mst* um dort etw. Verbotenes zu tun: *Die Diebe sind über den Balkon in die Wohnung eingestiegen* **3** **(*in etw.*** (*Akk*)**) *e.*** *gespr*; sich an e-r wichtigen Angelegenheit beteiligen, die bereits begonnen hat ≈ bei etw. mitmachen ⟨in ein Geschäft, ein Projekt e.⟩ **4** ***bei j-m / etw., in etw.*** (*Akk*) ***e.*** sich bei od. für etw. engagieren, an j-s Firma *o.Ä.* teilnehmen ⟨in e-e Firma, in die Politik e.⟩: *Er ist vor zehn Jahren bei uns eingestiegen* || ▸ ***Einstieg***

ein·stel·len *(hat)* [Vt] **1 *j-n e.*** j-n zum Arbeiter, Angestellten *o.Ä.* in e-r Firma, e-m Unternehmen *o.Ä.* machen ≈ anstellen ↔ entlassen ⟨Lehrlinge, Arbeiter, Lehrer e.⟩ **2 *etw.* (*in etw.* (*Akk*)) *e.*** etw. in e-r Reihe in ein Regal, e-n Schrank stellen (1) ⟨Akten, Bücher⟩ **3 *etw.* (*in etw.* (*Dat / Akk*)) *e.*** e-n relativ großen Gegenstand für die Zeit, in der er nicht gebraucht wird, in e-n Raum stellen (1) ⟨Möbel im Keller e.⟩: *Ich stelle mein Motorrad für den Winter in der Garage ein* **4 *etw.* (*irgendwie / auf etw.* (*Akk*)) *e.*** ein technisches Gerät so regulieren, dass es in e-r bestimmten Weise funktioniert od. dass ein bestimmter Wert (5) erreicht wird: *ein Fernglas scharf e.; ein Radio leiser e.; e-e Kamera auf e-e Entfernung e.; die Zündung (e-s Autos) neu e.* **5 *etw. e.*** etw. sichtbar od. hörbar machen, indem man ein technisches Gerät reguliert, einstellt (4) ⟨ein Programm, e-e Radio- / Fernsehsendung, e-n Sender e.; e-e Entfernung (bei e-r Kamera) e.⟩ **6 *etw. e.*** *geschr*; etw., das man längere Zeit getan hat, nicht mehr tun ≈ mit etw. aufhören ↔ etw. aufnehmen (1), mit etw. beginnen ⟨die Produktion, Zahlungen, e-e Suchaktion, das Rauchen e.⟩; [Vr] **7 *sich* (*irgendwo*) *e.*** *geschr*; an e-n bestimmten Ort zu e-r bestimmten Zeit kommen ⟨sich pünktlich, rechtzeitig e.⟩ **8 *etw. stellt sich* (*irgendwo / irgendwann*) *ein*** (*mst* von etw. Negativem) etw. erscheint als Folge von etw. ≈ etw. tritt ein: *Nach der Operation stellten sich Komplikationen ein* **9 *sich auf j-n / etw. e.*** sich auf j-n / etw. vorbereiten ⟨sich auf e-e Änderung, e-e neue Situation, e-e Veränderung e.; sich auf Besuch e.⟩: *Sie hatte sich auf e-e Schwangerschaft nicht eingestellt*

ein·stel·lig *Adj*; *nicht adv*; aus nur einer Ziffer bestehend, mit nur einer Stelle (7) ⟨e-e Nummer, e-e Zahl⟩

Ein·stel·lung *die*; **1** der Prozess, bei dem man j-n einstellt (1) od. j-d eingestellt wird: *die E. neuer Mitarbeiter* ‖ K-: ***Einstellungs-, -gespräch, -stopp, -termin*** **2** *nur Sg*; das Einstellen (4) e-s technischen Gerätes ‖ -K: ***Fein-*** **3** das Aufhören mit etw.: *die E. der Feindseligkeiten* **4 *e-e E.* (*zu etw.*)** die Art, wie man über etw. denkt od. etw. beurteilt ⟨e-e fortschrittliche, negative, offene E.; j-s E. zu e-m Problem⟩

Ein·stieg *der*; *-(e)s, -e*; **1** die Tür od. Öffnung, durch die man in ein *mst* relativ großes Fahrzeug, *z.B.* e-n Autobus, ein Flugzeug, e-e Straßenbahn *o.Ä.* einsteigt (1) **2** *nur Sg*, *geschr*; das Einsteigen (1,2) in ein Fahrzeug od. in ein Haus **3 *der E.* (*in etw.* (*Akk*))** der Anfang bei e-r neuen Aufgabe od. Arbeit ⟨der E. in das Berufsleben; der E. in e-e Problematik⟩

eins·ti·g- *Adj*; *nur attr*, *nicht adv* ≈ ehemalig-, früher-: *das einstige Kaiserreich*

ein·stim·men *(hat)* [Vt] **1 *etw. e.*** ein (Musik)Instrument stimmen[2] (2) **2 *j-n / sich* (*auf etw.* (*Akk*)) *e.*** j-n / sich vor einem bestimmten Ereignis in die richtige innere Stimmung (1) versetzen; [Vi] **3 (*in etw.* (*Akk*)) *e.*** anfangen, mitzusingen od. mitzuspielen, wenn andere bereits singen od. Musikinstrumente spielen **4 (*in etw.* (*Akk*)) *e.*** die gleiche Meinung haben od. die gleiche Reaktion zeigen wie andere ⟨in das Lob e., in das Gelächter e.⟩

ein·stim·mig *Adj*; **1** mit allen Stimmen[2] (2) der Anwesenden, ohne Gegenstimme ⟨ein Beschluss; etw. e. beschließen, verabschieden⟩ **2** mit nur einer Stimme[1] (4) ⟨ein Lied⟩ ‖ *hierzu* **Ein·stim·mig·keit** *die*

einst·mals *Adv*; *geschr veraltend* ≈ einst (1)

ein·streu·en *(hat)* [Vt] ***etw.* (*in etw.* (*Akk*)) *e.*** etw. *mst* in e-m Text, e-r Rede *o.Ä.* nebenbei erwähnen

ein·stu·die·ren; *studierte ein, hat einstudiert*; [Vt] **1 *etw. e.*** etw. üben, um es vor e-m Publikum vorzuführen ⟨e-e Rolle, e-n Tanz, ein Musikstück e.⟩ **2 *etw. e.*** (als Regisseur *o.Ä.*) e-e Gruppe von Schauspielern, Tänzern *o.Ä.* etw. üben lassen, damit es vor e-m Publikum gespielt werden kann ⟨ein Ballett, ein Theaterstück e.⟩

ein·stu·fen *(hat)* [Vt] ***j-n / etw.* (*irgendwie*) *e.*** *Admin geschr*; j-m / etw. e-n Platz in e-r Ordnung od. Klassifikation geben: *Er wurde in die Steuerklasse I eingestuft; Sein Verhalten wird von der Polizei als gefährlich eingestuft* ‖ *hierzu* **Ein·stu·fung** *die*

ein·stün·di·g- *Adj*; *nur attr*, *nicht adv*; ⟨e-e Rede, e-e Veranstaltung⟩ so, dass sie eine Stunde dauern

ein·stür·men *(ist)* [Vi] **(*mit etw.*) *auf j-n e.*** (von mehreren Personen) sich mit sehr vielen Bitten, Fragen od. Problemen auf einmal an j-n wenden ≈ j-n bestürmen: *Nach dem Vortrag stürmten die Zuhörer auf den Redner ein*

Ein·sturz *der*; das Einstürzen *z.B.* e-s Hauses, e-r Mauer *o.Ä.* ‖ K-: ***Einsturz-, -gefahr***; ***einsturz-, -bedroht, -gefährdet***

ein·stür·zen *(ist)* [Vi] ***etw. stürzt ein*** etw. fällt od. stürzt in Teilen od. als Ganzes nach unten ⟨ein Dachstuhl, ein Gebäude, ein Haus, e-e Mauer⟩ ‖ ID ***e-e Welt stürzt* (*für j-n*) *ein*** j-d muss wegen e-s Ereignisses an allem zweifeln, an das er bisher geglaubt hat

einst·wei·len *Adv*; **1** ≈ vorläufig, zunächst einmal **2** ≈ in der Zwischenzeit, unterdessen

einst·wei·lig *Adj*; *mst attr*, *nicht adv*, *Jur*, *Admin geschr*; bis zu e-m endgültigen Beschluss od. Urteil gültig ⟨e-e Anordnung, e-e Verfügung⟩

Ein·tags|flie·ge *die*; **1** ein Insekt, das e-r Fliege ähnlich ist u. nur kurze Zeit lebt, wenn es aus der Larve geschlüpft ist **2 *etw. ist e-e E.*** *gespr*; etw. ist nur für sehr kurze Zeit interessant od. aktuell

ein·tau·chen *(hat / ist)* [Vt] *(hat)* **1 *etw.* (*in etw.* (*Akk*)) *e.*** etw. in etw. tauchen ⟨den Pinsel in die Farbe e.⟩; [Vi] *(ist)* **2** unter die Oberfläche e-r Flüssigkeit (*mst* von Wasser) kommen ⟨ins Wasser e.⟩

ein·tau·schen *(hat)* [Vt] ***etw.* (*gegen / für etw.*) *e.*** j-m etw. geben u. dafür etw. anderes (Gleichwertiges) bekommen: *Der kleine Junge tauschte sein Taschenmesser gegen zehn Comics ein* ‖ *hierzu* **Eintausch** *der*; *nur Sg*

ein·tei·len *(hat)* [Vt] **1 *etw.* (*in etw.* (*Akk*)) *e.*** ein Ganzes in mehrere Teile gliedern: *Das Buch ist in drei Kapitel eingeteilt* **2 *j-n* (*zu / für etw.*) *e.*** j-m für e-e bestimmte Zeit eine von mehreren möglichen Aufgaben geben: *Der Soldat wurde zum Wachdienst eingeteilt* **3 *j-n / etw.* (*nach etw.*) (*in etw.* (*Akk*)) *e.*** bestimmen, dass j-d / etw. wegen e-r bestimmten Eigenschaft zu e-r Gruppe gehört, die Teil e-r größeren Gruppe ist: *Die Boxer werden nach ihrem Gewicht in Klassen eingeteilt* **4 (*sich* (*Dat*)) *etw. e.*** (sich) e-e Arbeit od. die Zeit für etw. in verschiedene Abschnitte teilen: *Du teilst dir den Tag so schlecht ein, dass du deine Arbeit nicht schaffen kannst!* ‖ *hierzu* **Ein·tei·lung** *die*

ein·tei·lig *Adj*; nur aus einem Teil bestehend ⟨*mst* ein Badeanzug⟩

ein·tö·nig *Adj*; langweilig od. monoton, weil keine besonderen Eigenschaften da sind od. weil es keine Abwechslung gibt ⟨e-e Arbeit, e-e Landschaft, ein Leben; etw. läuft e. ab, verläuft e.⟩ ‖ *hierzu* **Ein·tö·nig·keit** *die*; *nur Sg*

Ein·topf *der*; ein einfaches Essen (2), für das verschiedene Gemüse od. Gemüse u. Fleisch zusammen in einem Topf gekocht werden ‖ K-: ***Eintopf-, -gericht***

Ein·tracht *die*; *-*; *nur Sg*, *geschr*; ein Zustand, in dem zwei od. mehr Menschen gut zusammenleben, weil sie die gleichen Meinungen od. Absichten haben,

E

sich gegenseitig respektieren u. sich gut verstehen ⟨in E. miteinander leben; in Frieden u. E.⟩

ein·träch·tig *Adj*; *mst adv*; so, dass Eintracht vorhanden ist || *hierzu* **Ein·träch·tig·keit** *die*; *nur Sg*

Ein·trag *der*; *-(e)s*, *Ein·trä·ge*; **1** *nur Sg*; das Eintragen (1) **2** die Worte, die eingetragen (1) werden ⟨e-n E. vornehmen⟩

ein·tra·gen (*hat*) [Vt] **1** ***j-n / sich / etw.*** (***in*** (*Akk / seltener Dat*) ***/ auf*** (*Dat / seltener Akk*) ***etw.***) ***e.*** j-s Namen / seinen eigenen Namen / etw. in etw., *z.B.* ein Buch, Heft od. e-e Liste, schreiben: *Wer die Prüfung machen will, soll sich bitte auf dieser Liste e.* **2** ***etw. trägt*** (***j-m***) ***etw. ein*** etw. hat etw. (Positives od. Negatives) zum Ergebnis ≈ etw. bringt (j-m) etw. ein: *Das Geschäft hat ihm viel Geld eingetragen*; *Seine Bemerkung hat ihm viel Kritik eingetragen* || *zu* **1 Ein·tra·gung** *die*

ein·träg·lich *Adj*; ⟨e-e Arbeit, ein Geschäft⟩ so, dass sie j-m relativ viel Geld bringen ≈ rentabel

ein·tref·fen (*ist*) [Vi] **1** (***irgendwo***) ***e.*** nach e-r Reise od. e-m Transport irgendwo ankommen ⟨ein Brief, ein Paket; ein Autobus, ein Zug; ein Reisender⟩: *Der Zug trifft in Hamburg mit Verspätung ein* **2** ***etw. trifft ein*** etw. wird Realität ⟨e-e Befürchtung, e-e Prophezeiung, e-e Vermutung, e-e Vorhersage⟩: *Alles ist so eingetroffen, wie ich es mir vorgestellt hatte*

ein·trei·ben (*hat*) [Vt] ***etw. e.*** j-n dazu zwingen, seine Schulden od. Steuern zu zahlen ⟨Geld, Schulden, Steuern e.⟩

ein·tre·ten (*hat / ist*) [Vt] (*hat*) **1** ***etw. e.*** in etw. ein Loch machen od. etw. mit Gewalt öffnen, indem man mit dem Fuß dagegen od. darauf tritt: *e-e Tür e.*; *das Eis e.*; [Vi] (*ist*) **2** (***in etw.*** (*Akk*)) ***e.*** (durch die Tür od. ein Tor) in e-n Raum gehen **3** (***in etw.*** (*Akk*)) ***e.*** Mitglied in e-r Organisation, Gruppe *o.Ä.* werden ⟨in e-e Partei, e-n Verein, e-n Orden e.⟩ **4** ***etw. tritt*** (***in etw.*** (*Akk*)) ***ein*** etw. gelangt in etw. hinein ⟨Gas, Wasser⟩: *Wo ist die Kugel eingetreten?* **5** ***etw. tritt ein*** etw. geschieht, beginnt zu sein: *Der Tod trat um acht Uhr ein*; *Es ist noch keine Besserung eingetreten* **6** ***für j-n / etw. e.*** sich für j-n / etw. einsetzen (8)

ein·trich·tern; *trichterte ein*, *hat eingetrichtert*; [Vt] ***j-m etw. e.*** *gespr*; j-m etw., das er lernen od. sich merken soll, immer wieder sagen

Ein·tritt *der*; *mst Sg*; **1** die Berechtigung, etw. zu besuchen, an etw. teilzunehmen *o.Ä.*: *Was kostete der E.?*; *Der E.* (*ins Museum*) *ist frei* || K-: ***Eintritts-, -geld, -karte, -preis*** **2** das Eintreten (4) von etw. in etw. || K-: ***Eintritts-, -stelle*** **3** das Eintreten (3) in e-e Organisation: *Durch viele neue Eintritte hat unser Verein jetzt über 100 Mitglieder* **4** das Eintreten (5), der Beginn e-r Veränderung: *Bei E. der Dämmerung passierte der Unfall*

ein·trock·nen (*ist*) [Vi] ***etw. trocknet ein*** etw. wird langsam trocken (u. fest) u. ist daher nicht mehr zu verwenden od. verschwindet ganz ⟨die Farbe, die Tinte; ein Teich, ein See⟩

ein·tru·deln (*ist*) [Vi] (***irgendwo / bei j-m***) ***e.*** *gespr*; ohne Eile (*mst* mit Verspätung) irgendwo ankommen (wo man erwartet wird)

ein·üben (*hat*) [Vt] ***etw. e.*** etw. durch systematisches Üben u. ständiges Wiederholen lernen: *Der Chor übt ein neues Lied ein* || *hierzu* **Ein·übung** *die*

ein·ver·lei·ben; *verleibte ein*, *hat einverleibt*; [Vt] **1** ***sich*** (*Dat*) ***etw. e.*** etw. zu seinem Besitz hinzufügen (*mst* mit Gewalt u. ohne ein Recht dazu zu haben) **2** ***sich*** (*Dat*) ***etw. e.*** *gespr hum*; etw. (*mst* in großer Menge) essen

Ein·ver·nah·me *die*; *-*, *-n*; *bes* (CH) *Jur* ≈ Vernehmung (vor Gericht)

Ein·ver·neh·men *das*; *-s*; *nur Sg*, *geschr*; **1** e-e gute Beziehung zwischen Menschen, die dieselben Ansichten haben od. sich gut miteinander verstehen **2** ***E.*** (***mit j-m***) (***über etw.*** (*Akk*)) e-e Einigung über das, was zu tun ist ⟨mit j-m E. herstellen, etw. im E. mit j-m beschließen⟩

ein·ver·nehm·lich *Adj*; *mst adv*, *geschr*; so, dass Einvernehmen (2) besteht ⟨*mst* etw. e. regeln, beschließen, festlegen⟩

ein·ver·stan·den *Adj*; (***mit etw.***) ***e. sein*** etw., das j-d sagt od. tut, akzeptieren: *Ich bin mit deinem Vorschlag e.*; *Ich bin* (*damit*) *e.*, dass *es so gemacht wird*

Ein·ver·ständ·nis *das*; *mst Sg*; **1** ***das E.*** (***zu etw.***) e-e Äußerung, mit der man sagt, dass man mit etw. einverstanden ist od. etw. erlaubt ≈ Zustimmung ⟨sein E. geben, j-s E. einholen, im E. mit j-m handeln⟩ **2** ***das E.*** (***über etw.*** (*Akk*)) die gleiche Meinung od. Ansicht ≈ Einigkeit: *Zwischen den beiden Staaten bestand E. über die zukünftige Zusammenarbeit*

Ein·waa·ge *die*; *-*; *nur Sg*; das Gewicht von Lebensmitteln ohne Zusätze wie Wasser, Saft *o.Ä.*, bevor sie in Dosen *o.Ä.* abgefüllt werden

Ein·wand *der*; *-(e)s*, *Ein·wän·de*; e-e Äußerung, mit der e-e andere Meinung, Kritik *o.Ä.* ausgedrückt wird ⟨e-n E. erheben / vorbringen⟩: *Gibt es irgendwelche Einwände gegen den Plan?*

ein·wan·dern (*ist*) [Vi] (***irgendwo***) ***e.*** in ein fremdes Land gehen, um dort für immer zu bleiben ≈ immigrieren ↔ auswandern, emigrieren: *in die Schweiz, nach Italien e.* || *hierzu* **Ein·wan·de·rer** *der*

Ein·wan·de·rung *die*; *mst Sg*; das Einwandern || K-: ***Einwanderungs-, -behörde, -beschränkung, -erlaubnis, -verbot, -welle***

ein·wand·frei *Adj*; **1** ohne jeden Fehler ≈ tadellos ↔ mangelhaft ⟨e-e Arbeit, ein Benehmen, ein Verhalten; etw. funktioniert e.⟩ **2** *mst adv*, *gespr*; ohne dass man daran zweifeln könnte ≈ eindeutig ⟨etw. steht e. fest⟩: *Er konnte seine Unschuld e. beweisen*

ein·wärts *Adv*; nach innen od. zur Mitte von etw. gerichtet

ein·wech·seln (*hat*) [Vt] ***j-n*** (***gegen j-n***) ***e.*** *Sport*; e-n neuen Spieler als Ersatz für e-n anderen ins Spiel bringen || *hierzu* **Ein·wechs·lung** *die*

ein·we·cken (*hat*) [Vt] ***etw. e.*** ≈ einmachen || K-: ***Einweck-, -glas, -topf***

Ein·weg- *im Subst*, *wenig produktiv*; verwendet, um auszudrücken, dass etw. nur ein einziges Mal benutzt u. dann weggeworfen wird; die ***Einwegflasche***, die ***Einwegspritze***, die ***Einwegverpackung***

ein·wei·chen; *weichte ein*, *hat eingeweicht*; [Vt] **1** ***etw. e.*** etw. längere Zeit in Wasser od. e-e andere Flüssigkeit legen, um es weich zu machen ⟨Bohnen, Erbsen, Linsen *o.Ä.* e.; e-n Pinsel e.⟩ **2** ***etw. e.*** etw. vor dem eigentlichen Waschen in Wasser mit Waschpulver *o.Ä.* legen ⟨Wäsche e.⟩

ein·wei·hen (*hat*) [Vt] **1** ***etw. e.*** *mst* ein neues Gebäude mit e-r feierlichen Zeremonie eröffnen: *Am Sonntag wurde unser neues Rathaus eingeweiht* **2** ***j-n*** (***in etw.*** (*Akk*)) ***e.*** j-n mit etw., das nicht jeder weiß od. wissen darf, vertraut machen ⟨j-n in seine Absichten, Pläne e.⟩ || *hierzu* **Ein·wei·hung** *die*

ein·wei·sen (*hat*) [Vt] **1** ***j-n*** (***irgendwohin***) ***e.*** veranlassen, dass j-d, der krank ist, ein Verbrechen begangen hat *o.Ä.*, an e-n bestimmten Ort kommt u. dort *mst* längere Zeit untergebracht wird ⟨j-n in e-e Klinik, ein Heim, in das Gefängnis e.⟩ **2** ***j-n*** (***in etw.*** (*Akk*)) ***e.*** j-m e-e neue Arbeit od. Aufgabe erklären, sodass er weiß, was er tun muss **3** ***j-n / etw.*** (***in etw.*** (*Akk*)) ***e.*** dem Fahrer e-s Fahrzeugs *o.Ä.* Zeichen geben, damit er an e-e bestimmte Stelle fährt ⟨j-n / ein Fahrzeug in e-e Parklücke e.⟩ || *hierzu* **Ein·wei·sung** *die*

ein·wen·den; *wandte / wendete ein, hat eingewandt / eingewendet*; [Vt] **etw.** (**gegen j-n / etw.**) **e.** ein Argument od. Gründe nennen, die gegen e-e bestimmte Person od. e-n Plan, ein Projekt *o.Ä.* sprechen ⟨etwas / nichts gegen den Plan einzuwenden haben⟩: *Ich möchte e., dass der Plan nicht realisierbar ist*

ein·wer·fen (*hat*) [Vt] **1 etw.** (**in etw.** (*Akk*)) **e.** e-n Brief *o.Ä.* in e-n Briefkasten stecken: *Kannst du die Karte an meine Eltern e., wenn du zur Post gehst?* **2 etw.** (**in etw.** (*Akk*)) **e.** Geldstücke *o.Ä.* in e-n Automaten stecken: *In diesen Kaffeeautomaten musst du einen Euro einwerfen* **3 etw. e.** ein Fenster, e-e Scheibe (2) *o.Ä.* durch Werfen zerstören **4 etw. e.** j-n, der spricht, unterbrechen, um kurz selbst etw. zu sagen ⟨e-e Bemerkung, e-e Frage *o.Ä.* e.⟩; [Vt/i] **5** (**etw.**) **e.** *Sport*; e-n Ball, der sich außerhalb des Spielfelds befindet, durch e-n Wurf wieder ins Spiel bringen ⟨den Ball e.⟩

ein·wi·ckeln (*hat*) [Vt] **1 etw.** (**in etw.** (*Akk*)) **e.** etw. in etw. wickeln (4), *mst* um es zu schützen od. zu schmücken ↔ auswickeln ⟨ein Geschenk, ein Paket *o.Ä.* in Papier e.⟩ || K-: **Einwickel-, -papier 2 j-n e.** *gespr*; j-n (durch Charme od. Überredungskünste) zu etw. überreden: *Lass dich von ihm nicht e.!* (= sei vorsichtig - er könnte dich dazu bringen, Dinge zu tun, die du gar nicht tun willst)

ein·wil·li·gen; *willigte ein, hat eingewilligt*; [Vi] (**in etw.** (*Akk*)) **e.** sagen, dass man e-n Vorschlag, e-e Entscheidung *o.Ä.* gut findet u. damit einverstanden ist ≈ etw. (*Dat*) zustimmen ⟨in die Scheidung, in e-n Vorschlag e.⟩ || *hierzu* **Ein·wil·li·gung** *die*

ein·wir·ken (*hat*) [Vi] **1 auf j-n / etw. e.** bestimmen od. zu bestimmen versuchen, wie sich j-d entscheidet *o.Ä.* ≈ j-n beeinflussen ⟨auf j-s Denken, Urteil e.⟩ **2 etw. wirkt auf j-n / etw. ein** etw. hat e-e Wirkung auf j-n / etw.

ein·wö·chi·g- *Adj*; *nur attr, nicht adv*; eine Woche dauernd

Ein·woh·ner *der*; *-s, -*; j-d, der in e-r Gemeinde / Stadt od. in e-m Land wohnt u. nicht nur zu Besuch dort ist: *München hat mehr als eine Million Einwohner* || K-: **Einwohner-, -zahl** || *hierzu* **Ein·woh·ne·rin** *die*; *-, -nen*; **Ein·woh·ner·schaft** *die*; *-, -en*; *mst Sg*

Ein·woh·ner|mel·de·amt *das*; e-e Behörde, bei der man sich (bei e-m Umzug) an-, um- od. abmelden muss

Ein·wurf *der*; **1** das Einwerfen (1,2) *z.B.* e-s Briefes od. e-s Geldstücks **2** das, was j-d in e-m Gespräch, e-r Diskussion einwirft (4) **3** die Öffnung, durch die etw. eingeworfen (1,2) werden kann ⟨der E. am Briefkasten, Spielautomaten⟩ **4** *Sport*; das Einwerfen (5) des Balles in ein Feld

Ein·zahl *die*; *mst Sg* ≈ Singular

ein·zah·len (*hat*) [Vt/i] (**etw.**) (**auf etw.** (*Akk*)) **e.** bei e-r Bank *o.Ä.* Geld zahlen, damit es auf ein Konto kommt: *Ich möchte € 200 auf mein Konto e.*

Ein·zah·lung *die*; **1** das Einzahlen **2** der Betrag, den man einzahlt od. eingezahlt hat

ein·zäu·nen; *zäunte ein, hat eingezäunt*; [Vt] **etw. e.** ein Gelände mit e-m Zaun umgeben: *ein Grundstück e.* || *hierzu* **Ein·zäu·nung** *die*

ein·zeich·nen (*hat*) [Vt] **etw.** (**in etw.** (*Dat / Akk*)) **e.** etw. *mst* in e-n (technischen) Plan od. e-e Landkarte zeichnen od. eintragen: *Ich habe unsere Route in den Plan eingezeichnet*; *Die Route ist im Plan eingezeichnet* || *hierzu* **Ein·zeich·nung** *die*

Ein·zel *das*; *-s, -*; (bei Badminton, Tischtennis u. Tennis) das Spiel, bei dem nur ein einzelner Spieler gegen e-n anderen spielt ↔ Doppel (1) || -K: **Damen-, Herren-**

Ein·zel- *im Subst, sehr produktiv*; **1** nur für eine einzige Person gemacht, nur eine einzige Person betreffend; der **Einzelarrest**, der **Einzelfahrschein**, das **Einzelgrab**, die **Einzelhaft**, die **Einzelkabine**, das **Einzelschicksal**, der **Einzelunterricht**, die **Einzelzelle**, das **Einzelzimmer 2** von nur einer Person gemacht, durchgeführt; der **Einzelkampf**, die **Einzelleistung**, die **Einzelreise 3** drückt aus, dass der Betroffene etw. allein tut; der **Einzelreisende**, der **Einzeltäter 4** drückt aus, dass die genannte Sache nur einmal vorhanden ist; die **Einzelanfertigung**, das **Einzelbeispiel**, das **Einzelexemplar**, der **Einzelfall**, das **Einzelstück**

Ein·zel·fra·ge *die*; *mst Pl*; e-e Frage, die nur einen Aspekt e-s größeren Zusammenhangs betrifft: *Die Einzelfragen können wir später klären*

Ein·zel·gän·ger *der*; *-s, -*; j-d, der nur wenig Kontakt zu anderen Menschen hat (u. daher *mst* allein handelt, entscheidet u. der oft e-e andere Meinung hat als die meisten)

Ein·zel·han·del *der*; *-s*; *nur Sg, Kollekt, Ökon*; alle Geschäfte, die ihre Waren nicht an andere Geschäfte, sondern an den Verbraucher direkt verkaufen ↔ Großhandel || K-: **Einzelhandels-, -geschäft, -preis** || *hierzu* **Ein·zel·händ·ler** *der*

Ein·zel·han·dels|kauf·mann *der*; verwendet als berufliche Bezeichnung für j-n, der e-e Lehre als Verkäufer im Einzelhandel abgeschlossen hat

Ein·zel·heit *die*; *-, -en*; ein einzelner, *mst* kleiner Teil e-s größeren Ganzen ≈ Detail ⟨charakteristische, (un)wichtige Einzelheiten; etw. in allen Einzelheiten erzählen; (nicht) auf Einzelheiten eingehen⟩

Ein·zel·kind *das*; ein Kind, das keinen Bruder u. keine Schwester hat

ein·zeln *Adj*; *nur attr od. adv*; **1** verwendet, um auszudrücken, dass e-e Person / Sache allein u. nicht mit anderen zusammen ist: *ein einzelner Schuh*; *ein einzelnes Auto auf dem Parkplatz*; *die Geschenke e. verpacken* **2 jeder / jede / jedes** *usw* **einzelne / Einzelne** + *Subst* verwendet, um sich auf alle od. alles ohne Ausnahme zu beziehen: *Jeder einzelne Fehler muss verbessert werden*; *Jeder Einzelne von uns muss seinen Beitrag leisten* **3** verwendet, um die Teile e-s Ganzen jeweils für sich allein zu bezeichnen: *die einzelnen Kapitel des Buchs* **4 im Einzelnen** so, dass alle Details dabei berücksichtigt werden: *Dazu kann ich im Einzelnen noch nichts sagen*

ein·zel·n- *Indefinitpronomen*; **1 einzelne** + *Subst* verwendet, um sich auf e-e unbestimmte, relativ geringe Zahl zu beziehen ≈ vereinzelte, einige wenige + Subst.: *Nur einzelne Zuschauer waren gekommen*; *Einzelne Fragen blieben noch ungeklärt* || NB: nur im Plural verwendet **2 Einzelnes** verwendet um einige (wenige), *mst* nicht sehr wichtige Einzelheiten zu bezeichnen: *Einzelnes kritisieren*

Ein·zel·teil *das*; ein relativ kleines Teil e-s Apparats, e-r Maschine *o.Ä.*: *die Einzelteile e-s Radios*

ein·zie·hen [Vt] (*hat*) **1 etw. e.** etw., das im Wasser od. in der Luft war, (wieder) zu sich holen ≈ einholen (3) ⟨e-e Fahne, ein Netz, ein Segel e.⟩: *Der Fischer musste das Netz e., ohne etwas gefangen zu haben* **2 etw. e.** e-n Teil des Körpers an den Körper ziehen, *mst* um ihn zu schützen od. um ihn kleiner erscheinen zu lassen ⟨*mst* den Kopf, den Bauch e.⟩ **3 etw.** (**in etw.** (*Akk*)) **e.** etw. in ein Gebäude, das bereits besteht, einbauen ⟨e-n Balken, e-e Holzdecke, e-e Wand e.⟩: *Wir ziehen e-e Wand ein, um das Wohnzimmer zu teilen* **4 j-n e.** *Mil* ≈ einberufen (1) **5 etw. zieht etw. ein** e-e Institution, e-e Firma *o.Ä.* kassiert Geld, auf das sie Anspruch hat **6 etw. e.** ungültige Münzen, Banknoten *o.Ä.* aus dem Verkehr ziehen **7** *mst* ***der Staat zieht etw. ein*** der Staat beschlagnahmt das Geld od. den Besitz von e-r Person, Firma *o.Ä.*: *Nach dem Verbot der Partei wurde ihr Besitz eingezogen* **8** ***etw. e.*** sich Informationen über j-n / etw. geben lassen ⟨Erkundigungen e.⟩; Vi (*ist*) **9** (***irgendwo***) ***e.*** in neue Räume, in ein neues Haus *o.Ä.* ziehen (19), um dort zu wohnen od. zu arbeiten ⟨in ein Haus, e-e Wohnung, ein neues Zimmer e.⟩ **10** ***j-d*** (*Kollekt od Pl*) ***zieht*** (***in etw.*** (*Akk*)) ***ein*** mehrere Personen gehen od. marschieren in e-r bestimmten Ordnung in etw. ⟨e-e Mannschaft, Soldaten⟩: *Die Truppen zogen in die Stadt ein* **11** ***etw. zieht*** (***in etw.*** (*Akk*)) ***ein*** etw. dringt in etw. od. unter die Oberfläche von etw. ein ⟨Wasser, Öl, Creme *o.Ä.* zieht ein⟩: *Das Wasser zog schnell in die trockene Erde ein* || *zu* **1, 5, 6** u. **7** **ein·zieh·bar** *Adj*; *zu* **4-7** **Ein·zie·hung** *die*

ein·zig *Adj*; **1** auf die genannte(n) Person(en) / Sache(n) *o.Ä.* beschränkt ⟨der Grund; der, die, das Einzige, die Einzigen, kein Einziger⟩ **2** *nur adv*; ausschließlich ≈ allein ⟨das e. Richtige⟩ **3** ***e. und allein*** ≈ nur[3] (1): *E. und allein er ist daran schuld*

ein·zig·ar·tig *Adj*; **1** von e-r sehr hohen Qualität ≈ einmalig, unvergleichlich **2** *nur adv*; verwendet, um Adjektive od. Verben zu verstärken ≈ sehr: *e. gut*

Ein·zug *der*; *mst Sg*; **1** das Einziehen (1) e-r Fahne, e-s Netzes *o.Ä.* **2** das Einziehen (5,6,7) von Geld, Vermögen *o.Ä.* **3** das Einziehen (9) in e-e neue Wohnung **4** das Einziehen (10): *der E. der Sportler in das Olympiastadion*

Ein·zugs·be·reich *der* ≈ Einzugsgebiet

Ein·zugs·er·mäch·ti·gung *die*; **1** die Erlaubnis, die der Inhaber e-s Bankkontos j-m gibt, regelmäßig Geld von seinem Konto einzuziehen (5) ⟨j-m e-e E. erteilen⟩ **2** ein Formular für e-e E. (1)

Ein·zugs·ge·biet *das*; das Gebiet um e-e Stadt *o.Ä.* herum, dessen Bewohner zu e-m großen Teil in dieser Stadt arbeiten, einkaufen *usw* ⟨im E. e-r Stadt, e-r Großstadt, e-s Zentrums liegen, wohnen⟩

Eis *das*; *-es*; *nur Sg*; **1** Wasser, das zu e-r festen Masse gefroren ist ⟨das Eis schmilzt, taut, bricht; das Eis aufhacken⟩ || K-: ***Eis-, -block, -fläche, -glätte, -kristall, -schicht, -scholle***; ***eis-, -frei, -bedeckt*** **2** Eis (1) in Form von Würfeln *o.Ä.*: *Whisky mit Eis* || K-: ***Eis-, -würfel***; ***eis-, -gekühlt*** **3** e-e Fläche von Eis (1) in e-m Stadion, auf e-m Weiher, e-m See *o.Ä.* ⟨aufs Eis gehen⟩: *Das Eis trägt noch nicht* || K-: ***Eis-, -sport, -stadion*** **4** e-e süße, kalte Masse aus Milch od. Wasser, Zucker u. Früchten *o.Ä.*, die man *bes* im Sommer isst ⟨Eis essen; ein Eis lutschen; Eis am Stiel⟩ || -K: ***Speise-***; ***Frucht-, Milch-***; ***Himbeer-, Vanille-*** *usw* || K-: ***Eis-, -maschine, -sorten, -torte, -tüte, -verkäufer, -waffel*** || ID ***etw. auf Eis legen*** an etw. nicht mehr arbeiten, weil es im Augenblick nicht sinnvoll od. erfolgreich ist ⟨Pläne auf Eis legen⟩; *mst* ***Das Eis ist gebrochen*** das Verhältnis zwischen Personen, die sich gerade erst kennen gelernt haben, ist entspannter u. lockerer geworden; ***sich auf dünnes / aufs Eis begeben*** sehr viel riskieren

Eis·bahn *die*; e-e Fläche gefrorenen Wassers (in e-m Stadion), auf der man Schlittschuh laufen kann

Eis·bär *der*; ein Bär mit weißgelbem Fell, der in der Arktis lebt

Eis·be·cher *der*; e-e Art großer Becher mit Eis (4), *mst* mit Früchten, Sahne *usw*

Eis·bein *das*; *nordd*; ein gepökeltes u. gekochtes Stück Bein vom Schwein ⟨E. mit Sauerkraut⟩

Eis·berg *der*; e-e sehr große schwimmende Masse Eis (1) im Meer, von der nur ein kleiner Teil über Wasser zu sehen ist || ID ↑ ***Spitze***

Eis·beu·tel *der*; e-e Art kleiner Sack aus Gummi *o.Ä.*, den man mit Eis füllt, um sich damit *z.B.* bei Fieber den Kopf zu kühlen

Eis·blu·me *die*; -, *-n*; *mst Pl*; kristallisiertes Eis an Fensterscheiben, das wie Blumen aussieht

Eis·bre·cher *der*; ein Schiff, das mit e-m speziellen Bug ausgestattet ist, damit es Eisflächen aufbrechen kann, um den Weg für andere Schiffe frei zu machen

Ei·schnee *der*; Eiweiß, das zu festem Schaum geschlagen worden ist

Eis·creme die ≈ Speiseeis, Eis (4)

Eis·die·le *die*; e-e Art Café, das vor allem Eis (4) verkauft

Ei·sen *das*; *-s*, *-*; **1** *nur Sg*; ein relativ schweres Metall von grauer Farbe, das in feuchter Luft leicht rostet (u. dann rötlich braun wird); *Chem* Fe ⟨E. schmelzen, gießen, schmieden; hart wie E.⟩ || K-: ***Eisen-, -erz, -gießerei, -industrie, -kette, -oxid, -stange, -teil*** **2** *geschr* ≈ Hufeisen || ID ***ein heißes E.*** ein problematisches, heikles Thema od. Projekt, das heftige Kontroversen mit sich bringt; ***ein heißes E. anfassen / anpacken*** sich an ein problematisches, heikles Thema heranwagen; *mst* ***noch ein E. im Feuer haben*** noch e-e andere Möglichkeit, noch e-n anderen Ausweg aus e-r Situation haben; ***zum alten E. gehören / zählen*** *gespr*; wegen seines hohen Alters nicht mehr gebraucht werden || *zu* **1** **ei·sen·hal·tig** *Adj*; *nicht adv*

Ei·sen·bahn *die*; **1** *nur Sg*; ein System für den Transport von Personen u. Gütern, das aus Zügen besteht, die auf Schienen fahren u. an Bahnhöfen halten **2** ein Zug, der aus e-r Lokomotive u. *mst* mehreren Wagen od. Waggons besteht || K-: ***Eisenbahn-, -fahrkarte, -fahrplan, -linie, -schaffner, -schiene, -schranke, -signal, -strecke, -tunnel, -unglück, -verkehr, -waggon*** **3** *mst Sg*, *gespr*; die Institution, der die Züge, Bahnhöfe *usw* gehören u. die den Zugverkehr durchführt || ID ***es ist höchste E.*** *gespr*; es eilt sehr, es ist nur noch wenig Zeit

Ei·sen·bahn|brü·cke *die*; e-e Brücke, auf der die Eisenbahn (1) fährt

Ei·sen·bah·ner *der*; *-s*, *-*; *gespr*; j-d, der bei der Eisenbahn (3) arbeitet

Ei·sen·bahn|netz *das*; *Kollekt*; alle Eisenbahnstrecken in e-m bestimmten Gebiet ≈ Schienennetz ⟨ein dichtes, gut ausgebautes E.⟩

Ei·sen·bahn|wa·gen *der*; ein einzelner Wagen in e-m Zug, in dem entweder Passagiere od. Gepäck transportiert werden

Ei·sen·hüt·te *die*; ein industrieller Betrieb, in dem aus Erz Eisen gewonnen wird || K-: ***Eisenhütten-, -industrie, -werk***

Ei·sen·wa·ren *die*; *Pl*; *mst* relativ kleine Gegenstände aus Eisen (*z.B.* Werkzeuge, Draht, Nägel)

Ei·sen·werk *das* ≈ Eisenhütte

Ei·sen·zeit *die*; *nur Sg*; die Zeit (etwa vom 8. Jahrhundert vor Christus bis zum 1. Jahrhundert nach Christus), in der man begann, Werkzeuge u. Waffen aus Eisen (u. nicht mehr aus Bronze) zu machen

ei·sern *Adj*; *ohne Steigerung*; **1** *nur attr, nicht adv*; aus Eisen bestehend ⟨ein Haken, ein Nagel, ein Gitter⟩ **2** von großer Stärke ≈ fest, unerschütterlich ⟨Disziplin, Energie, Prinzipien, ein Wille, Gesundheit⟩: *Daran halte ich e. fest* **3** mit großer Härte ≈ unnachgiebig ⟨mit eiserner Hand regieren, mit eiserner Faust durchgreifen⟩ || ID ↑ ***Lunge***, ***Hochzeit***, ***Ration***, ***Regiment***, ***Vorhang***

Ei·ses·käl·te *die*; *geschr*; e-e sehr große Kälte

Eis·hei·li·gen *die*; *Pl*; die Tage vom 11. bis 15. Mai, an denen es nachts oft Frost gibt

Eis·ho·ckey *das*; ein Spiel zwischen zwei Mannschaften, die mit Schlittschuhen auf e-r Eisfläche laufen u. versuchen, mit Schlägern e-e Art Scheibe aus hartem Gummi (den Puck) in das Tor des Gegners zu schießen || K-: ***Eishockey-, -schläger; -spieler***

ei·sig *Adj*; **1** sehr kalt ⟨Wind, Wasser, Kälte⟩ **2** sehr unfreundlich u. ablehnend ⟨ein Blick, e-e Begrüßung, ein Schweigen⟩

Eis·kaf·fee *der*; ein gekühlter Kaffee, der in e-m Glas mit Vanilleeis u. Sahne serviert wird

eis·kalt *Adj*; *ohne Steigerung*; **1** sehr kalt ⟨ein Getränk, Wasser, ein Wind⟩ **2** ohne menschliche Gefühle wie Liebe od. Mitleid ≈ gefühllos ⟨ein Killer, ein Verbrecher⟩ **3** *nur adv*; rücksichtslos u. ohne Skrupel ⟨e. kalkulieren, rechnen⟩ **4** ***j-m wird e.*** j-d wird von sehr starker Angst u. Sorge erfasst: *Ihr wurde e. bei dem Gedanken, ihr Mann könnte verunglückt sein* || ID ↑ ***Rücken***

Eis·kunst·lauf *der*; *nur Sg*; e-e künstlerische Form des Eislaufs, bei der bestimmte Sprünge u. Drehungen gemacht werden müssen || *hierzu* **Eis·kunst·läu·fer** *der*; **Eis·kunst·läu·fe·rin** *die*

Eis·lauf *der*; *nur Sg*; die Fortbewegung mit Schlittschuhen auf dem Eis (3) || *hierzu* **Eis lau·fen** (*ist*) *Vi*; **Eis·läu·fer** *der*; **Eis·läu·fe·rin** *die*

Eis·re·gen *der*; *-s*; *nur Sg*; **1** kalter Regen, der, wenn er auf den Boden fällt, sofort zu Glatteis wird **2** e-e Art Regen aus feinen Eiskörnern

Eis·schnell·lauf *der*; *nur Sg*; e-e Sportart, bei der man mit Schlittschuhen e-e Strecke auf Eis (3) möglichst schnell laufen muss || *hierzu* **Eis|schnell·läu·fer** *der*; **Eis·schnell·läu·fe·rin** *die*

Eis·schrank *der*; *veraltend* ≈ Kühlschrank

Eis·tanz *der*; *nur Sg*; e-e Form des Eislaufs, bei der sich ein Paar ähnlich wie beim Tanzen bewegt || *hierzu* **Eis·tän·zer** *der*; **Eis·tän·ze·rin** *die*

Eis·tee *der*; ein gekühlter Tee, der in e-m Glas mit Eis (2) serviert wird

Eis·zap·fen *der*; e-e Art Zapfen aus Eis (1), der entsteht, wenn Wasser von irgendwo herabtropft u. sofort gefriert

Eis·zeit *die*; e-e relativ lange Periode in der Geschichte der Erde, in der es sehr kalt war u. in der sich das Eis von den Polen aus sehr weit ausbreitete

ei·tel, *eitler, eitelst-*; *Adj*; **1** *pej*; ⟨ein Mensch⟩ so, dass er bewundert werden will u. sich daher in besonderer Weise benimmt od. kleidet ⟨e. wie ein Pfau⟩ **2** *geschr veraltend* ≈ sinnlos, zwecklos: *eitles Geschwätz* **3** *nur attr, nicht adv, geschr veraltet*; in reiner Form ⟨Gold⟩ **4** ⟨es herrscht⟩ ***eitel Freude / eitel Sonnenschein*** *oft iron*; verwendet, um e-e Situation zu beschreiben, in der (oft nach e-m Streit *o.Ä.*) Friede u. Harmonie herrschen: *Sie hatten letzte Woche Krach, aber jetzt ist wieder eitel Sonnenschein* || NB: *eitel* → *ein eitler Mann*

Ei·tel·keit *die*; *-, -en*; *mst Sg*; **1** die Eigenschaft, eitel (1) zu sein **2** ***j-n in seiner E. verletzen*** j-s Stolz verletzen

Ei·ter *der*; *-s*; *nur Sg*; e-e dicke, gelbliche Flüssigkeit, die in infizierten Wunden entsteht: *Die Wunde sondert E. ab* || K-: ***Eiter-, -erreger, -pickel*** || *hierzu* **eit·rig** *Adj*

Ei·ter·herd *der*; die (infizierte, wunde) Stelle im Körper, an der sich Eiter gebildet hat

ei·tern; *eiterte, hat geeitert*; [Vi] ***etw. eitert*** etw. produziert Eiter: *Die Wunde eitert* || *hierzu* **Ei·te·rung** *die*

Ei·weiß *das*; *-es, - / -e*; **1** (*Pl Eiweiß*) das Weiße im (Hühner)Ei: *Man nehme drei Eiweiß* **2** (*Pl Eiweiße*) e-e chemische Verbindung, deren relativ große Moleküle aus Kohlenstoff, Wasserstoff, Stickstoff u. Sauerstoff bestehen ≈ Protein || *zu* **2 ei·weiß|haltig** *Adj*; *nicht adv*; **ei·weiß|reich** *Adj*; *nicht adv*

E·ja·ku·la·ti·on [ejakula'tsion] *die*; *-, -en*; *geschr* ≈ Samenerguss || *hierzu* **e·ja·ku·lie·ren** (*hat*) *Vi*

EKD [eːkaː'deː] *die*; *-*; *nur Sg*; (*Abk für* Evangelische Kirche in Deutschland) die Organisation der Evangelischen Kirchen in Deutschland

E·kel[1] *der*; *-s*; *nur Sg*; **E. (*vor / gegenüber j-m / etw.*)** e-e sehr starke Abneigung gegen j-n / etw., die sich oft in e-r physischen Reaktion zeigt ⟨E. vor etw. haben; etw. erregt E. in j-m⟩: *Ich empfinde E. vor / gegenüber Schlangen u. Spinnen* || K-: ***Ekel-, -gefühl***

E·kel[2] *das*; *-s, -*; *gespr*; ein sehr unangenehmer, unsympathischer Mensch

> **E·kel er·re·gend** *Adj* ≈ ekelhaft (1) ⟨ein Geruch⟩ || NB: *großen Ekel erregend*; aber: *äußerst ekelerregend*

e·kel·haft *Adj*; **1** Ekel[1] verursachend ⟨ein Geruch, ein Geschmack⟩: *Ich finde Regenwürmer e.* **2** sehr unangenehm od. lästig: *Er ist ein ekelhafter Kerl*; *Das Wetter ist wirklich e.* **3** *nur adv, gespr*; verwendet, um negative Adjektive od. Verben zu verstärken

e·keln; *ekelte, hat geekelt*; [Vr] **1** ***sich (vor j-m / etw.) e.*** Ekel[1] (vor / gegenüber j-m / etw.) empfinden: *Er ekelte sich vor dem Geruch*; [Vimp] **2** ***es ekelt j-m / j-n vor j-m / etw.*** j-d empfindet Ekel[1] vor / gegenüber j-m / etw.: *Es ekelte ihr / sie vor Würmern* || ID ***j-n aus dem Haus e.*** *gespr*; sich so unfreundlich verhalten, dass j-d freiwillig das Haus verlässt

EKG [eːkaː'geː] *Abk* ↑ ***Elektrokardiogramm***

Ek·lat [e'klaː(ː)] *der*; *-s, -s*; ein Vorfall, bei dem sich zwei od. mehrere Personen *mst* öffentlich streiten, sich gegenseitig beleidigen *o.Ä.* od. bei dem j-d (*mst* in e-r feinen Gesellschaft) etw. sehr Unpassendes tut od. sagt ≈ Skandal ⟨es gibt e-n E., es kommt zu e-m E.⟩: *Es kam zu e-m E., als die Opposition der Regierung Betrug vorwarf*

ek·la·tant *Adj*; ⟨Schwächen; ein Widerspruch⟩ so groß od. deutlich, dass sie nicht übersehen od. ignoriert werden können: *ein eklatanter Fall von Betrug*

ek·lig *Adj*; **1** Ekel[1] verursachend ⟨ein Geruch, ein Geschmack⟩ **2** *gespr* ≈ unfreundlich, unhöflich: *Unser Chef kann ganz schön e. werden*

Eks·ta·se [-st-] *die*; *-, -n*; ein Zustand wie in e-m Drogenrausch, in dem man sich sehr glücklich fühlt ⟨religiöse, fieberhafte, wilde E.; in E. kommen / geraten; j-n in E. versetzen⟩ || *hierzu* **eks·ta·tisch** *Adj*

Ek·zem [ɛk'tseːm] *das*; *-s, -e*; e-e Entzündung der Haut, die stark juckt

E·lan *der*; *-s*; *nur Sg*; e-e große innere Kraft od. Begeisterung, die j-n zum Handeln treibt ⟨jugendlicher E.; etw. mit (großem) E. tun⟩

e·las·tisch *Adj*; **1** ⟨e-e Binde, ein Material, ein Stoff⟩ so, dass sie sich leicht dehnen lassen ≈ dehnbar **2** elegant u. harmonisch ≈ geschmeidig ⟨Bewegungen, ein Gang⟩ || *hierzu* **E·las·ti·zi·tät** *die*; *-*; *nur Sg*

Elch *der*; *-(e)s, -e*; ein sehr großer Hirsch mit e-m Geweih in Form von Schaufeln, der in Nordeuropa, Nordasien u. im Norden Amerikas lebt

El·do·ra·do *das*; *-s, -s*; ein Land od. Gebiet, in dem es viele Möglichkeiten gibt, das zu tun, was man (*mst* als Hobby) gerne tun möchte ≈ Paradies (4): *ein E. für Bergsteiger, Angler, Skifahrer*

E·le·fant *der*; *-en*, *-en*; das größte in Afrika u. Indien lebende Tier mit großen Ohren, langen Stoßzähnen u. e-m langen Rüssel, mit dem es greifen kann || K-: ***Elefanten-, -bulle, -kuh*** || ID ***sich wie ein E. im Porzellanladen benehmen*** *gespr*; taktlos die Gefühle anderer Menschen verletzen

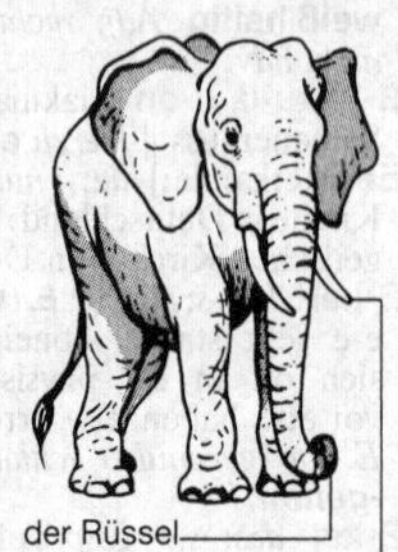

e·le·gant, *eleganter*, *elegantest-*; *Adj*; **1** sehr hübsch u. geschmackvoll (geformt) ⟨e-e Frisur, ein Kleid, ein Kostüm, ein Mantel⟩ **2** geschmackvoll gekleidet u. frisiert ⟨e-e Dame, ein Herr⟩ **3** so, dass die Bewegungen sehr harmonisch wirken u. gekonnt ausgeführt sind ⟨ein Sprung, e-e Verbeugung⟩: *Sie tanzt sehr e.* **4** flüssig u. gekonnt ⟨ein Stil, e-e Formulierung⟩ **5** ***e-e elegante Lösung*** e-e Lösung, mit der man Probleme geschickt umgeht **6** ***sich e. aus der Affäre ziehen*** auf geschickte Art e-n Weg aus e-r (*mst* unangenehmen) Situation finden || *zu* **1-4 E·le·ganz** *die*; -; *nur Sg*

E·le·gie *die*; -, *-n* [-'giːən]; e-e bestimmte Art von Gedicht, das *mst* von Sehnsucht, Trauer, Abschied od. vom Tod handelt

e·lekt·ri·fi·ziert *Adj*; *nicht adv*; ⟨e-e Eisenbahnstrecke⟩ so, dass die Züge darauf mit elektrischer Energie fahren können || *hierzu* **E·lekt·ri·fi·zie·rung** *die*

E·lekt·rik *die*; -, *-en*; **1** *Kollekt*; alle elektrischen Teile od. Geräte *mst* e-s Fahrzeugs ⟨die E. e-s Autos, Flugzeugs⟩ **2** *nur Sg*, *gespr* ≈ Elektrotechnik

E·lekt·ri·ker *der*; *-s*, -; j-d, der beruflich alle Arbeiten ausführt, die mit elektrischem Strom zusammenhängen

e·lekt·risch *Adj*; **1** *mst attr*; auf Elektrizität beruhend, sie betreffend ⟨Strom, Spannung, Ladung, Widerstand⟩: *Der Zaun ist e. geladen*; *Er bekam e-n elektrischen Schlag, als er das defekte Kabel berührte* **2** mit Elektrizität betrieben ⟨e-e Heizung, ein Rasierapparat, e-e Kaffeemaschine; e. kochen, heizen⟩

E·lekt·ri·sche *die*; *-n*, *-n*; *gespr veraltend* ≈ Straßenbahn

e·lekt·ri·sie·ren; *elektrisierte*, *hat elektrisiert*; Vt/i **1** ***etw. elektrisiert*** (***j-n***) etw. begeistert j-n spontan: *Die Popmusik wirkte elektrisierend auf die Fans* || NB: *mst* im Partizip Präsens od. Partizip Perfekt; Vi **2** ***etw. elektrisiert*** etw. ist elektrisch geladen u. sendet Stromstöße aus: *Der Teppichboden aus Kunststoff elektrisiert*

E·lekt·ri·zi·tät *die*; -; *nur Sg*; **1** e-e bestimmte Form der Energie, die *z.B.* in e-m Generator erzeugt wird u. in e-r Batterie gespeichert wird ≈ Strom, Elektroenergie ⟨E. erzeugen; die Versorgung mit E., der Verbrauch von E.⟩ **2** *Phys*; die Kraft, die zwischen positiv u. negativ geladenen Elementarteilchen wirkt ⟨statische, dynamische E.⟩ || K-: ***Elektrizitäts-, -lehre***

E·lekt·ri·zi·täts·werk *das*; ein Betrieb, in dem Elektrizität in großer Menge erzeugt u. an die öffentlichen u. privaten Verbraucher verteilt wird

E·lekt·ro- *im Subst*, *wenig produktiv* ≈ elektrisch (2); das ***Elektroauto***, die ***Elektroenergie***, das ***Elektrofahrzeug***, das ***Elektrogerät***, der ***Elektroherd***, die ***Elektrolok***, der ***Elektromotor***, der ***Elektroofen***

E·lekt·ro·de *die*; -, *-n*; eines von zwei Metallstücken in e-m Stromkreis, zwischen denen der elektrische Strom durch ein anderes Medium (e-n anderen Leiter[1] (2)) fließt. Die positive E. heißt Anode, die negative E. heißt Kathode

E·lekt·ro·ge·schäft *das*; *gespr*; ein Laden, in dem man elektrische Geräte wie *z.B.* Radios, Fernsehapparate od. Bügeleisen kaufen kann

E·lekt·ro·in·dust·rie *die*; der Teil der Industrie, der mit der Herstellung von elektrischen Maschinen u. Geräten zu tun hat

E·lekt·ro·in·ge·ni·eur *der*; ein Ingenieur, der Elektrotechnik studiert hat

E·lekt·ro·in·stal·la·teur *der*; j-d, der beruflich elektrische Geräte u. Anlagen *z.B.* in ein Haus einbaut

E·lekt·ro·kar·di·o·gramm *das*; *Med*; **1** e-e Untersuchung des Herzens, bei der die schwachen elektrischen Ströme des Herzens gemessen u. dargestellt werden **2** die grafische Darstellung dieser Untersuchung; *Abk* EKG || *hierzu* **E·lekt·ro·kar·di·o·gra·phie** [-'fiː] *die*

E·lekt·ro·ly·se [-'lyːzə] *die*; -, *-n*; *Chem*, *Phys*; das Trennen e-r flüssigen chemischen Verbindung in ihre einzelnen Bestandteile, indem Strom durchgeleitet wird || *hierzu* **e·lekt·ro·ly·tisch** *Adj*

E·lekt·ro·lyt [-'lyːt] *der*; *-s* / *-en*, *-e*; *Chem*, *Phys*; e-e flüssige chemische Verbindung, e-e Lösung[2], die aus Basen, Säuren od. Salzen besteht u. die man durch die Elektrolyse in ihre einzelnen Bestandteile auftrennen kann

E·lekt·ro·mag·net *der*; e-e Spule (2) mit e-m Kern aus Eisen, die unter Strom gesetzt wird, wobei ein starkes Magnetfeld entsteht

E·lekt·ro·mag·ne·tis·mus *der*; *Phys*; ein Magnetismus, der durch elektrischen Strom erzeugt wird || *hierzu* **e·lekt·ro·mag·ne·tisch** *Adj*

E·lekt·ro·me·cha·ni·ker *der*; ein (Fach)Arbeiter in der Industrie, der aus einzelnen Teilen elektrische Geräte zusammensetzt u. an der Herstellung der Einzelteile mitarbeitet

E·lekt·ron ['eːlɛktrɔn, e'lɛkt-] *das*; *-s*, *E·lekt·ro·nen*; ein kleines Teilchen innerhalb des Atoms, das um den Atomkern kreist u. elektrisch negativ geladen ist

E·lekt·ro·nen·mik·ro·skop *das*; *Tech*; ein Mikroskop, bei dem anstatt Lichtstrahlen Elektronenstrahlen verwendet werden u. das viel stärker vergrößert als ein normales (Licht)Mikroskop

E·lekt·ro·nik *die*; -; *nur Sg*; **1** ein Teilgebiet der Elektrotechnik, das sich mit der Leitung von Elektronen beschäftigt u. ihre Erkenntnisse bei der Konstruktion sehr kleiner u. komplizierter Bauteile anwendet, die man *z.B.* für Computer benötigt **2** *Kollekt*; alle (Elektronik)Geräte od. Bauelemente in e-m größeren Gerät *o.Ä.*: *die E. in e-m Auto* || *hierzu* **e·lekt·ro·nisch** *Adj*

E·lekt·ro·smog *der*; *nur Sg*, *gespr*; die Strahlung *bes* von Hochspannungsleitungen u. Elektrogeräten im Haushalt, von der man annimmt, dass sie der Gesundheit schadet

E·lekt·ro·tech·nik *die*; *nur Sg*; ein Teilgebiet der Technik, das sich mit der praktischen technischen Anwendung des physikalischen Wissens über die Elektrizität beschäftigt || *hierzu* **e·lekt·ro·tech·nisch** *Adj*

E·lekt·ro·tech·ni·ker *der*; j-d, der in der Elektrotechnik arbeitet, *z.B.* ein Ingenieur, ein Techniker od. ein Elektroinstallateur

E·le·ment *das*; *-(e)s*, *-e*; **1** e-e *mst* typische, charakteristische Eigenschaft von etw.: *die Elemente des Impressionismus* **2** ein Teil e-r Konstruktion, e-s Systems ||-K: ***Konstruktions-, Bau-*** **3** *nur Pl*; die wichtigsten Begriffe e-r Theorie, e-s Faches: *die Elemente der Geometrie* **4** *nur Pl*; Erscheinungen der Natur, gegen die der Mensch machtlos ist (*z.B.* Sturm, Erdbeben, Gewitter): *die Elemente der Natur* (= die Naturgewalten) **5** einer der ca. 100 chemischen (Grund)Stoffe, wie *z.B.* Wasserstoff, Kupfer, Uran ⟨ein radioaktives E.⟩ **6** *Math*; ein einzelner Teil e-r (mathematischen) Menge **7** *mst Pl, pej*; Menschen, die am Rande der Gesellschaft stehen ⟨asoziale, kriminelle, radikale Elemente⟩ **8** ***die vier Elemente*** Feuer, Wasser, Luft u. Erde **9** ***das feuchte / nasse E.*** *hum* ≈ Wasser || ID ***j-d ist in seinem E.*** j-d hat die Möglichkeit, etw. zu tun, das er gern tut u. gut tun kann

e·le·men·tar *Adj*; **1** *mst attr*; ⟨Bedürfnisse⟩ so, dass sie grundlegend u. wichtig sind **2** *mst attr*; sehr einfach, das Grundwissen betreffend ⟨ein elementarer Fehler⟩: *die elementaren Regeln der Orthographie* ||K-: ***Elementar-, -begriff, -kenntnisse, -regel*** **3** stark wie die Elemente (4) ≈ heftig, wild ⟨Gewalt, Leidenschaft⟩

E·le·men·tar·teil·chen *das*; eines der kleinsten Teilchen e-s Atoms (*z.B.* Proton, Neutron, Elektron)

e·lend *Adj*; **1** in sehr schlechtem Zustand ≈ ärmlich ⟨e-e Baracke, e-e Behausung, e-e Hütte⟩ **2** durch Armut, Not od. Krankheit geprägt ⟨ein Dasein, ein Leben⟩ **3** *nur adv*; auf schreckliche Art u. Weise ≈ jämmerlich ⟨e. zugrunde gehen⟩ **4** *nur adv, gespr*; krank od. unglücklich ⟨sich e. fühlen; e. aussehen⟩ **5** *nur attr od adv, gespr pej* ≈ gemein, böse ⟨e-e Lüge, ein Schurke, e-e Verleumdung⟩ **6** *nur attr, nicht adv, gespr*; sehr groß, sehr intensiv ⟨elenden Durst / Hunger haben⟩ **7** *nur adv*; verwendet, um negative Adjektive zu verstärken ≈ schrecklich: *e. kalt*

E·lend *das*; *-s*; *nur Sg*; **1** Armut u. Not: *das E. der Kinder in der Dritten Welt* ||K-: ***Elends-, -quartier, -viertel*** **2** e-e Lage, in der j-d viel Kummer hat u. sehr unglücklich ist || ID ***wie ein Häufchen E.*** ⟨dastehen, dasitzen⟩ *gespr*; traurig od. bedrückt dastehen, dasitzen; ***das heulende E. kriegen*** sehr traurig od. depressiv werden (u. *mst* weinen)

elf *Zahladj*; (als Zahl) 11; ↑ ***Anhang*** (4) || NB: Gebrauch ↑ *Beispiele unter* ***vier***

Elf *die*; -, *-en*; **1** die Zahl 11 **2** *nur Sg* ≈ Fußballmannschaft ||-K: ***National-*** **3** j-d / etw. mit der Ziffer / Nummer 11 (*z.B.* ein Spieler, ein Bus *o.Ä.*)

El·fe *die*; -, *-n*; ein zartes, weibliches Wesen aus der Märchenwelt || *hierzu* **Elf** *der*; *-en, -en*; **el·fen·haft** *Adj*

El·fen·bein *das*; *nur Sg*; das Material, aus dem die Stoßzähne des Elefanten bestehen: *geschnitzte Figuren aus E.* || *hierzu* **el·fen·bei·ner·n-** *Adj*; *nur attr, nicht adv*

El·fen·bein|turm *der*; *mst* ***im E. sein / sitzen*** als Künstler od. Wissenschaftler ganz für sich allein arbeiten, ohne an die gesellschaftliche u. politische Wirklichkeit zu denken

Elf·me·ter *der*; (beim Fußball) ein Strafstoß als direkter Schuss auf das Tor des Gegners von e-m Punkt aus, der elf Meter vor dem Zentrum des Tores liegt ⟨e-n E. geben, verhängen, ausführen, verschießen, verwandeln (= ein Tor schießen)⟩ || K-: ***Elfmeter-, -punkt, -schießen*** || *zu* ***Elfmeterpunkt*** ↑ *Abb. unter* ***Fußball***

elf·t- *Zahladj, nur attr, nicht adv*; **1** in e-r Reihenfolge an der Stelle elf ≈ 11. || NB: Gebrauch ↑ *Beispiele unter* ***viert-*** **2** ***der elfte Teil*** (***von etw.***) ≈ 1/11

elf·tel *Adj*; *nur attr, indeklinabel, nicht adv*; den 11. Teil von etw. bildend ≈ 1/11

Elf·tel *das*; *-s*, -; der 11. Teil (1/11) von etw., *mst* e-r Menge od. Masse

elf·tens *Adv*; verwendet bei e-r Aufzählung, um anzuzeigen, dass etw. an 11. Stelle kommt

e·li·mi·nie·ren; *eliminierte, hat eliminiert*; [Vt] *geschr*; **1** ***etw. e.*** etw. beseitigen ⟨e-n Fehler e.⟩ **2** ***j-n e.*** e-n Gegner (im Sport) besiegen u. so in die nächste Runde kommen **3** ***j-n e.*** *euph* ≈ töten || *hierzu* **E·li·mi·nie·rung** *die*; **E·li·mi·na·ti·on** *die*; -, *-en*; *mst Sg*

e·li·tär *Adj*; **1** *pej*; von dem Gefühl geprägt, dass man zur Elite gehört (u. dabei arrogant, überheblich) ⟨ein Denken, Verhalten, Benehmen⟩ **2** zur Elite gehörend ⟨ein Kreis, ein Zirkel⟩

E·li·te *die*; -, *-n*; *mst Sg*; e-e Gruppe ausgewählter Personen, der Besten ⟨die sportliche, gesellschaftliche, akademische E.; die E. e-s Landes; zur E. gehören⟩ || K-: ***Elite-, -mannschaft, -regiment, -truppe***

E·li·xier [elɪˈksiːɐ] *das*; *-s, -e*; ein Getränk, das (auf magische Weise) Kraft gibt, Krankheiten heilt *usw*

-ell *im Adj, betont, begrenzt produktiv*; **1** in Bezug auf die im ersten Wortteil genannte Sache od. Person; ***finanziell*** ⟨Probleme⟩, ***industriell*** ⟨die Entwicklung⟩, ***intellektuell*** ⟨e-e Leistung⟩, ***sexuell*** ⟨das Verhalten⟩ **2** durch das im ersten Wortteil genannte Amt, die genannte Sache (bewirkt, verursacht *o.Ä.*); ***bakteriell*** ⟨verseucht⟩, ***maschinell*** ⟨lesbar, gefertigt⟩, ***ministeriell*** ⟨ein Erlass⟩, ***notariell*** ⟨e-e Beglaubigung⟩ **3** drückt aus, dass j-d / etw. die im ersten Wortteil genannte Eigenschaft hat, im genannten Zustand ist od. als etw. bezeichnet werden kann; ***emotionell, exzeptionell, konventionell, sensationell***

Ell·bo·gen *der*; *-s*, -; **1** das Gelenk (am oberen Ende der Elle (1)), das den Unterarm u. den Oberarm verbindet ⟨die Ellbogen aufstützen⟩ || K-: ***Ellbogen-, -gelenk*** **2** ***die Ellbogen einsetzen / gebrauchen*** keine Rücksicht auf andere nehmen, wenn man sein Ziel erreichen will || K-: ***Ellbogen-, -gesellschaft***

Ell·bo·gen|frei·heit *die*; *nur Sg*; der Spielraum od. die persönliche Freiheit, die der Mensch braucht

El·le *die*; -, *-n*; **1** der Knochen des Unterarms, der auf der Seite des kleinen Fingers liegt **2** *hist*; ein Längenmaß von ca. 55-85cm **3** *hist* ≈ Messstab || ID ***alles mit gleicher E. messen*** unterschiedliche Dinge nur aus e-r Perspektive sehen u. alles gleich bewerten od. beurteilen

El·len·bo·gen *der* ≈ Ellbogen

el·len·lang *Adj*; *ohne Steigerung*; **1** *gespr*; sehr lang ⟨e-e Rede, ein Brief⟩ **2** *gespr hum*; sehr groß (in Bezug auf die Körpergröße) ⟨ein Kerl⟩

El·lip·se *die*; -, *-n*; **1** e-e geometrische Figur von der Form e-s Ovals || ↑ *Abb. unter* ***geometrische Figuren*** || K-: ***Ellipsen-, -achse*** **2** e-e Aussage, in der ein Wort od. mehrere Wörter ausgelassen werden, die man aber aus dem Zusammenhang erschließen kann: *Die Antwort „Danke" auf die Frage „Wie gehts?" ist ein Beispiel für e-e E.* (*u. bedeutet eigentlich „Danke, mir gehts gut" o.Ä.*) || *zu* **1 el·lip·sen·för·mig** *Adj*

e·lo·quent [-kv-] *Adj*; *geschr*; ⟨ein Mensch, ein Redner⟩ so, dass sie gut u. überzeugend reden können || *hierzu* **E·lo·quenz** *die*; -; *nur Sg*

Els·ter *die*; -, *-n*; ein relativ großer Vogel mit schwarzen u. weißen Federn || ID ***e-e diebische E.*** *gespr*; j-d, der oft kleinere od. nicht sehr kostbare Dinge stiehlt; ***geschwätzig wie e-e E. sein*** *gespr pej*; sehr viel reden

el·ter·li·ch- *Adj*; *nur attr, nicht adv*; **1** Vater u. Mutter betreffend ⟨die Pflichten⟩ **2** von Vater u. Mutter kommend ⟨Liebe, Sorge, die Erziehung⟩ **3** Vater u. Mutter gehörend ⟨die Wohnung, der Haushalt⟩

El·tern *die*; *Pl*; Vater u. Mutter ⟨gute, liebevolle,

strenge E.⟩ || K-: ***Eltern-, -liebe, -paar*** || ID *mst* ⟨Das ist⟩ ***nicht von schlechten E.*** *gespr hum*; das ist gut, kräftig *o.Ä.* || *hierzu* **el·tern·los** *Adj*

El·tern·abend *der*; ein Treffen der Eltern von Schülern mit deren Lehrern (am Abend), um über schulische Dinge zu sprechen

El·tern·bei·rat *der*; e-e Gruppe von Vätern u. Müttern, die die Eltern aller Schüler e-r Schule vertreten u. die bei bestimmten Angelegenheiten od. Problemen, die die Schule od. die Schüler betreffen, mitentscheiden dürfen

El·tern·haus *das*; **1** der soziale Hintergrund (*bes* die Familie u. die Art der Erziehung), den j-d von seinen Eltern hat ⟨aus e-m bürgerlichen, guten, schlechten E. kommen⟩ **2** das Haus der Eltern, in dem man seine Kindheit verbringt od. verbracht hat

El·tern·schaft *die*; -; *-en*; *mst Sg*, *Kollekt*; **1** alle Eltern, deren Kinder gemeinsam in e-m Kindergarten od. e-r Schule sind **2** *nur Sg*; das Elternsein

El·tern·teil *der*; der Vater od. die Mutter

El·tern·ver·samm·lung *die*; e-e Versammlung, bei der sich die Eltern von Schülern treffen, um über schulische Probleme zu sprechen

E-Mail ['iːmeɪl] *die*; -; *-s*; *EDV*; **1** das Senden u. Empfangen von elektronischen Nachrichten über Computer **2** e-e solche elektronische Nachricht ⟨e-e E-Mail senden, bekommen⟩ || *zu* **2 e-mailen**; *nur Infinitiv*; *Vt*

E·mail [e'maj; e'maːj] *das*; *-s, -s*; ein harter, glänzender Überzug, der als Schutz od. zur Dekoration auf Metall aufgetragen wird || K-: ***Email-, -eimer, -lack, -schmuck, -topf*** || *hierzu* **e·mail·lie·ren** [ema'jiː-] (*hat*) *Vt*

E·mail·le [e'maljə; e'maj] *die*; -, *-n* ≈ Email

E·man·ze *die*; -, *-n*; *gespr*, *oft pej*; e-e (sehr selbstbewusste) Frau, die für die Rechte der Frauen eintritt

E·man·zi·pa·ti·on [-'tsioːn] *die*; -, *-en*; *mst Sg*; die Befreiung aus sozialer, rechtlicher u. wirtschaftlicher Abhängigkeit ⟨für die E. kämpfen⟩: *die E. der Frau* || -K: ***Frauen-*** || *hierzu* **e·man·zi·pie·ren, sich** (*hat*) *Vr*

Em·bar·go *das*; *-s, -s*; ein (von e-m Staat od. e-r Staatengemeinschaft verhängtes) Verbot, mit e-m bestimmten Land Handel zu treiben ⟨ein E. (über ein Land) verhängen, ein E. durchsetzen⟩

Emb·lem *das*; *-s, -e*; **1** ein Zeichen (*mst* ein Bild), das für e-n Begriff steht: *die Taube als E. des Friedens* **2** ein Zeichen, das e-n Staat repräsentiert || *hierzu* **emb·le·ma·tisch** *Adj*

Em·bo·lie *die*; -, *-n* [-'liːən]; *Med*; ein Zustand, bei dem das Blut nicht mehr durch e-e Ader fließen kann (weil die Ader durch Luft od. durch e-e Verdickung des Blutes versperrt ist)

Em·bryo ['ɛmbryo] *der*; *auch das*; *-s, -s* / *auch Em·bry·o·nen*; ein Lebewesen am Anfang seiner Entwicklung im Körper der Mutter bzw. in der Eischale || *hierzu* **emb·ry·o·nal** *Adj*

e·me·ri·tie·ren; *emeritierte, hat emeritiert*; *Vt* ***j-n e.*** (*Admin*) *geschr*; e-n Professor pensionieren: *ein emeritierter Professor* || *hierzu* **E·me·ri·tie·rung** *die*; **E·me·ri·tus** *der*; -, *Eme·ri·ti*

E·mig·rant *der*; *-en, -en*; j-d, der wegen bedrohlicher wirtschaftlicher, politischer od. religiöser Verhältnisse sein Heimatland verlässt || NB: *der Emigrant*; *den, dem, des Emigranten* || *hierzu* **e·mig·rie·ren** (*ist*) *Vi*

E·mig·ra·ti·on [-'tsioːn] *die*; -, *-en*; **1** *nur Sg*; fremdes Land, in dem Emigranten leben ⟨in die E. gehen; in der E. leben⟩ **2** das Emigrieren **3** ***die innere E.*** die Weigerung, aktiv in der Gesellschaft od. der Politik zu arbeiten (als Ausdruck der Opposition *bes* gegenüber e-r Diktatur)

e·mi·nent *Adj*; **1** *mst attr*; sehr groß od. hoch ⟨von eminenter Bedeutung⟩ **2** *nur adv*; verwendet, um Adjektive zu verstärken ≈ sehr: *Er ist e. fleißig*; *e-e e. wichtige, schwere Frage*

E·mi·nenz *die*; -, *-en*; **1** *nur Sg*, *kath*; verwendet als Titel u. Anrede für e-n Kardinal **2** *kath*; j-d, der den Titel E. (1) trägt ≈ Kardinal **3** ***e-e graue E.*** j-d, der sehr viel Einfluss u. Macht hat, aber in der Öffentlichkeit nicht bekannt ist

E·mir *der*; *-s, -e*; e-e Art Fürst in islamischen Ländern || *hierzu* **E·mi·rat** *das*; *-(e)s, -e*

E·mis·si·on [-'sioːn] *die*; -, *-en*; **1** das Abgeben von (*mst* schädlichen) Stoffen aus Schornsteinen *o.Ä.* in die Atmosphäre || K-: ***Emissions-, -quelle*** **2** *Ökon*; die Ausgabe von neuen Wertpapieren auf dem Kapitalmarkt || *hierzu* **e·mit·tie·ren** (*hat*) *Vt*

Em·men·ta·ler *der*; *-s, -*; e-e Sorte von hartem Schweizer Käse mit großen Löchern

E·mo·ti·on [-'tsioːn] *die*; -, *-en*; e-e (*mst* starke) seelische Erregung wie *z.B.* Liebe, Hass ≈ Gefühl ⟨durch, mit etw. in j-m Emotionen wecken⟩ || *hierzu* **e·mo·ti·o·nal** *Adj*

emp·fahl *Imperfekt, 1. u. 3. Person Sg*; ↑ ***empfehlen***

emp·fand *Imperfekt, 1. u. 3. Person Sg*; ↑ ***empfinden***

emp·fän·de *Konjunktiv II, 1. u. 3. Person Sg*; ↑ ***empfinden***

Emp·fang *der*; *-(e)s, Emp·fän·ge*; **1** *nur Sg*, *oft Admin geschr*; der Vorgang, bei dem j-d etw. von j-m empfängt (1), bekommt ⟨etw. in E. nehmen⟩: *Ich bestätige den E. Ihres Schecks* || K-: ***Empfangs-, -bescheinigung, -bestätigung***; ***empfangs-, -berechtigt*** **2** *nur Sg*; der Vorgang der Begrüßung ⟨j-m e-n begeisterten, freundlichen, frostigen E. bereiten⟩ || K-: ***Empfangs-, -komitee, -raum, -zimmer*** **3** e-e (offizielle) Feier zu Ehren e-r wichtigen Persönlichkeit ⟨für j-n e-n E. geben; an e-m E. teilnehmen⟩ **4** *nur Sg*; die technische Qualität, die (Ton)Qualität e-r Sendung od. e-s Funkspruchs ⟨e-n guten, schlechten E. haben⟩ || K-: ***Empfangs-, -gerät, -qualität*** **5** ≈ Rezeption || K-: ***Empfangs-, -halle*** **6** ***j-n*** (***irgendwo***) ***in E. nehmen*** j-n (irgendwo) abholen (2)

emp·fan·gen; *empfängt, empfing, hat empfangen*; *Vt* **1** ***etw.*** (***von j-m***) ***e.*** etw. (von j-m) bekommen ⟨ein Geschenk, ein Telegramm, e-n Brief, e-n Auftrag e.⟩ **2** ***j-n*** (***irgendwie***) ***e.*** j-n (irgendwie) begrüßen ⟨j-n freundlich, höflich, herzlich, kühl e.⟩ **3** ***j-n e.*** j-n als Besucher od. Gast *mst* bei e-r offiziellen Veranstaltung begrüßen: *Die ausländische Delegation wurde im Festsaal des Schlosses empfangen* **4** ***etw. e.*** mithilfe entsprechender Geräte etw. hören od. sehen ⟨e-n Funkspruch, e-e Sendung e.⟩

Emp·fän·ger *der*; *-s, -*; **1** j-d, der etw. empfängt (1,4) **2** ein Gerät, mit dem man Sendungen od. Funksprüche empfangen (4) kann || -K: ***Rundfunk-***

emp·fäng·lich *Adj*; *nicht adv*; **1** ***für etw. e. sein*** bereit sein, bestimmte Eindrücke od. Empfindungen offen aufzunehmen od. bestimmte Anregungen von anderen zu akzeptieren ⟨e. für Lob, Schmeicheleien sein⟩ **2** ***für etw. e. sein*** immer wieder bestimmte Krankheiten bekommen ≈ für etw. anfällig sein ⟨e. für Infektionskrankheiten sein⟩ || *hierzu* **Emp·fäng·lich·keit** *die*; *nur Sg*

Emp·fäng·nis *die*; -; *nur Sg*, *geschr*; (bei Menschen) die Befruchtung e-r weiblichen Eizelle durch e-e männliche Samenzelle

Emp·fäng·nis·ver·hü·tung *die*; *mst Sg*; die Verhinderung e-r Schwangerschaft (*z.B.* durch Medikamente od. Kondome) || *hierzu* **emp·fäng·nis·ver·hü·tend** *Adj*

Emp·fangs·chef *der*; ein Angestellter *mst* in e-m großen Hotel, der die Gäste empfängt (2)

E

emp·fängt *Präsens, 3. Person Sg*; ↑ **empfangen**

emp·feh·len; *empfiehlt, empfahl, hat empfohlen*; [Vt] **1** ***(j-m) j-n / etw. e.*** j-m e-e Person od. Sache nennen, die für e-n bestimmten Zweck geeignet od. günstig wäre: *Dieses Buch kann ich dir sehr e.*; *Können Sie mir e-n guten Augenarzt e.?* **2** ***(j-m) e. + zu +*** *Infinitiv*; ***(j-m) etw. e.*** j-m raten, etw. zu tun: *Der Arzt hat mir empfohlen, auf Alkohol zu verzichten*; *Ich habe empfohlen,* dass *er mit der Bahn fährt*; [Vr] **3** ***etw. empfiehlt sich*** etw. ist für e-n bestimmten Zweck gut od. sinnvoll: *Diese Behandlung empfiehlt sich besonders bei inneren Verletzungen* **4** ***es empfiehlt sich + zu +*** *Infinitiv* es ist sinnvoll od. ratsam, etw. zu tun: *Unter den jetzigen Umständen empfiehlt es sich, noch etwas zu warten* **5** ***sich e.*** ≈ sich verabschieden || ID *mst* ***Empfehlen Sie mich Ihrer Gattin / Ihrem Gatten*** *veraltend*; grüßen Sie Ihre Frau / Ihren Mann von mir

emp·feh·lens·wert *Adj*; **1** gut od. für e-n bestimmten Zweck sehr geeignet ⟨ein Buch, ein Medikament, e-e Reise⟩ **2** ***es ist e. + zu +*** *Infinitiv* es ist ratsam od. sinnvoll: *Es ist e., diese Reise früh zu buchen*

Emp·feh·lung *die*; -, *-en*; **1** ein (guter) Rat od. Vorschlag: *Auf seine E. habe ich den Arzt gewechselt* **2** ein lobendes Urteil ⟨j-m e-e E. schreiben⟩: *Auf die E. seines Chefs hin wurde er Abteilungsleiter* || K-: ***Empfehlungs-, -brief, -schreiben*** **3** *veraltend* ≈ Gruß: *Eine E. an den Herrn Gemahl!*

emp·fiehlt *Präsens, 3. Person Sg*; ↑ **empfehlen**

emp·fin·den; *empfand, hat empfunden*; [Vt] **1** ***etw. e.*** ein bestimmtes (körperliches od. seelisches) Gefühl haben ⟨Durst, Hitze, Schmerzen e.; Liebe, Angst, Trauer, Hass e.⟩ **2** ***etw. als etw. e.*** von etw. e-e bestimmte Meinung, e-n bestimmten Eindruck haben: *Was du da Musik nennst, empfinde ich als (puren) Lärm* **3** ***(sehr) viel für j-n e.*** j-n (sehr) gern mögen **4** ***j-d empfindet nichts für j-n*** j-d ist j-m gleichgültig

Emp·fin·den *das*; *-s*; *nur Sg, geschr*; ***das E. (für etw.)*** die Gefühle u. Meinungen, die j-d in Bezug auf etw. hat ⟨das sittliche, ästhetische, künstlerische E.; ein starkes E.; das E. für Gerechtigkeit, Verantwortung⟩

emp·find·lich *Adj*; **1** ⟨ein Zahn, e-e Stelle am Körper⟩ so, dass sie schnell u. oft wehtun **2** nicht sehr kräftig u. robust u. deshalb oft krank ⟨ein Kind⟩ **3** ⟨e-e Haut; ein Stoff, ein Teppich; e-e Pflanze⟩ so, dass sie schonend behandelt werden müssen (*mst* da sie leicht zu beschädigen sind) **4** ***e. gegen etw. sein*** auf etw. schnell negativ reagieren, durch etw. schnell krank od. geschädigt werden: *e. gegen Kälte, Sonne, Zugluft sein* || -K: ***hitze-, kälte-, licht-*** **5** sehr leicht zu verletzen od. zu beleidigen ≈ sensibel ⟨ein Mensch⟩ **6** ⟨ein Messgerät⟩ so, dass es sehr schnell auf entsprechende Impulse *o.Ä.* reagiert **7** *nur attr, nicht adv*; (im negativen Sinne) sehr stark od. intensiv ⟨e-e Kälte; e-e Niederlage, ein Schaden, ein Verlust⟩ **8** *nur adv*; verwendet, um negative Adjektive u. Verben zu verstärken ≈ sehr ⟨e. kalt; etw. tut e. weh; j-n e. treffen⟩ **9** ***e-e empfindliche Stelle*** e-e Schwäche, ein Schwachpunkt: *j-n an e-r empfindlichen Stelle treffen* || zu **1-6** **Emp·find·lich·keit** *die*; *nur Sg*

emp·find·sam *Adj* ≈ gefühlsbetont ⟨ein Mensch, e-e Seele⟩ || *hierzu* **Emp·find·sam·keit** *die*; *nur Sg*

Emp·fin·dung *die*; -, *-en*; ein bestimmtes (körperliches od. seelisches) Gefühl ⟨die E. von Kälte, Schmerz, Freude, Liebe, Leid⟩ || *hierzu* **emp·fin·dungs·los** *Adj*

emp·fing *Imperfekt, 1. u. 3. Person Sg*; ↑ **empfangen**

emp·foh·len *Partizip Perfekt*; ↑ **empfehlen**

emp·fun·den *Partizip Perfekt*; ↑ **empfinden**

Em·pha·se [-f-] *die*; -, *-n*; *mst Sg, geschr*; ein Mittel (*z.B.* Lautstärke), mit dem man beim Reden das Wichtige besonders betont ≈ Nachdruck ⟨mit E. reden, auf etw. hinweisen⟩ || *hierzu* **em·pha·tisch** *Adj*

Em·pire [ã'piːɐ̯] *das*; *-(s)*; *nur Sg*; ein (klassizistischer) Kunststil in der Zeit Napoleons I. || K-: ***Empire-, -möbel, -stil***

em·pi·risch *Adj*; auf objektiven (u. nachvollziehbaren) Tatsachen beruhend (u. nicht auf Theorien) ⟨nach neuesten empirischen Erkenntnissen⟩: *Die empirische Seite* (= die konkrete Forschungsarbeit) *meiner Diplomarbeit ist schon fertig* || *hierzu* **Em·pi·rie** *die*; -; *nur Sg*

em·por [ɛm'poːɐ̯] *geschr*; (von unten) nach oben ≈ hinauf ⟨zum Himmel, zum Licht, zu den Sternen e.⟩

em·por- [ɛm'poːɐ̯] *im Verb, betont u. trennbar, begrenzt produktiv, geschr*; Die Verben mit *empor-* werden nach folgendem Muster gebildet: *emporfliegen - flog empor - emporgeflogen*

empor- drückt e-e Bewegung von unten nach oben (in die Höhe) aus;

emporflammen: *Das Feuer flammte hoch empor* ≈ Die Flammen des Feuers gingen hoch nach oben; ebenso: ***emporblicken, emporfliegen, j-n / etw. emporheben, emporlodern, emporschauen, emporschweben, emporsehen, emporstreben, j-n / etw. emporziehen***

em·por·ar·bei·ten, sich (*hat*) [Vr] ***sich (zu etw.) e.*** *geschr*; sehr fleißig arbeiten u. dadurch in e-e höhere Stellung kommen: *Sie hat sich von der einfachen Buchhalterin (bis) zur Prokuristin emporgearbeitet*

Em·po·re *die*; -, *-n*; e-e Art Galerie[2] (1) od. Balkon, *bes* in Kirchen od. großen Sälen

em·pö·ren; *empörte, hat empört*; [Vt] **1** ***etw. empört j-n*** etw., das j-d sagt od. tut, macht j-n wütend; [Vr] **2** ***sich über j-n / etw. e.*** über j-n / etw. wütend werden: *Ich habe mich über seine Bemerkungen empört* **3** ***sich gegen j-n / etw. e.*** *veraltet*; gegen j-n / etw. rebellieren od. e-n Aufstand machen

em·por·kom·men (*ist*) [Vi] *geschr*; **1** e-e höhere Stellung in der Gesellschaft erreichen **2** nach oben, an die Oberfläche von etw. kommen

Em·por·kömm·ling *der*; *-s, -e*; *pej*; verwendet als negative Bezeichnung für j-n, der in kurzer Zeit zu Reichtum u. Macht gekommen ist (u. *mst* von der höheren Gesellschaft nicht akzeptiert wird)

Em·pö·rung *die*; -, *-en*; **1** *nur Sg, geschr*; Zorn, Entrüstung, *mst* als Reaktion auf ein Benehmen od. e-e Handlung, die man nicht akzeptieren kann: *Seine taktlosen Bemerkungen riefen allgemein E. hervor* **2** *veraltet* ≈ Revolte, Aufstand

em·sig *Adj*; **1** ⟨e-e Ameise, e-e Biene⟩ so, dass sie mit großem Fleiß (u. ununterbrochen) arbeiten **2** mit viel Fleiß u. Konzentration verbunden ⟨Betriebsamkeit, Tätigkeit⟩: *Er trug in emsiger Kleinarbeit das Material zusammen* || *hierzu* **Em·sig·keit** *die*

E·mul·si·on [-'zi̯oːn] *die*; -, *-en*; *Chem*; e-e Mischung von zwei Flüssigkeiten, wie *z.B.* von Öl u. Wasser, bei der sich die Flüssigkeiten aber nicht im chemischen Sinne verbinden

En·de *das*; *-s, -n*; **1** *nur Sg*; die Stelle, an der etw. aufhört, nach der es etw. nicht mehr gibt ↔ Anfang ⟨am E. der Straße, der Stadt, des Zuges; am E. des Buches⟩ || K-: ***End-, -silbe, -ziffer*** **2** *nur Sg*; der Zeitpunkt, zu dem etw. aufhört, nach dem es etw. nicht mehr gibt ⟨am E. der Woche, des Monats, des Jahres⟩ || K-: ***End-, -phase, -stadium*** **3** *nur Sg, euph* ≈ Tod ⟨ein leichtes, qualvolles E.; sein

E. nahen fühlen⟩ **4** das letzte Stück od. der letzte Teil von etw. ⟨das E. e-r Schnur, e-r Wurst⟩ **5** *nordd gespr*; ein kleines Stück von etw. ⟨ein E. Wurst, Käse⟩ **6** ***E.*** + *Zeitangabe* am E. (2) des genannten Zeitraumes: *Er kommt E. nächster Woche, E. Januar; bis, gegen E. des Monats* **7** ***E.*** + *Zahl* ungefähr so alt wie die genannte Zahl plus 7-9 Jahre ⟨E. zwanzig, dreißig, vierzig *usw* sein⟩ || ID *mst* ***es ist noch ein ganzes / ziemliches E.*** es ist noch ziemlich weit; ***etw. nimmt kein E.*** etw. Negatives, Lästiges *o.Ä.* hört nicht auf; ***etw. nimmt ein gutes / schlimmes / trauriges E.*** etw. endet (3) auf positive / sehr negative / traurige Weise; ***etw. geht zu Ende*** etw. endet (3); ***am Ende*** **a)** zuletzt, schließlich; **b)** *gespr*; verwendet, um Erstaunen auszudrücken ≈ etwa[2] (1): *Hast du das am E. selbst gemacht?*; ***am E. sein*** erschöpft sein u. nicht mehr wissen, was man tun soll; ***etw. zu E. bringen*** e-e Aufgabe od. e-e Arbeit (erfolgreich) beenden; ***etw. am falschen E. anpacken*** bei der Lösung e-s Problems falsch beginnen; ***etw.*** (*Dat*) ***ein E. machen*** mit etw. zum Schluss kommen, zu e-r (oft schnellen) Lösung kommen; ***am E. der Welt*** ⟨wohnen⟩ weit weg von jeder größeren Stadt (wohnen); ***das E. vom Lied*** der (*mst* negative) Ausgang od. Schluss e-s Vorgangs || ID ↑ ***Weisheit***

Ẹnd·ef·fekt *der*; *nur Sg*; **1** das schließliche Ergebnis **2** ***im E.*** wenn man es vom Ergebnis her sieht ≈ letztlich: *Im E. kommt nichts dabei heraus*

ẹn·den; *endete, hat / ist geendet*; Vi **1** ***etw. endet irgendwo*** (*hat*) etw. kommt räumlich an ein Ende (1): *Dort endet die Straße; Der Rock endet knapp über dem Knie* **2** ***etw. endet irgendwann*** (*hat*) etw. kommt zeitlich zu e-m Ende (2): *Der Kurs endet im Mai; nicht e. wollender* (= sehr langer) *Applaus* **3** ***etw. endet irgendwie*** (*hat*) etw. kommt irgendwie zum Schluss: *Das Stück endet mit dem Tod des Helden; Das wird nicht gut e.; Unsere Diskussionen enden immer im Streit* **4** ***j-d endet irgendwie*** (*hat / ist*) *geschr euph*; j-d stirbt auf die genannte Art ⟨j-d endet tragisch, durch Selbstmord, durch fremde Hand⟩ **5** ***etw. endet auf etw.*** (*Dat*) (*hat*) *Ling*; etw. hat den genannten Buchstaben, die genannte Silbe, das genannte Wort *o.Ä.* am Schluss stehen: *„Vater" endet auf „r"*

Ẹnd·er·geb·nis *das*; das endgültige Ergebnis ⟨das amtliche E. (e-r Wahl)⟩

ẹnd·gül·tig *Adj*; *ohne Steigerung*; ⟨ein Bescheid; ein Entschluss, e-e Entscheidung; e-e Fassung, e-e Version; e-e Niederlage⟩ so, dass sie nicht mehr verändert werden (können): *Ich habe noch nichts Endgültiges gehört* || *hierzu* **Ẹnd·gül·tig·keit** *die*

End|hal·te·stel·le *die* ≈ Endstation

En·di·vie [ɛnˈdiːvi̯ə] *die*; -, *-n*; e-e Pflanze mit leicht bitter schmeckenden Blättern, aus denen man Salat macht || K-: ***Endivien-, -salat***

Ẹnd·kampf *der*; der letzte u. entscheidende Wettkampf, für den sich die Sportler vorher qualifizieren müssen ⟨sich für den E. qualifizieren⟩

Ẹnd·la·ger *das*; e-e besonders sichere u. geschützte Deponie, vor allem für chemische u. radioaktive Abfälle || *hierzu* **ẹnd·la·gern** (*hat*) *Vt* (nur im Infinitiv u. Partizip Perfekt verwendet); **Ẹnd·la·ge·rung** *die*; *nur Sg*

Ẹnd·lauf *der*; *Sport*; der letzte u. entscheidende Wettlauf

ẹnd·lich *Adj*; **1** *nur adv*; verwendet, um (nach e-r langen Wartezeit) Erleichterung auszudrücken: *Gott sei Dank, wir sind e. da!; Na e.!* **2** *nur adv*; verwendet, um Ungeduld auszudrücken: *Kommst du jetzt e.?* **3** *nur adv*; nach langer Zeit ≈ schließlich: *E. begriff er den Sinn ihrer Worte* **4** so, dass es e-n Anfang u. ein Ende hat: *Nach Meinung vieler Physiker ist das Weltall e.* || *zu* **4** **Ẹnd·lich·keit** *die*

ẹnd·los *Adj*; so, dass es (scheinbar) kein Ende (1,2) hat ⟨e-e Autokolonne, e-e Diskussion, die Wartezeit⟩: *Die Reise zieht sich e. hin* || *hierzu* **Ẹnd·lo·sig·keit** *die*

Ẹnd·los·pa·pier *das*; Papier, das *bes* zum Ausdruck von Computerdateien verwendet wird u. dessen einzelne Seiten durch Perforationen abgeteilt sind

Ẹnd·lö·sung *die*; *mst in* ***die E.*** (***der Judenfrage***) *hist*; ein Begriff aus der Zeit des Nationalsozialismus, der verwendet wurde, um die geplante Vernichtung aller Juden in Europa zu bezeichnen

Ẹnd·pro·dukt *das*; das Produkt, das am Ende (2) e-s *mst* relativ langen Prozesses entsteht

Ẹnd·punkt *der*; **1** der letzte Punkt e-r Strecke, das letzte Ziel e-r Reise *o.Ä.* **2** *gespr*; e-e Situation, in der es für ein Problem keine Lösung mehr gibt: *Wir sind in unserer Beziehung an e-m E. angelangt u. müssen uns trennen*

Ẹnd·re·sul·tat *das* ≈ Endergebnis

Ẹnd·run·de *die*; *Sport*; die letzte Serie von Spielen od. Wettkämpfen bei e-m großen sportlichen Wettbewerb, *z.B.* e-r Weltmeisterschaft, Europameisterschaft *o.Ä.* ↔ Vorrunde ⟨in die E. kommen; die E. erreichen⟩ || NB: Endrunde ≠ Endspiel

Ẹnd·spiel *das*; *Sport*; das letzte u. entscheidende Spiel, bei dem der Sieger e-s Wettbewerbs od. Wettkampfes ermittelt wird (nachdem vorher um die Teilnahme daran gekämpft wurde) ≈ Finale ⟨das E. erreichen, bestreiten⟩

Ẹnd·spurt *der*; **1** *Sport*; der Spurt auf der letzten Strecke kurz vor dem Ziel **2** e-e letzte besondere Anstrengung, um e-e Arbeit fertig zu machen, e-e Prüfung zu bestehen *usw*

Ẹnd·sta·ti·on *die*; **1** die letzte Haltestelle e-r Bus-, Straßenbahn-, U-Bahnlinie *o.Ä.* **2** *gespr*; ein Punkt, von dem aus es nicht mehr (positiv) weitergeht: *E. Krankenhaus, E. Zuchthaus, E. Rollstuhl*

Ẹnd·sum·me *die*; die Summe, die nach der Addition von mehreren (Zwischen)Summen entsteht

Ẹn·dung *die*; -, *-en*; *Ling*; der letzte Teil e-s Wortes, der (je nach Gebrauch des Wortes) verändert werden kann od. der der Wortbildung dient: *Im Akkusativ hat das Wort „Pilot" die Endung „-en" (den Piloten)* || *hierzu* **ẹn·dungs·los** *Adj*

Ẹnd·ver·brau·cher *der*; j-d, der etw. zum eigenen Gebrauch kauft || K-: ***Endverbraucher-, -preis***

E·ner·gie *die*; -, *-n* [-ˈgiːən]; **1** *mst Sg*; jede Art von (körperlicher, geistiger, seelischer) Kraft, die ein Mensch hat, um etw. zu leisten ⟨voller E. sein; mit E. an etw. herangehen; alle E. aufbieten; mit E. geladen sein⟩ **2** *mst Sg*, *Kollekt*; e-e Art Kraft, die durch Bewegung, Verbrennung, Kernspaltung *o.Ä.* frei wird u. die in andere Energien (wie *z.B.* Strom) umgewandelt werden kann || K-: ***Energie-, -bedarf, -einsparung, -erzeugung, -gewinnung, -quelle, -verbrauch, -verschwendung, -versorgung*** || -K: ***Atom-, Solar-, Sonnen-, Wind-*** **3** *mst Sg*, *Phys*; e-e physikalisch messbare Größe, die ein Körper besitzt (*z.B.* Magnetismus, Elektrizität, Bewegung, Wärme) || -K: ***Bewegungs-, Ruhe-, Masse-*** || *zu* **1** **e·ner·gie·los** *Adj*

E·ner·gie·kri·se *die*; ein großer Mangel an Energie (2), der zu wirtschaftlichen Problemen in e-m hoch industrialisierten Land führt

E·ner·gie·spar|lam·pe *die*; e-e Art eckige Glühbirne, die viel weniger Strom verbraucht u. länger hält als e-e normale Glühbirne

e·nẹr·gisch *Adj*; **1** voller Energie (1) ⟨ein Mensch; ein Auftreten; e. handeln, vorgehen; etw. e. anpacken⟩ **2** *mst adv*; mit Temperament ≈ nachdrücklich ⟨e. protestieren; e-n Vorwurf e. von sich weisen⟩

En·fant ter·ri·ble [ãfãtɛ'ribl] *das*; - / -*s*, -*s*; *geschr*; j-d, der ständig gesellschaftliche Normen u. Konventionen verletzt u. dadurch seine Umgebung provoziert

ẹng *Adj*; **1** von relativ geringer Ausdehnung ↔ breit ⟨e-e Gasse, e-e Straße, ein Tal⟩ || ↑ *Abb. unter* ***Eigenschaften*** **2** (von mehreren Personen / Sachen) sehr dicht nebeneinander: *eng schreiben*; *e-e enge Umarmung*, *eng umschlungen* **3** (von Kleidungsstücken) so, dass sie direkt am Körper liegen ↔ weit ⟨eng anliegend; etw. wird (j-m) zu eng⟩: *e-e enge Jeans* || ↑ *Abb. unter* **Eigenschaften** **4** sehr gut od. freundschaftlich ⟨Beziehungen, Kontakte; mit j-m eng befreundet sein⟩ **5** *nur adv*; so, dass man sich sehr genau an Vorschriften hält ⟨etw. eng auslegen, befolgen⟩ || ID ***im engeren Sinne*** verwendet, um die Bedeutung e-s Begriffs in e-m bestimmten Zusammenhang einzuschränken: *Demokratie im engeren Sinne schließt soziale Gerechtigkeit mit ein*; ***im engsten Familienkreis*** nur mit den Mitgliedern der Familie; *mst* ***Das darf man nicht so eng sehen*** hier muss man toleranter od. großzügiger sein; ***e-n engen Horizont haben*** geistig beschränkt sein, ungebildet sein

En·ga·ge·ment [ãgaʒ(ə)'mã:] *das*; -*s*, -*s*; **1** *nur Sg*; der persönliche Einsatz für etw., das einem sehr wichtig erscheint ⟨etw. mit großem E. tun⟩ **2** e-e Anstellung e-s Künstlers an e-m Theater *o.Ä.*: *ein E. für zwei Jahre bekommen*

en·ga·gie·ren [ãga'ʒi:rən]; *engagierte, hat engagiert*; [Vt] **1** ***j-n e.*** j-n, *mst* e-n Künstler, anstellen od. ihm e-n (Arbeits)Vertrag geben ⟨e-n Schauspieler an ein Theater e.⟩; [Vr] **2** ***sich*** **(*für j-n / etw.*) *e.*** sich für j-n / etw. einsetzen ⟨sich politisch, sozial e.⟩: *Sie engagierte sich sehr für die Rechte verfolgter Minderheiten*; *Er ist politisch engagiert*

Ẹn·ge *die*; -, -*n*; **1** *nur Sg*; der Mangel an Platz **2** *veraltend*; e-e enge Stelle ≈ Engpass || ID ***j-n in die E. treiben*** j-n *mst* mit Fragen od. Argumenten in e-e Situation bringen, in der er nicht mehr weiß, was er sagen soll

Ẹn·gel *der*; -*s*, -; **1** ein überirdisches Wesen in Gestalt e-s Menschen mit Flügeln, das (nach christlicher Vorstellung) von Gott als Bote zu den Menschen geschickt wird || K-: ***Engel-, -schar*** || -K: ***Schutz-*** **2** ein guter Mensch, der anderen hilft ⟨ein guter, hilfreicher, rettender E.⟩: *Du bist wirklich ein E.* || ID *mst* ***du ahnungsloser E.!*** *gespr*; du weißt von nichts, du bist naiv; ***die Engel / Englein im Himmel singen hören*** *gespr*; (plötzlich) starke Schmerzen haben || *zu* **1 ẹn·gel·haft** *Adj*

Ẹn·gels·ge·duld *die*; *mst in* **e-e E.** (***mit j-m***) ***haben*** sehr geduldig (mit j-m) sein

Ẹn·gels·zun·gen *die*; *Pl*; *nur in* **mit E.** (***zu j-m***) ***reden*** geduldig u. eindringlich e-e lange Zeit mit j-m sprechen, *mst* um ihn von etw. zu überzeugen

ẹng·ma·schig *Adj*; *ohne Steigerung*; mit kleinen Maschen ⟨ein Netz; ein e. gestrickter Pullover⟩

Ẹng·pass *der*; **1** e-e sehr enge (1) Stelle, *z.B.* auf e-r Straße **2** ***ein E.*** (***an etw.*** (*Dat*)) ein Mangel an bestimmten Produkten (*mst* nur für kurze Zeit) || -K: ***Versorgungs-***

en gros [ã'gro] *Adv*; in großen Mengen ⟨etw. en gros einkaufen⟩

ẹng·stir·nig *Adj*; *pej*; ⟨ein Mensch, Ansichten⟩ von Vorurteilen od. festen, traditionellen Meinungen geprägt || *hierzu* **Ẹng·stir·nig·keit** *die*; *nur Sg*

En·kel ['ɛŋkl̩] *der*; -*s*, -; **1** das Kind von j-s Sohn od. Tochter || K-: ***Enkel-, -kind, -sohn, -tochter*** **2** *nur Pl* ≈ Nachkommen || *zu* **1 Ẹn·ke·lin** *die*; -, -*nen*

En·kla̲·ve [-v-] *die*; -, -*n*; **1** ein (*mst* kleines) Gebiet e-s Staates, das vollständig von Gebieten e-s anderen Staates umgeben ist ↔ Exklave **2** ein Gebiet, das ganz anders ist als die Umgebung

e·nọrm *Adj*; **1** außergewöhnlich groß, hoch od. stark ⟨ein Erfolg, ein Preis, ein Wert; e-e Begabung, e-e Summe; e-e Aufregung, e-e Belastung⟩ **2** *nur adv*; verwendet, um Adjektive od. Verben zu verstärken ≈ sehr: *e. kalt*; *Er strengt sich e. an*

en pas·sant [ãpa'sã] *Adv* ≈ beiläufig, nebenbei

En·sem·ble [ã'sã:bl̩] *das*; -*s*, -*s*; e-e Gruppe von Künstlern, *mst* Musikern od. Tänzern, die gemeinsam auftreten || K-: ***Ensemble-, -mitglied, -musik*** || -K: ***Musik-, Theater-***

ent- *im Verb, unbetont u. nicht trennbar, sehr produktiv*; Die Verben mit *ent-* werden nach folgendem Muster gebildet: *entknoten - entknotete - entknotet*
1 *ent-* drückt aus, dass etw. von etw. weggenommen, etw. von etw. befreit wird;
etw. entrußen: *Der Ofen muss von Zeit zu Zeit entrußt werden* ≈ Der Ofen muss von Zeit zu Zeit von Ruß befreit werden
ebenso: ***etw. enteisen, etw. entfetten, etw. entflechten, etw. entgiften, j-n / etw. enthüllen, etw. entkernen, etw. entknoten, etw. entkorken, etw. entrosten, j-n entwaffnen, etw. entwässern***
2 *ent-* drückt aus, dass e-e Bewegung, Handlung aus der Richtung von j-m / etw. kommt. Die Verben mit *ent-*, die so gebildet werden, gehören *mst* der geschriebenen Sprache an;
etw. entströmt (***etw.*** (*Dat*)): *Es wurde befürchtet, dass dem defekten Reaktor größere Mengen radioaktiven Gases entströmt seien* ≈ Es wurde befürchtet, dass aus dem defekten Reaktor größere Mengen radioaktiven Gases herausgeströmt seien
ebenso: (***j-m / etw.***) ***entfliehen, etw. entquillt etw.*** (*Dat*), ***etw.*** (*Dat*) ***entstammen, etw.*** (*Dat*) ***entsteigen, etw.*** (*Dat*) ***entspringen***
3 *ent-* drückt aus, dass sich die Richtung e-r Bewegung, Handlung von j-m / etw. wegbewegt. Die Verben mit *ent-*, die so gebildet werden, gehören *mst* der geschriebenen Sprache an;
(***j-m***) ***enteilen***: *Er enteilte ihnen* ≈ Er eilte ihnen davon
ebenso: (***j-m / etw.***) ***entschweben, etw. entsinkt j-m***

ent·a̲r·ten; *entartete, ist entartet*; [Vi] ***etw.*** / *seltener* ***j-d entartet zu etw.*** etw. / j-d entwickelt sich in negativer Weise weg von dem, was normal ist od. erwartet wird: *Die Diskussion entartete zu e-r Beschimpfung* || NB: ↑ ***Kunst*** (9) || *hierzu* **Ent·a̲r·tung** *die*

ent·be̲h·ren; *entbehrte, hat entbehrt*; [Vt] **1** ***etw. e.*** *geschr*; ohne etw. auskommen (müssen): *Nach dem Krieg mussten die Menschen vieles e.* **2** ***j-n*** (***nicht***) ***e. können*** auf j-n (nicht) verzichten können: *Wir können keinen unserer Arbeiter hier e.*; [Vi] **3** ***etw. entbehrt etw.*** (*Gen*) *geschr*; etw. hat etw. nicht, das eigentlich da sein sollte: *Seine Aussage entbehrt der Glaubwürdigkeit / der Genauigkeit*

ent·be̲hr·lich *Adj*; ⟨Menschen, Dinge⟩ so, dass man sie nicht braucht od. darauf verzichten kann

Ent·be̲h·rung *die*; -, -*en*; *geschr*; ein Mangel an etw., das man notwendig braucht ⟨große Entbehrungen auf sich nehmen⟩ || *hierzu* **ent·be̲h·rungs·reich** *Adj*

ent·bie̲·ten; *entbot, hat entboten*; [Vt] ***j-m e-n Gruß / Grüße e.*** *geschr veraltend*; j-n (be)grüßen

ent·bịn·den; *entband, hat entbunden*; [Vt] **1** ***j-n von etw. e.*** *geschr*; j-n von e-r Pflicht, e-r Aufgabe *o.Ä.* befreien od. aus e-m Amt entlassen ⟨j-n von seinem Versprechen, Eid, e-m Amt e.⟩ **2** ***e-e Frau wird*** (***von e-m Kind***) ***entbunden*** e-e Frau bringt (mit der Hilfe e-r Hebamme *o.Ä.*) ein Kind zur Welt: *Sie wurde von e-m gesunden Mädchen entbunden*

(= Sie gebar ein gesundes Mädchen); [Vi] **3** (als Frau) ein Kind gebären: *Sie hat gestern entbunden*

Ent·bin·dung *die*; -, *-en*; **1** *nur Sg*; das Entbinden (1) **2** das Entbinden (2,3) || K-: ***Entbindungs-, -station***

ent·blö·ßen; *entblößte, hat entblößt; geschr*; [Vt] **1** ***etw. e.*** die Kleidung von e-m bestimmten Teil des Körpers wegnehmen ⟨die Brust, das Haupt e.⟩; [Vr] **2** ***sich e.*** sich nackt ausziehen od. Kleidung von e-m bestimmten Körperteil nehmen || ► ***bloß***[1] (1)

ent·bren·nen; *entbrannte, ist entbrannt*; [Vi] *geschr*; **1** ***etw. entbrennt*** etw. fängt plötzlich mit Heftigkeit an ⟨e-e Diskussion, ein Krieg, ein Streit⟩ **2** ***in etw.* (*für j-n / zu j-m*) *e.*** plötzlich ein sehr starkes Gefühl von Liebe, Hass *o.Ä.* bekommen: *Er entbrannte in Liebe für sie / zu ihr*

ent·de·cken; *entdeckte, hat entdeckt*; [Vt] **1** ***etw. e.*** etw., das allen od. den meisten Menschen bisher unbekannt war, finden: *Kolumbus hat Amerika entdeckt* **2** ***etw. e.*** etw., das für einen selbst unbekannt od. neu ist, plötzlich erkennen od. herausfinden: *Auch wenn man die Stadt gut kennt, entdeckt man immer wieder etw. Neues* **3** ***j-n / etw.* (*irgendwo*) *e.*** j-n / etw. irgendwo (überraschenderweise) treffen od. finden: *Ich entdeckte Blutspuren am Boden*

Ent·de·cker *der*; *-s*, *-*; j-d, der etw. entdeckt (1) (hat)

Ent·de·ckung *die*; -, *-en*; **1** *nur Sg*; das Entdecken (1): *die E. Amerikas durch Kolumbus* || K-: ***Entdeckungs-, -fahrt*** **2** das, was entdeckt (1) worden ist: *Der Forscher veröffentlichte seine wissenschaftlichen Entdeckungen* **3** das Entdecken (3) ⟨e-e E. machen⟩: *Der Arzt machte e-e überraschende E. auf dem Röntgenbild*

En·te[1] *die*; -, *-n*; **1** ein (Schwimm)Vogel mit breitem Schnabel u. kurzem Hals ⟨die E. quakt, schnattert⟩ || ↑ *Abb. unter* ***Gans*** || K-: ***Enten-, -braten, -jagd, -küken, -schnabel, -teich*** **2** e-e weibliche E. (1) ↔ Erpel **3** *nur Sg* ≈ Entenbraten **4** *gespr hum*; ein französisches Auto des Typs Citroën 2 CV || ID ***e-e lahme E.*** *gespr hum, oft pej*; ein Mensch, der kein Temperament hat

En·te[2] *die*; -, *-n*; e-e falsche Nachricht, die in der Presse veröffentlicht wurde || -K: ***Zeitungs-, Presse-***

ent·eh·ren; *entehrte, hat entehrt*; [Vt] **1** ***j-n e.*** so handeln, dass j-d seine Ehre verliert **2** ***ein Mädchen e.*** *veraltet*; ein Mädchen (vor der Ehe) zum Geschlechtsverkehr verführen od. zwingen

ent·eig·nen; *enteignete, hat enteignet*; [Vt] ***j-n e.*** j-m sein Eigentum (*mst* Häuser, Fabriken *o.Ä.*) nehmen u. es aufgrund von Gesetzen zum Eigentum des Staates machen || *hierzu* **Ent·eig·nung** *die*

ent·ei·sen; *enteiste, hat enteist*; [Vt] ***etw. e.*** etw. von Eis befreien ⟨das Türschloss (beim Auto) e.⟩ || *hierzu* **Ent·ei·sung** *die*

En·tente [ã'tã:t(ə)] *die*; -, *-n*; *mst Sg*; e-e Art Bündnis zwischen zwei od. mehreren Staaten

ent·er·ben; *enterbte, hat enterbt*; [Vt] ***j-n e.*** bestimmen, dass j-d, der ein Recht auf ein Erbe hat od. dem man früher ein Erbe versprochen hat, das Erbe nicht bekommt || *hierzu* **Ent·er·bung** *die*

En·te·rich *der*; *-s, -e*; e-e männliche Ente[1] (1) ≈ Erpel

en·tern; *enterte, hat geentert*; [Vt] ***etw. e.*** *hist*; von einem Schiff auf ein anderes gehen (*mst* mitten auf dem Meer), um es zu erobern

ent·fa·chen; *entfachte, hat entfacht; geschr*; [Vt] **1** ***etw. e.*** etw. zum Brennen bringen ⟨ein Feuer e.⟩ **2** ***j-d / etw. entfacht etw.*** j-d / etw. bewirkt, dass etw. anfängt ⟨etw. entfacht e-n Krieg; j-d entfacht e-n Streit⟩ **3** ***etw. entfacht etw.* (*in j-m*)** etw. bewirkt, dass ein starkes Gefühl (in j-m) entsteht ⟨etw. entfacht Begeisterung, Hass⟩

ent·fah·ren; *entfuhr, ist entfahren*; [Vi] ***j-m entfährt etw.*** *geschr*; j-d sagt spontan etw. od. stößt e-n Laut aus ⟨j-m entfährt e-e Bemerkung, ein Schrei⟩

ent·fal·len; *entfällt, entfiel, ist entfallen*; [Vi] **1** ***etw. entfällt j-m*** j-d kann sich (für kurze Zeit) an etw. nicht erinnern: *Es tut mir Leid, aber ihr Name ist mir entfallen* **2** ***etw. entfällt j-m*** *geschr*; j-d lässt etw. (zu Boden) fallen **3** ***etw. entfällt*** *geschr*; etw. findet nicht statt: *Meine Sprechstunde muss heute leider e.* **4** ***etw. entfällt*** (*Admin*) *geschr*; ein bestimmter Teil e-s Formulars *o.Ä.* kann unberücksichtigt bleiben **5** ***etw. entfällt auf j-n / etw.*** etw. wird j-m / etw. gegeben od. zugeteilt: *Der Gewinn entfällt auf das Los Nr. 30*

ent·fal·ten; *entfaltete, hat entfaltet*; [Vt] **1** ***etw. e.*** *geschr*; etw., das gefaltet ist, ausbreiten ⟨ein Taschentuch, e-e Tischdecke, e-e Zeitung e.⟩ **2** ***etw. e.*** etw. zeigen od. entwickeln ⟨Aktivitäten, Initiative e.⟩; [Vr] **3** ***sich e.* (*können*)** die individuellen Eigenschaften u. Fähigkeiten entwickeln (können) ⟨sich frei e. können⟩ **4** ***etw. entfaltet sich*** etw. öffnet sich ⟨e-e Blüte, Blume⟩ || *zu* **2, 3** u. **4 Ent·fal·tung** *die*

ent·fer·nen; *entfernte, hat entfernt*; [Vt] *geschr*; **1** ***etw.* (*aus / von etw.*) *e.*** bewirken, dass etw. nicht mehr da ist ≈ beseitigen: *e-n Fleck aus e-r Hose, den Schimmel von der Wand e.* **2** ***j-n e.*** bewirken, dass j-d e-e Position nicht mehr hat ⟨j-n aus / von seinem Amt e.⟩; [Vr] **3** ***sich e.*** ≈ weggehen, wegfahren *o.Ä.*

ent·fernt 1 *Partizip Perfekt*; ↑ **entfernen 2** *Adj*; *nur attr, nicht adv*; weit weg (*mst* vom Standpunkt des Sprechers aus gesehen) ⟨ein Ort, ein Gebiet; ein weit entferntes Land⟩ **3** *Adj*; *nur präd od adv*; (nur in Verbindung mit e-r adverbiellen Bestimmung) in der genannten Entfernung (1): *weit e. von hier, 20km von der Stadt e.* **4** *Adj*; *nur attr od adv*; nur in geringem Maße (vorhanden): *sich e.* (= ungenau) *an etw. erinnern, e-e entfernte Ähnlichkeit* **5 *nicht im Entferntesten*** überhaupt nicht **6 *weit davon e. sein* + *zu*** + *Infinitiv* etw. überhaupt nicht tun wollen

Ent·fer·nung *die*; -, *-en*; **1** der Abstand zwischen zwei Punkten ≈ Distanz ⟨in angemessener, respektvoller E. (von j-m) stehen⟩: *Die E. zwischen den beiden Städten beträgt 60km* **2** *nur Sg*; das (Sich)Entfernen von e-r Stelle

ent·fes·seln; *entfesselte, hat entfesselt*; [Vt] ***etw. entfesselt etw.*** etw. verursacht etw., das mit starken Gefühlen od. mit großer Gewalt verbunden ist ⟨etw. entfesselt e-n Krieg, e-n Aufstand⟩

ent·flam·men; *entflammte, hat / ist entflammt*; *geschr*; [Vt] (*hat*) **1** ***j-n* (*für etw.*) *e.*** j-n (für etw.) begeistern; [Vi] (*ist*) **2** ***in Liebe zu j-m e.*** sich leidenschaftlich in j-n verlieben **3** ***etw. entflammt*** ≈ etw. entbrennt (1) || ► ***Flamme***

ent·flie·gen; *entflog, ist entflogen*; [Vi] ⟨ein Vogel⟩ ***entfliegt*** ein Vogel fliegt aus e-m offen gelassenen Käfig, aus e-m offenen Fenster

ent·flie·hen; *entfloh, ist entflohen*; [Vi] **1** (***aus etw.***) ***e.*** aus e-m Gefängnis *o.Ä.* in die Freiheit fliehen **2** ***etw.* (*Dat*) *e.*** *geschr*; versuchen, bestimmten unangenehmen Dingen aus dem Weg zu gehen ⟨dem Gestank, dem Lärm, der Hektik der Großstadt e.⟩

ent·frem·den; *entfremdete, hat entfremdet*; [Vt] **1** ***j-n j-m e.*** bewirken, dass zwei andere Menschen kein enges Verhältnis (mehr) zueinander haben **2** ***etw. seinem Zweck e.*** etw. so verwenden, dass es nicht mehr dem ursprünglichen Zweck dient; [Vr] **3** ***sich j-m / von j-m e.*** j-m innerlich fremd werden

Ent·frem·dung *die*; -; *nur Sg*; die Situation, in der man kein enges Verhältnis mehr zu j-m / etw. hat:

die E. zwischen Kindern u. Eltern; *die E. des Menschen von der Natur*

ent·füh·ren; *entführte, hat entführt*; [Vt] **1** ***j-n / etw. e.*** j-n gegen dessen Willen od. etw. mit Gewalt an e-n bestimmten Ort bringen u. ihn / es nur dann freigeben, wenn bestimmte Forderungen erfüllt werden ⟨ein Flugzeug, ein Kind e.⟩ **2** ***(j-m) etw. e.*** *gespr hum*; j-m für kurze Zeit etw. wegnehmen: *Wer von euch hat meinen Bleistift entführt?* || *zu* **1** **Ent·füh·rung** *die*

Ent·füh·rer *der*; *-s, -*; j-d, der j-n / etw. entführt (1)

ent·ge·gen[1] **1** *Präp*; *mit Dat*; im Gegensatz od. im Widerspruch zu: *e. unserer Abmachung* || NB: auch nach dem Subst. verwendet: *e-m Befehl e.* **2** *Adv*; in Richtung auf: *der Sonne e.* || NB: *mst* in Liedern *o.Ä.*

ent·ge·gen[2] *Adj*; *nur präd*; ***etw. ist etw.*** *(Dat)* ***e.*** etw. steht im Gegensatz od. im Widerspruch zu etw.: *Das ist allem e., was wir bisher beschlossen hatten*

ent·ge·gen- *im Verb, betont u. trennbar, wenig produktiv*; Die Verben mit *entgegen-* werden nach folgendem Muster gebildet: *entgegenlaufen - lief entgegen - entgegengelaufen*

1 *entgegen-* drückt aus, dass e-e Bewegung, Handlung in Richtung auf j-n / etw. geht;

j-m / etw. entgegenlaufen: *Er lief ihr entgegen* ≈ Er lief auf sie zu, in die Richtung, aus der sie kam; ebenso: ***j-m / etw. entgegenblicken, j-m / etw. entgegeneilen, j-m / etw. entgegenfahren, j-m / etw. entgegengehen, j-m etw. entgegenhalten, j-m etw. entgegenschicken, j-m / etw. entgegensehen, j-m / etw. entgegentreten***

2 *entgegen-* drückt aus, dass e-e Handlung in Opposition od. im Widerspruch zu j-m / etw. steht;

j-m / etw. entgegenhandeln: *Sie hatten den Befehlen entgegengehandelt* ≈ Sie hatten etw. im Gegensatz zu den Befehlen getan

ebenso: ***j-m / etw. entgegenarbeiten, j-m / etw. entgegenwirken***

ent·ge·gen·brin·gen *(hat)* [Vt] ***j-m etw. e.*** gegenüber j-m / etw. ein bestimmtes *mst* positives Gefühl od. e-e bestimmte *mst* positive Haltung zeigen ⟨j-m Respekt, Vertrauen, Zuneigung e.; e-r Sache Interesse e.⟩

ent·ge·gen·ge·setzt **1** *Partizip Perfekt*; ↑ ***entgegensetzen*** **2** *Adj*; in der umgekehrten Richtung liegend: *Sie ist in die entgegengesetzte Richtung gefahren* **3** *Adj* ≈ gegenüberliegend: *Sie steht auf der entgegengesetzten Straßenseite* **4** *Adj*; in Opposition zueinander stehend: *Wir vertreten entgegengesetzte Ansichten in dieser Frage*

ent·ge·gen·hal·ten *(hat)* [Vt] **1** ↑ ***entgegen-*** (1) **2** ***j-m etw. e.*** j-m etw. als Gegenargument vorbringen

ent·ge·gen·kom·men *(ist)* [Vi] **1** ***j-m e.*** sich j-m aus der entgegengesetzten Richtung nähern: *Das Auto kam ihm mit großer Geschwindigkeit entgegen* **2** ***j-m e.*** die Wünsche od. Forderungen von j-m zum Teil mit berücksichtigen: *Wir kommen Ihnen mit dem Preis etwas entgegen* **3** ***j-m (irgendwie) e.*** sich gegenüber j-m positiv verhalten ⟨j-m freundlich, höflich, respektvoll e.⟩ || *zu* **2** u. **3** **Ent·ge·gen·kom·men** *das*; *-s*; *nur Sg*; **ent·ge·gen·kom·mend** *Adj*

ent·ge·gen·neh·men *(hat)* [Vt] ***etw. (von j-m) e.*** *geschr*; etw., das man (offiziell) bekommt, annehmen ⟨e-n Brief, ein Paket (vom Briefträger) e.⟩

ent·ge·gen·se·hen *(hat)* [Vi] **1** ↑ ***entgegen-*** (1) **2** ***j-m / etw. (irgendwie) e.*** *geschr*; j-n / etw. (mit e-m bestimmten Gefühl) erwarten: *Evi sieht ihrer Hochzeit mit großer Freude entgegen*

ent·ge·gen·set·zen *(hat)* [Vt] ***j-m / etw. etw. e.*** j-m / etw. etw. als andere Möglichkeit od. als Gegenargument vorbringen: *Was hast du meiner Behauptung entgegenzusetzen?*

ent·geg·nen; *entgegnete, hat entgegnet*; [Vt] ***(j-m) etw. e.*** *geschr*; antworten (indem man e-e entgegengesetzte Meinung vertritt): *„Kommt nicht infrage!" entgegnete sie* || *hierzu* **Ent·geg·nung** *die*

ent·ge·hen; *entging, ist entgangen*; [Vi] **1** ***j-m / etw. e.*** (durch Glück) von e-r Gefahr od. unangenehmen Situation nicht betroffen werden ⟨e-r Gefahr, Strafe, Verfolgung e.⟩ **2** ***etw. entgeht j-m*** j-d bemerkt etw. nicht **3** ***sich*** *(Dat)* ***etw. e. lassen*** e-e Chance nicht nutzen ⟨sich e-e einmalige Gelegenheit e. lassen⟩

ent·geis·tert *Adj*; unangenehm überrascht, verstört ⟨j-n e. anstarren⟩

Ent·gelt *das*; *-(e)s, -e*; *mst Sg*, *veraltend* ≈ Bezahlung, Lohn ⟨für / gegen ein geringes E. arbeiten⟩

ent·gel·ten; *entgilt, entgalt, hat entgolten*; [Vt] ***j-m etw. (mit etw.) e.*** *geschr veraltend*; j-m für etw., das er getan hat, danken, indem man ihm etw. gibt

ent·gif·ten; *entgiftete, hat entgiftet*; [Vt] ***etw. e.*** etw. von giftigen Bestandteilen befreien ⟨Abgase e.⟩ || *hierzu* **Ent·gif·tung** *die*

ent·glei·sen; *entgleiste, ist entgleist*; [Vi] **1** ***etw. entgleist*** etw. kommt aus den Gleisen ⟨ein Zug, e-e Straßenbahn, ein Waggon⟩ **2** sich taktlos benehmen

Ent·glei·sung *die*; *-, -en*; **1** *mst Sg*; das Entgleisen (1) **2** e-e taktlose, unhöfliche Äußerung od. Handlung

ent·glei·ten; *entglitt, ist entglitten*; [Vi] *geschr*; **1** ***etw. entgleitet j-m*** etw. fällt od. rutscht j-m aus den Händen **2** ***j-d / etw. entgleitet j-m*** j-d / etw. löst sich allmählich von j-s Einfluss od. Kontrolle los

ent·grä·ten; *entgrätete, hat entgrätet*; [Vt] ⟨e-n Fisch⟩ ***e.*** die Gräten von e-m Fisch herausnehmen

ent·hal·ten[1]; *enthält, enthielt, hat enthalten*; [Vt] **1** ***etw. enthält etw.*** etw. hat etw. als Inhalt od. als Teil des Inhalts: *Die Flasche enthält einen Liter Milch*; *Orangen enthalten viel Vitamin C*; *Das Kochbuch enthält gute Rezepte* || NB: kein Passiv! **2** ***etw. ist in etw.*** *(Dat)* ***enthalten*** etw. ist bei e-m Preis *o.Ä.* bereits eingerechnet: *In dem Mietpreis sind alle Nebenkosten enthalten*

ent·hal·ten[2], **sich**; *enthält sich, enthielt sich, hat sich enthalten*; [Vr] **1** ***sich etw.*** *(Gen)* ***e.*** *geschr*; auf etw., das als Genuss od. als angenehm gilt, verzichten ⟨sich des Alkohols, des Nikotins e.⟩ **2** ***sich (sexuell) e.*** auf Sex verzichten **3** ***sich der Stimme e.*** bei e-r Abstimmung weder mit Ja noch mit Nein stimmen || *zu* **1** u. **2** **ent·halt·sam** *Adj*; **Ent·halt·sam·keit** *die*; *nur Sg*; *zu* **3** **Ent·hal·tung** *die*

ent·haup·ten; *enthauptete, hat enthauptet*; [Vt] ***j-n e.*** j-n *mst* als Strafe für ein Verbrechen töten, indem man ihm den Kopf mit e-m Schwert od. e-m Beil *o.Ä.* abschlägt || *hierzu* **Ent·haup·tung** *die*

ent·häu·ten; *enthäutete, hat enthäutet*; [Vt] ***etw. e.*** die Haut od. Hülle von etw. entfernen ⟨e-n Fisch, e-e Zwiebel e.⟩ || *hierzu* **Ent·häu·tung** *die*

ent·he·ben; *enthob, hat enthoben*; [Vt] *geschr*; **1** ***j-n etw.*** *(Gen)* ***e.*** j-m offiziell verbieten, weiterhin e-e bestimmte (offizielle) Funktion zu erfüllen ⟨j-n seines Amtes, aller Funktionen e.⟩ **2** ***j-n etw.*** *(Gen)* ***e.*** j-n von etw., das er machen muss, befreien ⟨aller Pflichten enthoben sein⟩ || *hierzu* **Ent·he·bung** *die*

ent·hei·li·gen; *entheiligte, hat entheiligt*; [Vt] ***etw. e.*** ≈ entweihen || ► ***heilig***

ent·hem·men; *enthemmte, hat enthemmt*; [Vt/i] **1** ***(j-n) e.*** j-m seine Hemmungen od. Ängste nehmen **2** ***etw. enthemmt (j-n)*** etw. beeinflusst j-n so, dass er die Kontrolle über sich verliert: *Alkohol enthemmt* || *hierzu* **Ent·hem·mung** *die*; **ent·hemmt** *Adj*; *zu* **2** **Ent·hemmt·heit** *die*

E

ent·hül·len; *enthüllte, hat enthüllt*; Vt *geschr*; **1** ***etw. e.*** etw. zum ersten Mal der Öffentlichkeit zeigen ⟨ein Denkmal, Kunstwerke⟩ **2** ***(j-m) etw. e.*** etw., das geheim od. verborgen war, in der Öffentlichkeit od. e-r anderen Person sagen ⟨ein Geheimnis, die Wahrheit e.⟩ || ► ***Hülle***

Ent·hül·lung *die*; -, *-en*; **1** das Enthüllen (1,2) **2** *oft Pl*; e-e Nachricht, ein Artikel in e-r Zeitung *o.Ä.*, durch die *mst* negative Dinge über bestimmte Personen öffentlich bekannt werden ⟨sensationelle Enthüllungen⟩

En·thu·si·as·mus [ɛntuˈzi̯asmʊs] *der*; -; *nur Sg* ≈ Begeisterung ⟨voll / voller E. an etw. herangehen⟩ || *hierzu* **En·thu·si·ast** *der*; *-en, -en*; **en·thu·si·as·tisch** *Adj*

ent·jung·fern; *entjungferte, hat entjungfert*; Vt ***ein Mädchen e.*** (als Mann) mit e-m Mädchen den (für sie) ersten Geschlechtsverkehr haben || *hierzu* **Ent·jung·fe·rung** *die*

ent·kal·ken; *entkalkte, hat entkalkt*; Vt ***etw. e.*** etw. von Kalk befreien ⟨e-n Boiler, e-e Kaffeemaschine e.⟩ || *hierzu* **Ent·kal·kung** *die*

ent·ker·nen; *entkernte, hat entkernt*; Vt ***etw. e.*** Obst von Kernen befreien ⟨Kirschen, Zwetschen e.⟩

ent·klei·den; *entkleidete, hat entkleidet*; *geschr*; Vt **1** ***j-n / sich e.*** ≈ j-n / sich ausziehen **2** ***j-n etw.*** (*Gen*) ***e.*** j-n etw. (*Gen*) entheben (1,2) ⟨j-n seines Amtes, seiner Würden e.⟩ || *hierzu* **Ent·klei·dung** *die*

ent·kof·fe·i·niert *Adj*; *nicht adv*; ⟨ein Kaffee⟩ so, dass er nur noch sehr wenig Koffein enthält

ent·kom·men; *entkam, ist entkommen*; Vi **1** ***(j-m) e.*** vor seinen Verfolgern *o.Ä.* fliehen können ⟨seinen Verfolgern e.⟩ **2** ***aus etw. / irgendwohin e.*** es schaffen, aus e-m Gebäude *o.Ä.* / in ein anderes Land *o.Ä.* zu fliehen

ent·kor·ken; *entkorkte, hat entkorkt*; Vt ***etw. e.*** den Korken aus e-r verschlossenen Flasche nehmen ⟨e-e Flasche e.⟩ || ► ***Korken***

ent·kräf·ten; *entkräftete, hat entkräftet*; Vt **1** ***etw. e.*** e-m Argument *o.Ä.* die Wirkung nehmen, indem man ein gutes Gegenargument bringt ⟨e-e Aussage, Behauptung, e-n Verdacht e.⟩ **2** ***etw. entkräftet j-n*** etw. macht j-n schwach: *Sie war nach der Erkrankung völlig entkräftet*

ent·la·den; *entlädt, entlud, hat entladen*; Vt **1** ***etw. e.*** Dinge, die transportiert worden sind, von e-m Fahrzeug herunternehmen od. aus e-m Fahrzeug herausnehmen ⟨e-n Möbelwagen, e-n Waggon e.⟩ **2** ***etw. e.*** die Munition aus e-r Waffe nehmen ⟨ein Gewehr, e-e Pistole e.⟩; Vr **3** ***etw. entlädt sich (irgendwie / in etw.*** (*Dat*)) ein starkes negatives Gefühl tritt heftig u. abrupt auf: *Seine Wut entlud sich in Beschimpfungen* **4** ***etw. entlädt sich*** etw. verliert die elektrische Ladung ⟨ein Akkumulator, e-e Batterie⟩ **5** ***ein Gewitter entlädt sich*** es gibt ein Gewitter || *zu* **4** **Ent·la·dung** *die*

ent·lang *Präp*; *mit Dat od Akk od* (*selten*) *Gen*; verwendet, um auszudrücken, dass etw. parallel zu etw. od. an der ganzen Länge von etw. verläuft: *Die Straße e. waren viele Autos geparkt*; *E. der Straße standen viele Zuschauer* || NB: **a**) mit *Akk* u. nach dem Subst.: *den Weg e.*; seltener mit *Dat* u. vor dem Subst.: *e. dem Weg*; selten mit *Gen* u. vor dem Subst.: *e. des Weges*; **b**) auch adverbiell verwendet mit e-r weiteren Präp. (an + *Dat*): *Die Zuschauer stellten sich an der Straße e. auf, um das Rennen zu sehen*

ent·lang- *im Verb, betont u. trennbar, begrenzt produktiv*; Die Verben mit *entlang-* werden nach folgendem Muster gebildet: *entlangfahren - fuhr entlang - entlanggefahren*

entlang- drückt e-e Bewegung an / neben der ganzen Länge von etw. (*z.B.* e-r Straße, Mauer, Grenze) aus;

(***etw.*** (*Akk*) ***/ an etw.*** (*Dat*)) ***entlangwandern***: *Wir wanderten den Bach / an dem Bach entlang* ≈ Wir wanderten neben dem Bach

ebenso: (***etw.*** (*Akk*) ***/ an etw.*** (*Dat*)) ***entlangfliegen***, (***etw.*** (*Akk*) ***/ an etw.*** (*Dat*)) ***entlanggehen***, (***etw.*** (*Akk*) ***/ an etw.*** (*Dat*)) ***entlanglaufen***, (***etw.*** (*Akk*) ***/ an etw.*** (*Dat*)) ***entlangschwimmen***, (***etw.*** (*Akk*) ***/ an etw.*** (*Dat*)) ***entlangspazieren***

ent·lar·ven [-f-]; *entlarvte, hat entlarvt*; Vt ***j-n / etw. (als etw.) e.*** den wahren Charakter, die wahre Identität von j-m / etw. entdecken (u. öffentlich bekannt machen) ⟨j-n als Hochstapler, Spion e.; etw. als Lüge e.⟩ || *hierzu* **Ent·lar·vung** *die*

ent·las·sen; *entlässt, entließ, hat entlassen*; Vt **1** ***j-n e.*** j-n nicht weiter bei sich arbeiten lassen ≈ j-m kündigen: *Wegen der Wirtschaftskrise mussten 200 Arbeiter entlassen werden* **2** ***j-n (aus etw.) e.*** j-m erlauben, e-e Institution zu verlassen, weil der Zweck des Aufenthalts dort erfüllt ist ⟨j-n aus der Schule, aus dem Krankenhaus, aus dem Gefängnis e.⟩

Ent·las·sung *die*; -, *-en*; **1** ≈ Kündigung (1) || -K: ***Massen-*** **2** die Erlaubnis, *mst* e-e Institution (*z.B.* ein Gefängnis, ein Krankenhaus) zu verlassen || K-: ***Entlassungs-, -feier, -gesuch, -zeugnis***

ent·las·ten; *entlastete, hat entlastet*; Vt **1** ***j-n e.*** j-m bei dessen Arbeiten u. Pflichten helfen: *Man muss die Krankenschwestern durch zusätzliches Personal e.* **2** ***etw. e.*** die Belastung ganz od. teilweise von etw. wegnehmen: *den Straßenverkehr durch den Ausbau der Eisenbahn e.* **3** ***j-n (mit etw.) e.*** etw. sagen, das e-n Angeklagten von e-m Verdacht (ganz od. teilweise) befreit: *Der Zeuge entlastete den Angeklagten mit seiner Aussage* || *hierzu* **Ent·las·tung** *die*

Ent·las·tungs·zeu·ge *der*; ein Zeuge, der j-n entlastet (3)

ent·lau·fen; *entläuft, entlief, ist entlaufen*; Vi ⟨ein Hund, e-e Katze *o.Ä.*⟩ ***entläuft*** ein Hund, e-e Katze *o.Ä.* läuft weg (u. kommt nicht zurück)

ent·le·di·gen, sich; *entledigte sich, hat sich entledigt*; Vr *geschr*; **1** ***sich j-s / etw. e.*** sich von e-r Person / Sache befreien ⟨sich seiner Gegner, Verfolger, Schuldner e.⟩ **2** ***sich etw.*** (*Gen*) ***e.*** etw. fertig machen od. erfüllen u. dadurch frei davon werden ⟨sich e-r Aufgabe, e-r Verpflichtung e.⟩: *Sie entledigt sich aller Aufgaben mit Bravour* **3** ***sich etw.*** (*Gen*) ***e.*** etw. ausziehen ⟨sich der Kleider e.⟩

ent·lee·ren; *entleerte, hat entleert*; Vt ***etw. e.*** etw. leer machen ⟨e-n Aschenbecher e.⟩ || *hierzu* **Ent·lee·rung** *die*

ent·le·gen *Adj*; *nicht adv*, *geschr*; weit entfernt (von allen größeren Städten *o.Ä.*) ⟨in e-m entlegenen Ort wohnen⟩

ent·leh·nen; *entlehnte, hat entlehnt*; Vt ***etw. e.*** etw. aus e-m fremden geistigen od. kulturellen Gebiet nehmen u. so verändern, dass es in das eigene passt: *Das Wort „Fenster" ist aus dem Lateinischen entlehnt* || *hierzu* **Ent·leh·nung** *die*

ent·lei·hen; *entlieh, hat entliehen*; Vt ***etw. e.*** sich etw. leihen ⟨*mst* ein Buch e.⟩ || *hierzu* **Ent·lei·her** *der*

ent·lo·cken; *entlockte, hat entlockt*; Vt ***j-m etw. e.*** j-n dazu bewegen, etw. zu sagen od. e-e bestimmte Reaktion zu zeigen ⟨j-m ein Geheimnis, ein Lächeln, ein Zugeständnis e.⟩

ent·loh·nen; *entlohnte, hat entlohnt*; Vt ***j-n (für etw.) e.*** *veraltet*; j-m den Lohn für etw. zahlen

ent·lüf·ten; *entlüftete, hat entlüftet*; Vt ***etw. e.*** die Luft aus etw. herauslassen ⟨die Heizung e.⟩ || *hierzu* **Ent·lüf·tung** *die*

ent·mach·ten; *entmachtete, hat entmachtet*; Vt ***j-n e.***

j-m Macht u. Einfluss nehmen: *e-n Despoten e.* || *hierzu* **Ent·mach·tung** *die*

ent·mi·li·ta·ri·sie·ren; *entmilitarisierte, hat entmilitarisiert*; [Vt] ***etw. e.*** alle Soldaten u. militärischen Einrichtungen aus e-m Gebiet entfernen ⟨e-e entmilitarisierte Zone⟩ || *hierzu* **Ent·mi·li·ta·ri·sie·rung** *die*

ent·mün·di·gen; *entmündigte, hat entmündigt*; [Vt] *mst* ***das Gericht entmündigt j-n*** *Jur*; ein Gericht (2) beschließt, dass j-d bestimmte Rechte nicht mehr hat, weil er *z.B.* geisteskrank od. Alkoholiker ist || *hierzu* **Ent·mün·di·gung** *die*

ent·mu·ti·gen; *entmutigte, hat entmutigt*; [Vt] ***j-n e.*** j-m den Mut nehmen, weiterhin etw. zu tun ⟨sich nicht e. lassen⟩: *sich durch e-n Misserfolg nicht e. lassen* || *hierzu* **Ent·mu·ti·gung** *die*

Ent·nah·me *die*; -, *-n*; der Vorgang u. das Ergebnis des Entnehmens (1) || -K: ***Blut-, Wasser-***

Ent·na·zi·fi·zie·rung *die*; die Untersuchungen (in Deutschland nach dem 2. Weltkrieg) *z.B.* mit Fragebogen, welche Rolle jeder einzelne Deutsche im Nationalsozialismus gespielt hat. Ziel war es, Verbrecher zu bestrafen u. zu verhindern, dass ehemalige Nazis wichtige Funktionen im neuen Staat bekamen || *hierzu* **ent·na·zi·fi·zie·ren** *(hat) Vt*

ent·neh·men; *entnimmt, entnahm, hat entnommen*; [Vt] *geschr*; **1** ***j-m / (aus) etw. etw. e.*** etw. aus j-m / etw. nehmen ⟨e-r Kasse Geld, e-m Menschen Blut / e-e Blutprobe / e-e Gewebeprobe e.⟩ **2** ***(aus) etw.*** *(Dat)* ***etw. e.*** aus dem, was j-d sagt od. tut, e-m Text *o.Ä.* bestimmte Schlüsse ziehen: *(Aus) ihren Andeutungen habe ich entnommen*, dass *das Projekt sehr bald starten wird*

ent·nervt *Adj*; *gespr*; nach e-r *mst* geistigen Anstrengung od. nach Stress nervös u. erschöpft || *hierzu* **ent·ner·ven** *(hat) Vt*

ent·pflich·ten; *entpflichtete, hat entpflichtet*; [Vt] ***j-n (von etw.) e.*** ≈ entbinden (1) || *hierzu* **Ent·pflich·tung** *die*

ent·pup·pen, sich; *entpuppte sich, hat sich entpuppt*; [Vr] **1** ***sich als etw. e.*** nach einiger Zeit andere Eigenschaften zeigen, als es vorher angenommen wurde: *Der charmante junge Mann entpuppte sich als Heiratsschwindler* **2** ***etw. entpuppt sich als etw.*** etw. ist etw. anderes als vorher angenommen wurde: *Das Bild entpuppte sich als Fälschung*

ent·rah·men; *entrahmte, hat entrahmt*; [Vt] ***etw. e.*** den Rahm von der Milch nehmen od. trennen ⟨Milch e.⟩: *Magermilch ist entrahmte Milch* || *hierzu* **Ent·rah·mung** *die*

ent·rät·seln; *enträtselte, hat enträtselt*; [Vt] ***etw. e.*** die Bedeutung von etw. Geheimnisvollem od. schwer Verständlichem nach langem Überlegen schließlich begreifen ⟨ein Geheimnis, e-e Schrift e.⟩ || *hierzu* **Ent·rät·se·lung** *die*

ent·rech·ten; *entrechtete, hat entrechtet*; [Vt] ***j-n e.*** *geschr*; j-n unterdrücken u. ihm Rechte (wie *z.B.* das Wahlrecht, das Recht auf Freizügigkeit) nehmen ⟨ein entrechtetes Volk⟩ || *hierzu* **Ent·rech·tung** *die*

ent·rei·ßen; *entriss, hat entrissen*; [Vt] **1** ***j-m etw. e.*** j-m etw. mit Gewalt wegnehmen: *Der Dieb entriss der alten Frau die Handtasche* **2** ***j-n j-m / etw. e.*** *geschr*; j-n aus e-r lebensgefährlichen Situation retten ⟨j-n den Flammen, den Fluten, dem Tod e.⟩

ent·rich·ten; *entrichtete, hat entrichtet*; [Vt] ***etw. e.*** *Admin geschr*; e-e bestimmte Summe Geld zahlen ⟨e-e Gebühr, Steuern e.⟩ || *hierzu* **Ent·rich·tung** *die*

ent·rin·gen; *entrang, hat entrungen*; *geschr*; [Vt] **1** ***j-m etw. e.*** j-m etw. in e-m Kampf wegnehmen: *Er entrang ihm die Pistole*; [Vr] **2** ***sich etw.*** *(Dat)* ***e.*** sich mit großer Anstrengung von j-m befreien, der einen festhält ⟨sich j-s Griff, Umarmung e.⟩

ent·rin·nen; *entrann, ist entronnen*; [Vi] ***(j-m / etw.) e.*** *geschr* ≈ entkommen ⟨e-r Gefahr, dem Tod, den Verfolgern e.⟩

ent·rol·len; *entrollte, hat entrollt*; [Vt] **1** ***etw. e.*** etw. auseinander rollen **2** ***etw. e.*** *geschr*; etw. in ausführlicher Weise darstellen

ent·ros·ten; *entrostete, hat entrostet*; [Vt] ***etw. e.*** den Rost von etw. entfernen: *ein Auto vor dem Lackieren e.* || *hierzu* **Ent·ros·tung** *die*

ent·rückt *Adj*; mit seinen Gedanken weit weg von der normalen Welt: *der Wirklichkeit e. sein* || *hierzu* **Ent·rückt·heit** *die*

ent·rüm·peln; *entrümpelte, hat entrümpelt*; [Vt] ***etw. e.*** e-n Raum von Gerümpel frei machen ⟨den Dachboden, den Keller e.⟩ || *hierzu* **Ent·rüm·pe·lung** *die*

ent·rüs·ten, sich; *entrüstete sich, hat sich entrüstet*; [Vr] ***sich über j-n / etw. e.*** sich über j-n / etw. sehr ärgern (u. diesen Ärger auch zeigen): *sich über j-s unverschämtes, unmoralisches Verhalten e.* || *hierzu* **Ent·rüs·tung** *die*

ent·rüs·tet 1 *Partizip Perfekt*; ↑ ***entrüsten*** **2** *Adj*; ***e. (über j-n / etw.)*** ≈ empört, wütend: *e. protestieren*

ent·saf·ten; *entsaftete, hat entsaftet*; [Vt] ***etw. e.*** Früchte pressen *o.Ä.*, um den Saft daraus zu gewinnen ⟨Beeren e.⟩

ent·sa·gen; *entsagte, hat entsagt*; [Vi] ***j-m / etw. e.*** *geschr*; freiwillig auf etw. verzichten, das man gern haben od. tun würde || *hierzu* **Ent·sa·gung** *die*

ent·sal·zen; *entsalzte, hat entsalzt*; [Vt] ***etw. e.*** das Salz aus / von etw. entfernen ⟨Meerwasser e.⟩ || *hierzu* **Ent·sal·zung** *die*

ent·schä·di·gen; *entschädigte, hat entschädigt*; [Vt] ***j-n (für etw. / irgendwie) e.*** j-m *mst* Geld geben, um e-n Schaden wieder gutzumachen, *bes* den man selbst verursacht hat ⟨j-n für e-n Verlust angemessen, reichlich e.; Kriegsopfer e.⟩

Ent·schä·di·gung *die*; -, *-en*; **1** *nur Sg*; das Entschädigen **2** das, womit j-d entschädigt wird, *mst* Geld ⟨j-m e-e E. zusprechen; e-e E. erhalten⟩ || K-: ***Entschädigungs-, -summe***

ent·schär·fen; *entschärfte, hat entschärft*; [Vt] **1** ***etw. e.*** e-e problematische Situation so beeinflussen, dass es nicht zu e-m Konflikt kommt ↔ verschärfen: *Mit ein paar versöhnlichen Worten entschärfte der Diskussionsleiter die Debatte* **2** ***etw. e.*** den Zünder an e-r Bombe, Mine *o.Ä.* entfernen, sodass sie nicht mehr explodieren kann

ent·schei·den; *entschied, hat entschieden*; [Vt] **1** ***etw. e.*** bei e-r Auseinandersetzung, e-m Zweifelsfall *o.Ä.* eine Lösung (von mehreren) annehmen u. so das Problem beenden: *E-e so wichtige Angelegenheit kann ich nicht allein e.* **2** ***etw. für 'sich e.*** *Sport*; e-n Wettkampf gewinnen ⟨das Rennen für sich e.⟩; [Vi] **3** ***über etw.*** *(Akk)* ***e.*** in e-r schwierigen, unklaren Situation e-n Entschluss treffen u. damit festlegen, was zu tun ist *o.Ä.*: *Über Schuld od. Unschuld des Angeklagten wird ein Gericht e.* **4** ***etw. entscheidet über etw.*** *(Akk)* etw. ist ausschlaggebend für etw.: *Die Wahl des Studienfachs entschied über ihr weiteres Leben*; [Vr] **5** ***sich (für j-n / etw.) e.*** nach längerem Überlegen eine von zwei od. mehreren Personen / Möglichkeiten wählen: *Ich kann mich nicht e.*, wohin *ich in Urlaub fahren soll* **6** ***etw. entscheidet sich*** eine von zwei od. mehreren Möglichkeiten tritt ein: Es *wird sich bald e.*, ob *ich den neuen Job bekomme od. nicht*

ent·schei·dend 1 *Partizip Präsens*; ↑ ***entscheiden*** **2** *Adj*; *nur attr, nicht adv*; ⟨die Phase, das Tor⟩ so, dass durch sie etw. entschieden (1) wird **3** *Adj*;

nur adv ≈ massiv (4), sehr stark, grundlegend: *Unsere Beziehung hat sich e. verändert*
Ent·schei·dung *die*; -, *-en*; das Entscheiden (1-5) od. dessen Ergebnis ⟨e-e E. treffen; zu e-r E. kommen; e-r E. ausweichen, aus dem Weg gehen⟩
ent·schie·den 1 *Partizip Perfekt*; ↑ ***entscheiden*** **2** *Adj*; *nur attr od adv*; sehr energisch ⟨ein entschiedener Gegner von etw.; etw. e. ablehnen, verneinen⟩ **3** *Adj*; *nur adv*; ***e.*** + ***zu*** + *Adj*; verwendet, um auszudrücken, dass etw. in sehr hohem Maße zutrifft: *Das ist mir e. zu teuer* (= viel zu teuer) || *zu* **2 Ent·schie·den·heit** *die*; *nur Sg*
ent·schla·fen; *entschläft, entschlief, ist entschlafen*; [Vi] *geschr euph* ≈ sterben ⟨sanft entschlafen⟩
ent·schlei·ern; *entschleierte, hat entschleiert*; [Vt] ***etw. e.*** *geschr*; die Bedeutung e-s Geheimnisses od. Rätsels verständlich machen || *hierzu* **Ent·schlei·e·rung** *die*
ent·schlie·ßen, sich; *entschloss sich, hat sich entschlossen*; [Vr] ***sich zu etw. e.*** den Willen haben, etw. zu tun (*mst* nach genauer Überlegung): *Wir haben uns entschlossen, ein Haus zu kaufen*
ent·schlos·sen 1 *Partizip Perfekt*; ↑ ***entschließen*** **2** *Adj*; *mst in* ***zu etw. fest e. sein*** den festen Willen zu etw. haben || *hierzu* **Ent·schlos·sen·heit** *die*
ent·schlüp·fen; *entschlüpfte, ist entschlüpft*; [Vi] **1** ***etw. entschlüpft j-m*** j-d sagt etw. spontan od. ohne dass er es eigentlich sagen wollte: *Entschuldige, die dumme Bemerkung ist mir so entschlüpft* **2** ***j-m e.*** vor j-m schnell mit e-r flinken Bewegung fliehen können
Ent·schluss *der*; *-es, Ent·schlüs·se*; der feste Wille, etw. zu tun (*mst* nach genauer Überlegung) ⟨ein fester, plötzlicher, weiser, schwerer E.; e-n E. fassen, in die Tat umsetzen, bereuen; zu e-m / keinem E. kommen⟩ || K-: ***Entschluss-, -kraft***; ***entschluss-, -freudig, -los***
ent·schlüs·seln; *entschlüsselte, hat entschlüsselt*; [Vt] **1** ***etw. e.*** aus e-m kodierten Text die eigentliche Nachricht herausfinden ↔ verschlüsseln: *Der Geheimdienst entschlüsselte die Botschaft des feindlichen Agenten* **2** ***etw. e.*** ≈ enträtseln || *hierzu* **Ent·schlüs·se·lung** *die*
ent·schuld·bar *Adj*; *nicht adv*; so, dass man es entschuldigen kann ⟨ein Fehler, ein Verhalten⟩
ent·schul·di·gen; *entschuldigte, hat entschuldigt*; [Vt] **1** ***j-n / etw.*** (***mit etw.***) ***e.*** Gründe für j-s Verhalten / für etw. nennen u. um Verständnis bitten: *Sie entschuldigte ihr Zuspätkommen mit den schlechten Straßenverhältnissen* **2** ***j-n*** (***irgendwo***) ***e.*** begründen, warum j-d nicht seiner Verpflichtung nachkommen kann: *Die Mutter entschuldigte das kranke Kind in der Schule* **3** ***etw. e.*** nicht böse od. ärgerlich über etw. sein: *Entschuldigen Sie bitte die Störung!*; [Vr] **4** ***sich*** (***bei j-m für etw.***) ***e.*** (j-n für etw.) um Verzeihung bitten: *Du musst dich dafür nicht e.*
Ent·schul·di·gung *die*; -, *-en*; **1** die Rechtfertigung, die man angibt, um ein (falsches) Verhalten zu erklären ⟨nach e-r E. suchen⟩ || K-: ***Entschuldigungs-, -grund*** **2** Worte, mit denen sich j-d für etw. entschuldigt (4) ⟨e-e E. stammeln⟩ **3** ≈ Nachsicht, Verzeihung ⟨j-n für etw. um E. bitten⟩ **4** e-e schriftliche Nachricht, mit der j-d j-n entschuldigt (2) || K-: ***Entschuldigungs-, -schreiben***
ent·schwe·feln; *entschwefelte, hat entschwefelt*; [Vt] ***etw. e.*** Schwefel von Rauch od. Gasen trennen ⟨Rauchgase aus Kohlekraftwerken e.⟩ || *hierzu* **Ent·schwe·fe·lung** *die*
ent·schwin·den; *entschwand, ist entschwunden*; [Vi] ***irgendwo***(***hin***) ***e.*** *geschr* ≈ verschwinden ⟨im Dunkeln e.; j-s Blicken e.⟩
ent·sen·den; *entsandte / entsendete, hat entsandt / entsendet*; [Vt] ***j-n*** (***irgendwohin***) ***e.*** *geschr*; j-n irgendwohin schicken, damit er e-e offizielle Aufgabe erfüllt ⟨e-e Delegation e.⟩ || *hierzu* **Ent·sen·dung** *die*
ent·set·zen; *entsetzte, hat entsetzt*; [Vt] **1** ***j-n e.*** j-n sehr stark erschrecken od. schockieren; [Vr] **2** ***sich*** (***über etw.*** (*Akk*)) ***e.*** sehr erschrocken od. schockiert sein (u. entsprechend reagieren)
Ent·set·zen *das*; *-s*; *nur Sg*; ein sehr großer Schreck od. Schock ≈ Grauen ⟨vor E. wie gelähmt sein⟩
ent·setz·lich *Adj*; **1** sehr schlimm, schrecklich ⟨ein Verbrechen⟩ **2** *nicht adv*, *gespr*; sehr groß, sehr intensiv ⟨ein Durst, e-e Wut⟩ **3** *nur adv*, *gespr*; verwendet, um Adjektive od. Verben zu verstärken ≈ sehr, schrecklich ⟨e. kalt; e. frieren⟩
ent·setzt 1 *Partizip Perfekt*; ↑ ***entsetzen*** **2** *Adj*; ***e.*** (***über etw.*** (*Akk*)) (über etw.) sehr erschrocken od. schockiert
ent·seu·chen; *entseuchte, hat entseucht*; [Vt] ***etw. e.*** e-n Raum, ein Gebiet od. Gegenstände von Giften, Radioaktivität od. Krankheitserregern säubern || *hierzu* **Ent·seu·chung** *die* || ► ***Seuche***
ent·sin·nen, sich; *entsann sich, hat sich entsonnen*; [Vr] ***sich*** (***j-s / etw., an j-n / etw.***) ***e.*** *geschr* ≈ sich erinnern
ent·sor·gen; *entsorgte, hat entsorgt*; [Vt] ***etw. e.*** *Admin geschr*; gefährlichen, giftigen Müll von e-r Fabrik *o.Ä.* wegbringen, um ihn irgendwo zu lagern od. ungefährlich zu machen ⟨radioaktive Abfälle e.⟩ || *hierzu* **Ent·sor·gung** *die*
ent·span·nen; *entspannte, hat entspannt*; [Vt/i] **1** ***etw. entspannt*** (***j-n***) etw. macht j-n für e-e Zeit frei von e-r Belastung, so dass er sich erholen kann: *Lesen entspannt* **2** ***etw. entspannt*** (***etw.***) etw. macht die Muskeln locker: *Massage entspannt den Körper*; [Vt] **3** ***j-d / etw. entspannt etw.*** j-d / etw. macht e-n Konflikt, e-e brisante Situation *o.Ä.* weniger gefährlich: *Es gelang ihr, die gereizte Stimmung mit einigen freundlichen Worten zu e.*; [Vr] **4** ***sich*** (***bei etw. / mit etw.***) ***e.*** sich bei e-r angenehmen Tätigkeit erholen: *Manche Leute können sich nur beim Fernsehen e.* **5** ***etw. entspannt sich*** der Körper od. ein Teil des Körpers wird locker **6** ***etw. entspannt sich*** ein Konflikt wird weniger gefährlich ⟨ein Konflikt, die Lage, die Situation⟩
Ent·span·nung *die*; **1** der Vorgang, bei dem j-d / etw. locker (6) wird od. sich entkrampft od. das Ergebnis dieses Vorgangs **2** der Vorgang, bei dem ein Konflikt an Gefährlichkeit verliert (od. das Ergebnis dieses Vorgangs)
Ent·span·nungs·po·li·tik *die*; e-e Politik, bei der sich die Partner bemühen, bestehende Konflikte zu lösen
ent·spre·chen; *entspricht, entsprach, hat entsprochen*; [Vi] **1** ***etw. entspricht etw.*** (*Dat*) etw. ist e-r anderen Sache (ungefähr) gleich od. mit ihr gleichwertig: *100 Euro entsprechen ungefähr 195 D-Mark*; *Seine Darstellung entspricht der Wahrheit*; *Der Erfolg entsprach leider nicht den Erwartungen* **2** ***etw. entspricht j-m*** *veraltet*; etw. gefällt j-m od. passt zu j-m **3** ***etw.*** (*Dat*) ***e.*** *Admin geschr*; e-e Bitte od. Forderung erfüllen: *Ich darf Sie bitten, meinem Antrag zu e.*
ent·spre·chend[1] **1** *Partizip Präsens*; ↑ ***entsprechen*** **2** *Adj*; so, dass es passend od. richtig für e-e bestimmte Gelegenheit ist: *Zu meinem Rock brauche ich noch e-e entsprechende Bluse*; *Ich hoffe, du hast die entsprechende Antwort gegeben, ihm e. geantwortet*
ent·spre·chend[2] *Präp*; *mit Dat*; in Übereinstimmung mit ≈ gemäß[2] ⟨e-r Anordnung, e-m Befehl e.⟩: *Er wurde e. seiner beruflichen Qualifikation bezahlt* || NB: steht vor od. nach dem Subst.
Ent·spre·chung *die*; -, *-en*; **1** etw., das e-r Sache

entspricht (1) ≈ Analogie **2** *nur Sg*; das Entsprechen (1)
ent·sprin·gen; *entsprang, ist entsprungen*; Vi **1** ***etw. entspringt etw.*** (*Dat*) etw. hat seinen Grund, Ursprung in etw.: *Diese Tat entsprang seinem Wunsch nach Anerkennung* **2** (***aus etw.*** (*Dat*)) ***e.*** ≈ entfliehen ⟨ein entsprungener Häftling⟩ **3** ***ein Fluss*** *o.Ä.* ***entspringt irgendwo*** ein Fluss *o.Ä.* hat irgendwo seine Quelle: *Der Rhein entspringt in der Schweiz*
ent·stam·men; *entstammte; nur Präsens u. Imperfekt*; Vi ***etw.*** (*Dat*) ***e.*** in e-m bestimmten Bereich seinen Ursprung haben: *Er entstammte e-r angesehenen Familie*
ent·ste·hen; *entstand, ist entstanden*; Vi **1** ***etw. entsteht*** etw. (Neues) fängt an zu sein od. sich zu entwickeln: *Hier entsteht e-e Schule* (= sie wird hier gebaut); *Über den Vorschlag entstand e-e hitzige Debatte* **2** ***etw. entsteht*** etw. wird durch etw. hervorgerufen: *Bei dem Unfall entstand am Auto ein erheblicher Sachschaden* || *hierzu* **Ent·ste·hung** *die*
ent·stel·len; *entstellte, hat entstellt*; Vt **1** ***etw. entstellt j-n*** etw. verändert j-s Aussehen sehr negativ: *Er war durch die Narben fast bis zur Unkenntlichkeit entstellt* **2** ***etw. e.*** etw., *bes* e-n Text falsch wiedergeben: *In der Zeitung ist die Aussage des Politikers völlig entstellt worden*
ent·strö·men; *entströmte, ist entströmt*; Vi ***etw. entströmt*** (***etw.*** (*Dat*) / ***aus etw.***) *geschr*; aus e-m Behälter, Rohr *o.Ä.* gelangt Dampf, Gas, Wasser *o.Ä.* nach außen
ent·tar·nen; *enttarnte, hat enttarnt*; Vt ***j-n e.*** e-n vorher nicht identifizierten Spion als solchen erkennen
ent·täu·schen; *enttäuschte, hat enttäuscht*; Vt ***j-n e.*** nicht so sein, wie j-d es erwartet hat u. ihn dadurch traurig od. unzufrieden machen: *Sie war enttäuscht, dass ihrem Mann das Kleid nicht gefiel*; *Du hast mich bitter enttäuscht*; *ein enttäuschender Tag*
Ent·täu·schung *die*; **1** das, was j-n enttäuscht: *Dieser Abend war e-e einzige (große) E. für mich* **2** *nur Sg*; das Enttäuschtsein: *Er konnte seine E. nicht verbergen*
ent·thro·nen; *entthronte, hat entthront*; Vt ***j-n e.*** *geschr*; e-m Herrscher die Macht wegnehmen ≈ j-n absetzen ⟨e-n König e.⟩ || *hierzu* **Ent·thro·nung** *die*
ent·waff·nen; *entwaffnete, hat entwaffnet*; Vt **1** ***j-n e.*** j-m die Waffe(n) wegnehmen: *Die Polizei entwaffnete den Verbrecher* **2** ***j-n mit / durch etw. e.*** durch sein freundliches od. ehrliches Verhalten *o.Ä.* j-m jeden Grund nehmen, aggressiv od. ärgerlich zu sein ⟨ein entwaffnendes Lächeln⟩ || *zu* **1 Ent·waff·nung** *die*
Ent·war·nung *die*; die Mitteilung od. das Signal (*z.B.* der Sirene), dass e-e Gefahr vorüber ist || *hierzu* **ent·war·nen** (*hat*) *Vi*
Ent·wäs·se·rung *die*; **1** das Beseitigen von Wasser, damit etw. besser zu verwenden ist od. besser funktioniert ⟨die E. von Wiesen, Sümpfen⟩ **2** das System von Röhren, um das Abwasser abzuleiten || *zu* **1 ent·wäs·sern** (*hat*) *Vt*
ent·we·der ['ɛntveːdɐ, ɛnt'veː-] *Konjunktion*; **1** ***e. ... oder*** verwendet, um auszudrücken, dass es zwei od. mehr Möglichkeiten gibt (von denen aber nur eine gewählt wird): *Nächstes Jahr fahren wir im Urlaub e. nach Italien oder nach Frankreich* (*oder vielleicht in die Schweiz*) **2** ***e. ... oder*** verwendet, um e-r Ermahnung, e-r Drohung *o.Ä.* Nachdruck zu verleihen: *E. du bist jetzt still oder du gehst ins Bett!*
ent·wei·chen; *entwich, ist entwichen*; Vi ***etw. entweicht*** (***aus etw.***) aus e-m Behälter, Rohr *o.Ä.* gelangt etw. nach außen ⟨Gase, Dämpfe⟩: *Aus dem Kernkraftwerk sind radioaktive Dämpfe entwichen*
ent·wei·hen; *entweihte, hat entweiht*; Vt ***etw. e.*** *geschr*; durch sein Handeln od. Benehmen die Heiligkeit od. Würde von etw. verletzen || *hierzu* **Ent·wei·hung** *die*
ent·wen·den; *entwendete, hat entwendet*; Vt (***j-m***) ***etw. e.*** *geschr euph* ≈ stehlen ⟨aus der Kasse Geld e.⟩
ent·wer·fen; *entwirft, entwarf, hat entworfen*; Vt ***etw. e.*** etw. Neues (in der Art e-r Skizze) darstellen ⟨e-n Bauplan, ein Kleid, ein Modell, ein Programm, ein Projekt e.⟩: *In diesem Roman wird e-e neue Gesellschaftsform entworfen* || ► **Entwurf**
ent·wer·ten; *entwertete, hat entwertet*; Vt **1** ***etw. e.*** e-e Briefmarke, Fahrkarte *o.Ä.* mit e-r Markierung kennzeichnen, damit sie kein zweites Mal benutzt werden kann **2** ***etw. e.*** den Wert von etw. reduzieren ⟨Geld e.⟩ || *hierzu* **Ent·wer·tung** *die* || ► ***Wert***
Ent·wer·ter *der*; *-s, -*; *Transp*; ein Gerät in Straßenbahnen, Bussen *usw*, in das man seine Fahrkarte steckt, um sie zu stempeln, damit sie für diese Fahrt gültig ist || -K: ***Fahrkarten-, Fahrschein-***
ent·wi·ckeln; *entwickelte, hat entwickelt*; Vt **1** ***etw. e.*** etw. erfinden u. dann auch (*mst* nach relativ langer Zeit) herstellen: *neue Motoren, Kunststoffe, Verfahren e.* **2** ***etw. e.*** sich etw. ausdenken u. darüber schreiben ⟨e-e Theorie, e-n Plan e.⟩ **3** ***e-n Film e.*** e-n (belichteten) Film chemisch so behandeln, dass man die Negative od. die Fotos selbst erhält **4** ***etw. e.*** etw. entstehen lassen od. vervollkommnen ⟨e-e Fähigkeit e.; Fantasie, Initiative e.⟩ **5** ***etw. entwickelt etw.*** etw. lässt etw. entstehen: *Der Ofen entwickelt Wärme*; Vr **6** ***etw. entwickelt sich*** (***irgendwie***) etw. entsteht od. wird verursacht: *Bei dem Brand entwickelten sich giftige Gase* **7** ***sich*** (***irgendwie, zu j-m / etw.***) ***e.*** *mst* über längere Zeit zu etw. werden: *Die Stadt hat sich zu e-m kulturellen Zentrum entwickelt*
Ent·wick·lung *die*; *-, -en*; **1** die Phase od. das Ergebnis der Erforschung od. Ausarbeitung von etw.: *Die Wissenschaftler arbeiten an der E. des neuen Medikaments*; *revolutionäre Entwicklungen auf dem Gebiet der Mikrobiologie* || K-: ***Entwicklungs-, -phase, -prozess, -stadium, -stufe*** **2** der Prozess, bei dem sich j-d / etw. verändert: *Die Medien üben e-n starken Einfluss auf die E. junger Menschen aus* || K-: ***Entwicklungs-, -möglichkeit, -phase, -prozess, -stadium, -stufe*** **3** das Entstehen von etw.: *die E. von Rauch, Dämpfen* || K-: ***Entwicklungs-, -prozess*** **4** die Behandlung e-s belichteten Films, bei der fertige Bilder od. Negative entstehen
Ent·wick·lungs·hel·fer *der*; j-d, der den Menschen in Entwicklungsländern bei der Lösung *mst* medizinischer od. technischer Probleme hilft
Ent·wick·lungs·hil·fe *die*; *nur Sg*; die *mst* finanzielle Unterstützung von Ländern der Dritten Welt durch die großen Industrienationen
Ent·wick·lungs·land *das*; ein Land der Dritten Welt, das nur wenig Industrie hat u. sehr arm ist
ent·win·den; *entwand, hat entwunden*; Vt ***j-m etw. e.*** *geschr*; j-m etw. mit Gewalt wegnehmen, das dieser in den Händen hält
ent·wir·ren; *entwirrte, hat entwirrt*; Vt **1** ***etw. e.*** etw., *mst* Fäden, die ineinander verschlungen sind, wieder so ordnen, dass sie einzeln liegen ⟨ein Knäuel, e-n Knoten e.⟩ **2** ***etw. e.*** e-e komplizierte Sache allmählich verstehen od. einfach u. übersichtlich machen || *hierzu* **Ent·wir·rung** *die* || ► ***wirr***
ent·wi·schen; *entwischte, ist entwischt*; Vi (***j-m***) ***e.*** *gespr* ≈ (j-m) entkommen
ent·wöh·nen; *entwöhnte, hat entwöhnt*; Vt **1** ***j-n*** (***von etw.***) ***e.*** bewirken, dass j-d mit etw. (*bes* mit Drogen *o.Ä.*) aufhört, an das er gewöhnt ist ⟨j-n von Alkohol, von Drogen e.⟩ **2** ***ein Baby e.*** ein Baby daran gewöhnen, allmählich statt der Muttermilch andere

Nahrung zu sich zu nehmen ⟨ein Baby, e-n Säugling e.⟩ || *hierzu* **Ent·wöh·nung** *die*

ent·wür·di·gend *Adj*; ⟨ein Benehmen, e-e Behandlung, Zustände⟩ so, dass sie die Würde e-s Menschen verletzen

Ent·wurf *der*; **1** e-e Zeichnung, anhand der man etw. bauen, konstruieren *o.Ä.* kann ≈ Skizze ⟨e-n E. ausarbeiten⟩: *der E. e-s Bungalows* **2** ein Text, der die wichtigsten Punkte od. Gedanken schon enthält, aber noch nicht ganz fertig ist ⟨der E. e-s Gesetzes, e-s Vertrages, (zu) e-r Novelle, e-r Rede, e-r Verfassung⟩ || -K: ***Gesetzes-*** || ► ***entwerfen***

ent·wur·zelt *Adj*; **1** umgefallen u. mit den Wurzeln nicht mehr im Boden ⟨ein Baum⟩ **2** ⟨e-e Person⟩ so, dass sie ohne Freunde ist u. keinen Halt mehr im Leben hat

ent·zer·ren; *entzerrte, hat entzerrt*; [Vt] ***etw. e.*** *Tech*; Verfälschungen beseitigen, die beim Übertragen von akustischen Signalen, beim Fotografieren *o.Ä.* entstehen || *hierzu* **Ent·zer·rung** *die*

ent·zie·hen; *entzog, hat entzogen*; [Vt] **1** ***j-m etw. e.*** j-m etw. nicht länger geben, gewähren ⟨j-m seine Hilfe, Unterstützung, Freundschaft, sein Vertrauen e.⟩ **2** ***j-m etw. e.*** j-m ein Recht od. e-e Erlaubnis nehmen ⟨j-m den Führerschein, e-e Konzession, die Kompetenzen e.⟩ **3** ***j-m seine Hand e.*** die eigene Hand, die ein anderer halten möchte, zurückziehen: *Sie entzog ihm ihre Hand*; [Vr] **4** ***sich j-m / etw. e.*** e-r körperlichen Berührung mit j-m ausweichen: *Sie entzog sich ihm / seiner Umarmung* **5** ***sich j-m / etw. e.*** sich vom Einfluss von j-m / etw. befreien **6** ***sich etw.*** (*Dat*) ***e.*** etw. nicht mehr tun ⟨sich seinen Pflichten, Verpflichtungen, der Verantwortung e.⟩ **7** ***etw. entzieht sich j-s Kenntnis*** j-d weiß etw. nicht || *zu* **1, 2, 3** u. **6 Ent·zie·hung** *die* || ► ***Entzug***

Ent·zie·hungs·kur *die*; e-e Kur, die *z.B.* ein Alkoholiker od. Drogenabhängiger macht, um von seiner Sucht geheilt zu werden

ent·zif·fern; *entzifferte, hat entziffert*; [Vt] **1** ***etw. e.*** ≈ dekodieren, dechiffrieren **2** ***etw. e.*** es schaffen, e-n Text zu lesen, der schwer zu verstehen ist od. der sehr undeutlich geschrieben ist || *hierzu* **Ent·zif·fe·rung** *die*; **ent·zif·fer·bar** *Adj*

ent·zü·cken; *entzückte, hat entzückt*; [Vt] ***j-n e.*** *geschr*; j-m sehr gefallen u. ihn begeistern

Ent·zü·cken *das*; *-s*; *nur Sg, geschr*; große Freude über etw. Schönes od. Angenehmes

ent·zü·ckend 1 *Partizip Präsens*; ↑ ***entzücken* 2** *Adj* ≈ reizend, sehr hübsch ⟨ein Kind, Mädchen, Kleid, e-e Bluse; e. aussehen⟩

ent·zückt 1 *Partizip Perfekt*; ↑ ***entzücken* 2** *Adj*; ***e.*** (***über etw.*** (*Akk*) / ***von etw.***) begeistert (von etw.) ⟨sehr, wenig, nicht gerade e. sein⟩: *Ich bin e. über Ihr Angebot!*

Ent·zug *der*; *-(e)s*; *nur Sg*; **1** die Verweigerung von Hilfe, Unterstützung *o.Ä.* **2** das Wegnehmen, das Entziehen (2) e-r Erlaubnis, e-s Rechts *o.Ä.* **3** *gespr* ≈ Entziehungskur ⟨auf E. sein⟩

Ent·zugs·er·schei·nung *die*; *mst Pl*; **1** (schmerzhafte) körperliche Reaktionen, *z.B.* Schüttelfrost, die ein Süchtiger hat, wenn er keine Drogen mehr bekommt **2** *hum*; das (unangenehme) Gefühl, das man bekommt, wenn man längere Zeit auf etw. verzichten muss, an das man sich schon gewöhnt hat

ent·zün·den[1]; *entzündete, hat entzündet*; [Vt] **1** ***etw. e.*** *geschr* ≈ anzünden ⟨ein Feuer, Streichholz, e-e Kerze *o.Ä.* e.⟩; [Vr] **2** ***etw. entzündet sich*** etw. fängt von selbst zu brennen an: *Das Heu hat sich im Stall entzündet* **3** ***etw. entzündet sich an etw.*** (*Dat*) *mst* e-e Diskussion, e-e Debatte, e-e Auseinandersetzung od. ein Konflikt beginnt wegen etw.: *An der Behauptung des Redners entzündete sich e-e lebhafte Diskussion*

ent·zün·den[2], **sich**; *entzündete sich, hat sich entzündet*; [Vr] ***etw. entzündet sich*** e-e Stelle am / im Körper wird rot, schwillt an u. erzeugt e-n *mst* brennenden Schmerz ⟨die Augen, die Mandeln, e-e Wunde⟩ || *hierzu* **ent·zünd·lich** *Adj*

Ent·zün·dung[1] *die*; -, *-en*; *mst Sg*; das Entzünden[1] (1,3) von etw.

Ent·zün·dung[2] *die*; -, *-en*; *Med*; e-e kranke Stelle am od. im Körper, die rot u. angeschwollen ist ⟨e-e chronische, schmerzhafte E.; die E. der Augen, e-r Wunde *o.Ä.*⟩ || -K: ***Blinddarm-, Gehirnhaut-, Lungen-, Mandel-***

ent·zwei *Adj*; *nur präd, nicht adv*; ***etw. ist e.*** *veraltend*; etw. ist in mehrere Teile zerbrochen ≈ etw. ist kaputt ⟨ein Glas, e-e Fensterscheibe, ein Spielzeug, e-e Vase *o.Ä.* ist e.⟩

ent·zwei·en; *entzweite, hat entzweit*; *geschr*; [Vt] ***j-d / etw. entzweit j-n*** (*Kollekt od Pl*) j-d / etw. zerstört das gute Verhältnis zwischen zwei od. mehr Personen ⟨Freunde, e-e Familie e.⟩: *Der Streit um das Erbe hat die Geschwister entzweit*; [Vr] ***sich*** (***mit j-m***) ***e.*** Gegner od. Feind von j-m werden, zu dem man vorher ein gutes Verhältnis hatte: *Wir haben uns entzweit* || *hierzu* **Ent·zwei·ung** *die*

ent·zwei·ge·hen; *ging entzwei, ist entzweigegangen*; [Vi] ***etw. geht entzwei*** etw. zerbricht, etw. geht kaputt ⟨e-e Fensterscheibe, ein Teller⟩

En·zi·an *der*; *-s, -e*; e-e kleine Pflanze mit *mst* leuchtend blauen Blüten in Form von Glocken, die im Gebirge wächst

En·zyk·lo·pä·die *die*; -, *-n* [-'diːən]; ein Lexikon, das Informationen über ein Gebiet od. viele Gebiete des Wissens enthält || *hierzu* **en·zyk·lo·pä·disch** *Adj*

E·pi·de·mie *die*; -, *-n* [-'miːən]; e-e (Infektions)Krankheit, die viele Menschen zur gleichen Zeit in e-m bestimmten Gebiet haben || -K: ***Cholera-, Grippe-*** || *hierzu* **e·pi·de·misch** *Adj*

E·pi·go·ne *der*; *-n, -n*; *geschr, mst pej*; ein Künstler, der in der Art anderer Künstler arbeitet, sie nachahmt u. selbst keine guten Ideen hat || NB: *der Epigone; den, dem, des Epigonen* || *hierzu* **e·pi·go·nal** *Adj*; **e·pi·go·nen·haft** *Adj*; **E·pi·go·nen·tum** *das*; *-s*; *nur Sg*

E·pik *die*; *-*; *nur Sg, Kollekt, Lit*; alle erzählenden literarischen Gattungen, *z.B.* Roman, Novelle || *hierzu* **e·pisch** *Adj*

E·pi·lep·sie *die*; *-*; *nur Sg, Med*; e-e Krankheit, die plötzliche Anfälle von unkontrollierten Zuckungen, starken Krämpfen u. kurzer Bewusstlosigkeit verursacht ≈ Fallsucht || *hierzu* **E·pi·lep·ti·ker** *der*; *-s, -*; **e·pi·lep·tisch** *Adj*

E·pi·so·de *die*; -, *-n*; ein Ereignis od. Erlebnis, das keine besonders wichtigen Folgen hat

E·pi·zent·rum *das*; *Geol*; das Gebiet an der Erdoberfläche, das sich direkt über dem Zentrum e-s Erdbebens befindet

e·po·chal *Adj*; von sehr großer Bedeutung (für e-e bestimmte Zeit od. für die Zukunft)

E·po·che *die*; -, *-n*; ein relativ langer Zeitabschnitt, der durch bestimmte Ereignisse od. Bedingungen gekennzeichnet ist ⟨am Beginn e-r neuen E. stehen; der Stil e-r E.; die E. der Gotik, der Renaissance, des Kolonialismus *usw*⟩

E·pos *das*; -, *Epen*; **1** e-e *mst* relativ lange Erzählung in Versen, *z.B.* die Odyssee von Homer || -K: ***Helden-, National-*** **2** ein relativ langer Film od. Roman, der die Geschichte vieler Personen über e-e lange Zeit darstellt

er *Personalpronomen der 3. Person Sg*; verwendet anstatt e-s Substantivs, um e-e Person od. Sache zu bezeichnen, deren grammatisches Geschlecht maskulin ist: *Mein Bruder ist im Moment nicht da - er kommt erst am Abend wieder*; *Was ist denn mit dem Hund los? Er bellt die ganze Zeit*; *Ich habe mir den roten Rock gekauft. Er hat mir am besten gefallen* || NB: ↑ *Tabelle unter* **Personalpronomen**

Er *der*; -, *-s*; *gespr*; ein Mensch od. Tier männlichen Geschlechts ↔ Sie: *Ist euer Hund ein Er?*

er- *im Verb, unbetont u. nicht trennbar, sehr produktiv*; Die Verben mit *er-* werden nach folgendem Muster gebildet: *erglühen - erglühte - erglüht*

1 *er-* drückt aus, dass etw. zu etw. wird, j-d / etw. e-e bestimmte Eigenschaft annimmt. Die Verben mit *er-*, die so gebildet werden, gehören *mst* e-r relativ gehobenen Sprache an;

erkalten: *den Pudding vor dem Servieren erkalten lassen* ≈ den Pudding vor dem Servieren kalt werden lassen

ebenso: ***erblassen, erblinden, ergrauen, ergrünen, erkranken, erlahmen, erröten, erstarren***

2 *er-* drückt aus, dass j-d durch e-e Handlung od. e-n Denkprozess ein bestimmtes Ergebnis erreicht;

etw. ertasten: *Sie ertastete im Dunkeln den Lichtschalter* ≈ Sie fand durch Tasten im Dunkeln den Lichtschalter

ebenso: ***etw. erahnen***, (***sich*** (*Dat*)) ***etw. erbetteln***, (***sich*** (*Dat*)) ***etw. erbitten***, (***sich*** (*Dat*)) ***etw. erdenken, etw. erflehen, etw. erforschen***, (***sich*** (*Dat*)) ***etw. ergaunern***, (***sich*** (*Dat*)) ***etw. erkaufen, etw. erklettern, etw. erlernen, j-n ermorden, etw. errechnen***, (***sich*** (*Dat*)) ***etw. erschwindeln***, (***sich*** (*Dat*)) ***etw. erwandern***

3 *er-* drückt aus, dass ein Vorgang beginnt, dass etw. beginnt, irgendeine Reaktion zu zeigen. Die Verben mit *er-*, die so gebildet werden, gehören *mst* der geschriebenen Sprache an;

erbeben: *Als das alte Haus gesprengt wurde, erbebten die umliegenden Gebäude* ≈ Als das alte Haus gesprengt wurde, fingen die umliegenden Gebäude an zu beben

ebenso: ***erglänzen, erglimmen, erglühen, erstrahlen***

-er[1] *der*; *-s*, *-*; *sehr produktiv*; **1** bezeichnet den, der etw. tut od. sich damit beschäftigt; ***Arbeiter, Fahrer, Leser, Spieler***; ***Aufsteiger, Fußballer, Sportler*** *usw* **2** bezeichnet j-n, der an dem Ort wohnt, zu e-r Gruppe gehört; ***Berliner, Bremer, Österreicher*** *usw*; ***Gewerkschafter, Metaller*** **3** bezeichnet das Instrument, mit dem die genannte Arbeit getan wird; ***Öffner, Bohrer, Entsafter, Rasenmäher*** **4** bezeichnet Lebewesen od. Dinge nach e-m wichtigen Merkmal od. auch nur nach e-r Zahlgröße; ***Paarhufer, Dickhäuter, Vierbeiner***; ***Fünfakter, Sechser, Hunderter, Dreitausender***

-er[2] *Adj*; *nur attr*, *produktiv*; in Verbindung mit Ortsnamen; der ***Bremer / bremer Stadtrand***, das ***Thüringer Würstchen, Lübecker Marzipan*** || NB: Diese Adjektive werden großgeschrieben, wenn sie zu festen Warenbezeichnungen gehören

er·ạch·ten; *erachtete, hat erachtet*; [Vt] ***j-n als / für etw. e.***; ***etw. als / für etw. / irgendwie e.*** *geschr*; von j-m / etw. e-e bestimmte Meinung haben od. j-n / etw. für etw. halten: *e-e Maßnahme als dringend, erforderlich, notwendig, unerlässlich e.*; *etw. als seine Pflicht, Aufgabe e.*

Er·ạch·ten *das*; *geschr*; **1 *meines Erachtens*** meiner Ansicht / Meinung nach; *Abk* m. E. **2 *nach meinem E.*** meines Erachtens (1)

er·ạr·bei·ten; *erarbeitete, hat erarbeitet*; [Vt] **1 *etw. e.*** e-n *mst* relativ langen Text schreiben, in dem ein Plan, e-e Idee *o.Ä.* genau u. bis in die Einzelheiten dargestellt wird: *Die Kommission hat e-n Bericht über das Waldsterben erarbeitet* **2 *sich*** (*Dat*) ***etw. e.*** etw. lernen, indem man sich intensiv damit beschäftigt **3 *sich*** (*Dat*) ***etw.*** (***irgendwie***) ***e.*** etw. durch Arbeit bekommen od. erreichen: *Er hat sich sein Haus hart e. müssen* || *hierzu* **Er·ạr·bei·tung** *die*

Ẹrb·an·la·ge *die*; -, *-n*; *mst Pl*; die Eigenschaften u. Merkmale, die ein Mensch od. ein anderes Lebewesen geerbt (2) hat

er·bạr·men; *erbarmte, hat erbarmt*; *geschr veraltend*; [Vt] **1 *etw. erbarmt j-n*** etw. lässt in j-m Mitleid entstehen: *Der Anblick der hungernden Kinder erbarmte sie*; [Vr] **2 *sich j-s e.*** mit j-m Mitleid haben u. ihm helfen: *Er erbarmte sich der Armen u. gab ihnen zu essen*

Er·bạr·men *das*; *-s*; *nur Sg* ≈ Mitleid ⟨*mst* E. mit j-m haben; kein E. kennen⟩ || ID ***Das ist zum E.!*** das ist e-e sehr schlechte Leistung!

er·bạr·mens·wert *Adj* ≈ Mitleid erregend

er·bạ̈rm·lich *Adj*; **1** ≈ erbarmenswert ⟨ein Anblick; in e-m erbärmlichen Zustand⟩ **2** *gespr*; von sehr schlechter Qualität ⟨e-e Leistung⟩ **3** *gespr*; moralisch schlecht ⟨sich e. verhalten⟩ **4** *nicht adv*, *gespr*; im negativen Sinn sehr groß, sehr intensiv ⟨erbärmlichen Hunger haben⟩ **5** *nur adv*, *gespr*; verwendet, um Adjektive od. Verben mit negativem Sinn zu verstärken ⟨e. kalt; e. frieren⟩ || *zu* **1, 2** u. **3 Er·bạ̈rm·lich·keit** *die*

er·bạr·mungs·los *Adj*; ohne Erbarmen, ohne Mitleid ≈ herzlos, unmenschlich

er·bạr·mungs·wür·dig *Adj*; *geschr* ≈ erbarmenswert

er·bau·en[1]; *erbaute, hat erbaut*; [Vt] ***etw. e.*** etw. (*mst* ein relativ großes Gebäude) bauen: *Diese Kirche wurde im 15. Jahrhundert erbaut*

er·bau·en[2]; *erbaute, hat erbaut*; [Vt] *geschr veraltend*; **1 *etw. erbaut j-n*** etw. ruft in j-m ein Gefühl von innerer Ruhe, Zufriedenheit od. Freude hervor; [Vr] **2 *sich an etw.*** (*Dat*) ***e.*** etw. Schönes sehen od. hören u. sich daran freuen || ID ***über etw.*** (*Akk*) / ***von etw. nicht*** (***gerade***) ***erbaut sein*** etw. nicht sehr gut finden, aber dennoch akzeptieren || *hierzu* **Er·bau·ung** *die*

Er·bau·er *der*; *-s*, *-*; j-d, der etw. erbauen[1] ließ od. erbaut hat

Ẹr·be[1] *das*; *-s*; *nur Sg*; **1** *Kollekt*; der Besitz, der nach dem Tod e-r Person *mst* an die Verwandten weitergeht ⟨das elterliche, väterliche, mütterliche E.; auf sein E. verzichten⟩ || K-: ***Erb-, -anspruch, -onkel, -tante, -teilung, -vertrag***; ***erb-, -berechtigt*** **2 *ein E. antreten*** Eigentümer e-s Erbes (1) werden **3 *ein E. ausschlagen*** auf ein E. (1) verzichten **4** *Kollekt*; die Leistungen u. Traditionen, die aus der Vergangenheit überliefert sind ⟨das geschichtliche, kulturelle E.⟩

Ẹr·be[2] *der*; *-n*, *-n*; **1** j-d, der ein Erbe[1] bekommt ⟨der alleinige, gesetzliche, rechtmäßige *o.Ä.* E.; j-n als / zum Erben einsetzen / machen⟩ || NB: *der Erbe*; *den, dem, des Erben* **2** *nur Pl*; die spätere, folgende Generation || *zu* **1 Ẹr·bin** *die*; -, *-nen*

ẹr·ben; *erbte, hat geerbt*; [Vt/i] **1** (***etw.***) (***von j-m***) ***e.*** etw. von j-m nach dessen Tod bekommen: *Er hat ein Grundstück von seinem Onkel geerbt*; [Vt] **2 *etw.*** (***von j-m***) ***e.*** e-e Eigenschaft der Eltern od. Großeltern haben: *Die braunen Augen hat sie von ihrem Vater geerbt* **3 *etw. von j-m e.*** *gespr hum*; e-n gebrauchten Gegenstand von j-m übernehmen: *Den Mantel habe ich von meiner Schwester geerbt*

er·bẹt·teln; *erbettelte, hat erbettelt*; [Vt] **1 *etw. e.*** etw. durch Betteln bekommen **2** (***sich*** (*Dat*)) ***etw. e.*** etw. bekommen, weil man lange bittet: *sich e-e Erlaubnis e.*

er·beu·ten; *erbeutete, hat erbeutet*; [Vt] ***etw. e.*** etw. durch Kampf od. Raub als Beute bekommen

E

Erb·feind *der*; ein (*mst* militärischer) Gegner, der schon sehr lange Zeit Feind ist

Erb·gut *das*; *nur Sg, Biol Kollekt*; die Gesamtheit aller Erbanlagen od. Gene

er·bie·ten, sich; *erbot sich, hat sich erboten*; Vr ***sich e.*** + ***zu*** + *Infinitiv, geschr veraltet*; anbieten, etw. zu tun ≈ sich zu etw. bereit erklären

er·bit·ten; *erbat, hat erbeten*; Vt ***(sich*** (*Dat*)***)etw.*** (***von j-m***) ***e.*** *geschr*; j-n um etw. bitten ⟨j-s Hilfe, Rat, Verzeihung, Gottes Segen e.⟩

er·bit·tern; *erbitterte, hat erbittert*; Vt ***etw. erbittert j-n*** etw. bewirkt, dass j-d sehr enttäuscht od. zornig ist || *hierzu* **Er·bit·te·rung** *die*; *nur Sg*

er·bit·tert 1 *Partizip Perfekt*; ↑ ***erbittern*** **2** *Adj*; (***über j-n / etw.***) ***e.*** enttäuscht von j-m / etw. od. zornig über j-n / etw. **3** *Adj*; sehr heftig, sehr intensiv ⟨ein Kampf, ein Streit, ein Feind; erbitterten Widerstand leisten⟩

Erb·krank·heit *die*; e-e Krankheit, die durch e-e besondere Erbanlage entstanden ist

er·blas·sen; *erblasste, ist erblasst*; Vi (***vor etw.***) ***e.*** *geschr*; plötzlich blass werden ⟨vor Neid, vor Schreck e.⟩

Erb·las·ser *der*; *-s, -*; *Jur*; die Person, deren Eigentum andere erben || *hierzu* **Erb·las·se·rin** *die*; *-, -nen*

er·blei·chen; *erbleichte / (veraltet) erblich, ist erbleicht / (veraltet) erblichen*; Vi *geschr* ≈ erblassen

erb·lich *Adj*; **1** so, dass es Teil der Erbanlage ist: *Die Farbe der Augen ist e.* **2** ***e. belastet sein*** e-e negative Eigenschaft od. Krankheit (aufgrund der Erbanlage) haben **3** ⟨*mst* Adel, ein Titel⟩ so, dass sie von den Eltern an die Kinder weitergegeben werden

er·bli·cken; *erblickte, hat erblickt*; Vt **1** ***j-n / etw. e.*** *geschr*; j-n / etw. sehen **2** ***das Licht der Welt e.*** geboren werden

er·blin·den; *erblindete, ist erblindet*; Vi **1** blind (1) werden ⟨auf e-m Auge, auf beiden Augen e.⟩ **2** ***etw. erblindet*** etw. wird matt[1] (3) ⟨ein Spiegel⟩ || *zu* **1** **Er·blin·dung** *die*

er·blü·hen; *erblühte, ist erblüht*; Vi ***etw. erblüht*** *geschr*; etw. fängt an zu blühen: *Über Nacht ist der Flieder erblüht*

Erb·mas·se *die*; *mst Sg*; **1** *Jur Kollekt*; alles, was j-d als Erbe[1] hinterlässt **2** *Biol Kollekt*; die Gesamtheit der Erbanlagen od. Gene

er·bo·sen; *erboste, hat erbost*; *veraltend*; Vt **1** ***etw. erbost j-n*** etw. macht j-n wütend; Vr **2** ***sich über j-n / etw. e.*** über j-n od. etw. wütend werden

er·bost 1 *Partizip Perfekt*; ↑ ***erbosen*** **2** *Adj*; (***über j-n / etw.***) ***e.*** ≈ wütend, ärgerlich

er·bre·chen; *erbrach, hat erbrochen*; Vt/i **1** (***etw.***) ***e.*** den Inhalt des Magens durch den Mund nach außen bringen: *Er erbrach (alles, was er gegessen hatte)*; Vr **2** ***sich e.*** sich übergeben: *Vor Aufregung musste sie sich e.* || ID (***etw. ist***) ***zum Erbrechen*** *gespr*; (etw. ist) sehr unangenehm ⟨zum Erbrechen langweilig⟩

er·brin·gen; *erbrachte, hat erbracht*; *geschr*; Vt **1** ***etw. erbringt etw.*** etw. hat e-e bestimmte Summe als Ergebnis: *Die Versteigerung erbrachte über 40000 Euro* **2** ***etw. e.*** e-e bestimmte Summe Geld zahlen: *e-e Kaution e.* **3** ***etw. e.*** verwendet zusammen mit e-m Subst., um ein Verb zu umschreiben; ***e-n Beweis e.*** ≈ etw. beweisen; ***e-e Klärung e.*** ≈ etw. (auf)klären

Erb·schaft *die*; *-, -en*; das Erbe[1] (1) ⟨e-e E. machen, antreten, ausschlagen⟩ || K-: ***Erbschafts-, -steuer***

Erb·schlei·cher *der*; *-s, -*; j-d, der versucht, durch Betrug od. List ein Erbe[1] zu bekommen, auf das andere Personen ein Recht haben

Erb·se *die*; *-, -n*; **1** e-e Pflanze mit relativ großen, kugelförmigen grünen Samen, die sich in e-r länglichen Hülse befinden **2** *mst Pl*; die Samen der E. (1), die als Gemüse gegessen werden || ↑ *Abb. unter* ***Gemüse*** || K-: ***Erbsen-, -eintopf, -gericht, -suppe***; ***erbsen-, -groß***

Erb·stück *das*; ein *mst* wertvoller Gegenstand, den man geerbt (1) hat: *ein E.* (*von*) *seiner Großmutter*

Erb·teil *das*; das, was j-m als Anteil von e-m Erbe[1] (1) gehört ⟨j-m sein E. auszahlen⟩

Erd·ach·se *die*; *nur Sg*; e-e (gedachte) Linie zwischen Nord- u. Südpol, um die sich die Erde (1) dreht

Erd·an·zie·hung *die*; *nur Sg*; die Kraft, mit der die Erde (1) (aufgrund ihrer Masse) kleinere Körper anzieht

Erd·ap·fel *der*; *südd* ≈ Kartoffel

Erd·be·ben *das*; *-s, -*; e-e Erschütterung der (Oberfläche der) Erde (1), die manchmal so stark ist, dass sie Häuser zerstört: *Auf das E. folgten in den nächsten Tagen noch einige leichtere Erdstöße* || K-: ***Erdbeben-, -gebiet, -herd, -opfer, -warte***

Erd·bee·re *die*; **1** e-e Pflanze mit weißen Blüten u. roten Früchten **2** die (rote, süße, saftige) Frucht der E. (1) || K-: ***Erdbeer-, -bowle, -konfitüre, -kuchen, -marmelade, -torte*** || -K: ***Garten-, Wald-***

die Erdbeere die Himbeere

Erd·bo·den *der*; *nur Sg*; die Oberfläche der Erde (1), auf der man geht u. steht: *sich auf den (nackten) E. setzen, auf dem blanken E. schlafen* || ID ⟨e-e Stadt⟩ ***dem E. gleichmachen*** e-e Stadt völlig zerstören; ***wie vom E. verschluckt sein*** *gespr*; plötzlich verschwunden sein; ***Ich könnte*** (***vor Scham***) ***im E. versinken*** ich schäme mich sehr

Er·de *die*; *-, -n*; **1** *nur Sg*; der Planet, auf dem wir leben ≈ Erdball, Erdkugel (1): *Die E. dreht sich in einem Jahr einmal um die Sonne* || K-: ***Erd-, -atmosphäre, -bewohner, -bevölkerung, -geschichte, -kern, -kruste, -magnetismus, -mittelpunkt, -oberfläche, -satellit, -schatten, -trabant, -umfang, -umkreisung, -wärme***; ***erd-, -fern, -nah*** **2** *nur Sg*; die Oberfläche der E. (1), auf der man geht u. steht ≈ Erdboden, Boden[1] (2): *Pass auf, dass das Glas nicht auf die / zur E. fällt*; *Der Maulwurf lebt unter der E.* || K-: ***Erd-, -höhle, -loch, -spalte*** **3** der Stoff[1] (1), in dem Pflanzen wachsen (können) u. aus dem die oberste Schicht der E. (1) besteht ≈ Erdreich, Boden[1] (1) ⟨e-e fruchtbare, humusreiche, krümelige, sandige E.⟩: *im Garten die E. umgraben*; *e-n Blumentopf mit E. füllen* || K-: ***Erd-, -bestattung, -brocken, -haufen, -hügel, -klumpen, -scholle, -wall***; ***erd-, -braun, -farben*** || -K: ***Blumen-, Kompost-*** **4** *nur Sg*; ein Gebiet der E. (1): *auf fremder, heimatlicher E. sterben*; *Das ist ein idyllisches Fleckchen E.* **5** (in Religionen) die materielle Welt im Gegensatz zum Himmel, Jenseits *o.Ä.*: *Gottes Wille geschehe im Himmel und auf der E.* || K-: ***Erden-, -dasein, -leben*** || NB: In dieser Verwendung sagt man oft auch *auf Erden*: *Das Paradies auf Erden* **6** das Gemisch von Mineralien, aus der die E. (3) besteht || -K: ***Heil-, Porzellan-, Ton-*** **7** *Elektr*; der Draht, mit dem etw. geerdet wird **8** ***Mutter E.*** *lit*; (in Naturreligionen) die E. (1), aus der das Leben von Pflanzen u. Tieren hervorgeht || ID ***E. zu E., Staub zu Staub*** verwendet bei e-r Beerdigung, um auszudrücken, dass der Körper des Menschen vergänglich ist (u. nur die Seele weiterlebt); ***j-n unter die E. bringen*** *gespr*; j-n psychisch od. physisch so belasten, dass er stirbt: *Die Trauer um ihren Sohn hat sie unter die E. gebracht*; ***unter der E. sein / liegen*** (*mst* schon längere Zeit) tot sein || ► ***irdisch***

er·den; *erdete, hat geerdet*; Vt ***etw. e.*** *Elektr*; ein elektrisches Gerät über e-e Leitung mit dem (Erd-) Boden verbinden (zum Schutz vor e-m Stromschlag *o.Ä.*): *e-e Antenne e.* || *hierzu* **Er·dung** *die*

er·den·ken; *erdachte, hat erdacht*; Vt ***(sich (Dat)) etw. e.*** *geschr*; etw. Neues durch relativ langes Überlegen (in Gedanken) entwickeln ≈ sich etw. ausdenken: *e-e Methode, e-n Plan e.*

er·denk·lich *Adj*; *geschr*; *nur nach all- od jed- verwendet*; möglich od. vorstellbar: *j-m alles e. Gute wünschen*; *Ich habe auf jede erdenkliche Weise versucht, ihr zu helfen*

Erd·gas *das*; *nur Sg*; ein Gemisch aus Gasen (2), das es tief unter der Erde gibt u. mit dem man heizen u. kochen kann

Erd·ge·schoss, **Erd·ge·schoß** *das*; das Stockwerk e-s Hauses, das auf der gleichen Höhe wie die Straße liegt ≈ Parterre

er·dich·ten; *erdichtete, hat erdichtet*; Vt ***etw. e.*** e-e (unwahre) Geschichte erfinden (2)

er·dig *Adj*; **1** *geschr*; so, dass Erde (3) daran klebt: *Die Kartoffeln / Meine Gummistiefel sind e.* **2** wie Erde (3) ⟨ein Geruch; etw. riecht, schmeckt e.⟩

Erd·ku·gel *die*; **1** *nur Sg* ≈ Erde (1) **2** *veraltend* ≈ Globus

Erd·kun·de *die*; *nur Sg*; **1** die Wissenschaft, die sich mit den Ländern, Meeren, dem Klima, der wirtschaftlichen Nutzung der Erde *usw* beschäftigt ≈ Geographie **2** ein Fach in der Schule, in dem E. (1) unterrichtet wird || K-: ***Erdkunde-, -arbeit, -buch, -lehrer, -note, -stunde, -unterricht*** || *zu* **1 erd·kund·lich** *Adj*

Erd·nuss *die*; e-e Nuss, die in heißen Ländern unter der Erdoberfläche wächst u. die geröstet (u. gesalzen) gegessen wird || K-: ***Erdnuss-, -öl***

Erd·nuss|but·ter *die*; e-e Substanz (e-e Art Paste) aus Öl u. geriebenen Erdnüssen, die man aufs Brot streicht

Erd·öl *das*; *nur Sg*; ein Öl, das in tiefen Schichten der Erde (2) vorkommt u. aus dem man *z.B.* Benzin, Heizöl, Petroleum *usw* produziert ⟨E. exportierend⟩ || K-: ***Erdöl-, -feld, -förderung, -raffinerie, -vorkommen***

Erd·reich *das*; *nur Sg* ≈ die Erde (3): *das steinige, trockene E. lockern, umgraben*

er·dreis·ten, sich; *erdreistete sich, hat sich erdreistet*; Vr ***sich e.*** + ***zu*** + *Infinitiv*, *geschr*; die Frechheit haben, etw. (Unerlaubtes od. Provozierendes) zu tun od. zu sagen ≈ wagen, sich unterstehen + zu + *Infinitiv* || ► ***dreist, Dreistigkeit***

er·dros·seln; *erdrosselte, hat erdrosselt*; Vt ***j-n e.*** j-n töten, indem man ihm so lange die Kehle zudrückt, bis er tot (erstickt) ist ≈ erwürgen || *hierzu* **Er·dros·se·lung**, **Er·dross·lung** *die*

er·drü·cken; *erdrückte, hat erdrückt*; Vt **1** ***etw. erdrückt j-n*** etw. drückt so gegen j-s Brust(korb), dass er stirbt: *Die Bergleute sind von den nachrutschenden Erdmassen erdrückt worden* **2** ***etw. erdrückt j-n*** etw. belastet j-n psychisch od. auf andere Weise so stark, dass er es nicht mehr ertragen kann: *Die Last der Sorgen / der Verantwortung erdrückte sie fast*; *erdrückende Schulden* **3** ***etw. erdrückt etw.*** *gespr*; *mst* etw. ist so (groß u.) auffällig, dass andere Gegenstände kaum wahrgenommen werden u. nicht richtig zur Geltung kommen: *Die Hochhäuser erdrücken die Altstadt*

er·drü·ckend **1** *Partizip Präsens*; ↑ ***erdrücken*** **2** *Adj*; *nicht adv*; so groß, stark od. umfangreich, dass man sich nicht dagegen wehren kann ≈ überwältigend: *e-e erdrückende Übermacht*; *Der Staatsanwalt legte erdrückendes Beweismaterial gegen den Angeklagten vor*

Erd·rutsch *der*; das (*mst* plötzliche, unerwartete) Rutschen nach unten von großen Erdmassen

Erd·rutsch|sieg *der*; ein sehr großer Sieg (bei Wahlen)

Erd·stoß *der*; e-e kurze (heftige) Erschütterung der Erde (2) (*mst* als Teil e-s längeren Erdbebens)

Erd·teil *der* ≈ Kontinent: *Australien ist ein E., Grönland ist e-e Insel*

er·dul·den; *erduldete, hat erduldet*; Vt ***etw. e.*** etw. (*bes* Leid u. Not) hinnehmen, ohne sich dagegen zu wehren ≈ erleiden, ertragen ⟨Erniedrigungen, Schmerzen, Unrecht e. (müssen)⟩

Erd·um·dre·hung *die*; die Bewegung, die die Erde um ihre eigene Achse macht

Erd·um·lauf·bahn *die*; die (gedachte) Linie, auf der sich ein Satellit um die Erde bewegt

-e·rei ↑ ***-ei***

er·ei·fern, sich; *ereiferte sich, hat sich ereifert*; Vr ***sich (über j-n / etw.) e.*** *oft pej*; mit viel Emotion u. heftigem Engagement über ein Thema reden: *sich unnötig e.* || *hierzu* **Er·ei·fe·rung** *die* || ► ***Eifer*** (2)

er·eig·nen, sich; *ereignete sich, hat sich ereignet*; Vr ***etw. ereignet sich*** etw. (*mst* Ungewöhnliches) geschieht ≈ etw. passiert ⟨ein Unfall, ein Unglück, ein Vorfall, ein Zwischenfall⟩: *Das Zugunglück ereignete sich am frühen Morgen*; *Heute hat sich bei mir den ganzen Tag nicht viel / nichts Besonderes / nichts Außergewöhnliches ereignet*

Er·eig·nis *das*; *-ses, -se*; **1** etw. (*mst* Besonderes od. Ungewöhnliches), das (oft überraschend) geschieht ≈ Begebenheit ⟨ein E. tritt ein; die Ereignisse überstürzen sich⟩: *Das Konzert war ein großes E. für das kleine Dorf* || NB: ↑ ***Vorkommnis*** **2** ***ein freudiges E.*** die Geburt e-s Kindes || *hierzu* **er·eig·nis·los** *Adj*; **er·eig·nis·reich** *Adj*

er·ei·len; *ereilte, hat ereilt*; Vt ***etw. ereilt j-n*** *geschr*; etw. (Unangenehmes od. Gefährliches) passiert j-m ⟨ein Schicksalsschlag, der Tod, ein Unglück⟩: *Auf dem Heimweg ereilte ihn ein Herzinfarkt* || ► ***Eile***

E·rek·ti·on [-'tsi̯oːn] *die*; *-, -en*; *geschr*; die Schwellung u. Versteifung der (Geschlechts)Organe, *bes* des Penis (*mst* bei sexueller Erregung)

E·re·mit *der*; *-en, -en*; *geschr*; j-d, der (*mst* aus religiösen Gründen) freiwillig allein u. fern von anderen Menschen lebt, oft um nachzudenken u. zu beten ≈ Einsiedler || NB: *der Eremit*; *den, dem, des Eremiten*

er·erbt *Adj*; *nicht adv*; **1** ⟨ein Grundstück, ein Vermögen⟩ so, dass sie j-d durch Erbschaft bekommen hat **2** durch die Gene bedingt ≈ angeboren ⟨e-e Eigenschaft, e-e Krankheit, ein Leiden, e-e Missbildung⟩ || ► ***erben, vererben***

er·fah·ren[1]; *erfährt, erfuhr, hat erfahren*; Vt **1** ***etw. (durch j-n / von j-m) (über j-n / etw.) e.***; ***etw. (von / aus etw.) (über j-n / etw.) e.*** e-e neue Information (über j-n / etw.) bekommen: *Ich habe durch e-n / von e-m Freund, aus der Zeitung erfahren, dass sie gestorben ist*; *Wir haben gerade jetzt davon erfahren* **2** ***etw. e.*** *geschr*; etw. selbst erleben od. zu spüren bekommen ⟨Freude, Glück, Liebe, Trauer e.⟩ **3** ***(von j-m) etw. e.*** *geschr*; von j-m in e-r bestimmten Weise behandelt werden ⟨von j-m Hass, Mitleid e.⟩ || *zu* **2 er·fahr·bar** *Adj*

er·fah·ren² **1** *Partizip Perfekt*; ↑ ***erfahren¹*** **2** *Adj*; ***(in etw.*** (*Dat*)) ***e.*** (auf e-m bestimmten Gebiet) geübt u. sicher: *Er ist ein erfahrener Pilot*; *Er ist sehr e. im Fliegen* || -K: ***lebens-, welt-***

E

Er·fah·rung *die*; -, *-en*; **1** ein Wissen od. Können, das man nicht theoretisch aus Büchern, sondern in der Praxis (durch eigene Erlebnisse) bekommt ⟨E. haben, etw. aus eigener E. wissen⟩: *Er hat viel E. als Arzt, auf diesem Gebiet, in seinem Beruf, mit Autos* || K-: ***Erfahrungs-, -austausch***; ***erfahrungs-, -gemäß*** || -K: ***Auslands-, Geschäfts-, Lebens-, Unterrichts-*** **2** *mst Pl*; Erlebnisse, aus denen man etw. lernt ⟨Erfahrungen machen, sammeln⟩ **3** ***etw. in E. bringen*** durch (intensives) Nachforschen Kenntnis von etw. erhalten ≈ herausfinden

Er·fah·rungs·wert *der*; etw., das man aus vielen Beobachtungen u. Erfahrungen (u. nicht aus exakten Messungen) weiß

er·fas·sen; *erfasste, hat erfasst*; [Vt] **1** ***etw. e.*** das Wesentliche e-r Sache verstehen ≈ begreifen: *Er hat sofort erfasst*, worum *es mir ging* **2** ***j-n / etw. e.*** *Admin geschr*; e-e Gruppe von Personen od. Sachen in e-r Liste, Statistik *o.Ä.* sammeln od. registrieren ⟨etw. statistisch e.⟩ **3** ***etw. erfasst j-n / etw.*** etw. nimmt od. reißt j-n / etw. durch seine eigene Bewegung mit: *Der Radfahrer wurde von e-m Auto erfasst* **4** ***etw. erfasst j-n*** etw. versetzt j-n in e-n Zustand, in dem er sich kaum od. nicht beherrschen kann: *Er wurde von Abscheu, Angst erfasst* || NB: *mst* im Passiv! **5** ***etw. e.*** e-n Text *o.Ä.* (*mst* am Computer) tippen || ID ***Du hasts erfasst!*** *gespr iron*; verwendet, wenn j-d etw. Selbstverständliches endlich versteht || *zu* **1, 2** u. **5 Er·fas·sung** *die*

er·fin·den; *erfand, hat erfunden*; [Vt] **1** ***etw. e.*** durch Forschung *o.Ä.* etw. Neues konstruieren od. etw. auf e-e neue Art nutzen: *Alfred Nobel hat das Dynamit erfunden* || NB: ↑ ***entdecken*** **2** ***j-n / etw. e.*** von e-r Person / Sache erzählen, die es nur in der Fantasie gibt: *Die Figuren des Films sind frei erfunden* || *hierzu* **Er·fin·der** *der*; *-s*, -; **Er·fin·de·rin** *die*; -, *-nen*

er·fin·de·risch *Adj*; mit vielen Ideen, wie man in der Technik od. auch im Alltag Probleme einfach lösen kann: *ein erfinderischer Geist* (= j-d, der e. ist)

Er·fin·dung *die*; -, *-en*; **1** *nur Sg*; das Erfinden (1,2) **2** das Neue, das j-d erfunden (1) hat: *Das Rad war e-e sehr wichtige E.* **3** das, was sich j-d ausgedacht (erfunden (2)) hat ≈ Fiktion: *Seine Abenteuer sind (e-e) reine E.* **4** ***e-e E. machen*** etw. Neues erfinden (1)

Er·folg *der*; *-(e)s, -e*; **1** das positive Ergebnis (od. Ziel), das man haben wollte (u. erreicht hat) ↔ Misserfolg ⟨etw. ist ein großer, guter, schöner, voller, zweifelhafter E.; mit etw. E. haben, E. (bei j-m) haben; e-n E. mit etw. erzielen, etw. mit / ohne E. tun⟩: *Seine Bewerbung hat wenig Aussicht auf E.* || K-: ***Erfolgs-, -aussichten, -chancen, -meldung, -quote*** || -K: ***Publikums-, Wahl-*** **2** ***etw. ist von E. gekrönt*** etw. hat das gewünschte Ergebnis

> **Er·folg ver·spre·chend** *Adj*; ⟨e-e Idee, ein Plan *o.Ä.*⟩ so, dass sie wahrscheinlich Erfolg (1) bringen werden || NB: aber: *äußerst erfolgversprechend* (zusammengeschrieben)

er·fol·gen; *erfolgte, ist erfolgt*; [Vi] **1** ***etw. erfolgt (auf etw.*** (*Akk*) ***/ nach etw.)*** etw. geschieht als Folge, Konsequenz von etw. ≈ etw. tritt ein ↔ etw. bleibt aus: *Auf sein Klopfen erfolgte keine Antwort*; *Auf den Skandal (hin) erfolgte der Rücktritt des Ministers* || NB: ↑ ***folgen¹*** (5) **2** ***etw. erfolgt (irgendwann / irgendwo)*** *Admin geschr*; etw. wird (irgendwann / irgendwo) getan ≈ etw. findet statt ↔ etw. unterbleibt: *Die Unterzeichnung des Vertrags erfolgte vor dem Notar* (= der Vertrag wurde vor dem Notar unterzeichnet); *Die Auszahlung des Geldes erfolgt später*

er·folg·los *Adj*; **1** ohne positives Ergebnis ≈ vergeblich ↔ erfolgreich: *ein erfolgloser Versuch* **2** ohne Erfolg ↔ erfolgreich ⟨e. sein⟩: *ein erfolgloser Unternehmer* || *hierzu* **Er·folg·lo·sig·keit** *die*; *nur Sg*

er·folg·reich *Adj*; **1** mit positivem Ergebnis ↔ erfolglos: *ein erfolgreicher Versuch* **2** mit häufigen Erfolgen ↔ erfolglos (2) ⟨e. sein, abschneiden, bestehen⟩: *ein erfolgreicher Sänger, Unternehmer*

Er·folgs·aus·sicht *die*; *mst Pl*; die Wahrscheinlichkeit, dass etw. Erfolg (1) haben wird ⟨geringe, große, gute, keine, schlechte Erfolgsaussichten haben⟩

Er·folgs·er·leb·nis *das*; ein Gefühl der Freude (u. Selbstbestätigung), das j-d empfindet, dem etw. Schwieriges gelungen ist ⟨*mst* ein E. haben, etw. ist ein E. für j-n⟩

Er·folgs·zwang *der*; die Notwendigkeit, mit etw. (oft in e-r bestimmten Zeit) Erfolg (1) zu haben ⟨unter E. stehen⟩

er·for·der·lich *Adj*; *nicht adv*; ***e.*** (***für etw.***) unbedingt nötig ≈ notwendig, unerlässlich ↔ überflüssig: *Für das Studium an e-r Universität ist in Deutschland das Abitur e.*; *die erforderlichen Maßnahmen treffen* || *hierzu* **er·for·der·li·chen·falls** *Adv*

er·for·dern; *erforderte, hat erfordert*; [Vt] ***etw. erfordert*** ⟨Geduld, Konzentration, Mut, viel Geld, Zeit *o.Ä.*⟩ *geschr*; für etw. ist Geduld, Konzentration *usw* unbedingt nötig ≈ etw. verlangt etw.: *Diese Aufgabe erfordert viel Sachkenntnis*

Er·for·der·nis *das*; *-ses, -se*; *geschr*; das, was notwendig ist ≈ Notwendigkeit, Anforderung

er·for·schen; *erforschte, hat erforscht*; [Vt] ***etw. e.*** etw. (*mst* wissenschaftlich) so genau untersuchen, dass man etw. Neues darüber lernt: *das All, fremde Länder, Ursachen u. Zusammenhänge e.* || *hierzu* **Er·for·schung** *die*; *nur Sg*

er·fra·gen; *erfragte, hat erfragt*; [Vt] ***etw. (von j-m) e.*** etw. durch (*mst* wiederholtes) Fragen herausfinden ⟨den Weg, j-s Meinung e.⟩

er·freu·en; *erfreute, hat erfreut*; [Vt] **1** ***j-n mit etw. / durch etw. e.*** j-m (mit etw. / durch etw.) e-e Freude machen: *Ich habe meine Mutter mit e-m kleinen Geschenk erfreut*; [Vr] **2** ***sich an j-m / etw. e.*** Freude über j-n / etw. haben: *Sie erfreute sich an den blühenden Bäumen* **3** ***sich großer Beliebtheit e.*** sehr beliebt sein

er·freu·lich *Adj*; so (schön), dass man froh od. glücklich darüber ist ↔ unangenehm, unerfreulich: *Es ist sehr e.*, dass *du die Prüfung bestanden hast* || *hierzu* **er·freu·li·cher·wei·se** *Adv*

er·freut **1** *Partizip Perfekt*; ↑ ***erfreuen*** **2** (***über etw.*** (*Akk*)) ***e.*** voller Freude über etw. ≈ froh: *Ich war sehr e.*, dass *er kam*

er·frie·ren; *erfror, hat / ist erfroren*; [Vi] (*ist*) **1** (von Menschen, Tieren od. Pflanzen) durch die Einwirkung von großer Kälte sterben: *Die verunglückten Bergsteiger sind im Schnee erfroren* **2** ***etw. erfriert j-m*** ein Körperteil wird durch die Einwirkung von großer Kälte starr u. gefühllos (u. stirbt ab) ⟨die Nase, ein Finger, e-e Zehe⟩ **3** ***etw. erfriert*** Obst od. Gemüse verliert an Qualität u. Geschmack durch die Einwirkung von Frost ⟨Äpfel, Kartoffeln⟩; [Vt] (*hat*) **4** ***sich*** (*Dat*) ***etw. e.*** durch die Einwirkung von großer Kälte an e-m Körperteil Schaden erleiden, sodass er starr u. gefühllos wird (u. abstirbt)

Er·frie·rung *die*; -, *-en*; *mst Pl*; e-e Stelle am Körper, an der das Gewebe durch große Kälte geschädigt wurde ⟨*mst* sich (*Dat*) Erfrierungen zuziehen; Erfrierungen ersten, zweiten Grades⟩

er·fri·schen; *erfrischte, hat erfrischt*; [Vt] **1 *etw. erfrischt j-n*** etw. macht j-n (wieder) frisch u. munter od. gibt ihm neue Kraft: *Nach der langen Reise hat mich das Bad jetzt so richtig erfrischt*; [Vr] **2 *sich* (*mit etw. / durch etw.*) *e.*** etw. tun od. etw. zu sich nehmen, das einen (wieder) frisch u. munter macht: *sich durch e-e Dusche, durch ein paar Stunden Schlaf, mit e-m Kaffee e.*

er·fri·schend 1 *Partizip Präsens*; ↑ ***erfrischen* 2** *Adj*; angenehm kühl u. wohlschmeckend ⟨ein Getränk⟩ **3** *Adj*; geistig anregend, angenehm offen od. direkt: *e-n erfrischenden Humor haben* || ► ***frisch*** (5,6,7)

Er·fri·schung *die*; -, *-en*; **1** ein kühles Getränk od. e-e leichte Speise ⟨e-e (kleine) E. anbieten, zu sich nehmen⟩ || K-: ***Erfrischungs-, -getränk* 2** *nur Sg*; das Erfrischen (1)

er·fül·len[1]; *erfüllte, hat erfüllt*; [Vt] **1 *etw. e.*** das tun, was man j-m versprochen hat od. was j-d von einem erwartet od. fordert ⟨e-e Aufgabe, e-n Auftrag, e-n Vertrag, e-e Pflicht e.⟩ **2 *etw. erfüllt etw.*** etw. funktioniert in der gewünschten Weise ⟨etw. erfüllt e-e Funktion, e-e Norm, e-n Zweck, j-s Bedürfnisse⟩: *Die Schuhe sind zwar alt, aber sie erfüllen noch ihren Zweck* **3 *etw. erfüllt den Tatbestand*** + *Gen*, *Admin geschr*; etw. ist so, dass es als bestimmtes Delikt bestraft werden kann: *Seine Handlungsweise erfüllt den Tatbestand des schweren Betrugs* **4 *etw. erfüllt j-n*** etw. ist so befriedigend, dass der Betroffene sich keinen anderen Beruf *o.Ä.* wünscht: *Ihre neue Arbeit erfüllt sie voll u. ganz* **5 *j-m / sich etw. e.*** das tun, was man / j-d sich gewünscht hat ⟨j-m e-e Bitte, j-m / sich e-n Traum, e-n Wunsch e.⟩; [Vr] **6 *etw. erfüllt sich*** etw. wird Wirklichkeit ≈ etw. tritt ein ⟨e-e Ahnung, e-e Befürchtung, e-e Hoffnung erfüllt sich⟩

er·fül·len[2]; *erfüllte, hat erfüllt*; *geschr*; [Vt] **1 *etw. erfüllt etw.* (*mit etw.*)** ein Geräusch, ein Geruch *o.Ä.* ist so intensiv, dass man den Eindruck hat, ein Raum sei voll davon: *Die Blumen erfüllten den Raum mit ihrem Duft* **2 *etw. erfüllt j-n*** etw. ist (als Gefühl) so stark, dass j-d nichts anderes mehr fühlen kann ⟨Freude, Hass, Wut, ein Glücksgefühl⟩ **3 *etw. erfüllt j-n mit etw.*** etw. lässt in j-m ein bestimmtes Gefühl entstehen: *Die Nachricht über den Tod ihrer Freundin erfüllte sie mit tiefer Trauer*

er·füllt 1 *Partizip Perfekt*; ↑ ***erfüllen* 2** *Adj*; ***von etw. e.*** *geschr*; voll von etw. ⟨ein von Arbeit, Mühen, Pflichten, kleinen Freuden *o.Ä.* erfülltes Dasein, Leben⟩ **3** *Adj*; ***ein erfülltes Leben*** ein Leben, das den Menschen zufrieden macht

Er·fül·lung *die*; -; *nur Sg*; **1** das Erfüllen[1] od. Verwirklichen **2 *etw. geht in E.*** ein Wunsch, ein Traum, e-e Vorstellung *o.Ä.* wird wahr, verwirklicht sich **3 *als etw. / in etw.* (*Dat*) (*seine*) *E. finden*** e-e Funktion, e-n Beruf *o.Ä.* haben, die einen erfüllen[1] (4) od. zufrieden machen: *Er hat als Priester / in seinem Beruf (seine) E. gefunden*

er·gän·zen; *ergänzte, hat ergänzt*; [Vt] **1 *etw.* (*durch etw.*) *e.*** etw. vollständig machen, indem man etw. (Fehlendes) hinzufügt ⟨e-e Sammlung, seine Vorräte e.⟩ **2 *etw.* (*zu etw.*) *e.*** e-e Bemerkung od. e-n Kommentar zu e-m Text, e-r Rede hinzufügen: *Zu diesem Punkt möchte ich noch e.*, dass *das Problem inzwischen gelöst ist* **3 *sich* (*Pl*) / *einander e.*** (*mst* von zwei Personen) e-e (harmonische) Einheit bilden, weil der eine Partner die Eigenschaften, Fähigkeiten *o.Ä.* hat, die dem anderen fehlen

Er·gän·zung *die*; -, *-en*; **1** *nur Sg*; das Hinzufügen von etw. an etw. (zur Vervollständigung): *e-e E. der Sammlung* **2** etw., das etw. anderem (zur Vervollständigung) hinzugefügt wird od. wurde: *Ich habe bei Ihrem Manuskript ein paar Ergänzungen angebracht*

er·gat·tern; *ergatterte, hat ergattert*; [Vt] ***etw. e.*** *gespr*; es schaffen, etw., das selten od. knapp ist, zu bekommen: *Ich habe gerade noch zwei Karten für das Konzert ergattert*

er·gau·nern; *ergaunerte, hat ergaunert*; [Vt] **(*sich* (*Dat*)) *etw. e.*** *gespr*; etw. durch illegales Handeln (*mst* Betrug) in seinen Besitz bringen ≈ erschwindeln || ► ***Gauner***

er·ge·ben[1]; *ergibt, ergab, hat ergeben*; [Vt] **1 *etw. ergibt etw.*** etw. bringt ein konkretes Resultat (hervor): *Diese Aussage ergibt keinen Sinn* **2 *etw. ergibt etw.*** etw. hat zum Ergebnis, dass etw. bekannt od. bewiesen wird: *Die Untersuchung hat ergeben*, dass *er völlig gesund ist* **3 *etw. ergibt etw.*** etw. hat e-n bestimmten Ertrag ≈ einbringen: *Die Sammlung ergab genug Geld für den Bau e-r neuen Schule* **4 *etw. ergibt etw.*** *Math* ≈ etw. hat etw. als Ergebnis: *Die Summe von vier u. zwei ergibt sechs (4+2=6)* **5 *etw. ergibt etw.*** etw. ist (von der Menge her gesehen) genug od. ausreichend für etw.: *Ein Liter Suppe ergibt etwa vier Portionen*; [Vr] **6 *etw. ergibt sich* (*aus etw.*)** etw. ist der Schluss, die Folgerung e-r Analyse od. e-s intellektuellen Prozesses: *Aus diesen Beobachtungen ergibt sich folgende Regel: …* **7 *etw. ergibt sich* (*aus etw.*)** etw. ist die (oft unerwartete) Folge e-s Sachverhalts ≈ etw. entsteht: *Aus seiner neuen Tätigkeit ergaben sich auch Veränderungen in seinem Privatleben* **8** *mst* ***es ergibt sich so, dass …*** die Situation entwickelt sich so, dass …: *Es hat sich so ergeben, dass sie in die gleiche Schule kamen* **9** *mst* ***wenn sich die Gelegenheit ergibt*** wenn es gerade passt od. möglich ist

er·ge·ben[2], ***sich***; *ergibt sich, ergab sich, hat sich ergeben*; [Vr] **1 *sich* (*j-m*) *e.*** (*z.B.* im Krieg od. als Verbrecher) aufhören zu kämpfen / nicht mehr zu flüchten versuchen ≈ kapitulieren ⟨sich dem Feind, dem Gegner, der Polizei, e-r Übermacht *o.Ä.* e.⟩: *Als er von den Soldaten eingekreist war, hob er die Hände u. ergab sich* **2 *sich etw.* (*Dat*) *e.*** *geschr*; e-e Leidenschaft, e-e Sucht *o.Ä.* so stark werden lassen, dass man völlig davon beherrscht wird ⟨sich dem Alkohol, e-m Laster, e-r Leidenschaft, dem Spiel, der Trunksucht *o.Ä.* e.⟩: *Er hatte sich dem Glücksspiel ergeben u. nach wenigen Wochen sein ganzes Vermögen verloren* **3 *sich in etw.* (*Akk*) *e.*** etw. akzeptieren, ohne sich dagegen zu wehren ≈ etw. ertragen ⟨sich in sein Los / Schicksal, in e-e Notwendigkeit *o.Ä.* e.⟩

er·ge·ben[3] **1** *Partizip Perfekt*; ↑ ***ergeben*[1], *ergeben*[2] 2** *Adj*; *geschr veraltend*; bereit, (kritiklos) e-m anderen zu gehorchen u. auf e-e eigene Meinung zu verzichten **3** *Adj*; ***j-m e.*** ganz von j-m abhängig **4** *Adj*; ***Ihr sehr ergebener / Ihre sehr ergebene(n)*** + *Name(n)*, *veraltet*; verwendet als Schlussformel in Briefen

Er·geb·nis *das*; *-ses, -se*; **1** das, was aus e-m Ereignis od. e-r Handlung resultiert od. dabei herauskommt ≈ Resultat || -K: ***Abstimmungs-, Forschungs-, Prüfungs-, Verhandlungs-, Wahl-* 2** das gewünschte Ziel, der gewünschte Erfolg e-r Handlung ⟨ein E. erzielen; etw. führt zu e-m guten, mageren E., hat etw. zum E., bleibt ohne E.⟩: *Die Verhandlungen führten bislang zu keinem E. / blieben bislang ohne E.* **3** e-e (Schluss)Folgerung, die sich aus bestimmten Tatsachen ergibt: *Ich bin zu dem E. gekommen, dass es keinen Sinn hat, mit ihr zu reden* **4** die Zahl, die bei e-r Rechenaufgabe als Lösung ermittelt wird ⟨ein falsches, richtiges E.⟩: *Das*

E

E. der Addition von drei u. zwei ist fünf || -K: **End-, Teil-, Zwischen-** || *zu* **2 er·geb·nis·los** *Adj*

er·ge·hen; *erging, hat / ist ergangen*; [Vi] *(ist)* **1 etw. ergeht an j-n** *geschr*; etw. wird an j-n geschickt: *Die Einladungen sind bereits an die Gäste ergangen* **2 etw. ergeht an j-n** *Admin geschr*; etw. ist (offiziell) an j-n gerichtet ⟨e-e Anordnung, e-e Aufforderung, ein Befehl, e-e Berufung⟩: *An die Bevölkerung erging die Aufforderung, sich an den Wahlen zu beteiligen* **3 etw. über sich e. lassen** sich nicht wehren, wenn man von j-m in e-r Weise behandelt wird, die einem unangenehm ist ≈ etw. ertragen: *Er musste die Behandlung über sich e. lassen*; [Vr] *(hat)* **4 sich in etw.** *(Dat)* **e.** *geschr pej*; ausführlich (u. oft ohne konkretes Wissen) über etw. reden ≈ sich über etw. verbreiten ⟨sich in Andeutungen, Behauptungen, Mutmaßungen, Prophezeiungen, Vermutungen *o.Ä.* e.⟩: *Er erging sich in Lobeshymnen über die Sängerin*; [Vimp] *(ist)* **5 j-m ergeht es irgendwie** j-m geht es irgendwie: *Bei seinen Eltern ist es ihm gut ergangen*; *Wenn du weiter so frech bist, wird es dir noch schlecht e.*

er·gie·big *Adj*; **1** so, dass es sehr lang od. sehr häufig verwendet werden kann: *Diese Farbe ist sehr e.* (= reicht für e-e große Fläche) **2** so, dass es e-e große Menge von etw. enthält ⟨e-e Quelle, e-e Goldmine⟩ **3** so, dass es viele Anregungen bietet od. Nutzen bringt ⟨ein Thema, e-e Diskussion⟩

er·gie·ßen, sich; *ergoss sich, hat sich ergossen*; [Vr] **1 etw. ergießt sich in / auf / über etw.** *(Akk) geschr*; etw. fließt in großer Menge od. mit großer Gewalt irgendwohin: *Der Damm brach, u. die Fluten ergossen sich über die Felder* **2 etw. ergießt sich über j-n / etw.** etw. wird (unabsichtlich) über j-n / etw. geschüttet

er·go *Adv*; *geschr* ≈ also, folglich

er·go·no·misch *Adj*; so, dass bei der Arbeit keine Zeit u. Energie verschwendet wird, j-s Gesundheit nicht unnötig belastet wird ⟨ein Arbeitsplatz, Büromöbel; e. gestaltet⟩: *Dieser Drehstuhl wurde nach ergonomischen Gesichtspunkten entwickelt* || *hierzu* **Er·go·no·mie** *die*; -; *nur Sg*

er·göt·zen; *ergötzte, hat ergötzt*; *geschr*; [Vt] **1 etw. ergötzt j-n** *veraltend*; etw. macht j-m Spaß od. Freude ≈ etw. amüsiert j-n; [Vr] **2 sich an etw.** *(Dat)* **e.** *oft pej*; Spaß, Freude an etw. haben ≈ sich an etw. erfreuen || *hierzu* **er·götz·lich** *Adj*

er·grau·en; *ergraute, ist ergraut*; [Vi] **1 etw. ergraut** etw. wird grau ⟨*mst* j-s Haar(e)⟩ **2** graue Haare bekommen: *Er ist schon stark ergraut, dabei ist er noch gar nicht so alt* **3 im Dienst e.** sehr lange irgendwo im Dienst sein (u. dort alt werden) || NB: *zu* **1-3**: *mst* im Zustandspassiv!

er·grei·fen; *ergriff, hat ergriffen*; [Vt] **1 j-n irgendwo / etw. e.** j-n / etw. mit der Hand fassen u. (fest)halten: *Er ergriff sie am Arm / bei der Hand u. führte sie auf den Balkon*; *Er ergriff sein Glas u. hob es hoch* **2 j-n e.** j-n (der gesucht wird od. auf der Flucht ist) fangen od. verhaften ≈ fassen: *Die Polizei ergriff den Dieb, als er über die Grenze fliehen wollte* **3 etw. ergreift j-n / etw.** etw. wirkt plötzlich u. *mst* zerstörerisch auf j-n / etw. ein: *Das Haus wurde vom Feuer ergriffen* || NB: *mst* im Passiv! **4 etw. ergreift j-n** ein starkes Gefühl wirkt plötzlich auf j-n: *Er wurde von Angst / Panik / Zorn ergriffen* || NB: *mst* im Passiv! **5 etw. ergreift j-n** etw. ruft ein starkes Mitgefühl bei j-m hervor ≈ etw. erschüttert j-n: *Die Nachricht vom Tod seines Freundes hat ihn tief ergriffen* || NB: kein Passiv! **6** verwendet (als Funktionsverb) in Verbindung mit e-m Subst., um auszudrücken, dass sich der Betroffene für e-e bestimmte Handlungsweise *o.Ä.* entscheidet od. mit etw. anfängt: **e-n Beruf e.** e-n Beruf wählen; **von etw. Besitz e.** etw. in Besitz nehmen; **die Flucht ergreifen** flüchten; **die Gelegenheit (zu etw.) e.** die Gelegenheit nutzen, etw. zu tun; **die Initiative e.** als Erster aktiv werden; **Maßnahmen e.** versuchen, mit bestimmten Mitteln etw. zu ändern; **die Macht e.** die Herrschaft über etw. (oft mit Gewalt) übernehmen; **für j-n Partei e.** sich für j-n einsetzen; **das Wort e.** (*mst* in e-r Debatte, Diskussion *o.Ä.*) über etw. zu sprechen anfangen || *zu* **2 Er·grei·fung** *die*

er·grei·fend 1 *Partizip Präsens*; ↑ **ergreifen 2** *Adj*; von starker (erschütternder) Wirkung auf das Gemüt ⟨e-e Szene, e-e Geschichte, ein Film⟩

er·grif·fen *Partizip Perfekt*; ↑ **ergreifen**

er·grün·den; *ergründete, hat ergründet*; [Vt] **etw. e.** *geschr*; e-n Grund od. e-e Ursache für etw. finden od. e-n komplizierten Zusammenhang erkennen

Er·guss *der*; *-es, Er·güs·se*; **1** *Med*; *Kurzw* ↑ **Bluterguss 2** *Kurzw* ↑ **Samenerguss 3** *mst Pl, geschr pej od iron*; ein Text, der reich an (überflüssigen) Worten ist: *politische Ergüsse*

er·ha·ben *Adj*; **1** *geschr*; so (großartig), dass es j-n mit Ehrfurcht u. e-m feierlichen Gefühl erfüllt: *e-e erhabene Musik*; *der erhabene Anblick der Berge* **2** *geschr*; sehr edel u. würdevoll ≈ erhebend ↔ nieder ⟨*mst* Gedanken, Gefühle⟩ **3 über etw.** *(Akk)* **e.** *mst präd*; von so hoher Moral, dass niemand etw. Schlechtes von einem denken / sagen kann ⟨über Kritik, e-n Verdacht, Zweifel *o.Ä.* e. sein⟩: *Seine Aufrichtigkeit ist über (jeden / alle) Zweifel e.*; *Er ist über den Verdacht des Betrugs e.* **4 sich über j-n e. fühlen** *pej*; glauben, dass man ein besserer / vornehmerer Mensch ist als j-d anders **5 sich über etw.** *(Akk)* **e. fühlen** *pej*; glauben, dass e-e bestimmte Tätigkeit (für einen) nicht akzeptabel ist: *Sie fühlte sich über primitive Schreibarbeiten e.* **6** *Tech*; (gegenüber e-r ebenen Fläche) erhöht, *z.B.* in e-m Relief ↔ eingraviert, vertieft || *zu* **1** u. **2 Er·ha·ben·heit** *die*; *nur Sg*

Er·halt *der*; *-(e)s*; *nur Sg, Admin geschr*; das Erhalten (1) ≈ Eingang (4), Empfang (1): *den E. e-s Briefes bestätigen / quittieren*

er·hal·ten[1]; *erhält, erhielt, hat erhalten*; [Vt] *(kein Passiv!)* **1 etw. (von j-m / e-r Behörde** *o.Ä.***) e.** in den Besitz von etw. kommen, das einem ein anderer gibt / schickt / schreibt / schenkt *usw* ≈ bekommen[1] ⟨ein Schreiben, e-e Antwort, e-n Bescheid e.; e-n Auftrag, e-n Befehl e.; e-n Orden e.⟩ **2 etw. (von j-m) (für etw.) e.** e-e (direkte) Reaktion auf das eigene Verhalten erfahren ⟨e-e Ohrfeige; ein Lob, e-e Rüge, e-e Strafe, e-n Tadel, e-n Verweis e.⟩ **3 etw. (von j-m) e.** verwendet zusammen mit e-m Subst., um ein Verb zu umschreiben; **Unterstützung e.** unterstützt werden; **den Segen e.** gesegnet werden **4** ⟨e-e Vorstellung, e-n Eindruck *o.Ä.*⟩ **von j-m / etw. e.** etw. erfahren u. sich darüber e-e Meinung bilden **5 etw. e.** etw. als Endprodukt od. Ergebnis bekommen: *Wenn man Kupfer u. Messing mischt, erhält man Bronze*

er·hal·ten[2]; *erhält, erhielt, hat erhalten*; [Vt] **1 etw. e.** (durch bestimmte Maßnahmen) bewirken, dass etw. im gleichen Zustand fortbesteht, weiterhin existiert: *ein historisches Bauwerk e.*; *Gemüse frisch e.*; *den Frieden e.*; *sich (Dat) seine Gesundheit e.*; *e-e gut erhaltene alte Uhr* **2 j-n (irgendwie) am Leben e.** durch medizinische Maßnahmen bewirken, dass j-d weiterlebt: *Der Patient wurde künstlich am Leben erhalten*; [Vr] **3 sich (durch etw.) irgendwie e.** durch bestimmte Aktivitäten bewirken, dass man in e-m guten körperlichen Zustand bleibt: *sich durch Diät schlank, gesund e.* **4 sich e.** in derselben Form bestehen bleiben: *Die mittelalterliche Burg hat sich über Jahrhunderte erhalten*; *Der Brauch* *hat sich unverändert erhalten* || *zu* **1 Er·hal·tung** *die; nur Sg*

er·hält·lich *Adj; ohne Steigerung, nicht adv;* ***irgendwo e.*** so, dass man es irgendwo kaufen, bekommen kann: *Das Medikament ist nur in Apotheken e.*

er·hän·gen; *erhängte, hat erhängt;* [Vt] ***j-n / sich e.*** j-n / sich töten, indem man ihn / sich an e-m Seil, das um den Hals gelegt ist, aufhängt: *Tod durch Erhängen*

er·här·ten; *erhärtete, hat / ist erhärtet;* [Vt] *(hat)* **1** ***etw. e.*** *geschr;* etw. allmählich fest, hart[1] (1) machen ≈ härten: *Ton im Brennofen e.* **2** ***etw. erhärtet etw.*** etw. erhöht die Wahrscheinlichkeit, dass etw. richtig od. wahr ist ≈ etw. untermauert etw. ⟨e-e Annahme, e-e These, e-n Verdacht, e-n Zweifel *o.Ä.* e.⟩: *Die Experimente haben unsere These erhärtet, ein Beweis konnte jedoch noch nicht erbracht werden;* [Vi] *(ist)* **3** ***etw. erhärtet*** *geschr;* etw. wird hart[1] (1): *Wenn die Lava erkaltet, erhärtet sie auch;* [Vr] *(hat)* **4** ***etw. erhärtet sich*** etw. wird stärker ⟨*mst* ein Verdacht, ein Zweifel⟩ || *hierzu* **Er·här·tung** *die; nur Sg*

er·ha·schen; *erhaschte, hat erhascht;* [Vt] *geschr;* **1** ***j-n / etw. e.*** nach e-r Person / Sache, die schwer zu erreichen od. in Bewegung ist, greifen u. sie festhalten ≈ fangen **2** ***etw. e.*** etw. hören od. sehen, das nur sehr kurze Zeit od. nur undeutlich wahrnehmbar ist ⟨e-n Blick e., ein paar Worte e.⟩

er·he·ben; *erhob, hat erhoben; geschr;* [Vt] **1** ***etw. e.*** etw. aus e-m bestimmten Grund in die Höhe heben ≈ emporheben ⟨das / sein Glas auf j-s Wohl, die Hand zum Gruß / Schwur e.; etw. mit erhobener Hand tun⟩ **2** ***etw. e.*** verwendet mit e-m Subst., um auszudrücken, dass ein Recht *o.Ä.* (*mst* bei e-r offiziellen Stelle) geltend gemacht wird ⟨Anspruch auf etw. e.; Anklage, e-e Beschuldigung, Klage, e-n Vorwurf (gegen j-n wegen etw.) e.; e-e Beschwerde über etw. e.; Einspruch, e-n Einwand gegen etw. e.⟩ **3** ***etw. e.*** etw. als Zahlung von j-m fordern ⟨Beiträge, e-e Gebühr, e-e Steuer e.⟩ **4** ***j-n / etw. zu etw. / in etw.*** *(Akk)* ***e.*** j-n / etw. offiziell in e-e höhere Rangstufe befördern od. zu etw. ernennen: *e-e Straße zur Bundesstraße, ein Dorf zur Stadt, j-n in den Adelsstand e.* **5** ***den Blick zu j-m / etw. e.*** zu j-m / etw. hinaufblicken **6** ***seine Stimme (für / gegen j-n / etw.) e.*** in e-r öffentlichen Diskussion *o.Ä.* für / gegen j-n / etw. sprechen: *Die Naturschützer erhoben ihre Stimme gegen den geplanten Bau des neuen Flughafens* **7** ***die Hand gegen j-n e.*** j-n schlagen **8** *mst* ***erhobenen Hauptes*** stolz, in stolzer Haltung: *Als sie ihn verspotteten, schritt er erhobenen Hauptes davon;* [Vr] **9** ***sich e.*** aus e-r sitzenden od. liegenden Stellung aufstehen: *sich aus dem Sessel, vom Boden e.; Der Angeklagte möge sich e.* **10** ⟨ein Flugzeug, ein Vogel⟩ ***erhebt sich*** ein Flugzeug / ein Vogel fliegt in die Höhe **11** ***etw. erhebt sich*** etw. ragt hoch u. steil: *Vor seinen Augen erhob sich ein gewaltiges Felsmassiv, ein hoher Berg, ein großer Dom* **12** ***sich (gegen j-n / etw.) e.*** e-n Aufstand, e-e Revolution machen: *Das Volk erhob sich gegen den Diktator* **13** ***etw. erhebt sich*** etw. entsteht als Reaktion des Publikums, der Öffentlichkeit *o.Ä.* auf etw. ⟨Aufruhr, Beifall, Gelächter, Geschrei, Jubel, Lärm erhebt sich⟩: *Ein Sturm der Entrüstung erhob sich, als der Betrug bekannt wurde* **14** ⟨Wind, Sturm⟩ ***erhebt sich*** ein (starker) Wind fängt an zu wehen **15** ***e-e Frage erhebt sich*** e-e Frage stellt sich, entsteht als Folge von etw.: *Es erhebt sich die Frage, wie …*

er·he·bend 1 *Partizip Präsens;* ↑ ***erheben*** **2** *Adj; nicht adv;* ⟨ein Anblick, ein Augenblick, ein Gefühl, ein Moment⟩ so, dass sie e-e feierliche od. andächtige Stimmung verursachen

er·heb·lich *Adj; geschr;* **1** wichtig od. groß (in Ausmaß od. Menge) ≈ beträchtlich: *ein erheblicher Unterschied; Der Unfall hat erhebliche Kosten verursacht* **2** *nur adv;* verwendet vor e-m Komparativ, um e-n großen Unterschied auszudrücken ≈ viel, wesentlich ↔ kaum: *Er ist e. größer als sie; Du leistest e. weniger, als ich von dir erwartet habe*

Er·he·bung *die; -, -en;* **1** *geschr;* ein Hügel od. Berg: *Der Montblanc ist die höchste E. in den Alpen* **2** *mst Pl, Admin geschr;* e-e Untersuchung, die Material *bes* für große Berechnungen u. Statistiken sammelt: *nach neuesten Erhebungen* **3** *geschr;* ein Aufstand od. e-e Revolution: *Die bewaffnete E. der Bauern im 16. Jahrhundert wurde blutig niedergeschlagen* **4** *nur Sg;* das Erheben (2,3,4)

er·hei·tern; *erheiterte, hat erheitert;* [Vt] ***j-n e.*** j-n in e-e heitere, fröhliche Stimmung versetzen ≈ amüsieren, belustigen || *hierzu* **Er·hei·te·rung** *die; nur Sg*

er·hel·len; *erhellte, hat erhellt;* [Vt] **1** ***etw. e.*** etw. durch (mehr) Licht hell u. sichtbar machen ≈ erleuchten ↔ verdunkeln: *Die Lampe ist zu schwach, um das Zimmer richtig zu e.* **2** ***etw. e.*** e-n Sachverhalt, der schwer zu verstehen ist, deutlicher machen / erklären ≈ aufklären ↔ verschleiern: *Ihre Erläuterungen sollten die komplizierten Zusammenhänge e.;* [Vi] **3** ***etw. erhellt aus etw.*** *geschr;* etw. ergibt sich aus e-r Voraussetzung ≈ etw. geht aus etw. hervor: *Daraus erhellt,* dass *seine These falsch ist;* [Vr] **4** ***etw. erhellt sich*** etw. wird durch Licht hell: *Nach dem Gewitter erhellte sich der Himmel wieder* **5** ***etw. erhellt sich*** etw. sieht wieder freundlich od. fröhlich aus ⟨*mst* j-s Gesicht, Miene⟩

er·hit·zen; *erhitzte, hat erhitzt;* [Vt] **1** ***etw. e.*** etw. heiß machen ↔ etw. kühlen: *Die Milch wird erhitzt, um Bakterien abzutöten* **2** ***etw. erhitzt j-n / etw.*** etw. macht j-n wütend (u. veranlasst zu heftigen, spontanen Reaktionen): *Die Diskussion über die Legalisierung der Abtreibung erhitzte die Gemüter;* [Vr] **3** ***etw. erhitzt sich*** etw. wird heiß ↔ etw. kühlt sich ab: *Der Motor hatte sich bei der Fahrt so stark erhitzt, dass das Kühlwasser kochte* **4** ***sich e.*** ins Schwitzen kommen: *Sie hatte sich durch das schnelle Laufen erhitzt* **5** ***sich (an etw.*** *(Dat)****) e.*** über etw. in Streit od. Erregung geraten: *Sie erhitzten sich an der Frage, wer für das Unglück zu bezahlen habe* || ► ***Hitze***

er·hitzt 1 *Partizip Perfekt;* ↑ ***erhitzen*** **2** *Adj; mst* ***j-d ist e.*** j-m ist (nach e-r körperlichen Anstrengung) sehr heiß

er·ho·ben *Partizip Perfekt;* ↑ ***erheben***

er·hof·fen, sich; *erhoffte sich, hat sich erhofft;* [Vr] ***sich etw. (von j-m / etw.) e.*** erwarten od. hoffen, dass j-d / etw. einem etw. Positives bringt: *Er erhoffte sich e-n großen Gewinn von dem Auftrag*

er·hö·hen; *erhöhte, hat erhöht;* [Vt] **1** ***etw. (um etw.) e.*** etw., *mst* ein Bauwerk *o.Ä.*, höher machen: *e-e Mauer, e-n Damm (um zwei Meter), ein Haus (um ein Stockwerk) e.* **2** ***etw. (um etw.) e.*** bewirken od. veranlassen, dass etw. ansteigt, größer, intensiver od. mehr wird ≈ steigern, vermehren ↔ senken, herabsetzen: *Die Löhne werden um fünf Prozent erhöht; Wirksame Werbung erhöht den Umsatz; Bei Nebel muss man mit erhöhter Aufmerksamkeit fahren;* [Vr] **3** ***etw. erhöht sich um / auf etw.*** *(Akk)* etw. wird höher ≈ etw. wächst, nimmt zu ↔ etw. sinkt, geht zurück: *Die Miete hat sich im letzten Jahr um zehn Prozent erhöht; Nach neuesten Meldungen hat sich die Zahl der Opfer des Erdbebens auf siebzig erhöht* || ID ***erhöhte Temperatur*** leichtes Fieber

er·ho·len, sich; *erholte sich, hat sich erholt;* [Vr] **1** ***sich (von etw.) e.*** sich ausruhen u. entspannen, um Kräfte, die man durch Arbeit, Krankheit, Stress verloren hat, wiederzubekommen ⟨sich gut, kaum, völlig e.⟩: *sich im Urlaub ganz von der Arbeit e.; sich*

E

von e-r schweren Krankheit in e-m Sanatorium e. **2 sich (von etw.) e.** nach e-m Schreck od. Schock wieder ruhig werden od. ausgeglichen sein

er·hol·sam *Adj*; so, dass man sich dabei erholen kann ⟨ein Urlaub⟩

Er·ho·lung *die*; -; *nur Sg*; der Prozess, bei dem man sich ausruht u. wieder zu Kräften kommt ⟨*mst* E. brauchen, nötig haben, suchen, finden; etw. zur E. tun⟩: *Er fährt zur E. ins Gebirge* || K-: ***Erholungs-, -aufenthalt, -gebiet, -heim, -ort, -pause, -reise, -urlaub***; ***erholungs-, -bedürftig***

E

er·hö·ren; *erhörte, hat erhört*; [Vt] ***j-n / etw. e.*** *geschr*; (*mst* verwendet in Gebeten) j-s Bitte erfüllen: *Gott hatte seine Gebete erhört*

E·ri·ka *die*; -, *-s / E·ri·ken*; *mst Sg*; e-e Pflanze mit vielen kleinen rosa bis violetten Blüten, die im Moor u. auf der Heide wächst ≈ Heidekraut

er·in·nern; *erinnerte, hat erinnert*; [Vt] **1 *j-n an etw.*** (*Akk*) ***e.*** j-n ermahnen etw. nicht zu vergessen od. j-n veranlassen an etw. zu denken: *j-n an e-n Termin, an sein Versprechen e.*; [Vt/i] **2 *j-d / etw. erinnert (j-n) an j-n / etw.*** j-d / etw. lässt j-n an j-n / etw. denken (*mst* wegen bestimmter Ähnlichkeiten): *Seine Art zu lächeln erinnerte mich an seinen Vater*; [Vr] **3 *sich (an j-n / etw.) e.*** j-n / etw. im Gedächtnis behalten od. wieder an ihn / daran denken: *sich genau / nur dunkel / vage an ein Erlebnis, an seine Großmutter e.*; *Wenn ich mich recht erinnere, haben wir uns schon einmal getroffen*; *Jetzt erinnere ich mich wieder*, wo *ich die Tasche hingelegt habe*

Er·in·ne·rung *die*; -, *-en*; **1 *e-e E.* (*an j-n / etw.*)** ein Eindruck, den man im Bewusstsein bewahrt, von e-r Person / Sache, die man gekannt, erfahren, erlebt, gelernt *usw* hat ⟨e-e E. wird wach, knüpft sich an etw., verblasst; e-e E. in j-m wecken; Erinnerungen mit j-m austauschen; e-e E. verdrängen, zurückrufen, e-r E. nachhängen, von e-r E. zehren⟩: *Ich habe nur noch schwache Erinnerungen* daran, wie *es in meiner frühen Kindheit war* **2** *nur Sg*; e-e Art Speicher im Gehirn, in dem Informationen bewahrt werden ≈ Gedächtnis (2) ⟨j-n / etw. in E. behalten, in der E. bewahren; sich etw. in E. rufen, in die E. zurückrufen⟩ **3** *mst Sg*; die Fähigkeit, sich an etw. zu erinnern (3) ≈ Gedächtnis (1), Erinnerungsvermögen: *Wenn mich meine E. nicht täuscht, dann sind wir uns schon einmal begegnet* **4** *nur Sg* ≈ das Gedenken: *In / zur E. an die Opfer des Krieges wurde ein Mahnmal errichtet* **5** ein kleiner Gegenstand, der j-m hilft, etw. Vergangenes nicht zu vergessen ≈ Andenken (2), Souvenir: *Er hat sich ein Foto als E. an seine ehemalige Freundin aufgehoben*

Er·in·ne·rungs·ver·mö·gen *das*; *-s*; *nur Sg*; die Fähigkeit, sich an etw. zu erinnern (3) ≈ Gedächtnis (1): *ein gutes / schlechtes E. haben*

er·kal·ten; *erkaltete, ist erkaltet*; [Vi] **1 *etw. erkaltet*** etw. wird kalt ↔ etw. erwärmt sich: *Die Lava ist erkaltet* **2 *etw. erkaltet*** *geschr*; etw. hört auf, etw. ist nicht mehr vorhanden ⟨j-s Leidenschaft, Gefühle, Eifer, Liebe *o.Ä.*⟩

er·käl·ten, sich; *erkältete sich, hat sich erkältet*; [Vr] **1 *sich e.*** e-e Erkältung bekommen: *Wenn du dich nicht wärmer anziehst, wirst du dich noch e.*; [Vt] **2 *sich*** (*Dat*) ***etw. e.*** wegen Kälte e-e Entzündung an e-m Körperorgan bekommen ⟨sich die Blase, die Nieren e.⟩

er·käl·tet 1 *Partizip Perfekt*; ↑ ***erkälten*** **2** *Adj*; mit e-r Erkältung: *Ich bin zurzeit stark e.*

Er·käl·tung *die*; -, *-en*; e-e Krankheit (mit Schnupfen, Husten), die man meistens im Winter hat ⟨e-e leichte, starke E. haben, e-e E. bekommen⟩

er·kämp·fen; *erkämpfte, hat erkämpft*; [Vt] ***(sich*** (*Dat*)) ***etw. e.*** etw. erreichen od. bekommen, indem man dafür kämpft od. sehr hart arbeitet

er·kannt *Partizip Perfekt*; ↑ ***erkennen***

er·kau·fen; *erkaufte, hat erkauft*; [Vt] **1 (*sich*** (*Dat*)) ***etw.* (*mit etw.*) *e.*** etw. (Positives) *mst* nur auf Kosten von etw. anderem erreichen: *Der Sieg war teuer / mit hohen Verlusten erkauft* **2 (*sich*** (*Dat*)) ***etw.* (*mit / durch etw.*) *e.*** etw. durch Bestechung bekommen: *Er hatte (sich) ihr Schweigen durch Geld erkauft*

er·ken·nen; *erkannte, hat erkannt*; [Vt] **1 *j-n / etw. e.*** j-n / etw. so deutlich sehen, dass man weiß, wen od. was man vor seinen Augen hat: *Aus dieser Entfernung kann ich die Zahlen nicht e.* **2 *j-n / etw.* (*an etw.*** (*Dat*)) ***e.*** aufgrund bestimmter Merkmale sofort wissen, um welche Person od. Sache es sich handelt: *j-n an e-r typischen Geste e.*; *Der Experte erkannte sofort*, dass *das Gemälde e-e Fälschung war* || K-: ***Erkennungs-, -zeichen*** **3 *etw. e.*** etw. richtig beurteilen od. einschätzen (das man bisher nicht so gesehen hatte): *seinen Fehler, Irrtum e.*; *den Ernst der Lage e.*; *j-s Absichten zu spät e.* **4 *etw. als etw. e.*** etw. als etw. akzeptieren: *etw. als seine Pflicht e.* **5 *etw. e. lassen*** ≈ etw. zeigen: *Sie lässt ihre Hilfsbereitschaft e.*; [Vi] **6 *auf etw.*** (*Akk*) ***e.*** *Jur*; ein gerichtliches Urteil fällen: *Das Gericht erkannte auf Freispruch* || *zu* **1, 2** u. **3 er·kenn·bar** *Adj*

er·kennt·lich *Adj*; **1 *als etw. e.*** *Admin geschr*; so, dass es erkannt (1) werden kann ≈ erkennbar: *Sie müssen das Paket deutlicher als Luftpost e. machen* **2 *sich j-m* (*für etw.*) *e. erweisen / zeigen*** *geschr*; *mst* etw. tun als Zeichen seiner Dankbarkeit: *Ich möchte mich Ihnen gern mit e-m Geschenk e. zeigen* || *hierzu* **Er·kennt·lich·keit** *die*; *mst Sg*

Er·kennt·nis *die*; -, *-se*; **1** *mst Pl*; ein neues Wissen, das j-d durch wissenschaftliches Forschen od. durch Nachdenken bekommt: *Aus dieser Testreihe sollen Erkenntnisse über die Ursachen von Krebs gewonnen werden* **2** die Einsicht, dass etw. so ist od. so getan werden muss ⟨zu e-r E. gelangen, kommen; sich e-r E. nicht verschließen können⟩: *Die Politiker sind zu der E. gekommen, dass der Umweltschutz bisher vernachlässigt worden ist* **3** *nur Pl*, *Admin geschr*; Informationen über kriminelle *o.Ä.* Taten e-r Person, die die Polizei od. ein Geheimdienst hat: *Der Regierung liegen neue Erkenntnisse über den internationalen Terrorismus vor*

Er·ker *der*; *-s*, -; ein Teil e-s Raumes in e-m Haus, der (nach außen) aus der Mauer hervorragt u. Fenster hat || K-: ***Erker-, -fenster, -zimmer***

er·kie·sen; *erkor, hat erkoren*; [Vt] ***(sich*** (*Dat*)) ***j-n / etw.* (*zu / als etw.*) *e.*** *geschr* ≈ erwählen: *Sie hat ihn (sich) zum Freund erkoren* || NB: nur noch in den Vergangenheitsformen verwendet

er·klä·ren; *erklärte, hat erklärt*; [Vt] **1 (*j-m*) *etw. e.*** j-m e-n Sachverhalt, den er nicht versteht, klar u. verständlich machen: *Er erklärte mir ausführlich*, wie *ein Radio funktioniert*; **2 *etw. erklärt etw.*** etw. ist der Grund für etw.: *Der Riss im Tank erklärt*, warum *wir e-n so hohen Benzinverbrauch hatten* **3 *etw. e.*** etw. aufgrund seines Amtes offiziell verkünden od. mit seiner Unterschrift bestätigen ⟨sein Einverständnis, seinen Beitritt / Austritt / Rücktritt e.⟩ **4 *j-m / etw. den Krieg e.*** (offiziell) verkünden, dass man j-n / ein Land / das organisierte Verbrechen *o.Ä.* mit allen Mitteln bekämpfen will **5 *j-n zu etw. e.*** (offiziell) bestimmen, dass j-d etw. ist: *j-n zum Sieger e.*; *Der Pfarrer erklärte sie zu Mann u. Frau* **6 *j-n / sich / etw. für etw. e.*** *geschr*; j-n / sich / etw. als etw. (offiziell) bezeichnen ⟨etw. für ungültig e.⟩: *Er hat das Ergebnis für falsch erklärt, aber er hat sich geirrt* **7 *j-n für tot e.*** j-n, der schon lange vermisst wird, offiziell als tot ansehen **8 *j-m seine Liebe e.*** j-m das erste Mal sagen, dass man ihn liebt **9 *sich*** (*Dat*) ***etw.* (*irgendwie*) *e.*** den Grund für etw. finden: *Ich kann mir nicht e.*, wo *er die ganze Zeit bleibt*; [Vr] **10 sich mit j-m solidarisch e.** (offiziell) sagen, dass man j-s Aktionen, Einstellung *o.Ä.* unterstützt **11 sich mit etw. einverstanden, zufrieden e.** (offiziell) sagen, dass man mit etw. einverstanden od. zufrieden ist **12 etw. erklärt sich von selbst / von allein** etw. ist ganz klar od. selbstverständlich || *zu* **1** u. **2 er·klär·bar** *Adj*; *ohne Steigerung, nicht adv*

er·klär·lich *Adj*; *nicht adv*; **1** ⟨ein Fehler, ein Irrtum⟩ so, dass man sich vorstellen kann, dass einem in e-r ähnlichen Situation auch so etwas passieren könnte ≈ begreiflich, verständlich **2** so, dass es für etw. e-e (logische) Erklärung (2) gibt ≈ erklärbar, plausibel ↔ unerklärlich: *Der Unfall hat e-e leicht erklärliche Ursache* || *zu* **1 er·klär·li·cher·wei·se** *Adv*

er·klärt 1 *Partizip Perfekt*; ↑ **erklären 2** *Adj*; *nur attr, nicht adv*; ⟨ein Wille, ein Ziel, ein Zweck⟩ bereits deutlich ausgesprochen (u. allgemein bekannt): *Sein erklärtes Ziel ist es, den Betrieb zu vergrößern*; *Er ist ein erklärter Gegner dieser Idee* || *hierzu* **er·klär·ter·ma·ßen** *Adv*; **er·klär·ter·wei·se** *Adv*

Er·klä·rung *die*; *-, -en*; **1** das Erklären (1) ≈ Erläuterung ⟨j-m e-e E. geben, schuldig sein⟩ **2** etw., das die Ursache von etw. ist od. sein könnte ≈ Deutung ⟨e-e E. suchen, finden, auf e-e E. stoßen, über e-e E. stolpern; etw. ist die E. für etw.⟩ **3** e-e offizielle Mitteilung ⟨e-e E. über etw. (*Akk*) / zu etw. abgeben, machen, unterschreiben⟩: *Die Regierung gab e-e E. zu dem Skandal ab* || -K: **Austritts-, Bankrott-, Beitritts-, Eintritts-, Einverständnis-, Kriegs-, Regierungs-, Rücktritts-**

er·kleck·lich *Adj*; *veraltend* ≈ groß, beträchtlich ⟨ein Gewinn, ein Profit, ein Sümmchen⟩

er·klet·tern; *erkletterte, hat erklettert*; [Vt] **etw. e.** zur höchsten Stelle von etw. klettern ⟨e-n Baum, e-n Berg, e-n Gipfel *usw* e.⟩

er·klim·men; *erklomm, hat erklommen*; [Vt] **etw. e.** *geschr*; mit großer Anstrengung zur höchsten Stelle von etw. klettern ⟨e-n Baum, e-n Berg *usw* e.⟩

er·klin·gen; *erklang, ist erklungen*; [Vi] **etw. erklingt** etw. ist zu hören ⟨*mst* ein Lied, e-e Stimme, e-e Glocke, ein Instrument⟩

er·klomm *Imperfekt, 1. u. 3. Person Sg*; ↑ **erklimmen**

er·klom·men *Partizip Perfekt*; ↑ **erklimmen**

er·kor *Imperfekt, 1. u. 3. Person Sg*; ↑ **erkiesen**

er·ko·ren *Partizip Perfekt*; ↑ **erkiesen**

er·kran·ken; *erkrankte, ist erkrankt*; [Vi] **(an etw. (*Dat*)) e.** krank werden ⟨ernstlich, schwer, an e-r Lungenentzündung e.⟩ || *hierzu* **Er·kran·kung** *die*

er·kun·den; *erkundete, hat erkundet*; [Vt] **etw. e.** *mst Mil*; versuchen, genaue Informationen (über ein Gelände) zu bekommen ⟨ein Gebiet, ein Terrain, e-e Sachlage *usw* e.⟩ || *hierzu* **Er·kun·dung** *die*

er·kun·di·gen, sich; *erkundigte sich, hat sich erkundigt*; [Vr] **sich nach j-m / etw. e.** (j-m) Fragen stellen, um Informationen über j-n / etw. zu erhalten: *sich nach dem Weg, nach j-s Befinden e.*; *Ich habe mich am Bahnhof erkundigt*, wann *der nächste Zug nach Essen fährt*

Er·kun·di·gung *die*; *-, -en*; *mst Pl*; e-e Nachfrage od. das Ergebnis davon ⟨Erkundigungen über j-n / etw. einholen⟩

er·la·bend *Adj*; *geschr lit*; so, dass j-d davon erfrischt u. gestärkt wird

er·lah·men; *erlahmte, ist erlahmt*; [Vi] **1 j-d / etw. erlahmt** j-d (od. ein Teil des Körpers) wird müde u. schwach, weil man sich körperlich sehr angestrengt hat ⟨j-s Arm, Beine, Finger, Hand, Kräfte⟩ **2 etw. erlahmt** etw. wird schwächer od. weniger intensiv ≈ etw. lässt nach ⟨j-s Aufmerksamkeit, Eifer, Enthusiasmus, Interesse *o.Ä.*⟩: *Deine Begeisterung für das neue Hobby ist aber schnell erlahmt*

er·lan·gen; *erlangte, hat erlangt*; [Vt] **1 etw. e.** etw. (*mst* Positives) erreichen od. bekommen ⟨Achtung, Berühmtheit, die Freiheit, Geltung, Gewissheit, die Herrschaft über j-n / etw. e.⟩ **2 etw. e.** *geschr*; zu e-m Ziel kommen od. gelangen

Er·lass *der*; *-es, -e*; **1** *Admin geschr*; e-e allgemeine Vorschrift, die für Ämter u. Behörden gilt ≈ Anordnung, Verwaltungsvorschrift **2** *hist*; ein Befehl von e-r Regierung, e-m König, e-r Kirche *o.Ä.* an die Bevölkerung **3** *nur Sg, geschr*; das Erlassen (1) (e-s Aufrufs *o.Ä.*) **4** *nur Sg, geschr*; die Aufhebung (e-r Strafe *o.Ä.*)

er·las·sen; *erlässt, erließ, hat erlassen*; [Vt] **1 etw. e.** etw. Offizielles schriftlich beschließen (u. der Öffentlichkeit bekannt machen) ⟨e-e Amnestie, e-n Aufruf, ein Gesetz, e-n Haftbefehl gegen j-n, e-e Richtlinie, e-e Verordnung e.⟩ **2 j-m etw. e.** j-n von e-r (unangenehmen) Verpflichtung od. Strafe befreien: *Wegen guter Führung wurde ihm der Rest der Haftstrafe erlassen* || *hierzu* **Er·las·sung** *die*; *nur Sg*

er·lau·ben; *erlaubte, hat erlaubt*; [Vt] **1 (j-m) etw. e.** einverstanden sein, dass j-d etw. tun darf ↔ verbieten: *Erlauben Sie*, dass *ich rauche?*; *Wer hat dir erlaubt wegzugehen?* **2 etw. erlaubt (j-m) etw.** etw. macht etw. für j-n möglich ⟨die Mittel, die Umstände, die Verhältnisse, die Zeit erlauben etw.⟩: *Die drängenden Probleme erlauben nicht, noch länger mit e-r Entscheidung* zu *warten* **3 sich (*Dat*) etw. e.** sich das Recht nehmen, etw. zu tun (*mst* gegen den Willen e-s anderen) ⟨sich e-e Frechheit, e-n Scherz mit j-m, e-e Unverschämtheit e.⟩: *Ich erlaube mir, darauf hinzuweisen, dass Sie mir noch Geld schulden* || ID **Erlaube mal / Erlauben Sie mal!** *gespr*; verwendet, um auszudrücken, dass man empört ist

Er·laub·nis *die*; *-, -se*; *mst Sg*; **1** die Genehmigung, dass man etw. tun darf ⟨*mst* (j-n) um E. (für etw.) bitten; die E. zu etw. erhalten, haben; j-m die E. (zu etw.) geben, erteilen, verweigern⟩ **2** ein Dokument, das bestätigt, dass j-d etw. tun darf || -K: **Aufenthalts-, Ausfuhr-, Druck-, Einreise-, Einwanderungs-, Fahr-**

er·laucht· *Adj*; *nur attr, nicht adv, geschr veraltend*; verwendet für Personen(gruppen), die e-r gesellschaftlichen Elite angehören ⟨ein Herr, e-e Gesellschaft, ein Kreis, e-e Versammlung *usw*⟩ || NB: wird heute *mst* nur noch ironisch gebraucht

er·läu·tern; *erläuterte, hat erläutert*; [Vt] **(j-m) etw. e.** j-m e-n komplizierten Sachverhalt ausführlich erklären (1): *j-m e-n Plan, e-e Theorie e.* || *hierzu* **Er·läu·te·rung** *die*

Er·le *die*; *-, -n*; ein Laubbaum, der der Birke ähnlich sieht u. an feuchten Orten wächst

er·le·ben; *erlebte, hat erlebt*; [Vt] **1 j-n / etw. e.** e-e Erfahrung machen, indem man etw. fühlt, etw. mit einem geschieht od. getan wird od. indem man an e-m Geschehen aktiv od. als Zuschauer beteiligt ist: *Er erlebte große Genugtuung / e-e Überraschung, als sie sich bei ihm entschuldigte*; *Sie musste viele Niederlagen u. Enttäuschungen e.*; *Hast du sie schon einmal wütend erlebt?*; *Diesen Sänger muss man einmal erlebt haben, er ist einfach toll* **2 etw. erlebt etw.** *geschr*; mit e-r Sache geschieht etw., etw. macht e-n bestimmten Prozess od. e-e bestimmte Phase durch: *Das Land erlebte e-e Blütezeit, Jahre des Friedens*; *Die Wirtschaft erlebte e-n Aufschwung / e-e Rezession* **3 etw. e.** zum Zeitpunkt e-s bestimmten Ereignisses noch am Leben sein: *Er hat die Geburt seines Enkels leider nicht mehr erlebt*; *Sie will noch ihren hundertsten Geburtstag e.* || ID **Hat man so et-**

was schon erlebt? *gespr*; verwendet, um auszudrücken, dass man über etw. sehr erstaunt (u. oft verärgert) ist; *mst* ***'Du kannst noch was (von mir) erleben!*** *gespr*; verwendet, um j-m mit e-r Strafe zu drohen

Er·le̲b·nis *das*; *-ses, -se*; **1** etw., das einem passiert: *Gestern hatte ich ein schreckliches E. - Ich bin überfallen worden* **2** ein sehr schönes, eindrucksvolles Ereignis *o.Ä.*: *Das Konzert war wirklich ein E.*

E

er·le̲·di·gen; *erledigte, hat erledigt*; Vt **1** ***etw. e.*** etw. tun, das man tun soll (*mst* e-e Arbeit od. Aufgabe): *Er hat den Auftrag gewissenhaft / spielend* (= sehr leicht) *erledigt*; *Ich muss noch meine Einkäufe e.* **2** ***j-n e.*** *gespr*; j-n so demütigen od. lächerlich machen, dass er sein Ansehen u. seine Würde verliert: *Nach dem Skandal ist der Minister erledigt, er wird zurücktreten müssen* **3** ***j-n e.*** *gespr!* j-n ermorden, töten **4** ***etw. erledigt sich von selbst*** etw. muss nicht mehr getan werden, weil keine Notwendigkeit, kein Grund mehr dafür da ist: *Das Problem hat sich erledigt*

er·le̲·digt 1 *Partizip Perfekt*; ↑ **erledigen 2** *Adj*; *mst präd, nicht adv*; abgeschlossen, beendet ⟨*mst* ein Fall, e-e Sache⟩: *Entschuldige dich bei ihm, dann ist der Fall* (*für mich*) *e.* **3** *Adj*; ***für j-n e. sein*** *gespr*; von j-m verachtet werden: *Seit er so gemein zu ihr war, ist er für mich e.* **4** *Adj*; *gespr*; sehr müde, erschöpft, ruiniert

er·le̲·gen; *erlegte, hat erlegt*; Vt ***ein Tier e.*** *geschr*; ein relativ großes Tier bei der Jagd töten, *mst* durch e-n Schuss

-er·lei *im Zahladj u. Indefinitpronomen, betont u. unbetont, indeklinabel, wenig produktiv*; verwendet, um auszudrücken, dass etw. in der im ersten Wortteil genannten Zahl od. Menge von Sorten / Arten vorkommt; ***zweierlei, dreierlei*** *usw*; ***mancherlei, mehrerlei, verschiedenerlei, vielerlei***

er·le̲ich·tern; *erleichterte, hat erleichtert*; Vt **1** ***(j-m) etw. e.*** für j-n etw. einfacher, bequemer od. erträglicher machen: *Moderne Geräte erleichtern oft die Arbeit*; *Die Abbildungen in dem Buch erleichtern mir, den Stoff* zu *verstehen* **2** ***etw. (um etw.) e.*** das Gewicht von etw. reduzieren, verringern ≈ leichter machen **3** ***etw. erleichtert j-n*** etw. befreit j-n von Kummer od. Sorgen: *Diese Nachricht hat uns alle sehr erleichtert* **4** ***j-n um etw. e.*** *gespr hum*; (*mst* beim Spiel, durch Betrug od. Diebstahl) von j-m Geld gewinnen od. stehlen: *j-n beim Pokern um 100 Euro e.* **5** ***sein Gewissen / Herz e.*** über Dinge, die einem Kummer od. Sorgen machen, mit anderen reden u. sich so von seelischem Druck befreien

er·le̲ich·tert 1 *Partizip Perfekt*; ↑ **erleichtern 2** *Adj*; ***e. (über etw.*** (*Akk*)) froh, dass etw. Schlimmes nicht eingetreten ist: *Sie war e.* (darüber), dass *ihm nichts passiert war*

Er·le̲ich·te·rung *die*; *-, -en*; **1** *nur Sg*; das Erleichtern (1): *E-e Waschmaschine stellt e-e große E. im Haushalt dar / ist e-e große E.* || -K: ***Arbeits-*** **2** *nur Sg*; ***E. (über etw.*** (*Akk*)) das Gefühl, von e-m schweren seelischen Druck befreit zu sein: *Tränen, ein Seufzer der E.*

er·le̲i·den; *erlitt, hat erlitten*; Vt **1** ***etw. e.*** etw. (körperlich od. seelisch Unangenehmes) erleben ⟨Angst, Enttäuschungen, Schmerzen *o.Ä.* e.⟩ **2** ***etw. e.*** e-e unangenehme Erfahrung machen ⟨e-e Einbuße, e-e Niederlage, Verluste e.⟩ **3** ***den Tod e.*** in e-m Kampf od. bei e-m Unfall sterben

er·le̥r·nen; *erlernte, hat erlernt*; Vt ***etw. e.*** etw., das viel Zeit beansprucht, so lernen, dass man es beherrscht ⟨e-n Beruf, ein Handwerk, e-e Sprache e.⟩ || *hierzu* **er·le̥rn·bar** *Adj*; *ohne Steigerung, nicht adv*

er·le̲·sen *Adj*; *nicht adv, geschr*; von besonders guter u. seltener Qualität ≈ ausgezeichnet, hervorragend, exquisit ⟨ein Genuss, e-e Kostbarkeit, ein Mahl, ein Wein *o.Ä.*⟩

er·le̲uch·ten; *erleuchtete, hat erleuchtet*; Vt **1** ***etw. e.*** etw. durch Licht hell machen ≈ erhellen (1): *Der Raum wurde von den Kerzen festlich erleuchtet*; *Die Fenster waren hell erleuchtet* || NB: *mst* im Passiv od. im Zustandspassiv! **2** ***(von etw.) erleuchtet werden*** *gespr hum*; e-n guten Einfall *o.Ä.* haben od. plötzlich etw. verstehen

Er·le̲uch·tung *die*; *-, -en*; *hum*; e-e gute Idee, die j-m plötzlich einfällt ≈ Eingebung, Erkenntnis ⟨e-e E. haben, j-m kommt e-e E.⟩

er·li̲e·gen; *erlag, ist erlegen*; Vi **1** ***etw.*** (*Dat*) ***e.*** (*mst* nach anfänglichem Zögern) etw. schließlich nicht widerstehen können ⟨j-s Charme, e-r Verlockung, e-r Versuchung *o.Ä.* e.⟩ **2** ***etw.*** (*Dat*) ***e.*** an etw. sterben: *Er erlag gestern seiner Krankheit / seinen schweren Verletzungen* **3** ***e-m Irrtum / e-r Täuschung e.*** sich irren / sich täuschen **4** ***j-m / etw. e.*** von j-m im Kampf besiegt werden: *Er erlag der feindlichen Übermacht u. musste sich ergeben* **5** ***etw. bringt etw. zum Erliegen*** etw. setzt etw. (e-e Zeit lang) außer Betrieb od. bringt es zum Stillstand ⟨*mst* etw. bringt die Arbeiten, den Betrieb, die Produktion, den Verkehr zum Erliegen⟩: *Das Gewitter brachte den Funkverkehr zum Erliegen* **6** ***etw. kommt zum Erliegen*** etw. wird durch j-n / etw. zum Stillstand gebracht

er·li̥scht *Präsens, 3. Person Sg*; ↑ ***erlöschen***

er·lo̲·gen *Adj*; ↑ ***erstunken***

Er·lö̲s *der*; *-es, -e* ≈ Gewinn: *Der E. aus der Tombola kommt e-r gemeinnützigen Stiftung zugute*

er·lo̲sch *Imperfekt, 3. Person Sg*; ↑ ***erlöschen***

er·lo̲·schen *Partizip Perfekt*; ↑ ***erlöschen***

er·lö̲·schen; *erlischt / erlöscht, erlosch, ist erloschen*; Vi **1** ***etw. erlischt*** etw. hört auf zu brennen od. zu leuchten ⟨ein Feuer, e-e Kerze, ein Licht *o.Ä.*⟩ **2** ***ein Vulkan erlischt*** ein Vulkan hört auf, tätig zu sein **3** ***etw. erlischt*** etw. verliert seine rechtliche Gültigkeit ⟨ein Anspruch, ein Patent, ein Recht, ein Vertrag⟩ **4** ***etw. erlischt*** etw. wird aufgelöst od. aus e-r offiziellen Liste gestrichen ⟨e-e Firma, ein Konto, j-s Schulden⟩ **5** ***etw. erlischt*** etw. wird schwächer u. hört schließlich auf ⟨j-s Hass, Hoffnung, Leidenschaft, Liebe, Sehnsucht⟩

er·lö̲·sen; *erlöste, hat erlöst*; Vt **1** ***j-n (von etw.) e.*** j-n von der Schuld der Sünde befreien: *Christus hat die Menschheit* (*von ihren Sünden*) *erlöst* **2** ***j-n (von etw.) e.*** j-n von Schmerzen, Sorgen od. Kummer befreien: *Der Lottogewinn hat ihn von seinen Geldsorgen erlöst*; *Der Tod erlöste ihn nach langer Krankheit* (*von seinen Leiden*) **3** ***j-n aus etw. e.*** j-n aus e-r unangenehmen Situation befreien ⟨j-n aus der Gefangenschaft, e-r Notlage, e-r peinlichen Situation, der Sklaverei e.⟩ || *hierzu* **Er·lö̲·sung** *die*

Er·lö̲·ser *der*; *-s*; *nur Sg*; Jesus Christus, der die Menschen erlöst (1) hat

er·mḁ̈ch·ti·gen; *ermächtigte, hat ermächtigt*; Vt ***j-n zu etw. e.*** j-m das Recht od. die Vollmacht geben, etw. zu tun: *Er ermächtigte seine Frau* (dazu), *von seinem Konto Geld abzuheben* || *hierzu* **Er·mḁ̈ch·ti·gung** *die* || ► ***Macht*** (1)

er·ma̲h·nen; *ermahnte, hat ermahnt*; Vt ***j-n (zu etw.) e.*** j-n nachdrücklich dazu auffordern, etw. zu tun od. sich in bestimmter Weise zu verhalten: *j-n zur Ruhe, Vorsicht e.*; *Die Mutter ermahnte die Kinder, nicht auf der Straße* zu *spielen* || *hierzu* **Er·ma̲h·nung** *die*

Er·mḁn·ge·lung *nur in* ***in E.*** (+ *Gen* / ***von j-m / etw.***) *geschr*; weil die genannte Person / Sache fehlt od. nicht vorhanden ist: *in E. von Beweisen*; *in E. besserer Vorschläge*

er·mä·ßi·gen; *ermäßigte, hat ermäßigt*; [Vt] ***etw. e.*** den Preis für etw. senken ↔ erhöhen ⟨e-n Beitrag, e-e Gebühr, e-n Preis *o.Ä.* e.⟩: *Für Kinder gelten auf unseren Flügen stark ermäßigte Preise* || *hierzu* **Er·mä·ßi·gung** *die*

er·mat·ten; *ermattete, hat / ist ermattet*; [Vt] (*hat*) **1** ***etw. ermattet j-n*** *geschr*; etw. macht j-n müde: *Nach der langen Krankheit ermatten ihn schon wenige Schritte*; [Vi] (*ist*) **2** nach e-r körperlichen Anstrengung müde werden **3** ***etw. ermattet*** etw. lässt nach, weil j-d müde wird od. die Lust verliert: *Nach langem Kampf ermattete ihr Widerstand* || ► ***matt***

er·mes·sen; *ermisst, ermaß, hat ermessen*; [Vt] ***etw. e.*** *geschr*; etw. im vollen Umfang seiner Bedeutung begreifen u. einschätzen: *Die wahre Bedeutung dieser Entdeckung lässt sich im Augenblick noch nicht e.*

Er·mes·sen *das*; *-s*; *nur Sg*; **1** die Beurteilung e-r Sache, die e-r Entscheidung vorausgeht ⟨etw. j-s E. überlassen; etw. liegt in j-s E.; nach j-s E.⟩: *Nach unserem E. sollte die Fabrik geschlossen werden*; *Es liegt nicht in meinem E., darüber zu entscheiden* **2** ***nach bestem E.*** so objektiv u. sachlich wie nur möglich: *sich nach bestem E. entscheiden, etw. zu tun* **3** ***nach menschlichem E.*** mit größter Wahrscheinlichkeit: *Nach menschlichem E. müsste die Brücke dieser Belastung standhalten*

Er·mes·sens·fra·ge *die*; ***etw. ist e-e E.*** e-e Entscheidung kann nicht durch objektive Kriterien festgelegt werden, sondern ist von j-s Beurteilung abhängig

er·mit·teln; *ermittelte, hat ermittelt*; [Vt] **1** ***j-n / etw. e.*** j-n / etw. suchen u. schließlich finden ≈ feststellen: *j-s Adresse, Aufenthaltsort e.*; *Die Polizei konnte den Mörder nicht e.* **2** ***j-n e.*** j-s Position in e-r Rangfolge, *z.B.* bei e-m Wettkampf, errechnen od. feststellen ⟨den Besten, den Gewinner, den Sieger *o.Ä.* e.⟩ **3** ***etw. e.*** etw. errechnen: *e-n Durchschnittswert, ein Ergebnis e.*; [Vi] **4** ***gegen j-n e.*** *Jur*; Beweise od. Indizien für j-s Schuld sammeln, um ihn vor Gericht stellen zu können || *hierzu* **Er·mitt·lung** *die*

Er·mitt·ler *der*; *-s,-*; *Admin*; ein Polizist, der ein Verbrechen untersucht ⟨ein verdeckter E.⟩ || *hierzu* **Er·mitt·le·rin** *die*; *-, -nen*

er·mög·li·chen; *ermöglichte, hat ermöglicht*; [Vt] ***(j-m) etw. e.*** (j-m) etw. möglich machen: *Das feuchtwarme Klima ermöglicht den Anbau von Bananen*; *Seine Eltern ermöglichten ihm das Studium*

er·mor·den; *ermordete, hat ermordet*; [Vt] ***j-n e.*** an j-m e-n Mord begehen || *hierzu* **Er·mor·dung** *die* || ► ***Mord***, ***Mörder***

er·mü·den; *ermüdete, hat / ist ermüdet*; [Vt] (*hat*) **1** ***etw. ermüdet j-n*** etw. macht j-n müde od. schläfrig: *Das Sprechen ermüdete den Schwerkranken schnell*; [Vi] (*ist*) **2** müde, schläfrig werden **3** ***etw. ermüdet*** *Tech*; etw. verliert seine Härte, Stabilität od. Flexibilität, weil es zu oft benutzt wurde ⟨*mst* ein Material, ein Metall⟩ || *hierzu* **Er·mü·dung** *die*

er·mun·tern; *ermunterte, hat ermuntert*; [Vt] ***j-n zu etw. e.*** j-n freundlich auffordern, den Mut od. die Energie zu entwickeln, um etw. zu tun ≈ j-n zu etw. anregen, j-n zu etw. ermutigen: *j-n zu e-m Entschluss, zum Reden e.* || *hierzu* **Er·mun·te·rung** *die*

er·mu·ti·gen; *ermutigte, hat ermutigt*; [Vt] ***j-n (zu etw.) e.*** (durch sein Verhalten, freundliche Worte *o.Ä.*) bewirken, dass j-d den Mut u. das Vertrauen bekommt, etw. zu tun od. weiterzumachen: *Sein großer Erfolg in der Prüfung hat ihn zu e-r zusätzlichen Ausbildung ermutigt*; *Er ermutigte seinen Freund, offen seine Meinung zu sagen* || *hierzu* **Er·mu·ti·gung** *die* || ► ***mutig***

er·näh·ren; *ernährte, hat ernährt*; [Vt] **1** ***j-n / ein Tier (mit etw.) e.*** j-n / ein Tier mit Nahrung versorgen: *ein Baby mit Muttermilch e.*; *ein junges Tier mit der Flasche e.*; *er sieht schlecht ernährt aus* **2** ***j-n / sich (mit / von etw.) e.*** (mit etw.) für j-s / den eigenen Lebensunterhalt sorgen: *Du bist alt genug, e-e Familie / dich selbst zu e.*; *Von / Mit seiner Arbeit kann er keine Familie e.* **3** ***etw. ernährt j-n*** etw. bringt so viel Geld ein, dass j-d davon leben kann: *Dieser Bauernhof / Betrieb ernährt e-e zehnköpfige Familie* **4** ***j-n künstlich e.*** e-m Kranken, der nichts essen kann, flüssige Nahrung durch Infusionen, e-n Schlauch in der Nase *o.Ä.* geben; [Vr] **5** ***sich (von etw.) e.*** von e-r bestimmten Nahrung leben: *Füchse ernähren sich hauptsächlich von Mäusen*; *sich vegetarisch e.* || *hierzu* **Er·näh·rung** *die*

Gesunde Ernährung

Der Missbrauch von Hormonen bei der Aufzucht von Tieren, der übermäßige Gebrauch von chemischen Düngemitteln und Pflanzenschutzmitteln und gentechnisch veränderte Nahrungsmittel sind Themen, die die deutsche Öffentlichkeit immer wieder sehr beschäftigen.
Schon in den sechziger Jahren entstanden die **Reformhäuser**, die Nahrungsmittel verkaufen, die nicht mit chemischen Mitteln behandelt wurden. In den achtziger Jahren nahm der Trend der Deutschen weiter zu, sich für Nahrungsmittel **aus ökologischem Anbau** und eine **artgerechte Tierhaltung** zu interessieren. Mit der Zeit wurde das Angebot an natürlich hergestellten Produkten, das man beim Biobauern oder im Bioladen kaufen konnte, größer. Inzwischen bieten auch gewöhnliche Läden und Supermärkte teilweise solche Produkte an.

Er·näh·rer *der*; *-s, -*; derjenige, der für den Lebensunterhalt e-r Familie sorgt

er·nen·nen; *ernannte, hat ernannt*; [Vt] **1** ***j-n (als etw. / zu etw.) e.*** j-m ein Amt od. e-e Funktion geben: *j-n als seinen / zu seinem Nachfolger, zum Bürgermeister, zum Minister e.* **2** ***j-n zu etw. e.*** j-m e-n Titel verleihen, um ihn damit zu ehren: *j-n zum Ehrenbürger e.* || *hierzu* **Er·nen·nung** *die*

er·neu·er·bar *Adj*; *nicht adv*; *mst in* ***erneuerbare Energien*** Energien wie Wasserkraft, Wind- u. Sonnenenergie, die immer wieder neu entstehen

er·neu·ern; *erneuerte, hat erneuert*; [Vt] **1** ***etw. e.*** etw., das alt, beschädigt *o.Ä.* ist, durch etw. Neues ersetzen od. mit neuen Teilen reparieren ⟨ein Dach, e-n Zaun e.⟩ **2** ***etw. e.*** etw. noch einmal aussprechen ⟨e-n Antrag, e-e Einladung, e-n Vorschlag e.⟩ **3** ***etw. e.*** veranlassen, dass etw. wieder wirksam od. gültig wird ≈ auffrischen ⟨e-e (alte) Bekanntschaft, e-e Freundschaft, e-e Erinnerung an j-n / etw. e.⟩; [Vr] **4** ***etw. erneuert sich*** etw. wird aus sich heraus / aus eigener Kraft wieder neu ≈ etw. regeneriert sich: *Haut u. Haare erneuern sich ständig* || *hierzu* **Er·neu·e·rung** *die*

er·neut *Adj*; *nur attr od adv*, *geschr*; noch einmal (stattfindend): *Als er sich verbeugte, erklang e. Beifall*; *Aus dem Krisengebiet wurden erneute Kampfhandlungen gemeldet*

er·nied·ri·gen; *erniedrigte, hat erniedrigt*; [Vt] **1** ***j-n e.*** j-n so behandeln, dass er seine persönliche Ehre u.

Würde verliert; [Vr] **2 sich (zu etw.) e.** *oft pej*; etw. tun, obwohl man denkt, dass man dabei seine persönliche Würde verliert **3 sich vor j-m e.** sich j-m gegenüber sehr demütig u. unterwürfig verhalten: *Musst du dich denn immer vor ihm e.? - Zeig ihm doch einmal, was du wirklich von ihm hältst* || *hierzu* **Er·nie̲d·ri·gung** *die* || ▸ **niedrig** (4)

E

ẹrnst *Adj*; **1** ruhig u. nachdenklich od. traurig ↔ fröhlich, heiter: *ein ernstes Gesicht machen*; *Er ist immer so e., er lacht nie*; *Sie hatte Mühe, e. zu bleiben* **2** mit wichtigem od. traurigem Inhalt ↔ lustig ⟨ein Buch, ein Film, ein Gespräch *o.Ä.*⟩ **3** nicht nur zum Spaß gesagt, sondern tatsächlich so gemeint ⟨etw. e. meinen, nehmen⟩: *Wir nehmen die Drohung sehr e.* **4** *nicht adv*; mit schwer wiegenden unangenehmen Auswirkungen ⟨ein Fehler, ein Mangel, ein Problem, ein Versagen *usw*⟩ **5** *nicht adv*; sehr groß od. intensiv ⟨Bedenken, ein Verdacht, ein Zweifel⟩ **6** *nicht adv*; j-s Leben od. Gesundheit sehr bedrohend, gefährdend ⟨e-e Erkrankung, e-e Gefahr, e-e Verletzung, j-s Zustand *o.Ä.*⟩: *Er erlitt e-n ernsten Unfall, der ihm fast das Leben kostete* **7 j-n e. nehmen** das glauben, was j-d sagt od. j-n für fähig u. kompetent, nicht lächerlich od. dumm halten: *Ich kann ihn einfach nicht e. nehmen, er macht immer so dumme Vorschläge* **8 ernste Musik** klassische Musik ↔ leichte Musik, Unterhaltungsmusik || ID **jetzt wirds e.** *gespr*; verwendet, wenn etw. Wichtiges / Entscheidendes anfängt, auf das man gewartet hat (*bes* e-e Auseinandersetzung, ein Kampf *o.Ä.*)

Ẹrnst *der*; *-es*; *nur Sg*; **1** e-e Haltung od. Einstellung, bei der man ruhig u. nachdenklich, nicht fröhlich ist: *Sie ging mit viel E. an ihre neue Aufgabe heran* **2** *mst* **der E. der Lage** verwendet, um auszudrücken, dass e-e Situation sehr gefährlich od. bedrohlich ist: *Als er den E. der Lage endlich erkannte, war es schon zu spät* **3 etw. ist j-s E.**; **j-m ist mit etw. E.** verwendet, um auszudrücken, dass j-d etw. tatsächlich so gemeint hat, wie er es gesagt hat (auch wenn das überraschend od. unerwartet ist): *Du willst also gehen - ist das dein E. / soll das dein E. sein?*; *Es war ihm bitterer E. mit der Drohung* **4 mit etw. E. machen** etw., das nur als Plan od. Drohung bestand, tatsächlich in die Tat umsetzen: *mit dem Plan / e-r Drohung E. machen* **5 aus etw. wird E.** etw., das nur geplant od. gespielt war, wird Wirklichkeit: *Aus dem Spiel wurde bitterer E.* **6 allen Ernstes / im E.** verwendet, um auszudrücken, dass etw. tatsächlich so (gemeint) ist, auch wenn es unwahrscheinlich erscheint: *Er wird die Arbeit allen Ernstes allein machen!*; *„Ich kündige." - „Im E.?"* **7 der E. des Lebens** der harte Alltag: *Du kommst jetzt in die Schule, da fängt der E. des Lebens für dich an*

Ẹrnst·fall *der*; e-e Situation, in der etw. (*mst* Gefährliches), das man erwartet od. befürchtet hat, tatsächlich passiert: *Auf / Für den E. sind wir bestens vorbereitet*

ẹrnst·haft *Adj*; *nur attr od adv*; **1** seriös u. verantwortungsbewusst, oft in ernster (1) Stimmung: *Er ist ein ernsthafter Mensch / wirkt sehr e.* **2** ≈ ernst (1): *Sie unterhielten sich e. / führten ein ernsthaftes Gespräch* **3** verwendet, um auszudrücken, dass etw. nicht vorgetäuscht *o.Ä.*, sondern echt od. wirklich so gemeint ist ⟨e-e Absicht, ein Angebot, e-e Bitte, ein Vorschlag; etw. e. bezweifeln, hoffen, wollen, wünschen⟩ **4** ≈ ernst (4): *Die Maschine weist ernsthafte Mängel auf / ist e. beschädigt* **5** ≈ ernst (6) ⟨e-e Erkrankung, e-e Verletzung; e. erkranken, j-n e. gefährden, verletzen⟩ **6** ≈ ernstlich (1) || *hierzu* **Ẹrnst·haf·tig·keit** *die*

ẹrnst·lich *Adj*; *nur attr od adv, ohne Steigerung*; **1** tatsächlich, wirklich (so gemeint): *Ist das deine ernstliche Absicht?*; *Das kannst du doch nicht e. wollen!*; *Hältst du mich e. für so dumm?*; *Er hat nie e. versucht, e-n Job zu finden* **2** ≈ ernst (4): *Bei ernstlichen Störungen werde ich die Sitzung schließen* **3** ≈ ernst (6) ⟨e-e Erkrankung, e-e Verletzung; e. erkranken, verletzt werden, gefährdet sein⟩

Ẹrn·te *die*; -, *-n*; **1** *nur Sg*; das Ernten (1): *bei der E. helfen* **2** das, was man geerntet hat: *die E. einbringen*; *Dieses Jahr war die E. sehr groß / gut, mager* || K-: **Ernte-, -arbeit, -fest, -zeit** || -K: **Baumwoll-, Getreide-, Heu-, Kartoffel-, Obst-, Reis-**; **Durchschnitts-, Rekord-**

Ern·te·da̲nk|fest *das*; *Rel*; ein kirchliches Fest, das *mst* am ersten Sonntag im Oktober gefeiert wird u. bei dem man Gott für die Ernte (2) dankt

ẹrn·ten; *erntete, hat geerntet*; [Vt] **1 etw. e.** Getreide, Obst, Gemüse *o.Ä.*, das man *mst* auf dem Feld od. im Garten angebaut hat, einsammeln, mähen od. pflücken: *Früher wurde das Korn mit der Sense geerntet, heute macht das meist ein Mähdrescher* **2 etw. e.** etw. als Reaktion auf etw. bekommen, das man gesagt od. getan hat ⟨Beifall, Dank, Gelächter, Spott, Undank e.⟩

er·nụ̈ch·tern; *ernüchterte, hat ernüchtert*; [Vt] **1 etw. ernüchtert j-n** etw. macht e-n Betrunkenen wieder nüchtern: *Die kalte Luft hat ihn ernüchtert* **2 etw. ernüchtert j-n** etw. versetzt j-n, der vorher gut gelaunt war, in e-e ernste (1) Stimmung od. nimmt ihm e-e angenehme Hoffnung od. Illusion weg || *hierzu* **Er·nụ̈ch·te·rung** *die*

er·o̲·bern; *eroberte, hat erobert*; [Vt] **1 etw. e.** ein fremdes Land, e-e Stadt *o.Ä.* in e-m Krieg dem Feind wegnehmen u. unter die eigene Herrschaft bringen **2 (sich (*Dat*)) etw. e.** erfolgreich darum kämpfen, dass man etw. bekommt, das auch ein anderer haben will: *Er hat (sich) auf dem Turnier einen der ersten Plätze erobert* **3 j-n / etw. e.** j-s Liebe od. Freundschaft für sich gewinnen ⟨j-n, j-s Herz, j-s Sympathie, j-s Zuneigung e.⟩: *Mit seinem Charme / seinen Komplimenten versucht er, die Frauen zu e.* || *zu* **1 Er·o̲·be·rer** *der*; *-s*, -

Er·o̲·be·rung *die*; -, *-en*; **1** etw., das man erobert (1,2) hat: *Die Eroberungen aus dem Krieg musste das Land später wieder abtreten* **2** *hum*; j-d, den man erobert (3) hat: *Auf dem Fest hat er e-e E. gemacht* **3** das Erobern (1,2,3)

er·ọ̈ff·nen; *eröffnete, hat eröffnet*; [Vt] **1 etw. e.** etw., das neu gebaut od. eingerichtet wurde, den Benutzern zur Verfügung stellen ↔ schließen ⟨e-n Laden, ein Lokal, ein Museum, e-e neue Autobahn, e-e Fluglinie e.⟩ **2 etw. (mit etw.) e.** veranlassen, dass etw. beginnt, indem man etw. tut, das *mst* zeremoniellen Charakter hat ↔ schließen, beenden: *Die Diskussion e.*; *Der Richter erklärte die Verhandlung für eröffnet*; *Die Feier wurde mit e-r Rede des Bürgermeisters eröffnet* **3 (j-m / etw.) etw. e.** e-e neue Möglichkeit (für j-n / etw.) schaffen ⟨(j-m) e-e neue, ungeahnte Möglichkeit / Perspektive, e-n neuen Weg e.⟩: *Die Erfindung der Dampfmaschine eröffnete der Seefahrt völlig neue Perspektiven* **4 j-m etw. e.** j-m etw. *mst* Unerwartetes erzählen / mitteilen: *Er eröffnete seinen Angestellten, dass die Firma bankrott war* **5 das Feuer e.** *Mil*; anfangen zu schießen ↔ das Feuer einstellen **6 ein Konto e.** ein neues Konto bei e-r Bank einrichten **7 ein Testament e.** *Jur*; ein verschlossenes Testament nach dem Tod des Verfassers offiziell öffnen u. den Inhalt den Erben u. der Familie des Toten verkünden: *Der Notar eröffnete das Testament im Beisein der Angehörigen des Verstorbenen*; [Vi] **8 etw. eröffnet** etw. wird für die Öffentlichkeit zugänglich ⟨ein Geschäft, ein Kino, ein Museum, ein Schwimmbad *o.Ä.*⟩ ↔ etw. schließt: *In der Altstadt* *hat neulich ein neues Reisebüro eröffnet*; [Vr] **9 *etw. eröffnet sich* (*j-m*)** etw. entsteht als neue Möglichkeit (für j-n) ≈ etw. ergibt sich, tut sich auf ⟨e-e neue, ungeahnte Chance, Möglichkeit, Perspektive⟩ || *hierzu* **Er·öff·nung** *die*

e·ro·gen *Adj*; *nur in* ***e-e erogene Zone*** e-e Stelle des Körpers, an der Streicheln sexuell anregend wirkt

er·ör·tern; *erörterte, hat erörtert*; [Vt] ***etw. e.*** *geschr*; ausführlich u. detailliert über ein Problem sprechen od. schreiben: *auftretende Schwierigkeiten e.*; *e-e Frage wissenschaftlich e.* || *hierzu* **Er·ör·te·rung** *die*

E·ro·si·on [-ˈzio:n] *die*; -, *-en*; *Geol*; das Abtragen von Erde u. Gestein durch die Einwirkung von fließendem Wasser od. Wind || -K: ***Boden-***

e·ro·tisch *Adj*; **1** ⟨e-e Ausstrahlung, e-e Frau, ein Mann, ein Buch, e-e Darstellung, ein Film⟩ so, dass sie sexuell anziehend od. anregend wirken **2** ≈ sexuell ⟨ein Bedürfnis, ein Erlebnis⟩ || *hierzu* **E·ro·tik** *die*; -; *nur Sg*

Er·pel *der*; *-s*, -; e-e männliche Ente[1] (1) ≈ Enterich

er·picht *Adj*; *nur in* ***auf etw.*** (*Akk*) ***e. sein*** *oft pej*; großen Wert auf etw. legen u. etw. haben wollen (od. so haben wollen, wie man es sich wünscht): *Sie ist schrecklich auf Ordnung e.* / darauf *e.*, dass *wir pünktlich sind*

er·pres·sen; *erpresste, hat erpresst*; [Vt] **1 *j-n* (*mit etw.*) *e.*** j-n (*mst* durch die Drohung, dass man etw. öffentlich bekannt gibt) dazu zwingen, einem etw. (*z.B.* Geld, Informationen) zu geben: *Er wurde mit Fotos erpresst, die ihn mit seiner Geliebten zeigten* **2 *etw. von j-m e.*** etw. von j-m durch Drohungen od. Gewalt bekommen ⟨ein Geständnis, e-e Unterschrift von j-m e.⟩: *Er hat insgesamt 3000 Euro von ihr erpresst* || *hierzu* **Er·pres·sung** *die*

Er·pres·ser *der*; *-s*, -; j-d, der j-n erpresst || *hierzu* **Er·pres·se·rin** *die*; -, *-nen*

er·pro·ben; *erprobte, hat erprobt*; [Vt] ***etw. e.*** testen, ob etw. tatsächlich so funktioniert, wie es funktionieren soll, ausprobieren: *e-e neue Methode, ein Verfahren e., die Wirkung e-s Medikaments e.* || *hierzu* **Er·pro·bung** *die*

er·qui·cken; *erquickte, hat erquickt*; [Vt] *geschr veraltend*; ***j-n / sich* (*mit etw.*) *e.*** ≈ erfrischen (1,2)

er·quick·lich *Adj*; *geschr veraltend* ≈ erfreulich, angenehm ⟨nicht, kaum, wenig e.⟩

er·ra·ten; *errät, erriet, hat erraten*; [Vt] ***etw. e.*** etw., das man nicht weiß, richtig raten ⟨j-s Absichten, Gedanken, Gefühle e.⟩: *Du hasts erraten!*

er·rech·nen; *errechnete, hat errechnet*; [Vt] ***etw. e.*** etw. durch Rechnen als Ergebnis bekommen ≈ ermitteln, ausrechnen: *e-e Entfernung, den Durchschnittspreis e.*; *Er hat errechnet,* wann *der Komet wieder an der Erde vorbeiziehen wird* || *hierzu* **Er·rech·nung** *die*

er·reg·bar *Adj*; *nicht adv*; ⟨ein Mensch⟩ so, dass er sehr schnell wütend, ärgerlich u. nervös wird

er·re·gen; *erregte, hat erregt*; [Vt] **1 *etw. erregt j-n*** etw. macht j-n sehr wütend od. sehr nervös: *Er war so erregt, dass er zitterte* || NB: *mst* im Zustandspassiv **2 *j-n e.*** j-n sexuell anregen **3 *j-d / etw. erregt etw.*** j-d / etw. verursacht e-e bestimmte Reaktion bei den Menschen ⟨j-d / etw. erregt Aufsehen, (j-s) Besorgnis, Misstrauen, Mitleid, Widerwillen *usw*⟩; [Vr] **4 *sich über j-n / etw. e.*** über j-n / etw. sehr wütend werden u. *mst* deswegen schimpfen || *hierzu* **Er·regt·heit** *die*; *nur Sg*

Er·re·ger *der*; *-s*, -; etw., das e-e Krankheit verursacht (*z.B.* ein Virus)

Er·re·gung *die*; -, *-en*; **1** der Zustand, in dem j-d ist, der erregt (1,2) worden ist ⟨in heftige E. geraten, die E. nicht verbergen können⟩ **2 *E. öffentlichen Ärgernisses*** *Jur*; e-e Handlung in der Öffentlichkeit, die die moralischen od. religiösen Gefühle der meisten Leute verletzt u. die als Straftat gilt

er·rei·chen; *erreichte, hat erreicht*; [Vt] **1 *j-n / etw. e.*** so nahe an j-n / etw. herankommen, dass man ihn / es fassen od. berühren kann: *Wenn ich mich strecke, kann ich die Zimmerdecke gerade noch e.* **2 *etw. e.*** an e-n Ort, e-e Stelle kommen: *In wenigen Minuten erreichen wir Hamburg* **3** ⟨e-n Bus, e-n Zug *o.Ä.*⟩ ***e.*** es schaffen, in e-n Bus, Zug *o.Ä.* zu kommen, bevor er wegfährt **4 *etw. e.*** in e-n bestimmten (*mst* guten, positiven) Zustand kommen ⟨ein hohes Alter, e-n hohen Lebensstandard, ein Ziel e.⟩ **4 *j-n e.*** mit j-m (*mst* telefonisch) sprechen können: *Ich konnte ihn zu Hause nicht e.*; *Ich bin unter der Nummer 2186 zu e.* **5 *etw.* (*bei j-m*) *e.*** Wünsche, Pläne bei e-m anderen durchsetzen, verwirklichen können: *Wenn du unhöflich bist, erreichst du bei mir nichts* **6 (*et*)*was / viel / wenig / nichts erreicht haben*** Erfolg / viel / wenig / keinen Erfolg gehabt haben

er·ret·ten; *errettete, hat errettet*; [Vt] *geschr*; **1 *j-n aus etw. e.*** j-n aus e-r unangenehmen Situation befreien: *Er hat sie aus e-r gefährlichen, peinlichen Lage / Situation errettet* **2 *j-n von / vor etw.* (*Dat*) *e.*** verhindern, dass j-d in e-r gefährlichen Lage ums Leben kommt ⟨j-n vom / vor dem Erfrieren, Ersticken, Ertrinken, Tod *o.Ä.* e.⟩

er·rich·ten; *errichtete, hat errichtet*; [Vt] **1 *etw. e.*** ein großes Bauwerk bauen ≈ erbauen ⟨e-e Brücke, ein Hochhaus, e-n Palast, e-n Staudamm, ein Theater e.⟩ **2 *etw. e.*** etw. aufbauen od. hinstellen (das man später wieder zerlegen u. an e-m anderen Ort aufbauen kann) ⟨Barrikaden, ein Gerüst, Tribünen, Zelte e.⟩ **3 (*j-m*) *ein Denkmal e.*** ein Denkmal aufstellen (1), um j-n zu ehren **4 *etw. e.*** etw., das es vorher nicht gegeben hat, neu schaffen[2] (1) ⟨e-e neue Gesellschaftsordnung / Weltordnung e.; e-e Stiftung e.; Hindernisse, Schranken e.⟩ || *hierzu* **Er·rich·tung** *die*

er·rin·gen; *errang, hat errungen*; [Vt] ***etw. e.*** *geschr*; etw. dadurch bekommen, dass man sich sehr anstrengt od. sehr darum bemüht ≈ erlangen (1) ⟨e-n Erfolg, e-n Sieg, j-s Freundschaft, j-s Vertrauen e.⟩

er·rö·ten; *errötete, ist errötet*; [Vi] *geschr*; rot im Gesicht werden (*mst* weil man sich freut od. verlegen ist) ⟨vor / aus Freude, Scham, Verlegenheit e.⟩

er·run·gen *Partizip Perfekt*; ↑ ***erringen***

Er·run·gen·schaft *die*; -, *-en*; **1** *geschr*; etw. Neues, das e-n großen Fortschritt od. e-e große Leistung darstellt ⟨e-e medizinische, kulturelle, soziale, technische E.⟩: *Die Bürgerrechte sind e-e E. der Revolution*; *Strom ist e-e große technische E.* **2 *j-s neu*(*e*)*ste E.*** *gespr hum*; etw., das sich j-d gerade gekauft hat od. j-d, den man gerade als Partner od. Mitarbeiter geworben hat: *Er hat wieder e-e neue E.*

Er·satz *der*; *-es*; *nur Sg*; e-e Person od. Sache, die e-e andere ersetzt (1) od. im Notfall ersetzen (1) kann ⟨ein vollwertiger, schlechter E. für j-n / etw.; als E. für j-n einspringen⟩: *Unser Torwart ist krank geworden, jetzt brauchen wir für das heutige Spiel unbedingt e-n E.* || K-: ***Ersatz-, -mann, -rad, -reifen, -spieler*** || -K: ***Kaffee-, Zahn-*** **2** die Wiedergutmachung e-s Schadens od. Verlustes ≈ Entschädigung ⟨*mst* (für etw.) E. fordern, leisten⟩ || K-: ***Ersatz-, -pflicht*** || -K: ***Schaden-***

Er·satz·teil *das*; etw., das in e-e Maschine od. ein Gerät eingebaut werden kann, um ein defektes Bauteil zu ersetzen (1): *Der Staubsauger war so alt, dass keine Ersatzteile mehr zu bekommen waren* || K-: ***Ersatzteil-, -lager, -montage***

er·satz·wei·se *Adv*; als Ersatz (1)

er·sau·fen; *ersäuft, ersoff, ist ersoffen*; [Vi] *gespr!* ≈ ertrinken

er·säu·fen; *ersäufte, hat ersäuft*; [Vt] ***ein Tier e.*** *gespr!* ein Tier ertränken

er·schaf·fen; *erschuf, hat erschaffen*; [Vt] ***j-n / etw. e.*** *geschr*; (*mst* mit göttlicher Kraft) j-n / etw. entstehen lassen: *Gott erschuf den Menschen* || *hierzu* **Er·schaf·fung** *die*; *nur Sg*

er·schau·dern; *erschauderte, ist erschaudert*; [Vi] ***(vor etw.*** (*Dat*)) ***e.*** *geschr*; plötzlich u. unwillkürlich zusammenzucken u. kurz zittern, weil man erschrickt, Angst bekommt *o.Ä.* ⟨vor Angst, Ehrfurcht, Ekel, Grauen, Kälte *o.Ä.* e.⟩

er·schau·ern; *erschauerte, ist erschauert*; [Vi] ***(vor etw.) e.*** *geschr* ≈ erschaudern ⟨vor Angst, Ehrfurcht, Glück *o.Ä.* e.⟩ || NB: im Gegensatz zu *erschaudern* auch in Verbindung mit angenehmen Gefühlen verwendet

er·schei·nen; *erschien, ist erschienen*; [Vi] **1** ***etw. erscheint (irgendwo)*** etw. wird irgendwo sichtbar: *Nach dem Regen erschien wieder die Sonne am Himmel*; *Plötzlich erschien ein Flugzeug am Horizont* **2** ***j-d / etw. erscheint irgendwo*** j-d / etw. kommt dorthin, wo er / es erwartet wird: *Er ist nicht zum Frühstück erschienen*; *Morgen soll ich als Zeuge vor Gericht e.* **3** ***etw. erscheint (irgendwo)*** etw. wird veröffentlicht ⟨ein Buch, e-e Zeitschrift; etw. erscheint täglich, wöchentlich, monatlich, regelmäßig⟩: *Bei welchem Verlag erscheint das Werk?* **4** ***j-m erscheint j-d / etw.*** j-d glaubt, dass er ein Gespenst od. ein übernatürliches Wesen sieht **5** ***j-d / etw. erscheint (j-m) irgendwie*** j-d / etw. macht (auf j-n) e-n bestimmten Eindruck ≈ j-d / etw. kommt j-m irgendwie vor: Es *erscheint* (*mir*) *merkwürdig*, dass *er noch nicht da ist*; *Seine Reaktion erschien mir verdächtig*

Er·schei·nung *die*; -, *-en*; **1** etw., das man beobachten od. wahrnehmen kann ⟨e-e häufige, seltene, ungewöhnliche E.⟩ || -K: ***Alters-, Ermüdungs-, Folge-, Mangel-, Mode-*** **2** e-e Person *o.Ä.* in Gestalt e-s Gespensts, e-r Vision *o.Ä.* ⟨e-e E. haben⟩ **3** ***e-e*** + *Adj* + ***E. sein*** verwendet, um den äußeren Eindruck zu beschreiben, den j-d macht ⟨j-d ist e-e elegante, imposante, stattliche, sympathische E.⟩ **4** ***(als etw.) in E. treten*** sichtbar od. aktiv werden: *Die Polizei trat bei der Demonstration überhaupt nicht in E.* **5** ≈ Veröffentlichung || K-: ***Erscheinungs-, -datum, -jahr, -ort, -termin***

Er·schei·nungs·bild *das*; das Aussehen, das äußere Bild von j-m / etw. ⟨sein E. ändern⟩: *Das E. der Landschaft hat sich unter dem Einfluss der Industrialisierung stark gewandelt*

Er·schei·nungs·form *die*; die äußere Form, die etw. annimmt: *Die Erscheinungsformen, in denen reiner Kohlenstoff auftritt, sind Diamant u. Graphit*

er·schie·ßen; *erschoss, hat erschossen*; [Vt] ***j-n / sich / ein Tier e.*** j-n, sich od. ein Tier durch e-n Schuss töten

Er·schie·ßung *die*; -, *-en*; e-e Hinrichtung, Exekution durch Erschießen

er·schlaf·fen; *erschlaffte, ist erschlafft*; [Vi] ***j-d / etw. erschlafft*** j-d / etw. wird müde u. hat keine Kraft, keine Energie mehr ⟨die Muskeln, der Wille, der Körper⟩ || NB: *mst* im Partizip Perfekt || *hierzu* **Er·schlaf·fung** *die*; *nur Sg*

er·schla·gen[1]; *erschlug, hat erschlagen*; [Vt] **1** ***j-n (mit etw.) e.*** j-n durch einen od. mehrere Schläge mit e-m schweren Gegenstand töten ≈ j-n totschlagen **2** ***etw. erschlägt j-n*** etw. fällt auf j-n u. tötet ihn: *von e-m Felsen erschlagen werden* || NB: *mst* im Passiv! **3** ***etw. erschlägt j-n*** *gespr*; etw. erstaunt od. überrascht j-n sehr **4** ***von e-m Blitz erschlagen werden*** von e-m Blitz getroffen werden || *zu* **1, 2** u. **4** **Er·schla·ge·ne** *der / die*; *-n, -n*

er·schla·gen[2] **1** *Partizip Perfekt*; ↑ **erschlagen** **2** *Adj*; *nur präd od adv*, *gespr*; sehr müde, erschöpft ⟨ganz, total, völlig, ziemlich e. sein; sich e. fühlen⟩

er·schlei·chen; *erschlich, hat erschlichen*; [Vt] ***(sich*** (*Dat*)) ***etw. e.*** *pej*; sich durch Betrug, Täuschung od. Schmeicheleien etw. verschaffen ⟨(sich) e-e Erbschaft, j-s Vertrauen e.⟩ || *hierzu* **Er·schlei·chung** *die*; *mst Sg*

er·schlie·ßen; *erschloss, hat erschlossen*; [Vt] **1** ***etw. e.*** die notwendigen Arbeiten tun, damit etw. genutzt werden kann ⟨Rohstoffe, Bodenschätze, Öl(vorräte), e-e Quelle e.; e-n neuen Markt für ein Produkt e.⟩ **2** ***etw. e.*** die notwendigen Arbeiten tun, damit man zu etw. kommen, gelangen kann ⟨e-e Gegend, ein Land e.⟩ **3** ***etw. aus etw. e.*** aufgrund von Beobachtungen u. Überlegungen etw. (ziemlich sicher) annehmen ⟨die Bedeutung e-s Wortes aus dem Zusammenhang e.⟩ || *hierzu* **Er·schlie·ßung** *die*

er·schöp·fen; *erschöpfte, hat erschöpft*; [Vt] **1** ***etw. erschöpft j-n*** etw. strengt j-n so an, dass seine körperlichen od. geistigen Kräfte völlig verbraucht sind ⟨völlig erschöpft sein⟩: *Die Strapazen der Reise hatten ihn so erschöpft, dass er krank wurde* **2** ***etw. e.*** etw. vollständig verbrauchen ⟨seine finanziellen Mittel, Reserven, Vorräte e.⟩; [Vr] **3** ***etw. erschöpft sich in etw.*** (*Dat*) etw. geht nicht über etw. hinaus: *Der Bericht erschöpfte sich in der Aufzählung der Probleme u. ging nicht auf die Lösungen ein* || ID ***j-s Geduld ist erschöpft*** j-d hat keine Geduld mehr, j-d ist nicht mehr bereit, geduldig zu sein

er·schöp·fend **1** *Partizip Präsens*; ↑ **erschöpfen** **2** *Adj*; so, dass dabei alle Fragen beantwortet werden ≈ vollständig ↔ lückenhaft ⟨e-e Auskunft, e-e Erklärung; ein Thema e. behandeln⟩

Er·schöp·fung *die*; -, *-en*; *mst Sg*; ein Zustand sehr großer körperlicher od. geistiger Müdigkeit ⟨vor E. einschlafen⟩

er·schos·sen **1** *Partizip Perfekt*; ↑ **erschießen** **2** *Adj*; *gespr*; sehr müde ⟨ganz e. sein⟩

er·schrak *Imperfekt, 1. u. 3. Person Sg*; ↑ **erschrecken**[1]

er·schrä·ke *Konjunktiv II, 1. u. 3. Person Sg*; ↑ **erschrecken**[1]

er·schre·cken[1]; *erschrickt, erschrak, hat / ist erschrocken*; [Vi] (*ist*) **1** ***(vor j-m / etw.) e.*** (plötzlich) e-n Schrecken bekommen: *Er erschrickt sogar vor kleinen Hunden, wenn sie bellen* **2** ***(über j-n / etw.) e.*** e-e Art Angst empfinden, *z.B.* wenn man j-n / etw. sieht (weil der Anblick schockierend *o.Ä.* ist): *Ich war über sein schlechtes Aussehen sehr erschrocken* || NB: *mst* im Zustandspassiv!; [Vr] (*hat*) **3** ***sich (vor j-m / etw., über etw.*** (*Akk*)) ***e.*** *gespr* ≈ e.[1] (1,2)

er·schre·cken[2]; *erschreckte, hat erschreckt*; [Vt] ***j-n (irgendwie) e.*** bewirken, dass j-d e-n Schreck bekommt ⟨j-n sehr, zu Tode e.⟩: *Der laute Knall hat mich erschreckt*; *Es ist erschreckend zu sehen, wie der Verbrauch von Drogen steigt*

er·schrickt *Präsens, 3. Person Sg*; ↑ **erschrecken**[1]

er·schro·cken *Partizip Perfekt*; ↑ **erschrecken**[1]

er·schüt·tern; *erschütterte, hat erschüttert*; [Vt] **1** ***etw. erschüttert j-n*** etw. bewirkt, dass j-d plötzlich tiefe Trauer od. großes Mitleid fühlt: *Die Nachricht vom Tod seines Vaters hat ihn zutiefst erschüttert*; *Bei der Beerdigung spielten sich erschütternde Szenen ab* **2** ***etw. erschüttert etw.*** etw. bewirkt, dass sich etw. bewegt u. schwankt, das normalerweise bewegungslos ist: *Der vorbeifahrende Zug / Ein Erdbeben erschütterte das Haus* **3** ***j-d / etw. erschüttert etw.*** j-d / etw. nimmt etw. die sichere Grundlage ⟨j-s Ansehen, Entschluss, Glaube, Glaubwürdigkeit e.⟩: *Ihr Glaube an Gott kann durch nichts erschüttert werden*

Er·schüt·te·rung *die*; -, *-en*; **1** *mst Sg*; die tiefe Bestürzung *o.Ä.*, die durch ein trauriges Ereignis verursacht wird ≈ Bestürzung: *Bei der Trauerfeier war ihm seine E. anzumerken* **2** e-e kurze Bewegung, die durch Erschüttern (2) verursacht wird **3** *nur Sg*; der Vorgang, bei dem etw., woran j-d glaubt, erschüttert (3) wird

er·schwe·ren; *erschwerte, hat erschwert*; Vt **(j-m) (durch etw.) etw. e.** (j-m) etw. schwieriger, mühevoller od. anstrengender machen ↔ erleichtern: *Nach dem Erdbeben erschwerten heftige Regenfälle die Rettungsarbeiten*

Er·schwer·nis *die*; -, *-se*; *geschr*; etw., das j-m etw. erschwert ↔ Erleichterung

er·schwin·deln; *erschwindelte, hat erschwindelt*; Vt **sich** (*Dat*) **etw. e.** *gespr pej*; sich etw. verschaffen, indem man lügt, schwindelt od. betrügt

er·schwing·lich *Adj*; so, dass man es sich leisten kann, nicht sehr teuer ⟨ein Preis⟩: *Ein Auslandsurlaub ist nicht für jeden e.*

er·se·hen; *ersieht, ersah, hat ersehen*; *geschr*; Vt **1 etw. aus etw. e.** durch etw. e-e Information bekommen od. e-e richtige Schlussfolgerung ziehen können: *Wie Sie aus Ihren Unterlagen ersehen, ist unser Umsatz stark gestiegen*; *Aus seinem Verhalten kann man nicht e., worauf er hinauswill* **2 etw. lässt sich aus etw. e.** etw. wird durch etw. erkennbar od. deutlich: *Aus ihrem Brief lässt sich nicht e., wann sie uns besuchen will*

er·seh·nen; *ersehnte, hat ersehnt*; Vt **(sich** (*Dat*)**) j-n / etw. e.** intensiv wünschen, dass etw. passiert od. dass man j-n findet, trifft, ein Kind bekommt *o.Ä.* ⟨etw. heiß, heimlich e.; das ersehnte Ziel erreichen; sich e-n Freund, ein Kind e.⟩

er·set·zen; *ersetzte, hat ersetzt*; Vt **1 (j-m) j-n / etw. e.** an die Stelle e-r Person / Sache treten, weil diese nicht (mehr) da ist: *Niemand kann e-m Kind die Mutter e.*; *Nichts kann e-e gute Erziehung e.* **2 j-n / etw. (durch j-n / etw.) e.** j-n / etw. an die Stelle von j-m / etw. bringen: *e-n alten Fernseher durch e-n neuen e.*; *Zwei Kollegen haben in letzter Zeit die Firma verlassen, aber nur einer wird ersetzt* **3 (j-m) etw. e.** j-m Geld *o.Ä.* geben als Wiedergutmachung für e-n Schaden, e-n Verlust *o.Ä.*, für den man verantwortlich ist ≈ für etw. aufkommen: *Bei e-m Unfall ist die Versicherung verpflichtet, Schäden an fremden Fahrzeugen zu e.* || zu **1** u. **2 er·setz·bar** *Adj* || ► **Ersatz**

er·sicht·lich *Adj*; ⟨ein Grund⟩ so, dass man ihn erkennen u. verstehen kann: *Mir ist nicht e., wie das Gerät funktioniert*; *Sie hat ihn ohne e-n ersichtlichen Grund verlassen*

er·sin·nen; *ersann, hat ersonnen*; Vt **(sich** (*Dat*)**) etw. e.** *geschr*; sich etw. ausdenken ⟨(sich) e-e Geschichte, ein Märchen, e-n Plan *o.Ä.* e.⟩

er·spä·hen; *erspähte, hat erspäht*; Vt **j-n / etw. (irgendwo) e.** *geschr*; j-n / etw. sehen können, weil man intensiv u. angestrengt nach ihm / danach schaut: *j-n in e-r Menschenmenge e.*

er·spa·ren; *ersparte, hat erspart*; Vt **1 (sich** (*Dat*)**) etw. e.** e-e Summe Geld (od. das Geld für etw.) durch Sparen ansammeln ⟨sich etw. mühsam e.⟩: *Sie hatte sich monatlich hundert Euro erspart*; *Er lebt von seinem Ersparten* **2 j-m / sich etw. e.** verhindern, dass j-d / man selbst von etw. Unangenehmem betroffen wird ⟨sich / j-m Ärger, Aufregung, Scherereien *o.Ä.* e.⟩: *j-m e-n Vorwurf nicht e. können*; *Wenn du ein bisschen ordentlicher wärst, würdest du dir das Suchen e.* || ID *mst* **Mir bleibt aber auch nichts erspart!** *gespr*; verwendet, um auszudrücken, dass einem immer wieder unangenehme Dinge passieren ≈ auch das noch!

Er·spar·nis *die*; -, *-se*; **1** *mst Pl*; e-e Summe Geld, die man erspart hat ⟨Ersparnisse besitzen; von seinen Ersparnissen leben, zehren; j-n um seine Ersparnisse bringen⟩ **2** *mst Sg*; etw., das man einspart ≈ Einsparung: *Das neue Herstellungsverfahren ermöglicht uns e-e E. von Kosten u. Material* || -K: **Arbeits-, Geld-, Kosten-, Kraft-, Material-, Platz-, Raum-, Zeit-**

er·sprieß·lich *Adj*; *nicht adv*, *geschr*; so, dass etw. angenehm ist u. Nutzen bringt ⟨ein Gespräch, e-e Zusammenarbeit⟩

erst[1] *Adv*; *ohne Steigerung*; verwendet, um sich auf das zu beziehen, was zeitlich am Anfang steht ≈ zuerst, zunächst: *Ich mache e. (einmal) das Abitur, u. dann sehe ich weiter*; *Überlege dir das e. (einmal) in aller Ruhe, bevor du e-e so wichtige Entscheidung triffst*

erst[2] *Partikel*; *unbetont*; **1** verwendet, um e-e Aussage zu steigern od. besonders hervorzuheben: *Wenn du dich schon über jede Kleinigkeit aufregst, wie reagierst du e. bei e-m echten Problem!*; *„Ich bin ziemlich nervös." - „Und ich e.!"*; *Ich bin zwar sehr temperamentvoll, aber du müsstest e. meine Schwester kennen lernen (sie ist noch viel temperamentvoller)!* **2** verwendet, um auszudrücken, dass etw. später als erwartet geschieht / geschehen ist ↔ schon: *Unsere Gäste sind e. um zwei Uhr morgens gegangen*; *Ich bin e. gegen Mittag aufgewacht*; *E. viel später habe ich alle Einzelheiten erfahren* **3** verwendet, um auszudrücken, dass etw. vor nicht sehr langer Zeit geschehen ist: *Ich habe ihn e. kürzlich / e. gestern gesehen* **4** *mst* **es ist e.** + *Zeitangabe* verwendet, um auszudrücken, dass es noch relativ früh ist ↔ schon: *Bleib noch ein bisschen, es ist e. halb elf*; *Es ist e. Mitte Oktober, u. schon schneits!* **5** verwendet, um auszudrücken, dass etw. weniger als erwartet od. erwünscht ist ↔ schon: *Ich habe diese Woche e. zwei Anrufe bekommen*; *Ich lese schon seit einer Stunde u. habe trotzdem e. 6 Seiten geschafft* || NB: *erst* kann in diesem Sinn durch *nur* ersetzt werden, aber *nur* impliziert, dass der Vorgang bereits abgeschlossen ist, während *erst* für die Zukunft noch Möglichkeiten offenlässt: *Ich habe nur drei Weihnachtskarten bekommen* (dieses Jahr) / *Ich habe erst drei Weihnachtskarten bekommen* (bisher - vielleicht kommen noch welche) **6 e. 'recht** drückt aus, dass j-d etw. mit Entschlossenheit od. aus Trotz tut: *Ich habe ihr verboten, Süßigkeiten zu kaufen, aber sie tut es e. recht* **7 e. 'recht nicht** verwendet, um e-e Verneinung intensiv zu verstärken: *Auf diese Art lösen wir das Problem e. recht nicht*; *Ich kann Sport überhaupt nicht leiden - u. Fußball e. recht nicht!*

ers·t-[1] *Zahladj*; **1** in e-r Reihenfolge an der Stelle eins ≈ 1. || NB: Gebrauch ↑ *Beispiele unter* **viert-** **2** in e-r Reihe od. Skala den Anfang bildend: *im ersten Stock wohnen*; *Ich sitze in der ersten Reihe*; *Der Erste von links auf diesem Foto, das bin ich*; *(im Auto) den ersten Gang einlegen*; *Verbrennungen ersten Grades*

ers·t-[2] *Adj*; *nur attr*, *ohne Steigerung*, *nicht adv*; **1** den Anfang e-s Vorgangs od. e-r Erscheinung darstellend: *bei j-m die ersten grauen Haare entdecken*; *Dieses Jahr fiel der erste Schnee bereits im September*; *die ersten Symptome e-r Krankheit* **2** ≈ vorläufig: *e-e erste Bilanz ziehen*; *ein erstes Ergebnis* **3** in Bezug auf Rang od. Qualität an der Spitze stehend: *im Zug erster Klasse fahren*; *Weine erster Wahl* || ID **fürs Erste** *gespr* ≈ vorläufig, zunächst: *Mehr brauche ich nicht einzukaufen - das reicht fürs Erste*

er·star·ken; *erstarkte, ist erstarkt*; Vi **etw. erstarkt** *geschr*; etw. wird stärker od. größer (nachdem es vorher nur schwach, wenig intensiv war) ⟨j-s

Freundschaft, Glaube, Hoffnung, Liebe, Widerstand⟩ || *hierzu* **Er·star·kung** *die*; *nur Sg*

er·star·ren; *erstarrte, ist erstarrt*; [Vi] **1** ***etw. erstarrt*** (***zu etw.***) etw. wird starr, hart od. fest ⟨Gelatine, Gips, Lava, Sülze, Zement *o.Ä.*⟩ **2** ***etw. erstarrt*** (***j-m***) etw. wird als Folge großer Kälte steif u. unbeweglich ⟨die Finger, die Glieder⟩ **3** (***vor etw.*** (*Dat*)) ***e.*** nicht handeln od. sich nicht bewegen können, weil man große Angst hat, erschrickt *o.Ä.* ⟨vor Angst, Entsetzen, Schreck, in / vor Ehrfurcht e.⟩

er·stat·ten; *erstattete, hat erstattet*; [Vt] **1** ***j-m etw. e.*** *geschr*; j-m das Geld, das er für e-n bestimmten Zweck ausgegeben hat, zurückzahlen ≈ j-m etw. vergüten ⟨j-m alle Auslagen, Spesen, Unkosten e.⟩: *Aufwendungen wie Fahrkosten o.Ä., die Ihnen im Zusammenhang mit Ihrer Bewerbung entstehen, werden Ihnen selbstverständlich erstattet* **2** (***j-m über etw.*** (*Akk*)) ***Bericht / Meldung e.*** *Admin geschr*; j-m über etw. in sachlicher Form berichten **3** (***gegen j-n***) ***Anzeige e.*** *geschr*; j-n bei der Polizei anzeigen (2,3) || *hierzu* **Er·stat·tung** *die*

Erst·auf·füh·rung *die* ≈ Uraufführung

er·stau·nen; *erstaunte, hat / ist erstaunt*; [Vt] (*hat*) **1** ***etw. erstaunt j-n*** etw. ist so, dass j-d darüber überrascht ist u. staunt: *Ihr großes Wissen über dieses schwierige Fachgebiet hat mich sehr erstaunt*; [Vi] (*ist*) **2** (***über etw.*** (*Akk*)) ***e.*** *geschr*; über etw. in Staunen, Verwunderung geraten || *zu* **2 er·stau·nens·wert** *Adj*

Er·stau·nen *das*; *-s*; *nur Sg*; **1** das Erstauntsein ⟨j-n in E. versetzen⟩ **2** ***zu j-s E.*** zu j-s großer Überraschung: *Zu seinem größten E. öffnete sich e-e geheime Tür, als er die Wand berührte*

er·staun·lich *Adj*; so, dass man darüber staunt ≈ überraschend: *Er verfügt über ein erstaunliches Wissen auf diesem schwierigen Gebiet*; *Er ist e. vital für sein Alter*

er·staunt 1 *Partizip Perfekt*; ↑ ***erstaunen*** **2** *Adj*; ***e. sein*** (***über j-n / etw.***) ≈ staunen

Erst·aus·ga·be *die*; **1** die erste gedruckte Veröffentlichung e-s literarischen od. wissenschaftlichen Werkes **2** ein Exemplar der ersten Auflage e-s Buches *o.Ä.*

erst·bes·t- *Adj*; *nur attr, nicht adv, oft pej*; ***der / die / das erstbeste*** e-e Person od. Sache, die als erste infrage kommt (ohne sorgfältig ausgewählt worden zu sein): *Wir gingen ins erstbeste Café*; *Als wir ankamen, war es schon sehr spät, u. wir mussten das erstbeste Hotel nehmen*

Ers·te[1] *der / die*; *-n, -n*; j-d, der bei e-m (sportlichen) Wettbewerb die beste Leistung erzielt hat: *beim 100-Meter-Lauf Erster werden*; *Sie ging als Erste durchs Ziel* || NB: *Erster*; *der Erste*; *den, dem, des Ersten*

Ers·te[2] *der*; *-n*; *nur Sg*; *in* ***am / zum Ersten*** (***des Monats***) am / zum ersten Tag e-s bestimmten Monats: *zum Ersten* (*des Monats*) */ zum nächsten Ersten kündigen*

er·ste·chen; *ersticht, erstach, hat erstochen*; [Vt] ***j-n*** (***mit etw.***) ***e.*** j-n durch e-n od. mehrere Stiche mit e-m Messer *o.Ä.* töten

er·ste·hen; *erstand, hat erstanden*; [Vt] ***etw. e.*** etw. kaufen: *Er hat gerade ein neues Auto erstanden*; *Diesen Mantel habe ich ganz billig erstanden*

er·stei·gern; *ersteigerte, hat ersteigert*; [Vt] ***etw. e.*** etw. auf e-r Versteigerung *o.Ä.* kaufen, indem man e-n höheren Preis dafür bietet als andere Personen

er·stel·len; *erstellte, hat erstellt*; [Vt] **1** ***etw. e.*** *bes* e-n Text od. e-n Plan fertig machen (2) ≈ ausarbeiten ⟨ein Gutachten, ein Protokoll, e-n Plan, e-n Kostenvoranschlag e.⟩ **2** ***etw. e.*** *Admin geschr*; ein Bauwerk bauen ≈ errichten: *Sozialwohnungen e.* || *hierzu* **Er·stel·lung** *die*; *nur Sg*

ers·tens *Adv*; verwendet bei e-r Aufzählung, um anzuzeigen, dass etw. an erster Stelle kommt od. *bes* wichtig ist: *Ich komme nicht mit. E. ist mir der Weg zu weit u. zweitens habe ich keine Lust* (*dazu*)

Ers·te·re *der / die*; *-n, -n*; von zwei Personen od. Sachen diejenige, die man zuerst genannt hat ↔ Letztere: *Peter u. Hans waren da, Ersterer ging aber früh nach Hause* || NB: *Ersterer*; *der Erstere*; *den, dem, des Ersteren*

Erst·ge·burt *die*; *nur Sg*; **1** *geschr*; das erste Kind **2** *hum*; e-e größere, *mst* künstlerische Arbeit, die man zum ersten Mal gemacht hat || *zu* **1 Erst·ge·bo·re·ne** *der, die, das*; *-n, -n*

er·sti·cken; *erstickte, hat / ist erstickt*; [Vt] (*hat*) **1** ***j-n e.*** j-n töten, indem man verhindert, dass er atmen kann **2** ***etw. e.*** ein Feuer löschen (indem man verhindert, dass Sauerstoff dazukommt): *die Flammen mit Sand, mit e-r nassen Decke e.* **3** ***etw. e.*** *geschr* ≈ unterdrücken ⟨*mst* j-s Widerstand im Keim e.⟩; [Vi] (*ist*) **4** (***an etw.*** (*Dat*)) ***e.*** sterben, weil man nicht genug Luft zum Atmen bekommt: *Viele Bergleute sind bei dem Unglück in der Kohlengrube an den giftigen Gasen erstickt* || K-: ***Erstickungs-, -tod*** || ID *mst* ***in Arbeit e.*** *gespr*; sehr viel Arbeit haben || *zu* **1, 2** u. **3 Er·sti·ckung** *die*; *nur Sg*

erst·klas·sig *Adj*; *ohne Steigerung*, *gespr*; ganz besonders gut ≈ ausgezeichnet, hervorragend: *ein erstklassiger Tennisspieler*; *erstklassige Leistungen*

Erst·kläss·ler *der*; *-, -*; ein Kind, das (mit ca. sechs Jahren) in die erste Klasse e-r Grundschule geht || *hierzu* **Erst·kläss·le·rin** *die*; *-, -nen*

Erst·kom·mu·ni·on *die*; *nur Sg*, *kath*; die Feier (in der katholischen Kirche), bei der ein Kind (mit ca. neun Jahren) zum ersten Mal zur Kommunion geht

erst·ma·lig *Adj*; *geschr*; zum ersten Mal (vorkommend)

erst·mals *Adv*; zum ersten Mal: *Die Stadt wurde e. in e-r Chronik des 13. Jahrhunderts erwähnt*

er·stre·ben; *erstrebte, hat erstrebt*; [Vt] ***etw. e.*** *geschr*; etw. erreichen wollen ≈ anstreben ⟨Ansehen, Macht, Reichtum e.; das erstrebte Ziel⟩ || *hierzu* **er·stre·bens·wert** *Adj*

er·stre·cken, sich; *erstreckte sich, hat sich erstreckt*; [Vr] **1** ***etw. erstreckt sich*** (***von etw.***) ***bis zu etw.*** etw. hat e-e bestimmte räumliche Ausdehnung (in horizontaler od. vertikaler Richtung) ≈ etw. dehnt sich aus: *Die Alpen erstrecken sich im Osten bis zur ungarischen Tiefebene* **2** ***etw. erstreckt sich über / auf etw.*** (*Akk*) etw. nimmt eine bestimmte Zeitspanne ein, etw. hat e-e bestimmte Dauer ≈ etw. dauert + *Zeitangabe*: *Die medizinischen Versuche erstreckten sich über e-n Zeitraum von acht Jahren / über acht Jahre* **3** ***etw. erstreckt sich auf j-n / etw.*** etw. betrifft (auch) j-n / etw. ≈ etw. bezieht j-n / etw. mit ein: *Das neue Gesetz erstreckt sich auf alle Arbeitnehmer, nicht nur auf die Angestellten* || *zu* **1 Er·stre·ckung** *die*; *nur Sg*

er·stun·ken *Adj*; *nur in* ***etw. ist e. u. erlogen*** *gespr!* verwendet, um auszudrücken, dass etw. völlig unwahr ist

er·su·chen; *ersuchte, hat ersucht*; [Vt] ***j-n / e-e Behörde*** *o.Ä.* ***um etw. e.***; ***j-n / e-e Behörde*** *o.Ä.* ***e.*** + ***zu*** + *Infinitiv*, *geschr*; j-n / e-e Behörde *o.Ä.* höflich od. offiziell um etw. bitten od. zu etw. auffordern: *das Ministerium um e-e Auskunft e.*; *Sie ersuchte ihn, ihr zu helfen* || *hierzu* **Er·su·chen** *das*; *-s, -*

er·tap·pen; *ertappte, hat ertappt*; [Vt] **1** ***j-n*** (***bei etw.***) ***e.*** bemerken od. beobachten, dass j-d (heimlich) etw. Verbotenes od. Unrechtes tut ≈ erwischen, überraschen ⟨j-n beim Lügen, Stehlen e.; j-n auf frischer Tat e.⟩; [Vr] **2** ***sich bei etw. e.*** plötzlich bemerken, dass man etw. Verbotenes, Unrechtes *o.Ä.*

denkt od. wünscht, das man bei bewusster Überlegung eigentlich ablehnt

er·tei·len; *erteilte, hat erteilt*; Vt **(j-m) etw. e.** *geschr*; verwendet zusammen mit e-m Subst., um ein Verb zu umschreiben; ***j-m e-e Rüge e.*** ≈ j-n rügen; **(*j-m*) *e-n Befehl e.*** ≈ j-m etw. befehlen; ***j-m e-n Rat e.*** ≈ j-m etw. raten; **(*j-m*) *e-n Auftrag e.*** ≈ j-n mit etw. beauftragen; ***j-m e-e Erlaubnis e.*** ≈ j-m etw. erlauben; ***j-m Unterricht e.*** ≈ j-n unterrichten

er·tö·nen; *ertönte, ist ertönt*; Vi **etw. ertönt** etw. ist zu hören ⟨Musik, e-e Stimme, e-e Melodie⟩

Er·trag *der*; *-(e)s, Er·trä·ge*; *mst Pl, geschr*; **1** *Kollekt*; die Produkte, die (*bes* in der Landwirtschaft) innerhalb e-s bestimmten Zeitraums erzeugt wurden ⟨geringe, hohe, reiche Erträge erzielen, bringen⟩ || -K: ***Boden-, Ernte-*** **2** der finanzielle Gewinn, den j-d aus geschäftlichen Unternehmungen bekommt ⟨E. abwerfen; von den Erträgen leben können⟩: *Sein Unternehmen wirft gute Erträge ab* || K-: ***Ertrags-, -minderung, -steigerung*** || -K: ***Netto-, Rein-*** || *hierzu* **er·trag·reich** *Adj*

er·tra·gen; *erträgt, ertrug, hat ertragen*; Vt **1 *etw. e.*** etw. *mst* Unangenehmes so akzeptieren, wie es ist ⟨sein Schicksal e.; Kälte, Schmerzen, e-e Krankheit e. (müssen)⟩ **2 *j-n / etw. nicht* (*mehr*) *e. können*** e-e sehr starke Abneigung gegen e-e Person / Sache haben ≈ j-n / etw. nicht (mehr) aushalten (1) können

er·träg·lich *Adj*; **1** so beschaffen, dass man es ertragen (1) kann ⟨Schmerzen⟩: *Wenn ein Wind geht, ist diese Hitze e.* **2** so beschaffen, dass man damit gerade noch zufrieden ist ⟨Leistungen⟩

er·trän·ken; *ertränkte, hat ertränkt*; Vt ***j-n / ein Tier e.*** e-n Menschen od. ein Tier so lange unter Wasser halten, bis er / es tot ist

er·träu·men; *erträumte, hat erträumt*; Vt **(*sich* (*Dat*)) *j-n / etw. e.*** sich vorstellen, dass man das bekommt, was man seit langer Zeit haben möchte ≈ wünschen: *Sie war genau die Frau, die er sich erträumt hatte* || NB: *mst* im Perfekt od. Plusquamperfekt

er·trin·ken; *ertrank, ist ertrunken*; Vi sterben, weil man (als Folge e-s Unfalls) zu lange unter Wasser gewesen ist: *Er ist beim Baden im Atlantik ertrunken*; *j-n vor dem Ertrinken retten*

er·trot·zen; *ertrotzte, hat ertrotzt*; Vt ***sich* (*Dat*) *etw. e.*** das bekommen, was man will, indem man es immer wieder energisch fordert ⟨sich e-e Genehmigung, e-e Erlaubnis e.⟩

er·üb·ri·gen; *erübrigte, hat erübrigt*; Vt **1 (*für j-n*) *Zeit e.* (*können*)** sich (für j-n) Zeit nehmen (können); Vr **2 *etw. erübrigt sich*** etw. ist überflüssig od. nicht (mehr) notwendig: *Unser Problem ist bereits gelöst, alle Diskussionen darüber haben sich also erübrigt*; *Es erübrigt sich, darüber noch weiter zu sprechen* || ► **übrig** (1)

e·ru·ie·ren; *eruierte, hat eruiert*; Vt ***etw. e.*** *geschr*; durch Suchen u. Forschen etw. finden ≈ herausfinden, ermitteln: *Experten versuchten zu e.*, wodurch *die Katastrophe zustande gekommen war*

E·rup·ti·on [-'tsio:n] *die*; *-, -en*; *Geol*; die Explosion e-s Vulkans, bei der Asche, Lava u. Gase herausgeschleudert werden ≈ Ausbruch (3)

er·wa·chen; *erwachte, ist erwacht*; Vi *geschr*; **1 (*aus etw.*) *e.*** wach werden ≈ aufwachen ⟨aus dem Schlaf, aus der Narkose e.⟩ **2 *aus etw. e.*** (aus e-r Art Traum) wieder in die Realität zurückfinden ⟨aus e-r Illusion, Fantasie, aus seiner Versunkenheit e.⟩ **3 *etw. erwacht* (*in j-m*)** etw. entsteht in j-m ⟨Misstrauen, Neugier, Interesse, ein Wunsch⟩

er·wach·sen[1] [-ks-]; *erwächst, erwuchs, ist erwachsen*; Vi *geschr*; **1 *etw. erwächst aus etw.*** etw. entsteht allmählich aus etw.: *Aus unserer Freundschaft erwuchs e-e tiefe Zuneigung* **2 *etw. erwächst j-m / für j-n* (*aus etw.*)** etw. ist für j-n das Resultat od. die Folge e-r Handlung ≈ etw. ergibt sich: *Aus seinem unhöflichen Verhalten erwuchsen ihm zahlreiche Schwierigkeiten*

er·wach·sen[2] [-ks-] **1** *Partizip Perfekt*; ↑ **erwachsen**[1] **2** *Adj*; aufgrund des Alters kein Kind, kein Jugendlicher / keine Jugendliche mehr ≈ volljährig: *Er hat zwei erwachsene Töchter* **3** mit der Erfahrung u. dem Wissen, die ein erwachsener[2] (2) Mensch normalerweise hat ⟨e. denken, handeln⟩

Er·wach·se·ne *der / die*; *-n, -n*; ein erwachsener[2] (2,3) Mensch ↔ Jugendliche(r), Kind || NB: *ein Erwachsener*; *der Erwachsene*; *den, dem, des Erwachsenen*

Er·wach·se·nen·bil·dung *die*; *nur Sg*, *Kollekt*; der Unterricht (u. die Institution) zur (Weiter)Bildung von Erwachsenen für private od. berufliche Zwecke

er·wä·gen; *erwog, hat erwogen*; Vt ***etw. e.*** *geschr*; etw. (sehr) gründlich überlegen, indem man auch an die Vor- u. Nachteile u. die Konsequenzen e-r Sache denkt: *e-n Vorschlag, e-n Plan gründlich e.*; *Sie erwog, für ein Jahr ins Ausland zu gehen*

Er·wä·gung *die*; *-, -en*; *geschr*; **1** e-e sorgfältige Überlegung, bei der man *bes* die Konsequenzen e-r Sache prüft ⟨*mst* nach ernsthafter, reiflicher E.⟩ **2 *etw. in E. ziehen*** etw. berücksichtigen od. als Möglichkeit in Betracht ziehen

er·wäh·nen; *erwähnte, hat erwähnt*; Vt ***j-n / etw. e.*** (in e-m bestimmten Zusammenhang) kurz von j-m / etw. sprechen od. schreiben ⟨j-n / etw. lobend, namentlich e.⟩: *Er erwähnte nur kurz*, dass *er e-n Unfall hatte, Genaueres hat er mir noch nicht gesagt* || *hierzu* **Er·wäh·nung** *die*; **er·wäh·nens·wert** *Adj*

er·wär·men; *erwärmte, hat erwärmt*; Vt **1 *etw. erwärmt etw.*** etw. macht etw. warm ↔ etw. kühlt etw. ab: *Der Boiler erwärmt das Wasser auf 80 °C* **2 *j-n für j-n / etw. e.*** bewirken, dass j-d j-n sympathisch findet od. dass sich j-d für etw. interessiert: *Ich konnte ihn für meine Pläne nicht e.*; Vr **3 *etw. erwärmt sich*** etw. wird (allmählich) warm ↔ etw. kühlt sich ab: *Die Luft hat sich im Laufe des Tages von 5 °C auf 20 °C erwärmt* **4 *sich für j-n / etw. e. können*** mit der Zeit j-n sympathisch finden / etw. gut od. interessant finden || NB: *mst* verneint! || *zu* **1** u. **3 Er·wär·mung** *die*; *nur Sg*

er·war·ten; *erwartete, hat erwartet*; Vt **1 *j-n / etw. e.*** darauf warten, dass j-d kommt od. dass sich etw. ereignet ⟨j-n / etw. sehnsüchtig, ungeduldig e.⟩: *Sie erwartete ihn an der verabredeten Stelle im Park* **2 *etw. e.*** etw. für sehr wahrscheinlich halten ≈ mit etw. rechnen: *Ich habe erwartet*, dass *die deutsche Mannschaft in dem Fußballspiel gegen England verliert*; *Wie zu e. war / Wie erwartet, wurde sein neuer Film ein großer Erfolg* **3 (*sich* (*Dat*)) (*von j-m / etw.*) *etw. e.*** davon ausgehen (8), dass j-d e-e bestimmte Leistung erbringt, dass etw. den gewünschten Erfolg zeigt *o.Ä.*: *Ich erwarte* (*mir*) *von dir*, dass *du deine Arbeit sorgfältig machst* **4 (*von j-m*) *ein Kind e.*** schwanger sein || ID ***Das war zu e.*** es war klar, dass das geschehen würde

Er·war·tung *die*; *-, -en*; **1** *mst Pl*; das, was j-d von j-m / etw. erhofft od. erwartet ⟨große Erwartungen in j-n / etw. setzen; j-s Erwartungen erfüllen, enttäuschen; die E., dass ...⟩: *Der neue Trainer hat die in ihn gesetzten Erwartungen voll u. ganz erfüllt* **2** *mst Sg*; der Zustand des Wartens[1] (1): *voller E.* / *voll ungeduldiger E. sein* **3 *in E.*** + *Gen*, *geschr*; (ungeduldig od. sehnsüchtig) auf etw. wartend[1] (1): *in E. der Nachricht über den Ausgang der Wahlen* || *zu* **1 er·war·tungs·ge·mäß** *Adj*; *mst adv*; *zu* **2 er·war·tungs·voll** *Adj*

er·wẹ·cken; *erweckte, hat erweckt*; [Vt] **1** **(*in j-m*) *etw. e.*** bewirken, dass etw. (*bes* ein Gefühl od. e-e Vorstellung) in j-m entsteht ≈ hervorrufen ⟨in j-m Mitleid, Liebe, Vertrauen *o.Ä.* e.⟩ **2** ***den Anschein / Eindruck e., ...*** e-e bestimmte Vorstellung, Meinung entstehen lassen: *Ihr Verhalten erweckt den Anschein, als wolle sie die Firma verlassen*

er·weh·ren, sich [Vr] *mst in* ***Ich kann mich des Eindrucks nicht e., dass ...*** *geschr*; ich habe den Eindruck, den begründeten Verdacht, dass ...

E

er·wei·chen; *erweichte, hat / ist erweicht*; [Vt] *(hat)* **1** ***j-n*** **(*mit / durch etw.*) *e.*** j-n durch Bitten od. Weinen dazu bringen, dass er Mitleid bekommt u. nachgibt **2** ***etw. e.*** etw. weich machen; [Vi] *(ist)* **3** ***etw. erweicht*** etw. wird weich: *Das Wachs ist in der Hitze erweicht*

er·wei·sen; *erwies, hat erwiesen*; [Vt] *geschr*; **1** ***etw. e.*** ≈ beweisen (1), nachweisen: Es *ist erwiesen*, dass *Rauchen schädlich ist* || NB: *mst* im Zustandspassiv! **2** ***j-m etw. e.*** verwendet zusammen mit e-m Substantiv, um auszudrücken, dass man etw. für j-n tut; ***j-m e-n Gefallen e.*** ≈ j-m e-n Gefallen tun; ***j-m e-n Dienst e.*** ≈ e-n Dienst für j-n tun **3** ***j-m etw. e.*** verwendet zusammen mit e-m Substantiv, um auszudrücken, dass man j-m etw. zeigt; ***j-m Achtung e.*** ≈ j-m Achtung zeigen; ***j-m Respekt e.*** ≈ j-m Respekt zeigen; [Vr] **4** ***sich als j-d / etw. / irgendwie e.*** nach e-r bestimmten Zeit seine wahre Eigenschaft zeigen: *Die Klärung des Mordfalles hat sich als schwierig erwiesen*; *Der angebliche Vertreter hat sich als Betrüger erwiesen* || NB: oft im Perfekt

er·wei·tern; *erweiterte, hat erweitert*; [Vt] **1** ***etw. e.*** etw. in seinem räumlichen Umfang größer od. weiter machen: *e-e Einfahrt, e-n Flughafen e.* **2** ***etw. e.*** *bes* durch Lernen u. durch neue Erfahrungen sein Wissen vergrößern ⟨sein Wissen, seine Kenntnisse, seinen Horizont e.⟩: *seine Sprachkenntnisse e., indem man Zeitungen liest*; [Vr] **3** ***etw. erweitert sich*** etw. wird in seinem räumlichen Umfang größer: *Durch Alkohol erweitern sich die Blutgefäße*; *In der Dunkelheit erweitern sich die Pupillen* || *hierzu* **Er·wei·te·rung** *die*

Er·wẹrb *der*; *-(e)s*; *nur Sg*; **1** der Kauf: *der E. e-s Grundstücks* || -K: ***Grundstücks-*** **2** das Erwerben (2), das Bekommen: *der Erwerb e-r Konzession* **3** das Erwerben (4): *der E. von Fähigkeiten, Wissen* **4** *Admin geschr*; e-e bezahlte berufliche Tätigkeit ⟨(k)einem E. nachgehen⟩

er·wẹr·ben; *erwirbt, erwarb, hat erworben*; *geschr*; [Vt] **1** ***etw. e.*** *mst* wertvolle, teure Dinge kaufen: *e-e Eigentumswohnung, ein Grundstück e.* **2** ***etw. e.*** ein Recht (2) od. e-e Erlaubnis erhalten, etw. zu tun ⟨ein Recht, e-e Befugnis, e-e Berechtigung, e-e Konzession e.⟩ **3** **(*sich* (*Dat*)) *etw. e.*** etw. durch Arbeit u. Fleiß im Laufe der Zeit erlangen od. bekommen: *sich als Politiker Ruhm e.*; *im Laufe seines Lebens ein beträchtliches Vermögen e.* **4** **(*sich* (*Dat*)) *etw. e.*** durch Lernen od. Üben Fähigkeiten od. Wissen bekommen: *Sie hat sich mit viel Fleiß u. Eifer gute Spanischkenntnisse erworben* || *hierzu* **Er·wẹr·bung** *die*

er·wẹrbs·los *Adj*; *nicht adv*, *Admin geschr* ≈ arbeitslos || *hierzu* **Er·wẹrbs·lo·sig·keit** *die*; *nur Sg*

Er·wẹrbs·lo·se *der / die*; *-n, -n*; *Admin geschr* ≈ Arbeitslose(r) || NB: *ein Erwerbsloser*; *der Erwerbslose*; *den, dem, des Erwerbslosen*

er·wẹrbs·tä·tig *Adj*; *Admin geschr* ≈ berufstätig || *hierzu* **Er·wẹrbs·tä·tig·keit** *die*; *nur Sg*

Er·wẹrbs·tä·ti·ge *der / die*; *-n, -n*; *Admin geschr*; j-d, der e-n Beruf ausübt || NB: *ein Erwerbstätiger*; *der Erwerbstätige*; *den, dem, des Erwerbstätigen*

er·wẹrbs·un·fä·hig *Adj*; *nicht adv*, *Admin geschr*; wegen e-r Krankheit od. wegen des Alters nicht fähig, e-n Beruf auszuüben || *hierzu* **Er·wẹrbs·un·fä·hig·keit** *die*; *nur Sg*

Er·wẹrbs·zweig *der*; *Ökon*; ein Bereich in der Wirtschaft e-s Landes: *Der Weinbau ist ein wichtiger E. in Italien*

er·wi·dern; *erwiderte, hat erwidert*; [Vt] **1** **(*j-m*) *etw.*** **(*auf etw.*** (*Akk*)**) *e.*** j-m e-e Antwort auf e-e Frage od. auf e-e Aussage geben ≈ antworten: *„Ich bin sechzehn", erwiderte der Junge auf die Frage des Polizisten nach seinem Alter*; *Ich wusste nicht, was ich ihm auf seinen Vorwurf e. sollte* **2** ***etw. e.*** als Antwort od. Reaktion auf etw. das gleiche tun, zeigen *o.Ä.* ⟨*mst* j-s Gefühle, e-n Gruß, e-n Besuch, e-n Blick e.⟩ **3** ***das Feuer e.*** zurückschießen, nachdem j-d angefangen hat zu schießen

Er·wi·de·rung *die*; *-, -en*; **1** ***e-e E.*** **(*auf etw.*** (*Akk*)**)** das, was j-d j-m erwidert (1) ≈ Antwort: *Seine E. auf meine Frage kam nach kurzer Überlegung* **2** das Erwidern (2) als Reaktion

er·wie·sen *Partizip Perfekt*; ↑ ***erweisen***

er·wie·se·ner·ma·ßen *Adv*; wie es sich erwiesen (1) hat ≈ nachweislich: *Der Halleysche Komet erscheint e. alle 76 Jahre*

er·wir·ken; *erwirkte, hat erwirkt*; [Vt] ***etw. e.*** *Admin geschr*; bei e-r Institution, *z.B.* e-m Amt od. Gericht (durch persönliche Bemühungen) etw. erreichen ⟨e-n Freispruch, j-s Freilassung, e-e Erlaubnis e.; e-e Bestrafung e.⟩: *Der Anwalt erwirkte mithilfe e-r Kaution die Entlassung seines Mandanten aus dem Gefängnis*

er·wirt·schaf·ten; *erwirtschaftete, hat erwirtschaftet*; [Vt] ***etw. e.*** *bes* durch Arbeit u. kluges Planen finanzielle Gewinne erzielen: *Der Unternehmer hat in kürzester Zeit ein beträchtliches Vermögen erwirtschaftet*

er·wi·schen; *erwischte, hat erwischt*; [Vt] *gespr*; **1** ***j-n e.*** j-n *mst* gerade noch erreichen, um mit ihm zu sprechen, bevor er weg ist: *Sieh zu, dass du ihn noch vor der Mittagspause erwischst, am Nachmittag ist er nicht mehr da* **2** ***etw. e.*** ein Verkehrsmittel noch erreichen, bevor es abfährt ↔ verpassen, versäumen: *den Bus in letzter Sekunde noch e.* **3** ***etw. e.*** etw. im letzten Augenblick greifen od. fassen können: *Ich habe die Vase gerade noch erwischt, bevor sie heruntergefallen wäre* **4** *bes* durch Zufall od. Glück etw. bekommen: *im Bus e-n Sitzplatz e.* **5** ***j-n e.*** j-n, der etw. Verbotenes getan hat, fangen (u. festnehmen) **6** ***j-n*** **(*bei etw.*) *e.*** sehen od. beobachten, wie j-d etw. Verbotenes tut ≈ ertappen || ID ***j-n hat es erwischt*** *gespr*; **a)** j-d hat sich verliebt; **b)** j-d ist krank geworden od. verletzt: *Alle meine Freunde haben Grippe, mich hat es Gott sei Dank noch nicht e.*; **c)** j-d ist bei e-m Unfall *o.Ä.* gestorben

er·wog *Imperfekt, 1. u. 3. Person Sg*; ↑ ***erwägen***

er·wo·gen *Partizip Perfekt*; ↑ ***erwägen***

er·wụ̈nscht *Adj*; **1** *mst attr*; so beschaffen, wie man es sich gewünscht hat: *Die wissenschaftliche Untersuchung brachte das erwünschte Resultat* **2** *mst präd*; bei j-m od. an e-m Ort gern gesehen ≈ willkommen || NB: *zu* **2**: oft verneint: *nicht e. sein*

er·wụ̈r·gen; *erwürgte, hat erwürgt*; [Vt] ***j-n*** **(*mit etw.*) *e.*** j-n töten, indem man ihn würgt ≈ erdrosseln

Erz, Ẹrz *das*; *-es, -e*; ein Mineral, das Metall enthält ⟨E. abbauen, gewinnen, verhütten⟩ || K-: ***Erz-, -abbau, -ader, -bergwerk, -gießerei, -grube, -hütte***; ***erz-, -reich*** || -K: ***Eisen-***

ẹrz-, Ẹrz- *im Adj u. im Subst, begrenzt produktiv*; **1** verwendet, um e-n hohen Rang in e-r Hierarchie auszudrücken; der ***Erzbischof***, das ***Erzbistum***, die ***Erzdiözese***, der ***Erzengel***, der ***Erzherzog*** **2** *pej*; verwendet, um e-n sehr hohen Grad an schlechten Eigenschaften auszudrücken; der ***Erz-***

feind, der ***Erzgauner***; ***erzdumm, erzfaul, erzkonservativ, erzreaktionär***

er·zäh·len; *erzählte, hat erzählt*; [Vt/i] **1** (**j-m**) **etw. e.**; (**etw.**) **e.** j-m *bes* ein Erlebnis od. Ereignis (*mst* mündlich) auf unterhaltsame Weise mitteilen ⟨(j-m) e-e Geschichte, e-e Anekdote, ein Märchen e.; Witze e.⟩: *Habe ich dir eigentlich schon erzählt, wen ich gestern getroffen habe?*; *Seine Großmutter kann ganz spannend e.* || K-: ***Erzähl-, -kunst, -talent***; [Vi] **2** (**j-m**) **etw.** (**von j-m / etw.**) **e.**; (**j-m**) **etw.** (**über j-n / etw.**) **e.** j-m e-e Information über j-n / etw. geben ≈ mitteilen: *Sie hat uns erzählt,* dass *ihr Mann schwer erkrankt ist*; *Was ich dir jetzt über unseren Nachbarn erzähle, darf niemand erfahren* || ID *mst* ***Na, dem werde ich was e.!*** *gespr*; den werde ich schimpfen; *mst* ***Mir kannst du ja viel e.!*** *gespr*; was du mir erzählst, glaube ich nicht

Er·zäh·ler *der*; *-s, -*; **1** j-d, der etw. erzählt (1) ⟨ein guter, lebendiger E.⟩ || -K: ***Märchen-*** **2** ein Schriftsteller, der Erzählungen (2), Romane *usw* schreibt ⟨ein zeitgenössischer E.⟩

er·zähl·freu·dig *Adj*; *nicht adv*; ⟨ein Mensch⟩ so, dass er gern u. viel erzählt

Er·zäh·lung *die*; *-, -en*; **1** das Erzählen (1) ⟨j-s E. lauschen, zuhören; j-n in seiner E. unterbrechen; in / mit seiner E. fortfahren⟩ **2** e-e *mst* relativ kurze (Prosa)Geschichte ⟨e-e spannende, realistische E.⟩

Er·zähl·wei·se *die*; die Art u. Weise, wie etw. mündlich od. schriftlich erzählt wird ⟨e-e geistreiche, temperamentvolle E.⟩

er·zeu·gen; *erzeugte, hat erzeugt*; [Vt] **1 etw. e.** bewirken, dass etw. entsteht: *Druck erzeugt Gegendruck*; *Der Autor erzeugt Spannung in seinem Kriminalroman* **2 etw. e.** ≈ produzieren: *landwirtschaftliche Produkte, Strom e.* || *hierzu* **Er·zeu·gung** *die*

Er·zeu·ger *der*; *-s, -*; **1** j-d, der ein (*mst* landwirtschaftliches) Produkt erzeugt (2): *Die Eier direkt beim E. holen* || K-: ***Erzeuger-, -land, -preis*** **2** *oft hum*; verwendet, um den Vater e-s Kindes zu bezeichnen

Er·zeug·nis *das*; *-ses, -se*; **1** etw., das erzeugt (2) worden ist ≈ Produkt, Ware ⟨ein landwirtschaftliches, industrielles, technisches E.⟩ **2** etw., das j-d in geistiger Arbeit hervorgebracht hat: *ein literarisches E.*

er·zie·hen; *erzog, hat erzogen*; [Vt] ***j-n*** (***zu etw.***) ***e.*** j-n, *mst* ein Kind, in seiner geistigen u. charakterlichen Entwicklung formen, indem man es bestimmte Normen u. Prinzipien lehrt ⟨j-n antiautoritär, frei, streng, zur Selbstständigkeit e.⟩: *Die Eltern haben ihren Sohn zu e-m tüchtigen Menschen erzogen*

Er·zie·her *der*; *-s, -*; **1** j-d, der *mst* Kinder od. Jugendliche erzieht: *Eltern u. Lehrer sind die wichtigsten Erzieher e-s Kindes* **2** j-d, der beruflich *bes* im Kindergarten od. in e-m Internat Kinder erzieht || *hierzu* **Er·zie·he·rin** *die*; *-, -nen*

er·zie·he·risch *Adj*; **1** die Erziehung (1) betreffend ≈ pädagogisch ⟨e-e Aufgabe, ein Problem⟩ **2** der Erziehung (1) dienend ⟨e-e Absicht, ein Mittel⟩: *erzieherische Maßnahmen ergreifen*

Er·zie·hung *die*; *-*; *nur Sg*; **1** *Kollekt*; alle Maßnahmen u. Methoden, mit denen man j-n erzieht ⟨e-e strenge, autoritäre, nachsichtige, liebevolle, antiautoritäre E.⟩ || K-: ***Erziehungs-, -fehler, -maßnahme, -methode, -schwierigkeiten, -ziel*** **2** das Benehmen u. die Manieren, die j-d als Resultat seiner E. (1) hat: *Ihr fehlt jede E.* (= sie benimmt sich schlecht)

er·zie·hungs·be·rech·tigt *Adj*; *Admin geschr*; ⟨e-e Person⟩ so, dass sie das Recht u. die Verantwortung hat, ein Kind od. e-e (e-n) Jugendliche(n) zu erziehen || *hierzu* **Er·zie·hungs·be·rech·tig·te** *der / die*; *-n, -n*

Er·zie·hungs·geld *das*; *nur Sg*, das Geld, das e-e Frau (od. ein Mann) nach der Geburt e-s Kindes 24 Monate lang vom Staat bekommt, um in dieser Zeit das Kind betreuen zu können, ohne zur Arbeit gehen zu müssen

er·zie·len; *erzielte, hat erzielt*; [Vt] **1 etw. e.** das, was man sich zum Ziel gesetzt hat, erreichen ⟨e-n Erfolg, e-n Gewinn, e-e Wirkung, gute Resultate e.⟩ **2** ***Einigung*** (***über etw.*** (*Akk*)) ***e.*** *geschr*; sich über etw. einigen

er·zit·tern; *erzitterte, ist erzittert*; [Vi] *geschr*; **1** ***etw. erzittert*** etw. fängt an, stark zu zittern od. zu vibrieren ≈ etw. erbebt: *Die Mauer erzitterte unter dem Aufprall des Lastwagens*; *Die Detonation war so stark, dass die Häuser erzitterten* **2 etw. lässt etw. e.** etw. bewirkt, dass etw. anfängt, stark zu zittern od. zu vibrieren: *Das Erdbeben ließ die Häuser e.* **3** ***etw. lässt j-n e.*** etw. bewirkt, dass j-d anfängt (*mst* aus Angst) zu zittern

er·zo·gen 1 *Partizip Perfekt*; ↑ **erziehen 2** *Adj*; ***irgendwie e. sein*** (aufgrund der Erziehung) bestimmte Manieren u. Verhaltensweisen zeigen: *ein frecher u. schlecht erzogener Junge*

er·zür·nen; *erzürnte, hat erzürnt*; [Vt] *geschr*; **1** ***etw. erzürnt j-n*** etw. macht j-n zornig: *Sein schlechtes Betragen hat den Lehrer sehr erzürnt*; [Vr] **2 sich** (***über j-n / etw.***) **e.** über j-n / etw. zornig werden

er·zwin·gen; *erzwang, hat erzwungen*; [Vt] ***etw. e.*** etw. erreichen, indem man Zwang od. Druck auf j-n ausübt ⟨e-e Entscheidung, j-s Einwilligung, ein Geständnis e.; sich (*Dat*) Zutritt zu etw. e.⟩

er·zwun·ge·ner·ma·ßen *Adv*; unter Zwang, nicht freiwillig: *Das Abkommen kam nur e. zustande*

es[1] *Personalpronomen der 3. Person Sg*; **1** verwendet anstatt des Substantivs, um e-e Person od. Sache zu bezeichnen, deren grammatisches Geschlecht Neutrum ist: *Das Baby weint. Nimm es doch auf den Arm!*; *Wo ist mein Kaninchen? Hast du es gesehen?*; *Das ist ein großes Problem*; *Es wird nicht leicht zu lösen sein* || NB: **a)** verwendet im Nominativ u. Akkusativ; ↑ *Tabelle unter* ***Personalpronomen***; **b)** als Akkusativobjekt steht *es* nie am Anfang des Satzes: *Ich suche es* **2** verwendet mit dem Verb *sein* anstelle von *er* od. *sie*, wenn ein Substantiv auf das Verb folgt: *Ich glaube, ich kenne den Mann da - ja, es* (od. *er*) *ist mein Onkel*; *Da kommt j-d - es ist Herr Meyer* || NB: Die Verbform wird vom Substantiv bestimmt u. kann deswegen auch im Plural stehen: *Ich kenne sie alle - es sind Schüler aus meiner Klasse* **3** verwendet, um sich auf den Inhalt e-s Satzes (*mst* des vorhergehenden) zu beziehen: *Er hat sein Versprechen nicht gehalten. - Ich habe es leider auch nicht anders erwartet*; *Die anderen waren alle erkältet - nur Martin war es nicht* || NB: *es* wird in der gesprochenen Sprache oft zu *s* abgekürzt. Es wird dann einfach an das vorhergehende Wort angehängt od. mit Apostroph geschrieben: *Er ists / ist's, ich kanns / kann's nicht*; *'s ist nicht schlecht*

es[2] *unpersönliches Pronomen*; **1** verwendet als formales, inhaltsleeres Subjekt bei e-r Reihe von Verben: *Es klingelt*; *Mach doch das Fenster zu - es zieht!*; *Es bedarf e-r genauen Untersuchung*; *Mich juckts / juckt's, Mich juckt es überall*; *Es geht ihr gut*; *Es kommt auf das Wetter an*; *Es geht um Ihre Bewerbung* **2** verwendet als formales Subjekt bei Verben der Witterung: *Es regnet / schneit / hagelt / donnert / blitzt* **3** verwendet als formales, inhaltsleeres Objekt in festen Wendungen: *Ich habe es eilig* (= Ich bin in Eile); *Er meint es nur gut mit dir* (= Er will nur das Beste für dich); *Du wirst es noch weit bringen* (= Du wirst Erfolg haben im Leben); *Er hat es am Herzen* (= Er ist herzkrank) **4** verwendet als formales Objekt in bestimmten Wendungen, in denen man sich auf das Vorangegangene bezieht: *Ich werds / werd's ihm sagen*; *Ich versuchs / versuch's*; *Ich vermute es*; *Ich nehme es an*; *Ich weiß (es) nicht*; *Ich halts / halt's hier nicht mehr aus* || NB: *zu* **3** u. **4**: in der gesprochenen Sprache wird *es* oft zu *-s* abgekürzt **5** verwendet am Satzanfang als Stellvertreter e-s Substantivs, e-s substantivischen Pronomens od. e-s Nebensatzes (die dann später im Satz folgen): *Es ist etwas Schlimmes passiert* (= Etwas Schlimmes ist passiert); *Es hat sich ein Unfall ereignet* (= Ein Unfall hat sich ereignet); *Es wird sich zeigen, ob er Recht hat* (= Ob er Recht hat, wird sich zeigen) || NB: **a)** Die Verbform wird vom Substantiv bestimmt u. kann deswegen auch im Plural stehen: *Es herrschen chaotische Zustände* (= Chaotische Zustände herrschen); **b)** Bei Passivsätzen ist die Konstruktion auch ohne Substantiv *o.Ä.* möglich: *Es wurde viel gelacht* **6** verwendet im Satzinneren als Stellvertreter e-s Nebensatzes, der dann folgt: *Mir fällt es schwer, Nein zu sagen* (= Nein zu sagen, fällt mir schwer); *Ich kann es nicht verantworten, dass du hier allein bleibst* (= Dass du hier allein bleibst, kann ich nicht verantworten) || NB: In den meisten Fällen kann *es* auch weggelassen werden: *Mich freut (es) besonders, dass Sie gekommen sind*; *Ich verspreche (es) dir, dass das nie wieder vorkommen wird* **7** verwendet in Reflexivkonstruktionen mit dem Verb *lassen*: *Hier lässt es sich leben!* (= Hier kann man gut leben!) **8** verwendet in Reflexivkonstruktionen mit zwei adverbialen Angaben: *In dem Stuhl sitzt es sich bequem* (= In dem Stuhl sitzt man bequem) **9** verwendet mit den Verben *sein*, *werden* u. *bleiben* + *Adj.*: *Es ist / wird / bleibt kalt* **10** verwendet bei Zeitangaben: *Es ist ein Uhr*; *Es ist schon Nacht* || NB: **a)** ↑ ***geben*** (20,21,26-30); **b)** ↑ ***es***[1]

es[3], **Es** *das*; -, -; *Mus*; der Halbton unter dem e || K-: ***Es-Dur***; ***es-Moll***

E·sche *die*; -, *-n*; **1** ein Laubbaum, dessen Holz *bes* zur Herstellung von Möbeln verwendet wird || K-: ***Eschen-, -holz*** **2** *nur Sg*; das Holz der E. (1): *ein Schrank aus E.*

E·sel *der*; *-s*, -; **1** ein Tier mit oft grauem Fell u. langen Ohren, das e-m relativ kleinen Pferd ähnlich ist ⟨e-n E. bepacken⟩: *In Griechenland u. in Spanien wird der E. oft noch dazu verwendet, Lasten zu tragen* **2** *gespr!* verwendet als Schimpfwort ≈ Dummkopf || *zu* **1** **E·se·lin** *die*; -, *-nen* || *zu* ***Eselei*** ↑ ***-ei***

E·sels·brü·cke *die*; *gespr*; e-e Art kleiner Spruch, oft ein Reim, mit dem man sich Daten u. Fakten besser merken kann ⟨j-m / sich e-e E. bauen⟩

E·sels·ohr *das*; **1** *gespr*; die umgeknickte Ecke e-s Blattes in e-m Buch **2** das Ohr e-s Esels (1)

Es·ka·la·ti·on [-'tsio:n] *die*; -, *-en*; *geschr*; die Zunahme od. Verstärkung von aggressiven Handlungen u. von Gewalt: *die E. der Gewalt im internationalen Terrorismus*

es·ka·lie·ren; *eskalierte*, *ist eskaliert*; Vi ***etw. eskaliert (zu etw.)*** *geschr*; etw. weitet sich aus u. wird immer stärker ≈ etw. artet in etw. (*Akk*) aus: *Die gegensätzlichen Meinungen eskalierten zu e-m offenen Konflikt*

Es·ka·pa·de *die*; -, *-n*; *geschr*; **1** e-e Handlung, durch die j-d gesellschaftliche (*mst* moralische) Normen verletzt ⟨sich tolle Eskapaden leisten⟩ **2** ***e-e E. (mit j-m)*** e-e kürzere Liebesbeziehung

Es·ki·mo *der*; *-(s)*, *-(s)*; ein Angehöriger e-s Volkes, das weit im Norden, *bes* in Kanada u. Alaska lebt || K-: ***Eskimo-, -iglu, -kajak, -schlitten***

Es·kor·te *die*; -, *-n*; e-e Gruppe *mst* von Soldaten od. Polizisten, die j-n begleiten, um ihn zu schützen od. zu bewachen || *hierzu* **es·kor·tie·ren** (*hat*) *Vt*

e·so·te·risch *Adj*; *geschr*; nur e-m bestimmten exklusiven Kreis von Personen verständlich, die sich mit (intellektuell anspruchsvollen) Dingen beschäftigen ⟨Denken, Literatur, Lyrik⟩ || *hierzu* **E·so·te·rik** *die*; -; *nur Sg*

Es·pe *die*; -, *-n*; ein Laubbaum mit relativ kleinen u. zarten Blättern ≈ Zitterpappel

Es·pen·laub *das*; **1** *Kollekt*; die Blätter der Espe **2** ***zittern wie E.*** *gespr*; (vor Angst, Kälte) am ganzen Körper heftig zittern

Es·pe·ran·to *das*; *-(s)*; *nur Sg*; e-e (künstliche) Sprache, die erfunden wurde, damit Sprecher ganz verschiedener (Mutter)Sprachen sich durch sie leichter verständigen können ⟨etw. auf / in E. sagen; die Welthilfssprache E.⟩

Es·pres·so *der*; *-(s)*, *-s*; **1** ein starker Kaffee, der in e-r Maschine gemacht wird, die heißen Dampf durch das Kaffeepulver drückt || K-: ***Espresso-, -kanne, -maschine, -pulver, -tasse*** **2** e-e Tasse mit E. (1) ⟨(sich (*Dat*)) e-n E. machen; e-n E. bestellen, trinken⟩ || NB: *E.* wird bei Bestellungen in Cafés od. Restaurants nach Zahlen nicht flektiert: *Zwei Espresso, bitte!*

Esp·rit [ɛs'pri:] *der*; *-s*; *nur Sg*, *geschr*; die Fähigkeit, sich in e-r eleganten, interessanten (oft witzigen, ironischen od. indirekten) Weise auszudrücken ≈ Geist (1) ⟨E. besitzen, haben; von / vor E. sprühen; etw. verrät (viel) E.⟩

Es·say ['ɛse] *der*, *das*; *-s*, *-s*; *Lit*; ein *mst* relativ kurzer Text über ein philosophisches, literarisches od. wissenschaftliches Thema, der die subjektive Meinung des Autors wiedergibt u. flüssig, nicht streng wissenschaftlich geschrieben ist: *Montaigne u. Bacon schrieben berühmte Essays* || *hierzu* **Es·say·ist** *der*; *-en*, *-en*; **Es·say·is·tin** *die*; -, *-nen*; **es·say·is·tisch** *Adj*

ess·bar *Adj*; *nicht adv*; ⟨Beeren, Früchte, Pilze⟩ so, dass man sie essen kann (u. dass sie auch schmecken) ↔ giftig || NB: ↑ ***genießbar*** || *hierzu* **Ess·bar·keit** *die*; *nur Sg*

Es·se *die*; -, *-n* ≈ Schornstein, Kamin

Ess·e·cke *die*; ein Teil e-s Zimmers (*mst* e-e Ecke) mit e-m Tisch, an dem man isst

es·sen; *isst*, *aß*, *hat gegessen*; Vt/i **1** ***(etw.) e.*** Nahrung in den Mund nehmen (kauen) u. schlucken ↔ trinken ⟨Brot, Fleisch, Gemüse, Suppe, ein Stück Kuchen *usw* e.; viel, wenig, hastig, langsam e.; im Restaurant e.⟩ || K-: ***Ess-, -besteck, -geschirr, -gewohnheiten, -manieren*** || NB: Menschen *essen*, Tiere *fressen* **2** ***(etw.) e. gehen*** irgendwohin gehen, um dort zu essen: *Wir gehen heute Pizza e.*; Vi **3** ***zu Mittag / zu Abend e.*** die Mahlzeit am Mittag od. Abend zu sich nehmen **4** ***irgendwie e.*** etw. essen, das die genannte Eigenschaft hat ⟨billig, gesund, gut, kalt, warm e.⟩; Vr **5** ***sich*** ⟨krank, satt, voll⟩ ***e.*** so viel essen, bis man krank / satt / voll ist || ID ***Das ist (bereits) gegessen*** *gespr*; das ist vorbei od. erledigt

Es·sen *das*; *-s*, -; **1** *nur Sg*; der Vorgang, bei dem man Nahrung zu sich nimmt: *E. ist lebensnotwendig* **2** ein Gericht, das man am Mittag od. am Abend zu sich nimmt ⟨ein warmes, kaltes E.; das / ein E. kochen, machen, servieren, vorbereiten⟩: *Das E. steht auf dem Tisch* || -K: ***Abend-, Mittag-*** || NB: Das Frühstück wird nicht als *Essen* bezeichnet **3** ein E. (2) *mst* mit anderen zusammen od. in e-m Restaurant *o.Ä.* ⟨mit j-m zum E. gehen; j-n zum E. einladen⟩ **4** e-e große, festliche Mahlzeit: *Der Kanzler gab ein E. zu Ehren des Präsidenten* || -K: ***Fest-, Hochzeits-***

Es·sen(s)·mar·ke *die*; *mst Pl*; Marken[1] (Coupons), mit denen man in der Kantine e-s Betriebs od. in der Mensa e-r Universität (billiger) essen kann

Ẹs·sens·zeit *die*; die Zeit (*mst* mittags od. abends), zu der man (normalerweise) etw. isst

Die Essenszeiten

Die Zeiten für das Mittagessen liegen normalerweise zwischen 12 Uhr und 13.30 Uhr, die für das Abendessen zwischen 18 Uhr und 20 Uhr, in Restaurants auch später. Es ist wichtig, sich an diese Zeiten zu halten, wenn man in ein Lokal zum Essen geht, da die Küche vor allem mittags oft ab einer bestimmten Uhrzeit geschlossen wird.

Es·sẹnz *die*; *-, -en*; **1** *mst Pl*; ein Extrakt (Konzentrat) aus tierischen od. pflanzlichen Stoffen mit ihren wichtigsten (Bestand)Teilen || -K: ***Essig-, Rosen-*** **2** *geschr*; der wichtigste (zentrale) Inhalt e-r Lehre, e-s Textes *o.Ä.* ≈ Wesen: *Die E. seiner Philosophie hat er in e-m kurzen Aufsatz niedergelegt* || *zu* **2 es·sen·zi·ẹll**, **es·sen·ti·ell** *Adj*

Ẹs·ser *der*; *-s, -*; j-d, der isst ⟨ein schlechter, tüchtiger, guter, starker E. sein⟩

Ẹs·sig *der*; *-s*; *nur Sg*; e-e saure Flüssigkeit, die *mst* aus Wein od. Branntwein gemacht ist, u. mit der man *z.B.* Salate würzt od. Gurken konserviert ⟨ein milder / scharfer E.; etw. in E. einlegen⟩ || K-: ***Essig-, -essenz, -gurke*** || -K: ***Kräuter-, Obst-, Wein-*** || ID ***mit etw. ist es E.*** *gespr*; etw. wird keinen Erfolg haben, wird nicht klappen || NB: als Plural wird *Essigsorten* verwendet

Ẹs·sig·säu·re *die*; e-e (organische) Säure, die im Essig enthalten ist

Ẹss·löf·fel *der*; der (relativ große) Löffel, mit dem man *z.B.* Suppe isst ↔ Kaffeelöffel, Teelöffel

Ẹss·tisch *der*; der (*mst* relativ hohe) Tisch, an dem man (gewöhnlich) isst

Ẹss·zim·mer *das*; ein bestimmtes Zimmer in der Wohnung, in dem man (täglich) isst

Es·tab·lish·ment [ɪsˈtæblɪʃmənt] *das*; *-s, -s*; *mst Sg*, *oft pej*; die soziale Schicht, die in e-r Gesellschaft die meiste Macht hat (u. *mst* konservativ ist) ⟨zum E. gehören⟩

Ẹst·rich *der*; *-s, -e*; der harte Boden (aus Zement od. Asphalt) in e-m Raum, auf den dann der Teppichboden, das Parkett *usw* gelegt wird

e·tab·lie·ren, sich; *etablierte sich, hat sich etabliert*; Vr ***sich (irgendwo) e.*** *geschr*; e-n guten, sicheren Platz in e-r (gesellschaftlichen) Ordnung finden: *Er wohnt schon so lange in dieser Stadt, dass er sich hier voll etabliert hat*

e·tab·liert **1** *Partizip Perfekt*; ↑ ***etablieren*** **2** *Adj*; ⟨e-e Partei⟩ so, dass sie ihren Platz in der gesellschaftlichen Ordnung schon gesichert hat: *Die neue Partei tritt nun gegen die etablierten Parteien an*

E·ta·ge [-ʒə] *die*; *-, -n*; *geschr* ≈ Stockwerk: *in der obersten E. wohnen* || K-: ***Etagen-, -heizung, -wohnung***

E·tạp·pe *die*; *-, -n*; **1** ein Abschnitt od. Teil e-r Strecke: *Den Weg bis zu unserem Urlaubsziel haben wir in mehreren Etappen zurückgelegt*; *die dritte E. der Tour de France* || K-: ***Etappen-, -sieger, -ziel*** **2** ein Abschnitt in e-r Entwicklung ≈ Entwicklungsstufe ⟨mehrere Etappen durchlaufen⟩: *In der historischen Entwicklung zum Nationalstaat sind drei Etappen zu unterscheiden* || *hierzu* **e·tạp·pen·wei·se** *Adv*

E·tat [eˈtaː] *der*; *-s, -s*; **1** *Pol, Ökon*; ein Plan für die Ausgaben u. Einnahmen e-s Staates, e-r Gemeinde *o.Ä.* ≈ Haushaltsplan ⟨den E. aufstellen, beraten, erweitern, kürzen⟩: *Zusätzliche Mittel für den Hochschulbau sind im E. nicht vorgesehen* **2** *Pol, Ökon*; das Geld, das ein Staat, e-e Gemeinde *o.Ä.* für den E. (1) hat (u. ausgeben kann) ≈ Haushalt, Budget **3** *gespr hum*; das Geld, das j-d (monatlich) ausgeben kann

etc. *Abk für* et cetera, und so weiter ≈ usw.

e·te·pe·te·te [eːtəpeˈteːtə] *Adj*; *nur präd od adv*, *gespr pej*; besonders fein, aber allzu sehr auf Sauberkeit u. gute Manieren bedacht ↔ leger: *Er würde sich nie auf e-e Bank im Park setzen, ohne ein Taschentuch unterzulegen - so e. ist er!*

E·thik *die*; *-*; *nur Sg*; **1** die Normen u. die Grundsätze, nach denen die Menschen handeln (sollen), damit e-e Gemeinschaft od. Gesellschaft funktioniert **2** die Lehre u. Begründung der E. (1) || *hierzu* **e·thisch** *Adj*

ẹth·nisch *Adj*; *nur attr od adv*; ⟨e-e Gruppe, e-e Minderheit⟩ so, dass sie durch e-e besondere Abstammung, Herkunft, durch e-e eigene Kultur charakterisiert sind

Eth·no·lo·gie *die*; *-*; *nur Sg*, *geschr*; die Wissenschaft, die sich mit der sozialen Struktur u. der Kultur *bes* von einfachen Völkern beschäftigt und diese miteinander vergleicht ≈ Völkerkunde || *hierzu* **Eth·no·lo·ge** *der*; *-n, -n*; **eth·no·lo·gisch** *Adj*

E·thos *das*; *-*; *nur Sg*, *geschr*; die moralischen Werte, die das ethische Verhalten des Menschen steuern ≈ Moral || -K: ***Arbeits-, Berufs-***

E·ti·kẹtt *das*; *-(e)s, -en / -s*; ein kleines Schild aus Papier od. Stoff an Waren *mst* mit dem Preis, der Größe od. dem (Herstellungs)Datum darauf || -K: ***Flaschen-, Preis-***

E·ti·kẹt·te *die*; *-, -n*; *mst Sg*, *Kollekt*; die Regeln, die bestimmen, wie man sich in der (vornehmen) Gesellschaft od. bei bestimmten offiziellen Anlässen verhalten muss ⟨e-e strenge E.; die höfische E.; gegen die E. verstoßen⟩

E·ti·kẹt·ten·schwin·del *der*; e-e Täuschung, bei der durch geschickte Präsentation, irreführende Verpackung *o.Ä.* der wahre Inhalt von etw. verhüllt wird

e·ti·ket·tie·ren; *etikettierte, hat etikettiert*; Vt **1** ***etw. e.*** ein Etikett auf etw. kleben **2** ***j-n / etw. (als etw.) e.*** j-m / etw. (*mst* zu Unrecht) eine (negative) Eigenschaft zuschreiben ≈ j-n / etw. als etw. abstempeln

ẹt·li·ch- *Indefinitpronomen*; verwendet, um e-e nicht genau bestimmte, aber relativ große Menge od. Anzahl zu bezeichnen ≈ e-e Reihe von: *Es ist schon etliche Jahre her, dass ich ihn das letzte Mal gesehen habe*; *Bei der Diskussion blieben etliche Fragen offen* || NB: **a)** *etlich-* verwendet man wie ein attributives Adj. (*etliche Male*) od. wie ein Subst. (*Es gibt noch etliches zu tun*); **b)** Ein nachfolgendes Adj. wird nach Deklinationstyp B flektiert; ↑ *Tabelle unter* ***Adjektive***

E·tü·de [eˈtyːdə] *die*; *-, -n*; *Mus*; e-e musikalische Komposition, die besondere technische Schwierigkeiten enthält u. deshalb oft zur Übung gespielt wird: *die Etüden Chopins spielen* || -K: ***Klavier-***

E·tui [ɛtˈviː, eˈtÿiː] *das*; *-s, -s*; e-e Art von (schmaler, kleiner) Tasche (Hülle) aus Leder, Metall od. Kunststoff, in der man Gegenstände wie *z.B.* die Brille od. den Füllfederhalter vor Schäden schützt ⟨etw. in ein E. stecken; ein weiches / hartes E.⟩ || -K: ***Brillen-, Zigaretten-***

ẹt·wa[1] *Adv*; **1** drückt aus, dass e-e Größen-, Mengen-, Zeit- od. Ortsangabe nur annähernd bestimmt ist ≈ ungefähr ↔ genau: *Um fünf Uhr e. / E. um fünf Uhr können wir uns treffen*; *Hier e. / E. hier ereignete sich der Unfall*; *E. 20 Personen werden kommen* **2** ***so e.*** drückt aus, dass e-e Handlung, ein Vorfall, ein Wunsch *o.Ä.* nur annähernd beschrieben wird: *So e. könntest du die Aufgabe lösen*; *So e. muss sich das Verbrechen abgespielt haben* **3** (***so*** / ***wie***) ***e.*** drückt aus, dass j-d / etw. als Beispiel od. Möglichkeit (in e-m bestimmten Zusammenhang) genannt wird ≈ zum Beispiel: *Viele amerikanische Schriftsteller, wie e. Hemingway, lebten lange in Paris* **4** ***in e.*** ≈ im Großen u. Ganzen, im Allgemeinen: *Du hast die Frage in e. richtig beantwortet*

ẹt·wa[2] *Partikel*; *unbetont*; **1** drückt in Fragesätzen aus, dass man beunruhigt, überrascht, entsetzt *o.Ä.* ist u. dass man e-e beruhigende Antwort erhofft: *Bist du e. krank?*; *Du bist doch nicht e. krank?* (ich bin besorgt um dich); *Kommt dein Bruder e. auch mit?* (das ist mir aber gar nicht recht) || NB: in verneinten Fragesätzen immer in Verbindung mit *doch* **2** verstärkend verwendet in verneinten Aussagen, wenn ein (möglicher) Irrtum *o.Ä.* widerlegt werden soll: *Er ist nicht e. dumm, sondern nur faul*; *Wale sind nicht e. Fische* (= sind keine Fische), *sondern Säugetiere* **3** verstärkend verwendet in Imperativsätzen, *mst* um j-n zurechtzuweisen: *Denke nicht e., du könntest mich so einfach beleidigen!*

et·wa·i·g- ['ɛtvaɪg-, ɛt'vaːɪg-] *Adj*; *nur attr*, *nicht adv*; als Möglichkeit vorhanden, möglicherweise auftretend ≈ eventuell: *Etwaige Zweifel können in e-r Diskussion beseitigt werden*; *Ich muss e-e etwaige Verspätung des Zuges einkalkulieren*

ẹt·was[1] *Indefinitpronomen*; **1** verwendet als Subjekt od. (Akkusativ)Objekt, um e-n Gegenstand zu bezeichnen, der nicht näher bestimmt werden soll od. nicht bekannt ist: *E. beunruhigt mich.* / *Mich beunruhigt e.*; *Wir hörten plötzlich e.*; *Ich würde dir gern e. schenken*; *Ich möchte noch e. sagen* **2** verwendet, wenn von e-r bestimmten Sache die Rede ist, die erst später genannt od. dem Hörer bekannt wird ≈ e-e (bestimmte) Sache: *Über e. müssen wir noch reden*; *Mit e. sind wir noch nicht zurechtgekommen*; *Da ist noch e.: Du musst uns noch erklären, warum du immer so spät kommst* **3** verwendet vor Relativsätzen, um denselben Gegenstand zu bezeichnen wie das Relativpronomen (wenn dieser noch unbestimmt ist u. erst danach bestimmt wird): *E., das uns sehr bedrückt, ist die Frage der Finanzierung* **4** verwendet vor e-m substantivierten Adj. od. Pronomen, um die Sache od. Eigenschaft zu bezeichnen, auf die sich das Adj. od. Pronomen bezieht ↔ nichts: *Heute wollen wir e. Neues lernen*; *Morgen beschäftigen wir uns mit e. anderem* **5** verwendet vor e-m Substantiv od. vor *von* … als Angabe e-r kleinen Menge ≈ ein bisschen, ein wenig ↔ viel: *Gibst du mir noch e. Suppe?*; *Ich möchte e. von dem lesen, was du geschrieben hast* **6** (elliptisch) verwendet für e-e *mst* kleine Menge e-r vorher genannten od. bekannten Sache: *Da ist noch Kuchen. Nimm dir doch e. (davon)* || NB: Oft zusammen mit *davon!* **7** (elliptisch) verwendet für etwas Wichtiges u. Bedeutendes ⟨es zu e. bringen; e. gelten⟩: *Unser Sohn hat es zu e. gebracht*; *Er hat e-e Eins im Examen geschrieben, u. das will e. heißen* (= das ist e-e tolle Leistung) **8** ***so e.*** *gespr*, *oft pej*; *mst* ein Fehler, e-e Dummheit *o.Ä.* dieser Art: *So e. könnte mir nie passieren*; *Wie kannst du so e. tun!* || ID ***Nein, 'so e.!*** *gespr*; verwendet, um Überraschung od. Verärgerung auszudrücken; ***e. gegen j-n haben*** *gespr*; j-n nicht mögen: *Ich glaube, sie hat e. gegen mich*; ***j-d hat e. mit j-m*** / *mst* ***zwei Personen haben e. miteinander*** *gespr euph*; j-d hat e-e sexuelle Beziehung mit j-m / zwei Personen haben e-e sexuelle Beziehung miteinander; ***etwas hat e. für sich*** *gespr*; etw. ist gar nicht schlecht: *Dein Vorschlag hat e. für sich*

ẹt·was[2] *Partikel*; *unbetont*; verwendet vor e-m Adj., um dieses einzuschränken ≈ ein bisschen, ein wenig: *Wir sind e. früher als erwartet angekommen*; *Ich bin noch e. müde*

Ẹt·was *das*; -; *nur Sg*; **1** verwendet für junge Tiere od. kleine Kinder, um auszudrücken, dass sie noch sehr klein sind ≈ Wesen: *Das schreiende E. war e-e junge Katze* **2** etw., das man hört od. sieht, ohne genau zu erkennen, was es ist || ID ***das gewisse E. haben*** sehr attraktiv, angenehm od. schön wirken, ohne dass dafür ein bestimmter Grund angegeben werden kann

E·ty·mo·lo·gie *die*; -, *-n* [-'giːən]; **1** *nur Sg*; ein Bereich der Sprachwissenschaft, der den Ursprung, die Verwandtschaft u. die Entwicklung der Wörter (u. Wortfamilien) beschreibt **2** *Ling*; der Ursprung u. die Entwicklung e-s Wortes || *hierzu* **e·ty·mo·lo·gisch** *Adj*

EU [eː'uː] *die*; -; *nur Sg*; (*Abk für* Europäische Union) e-e Union von europäischen Staaten, die in allen politischen Bereichen eng zusammenarbeiten u. e-e politische Einheit Europas wollen

euch[1] *Personalpronomen der 2. Person Pl (ihr), Akkusativ u. Dativ*; ↑ *Tabelle unter* ***Personalpronomen***

euch[2] *Reflexivpronomen der 2. Person Pl (ihr), Akkusativ u. Dativ*; ↑ *Tabelle unter* ***Reflexivpronomen***

euch[3] *reziprokes Pronomen der 2. Person Pl (ihr), Akkusativ u. Dativ*; ↑ *Tabelle unter* ***Reflexivpronomen***

Eu·cha·ris·tie *die*; -; *nur Sg*; *kath*; der Hauptteil e-r Messe (in christlichen Konfessionen), in dem Brot u. Wein gesegnet werden u. sich in den Leib u. das Blut von Jesus Christus verwandeln || K-: ***Eucharistie-, -feier***

eu·er[1] ['ɔyɐ] *Personalpronomen der 2. Person Pl (ihr), Genitiv*; ↑ *Tabelle unter* ***Personalpronomen***

eu·er[2] ['ɔyɐ] *Possessivpronomen der 2. Person Pl (ihr)*; ↑ *Tabellen unter* ***Possessivpronomen*** u. unter ***mein*** || NB: Wenn *euer* flektiert wird, fällt das zweite *e* (*bes* in der gesprochenen Sprache) *mst* weg: *eure Mutter*; *Habt ihr euren Bus verpasst?*

Euer ['ɔyɐ] *Possessivpronomen der Höflichkeitsform der 2. Person Sg (Sie, Ihr), geschr*; *bes* verwendet als Teil der Anrede *z.B.* von Kardinälen (***Eure*** / ***Euer Eminenz***) od. Fürsten (***Eure*** / ***Euer Durchlaucht***)

Eu·ka·lỵp·tus *der*; -, *Eu·ka·lyp·ten*; ein Baum (*bes* in Australien), dessen Blätter ein besonderes, ätherisches Öl enthalten || K-: ***Eukalyptus-, -bonbon, -öl***

Eu·le *die*; -, *-n*; ein Vogel mit großen runden Augen u. e-m kurzen krummen Schnabel, der in Wäldern lebt, bei Nacht (Mäuse u. andere kleine Tiere) jagt u. als Symbol der Weisheit dient || ID ***Eulen nach Athen tragen*** etw. sagen, was schon alle wissen, od. etw. neu beginnen wollen, was schon ganz üblich ist

Eu·nuch *der*; *-en*, *-en*; ein kastrierter Mann || NB: *der Eunuch*; *den, dem, des Eunuchen*

Eu·phe·mịs·mus [-f-] *der*; -, *Eu·phe·mis·men*; *geschr*; ein Ausdruck od. Wort, mit dem etw. Negatives (Schlimmes od. Unangenehmes) nur indirekt u. dadurch schöner gesagt wird: *„Heimgehen" ist ein E. für „sterben"* || *hierzu* **eu·phe·mịs·tisch** *Adj*

Eu·pho·rie [ɔyfo'riː] *die*; -, *-n* [-'riːən]; *mst Sg*; ein sehr starkes Glücksgefühl ≈ Rausch ↔ Depression ⟨etw. löst (e-e) E. aus; in (e-e) E. geraten, sich im Zustand der E. befinden, eine Phase der E.⟩ || K-: ***Euphorie-, -gefühl*** || *hierzu* **eu·pho·risch** *Adj*

eu·r- *Possessivpronomen der 2. Person Pl (ihr)*; ↑ ***mein***

eu·rer·seits *Adv*; was euch betrifft ≈ von euch aus: *Habt ihr e. etwas dagegen?*

eu·res·glei·chen *Pronomen*; *indeklinabel*, *oft pej*; Leute wie ihr: *Ich kenne euch u. e.!*; *Hier seid ihr unter e.!*

eu·ret·we·gen *Adv*; **1** deshalb, weil es gut für euch ist ≈ euch zuliebe **2** aus e-m Grund, der euch betrifft ≈ wegen euch: *Ich habe mir e. Sorgen gemacht*

eu·ret·wil·len *Adv*; *veraltend*; *nur in* ***um e.*** ≈ euretwegen

eu·ri·g-, **Eu·ri·g-** *Possessivpronomen*; *veraltend*; wie ein Subst. verwendet für *der / die / das eure / Eure* || ↑ ***mein-***

Eu·ro *der*; *-(s)*, *-(s)*; Bezeichnung für die gemeinsame Währung in den Staaten der Europäischen Währungsunion (Zeichen €): *Ein E. hat 100 Cent*; *Dieses Buch kostet 10 Euro*

Eu·ro·card [-k-] *die*; *-*, *-s*; e-e Kreditkarte europäischer Banken

Eu·ro·cheque [-ʃɛk-] *der*; ein bestimmter Scheck, den man *z.B.* in den Banken vieler (*bes* europäischer) Länder gegen bares Geld tauschen kann u. der bis zu e-m bestimmten Betrag garantiert gedeckt ist

Eu·ro·cheque·kar·te [-ʃɛk-] *die*; e-e (Scheck)Karte, mit der man (mit od. ohne Euroscheck) ohne Bargeld zahlen kann od. von e-r Bank Geld bekommt

Eu·ro·ci·ty *der*; *-(s)*, *-s*; ein Intercity im Auslandsverkehr; *Abk* EC

Eu·ro·land *das*; ein Land mit dem Euro als Währung

Eu·ro·pa (*das*); *-s*; *nur Sg*; der Kontinent, der von Portugal (im Westen) bis zum Ural (im Osten) u. von Finnland (im Norden) bis Italien (im Süden) reicht || K-: ***Europa-, -politik*** || -K: ***Nord-, Süd-, Ost-, West-, Mittel-***

Eu·ro·pa·cup *der* ≈ Europapokal

Eu·ro·pä·er *der*; *-s*, *-*; **1** j-d, der in Europa geboren ist u. zu e-r europäischen Nation gehört || -K: ***Nord-, Süd-, West-, Ost-, Mittel-*** **2** *geschr*; verwendet für j-n, dessen Denken u. Handeln die Einheit Europas zum Ziel hat 〈ein überzeugter, wahrer, wirklicher E. sein〉

eu·ro·pä·isch *Adj*; **1** Europa betreffend **2** ***die Europäische Union*** ↑ ***EU*** **3** ***die Europäische Gemeinschaft*** *hist*; e-e politische Verbindung von europäischen Staaten, die dann zur Europäischen Union wurde; *Abk* EG

Eu·ro·pa·meis·ter *der*; *Sport*; e-e Person od. Mannschaft, die e-e Europameisterschaft gewonnen hat 〈E. im Turnen, Skispringen *o.Ä.* sein〉 || -K: ***Fußball-, Handball-***

Eu·ro·pa·meis·ter·schaft *die*; *Sport*; ein Wettkampf, in dem die besten Sportler od. die beste Mannschaft Europas (in e-r Sportart) bestimmt werden 〈die E. gewinnen〉: *Die Europameisterschaften werden dieses Jahr in Köln ausgetragen* || -K: ***Fußball-, Handball-***

Eu·ro·pa·par·la·ment *das*; *nur Sg*; das Parlament der Europäischen Union

Eu·ro·pa·po·kal *der*; *Sport*; **1** ein Wettbewerb innerhalb Europas, bei dem der Sieger e-n Pokal bekommt 〈der E. der Pokalsieger im Fußball〉 || -K: ***Eishockey-, Handball-, Leichtathletik-*** **2** der Pokal, den die Sieger im E. (1) bekommen

eu·ro·pa·weit *Adj*; *ohne Steigerung*; auf ganz Europa bezogen, in ganz Europa 〈ein Tief, e-e Entwicklung〉

Eu·ro·scheck *der* ≈ Eurocheque

Eu·ro·scheck·kar·te *die* ≈ Eurochequekarte

Eu·ter *das*; *-s*, *-*; das Organ, in dem weibliche (Säuge)Tiere wie die Kühe, Schafe u. Ziegen ihre Milch haben 〈ein pralles, volles E.〉

Eu·tha·na·sie *die*; *-*; *nur Sg*; **1** *Med*; die Förderung des Sterbens (*z.B.* durch betäubende Mittel) bei (unheilbar) Kranken, die ohne medizinische Hilfe (*z.B.* künstliche Ernährung) nicht mehr leben können || NB: ↑ ***Sterbehilfe*** **2** *hist*; im Nationalsozialismus verwendet für den Mord an Menschen, die geistig krank (od. behindert) waren

e. V. [eˈfau] *der*; *Abk für* eingetragener Verein

E·va [ˈeːfa] *die*; *-*, *-s*; *gespr hum*; e-e Frau, die man als typisch weiblich ansieht

e·va·ku·ie·ren [eva-]; *evakuierte*, *hat evakuiert*; Vt **1** ***j-n*** (***aus etw.***) ***e.*** j-n aus e-m Haus, Gebiet *o.Ä.* holen u. ihn an e-n Ort bringen, wo er (vor e-m Krieg, e-r Katastrophe *o.Ä.*) sicher ist 〈die Bevölkerung, die Bewohner e.〉: *Wegen des Erdbebens wurde die gesamte Bevölkerung evakuiert* **2** ***etw. e.*** alle Bewohner des genannten Orts, Gebiets *o.Ä.* e. (1) 〈ein Haus, ein Gebäude, ein Gebiet, e-e Stadt〉: *Das Haus, in dem man die Bombe fand, wurde sofort evakuiert* || *hierzu* **E·va·ku·ie·rung** *die*

e·van·ge·lisch [evaŋˈgeː-] *Adj*; zu der (protestantischen) Kirche od. Konfession gehörig, die durch Luthers Reformation entstanden ist ↔ katholisch, orthodox; *Abk*: ev. 〈ein Pfarrer; die Kirche, die Konfession; e. sein〉

E·van·ge·list [evaŋg-] *der*; *-en*, *-en*; einer der Verfasser der vier Evangelien (also Markus, Matthäus, Lukas, Johannes) || NB: *der Evangelist*; *den, dem, des Evangelisten*

E·van·ge·li·um [evaŋˈgeːlium] *das*; *-s*, *Evan·ge·li·en*; **1** *nur Sg*; die Lehre, nach der Jesus Christus die Menschen vom Tode erlöst hat 〈das E. verkünden, predigen〉 **2** eines der vier Bücher (des Neuen Testaments) über das Leben Jesu: *das E. des Lukas* || K-: ***Evangelien-, -botschaft, -text, -verständnis***

E·ven·tu·a·li·tät [evɛntualiˈtɛːt] *die*; *-*, *-en*; *mst Pl*; etw. *mst* Unangenehmes, das nicht wahrscheinlich, aber möglich ist 〈für alle Eventualitäten gerüstet sein; auf alle Eventualitäten vorbereitet sein〉

e·ven·tu·ell [evenˈtuɛl] *Adj*; *nur attr od adv*, *ohne Steigerung*; **1** unter bestimmten Umständen möglich 〈ein Notfall; Probleme, Schwierigkeiten〉: *Bei eventuellen Schwierigkeiten werde ich dir helfen*; *Das Land bereitete sich auf e-n eventuellen Krieg vor* **2** *nur adv*; unter bestimmten Bedingungen ≈ möglicherweise, vielleicht; *Abk*: evtl.: *E. fahre ich diesen Sommer nach Italien*

e·vi·dent [-v-] *Adj*; *geschr*; sofort deutlich sichtbar u. klar zu erkennen ≈ offenkundig, einleuchtend 〈ein Fall, ein Mangel; e-e Schwierigkeit, e-e Tatsache, ein Problem, ein Zusammenhang〉: *Die zunehmende Luftverschmutzung ist e.*

E·vi·denz [-ˈdɛnts] *die*; *geschr* ≈ Offenkundigkeit

E·vo·lu·ti·on [evoluˈtsioːn] *die*; *-*, *-en*; **1** *Biol*; die Entwicklung der Tier- u. Pflanzenarten: *Darwin formulierte als Erster die Theorie der E.* **2** *geschr*; e-e Entwicklung (*mst* in der Gesellschaft), die langsam u. ständig weiterläuft (u. in dem Sinn als fortschrittlich gilt) 〈die politische, ökonomische E.〉 ↔ Revolution: *die E. der bürgerlichen Gesellschaft* || *hierzu* **e·vo·lu·ti·o·när** *Adj*

E-Werk *das*; *Abk für* ***Elektrizitätswerk***

e·wig *Adj*; *ohne Steigerung*; **1** ohne Ende in der Zeit (auch ohne Anfang) **2** für immer gültig 〈Wahrheiten, Gültigkeit〉 **3** *gespr*; so lange dauernd (od. so oft geschehend), dass man ein Ende davon wünscht: *Dein ewiges Schimpfen regt mich auf!* **4** ***das ewige Leben*** (nach vielen Religionen) das Leben nach dem Tod (bei Gott) **5** *nur adv*, *gespr*; sehr lange (Zeit): *Ich habe dich schon e. nicht mehr gesehen*; *Diese Konserve hält e.* || ID ***e. u. drei Tage*** *gespr*; sehr lange Zeit

E·wig·gest·ri·ge *der / die*; *-n*, *-n*; *pej*; j-d, der immer bei seinen alten politischen Meinungen bleibt u. keinen Fortschritt (an)erkennt 〈zu den Ewiggestrigen gehören〉 || NB: *ein Ewiggestriger*; *der Ewiggestrige*; *den, dem, des Ewiggestrigen*

E

E·wig·keit *die*; -, *-en*; **1** *nur Sg, geschr*; e-e Dauer ohne Ende ↔ Vergänglichkeit: *die E. Gottes* **2** *gespr*; e-e Zeit, die viel zu lange dauert: *Diese Stunden wurden ihm zur E.*; *Wir haben uns ja seit e-r E. nicht mehr gesehen!*; *Ich warte seit e-r halben E. auf dich!* **3** *Rel*; das Leben bei Gott (nach dem Tode): *in die E. eingehen*; *sich auf die E. vorbereiten*

ex [ɛks] *Adv*; *mst in* ***etw.* (*auf*) *ex trinken*** ein Glas (mit e-m alkoholischen Getränk) schnell (u. ohne abzusetzen) trinken

Ex- [ˈɛks-] *im Subst, begrenzt produktiv*; verwendet vor Substantiven, die ein Amt, e-n Titel, e-e Rolle *o.Ä.* bezeichnen, um auszudrücken, dass diese Bezeichnung nicht mehr gilt od. zutrifft; der ***Exkanzler***, der ***Exminister***, der ***Expräsident***, der ***Exweltmeister***; die ***Exfrau***, der ***Exfreund***, die ***Exgattin***, der ***Exmann***

e·xakt, *exakter, exaktest-*; *Adj*; **1** so, dass es die Sache genau trifft ≈ präzise ↔ ungenau ⟨ein Ausdruck, e-e Formulierung⟩: *Sie drückt sich sehr e. aus* **2** so, dass sich alles mathematisch ausrechnen od. nachprüfen lässt ⟨e-e Berechnung, die Wissenschaften⟩ **3** sehr gründlich ⟨e-e Arbeit, ein Arbeiter; etw. e. ausführen, durchführen⟩ || *hierzu* **E·xakt·heit** *die*; *nur Sg*

E·xa·men *das*; *-s*, - / *E·xa·mi·na*; die Prüfung, die man am Ende e-s Studiums, e-s Kurses, e-r (Schul)Ausbildung *o.Ä.* macht ≈ Abschlussprüfung ⟨ein / sein E. machen, ablegen, bestehen, wiederholen; durch ein E. fallen; ein mündliches / schriftliches E.⟩: *Mein Bruder studiert Sprachen u. will nach dem E. Lehrer werden* || -K: ***Doktor-, Magister-, Staats-*** || *hierzu* **e·xa·mi·nie·ren** (*hat*) *Vt*

E·xe·ge·se *die*; -, *-n*; *mst Sg, geschr*; die genaue Interpretation e-s Textes (*bes* der Bibel), der als heilig od. besonders wichtig gilt ≈ Auslegung || -K: ***Bibel-, Gesetzes-, Schrift-*** || *hierzu* **E·xe·get** *der*; *-en, -en*; **e·xe·ge·tisch** *Adj*

e·xe·ku·tie·ren; *exekutierte, hat exekutiert*; [Vt] ***j-n e.*** *geschr*; j-n zur Strafe für etw. töten ≈ hinrichten || *hierzu* **E·xe·ku·ti·on** *die*

E·xe·ku·ti·ve *die*; -, *-n*; *mst Sg, Kollekt, Jur, Pol*; diejenigen Institutionen in e-m Staat, die für die Durchführung der Gesetze zuständig sind, also die Regierung u. die Behörden ↔ Judikative, Legislative || NB ↑ ***Gewalt*** (5)

E·xem·pel [-pl̩] *das*; *-s*, -; *geschr veraltend* ≈ Beispiel || ID ***an j-m / mit etw. ein E. statuieren*** *geschr*; e-e besonders harte Strafe über j-n verhängen, um so andere abzuschrecken

E·xemp·lar [-plaːɐ̯] *das*; *-s*, *-e*; ein einzelnes Stück od. Individuum (*z.B.* ein Tier, e-e Pflanze; ein Buch) aus e-r Gruppe od. Menge (von Stücken od. Individuen) der gleichen Art ⟨ein einzelnes, seltenes, wertvolles E.⟩: *Diese Briefmarke existiert nur noch in wenigen Exemplaren* || -K: ***Einzel-, Pracht-***

e·xemp·la·risch *Adj*; *geschr*; so, dass sich am Beispiel das Typische zeigt; als Beispiel ≈ beispielhaft ⟨von exemplarischer Bedeutung sein; etw. e. veranschaulichen, deutlich machen⟩: *An den Bienen lässt sich e. zeigen, dass sich Tiere zu großen Gesellschaften organisieren können*

e·xem·pli·fi·zie·ren; *exemplifizierte, hat exemplifiziert*; [Vt] ***etw.* (*an etw.* (*Dat*)) *e.*** *geschr*; etw. mit e-m Beispiel erklären || *hierzu* **E·xem·pli·fi·ka·ti·on** *die*

e·xer·zie·ren; *exerzierte, hat exerziert*; [Vi] *Mil*; bestimmte Handlungen (*z.B.* das Marschieren od. Grüßen) als Teil der militärischen Ausbildung üben

Ex·hi·bi·ti·o·nis·mus *der*; -; *nur Sg, Psych*; die Neigung (die nicht als normal gilt), sich nackt zu zeigen, anderen die eigenen Geschlechtsteile zu zeigen || *hierzu* **Ex·hi·bi·ti·o·nist** *der*; *-en, -en*

ex·hu·mie·ren [ɛkshu-]; *exhumierte, hat exhumiert*; [Vt] ***j-n e.*** *Admin geschr*; e-e Leiche aus dem Grab nehmen (*z.B.* um sie zu untersuchen) || *hierzu* **Ex·hu·mie·rung** *die*

E·xil *das*; *-s*, *-e*; *mst Sg*; **1** das fremde Land, in das j-d flieht, der in seiner Heimat aus politischen Gründen nicht mehr (sicher) leben kann od. darf: *Frankreich ist bis heute ein E. für Flüchtlinge aus aller Welt* || K-: ***Exil-, -land*** **2** das Leben als Flüchtling in e-m fremden Land ⟨ins E. gehen, im (französischen, amerikanischen *o.Ä.*) E. leben⟩: *Viele Intellektuelle zogen das E. e-m Leben unter Hitler vor*; *Sein E. dauerte 30 Jahre* || K-: ***Exil-, -literatur*** || NB: ↑ ***Verbannung***

e·xis·tent *Adj*; *nicht adv*; *mst* ***nicht e.*** nicht vorhanden, nicht existierend

E·xis·ten·ti·a·lis·mus, **E·xis·ten·zi·a·lis·mus** *der*; -; *nur Sg, Philos*; e-e philosophische Theorie, die elementare Gefühle wie Angst, Hoffnung, Verzweiflung zum Zentrum aller Erfahrung macht || *hierzu* **E·xis·ten·ti·a·list**, **E·xis·ten·zi·a·list** *der*; *-en, -en*; **e·xis·ten·ti·a·lis·tisch**, **e·xis·ten·zi·a·lis·tisch** *Adj*

e·xis·ten·ti·ell, **e·xis·ten·zi·ell** [-ˈtsi̯ɛl] *Adj*; *geschr*; **1** so wichtig für das Leben e-s Menschen od. e-s Tieres od. für die Existenz e-r Institution, dass alles davon abhängt ⟨e-e Angelegenheit, Frage *o.Ä.*; von existenzieller Bedeutung sein⟩: *Für Pflanzen u. Tiere sind Luft u. Nahrung von existenzieller Bedeutung* **2** verwendet (in der Philosophie u. Psychologie), um zentrale Probleme, elementare Gefühle *o.Ä.* zu kennzeichnen: *existenzielle Ängste*, *Fragen usw*; *von etw. e. betroffen sein*

E·xis·tenz *die*; -, *-en*; **1** *nur Sg*; die Tatsache, dass j-d / ein Tier / etw. (vorhanden) ist, existiert ≈ Dasein ⟨die E. (von etw.) behaupten, bestätigen, bestreiten, leugnen⟩: *Ich wusste nichts von der E. e-s Testaments*; *Die E. von Leben auf anderen Planeten ist nicht bewiesen* **2** *nur Sg*; das Leben des Menschen, *mst* in Bezug darauf, wie es geführt wird, ob es schwierig od. leicht ist, *o.Ä.* ⟨e-e sorglose E. führen; um die bloße, nackte, pure E. kämpfen⟩ || K-: ***Existenz-, -angst, -kampf*** **3** der Beruf *o.Ä.* als finanzielle Lebensgrundlage ⟨e-e gesicherte E. haben; sich e-e E. aufbauen; e-e E. als Arzt, Schriftsteller *o.Ä.*; Existenzen vernichten⟩ || K-: ***Existenz-, -grundlage, -minimum***; ***existenz-, -bedrohend, -gefährdend*** **4** *pej*; verwendet *mst* zusammen mit e-m Adj. als Bezeichnung für e-n armen od. schlechten Menschen ⟨e-e gescheiterte, verkrachte E.⟩

E·xis·tenz·grün·dung *die*; die Gründung e-r eigenen Firma, e-s Geschäfts *o.Ä.*, mit der sich j-d selbst e-n Arbeitsplatz schafft || K-: ***Existenzgründungs-, -darlehen***

e·xis·tie·ren; *existierte, hat existiert*; [Vi] **1** da sein, vorhanden sein ≈ bestehen: *in (der) Wirklichkeit, in der Einbildung e.*; *Für diese Theorie existieren keine Beweise* **2** finanziell auskommen (2) ⟨mit / von etw. e. können / müssen / sollen⟩: *Von 400 Euro im Monat kann man nicht e.*

ex·klu·siv [-ˈziːf] *Adj*; **1** *geschr*; nur für diejenigen zugänglich, die zu der gleichen (anspruchsvollen) Gruppe gehören u. ihre Normen erfüllen: *In England gibt es viele exklusive Klubs*; *Um den Schriftsteller herum bildete sich ein exklusiver Kreis* || NB: ↑ ***elitär*** **2** sehr teuer u. sehr gut ≈ erlesen ⟨Restaurant, Parfum⟩ **3** *nur adv*; nur für einige Kunden od. e-e einzelne Zeitung bestimmt ≈ ausschließlich: *Wir liefern diesen Wein e. an wenige Restaurants* || K-: ***Exklusiv-, -bericht, -interview*** || *hierzu* **Ex·klu·si·vi·tät** *die*; -; *nur Sg*

ex·klu·si·ve [-ˈziːvə] *Präp*; *mit Gen / Dat*; unter

E

Ausschluss von ≈ ohne ↔ inklusive: *Der Preis beträgt 60 Euro e. Porto u. Verpackung* || NB: Gebrauch ↑ *Tabelle unter* **Präpositionen**

Ex·kre·ment *das*; *-s, -e*; *mst Pl, geschr*; Kot u. / od. Urin ≈ Ausscheidungen

Ex·kurs *der*; *-es, -e*; *geschr*; **ein E.** (**über etw.** (*Akk*)) der Teil e-s Textes od. e-r Rede, in dem (ausführlich) über ein Thema gesprochen wird, das nicht direkt zur Sache gehört ⟨e-n E. machen⟩

Ex·kur·si·on [-'zi̯oːn] *die*; *-, -en*; *geschr*; e-e Reise, die wissenschaftlichen Zielen dient: *e-e E. nach Rom unternehmen / machen* || -K: **Forschungs-**

ex·mat·ri·ku·lie·ren; *exmatrikulierte, hat exmatrikuliert*; *Admin* (*geschr*); Vt **1** ***j-n e.*** e-n Studenten aus der Liste der Studierenden an e-r Universität nehmen (*mst* nach Abschluss des Studiums) ↔ immatrikulieren; Vr **2** ***sich e.*** sich bei e-r Universität als Student abmelden ↔ sich immatrikulieren || *hierzu* **Ex·mat·ri·ku·lie·rung** *die*; **Ex·mat·ri·ku·la·ti·on** *die*; *-, -en*

E·xot *der*; *-en, -en*; ein Mensch, ein Tier od. e-e Pflanze aus e-m ganz fernen u. fremden Land || NB: *ein Exot*; *der Exot*; *den, dem, des Exoten* || *hierzu* **E·xo·tin** *die*; *-, -nen*

E·xo·te *der*; *-n, -n* ↑ ***Exot***

e·xo·tisch *Adj*; **1** aus e-m ganz fernen Land (stammend) u. deshalb fremd od. geheimnisvoll wirkend: *e-e exotische Schönheit*; *Menschen aus fernen Ländern wirken auf uns e.* **2** (von Tieren u. Pflanzen) aus e-m fernen (*mst* tropischen) Land ↔ heimisch: *exotische Fische*; *die exotische Fauna u. Flora*

ex·pan·die·ren; *expandierte, hat expandiert*; Vi ***etw. expandiert*** *mst Ökon*; etw. wächst schnell ≈ etw. dehnt sich aus ↔ etw. schrumpft ⟨ein Budget, ein Unternehmen; die Kosten⟩: *Die Firma expandierte so schnell, dass sie heute doppelt so groß ist wie vor 10 Jahren*

Ex·pan·si·on [-'zi̯oːn] *die*; *-, -en*; **1** *Ökon*; das (rasche) Wachsen ⟨die E. e-s Unternehmens, der Kosten⟩ **2** *Pol*; die Vergrößerung der Macht u. die Ausdehnung des Gebietes (*mst* durch Besetzung anderer Staaten) ⟨e-e Politik der E. betreiben⟩ || K-: ***Expansions-, -absichten, -bestrebungen, -politik***

Ex·pe·di·ti·on [-'tsi̯oːn] *die*; *-, -en*; **1** e-e Reise in ein (*mst* unbekanntes) Gebiet, die der Forschung dient ≈ Forschungsreise ⟨e-e E. antreten, durchführen, unternehmen⟩: *Scott starb auf e-r E. zum Südpol* || -K: ***Polar-, Urwald-*** || NB: ↑ ***Exkursion*** **2** e-e Gruppe von Menschen, die e-e E. (1) unternimmt: *Die E. brach um vier Uhr morgens auf* || K-: ***Expeditions-, -ausrüstung, -leiter***

Ex·pe·ri·ment *das*; *-(e)s, -e*; **1** ein wissenschaftlicher Versuch ⟨ein chemisches, physikalisches, psychologisches E.; ein E. durchführen; etw. ergibt sich aus e-m E., geht aus e-m E. hervor; ein E. an / mit e-m Tier; ein E. glückt / gelingt, scheitert / misslingt⟩: *Aus e-m E. ergab sich, dass Bienen Farben sehen können* **2** ein Versuch, ein praktisches Problem zu lösen, bei dem das Risiko groß ist, dass es nicht funktioniert: *Die wirtschaftlichen Experimente der neuen Regierung scheiterten schnell* || *zu* **1 Ex·pe·ri·men·ta·tor** *der*; *-s, Ex·pe·ri·men·ta·to·ren*

ex·pe·ri·men·tell *Adj*; **1** *nur attr od adv*; ⟨e-e Wissenschaft: die Biologie, die Medizin, die Physik *usw*⟩ so (angelegt), dass sie Experimente (1) als Mittel der Forschung verwenden ↔ theoretisch **2** mit Hilfe von Experimenten (1) ⟨etw. e. nachweisen; e-n Nachweis e. führen⟩: *Untersuchungen e. durchführen* **3** auf der Suche nach neuen Formen u. Inhalten ↔ traditionell ⟨Ballett, Literatur, Musik, Theater; ein Gedicht, ein Roman, e-e Oper⟩

ex·pe·ri·men·tie·ren; *experimentierte, hat experimentiert*; Vi (***mit / an e-m Tier / etw.***) ***e.*** Experimente (*z.B.* mit e-m Stoff[1] (1) od. e-m Tier) machen, durch die man etw. Neues entdecken od. erkennen will: *mit Mäusen, Ratten, e-m Werkstoff e.*

Ex·per·te *der*; *-n, -n*; **ein E.** (**für etw.** / **in etw.** (*Dat*)) j-d, der sehr viel über ein bestimmtes (Fach)Gebiet weiß ≈ Fachmann, Sachverständige(r) ↔ Laie ⟨den Rat e-s Experten einholen⟩: *ein E. in Fragen der Technik, ein E. für internationale Politik, ein E. auf dem Gebiet der Atomenergie* || -K: ***Finanz-, Kunst-, Literatur-, Wirtschafts-*** || NB: *der Experte*; *den, dem, des Experten* || *hierzu* **Ex·per·tin** *die*; *-, -nen*

ex·pli·zie·ren; *explizierte, hat expliziert*; Vt (***j-m***) ***etw.*** (***an etw.*** (*Dat*) / ***anhand von etw.***) ***e.*** *geschr*; (j-m) etw. Abstraktes, *z.B.* e-e These od. e-n Begriff, genau erklären ≈ erläutern ⟨etw. näher, genauer e.⟩: *j-m e-e These an e-m Beispiel e.* || *hierzu* **Ex·pli·ka·ti·on** *die*; *-, -en*

ex·pli·zit, *expliziter, explizitest-*; *Adj*; *mst adv, geschr*; **1** deutlich u. direkt (bezeichnet) u. nicht nur angedeutet ≈ ausdrücklich ↔ implizit ⟨etw. e. sagen; e. auf etw. hinweisen, eingehen; sich e. mit etw. auseinander setzen, beschäftigen, befassen⟩ **2** so, dass auch die Details genannt werden ≈ ausführlich, im Einzelnen ⟨e-n Sachverhalt, Zusammenhang e. darstellen⟩

ex·plo·die·ren; *explodierte, ist explodiert*; Vi **1** ***etw. explodiert*** etw. wird mit e-m lauten Geräusch od. e-m Knall plötzlich zerrissen, platzt od. verbrennt ⟨ein Gebäude, ein Haus, e-e Bombe, Sprengstoff⟩: *Das Flugzeug explodierte in der Luft* **2** *gespr*; plötzlich sehr wütend werden **3** ***etw. explodiert*** etw. wächst in kurzer Zeit sehr schnell ≈ etw. schnellt in die Höhe ⟨die Kosten, die Preise⟩: *In vielen armen Ländern explodiert die Bevölkerungszahl*

Ex·plo·si·on [-'zi̯oːn] *die*; *-, -en*; **1** das Explodieren (1) *z.B.* e-r Bombe ⟨e-e heftige, laute, schwere E.; e-e E. auslösen, verursachen; etw. zur E. bringen⟩ || K-: ***Explosions-, -gefahr, -knall, -kraft, -krater*** || -K: ***Bomben-, Gas-, Kern-*** **2** das Explodieren (3) von Kosten, Preisen, Zahlen *o.Ä.* || -K: ***Bevölkerungs-, Kosten-, Preis-***

ex·plo·si·ons·ar·tig *Adj*; (so laut od. schnell) wie e-e Explosion (1,3) ⟨ein Knall; e. steigende Preise; ein Bevölkerungswachstum⟩

ex·plo·siv [-f-] *Adj*; **1** so, dass es leicht explodiert (1) ⟨ein Gemisch, e-e Mischung⟩ || -K: ***hoch-*** **2** ⟨ein Mensch⟩ so, dass er leicht wütend wird

Ex·po·nat *das*; *-(e)s, -e*; *geschr*; ein Objekt, *z.B.* ein Bild, das in e-m Museum od. e-r Ausstellung gezeigt wird ≈ Ausstellungsstück: *Die Sammlung des Kunstliebhabers umfasst mehr als hundert Exponate*

Ex·po·nent *der*, *-en, -en*; **1** *Math*; e-e hochgestellte Ziffer, die angibt, wie oft man die Zahl, bei der sie steht, mit sich selbst multiplizieren muss ≈ Hochzahl **2** ***ein E.*** (+ *Gen*) ein herausragender Vertreter e-r Partei, e-r Richtung *o.Ä.*: *ein E. des europäischen Liberalismus* || NB: *der Exponent*; *den, dem, des Exponenten*

ex·po·niert *Adj*; *geschr*; **1** weiter vorne, oben *o.Ä.* als andere(s) u. deshalb deutlich sichtbar, nicht geschützt ⟨e-e Lage; an exponierter Stelle⟩ **2** in e-r Situation, in der man Aufmerksamkeit erregt u. leicht angegriffen werden kann ⟨e-e Person, e-e Position⟩

Ex·port[1] *der*; *-(e)s, -e*; **1** *nur Sg*; die Lieferung von Waren in ein anderes Land ≈ Ausfuhr ↔ Import ⟨den E. erhöhen, fördern, drosseln, verringern⟩:

Die Wirtschaft Japans ist auf den E. angewiesen; Der E. von Kohle u. Stahl nimmt immer mehr ab || K-: ***Export-, -artikel, -auftrag, -geschäft, -handel, -ware*** **2** *mst Pl*; exportierte Waren ≈ Ausfuhren ↔ Importe || -K: ***Getreide-, Waffen-*** || *zu* **1 Ex·por·teur** [-'tøːɐ̯] *der*; *-s, -e*

Ex·port[2] *das*; -, -; **1** ein helles Bier (das etwas stärker u. länger haltbar ist als normales Bier) **2** ein Glas dieses Biers || NB: Bei Bestellungen im Lokal *o.Ä.* sagt man: *„Zwei Export, bitte!"*

E

ex·por·tie·ren; *exportierte, hat exportiert*; [Vt] **1** ***etw. e.*** Waren in ein anderes Land bringen, um sie dort zu verkaufen ≈ ausführen[1] (1) ↔ importieren, einführen: *Deutschland exportiert Maschinen u. importiert Kaffee*; [Vi] **2** (***irgendwohin***) ***e.*** Waren an ein fremdes Land verkaufen: *Wir exportieren in die GUS-Länder*

Ex·press *der*; *-es*; *nur Sg* ≈ Schnellzug || -K: ***Intercity-, Stadt-***

Ex·pres·si·o·nis·mus *der*; -; *nur Sg*; ein Stil der (europäischen) Kunst zu Beginn des 20. Jahrhunderts, in dem elementare Erlebnisse (*z.B.* des Krieges) mit intensiven, starken Mitteln (Farben, Bildern *usw*) ausgedrückt werden || *hierzu* **Ex·pres·si·o·nist** *der*; *-en, -en*; **ex·pres·si·o·nis·tisch** *Adj*

Der Expressionismus

Der Expressionismus war eine Kunstrichtung, die sich zu Beginn des 20. Jahrhunderts vor allem in Deutschland entwickelte und hier besonders im Bereich der Malerei und des Films stark ausgeprägt war. Der Expressionismus stellte die bis dahin gültigen formalen Regeln infrage. Wichtig war hier der emotionale Eindruck.
Die Mittel im Bereich der Malerei waren unter anderem eine vereinfachende Darstellung und starke Farbkontraste. Typische Vertreter des Expressionismus waren die Gruppen **Die Brücke** und **Der Blaue Reiter**. Auch auf den deutschen Film hatte der Expressionismus einen großen Einfluss. Wichtige Vertreter des expressionistischen Films waren Regisseure wie **Fritz Lang** – Autor des Films ***Metropolis*** (1926), einer erschreckenden Vision einer modernen Stadt – und Friedrich Wilhelm **Murnau**. Murnau hinterließ Werke wie den Horrorfilm ***Nosferatu*** (1922) oder seine Version des ***Faust*** (1926). Der deutsche expressionistische Film hatte später einen entscheidenden Einfluss auf das amerikanische Kino.

ex·pres·siv [-'siːf] *Adj*; *geschr*; so, dass dabei ein Gefühl stark u. intensiv ausgedrückt wird ≈ ausdrucksstark, ausdrucksvoll ⟨e-e Darstellung, e-e Gebärde, ein Tanz⟩ || *hierzu* **Ex·pres·si·vi·tät** [-v-] *die*; -; *nur Sg*

ex·qui·sit *Adj*; *geschr*; sehr gut ≈ auserlesen, vorzüglich ⟨e-e Mahlzeit, ein Wein, ein Geschmack (2,3)⟩ || NB: ↑ ***exklusiv***

ex·tern *Adj*; **1** ⟨Schüler e-s Internats⟩ so, dass sie nicht im Internat leben, aber die dazugehörige Schule besuchen **2** ***e-e Prüfung e. ablegen / machen*** e-e Prüfung an e-r Schule *o.Ä.* machen, in der man nicht als Schüler war od. ist

ẹxt·ra *Adj*; *indeklinabel*, *gespr*; **1** *nur attr od adv*; über das Übliche hinausgehend ≈ zusätzlich: *Das Kind bekommt heute 10 Euro e.*; *Sie bekam für ihre Antwort ein extra Lob vom Lehrer* **2** nicht mit dem / den anderen zusammen, sondern getrennt ≈ gesondert: *Tun Sie den Käse bitte in ein e. Papier!*; *Ich muss dir den Rest e. erzählen, sonst wird es zu spät*; *Das Menü kostet 30 Euro, die Getränke gehen / sind e.* **3** *nur adv*; nur für diesen einen besonderen Zweck ≈ speziell, ausschließlich: *Ich habe den Kuchen e. für dich gebacken* **4** *nur adv*, *gespr*; mit Absicht ≈ absichtlich: *Ich habe ihn e. gestoßen, weil er so gemein zu mir war*

Ẹxt·ra *das*; *-s, -s*; *mst Pl*; Dinge, die nicht (von vornherein) zu e-m Gegenstand, den man kauft, gehören, u. die man deshalb *mst* zusätzlich bezahlen muss: *ein Auto mit vielen Extras*

ẹxt·ra- *im Adj*, *wenig produktiv*, *nicht adv*, *gespr* ≈ sehr, besonders: ***extragroß***⟨e-e Portion⟩, ***extrafein***; ***extraflach*** ⟨e-e (Armband)Uhr⟩, ***extralang*** ⟨e-e Hose⟩, ***extrastark***

Ẹxt·ra- *im Subst*, *begrenzt produktiv*; verwendet, um auszudrücken, dass die genannte Sache etwas Besonderes od. Zusätzliches ist; die ***Extraausgabe***, das ***Extrablatt*** ⟨e-r Zeitung⟩, der ***Extraplatz***, die ***Extraportion*** ⟨vom Nachtisch⟩, der ***Extraraum***, die ***Extravorstellung*** ⟨im Theater⟩ || NB: *mst* mit dem unbestimmten Artikel verwendet

ex·tra·hie·ren; *extrahierte, hat extrahiert*; [Vt] **1** ***etw. e.*** *Med*; etw. (heraus)ziehen ⟨e-n Zahn e.⟩ **2** ***etw. aus etw. e.*** *Chem*, *Pharm*; e-n Extrakt aus etw. herstellen: *Substanzen aus Pflanzen e.* || *hierzu* **Ex·trak·ti·on** *die*; -, *-en*

Ẹxt·ra·klas·se *die*; *mst* ***etw. der E.*** etw., das besonders gut, schön *o.Ä.* ist: *ein Film, ein Sportler der E.*

Ex·trakt *der*, *auch das*; *-(e)s, -e*; **1** ein Stoff (auch e-e Flüssigkeit), der (durch Kochen, Erhitzen *o.Ä.*) aus Pflanzen od. Teilen von Tieren gewonnen wird (u. *z.B.* als Medizin dient) ≈ Konzentrat: *e-n E. aus Kräutern herstellen* || -K: ***Fleisch-, Pflanzen-*** **2** *geschr*; e-e Zusammenfassung der wichtigsten Punkte (des Inhalts) ≈ Quintessenz: *der E. e-r wissenschaftlichen Abhandlung* || NB: ↑ ***Auszug***

ext·ra·va·gant, ẹxt·ra·va·gant [-v-], *extravaganter, extravagantest-*; *Adj*; ganz ungewöhnlich u. so, dass es sich (auffällig) vom Üblichen unterscheidet u. sehr modern wirkt ≈ außergewöhnlich ⟨ein Aussehen; e-e Wohnung, ein Mensch; sich e. kleiden⟩: *Sie hat e-n ausgesprochen extravaganten Geschmack* || *hierzu* **Ext·ra·va·ganz, Ẹxt·ra·va·ganz** *die*; -, *-en*

Ẹxt·ra·wurst *die*; *mst in* ***j-m e-e E. braten*** *gespr*; j-n in e-m bestimmten Fall anders (*mst* besser) behandeln als andere: *Peter ist nie richtig mit dem zufrieden, was er bekommen soll. Er will immer e-e E. gebraten haben*

ext·rem[1] *Adj*; **1** sehr groß, sehr intensiv: *In der Arktis herrscht extreme Kälte* **2** ≈ radikal (2): *Er musste wegen seiner extremen politischen Ansichten ins Gefängnis*

ext·rem[2] *Partikel*; *betont u. unbetont*; drückt aus, dass etw. in sehr hohem Grad zutrifft ≈ sehr, übermäßig: *Der Kurs des Dollars ist zurzeit e. niedrig*

Ext·rem *das*; *-s, -e*; etw., das vom Normalen sehr stark abweicht ⟨ein Zustand, ein Maß, e-e Meinung⟩: *e-n Mittelweg zwischen politischen Extremen suchen* || K-: ***Extrem-, -fall, -punkt, -situation, -wert*** || ID ***von e-m E. ins andere fallen*** von e-r (einseitigen) Meinung zu e-r ganz anderen wechseln od. ein extremes Verhalten durch ein anderes ersetzen; ***etw. bis ins / zum E. treiben*** ≈ etw. auf die Spitze treiben

Ext·re·mis·mus *der*; -, *Ex·tre·mis·men*; *mst Sg*, *Pol pej*; **1** e-e radikale politische od. religiöse Position, die sich anderen Positionen gegenüber intolerant zeigt ≈ Radikalismus ⟨linker, rechter, christlicher, islamischer E.⟩ **2** *Kollekt*; die Aktivitäten der Radikalen: *Die Weimarer Republik wurde ein Opfer des E.* || -K: ***Links-, Rechts-*** || *zu* **1 Ext·re·mịst** *der*; *-en, -en*; **ext·re·mịs·tisch** *Adj*

Ext·re·mi·tä̱·ten *die*; *Pl* **1** *Kollekt*; die Arme u. Beine (des Menschen) **2** ***die oberen E.*** die Arme **3** ***die unteren E.*** die Beine

Ext·re̱m·sport *der*; ein sehr belastender u. gefährlicher Sport, den nur wenige Menschen betreiben, wie Bergsteigen in extremen Höhen *usw* || *hierzu* **Ext·re̱m·sport·ler** *der*

ex·zel·lẹnt *Adj*; *geschr*; sehr gut ≈ ausgezeichnet, vorzüglich ⟨ein Essen, ein Wein; e-e Arbeit, e-e Leistung⟩

Ex·zel·lẹnz *die*; *-, -en*; verwendet als Anrede od. Titel für hohe Diplomaten

ex·zẹnt·risch *Adj*; (im Verhalten) extrem anders als normal, ganz ungewöhnlich ≈ überspannt ⟨ein Charakter, ein Lebensstil; ein Künstler, ein Mensch⟩ || *hierzu* **Ex·zẹnt·rik** *die*; *-, nur Sg*; **Ex·zẹnt·ri·ker** *der*; *-s, -*; **Ex·zent·ri·zi·tä̱t** *die*; *nur Sg*

ex·zer·pie̱·ren; *exzerpierte, hat exzerpiert*; [Vt] ***etw. e.*** *geschr*; die wichtigsten Aussagen aus e-m Text abschreiben ⟨e-n Aufsatz, ein Buch e.⟩ || *hierzu* **Ex·zẹrpt** *das*; *-(e)s, -e*

Ex·zẹss *der*; *-es, -e*; *geschr*; e-e Handlung, die durch Maßlosigkeit gekennzeichnet ist ⟨Exzesse der Gewalt; sexuelle, alkoholische Exzesse; etw. bis zum E. treiben⟩ || *hierzu* **ex·zes·si̱v** *Adj*

E

F, f

F

F, f [ɛf] *das*; -, - / *gespr auch -s*; **1** der sechste Buchstabe des Alphabets ⟨ein großes F; ein kleines f⟩ **2** *Mus*; der vierte Ton der C-Dur-Tonleiter || K-: ***F-Dur***; ***f-Moll***

Fa. *Abk für* Firma

Fa·bel *die*; -, *-n*; e-e kurze Geschichte, in der Tiere wie Menschen handeln (u. die ein moralisches Prinzip lehren will): *die Fabeln Lafontaines* || ID ***etw. gehört ins Reich der F.*** *geschr, veraltend*; etw. ist erfunden, etw. ist nicht wahr

fa·bel·haft *Adj* ≈ ausgezeichnet, fantastisch (3): *ein fabelhafter Koch*; *Das Essen war f.*

Fa·bel·tier *das*; ein Tier, das es nur in der Mythologie od. in Märchen gibt (*z.B.* ein Drache)

Fa·bel·we·sen *das*; ein (Fantasie)Wesen, das es nur in der Mythologie od. in Märchen gibt (*z.B.* Feen, Elfen)

Fab·rik *die*; -, *-en*; **1** ein industrieller Betrieb[1] (1), in dem mithilfe von Maschinen Waren in großer Menge hergestellt werden ⟨e-e F. gründen, leiten⟩: *Er arbeitet als Schlosser in e-r F.* || K-: ***Fabrik-, -anlage, -arbeiter, -besitzer, -waren*** || -K: ***Chemie-, Konserven-, Möbel-, Papier-, Zement-*** **2** die Gebäude, in denen sich e-e F. (1) befindet: *Die F. wird abgerissen* || K-: ***Fabrik-, -gebäude, -gelände, -halle, -tor***

Fab·ri·kant *der*; *-en*, *-en*; **1** j-d, der e-e Fabrik besitzt **2** ***ein F.*** (+ *Gen* / ***von etw.***) e-e Firma *o.Ä.*, die bestimmte Produkte industriell herstellt ≈ Hersteller || -K: ***Schuh-, Spielwaren-, Textil(waren)-*** || NB: *der Fabrikant*; *den, dem, des Fabrikanten*

Fab·ri·kat *das*; *-(e)s*, *-e*; **1** ein Produkt, das in e-r Fabrik hergestellt wird **2** ein bestimmtes industrielles Produkt, ein bestimmter Typ e-s Erzeugnisses: *Dieser Videorekorder ist ein japanisches F.*

Fab·ri·ka·ti·on [-ˈtsi̯oːn] *die*; -, *-en*; *geschr*; das maschinelle Herstellen von Waren in e-r Fabrik ⟨die F. aufnehmen, einstellen⟩

fab·rik·neu *Adj*; noch nicht benutzt, ganz neu ↔ gebraucht ⟨ein Auto⟩

fab·ri·zie·ren; *fabrizierte*, *hat fabriziert*; [Vt] *gespr*; **1** ***etw. f.*** *hum*; etw. mühsam, so gut es mit einfachen Mitteln u. Geschick möglich ist, herstellen: *Aus den Essensresten hat er ein köstliches Essen fabriziert* **2** ***etw. f.*** *pej*; etw. Falsches, Dummes od. Negatives machen: *Was hat er denn da schon wieder fabriziert?*

fa·bu·lie·ren; *fabulierte*, *hat fabuliert*; [Vt/i] (***etw.***) ***f.*** etw. mit viel Fantasie erzählen od. erfinden ⟨ins Fabulieren geraten⟩ || K-: ***Fabulier-, -kunst***

Fa·cet·te [faˈsɛtə] *die*; -, *-n*; *mst Pl*; eine von vielen kleinen geschliffenen Flächen *mst* an e-m Edelstein || K-: ***Facetten-, -schliff***

Fach[1] *das*; *-(e)s*, *Fä·cher*; ein Teil e-s Behälters od. e-s Möbelstücks, der durch (Trenn)Wände abgegrenzt ist u. in dem etw. aufbewahrt wird: *ein Schrank*, *ein Geldbeutel*, *e-e Aktentasche mit mehreren Fächern*; *ein F. im Bücherregal* || -K: ***Bücher-, Wäsche-***; ***Schrank-, Schreibtisch-***

Fach[2] *das*; *-(e)s*, *Fä·cher*; ein spezielles Gebiet *bes* der (wissenschaftlichen) Lehre u. Forschung, auf dem j-d arbeitet od. ausgebildet wird ⟨sein F. beherrschen; sich auf ein F. spezialisieren; das F. Geschichte studieren; ein Meister seines Fachs sein⟩: *die Fächer Deutsch u. Englisch* || K-: ***Fach-, -gebiet, -gelehrte(r), -kenntnis, -lehrer, -wissen, -zeitschrift*** || -K: ***Lehr-, Studien-, Unterrichts-*** || ID ***vom F. sein*** Fachmann sein

Fach- *im Subst*, *begrenzt produktiv*; verwendet, um auszudrücken, dass j-d mit e-m bestimmten Fach[2] zu tun hat od. dass etw. ein Fach[2] zum Inhalt hat ≈ Spezial-; die ***Fachausbildung***, das ***Fachbuch***, der ***Fachbegriff***, das ***Fachgeschäft***, der ***Fachlehrer***, die ***Fachliteratur***, das ***Fachwissen***, das ***Fachwörterbuch***, die ***Fachzeitschrift***

-fach *im Adj*, *begrenzt produktiv*, *nur attr od adv*; verwendet, um auszudrücken, dass etw. in der genannten Zahl / Menge von Malen vorhanden ist od. gemacht wird; ***zweifach, dreifach, vierfach*** *usw*; ***mehrfach, vielfach***: *ein dreifacher Salto*; *sich mehrfach entschuldigen*

Fach·abi·tur *das*; ein spezielles Abitur, mit dem man die Fachoberschule abschließt u. dann e-e Fachhochschule, aber keine Universität besuchen kann

Fach·aka·de·mie *die*; e-e Art Hochschule, auf der j-d in theoretischem u. praktischem Unterricht in e-m Beruf ausgebildet (od. weitergebildet) wird: *e-e F. für Sozialpädagogik*

Fach·ar·bei·ter *der*; ein Arbeiter, der e-e abgeschlossene Lehre in seinem Beruf hat ⟨sich zum F. ausbilden lassen⟩ || K-: ***Facharbeiter-, -zeugnis***

Fach·arzt *der*; ein Arzt, der e-e zusätzliche Ausbildung in e-m speziellen Gebiet gemacht hat: *ein F. für Chirurgie* || *hierzu* **fach·ärzt·lich** *Adj*; *nur attr od adv*

Fach·aus·druck *der*; ein Wort, das man *mst* nur in e-m bestimmten Fach[2] verwendet: *Der medizinische F. für „Durchfall" ist „Diarrhö"*

Fach·be·reich *der*; **1** alle Fragen u. Themen, die zu e-m Fach[2] gehören ≈ Fachgebiet: *Das weiß ich nicht, das fällt nicht in meinen F.* **2** ≈ Fakultät

fä·cheln; *fächelte*, *hat gefächelt*; [Vt] ***j-m / sich etw. f.*** *geschr*; e-n Fächer od. e-e Art Fächer hin- und herbewegen, um etwas kühle Luft zu erzeugen: *Weil ihr heiß war, fächelte sie sich die Stirn* (*mit e-m Blatt Papier*)

Fä·cher [ˈfɛçɐ] *der*; *-s*, -; ein flacher Gegenstand aus Papier od. Stoff in der Form e-s Halbkreises, den man hin- u. herbewegt, um kühle Luft zu erzeugen: *ein japanischer F. aus Seide* || *hierzu* **fä·cher·ar·tig** *Adj*; **fä·cher·för·mig** *Adj*

fä·chern, sich; *fächerte sich*, *hat sich gefächert*; [Vr] ***etw. fächert sich*** (***in etw.*** (*Akk*)) *geschr*; etw. teilt sich ab e-m bestimmten Punkt in verschiedene Richtungen od. Gebiete ≈ etw. spaltet sich auf: *Nach dem ersten Jahr fächert sich die Ausbildung in mehrere Zweige*

Fach·ge·biet *das* ≈ Fachbereich (1)

fach·ge·recht *Adj*; sorgfältig u. genau (wie von e-m Fachmann gemacht) ≈ fachmännisch: *Die Reparatur wird f. durchgeführt*

Fach|hoch·schu·le *die*; e-e spezielle Art von Hochschule, in der die praktische Ausbildung der Studenten stärker betont wird als an Universitäten

Fạch·hoch·schul|rei·fe *die*; *Admin geschr*; ≈ Fachabitur

Fạch·idi·ot [-|idio:t] *der*; *pej*; j-d, der sich in seinem Fach² sehr gut auskennt, aber sonst nicht viel weiß, keine gute Allgemeinbildung hat

Fạch·kraft *die*; j-d, der e-e Lehre (1) gemacht hat und für seinen Beruf gut ausgebildet ist

fạch·kun·dig *Adj*; mit viel Wissen auf e-m speziellen Gebiet ⟨e-e Beratung, ein Verkäufer; j-n f. beraten⟩

Fạch·leu·te *die*; *Pl*; ↑ ***Fachmann***

fạch·lich *Adj*; *mst attr*; auf ein bestimmtes Fach² bezogen, zu ihm gehörend ⟨Kenntnisse, Probleme; sich f. weiterbilden⟩

Fạch·mann *der*; *-(e)s*, *Fach·leu·te*; ***ein F.*** (***für etw.***) j-d, der seinen Beruf od. sein Fach² beherrscht ≈ Experte ↔ Laie: *Er ist (ein) F. für Heizungstechnik* || -K: ***Bank-***, ***Heizungs-*** || *hierzu* **Fạch·frau** *die* || NB: statt *Fachfrau* verwendet man oft *Expertin*

fạch·män·nisch *Adj*; ⟨e-e Arbeit, e-e Reparatur⟩ so, dass sie mit dem Wissen u. Können e-s Fachmannes ausgeführt werden

Fạch|ober·schu·le *die*; e-e Art Gymnasium, in dem die Schüler auch praktisch ausgebildet werden

fạch·sim·peln; *fachsimpelte, hat gefachsimpelt*; [Vi] *gespr*; sich mit j-m lange (u. ausführlich) über ein Thema unterhalten, über das beide sehr viel wissen

Fạch·spra·che *die*; alle Fachausdrücke u. spezifischen Formulierungen, die in e-m bestimmten Fach² (od. Berufszweig) verwendet werden u. für Laien *mst* nur schwer od. gar nicht zu verstehen sind: *die juristische, medizinische F.* || *hierzu* **fạch·sprach·lich** *Adj*

Fạch·welt *die*; *nur Sg*, *Kollekt*; alle Fachleute e-s bestimmten Faches² (od. Berufszweiges): *Seine Theorie fand in der F. allgemeine Anerkennung*

Fạch·werk *das*; *nur Sg*; e-e Art zu bauen, bei der die Wände von vielen Holzbalken gegliedert werden, die von außen sichtbar sind || K-: ***Fachwerk-***, ***-bau***, ***-haus***

Fachwerk

Fạch·wis·sen *das*; die speziellen u. detaillierten Kenntnisse, die j-d in e-m Fachbereich (1) hat ↔ Allgemeinwissen

Fạ·ckel *die*; *-*, *-n*; ein Stab (aus Holz), der am oberen Ende e-e Schicht hat, die hell brennt ⟨die F. flackert, lodert; e-e F. anzünden, löschen⟩

fạ·ckeln; *fackelte, hat gefackelt*; [Vi] *mst* ***nicht lange f.*** *gespr*; nicht lange nachdenken, bevor man etw. tut, nicht zögern: *Der Schiedsrichter fackelte nicht lange u. stellte den Spieler vom Platz*

Fạ·ckel·zug *der*; e-e Veranstaltung, bei der viele Menschen mit Fackeln durch die Straßen gehen (um zu feiern od. um zu protestieren) ⟨e-n F. veranstalten⟩

fa̱·de *Adj*; *pej*; **1** ⟨Speisen⟩ so, dass sie nicht gut gewürzt, ohne intensiven Geschmack sind: *Die Suppe schmeckt f.* **2** *bes südd gespr*; langweilig u. unattraktiv ⟨Menschen; ein Konzert, e-e (Fernseh)Sendung⟩ || *hierzu* **Fa̱d·heit** *die*; *nur Sg*

fä̱·deln; *fädelte, hat gefädelt*; [Vt] **1** ***etw. durch etw. f.*** etw. durch das Loch *bes* e-r Nadel ziehen ≈ einfädeln: *e-n Faden durch das Nadelöhr f.* **2** ***etw. auf etw.*** (*Akk*) ***f.*** ≈ etw. auffädeln

Fa̱·den *der*; *-s*, *Fä·den*; **1** ein Stück Garn od. Schnur (*mst* aus Baumwolle od. Wolle), das *z.B.* zum Nähen verwendet wird ⟨e-n F. einfädeln / auf die Nadel fädeln, verknoten, vernähen, abschneiden; ein F. reißt⟩ || ↑ *Abb. unter* ***Schnur*** || K-: ***Faden-***, ***-ende*** || -K: ***Näh-***; ***Baumwoll-***, ***Perlon-***, ***Seiden-***, ***Woll-***, ***Zwirns-*** **2** etw., das wie ein F. (1) aussieht: *Aus dem Mund des Verunglückten floss ein dünner F. Blut* || -K: ***Nerven-***; ***Spinnweb-*** || ID ***der rote F.*** ein (Grund)Gedanke, ein Motiv, die *z.B.* in e-m Buch od. e-m Film immer wiederkehren u. die Abschnitte verbinden; ***den F. verlieren*** beim Sprechen plötzlich nicht mehr wissen, was man eigentlich sagen wollte, u. stocken; ***etw. hängt an e-m*** (***dünnen, seidenen***) ***F.*** etw. ist stark in seiner Existenz gefährdet, bedroht: *Sein Leben hing nur noch an e-m seidenen F.*; ***die Fäden*** (***fest***) ***in der Hand haben*** / ***halten*** entscheidenden Einfluss auf etw. haben, Entscheidungen allein treffen u. alles streng kontrollieren || *zu* **2** **fa̱·den·för·mig** *Adj*; *nicht adv*

fa̱·den·schei·nig *Adj*; **1** *pej*; so, dass man gleich erkennt, dass es nicht wahr ist ≈ unglaubwürdig ⟨e-e Ausrede; ein Argument, e-e Begründung, e-e Erklärung⟩ **2** *veraltend*; ⟨Stoffe⟩ so, dass sie sehr stark abgenutzt sind ≈ abgetragen || *zu* **1** **Fa̱·den·schei·nig·keit** *die*; *nur Sg*

Fa·gọtt *das*; *-(e)s*, *-e*; ein (Blas)Instrument aus Holz, das die Form e-s langen Rohres hat u. das relativ tiefe Töne erzeugt || ↑ *Abb. unter* ***Blasinstrumente*** || *hierzu* **Fa·got·tịst** *der*; *-en*, *-en*

fä·hig ['fɛ:ɪç] *Adj*; *nicht adv*; **1** ***zu etw. f. sein*** (aufgrund körperlicher od. intellektueller Voraussetzungen) etw. tun können ≈ imstande sein, etw. zu tun: *Sie war vor Schreck nicht f., ein vernünftiges Wort zu sagen*; *Der Angeklagte ist durchaus zu e-m Mord f.* **2** *mst attr*; durch seine Begabung, sein Können od. Wissen für etw. *bes* geeignet ≈ begabt: *ein außerordentlich fähiger Arzt, Mitarbeiter* || ID *mst* ***j-d ist zu allem f.*** *gespr pej*; es ist möglich od. wahrscheinlich, dass j-d etw. Böses, Schlechtes od. etw. Unerwartetes tut

-fä·hig *im Adj*, *sehr produktiv*; **1** so, dass die genannte Person od. Sache etw. gut (tun) kann; ***anpassungsfähig***, ***denkfähig***, ***flugfähig*** ⟨ein junger Vogel⟩, ***keimfähig*** ⟨Samen⟩, ***lernfähig***, ***widerstandsfähig*** ⟨ein Material⟩ **2** so, dass man mit der genannten Person od. Sache etw. tun kann; ***belastungsfähig***, ***manövrierfähig*** ⟨ein Fahrzeug⟩, ***strapazierfähig*** ⟨ein Teppich⟩, ***streichfähig*** ⟨Käse, Wurst⟩, ***vernehmungsfähig*** ⟨ein Zeuge⟩ **3** drückt aus, dass j-d / etw. für etw. geeignet od. zu etw. in der Lage ist; ***ausbaufähig*** ⟨Beziehungen⟩, ***einsatzfähig*** ⟨ein Sportler⟩, ***gebrauchsfähig*** ⟨ein Werkzeug⟩, ***schulfähig*** ⟨ein Kind⟩, ***seefähig*** ⟨ein Schiff⟩, ***transportfähig*** ⟨ein Patient⟩, ***vernehmungsfähig*** ⟨das Unfallopfer, der Verletzte⟩, ***wettbewerbsfähig*** ⟨ein Betrieb⟩

Fä̱·hig·keit *die*; *-*, *-en*; **1** *mst Pl*; die positive(n) Eigenschaft(en), durch die j-d bestimmte Leistungen vollbringen kann ≈ Begabung ⟨angeborene, erlernte, künstlerische Fähigkeiten; j-s Fähigkeiten wecken⟩ **2** ***die F.*** (***zu etw.***) *nur Sg*; die Eigenschaft od. das Talent, die es j-m möglich machen, etw. zu tun: *Sie hat die F. zu hoher Konzentration*; *Er besaß die F., sich einfach u. verständlich auszudrücken* || -K: ***Anpassungs-***, ***Begeisterungs-***, ***Konzentrations-***, ***Lern-***, ***Urteils-***

fa̱hl *Adj*; *geschr*; **1** auf e-e nicht schöne Art blass ≈ bleich ⟨f. im Gesicht sein, werden⟩ || -K: ***asch-*** **2** so, dass es keine große Helligkeit ausstrahlt u. dadurch kalt (5) u. nicht angenehm wirkt ⟨Licht⟩

F

fahn·den; *fahndete, hat gefahndet*; [Vi] **nach j-m / etw. f.** intensiv nach e-m Verbrecher od. *z.B.* gestohlenen Dingen suchen: *Die Polizei fahndet nach dem Dieb / nach Rauschgift*

Fahn·dung *die*; -, *-en*; das Fahnden ⟨e-e F. (nach j-m / etw.) einleiten, durchführen; e-e F. auf etw. (*Akk*) ausweiten; e-e F. einstellen⟩ || K-: **Fahndungs-, -foto**

Fahn·dungs·lis·te *die*; *Admin geschr*; e-e Liste mit den Namen aller Personen, die von der Polizei gesucht werden: *Der Terrorist steht auf der F.*

Fah·ne *die*; -, *-n*; **1** ein *mst* rechteckiges Stück Stoff in bestimmten Farben (mit Zeichen), das *z.B.* e-m Land od. e-m Verein als Symbol dient u. *mst* an e-r Stange hängt ≈ Flagge ⟨e-e F. hissen, auf Halbmast setzen, einholen, schwenken; e-e F. weht, flattert im Wind⟩ || K-: **Fahnen-, -mast, -stange** || -K: **Friedens-, Staats-, Truppen-, Vereins-** **2** *gespr pej*; ein unangenehmer Geruch nach Alkohol, der aus dem Mund kommt ⟨e-e F. haben⟩ || -K: **Bier-, Schnaps-** || ID **die / seine F. nach dem Winde drehen / hängen** *pej*; sich der gerade herrschenden Meinung, politischen Richtung *o.Ä.* anschließen, um Auseinandersetzungen zu entgehen od. Vorteile zu haben; **sich** (*Dat*) **etw. auf die Fahnen schreiben** *geschr*; sich etw. fest zum Ziel setzen (u. intensiv dafür kämpfen): *Die Partei hat sich die Beseitigung der Inflation auf die Fahnen geschrieben*; **mit fliegenden Fahnen zu j-m überlaufen** plötzlich u. ohne Bedenken seine Meinung ändern u. dem früheren Gegner zustimmen

Fah·nen·flucht *die*; *nur Sg*; das Desertieren ⟨F. begehen⟩ || *hierzu* **fah·nen·flüch·tig** *Adj*; *nicht adv*; **Fah·nen·flüch·ti·ge** *der*; *-n, -n*

Fahr·aus·weis *der*; *Admin geschr* ≈ Fahrkarte

Fahr·bahn *die*; der Teil der Straße, der für Fahrzeuge bestimmt ist ≈ Straße ⟨von der F. abkommen⟩: *Bei regennasser F. geriet das Auto ins Schleudern* || K-: **Fahrbahn-, -rand, -verengung**

fahr·bar *Adj*; so (mit Rädern, Rollen) konstruiert, dass man es fortbewegen kann

Fäh·re *die*; -, *-n*; ein Schiff, das regelmäßig über e-n See od. Fluss hin- u. herfährt, um Menschen u. Waren zu transportieren ⟨mit der F. fahren, übersetzen; die F. legt ab / an⟩: *die F. zwischen Dover u. Calais* || K-: **Fähr-, -boot, -schiff** || -K: **Auto-, Personen-**

fah·ren; *fährt, fuhr, hat / ist gefahren*; [Vt] **1 etw. irgendwohin f.** (*hat*) ein Fahrzeug (*z.B.* ein Auto) an e-n bestimmten Ort bringen, indem man es selbst dorthin lenkt, steuert: *das Auto in die Garage f.* **2 j-n / etw. (mit etw.) irgendwohin f.** (*hat*) j-n / etw. mit e-m Fahrzeug an e-n bestimmten Ort bringen, transportieren: *e-n Schwerverletzten (mit dem Krankenwagen) ins Krankenhaus f.*; *Ziegelsteine (mit e-m Lastwagen) zur Baustelle f.* **3 etw. f.** (*hat*) ein Fahrzeug, *mst* ein Auto, besitzen u. benutzen: *Ihr neuer Freund fährt e-n Porsche* **4 etw. f.** (*ist*) mit e-m Fahrzeug e-e Strecke, e-n Weg zurücklegen ⟨e-n Umweg f.⟩: *Ich bin auf meiner Urlaubsreise fast 2000 Kilometer (Autobahn / Zug) gefahren* **5 etw. f.** (*hat*) e-n bestimmten Treibstoff für sein Fahrzeug verwenden ⟨Diesel, Benzin f.⟩ **6 etw. f.** (*ist*) sich mit, in od. auf dem genannten Ding (*mst* zu seinem Vergnügen) fortbewegen ⟨Karussell, Rollschuh, Schlitten, Schlittschuh, Ski f.⟩; [Vi] (*ist*) **7 irgendwohin f.** sich mit e-m Fahrzeug auf ein bestimmtes Ziel hin bewegen: *ans Meer, ins Gebirge, nach München f.* **8 mit etw. (irgendwohin) f.** sich mit dem genannten Fahrzeug *o.Ä.* (irgendwohin) fortbewegen ⟨mit dem Auto, Fahrrad, Motorrad, Bus, Taxi, Zug f.; mit der Straßenbahn, U-Bahn f.; mit dem Lift, Aufzug f.⟩ **9 irgendwie f.** sich mit e-m Fahrzeug, das man selbst steuert, auf die genannte Weise fortbewegen ⟨rücksichtslos, rücksichtsvoll, sicher, vorsichtig, zügig, zu schnell f.; mit überhöhter Geschwindigkeit f.⟩: *Sie fuhren mit 160 (Stundenkilometern), als der Unfall passierte* **10 etw. fährt** ein Fahrzeug bewegt sich *bes* mithilfe e-s Motors fort ⟨ein Auto, ein Schiff, e-e Straßenbahn, ein Zug⟩: *Das Auto fährt mit e-r Geschwindigkeit von 100 Stundenkilometern* || K-: **Fahr-, -geschwindigkeit** **11 etw. fährt** ein öffentliches Verkehrsmittel transportiert regelmäßig auf e-r bestimmten Strecke Personen ≈ etw. verkehrt: *Dieser Zug / Bus fährt nicht an Sonn- u. Feiertagen* **12 in die Höhe f.** plötzlich u. schnell aufstehen (*bes* weil man e-n Schock od. Schreck hat): *Bleich vor Schreck fuhr sie in die Höhe* **13 (sich (*Dat*)) (mit etw.) durch, über etw.** (*Akk*) **f.** (*hat / ist*) mit e-r gleichmäßigen Bewegung durch, über etw. streichen: *sich mit den Fingern durch die Haare f.* || ID **mit j-m / etw. gut, schlecht f.** *gespr*; mit j-m / etw. gute, schlechte Erfahrungen machen: *Mit den Produkten dieser Firma sind wir noch nie gut gefahren*; *mst* **Was ist denn in dich gefahren?** *gespr*; warum verhältst du dich plötzlich so seltsam?; **einen f. lassen** *gespr!* Luft aus dem Darm (mit e-m lauten Geräusch) entweichen lassen || *zu* **Fahrerei** ↑ **-ei** || ► **Fahrt**, **Fuhre**, **Gefährt**

Fah·ren·heit (*die*); e-e Einheit, in der die Temperatur gemessen wird (*bes* in englischsprachigen Ländern, die das britische Maßsystem haben); *Abk* F

Fah·rer *der*; *-s*, -; j-d, der beruflich od. privat ein Fahrzeug selbst lenkt od. steuert ⟨ein sicherer, umsichtiger, rücksichtsloser F.⟩ || -K: **Auto-, Boots-, Bus-, Fahrrad-, Lastwagen-, Motorrad-, Taxi-** || *hierzu* **Fah·re·rin** *die*; -, *-nen*

Fah·rer·flucht *die*; *mst in* **F. begehen** (nachdem man mit seinem Fahrzeug e-n Unfall verursacht hat) sich von der Unfallstelle entfernen, um zu verhindern, dass man (vor Gericht gestellt u.) bestraft wird || *hierzu* **fah·rer·flüch·tig** *Adj*; *mst präd*

Fahr|er·laub·nis *die*; *Admin geschr*; **1** die Genehmigung zum Steuern e-s Fahrzeugs ⟨j-m die F. erteilen, entziehen⟩ **2** ≈ Führerschein

Fah·rer·sitz *der*; der Platz des Fahrers *bes* in e-m Kraftfahrzeug ↔ Beifahrersitz

Fahr·gast *der*; *Admin geschr*; j-d, der *z.B.* e-n Bus od. Zug (als öffentliches Verkehrsmittel) benutzt || NB: Bei e-m Flugzeug od. Schiff spricht man von e-m *Passagier*

Fahr·geld *das*; *mst Sg*; das Geld, das man für das Fahren (2) mit e-m öffentlichen Verkehrsmittel bezahlen muss

Fahr·ge·mein·schaft *die*; *Kollekt*; mehrere Personen (*mst* Arbeitskollegen), von denen eine mit dem eigenen Auto die anderen zum Arbeitsplatz mitnimmt (*bes* um Benzin zu sparen) ⟨e-e F. bilden⟩

Fahr·ge·stell *das*; der Teil e-s Kraftfahrzeugs, an dem die Räder befestigt sind (*bes* die Vorder- u. Hinterachse) || ↑ *Abb. unter* **Flugzeug**

fah·rig *Adj*; **1** hastig u. unkontrolliert (*mst* als Zeichen von Nervosität) ⟨Handbewegungen⟩ **2 f. sein** *gespr*; sich nicht auf etw. konzentrieren können, nervös sein || *hierzu* **Fah·rig·keit** *die*; *nur Sg*

Fahr·kar·te *die*; ein Zettel od. e-e kleine Karte, für die man Geld (den Fahrpreis) bezahlen muss u. die einen berechtigt, ein öffentliches Verkehrsmittel zu benutzen ⟨e-e F. lösen, entwerten (lassen)⟩ || K-: **Fahrkarten-, -automat, -kontrolle, -schalter** || -K: **Bus-, Straßenbahn-, Zug-**

Fahr·kos·ten *die*; *Pl*; das Geld, das die Fahrt mit e-m (Kraft- od. Schienen)Fahrzeug kostet

fahr·läs·sig *Adj*; *geschr*; **1** ohne die nötige Aufmerksamkeit od. Vorsicht, ohne die Gefahren od.

Konsequenzen zu bedenken ≈ leichtsinnig ⟨(grob) f. handeln⟩ **2** ***fahrlässige Tötung*** *Jur*; die Tötung e-s Menschen, ohne es beabsichtigt zu haben (*z.B.* bei e-m Autounfall, an dem man schuld ist) || *zu* **1** **Fahr·läs·sig·keit** *die*

Fahr·leh·rer *der*; j-d, der (beruflich) andere lehrt, wie man ein Kraftfahrzeug fährt || *hierzu* **Fahr·leh·re·rin** *die*

Fahr·licht *das*; *nur Sg* ≈ Abblendlicht ↔ Standlicht, Fernlicht

Fahr·plan *der*; **1** der festgelegte zeitliche Rhythmus, in dem ein Bus, Zug, e-e Straßenbahn *usw* an den jeweiligen Haltestellen bzw. Bahnhöfen abfährt u. ankommt ⟨den F. ändern, einhalten⟩ || K-: ***Fahrplan-, -änderung*** || -K: ***Sommer-, Winter-*** **2** ein Blatt Papier *o.Ä.*, auf dem steht, zu welchen Zeiten ein Bus, Zug, e-e Straßenbahn *usw* fährt

fahr·plan|mä·ßig *Adj*; *Admin geschr*; wie es im Fahrplan (2) steht: *„Der Zug aus München, fahrplanmäßige Ankunft zehn Uhr zehn, wird voraussichtlich zehn Minuten später eintreffen"*

Fahr·pra·xis *die*; *nur Sg*; die praktische Erfahrung, die man allmählich bekommt, wenn man ein Kraftfahrzeug fährt ⟨keine, e-e lange F. haben⟩

Fahr·preis *der*; das Geld, das man für e-e Fahrt mit e-m Bus, Zug, e-r Straßenbahn *usw* zahlen muss ⟨den F. entrichten, erhöhen, ermäßigen⟩ || K-: ***Fahrpreis-, -erhöhung, -ermäßigung***

Fahr·prü·fung *die*; die (staatliche) Prüfung, die man machen muss, bevor man den Führerschein bekommt

Fahr·rad *das*; ein Fahrzeug mit zwei Rädern, ohne Motor, das durch das Treten von Pedalen angetrieben wird ⟨(mit dem) F. fahren⟩ || K-: ***Fahrrad-, -fahrer, -kette, -reifen, -tour, -verleih*** || -K: ***Damen-, Kinder-, Herren-*** || NB: in der gesprochenen Sprache wird anstelle von *F.* oft kurz *Rad* gesagt

Fahr·schein *der*; *Admin geschr* ≈ Fahrkarte

Fahr·schu·le *die*; **1** e-e Art private Schule, in der man lernt, wie man ein Kraftfahrzeug fährt **2** *nur Sg*, *gespr*; der Unterricht in e-r F. (1) ⟨F. haben⟩ || *hierzu* **Fahr·schü·ler** *der*; **Fahr·schü·le·rin** *die*

Fahr·steig *der*; *-s, -e*; ein rollendes Band für Fußgänger in Flughäfen, das wie e-e Rolltreppe der Fortbewegung dient

Fahr·stuhl *der*; e-e Kabine, mit der Personen in e-m Gebäude nach oben u. unten transportiert werden ≈ Aufzug[1], Lift ⟨den F. nehmen, mit dem F. fahren⟩

Fahr·stun·de *die*; e-e Unterrichtsstunde bei e-m Fahrlehrer, in der man praktisch übt, wie man ein Fahrzeug fährt

Fahrt *die*; *-, -en*; **1** *nur Sg*; das Fahren (7): *Nach sechs Stunden F. erreichten wir endlich Verona* || K-: ***Fahrt-, -kosten, -richtung, -route, -unterbrechung*** **2** *nur Sg*; die Geschwindigkeit, mit der sich ein Fahrzeug fortbewegt ≈ Fahrgeschwindigkeit ⟨in voller F. sein⟩: *Wenn der Zug in den Bahnhof einrollt, verlangsamt er die F.* **3** die Reise mit e-m Fahrzeug (zu e-m bestimmten Ziel): *e-e F. nach Paris machen / unternehmen* || -K: ***Bus-, Zug-*** **4** ***e-e F. ins Blaue*** ein Ausflug (mit e-m Fahrzeug) zum Vergnügen ohne ganz bestimmtes Ziel || ID ***in F. kommen / geraten*** *gespr*; **a)** in e-e gute Stimmung kommen, Temperament entwickeln (u. viel reden); **b)** immer wütender werden; ***in F. sein*** *gespr*; **a)** in guter Stimmung sein (u. viel reden u. lachen); **b)** sehr wütend sein u. schimpfen

fährt *Präsens, 3. Person Sg*; ↑ ***fahren***

fahr·taug·lich *Adj*; *nicht adv*; *Admin geschr* ≈ fahrtüchtig (1,2) ↔ fahruntauglich || *hierzu* **Fahr·taug·lich·keit** *die*; *nur Sg*

Fähr·te *die*; *-, -n*; **1** die (Fuß)Spuren u. der Geruch e-s Tieres, das gejagt wird ⟨e-e F. aufspüren, verfolgen⟩ **2** ***j-m auf der F. sein*** *gespr*; j-n verfolgen || ID ***auf der falschen F. sein*** ≈ sich irren

Fahr·ten·schrei·ber *der*; *-s, -*; ein technisches Gerät *bes* in e-m Lastwagen od. in e-m Flugzeug, das alle wichtigen Daten (*z.B.* die Geschwindigkeit od. die Flughöhe) während der Fahrt bzw. während des Fluges aufzeichnet

fahr·tüch·tig *Adj*; **1** in der körperlichen u. geistigen Verfassung, ein Fahrzeug sicher zu fahren ≈ fahrtauglich ↔ fahruntüchtig ⟨Personen⟩ **2** ⟨ein Fahrzeug⟩ in e-m so guten technischen Zustand, dass es ohne Risiko für die Sicherheit der beförderten Per-

F

Fahrrad/Rad

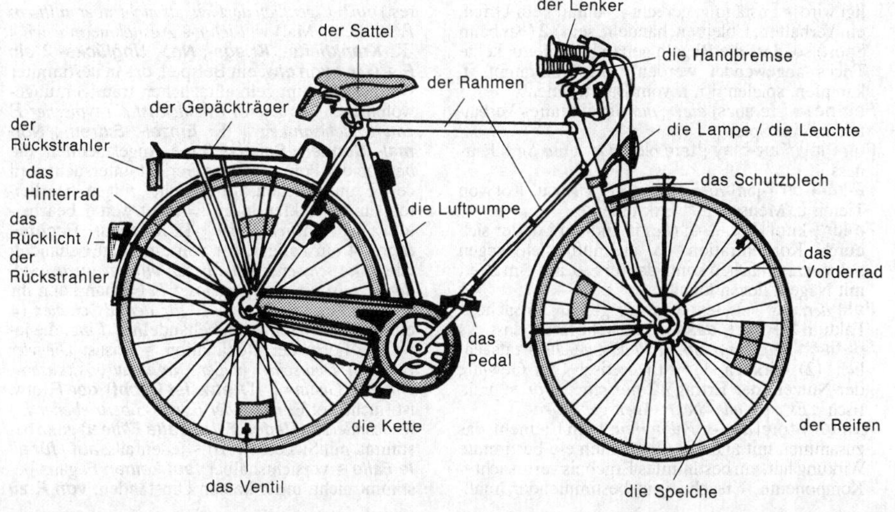

sonen gefahren werden kann ≈ fahrtauglich ↔ fahruntüchtig: *Sein altes Auto ist nicht mehr f.* || *hierzu* **Fahr·tüch·tig·keit** *die*; *nur Sg*

Fahr·ver·bot *das*; **1** das Verbot für Fahrzeuge e-r bestimmten Art, auf e-r bestimmten Straße zu fahren: *Auf der Autobahn besteht (ein) F. für Traktoren* **2** das *mst* zeitlich befristete polizeiliche bzw. gerichtliche Verbot, ein Kraftfahrzeug zu fahren: *Er erhielt (ein) F. für ein Jahr, weil er betrunken Auto gefahren war*; *F. bei Smog / wegen Smogs*

Fahr·ver·hal·ten *das*; *geschr*; **1** die Eigenschaften, die ein Kraftfahrzeug während der Fahrt (1) zeigt **2** die Art u. Weise, wie j-d ein Kraftfahrzeug fährt: *ein aggressives, defensives F. zeigen*

Fahr·was·ser *das*; *mst in* **1** ***in seinem / im richtigen F. sein*** *gespr*; temperamentvoll u. eifrig über etw. reden bzw. etw. tun, das man gut beherrscht od. gern mag ≈ in seinem Element sein: *Wenn es um Politik geht, ist sie so richtig in ihrem F.* **2** ***in j-s F. geraten*** von j-m stark beeinflusst werden

Fahr·werk *das*; das Fahrgestell e-s Flugzeugs ⟨das F. ausfahren, einziehen⟩ || ↑ *Abb. unter* ***Flugzeug***

Fahr·zeit *die*; die Zeit, die man braucht, um mit e-m Fahrzeug e-e bestimmte Strecke zu fahren

Fahr·zeug *das*; *-(e)s*, *-e*; e-e technische Konstruktion, *z.B.* ein Auto, Fahrrad, Zug, Boot od. Schlitten, mit der man sich schnell u. bequem fortbewegt bzw. Lasten transportiert || -K: ***Luft-, Schienen-, Wasser-***; ***Motor-***; ***Transport-***

Fahr·zeug·brief *der*; ein (amtliches) Dokument mit den Daten e-s Kraftfahrzeugs u. des Eigentümers

Fahr·zeug·hal·ter *der*; *Admin geschr*; der Eigentümer e-s Fahrzeugs

Fahr·zeug·pa·pie·re *die*; *Pl*, *mst Admin geschr* ≈ Fahrzeugschein

Fahr·zeug·park *der* ≈ Fuhrpark

Fahr·zeug·schein *der*; ein amtliches Dokument mit den Daten e-s Kraftfahrzeugs, das man beim Fahren bei sich tragen muss u. das beweist, dass das Fahrzeug amtlich angemeldet u. versichert ist

Fai·ble ['fɛːbl] *das*; *mst* ***ein F. für j-n / etw. haben*** j-n / etw. besonders gern mögen ≈ e-e Vorliebe für j-n / etw. haben: *Er hat ein F. für schnelle Autos*

fair [fɛːɐ̯] *Adj*; **1** *gespr*; so, dass die Rechte des anderen berücksichtigt werden, niemand benachteiligt wird ≈ anständig, gerecht ↔ unfair ⟨ein Urteil, ein Verhalten; f. bleiben, handeln, sein⟩ **2** (*bes* beim Sport) so, dass die Regeln genau beachtet u. keine Tricks angewendet werden ⟨ein Wettkampf; f. kämpfen, spielen; j-n f. vom Ball trennen⟩

Fair·ness ['fɛːɐ̯nɛs] *die*; -; *nur Sg*; ein faires Verhalten, *bes* im Spiel

Fair Play, **Fair·play** ['fɛːɐ̯'pleɪ] *das*; -; *nur Sg* ≈ Fairness

Fä·ka·li·en [-iən] *die*; *Pl*, *geschr*; Urin u. Kot von Tieren u. Menschen ≈ Exkremente

Fa·kir [-kiːɐ̯] *der*; *-s*, *-e*; (*bes* in Indien) j-d, der sich durch Konzentration so unempfindlich gegen Schmerzen machen kann, dass er *z.B.* auf e-m Brett mit Nägeln liegen kann

Fakt *der*, *das*; *-(e)s*, *-en*; **1** *mst Pl*, *geschr*; Tatsache ≈ Faktum **2** ***F. ist (, dass ...)*** es steht fest (, dass ...)

fak·tisch *Adj*; **1** *nur attr*, *nicht adv*, *geschr* ≈ tatsächlich[1] (2), wirklich (1) ↔ theoretisch ⟨der Gewinn, der Nutzen, der Ertrag⟩ **2** *nur adv*, *gespr* ≈ praktisch[2]: *Es ist f. alles beim Alten geblieben*

Fak·tor [-toːɐ̯] *der*; *-s*, *Fak·to·ren*; **1** ein Element, das zusammen mit anderen Elementen e-e bestimmte Wirkung hat, ein bestimmtes Ergebnis verursacht ≈ Komponente, Ursache ⟨ein bestimmender, maßgeblicher, wesentlicher F.; das Zusammenwirken unterschiedlicher Faktoren⟩: *Technische Mängel u. menschliches Versagen waren die Faktoren, die zur Katastrophe in dem Atomkraftwerk führten* **2** *Math*; jede Zahl, die mit e-r anderen multipliziert wird ⟨die Faktoren e-s Produktes ermitteln⟩

Fak·tum *das*; *-s*, *Fak·ten*; *geschr*; e-e Tatsache, die bewiesen ist bzw. bewiesen werden kann ≈ Fakt: *Ich brauche keine Hypothesen, sondern Fakten*

Fa·kul·tät *die*; -, *-en*; *Kollekt*; mehrere einzelne Fächer od. Wissenschaften, die an e-r Universität zu e-r Abteilung zusammengefasst sind ≈ Fachbereich (2) ⟨die Philosophische, Juristische, Theologische, Medizinische F.⟩

fa·kul·ta·tiv, **fa·kul·ta·tiv** [-f] *Adj*; *geschr*; nicht streng vorgeschrieben, sondern der eigenen Entscheidung überlassen, frei zu wählen ↔ obligatorisch: *Die Teilnahme an dem Seminar ist f.*

Fal·ke *der*; *-n*, *-n*; **1** ein mittelgroßer Raubvogel, mit dem man *bes* früher gern gejagt hat: *e-n Falken zur Jagd abrichten* || K-: ***Falken-, -horst, -jagd*** **2** *mst Pl*; *geschr*; j-d, der *bes* im politischen Bereich sehr hart u. rigoros gegen seine Gegner vorgeht || NB: *der Falke*; *den*, *dem*, *des Falken*

Falk·ner *der*; *-s*, -; j-d, der Falken (1) für die Jagd dressiert

Falk·ne·rei *die*; -, *-en*; **1** *nur Sg*; das Dressieren von Falken (1) für die Jagd **2** *nur Sg*; die Jagd mit Falken (1) **3** der Ort, die Anlage, in der Falken (1) gehalten u. dressiert werden

Fall[1] *der*; *-(e)s*; *nur Sg*; **1** das Fallen (1): *Während des Falls öffnete sich der Fallschirm* **2** das Fallen (2) ≈ Sturz: *sich bei e-m F. schwer verletzen* **3** ***der freie F.*** *Phys*; das beschleunigte Fallen (1) e-s Körpers, auf den nur die Schwerkraft wirkt || K-: ***Fall-, -geschwindigkeit, -gesetz*** || ID ***j-n / etw. zu F. bringen*** *geschr*; verhindern, dass j-d od. ein Plan Erfolg hat ⟨e-e Regierung, j-s Pläne zu F. bringen⟩; ***j-d / etw. kommt zu F.*** j-d / etw. hat keinen Erfolg

Fall[2] *der*; *-(e)s*, *Fäl·le*; **1** ***ein Fall*** + *Gen* ***/ von etw.***; ***der F., dass ...*** e-e Situation, die eintreten kann od. die j-n betrifft ⟨im äußersten, schlimmsten F.; in diesem, keinem, jedem F.; in vielen, seltenen, den meisten Fällen⟩: *Für den F., dass es regnet, habe ich e-n Schirm dabei*; *So ein F. ist noch nie eingetreten*; *Im F. / Falle von Blitzschlag / e-s Blitzschlags bezahlt die Versicherung den Schaden*; *Was würdest du in meinem F.* (= wenn du in meiner Situation wärest) *tun?*; *Eigentlich darf ich das nicht, aber in Ihrem F.* (= dieses Mal) *will ich e-e Ausnahme machen* || -K: ***Krankheits-, Kriegs-, Not-, Unglücks-*** **2** ***ein F.*** + *Gen* ***/ von etw.*** ein Beispiel, das in bestimmter Weise vorkommt ⟨ein alltäglicher, trauriger, ungewöhnlicher F.⟩: *Dieses Unglück ist ein typischer F. von Unachtsamkeit* || -K: ***Einzel-, Extrem-, Normal-, Sonder-, Spezial-*** **3** e-e Angelegenheit, die *bes* von der Polizei od. vor Gericht untersucht wird ⟨e-n F. untersuchen, vor Gericht bringen, bearbeiten, zu den Akten legen (= nicht weiter bearbeiten)⟩: *der F. Alfred Meier* || -K: ***Kriminal-, Rechts-, Mord-*** **4** ein Patient, der von e-m Arzt behandelt wird: *Die schweren Fälle liegen auf der Intensivstation*; *Sie ist ein hoffnungsloser F.* (= man kann ihr nicht helfen); *Er ist ein F. für den Psychiater* (= ein Psychiater sollte ihn behandeln) **7** *Ling*; die jeweilige Form der Deklination ≈ Kasus: *Die vier Fälle im Deutschen heißen Nominativ, Akkusativ, Dativ u. Genitiv* || ID ***etw. ist (nicht) der F.*** etw. ist (nicht) so: Es *ist oft der F.*, dass *übertriebener Eifer schadet*; ***auf jeden F.*** / ***auf alle Fälle*** **a)** ganz bestimmt, mit Sicherheit; **b)** ≈ jedenfalls; ***auf / für alle Fälle*** ≈ vorsichtshalber; ***auf keinen F.*** ganz bestimmt nicht, unter keinen Umständen; ***von F. zu***

F. für jedes einzelne Beispiel ⟨etw. von F. zu F. entscheiden; etw. ist von F. zu F. unterschiedlich⟩; ***klarer F.!*** *gespr* ≈ selbstverständlich; ***j-d / etw. ist (nicht) j-s F.*** *gespr*; j-d / etw. gefällt j-m (nicht); ***im Falle e-s Falles*** *gespr*; falls e-e bestimmte (*mst* schwierige) Situation eintritt

Fạll·beil *das*; *hist* ≈ Guillotine

Fạl·le *die*; -, *-n*; **1** e-e Konstruktion, mit der man Tiere fängt ⟨e-e F. aufstellen, Fallen stellen, legen⟩: *Die Maus ist in die F. gegangen* || -K: ***Kaninchen-, Mause-*** **2** ***j-m e-e F. stellen***; ***j-n in e-e F. locken*** e-n Trick anwenden, um j-n zu täuschen u. ihm zu schaden: *Der Prüfer hat mir mit seiner Frage e-e F. gestellt, u. ich bin darauf hereingefallen* **3** *gespr hum* ≈ Bett

fạl·len; *fällt, fiel, ist gefallen*; [Vi] **1** ***etw. fällt*** etw. bewegt sich (aufgrund seines Gewichts) nach unten (u. bleibt liegen): *Im Herbst fällt das Laub von den Bäumen*; *Das Glas ist auf den Boden gefallen u. zerbrochen*; *Heute Nacht sind zehn Zentimeter Schnee gefallen* **2** ***j-d fällt*** j-d verliert (in e-r sitzenden, stehenden *o.Ä.* Position) das Gleichgewicht u. kommt mit dem Körper auf den Boden ≈ j-d stürzt: *Als er am Ufer entlangging, rutschte er aus u. fiel in den See* **3** ***etw. fällt (von irgendwoher) irgendwohin*** ⟨Licht, (die) Sonne, Schatten, j-s Blick *o.Ä.*⟩ gelangt (von irgendwoher) auf e-e bestimmte Stelle: *Ihr Blick fiel zufällig auf das Foto*; *Durch die Ritzen des Fensterladens fiel das Licht ins Zimmer* **4** ***etw. fällt*** etw. wird in seiner Höhe, in seinem Ausmaß weniger, geringer ≈ etw. sinkt ↔ etw. steigt ⟨die Temperatur, der Druck⟩: *Der Wasserspiegel des Rheins ist um einen Meter gefallen* **5** ***etw. fällt*** etw. wird in seinem Wert geringer ↔ etw. steigt ⟨die Preise; Wertpapiere⟩ **6** ***etw. fällt*** *geschr*; etw. existiert nicht mehr, etw. wird eliminiert ⟨e-e Sprachbarriere, ein Tabu⟩ || NB: *mst* im Perfekt verwendet **7** ***j-d fällt (im Krieg)*** *euph*; ein Soldat stirbt im Kampf **8** ***j-m um den Hals f.*** j-n (vor Freude od. Begeisterung) umarmen **9** ***auf die Knie f.*** sich plötzlich auf den Boden werfen u. knien: *Der Verurteilte fiel auf die Knie u. bat um Gnade* **10** ***etw. fällt*** etw. wird ausgeführt od. durchgeführt, etw. ereignet sich ⟨e-e Entscheidung, ein Urteil, ein Beschluss *o.Ä.*⟩ **11** ***ein Schuss fällt*** ein Schuss wird abgefeuert **12** ***ein Name, ein Wort fällt*** ein Name, ein Wort wird (nebenbei) genannt: *Im Gespräch ist auch dein Name gefallen* **13** ***etw. fällt auf / in etw.*** (*Akk*) etw. findet zu e-m bestimmten Zeitpunkt statt: *Der 1. Mai fällt dieses Jahr auf e-n Donnerstag*; *In die Zeit um 1200 fällt die Blüte des Minnesangs* **14** ***etw. fällt in etw.*** (*Akk*) etw. gehört sachlich od. thematisch zu e-m bestimmten Bereich: *Dieser Fall fällt nicht in meinen Kompetenzbereich* **15** ***etw. fällt an j-n*** etw. kommt in j-s Besitz: *Das Erbe fiel an seine Kinder* **16** ***j-d fällt in etw.*** (*Akk*) j-d kommt (plötzlich) in e-n bestimmten Zustand ⟨j-d fällt in schwere Depressionen, in tiefen Schlaf, in Ungnade⟩ **17** ***durch*** ⟨e-e Prüfung, ein Examen⟩ ***f.*** *gespr*; e-e Prüfung, ein Examen nicht bestehen: *durchs Abitur f.* **18** ⟨Haare, Locken⟩ ***fallen (j-m) irgendwie*** Haare, Locken sehen so aus, wie im Adj. beschrieben: *Ihre Locken fallen sehr hübsch* (= sie hat sehr hübsche Locken)

> **fạl·len las·sen**; *lässt fallen, ließ fallen, hat fallen (ge)lassen*; [Vt] **1** ***etw. f. l.*** aufhören (2), sich mit etw. zu beschäftigen ≈ etw. aufgeben (2) ⟨e-n Gedanken, e-n Plan, ein Projekt, ein Thema *o.Ä.* f. l.⟩ **2** ***j-n f. l.*** *gespr*; j-m nicht mehr helfen: *Nach dem Skandal ließen ihn seine Freunde fallen* **3** ***e-e Andeutung, e-e Bemerkung (über j-n / etw.) f. l.*** kurz sagen, was man über j-n / etw. denkt

fạ̈l·len; *fällte, hat gefällt*; [Vt] **1** ***e-n Baum f.*** (mit e-r Säge od. e-m Beil) e-n Baum oberhalb der Wurzel abschneiden bzw. abschlagen, sodass er zu Boden fällt **2** ***e-e Entscheidung (über etw.*** (*Akk*)***) f.*** *geschr*; beschließen, etw. zu tun od. sich für bzw. gegen etw. entscheiden ≈ e-e Entscheidung treffen **3** ***ein Urteil (über j-n / etw.) f.*** *geschr*; ein Urteil finden u. aussprechen od. etw. beurteilen: *Das Gericht fällte das Todesurteil über den Angeklagten* **4** ***das Lot (auf etw.*** (*Akk*)***) f.*** *Math*; die senkrechte Linie zu e-r waagerechten (Linie) bilden

Fạl·len·stel·ler *der*; *-s*, -; j-d, der (beruflich) Fallen (1) aufstellt, um Tiere damit zu fangen

Fạll·gru·be *die*; ein tiefes Loch (im Wald), das mit Zweigen *o.Ä.* bedeckt ist u. als Falle (1) für große Tiere dient

fạ̈l·lig *Adj*; *nicht adv*; **1** *Admin geschr*; zu e-m bestimmten Zeitpunkt zu bezahlen: *Die Miete ist am Ersten jeden Monats f.*; *Er hat endlich die längst fällige Rechnung bezahlt* **2** so, dass es zu e-m bestimmten Zeitpunkt notwendig ist od. stattfindet: *Die Reparatur des Autos war schon längst f.*; *Morgen ist e-e neue Lieferung f.* **3** ***j-d ist f.*** *gespr*; j-d hat etw. getan, das andere nicht gut finden u. wird nun ermahnt od. bestraft

Fạ̈l·lig·keit *die*; -, *-en*; *Admin geschr*; der Zeitpunkt, zu dem man *z.B.* bei e-r Bank seine Schulden od. e-n Kredit zurückzahlen muss || K-: ***Fälligkeits-, -datum, -termin***

Fạll·obst *das*; das Obst, das nicht gepflückt wurde, sondern vom Baum heruntergefallen ist

Fall-out, **Fall·out** ['fɔːl|aut] *der*; *-s*, *-s*; *geschr*; die radioaktiven Produkte, die als Folge von Kernspaltungen (*z.B.* nach e-r Atombombenexplosion) entstehen

fạlls *Konjunktion*; verwendet, um e-n Nebensatz einzuleiten, der e-e Bedingung ausdrückt, deren Wahrscheinlichkeit relativ gering ist (geringer als beim wenn-Satz): *F. du ihn noch treffen solltest / noch triffst, sagst du ihm bitte, dass ich mich bald melde*

Fạll·schirm *der*; e-e Art großer Schirm aus Stoff, der dazu dient, Personen (od. Dinge) langsam vom Flugzeug aus zur Erde sinken zu lassen || K-: ***Fallschirm-, -springen, -springer, -truppe***

Fạll·schirm|jä·ger *der*; *Mil*; ein Soldat, der dazu ausgebildet ist, mit dem Fallschirm im Land des Feindes zu landen || K-: ***Fallschirmjäger-, -kompanie, -truppe***

Fạll·strick *der*; *gespr*; e-e List, die man nicht sofort erkennen kann u. die j-m schaden soll

Fạll·stu·die *die*; *geschr*; die wissenschaftliche Untersuchung e-s Problems anhand e-s typischen Beispiels, e-s charakteristischen Einzelfalles

fạ̈llt *Präsens, 3. Person Sg*; ↑ ***fallen***

Fạll·tür *die*; e-e Art Tür(Klappe), die in den Fußboden eingebaut ist u. die sich nach unten öffnet

fạlsch, *falscher, falschest-*; *Adj*; **1** dem tatsächlichen, realen Sachverhalt nicht entsprechend, e-n Irrtum enthaltend ↔ richtig ⟨von j-m / etw. e-n falschen Eindruck haben; sich von etw. e-e falsche Vorstellung machen; etw. f. verstehen; über etw. f. informiert sein⟩: *Die Uhr geht f.* || K-: ***Falsch-, -meldung*** **2** der Wahrheit nicht entsprechend (in der Absicht, j-n zu täuschen od. zu betrügen) ≈ irreführend ⟨falsche Angaben, Versprechungen machen⟩: *unter falschem Namen reisen*; *vor Gericht f. aussagen* || K-: ***Falsch-, -aussage, -name*** **3** etw. Echtes, Natürliches imitierend ≈ künstlich ↔ echt[1] (1) ⟨Edelsteine, Zähne⟩ **4** e-m Original nachgebildet in der Absicht, j-n damit zu betrügen ≈ gefälscht ↔ echt[1] (1) ⟨Banknoten, ein Pass⟩ || K-: ***Falsch-, -geld*** **5** anders als gewollt ≈ verkehrt ⟨sich f. ausdrücken⟩: *Ich bin versehentlich in den falschen Zug eingestiegen* **6** mit Fehlern od. Mängeln ≈ fehlerhaft ↔ richtig ⟨ein Wort f. aussprechen, betonen, schreiben; f. singen; falsche Schlüsse aus etw. ziehen⟩: *ein Zitat f. wiedergeben* **7** *nur attr, nicht adv*; von der Situation od. Moral her nicht richtig ≈ unangebracht, unangemessen ⟨Bescheidenheit, Rücksichtnahme, Scham, Stolz⟩ **8** *pej*; so, dass die wahren Absichten verborgen bleiben ≈ hinterhältig ↔ aufrichtig ⟨f. lächeln⟩: *Das ist ein ganz falscher Typ!* **9** ***f. verbunden sein*** am Telefon e-n anderen Gesprächspartner haben, als man wollte (*mst* weil man aus Versehen nicht die richtige Nummer gewählt hat) || ID ***an den Falschen / die Falsche geraten*** *gespr*; von j-m, den man um etw. gefragt od. gebeten hat, abgewiesen werden, obwohl man das nicht erwartet hatte

F

> **falsch lie·gen**; *lag falsch, hat / südd* CH *ist falsch gelegen*; Vi ***(mit etw.) f. l.*** *gespr*; etw. Falsches glauben, sich irren: *Wenn du glaubst, dass ich auf den Trick hereinfalle, dann liegst du falsch*

fäl·schen; *fälschte, hat gefälscht*; Vt ***etw. f.*** e-e genaue Kopie von etw. machen, um damit j-n zu täuschen od. zu betrügen ≈ nachmachen ⟨Banknoten, Geld, e-e Urkunde, ein Gemälde, j-s Unterschrift f.⟩: *Die Polizei nahm ihn fest, weil seine Papiere gefälscht waren*

Fäl·scher *der*; *-s, -*; j-d, der etw. fälscht || K-: ***Fälscher-, -bande*** || -K: ***Geld-, Urkunden-***

Falsch·fah·rer *der*; j-d, der auf e-r Autobahn nicht in der vorgeschriebenen Richtung fährt u. so andere gefährdet

Falsch·heit *die*; *-*; *nur Sg*; **1** die Tatsache, dass etw. falsch (2) ist ↔ Richtigkeit: *die F. von j-s Aussagen beweisen* **2** *pej*; die Tatsache, dass j-d falsch (8) ist ≈ Hinterhältigkeit, Heuchelei ↔ Aufrichtigkeit ⟨j-s F. durchschauen⟩

fälsch·lich *Adj*; *nur attr od adv, geschr*; auf e-m Fehler od. Irrtum beruhend, nicht den Tatsachen entsprechend ≈ irrtümlich ↔ richtig (1) ⟨etw. f. annehmen, behaupten⟩: *In der fälschlichen Annahme, es sei ihr Mann, öffnete sie ihm die Tür* || *hierzu* **fälsch·li·cher·wei·se** *Adv*

Falsch·mün·zer *der*; *-s, -*; j-d, der Geld fälscht

Falsch·par·ker *der*; *-s, -*; j-d, der mit seinem Fahrzeug im Halte- od. Parkverbot parkt

Falsch·spie·ler *der*; j-d, der *bes* beim Kartenspielen betrügt || *hierzu* **falsch spie·len** *(hat) Vi*

Fäl·schung *die*; *-, -en*; **1** etw., das falsch (4) ist: *Dieses Bild ist kein Original, sondern e-e F.* **2** *mst Sg*; das Fälschen: *Bei der F. des Geldes machte er e-n Fehler*

fäl·schungs·si·cher *Adj*; ⟨ein Ausweis, ein Pass⟩ so, dass sie nicht gefälscht werden können

Falt·blatt *das*; *mst* ein Prospekt *bes* in e-r Zeitung, der für e-e Firma od. ein Produkt wirbt

Falt·boot *das*; ein Paddelboot, das man auseinander nehmen kann, um es zu transportieren

Fal·te *die*; *-, -n*; *mst Pl*; **1** e-e Art Linie in der Haut, die *z.B.* beim Lachen entsteht, die typisch ist für das Gesicht älterer Menschen ⟨Falten im Gesicht, unter den Augen haben; die Stirn in Falten legen⟩ || K-: ***Falten-, -bildung*** || -K: ***Lach-, Sorgen-*** **2** e-e gerade Linie, die entsteht, wenn man Stoff *o.Ä.* umbiegt u. mit der Hand od. dem Bügeleisen flach macht: *Falten in die Hosenbeine bügeln* || -K: ***Bügel-*** **3** e-e relativ kleine, unregelmäßige Linie in e-m Stoff, *z.B.* e-m Kleid, die entsteht, wenn man sich *z.B.* hinsetzt ⟨etw. (ein Kleid, e-e Hose, ein Mantel *usw*) wirft Falten; die Falten ausbügeln, mit der Hand glatt streichen⟩ || -K: ***Knitter-*** **4** das schmale, längliche, geknickte Stück Stoff, das entsteht, wenn man zwei Teile Stoff übereinander legt u. festbügelt od. zusammennäht: *e-e F. in e-n Rock einbügeln* || K-: ***Falten-, -rock*** || *zu* **1 fal·ten·los** *Adj*; *ohne Steigerung, nicht adv*; **fal·tig** *Adj*; *zu* **3 fal·ten·frei** *Adj*; *ohne Steigerung*; *zu* **1** u. **4 fal·ten·reich** *Adj*; *nicht adv*

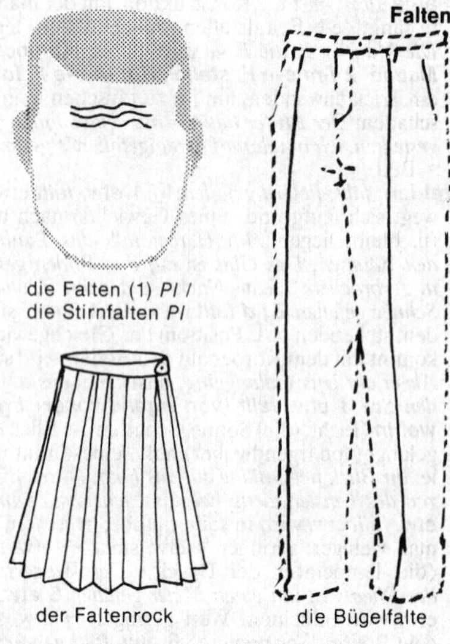

fal·ten; *faltete, hat gefaltet*; Vt **1** ***etw. f.*** (*mst* genau in der Mitte) e-e Falte (2) in ein Stück Papier od. Stoff machen u. es dann zusammenlegen ⟨ein Handtuch, e-e Serviette, ein Blatt Papier genau, sauber f.; etw. einfach, doppelt f.⟩ **2** ***die Hände f.*** beide Handflächen aufeinander legen, *bes* um zu beten ⟨die Hände zum Gebet f.⟩ **3** ***die Stirn f.*** ≈ die Stirn runzeln || *zu* **1 falt·bar** *Adj*; **Fal·tung** *die*

Fal·ter *der*; *-s, -*; ≈ Schmetterling || -K: ***Nacht-, Tag-***

Falz *der*; *-es, -e*; **1** die Stelle, an der ein Blatt Papier gefaltet ist **2** e-e Vertiefung zwischen dem Rücken u. dem Deckel e-s Buches **3** die Stelle, an der die Ränder *z.B.* e-r Blechdose ineinander gebogen u. zusammengepresst sind u. e-n dicken Rand bilden

fal·zen; *falzte, hat gefalzt*; Vt **1** ***etw. f.*** e-n Falz (1) in etw. machen: *e-n Prospekt f.* **2** ***etw. f.*** e-n Falz (3) in etw. machen: *e-e Blechdose f.* || *hierzu* **Fal·zung** *die*

fa·mi·li·är [fami'li̯ɛːɐ̯] *Adj*; **1** in Bezug auf die Familie (1) ⟨Probleme, Schwierigkeiten, Verpflichtungen⟩: *Er zieht sich aus familiären Gründen aus der Politik zurück* **2** freundschaftlich, ungezwungen ↔ förmlich (1), steif (4) ⟨e-e Atmosphäre, ein Umgangston⟩

Fa·mi·lie [-i̯ə] *die*; *-, -n*; **1** die Eltern u. ihr Kind od. ihre Kinder ⟨e-e kinderreiche, fünfköpfige F.; F. haben; e-e F. gründen; etw. im engsten Kreis der F. besprechen⟩: *Wohnt hier F. Huber?* || K-: ***Familien-, -angehörige(r), -ausflug, -feier, -fest, -foto, -mitglied, -oberhaupt, -vater*** || -K: ***Arbeiter-, Arzt-, Offiziers-; Groß-, Klein-*** **2** *Kollekt*; alle miteinander verwandten Personen, auch diejenigen aus früheren Generationen, die schon tot sind ⟨e-e alteingesessene F.; in e-e alte, vornehme F. einheiraten; aus guter F. stammen⟩ || K-: ***Familien-, -chronik, -grab, -gruft*** **3** *Biol*; e-e Kategorie im System der Lebewesen: *In der Ordnung „Raubtiere" gibt es e-e F. „Katzen", zu der die Gattung „Großkatzen" (Löwen, Tiger usw) gehört* || ID *mst* ***So (et)was***

kommt in den besten Familien vor! *gespr*; das ist nicht so schlimm, das kann man verzeihen; *mst* ***Das liegt*** (***bei uns*** *o.Ä.*) ***in der F.*** das ist e-e vererbte Eigenschaft || ↑ Übersicht Seite 338

Fa·mi·li·en·be·sitz *der*; das Eigentum e-r Familie (2) ⟨etw. gehört zum, stammt aus, befindet sich in F.⟩: *Das Schloss befindet sich seit Jahrhunderten in F.*

Fa·mi·li·en·be·trieb *der*; ein (*mst* ziemlich kleiner) Betrieb, *z.B.* ein Restaurant, in dem oft (fast) alle Mitarbeiter zur Familie gehören

fa·mi·li·en·feind·lich *Adj*; ungünstig für Familien (1) ↔ familienfreundlich ⟨e-e Politik; Wohnungen⟩

fa·mi·li·en·freund·lich *Adj*; günstig für Familien (1) ↔ familienfeindlich ⟨ein Gesetz; e-e Politik; ein Restaurant, ein Hotel⟩

Fa·mi·li·en·kreis *der*; *nur Sg*, *Kollekt*; die Mitglieder, die zu e-r Familie (1) gehören ⟨etw. im (engsten) F. besprechen, feiern⟩

Fa·mi·li·en·na·me *der*; der Name, den man mit seiner Familie (1) gemeinsam hat ≈ Zuname / Nachname ↔ Vorname: *Er heißt mit Vornamen „Karl" u. mit Familiennamen „Meier"*

Fa·mi·li·en·pa·ckung *die*; e-e besonders große Packung e-r Ware, die *mst* billiger als e-e kleinere Menge derselben Ware ist

Fa·mi·li·en·pla·nung *die*; *mst* ***F. betreiben*** *geschr*; (als Ehepaar) planen, wann man Kinder bekommt u. wie viele Kinder man bekommt

Fa·mi·li·en·sinn *der*; *nur Sg*; *mst* (***keinen***) ***F. haben, besitzen*** (nicht) gern u. oft mit seiner Familie (1) zusammen sein wollen: *Er hat e-n ausgeprägten F.*

Fa·mi·li·en·stand *der*; *nur Sg*, *Admin geschr*; der soziale Status e-r Person im Hinblick darauf, ob sie ledig, verheiratet, geschieden od. verwitwet ist

Fa·mi·li·en·ver·hält·nis·se *die*; *Pl*; die soziale u. psychische Situation, die Bedingungen u. Umstände in e-r Familie (1) ⟨aus geordneten, zerrütteten Familienverhältnissen kommen⟩

fa·mos *Adj*; *gespr veraltend*; von sehr hoher Qualität

Fan [fɛn] *der*; *-s*, *-s*; ***ein F.*** (***von j-m / etw.***) *gespr*; j-d, der von j-m / etw. (immer wieder) begeistert ist || K-: ***Fan-, -club, -post*** || -K: ***Fußball-, Jazz-, Krimi-***

Fa·na·ti·ker *der*; *-s*, *-*; *pej*; j-d, der fanatisch ist

fa·na·tisch *Adj*; *pej*; so, dass man sich mit zu großer Leidenschaft, zu großem Eifer für e-e Sache einsetzt u. andere Meinungen nicht gelten lässt (*bes* in Religion u. Politik) ⟨ein Eifer, ein Glaube, ein Hass; f. für etw. kämpfen, eintreten; ein Anhänger⟩

Fa·na·tis·mus *der*; *-*; *nur Sg*; das fanatische Verhalten

fand *Imperfekt*, *1. u. 3. Person Sg*; ↑ ***finden***

fän·de *Konjunktiv II*, *1. u. 3. Person Sg*; ↑ ***finden***

Fan·fa·re *die*; *-*, *-n*; ein bestimmtes Signal (mit e-r Trompete) || K-: ***Fanfaren-, -bläser, -klang***

Fang *der*; *-(e)s*; *nur Sg*; **1** das Fangen (1) von Tieren || K-: ***Fang-, -saison*** || -K: ***Fisch-, Vogel-, Wal-*** **2** *Kollekt*; alle Tiere, die man gefangen (1) hat ≈ Beute ⟨e-n guten, fetten F. machen⟩ || K-: ***Fang-, -quote*** || ID ***mit j-m / etw. e-n guten F. gemacht haben*** *gespr*; mit j-m / etw. e-e gute Wahl getroffen haben

Fang·arm *der*; *mst Pl*; einer von mehreren Körperteilen *bes* von e-m Tintenfisch, die ähnlich wie Arme sind u. mit denen das Tier seine Beute festhält

Fän·ge *die*; *-*; *Pl*; die Füße u. Krallen e-s Raubvogels bzw. die Eckzähne e-s Raubtiers || ID ***j-m in die F. geraten*** *gespr*; j-m begegnen u. nur mit Mühe von ihm wegkommen können

fan·gen; *fängt*, *fing*, *hat gefangen*; [Vt] **1** ***ein Tier f.*** ein Tier (das man gejagt hat) zu fassen bekommen, ihm die Freiheit nehmen ↔ freilassen: *Schmetterlinge mit e-m Netz, Fische mit der Angel, e-n Fuchs in e-r Falle f.* || K-: ***Fang-, -ergebnis, -gebiet, -gerät, -netz, -schiff*** **2** ***j-n f.*** j-m, der wegläuft, nachlaufen u. ihn festhalten; [Vt/i] **3** (***etw.***) ***f.*** e-n Gegenstand, der durch die Luft fliegt, ergreifen u. festhalten: *e-n Ball mit beiden Händen sicher f.*; *„Hier, fang!"*; [Vr] **4** ***ein Tier fängt sich irgendwo*** ein Tier gerät in e-e Falle u. kann sich nicht mehr befreien: *Zahlreiche Fische haben sich im Netz gefangen* **5** ***sich f.*** (nachdem man geschwankt hat od. gestolpert ist) wieder ins Gleichgewicht kommen: *Die Seiltänzerin verlor für e-n Augenblick die Balance, konnte sich aber wieder f.* **6** ***sich*** (***wieder***) ***f.*** *gespr*; nach e-r schlechten Leistung, e-r schlimmen Nachricht od. e-r Enttäuschung seine alte Form, seine innere Ruhe u. Harmonie wiedergewinnen ≈ sich fassen

Fang·fra·ge *die*; e-e trickreiche Frage, mit der man zu e-r falschen od. ungewollten Antwort verführt wird: *Ein Lehrer sollte in e-r Prüfung keine F. stellen*

fängt *Präsens*, *3. Person Sg*; ↑ ***fangen***

Fan·ta·sie *die*; *-*, *-n* [-ˈziːən]; **1** *nur Sg*; die Fähigkeit, sich Dinge, Ereignisse, Menschen *usw* vorzustellen, die es nicht gibt ≈ Einbildungskraft ⟨e-e rege, schmutzige F. haben; viel, wenig, keine F. haben; seiner F. freien Lauf lassen; j-s F. anregen⟩: *Grüne Männchen auf dem Mars sind Produkte der F.* || K-: ***Fantasie-, -gebilde, -kostüm, -welt*** **2** *mst Pl*; etw., das man sich in seiner F. (1) vorstellt u. das es in Wirklichkeit nicht gibt ↔ Realität ⟨etw. ist pure, reine, bloße F.; erotische, sexuelle Fantasien; sich in Fantasien flüchten, verlieren⟩ **3** *nur Pl*; Bilder, die j-d nur im Traum od. im Fieber sieht || -K: ***Fieber-*** || ID ***e-e blühende F. haben*** Unwahres erzählen od. sehr stark übertreiben || *zu* **1** **fan·ta·sie·arm** *Adj*; **fan·ta·sie·los** *Adj*; **Fan·ta·sie·lo·sig·keit** *die*; *nur Sg*; **fan·ta·sie·voll** *Adj*

fan·ta·sie·ren; *fantasierte*, *hat fantasiert*; [Vi] **1** (***von etw.***) ***f.*** an etw. denken od. von etw. sprechen, das man sich in der Fantasie (1) vorstellt: *Er fantasiert in letzter Zeit immer* davon, *nach Amerika* zu *fliegen* **2** (im Fieber) Dinge erzählen, die niemand versteht

Fan·tast *der*; *-en*, *-en*; *pej*; ein Mensch mit Ideen, die er nicht verwirklichen kann ≈ Träumer ↔ Realist || NB: *der Fantast*; *den, dem, des Fantasten*

fan·tas·tisch *Adj*; **1** voll von Dingen, die es nur in der Fantasie (1) gibt ↔ realistisch ⟨e-e Geschichte, ein Film⟩ **2** so ungewöhnlich, dass man es kaum glauben kann ↔ alltäglich ⟨ein Abenteuer, e-e Idee, ein Erlebnis; etw. klingt (reichlich) p.⟩ **3** *gespr*; so gut, dass jeder davon / von ihm od. ihr begeistert ist ≈ großartig, wunderbar ↔ miserabel ⟨ein Schauspiel, ein Essen, Wetter; f. spielen, tanzen, singen⟩ **4** *gespr*; sehr groß od. hoch ≈ ungeheuer, unglaublich ⟨Preise, e-e Höhe, e-e Summe⟩

Farb·band *das*; *-(e)s*, *Farb·bän·der*; das (*mst* schwarze) Band in e-r Schreibmaschine, e-m Drucker *o.Ä.*, durch das die Buchstaben auf das Papier übertragen werden

Far·be *die*; *-*, *-n*; **1** die optische Erscheinung, die es möglich macht, *z.B.* bei e-r Ampel den Unterschied zwischen den Signalen rot, gelb u. grün zu sehen ⟨die gelbe, rote, blaue, grüne, braune, schwarze, weiße F.; e-e grelle, kalte, kräftige, leuchtende, schreiende, warme F.; die Farben des Regenbogens; Farben aufeinander abstimmen⟩: *Welche F. hat ihr Auto - beige od. braun?* || K-: ***Farb-, -abstufung, -kontrast, -nuance, -skala*** || -K: ***Augen-, Gesichts-, Haar-, Haut-; Mode-*** **2** *nur Sg*; die Farben (1) rot, blau, grün, gelb *usw* im Gegensatz zu schwarz u. weiß: *Das Buch enthält viele Abbildungen - die meisten sind in F.* || K-: ***Farb-, -aufnahme, -dia, -druck, -fernsehen, -fernsehgerät, -film, -foto, -tafel*** **3** die F. (1) von j-s Haut, die *bes* von der

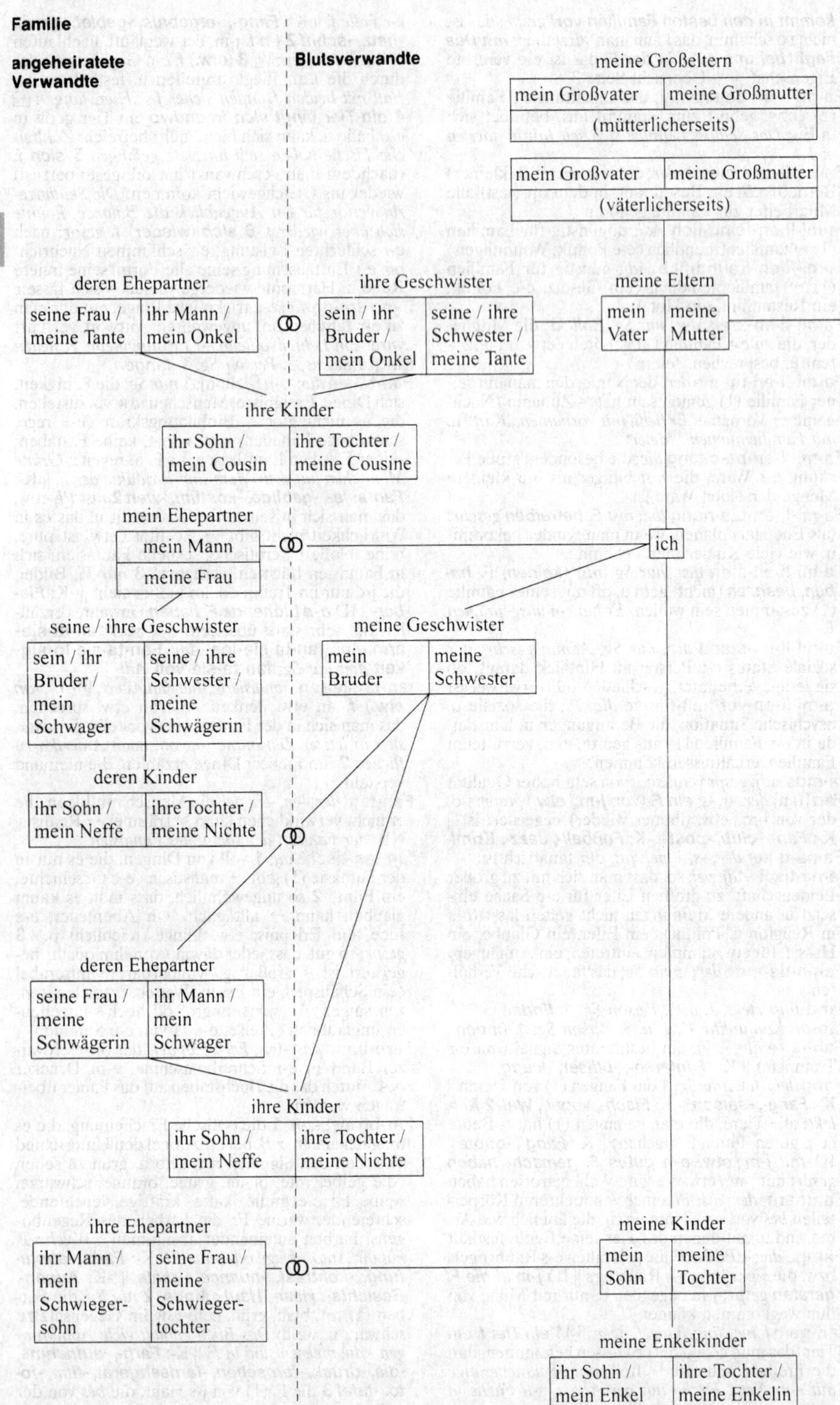
Familie
angeheiratete Verwandte
Blutsverwandte
meine Großeltern
mein Großvater
meine Großmutter
(mütterlicherseits)
mein Großvater
meine Großmutter
(väterlicherseits)
deren Ehepartner
seine Frau / meine Tante
ihr Mann / mein Onkel
ihre Geschwister
sein / ihr Bruder / mein Onkel
seine / ihre Schwester / meine Tante
meine Eltern
mein Vater
meine Mutter
ihre Kinder
ihr Sohn / mein Cousin
ihre Tochter / meine Cousine
mein Ehepartner
mein Mann
meine Frau
ich
seine / ihre Geschwister
sein / ihr Bruder / mein Schwager
seine / ihre Schwester / meine Schwägerin
meine Geschwister
mein Bruder
meine Schwester
deren Kinder
ihr Sohn / mein Neffe
ihre Tochter / meine Nichte
deren Ehepartner
seine Frau / meine Schwägerin
ihr Mann / mein Schwager
ihre Kinder
ihr Sohn / mein Neffe
ihre Tochter / meine Nichte
ihre Ehepartner
ihr Mann / mein Schwieger-sohn
seine Frau / meine Schwieger-tochter
meine Kinder
mein Sohn
meine Tochter
meine Enkelkinder
ihr Sohn / mein Enkel
ihre Tochter / meine Enkelin

F

Sonne gebräunt ist ↔ Blässe: *Du hast im Urlaub am Meer e-e richtig gesunde F. bekommen* **4** e-e *mst* flüssige Substanz, mit der man e-n Gegenstand anmalt ⟨e-e gut deckende, lichtbeständige F.; e-e F. dick, dünn (auf etw. (*Akk*)) auftragen; e-e F. verdünnen, Farben mischen⟩: *Die (alte) F. blättert schon von den Wänden*; *Fass nicht an den Zaun, die F. ist noch frisch!* || K-: ***Farb-, -fleck, -klecks, -schicht, -tupfen*** || -K: ***Holz-***; ***Lack-, Mal-***; ***Öl-*** **5** *Kurzw* ↑ ***Spielfarbe*** || ID ***F. bekennen*** (***müssen***) seine tatsächliche Meinung über etw. nicht länger verbergen (können)

farb·echt *Adj*; *ohne Steigerung, nicht adv*; ⟨ein Stoff; e-e Bluse, ein Hemd *o.Ä.*⟩ so, dass sie (*z.B.* beim Waschen) nichts von ihrer Farbe verlieren

Fär·be·mit·tel *das*; ein Mittel (ein Farbstoff), mit dem man etw. färben kann

fär·ben; *färbte, hat gefärbt*; [Vt] ***etw. f.*** e-r Sache mithilfe e-s Farbstoffs e-e bestimmte Farbe (1) geben ⟨Wolle, e-n Stoff f.⟩: *die Ostereier (bunt) f.* **2** (***j-m / sich***) ***die Haare f.*** j-s / seinen Haaren e-e andere als die natürliche Haarfarbe geben **3** ***etw. färbt etw. irgendwie*** etw. bewirkt, dass etw. e-e bestimmte Farbe (1) annimmt: *Die Sonne färbt die Haut braun*; *Safran färbt den Reis gelb*; [Vi] **4** ***etw. färbt*** *gespr* ≈ etw. färbt ab: *Die neuen Jeans färben*; [Vr] **5** ***etw. färbt sich*** (***irgendwie***) etw. nimmt e-e bestimmte Farbe (1), Färbung an: *Im Herbst färben sich die Blätter bunt*

-far·ben *im Adj, begrenzt produktiv*; mit der genannten Farbe od. Art von Farbe; ***elfenbeinfarben, fleischfarben, goldfarben, kupferfarben, orangefarben, pastellfarben***

far·ben·blind *Adj*; *nicht adv*; nicht fähig, Farben (1) (*mst* rot u. grün) zu erkennen od. zu unterscheiden || *hierzu* **Far·ben·blind·heit** *die*

far·ben·froh *Adj*; mit vielen (leuchtenden) Farben (1) ≈ bunt: *Sie bevorzugt farbenfrohe Kleidung*

Far·ben·pracht *die*; *geschr*; e-e harmonische Fülle, Vielfalt mehrerer leuchtender Farben (1) ≈ Farbigkeit: *der Garten in seiner sommerlichen F.* || *hierzu* **far·ben·präch·tig** *Adj*

Fär·ber *der*; *-s, -*; j-d, der beruflich Textilien u. Leder färbt

Fär·be·rei *die*; *-, -en*; ein Betrieb, in dem Textilien u. Leder gefärbt werden

far·big *Adj*; **1** mit den Farben rot, blau, grün, gelb *usw* (im Gegensatz zu schwarz u. weiß) ≈ bunt (1): *e-e Zeichnung f. ausmalen* || -K: ***ein-, zwei-, viel-, verschieden-*** || NB: *f.* betont, dass mindestens eine Farbe außer schwarz u. weiß vorhanden ist, *bunt* (1) betont, dass mehrere Farben vorhanden sind **2** mit e-r bestimmten Farbe (1) ↔ farblos ⟨Glas, Licht⟩ **3** *nicht adv*; zu den Menschen mit e-r braunen od. schwarzen Hautfarbe gehörend ↔ weiß: *die farbige Bevölkerung Südafrikas* **4** mit verschiedenen Farben (1), sodass ein lebhafter, fröhlicher Eindruck entsteht ≈ bunt (1): *Die Masken beim Karneval in Venedig bieten dem Betrachter ein farbiges Bild* **5** mit lebhaften Worten, sodass der Leser, Zuhörer od. Zuschauer e-e deutliche Vorstellung von etw. bekommt ≈ anschaulich ↔ nüchtern (3) ⟨e-e Schilderung⟩ || *zu* **1, 2, 4** u. **5 Far·big·keit** *die*; *nur Sg*

-far·big *im Adj, begrenzt produktiv* ≈ -farben

Far·bi·ge *der / die*; *-n, -n*; j-d, der farbig (3) ist || NB: *ein Farbiger*; *der Farbige*; *den, dem, des Farbigen*

Farb·kas·ten *der*; ein Kasten mit verschiedenen (Öl- oder Wasser)Farben (4) zum Malen ≈ Malkasten

farb·lich *Adj*; *mst attr*; in Bezug auf die Farbe (1) von etw.: *Die farbliche Zusammenstellung überlasse ich ganz Ihnen*

farb·los *Adj*; **1** ohne e-e (kräftige) Farbe (1) ≈ klar, durchsichtig ⟨Lack, Glas; e-e Flüssigkeit⟩ **2** ⟨e-e Debatte, e-e Erzählung, e-e Frau, e-e Persönlichkeit⟩ so, dass sie weder durch hervorstechende positive noch besonders negative Eigenschaften u. Merkmale auffallen ≈ langweilig || *hierzu* **Farb·lo·sig·keit** *die*; *nur Sg*

Farb·stift *der*; ein (Holz- od. Filz)Stift, mit dem man farbig (1) zeichnen od. malen kann ≈ Buntstift

Farb·stoff *der*; e-e Substanz, mit der man e-r Sache e-e bestimmte Farbe (1) geben kann ⟨pflanzliche, synthetische Farbstoffe; (Süßigkeiten) mit F.⟩

Farb·ton *der*; e-e bestimmte Schattierung e-r Farbe (1) ⟨ein heller, dunkler, gräulicher F.⟩: *Ihr Kleid u. ihre Schuhe passen im F. genau zusammen*

Fär·bung *die*; *-, -en*; **1** e-e Farbe, deren Ton[3] (noch) nicht sehr kräftig, nicht intensiv ist: *Die Haut nahm in der Sonne e-e rötliche F. an* **2** *mst Sg*; das Färben (1) ⟨die F. e-s Stoffes⟩

Far·ce ['farsə, fars] *die*; *-, -n*; *pej*; e-e Handlung od. Situation, die lächerlich wirkt, weil sie unter den gegebenen Umständen keine Bedeutung (mehr) hat, unwichtig ist: *Seine Ausbildung war die reinste F., er hat nichts dabei gelernt* **2** ein kleines, komisches Theaterspiel (*mst* in Versen) ≈ Posse

Farm *die*; *-, -en*; ein landwirtschaftlicher Betrieb *bes* in englischsprachigen Ländern || *hierzu* **Far·mer** *der*; *-s, -*

-farm *die*; *im Subst, wenig produktiv*; ein Betrieb, in dem die genannten Tiere in großer Zahl gehalten od. gezüchtet werden; ***Geflügelfarm, Hühnerfarm, Schlangenfarm***

Farn *der*; *-(e)s, -e*; e-e Pflanze mit Blättern ähnlich wie Federn, die an schattigen u. feuchten Plätzen wächst u. keine Blüten hat

Fa·san *der*; *-(e)s, -e(n)*; ein mit dem Huhn verwandter großer Vogel, dessen Männchen schöne, bunte Federn hat u. der in Europa viel gejagt wird || K-: ***Fasanen-, -gehege, -jagd, -zucht***

Fa·sching *der*; *-s*; *nur Sg*, *bes südd* die Zeit (*bes* im Januar u. Februar), in der Maskenbälle veranstaltet werden ≈ Karneval || K-: ***Faschings-, -ball, -kostüm, -prinz, -prinzessin, -zeit***

Fa·schings·diens·tag *der*; *bes südd* der letzte Tag des Faschings vor dem Aschermittwoch

Fa·schings·zug *der*; *bes südd* ein Umzug (2) im Fasching, bei dem Kostüme u. Masken getragen werden

Fa·schis·mus *der*; *-*; *nur Sg*, *Pol*; **1** ein totalitäres, extrem nationalistisches politisches System, in dem der Staat alles kontrolliert u. die Opposition unterdrückt: *der deutsche F. im Nationalsozialismus*; *der F. unter Mussolini* **2** die Ideologie, auf der der F. (1) basiert (od. Teile dieser Ideologie) || *hierzu* **Fa·schist** *der*; *-en, -en*; **fa·schis·tisch** *Adj*

fa·seln; *faselte, hat gefaselt*; *gespr pej*; [Vt] **1** ***etw. f.*** etw. Unsinniges sagen, ohne genau zu überlegen: *Er hat wieder Blödsinn gefaselt*; [Vi] **2** (***über*** (*Akk*) / ***von etw***) ***f.*** *mst* lange über Dinge reden (von denen man nichts versteht), etw. Unsinniges reden: *Er hat von den großen Idealen der Menschheit gefaselt* || *zu* ***Gefasel*** ↑ ***Ge-***

Fa·ser *die*; *-, -n*; **1** e-e Art (feiner) Faden im (natürlichen) Gewebe von Pflanzen, Tieren od. Menschen || -K: ***Fleisch-, Holz-, Muskel-, Nerven-*** **2** ein pflanzliches, tierisches od. synthetisches Material, aus dem Garn u. Gewebe für Textilien gemacht werden || -K: ***Baumwoll-, Chemie-, Kunststoff-, Synthetik-, Textil-***

fa·se·rig *Adj*; mit vielen Fasern (1) ⟨Holz, Papier⟩

Fas·ler *der*; *-s, -*; *gespr pej* ≈ Schwätzer

Fas·nacht *die*; *bes* (CH) ≈ Fasching

Fass *das*; *-es, Fäs·ser*; ein größerer Behälter (*mst* aus Holz, Metall od. Plastik) in Form e-s Zylinders, in

F

dem *bes* Flüssigkeiten aufbewahrt werden: *ein F. Bier, Wein* || ↑ *Abb. unter* **Behälter und Gefäße** || NB: als Maßangabe bleibt *F.* oft unverändert: *drei Fass / Fässer Wein kaufen* || K-: **Fass-, -bier, -wein** || -K: **Bier-, Holz-, Wasser-, Wein-** || ID **ein F. ohne Boden** ein Problem, bei dem die Mühe u. der (finanzielle) Aufwand sich nicht lohnen

Fas·sa·de *die*; -, *-n*; **1** die vordere äußere Seite e-s Gebäudes, die *mst* zur Straße zeigt ⟨e-e F. streichen, verputzen⟩ ↔ Rückseite || -K: **Außen-, Barock-, Glas-** **2** *pej*; das äußere, sichtbare Erscheinungsbild (für ein Verhalten), das den (wahren) Charakter verdeckt: *Hinter der F. aus Freundlichkeit verbirgt sich ein bösartiger Charakter*

F

fass·bar *Adj*; *mst in* **kaum / nicht / leicht / schwer f.** so, dass man es kaum / nicht / leicht / schwer verstehen od. innerlich verarbeiten, begreifen kann ≈ kaum *usw* begreifbar, verständlich

fas·sen[1]; *fasste, hat gefasst*; Vt **1 j-n / etw. f.** e-e Person / Sache (mit der Hand, den Händen) greifen u. sie festhalten ↔ loslassen: *den Rettungsring mit beiden Händen f.*; *das Messer am Griff f.*; *Sie fasste den Blinden am Arm u. führte ihn über die Straße* **2 j-n f.** *mst* e-n Verbrecher finden u. gefangen nehmen ≈ festnehmen, ergreifen (2) ↔ freilassen ⟨j-n zu f. bekommen⟩: *Der Polizei gelang es, den Bankräuber nach stundenlanger Verfolgungsjagd zu f.*; Vi **3 irgendwohin f.** (mit der Hand, den Händen) an e-e bestimmte Stelle greifen (u. sie prüfend berühren): *an den heißen Ofen, ins Wasser f.*

fas·sen[2]; *fasste, hat gefasst*; Vt **1 etw. irgendwie / in etw.** (*Akk*) **f.** Gedanken od. Gefühle in bestimmter Weise formulieren ≈ ausdrücken: *e-n Gesetzestext allgemein verständlich f.*; *seine Gefühle in Worte f.* **2 etw. kaum / nicht f.** (**können**) kaum / nicht verstehen können, warum etw. geschehen ist u. auch die Folgen noch nicht beurteilen können ⟨sein Glück / Unglück (noch) gar nicht f. können⟩: *Sie konnte (es) nicht f.*, dass *sie im Lotto gewonnen hatte* **3 etw. nicht f.** (**können**) *geschr*; etw., das sehr schwierig ist, nicht verstehen (können) **4 e-n Entschluss f.** *geschr*; sich zu etw. entschließen **5 e-n Beschluss f.** *geschr*; etw. beschließen[1] **6 keinen klaren Gedanken f. können** *mst* vor Schreck od. Überraschung so verwirrt sein, dass man nicht fähig ist, klar u. logisch zu denken; Vr **7 sich f.** sich nach e-m Schreck od. Schock wieder beruhigen: *sich nach e-m Schock nur mühsam wieder f.* **8 sich kurz f.** *bes* bei e-r Rede sich auf das Wesentliche konzentrieren u. deshalb nicht lange sprechen

fas·sen[3]; *fasste, hat gefasst*; Vt **etw. fasst** + *Zahl / Menge / Volumen* + *Subst* ein Saal, ein Stadion *o.Ä.* hat Platz für die genannte Zahl von Menschen, bzw. ein Fass, ein Tank *o.Ä.* kann e-e bestimmte Menge Flüssigkeit aufnehmen: *Das Stadion fasst 70000 Menschen*; *Der Tank fasst 3000 Liter / $3m^3$ Wasser* || NB: kein Passiv!

Fas·set·te *die*; ↑ **Facette**

fass·lich *Adj* ≈ verstehbar, begreifbar

Fas·son [fa'sõː] *mst in* **jeder nach seiner F.** so, wie jeder Einzelne es für richtig hält

Fas·sung[1] *die*; -, *-en*; **1** e-e Art elektrische Vorrichtung, in die man etw. hineinschraubt od. hineinsteckt (*mst* e-e Glühbirne), damit es elektrischen Kontakt hat u. hält: *e-e Glühbirne in die F. schrauben* **2** e-e Art Rahmen, in dem etw. befestigt ist ≈ Einfassung: *die goldene F. e-s Diamanten*

Fas·sung[2] *die*; -, *-en*; die sprachliche Form u. der Inhalt e-s Textes, Filmes *o.Ä.* ≈ Version: *die erste, endgültige F. e-s Dramas*; *Ich habe nur die deutsche F. des Films gesehen* || -K: **Original-**

Fas·sung[3] *die*; -; *nur Sg*; die Fähigkeit, seine Gefühle durch seinen Willen zu beherrschen u. nicht nach außen zu zeigen ≈ Selbstbeherrschung ⟨die F. bewahren, verlieren; aus der F. geraten⟩: *Er ist durch nichts aus der F. zu bringen*

fas·sungs·los *Adj*; so überrascht od. geschockt, dass man nichts mehr sagen kann ⟨j-n f. anschauen⟩: *So viel Frechheit macht mich f.*

Fas·sungs·ver·mö·gen *das*; *nur Sg*; **1** die Anzahl od. Menge von etw. (*mst* e-r Flüssigkeit), die in e-n Behälter od. Raum passt ≈ Kapazität: *Der Benzinkanister hat ein F. von zehn Litern* **2** die Fähigkeit, etw. zu verstehen: *Diese komplizierten Rechenaufgaben übersteigen das F. der Schüler*

fast *Partikel*; *betont u. unbetont*; **1** verwendet vor Adjektiven u. Adverbien, um auszudrücken, dass die genannte Qualität od. Quantität nicht ganz erreicht wird ≈ nahezu, annähernd: *Es war schon f. dunkel, als er von der Arbeit kam*; *Er wäre f. zornig geworden, wenn du ihn noch länger geärgert hättest*; *Der Eimer war f. voll, als sie ihn umstieß*; *Wir haben uns seit f. einem ganzen Jahr nicht mehr gesehen* **2** verwendet mit Verben, um auszudrücken, dass e-e mögliche od. wahrscheinliche Handlung nicht eingetreten ist ≈ beinahe: *Ich wäre f. verzweifelt, wenn du mir nicht geholfen hättest*

fas·ten; *fastete, hat gefastet*; Vi **1** (zu bestimmten Zeiten) aus religiösen Gründen weniger (u. *bes* kein Fleisch) essen || K-: **Fast-, -tag** **2** e-e Zeit lang weniger od. nichts essen, um Gewicht zu verlieren || K-: **Fast-, -tag**; **Fasten-, -kur**

Fas·ten·zeit *die*; (in bestimmten Religionen) der Zeitraum, in dem man sich nach festen Regeln bewusst einschränkt (*bes* in Bezug auf Essen u. Trinken): *Der Ramadan ist die F. der Mohammedaner*; *Die F. der Katholiken dauert von Aschermittwoch bis Ostern*

Fast·nacht *die*; die letzten Tage des Faschings / Karnevals (*bes* Rosenmontag u. Faschingsdienstag)

Fas·zi·na·ti·on [-'tsioːn] *die*; -; *nur Sg*; die starke Wirkung, die große Attraktivität, die j-d / etw. auf j-n hat: *Dieser Schauspieler übt e-e starke F. auf sein Publikum aus*

fas·zi·nie·ren; *faszinierte, hat fasziniert*; Vt **j-d / etw. fasziniert j-n** j-d / etw. ruft bei j-m großes Interesse u. große Bewunderung hervor: *Die Raumfahrt hat ihn seit langem fasziniert* || *hierzu* **fas·zi·nie·rend** *Adj*

fa·tal *Adj*; mit schlimmen Folgen / Konsequenzen ≈ verhängnisvoll ⟨ein Fehler, ein Irrtum; Folgen; in e-r fatalen Lage, Situation sein⟩

Fa·ta·lis·mus *der*; *-ses*; *nur Sg*; e-e Einstellung, die besagt, man könne nichts gegen sein Schicksal tun || *hierzu* **Fa·ta·list** *der*; *-en*, *-en*; **fa·ta·lis·tisch** *Adj*

Fa·ta Mor·ga·na *die*; -, *Fa·ta Mor·ga·nen / Mor·ga·nas*; etw., das man in der Wüste zu sehen glaubt, das aber in Wirklichkeit nicht da ist ≈ Trugbild

Fatz·ke *der*; *-s*, *-s*; *gespr pej*; ein eitler, arroganter Mann, der sich selbst sehr wichtig nimmt

fau·chen; *fauchte, hat gefaucht*; Vt/i **1** (**etw.**) **f.** etw. mit wütender u. unfreundlicher Stimme sagen: *„Hau endlich ab!" fauchte sie*; Vi **2 ein Tier faucht** ein Tier macht Geräusche wie e-e erschrockene od. wütende Katze: *Der Tiger fauchte, als die Zuschauer zu nahe an seinen Käfig kamen*

faul[1], *fauler, faulst-*; *Adj*; **1** voll von Bakterien u. deshalb verdorben, nicht mehr brauchbar od. essbar ⟨ein Apfel, ein Ei; Fleisch, Holz, Wasser; etw. riecht f.⟩ **2** *nur attr, nicht adv, gespr* ≈ schlecht ⟨*mst* e-e Ausrede, ein Witz⟩ || ID *mst* **An der Sache ist etw. f.** *gespr pej*; die Sache ist irgendwie verdächtig

faul[2], *fauler, faulst-*; *Adj*; ohne Lust zu arbeiten od. aktiv zu sein ≈ träge ↔ fleißig ⟨ein Kerl, ein Schüler⟩: *f. in der Sonne liegen*; *morgens zu f. zum Auf-*

stehen sein || -K: ***schreib-, sprech-*** || *hierzu* **Faulheit** *die; nur Sg*

Fäu·le *die*; -; *nur Sg*; der Zustand, in dem Pflanzen od. Früchte durch die Wirkung von Bakterien faul[1] (1) sind ≈ Fäulnis ⟨etw. geht in F. über⟩

fau·len; *faulte, hat / ist gefault*; [Vi] ***etw. fault*** etw. wird faul[1] (1) ≈ etw. verfault ⟨Obst, Gemüse; die Zähne⟩

fau·len·zen; *faulenzte, hat gefaulenzt*; [Vi] faul[2] sein: *Im Urlaub möchte ich nur in der Sonne liegen u. f.*

Fau·len·zer *der*; *-s*, *-*; *hum*; j-d, der oft faulenzt

fau·lig *Adj*; in e-m faulen[1] (1) Zustand od. mit faulem[1] (1) Geruch ⟨Wasser; etw. riecht, schmeckt f., sieht f. aus⟩

Fäul·nis *die*; -; *nur Sg*; der Zustand, in dem etw. faul[1] (1) ist ⟨etw. geht in F. über⟩ || K-: ***Fäulnis-, -bakterien, -erreger***

Faul·pelz *der*; *-es*, *-e*; *pej*; ein fauler[2] Mensch ≈ Nichtstuer

Faul·tier *das*; ein Säugetier in Südamerika, das auf Bäumen lebt u. sich sehr langsam bewegt

Fau·na *die*; -, *Fau·nen*; *mst Sg*, *geschr*; *Kollekt*; die Gesamtheit der Tiere (die zu e-m bestimmten Zeitpunkt in e-m bestimmten Gebiet lebt) ≈ Tierwelt: *die F. u. Flora der Tropen*

Faust *die*; -, *Fäus·te*; die geschlossene Hand ⟨e-e F. machen, die Hand zur F. ballen; mit der F. drohen, auf den Tisch schlagen; mit den Fäusten auf j-n / etw. einschlagen, trommeln⟩ || K-: ***Faust-, -hieb, -schlag*** || ID ***j-d / etw. passt zu j-m / etw. wie die F. aufs Auge*** *gespr*; **a)** j-d / etw. passt überhaupt nicht zu j-m / etw.; **b)** *iron*; j-d / etw. passt in negativer Weise zu j-m / etw.; ***auf eigene F.*** *gespr*; selbst, ohne die Hilfe anderer: *Urlaub auf eigene F. machen*; ***mit eiserner F.*** ⟨herrschen, regieren⟩ sehr streng und mit Gewalt (herrschen)

Faust

Faust·ball *ohne Artikel*; *nur Sg*; ein Ballspiel zwischen zwei Mannschaften, bei dem der Ball mit der Faust über e-e Schnur geschlagen wird || NB: ≠ Volleyball

Fäust·chen *das*; *mst* ID ***sich*** (*Dat*) ***(eins) ins F. lachen*** *gespr*; sich über j-s Schaden od. Misserfolg (heimlich) freuen

faust·dick *Adj*; **1** so dick wie e-e Faust ⟨ein Tumor⟩ **2** *nur attr, nicht adv*; sehr groß ⟨*mst* e-e Lüge⟩ **3** ***f. auftragen*** e-n Sachverhalt sehr übertrieben darstellen || ID ↑ ***Ohr***

Faust|hand·schuh *der*; ein warmer Handschuh, bei dem alle Finger außer dem Daumen in e-r gemeinsamen Hülle stecken ↔ Fingerhandschuh || ↑ *Abb. unter* ***Handschuhe***

Fäust·ling *der*; *-s*, *-e* ≈ Fausthandschuh || ↑ *Abb. unter* ***Handschuhe***

Faust·pfand *das*; *veraltend*; ein *mst* wertvoller Gegenstand, der als Pfand (1) dient

Faust·recht *das*; *nur Sg*; ein Zustand, in dem sich diejenigen durchsetzen, die körperlich stärker sind

Faust·re·gel *die*; e-e einfache Regel, die in vielen Fällen stimmt, jedoch nicht immer ganz präzise ist ⟨e-e alte, bewährte, einfache F. anwenden⟩

Faux·pas [fo'pa] *der*; -, - [-s]; *geschr*; e-e Handlung gegen die Regeln des guten Benehmens ≈ Taktlosigkeit ⟨e-n F. begehen; j-m unterläuft ein F.⟩

fa·vo·ri·sie·ren [-v-]; *favorisierte, hat favorisiert*; [Vt] ***j-n / etw. f.*** *geschr*; j-n / etw. gegenüber anderen Menschen / Dingen bevorzugen ↔ benachteiligen: *Das alte Gesetz favorisierte die Reichen*

fa·vo·ri·siert [-v-] **1** *Partizip Perfekt*; ↑ ***favorisieren*** **2** *Adj*; mit den besten Chancen auf den Sieg: *Die favorisierte Mannschaft hat hoch verloren*

Fa·vo·rit [-v-] *der*; *-en*, *-en*; ***F.*** (***auf etw.*** (*Akk*)) der Teilnehmer an e-m Wettkampf, von dem die meisten Leute glauben, dass er gewinnen wird ⟨klarer F. sein; der F. auf den Titel⟩ || K-: ***Favoriten-, -rolle*** || -K: ***Meisterschafts-*** || *hierzu* **Fa·vo·ri·tin** *die*; -, *-nen* || NB: *der Favorit; den, dem, des Favoriten*

Fax *das*; -, -(*e*); **1** *nur Sg*; ein System, mit dem man über Telefonleitungen genaue Kopien von Briefen, Dokumenten *o.Ä.* senden u. empfangen kann || K-: ***Fax-, -anschluss, -gerät, -nummer*** **2** ein Gerät zum Übertragen u. Empfangen von Faxen (1) **3** e-e Kopie, die per F. (1) empfangen wird || *hierzu* **fa·xen** (*hat*) *Vt / i*

F

fa·xen; *faxte, hat gefaxt*; [Vt/i] ***(etw.) f.*** *gespr*; j-m e-e Nachricht per Telefax schicken

Fa·xen *die*; *Pl*, *gespr*; **1** Gesichtsausdrücke, Bewegungen *o.Ä.*, die lustig wirken sollen ⟨F. machen⟩ **2** alberne Späße od. nicht durchdachte Handlungen, die auf j-d anderen negativ wirken ≈ Unsinn, Blödsinn ⟨die / j-s F. satt haben⟩: *Mach ja keine F.!* || K-: ***Faxen-, -macher***

Fa·zit *das*; *-s*, *-s* / *-e*; *mst Sg*, *geschr*; das abschließende Urteil über e-e Sache ≈ Schlussfolgerung ⟨ein F. ziehen⟩: *Als F. der Untersuchung kann festgehalten werden, dass immer mehr Leute das Rauchen aufgeben*

FC [ɛf'tseː] *der*; -; *nur Sg*, *gespr* ≈ Fußballclub

FCKW [ɛftseːka'veː] *der*; -(*s*), *-s*; ↑ ***Fluorchlorkohlenwasserstoff***

FDGB [ɛfdeːgeː'beː] *der*; -; *nur Sg*; *hist*; (*Abk für* Freier Deutscher Gewerkschaftsbund) die einzige zugelassene Gewerkschaft in der ehemaligen DDR

FDJ [ɛfdeː'jɔt] *die*; -; *nur Sg*; *hist*; (*Abk für* Freie Deutsche Jugend) die einzige zugelassene Organisation für Jugendliche ab 14 Jahren in der ehemaligen DDR

FDP [efdeː'peː] *die*; -; *nur Sg*; (*Abk für* Freie Demokratische Partei) e-e (liberale) politische Partei in Deutschland

Fea·ture ['fiːtʃɐ] *das*; *-s*, *-s*; ***ein F.*** (***über etw.*** (*Akk*)) e-e Sendung od. ein Bericht über ein aktuelles Thema ≈ Dokumentation

Feb·ru·ar ['feːbruaːɐ] *der*; *-s*; *nur Sg*; der zweite (u. kürzeste) Monat des Jahres; *Abk* Feb. ⟨im F.; Anfang, Mitte, Ende F., am 1., 2., 3. F.⟩

fech·ten; *ficht, focht, hat gefochten*; [Vi] ***(mit j-m / gegen j-n) f.*** mit e-m Degen, Säbel *o.Ä.* gegen j-n kämpfen || K-: ***Fecht-, -kampf*** || -K: ***Degen-, Säbel-*** || *hierzu* **Fech·ter** *der*; *-s*, *-*; **Fech·te·rin** *die*; -, *-nen*

Fe·der[1] *die*; -, *-n*; eines der vielen einzelnen Gebilde aus e-r Art Stiel aus Horn u. vielen feinen fadenartigen Verzweigungen, die den Körper e-s Vogels bedecken, ihn wärmen u. ihm zum Fliegen dienen ⟨bunte, schillernde, zerzauste Federn; ein Vogel sträubt die Federn; ein Kissen mit Federn füllen⟩ || K-: ***Feder-, -kissen*** || -K: ***Daunen-, Flaum-, Schwung-, Schwanz-, Gänse-, Pfauen-*** || ID ***nicht aus den Federn kommen*** *gespr, hum*; nicht aus dem Bett kommen, weil man noch müde ist; ***Federn lassen*** (***müssen***) *gespr*; bei e-m Streit *o.Ä.* (kleine) Nachteile od. Verluste hinnehmen (müssen); ***sich mit fremden Federn schmücken*** *pej*; die Leistungen od. Verdienste anderer Personen als seine eigenen bezeichnen u. damit prahlen

Fe·der[2] *die*; -, *-n*; ein kleiner, spitzer Gegenstand aus Metall, der am Ende e-s Federhalters befestigt wird u. zum Schreiben od. Zeichnen verwendet wird ⟨die F. in das Tintenglas eintauchen; die F. kleckst, kratzt⟩ || K-: ***Feder-, -strich, -zeichnung*** || -K: ***Schreib-; Stahl-*** || ID ***zur F. greifen*** *veraltend* *od hum*; Schriftsteller(in) werden; *mst* **etw. stammt aus j-s F.** etw. (*mst* ein Buch od. Gedicht) ist von j-m geschrieben worden

Fe·der[3] *die*; -, *-n*; ein Teil aus Metall *mst* in Form e-r Spirale, das dazu dient, e-n Stoß, Druck od. Zug auszugleichen bzw. Druck od. Zug auszuüben

Feder

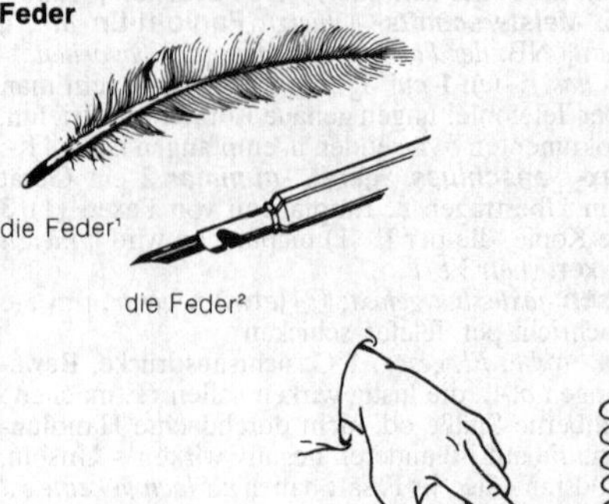

Fe·der·ball *der*; ein kleiner, leichter Gegenstand aus e-r runden Kappe, an der Federn[1] *o.Ä.* (kreisförmig) angeordnet sind. Der F. wird *mst* von zwei Personen mit Schlägern (über ein Netz) hin u. her gespielt || K-: ***Federball-, -netz, -schläger*** **2** *mst ohne Artikel*; ein Spiel, bei dem *mst* zwei Personen mit Schlägern e-n F. (1) (über ein Netz) hin u. her spielen ⟨F. spielen⟩ || K-: ***Federball-, -match, -spiel*** || NB: Die Sportart als Wettkampf heißt *Badminton*

Fe·der·bett *das*; e-e Bettdecke, die mit Federn[1] gefüllt ist ⟨ein F. aufschütteln, beziehen⟩

Fe·der·ge·wicht *das*; *Sport*; e-e Gewichtsklasse *z.B.* beim Boxen od. Ringen, in der die Sportler nicht mehr als 62kg wiegen dürfen

Fe·der·hal·ter *der*; *-s*, -; ein dünner (Holz)Stab für e-e Feder[2]

fe·der·leicht *Adj*; sehr leicht: *ein Kleid aus e-m federleichten Stoff*

Fe·der·le·sen *nur in* ***nicht viel Federlesen(s) (mit j-m / etw.) machen*** j-n in e-r bestimmten Situation ohne große Rücksicht behandeln / etw. schnell u. ohne viel Nachdenken abhandeln ≈ (mit j-m / etw.) kurzen Prozess machen

Fe·der·mäpp·chen *das*; ein flacher, länglicher Behälter, in dem *bes* Schüler ihre Bleistifte, Füller, Kugelschreiber *o.Ä.* aufbewahren

Fe·der·mes·ser *das*; ein kleines, scharfes Taschenmesser

fe·dern; *federte, hat gefedert*; [Vt] **1 etw. f.** etw. mit Federn[3] versehen: *ein schlecht gefedertes Sofa* || NB: *mst* im Partizip Perfekt; [Vi] **2 etw. federt** etw. gibt (wie e-e Feder[3]) unter e-m Druck nach, verändert seine Form u. geht wieder in seine ursprüngliche Stellung od. Form zurück, wenn der Druck nachlässt ⟨ein Sprungbrett, ein Polster⟩

Fe·de·rung *die*; -, *-en*; e-e Konstruktion aus Federn[3], die bewirkt, dass Stöße od. ein Druck schwächer werden ⟨die F. e-s Autos, e-s Bettes⟩

Fe·der·vieh *das*; *gespr, mst hum* ≈ Geflügel

Fe·der·wei·ße *der*; *-n*; *nur Sg*; ein junger Wein, der noch gärt || NB: *ein Federweißer*; *der Federweiße*; *den, dem, des Federweißen*

Fee *die*; -, *-n* [ˈfeːən]; *mst* e-e (schöne) Frau im Märchen, die übernatürliche Kräfte hat (u. oft den Menschen hilft u. ihre Wünsche erfüllt) ⟨e-e gute, böse F. erscheint j-m⟩ || K-: ***Feen-, -königin, -reich*** || -K: ***Glücks-, Märchen-, Zauber-***

Feed-back, **Feed·back** [ˈfiːdbɛk] *das*; *-s*, *-s*; *mst Sg*, *gespr*; e-e (*mst* positive) kritische Reaktion, die j-d für etw. bekommt, das er gemacht hat

Fee·ling [ˈfiːlɪŋ] *das*; *-s*; *nur Sg*, *gespr*; (*bes* von Jugendlichen verwendet) ≈ Gefühl (2): *Es ist schon ein tolles F., über den Wolken zu schweben!*

Fe·ge·feu·er *das*; *nur Sg*; ein Ort, an dem (nach katholischem Glauben) die Menschen nach ihrem Tod die relativ kleinen Sünden büßen müssen, bevor sie in das Paradies kommen

fe·gen; *fegte, hat / ist gefegt*; *bes nordd*; [Vt] (*hat*) **1 etw. f.** etw. sauber machen, indem man mit e-m Besen *o.Ä.* den Staub u. Schmutz entfernt ≈ kehren[2] (2) ⟨den Fußboden f.⟩ **2 etw. von etw. f.** mit e-m Besen etw. von e-m Ort entfernen ≈ kehren[2] (1): *die Scherben von der Straße f.* **3 etw. von etw. f.** *gespr*; etw. mit e-r schnellen Bewegung seiner Hand bzw. seines Arms von irgendwo herunterwerfen: *Sie hat mit e-r heftigen Bewegung das Glas vom Tisch gefegt*; [Vi] (*ist*) **4 etw. fegt irgendwo(hin)** etw. weht heftig irgendwo(hin) ⟨der Wind⟩

Feh·de *die*; -, *-n*; *geschr*; ein (lang dauernder) Streit ⟨mit j-m in F. liegen, e-e F. mit j-m ausfechten⟩ || -K: ***Familien-, Stammes-***

Feh·de|hand·schuh *der*; *mst in* ***j-m den F. hinwerfen*** *geschr*; e-n (*mst* verbalen) Streit mit j-m beginnen (*z.B.* über ein Thema, über das man unterschiedliche Meinungen hat) ≈ j-n herausfordern

fehl *Adj*; *nur in* **1 etw. ist f. am Platz(e)** etw. passt an e-m Ort, in e-r Situation nicht, ist nicht angemessen **2 j-d ist / fühlt sich irgendwo f. am Platz(e)** j-d sollte irgendwo nicht sein od. fühlt sich irgendwo fremd, nicht wohl

Fehl *nur in* ***ohne F. (u. Tadel)*** *geschr veraltend*; ohne (charakterlichen) Fehler, ohne Makel

Fehl- *im Subst, begrenzt produktiv*; verwendet, um auszudrücken, dass das Genannte nicht richtig ist: der **Fehlalarm**, die **Fehlbesetzung** ⟨e-r Filmrolle, e-r Stelle⟩, die **Fehldiagnose** ⟨e-s Arztes⟩, die **Fehleinschätzung** ⟨e-r Leistung, e-r Situation⟩, die **Fehlentwicklung**, die **Fehlinformation** ⟨der Öffentlichkeit durch die Presse⟩, die **Fehlkalkulation**, die **Fehlplanung**, das **Fehlverhalten**

Fehl·an·zei·ge *die*; *nur Sg*, *gespr*; verwendet, um e-e Frage negativ zu beantworten, zu verneinen: *„Ist er in diesem Zimmer?“ - „Nein, F.!“*

fehl·bar *Adj*; *mst* ***f. sein*** *geschr veraltend*; Fehler machen, nicht vollkommen sein: *Der Mensch ist f.* || *hierzu* **Fehl·bar·keit** *die*; *nur Sg*

Fehl·be·trag *der*; *Admin geschr*; e-e Summe Geld, die (beim Abrechnen) in der Kasse fehlt ≈ Defizit: *In der Kasse ist ein F. von hundert Euro*

feh·len; *fehlte, hat gefehlt*; [Vi] **1 etw. fehlt** etw. ist nicht (mehr) vorhanden: *An seinem Mantel fehlt ein Knopf* **2 etw. fehlt j-m** etw. steht j-m nicht zur Verfügung, obwohl er es benötigt: *Ihm fehlte das Geld, um sich ein neues Auto zu kaufen*; *Ihr fehlt jegliches Selbstbewusstsein*; *Dem Läufer fehlte nur e-e Zehntelsekunde zum Sieg* **3 j-d fehlt (irgendwo)** j-d ist dort nicht anwesend, wo er sein sollte: *Die Kinder haben zwei Tage unentschuldigt im Unterricht gefehlt* **4 j-d fehlt j-m** *gespr*; j-d wird von j-m vermisst: *„Komm doch bald nach Hause, du fehlst mir sehr“, schrieb sie in ihrem Brief*; [Vimp] **5 es fehlt (j-m) an etw.** (*Dat*) etw. ist (bei j-m) nicht (genügend) vorhanden ≈ es mangelt j-m an etw. ⟨j-m fehlt es an Arbeitseifer, Ausdauer, Mut⟩: *Den Opfern des Erdbebens fehlt es an Nahrung u. Unterkünften* || ID *mst* ***Fehlt dir was?*** *gespr*; bist du krank, hast du Schmerzen?; *mst* ***Na, wo fehlts denn?*** *gespr*; was hast du für Probleme, Sorgen?;

mst ***Das hat / Du hast*** *o.Ä.* ***mir gerade noch gefehlt!*** *iron*; das passt nicht in meine Pläne, das / dich *o.Ä.* kann ich in dieser Situation nicht gebrauchen; *mst* ***Es fehlte nicht viel, u.*** *+ Konjunktiv II*; etw. wäre fast, beinahe geschehen; ***weit gefehlt!*** verwendet, um auszudrücken, dass sich j-d völlig geirrt hat

Fehl·ent·schei·dung *die*; e-e falsche Entscheidung

Feh·ler *der*; *-s, -*; **1** etw., das falsch (1) ist (*bes* ein Irrtum od. e-e Störung in e-m System) ⟨ein grober, häufiger, leichter, schwerer F.; e-n F. machen, ausbessern, korrigieren, ausmerzen⟩: *Er spricht fließend Deutsch u. macht fast keine Fehler*; *Die Ursache des Unglücks war ein technischer F.* || K-: ***Fehler-, -analyse, -suche*** || -K: ***Denk-, Druck-, Grammatik-, Rechen-, Rechtschreib-, Tipp-*** **2** ein Verhalten od. e-e Entscheidung, die der Situation od. den Umständen nicht angemessen sind ⟨e-n F. wieder gutmachen; immer wieder in den gleichen F. verfallen⟩: *Es war ein F.* (*von mir*), *ihn so anzuschreien* **3** e-e schlechte charakterliche Eigenschaft od. ein körperlicher Mangel *bes* e-s Menschen ⟨ein angeborener, organischer F.⟩: *Jeder Mensch hat seine Fehler* || -K: ***Seh-, Sprach-*** **4** e-e Stelle im Material e-r Ware, die im Aussehen od. in der Qualität nicht so gut ist, wie sie sein sollte: *Kristallgläser mit kleinen Fehlern* || -K: ***Material-*** || *zu* **1** u. **4** **feh·ler·haft** *Adj*; **feh·ler·frei** *Adj*; **feh·ler·los** *Adj*

Feh·ler·quel·le *die*; etw., das zu e-m Fehler führt, die Ursache e-s Fehlers (1) ⟨e-e mögliche, potentielle F. ermitteln, ausschalten⟩

Fehl·ge·burt *die*; *mst* ***e-e F. haben*** (als Frau) e-n Embryo gebären, der noch nicht fähig ist, außerhalb des Bauchs der Mutter zu leben

fehl·ge·hen; *ging fehl, ist fehlgegangen*; [Vi] *geschr*; **1** e-n falschen Weg gehen ≈ sich verirren: *Mit der Karte kann er nicht f.* **2** ***in etw.*** (*Dat*) ***f.*** sich in etw. irren, sich täuschen: *Er geht fehl in der Annahme, dass …* **3** ***etw. geht fehl*** etw. trifft nicht das Ziel ≈ etw. geht daneben ⟨ein Schuss, ein Wurf *o.Ä.*⟩

fehl·ge·lei·tet *Adj*; *geschr euph*; aufgrund e-r falschen Erziehung im normalen Verhalten gestört od. kriminell ⟨Kinder, Jugendliche⟩

Fehl·griff *der*; *mst* (***mit j-m / etw.***) ***e-n F. tun*** e-e schlechte Entscheidung treffen (*z.B.* beim Kauf von etw. od. der Anstellung von j-m)

fehl·in·ter·pre·tie·ren; *interpretierte fehl, hat fehlinterpretiert*; [Vt] ***etw. f.*** *geschr*; etw. falsch interpretieren, etw. so deuten, wie es gar nicht (gemeint) ist: *Die Rede des Politikers wurde fehlinterpretiert* || *hierzu* **Fehl·in·ter·pre·ta·ti·on** *die*

Fehl·in·ves·ti·ti·on *die*; *bes Ökon geschr*; die Investition *mst* von Geld od. Zeit in ein Projekt, das keinen Gewinn bringt

Fehl·kauf *der*; ein Kauf, den man bereut ⟨e-n F. tätigen⟩: *Das Haus war ein F., es ist zu groß für uns*

Fehl·kon·struk·ti·on *die*; *geschr*; ein Gerät, ein Bauwerk *o.Ä.* mit technischen Fehlern

Fehl·leis·tung *die*; **1** e-e Handlung, bei der j-d unbewusst etw. tut od. sagt, was er eigentlich gar nicht tun od. sagen wollte **2** ***e-e freudsche F.*** e-e (falsche) Äußerung, bei der unbewusste Wünsche *o.Ä.* zum Ausdruck kommen

Fehl·schlag *der* ≈ Misserfolg: *Sein neues Projekt erwies sich als F.*

fehl·schla·gen; *schlägt fehl, schlug fehl, ist fehlgeschlagen*; [Vi] ***etw. schlägt fehl*** etw. ist ein Misserfolg, etw. gelingt nicht: *Alle seine Versuche, sich mit ihr zu versöhnen, schlagen fehl*

Fehl·start *der*; **1** ein zu frühes Starten e-s Teilnehmers bei e-m Sportwettkampf (Leichtathletik, Schwimmen, Rudern *o.Ä.*) (was dazu führt, dass der Start wiederholt wird) ⟨e-n F. verursachen⟩ **2** ein misslungener Start e-s Flugzeugs od. e-r Rakete

Fehl·tritt *der*; **1** ein schlecht platzierter, ungeschickter Schritt (der *z.B.* zu e-m Sturz führt): *Ein F. auf dem Seil kann e-m Artisten das Leben kosten* **2** e-e Tat, die moralisch falsch ist

Fehl·ur·teil *das*; *geschr*; **1** ein falsches, ungerechtes Urteil e-s Richters ⟨ein F. abgeben, korrigieren⟩ **2** e-e falsche Beurteilung, Einschätzung e-s Sachverhalts ≈ Fehleinschätzung

Fehl·zün·dung *die*; *mst* ***etw. hat e-e F.*** ein Auto, ein Motorrad, ein Motor *o.Ä.* zündet (1) nicht zum richtigen Zeitpunkt: *Wenn ein Auto e-e F. hat, gibt es e-n lauten Knall*

Fei·er *die*; *-, -n*; e-e festliche Veranstaltung, die *z.B.* wegen e-s Geburtstags od. Jubiläums stattfindet ⟨e-e öffentliche, private, glänzende, schlichte, würdige F.; e-e F. im kleinen, im familiären Kreis / Rahmen abhalten, begehen, veranstalten⟩ || -K: ***Abschieds-, Familien-, Geburtstags-, Gedenk-, Hochzeits-, Jubiläums-, Silvester-, Verlobungs-, Weihnachts-*** || ID ***zur F. des Tages*** **a**) anlässlich der heutigen Feier; **b**) *mst hum*; um diesen „Höhepunkt" des Tages zu feiern

Fei·er·abend *der*; **1** das Ende der täglichen Arbeitszeit ≈ Dienstschluss ⟨F. haben, machen⟩: *Um fünf Uhr ist in der Fabrik F.* **2** die Zeit nach der täglichen beruflichen Arbeit (*mst* der Abend): *Am F. liest u. musiziert er immer* || K-: ***Feierabend-, -beschäftigung*** || ID ***Jetzt ist aber F.!*** *gespr*; jetzt ist Schluss damit, jetzt habe ich genug davon

fei·er·lich *Adj*; **1** ernst u. würdevoll ≈ festlich ⟨e-e Atmosphäre, e-e Umgebung; e-e Handlung, e-e Rede, e-e Zeremonie; e-e Stimmung⟩: *Es war ein feierlicher Augenblick, als man ihm den Nobelpreis überreichte* **2** *mst adv*; mit großem Ernst u. starker Betonung ⟨etw. f. geloben, erklären, versprechen⟩ || ID *mst* ***Das ist*** (***ja, schon***) ***nicht mehr f.!*** *gespr*; das ist unerträglich, das geht zu weit: *Das ist schon nicht mehr f., wie oft er in Urlaub fährt!*

Fei·er·lich·keit *die*; *-, -en*; **1** *nur Pl*; feierliche (1) Handlungen, e-e Reihe von Feiern: *Die Feierlichkeiten anlässlich der Krönung ziehen sich über mehrere Tage hin* || -K: ***Hochzeits-, Begräbnis-*** **2** *nur Sg*; ein feierlicher (1) Zustand

fei·ern; *feierte, hat gefeiert*; [Vt] **1** ***etw. f.*** die Bedeutung e-s Ereignisses dadurch ausdrücken, dass man e-e Feier macht ⟨(den) Geburtstag, (die) Hochzeit, Weihnachten, Abschied, Wiedersehen f.⟩ **2** ***j-n*** (***als etw.***) ***f.*** j-n wegen seiner Verdienste ehren, indem man ihn (öffentlich) lobt, ihm zujubelt (u. Feiern für ihn veranstaltet) ⟨das Geburtstagskind, den Star f.; j-n als Retter f.⟩; [Vt/i] **3** (***ein Fest***) ***f.*** ein Fest veranstalten: *Am Samstag feiern wir*

Fei·er·stun·de *die*; e-e offizielle Feier, *mst* mit Reden: *e-e F. zum Gedenken an die Opfer des Zweiten Weltkriegs*

Fei·er·tag *der*; ein Tag, an dem man nicht arbeitet, weil an diesem Tag ein wichtiges religiöses od. geschichtliches Ereignis stattfand ↔ Werktag ⟨ein kirchlicher, ein gesetzlicher F.⟩ || -K: ***National-, Oster-, Pfingst-, Weihnachts-*** || ↑ Tabelle Seite 344

fei·er·tags *Adv*; an Feiertagen: *Der Zug fährt sonn- u. feiertags nicht*

feig, fei·ge *Adj*; **1** ohne Mut, ängstlich ↔ mutig, tapfer: *Er ist zu f., um seine Meinung offen zu sagen* **2** so, dass das Opfer keine Chance hat, zu fliehen od. sich zu wehren ⟨ein Attentat, ein Mord *o.Ä.*; ein Mörder⟩ || *hierzu* **Feig·heit** *die*; *nur Sg*

Fei·ge *die*; *-, -n*; **1** die Frucht des Feigenbaums: *getrocknete Datteln u. Feigen* **2** ≈ Feigenbaum

F

Fei·gen·baum *der*; ein Baum, der in warmen Gebieten wächst u. weiche, süße Früchte trägt

Fei·gen·blatt *das*; **1** ein Blatt des Feigenbaums **2** *pej*; etw., womit man versucht, etw. zu verhüllen od. zu verbergen ⟨etw. als F. benutzen⟩

Feig·ling *der*; *-s*, *-e*; *pej*; j-d, der feige (1) ist

feil·bie·ten; *bot feil, hat feilgeboten*; [Vt] ***etw. f.*** *veraltend*; etw. zum Verkauf anbieten

Fei·le *die*; *-*, *-n*; ein Werkzeug in Form e-s Metallstabes mit vielen kleinen Zähnen od. Rillen, mit dem man die Oberflächen *bes* von Holz- u. Metallstücken glatt macht

fei·len; *feilte, hat gefeilt*; [Vt] **1** ***etw. f.*** etw. mit e-r Feile bearbeiten ⟨ein Brett, e-n Eisenstab f.; sich (*Dat*) die Fingernägel f.⟩; [Vi] **2** ***an etw.*** (*Dat*) ***f.*** *gespr*; immer wieder an e-m Aufsatz, e-r Rede *o.Ä.* arbeiten, um elegantere Formulierungen zu finden: *Er feilt schon seit Tagen an seiner Rede*

feil·schen; *feilschte, hat gefeilscht*; [Vi] ***(mit j-m) (um etw.) f.*** lange über den Kaufpreis e-r Sache verhandeln (in der Absicht, den Preis zu senken): *Wir wollen doch nicht um ein paar Euro f.!*

fein *Adj*; **1** sehr dünn ↔ grob (1), dick ⟨Gewebe; Haar; e-e Linie, ein Wasserstrahl⟩ **2** (*bes* vom menschlichen Körper) zart, ästhetisch wirkend, zierlich ↔ grob (3) ⟨Hände, ein Gesicht, ein Profil⟩ **3** aus sehr kleinen Teilchen (bestehend) ↔ grob (2) ⟨Mehl, Zucker; Sand; f. gemahlener Kaffee⟩ **4** *nur attr, nicht adv*; fähig, mit seinen Sinnesorganen auch ganz leise Geräusche, schwache Gerüche *usw* wahrzunehmen ≈ empfindlich ⟨ein Gehör, e-e Nase⟩ **5** sensibel auf äußere Eindrücke reagierend ⟨ein feines Empfinden, Gespür für etw. haben⟩ **6** ⟨Humor, Spott, Ironie⟩ so, dass man sie erst bemerkt, wenn man nachdenkt ≈ subtil **7** von sehr guter, exquisiter Qualität ≈ erlesen, hochwertig ↔ billig (2) ⟨Gebäck, Obst, Weine; etw. schmeckt f.; Seife⟩ **8** *oft iron* ≈ elegant, vornehm ⟨e-e Dame, ein Herr⟩ **9** gering od. nicht leicht zu merken ⟨Unterschiede⟩ **10** *gespr*; (*bes* als Lob verwendet) nett, anständig ⟨sich f. verhalten⟩: *Du bist wirklich ein feiner Kerl!* **11** *gespr*; verwendet, um auszudrücken, dass etw. positiv, schön ist: *Das hast du f. gemacht* **12** *nur adv, gespr*; verwendet, um Adjektive zu verstärken ≈ sehr: *etw. f. säuberlich abschreiben* || ID ***vom Feinsten*** *gespr*; mit sehr guter Qualität: *Musik, Gebäck vom Feinsten*; ***f. heraus sein*** *gespr*; in e-r glücklichen, günstigen Lage sein (*bes* nachdem man e-e Schwierigkeit überwunden hat): *Peter hat e-e Lehrstelle gefunden. - Der ist f. heraus*

> **fein ma·chen**; *machte fein, hat fein gemacht*; [Vt] ***j-n / sich f. m.*** *gespr*; j-n / sich schön anziehen

Feind *der*; *-(e)s*, *-e*; **1** j-d, der e-e andere Person aus bestimmten Gründen hasst u. versucht, ihr zu schaden ↔ Freund (3) ⟨j-s ärgster, erbittertster F. sein; sich (*Dat*) Feinde / sich (*Dat*) j-n zum F. machen⟩ **2** *nur Sg*; die Menschen e-s Landes bzw. die Soldaten e-s Staates, mit dem das eigene Land Krieg führt ⟨den F. angreifen, besiegen; vor dem F. flüchten; zum F. überlaufen⟩ || K-: ***Feind-, -kontakt***; ***Feindes-, -land*** || -K: ***Landes-*** **3** ***ein F.*** + *Gen* / ***von j-m / etw. sein*** e-e starke Abneigung gegen j-n / etw. haben, etw. ablehnen (u. es bekämpfen): *Er ist ein erklärter F. des Rauchens* **4** ***j-m / etw. F. sein*** *geschr veraltend*; j-n / etw. absolut nicht mögen|| -K: ***Frauen-, Menschen-***; ***Staats-*** || *zu* **1** u.**3** **Fein·din** *die*; *-*, *-nen*

Feind·bild *das*; bestimmte negative Vorstellungen,

Die Feiertage in Deutschland

Die gesetzlichen Feiertage in Deutschland sind von Bundesland zu Bundesland unterschiedlich. Ob ein kirchlicher Feiertag in einer bestimmten Gemeinde oder Region auch gesetzlicher Feiertag ist, hängt von der religiösen Tradition (evangelisch oder katholisch) des betreffenden Gebietes ab. Bewegliche Feiertage sind nicht an ein festes Datum gebunden. Die wichtigsten Feiertage sind:

<u>Neujahr</u>*	1. Januar
Heilige Drei Könige	6. Januar
<u>Karfreitag</u>	beweglicher Feiertag
<u>Ostersonntag</u>	beweglicher Feiertag
<u>Ostermontag</u>	beweglicher Feiertag
<u>1. Mai, Tag der Arbeit</u>	1. Mai
<u>Christi Himmelfahrt</u>	beweglicher Feiertag, katholischer Feiertag
<u>Pfingstsonntag</u>	beweglicher Feiertag
<u>Pfingstmontag</u>	beweglicher Feiertag
Fronleichnam	beweglicher Feiertag, katholischer Feiertag
Mariä Himmelfahrt	15. August, katholisch
<u>Tag der deutschen Einheit</u>	3. Oktober
Reformationstag	31. Oktober, evangelisch
Allerheiligen	1. November
Buß- und Bettag**	beweglicher Feiertag, evangelisch
Heiligabend	24. Dezember, kein offizieller Feiertag
<u>1. Weihnachtsfeiertag</u>	25. Dezember
<u>2. Weihnachtsfeiertag</u>	26. Dezember
Silvester	31. Dezember, kein offizieller Feiertag

(*) Die unterstrichenen Feiertage gelten in ganz Deutschland.
(**) Der **Buß- und Bettag** wurde aus steuerlichen Gründen als gesetzlicher Feiertag abgeschafft. Er wird nur noch in Sachsen gefeiert.

die man von e-r Person od. Gruppe hat ⟨ein festes F. haben; sich (*Dat*) ein F. aufbauen; Feindbilder abbauen⟩

feind·lich *Adj*; **1** wie ein Feind (1) ⟨j-m f. gesinnt sein⟩ **2** voller Abneigung ≈ ablehnend ⟨e-e feindliche Haltung, Einstellung (gegen j-n / j-m gegenüber)⟩ **3** zum Gegner gehörend ⟨Stellungen, ein Sender, Truppen⟩ **4** von e-m Gegner ausgelöst ⟨ein Angriff, ein Überfall, Zerstörungen⟩ **5** ***j-m / etw. f. gegenüberstehen*** j-n als Gegner betrachten, e-e Sache sehr stark ablehnen

-feind·lich *im Adj, begrenzt produktiv*; **1** mit e-r negativen, ablehnenden Einstellung / Haltung zur genannten Person / Sache ↔ -freundlich; ***ausländerfeindlich, fortschrittsfeindlich, frauenfeindlich, staatsfeindlich*** **2** für die genannte Person / Sache schlecht ↔ freundlich; ***familienfeindlich*** ⟨e-e Regelung⟩, ***kommunikationsfeindlich*** ⟨e-e Situation⟩, ***lebensfeindlich*** ⟨e-e Umgebung⟩

Feind·lich·keit *die*; -, *-en*; **1** *nur Sg*; ein feindliches (1) Wesen, e-e feindliche (2) Haltung **2** e-e aggressive Haltung, die voll Hass ist

Feind·schaft *die*; -, *-en*; ***F.*** **(*zwischen j-m u. j-m / zwischen*** ⟨Personen⟩**)** *mst Sg*; e-e Beziehung zwischen zwei od. mehreren Personen, die durch Hass u. Aggression gekennzeichnet ist ↔ Freundschaft ⟨mit j-m in F. leben; sich j-s F. zuziehen⟩: *Zwischen den politischen Gegnern besteht / herrscht keine persönliche F.* || *hierzu* **feind·schaft·lich** *Adj*

feind·se·lig *Adj*; von e-r starken Abneigung od. von Hass erfüllt ≈ feindlich (1) ⟨ein Verhalten, j-n f. ansehen, behandeln⟩

Feind·se·lig·keit *die*; -, *-en*; **1** *nur Sg*; das feindselige Verhalten ⟨j-m mit offener F. gegenübertreten⟩ **2** *nur Pl, geschr euph*; Kämpfe (im Krieg) ≈ Kampfhandlungen ⟨die Feindseligkeiten eröffnen, einstellen⟩: *An der Grenze kam es zu Feindseligkeiten*

fein·füh·lend *Adj*; *mst präd*; mit Feingefühl, sensibel u. taktvoll ≈ feinfühlig ↔ abgestumpft

fein·füh·lig *Adj*; mit Feingefühl ≈ einfühlsam: *Er ist ein feinfühliger Mensch* || *hierzu* **Fein·füh·lig·keit** *die*; *nur Sg*

Fein·ge·fühl *das*; *nur Sg*; das Verständnis *bes* für die Gefühle anderer Menschen, das sich im taktvollen Verhalten zeigt ⟨bei etw. sehr viel F. zeigen⟩

fein·glie·de·rig, **fein·glied·rig** *Adj*; *nicht adv*; von schlankem u. zartem Körperbau, Aussehen ⟨ein Mädchen, ein Knabe; Hände⟩

Fein·heit *die*; -, *-en*; **1** *nur Sg*; die feine (1) Beschaffenheit u. *bes* Struktur e-s Stoffes (*bes* von Textilien): *die F. des Gewebes* **2** *nur Sg*; die feine (2) Beschaffenheit *bes* der Haut ≈ Zartheit: *die F. ihres Gesichts* **3** *mst Pl*; die Einzelheiten, Nuancen e-r Sache: *die Feinheiten der französischen Aussprache beachten*

Fein·kost *die*; *nur Sg* ≈ Delikatessen || K-: ***Feinkost-, -geschäft, -laden***

fein·ma·schig *Adj*; mit engen, kleinen Maschen[1] (2) ↔ grobmaschig ⟨ein Netz⟩

Fein·me·cha·nik *die*; *nur Sg*; ein Gebiet der Technik, das sich mit der Herstellung von komplizierten mechanischen, elektrischen od. optischen Geräten (*z.B.* von Mikroskopen) befasst || *hierzu* **Fein·me·cha·ni·ker** *der*

Fein·schme·cker *der*; *-s*, -; j-d, der gern sehr gute, raffiniert zubereitete Speisen isst ≈ Gourmet || K-: ***Feinschmecker-, -lokal***

fein·sin·nig *Adj*; intelligent, sensibel u. mit künstlerischem Verständnis ⟨ein Kunstwerk, ein Künstler⟩ || *hierzu* **Fein·sin·nig·keit** *die*; *nur Sg*

Fein·wä·sche *die*; Wäsche (*z.B.* aus Wolle od. Seide), die man bei niedrigen Temperaturen besonders vorsichtig u. schonend waschen muss

feist *Adj*; *mst pej*; auf hässliche Weise dick ≈ fett (2) ⟨das Gesicht, die Wangen⟩

Feld *das*; *-(e)s*, *-er*; **1** e-e relativ große abgegrenzte Fläche Land, auf der *z.B.* Weizen, Kartoffeln od. Rüben angebaut werden ≈ Acker ⟨das F. bebauen, bestellen, pflügen, eggen, abernten⟩ || K-: ***Feld-, -arbeit, -blume***; ***-maus*** || -K: ***Baumwoll-, Getreide-, Kartoffel-, Mais-, Rüben-, Tulpen-*** **2** *nur Sg*; ein weites Gelände: *auf freiem, offenem F. zelten* **3** ein *mst* rechteckiger od. quadratischer Teil e-r Fläche (*z.B.* auf e-m Formular od. in e-m Schachspiel), der dadurch entstanden ist, dass die Fläche aufgeteilt wurde: *die Felder e-s Formulars ausfüllen*; *Das Schachspiel hat 64 Felder* || ↑ *Abb. unter* **Brettspiele** **4** *nur Sg*; (*bes* in der Wissenschaft od. Forschung) ein sachlicher od. thematischer Bereich, mit dem sich j-d beschäftigt: *das reiche, weite F. der Psychologie, Politik, Wirtschaft* || -K: ***Betätigungs-, Tätigkeits-*** **5** *mst Sg*; e-e abgegrenzte, *mst* durch Linien markierte Fläche, die *bes* für Ballspiele genutzt wird ≈ Spielfeld: *Wegen e-s groben Fouls wurde der Spieler des Feldes verwiesen* || -K: ***Fußball-, Handball-, Hockey-, Volleyball-***; ***Spiel-*** **6** *nur Sg*, *Kollekt*; e-e Gruppe von Sportlern in e-m Rennen, die sehr dicht nebeneinander od. hintereinander laufen bzw. fahren: *Der Vorsprung des führenden Läufers wurde immer geringer, u. das F. rückte immer näher* || -K: ***Teilnehmer-, Haupt-*** **7** *Phys*; der (dreidimensionale) Raum, in dem elektrische u. magnetische Kräfte od. Gravitationskräfte wirken ⟨ein elektromagnetisches F.⟩ || -K: ***Gravitations-, Magnet-*** **8** *nur Sg*, *veraltend*; das Gebiet (Areal), auf dem in e-m Krieg Kämpfe stattfinden ≈ Schlachtfeld ⟨ins F. ziehen; im F. stehen; im F. fallen⟩ || K-: ***Feld-, -arzt, -bett, -lager, -lazarett*** || ID ***das F. behaupten*** *geschr*; *bes* in e-m Kampf od. in e-m Streit Sieger bleiben; ***j-n aus dem F. schlagen*** e-n Gegner od. Konkurrenten besiegen; ***das F. räumen*** sich zurückziehen (weil man in e-m Kampf od. e-m Streit besiegt worden ist); ***etw.*** **(*gegen j-n / etw.*) *ins F. führen*** *geschr*; etw. als Argument gegen j-n / etw. vorbringen; *mst* ***Das ist ein weites F.*** verwendet, um auszudrücken, dass über ein bestimmtes Thema noch sehr viel zu sagen wäre; ***gegen, für j-n / etw. zu Felde ziehen*** *geschr*; leidenschaftlich gegen od. für j-n / etw. kämpfen

Feld·fla·sche *die*; *Mil*; e-e gut isolierte Trinkflasche (*mst* aus Blech) für Soldaten

Feld·frucht *die*; *mst Pl*; e-e Pflanze, die auf e-m Feld (1) angebaut wird: *Zu den Feldfrüchten zählen z.B. Kartoffeln, Kohl, Mais, Rüben, Weizen*

Feld·herr *der*; *hist*; j-d, der Feldzüge (1) plante u. leitete ≈ Heerführer

Feld·jä·ger *der*; *-s*, -; *Mil*; **1** *nur Pl*; e-e Führungstruppe der Armee, die *z.B.* für Ordnung u. Sicherheit innerhalb des Militärs zu sorgen hat || K-: ***Feldjäger-, -truppe*** **2** ein Soldat, der Mitglied der Feldjäger (1) ist

Feld·sa·lat *der*; *nur Sg*; e-e Pflanze mit kleinen ovalen grünen Blättern, die als Salat gegessen werden

Feld·ste·cher *der*; *-s*, -; ein *mst* großes Fernglas

Feld-Wald-und-Wie·sen- *im Subst, nicht produktiv, gespr pej*; verwendet in Substantiven, um auszudrücken, dass j-d / etw. nur ganz normal, durchschnittlich ist, keine besonderen Qualitäten, Fähigkeiten hat ≈ Allerwelts-; der ***Feld-Wald-und-Wiesen-Doktor***, die ***Feld-Wald-und-Wiesen-Rede***, das ***Feld-Wald-und-Wiesen-Thema***

Feld·we·bel *der*; *-s*, -; **1** *Mil*; ein relativ hoher Unteroffizier (bei der Luftwaffe u. beim Heer) **2** *gespr pej od hum*; j-d, der grob od. autoritär ist u. gern andere kommandiert

Fẹld·weg *der*; ein schmaler Weg, der nicht geteert ist u. der an Feldern (1) od. an Wiesen entlangführt || NB: ↑ ***Pfad***

Fẹld·zug *der*; **1** ***ein F.*** **(*gegen j-n / etw.*)** e-e große militärische Aktion im Krieg, bei dem e-e Armee ihren Feind angreift ≈ Kriegszug ⟨e-n F. planen, führen⟩: *der F. Napoleons gegen Russland* **2** ***ein F.*** **(*für, gegen j-n / etw.*)** e-e öffentliche Kampagne (für, gegen j-n / etw.): *e-n F. gegen das Rauchen starten* || -K: ***Wahl-, Werbe-***

Fẹl·ge *die*; -, *-n*; der Teil e-s Rades, auf dem der Reifen festgemacht ist || -K: ***Zier-***

Fẹll *das*; *-(e)s, -e*; **1** *mst Sg*; die dicht wachsenden Haare, die den Körper bestimmter Tiere bedecken ⟨ein glänzendes, seidiges, struppiges, zottiges F.⟩: *das F. e-r Katze, e-s Bären*; *e-m Hund das F. bürsten* **2** die Haut e-s Tieres mit den dichten Haaren, die darauf wachsen ⟨e-m Tier das F. abziehen; ein F. gerben⟩ || K-: ***Fell-, -jacke, -mütze, -schuhe*** || -K: ***Bären-, Lamm-, Löwen-, Wolfs-*** || ID ***j-m das F. über die Ohren ziehen*** *gespr*; j-n betrügen; ***ein dickes F. haben*** *gespr*; sich über Kritik, Beleidigungen *usw* nicht ärgern; *mst* ***j-m sind die Felle davongeschwommen*** *gespr*; j-s Hoffnungen haben sich nicht erfüllt

Fẹls[1] *(der)*; *nur Sg, mst ohne Artikel, indeklinabel*; e-e große u. sehr harte Masse aus Stein: *Die Geologen sind bei den Bohrungen auf F. gestoßen*

Fẹls[2] *der*; *-en, -en*; *geschr* ≈ Felsen || K-: ***Fels-, -block, -brocken, -massiv, -trümmer, -vorsprung*** || ID ***wie ein F. in der Brandung*** *geschr*; auch in schwierigen Situationen ruhig u. gelassen || NB: *der Fels*; *den, dem, des Felsen*

Fẹl·sen *der*; *-s*, -; e-e große Masse aus festem Gestein (*z.B.* an der Küste des Meeres) als Teil der Erdoberfläche ⟨ein nackter, schroffer, steiler F.; auf e-n F. klettern⟩ || K-: ***Felsen-, -gipfel, -höhle, -küste, -riff*** || -K: ***Granit-, Kalk-, Kreide-***

fẹl·sen·fest *Adj*; ganz fest ≈ unerschütterlich ⟨ein Entschluss, ein Glauben, e-e Meinung, e-e Überzeugung; f. an etw. glauben, von etw. überzeugt sein⟩

fẹl·sig *Adj*; mit vielen Felsen ⟨ein Berghang, ein Gelände, ein Weg⟩ **2** aus Fels[1] ⟨e-e Bergkuppe, ein Gipfel⟩

Fẹls·wand *die*; ein steiler Abhang, der aus Fels[1] besteht

Fe̱·me *die*; -; *nur Sg, hist*; ein geheimes Gericht, das *mst* über Leben u. Tod e-s Angeklagten entschied || K-: ***Feme-, -gericht***

fe·mi·ni̱n *Adj*; **1** *geschr*; auf positive Art typisch für Frauen ≈ weiblich: *Sie hat e-e sehr feminine Stimme* **2** so, dass es die weiblichen Körperformen betont: *Dieses Jahr ist die Mode besonders f.* **3** *mst pej*; (in Bezug auf e-n Mann) mit den (körperlichen u. charakterlichen) Eigenschaften, die als typisch für Frauen gelten: *Manfred ist ein ziemlich femininer Typ* **4** *Ling* ≈ weiblich (6) ⟨ein Substantiv, der Artikel⟩

Fe·mi·nịs·mus *der*; -; *nur Sg*; e-e Theorie u. Lehre u. die darauf aufbauende Bewegung[2] (1), die *z.B.* zum Ziel hat, dass Frauen im Beruf die gleichen Chancen haben wie Männer u. dass sich die traditionelle gesellschaftliche Rolle der Frau ändert || *hierzu* **fe·mi·nịs·tisch** *Adj*

Fe·mi·nịs·tin *die*; -, *-nen*; e-e Frau, die sich für den Feminismus engagiert || *hierzu* **Fe·mi·nịst** *der*; *-en, -en*

Fẹn·chel *der*; *-s*; *nur Sg*; e-e Pflanze mit dicken weißen Knollen, die intensiv riecht u. die man als Gemüse od. Salat isst u. deren Samen man als Tee verwendet || K-: ***Fenchel-, -gemüse, -salat, -tee***

Fẹns·ter *das*; *-s*, -; **1** das Glas (mit e-m Rahmen aus Holz, Metall od. Kunststoff), das in e-m Haus od. Fahrzeug e-e Öffnung schließt, durch die das Licht hineinkommt ⟨aus dem F. sehen, zum F. hinausschauen; das F. steht offen / auf, ist geschlossen / zu; das F. klemmt; das F. öffnen, schließen⟩: *Er kurbelte das F. herunter u. fragte e-n Passanten nach dem Weg* || K-: ***Fenster-, -glas, -griff, -öffnung, -rahmen, -scheibe, -sims*** || -K: ***Auto-, Dach-, Keller-, Kirchen-, Küchen-, Wohnzimmer-*** **2** *gespr, Kurzw* ↑ ***Schaufenster*** ⟨ein F. dekorieren⟩ **3** *EDV*; e-e rechteckige Fläche auf dem Monitor des Computers, auf der *z.B.* e-e Liste mit Optionen steht od. in die man e-n Text hineinschreiben kann ⟨ein F. aktivieren, anklicken, öffnen, schließen⟩ || -K: ***Dialog-, Listen-, Text-*** || ID ***weg vom F. sein*** *gespr*; in der Öffentlichkeit nicht mehr beachtet werden od. keine Chance mehr haben || *zu* **1** **fẹns·ter·los** *Adj*; *nicht adv*

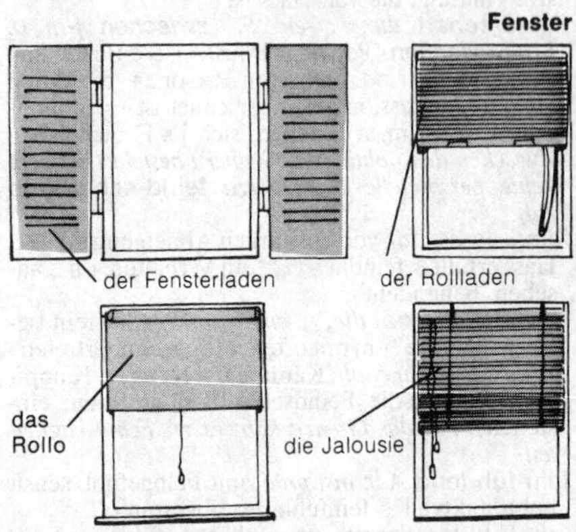

Fẹns·ter·bank *die* ≈ Fensterbrett

Fẹns·ter·brett *das*; e-e schmale Platte aus Holz, Metall od. Stein am unteren Ende des Fensters (1): *Blumentöpfe auf das F. stellen*

Fẹns·ter·flü·gel *der*; eine Hälfte e-s Fensters (1), die man öffnen kann: *Die Fensterflügel sind weit geöffnet* || ↑ *Abb. unter* ***Flügel***

Fẹns·ter·la·den *der*; e-e Vorrichtung (*mst* aus Holz) außen am Fenster, die man morgens aufklappt u. abends zuklappt ⟨die Fensterläden aufmachen, aufschlagen, zumachen, schließen⟩ || ↑ *Abb. unter* ***Fenster***

Fẹns·ter·le·der *das*; ein (kleines Stück) weiches Leder, mit dem man Fenster putzt

Fẹns·ter·platz *der*; ein Sitzplatz neben dem Fenster, *z.B.* im Bus od. Zug ⟨e-n F. haben, reservieren⟩

Fe̱·ri·en [-iən] *die*; *Pl*; **1** der Zeitraum, in dem Institutionen (wie *z.B.* Schulen, Universitäten od. Ämter) geschlossen sind ⟨F. haben, machen; in den F. sein⟩: *Die F. beginnen dieses Jahr am ersten August* || K-: ***Ferien-, -beginn, -ende, -tag, -termin, -zeit*** || -K: ***Parlaments-, Schul-; Semester-, Sommer-, Weihnachts-*** **2** ≈ Urlaub ⟨in die F. gehen, fahren; F. machen, haben; die F. irgendwo verbringen; in F. sein⟩: *F. an der See* || K-: ***Ferien-, -aufenthalt, -fahrt, -haus, -job, -reise, -wohnung*** **3** ***die großen F.*** die langen F. (1) im Sommer an Schulen u. Universitäten ≈ Sommerferien

Fe̱·ri·en·kurs *der*; ein Lehrgang, den man während der Ferien od. des Urlaubs macht: *ein F. in Italienisch*

Die Ferien

Die Schulferien sind in Deutschland über das ganze Jahr verteilt und von Bundesland zu Bundesland unterschiedlich. Im Allgemeinen gibt es vier bis sechs Ferienzeiten:

1. Die **Weihnachtsferien**: etwa zwei Wochen, im Dezember und Januar
2. Die **Winterferien**: eine oder zwei Wochen, im Januar und/oder Februar, nur in einigen Bundesländern
3. Die **Osterferien**: zwei Wochen, im März und/oder April
4. Die **Pfingstferien**: eine oder zwei Wochen, im Juni und/oder Juli, nur in einigen Bundesländern
5. Die **Sommerferien**: fünf bis sechs Wochen, zwischen Juli und Anfang September
6. Die **Herbstferien**: eine oder zwei Wochen, im Oktober und/oder November

Fe·ri·en·la·ger *das*; ein (Zelt)Lager, in dem Jugendliche ihre Ferien zusammen verbringen

Fer·kel *das*; *-s*, *-*; **1** ein junges Schwein: *Die Ferkel quieken* || K-: ***Ferkel-***, ***-zucht*** **2** *gespr!* verwendet als Schimpfwort für j-n, der schmutzig od. unordentlich ist: „*Wasch dir mal den Hals, du F.!*" **3** *gespr!* verwendet als Schimpfwort für j-n, der etw. tut, das gegen die (Sexual)Moral ist

Fer·ment *das*; *-s*, *-e*; *veraltend* ≈ Enzym

fern[1] *Adj*; **1** ***f.*** **(*von j-m / etw.*)** räumlich weit (vom Sprecher) entfernt, in großer Distanz ↔ nahe[1] (1) ⟨Länder; etw. von f. beobachten, hören⟩: *Von f. sah man den Zug kommen* **2** (vom Standpunkt des Sprechers aus) zeitlich weit in der Zukunft od. Vergangenheit ↔ nahe[1] (3) ⟨in ferner Zukunft, Vergangenheit⟩: *Der Tag ist nicht mehr f., an dem wir uns wiedersehen werden*

fern[2] *Präp*; *mit Dat*, *geschr*; in großer räumlicher Distanz, weit entfernt von ↔ nahe[2] ⟨f. der Heimat⟩: *f. dem lauten Treiben der Stadt*

fern hal·ten; *hält fern*, *hielt fern*, *hat fern gehalten*; [Vt] *geschr*; **1** ***j-n / etw.*** **(*von j-m / etw.*)** ***f. h.*** verhindern, dass j-d / etw. mit j-m / etw. in Kontakt kommt: *die Kinder von dem Kranken f. h.*; [Vr] **2** ***sich*** **(*von j-m / etw.*)** ***f. h.*** bewusst nicht zu j-m od. an e-n bestimmten Ort gehen ≈ j-n / etw. meiden

fern lie·gen; *lag fern*, *hat fern gelegen*; [Vi] ***etw. liegt j-m fern*** *geschr*; j-d hat keine Absicht, etw. zu tun: Es *lag ihm fern*, *seinen Kollegen* zu *beleidigen*

-fern *im Adj*, *begrenzt produktiv*; verwendet, um auszudrücken, dass j-d / etw. keinen Bezug zu dem Genannten hat ≈ -fremd ↔ -nah; ***gegenwartsfern*** ⟨e-e Utopie⟩, ***lebensfern*** ⟨e-e Illusion⟩, ***praxisfern*** ⟨ein Studium⟩, ***realitätsfern*** ⟨e-e Einstellung⟩, ***wirklichkeitsfern*** ⟨ein Denker⟩

Fern·ab·fra·ge *die*; *Telecom*; die Möglichkeit od. die Handlung, bei längerer Abwesenheit von zu Hause die eigene Telefonnummer zu wählen u. die Anrufe abzuhören, die der Anrufbeantworter inzwischen aufgenommen hat ⟨ein Anrufbeantworter mit F.⟩

Fern·amt *das*; *veraltend*; e-e Abteilung (bei der Post) für Ferngespräche u. Auslandsgespräche

Fern·be·die·nung *die*; ein kleines technisches Gerät, mit dem man ein anderes Gerät, e-e Maschine (*z.B.* e-n Fernsehapparat) von e-m weiter entfernten Platz aus bedienen kann

fern·blei·ben; *blieb fern*, *ist ferngeblieben*; [Vi] ***etw.*** (*Dat*) ***f.*** *Admin geschr*; (absichtlich) nicht an etw. teilnehmen ⟨der Arbeit, dem Unterricht f.⟩

Fer·ne *die*; *-*; *nur Sg*; **1** e-e große räumliche Distanz (von e-m bestimmten Punkt aus gesehen) ≈ Weite ↔ Nähe (1): *träumend in die F. blicken*; *In der F. zeichnen sich die Berge am Horizont ab* **2** *geschr*; Gebiete od. Länder, die von e-m bestimmten Punkt weit weg (entfernt) liegen ≈ Fremde ↔ Heimat: *Sehnsucht nach der F. haben*; *in die F. reisen* **3** ***in weiter F.*** von e-m bestimmten Zeitpunkt aus gesehen weit in der Vergangenheit od. Zukunft: *Der Tag, an dem es der Medizin gelingen wird, den Krebs zu besiegen, liegt noch in weiter F.* **4** ***aus der / aus weiter F.*** von e-m Punkt, e-m Gebiet *o.Ä.*, die weit weg sind: *etw. aus der F. beobachten*, *miterleben*

fer·ner *Konjunktion*; *geschr* ≈ außerdem, des Weiteren: *Für das Dessert brauchen Sie Erdbeeren u. Zucker, f. Wein, Sahne u. …* || ID ***unter „f. liefen"*** ⟨erscheinen, rangieren⟩ *bes* in e-m Wettbewerb e-n sehr schlechten Platz belegen: *Obwohl er Chancen auf den Sieg hatte, rangierte er am Schluss unter „f. liefen"*

fer·ner·hin *Adv* ≈ ferner, weiterhin

Fern·fah·rer *der*; j-d, der beruflich mit dem Lastwagen weite Strecken fährt

Fern·ge·spräch *das*; ein Telefongespräch mit j-m, der an e-m anderen Ort (mit e-r anderen telefonischen Vorwahl) ist

Fern·glas *das*; *-es*, *Fern·glä·ser*; ein optisches Gerät (mit zwei Rohren), durch das man Menschen u. Dinge in der Ferne größer sieht als mit bloßem Auge: *ein Pferderennen durch ein F. verfolgen*

Fern·hei·zung *die*; *nur Sg*; e-e Heizungsanlage, bei der die Wärme über Rohrleitungen von e-r zentralen Stelle aus in die einzelnen Gebäude u. Wohnungen gebracht wird

Fern·lei·he *die*; *-*; *nur Sg*; **1** das Verfahren, die Einrichtung, nach denen man Bücher aus Bibliotheken anderer Städte entleihen kann: *ein Buch über* (*die*) *F. bestellen* **2** die Abteilung e-r Bibliothek, die für die F. (1) zuständig ist

fern·len·ken; *lenkte fern*, *hat ferngelenkt*; [Vt] ***etw. f.*** ≈ fernsteuern || *hierzu* **Fern·len·kung** *die*; *nur Sg*

Fern·licht *das*; *nur Sg*; das Licht der Scheinwerfer e-s Autos, das am weitesten leuchtet ↔ Abblendlicht ⟨das F. einschalten, ausschalten⟩

Fern·mel·de|amt *das*; die Abteilung der Post, die für das gesamte Fernmeldewesen zuständig ist

Fern·mel·de|we·sen *das*; *nur Sg*, *Admin geschr*; alle Einrichtungen der Post, die mit dem Telefonieren u. Telegrafieren zu tun haben

fern·münd·lich *Adj*; *geschr veraltend* ≈ telefonisch

Fern·rohr *das*; ein optisches Gerät (mit einem Rohr), durch das man Dinge sieht, die sehr weit entfernt sind ≈ Teleskop: *den Mond durch ein F. betrachten* || NB: ↑ ***Fernglas***

Fern·schrei·ben *das*; ein Brief, ein Schreiben über e-n Fernschreiber ≈ Telex

Fern·schrei·ber *der*; *Admin geschr*; ein Gerät in der Art e-r Schreibmaschine, das Nachrichten schreibt u. annimmt, die telegrafisch gesendet werden ≈ Telex || NB: ↑ ***Telefax***

Fern·seh·ap·pa·rat *der* ≈ Fernseher

fern·se·hen; *sieht fern*, *sah fern*, *hat ferngesehen*; [Vi] Sendungen im Fernsehen (3) ansehen: *Kinder sollten nicht stundenlang f.*

Fern·se·hen *das*; *-s*; *nur Sg*; **1** e-e Technik, mit der man über große Entfernungen Bilder u. Ton übermitteln kann: *Das F. ist e-e Erfindung des 20. Jahr-*

Fernsehen und Radio

In Deutschland gibt es zwei öffentliche Fernsehsender, die landesweit senden. Dies sind die **ARD**, auch das erste Programm genannt, und das **ZDF** oder zweite Programm. Die so genannten dritten Programme sind regionale Sender wie zum Beispiel der **Westdeutsche Rundfunk** (**WDR**, mit Sitz in Köln), der **Bayerische Rundfunk** (**BR**, München), der **Hessische Rundfunk** (**HR**, Frankfurt am Main) und der **Südwestfunk** (**SWR**, Baden-Baden und Stuttgart). **ARTE** wurde von der französischen und deutschen Regierung geschaffen und ist besonders der Verbreitung der europäischen Kultur gewidmet.
1984 wurden auch private Sender erlaubt. Sehr verbreitet sind zum Beispiel **SAT 1**, **RTL**, **RTL 2**, **PRO 7** und **KABEL 1**.
Die öffentlichen regionalen Sender bieten meist auch eigene Radioprogramme an, es gibt verschiedene Musikprogramme und spezielle Nachrichtenprogramme. Daneben gibt es den staatlichen Sender **Deutschlandradio**, die **Deutsche Welle**, einen internationalen Sender, und eine Vielzahl privater Radiostationen.
In Deutschland muss von jedem Haushalt, der ein Radio- oder Fernsehgerät besitzt, eine **Rundfunk- und Fernsehgebühr** an die **GEZ** (**Gebühreneinzugszentrale**) bezahlt werden, die der Finanzierung der öffentlichen Sender dient. Die privaten Sender finanzieren sich allein über die Werbung.

hunderts || K-: ***Fernseh-, -antenne, -gerät, -mechaniker*** || -K: ***Farb-, Schwarzweiß-*** **2** die Institution, die das F. (1) organisiert: *Das F. bringt ab nächster Woche e-e neue Familienserie* || K-: ***Fernseh-, -ansager, -anstalt, -gebühren, -journalist, -reportage, -reporter, -sprecher, -studio, -übertragung*** **3** das Programm, das vom F. (2) gesendet wird: *Was gibt es heute Abend im F.?*; *Sie ist schon mal im F. aufgetreten* || K-: ***Fernseh-, -film, -kommentar, -programm, -sendung, -serie, -zeitschrift, -zuschauer*** **4** *gespr* ≈ Fernseher

Fẹrn·se·her *der*; *-s, -*; *gespr*; ein Gerät, mit dem man die Sendungen des Fernsehens (2) empfangen kann ≈ Fernsehapparat ⟨ein tragbarer F.⟩ || -K: ***Farb-, Schwarz-Weiß-***

Fẹrn·sicht *die*; *-*; *nur Sg*; die weite Sicht, die man (von e-m Berg, Turm, Flugzeug *o.Ä.* aus) hat: *Im Spätherbst herrscht im Gebirge oft gute F.*

Fẹrn·sprech|amt *das*; *Admin geschr*; die Abteilung bei der Post, die *z.B.* Telefongespräche vermittelt u. Auskunft gibt, wenn man e-e Telefonnummer nicht weiß ≈ Vermittlung

Fẹrn·sprech|an·sa·ge·dienst *der*; *Admin geschr*; die Abteilung bei der Post, über die man bestimmte Informationen (*z.B.* über das Kinoprogramm, die Uhrzeit, das Wetter) telefonisch bekommen kann. Diese Informationen sind *mst* auf Band gesprochen

Fẹrn·sprech|aus·kunft *die*; *nur Sg*; *Admin geschr*; die Abteilung bei der Post, bei der man nach der Telefonnummer anderer Leute fragen kann

Fẹrn·spre·cher *der*; *-s, -*; *Admin geschr*; **1** ≈ Telefon **2 *ein öffentlicher F.*** ein Telefon, das an e-m öffentlichen Platz (*mst* in e-r Kabine) aufgestellt ist u. das jeder gegen e-e Gebühr benutzen darf

fẹrn·steu·ern; *steuerte fern, hat ferngesteuert*; [Vt] ***etw. f.*** ein technisches Gerät, ein Fahrzeug *o.Ä.* mithilfe e-s Geräts aus einiger Entfernung od. von e-r Zentrale aus steuern ⟨ein Flugzeug, e-n Satelliten, e-e Rakete f.⟩: *ein ferngesteuertes Modellauto* || *hierzu* **Fẹrn·steu·e·rung** *die*; *nur Sg*

Fẹrn·stu·di·um *das* ≈ Fernunterricht

Fẹrn·uni·ver·si·tät *die*; e-e Institution, die e-e akademische Ausbildung (durch Fernunterricht) gibt

Fẹrn·un·ter·richt *der*; e-e Art von Unterricht, bei der man nicht an e-r Schule *o.Ä.* direkt, sondern zu Hause, also ohne Lehrer, den Stoff[3] lernt

Fẹrn·ver·kehr *der*; die Fahrzeuge, die Personen od. Güter über große Entfernungen transportieren || K-: ***Fernverkehrs-, -straße***

Fẹrn·weh *das*; *-s*; *nur Sg*; ***F.*** (***nach etw.***) die Sehnsucht, das Verlangen, in ein fernes Land zu fahren: *F. nach fremden Ländern haben*

Fẹr·se *die*; *-, -n*; **1** der hinterste Teil des Fußes *bes* beim Menschen ≈ Hacke[2] (1): *sich e-n Dorn in die F. treten* || ↑ *Abb. unter* ***Fuß*** **2** der Teil e-s Strumpfes, der die F. (1) bedeckt || ID ***j-m auf den Fersen sein / sitzen*** *gespr*; j-n verfolgen u. ganz nahe hinter ihm sein; ***j-m auf den Fersen bleiben*** nicht aufhören, j-m zu folgen, j-n zu verfolgen; ***sich an j-s Fersen heften*** *gespr*; j-m ständig folgen, nicht aufhören, j-n zu verfolgen

Fẹr·sen·geld *das*; *nur in* ***F. geben*** *gespr hum* ≈ fliehen, davonlaufen

fẹr·tig *Adj*; **1** *mst präd*; ganz vorbereitet u. bereit, etw. zu tun: *zur Abreise f. sein*; *sich zur Abreise f. machen*; *Dass du aber auch nie rechtzeitig f. bist, wenn wir ins Theater gehen wollen!* || -K: ***marsch-, reise-*** **2** als Ganzes vollständig hergestellt ≈ vollendet: *Der Neubau ist f.*; *„Kommt bitte zu Tisch. - Das Essen ist f."* || K-: ***Fertig-, -menü, -produkt, -teil, -waren*** || -K: ***gebrauchs-, halb-*** **3** (***mit etw.***) ***f. sein***; ***etw. f. haben*** *mst* e-e Arbeit, Tätigkeit abgeschlossen, beendet haben ⟨mit dem Essen, den Hausaufgaben f. sein⟩ **4** *mst präd, gespr*; müde u. erschöpft: *Nach der Rennerei war ich völlig f.* || ID ***mit j-m f. sein*** *gespr*; keinen weiteren (freundschaftlichen) Kontakt mehr mit j-m haben wollen; ***mit j-m f. werden*** *gespr*; (*bes* bei e-r Auseinandersetzung) gegenüber j-m der Stärkere bleiben ≈ sich gegen j-n durchsetzen; ***mit etw. f. werden*** *gespr*; *mst* ein Problem lösen, seelisch bewältigen: *Er wird mit der Trennung von seiner Frau einfach nicht f.*

fẹr·tig be·kom·men; *bekam fertig, hat fertig bekommen*; [Vt] ***etw. f. b.*** *gespr* ≈ etw. schaffen, fertig bringen

fẹr·tig brin·gen; *brachte fertig, hat fertig gebracht*; [Vt] *gespr*; **1 *etw. f. b.*** etw. Schwieriges, Außergewöhnliches tun können: *Er hat es tatsächlich fertig gebracht, 10km zu schwimmen* **2 *es*** (***nicht***) ***f. b.*** + ***zu*** + *Infinitiv* (nicht) fähig sein, etw. zu tun, womit man e-n anderen verletzt, beleidigt od. ihm Kummer macht: *Sie brachte es nicht fertig, ihm die volle Wahrheit zu sagen* || NB: *mst* verneint **3 *etw. f. b.*** etw. zu Ende bringen ≈ beenden: *Er muss das Referat unbedingt noch heute f. b.*

fẹr·tig krie·gen; *kriegte fertig, hat fertig gekriegt*;

[Vt] ***etw. f. k.*** *gespr* ≈ fertig bringen, erreichen (6) **fẹr·tig ma·chen**; *machte fertig, hat fertig gemacht*; [Vt] **1 *j-n / sich / etw.* (*für etw.*) *f. m.*** *gespr*; dafür sorgen, dass j-d / man selbst / etw. für e-n bestimmten Zweck fertig (1) wird: *sich für e-e Tanzveranstaltung f. m.*; *die Koffer für die Abreise f. m.* **2 *etw. f. m.*** *gespr*; etw. zu Ende bringen, beenden: *Ich muss den Bericht bis heute Abend f. m.* **3 *j-n f. m.*** *gespr*; j-n scharf tadeln, kritisieren: *Die Kritiker haben den Sänger fertig gemacht* **4 *j-n / sich f. m.*** *gespr*; bewirken, dass j-d / man selbst deprimiert, verzweifelt od. körperlich erschöpft ist: *Dieser ständige Stress macht mich noch völlig fertig* **5 *j-n f. m.*** *gespr!* j-n brutal schlagen od. töten **fẹr·tig stel·len**; *stellte fertig, hat fertig gestellt*; [Vt] ***etw. f. s.*** etw. (das gebaut, produziert wird) vollenden ≈ beenden: *Nach zwei Jahren konnte der Neubau des Theaters fertig gestellt werden* || *hierzu* **Fẹr·tig·stel·lung** *die*; *nur Sg*

-fer·tig *im Adj, nach Subst od Verb, begrenzt produktiv*; so, dass die genannte Tätigkeit sofort od. ohne weitere Vorbereitungen ausgeführt werden kann; ***backfertig*** ⟨e-e Speise⟩, ***bezugsfertig*** ⟨e-e Wohnung⟩, ***druckfertig*** ⟨ein Manuskript⟩, ***kochfertig*** ⟨e-e Speise⟩, ***versandfertig*** ⟨e-e Ware⟩

Fẹr·tig·bau *der*; *-(e)s, -ten*; **1** ≈ Fertighaus **2** *nur Sg*; e-e Methode, Häuser aus großen (Bau)Teilen herzustellen, die schon fertig sind u. nur noch zusammengesetzt werden müssen ⟨ein Haus im F. errichten⟩

fẹr·ti·gen; *fertigte, hat gefertigt*; [Vt] ***etw. f.*** *geschr* ≈ herstellen, anfertigen || *hierzu* **Fẹr·ti·gung** *die*

Fẹr·tig·ge·richt *das*; ein fertig gekochtes Essen, das man im Geschäft kauft u. das man nur noch warm zu machen braucht

Fẹr·tig·haus *das*; ein Haus, das aus großen Bauteilen, die bereits fertig sind, in kurzer Zeit zusammengesetzt wird

Fẹr·tig·keit *die*; *-, -en*; **1** *nur Sg*; die Fähigkeit, etw. Bestimmtes gut u. rasch tun zu können ≈ Geschick ⟨e-e F. ausbilden, erwerben, erlangen⟩: *Sie hat sich e-e gewisse F. im Malen erworben* **2** *nur Pl*; die Fähigkeiten u. speziellen Kenntnisse, die man *bes* für e-n Beruf braucht

fẹsch *Adj*; *südd gespr* ≈ hübsch, schick ⟨ein Kleid; f. aussehen⟩

Fẹs·sel[1] *die*; *-, -n*; *mst Pl*; e-e Kette, ein Riemen od. ein Strick, mit denen man j-n fesselt ⟨j-n in Fesseln legen; j-m die Fesseln abnehmen, lösen; sich von seinen Fesseln befreien⟩

Fẹs·sel[2] *die*; *-, -n*; **1** der (schmale) Teil des Beines zwischen Wade u. Fußgelenk ⟨schlanke, starke Fesseln⟩ **2** (*bes* bei Pferden) der schmale Teil zwischen Huf u. Bein

fẹs·seln; *fesselte, hat gefesselt*; [Vt] **1 *j-n* (*an etw.*** (*Akk*)) ***f.*** j-s Arme, Beine so (zusammen)binden, dass er sich nicht mehr bewegen kann ⟨j-n an Händen u. Füßen f.; j-n f. u. knebeln⟩ **2 *etw. fesselt j-n*** etw. interessiert j-n so stark, dass er sich ganz darauf konzentriert: *Der Kriminalroman fesselte ihn*

Fẹst *das*; *-(e)s, -e*; **1** e-e Veranstaltung, bei der sich mehrere Personen treffen, um miteinander zu feiern u. fröhlich zu sein ≈ Feier ⟨ein ausgelassenes, frohes, fröhliches, gelungenes, rauschendes F.; ein F. veranstalten, feiern⟩ || K-: ***Fest-, -ansprache, -bankett, -essen, -kleid, -mahl, -rede, -saal, -tafel*** || -K: ***Familien-, Garten-, Hochzeits-, Kinder-, Neujahrs-, Sommer-*** **2** der Tag od. die Tage, an denen ein wichtiges religiöses Ereignis gefeiert wird: *Zu Weihnachten feiern die Christen das F. der Geburt Christi* || K-: ***Fest-, -gottesdienst*** || -K: ***Oster-, Pfingst-, Weihnachts-*** || ID *mst* ***Man muss die Feste feiern, wie sie fallen*** *gespr*; man sollte keine Gelegenheit versäumen zu feiern

fẹst, *fester, festest-*; *Adj*; **1** *ohne Steigerung*; nicht flüssig od. gasförmig, sondern so, dass es die äußere Form behält ⟨ein Brennstoff, e-e Nahrung⟩: *Eis ist Wasser in festem Zustand* || K-: ***Fest-, -stoff*** **2** so hart od. haltbar, dass es nicht reißt od. bricht ≈ solide, stabil ⟨Gestein; ein Faden, ein Gewebe⟩: *Für die Bergwanderung braucht man feste Schuhe* **3** ohne (größeren) Zwischenraum, in engem Kontakt mit e-m Material od. e-m Körper ↔ locker (2), lose ⟨ein Verband, ein Knoten; etw. f. verbinden⟩: *Sie fror u. zog die Jacke fester um ihre Schultern* **4** mit (körperlicher) Kraft ≈ stark, kräftig ↔ leicht[2] (2) ⟨ein Händedruck⟩: *vor Wut die Lippen f. aufeinander pressen* **5** (selbst)sicher u. energisch ↔ unsicher ⟨ein Blick; mit fester Stimme sprechen⟩: *Er bestand f. darauf, dass seine Anordnungen befolgt wurden* **6** *nur attr od adv*; (im Hinblick auf Moral, Lebensanschauung *o.Ä.*) von Prinzipien bestimmt, die sich nicht ändern: *e-n festen Charakter besitzen* || -K: ***charakter-*** **7** ≈ unbeirrbar, unerschütterlich: *die feste Absicht haben, etw. zu tun*; *Es war sein fester Entschluss, mit dem Rauchen aufzuhören*; *Er glaubte f. daran, dass seine Frau zu ihm zurückkehren würde* **8** so (sicher), dass es eingehalten werden muss ≈ verbindlich ⟨feste Pläne, Termine haben; etw. unterliegt festen Regeln⟩: *Sie hatte ihren Freunden f. versprochen, zu Besuch zu kommen* **9** so, dass es gleich bleibt u. nicht wechselt od. variiert ≈ konstant ⟨ein Einkommen; ein Preis, ein Wohnsitz; ein Freundeskreis; e-e feste Bindung eingehen⟩ || K-: ***Fest-, -preis*** **10** *nur adv*, *gespr*; verwendet, um Verben zu verstärken ⟨f. arbeiten, feiern, schlafen⟩

fẹst- *im Verb, trennbar u. betont, wenig produktiv*; die Verben mit *fest-* werden nach folgendem Muster gebildet: *festbinden - band fest - festgebunden*; *fest-* drückt aus, dass j-d / etw. von irgendwo nicht mehr od. nur schwer wegkommen kann, entfernt werden kann (u. dort fest (3) bleibt) ≈ an- (1); ***j-n / etw.*** (***an etw.*** (*Dat*)) ***festbinden***: *Er band den Hund am Zaun fest* ≈ Er band den Hund so an den Zaun, dass dieser nicht mehr weglaufen konnte ebenso: ***etw. festdrücken, etw. festhaken, etw. hängt fest, etw. / sich festklammern, etw. festkleben / etw. klebt fest, etw. festklemmen, etw. festnageln, etw. / sich festschnallen, etw. festschrauben, etw. festziehen***

-fẹst *im Adj, begrenzt produktiv*; so beschaffen, dass es durch das Genannte nicht beschädigt od. zerstört werden kann ≈ -beständig; ***bruchfest*** ⟨Glas⟩, ***feuerfest*** ⟨e-e Backform⟩, ***hitzefest*** ⟨Glas⟩, ***kochfest*** ⟨Textilien⟩, ***waschmaschinenfest*** ⟨Wolle⟩, ***wetterfest*** ⟨ein Regenmantel⟩

fẹst·bei·ßen, sich (*hat*) [Vr] **1 *ein Tier beißt sich fest*** ein Tier beißt zu u. lässt nicht mehr los **2 *sich*** (***an etw.*** (*Dat*)) ***f.*** *gespr*; sich nicht mehr von e-r bestimmten Vorstellung lösen (können) ≈ an etw. festhalten, sich in etw. verbeißen: *Er hat sich an dieser Idee festgebissen*

fẹst·fah·ren, sich (*hat*) [Vr] **1 *etw. fährt sich irgendwo fest*** etw. bleibt mit den Rädern im weichen Boden stecken: *Das Auto hat sich im Sand festgefahren* **2 *sich f.*** *gespr*; mit seiner Arbeit nicht mehr weiterkommen (weil Schwierigkeiten auftreten): *Mit seiner Argumentation hat er sich völlig festgefahren* **3 *etw. fährt sich fest*** *gespr*; etw. kommt nicht mehr voran, kann nicht mehr fortgesetzt werden ⟨Verhandlungen⟩

Fẹst·geld *das*; *Bank*; Geld, das man auf der Bank für e-e bestimmte, festgelegte Zeit spart (u. nicht sofort wieder abheben kann)

fẹst·gur·ten, **sich**; *gurtete sich fest, hat sich festgegurtet*; [Vr] **sich f.** sich (mit e-m Gurt) so an den Sitz binden, dass man Halt hat ≈ sich angurten: *„Gurten Sie sich bitte fest, bevor das Flugzeug startet!"*

fẹst·hal·ten (*hat*) [Vt] **1 *j-n / etw.* (*mit etw.*) (*an etw.* (*Dat*)) *f.*** j-n / etw. *mst* mit den Händen greifen u. halten ↔ loslassen ⟨j-n am Arm, Mantel f.; e-n Hund (am Halsband) f.; etw. mit den Zähnen f.⟩: *Ein mutiger Mann hielt den Einbrecher fest, bis die Polizei kam* **2 *j-n* (*irgendwo*) *f.*** j-n daran hindern, e-n Ort zu verlassen: *j-n an der Grenze f.* **3 *j-n / etw.* (*in etw.* (*Dat*) / *mit etw.*) *f.*** j-n / etw. beschreiben, fotografieren od. filmen: *j-n im Bild f; etw. mit der Kamera f.*; [Vi] **4 *an etw.* (*Dat*) *f.*** sich an etw. halten ≈ etw. beibehalten ↔ etw. aufgeben, von etw. ablassen ⟨an alten Gewohnheiten f.; (unbeirrt) an e-m Vorsatz, an e-r Meinung f.⟩ **5 *an j-m f.*** ≈ zu j-m stehen: *Sie hielt treu an ihren alten Freunden fest*; [Vr] **6 *sich* (*an j-m / etw.*) *f.*** j-n / etw. ergreifen (*z.B.* damit man nicht stürzt): *sich (mit den Händen) am Geländer f.*

fẹs·ti·gen; *festigte, hat gefestigt*; [Vt] **1 *etw. f.*** etw. stärker, sicherer od. intensiver machen ⟨e-e Freundschaft, ein Bündnis, seine Herrschaft f.⟩; [Vr] **2 *etw. festigt sich*** etw. wird stärker, sicherer od. intensiver ≈ etw. konsolidiert sich: *Die Beziehungen zwischen den beiden Ländern haben sich in den letzten Jahren gefestigt* || *hierzu* **Fẹs·ti·gung** *die*; *nur Sg*

Fẹs·ti·ger *der*; *-s, -*; e-e Flüssigkeit, die der Frisur Halt gibt || -K: ***Haar-***

Fẹs·tig·keit *die*; *-*; *nur Sg*; **1** die Eigenschaft e-s Materials, zu halten u. nicht zu zerbrechen ≈ Stabilität **2** die Eigenschaft (e-r Beziehung, e-s Systems od. e-s Charakters), gegenüber anderen Einflüssen stabil zu bleiben: *die F. e-s politischen Systems, e-r Freundschaft, des Glaubens*

Fẹs·ti·val [-val, -vəl] *das*; *-s, -s*; e-e große kulturelle Veranstaltung, die *mst* mehrere Tage dauert ≈ Festspiele: *ein F. des modernen Theaters* || K-: ***Festival-, -besucher, -publikum*** || -K: ***Film-, Rock-, Schlager-; Theater-***

Fẹst·land *das*; *nur Sg*; e-e große Masse von Land, die e-e Einheit bildet ↔ Insel: *das griechische F. u. die griechischen Inseln*; *die Fährverbindungen zwischen England u. dem europäischen F.* || NB: ↑ ***Kontinent*** || *hierzu* **fẹst·län·di·sch-** *Adj*; *nur attr, nicht adv*

fẹst·le·gen (*hat*) [Vt] **1 *etw. f.*** *geschr*; (offiziell) erklären, dass etw. Bestimmtes gilt ≈ festsetzen ⟨die Gebühren, den Preis für etw., e-n Termin, e-n Zeitpunkt, die Tagesordnung f.⟩ **2 *j-n / sich* (*auf etw.* (*Akk*)) *f.*** etw. für definitiv (endgültig) erklären ≈ j-n / sich zu etw. verpflichten: *Er wollte sich auf keine Zusage f. lassen*

fẹst·lich *Adj*; zu e-m Fest passend ≈ feierlich, prachtvoll ⟨ein Essen; Kleidung; ein Empfang; e-e Premiere⟩: *ein f. geschmückter Saal*

Fẹst·lich·keit *die*; *-, -en*; **1** *geschr*; e-e feierliche Veranstaltung, ein großes Fest (1): *die Festlichkeiten anlässlich des Firmenjubiläums* **2** *nur Sg*; e-e festliche Atmosphäre, Stimmung

fẹst·lie·gen (*hat / südd* Ⓒⓗ *ist*) [Vi] **1 *ein Schiff liegt fest*** ein Schiff kann nicht mehr weiterfahren, *bes* weil es auf ein Riff, e-e Sandbank *o.Ä.* gefahren ist **2 *etw. liegt fest*** etw. ist offiziell entschieden ≈ etw. steht fest: *Der genaue Termin für die Sitzung liegt jetzt fest*

fẹst·ma·chen (*hat*) [Vt] **1 *etw. irgendwo f.*** bewirken, dass etw. irgendwo fest (3) bleibt ≈ befestigen, anbringen **2 (*mit j-m*) *etw. f.*** *gespr* ≈ vereinbaren, abmachen (2): *mit dem Zahnarzt e-n Termin f.*; [Vi] **3** *Seefahrt* ≈ anlegen (11)

fẹst·na·geln (*hat*) [Vt] **1** ↑ ***fest-*** **2 *j-n* (*auf etw.* (*Akk*)) *f.*** *gespr*; j-n dazu bringen, dass er genau das tut, was er gesagt od. versprochen hat

Fẹst·nah·me *die*; *-, -n*; e-e Handlung (*bes* der Polizei), durch die j-d in Haft genommen wird ≈ Verhaftung ⟨sich der F. entziehen⟩: *Die F. des Verbrechers erfolgte gestern*

fẹst·neh·men (*hat*) [Vt] ***j-n f.*** (*bes* als Polizist) j-n (vorläufig) in Haft nehmen ≈ verhaften: *Die Polizei nahm bei der Demonstration zehn Randalierer fest*

Fẹst·plat·te *die*; *EDV*; e-e Platte in e-m Computer, die fest eingebaut ist u. auf der man Daten speichert || NB: ↑ ***Diskette***

Fẹst·re·de *die*; e-e Rede, die aus e-m bestimmten Anlass auf e-m Fest (1) gehalten wird || *hierzu* **Fẹst·red·ner** *der*

Fẹst·schrift *die*; ***e-e F.*** (***für j-n***) ein Buch, das für j-n (*bes* für e-n Wissenschaftler) bei e-m Jubiläum herausgegeben wird

fẹst·set·zen (*hat*) [Vt] **1 *etw.* (*für etw. / auf etw.* (*Akk*)) *f.*** ≈ festlegen (1): *e-n Termin für die nächste Sitzung f.*; [Vr] **2 *etw. setzt sich irgendwo fest*** etw. bildet od. sammelt sich irgendwo u. bleibt dort haften: *Am Blumentopf hat sich e-e Schicht Kalk festgesetzt* **3 *etw. setzt sich in j-m fest*** etw. kommt j-m in den Sinn u. wird für ihn so wichtig, dass er es nicht mehr vergisst: *Ein Gedanke, ein Plan, e-e Idee setzt sich in j-m fest* || *zu* **1 Fẹst·set·zung** *die*

fẹst·sit·zen (*hat / südd* Ⓒⓗ *ist*) [Vi] **1 *etw. sitzt fest*** etw. ist so angebracht, befestigt, dass es dort (fest (3)) bleibt ≈ etw. haftet: *ein festsitzender Verschluss* **2** *gespr*; nicht mehr (weiter)fahren, (weiter)reisen können: *Wegen des Streiks der Fluglotsen sitzen wir hier in Rom fest*

Fẹst·spie·le *die*; *Pl*; e-e Reihe von kulturellen Veranstaltungen, die in bestimmten Abständen immer am gleichen Ort stattfinden: *die Salzburger Festspiele* || K-: ***Festspiel-, -bühne, -gast, -haus, -stadt***

fẹst·ste·cken (*hat*) [Vt] **1 *etw.* (*an etw.* (*Dat*)) *f.*** etw. mit Nadeln an etw. befestigen ↔ etw. lösen: *den Ärmel am Mantel f.*; [Vi] **2** sich nicht mehr weiterbewegen können: *Wahrscheinlich steckt er im Stau fest*; *in e-r engen Röhre f.*

fẹst·ste·hen (*hat / südd* Ⓒⓗ *ist*) [Vi] ***etw. steht fest*** etw. ist endgültig entschieden od. bekannt, ist nicht zu ändern: *Mein Entschluss steht fest*; *Steht schon fest*, wann *sie heiraten?*

fẹst·stel·len (*hat*) [Vt] **1 *etw. f.*** (*bes* durch Nachforschen, Untersuchen, Prüfen) Informationen über etw. bekommen ≈ ermitteln ⟨j-s Personalien f.; die Windrichtung, die Todesursache f.⟩: *Man hat festgestellt,* dass *das Waldsterben hauptsächlich durch sauren Regen verursacht wird* **2 *etw.* (*an j-m / etw.*) *f.*** ≈ etw. bemerken[1], erkennen ⟨e-e Veränderung (an j-m / etw.) f.⟩ **3 *etw. f.*** (entschieden) auf e-e Tatsache hinweisen: *Ich möchte einmal deutlich f.,* dass *wir unsere Planung ändern müssen* || *zu* **1** u. **2 fẹst·stell·bar** *Adj*; *ohne Steigerung, nicht adv*

Fẹst·stel·lung *die*; *-, -en*; **1** *nur Sg*; das Erkennen u. Bestimmen von etw. ≈ Ermittlung ⟨die F. der Todesursache⟩ **2** etw., das man durch Sehen, Hören *usw* erkannt hat ≈ Beobachtung (2), Wahrnehmung (2) **3 *e-e F. machen / treffen*** *geschr* ≈ etw. feststellen (3)

Fẹst·tag *der*; ein Tag, an dem man (*z.B.* e-n Geburtstag od. ein Jubiläum) feiert: *Heute ist ein F. für mich*

Fẹs·tung *die*; *-, -en*; ein großer Bau mit starken Mauern u. Türmen, in dem sich die Menschen vor ihren Feinden schützen ⟨e-e F. belagern, stürmen, einnehmen⟩ || K-: ***Festungs-, -anlage, -bau, -gelände, -graben, -wall***

Fẹst·zug *der*; ein Umzug (2) während e-s Festes

Fe·te *die*; -, *-n*; *gespr*; *bes* von Jugendlichen verwendet als Bezeichnung für ein privates Fest (*mst* mit Musik u. Tanz) ≈ Party ⟨auf e-e F. gehen⟩
Fe·tisch *der*; *-(e)s*, *-e*; ein Gegenstand, von dem man glaubt, dass er magische Kräfte habe ⟨e-n F. anbeten, verehren; etw. zum F. machen⟩
fett, *fetter*, *fettest-*; *Adj*; **1** mit viel Fett (1) ↔ mager (2) ⟨Fleisch, Speck⟩ **2** *gespr pej*; mit viel Fett (1) am Körper ↔ mager (1), schlank: *Weil er zu viel Kuchen isst, ist er ziemlich f. geworden* **3** mit / aus viel Fett (2) hergestellt od. zubereitet ↔ mager (2) ⟨Käse, Milch, Quark; e-e Suppe, e-e Mahlzeit⟩ **4** groß u. breit gedruckt: *e-e Überschrift, die in fetten Lettern gedruckt ist* || K-: ***Fett-, -druck***; ***fett gedruckt*** **5** *nicht adv*, *gespr*; sehr groß ⟨fette Gewinne machen⟩
Fett *das*; *-(e)s*, *-e*; **1** *nur Sg*; die weiße bis gelbe Schicht, die bei Menschen u. Tieren direkt unter der Haut ist (u. *z.B.* die Aufgabe hat, den Körper warm zu halten) ⟨F. ansetzen⟩ || K-: ***Fett-, -ablagerung, -ansatz, -gewebe, -polster, -zelle*** **2** *nur Sg*; e-e (feste) Masse, die man aus dem F. (1) von Tieren od. Pflanzen gewinnt u. die man oft beim Kochen (od. Braten) braucht ⟨ranziges F.⟩: *Kartoffeln in F. (an)braten* || K-: ***Fett-, -tropfen*** || -K: ***Enten-, Gänse-, Pflanzen-, Schweine-*** **3** e-e feste od. flüssige Substanz, die *bes* aus den Zellen von Tieren u. Pflanzen gewonnen wird (u. die im Wasser nicht löslich ist) ⟨pflanzliche, tierische Fette⟩ || K-: ***Fett-, -säure*** || ID ***sein F. abbekommen / abkriegen*** *gespr*; die Strafe, den Tadel od. die Kritik bekommen, die man verdient hat || *zu* **2** **fett·arm** *Adj*; **fett·frei** *Adj*; **fett·reich** *Adj* || ► ***einfetten***
fet·ten; *fettete, hat gefettet*; [Vi] ***etw. fettet*** etw. gibt / sondert Fett (3) ab: *Die Handcreme fettet (stark)*; *Ihre Haare fetten schnell*
Fett·fleck *der*; ein Fleck, der durch Fett (2) od. Öl entstanden ist: *Fettflecke auf der Tischdecke*
fet·tig *Adj*; **1** voller Fett (2) **2** ⟨Haare, Haut⟩ so, dass sie viel Fett haben, bilden
Fett·näpf·chen *das*; *nur in* ***(bei j-m) ins F. treten*** *gespr hum*; etw. auf e-e falsche (od. ungeschickte) Art sagen od. tun u. damit andere beleidigen od. verärgern
Fett·stift *der*; ein Stift aus fettiger Creme, die man auf die Lippen gibt, um sie *bes* vor Kälte zu schützen
Fett·wanst *der*; *gespr pej*; ein dicker Mann
fet·zen; *fetzte, hat / ist gefetzt*; *gespr*; [Vt] *(hat)* **1** ***etw. von etw. f.*** etw. heftig (u. achtlos) von etw. reißen: *ein Plakat von der Wand f.*; [Vi] *(ist)* **2** ***irgendwohin f.*** (*bes* von Jugendlichen verwendet) sehr schnell irgendwohin rennen od. fahren **3** ***etw. / das fetzt*** *gespr*; (*bes* von Jugendlichen verwendet) etw. ist aufregend, weckt Begeisterung ⟨Musik⟩
Fet·zen *der*; *-s*, -; **1** ein abgerissenes kleines Stück Papier od. Stoff (mit e-r unregelmäßigen Form): *ein Blatt Papier in kleine Fetzen reißen*; *Die Tapete hing in Fetzen von der Wand* || ↑ *Abb. unter* **Stück** **2** *mst Pl*; Teile, Ausschnitte e-s Gesprächs, e-r Melodie (die man zufällig hört) **3** *gespr pej* ≈ Kleidungsstück || ID *mst* ⟨sich prügeln, streiten,⟩ ***dass die Fetzen fliegen*** *gespr*; sich heftig prügeln, streiten
fet·zig *Adj*; *gespr*; toll, mitreißend: *fetzige Musik*
feucht, *feuchter, feuchtest-*; *Adj*; **1** nicht trocken (1) u. auch nicht ganz nass: *Wäsche lässt sich gut bügeln, wenn sie noch f. ist*; *den Tisch mit e-m feuchten Lappen abwischen*; *feuchte Hände* **2** mit viel (Wasser)Dampf in der Luft ↔ trocken (2) ⟨Wetter, ein Klima⟩: *Sie verträgt die feuchte Hitze der Tropen nicht* || K-: ***feucht-, -heiß, -kalt, -warm***
feucht·fröh·lich *Adj*; *gespr hum*; in fröhlicher Stimmung u. vom Alkohol angeregt ⟨e-e Gesellschaft, ein Fest⟩: *e-e feuchtfröhliche Geburtstagsfeier*
Feuch·tig·keit *die*; -; *nur Sg*; **1** der (Wasser)Dampf od. die leichte Nässe, die in der Luft enthalten sind || K-: ***Feuchtigkeits-, -gehalt*** || -K: ***Luft-*** **2** die leichte Nässe, die in etw. ist ⟨etw. gibt viel F. ab, saugt viel F. auf⟩: *Durch die F. der Wand bildet sich Schimmel*
feu·dal *Adj*; **1** im Feudalismus, auf ihn bezogen ≈ feudalistisch: *die feudale Oberschicht im späten Mittelalter* || K-: ***Feudal-, -adel, -herr, -herrschaft, -system*** || NB: ↑ ***bürgerlich*** **2** *gespr*; sehr vornehm, üppig u. teuer (eingerichtet, zubereitet *o.Ä.*): *e-e feudale Villa*; *ein feudales Essen*
Feu·da·lis·mus *der*; -; *nur Sg*; *hist*; ein (gesellschaftliches u. wirtschaftliches) System, in dem die Adeligen das Land besaßen u. es dafür auch verteidigen mussten || *hierzu* **feu·da·lis·tisch** *Adj*
Feu·er *das*; *-s*, -; **1** *mst Sg*; e-e Form der Verbrennung von Kohle, Holz od. Öl, bei der Flammen, Licht u. Wärme entstehen ⟨ein flackerndes, loderndes, offenes, prasselndes F.; das olympische F.; das F. brennt, erlischt; das F. (im Herd, im Ofen, im Kamin) anzünden, anmachen, schüren, ausgehen lassen⟩ || K-: ***Feuer-, -holz*** || -K: ***Holz-, Kamin-*** **2** *nur Sg*; die Flammen u. die Hitze, die entstehen, wenn *z.B.* Holz brennt od. angezündet wird ≈ Brand (1) ⟨ein verheerendes F.; F. legen, ein F. eindämmen, löschen; im F. umkommen⟩: *Das F. brach in e-m Lagerhaus aus u. griff rasch auf die umliegenden Häuser über*; *Wilde Tiere haben Angst vor F.* || K-: ***Feuer-, -alarm, -gefahr, -schaden***; ***-versicherung*** **3** ***F.!*** verwendet als Ausruf um Hilfe od. zur Warnung, wenn ein F. (2) ausgebrochen ist **4** ***j-m F. geben*** j-m die Zigarette anzünden **5** ***j-n um F. bitten*** j-n bitten, einem die Zigarette anzuzünden **6** *mst* ***Hast du / Haben Sie F.?*** *gespr*; verwendet, um j-n zu bitten, einem die Zigarette anzuzünden **7** *nur Sg, mst Mil*; das (häufige) Schießen mit Gewehren *o.Ä.* ≈ Beschuss ⟨das F. (auf j-n) eröffnen, einstellen; etw. unter F. nehmen⟩ || K-: ***Feuer-, -gefecht, -pause, -waffe*** || -K: ***Geschütz-, Kanonen-, Maschinengewehr-*** **8** ***F.!*** *mst Mil*; verwendet als Kommando zum Schießen **9** *nur Sg*; *bes* der (außergewöhnliche) Glanz, der durch reflektiertes Licht entsteht: *das F. e-s Edelsteins* **10** *nur Sg*; ein starkes Temperament ⟨das F. der Leidenschaft; jugendliches F. besitzen⟩ || ID ***mit dem F. spielen*** aus Leichtsinn handeln u. dadurch sich od. andere in Gefahr bringen; ***für j-n durchs F. gehen*** j-n so sehr schätzen od. lieben, dass man alles für ihn tun würde; ***(für j-n / etw.) F. u. Flamme sein*** von j-m / etw. begeistert sein; ***F. fangen*** *gespr*; sich plötzlich für j-n / etw. begeistern od. sich in j-n verlieben
feu·er·be·stän·dig *Adj* ≈ feuerfest
Feu·er·be·stat·tung *die* ≈ Einäscherung
feu·er·fest *Adj*; *nicht adv*; so (beschaffen), dass es durch Feuer nicht verändert, beschädigt od. zerstört wird ⟨Glas *o.Ä.*⟩: *ein feuerfester Anzug*
feu·er·ge·fähr·lich *Adj*; *nicht adv*; so, dass es leicht brennt: *Benzin ist e-e feuergefährliche Substanz*
Feu·er·lei·ter *die*; e-e eiserne Leiter an (der Rückseite von) großen Gebäuden, über die man diese verlassen kann, wenn es brennt
Feu·er·lö·scher *der*; *-s*, -; ein Behälter aus Eisen, der Schaum enthält, mit dem man e-n kleinen Brand löschen kann
Feu·er·mel·der *der*; *-s*, -; ein Gerät, mit dem man (Feueralarm geben u.) die Feuerwehr rufen kann ⟨e-n F. einschlagen, betätigen⟩
feu·ern; *feuerte, hat gefeuert*; [Vt] **1** ***j-n f.*** *gespr*; j-n (sofort) aus dem Dienst entlassen ≈ j-m kündigen **2** ***etw. irgendwohin f.*** *gespr*; etw. (*mst* aus Wut) irgendwohin werfen ≈ schleudern: *Am letzten Schul-*

tag feuerte er seine Schultasche in die Ecke; [Vi] **3** ***mit etw. f.*** mit e-m bestimmten (Brenn)Stoff heizen: *mit Briketts, Holz f.* **4** ***auf j-n / etw. f.*** mit e-m Gewehr od. e-r Pistole (mehrere Male) auf j-n / etw. schießen

Feu·er·pro·be *die*; *mst in* ***die F. bestehen*** sich bei etw. bewähren

feu·er·rot *Adj*; *nicht adv*; intensiv rot: *vor Wut f. im Gesicht werden*

Feu·ers·brunst *die*; -, *Feu·ers·brüns·te*; *geschr*; ein Brand, bei dem ein großer Schaden entsteht

Feu·er·schutz *der*; *mst in* ***j-m F. geben*** heftig auf den Gegner schießen, damit j-d irgendwohin laufen kann, ohne vom Gegner erschossen zu werden, bzw. damit die eigenen Truppen vorankommen

Feu·er·stein *der*; ein Stein, mit dem man (durch Reibung) Funken erzeugen kann

Feu·er·tau·fe *die*; der erste Anlass, bei dem j-d zeigen muss, was er kann, was in ihm steckt ≈ Feuerprobe ⟨die F. bestehen, erhalten; die F. noch vor sich haben⟩

Feu·er·wa·che *die*; **1** das Gebäude, in dem die Geräte, Fahrzeuge *o.Ä.* der Feuerwehr (in Alarmbereitschaft) stehen **2** die (Feuerwehr)Leute, die ein Feuer bewachen bzw. die nach e-m gelöschten Brand aufpassen, dass das Feuer nicht wieder ausbricht

Feu·er·waf·fe *die*; *mst Pl* ≈ Schusswaffe

Feu·er·wehr *die*; -, *-en*; *Kollekt*; e-e Gruppe von Personen, deren (berufliche) Aufgabe es ist, Brände zu löschen ⟨die freiwillige F.; die F. rückt aus⟩: *Als er den Rauch aus dem Haus aufsteigen sah, alarmierte er sofort die F.* || K-: ***Feuerwehr-, -auto, -leiter, -mann, -spritze, -übung*** || -K: ***Berufs-*** || ID ***(schnell) wie die F.*** *gespr*; sehr schnell

Feu·er·werk *das*; *mst Sg*; bunte (Licht)Effekte, die man zu besonderen Anlässen (*z.B.* Silvester) nachts am Himmel erzeugt, indem man kleine Raketen anzündet ⟨ein F. abbrennen⟩

Feu·er·werks|kör·per *der*; e-e Art kleine Rakete *o.Ä.*, die am Himmel explodiert u. buntes Licht erzeugt

Feu·er·zeug *das*; -*(e)s*, *-e*; ein kleines Gerät, das Gas od. Benzin enthält u. mit dem man *bes* Zigaretten u. Zigarren anzündet || -K: ***Benzin-, Gas-, Taschen-***

Feuerzeug

Feuil·le·ton [fœjə'tõː] *das*; *-s*, *-s*; der kulturelle od. unterhaltende Teil e-r Zeitung || K-: ***Feuilleton-, -redakteur, -redaktion; -stil*** || -K: ***Film-, Theater-***

feu·rig *Adj*; **1** voll Leidenschaft u. Temperament ≈ temperamentvoll ⟨ein Liebhaber, ein Temperament, Küsse⟩ **2** so hell u. rot wie Feuer ⟨ein Glanz, ein Schein *o.Ä.*⟩: *Der feurige Ball der Abendsonne versinkt im Meer* **3** glänzend, funkelnd ⟨ein Edelstein⟩: *ein feuriger Rubin*

FH [ɛf'haː] *die*; -, *-s*; *Abk*; ↑ ***Fachhochschule***

Fi·a·ker ['fi̯akɐ] *der*; *-s*, -; e-e Kutsche mit zwei Pferden, mit der (*bes* in Wien) Touristen durch die Stadt (zu den Sehenswürdigkeiten) gefahren werden

Fi·as·ko *das*; *-s*, *-s*; *mst Sg*; ein großer Misserfolg ⟨etw. endet in e-m F.⟩

Fi·bel *die*; -, *-n*; *veraltend*; das erste (Lese)Buch, nach dem Schulkinder lesen u. schreiben lernen || -K: ***Kinder-, Schul-***

ficht *Präsens, 3. Person Sg*; ↑ ***fechten***

Fich·te *die*; -, *-n*; **1** ein (Nadel)Baum mit kurzen Nadeln u. hängenden Zapfen || ↑ *Abb. unter* ***Nadelbäume*** || K-: ***Fichten-, -bestand, -holz, -nadel, -schonung, -zapfen*** **2** *nur Sg*; das Holz der F. (1): *ein Schrank aus F.*

fi·cken; *fickte, hat gefickt*; *vulg*; [Vt] **1** ***j-n f.*** als Mann (mit e-r Frau) Sex haben; [Vi] **2** ***(mit j-m) f.*** mit j-m Sex haben

fi·del *Adj*; *gespr* ≈ fröhlich, lustig ⟨ein Mensch, e-e Gesellschaft⟩

Fie·ber *das*; *-s*; *nur Sg*; **1** die zu hohe Temperatur des Körpers, die ein Symptom für e-e Krankheit ist ⟨hohes, leichtes F.; F. bekommen, haben; F. messen; das F. fällt, steigt; mit F. im Bett liegen⟩: *Er hat 39° F.* || K-: ***Fieber-, -anfall, -thermometer; fieber-, -heiß, -krank*** **2** *geschr*; ein leidenschaftliches Verlangen nach etw. ≈ Besessenheit, Leidenschaft ⟨ein F. ergreift j-n, kommt über j-n⟩ || -K: ***Arbeits-, Jagd-, Spiel-, Wett-***

fie·ber·frei *Adj*; *nicht adv*; (wieder) ohne Fieber (1)

fie·ber·haft *Adj*; mit großer Eile, Aufregung verbunden ≈ hektisch ⟨Eile, Hast; Spannung, Unruhe⟩

fie·bern; *fieberte, hat gefiebert*; [Vi] **1** Fieber haben **2** sehr aufgeregt u. nervös sein ⟨vor Aufregung, Erregung, Spannung f.⟩ **3** ***nach etw. f.*** *geschr*; etw. unbedingt haben wollen ≈ nach etw. verlangen (9): *Er fiebert nach Ruhm u. Anerkennung*

fie·ber·sen·kend *Adj*; *mst attr*; mit der Wirkung, dass das Fieber sinkt (u. ganz verschwindet): *ein fiebersenkendes Medikament, Mittel*

fieb·rig *Adj*; **1** mit Fieber: *Der Patient ist f.* **2** so, dass es auf Fieber hinweist: *Seine Augen glänzen f.* **3** mit Fieber verbunden: *e-e fiebrige Erkältung* **4** wie im Fieber ≈ fieberhaft ⟨Eile; Spannung⟩

Fie·del *die*; -, *-n*; *gespr hum* ≈ Geige || *hierzu* **fiedeln** (*hat*) *Vt / i*

fiel *Imperfekt, 1. u. 3. Person Sg*; ↑ ***fallen***

fies, *fieser, fiesest-*; *Adj*; *gespr pej* ≈ gemein[1] (1) ⟨ein Kerl, ein Typ⟩

fif·ty-fif·ty ['fɪftɪ 'fɪftɪ] *Adv*; *gespr*; **1** ***etw. fifty-fifty teilen; fifty-fifty machen*** etw. so teilen od. regeln, dass jeder genau die Hälfte bekommt: *Wenn wir bei der Lotterie gewinnen, machen wir fifty-fifty* **2** ***etw. steht fifty-fifty*** etw. (*bes* ein Wettbewerb) ist noch nicht entschieden

Fight [fai̯t] *der*; *-s*, *-s*; *Sport gespr*; **1** ein (Box)Kampf **2** das intensive Kämpfen (Fighten) um den Sieg

figh·ten ['fai̯tn̩]; *fightete, hat gefightet*; [Vi] ***irgendwie f.*** *Sport gespr*; hart um den Sieg kämpfen (u. nicht aufgeben) || *hierzu* **Figh·ter** *der*; *-s*, -

Fi·gur *die*; -, *-en*; **1** *mst Sg*; die äußere Erscheinung, Gestalt e-s Menschen u. ihre Proportionen ⟨e-e gute, schlanke, tolle F. haben⟩: *Als Mannequin muss sie sehr auf ihre F. achten u. lebt deshalb nur von Diätkost* || -K: ***Ideal-*** **2** e-e Person, Persönlichkeit, die in e-r bestimmten Zeit sehr wichtig war: *Robespierre war e-e wichtige F. der Französischen Revolution* **3** e-e erdachte / fiktive Person e-s literarischen Werkes: *Für die Figuren seines Romans nahm der Autor Menschen aus seinem Leben als Vorbild* || -K: ***Charakter-, Roman-*** **4** *gespr, mst pej*; verwendet für e-e unbekannte Person, *bes* e-n Mann: *In der dunklen Straße schlichen ein paar seltsame, verdächtige Figuren herum* **5** die (*mst* künstlerisch) geformte od. gezeichnete Abbildung e-s Menschen od. Tieres ⟨e-e F. aus Holz, Porzellan, Ton⟩: *e-e F. in Stein hauen* || -K: ***Gips-, Porzellan-, Wachs-*** **6** ein kleiner Gegenstand (*mst* aus Holz od. Plastik), der bei Brettspielen (wie *z.B.* Schach) verwendet wird ≈ Spielstein ⟨die Figuren aufstellen; mit e-r F. ziehen⟩ || ↑ *Abb. unter* **Brettspiele** || -K: ***Schach-*** **7** *Math*; e-e geometrische Form (*z.B.* ein Dreieck, ein Kreis od. ein Würfel) ⟨e-e geometrische F.

zeichnen⟩ **8** *Sport*; (*bes* beim Eiskunstlaufen u. Tanzen) e-e (festgelegte) Folge von Bewegungen, *z.B.* in e-r Kür ⟨Figuren laufen⟩: *Die Pirouette ist e-e schwierige F.* || -K: ***Tanz-*** || ID ***e-e gute, schlechte F. machen / abgeben*** *gespr*; durch sein Verhalten in e-r bestimmten Situation e-n guten, schlechten Eindruck auf andere machen || *zu* **5 fi·gür·lich** *Adj*

Fik·ti·on [-ˈtsi̯oːn] *die*; -, *-en*; *geschr*; etw., das nicht wirklich, sondern nur angeblich od. in der Vorstellung existiert

fik·tiv [-f] *Adj*; *geschr*; nicht wirklich, sondern frei erfunden ≈ erdacht: *ein fiktiver Dialog zwischen Newton u. Einstein*

Fi·let [fiˈleː] *das*; *-s*, *-s*; **1** ein zartes Stück Fleisch ohne Knochen vom Rücken *bes* e-s Rinds od. Schweins || K-: ***Filet-, -braten, -steak*** || -K: ***Rinder-, Schweine-*** **2** ein Stück Fleisch aus der Brust des Geflügels || -K: ***Hähnchen-, Puten-*** **3** ein Stück Fleisch ohne Gräten vom Fisch || -K: ***Herings-, Makrelen-, Sardellen-***

Fi·li·a·le *die*; -, *-n*; **1** ein (*mst* kleines) Geschäft, das j-d zusätzlich zu seinem ersten Geschäft an e-r anderen Stelle führt: *Der Bäcker gründet e-e F. am Rand der Stadt* || K-: ***Filial-, -geschäft*** **2** eines von mehreren Büros od. Geschäften *mst* e-r Bank od. e-r Versicherung, die in e-m anderen Teil der Stadt od. in e-m anderen Ort geführt werden ⟨e-e F. eröffnen, leiten⟩ || K-: ***Filial-, -leiter***

Film[1] *der*; *-(e)s*, *-e*; **1** ein Streifen aus Zelluloid (der *mst* zu e-r Rolle aufgewickelt ist), auf den man beim Fotografieren od. Filmen Bilder aufnimmt ⟨ein hochempfindlicher F.; e-n neuen F. (in die Kamera / den Fotoapparat) einlegen; e-n F. entwickeln⟩ || K-: ***Film-, -spule*** || -K: ***Farb-, Schmal-, Schwarz-Weiß-; Röntgen-*** **2** e-e Geschichte *o.Ä.* in Form e-r Folge von bewegten Bildern, die *bes* im Kino od. im Fernsehen gezeigt werden ⟨e-n F. (ab)drehen, machen, synchronisieren, vorführen⟩: *Der F. läuft seit vielen Wochen im Kino* || K-: ***Film-, -atelier, -aufnahme, -diva, -festival, -festspiele, -kamera, -kritik, -kritiker, -leinwand, -material, -musik, -premiere, -produzent, -projektor, -regie, -regisseur, -reklame, -schauspieler, -star, -studio, -verleih, -vorführung*** || -K: ***Abenteuer-, Cowboy-, Dokumentar-, Fernseh-, Kriminal-, Liebes-, Stumm-, Ton-, Wildwest-, Zeichentrick-*** **3** *nur Sg*, *Kollekt*; die Firmen, die Filme (2) produzieren ≈ Filmbranche ⟨beim F. sein, zum F. gehen⟩ || K-: ***Film-, -branche, -industrie, -wirtschaft***

Film[2] *der*; *-(e)s*, *-e*; e-e dünne Schicht (auf der Oberfläche von etw.), die *mst* als Schutz dient ⟨ein öliger, wasserundurchlässiger F.⟩: *Das Sonnenöl bildet e-n schützenden F. auf der Haut* || -K: ***Fett-, Öl-; Schutz-***

Film·me·ma·cher *der*; *-s*, -; j-d, der als Regisseur u. *mst* auch als Autor selbst Filme macht

fil·men; *filmte*, *hat gefilmt*; [Vt/i] **1** ***(j-n / etw.) f.*** von j-m / etw. mit e-r (Film)Kamera Aufnahmen machen, e-n Film (2) drehen; [Vi] **2** in e-m Film (2) als Schauspieler mitmachen (mitwirken): *Nach dem Unfall muss er aufhören zu f.*

Film·the·a·ter *das*; *geschr* ≈ Kino

Fil·ter *der*; *-s*, -; **1** e-e Art feines Sieb, durch das man Flüssigkeit, Gas od. Rauch leitet, damit die schädlichen von den unschädlichen od. die gewünschten von den unerwünschten Stoffen getrennt werden ⟨etw. durch e-n F. gießen; e-n F. einbauen⟩ || -K: ***Abgas-, Rauch-, Staub-*** **2** e-e Art Tüte, in die man Kaffee *o.Ä.* gibt, um darüber heißes Wasser zu gießen: *Gib bitte e-n neuen F. in die Kaffeemaschine!* || K-: ***Filter-, -papier, -tüte*** **3** e-e kleine Scheibe aus Glas, die man vor das Objektiv e-r Kamera setzt, um zu verhindern, dass bestimmte Lichtstrahlen auf den Film fallen || -K: ***Gelb-, UV-Filter***

Fil·ter·kaf·fee *der*; Kaffee, der mithilfe e-s Filters (2) zubereitet wird

fil·tern; *filterte*, *hat gefiltert*; [Vt] **1** ***etw. f.*** e-e Flüssigkeit od. ein Gas durch e-n Filter (1) leiten, damit sie sauber werden: *verschmutzte Luft f.*; *Wasser f., um es von Schlamm zu reinigen* **2** ***etw. f.*** ein Getränk zubereiten, indem man kochendes Wasser über gemahlenen Kaffee *o.Ä.* gießt, der in e-m Filter (2) ist ⟨Kaffee f.⟩

filt·rie·ren; *filtrierte*, *hat filtriert*; [Vt] ***etw. f.*** *Tech* ≈ filtern (1)

Filz *der*; *-es*, *-e*; **1** *nur Sg*; ein weiches Material, das aus vielen feinen (Tier)Haaren od. Fasern (zusammen)gepresst wird u. aus dem man *z.B.* Hüte macht || K-: ***Filz-, -hut, -pantoffeln, -unterlage*** **2** *nur Sg*, *Kollekt*; einzelne Fasern, die so ineinander verschlungen sind, dass sie e-e nicht mehr trennbare Masse zu bilden scheinen: *ein F. von Haaren, Wurzeln* || ► ***verfilzt***

fil·zen; *filzte*, *hat gefilzt*; [Vt] **1** ***j-n f.*** *gespr*; genau kontrollieren, ob j-d etw. Verbotenes bei sich hat: *Wir wurden beim Zoll gefilzt*; [Vi] **2** ***etw. filzt*** etw. wird in der Struktur so ähnlich wie Filz (1) ⟨ein Pullover⟩

Filz·schrei·ber *der* ≈ Filzstift

Filz·stift *der*; ein Stift mit e-r weichen Spitze aus Filz (1), mit dem man farbig schreiben (u. malen) kann

Geschichte des deutschen Films

Künstlerische Ausdrucksform war in den Anfangsjahren des Films der **Expressionismus**. **Robert Wiene** setzte 1920 mit dem Stummfilm ***Das Kabinett des Dr. Caligari*** die Maßstäbe für diese Filmgattung. In den dreißiger Jahren wurden die düsteren Stummfilme abgelöst von leichter Unterhaltungsware – der wahrscheinlich beste und erfolgreichste Film dieser Zeit war Sternbergs ***Der Blaue Engel*** (mit **Marlene Dietrich**). Im Zuge der Machtergreifung der Nationalsozialisten 1933 verließen zahllose Regisseure und Darsteller das Land. Bis 1945 diente das Medium Film nahezu ausschließlich propagandistischen Zwecken.

In der Nachkriegszeit waren vor allem Heimat- und Kriminalfilme gefragt. An künstlerischer Bedeutung gewann der deutsche Film erst wieder in den sechziger und siebziger Jahren. **Alexander Kluge**, **Werner Herzog**, **Wim Wenders** und mit ihnen eine ganze Generation von jungen Filmemachern begründeten den so genannten **Autorenfilm**. Thematisiert wurden überwiegend soziale Probleme. Von Kritikern mit Lob überhäuft, war ein Großteil der „neuen deutschen Filme" an den Kinokassen nicht erfolgreich.

Anfang der neunziger Jahre erlebte der deutsche Film erstmals seit den fünfziger Jahren wieder einen Boom – Komödien wie ***Der bewegte Mann***, aber auch innovatives Kino wie ***Lola rennt*** fanden ein Millionenpublikum.

Fịm·mel *der; -s, -;* ***ein F.*** **(*für etw.*)** *mst Sg, gespr pej;* e-e übertriebene Leidenschaft od. e-e komische Gewohnheit ≈ Spleen: *Er hat e-n F. für schnelle Sportwagen* || -K: ***Mode-, Putz-, Sauberkeits-***

Fi·na̲·le *das; -s, - / -s;* **1** der letzte Wettkampf e-r Reihe von Wettkämpfen, dessen Sieger dann e-n Pokal od. e-n Titel gewinnt ≈ Endkampf, Endspiel ⟨ins F. kommen, sich fürs F. qualifizieren, im F. stehen⟩ || K-: ***Final-, -gegner, -spiel, -teilnehmer*** || -K: ***Weltmeisterschafts-*** **2** der letzte Teil e-s längeren musikalischen Werks, *z.B.* e-r Oper: *das F. von Beethovens 9. Sinfonie*

F

Fi·nạnz·amt *das;* **1** das Amt, an das man seine Steuern zahlt **2** das Gebäude, in dem das F. (1) ist

Fi·nạn·zen *die; Pl;* **1** das Geld (*bes* die Einnahmen u. Ausgaben) e-s Staates, e-r Institution od. e-r Firma ⟨die F. prüfen; die F. sind geordnet, zerrüttet⟩ || K-: ***Finanz-, -experte, -lage, -ministerium*** || -K: ***Staats-*** **2** *gespr, oft hum;* das Geld, das j-d privat zur Verfügung hat: *Mit meinen F. sieht es zurzeit nicht gerade gut aus*

fi·nan·zi·ẹll *Adj; nur attr od adv;* **1** in Bezug auf das Geld, die Finanzen ⟨Mittel, Reserven; die Situation; e-e Krise, Probleme, Schwierigkeiten⟩: *Er kann sich ein Auto f. nicht leisten* **2** durch / mit Geld ⟨Hilfe, Unterstützung; j-n f. unterstützen⟩: *sich f. an e-m Unternehmen beteiligen*

fi·nan·zie̲·ren; *finanzierte, hat finanziert;* [Vt] *geschr;* **1** ***etw.*** **(*durch* / *mit etw.*)** ***f.*** das nötige Geld für etw. bereitstellen: *Mehrere Unternehmen finanzieren das Projekt; Er finanziert sein Studium durch Ferienarbeit* **2** ***j-m etw. f.*** j-m (e-e größere Summe) Geld geben, das er für etw. braucht: *Sein Vater finanziert ihm das Studium* || *hierzu* **Fi·nan·zie̲·rung** *die*

fi·nạnz·kräf·tig *Adj; nicht adv;* mit viel Kapital ↔ finanzschwach ⟨e-e Firma, ein Betrieb⟩

fi·nạnz·schwach *Adj; nicht adv;* mit nur wenig Kapital ↔ finanzkräftig ⟨e-e Firma, ein Betrieb⟩

fi·nạnz·stark *Adj; nicht adv* ≈ finanzkräftig

Fịn·del·kind *das;* ein Kind, das von seinen Eltern absichtlich irgendwo zurückgelassen (ausgesetzt) wurde, von Fremden gefunden wurde u. nun von diesen ernährt u. erzogen wird

fịn·den; *fand, hat gefunden;* [Vt] **1** ***j-n* / *etw. f.*** (zufällig od. nach gezieltem Suchen) irgendwo e-e Person / Sache sehen ≈ entdecken (3): *e-n Geldschein (auf der Straße) f.; den richtigen Weg f.; Nach langem Suchen fand sie den verlorenen Ring unter dem Schrank; Die Polizei hat noch keine Spur von dem Mörder gefunden* **2** ***j-n* / *etw. f.*** (durch eigenes Bemühen) j-n, den man sich gewünscht hat, für sich / e-e Arbeit *o.Ä.* gewinnen od. etw. bekommen, das man haben wollte ⟨e-e neue Arbeitsstelle, e-e Wohnung, viele Freunde f.; bei j-m Hilfe f.⟩: *Er hat die Frau fürs Leben gefunden* **3** ***etw. f.*** durch Nachdenken erreichen, dass man e-e Idee, e-e (gute) Lösung hat: *die Antwort auf e-e Frage, die Lösung e-s Problems f.; Er konnte den Fehler in der Rechnung nicht f.* **4** ***j-n* / *etw. irgendwie f.*** e-e bestimmte Meinung von j-m / etw. haben ≈ beurteilen ⟨etw. gut, schlecht, interessant, witzig, zum Lachen, in Ordnung, völlig überflüssig f.⟩: *Ich finde unseren neuen Nachbarn sehr nett; Ich finde es kalt hier* **5** ***etw. an j-m* / *etw. f.*** j-n / etw. in positiver Weise sehen, erleben, beurteilen ≈ j-n / etw. mögen ⟨Gefallen, Spaß an etw. f.⟩: *Ich weiß gar nicht, was er an dieser Frau findet - sie ist doch fade u. langweilig* **6** ***etw. f.*** *gespr;* verwendet mit e-m Subst., um ein Verb zu umschreiben; ***etw. findet Anwendung* / *Verwendung*** etw. wird angewendet; ***j-d* / *etw. findet Beachtung*** j-d / etw. wird beachtet; [Vti] **7** ***f.*** (+ *Nebensatz*) die Meinung haben, dass ... ≈ meinen (1): *Findest du nicht auch, dass er jetzt viel älter aussieht?; Ich finde, er lügt; „Das sieht gut aus!" - „Findest du?"*; [Vi] **8** ***irgendwohin f.*** suchend an e-n bestimmten Ort kommen ≈ gelangen (1): *Er war so betrunken, dass er nicht mehr nach Hause fand;* [Vr] **9** ***etw. findet sich*** **(*irgendwo*)** j-d findet (1) etw. wieder: *Die Brieftasche hat sich (wieder) gefunden* || ID *mst* ***Das wird sich alles f.*** *gespr;* für all das wird es e-e Lösung geben || ► ***Fund, fündig***

Fịn·der *der; -s, -;* j-d, der etw. (zufällig) findet (1), was ein anderer verloren hat ⟨*mst* der ehrliche F.⟩

Fịn·der·lohn *der; nur Sg;* e-e Belohnung (*mst* Geld), die j-d dafür erhält, dass er etw. findet (1), was ein anderer verloren hat

fịn·dig *Adj;* klug u. mit Ideen, wie man e-e schwierige Situation meistern kann ≈ einfallsreich, gewitzt ↔ einfältig: *Sie ist ein findiger Kopf* || *hierzu* **Fịn·dig·keit** *die; nur Sg*

Fi·nẹs·se *die; -, -n; geschr;* **1** *mst Pl;* ein *mst* kompliziertes od. spezielles (technisches) Detail (*bes* an e-m technischen Gerät): *Dieser Sportwagen ist mit allen Finessen ausgestattet* **2** *mst Pl;* e-e Methode, etw. auf geschickte (2) Weise zu machen ≈ Trick (1)

fịng *Imperfekt, 1. u. 3. Person Sg;* ↑ ***fangen***

Fịn·ger [-ŋɐ] *der; -s, -;* **1** eines der fünf Glieder an der Hand des Menschen od. des Affen, mit denen er greift ⟨geschickte, flinke F. haben; die Finger krümmen, spreizen, nach etw. ausstrecken; mit den Fingern schnipsen⟩: *e-n goldenen Ring am F. tragen* || ↑ *Abb. unter* ***Hand*** || K-: ***Finger-, -nagel, -spitze; finger-, -dick, -lang*** || *zu* ***Fingernagel*** ↑ *Abb. unter* ***Nagel*** [2] || NB: Die fünf Finger heißen *Daumen, Zeigefinger, Mittelfinger, Ringfinger, kleiner Finger* **2** ***der kleine F.*** der kürzeste u. schmalste F. (1) der Hand **3** der Teil des Handschuhs, der e-n einzelnen F. (1) umgibt || ID ***keinen F. rühren* / *krumm machen*** *gespr, mst pej;* sehr faul sein u. nichts tun (wollen); ***sich*** (*Dat*) ***nicht gern die Finger schmutzig machen*** *mst pej;* versuchen, unangenehme Arbeiten *o.Ä.* zu vermeiden (*mst* weil man sich zu fein dafür fühlt); ***die Finger von etw. lassen*** *gespr;* sich absichtlich nicht mit etw. beschäftigen, etw. nicht tun (*mst* weil es zu riskant erscheint); ***sich*** (*Dat*) **(*bei j-m* / *etw.*)** ***die Finger verbrennen*** *gespr;* bei j-m / etw. e-n Misserfolg haben (*bes* weil man ohne Vorsicht gehandelt od. ein Risiko unterschätzt hat); **(*bei etw.*)** ***die Finger im Spiel haben*** *gespr pej;* heimlich, indirekt an etw. *mst* Negativem (*z.B.* e-m kriminellen Unternehmen) beteiligt sein; ***seine Finger überall drinhaben*** *gespr pej;* (heimlich) an vielen *mst* negativen Unternehmen beteiligt sein, großen Einfluss haben; ***j-m auf die Finger schauen* / *sehen*** *gespr;* bei j-m aus Misstrauen genau darauf achten, was er tut; ***j-m auf die Finger klopfen*** *gespr;* j-n streng tadeln; ***sich*** (*Dat*) ***etw. aus den Fingern saugen*** *gespr, mst pej;* sich etw. ohne Vorbereitung ausdenken od. etw. erfinden (müssen); ***etw. in die Finger bekommen* / *kriegen*** *gespr;* zufällig in den Besitz e-r Sache kommen; ***sich*** (*Dat*) ***etw. an den fünf Fingern abzählen können*** *gespr;* etw. leicht vorhersehen können; ***j-n um den*** **(*kleinen*)** ***F. wickeln*** *gespr;* (*bes* durch Charme) so großen Einfluss auf j-n haben, dass man alles von ihm bekommt: *Dieser Casanova wickelt jede Frau um den kleinen F.;* ***j-d macht lange Finger*** *gespr euph;* j-d stiehlt; ***sich*** (*Dat*) ***die Finger nach etw. lecken*** *gespr;* etw. sehr gern haben wollen

Fịn·ger·ab·druck *der;* **1** das Muster auf der Haut der Finger(kuppen), das für jeden Menschen typisch ist u. das er auf den Gegenständen zurücklässt, die er berührt ⟨Fingerabdrücke hinterlassen⟩ **2** ***j-s Fingerabdrücke abnehmen*** (*mst* als Polizist) j-s Fingerkuppen zuerst in e-e Art Tinte u. dann auf ein Stück Papier drücken, um das Muster mit anderen Mustern vergleichen od. um den Betreffenden identifizieren zu können

Fin·ger·breit (*der*); *indeklinabel*; **1** ***e-n F.*** ungefähr in der Breite e-s Fingers: *Du musst deinen Fahrradsattel e-n F. höher stellen* **2** ***keinen F.*** überhaupt nicht ⟨keinen F. nachgeben, von etw. abgehen⟩

Fin·ger·fer·tig·keit *die*; *mst Sg*; die Fähigkeit, das Talent, etw. mit den Fingern schnell u. geschickt zu tun: *Der Cellist spielte die Sonate mit großer F.*

Fin·ger·hut *der*; e-e kleine Hülle (*mst* aus Metall), die *bes* beim Nähen die Spitze des Fingers schützt, der die Nadel schiebt || ↑ *Abb. unter* **nähen** || ID ***ein F. voll*** *gespr*; sehr wenig (von e-r Flüssigkeit)

Fin·ger·kup·pe *die*; der oberste Teil, die Spitze des Fingers

fin·gern; *fingerte, hat gefingert*; *gespr*; [Vi] **1** ***etw. aus etw. f.*** etw. nach längerem Suchen, mit Mühe, aus etw. hervorholen: *Schließlich fingerte er noch zwei Geldstücke aus der Hosentasche*; [Vi] **2** ***irgendwo*** (***nach etw.***) ***f.*** (nervös) mit den Fingern nach etw. suchen od. mit etw. spielen ≈ etw. tasten: *Im Dunkeln fingerte er an der Tür, ohne das Schloss zu finden*

Fin·ger·spit·zen|ge·fühl *das*; *nur Sg*; **1** ***F.*** (***für etw.***) Geschicklichkeit bei feinen Arbeiten mit der Hand **2** ***F.*** (***für etw.***) das intuitive Wissen, wie man sich in schwierigen Situationen richtig verhält ≈ Feingefühl ⟨F. für etw. besitzen / haben, brauchen⟩: *Ihm fehlt das nötige F. im Umgang mit Menschen*

Fin·ger·zeig *der* ≈ Hinweis ⟨j-m e-n F. geben; ein F. des Schicksals⟩

fin·gie·ren [-ŋ'giː-]; *fingierte, hat fingiert*; [Vi] ***etw. f.*** *geschr*; etw. erfinden od. fälschen u. als Tatsache od. als richtig darstellen, um andere zu täuschen ≈ vortäuschen ⟨e-e Rechnung, e-e Quittung *o.Ä.* f.⟩

Fi·nish [-ʃ] *das*; *-s, -s*; *Sport* ≈ Endkampf, Endspurt

Fink *der*; *-en, -en*; ein kleiner (Sing)Vogel mit kurzem dickem Schnabel u. bunten Federn || NB: *der Fink*; *den, dem, des Finken*

fins·ter *Adj*; **1** (völlig) ohne Licht ≈ dunkel (1) ↔ hell ⟨die Nacht; ein Keller⟩: *Er tastete im Finstern nach dem Lichtschalter* **2** ziemlich dunkel u. deshalb unheimlich (wirkend) ≈ düster (1) ⟨e-e Gasse, ein Gebäude, ein Hof, e-e Kneipe⟩ **3** *pej*; unfreundlich od. feindselig ≈ düster (2) ↔ heiter ⟨ein Mensch; e-e finstere Miene aufsetzen; j-n f. ansehen⟩ **4** *nicht adv*, *pej*; wie ein Verbrecher (wirkend) ≈ obskur, suspekt: *In der Hafenkneipe trieben sich finstere Gestalten herum* **5** *pej*; so, dass es Schaden (für andere Menschen) mit sich bringen kann: *finstere Gedanken haben*; *finstere Pläne ausbrüten*

Fins·ter·nis *die*; *-, -se*; **1** *nur Sg*, *geschr*; das (völlige) Fehlen von Licht ≈ Dunkelheit ↔ Helligkeit: *in e-e tiefe, undurchdringliche F. getaucht sein* **2** *Astron*, *Kurzw* ↑ **Mondfinsternis**, **Sonnenfinsternis**

Fin·te *die*; *-, -n*; *geschr*; e-e Handlung od. Aussage, mit der man j-n täuschen will ≈ Trick (2) || *hierzu* **fin·ten·reich** *Adj*

Fir·le·fanz *der*; *-es*; *nur Sg*, *gespr veraltend pej*; **1** Dinge, die überflüssig od. wertlos sind: *Sie trug ein schlichtes Kleid ohne modischen F.* **2** ≈ Unfug: *Statt zu lernen, treibt er nur F.*

firm *Adj*; *mst* ***f. in etw.*** (*Dat*) ***sein*** *gespr veraltend*; etw. sehr gut können: *Im Rechnen ist Martin ganz f.*

Fir·ma *die*; *-, Fir·men*; ein *mst* privates Unternehmen, in dem e-e Ware produziert wird od. das mit e-r Ware handelt ≈ Betrieb[1] (1) || K-: ***Firmen-, -chef, -gründer, -inhaber, -jubiläum, -kapital*** || -K: ***Bau-, Export-, Handels-, Import-, Liefer-***

Fir·ma·ment *das*; *-(e)s*; *nur Sg*, *geschr* ≈ Himmel

fir·men; *firmte, hat gefirmt*; [Vt] *mst* ***j-d wird gefirmt*** *kath*; j-d erhält (*bes* vom Bischof) das Sakrament der Firmung || K-: ***Firm-, -pate***

fir·mie·ren; *firmierte, hat firmiert*; [Vi] ***etw. firmiert als*** + *Name* / ***mit, unter dem Namen …*** *geschr*; e-e Firma, ein Unternehmen *o.Ä.* führt den (Geschäfts)Namen …: *Das Unternehmen firmiert unter dem Namen Schmidt & Partner*

Firm·ling *der*; *-s, -e*; *kath*; j-d, der gefirmt wird

Fir·mung *die*; *-*; *nur Sg*, *kath*; ein Sakrament, das j-n in seinem Glauben stärken soll. Kinder erhalten *mst* ein paar Jahre nach der Erstkommunion die F.

Firn *der*; *-s*; *nur Sg*; der Schnee weit oben im (Hoch)Gebirge, der an der Oberfläche *mst* sehr rau u. hart gefroren ist

Fir·nis *der*; *-*; *nur Sg*; ein farbloser, glänzender Lack

First *der*; *-(e)s, -e*; die oberste, horizontale Kante des Daches, an der zwei schräge (Dach)Flächen zusammenstoßen || -K: ***Dach-***

fis, Fis *das*; *-, -*; *Mus*; der Halbton über dem f || K-: ***Fis-Dur*; *fis-Moll***

Fisch *der*; *-(e)s, -e*; **1** ein Tier, das e-e *mst* längliche Form hat, im Wasser lebt u. mithilfe von Flossen schwimmt ⟨e-n F. angeln, fangen⟩: *Fische haben Schuppen u. atmen durch Kiemen*; *ein Schwarm junger Fische* || K-: ***Fisch-, -bestand, -brut, -flosse, -gräte, -händler, -laich, -schuppe, -teich, -zucht*** || -K: ***Meeres-, Süßwasser-*** **2** *nur Sg*; der F. (1) als Speise ⟨gebackener, gebratener, geräucherter F.⟩: *F. ist reich an Eiweiß* || K-: ***Fisch-, -filet, -konserve*** || -K: ***Brat-*** **3** *nur Pl*, *ohne Artikel*; das Sternzeichen für die Zeit vom 20. Februar bis 20. März || ↑ *Abb. unter* **Sternzeichen** **4** *nur Sg*; j-d, der in der Zeit vom 20. Februar bis 20. März geboren ist: *Sie ist ein F.* || ID ***stumm wie ein F. sein*** *gespr*; nicht viel reden, schweigsam sein; *mst* ***kleine Fische*** *gespr*; Personen od. Dinge von geringer Bedeutung: *Das sind für ihn nur kleine Fische*; ***ein großer / dicker F.*** *gespr*, *oft hum*; e-e wichtige, *mst* kriminelle Person: *Bei der Fahndung ist der Polizei ein dicker F. ins Netz gegangen*; ***weder F. noch Fleisch*** *gespr*; nichts Richtiges, weder so richtig das eine noch so richtig das andere

fi·schen; *fischte, hat gefischt*; [Vt/i] **1** (***etw.***) ***f.*** versuchen, mit e-r Angel od. mit e-m Netz *bes* Fische zu fangen: *Der Angler sitzt am Bach u. fischt* (*Forellen*); [Vt] **2** ***j-n / etw. aus etw. f.*** *gespr*; j-n / etw. aus e-r Flüssigkeit holen: *ein Haar aus der Suppe f.* **3** (***sich*** (*Dat*)) ***etw.*** (***aus etw.***) ***f.*** *gespr*; (sich) etw. aus etw. nehmen: *Sie fischte sich e-e Praline aus der Schachtel*

Fi·scher *der*; *-s, -*; j-d, der (*bes* beruflich) Fische fängt: *Die Insel ist nur von Fischern bewohnt* || K-: ***Fischer-, -boot, -dorf, -haus, -insel, -netz*** || -K: ***Austern-, Perlen-***

Fi·sche·rei *die*; *-*; *nur Sg*; das Fangen von Fischen u. anderen Tieren, die im Meer leben ⟨von der F. leben⟩ || K-: ***Fischerei-, -gewässer, -hafen*** || -K: ***Hochsee-, Küsten-, Perlen-***

Fisch·fang *der*; *nur Sg*; das Fangen von Fischen (als Beruf) ⟨auf F. gehen; vom F. leben⟩

Fisch·ver·gif·tung *die*; e-e Vergiftung, die man bekommt, wenn man verdorbenen Fisch gegessen hat

Fisch·zug *der*; *-(e)s*; *nur Sg*; **1** der Fischfang mit dem (Schlepp)Netz **2** ***ein guter F.*** ein Geschäft, das reichen Gewinn bringt

Fis·kus *der*; *-*; *nur Sg*, *Kollekt*; alle Institutionen des Staates (*bes* die Finanzämter), die für Finanzen u. Steuern zuständig sind

Fis·tel·stim·me *die*; *gespr*; e-e sehr hohe, unangenehme Stimme

fit *Adj*; *nur präd od adv*; (*mst* durch sportliches Training) bei guter Gesundheit ≈ durchtrainiert, in Form: *Er hält sich durch Gymnastik u. Dauerläufe fit*

Fit·ness *die*; -; *nur Sg*; e-e gute körperliche Verfassung ⟨etw. für die / seine F. tun⟩ || K-: ***Fitness-, -programm, -studio, -test, -training***

Fit·ness·cen·ter *das*; ein Haus od. e-e Halle, in dem / der man bestimmte Sportarten (*z.B.* Gymnastik, Bodybuilding od. Squash) betreiben kann, die *bes* der Fitness dienen ≈ Fitnessstudio

Fit·tich *der*; *mst in* ***j-n unter seine Fittiche nehmen*** *hum*; sich um j-n kümmern, indem man ihn beschützt u. ihm hilft

fix[1], *fixer, fixest-*; *Adj*; *gespr*; **1** *nur adv* ≈ rasch, schnell: *seine Arbeit ganz fix erledigen* **2** fähig, etw. schnell zu verstehen od. zu tun ≈ flink, geschickt ↔ schwerfällig: *ein fixer Junge*

fix[2] *Adj*; *mst attr, nicht adv* ≈ fest (9), unveränderlich ↔ variabel ⟨das Gehalt, Kosten, ein Preis⟩ || K-: ***Fix-, -kosten, -preis***

fix[3] *Adj*; *nur in* **fix u. fertig**; *nur präd od adv, gespr*; **a)** vollständig bis zum Ende gemacht: *Das Kleid, das ich genäht habe, ist jetzt fix u. fertig*; *Alles ist fix u. fertig aufgeräumt*; **b)** (körperlich od. seelisch) völlig erschöpft: *Die Hitze macht mich fix u. fertig*; **c)** völlig ruiniert

fi·xen; *fixte, hat gefixt*; *gespr*; [Vi] sich Rauschgift in e-e Ader spritzen || *hierzu* **Fi·xer** *der*; *-s, -*

fi·xie·ren; *fixierte, hat fixiert*; [Vt] **1** ***etw. f.*** *Admin geschr*; etw., das vorher mündlich gesagt wurde, aufschreiben ≈ (schriftlich) festhalten (3): *Die Polizisten fixierten die Aussagen des Verhafteten in e-m Protokoll* **2** ***etw. irgendwo f.*** *geschr*; etw. irgendwo festmachen: *ein Plakat an der Wand f.* **3** ***j-n / etw. f.*** *geschr*; starr u. konzentriert auf j-n / etw. blicken **4** ***etw. f.*** *Foto*; e-n (entwickelten) Film in e-e spezielle Flüssigkeit geben, damit sich das Bild nicht mehr durch Licht verändert ⟨e-n Film, Fotos f.⟩ || K-: ***Fixier-, -bad, -mittel***

fi·xiert **1** *Partizip Perfekt*; ↑ **fixieren** **2** *Adj*; ***auf j-n / etw. f.*** *geschr, mst pej*; emotional so stark an e-e bestimmte Person od. Sache gebunden, dass man psychisch von ihr abhängt: *Das Kind ist stark auf seine Mutter fixiert*

Fix·stern *der*; *Astron*; ein Stern (Himmelskörper) wie *z.B.* unsere Sonne, der seine Lage zu anderen Sternen nicht ändert

Fi·xum *das*; *-s, Fi·xa*; *geschr*; ein festes (Grund)Gehalt (für e-e Arbeit), zu dem *mst* noch weitere Zahlungen (je nach Leistung) hinzukommen: *Das F. des Kellners ist so gering, dass er auf Trinkgelder angewiesen ist*

FKK [ɛfkaːˈkaː] *indeklinabel*; (*Abk für* Freikörperkultur) *mst in* ***F. machen / treiben*** *gespr*; sich im Freien, in der Natur nackt bewegen, *bes* nackt baden || K-: ***FKK-Gelände, FKK-Strand, FKK-Urlaub***

flach, *flacher, flach(e)st-*; *Adj*; **1** ohne (auffällige) Erhebung od. Vertiefung ≈ eben ↔ gebirgig, uneben ⟨ein Gebiet, ein Land; ein Brett; sich f. (= ausgestreckt) auf den Boden legen⟩ || ↑ *Abb. unter* ***Eigenschaften*** **2** mit nur geringer Höhe ≈ niedrig (1) ↔ hoch ⟨ein Bau, ein Gebäude; Schuhe⟩: *Schuhe mit flachen Absätzen* || K-: ***Flach-, -bau*** **3** so, dass es sich nur ganz wenig nach unten erstreckt, nur geringe Tiefe hat ≈ niedrig (2) ↔ tief ⟨e-e Schüssel, ein Teller; ein Gewässer, ein Flussbett⟩ || K-: ***Flach-, -wasser*** **4** *pej*; ohne etw. Wichtiges od. Neues ≈ nichtssagend ⟨e-e Unterhaltung, ein Vortrag⟩ **5** so, dass der Betreffende beim Atmen nur wenig Luft in die Lungen bekommt, *bes* weil er schwach ist ↔ tief ⟨f. atmen; j-s Atem geht f.⟩

Flach·dach *das*; ein Dach, das horizontal auf e-m Gebäude liegt, ohne schräge Flächen

Flä·che *die*; *-, -n*; **1** ein ebenes Gebiet mit e-r bestimmten Länge u. Breite: *Weite Flächen Chinas sind mit Reis bebaut*; *Vor dem Supermarkt kann man auf e-r großen F. parken* || K-: ***Flächen-, -ausdehnung, -brand*** || -K: ***Acker-, Anbau-, Eis-, Rasen-, Schnee-, Tanz-, Wasser-*** **2** die flache Seite e-s geometrischen Körpers: *Ein Würfel besteht aus sechs quadratischen Flächen* || -K: ***Seiten-, Spiegel-, Wand-*** **3** *Math*; verwendet, um die Größe von zweidimensionalen Figuren (in Quadratzentimetern, Quadratmetern *usw*) zu berechnen: *Die F. des Kreises beträgt 20 cm*^{2} || K-: ***Flächen-, -berechnung, -inhalt, -maß*** || -K: ***Kegel-, Kreis-***

flach·fal·len; *fällt flach, fiel flach, ist flachgefallen*; [Vi] ***etw. fällt flach*** *gespr*; etw. findet nicht statt ≈ etw. fällt aus ⟨ein Fest, ein Ausflug⟩

Flach·heit *die*; *-, -en*; **1** Geistlosigkeit, das Fehlen von guten Ideen u. Witz: *Die F. seines Vortrags war kaum zu übertreffen* **2** *mst Pl, pej*; e-e Äußerung, die nichts Wichtiges od. Neues enthält

-flä·chig *im Adj, begrenzt produktiv*; mit der genannten Zahl od. Menge von Flächen (2); ***vierflächig, fünfflächig, sechsflächig*** *usw*; ***vielflächig***

Flach·land *das*; *nur Sg*; ein relativ großes, flaches Gebiet ≈ Ebene

flach·lie·gen; *lag flach, hat / südd ist flachgelegen*; [Vi] *gespr*; krank sein u. im Bett liegen

Flach·mann *der*; *-(e)s, Flach·män·ner*; *gespr hum*; e-e kleine Flasche (für Schnaps), die so flach ist, dass man sie in die (Jacken)Tasche stecken kann

Flachs [flaks] *der*; *-es*; *nur Sg*; **1** e-e Pflanze, aus deren Stängeln man Bast gewinnt **2** die Fasern des Flachses (1), aus denen man Leinen herstellt **3** *gespr*; Unsinn, der aus Spaß gesagt wird ⟨F. machen⟩ || *zu* **3** **flach·sen** (*hat*) *Vi*

fla·ckern; *flackerte, hat geflackert*; [Vi] ***etw. flackert*** etw. brennt so, dass sich die Flamme sehr unruhig bewegt ⟨e-e Flamme, e-e Lampe, ein Licht *o.Ä.*⟩: *Im Kamin flackerte ein helles Feuer*

Fla·den *der*; *-s, -*; **1** e-e Art Kuchen od. Brot in flacher, runder Form || K-: ***Fladen-, -brot*** **2** e-e (dickflüssige) Masse, die flach u. breit auseinander gelaufen ist (*z.B.* der Kot von Kühen) || -K: ***Kuh-***

Flag·ge *die*; *-, -n*; e-e kleine Fahne *z.B.* am Mast e-s Schiffes ⟨e-e F. hissen, aufziehen, einholen⟩: *Die Piraten hissten die F. mit dem Totenkopf*; *Der Tanker fährt unter libanesischer F.* || K-: ***Flaggen-, -mast*** || -K: ***National-, Piraten-, Schiffs-*** || ID ***F. zeigen*** seine Meinung, seinen Standpunkt klar u. deutlich zu erkennen geben

Flagg·schiff *das*; **1** das größte u. wichtigste Schiff e-r Flotte **2** das teuerste u. modernste Modell e-r Autofirma

flag·rant *Adj*; *mst attr, nicht adv*; *geschr* ≈ offenkundig ⟨ein Verstoß, ein Widerspruch⟩

Flair [flɛːɐ̯] *das*; *-s*; *nur Sg, geschr*; die besondere Atmosphäre, die etw. umgibt od. die ein Mensch ausstrahlt: *das F. der Wiener Kaffeehäuser*

flam·bie·ren; *flambierte, hat flambiert*; [Vt] ***etw. f.*** den Alkohol anzünden, den man über e-e Speise gegossen hat (u. diese brennend servieren)

Fla·min·go [-ŋg-] *der*; *-s, -s*; ein Vogel mit langen Beinen, langem Hals u. *mst* rosa Federn (der an See- u. Flussufern in warmem Klima lebt)

Flam·me *die*; *-, -n*; **1** der obere (bläulich od. gelblich brennende) Teil des Feuers, der sich (heftig) bewegt ⟨e-e helle, schwache, starke F.; e-e F. erlischt, lodert, züngelt; j-d erstickt die Flammen⟩: *Flammen schlugen aus dem Dach des brennenden Hauses* || -K: ***Gas-, Kerzen-*** **2** ***etw. steht in Flammen*** *geschr*; etw. brennt als Ganzes **3** ***etw. geht in Flammen auf*** *geschr*; etw. wird ganz durch ein Feuer zerstört: *Das ganze Gebäude ging in Flammen auf* **4** ***auf kleiner F.*** bei geringer Hitze: *e-e Fischsuppe auf kleiner F. kochen* **5** *mst* ***die Flammen*** + *Gen*, *geschr*; verwendet, um intensive Gefühle zu beschreiben: *Flammen der Begeisterung, der Leidenschaft, des Hasses* **6** *gespr veraltend*; verwendet als Bezeichnung für ein Mädchen, in das ein junger Mann verliebt ist ≈ Schwarm

flam·mend *Adj*; **1** so, dass es in heller od. kräftiger Farbe strahlt ≈ leuchtend: *ein flammendes Gelb* **2** von starken Gefühlen / Emotionen begleitet, mit Leidenschaft ≈ leidenschaftlich ⟨ein Appell, ein Plädoyer, e-e Rede⟩

Fla·nell *der*; *-s*; *nur Sg*; ein leichter, sehr weicher Stoff aus Wolle (od. Baumwolle), der sehr gut wärmt: *ein Pyjama aus F.* || K-: ***Flanell-, -anzug, -bluse, -hemd, -hose***

fla·nie·ren; *flanierte, hat / ist flaniert*; Vi *geschr*; (ohne ein bestimmtes Ziel) durch die Straßen e-r Stadt gehen ≈ schlendern, spazieren

Flan·ke *die*; *-, -n*; **1** die weiche Seite des Körpers von Tieren zwischen Brust(korb) u. Becken: *Der Reiter drückte dem Pferd die Sporen in die Flanken* **2** *Mil*; die rechte od. linke Seite e-r Truppe, die marschiert od. bereits (im Gelände) e-e Position zum Kämpfen eingenommen hat **3** *Sport*; (*bes* beim Fußball) ein Schuss, der den Ball von e-r Seite des Spielfelds vor das Tor des Gegners bringt ⟨e-e (hohe) F. schlagen⟩ **4** *Sport*; ein Sprung von der Seite über ein Turngerät, Brett *o.Ä.*, bei dem man eine Hand aufstützt ⟨e-e F. machen⟩ || *zu* **3** u. **4 flan·ken** (*hat*) *Vt / i*

flan·kie·rend *Adj*; *nur in* ***flankierende Maßnahmen*** ⟨ergreifen⟩ *geschr*; Maßnahmen (ergreifen), die die Wirkung e-r Sache unterstützen

Fla·sche *die*; *-, -n*; **1** ein *mst* hohes (verschließbares) Gefäß (*bes* aus Glas), das zur Öffnung hin eng wird ⟨e-e schlanke, bauchige F.; e-e F. aufmachen, entkorken, füllen, verkorken⟩: *e-e F. Limonade, Wein, Bier, Schnaps; die F. mit e-m Korken verschließen* || K-: ***Flaschen-, -bier, -gärung, -glas, -milch, -pfand, -verschluss*** || -K: ***Bier-, Sekt-, Wein-; Milch-; Sauerstoff-*** **2** die Menge an Flüssigkeit, die sich in e-r F. (1) befindet: *e-e F. Milch trinken* **3** e-e F. (1) aus Glas od. Plastik, aus der ein Baby flüssige Nahrung (*bes* Milch) trinken kann ⟨e-m Kind die F. geben⟩ || K-: ***Flaschen-, -nahrung*** || -K: ***Baby-*** **4** *gespr pej* ≈ Versager

Fla·schen·hals *der*; **1** der obere, enge Teil e-r Flasche (1) **2** die Stelle, an der e-e (breite) Straße enger wird

Fla·schen·öff·ner *der*; ein kleiner Gegenstand (aus Metall), mit dem man Flaschen öffnen kann, die e-n Verschluss aus Metall haben || NB: ↑ ***Korkenzieher***

Fla·schen·post *die*; e-e schriftliche Nachricht in e-r verschlossenen Flasche, die j-d ins Meer wirft, damit sie von j-m gefunden u. gelesen wird

Fla·schen·zug *der*; e-e Konstruktion aus Seilen u. Rollen, mit der man schwere Lasten mit relativ wenig Kraft hochziehen kann

Flaschenzug

die Rolle

flat·ter·haft *Adj*; in seiner Meinung, seinem Verhalten od. seiner Überzeugung (*bes* in Bezug auf andere Personen) nicht fest, sondern schnell bereit, sie zu ändern ⟨ein Wesen, e-e Person⟩ || NB: ↑ ***unbeständig***

flat·tern; *flatterte, hat / ist geflattert*; Vi **1** ⟨ein Vogel, ein Schmetterling *o.Ä.*⟩ ***flattert irgendwo(hin)*** (*ist*) ein Vogel, ein Schmetterling *o.Ä.* fliegt so, dass sich die Flügel schnell u. unruhig auf u. ab bewegen: *Der Schmetterling flattert über die Wiese* **2** ⟨ein Vogel, ein Schmetterling *o.Ä.*⟩ ***flattert mit den Flügeln*** (*hat*) ein Vogel, ein Schmetterling *o.Ä.* bewegt seine Flügel heftig hin u. her: *Die Hühner flatterten aufgeregt mit den Flügeln* **3** ***etw. flattert irgendwohin*** (*ist*) *bes* Papier fällt mit e-r ungleichmäßigen Bewegung zu Boden od. wird vom Wind durch die Luft bewegt **4** ***etw. flattert*** (*hat*) etw. bewegt sich im Wind heftig hin u. her: *Die Wäsche flatterte auf / an der Leine* **5** ***j-s Herz / Puls flattert*** (*hat*) j-s Herz / Puls schlägt unregelmäßig

flau, *flauer, flau(e)st-*; *Adj*; **1** ***j-m ist f.*** *gespr*; j-d fühlt sich nicht wohl, ihm ist ein wenig übel od. schwindlig: *Vor lauter Aufregung war mir ganz f. im Magen* **2** *nicht adv, gespr* ≈ langweilig: *Die Stimmung auf seiner Party war ziemlich f.* **3** *mst präd*; so, dass dabei nicht viel Geld verdient wird ⟨das Geschäft, der Verkauf, der Umsatz ist f.⟩ || *hierzu* **Flau·heit** *die*; *nur Sg*

Flaum *der*; *-(e)s*; *nur Sg*; **1** die kleinen, sehr weichen Federn, die ein Vogel unter den anderen Federn direkt auf der Haut hat ≈ Daunen || K-: ***Flaum-, -feder*** **2** *gespr, mst hum*; die ersten Barthaare e-s jungen Mannes || -K: ***Bart-*** **3** e-e sehr weiche Oberfläche: *der F. e-s Pfirsichs* || *hierzu* **flau·mig** *Adj*

flau·schig *Adj*; aus e-m dicken Stoff, der sich sehr weich anfühlt: *e-e flauschige Wolldecke*

Flau·sen *die*; *Pl*; *mst in* (***nichts als / nur***) ***F. im Kopf haben*** *gespr pej*; (immer nur) lustige Streiche, Unfug machen

Flau·te *die*; *-, -n*; **1** der Zustand, in dem auf dem Meer kein Wind weht ≈ Windstille: *Wegen e-r F. konnte die Regatta nicht gestartet werden* **2** die Zeit, in der *z.B.* e-e Firma wenig Waren verkauft od. nur wenig Aufträge bekommt: *In der Bauindustrie herrscht zurzeit e-e F.* **3** (von Menschen) e-e vorübergehende Verschlechterung in der Leistung, Stimmung *o.Ä.*

Flech·te *die*; *-, -n*; e-e Pflanze, die sich auf Steinen od. auf Holz ausbreitet u. noch in extremen Höhen im Gebirge vorkommt

flech·ten; *flicht, flocht, hat geflochten*; Vt **1** ***etw. f.*** drei od. mehr Stränge *z.B.* von Haar, Wolle od. Stroh so über- u. untereinander legen, dass e-e Art Band od. ein Zopf entsteht: *die Haare (e-s Mädchens) zu e-m Zopf flechten* **2** ***etw. f.*** durch Flechten (1) e-n Gegenstand herstellen: *aus Binsen e-n Korb f.; aus Bast e-e Matte f.*

flechten

Fleck *der*; *-(e)s, -e*; **1** e-e *mst* kleine schmutzige Stelle *bes* auf Stoff: *sich mit Farbe Flecke auf das neue Hemd machen; e-n F. aus dem Tischtuch entfernen* || -K: ***Blut-, Farb-, Fett-, Gras-, Rost-, Rotwein-, Schmutz-, Soßen-, Tinten-*** **2** e-e kleine Stelle (*bes* auf dem Fell von Tieren), die e-e andere Farbe hat als ihre Umgebung: *Unser Hund hat e-n weißen F. auf der Stirn* || -K: ***Haut-*** **3** ***ein blauer F.*** ein leichter Bluterguss: *nach e-m Sturz blaue Flecke am Bein haben* **4** *gespr*; e-e bestimmte Stelle, ein Punkt ⟨sich nicht vom F. rühren⟩: *Die Handbremse klemmt. - Ich kriege den Wagen nicht vom F.* (= kann

F

ihn nicht bewegen) **5** *gespr*; e-e kleine Fläche in e-r Landschaft, e-m Gebiet ⟨ein schöner, herrlicher, stiller F.⟩ || NB: *mst* in Verbindung mit positiven Adjektiven u. oft auch in der verkleinerten Form *Fleckchen* || ID ***ein weißer F. auf der Landkarte*** e-e Gegend der Erde, die noch nicht erforscht ist; (***mit etw.***) ***nicht vom F. kommen*** *gespr*; (*bes* bei e-r Arbeit) nicht weiterkommen

Fle·cken *der*; *-s*, *-*; **1** ≈ Fleck (1) **2** *veraltend*; e-e kleine Ortschaft ≈ Dorf

Fle·cken·ent·fer·ner *der*; e-e Flüssigkeit od. ein Pulver, mit denen man Flecken (1) entfernt

fle·cken·los *Adj*; *nicht adv*; ohne e-n Fleck (1,2)

Fle·cken·was·ser *das*; *mst Sg*; ein flüssiges Mittel, mit dem man Flecken (1) entfernt

fle·ckig *Adj*; **1** mit (vielen) Flecken (1) ↔ sauber, fleckenlos ⟨ein Hemd, e-e Tischdecke⟩ **2** *pej*; mit vielen Flecken (2) bedeckt u. deshalb nicht schön ⟨ein Gesicht, e-e Haut; ein Apfel⟩

Fle·der·maus *die*; ein kleines (Säuge)Tier mit Flügeln, das *bes* in Höhlen lebt, nachts fliegt u. beim Schlafen mit dem Kopf nach unten hängt

Fle·gel *der*; *-s*, *-*; *gespr pej*; verwendet als Schimpfwort für e-n Mann od. Jungen, der sich schlecht (*bes* frech u. unhöflich) benimmt || *zu* ***Flegelei*** ↑ ***-ei***

fle·gel·haft *Adj*; wie ein Flegel ⟨sich f. benehmen; flegelhafte Manieren haben⟩ || NB: *mst* für männliche Personen verwendet || *hierzu* **Fle·gel·haf·tig·keit** *die*

Fle·gel·jah·re *die*; *Pl*; e-e Zeit in der Entwicklung vieler (männlicher) Jugendlicher, in der sie sehr frech u. unhöflich sind ⟨in den Flegeljahren sein⟩

fle·geln, sich; *flegelte sich, hat sich geflegelt*; Vr ***sich irgendwohin f.*** *gespr pej*; sich in sehr bequemer u. lässiger Haltung irgendwohin setzen: *Flegel dich nicht so auf die Couch!*

fle·hen ['fle:ən]; *flehte, hat gefleht*; Vi **1** (***um etw.***) ***f.*** demütig u. intensiv um etw. bitten ⟨um Gnade, Hilfe, Vergebung f.⟩; Vt/i **2** ***f.*** (+ *Satz*) ≈ f. (1): *„Lass mich nicht allein!" flehte er*

fle·hent·lich *Adj*; *nur attr od adv*, *geschr*; in Demut (flehend) ⟨e-e Bitte; j-n f. um etw. bitten⟩

Fleisch *das*; *-(e)s*; *nur Sg*; **1** die weiche Substanz am Körper von Menschen u. Tieren, die unter der Haut liegt u. die Knochen umhüllt (*bes* Muskeln): *Der Löwe riss ein großes Stück F. aus dem Körper der Antilope* || K-: ***Fleisch-, -wunde*** **2** Teile des Fleisches (1) von Tieren, die man *z.B.* gekocht od. gebraten isst ⟨fettes, frisches, mageres, rohes, zähes, gebratenes, geräuchertes F.⟩ || K-: ***Fleisch-, -gericht, -konserve*** || -K: ***Hühner-, Kalb-, Rind-, Schweine-*** **3** die weichen Teile von Früchten u. bestimmten Gemüsearten, die man isst: *das saftige F. der Kirschen, Tomaten* || -K: ***Frucht-*** **4** *geschr veraltend*; die sinnlichen, *bes* sexuellen Bedürfnisse || K-: ***Fleisches-, -lust*** || ID ***sich*** (*Dat* / *Akk*) ***ins eigene F. schneiden*** (durch e-e Dummheit, Unvorsichtigkeit) sich selbst schaden; *mst* ***etw. geht j-m in F. u. Blut über*** j-d hat etw. schon so lange od. oft getan, dass er es automatisch beherrscht od. tut; ***sein eigen F. u. Blut*** *geschr veraltend*; sein eigenes Kind, seine eigenen Kinder; ***j-d fällt vom F.*** *gespr*; j-d nimmt stark ab, wird mager || *zu* **1 fleisch·far·ben** *Adj*

Fleisch·be·schau *die*; *-*; *nur Sg*; **1** die Feststellung (durch e-e Behörde), ob das Fleisch (2) verkauft u. gegessen werden kann **2** *pej*; (von Männern) lustvolles Betrachten der Frauen, die wenig bekleidet sind (*z.B.* am Strand) || *zu* **1 Fleisch·be·schau·er** *der*

Fleisch·brü·he *die*; **1** e-e klare Suppe, die durch Kochen von Fleisch u. Knochen entsteht **2** ein Pulver *o.Ä.*, mit dem man Suppen würzt

Flei·scher *der*; *-s*, *-*; j-d, der beruflich schlachtet, Fleisch verkauft, Wurst macht ≈ Metzger, Schlachter || K-: ***Fleischer-, -handwerk, -laden, -lehrling, -meister, -messer***

Flei·sche·rei *die*; *-*, *-en*; ein Geschäft, in dem Fleisch u. Wurst verkauft werden ≈ Metzgerei, Schlachterei

Fleisch·fres·ser *der*; *-s*, *-*; ein Tier, das hauptsächlich von Fleisch lebt

flei·schig *Adj*; *nicht adv*; **1** (*bes* von Körperteilen) mit viel Fleisch ≈ dick, massig ⟨ein Gesicht, e-e Nase, Lippen, Hände⟩ **2** (*bes* von Obst) mit viel (Frucht)Fleisch (3): *fleischige Kirschen*

fleisch·lich *Adj*; *mst attr*, *geschr veraltend*; von sexueller Lust bestimmt ⟨Begierde, Gelüste, Lust⟩

Fleisch·pflan·zerl *das*; *-s*, *-*; *südd* ≈ Frikadelle

Fleisch·ver·gif·tung *die*; e-e Vergiftung, die man bekommt, wenn man verdorbenes Fleisch gegessen hat

Fleisch·wa·ren *die*; *Pl*; Wurst u. Fleisch in verschiedenen Sorten, die es im Geschäft zu kaufen gibt || K-: ***Fleischwaren-, -abteilung***

Fleisch·wolf *der*; ein (Küchen)Gerät, mit dem man Fleisch (2) so fein macht (zerkleinert), dass e-e weiche Masse entsteht

Fleiß *der*; *-es*; *nur Sg*; die konzentrierte u. intensive Arbeit u. Beschäftigung mit etw. ↔ Faulheit: *mit ausdauerndem, unermüdlichem F. an etw. arbeiten*; *Der Schüler zeigt keinen F. beim Lernen* || ID ***Ohne F. kein Preis!*** nur durch F. erreicht man sein Ziel

Fleiß·ar·beit *die*; e-e Arbeit, die viel Fleiß erfordert, oft aber nicht sehr interessant ist

flei·ßig **1** *Adj*; mit Fleiß u. Ausdauer, mit viel Arbeit ≈ emsig ↔ faul ⟨ein Handwerker, e-e Hausfrau, ein Schüler; Bienen⟩ **2** *nur attr od adv*, *gespr*; ziemlich intensiv (u. regelmäßig) ≈ eifrig: *Er hat im Sommer f. Sport getrieben*

flek·tie·ren; *flektierte, hat flektiert*; Vt ***etw. f.*** *Ling*; e-m Wort (*z.B.* e-m Verb od. Substantiv) die Endung geben, die grammatisch richtig ist (das Wort also konjugieren od. deklinieren) ⟨ein Wort f.; die flektierten Formen⟩: *ein schwach, stark flektiertes Adjektiv* || *hierzu* **flek·tier·bar** *Adj*; *nicht adv* || ▸ ***Flexion***

flen·nen; *flennte, hat geflennt*; Vi *gespr pej*; (heftig) weinen

flet·schen; *fletschte, hat gefletscht*; Vt ⟨ein Hund, ein Löwe *o.Ä.*⟩ ***fletscht die Zähne*** ein Hund, ein Löwe *o.Ä.* zeigt als Ausdruck der Drohung die Zähne

fleucht ↑ ***kreucht***

fle·xi·bel, *flexibler, flexibelst-*; *Adj*; **1** ≈ biegsam, elastisch ↔ starr ⟨(ein) Material⟩ **2** in der Lage od. geeignet, sich veränderten Bedingungen anzupassen ⟨e-e Haltung, e-e Planung *o.Ä.*; f. reagieren⟩: *den Tagesablauf f. gestalten* || NB: *flexibel* → *e-e flexible Haltung* || *hierzu* **Fle·xi·bi·li·tät** *die*; *nur Sg*

Fle·xi·on [-'ksio:n] *die*; *-*, *-en*; die Abwandlung e-s Substantivs, Adjektivs od. Verbs (in der Deklination od. Konjugation) || K-: ***Flexions-, -endung***

flicht *Präsens, 3. Person Sg*; ↑ ***flechten***

fli·cken; *flickte, hat geflickt*; Vt/i (***etw.***) ***f.*** etw. (*mst* e-n Gegenstand aus Stoff), das ein Loch hat od. zerrissen ist, (mit e-m Flicken) ausbessern / reparieren ⟨e-e zerrissene Hose, e-n Fahrradschlauch, ein Fischernetz, ein Segel f.⟩ || K-: ***Flick-, -arbeit***

Fli·cken *der*; *-s*, *-*; ein kleines Stück Stoff *o.Ä.*, mit dem man etw. flickt || -K: ***Leder-, Stoff-***

Flick·werk *das*; *nur Sg*, *gespr pej*; das Ergebnis / Produkt e-r handwerklichen od. geistigen Tätigkeit, das viele Fehler u. Mängel hat u. (in der Planung od. Ausführung) nicht einheitlich ist

Flick·zeug *das*; *nur Sg*, *Kollekt*; alle Dinge, die man braucht, um etw. (*z.B.* Kleidung, e-n Fahrradschlauch) zu reparieren

Flie·der *der*; *-s*; *nur Sg*; ein Strauch mit kleinen weißen od. lila Blüten, die sehr stark duften u. in Form von Trauben wachsen || K-: ***Flieder-, -baum, -busch, -strauch, -strauß*** || *hierzu* **flie·der·far·ben** *Adj*

Flie·ge[1] *die*; *-, -n*; ein *mst* schwarzes Insekt mit zwei Flügeln u. kurzen Fühlern: *e-e lästige F. fangen*; *Die Larve der F. heißt Made* || K-: ***Fliegen-, -netz, -schwarm*** || ID ⟨Personen⟩ ***fallen um / sterben wie die Fliegen*** *gespr*; Personen sterben in großer Zahl; ***zwei Fliegen mit e-r Klappe schlagen*** *gespr*; mit e-r Handlung zwei Ziele zugleich erreichen; ***keiner F. (et)was zuleide tun (können)*** *gespr*; e-n sehr sanften Charakter haben u. niemanden verletzen (können); ***die F. machen*** *gespr*; e-n Ort (schnell) verlassen

Flie·ge[2] *die*; *-, -n*; e-e Art Krawatte, die zu e-r Schleife gebunden wird u. die Herren *bes* zu sehr eleganten Anzügen (*z.B.* zum Smoking) tragen

flie·gen; *flog*, *hat / ist geflogen*; [Vt] **1** ***etw. f.*** (*hat*) als Pilot etw. steuern: *e-n Hubschrauber, ein Flugzeug f.* **2** ***etw. f.*** (*ist / hat*) e-n bestimmten Weg durch die Luft zurücklegen ⟨e-e Kurve, e-n Looping f.⟩: *e-n Umweg, die Strecke London-Paris f.* **3** ***j-n / etw. irgendwohin f.*** (*hat*) j-n / etw. durch die Luft an e-n bestimmten Ort bringen: *Die Ärzte wurden mit e-m Hubschrauber in das Katastrophengebiet geflogen*; [Vi] (*ist*) **4** ⟨ein Vogel, ein Insekt *o.Ä.*⟩ ***fliegt*** ein Vogel, ein Insekt *o.Ä.* bewegt sich mit Flügeln aus eigener Kraft durch die Luft fort: *Der Schmetterling fliegt von Blüte zu Blüte* **5** ***etw. fliegt*** etw. bewegt sich mit technischer Hilfe in der Luft fort ⟨ein Flugzeug, ein Hubschrauber, ein Raumschiff⟩: *Die Rakete fliegt (zum Mond)* **6** ***(irgendwohin) f.*** (als Pilot od. als Passagier) durch die Luft an e-n bestimmten Ort reisen: *Ich fliege im Urlaub nach Amerika*; *„Fährst du mit dem Auto nach Paris?" - „Nein, ich fliege"* **7** ***etw. fliegt irgendwo(hin)*** etw. wird durch e-e von außen wirkende Kraft (wie *z.B.* Wind) durch die Luft bewegt: *Durch den Windstoß flogen die Blätter vom Schreibtisch*; *Ihre langen Haare flogen im Wind*; *Der Ball flog durchs Fenster* (= wurde von j-m durchs Fenster geworfen) **8** ***irgendwohin f.*** *gespr*; sich sehr schnell (*z.B.* durch Laufen) irgendwohin bewegen: *Sie flog in seine Arme* **9** ***irgendwohin f.*** *gespr* ≈ fallen (1,2) **10** *gespr*; (*mst* aufgrund von unkorrektem Verhalten) den Job verlieren od. aus der Schule entlassen werden **11** ***durch etw. f.*** *gespr*; e-e Prüfung nicht bestehen ≈ durchfallen **12** ***auf j-n / etw. f.*** *gespr*; e-e Person / Sache sehr attraktiv finden u. somit sehr stark von ihr angezogen sein: *Er fliegt auf große Frauen mit langen, schlanken Beinen*

flie·gend **1** *Partizip Präsens*; ↑ ***fliegen*** **2** *Adj*; *nur attr*, *nicht adv*; sehr groß ⟨in fliegender Eile, Hast⟩ **3** *Adj*; *nur attr*, *nicht adv*; ⟨ein Händler⟩ so, dass er von Ort zu Ort zieht

Flie·gen·fän·ger *der*; *-s, -*; ein langer Streifen aus Papier, der mit Leim bestrichen ist u. den man aufhängt, damit Fliegen daran kleben bleiben

Flie·gen·ge·wicht *das*; *Sport*; e-e Gewichtsklasse (*z.B.* beim Boxen od. Ringen), in der je nach Sportart nur Sportler mit weniger als 51 bis 53kg kämpfen dürfen

Flie·gen·pilz *der*; ein sehr giftiger Pilz mit flacher roter Kappe u. weißen Punkten darauf

Flie·ger *der*; *-s, -*; *gespr* ≈ Flugzeug

flie·hen ['fliːən]; *floh*, *ist geflohen*; [Vi] ***(aus etw., vor j-m / etw.) (irgendwohin) f.*** (aus Angst od. um e-n sicheren Platz zu suchen) schnell u. *mst* heimlich e-n Ort verlassen ≈ flüchten ⟨vor den Feinden, dem Unwetter f.; über die Grenze, ins Ausland f.⟩: *Der Verbrecher ist aus dem Gefängnis geflohen*; *Der Widerstandskämpfer musste vor seinen Verfolgern f.* || NB: ↑ ***flüchten*** || ► ***Flucht***

flie·hend **1** *Partizip Präsens*; ↑ ***fliehen*** **2** *Adj*; *mst attr*; mit e-r Form, die *bes* schräg (nach hinten) verläuft ⟨*mst* e-e Stirn, ein Kinn⟩

Flieh·kraft *die*; *nur Sg*; *Phys*; die Kraft, die auf jeden Körper, der sich um e-e Achse dreht, so wirkt, dass er sich von dieser Achse wegbewegt ≈ Zentrifugalkraft

Flie·se *die*; *-, -n*; e-e kleine Platte (*mst* aus Keramik od. Stein), die man auf die Wand od. den Fußboden klebt ≈ Kachel ⟨Fliesen legen⟩: *den Fußboden der Küche mit Fliesen auslegen* || K-: ***Fliesen-, -leger*** || -K: ***Boden-, Stein-, Wand-***

flie·sen; *flieste*, *hat gefliest*; [Vt] ***etw. f.*** Fliesen auf etw. kleben ≈ kacheln: *Die Wände im Bad sind gefliest*

Fließ·band *das*; ein langes, breites Band in e-r Fabrik, das mechanisch bewegt wird u. auf dem einzelne Teile nach u. nach zu e-m Ganzen (*z.B.* zu e-m Auto) zusammengebaut werden ⟨am F. arbeiten, stehen; etw. am F. herstellen⟩: *Heute rollt der tausendste Traktor vom F.* || K-: ***Fließband-, -arbeit, -arbeiter, -produktion***

flie·ßen; *floss*, *ist geflossen*; [Vi] **1** ***etw. fließt (irgendwohin)*** etw. bewegt sich gleichmäßig u. ohne Unterbrechung fort ≈ etw. strömt ⟨Wasser, Blut; Lava; der Fluss, der Strom⟩: *Der Bach fließt träge, schnell*; *Die Donau fließt ins Schwarze Meer* **2** ***etw. fließt*** etw. bewegt sich gleichmäßig (ohne Stauungen od. Unterbrechungen) in bestimmten Bahnen fort ⟨der Verkehr, der elektrische Strom⟩: *Die Polizei meldet, dass auf den Autobahnen der Verkehr ungehindert fließt* **3** ***etw. fließt (irgendwohin)*** etw. gelangt irgendwohin: *Das Geld fließt ins Ausland* **4** ***etw. fließt irgendwie*** etw. ist im Umlauf *o.Ä.*: *Die Informationen fließen spärlich* || NB: ↑ ***rinnen*** || ► ***Fluss***

flie·ßend **1** *Partizip Präsens* ↑ ***fließen*** **2** *Adj*; *nur adv*; ohne Mühe u. ohne e-e Pause ≈ flüssig (2): *f. französisch sprechen*; *f. lesen* **3** *Adj*; *nicht adv*; nicht deutlich markiert od. definiert ⟨*mst* Übergänge, Grenzen⟩

flim·mer·frei *Adj*; *nicht adv*; ⟨ein Bildschirm, ein Fernseher, ein Bild⟩ so, dass sie nicht flimmern

Flim·mer·kis·te *die*; *gespr hum od pej* ≈ Fernseher

flim·mern; *flimmerte*, *hat geflimmert*; [Vi] **1** ***etw. flimmert*** etw. leuchtet unruhig u. zitternd ⟨das Licht, die Sterne, die Wasseroberfläche; ein Glühwürmchen⟩: *Ein Film flimmert auf der Leinwand, im Fernsehen*; *Heiße Luft flimmert über dem Asphalt, in der Wüste* **2** ***das Herz flimmert*** das Herz schlägt unregelmäßig

flink, *flinker*, *flink(e)st-*; *Adj*; **1** schnell, leicht u. geschickt in den Bewegungen ⟨ein Bursche, ein Mädchen; ein Arbeiter⟩ **2** ***e-e flinke Zunge / ein flinkes Mundwerk haben*** *hum veraltend* ≈ schlagfertig sein || *zu* **1** **Flink·heit** *die*; *nur Sg*

Flin·te *die*; *-, -n*; ein Gewehr für die Jagd, das mit vielen kleinen (Schrot)Kugeln schießt || -K: ***Jagd-, Schrot-*** || ID ***die F. ins Korn werfen*** *gespr* ≈ aufgeben (weil man keine Hoffnung mehr hat)

Flip·per *der*; *-s, -*; ein Spielautomat, bei dem man Hebel bewegt u. an Knöpfen zieht, damit e-e Kugel möglichst lange auf e-r schrägen Fläche bleibt || *hierzu* **flip·pern** (*hat*) *Vi gespr*

flip·pig *Adj*; *gespr*; voller ungewöhnlicher Ideen, auffallend u. nicht den gesellschaftlichen Konventionen entsprechend ⟨Kleidung, ein Typ⟩

Flirt [flœɐt] *der*; *-s, -s*; **1** das Flirten ⟨ein harmloser, unverbindlicher F.〉 **2** e-e kurze, oberflächliche erotische Beziehung ≈ Liebelei 〈mit j-m e-n F. anfangen, haben〉

flir·ten ['flœːɐtn̩]; *flirtete, hat geflirtet*; [Vi] **(*mit j-m*) *f.*** e-r Person durch Blicke, Gesten od. Worte zeigen, dass man sie sympathisch u. (erotisch) attraktiv findet

Flịtt·chen *das*; *-s, -*; *gespr pej*; e-e Frau, die häufig u. mit verschiedenen Männern sexuelle Beziehungen hat || NB: ↑ ***Hure***

Flịt·ter *der*; *-s, -*; **1** *nur Sg, Kollekt, pej*; Schmuck *o.Ä.*, den man für teuer halten könnte, der aber nicht viel wert ist **2** kleine, schillernde Plättchen aus Metall, die als Schmuck auf Kleider genäht werden

Flịt·ter·wo·chen *die*; *Pl*; die ersten Wochen nach der Heirat

flịt·zen; *flitzte, ist geflitzt*; [Vi] **(*mit etw.*) *irgendwohin f.*** *gespr*; sich (mit e-m Fahrzeug od. zu Fuß) sehr schnell irgendwohin bewegen ≈ sausen (1)

Flịt·zer *der*; *-s, -*; *gespr*; ein sehr schnelles, *mst* kleines Fahrzeug

floa·ten ['floʊtn̩]; *floatete, hat gefloatet*; [Vi] *Ökon*; ***e-e Währung floatet*** e-e Währung schwankt innerhalb bestimmter Grenzen || *hierzu* **Floa·ting** *das*; *-s*; *nur Sg*

flọcht *Imperfekt, 1. u. 3. Person Sg*; ↑ ***flechten***

Flọ·cke *die*; *-, -n*; **1** ein kleines Stück e-r weichen, lockeren Masse (wie *z.B.* Schaum, Schaumstoff, Schnee, Wolle od. Watte): *Der Schnee wirbelte in dicken Flocken herab*; *Flocken aus Schaumstoff* || -K: ***Schnee-, Seifen-*** **2** *mst Pl*; ein (Getreide)Korn, das so bearbeitet wurde, dass es wie ein kleines, dünnes Plättchen aussieht: *Getreide zu Flocken verarbeiten* || -K: ***Hafer-, Mais-, Weizen-***

flọ·ckig *Adj*; locker u. leicht 〈Schaum, e-e Masse〉

flog *Imperfekt, 1. u. 3. Person Sg*; ↑ ***fliegen***

floh *Imperfekt, 1. u. 3. Person Sg*; ↑ ***fliehen***

Floh [floː] *der*; *-(e)s, Flö·he*; ein sehr kleines Insekt ohne Flügel, das hoch u. weit springt u. als Parasit *bes* auf Tieren lebt: *Der Hund hat Flöhe* || ID ***j-m e-n F. ins Ohr setzen*** *gespr*; in j-m e-n Gedanken od. Wunsch wecken, der schwer od. gar nicht zu verwirklichen ist

Floh·markt *der*; ein Markt, auf dem *mst* kleine od. bereits gebrauchte Gegenstände verkauft werden 〈etw. auf dem F. kaufen〉

Flọp *der*; *-s, -s*; *gespr*; ein *mst* geschäftlicher Misserfolg ≈ Reinfall

Floppy Disk, Flop·py·disk ['flɔpi 'dɪsk] *die*; *-, -s*; e-e flexible Kunststoffscheibe, auf der man Daten speichern kann u. die man für Computer verwendet

Flo·ra *die*; *-, Flo·ren*; *mst Sg, Kollekt, geschr*; alle Pflanzen (die in e-m bestimmten Gebiet wachsen) ≈ Pflanzenwelt: *die F. u. Fauna der Tropen*

Flo·rẹtt *das*; *-s, -e*; e-e lange (Stich)Waffe, die beim Fechten verwendet wird || ↑ *Abb. unter* ***Waffen*** || K-: ***Florett-, -fechten***

flo·rie·ren; *florierte, hat floriert*; [Vi] ***etw. floriert*** etw. hat Erfolg u. funktioniert deshalb gut ≈ etw. blüht (2) 〈ein Geschäft, ein Unternehmen; der Handel, die Wirtschaft; die Kunst, die Wissenschaft *o.Ä.*〉

Flo·rịst *der*; *-en, -en*; j-d, der beruflich (in e-m Blumengeschäft) Sträuße u. Kränze zusammenstellt od. bindet ≈ Blumenbinder || NB: *der Florist*; *den, dem, des Floristen* || *hierzu* **Flo·rịs·tin** *die*; *-, -nen*

Flọs·kel *die*; *-, -n*; *mst pej*; e-e feste (stereotype) Redewendung od. Aussage, über deren Sinn man nicht mehr nachdenkt ≈ Redensart 〈e-e abgedroschene, abgegriffene, leere, nichts sagende, höfliche F.〉 || -K: ***Höflichkeits-*** || *hierzu* **flọs·kel·haft** *Adj*

flọss *Imperfekt, 3. Person Sg*; ↑ ***fließen***

Floß *das*; *-es, Flö·ße*; ein einfaches Wasserfahrzeug, das aus großen Holzteilen (*bes* Baumstämmen) besteht, die miteinander zu e-r ebenen Fläche zusammengebunden sind 〈auf, mit e-m F. fahren〉 || K-: ***Floß-, -fahrt***

Flọs·se *die*; *-, -n*; **1** eines von mehreren fächerförmigen Organen am Körper von Wassertieren, *bes* Fischen, mit denen sie sich durch das Wasser bewegen || ↑ *Abb. unter* ***Hecht*** || -K: ***Bauch-, Brust-, Rücken-, Schwanz-*** **2** einer von zwei Gegenständen (ähnlich wie Schuhe) aus Gummi, mit denen man (unter Wasser) besser schwimmen kann || -K: ***Schwimm-, Taucher-*** **3** *gespr hum od pej* ≈ Fuß, Hand

flö·ßen; *flößte, hat geflößt*; [Vt] ***etw. f.*** etw. (*z.B.* Baumstämme) wie ein Floß od. auf e-m Floß (auf e-m Fluss) transportieren || *hierzu* **Flö·ßer** *der*; *-s, -*

Flö·te *die*; *-, -n*; ein (Musik)Instrument aus Holz od. Metall in Form e-s Rohrs, auf dem man bläst 〈F. spielen; auf der F. blasen〉 || K-: ***Flöten-, -konzert, -musik, -spiel, -spieler*** || -K: ***Block-, Quer-***

Flöten

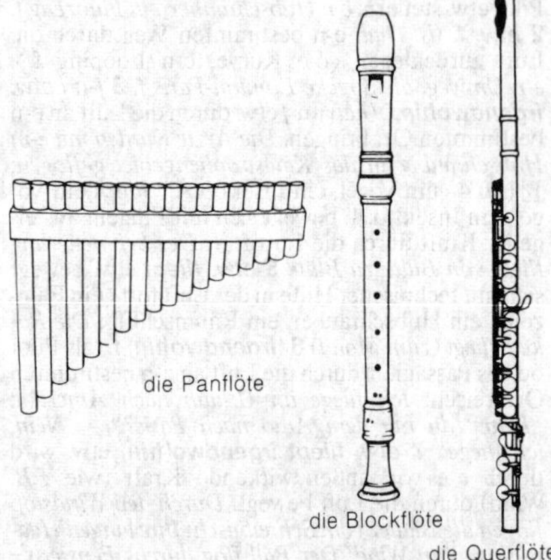

die Panflöte

die Blockflöte

die Querflöte

flö·ten; *flötete, hat geflötet*; [Vt/i] **1** **(*etw.*) *f.*** ein Musikstück auf e-r Flöte spielen **2** **(*etw.*) *f.*** *gespr hum od pej*; etw. mit zarter u. sanfter Stimme sagen, *mst* um etw. Günstiges für sich zu erreichen; [Vi] **3** 〈e-e Amsel, e-e Nachtigall〉 ***flötet*** e-e Amsel, e-e Nachtigall gibt die Laute von sich, die für ihre Art typisch sind

> **flö·ten ge·hen**; *ging flöten, ist flöten gegangen*; [Vi] ***etw. geht flöten*** *gespr*; etw. geht verloren 〈die Zeit, das Geld〉

Flö·tịst *der*; *-en, -en*; j-d, der (*bes* in e-m Orchester) Flöte spielt ≈ Flötenspieler || NB: *der Flötist*; *den, dem, des Flötisten* || *hierzu* **Flö·tịs·tin** *die*; *-, -nen*

flọtt[1], *flotter, flottest-*; *Adj*; *gespr*; **1** mit relativ hoher Geschwindigkeit ≈ rasch, schnell 〈e-e Bedienung, ein Tempo〉: *Der Bau (des Hauses) geht f. voran* **2** elegant u. geübt 〈ein Tänzer〉 **3** rhythmisch u. gefällig 〈Tanzmusik〉 **4** ≈ unterhaltsam 〈e-e Geschichte; f. geschrieben〉 **5** ≈ schick 〈Kleidung, e-e Frisur〉 **6** attraktiv 〈e-e Frau, ein Mann〉

flọtt[2] *Adj*; *ohne Steigerung, gespr*; *mst in* **1** ***etw.* (*wieder*) *f. bekommen / kriegen*** es schaffen, ein defektes Fahrzeug wieder funktionsfähig zu machen **2** ***etw.* (*wieder*) *f. machen*** ein Fahrzeug, das man lange nicht benutzt hat, wieder zum Fahren bereitmachen: *Sobald das Wetter im Frühjahr gut ist, mache ich mein Motorrad wieder f.*

Flot·te *die*; -, *-n*; *Kollekt*; **1** alle militärischen Schiffe, die e-m Staat gehören: *die britische F.* || K-: **Flotten-, -kommandant, -manöver, -stützpunkt, -verband** || -K: **Kriegs- 2** alle Schiffe, die für e-n bestimmten Zweck gebaut sind || -K: **Fischerei-, Handels- 3 e-e F.** (+ *Gen*) e-e größere Anzahl von Schiffen, die sich gleichzeitig irgendwo befinden: *Bei dem Seefest war e-e ganze F. geschmückter Boote unterwegs*

Fluch *der*; -*(e)s*, *Flü·che*; **1 ein F.** (**über j-n / etw.**) ein Wort od. Worte, das / die man in großer Wut od. in großem Hass spontan sagt ⟨e-n gotteslästerlichen, kräftigen F. ausstoßen⟩ **2** *mst Sg*; **ein F.** (**gegen j-n**) (magische) Worte, mit denen man j-m etw. Böses wünscht ≈ Verwünschung: *Die Zauberin hatte e-n F. gegen den Prinzen ausgesprochen* **3** *nur Sg*; **ein F.** (**auf j-m / etw.**) das Böse, das Unheil od. die Strafe, die (scheinbar) durch e-n F. (2) bewirkt wurden: *Auf dem Schloss lastet seit Jahrhunderten ein fürchterlicher F.* **4** *geschr*; **ein F.** (**für j-n / etw.**) ≈ Unglück (3) ↔ Segen (3): *Wird die moderne Technologie zum F. für den Menschen?*

flu·chen; *fluchte, hat geflucht*; Vt/i **1** (**etw.**) **f.** böse Worte, Flüche aussprechen: *„Verdammt", fluchte er, als er auf der Autobahn in e-n Stau geriet* || NB: Das Objekt ist immer ein Satz **2 über j-n / etw., auf etw.** (*Akk*) **f.** mit derben Worten heftig über j-n / etw. schimpfen: *auf / über das schlechte Wetter, seinen Leichtsinn f.*

Flucht[1] *die*; -; *nur Sg*; **1 die F.** (**aus etw., vor j-m / etw.**); **die F.** (**irgendwohin**) das Fliehen ⟨auf der F. (vor j-m) sein; j-m zur F. verhelfen⟩: *die F. aus dem Gefängnis* || K-: **Flucht-, -auto, -plan, -versuch, -wagen 2 die F.** (**aus / vor etw.** (*Dat*)); **die F.** (**in etw.** (*Akk*)) *geschr*; das Ausweichen vor Problemen od. vor der Realität: *die F. aus / vor dem Alltag, in den Alkohol, in die Vergangenheit* || ID **die F. ergreifen** ≈ fliehen; **j-n in die F. schlagen** bewirken, dass j-d (*bes* ein Angreifer) flieht; **die F. nach vorn antreten** mutig u. entschlossen handeln, obwohl man in e-r schlechten Situation ist

Flucht[2] *die*; -, *-en*; e-e gerade Linie, Reihe, in der *z.B.* Gebäude od. Räume stehen ⟨e-e lange F. von Zimmern⟩ || -K: **Fenster-, Häuser-**

flucht·ar·tig *Adj*; *ohne Steigerung*; sehr schnell, *bes* um aus e-r unangenehmen Situation zu kommen ⟨f. den Raum, das Land verlassen⟩

flüch·ten; *flüchtete, hat / ist geflüchtet*; Vi (*ist*) **1** (**aus etw., vor j-m / etw., irgendwohin**) **f.** e-n Ort schnell verlassen, *bes* weil plötzlich e-e akute Gefahr droht: *Als das Feuer ausbrach, flüchteten die Hotelgäste auf das Dach* || NB: Im Gegensatz zu *fliehen* sind bei *flüchten* die Bewegung u. die Geschwindigkeit betont; Vr (*hat*) **2 sich vor etw.** (*Dat*) **irgendwohin f.** *geschr* ≈ f. (1)

Flucht·ge·fahr *die*; die Gefahr, dass ein Verdächtiger od. j-d, den die Polizei gefangen hat, (wieder) flieht ⟨es besteht F.⟩

Flucht·hel·fer *der*; j-d, der anderen (*mst* Personen, die aus politischen Gründen aus ihrem Land fliehen wollen) bei der Flucht hilft

flüch·tig[1] *Adj*; *mst präd, nicht adv*; auf der Flucht: *Die Verbrecher, die aus dem Gefängnis ausgebrochen sind, sind immer noch f.*

flüch·tig[2] *Adj*; **1** von kurzer Dauer u. nicht sehr intensiv ⟨ein Gruß, ein Kuss, e-e Umarmung; j-n f. begrüßen, berühren⟩ **2** nicht genau ≈ oberflächlich ⟨j-n nur f. kennen; ein Eindruck⟩: *Ich habe das Buch nur f. durchgeblättert* **3** schnell u. ohne Konzentration, so dass Fehler entstehen: *Der Schüler hat in seiner letzten Klassenarbeit zu f. gearbeitet* **4** *mst attr, geschr*; ⟨Augenblicke, Stunden⟩ so, dass sie schnell vergehen ≈ vergänglich

Flüch·tig·keits·feh·ler *der*; ein Fehler, den man (*bes* in e-r Prüfung) macht, weil man nicht aufmerksam od. nicht konzentriert ist

Flücht·ling *der*; *-s*, *-e*; j-d, der (*bes* wegen e-s Krieges) sein Land, seine Heimat verlässt bzw. verlassen muss: *e-m F. Asyl gewähren*; *als politischer F. anerkannt werden* || K-: **Flüchtlings-, -lager** || NB: ↑ **Emigrant**, **Auswanderer**

Flucht·weg *der*; *mst Sg*; **1** der Weg, auf dem j-d flüchtet od. geflohen ist **2** der Weg, auf dem man im Notfall fliehen kann: *In öffentlichen Gebäuden sind die Fluchtwege ins Freie mit Pfeilen gekennzeichnet*

F

Flug *der*; -*(e)s*, *Flü·ge*; **1** *nur Sg*; die (Fort)Bewegung des Vogels in der Luft: *den ruhigen F. des Adlers beobachten* || -K: **Vogel- 2** *nur Sg*; die schnelle Bewegung e-s Flugzeugs *o.Ä.*: *den F. der Rakete auf den Radarschirmen verfolgen* || K-: **Flug-, -geschwindigkeit, -höhe, -richtung, -route, -sicherheit, -strecke, -verkehr, -wetter, -zeit** || -K: **Probe-, Test-, Übungs-, Weltraum- 3** e-e Reise durch die Luft (im Flugzeug) ⟨e-n angenehmen, (un)ruhigen F. haben; e-n F. buchen⟩: *Wegen des dichten Nebels mussten alle Flüge von u. nach London gestrichen werden* || K-: **Flug-, -gast, -gepäck, -kapitän, -nummer, -passagier, -personal, -preis, -reise, -schein, -ticket, -verbindung** || ID **etw. vergeht** (**wie**) **im Flug**(**e**) e-e Zeit vergeht sehr schnell: *Die Urlaubstage vergingen* (*wie*) *im F.*

Flug·bahn *die*; der Weg, die Bahn[1] (2), den / die ein (fliegender) Körper durch die Luft zurücklegt: *e-e F. berechnen*

Flug·blatt *das*; ein bedrucktes Blatt Papier, das bei e-m aktuellen Anlass (*mst* in großen Mengen) kostenlos verteilt wird u. Informationen liefert, *z.B.* zu politischen Aktionen auffordert

Flü·gel[1] *der*; *-s*, -; **1** einer der zwei bzw. vier Körperteile bei Vögeln u. Insekten, mit deren Hilfe sie fliegen ⟨ein Vogel schlägt mit den Flügeln; ein Vogel breitet die Flügel aus, legt die Flügel an (= zieht sie an den Körper)⟩ || K-: **Flügel-, -schlag** || -K: **Schmetterlings- 2** *gespr*; eine der zwei Flächen, die sich seitlich am Rumpf von Flugzeugen befinden (u. die ermöglichen, dass das Flugzeug durch die Luft gleitet) ≈ Tragfläche || ↑ *Abb. unter* **Flugzeug 3** der rechte od. linke Teil e-s (symmetrischen) Ganzen, das aus zwei od. mehreren Teilen besteht: *die Flügel e-s Altars, e-s Fensters*; *der linke, rechte F. der Nase, Lunge* || K-: **Flügel-, -altar, -fenster, -tür** || -K: **Altar-, Fenster-, Lungen-, Nasen- 4** *mst Pl*; eines der flachen (Metall)Stücke, die sich um das (rotierende) Zentrum e-s mechanischen Geräts bewegen: *die Flügel e-s Ventilators, e-r Windmühle, e-r Schiffsschraube* || -K: **Windmühlen- 5** der seitliche Teil e-s großen komplexen Gebäudes, der sich an den zentralen Bau anschließt: *Im östlichen F. des Krankenhauses ist die Chirurgie untergebracht* || -K: **Seiten- 6** *Pol*; e-e *mst* größere Gruppe von Mitgliedern e-r Partei, deren politische Meinung (in einigen Bereichen) von der offiziellen Haltung der Partei abweicht: *der linke, rechte F. der SPD* || K-: **Flügel-, -kämpfe 7** *Sport*; der linke od. der rechte vordere Teil e-r Mannschaft || K-: **Flügel-, -stürmer 8** *Mil*; der linke od. rechte äußere Teil e-r aufgestellten Truppe || ID **j-m die Flügel stutzen** j-n in seiner (Handlungs)Freiheit einschränken; **die Flügel hängen lassen** *gespr, mst hum*; deprimiert, traurig sein || ↑ Abb. Seite 362

Flü·gel[2] *der*; *-s*, -; e-e Art großes Klavier, *bes* für Konzerte, dessen Deckel *mst* geöffnet wird, wenn man darauf spielt || -K: **Konzert-**

F

Flügel

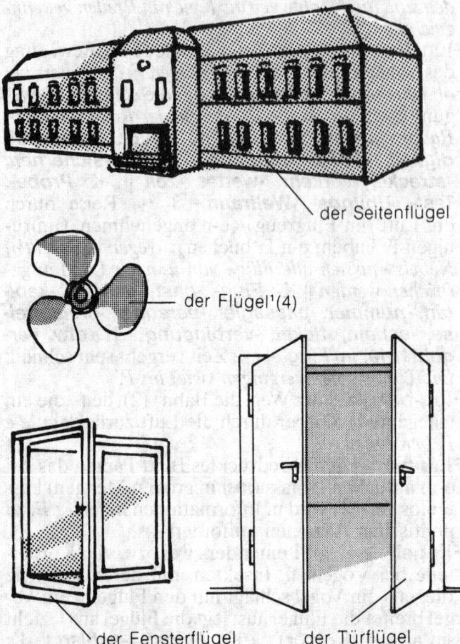

flü·gel·lahm *Adj*; **1** nicht fähig zu fliegen ⟨ein Vogel⟩ **2** ohne Kraft od. Energie ≈ matt ⟨ein Mensch⟩

flüg·ge *Adj*; *ohne Steigerung, mst präd*; **1** (in Bezug auf e-n jungen Vogel) so weit herangewachsen u. so groß, dass er fliegen kann **2** *gespr hum*; (in Bezug auf Kinder, Jugendliche) so alt (u. reif), dass sie weitgehend selbstständig handeln u. ihren Willen durchsetzen: *Unsere Tochter wird langsam f.*

Flug·ge·sell·schaft *die*; e-e Firma, deren Flugzeuge (regelmäßig) auf bestimmten Routen fliegen: *Die „Lufthansa" ist die größte deutsche F.*

Flug·ha·fen *der*; ein großes Gelände, auf dem Flugzeuge starten u. landen: *„Orly" u. „Charles de Gaulle" sind die zwei großen Flughäfen von Paris* || K-: ***Flughafen-, -gebäude, -gebühr, -gelände***

Flug·kör·per *der*; etw. (*z.B.* e-e Rakete, ein Raumschiff od. ein Satellit), das sich auf e-r festen (Flug)Bahn bewegt

Flug·lärm *der*; der Lärm, den Flugzeuge verursachen, *bes* wenn sie starten, landen od. tief fliegen

Flug·li·nie *die*; die Route, auf der ein Flugzeug regelmäßig fliegt: *die internationale F. Frankfurt - Paris*

Flug·lot·se *der*; j-d, der (über Funk) das Starten u. Landen der Flugzeuge vom Boden aus steuert: *Der F. nimmt über Funk Kontakt mit dem Flugzeug auf u. dirigiert es auf e-e freie Landebahn*

Flug·ob·jekt *das*; *mst in* ***ein unbekanntes F.*** ein fliegender Gegenstand, der wahrgenommen, dessen Existenz aber nicht nachgewiesen wurde; *Abk* Ufo, UFO

Flug·platz *der*; ein großes Gelände, auf dem (zivile od. militärische) Flugzeuge starten u. landen || -K: ***Militär-, Zivil-***

flugs *Adv*; *veraltend*; rasch, ohne zu zögern

Flug·schrei·ber *der*; ein Gerät, das in e-m Flugzeug (beim Flug) automatisch technische Daten wie *z.B.* Höhe, Geschwindigkeit *usw* aufschreibt

Flug·si·che·rung *die*; **1** die (Dienst)Stelle, die in e-m Flughafen dafür sorgt, dass beim Starten u. Landen der Flugzeuge keine Unfälle passieren **2** *nur Sg*; das Sichern von Start u. Landung von Flugzeugen

Flug·zeug *das*; -*(e)s*, -*e*; ein Fahrzeug mit Tragflächen, das (*mst* von starken Motoren) durch die Luft vorwärts bewegt wird ⟨ein F. chartern; das F. auftanken; ein F. startet, hebt ab, fliegt, landet, stürzt ab⟩: *An Bord des Flugzeugs befinden sich 200 Passagiere* || K-: ***Flugzeug-, -absturz, -entführung, -halle, -katastrophe, -rumpf, -unglück*** || -K: ***Charter-, Düsen-, Modell-, Passagier-, Propeller-, Segel-, Transport-, Überschall-, Verkehrs-***

Flug·zeug·trä·ger *der*; ein sehr großes Schiff, auf dessen Deck Flugzeuge landen u. starten können

fluk·tu·ie·ren; *fluktuierte, hat fluktuiert*; [Vi] ***etw. fluktuiert*** *geschr*; etw. ändert sich unregelmäßig ≈ etw. schwankt (2) ⟨Preise, Mengen, Zahlen⟩ || *hierzu* **Fluk·tu·a·ti·on** *die*; -, -*en*

Flun·der *die*; -, -*n*; ein bräunlicher (Speise)Fisch mit sehr flachem Körper ⟨etw. ist platt wie e-e F.⟩

flun·kern; *flunkerte, hat geflunkert*; [Vi] *gespr hum*; (bei unwichtigen Dingen, *mst* im Scherz) nicht die Wahrheit sagen ≈ schwindeln || NB: ↑ ***lügen***

Flu·or·chlor|koh·len·was·ser·stoff *der*; *Chem*; e-e giftige Substanz, die *z.B.* als Kühlmittel in Kühlschränken verwendet wird u. die der Ozonschicht der Atmosphäre schadet; *Abk* FCKW

Flur[1] [fluːɐ̯] *der*; -*(e)s*, -*e*; ein *mst* langer, schmaler Raum im Innern e-r Wohnung, e-s Gebäudes, von dem aus man in die einzelnen Zimmer geht ≈ Gang, Korridor

Flur[2] [fluːɐ̯] *die*; -, -*en*; *geschr*; Äcker u. Wiesen, die nicht mit Häusern bebaut sind

Fluss *der*; -*es*, *Flüs·se*; **1** ein fließendes Gewässer mit seinem natürlichen Weg, das (wesentlich) länger u. breiter ist als ein Bach ⟨ein breiter, tiefer, reißender F.; der Lauf, die Mündung, die Quelle e-s Flusses; ein F. fließt / mündet ins Meer, in e-n See⟩: *Der F. wurde durch die Abwässer der chemischen Fabrik verunreinigt*; *Der F. trat über die Ufer u. überschwemmte das Land* || K-: ***Fluss-, -fisch, -lauf, -mündung, -ufer*** || -K: ***Gebirgs-, Grenz-*** || NB: ↑ ***Strom*** **2** *nur Sg, geschr*; die Kontinuität e-r Handlung od. e-s Vorgangs ⟨der F. der Arbeit, der Ereignisse, e-r Rede⟩ || -K: ***Gedanken-, Rede-*** **3** *nur Sg*; der ungehinderte Verlauf e-r Bewegung: *E-e Baustelle behindert den F. des Straßenverkehrs* || -K: ***Verkehrs-*** **4** ***etw. kommt / gerät in F.*** *geschr*; etw. beginnt u. geht dann ohne Unterbrechung weiter ⟨e-e Arbeit, e-e Unterhaltung⟩

fluss·ab, fluss·ab·wärts *Adv*; in der Richtung, in der das Wasser fließt, zur Mündung e-s Flusses hin ↔ flussauf, flussaufwärts: *ein Boot f. treiben lassen*

Fluss·arm *der*; der Teil e-s Flusses, der vom Hauptteil abzweigt: *Vom Amazonas gehen viele Flussarme ab*

fluss·auf, fluss·auf·wärts *Adv*; (in Richtung) zur Quelle e-s Flusses hin, gegen die Strömung ↔ flussab, flussabwärts: *f. rudern*

Fluss·bett *das*; die (vertiefte) Rinne, durch die ein Fluss fließt ⟨ein ausgetrocknetes, schlammiges F.⟩

Flugzeug

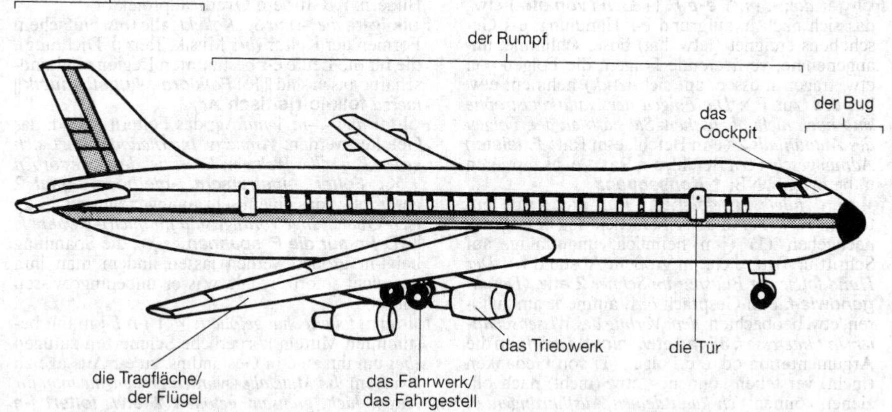

F

flüs·sig *Adj*; **1** so beschaffen, dass es fließen kann ↔ fest, gasförmig: *Wachs wird f., wenn man es erwärmt* || -K: ***dick-, dünn-*** **2** (in Bezug auf die Art des Lesens, Sprechens od. Schreibens) ohne Mühe, (selbst)sicher u. gewandt ↔ holperig ⟨etw. f. vortragen; e-n flüssigen Stil schreiben⟩: *Er spricht ein flüssiges Englisch* **3** ohne e-e Pause, Unterbrechung ≈ zügig: *Wir wurden am Zoll f. abgefertigt* **4** ⟨Gelder, Mittel⟩ so, dass man sie gleich verwenden kann ↔ fest angelegt **5** (***nicht***) ***f. sein*** *gespr hum*; im Augenblick (kein) Geld haben

> **flüs·sig ma·chen**; *machte flüssig, hat flüssig gemacht*; Vt ***etw. f. m.*** Geld für e-n bestimmten Zweck zur Verfügung stellen od. haben: *Er konnte die erforderlichen 5000 Euro nicht f. m.*

Flüs·sig·keit *die*; -, *-en*; **1** e-e Substanz (wie *z.B.* Wasser), die weder fest noch gasförmig, sondern flüssig (1) ist ⟨e-e ätzende, farblose, klare, trübe, klebrige F.⟩ || -K: ***Brems-, Kühl-, Schmier-*** **2** *nur Sg, Kollekt, ohne Artikel*; alle (flüssigen) Substanzen, die man trinkt, weil sie der Körper braucht: *Bei Fieber soll man viel F. zu sich nehmen* || K-: ***Flüssigkeits-, -bedarf, -verlust*** **3** *nur Sg*; die Tatsache, dass etw. flüssig (2) (gesprochen, geschrieben) ist: *die F. seines Stils, seiner Rede*

Fluss·pferd *das*; ein großes, massiges Tier, das in Afrika in u. an Flüssen lebt u. kleine Augen u. Ohren u. ein großes, breites Maul hat ≈ Nilpferd

flüs·tern; *flüsterte, hat geflüstert*; Vt/i (***etw.***) ***f.*** sehr leise sprechen, etw. sehr leise sagen ⟨j-m etw. ins Ohr f.⟩ || K-: ***Flüster-, -stimme, -ton*** || ID ***j-m*** (***et***)***was f.*** *gespr*; j-n (wegen e-r bestimmten Sache) kritisieren: *Na, dem werde ich was f., wenn ich ihn erwische!* || ► ***Geflüster***

Flut *die*; -, *-en*; **1** *nur Sg*; das (An)Steigen des Wassers (Wasserspiegels) im Meer, das durch die Anziehungskraft des Mondes bewirkt wird ↔ Ebbe ⟨die F. kommt⟩: *Das Schiff lief mit der F. aus* || K-: ***Flut-, -katastrophe, -warnung*** **2** *mst Pl, geschr*; große Mengen von Wasser (die in Bewegung sind) ⟨aufgewühlte, tosende Fluten⟩: *Viele Menschen ertranken in den Fluten des Hochwassers*; *sich in die Fluten stürzen* (= ins Wasser springen) || -K: ***Wasser-*** **3** ***e-e F. von etw.*** *geschr*; e-e große Menge von etw. (das plötzlich u. unerwartet auftritt) ⟨e-e F. von Glückwünschen, Protesten, Beschwerdebriefen, Tränen⟩: *E-e F. von Schimpfwörtern ergoss sich über ihn* || -K: ***Bücher-, Farben-, Menschen-, Tränen-***

flu·ten; *flutete, ist geflutet*; *geschr*; Vi **1** ***etw. flutet irgendwohin*** e-e große Menge Licht, Luft, Wasser *o.Ä.* strömt irgendwohin **2** ⟨Menschenmassen, die Zuschauer⟩ ***fluten irgendwohin*** viele Menschen strömen irgendwohin: *E-e Menschenmenge flutete über den Platz*

Flut·licht *das*; *nur Sg*; helles künstliches Licht, mit dem man abends Sportplätze *o.Ä.* beleuchtet ⟨bei F.⟩ || K-: ***Flutlicht-, -anlage***

Flut·wel·le *die*; **1** e-e sehr hohe Welle, die *z.B.* durch e-n Sturm verursacht wird **2** das schnelle Ansteigen des Wassers *bes* in den Mündungen der Flüsse, wenn die Flut kommt

focht *Imperfekt, 1. u. 3. Person Sg*; ↑ ***fechten***

Fö·de·ra·lis·mus *der*; -; *nur Sg*; **1** das Streben nach e-r staatlichen Ordnung, in der die einzelnen Regionen ziemlich selbstständig sind **2** das Streben von Ländern, die zusammen e-n Staat bilden, nach größerer Unabhängigkeit von der zentralen Regierung ↔ Zentralismus **3** das Prinzip e-r Politik, bei der F. (1,2) verwirklicht wird || *hierzu* **Fö·de·ra·list** *der*; *-en, -en*; **fö·de·ra·lis·tisch** *Adj*

Fö·de·ra·ti·on [-'tsio:n] *die*; -, *-en*; ein Verband, e-e Union von Staaten od. Organisationen ≈ Bund[1](2)

foh·len; *fohlte, hat gefohlt*; Vi ***e-e Stute fohlt*** e-e Stute bringt ein Fohlen zur Welt

Foh·len *das*; *-s, -*; ein junges Pferd

Föhn[1] *der*; *-(e)s*; *nur Sg*; ein warmer (Süd)Wind, der *bes* auf der nördlichen Seite der Alpen auftritt || K-: ***Föhn-, -sturm, -wetter, -wind*** || *hierzu* **föh·nig** *Adj*

Föhn[2] *der*; *-(e)s, -e*; ein elektrisches Gerät, mit dem man sich die Haare trocknet

föh·nen; *föhnte, hat geföhnt*; Vt **1** ***j-n / sich f.*** j-s / seine Haare mit e-m Föhn trocknen **2** (***j-m / sich***) ***die Haare f.*** j-m / sich mit e-m Föhn die Haare trocknen

Föh·re *die*; -, *-n* ≈ Kiefer

Fol·ge[1] *die*; -, *-n*; **1** e-e Reihe von Dingen, die in zeitlich (relativ) kurzen Abständen nacheinander kommen ≈ Reihenfolge: *Die Tonleiter ist e-e F. von Tönen innerhalb e-r Oktave*; *Die Autos auf der Autobahn fuhren in dichter F.* || -K: ***Bild(er)-, Gedanken-, Laut-, Zahlen-*** **2** eines von mehreren Teilen e-s Ganzen, e-r Serie, die in festen Abständen nacheinander kommen (*z.B.* e-e Episode e-r Fernsehserie): *Die nächste F. des dreiteiligen Kriminalfilms sehen Sie am kommenden Montag*

Fol·ge[2] *die*; -, *-n*; **1** ***e-e F.*** (+ *Gen* / ***von etw.***) etw., das sich nach u. aufgrund e-r Handlung, e-s Geschehens ereignet ⟨(etw. hat) böse, schlimme, unangenehme, verheerende Folgen; die Folgen von etw. tragen müssen, auf sich (*Akk*) nehmen; etw. hat etw. zur F.⟩: *Die Folgen der Naturkatastrophe sind noch nicht abzusehen*; *Sie starb an den Folgen des Autounfalls* **2** ⟨e-m Befehl, e-m Rat⟩ ***F. leisten*** *Admin geschr*; e-n Befehl, e-n Rat *o.Ä.* akzeptieren u. befolgen || NB: ↑ ***Konsequenz***

fol·gen[1]; *folgte, ist gefolgt*; Vi **1** ***j-m / etw. f.*** sich hinter j-m / etw. her in derselben Richtung bewegen ≈ nachgehen (1) ⟨j-m heimlich, unauffällig, auf Schritt u. Tritt, dicht, in großem Abstand f.⟩: *Der Hund folgte der Blutspur im Schnee* **2** ***etw.*** (*Dat*) ***irgendwie f.*** e-m Gespräch *o.Ä.* aufmerksam zuhören, etw. beobachten: *dem Vortrag des Wissenschaftlers mit Interesse f.* **3** ***j-m / etw.*** (***nicht***) ***f. können*** die Argumentation od. e-e Folge[1] (1) von Gedanken (nicht) verstehen können ≈ etw. (nicht) nachvollziehen können: *Ich kann deinen Ausführungen zu diesem komplizierten Thema leider nicht f.* **4** ***j-m / etw. f.*** j-n / etw. als Vorbild nehmen u. danach handeln: *Er ist dem Beispiel seines Vaters gefolgt u. ebenfalls Arzt geworden* **5** ***etw. folgt*** (***auf***) ***etw.*** (*Dat*) etw. kommt in der Reihenfolge od. ereignet sich zeitlich nach etw.: *Auf Regen folgt Sonne*; *im folgenden Jahr* **6** auf dem nächsten Platz, der nächsten Stufe in e-r Hierarchie od. Skala weiter unten erscheinen: *Nach Sabine Binz folgt auf Platz zwei Edith Löhner* **7** ***etw. folgt aus etw.*** etw. ist die logische Konsequenz von etw. ≈ etw. ergibt sich aus etw.: *Aus den Berechnungen des Kopernikus folgte*, dass *sich die Erde um die Sonne dreht*

fol·gen[2]; *folgte, hat / ist gefolgt*; Vi **1** (***j-m***) ***f.*** (*hat*) *gespr* ≈ gehorchen: *Das Kind hat seiner Mutter nicht gefolgt* **2** ***etw.*** (*Dat*) ***f.*** (*ist*) sich nach etw. richten, e-r Sache entsprechend handeln ⟨j-s Rat, Anordnungen, Befehlen f.; seinem Gefühl, e-r Eingebung f.⟩

fol·gend 1 *Partizip Präsens*; ↑ ***folgen* 2** *Adj*; *nur attr, nicht adv*; verwendet, um sich auf Personen / Sachen zu beziehen, die (in e-r Liste) genannt werden: *Folgende Schüler haben die Prüfung bestanden: …*

fol·gen·der·ma·ßen *Adv*; auf die anschließend beschriebene Art u. Weise ≈ wie folgt, so[1]: *Der Salat wird f. zubereitet: …*

fol·gen·schwer *Adj*; *nicht adv*; mit großen (*mst* negativen) Folgen / Konsequenzen ⟨ein Fehler, ein Irrtum, ein Unfall *o.Ä.*⟩

fol·ge·rich·tig *Adj*; *geschr*; logisch u. konsequent ≈ schlüssig ⟨e-e Entscheidung; f. denken, handeln⟩ || *hierzu* **Fol·ge·rich·tig·keit** *die*; *nur Sg*

fol·gern; *folgerte, hat gefolgert*; Vi ***etw.*** (***aus etw.***) ***f.*** *geschr*; aus bestimmten Anzeichen od. Fakten die logische Konsequenz ziehen ≈ schließen[2]: *Aus seinem Verhalten folgerte sie*, dass *er derselben Meinung war*

Fol·ge·rung *die*; -, *-en*; ***e-e F.*** (***aus etw.***) das Ergebnis e-r Überlegung *o.Ä.* ⟨e-e logische F.; e-e F. aus etw. ableiten, ziehen⟩ || -K: ***Schluss-***

folg·lich *Adv*; als Konsequenz od. Ergebnis von etw. ≈ deshalb: *Die Firma machte Bankrott, f. mussten alle Mitarbeiter entlassen werden*

folg·sam *Adj*; **1** immer bereit zu gehorchen ≈ gehorsam, brav ⟨*mst* ein Kind⟩ **2** ⟨ein Hund, ein Pferd⟩ so, dass sie gehorchen || *hierzu* **Folg·sam·keit** *die*; *nur Sg*

Fo·lie [-li̯ə] *die*; -, *-n*; **1** ein sehr dünnes Material (*mst* aus Kunststoff od. Metall), mit dem man Gegenstände (*z.B.* Lebensmittel) verpackt, abdeckt od. isoliert ⟨etw. in F. verpacken, mit F. abdecken⟩ || -K: ***Aluminium-, Kunststoff-, Plastik-; Frischhalte-*** **2** ein Stück durchsichtige F. (1) mit Schrift od. Bildern, *z.B.* für e-n Overheadprojektor

Folk·lo·re *die*; -; *nur Sg*, *Kollekt*; alle (*mst* einfachen) Formen der Kultur (*bes* Musik, Tanz u. Dichtung), die für die Leute e-r bestimmten Region od. Landschaft typisch sind || K-: ***Folklore-, -kunst, -musik*** || *hierzu* **folk·lo·ris·tisch** *Adj*

Fol·ter *die*; -, *-n*; **1** *nur Sg*; das Foltern (1) od. das Gefoltertwerden: *Amnesty International setzt sich gegen F. in aller Welt ein*; *Er ist bei der F. gestorben* || K-: ***Folter-, -instrument, -methode, -qual*** **2** *gespr*; etw., das einem sehr unangenehm od. lästig ist ≈ Qual: *Lange Vorträge sind für mich e-e wahre F.* || ID ***j-n auf die F. spannen*** *gespr*; die Spannung bei j-m größer werden lassen, indem man ihm das nicht sofort erzählt, was er unbedingt wissen will

fol·tern; *folterte, hat gefoltert*; Vi **1** ***j-n f.*** j-m mit bestimmten Mitteln körperliche Schmerzen zufügen (*bes* um ihn zu e-m Geständnis, zu e-r Aussage zu zwingen): *Im Mittelalter wurden Frauen, die man für Hexen hielt, grausam gefoltert* **2** ***etw. foltert j-n*** *geschr*; etw. quält j-n psychisch: *Sein schlechtes Gewissen folterte ihn* || *zu* **1 Fol·te·rung** *die*

Fon *das*; ↑ ***Phon***

Fön® *der* ↑ ***Föhn***[2]

Fond [fõː] *der*; *-s, -s*; *mst Sg*, *geschr*; der hintere Teil im Innern e-s Autos (mit den Rücksitzen)

Fonds [fõː] *der*; - [fõː(s)], - [fõːs]; Geld, das für e-n Zweck bestimmt ist ⟨ein öffentlicher F.; e-n F. bilden, aus e-m F. schöpfen⟩ || -K: ***Hilfs-, Studien-***

Fon·due [fõ'dyː] *das*; *-s, -s od die*; -, *-s*; ein Gericht, das man bei Tisch zubereitet, indem man mit e-r langen Gabel *z.B.* kleine Stücke Fleisch in e-n Topf mit heißem Öl od. kleine Stücke Brot in e-n Topf mit geschmolzenem Käse taucht || K-: ***Fondue-, -gabel, -teller*** || -K: ***Fleisch-, Käse-***

fö·nen ↑ ***föhnen***

Font *der*; *-s, -s*; *EDV* ≈ Zeichensatz

Fon·tä·ne *die*; -, *-n*; **1** ein starker Strahl Wasser, der *bes* aus e-m Brunnen nach oben spritzt **2** ein Brunnen mit e-r F. (1) ≈ Springbrunnen

fop·pen; *foppte, hat gefoppt*; Vt ***j-n f.*** *gespr*; j-m (*mst* im Scherz) etw. Unwahres sagen, um ihn zu necken od. zu ärgern || *hierzu* **Fop·pe·rei** *die*; -, *-en*

for·cie·ren [-'siː-]; *forcierte, hat forciert*; Vt ***etw. f.*** *geschr*; bewirken, dass etw. schneller funktioniert od. intensiver (voran)geht, ausgeführt wird ⟨das Tempo f.; seine Bemühungen f.⟩

För·de·rer *der*; *-s*, -; j-d, der j-n / etw. durch Geld aktiv unterstützt ≈ Mäzen: *ein F. der Künste* || *hierzu* **För·de·rin** *die*; -, *-nen*

för·der·lich *Adj*; *mst* ***etw. ist j-m / etw. f.*** *geschr*; etw. ist für j-n / etw. nützlich, von Vorteil ↔ etw. schadet j-m / etw.: *Ein solches Verhalten ist seiner Karriere wenig f.*

for·dern; *forderte, hat gefordert*; Vt **1** (***von j-m / etw.***) ***etw. f.*** j-m / e-r Behörde *o.Ä.* (energisch u. nachdrücklich) sagen, dass man etw. von ihm / ihr will ≈ verlangen: *Die Entführer forderten von den Eltern / der Regierung ein hohes Lösegeld*; *Sie forderte, freigelassen* zu *werden* **2** ***etw. fordert*** ⟨Opfer⟩ *geschr*; ein Unglück *o.Ä.* hat den Tod von Personen zur Folge: *Das Erdbeben forderte zahlreiche Opfer* **3** ***etw. fordert j-n*** etw. verlangt viel Energie *o.Ä.* von j-m, ist sehr anstrengend: *Mein Beruf fordert mich nicht genug* **4** ***Freispruch f.*** (als Rechtsanwalt) dafür plädieren, dass ein Angeklagter vor Gericht keine Strafe bekommt: *Der Rechtsanwalt forderte Freispruch für seinen Mandanten*

för·dern[1]; *förderte, hat gefördert*; Vt **1** ***j-n / etw. f.***

j-n / etw. so unterstützen (*z.B.* durch persönliches Engagement od. finanzielle Mittel), dass er / es sich gut (weiter)entwickelt: *junge Künstler, die Wissenschaften f.* **2 etw. f.** *geschr* ≈ verstärken: *Ihre Bemerkungen förderten seinen Ärger nur noch mehr*

för·dern[2]; *förderte, hat gefördert;* Vt **j-d** (*Kollekt od Pl*) / ⟨e-e Gesellschaft *o.Ä.*⟩ **fördert etw.** e-e Gruppe von Personen / e-e Gesellschaft *o.Ä.* holt Kohle, Öl od. Erz *o.Ä.* in großer Menge aus der Erde (um sie wirtschaftlich zu nutzen) || K-: **Förder-, -anlage, -leistung, -menge, -schacht** || ID ↑ **zutage**

-för·dernd *im Adj; begrenzt produktiv;* so, dass es e-m Zweck erfolgreich dient ≈ -unterstützend; **bildungsfördernd, friedensfördernd** ⟨e-e Politik⟩, **schlaffördernd** ⟨ein Medikament⟩, **verdauungsfördernd**

For·de·rung *die; -, -en;* **1 e-e F.** (**an j-n**); **e-e F.** (**nach etw.**) das, was von j-m verlangt, gefordert (1) wird ⟨e-e berechtigte, maßlose, unannehmbare F.; e-e F. erheben, geltend machen, (an j-n) stellen; e-e F. erfüllen; auf e-r F. bestehen; von e-r F. ablassen⟩: *Die Arbeitgeber lehnten die F. der Gewerkschaften nach mehr Lohn ab* **2 e-e F.** (**an j-n**) *Ökon, Admin geschr;* der Anspruch auf Geld, das man für gelieferte Waren od. erbrachte Leistungen von j-m bekommen soll ⟨e-e F. anmelden, erheben, geltend machen⟩: *Die Firma hat Forderungen in Höhe von € 50000 an ihre Schuldner* || -K: **Geld-**

För·de·rung[1] *die; -; nur Sg* ≈ Unterstützung: *die F. begabter Schüler* || -K: **Begabten-, Nachwuchs-**

För·de·rung[2] *die; -; nur Sg* ≈ die Produktion durch Fördern[2], Abbauen[1] || -K: **Erz-, Kohle-, Öl-**

Fo·rel·le *die; -, -n;* ein (mittelgroßer) Fisch, der *bes* in kalten Bächen u. in kleineren Gewässern lebt u. der gut schmeckt || K-: **Forellen-, -teich, -zucht**

For·ke *die; -, -n; nordd* ≈ Heugabel, Mistgabel

Form[1] *die; -, -en;* **1** die äußere plastische Gestalt, in der ein Gegenstand erscheint, *bes* in Hinsicht auf die Linien, die ihn begrenzen ≈ Gestalt: *Die Erde hat die F. e-r Kugel* || -K: **Ei-, Hufeisen-, Kreis-, Kugel-, Spiral-, Würfel- 2 in F.** (+ Gen / **von etw.**) in der Art u. Weise, in der etw. erscheint, vorhanden ist ≈ als[3]: *Niederschläge in F. von Regen / Schnee / Hagel; Wasser in fester, flüssiger F.* **3** die Art u. Weise, in der etw. existiert, in der es organisiert od. strukturiert ist ≈ Modus: *die Ehe als F. des Zusammenlebens von Mann u. Frau* || -K: **Gesellschafts-, Lebens-, Organisations-, Regierungs-, Staats-, Wirtschafts- 4** die Art u. Weise, in der ein Inhalt (künstlerisch) gestaltet ist ↔ Inhalt: *die F. der Anekdote, der Novelle, des Sonetts, der Oper* || -K: **Brief-, Gedicht-, Lied-, Roman-, Tanz- 5** *mst Pl;* die vorgeschriebenen Regeln, Konventionen, die bestimmen, wie man sich gegenüber anderen Leuten verhalten soll ⟨sich über gesellschaftliche Formen hinwegsetzen⟩: *die strengen Formen am königlichen Hof* || -K: **Umgangs-, Verhaltens- 6** die Art u. Weise, wie etw. Offizielles gestaltet ist od. werden muss: *die F. e-s Vertrags, e-s Testaments; Der Antrag wurde wegen e-s Fehlers in der F. abgelehnt* **7** *nur Pl;* die Konturen des Körpers e-r Frau, *bes* von Busen u. Hüften ≈ Rundungen: *e-e Frau mit üppigen Formen* || ID **etw. nimmt** (**feste**) **Formen an** ein Plan, ein Projekt *o.Ä.* wird allmählich entwickelt u. realisiert; **in aller F.** genau so, wie es der F. (5) entspricht: *Er entschuldigte sich in aller F. für seine Unhöflichkeit*

Form[2] *die; -, -en;* ein Gegenstand, der innen hohl ist od. der Vertiefungen hat u. in den man e-e lockere od. flüssige Masse (*z.B.* Teig od. geschmolzenes Metall) gibt, die dann fest wird: *den Kuchenteig in e-e F. aus Blech füllen* || -K: **Back-, Guss-, Kuchen-**

Form[3] *die; -; nur Sg, Sport;* die allgemeine Verfassung in Bezug auf die Leistung ⟨gut, schlecht in F. sein; (nicht) in F. sein; seine F. halten⟩ || -K: **Best-, Höchst-, Tages-**

for·mal *Adj; mst attr; ohne Steigerung;* **1** die Form (4) von etw. betreffend ↔ inhaltlich: *der formale Aufbau e-s Dramas, e-r Rede* **2** in Bezug auf die Bestimmungen des Gesetzes, die Regeln *o.Ä.*: *Der Prozess musste wegen e-s formalen Fehlers unterbrochen werden* **3** der (*bes* gesetzlichen) Form (6) nach, aber nicht in der Praxis, Wirklichkeit: *In vielen Staaten sind die Frauen nur f. gleichberechtigt*

F

For·ma·lie [-liə] *die; -, -n; mst Pl;* e-e formale (2) Einzelheit: *juristische Formalien*

For·ma·lis·mus *der; -, For·ma·lis·men; mst Sg, geschr;* die (zu) starke Betonung der äußeren Form: *der F. in der Verwaltung, Wissenschaft* || *hierzu* **For·ma·list** *der; -en, -en;* **for·ma·lis·tisch** *Adj*

For·ma·li·tät *die; -, -en;* **1** *mst Pl;* e-e (bürokratische) Bestimmung, Vorschrift, die man erfüllen muss, damit etw. offiziell gültig wird *o.Ä.* ⟨die Formalitäten einhalten, erledigen⟩ **2** e-e gesellschaftliche Regel, Konvention, die nur die äußere Form betrifft

For·mat *das; -(e)s, -e;* **1** e-e bestimmte Größe od. Form, in der *bes* Papier u. Bücher hergestellt (bedruckt) werden: *Fotos mit dem F. 18 x 24* || -K: **Buch-; Postkarten-; Groß-, Klein-, Standard- 2 von F.** (von Personen) von großer Bedeutung ≈ von Rang: *Heinrich Böll war ein Schriftsteller von (internationalem) F.* **3 F. haben** in Bezug auf Charakter od. Fähigkeiten sehr bedeutend, vorbildlich sein ≈ e-e Persönlichkeit sein

for·ma·tie·ren; *formatierte, hat formatiert;* Vt/i (**etw.**) **f.** *EDV;* in e-m Arbeitsgang e-e Diskette *o.Ä.* mit bestimmten Daten versehen u. so für den jeweiligen Computer brauchbar machen

For·ma·ti·on [-'tsio:n] *die; -, -en;* **1** e-e Gruppe von Personen, die in e-r bestimmten Form angeordnet od. aufgestellt sind (u. so regelmäßig spielen, tanzen *o.Ä.*) ⟨e-e militärische F.; e-e F. von Tänzern⟩ || -K: **Jazz-, Tanz- 2** die Form, Aufstellung, in der Personen od. Dinge angeordnet sind **3** *nur Sg;* das Formieren **4** *Geol;* e-e Folge von Schichten aus einer od. mehreren Gesteinsarten

form·bar *Adj;* **1** ⟨ein Material⟩ so, dass es (mit den Händen) geformt (1) werden kann: *Der Ton wird mit Wasser zu e-r gut formbaren Masse verarbeitet* **2** ⟨ein Charakter, ein Kind, ein Talent⟩ so, dass man sie noch beeinflussen, prägen kann

Form·blatt *das; Admin geschr* ≈ Formular

For·mel *die; -, -n;* **1** e-e Kombination von Buchstaben, Zahlen od. Zeichen als (verkürzter) Ausdruck *z.B.* e-s mathematischen Lehrsatzes, e-r chemischen Verbindung od. e-r physikalischen Regel: *Die chemische F. für Wasser ist „H_2O"* **2** ein Ausdruck od. Satz, der bei vielen Anlässen immer wieder in derselben sprachlichen Form verwendet wird || -K: **Beschwörungs-, Eid(es)-, Gruß-, Zauber- 3** *mst pej;* ein sprachlicher Ausdruck, der so häufig verwendet wird, dass man dabei über seinen Sinn nicht mehr nachdenkt ⟨e-e leere, nichts sagende F.⟩ **4** ein kurzer Satz od. Ausdruck, der e-n komplizierten gedanklichen Zusammenhang einfach ausdrückt u. zusammenfasst: *ein komplexes Problem auf e-e einfache F. bringen* **5 F. 1** [-'ains] *Sport;* e-e Kategorie von sehr schnellen Rennwagen || K-: **Formel-1-Rennen, Formel-1-Wagen**

for·mel·haft *Adj;* sehr häufig verwendet od. monoton ≈ stereotyp ⟨ein Ausdruck; j-s Sprache, j-s Stil⟩ || *hierzu* **For·mel·haf·tig·keit** *die; nur Sg*

for·mell *Adj;* **1** korrekt u. höflich, so wie es bestimmte Regeln, Konventionen erfordern ⟨e-e Begrüßung, e-e Einladung, ein Empfang⟩ **2** bestimmten Vorschriften entsprechend ≈ offiziell ↔ inoffiziell ⟨ein Abkommen, e-e Einigung⟩ **3** sehr höflich u. korrekt u. dadurch steif (wirkend) ≈ förmlich ↔ informell: *Er ist immer sehr f.* **4** *mst adv*; nur zum Schein, nicht wirklich ≈ formal (3): *Er ist nur noch f. der Chef, eigentlich leitet sein Sohn die Firma*

for·men; *formte, hat geformt*; Vt **1 etw. (aus etw.) f.** e-n Gegenstand aus e-m *mst* weichen Material herstellen, indem man dem Material mit seinen Händen e-e bestimmte Form gibt ≈ gestalten (1): *e-n Krug aus Ton f.; Die Kinder formten Tiere aus Knetmasse* **2 etw. (zu etw.) f.** *mst* e-m weichen Material mit den Händen e-e bestimmte Form geben: *Teig zu e-m Brotlaib f.* **3 etw. formt j-n (zu etw.)** ein Einfluss verändert den Charakter e-s Menschen in *mst* positiver Weise: *Die Erfahrungen in diesen Jahren haben ihn (zu e-r verantwortungsbewussten Persönlichkeit) geformt* || *hierzu* **For·mung** *die*; *nur Sg*

For·men·leh·re *die*; *mst Sg*; **1** die Lehre von den Formen der Wörter e-r Sprache ≈ Morphologie **2** *Musik*; die Lehre von der formalen Gliederung u. Gestaltung musikalischer Werke

Form·feh·ler *der*; *geschr*; ein Verstoß gegen e-e amtliche Vorschrift, die e-n Ablauf od. die Form (6) von Schreiben regelt: *Wegen e-s Formfehlers wurde die Wahl für ungültig erklärt*

for·mie·ren; *formierte, hat formiert*; Vt **1 j-d formiert etw.** (*Kollekt*) j-d stellt e-e Gruppe von Menschen od. Dingen in e-r bestimmten Ordnung auf ⟨e-e Mannschaft, e-e Marschkolonne, e-e Tanzgruppe f.⟩; Vr **2 sich** (*Pl*) **(zu etw.) f.** sich in e-r bestimmten Ordnung aufstellen: *Die Tänzer formierten sich zur Polonäse* || *hierzu* **For·mie·rung** *die*; *nur Sg*

-för·mig *im Adj*, *sehr produktiv*; mit der genannten Form; ***eiförmig, glockenförmig, herzförmig, hufeisenförmig, kreisförmig, sternförmig***

förm·lich[1] *Adj*; **1** ≈ formell (3) ⟨e-e Begrüßung, ein Umgangston⟩ **2** ≈ formell (2), offiziell ⟨e-e Abmachung, e-e Erklärung, ein Vertrag⟩ || *hierzu* **Förm·lich·keit** *die*

förm·lich[2] *Partikel*; *unbetont*; verwendet (*bes* mit Verben, die e-n bildlichen Vergleich beinhalten), um e-e Aussage zu verstärken ≈ regelrecht, geradezu: *Sie kochte f. vor Wut*; *Er hat mich mit Vorwürfen f. überschüttet*

form·los *Adj*; *ohne Steigerung*; **1** *nicht adv*; ohne feste Umrisse, ohne e-e erkennbare Form (1) ⟨e-e Masse⟩ **2** ohne e-e bestimmte offiziell vorgeschriebene Form (5) ⟨ein Antrag⟩ || *hierzu* **Form·lo·sig·keit** *die*; *nur Sg*

Form·sa·che *die*; *nur Sg* ≈ Formalität (2): *Das ist doch e-e reine F.* (= ist völlig unproblematisch)

For·mu·lar *das*; *-s, -e*; ein Blatt Papier (wie es *z.B.* bei e-r Behörde od. Bank verwendet wird), auf dem Angaben od. Fragen gedruckt sind, die man ergänzen od. beantworten muss ⟨ein F. ausfüllen, unterschreiben⟩ || -K: ***Anmelde-, Einzahlungs-, Überweisungs-***

for·mu·lie·ren; *formulierte, hat formuliert*; Vt **etw. (irgendwie) f.** etw., das man (mündlich od. schriftlich) ausdrücken will, in e-e entsprechende sprachliche Form (4) bringen: *e-n Gedanken präzise, e-n Satz knapp f.; e-e Frage f.*

For·mu·lie·rung *die*; *-, -en*; *geschr*; **1** *nur Sg*; das Formulieren: *Die F. seiner Gedanken fiel ihm schwer* **2** ein *mst* schriftlicher Ausdruck od. Satz, der in bestimmter Weise formuliert wird: *Die Formulierungen in Gesetzestexten sind für viele zu kompliziert*

forsch, *forscher, forschest-*; *Adj*; selbstsicher, energisch u. entschlossen ⟨ein Benehmen; f. an etw. herangehen⟩ || *hierzu* **Forsch·heit** *die*; *nur Sg*

for·schen; *forschte, hat geforscht*; Vi **1** etw. systematisch u. mit wissenschaftlichen Methoden untersuchen, um darüber ein bestimmtes Wissen zu bekommen: *Er forscht auf dem Gebiet der Kernphysik* **2 nach j-m / etw. f.** *geschr*; sehr gründlich, intensiv nach j-m / etw. suchen ⟨nach e-m Vermissten, den Ursachen von etw. f.⟩: *Er forscht in alten Archiven nach der Herkunft seiner Familie*

for·schend 1 *Partizip Präsens*; ↑ **forschen 2** *Adj*; *nur attr od adv*; kritisch u. prüfend ⟨*mst* ein Blick, j-n f. ansehen⟩

For·scher *der*; *-s, -*; j-d, der auf e-m bestimmten Gebiet wissenschaftlich arbeitet, forscht (1) ≈ Wissenschaftler || -K: ***Altertums-, Bibel-, Natur-*** || *hierzu* **For·sche·rin** *die*; *-, -nen*

For·schung *die*; *-, -en*; **1** das Forschen (1): *Kopernikus hat bei seinen Forschungen herausgefunden, dass sich die Erde um die Sonne bewegt* **2** *nur Sg*; die Wissenschaft (die sich mit e-m bestimmten Gebiet befasst) ⟨die naturwissenschaftliche, medizinische F.; der neueste Stand der F.⟩: *Sie ist in der F. tätig* || K-: ***Forschungs-, -arbeit, -aufgabe, -auftrag, -beitrag, -bereich, -bericht, -ergebnis, -gebiet, -gegenstand, -labor, -methode, -objekt, -programm, -projekt, -vorhaben, -zweck*** || -K: ***Altertums-, Geschichts-, Krebs-, Sprach-, Verhaltens-, Weltraum-*** **3** *nur Sg*, *Kollekt*; die Forscher, die auf e-m bestimmten Gebiet arbeiten, mit ihren Ergebnissen: *Der F. ist es gelungen, Insulin synthetisch herzustellen*

Forst *der*; *-(e)s, -e*; *Admin geschr*; ein (*mst* großes) Stück Wald, das von seinem privaten od. öffentlichen Besitzer wirtschaftlich genutzt wird: *ein staatlicher F.* || K-: ***Forst-, -amt, -verwaltung, -wirtschaft*** || -K: ***Gemeinde-, Privat-, Staats-***

Förs·ter *der*; *-s, -*; j-d, der beruflich für e-e bestimmte Fläche Wald u. für die Tiere (*bes* für das Wild) in diesem Gebiet verantwortlich ist

Förs·te·rei *die*; *-, -en* ≈ Forsthaus

Forst·haus *das*; das Wohnhaus des Försters (in dem sich auch seine Dienststelle befindet)

fort *Adv*; **1 j-d / etw. ist f.** j-d / etw. befindet sich nicht (mehr) an dem Ort, an dem er / sie / es war ≈ j-d / etw. ist weg: *Mein Fahrrad ist f.!* **2 f. sein** weggegangen, weggefahren od. verreist sein ≈ weg sein: *Sie ist drei Wochen f. gewesen* **3 f. (von hier)!** verwendet als Aufforderung, sich von e-m Ort zu entfernen ≈ weg: *Es brennt, schnell f. von hier!* **4 F. (mit j-m / etw.)!** verwendet, um j-n aufzufordern, sich / j-n / etw. sofort zu entfernen ≈ weg: *Fort mit ihm!*; *Fort damit!* || ID ***in einem 'f.*** *veraltend* ≈ ununterbrochen, ständig; ***und so f.*** ≈ u. so weiter, u. Ähnliches

Fort [foːɐ̯] *das*; *-s, -s*; *hist*; e-e militärische Festung (*mst* aus Holz) *bes* in Nordamerika zur Zeit der Kolonisation

fort- *im Verb*, *trennbar u. betont*, *sehr produktiv*; Die Verben mit *fort-* werden nach folgendem Muster gebildet: *fortfliegen - flog fort - fortgeflogen*;

fort- drückt zusammen mit Verben der Bewegung aus, dass j-d / etw. e-n bestimmten Ort verlässt ≈ weg-;

⟨ein Vogel⟩ ***fliegt fort***: *Als sie die Katze sahen, flogen die Vögel fort* ≈ die Vögel flogen weg an e-n anderen Ort, wo sie vor der Katze sicher waren

ebenso: ***sich fortbegeben, etw. fortblasen, j-n / etw. fortbringen, fortdürfen, forteilen, fortfahren, fortgehen, j-n / etw. fortholen, j-n / ein Tier fortjagen, fortkönnen, fortkriechen, fortlaufen, j-n / ein Tier fortlocken, fortmüssen, (j-m) etw. fortnehmen, etw. forträumen, fortreiten, fortrennen, etw. fortrollen / etw. rollt fort, etw. fortrücken, j-n / etw. fortschaffen, j-n / etw. fort-***

schicken, (sich) fortschleichen, sich / etw. fortschleppen, etw. fortschleudern, fortschwimmen, etw. spült j-n / etw. fort, etw. fortstellen, j-n / etw. fortstoßen, j-n / etw. forttragen, j-n / ein Tier / etw. forttreiben, etw. fortwerfen, fortwollen, j-n / etw. fortziehen

Fort·be·stand *der; nur Sg, geschr*; die weitere Existenz, das Weiterleben in der Zukunft ≈ Fortbestehen: *Der F. vieler Tierarten ist heute gefährdet*

fort·be·ste·hen; *bestand fort, hat fortbestanden*; Vi ***etw. besteht fort*** *geschr*; etw. gilt od. existiert weiterhin (so wie es bisher war) ⟨e-e Vereinbarung, die alten Zustände⟩

fort·be·we·gen; *bewegte fort, hat fortbewegt*; Vt **1** ***j-n / sich / etw. (irgendwie) f.*** bewirken, dass j-d / man selbst / etw. von einem Ort an e-n anderen kommt: *sich mühsam, auf Händen u. Knien f.; e-n Felsen f.*; Vr **2** ***ein Tier / etw. bewegt sich fort*** ein Tier / etw. bewegt sich von einem Ort an e-n anderen

Fort·be·we·gung *die; nur Sg, geschr*; der Vorgang, sich / j-n / etw. von einem Ort zum anderen zu bewegen: *Der Gelähmte benötigt zur F. e-n Rollstuhl; Die Flügel dienen dem Vogel zur F.* || K-: ***Fortbewegungs-, -mittel, -organ***

fort·bil·den, sich *(hat)* Vr ***sich (in etw. (Dat)) f.*** seine beruflichen / speziellen Kenntnisse od. seine Allgemeinbildung erweitern (*mst* indem man spezielle Kurse od. Seminare besucht) ≈ sich weiterbilden: *Die Sekretärin will sich in EDV f.* || *hierzu* **Fort·bil·dung** *die; nur Sg*

fort·blei·ben *(ist)* Vi ***(e-e bestimmte Zeit) (von etw.) f.*** für e-e bestimmte Zeit nicht an e-n bestimmten Ort (wieder)kommen ≈ wegbleiben ↔ zurückkehren ⟨lange, nur kurze Zeit f.⟩: *Er blieb zwei Tage von der Arbeit fort*

fort·dau·ern *(hat)* Vi ***etw. dauert fort*** *geschr*; etw. dauert weiterhin an, hört nicht auf ≈ etw. währt fort ↔ etw. hört auf ⟨e-e Beziehung, ein Zustand⟩ || *hierzu* **Fort·dau·er** *die; nur Sg*

fort·fah·ren Vi *(ist)* **1** ↑ ***fort-*** **2** ***mit etw. f. / f. + zu*** + *Infinitiv; geschr*; (nach e-r Unterbrechung) das wieder tun, was man vorher getan hat: *Er ließ sich durch den Lärm nicht stören u. fuhr fort zu arbeiten*; Vt *(hat)* **3** ***j-n / etw. f.*** j-n / etw. in e-m Auto *o.Ä.* wegbringen

fort·fal·len *(ist)* Vi ***etw. fällt fort*** etw. ist nicht mehr wirksam od. gültig, nicht mehr vorhanden ≈ etw. fällt weg: *Wenn das neue Gesetz in Kraft tritt, fällt die alte Regelung fort* || *hierzu* **Fort·fall** *der; nur Sg*

fort·füh·ren *(hat)* Vt ***etw. f.*** *geschr*; mit etw., das ein anderer angefangen hat, ohne Unterbrechung weitermachen ≈ fortsetzen ↔ abbrechen (2): *Nach dem Tod des Vaters führt der Sohn das Unternehmen fort* || *hierzu* **Fort·füh·rung** *die; nur Sg*

Fort·gang *der; nur Sg, geschr*; **1** die Art u. Weise, wie sich etw. entwickelt: *Der Archäologe berichtete über den F. der Ausgrabungen* **2** das Verlassen e-s Orts (*mst* für lange Zeit): *Seit seinem F. von Berlin habe ich ihn nicht mehr gesehen* **3** ***etw. nimmt seinen F.*** *geschr veraltend*; etw. geht weiter, entwickelt sich weiter

fort·ge·hen *(ist)* Vi **1** ↑ ***fort-*** **2** ***etw. geht fort*** *gespr*; etw. verläuft ohne Unterbrechung ≈ etw. geht weiter, setzt sich fort: *Das ging so fort, bis plötzlich e-e drastische Änderung eintrat*

fort·ge·schrit·ten **1** *Partizip Perfekt*; ↑ ***fortschreiten*** **2** *Adj*; so, dass es ein relativ spätes Stadium (der Entwicklung) erreicht hat ⟨etw. befindet sich in e-m fortgeschrittenen Stadium; j-d ist im fortgeschrittenen Alter⟩: *Die Krankheit ist so weit f., dass keine Heilung mehr möglich ist* **3** *Adj*; ***j-d ist (in etw. (Dat)) f.*** j-d hat auf e-m Wissensgebiet, in e-m Fach *o.Ä.* (relativ) gute Kenntnisse, ist nicht mehr Anfänger: *Kurt ist in Französisch schon ziemlich f.*

Fort·ge·schrit·te·ne *der / die; -n, -n*; j-d, der an e-r Ausbildung schon längere Zeit teilgenommen u. schon bestimmte Kenntnisse od. Fertigkeiten erworben hat ↔ Anfänger: *Im nächsten Semester beginnt ein Deutschkurs für Fortgeschrittene* || K-: ***Fortgeschrittenen-, -kurs, -lehrgang, -unterricht*** || NB: *ein Fortgeschrittener; der Fortgeschrittene; den, dem, des Fortgeschrittenen*

fort·ge·setzt **1** *Partizip Perfekt*; ↑ ***fortsetzen*** **2** *Adj; nur attr od adv*; (in Bezug auf verbotene od. strafbare Handlungen) so, dass sie immer wieder vorkommen, sich ständig wiederholen: *j-n wegen fortgesetzten Betrugs bestrafen*

fort·ha·ben *(hat)* Vt *mst in* ***j-n / etw. f. wollen*** *gespr*; wollen, dass j-d sich entfernt, dass etw. nicht mehr da ist od. dass man sich mit etw. nicht mehr beschäftigen muss: *j-n aus dem Haus, aus der Firma f. wollen; die Formulare endlich f. wollen*

fort·kom·men *(ist)* Vi **1** ***(von j-m / etw.) f.*** *gespr*; von j-m / etw. weggehen, wegfahren können, e-n Ort verlassen können ↔ aufgehalten werden: *Ich bin abends wieder nicht (vom Büro) fortgekommen, weil der Chef mich noch sprechen wollte* **2** ***(irgendwie) f.*** sich (auf bestimmte Weise) fortbewegen ↔ stehen bleiben: *Auf dem sandigen Weg kam der Radfahrer nur mühsam fort* || ID *mst* ***Mach / Schau, dass du fortkommst!*** *gespr!* verwendet als sehr unfreundliche Aufforderung wegzugehen

Fort·kom·men *das; -s; nur Sg*; **1** die Möglichkeit, sich (*bes* im Verkehr) vorwärts zu bewegen: *Bei diesem Verkehrsstau war an ein F. nicht zu denken* **2** der Aufstieg in der beruflichen Karriere: *Er hat nur sein berufliches F. im Sinn*

fort·las·sen *(hat)* Vt **1** ***j-n f.*** zulassen, dass j-d weggeht **2** ***etw. f.*** etw. nicht berücksichtigen ≈ streichen, weglassen: *Bei der Neuauflage des Buches wurde das alte Vorwort fortgelassen*

fort·lau·fen *(ist)* Vi **1** ↑ ***fort-*** **2** ***(j-m) f.*** *gespr*; j-n verlassen ≈ davonlaufen, weglaufen ↔ bei j-m bleiben: *Nach e-m Streit mit seinem Vater ist er von zu Hause fortgelaufen; Unserem Nachbarn ist die Frau fortgelaufen*

fort·lau·fend **1** *Partizip Präsens*; ↑ ***fortlaufen*** **2** *Adj; nur attr od adv*; in kontinuierlicher Reihenfolge: *Die Seiten des Manuskripts sind f. nummeriert*

fort·le·ben *(hat)* Vi ***j-d / etw. lebt (in j-m / etw.) fort*** j-d / etw. ist in j-m / etw. weiterhin vorhanden u. wird nicht vergessen ⟨j-d lebt in seinen Kindern, in seinen Schriften fort⟩: *Alfred Nobels Name lebt in seiner Stiftung fort*

fort·pflan·zen, sich *(hat)* Vr **1** ⟨Menschen / Tiere / Pflanzen⟩ ***pflanzen sich fort*** Menschen / Tiere / Pflanzen zeugen Nachkommen ≈ Menschen / Tiere / Pflanzen vermehren (2) sich: *Vögel pflanzen sich fort, indem sie Eier legen* **2** ***etw. pflanzt sich fort*** *geschr*; etw. breitet sich aus: *Im Wasser pflanzen sich Schallwellen besser fort als in der Luft* || *hierzu* **Fort·pflan·zung** *die; nur Sg*

fort·rei·ßen *(hat)* Vt ***etw. reißt j-n / etw. (mit sich) fort*** etw. reißt j-n / etw. durch seine Kraft (mit sich) von einem Ort an e-n anderen: *Der Orkan hat viele Dächer fortgerissen; Die starke Strömung riss das Boot mit sich fort*

fort·sche·ren, sich *(hat)* Vr *mst* ***Scher dich fort / schert euch fort!*** *gespr!* verwendet als unfreundliche Aufforderung an j-n, schnell wegzugehen

fort·schrei·ten *(ist)* Vi ***etw. schreitet fort*** *geschr*; etw. wird größer, intensiver, entwickelt sich weiter ↔ etw. stagniert ⟨e-e Arbeit, e-e Krankheit, der Verfall, die Zerstörung⟩: *Die Vernichtung des Wal-*

F

des durch die Luftverschmutzung scheint unaufhaltsam fortzuschreiten

Fort·schritt *der*; **1** *nur Sg*; die ständige Verbesserung u. Weiterentwicklung *bes* der Wissenschaft, der Technik (u. der Lebensqualität) ↔ Rückschritt ⟨an den F. glauben; für den F. kämpfen; der medizinische, wirtschaftliche F.⟩: *der unaufhaltsame F. der Technik; der rasche F. in der Raumfahrt* **2** *nur Pl*; das positive Ergebnis von Bemühungen ≈ Erfolge ⟨Fortschritte erzielen⟩: *Er macht große / keine Fortschritte mit seiner Doktorarbeit*

F

fort·schritt·lich *Adj*; **1** ⟨ein Mensch, e-e Persönlichkeit⟩ so, dass sie im Sinne des Fortschritts denken u. handeln ≈ modern ↔ konservativ: *f. eingestellt, gesinnt sein* **2** ⟨e-e Entwicklung, e-e Technologie⟩ so, dass sie (ein Beispiel für) den Fortschritt darstellen ≈ zukunftsweisend || *hierzu* **Fort·schritt·lich·keit** *die*; *nur Sg*

fort·schritts·feind·lich *Adj*; ⟨e-e Einstellung, e-e Haltung; f. gesinnt sein⟩ so, dass sie den Fortschritt ablehnen ↔ fortschrittlich (1)

Fort·schritts·glau·be *der*; *geschr*; der Glaube, dass es e-n ständigen Fortschritt (zum Wohl des Menschen) gibt || *hierzu* **fort·schritts·gläu·big** *Adj*

fort·set·zen (*hat*) [Vt] **1** *etw. f.* nach e-r Unterbrechung mit etw. weitermachen ≈ weiterführen ↔ abbrechen (2): *Nach e-r kurzen Rast setzten sie die Fahrt fort*; [Vr] **2** *etw. setzt sich fort* *geschr*; etw. dehnt sich zeitlich weiter aus od. verbreitet sich ≈ etw. dauert an ↔ etw. hört auf: *Die Debatte des Parlaments setzte sich bis in die Abendstunden fort*

Fort·set·zung *die*; -, *-en*; **1** *nur Sg*; das Fortsetzen (1) e-r Tätigkeit ↔ Abschluss: *die F. der Arbeit nach der Mittagspause* **2** der Teil *z.B.* e-s Romans od. e-r Fernsehserie, der auf e-n vorhergehenden Teil (desselben Romans bzw. derselben Fernsehserie) folgt ≈ Folge[1] (2): *Jede Woche erscheint e-e neue F. des Romans in der Sonntagszeitung; F. folgt!* || K-: **Fortsetzungs-, -geschichte, -roman**

fort·steh·len, sich (*hat*) [Vr] heimlich von e-m Ort weggehen

fort·trei·ben [Vt] (*hat*) **1** *etw. f.* *gespr*; etw. (Negatives od. Lästiges) immer wieder, weiterhin tun ≈ fortsetzen (1): *Er trieb die Betrügereien so lange fort, bis er gefasst wurde* **2** *j-n / ein Tier / etw. f.* ↑ **fort-**; [Vi] (*ist*) **3** *etw. treibt fort* etw. bewegt sich in der Strömung *o.Ä.* weg

fort·wäh·ren (*hat*) [Vi] *etw. währt fort* *geschr*; etw. dauert weiter

fort·wäh·rend **1** *Partizip Präsens*; ↑ **fortwähren** **2** *Adj*; *nur attr od adv*; so, dass es lange andauert od. sich ständig wiederholt u. stört od. lästig ist ≈ dauernd: *Das Telefon stört ihn f. bei der Arbeit*

fort·wir·ken (*hat*) [Vi] *etw. wirkt* (*in j-m / etw.*) *fort* *geschr*; etw. verliert seine Wirkung, seinen Einfluss auch nach längerer Zeit nicht ≈ etw. wirkt weiter: *Das Vorbild Buddhas wirkte in seinen Schülern fort*

fort·wün·schen (*hat*) [Vt] *j-n / sich / etw. f.* wünschen, dass j-d / man selbst / etw. an e-m anderen Ort wäre

fort·zah·len (*hat*) [Vt] *etw. f.* etw. (über e-n bestimmten Zeitpunkt hinaus) weiterhin regelmäßig zahlen ≈ weiterzahlen ⟨die Löhne, die Beiträge f.⟩ || *hierzu* **Fort·zah·lung** *die*

fort·zie·hen [Vt] **1** (*hat*) ↑ **fort-**; [Vi] **2** (*ist*) *mst* an e-n anderen Ort ziehen (19), um dort zu leben

Fo·rum *das*; *-s*, *Fo·ren*; **1** *ein F.* (*über etw.* (*Akk*)) e-e öffentliche Diskussion ⟨ein politisches, literarisches F.; an e-m F. teilnehmen⟩ **2** *ein F.* (*für etw.*) ein geeigneter Ort, um bestimmte Themen zu diskutieren *o.Ä.* ≈ Plattform **3** *Kollekt*; e-e Gruppe von Fachleuten, die etw. diskutieren ⟨e-m F. angehören; vor e-m F. sprechen⟩ **4** *EDV*; ein F. (1, 2) im Internet

Fos·sil *das*; *-s*, *Fos·si·li·en* [-i̯ən]; *mst Pl*; Überreste von Tieren od. Pflanzen, die vor langer Zeit existiert haben u. ganz od. teilweise als Abdruck im Gestein erhalten sind ≈ Versteinerung

Fo·to *das*; *-s*, *-s*; **1** *ein F.* (+ *Gen* / *von j-m* / *etw.*) ein Bild, das man mit e-r Kamera macht ≈ Aufnahme (6), Fotografie ⟨ein (un)scharfes, verwackeltes F.; ein F. machen / schießen⟩: *Fotos in ein Album (ein)kleben* || K-: **Foto-, -album, -atelier, -ausstellung, -labor, -papier, -reportage, -wettbewerb** || -K: **Farb-, Schwarzweiß-** **2** *gespr* ≈ Fotoapparat || NB: Anstelle von *Foto*, *fotogen usw* schreibt man (*bes* in älteren Texten) auch *Photo*, *photogen usw*

Fo·to·ap·pa·rat *der*; ein Apparat, mit dem man fotografiert ≈ Kamera

fo·to·gen *Adj*; *mst* *f. sein* auf Fotos gut aussehen: *Ich bin leider nicht sehr f.*

Fo·to·graf *der*; *-en*, *-en*; j-d, der beruflich Fotos macht || K-: **Fotografen-, -ausbildung, -ausrüstung** || -K: **Berufs-, Hobby-, Tier-** || NB: *der Fotograf; den, dem, des Fotografen* || *hierzu* **Fo·to·gra·fin** *die*; -, *-nen*

Fo·to·gra·fie *die*; -, *-n* [-ˈfiː(ə)n]; **1** *nur Sg*; die Technik od. die Kunst, mithilfe e-s Films u. e-r Kamera genaue Bilder von Menschen, Tieren od. Dingen zu machen **2** ≈ Foto (1) || *hierzu* **fo·to·gra·fisch** *Adj*; *nur attr od adv*

fo·to·gra·fie·ren; *fotografierte, hat fotografiert*; [Vt/i] (*j-n / etw.*) *f.* (von j-m / etw.) ein Foto machen: *das Brautpaar vor der Kirche f.; Ich fotografiere gern*

Fo·to·ko·pie *die*; e-e genaue Kopie (*bes* von etw. Geschriebenem), die mithilfe e-s Kopiergeräts gemacht wird ≈ Ablichtung ↔ Abschrift ⟨e-e F. von etw. machen⟩

fo·to·ko·pie·ren; *fotokopierte, hat fotokopiert*; [Vt/i] (*etw.*) *f.* e-e Fotokopie von etw. machen ≈ ablichten: *e-n Brief, ein Zeugnis f.* || K-: **Fotokopier-, -automat, -gerät**

Fo·to·mo·dell *das*; e-e Person (*mst* e-e Frau), die Geld dafür bekommt, dass man Fotos von ihr macht, die veröffentlicht werden: *Sie arbeitet als F. für e-e Werbeagentur*

Fo·to·mon·ta·ge *die*; **1** *nur Sg*; das Zusammensetzen von Teilen verschiedener Fotos zu e-m neuen Foto **2** ein Foto, das durch F. (1) hergestellt wurde

foul [faul] *Adj*; *mst in* *f. spielen* *Sport*; (*bes* in e-r Mannschaftssportart) beim Spielen ein Foul od. viele Fouls begehen ↔ fair spielen

Foul [faul] *das*; *-s*, *-s*; *Sport*; (*bes* bei Mannschaftsspielen) e-e unsportliche u. unerlaubte Behinderung des Gegners ⟨ein böses, grobes, harmloses F.; ein verstecktes F.; ein F. an j-m begehen⟩: *Der Schiedsrichter ahndete das grobe F. des Verteidigers mit e-m Platzverweis*

fou·len [ˈfaulən]; *foulte, hat gefoult*; [Vt/i] (*j-n*) *f.* *Sport*; j-n beim Spielen durch ein Foul behindern

Fo·yer [foaˈjeː] *das*; *-s*, *-s*; der Vorraum *mst* in e-m Theater, in dem sich die Zuschauer während der Pause aufhalten können

Fr. *Abk für* Frau

Fracht *die*; -, *-en*; *Kollekt*; die Behälter u. deren Inhalte, die mit *mst* großen Fahrzeugen irgendwohin transportiert (befördert) werden ≈ Ladung ⟨die F. einladen, verladen, ausladen, löschen⟩: *Die F. des Lkws bestand aus italienischem Wein* || K-: **Fracht-, -flugzeug, -gut, -kosten, -raum, -schiff, -verkehr** || -K: **Eisenbahn-, Schiffs-**

Fracht·brief *der*; ein Dokument, das mit e-r Fracht mitgeschickt wird (u. Empfänger, Inhalt, Gewicht *o.Ä.* der Fracht nennt)

Frạch·ter *der*; *-s*, -; ein Schiff, das *bes* Frachten transportiert ≈ Frachtschiff

Frạck *der*; *-(e)s*, *Fräcke*; ein (*mst* schwarzer) Anzug für Herren, der zu sehr festlichen Anlässen getragen wird u. der aus e-r Hose u. e-r Jacke besteht, die vorne kurz ist u. hinten bis zu den Knien reicht

Fra̲·ge *die*; -, *-n*; **1** ***e-e F.*** (***nach j-m / etw.***) e-e mündliche od. schriftliche Äußerung, mit der sich j-d an j-n wendet, weil er von ihm e-e Information haben will ↔ Antwort ⟨e-e dumme, kluge, peinliche, verfängliche, vorsichtige F.; j-m / an j-n e-e F. stellen; an j-n e-e F. richten; j-n mit Fragen bombardieren, löchern; e-e F. beantworten, bejahen, verneinen; e-r F. (*Dat*) ausweichen⟩ || K-: ***Frage-, -satz, -steller*** || -K: ***Prüfungs-, Quiz-, Rätsel-, Scherz-*** **2** ein Problem, das gelöst werden muss ⟨e-e offene, strittige, ungelöste F.; e-e F. anschneiden, aufwerfen, diskutieren, erörtern, klären, lösen⟩: *Die Außenminister beschäftigten sich mit Fragen der Abrüstung* **3** *mst* ***Das / Es ist*** (***nur***) ***e-e F.*** + *Gen*; verwendet um auszudrücken, dass die genannte Sache das Problem ist, dass von ihr alles abhängt: *Es ist nur e-e F. des Geldes, ob wir dieses Jahr in Urlaub fahren können* || -K: ***Erziehungs-, Geld-, Geschmacks-, Kosten-, Prestige-, Qualitäts-, Zeit-*** **4** ***etw. steht außer F.*** *geschr*; etw. ist ganz sicher, gewiss **5** ***ohne F.*** ganz sicher, zweifellos || ID *mst* ***Das / Es ist nur e-e F. von*** ⟨Sekunden, Minuten *usw*⟩ das dauert nur ein paar Sekunden, Minuten *o.Ä.*; ***Das ist noch die F.***; ***Das ist die große F.*** das ist noch nicht entschieden (u. davon hängt viel ab); ***Das ist keine F.*** das ist ganz sicher || NB: ↑ ***infrage***

Fra̲·ge·bo·gen *der*; ein *mst* amtliches Formular, auf dem Fragen stehen, die man beantworten soll

fra̲·gen; *fragte, hat gefragt*; Vt/i **1** (***j-n***) (***etw.***) ***f.*** zu j-m sprechen, um etw. von ihm zu erfahren ≈ e-e Frage (1) an j-n richten: „*Gehst du mit mir ins Kino?*", *fragte er* (*sie*); *Er fragte* (*sie*), ob *sie mit ihm ins Kino gehe* **2** (***j-n***) ***nach j-m / etw. f.*** e-e Frage (1) stellen, um e-e bestimmte Auskunft, Information über j-n / etw. zu bekommen: *e-n Fremden nach seinem Namen, e-n Passanten nach der Zeit, e-e Verkäuferin nach dem Preis e-r Ware, e-n Freund nach seiner Meinung, e-n Bekannten nach seiner Frau f.; Hat er nach mir gefragt?* **3** (***j-n***) (***um Erlaubnis***) ***f.*** j-n bitten, dass er einem erlaubt, etw. zu tun: *Er fragte seine Mutter um Erlaubnis, bevor er ihr Auto benutzte*; *Er nahm das Auto, ohne zu f.* **4** (***j-n***) ***um Rat f.*** j-n bitten, dass er einem mit Ideen u. Vorschlägen hilft; Vr **5** ***sich f., ob / warum / wie ...*** über ein Problem nachdenken, zu dem man noch keine Antwort weiß: *Ich frage mich, wie sie es schafft, mit drei Kindern auch noch berufstätig zu sein*; Vi **6** ***nach etw. f.*** *geschr*; etw. berücksichtigen: *Niemand fragt nach den Kosten*; *Er fragt nicht* danach, was *andere über ihn denken* || NB: *mst* verneint; Vimp **7** ***es fragt sich, ob ...*** es ist zweifelhaft, ob ...: *Es fragt sich, ob du mit deiner Behauptung wirklich Recht hast* **8** ***es fragt sich nur, wann / wie*** *o.Ä.* ... verwendet, um auszudrücken, dass noch nicht bekannt ist, wann / wie *o.Ä.* etw. geschehen soll ≈ es ist fraglich, wann / wie *o.Ä.*: *Er kommt bestimmt zum Fest, es fragt sich nur, wann*; *Ich würde gern wegfahren, es fragt sich nur, wohin u. von welchem Geld* || NB: Die Formen *du frägst, er frägt* werden mitunter in der gesprochenen Sprache verwendet, sie gelten jedoch für die Schriftsprache als nicht korrekt || *zu* ***Fragerei*** ↑ ***-ei***

Fra̲·ge·stel·lung *die*; die Art u. Weise, wie e-e Frage (1) gestellt od. formuliert wird: *Seine F. war undurchsichtig*

Frạ·ge·stun·de *die*; e-e Sitzung des Parlaments, in der über ein *bes* aktuelles od. wichtiges Thema diskutiert wird: *e-e aktuelle F. zum Thema „Waldsterben" beantragen*

Fra̲·ge·wort *das*; ein Wort, mit dem e-e Frage (1) eingeleitet wird (*z.B.* „wer", „wann", „warum") ≈ Interrogativpronomen

Fra̲·ge·zei·chen *das*; das Zeichen ?, das am Ende e-s Fragesatzes steht

fra̲g·lich *Adj*; *nicht adv*; **1** *mst präd*; noch nicht entschieden ≈ unsicher, ungewiss, zweifelhaft: *Ob er e-e Anstellung erhält, ist noch sehr f.* **2** *nur attr, nicht adv, Admin geschr*; bereits erwähnt ≈ betreffend: *Der Angeklagte gab an, dass er zum fraglichen Zeitpunkt* (= zur Tatzeit) *zu Hause gewesen sei*

fra̲g·los *Adv*; ohne Zweifel, sicherlich ≈ zweifellos: *Rom ist f. e-e interessante Stadt*

Frag·mẹnt *das*; *-(e)s*, *-e*; *geschr*; ein unvollständiger Teil e-s *mst* bedeutenden, historischen Werkes ≈ Bruchstück: *Archäologen haben Fragmente e-r Statue gefunden*; *Der verstorbene Dichter hat das F. e-s Romans hinterlassen* || *hierzu* **frag·men·ta̲·risch** *Adj*

fra̲g·wür·dig *Adj*; ⟨Praktiken, e-e Methode, ein Verfahren⟩ so, dass sie Zweifel wecken u. Anlass zu Misstrauen geben ≈ zweifelhaft, dubios: *Rauchen ist ein fragwürdiges Vergnügen, wenn man die gesundheitlichen Risiken bedenkt*

Frak·ti·on [-ˈtsi̯oːn] *die*; -, *-en*; *Kollekt*; die Gruppe aller Abgeordneten e-r Partei im Parlament: *die sozialdemokratische F. im Bundestag* || K-: ***Fraktions-, -ausschuss, -beschluss, -mitglied, -sitzung, -sprecher, -vorsitzende(r)***

Frak·tur [-ˈtuːɐ] *die*; -, *-en*; **1** *Med*; ein Knochenbruch **2** *nur Sg*, *Tech*; e-e gedruckte Schriftart mit eckig verlaufenden Linien u. durchbrochenen Buchstaben, die früher *bes* in Deutschland üblich war || ID (***mit j-m***) ***F. reden*** (j-m) etw. Unangenehmes deutlich sagen

frank *Adj*; *nur in* ***f. u. frei*** offen u. ehrlich: *f. u. frei reden, seine Meinung sagen*

Frạn·ken *der*; *-s*, -; (***Schweizer***) ***F.*** die Währung des Geldes in der Schweiz: *Ein F. hat hundert Rappen*

Frạnk·fur·ter[1] *der*; *-s*, -; j-d, der in der Stadt Frankfurt wohnt od. dort geboren ist || *hierzu* **Frạnk·fur·te·rin** *die*; -, *-nen*

Frạnk·fur·ter[2] *die*; -, -; ein Würstchen aus Schweinefleisch, das man in Wasser heiß macht ≈ Wiener ⟨ein, zwei Paar Frankfurter⟩

fran·ki̲e·ren; *frankierte, hat frankiert*; Vt ***etw. f.*** e-n Brief *o.Ä.*, den man mit der Post schickt, mit e-r Briefmarke versehen ⟨e-n Brief frankieren⟩

Frạn·se *die*; -, *-n*; *mst Pl*; **1** einer der Fäden, die zur Zierde am Rand *bes* von Teppichen, Vorhängen, Tischdecken hängen **2** *nur Pl*; Haare, die so geschnitten sind, dass sie in die Stirn hängen ≈ Pony || *hierzu* **frạn·sig** *Adj*; *nicht adv*

frap·pie̲·rend *Adj*; *geschr* ≈ überraschend, unerwartet, verblüffend: *Sie hat e-e frappierende Ähnlichkeit mit ihrer Mutter*

Frä̲·se *die*; -, *-n*; **1** e-e Maschine, mit der man Rillen, Gewinde *o.Ä.* in Holz, Metall od. Kunststoff schneiden kann **2** e-e Maschine, mit der man den (Acker)Boden bearbeitet || *zu* **1** **frä̲·sen** (*hat*) *Vt / i*

fra̲ß *Imperfekt, 3. Person Sg*; ↑ ***fressen***

Fra̲ß *der*; *-es*; *nur Sg*, *gespr! pej*; ein Essen, das sehr schlecht schmeckt ⟨ein widerlicher F.⟩

Frạtz *der*; *-es / -en, -e / -en*; *gespr*; **1** ***ein*** + *Adj* + ***F.*** ein Kind, das als nett u. niedlich empfunden wird ⟨ein kleiner, netter, niedlicher, süßer F.⟩ **2** *südd pej*; ein Kind, das als unangenehm empfunden wird ⟨ein eitler, frecher, verzogener F.⟩ || NB: *der Fratz*; *den, dem Fratz / Fratzen, des Fratzes / Fratzen*

Fra·tze *die*; -, *-n*; **1** ein verzerrtes, hässliches Gesicht ⟨e-e grinsende, höhnische F.⟩: *die F. e-s Dämons* || K-: ***Fratzen-, -gesicht, -maske*** **2** *gespr pej* ≈ Gesicht || *zu* **1 frat·zen·haft** *Adj*

frau *Indefinitpronomen*; *oft hum*; verwendet anstelle von *man*, wenn man sich ausdrücklich (auch) auf Frauen, nicht (nur) auf Männer bezieht: *Das sollte man / f. inzwischen verstanden haben*; *Wenn f. ihr erstes Kind bekommt …*

Frau *die*; -, *-en*; **1** e-e erwachsene, weibliche Person ↔ Mann (1) ⟨e-e alte, junge, reife, hübsche, schöne, gepflegte, emanzipierte, berufstätige, allein stehende, verheiratete, geschiedene F.⟩ || K-: ***Frauen-, -beruf, -emanzipation, -krankheit, -leiden, -stimmrecht, -überschuss, -zeitschrift*** **2** *Kurzw* ↑ ***Ehefrau*** ↔ Mann (2) ⟨seine geschiedene, verstorbene F.⟩: *Er hat sich von seiner F. scheiden lassen* **3** *nur Sg*; verwendet *bes* in der mündlichen Anrede u. in der Anrede in Briefen vor dem Familiennamen od. Titel e-r F. (1) ↔ Herr (2): *„Guten Tag, F. Müller!"*; *Sehr geehrte F. Meier …*; *F. Doktor hat heute keine Sprechstunde* || NB: *F.* (3) wird heute für verheiratete u. unverheiratete Frauen verwendet; ↑ ***Fräulein*** (2) **4** ***die F. des Hauses*** *veraltend*; die F. (1), die den Haushalt führt, *bes* in ihrer Funktion als Gastgeberin ≈ Hausherrin || *zu* **1 frau·en·haft** *Adj*; *mst attr*

Frau·chen *das*; *-s*, -; *gespr*; verwendet, um die Besitzerin e-s Hundes, e-r Katze *o.Ä.* zu bezeichnen (nur in Verbindung mit dem Tier): *„Sei ein braver Hund u. komm zu / zum F.!"*

Frau·en·arzt *der*; ein Arzt, der sich auf Frauenkrankheiten (u. Geburtshilfe) spezialisiert hat ≈ Gynäkologe

frau·en·feind·lich *Adj*; für Frauen ungünstig, nachteilig ⟨e-e Politik, Gesetze, e-e Gesinnung⟩

Frau·en·haus *das*; ein Haus (als soziale Institution), in dem Frauen, die von ihren Männern misshandelt werden, (mit ihren Kindern) wohnen können u. wo sie auch juristische u. finanzielle Hilfe bekommen

Frau·en·recht·le·rin *die*; -, *-nen*; e-e Frau, die für die Gleichberechtigung der Frau kämpft

Frau·en·sa·che *die*; *nur Sg*; *mst in* ***etw. ist F.*** *gespr*; etw. sollte eigentlich Frauen überlassen werden ↔ etw. ist Männersache

Frau·en·zim·mer *das*; *gespr pej*; e-e Frau ⟨ein liederliches, unverschämtes F.⟩

Fräu·lein *das*; *-s*, - / *gespr auch -s*; **1** *veraltend*; e-e junge weibliche Person, die nicht verheiratet ist u. die kein Kind hat: *Das (junge) F. hat mir den Weg zur Post gezeigt* **2** *nur Sg*, *veraltend*; verwendet *bes* in der mündlichen Anrede u. in der Anrede in Briefen vor dem Familiennamen von (jungen) nicht verheirateten Frauen (1); *Abk* Frl.: *„Wie gehts Ihnen, F. Huber?"* || NB: Heute wird *F.* (2) oft durch *Frau* ersetzt **3** *gespr*; verwendet als Anrede für e-e Verkäuferin od. Kellnerin, deren Namen man nicht kennt: *„F., zahlen, bitte!"*

frau·lich *Adj*; *bes* im Aussehen u. im Verhalten e-r reifen (mütterlichen) Frau entsprechend, nicht (mehr) e-m jungen Mädchen ähnlich ≈ feminin, weiblich (5) ↔ mädchenhaft: *Sie ist ein ausgesprochen fraulicher Typ* || *hierzu* **Frau·lich·keit** *die*; *nur Sg*

Freak [friːk] *der*; *-s*, *-s*; **1** j-d, der nicht so lebt, wie es den Normen der Gesellschaft entspricht, der seltsame Ideen, e-n seltsamen Geschmack hat *o.Ä.* **2** j-d, der sich übertrieben für etw. begeistert || -K: ***Computer-, Motorrad-, Musik-***

frech *Adj*; **1** ***f.*** **(*zu j-m*)** ohne den üblichen Respekt gegenüber j-m ≈ ungezogen, unverschämt ↔ brav, gehorsam ⟨ein Kind, ein Kerl, ein Lümmel; e-e Antwort, e-e Lüge; f. grinsen⟩: *Das Kind war sehr f. zu seiner Mutter u. musste zur Strafe früher ins Bett gehen* **2** auffällig u. provokativ ⟨Kleider, Lieder⟩ || *zu* **1 Frech·heit** *die*

Frech·dachs [-daks] *der*; *gespr hum*; verwendet, um *bes* ein freches (aber nicht unangenehmes) Kind zu bezeichnen

frei, *freier*, *frei(e)st-*; *Adj*; **1** nicht in j-s Abhängigkeit, Gewalt od. Besitz ≈ unabhängig ⟨ein Mann; ein Land, ein Volk⟩: *Nach jahrhundertelanger Kolonialherrschaft wurde Ceylon 1948 f.* **2** nicht in e-m Gefängnis od. Käfig, sondern in der Lage, überall hingehen zu können, wo man will: *Nach zehn Jahren Gefängnis ist der Verurteilte jetzt wieder f.* **3** *mst attr*; nur vom eigenen Willen, der eigenen Entscheidung abhängig: *Es war ihr freier Wille zu heiraten*; *Er konnte f. über sein Erbe verfügen* **4 *f. von etw.*** *mst geschr*; ohne etw.: *f. von Fieber, Schmerzen, Schuld, Sorgen, Verpflichtungen sein*; *Das Brot ist f. von Konservierungsmitteln* || NB: ↑ ***-frei*** **5 *f.* (*nach j-m / etw.*)** nicht streng nach dem Original, der Vorlage ⟨e-e Übersetzung⟩: *Das Drehbuch für den Film wurde f. nach e-r Novelle von Stefan Zweig gestaltet* **6** ohne Hilfsmittel (wie *z.B.* ohne ein Manuskript beim Vortrag e-r Rede od. ohne ein Lineal beim Zeichnen): *Der Redner hielt e-n einstündigen freien Vortrag*; *e-n Kreis f. zeichnen* **7** *nicht adv* ≈ gratis, kostenlos: *Der Eintritt ist für Schüler u. Studenten f.* || K-: ***Frei-, -exemplar*** **8** nicht von anderen Personen benutzt od. besetzt ≈ unbesetzt: *Ist dieser Platz noch f.?* **9** nicht durch ein Hindernis versperrt ≈ offen (5): *e-n freien Blick auf die Berge haben* **10** *mst attr*; nicht von beruflichen od. schulischen Pflichten bestimmt, sondern für Hobbys u. Erholung verfügbar: *Die Mutter von den drei kleinen Kindern beklagte sich, dass sie nie e-e freie Minute hätte* **11** nicht von Kleidung bedeckt ≈ nackt, bloß: *Das Abendkleid lässt die Schultern f.* || -K: ***knie-, rücken-, schulter-*** **12** *mst attr*; ⟨ein Journalist, ein Fotograf, ein Schriftsteller⟩ so, dass sie nicht fest angestellt sind (sondern auf der Basis von Honoraren arbeiten) ≈ freischaffend: *Er arbeitet als freier Mitarbeiter bei e-r Zeitung* **13** ohne e-e Begrenzung, wie *z.B.* e-n Zaun, e-e Mauer od. ein Dach: *unter freiem Himmel schlafen*; *über das freie Feld laufen* **14 *f. ab*** ⟨12, 16, 18 Jahren⟩ in der Kino- und Filmwerbung verwendet, um anzuzeigen, dass der Film ab 12, 16 od. 18 Jahren besucht werden darf **15 *sich f. nehmen*** sich (für kurze Zeit) Urlaub nehmen: *Ich habe mir für heute Nachmittag f. genommen, weil ich zum Zahnarzt muss* **16 *f. u. offen*** ⟨über etw. reden⟩ ohne etw. zu verschweigen (über etw. reden) || ID (***Danke,***) ***ich bin so f.*** verwendet als Antwort auf die Aufforderung, sich etw. zu nehmen, um auszudrücken, dass man das Angebot annimmt || ► ***befreien***

> **frei le·bend** *Adj*; *nur attr u. adv*; (von Tieren) so, dass sie nicht als Haustier, sondern in der Natur, der natürlichen Umgebung leben

frei- *im Verb*, *trennbar u. betont*, *wenig produktiv*; Die Verben mit *frei-* werden nach folgendem Muster gebildet: *freikehren - kehrte frei - freigekehrt*;
frei- drückt aus, dass etw. von etw. (Störendem) befreit wird;
etw.* (*von etw.*) *freikehren: *Er musste den Weg vom Schnee freikehren* ≈ Er musste (mit e-m Besen) den Schnee vom Weg entfernen;
ebenso: ***etw. freikämpfen, etw.* (*von etw.*) *freikratzen, etw.* (*von etw.*) *freischaufeln***

-frei *im Adj*, *begrenzt produktiv*; **1** verwendet, um auszudrücken, dass j-d / etw. das Genannte nicht hat; ***akzentfrei*** ⟨sprechen⟩; ***alkoholfrei*** ⟨Bier⟩; ***fehlerfrei, störungsfrei*** ⟨ein Fernsehbild; Verkehr⟩ **2** verwendet, um auszudrücken, dass das Genannte nicht bezahlt werden muss ↔ -pflichtig; ***beitragsfrei, gebührenfrei, portofrei, steuerfrei, zollfrei*** **3** verwendet, um auszudrücken, dass etw. das Genannte nicht tut; ***knitterfrei*** ⟨ein Stoff⟩, ***rostfrei*** ⟨ein Messer⟩ **4** verwendet, um auszudrücken, dass das Genannte nicht getan werden muss; ***bügelfrei*** ⟨ein Hemd⟩, ***reparaturfrei, wartungsfrei*** ⟨e-e Maschine⟩

Frei·bad *das*; ein öffentliches Schwimmbad im Freien ↔ Hallenbad

frei·be·kom·men; *bekam frei, hat freibekommen*; [Vt] **1** ***j-n f.*** erreichen, dass j-d seine Freiheit wieder bekommt: *Der Industrielle zahlte das Lösegeld, um seine entführte Tochter freizubekommen* **2** ***etw. f.*** erreichen, dass etw., das stecken bleibt, wieder gelöst wird: *den Mantel f., den man sich in der Tür eingeklemmt hat*; [Vi] **3** aus wichtigen Gründen für kurze Zeit von der Arbeit od. von der Schule befreit werden: *Für seine Hochzeit hat er drei Tage freibekommen*

frei·be·ruf·lich *Adj*; *nur attr od adv*; so, dass man nicht bei e-r Firma *o.Ä.* angestellt ist, sondern selbstständig (3) arbeitet: *ein freiberuflicher Journalist* || *hierzu* **Frei·be·ruf·ler** *der*; *-s, -*

Frei·be·trag *der*; ein Teil des Einkommens, für den man keine Steuern zahlen muss || -K: ***Steuer-; Alters-, Arbeitnehmer-, Kinder-, Weihnachts-***

Frei·beu·ter *der*; *-s, -*; *hist* ≈ Pirat, Seeräuber

Frei·bier *das*; *nur Sg*; Bier, das man bei bestimmten Anlässen gratis bekommt

Frei·brief *der*; *mst Sg, geschr*; die Erlaubnis, etw. zu tun, was normalerweise nicht erlaubt ist ⟨e-n F. für etw. haben; j-m e-n F. für etw. ausstellen⟩

Freie (*das*); *nur in* **1** ***im Freien*** nicht in e-m Gebäude, sondern draußen (in der Natur): *im Freien übernachten* **2** ***ins F.*** nach draußen (in die Natur): *Er trat ins F., um die Sterne zu beobachten*

frei·en; *freite, hat gefreit*; [Vt] *veraltet*; **1** ***j-n f.*** ≈ heiraten; [Vi] **2** ***um j-n f.*** um e-e Frau werben (4)

Frei·er *der*; *-s, -*; **1** *euph*; ein Mann, der zu e-r Prostituierten geht **2** *veraltend*; j-d, der ein Mädchen heiraten will

Frei·ers·fü·ße *die*; *Pl*, *nur in* ***auf Freiersfüßen gehen / wandeln*** *gespr hum*; als Mann (e-e bestimmte Frau) heiraten wollen

Frei·gän·ger *der*; *-s, -*; ein Strafgefangener, der außerhalb des Gefängnisses arbeiten darf, aber nachts ins Gefängnis muss

frei·ge·ben (*hat*) [Vt] **1** ***j-n f.*** *geschr*; j-m die Freiheit wiedergeben ≈ freilassen ↔ festhalten: *Nach langen Verhandlungen gaben die Terroristen ihre Geiseln frei* **2** ***etw. f.*** *geschr*; etw. nicht mehr sperren od. einschränken, sondern es (allgemein, öffentlich) zur Verfügung stellen: *Nach zwei Stunden gab die Polizei die Straße, die nach e-m Unfall blockiert war, wieder* (*für den Verkehr*) *frei* **3** ***etw. zu etw. f.*** *geschr*; erlauben, dass etw. zu e-m bestimmten Zweck verwendet werden kann ≈ zulassen: *e-n Artikel zur Veröffentlichung f.; e-e Ware zum Verkauf f.; Wild zum Abschuss f.*; [Vi] **4** ***j-m f.*** j-n für kurze Zeit von der Arbeit od. vom Unterricht befreien: *Der Chef gab ihr drei Stunden frei, da sie zum Arzt musste* || *zu* **1, 2** u. **3** **Frei·ga·be** *die*; *nur Sg*

frei·ge·big *Adj*; gern bereit, anderen etw. zu schenken ≈ großzügig ↔ geizig || *hierzu* **Frei·ge·big·keit** *die*; *nur Sg*

frei·gie·big *Adj* ≈ freigebig

frei·ha·ben (*hat*) [Vi] *gespr*; e-e bestimmte Zeit lang nicht zur Arbeit od. zur Schule gehen müssen: *Nächste Woche habe ich einen Tag frei, da könnten wir zusammen baden gehen*

frei·hal·ten (*hat*) [Vt] **1** ***j-n f.*** für j-n in e-r Gaststätte Essen u. Getränke bezahlen ≈ j-n einladen: *Weil er Geburtstag hatte, hielt er uns alle frei* **2** (***j-m / sich***) ***etw. f.*** dafür sorgen, dass ein Platz / Raum leer (unbesetzt) bleibt: *j-m e-n Stuhl f.; im Bus seinem Freund e-n Fensterplatz f.; Ausfahrt bitte f.!*

frei·hän·dig *Adj*; *nur attr od adv*; ohne sich mit den Händen aufzustützen od. festzuhalten ⟨*mst* f. (Rad) fahren⟩

Frei·heit *die*; *-, -en*; **1** *nur Sg*; der Zustand, frei (1) zu sein ≈ Unabhängigkeit ⟨für seine persönliche, für die nationale F. kämpfen; die F. der Wissenschaft⟩: *„F., Gleichheit, Brüderlichkeit" lautete die Parole der Französischen Revolution* || K-: ***Freiheits-, -kampf, -krieg*** || -K: ***Meinungs-, Presse-, Rede-, Religions-, Versammlungs-*** **2** *nur Sg*; der Zustand, frei (2) zu sein ↔ Gefangenschaft ⟨j-n / ein Tier seiner F. berauben; j-m / e-m Tier die F. schenken, zurückgeben; die F. wiedererlangen; (wieder) in F. sein⟩ **3** ***die F. haben*** + ***zu*** + *Infinitiv* genau das tun können, was man will u. für richtig hält: *Du hast die F. zu tun u. zu lassen, was du willst* **4** *mst Pl*; ein besonderes Recht, das j-m gewährt wird ≈ Privileg, Vorrecht: *als toleranter Vater seinen Kindern viele Freiheiten lassen* **5** *nur Pl*; die demokratischen Grundrechte ⟨die demokratischen Freiheiten⟩ **6** ***dichterische F.*** das Recht, das man e-m Dichter gewährt, *z.B.* tatsächliche Ereignisse od. Zustände in e-m literarischen Werk anders darzustellen, als sie in Wirklichkeit waren

Frei·heits·ent·zug *der*; *Admin geschr*; e-e Strafe, bei der j-d ins Gefängnis muss ≈ Freiheitsstrafe: *Er wurde zu fünf Jahren F. verurteilt*

Frei·heits·stra·fe *die*; *geschr*; der Aufenthalt in e-m Gefängnis als Strafe für ein Delikt ≈ Haftstrafe: *Er wurde wegen Raubes zu e-r F. von fünf Jahren verurteilt*

frei·he·raus *Adv*; ohne zu zögern, ohne etw. zu verheimlichen ≈ geradeheraus, offen, unumwunden: *Er sagt immer f., was er denkt*

Frei·herr *der*; **1** *nur Sg*; ein Adelstitel **2** die Person, die den Titel des Freiherrn (1) trägt || *hierzu* **Frei·frau** *die*

Frei·kar·te *die*; e-e Eintrittskarte, die nichts kostet

frei·kom·men (*ist*) [Vi] die Freiheit wiedererlangen ⟨Gefangene⟩: *Die Geiseln, die vor zwei Wochen entführt wurden, sind heute* (*wieder*) *freigekommen*

Frei·kör·per|kul·tur *die*; *nur Sg*; ↑ ***FKK***

frei·krie·gen (*hat*) *gespr*; [Vt] **1** ≈ freibekommen (1,2); [Vi] **2** ≈ freibekommen (3)

frei·las·sen (*hat*) [Vt] **1** ***j-n f.*** j-m, der irgendwo gefangen ist, die Freiheit wiedergeben u. ihm erlauben, dorthin zu gehen, wohin er will: *Der Verhaftete wurde gegen e-e hohe Kaution wieder freigelassen* **2** ***ein Tier f.*** ein Tier nicht mehr (im Käfig) gefangen halten ⟨e-n Vogel f.⟩ || NB: aber: *beim Schreiben e-e Zeile frei lassen* (getrennt geschrieben) || *zu* **1** **Frei·las·sung** *die*

frei·le·gen (*hat*) [Vt] ***etw. f.*** *geschr*; etw. (wieder) sichtbar machen, indem man darüber liegende Schichten entfernt: *Archäologen haben Reste e-s römischen Amphitheaters freigelegt* || *hierzu* **Frei·le·gung** *die*

frei·lich *Adv*; **1** verwendet, um etw. einzuräumen od. als selbstverständlich zu charakterisieren ≈ allerdings, natürlich: *Dass ich krank werden könnte, damit hatte ich f. nicht gerechnet, als ich die Urlaubsreise buchte* **2** *gespr*; verwendet, um e-e Frage nachdrücklich zu bejahen ≈ natürlich, selbstverständlich: *„Musst du morgen in die Arbeit?" - „(Ja) f."*

Frei·licht|büh·ne *die* ≈ Freilichttheater

Frei·licht|the·a·ter *das*; ein Theater, bei dem die Aufführungen im Freien stattfinden

frei·ma·chen (*hat*) [Vt] **1** ***etw. f.*** *Admin geschr* ≈ frankieren **2** ***etw. f.*** beim Arzt e-n Teil der Kleidung ausziehen, sodass etw. nackt ist ⟨den Oberkörper f.⟩; [Vr] **3** ***sich f.*** beim Arzt die Kleidung ausziehen, sodass man nackt ist: *Bitte machen Sie sich frei* **4** ***sich*** (***irgendwann***) ***f.*** *gespr*; (für kurze Zeit) Urlaub nehmen, nicht arbeiten gehen, sich für j-n Zeit nehmen: *Ich kann mich morgen* (*für e-e Stunde*) *f., um dich zu treffen*

frei·mü·tig *Adj*; so, dass man nicht versucht, etw. zu verheimlichen ≈ ehrlich, offen ⟨ein Geständnis; etw. f. bekennen, gestehen⟩ || *hierzu* **Frei·mü·tig·keit** *die*; *nur Sg*

F

frei·pres·sen (*hat*) [Vt] ***j-n f.*** durch Erpressung erreichen, dass j-d (*bes* aus dem Gefängnis) freigelassen wird

Frei·raum *der*; *geschr*; die Möglichkeit od. die Zeit, die j-d hat, um seine eigene Persönlichkeit zu entwickeln ⟨sich / j-m, für sich / j-n / etw. e-n F., Freiräume schaffen⟩

frei·schaf·fend *Adj*; *mst attr*; (*bes* in Bezug auf künstlerische Berufe) nicht angestellt, sondern selbstständig u. in eigener Verantwortung tätig ⟨ein Künstler, ein Maler, ein Schriftsteller, ein Architekt, ein Journalist; f. tätig sein⟩

Frei·schär·ler *der*; *-s, -*; ein Mitglied e-r militärischen Organisation, die gegen die Armee des eigenen Landes kämpft

frei·set·zen (*hat*) [Vt] *mst* ***etw. wird freigesetzt*** *geschr*; etw. löst sich aus e-r Bindung od. entsteht als Folge e-s chemischen, physikalischen *usw* Vorgangs ⟨Sauerstoff, Wasserstoff, Wärme, Energie, Strahlen⟩: *Bei dem Brand in der chemischen Fabrik wurde ein hochgiftiges Gas freigesetzt* || NB: *mst* im Passiv! || *hierzu* **Frei·set·zung** *die*

frei·spre·chen (*hat*) [Vt] ***j-n*** (***von etw.***) ***f.*** (als Richter od. Gericht) in e-m Urteil erklären, dass aufgrund von Untersuchungen u. Befragungen von Zeugen j-d als nicht schuldig gilt ↔ schuldig sprechen: *Er wurde* (*von der Anklage des Mordes*) *freigesprochen*

Frei·spruch *der*; *geschr*; das Urteil e-s Richters od. Gerichts, durch das ein Angeklagter freigesprochen wird ⟨F. (für j-n) beantragen; auf F. erkennen⟩

Frei·staat *der*; verwendet in der Bezeichnung für die Bundesländer Bayern, Sachsen u. Thüringen

frei·ste·hen (*hat / ist*) [Vi] **1** ***etw. steht j-m frei*** (*hat*) j-d darf selbst entscheiden, ob er etw. tun will oder nicht: Es *steht ihm frei, seinen Urlaub im Juli od. August* zu *nehmen* **2** ***etw. steht frei*** (*hat / südd* Ⓒⓗ *ist*) ein Haus, e-e Wohnung *o.Ä.* ist nicht vermietet, nicht besetzt

frei·stel·len (*hat*) [Vt] **1** ***j-m etw. f.*** *geschr*; j-n zwischen zwei od. mehreren Möglichkeiten wählen od. entscheiden lassen ≈ überlassen: *Ich stelle Ihnen frei*, wann *Sie mit der Arbeit beginnen wollen* **2** ***j-n*** (***von etw.***) ***f.*** j-n für e-e bestimmte Zeit (zu e-m bestimmten Zweck) von seiner normalen Arbeit od. vom Militärdienst befreien: *Sein Chef stellte ihn für den Fortbildungslehrgang* (*vom Dienst*) *frei*

Frei·stel·lungs·auf·trag *der*; *Bank*; ein Auftrag an e-e Bank, bis zur genannten Summe keine Steuern von den Zinsen abzuziehen, die sie einem für ein Guthaben zahlt. Jeder darf nur Freistellungsaufträge bis zu e-r bestimmen Summe ausstellen, weitere Zinseinnahmen müssen versteuert werden

Frei·stil *der*; *nur Sg*, *Sport*; **1** e-e Disziplin beim Schwimmen, bei der der Sportler die Technik frei wählen kann ↔ Brust, Rücken, Delphin: *100m F. der Herren* || K-: ***Freistil-, -schwimmen*** **2** e-e Art zu ringen, bei der Griffe am ganzen Körper erlaubt sind || K-: ***Freistil-, -ringen***

Frei·stoß *der*; *Sport*; (bei Ballspielen) ein Schuss, den e-e Mannschaft (als Strafe für ein Foul des Gegners) ausführen darf, ohne vom Gegner dabei behindert zu werden ⟨e-n F. ausführen; ein direkter, indirekter F.⟩: *Der Schiedsrichter verhängte e-n / entschied auf F.*

Frei·tag *der*; *-s, -e*; der fünfte (Arbeits)Tag der Woche; *Abk* Fr ⟨am F.; letzten, diesen, nächsten F.; F. früh⟩ || K-: ***Freitag-, -abend, -mittag, -morgen, -nacht***; ***freitag-, -abends, -mittags*** *usw.*

frei·tags *Adv*; jeden Freitag ⟨f. abends, mittags *usw.*⟩: *F. schließt das Büro um 15 Uhr*

Frei·tod *der*; *mst Sg*, *geschr* ≈ Selbstmord, Suizid ⟨den F. wählen (= Selbstmord begehen)⟩

frei·tra·gend *Adj*; *nicht adv*; nicht von Pfeilern *o.Ä.* gestützt ⟨*mst* e-e Brücke, e-e Konstruktion⟩

Frei·trep·pe *die*; e-e breite, große Treppe, die zu e-m großen Gebäude führt

Frei·übung *die*; e-e Turnübung ohne Sportgerät

Frei·wild *das*; ***F.*** (***für j-n***) (*mst* aus Sicht e-s Mannes) e-e Person, mit der man machen kann, was man will: *E-e Fau, die allein reist, wird oft als F. betrachtet*

frei·wil·lig *Adj*; aus eigenem Willen, ohne Zwang ↔ unfreiwillig, zwangsweise: *Er musste den Aufsatz nicht schreiben, er hat es f. gemacht*; *Es war sein freiwilliger Entschluss zu bleiben, es hat ihn niemand dazu gezwungen* || *hierzu* **Frei·wil·lig·keit** *die*; *nur Sg*

Frei·wil·li·ge *der / die*; *-n, -n*; j-d, der ohne es zu müssen (freiwillig) e-n Dienst, e-e Pflicht übernimmt || -K: ***Kriegs-*** || NB: *ein Freiwilliger*; *der Freiwillige*; *den, dem, des Freiwilligen*

Frei·zei·chen *das*; ein Ton, den man am Telefon hört, wenn die Nummer, die man gewählt hat, nicht besetzt (4) ist ↔ Besetztzeichen

Frei·zeit *die*; *nur Sg*; die Zeit (*mst* abends u. am Wochenende), in der man weder in seinem Beruf noch im Haushalt arbeiten muss: *Er verbringt seine F. mit Lesen*; *In seiner F. treibt er viel Sport* || K-: ***Freizeit-, -beschäftigung, -gestaltung, -kleidung, -industrie, -sport, -vergnügen***

Frei·zeit|wert *der*; *nur Sg*, *geschr*; die Möglichkeiten, die man in e-r Stadt od. in e-r Gegend hat, seine Freizeit zu gestalten (*z.B.* durch Sport u. Kultur): *e-e Stadt mit e-m hohen F.*

frei·zü·gig *Adj*; **1** so, dass man sich nicht streng an Regeln u.Vorschriften hält ⟨etw. f. handhaben⟩ **2** ⟨e-e Erziehung⟩ so, dass sie dem Betroffenen viel Freiheit lässt **3** ⟨ein Film, e-e Unterhaltung⟩ so, dass sie nicht auf sexuelle Tabus achten ↔ prüde: *sich f. kleiden* || *hierzu* **Frei·zü·gig·keit** *die*; *nur Sg*

fremd, *fremder*, *fremdest-*; *Adj*; **1** *mst attr*; zu e-m anderen Land od. Volk als dem eigenen gehörend ⟨Sitten, e-e Sprache⟩: *Der Autor erzählt in seinem Buch von fremden Ländern u. Völkern* **2** (***j-m***) ***f.*** (j-m) von früher her nicht bekannt: *Die meisten Gäste auf der Party waren ihm f.*; *fremde Städte bereisen* **3** nicht der Vorstellung, Erinnerung entsprechend, die man von j-m / etw. hat: *Am Telefon klang ihre Stimme ganz f.* **4** auf e-e andere Person bezogen od. zu ihr gehörend ↔ eigen: *„Misch dich doch nicht immer in fremde Angelegenheiten!“* **5** ***j-m f. werden*** sich so verändern, dass kein Interesse od. keine herzliche Beziehung mehr vorhanden ist: *Als sie ihren ehemaligen Freund nach langer Zeit wiedersah, stellte sie fest, dass er ihr ganz f. geworden war* || *zu* **2** **Fremd·heit** *die*; *nur Sg* || ► ***entfremden***

-fremd *im Adj*, *nach Subst*, *wenig produktiv*; verwendet, um auszudrücken, dass j-d / etw. nicht am Genannten orientiert ist ≈ -fern ↔ -bezogen, -nah; ***fachfremd, lebensfremd*** ⟨ein Künstler⟩, ***praxisfremd*** ⟨e-e Lehrmethode⟩, ***realitätsfremd*** ⟨ein Mensch⟩, ***wirklichkeitsfremd*** ⟨ein Mensch⟩

Fremd·ar·bei·ter *der*; *veraltend* ≈ Gastarbeiter

frẹmd·ar·tig *Adj*; fremd u. ungewohnt ⟨etw. erscheint f., mutet f. an; j-d / etw. sieht f. aus⟩ || *hierzu* **Frẹmd·ar·tig·keit** *die*; *nur Sg*

Frẹm·de[1] *der / die*; *-n, -n*; **1** j-d, der einem völlig unbekannt ist: *Die Mutter ermahnte das Kind, nicht mit e-m Fremden mitzugehen* **2** j-d, der aus e-m anderen Ort, e-r anderen Gegend od. e-m anderen Land stammt ↔ Einheimische(r): *Nur selten kommt ein Fremder in das einsame Bergdorf* || K-: **Fremden-, -hass** || NB: *ein Fremder*; *der Fremde*; *den, dem, des Fremden*

Frẹm·de[2] *die*; *-*; *nur Sg*, *geschr*; e-e Gegend, ein Land *o.Ä.*, die j-m nicht bekannt sind ↔ Heimat ⟨in der F. leben; in die F. ziehen⟩

frẹm·deln; *fremdelte, hat gefremdelt*; [Vi] Fremden gegenüber scheu sein, vor Fremden Angst haben ⟨*mst* ein Baby, ein Säugling⟩

frẹm·den·feind·lich *Adj*; feindlich gegenüber Ausländern ≈ ausländerfeindlich ⟨e-e Äußerung, e-e Gesinnung, e-e Haltung⟩ || *hierzu* **Frẹm·den·feind·lich·keit** *die*; *nur Sg*

Frẹm·den·füh·rer *der*; j-d, der (beruflich) Touristen e-e Stadt, ein Land od. e-e Gegend zeigt

Frẹm·den·le·gi·on *die*; (in Frankreich) e-e militärische Truppe, die *bes* aus ausländischen Berufssoldaten besteht

Frẹm·den·ver·kehr *der*; *nur Sg*; das Reisen u. der Aufenthalt von Touristen in e-m Land, e-m Ort, e-r Gegend ≈ Tourismus ⟨den F. fördern; e-e Stadt, Gegend *o.Ä.* lebt vom F.⟩ || K-: **Fremdenverkehrs-, -amt, -büro, -verein**

Frẹm·den·zim·mer *das*; ein Zimmer in e-m Hotel, Gasthof *o.Ä.*, in dem Touristen schlafen können

frẹmd·ge·hen; *ging fremd, ist fremdgegangen*; [Vi] *gespr*; e-e sexuelle Beziehung außerhalb der Ehe od. der festen Partnerschaft haben ↔ treu (2) sein

Frẹmd·herr·schaft *die*; *mst Sg*; das Beherrschen e-s Volkes, Landes durch ein anderes Land, e-e ausländische Macht ⟨ein Land schüttelt die F. ab⟩

Frẹmd·kör·per *der*; **1** ein Gegenstand, der in e-n Körper gelangt ist u. dort nicht hingehört ⟨e-n F. verschlucken, aus dem Auge entfernen⟩ **2** verwendet als Bezeichnung für e-e Person od. Sache, die nicht zu ihrer Umgebung passt: *Das moderne Kaufhaus wirkt zwischen den alten Häusern wie ein F.*

frẹmd·län·disch *Adj*; für ein fremdes Land typisch ≈ exotisch ↔ einheimisch ⟨ein Akzent, ein Baustil, e-e Kleidung⟩

Frẹmd·ling *der*; *-s, -e*; *lit veraltend* ≈ Fremde[1] (2)

Frẹmd·spra·che *die*; e-e Sprache, die nicht vom eigenen Volk, Volksstamm *o.Ä.* gesprochen wird u. die man zusätzlich zu seiner eigenen Sprache erlernen kann ↔ Muttersprache ⟨e-e F. (er)lernen, beherrschen, (fließend) sprechen⟩: *Für e-n Deutschen ist Englisch e-e F.*; *Deutsch als F. lernen* || K-: **Fremdsprachen-, -erwerb, -unterricht**

Frẹmd·spra·chen|kor·res·pon·dent *der*; ein Angestellter, der selbstständig für e-e Firma Briefe in einer od. mehreren Fremdsprachen liest u. schreibt || *hierzu* **Frẹmd·spra·chen|kor·res·pon·den·tin** *die*

frẹmd·spra·chig *Adj*; so, dass e-e fremde Sprache benutzt wird ⟨e-e Bevölkerungsgruppe, e-e Rundfunksendung, der Unterricht, e-e Zeitung⟩ || NB: *fremdsprachlicher* Unterricht ist ein Unterricht über e-e Fremdsprache, der auch in der Muttersprache stattfinden kann, im *fremdsprachigen* Unterricht wird nur die Fremdsprache gesprochen

frẹmd·sprach·lich *Adj*; *mst attr*; auf e-e Fremdsprache bezogen ⟨ein Lehrbuch, der Unterricht⟩ || NB: ↑ **fremdsprachig**

Frẹmd·wort *das*; *-(e)s, Fremd·wör·ter*; ein Wort, das aus e-r anderen Sprache in die eigene Sprache übernommen wurde u. das im Schriftbild od. in der Aussprache noch fremd wirkt: *„Sauce" ist ein F. aus dem Französischen, das heute mst als „Soße" eingedeutscht wird*; *Seine Ausdrucksweise ist mit Fremdwörtern gespickt* || ID **etw. ist ein F. für j-n** verwendet, um auszudrücken, dass j-d das Genannte nicht einhält, nicht beachtet *o.Ä.*: *Pünktlichkeit ist für ihn ein F., er kommt immer zu spät*

fre·ne·tisch *Adj*; sehr heftig u. leidenschaftlich ⟨Applaus, Beifall⟩

fre·quen·tie·ren; *frequentierte, hat frequentiert*; [Vt] **etw. f.** *geschr*; häufig od. regelmäßig zu e-m bestimmten Ort, Gebäude *o.Ä.* kommen: *Dieses Lokal wird von Jugendlichen stark frequentiert*; *ein schwach frequentierter Hafen* || NB: *mst* im (Zustands)Passiv!

Frẹ·quenz *die*; *-, -en*; **1** *Phys*; die Anzahl der Schwingungen e-r Welle (3) pro Sekunde: *Schallwellen haben e-e relativ niedrige, Röntgenstrahlen e-e äußerst hohe F.*; *Die F. wird in Hertz gemessen* || K-: **Frequenz-, -bereich, -messer** || -K: **Hoch-, Höchst-, Niedrig-** **2** e-e bestimmte F. (1), auf der ein Radiosender sein Programm sendet ≈ Welle (4): *Auf welcher F. liegt / sendet der Deutschlandfunk?* || -K: **Radio-, UKW-** **3** *nur Sg*, *geschr*; die Häufigkeit, mit der etw. geschieht

Frẹs·ko *das*; *-s, Fres·ken*; ein Gemälde, das auf e-e Wand gemalt wird, während der Putz aus Kalk noch feucht ist (*bes* in Kirchen): *die Fresken der Sixtinischen Kapelle* || K-: **Fresken-, -malerei**

Fres·sa·li·en [-li̯ən] *die*; *Pl*, *gespr hum*; Dinge zum Essen: *Pack noch ein paar F. für unterwegs ein*

Frẹs·se *die*; *-, -n*; *vulg*; **1** ≈ Gesicht **2** ≈ Mund || ID **j-m die F. polieren** *vulg*; j-m (mehrmals) ins Gesicht schlagen; **Halt die F.** *vulg*; sei still!

frẹs·sen; *frisst, fraß, hat gefressen*; [Vt/i] **1 ein Tier frisst (etw.)** ein Tier nimmt feste Nahrung zu sich: *Affen fressen gern Bananen*; *Meine Katze frisst mir aus der Hand* **2 (etw.) f.** *vulg pej*; (als Mensch) viel, gierig od. unappetitlich essen; [Vt] **3 etw. frisst etw.** *gespr*; etw. braucht e-e große Menge von etw. ⟨etw. frisst viel (Energie, Geld, Kraft, Strom *o.Ä.*)⟩: *Sein Sportwagen frisst 20 Liter Benzin auf 100 Kilometer* **4 etw. frisst etw.** (**in etw.** (*Akk*) **/ durch etw.**) etw. macht ein Loch od. e-e Lücke in etw.: *Das Feuer hat e-e Schneise in / durch den Wald gefressen*; [Vi] **5 etw. frisst an etw.** (*Dat*) etw. beginnt, etw. langsam zu zerstören ⟨ein Feuer, Flammen, e-e Lauge, Rost, e-e Säure⟩: *Das Streusalz frisst an den Bäumen u. Fahrzeugen* **6 etw. frisst an / in j-m** *geschr*; etw. zerstört j-n seelisch ⟨Hass, Neid, Sorge, Verzweiflung⟩; [Vr] **7 etw. frisst sich in etw.** (*Akk*) **/ durch etw.** etw. macht ein Loch in etw. ⟨ein Bohrer, e-e Lauge, Rost, e-e Säge, e-e Säure⟩: *Der Bagger fraß sich immer tiefer in das Erdreich* || ID **j-d ist zum Fressen / sieht zum Fressen aus** *gespr*; j-d ist sehr hübsch, niedlich; **j-n zum Fressen gern haben** *gespr*; j-n sehr gern haben; **etw. gefressen haben** *gespr*; etw. verstanden, begriffen haben, sodass man es nun weiß od. kann: *Er hat immer noch nicht gefressen, wie man die Fläche e-s Dreiecks berechnet*; **j-n / etw. gefressen haben** *gespr*; j-n / etw. hassen, verabscheuen ≈ dick haben || *zu* **Fresserei** ↑ **-ei** || ► **Fraß, gefräßig**

Frẹs·sen *das*; *-s*; *nur Sg*; **1** *gespr*; das Futter für ein Tier: *dem Hund sein F. geben* **2** *vulg*, *mst pej*; (schlechtes) Essen ≈ Fraß || ID **etw. ist ein gefundenes F.** (**für j-n / etw.**) *gespr*; etw. (*mst* Negatives aus Sicht der Betroffenen) ist j-m sehr willkommen: *Die Liebesaffäre zwischen der Prinzessin u. dem Popstar war ein gefundenes F. für die Presse*

-fres·ser *der*; *-s, -*; *wenig produktiv*; ein Tier, das sich von der genannten Sache ernährt; ***Aasfresser, Fleischfresser, Insektenfresser, Körnerfresser, Pflanzenfresser, Planktonfresser***

Fress·napf *der*; ein kleiner Behälter, aus dem ein Haustier sein Futter frisst ≈ Futternapf

Fress·sack *der*; *gespr! pej*; j-d, der viel u. gierig isst

Frett·chen *das*; *-s, -*; e-e Art kleiner Marder, der als Haustier gehalten wird

Freud *die*; *mst in* ***in F. u. Leid*** *geschr*; nicht nur solange es angenehm u. schön ist, sondern auch dann, wenn es Probleme gibt ≈ in guten wie in schlechten Zeiten: *Das Ehepaar hielt in F. u. Leid treu zueinander*

Freu·de *die*; *-, -n*; **1** *nur Sg*; das Gefühl von Glück od. Zufriedenheit, das mit e-r Person od. Sache verbunden ist ↔ Trauer ⟨e-e große, tiefe, wahre, echte F.; j-m (mit etw.) e-e (kleine, große) F. bereiten, machen⟩: *Es ist mir e-e F., Sie heute hier zu sehen* || K-: ***Freuden-, -fest, -feuer, -geheul, -schrei, -träne*** || -K: ***Wiedersehens-*** **2** ***die F.*** (***an j-m / etw.***) der andauernde od. längerfristige Zustand des Glücks od. der Zufriedenheit in Bezug auf e-e Person od. Sache ⟨F. an den Kindern, an der Arbeit haben; seine helle (= echte, wahre) F. haben; j-m die F. (an etw.) nehmen, verderben⟩ || -K: ***Arbeits-, Erzähl-, Experimentier-, Lebens-*** **3** ***die F.*** (***über etw.*** (*Akk*)) das kurze od. momentane Gefühl des Glücks od. der Zufriedenheit in Bezug auf etw. ⟨F. über etw. empfinden, äußern, zum Ausdruck bringen⟩ **4** ***die Freuden*** ⟨des Lebens, des Sommers, der Liebe⟩ *nur Pl*; die freudigen Ereignisse, Erlebnisse od. Momente, die mit dem Genannten verbunden sind || ID ***j-d ist j-s*** (***ganze / einzige***) ***F.*** j-d bedeutet j-m sehr viel; ***vor F. an die Decke springen*** *gespr*; sich sehr freuen

Freu·den·bot·schaft *die*; e-e Nachricht, die einem Freude macht ⟨e-e F. erhalten⟩

Freu·den·haus *das*; *euph* ≈ Bordell

Freu·den·mäd·chen *das*; *euph* ≈ Prostituierte

Freu·den·rausch *der*; ein euphorischer Zustand, in dem man sehr starke Freude fühlt

Freu·den·tag *der*; *mst in* ***j-s F.*** ein Tag, an dem j-d Geburtstag od. ein Jubiläum hat od. e-n anderen wichtigen Grund zu feiern hat

Freu·den·tanz *der*; *mst in* ***e-n F. aufführen / vollführen*** aus Freude hüpfen u. hin u. her laufen

Freu·den·tau·mel *der*; ein plötzliches, starkes Gefühl der Freude ⟨von e-m F. erfasst werden; sich in e-m F. befinden; in e-n F. verfallen⟩: *Nach dem Sieg der Mannschaft erfasste die Fans ein F.*

freu·de·strah·lend *Adj*; *nur attr od adv*; von großer Freude erfüllt ≈ freudig ⟨ein Blick, ein Lächeln⟩: *Sie begrüßte ihn f.*

freu·dig *Adj*; *mst attr, geschr*; **1** so, dass es j-m e-e Freude macht ≈ erfreulich, froh ↔ betrüblich ⟨e-e Botschaft, ein Ereignis, e-e Überraschung⟩ **2** von Freude erfüllt ≈ erfreut ↔ betrübt ⟨f. bewegt, erregt, überrascht sein; etw. stimmt j-n f.⟩: *Als sie ihn zum Essen einlud, sagte er f. zu* || *hierzu* **Freu·dig·keit** *die*; *nur Sg*

-freu·dig *im Adj, begrenzt produktiv*; **1** gern zu dem im ersten Wortteil Genannten bereit; ***arbeitsfreudig, entschlussfreudig, kontaktfreudig, spendierfreudig*** **2** so, dass j-d das im ersten Wortteil Genannte oft u. gern tut; ***genussfreudig, reisefreudig, trinkfreudig***

freud·los *Adj*; ohne jede Freude: *Er fristet ein freudloses Dasein* || *hierzu* **Freud·lo·sig·keit** *die*; *nur Sg*

freu·en; *freute, hat gefreut*; [Vr] **1** ***sich*** (***über etw.*** (*Akk*)) ***f.*** wegen etw. ein Gefühl der Freude empfinden ⟨sich sehr, ehrlich, riesig f.⟩: *sich über ein Geschenk, e-n Anruf f.*; *Ich habe mich sehr* darüber *gefreut*, dass *wir uns endlich kennen gelernt haben*; *Ich freue mich, Sie wieder zu sehen* **2** ***sich auf j-n / etw. f.*** j-s Ankunft, Besuch *o.Ä.* / ein bestimmtes Ereignis mit Spannung u. Freude erwarten: *sich auf den Urlaub f.*; *Ich freue mich schon auf dich!*; [Vt] **3** ***etw. freut j-n*** etw. macht j-n froh od. glücklich: *Dein Lob hat ihn sehr gefreut*; Es *freut mich*, dass *du auch mitkommst* || NB: kein Passiv! || ID ***Freut mich*** (***, Sie kennen zu lernen***)***!*** *gespr*; verwendet als höfliche Floskel, wenn man j-m vorgestellt wird

Freund *der*; *-(e)s, -e*; **1** ***ein F.*** (***von j-m***) j-d, den man sehr gut kennt u. zu dem man über e-e relativ lange Zeit e-e enge Beziehung hat ⟨ein guter, treuer, wahrer F.; j-n zum F. gewinnen; viele Freunde haben / besitzen⟩: *mit ein paar Freunden e-e Radtour machen* || -K: ***Schul-, Studien-*** **2** ***j-s F.*** ein Junge od. Mann, der mit e-m Mädchen od. e-r Frau befreundet ist (u. mit ihr zusammenlebt) ⟨mein, dein, ihr F.; ein fester, langjähriger F.⟩: *Sie fährt mit ihrem F. in Urlaub* || NB: Spricht man von e-m F. (1), so sagt man meist: *ein F. von mir*, spricht man von einem F. (2), so sagt man meist: *mein F.* **3** j-d, der in e-m Konflikt, Streit *o.Ä.* für einen ist ↔ Feind, Gegner ⟨politische Freunde⟩: *Du brauchst keine Angst zu haben, hier befindest du dich unter Freunden* || -K: ***Partei-*** **4** ***ein F.*** + *Gen* / ***von etw.*** *geschr*; j-d, der etw. sehr gern mag (u. sich dafür einsetzt) ↔ Gegner ⟨ein großer, ausgesprochener F. der Kunst, der Oper, von guter Musik⟩ || -K: ***Bücher-, Kinder-, Kunst-, Menschen-, Musik-, Natur-*** **5** ***ein alter F.*** j-d, der schon lange j-s F. (1) ist **6** ***kein F. von*** (***vielen***) ***Worten sein*** *geschr*; lieber handeln als reden **7** ***alter / guter / mein F.*** *gespr*; verwendet als vertrauliche Anrede für e-n Mann: *„Na, wie gehts, mein F.?“* **8** ***dicke Freunde*** *nur Pl, gespr*; Personen, die sehr eng miteinander befreundet sind **9** ***j-m F. sein*** *geschr veraltend*; j-n gern haben **10** ***der beste F. des Menschen*** der Hund **11** ***unsere gefiederten Freunde*** *hum*; die Vögel **12** ***unsere vierbeinigen Freunde*** *hum*; *bes* Katzen u. Hunde || *zu* **1, 2** u. **5** **Freun·din** *die*; *-, -nen*

Freund·chen *das*; *-s, -*; *gespr*; *mst in* (***mein***) ***F.!*** verwendet als Anrede für j-n (*bes* ein Kind), wenn man e-e Drohung ausspricht

Freun·des·kreis *der*; *Kollekt*; alle Freunde (1), die j-d hat: *Er hat nur e-n kleinen F.* (= wenig Freunde); *Die Verlobung wird im engeren F. gefeiert* (= mit den besten Freunden)

freund·lich *Adj*; **1** ***f.*** (***zu j-m***) zu anderen Menschen höflich u. hilfsbereit ≈ liebenswürdig: *j-n f. anlächeln, begrüßen*; *Der Zahnarzt ist immer sehr f. zu unseren Kindern* **2** so, dass es einen froh stimmt, angenehm ⟨e-e Atmosphäre, ein Klima, e-e Umgebung, Wetter⟩ **3** verwendet, um auszudrücken, dass die Kurse an der Börse gestiegen sind ↔ schwach, fallend ⟨e-e Börse, e-e Tendenz⟩: *Gestern noch lustlos, war die Börse heute f.* || NB: ↑ ***Gruß*** (3)

-freund·lich *im Adj, begrenzt produktiv*; **1** mit e-r positiven Einstellung zur genannten Person / Sache ↔ -feindlich; ***kinderfreundlich*** ⟨e-e Gesellschaft⟩, ***menschenfreundlich*** ⟨e-e Gesinnung⟩, ***regierungsfreundlich*** ⟨Truppen⟩ **2** für die genannte Person / Sache gut ↔ -feindlich; ***arbeitnehmerfreundlich, familienfreundlich*** ⟨ein Gesetz⟩, ***umweltfreundlich*** ⟨ein Produkt⟩

freund·li·cher·wei·se *Adv*; **1** aus Höflichkeit, aus Freundlichkeit: *Er hat mir f. beim Umzug geholfen* **2** *oft iron*; verwendet, um e-e Aufforderung zu verstärken: *Könntest du mir f. helfen!*

Freund·lich·keit *die*; *-, -en*; **1** *nur Sg*; das freundliche Verhalten gegenüber anderen Menschen ≈ Liebenswürdigkeit: *Ich wurde überall mit großer F. empfangen* **2** *veraltend*; e-e freundliche Handlung, Geste ≈ Gefälligkeit ⟨j-n um e-e F. bitten; j-m Freundlichkeiten erweisen⟩

Freund·schaft *die*; -, *-en*; *mst Sg*; **1** die Beziehung, die zwischen Freunden (1) besteht ⟨mit j-m F. schließen (= Freunde werden)⟩ || K-: ***Freundschafts-, -beweis, -verhältnis*** **2** e-e (längere) sexuelle Beziehung zwischen zwei Menschen, die nicht verheiratet sind **3** e-e Beziehung, die zwischen Freunden (3) besteht ↔ Feindschaft, Gegnerschaft || -K: ***Völker-*** **4** ***in*** (***aller***) ***F.*** als Freund(e) (3), ohne Streit ⟨sich (*Pl*) in F. trennen; j-m etw. in aller F. sagen⟩ **5** ***j-m in F. verbunden sein*** j-n gern haben

freund·schaft·lich *Adj*; **1** wie es unter Freunden üblich ist ≈ kameradschaftlich ↔ feindselig ⟨ein Ratschlag, ein Verhältnis, e-e Zusammenarbeit⟩: *freundschaftlichen Umgang mit j-m pflegen* || NB: *freundlich* kann man zu allen Menschen sein, *freundschaftlich* verhält man sich gegenüber Menschen, die man gut kennt **2** ***j-m f. verbunden sein*** *geschr*; j-n gern haben || *zu* **1 Freund·schaft·lich·keit** *die, nur Sg*

Freund·schafts·dienst *der*; etw., das man für j-n tut, weil man sein Freund ist ⟨j-m e-n F. erweisen⟩

Freund·schafts·spiel *das*; *Sport*; ein Spiel, bei dem es nicht um e-e Meisterschaft *o.Ä.* geht

Fre·vel [-f-] *der*; *-s*, *-*; **1** ***ein F.*** (***an etw.*** (*Dat*) / ***gegen etw.***) *geschr*; e-e Handlung, bei der man *bes* Heiliges od. Göttliches nicht mit dem nötigen Respekt behandelt || K-: ***Frevel-, -tat*** **2** e-e unverzeihliche Handlung od. Einstellung: *Es wäre ein F., das gute Essen wegzuwerfen*

fre·vel·haft [-f-] *Adj*; *geschr*; so sehr zu verurteilen wie ein Frevel od. ein Verbrechen ≈ verwerflich ⟨Leichtsinn, Übermut⟩

fre·veln [-f-]; *frevelte, hat gefrevelt*; [Vi] ***gegen etw. f.*** *geschr veraltend*; etw., das j-m heilig od. äußerst wichtig ist, nicht mit Respekt behandeln, sondern verspotten, beschädigen, zerstören *o.Ä.*

frev·le·risch [-f-] *Adj* ≈ frevelhaft

Frie·de *der*; *-ns*, *-n*; *mst Sg*, *geschr veraltend*; ↑ **Frieden**

Frie·den *der*; *-s*, -; *mst Sg*; **1** *nur Sg*; der Zustand, in dem Völker u. Staaten in Ruhe nebeneinander leben u. eventuelle Konflikte nicht mit Waffen, sondern durch Verhandlungen lösen ↔ Krieg ⟨ein dauerhafter F.; den F. bewahren, sichern; in F. u. Freiheit leben⟩ || K-: ***Friedens-, -nobelpreis, -politik, -sicherung, -symbol, -zeiten*** || -K: ***Welt-*** **2** *geschr*; ein Vertrag, in dem nach e-m Krieg die Bedingungen für den zukünftigen F. (1) festgelegt werden u. den Sieger u. Besiegte(r) gemeinsam unterschreiben ⟨ein ehrenvoller, günstiger F.; der Sieger diktiert den F.⟩: *mit dem Gegner F. schließen* || K-: ***Friedens-, -abschluss, -angebot, -bedingungen, -bruch, -konferenz, -verhandlungen, -vertrag*** **3** *nur Sg*; der Zustand von Harmonie u. gegenseitigem Verständnis *bes* im privaten Bereich ↔ Streit, Zwietracht ⟨der eheliche, häusliche F.; F. halten, den F. stören⟩: *mit seinen Nachbarn in Ruhe u. F. leben* || -K: ***Ehe-, Haus-*** **4** *nur Sg*, *geschr*; der angenehme Zustand von Stille u. Zufriedenheit: *den F. in der Einsamkeit der Berge genießen* **5** ***F. stiften*** bewirken, dass Personen, die miteinander streiten, damit aufhören u. sich wieder vertragen: *Die Nachbarn versuchten, zwischen den streitenden Eheleuten F. zu stiften* || K-: ***Friedens-, -stifter*** || ID ***j-n in F. lassen*** *gespr*; j-n nicht stören od. ärgern ≈ j-n in Ruhe lassen: *Lass mich mit diesem Problem in F.!*; ***keinen F. geben*** *gespr*; immer wieder von neuem anfangen zu streiten od. Lärm zu machen; ***keinen F. vor j-m haben*** *gespr*; von j-m immer wieder belästigt werden; ***dem F. nicht trauen*** *gespr*; misstrauisch sein, wenn alles scheinbar ruhig u. harmonisch ist, u. befürchten, dass es bald wieder Streit, Probleme *o.Ä.* geben wird; ***seinen F. mit j-m machen*** e-n Streit mit j-m beenden; ***um des lieben Friedens willen*** ⟨nachgeben, zustimmen⟩ nachgeben od. zustimmen, damit kein Streit entsteht || ► ***befrieden***

Frie·dens·be·we·gung *die*; e-e Bewegung[2] (1), die sich *bes* für den Frieden (1) einsetzt u. vor der Gefahr e-s atomaren Krieges warnt

frie·dens·för·dernd *Adj*; so, dass es dem Frieden dient ⟨e-e Politik⟩

Frie·dens·pfei·fe *die*; *mst in* ***mit j-m die F. rauchen*** *gespr hum*; sich mit j-m wieder versöhnen

Frie·dens·tau·be *die*; e-e weiße Taube als Symbol für den Frieden (1)

fried·fer·tig *Adj* ≈ friedlich (4), verträglich ↔ aggressiv ⟨ein Charakter, ein Mensch⟩ || *hierzu* **Fried·fer·tig·keit** *die*; *nur Sg*

Fried·hof *der*; ein Platz (oft neben e-r Kirche), wo die Toten begraben werden ⟨j-d liegt auf dem F. (begraben); auf den F. gehen⟩ || K-: ***Friedhofs-, -gärtnerei, -kapelle, -mauer, -ruhe***

fried·lich *Adj*; **1** ohne Anwendung von Gewalt u. Waffen ≈ gewaltlos ↔ gewalttätig ⟨e-e Demonstration, e-e Revolution⟩: *e-n Konflikt zwischen zwei Staaten auf friedlichem Wege beilegen, mit friedlichen Mitteln lösen* **2** im Zustand des Friedens (1): *die friedliche Koexistenz der Völker* **3** zu zivilen, nicht militärischen Zwecken: *die friedliche Nutzung der Kernenergie* **4** ⟨ein Mensch⟩ so, dass er Streit vermeidet ≈ friedfertig, verträglich ↔ aggressiv **5** *geschr*; von Frieden (4) erfüllt ≈ ruhig, still: *Der Wald bot in der Abenddämmerung ein friedliches Bild* || *zu* **1, 4** u. **5 Fried·lich·keit** *die*; *nur Sg*

fried·lie·bend *Adj*; *mst attr*; ⟨ein Mensch, ein Volk⟩ so, dass sie den Frieden (1,3) nicht stören wollen

fried·voll *Adj*; *geschr* ≈ friedlich (4,5)

frie·ren; *fror, hat / ist gefroren*; [Vi] **1** (***an etw*** (*Dat*)) ***f.*** (*hat*) e-e starke, unangenehme Kälte fühlen: *In den dünnen Schuhen wirst du im Winter* (*an den Füßen*) *f.* **2** ***etw. friert*** (***zu etw.***) (*ist*) ≈ etw. gefriert (zu etw.) ↔ etw. taut (auf): *Das Tauwasser ist zu Eiszapfen gefroren*; [Vimp] (*hat*) **3** ***es friert*** die Temperatur ist unter 0° Celsius ≈ es herrscht Frost: *Laut Wetterbericht wird es heute Nacht f.* **4** ***j-n friert*** (***es***) *gespr*; j-d friert (1): *Mich friert!*; *Ohne Handschuhe hat es mich* (*an den Händen*) *gefroren*

fri·gid, fri·gi·de *Adj*; *mst pej*; ⟨e-e Frau⟩ so, dass sie keine sexuelle Befriedigung fühlen kann || *hierzu* **Fri·gi·di·tät** *die*; -; *nur Sg*

Fri·ka·del·le *die*; -, *-n*; e-e flache, runde, gebratene Masse aus Hackfleisch, Weißbrot, Zwiebeln u. Ei

Fri·kas·see [-'seː] *das*; *-s*, *-s*; ein Gericht aus kleinen Fleischstücken (von Kalb od. Geflügel) mit e-r hellen Soße || -K: ***Hühner-, Kalbs-***

frisch[1], *frischer, frischest-*; *Adj*; **1** gerade erst geerntet, erzeugt *o.Ä.*, nicht gelagert ↔ alt ⟨Lebensmittel; Brot, Eier, Fisch, Fleisch, Gemüse⟩ **2** nicht haltbar gemacht, nicht konserviert ⟨Gemüse, Kräuter⟩: *Das sind frische Erbsen, keine aus der Dose* || K-: ***Frisch-, -ei, -fisch, -fleisch, -milch*** **3** erst vor kurzem entstanden, geschehen ⟨e-e Spur, e-e Wunde⟩: *Der Zaun ist f. gestrichen*; *Die Erinnerung an das schreckliche Erlebnis ist noch ganz f.* **4** *gespr*; noch nicht benutzt ≈ sauber, neu: *ein frisches Hemd anziehen*; *Ich brauche ein frisches Blatt Papier, weil ich mich verschrieben habe*; *ein Bett f.* (= mit sauberer Wäsche) *beziehen* **5** ausgeruht, nicht müde od. erschöpft ⟨f. u. munter⟩: *frische Pferde anspannen*; *sich nach e-m Mittagsschlaf wieder f. fühlen* **6** voller Lebensfreude u. jugendlicher Kraft ⟨f. aussehen⟩: *Sie besaß ein frisches Wesen* **7** wieder erholt, erneuert ⟨mit frischen Kräften, mit frischem Mut⟩ **8**

F

nicht adv; (von Luft, Wind u.Wasser) kühl u. nicht verschmutzt bzw. reich an Sauerstoff ↔ abgestanden: *frisches Wasser aus dem Brunnen holen*; *nach draußen gehen, um frische Luft zu schnappen* || K-: ***Frisch-, -luft, -wasser*** **9** ziemlich stark, kräftig ⟨e-e Brise, ein Lüftchen, ein Wind⟩: *Am Meer wehte e-e frische Brise* **10** leuchtend (bunt) ↔ blass, fahl: *ein Sommerkleid in frischen Farben* **11** gerade erst von der lebenden Pflanze abgeschnitten, nicht welk od. trocken ⟨Blumen, Gras, ein Zweig⟩ **12** ***etw. f. halten*** Lebensmittel, Blumen *o.Ä.* kühl u. so lagern, dass sie relativ lange Zeit f. (1) bleiben || K-: ***Frischhalte-, -beutel, -folie, -packung*** **13** ***etw. hält sich f.*** etw. bleibt relativ lange Zeit f. (1): *Im Kühlschrank hält sich der Salat noch ein paar Tage f.* **14** ***sich f. machen*** sich nach e-r Anstrengung *o.Ä.* waschen, kämmen (u. die Kleidung wechseln): *sich nach e-r langen Fahrt erst einmal f. machen*

frisch[2] *mit Adj, begrenzt produktiv*; (in Verbindung mit Adjektiven, die die Form des Partizip Perfekts e-s Verbs haben) gerade erst in den genannten Zustand gebracht od. gekommen; ***frisch bemalt*** ⟨e-e Truhe⟩, ***frisch bezogen*** ⟨das Bett⟩, ***frisch geerntet*** ⟨Früchte⟩, ***frisch gekocht*** ⟨ein Ei⟩, ***frisch gepflügt*** ⟨ein Acker, Erde⟩, ***frisch geputzt*** ⟨Schuhe⟩, ***frisch gereinigt*** ⟨Kleidung⟩, ***frisch geschlüpft*** ⟨ein Küken⟩, ***frisch geschnitten*** ⟨Blumen⟩, ***frisch gestrichen*** ⟨die Tür, ein Fenster, ein Zaun⟩, ***frisch gewaschen*** ⟨die Haare⟩, ***frisch lackiert*** ⟨ein Auto; Fingernägel⟩, ***frisch rasiert*** ⟨das Gesicht⟩, ***frisch verheiratet*** ⟨ein Paar⟩

> **frisch ge·ba·cken** *Adj*; *nicht adv*; **1** gerade erst gebacken ⟨ein Brot, ein Kuchen⟩ **2** *gespr hum*; gerade erst dazu geworden: *ein frisch gebackener Arzt, Ehemann*

-frisch *im Adj, wenig produktiv*; so, dass die genannte Sache gerade erst irgendwoher kommt od. dass etw. gerade erst mit der genannten Sache getan wurde; ***druckfrisch*** ⟨e-e Zeitung⟩, ***erntefrisch*** ⟨Gemüse, Obst⟩, ***fangfrisch*** ⟨Fische⟩, ***ofenfrisch*** ⟨Brot⟩, ***postfrisch*** ⟨e-e Briefmarke⟩, ***röstfrisch*** ⟨Kaffee⟩

Fri·sche *die*; -; *nur Sg*; **1** der Zustand, in dem man frisch (5,6) ist u. seine körperlichen u. geistigen Kräfte noch nicht verbraucht hat: *Die Pause gab mir neue F.* **2** die relativ kurze Zeit, seit der etw. existiert ≈ Alter (3): *Die F. von Eiern kann man feststellen, indem man sie in Wasser legt - alte Eier schwimmen, frische sinken* **3** der Zustand, dass etw. kühl / frisch (8) ist: *Nach der Hitze am Strand ist die F. des Meerwassers sehr angenehm*

Frisch·kä·se *der*; e-e Art fester Quark

Frisch·ling *der*; *-s, -e*; ein junges Wildschwein

Fri·seur [fri'zøːɐ] *der*; *-s, -e*; j-d, dessen Beruf es ist, Haare (u. Bart) anderer Menschen zu schneiden u. zu pflegen || K-: ***Friseur-, -handwerk, -salon*** || -K: ***Damen-, Herren-*** || *hierzu* **Fri·seu·se** [-'zøːzə] *die*; -, *-n*; **Fri·seu·rin** *die*; -, *-nen*

fri·sie·ren; *frisierte, hat frisiert*; [Vt] **1** ***j-n / sich f.*** j-m / sich das Haar mit e-m Kamm od. mit e-r Bürste ordnen ≈ kämmen: *stets gut frisiert sein* **2** ***j-m / sich etw. f.*** j-m / sich die Haare, den Bart *o.Ä.* f. (1) ⟨j-m / sich den Bart, die Haare, die Perücke, das Toupet f.⟩ **3** ***etw. f.*** *gespr*; etw. fälschen, um Tatsachen, die einem schaden können, zu verbergen ⟨e-e Bilanz, e-e Buchführung, e-e Statistik f.⟩: *Versuchsergebnisse f.* **4** ***etw. f.*** *gespr*; e-n Motor so verändern, dass er e-e größere Leistung bringt ≈ tunen ⟨ein Auto, e-n Motor, ein Motorrad *o.Ä.* f.⟩

Fri·sier·kom·mo·de *die*; e-e Kommode, über der ein Spiegel hängt u. vor die man sich zum Kämmen, Schminken *usw* setzt

Fri·sier·sa·lon *der*; ein Geschäft, in dem ein od. mehrere Friseure od. Friseusen arbeiten

Fri·sör *der*; *-s, -e*; ↑ ***Friseur*** || *hierzu* **Fri·sö·se** *die*; -, *-n*; **Fri·sö·rin** *die*; -, *-nen*

frisst *Präsens, 2. u. 3. Person Sg*; ↑ ***fressen***

Frist *die*; -, *-en*; ***e-e F.*** (***von*** + *Zeitangabe*) (***für etw.***) ein bestimmter Zeitraum, innerhalb dessen etw. erledigt sein muss ⟨e-e F. vereinbaren, festlegen, einhalten, überschreiten, verlängern; j-m e-e F. geben, gewähren, einräumen, setzen; e-e F. beginnt, läuft, läuft ab⟩: *„Ich gebe Ihnen e-e F. von acht Tagen, um den Schaden zu beseitigen"* || -K: ***Kündigungs-, Liefer-, Zahlungs-*** || ► ***befristen, kurzfristig, langfristig***

fris·ten; *fristete, hat gefristet*; [Vt] *mst* ***ein*** ⟨ärmliches, bescheidenes, mühevolles, trostloses⟩ ***Dasein / Leben f.*** *geschr*; ärmlich, bescheiden *usw* leben || NB: nur in Verbindung mit negativen Adjektiven verwendet

Fris·ten·lö·sung *die*; e-e Regelung, nach der der Abbruch e-r Schwangerschaft nicht bestraft wird, wenn er in den ersten (drei) Monaten vorgenommen wird

Fris·ten·re·ge·lung *die* ≈ Fristenlösung

frist·ge·mäß *Adj*; entsprechend e-r vorher festgelegten Frist ⟨j-m f. kündigen; etw. f. erledigen, liefern, zahlen⟩ ≈ fristgerecht: *Wir garantieren fristgemäße Lieferung*

frist·ge·recht *Adj* ≈ fristgemäß

frist·los *Adj*; *nur attr od adv*; ⟨e-e Kündigung, e-e Entlassung⟩ so, dass sie aus wichtigen Gründen sofort gilt (u. die Kündigungsfrist nicht eingehalten wird): *Er wurde f. entlassen*; *j-m e-n Vertrag f. kündigen*

Fri·sur *die*; -, *-en*; die Art u. Weise, wie j-s Haar geschnitten u. frisiert ist ≈ Haarschnitt ⟨e-e neue, moderne F. haben; sich e-e neue F. machen lassen⟩ || -K: ***Kurzhaar-, Locken-***

Frit·ta·te *die*; -, *-n*; *mst Pl* schmale Streifen von Pfannkuchen, die man in e-r Suppe isst || K-: ***Frittaten-, -suppe***

Frit·ten *die*; *Pl, bes nordd gespr* ≈ Pommes frites

frit·tie·ren; *frittierte, hat frittiert*; [Vt] ***etw. f.*** etw. so braten, dass es in heißem Fett schwimmt ⟨Huhn, Fisch, Kartoffeln f.⟩

-frit·ze *der*; *-n, -n*; *begrenzt produktiv, gespr pej*; **1** ein Mann, der beruflich mit etw. zu tun hat; ***Filmfritze, Immobilienfritze, Versicherungsfritze, Zeitungsfritze*** **2** ein Mann, der etw. oft tut; ***Meckerfritze, Nörgelfritze, Quasselfritze*** || NB: *der -fritze*; *den, dem, des -fritzen*

fri·vol [-v-] *Adj*; ⟨e-e Bemerkung, ein Buch, ein Lied, ein Witz⟩ so, dass sie auf (sexuelle) Tabus nicht achten ≈ schlüpfrig (2)

Fri·vo·li·tät [-v-] *die*; -, *-en*; **1** *nur Sg*; ein frivoles Verhalten **2** e-e frivole Bemerkung

froh, *froher, froh(e)st-*; *Adj*; **1** voller Freude ≈ glücklich ↔ traurig: *Unter dem Weihnachtsbaum sah man nur frohe Gesichter* || *hierzu* ***froh gelaunt, gestimmt*** **2** *nur attr, nicht adv*; so (beschaffen), dass es Freude bringt ↔ betrüblich ⟨e-e Botschaft, e-e Nachricht⟩ **3** ***f.*** (***um / über etw.*** (*Akk*)) ***sein*** *gespr*; dankbar, erleichtert sein: *Sie war f.* (darüber), dass *ihr Sohn den Unfall ohne Verletzungen überstanden hatte*; *Ich bin f. um jede Hilfe*

froh·ge·mut *Adj*; *veraltend*; in guter Laune u. zuversichtlich ≈ optimistisch

fröh·lich *Adj*; **1** in freudiger u. lebhafter Stimmung ≈ vergnügt ↔ traurig ⟨ein Fest, Gelächter, ein Lied, ein Tanz; f. feiern, lachen⟩ **2** *nur adv*, *gespr*;

ohne viel nachzudenken ⟨f. drauflosreden⟩ || *zu* **1**
Fröh·lich·keit *die*; *nur Sg*
froh·lo·cken; *frohlockte, hat frohlockt*; [Vi] *geschr veraltend*; **1 über etw.** (*Akk*) **f.** ≈ triumphieren (2) **2** das Lob Gottes singen
Froh·na·tur *die*; -, *-en*; ein Mensch, der immer fröhlich u. gut gelaunt ist ⟨e-e F. sein⟩
Froh·sinn *der*; *-(e)s*; *nur Sg*; e-e frohe Stimmung
fromm, *frommer / frömmer, frommst- / frömmst-*; *Adj*; **1** in festem Glauben an e-e Religion (u. in festem Gehorsam gegenüber ihren Geboten) ↔ ungläubig ⟨ein Leben, ein Mensch⟩: *Sie ist sehr f., geht jeden Tag in die Kirche u. betet viel* **2** von religiösen Vorstellungen erfüllt ⟨ein Lied, ein Spruch⟩ || *hierzu* **Fröm·mig·keit** *die*; *nur Sg*
Fröm·me·lei *die*; -; *nur Sg*, *pej*; ein Verhalten, bei dem j-d auf übertriebene u. *mst* unehrliche Weise seine Frömmigkeit zeigt
Fron *die*; -, *-en*; *mst Sg*; **1** *geschr*; e-e Arbeit, die man als Zwang empfindet **2** *hist*; die Arbeit, die ein Bauer (od. Leibeigener) für den Feudalherrn verrichten musste
frö·nen; *frönte, hat gefrönt*; [Vi] **etw.** (*Dat*) **f.** *geschr*; die angenehmen Seiten e-r Leidenschaft, e-s Lasters genießen ⟨e-m Laster f.⟩
Fron·leich·nam (*der*); *mst ohne Artikel*; ein religiöses Fest der katholischen Kirche, das am zweiten Donnerstag nach Pfingsten mit Prozessionen gefeiert wird ⟨an F.⟩ || K-: ***Fronleichnams-, -fest, -prozession***
Front *die*; -, *-en*; **1** die Seite e-s Gebäudes, die der Straße zugewandt ist u. an der *mst* der Haupteingang liegt ≈ Vorderseite, Fassade ↔ Rückfront: *An der F. des alten Hauses wuchs Efeu empor* || K-: ***Front-, -fenster, -seite*** || -K: ***Fenster-, Häuser-, Schaufenster-*** **2** der vordere Teil e-s Kraftfahrzeugs ↔ Heck: *Bei dem Aufprall wurde die F. des Wagens eingedrückt* || K-: ***Front-, -scheibe, -scheinwerfer*** **3** *Meteorologie*; e-e Luftmasse, die andere Temperaturen, ein anderes Wetter mit sich bringt: *Von Westen her nähert sich e-e F. kalter Meeresluft* || -K: ***Gewitter-, Kalt-, Kaltluft-, Kaltwetter-, Warm-*** **4** *nur Sg*, *Mil*; das Gebiet, in dem während e-s Krieges gekämpft wird ≈ Kriegsschauplatz ⟨an die F. kommen, müssen; an der F. kämpfen, sterben⟩ || K-: ***Front-, -bericht, -einsatz, -soldat*** **5** *Mil*; die vorderste Linie, der vorderste Abschnitt der kämpfenden Soldaten: *auf breiter F. angreifen*; *die feindliche F. durchbrechen*; *auf der Karte zeigen, wo die F. verläuft* || K-: ***Front-, -verlauf*** **6** *nur Sg*; e-e (organisierte) Gruppe von Menschen, die sich dafür einsetzt, dass etw. durchgesetzt, verhindert, beendet od. abgeschafft wird ⟨e-r geschlossenen F. gegenüberstehen⟩: *Die F. der Kernkraftgegner wächst ständig* **7 in F. gehen / liegen** *Sport*; in Führung (4) gehen / liegen || ID ***gegen j-n / etw. F. machen*** sich entschieden gegen j-n / etw. aussprechen, sich j-m / etw. widersetzen: *Die Bürgerinitiative macht F. gegen den Bau des neuen Atomkraftwerks*; ***klare Fronten schaffen*** deutlich machen, dass es in e-r Angelegenheit, e-m Streit gegensätzliche Meinungen u. Positionen gibt; *mst* ***die Fronten haben sich verhärtet*** keiner der Beteiligten ist bereit, bei e-m Streit e-n Kompromiss zu schließen
fron·tal *Adj*; *nur attr od adv*; von vorn (kommend) ⟨(im Auto *o.Ä.*) f. mit j-m zusammenstoßen; ein Angriff⟩ || K-: ***Frontal-, -angriff, -zusammenstoß***
fror [froːɐ] *Imperfekt, 1. u. 3. Person Sg*; ↑ ***frieren***
Frosch *der*; *-es, Frö·sche*; ein kleines (*mst* grünes od. bräunliches Tier) mit glatter Haut u. ohne Schwanz, das große Hinterbeine zum Springen u. Schwimmen hat: *Aus Kaulquappen werden Frösche*; *Frösche quaken nachts im Teich* || K-: ***Frosch-, laich, -teich*** || ID ***e-n F. im Hals haben*** *gespr*; (für kurze Zeit) heiser sein, e-e raue Stimme haben; ***Sei kein F.!*** *gespr*; verwendet, um j-m zu sagen, dass er Mut haben, etw. wagen od. sich für etw. entscheiden soll || NB: ↑ ***Kröte***
Frosch·mann *der*; *-(e)s, Frosch·män·ner*; j-d, der bei e-m Einsatz, Notfall mit besonderer Ausrüstung (Flossen, Atemgerät *usw*) unter Wasser arbeitet
Frosch·per·spek·ti·ve *die*; **1 aus der F.** aus der Sicht von (weit) unten ↔ Vogelperspektive ⟨j-n / etw. aus der F. filmen, fotografieren, sehen⟩ **2 aus der F.** mit seinem begrenzten Horizont, aus seiner Engstirnigkeit: *Er sieht alles nur aus der F.*
Frost *der*; *-(e)s, Frös·te*; ein Wetter, bei dem die Temperatur der Luft unter 0° Celsius liegt u. bei dem Wasser gefriert ↔ Tauwetter ⟨leichter, starker, strenger F.⟩: *Für morgen ist F. angesagt*; *Wir haben heute F.*; *Manche Pflanzen vertragen keinen F. u. müssen im Haus überwintern* || K-: ***Frost-, -einbruch, -gefahr, -periode, -schaden, -schutz(mittel)***; ***frost, -beständig, -empfindlich, -geschützt*** || -K: ***Boden-, Nacht-*** || *hierzu* **frost·frei** *Adj*; *nicht adv*
Frost·beu·le *die*; e-e Beule (1), die j-d von großer Kälte (*bes* an den Füßen) bekommt
frös·teln; *fröstelte, hat gefröstelt*; [Vi] **1** vor Kälte leicht zittern; [Vimp] **2 es fröstelt j-n**; **j-n fröstelt** *gespr*; j-d zittert vor Kälte: *Ihn fröstelt / Es fröstelt ihn, weil er so dünn angezogen ist*
frost·fest *Adj*; *nicht adv*; so (beschaffen), dass Frost es nicht beschädigen od. zerstören kann ⟨ein Ventil⟩
frost·frei *Adj*; ohne Frost ⟨ein Wintertag⟩
fros·tig *Adj*; **1** *nicht adv*; sehr kalt ≈ eisig ⟨e-e Nacht, ein Tag, ein Wind⟩ **2** sehr unfreundlich, ohne Herzlichkeit ⟨e-e Atmosphäre, e-e Begrüßung, ein Empfang⟩ || *zu* **2 Fros·tig·keit** *die*; *nur Sg*
Frot·tee, **Frot·tee**, **Frot·té** *der / das*; *-s, -s*; ein Stoff[2], der e-e raue Oberfläche hat, sehr warm ist u. sich zum Abtrocknen eignet || K-: ***Frottee-, -bademantel, -betttuch, -handtuch, -socken, -stoff, -wäsche***
frot·tie·ren; *frottierte, hat frottiert*; [Vt] **1 j-n / sich f.** j-n / sich mit e-m Handtuch *o.Ä.* trocken reiben: *ein Kind nach dem Baden kräftig mit e-m Tuch f.* **2 (j-m / sich) etw. f.** den Körper od. das Haar f. (1): *j-m / sich die nassen Haare f.*
frot·zeln; *frotzelte, hat gefrotzelt*; [Vi] **(über j-n / etw.) f.** *gespr*; ironische od. spöttische Bemerkungen machen
Frucht *die*; -, *Früch·te*; **1** etw., das *mst* an Bäumen u. Sträuchern wächst, gegessen werden kann u. *mst* süß schmeckt ⟨e-e reife, saftige, süße F. essen⟩: *Äpfel, Bananen, Erdbeeren u. Orangen sind Früchte* || K-: ***Frucht-, -bonbon, -eis, -geschmack, -joghurt, -saft, -zucker*** **2** *Biol*; etw., das aus der Blüte e-r Pflanze entsteht u. den Samen der Pflanze enthält: *Die Eichel ist die F. der Eiche* **3 die Früchte des Feldes** *geschr*; alles, was auf dem Feld (1) angebaut wird, *bes* Getreide u. Kartoffeln **4** *mst Pl*, *geschr*; ein positives Ergebnis e-r Anstrengung *o.Ä.* ≈ Lohn (2): *die Früchte seiner Arbeit genießen*; *Der Erfolg war die F. seines Fleißes* || ID ***etw. trägt reiche Früchte*** *geschr*; etw. führt zu guten Ergebnissen, zum Erfolg
frucht·bar *Adj*; **1** so, dass Pflanzen gut darauf wachsen können ≈ ertragreich ↔ karg, mager (3) ⟨ein Acker, ein Boden, die Erde, das Land⟩ **2** *geschr*; produktiv u. mit Erfolg ≈ nützlich ⟨ein Gedankenaustausch, ein Gespräch, e-e Zusammenarbeit⟩ **3 ein Tier ist f.** ein Tier bekommt / zeugt viele Nach-

kommen: *Kaninchen sind sehr f.* **4 nicht f.** (von Menschen u. Tieren) nicht fähig, Kinder bzw. Junge zu bekommen ≈ unfruchtbar, steril **5 die fruchtbaren Tage (der Frau)** die Tage, an denen e-e Frau schwanger werden kann || *zu* **1-4 Frucht·bar·keit** *die*; *nur Sg*

Frucht·bla·se *die*; e-e Hülle, die das ungeborene Kind od. Tier im Leib der Mutter umgibt

Frücht·chen *das*; *-s, -*; *pej*; ein Kind od. Jugendlicher, das / den man für schlecht erzogen hält

Früch·te·brot *das*; ein süßes Gebäck aus dunklem Teig u. Früchten (1), das wie ein Brot aussieht

F

fruch·ten; *fruchtete, hat gefruchtet*; [Vi] **etw. fruchtet (bei j-m)** etw. hat (bei j-m) e-e gute Wirkung, e-n Nutzen ⟨Bemühungen, e-e Ermahnung⟩ || NB: *mst* verneint

Frucht·fleisch *das*; der essbare, weiche Teil e-r Frucht (1): *das F. von Schale u. Kernen befreien / trennen*

fruch·tig *Adj*; ⟨ein Geschmack, ein Wein⟩ so, dass sie nach Früchten (1) schmecken

frucht·los *Adj*; ohne Nutzen od. Erfolg ≈ vergeblich ⟨Bemühungen, ein Versuch⟩: *Die Verhandlungen blieben f., es konnte keine Einigung erzielt werden*

Frucht·was·ser *das*; e-e Flüssigkeit, die das Kind od. Tier im Leib der Mutter umgibt

fru·gal *Adj*; *geschr*; einfach u. nicht besonders schmackhaft ≈ karg, bescheiden ↔ üppig, reichhaltig ⟨*mst* ein Mahl, f. speisen⟩

früh [fryː], *früher* [ˈfryːɐ], *früh(e)st-* [ˈfryː(ə)st-]; *Adj*; **1** *nur attr od adv*; am Anfang e-s Zeitabschnitts (liegend) ↔ spät (1) ⟨f. am Morgen, Tag, Abend⟩: *am frühen Morgen aufstehen*; *Er musste von frühester Jugend an hart arbeiten*; *In den frühen Zwanzigerjahren ist der Tango zum Gesellschaftstanz geworden* || K-: **Früh-, -barock, -form, -geschichte, -herbst, -kapitalismus, -sommer, -stadium, -zeit 2** *nur attr od adv*; vor der erwarteten, üblichen, regulären Zeit ↔ spät (2) ⟨ein Tod; ein Winter; allzu f.; f. altern, sterben; f. aufstehen, zu Bett gehen⟩: *Sie hat schon f. die Mutter verloren*; *Ich habe e-n früheren Zug genommen*; *Er ist zu f. gekommen* || K-: **Früh-, -ehe; -kartoffel 3** *nur adv* ≈ am Morgen, morgens: *Gestern f. ist sie abgereist*; *Morgen f. muss ich zum Arzt*; *Er hat von f. bis spät* (= abends) *auf die Prüfung gelernt* || K-: **Früh-, -dienst, -nachrichten, -nebel, -schicht, -sport** || ID **früher od. später** verwendet, um auszudrücken, dass etw. mit großer Wahrscheinlichkeit irgendwann passieren wird: *Früher od. später wird er schon nachgeben, es fragt sich nur, wann* || ► **verfrüht**

Früh·auf·ste·her *der*; *-s, -*; j-d, der (gern) morgens früh aufsteht ↔ Langschläfer

Früh·beet *das*; ein Beet, das mit Glasscheiben *o.Ä* vor Kälte geschützt wird

Frü·he *die*; *-*; *nur Sg*, *geschr*; der Beginn des Tages: *in der kühlen F. des nebligen Tages* || ID **in aller F.** ganz früh am Morgen

frü·her *Adv*; in e-r vergangenen Zeit, in der Vergangenheit: *Heute verkehren weniger Züge als f.*; *Er lebte f. in Wien*; *Er hat alle Schulhefte von f. aufgehoben*; *Ich kenne ihn noch von f. her*

frü·he·r- *Adj*; *nur attr, nicht adv*; **1** zeitlich weit zurückliegend ≈ vergangen- ⟨in früheren Jahren; e-e Epoche⟩ **2** vorhergehend, ehemalig ↔ gegenwärtig-, heutig-: *sein früherer Freund, Kollege, Mitarbeiter, Schüler*

Früh·er·ken·nung *die*; *nur Sg*; die frühzeitige Entdeckung *mst* e-r Krankheit (*z.B.* Krebs)

frü·hes·tens *Adv*; nicht eher als ↔ spätestens: *Die neue Autobahn ist f. in drei Jahren fertig*

frü·hest·mög·lich *Adj*; *nur attr od adv*; so früh (1) wie möglich ↔ spätestmöglich ⟨zum frühestmöglichen Zeitpunkt⟩: *Der frühestmögliche Termin, an dem wir uns treffen können, ist Samstag*

Früh·ge·burt *die*; **1** die Geburt e-s Kindes, das noch nicht voll entwickelt ist, aber schon leben kann ⟨e-e F. haben⟩ || NB: ↑ **Fehlgeburt 2** ein Kind, das durch e-e F. (1) zur Welt gekommen ist

Früh·jahr *das* ≈ Frühling (1) || K-: **Frühjahrs-, -arbeit, -katalog, -kollektion, -kostüm, -mantel, -messe, -mode, -müdigkeit, -putz, -stürme**

Früh·ling *der*; *-s, -e*; **1** die Jahreszeit der drei Monate, die auf den Winter folgen ⟨ein milder, regnerischer F.; der F. kommt; es wird F.⟩: *Offiziell dauert der F. (auf der nördlichen Hälfte der Erde) vom 21. März bis zum 21. Juni* || K-: **Frühlings-, -anfang, -beginn, -blume, -lied, -monat, -tag 2 der F. des Lebens** *lit*; die Jugend || ID **e-n neuen / zweiten F. erleben** sich im Alter von etwa 45 Jahren u. älter noch einmal verlieben

Früh·lings·bo·te *der*; etw. (*z.B.* e-e Blume od. ein Zugvogel), dessen Erscheinen zeigt, dass es Frühling wird

früh·lings·haft *Adj*; wie im Frühling ⟨e-e Stimmung, ein Wetter, e-e Witterung⟩: *Die Luft ist f. mild*

Früh·pen·si·on *die*; e-e Pension[1] (1), die j-d früher als normal bekommt, *mst* weil er krank ist

früh·reif *Adj*; körperlich od. geistig weiter entwickelt als für sein Alter normal ⟨ein Kind⟩

Früh·rent·ner *der*; j-d, der vor dem üblichen Alter Rentner wird, *mst* weil er krank ist || *hierzu* **Früh·ren·te** *die*

Früh·schop·pen *der*; *-s, -*; ein Treffen (in e-m Gasthaus) am Vormittag, bei dem *mst* Alkohol getrunken wird ⟨zum F. gehen; beim F. sitzen⟩

Früh·stück *das*; *-(e)s, -e*; *mst Sg*; die erste Mahlzeit des Tages am Morgen ⟨das F. machen, einnehmen; etw. zum F. essen⟩: *Zum F. gibt es Tee od. Kaffee* || K-: **Frühstücks-, -brot, -buffet, -ei, -geschirr, -pause, -tisch**

Das Frühstück

Ein traditionelles deutsches Frühstück besteht gewöhnlich aus Brötchen, Butter, Wurst, Käse und Marmelade, einem gekochten Ei und Kaffee oder Tee.
In den meisten Hotels gibt es ein **Frühstücksbüfett**, an dem man sich sein Frühstück selbst zusammenstellen kann und das zum Beispiel auch Müsli, Obst und Joghurt anbietet.

früh·stü·cken; *frühstückte, hat gefrühstückt*; [Vt/i] **(etw.) f.** etw. zum Frühstück essen ⟨ausgiebig f.; ein Ei *o.Ä* f.⟩

Früh·warn|sys·tem *das*; ein System von Radargeräten, mit dem ein Land e-n militärischen Angriff e-s Feindes frühzeitig bemerken kann

früh·zei·tig *Adj*; zu e-m frühen Zeitpunkt: *Er geht f. schlafen*; *das frühzeitige Erkennen von Krebs*

Frust *der*; *-(e)s*; *nur Sg*, *gespr*; der Zustand, wenn j-d enttäuscht, frustriert ist ⟨e-n F. haben⟩

frus·ten; *frustete, hat gefrustet*; [Vt] **etw. frustet j-n** *gespr* ≈ etw. frustriert j-n

Frust·ra·ti·on [-ˈtsi̯oːn] *die*; *-, -en*; *geschr*; das Gefühl der Verärgerung über e-e Enttäuschung, e-e ausweglose Situation *o.Ä.* ⟨e-e F. erleben⟩

frust·rie·ren; *frustrierte, hat frustriert*; [Vt] **1 etw. frustriert j-n** etw. macht j-n mutlos u. deprimiert (*mst* weil er keinen Erfolg hat): *Ihre schlechten Noten ha-*

Frühstückstisch

ben sie so frustiert, dass sie nicht mehr zur Schule gehen will **2 *j-d frustriert j-n* (*mit etw.*)** *gespr*; j-s Worte *o.Ä.* deprimieren j-n

Fuchs [-ks] *der*; *-es, Füch·se*; **1** ein Raubtier, das wie ein kleiner Hund aussieht, in e-r Art Höhle (dem Bau) im Wald lebt u. dessen Fell *mst* rotbraun u. am Bauch weiß ist ⟨schlau, listig wie ein F.⟩: *Füchse haben e-n buschigen Schwanz* || K-: ***Fuchs-, -bau, -falle, -jagd, -pelz, -schwanz*; *fuchs-, -rot*** **2** j-d, der sehr listig, schlau od. raffiniert ist ⟨ein schlauer F.⟩ **3** ein Pferd mit rotbraunem Fell || ID ***wo sich F. u. Hase gute Nacht sagen*** an e-m sehr einsamen (abgelegenen) Ort || *zu* **1 Füch·sin** *die*; -, *-nen*; **fuchs·far·ben** *Adj*

fuch·sen [-ks-]; *fuchste, hat gefuchst*; *gespr*; [Vt] **1 *etw. fuchst j-n*** etwa ärgert j-n; [Vr] **2 *sich f.*** ≈ sich ärgern

fuch·sig [-ks-] *Adj*; **1** rotbraun wie das Fell e-s Fuchses (1) ⟨Haar⟩ **2** *mst präd od adv, gespr* ≈ wütend, ärgerlich ⟨j-d / etw. macht j-n f.; f. werden, sein⟩

Fuchs·schwanz *der*; **1** der Schwanz e-s Fuchses (1) **2** e-e Säge aus e-m breiten Sägeblatt u. e-m Griff an einem Ende || ↑ *Abb. unter* ***Werkzeug***

fuchs·teu·fels|wild [-ks-] *Adj*; *mst präd, gespr*; sehr wütend

Fuch·tel *die*; -, *-n*; *gespr, mst pej*; **1 *j-n unter der / seiner F. haben*** streng über j-n (*bes* e-n Verwandten) herrschen **2 *j-d ist / steht unter j-s F.*** j-d wird von j-m (ständig) bevormundet u. wehrt sich nicht dagegen: *Obwohl sie schon lange erwachsen ist, steht sie noch ganz unter der F. ihrer Mutter*

fuch·teln; *fuchtelte, hat gefuchtelt*; [Vi] ***mit den Armen f.*** *gespr*; die Arme schnell in der Luft hin u. her bewegen

Fuff·zi·ger *der*; *-s*, -; *gespr*; **1** ≈ Fünfziger **2 *ein falscher F.*** j-d, dem man nicht trauen kann, der nicht ehrlich ist

Fug *nur in* ***mit Fug u. Recht*** *geschr*; mit vollem Recht, aus gutem Grund ⟨etw. mit Fug u. Recht behaupten können⟩

Fu·ge[1] *die*; -, *-n*; ein sehr schmaler Zwischenraum zwischen den einzelnen Teilen, aus denen etw. gemacht ist, *z.B.* zwischen den Steinen e-r Mauer ⟨Fugen abdichten, ausfüllen, verstopfen⟩: *Der Wind pfiff durch alle Ritzen u. Fugen* || K-: ***Fugen-, -kitt, -material, -mörtel*** || ID ***etw. ist / geht / gerät aus den / allen Fugen*** ein (*mst* abstraktes) System verliert seine Ordnung: *Die Welt gerät / geht / ist aus den Fugen* || *hierzu* **fu·gen·los** *Adj*

Fu·ge[2] *die*; -, *-n*; ein Musikstück, das nach strengen Regeln komponiert ist u. bei dem das Thema in verschiedenen Variationen wiederholt wird: *Johann Sebastian Bach beherrschte die Kunst der F. meisterhaft* || K-: ***Fugen-, -schema***

fü·gen[1]; fügte, hat gefügt; [Vt] **1 *etw. an etw.*** (*Akk*) ***f.*** zwei Dinge so aneinander setzen, dass daraus ein Ganzes wird ≈ etw. mit etw. verbinden: *Beim Bau e-r Mauer muss man einen Stein an den anderen f.* **2 *etw.*** (*Kollekt od Pl*) ***zu etw. f.*** *geschr*; mehrere Dinge zu etw. zusammensetzen: *Steine zu e-r Mauer f.* **3 *etw. in etw.*** (*Akk*) ***f.*** *geschr*; etw. zu e-m Teil e-s Ganzen, e-r Reihe machen ≈ einfügen: *e-n Stein in e-e Lücke, in e-e Mauer f.*; [Vr] **4** ⟨Dinge⟩ ***fügen sich zu etw.*** zwei od. mehrere Teile ergeben ein Ganzes: *Die Perlen fügen sich zu e-r Kette* **5 *etw. fügt sich in etw.*** (*Akk*) etw. passt zu etw.: *Dieses Bild fügt sich gut in den Hintergrund* || ► ***Gefüge***

fü·gen[2], **sich**; *fügte sich, hat sich gefügt*; [Vr] *geschr*; **1 sich** (***j-m* / *etw.***) ***f.*** j-m gehorchen, sich e-r Sache nicht (mehr) widersetzen: *Sie fügte sich widerspruchslos dem Willen / den Wünschen ihres Vaters* **2 *sich in etw.*** (*Akk*) ***f.*** etw. Unangenehmes hinnehmen, ohne sich zu widersetzen: *sich in sein Schicksal f.* **3 *es fügt sich, dass ...*** *geschr*; es ergibt sich als günstiger Zufall, dass ... || ► ***gefügig***

füg·sam *Adj*; bereit, Befehlen *o.Ä.* ohne Widerspruch zu gehorchen ≈ gefügig, gehorsam ⟨ein Kind⟩ || *hierzu* **Füg·sam·keit** *die*; *nur Sg*

Fü·gung *die*; *-, -en*; *geschr*; ein günstiger Zufall ⟨e-e gnädige, seltsame F.; e-e F. des Himmels, des Schicksals⟩: *Durch e-e glückliche F. hat er seinen vermissten Bruder wieder gefunden*

fühl·bar *Adj*; **1** so, dass man es spüren, fühlen (1) kann: *e-n kaum fühlbaren Puls haben*; *Das Wasser ist am Ufer f. wärmer* **2** so, dass man es wahrnehmen kann ≈ deutlich, spürbar ↔ unmerklich ⟨ein Fortschritt, e-e Erleichterung, e-e Verschlechterung⟩

füh·len; *fühlte, hat gefühlt*; [Vt] **1 *etw. f.*** etw. (mithilfe des Tastsinns, der Nerven) wahrnehmen ≈ spüren: *e-n Schmerz, den Stich e-s Insekts, die Wärme der Sonne auf der Haut f.* **2 *etw. f.*** etw. in seinem Innern, seiner Seele (*z.B.* durch Intuition) wahrnehmen, empfinden ≈ (ver)spüren: *Mitleid mit j-m f.*; *e-e drohende Gefahr* (*instinktiv*) *f.* **3** (***j-m***) ***den Puls f.*** die Zahl der Herzschläge pro Minute zählen, indem man zwei Finger auf die Schlagader legt: *Der Arzt fühlte dem Patienten den Puls*; [Vi] **4 *nach etw. f.*** mit der Hand nach etw. suchen, nach etw. tasten: *Er fasste an seine Jacke u. fühlte nach der Brieftasche*; [Vr] **5 *sich irgendwie f.*** den Zustand seines Körpers in e-r bestimmten Art wahrnehmen ⟨sich gesund, krank, jung, alt, wie gerädert f.⟩: *Hast du immer noch Kopfschmerzen, od. fühlst du dich schon besser?* **6 *sich irgendwie f.*** seinen seelischen Zustand in e-r bestimmten Art wahrnehmen ⟨sich allein, fremd, glücklich, unbehaglich, wohl f.⟩ **7 *sich irgendwie f.*** glauben, dass man in e-r bestimmten Lage ist ⟨sich bedroht, betrogen, verfolgt, schuldig, überflüssig f.⟩: *Ich fühlte mich verpflichtet, ihm zu helfen* **8 *sich f.*** *gespr pej*; sehr arrogant u. übertrieben selbstbewusst sein: *Er fühlt sich aber!* || ► ***Gefühl, feinfühlig***

Füh·ler *der*; *-s, -*; eines von mindestens zwei länglichen Organen, *z.B.* bei Insekten u. Schnecken, mit denen diese Tiere tasten, riechen u. schmecken können ⟨ein Insekt streckt die Fühler aus, zieht die Fühler (wieder) ein⟩ || ID ***seine / die Fühler ausstrecken*** *gespr*; vorsichtig Verbindung zu j-m / etw. aufnehmen, vorsichtig e-e Situation erkunden

Füh·lung *die*; *-*; *nur Sg*, *geschr* ≈ Kontakt ⟨mit j-m F. aufnehmen, F. haben, in F. bleiben⟩

Füh·lung·nah·me *die*; *-, -n*; *geschr*; das Aufnehmen von Kontakten ⟨in F. (mit j-m) gehen⟩

fuhr *Imperfekt, 1. u. 3. Person Sg*; ↑ ***fahren***

Fuh·re *die*; *-, -n*; ***e-e F.*** + *Subst* die Menge, die mit e-m Auto od. e-m Lastwagen bei einer Fahrt transportiert wird ≈ Ladung ⟨e-e F. Kohlen, Mist, Sand *o.Ä.*⟩

füh·re 1 *Präsens, 1. Person Sg*; ↑ ***führen*** **2** *Konjunktiv II, 1. u. 3. Person Sg*; ↑ ***fahren***

füh·ren; *führte, hat geführt*; [Vt] **1 *j-n / ein Tier*** (***irgendwohin***) ***f.*** mit j-m / e-m Tier irgendwohin gehen, damit er / es an seinem Ziel ankommt: *ein Kind an / bei der Hand* (*über die Straße*) *f.*; *ein Pferd am Zügel aus dem Stall f.* || NB: man *treibt* ein Tier vor sich her u. *führt* es hinter sich her **2 *j-n*** (***durch etw.***) ***f.*** mit j-m irgendwohin gehen od. fahren u. ihm dabei Informationen geben: *Touristen durch die Stadt, durch e-e Ausstellung f.* **3 *j-n irgendwohin f.*** mit j-m irgendwohin gehen *o.Ä.* u. etw. für ihn bezahlen ≈ ausführen: *seine Freundin ins Kino, in ein Restaurant f.* **4 *etw. führt j-n irgendwohin*** etw. ist der Grund dafür, dass j-d irgendwohin kommt: *Ihre Reise führte sie in ferne Länder*; *Was führt dich hierher?* **5 *etw. führt j-n auf etw.*** (*Akk*) / ***zu etw.*** etw. lenkt j-s Aufmerksamkeit auf etw.: *Ein anonymer Hinweis führte die Polizei auf die Spur des Täters* **6 *j-n f.*** (*bes* in pädagogischer Absicht) Einfluss auf j-n nehmen: *Der Lehrer verstand es, die Jugendlichen zu f.* **7 *j-n f.*** j-n auf e-r Liste stehen haben: *auf j-s Gehaltsliste, als vermisst geführt werden* **8 *etw. f.*** die Leitung e-s Geschäfts od. e-r Organisation haben ≈ leiten (1) ⟨e-n Betrieb, e-e Firma, ein Unternehmen f.⟩ **9 *etw. f.*** etw. tun, für das man verantwortlich ist ⟨Aufsicht, den Befehl, das Kommando über j-n / etw. f.; die Geschäfte, den Haushalt (für j-n) f.; Regie f.; den Vorsitz über etw. (*Akk*) f.⟩ **10 *etw. f.*** regelmäßig Daten in e-e Liste eintragen ⟨(über etw. (*Akk*)) Buch, e-e Liste, e-e Kartei f.; ein Konto (für j-n) f.⟩ **11 *etw. irgendwie f.*** ein Werkzeug od. Gerät in e-r bestimmten Weise benutzen u. bewegen ⟨e-n Geigenbogen, e-e Kamera, e-e Nadel, e-n Pinsel, e-e Säge geschickt, ruhig, sicher f.⟩ **12 *etw. f.*** *Admin geschr*; ein Fahrzeug selbst steuern ≈ lenken (1): *Er erhielt die Erlaubnis, ein schweres Motorrad zu f.* **13 *etw.*** ⟨zum Mund, an die Lippen⟩ ***f.*** *geschr*; etw. zum Mund, an die Lippen heben **14 *etw. bei / mit sich f.*** *mst Admin geschr*; etw. in e-r Tasche *o.Ä.* mit sich tragen ⟨e-n Ausweis, Gepäck, Bargeld, e-e Waffe bei / mit sich f.⟩ **15 *etw. f.*** *geschr*; etw. als Kennzeichen od. als Bezeichnung, Titel haben: *e-n Adler in seinem Wappen f.*; *e-n Künstlernamen, den Doktortitel f.* **16** ⟨ein Geschäft *o.Ä.*⟩ ***führt etw.*** ein Geschäft, ein Warenhaus *o.Ä.* bietet etw. zum Verkauf an, hat etw. im Sortiment: *Wir* (= unser Geschäft) *führen keine Sportartikel* **17 *etw. f.*** verwendet zusammen mit e-m Subst., um ein Verb zu umschreiben; ***Beschwerde*** (***über j-n / etw.***) ***f.*** *geschr* ≈ sich über j-n / etw. (bei e-r offiziellen Stelle) beschweren; ***den Beweis für etw. f.*** ≈ etw. beweisen; ***ein Gespräch*** (***mit j-m***) ***f.*** ≈ mit j-m sprechen; ***ein*** (***Telefon***)***Gespräch*** (***mit j-m***) ***f.*** ≈ (mit j-m) telefonieren; ***e-n Kampf*** (***gegen j-n / etw.***) ***f.*** ≈ j-n / etw. bekämpfen; ***Krieg*** (***gegen j-n***) ***f.*** ≈ j-n bekriegen; ***ein*** ⟨aufregendes, ruhiges *usw*⟩ ***Leben f.*** ≈ aufregend, ruhig *usw* leben; ***den Nachweis f., dass ...*** ≈ nachweisen, dass ...; ***e-n Prozess*** (***gegen j-n / etw.***) ***f.*** ≈ gegen j-n / etw. prozessieren **18 *etw. zu Ende f.*** etw. (erfolgreich) beenden ≈ etw. durchziehen ↔ etw. abbrechen **19** *mst* ***e-e glückliche Ehe f.*** in der Ehe glücklich sein **20** ⟨*mst* ein Fluss⟩ ***führt Hochwasser*** *geschr*; ein Fluss *o.Ä.* hat mehr Wasser als normal; [Vi] **21 *j-d / e-e Mannschaft*** *o.Ä.* ***führt*** j-d / e-e Mannschaft *o.Ä.* ist an der ersten, obersten Stelle e-r Rangordnung (*bes* im Sport) ≈ j-d / e-e Mannschaft liegt in Führung: *Der F. C. Bayern führt* (*mit fünf Punkten Vorsprung*); *Unsere Firma ist in dieser Branche führend* **22 *etw. führt irgendwohin*** etw. verläuft in e-r bestimmten Richtung auf ein Ziel hin: *Die Brücke führt über den Bach*; *Führt dieser Weg zum Bahnhof?* **23 *etw. führt zu etw.*** etw. hat etw. zur Folge, zum Ergebnis: *Die Politik der Regierung hat zu Protesten der Bürger geführt* **24 *etw. führt zu weit*** etw. gehört nicht unmittelbar zur Sache, zum Thema u. wird deswegen nicht besprochen *o.Ä.*: *Ich könnte Ihnen noch weitere Beispiele nennen, aber das würde jetzt zu weit f.*; [Vr] **25 *sich irgendwie f.*** sich unter Aufsicht (*mst* in der Schule, im Gefängnis) während e-s längeren Zeitraums in bestimmter Weise verhalten: *Der Strafgefangene wurde vorzeitig entlassen, weil er sich gut geführt hatte*

Füh·rer *der*; *-s, -*; **1** j-d, der *mst* Touristen Sehenswürdigkeiten *o.Ä.* zeigt u. erklärt: *Die Besteigung des Berges ist nur mit e-m F. möglich* || -K: ***Berg-, Fremden-, Reise-*** **2** j-d, der ein Geschäft, e-e Organisation *o.Ä.* leitet, führt (8): *der F. e-r Delegation / der Opposition im Parlament* || K-: ***Führer-, -eigenschaften, -persönlichkeit, -rolle*** || -K: ***Geschäfts-, Konzern-, Partei-*** **3** *Admin geschr*; j-d, der ein Fahrzeug lenkt ≈ Fahrer, Fahrzeuglenker: *Der F. des Fahrzeugs ist nach dem Unfall geflüchtet* || -K: ***Flugzeug-, Kran-, Lok-, Zug-*** **4** ein Heft od. Buch, in dem die Sehenswürdigkeiten e-r Stadt, e-s Landes *o.Ä.* beschrieben werden: *e-n F. von Rom kaufen* || -K: ***Reise-, Stadt-*** **5** ***der F.*** *hist*; verwendet im Nationalsozialismus als Bezeichnung für Adolf Hitler || *zu* **1, 2** u. **3 Füh·re·rin** *die*; *-, -nen*

Füh·rer·na·tur *die*; j-d, der die typischen Eigenschaften e-s Führers (2) hat ⟨e-e F. sein⟩

Füh·rer·schein *der*; **1** ein Dokument, das j-n dazu berechtigt, Autos, Motorräder od. Lastwagen zu lenken: *Wegen Trunkenheit am Steuer wurde ihm der F. entzogen* || K-: ***Führerschein-, -entzug, -kontrolle, -neuling, -prüfung*** **2** ***den F. machen*** Fahrunterricht nehmen u. e-e Prüfung ablegen, um den F. (1) zu bekommen

Fuhr·ge·schäft *das*; ↑ ***Fuhrunternehmen***

Fuhr·leu·te *die*; *Pl* ↑ ***Fuhrmann***

Fuhr·mann *der*; *-(e)s, Fuhr·leu·te / seltener Fuhrmänner*; *hist*; j-d, der mit e-m Pferdewagen Waren transportierte

Fuhr·park *der*; *Kollekt*; alle Fahrzeuge, die *z.B.* e-e Firma hat: *Der F. der Stadt wird modernisiert*

Füh·rung *die*; *-, -en*; **1** die Besichtigung (*mst* e-r Sehenswürdigkeit) mit e-r Person, die einem dazu Erklärungen gibt: *an e-r F. durch das Museum / das Schloss teilnehmen* **2** *nur Sg*; das Führen (8) ≈ Leitung (1): *j-m die F. e-s Betriebes übertragen* || -K: ***Betriebs-, Partei-, Staats-*** **3** *nur Sg*; *Kollekt*; e-e Gruppe von Personen, die *z.B.* e-n Betrieb od. e-e Organisation führt (8): *Die F. der Partei traf sich zu e-m Gedankenaustausch* || K-: ***Führungs-, -gremium, -wechsel*** || -K: ***Betriebs-, Gewerkschafts-, Kirchen-, Partei-*** **4** *nur Sg*; die führende (21) Position, die j-d (*z.B.* auf wirtschaftlichem od. sportlichem Gebiet) hat ⟨die F. übernehmen; in F. gehen, liegen, sein⟩: *Der Läufer der französischen Mannschaft liegt mit zehn Sekunden Vorsprung in F.* || K-: ***Führungs-, -anspruch*** **5** *nur Sg*, *mst Admin geschr*; das Führen (17) ⟨die F. e-s Gesprächs, von Verhandlungen, e-s Prozesses, e-s Nachweises⟩ || -K: ***Beschwerde-, Beweis-, Krieg(s)-, Protokoll-, Prozess-, Verhandlungs-*** **6** *nur Sg*; *mst* die Art, wie sich j-d geführt (25) hat ≈ Betragen, Verhalten: *Der Strafgefangene wurde wegen guter F. vorzeitig entlassen* **7** *nur Sg*; das Führen (6): *Die F. von Menschen erfordert e-e starke Persönlichkeit* || K-: ***Führungs-, -eigenschaften, -qualitäten*** || -K: ***Menschen-*** **8** *nur Sg*; das Führen (11) ≈ Handhabung: *die gekonnte F. des Geigenbogens* || -K: ***Ball-, Kamera-, Pinsel-*** **9** *nur Sg*; das Führen (10) ⟨die F. e-s Kontos; e-r Liste, e-r Kartei⟩

Füh·rungs·schwä·che *die*; *nur Sg*; die Unfähigkeit von j-m in e-r leitenden Position (*mst* in e-r Organisation, e-m Unternehmen), sich durchzusetzen

Füh·rungs·spit·ze *die*; *Kollekt*; e-e Gruppe von Personen, die ein großes Unternehmen, e-e Partei *o.Ä.* leitet: *Die gesamte F. war zum Empfang erschienen*

Füh·rungs·stil *der*; die Art u. Weise, wie j-d ein Unternehmen, e-e Organisation *o.Ä.* leitet

Füh·rungs·zeug·nis *das*; *mst in* ***ein polizeiliches F.*** *Admin*; ein Dokument, auf dem geschrieben steht, ob j-d in den letzten Jahren von e-m Gericht bestraft wurde: *Den Bewerbungsunterlagen muss ein polizeiliches F. beigefügt werden*

Fuhr|un·ter·neh·men *das*; ein Betrieb, der (*mst* mit Lastwagen) Waren transportiert

Fuhr·werk *das*; ein Wagen (zum Transportieren von Lasten), der von Ochsen od. Pferden gezogen wird

Fül·le *die*; *-*; *nur Sg*; **1** ***e-e F. von etw.*** (*Pl*); ***e-e F.*** + *Gen* (*Pl*); *geschr*; e-e große Menge od. Anzahl von etw.: *Auf seinen Reisen gewann er e-e F. von neuen Eindrücken*; *Er schmückte seine Rede mit e-r F. literarischer Zitate* **2** ***die F.*** + *Gen*; *geschr*; das reiche Vorhandensein der genannten Sache: *die F. ihres Haars*; *die F. seiner Stimme*; *die F. des Klangs e-r Geige* || -K: ***Haar-, Klang-, Stimm-*** **3** *mst* ***zur F. neigen*** *euph*; dick sein || -K: ***Körper-, Leibes-***

fül·len; *füllte, hat gefüllt*; [Vt] **1** ***etw.*** (***mit etw.***) ***f.*** e-n Behälter mit etw. (ganz od. teilweise) voll machen: *e-n Korb* (*mit Früchten*) *f.*; *die Gläser* (*bis zum Rand / zur Hälfte*) (*mit Wein*) *f.* **2** ***etw. in etw.*** (*Akk*) ***f.*** etw. in e-n Behälter geben: *Bonbons in e-e Dose f.*; *Wein in Fässer f.* **3** ***etw.*** (***mit etw.***) ***f.*** etw. mit e-r bestimmten Füllung (3) versehen: *die Ente* (*mit Äpfeln*) *f.*; *e-e Torte* (*mit Sahne u. Erdbeeren*) *f.* **4** ***e-n Zahn f.*** (als Zahnarzt) e-n Zahn mit e-r Füllung (2) versehen **5** ***etw.*** (*Kollekt od Pl*) ***füllt etw.*** etw. braucht durch seine Menge, Anzahl e-n bestimmten Raum: *Die Akten des Staatsanwalts füllen fünf Ordner*; [Vr] **6** ***etw. füllt sich*** (***mit*** ⟨Personen⟩ / ***etw.*** (*Kollekt od Pl*)) etw. wird voll von Personen od. etw.: *Erst nach dem zweiten Klingelzeichen füllte sich das Theater allmählich* (*mit Zuschauern*) || ▸ ***überfüllt, voll***

Fül·len *das*; *-s, -*; ≈ Fohlen

Fül·ler *der*; *-s, -*; ≈ Füllfederhalter || -K: ***Schul-***

Füll|fe·der·hal·ter *der*; ein Federhalter mit e-m kleinen Behälter für Tinte, der immer wieder nachgefüllt od. ausgewechselt werden kann

Füllfederhalter

fül·lig *Adj*; **1** *euph*; (von Personen) dick u. rundlich: *Sie hat e-e ziemlich füllige Figur* **2** *mst* ***fülliges Haar*** Haar, das locker fällt u. dicht ist

Fül·lung *die*; *-, -en* **1** ein Material, mit dem *z.B.* ein Bett, ein Kissen, e-e Matratze *o.Ä.* gefüllt ist || -K: ***Bett-, Kissen-, Matratzen-*** **2** die Masse, mit der ein Loch in e-m Zahn ausgefüllt wird || -K: ***Amalgam-, Gold-; Zahn-*** **3** e-e Masse (*mst* e-e Mischung aus verschiedenen Zutaten u. Gewürzen), mit der Speisen (Gänse, Pasteten, Rouladen *o.Ä.*) gefüllt (3) werden || -K: ***Hackfleisch-, Käse-, Obst-***

Fum·mel *der*; *-s, -*; *gespr*; ein Kleid aus dünnem (oft billigem) Stoff

fum·meln; *fummelte, hat gefummelt*; *gespr*; [Vi] **1** (***irgendwo nach etw.***) ***f.*** etw. tastend suchen: *In der Handtasche nach dem Schlüssel f.* **2** (***an etw.*** (*Dat*)) ***f.*** versuchen, mit seinen Händen *bes* e-e schwierige Arbeit durchzuführen (die viel Geduld erfordert) **3** ***j-d fummelt mit j-m***; ⟨Personen⟩ ***fummeln*** *mst* zwei Personen küssen sich u. berühren sich sexuell

Fund *der*; *-(e)s, -e*; **1** ein Gegenstand, den j-d gefunden (1) hat ⟨ein einmaliger, seltener, überraschender F.⟩: *Er hat seinen F. beim Fundbüro abgeliefert*; *Seine These wird durch archäologische Funde gestützt* || K-: ***Fund-, -gegenstand, -objekt, -ort, -sache, -stelle*** || -K: ***Grab-, Münz-*** **2** *nur Sg*; das Finden (1) **3** ***e-n F. machen*** etw. finden (1)

Fun·da·ment *das; -s, -e;* **1** die stabile Grundlage aus Mauerwerk od. Beton, auf der *bes* Gebäude errichtet werden ⟨ein F. errichten, gießen, legen, mauern⟩: *Die Kathedrale brannte bis auf die Fundamente ab* || K-: ***Fundament-, -platte*** || -K: ***Beton-*** **2** e-e (geistige od. materielle) Grundlage, auf der etw. aufgebaut ist od. wird ≈ Grundlage ⟨ein F. legen; an den Fundamenten rütteln, etw. in seinen Fundamenten erschüttern⟩: *Mit dieser Ausbildung legst du dir ein gutes F. für deinen späteren Beruf*

fun·da·men·tal *Adj; geschr* ≈ grundlegend, wesentlich ⟨e-e Erkenntnis, ein Irrtum, ein Unterschied *o.Ä.*⟩: *Die Entdeckung des Penicillins war von fundamentaler Bedeutung*

F

Fun·da·men·ta·lis·mus *der; -; nur Sg, geschr;* e-e Bewegung, die fordert, dass sich ihre Anhänger exakt an den ursprünglichen Inhalt e-r religiösen od. politischen Lehre halten || *hierzu* **Fun·da·men·ta·list** *der; -en, -en;* **fun·da·men·ta·lis·tisch** *Adj*

Fund·amt *das; bes* ≈ Fundbüro

Fund·bü·ro *das; mst Sg;* e-e Behörde, bei der man gefundene Gegenstände abgeben bzw. verlorene Gegenstände abholen kann

Fund·gru·be *die; nur Sg;* ***e-e F.*** **(*für etw.*)** (*Kollekt od Pl*)) etw., das etw. Wertvolles od. Begehrtes in großer Zahl enthält: *Dieses Antiquitätengeschäft ist e-e wahre F. für alte Puppen*

Fun·di *der; -s, -s; gespr;* ein fundamentalistisches Mitglied der Partei der Grünen

fun·diert *Adj;* **1** mit e-r gesicherten, soliden Grundlage: *Seine Aussagen sind wissenschaftlich f.; Er verfügt über ein fundiertes Wissen* **2** finanziell abgesichert: *ein gut fundiertes Unternehmen; ein fundierter Kredit* || *hierzu* **Fun·die·rung** *die*

fün·dig *Adj; ohne Steigerung, nicht adv;* **1 *f. werden*** bei der Suche nach *z.B.* Öl, Kohle, Erzen, Gold erfolgreich sein: *Erst nach mehreren Bohrungen wurde die Ölgesellschaft f.* **2 *f. werden*** durch intensives Suchen etw. entdecken: *Auf der Suche nach alten Dokumenten ist er im Archiv f. geworden*

Fun·dus *der; -, -; mst Sg;* **1** *Kollekt;* alle Kostüme, Requisiten u. Bühnendekorationen *z.B.* e-s Theaters od. Filmateliers || -K: ***Kostüm-, Theater-*** **2 *ein F. von / an etw.*** (*Dat Pl*) *geschr; mst* das gesamte Wissen od. die Fähigkeiten, die j-d erworben hat: *ein reicher F. von / an Erfahrungen* || -K: ***Wissens-***

fünf *Zahladj;* (als Ziffer) 5; ↑ ***Anhang*** (4) || NB: Gebrauch ↑ *Beispiele unter* ***vier*** || ID ***f. gerade sein lassen*** *gespr;* etw. nicht so genau nehmen

Fünf *die; -, -en;* **1** die Zahl 5 **2** j-d / etw. mit der Nummer 5 **3** e-e sehr schlechte Schulnote (auf der Skala von 1-6), mit der man e-e Prüfung nicht (mehr) bestanden hat ≈ mangelhaft: *Sie hat in der letzten Probe e-e F. geschrieben*

Fün·fer *der; -s, -; gespr;* **1** ≈ Fünf **2** fünf richtige Zahlen im Lotto (mit denen man e-n relativ hohen Preis gewinnt) **3** *hist;* ein Fünfpfennigstück

fünf·hun·dert *Zahladj;* (als Zahl) 500

Fünf·hun·der·ter *der; gespr;* ein Geldschein im Wert von 500 Mark *o.Ä.*

Fünf·pro·zent|hür·de *die;* die Grenze von 5% der Stimmen, die e-e Partei erreichen muss, um in den Bundestag od. Landtag zu kommen: *Die Partei scheiterte an der F.*

fünft *nur in* ***zu f.*** (mit) insgesamt 5 Personen: *Wir sind zu f.; zu f. am Tisch sitzen*

fünf·t- *Zahladj; nur attr, nicht adv;* **1** in e-r Reihenfolge an der Stelle fünf ≈ 5. || NB: Gebrauch ↑ *Beispiele unter* ***viert-*** **2 *der fünfte Teil*** (***von etw.***) ≈ 1/5

Fünf·ta·ge|wo·che *die;* e-e Arbeitszeit von fünf Tagen in der Woche

fünf·tau·send *Zahladj;* (als Zahl) 5000

fünf·tel *Adj; nur attr, indeklinabel, nicht adv;* den 5. Teil e-s Ganzen bildend ≈ 1/5

Fünf·tel *das; -s, -;* der fünfte Teil e-s Ganzen: *ein F. des Vermögens erben*

fünf·tens *Adv;* verwendet bei e-r Aufzählung, um anzuzeigen, dass etw. an 5. Stelle kommt

fünf·zehn *Zahladj;* (als Zahl) 15; ↑ ***Anhang*** (4)

fünf·zehnt *nur in* ***zu f.*** (mit) insgesamt 15 Personen

fünf·zehn·t- *Zahladj; nur attr, nicht adv;* **1** in e-r Reihenfolge an der Stelle 15 ≈ 15. **2 *der fünfzehnte Teil*** (***von etw.***) ≈ 1/15

fünf·zig *Zahladj;* **1** (als Zahl) 50; ↑ ***Anhang*** (4) **2 *Anfang, Mitte, Ende f. sein*** ungefähr 50 bis 53, 54 bis 56, 57 bis 59 Jahre alt sein

Fünf·zig *die; -, -en; mst Sg;* **1** die Zahl 50 **2** j-d / etw. mit der Zahl / Nummer 50

fünf·zi·ger *Adj; nur attr, indeklinabel, nicht adv;* die zehn Jahre (e-s Jahrhunderts od. Menschenlebens) von 50 bis 59 betreffend: *ein Mann in den / seinen Fünfzigern; in den f. Jahren des vorigen Jahrhunderts* || K-: ***Fünfziger-, -jahre***

Fünf·zi·ger *der; -s, -; gespr;* **1** j-d, der zwischen 50 u. 59 Jahre alt ist || -K: ***End-, Mitt-*** **2** *hist;* ein Fünfzigpfennigstück || *zu* **1 Fünf·zi·ge·rin** *die; -, -nen*

fünf·zigs·t- *Zahladj; nur attr, nicht adv;* **1** in e-r Reihenfolge an der Stelle 50 ≈ 50. **2 *der fünfzigste Teil*** (***von etw.***) ≈ 1/50

fun·gie·ren [-ŋ'gi:-]; *fungierte, hat fungiert;* Vi ***als etw. f.*** *geschr;* e-e bestimmte Aufgabe erfüllen ⟨als Fremdenführer, Sanitäter, Schiedsrichter f.⟩

Funk *der; -s; nur Sg;* **1** die (drahtlose) Übermittlung von Informationen durch elektromagnetische Wellen ⟨etw. über F. anfordern, mitteilen⟩: *über F. erreichbar sein, über F. Hilfe herbeirufen* **2** e-e Anlage für den F. (1): *Der Rotkreuzwagen ist mit F. ausgerüstet* **3** ≈ Rundfunk: *F. u. Fernsehen* || -K: ***Hör-*** || NB: *mst* ohne Artikel verwendet

Fun·ke *der; -ns, -n;* **1** ein glühendes Teilchen, das von e-m brennenden od. heftig geriebenen Gegenstand wegspringt ⟨Funken fliegen, glühen, springen über, sprühen, stieben⟩: *Wenn man e-e Schere schleift, sprühen die Funken; Bei dem Brand sprangen Funken auf die benachbarten Gebäude über* **2** *mst* ***keinen F.*** + *Subst* ***haben*** sehr wenig von etw. haben ⟨keinen Funken Hoffnung, Anstandsgefühl, Verstand *o.Ä.* haben⟩: *Er hat keinen Funken Verstand* || NB: *der Funke; den, dem Funken; des Funkens*

fun·keln; *funkelte, hat gefunkelt;* Vi **1 *etw. funkelt*** etw. wird unregelmäßig, abwechselnd sehr hell u. wieder dunkler ≈ etw. glitzert ⟨ein Edelstein, ein Stern, ein Glas *o.Ä.*⟩ **2** ⟨*mst* j-s Augen⟩ ***funkeln*** (***vor etw.*** (*Dat*)) j-s Augen lassen erkennen, dass er sehr wütend *o.Ä.* ist ⟨j-s Augen funkeln vor Zorn, Wut, Hass *o.Ä.*⟩

fun·kel·na·gel|neu *Adj; nicht adv, gespr;* ganz neu u. noch nicht gebraucht: *ein funkelnagelneues Fahrrad*

fun·ken; *funkte, hat gefunkt;* Vt/i **1** (***etw.***) ***f.*** mithilfe von elektromagnetischen Wellen Signale (u. j-m so Informationen) geben ⟨e-e Nachricht, e-n Notruf, e-e Warnung, Messdaten f.⟩ || K-: ***Funk-, -anlage, -einrichtung, -gerät, -kontakt, -meldung, -signal, -sprechgerät, -störung, -technik, -telefon, -verbindung, -verkehr, -zeichen;*** Vimp **2 *bei j-m funkt es / hat es gefunkt*** *gespr;* j-d begreift, versteht etw. / hat etw. begriffen, verstanden **3 *bei*** ⟨zwei Personen⟩ ***hat es gefunkt*** *gespr;* zwei Personen haben sich ineinander verliebt

Fun·ken *der; -s; -;* ≈ Funke

Fun·ker *der; -s, -;* j-d, der (*mst* beruflich) funkt (1) || -K: ***Amateur-, Bord-***

Funk·feu·er *das*; e-e Funkstation, die Signale sendet, damit Schiffe od. Flugzeuge ihren Kurs bestimmen können

Funk·spruch *der*; e-e Nachricht, die über Funk weiter gegeben wird ⟨e-n F. auffangen, durchgeben, senden, übermitteln⟩

Funk·stil·le *die*; **1** die Situation, in der es keinen Kontakt zwischen den Funkern gibt **2** e-e Pause zwischen zwei Rundfunksendungen || ID ***bei j-m herrscht (gerade) F.*** *gespr*; j-d ist gerade unkonzentriert u. begreift nichts; ***es herrscht F.*** *gespr*; (nach e-m Streit *o.Ä.*) haben *mst* zwei Personen keinen Kontakt miteinander

Funk·strei·fe *die*; ein Auto (od. Motorrad) der Polizei, das per Funk mit e-r Zentrale verbunden ist: *Nachts fährt die F. regelmäßig durch das Hafenviertel* || K-: ***Funkstreifen-, -wagen***

Funk·ti·on [-ˈtsioːn] *die*; -, *-en*; **1** der Zweck, den j-d / etw. innerhalb e-s Systems erfüllt ≈ Rolle[2] (2): *Die Figur in diesem Roman hat e-e tragende, wichtige F.; Hat dieser Knopf hier an der Maschine e-e bestimmte F.?* || -K: ***Schutz-, Überwachungs-*** **2** das Amt (1), die Stellung, die j-d in e-r Organisation, *z.B.* e-r Partei, hat ≈ Aufgabe ⟨e-e hohe, leitende F. ausüben, bekleiden⟩: *Er hat in der Gewerkschaft die F. des Vorsitzenden inne* **3** *nur Sg*; die Aufgabe e-s Teils, *z.B.* e-s Körperorgans od. e-r Maschine, in e-m System ≈ das Funktionieren: *die F. des Herzens überprüfen* || K-: ***Funktions-, -störung*** || -K: ***Drüsen-, Körper-, Leber-*** **4** ***etw. ist in / außer F.*** e-e Maschine, e-e Anlage *o.Ä.* arbeitet / arbeitet nicht: *Das Kernkraftwerk war wegen e-r technischen Panne drei Wochen lang außer F.* **5** ***etw. außer F. setzen*** *Admin geschr*; bewirken, dass etw. nicht weiterarbeiten, nicht weiter wirksam sein kann ↔ in Betrieb nehmen: *e-e technische Anlage außer F. setzen* **6** ***etw. tritt in F.*** *Admin geschr*; *bes* ein technischer Apparat fängt an zu arbeiten, wird aktiv: *Im Falle e-s Stromausfalls tritt die Notbeleuchtung in F.* **7** *Math*; e-e Größe, die von einer od. mehreren veränderlichen Größen abhängt (wobei man die Abhängigkeit durch e-e Kurve darstellen kann): *e-e F. mit zwei Variablen* || -K: ***Hyperbel-, Sinus-, Tangens-*** || *zu* **3 funk·ti·onsfähig** *Adj*; *nicht adv*; *zu* **1 funk·ti·ons·ge·recht** *Adj*

funk·ti·o·nal *Adj*; *nur attr od adv*, *geschr*; e-r bestimmten Funktion (1) entsprechend: *Diese Abteilung unseres Betriebs bildet e-e funktionale Einheit; Die Architekten haben das Bürohaus f. gestaltet* || *hierzu* **Funk·ti·o·na·li·tät** *die*; -; *nur Sg*

Funk·ti·o·när *der*; *-s, -e*; **1** ein Mitglied e-r Partei, Gewerkschaft, Organisation *o.Ä.*, das e-e wichtige Aufgabe od. Funktion (2) hat ⟨ein führender, hoher F.⟩ || -K: ***Gewerkschafts-, Partei-*** **2** *hist (DDR)*; ein leitender Angestellter od. unbezahlter Mitarbeiter des Staates, e-r Partei od. Wirtschaftsorganisation, der gewählt wurde

funk·ti·o·nell *Adj*; *mst attr od adv*, *geschr*; **1** in e-r bestimmten Funktion (1) wirksam ≈ zweckbestimmt: *Der Arbeitsablauf folgt funktionellen Prinzipien* **2** in Bezug auf die Leistung e-s bestimmten (Körper)Organs: *Seine Probleme mit dem Herzen sind funktioneller, nicht organischer Natur*

funk·ti·o·nie·ren; *funktionierte, hat funktioniert*; [Vi] **1** ***etw. funktioniert*** etw. erfüllt seinen Zweck, seine Funktion (1): *Der Aufzug ist repariert, jetzt funktioniert er wieder; Seine Nieren funktionieren nicht mehr richtig* **2** ***etw. funktioniert*** etw. läuft ohne größere Probleme u. Fehler ab: *Die Organisation der Sportveranstaltung funktionierte reibungslos*

Funk·turm *der*; ein sehr hoher Turm, über den Radio- u. Fernsehprogramme, Funksignale *usw* übermittelt werden

Fun·zel *die*; -, *-n*; *gespr pej*; e-e Lampe, die nur schwaches Licht gibt

für *Präp*; *mit Akk*; **1** verwendet zur Angabe des Ziels, des Zwecks, der Bestimmung od. des Nutzens: *für etw. sparen; sich für j-n einsetzen; Das Geschenk ist für dich; e-e Gebrauchsanweisung für den Fernsehapparat; ein Kurs für Fortgeschrittene* **2** verwendet, um auszudrücken, dass etw. zum Vorteil e-r Person od. Sache geschieht ≈ zugunsten ↔ gegen: *sich für j-n / etw. entscheiden; Er hat bei der Wahl für den Kandidaten der Opposition gestimmt; Die Mutter tut alles für ihren geliebten Sohn* **3** verwendet, um auf den Grund e-r Sache zu verweisen ≈ wegen: *Der Angeklagte wurde für den Mord hart bestraft* **4** verwendet, um auszudrücken, dass j-d etw. als j-s Vertreter tut ≈ anstelle von, statt: *Mein Vater hat für mich unterschrieben, weil ich noch nicht volljährig bin; Für den defekten Motor muss ein neuer eingebaut werden* **5** verwendet, um e-n Vergleich zur Norm auszudrücken: *Für die Jahreszeit ist es viel zu kalt; Für e-n Anfänger kannst du das schon sehr gut* **6** verwendet, um den Preis od. Wert e-r Sache anzugeben: *Er hat sich ein Auto für 20000 Euro gekauft* **7** verwendet, um auf e-n Zeitpunkt od. e-e zeitliche Dauer zu verweisen: *die Party ist für nächsten Samstag geplant; Er ist für drei Wochen verreist; Er hat e-n Mietvertrag für fünf Jahre unterschrieben* **8** verwendet zwischen zwei gleichen Substantiven, um auszudrücken, dass die Aussage auf alle genannten Dinge ohne Ausnahme zutrifft: *Sie wartete Tag für Tag* (= jeden Tag) *auf e-n Brief von ihm; Der Staatsanwalt hat das wichtige Dokument Seite für Seite* (= ganz genau) *überprüft; etw. Wort für Wort* (= ganz gründlich) *lesen* **9** verwendet (*mst* in Verbindung mit Adjektiven), um auf e-e Person / Sache zu verweisen, der damit e-e bestimmte Eigenschaft zugeschrieben wird: *j-n für intelligent, für e-n großen Künstler halten; j-n für tot erklären lassen; etw. für sinnvoll ansehen* **10** verwendet bei bestimmten Verben, Adjektiven u. Substantiven, um deren Ergänzungen anzuschließen: *sich für Fußball interessieren; sich für e-e bestimmte Idee einsetzen; für e-e Arbeit besonders geeignet sein; seine Begeisterung für den Sport; für j-n sorgen* **11** *gespr*; verwendet, um auszudrücken, dass ein schlimmer Zustand *o.Ä.* durch ein Mittel bekämpft wird ≈ gegen[1] (9): *ein Medikament für Kopfschmerzen* (= ein Medikament, das Kopfschmerzen lindert); *Wasser für den Durst* (= Wasser gegen den Durst) **12** ***für 'sich*** ≈ allein ⟨für sich bleiben, leben, wohnen⟩ || ID ***das Für u. Wider (e-r Sache)*** *geschr*; Gründe, die für (3), u. Gründe, die gegen[1] (4) etw. sprechen

Für·bit·te *die*; ***F. (für j-n)*** *geschr*; e-e Bitte od. ein Gebet für j-d anderen ⟨F. für j-n einlegen⟩: *Der Gottesdienst schließt mit e-r F. für die Kranken ab*

Fur·che *die*; -, *-n*; **1** e-e Art schmaler Graben, wie ihn ein Pflug *o.Ä.* im Boden macht ⟨e-e breite, tiefe F.; Furchen ziehen⟩ || -K: ***Acker-, Boden-*** **2** *geschr*; e-e tiefe Falte im Gesicht e-s Menschen

Furcht *die*; -; *nur Sg*; ***F. (vor j-m / etw.)*** *geschr*; das Gefühl, das man vor bevorstehendem Schmerz od. drohender Gefahr empfindet ≈ Angst (1) ⟨aus F. vor j-m / etw.; F. vor der Einsamkeit, vor dem Tod haben; ganz ohne F. sein; j-d wird von F. ergriffen; j-n in F. versetzen; vor F. blass werden, zittern; F. u. Schrecken verbreiten⟩: *Die Kinder versteckten sich aus F. vor Strafe* || ID ***zwischen F. u. Hoffnung schweben*** in e-m Zustand der Angst u. Ungewissheit sein, bis sich etw. geklärt hat; ***keine F. kennen*** sehr mutig sein

furcht·bar *Adj*; **1** *nicht adv*; so (beschaffen), dass es Furcht, Schrecken erregt ≈ schrecklich, entsetzlich

F

〈e-e Ahnung, e-e Katastrophe, ein Traum, ein Verbrechen, ein Verdacht〉: *Etw. Furchtbares ist passiert*; *Der Sturm kam mit furchtbarer Gewalt* **2** *nicht adv, gespr*; sehr unangenehm ≈ schlimm: *Der Straßenlärm ist f.*; *Er hat e-e furchtbare Migräne* **3** *nur adv, gespr*; verwendet, um (*mst* negative) Adjektive, Verben od. Adverbien zu verstärken ≈ sehr: *Ich muss gehen - es ist schon f. spät*; *Es regnet f.*; *Er ärgert sich f.*; *Er ist f. erschrocken*; *ein f. aufregender Film*; *Sie ist f. nett zu mir*

fürch·ten; *fürchtete, hat gefürchtet*; Vt **1** ***j-n / etw. f.*** Angst, Furcht vor e-r Person, e-r Institution od. etw. fühlen 〈die Armut, den Tod, e-n Verlust f.; den Feind, die Polizei f.〉: *ein gefürchteter Verbrecher, Richter* **2** ***j-n f.*** *veraltend*; Ehrfurcht vor j-m haben 〈Gott, die Götter f.〉 **3** ***f.,*** **(*dass*) *...*; *f.*** + ***zu*** + *Infinitiv* ≈ befürchten: *Sie fürchtete, dass sie ihren Job verlieren würde*; *Er fürchtet, e-m Attentat zum Opfer zu fallen*; *Ich fürchte* (= ich glaube leider), *das stimmt*; Vi **4** ***für / um j-n / etw. f.*** wegen e-r Person / Sache in großer Sorge sein 〈um seine Gesundheit, sein Leben, seinen Besitz f.〉; Vr **5** ***sich f.*** von Angst, Furcht erfüllt sein ≈ sich ängstigen (2): *Das Kind fürchtet sich im Dunkeln* **6** ***sich*** (***vor j-m / etw.***) ***f.*** Angst, Furcht vor e-r Person / Sache fühlen; *sich vor Hunden, vor dem Wasser f.*; *Er fürchtet sich* davor, *ausgelacht* zu *werden*

fürch·ter·lich *Adj*; **1** so (beschaffen), dass es Angst u. Entsetzen hervorruft ≈ Furcht erregend 〈ein Erlebnis, e-e Rache, ein Unglück〉 **2** *nicht adv, gespr*; sehr unangenehm, sehr stark: *e-e fürchterliche Hitze, fürchterliche Schmerzen, ein fürchterliches Durcheinander* **3** *nur adv, gespr*; verwendet, um Adjektive, Adverbien od. Verben zu verstärken ≈ sehr: *Er ist f. groß*; *Sie hat sich f. gefreut*

furcht·los *Adj*; ohne Furcht ≈ mutig ↔ furchtsam 〈ein Auftreten, e-e Haltung, ein Mensch; f. handeln, für j-n / etw. f. eintreten〉 || *hierzu* **Furcht·lo·sig·keit** *die*; *nur Sg*

furcht·sam *Adj*; sehr leicht zu erschrecken u. von Angst (1), Furcht erfüllt ≈ ängstlich ↔ furchtlos 〈ein Charakter, ein Kind, ein Wesen〉 || *hierzu* **Furcht·sam·keit** *die*; *nur Sg*

für·ei·nan·der *Adv*; eine Person / Sache für die andere (drückt e-e Gegenseitigkeit aus): *Sie leben f.* (= Sie lebt nur für ihn, u. er nur für sie)

Fu·rie ['fu:ri̯ə] *die*; -, *-n*; **1** e-e Göttin der römischen Mythologie, die Rache übt u. Furcht u. Schrecken verbreitet **2** *pej*; e-e Frau, die immer wütend ist u. schimpft || ID ***wie von Furien gejagt*** in großer Panik; ***wie e-e F.*** sehr wütend

fu·ri·os [fu'ri̯o:s] *Adj*; begeisternd, mitreißend: *ein furioses Finale, ein furioser Auftakt, Endspurt*

Fur·nier *das*; *-s, -e*; e-e sehr dünne Schicht (*mst* aus wertvollem Holz), die oft die Oberfläche der Möbel bildet (u. auf einfaches Holz od. Kunststoff geklebt ist) || K-: ***Furnier-, -holz*** || -K: ***Buchen-, Eichen-, Kunststoff-*** || *hierzu* **fur·nie·ren** (*hat*) *Vt*

Fu·ro·re *die*; -; *nur Sg*; *mst* ***j-d macht*** (***mit etw.***) ***F.*** / ***etw. macht F.*** j-d / etw. hat sehr großen Erfolg, erregt Aufsehen: *Mit ihrem neuen Mantel machte sie F.*; *Seine neuen Entdeckungen in der Physik werden bald F. machen*

fürs *Präp.Artikel* ≈ für das: *ein Foto f. Album* || NB: *fürs* kann nicht durch *für das* ersetzt werden in der Wendung *fürs Erste*

Für·sor·ge *die*; *nur Sg*; **1** das persönliche Bemühen um j-n, der Hilfe braucht 〈die elterliche, e-e freundschaftliche, e-e liebevolle F.〉: *Das behinderte Kind braucht besondere F.* || K-: ***Fürsorge-, -pflicht*** **2** die Hilfe, die der Staat für Menschen in Not organisiert: *von der öffentlichen F. e-e Unterstützung bekommen* || K-: ***Fürsorge-, -amt, -arzt, -einrichtung, -erziehung, -tätigkeit*** || -K: ***Sozial-*** **3** das Geld, das das Sozialamt als finanzielle Hilfe (für besonders Bedürftige) zahlt 〈F. beantragen〉: *Er muss von der F. leben* || K-: ***Fürsorge-, -empfänger, -leistung***

für·sorg·lich *Adj*; liebevoll darum bemüht, dass es j-d anderem gut geht: *Sie deckte das schlafende Kind f. zu* || *hierzu* **Für·sorg·lich·keit** *die*; *nur Sg*

Für·spra·che *die*; *nur Sg*; der Einsatz, das Eintreten e-r einflussreichen Person für j-n bei e-r anderen Person od. e-m Gremium 〈bei j-m für j-n F. einlegen〉: *Dank der F. seines Lehrers wurde er nicht von der Schule verwiesen*

Für·sprech *der*; *-s, -e*; (CH) ≈ Rechtsanwalt

Für·spre·cher *der*; **1** j-d, der sich für j-n bei e-m Dritten einsetzt od. der j-s Wünsche e-m Dritten gegenüber unterstützt 〈j-n als F. haben; in j-m e-n (einflussreichen, mächtigen) F. finden〉: *Er ist ein F. der Unterdrückten* **2** j-d, der sich für e-e Sache einsetzt ≈ Förderer || *hierzu* **Für·spre·che·rin** *die*

Fürst *der*; *-en, -en*; **1** ein Adelstitel: *F. Rainier von Monaco* **2** ein Mitglied des höchsten Adels: *Alle Fürsten, Herzöge u. Grafen hatten sich am Hof des Königs versammelt* || K-: ***Fürsten-, -geschlecht, -gruft, -hof*** || -K: ***Landes-*** **3** ≈ Herrscher: *Kürzlich wurde das Grab e-s keltischen Fürsten entdeckt* || NB: *der Fürst*; *den, dem, des Fürsten* || *zu* **1** u. **2 Fürs·tin** *die*; -, *-nen*

Fürs·ten·tum *das*; *-s, Fürs·ten·tü·mer*; ein Land, das von e-m Fürsten regiert wird: *das F. Monaco*

fürst·lich *Adj*; **1** *nur attr, ohne Steigerung, nicht adv*; (zu) e-m Fürsten gehörend 〈e-e Residenz, ein Wappen; die Familie, die Ahnen, e-e Herkunft〉 **2** in großer Menge u. hoher Qualität ≈ reichlich ↔ ärmlich 〈e-e Bewirtung, ein Gehalt; f. speisen; j-n f. bewirten〉

Furt *die*; -, *-en*; e-e Stelle in e-m Fluss, an der das Wasser so niedrig ist, dass man hindurchgehen od. -fahren kann 〈e-e F. durchqueren〉

Fu·run·kel *der / das*; *-s*, -; ein großer Pickel auf der Haut, der stark entzündet u. mit Eiter gefüllt ist

Für·wort *das*; *-es, Für·wör·ter* ≈ Pronomen 〈ein persönliches, besitzanzeigendes, rückbezügliches F.〉

Furz *der*; *-es, Für·ze*; *vulg*; Gase, die (laut) aus dem Darm durch den After entweichen 〈e-n F. lassen〉 || *hierzu* **fur·zen** (*hat*) *Vi*; *vulg*

Fu·sel *der*; *-s*, -; *mst Sg, gespr pej*; Schnaps von schlechter Qualität

Fu·si·on [fu'zi̯o:n] *die*; -, *-en*; **1** die Vereinigung von zwei od. mehreren Firmen, Banken *o.Ä.* zu e-m größeren Unternehmen || K-: ***Fusions-, -verhandlungen, -vertrag*** **2** *Phys*; das Verschmelzen von zwei Atomkernen, um Energie zu erzeugen ↔ Spaltung || K-: ***Fusions-, -reaktor*** || -K: ***Kern-*** || *zu* **1 fu·si·o·nie·ren** (*hat*) *Vi*

Fuß[1] *der*; *-es, Fü·ße*; **1** der unterste Teil des Beines, auf dem Menschen u. Wirbeltiere stehen 〈mit bloßen Füßen; kalte Füße haben; j-m (versehentlich) auf den Fuß treten〉: *angeschwollene, breite, zierliche Füße haben*; *Er hat sich beim Sport den Fuß verstaucht, gebrochen* || K-: ***Fuß-, -abdruck, -pflege, -schweiß*** || NB: Anstatt *Fuß* sagt man bei Katzen, Hunden *usw Pfote*, bei Kühen, Pferden *usw Huf*, bei Bären, Löwen *usw Pranke* od. *Tatze* **2** der (*mst* kurze) unterste, tragen-

Fuß

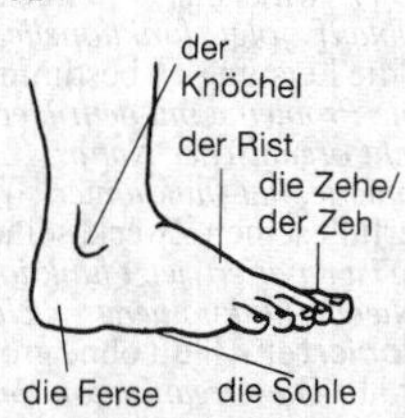

de Teil e-s Gegenstands (*z.B.* e-s Möbelstücks), auf dem der Gegenstand steht: *die Füße des Schrankes*; *e-e Lampe mit e-m hölzernen Fuß*; *Der Fuß des Glases ist abgebrochen* || -K: **Bett-, Lampen-, Sessel- 3** *mst Sg*; ein Block aus Stein *o.Ä.*, auf dem *z.B.* e-e Säule od. e-e Statue steht ≈ Sockel: *der Fuß des Denkmals* **4** *gespr*; das Bein bei Tieren mit kurzen Beinen: *Die Eidechse hat vier Füße* **5** *südd* (CH) ≈ Bein: *Nimm deine Füße unter meinem Stuhl weg!* **6 zu F.** (**gehen**) nicht mit e-m Fahrzeug (fahren, sondern gehen): *„Soll ich dich mit dem Auto mitnehmen?" - „Nein danke, ich gehe lieber zu Fuß"*; *Ich bin zu Fuß hier*; *Die Burg erreicht man nur zu Fuß* **7 am Fuß(e)** + *Gen*; am untersten Punkt, an der Basis, wo *z.B.* ein Berg od. ein Gebäude nach oben ragt: *Wir standen am Fuß(e) des Eiffelturms u. blickten nach oben* **8 bei Fuß!** verwendet als Befehl an e-n Hund, zu seinem Herrn zu kommen || ID **sich** (*Dat*) **die Füße vertreten** *mst* nachdem man lange gesessen hat, ein bisschen hin u. her gehen; **auf eigenen Füßen stehen** selbstständig u. unabhängig (*z.B.* von seinen Eltern) sein; **auf großem Fuß(e) leben** verschwenderisch leben, viel Geld ausgeben; (**irgendwo**) (**festen**) **Fuß fassen** sich nach e-r gewissen Zeit an e-e neue Umgebung gewöhnen; *mst* **mit j-m auf gutem Fuß(e) stehen** sich gut mit j-m vertragen, ein gutes Verhältnis zu j-m haben; **sich auf freiem Fuß befinden** nicht (mehr) im Gefängnis sein; **j-m zu Füßen liegen** j-n sehr verehren; **schlecht zu Fuß sein** *gespr*; nicht ohne Schmerzen, ohne Probleme lange Strecken gehen können; **gut zu Fuß sein** keine Probleme beim Gehen haben; **kalte Füße bekommen / kriegen** *gespr*; ein geplantes Unternehmen aufgeben, weil man plötzlich Angst vor dem Risiko hat; **j-n / etw. mit Füßen treten** j-n / etw. grob verletzen od. missachten; **j-m auf den Fuß / die Füße treten** j-n kränken, beleidigen; **immer** (**wieder**) **auf die Füße fallen** *gespr*; trotz vieler Schwierigkeiten keinen Schaden davontragen || ► **leichtfüßig**

Fuß[2] *der*; *-es*, -; ein Längenmaß, das *bes* in englischsprachigen Ländern verwendet wird

Fuß·ab·strei·fer *der*; *-s*, -; e-e kleine Matte od. ein Gitter aus Metall vor der Wohnungs- od. Haustür, auf denen man den Schmutz von den Schuhsohlen abstreift

Fuß·ball *der*; **1** *ohne Artikel*, *nur Sg*; ein Ballspiel zwischen zwei Mannschaften aus je elf Spielern, bei dem jede Mannschaft versucht, den Ball mit dem Fuß od. Kopf in das Tor des Gegners zu schießen ⟨F. spielen⟩: *F. ist sein Lieblingssport* || K-: **Fußball-, -bundesliga, -fan, -feld, -klub, -match, -(national)mannschaft, -platz, -profi, -schuh, -spiel, -spieler, -stadion, -star, -tor, -trainer, -verein, -weltmeister, -weltmeisterschaft** || *zu* **Fußballschuh** ↑ *Abb. unter* **Schuhe 2** der Ball aus Leder, der beim F. (1) verwendet wird

Fuß·bal·ler *der*; *-s*, -; *gespr*; j-d, der Fußball spielt || -K: **Amateur-, Profi-**

Fuß·bank *die*; -, *Fuß·bän·ke*; e-e kleine, niedrige Bank, auf die man beim Sitzen die Füße stellt

Fuß·bo·den *der*; die untere waagerechte Fläche *bes* in e-m Haus od. e-m Zimmer, auf der man geht u. auf der Möbel stehen ↔ Decke ⟨den F. wischen, kehren⟩ || K-: **Fußboden-, -belag** || -K: **Holz-, Stein-**

Fuß·bo·den|hei·zung *die*; e-e Heizung, die sich unter der gesamten Fläche des Fußbodens befindet u. mit geringer Temperatur e-n Raum erwärmen kann

Fuß·breit *der*; -, -; ein Abstand, e-e Fläche, der / die etwa so breit ist wie ein Fuß: *zwei Fußbreit*; *Für die*

Fußball

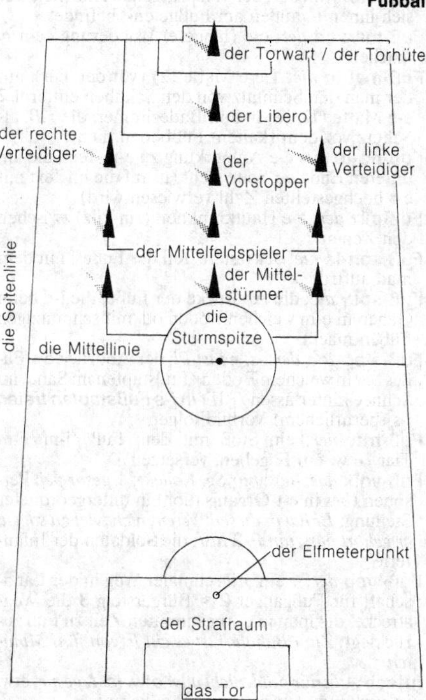

Straße werde ich nicht einen F. meines Grundstückes hergeben! || ID (**um**) **keinen F. / auch nicht einen F.** ≈ überhaupt nicht ⟨(um) keinen F. von seiner Meinung abgehen⟩

Fuß·brem·se *die*; die Bremse an od. in e-m Fahrzeug, auf die man mit dem Fuß drückt ↔ Handbremse

Fus·sel *die*; -, *-n*; ein kleines Stück Wollfaden od. e-e (Stoff)Faser, die *bes* an der Kleidung od. auf Teppichen hängen bleiben: *Bürste deine Jacke ab, sie ist voll(er) Fusseln!*

fus·se·lig *Adj*; *gespr*; von Fusseln bedeckt || ID **sich** (*Dat*) (**den Mund**) **f. reden** (**müssen**) *gespr*; sehr viel reden (müssen), um j-n zu überzeugen

fus·seln; *fusselte*, *hat gefusselt*; [Vi] **etw. fusselt** etw. bildet Fusseln ⟨ein Wollschal, ein Pullover⟩

fu·ßen; *fußte*, *hat gefußt*; [Vi] **etw. fußt auf etw.** (*Dat*) *geschr*; etw. hat etw. zur Grundlage ≈ etw. beruht auf etw. ⟨etw. fußt auf Beobachtungen, Berechnungen, Tatsachen⟩

Fuß·en·de *das*; die Stelle *bes* des Bettes, an die man die Füße legt ↔ Kopfende

Fuß·gän·ger *der*; *-s*, -; j-d, der auf Straßen od. Wegen zu Fuß geht ↔ Radfahrer, Autofahrer: *Die Fußgänger überquerten die Straße an e-r Ampel* || K-: **Fußgänger-, -ampel, -brücke, -pfad, -weg** || *hierzu* **Fuß·gän·ge·rin** *die*; -, *-nen*

Fuß·gän·ger|über·weg *der*; *-s*, *-e*; e-e Stelle auf der Fahrbahn, die besonders gekennzeichnet ist u. an der Autos *usw* halten sollen, wenn Fußgänger die Straße überqueren wollen

Fuß·gän·ger·zo·ne *die*; ein Bereich im Zentrum e-r Stadt, der nur für Fußgänger (u. nicht für Autos) bestimmt ist

Fuß·ge·lenk *das*; das Gelenk zwischen Fuß u. Bein: *Beim Turnen hat er sich das F. verstaucht*

Fuß·knö·chel *der*; der vorspringende Knochen, der sich innen u. außen am Fußgelenk befindet

Fuß·marsch *der*; e-e (längere) Wanderung ⟨e-n F. machen⟩

Fuß·mat·te *die*; **1** e-e Matte (2) (vor der Tür), auf der man den Schmutz von den Schuhen entfernt **2** e-e Matte (1), *bes* in e-m Badezimmer, die *z.B.* als Schutz vor dem (kalten) Fußboden dient

Fuß·no·te *die*; e-e Anmerkung zu e-m Text, die am unteren Ende e-r Seite steht (u. auf die im Text mit e-r hochgestellten Zahl verwiesen wird)

Fuß·pilz *der*; e-e Hautkrankheit (ein Pilz) zwischen den Zehen

Fuß·soh·le *die*; der untere Teil des Fußes, mit dem man auftritt

Fuß·spur *die*; die Abdrücke der Füße, die j-d beim Gehen in e-m weichen Boden od. mit schmutzigen Füßen macht

Fuß·stap·fen *der*; *-s, -*; *mst Pl*; der Abdruck e-s Fußes *bes* in weichem Boden ⟨Fußstapfen im Sand, im Schnee hinterlassen⟩ || ID ***in j-s Fußstapfen treten*** j-s (beruflichem) Vorbild folgen

Fuß·tritt *der*; ein Stoß mit dem Fuß ⟨j-m / e-m Tier / etw. e-n F. geben, versetzen⟩

Fuß·volk *das*; *-(e)s*; *nur Sg*, *Kollekt*; **1** *gespr pej*; Personen (*bes* in e-r Organisation) in untergeordneter Stellung: *Er hat in diesem Verein nicht viel zu sagen, er gehört nur zum F.* **2** *hist*; die Soldaten der Infanterie

Fuß·weg *der*; **1** ein *mst* schmaler Weg in der Landschaft für Fußgänger **2** ≈ Bürgersteig **3** die Wegstrecke, die man in e-r bestimmten Zeit zu Fuß zurücklegt: *Zum Bahnhof ist es ein F. von fünf Minuten*

fụtsch *Adj*; *nur präd, nicht adv*; ***etw. ist f.*** *gespr*; etw. ist verloren, verschwunden od. kaputt

Fụt·ter[1] *das*; *-s*; *nur Sg*; die Nahrung, die Tiere fressen ⟨ein Tier sucht (nach) F.⟩: *dem Papagei frisches F. geben* || K-: ***Futter-, -getreide, -mittel, -napf, -rübe, -silo, -trog*** || -K: ***Fisch-, Hühner-, Schweine-, Vieh-, Vogel-***; ***Dosen-, Trocken-***

Fụt·ter[2] *das*; *-s*; *nur Sg*; **1** der Stoff *o.Ä.* auf der Innenseite von Kleidungsstücken, Lederwaren *o.Ä.*: *ein Jackett mit glänzendem F.* || -K: ***Leder-, Pelz-, Seiden-, Woll-*** **2** e-e Füllung aus dünnem Papier in e-m Briefumschlag *o.Ä.*: *ein Briefumschlag mit grauem F.*

Fut·te·ral *das*; *-s, -e*; e-e stabile Hülle für bestimmte Gegenstände aus empfindlichem od. zerbrechlichem Material (wie *z.B.* e-e Brille) ≈ Etui, Schutzhülle: *e-n Schirm ins F. stecken, aus dem F. ziehen* || -K: ***Brillen-, Flöten-, Leder-, Schirm-***

Fụt·ter·krip·pe *die*; ein Behälter, den man *bes* im Winter für die Tiere im Wald mit Futter füllt

fụt·tern; *futterte, hat gefuttert*; [Vt/i] ***(etw.) f.*** *gespr*; *mst* viel u. mit gutem Appetit essen

fụ̈t·tern[1]; *fütterte, hat gefüttert*; [Vt] **1** ***j-n (mit etw.) f.*** j-m (mit e-m Löffel) das Essen in den Mund schieben ⟨e-n Kranken, ein kleines Kind f.⟩ **2** ***ein Tier (mit etw.) f.*** e-mTier seine Nahrung, sein Futter[1] geben: *das Vieh mit Heu f.*; *im Winter das Wild f.*; *Der Storch füttert seine Jungen* **3** ***(e-m Tier) etw. f.*** e-m Tier etw. als Futter[1] geben: *den Kühen Mais f.* **4** ***e-n Computer (mit etw.) f.*** *gespr*; in e-n Computer Daten eingeben: *e-n Computer mit Informationen f.*

fụ̈t·tern[2]; *fütterte, hat gefüttert*; [Vt] ***etw. f.*** in Kleidungsstücke, Lederwaren *o.Ä.* ein Futter[2] nähen ⟨gefütterte Stiefel; e-e Mütze mit Pelz f.⟩: *Die Sommerjacke ist nicht gefüttert*

Fụ̈t·te·rung[1] *die*; *-, -en*; das Füttern[1] (2) von Tieren: *Die F. der Seelöwen im Zoo findet um 15 Uhr statt* || -K: ***Fisch-, Vogel-***

Fụ̈t·te·rung[2] *die*; *-*; *nur Sg* ≈ das Futter[2] || -K: ***Pelz-, Seiden-***

Fu·tur [-ˈtuːɐ̯] *das*; *-s, -e*; *mst Sg*, *Ling*; e-e grammatische Kategorie beim Verb, die mit *werden + Infinitiv* (*erstes F.*) od. *werden + Perfekt* (*zweites F.*) gebildet wird u. mit der man die genannte Handlung *usw* als zukünftig darstellt (*z.B.* in *„Ich werde dir bald schreiben"*; *„Dann werde ich ihn schon gesehen haben"*)

G, g

G, **g** [geː] *das*; -, - / *gespr auch -s*; **1** der siebente Buchstabe des Alphabets ⟨ein großes G; ein kleines g⟩ **2** *Mus*; der fünfte Ton der C-Dur-Tonleiter || K-: ***G-Dur***; ***g-Moll***

gab *Imperfekt, 1. u. 3. Person Sg*; ↑ ***geben***

Ga·be *die*; -, *-n*; **1** *geschr*; e-e außergewöhnliche geistige, künstlerische Fähigkeit od. charakterliche Eigenschaft ≈ Begabung, Talent: *Er besitzt die G., durch sein liebenswürdiges Wesen alle Menschen fröhlich zu machen* || -K: ***Auffassungs-, Dichter-, Erzähler-, Kombinations-, Redner-*** **2** *geschr* ≈ Geschenk: *Viele Gaben lagen unter dem Weihnachtsbaum* **3** *nur Sg, Med*; die Verabreichung e-s Medikaments *o.Ä.*: *durch die G. von Vitamin C Krankheiten vermeiden* **4** ***e-e milde G.*** das, was man e-m Armen gibt, *z.B.* Geld ≈ Almosen, Spende: *Der Bettler bat um e-e milde G.* **5** Ⓒⓗ ≈ Gewinn, Preis[2]

gä·be[1] *Konjunktiv II, 1. u. 3. Person Sg*; ↑ ***geben***

gä·be[2] ↑ ***gang***

Ga·bel *die*; -, *-n*; **1** ein Gerät, mit dem man feste Speisen isst u. das e-n Griff u. mehrere (*mst* drei od. vier) Spitzen (Zinken) hat ↔ Löffel, Messer ⟨etw. auf die G. nehmen, schieben, spießen; mit Messer u. G. essen⟩: *Das Besteck besteht aus Messer, G. u. Löffel* **2** ein großes Gerät, das aus e-m langen Stiel u. Spitzen (Zinken) besteht u. mit dem man Heu, Mist *o.Ä.* hochhebt u. wendet || -K: ***Heu-, Mist-*** || *zu* **1** **ga·bel·för·mig** *Adj*

Gabel

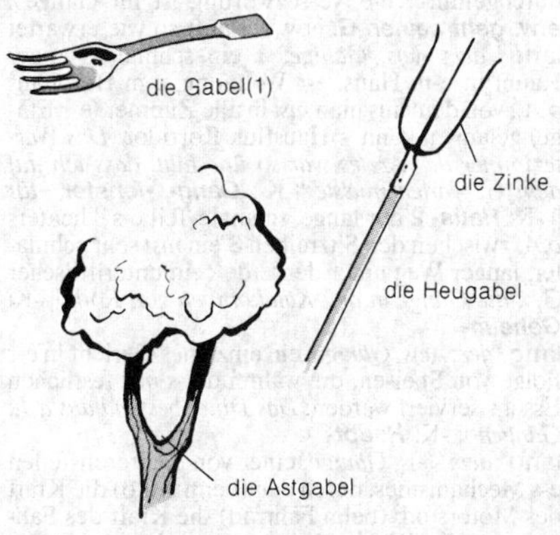

ga·beln; *gabelte, hat gegabelt*; [Vr] **1** ***etw. gabelt sich*** etw. trennt sich in zwei Teile ⟨ein Ast, ein Weg⟩; [Vt] **2** ***etw. irgendwohin g.*** etw. mit e-r Gabel (2) hochheben u. irgendwohin werfen: *Heu auf den Wagen g.*

Ga·bel·stap·ler *der*; *-s*, -; ein Fahrzeug mit e-r (gabelförmigen) Schaufel, das dazu dient, *z.B.* schwere Waren zu heben u. zu transportieren

Ga·be·lung *die*; -, *-en*; die Stelle, an der sich etw. gabelt (1) ⟨e-e G. des Baumes⟩ || -K: ***Fluss-, Weg-***

Ga·ben·tisch *der*; ein Tisch, auf dem Geschenke liegen, *bes* an Weihnachten od. an j-s Geburtstag ⟨ein reich gedeckter G.⟩

ga·ckern; *gackerte, hat gegackert*; [Vi] **1** ***ein Huhn gackert*** ein Huhn gibt die Laute von sich, die für seine Art typisch sind || NB: Hühner *gackern*, Hähne *krähen* **2** *gespr*; (*mst* in Bezug auf junge Mädchen verwendet) unwichtige Dinge (sehr aufgeregt) sagen (u. dabei kichern) ≈ schnattern

gaf·fen; *gaffte, hat gegafft*; [Vi] *pej*; **1** dastehen u. starr irgendwohin schauen, sodass es dumm wirkt ⟨mit offenem Mund g.⟩ **2** (oft nach e-m Unfall) neugierig zusehen: *Steh nicht da u. gaff, sondern hilf mir lieber!* || *hierzu* **Gaf·fer** *der*; *-s*, -

Gag [gɛk] *der*; *-s*, *-s*; **1** etw., das ein Künstler im Film, Kabarett, Zirkus *o.Ä.* sagt od. tut, um sein Publikum zu überraschen u. zum Lachen zu bringen ⟨ein alter, abgegriffener, guter, neuer Gag⟩: *Der Film war nicht so toll, aber es gab ein paar gute Gags* **2** *gespr*; etw., das j-n sehr überrascht: *Der Gag war, dass unser Chef die Rechnung bezahlen musste!*

Ga·ge [ˈgaːʒə] *die*; -, *-n*; die Bezahlung, die *z.B.* ein Künstler für e-n Auftritt od. ein Schauspieler für e-n Film bekommt ⟨hohe Gagen einstreichen⟩

gäh·nen; *gähnte, hat gegähnt*; [Vi] den Mund weit öffnen u. tief atmen, weil man müde ist od. sich langweilt ⟨ansteckend, herzhaft, laut g.⟩ || NB: ↑ ***Abgrund, Leere***

Ga·la, Ga·la *die*; -, *-s*; **1** *nur Sg*; e-e elegante Kleidung, die man bei besonderen festlichen Veranstaltungen trägt ⟨in G. erscheinen⟩ || K-: ***Gala-, -kleidung, -uniform*** **2** e-e festliche Veranstaltung, bei der man G. (1) trägt || K-: ***Gala-, -abend, -diner, -konzert, -vorstellung***

ga·lant, *galanter, galantest-*; *Adj*; *veraltend*; ⟨ein Herr⟩ so, dass er auf altmodische Art sehr höflich zu Frauen ist: *sich g. verbeugen*

Ga·lan·te·rie *die*; -, *-n* [-ˈriːən]; **1** *nur Sg*; ein galantes Benehmen **2** ein (galantes) Kompliment

Ga·la·xie *die*; -, *-n* [-ˈksiːən]; *Astronomie*; ein System von Sternen wie *z.B.* die Milchstraße || *hierzu* **ga·lak·tisch** *Adj*

Ga·lee·re *die*; -, *-n*; *hist*; ein großes Schiff mit Segeln u. Rudern im Altertum u. Mittelalter, auf dem *mst* Sklaven ruderten || K-: ***Galeeren-, -sklave***

Ga·le·rie[1] *die*; -, *-n* [-ˈriːən]; **1** ein großer Raum (od. ein Geschäft), in dem Kunstwerke ausgestellt (u. verkauft) werden || -K: ***Gemälde-*** **2** e-e Halle, ein Gang *o.Ä.* in Schlössern u. Burgen, in denen e-e Sammlung von Kunstwerken ist || -K: ***Ahnen-, Bilder-, Gemälde-*** || ID ***e-e ganze G.*** + *Gen* / ***von etw.*** (*Pl*) *hum*; sehr viele Dinge der gleichen Art: *Er hat e-e ganze G. von Pfeifen*

Ga·le·rie[2] *die*; -, *-n* [-ˈriːən]; **1** ein Gang mit e-m Dach, der innen od. außen an e-e Mauer gebaut ist u. der durch Säulen od. ein Geländer vom Garten, Hof od. e-m großen Raum abgetrennt ist || -K: ***Holz-, Seiten-, Spiegel-*** **2** *veraltend*; die obersten (billigsten) Sitzreihen in e-m Theater

Gal·gen *der*; *-s*, -; **1** ein Gerüst aus Balken, an dem Menschen an e-m Seil aufgehängt werden, die zum Tode verurteilt sind **2** ***an den G. kommen*** als Strafe am G. (1) aufgehängt (gehenkt) werden **3** ***j-n an***

den G. bringen bewirken, dass j-d zum Tode am G. (1) verurteilt wird || ID ***Er / Sie ist reif für den G.*** *gespr hum*; er / sie verdient e-e Strafe

Gal·gen·frist *die*; *mst Sg*; die kurze (zusätzliche) Zeit, die j-m noch bleibt, bevor er mit etw. fertig sein muss *o.Ä.* ⟨j-m e-e G. geben, gewähren⟩

Gal·gen·hu·mor *der*; e-e Art von Humor, den j-d in e-r verzweifelten Lage hat od. zeigt ⟨G. entwickeln⟩

Gal·gen·vo·gel *der*; *gespr pej*; ein Verbrecher od. j-d, den man für fähig hält, Verbrechen zu begehen

Ga·li·ons·fi·gur [-'lio:ns-] *die*; **1** e-e geschnitzte Figur an der Spitze (am Bug) von alten Schiffen **2** j-d, der bekannt u. beliebt ist u. der *z.B.* von e-r Partei dazu benutzt wird, für sie zu werben ≈ Aushängeschild

G

Gal·le *die*; -, *-n*; **1** *nur Sg*; e-e bittere Flüssigkeit, die von der Leber produziert wird u. die hilft, Fette zu verdauen ⟨etw. schmeckt / ist (bitter) wie G.⟩ || K-: ***galle(n)-, -bitter*** **2** ein (Körper)Organ, in dem die G. (1) gespeichert wird ≈ Gallenblase || K-: ***Gallen-, -kolik, -stein*** || ID ***j-m kommt die G. hoch / läuft die G. über*** *gespr*; j-d wird so wütend, dass er schimpft u. schreit

Gal·len·bla·se *die* ≈ Galle (2)

Gal·lert, **Gal·lert** *das*; *-(e)s*; *nur Sg*; e-e durchsichtige, relativ feste Masse (*z.B.* Sülze) || *hierzu* **gal·lert·ar·tig**, **gal·lert·ar·tig** *Adj*; **gal·ler·tig** *Adj*

Gal·ler·te *die*; -; *nur Sg* ≈ Gallert

gal·lig *Adj*; **1** sehr bitter (wie Galle) ⟨etw. schmeckt g.⟩ **2** sehr unfreundlich (u. sarkastisch) ≈ boshaft ⟨e-e Äußerung, e-e Bemerkung, e-e Satire⟩

Gal·lo·ne *die*; -, *-n*; ein Maß, mit dem in vielen englischsprachigen Ländern Flüssigkeiten gemessen werden: *E-e englische G. hat 4,54 Liter, e-e amerikanische 3,78 Liter*

Ga·lopp *der*; *-s*; *nur Sg*; **1** die schnellste der drei Arten e-s Pferdes *o.Ä.* zu gehen ↔ Schritt, Trab ⟨in vollem G.; in G. fallen; im G. reiten⟩ || K-: ***Galopp-, -rennen*** **2** ***in gestrecktem G.*** sehr schnell, sodass die Beine des Pferdes *o.Ä.* dabei gestreckt werden || ID ***im G.*** *gespr*; sehr schnell ⟨etw. im G. erledigen⟩

ga·lop·pie·ren; *galoppierte, hat / ist galoppiert*; [Vi] **1** ***g.*** (*hat / ist*) im Galopp laufen od. reiten **2** ***irgendwohin g.*** (*ist*) irgendwohin im Galopp laufen od. reiten **3** ***irgendwohin g.*** (*ist*) *gespr*; schnell irgendwohin laufen

ga·lop·pie·rend **1** *Partizip Präsens*; ↑ ***galoppieren*** **2** *Adj*; *mst in* ***galoppierende Inflation*** verwendet, um sehr schnell steigende Preise zu beschreiben

galt *Imperfekt, 1. u. 3. Person Sg*; ↑ ***gelten***

gäl·te *Konjunktiv II, 1. u. 3. Person Sg*; ↑ ***gelten***

gal·va·ni·sie·ren [-v-]; *galvanisierte, hat galvanisiert*; [Vt] ***etw. g.*** *Elektr*; etw. mithilfe von elektrischem Strom mit e-r Schicht aus Metall überziehen ⟨Eisen, Schrauben g.⟩

Ga·ma·sche *die*; -, *-n*; *mst Pl*, *hist*; ein Kleidungsstück aus Stoff od. Leder, das man über dem unteren Teil der Beine trug, um sie vor Kälte, Nässe od. Schmutz zu schützen

Game·show ['ge:m-] *die*; e-e Show im Fernsehen mit Spielen, bei denen die Kandidaten Preise gewinnen können

Gam·ma·strah·len *die*; *Pl*, *Phys*; e-e bestimmte Art radioaktiver Strahlen (die *bes* in der Medizin verwendet werden)

gam·me·lig *Adj*; *gespr*; **1** so, dass man es nicht mehr essen kann ≈ ungenießbar, verdorben ⟨etw. sieht g. aus, schmeckt g.⟩ **2** *pej*; unordentlich gekleidet u. oft schmutzig ≈ schmuddelig ⟨g. herumlaufen⟩

gam·meln; *gammelte, hat gegammelt*; [Vi] *gespr*; **1** ***etw. gammelt*** etw. wird schlecht (11), verdirbt: *Das Brot gammelt* **2** *pej*; (dahin)leben, ohne e-e feste Arbeit zu haben u. ohne Pläne für die Zukunft zu machen **3** (bei der Arbeit) faul sein, trödeln: *Ich hab heute den ganzen Tag gegammelt*

Gamm·ler *der*; *-s*, -; *gespr pej*; j-d, der nicht arbeitet, ohne Ziel (dahin)lebt u. oft keinen festen Wohnsitz hat || *hierzu* **Gamm·le·rin** *die*; -, *-nen*

gamm·lig *Adj*; ↑ ***gammelig***

Gams·bart *der*; ein Büschel aus den (Rücken)Haaren e-r Gämse, das als Schmuck an (Trachten)Hüte gesteckt wird

Gäm·se *die*; -, *-n*; ein Tier, das in Europa im Gebirge lebt, sehr gut klettern kann u. e-r Ziege ähnlich sieht ⟨ein Rudel Gämsen⟩

gang *nur in* ***etw. ist g. u. gäbe*** etw. ist üblich: *Bei uns ist es g. u. gäbe, dass die Kinder im Haushalt helfen*

Gang[1] *der*; *-(e)s, Gän·ge*; **1** *nur Sg*; die Art u. Weise, wie sich j-d beim Gehen (1) bewegt ⟨ein federnder, schleppender G.; j-n am G. erkennen⟩ **2** *nur Sg*; das Gehen (1) zu e-m bestimmten Zweck an ein bestimmtes Ziel: *e-n G. entlang der Stadtmauer machen*; *der G. zum Zahnarzt* || -K: ***Bitt-, Boten-, Buß-, Erkundungs-, Inspektions-, Kirch-, Patrouillen-, Spazier-, Streifen-*** **3** *mst Sg*; die Bewegung e-r (mechanischen od. elektrischen) Maschine / Apparatur: *der G. e-r Uhr* **4** ***Gänge erledigen / machen*** *gespr*; (zu Fuß) Einkäufe machen **5** ***etw. in G. bringen / setzen*** bewirken, dass etw., das stillsteht, (wieder) anfängt, sich zu bewegen od. zu funktionieren: *e-e Maschine in G. bringen* **6** ***etw. in G. bringen*** bewirken, dass Bewegung[1] (2) in etw. kommt: *die Verhandlungen (wieder) in G. bringen* **7** ***etw. in G. halten*** bewirken, dass etw. nicht zum Stillstand kommt **8** ***etw. kommt in G.*** etw. fängt an, sich (wieder) zu bewegen od. zu funktionieren **9** ***j-d kommt in G.*** j-d wird richtig wach, bringt die volle Leistung: *Ich komme heute irgendwie nicht in G.* **10** *nur Sg*, *geschr*; der (zeitliche) Prozess, in dem sich etw. entwickelt ≈ Ablauf, Verlauf: *der G. der Ereignisse, der Geschichte* || -K: ***Arbeits-, Ausbildungs-, Entwicklungs-*** || ID ***etw. ist im Gange*** etw. wird (heimlich) geplant, vorbereitet od. gerade durchgeführt ⟨e-e Verschwörung ist im Gange⟩; ***etw. geht seinen G.*** etw. verläuft so wie erwartet

Gang[2] *der*; *-(e)s, Gän·ge*; **1** ein schmaler, langer Raum in e-m Haus, e-r Wohnung, e-m Bürohaus *o.Ä.*, von dem aus man *mst* in alle Zimmer (e-r Etage) gelangen kann ≈ Hausflur, Korridor: *Das Wartezimmer des Arztes war so überfüllt, dass ich auf dem G. warten musste* || K-: ***Gang-, -fenster, -tür*** || -K: ***Haus-*** **2** der lange, schmale Teil e-s Theaters *o.Ä.* zwischen den Sitzreihen **3** ein *mst* sehr schmaler, langer Weg unter der Erde ⟨ein unterirdischer G.⟩: *die Gänge in den Katakomben von Rom* || -K: ***Geheim-***

Gang[3] *der*; *-(e)s, Gän·ge*; ein einzelnes Gericht in e-r Folge von Speisen, die während e-s *mst* festlichen Essens serviert werden: *Das Diner bestand aus acht Gängen* || -K: ***Haupt-***

Gang[4] *der*; *-(e)s, Gän·ge*; einer von mehreren Teilen e-s Mechanismus, durch den (beim Auto) die Kraft des Motors od. (beim Fahrrad) die Kraft des Fahrers auf die Räder übertragen wird ⟨den ersten, zweiten *usw* G. einlegen, e-n G. herausnehmen⟩: *im ersten G. anfahren*; *vom dritten in den vierten G. schalten*; *ein Rennrad mit zwölf Gängen* || K-: ***Gang-, -schaltung*** || -K: ***Rückwärts-, Vorwärts-*** || ID ***e-n G. zulegen*** *gespr hum*; sich bei etw. beeilen

Gang·art *die*; **1** die Art, wie sich j-d / ein Tier vorwärts bewegt ⟨e-e schnellere G. anschlagen, e-e andere G. wählen⟩: *Das Pferd hat die Gangarten Schritt, Trab u. Galopp* **2** die Art, wie man *z.B.*

als Vorgesetzter mit den Mitarbeitern umgeht od. als Sportler den Gegner behandelt ⟨e-e härtere, weichere G. anschlagen⟩

gạng·bar *Adj*; *nicht adv*; ⟨e-e Methode, e-e Lösung, e-e Möglichkeit, ein Weg⟩ so, dass man sich dadurch den erwünschten Erfolg verspricht

Gạ̈n·gel·band *das*; *mst in* ***j-n am G. haben / halten*** *pej*; j-n bevormunden, gängeln

gạ̈n·geln; *gängelte, hat gegängelt*; [Vt] ***j-n g.*** *gespr pej*; j-m immer wieder sagen, was er tun soll, obwohl er selbst darüber entscheiden könnte ≈ bevormunden: *Sie lässt sich von ihren Eltern g., als wäre sie noch ein kleines Kind*

gạ̈n·gig *Adj*; *nicht adv*; **1** allgemein üblich ≈ gebräuchlich, verbreitet ⟨ein Begriff, e-e Ansicht, e-e Meinung, e-e Definition, e-e Interpretation, e-e Methode⟩ **2** ⟨Artikel, Größen⟩ so, dass sie von vielen Leuten gekauft werden ≈ handelsüblich: *Mäntel in gängigen Größen*

Gangs·ter ['gɛŋstɐ] *der*; *-s, -*; *gespr*; ein professioneller Verbrecher ⟨ein berüchtigter, gefürchteter G.⟩ || K-: ***Gangster-, -bande, -boss, -film, -methoden***

Gang·way ['gɛŋvei] *die*; *-, -s*; e-e Art Treppe mit Geländer, über die man ein Flugzeug od. ein Schiff betritt / verlässt

Ga·no̱·ve [-və] *der*; *-n, -n*; *gespr* ≈ Gauner, Verbrecher || NB: *der Ganove*; *den, dem, des Ganoven*

Gạns *die*; *-, Gän·se*; **1** ein großer, *mst* ganz weißer (Wasser)Vogel mit langem Hals, der *bes* wegen seines Fleisches u. seiner Federn gehalten wird ⟨die G. schnattert, watschelt; Gänse halten, hüten, mästen, schlachten, rupfen⟩ || K-: ***Gänse-, -hirt***; ***-braten, -feder, -fett, -leber, -schmalz*** **2** e-e weibliche G. (1) ↔ Gänserich, Ganter **3** ≈ Gänsebraten: *Zu Weihnachten gibt es bei uns immer G.* **4** *gespr pej*; verwendet als Schimpfwort für e-e Frau: *So e-e blöde G.!*

die Gans

die Ente

der Schwan

Gạ̈n·se·blüm·chen *das*; *-s, -*; e-e kleine Blume, deren Blüte im Zentrum gelb u. außen weiß ist || ↑ *Abb. unter* ***Blumen*** || NB: ↑ ***Margerite***

Gạ̈n·se·füß·chen *die*; *Pl*, *gespr* ≈ Anführungszeichen ⟨etw. steht in G.; etw. in G. setzen⟩

Gạ̈n·se·haut *die*; *nur Sg*; verwendet als Bezeichnung für die vielen kleinen Erhebungen auf der Haut, die entstehen, wenn sich vor Angst od. Kälte die Haare aufstellen ⟨e-e G. bekommen, haben⟩

Gạ̈n·se·marsch *der*; *mst in* ***im G.*** *gespr*; einer hinter dem anderen ⟨im G. gehen, marschieren⟩

Gạ̈n·se·rich *der*; *-s, -e*; e-e männliche Gans (1)

Gạnt *die*; *-, -en*; (CH) ≈ Versteigerung

Gạn·ter *der*; *-s, -*; *nordd* ≈ Gänserich

gạnz[1] *Adj*; *nur präd od adv*, *gespr*; ohne Beschädigung, nicht defekt ≈ heil, unbeschädigt: *Das Glas, das auf den Boden gefallen ist, ist g. geblieben*; *die kaputte Puppe wieder g. machen*

gạnz[2] *Adv*; **1** verwendet, um Adjektive od. Adverbien zu verstärken ≈ sehr: *vor Schreck g. blass werden*; *Dein Vorschlag ist mir g. recht*; *Er wurde g. traurig, als er das hörte* **2** ohne Rest od. Einschränkung ≈ völlig: *Er hat den Kuchen g. aufgegessen*; *Das ist mir g. egal*; *Ich bin g. deiner Meinung* **3** verwendet, um e-e Aussage einzuschränken u. abzuschwächen ≈ relativ, ziemlich: *Der Film hat mir g. gut gefallen*; *Er ist ja g. nett, aber ziemlich langweilig* || NB: *g.* (*3*) ist immer unbetont u. kann so von anderen Bedeutungen unterschieden werden: *Das Wasser ist 'g. warm* (= es ist sehr warm); *Das Wasser ist g. 'warm* (= es ist ziemlich warm) **4** ***'g. schön*** *gespr* ≈ ziemlich: *g. schön viel Geld verdienen*; *Hier ist es g. schön kalt* **5** ***im*** (***Großen u.***) ***Ganzen*** ≈ insgesamt **6** ***g. u. gar*** ≈ völlig, vollständig **7** ***g. u. gar nicht*** überhaupt nicht || ID ***g. zu schweigen von …*** verwendet, um e-n Anschluss an e-e negative Aussage einzuleiten, auf den diese negative Aussage in besonderem Maße zutrifft: *Er hat privat viel Ärger im Moment, ganz zu schweigen von den Problemen im Beruf*; ***j-d ist 'g. die / seine Mutter, 'g. der / sein Vater*** j-d ist seiner Mutter / seinem Vater sehr ähnlich

gạn·z- *Adj*; *nur attr, nicht adv*; **1** ohne Ausnahme od. Einschränkung ≈ gesamt: *Die ganze Familie war versammelt*; *Ich habe dir nicht die ganze Wahrheit gesagt* || NB: ohne Endung vor geographischen Namen ohne Artikel: *g. Paris*, *g. Amerika* **2** ***der / die / das*** *usw* ***ganze*** + *Subst*; *gespr* ≈ alle, alles: *Hast du die ganzen Bonbons aufgegessen?*; *Das ganze Mehl ist schon verbraucht* **3** *gespr*; verwendet, um e-e Mengen- od. Zahlenangabe noch zu verstärken: *Er hat e-e ganze Menge, e-n ganzen Haufen Bücher*; *Ich musste ganze vier Stunden beim Zahnarzt warten* **4** *gespr*; verwendet zusammen mit e-r Zahlen- od. Mengenangabe im Plural, um auszudrücken, dass man die Zahl / Menge für gering hält ≈ nur, bloß: *Der Pullover hat ganze dreißig Euro gekostet*; *In ganzen fünf Minuten war er mit der Arbeit fertig*

Gạn·ze *das*; *-n*; *nur Sg*; **1** e-e (in sich geschlossene) Einheit, die aus einzelnen Teilen besteht ⟨ein harmonisches, in sich gerundetes Ganzes⟩: *Die einzelnen Elemente des Kunstwerks verschmelzen zu e-m ästhetischen Ganzen* **2** ***das G.*** alles, was zu e-r gerade erwähnten Angelegenheit gehört: *Wir brauchen nicht länger darüber zu sprechen, das G. ist doch zwecklos* || ID ***aufs*** (***große***) ***G. gesehen*** wenn man alles zusammen betrachtet: *Aufs* (*große*) *G. gesehen war die Expedition erfolgreich*; ***aufs G. gehen*** *gespr*; entschlossen, mutig für etw. kämpfen od. alles riskieren, um ein bestimmtes Ziel zu erreichen; ***es geht ums G.*** es geht um die Entscheidung in e-r Sache (*z.B.* um Sieg od. Niederlage) || NB: *ein Ganzes*; *das Ganze*; *den, dem, des Ganzen*

Gạ̈n·ze *die*; *mst in* ***zur G.*** *geschr* ≈ vollständig

Gạnz·heit *die*; -; *nur Sg, geschr* ≈ Gesamtheit: *ein Kunstwerk in seiner G. erfassen* || *hierzu* **gạnz·heit·lich** *Adj*
gạnz·jäh·rig *Adj*; *nur attr od adv*; das ganze Jahr über: *Der Campingplatz ist g. geöffnet*
gänz·lich *Adj*; *nur attr od adv* ≈ völlig, vollkommen: *Es mangelt ihm g. an Selbstvertrauen*
gạnz·sei·tig *Adj*; *nicht adv*; ⟨e-e Abbildung, e-e Anzeige, ein Artikel⟩ so, dass sie e-e ganze Seite (e-s Buches, e-r Zeitung) einnehmen ↔ halbseitig
gạnz·tä·gig *Adj*; **1** *nur attr od adv*; (ohne größere Pause) von morgens bis abends od. vierundzwanzig Stunden am Tag: *Das Lokal ist g. geöffnet* **2 *g. arbeiten*** die volle Arbeitszeit (von ca. acht Stunden) am Tag arbeiten
gạnz·tags *Adv* ≈ ganztägig ↔ halbtags: *Seit sie ein Kind hat, arbeitet sie nicht mehr g., sondern nur noch halbtags* || K-: ***Ganztags-, -job, -tätigkeit***
Gạnz·tags·schu·le *die*; e-e Schule, in der die Kinder vormittags u. nachmittags Unterricht haben
gar¹ [gaːɐ̯], *garer, garst-*; *Adj*; *mst präd*; ⟨Fleisch, Gemüse *o.Ä.*⟩ so, dass sie durch Kochen, Braten *o.Ä.* weich sind u. gegessen werden können: *das Fleisch gar kochen*; *Das Gemüse ist noch nicht gar*
gar² [gaːɐ̯] *Adv*; **1** verwendet, um e-e Verneinung zu verstärken ≈ überhaupt ⟨gar kein, gar nicht(s)⟩: *Er war vor der Prüfung gar nicht nervös*; *Diese Unverschämtheit lasse ich mir auf gar keinen Fall bieten!* **2 *'gar so, 'gar zu*** verwendet, um *zu* u. *so* zu verstärken: *Er hätte gar zu gern gewusst, was sie über ihn denkt*; *Sei doch nicht gar so aggressiv!* **3** ≈ sogar: *Das Problem der Umweltverschmutzung betrifft viele, wenn nicht gar alle Menschen* **4** (CH), *sonst veraltet* ≈ sehr: *Sie ist ein gar schönes Mädchen*
gar³ [gaːɐ̯] *Partikel*; *unbetont*; **1** verwendet, um e-e (*mst* negative) Vermutung od. rhetorische Frage zu verstärken, auf die man e-e negative Antwort erwartet ≈ etwa: *Er wird doch nicht gar e-n Unfall gehabt haben?* || NB: *mst* verneint **2** verwendet, um e-e Aussage zu verstärken u. Erstaunen auszudrücken ≈ tatsächlich, wirklich: *Er hat gar geglaubt, dieses Problem existiere überhaupt nicht*
Ga·ra·ge [-ʒə] *die*; -, *-n*; ein Gebäude od. Teil e-s Gebäudes, in dem Autos, Motorräder *o.Ä.* abgestellt werden ⟨das Auto in die G. bringen, fahren, stellen; das Auto aus der G. holen⟩ || K-: ***Garagen-, -einfahrt, -tor***
Ga·rạnt *der*; *-en, -en*; ***ein G. (für etw.)*** *bes* e-e Person, die durch ihr Handeln *o.Ä.* etw. ganz sicher (1) macht: *Unser Marketingleiter war bisher immer ein G. für den Erfolg unserer Firma* || NB: *der Garant*; *den, dem, des Garanten*
Ga·ran·tie *die*; -, *-n* [-'tiːən]; **1 *(e-e) G. (für etw.)*** e-e Erklärung, in der man sagt, dass etw. wahr ist od. dass es fest versprochen ist ≈ Gewähr ⟨(keine) G. für etw. übernehmen⟩: *Ich kann Ihnen keine G. geben, dass Sie den Job bekommen* **2 *(e-e) G. (auf etw.*** (*Akk*)**)** die schriftliche Erklärung des Herstellers e-r Ware, dass bestimmte Fehler od. Schäden, die während e-r bestimmten Zeit nach dem Kauf auftreten, kostenlos beseitigt werden ⟨etw. hat noch G., keine G. mehr; die G. auf / für etw. ist abgelaufen⟩: *Auf diese Uhr gebe ich Ihnen zwei Jahre G.* || K-: ***Garantie-, -anspruch, -schein, -zeit*** **3** *mst Pl* ≈ Bürgschaft (1): *Die Bank fordert Garantien für den Kredit* **4 *unter G.*** *gespr*; ganz sicher: *Er hat unter G. kein Geld mehr*
ga·ran·tie·ren; *garantierte, hat garantiert*; [Vt] **1 *(j-m) etw. g.*** j-m etw. ganz fest versprechen ≈ zusichern: *Ich garantiere Ihnen*, dass *dieses Produkt von hoher Qualität ist* **2 *(j-m) etw. g.*** durch Verträge, Gesetze *o.Ä.* j-m bestimmte Rechte geben: *In der Verfassung werden die Menschenrechte garantiert*; [Vi] **3 *für etw. g.*** die Verantwortung für etw. übernehmen ≈ sich für etw. verbürgen: *Er garantiert für ihre Sicherheit*; *Die Firma garantiert für die Qualität der Waren*; *Ich garantiere* dafür, dass *das richtig ist*
ga·ran·tiert **1** *Partizip Perfekt*; ↑ ***garantieren*** **2** *Adv*; *gespr*; ganz sicher, bestimmt: *Er wird g. wieder zu spät kommen*
Gar·aus *der*; *nur in* ***j-m / e-m Tier / etw. den G. machen*** *gespr hum*; j-n / ein Tier töten, e-r Sache ein Ende machen: *e-r Fliege den G. machen*; *j-s Hoffnungen den G. machen*
Gạr·be *die*; -, *-n*; **1** ein Bündel Getreidehalme, die nach der Ernte zusammengebunden (u. zum Trocknen aufgestellt) werden ⟨e-e G. binden⟩ **2** mehrere Schüsse (aus e-r automatischen Schusswaffe), die rasch aufeinander folgen ⟨e-e G. abfeuern⟩
Gạr·de *die*; -, *-n*; e-e Gruppe *mst* ausgewählter Soldaten zum persönlichen Schutz *z.B.* e-s Königs || K-: ***Garde-, -korps, -offizier, -regiment, -soldat*** || -K: ***Leib-*** || ID ***(einer) von der alten G. sein*** ein langjähriger Mitarbeiter sein od. j-d sein, der noch an alten Idealen festhält || *hierzu* **Gar·dịst** *der*; *-en, -en*
Gar·de·ro·be *die*; -, *-n*; **1** die Kleidung (mit Ausnahme der Unterwäsche), die j-d besitzt ⟨e-e elegante, feine G. besitzen⟩ **2** die Kleidungsstücke wie Handschuhe, Hut, Mantel, die j-d anzieht, wenn er ins Freie geht: *Ihre G. können Sie hier abgeben / ablegen!*; *Für G. übernimmt das Lokal keine Haftung* **3** ein Ding mit Haken, an das man *bes* Mäntel u. Jacken hängt: *den Mantel an die G. hängen* || K-: ***Garderoben-, -haken, -schrank, -ständer*** **4** ein Raum (*bes* in einem Theater, Museum *o.Ä.*), in dem die Besucher ihre G. (2), oft gegen e-e Gebühr, aufbewahren können ⟨etw. an der G. abgeben, abholen⟩ **5** ein Raum in e-m Theater *o.Ä.*, in dem sich die Künstler vor u. nach dem Auftritt umziehen
Gar·de·ro·ben·frau *die*; e-e Frau, die die Mäntel, Jacken *usw* von Besuchern e-s Theaters, Museums *o.Ä.* in der Garderobe (4) aufbewahrt
Gar·di·ne *die*; -, *-n*; e-e Art Vorhang aus dünnem, fast durchsichtigem Stoff, der im Zimmer vor dem Fenster hängt ≈ Store ⟨die G. / Gardinen aufziehen, vorziehen / zuziehen, aufhängen, abnehmen⟩ || K-: ***Gardinen-, -leiste, -stange*** || ID ***hinter schwedischen Gardinen*** *gespr*; im Gefängnis
Gar·di·nen·pre·digt *die*; *mst in* ***j-m e-e G. halten*** *gespr hum*; j-n streng tadeln
ga·ren; *garte, hat gegart*; [Vt] **1 *etw. g.*** Speisen gar¹ werden lassen ⟨Gemüse, Fleisch g.⟩; [Vi] **2 *etw. gart*** etw. wird gar¹: *Während das Gemüse garte, bereitete er die Soße vor*
gä·ren; *gärte / gor, hat gegärt / hat / ist gegoren*; [Vi] **1 *etw. gärt*** (*hat*) etw. wird sauer, weil durch chemische Prozesse Alkohol od. Säure entsteht (*z.B.* bei der Herstellung von Bier, Wein, Essig) ⟨Most, Wein, (Sauer)Teig⟩ || K-: ***Gär-, -mittel, -prozess*** **2 *etw. gärt zu etw.*** (*ist*) etw. wird durch Gären (1) zu etw. anderem: *Der Wein ist zu Essig gegoren* **3 *etw. gärt in j-m*** (*hat*) etw. entsteht in j-m u. wird allmählich sehr stark ⟨Hass, Unzufriedenheit, Wut⟩; [Vimp] **4 *es gärt*** Unzufriedenheit macht sich bemerkbar: *Es hatte schon lange im Volk gegärt, bis schließlich die Revolution ausbrach* || *zu* **1** u. **2 Gä·rung** *die*
Gạrn *das*; *-(e)s / -e*; ein Faden aus mehreren Fasern zum Nähen od. Stricken ⟨Baumwolle, Flachs, Wolle zu G. spinnen; etw. aus grobem G. stricken, weben; mit feinem G. nähen, sticken⟩ || ↑ *Abb. unter* ***nähen*** || K-: ***Garn-, -knäuel, -rolle, -spule*** || -K: ***Näh-, Stopf-, Woll-*** || ID ***(s)ein G. spinnen*** e-e erfundene Geschichte erzählen; ***j-m ins G. gehen***

veraltend; von j-m gefangen werden ≈ j-m in die Falle gehen

Gar·ne̲·le *die*; -, *-n*; ein kleiner Krebs mit langen Fühlern u. zehn Beinen, dessen Fleisch als Delikatesse gegessen wird || ↑ *Abb. unter* ***Schalentiere***

gar·ni̲e·ren; *garnierte, hat garniert*; [Vt] ***etw.*** **(*mit etw.*)** ***g.*** Speisen mit essbaren Dingen schmücken: *e-e Torte mit Weintrauben u. Kirschen g.*; *e-e Fleischplatte mit Salatblättern u. Kräutern g.* || *hierzu* **Gar·nie̲·rung** *die*

Gar·ni·so̲n *die*; -, *-en*; *Mil*; **1** der Ort, an dem e-e (Besatzungs)Truppe (im Frieden) stationiert ist ≈ Standort ⟨die Truppe liegt, steht in G.⟩ || K-: ***Garnisons-, -stadt*** **2** die Truppen, die an e-m bestimmten Ort stationiert sind

Gar·ni·tur [-ˈtuːɐ̯] *die*; -, *-en*; **1** mehrere Dinge, die zu e-m bestimmten Zweck gleichzeitig benutzt werden u. die in Farbe u. Stil zueinander passen (*z.B.* die Unterwäsche für e-e Person od. die wichtigsten Möbelstücke für ein Zimmer): *e-e G. Unterwäsche kaufen* || -K: ***Couch-, Schlafzimmer-, Wohnzimmer-; Baby-, Damen-, Herren-; Wäsche-; Besteck-, Schreibtisch-, Toiletten-*** **2** ***(die) erste / zweite / dritte G.*** *gespr*; die besten / weniger guten / schlechten Vertreter e-r Gruppe: *Die Mannschaft spielte mit der zweiten G.*

ga̲rs·tig *Adj*; **1** hässlich u. böse ⟨e-e Hexe, ein Tier, ein Ungeheuer, ein Zwerg⟩ **2** *veraltend*; sehr unangenehm ≈ abscheulich, ekelhaft ⟨ein Gefühl, ein Geruch, (das) Wetter⟩ **3** *veraltend* ≈ ungezogen ⟨ein Kind; sich g. benehmen⟩

Ga̲r·ten *der*; *-s*, *Gär·ten*; **1** ein Stück Land *mst* mit Rasen u. von e-m Zaun umgeben (*mst* bei e-m Haus); auf diesem Land kann man *bes* Blumen, Obst u. Gemüse anbauen ⟨e-n G. anlegen, im G. arbeiten, etw. im G. anbauen⟩ || K-: ***Garten-, -anlage, -arbeit, -bank, -beet, -fest, -grill, -grundstück, -laube, -mauer, -möbel, -party, -schaukel, -schere, -schlauch, -stuhl, -tisch, -tor, -tür, -weg, -zaun*** || -K: ***Kloster-; Blumen-, Gemüse-, Kräuter-, Obst-, Rosen-*** || *zu* ***Gartenschere*** ↑ *Abb. unter* ***Gartengeräte*** **2** ***ein botanischer G.*** ein öffentlicher Park, in dem man viele (auch seltene) Pflanzen sehen kann **3** ***ein zoologischer G.*** *Admin geschr* ≈ Zoo, Tierpark

Ga̲r·ten·ar·chi·tekt *der*; j-d, der beruflich Gärten plant u. gestaltet || *hierzu* **Ga̲r·ten·ar·chi·tek·tin** *die*; **Ga̲r·ten·ar·chi·tek·tur** *die*; *nur Sg*

Ga̲r·ten·bau *der*; *nur Sg*; der (*bes* berufliche) Anbau von Blumen, Gemüse u. Obst || K-: ***Gartenbau-, -architekt, -architektur, -ausstellung, -betrieb***

Ga̲r·ten·ge·rät *das*; *-(e)s*, *-e*; *mst Pl*; ein Gerät, mit dem man im Garten den Boden bearbeitet od. die Pflanzen pflegt

Ga̲r·ten·haus *das*; ein kleines Haus od. e-e Hütte im Garten (in die man die Gartengeräte u. -möbel stellt)

Ga̲r·ten·schau *die*; e-e große Ausstellung, in der Gärtner Blumen, Pflanzen *usw* zeigen

Ga̲r·ten·zwerg *der*; e-e Figur (in Form e-s Zwerges) aus Keramik od. Kunststoff, die im Garten aufgestellt wird

Gä̲rt·ner *der*; *-s*, -; j-d, der (beruflich) *bes* Gemüse, Bäume u. / od. Blumen anbaut u. verkauft || -K: ***Friedhofs-; Hobby-*** || *hierzu* **Gä̲rt·ne·rin** *die*; -, *-nen*

Gärt·ne·re̲i *die*; -, *-en*; e-e Firma, die *bes* Pflanzen u. Sträucher anbaut u. verkauft

gä̲rt·ne·risch *Adj*; *nur attr od adv*; **1** den Gartenbau betreffend ⟨ein Betrieb⟩ **2** als Gärtner ⟨j-s Qualitäten, Talente, Tätigkeiten⟩

Gartengeräte

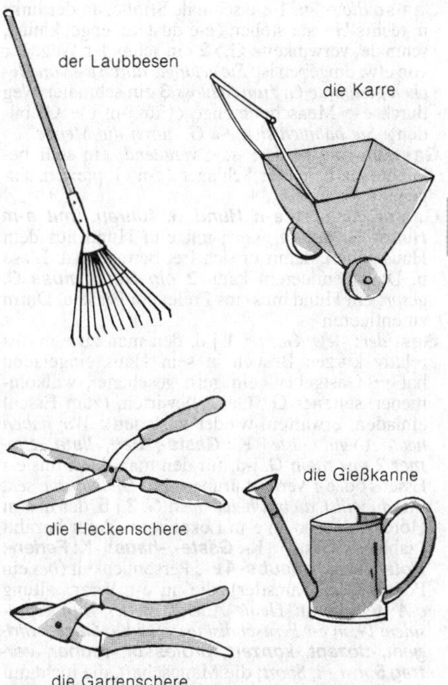

gä̲rt·nern; *gärtnerte, hat gegärtnert*; [Vi] (als Hobby) im Garten arbeiten

Ga̲s *das*; *-es*, *-e*; **1** e-e nicht feste, nicht flüssige Substanz, die wie Luft ist ⟨ein brennbares, giftiges, (hoch)explosives Gas; Gase strömen aus; ein Gas verflüssigen⟩: *e-n Luftballon mit Gas füllen* || K-: ***Gas-, -flasche; -vergiftung*** || -K: ***Gift-*** **2** *nur Sg*; ein Gas (1), das leicht brennt u. das man zum Kochen u. Heizen verwendet: *Aus der defekten Leitung im Herd strömte Gas aus* || K-: ***Gas-, -ableser, -explosion, -feuerzeug, -flamme, -geruch, -hahn, -heizung, -herd, -kocher, -lampe, -leitung, -ofen, -rechnung*** || -K: ***Brenn-, Heiz-*** **3** *gespr*, *Kurzw* ↑ ***Gaspedal*** ⟨aufs Gas treten⟩ **4** ***Gas geben*** *gespr*; die Geschwindigkeit e-s Autos od. Motorrads erhöhen, indem man auf das Gaspedal tritt ≈ beschleunigen **5** ***vom Gas gehen***; **(*das*)** ***Gas wegnehmen*** den Fuß vom Gaspedal nehmen, damit das Auto langsamer wird || *zu* **1** u. **2** **ga̲s·hal·tig** *Adj*

ga̲s·för·mig *Adj*; aus Gas od. wie Gas ↔ fest, flüssig ⟨Stoffe⟩

Ga̲s·kam·mer *die*; *hist*; (im Nationalsozialismus) ein Raum, in dem Menschen durch (Gift)Gas getötet wurden: *die Gaskammern von Auschwitz*

Ga̲s·mann *der*; *gespr*; ein Angestellter des Gaswerks, der prüft, wie viel Gas man (im Haushalt) verbraucht hat

Ga̲s·mas·ke *die*; ein Ding, das man über Nase u. Mund setzt, damit man keine (gefährlichen) Gase einatmet: *Der Feuerwehrmann setzt die G. auf*

Ga̲s·pe·dal *das*; das Pedal im Auto, auf das man tritt, damit das Auto (schneller) fährt ↔ Bremspedal, Kupplungspedal ⟨auf das G. treten⟩

Gas·pis·to·le *die*; e-e Pistole, deren Patronen mit Gas gefüllt sind u. die dazu dient, sich gegen e-n Angreifer zu verteidigen, ohne ihn schwer zu verletzen

Gas·se *die*; -, *-n*; **1** e-e schmale Straße, an der links u. rechts Häuser stehen ⟨e-e düstere, enge, kleine, schmale, verwinkelte G.⟩ **2** ein schmaler Weg, der von etw. umgeben ist: *Sie gelangte durch e-e von Hecken gesäumte G. zum Schloss* **3** ein schmaler Weg durch e-e Menschenmenge ⟨(für j-n) e-e G. bilden⟩: *Sie bahnten sich e-e G. durch die Menge*

Gas·sen·hau·er *der*; *-s*, -; *veraltend*; ein sehr bekannter u. beliebter Schlager ⟨e-n G. pfeifen, singen⟩

G

Gas·si *mst in* **1** ***e-n Hund G. führen***; (***mit e-m Hund***) ***G. gehen*** *gespr*; mit e-m Hund aus dem Haus gehen, damit er sich frei bewegen (u. Blase u. Darm entleeren) kann **2** ***ein Hund muss G.*** *gespr*; ein Hund muss ins Freie, um Blase u. Darm zu entleeren

Gast *der*; *-(e)s*, *Gäs·te*; **1** j-d, den man zu e-m *mst* relativ kurzen Besuch in sein Haus eingeladen hat ↔ Gastgeber ⟨ein gern gesehener, willkommener, seltener G.; Gäste bewirten, (zum Essen) einladen, erwarten, wieder ausladen⟩: *Wir haben heute Abend Gäste* || K-: ***Gäste-, -bett, -liste, -zimmer*** **2** *mst* ***mein G.*** j-d, für den man den Preis e-s Essens od. e-r Veranstaltung zahlt: *Du kannst essen, was du willst, du bist heute mein G.* **3** j-d, der in e-m Hotel wohnt od. in e-m Lokal isst u. dafür bezahlt ⟨zahlende Gäste⟩ || K-: ***Gäste-, -haus*** || -K: ***Ferien-, Hotel-, Kur-, Urlaubs-*** **4** e-e Persönlichkeit (*bes* ein Politiker od. Künstler), die an e-r Veranstaltung *o.Ä.* teilnimmt: *Heute Abend ist der Bundespräsident G. in e-r Fernsehdiskussion* || K-: ***Gast-, -dirigent, -dozent, -konzert, -professor, -redner, -vortrag*** **5** *mst Pl*, *Sport*; die Mannschaft, die nicht auf dem eigenen, sondern auf dem Sportplatz des Gegners spielt ↔ Gastgeber || K-: ***Gäste-, -mannschaft*** **6** ***irgendwo zu G. sein*** irgendwo als G. (1,3) sein

Gast·ar·bei·ter *der*; j-d, der in ein für ihn fremdes Land geht, um dort e-e bestimmte Zeit zu arbeiten, u. dann oft wieder in seine Heimat zurückkehrt: *die türkischen Gastarbeiter in Deutschland*

Gäs·te·buch *das*; ein Buch, in das die Gäste e-r Familie, e-r Stadt *usw* ihren Namen schreiben ⟨sich in das G. eintragen⟩

Gast·fa·mi·lie *die*; e-e Familie, bei der *bes* ein Schüler od. Student aus e-m anderen Land für mehrere Wochen od. Monate als Gast (1) wohnt

gast·freund·lich *Adj*; gern bereit, Gäste (1) bei sich aufzunehmen u. ihnen Essen *usw* zu geben ⟨e-e Familie, ein Haus⟩ || *hierzu* **Gast·freund·lich·keit** *die*; *nur Sg*

Gast·freund·schaft *die*; *nur Sg*; das freundliche Benehmen gegenüber Gästen (1) ⟨j-s G. genießen / in Anspruch nehmen⟩

Gast·ge·ber *der*; **1** j-d, der gerade Gäste (1) hat ⟨ein aufmerksamer, freundlicher G.⟩ **2** *mst Pl*, *Sport*; die Mannschaft, auf deren Sportplatz das Spiel stattfindet ↔ Gäste (5): *Die Gastgeber schossen das erste Tor* || *zu* **1 Gast·ge·be·rin** *die*; -, *-nen*

Gast·ge·schenk *das*; ein Geschenk, das der Gast (1) dem Gastgeber mitbringt

Gast·haus *das*; ein Lokal, in dem man gegen Bezahlung essen u. trinken (u. übernachten) kann ≈ Wirtshaus ⟨in e-m G. einkehren, im G. essen⟩

Gast·hof *der*; ein Haus, in dem man gegen Bezahlung essen, trinken u. *mst* übernachten kann

Gast·hö·rer *der*; j-d, der an einzelnen Vorlesungen u. Seminaren e-r Universität teilnimmt, obwohl er an dieser Universität nicht immatrikuliert ist

gas·tie·ren; *gastierte, hat gastiert*; [Vi] ***irgendwo g.*** als Künstler in e-r fremden Stadt auftreten (*z.B.* bei e-r Tournee): *Die Band gastiert gerade in Bonn*

Gast·land *das*; ein Land, in dem sich ein Ausländer als Besucher (für kurze Zeit) aufhält

gast·lich *Adj*; so, dass sich dort ein Gast wohl fühlen kann ⟨ein Haus; j-n g. aufnehmen, bewirten⟩ || *hierzu* **Gast·lich·keit** *die*; *nur Sg*

Gast·ri·tis *die*; -; *nur Sg*, *Med*; e-e Entzündung der Magenschleimhaut

Gast·ro·nom *der*; *-en*, *-en*; *Admin geschr* ≈ Gastwirt || NB: *der Gastronom; den, dem, des Gastronomen*

Gast·ro·no·mie *die*; -; *nur Sg*; das Gewerbe, das die Unterbringung u. Bewirtung von Gästen in Hotels od. Restaurants betreibt ⟨in der G. tätig sein⟩ || *hierzu* **gast·ro·no·misch** *Adj*

Gast·spiel *das*; ein Auftritt, e-e Vorstellung als Gast (4): *Das russische Ballett gibt mehrere Gastspiele in Deutschland* || K-: ***Gastspiel-, -reise*** || ID (***irgendwo***) ***nur ein kurzes G. geben*** nur kurze Zeit irgendwo dabei sein, in e-r Firma arbeiten *o.Ä.*

Gast·stät·te *die* ≈ Gasthaus, (Speise)Lokal || K-: ***Gaststätten-, -gewerbe***

Gast·stu·be *die*; der Raum in e-m Gasthaus, in dem die Gäste essen u. trinken

Gast·wirt *der*; j-d, der beruflich ein Gasthaus, ein Restaurant *o.Ä.* betreibt

Gast·wirt·schaft *die* ≈ Gasthaus

Gas·werk *das*; ein Betrieb, der Gas (2) herstellt u. in Leitungen (an die einzelnen Haushalte u. Firmen) liefert

Gas·zäh·ler *der*; ein Gerät, das misst, wie viel Gas (2) (in e-m Haushalt) verbraucht wird ⟨den G. ablesen⟩

Gat·te *der*; *-n*, *-n*; *geschr* ≈ Ehemann || *hierzu* **Gat·tin** *die*; -, *-nen* || NB: **a)** Für viele Sprecher sind *Gatte* u. *Gattin* veraltende Wörter. Ehepartner verwenden die Bezeichnungen *meine Frau* bzw. *mein Mann*; **b)** *der Gatte; den, dem, des Gatten*

Gat·ter *das*; *-s*, -; ein Tor od. Zaun aus breiten Latten

Gat·tung *die*; -, *-en*; **1** e-e Gruppe von einzelnen Dingen mit denselben (wesentlichen) Eigenschaften: *Lyrik, Epik u. Dramatik sind literarische Gattungen* || K-: ***Gattungs-, -bezeichnung, -name***; ***gattungs-, -fremd, -gleich, -spezifisch*** || -K: ***Kunst-, Literatur-*** **2** *Biol*; e-e Kategorie im System der Lebewesen: *In der Familie „Katzen" gibt es e-e G. „Großkatzen", zu der z.B die Arten Löwe, Tiger u. Leopard gehören*

Gau *der*; *-(e)s*, *-e*; *veraltend*; ein großes Gebiet, dessen Landschaft u. Bewohner e-e Einheit bilden

GAU [gau] *der*; *-(s)*, *-s*; *mst Sg*; (*Abk für* größter anzunehmender Unfall) der schlimmste Unfall, mit dem man in e-m Atomkraftwerk rechnet || NB: ↑ ***Super-GAU***

Gau·di *die*; -; *nur Sg*, *südd gespr*; großer Spaß, viel Vergnügen ⟨e-e riesige G. haben⟩

gau·keln; *gaukelte, ist gegaukelt*; [Vi] ⟨ein Schmetterling *o.Ä.*⟩ ***gaukelt*** ein Schmetterling *o.Ä.* fliegt ohne ein bestimmtes Ziel hin u. her

Gauk·ler *der*; *-s*, -; *veraltend*; ein Akrobat od. Zauberkünstler

Gaul *der*; *-(e)s*, *Gäu·le*; **1** *pej*; ein schlechtes Pferd ⟨ein alter, kranker, lahmer G.⟩ **2** *bes südd gespr* ≈ Pferd || -K: ***Acker-, Droschken-, Karren-*** || ID ***E-m geschenkten G. schaut man nicht ins Maul*** wenn man etw. geschenkt bekommt, soll man damit zufrieden sein u. es nicht kritisch (auf Fehler od. Nachteile) prüfen; ***j-m geht der G. durch*** *gespr*; j-d verliert die Beherrschung über sich

Gau·lei·ter *der*; *hist*; (im Nationalsozialismus) ein hoher Funktionär, der e-n großen Bezirk leitete u. nach 1933 auch staatliche Ämter hatte

Gau·men *der*; *-s*, -; **1** der Teil, der das Innere des

Mundes nach oben abschließt ⟨e-n wunden, gespaltenen G. haben⟩ || K-: **Gaumen-, -zäpfchen** **2** *geschr*; der G. (1) als Organ, mit dem man schmeckt ⟨etw. kitzelt den G., etw. schmeichelt dem G. (= schmeckt sehr gut); e-n feinen, verwöhnten G. haben (= Feinschmecker sein)⟩ || K-: **Gaumen-, -freude, -kitzel**

Gau·ner *der*; *-s, -*; *gespr*; **1** j-d, der stiehlt od. andere betrügt ≈ Schwindler || K-: **Gauner-, -bande, -sprache** **2** j-d, der schlau ist u. viele Tricks anwendet: *Der alte G. hat mich schon wieder überlistet!* || *zu* **Gaunerei** ↑ **-ei**

Gau·ner·stück *das*; ein raffinierter Betrug od. Diebstahl

Ga·ze ['ga:zə] *die*; *-, -n*; ein sehr dünner, locker gewebter Stoff ⟨ein Fliegennetz, ein Verband aus G.⟩

Ga·zel·le *die*; *-, -n*; e-e Antilope mit langen, schlanken Beinen, die in Afrika lebt

Ga·zet·te *die*; *-, -n*; *veraltend*; e-e Zeitung (mit nicht besonders hohem Niveau)

Ge- *im Subst, sehr produktiv*; **1** verwendet, um aus e-m Verb ein Substantiv zu machen; das **Gebell** (= das Bellen), das **Gebrüll** (= das Brüllen) ⟨des Löwen⟩, das **Geflüster**, das **Geheul** ⟨der Wölfe⟩, das **Geläut**, das **Gemetzel**, das **Gemurmel**, das **Geplapper**, das **Geraschel**, das **Gerangel**, das **Geschrei**, das **Geschwätz**, das **Gezwitscher** || NB: *mst* hat *Ge-* e-n negativen Charakter. Bei einigen Begriffen kann durch Anhängen von *-e* am Ende des Wortes das Pejorative verstärkt werden: *das Gebelle, das Gekläffe* **2** *bes gespr pej*; verwendet, um auszudrücken, dass die genannte Handlung lästig ist, dass sie oft geschieht od. lange dauert ≈ -ei (3); das **Gebrabbel**, das **Gedudel**, das **Gefasel**, das **Gegrinse**, das **Gehämmer(e)**, das **Gehupe**, das **Gejammer**, das **Gekicher**, das **Geklimper**, das **Gelärme**, das **Gemecker**, das **Genuschel**, das **Gequassel**, das **Gequatsche**, das **Geschwafel**, das **Getuschel** || NB: auch mit zusammengesetzten Verben: das **Herumgehopse** **3** etw., das durch die genannte Handlung entsteht; das **Gedränge**, das **Gedrängel**, das **Gekritzel**, das **Gemisch**, das **Geschmier**, das **Gestammel**, das **Gewimmel** **4** *Kollekt*; verwendet, um e-e Gruppe von Dingen, Tieren *o.Ä.* zu bezeichnen; das **Geäst** (= die Äste e-s Baumes), das **Gebäck**, das **Gebälk**, das **Gebüsch**, das **Gedärm**, das **Getier** (= die Tiere, *bes* kleine Tiere), das **Gewässer**

ge·ädert *Adj*; *nicht adv*; mit Linien (die wie Adern aussehen) ⟨Marmor⟩

ge·ar·tet *Adj*; *nicht adv*; **irgendwie g.** in der genannten Art, mit der genannten Eigenschaft: *Das Problem ist komplizierter g., als ich dachte*

geb. *Abk*; ↑ **geboren** (2)

Ge·bäck *das*; *-(e)s*; *nur Sg*, *Kollekt*; kleine gebackene (*mst* süße) Stücke aus Teig: *seinen Gästen zum Tee G. anbieten* || K-: **Gebäck-, -dose, -stück** || -K: **Blätterteig-, Salz-, Weihnachts-**

ge·ba·cken *Partizip Perfekt*; ↑ **backen**

ge·bannt **1** *Partizip Perfekt*; ↑ **bannen** **2 wie g.** voller Spannung ≈ fasziniert, gefesselt ⟨(j-m) wie g. zuhören, zuschauen⟩

ge·bar *Imperfekt, 1. u. 3. Person Sg*; ↑ **gebären**

Ge·bär·de *die*; *-, -n*; e-e Bewegung des Körpers (*bes* der Hand od. der Arme), durch die man Gefühle, Wünsche *o.Ä.* ausdrückt ≈ Geste ⟨e-e abweisende, drohende, einladende, nervöse, ungeduldige, unwillige G. machen⟩ || K-: **Gebärden-, -sprache**

ge·bär·den, sich; *gebärdete sich, hat sich gebärdet*; [Vr] **sich irgendwie g.** sich in der genannten Weise verhalten, benehmen ⟨sich wie toll, wie verrückt, wie ein Wahnsinniger g.⟩

Ge·ba·ren *das*; *-s*; *nur Sg*, *geschr*; e-e bestimmte Art, sich zu verhalten, zu benehmen ⟨ein seltsames, sonderbares, unfreundliches G.⟩ || -K: **Geschäfts-**

ge·bä·ren; *gebärt / veraltend gebiert, gebar, hat geboren*; [Vt/i] **(ein Kind) g.** als Frau ein Baby zur Welt bringen: *Wann bist du geboren?* || NB: *mst* im Perfekt od. Passiv || ID **Der Mann / Die Frau** *usw* **muss erst (noch) geboren werden, der / die ...** *gespr*; es gibt niemanden, der etw. Bestimmtes tun könnte: *Der Mann muss erst geboren werden, der mir Angst macht!* || ► **geboren**

ge·bär·fä·hig *Adj*; *nur in* **im gebärfähigen Alter** (von Frauen) in dem Alter, in dem sie ein Kind gebären können

Ge·bär·mut·ter *die*; *nur Sg*; (bei Menschen u. Säugetieren) das Organ, in dem ein Embryo heranwächst; *Med* Uterus

ge·bauch·pin·selt *nur in* **sich g. fühlen** *gespr hum*; sich durch ein Kompliment *o.Ä.* geschmeichelt fühlen

Ge·bäu·de *das*; *-s, -*; ein (großes) Haus, das aus Ziegeln, Beton *o.Ä.* gebaut wurde, damit j-d darin wohnen od. arbeiten kann: *„Was ist das für ein G.?“ - „Das ist das Nationaltheater“* || K-: **Gebäude-, -flügel, -komplex, -reinigung, -trakt** || -K: **Bahnhofs-, Bank-, Parlaments-, Schul-, Universitäts-; Haupt-, Neben-**

ge·baut **1** *Partizip Perfekt*; ↑ **bauen** **2** *Adj*; *mst in* **gut g. sein** *gespr*; e-e gute Figur haben

Ge·bei·ne *die*; *Pl*, *geschr*; die Knochen e-s Toten ≈ Skelett

ge·ben; *gibt, gab, hat gegeben*; [Vt] **1 j-m etw. g.** etw. in j-s Hände od. in seine Nähe legen / tun, sodass er es nehmen kann ≈ j-m etw. reichen ↔ j-m etw. (weg)nehmen: *j-m ein Buch g.*; *e-m Kind ein Glas Milch g.* **2 j-m etw. g.** j-m etw. als Geschenk zukommen lassen ≈ j-m etw. schenken: *dem Kellner (ein) Trinkgeld g.*; *Für das gute Zeugnis hat mir mein Vater ein Fahrrad gegeben* **3 (j-m) etw. für etw. g.** etw. für etw. bezahlen: *Wie viel gibst du mir für das Bild?* **4 j-m (etw.) + zu** + *Infinitiv* **g.** j-m etw. g. (1), damit er damit etw. tut: *e-m Gast zu essen u. zu trinken g.*; *j-m viel zu tun g.*; *Gibst du mir das Hemd zum Waschen?* **5 etw. zu etw. / in etw.** (*Akk*) **g.** etw. irgendwohin bringen, damit dort etw. getan wird: *den Fernseher in / zur Reparatur g.*; *j-m etw. zur Aufbewahrung g.* **6 j-n / ein Tier in Pflege g.** j-n / ein Tier in ein Heim *o.Ä.* bringen, damit sie dort versorgt werden **7 etw. irgendwohin g.** etw. irgendwohin legen, stellen *usw*: *den Kuchen in den Ofen g.*; *Backpulver an den / zum Teig g.* **8 (j-m) etw. g.** erlauben, dass j-d etw. bekommt: *e-m Reporter ein Interview g.*; *j-m noch e-e Chance g.* **9 j-d / etw. gibt j-m etw.** j-d / etw. bewirkt, dass j-d etw. bekommt: *Der Erfolg gab ihr neuen Mut* **10 j-d gibt j-m / etw. etw.** j-d äußert die Meinung, dass j-d / etw. etw. hat: *Die Ärzte geben ihr noch ein Jahr (zu leben)*; *Gibst du dem Projekt e-e Chance?* **11 j-m j-n / etw. g.** j-n am Telefon mit j-m / e-m Vertreter e-r Abteilung *o.Ä.* sprechen lassen ≈ j-n mit j-m / etw. verbinden: *Geben Sie mir bitte die Versandabteilung*; *Ich gebe Ihnen Herrn Müller* **12 etw. g.** ein großes Fest, e-e Party *o.Ä.* stattfinden lassen ≈ veranstalten: *ein Bankett g.* **13 etw. g.** *gespr* ≈ unterrichten: *Unser Klassenlehrer gibt außer Englisch auch noch Deutsch u. Geschichte*; *Sie gibt Gitarrestunden* **14 etw. g.** ein Theaterstück aufführen: *Heute wird im Nationaltheater „Die Zauberflöte“ gegeben* || NB: *mst* im Passiv! **15 etw. gibt etw.** *gespr*; etw. hat etw. als Ergebnis ≈ etw. ergibt etw.: *Vier mal fünf gibt zwanzig*; *Wenn man Zement, Sand, Kies u. Wasser mischt, gibt das Beton*; *Was du da schreibst, gibt keinen Sinn* || NB: kein Passiv! **16 ein Tier / etw. gibt etw.** ein Tier / etw. erzeugt, produziert etw., was der Mensch nutzt: *Der Ofen gibt Wärme*; *Die Kuh gibt Milch*; *Die Hühner geben Eier* **17 etw. 'von sich g.** etw. sagen: *Er gibt viel Unsinn von sich* **18 etw. gibt etw. 'von sich** etw. produziert Laute: *Das Radio ist kaputt, es gibt keinen Ton von sich* **19 (et)was / viel / wenig / nichts auf etw.** (*Akk*) **g.** e-r Sache e-e gewisse Bedeutung / e-e große Bedeutung / wenig Bedeutung / keine Bedeutung zumessen: *Sie gibt nicht viel auf teure Kleider* **20 es j-m g.** *gespr*; j-m deutlich sagen, dass er sich falsch od. schlecht verhalten hat: *Er hat versucht, mich zu ärgern - aber dem habe ich es ordentlich gegeben!* || NB: *mst* im Perfekt **21 es j-m g.** *gespr*; j-n verprügeln **22 etw. g.** verwendet zusammen mit e-m Subst., um ein Verb zu umschreiben; **(j-m) e-e Antwort g.** ≈ j-m antworten; **(j-m) e-n Befehl g.** ≈ (j-m) etw. befehlen; **(j-m) seine Einwilligung (zu etw.) g.** ≈ (in etw. (*Akk*)) einwilligen; **(j-m) e-e Erlaubnis g.** ≈ (j-m) etw. erlauben; **j-m e-n Kuss g.** ≈ j-n küssen; **j-m Nachricht (von etw.) g.** ≈ j-n (von etw.) benachrichtigen; **j-m e-n Rat g.** ≈ j-m etw. raten; **j-m e-n Stoß g.** ≈ j-n stoßen; **j-m e-n Tritt g.** ≈ j-n treten; **(j-m) Unterricht g.** ≈ (j-n) unterrichten; **j-m ein Versprechen / sein Wort g.** ≈ j-m etw. versprechen; [Vi] **23** beim Kartenspielen die Karten verteilen: *Du gibst*; *Wer ist dran mit G. / zu g.?*; [Vr] **24 sich irgendwie g.** durch ein Verhalten e-n bestimmten Eindruck erwecken (wollen): *Sie gab sich ganz gelassen / ruhig*; *Er gibt sich gern als Kunstkenner, aber in Wirklichkeit versteht er nicht viel davon* **25 etw. gibt sich (wieder)** etw. wird (wieder) schwächer, hört allmählich auf ≈ etw. lässt nach: *Zurzeit bin ich sehr beschäftigt, aber das gibt sich wieder*; [Vimp] **26 es gibt j-n / etw.** j-d / etw. existiert, ist tatsächlich vorhanden: *In Australien gibt es Kängurus*; *Damals gab es noch kein Telefon*; *Du bist der netteste Mensch, den es gibt*; *Was gibt es für Probleme?* **27 es gibt etw.** etw. kommt, etw. tritt ein: *Morgen soll es Regen g.*; *Wenn Vater das hört, gibt es Ärger* **28 es gibt etw.** etw. wird (im Fernsehen, Kino, Theater) angeboten ≈ etw. steht auf dem Programm: *Was gibts heute Abend im Fernsehen?* **29 es gibt etw.** etw. wird zu essen od. zu trinken angeboten: *Was gibts heute zum Mittagessen?*; *Auf der Party gab es exotische Cocktails* **30 es gibt etw. + zu +** *Infinitiv* es ist möglich od. nötig, etw. zu tun: *Was gibt es da zu sehen?*; *Vor der Reise gibt es noch viel zu erledigen* || ID **Was gibts?** *gespr*; was willst du von mir?; **Was es nicht alles gibt!** *gespr*; verwendet, um Überraschung auszudrücken; **Das gibts ja gar nicht!** *gespr*; verwendet, um Ärger od. Verwunderung auszudrücken; *mst* **Gibt es dich auch noch?** *gespr iron*; verwendet, wenn man j-n nach langer Zeit endlich wiedersieht; **Wenn ... nicht ..., dann gibts was!** *gespr*; verwendet als Drohung e-m Kind gegenüber (damit es tut, was es tun soll); **Da gibts (gar) nichts!** *gespr*; verwendet, um e-e Aussage zu verstärken: *Auf Peter kann man sich immer verlassen, da gibts gar nichts!*; *mst* **ich gäbe viel / (et)was darum, wenn / + zu +** *Infinitiv* ich habe den starken Wunsch nach etw.: *Ich gäbe etwas darum zu wissen, warum er das getan hat*; **etw. ist j-m gegeben** j-d hat e-e natürliche Fähigkeit: *Es ist dem Menschen nicht gegeben, in die Zukunft zu sehen* || ► **Gabe**

Ge·ber *der*; *-s, -*; **1** j-d, der j-m etw. gibt od. schenkt || -K: **Arbeit-, Geld- 2** derjenige, der beim Kartenspiel die Karten verteilt

Ge·ber·lau·ne *die*; *mst in* **in G. sein** *hum*; in großzügiger Laune sein

Ge·bet *das*; *-(e)s, -e*; **1** das Beten (als Handlung): *die Hände zum G. falten* **2** das Sprechen mit Gott (oft in Form e-s feststehenden Textes), um ihn zu verehren, ihn um etw. zu bitten od. ihm für etw. zu danken ⟨ein G. sprechen⟩ || K-: **Gebet-, -buch**; **Gebets-, -teppich, -übung** || -K: **Abend-, Morgen-**; **Tisch-**; **Dank-** || ID **j-n ins G. nehmen** *gespr*; j-n mit Nachdruck ermahnen, etw. zu tun od. etw. nicht zu tun

ge·be·ten *Partizip Perfekt*; ↑ **bitten**

ge·biert *Präsens, 3. Person Sg*; ↑ **gebären**

Ge·biet *das*; *-(e)s, -e*; **1** ein bestimmter (*mst* relativ großer) Teil e-r Gegend od. Landschaft ⟨ein fruchtbares, sumpfiges G.⟩: *Die Lüneburger Heide ist ein G., das unter Naturschutz steht* || -K: **Industrie-, Sumpf-, Wald- 2** *Pol*; ein staatliches Territorium od. ein Teil davon: *Der von Interpol gesuchte Verbrecher wurde auf französischem G. gefasst* || K-: **Gebiets-, -anspruch, -erweiterung, -hoheit** || -K: **Bundes-, Staats- 3** das Fach od. das Thema, mit dem sich j-d (beruflich) beschäftigt ≈ Bereich: *auf dem G. der Kernenergie arbeiten*; *Die Mechanik u. die Elektronik sind zwei wichtige Gebiete der Physik* || -K: **Arbeits-, Fach-, Forschungs-, Wissens-** || *zu* **1 ge·biets·wei·se** *Adj*; *mst adv*

ge·bie·ten; *gebot, hat geboten*; *geschr*; [Vt/i] **1 (j-m) (etw.) g.** j-m etw. befehlen: *Mein Gewissen gebietet mir zu sprechen*; [Vt] **2 etw. gebietet etw.** etw. macht etw. dringend nötig ≈ etw. erfordert etw. ⟨der Ernst der Lage gebietet etw.⟩: *Die Situation gebietet rasches Handeln*; *Wenn wir rechtzeitig fertig werden wollen, ist höchste Eile geboten*; [Vi] **3 über j-n / etw. g.** ≈ über j-n / etw. herrschen: *Der König gebietet über ein großes Land u. viele Untertanen* || ► **Gebot**

Ge·bie·ter *der*; *-s, -*; *veraltet* ≈ Herr (4) || *hierzu* **Ge·bie·te·rin** *die*; *-, -nen*

ge·bie·te·risch *Adj*; *geschr*; mit der Erwartung, dass den Befehlen sofort gefolgt wird ≈ herrisch ⟨e-e Geste, e-e Stimme⟩: *Mit e-r gebieterischen Handbewegung winkte sie ihn zu sich*

Ge·bil·de *das*; *-s, -*; **1** ein Gegenstand, der in e-r bestimmten, konkreten Form vorhanden ist: *Ein Atom ist ein sehr kompliziertes G. aus Protonen, Neutronen u. Elektronen* || -K: **Wolken- 2** ein Produkt der Fantasie (wie *z.B.* Kobolde od. Zwerge) || -K: **Fantasie-, Traum-**

ge·bil·det 1 *Partizip Perfekt*; ↑ **bilden 2** *Adj*; mit e-r guten Erziehung u. Bildung ≈ kultiviert: *ein sehr gebildeter Mensch* **3** so, dass deutlich wird, dass j-d g. (2) ist: *e-e gebildete Konversation*

Ge·bin·de *das*; *-s, -*; mehrere Blumen, die zu e-m schönen Strauß gebunden wurden || -K: **Blumen-**

Ge·bir·ge *das*; *-s, -*; *Kollekt*; e-e Gruppe von hohen Bergen ⟨im G. leben, ins G. fahren⟩: *Der Himalaya ist das höchste G. der Welt* || K-: **Gebirgs-, -bach, -dorf, -landschaft, -see, -tal**

ge·bir·gig *Adj*; *nicht adv*; so, dass dort viele Berge sind ⟨e-e Landschaft, ein Land⟩

Ge·birgs·jä·ger *der*; *Mil*; **1** ein Soldat, der für den Einsatz im Gebirge ausgebildet ist **2** *nur Pl*; e-e Truppe von Gebirgsjägern (1)

Ge·birgs·ket·te *die*; e-e lange Reihe von Gebirgen od. von hohen Bergen e-s Gebirges ≈ Gebirgszug

Ge·birgs·rü·cken *der*; der oberste Teil (der Kamm) e-s Gebirgszuges

Ge·birgs·zug *der*; ein schmales, lang gestrecktes Gebirge od. ein Teil e-s Gebirges, der aus e-r schmalen Reihe von Bergen besteht

Ge·biss *das*; *-es, -e*; **1** *Kollekt*; alle Zähne e-s Menschen od. Tieres ⟨ein gesundes, gutes, prächtiges G.⟩: *das scharfe G. e-s Wolfes* **2** (zusammenhängende) künstliche Zähne (für einen od. beide Kiefer) als Ersatz für die natürlichen Zähne ≈ Zahnersatz ⟨ein künstliches G.; ein G. einsetzen, tragen, herausnehmen⟩ || K-: **Gebiss-, -träger 3** der Teil des Zaumzeuges, den das Pferd im Maul hat

ge·bis·sen *Partizip Perfekt;* ↑ ***beißen***
Ge·blä·se *das; -s, -;* ein Gerät, das e-n Luftstrom erzeugt, damit man etw. wärmen, kühlen od. lüften kann || -K: ***Heiz-, Kühl-***
ge·bla·sen *Partizip Perfekt;* ↑ ***blasen***
ge·bli·chen *Partizip Perfekt;* ↑ ***bleichen***
ge·blie·ben *Partizip Perfekt;* ↑ ***bleiben***
ge·blümt *Adj; nicht adv;* mit e-m Muster aus Blumen ⟨ein Stoff, e-e Tapete⟩: *ein blau geblümtes Kleid*
Ge·blüt *das; -(e)s; nur Sg, geschr* ≈ Abstammung, Herkunft (1) ⟨*mst* von edlem, vornehmem G. sein⟩
ge·bo·gen *Partizip Perfekt;* ↑ ***biegen***
ge·bo·ren **1** *Partizip Perfekt;* ↑ ***gebären*** **2** *Adj; nur attr, nicht adv;* verwendet, um den Familiennamen zu nennen, den j-d vor der Ehe hatte; *Abk* geb.: *Frau Meier, geborene Müller; Sie ist e-e geborene Winkler* **3** *Adj; nur attr, nicht adv;* verwendet um auszudrücken, dass j-d an dem genannten Ort geboren wurde ≈ gebürtig: *Er ist ein geborener Berliner* **4** *Adj; nicht adv;* sehr begabt, gut geeignet für e-e besondere Tätigkeit ⟨für / zu etw. g. sein⟩: *Er ist der geborene Sänger; Er ist zum Dichter geboren*
ge·bor·gen **1** *Partizip Perfekt;* ↑ ***bergen*** **2** *Adj; nur präd od adv;* beschützt, sicher ⟨irgendwo, bei j-m g. sein, sich irgendwo, bei j-m g. fühlen⟩ || *hierzu* **Ge·bor·gen·heit** *die; nur Sg*
ge·bors·ten *Partizip Perfekt;* ↑ ***bersten***
Ge·bot[1] *das; -(e)s, -e;* **1** ***ein G.*** (+ *Gen*) etw., das man tun soll, weil es ein Gesetz, ein moralischer od. religiöser Grundsatz od. die Vernunft vorschreibt: *Es ist ein G. der Nächstenliebe, den Armen zu helfen; In dieser Situation ist oberstes G. / das G. der Stunde, (die) Ruhe zu bewahren* **2** *geschr;* e-e (amtliche) Anordnung ≈ Weisung ⟨ein G. beachten, befolgen, missachten, übertreten⟩ || K-: ***Gebots-, -schild, -zeichen*** **3** ***die Zehn Gebote*** die Gesetze, die Moses von Gott auf dem Berg Sinai empfangen hat: *Das fünfte G. lautet: „Du sollst nicht töten!"* **4** ***etw. steht j-m zu Gebote*** *geschr veraltend;* etw. steht j-m zur Verfügung: *Ihm standen nur geringe finanzielle Mittel zu Gebote* || ► ***gebieten***
Ge·bot[2] *das; -(e)s, -e;* die (Geld)Summe, die j-d bei Versteigerungen / Auktionen für etw. zahlen will ⟨ein G. machen, erhöhen⟩ ≈ Angebot || ► ***bieten***
ge·bo·ten **1** *Partizip Perfekt;* ↑ ***bieten*** **2** *Partizip Perfekt;* ↑ ***gebieten***
ge·bracht *Partizip Perfekt;* ↑ ***bringen***
ge·brannt **1** *Partizip Perfekt;* ↑ ***brennen*** **2** *Adj; mst attr;* geröstet u. dabei mit e-r braunen Schicht aus Zucker überzogen ⟨Erdnüsse, Mandeln⟩ || NB: ↑ ***Kind***
ge·bra·ten *Partizip Perfekt;* ↑ ***braten***
Ge·bräu *das; -(e)s, -e; gespr pej;* verwendet als Bezeichnung für ein Getränk, wenn es schlecht schmeckt (*bes* bei Bier u. heißen Getränken): *Was ist denn das für ein komisches G.?*
Ge·brauch *der; -(e)s; nur Sg;* **1** ***der G.*** + *Gen* / ***von etw.*** das Verwenden, Gebrauchen (1) ≈ Benutzung: *der G. vieler Fremdwörter* || K-: ***Gebrauchs-, -gegenstand, -wert*** || -K: ***Dienst-, Privat-; Sprach-*** **2** das Anwenden, das Gebrauchen (2) ≈ Handhabung: *Die Schüler müssen den G. e-s Wörterbuches üben* **3** ***etw. in G. nehmen*** etw., das man regelmäßig gebrauchen wird, zum ersten Mal verwenden **4** ***etw. kommt in / außer G.*** etw. wird üblich / unüblich **5** ***etw. in / im G. haben*** etw. regelmäßig benutzen **6** ***etw. ist in / im G.*** etw. wird regelmäßig benutzt, verwendet **7** ***von etw. G. / keinen G. machen*** *geschr;* etw. (in e-r bestimmten Situation) verwenden / nicht verwenden: *Die Polizei macht von der Schusswaffe G.; Sie hat von den vertraulichen Informationen keinen G. gemacht* **8** ***vor / nach G.*** bevor man etw. verwendet / nachdem man etw. verwendet hat: *die Flasche vor G. gut schütteln, nach G. wieder verschließen*
Ge·bräu·che *die; Pl, geschr veraltend* ≈ Bräuche, Sitten ⟨die Sitten u. G. e-s Volkes⟩
ge·brau·chen; *gebrauchte, hat gebraucht;* Vt **1** ***etw. g.*** etw. verwenden, benutzen: *Er gebraucht Fremdwörter, um die Leute zu beeindrucken* **2** ***etw.*** (***irgendwie***) ***g.*** mit e-m Werkzeug, e-m Instrument *o.Ä.* irgendwie umgehen: *Ihr Junge gebraucht die Säge schon sehr geschickt* **3** ***j-n / etw.*** (***irgendwie***) ***g. können*** *gespr;* j-n / etw. in e-r Situation nützlich, nicht störend finden: *Heute können wir e-n Regenschirm gut g.; Dich kann ich hier nicht g.* || ID ***j-d / etw. ist zu nichts zu g.*** *gespr pej;* j-d / etw. ist zu nichts nütze
ge·bräuch·lich *Adj; nicht adv;* häufig od. allgemein verwendet ≈ üblich ⟨ein Name, e-e Redensart, e-e Methode⟩: *Es ist hier nicht g., zur Mittagszeit Besuche zu machen* || ► ***Brauch***
Ge·brauchs·an·lei·tung *die* ≈ Gebrauchsanweisung
Ge·brauchs·an·wei·sung *die;* ein Text, den man zusammen mit e-r gekauften Ware bekommt u. in dem erklärt wird, wie man sie verwendet: *Lies erst die G. durch, bevor du das Gerät einschaltest!*
Ge·brauchs·ar·ti·kel *der;* e-e Ware, die man täglich braucht, *z.B.* Seife
ge·brauchs·fer·tig *Adj; nicht adv;* ⟨ein Erzeugnis, ein Produkt⟩ so (beschaffen), dass man sie sofort gebrauchen (1) kann
ge·braucht **1** *Partizip Perfekt;* ↑ ***brauchen*** **2** *Partizip Perfekt;* ↑ ***gebrauchen*** **3** *Adj;* schon verwendet u. daher nicht mehr neu od. frisch ↔ frisch (4), neu (2) ⟨ein Handtuch, Möbel⟩: *Ich habe mir ein gebrauchtes, aber noch sehr gut erhaltenes Auto gekauft* || K-: ***Gebraucht-, -möbel***
Ge·braucht·wa·gen *der;* ein (zum Verkauf angebotenes) Auto, das nicht (fabrik)neu ist, sondern schon gefahren worden ist || K-: ***Gebrauchtwagen-, -handel, -markt***
Ge·braucht·wa·ren *die; Pl;* Waren, die schon einmal gebraucht worden sind u. die zum Verkauf angeboten werden || K-: ***Gebrauchtwaren-, -handel, -händler, -laden, -markt***
ge·bre·chen; *gebricht, gebrach, hat gebrochen;* Vimp ***es gebricht j-m an etw.*** (*Dat*) *geschr veraltend od hum;* j-d besitzt etw. nicht in ausreichendem Maß ≈ es fehlt / mangelt j-m an etw.: *Er kann sich nicht in deine Probleme hineindenken, dazu gebricht es ihm an Fantasie*
Ge·brech·en *das; -s, -;* **1** *geschr;* e-e körperliche od. geistige Behinderung, die lange anhält ⟨ein schweres G. haben, mit e-m G. behaftet sein⟩ || -K: ***Alters-*** **2** ***ein technisches G.*** ≈ Defekt
ge·brech·lich *Adj;* wegen hohen Alters od. e-s Gebrechens schwach u. anfällig für Krankheiten ≈ hinfällig (2) ⟨alt u. g. sein⟩: *Unser Großvater ist schon sehr g.* || *hierzu* **Ge·brech·lich·keit** *die; nur Sg*
ge·bro·chen **1** *Partizip Perfekt;* ↑ ***brechen*** **2** *Partizip Perfekt;* ↑ ***gebrechen*** **3** *Adj;* durch ein Ereignis tief deprimiert u. ohne Lebensmut: *Seit dem Tod seiner Frau ist er ein gebrochener Mann* **4** *Adj; mst* ***mit gebrochener Stimme*** mit schwacher, rauer Stimme (*mst* weil man sehr traurig od. schwach ist) **5** *Adj; nur attr od adv;* mit vielen Fehlern u. deswegen schwer verständlich ≈ holperig ↔ fließend: *Ich spreche leider nur g. Schwedisch* **6** *Adj; mst attr;* durch Hinzufügen e-s weiteren Farbtons gedämpft, nicht mehr leuchtend ⟨ein Blau, ein Rot *usw*⟩
Ge·brü·der *die; Pl, veraltet;* verwendet als Bezeich-

G

nung für zwei od. mehrere Brüder, die gemeinsam ein Geschäft *o.Ä.* besitzen

Ge·bühr [gəˈbyːɐ] *die*; -, *-en*; **1** *oft Pl*; e-e (Geld)Summe, die man für bestimmte (öffentliche) Dienste e-r Institution, e-s Anwalts, e-s Arztes *usw* zahlen muss ⟨e-e G. erheben, erhöhen, bezahlen / entrichten; j-m e-e G. erlassen; etw. gegen (e-e) G. bekommen, leihen⟩: *Muss ich beim Geldwechseln Gebühren bezahlen?* || K-: **Gebühren-, -erhöhung, -erlass, -ermäßigung** || -K: **Anmelde-, Autobahn-, Beitritts-, Prüfungs-, Rundfunk-, Transport-, Vermittlungs-; Sonder- 2 nach G.** *geschr*; so, wie es j-d / etw. verdient (3) ≈ gebührend, genügend: *Wir haben seine Bilder nach G. bewundert* **3 über G.** *geschr*; mehr als nötig od. angemessen: *Die Kinder haben meine Geduld über G. beansprucht* || *zu* **1 ge·büh·ren·frei** *Adj*

G

ge·büh·ren; *gebührte, hat gebührt*; *geschr*; Vi **1 etw. gebührt j-m / etw.** etw. steht j-m / etw. (als Recht) zu: *Für diese Tat gebührt ihm unser Dank; Dieser Tat gebührt unser Dank; Gebt ihm, was ihm gebührt*; Vr **2 etw. gebührt sich** es ist richtig u. angemessen, etw. zu tun ≈ etw. gehört sich, schickt sich: Es *gebührt sich nicht, in der Kirche* zu *lachen u.* zu *schreien* || NB: *mst* in der Form **es gebührt sich nicht** + **zu** + *Infinitiv*

ge·büh·rend 1 *Partizip Präsens*; ↑ **gebühren 2** *Adj*; *nur attr od adv*; so, wie es j-d / etw. verdient (3) ≈ nach Gebühr: *j-n / etw. in gebührender Weise würdigen; Ihr neues Kleid wurde g. bewundert*

Ge·büh·ren·ein·heit *die*; *Admin geschr*; e-e festgelegte Maßeinheit für die Berechnung der Telefongebühren

Ge·büh·ren·ord·nung *die*; e-e Art Tabelle, in der bestimmt wird, welche Gebühren für welche (öffentlichen) Leistungen (1) verlangt werden dürfen

ge·büh·ren·pflich·tig *Adj*; *nicht adv*, *Admin geschr*; so, dass man dafür e-e Gebühr zahlen muss ⟨e-e Bescheinigung, e-e Verwarnung, ein Parkplatz⟩

ge·bühr·lich *Adj*; *veraltet*; so, wie es sich gebührt, wie es sein soll ↔ ungebührlich ⟨sich g. benehmen⟩

ge·bun·den 1 *Partizip Perfekt*; ↑ **binden 2** *Adj*; *nur in* (**an etw.** (*Akk*)) **g. sein** wegen e-r Person / Sache bestimmte Verpflichtungen haben u. daher etw. anderes nicht tun können: *an sein Geschäft g. sein*; *Als Mutter von drei Kindern ist man meist (ans Haus) g.*

-gebunden *im Adj, begrenzt produktiv*, (*Admin*) *geschr*; verwendet, um auszudrücken, dass etw. ganz von j-m / etw. abhängt; **ortsgebunden** ⟨e-e Tätigkeit⟩, **situationsgebunden** ⟨ein Handeln⟩, **termingebunden** ⟨e-e Lieferung⟩, **zweckgebunden** ⟨e-e Spende, ein Zuschuss⟩

Ge·burt *die*; -, *-en*; **1** der Vorgang, bei dem ein Baby / ein Tier aus dem Leib der Mutter / des Muttertieres kommt ⟨vor, bei, nach j-s G.; von G. an⟩: *Bei ihrem ersten Kind hatte sie e-e schwere G.; Das Baby wog bei der G.* (= als es auf die Welt kam) *fast acht Pfund* || K-: **Geburten-, -rate, -rückgang, -statistik, -zahl; Geburts-, -anzeige, -datum, -haus, -jahr, -land, -ort, -stadt, -urkunde, -wehen** || NB: ↑ **Entbindung 2** *geschr*; die Position (in Bezug auf den sozialen Rang od. die Nationalität), in die man hineingeboren wird ≈ Abstammung, Herkunft ⟨von niedriger, hoher G. sein⟩: *Er ist Deutscher von G.* **3** *geschr* ≈ Anfang: *Die Entdeckung Amerikas war die G. e-s neuen Zeitalters* || ID **etw. ist e-e schwere G.** *gespr*; etw. braucht viel Mühe u. Zeit, bis es getan ist: *Ich habe die Mathematikaufgaben gelöst, aber das war e-e schwere G.!*

Ge·bur·ten·kon·trol·le *die*; *nur Sg*; (beim Menschen) das Planen von Anzahl u. Zeitpunkt der Geburten ≈ Familienplanung: *Empfängnisverhütung ist ein Mittel zur G.*

Ge·bur·ten·re·ge·lung *die*; *nur Sg* ≈ Geburtenkontrolle

ge·bur·ten·schwa·ch- *Adj*; *nur in* **ein geburtenschwacher Jahrgang** *Admin geschr*; ein Jahrgang mit wenigen Geburten ↔ ein geburtenstarker Jahrgang

ge·bur·ten·star·k- *Adj*; *nur in* **ein geburtenstarker Jahrgang** *Admin geschr*; ein Jahrgang mit vielen Geburten ↔ ein geburtenschwacher Jahrgang

Ge·bur·ten·über·schuss *der*; die Tatsache, dass es mehr Geburten als Todesfälle gibt

ge·bür·tig *Adj*; *mst attr*, *nicht adv*; verwendet, um anzugeben, wo j-d geboren ist ≈ geboren (3): *Er ist gebürtiger Schweizer*

Ge·burts·feh·ler *der*; e-e körperliche od. geistige Behinderung, die man von Geburt an hat

Ge·burts·hel·fe·rin *die*; e-e Frau, die Frauen bei der Geburt hilft (*z.B.* e-e Ärztin, e-e Hebamme) || *hierzu* **Ge·burts·hel·fer** *der*

Ge·burts·hil·fe *die*; *nur Sg*; die Hilfe bei der Geburt, die *mst* von e-m Arzt od. e-r Hebamme geleistet wird ⟨G. leisten⟩

Ge·burts·na·me *der*; der (Familien)Name der Eltern, den man nach der Geburt erhalten hat

Ge·burts·tag *der*; **1** der Jahrestag von j-s Geburt ⟨G. feiern, haben, j-m zum G. gratulieren⟩: *Alles Gute zum G.!* || K-: **Geburtstags-, -feier, -fest, -gast, -geschenk, -karte, -kuchen, -party, -torte, -wunsch 2 j-s G.** *Admin geschr*; j-s Geburtsdatum

Ge·burts·tags·kind *das*; *hum*; j-d, der gerade Geburtstag hat: *Das G. lebe hoch!*

Ge·büsch *das*; *-(e)s,-e*; *mst Sg*; mehrere Büsche, die dicht beieinander stehen ⟨ein dichtes G.⟩

Geck *der*; *-en, -en*; *pej*; ein eitler Mann, der sich auffällig u. modisch kleidet ≈ Dandy || NB: *der Geck; den, dem, des Gecken* || *hierzu* **ge·cken·haft** *Adj*

ge·dacht 1 *Partizip Perfekt*; ↑ **denken 2** *Partizip Perfekt*; ↑ **gedenken 3** *Adj*; *nicht adv*; **für j-n / etw.** (**als etw.**) **g.**; **irgendwie / als etw. g.** für e-n bestimmten Zweck bestimmt: *Die Blumen sind als Geschenk für Mutter g.; So war das nicht g., dass du alles allein aufisst!* **4** *Adj*; *nicht adv*; nur in der Vorstellung, nicht wirklich vorhanden: *e-e gedachte Linie entlanggehen*

Ge·dächt·nis *das*; *-ses, -se*; **1** *mst Sg*; die Fähigkeit, sich an etw. erinnern zu können ≈ Erinnerungsvermögen ⟨ein gutes / schlechtes G. haben; das G. verlieren; j-s G. lässt nach⟩ || K-: **Gedächtnis-, -kraft, -schwäche, -störung, -training** || -K: **Namens-, Personen-, Zahlen- 2** *nur Sg*; das G. (1) als e-e Art Speicher im Gehirn, in dem Informationen aufbewahrt sind u. aus dem sie wieder entnommen werden können ⟨etw. im G. behalten, bewahren; etw. aus dem G. verlieren; sich (*Dat*) etw. ins G. (zurück)rufen⟩: *ein Gedicht aus dem G. zitieren* **3** *nur Sg*, *geschr*; die Erinnerung an e-e Person od. an ein Ereignis ≈ Andenken, Gedenken ⟨j-n in gutem G. behalten; e-e Feier zum G. an j-n / etw. veranstalten⟩ || K-: **Gedächtnis-, -ausstellung, -feier, -rede** || ID **kein G. für etw. haben** *gespr*; sich etw. (*z.B.* Gesichter, Namen, Zahlen) schlecht merken können; **ein G. wie ein Sieb haben** *gespr hum*; schnell u. immer wieder Dinge vergessen

Ge·dächt·nis·hil·fe *die*; ein Hinweis, der hilft, etw. im Gedächtnis (2) zu behalten ≈ Eselsbrücke, Gedächtnisstütze

Ge·dächt·nis·lü·cke *die*; *mst* **e-e G. haben** sich an die Ereignisse od. Vorgänge während e-s bestimmten Zeitraums nicht erinnern können

Ge·dächt·nis·schwund *der*; ein krankhafter Zustand des Gehirns, bei dem j-d plötzlich od. allmählich das Gedächtnis (1) verliert

Ge·dächt·nis·stüt·ze *die* ≈ Gedächtnishilfe

Ge·dan·ke *der*; *-ns*, *-n*; **1** das Resultat des Denkens ≈ Überlegung ⟨ein kluger, vernünftiger G.; e-n Gedanken fassen, haben; seine Gedanken sammeln⟩ || -K: (*mit Pl*) ***Flucht-, Heirats-, Rache-, Selbstmord-*** **2** das, was j-m plötzlich in den Sinn, ins Bewusstsein kommt ≈ Einfall, Idee ⟨der rettende G.; j-m kommt ein guter G.⟩: *Dein Hinweis bringt mich auf e-n (guten) Gedanken*; *Wie bist du bloß auf den Gedanken gekommen, das zu tun / dass du das tun darfst?* **3** *nur Pl*; der Vorgang des Denkens ⟨j-n / sich seinen Gedanken überlassen; (tief / ganz) in Gedanken verloren, versunken sein; aus seinen Gedanken gerissen werden; j-s Gedanken erraten / lesen (können)⟩ || K-: ***Gedanken-, -arbeit***; ***gedanken-, -verloren, -versunken*** **4** ***der G.*** (***an j-n / etw.***) das (bildliche / konkrete) Denken an j-n / etw. ≈ Vorstellung ⟨sich an e-n Gedanken gewöhnen; vor e-m Gedanken zurückschrecken⟩: *Der bloße G. an die Prüfung verursacht mir Magenschmerzen*; *Der G., dass mein Mann e-e Geliebte haben könnte, ist mir unerträglich* **5** das (gedankliche) Bild, die Vorstellung von etw. (Abstraktem) ≈ Begriff, Idee: *der G. der Freiheit, des Friedens* || -K: ***Abrüstungs-, Freiheits-, Friedens-, Gleichheits-, Gottes-*** || ID ***mit dem Gedanken spielen / sich mit dem Gedanken tragen*** + ***zu*** + *Infinitiv* darüber nachdenken, ob man etw. Bestimmtes tun soll; ***sich*** (*Dat*) ***seine Gedanken*** (***über j-n / etw.***) ***machen*** sich über j-n / etw. e-e Meinung bilden; ***j-n auf andere Gedanken bringen*** j-n von etw., das ihn seelisch bedrückt, ablenken; ***auf dumme Gedanken kommen*** *gespr*; etw. tun, das falsch, dumm od. unmoralisch ist; (***j-s***) ***Gedanken lesen*** (***können***) erraten (können), was j-d denkt; ***Kein G.*** (***daran***)***!*** *gespr*; ganz sicher nicht || NB: *der Gedanke*; *den, dem Gedanken, des Gedankens*

Ge·dan·ken·aus·tausch *der*; *geschr*; ein Gespräch od. Briefwechsel, bei dem jeder seine Gedanken (1) äußert: *Die Minister trafen sich zu e-m G.*

Ge·dan·ken·blitz *der*; *gespr*; e-e plötzliche (gute) Idee ⟨e-n G. haben⟩

Ge·dan·ken·gang *der*; e-e Folge von Gedanken (1), die auf ein bestimmtes Ziel gerichtet sind ⟨e-m G. folgen (können)⟩

Ge·dan·ken·le·sen *das*; die Fähigkeit zu erraten, was j-d denkt

ge·dan·ken·los *Adj*; *pej*; unüberlegt, ohne nachzudenken ↔ überlegt ⟨g. handeln, etw. g. tun⟩: *Das war g. von dir!* || *hierzu* **Ge·dan·ken·lo·sig·keit** *die*

Ge·dan·ken·sprung *der*; ein plötzlicher Wechsel von e-m Thema zu e-m anderen (*mst* im Gespräch)

Ge·dan·ken·strich *der*; das Zeichen -, das verwendet wird, um in e-m geschriebenen Text e-n Einschub od. e-e Pause in e-m Satz zu markieren

Ge·dan·ken·über·tra·gung *die*; *nur Sg*; die (scheinbare) Übertragung der eigenen Wünsche, Gedanken *o.Ä.* auf j-d anderen: *„Ich habe gerade an dich gedacht, u. jetzt rufst du an" - „Das war G.!"*

ge·dank·lich *Adj*; *nur attr od adv*; **1** auf Gedanken (1) beruhend ⟨e-e Anstrengung, e-e Leistung⟩: *Der gedankliche Aufbau des Romans ist unklar*; *etw. steht in keinem gedanklichen Zusammenhang zu etw. anderem* **2** *nur adv*; in seinen Gedanken ⟨ein Problem g. durchdringen, erfassen, verarbeiten⟩

Ge·deck *das*; *-(e)s*, *-e*; *geschr*; das Geschirr u. das Besteck, das e-e Person bei e-r Mahlzeit benutzt

ge·deckt 1 *Partizip Perfekt*; ↑ ***decken*** **2** *Adj*; *nicht adv*; (von Farben) nicht hell u. bunt ≈ gedämpft, matt: *Stoffe in gedeckten Farben* **3** *Adj*; *nicht adv*; ⟨ein Scheck⟩ so, dass man ihn einlösen kann, weil genügend Geld auf dem Konto ist ↔ ungedeckt

Ge·deih *nur in* ***auf G. u. Verderb*** *geschr* ≈ bedingungslos ⟨sich j-m auf G. u. Verderb anvertrauen; auf G. u. Verderb zusammenhalten; j-m auf G. u. Verderb (= völlig) ausgeliefert sein⟩

ge·dei·hen; *gedieh*, *ist gediehen*; [Vi] *geschr*; **1** (***irgendwie***) ***g.*** gesund u. kräftig (heran)wachsen ≈ sich gut entwickeln ⟨Kinder, Pflanzen, Tiere⟩: *Hier gedeihen die Blumen sehr gut*; *Auf diesem kargen Boden gedeiht nichts* **2** ***etw. gedeiht*** (***irgendwie***) etw. entwickelt sich (gut) ≈ etw. schreitet (gut) voran ⟨Pläne, Vorhaben⟩: *„Wie weit ist sein neues Haus schon gediehen?" - „Er kann bald einziehen"*

ge·deih·lich *Adj*; *geschr* ≈ gut, fruchtbar (2) ⟨*mst* e-e Zusammenarbeit⟩

ge·den·ken; *gedachte*, *hat gedacht*; *geschr*; [Vi] **1** ***g.*** + ***zu*** + *Infinitiv* die Absicht haben, etw. zu tun: *Was gedenken Sie zu tun?* || NB: kein Passiv!; [Vi] **2** ***j-s / etw. g.*** an e-n Toten / ein vergangenes Ereignis denken u. damit den Toten ehren, das Ereignis feiern od. darüber trauern: *Wir gedenken heute der Opfer des Zweiten Weltkriegs* || K-: ***Gedenk-, -feier, -minute, -münze, -stätte, -stein, -stunde, -tafel, -tag*** || *zu* **2 Ge·den·ken** *das*; *-s*; *nur Sg*

Ge·dicht *das*; *-(e)s*, *-e*; ein (kurzer) Text *mst* in Reimen, der in Verse u. Strophen gegliedert ist ⟨ein G. schreiben / verfassen, auswendig lernen, aufsagen⟩: *„Der Erlkönig" ist ein bekanntes G. von Goethe* || K-: ***Gedicht-, -interpretation, -sammlung, -zyklus*** || ID ***etw. ist ein G.*** *gespr*; etw. schmeckt, ist sehr gut: *Die Nachspeise war heute ein G.!* || ► ***dichten***

ge·die·gen *Adj*; **1** *nicht adv*; nicht mit anderen Metallen vermischt ≈ rein: *ein Schmuck aus gediegenem Gold* **2** von besonders guter Qualität, (handwerklich) solide u. gut verarbeitet: *In unserem Möbelgeschäft finden Sie nur gediegene Stücke* **3** ≈ gründlich, solide: *gediegene Kenntnisse in seinem Fachgebiet besitzen* || *hierzu* **Ge·die·gen·heit** *die*; *nur Sg*

ge·dieh *Imperfekt*, *1. u. 3. Person Sg*; ↑ ***gedeihen***

ge·die·hen [gəˈdiːən] *Partizip Perfekt*; ↑ ***gedeihen***

Ge·döns *das*; *-es*; *nur Sg*, *nordd gespr pej*; viel Aufregung über e-e unwichtige Angelegenheit

Ge·drän·ge *das*; *-s*; *nur Sg*; ein Durcheinander von vielen Menschen / Tieren auf engem Raum ≈ Gewühl: *Im Kaufhaus herrschte ein fürchterliches G.*; *Er kämpfte sich durchs G.* || ID (***mit etw.***) ***ins G. geraten / kommen*** *gespr*; zu wenig Zeit für etw. (eingeplant) haben u. sich deshalb beeilen müssen

ge·drängt 1 *Partizip Perfekt*; ↑ ***drängen*** **2** *Adj*; so, dass das Wichtigste kurz zusammengefasst wird ≈ gerafft, konzentriert ↔ breit: *den Lehrstoff in gedrängter Form vortragen*

ge·dro·schen *Partizip Perfekt*; ↑ ***dreschen***

ge·drückt 1 *Partizip Perfekt*; ↑ ***drücken*** **2** *Adj* ≈ bedrückt, deprimiert, niedergeschlagen ⟨in gedrückter Stimmung sein⟩ || *hierzu* **Ge·drückt·heit** *die*; *nur Sg*

ge·drun·gen 1 *Partizip Perfekt*; ↑ ***dringen*** **2** *Adj*; breit(schultrig) u. nicht sehr groß ≈ untersetzt ⟨e-e Gestalt; von gedrungenem Körperbau, Wuchs⟩

Ge·duld *die*; -; *nur Sg*; **1** die Fähigkeit od. die Bereitschaft, lange u. ruhig auf etw. zu warten ⟨viel, wenig, keine, e-e engelhafte G. haben⟩ **2** die Fähigkeit, sich zu beherrschen u. etw. zu ertragen, das unangenehm od. ärgerlich ist ≈ Beherrschung ⟨die G. verlieren, mit seiner G. am Ende sein; G. mit j-m / etw. haben⟩ **3** ***G.*** (***für / zu etw.***) die Fähigkeit, e-e schwierige u. lange dauernde Arbeit zu machen ≈ Ausdauer: *Ich habe keine G.* (dazu / dafür), *das Modell zu bauen* || ID ***sich in G. fassen / üben*** geduldig auf etw. warten; ***mit G. u. Spucke*** *gespr*; mit viel Ausdauer

ge·dul·den, sich; *geduldete sich*, *hat sich geduldet*;

[Vr] ***sich g.*** *geschr*; mit Geduld warten: *Bitte, gedulden Sie sich noch e-n Augenblick!*

ge·dul·dig *Adj*; mit Geduld ⟨etw. g. ertragen, erwarten, über sich ergehen lassen⟩

Ge·dulds·fa·den *der*; *nur in* ***j-m reißt der G.*** *gespr*; j-d verliert die Ruhe / Geduld u. wird ärgerlich

Ge·dulds·pro·be *die*; e-e langwierige Sache, bei der man viel Geduld aufbringen muss: *Das lange Warten beim Arzt ist für mich e-e große G.*

Ge·dulds·spiel *das*; **1** ein Spiel (2) *mst* für e-e einzelne Person, bei dem man viel Geschicklichkeit u. Geduld braucht **2** *pej*; e-e Arbeit *o.Ä.*, bei der man viel Geduld braucht

ge·durft *Partizip Perfekt*; ↑ ***dürfen***[2]

G

ge·ehrt 1 *Partizip Perfekt*; ↑ ***ehren* 2** *Adj*; verwendet als Teil e-r höflichen Anrede, *bes* in Briefen: *Sehr geehrter Herr ...*; *Sehr geehrte Frau ...*

ge·eig·net *Adj*; **(*als / für / zu etw.*) *g.*** für e-n bestimmten Zweck passend ≈ (für etw.) brauchbar, (für / zu etw.) tauglich ⟨e-e Maßnahme, ein Mittel; im geeigneten Moment⟩: *Bücher sind immer als Geschenk g.*; *Sie ist für schwere Arbeit nicht g.*

Geest *die*; -; *nur Sg*; flache (etwas höher gelegene) Gebiete an der Küste der Nordsee mit nicht sehr fruchtbarem, sandigem Boden || K-: ***Geest-, -land***

Ge·fahr [gəˈfaːɐ̯] *die*; -, *-en*; die Möglichkeit od. die Wahrscheinlichkeit, dass e-e Person verletzt *o.Ä.* wird od. dass e-e Sache beschädigt wird ↔ Sicherheit ⟨in akuter, ernster, tödlicher G. sein, schweben; in G. geraten, kommen; sich in G. begeben; j-n in G. bringen; e-e G. heraufbeschwören, abwenden, bannen; außer G. sein⟩: *Schadstoffe in der Luft sind e-e G. für den Wald* || K-: ***Gefahren-, -bereich, -quelle, -stelle, -zone***; ***Gefahr bringend*** || -K: ***Ansteckungs-, Explosions-, Feuer-, Kriegs-, Unfall-*** || ID **(*auch*) *auf die G. hin, dass ...*** (auch) wenn man damit rechnen muss, dass ...: *Auch auf die G. hin, dass er mich feuert, sage ich dem Chef meine Meinung*; ***G. laufen*** + ***zu*** + *Infinitiv*; *geschr*; ein Risiko eingehen: *Ein betrunkener Autofahrer läuft G., seinen Führerschein zu verlieren*; ***auf eigene G.*** auf eigene Verantwortung: *Der Patient wurde auf eigene G. vorzeitig aus dem Krankenhaus entlassen* || *hierzu* **ge·fahr·los** *Adj*; **ge·fahr·voll** *Adj*

ge·fähr·den; *gefährdete, hat gefährdet*; [Vt] ***j-n / etw. g.*** j-n / etw. in Gefahr bringen: *Durch seinen Leichtsinn hat der Busfahrer die Fahrgäste unnötig gefährdet* || *hierzu* **Ge·fähr·dung** *die*

ge·fähr·det 1 *Partizip Perfekt*; ↑ ***gefährden* 2** *Adj*; *nicht adv*; in Gefahr, kriminell, drogensüchtig *o.Ä.* zu werden ⟨Jugendliche⟩

ge·fah·ren *Partizip Perfekt*; ↑ ***fahren***

Ge·fah·ren·herd *der*; e-e Quelle besonderer od. häufiger Gefahr

Ge·fah·ren·zu·la·ge *die*; e-e Geldsumme, die man zusätzlich zum normalen Lohn / Gehalt bekommt, wenn die Arbeit, die man macht, gefährlich ist

ge·fähr·lich *Adj*; ***g.*** **(*für j-n / etw.*)** so, dass e-e Gefahr für j-n / etw. besteht: *Krebs ist e-e sehr gefährliche Krankheit*; *Rennfahrer leben g.* || ID ***j-d / etw. sieht g. aus*** *gespr hum*; j-s Kleidung, Frisur *o.Ä.* macht ihn hässlich od. lächerlich; *mst* ***Er / Sie könnte mir g. werden*** *gespr*; er / sie ist so attraktiv, dass ich mich vielleicht in ihn / sie verlieben könnte || *zu* **1 Ge·fähr·lich·keit** *die*; *nur Sg*

Ge·fährt *das*; -(e)s, *-e*; *veraltend, sonst gespr hum* ≈ Fahrzeug: *In diesem klapprigen G. soll ich mit dir nach Italien fahren?*

Ge·fähr·te *der*; *-n, -n*; j-d, mit dem man befreundet ist u. mit dem man viel Zeit verbringt || -K: ***Lebens-, Reise-, Spiel-*** || NB: *der Gefährte*; *den, dem, des Gefährten* || *hierzu* **Ge·fähr·tin** *die*; -, *-nen*

Ge·fäl·le *das*; *-s*, -; *mst Sg*; **1** der Grad, mit dem etw. (*z.B.* ein Gelände, e-e Straße, ein Fluss *usw*) schräg nach unten verläuft, sich neigt ≈ Neigung ↔ Steigung ⟨ein leichtes, starkes G.⟩: *Die Straße hat ein G. von 8%* || -K: ***Fluss-, Straßen-*** **2** *geschr*; der Unterschied (im Wert od. im Niveau) zwischen zwei od. mehreren Dingen, die verglichen werden: *das starke / große wirtschaftliche u. soziale G. zwischen den Industriestaaten u. den Ländern der Dritten Welt* || -K: ***Bildungs-, Einkommens-***

ge·fal·len[1]; *gefällt, gefiel, hat gefallen*; [Vi] **(*j-m*) *g.*** so sein, dass sich j-d anderer darüber freut od. es schön findet ⟨j-d / etw. gefällt j-m gut, sehr, wenig, gar nicht; etw. gefällt j-m an j-m / etw.⟩: Es *gefällt mir gar nicht*, dass *ich heute länger arbeiten muss*; *Gefalle ich dir mit meiner neuen Frisur?*

ge·fal·len[2] *nur in* ***sich*** (*Dat*) ***etw. g. lassen*** *gespr*; sich gegen etw. nicht wehren, sondern es ruhig ertragen ≈ etw. hinnehmen: *Warum lässt du dir seine Gemeinheiten g.?*; *Lass dir das doch nicht g.!* || ID ***'Das lasse ich mir g.!***; ***'So lasse ich mir das g.!*** *hum gespr*; verwendet, um auszudrücken, dass man mit etw. sehr zufrieden ist

ge·fal·len[3] **1** *Partizip Perfekt*; ↑ ***fallen* 2** *Partizip Perfekt*; ↑ ***gefallen***[1]

Ge·fal·len[1] *der*; *-s*; *nur Sg*; etw., das man aus Freundlichkeit für j-n tut ≈ Gefälligkeit ⟨j-m e-n (großen, kleinen) G. tun / erweisen⟩: *Tu mir bitte den G. u. hör mit diesem Lärm auf!*; *Kannst du mir e-n großen G. tun u. mir ein Buch aus der Stadt mitbringen?*

Ge·fal·len[2] *das*; *-s*; *nur Sg*; *mst in* ***G. an j-m / etw. finden, haben*** j-n sympathisch finden, etw. mögen: *an e-m Mädchen G. finden*; *kein G. an der neuesten Mode haben*

Ge·fal·le·ne *der*; *-n, -n*; ein Soldat, der im Krieg getötet worden ist || NB: *ein Gefallener*; *der Gefallene*; *den, dem, des Gefallenen*

ge·fäl·lig *Adj*; **1** so (beschaffen), dass man es gern ansieht ≈ ansprechend ↔ abstoßend ⟨e-e Aufmachung, ein Aussehen *usw*⟩: *Unsere Verkäuferinnen müssen auf ein gefälliges Äußeres achten* **2 (*j-m*) *g.*** gern bereit, j-m zu helfen ≈ hilfsbereit, zuvorkommend ↔ ungefällig ⟨sich (j-m) g. erweisen / zeigen⟩ || ID *mst* **(*ist*) (*sonst*) *noch etwas g.?*** *oft iron*; wünschst du / wünschen Sie (sonst) noch etwas?

Ge·fäl·lig·keit *die*; -, *-en*; **1** etw., das man aus Freundlichkeit u. Hilfsbereitschaft für j-n tut (u. das nicht sehr schwierig ist u. nicht sehr viel Zeit kostet) ⟨j-m e-e G. erweisen⟩ **2** *nur Sg*; die Bereitschaft, j-m e-e G. (1) zu tun ≈ Hilfsbereitschaft ⟨etw. aus (reiner) G. tun⟩

ge·fäl·ligst 1 *Superlativ*; ↑ ***gefällig* 2** *Partikel*; *betont, gespr*; verwendet in Befehlen u. Forderungen, um auszudrücken, dass man ungeduldig u. ärgerlich ist: *Komm g. sofort her!*; *Warte g. auf mich!*

ge·fan·gen *Partizip Perfekt*; ↑ ***fangen***

> **ge·fan·gen hal·ten**; *hält gefangen, hielt gefangen, hat gefangen gehalten*; [Vt] ***j-n / ein Tier g. h.*** j-n in e-m Gefängnis *o.Ä.*, ein Tier in e-m Käfig *o.Ä.* (fest)halten u. nicht weggehen lassen
>
> **ge·fan·gen neh·men**; *nimmt gefangen, nahm gefangen, hat gefangen genommen*; [Vt] **1 *j-n g. n.*** *mst* im Krieg e-n Soldaten fangen || NB: Ein Verbrecher wird von der Polizei *festgenommen* od. *verhaftet* **2 *etw. nimmt j-n gefangen*** etw. zieht j-s Aufmerksamkeit auf sich ≈ etw. fesselt j-n: *Ihr Charme hat ihn ganz gefangen genommen* || *zu* **1 Ge·fan·gen·nah·me** *die*; -; *nur Sg*

Ge·fan·ge·ne *der / die*; *-n, -n*; **1** j-d, der (zur Strafe für ein Verbrechen) im Gefängnis ist ≈ Häftling, Sträfling ⟨ein politischer Gefangener⟩ || -K: ***Straf-*** **2** j-d, *bes* ein Soldat, der im Krieg vom Feind gefangen genommen worden ist ⟨Gefangene machen, austauschen, freilassen⟩ || K-: ***Gefangenen-, -austausch, -lager*** || -K: ***Kriegs-*** || NB: *ein Gefangener*; *der Gefangene*; *den, dem, des Gefangenen*

Ge·fan·gen·schaft *die*; *-*; *nur Sg*; **1** der Zustand, ein Gefangener zu sein (*z.B.* als Soldat in e-m Gefangenenlager) ⟨in G. geraten, sein; aus der G. entlassen werden, heimkehren⟩ || -K: ***Kriegs-*** **2** (von Tieren) der Zustand, in e-m Käfig, Zoo *o.Ä.* leben zu müssen ⟨Tiere in G. halten⟩

Ge·fäng·nis *das*; *-ses, -se*; **1** ein Gebäude, in dem Personen eingesperrt sind, die ein Verbrechen begangen haben (u. vom Gericht zu e-r Haftstrafe verurteilt worden sind) ⟨ins G. kommen; im G. sein, sitzen⟩ || K-: ***Gefängnis-, -aufseher, -direktor, -insasse, -wärter, -zelle*** || -K: ***Frauen-, Untersuchungs-*** **2** *nur Sg*, *Kurzw* ↑ ***Gefängnisstrafe***: *Auf Raub steht G.* / *stehen fünf Jahre G.*; *zu zwei Jahren G. verurteilt werden*

Ge·fäng·nis·stra·fe *die*; e-e Strafe für ein Verbrechen, die darin besteht, dass man e-e bestimmte Zeit im Gefängnis bleiben muss ≈ Freiheitsstrafe, Haftstrafe ↔ Geldstrafe ⟨e-e G. absitzen, verbüßen⟩

Ge·fäß *das*; *-es, -e*; **1** ein relativ kleiner Behälter, *mst* für Flüssigkeiten ⟨etw. in ein G. füllen / schütten, tun⟩: *Krüge u. Schüsseln sind Gefäße* || -K: ***Trink-*** **2** *mst Pl*; sehr kleine Röhren im Körper von Menschen u. Tieren (die Blut od. Lymphe führen) ≈ Ader || K-: ***Gefäß-, -chirurg, -erweiterung, -krankheit, -verengung, -wand*** || -K: ***Blut-, Lymph-***

ge·fasst **1** *Partizip Perfekt*; ↑ ***fassen*** **2** *Adj*; so, dass man seine Gefühle unter Kontrolle hat u. nicht weint u. klagt ≈ beherrscht, ruhig: *Sie nahm die Nachricht von seinem Tod g. auf* **3** ***auf etw.*** (*Akk*) ***g. sein*** mit etw. Unangenehmem rechnen ⟨auf das Schlimmste g. sein⟩ **4** ***sich auf etw.*** (*Akk*) ***g. machen*** *gespr*; etw. Schlimmes od. Unangenehmes erwarten u. sich seelisch darauf einstellen: *Nach dem Urlaub kannst du dich auf einiges g. machen!*

Ge·fecht *das*; *-(e)s, -e*; **1** ein *mst* kurzer Kampf zwischen zwei feindlichen Gruppen in e-m Krieg *o.Ä.*: *Sie lieferten sich* (= hatten) / *Er lieferte sich mit ihm ein* (*blutiges, hartes*) *G.* || -K: ***Feuer-, Schein-*** **2** ein Streit mit Worten: *Gegner u. Befürworter der Abtreibung lieferten sich ein hitziges G.* || -K: ***Wort-*** || ID ***j-n außer G. setzen*** **a)** j-n so verletzen od. behindern, dass er nicht mehr kämpfen kann; **b)** j-n daran hindern, wirksam zu handeln *o.Ä.*: *Der Schnupfen hat ihn völlig außer G. gesetzt*; ***etw. ins G. führen*** in e-r Diskussion etw. als Argument vorbringen || *zu* **1** ***ge·fechts·be·reit*** *Adj*

ge·feit *Adj*; *geschr*; ***gegen etw. g. sein*** vor etw. geschützt, sicher sein: *Der Bär ist durch sein dickes Fell gegen die Kälte g.*; *Er glaubt, gegen Alkohol g. zu sein*

Ge·fie·der *das*; *-s, -*; *Kollekt*; alle Federn e-s Vogels ⟨ein Vogel putzt, sträubt sein G., plustert sein G. auf⟩

ge·fie·dert *Adj*; *nicht adv*; **1** mit Federn: *die Vögel, unsere gefiederten Freunde*; *ein bunt gefiederter Papagei* **2** *Bot*; e-r Feder ähnlich ⟨ein Blatt⟩

Ge·fil·de *das*; *-s, -*; *mst Pl*, *lit*; e-e schöne Landschaft od. Gegend

Ge·flecht *das*; *-(e)s, -e*; **1** etw. Geflochtenes ≈ Flechtwerk || -K: ***Bast-, Draht-, Weiden-*** **2** ein dichtes Gewirr aus länglichen Teilen: *Ein Vogel hat sich im G. des Busches ein Nest gebaut* || -K: ***Wurzel-***

ge·fleckt *Adj*; *nicht adv*; mit (farbigen) Flecken ≈ gesprenkelt ⟨ein Fell, ein Gefieder, ein Stoff⟩: *e-e schwarzweiß gefleckte Kuh* || NB: ↑ ***fleckig***

ge·flis·sent·lich *Adv*; *geschr* ≈ absichtlich ⟨j-n g. ignorieren, übersehen⟩: *j-s Vorwurf g. überhören*

ge·floch·ten *Partizip Perfekt*; ↑ ***flechten***

ge·flo·gen *Partizip Perfekt*; ↑ ***fliegen***

ge·flo·hen [gəˈfloːən] *Partizip Perfekt*; ↑ ***fliehen***

ge·flos·sen *Partizip Perfekt*; ↑ ***fließen***

Ge·flü·gel *das*; *-s*; *nur Sg*, *Kollekt*; **1** alle Vögel wie *z.B.* Hühner, Enten od. Gänse, die man isst od. wegen der Eier hält || K-: ***Geflügel-, -farm, -zucht*** || -K: ***Wild-*** **2** das Fleisch von G. (1) || K-: ***Geflügel-, -salat, -wurst***

ge·flü·gelt *Adj*; *nicht adv*; (*mst* von Insekten *o.Ä.*) mit Flügeln[1] (1) || NB: ↑ ***Wort***

ge·foch·ten *Partizip Perfekt*; ↑ ***fechten***

Ge·fol·ge *das*; *-s, -*; *mst Sg*, *Kollekt*; **1** alle Leute, die e-e wichtige Person begleiten u. für sie arbeiten: *Etwa vierzig Ritter bildeten das G. des Königs* || K-: ***Gefolgs-, -herr*** **2** alle Leute, die bei e-r Beerdigung den Toten zum Grab begleiten

Ge·folg·schaft *die*; *-, -en*; **1** *Kollekt*; alle treuen Anhänger e-r (berühmten) Person ≈ Anhängerschaft **2** *nur Sg*, *veraltend*; Gehorsam, Treue (*bes* gegenüber e-m Herrscher) ⟨j-m G.leisten⟩ **3** ***j-m die G.*** (***auf***)***kündigen*** / ***verweigern*** *geschr*; sich weigern, weiterhin für j-n zu arbeiten

Ge·folgs·mann *der*; *-es*, *Ge·folgs·leu·te* / *Ge·folgs·män·ner*; *veraltend* ≈ Anhänger ⟨seine Gefolgsleute um sich scharen / versammeln⟩

ge·fragt **1** *Partizip Perfekt*; ↑ ***fragen*** **2** *Adj*; *nicht adv*; ⟨ein Künstler, ein Artikel⟩ so, dass viele Leute sie gern haben, beschäftigen *o.Ä.* möchten: *ein gefragtes Fotomodell*; *Dieser Autotyp ist stark g.*

ge·frä·ßig *Adj*; *pej*; (von Menschen u. Tieren) so, dass sie gern sehr viel essen ≈ unersättlich: *gefräßige Heuschrecken* || *hierzu* **Ge·frä·ßig·keit** *die*; *nur Sg*

Ge·frei·te *der*; *-n, -n*; *Mil*; ein Soldat mit dem zweitniedrigsten Rang || NB: *ein Gefreiter*; *der Gefreite*; *den, dem, des Gefreiten*

ge·fres·sen *Partizip Perfekt*; ↑ ***fressen***

Ge·frier- *im Subst*; verwendet *mst* in Bezeichnungen für Geräte u. Behälter, in denen man Lebensmittel durch Gefrieren konserviert; das ***Gefrierfach***, der ***Gefrierschrank***, die ***Gefriertruhe***, der ***Gefrierbeutel***, die ***Gefrierdose***

ge·frie·ren; *gefror, ist gefroren*; [Vi] ***etw. gefriert*** etw. wird durch Kälte zu Eis od. fest u. hart: *Der Boden ist gefroren*

ge·frier·ge·trock·net *Adj*; *nicht adv*; bei niedrigen Temperaturen im Vakuum gefroren u. getrocknet ⟨Kaffee⟩

Ge·frier·punkt *der*; *nur Sg*; die Temperatur, bei der etw. (*bes* Wasser) gefriert ↔ Siedepunkt || ID *mst* ***die Stimmung sank unter den G.*** *gespr*; die Stimmung wurde sehr unfreundlich u. kühl (2)

ge·fro·ren **1** *Partizip Perfekt*; ↑ ***frieren*** **2** *Partizip Perfekt*; ↑ ***gefrieren***

Ge·fü·ge *das*; *-s, -*; **1** etw., das aus einzelnen Teilen (sachgerecht) zu e-m Ganzen zusammengesetzt ist ≈ Konstruktion: *ein G. aus Balken* **2** die Art u. Weise, in der einzelne Elemente / Teile ein (harmonisches) Ganzes bilden ≈ Aufbau, Struktur: *das wirtschaftliche u. soziale G. e-s Staates* || -K: ***Lohn-, Preis-, Sozial-, Wirtschafts-***

ge·fü·gig *Adj*; *pej*; ⟨ein Mensch⟩ so, dass er immer das tut, was ein anderer will: *sich j-n* (*durch Drohungen*) *g. machen* || *hierzu* **Ge·fü·gig·keit** *die*; *nur Sg*

Ge·fühl *das*; *-s, -e*; **1** ***ein G.*** (+ *Gen* / ***von etw.***) *nur Sg*; das, was man mithilfe der Nerven (des Tastsinns) am Körper spürt ≈ Empfindung ⟨ein G. der / von Kälte, Wärme, Nässe *usw* haben, verspü-

G

ren⟩: *Nach dem Unfall hatte sie kein G. mehr in den Beinen* || -K: **Durst-, Hunger-, Schwindel- 2 ein G.** (+ *Gen*) das, was man in seinem Inneren (nicht mit dem Verstand) empfindet, spürt ≈ Emotion, Empfindung ⟨ein beglückendes, beruhigendes G.; ein G. der Angst, Erleichterung, Freude, Geborgenheit, Unsicherheit; ein G. beherrschen, unterdrücken, verdrängen, verbergen, zeigen; sich seiner Gefühle schämen⟩: *das G. zu ersticken* || *K-*: **Gefühls-, -ausbruch**; **gefühls-, -betont** || -K: **Abhängigkeits-, Angst-, Glücks-, Hass-, Rache-, Schuld- 3** *nur Sg*; ein undeutliches Wissen, das auf Intuition, nicht auf dem Verstand beruht ≈ Ahnung, Vermutung ⟨ein mulmiges, ungutes G. bei etw. haben⟩: *Ich habe das dumpfe G.*, dass *heute noch etw. Schlimmes passiert* **4 ein G.** (**für etw.**) *nur Sg*; die Fähigkeit, etw. instinktiv richtig einzuschätzen od. zu machen ≈ ein Gespür für etw. ⟨etw. im G. haben⟩: *ein G. für Farben u. Formen, Rhythmus, Recht u. Unrecht haben* || -K: **Pflicht-, Scham-, Verantwortungs-, Zeit-** || ID **j-s Gefühle erwidern** *geschr*; j-s Zuneigung erwidern (indem man ihm seine Zuneigung zeigt); **mit gemischten Gefühlen** mit positiven u. zugleich negativen Gefühlen (2); **etw. ist das höchste der Gefühle** *gespr, oft iron*; etw. ist das Beste, was man sich vorstellen od. erwarten kann || *zu* **1** u. **2 ge·fühl·los** *Adj*; *zu* **2 ge·fühls·arm** *Adj*; *nicht adv*

Ge·fühls·du·se·lei *die*; -, *-en*; *mst Sg, pej*; ein Verhalten, bei dem j-d zu viele Gefühle (2) zeigt ≈ Sentimentalität

ge·fühls·kalt *Adj*; **1** nicht fähig od. bereit, auf die Gefühle anderer einzugehen ≈ gefühllos, herzlos **2** ≈ frigide || *hierzu* **Ge·fühls·käl·te** *die*

Ge·fühls·le·ben *das*; alle Gefühle (2), die j-d hat: *Eintönige Arbeit wirkt sich negativ auf das G. aus*

ge·fühls·mä·ßig *Adj*; *nur attr od adv*; so, wie es dem Gefühl (2) entspricht ↔ verstandesmäßig ⟨e-e Reaktion; etw. g. entscheiden⟩

Ge·fühls·mensch *der*; j-d, der in seinem Verhalten hauptsächlich vom Gefühl (2) u. nicht vom Verstand beeinflusst wird ↔ Verstandesmensch

Ge·fühls·sa·che *die*; *mst in* **etw. ist** (**reine**) **G.** etw. wird nur nach dem Gefühl (4) beurteilt: „*Woher willst du wissen, dass sie es war?*" - „*Das ist reine G.*"

ge·fühl·voll *Adj*; **1** zu tiefen Gefühlen (2) fähig ≈ empfindsam, sensibel ↔ gefühlsarm ⟨ein Mensch⟩ **2** *oft pej*; mit Gefühl, etwas sentimental ⟨e-e Schwärmerei; ein Gedicht g. vortragen⟩

ge·fun·den *Partizip Perfekt*; ↑ **finden**

ge·gan·gen *Partizip Perfekt*; ↑ **gehen**

ge·ge·ben 1 *Partizip Perfekt*; ↑ **geben 2** *Adj*; *nicht adv, geschr*; als Tatsache bestehend ≈ unumstößlich ⟨etw. als g. hinnehmen, voraussetzen; unter den gegebenen Umständen⟩ **3** *Adj*; *nur attr, nicht adv*; für e-n bestimmten Zweck geeignet, passend ≈ günstig: *Wir werden zum gegebenen Zeitpunkt auf ihr Angebot zurückkommen* **4** *Adj*; *nicht adv, Math*; vor dem Rechnen bereits bekannt ↔ gesucht ⟨e-e Größe, e-e Zahl⟩ || *zu* **1 Ge·ge·ben·heit** *die*

ge·ge·be·nen·falls *Adv*; *geschr*; wenn ein bestimmter Fall eintritt; *Abk* ggf.: *G. wird die Regierung neue Gesetze erlassen*

ge·gen[1] *Präp*; *mit Akk*; **1** in Richtung auf j-n / etw. hin: *sich mit dem Rücken g. die Wand lehnen*; *ein Dia g. das Licht halten* **2** in die Richtung, aus der j-d / etw. kommt ≈ entgegen, wider: *g. die Strömung schwimmen* **3 g.** + *Zeitangabe*; ungefähr zu dem genannten Zeitpunkt: *Wir treffen uns dann* (*so*) *g. acht Uhr auf dem Rathausplatz* **4** verwendet mit bestimmten Substantiven, Adjektiven u. Verben, um e-e Ergänzung anzuschließen: *der Kampf g. die Umweltverschmutzung*; *misstrauisch g. j-n sein*; *allergisch g. Pollen sein*; *g. etw. protestieren*; *sich g. die Todesstrafe aussprechen* **5** verwendet, um e-n Gegensatz, e-n Widerstand *o.Ä.* zu bezeichnen ≈ entgegen, wider: *g. alle Vernunft*, *g. j-s Willen handeln* **6** verwendet, um die Bedingung auszudrücken, unter der man etw. erhält ≈ im Austausch für: *Diese Arznei ist nur g. Rezept erhältlich*; *Die Ware wird nur g. Barzahlung geliefert* **7** *gespr* ≈ im Vergleich zu: *G. ihn bist du ein Riese* **8** *Sport*; verwendet, um bei e-m sportlichen Wettkampf *o.Ä.* den Gegner anzugeben ⟨g. j-n spielen, gewinnen, verlieren⟩: *Das Pokalspiel Hamburg g. Köln endete 3:1* **9** drückt aus, dass etw. zur Bekämpfung e-r Krankheit *o.Ä.* verwendet wird ≈ für (11): *ein Mittel g. Kopfschmerzen*

ge·gen[2] *Adv*; *gespr*; **g.** + *Zahlenangabe* ≈ ungefähr, etwa: *Es waren g. fünftausend Menschen zu der Demonstration erschienen*

Ge·gen- *im Subst, betont, sehr produktiv*; **1** drückt aus, dass j-d / etw. aus der entgegengesetzten Richtung kommt; das **Gegenlicht**, die **Gegenströmung 2** drückt aus, dass etw. zur Widerlegung od. zur Bekämpfung von etw. verwendet wird; das **Gegenbeispiel**, der **Gegenbeweis**, das **Gegengewicht**, die **Gegenmaßnahme**, das **Gegenmittel 3** drückt aus, dass etw. e-e Reaktion auf etw. Ähnliches od. Vergleichbares ist; das **Gegenangebot**, der **Gegenangriff**, das **Gegenargument**, die **Gegenbehauptung**, der **Gegenbesuch**, die **Gegenforderung**, die **Gegenfrage**, das **Gegengeschenk**, die **Gegengewalt**, die **Gegenleistung**, die **Gegenliebe**, die **Gegenoffensive**, die **Gegenspionage**, der **Gegenvorschlag**

Ge·gen·an·zei·ge *die*; *Med* ≈ Kontraindikation

Ge·gen·be·we·gung *die*; **1** e-e Bewegung[1] (2) in die andere Richtung ⟨e-e G. auslösen⟩ **2** e-e organisierte Gruppe, die in Opposition zu etw. steht

Ge·gen·be·such *der*; *mst in* **e-n G. machen** j-n besuchen, der einen (kurz) vorher selbst besucht hat

Ge·gend *die*; -, *-en*; **1** ein (*mst* relativ kleiner) Teil e-r Landschaft, dessen Grenzen nicht genau bestimmt sind ⟨e-e einsame, verlassene, gebirgige G.; durch die G. fahren, sich die G. ansehen⟩: *Unsere Reise führte uns durch die schönsten Gegenden Frankreichs* **2** ein Teil der Stadt, dessen Grenzen nicht genau bestimmt sind ≈ Stadtviertel: *in e-r vornehmen G. wohnen* || -K: **Bahnhofs-, Villen- 3 die G. um** + *Ortsbezeichnung* die (nähere) Umgebung e-r Stadt: *Sie wohnt in der G. um Frankfurt* **4 in der G.** + *Gen* an e-m nicht näher bestimmten Bereich am Körper: *Schmerzen in der G. des Herzens* || -K: **Blinddarm-, Herz-, Magen- 5** *nur Sg, gespr*; die Bewohner e-r bestimmten G. (2): *Die ganze G. strömte zusammen, als die Kirche brannte* || ID **j-d macht die G. unsicher** *gespr*; j-d streift irgendwo herum u. begeht kleine (kriminelle) Delikte: *E-e Bande von Halbstarken machte die G. unsicher*

Ge·gen·dar·stel·lung *die*; e-e Darstellung e-s Sachverhalts durch e-n Betroffenen, mit der e-e anders lautende Darstellung in der Presse od. im Fernsehen korrigiert werden soll. Die Medien können rechtlich gezwungen werden, e-e solche Darstellung zu veröffentlichen ⟨e-e G. veröffentlichen⟩

ge·gen·ei·nan·der[1] *Adv*; e-e Person / Sache gegen die andere (drückt e-e Gegenseitigkeit aus): *Gerd u. Peter kämpften g.* (= Gerd kämpfte gegen Peter, u. Peter gegen Gerd); *Die Spione wurden g. ausgetauscht*; *zwei Freundinnen g. ausspielen*

ge·gen·ei·nan·der[2] *mit Verb, wenig produktiv*; Die Verben mit *gegeneinander* werden nach folgendem Muster gebildet: *gegeneinander stoßen - stießen gegeneinander - gegeneinander gestoßen*

gegeneinander bezeichnet die Richtung von

j-m / etw. auf j-d anderen / etw. anderes zu (u. umgekehrt); **gegeneinander stoßen**: *Die beiden Autos stießen gegeneinander* (= Ein Auto stieß gegen das andere u. umgekehrt)
ebenso: **etw.** (*Pl*) **gegeneinander drücken, etw.** (*Pl*) **gegeneinander pressen, etw.** (*Pl*) **gegeneinander schlagen**

Ge·gen·fahr·bahn *die*; die Fahrbahn, auf der der Gegenverkehr fährt

Ge·gen·ge·wicht *das*; **1** ***ein G.*** (***zu etw.***) ein Gewicht (6), das ein anderes Gewicht ausgleicht, aufhebt **2** ***ein G.*** (***zu etw.***) ein Gegensatz als (notwendiger) Ausgleich: *Ihre Liebe war ein G. zu seiner Härte u. Ungeduld*

Ge·gen·gift *das*; ein Gift, das gegen die Auswirkungen e-s anderen Giftes hilft

Ge·gen·kan·di·dat *der*; j-d, der bei e-r Wahl[2] (1) gegen e-n Konkurrenten kandidiert: *Die Opposition stellte e-n Gegenkandidaten auf*

ge·gen·läu·fig *Adj*; in entgegengesetzter Richtung ⟨e-e Bewegung; e-e Entwicklung, e-e Tendenz⟩

Ge·gen·leis·tung *die*; ***e-e G.*** (***für etw.***) etw., das man j-m gibt od. das man für ihn tut, weil er einem etw. gegeben od. etw. für einen getan hat: *Er reparierte ihr kaputtes Auto. Als G. (dafür) bekam er fünf Flaschen Wein*; *Keine Leistung ohne G.!*

Ge·gen·licht *das*; *nur Sg*; (beim Fotografieren) Licht, das genau in die Richtung der Kamera fällt || K-: ***Gegenlicht-, -aufnahme***

Ge·gen·lie·be *die*; *mst in* (***bei j-m***) ***auf G. stoßen*** von j-m e-e positive Reaktion auf etw. erhalten: *Er ist mit seinen Vorschlägen auf wenig G. gestoßen* || NB: *mst* verneint od. eingeschränkt verwendet

Ge·gen·mit·tel *das*; ein Mittel, das gegen e-e Krankheit, ein Gift *usw* hilft

Ge·gen·par·tei *die*; **1** e-e Gruppe, die e-e andere (entgegengesetzte) Meinung hat als e-e andere Gruppe **2** *Jur*; der Gegner vor Gericht (*z.B.* einer der Ehepartner bei e-r Scheidung) **3** ***die G. ergreifen*** sich (als Dritter) auf die Seite der G. (1) stellen

Ge·gen·pol *der*; **1** der andere (entgegengesetzte) Pol (3) **2** ***j-s G.*** j-d, der (*mst* in seinem Charakter u. Temperament) ganz anders ist als e-e andere Person

Ge·gen·pro·be *die*; die Überprüfung e-s (Rechen)Ergebnisses *o.Ä.* durch umgekehrtes Rechnen (also *z.B.* durch Subtrahieren vom Ergebnis, wo man vorher zum Ergebnis hin addierte)

Ge·gen·re·ak·ti·on *die*; e-e Reaktion als Antwort auf e-e Reaktion, die vorher erfolgt ist

Ge·gen·re·de *die*; *mst Sg*; **1** *geschr* ≈ Antwort, Erwiderung **2** ≈ Widerspruch

Ge·gen·rich·tung *die*; die (Fahrt)Richtung, die der eigenen Richtung entgegengesetzt ist: *In der G. war ein kilometerlanger Stau*

Ge·gen·satz *der*; **1** ein großer, wichtiger Unterschied zwischen zwei Personen, Dingen, Eigenschaften *usw* ≈ Kontrast: *Diese beiden Aussagen stehen in e-m eklatanten, krassen G. zueinander / stellen e-n eklatanten G. dar* **2** ***im G. zu j-m / etw.*** im Unterschied zu j-m / etw., als Kontrast zu j-m / etw.: *Er ist 1,90m groß - Im G. zu ihm ist sein Vater ziemlich klein*

ge·gen·sätz·lich *Adj*; ⟨Meinungen, Standpunkte⟩ so, dass sie sich stark voneinander unterscheiden ≈ unterschiedlich

Ge·gen·schlag *der*; **1** ein Schlag als Reaktion auf e-n Schlag, den man vorher von j-m bekommen hat **2** e-e (militärische od. polizeiliche) Maßnahme als Reaktion auf e-e vorausgegangene Provokation od. e-n (militärischen) Angriff: *Die Polizei holte zum G. gegen die Drogenmafia aus*

Ge·gen·sei·te *die*; **1** die andere, gegenüberliegende Seite von etw.: *Er grüßte von der G. der Straße freundlich herüber* **2** ≈ Gegenpartei (1,2), Gegner

ge·gen·sei·tig *Adj*; **1** so, dass einer für den anderen tut, was der andere für ihn tut ≈ wechselseitig ⟨Beeinflussung, Hilfe⟩: *Sie haben sich g. bei der Arbeit geholfen* **2** beide Seiten betreffend: *Sie trennten sich im gegenseitigen Einvernehmen*

Ge·gen·sei·tig·keit *die*; -; *nur Sg*; *mst in* ***etw. beruht auf G.*** etw. ist in gleichem Maße (sowohl bei dem einen als auch bei dem anderen) vorhanden: *Das gute Verhältnis zu seinen Nachbarn beruht auf G.*

Ge·gen·spie·ler *der*; **1** ≈ Gegner, Widersacher **2** ein Spieler (beim Sport od. bei Spielen wie *z.B.* Schach), der gegen e-n anderen spielt, kämpft

Ge·gen·sprech·an·la·ge *die*; e-e Sprechanlage an Türen *usw*, bei der man durch Drücken e-s Knopfes (2) mit j-m im Inneren e-s Hauses sprechen kann

Ge·gen·stand *der*; **1** ein *mst* relativ kleiner, fester Körper, den man nicht genauer benennen kann od. will ≈ Ding ⟨ein eckiger, kantiger, runder, ovaler, schwerer G.⟩ || -K: ***Gebrauchs-***; ***Glas-***, ***Metall-***; ***Kunst-*** **2** *mst Sg*; ***der G.*** + *Gen* das, worauf j-s Handeln gerichtet ist ≈ Objekt (1), Ziel (4): *Die Rede des Ministers wurde zum G. heftiger Kritik der Opposition* **3** *mst Sg*; ***der G.*** + *Gen* der zentrale Gedanke e-s Gesprächs, e-r (wissenschaftlichen) Untersuchung, Abhandlung *o.Ä.* ≈ Thema: *Die Manipulation von Genen war der G. seines Vortrags* || -K: ***Diskussions-***, ***Forschungs-***, ***Gesprächs-***

ge·gen·ständ·lich *Adj*; so, dass die gemalten od. geformten Gegenstände aussehen wie in der Wirklichkeit (u. dass man sie erkennen kann) ≈ konkret ↔ abstrakt ⟨e-e Darstellung, Kunst, Malerei⟩ || *hierzu* **Ge·gen·ständ·lich·keit** *die*; *nur Sg*

ge·gen·stands·los *Adj*; **1** nicht gerechtfertigt ≈ unbegründet ⟨ein Verdacht, ein Vorwurf⟩ **2** nicht mehr notwendig, weil sich die Umstände geändert haben ≈ hinfällig, überflüssig: *Falls Sie bereits gezahlt haben sollten, betrachten Sie diese Mahnung als g.!* || *hierzu* **Ge·gen·stands·lo·sig·keit** *die*; *nur Sg*

ge·gen·steu·ern; *steuerte gegen, hat gegengesteuert*; [Vi] **1** (beim Autofahren) das Auto kurz in e-e andere Richtung lenken, um *z.B.* die Wirkung des Windes auszugleichen **2** ***etw.*** (*Dat*) ***g.*** Maßnahmen ergreifen, um e-e unerwünschte Entwicklung zu bremsen od. zu stoppen: *Politiker u. Kirchen versuchen, dem Trend zum Extremismus gegenzusteuern*

Ge·gen·stim·me *die*; e-e Stimme, die bei e-r Abstimmung gegen e-n Kandidaten od. e-n Antrag abgegeben wird: *Der Antrag wurde mit einer G. angenommen*

Ge·gen·stoß *der*; **1** ein Stoß als Reaktion auf e-n Stoß, den man vorher von j-m bekommen hat **2** ≈ Gegenschlag (2)

Ge·gen·stück *das*; **1** e-e Person / Sache, die j-d / etw. anderem genau entspricht **2** ≈ Gegenteil

Ge·gen·teil *das*; *mst Sg*; e-e Person, Sache, Eigenschaft *usw*, die völlig andere Merkmale hat als e-e andere Person, Sache, Eigenschaft *usw*: *Das G. von „groß" ist „klein"*; *Rita ist ein sehr ruhiges Mädchen - ihr Bruder ist genau das G. von ihr*; *Zuerst schienen unsere Pläne erfolgreich zu sein, doch bald schlug alles ins G. um* || ID (***ganz***) ***im G.*** verwendet, um e-e Antwort einzuleiten, durch die e-e Frage verneint wird, od. um e-r Aussage völlig zu widersprechen ≈ keineswegs: *„Du bist sicher todmüde!" - „Oh nein, ganz im G.!"* || *hierzu* **ge·gen·tei·lig** *Adj*

Ge·gen·tor *das*; *Sport*; ein Tor[2] (2), das von der Gegenmannschaft erzielt wird

G

ge·gen·ü̲ber[1] *Präp*; *mit Dat*; **1** das Gesicht od. die Vorderseite genau dem Gesicht / der Vorderseite von j-m / etw. zugewandt: *Er setzte sich seinem Nachbarn g.*; *Ihr Haus steht g. der Kirche* **2** verwendet, um e-n Vergleich herzustellen: *G. der Hochsaison ist die Nachsaison besonders billig*; *Sie ist dir g. im Vorteil* **3** ***j-m g.*** im Verhalten, Umgang mit j-m: *Mir g. ist sie immer sehr nett* || NB: Bei Personalpronomen wird *g.* immer nachgestellt: *Er wohnt ihr g.*

ge·gen·ü̲ber[2] *Adv*; auf der entgegengesetzten Seite von etw. ⟨direkt, genau, schräg g.⟩: *Wir stehen hier am Nordufer des Bodensees - direkt g. liegt die Schweiz*

Ge·gen·ü̲ber *das*; *-s*, *-*; ***j-s G.*** j-d, der sich gegenüber[1] (1) von j-m befindet: *Im Zug kam ich mit meinem G. ins Gespräch*

ge·gen·ü̲ber- *im Verb, betont u. trennbar, wenig produktiv*; Die Verben mit *gegenüber-* werden nach folgendem Muster gebildet: *gegenübersitzen - saß gegenüber - gegenübergesessen*

gegenüber- drückt (in Verbindung mit *sich* od. *einander*) aus, dass j-s Gesicht od. die Vorderseite von etw. genau dem Gesicht / der Vorderseite von j-m / etw. zugewandt ist bzw. wird;

sich (*Dat Pl*) ***/ einander gegenübersitzen***: *Sie saßen sich / einander im Zug gegenüber* ≈ Der eine saß auf der einen Seite (des Abteils), u. ihm zugewandt saß auf der anderen Seite der andere ebenso: ***j-m / etw. / sich*** (*Pl*) ***/ einander gegenüberliegen, gegenüberstehen***; ***sich j-m / etw. gegenübersetzen, gegenüberstellen***

ge·gen·ü̲ber·ste·hen (*hat*) [Vi] **1** ***j-m / etw. g.*** so stehen, dass das Gesicht dem Gesicht von j-d anderem od. e-m Gebäude, Objekt *o.Ä.* zugewandt ist: *Als sie um die Ecke bog, stand sie plötzlich e-r alten Freundin gegenüber* **2** ⟨Personen⟩ ***stehen sich gegenüber*** zwei od. mehrere Personen stehen so, dass sie sich gegenseitig anblicken: *Sie standen sich lange schweigend gegenüber, bevor sie sich in die Arme fielen* **3** ⟨zwei Mannschaften, feindliche Truppen *o.Ä.*⟩ ***stehen sich gegenüber*** zwei Mannschaften spielen (bald) gegeneinander / feindliche Truppen kämpfen (bald) gegeneinander **4** ⟨Gebäude, Objekte *o.Ä.*⟩ ***stehen sich gegenüber*** zwei od. mehrere Gebäude, Objekte *o.Ä.* stehen auf verschiedenen Seiten von etw. (*z.B.* e-r Straße) u. sind einander zugewandt **5** ⟨Meinungen, Ansichten⟩ ***stehen sich / einander gegenüber*** zwei od. mehr verschiedene Meinungen, Ansichten treffen aufeinander, widersprechen sich **6** ***etw.*** (*Dat*) ***g.*** mit etw. konfrontiert werden ⟨Problemen, Schwierigkeiten g.⟩ **7** ***j-m / etw. irgendwie g.*** e-e bestimmte Haltung od. Einstellung gegenüber j-m / etw. haben: *e-m Plan skeptisch g.*

ge·gen·ü̲ber·stel·len (*hat*) [Vt] **1** ***etw.*** (*Akk*) ***etw.*** (*Dat*) ***g.*** etw. so hinstellen, dass es etw. anderem zugewandt ist: *Den Fernseher stellen wir der Couch gegenüber* **2** ***j-n j-m g.*** *mst* e-n Verdächtigen mit Zeugen od. dem Opfer e-s Verbrechens konfrontieren, um zu sehen, ob diese ihn als den Täter wieder erkennen: *Der vermeintliche Täter wurde dem Opfer gegenübergestellt* || NB: *mst* im Passiv! **3** ⟨Personen, Dinge⟩ ***einander g.*** zwei od. mehrere Personen / Dinge miteinander vergleichen: *Nachdem wir die Bewerber einander gegenübergestellt hatten, wussten wir, dass nur zwei in Frage kamen* || *zu* **2 Ge·gen·ü̲ber·stel·lung** *die*

Ge̲·gen·ver·kehr *der*; die Fahrzeuge, die einem auf der Straße aus der anderen Richtung entgegenkommen ⟨G. haben; es herrscht starker G.⟩

Ge̲·gen·wart *die*; *-*; *nur Sg*; **1** die Zeit zwischen Vergangenheit u. Zukunft, also jetzt ⟨in der G.⟩ || K-: ***Gegenwarts-, -kunst, -literatur, -sprache*** **2** *mst* ***in j-s G.*** in Anwesenheit von j-m: *In seiner G. ist sie immer sehr nervös*

ge̲·gen·wär·tig *Adj*; **1** *nur attr od adv*; in der Gegenwart (1) ≈ derzeitig-, zurzeit: *die gegenwärtige Situation auf dem Arbeitsmarkt*; *Er befindet sich g. im Ausland* **2** *nicht adv*, *geschr*; persönlich anwesend: *Er war bei der Versammlung nicht g.* **3** *geschr*; im Gedächtnis gespeichert ⟨etw. g. haben; j-m ist etw. g.⟩

Ge̲·gen·wehr *die*; *-*; *nur Sg*, *geschr* ≈ Widerstand ⟨ohne G.; (keine) G. leisten⟩: *Die Bankräuber leisteten bei ihrer Festnahme keine G.*

Ge̲·gen·wind *der*; der Wind, der gegen die Richtung weht, in die sich j-d / etw. bewegt: *Wegen des starken Gegenwindes hatte der Flug Verspätung*

ge̲·gen·zeich·nen; *zeichnete gegen*, *hat gegengezeichnet*; [Vt] ***etw. g.*** etw. unterschreiben, das schon j-d anderer unterschrieben hat ⟨e-n Vertrag, ein Dokument g.⟩ || *hierzu* **Ge̲·gen·zeich·nung** *die*; *nur Sg*

Ge̲·gen·zug *der*; **1** e-e Maßnahme als Reaktion auf e-e (vorhergehende) Maßnahme *mst* seines politischen Gegners ⟨e-n taktisch klugen G. machen⟩ **2** ***im G.*** (***zu etw.***) als Reaktion auf e-e Maßnahme: *Im G. zur Verhaftung ihrer Attachés brach die Regierung die diplomatischen Beziehungen ab*

ge·ge̲s·sen *Partizip Perfekt*; ↑ ***essen***

ge·gli̲·chen *Partizip Perfekt*; ↑ ***gleichen***

ge·gli̲t·ten *Partizip Perfekt*; ↑ ***gleiten***

ge·glo̲m·men *Partizip Perfekt*; ↑ ***glimmen***

Ge̲g·ner *der*; *-s*, *-*; **1** die Person(en), gegen die man kämpft, spielt od. mit der / denen man Streit hat ≈ Feind, Widersacher ⟨ein fairer, persönlicher, politischer, militärischer, ebenbürtiger, überlegener, unerbittlicher, zäher G.; e-n G. besiegen, schlagen, ausschalten, überlisten, überrennen; e-m G. unterliegen; j-n zum G. haben⟩: *Gleich in der ersten Runde des Turniers stieß er auf den schwersten G.* **2** ***ein G.*** + *Gen* ***/ von etw.*** j-d, der etw. ablehnt, gegen etw. kämpft ↔ Verfechter: *ein entschiedener G. der Rassendiskriminierung, der Todesstrafe sein* || *hierzu* **Ge̲g·ne·rin** *die*; *-*, *-nen*

ge̲g·ne·ri·sch- *Adj*; *nur attr*, *nicht adv*; zum Gegner (1) gehörend, den Gegner (1) betreffend ⟨die Seite, die Mannschaft, die Partei, die Truppe⟩

Ge̲g·ner·schaft *die*; *-*, *-en*; *mst Sg* ≈ Opposition (2): *seine G. gegen die Todesstrafe*

ge·go̲l·ten *Partizip Perfekt*; ↑ ***gelten***

ge·go̲·ren *Partizip Perfekt*; ↑ ***gären***

ge·go̲s·sen *Partizip Perfekt*; ↑ ***gießen***

ge·gri̲f·fen *Partizip Perfekt*; ↑ ***greifen***

Ge·ha̲·be *das*; *-s*; *nur Sg*, *pej*; ein Verhalten, durch das j-d zeigen will, wie wichtig er zu sein glaubt ≈ Getue ⟨ein auffälliges, dummes G.⟩

ge·habt, ge·ha̲bt **1** *Partizip Perfekt*; ↑ ***haben*** **2** *Adj*; *nur in* ***wie g.*** *gespr*; wie es bisher geplant od. üblich war: *Es bleibt alles wie g.*

Ge·ha̲ck·te *das*; *-n*; *nur Sg* ≈ Hackfleisch: *ein Pfund Gehacktes kaufen* || NB: *Gehacktes*; *das Gehackte*; *dem, des Gehackten*

Ge·ha̲lt[1] *das*, *bes der*; *-(e)s*, *Ge·häl·ter*; das Geld, das ein Angestellter für seine Arbeit (*mst* jeden Monat) bekommt ⟨ein hohes, niedriges, festes, anständiges, ordentliches G. haben, bekommen, beziehen⟩ || K-: ***Gehalts-, -abrechnung, -anspruch, -empfänger, -erhöhung, -fortzahlung, -konto, -kürzung, -zulage*** || -K: ***Anfangs-, Jahres-, Monats-*** || NB: ↑ ***Lohn***

Ge·ha̲lt[2] *der*; *-(e)s*, *-e*; *mst Sg*; **1** ***der G.*** (***an etw.*** (*Dat*)) der Anteil, den ein bestimmter Stoff in e-m Gemisch, e-r Verbindung hat: *Der G. an Eisen in diesem Erz ist gering* **2** *geschr*; die Gedanken u.

Ideen, die in e-m (*mst* literarischen) Werk enthalten sind || *hierzu* **ge·halt·los** *Adj*; **ge·halt·voll** *Adj*
ge·han·di·kapt [gə'hɛndikɛpt] *Adj*; *ohne Steigerung, mst präd*; (*bes* in Bezug auf sportliche Wettkämpfe verwendet) wegen e-r Verletzung *o.Ä.* behindert od. benachteiligt
ge·han·gen *Partizip Perfekt*; ↑ **hängen**[1]
ge·har·nischt *Adj*; energisch u. scharf formuliert (weil man empört od. wütend ist) ⟨ein Brief, ein Protest⟩
ge·häs·sig *Adj*; voller Bosheit ≈ bösartig, missgünstig ⟨e-e Bemerkung, ein Kommentar⟩: *Er ist ein missgünstiger Mensch, der g. über andere Leute redet* || *hierzu* **Ge·häs·sig·keit** *die*
ge·häuft **1** *Partizip Perfekt*; ↑ **häufen** **2** *gehäufter, gehäuftest-*; *Adj*; *mst adv* ≈ häufig ⟨etw. tritt g. auf, kommt g. vor⟩: *In diesem Monat kam es g. zu Unfällen* **3** *Adj*; *ohne Steigerung, nicht adv*; ⟨ein Löffel⟩ so gefüllt, dass ein kleiner Berg (von Zucker, Salz, Kaffeepulver *o.Ä.*) darauf liegt ↔ gestrichen: *ein gehäufter Teelöffel Zucker*
Ge·häu·se *das*; *-s, -*; **1** die relativ harte, schützende Hülle *bes* e-r Schnecke || -K: **Schnecken-** **2** der Teil e-s Apfels od. e-r Birne, in dem die Kerne sind || -K: **Kern-** **3** die feste Hülle e-s (elektrischen) Geräts, e-r Maschine: *das G. e-r Uhr* || -K: **Holz-, Metall-**
Ge·he·ge *das*; *-s, -*; ein Gelände mit e-m Zaun, in dem Tiere gehalten werden, *z.B.* in e-m Zoo || ID **j-m ins G. kommen** *gespr*; j-s Absichten u. Pläne stören
ge·heim *Adj*; **1** so, dass andere Personen nichts davon erfahren (sollen) ⟨ein Auftrag, Pläne; e-e Verschwörung; Gedanken, Wünsche⟩: *Pläne über militärische Stützpunkte sind streng g.* || K-: **Geheim-, -abkommen, -agent, -akte, -bund, -dokument, -nummer, -organisation, -rezept, -schrift, -sprache, -versteck, -waffe** **2** **im Geheimen** ohne dass j-d etw. erfährt od. bemerkt ⟨etw. bleibt im Geheimen; etw. im Geheimen planen, vorbereiten⟩ **3** *mst attr*; mit dem Verstand nicht zu erklären ≈ mysteriös, rätselhaft, seltsam: *Der Hellseher schien geheime Kräfte zu besitzen*

> **ge·heim hal·ten**; *hält geheim, hielt geheim, hat geheim gehalten*; [Vt] **etw.** (**vor j-m**) **g. h.** e-n Vorfall nicht öffentlich bekannt werden lassen: *Die ganze Affäre wurde von der Regierung geheim gehalten* || *hierzu* **Ge·heim·hal·tung** *die*; *nur Sg*

Ge·heim·dienst *der*; e-e staatliche Organisation, die geheime Informationen aus anderen Ländern beschaffen u. geheime Dinge des eigenen Landes vor fremden Spionen schützen soll
Ge·heim·nis *das*; *-ses, -se*; **1** etw., das andere Leute nicht erfahren sollen ⟨ein streng gehütetes G.; j-m ein G. anvertrauen, offenbaren, verraten; j-n in ein G. einweihen; ein G. bewahren, lüften; (keine) Geheimnisse vor j-m haben⟩ || -K: **Amts-, Beicht-, Berufs-, Staats-** **2** *mst Pl*, *oft hum*; etw., das für den Normalmenschen sehr schwer zu verstehen ist: *j-n in die Geheimnisse der Chemie einweihen*; *Die Natur birgt viele Geheimnisse* **3** **ein offenes G.** etw., das allgemein bekannt ist, aus bestimmten Gründen aber offiziell nicht erwähnt od. bekannt gegeben wird **4** **kein G. aus etw. machen** etw. offen aussprechen od. zugeben
Ge·heim·nis·krä·me·rei *die*; *-, -en*; *mst Sg*, *gespr*; ein Verhalten, bei dem man so tut, als hätte man Geheimnisse || *hierzu* **Ge·heim·nis·krä·mer** *der*
Ge·heim·nis·trä·ger *der*; j-d, der durch seinen Beruf *bes* militärische od. politische Geheimnisse kennt, die er nicht verraten darf
ge·heim·nis·um·wit·tert *Adj*; *geschr*; mit seltsamen, geheimnisvollen Geschichten verbunden: *ein geheimnisumwittertes altes Schloss*
ge·heim·nis·voll *Adj*; **1** so, dass man es nicht (mit dem Verstand) erklären kann ≈ mysteriös, rätselhaft ⟨e-e Kraft⟩: *seit seinem geheimnisvollen Verschwinden* **2** so, als ob man ein Geheimnis hätte ⟨g. lächeln, tun⟩
Ge·heim·po·li·zei *die*; e-e Polizei, deren Aufgabe es ist, alles, was gegen den Staat gerichtet ist, zu bekämpfen
Ge·heim·rats·ecken *die*; *Pl*, *gespr hum*; zwei Stellen rechts u. links an der Stirn von Männern, an denen die Haare ausgefallen sind ⟨G. bekommen⟩
Ge·heim·tipp *der*; *mst hum*; ein Ort, ein Lokal *o.Ä.*, die relativ unbekannt od. neu sind, aber als sehr empfehlenswert gelten
Ge·heiß *das*; *nur in* **auf** (**j-s**) **G.** *veraltend* ≈ auf j-s (mündlichen) Befehl
ge·hemmt **1** *Partizip Perfekt*; ↑ **hemmen** **2** *gehemmter, gehemmtest-*; *Adj*; mit Hemmungen, seine Gefühle zu zeigen ↔ gelöst, locker: *Fremden gegenüber ist er immer sehr g.* || *hierzu* **Ge·hemmt·heit** *die*; *nur Sg*
ge·hen ['geːən]; *ging, ist gegangen*; [Vi] **1** sich aufrecht auf den Füßen mit relativ langsamen Schritten fortbewegen ⟨barfuß, gebückt, langsam, schnell, am Stock, auf Zehenspitzen, geradeaus, auf u. ab g.⟩: *„Willst du im Auto mitfahren?" - „Nein, ich gehe lieber"* || K-: **geh-, -behindert, -fähig** || NB: ↑ **laufen** **2** **irgendwohin g.**; **g.** + *Infinitiv* sich irgendwohin begeben (um etw. zu tun): *einkaufen, schlafen, schwimmen g.*; *ins / zu Bett g.*; *nach Hause g.*; *Ich muss bald zum Arzt g.*; *Gehst du mit mir ins Kino?* **3** e-n Ort verlassen ≈ weggehen: *„Willst du schon wieder g.? Du bist doch gerade erst gekommen!"* **4** **irgendwohin g.** e-e Schule *o.Ä.* regelmäßig besuchen, e-e Ausbildung machen ⟨in den Kindergarten, zur Schule, in die Hauptschule, ins / aufs Gymnasium, auf die Universität g.⟩ **5** **irgendwohin g.** sich irgendwohin begeben, um dort zu leben (u. zu arbeiten): *ins Ausland, nach Afrika, ins Kloster g.* **6** **irgendwohin g.** e-e berufliche Tätigkeit in e-m bestimmten Bereich aufnehmen: *in die Industrie, in den Staatsdienst, zum Film g.* **7** **an etw.** (*Akk*) **g.** mit e-r Tätigkeit beginnen ⟨an die Arbeit, ans Werk g.⟩ **8** **in etw. g.** e-n neuen Lebensabschnitt anfangen ⟨in Pension, in Rente, in den Ruhestand g.⟩ **9** **irgendwohin g.** e-e Reise irgendwohin machen ⟨auf Reisen g.; in Urlaub g.⟩ **10** seinen Arbeitsplatz aufgeben od. aufgeben müssen ≈ ausscheiden (4): *Zwei unserer Mitarbeiter gehen Ende des Jahres* **11** **etw. geht zu Ende / zur Neige** etw. wird bald zu Ende sein **12** **j-d geht auf die** + *Zahl* j-d wird bald ein bestimmtes Alter erreichen: *Er geht auf die 50* **13** **irgendwie g.** e-e bestimmte Kleidung tragen: *Sie geht in Schwarz / in Trauer*; *Im Fasching gehe ich dieses Jahr als Indianer* **14** **mit j-m g.** *gespr*; (als Jugendlicher) mit j-m e-e feste Liebesbeziehung haben **15** **an etw.** (*Akk*) **g.** ohne Erlaubnis etw. benutzen *o.Ä.*: *Geh ja nicht an meinen Computer, wenn ich nicht da bin!* **16** **etw. geht irgendwohin** etw. findet irgendwo genügend Platz ≈ etw. passt irgendwohin: *In den Krug gehen drei Liter*; *Der Tisch geht nicht durch die Tür* **17** **j-d / etw. geht** (**j-m**) **bis an etw.** (*Akk*) / **bis zu etw.** j-d / etw. reicht bis zu e-m bestimmten Punkt: *Sie geht ihm bloß bis an die Schulter*; *Das Wasser geht mir bis zum Knie* **18** **etw. geht nach j-m / etw.** etw. richtet sich nach j-s Wünschen, e-m Maßstab *o.Ä.*: *Es kann nicht immer alles nach dir / deinem Kopf* (= deinen Wünschen) *g.!* **19** **j-d geht nach etw.** j-d richtet seine Handlungsweise *o.Ä.* nach etw.: *Normalerweise*

G

ist das Wetter um diese Zeit schön, aber danach kann man nicht unbedingt g. **20 zu weit g.** das akzeptable Maß überschreiten: *Als er seinen Chef anschrie, ist er wohl zu weit gegangen* **21** *mst* **Das geht zu weit!** das ist übertrieben, das ist nicht mehr akzeptabel: *Sie will, dass wir alles noch einmal machen, aber das geht wirklich zu weit!* **22 etw. geht irgendwohin / irgendwann / irgendwie** etw. fährt od. fliegt wie auf dem Fahrplan *o.Ä.* angegeben: *Dieser Zug geht nur bis Zürich - dort müssen wir umsteigen*; *Wann geht das nächste Flugzeug nach Frankfurt?*; *Geht der Zug pünktlich?* **23 etw. geht irgendwohin** etw. zeigt in e-e bestimmte Richtung: *Das Fenster geht auf die Straße* **24 etw. geht irgendwohin** etw. führt zum genannten Ziel, etw. verläuft in die genannte Richtung: *Der Weg geht nach Bonn, zum See, entlang der Stadtmauern* **25 etw. geht irgendwohin** etw. trifft etw.: *Der Schuss ging ins Auge*; *Der Ball ging ins Tor, gegen die Latte* **26 etw. geht irgendwohin** etw. gelangt irgendwohin, wird weitergegeben od. verbreitet: *Der Zettel ging von Hand zu Hand*; *Die Nachricht ging durch die Presse* **27 etw. geht an j-n / irgendwohin** etw. ist an j-n gerichtet / für ein Ziel bestimmt: *Der Brief geht an Oma, nach Köln, nach Amerika* **28 etw. geht (irgendwie)** etw. funktioniert (irgendwie): *Die Uhr geht falsch*; *Er fuhr gegen den Zaun, weil seine Bremsen nicht gingen* **29 etw. geht irgendwie** etw. läuft irgendwie ab, verläuft irgendwie: *Bei der Prüfung ist alles gut gegangen*; *In dieser Firma geht es drunter u. drüber*; *Versuchs mal, es geht ganz leicht!*; *Kannst du mir erklären, wie dieses Spiel geht?* **30 etw. geht** etw. läutet (*mst* als Signal *o.Ä.*) 〈die Alarmanlage, die Sirene, das Telefon, die Türklingel geht〉 **31 etw. geht** etw. ist möglich: Es *geht leider nicht*, dass *wir uns morgen treffen*; *„Ich hätte morgen gern frei. Geht das?"* **32 j-d / etw. geht** *gespr*; j-d / etw. ist zwar nicht besonders gut *o.Ä.*, aber doch noch akzeptabel: *Sie geht ja noch, aber er ist wirklich unmöglich!*; *Geht das so* (= ist das so in Ordnung) *od. soll ich mich umziehen?*; *Die Vorspeise war nicht sehr gut, aber die Hauptspeise ging* **33 etw. geht** etw. bekommt allmählich (durch Hefe od. Sauerteig) ein größeres Volumen ≈ etw. geht auf: *den Hefeteig, Kuchen g. lassen* **34 etw. geht (irgendwie)** etw. wird (von vielen Leuten) gekauft: *Seidenhemden gehen zurzeit sehr gut* **35 etw. geht (irgendwo) vor sich** etw. geschieht, läuft ab: *In diesem Haus gehen seltsame Dinge vor sich - Türen öffnen u. schließen sich von selbst, u. alles Mögliche verschwindet spurlos* **36 etw. geht über etw.** (*Akk*) etw. ist mit etw. nicht zu bewältigen, etw. übersteigt etw. 〈etw. geht über j-s Kräfte, Geduld, Verstand, Horizont, Möglichkeiten〉: *Das Vorhaben geht über unsere finanziellen Möglichkeiten* **37 etw. geht in etw.** (*Akk*) etw. tritt in e-e neue Phase, in ein neues Stadium *o.Ä.*: *Die Verhandlungen gehen in die dritte Runde, ins zweite Jahr* **38 etw. geht** + *Präp* + *Subst* verwendet, um ein Verb zu umschreiben; **etw. geht zu Bruch** ≈ etw. zerbricht; **etw. geht in Druck** ≈ etw. wird gedruckt; **etw. geht in Erfüllung** ≈ etw. erfüllt sich; **etw. geht in Produktion** ≈ etw. wird produziert; [Vi] **39 etw. g.** e-e bestimmte Strecke zu Fuß zurücklegen: *e-n Umweg g.*; *Gehst du ein Stück mit mir* (= begleitest du mich ein Stück)?; *Ich bin die Strecke in zwei Stunden gegangen*; [Vimp] **40 j-m geht es irgendwie** j-d befindet sich (körperlich od. seelisch) in der genannten Verfassung: *„Wie geht es dir?" - „Mir gehts ganz gut, danke."* **41 es geht um etw.** etw. ist das Thema, der Inhalt, der Anlass *o.Ä.* von etw.: *Worum ging es bei eurem Streit?*; *Worum geht es in dem Buch?* **42 j-m geht es um etw.** etw. ist j-m in e-r Angelegenheit wichtig: *Mir geht es nur* darum, *die Wahrheit herauszufinden* **43** *mst* **es geht gegen Mitternacht** es wird bald Mitternacht || ID **'in sich** (*Akk*) **g.** etw. bereuen u. intensiv darüber nachdenken; **j-d wird gegangen** *gespr hum*; j-d verliert seine Stellung, wird entlassen; **wo er / sie geht u. steht** immer u. überall: *Er raucht Pfeife, wo er geht u. steht*; **nichts geht über j-n / etw.** es gibt nichts besseres als j-n / etw.; **Gehen Sie / Geh mir doch damit (vom Leib)!** *gespr*; lassen Sie / lass mich damit in Ruhe; **Wie gehts, wie stehts?** *gespr*; verwendet als formelhafte Frage nach j-s Verfassung; **Er / Sie ist von uns gegangen** *euph*; er / sie ist gestorben || ▶ **Gang**

> **ge·hen las·sen, sich**; *lässt sich gehen, ließ sich gehen, hat sich gehen (ge)lassen*; [Vr] **sich g. l.** sich nicht beherrschen ↔ sich zusammennehmen, sich zusammenreißen: *Auf der Party ließ er sich ziemlich gehen*

Ge·hen *das*; *-s*; *nur Sg*, *Sport*; e-e Disziplin der Leichtathletik, bei der (anders als beim Laufen) immer ein Fuß den Boden berühren muss || -K: **20-km-Gehen, 50-km-Gehen** || *hierzu* **Ge·her** *der*; *-s, -*; **Ge·he·rin** *die*; *-, -nen*

ge·heu·er [gəˈhɔyɐ] *Adj*; *mst in* **etw. ist j-m nicht (ganz) g.** etw. ruft Angst od. Zweifel bei j-m hervor ≈ etw. ist j-m unheimlich, verdächtig: *Der Weg durch den dunklen Park war mir nicht g.*

Ge·hil·fe *der*; *-n, -n*; **1** j-d, der in e-m Betrieb *o.Ä.* in e-r untergeordneten Position arbeitet || -K: **Büro-, Haus-, Kanzlei-** **2** j-d, der j-m hilft, ein Verbrechen zu begehen, ohne jedoch die Tat selbst auszuführen ≈ Komplize **3** *geschr* ≈ Helfer || NB: *der Gehilfe; den, dem, des Gehilfen* || *hierzu* **Ge·hil·fin** *die*; *-, -nen*

Ge·hirn *das*; *-(e)s, -e*; **1** das Organ im Kopf von Menschen u. Tieren, mit dem sie denken u. fühlen ≈ Hirn: *Der Schädel schützt das G. vor Verletzungen* || K-: **Gehirn-, -blutung, -chirurgie, -nerv, -operation, -tumor, -windung, -zelle** **2** *gespr* ≈ Verstand, Denkvermögen 〈sein G. anstrengen〉

Ge·hirn·er·schüt·te·rung *die*; e-e zeitweise Schädigung des Gehirns (*bes* durch e-n Schlag od. Sturz), die mit Kopfweh u. Übelkeit verbunden ist

Ge·hirn·haut|ent·zün·dung *die*; e-e Entzündung der Hirnhaut; *Med* Meningitis

Ge·hirn·schlag *der*; *Med* ≈ Schlaganfall

Ge·hirn·schmalz *das*; *gespr hum* ≈ Verstand: *Für diese Arbeit brauchst du viel G.*

Ge·hirn·wä·sche *die*; der Versuch, j-n durch Folter dazu zu bringen, *bes* seine politische Einstellung zu ändern od. Geheimnisse zu verraten 〈j-n e-r G. unterziehen, e-e G. mit j-m machen〉

ge·ho·ben **1** *Partizip Perfekt*; ↑ **heben** **2** *Adj*; *mst attr*; auf e-r relativ hohen (sozialen) Stufe 〈e-e Position, e-e Stellung; der Mittelstand〉 **3** *Adj*; *mst attr* ≈ gewählt 〈*mst* e-e Ausdrucksweise〉 **4** *Adj*; *mst attr* ≈ froh, heiter 〈*mst* in gehobener Stimmung sein〉 **5** *Adj*; *mst attr* ≈ anspruchsvoll (2) 〈für gehobene (= hohe) Ansprüche〉

Ge·höft, Ge·höft *das*; *-(e)s, -e* ≈ Bauernhof

ge·hol·fen *Partizip Perfekt*; ↑ **helfen**

Ge·hölz *das*; *-es, -e*; **1** e-e kleine Gruppe von Sträuchern u. niedrigen Bäumen **2** *nur Pl*, *Kollekt*; Bäume u. Sträucher

Ge·hör [-ˈhøːɐ] *das*; *-(e)s*; *nur Sg*; **1** der Sinn (1), mit dem man hören kann 〈ein gutes, feines G. haben; sich nach dem G. richten / orientieren〉: *nach G. Klavier spielen* || K-: **Gehör-, -fehler, -sinn** **2 das**

absolute G. *Mus*; die Fähigkeit, die Höhe e-s Tones zu bestimmen, wenn man ihn hört (ohne ihn mit anderen zu vergleichen) **3** ***(j-n) um G. bitten*** *geschr*; j-n bitten, einem zuzuhören **4** ***(bei j-m) G. finden*** *geschr*; von j-m angehört werden ≈ (bei j-m) auf Verständnis stoßen: *Er fand mit seinem Gesuch bei dem Amt kein G.* **5** ***j-m G. schenken*** *geschr*; j-m zuhören **6** ***sich*** *(Dat)* ***G. verschaffen*** *geschr*; bewirken, dass andere einen hören od. einem zuhören **7** ***etw. zu G. bringen*** *geschr veraltend*; ein Lied od. Gedicht (feierlich) vortragen || *zu* **1** **ge·hör·los** *Adj*; *nicht adv*

ge·hor·chen; *gehorchte, hat gehorcht*; [Vi] **1** ***(j-m / etw.) g.*** das tun, was j-d verlangt od. was ein Gesetz *o.Ä.* vorschreibt ⟨j-m blind (= unkritisch), willig, aufs Wort g.⟩: *Er gehorchte dem Wunsch seines Vaters u. ging auf die höhere Schule* **2** *mst* ***etw. gehorcht j-m nicht*** ein Teil des Körpers funktioniert nicht so, wie man es wünscht: *Die Arme, Beine gehorchen j-m nicht mehr*; *Seine Stimme gehorchte ihm nicht mehr*

ge·hö·ren; *gehörte, hat gehört*; [Vi] **1** ***ein Tier / etw. gehört j-m*** ein Tier / etw. ist j-s Eigentum od. Besitz: *Das Haus, in dem wir wohnen, gehört meinen Eltern*; *Weißt du, wem diese Katze gehört?* **2** ***etw. gehört j-m*** etw. ist vollständig für j-n bestimmt ≈ etw. ist j-m gewidmet: *Unserem einzigen Sohn gehört unsere ganze Liebe* **3** ***j-d / etw. gehört zu etw.*** j-d / etw. ist (wichtiger) Teil e-s Ganzen, e-r Einheit ≈ j-d / etw. zählt zu etw.: *Sie gehört zur Familie, zum engsten Freundeskreis*; *Das gehört zum Allgemeinwissen* **4** ***ein Tier / etw. gehört irgendwohin*** irgendwo ist der richtige Ort, Platz *o.Ä.* für ein Tier / etw.: *Die Fahrräder gehören in die Garage*; *Ein großer Hund gehört nicht in e-e kleine Wohnung*; *Gehört die Bemerkung überhaupt zum Thema?* **5** ***etw. gehört zu etw.*** etw. ist für etw. notwendig: *Es gehört viel Geschick* dazu, *sein Auto selbst* zu *reparieren* **6** ***j-d / etw. gehört*** + *Partizip Perfekt*; *bes südd gespr*; verwendet, um auszudrücken, dass etw. (mit j-m) getan werden sollte od. müsste: *So ein Lärm gehört doch verboten!*; [Vr] **7** ***etw. gehört sich*** etw. entspricht den guten Sitten, den gesellschaftlichen Normen ≈ etw. schickt sich: *Unanständige Witze gehören sich nicht in e-r solchen Gesellschaft*; Es *gehört sich nicht, so etw.* zu *sagen*

Ge·hör·gang *der*; *Med*; die Verbindung zwischen der Ohrmuschel u. dem Trommelfell

ge·hö·rig *Adj*; **1** *nur attr od adv*; so, wie es richtig od. angemessen ist ≈ gebührend ↔ ungenügend ⟨der Respekt; sich g. entschuldigen⟩ **2** *nur attr od adv*, *gespr*; viel, groß od. intensiv ≈ anständig (4), tüchtig ⟨e-e gehörige Tracht Prügel, ein Schrecken; j-n g. ausschimpfen, verprügeln, erschrecken⟩: *Es gehört e-e gehörige Portion Glück dazu* **3** ***(zu) j-m / etw. g.*** *geschr*; j-m gehörend, e-n Teil von etw. bildend

Ge·hörn *das*; *-(e)s, -e*; *Kollekt*; die Hörner bestimmter Tiere, *z.B.* von Rindern, Schafen, Ziegen od. Antilopen || NB: ↑ ***Geweih***

ge·hörnt *Adj*; *nicht adv*; **1** mit Hörnern ⟨ein Dämon, ein Tier⟩ **2** *mst attr, veraltend*; von seiner Ehefrau (sexuell) betrogen ⟨*mst* der Ehemann⟩

ge·hor·sam *Adj*; **1** ***(j-m gegenüber) g.*** sich so verhaltend, wie es die Eltern, Lehrer *usw* wünschen ≈ artig, folgsam ↔ störrisch ⟨ein Kind, ein Sohn, e-e Tochter⟩: *g. zu Bett gehen* **2** *veraltend*; ohne den Willen od. die Fähigkeit, Kritik an j-m zu äußern, der in der (sozialen) Hierarchie höher steht ⟨ein Diener, ein Soldat, ein Untertan⟩ || *hierzu* **Ge·hor·sam·keit** *die*; *nur Sg*

Ge·hor·sam *der*; *-s*; *nur Sg*; ein gehorsames Verhalten ⟨blinder (= absoluter, unkritischer) G.; (j-m) G. leisten, den G. verweigern; unbedingten G. (von j-m) fordern⟩

Geh·steig *der*; *-(e)s, -e*; (in Städten) ein besonderer, *mst* erhöhter Weg für Fußgänger an der Seite e-r Straße ≈ Bürgersteig ⟨den G. benutzen; auf dem G. bleiben⟩

Geht·nicht·mehr *nur in* ***bis zum G.*** *gespr*; so lange, oft, viel *o.Ä.*, bis man es nicht mehr erträgt: *Ich hab das bis zum G. geübt*

Geh·weg *der*; **1** *südd* ≈ Gehsteig, Bürgersteig **2** ≈ Fußweg

Gei·er ['gaiɐ] *der*; *-s, -*; **1** ein großer Vogel, der *bes* vom Fleisch toter Tiere lebt ≈ Aasgeier **2** *gespr pej*; ein sehr habgieriger Mensch || ID ***Hol dich / Hols der G.!*** *gespr!* verwendet, um seinen Ärger über j-n / etw. auszudrücken

Gei·fer *der*; *-s*; *nur Sg*; Speichel, der e-m Tier aus dem Maul rinnt

gei·fern; *geiferte, hat gegeifert*; [Vi] **1** ***ein Tier geifert*** ein Hund, ein Wolf *o.Ä.* lässt Speichel aus dem Maul fließen **2** ***(gegen j-n) g.*** *pej*; mit wütenden u. gehässigen Worten über j-n schimpfen || *zu* **2** **Gei·fe·rer** *der*; *-s, -*

Gei·ge *die*, *-, -n*; ein Musikinstrument mit vier Saiten, das mit e-m Bogen[1] (3) gestrichen wird u. das man zum Spielen an die Schulter legt ≈ Violine ⟨(auf e-r) G. spielen⟩ || ↑ *Abb. unter* ***Streichinstrumente*** || K-: ***Geigen-, -bogen, -saite, -virtuose*** || ID ***die erste G. spielen*** *gespr*; e-e führende Position haben; ***die zweite G. spielen*** *gespr*; wenig Einfluss haben

gei·gen; *geigte, hat gegeigt*; [Vt/i] ***(etw.) g.*** *gespr*; etw. auf der Geige spielen || ID ***es j-m g.*** *gespr*; j-n lange u. heftig schimpfen ≈ j-m e-e Standpauke halten

Gei·gen·kas·ten *der*; ein Behälter, in dem man e-e Geige aufbewahrt od. transportiert

Gei·ger·zäh·ler *der*; *Phys*; ein Gerät, mit dem man radioaktive Strahlung misst

geil *Adj*; *gespr*; **1** *mst pej*; begierig auf Sex ⟨j-n g. machen⟩: *Er ist ein geiler Bock!* **2** (*bes* von Jugendlichen) verwendet, um Anerkennung auszudrücken ≈ super, toll: *Echt g., dein neues Auto!* **3** ***auf etw.*** *(Akk)* ***g. sein*** (*bes* von Jugendlichen verwendet) etw. sehr gern tun, haben od. erreichen wollen ≈ auf etw. scharf / wild sein: *Er ist ganz g. auf den Job* || *hierzu* **Geil·heit** *die*; *nur Sg*

-geil *im Adj*, *begrenzt produktiv*, *gespr*, *mst pej*; verwendet, um auszudrücken, dass j-d etw. sehr gern tun, haben od. erreichen möchte ≈ -gierig; ***arbeitsgeil, karrieregeil, machtgeil, profitgeil, sensationsgeil***

Gei·sel *die*; *-, -n*; e-e Person, die j-d gefangen genommen hat u. die er erst freilässt, wenn e-e andere Person bestimmte Forderungen erfüllt (*z.B.* Geld zahlt) ⟨e-e G. nehmen; j-n als / zur G. nehmen⟩ || K-: ***Geisel-, -befreiung, -drama, -gangster***

Gei·sel·nah·me *die*; *-, -n*; das Gefangennehmen einer Geisel od. mehrerer Geiseln || *hierzu* **Gei·sel·neh·mer** *der*; *-s, -*

Geiß *die*; *-, -en*; *südd* Ⓒ e-e weibliche Ziege

Geiß·bock *der*; *südd* Ⓒ e-e männliche Ziege ≈ Ziegenbock

Gei·ßel *die*; *-, -n*; **1** *geschr*; e-e sehr große Plage (1) ≈ Heimsuchung: *Die Pest war e-e G. der Menschheit* **2** *hist*; ein Stab mit Riemen, mit dem j-d zur Strafe geschlagen wurde **3** *bes südd* Ⓒ ≈ Peitsche

gei·ßeln; *geißelte, hat gegeißelt*; [Vt] **1** ***etw. g.*** *geschr*; etw. scharf verurteilen ≈ anprangern: *die Korruption der Regierung g.*; *soziale Missstände g.* **2** ***etw. geißelt j-n*** *(Kollekt od Pl) geschr*; e-e Katastrophe peinigt, quält das Volk *o.Ä.*: *Die Pest geißelte das Volk im Mittelalter* **3** ***j-n / sich g.*** *hist*; j-n / sich mit e-r Geißel (2) schlagen || *hierzu* **Gei·ße·lung** *die*

G

Geist[1] *der*; *-(e)s*; *nur Sg*; **1** die Fähigkeit des Menschen zu denken, sein Bewusstsein (4) ≈ Intellekt, Verstand ⟨e-n regen, wachen, scharfen G. haben, seinen G. anstrengen⟩ **2** die innere Einstellung od. Haltung, die *mst* e-e Bewegung[2] (1) charakterisiert ≈ Gesinnung: *der demokratische, olympische G.* || K-: ***Geistes-, -haltung, -richtung, -strömung, -verwandtschaft*** || -K: ***Gemeinschafts-, Kampf-, Klassen-, Mannschafts-*** **3** das Charakteristische *bes* e-r Epoche ⟨der G. der Zeit⟩ || -K: ***Zeit-*** **4** *Phil*; das, was e-n Körper zum Lebewesen macht ↔ Körper, Materie: *Gott hauchte Mensch u. Tier den G. ein* **5** ***im Geiste*** nicht wirklich, sondern nur in j-s Fantasie ⟨j-n / etw. im Geiste vor sich sehen, im Geiste bei j-m sein⟩: *Er sah sich im Geiste schon als neuen Abteilungsleiter* **6** ***in j-s Geist(e)*** *geschr*; so, wie es j-d getan od. gewollt hätte ≈ in j-s Sinn(e) ⟨in j-s Geist(e) handeln⟩: *Die Firma wird ganz im Geiste des verstorbenen Gründers geführt* || ID ***den / seinen G. aufgeben*** *gespr hum* ≈ sterben; ***etw. gibt den / seinen G. auf*** *gespr*; ein Gerät od. e-e Maschine hört auf zu funktionieren; ***j-m auf den G. gehen*** *gespr*; j-m lästig sein ≈ j-m auf die Nerven gehen; ***seinen G. sprühen lassen / vor G. sprühen*** viele kluge Gedanken interessant u. witzig formulieren; ***Der G. ist willig, aber das Fleisch ist schwach*** *oft hum*; verwendet, wenn man erklären will, warum man das nicht einhalten konnte, was man sich vorgenommen hatte || *zu* **1** ***geist·los*** *Adj*; ***geist·reich*** *Adj*; ***geist·voll*** *Adj*

Geist[2] *der*; *-(e)s, -er*; **1** ein gedachtes (überirdisches) Wesen ohne Körper, das gut od. böse zu den Menschen ist, *z.B.* e-e Fee od. ein Dämon ⟨ein guter, ein böser G.; Geister beschwören; an Geister glauben⟩ || K-: ***Geister-, -beschwörung, -glaube, -welt*** || -K: ***Brunnen-, Luft-, Wald-*** **2** ein Mensch, den j-d nach dessen Tod als G. (1) zu hören od. zu sehen glaubt ⟨ein G. erscheint j-m, geht um, spukt⟩: *In dem alten Schloss geht nachts der G. e-s Ritters um* || K-: ***Geister-, -erscheinung, -haus, -schloss, -spuk, -stimme*** **3** ***ein*** + *Adj* + ***G.*** ein Mensch mit der genannten Eigenschaft ⟨ein dienstbarer, freundlicher, hilfreicher, unruhiger G.⟩ || -K: ***Plage-, Quäl-*** **4** ***ein großer G.*** j-d, der wegen seiner Intelligenz u. seiner neuen Ideen wichtig ist: *Rousseau war einer der größten Geister seiner Zeit* **5** ***der Heilige G.*** die Erscheinung des christlichen Gottes, die *mst* als Taube dargestellt wird || ID *mst* ***Daran / Hier scheiden sich die Geister*** über dieses Thema gibt es unterschiedliche Meinungen; *mst* ***Du bist wohl von allen guten Geistern verlassen!*** *gespr*; du spinnst wohl! || *zu* **2** ***geis·ter·haft*** *Adj*

Geis·ter·bahn *die*; ein großes Gebäude auf Jahrmärkten, in dem man mit kleinen Wagen durch dunkle Räume fährt u. durch unheimliche Geräusche u. Gegenstände erschreckt wird

Geis·ter·fah·rer *der*; ein Autofahrer, der auf der Autobahn in die falsche (entgegengesetzte) Fahrtrichtung fährt

Geis·ter·hand *die*; *mst in* ***wie von / durch G.*** als hätte es e-e unsichtbare Hand od. Kraft getan

geis·tern; *geisterte, hat / ist gegeistert*; [Vi] *(ist)* **1** ***irgendwohin g.*** zu e-r Zeit, in der alle schlafen, wach sein u. umhergehen: *nachts durchs Haus, durch den Garten g.* **2** ***etw. geistert irgendwohin*** ein Licht leuchtet schwach u. bewegt sich irgendwo: *Lichter, die durch den Nebel, über den Himmel geistern* **3** ***etw. geistert durch j-s Kopf*** etw. gibt j-m keine Ruhe, fällt ihm immer wieder ein ⟨ein Gedanke, e-e Idee, e-e Vorstellung⟩; [Vimp] *(hat)* **4** ***irgendwo geistert es*** an e-m Ort gehen Geister[2] (2), Gespenster um ≈ irgendwo spukt es

Geis·ter·stun·de *die*; *nur Sg*; die Stunde nach Mitternacht, in der nach altem Aberglauben die Geister[2] (2) erscheinen

geis·tes·ab·we·send *Adj* ≈ unkonzentriert, zerstreut || *hierzu* **Geis·tes·ab·we·sen·heit** *die*; *nur Sg*

Geis·tes·blitz *der*; *gespr*; e-e plötzliche (gute) Idee ≈ Gedankenblitz ⟨e-n G. haben⟩

Geis·tes|ge·gen·wart *die*; die Fähigkeit, in e-r gefährlichen od. unangenehmen Situation schnell u. richtig zu handeln ⟨die G. haben + zu + *Infinitiv*⟩: *Durch die G. des Fahrers wurde ein Unfall vermieden* || *hierzu* **geis·tes|ge·gen·wär·tig** *Adj*

Geis·tes·ge·schich·te *die*; *nur Sg*; die Geschichte der wissenschaftlichen, philosophischen u. politischen Ideen e-r Zeit, e-s Landes *o.Ä.* || *hierzu* **geis·tes·ge·schicht·lich** *Adj*

geis·tes·ge·stört *Adj*; *nicht adv* ≈ geisteskrank || *hierzu* **Geis·tes·ge·stör·te** *der / die*; *-n, -n*; **Geis·tes·stö·rung** *die*

geis·tes·krank *Adj*; *nicht adv*; an e-r Krankheit des Geistes u. der Psyche leidend || *hierzu* **Geis·tes·kran·ke** *der / die*; *-n, -n*; **Geis·tes·krank·heit** *die*

Geis·tes·wis·sen·schaft *die*; e-e Wissenschaft, die sich mit Kunst, Kultur od. Sprache beschäftigt ↔ Naturwissenschaft || *hierzu* **geis·tes·wis·sen·schaft·lich** *Adj*; **Geis·tes·wis·sen·schaft·ler** *der*; **Geis·tes·wis·sen·schaft·le·rin** *die*

Geis·tes·zu·stand *der*; *nur Sg*; die gesundheitliche Verfassung, in der j-s Verstand u. Psyche sind

geis·tig *Adj*; *nur attr od adv*; **1** in Bezug auf den menschlichen Verstand, Geist[1] (1) ⟨e-e Arbeit, e-e Tätigkeit; g. behindert, rege, umnachtet, verwirrt, zurückgeblieben⟩: *Trotz ihres hohen Alters ist sie g. noch sehr aktiv* **2** *geschr*; in Bezug auf die Ansichten u. Überzeugungen ⟨j-s Einstellung, Haltung⟩: *Die beiden Freunde verband e-e geistige Verwandtschaft* || NB: ↑ ***Eigentum, Getränk, Vater***

geist·lich *Adj*; *nur attr od adv*; **1** in Bezug auf die (christliche) Kirche als Institution ≈ kirchlich ↔ weltlich ⟨Musik, die Welt; ein Herr (= ein Priester), der Stand (= alle Geistlichen)⟩ **2** in Bezug auf den Glauben ⟨Beistand; j-m g. beistehen⟩

Geist·li·che *der*; *-n, -n*; ein christlicher Priester: *e-n Geistlichen zu e-m Sterbenden rufen* || NB: *ein Geistlicher; der Geistliche; den, dem, des Geistlichen*

Geist·lich·keit *die*; *-*; *nur Sg*, *Kollekt*; alle Geistlichen ≈ Klerus

geist·tö·tend *Adj*; *nicht adv*; sehr langweilig, eintönig ↔ interessant ⟨e-e Beschäftigung⟩

Geiz *der*; *-es*; *nur Sg*, *pej*; e-e starke Neigung, kein Geld auszugeben ⟨großer, krankhafter G.⟩: *Ihre Sparsamkeit grenzt schon an G.* || *hierzu* **gei·zig** *Adj*

gei·zen; *geizte, hat gegeizt*; [Vi] ***mit etw. g.*** mit etw. zu sparsam sein, nur wenig von etw. hergeben ↔ etw. verschwenden ⟨mit jedem Tropfen Wasser g.; nicht mit Beifall, Lob g.⟩: *Der Lehrer geizte nicht mit guten Noten* (= gab viele gute Noten)

Geiz·hals *der*; *pej*; ein geiziger Mensch

Geiz·kra·gen *der*; *gespr pej* ≈ Geizhals

ge·kannt *Partizip Perfekt*; ↑ ***kennen***

ge·klun·gen *Partizip Perfekt*; ↑ ***klingen***

ge·knickt **1** *Partizip Perfekt*; ↑ ***knicken*** **2** *geknickter, geknicktest-*; *Adj*; *gespr* ≈ enttäuscht, niedergeschlagen ⟨g. aussehen, sein⟩

ge·knif·fen *Partizip Perfekt*; ↑ ***kneifen***

ge·konnt **1** *Partizip Perfekt*; ↑ ***können***[2] **2** *Adj*; mit viel Geschick, von großem Können zeugend ≈ meisterhaft ↔ stümperhaft ⟨e-e Darbietung, e-e Reparatur⟩: *Er hat alle Schwierigkeiten g. gemeistert*

Ge·krit·zel *das*; *-s*; *nur Sg*, *pej*; etw., das in e-r sehr kleinen od. unleserlichen Handschrift geschrieben ist: *Ich kann sein G. nicht entziffern / lesen*

ge·kro·chen *Partizip Perfekt*; ↑ ***kriechen***

ge·küns·telt *Adj*; *pej*; so, dass es unnatürlich wirkt ≈ affektiert, gestelzt, geziert ⟨g. lachen, sprechen⟩
Ge·la·ber *das*; *-s*; *nur Sg*; *gespr pej*; oberflächliches, dummes Gerede
Ge·läch·ter *das*; *-s*, *-*; *mst Sg*; das Lachen ⟨dröhnendes, großes, herzhaftes, lautes, schallendes G.; in G. ausbrechen; etw. mit (höhnischem, spöttischem) G. quittieren⟩: *Seine Erklärungen gingen im G. der Schüler unter*
ge·lack·mei·ert *Adj*; *gespr hum* ≈ betrogen, hereingelegt ⟨sich g. fühlen; g. werden, sein⟩ || *hierzu* **Ge·lack·mei·er·te** *der* / *die*; *-n*, *-n*
ge·la·den 1 *Partizip Perfekt*; ↑ ***laden*** **2** *Adj*; *mst in* ***g. sein*** *gespr*; sehr wütend sein
Ge·län·de *das*; *-s*, *-*; **1** ein Teil der Erdoberfläche mit seinen topographischen Eigenschaften ≈ Gebiet, Gegend, Terrain ⟨ein bergiges, hügeliges, unwegsames G.; ein G. erkunden, durchkämmen⟩ || K-: ***Gelände-, -fahrt*** **2** ein Stück Land, das j-m gehört od. das für e-n bestimmten Zweck abgegrenzt wurde ⟨ein unbebautes G.; ein G. absperren⟩ || -K: ***Ausstellungs-, Bahnhofs-, Bau-, Fabrik-, Firmen-, Messe-*** **3** *Mil*; das G. (1) im Gegensatz zur Kaserne u. zu Ortschaften ⟨ins G. fahren, gehen⟩ || K-: ***Gelände-, -marsch, -übung***
Ge·län·de- *im Subst*, *wenig produktiv*; nicht nur für asphaltierte Straßen, sondern auch für Gras, Sand, Schotterwege *usw* gut geeignet; das ***Geländefahrrad***, das ***Geländefahrzeug***, der ***Geländewagen***
Ge·län·der *das*; *-s*, *-*; e-e Stange od. e-e Holz- od. Metallkonstruktion *mst* mit Stangen am Rand von Treppen, Balkonen *usw*, an denen man sich festhalten kann, damit man nicht hinunterfällt ⟨sich am G. festhalten, sich über das G. beugen / lehnen, über das G. klettern⟩ || ↑ *Abb. unter* ***Treppenhaus*** || -K: ***Balkon-, Treppen-***
ge·lang *Imperfekt*, *3. Person Sg*; ↑ ***gelingen***
ge·län·ge *Konjunktiv II*, *3. Person Sg*; ↑ ***gelingen***
ge·lan·gen; *gelangte*, *ist gelangt*; [Vi] **1** ***irgendwohin g.*** ein bestimmtes Ziel, e-n bestimmten Ort erreichen: *j-d gelangt ans Ziel*; *Er konnte nicht ans andere Ufer g.*; *Das Paket ist an e-e falsche Adresse gelangt* **2** ***etw. gelangt irgendwohin*** etw. kommt, etw. gerät irgendwohin: *etw. gelangt an die Öffentlichkeit*, *in j-s Besitz*, *in j-s Hände* **3** ***zu etw. g.*** e-n wünschenswerten Zustand erreichen ≈ zu etw. kommen ⟨zu e-r Einigung, Verständigung (mit j-m) g., zu Ruhm u. Ehre, zu Reichtum g.⟩ **4** ***zu etw. g.*** sich e-e Meinung, ein Urteil bilden ⟨zu e-r Ansicht, e-m Urteil g.; zu der Erkenntnis g., dass ...⟩ **5** ***zu etw. g.*** *geschr*; verwendet, um e-e Passivkonstruktion zu umschreiben ≈ zu etw. kommen; ***zum Einsatz g.*** ≈ eingesetzt werden; ***etw. gelangt zur Ausführung*** ≈ etw. wird ausgeführt
ge·las·sen 1 *Partizip Perfekt*; ↑ ***lassen*** **2** *Adj*; (seelisch) ganz ruhig, nicht nervös ≈ beherrscht, gefasst, gleichmütig ↔ aufgeregt ⟨g. bleiben, etw. g. hinnehmen⟩ || *zu* **2 Ge·las·sen·heit** *die*; *nur Sg*
Ge·la·ti·ne [ʒela'tiːnə] *die*; *-*; *nur Sg*; e-e Substanz, aus der man *bes* Sülze u. Gelee macht: *G. in Form von Pulver*
ge·lau·fen *Partizip Perfekt*; ↑ ***laufen***
ge·läu·fig *Adj*; **1** *nicht adv*; weit verbreitet, vielen Leuten bekannt ↔ ausgefallen ⟨e-e Redensart⟩ **2** ***etw. ist j-m g.*** etw. ist j-m bekannt, vertraut: *Dieser Begriff ist mir nicht g.* **3** ohne Fehler u. Unterbrechung ≈ fließend, flüssig ↔ stockend, gebrochen: *Als ich ihn auf Englisch ansprach, antwortete er mir in geläufigem Deutsch* || *hierzu* **Ge·läu·fig·keit** *die*; *nur Sg*
ge·launt *Adj*; *nicht adv*; ***irgendwie g.*** mit e-r bestimmten Laune, Stimmung (1) ≈ irgendwie aufgelegt ⟨gut, schlecht g. sein⟩

gelb *Adj*; von der Farbe e-r Zitrone, e-s Eidotters: *ein gelbes Kleid tragen*; *e-e Wand g. streichen* || K-: ***gelb-, -braun, -grün*** || -K: ***dotter-, gold-, honig-, mais-, senf-, stroh-, zitronen-***
Gelb *das*; *-s*, *-* / *gespr auch -s*; *mst Sg*; **1** die gelbe Farbe ⟨ein kräftiges, leuchtendes, warmes G.⟩ **2** das Licht e-r Ampel, das zwischen dem grünen u. dem roten Licht aufleuchtet: *bei G. noch schnell über die Kreuzung fahren*
Gel·be *das*; *nur in* ***das G. vom Ei*** *gespr*; das, was am besten, günstigsten ist ≈ das Wahre: *Die neue Regelung ist auch noch nicht das G. vom Ei, da muss noch einiges verbessert werden*
Gelb·fie·ber *das*; *nur Sg*; e-e Krankheit, die in den Tropen vorkommt u. bei der man Fieber u. Gelbsucht bekommt
gelb·lich *Adj*; fast gelb, der Farbe Gelb ähnlich: *Beim Sonnenuntergang verfärbte sich der Himmel g.*
Gelb·sucht *die*; *nur Sg*; e-e Krankheit, bei der die Leber nicht mehr richtig funktioniert u. deshalb die Haut u. der weiße Teil des Auges gelb werden ⟨G. haben⟩ || *hierzu* **gelb·süch·tig** *Adj*; *nicht adv*
Geld *das*; *-es*, *-er*; **1** *nur Sg*; Münzen od. Banknoten, die man dazu benutzt, etw. zu kaufen, od. die man bekommt, wenn man etw. verkauft ⟨die Kaufkraft, der Wert des Geldes; G. (ein)kassieren, verdienen, einnehmen, einstreichen, scheffeln, zählen, zur Bank tragen, bei der Bank einzahlen, sparen, auf der Bank / auf dem Konto haben, anlegen, vom Konto abheben, flüssig haben, für etw. verjubeln / verprassen / verpulvern / verschleudern (= in großer Menge ausgeben), verspielen, fälschen, umtauschen, wechseln, unterschlagen, zurückzahlen; j-n um sein G. bringen; j-m G. auslegen / borgen / leihen / pumpen, vorschießen, schulden, zustecken; etw. kostet viel / e-n Batzen / e-n Haufen / e-n Sack voll / e-e Stange G.; etw. bringt viel G. ein⟩: *Von dem G., das er beim Lotto gewonnen hat, will er ein Haus bauen*; *Wenn wir Karten spielen, spielen wir immer um G.* || K-: ***Geld-, -betrag, -buße, -entwertung, -gier, -knappheit, -mangel, -sorgen, -spende, -strafe, -summe, -umtausch*** || -K: ***Bar-; Münz-, Papier-, Silber-; Falsch-; Buß-, Eintritts-, Haushalts-, Schul-*** **2** *mst Pl*; *mst* relativ viel G. (1), das für e-n bestimmten Zweck ausgegeben werden soll ⟨öffentliche, private Gelder; Gelder beantragen, veruntreuen⟩: *Der Bau des Krankenhauses hat wesentlich mehr Gelder verschlungen, als ursprünglich vorgesehen war* || -K: ***Lohn-, Staats-, Steuer-*** **3** ***hartes / kleines G.*** *nur Sg*; G. (1) in Form von Münzen ≈ Hartgeld, Kleingeld **4** ***großes G.*** *nur Sg*; G. (1) in Form von Banknoten ≈ Papiergeld || ID ***etw. geht ins G.*** etw. ist sehr teuer; ***etw. bedeutet bares G.*** etw. wird j-m sicher G. (1) einbringen; ***sein G. arbeiten lassen*** sein G. (1) auf der Bank *o.Ä.* anlegen, damit es Zinsen bringt; ***j-d sitzt auf dem / seinem G.*** *gespr*; j-d ist geizig; ***etw. zu G. machen*** etw. verkaufen; ***j-d / etw. ist nicht mit G. zu bezahlen*** j-d / etw. ist für j-n sehr wichtig od. wertvoll; ***etw. nicht für G. u. gute Worte tun*** sich nicht zu etw. überreden lassen; ***etw. für teures G. kaufen*** viel G. (1) für etw. bezahlen; ***j-d hat G. wie Heu / schwimmt im G. / stinkt vor G.*** *gespr*; j-d ist reich; ***j-m (das) G. aus der Tasche ziehen*** *gespr*; j-n dazu bringen, G. (1) auszugeben; ***j-d wirft / schmeißt das / sein G. zum Fenster hinaus*** j-d verschwendet sein G.; ***G. stinkt nicht*** verwendet, um auszudrücken, dass man nicht erkennen kann, auf welche Weise j-d sein G. (1) verdient hat; *mst* ***Ich habe mein G. nicht auf der Straße gefunden*** verwendet, um auszudrücken, dass man sein G. (1) nicht für etw. (Sinnloses) ausgeben will

Geld·adel *der*; sehr reiche Leute, die wegen ihres Geldes Einfluss und Prestige haben
Geld·au·to·mat *der*; ein Automat bei e-r Bank, aus dem man mithilfe e-r Scheckkarte *o.Ä.* Geld entnehmen kann
Geld·beu·tel *der*; e-e kleine Tasche (*mst* aus Leder) für das Geld, das man bei sich trägt ≈ Börse, Portemonnaie ⟨etw. in den G. tun⟩ || ID ***e-n dicken / dünnen G. haben*** *gespr*; viel / wenig Geld haben; ***tief in den G. greifen*** *gespr*; viel Geld ausgeben
Geld·bör·se *die* ≈ Geldbeutel
Geld·mit·tel *die*; *Pl*; das Geld, das j-m (für e-n bestimmten Zweck) zur Verfügung steht ⟨über geringe, große G. verfügen⟩
Geld·rol·le *die*; e-e bestimmte Anzahl von Münzen mit dem gleichen Wert, die mithilfe von Papier zu e-r Rolle gewickelt sind
Geld·sack *der*; *gespr pej*; ein sehr reicher, aber geiziger Mensch
Geld·schein *der* ≈ Banknote ↔ Münze
Geld·schrank *der*; ein stabiler Behälter aus Metall, in den man Geld, Schmuck, Dokumente *usw* einschließt, um sie vor Dieben, Feuer *o.Ä.* zu schützen ≈ Tresor, Panzerschrank ⟨e-n G. aufbrechen / knacken, ausrauben⟩
Geld·stück *das*; ein (*mst* rundes) Stück Metall, auf dem ein bestimmter Wert steht u. das zur Zahlung benutzt wird ≈ Münze ↔ Geldschein
Geld·wä·sche *die*; *gespr*; Handlungen, mit denen man illegal eingenommenes Geld so verwendet, dass es legal wirkt
Geld·wech·sel *der*; das Umtauschen von Geld einer Währung in Geld e-r anderen Währung
Ge·lee [ʒe'le:] *das, der*; *-s, -s*; Fruchtsaft, der mit Zucker gekocht wurde u. der dadurch so dickflüssig geworden ist, dass man ihn auf Brot streichen kann || -K: ***Apfel-, Himbeer-, Johannisbeer-*** *usw* || NB: ↑ ***Konfitüre, Marmelade***
Ge·le·ge *das*; *-s, -*; *Kollekt*; alle Eier, die ein Vogel od. ein Reptil gelegt hat: *Die Schildkröte vergräbt ihr G. im Sand*
ge·le·gen 1 *Partizip Perfekt*; ↑ ***liegen* 2** *Adj*; *mst in* ***etw. kommt j-m g.*** etw. geschieht zu e-r Zeit, die für j-n günstig ist: *Dein Besuch kommt mir sehr g., denn ich brauche deine Hilfe* **2** *Adj*; *mst in* ***j-m ist an etw.*** (*Dat*) ***g.*** *geschr*; j-m ist etw. wichtig: *Der Polizei ist an e-r schnellen Klärung des Mordfalls g.*
Ge·le·gen·heit *die*; *-, -en*; **1** ein Zeitpunkt od. e-e Situation, die für e-n bestimmten Zweck günstig sind ⟨e-e einmalige, günstige, gute, seltene G.; die G. ergreifen, verpassen⟩: *Er nutzt jede G., von seinem Urlaub zu erzählen* **2** die Möglichkeit, etw. zu tun ⟨j-m (die) G. zu etw. geben; etw. bei der ersten G. tun; j-m bietet sich e-e G.⟩: *Ich hatte keine G., sie anzurufen* **3** ≈ Gelegenheitskauf (2): *Das Kleid war e-e G. - so was kriege ich zu dem Preis nie wieder!* **4** ≈ Anlass (1): *ein Kleid nur zu besonderen Gelegenheiten tragen* || ID ***die G. beim Schopf ergreifen / fassen / packen*** e-e günstige G. (1) nutzen
Ge·le·gen·heits- *im Subst, wenig produktiv*; verwendet, um auszudrücken, dass j-d etw. nur manchmal, nicht regelmäßig tut ↔ Gewohnheits-; der ***Gelegenheitsdieb***, der ***Gelegenheitsraucher***, der ***Gelegenheitstrinker***
Ge·le·gen·heits·ar·beit *die*; e-e (berufliche) Arbeit, die j-d nur kurze Zeit (u. ohne feste Anstellung) macht || *hierzu* **Ge·le·gen·heits·ar·bei·ter** *der*
Ge·le·gen·heits·kauf *der*; **1** ein Einkauf, bei dem man etw. zu e-m günstigen Preis bekommt **2** etw., das man zu e-m günstigen Preis gekauft hat ≈ Gelegenheit (3)
ge·le·gent·lich *Adj*; **1** manchmal, hin u. wieder (erfolgend): *Sie trinkt nur g. Wein, meist trinkt sie Bier* **2** *mst adv*; bei passenden, günstigen Umständen ≈ bei Gelegenheit: *Ich werde dich g. besuchen*
ge·leh·rig *Adj*; mit der Fähigkeit, leicht zu lernen, etw. schnell zu verstehen ⟨ein Kind, ein Schüler, ein Tier⟩: *Papageien sind sehr gelehrige Tiere* || *hierzu* **Ge·leh·rig·keit** *die*; *nur Sg*
ge·lehr·sam *Adj* ≈ gelehrig || *hierzu* **Ge·lehr·sam·keit** *die*; *nur Sg*
ge·lehrt 1 *Partizip Perfekt*; ↑ ***lehren* 2** *gelehrter, gelehrtest-*; *Adj*; mit großem wissenschaftlichem Wissen ⟨e-e Frau, ein Mann⟩ **3** *Adj*; mit wissenschaftlichem Inhalt ⟨e-e Abhandlung, Ausführungen⟩ **4** *Adj*; *gespr*; abstrakt u. kompliziert formuliert u. deshalb schwer verständlich ⟨g. sprechen, sich g. ausdrücken⟩ || *hierzu* **Ge·lehrt·heit** *die*; *nur Sg*
Ge·lehr·te *der / die*; *-n, -n*; j-d, der große wissenschaftliche Kenntnisse hat ⟨ein bedeutender, namhafter Gelehrter⟩ || NB: *ein Gelehrter*; *der Gelehrte*; *den, dem, des Gelehrten*
Ge·leit *das*; *-(e)s*; *nur Sg*; **1** ***j-m das G. geben*** *geschr*; j-n begleiten, um ihn zu ehren od. zu schützen: *Drei Polizeiwagen gaben dem Botschafter das G. zum Flughafen* || K-: ***Geleit-, -schutz, -zug*** **2** ***freies / sicheres G.*** *Jur*; die Garantie, dass j-d weder gefangen genommen noch angegriffen wird, während er etw. Bestimmtes tut ⟨j-m freies / sicheres G. gewähren⟩ **3** ***zum G.*** *geschr*; verwendet als Überschrift für ein Vorwort zu e-m Buch || K-: ***Geleit-, -wort*** || ID ***j-m das letzte G. geben*** *geschr*; an j-s Beerdigung teilnehmen
ge·lei·ten; *geleitete, hat geleitet*; [Vt] ***j-n irgendwohin g.*** *geschr* ≈ j-n irgendwohin begleiten
Ge·lenk *das*; *-(e)s, -e*; **1** e-e bewegliche Verbindung zwischen Knochen ⟨ein entzündetes, gebrochenes, geschwollenes, schmerzendes, steifes G.⟩ || K-: ***Gelenk-, -entzündung, -schmerzen, -versteifung*** || -K: ***Hand-, Hüft-, Knie-*** **2** e-e bewegliche Verbindung zwischen Maschinenteilen *o.Ä.*
Ge·lenk·bus *der*; ein langer Bus mit e-m beweglichen Verbindungsteil
ge·len·kig *Adj*; zu geschickten, flinken Bewegungen fähig ≈ beweglich, geschmeidig, gewandt ↔ steif, ungelenk: *Trotz seines hohen Alters ist er noch sehr g.* || *hierzu* **Ge·len·kig·keit** *die*; *nur Sg*
Ge·lenk·ku·gel *die*; *Med*; das runde Ende e-s Knochens, das Teil e-s Gelenks ist
Ge·lenk·pfan·ne *die*; *Med*; e-e Vertiefung an e-m Knochen, die Teil e-s Gelenks ist
ge·lernt 1 *Partizip Perfekt*; ↑ ***lernen* 2** *Adj*; *nur attr, nicht adv*; mit e-r abgeschlossenen Ausbildung in dem entsprechenden Beruf: *Er ist gelernter Koch*; *Sie ist gelernte Verkäuferin* || NB: ohne Artikel verwendet
ge·le·sen *Partizip Perfekt*; ↑ ***lesen***
Ge·lieb·te *der / die*; *-n, -n*; **1** j-d, zu dem man e-e sexuelle Beziehung hat (oft neben e-r bestehenden Ehe) ⟨e-n Geliebten / e-e G. haben; der / die G. von j-m sein⟩ **2** *veraltend*; verwendet als Anrede für den Mann / die Frau, den / die man liebt || NB: *ein Geliebter*; *der Geliebte*; *den, dem, des Geliebten*
ge·lie·fert 1 *Partizip Perfekt*; ↑ ***liefern* 2** *Adj*; *nur in* ***g. sein*** *gespr*; ruiniert, erledigt (4), verloren (2) sein
ge·lie·hen *Partizip Perfekt*; ↑ ***leihen***
ge·lie·ren [ʒe-]; *gelierte, hat geliert*; [Vi] ***etw. geliert*** etw. wird zu Gelee ⟨e-e Brühe, ein Fruchtsaft, e-e Sülze⟩ || K-: ***Gelier-, -mittel, -zucker***
ge·lin·de *Adj*; **1** *geschr*; von geringer Intensität ≈ leicht, milde ↔ heftig, stark ⟨ein Schmerz, e-e Strafe⟩ **2** ***g. gesagt*** vorsichtig formuliert: *Er ist hier, g. gesagt, nicht gerade willkommen*

ge·lin·gen; *gelang, ist gelungen*; [Vi] **1** ***etw. gelingt*** (***j-m***) etw. verläuft so, wie es j-d gewollt od. geplant hat, hat ein positives Ergebnis ≈ etw. funktioniert, glückt ↔ etw. misslingt, scheitert ⟨ein Plan, ein Versuch, j-s Flucht⟩: *zum Gelingen e-s Unternehmens beitragen*; *Der Kuchen ist dir gut gelungen*; [Vimp] **2** ***es gelingt j-m*** + ***zu*** + *Infinitiv* j-d kann etw. erfolgreich durchführen, beenden: *Es gelang mir nicht, sie vom Gegenteil zu überzeugen*

ge·lit·ten *Partizip Perfekt*; ↑ ***leiden***

gell[1] *Adj*; unangenehm laut u. schrill ⟨ein Pfiff, ein Schrei⟩

gell[2] *Partikel*; *betont*, *südd gespr*; verwendet am Ende e-s Satzes, wenn der Sprecher Zustimmung erwartet od. sich erhofft ≈ nicht wahr, oder?: *Das denkst du auch, g.?*; *Du hilfst mir doch, g.?*

gel·len; *gellte, hat gegellt*; [Vi] **1** ***etw. gellt*** ein Ruf, e-e Stimme klingt sehr laut (u. schrill) **2** ***j-m gellen die Ohren*** (***von etw.***) j-m tun die Ohren weh, weil etw. so laut ist / war

ge·lo·ben; *gelobte, hat gelobt*; [Vt] (***j-m***) ***etw. g.*** *geschr*; (j-m) etw. feierlich (in e-r Zeremonie) versprechen ≈ schwören ⟨j-m Besserung, (ewige) Treue g.⟩: *Er gelobte, die Wahrheit zu sagen*

Ge·löb·nis *das*; *-ses*, *-se*; *geschr*; ein feierliches (rituelles) Versprechen ≈ Schwur ⟨ein G. ablegen, einhalten, brechen⟩ || K-: ***Gelöbnis-, -feier*** || -K: ***Treue-*** || NB: ↑ ***Vereidigung***, ***Gelübde***

ge·lo·gen *Partizip Perfekt*; ↑ ***lügen***

ge·löst **1** *Partizip Perfekt*; ↑ ***lösen*** **2** *gelöster, gelöstest-*; *Adj*; ruhig u. nicht nervös ≈ entspannt ↔ angespannt: *Er macht e-n ruhigen u. gelösten Eindruck*

gelt *Partikel*; *südd gespr* ≈ gell

gel·ten; *gilt, galt, hat gegolten*; [Vi] **1** ***etw. gilt etw.*** etw. hat e-n bestimmten Wert ≈ etw. zählt etw.: *„Was gilt die Wette?" - „Zwei Flaschen Sekt"*; *Deine Meinung gilt hier nichts!*; [Vi] **2** ***etw. gilt*** etw. kann e-e bestimmte Zeit lang od. unter bestimmten Umständen rechtmäßig benutzt od. angewandt werden ≈ etw. ist gültig ⟨ein Ausweis, e-e Fahrkarte, e-e Regel, e-e Vorschrift⟩: *Die Fahrkarte gilt eine Woche*; *nach geltendem Recht*; *Der Pass gilt nicht mehr, er ist gestern abgelaufen* **3** ***etw. gilt für j-n / etw.*** etw. betrifft j-n / etw.: *Das Rauchverbot gilt nur für Inlandflüge* **4** ***etw. gilt j-m / etw.*** etw. ist für j-n / etw. bestimmt, an j-n / etw. gerichtet: *Der Gruß galt dir*; *Der Schuss, der den Hund traf, hatte eigentlich dem Hasen gegolten* **5** ***etw. gilt etw.*** (*Dat*) *geschr*; etw. ist auf ein bestimmtes Ziel gerichtet: *All sein Hoffen u. Sehnen galt der Erlangung der Freiheit* **6** ***j-d / etw. gilt als etw.*** / *veraltend auch* ***für etw.*** j-d / etw. hat nach Meinung vieler Menschen e-e bestimmte Eigenschaft ≈ j-d / etw. wird als etw. angesehen: *Diese Straße gilt als gefährlich*; *Er gilt als großer Künstler* **7** ***etw. gilt*** etw. ist nach den (Spiel)Regeln erlaubt od. gültig: *Das Tor gilt nicht, weil ein Spieler im Abseits stand* **8** ***etw. g. lassen*** etw. als rechtmäßig od. gerechtfertigt akzeptieren ≈ etw. zulassen ↔ etw. zurückweisen ⟨e-n Einwand, e-e Entschuldigung, e-n Widerspruch g. lassen⟩; [Vimp] **9** ***es gilt*** + ***zu*** + *Infinitiv geschr*; jetzt ist der Zeitpunkt gekommen, an dem etw. getan werden muss: *Jetzt gilt es, Ruhe zu bewahren*; *Es gilt, keine Zeit zu verlieren* **10** ***es gilt etw.*** *geschr veraltend*; es geht um etw. (das irgendwie gefährdet ist): *Es galt ihr Leben* || ID ***Das gilt nicht!*** *gespr*; das ist unfair; ***etw. geltend machen*** *geschr*; ein Recht *o.Ä.* in Anspruch nehmen

Gel·tung *die*; -; *nur Sg*, *geschr*; **1** ≈ Gültigkeit ⟨etw. hat / besitzt G.⟩: *Dieses Gesetz hat immer noch G.* || K-: ***Geltungs-, -bereich, -dauer*** **2** ***sich / etw.*** (*Dat*) ***G. verschaffen*** dafür sorgen, dass man / etw. Respekt erhält **3** ***etw. kommt*** (***irgendwie***) ***zur G.*** etw. hat e-e bestimmte Wirkung ⟨etw. kommt gut, voll zur G.⟩: *Vor dem bunten Hintergrund kommt das Bild nicht zur G.* **4** ***etw. zur G. bringen*** etw. positiv wirken lassen: *Der helle Hintergrund bringt die dunklen Möbel gut zur G.*

Gel·tungs·sucht *die*; *nur Sg*; das (übertriebene) Bedürfnis, beachtet u. anerkannt zu werden ⟨e-e krankhafte G.⟩ || *hierzu* **gel·tungs·süch·tig** *Adj*

Ge·lüb·de *das*; *-s*, *-*; *geschr*; ein feierliches Versprechen, das man aus e-r *mst* religiösen Überzeugung heraus macht ≈ Gelöbnis ⟨ein G. ablegen, brechen⟩ || -K: ***Armuts-, Demuts-, Keuschheits-, Schweige-***

ge·lun·gen **1** *Partizip Perfekt*; ↑ ***gelingen*** **2** *gespr* ≈ komisch, witzig ⟨etw. ist g., sieht g. aus⟩: *Das ist wirklich e-e gelungene Idee!*

Ge·lüs·te *die*; *Pl*, *gespr*; ***G.*** (***auf etw.*** (*Akk*)) ein momentanes starkes Verlangen nach etw.: *Während der Schwangerschaft hatte sie oft seltsame G. auf ausgefallene Speisen*

ge·lüs·ten; *gelüstete, hat gelüstet*; [Vimp] ***j-n gelüstet es nach etw.*** *geschr od hum*; j-d hat ein starkes Verlangen nach etw.

Ge·mach *das*; *-(e)s*, *Ge·mä·cher*; *geschr*; ein (großer) Wohnraum *mst* in e-r Burg, e-m Schloss *o.Ä.* ⟨die königlichen Gemächer⟩ || ID ***sich in seine Gemächer zurückziehen*** *hum*; in sein Zimmer gehen

ge·mäch·lich *Adj*; ohne Eile, ohne Hast ⟨ein Tempo; etw. g. tun⟩ || *hierzu* **Ge·mäch·lich·keit** *die*; *nur Sg*

Ge·mahl *der*; *-s*, *-e*; *mst Sg*; **1** (***j-s***) ***G.*** *geschr* ≈ Ehemann, Gatte: *der G. der Königin* **2** verwendet als höfliche Bezeichnung für j-s Ehemann, wenn man sich nach ihm erkundigt *o.Ä.* ≈ Gatte: *Herzliche Grüße an Ihren G.*; *Wie gehts dem Herrn G.?* || *hierzu* **Ge·mah·lin** *die*; *-*, *-nen*

ge·mah·len *Partizip Perfekt*; ↑ ***mahlen***

ge·mah·nen; *gemahnte, hat gemahnt*; [Vti] (***j-n***) ***an j-n / etw. g.*** *geschr*; j-m e-e Person / ein vergangenes Ereignis ins Gedächtnis rufen ≈ (j-n) an j-n / etw. erinnern: *Das Denkmal gemahnt uns an die Toten*

Ge·mäl·de *das*; *-s*, *-*; ein Bild, das ein Künstler (*mst* in Öl) gemalt hat ⟨ein G. anfertigen, rahmen⟩ || K-: ***Gemälde-, -ausstellung, -galerie, -sammlung***

ge·ma·sert *Adj*; *nicht adv*; mit e-r Maserung ⟨Holz, Marmor⟩

ge·mäß[1] *Adj*; ***j-m / etw. g.*** so, wie es angemessen ist, wie es zu j-m / etw. passt ≈ j-m / etw. entsprechend ↔ unangemessen: *Es wird um e-e dem feierlichen Anlass gemäße Kleidung gebeten*

ge·mäß[2] *Präp*; *mit Dat*, *geschr*; in Übereinstimmung mit ≈ entsprechend, laut, nach ↔ entgegen ⟨j-s Erwartungen, Forderungen, Wünschen g.⟩: *Sie handelten seinem Vorschlag g.*; *g. Paragraph 19 des Strafgesetzbuches* || NB: *mst* nach dem Subst.

-ge·mäß *im Adj*, *nach Subst*, *unbetont*, *begrenzt produktiv*; **1** so, dass es zu dem im ersten Wortteil Genannten passt, ihm entspricht; ***altersgemäß*** ⟨ein Verhalten⟩, ***auftragsgemäß*** ⟨e-e Lieferung⟩, ***erfahrungsgemäß, erwartungsgemäß, ordnungsgemäß, standesgemäß, traditionsgemäß, vereinbarungsgemäß, wahrheitsgemäß*** ⟨e-e Antwort⟩, ***wunschgemäß, zeitgemäß*** **2** so, wie es das im ersten Wortteil Genannte erfordert, nötig macht ≈ -gerecht; ***artgemäß*** ⟨die Haltung, die Unterbringung e-s Tieres⟩, ***fachgemäß*** ⟨e-e Durchführung⟩, ***fristgemäß*** ⟨e-e Lieferung⟩, ***sachgemäß*** ⟨e-e Reparatur⟩, ***termingemäß***

ge·mä·ßigt **1** *Partizip Perfekt*; ↑ ***mäßigen*** **2** *Adj*; mit e-m normalen (nicht übertriebenen) Ausmaß ↔ maßlos ⟨ein Alkoholkonsum, ein Optimismus⟩ **3** *Adj*; politisch nicht extrem ↔ radikal ⟨Ansichten,

G

ein Politiker⟩ **4** *Adj*; *Geogr*; zu den Gebieten mit ausgeglichenem Klima gehörend (die jeweils zwischen dem Polarkreis u. den Tropen liegen) ↔ arktisch, tropisch ⟨die Breiten(grade), e-e Zone⟩

Ge·mäu·er [gə'mɔyɐ] *das*; *-s*, *-*; die Mauern e-s alten Gebäudes, *mst* e-r Ruine ⟨ein verfallenes G.⟩

ge·mein[1] *Adj*; **1** moralisch schlecht u. mit der Absicht, j-d anderem zu schaden ≈ boshaft, niederträchtig ↔ anständig, edel ⟨e-e Lüge, e-e Tat, ein Mensch, ein Verbrecher; g. zu j-m sein, j-n g. behandeln⟩: *Warum hast du sie nicht mitkommen lassen? - Das ist g. (von dir)!* || NB: um *g.* zu verstärken, verwendet man in der gesprochenen Sprache *hundsgemein* **2** ≈ abstoßend ⟨ein Gesicht(sausdruck), ein Lachen⟩ **3** *nicht adv*, *gespr*; sehr stark, sehr intensiv ⟨Schmerzen⟩ **4** *nur adv*, *gespr*; verwendet, um Adjektive od. Verben negativ zu verstärken ≈ sehr: *Das tut g. weh* **5** ≈ ordinär, unanständig ⟨ein Witz, e-e Redensart⟩

ge·mein[2] *Adj*; *nur in* ⟨Personen⟩ ***haben etw. g.***; ***j-d / etw. hat etw. mit j-m / etw. g.***; ***etw. ist j-m / etw.*** (*Pl*) ***g.*** zwei od. mehrere Personen / Dinge haben e-e gemeinsame Eigenschaft: *Sie haben viele Ansichten g.*; *Den Brüdern ist e-e gewisse Schüchternheit g.*

ge·mei·n- *Adj*; *nur attr*, *nicht adv*; **1** *veraltend*; durchschnittlich, ohne besondere Kennzeichen ⟨*mst* der Mann, das Volk⟩ **2** *Biol*; verwendet vor dem Namen e-r Art, um auszudrücken, dass diese Variante der Art am weitesten verbreitet ist: *die Gemeine Brennnessel* || NB: in dieser Bedeutung wird *g.* großgeschrieben

Ge·mein·de *die*; *-*, *-n*; **1** das kleinste Gebiet innerhalb e-s Staates, das seine eigene Verwaltung hat ≈ Kommune ⟨e-e ländliche, städtische, arme, reiche G.⟩: *Zu welchem Landkreis gehört diese G.?* || K-: ***Gemeinde-, -bezirk, -haushalt, -kindergarten, -steuern, -vertreter, -vertretung, -verwaltung, -wahl*** || -K: ***Grenz-, Stadt-*** **2** ein Gebiet mit e-r Kirche, das von e-m Priester betreut wird ≈ Pfarrei: *Die Gottesdienste der katholischen G. finden in der St.-Martins-Kirche statt* || K-: ***Gemeinde-, -mitglieder*** || -K: ***Kirchen-, Pfarr-*** **3** die Menschen, die in e-r G. (1) leben: *Die G. wählt heute e-n neuen Bürgermeister* **4** die Menschen, die zu e-r G. (2) gehören: *Die G. hat für die Armen gesammelt* **5** die Verwaltung e-r G. (1) od. die Räume, in denen sich diese Behörde befindet ⟨etw. bei der G. beantragen; auf die / zur G. gehen⟩ || K-: ***Gemeinde-, -beamte(r), -beschluss, -haus*** **6** die Personen, die bei e-m Gottesdienst anwesend sind: *„Liebe G." sagte der Pfarrer ...* **7** ***e-e G.*** + *Gen* / ***von j-m*** (*Pl*) e-e Gruppe von Menschen mit e-m gemeinsamen, *mst* religiösen Interesse ≈ Gemeinschaft: *die G. der Mönche / von Mönchen in e-m Kloster* || -K: ***Christen-, Fan-, Glaubens-*** **8** das Publikum bei e-r künstlerischen Darbietung od. die Anwesenden bei e-r Feier: *e-e dankbare G. haben* || -K: ***Hochzeits-, Trauer-***

Ge·mein·de·rat *der*; **1** e-e Gruppe von Personen, die von den Einwohnern e-r Gemeinde (1) in Deutschland gewählt werden. Der G. entscheidet darüber, wie die Gemeinde verwaltet wird **2** ein Mitglied des Gemeinderats (1) || *zu* **2 Ge·mein·de·rä·tin** *die*

Ge·mein·de·schwes·ter *die*; e-e Krankenschwester, die Kranke zu Hause besucht u. dort pflegt

Ge·mein·de·zent·rum *das*; ein Gebäude, in dem sich die Verwaltung e-r Gemeinde (1) befindet u. in dem *mst* auch Veranstaltungen stattfinden

Ge·mein·ei·gen·tum *das*; *Pol*, *Ökon*; Eigentum, das e-r Gemeinschaft (*mst* e-m Staat) u. nicht einzelnen Personen gehört ↔ Privateigentum

ge·mein·ge·fähr·lich *Adj*; für seine Mitmenschen sehr gefährlich ⟨ein Verbrecher, ein Verrückter⟩

Ge·mein·gut *das*; *nur Sg*, *geschr* ≈ Gemeineigentum || ID ***etw. wird zum G.*** etw. wird allgemein bekannt ⟨e-e Neuigkeit, ein Wissen⟩

Ge·mein·heit *die*; *-*, *-en*; **1** *nur Sg*; e-e gemeine[1] (1) Art, Einstellung ≈ Schlechtigkeit ↔ Güte: *Er hat seinen Bruder aus purer G. geschlagen* **2** e-e gemeine[1] (1) Tat ≈ Schikane: *Es war e-e große G., den Hund auszusetzen* **3** *gespr*; etw., das Grund zu Ärger gibt: *Gerade heute geht der Fernseher kaputt - So e-e G.!* **4** *mst Pl*; beleidigende Worte ↔ Nettigkeit ⟨j-m Gemeinheiten an den Kopf werfen⟩

ge·mein·hin *Adv* ≈ im Allgemeinen, für gewöhnlich, normalerweise ⟨es wird g. angenommen, dass ...⟩

ge·mein·nüt·zig *Adj*; so, dass es der Allgemeinheit, der Gesellschaft dient u. nicht einzelnen Personen ≈ sozial ⟨ein Verein, ein Zweck⟩: *Der Sportverein wurde als g. anerkannt* || *hierzu* **Ge·mein·nüt·zig·keit** *die*; *nur Sg*

Ge·mein·platz *der*; *pej*; etw., das schon oft so formuliert wurde u. oberflächlich (u. nichts sagend) ist ⟨sich in Gemeinplätzen ausdrücken, ergehen⟩

ge·mein·sam *Adj*; **1** so, dass mehrere Personen / Dinge etw. gleichzeitig od. miteinander tun, erleben od. haben ↔ getrennt, separat, verschieden: *Sie haben gemeinsame Interessen u. Ziele*; *Der Hund gehört den beiden Kindern g.*; *e-e gemeinsame Erklärung abgeben*; *Wollen wir g. nach Hause gehen?*; *Die beiden Zimmer haben e-n gemeinsamen Balkon* **2** ⟨Personen⟩ ***haben etw. g.***; ***j-d / etw. hat etw. mit j-m / etw. g.*** zwei od. mehrere Personen / Dinge ähneln sich in e-r Hinsicht ↔ sich in etw. unterscheiden: *Sie haben viel (miteinander) g.*

Ge·mein·sam·keit *die*; *-*, *-en*; **1** e-e Eigenschaft *o.Ä.*, die mehrere Personen od. Dinge teilen **2** das Zusammensein (in Harmonie u. Freundschaft) ⟨etw. in trauter G. tun⟩

Ge·mein·schaft *die*; *-*, *-en*; **1** e-e Gruppe von Menschen (od. Völkern), die etw. gemeinsam haben, durch das sie sich verbunden fühlen ≈ Gruppe ⟨e-e dörfliche, unzertrennliche, verschworene G.; j-n in e-e G. aufnehmen, Mitglied / Teil e-r G. sein, j-n aus e-r G. ausschließen / ausstoßen⟩: *Die Dorfbewohner bildeten e-e verschworene G.* || K-: ***Gemeinschafts-, -besitz, -geist, -leben, -sinn*** || -K: ***Aktions-, Arbeits-, Christen-, Dorf-, Sprach-*** **2** die organisierte Form e-r G. (1) ⟨e-e kirchliche G., die Europäische G.⟩: *Er ist e-r G. zur Wahrung der Menschenrechte beigetreten* || -K: ***Forschungs-, Glaubens-, Interessen-, Religions-, Wirtschafts-*** **3** das Zusammensein mit anderen Menschen, die Anwesenheit anderer Menschen ≈ Gesellschaft (6) ⟨j-s G. suchen⟩: *sich nur in G. mit Gleichgesinnten wohl fühlen* || K-: ***Gemeinschafts-, -erlebnis, -fahrt, -grab, -raum, -unterkunft*** **4** *mst* ***in ehelicher / häuslicher G. mit j-m leben*** als Ehepaar zusammenleben / mit j-m zusammenleben, als wäre man mit ihm verheiratet **5** ***in G. mit j-m / etw.*** in Zusammenarbeit mit j-m / etw.: *Diese Straße hat das Land Bremen in G. mit dem Bund gebaut* || K-: ***Gemeinschafts-, -arbeit, -produktion, -sendung, -werk***

ge·mein·schaft·lich *Adj*; **1** e-r Gemeinschaft (1), e-r Gruppe von Menschen gehörend, sie betreffend ↔ individuell ⟨ein Besitz, Eigentum, Interessen⟩: *das gemeinschaftliche Anliegen aller Mieter* **2** so, dass mehrere Menschen daran beteiligt sind ≈ gemeinsam ⟨e-e Arbeit, ein Verbrechen; etw. g. tun⟩

Ge·mein·schafts·an·ten·ne *die*; e-e Antenne, die mehreren Wohnungen (u. Anschlüssen) dient

Ge·mein·schafts·ge·fühl *das*; *nur Sg*; das Gefühl,

zu e-r Gruppe von Menschen zu gehören ≈ Zusammengehörigkeitsgefühl

Ge·mein·schafts·kun·de *die*; *nur Sg*; ein Fach in der Schule, in dem die Kinder Geographie, Geschichte u. Sozialkunde lernen

Ge·mein·schafts·ver·pfle·gung *die*; Essen, das für e-e große Zahl von Menschen (in e-r Großküche) zubereitet wird ⟨G. bekommen⟩

Ge·mein·spra·che *die*; *nur Sg*, *Ling*; der Teil e-r Sprache, den die meisten Menschen verstehen u. benutzen können, die diese Sprache als Muttersprache haben ↔ Fachsprache, Mundart || *hierzu* **ge·mein·sprach·lich** *Adj*

Ge·mein·wohl *das*; das Wohlergehen e-r Gemeinschaft (*z.B.* e-s Staates) u. ihrer Mitglieder

Ge·men·ge *das*; *-s*, *-*; ***ein G.*** (+ *Gen* / ***aus, von etw.***) ≈ Gemisch

ge·mes·sen 1 *Partizip Perfekt*; ↑ ***messen* 2** *Adj*; ruhig u. mit Würde ⟨ein Auftreten, e-e Haltung; j-m gemessenen Schrittes folgen⟩ **3** *Adj* ≈ angemessen, gebührend ⟨j-m in gemessenem Abstand folgen⟩ || *zu* **2 Ge·mes·sen·heit** *die*; *nur Sg*

Ge·met·zel *das*; *-s*, *-*; das Töten von vielen (*mst* wehrlosen) Menschen od. Tieren ≈ Blutbad ⟨ein blutiges, grausames, sinnloses G.⟩

ge·mie·den *Partizip Perfekt*; ↑ ***meiden***

Ge·misch *das*; *-(e)s*, *-e*; ***ein G.*** (+ *Gen* / ***aus, von etw.***) etw., das dadurch entstand, dass mehrere Dinge od. Stoffe miteinander gemischt wurden ≈ Mischung: *Er spricht ein G. verschiedener Dialekte*; *Viele Motorräder brauchen ein G. aus Öl u. Benzin*

ge·mischt 1 *Partizip Perfekt*; ↑ ***mischen* 2** *Adj*; drückt aus, dass Frauen u. Männer od. Mädchen u. Jungen gleichzeitig daran teilnehmen ⟨ein Doppel (beim Tennis), e-e Sauna, ein Chor⟩ || ID ***Jetzt wirds g.!*** jetzt gibt es Ärger

ge·mocht *Partizip Perfekt*; ↑ ***mögen***

ge·mol·ken *Partizip Perfekt*; ↑ ***melken***

ge·mop·pelt ↑ ***doppelt***

Gem·se *die* ↑ ***Gämse***

Ge·mü·se *das*; *-s*, *-*; **1** (Teile von) Pflanzen, die man (*mst* gekocht) isst ⟨frisches, rohes, gedünstetes, gekochtes G.; G. anbauen, ernten, putzen, schneiden, kochen⟩: *gemischtes G. aus Erbsen, Bohnen u. Karotten*; *Heute gibt es Fleisch, Kartoffeln, G. u. Salat* || K-: ***Gemüse-, -(an)bau, -beet, -brühe, -eintopf, -garten, -händler, -saft, -suppe*** || -K: ***Blatt-, Wurzel-; Dosen-, Frisch-; Garten-*** || NB: Kartoffeln, Obst u. Getreide sind kein G. **2** ***junges G.*** *gespr hum*; Kinder u. junge Leute, die unerfahren sind: *Er hatte auf seine Party nur junges G. eingeladen*

ge·musst *Partizip Perfekt*; ↑ ***müssen***[2]

ge·mus·tert *Adj*; *nicht adv*; mit e-m Muster ↔ uni ⟨ein Stoff, e-e Tapete⟩: *e-e bunt gemusterte Bluse*

Ge·müt *das*; *-(e)s*, *-er*; **1** *nur Sg*; die Gesamtheit der Gefühle, die ein Mensch entwickeln kann u. die sein Wesen bestimmen ≈ Psyche, Seele ↔ Verstand ⟨ein ängstliches, freundliches, heiteres, kindliches, sanftes G. (haben), j-s G. bewegen, erschüttern⟩ || K-: ***Gemüts-, -verfassung, -zustand* 2** *nur Pl*; Menschen im Hinblick auf ihre Gefühle ⟨etw. bewegt, erhitzt, erregt die Gemüter⟩: *Das neue Gesetz löste zunächst heftige Proteste aus, aber dann haben sich die Gemüter wieder beruhigt* **3 *ein schlichtes G.*** *euph*; j-d, der nicht sehr intelligent ist **4 *ein sonniges G. haben*** *iron*; in naiver Weise optimistisch sein **5 *etw. legt sich, schlägt j-m aufs G.*** etw. macht j-n traurig, deprimiert ihn || ID ***sich*** (*Dat*) ***etw. zu Gemüte führen*** *hum*; *mst* etw. lesen od. etw. Gutes essen od. trinken: *sich e-e Flasche Wein zu Gemüte führen* || *zu* **1 ge·müts·arm** *Adj*; *nicht adv*; **ge·müt·voll** *Adj*

ge·müt·lich *Adj*; **1** so, dass man sich sehr wohl fühlt,

Gemüse

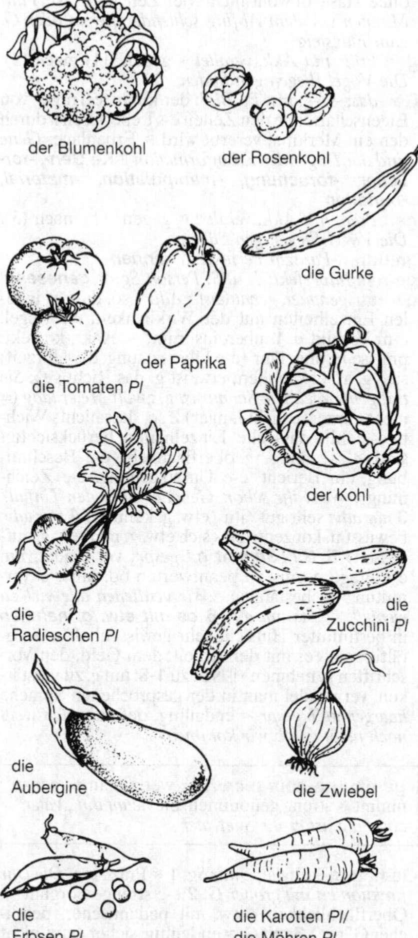

ohne störende Einflüsse od. Merkmale ≈ behaglich, heimelig ↔ ungemütlich ⟨e-e Atmosphäre, ein Lokal, ein Sessel, e-e Wohnung⟩ || NB: um *g.* zu verstärken, verwendet man in der gesprochenen Sprache *urgemütlich* **2** ohne unangenehme Pflichten, in angenehmer Gesellschaft ≈ zwanglos ↔ anstrengend ⟨ein Beisammensein, ein Treffen; g. beisammensitzen; sich e-n gemütlichen Abend machen⟩: *Nachdem das offizielle Programm abgewickelt war, begann der gemütliche Teil des Abends bei Musik u. Tanz* **3** langsam, ohne Eile ≈ gemächlich ↔ gehetzt ⟨ein Spaziergang, ein Tempo⟩: *Wir hatten vor der Abfahrt noch Zeit, g. essen zu gehen* **4** nett u. freundlich ≈ umgänglich ↔ ungemütlich ⟨ein Mensch⟩ **5 *es sich irgendwo g. machen*** (sich hinlegen od. -setzen u.) sich entspannen || *zu* **1-4 Ge·müt·lich·keit** *die*; *nur Sg*

Ge·müts·be·we·gung *die*; ein Gefühl, das sich deutlich zeigt

ge·müts·krank *Adj*; *nicht adv*; psychisch krank (*mst* depressiv) || *hierzu* **Ge·müts·krank·heit** *die*

Ge·müts·mensch *der*; j-d, der immer freundlich ist u. der sich nicht aus der Ruhe bringen lässt

Ge·müts·ru·he *die*; *mst in* ***in aller G.*** *gespr*; ruhig u. ohne Hast, obwohl nicht viel Zeit übrig ist: *Fünf Minuten vor dem Abflug schlenderte er in aller G. zum Flugsteig*

gen *Präp*; *mit Akk*, *veraltet* ≈ gegen[1] (1), nach (3): *Die Vögel fliegen gen Süden*

Gen *das*; *-s*, *-e*; *mst Pl*, *Biol*; der kleinste Träger von Eigenschaften in den Zellen e-s Lebewesens, durch den ein Merkmal vererbt wird ≈ Erbanlage: *Gene sind die Träger der Erbinformation* || K-: ***Gen-, -forscher, -forschung, -manipulation, -material, -mutation***

G

gen *Präp*; *mit Akk*, *veraltet* ≈ gegen[1] (1), nach (3): *Die Vögel fliegen gen Süden*

ge·nannt *Partizip Perfekt*; ↑ ***nennen***

ge·nas *Imperfekt*; *1. u. 3. Person Sg*; ↑ ***genesen***

ge·nau, *genauer*, *genau(e)st-*; *Adj*; **1** so, dass es in allen Einzelheiten mit der Wirklichkeit, e-r Regel, e-m Vorbild *o.Ä.* übereinstimmt ≈ exakt, korrekt, präzise ↔ ungefähr ⟨e-e Übersetzung; die Uhrzeit; sich g. an etw. halten; etw. ist g. das Richtige⟩: *Sie traf g. ins Ziel*; *Die Schnur ist g. zwölf Meter lang* (= nicht kürzer u. nicht länger) **2** so, dass nichts Wichtiges fehlt, dass alle Einzelheiten berücksichtigt sind ≈ sorgfältig ↔ oberflächlich ⟨e-e Beschreibung, ein Bericht, e-e Untersuchung, e-e Zeichnung⟩: *Wisst ihr schon Genaues über den Unfall?* **3** *nur adv*; sehr gut ⟨j-n / etw. g. kennen⟩ **4** *nur adv*; bewusst u. konzentriert ⟨sich etw. g. merken; g. aufpassen⟩ **5** ***G.! / Stimmt g.!*** *gespr*; verwendet, um e-e Frage positiv zu beantworten od. um e-e Vermutung zu bestätigen: *„Wir verdienen alle viel zu wenig!“* - *„Stimmt g.!“* **6** ***es mit etw. g. nehmen*** in bestimmter Hinsicht sehr gewissenhaft u. sorgfältig sein ⟨es mit der Arbeit, dem Geld, den Vorschriften g. nehmen⟩ || NB: zu **1-6**: um *g.* zu verstärken, verwendet man in der gesprochenen Sprache *haargenau* **7** *gespr* ≈ endgültig, definitiv: *Ich weiß noch nicht g., ob wir kommen*

> **ge·nau ge·nom·men** *Adv*; wenn man es genau nimmt ≈ streng genommen: *Sie nennt ihn „Vater“, aber g. g. ist er ihr Stiefvater*

Ge·nau·ig·keit *die*; *-*; *nur Sg*; **1** ≈ Präzision: *Die Uhr funktioniert mit großer G.* **2** e-e strenge Sorgfalt ↔ Oberflächlichkeit ⟨etw. mit pedantischer, peinlicher G. tun⟩ **3** ***mit G.*** ≈ endgültig, sicher ⟨etw. nicht mit G. wissen, sagen können⟩

ge·nau·so *Adv*; ***g.*** **(... *wie* ...)** in der gleichen Weise od. im gleichen Maße wie j-d anderer / etw. anderes ≈ ebenso: *Ein Würfel ist g. hoch wie breit*; *Er ist g. klug wie sein Bruder*; *Mach es doch g.* (*wie ich*)*!* || K-: ***genauso gut, lange, oft, viel, weit, wenig*** *usw* || NB: aber: *„Habe ichs richtig gemacht?“* - *„Ja, genau so macht mans“* (getrennt geschrieben)

Gen·bank *die*; *-*, *Gen·ban·ken*; e-e Institution, in der *bes* Samen von sehr vielen verschiedenen Planzen konserviert werden, um möglichst viele Gene zu bewahren

Gen·darm [ʒan-] *der*; *-en*, *-en*; CH ein Polizist in Uniform, der auf dem Land eingesetzt wird || NB: *der Gendarm*; *den*, *dem*, *des Gendarmen*

Gen·dar·me·rie [ʒan-] *die*; *-*, *-n* [-ˈriːən]; CH **1** *Kollekt*; alle Gendarmen **2** e-e Einheit[2] (2) der Polizei (*bes* auf dem Land)

ge·nehm *Adj*; *nicht adv*, *geschr*; ***j-m g.*** j-m willkommen, angenehm

ge·neh·mi·gen; *genehmigte*, *hat genehmigt*; Vt ***(j-m) etw. g.*** j-m etw. (offiziell) erlauben, um das er gebeten hat od. für das er e-n Antrag gestellt hat ↔ verbieten: *Die Demonstration war von der zuständigen Behörde genehmigt worden* || ID ***sich*** (*Dat*) ***etw. g.*** *gespr hum*; etw. essen od. trinken, auf das man Lust hat: *sich ein Glas Wein g.*; ***sich*** (*Dat*) ***einen g.*** *gespr hum*; (ein Glas) Alkohol trinken

Ge·neh·mi·gung *die*; *-*, *-en*; **1** ***e-e G.*** **(*für* / *zu etw.*)** die Erlaubnis, etw. zu tun ↔ Ablehnung ⟨e-e befristete, behördliche, polizeiliche, schriftliche G.; e-e G. einholen, erhalten; j-m e-e G. erteilen⟩: *Er bekam keine G., das militärische Gebiet zu betreten* || K-: ***Genehmigungs-, -pflicht*** **2** das Blatt Papier, auf dem e-e G. (1) steht ⟨e-e G. vorlegen, vorzeigen⟩

ge·neigt **1** *Partizip Perfekt*; ↑ ***neigen*** **2** *Adj*; ***zu etw. g. sein*** *geschr*; bereit, willig sein, etw. zu tun: *Er war nicht g., ihr zu glauben* **3** *Adj*; ***j-m g. sein*** *geschr*; zu j-m freundlich u. wohlwollend sein ≈ j-m wohl gesonnen sein

Ge·ne·ral *der*; *-s*, *-e* / *Ge·ne·rä·le*; *Mil*; der höchste Offizier in e-r Armee || K-: ***Generals-, -rang, -titel***

Ge·ne·ral- *im Subst*, *begrenzt produktiv*; **1** drückt aus, dass etw. (fast) alles / alle betrifft; die ***Generalamnestie***, der ***Generalbevollmächtigte***, die ***Generalinspektion***, die ***Generalvollmacht*** **2** drückt aus, dass j-d den höchsten Rang hat bzw. dass etw. die höchste Instanz ist; der ***Generaldirektor***, der ***Generalintendant***, der ***Generalstaatsanwalt***

Ge·ne·ral·bun·des·an·walt *der*; der oberste Staatsanwalt beim Bundesgerichtshof

Ge·ne·ral·in·spek·teur *der*; der ranghöchste Offizier der Bundeswehr

ge·ne·ra·li·sie·ren; *generalisierte*, *hat generalisiert*; Vt/i ***(etw.) g.*** *geschr* ≈ (etw.) verallgemeinern || *hierzu* **Ge·ne·ra·li·sie·rung** *die*

Ge·ne·ral·pro·be *die*; die letzte Probe vor der ersten Aufführung (der Premiere) e-s Theaterstückes, Konzerts *o.Ä.*

Ge·ne·ral·sek·re·tär *der*; der Leiter der Verwaltung e-r großen Organisation, e-r Partei *o.Ä.*: *der G. der Vereinten Nationen*

Ge·ne·ral·stab *der*; e-e Gruppe von Offizieren, die den obersten Befehlshaber e-r Armee beraten

Ge·ne·ral·streik *der*; ein Streik, an dem sich die meisten Arbeiter aller Arbeitsbereiche e-s Landes beteiligen ⟨den G. ausrufen, in den G. treten⟩

ge·ne·ral·über·ho·len; *hat generalüberholt*; Vt ***etw. g.*** e-e Maschine gründlich überprüfen u. alle Mängel reparieren ⟨ein Auto, ein Flugzeug g.⟩ || NB: nur im Infinitiv u. Partizip Perfekt || *hierzu* **Ge·ne·ral·über·ho·lung** *die*

Ge·ne·ral·ver·samm·lung *die*; e-e Versammlung, zu der alle Mitglieder e-s Vereins, e-r Organisation *o.Ä.* eingeladen werden ⟨e-e G. einberufen⟩

Ge·ne·ral·ver·tre·ter *der*; j-d, der in e-m bestimmten Gebiet den Verkauf von Versicherungen od. von Produkten e-r Firma leitet u. betreut || *hierzu* **Ge·ne·ral·ver·tre·tung** *die*

Ge·ne·ra·ti·on [-ˈtsi̯oːn] *die*; *-*, *-en*; **1** alle Menschen, die ungefähr gleich alt sind ⟨die junge, ältere, heutige G.; die G. der Eltern, der Kinder⟩: *e-e Meinungsumfrage unter der G. der Zwanzig- bis Dreißigjährigen durchführen* **2** e-e Stufe in der zeitlichen Abfolge von Nachkommen u. Vorfahren e-r Familie, *z.B.* Großeltern, Eltern, Kinder: *Seit drei Generationen wohnt Familie Meier in München* || K-: ***Generations-, -wechsel*** **3** ein Zeitraum von etwa dreißig Jahren ⟨in / vor zwei, drei *usw* Generationen⟩ **4** alle Maschinen, Geräte *o.Ä.*, die auf dem gleichen Stand der Entwicklung stehen: *e-e neue G. von Computern*

Ge·ne·ra·ti·o·nen·ver·trag *der*; *nur Sg*; das System, nach dem die Renten e-r Generation jeweils von der nächsten Generation bezahlt werden

Ge·ne·ra·ti·ons·kon·flikt [-'tsio:ns-] *der*; Probleme u. Konflikte zwischen jüngeren u. älteren Menschen (*z.B.* Kindern u. ihren Eltern), die verschiedene Ansichten u. Lebensweisen haben

Ge·ne·ra·tor *der*; *-s, Ge·ne·ra·to·ren*; e-e Maschine, die elektrischen Strom erzeugt ≈ Dynamo

ge·ne·rell *Adj*; nicht auf e-n einzelnen, bestimmten Fall beschränkt, sondern allgemein ↔ speziell ⟨e-e Entscheidung, e-e Lösung, ein Problem; etw. g. ablehnen, erlauben, verbieten⟩: *Er hat e-e generelle Abneigung gegen alle Milchprodukte*

ge·ne·rös, *generöser, generösest-*; *Adj*; *geschr* ≈ großzügig ⟨ein Geschenk⟩ || *hierzu* **Ge·ne·ro·si·tät** *die*; *nur Sg*

Ge·ne·se *die*; *-, -n*; ***die G.*** + *Gen*; *geschr* ≈ Entstehung ⟨die G. e-r Krankheit, e-s Romans⟩

ge·ne·sen; *genas, ist genesen*; [Vi] ***(von etw.) g.*** *geschr*; nach e-r Krankheit wieder gesund werden ↔ (an etw.) erkranken || *hierzu* **Ge·ne·sen·de** *der / die*; *-n, -n*

Ge·ne·sis, **Ge·ne·sis** *die*; *-*; *nur Sg*, *Rel*; die Geschichte von der Erschaffung der Welt, wie sie in der Bibel steht ≈ Schöpfungsgeschichte

Ge·ne·sung *die*; *-, -en*; *mst Sg*; ***(j-s) G. (von etw.)*** das Gesundwerden, Genesen ⟨j-m e-e baldige, schnelle G. wünschen; sich auf dem Wege der G. befinden⟩ || K-: ***Genesungs-, -prozess, -urlaub***

ge·ne·tisch *Adj*; **1** die Erbanlagen betreffend ⟨ein Experiment, e-e Manipulation⟩: *e-e Krankheit mit genetischen Ursachen*; *die genetische Information in den Körperzellen* **2** die Wirkung der Vererbung betreffend ⟨Forschungen, Untersuchungen⟩ || *hierzu* **Ge·ne·tik** *die*; *-*; *nur Sg*

ge·ni·al [-'nia:l] *Adj*; **1** *nicht adv*; mit e-r außergewöhnlich großen intellektuellen u. / od. künstlerischen Begabung ≈ hoch begabt ⟨ein Erfinder, ein Künstler⟩ **2** außergewöhnlich klug, gut (gemacht) ↔ mittelmäßig ⟨e-e Erfindung, e-e Idee, ein Kunstwerk⟩ || *hierzu* **Ge·ni·a·li·tät** *die*; *nur Sg*

Ge·nick *das*; *-(e)s, -e*; *mst Sg*; der hintere Teil des Halses ⟨j-m / sich das G. brechen⟩: *Von der Zugluft bekam sie ein steifes G.* || ↑ *Abb. unter* **Mensch** || K-: ***Genick-, -starre*** || ID ***etw. bricht j-m das G.*** *gespr*; etw. ruiniert j-n / j-s Karriere

Ge·nie [ʒe'ni:] *das*; *-s, -s*; **1** ein Mensch mit ganz außergewöhnlicher Begabung ⟨ein großes, verkanntes G.⟩: *Sie ist ein mathematisches G.* **2** *nur Sg*; geniale Fähigkeiten ⟨G. besitzen, haben⟩: *das G. e-s Malers*; *Seine Bilder zeugen von großem G.*

ge·nie·ren, sich [ʒe-]; *genierte sich, hat sich geniert*; [Vr] ***sich g.*** sich unsicher u. verlegen fühlen, weil man etw. als peinlich empfindet ≈ sich schämen ⟨sich vor j-m g.⟩: *Sie genierte sich in ihrem neuen Bikini*

ge·nieß·bar *Adj*; *nicht adv*; *mst* ***etw. ist nicht mehr g.*** e-e Speise, ein Getränk *o.Ä.* schmeckt nicht mehr, ist verdorben *o.Ä.* || ID *mst* ***Er / Sie ist nicht g.*** *gespr*; er / sie ist schlecht gelaunt u. unfreundlich || *hierzu* **Ge·nieß·bar·keit** *die*; *nur Sg*

ge·nie·ßen; *genoss, hat genossen*; [Vt] **1** ***etw. g.*** Freude, Genuss bei etw. empfinden ⟨gutes Essen, Musik, die Ruhe, den Urlaub *usw* g.⟩: *Sie genießt es, am Sonntag lange zu schlafen* **2** ***etw. g.*** etw., das nützlich od. erfreulich ist, besitzen ⟨*mst* hohes Ansehen, j-s Hochachtung, j-s Wertschätzung g.⟩: *Er genießt bei allen große Sympathie* **3** ***e-e Ausbildung, e-e Erziehung g.*** *geschr*; e-e Ausbildung, e-e Erziehung bekommen **4** *mst* ***etw. ist nicht / kaum zu g.*** etw. schmeckt nicht: *Das Essen ist so stark gewürzt, dass es kaum zu g. ist* || ID *mst* ***Er / Sie ist nicht / kaum / nur mit Vorsicht zu g.*** *gespr*; er / sie ist schlecht gelaunt u. unfreundlich || ▸ ***Genuss, genüsslich***

Ge·nie·ßer *der*; *-s, -*; j-d, der gern etw. genießt (1) u. sein Leben entsprechend gestaltet ⟨ein stiller G.⟩ || *hierzu* **Ge·nie·ße·rin** *die*; *-, -nen*

ge·nie·ße·risch *Adj*; mit großem Genuss, wie ein Genießer ⟨etw. g. auf der Zunge zergehen lassen⟩

Ge·nie·streich *der*; e-e sehr kluge u. fantasievolle, oft unerwartete Tat

Ge·ni·tal·be·reich *der*; der Teil des Körpers, an dem die Geschlechtsorgane sind

Ge·ni·ta·li·en [-li̯ən] *die*; *Pl*, *Med* ≈ Geschlechtsorgane

Ge·ni·tiv [-f] *der*; *-s, -e* [-v-]; *Ling*; der Kasus, in dem *bes* ein Substantiv steht, das auf die Frage „wessen" antwortet. Dieser Kasus wird auch von einigen Präpositionen (*z.B. anlässlich, seitens*) u. intransitiven Verben (*z.B. sich erbarmen*) regiert ≈ Wesfall, zweiter Fall ⟨das Substantiv steht im G.⟩: *In der geschriebenen Sprache steht nach „wegen" der G.: „wegen des schlechten Wetters"* || K-: ***Genitiv-, -attribut, -objekt***

Ge·ni·us [-i̯ʊs] *der*; *-, Ge·ni·en* [-i̯ən]; *geschr* ≈ Genie

gen·ma·ni·pu·liert *Adj*; *nicht adv*, *mst pej*; ⟨Pflanzen, Tiere⟩ mit neuen Eigenschaften, die nicht durch Züchtung, sondern durch Gentechnik geschaffen wurden: *die Kennzeichnung von genmanipulierten Lebensmitteln* || *hierzu* **Gen·ma·ni·pu·la·ti·on** *die*

ge·nom·men *Partizip Perfekt*; ↑ ***nehmen***

ge·noss *Imperfekt, 1. u. 3. Person Sg*; ↑ ***genießen***

Ge·nos·se *der*; *-n, -n*; **1** verwendet von Mitgliedern e-r Gewerkschaft, e-r sozialdemokratischen, sozialistischen od. kommunistischen Partei als Anrede u. Bezeichnung für andere Mitglieder dieser Organisationen **2** *hist* (*DDR*); verwendet als Anrede für Offiziere, Funktionäre *usw* in der DDR ⟨der G. Direktor, Major, Staatsratsvorsitzende *usw*⟩ **3** *veraltet* ≈ Gefährte, Kamerad || NB: *der Genosse*; *den, dem, des Genossen* || *hierzu* **Ge·nos·sin** *die*; *-, -nen*

ge·nos·sen *Partizip Perfekt*; ↑ ***genießen***

Ge·nos·sen·schaft *die*; *-, -en*; e-e Organisation *mst* von Bauern od. Handwerkern, die sich zusammengeschlossen haben u. *z.B.* gemeinsam Maschinen kaufen od. gemeinsam den Verkauf ihrer Produkte organisieren || K-: ***Genossenschafts-, -bank, -bauer*** || -K: ***Landwirtschafts-, Produktions-*** || *hierzu* **Ge·nos·sen·schaf·ter**, **Ge·nos·sen·schaft·ler** *der*; *-s, -*; **Ge·nos·sen·schaf·te·rin**, **Ge·nos·sen·schaft·le·rin** *die*; *-, -nen*; **ge·nos·sen·schaft·lich** *Adj*

Gen·re ['ʒã:rə] *das*; *-s, -s*; *geschr*; e-e Art von Werken (der bildenden Kunst, Literatur od. Musik), die in Inhalt u. Form (zum Teil) übereinstimmen

Gen·tech·nik *die*; *nur Sg*, *Biol*; die Anwendung von Gentechnologie || *hierzu* **gen·tech·nisch** *Adj*

Gen·tech·no·lo·gie *die*; *Biol*; das Gebiet der Biologie, das sich mit der künstlichen Veränderung von Genen beschäftigt || *hierzu* **gen·tech·nisch** *Adj*

Gen·tle·man ['dʒɛntlmən] *der*; *-s, Gen·tle·men* [-mən]; ein Mann mit sehr guten Manieren u. gutem Charakter

ge·nug *Adv*; **1** so viel, so sehr, wie nötig ist ≈ ausreichend, genügend: *Sie hat nicht g. Geld für e-e Urlaubsreise*; *Zeit g. / g. Zeit haben, um e-e Arbeit fertig zu stellen*; *nicht g. zu essen haben*; *Er verdient kaum g., um seine Familie zu ernähren* **2** *Adj* + ***g.*** verwendet, um auszudrücken, dass die im Adj. genannte Eigenschaft in ausreichendem Maße vorhanden ist: *Er ist schon alt genug, um das zu verstehen*; *Es ist noch nicht warm g. für kurze Hosen* **3** *Adj* + ***g.*** verwendet, um e-e negative Aussage zu verstärken: *Das Problem ist schwierig g.*; *Das ist schlimm g.!* ||

ID *mst* ***Er / Sie kann nie g. bekommen*** er / sie will immer noch mehr haben ≈ er / sie ist unersättlich; ***von j-m / etw. g. haben*** *gespr*; e-r Person od. Sache überdrüssig sein; ***G. damit!***; ***Jetzt ist aber g.!*** verwendet, um auszudrücken, dass j-s Geduld zu Ende ist

Ge·nü̲·ge *die*; *nur in* **1** ***zur G.*** *mst pej*; in ausreichendem Maß (bis zum Überdruss): *Hör mit diesen Vorwürfen auf. Die kenn ich schon zur G.!* **2** ***etw.*** (*Gen*) ***G. tun / leisten*** *geschr*; etw. erfüllen, etw. ausreichend beachten ⟨j-s Bitten, Forderungen G. tun / leisten⟩

ge·nü̲·gen; *genügte, hat genügt*; [Vi] **1** ***etw. genügt*** (***j-m***) (***für / zu etw.***) etw. ist in ausreichendem Maß bzw. in ausreichender Qualität vorhanden, ist genug (1) ≈ etw. reicht (5) ⟨etw. genügt fürs Erste, vollkommen, vollauf⟩: *Ich habe nur 10 Euro dabei - genügt das?*; *Bei diesem Wetter genügt e-e Strickjacke nicht, nimm lieber den Mantel!*; *Genügt dir eine Stunde zum Einkaufen / für den Einkauf?* **2** ***etw.*** (*Dat*) ***g.*** *geschr*; etw. in befriedigender Weise erfüllen ≈ etw. gerecht (6) werden ⟨e-r Aufgabe, den Anforderungen, seinen Pflichten g.⟩: *Der Schüler hat den Anforderungen nicht genügt, er muss die Klasse wiederholen*

ge·nü̲·gend **1** *Partizip Präsens*; ↑ ***genügen*** **2** *Adj*; *indeklinabel*; so, dass es genügt (1) ≈ genug (1,2): *Ist g. Kaffee für alle da?*; *Sie hat nicht g. für die Prüfung gelernt*

ge·nü̲g·sam *Adj*; mit wenig zufrieden ≈ anspruchslos ⟨ein Mensch, ein Tier; g. leben⟩ || *hierzu* **Ge·nü̲g·sam·keit** *die*; *nur Sg*

Ge·nu̲g·tu·ung *die*; -; *nur Sg*; **1** ***G.*** (***über etw.*** (*Akk*)) ein Gefühl der Zufriedenheit ≈ Befriedigung ⟨etw. mit G. hören, sehen; G. empfinden⟩: *Er empfand große G.* darüber, dass *der Täter hart bestraft wurde* **2** ***G.*** (***für etw.***) ein Ersatz für e-n (körperlichen od. seelischen) Schaden ≈ Entschädigung, Wiedergutmachung ⟨(von j-m) (für e-n Schaden, e-e Beleidigung) G. fordern, erhalten; j-m G. leisten⟩

Ge̲·nus, **Ge̲·nus** *das*; -, *Ge̲·ne·ra*; *Ling*; eine der drei Klassen (männlich / maskulin, weiblich / feminin, sächlich), in die die Substantive eingeteilt werden ≈ (grammatisches) Geschlecht

Ge·nụss *der*; *-es, Ge·nüs·se*; **1** die Freude, die man empfindet, wenn man etw. Angenehmes mit den Sinnen wahrnimmt ⟨etw. mit G. essen, hören, ansehen *usw*⟩: *Die Lektüre dieses Romans ist wirklich ein großer literarischer G.* **2** ***der G.*** (+ *Gen* / ***von etw.***) *nur Sg*, *geschr*; das Essen od. Trinken: *Vor dem übermäßigen G. von Pilzen wird gewarnt* **3** ***in den G.*** (+ *Gen* / ***von etw.***) ***kommen*** etw. (Angenehmes) bekommen, das man gern haben will od. das einem zusteht ⟨in den G. e-r Vergünstigung, e-r Wohltat kommen⟩

ge·nụss·lich *Adj*; voller Genuss (1) ≈ genießerisch

Ge·nụss·mit·tel *das*; etw. (wie *z.B.* Schokolade od. Kaffee), das man isst, trinkt od. raucht, weil es gut schmeckt od. anregend wirkt u. nicht, weil man Hunger od. Durst hat ↔ Nahrungsmittel

Ge·nụss·sucht *die*; *nur Sg*; das zu große Verlangen, die Gier nach e-m Genuss (1) || *hierzu* **ge·nụss·süch·tig** *Adj*

ge·nụss·voll *Adj* ≈ genüsslich

ge·ọ̈ff·net *Adj*; *nur präd*, *nicht adv* ≈ offen (3) ↔ geschlossen (6) ⟨das Amt, das Geschäft, die Bibliothek, das Schwimmbad, das Theater ist g.⟩: *Die Museen sind im August nur vormittags g.*

Ge·o·gra·fie, **Ge·o·gra·phi̲e** *die*; -; *nur Sg*; **1** die Wissenschaft, die sich mit den Erscheinungen auf der Erdoberfläche u. ihrer Beziehung zum Menschen beschäftigt ⟨G. studieren⟩ **2** das Schulfach, in dem G. (1) gelehrt wird ≈ Erdkunde || *zu* **1 Ge-**

Das Genus der Substantive

Bei vielen Substantiven im Deutschen muss das Genus mit dem Substantiv mitgelernt werden, da es keine allgemein gültigen Regeln für die Zuordnung gibt. Es gibt aber einige Hinweise, die helfen können, das Genus zu bestimmen:

Gewöhnlich sind maskulin:	Gewöhnlich sind feminin:	Gewöhnlich sind sächlich:
1. Ableitungen von Verben ohne Suffix (außer denen, die auf **-t** enden): **siegen: der Sieg**	1. Substantive mit den Suffixen **-ei**, **-heit**, **-keit**, **-schaft** und **-ung**: **die Bücherei** **die Helligkeit** **die Sauberkeit** **die Gesellschaft** **die Anerkennung**	1. Die Verkleinerungsformen auf **-chen** und **-lein**: **das Häuschen** **das Fräulein**
2. Substantive auf **-er**, **-ig**, **-ling**, **-s**: **der Becher** **der Käfig** **der Liebling** **der Fuchs**	2. Ableitungen von Verben, die auf **-t** enden: **fahren: die Fahrt** **säen: die Saat**	2. Die Kollektivbegriffe mit dem Präfix **Ge-**: **das Geschrei** **das Getue**
3. Die Namen der Jahreszeiten, Monate und Wochentage: **der Sommer** **der März** **der Samstag**	3. Die Mehrzahl der Substantive auf **-e**: **die Tomate** **die Seite** **die Buche**	3. Substantivierte Infinitive: **das Wandern** **das Lernen**
		4. Die Namen der physikalischen Einheiten, chemischen Elemente, Buchstaben, Farben und Sprachen: **das Kilogramm** **das Chlor** **das A** **das Rot** **das Deutsch**(e)

o·graf, **Ge·o·graph** *der*; *-en*, *-en*; **Ge·o·gra·fin**, **Ge·o·gra·phin** *die*; -, *-nen*; **ge·o·gra·fisch**, **ge·o·gra·phisch** *Adj*

Ge·o·lo·gie *die*; -; *nur Sg*; die Wissenschaft, die sich mit der Geschichte der Erde (u. *bes* dem Aufbau der Erdkruste) beschäftigt || *hierzu* **Ge·o·lo·ge** *der*; *-n*, *-n*; **Ge·o·lo·gin** *die*, -, *-nen*; **ge·o·lo·gisch** *Adj*

Ge·o·met·rie *die*; -; *nur Sg*; das Gebiet der Mathematik, das sich mit Linien, Flächen u. Körpern befasst || *hierzu* **ge·o·met·risch** *Adj*

ge·pfef·fert 1 *Partizip Perfekt*; ↑ ***pfeffern*** **2** *Adj*; *nicht adv*, *gespr*; sehr hoch, zu hoch ⟨*mst* Preise, e-e Rechnung⟩ **3** *Adj*; *nicht adv*, *gespr* ≈ derb, unanständig ⟨*mst* ein Witz⟩

ge·pfif·fen *Partizip Perfekt*; ↑ ***pfeifen***

ge·pflegt 1 *Partizip Perfekt*; ↑ ***pflegen***[1], ***pflegen***[2] **2** *Adj*; (durch sorgfältige Pflege) in e-m guten Zustand u. deshalb angenehm, ästhetisch wirkend: *Der Garten ist sehr g.*; *Dieser Wagen wirkt sehr g.* **3** *Adj*; so, dass der Betroffene sehr auf seine äußere Erscheinung achtet: *Er macht e-n sehr gepflegten*

geometrische Figuren

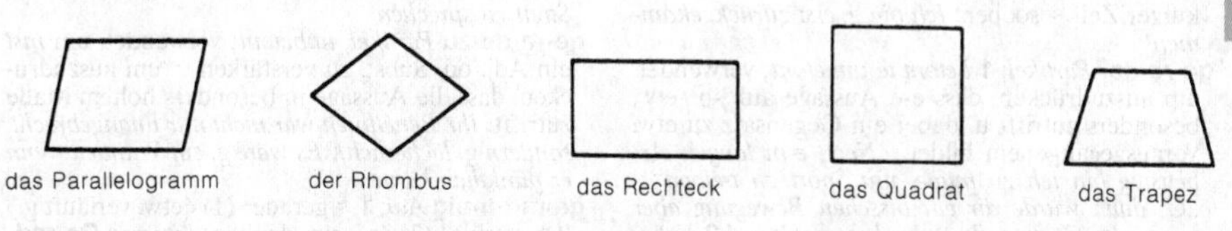

Vierecke

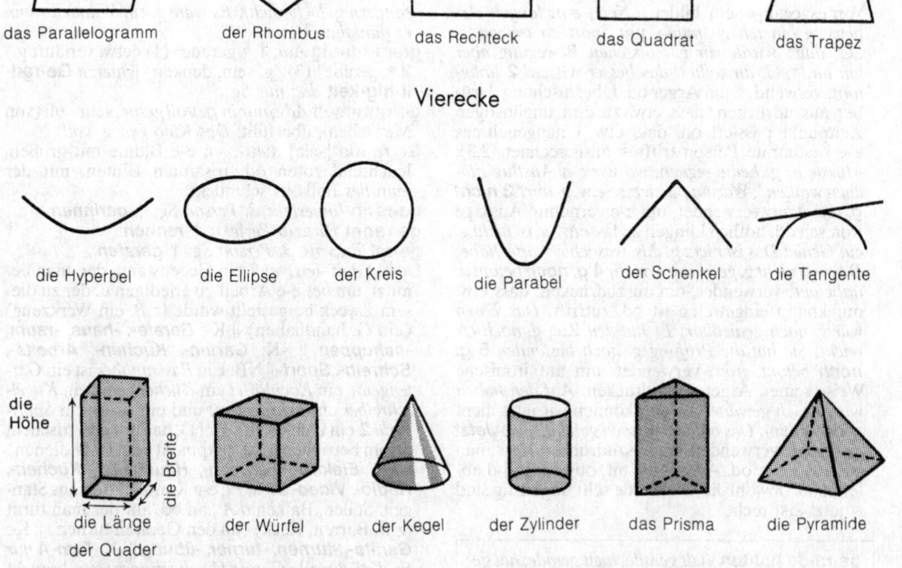

Ge·päck *das*; *-(e)s*; *nur Sg*, *Kollekt*; die Koffer u. Taschen, die man auf Reisen mitnimmt ⟨mit leichtem, großem, viel, wenig G. reisen⟩ || K-: ***Gepäck-, -karren, -kontrolle, -stück, -wagen, -versicherung*** || -K: ***Reise-***

Ge·päck·auf·be·wah·rung *die*; die Stelle in e-m Bahnhof, an der man sein Gepäck zur Aufbewahrung abgeben kann

Ge·päck·netz *das*; e-e Art Netz od. Gitter, das in der Eisenbahn od. e-m Bus über den Sitzplätzen befestigt ist u. auf das man sein Gepäck legen kann

Ge·päck·schein *der*; e-e Quittung, die man bekommt, wenn man sein Gepäck mit der Bahn transportieren lässt

Ge·päck·trä·ger *der*; **1** das Gestell über dem hinteren Rad e-s Fahrrades, auf dem man *z.B.* e-e Tasche befestigen kann || ↑ *Abb. unter* ***Fahrrad*** **2** j-d, der an e-m Bahnhof arbeitet u. den Reisenden hilft, das Gepäck zu tragen

Ge·pard *der*; *-s*, *-e*; e-e schlanke, mittelgroße Raubkatze, die ein gelbliches Fell mit kleinen dunklen Flecken hat u. sehr schnell laufen kann || ↑ *Abb. unter* ***Raubkatzen***

Eindruck **4** *Adj*; von e-m hohen (kulturellen, gesellschaftlichen) Niveau, das als angenehm empfunden wird ⟨e-e Atmosphäre, ein Stil, ein Restaurant⟩: *In unserer Weinstube können Sie g. speisen*

Ge·pflo·gen·heit *die*; -, *-en*; *mst Pl*, *geschr* ≈ Brauch, Gewohnheit ⟨entgegen den sonstigen Gepflogenheiten; etw. entspricht (nicht) den Gepflogenheiten⟩ || ► ***pflegen***[2] (2)

Ge·plän·kel *das*; *-s*, -; e-e Art harmloser Streit, bei dem man sich gegenseitig neckt u. verspottet

Ge·prä·ge *das*; *-s*; *nur Sg*, *geschr*; das charakteristische Aussehen ≈ Eigenart ⟨etw. (*Dat*) sein / ein bestimmtes G. geben / verleihen⟩: *Die Stadt hat noch ein ganz mittelalterliches G.*

ge·prie·sen *Partizip Perfekt*; ↑ ***preisen***

ge·punk·tet *Adj*; *nicht adv*; mit vielen Punkten ⟨ein Stoff⟩: *ein rot gepunktetes Kleid*

ge·quält 1 *Partizip Perfekt*; ↑ ***quälen*** **2** *gequälter*, *gequältest-*; *Adj* ≈ unnatürlich, gezwungen ⟨*mst* ein Lächeln; g. lächeln⟩

ge·quol·len *Partizip Perfekt*; ↑ ***quellen***

ge·ra·de[1] *Adj*; **1** ohne Änderung der Richtung, ohne Kurve, Bogen, Knick *o.Ä.* ↔ gebogen, krumm: *mit dem Lineal e-e gerade Linie ziehen*; *Der Baum ist* *g. gewachsen* **2** ohne Abweichung von e-r waagrechten od. senkrechten Linie ↔ schief, schräg: *e-e gerade Ebene*; *Das Bild hängt g.*; *Er wohnt g. gegenüber der Kirche* || ↑ *Abb. unter* **Eigenschaften 3** ≈ aufrichtig ⟨ein Charakter, ein Mensch⟩: *g. u. offen seine Meinung sagen* **4** *nur attr od adv* ≈ genau (1) ⟨das gerade Gegenteil; g. umgekehrt, entgegengesetzt⟩: *Du kommst g. im rechten Augenblick* || NB: ↑ ***Zahl*** || *zu* **3 Ge·rad·heit** *die*; *nur Sg*

ge·ra·de[2] *Adv*; **1** in diesem od. dem genannten Augenblick ≈ jetzt: *Ich habe g. keine Zeit*; *Er ist g. unterwegs* **2** *mst* ***ich*** *usw* ***wollte g.*** + *Infinitiv* ich war kurz davor, etw. zu tun: *Ich wollte g. gehen, als er anrief*; *Was wolltest du g. sagen?* **3** vor sehr kurzer Zeit ≈ soeben: *Ich bin g. erst zurückgekommen*

ge·ra·de[3] *Partikel*; **1** *betont u. unbetont*; verwendet, um auszudrücken, dass e-e Aussage auf j-n / etw. besonders zutrifft u. dabei e-n Gegensatz zu etw. Vorausgegangenem bildet: *„Nach e-m langen Arbeitstag bin ich zu müde, um Sport zu treiben" - „G. dann würde dir ein bisschen Bewegung aber gut tun!"*; *G. du solltest das besser wissen!* **2** *unbetont*; verwendet, um Ärger od. Überraschung darüber auszudrücken, dass etw. zu e-m ungünstigen Zeitpunkt passiert od. dass etw. Unangenehmes e-e bestimmte Person trifft ≈ ausgerechnet (2,3): *Musste es g. heute regnen, wo wir e-n Ausflug machen wollten?*; *Warum passiert so etw. g. mir?* **3** ***nicht g.*** *unbetont*; verwendet, um e-e verneinte Aussage ironisch od. höflich klingen zu lassen: *Sie ist nicht g. ein Genie*; *Das ist nicht g. das, was ich erwartet habe*; *Das war nicht g. geschickt von dir* **4** ***g. noch*** *betont u. unbetont*; verwendet, um auszudrücken, dass etw. nur knapp eingetreten ist od. zutrifft: *Das Essen war g. noch genießbar*; *Er hat den Zug g. noch erreicht*; *Sie hat die Prüfung g. noch bestanden* **5** ***g. noch*** *betont*, *iron*; verwendet, um auf ironische Weise seinen Ärger auszudrücken: *Auf den haben wir g. noch gewartet!* (= den können wir jetzt nicht gebrauchen); *Das hat uns g. noch gefehlt!* || ID ***Jetzt 'g.!*** *gespr*; verwendet, um auszudrücken, dass man *bes* aus Trotz od. Ärger etw. tut, obwohl es j-d ablehnt od. obwohl die Umstände sehr ungünstig sind ≈ jetzt erst recht

ge·ra·de hal·ten; *hält gerade, hielt gerade, hat gerade gehalten*; Vt **1** ***etw. g. h.*** etw. so halten, dass es waagrecht od. senkrecht ist: *e-n Teller, den Kopf g. h.*; Vr **2** ***sich g. h.*** e-e aufrechte (Körper)Haltung einnehmen: *Halt dich gerade u. mach keinen so krummen Rücken!*

ge·ra·de sit·zen; *saß gerade, hat / südd* CH *ist gerade gesessen*; Vi in aufrechter Haltung sitzen

Ge·ra·de *die*; -, *-n*; **1** *Math*; e-e gerade[1] (1) Linie ohne festgelegte Endpunkte **2** *Sport*; ein Teil e-r Rennstrecke, der gerade[1] (1) verläuft || -K: ***Gegen-, Ziel-***

ge·ra·de·aus, **ge·ra·de·aus** *Adv*; ohne die Richtung zu ändern, weiter nach vorn ⟨g. gehen, fahren *usw*⟩

ge·ra·de·bie·gen; *bog gerade, hat geradegebogen*; Vt ***etw. (wieder) g.*** *gespr*; etw. wieder in Ordnung bringen ≈ einrenken (2) || NB aber: *einen Draht gerade biegen* (getrennt geschrieben)

ge·ra·de·her·aus *Adv*; *gespr* ≈ freimütig, offen (9): *seine Meinung g. sagen*

ge·rä·dert *Adj*; *nur präd od adv*, *gespr*; völlig erschöpft ⟨vollkommen g. sein; sich wie g. fühlen⟩

ge·ra·de·so *Adv* ≈ ebenso

ge·ra·de·so gut *Adv* ≈ ebenso gut

ge·ra·de·so viel *Indefinitpronomen* ≈ ebenso viel

ge·ra·de·ste·hen; *stand gerade, hat / südd* CH *ist geradegestanden*; Vi ***für etw. g.*** die negativen Folgen von etw. tragen, die Verantwortung für etw. übernehmen: *Die anderen haben die Fehler gemacht, aber ich muss dafür g.!* || NB aber: *nicht krumm, sondern gerade stehen* (getrennt geschrieben)

ge·ra·de·wegs *Adv*; **1** ohne e-n Umweg zu machen ≈ direkt: *Sie ist g. nach Hause gegangen* **2** ohne zu zögern od. vorher etw. anderes zu tun od. zu sagen ≈ ohne Umschweife, direkt: *Sie kam g. auf unseren Streit zu sprechen*

ge·ra·de·zu *Partikel*; *unbetont*; verwendet, um *mst* ein Adj. od. Subst. zu verstärken u. um auszudrücken, dass die Aussage in besonders hohem Maße zutrifft: *Ihr Benehmen war nicht nur unangebracht, sondern g. lächerlich!*; *Es wäre g. ein Wunder, wenn er pünktlich käme*

ge·rad·li·nig *Adj*; **1** ≈ gerade[1] (1) ⟨etw. verläuft g.⟩ **2** ≈ gerade[1] (3) ⟨g. sein, denken⟩ || *hierzu* **Ge·rad·li·nig·keit** *die*; *nur Sg*

ge·ram·melt *Adv*; *nur in* ***g. voll*** *gespr*; sehr voll (von Menschen), überfüllt: *Das Kino war g. voll*

Ge·ra·nie [-niə] *die*; -, *-n*; e-e Blume mit großen, leuchtend roten od. rosaroten Blüten, mit der man *bes* Balkons schmückt

ge·rann *Imperfekt, 3. Person Sg*; ↑ ***gerinnen***

ge·rannt *Partizip Perfekt*; ↑ ***rennen***

ge·rät *Präsens, 3. Person Sg*; ↑ ***geraten***

Ge·rät *das*; *-(e)s, -e*; **1** ein Gegenstand, den man benutzt, um *bes* e-e Arbeit zu erledigen u. der zu diesem Zweck hergestellt wurde (*z.B.* ein Werkzeug) ⟨ein G. handhaben⟩ || K-: ***Geräte-, -haus, -raum, -schuppen*** || -K: ***Garten-, Küchen-, Arbeits-, Schreib-, Sport-*** || NB: Ein *Rasenmäher* ist ein *Gartengerät*, ein *Kochlöffel* ein *Küchengerät*, ein *Kugelschreiber* ein *Schreibgerät* und ein *Speer* ein *Sportgerät* **2** ein technisches G. (1), das mit elektrischem Strom betrieben wird ≈ Apparat ⟨ein G. bedienen⟩ || -K: ***Elektro-, Fernseh-, Haushalts-, Küchen-, Radio-, Video-*** **3** *mst Pl*; e-e Konstruktion aus Stangen, Seilen, Balken *o.Ä.*, an od. auf der man turnt (*z.B.* Barren, Reck) ⟨an den Geräten turnen⟩ || K-: ***Geräte-, -turnen, -turner, -übung*** || -K: ***Turn-*** **4** *nur Sg, Kollekt*; alle Geräte (1), die man zu etw. braucht ≈ Ausrüstung: *Die Bergsteiger überprüften ihr gesamtes G., bevor sie aufbrachen*

ge·ra·ten[1]; *gerät, geriet, ist geraten*; Vi **1** ***irgendwohin g.*** zufällig an den falschen Ort *o.Ä.* kommen, ohne Absicht irgendwohin kommen: *auf die falsche Fahrbahn g.*; *Wie ist denn der Brief hinter den Schrank geraten?* **2** ***in etw.*** (*Akk*) ***g.*** zufällig in e-e unangenehme Situation kommen ⟨in Gefahr, in Not, in Schwierigkeiten, in Verdacht g.; in e-n Stau, in e-n Sturm g.⟩ **3** ***in etw.*** (*Akk*) ***g.*** in e-n neuen, *mst* unangenehmen Zustand kommen ⟨in Panik, in Wut g.; etw. gerät in Brand (= fängt an zu brennen)⟩: *Früher war er ein bekannter Popstar, aber heute ist er in Vergessenheit geraten* **4** ***an j-n / etw. g.*** zufällig mit e-r *mst* unangenehmen Person / Sache zu tun bekommen *o.Ä.*: *Sie ist an e-e Sekte, an e-n Scharlatan geraten*; *Mit so e-r Bitte bist du bei ihm an den Falschen geraten - er hilft dir bestimmt nicht* **5** ***außer sich g.*** (vor Freude od. Wut) die Beherrschung verlieren **6** ***j-d / etw. gerät irgendwie*** j-d / etw. entwickelt sich irgendwie: *Bei diesem Wetter gerät das Gemüse schlecht*; *Die Kinder sind gut geraten* **7** ***etw. gerät (j-m) irgendwie*** j-d produziert etw. mit e-m bestimmten Erfolg: *Der Kuchen ist dir* *gut / schlecht / nicht geraten* **8 *nach j-m g.*** (als Kind) im Charakter od. Aussehen j-m ähnlich werden ≈ j-m nachschlagen[2]: *Meine Tochter gerät ganz nach der Großmutter*

ge·ra·ten[2] **1** *Partizip Perfekt*; ↑ ***raten*** **2** *Adj*; *mst in* ***etw. (er)scheint (j-m) g.*** *geschr*; etw. scheint (j-m) ratsam, empfehlenswert zu sein

Ge·ra·te·wohl *das*; *nur in* ***aufs G.*** *gespr*; in der Hoffnung, dass es gut geht (ohne das Ergebnis absehen zu können) ≈ auf gut Glück: *Wir sind im Urlaub ohne festen Plan, einfach aufs G. losgefahren*

Ge·rät·schaf·ten *die*; *Pl*, *Kollekt*; mehrere Geräte (1), die zusammengehören u. e-m Zweck dienen

Ge·räu·cher·te *das*; *-n*; *nur Sg*; geräuchertes (Schweine)Fleisch || NB: *Geräuchertes*; *das Geräucherte*; *dem, des Geräucherten*

ge·raum *Adj*; *geschr*; *nur in* **1 *vor, nach, seit geraumer Zeit*** vor, nach, seit langer Zeit **2 *e-e geraume Weile / Zeit*** relativ lange

ge·räu·mig *Adj*; ⟨ein Haus, e-e Wohnung, ein Zimmer, ein Schrank *usw*⟩ so, dass sie viel Platz bieten || *hierzu* **Ge·räu·mig·keit** *die*; *nur Sg*

Ge·räusch *das*; *-(e)s*, *-e*; etw., das man hören kann ⟨ein lautes, leises, dumpfes, durchdringendes, störendes, (un)angenehmes G.⟩ || K-: ***Geräusch-, -minderung, -pegel***; ***geräusch-, -empfindlich*** || NB: ↑ ***Laut, Ton*** || *hierzu* **ge·räusch·arm** *Adj*; **ge·räusch·los** *Adj*; **ge·räusch·voll** *Adj*

Ge·räusch·ku·lis·se *die*; *nur Sg*; die Geräusche im Hintergrund, die man oft nicht bewusst od. nicht deutlich wahrnimmt

ger·ben; *gerbte, hat gegerbt*; [Vt] ***etw. g.*** die Haut od. das Fell e-s Tieres zu Leder verarbeiten || K-: ***Gerb-, -mittel, -säure, -stoff*** || *hierzu* **Ger·ber** *der*; *-s*, *-*

ge·recht, *gerechter, gerechtest-*; *Adj*; **1** moralisch richtig u. angemessen ↔ ungerecht ⟨e-e Entscheidung, e-e Strafe, ein Urteil; j-n g. behandeln, bestrafen, beurteilen⟩: *Es ist nicht g.*, dass *immer ich im Haushalt helfen muss u. mein Bruder nie*; *Findest du es g., ihn für den Diebstahl so hart* zu *bestrafen?* **2** *nicht adv*; ⟨ein Richter, ein Vater⟩ so, dass sie g. (1) entscheiden, niemanden bevorzugen *o.Ä.* ↔ ungerecht **3** so, dass jeder dabei gleich viel bekommt ↔ ungerecht ⟨e-e Verteilung; etw. g. (mit j-m) teilen⟩ **4** *nur attr, nicht adv*; ⟨ein Anspruch, Zorn⟩ so, dass j-d guten Grund dafür hat ≈ berechtigt, begründet **5 *etw. (Dat) g.*** so, wie es e-e Sache verlangt, nötig macht: *e-e dem Bedarf gerechte Stromversorgung*; *Seine Leistungen werden den steigenden Anforderungen nicht g.* **6 *j-m / etw. g. werden*** j-n / etw. richtig u. angemessen beurteilen od. behandeln: *Der Film wird dem Thema nicht g.*; *Der Kritiker wurde dem Dichter nicht g.*

-ge·recht *im Adj, nach Subst, unbetont, begrenzt produktiv*; so, wie es etw. erfordert, nötig macht ≈ -gemäß (2); ***artgerecht*** ⟨die Haltung e-s Tieres⟩; ***bedarfsgerecht, familiengerecht*** ⟨e-e Wohnung⟩, ***fristgerecht*** ⟨e-e Lieferung⟩, ***kindgerecht*** ⟨e-e Ausstattung⟩, ***maßstabsgerecht*** ⟨e-e technische Zeichnung⟩, ***termingerecht*** ⟨e-e Lieferung⟩

Ge·rech·tig·keit *die*; *-*; *nur Sg*; **1** das Gerechtsein, die gerechte (1) Beschaffenheit: *Zweifel an der G. e-s Urteils, e-s Richters haben* **2** etw., das man für gerecht (1) hält, *bes* ein Verhalten od. e-e Handlung ↔ Ungerechtigkeit ⟨G. üben / walten lassen (= j-n gerecht behandeln); G. fordern; j-m / etw. G. widerfahren / zuteil werden lassen; j-m / sich / etw. G. verschaffen; die G. nimmt ihren Lauf⟩ || K-: ***Gerechtigkeits-, -fanatiker, -liebe*** **3** *geschr* ≈ Justiz ⟨j-n der G. ausliefern, übergeben, überantworten⟩ **4** *veraltet* ≈ Berechtigung, Legitimität: *Niemand zweifelte an der G. ihres Zorns* || ID *mst* ***Das ist ausgleichende G.*** das gleicht etw. aus, das man als ungerecht empfunden hat

Ge·rech·tig·keits·ge·fühl *das*; *nur Sg*; das (instinktive) Gefühl dafür, was gerecht (1) u. was ungerecht ist ⟨ein ausgeprägtes G. besitzen; j-s G. verletzen⟩

Ge·rech·tig·keits·sinn *der*; *nur Sg* ≈ Gerechtigkeitsgefühl

Ge·re·de *das*; *-s*; *nur Sg*, *pej*; **1** langes, sinnloses Reden über etw. (*mst* Unwichtiges) ≈ Geschwätz ⟨dummes, törichtes, unnötiges G.⟩ **2 *G.*** (***über j-n / etw.***) das (Negative u. *mst* Falsche), was über j-n / etw. gesagt u. verbreitet wird ≈ Klatsch ⟨es gibt böses, viel G.⟩ **3 *j-d / etw. kommt ins G.*** j-d / etw. wird das Thema von G. (2) **4 *j-n / etw. ins G. bringen*** bewirken, dass j-d / etw. das Thema von G. (2) wird

ge·rei·chen; *gereichte, hat gereicht*; [Vi] ***etw. gereicht j-m*** ⟨zur Ehre, zur Schande, zum Vorteil, zum Nachteil⟩ *geschr*; etw. bringt j-m Ehre, Schande, e-n Vorteil, e-n Nachteil

ge·reizt **1** *Partizip Perfekt*; ↑ ***reizen*** **2** *gereizter, gereiztest-*; *Adj*; nervös u. aggressiv ↔ gelassen ⟨e-e Atmosphäre, e-e Stimmung; g. sein, reagieren⟩ || *zu* **2 Ge·reizt·heit** *die*; *nur Sg*

Ge·richt[1] *das*; *-(e)s*, *-e*; **1** *mst Sg*; e-e öffentliche Einrichtung, bei der *mst* ein Richter, ein Staatsanwalt *usw* darüber entscheiden, ob j-d / etw. gegen ein Gesetz verstoßen hat u. wenn ja, welche Strafe dafür angemessen ist ⟨das zuständige G.; das G. tagt, vertagt sich, tritt zusammen, lädt j-n vor (= fordert j-s Anwesenheit); j-n bei G. verklagen; das G. anrufen (= um ein Urteil bitten); e-e Sache vor G. bringen; mit e-r Sache vor G. gehen; vor dem G. erscheinen, aussagen; sich vor dem G. verantworten müssen⟩ || K-: ***Gerichts-, -akte, -medizin, -termin, -verfahren, -verhandlung, -vorsitzende(r)*** || -K: ***Schwur-, Schieds-*** **2** *nur Sg*, *Kollekt*; die Richter *o.Ä.*, die das Urteil in e-m Prozess sprechen ⟨das G. zieht sich zur Beratung zurück, spricht j-n frei, verurteilt j-n, entscheidet auf etw. (*Akk*)⟩ || K-: ***Gerichts-, -beschluss, -urteil*** **3** das Gebäude, in dem das G. (1) zusammenkommt: *Ich habe noch auf dem / im G. zu tun, muss aufs / ins G.* || K-: ***Gerichts-, -gebäude, -saal*** **4 *vor G. kommen / stehen*** angeklagt werden / sein **5 *etw. kommt vor G.*** etw. wird von e-m G. (2) entschieden **6 *Hohes G.!*** verwendet als Anrede für das G. (2) **7 *das Jüngste G.*** *Rel*; (nach christlichem Glauben) e-e Art G. (1), das Gott beim Weltuntergang hält u. bei dem er entscheidet, wer für seine Handlungen belohnt u. wer bestraft wird || ID ***über j-n G. halten*** **a)** wie ein G. (2) über j-n urteilen; **b)** j-s Ansichten od. Verhalten verurteilen, ablehnen; ***mit j-m hart / streng ins G. gehen*** j-n streng kritisieren od. bestrafen

Ge·richt[2] *das*; *-(e)s*, *-e*; ein warmes Essen ⟨ein G. zubereiten, auftragen / auf den Tisch bringen⟩ || -K: ***Fisch-, Fleisch-, Pilz-*** *usw*; ***Fertig-, Schnell-, National-, Haupt-***

ge·richt·lich *Adj*; **1** ⟨ein Verfahren, e-e Verhandlung⟩ so, dass sie vor dem Gericht[1] (1) stattfinden: *j-n g. belangen* **2** zum Gericht[1] (1) gehörend ≈ forensisch ⟨Medizin, Psychologie⟩ **3** vom Gericht[1] (2), mithilfe des Gerichts (durchgeführt) ⟨ein Beschluss, ein Urteil, ein Vergleich, e-e Verfügung⟩

Ge·richts·bar·keit *die*; *-*, *-en*; *mst Sg*, *geschr*; **1** das Recht u. die Pflicht (des Staates), dafür zu sorgen, dass die Gesetze beachtet werden **2** *Kollekt*; alle Gerichte[1] (1)

Ge·richts·hof *der*; *mst Sg*; ein Gericht[1] (1) e-r höheren Instanz || -K: ***Bundes-***

Ge·richts·kos·ten *die*; *Pl*; die (Geld)Summe, die

ein Prozess (vor Gericht[1] (1)) kostet ⟨die G. tragen⟩

Ge·richts·stand *der*; *mst Sg*, *Jur*; der Ort, dessen Gericht[1] (1) für eventuelle Prozesse zuständig ist

Ge·richts·voll·zie·her *der*; *-s*, *-*; ein Mitarbeiter der Justizbehörde, der (auf Anordnung e-s Gerichts) *z.B.* Pfändungen durchführt

Ge·richts·weg *der*; *mst in* ***auf dem G.*** (*Admin*) *geschr*; mithilfe e-s Gerichts[1] (1) ⟨gegen j-n auf dem G. vorgehen⟩

ge·rie·ben 1 *Partizip Perfekt*; ↑ ***reiben*** **2** *Adj*; *gespr*, *mst pej* ≈ schlau (1), durchtrieben, gerissen ⟨ein Bursche⟩

ge·riet *Imperfekt*, *1. u. 3. Person Sg*; ↑ ***geraten***

G

ge·ring *Adj*; **1** klein (in Bezug auf die Menge, das Ausmaß, die Dauer *usw*) ⟨ein Gewicht, e-e Größe, e-e Höhe, e-e Tiefe, ein Abstand, e-e Entfernung, e-e Dauer, e-e Verspätung, e-e Verzögerung⟩: *Der Zug fuhr mit geringer Verspätung in den Bahnhof ein* **2** klein, unerheblich ⟨ein Unterschied; von geringer Bedeutung⟩: *Er hat nur noch e-e geringe Chance zu siegen* **3** wenig intensiv ⟨e-e Anstrengung, (e-e) Mühe⟩: *Er gibt sich nicht die geringste Mühe bei seiner Arbeit*; *Ich habe nicht die geringste Lust, sie anzurufen* **4** *geschr*; klein, niedrig (in Bezug auf den Wert e-r Sache, den sozialen Status e-r Person) ↔ hoch: *Er schämt sich seiner geringen Herkunft*; *Dieser Stoff ist nur von geringer Qualität* **5** ***nicht im Geringsten*** ≈ überhaupt nicht: *Das interessiert mich nicht im Geringsten!*

> **ge·ring ach·ten**; *achtete gering, hat gering geachtet*; [Vt] ***j-n / etw. g. a.*** ≈ gering schätzen
> **ge·ring schät·zen**; *schätzte gering, hat gering geschätzt*; [Vt] ***j-n / etw. g. s.*** j-n / etw. als unbedeutend ansehen ≈ verachten || *hierzu* **Ge·ring·schät·zung** *die*; *nur Sg*

ge·ring·fü·gig *Adj* ≈ unbedeutend, unerheblich ⟨e-e Änderung, ein Anlass, ein Unterschied, e-e Verletzung⟩: *Das Manuskript muss nur noch g. geändert werden, dann kann es gedruckt werden* || *hierzu* **Ge·ring·fü·gig·keit** *die*

ge·ring·schät·zig *Adj*; so, dass der Betroffene in seinem Verhalten Verachtung ausdrückt ≈ abschätzig, verächtlich ⟨j-n / etw. g. ansehen, behandeln⟩ || *hierzu* **Ge·ring·schät·zig·keit** *die*; *nur Sg*

ge·rin·nen; *gerann, ist geronnen*; [Vi] ***etw. gerinnt*** e-e Flüssigkeit (bildet Flocken od. Klumpen u.) wird fest ≈ etw. stockt ⟨Blut, Milch⟩ || *hierzu* **Ge·rin·nung** *die*; *nur Sg*

Ge·rinn·sel *das*; *-s*, *-*; ein kleiner Klumpen von geronnenem Blut in e-r Ader *o.Ä.* || -K: ***Blut-***

Ge·rip·pe *das*; *-s*, *-*; **1** das Knochengerüst von (toten) Menschen u. Tieren ≈ Skelett **2** ***ein*** (***wandelndes***) ***G.*** *gespr hum*; ein sehr magerer Mensch **3** die innere Konstruktion e-s Gegenstandes aus Stäben, Balken *o.Ä.* ⟨das G. e-s Flugzeugs, e-s Schiffes⟩

ge·rippt *Adj*; *nicht adv*; mit Rippen (2) ⟨ein Pullover, ein Stoff⟩

ge·ris·sen 1 *Partizip Perfekt*; ↑ ***reißen*** **2** *Adj*; *gespr*, *mst pej*; ⟨ein Bursche, Kerl, ein Betrüger, ein Geschäftsmann⟩ so, dass sie alle Tricks kennen u. anwenden, um alle Vorteile für sich zu nutzen ≈ schlau (1) || *zu* **2 Ge·ris·sen·heit** *die*; *nur Sg*

ge·rit·ten *Partizip Perfekt*; ↑ ***reiten***

ge·ritzt *Adj*; *mst in* (***Die Sache / Das ist***) ***g.!*** *gespr*; verwendet, um auszudrücken, dass etw. wie vereinbart od. geplant geschehen wird

Germ *der*; *-s*; *auch die*; *-*; *nur Sg*, *südd* ≈ Hefe || K-: ***Germ-, -knödel, -teig***

Ger·ma·ne *der*; *-n*, *-n*; ein Angehöriger e-r Völkergruppe, die zur Sprachfamilie der Indoeuropäer gehört || NB: *der Germane*; *den, dem, des Germanen* || *hierzu* **Ger·ma·nin** *die*; *-*, *-nen*; **ger·ma·nisch** *Adj*

Ger·ma·nis·tik *die*; *-*; *nur Sg*; die Wissenschaft, die sich mit der Erforschung germanischer Sprachen u. Literaturen (*bes* der deutschen Sprache u. Literatur) beschäftigt ⟨G. studieren, lehren⟩ || *hierzu* **Ger·ma·nist** *der*; *-en*, *-en*; **ger·ma·nis·tisch** *Adj*

gern, **ger·ne**, *lieber*, *am liebsten*; *Adv*; **1** mit Freude u. Vergnügen ⟨etw. g. tun, etw. g. haben (wollen), etw. g. mögen⟩: *Im Sommer gehe ich g. zum Schwimmen*; *Meinen alten Mantel trage ich viel lieber als den neuen*; *Am liebsten würde ich jetzt e-n Spaziergang machen* **2** ≈ bereitwillig, ohne weiteres: *Das glaube ich dir g.!*; *Du kannst g. ein Stück von meinem Kuchen haben* **3** *gespr*; gewöhnlich ≈ leicht[3] (1): *In diesen Ecken sammelt sich g. der Staub* **4** ***j-n g. haben*** j-n mögen: *Ich habe ihn wirklich g., aber ich liebe ihn nicht* || ID *mst* ***Du kannst / Der / Die kann mich*** (***mal***) ***g. haben!*** *gespr iron*; verwendet, um auszudrücken, dass man mit j-m nichts mehr zu tun haben will od. j-s Wünsche nicht erfüllen will || NB: ↑ ***geschehen***, ***gut***

> **gern ge·se·hen** *Adj*; *nicht adv* ≈ willkommen ⟨ein Gast, bei j-m stets g. g. sein⟩

ge·ro·chen *Partizip Perfekt*; ↑ ***riechen***

Ge·röll *das*; *-(e)s*; *nur Sg*, *Kollekt*; viele Steine, die sich an Berghängen u. in Flusstälern ablagern || K-: ***Geröll-, -halde, -lawine***

ge·ron·nen 1 *Partizip Perfekt*; ↑ ***rinnen*** **2** *Partizip Perfekt*; ↑ ***gerinnen***

Gers·te *die*; *-*; *nur Sg*; **1** ein Getreide mit kurzem Halm u. langen Borsten an den Ähren, das *z.B.* zur Herstellung von Bier verwendet wird ⟨G. anbauen⟩ **2** die (Samen)Körner der G. (1) ⟨G. mahlen⟩

Gers·ten·korn *das*; **1** ein (Samen)Korn der Gerste **2** e-e eitrige, entzündete Schwellung am (Augen)Lid

Gers·ten·saft *der*; *nur Sg*, *gespr hum* ≈ Bier

Ger·te *die*, *-*, *-n*; ein dünner, elastischer Stock, der *mst* beim Reiten verwendet wird || -K: ***Reit-***

ger·ten·schlank *Adj*; *ohne Steigerung*; sehr schlank ⟨ein Mädchen⟩

Ge·ruch *der*; *-(e)s*, *Ge·rü·che*; **1** etw., das man mit der Nase wahrnehmen kann ⟨ein (un)angenehmer, beißender, säuerlicher, süß(lich)er, stechender, strenger, muffiger G.⟩ || K-: ***Geruchs-, -belästigung, -stoff*** **2** *nur Sg* ≈ Geruchssinn || K-: ***Geruchs-, -nerv, -organ*** **3** *nur Sg*, *geschr* ≈ Ruf (3) || *zu* **1 ge·ruch·los** *Adj*; **ge·ruch(s)·frei** *Adj*

Ge·ruchs·sinn *der*; die Fähigkeit (von Menschen u. Tieren), etw. zu riechen

Ge·rücht *das*; *-(e)s*, *-e*; **1** e-e Neuigkeit od. Nachricht, die sich verbreitet, ohne dass man weiß, ob sie wirklich wahr ist ⟨ein G. kursiert / geht um, verbreitet sich; ein G. ausstreuen / in Umlauf setzen / in die Welt setzen, weitertragen⟩: *Es geht das G., dass er im Lotto gewonnen habe* **2** *mst* ***Das halte ich für ein G.*** *gespr*; das glaube ich nicht

Ge·rüch·te·kü·che *die*; *gespr pej*; e-e Stelle, an der viele Gerüchte entstehen

ge·rücht·wei·se *Adv*; als Gerücht ⟨etw. g. gehört / erfahren haben⟩

ge·ru·hen; *geruhte*, *hat geruht*; [Vi] ***g.*** + ***zu*** + *Infinitiv iron*; sich (gnädig) herablassen, etw. zu tun ≈ belieben + zu + *Infinitiv*

ge·ruh·sam *Adj*; ohne Eile u. Aufregung ≈ gemächlich, ruhig ⟨ein Nachmittag, ein Abend *usw*, ein Lebensabend; g. frühstücken, spazieren gehen *usw*⟩ || *hierzu* **Ge·ruh·sam·keit** *die*; *nur Sg*

Ge·rụ̈m·pel *das; -s; nur Sg, Kollekt, pej;* alte Dinge, die kaputt od. nutzlos sind (u. irgendwo aufbewahrt werden): *Unser Dachboden ist voll(er) G.*

ge·rụn·gen *Partizip Perfekt;* ↑ ***ringen***

Ge·rụ̈st *das; -(e)s, -e;* **1** e-e Konstruktion aus Stangen u. Brettern, die *z.B.* Maler aufbauen, wenn sie ein Haus streichen ⟨ein G. aufbauen / errichten, abbauen; auf ein G. klettern⟩ || K-: ***Gerüst-, -bau, -bauer*** || -K: ***Bau-, Holz-, Stahl-*** **2** die grobe Gliederung e-s Textes

gẹs, Gẹs *das; -, -; Mus;* der Halbton unter dem g

ge·rụ̈t·telt *Partizip Perfekt;* ↑ ***rütteln*** || ID ↑ ***Maß***

ge·sạl·zen **1** *Partizip Perfekt;* ↑ ***salzen*** **2** *Adj; nicht adv, gespr;* sehr hoch, zu hoch ⟨*mst* Preise⟩ **3** *Adj; nicht adv, gespr* ≈ unfreundlich, grob (4) ⟨ein Brief, ein Schreiben, e-e Antwort⟩

ge·sạm·t- *Adj; nur attr, nicht adv;* **1** drückt aus, dass etw. auf alle, die zu e-r Gruppe gehören, zutrifft: *die gesamte Familie; die gesamte Belegschaft der Firma; die gesamte Bevölkerung* **2** drückt aus, dass etw. auf alles, das zu etw. gehört, zutrifft: *die gesamte Ernte; der gesamte Ertrag; sein gesamtes Einkommen* || *hierzu* **Ge·sạmt·heit** *die; nur Sg*

Ge·sạmt- *im Subst, betont, wenig produktiv;* drückt aus, dass alle Einzelteile od. Details dabei zusammengenommen werden (so dass e-e Einheit entsteht); die ***Gesamtausgabe*** ⟨der Werke e-s Dichters⟩, der ***Gesamtbetrag*** ⟨e-r Rechnung⟩, der ***Gesamteindruck***, das ***Gesamtergebnis***, das ***Gesamtgewicht***, die ***Gesamtnote***, die ***Gesamtsumme***, der ***Gesamtwert***

Ge·sạmt·ar·beits·ver·trag *der;* ⒸⒽ ≈ Tarifvertrag

ge·sạmt·deutsch *Adj; hist;* in Bezug auf die Bundesrepublik Deutschland u. die DDR ≈ deutsch-deutsch ⟨Beziehungen, Verhandlungen⟩

ge·sạmt·haft *Adv;* ⒸⒽ ≈ insgesamt

Ge·sạmt·heit *die; -; nur Sg;* **1** alle Personen, Dinge, Erscheinungen *o.Ä.*, die (aufgrund gemeinsamer Merkmale) zusammengehören: *die G. der Lehrer e-r Schule* **2** ***in seiner / ihrer G.*** unter Berücksichtigung aller (Einzel)Personen, aller Einzelheiten: *die Schulklasse in ihrer G.; das Phänomen der Umweltverschmutzung in seiner G. betrachten*

Ge·sạmt·schu·le *die;* e-e Schule, in der Schüler, die verschiedene Schulabschlüsse u. Ausbildungen machen wollen, gemeinsam unterrichtet werden (anstatt in verschiedene Schulen zu gehen)

ge·sạndt *Partizip Perfekt;* ↑ ***senden***

Ge·sạnd·te *der; -n, -n;* ein Diplomat, der e-n Staat in e-m anderen Staat vertritt (u. der im Rang unter dem Botschafter steht) || NB: *ein Gesandter; der Gesandte; den, dem, des Gesandten*

Ge·sạndt·schaft *die; -, -en;* **1** die diplomatische Vertretung (im Ausland), die von e-m Gesandten geleitet wird **2** das Gebäude, in dem die G. (1) arbeitet

Ge·sạng *der; -(e)s, Ge·sän·ge;* **1** *nur Sg;* das Singen ⟨der G. e-s Vogels, e-s Chores; der G. von Liedern⟩ || K-: ***Gesangs-, -kunst, -solist, -stimme, -verein*** **2** etw., das man singen kann ≈ Lied ⟨geistliche, weltliche Gesänge⟩ || K-: ***Gesangs-, -stück*** **3** *nur Sg;* das (Studien)Fach, in dem man das Singen lernt ⟨G. studieren, lehren⟩ || K-: ***Gesang(s)-, -lehre, -schule, -stunde, -unterricht***

Ge·sạng·buch, Ge·sạngs·buch *das;* e-e Sammlung von (Kirchen)Liedern in e-m kleinen Buch, das im Gottesdienst verwendet wird || -K: ***Kirchen-***

Ge·säß *das; -es, -e; geschr;* der Teil des Körpers, auf dem man sitzt ≈ Hintern, Hinterteil || ↑ *Abb. unter* ***Mensch*** || K-: ***Gesäß-, -backe, -muskel***

Ge·säß·ta·sche *die;* e-e Tasche hinten in e-r Hose

ge·sạ̈t·tigt **1** *Partizip Perfekt;* ↑ ***sättigen*** **2** *Adj; nicht adv, Chem;* ⟨e-e Lösung⟩ so, dass man nicht noch mehr von e-r Substanz darin (auf)lösen kann **3** *Adj; mst* ***der Markt ist g.*** man kann kaum noch Produkte (e-r bestimmten Art) verkaufen

ge·schạf·fen *Partizip Perfekt;* ↑ ***schaffen***[2]

Ge·schạ̈ft[1] *das; -(e)s, -e;* **1** das Kaufen od. Verkaufen von Waren od. Leistungen mit dem Ziel, e-n (finanziellen) Gewinn zu machen ≈ Handel ⟨(mit j-m) Geschäfte machen, (mit j-m) ein G. abschließen, abwickeln, tätigen; in ein G. einsteigen, aus e-m G. aussteigen; die Geschäfte gehen gut, schlecht, schleppend, stockend⟩: *Mein Bruder versucht, aus allem ein G. zu machen - sogar für kleine Hilfen im Haushalt will er bezahlt werden* || K-: ***Geschäfts-, -abschluss, -freund, -partner, -reise, -schädigung, -verbindung; geschäfts-, -schädigend*** || -K: ***Abzahlungs-, Tausch-, Verlust-*** **2** *nur Sg, Kollekt;* alle Geschäfte (1), die in e-m bestimmten Bereich in e-m Zeitraum gemacht werden ⟨das G. belebt sich, blüht, flaut ab⟩: *Wenn im Sommer die Touristen in die Badeorte kommen, blüht das G.; Was macht das G.?* **3** e-e (*mst* kaufmännische) Firma ≈ Betrieb[1] (1), Unternehmen[2] ⟨ein G. gründen, führen / leiten, aufgeben, auflösen⟩: *Nach dem Tode seines Vaters übernahm er die Leitung des Geschäfts* || K-: ***Geschäfts-, -führer, -inhaber, -leiter, -leitung*** **4** ein Gebäude od. ein Teil e-s Gebäudes, in dem Dinge zum Verkauf angeboten werden ≈ Laden: *Dieses G. ist / hat / bleibt über Mittag geöffnet; Die Geschäfte schließen um 18^{00} Uhr* || K-: ***Geschäfts-, -räume, -straße, -viertel, -zentrum*** || -K: ***Lebensmittel-, Sportartikel-, Schmuck-, Schreibwaren-*** *usw* **5** e-e Aufgabe, die j-d (regelmäßig) tun muss ≈ Funktion ⟨ein G. übernehmen, erfüllen, abgeben⟩ **6** *nur Pl;* berufliche, dienstliche Aufgaben, die man in e-r Firma od. e-m Amt regelmäßig erfüllen muss ⟨die laufenden Geschäfte erledigen; wichtige Geschäfte zu erledigen haben⟩: *Ich muss wegen dringender Geschäfte ins Ausland* || -K: ***Dienst-*** **7** ***(mit etw.) ein (gutes) G. machen*** (mit etw.) e-n (großen) Gewinn machen **8** ⟨Personen⟩ ***kommen (miteinander) ins G.; j-d kommt mit j-m ins G.*** zwei od. mehrere Personen verhandeln über ein G. (1) u. schließen dieses ab: *Wenn Sie Ihr Angebot erhöhen, können wir (miteinander) ins G. kommen* **9** ***sein G. verstehen*** seine (beruflichen) Aufgaben gründlich u. gut machen

Ge·schạ̈ft[2] *das; -(e)s, -e; gespr euph;* **1** ***sein G. verrichten*** seinen Darm u. / od. seine Blase entleeren **2** ***ein großes / kleines G. machen*** seinen Darm / seine Blase entleeren

Ge·schạ̈f·te·ma·cher *der; pej;* j-d, der immer Geschäfte[1] (1) machen will, um möglichst viel Gewinn zu haben || *zu* ***Geschäftemacherei*** ↑ ***-ei***

ge·schạ̈f·tig *Adj;* so sehr beschäftigt u. voller Eifer, dass man in Eile ist u. keine Zeit für anderes hat ⟨g. hin u. her eilen; es herrscht ein geschäftiges Treiben⟩ || *hierzu* **Ge·schạ̈f·tig·keit** *die; nur Sg*

ge·schạ̈ft·lich *Adj;* **1** in Bezug auf ein Geschäft[1] (1) ↔ privat ⟨e-e Unterredung, e-e Vereinbarung; mit j-m g. verhandeln, g. verreisen; das Geschäftliche erledigen⟩ **2** ≈ formell, unpersönlich ↔ persönlich ⟨sich (rein) g. verhalten; etw. in geschäftlichem Ton sagen; g. werden⟩

Ge·schạ̈fts·be·din·gun·gen *die; Pl;* die (in e-m Vertrag festgelegten) Bedingungen, zu denen ein Geschäft[1] (1) abgeschlossen wird od. *z.B.* zu denen ein Betrieb Waren liefert

Ge·schạ̈fts·es·sen *das;* e-e Mahlzeit im Restaurant mit Geschäftspartnern od. Mitarbeitern, bei der man berufliche Dinge bespricht

ge·schạ̈fts·fä·hig *Adj; nicht adv, Jur;* (*z.B.* aufgrund des Alters) fähig, selbstständig rechtlich gül-

G

tige Geschäfte[1] (1) zu machen ↔ geschäftsunfähig || *hierzu* **Ge·schäfts·fä·hig·keit** *die*; *nur Sg*

Ge·schäfts·frau *die*; **1** e-e Frau, die ein Geschäft[1] (3) leitet od. besitzt **2** ***e-e* (*gute*) *G.*** e-e Frau, die geschickt Geschäfte[1] (1) macht

Ge·schäfts·jahr *das*; der Zeitraum von zwölf Monaten, nach dem e-e Firma Bilanz über die abgeschlossenen Geschäfte[1] (1) macht ≈ Wirtschaftsjahr

Ge·schäfts·kos·ten *die*; *Pl*; *mst in* ***auf G.*** so, dass die Firma die Kosten bezahlt: *auf G. reisen, in e-m Hotel übernachten*

Ge·schäfts·le·ben *das* ≈ Geschäftswelt (2)

Ge·schäfts·mann *der*; *-(e)s, Ge·schäfts·leu·te*; **1** ein Mann, der ein Geschäft[1] (3) leitet od. besitzt **2** ***ein* (*guter*) *G.*** ein Mann, der geschickt Geschäfte[1] (1) macht || NB: Wenn man von *Geschäftsleuten* spricht, können auch *Geschäftsfrauen* dabei sein

ge·schäfts·mä·ßig *Adj* ≈ geschäftlich (2)

Ge·schäfts·ord·nung *die*; Vorschriften, die regeln, wie die Handlungen in e-m Amt, e-m Parlament, e-m Verein *o.Ä.* ablaufen müssen ⟨e-e G. aufstellen, ändern; gegen die G. verstoßen⟩

Ge·schäfts·schluss *der*; *nur Sg*; das Schließen der Geschäfte[1] (4) am Abend ≈ Ladenschluss

Ge·schäfts·sinn *der*; *nur Sg*; das (instinktive) Wissen, was man tun muss, damit Geschäfte Erfolg haben ⟨G. besitzen / haben⟩

Ge·schäfts·stel·le *die*; *mst Sg*; das Büro e-r Organisation, e-r Partei od. e-s Vereins, das *z.B.* dem Kontakt mit der Öffentlichkeit dient

Ge·schäfts·stun·den *die*; *Pl* ≈ Geschäftszeit

ge·schäfts·tüch·tig *Adj*; fähig, geschickt Geschäfte[1] (1) zu machen

Ge·schäfts·welt *die*; *nur Sg*, *Kollekt*; **1** alle Geschäftsleute (*z.B.* in e-r Stadt) **2** der Bereich (des öffentlichen Lebens), zu dem die Geschäfte[1] (3) gehören: *Das ist in der G. nicht üblich*

Ge·schäfts·zeit *die*; die Zeit, in der die Geschäfte[1] (4) geöffnet sind ≈ Öffnungszeit

ge·schah *Imperfekt, 3. Person Sg*; ↑ ***geschehen***

ge·schä·he *Konjunktiv II, 3. Person Sg*; ↑ ***geschehen***

ge·scheckt *Adj*; *nicht adv*; mit unregelmäßigen Flecken ⟨ein Fell; ein Hund, e-e Kuh, ein Pferd⟩

ge·sche·hen [gəˈʃeːən]; *geschieht, geschah, ist geschehen*; [Vi] **1** ***etw. geschieht*** etw. ist in e-r bestimmten Situation da (u. führt somit *bes* e-e Veränderung herbei) ≈ etw. ereignet sich, passiert ⟨ein Unfall, ein Unglück, ein Unrecht, ein Wunder *usw*⟩: *Der Unfall geschah, kurz nachdem wir in die Hauptstraße eingebogen waren*; *Es geschieht immer wieder*, dass ... **2** ***etw. geschieht j-m*** etw. Unangenehmes tritt ein u. betrifft j-n ≈ etw. widerfährt, passiert j-m: *Wenn er weiterhin so unvorsichtig ist, wird ihm noch ein Unglück g.*; *Keine Angst, hier kann dir nichts g.!* **3** ***etw. geschieht* (*mit j-m / etw.*)** etw. wird (mit j-m / etw.) getan, etw. wird (mit j-m) unternommen: *In dieser Angelegenheit muss endlich etwas g.!*; *„Was geschieht mit den Kindern, wenn ihr in Urlaub seid?"* - *„Sie bleiben bei der Oma"* **4** ***etw. g. lassen*** etw. dulden, ohne etw. dagegen zu unternehmen: *Wie konntest du nur g. lassen, dass er zu Unrecht beschuldigt wurde?*; *Er war so müde, dass er alles ohne Protest mit sich g. ließ* || ID ***Gern(e) geschehen!*** verwendet, um höflich zu antworten, wenn einem j-d dankt: *„Vielen Dank für deine Hilfe"* - *„(Bitte,) gern g.!"*; *mst* ***Das geschieht ihm / ihr recht!*** *gespr*; das hat er / sie verdient: *„Er ist in der Prüfung durchgefallen."* - *„Das geschieht ihm recht - er hätte sich ein bisschen besser vorbereiten müssen"*; ***um j-n / etw. ist es geschehen*** j-d / etw. kann nicht mehr gerettet werden ≈ j-d / etw. ist verloren; ***geschehe, was da wolle*** ohne Rücksicht darauf, was in der Zukunft passieren mag

Ge·sche·hen [gəˈʃeːən] *das*; *-s*; *nur Sg*, *geschr*; etw., das geschieht, sich ereignet ≈ Ereignisse, Vorgänge: *Interessiert verfolgten die Zuschauer das G. auf der Bühne*

-ge·sche·hen *das*; *nach Subst, unbetont, nicht produktiv*; verwendet, um e-n Prozess od. e-n Ablauf zu bezeichnen; das ***Krankheitsgeschehen*** ⟨genau dokumentieren⟩, das ***Unterrichtsgeschehen*** ⟨aufmerksam verfolgen⟩, das ***Verkehrsgeschehen***, das ***Wettergeschehen*** ⟨beobachten⟩

Ge·scheh·nis *das*; *-ses, -se*; *geschr* ≈ Ereignis

ge·scheit; *gescheiter, gescheitest-*; *Adj*; **1** mit viel Verstand, Intelligenz ≈ klug ⟨e-e Äußerung, e-e Idee; Menschen⟩ **2** *gespr* ≈ vernünftig: *Sei doch g.!*; *Es wäre das Gescheiteste, wenn du mit der Entscheidung noch warten würdest* **3** *nicht adv*, *südd gespr*; groß, intensiv *o.Ä.*: *sich ein gescheites Stück Kuchen abschneiden* **4** *nur adv*, *südd gespr* ≈ richtig: *Machs doch g.!* **5** *nur adv*, *südd gespr*; verwendet, um Verben u. Adjektive zu verstärken ≈ sehr: *sich g. ärgern, freuen*; *Gestern war es g. kalt draußen* **6** ***etw. / nichts Gescheites*** *gespr*; etw. / nichts Sinnvolles: *Er weiß mit seiner Freizeit nichts Gescheites anzufangen* **7** *mst* ***aus j-m / etw. nicht g. werden*** j-n / etw. nicht verstehen können || NB: *mst* als Frage od. verneint || ID *mst* ***Du bist wohl nicht ganz / recht g.!*** *gespr*; verwendet, um auszudrücken, dass man j-s Verhalten od. Vorschlag für unvernünftig hält || *zu* **1** **Ge·scheit·heit** *die*; *nur Sg*

Ge·schenk *das*; *-(e)s, -e*; **1** ***ein G.* (*von j-m*) (*für j-n*)** *mst* ein Gegenstand, den man j-m kostenlos gibt, *mst* um ihm e-e Freude zu machen ⟨ein kleines, nettes, großzügiges, wertvolles, geeignetes, (un)passendes G.⟩: *Hast du schon ein G. für Mutter zum Geburtstag?*; || K-: ***Geschenk-, -gutschein, -idee, -packung*** || -K: ***Abschieds-, Geburtstags-, Hochzeits-, Weihnachts-*** **2** ***ein G. des Himmels*** etw., das einem in e-r Situation sehr hilft, das einen rettet: *Dieser kleine Fernseher war bei dem schlechten Wetter ein G. des Himmels!* **3** ***j-m ein G. machen***; ***j-m etw. zum G. machen*** ≈ j-m etw. schenken: *Ich möchte dir ein kleines Geschenk machen*

Ge·schenk·korb *der*; ein Korb mit teuren Lebensmitteln, Alkohol *o.Ä.*, den man als Geschenk für j-n kaufen kann

Ge·schenk·pa·pier *das*; *nur Sg*; buntes, dekoratives Papier, mit dem man Geschenke verpackt ⟨ein Bogen G.; etw. in G. einschlagen / (ein)wickeln⟩

Ge·schich·te[1] *die*; *-*; *nur Sg*; **1** ***die G.*** (+ *Gen*) die Entwicklung (e-s Teils) der menschlichen Kultur od. der Natur ⟨der Gang / Lauf der G.⟩: *die G. Deutschlands, Amerikas usw*; *Das Land kann auf e-e lange, wechselhafte G. zurückblicken*; *die G. der Malerei, der Medizin, der Musik, des Altertums, des Mittelalters, der Neuzeit*; *die G. der Französischen Revolution* || K-: ***Geschichts-, -auffassung, -forscher, -forschung, -wissenschaft, -wissenschaftler*** || -K: ***Kirchen-, Kultur-, Kunst-, Literatur-, Musik-, Natur-, Sprach-*** **2** ***die G.*** (+ *Gen*) der Vorgang u. Verlauf, wie etw. entsteht, sich j-d / etw. (zu etw.) entwickelt || -K: ***Entstehungs-, Entwicklungs-, Leidens-, Kranken-, Krankheits-*** **3** die Wissenschaft, die sich mit der G. (1) beschäftigt ⟨G. studieren, lehren⟩ **4** ***e-e G.*** (+ *Gen*) ein Buch *o.Ä.*, das sich mit der G. (1) beschäftigt: *e-e G. des Zweiten Weltkriegs schreiben*; *e-e G. der Technik lesen* **5** ein Fach in der Schule, in dem die Kinder *bes* die gesellschaftliche, politische u. wirtschaftliche G. (1) der Menschheit lernen || K-: ***Geschichts-, -arbeit, -buch, -lehrer, -note,***

-stunde || ID ***j-d / etw. geht in die G. ein*** j-d / etw. ist so wichtig, dass sich spätere Generationen an ihn / daran erinnern werden; ***etw. gehört der G. an*** etw. existiert nicht mehr; ***j-d / etw. macht G.*** j-d / etw. ist für die Menschheit sehr wichtig, j-d tut etw. sehr Wichtiges: *Die Erfindung des Ottomotors hat G. gemacht*

Ge·schịch·te[2] *die*; -, *-n*; **1** ***e-e G.*** **(*über j-n / etw.*)**; ***e-e G.*** **(*von j-m / etw.*)** ein mündlicher od. schriftlicher Text, in dem von Ereignissen berichtet wird, die wirklich geschehen sein od. erfunden sein können ≈ Erzählung ⟨e-e erfundene, wahre, spannende, unterhaltsame, lustige, rührende G.; (j-m) e-e G. erzählen, vorlesen⟩: *Sie schrieb e-e G. über Drachen* || K-: ***Geschichten-, -erzähler*** || -K: ***Abenteuer-, Detektiv-, Gespenster-, Grusel-, Indianer-, Liebes-, Räuber-, Spuk-, Tier-, Weihnachts-; Bilder-*** **2** *gespr, mst pej* ≈ Angelegenheit, Sache ⟨e-e dumme, unangenehme, langwierige, verzwickte G.; sich aus e-r G. heraushalten; in e-e G. hineingezogen werden; sich auf e-e G. einlassen; e-e G. aus der Welt schaffen⟩: *Mach bloß keine große G. daraus!* || ID *mst* ***Du machst / Das sind ja schöne Geschichten***; ***Was machst du denn für Geschichten?*** *gespr*; **a)** verwendet, um j-n zu tadeln, der etw. Dummes gemacht hat; **b)** *hum*; verwendet, um Bedauern darüber auszudrücken, dass j-d krank od. verletzt ist; ***Mach keine Geschichten!*** *gespr*; **a)** mach keine Dummheiten!; **b)** verwendet, um j-n aufzufordern, nicht länger zu zögern, sich nicht länger zu weigern; ***Mach keine langen Geschichten!*** *gespr*; beeil dich!; ***die ganze G.*** *gespr*; alles zusammen: *Wir machten zwei Wochen Urlaub. Mit Flug, Hotel u. Essen hat mich die ganze G. zweitausend Euro gekostet*

-ge·schich·te *die*; *im Subst, begrenzt produktiv, gespr*; **1** e-e Erkrankung am genannten Teil des Körpers, *bes* eine, die relativ lange dauert; ***Herzgeschichte, Magengeschichte, Nierengeschichte, Unterleibsgeschichte*** **2** *oft pej*; bezeichnet ein sexuelles Abenteuer; ***Bettgeschichte, Dreiecksgeschichte*** (= e-e Liebesbeziehung zwischen drei Personen), ***Frauengeschichte*** (= zu e-r Frau), ***Männergeschichte*** (= zu e-m Mann), ***Weibergeschichte***

ge·schịcht·lich *Adj*; **1** *nur attr od adv*; in Bezug auf die Geschichte[1] (1) ⟨ein Rückblick, ein Überblick, e-e Entwicklung⟩ **2** tatsächlich in der Geschichte[1] (1) geschehen ≈ historisch ⟨ein Ereignis, e-e Tatsache, e-e Wahrheit⟩ **3** für die Geschichte[1] (1) wichtig ≈ historisch ⟨ein Ereignis, e-e Leistung⟩

Ge·schịchts·schrei·bung *die*; *mst Sg*; die schriftliche Darstellung der Geschichte[1] (1)

Ge·schịck[1] *das*; *-(e)s*; *nur Sg*; die Fähigkeit, etw. gut u. schnell zu machen ⟨ein, kein G. für / zu etw. haben⟩

Ge·schịck[2] *das*; *-(e)s, -e*; *geschr*; **1** ≈ Schicksal **2** *mst Pl*; die politischen bzw. wirtschaftlichen Belange: *die Geschicke des Staates lenken*

Ge·schịck·lich·keit *die*; -; *nur Sg*; **1** die Fähigkeit, etw. gut u. schnell zu machen ≈ Geschick[1] ⟨handwerkliche, manuelle G.⟩ **2** die Fähigkeit, sich schnell u. gewandt zu bewegen: *Mit großer G. kletterte sie auf e-n Baum* || K-: ***Geschicklichkeits-, -spiel, -übung***

ge·schịckt[1] *Partizip Pefekt*; ↑ ***schicken***

ge·schịckt[2], *geschickter, geschicktest-*; *Adj*; **1** mit großer Geschicklichkeit (1) ⟨ein Handwerker; geschickte Hände haben, (handwerklich) g. sein; sich bei etw. g. anstellen⟩ **2** mit großer Geschicklichkeit (2) ≈ gewandt, flink: *g. über ein Hindernis setzen* **3** gut, gewandt u. klug ≈ diplomatisch (3) ⟨g. vorgehen⟩: *durch geschickte Fragen j-m ein Geheimnis entlocken*; *Sein Anwalt hat ihn g. verteidigt* || *hierzu* **Ge·schịckt·heit** *die*; *nur Sg*

ge·schie̲·den *Partizip Perfekt*; ↑ ***scheiden***

Ge·schie̲·de·ne *der / die*; *-n, -n*; j-d, dessen Ehe geschieden worden ist || NB: *ein Geschiedener*; *der Geschiedene*; *den, dem, des Geschiedenen*

ge·schie̲ht *Präsens, 3. Person Sg*; ↑ ***geschehen***

ge·schie̲·nen *Partizip Perfekt*; ↑ ***scheinen***

Ge·schịrr[1] [gəˈʃɪr] *das*; *-(e)s*; *nur Sg, Kollekt*; **1** die Dinge aus Glas, Porzellan *o.Ä.*, aus / von denen man isst od. trinkt, *bes* Teller, Schüsseln u. Tassen || -K: ***Glas-, Holz-, Porzellan-, Steingut-*** **2** alle Dinge, die man beim Kochen, Essen u. Trinken benutzt u. schmutzig macht, *bes* G. (1), Besteck u. Töpfe ⟨das G. abräumen, (ab)spülen, abwaschen, abtrocknen⟩ || K-: ***Geschirr-, -schrank, -spülmaschine, -spülmittel***

Ge·schịrr[2] [gəˈʃɪr] *das*; *-(e)s, -e*; die Riemen u. Gurte, mit denen ein Tier (*bes* ein Pferd) vor e-n Wagen gespannt wird, damit es ihn zieht ⟨e-m Tier das G. anlegen, abnehmen; ein Tier legt sich ins G. (= fängt an, kräftig zu ziehen)⟩ || -K: ***Pferdegeschirr***

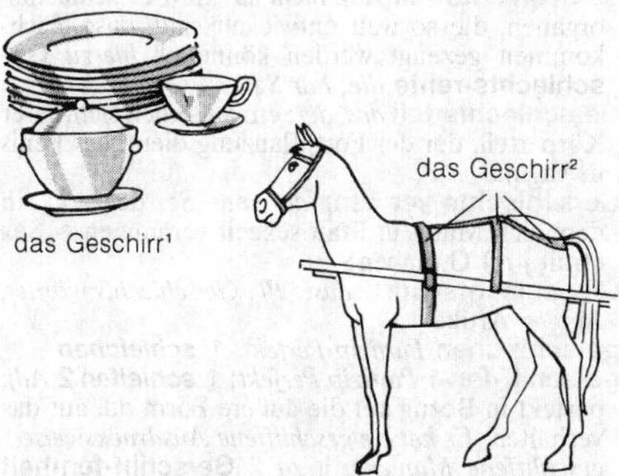

Ge·schịrr·spü·ler *der*; *-s, -*; *gespr*; ein Gerät, in dem schmutziges Geschirr gereinigt wird ≈ Geschirrspülmaschine || NB: Menschen, die in e-m Restaurant *o.Ä.* Geschirr spülen, nennt man *Tellerwäscher*

Ge·schịrr·tuch *das*; ein Tuch, mit dem man gespültes Geschirr[1] abtrocknet ↔ Handtuch

ge·schịs·sen *Partizip Perfekt*; ↑ ***scheißen***

ge·schla̲·fen *Partizip Perfekt*; ↑ ***schlafen***

ge·schla̲·gen **1** *Partizip Perfekt*; ↑ ***schlagen*** **2** *Adj*; *nur attr, nicht adv*; ***g*** + *Zeitangabe* verwendet, um Ärger darüber auszudrücken, dass etw. so lang gedauert hat: *Ich habe e-e geschlagene Stunde vor dem Kino auf sie gewartet!* || NB: *mst* zusammen mit e-r bestimmten Zahl von Stunden

Ge·schlẹcht *das*; *-(e)s, -er*; **1** *nur Sg*; die Merkmale, durch die ein Mensch od. Tier als männlich od. weiblich bezeichnet wird: *ein Kleinkind weiblichen Geschlechts*; *Welches G. hat die Katze?* || K-: ***Geschlechts-, -chromosom, -hormon***; ***geschlechts-, -spezifisch*** **2** *Kollekt*; alle Menschen od. Tiere mit dem gleichen G. (1) ⟨das männliche, weibliche G.⟩ **3** *nur Sg, Kurzw* ↑ ***Geschlechtsteile*** **4** *geschr*; e-e große, *mst* bekannte Familie u. die Verwandten: *aus e-m edlen G. stammen* || -K: ***Adels-*** **5** *mst Pl, geschr* ≈ Generation ⟨kommende Geschlechter⟩ **6** *nur Sg, Ling* ≈ Genus ⟨männliches, weibliches, sächliches G.⟩ **7** ***das starke G.*** *gespr hum*; die Männer u. Jungen **8** ***das schwache / zarte G.*** *gespr hum*; die Frauen u. Mädchen

ge·schlẹcht·lich *Adj*; *nur attr od adv*; **1** in Bezug auf sexuelle Gefühle u. auf sexuelles Verhalten ≈ sexuell ⟨Triebe, Lust⟩ **2** *Biol*; ⟨die Fortpflanzung, die Vermehrung⟩ so, dass dabei beide Geschlechter (1) von Tieren / Pflanzen beteiligt sind ↔ ungeschlechtlich

Ge·schlẹchts·akt *der*; *geschr*, *Jur* ≈ Beischlaf, Koitus ⟨den G. vollziehen⟩

Ge·schlẹchts·krank·heit *die*; e-e (Infektions)Krankheit, die *bes* beim Sex übertragen wird: *Syphilis ist e-e G.* || *hierzu* **ge·schlẹchts·krank** *Adj*; *nicht adv*

Ge·schlẹchts·merk·mal *das*; **1** ein Merkmal, das männliche u. weibliche Lebewesen voneinander unterscheidet **2** ***primäre Geschlechtsmerkmale*** die Geschlechtsmerkmale (1), die man von Geburt an hat, wie *z.B.* Penis, Hoden u. Vagina **3** ***sekundäre Geschlechtsmerkmale*** die Geschlechtsmerkmale (1), die man erst im Laufe des Lebens (*bes* in der Pubertät) entwickelt, wie *z.B.* Schamhaare, Bartwuchs u. Busen

Ge·schlẹchts·or·gan *das*; ein Organ, das zur Fortpflanzung dient: *Die Eierstöcke u. die Gebärmutter sind Geschlechtsorgane der Frau*

Ge·schlẹchts·part·ner *der*; j-d, mit dem man sexuellen Kontakt hat ≈ Sexualpartner

ge·schlẹchts·reif *Adj*; *nicht adv*; mit Geschlechtsorganen, die so weit entwickelt sind, dass Nachkommen gezeugt werden können || *hierzu* **Ge·schlẹchts·rei·fe** *die*; *nur Sg*

Ge·schlẹchts·teil *das*, *der*; ein äußerlich sichtbarer Körperteil, der der Fortpflanzung dient, *bes* Penis u. Vagina

Ge·schlẹchts·ver·kehr *der*; *nur Sg*; der Akt, in dem sich Mann u. Frau sexuell vereinigen ≈ Sex ⟨(mit j-m) G. haben⟩

Ge·schlẹchts·wort *das*; *Pl Ge·schlechts·wör·ter*, *Ling* ≈ Artikel

ge·schlị·chen *Partizip Perfekt*; ↑ ***schleichen***

ge·schlịf·fen **1** *Partizip Perfekt*; ↑ ***schleifen*** **2** *Adj*; perfekt in Bezug auf die äußere Form od. auf das Verhalten: *Er hat e-e geschliffene Ausdrucksweise / geschliffene Manieren* || *zu* **2** **Ge·schlịf·fen·heit** *die*; *nur Sg*

ge·schlọs·sen **1** *Partizip Perfekt*; ↑ ***schließen*** || ↑ *Abb. unter* **Eigenschaften** **2** *Adj*; *mst adv*; so, dass jedes Mitglied e-r Gruppe beteiligt ist ≈ ausnahmslos, einheitlich ⟨ein Vorgehen; g. abstimmen, auftreten, vorgehen; sich g. zurückziehen⟩: *Die Abgeordneten stimmten g. gegen die geplante Reform*; *Die Regierung ist g. zurückgetreten* **3** *Adj*; *nur attr, nicht adv*; ⟨e-e Gesellschaft, ein Kreis⟩ so, dass nur Eingeladene dazugehören **4** *mst* ***e-e geschlossene Ortschaft*** ein Dorf od. e-e Stadt (im Gegensatz zu e-m ländlichen Gebiet mit einzelnen Häusern): *Innerhalb geschlossener Ortschaften beträgt die Höchstgeschwindigkeit 50km / h* **5** *nicht adv*, *Ling*; mit nur geringer Öffnung des Mundes gebildet ↔ offen ⟨Vokale⟩ **6** so, dass Kunden *o.Ä.* nicht hinein können ↔ geöffnet: *Das Geschäft ist g.* || *hierzu* **Ge·schlọs·sen·heit** *die*; *nur Sg*

ge·schlụn·gen *Partizip Perfekt*; ↑ ***schlingen***

Ge·schmạck *der*; *-(e)s*, *Ge·schmä·cke*, *gespr hum Ge·schmä·cker*; **1** *nur Sg*; das, was man mit der Zunge u. dem Gaumen beim Essen od. Trinken wahrnimmt ⟨ein süßer, salziger, saurer, bitterer, unangenehmer, guter, fader, schlechter, milder, intensiver G.⟩: *Das Brot hat wenig G.*; *Die Wurst hat e-n seltsamen G. - Ich glaube, sie ist schlecht geworden* **2** *nur Sg*; die Fähigkeit, Schönes von Hässlichem u. Gutes von Schlechtem zu unterscheiden ⟨ein guter, sicherer, schlechter G.; viel, wenig, (keinen) G. haben⟩: *Sie kleidet sich immer mit viel G.*; *Die Auswahl seiner Freunde zeugt nicht gerade von G.* **3** e-e persönliche Vorliebe für etw. ⟨etw. ist nach j-s G.; etw. entspricht (nicht) j-s G.⟩: *Wir haben in vielen Dingen den gleichen G. - wir mögen die gleiche Musik, die gleichen Filme usw* **4** *geschr*; ein Modetrend, dem viele Leute in e-r bestimmten Zeit folgen: *Mode nach neuestem G.* || -K: ***Zeit-*** **5** *nur Sg*, *Kurzw* ↑ ***Geschmackssinn*** **6** ***der gute G.*** die Regeln für moralisches Verhalten, die in e-r Gesellschaft gelten ⟨etw. verstößt gegen den guten G.⟩ || ID ***an etw.*** (*Dat*) ***G. finden***; ***etw.*** (*Dat*) ***G. abgewinnen*** beginnen, etw. gern zu tun, e-e Vorliebe für etw. entwickeln; *mst* ***Jetzt bin ich auf den G. gekommen*** jetzt möchte ich das nicht mehr missen; ***Die Geschmäcker sind verschieden*** *gespr hum*; verwendet, um auszudrücken, dass man j-s Vorliebe für j-n / etw. seltsam findet, nicht teilt || ► ***schmecken***

ge·schmạck·lich *Adj*; *nur attr od adv*; in Bezug auf den Geschmack (1): *das Essen g. verfeinern*

ge·schmạck·los *Adj*; **1** ohne od. mit wenig Geschmack (1) ≈ fade ↔ würzig: *Diese Brühe ist ja völlig g.!* **2** ohne guten Geschmack (2) ↔ geschmackvoll ⟨Kleidung⟩: *e-e g. eingerichtete Wohnung* **3** nicht den guten Manieren u. Sitten entsprechend ↔ anständig, taktvoll ⟨e-e Bemerkung, ein Witz⟩ || *hierzu* **Ge·schmạck·lo·sig·keit** *die*

Ge·schmạcks·rich·tung *die*; **1** ein bestimmter Geschmack (1) (*z.B.* nach e-r Frucht, e-m Aroma *o.Ä.*): *Liköre in verschiedenen Geschmacksrichtungen* **2** ein bestimmter Stil, e-e bestimmte Variante des Geschmacks (4): *Möbel in verschiedenen Geschmacksrichtungen*

Ge·schmạcks·sa·che *die*; *mst in* ***das ist G.*** verwendet, um auszudrücken, dass jeder e-n anderen Geschmack (3) hat (u. man deshalb in e-r bestimmten Sache anderer Meinung ist)

Ge·schmạcks·sinn *der*; *nur Sg*; die Fähigkeit, (mit Zunge u. Nase) den Geschmack (1) von etw. wahrzunehmen

ge·schmạck·voll *Adj*; so, dass es guten Geschmack (2) erkennen lässt ↔ geschmacklos (2): *Sie haben ihr neues Haus g. eingerichtet*

Ge·schmei̲·de *das*; *-s*, *-*; *geschr veraltend*; kostbarer Schmuck

ge·schmei̲·dig *Adj*; **1** voll Kraft u. Eleganz ⟨Bewegungen⟩: *Sie bewegt sich so g. wie e-e Raubkatze* **2** weich ⟨Leder⟩ || *hierzu* **Ge·schmei̲·dig·keit** *die*; *nur Sg*

Ge·schmie̲r *das*; *-(e)s*; *nur Sg*, *pej*; **1** das unschöne u. undeutliche Schreiben e-s Texts *o.Ä.* ≈ Schmiererei **2** *gespr*; ein Text, den man nicht lesen kann, weil er so schnell u. unsauber geschrieben wurde ≈ Schmiererei: *Dein G. kann doch keiner entziffern!* **3** ein Buch *o.Ä.* ohne Niveau

ge·schmịs·sen *Partizip Perfekt*; ↑ ***schmeißen***

ge·schmọl·zen *Partizip Perfekt*; ↑ ***schmelzen***

Ge·schnẹt·zel·te *das*; *-n*; *nur Sg*; *bes südd* (CH) ein Gericht, das aus kleinen Stücken von Fleisch besteht || NB: *Geschnetzeltes*; *das Geschnetzelte*; *dem, des Geschnetzelten*

ge·schnie̲·gelt *Adj*; *gespr*, *mst pej*; (in Bezug auf Männer verwendet) übertrieben sorgfältig gekämmt u. gekleidet ⟨g. aussehen⟩

ge·schnị·ten *Partizip Perfekt*; ↑ ***schneiden***

ge·scho̲·ben *Partizip Perfekt*; ↑ ***schieben***

ge·schọl·ten *Partizip Perfekt*; ↑ ***schelten***

Ge·schọ̈pf *das*; *-(e)s*, *-e*; **1** jedes Lebewesen (das Gott geschaffen hat): *ein G. Gottes* **2** *geschr*; e-e Person od. Gestalt, die *mst* ein Dichter erfunden hat

ge·scho̲·ren *Partizip Perfekt*; ↑ ***scheren***

Ge·schọss[1] *das*; *-es*, *-e*; das, was aus e-r (Feuer)Waffe abgeschossen wurde ≈ Kugel (3) ⟨ein gefährliches G.; von e-m G. getroffen werden⟩

Ge·schọss[2], **Ge·scho̲ß** *das*; *-es*, *-e* ≈ Etage, Stockwerk: *ein Haus mit drei Geschossen / Geschoßen* || -K: ***Erd-, Ober-, Unter-***

ge·schos·sen *Partizip Perfekt*; ↑ ***schießen***

-ge·schos·sig, -ge·scho·ßig *im Adj, begrenzt produktiv*; mit der genannten Zahl von Stockwerken ≈ -stöckig; ***eingeschossig, zweigeschossig, dreigeschossig*** *usw*

ge·schraubt 1 *Partizip Perfekt*; ↑ ***schrauben* 2** *Adj*; *pej*; mit schwierigen u. schwer verständlichen Wörtern ≈ gestelzt ↔ natürlich ⟨e-e Ausdrucksweise, ein Stil; g. reden⟩ || *hierzu* **Ge·schraubt·heit** *die*; *nur Sg*

Ge·schrei *das*; *-s*; *nur Sg*; **1** *pej*; das (dauernde) Schreien || -K: ***Kinder-* 2** *gespr pej*; lautes Jammern u. Klagen wegen e-r unwichtigen Sache: *Mach doch deswegen nicht so ein G.!*

ge·schrie·ben *Partizip Perfekt*; ↑ ***schreiben***

ge·schrien *Partizip Perfekt*; ↑ ***schreien***

ge·schrit·ten *Partizip Perfekt*; ↑ ***schreiten***

ge·schun·den *Partizip Perfekt*; ↑ ***schinden***

Ge·schütz *das*; *-es, -e*; e-e (fahrbare) schwere Feuerwaffe, mit der man Granaten abschießen kann ⟨ein G. laden, abfeuern, in Stellung bringen⟩ || K-: ***Geschütz-, -feuer, -rohr*** || ID **(*gegen j-n / etw.*) *schweres G. auffahren*** *gespr*; (bei e-m Streit *o.Ä.*) j-n / etw. sehr energisch kritisieren

Ge·schwätz *das*; *-es*; *nur Sg, gespr pej*; **1** langes, sinnloses Reden über etw. (*mst* Unwichtiges) ≈ Gerede (1) ⟨dummes, leeres G.⟩ **2** ≈ Gerede (2), Klatsch, Tratsch: *Sie gibt nichts auf das G. der Leute*

ge·schwät·zig *Adj*, *pej*; ⟨Personen⟩ so, dass sie zu viel reden

ge·schweift 1 *Partizip Perfekt*; ↑ ***schweifen* 2** *Adj*; leicht gebogen: *geschweifte Klammern*; *ein Tisch mit geschweiften Beinen*

ge·schwei·ge *Konjunktion*; **g. (*denn*)** verwendet nach e-r verneinenden od. einschränkenden Aussage, um auszudrücken, dass das, was folgt, noch viel weniger zutrifft ≈ schon gar nicht, ganz zu schweigen von: *Ich konnte kaum gehen, g. denn laufen*

ge·schwie·gen *Partizip Perfekt*; ↑ ***schweigen***

ge·schwind *Adj*; *bes südd* ≈ rasch, schnell

Ge·schwin·dig·keit *die*; *-, -en*; **1** das Verhältnis der zurückgelegten Strecke zu der Zeit, die man / etw. dafür braucht ≈ Tempo ⟨mit großer, hoher, rasanter, rasender, affenartiger (= sehr großer), niedriger G. fahren; die G. messen, kontrollieren, erhöhen, verringern, beibehalten⟩: *Er bekam e-e Strafe, weil er mit e-r G. von 70 Stundenkilometern durch die Stadt fuhr* || K-: ***Geschwindigkeits-, -begrenzung, -beschränkung, -kontrolle, -messung, -überschreitung* 2** das Verhältnis der geleisteten Arbeit *o.Ä.* zu der Zeit, die dafür gebraucht wird ≈ Schnelligkeit, Tempo: *Der Computer verarbeitet die Daten mit rasender G.*

Ge·schwis·ter *die*; *Pl*; die (männlichen u. weiblichen) Kinder derselben Eltern: *„Hast du noch G.?" - „Ja, ich habe noch einen Bruder u. zwei Schwestern"* || *hierzu* **ge·schwis·ter·lich** *Adj*

ge·schwol·len 1 *Partizip Perfekt*; ↑ ***schwellen* 2** *Adj*; *pej*; so formuliert, dass es wichtiger klingt, als es ist ≈ affektiert, geschraubt, hochtrabend ⟨e-e Ausdrucksweise, ein Stil; g. reden⟩

ge·schwom·men *Partizip Perfekt*; ↑ ***schwimmen***

ge·schwo·ren *Partizip Perfekt*; ↑ ***schwören***

Ge·schwo·re·ne *der / die*; *-n, -n*; **1** (*bes* in den USA) ein Bürger, der zusammen mit mehreren anderen unabhängig vom Richter darüber entscheidet, ob j-d schuldig od. unschuldig ist **2** *veraltet* ≈ Schöffe || NB: *ein Geschworener*; *der Geschworene*; *den, dem, des Geschworenen*

Ge·schwulst *die*; *-, Ge·schwüls·te*; e-e Schwellung, die durch schnelles u. unkontrolliertes Wachsen von Gewebe entstanden ist ≈ Wucherung ⟨e-e (bösartige, gutartige) G. entfernen⟩

ge·schwun·den *Partizip Perfekt*; ↑ ***schwinden***

ge·schwun·gen *Partizip Perfekt*; ↑ ***schwingen***

Ge·schwür [gəˈʃvyːɐ̯] *das*; *-(e)s, -e*; ein geschwollener Teil der Haut, der sich entzündet hat (u. eitert) ⟨ein G. bildet sich, bricht auf, platzt auf, heilt ab⟩ || -K: ***Darm-, Magen-***

Ge·selch·te *das*; *-n*; *nur Sg, südd* geräuchertes Fleisch || NB: *Geselchtes*; *das Geselchte*; *dem, des Geselchten*

Ge·sel·le *der*; *-n, -n*; **1** ein Handwerker, der seine Lehrzeit mit e-r Prüfung abgeschlossen hat ↔ Lehrling, Meister || K-: ***Gesellen-, -prüfung* 2** *gespr veraltend*; ein *mst* jüngerer Mann: *ein munterer, trinkfreudiger G.* || NB: *der Geselle*; *den, dem, des Gesellen*

ge·sel·len, sich; *gesellte sich, hat sich gesellt*; Vr **1** ***sich zu j-m g.*** zu j-m gehen, um bei ihm zu sein, sich mit ihm zu unterhalten ≈ sich j-m anschließen: *Nachdem er eine Stunde allein am Tisch neben uns gesessen hatte, gesellte er sich zu uns* **2 *etw. gesellt sich zu etw.*** etw. kommt zu etw. hinzu: *Zu seinen finanziellen Sorgen gesellen sich noch Probleme mit seiner Freundin*

ge·sel·lig *Adj*; **1** gern mit anderen Menschen zusammen ≈ umgänglich ↔ eigenbrötlerisch: *Peter ist nicht gern allein, er ist ein sehr geselliger Typ* **2** ⟨ein Abend, ein Beisammensein⟩ so, dass dabei mehrere Menschen zu ihrem Vergnügen zusammen sind || *hierzu* **Ge·sel·lig·keit** *die*; *nur Sg*

Ge·sell·schaft[1] *die*; *-, -en*; **1** *mst Sg*; die Gesamtheit der Menschen, die in e-m politischen, wirtschaftlichen u. sozialen System zusammen leben ⟨die menschliche G.⟩ **2** *mst Sg*; die Verhältnisse, Strukturen u. dominanten Merkmale, durch die e-e G. (1) bestimmt ist ⟨die bürgerliche, sozialistische, klassenlose G.⟩: *Die Studentenbewegung der 60er Jahre in Deutschland u. Frankreich wollte e-e Veränderung der G. erreichen* || K-: ***Gesellschafts-, -form, -kritik, -ordnung, -schicht, -struktur, -system***; ***gesellschafts-, -kritisch*** || -K: ***Agrar-, Dienstleistungs-, Feudal-, Industrie-, Klassen-, Massen-, Sklavenhalter-* 3** die obere Schicht der Bevölkerung ⟨die feine / vornehme G.; die Damen der G.⟩ **4** *mst Sg*; die Menschen, die beieinander sind od. einen umgeben ⟨e-e fröhliche, langweilige, steife G.; sich in guter / schlechter G. befinden⟩ || -K: ***Hochzeits-, Jagd-* 5 *e-e geschlossene G.*** ein ganz bestimmter Kreis von Personen od. e-e Veranstaltung, die nur für diesen Kreis vorgesehen ist **6 *j-s G.*** *nur Sg*; das Zusammensein mit j-m ≈ Umgang ⟨j-s G. suchen, meiden⟩: *Sie legt auf seine G. keinen großen Wert* **7 *j-m G. leisten*** bei j-m bleiben, damit er nicht allein ist **8 *zur G.*** nur aus Gründen der Geselligkeit od. weil man j-m e-n Gefallen tun will || ID *mst* ***Da bist du / befindest du dich in guter G.*** da bist du nicht der einzige (der das sagt, denkt, tut *o.Ä.*)

Ge·sell·schaft[2] *die*; *-, -en*; *Ökon*; **1** e-e Vereinigung von mehreren Personen, die zusammen ein wirtschaftliches Unternehmen führen ≈ Firma, Unternehmen[2] || -K: ***Aktien-, Bau-, Eisenbahn-, Flug-, Handels-, Transport-* 2 *e-e G. mit beschränkter Haftung*** e-e G.[2] (1), die im Falle des Konkurses nur so viel Schulden zurückzahlen muss, wie sie eigenes Kapital hat; *Abk* GmbH

Ge·sell·schaf·ter *der*; *-s, -*; **1** *Ökon*; j-d, der mit seinem Kapital an einer Gesellschaft[2] (1) beteiligt ist ≈ Teilhaber **2 *ein stiller G.*** ein G. (1), der am Gewinn beteiligt ist, aber keine Rechte u. Pflichten

G

hat ≈ stiller Teilhaber || *hierzu* **Ge·sẹll·schaf·te·rin** *die*; -, *-nen*

ge·sẹll·schaft·lich *Adj*; *nur attr od adv*; **1** so, dass es die ganze Gesellschaft[1] (1) betrifft ≈ sozial (2) ⟨Entwicklungen, Zusammenhänge⟩: *Der neu gewählte Präsident versprach, die gesellschaftlichen Verhältnisse zu ändern* **2** in der Gesellschaft[1] (1): *Er hat seine beruflichen Erfolge der gesellschaftlichen Stellung seines Vaters zu verdanken*

Ge·sẹll·schafts·leh·re *die*; *nur Sg*; **1** ≈ Soziologie **2** ≈ Gemeinschaftskunde

Ge·sẹll·schafts·ro·man *der*; ein Roman, in dem die Bedingungen u. Probleme (e-r *mst* gehobeneren) Schicht der Gesellschaft[1] (1) in e-r bestimmten Epoche behandelt werden

Ge·sẹll·schafts·spiel *das*; ein Spiel, das zwei od. mehrere Personen (zum Zeitvertreib) gemeinsam spielen || NB: *Gesellschaftsspiele* sind *bes* Spiele mit Würfeln, Spielbrettern, Karten *usw*, bei denen man im Zimmer an e-m Tisch sitzt

Ge·sẹll·schafts·tanz *der*; ein Tanz (wie *z.B.* der Walzer), bei dem ein Partner u. e-e Partnerin bei e-m Fest miteinander tanzen

ge·sẹs·sen *Partizip Perfekt*; ↑ ***sitzen***

Ge·sẹtz *das*; *-es*, *-e*; **1** e-e rechtliche Norm, die vom Staat (*mst* vom Parlament) zum geltenden Recht gemacht worden ist u. die alle beachten müssen ⟨die geltenden Gesetze; ein G. (im Parlament) einbringen, beraten, verabschieden / erlassen / beschließen, in / außer Kraft setzen; ein G. einhalten, brechen / übertreten / verletzen; gegen ein G. verstoßen; ein G. tritt in / außer Kraft⟩: *ein G. zur Bekämpfung des Drogenmissbrauchs* || K-: ***Gesetz-, -buch, -entwurf***; ***Gesetzes-, -text, -vorschrift*** || -K: ***Einwanderungs-, Jugendschutz-, Notstands-, Straf-*** **2** *mst Pl*; ein Prinzip od. e-e feste Regel, die allgemein beachtet werden: *die ungeschriebenen Gesetze der Höflichkeit* || -K: ***Form-, Moral-*** **3** e-e feste Regel, nach der ein Vorgang in der Natur od. in der Gesellschaft verläuft (u. die man oft durch e-e mathematische Formel ausdrücken kann) ⟨ein physikalisches, ökonomisches G.⟩: *das G. von der Erhaltung der Energie* || -K: ***Natur-*** || ID ***mit dem G. in Konflikt kommen / geraten*** e-e Straftat begehen

Ge·sẹtz·blatt *das*; e-e amtliche Veröffentlichung neuer Gesetze u. Verordnungen

Ge·sẹt·zes·bre·cher *der*; j-d, der gegen ein Gesetz verstößt ≈ Rechtsbrecher

Ge·sẹt·zes·hü·ter *der*; *-s*, *-*; *oft iron* ≈ Polizist

Ge·sẹt·zes·vor·la·ge *die*; ein Vorschlag für ein neues Gesetz (1) ⟨e-e G. einbringen⟩

Ge·sẹtz·ge·ber *der*; *-s*; *nur Sg*; die parlamentarischen Gremien, die Volksversammlung *o.Ä.*, die die Gesetze beschließen od. ändern ≈ Legislative ↔ Exekutive, Judikative: *Das Parlament erfüllt meist die Funktion des Gesetzgebers*

ge·sẹtz·lich *Adj*; durch ein Gesetz (1) festgelegt, geregelt ≈ rechtlich ⟨Bestimmungen, Feiertage⟩: *Die Bürger mit eigenem Einkommen sind g. dazu verpflichtet, Steuern zu zahlen*

ge·sẹtz·mä·ßig *Adj*; **1** e-m (Natur)Gesetz entsprechend ↔ zufällig ⟨e-e Entwicklung; etw. läuft g. ab, kehrt g. wieder⟩ **2** durch ein Gesetz (1) bestimmt, festgelegt ≈ rechtmäßig, legal || *hierzu* **Ge·sẹtz·mä·ßig·keit** *die*; *nur Sg*

ge·sẹtzt **1** *Partizip Perfekt*; ↑ ***setzen*** **2** *Adj*; durch Alter u. Erfahrung ruhig u. vernünftig ⟨ein Herr; im gesetzten Alter⟩ || *zu* **2** **Ge·sẹtzt·heit** *die*; *nur Sg*

ge·sẹtz·wid·rig *Adj*; im Gegensatz zu dem, was ein Gesetz (1) bestimmt ↔ gesetzmäßig ⟨e-e Handlung⟩

Ge·sịcht *das*; *-(e)s*, *-er*; **1** der vordere Teil des (menschlichen) Kopfes vom Kinn bis zu den Haaren ⟨ein hübsches, hässliches, schmales, rundliches, markantes, ausgemergeltes, ausdrucksloses G.⟩ || K-: ***Gesichts-, -ausdruck, -hälfte, -muskel, -nerv*** || -K: ***Kinder-, Madonnen-, Verbrecher-*** **2** *gespr*; der momentane Ausdruck des Gesichts (1), der *mst* die Gefühle der betroffenen Person widerspiegelt ≈ Gesichtsausdruck, Miene ⟨ein ängstliches, beleidigtes, bestürztes, ernstes, fröhliches, skeptisches, verlegenes G. machen⟩ **3** ***über das ganze G. strahlen*** in seinem G. (1) große Freude zeigen **4** *mst* ***ein neues, fremdes, unbekanntes G.*** e-e neue, fremde, unbekannte Person **5** ***das G.*** + *Gen* das charakteristische Aussehen e-s großen Gebäudes, e-r Stadt *o.Ä.*: *Das G. der Stadt hat sich nach dem Krieg völlig gewandelt* || ID ***j-d macht ein langes G.*** j-d sieht enttäuscht aus; ***j-d zeigt sein wahres G.*** j-d zeigt nach e-r Zeit der Täuschung seinen wahren (*mst* schlechten) Charakter, seine tatsächlichen Absichten; ***j-n / etw. zu G. bekommen*** j-n / etw. sehen: *Ich habe meinen neuen Nachbarn noch nicht zu G. bekommen*; ***j-m etw. ins G. sagen / schleudern*** j-m etw. (Unangenehmes) direkt / rücksichtslos sagen; ***j-d ist j-m wie aus dem G. geschnitten*** j-d ist j-m sehr ähnlich; ***das G. verlieren*** seine persönliche Würde verlieren; *mst* ***Ich wollte ihm / ihr ins G. springen*** *gespr*; ich war sehr wütend auf ihn / sie

Ge·sịchts·feld *das*; *mst Sg*; der Teil der Umgebung, den j-d sehen kann, ohne den Kopf zu bewegen

Ge·sịchts·kreis *der*; *mst Sg*, *geschr*; **1** das, was j-d geistig erfassen kann ≈ Horizont (2) **2** der Raum, den j-d überblicken kann: *Der Radfahrer tauchte ganz plötzlich in seinem G. auf* **3** ***j-n aus dem G. verlieren*** den Kontakt zu j-m verlieren

Ge·sịchts·mas·ke *die*; **1** e-e Maske (1), die man vor dem Gesicht trägt **2** e-e Art dicke Creme, die man zur Pflege der Haut aufs Gesicht aufträgt u. nach einiger Zeit wieder abwischt ≈ Maske (5)

Ge·sịchts·punkt *der*; e-e bestimmte Art u. Weise, etw. zu beurteilen ≈ Aspekt (1), Blickwinkel, Standpunkt: *e-n Sachverhalt vom juristischen G. aus betrachten*

Ge·sịchts·was·ser *das*; *-s*, *Ge·sichts·wäs·ser*; e-e kosmetische Flüssigkeit (mit Alkohol), mit der man die Haut reinigt u. pflegt

Ge·sịchts·zug *der*; *mst Pl*; e-e charakteristische Eigenschaft e-s Gesichtes ⟨edle, feine, weiche, harte, strenge Gesichtszüge⟩

Ge·sịms *das*; *-es*, *-e*; die schmalen, waagrecht hervortretenden Teile e-r Mauer, die diese gliedern || -K: ***Dach-, Fenster-***

Ge·sịn·de *das*; *-s*; *nur Sg*, *veraltet*; alle Knechte u. Mägde, *bes* auf e-m Bauernhof

Ge·sịn·del *das*; *-s*; *nur Sg*, *pej*; die Menschen, die von anderen (*mst* wegen ihrer Armut u. e-r Neigung zur Kriminalität) verachtet werden ≈ Pack

ge·sịnnt *Adj*; *nicht adv*; **1** ***irgendwie g.*** mit bestimmten Meinungen, Ansichten: *ein fortschrittlich, politisch, demokratisch gesinnter Mensch* **2** ***j-m irgendwie g. sein*** j-m gegenüber e-e bestimmte Haltung haben ⟨j-m feindlich, gut, wohlwollend *usw* g. sein⟩ || NB: ↑ ***gesonnen***

Ge·sịn·nung *die*; -, *-en*; *mst Sg*; die grundsätzliche geistige Haltung, die j-d gegenüber j-d anderem od. e-r Sache hat ≈ Einstellung: *seine politische G. ändern / wechseln* || K-: ***Gesinnungs-, -treue, -wandel-, -wechsel***

Ge·sịn·nungs·ge·nos·se *der*; j-d, der dieselbe (*mst* politische) Gesinnung hat wie j-d anderer

ge·sịt·tet *Adj*; so, wie es die guten Sitten, die allgemeinen gesellschaftlichen Normen verlangen ≈

wohlerzogen ⟨ein Verhalten; sich g. benehmen, verhalten⟩

Ge·socks *das*; -; *nur Sg, gespr! pej* ≈ Gesindel

Ge·söff *das*; *-(e)s*; *nur Sg, gespr, mst pej*; ein schlecht schmeckendes Getränk

ge·sof·fen *Partizip Perfekt*; ↑ ***saufen***

ge·so·gen *Partizip Perfekt*; ↑ ***saugen***

ge·son·dert 1 *Partizip Perfekt*; ↑ ***sondern* 2** *Adj*; von anderen Personen / Dingen getrennt ≈ einzeln ↔ gemeinsam: *Für diese Waren stellen wir e-e gesonderte Rechnung aus*; *Dieses Problem wollte er mit jedem Angestellten g. besprechen*

ge·son·nen 1 *Partizip Perfekt*; ↑ ***sinnen* 2** *Adj*; **(*nicht*) *g. sein*** + ***zu*** + *Infinitiv*; *geschr*; etw. (nicht) tun wollen ≈ (nicht) bereit / gewillt sein + zu + *Infinitiv*: *Sie war nicht g., diese Ungerechtigkeit weiter hinzunehmen* || NB: *mst* verneint **3** *Adj*; ***j-m irgendwie g. sein*** ≈ j-m irgendwie gesinnt sein

ge·sot·ten *Partizip Perfekt*; ↑ ***sieden***

ge·spal·ten *Partizip Perfekt*; ↑ ***spalten***

Ge·spann *das*; *-(e)s, -e*; *Kollekt*; **1** zwei od. mehrere Tiere, die e-n Wagen od. ein landwirtschaftliches Gerät ziehen: *ein G. Ochsen* **2** ein Wagen od. landwirtschaftliches Fahrzeug mit e-m G. (1) || -K: ***Ochsen-***, ***Pferde-*** **3** *gespr hum*, *Kollekt*; zwei Menschen, die miteinander leben od. arbeiten ≈ Paar (2): *Die beiden neuen Kollegen bilden ein gutes G.*

ge·spannt 1 *Partizip Perfekt*; ↑ ***spannen* 2** *Adj*; **(*auf j-n / etw.*) *g.*** voller Erwartung darauf, wie j-d / etw. sein wird, was geschehen wird *o.Ä.* ≈ neugierig: *Wir sind alle* (darauf) *g.*, wie *die Wahlen ausgehen werden*; *G. lauschten die Kinder seiner Erzählung*; *Ich bin g.*, ob *er kommt* **3** *Adj*; voller Spannungen[1] (2) u. deshalb so, dass es leicht zu Konflikten kommen könnte ↔ entspannt ⟨Beziehungen, Verhältnisse, e-e Lage⟩: *Zwischen den beiden Staaten herrschten seit jeher gespannte Beziehungen*

Ge·spenst *das*; *-(e)s, -er*; **1** der Geist e-s toten Menschen, der (angeblich) den Lebenden erscheint (*bes* in alten Schlössern *o.Ä.*) ⟨(nicht) an Gespenster glauben⟩ ≈ Geist[2] (2), Spuk **2** ***das G.*** + *Gen*; *geschr*; eine drohende Gefahr: *das G. e-s neuen Krieges, e-r Hungersnot heraufbeschwören* || ID ***Gespenster sehen*** *gespr*; sich Sorgen machen od. Angst haben, obwohl kein Grund dazu besteht || *zu* **1 ge·spens·ter·haft** *Adj*

ge·spens·tisch *Adj*; unheimlich, wie von Gespenstern geschaffen ≈ geisterhaft ⟨ein Geräusch, ein Luftzug, ein Schatten, e-e Stille⟩

ge·spien *Partizip Perfekt*; ↑ ***speien***

Ge·spinst *das*; *-(e)s, -e*; ein sehr dünner Stoff (der leicht zerreißt) || -K: ***Seiden-***

ge·spon·nen *Partizip Perfekt*; ↑ ***spinnen***

Ge·spött *das*; *-(e)s*; *nur Sg*; andauerndes Spotten ≈ Hohn, Spott ⟨j-s G. nicht mehr ertragen können; sein G. mit j-m treiben⟩ **2** ***j-n / sich zum G. machen*** j-n / sich lächerlich machen **3** ***zum G. der Leute werden*** von vielen Leuten verspottet werden

Ge·spräch *das*; *-(e)s, -e*; **1** ***ein G.*** (***mit j-m / zwischen j-m*** (*Pl*)) (***über etw.*** (*Akk*)) das, was zwei od. mehrere Personen sich sagen od. einander erzählen ≈ Unterhaltung, Unterredung ⟨ein offenes, vertrauliches, dienstliches, fachliches G.; mit j-m ein G. anfangen, führen; das G. auf etw. (*Akk*) bringen (= ein Thema ansprechen); j-n in ein G. verwickeln; j-n ins G. ziehen; mit j-m ins G. kommen; in ein G. vertieft sein⟩: *Gespräche mit seinem Geschäftspartner führen*; *Unsere Gespräche drehten sich nur um private Themen*; *Die Gespräche* (= Verhandlungen) *zwischen den Regierungen wurden nach längerer Pause wieder aufgenommen* || K-: ***Gesprächs-***, ***-partner***, ***-stoff***, ***-teilnehmer***, ***-thema***; ***gesprächs-***, ***-bereit*** || -K: ***Streit-*** **2** *nur Sg*; das Thema, über das man sich unterhält: *Die Hochzeit der Millionenerbin war das G. des Tages* || -K: ***Stadt-***, ***Tages-*** **3** ***ein G.*** (***mit j-m***) (***über etw.*** (*Akk*)) ein G. (1), das man am Telefon mit j-m führt ≈ Telefonat ⟨ein dienstliches, privates G. führen; ein G. anmelden, vermitteln⟩ || K-: ***Gesprächs-***, ***-teilnehmer*** || -K: ***Auslands-***, ***Fern-***, ***Telefon-*** || ID ***j-d ist*** (***als etw.***) ***im G.*** j-d ist Gegenstand von (öffentlichen) Diskussionen *o.Ä.*: *Er ist als neuer Direktor im G.*; ***etw. ist im G.*** etw. wird in Erwägung gezogen

ge·sprä·chig *Adj*; ⟨ein Mensch⟩ so, dass er gern redet, viel erzählt ≈ mitteilsam ↔ schweigsam: *„Du bist ja heute nicht sehr g. - bist du etwa beleidigt?"* || *hierzu* **Ge·sprä·chig·keit** *die*; *nur Sg*

Ge·sprächs·run·de *die*; *Kollekt*; mehrere Personen, die miteinander diskutieren ≈ Diskussionsrunde

ge·spreizt 1 *Partizip Perfekt*; ↑ ***spreizen* 2** *gespreizter, gespreiztest-*; *Adj*; *pej*; unnatürlich u. übertrieben vornehm ≈ gekünstelt, gestelzt ↔ natürlich ⟨ein Stil⟩: *Wenn sie nicht so g. daherreden würde, wäre sie mir viel sympathischer*

ge·spren·kelt *Adj*; *nicht adv*; mit kleinen, unregelmäßigen Flecken ⟨ein Gefieder, Federn, Vogeleier⟩

ge·spro·chen *Partizip Perfekt*; ↑ ***sprechen***

ge·spros·sen *Partizip Perfekt*; ↑ ***sprießen***

ge·sprun·gen *Partizip Perfekt*; ↑ ***springen***

Ge·spür [gəˈʃpyːɐ̯] *das*; *-s*; *nur Sg*; ***ein G.*** (***für etw.***) die Fähigkeit, etw. mit dem Gefühl (instinktiv richtig) zu erfassen ⟨ein (feines, sicheres) G. für etw. haben; j-m fehlt das G. für etw.⟩

Ge·sta·de *das*; *-s, -*; *mst Pl*, *lit* ≈ Küste, Ufer: *an den Gestaden des Meeres*

Ge·stalt *die*; *-, -en*; **1** *mst Sg*; die äußere Erscheinung, die Form e-s Lebewesens (*bes* in Bezug auf den Bau seines Körpers) ⟨von gedrungener, hagerer, schmächtiger, untersetzter G. sein⟩: *Zeus entführte Europa in der G. e-s Stiers* **2** *mst Sg*; die sichtbare äußere Form von etw. ≈ Form[1] (1): *Die Erde hat die G. e-r Kugel* **3** e-e Person, die man nicht kennt od. die man (*mst* wegen der Entfernung) nicht deutlich erkennen kann: *In der Ferne sah man e-e dunkle G.*; *Im Hafenviertel trieben sich zwielichtige Gestalten herum* **4** e-e bedeutende Persönlichkeit (*bes* der Geschichte): *die G. Napoleons* **5** e-e (fiktive) Person in e-m (*mst* literarischen) Kunstwerk ≈ Charakter (4), Figur (3): *Die Gestalten des Romans sind frei erfunden* || -K: ***Märchen-***, ***Fantasie-***, ***Roman-*** **6** ***in G.*** + *Gen* / ***von etw.*** mit dem Aussehen von etw., in Form von etw.: *Hilfe in G. von Geld*; *Er erschien auf dem Faschingsball in G. e-s Harlekins*; *Das Unglück kam in G. von mehreren Erdbeben* **7** ***etw. nimmt*** (***feste***) ***G. an*** etw. bekommt allmählich konkrete Formen u. kann durchgeführt werden ⟨Ideen, Pläne⟩ || *zu* **2 ge·stalt·los** *Adj*

ge·stal·ten; *gestaltete, hat gestaltet*; [Vt] **1** ***etw. irgendwie g.*** e-e Sache in die gewünschte Form bringen, ihr die gewünschten Merkmale geben: *ein Schaufenster künstlerisch, den Abend abwechslungsreich, sein Leben angenehm g.*; [Vr] **2** ***etw. gestaltet sich irgendwie*** *geschr*; etw. bekommt e-e bestimmte Form, entwickelt sich in e-r bestimmten Art: *Die Verhandlungen über die Rückgabe der eroberten Gebiete gestalten sich als äußerst schwierig* || *zu* **1 Ge·stal·tung** *die*

ge·stal·te·risch *Adj*; *mst attr* ≈ künstlerisch ⟨Fähigkeiten⟩

ge·stan·den 1 *Partizip Perfekt*; ↑ ***stehen* 2** *Partizip Perfekt*; ↑ ***gestehen* 3** *Adj*; *nur attr*, *nicht adv*, *südd* groß u. stark ⟨*mst* ein Mannsbild⟩ **4** *Adj*; ⒸⒽ relativ alt ⟨Menschen⟩

ge·stän·dig *Adj*; *nicht adv*; ⟨Menschen⟩ so, dass sie bei der Polizei od. vor Gericht ein Verbrechen zugeben: *Der Tatverdächtige war in vollem Umfang g.*

Ge·ständ·nis *das*; *-ses, -se*; **1** die Aussage (*bes* vor Gericht od. vor der Polizei), dass man etw. Verbotenes getan hat ⟨ein G. ablegen, verweigern, widerrufen⟩ || -K: ***Schuld-*** **2** ***j-m ein G. machen*** *gespr*; j-m sagen (obwohl es einem schwerfällt), dass man *z.B.* etw. Falsches getan hat ↔ j-m etw. verschweigen || ▸ ***gestehen***

Ge·stank *der*; *-(e)s*; *nur Sg*; ein unangenehmer Geruch: *der G. fauler Eier* || -K: ***Schwefel-*** || ▸ ***stinken***

Ge·sta·po *die*; *-*; *nur Sg*, *hist*; (*Abk für* Geheime Staatspolizei) die politische Polizei im Nationalsozialismus

ge·stat·ten; *gestattete, hat gestattet*; Vt *geschr*; **1** ***(j-m) etw. g.*** ≈ j-m etw. erlauben ↔ j-m etw. verbieten: *Es ist den Schülern nicht gestattet, in der Schule zu rauchen* **2** ***etw. gestattet (j-m) etw.*** etw. ermöglicht j-m etw.: *Sein geringes Einkommen gestattet ihm nicht, jedes Jahr in Urlaub zu fahren* || NB: *mst* verneint **3** ***sich (Dat) etw. g.*** sich die Freiheit nehmen, etw. zu tun od. zu lassen ↔ sich etw. versagen: *Ich habe mir gestattet, Sie persönlich aufzusuchen, um Ihnen e-e Bitte vorzutragen* || ID ***Gestatten (Sie (, dass ...))?*** verwendet als höfliche Frage, *z.B.* wenn man sich zu j-m setzen will, wenn man ihm ein Getränk eingießen will od. wenn er zur Seite gehen soll

Ges·te, Ges·te *die*; *-, -n*; **1** e-e Bewegung, die j-d *mst* mit den Händen od. Armen macht, um etw. zu signalisieren ≈ Gebärde ⟨e-e abwehrende, einladende, ungeduldige G.; mit lebhaften Gesten⟩: *Mit stummer G. forderte er die Gäste auf, sich zu setzen* **2** e-e Handlung mit symbolischem Charakter ⟨e-e höfliche, nette G.⟩: *Es war e-e nette G., ihr Blumen ins Krankenhaus zu schicken*

Ge·steck *das*; *-(e)s, -e*; ein (*mst* kunstvoll zusammengebundener) Strauß aus Blumen, Zweigen *usw* || -K: ***Blumen-***

ge·steckt **1** *Partizip Perfekt*; ↑ ***stecken*** **2** *Adj*; *nur adv*; ***g. voll*** *gespr*; sehr voll: *Der Bus war g. voll*

ge·ste·hen; *gestand, hat gestanden*; Vt/i **1** ***((j-m) etw.) g.*** zugeben, dass man etw. Verbotenes od. (moralisch) Falsches getan od. ein Verbrechen begangen hat ↔ etw. verschweigen: *Der Angeklagte weigert sich zu g.*; *Er hat den Mord gestanden*; *Er gestand, das Auto gestohlen zu haben*; *Ich muss zu meiner Schande g.*, dass *ich unsere Verabredung vergessen habe*; Vt **2** ***j-m etw. g.*** j-m gegenüber zugeben, dass man etw. Verbotenes od. (moralisch) Falsches getan hat: *Sie hat ihm ihre Untreue gestanden* **3** ***j-m etw. g.*** sagen, dass man ein bestimmtes Gefühl (für j-n) empfindet: *Er gestand ihr seine Liebe* || ▸ ***Geständnis, geständig***

Ge·stein *das*; *-(e)s, -e*; **1** der feste, harte Teil der Erde, der aus Mineralien besteht ⟨kristallines, vulkanisches G.⟩ || K-: ***Gesteins-, -art, -formation, -kunde, -probe, -schicht*** || NB: Die Pluralform wird nur bei verschiedenen Arten von Gestein verwendet **2** *nur Sg*; e-e relativ große Menge von Steinen od. von zusammenhängendem Stein ≈ Fels ⟨brüchiges, glattes, zerklüftetes G.⟩ || K-: ***Gesteins-, -block, -brocken***

Ge·stell *das*; *-(e)s, -e*; **1** ein Gegenstand, der aus Stangen, Brettern od. Latten zusammengefügt ist u. auf den man *z.B.* Flaschen, Gläser od. Bücher stellen kann ≈ Regal || -K: ***Draht-, Holz-; Bücher-, Flaschen-*** **2** der Rahmen e-s Gegenstands, e-r Maschine od. e-s Apparats, an dem andere, kleinere Teile befestigt sind || -K: ***Bett-, Brillen-, Fahrzeug-***

ge·stelzt **1** *Partizip Perfekt*; ↑ ***stelzen*** **2** *gestelzter, gestelztest-*; *Adj*; *pej*; (mit zu vielen Fremdwörtern u. gehobenen Ausdrücken u. deshalb) unnatürlich u. übertrieben vornehm ≈ geschraubt, gespreizt ↔ natürlich ⟨e-e Ausdrucksweise, ein Stil; g. reden⟩

ges·tern *Adv*; **1** an dem Tag, der direkt vor dem heutigen Tag war ↔ morgen ⟨g. früh, Vormittag, Mittag, Nachmittag, Abend⟩: *G. Abend kamen wir in Hamburg an, heute besichtigten wir die Stadt, u. morgen wollen wir eine Hafenrundfahrt machen*

ge·stie·felt **1** *Partizip Perfekt*; ↑ ***stiefeln*** **2** *Adj*; *nur in* ***g. und gespornt*** *gespr hum*; vollständig angezogen u. bereit, wegzugehen od. wegzufahren

ge·stie·gen *Partizip Perfekt*; ↑ ***steigen***

Ges·tik, Ges·tik *die*; *-*; *nur Sg*; *Kollekt*; die Bewegungen der Hände / Arme (Gesten (1)), mit denen sich j-d zusätzlich zur Sprache ausdrückt: *Südeuropäer haben e-e lebhafte G.*

ges·ti·ku·lie·ren; *gestikulierte, hat gestikuliert*; Vi *mst* die Arme heftig bewegen, um die Aufmerksamkeit auf sich zu ziehen ⟨heftig, lebhaft, wild g.; mit den Armen g.⟩

Ge·stirn *das*; *-(e)s, -e*; *geschr*; ein Himmelskörper (wie *z.B.* die Sonne, der Mond, ein Stern): *den Lauf der Gestirne beobachten*

ge·sto·ben *Partizip Perfekt*; ↑ ***stieben***

ge·sto·chen **1** *Partizip Perfekt*; ↑ ***stechen*** **2** *Adv*; *mst* ***g. scharf*** sehr scharf ⟨ein Bild, ein Foto; etw. g. scharf sehen⟩

ge·stoh·len *Partizip Perfekt*; ↑ ***stehlen***

ge·stor·ben *Partizip Perfekt*; ↑ ***sterben***

ge·stört **1** *Partizip Perfekt*; ↑ ***stören*** **2** *gestörter, gestörtest-*; *Adj*; ***(geistig) g.*** geistig nicht normal, psychisch krank

Ge·sträuch *das*; *-(e)s, -e*; *mst Sg*, *Kollekt*; mehrere Sträucher, die dicht beieinander stehen ⟨dichtes G.⟩

ge·streift **1** *Partizip Perfekt*; ↑ ***streifen*** **2** *Adj*; *nicht adv*; mit Streifen: *Die Hose ist rotweiß g.*; *Das Zebra hat ein gestreiftes Fell*

ge·stri·chen **1** *Partizip Perfekt*; ↑ ***streichen*** **2** *Adj*; ⟨ein Löffel; g. voll⟩ so gefüllt, dass der Zucker, das Salz, das Kaffeepulver *usw* genau bis zum Rand reicht ↔ gehäuft: *ein gestrichener Teelöffel Zucker* || ID ↑ ***Hose, Nase, Schnauze***

gest·ri·g- *Adj*; *nur attr*, *nicht adv*; **1** vom vorangehenden Tag ≈ von gestern: *Die Anzeige stand in der gestrigen Zeitung* **2** ***der gestrige Tag / Abend*** gestern / gestern Abend **3** *geschr* ≈ altmodisch, rückständig ↔ modern, zeitgemäß: *gestrige Ansichten vertreten*

ge·strit·ten *Partizip Perfekt*; ↑ ***streiten***

Ge·strüpp *das*; *-(e)s, -e*; *mst Sg*; *Kollekt*; viele wild wachsende Sträucher, die sehr dicht beieinander stehen: *Als er versuchte, sich durch das G. hindurchzukämpfen, zerriss er sich die Hose*

Ge·stühl *das*; *-(e)s, -e*; *mst Sg*; *Kollekt*; alle Stühle od. Bänke, die (*mst* in e-r festen Anordnung u. fest miteinander verbunden) in e-m Saal od. in e-r Kirche aufgestellt sind || -K: ***Chor-, Kirchen-***

ge·stun·ken *Partizip Perfekt*; ↑ ***stinken***

Ge·stüt *das*; *-(e)s, -e*; ein Betrieb, in dem Pferde gezüchtet werden

Ge·such *das*; *-(e)s, -e*; ein Schreiben, mit dem j-d e-e Behörde um e-e Bewilligung, e-e Genehmigung *o.Ä.* bittet ≈ Eingabe ⟨ein G. einreichen, befürworten, bewilligen, ablehnen; e-m G. entsprechen⟩ || -K: ***Bitt-, Entlassungs-*** || NB: ↑ ***Antrag***

ge·sucht **1** *Partizip Perfekt*; ↑ ***suchen*** **2** *gesuchter, gesuchtest-*; *Adj*; *nicht adv* ≈ begehrt: *Seltene alte Bücher sind sehr g.* **3** *Adj*; *pej* ≈ gewählt (2) ⟨mit gesuchten Worten; sich g. ausdrücken⟩

ge·sund, *gesünder / gesunder, gesündest- / gesun-*

dest-; *Adj*; **1** frei von Krankheit ↔ krank (1): *nach e-r Krankheit wieder g. werden* **2** ohne die Schäden, die durch e-e Krankheit verursacht werden ⟨ein Herz; Zähne, Haare *usw*⟩ **3** von Gesundheit (1) zeugend ↔ blass: *Sie hat e-e gesunde Gesichtsfarbe* **4** mit e-r positiven Wirkung für die Gesundheit (1) ↔ gesundheitsschädlich ⟨die Ernährung, e-e Lebensweise; g. leben⟩: *Rauchen ist nicht g.*; *Meeresluft ist g.* **5** auf e-r gefestigten wirtschaftlichen Basis, nicht von Konkurs bedroht ↔ angeschlagen (2) ⟨ein Betrieb, ein Unternehmen⟩ **6** (nach Meinung der meisten Menschen) natürlich, normal u. vernünftig ↔ übertrieben, überzogen ⟨Ansichten; ein Ehrgeiz⟩: *e-e gesunde Einstellung zur Sexualität haben* || ID *mst* ***Das ist (ganz) g. für ihn / sie*** *gespr*; das schadet ihm / ihr nicht: *Das bisschen Warten ist ganz g. für ihn. Dann sieht er endlich mal, wie das ist!*

Ge·sun·de *der / die*; *-n*, *-n*; j-d, der gesund ist ↔ Kranke(r) || NB: *ein Gesunder*; *der Gesunde*; *den, dem, des Gesunden*

ge·sun·den; *gesundete*, *ist gesundet*; Vi *geschr*; (nach e-r Krankheit) wieder gesund werden ≈ genesen ↔ erkranken || *hierzu* **Ge·sun·dung** *die*; *nur Sg*

Ge·sund·heit *die*; *-*; *nur Sg*; **1** der Zustand des körperlichen Wohlseins, das Gesundsein ↔ Kranksein ⟨e-e angegriffene G. haben; sich bester G. erfreuen; etw. greift j-s G. an; auf j-s G. trinken⟩: *Rauchen schadet der G.* || K-: ***Gesundheits-, -fanatiker, -risiko, -schaden, -zustand***; ***gesundheits-, -gefährdend, -schädlich*** **2** der Zustand, gesund (2) zu sein: *auf die G. der Zähne u. des Zahnfleischs achten* **3** ***e-e eiserne / robuste G. haben*** sehr selten krank sein **4** ***G.!*** *gespr*; verwendet als Höflichkeitsformel, wenn j-d niest || zu **1** u. **2** **ge·sund·heit·lich** *Adj*

Ge·sund·heits·amt *das*; e-e Behörde, die in e-r Stadt (od. in e-m Landkreis) für die Gesundheit der Bevölkerung verantwortlich ist

Ge·sund·heits·apos·tel *der*; *hum*; j-d, der sich auf übertriebene Weise um ein gesundes Leben bemüht u. auch andere davon überzeugen will

ge·sund·heits·be·wusst *Adj*; bewusst auf seine Gesundheit achtend: *sich g. ernähren* || *hierzu* **Ge·sund·heits·be·wusst·sein** *das*

Ge·sund·heits·we·sen *das*; *nur Sg*; die Institutionen in e-m Staat, die sich um die Erhaltung u. Wiederherstellung der Gesundheit der Bevölkerung kümmern: *ein gut organisiertes G.*

Ge·sund·heits·zeug·nis *das*; ein geschriebener Text, in dem ein Arzt od. das Gesundheitsamt bestätigt, dass j-d gesund ist u. *bes* keine ansteckende Krankheit hat: *dem Arbeitgeber ein G. vorlegen müssen*

ge·sund·schrei·ben; *schrieb gesund*, *hat gesundgeschrieben*; Vt ***j-n g.*** als Arzt (in e-m Attest) bestätigen, dass j-d wieder gesund ist u. arbeiten kann

ge·sund·schrump·fen; *schrumpfte gesund*, *hat gesundgeschrumpft*; Vt ***etw. / sich g.*** *gespr*; die Produktion u. die Zahl der Angestellten reduzieren, um so finanzielle Verluste zu vermeiden: *Das Unternehmen hat sich gesundgeschrumpft* || *hierzu* **Ge·sund·schrump·fung** *die*

ge·sund·sto·ßen, sich; *stößt sich gesund*, *stieß sich gesund*, *hat sich gesundgestoßen*; Vr ***sich (an etw.*** *(Dat)*) ***g.*** *gespr*; bei e-m Geschäft sehr viel Geld verdienen: *Viele Firmen konnten sich am Bau des neuen Flughafens g.*

ge·sun·gen *Partizip Perfekt*; ↑ ***singen***

ge·sun·ken *Partizip Perfekt*; ↑ ***sinken***

ge·tan *Partizip Perfekt*; ↑ ***tun***

ge·ti·gert **1** *Partizip Perfekt*; ↑ ***tigern*** **2** *Adj*; *nicht adv*; mit Streifen wie auf dem Fell e-s Tigers ⟨ein Fell, e-e Katze⟩

Ge·tö·se *das*; *-s*; *nur Sg*; ein andauernder großer Lärm ⟨das G. e-s Wasserfalls, der Brandung, des Verkehrs *usw*⟩

ge·tra·gen **1** *Partizip Perfekt*; ↑ ***tragen*** **2** *Adj*; langsam u. feierlich ↔ bewegt, lebhaft, spritzig ⟨e-e Melodie; im getragenen Tempo⟩ **3** *Adj*; bereits benutzt, nicht neu od. frisch ⟨ein Hemd, e-e Hose *o.Ä.*⟩

Ge·tränk *das*; *-(e)s*, *-e*; **1** e-e Flüssigkeit, die man trinkt ⟨ein alkoholisches, alkoholfreies, erfrischendes, heißes G.⟩: *Tee u. Kaffee sind aromatische Getränke* || K-: ***Getränke-, -automat, -karte, -kellner, -steuer*** || -K: ***Erfrischungs-, Fruchtsaft-, Milchmix-*** **2** ***geistige Getränke*** alkoholische Getränke (1)

Ge·trän·ke·markt *der*; ein Geschäft, in dem man (meist billig) Getränke kaufen kann

ge·trau·en, sich; *getraute sich*, *hat sich getraut*; Vr ***sich etw. g.*** *veraltend* ≈ sich etw. trauen² (1): *Er getraute sich nicht, sie zum Tanz zu bitten*

Ge·trei·de *das*; *-s*; *nur Sg*, *Kollekt*; alle Pflanzen (wie Weizen, Roggen, Gerste, Hafer *o.Ä.*), aus deren Körnern *bes* Mehl gewonnen wird ⟨G. anbauen, mähen, ernten, dreschen; das G. steht gut⟩ || K-: ***Getreide-, -anbau, -art, -ernte, -export, -feld, -handel, -import, -lieferung, -mühle, -silo, -sorte*** || -K: ***Futter-***; ***Sommer-, Winter-***

ge·tre·ten *Partizip Perfekt*; ↑ ***treten***

ge·treu¹ *Adj*; *mst attr*; **1** (***etw.*** *(Gen)*) ***g.*** *geschr*; e-m Original, e-r Vorlage genau entsprechend ⟨ein Abbild, e-e Wiedergabe⟩: *e-e der Wirklichkeit getreue Schilderung der Zustände* **2** *veraltet* ≈ treu || *hierzu* **ge·treu·lich** *Adv*

ge·treu² *Präp*; *mit Dat*, *geschr* ≈ entsprechend, gemäß, in Übereinstimmung mit: *g. seinem letzten Willen*

-ge·treu *im Adj*, *wenig produktiv*; der im ersten Wortteil genannten Sache genau entsprechend; ***maßstabsgetreu*** ⟨e-e Zeichnung⟩, ***naturgetreu*** ⟨e-e Attrappe⟩, ***originalgetreu*** ⟨e-e Nachbildung⟩, ***wirklichkeitsgetreu*** ⟨e-e Darstellung⟩

Ge·trie·be *das*; *-s*, *-*; **1** *Tech*; der Teil e-r Maschine, der die Kraft u. die Bewegungen überträgt, die der Motor erzeugt ⟨ein automatisches, hydraulisches, synchronisiertes G.⟩ || K-: ***Getriebe-, -öl, -schaden*** || -K: ***Fünfgang-*** **2** *nur Sg*, *Kollekt*; das lebhafte Kommen u. Gehen von vielen Menschen ≈ Gewühl

ge·trie·ben *Partizip Perfekt*; ↑ ***treiben***

ge·trof·fen *Partizip Perfekt*; ↑ ***treffen***

ge·tro·gen *Partizip Perfekt*; ↑ ***trügen***

ge·trost *Adv*; ohne etw. befürchten zu müssen ≈ ruhig: *sich g. auf den Weg machen*; *Das kannst du g. mir überlassen!*

ge·trun·ken *Partizip Perfekt*; ↑ ***trinken***

Get·to *das*; *-s*, *-s*; **1** *pej*; ein Teil e-r Stadt, in dem viele Menschen e-r einzigen (*mst* armen) sozialen Gruppe leben || K-: ***Getto-, -bildung*** **2** *hist*; der abgeschlossene Teil e-r Stadt, in dem die jüdische Bevölkerung leben musste

Ge·tue *das*; *-s*; *nur Sg*, *gespr pej*; **1** ein unnatürlich wirkendes Verhalten, mit dem j-d Aufmerksamkeit erwecken will: *Ihr aufgeregtes G. ärgert mich schon lange!* **2** *mst* ***viel G. um j-n / etw. machen*** übertriebene Aufmerksamkeit für j-n / etw. zeigen: *Du machst viel zu viel G. um deine Kinder!*

Ge·tüm·mel *das*; *-s*; *nur Sg*; das lebhafte, oft laute Durcheinander e-r relativ großen Anzahl von Menschen od. Tieren || -K: ***Kampf(es)-, Schlacht(en)-***

ge·tupft *Adj*; *nicht adv*; mit kleinen, *mst* farbigen Punkten bedeckt ⟨ein Kopftuch, e-e Krawatte *o.Ä.*⟩: *ein rot getupftes Kleid*

ge·übt **1** *Partizip Perfekt*; ↑ **üben** **2** *geübter, geübtest-*; *Adj*; **(in etw.** (*Dat*)) **g.** durch Übung mit etw. vertraut u. gut darin ⟨ein Redner⟩: *im Klettern g. sein*; *ein geübter Tennisspieler* **3** *geübter, geübtest-*; *Adj*; *mst attr*; schnell u. sicher in der Wahrnehmung ⟨*mst* ein geübtes Auge, Gehör, e-n geübten Blick haben⟩ || *hierzu* **Ge·übt·heit** *die*; *nur Sg*

Ge·wächs [-ks] *das*; *-es, -e*; **1** *Bot* ≈ Pflanze ⟨ein heimisches, tropisches G.⟩ **2** *Med* ≈ Geschwulst, Tumor

ge·wach·sen [-ks-] **1** *Partizip Perfekt*; ↑ **wachsen** **2** *Adj*; **j-m g.** fähig, mit j-m auf e-m bestimmten Gebiet (körperlich od. geistig) mitzuhalten: *Seinen Konkurrenten war er nicht g.* **3** *Adj*; **etw.** (*Dat*) **g.** fähig, e-e schwierige Aufgabe od. Situation zu bewältigen ⟨etw. g. sein; sich etw. g. fühlen, zeigen⟩: *Der Doppelbelastung durch Beruf u. Haushalt war sie nicht g.*

Ge·wächs·haus *das*; e-e Art Haus, *mst* aus Glas, in dem Pflanzen unter sehr günstigen Bedingungen wachsen können ≈ Treibhaus, Glashaus

ge·wagt **1** *Partizip Perfekt*; ↑ **wagen** **2** *gewagter, gewagtest-*; *Adj*; ⟨ein Unternehmen; e-e Tat⟩ so, dass sie viel Mut erfordern, ein hohes Risiko mit sich bringen ≈ mutig, riskant: *Mit so wenig Kapital ein Geschäft zu eröffnen, ist ein gewagtes Unternehmen* **3** *Adj*; ⟨ein Witz, e-e Filmszene⟩ so, dass sie bestimmte Moralvorstellungen verletzen u. daher Anstoß erregen können: *ein Abendkleid mit e-m gewagten Dekolleté*

ge·wählt **1** *Partizip Perfekt*; ↑ **wählen** **2** *gewählter, gewähltest-*; *Adj*; bewusst vornehm, um anders, besser zu wirken als das Alltägliche, Normale ⟨e-e Ausdrucksweise; sich g. ausdrücken⟩

ge·wahr [gə'vaːɐ̯] *Adj*; *nur in* **j-n / etw. g. werden**; **j-s / etw. g. werden** *geschr*; j-n / etw. wahrnehmen od. erkennen

Ge·währ [gə'vɛːɐ̯] *die*; *-*; *nur Sg*, *geschr*; die Sicherheit od. Garantie, dass etw. richtig ist, dass etw. in der vereinbarten Weise abläuft *o.Ä.* ≈ Bürgschaft ⟨für etw. G. leisten⟩: *Ich kann keine G. dafür übernehmen, dass die Informationen richtig sind*; *Diese Angaben sind ohne G.*

ge·wäh·ren; *gewährte, hat gewährt*; [Vt] *geschr*; **1** **j-m etw. g.** j-m etw. geben, worum er gebeten hat (weil man die Möglichkeit u. die Macht dazu hat) ≈ bewilligen ⟨j-m Asyl, Obdach, Schutz g.; j-m e-n Kredit g.⟩: *Der Papst gewährte den Pilgern e-e Audienz* **2** **j-m etw. g.** j-m etw. erlauben, worum er gebeten hat od. das er sich gewünscht hat ≈ j-m etw. erfüllen ⟨*mst* j-m e-e Bitte, e-n Wunsch g.⟩ **3** **etw. gewährt j-m etw.** etw. bietet e-e Möglichkeit *o.Ä.*, die j-d braucht ⟨etw. gewährt j-m Schutz, Sicherheit, Trost⟩; [Vi] **4** **j-n g. lassen** Geduld haben u. j-n das tun lassen, was er möchte

ge·währ·leis·ten; *gewährleistete, hat gewährleistet*; [Vt] **(j-m) etw. g.** dafür sorgen od. garantieren, dass etw. geschieht od. j-d etw. bekommt: *Können Sie g., dass die Lieferung rechtzeitig ankommt?* || *hierzu* **Ge·währ·leis·tung** *die*

Ge·wahr·sam *der*; *-s*; *nur Sg*, *geschr*; *mst in* **1** **j-n in (polizeilichen) G. nehmen** ≈ j-n verhaften **2** **in (polizeilichem) G. sein** ≈ in Haft sein

Ge·währs·mann *der*; *-(e)s, Ge·währs·män·ner / Ge·währs·leu·te*; j-d, auf dessen Aussage od. Auskunft man sich beruft, weil man ihn für zuverlässig u. kompetent hält: *Diese Nachricht stützt sich auf die Aussagen mehrerer Gewährsleute*

Ge·walt *die*; *-, -en*; **1** *nur Sg*; **G. (gegen j-n / etw.)** das Benutzen von körperlicher Kraft, Macht, Drohungen *o.Ä.*, um j-n zu verletzen od. um j-n zu zwingen, etw. zu tun ⟨brutale, rohe G.; G. anwenden; etw. mit G. erzwingen; j-m G. androhen, antun⟩: *j-m etw. mit G. wegnehmen*; *Wird im Fernsehen zu viel G. gezeigt?* || K-: **Gewalt-, -androhung, -anwendung, -herrschaft, -maßnahme, -verbrechen, -verbrecher** || -K: **Waffen-** **2** *nur Sg*; das Benutzen von körperlicher Kraft, um etw. zu erreichen: *Die Kiste ließ sich nur mit G. öffnen* || K-: **Gewalt-, -anwendung** **3** *nur Sg*; die große natürliche Kraft, die Heftigkeit e-s Naturphänomens: *die G. e-r Explosion, e-s Sturmes, der Wellen* **4** *nur Sg*; **G. (über j-n / etw.)** die Macht, über j-n / etw. zu herrschen od. zu bestimmen ⟨die elterliche, richterliche, staatliche G.; G. über j-n gewinnen, haben; j-n / etw. in seine G. bekommen, bringen; die G. an sich (*Akk*) reißen; die G. über j-n verlieren; in j-s G. geraten, sein / stehen⟩: *Der Bankräuber brachte mehrere Geiseln in seine G.* **5** *mst Pl*, *Pol*; verwendet als Bezeichnung für die drei Bereiche, in die die Aufgaben u. die Macht e-s Staates unterteilt werden (Legislative, Exekutive u. Judikative) ⟨die drei Gewalten; die gesetzgebende, ausführende, richterliche G.⟩ || K-: **Gewalten-, -teilung, -trennung** **6** **höhere G.** *nur Sg*; ein Ereignis (wie *z.B.* ein Unfall, e-e Naturkatastrophe *o.Ä.*), das nicht zu erwarten war u. nicht verhindert werden konnte: *Ein Blitzschlag ist höhere G.* **7** **sich / etw.** (*Akk*) **in der G. haben** sich / etw. beherrschen können, unter Kontrolle haben: *Sie erschrak, hatte sich aber sofort wieder in der G.*; *Er hatte den Wagen nicht mehr in der G.* **8** **die G. über etw.** (*Akk*) **verlieren** *bes* ein Fahrzeug nicht mehr unter Kontrolle haben **9** **mit (aller) G.** *gespr* ≈ unbedingt, um jeden Preis: *etw. mit aller G. durchsetzen wollen* **10** **mit sanfter G.** mit leichtem Zwang od. Druck, freundlich, aber sehr bestimmt **11** **etw.** (*Dat*) **G. antun** ≈ etw. verfälschen ⟨den Tatsachen, der Wahrheit G. antun⟩ **12** **j-m G. antun** *geschr euph* ≈ j-n vergewaltigen **13** **sich** (*Dat*) **G. antun** *geschr euph* ≈ Selbstmord begehen || ID **G. geht vor Recht** verwendet, um auszudrücken, dass sich der Stärkere oft durchsetzt, auch wenn er nicht im Recht ist || *zu* **1** **ge·walt·frei** *Adj*; **ge·walt·los** *Adj*; **Ge·walt·lo·sig·keit** *die*; *nur Sg*

Ge·walt·akt *der*; **1** e-e Handlung, bei der in sehr kurzer Zeit sehr viel erreicht wird, die aber auch sehr anstrengend ist **2** e-e Handlung, bei der Gewalt (1) angewendet wird

Ge·walt·be·reit·schaft *die*; die Neigung, bei Konflikten körperliche Gewalt anzuwenden || *hierzu* **ge·walt·be·reit** *Adj*

ge·walt·frei *Adj*; **1** ohne Anwendung von Gewalt (1) ≈ gewaltlos ↔ gewaltsam **2** *Pol*; ⟨e-e Blockade, e-e Demonstration⟩ ohne dass dabei körperliche Gewalt angewendet wird

ge·wal·tig *Adj*; **1** sehr groß, hoch od. kräftig u. deshalb beeindruckend ⟨ein Baum, ein Bauwerk, ein Berg⟩ **2** ungewöhnlich intensiv od. stark ⟨ein Sturm, e-e Hitze, e-e Kraft⟩ **3** sehr groß in Zahl od. Menge od. Umfang ⟨e-e Last, e-e Menge, e-e Zahl⟩ **4** sehr groß ⟨ein Irrtum, ein Unsinn⟩ **5** sehr beeindruckend ⟨e-e Leistung, ein Werk⟩ **6** *nur adv*, *gespr*; verwendet, um Adjektive od. Verben zu verstärken ≈ mächtig ⟨sich (ganz) g. irren, täuschen; j-n / sich / etw. g. überschätzen; g. aufpassen müssen⟩

-ge·wal·tig *im Adj*, *wenig produktiv*; verwendet, um auszudrücken, dass j-d in Bezug auf etw. (*bes* das Reden) enorme Wirkung hat; **redegewaltig, sprachgewaltig, stimmgewaltig** ⟨ein Redner, ein Sänger⟩, **wortgewaltig**; **schussgewaltig** ⟨ein Stürmer⟩

Ge·walt·marsch *der*; *gespr*; ein langer, anstrengender Marsch[1] (1,2) über e-e große Strecke

ge·walt·sam *Adj*; **1** mithilfe von Gewalt (1) od. großer körperlicher Kraft: *g. in ein Haus eindringen; j-n g. festhalten; e-e Kiste g. öffnen* **2** nur mit großer Mühe ⟨sich g. beherrschen, wach halten⟩ **3** durch Unfall, Mord od. Selbstmord ↔ natürlich ⟨e-s gewaltsamen Todes sterben; ein gewaltsames Ende nehmen⟩

Ge·walt·tat *die*; e-e oft kriminelle Tat, die j-d begeht, indem er Waffen od. körperliche Gewalt anwendet ≈ Verbrechen ⟨zu Gewalttaten neigen⟩ || *hierzu* **Ge·walt·tä·ter** *der*

ge·walt·tä·tig *Adj*; **1** ⟨Menschen⟩ so, dass sie dazu neigen, körperliche Gewalt anzuwenden ≈ brutal **2** ***g. werden*** körperliche Gewalt anwenden, j-n schlagen *o.Ä.* ≈ handgreiflich werden || *hierzu* **Ge·walt·tä·tig·keit** *die*

Ge·walt·ver·zicht *der*; der Verzicht auf die Anwendung militärischer Gewalt, der von zwei od. mehreren Staaten in e-m Vertrag geregelt ist || K-: ***Gewaltverzichts-, -abkommen, -erklärung***

Ge·wand *das*; *-(e)s, Ge·wän·der* **1** ein langes, weites Kleidungsstück (ohne Gürtel), das *bes* bei bestimmten feierlichen Anlässen od. in verschiedenen Kulturen als Oberbekleidung getragen wird / wurde ⟨ein G. anlegen, ablegen⟩: *die Gewänder der alten Griechen; Der Opernchor schritt in wallenden Gewändern auf die Bühne* **2** *südd* (CH) ≈ Kleidung **3** *nur Sg*; die äußere Gestaltung, die Aufmachung e-r Sache: *Ab Januar bieten wir unseren Katalog in neuem G. an*

ge·wandt **1** *Partizip Perfekt*; ↑ ***wenden*** **2** *gewandter, gewandtest-; Adj*; (im Auftreten *o.Ä.*) besonders geschickt: *ein gewandter Redner, Tänzer; Sie ist sehr g. im Umgang mit Kunden* || *hierzu* **Ge·wandt·heit** *die*; *nur Sg*

ge·wann *Imperfekt, 1. u. 3. Person Sg*; ↑ ***gewinnen***

ge·wän·ne *Konjunktiv II, 1. u. 3. Person Sg*; ↑ ***gewinnen***

ge·wär·tig *Adj*; *geschr veraltend*; *nur in* (***sich*** (*Dat*)) ***etw.*** (*Gen*) ***g. sein*** damit rechnen, dass etw. *mst* Unangenehmes geschehen kann ≈ auf etw. (*Akk*) gefasst sein: *Sie müssen sich* (dessen) *g. sein*, dass *sie damit ein großes Risiko eingehen*

Ge·wäsch *das*; *-(e)s*; *nur Sg*, *gespr pej* ≈ Geschwätz

ge·wa·schen *Partizip Perfekt*; ↑ ***waschen***

Ge·wäs·ser *das*; *-s, -*; **1** e-e (relativ große) natürliche Ansammlung von Wasser, *z.B.* ein Fluss, See od. Meer ⟨ein stilles, sumpfiges, trübes, verschmutztes G.; die heimischen Gewässer⟩ || K-: ***Gewässer-, -schutz*** || -K: ***Binnen-, Küsten-*** **2** ***fließendes G.*** ein natürlicher Wasserlauf, *z.B.* ein Bach, Fluss od. Strom **3** ***stehendes G.*** ein G. (1), dessen Wasser nicht fließt, *z.B.* ein Teich, See od. Meer

Ge·we·be *das*; *-s, -*; **1** ein Stoff[2], der durch Weben hergestellt worden ist ⟨ein dichtes, feines, grobes, synthetisches G.⟩ **2** *Biol, Med*; die feste Substanz, aus der der Körper od. ein Organ e-s Menschen od. Tieres besteht ⟨menschliches, tierisches G.; G. entnehmen, verpflanzen⟩ || K-: ***Gewebe-, -flüssigkeit, -probe, -transplantation*** || -K: ***Haut-, Lungen-, Muskel-, Nerven-***

Ge·wehr [gəˈveːɐ] *das*; *-(e)s, -e*; e-e relativ lange Schusswaffe, die man mit beiden Händen hält ⟨das G. laden, (an die Schulter) anlegen, abfeuern, nachladen, schultern (= zum Tragen über die Schulter hängen)⟩: *Er legte das G. auf das Reh an u. schoss* || ↑ *Abb. unter* **Schusswaffen** || K-: ***Gewehr-, -kolben, -kugel, -salve, -schuss*** || -K: ***Jagd-*** || ID ***G. bei Fuß stehen*** aufmerksam warten u. bereit sein, sofort aktiv zu werden

Ge·wehr·lauf *der*; das Rohr e-s Gewehrs, durch das die Kugel abgefeuert wird

Ge·weih *das*; *-(e)s, -e*; ein Gebilde aus e-r Art Knochen mit mehreren Verästelungen, das an der Stirn von männlichen Hirschen *o.Ä.* wächst ⟨ein Hirsch *o.Ä.* wirft das G. ab⟩ || -K: ***Elch-, Hirsch-*** || NB: ↑ ***Horn, Gehörn***

Ge·wer·be *das*; *-s, -*; **1** e-e selbstständige berufliche Tätigkeit im Bereich des Handels, des Handwerks od. der Dienstleistungen ⟨ein G. ausüben, betreiben⟩ || K-: ***Gewerbe-, -betrieb, -recht*** || -K: ***Bau-, Gaststätten-, Hotel-*** **2** ein kleinerer od. mittlerer privater Betrieb im Bereich des Handwerks, des Handels od. der Dienstleistungen ⟨ein G. betreiben⟩ **3** (CH) ≈ Bauernhof, Gutsbetrieb **4** ***das horizontale G.***; ***das älteste G. der Welt*** *mst hum*; die Prostitution

Ge·wer·be·ge·biet *das*; ein Gebiet *bes* am Rand e-r Stadt, in dem es viele Firmen, Gewerbe (2) gibt

G

ge·werb·lich *Adj*; in Bezug auf ein Gewerbe ⟨e-e Tätigkeit⟩: *Das Gelände hinter dem Bahnhof ist für gewerbliche Nutzung bestimmt*

ge·werbs·mä·ßig *Adj*; so, dass man dadurch regelmäßig Geld verdient ≈ berufsmäßig ⟨e-e Tätigkeit g. ausüben, betreiben; ein Dieb, ein Schwindler *o.Ä.*⟩

Ge·werk·schaft *die*; *-, -en*; e-e Organisation, die die Interessen der Arbeitnehmer (*mst* e-r bestimmten Berufsgruppe) gegenüber den Arbeitgebern bzw. dem Staat vertritt: *die G. der Angestellten* || K-: ***Gewerkschafts-, -beitrag, -bewegung, -führer, -funktionär, -mitglied, -sekretär, -sitzung, -vorsitzende(r)*** || -K: ***Drucker-, Eisenbahner-, Polizei-*** *usw* || *hierzu* **ge·werk·schaft·lich** *Adj*

Ge·werk·schaf·ter, Ge·werk·schaft·ler *der*; *-s, -*; ein Mitglied od. Funktionär e-r Gewerkschaft || *hierzu* **Ge·werk·schaf·te·rin, Ge·werk·schaft·le·rin** *die*; *-, -nen*

Ge·werk·schafts·bund *der*; e-e Vereinigung von verschiedenen einzelnen Gewerkschaften

ge·we·sen *Partizip Perfekt*; ↑ ***sein***

ge·wi·chen *Partizip Perfekt*; ↑ ***weichen***

Ge·wicht *das*; *-(e)s, -e*; **1** *nur Sg*; die Schwere e-s Körpers, die man in e-r Maßeinheit (*z.B.* Gramm, Kilogramm) angeben kann ⟨ein geringes, großes G. haben; an G. verlieren, zunehmen⟩: *Das zulässige G. des Lastwagens beträgt 30 Tonnen; Bei der Geburt hatte das Kind ein G. von dreieinhalb Kilogramm* || K-: ***Gewichts-, -kontrolle, -verlust, -zunahme*** || -K: ***Brutto-, Gesamt-, Körper-, Netto-*** **2** *Phys*; die Kraft, mit der ein Körper von der Erde angezogen wird **3** ***das spezifische G.*** *Phys*; das Verhältnis des Gewichts (1) e-s Körpers zu seinem Volumen **4** *mst Pl*; Gegenstände mit e-m bestimmten G. (1), die *bes* beim Wiegen (*z.B.* auf e-r Waage mit Waagschalen) zur Feststellung des Gewichts (1) von etw. verwendet werden ⟨kleine, große Gewichte⟩ || -K: ***Blei-, Kilo-*** **5** *mst Pl, Sport*; die schweren eisernen Scheiben an e-r Stange, die in die Höhe gestemmt werden **6** *nur Sg*; die Bedeutung, Wichtigkeit e-r Sache: *Sie maß seinen Versprechungen kein großes G. bei; Seine Stimme hat in der Kommission G.* **7** ***etw. fällt*** (***kaum, nicht***) ***ins G.*** etw. ist (nicht) von entscheidender Bedeutung: *Bei e-m so großen Projekt fällt diese Rechnung kaum ins G.* **8** ***auf etw.*** (*Akk*) ***G. legen*** etw. für wichtig halten || ► ***Waage, wiegen***

ge·wich·ten; *gewichtete, hat gewichtet*; Vt ***etw. irgendwie g.*** *geschr*; etw. in Bezug auf seine Bedeutung od. Wichtigkeit ordnen: *Wir müssen unsere Zielsetzungen neu g.*

Ge·wicht·he·ben *das*; *-s*; *nur Sg*; e-e Sportart, bei der man versucht, e-e Stange mit Gewichten (5) (auf verschiedene Arten) in die Höhe zu bewegen: *Die drei Disziplinen des Gewichthebens sind Reißen, Stoßen u. Drücken* || *hierzu* **Ge·wicht·he·ber** *der*; *-s, -*

ge·wịch·tig *Adj*; **1** *geschr*; (in e-r bestimmten Hinsicht) wichtig, von großer Bedeutung ⟨Gründe, Probleme; e-e Persönlichkeit⟩ **2** *hum* ≈ dick, korpulent

Ge·wịchts·klas·se *die*; *Sport*; eine der Kategorien *bes* bei e-m Sport wie Boxen, Judo, Ringen, in die die Athleten aufgrund ihres Körpergewichts eingeteilt werden: *Fliegen- u. Schwergewicht sind zwei Gewichtsklassen*

ge·wieft, *gewiefter, gewieftest-*; *Adj*; *gespr*; ⟨ein Geschäftsmann, ein Taktiker⟩ aufgrund von Erfahrung geschickt u. schlau (sodass sie sich nicht so leicht täuschen od. übervorteilen lassen)

ge·wie·sen *Partizip Perfekt*; ↑ ***weisen***

ge·wịllt *Adj*; *nur präd, nicht adv*; mit der Absicht od. Bereitschaft, etw. zu tun ≈ willens, bereit: *Ich bin nicht g., diese Unordnung zu ertragen*

Ge·wịm·mel *das*; *-s*; *nur Sg*; ein Durcheinander von vielen (kleinen) Lebewesen

Ge·wịn·de *das*; *-s, -*; *Tech*; e-e Rille, die außen an e-r Schraube od. innen in e-r Mutter[2] in Form e-r Spirale verläuft ⟨ein G. bohren, fräsen, schneiden⟩ || ↑ *Abb. unter* **Werkzeug**, **Glühbirne** || K-: ***Gewinde-, -bohrer, -schneider***

Ge·wịnn *der*; *-(e)s, -e*; **1** das Geld, das j-d od. ein Unternehmen bei e-m Geschäft (*z.B.* beim Verkauf e-r Ware) verdient (nachdem alle Kosten wie Lohn, Miete *o.Ä.* bezahlt sind) ↔ Verlust ⟨(e-n) G. machen, erzielen; aus etw. G. schlagen, ziehen; etw. mit G. verkaufen; j-n am G. beteiligen; etw. bringt G. ein, wirft G. ab⟩: *e-n G. (in Höhe) von 10% machen, erzielen* || K-: ***Gewinn orientiert*** || -K: ***Brutto-, Netto-, Rein-*** **2** die Geldsumme od. der Preis, die man bei e-m Spiel od. in e-r Lotterie gewinnen (2) kann || K-: ***Gewinn-, -anteil, -aussichten, -auszahlung, -chance*** || -K: ***Lotto-, Millionen-*** **3** *nur Sg*; ***ein G. (für j-n / etw.)*** etw. sehr Positives ≈ Bereicherung: *Der neue Mitarbeiter ist ein G. für den Betrieb* || *zu* **1** u. **3 Ge·wịnn brin·gend** *Adj*

ge·wịn·nen; *gewann, hat gewonnen*; [Vt/i] **1 (*etw.*) *g.*** in e-m Kampf, Wettstreit od. e-r Auseinandersetzung der Erste, Beste od. der Sieger sein ↔ verlieren[2] ⟨e-e Schlacht, den Krieg; den Pokal, das Rennen, e-n Wettkampf g.; e-e Wette g.; ein Spiel knapp, (haus)hoch g.⟩: *Der Schachweltmeister gewann jede Partie*; *Letztes Jahr hat Bayern München (mit) 3:0 gegen Werder Bremen gewonnen* **2 (*etw.*) *g.*** bei e-m Wettkampf od. Glücksspiel e-n Preis bekommen ↔ verlieren[2] (5): *beim Roulette tausend Euro g.*; [Vt] **3 *etw. g.*** durch eigene Bemühungen, Anstrengungen etw. bekommen ↔ verlieren[1] (4) ⟨j-s Achtung, Liebe, Vertrauen g.; Ansehen, Einfluss g.⟩ **4 *j-n für etw. g.*** j-n dazu bewegen, sich an etw. zu beteiligen od. für etw. aktiv zu werden: *Er konnte sie für die Partei g.* **5 *etw. aus etw. g.*** etw. aus etw. (*mst* e-m Naturprodukt) herstellen: *Wein gewinnt man aus Trauben* **6 *etw. g.*** *Tech*; Bodenschätze wie *z.B.* Kohle od. Metalle aus der Erde holen ≈ abbauen (1), fördern[2] ⟨Eisen, Erze, Gold g.⟩; [Vi] **7 *an etw.*** (*Dat*) ***g.*** mehr von etw. bekommen ≈ an etw. zunehmen ↔ verlieren[1] (22) ⟨an Höhe, an Geschwindigkeit, an Macht, an Einfluss g.⟩ **8 *durch etw. g.*** durch etw. schöner od. besser werden, seinen Wert steigern: *Das Zimmer gewinnt durch die neuen Tapeten* || *zu* **1** u. **2 Ge·wịn·ner** *der*; *-s, -*; **Ge·wịn·ne·rin** *die*; *-, -nen*

ge·wịn·nend 1 *Partizip Präsens*; ↑ ***gewinnen* 2** *Adj*; freundlich u. sympathisch ⟨ein Lächeln; g. lächeln⟩

Ge·wịnn·span·ne *die*; der Unterschied zwischen dem Preis, zu dem man e-e Ware kauft od. produziert u. dem Preis, zu dem man sie verkauft

Ge·wịnn·zahl *die*; *mst Pl*; die Zahlen, mit denen man in e-r Lotterie *o.Ä.* gewinnt (2): *Die Gewinnzahlen der 30. Ausspielung im Lotto sind ...*

Ge·wirr [gə'vɪr] *das*; *-(e)s*; *nur Sg*; **1 *ein G. von etw.*** (*Pl*) ein Durcheinander von Fäden, Drähten, Haaren *o.Ä.* **2 *ein G. von etw.*** (*Pl*) e-e große, verwirrende Menge von etw., das schwer zu ordnen ist ≈ Durcheinander ⟨ein G. von Gassen, Stimmen⟩ || NB: Wenn ein Adj. vor dem Subst. steht, ist auch e-e Genitivkonstruktion möglich: *ein G. verschiedenster Stimmen*

ge·wịss, *gewisser, gewissest-*; *Adj*; **1** *nur präd, nicht adv*; **(*j-m*) *g.*** so, dass es ganz sicher eintreten wird: *Der Sieg ist uns g.*; *Sie hielt es für g., dass er kommen würde*; *Eins / Soviel ist g. - dir helfe ich nie mehr* **2** *nur adv*; mit Sicherheit ≈ sicherlich, zweifellos: *Wenn du dich nicht beeilst, kommst du g. zu spät*; *„Rufst du mich einmal an?" - „Aber g. (doch)!"* **3 *sich*** (*Dat*) ***j-s / etw. g. sein*** ganz sicher sein, dass man fest auf j-n / etw. vertrauen kann **4 *etw. / nichts Gewisses*** genaue / keine genauen Informationen über j-n / etw. ≈ etw. / nichts Genaues: *Man weiß noch nichts Gewisses über den Unfall*

ge·wịs·s- *Adj*; *nur attr, ohne Steigerung, nicht adv*; **1** verwendet, um auf e-e bestimmte Person / Sache hinzuweisen, die man nicht näher bezeichnen kann od. will bzw. von denen man annimmt, dass sie dem Gesprächspartner bekannt sind: *E-e gewisse Frau Meier, die in der Nelkenstraße wohnt, möchte dich sprechen*; *In gewissen politischen Kreisen denkt man an e-n Ausstieg aus der Kernenergie* **2** verwendet, um auszudrücken, dass etw. nicht sehr stark od. ausgeprägt, aber bis zu e-m bestimmten Grad doch vorhanden ist: *Bei den Geschwistern kann man e-e gewisse Ähnlichkeit feststellen*

Ge·wịs·sen *das*; *-s, -*; *mst Sg*; **1** ein Gefühl, das einem sagt, ob man richtig od. falsch gehandelt hat, ob etw. gut od. böse ist / war ⟨ein gutes, schlechtes G. haben; sein G. beruhigen, erleichtern; j-s G. wachrütteln; etw. vor seinem G. (nicht) verantworten können⟩: *Er bekam ein schlechtes G., als er sah, wie weh er ihr getan hatte* **2 *ein reines / ruhiges G.*** ein gutes G. (1) || ID ***j-m ins G. reden*** j-n in e-r Angelegenheit tadeln u. versuchen, ihn zu e-r Änderung seiner Einstellung, Handlungsweise *o.Ä.* zu bewegen; ***j-n / etw. auf dem G. haben*** schuld an etw., *bes* an e-m Unglück od. j-s Tod sein; ***ein reines G. haben*** keine Schuld an etw. haben; ***j-s G. regt / rührt sich*** j-d ist traurig, weil er etw. Böses getan hat od. weil etw. ungerecht ist; ***Ein gutes / reines G. ist ein sanftes Ruhekissen*** wenn man ein gutes G. hat, schläft man auch gut

ge·wịs·sen·haft *Adj*; sich seiner Verantwortung od. Pflicht bewusst u. deswegen sorgfältig u. genau: *ein gewissenhafter Mitarbeiter*; *etw. g. prüfen*; *e-n Befehl g. ausführen* || *hierzu* **Ge·wịs·sen·haf·tig·keit** *die*; *nur Sg*

ge·wịs·sen·los *Adj*; ohne moralische Bedenken ≈ skrupellos ⟨ein Betrüger, ein Mörder⟩ || *hierzu* **Ge·wịs·sen·lo·sig·keit** *die*; *nur Sg*

Ge·wịs·sens·bis·se *die*; *Pl*; (***wegen etw.*** (*Gen, gespr auch Dat*)) ***G. haben***; ***sich*** (***über etw.*** (*Akk*) / ***wegen etw.*** (*Gen, gespr auch Dat*)) ***G. machen*** sich schuldig fühlen, weil man etw. Unerlaubtes *o.Ä.* getan hat

Ge·wịs·sens·grün·de *die*; *Pl*; Gründe für ein Verhalten od. e-e Überzeugung, die vom Gewissen bestimmt sind: *den Wehrdienst aus Gewissensgründen verweigern*

ge·wịs·ser·ma·ßen *Adv*; in e-m gewissen Sinn ≈ sozusagen

Ge·wịss·heit *die*; *-*; *nur Sg*; das sichere Wissen in Bezug auf etw. ≈ Sicherheit ⟨sich G. über etw. (*Akk*) verschaffen; etw. nicht mit G. sagen können⟩

Ge·wịt·ter *das*; *-s*, *-*; Wetter mit Blitz u. Donner u. *mst* auch starkem Regen u. Wind ⟨ein G. zieht auf, braut sich zusammen, entlädt sich, zieht ab⟩: *Gestern Abend gab es ein heftiges G.* || K-: ***Gewitter-, -front, -regen, -schauer, -sturm, -wolken***

ge·wịt·tern; *gewitterte, hat gewittert*; [Vimp] ***es gewittert*** es gibt ein Gewitter

ge·wịtt·rig *Adj*; *nicht adv*; **1** mit Blitz u. Donner ⟨Regenschauer, Sturmböen⟩ **2** ⟨e-e Schwüle, ein Wetter⟩ so, dass sie ein Gewitter ankündigen

ge·wịtzt, *gewitzter, gewitztest-*; *Adj* ≈ schlau ⟨ein Bursche, ein Geschäftsmann⟩ || *hierzu* **Ge·wịtzt·heit** *die*; *nur Sg*

ge·wo̱·ben *Partizip Perfekt*; ↑ ***weben***

ge·wo̱·gen **1** *Partizip Perfekt*; ↑ ***wiegen*** **2** *Adj*; *nur präd, nicht adv, geschr*; ***j-m g.*** mit viel Sympathie für j-n ⟨sich j-m g. zeigen⟩: *Ihr Chef war ihr sehr g. u. förderte ihre berufliche Karriere*

ge·wö̱h·nen; *gewöhnte, hat gewöhnt*; [Vt] **1** ***j-n / sich an etw.*** (*Akk*) ***g.*** j-n / sich (durch Übung, Wiederholung *o.Ä.*) mit etw. so vertraut machen, dass es für ihn / einen normal, selbstverständlich wird: *sich an die neue Umgebung g.*; *sich allmählich an e-n unangenehmen Gedanken g.* **2** ***j-n / sich an j-n g.*** durch häufigen Kontakt j-n / sich allmählich mit j-m vertraut machen: *Es war schwierig, das Kind aus dem Waisenhaus an seine neue Familie zu gewöhnen* || *hierzu* **Ge·wö̱h·nung** *die*; *nur Sg*

Ge·wo̱hn·heit *die*; *-*, *-en*; **1** ***die G.*** (+ ***zu*** + *Infinitiv*) e-e Handlung, e-e Verhaltensweise *o.Ä.*, die durch häufige Wiederholung *mst* automatisch u. unbewusst geworden ist ⟨e-e alte, feste, liebe, schlechte G.; etw. aus reiner G. tun; seine Gewohnheiten ändern⟩: *Unsere Sitzungen sind zur G. geworden* (= haben keine besondere Bedeutung mehr); *Sie hat die G., nach dem Essen e-e Zigarette zu rauchen* || K-: ***Gewohnheits-, -trinker, -verbrecher*** || -K: ***Denk-, Lebens-, Trink-*** **2** ***die Macht der G.*** das, was uns etw. machen lässt, weil wir es sonst auch immer so machen (auch wenn wir es in diesem konkreten Fall nicht machen wollten) || *zu* **1** **ge·wo̱hn·heits·ge·mäß** *Adj*; *nur attr od adv*; **ge·wo̱hn·heits·mä·ßig** *Adj*; *nur attr od adv*

Ge·wo̱hn·heits·mensch *der*; j-d, dessen Leben von Gewohnheiten geprägt ist u. der wenig spontan u. flexibel ist

Ge·wo̱hn·heits·recht *das*; *nur Sg*, *Jur*; ein Recht, das sich aufgrund e-r relativ langen Tradition (heraus)bildet, aber nicht schriftlich fixiert ist

Ge·wo̱hn·heits·tier *das*; *hum* ≈ Gewohnheitsmensch

ge·wö̱hn·lich *Adj*; **1** so wie immer, nicht von der Regel abweichend ≈ gewohnt, üblich: *Sie wachte zur gewöhnlichen Zeit auf*; *Er benahm sich wie g.* **2** qualitativ nicht besonders auffallend, dem Durchschnitt, der Norm entsprechend ≈ normal: *Heute war ein ganz gewöhnlicher Arbeitstag ohne besondere Vorkommnisse* **3** *veraltend pej*; mit e-m niedrigen od. primitiven Niveau *bes* in Bezug auf das Benehmen ↔ gebildet, kultiviert ⟨ein Mensch; sich g. benehmen⟩ || *zu* **2** u. **3** **Ge·wö̱hn·lich·keit** *die*; *nur Sg*

ge·wo̱hnt *Adj*; **1** *mst attr*; vertraut, üblich geworden ⟨die Umgebung; etw. in gewohnter Weise erledigen; etw. wie g. tun⟩: *Die Dinge gehen ihren gewohnten Gang* **2** ***etw.*** (*Akk*) ***g. sein*** etw. als selbstverständlich ansehen, weil es immer so abläuft od. gemacht wird ≈ an etw. gewöhnt sein: *Ich bin* (es) *g., spät ins Bett* zu *gehen*; *Er war schwere körperliche Arbeit nicht g.*

Ge·wö̱l·be *das*; *-s*, *-*; **1** e-e gemauerte, nach oben runde Decke, *mst* in e-r Kirche, e-m Saal od. e-m Keller || -K: ***Kreuz-*** **2** ein fensterloser niedriger (Keller)Raum, der gemauert ist u. e-e Decke mit e-m G. (1) hat ⟨ein dumpfes, feuchtes, finsteres, muffiges G.⟩

ge·wọllt **1** *Partizip Perfekt*; ↑ ***wollen*** **2** *Adj*; absichtlich u. deswegen oft unnatürlich od. übertrieben: *ein g. lockeres Benehmen*

ge·wọn·nen *Partizip Perfekt*; ↑ ***gewinnen***

ge·wọr·ben *Partizip Perfekt*; ↑ ***werben***

ge·wọr·den *Partizip Perfekt*; ↑ ***werden***

ge·wọr·fen *Partizip Perfekt*; ↑ ***werfen***

ge·wrụn·gen *Partizip Perfekt*; ↑ ***wringen***

Ge·wü̱hl *das*; *-(e)s*; *nur Sg*; ein Durcheinander von vielen Menschen od. Tieren, die sich auf engem Raum hin u. her bewegen

ge·wụn·den *Partizip Perfekt*; ↑ ***winden***

ge·wụn·ken *Partizip Perfekt*; *gespr*; ↑ ***winken***

Ge·wụ̈rz *das*; *-es*, *-e*; e-e Substanz (wie *z.B.* Salz od. Pfeffer), die man in kleinen Mengen zum Essen gibt, damit es e-n besonderen Geschmack bekommt ⟨ein getrocknetes, exotisches, mildes, scharfes G.⟩ || K-: ***Gewürz-, -essig, -kuchen, -mischung***

Ge·wụ̈rz·gur·ke *die*; e-e Gurke, die in Essig, Wasser u. bestimmten Gewürzen eingelegt ist

Ge·wụ̈rz·nel·ke *die*; *mst Pl*; die getrocknete Blütenknospe e-s bestimmten Baumes, die als Gewürz verwendet wird || K-: ***Gewürznelken-, -baum***

ge·wụsst *Partizip Perfekt*; ↑ ***wissen***

Gey·sir ['gaizi:ɐ̯] *der*; *-s*, *-e*; e-e natürliche Quelle, aus der von Zeit zu Zeit heißes Wasser in die Luft schießt

gez. *Abk für* gezeichnet; verwendet, wenn ein vervielfältigtes Schreiben nicht von Hand unterschrieben ist

Ge·ze̱i·ten *die*; *Pl*; das regelmäßige An- und Abschwellen des Meeresspiegels an der Küste ≈ Ebbe u. Flut || K-: ***Gezeiten-, -wechsel***

Ge·ze̱i·ten|kraft·werk *das*; ein Kraftwerk, das die Strömung des Wassers bei Ebbe u. Flut ausnutzt u. Elektrizität erzeugt

ge·zi̱e·hen *Partizip Perfekt*; ↑ ***zeihen***

ge·zi̱elt; **1** *Partizip Perfekt*; ↑ ***zielen*** **2** *gezielter, gezieltest-*; *Adj*; auf ein bestimmtes Ziel od. e-n bestimmten Zweck ausgerichtet ⟨ein Schuss; e-e Frage, Maßnahmen⟩: *Sie ging bei ihrer Suche g. vor*

ge·zi̱e·men; *geziemte, hat geziemt*; *geschr veraltend*; [Vi] **1** ***etw. geziemt j-m*** ≈ etw. gebührt j-m; [Vr] **2** ***etw. geziemt sich*** ≈ etw. gehört sich

ge·zi̱e·mend **1** *Partizip Präsens*; ↑ ***geziemen*** **2** *Adj*; *geschr veraltend*; so, dass es den Normen entspricht (*bes* solchen, die durch die soziale Stellung bedingt sind) ⟨in geziemendem Abstand, mit geziemender Höflichkeit⟩

ge·zi̱ert **1** *Partizip Perfekt*; ↑ ***zieren*** **2** *gezierter, geziertest-*; *Adj*; übertrieben vornehm ≈ affektiert ⟨e-e Ausdrucksweise, ein (Brief)Stil⟩ || *hierzu* **Ge·zi̱ert·heit** *die*; *nur Sg*

ge·zo̱·gen *Partizip Perfekt*; ↑ ***ziehen***

Ge·zwịt·scher *das*; *-s*; *nur Sg*; das Zwitschern ⟨das G. der Vögel⟩ || -K: ***Vogel-***

ge·zwụn·gen **1** *Partizip Perfekt*; ↑ ***zwingen*** **2** *Adj*; nicht freiwillig u. deshalb unnatürlich wirkend: *Mit e-m gezwungenen Lächeln begrüßte sie die Gäste* || *zu* **2** **Ge·zwụn·gen·heit** *die*; *nur Sg*

ge·zwụn·ge·ner·ma̱·ßen *Adv*; (*mst* unfreiwillig) e-r Pflicht, e-r Notwendigkeit od. e-m Zwang folgend ≈ notgedrungen: *Da ich kein Auto habe, muss ich g. mit dem Bus fahren*

ggf. *Abk*; ↑ ***gegebenenfalls***

Ghẹt·to *das*; ↑ ***Getto***

Gho̱st·wri·ter ['goustraɪtə] *der*; *-s*, *-*; j-d, der für e-n anderen (*z.B.* e-n Politiker) Reden, Bücher *o.Ä.* schreibt u. dabei anonym bleibt

gibt *Präsens, 3. Person Sg*; ↑ ***geben***
Gicht *die*; -; *nur Sg*; e-e Krankheit, bei der sich die Gelenke entzünden (u. verformen); *Med* Arthritis || K-: ***Gicht-, -anfall, -knoten***; ***gicht-, -krank***
gich·tig *Adj*; an Gicht erkrankt ⟨ein Greis; Gelenke⟩
Gie·bel *der*; *-s*, -; der obere, *mst* dreieckige Teil der Wand an der schmalen Seite e-s Gebäudes: *ein Haus mit e-m spitzen G.* || K-: ***Giebel-, -fenster, -seite, -wand, -zimmer***
Gier [giːɐ̯] *die*; -; *nur Sg*; **die G.** (***nach etw.***) das starke (oft ungezügelte) Verlangen, etw. zu haben od. zu bekommen ≈ Begierde ⟨unersättliche, maßlose, grenzenlose G.⟩: *die grenzenlose G. nach Macht u. Reichtum*
gie·ren; *gierte, hat gegiert*; [Vi] ***nach etw. g.*** ein sehr starkes Verlangen nach etw. haben
gie·rig *Adj*; ***g.*** (***auf etw.*** (*Akk*) / ***nach etw.***) voller Gier ⟨ein Mensch; Blicke; etw. g. verschlingen; g. essen, trinken⟩: *g. nach Geld u. Ruhm sein*
-gie·rig *im Adj, begrenzt produktiv*; voll Gier, die genannte Sache zu tun, zu bekommen od. zu erleben; ***geldgierig, goldgierig, machtgierig, mordgierig, profitgierig, rachgierig, raffgierig***
gie·ßen; *goss, hat gegossen*; [Vi] **1** ***etw. irgendwohin g.*** e-e Flüssigkeit aus e-m Gefäß irgendwohin fließen lassen (indem man das Gefäß neigt): *Wein in ein Glas g.*; *Vanillesoße über den Pudding g.* **2** ***etw. irgendwohin g.*** e-e Flüssigkeit ohne Absicht über / auf etw. fließen lassen: *beim Einschenken Rotwein auf die Tischdecke g.*; [Vt/i] **3** (***etw.***) ***g.*** Blumen od. anderen Pflanzen (mit e-r Gießkanne) Wasser geben **4** (***etw.***) ***g.*** etw. herstellen, indem man *z.B.* Wachs od. Metalle durch Erhitzen flüssig macht u. die Masse dann in e-e Form fließen lässt, damit sie hart wird ⟨Glocken, Kerzen g.⟩; [Vimp] **5** ***es gießt*** *gespr*; es regnet sehr stark || ▸ ***Guss***
Gie·ße·rei *die*; -, *-en*; ein Betrieb, in dem aus flüssigem Metall Gegenstände hergestellt (gegossen (4)) werden || K-: ***Gießerei-, -arbeiter, -betrieb***
Gieß·kan·ne *die*; ein Behälter (e-e Kanne) mit e-m langen Rohr, mit dem man die Pflanzen (im Haus u. im Garten) gießt || ↑ *Abb. unter* ***Gartengeräte***
Gieß·kan·nen|prin·zip *das*; *nur Sg*; ein System, staatliche Mittel zu gleichen Teilen auf viele Empfänger zu verteilen (ohne auf die tatsächlichen Bedürfnisse zu achten) ⟨etw. nach dem G. verteilen⟩
Gift *das*; *-(e)s*, *-e*; **1** e-e Substanz, die dem Organismus stark schadet u. tödlich für ihn sein kann ⟨G. auslegen, mischen, spritzen⟩: *G. gegen Ratten auslegen*; *Der Fliegenpilz enthält ein G., das für den Menschen sehr gefährlich ist* || K-: ***Gift-, -drüse, -gas, -mord, -mörder, -pfeil, -pflanze, -pilz, -schlange, -stachel, -stoff, -zahn*** || -K: ***Insekten-, Pflanzen-, Ratten-, Schlangen-*** **2** ***G. nehmen*** absichtlich G. (1) essen od. trinken, um zu sterben || ID ***etw. ist*** (***das reinste***) ***G.*** (***für j-n / etw.***) etw. schadet j-m / etw. sehr: *Für ihn ist Alkohol das reinste G.*; ***G. u. Galle spucken***; ***sein G. versprühen*** bösartige Bemerkungen machen; *mst* ***Darauf kannst du G. nehmen!*** *gespr*; darauf kannst du dich verlassen, das ist ganz bestimmt so || *zu* **1** **gift·hal·tig** *Adj*; *nicht adv*
gif·ten; *giftete, hat gegiftet*; *gespr*; [Vi] **1** ***etw. giftet j-n*** etw. macht j-n sehr böse / ärgerlich: *Die Beförderung seines Kollegen hat ihn so richtig gegiftet*; [Vi] **2** seinen Ärger mit Beschimpfungen *o.Ä.* zum Ausdruck bringen: *Sie giftet den ganzen Tag*; [Vr] **3** ***sich*** (***über etw.*** (*Akk*)) ***g.*** wegen etw. sehr ärgerlich werden: *Über die Ungerechtigkeit seines Chefs giftete er sich gewaltig*
gift·grün *Adj*; von e-m sehr grellen, hellen Grün
gif·tig *Adj*; **1** *nicht adv*; Gift (1) enthaltend ⟨e-e Pflanze, ein Pilz⟩ **2** *nicht adv*; so, dass sie beim Beißen, Stechen *o.Ä.* Gift von sich geben ⟨Schlangen, Skorpione⟩ **3** *nicht adv*; (gesundheits)schädliche Stoffe enthaltend ⟨Dämpfe, Abwässer⟩ **4** *gespr*; boshaft u. voller Hass ⟨Bemerkungen, Blicke, Spott⟩: *Als er bemerkte, dass er verlieren würde, wurde er sehr g.* **5** *nicht adv* ≈ grell ⟨*mst* ein Grün⟩
Gift·müll *der*; *nur Sg*, *Kollekt*; giftige Abfallstoffe, die die Umwelt schädigen
Gift·zwerg *der*; *gespr pej*; ein Mensch, der klein, sehr boshaft u. missgünstig ist
Gi·gant *der*; *-en*, *-en*; *geschr*; **1** ≈ Riese **2** e-e Person / Sache, die auf e-m bestimmten Gebiet besonders mächtig od. dominant ist: *die Giganten im Bereich der Elektronik*; *die Giganten des Tennissports* **3** etw. von außergewöhnlicher Größe: *Das Matterhorn zählt zu den Giganten der Bergwelt* || NB: *der Gigant*; *den, dem, des Giganten* || *zu* **3** **gi·gan·tisch** *Adj*
Gil·de *die*; -, *-n*; *hist*; e-e Vereinigung von Handwerkern od. Kaufleuten (*bes* im Mittelalter), die sich gegenseitig schützten u. ihre Interessen sichern wollten ≈ Zunft
gilt *Präsens, 3. Person Sg*; ↑ ***gelten***
ging *Imperfekt, 1. u. 3. Person Sg*; ↑ ***gehen***
Gins·ter *der*; *-s*; *nur Sg*; ein relativ kleiner Strauch mit vielen grünen Zweigen, kleinen Blättern (u. vielen gelben Blüten)
Gip·fel *der*; *-s*, -; **1** die oberste Spitze e-s Berges ⟨e-n G. besteigen, bezwingen, mit letzter Kraft erreichen⟩ **2** ***der G.*** + *Gen* der höchste Grad, das höchste Ausmaß der genannten Sache: *Er hat den G. seines Ruhmes längst überschritten*; *Das ist der G. der Geschmacklosigkeit* **3** Verhandlungen zweier od. mehrerer Regierungen auf höchster Ebene ≈ Gipfelkonferenz, Gipfeltreffen: *Der G. über Umweltprobleme findet nächste Woche in Brüssel statt* || -K: ***Wirtschafts-*** || ID ***Das ist*** (***doch***) ***der G.!*** *gespr*; das ist e-e Unverschämtheit!
Gip·fel·kon·fe·renz *die* ≈ Gipfel (3)
Gip·fel·tref·fen *das* ≈ Gipfel (3)
gip·feln; *gipfelte, hat gegipfelt*; [Vi] ***etw. gipfelt in etw.*** (*Dat*) *geschr*; etw. erreicht mit etw. seinen (oft negativen) Höhepunkt: *Seine Rede gipfelte in e-m Aufruf an alle Mitglieder zum Streik*; *Die Demonstration gipfelte schließlich in e-r gewalttätigen Auseinandersetzung zwischen Demonstranten u. Polizei*
Gips *der*; *-es*; *nur Sg*; **1** ein weißgraues Mineral; *Chem* Kalziumsulfat **2** ein Pulver aus G. (1), das zusammen mit Wasser e-e Masse gibt, mit der man *bes* Löcher in e-r Wand zumacht od. Formen herstellt ⟨G. anrühren; der G. bindet schnell ab⟩: *ein Loch mit G. zuspachteln* || K-: ***Gips-, -abdruck, -büste, -figur*** **3** *Kurzw* ↑ ***Gipsverband*** ⟨e-n G. haben⟩ || *zu* **2** **gip·ser·n-** *Adj*; *nur attr, nicht adv*
Gips·bein *das*; *gespr*; ein Bein od. ein Fuß mit e-m Gipsverband ⟨ein G. haben⟩
gip·sen; *gipste, hat gegipst*; [Vt] **1** ***etw. g.*** etw. mit Gips (2) reparieren, füllen *o.Ä.* ⟨ein Loch, e-n Riss g.⟩ **2** ***j-n / etw. g.*** *gespr*; j-m an e-m Körperteil e-n Gipsverband anlegen
Gips·ver·band *der*; ein Verband aus Binden, die in Gips (2) getränkt sind, der dann hart wird. Er wird verwendet, um e-n verletzten od. gebrochenen Körperteil ruhig zu stellen ⟨j-m e-n G. anlegen, abnehmen⟩
Gi·raf·fe *die*; -, *-n*; ein großes Säugetier mit braunen Flecken, langen Beinen u. e-m sehr langen Hals, das in den Savannen Afrikas lebt u. Pflanzen frisst
Gir·lan·de *die*; -, *-n*; e-e Art lange Kette aus Papier, Blumen *o.Ä.*, mit der man Säle, Häuser od. Straßen festlich schmückt || K-: ***Girlanden-, -schmuck***
Gi·ro [ˈʒiːro] *das*; *-s*, *-s*; *Bank*; der bargeldlose Zah-

lungsverkehr zwischen verschiedenen Konten || K-: ***Giro-, -bank, -scheck, -verkehr***

Gi·ro·kon·to ['ʒiː-] *das*; ein Bankkonto mit sehr niedrigen Zinsen, von dem jederzeit Geld abgehoben werden kann od. auf das Geld überwiesen werden kann: *Der Lohn wird jeden Monat auf das G. überwiesen*

gis, Gis *das*; -, -; *Mus*; der Halbton über dem g || K-: ***gis-Moll***

Gischt *die*; -; *nur Sg*; der Schaum u. das sprühende Wasser, die sich oben auf Wellen bilden

Gi·tar·re *die*; -, *-n*; ein Musikinstrument mit sechs Saiten, das man mit den Fingern od. mit e-r kleinen Plastikscheibe spielt ⟨G. spielen, j-n auf der G. begleiten; zur G. singen⟩ || K-: ***Gitarren-, -solo, -spieler, -verstärker*** || -K: ***Bass-, Elektro-, Rhythmus-; E-Gitarre***

Gitarre

Gi·tar·rist *der*; *-en, -en*; j-d, der (beruflich) Gitarre spielt || -K: ***Bass-, Solo-*** || NB: *der Gitarrist; den, dem, des Gitarristen* || *hierzu* **Gi·tar·ris·tin** *die*; -, *-nen*

Git·ter *das*; *-s*, -; e-e flache Konstruktion aus senkrechten u. waagrechten Stäben, mit der man *bes* Öffnungen (Fenster, Türen, Schächte) versperrt od. Heizkörper *o.Ä.* verkleidet || K-: ***Gitter-, -fenster, -stab, -tür, -zaun*** || ID ***hinter Gitter kommen*** ins Gefängnis kommen; ***hinter Gittern sein*** im Gefängnis sein

Git·ter·bett *das*; ein Bett *bes* für kleine Kinder, das außen von Stäben umgeben ist, damit das Kind nicht hinausfällt

Glace [glas] *die*; -, *-n*; ⒸⒽ ≈ Speiseeis

Gla·cee|hand·schuh, Gla·cé|hand·schuh [gla'seː-] *der*; *mst in* ***j-n mit Glacéhandschuhen anfassen*** *gespr*; j-n sehr vorsichtig u. höflich behandeln, um ihn nicht zu beleidigen od. zu kränken

Gla·di·a·tor [gla'di̯aːtoːɐ̯] *der*; *-s, Gla·di·a·to·ren*; *hist*; j-d, der im alten Rom in der Arena mit e-r Waffe gegen Menschen od. wilde Tiere kämpfte

Gla·di·o·le [gla'di̯oːlə] *die*; -, *-n*; e-e Blume mit großen (trichterförmigen) Blüten in leuchtenden Farben

Glanz *der*; *-es*; *nur Sg*; **1 *der G.*** + *Gen* / ***von etw.*** das Licht, das von e-m glatten Gegenstand zurückgestrahlt wird ⟨der G. e-s Diamanten; der G. von Gold, von Haaren⟩ || K-: ***Glanz-, -lack, -leder, -papier*** || -K: ***Seiden-, Silber-*** **2** das Leuchten ⟨*mst* der G. der Sterne⟩ || -K: ***Lichter-*** **3 *der G.*** + *Gen* das sehr Positive, das etw. an sich hat ⟨der G. der Jugend, der Schönheit, des Ruhmes, des Sieges⟩ || ID ***mit Glanz u. Gloria untergehen*** e-e schwere Niederlage erleiden

glän·zen; *glänzte, hat geglänzt*; [Vi] **1 *etw. glänzt*** etw. strahlt Glanz (1) aus ≈ etw. leuchtet ⟨Gold, ein Spiegel, die Wasseroberfläche; die Augen, Haare⟩ **2 *j-d glänzt*** j-d ruft aufgrund e-r bestimmten Eigenschaft od. Fähigkeit Bewunderung hervor ≈ j-d sticht hervor: *durch Geist, Schönheit, Wissen g.*; *Er wollte vor seinen Freunden g.* || ID ↑ ***Abwesenheit***

glän·zend 1 *Partizip Präsens*; ↑ ***glänzen*** **2** *Adj*; sehr gut, hervorragend ⟨ein Tänzer, ein Tenor, ein Redner; e-e Idee; sich (mit j-m) g. verstehen; g. aufgelegt sein⟩: *Mir geht es g.*

Glanz·idee *die*; *gespr, oft iron*; e-e sehr gute Idee: *Das war keine G.!*

Glanz·leis·tung *die*; *oft iron*; e-e sehr gute Leistung ⟨e-e G. vollbringen⟩: *Das war nicht gerade e-e G.*

glanz·los *Adj*; **1** ohne Glanz (1) **2** mittelmäßig ⟨e-e Leistung⟩

Glanz·stück *das*; *oft iron*; e-e sehr gute Leistung, ein Meisterwerk

glanz·voll *Adj*; **1** sehr gut ≈ hervorragend, ausgezeichnet ⟨e-e Leistung, ein Sieg⟩ **2** voll Prunk ⟨ein Fest⟩

Glas *das*; *-es, Glä·ser*; **1** *nur Sg*; ein durchsichtiges, hartes Material, das leicht zerbricht u. aus dem man *z.B.* Fensterscheiben u. Trinkgefäße herstellt ⟨geschliffenes, kugelsicheres, unzerbrechliches G.; G. (zer)bricht, splittert, springt⟩ || K-: ***Glas-, -auge, -behälter, -flasche, -gefäß, -kasten, -kugel, -perle, -platte, -scheibe, -scherbe, -schüssel, -splitter, -tisch, -tür*** || -K: ***Fenster-, Flaschen-; Alt-*** || *zu* ***Glasscherbe*** ↑ *Abb. unter* ***Stück***[1] **2** ein Trinkgefäß aus G. (1) ⟨mit seinem G. anstoßen; die Gläser klirren⟩ || -K: ***Bier-, Cognac-, Schnaps-, Sekt- Wasser-, Wein-; Kristall-*** **3** die Menge e-r Flüssigkeit, die in ein G. (2) passt ⟨ein G. einschenken, austrinken⟩: *Sie hat schon drei Glas / Gläser Wein getrunken* || NB: als Maßangabe bleibt *G.* im Pl. oft unverändert **4** ein Behälter aus G. (1) (für Marmelade *o.Ä.*): *Auf dem Regal stehen Gläser mit Kompott* || -K: ***Einkoch-, Marmeladen-*** **5** *mst Pl*; ein geschliffenes Stück G. (1) für e-e Brille ⟨ein konkaves, konvexes G.⟩: *e-e Brille mit dicken Gläsern* || -K: ***Brillen-*** **6** *Kurzw* ↑ ***Fernglas*** || -K: ***Opern-*** || ID ***zu tief ins G. geschaut haben; ein G. über den Durst getrunken haben*** *gespr hum*; zu viel Alkohol getrunken haben || *zu* **1 glas·ar·tig** *Adj*

Gläser

Glas·blä·ser *der*; j-d, der beruflich aus geschmolzenem Glas Gegenstände herstellt

Gla·ser *der*; *-s*, -; ein Handwerker, der Glasscheiben zuschneidet u. einsetzt *o.Ä.* || K-: ***Glaser-, -meister***

Gla·se·rei *die*; -, *-en*; die Werkstatt od. das Geschäft des Glasers

glä·ser·n- *Adj*; *nur attr, nicht adv*; aus Glas (1) ⟨e-e Figur⟩

Glas·fa·ser|ka·bel *das*; ein Kabel aus Glas in Form von langen, dünnen Fäden, das *bes* für die gleich-

G

zeitige Übertragung großer Mengen von Daten dient (*z.B.* im ISDN-Netz)

Glas·fi·ber *die*; -; *nur Sg*; ein Kunststoff, der aus geschmolzenem Glas (1) gemacht wird || K-: ***Glasfiber-, -boot, -kabel, -stab***

glas·hart *Adj*; sehr hart ⟨ein Material⟩

Glas·haus *das* ≈ Treibhaus, Gewächshaus || ID ***Wer (selbst) im G. sitzt, soll nicht mit Steinen werfen*** Fehler, die man selbst hat, sollte man nicht bei anderen kritisieren

Glas·hüt·te *die*; ein Industriebetrieb, in dem Glas hergestellt u. verarbeitet wird

gla·sie·ren; *glasierte, hat glasiert*; Vt **1** ***etw. g.*** ein Gefäß (aus Keramik od. Porzellan) mit e-r Glasur (1) überziehen: *e-e Vase g.* **2** ***etw. g.*** Gebäck mit e-r Glasur (2) überziehen: *ein Nusshörnchen g.*

gla·sig *Adj*; **1** starr u. ausdruckslos ⟨Augen, ein Blick⟩ **2** leicht glänzend u. fast durchsichtig: *Zwiebeln dünsten, bis sie g. sind*

Glas·ke·ra·mik *die*; ein sehr hartes Material aus Glas (1), aus dem die Oberfläche mancher Elektroherde besteht || K-: ***Glaskeramik-, -kochfeld***

glas·klar *Adj*; **1** so klar u. durchsichtig wie Glas ⟨Wasser⟩ **2** klar u. deutlich ⟨sich g. ausdrücken⟩

Glas·nost (*die*); -; *nur Sg*; (*bes* in der ehemaligen Sowjetunion) e-e Politik, die dadurch gekennzeichnet ist, dass die Ziele u. Entscheidungen in Partei u. Staat für die Bürger verständlicher u. durchsichtiger sind ≈ Transparenz

Glas·pa·last *der*; *gespr*; ein großes modernes (Büro)Gebäude mit vielen, großen Fenstern

Gla·sur [-ˈzuːɐ̯] *die*; -, *-en*; **1** ein durchsichtiger, harter, glasartiger Überzug auf Keramik- od. Porzellanwaren **2** ein glänzender Überzug aus Zucker od. Schokolade auf Gebäck od. Konfekt ≈ Guss (3) || -K: ***Schokoladen-, Zucker-***

Glas·wol·le *die*; ein Isoliermaterial aus Fasern aus Glas (1), das ähnlich wie Watte aussieht

glatt[1], *glatter / glätter, glattest- / glättest-*; *Adj*; **1** ohne Löcher, Risse od. Erhebungen ↔ rau ⟨e-e Oberfläche⟩ **2** ohne Falten, Unebenheiten *o.Ä.*: *Wäsche bügeln, damit sie g. wird* **3** so g. (1), dass man leicht darauf ausrutschen kann ⟨ein Parkettboden⟩: *Die Straße war sehr g.* (= vereist) || NB *zu* **3**: Um *g.* zu verstärken, verwendet man *spiegelglatt* **4** ohne Locken ⟨Haar(e)⟩ **5** *nicht adv*; (verwendet in Bezug auf Zahlen) ≈ rund[1] (3) ⟨e-e Summe⟩ **6** *nur attr od adv*; ohne Schwierigkeiten od. Probleme ⟨e-e Fahrt, Landung; etw. verläuft g.⟩: *der glatte Ablauf e-r Veranstaltung* **7** *nur attr od adv, gespr* ≈ eindeutig, offensichtlich ⟨Betrug, Blödsinn, e-e Lüge⟩: *Das ist g. gelogen!* **8** *nur attr od adv, gespr*; ohne Zögern ⟨e-e Absage, ein Nein; etw. g. ablehnen⟩ **9** ***e-e glatte*** + *Zahl, gespr*; verwendet in Bezug auf (Schul)Noten, um auszudrücken, dass sie klar u. unzweifelhaft erreicht wurden: *Sie hat in Englisch e-e glatte Eins bekommen!* **10** *pej*; übertrieben höflich u. schmeichlerisch ⟨ein Typ⟩ || NB *zu* **10**: um g. zu verstärken, verwendet man *aalglatt* || ID ***etw. geht j-m g. runter*** *gespr*; etw. schmeichelt j-m || *zu* **1** u. **3 Glät·te** *die*; -; *nur Sg*

glatt[2] *Partikel, betont u. unbetont, gespr*; verwendet, um e-e Aussage zu verstärken ≈ schlichtweg: *Stell dir vor, er hat das g. geglaubt!*; *Gut, dass du mich daran erinnerst, ich hätte es g. vergessen*

glatt[3] *mit Verb, wenig produktiv*; Die Verben mit *glatt* werden nach folgendem Muster gebildet: *glatt bügeln - bügelte glatt - glatt gebügelt*

glatt drückt aus, dass durch die genannte Handlung etw. glatt (1) wird;

etw. glatt streichen: *Sie strich die Tischdecke glatt* ≈ Sie strich mit den Händen über die Tischdecke, sodass die Falten verschwanden

ebenso: ***etw. glatt bügeln, etw. glatt hobeln, etw. glatt kämmen, etw. glatt machen, etw. glatt polieren, j-n / j-m etw. glatt rasieren, etw. glatt schleifen***

> **glatt ge·hen** (*ist*) Vi *gespr*; ***etw. geht glatt*** etw. verläuft ohne Probleme: *Wenn alles glatt geht, sind wir in einer Stunde zu Hause*

Glatt·eis *das*; *nur Sg*; e-e glatte (3) Eisschicht auf Straßen u. Wegen: *Bei G. muss man vorsichtig bremsen, um nicht ins Rutschen zu kommen* || K-: ***Glatteis-, -bildung, -gefahr*** || ID ***j-n aufs G. führen*** j-n überlisten; ***sich*** (*Akk*) ***aufs G. begeben*** (unbeabsichtigt) in e-e heikle Situation kommen

glät·ten; *glättete, hat geglättet*; Vt **1** ***etw. g.*** etw. Unebenes od. Zerknittertes glatt (1) machen: *ein zerknülltes Stück Papier g.*; *e-n zerknitterten Stoff mit dem Bügeleisen g.*; Vr **2** ***etw. glättet sich*** etw. wird (wieder) glatt (1) || ID *mst* ***die Wogen*** ⟨der Empörung *o.Ä.*⟩ ***haben sich geglättet*** *geschr*; die Empörung *o.Ä.* ist jetzt vorbei

glatt·ma·chen; *machte glatt, hat glattgemacht*; Vt ***etw. g.*** ≈ bezahlen, begleichen ⟨e-e Rechnung, e-e Summe g.⟩ || NB: aber: *e-e raue Oberfläche glatt machen* (getrennt geschrieben)

glatt·weg *Adv*; *gespr*; **1** ohne zu zögern ≈ entschieden, glatt (8) ⟨etw. g. leugnen⟩: *ein Angebot g. ablehnen* **2** ≈ eindeutig, glatt (7): *Das ist g. erfunden / gelogen!*

Glat·ze *die*; -, *-n*; **1** e-e Kopfhaut ohne Haare **2** e-e relativ große Stelle auf dem Kopf, an der keine Haare mehr sind || -K: ***Stirn-***

Glatz·kopf *der*; **1** ein Kopf ohne Haare od. mit nur wenig Haaren **2** *gespr, oft pej*; j-d, der e-e Glatze hat || *hierzu* **glatz·köp·fig** *Adj*

Glau·be *der*; *-ns*; *nur Sg*; **1 der G.** (***an etw.***) die feste Überzeugung, dass j-d / etw. existiert od. dass etw. wahr, richtig od. möglich ist ⟨ein blinder, fanatischer, felsenfester, unerschütterlicher G.; den Glauben an j-n / etw. verlieren; j-m / j-s Worten (keinen) Glauben schenken⟩: *der G. an das Gute im Menschen* || -K: ***Fortschritts-*** **2 *der Glaube an j-n*** das Vertrauen in j-n: *Sie hat den Glauben an ihn verloren* **3** ≈ Konfession, Religion ⟨der christliche, jüdische G.; zu e-m anderen Glauben überwechseln; j-n zu e-m anderen Glauben bekehren⟩ || K-: ***Glaubens-, -gemeinschaft*** **4 *der G.*** (***an Gott*** (*Akk*)) die religiöse Überzeugung, dass es e-n Gott gibt ⟨seinen Glauben bekennen, verlieren, wieder finden⟩ || K-: ***Glaubens-, -lehre, -streit*** || NB: *der Glaube*; *den, dem Glauben, des Glaubens*

glau·ben; *glaubte, hat geglaubt*; Vt/i **1** (***etw.***) ***g.*** e-e bestimmte Meinung zu etw. haben: *Ich glaube*, dass *er kommen wird*; *Ich glaube, er kommt*; *Sie glaubte, im Recht* zu *sein*; *„Wird es regnen?“* - *„Ich glaube nicht / schon“* || NB: ↑ Erläuterungen auf Seite 55 **2 *j-m*** (***etw.***) ***g.*** das, was j-d gesagt od. behauptet hat, für wahr halten: *Sie glaubte ihm nicht / kein Wort*; Vt **3** (***j-m***) ***etw. g.*** ≈ g. (2): *Ich kann einfach nicht g.*, dass *er das machen wollte* **4 *j-n / sich irgendwie / irgendwo g.*** der Überzeugung sein, dass etw. in Bezug auf j-n / einen selbst zutrifft: *sich unbeobachtet g.*; *sich im Recht g.*; *Er glaubte sie in Berlin*; Vi **5 *etw.*** (*Dat*) ***g.*** ≈ g. (2): *Wir glaubten seiner Aussage nicht* **6 *an etw.*** (*Akk*) ***g.*** der Meinung sein, dass etw. möglich ist, existiert od. geschehen wird: *an den Sieg g.*; *Ich glaube nicht an Wunder!* **7 *an j-n g.*** Vertrauen zu j-m haben u. überzeugt sein, dass er das Richtige tut **8 *an Gott g.*** fest davon überzeugt sein, dass Gott existiert || ID ***dran g. müssen*** *gespr*; **a**) sterben (müssen); **b**) von etw. Unangenehmem betroffen werden: *„Wer ist dran mit dem Abwasch?“ - „Heute musst du dran g.!“*; *Beim letzten Sturm hat der Apfelbaum dran g. müssen*; ***j-d will j-n etw.*** (*Akk*) ***g. machen*** j-d versucht, j-n von etw. zu überzeugen, das *mst* nicht wahr ist: *Sie wollte mich g. machen*, dass ...; *mst* ***Das ist ja nicht / kaum zu g.!*** *gespr*; verwendet, um Zweifel u. Entrüstung auszudrücken; ***Ob du es glaubst od. nicht*** *gespr*; verwendet zur Verstärkung, wenn man j-m etw. Überraschendes mitteilt; ***Wers glaubt, wird selig!*** *gespr hum*; das glaube ich nicht

Glau·ben *der*; *-s*; *nur Sg*; ↑ **Glaube**

Glau·bens·be·kennt·nis *das*; **1** die Zugehörigkeit zu e-r Religionsgemeinschaft ≈ Konfession **2** *nur Sg*; die wichtigsten religiösen Prinzipien, *mst* in der Art e-s Gebets ≈ Kredo ⟨das G. sprechen, ablegen⟩ **3** die (öffentliche) Darlegung seiner prinzipiellen Ansichten, Überzeugungen *usw*: *In seiner Rede hat er sein politisches G. abgelegt*

Glau·bens·frei·heit *die*; *nur Sg*; das Recht, seine Religion, seinen Glauben frei zu wählen: *Die G. ist in der Verfassung verankert*

glaub·haft *Adj*; so, dass man es (j-m) glauben (3) kann ≈ überzeugend ⟨Argumente, ein Zeuge; etw. g. darstellen, versichern⟩: *Seine Entschuldigung klingt nicht g.* || *hierzu* **Glaub·haf·tig·keit** *die*; *nur Sg*

gläu·big *Adj*; **1** von der Lehre e-r Religionsgemeinschaft überzeugt ≈ fromm: *ein gläubiger Christ, Jude* || -K: ***anders-, recht-, streng-*** **2** mit vollem Vertrauen in j-n: *Unter den Zwanzigjährigen hatte er zahlreiche gläubige Anhänger*

-gläu·big *im Adj, begrenzt produktiv, mst pej*; mit zu großem Vertrauen in die genannte Sache, ohne vernünftige Kritik od. Zweifel; ***autoritätsgläubig, fortschrittsgläubig, obrigkeitsgläubig, wissenschaftsgläubig, zukunftsgläubig***

Gläu·bi·ge *der / die*; *-n, -n*; j-d, der gläubig (1) ist || NB: *ein Gläubiger*; *der Gläubige*; *den, dem, des Gläubigen*

Gläu·bi·ger *der*; *-s, -*; j-d, der berechtigt ist, an j-n finanzielle Forderungen zu stellen, weil dieser ihn für Waren od. Leistungen nicht bezahlt hat ↔ Schuldner: *Seine Gläubiger fordern das geliehene Geld zurück*

glaub·wür·dig *Adj*; ⟨ein Zeuge; Berichte⟩ so, dass man ihnen glauben (5) kann ↔ unglaubwürdig || *hierzu* **Glaub·wür·dig·keit** *die*; *nur Sg*

gleich[1] *Adj*; **1** ohne Unterschied, von derselben Größe, Form, Zahl, Art *o.Ä.* ≈ identisch: *e-n Kuchen in zwölf gleiche Teile schneiden*; *Die Frauen verlangen gleichen Lohn für gleiche Arbeit* (*wie Männer*); *Christa u. ich sind g. groß u. g. alt* || K-: ***gleich-, -geschlechtlich***; ***gleich geartet, gesinnt, gestimmt*** **2** sehr ähnlich, in vielen Merkmalen übereinstimmend: *Sie hat die gleiche Frisur wie du*; *Sie sind sich in vielem g.*; *Solche Feste laufen immer g. ab* **3** (***ist***) ***g.*** *Math*; ist identisch mit, ergibt: *Zwei plus drei (ist) g. fünf* **4** *nur attr, nicht adv, gespr* ≈ derselbe / dieselbe / dasselbe: *Petra u. Kerstin leben in Bonn - obwohl sie im gleichen Stadtteil wohnen, sehen sie sich nur selten* **5** in keiner Weise verändert: *j-m immer g.* (= in gleichem Maße) *freundlich u. höflich antworten*; *Er ist immer noch der Gleiche* (= hat sich gar nicht geändert) **6** ***etw. ist j-m g.*** etw. ist nicht interessant, wichtig *o.Ä.* für j-n ≈ etw. ist j-m egal: *Wenn ich arbeiten muss, ist es mir g., wie das Wetter ist*; *Es sollte dir nicht g. sein, was er von dir denkt* **7** ***g., wann / wer / was*** *usw* verwendet, um auszudrücken, dass etw. keinen Einfluss auf etw. hat ≈ egal, wann / wer / was *usw*: *G., was ich mache, sie hat immer was zu kritisieren*; *Ganz g., wer anruft, ich bin nicht zu sprechen* || ID ***Gleiches mit Gleichem vergelten*** j-n genauso behandeln, wie er einen behandelt hat; *mst* ***Das kommt / läuft auf das Gleiche hinaus*** *gespr*; egal, wie man etw. macht, das Ergebnis ist immer dasselbe; ***G. u. G. gesellt sich gern*** *oft pej*; Menschen mit denselben Absichten u. Interessen schließen sich oft zusammen

gleich[2] *Adv*; **1** in sehr kurzer Zeit ≈ sofort, unverzüglich: *Muss ich das g. erledigen, od. kann ich mir Zeit lassen?*; *Sie hat den Arzt angerufen, u. er ist g. gekommen*; *Das haben wir g.* **2** ***g.*** (+ *Präp*) + *Ortsangabe* in unmittelbarer Nähe: *Die Bäckerei ist g. um die Ecke*; *Er wohnt g. nebenan*

gleich[3] *Partikel*; **1** *unbetont*; verwendet in Fragesätzen, um auszudrücken, dass sich der Sprecher im Augenblick an etw. nicht erinnern kann, das er aber schon mal wusste: *Wie war doch g. ihre Telefonnummer?* **2** *betont u. unbetont*; verwendet in Aussage- u. Aufforderungssätzen, um Ungeduld od. Unmut auszudrücken: *Wenn du keine Lust zum Tanzen hast, dann lässt du es am besten g. bleiben!*; *Ich habe dir doch g. gesagt, dass das nicht geht!* **3** *unbetont*; verwendet, um auszudrücken, dass etw. überraschend viel ist: *Die Hemden haben mir so gut gefallen, da habe ich g. fünf davon gekauft*

gleich[4] *Präp*; *mit Dat, geschr*; genauso wie: *G. seinem Vater ist auch er Arzt geworden*; *E-m Adler g. flog er durch die Luft* || NB: oft nachgestellt

> **gleich blei·ben**; *blieb gleich, ist gleich geblieben*; [Vi] ***etw. bleibt gleich*** etw. ändert sich nicht: *mit gleich bleibender Geschwindigkeit fahren*
>
> **gleich lau·tend** *Adj*; mit denselben Worten formuliert ⟨Äußerungen, Erklärungen, Meldungen⟩

gleich·alt·rig *Adj*; *nicht adv*; im gleichen Alter ⟨Freunde⟩

gleich·ar·tig *Adj*; von der gleichen Art ↔ verschiedenartig ⟨Probleme, Situationen⟩ || *hierzu* **Gleich·ar·tig·keit** *die*; *nur Sg*

gleich·be·deu·tend *Adj*; *nicht adv*; *mst in* ***etw. ist g. mit etw.*** etw. hat die gleiche Bedeutung wie etw. anderes: *Ihre Reaktion war g. mit e-r Absage*

gleich·be·rech·tigt *Adj*; **1** mit den gleichen Rechten: *In unserer Firma sind alle Partner g.* **2** (in Bezug auf e-e Frau) mit den gleichen Rechten wie der Mann **3** mit dem gleichen Stellenwert: *Die beiden Lösungswege stehen g. nebeneinander* || zu **1** u. **2** **Gleich·be·rech·ti·gung** *die*; *nur Sg*

glei·chen; *glich, hat geglichen*; [Vi] ***j-m / etw.*** (***in etw.*** (*Dat*)) ***g.*** j-m / etw. im Aussehen od. e-r anderen Eigenschaft sehr ähnlich od. mit ihm / damit fast identisch sein ≈ j-m / etw. ähneln: *Er gleicht seinem Vater nicht nur äußerlich, sondern auch in seinem Temperament*; *Die Zwillinge gleichen sich / einander wie ein Ei dem anderen*

glei·cher·ma·ßen *Adv*; im gleichen Grad od. Maß ≈ ebenso: *Sie ist bei ihren Kollegen wie bei ihren Vorgesetzten g. beliebt*

glei·cher·wei·se *Adv* ≈ gleichermaßen

gleich·falls *Adv*; **1** verwendet, um e-n Wunsch od. e-n Gruß zu erwidern: *„Schönen Tag noch!“ - „Danke g.!“* **2** *geschr*; auch[1], ebenfalls: *Wir weisen Sie g. darauf hin, dass Ihr Versicherungsschutz zum Quartalsende abläuft*

gleich·för·mig *Adj*; ohne Änderung od. Abwechslungen (über längere Zeit), in gleicher Weise: *Bei der Gymnastik gleichförmige Bewegungen machen*; *Die stundenlange gleichförmige Arbeit macht mich krank* || *hierzu* **Gleich·för·mig·keit** *die*; *nur Sg*

Gleich·ge·wicht *das*; *-(e)s*; *nur Sg*; **1** die Ruheposition, in der die einander entgegengesetzten Kräfte, die auf den Körper wirken, gleich groß sind ≈

Balance ⟨im G. sein; das G. halten, verlieren; aus dem G. kommen⟩ ‖ K-: ***Gleichgewichts-, -lage, -sinn*** **2** e-e innere Ruhe u. Ausgeglichenheit: *sich nicht so leicht aus dem (seelischen) G. bringen lassen* **3** die gleichmäßige Verteilung von etw. unter *mst* zwei konkurrierenden Seiten ⟨das militärische, kräftemäßige G.⟩ **4** ***das ökologische G.*** das natürliche Verhältnis zwischen den verschiedenen Bestandteilen u. Phänomenen der Umwelt ⟨das ökologische G. stärken⟩ ‖ *zu* **3 gleich·ge·wich·tig** *Adj*

Gleich·ge·wichts|stö·rung *die*; -, *-en*; *mst Pl*; die Unfähigkeit, das Gleichgewicht (1) zu halten ⟨Gleichgewichtsstörungen haben⟩

G

gleich·gül·tig *Adj*; **1** ohne Interesse ≈ desinteressiert: *ein gleichgültiger Schüler; sich (j-m gegenüber) g. verhalten* **2** *nicht adv*; ***j-m g.*** für j-n völlig unwichtig ≈ j-m egal: *(Es ist mir) g., ob du mitkommst, wir gehen auf jeden Fall ins Kino* ‖ *zu* **1 Gleich·gül·tig·keit** *die*; *nur Sg*

Gleich·heit *die*; -; *nur Sg*; **1** die gleiche[1] (1,2) Beschaffenheit von Personen / Sachen **2** das Gleichsein in Bezug auf Rechte *o.Ä.*: *die G. aller Menschen vor dem Gesetz* ‖ K-: ***Gleichheits-, -grundsatz, -prinzip***

Gleich·heits·zei·chen *das*; das mathematische Zeichen =, das ausdrückt, dass die Größen links u. rechts von ihm den gleichen Wert haben

Gleich·klang *der*; **1** das gleichzeitige, harmonische Klingen von Tönen **2** ≈ Harmonie ⟨der G. der Herzen, Gefühle⟩

gleich·kom·men; *kam gleich, ist gleichgekommen*; [Vi] **1** ***etw. kommt etw.*** (*Dat*) ***gleich*** etw. hat die gleichen Merkmale wie etw.: *Seine Aussagen kommen e-m Geständnis gleich* **2** ***j-m (in / an etw.*** (*Dat*)) ***g.*** (in Bezug auf die Leistung) so gut sein wie j-d anderer ≈ es j-m gleichtun: *In seinem / An Organisationstalent kam ihm so schnell keiner gleich*

gleich·ma·chen; *machte gleich, hat gleichgemacht*; [Vt] ***etw.*** (*Pl*) ***g.***; ***etw. etw.*** (*Dat*) ***g.*** die Unterschiede zwischen verschiedenen Sachverhalten od. Dingen beseitigen ≈ angleichen: *Es wird nie gelingen, die Lebensbedingungen für alle Menschen gleichzumachen* ‖ ID ↑ ***Erdboden***

Gleich·ma·che·rei *die*; -; *nur Sg*, *pej*; das Missachten von (wesentlichen) Unterschieden

gleich·mä·ßig *Adj*; **1** so, dass man den Rhythmus, den Druck, das Tempo *o.Ä.* dabei nicht ändert ≈ gleich bleibend: *g. atmen*; *sich in gleichmäßigem Tempo bewegen* **2** zu gleichen Teilen od. im gleichen Ausmaß ≈ ausgewogen: *die Bonbons an die Kinder g. verteilen; die Torte g. mit Glasur bestreichen* ‖ *hierzu* **Gleich·mä·ßig·keit** *die*; *nur Sg*

Gleich·mut *der*; *nur Sg*; die innere Ausgeglichenheit ≈ Gelassenheit ⟨etw. voller G. über sich ergehen lassen, ertragen, hinnehmen⟩ ‖ *hierzu* **gleich·mü·tig** *Adj*; **Gleich·mü·tig·keit** *die*; *nur Sg*

gleich·na·mig *Adj*; *nicht adv*; **1** mit dem gleichen Namen: *Herr Weber ist Inhaber der gleichnamigen Firma* **2** *Math*; mit gleichem Nenner: *Nur gleichnamige Brüche dürfen addiert werden* ‖ *hierzu* **Gleich·na·mig·keit** *die*; *nur Sg*

Gleich·nis *das*; *-ses*, *-se*; e-e (*mst* religiöse) Erzählung, deren Aussage mithilfe von Vergleichen dargestellt wird ≈ Parabel ⟨in Gleichnissen reden; etw. durch ein G. veranschaulichen⟩: *das G. vom verlorenen Sohn* ‖ *hierzu* **gleich·nis·haft** *Adj*

gleich·ran·gig *Adj*; *nicht adv*; mit gleichem Rang, gleicher Wichtigkeit ⟨Probleme⟩

gleich·sam *Adv*; *geschr veraltend* ≈ gewissermaßen, sozusagen ⟨g. als (ob (+ *Konjunktiv*)) ⟩

gleich·schal·ten; *schaltete gleich, hat gleichgeschaltet*; [Vt] ***etw.*** (*Pl*) ***g.***; ***etw. etw.*** (*Dat*) ***g.*** *pej*; (in e-r Diktatur) alle Vereine, Institutionen und Organisationen dazu zwingen, die Ideologie der Regierung zu vertreten: *Hitler ließ 1933 die Gewerkschaften g.* ‖ *hierzu* **Gleich·schal·tung** *die*; *nur Sg*

gleich·schen·ke·lig, **gleich·schenk·lig** *Adj*; *Geometrie*; mit zwei gleich langen Seiten ⟨*mst* ein Dreieck⟩ ‖ NB: ↑ ***gleichseitig***

Gleich·schritt *der*; *nur Sg*; *mst in* ⟨Soldaten *o.Ä.*⟩ ***gehen / marschieren im G.*** Soldaten *o.Ä.* halten (als Gruppe) beim Gehen od. Marschieren e-n genauen Rhythmus

gleich·se·hen; *sieht gleich, sah gleich, hat gleichgesehen*; [Vi] **1** ***j-m g.*** so aussehen wie e-e andere Person ≈ j-m ähnlich sehen: *Er sieht seinem Vater gleich* **2** ***etw. sieht j-m gleich*** *gespr*; etw. (*mst* ein bestimmtes Verhalten) ist typisch für j-n

gleich·sei·tig *Adj*; so, dass alle Seiten gleich lang sind ⟨*mst* ein Dreieck⟩ ‖ *hierzu* **Gleich·sei·tig·keit** *die*; *nur Sg*

gleich·set·zen; *setzte gleich, hat gleichgesetzt*; [Vt] ***etw.*** (*Pl*) ***g.***; ***etw. mit etw. g.*** zwei od. mehrere Dinge als gleich ansehen ‖ *hierzu* **Gleich·set·zung** *die*; *nur Sg*

Gleich·stand *der*; *nur Sg*; die gleiche Anzahl von Punkten od. Toren, die die Gegner bei e-m Wettkampf erreicht haben: *Bei G. nach 90 Minuten wird das Spiel verlängert*

gleich·stel·len; *stellte gleich, hat gleichgestellt*; [Vt] ***j-n / etw.*** (*Pl*) ***g.***; ***j-n / etw. (mit) j-m / etw. g.*** zwei od. mehreren Personen od. Sachen die gleiche Bedeutung zumessen, sie als gleichwertig ansehen od. gleich behandeln: *die Arbeiter (mit) den Angestellten finanziell g.* ‖ *hierzu* **Gleich·stel·lung** *die*; *nur Sg*

Gleich·strom *der*; elektrischer Strom, der immer in dieselbe Richtung fließt ↔ Wechselstrom

gleich·tun; *tat gleich, hat gleichgetan*; [Vi] ***es j-m (in / an etw.*** (*Dat*)) ***g.*** dieselbe gute Leistung erreichen wie ein anderer (den man sich als Vorbild genommen hat): *Viele jüngere Geschwister versuchen, es den älteren gleichzutun* ‖ NB: auf *in* folgt ein Subst. mit Pronomen od. Artikel, auf *an* nicht

Glei·chung *die*; -, *-en*; *Math*; ein mathematischer Ausdruck, bei dem das, was rechts u. links des Gleichheitszeichens ist, denselben mathematischen Wert hat ⟨e-e G. aufstellen, lösen; die G. geht (nicht) auf⟩: *„x+3=5" ist e-e G. mit einer Unbekannten*

gleich·viel *Adv*; *veraltend* ≈ gleichgültig, egal

gleich·wer·tig *Adj*; *nicht adv*; von gleichem Wert, gleicher Bedeutung od. gleichem Rang ⟨Gegner; Partner⟩: *Der neue Kollege ist kein gleichwertiger Ersatz für seinen Vorgänger* ‖ *hierzu* **Gleich·wer·tig·keit** *die*; *nur Sg*

gleich·wohl *Adv*; *veraltend* ≈ dennoch, trotzdem

gleich·zei·tig *Adj*; *nur attr od adv*; zur gleichen Zeit (stattfindend): *Ich kann doch nicht fünf Dinge g. machen!* ‖ *hierzu* **Gleich·zei·tig·keit** *die*; *nur Sg*

gleich·zie·hen; *zog gleich, hat gleichgezogen*; [Vi] **1** ***mit j-m g.*** (beim Sport) den Vorsprung seines Gegners wieder aufholen **2** ***etw. zieht mit etw. gleich*** etw. kommt auf dasselbe Niveau, dieselbe Stufe *o.Ä.* wie etw. anderes: *Das Land braucht Zeit, um technologisch mit seinen Nachbarn gleichzuziehen*

Gleis *das*; *-es*, *-e*; die zwei Schienen, die parallel zueinander verlaufen u. auf denen *z.B.* Züge, Straßenbahnen od. U-Bahnen fahren ⟨Gleise verlegen⟩: *Der Zug fährt / läuft auf G. 2 ein* ‖ K-: ***Gleis-, -anlage, -bau(ten)*** ‖ -K: ***(Eisen)Bahn-, Rangier-, Straßenbahn-*** ‖ ID ***aus dem (gewohnten / rechten) G. geworfen werden / geraten / kommen*** (durch ein außergewöhnliches Ereignis) aus der gewohnten Ordnung, dem normalen

Rhythmus seines Lebens geraten; ***etw. wieder ins rechte G. bringen*** e-n Fehler wieder gutmachen; ***etw. bewegt sich in ausgefahrenen Gleisen*** *pej*; etw. ist immer dasselbe, ändert sich nicht

glei·ßend *Adj*; *geschr*; sehr hell glänzend ⟨Licht⟩: *im gleißenden Scheinwerferlicht stehen*

glei·ten; *glitt, ist geglitten*; Vi **1** ***über etw.*** (*Akk*) ***g.*** sich leicht u. (scheinbar) mühelos über e-e Fläche bewegen: *Die Schlittschuhläufer glitten über das Eis*; *Das Segelboot glitt über die Wasseroberfläche* || K-: ***Gleit-, -fläche*** **2** ***irgendwohin g.*** sich langsam u. mühelos nach unten bewegen: *Er ließ sich vom Rand des Schwimmbeckens ins Wasser g.* **3** ***ein Vogel / etw. gleitet irgendwo(hin)*** ein Vogel schwebt durch die Luft (ohne mit den Flügeln zu schlagen), etw. fliegt schwebend (also ohne Antrieb durch e-n Motor) irgendwohin ⟨ein Adler, ein Drachenflieger *o.Ä.*⟩ || K-: ***Gleit-, -flug, -flugzeug*** **4** ***etw. gleitet über etw.*** (*Akk*) *geschr*; etw. bewegt sich langsam über etw.: *Sie ließ ihre Zunge über ihre Lippen g.*; *Sein Blick glitt über das Bild* **5** ***etw. gleitet j-m aus der Hand*** j-d kann etw. (Glattes) nicht mehr festhalten, sodass es *mst* zu Boden fällt ≈ etw. rutscht j-m aus der Hand || NB: ↑ ***Arbeitszeit*** (3)

Gleit·schirm *der*; ein Sportgerät (ähnlich e-m Fallschirm), mit dem man von Bergen herab durch die Luft gleiten kann || NB: Drachen (2) haben ein festes Gestell, Gleitschirme nicht || K-: ***Gleitschirm-, -fliegen, -flieger(in)***

Gleit·zeit *die*; *nur Sg*; *gespr* ≈ gleitende Arbeitszeit || K-: ***Gleitzeit-, -regelung*** || NB: ↑ ***Arbeitszeit*** (3)

Glet·scher *der*; *-s, -*; e-e große Masse von Eis (im hohen Gebirge od. an den Polen) || K-: ***Gletscher-, -eis, -spalte*** || -K: ***Eiszeit-, Hochgebirgs-***

Glet·scher·zun·ge *die*; das vordere schmale Ende e-s Gletschers

glich *Imperfekt, 1. u. 3. Person Sg*; ↑ ***gleichen***

Glied[1] *das*; *-(e)s, -er*; **1** ein beweglicher Körperteil e-s Menschen od. e-s Tieres, *bes* ein Arm od. ein Bein: *Er hatte Rheuma u. ständig Schmerzen in allen Gliedern* || K-: ***Glieder-, -bau, -schmerz(en)*** **2** *Biol*; ein Teil e-s Gliedes (1) (*bes* bei Fingern od. Zehen) zwischen zwei Gelenken || -K: ***Finger-, Zehen-*** **3** das Geschlechtsorgan des Mannes ≈ Penis

Glied[2] *das*; *-(e)s, -er*; **1** eines der ringförmigen Teile, die e-e Kette bilden || -K: ***Ketten-*** **2** ein einzelnes Element, das die Verbindung zwischen dem vorhergehenden u. dem nachfolgenden Element bildet: *Die Wissenschaftler suchen noch immer das fehlende G. in der Entwicklung vom Affen zum Menschen* || -K: ***Binde-, Zwischen-*** **3** der einzelne Teil e-s Ganzen || -K: ***Satz-, -glied***

-glie·de·rig ↑ ***-gliedrig***

glie·dern; *gliederte, hat gegliedert*; Vt **1** ***etw. (in etw.*** (*Akk*)) ***g.*** ein Ganzes nach bestimmten Gesichtspunkten in einzelne Teile od. Abschnitte einteilen: *Der Bericht ist in fünf Kapitel gegliedert*; Vr **2** ***etw. gliedert sich in etw.*** (*Akk*) etw. ist in verschiedene einzelne Teile od. Abschnitte unterteilt, die zusammen ein Ganzes bilden: *Dieser Satz gliedert sich in Haupt- u. Nebensatz*

Glie·de·rung *die*; *-, -en*; **1** das Einteilen in einzelne Abschnitte *o.Ä.* **2** ≈ Aufbau, Struktur: *die G. e-r gotischen Kathedrale in Haupt- u. Nebenschiffe*; *Sein Aufsatz lässt keine G. erkennen* **3** e-e Art Plan der inhaltlichen Struktur u. des gedanklichen Aufbaus, *z.B.* e-s Aufsatzes od. Buches: *Die Schüler müssen zu ihrem Aufsatz zuerst e-e G. anfertigen*

Glied·ma·ßen *die*; *Pl*; die Glieder[1] (1) von Menschen od. Tieren

-glied·rig *im Adj, wenig produktiv*; **1** mit der genannten Art von Gliedern[1] (1,2); ***feingliedrig, schmalgliedrig, zartgliedrig*** **2** mit der genannten Zahl od. Menge von Gliedern[2]; ***zweigliedrig, dreigliedrig, viergliedrig*** *usw*, ***mehrgliedrig, vielgliedrig***

Glied·satz *der*; *Ling* ≈ Nebensatz

glim·men; *glimmte / geschr glomm, hat geglimmt / geschr geglommen*; Vi ***etw. glimmt*** etw. brennt schwach u. ohne Flamme: *Im Ofen glimmen noch Reste des Feuers*

Glimm·stän·gel *der*; *gespr, mst pej* ≈ Zigarette

glimpf·lich *Adv*; ohne (großen) Schaden od. Nachteil ⟨g. davonkommen; etw. läuft g. ab⟩: *Bei dem Autounfall bin ich noch einmal g. davongekommen*

glit·schen; *glitschte, ist geglitscht*; Vi *mst in* ***etw. glitscht j-m aus der Hand*** *gespr*; etw., das glatt u. feucht ist, gleitet od. rutscht j-m aus der Hand ⟨Seife, ein Fisch⟩

glit·sche·rig, **glitsch·rig** ↑ ***glitschig***

glit·schig *Adj*; *nicht adv*, *gespr*; feucht u. glatt ≈ schlüpfrig ⟨ein Fisch, ein Frosch; die Seife⟩: *Nach dem Regen waren die Wege im Wald ganz g.*

glitt *Imperfekt, 1. u. 3. Person Sg*; ↑ ***gleiten***

glit·zern; *glitzerte, hat geglitzert*; Vi ***etw. glitzert*** etw. leuchtet in vielen (Licht)Reflexen immer wieder hell ⟨die Sterne, der Schnee, das Wasser, Diamanten⟩: *Die Regentropfen glitzerten im Sonnenlicht*

glo·bal *Adj*; *geschr*; **1** die ganze Erde umfassend, auf alle ihre Länder, Staaten bezogen: *Für die Umweltprobleme müssen globale Lösungen gefunden werden* **2** *nicht adv* ≈ umfassend ⟨*mst* ein Wissen⟩ **3** *mst adv, oft pej*; ohne ins Detail zu gehen ≈ allgemein, pauschal ↔ detailliert ⟨g. gesehen⟩: *In der kurzen Zeit konnten wir die Themen nur g. behandeln*

Glo·ba·li·sie·rung *die*; **1** e-e (unzulässige) Verallgemeinerung **2** die Ausdehnung e-s Zustands, Systems *o.Ä.* auf die ganze Erde ⟨die G. der Märkte, der Wirtschaft⟩

Glo·be·trot·ter *der*; *-s, -*; j-d, der Reisen durch die ganze Welt macht ≈ Weltenbummler

Glo·bus *der*; *-(ses), -se / geschr Glo·ben*; **1** e-e Kugel, auf die die Landkarte der Erde, des Monds *o.Ä.* gemalt ist u. die man um ihre eigene Achse drehen kann || -K: ***Erd-, Mond-*** **2** *gespr hum*; der Planet Erde: *Auf unserem G. wird es immer enger*

Globus

Glo·cke *die*; *-, -n*; **1** ein hohler Gegenstand (*mst* aus Metall), der oben geschlossen u. schmal, unten aber offen u. weit ist u. der innen e-n Klöppel hat. Wenn man die G. bewegt, schlägt der Klöppel gegen die Seite der G. u. macht dabei e-n Ton ⟨e-e bronzene G.; Glocken gießen; e-e G. klingt, läutet, (er)tönt⟩ || K-: ***Glocken-, -geläut(e), -gießerei, -klang, -klöppel, -läuten, -schlag, -schwengel, -ton, -turm*** || -K: ***Kirchen-, Kloster-, Schiffs-, Turm-*** **2** *veraltend* ≈ Türklingel ⟨die G. läuten, ziehen⟩ || -K: ***Haus-, Tür-, Wohnungs-*** **3** ein Gong, e-e Klingel *o.Ä.*, mit denen man ein Signal gibt (als Zeichen, dass etw. beginnt od. endet, als Warnung *o.Ä.*): *Die G. läutet zur Pause* || -K: ***Alarm-, Feuer-, Schul-, Signal-, Sturm-*** **4** ein Gegenstand, der die Form e-r G. (1) hat, *z.B.* e-e Blüte: *die Glocken der Narzissen* || K-: ***Glocken-, -rock*** || ID ***etw. an die große G. hängen*** *gespr pej*; etw., das eigentlich privat od. geheim ist, vielen Leuten erzählen; ***wissen, was die***

G. geschlagen hat erkennen, dass die Situation (für einen) ernst od. bedrohlich ist || *zu* **1 glo·cken·för·mig** *Adj*; *zu* **4 glo·ckig** *Adj*

-glo·cke *die*; *im Subst, wenig produktiv*; **1** drückt aus, dass etw. ungefähr die Form e-r Glocke (1) hat u. (zum Schutz) über Lebensmittel *o.Ä.* gestülpt wird; ***Butterglocke, Käseglocke, Kuchenglocke*** **2** drückt aus, dass etw. in der Atmosphäre ungefähr die Form e-r Glocke (1) hat; ***Dunstglocke, Rauchglocke***

Glo·cken·blu·me *die*; e-e Blume mit *mst* blauen Blüten mit der Form von kleinen Glocken

glo·cken·hell *Adj*; sehr hell u. klar ⟨ein Ton, ein Lachen⟩

G

Glo·cken·schlag *der*, **1** der Schlag e-r Glocke (3) ⟨die Glockenschläge zählen⟩ **2** ***mit dem / auf den G.*** ⟨kommen, gehen⟩ ganz pünktlich kommen, gehen

Glo·cken·spiel *das*; **1** ein Musikwerk aus mehreren kleinen Glocken (1) (*bes* im Turm e-s Rathauses *o.Ä.*), die zu bestimmten Zeiten automatisch e-e bestimmte Melodie spielen: *das G. des Münchner Rathauses* **2** ein Musikinstrument aus mehreren, verschieden langen Plättchen od. Röhren aus Metall, die mit e-r Art kleinem Hammer zum Tönen gebracht werden

Glo·cken·stuhl *der*; die Balken in e-m Turm, an denen die Glocke (1) hängt

Glöck·ner *der*; *-s, -*; *hist*; j-d, der die Glocken (1) e-r Kirche läutete

glomm *Imperfekt, 3. Person Sg*; ↑ ***glimmen***

Glo·ria *das*; *-s, -s*; **1** *nur Sg, mst iron* ≈ Ruhm || NB: ↑ ***Glanz*** **2** ein Gesang im christlichen Gottesdienst, in dem Gott gelobt wird ⟨das G. singen⟩

glo·ri·fi·zie·ren; *glorifizierte, hat glorifiziert*; [Vt] ***j-n / etw.*** (***als etw.***) ***g.*** *geschr* ≈ verherrlichen ⟨j-n als Held, als Märtyrer g.⟩ || *hierzu* **Glo·ri·fi·zie·rung** *die*; **Glo·ri·fi·ka·ti·on** *die*; *-, -en*

glo·ri·os [glo'rio:s]; *glorioser, gloriosest-*; *Adj*; *gespr iron* ≈ glorreich

glor·reich *Adj*; *mst attr*; **1** *gespr iron*; ⟨ein Einfall, ein Gedanke, e-e Idee⟩ so, dass sie überhaupt nichts bringen, ganz sinnlos sind **2** ≈ ruhmvoll ⟨ein Sieg⟩

Glos·sar *das*; *-s, -e*; e-e *mst* alphabetisch geordnete Liste von Wörtern (mit kurzen Angaben zur Bedeutung od. mit e-r Übersetzung *o.Ä.*)

Glos·se *die*; *-, -n*; (in der Presse, im Rundfunk u. im Fernsehen) ein kurzer (*mst* polemischer od. ironischer) Kommentar zu aktuellen Ereignissen *bes* aus Politik u. Kultur || K-: ***Glossen-, -schreiber***

Glot·ze *die*; *-, -n*; *mst Sg, gespr pej* ≈ Fernsehapparat ⟨vor der G. sitzen⟩

glot·zen; *glotzte, hat geglotzt*; [Vi] *gespr pej*; **1** (***irgendwie***) ***g.*** starr u. konzentriert auf etw. schauen u. dabei e-e dumme Miene machen: *Glotz nicht so (dämlich)!* **2** ≈ fernsehen

gluck! *Interjektion*; *mst* ***g., g.!*** verwendet, um das Geräusch nachzuahmen, wenn sich *z.B.* Wasser bewegt od. wenn man etw. trinkt

Glück *das*; *-(e)s*; *nur Sg*; **1** günstige Umstände od. erfreuliche Zufälle, auf die man keinen Einfluss hat u. die einem e-n persönlichen Vorteil od. Erfolg bringen ↔ Pech ⟨großes, unverdientes, unverschämtes G.; (kein, wenig, viel) G. (in der Liebe, im Spiel) haben; etw. bringt j-m G.; j-m (viel) G. für / zu etw. wünschen; sich auf sein G. verlassen⟩: *Er hat noch einmal G. gehabt - der Unfall hätte schlimmer ausgehen können!*; *Wenn du G. hast, ist vielleicht noch Kuchen übrig*; *Viel G. im Neuen Jahr!* || -K: ***Jagd-*** **2** die Personifizierung des Glücks (1) ≈ Fortuna ⟨das blinde, launische, wechselhafte G.; j-m lacht, winkt das G.; das G. ist auf j-s Seite, ist j-m hold; j-n verlässt das G.⟩ || K-: ***Glücks-, -göttin*** **3** der Gefühlszustand, in dem man große Freude od. Befriedigung empfindet (*z.B.* wenn man etw. bekommen hat, das man sich sehr gewünscht hat) ⟨ein dauerndes, kurzes, tiefes, stilles, ungetrübtes, verlorenes G.; etw. fehlt j-m noch zum / zu seinem G.⟩: *das G. des jungen Ehepaars nicht stören wollen* || K-: ***Glücks-, -gefühl*** || -K: ***Ehe-, Familien-, Mutter-*** **4** (***es ist***) ***ein G.*** (***dass ...***) es ist gut, günstig, dass ...: *Es war ein G., dass ich den Zug noch erwischt habe* || ID ***zum G.*** ≈ glücklicherweise; ***auf gut G.*** ohne die Gewissheit, dass man Erfolg haben wird; ***sein G. probieren / versuchen*** etw. tun in der Hoffnung, dass man Erfolg damit hat; ***sein G. machen*** *veraltend*; großen Erfolg im Leben haben; (***mit etw.***) ***bei j-m kein G. haben*** (mit etw.) bei j-m nichts erreichen können, nicht zum Ziel kommen; *mst* ***Er / Sie hat mehr G. als Verstand*** (***gehabt***) er / sie hat (in e-r gefährlichen, riskanten Situation, die er / sie *mst* selbst verursacht hat) viel G. (1) gehabt; ***j-d kann*** (***noch***) ***von G. reden, dass ...*** j-d hat G. (1), dass etw. nicht (noch) unangenehmer, schlechter *o.Ä.* ist; *mst* ***G. im Unglück haben*** bei e-m Unfall *o.Ä.* nicht so schwer verletzt *o.Ä.* werden, wie es hätte sein können; ***Man kann niemanden zu seinem G. zwingen*** drückt die Verärgerung *o.Ä.* des Sprechers darüber aus, dass ein anderer seinen guten Rat, seine Hilfe *o.Ä.* nicht annimmt; ***Jeder ist seines Glückes Schmied*** jeder ist selbst dafür verantwortlich, wie es ihm geht; ***G. u. Glas, wie leicht bricht das*** ein Zustand des Glücks (3) kann sehr schnell enden || *zu* **1 glück·los** *Adj*

glü·cken; *glückte, ist geglückt*; [Vi] ***etw. glückt j-m*** etw. gelingt j-m nach Wunsch: *Ihm glückt alles, was er anfängt*

glu·ckern; *gluckerte, hat gegluckert*; [Vi] ***etw. gluckert*** (***irgendwohin***) e-e Flüssigkeit bewegt sich leicht u. macht dabei ein Geräusch: *Das Wasser gluckert in den Abfluss*

glück·lich *Adj*; **1** *nur attr od adv*; mit Glück (1) ≈ erfolgreich ↔ erfolglos: *der glückliche Gewinner des Preisausschreibens* **2** *nur attr od adv*; mit günstigem Verlauf, ohne Probleme ⟨e-e Heimkehr; irgendwo g. gelandet sein⟩ **3** ***g.*** (***über etw.*** (*Akk*)) von Glück (3) u. innerer Zufriedenheit erfüllt ↔ unglücklich (1) ⟨ein Ehepaar, e-e Familie, e-e Mutter; e-e Zeit; wunschlos g. sein; j-n g. machen⟩: *Sie waren 40 Jahre lang g. verheiratet*; *Ich bin g.* (darüber), *dich kennen gelernt* zu *haben* / dass *ich dich kennen gelernt habe* **4** ⟨ein Umstand, ein Zufall⟩ so, dass sie j-m e-n Vorteil bringen ≈ günstig ↔ unglücklich (2): *Die Verhandlungen nahmen e-n glücklichen Verlauf*

glück·li·cher·wei·se *Adv*; durch e-n günstigen Umstand od. Zufall ≈ zum Glück ↔ leider: *G. wurde bei dem Unfall niemand verletzt*

Glücks- *im Subst, nicht produktiv*; verwendet, um bestimmte Dinge zu bezeichnen, die (*bes* im europäischen Kulturkreis) als Symbole gelten, die Glück (1) bringen; der ***Glückskäfer*** (= Marienkäfer), der ***Glücksklee*** (mit vier Blättern), der ***Glückspfennig***, das ***Glücksschwein***, der ***Glücksstern***, der ***Glückstag***, die ***Glückszahl***

Glück·sa·che *die*; ↑ ***Glückssache***

Glücks·brin·ger *der*; *-s, -*; e-e Person od. Sache, die j-m Glück (1) bringen soll

glück·se·lig *Adj*; sehr glücklich (3) ≈ überglücklich || *hierzu* **Glück·se·lig·keit** *die*; *nur Sg*

gluck·sen; *gluckste, hat gegluckst*; [Vi] **1** ***etw. gluckst*** ≈ etw. gluckert **2** ein Lachen unterdrücken u. dabei ein dunkel klingendes Geräusch von sich geben

Glücks·fall *der*; ein besonders günstiger Umstand od. Zufall (der j-m e-n großen Vorteil bringt)

Glücks·kind *das*; j-d, der bei allem, was er tut, immer Glück (1) hat

Glücks·pilz *der*; *gespr*; j-d, der (oft u. überraschend) Glück (1) hat ≈ Glückskind

Glücks·rit·ter *der*; *mst pej*; j-d, der leichtsinnig (u. verantwortungslos) handelt, weil er glaubt, dass er immer Glück (1) hat

Glücks·sa·che *die*; *mst in* ***das ist*** (***reine***) ***G.*** *gespr*; das kann man nicht beeinflussen, weil es von e-m günstigen Zufall abhängt

Glücks·spiel *das*; ein Spiel (*z.B.* mit Würfeln od. Karten), bei dem es nur vom Zufall abhängt, ob man gewinnt od. verliert

Glücks·sträh·ne *die*; *mst in* ***e-e G. haben*** e-e (relativ) lange Zeit Glück (1) haben ↔ e-e Pechsträhne haben

glück·strah·lend *Adj*; sehr glücklich (3) (aussehend): *Sie erzählte g., dass sie die Prüfung bestanden habe*

Glück·wunsch *der*; **1** e-e Äußerung, mit der man ausdrückt, dass man sich mit j-m über e-n Erfolg, ein schönes Ereignis (*z.B.* Geburtstag od. Hochzeit) *o.Ä.* freut ≈ Gratulation ⟨j-m die besten, seine Glückwünsche aussprechen, senden, übermitteln⟩ || K-: ***Glückwunsch-, -adresse, -karte, -telegramm*** **2** ***Herzlichen G.*** (***zu etw.***)***!*** verwendet, um j-m zu etw. zu gratulieren: *Herzlichen G. zum Geburtstag!*

Glüh·bir·ne *die*; ein hohler Gegenstand aus Glas (oft von der Form e-r Birne), in dem ein Draht glüht, wenn elektrischer Strom hindurchfließt. Man schraubt e-e G. in e-e Lampe, damit sie leuchtet: *e-e G. mit 60 Watt*

Glühbirne
das Gewinde
der Draht

glü·hen ['gly:ən]; *glühte, hat geglüht*; [Vi] **1** ***etw. glüht*** etw. brennt ohne Flamme u. Rauch rot (bzw. bei sehr hohen Temperaturen weiß): *Unter der Asche glühen die Kohlen noch*; *Er hat sich mit der glühenden Zigarette verbrannt* **2** ***etw. glüht*** (***vor etw.*** (*Dat*)) ein Körperteil wird rot u. heiß, weil j-d Fieber hat, aufgeregt ist *o.Ä.* ⟨j-s Gesicht, j-s Ohren, j-s Stirn, j-s Wangen⟩: *Ihr Gesicht glühte vor Eifer* **3** ***vor etw.*** (*Dat*) ***g.*** *geschr*; ein Gefühl intensiv erleben ⟨vor Begeisterung, Erregung g.⟩ || ► ***Glut***

glü·hend ['gly:ənt] **1** *Partizip Präsens*; ↑ ***glühen*** **2** *Adj*; sehr stark od. intensiv ⟨ein Verlangen, ein Wunsch; Liebe, Hass; j-n g. beneiden, bewundern⟩ **3** *Adj* ≈ leidenschaftlich (2) ⟨ein Bewunderer, ein Verehrer⟩

glü·hend heiß *Adj*; sehr heiß

Glüh·lam·pe *die* ≈ Glühbirne

Glüh·wein *der*; *nur Sg*; ein heißes Getränk aus Rotwein, Zucker u. Gewürzen

Glüh·würm·chen *das*; *-s, -*; *gespr*; ein kleiner Käfer, dessen Körper in der Dunkelheit leuchten kann ≈ Leuchtkäfer

Glu·ko·se *die*; *-*; *nur Sg, Chem* ≈ Traubenzucker

Glupsch·au·ge *das*; *mst in* ***Glupschaugen kriegen, machen*** *nordd gespr*; (mit weit geöffneten Augen) staunen

Glut *die*; *-, -en*; **1** *mst Sg*; die rote, glühende Masse, die übrig bleibt, wenn *z.B.* Holz od. Kohle mit heller Flamme verbrannt ist ⟨die G. schüren, wieder anfachen, löschen⟩: *Unter der Asche glimmt noch G.* || -K: ***Kohlen-, Ofen-*** **2** *nur Sg*; e-e sehr große Hitze: *die sengende G. der Sonne Afrikas* || K-: ***Glut-, -hitze*** || -K: ***Mittags-*** **3** *nur Sg, geschr*; ***die G.*** + *Gen* die Leidenschaftlichkeit (e-r Emotion *o.Ä.*)

glut·rot *Adj*; von sehr dunkler roter Farbe ⟨die Abendsonne⟩ || *hierzu* **Glut·rö·te** *die*; *nur Sg*

Gly·ze·rin *das*; *-s*; *nur Sg*; e-e Substanz, die in allen Fetten enthalten ist u. aus der man Cremes, Salben u. Sprengstoff (Nitroglyzerin) macht

GmbH [ge:ɛmbe:'ha:] *die*; *-, -s*; *Ökon, Kurzw* ↑ ***Gesellschaft***[2] (2)

Gna·de *die*; *-, -n*; **1** *nur Sg*; das Wohlwollen gegenüber e-m sozial od. beruflich Schwächeren (das oft auf arrogante Weise zum Ausdruck gebracht wird) ⟨j-m e-n Beweis seiner G. geben; von j-s G. abhängen⟩ || K-: ***Gnaden-, -akt*** **2** e-e Tat aus G. (1) ⟨j-m e-e G. erweisen⟩ **3** *nur Sg*; die Milderung e-r Strafe, die j-d eigentlich verdient hätte, od. die Befreiung von ihr (aus Mitleid, Güte od. Nachsicht) ⟨(j-n) um G. bitten; um G. flehen; G. walten lassen⟩ || K-: ***Gnaden-, -gesuch*** **4** *nur Sg*; die Verzeihung der Sünden durch Gott ⟨die G. Gottes, die göttliche G.⟩ **5** ***Euer Gnaden*** *hist*; verwendet als Anrede für Richter od. andere Personen von hohem Rang || ID ***G. vor j-s Augen / j-m finden*** von j-m akzeptiert u. anerkannt werden; ***G. vor*** / *veraltet* ***für Recht ergehen lassen*** Nachsicht üben, j-m e-e Strafe, die er eigentlich verdient hätte, erlassen; ***auf G. u. / od. Ungnade*** ohne Möglichkeit, über das zu bestimmen, was mit einem geschieht ≈ bedingungslos ⟨j-m auf G. u. / od. Ungnade ausgeliefert, ergeben sein⟩; ***j-d hat die G.*** + ***zu*** + *Infinitiv*; *iron*; j-d tut etw. od. lässt etw. auf herablassende, arrogante Art zu: *Sie hatte die G., die Einladung anzunehmen* || *zu* **1** u. **3** **gna·den·los** *Adj* || ► ***begnadigen***

gna·den; [Vi] *nur in* ***Wenn ..., dann gnade*** (***dir, ihm*** *usw*) ***Gott!*** verwendet, um e-e Drohung auszudrücken u. e-e Strafe anzukündigen: *Wenn du nicht sofort dein Zimmer aufräumst, dann gnade dir Gott!*

Gna·den·brot *das*; *nur Sg*; *mst in* ***e-m Tier das G. geben / gewähren*** *mst* ein Pferd, das jetzt alt u. schwach ist, weiter füttern u. pflegen (weil es früher viel gearbeitet hat)

Gna·den·frist *die*; *nur Sg*; *mst in* ***j-m e-e G. einräumen / geben / gewähren / zugestehen*** j-m zum letzten Mal e-e Frist verlängern, bis zu der etw. getan werden muss

Gna·den·schuss *der*; *nur Sg*; *mst in* ***e-m Tier den G. geben*** *geschr*; ein schwer verletztes, krankes Tier (*mst* Pferd) mit e-r Schusswaffe töten

Gna·den·weg *der*; *nur Sg*; *mst in* ***auf dem G.*** mittels e-r Begnadigung durch den Präsidenten, Monarchen *o.Ä.* (der ausdrücklich darum gebeten wurde)

gnä·dig *Adj*; **1** *oft iron*; verwendet, um auszudrücken, dass der Sprecher j-s Verhalten herablassend findet (auch wenn er davon e-n Vorteil hat): *Es ist wirklich g. von dir*, dass *du mir hilfst!*; *Sie war so g., es mir* zu *sagen* **2** *Rel*; voller Gnade (4): *Es beschütze uns der gnädige Gott!* **3** nachsichtig u. bereit, Gnade (3) zu zeigen ≈ milde ↔ streng ⟨ein Richter⟩ **4** ***gnädige Frau*** *veraltend* / ***gnädiger Herr*** *veraltet*; verwendet als höfliche Anrede für e-e Frau / e-n Mann: *„Kann ich Ihnen behilflich sein, gnädige Frau?"*

Gnom *der*; *-en, -en*; (in Märchen u. Sagen) e-e Art Zwerg, den man sich *mst* als hässlich od. böse vorstellt || NB: *der Gnom*; *den, dem, des Gnomen* || *hierzu* **gno·men·haft** *Adj*

Gnu *das*; *-s, -s*; e-e Art große afrikanische Antilope

Goal [go:l] *das*; *-s, -s*; (CH) *Sport* ≈ Tor (*bes* beim Fußball)

Go·be·lin [gobə'lɛ̃:] *der*; *-s, -s*; ein fein gewebter

Teppich für die Wand, der (wie ein Bild) etw. darstellt

Go·ckel *der*; *-s*, -; *südd* ≈ Hahn[1]

> **Johann Wolfgang von Goethe**
>
> Johann Wolfgang von Goethe ist wohl der herausragendste Schriftsteller des deutschsprachigen Raums.
> Er wurde am 28. August 1749 in Frankfurt am Main geboren. Mit 16 Jahren begann er Jura zu studieren, ab 1771 arbeitete er als Anwalt in Frankfurt. 1775 wurde er als Privatlehrer und Minister an den Hof des jungen Herzogs Karl August in Weimar berufen. Weimar wurde unter Goethes Einfluss zu einem wichtigen Kulturzentrum, das bedeutende Schriftsteller und Philosophen anzog. 1786 unternahm Goethe eine zweijährige Italienreise, deren Eindrücke seine späteren Werke beeinflussten. Ab 1794 vertiefte sich die Freundschaft zu Schiller und führte zu einer engen Zusammenarbeit der beiden Schriftsteller. Goethe starb am 22. März 1832 in Weimar.
> Sein umfangreiches Werk umfasst Gedichte, Dramen, Romane und naturwissenschaftliche Abhandlungen. Zu seinen bekanntesten Werken zählen ***Götz von Berlichingen***, ***Die Leiden des jungen Werther***, ***Die italienische Reise***, ***Wilhelm Meisters Lehrjahre***, ***West-östlicher Divan*** und natürlich vor allem die beiden Teile des ***Faust***.

Go·kart *der*; *-(s)*, *-s*; **1** *Sport*; ein niedriger, kleiner Rennwagen || K-: ***Gokart-, -rennen*** **2** e-e Art kleines Auto mit Pedalen, mit dem Kinder fahren können

Gold *das*; *-(e)s*; *nur Sg*; **1** ein relativ weiches, wertvolles (Edel)Metall mit gelblichem Glanz, aus dem man vor allem Münzen u. Schmuckstücke macht; *Chem* Au ⟨echtes, massives, pures, reines, gediegenes G.; G. suchen, waschen (= mithilfe von Wasser von anderen Substanzen trennen); nach G. graben, schürfen⟩: *ein Armband aus reinem G.*; *Diamanten in G. fassen* || K-: ***Gold-, -ader, -barren, -faden, -gehalt, -kette, -klumpen, -krone, -legierung, -mine, -münze, -ring, -schmuck, -sucher, -wäscher, -zahn***; ***gold-, -blond, -braun, -gelb*** **2** ein Gegenstand, *mst* ein Schmuckstück, aus G. (1): *Aus dem Juwelierladen wurden G. u. Edelsteine im Wert von mehreren tausend Euro geraubt* **3** *ohne Artikel*, *gespr* ≈ Goldmedaille ⟨olympisches G.; G. gewinnen; sich (*Dat*) G. holen⟩ || ID ***treu wie G.*** *veraltend* ≈ sehr treu; ***j-d / etw. ist G. / Goldes wert*** j-d / etw. ist von großem Wert od. Nutzen; ***j-d / etw. ist nicht mit G. zu bezahlen / aufzuwiegen*** j-d / etw. ist sehr wichtig od. kostbar (für j-n); *mst* ***Es ist nicht alles G., was glänzt*** was nach außen kostbar od. großartig zu sein scheint, ist in Wirklichkeit oft wertlos od. unbedeutend; *mst* ***Er / Sie hat G. in der Kehle*** er / sie kann sehr schön singen || *zu* **1** **gold·far·ben** *Adj*; **gold·hal·tig** *Adj*

gol·den *Adj*; **1** *nur attr, nicht adv*; aus Gold (1) bestehend od. gemacht ⟨ein Armband, ein Becher, ein Ring, e-e Uhr *usw*⟩ **2** mit der Farbe u. dem Glanz von Gold (1) ⟨Haar, die Sonne, die Sterne; etw. glänzt, scheint, schimmert g.⟩ **3** ***e-e goldene Regel*** e-e Lebensweisheit *o.Ä.*, die immer gilt **4** ***e-e goldene Zukunft*** e-e Zukunft (1,2,3) mit viel Erfolg *o.Ä.* **5** *mst* ***ein goldenes Herz haben*** sehr gütig sein || NB: ↑ ***Mitte*** (5), ***Mittelweg*** (2)

Gold·fisch *der*; ein kleiner Fisch von gelblicher bis rötlicher Farbe, den man gern in Zierteichen u. Aquarien hält || K-: ***Goldfisch-, -teich***

Gold·grä·ber *der*; *-s*, -; j-d, der in der Erde nach Gold (1) sucht

Gold·gru·be *die*; **1** *gespr*; *mst* ein Geschäft od. ein Unternehmen, mit dem man viel Geld verdient: *Sein Restaurant ist e-e wahre G.* **2** *veraltend*; e-e Mine[1], in der Gold gewonnen wird

Gold·hams·ter *der*; ein kleiner Hamster mit gelblich braunem Fell, den man *bes* für Kinder im Haus hält

gol·dig *Adj*; *gespr*; **1** (verwendet in Bezug auf Kinder od. junge Tiere) ≈ süß, niedlich **2** sehr nett ≈ entzückend: *Das war richtig g. von ihm, sich um meine Blumen zu kümmern*

Gold·me·dail·le *die*; e-e goldene od. vergoldete Medaille, die j-d für die beste Leistung in e-m (sportlichen) Wettbewerb bekommt: *Er gewann die G. im Boxen*

Gold·rausch *der*; **1** der übertrieben starke Wunsch, Gold zu finden od. zu besitzen **2** e-e Zeit, in der viele Menschen an e-n bestimmten Ort gehen, weil sie hoffen, dort leicht Gold zu finden

Gold·re·gen *der*; ein Strauch mit leuchtend gelben Blüten, die wie Trauben herabhängen

gold·rich·tig *Adj*; *mst präd*, *gespr*; **1** völlig richtig, sehr gut: *Die Entscheidung war g.* **2** sehr sympathisch, nett: *Unser neuer Mitarbeiter ist g.*

Gold·schatz *der*; **1** ein Schatz aus Gold (1) **2** *gespr hum*; verwendet als Kosewort für j-n, dem man für etw. dankt: *Du bist ein richtiger G.!*

Gold·schmied *der*; j-d, der beruflich Schmuck(stücke) aus Gold, Silber, Edelsteinen *usw* herstellt || K-: ***Goldschmiede-, -arbeit, -kunst, -werkstatt***

Gold·staub *der*; sehr kleine Körner aus Gold (1)

Gold·stück *das*; **1** *hist*; e-e Münze aus Gold (1) **2** *gespr hum* ≈ Goldschatz (2)

Gold·waa·ge *die*; e-e Waage für sehr kleine Mengen von Gold *o.Ä.* || ID ***jedes Wort / alles auf die G. legen*** *gespr*; **a)** sehr vorsichtig sein u. sich sehr genau überlegen, was man sagt; **b)** jedes Wort, das gesprochen wird, völlig ernst nehmen

Golf[1] *der*; *-(e)s*, *-e*; e-e große Meeresbucht: *der Persische G.*; *der G. von Mexiko* || NB: *mst* in geographischen Eigennamen verwendet

Golf[2] *das*; *-s*; *nur Sg*; e-e Sportart, bei der man versucht, mit e-m Schläger e-n kleinen, harten Ball mit möglichst wenigen Schlägen in e-e bestimmte Anzahl von Löchern (*mst* 18) zu bringen ⟨G. spielen⟩ || K-: ***Golf-, -ball, -klub, -platz, -schläger, -spieler, -turnier*** || *hierzu* **Gol·fer** *der*; *-s*, -; **Gol·fe·rin** *die*; *-, -nen*

Golf·strom *der*; *nur Sg*, *Geogr*; e-e Strömung im Atlantik, die warmes Wasser vom Golf von Mexiko in den Norden (nach Europa) bringt u. dort das Klima beeinflusst

Gon·del *die*; *-, -n*; **1** ein schmales, *mst* verziertes Boot, mit dem man auf den Kanälen von Venedig fährt || K-: ***Gondel-, -fahrt*** **2** die Kabine, die an dem (Draht)Seil e-r Seilbahn hängt u. in der Personen befördert werden || K-: ***Gondel-, -bahn*** **3** der große Korb, der unter e-m Ballon hängt u. in dem sich die (Ballon)Fahrer befinden

gon·deln; *gondelte*, *ist gegondelt*; [Vi] ***irgendwohin g.*** *gespr*; mit e-m Fahrzeug ohne Eile u. ohne festes Ziel irgendwohin fahren

Gon·do·li·e·re [-'li̯eːrə] *der*; *-*, *Gon·do·li·e·ri*; j-d, der (beruflich) e-e Gondel (1) rudert

Gong *der*; *-s*, *-s*; **1** e-e *mst* frei hängende Metallscheibe, an die man mit e-m Klöppel schlägt, um ein Signal zu geben ⟨den G. schlagen⟩ **2** ein elektrisches

Gerät, das e-n Ton wie bei e-m G. (1) erzeugt (u. *z.B.* in Schulen *o.Ä.* ein Signal gibt) ⟨der G. ertönt⟩ **3** ein Musikinstrument (wie ein G. (1)) || ↑ *Abb. unter* **Schlaginstrumente**

gon·gen; *gongte, hat gegongt*; [Vi] **1** e-n Gong zum Tönen bringen: *Der Steward gongt (zum Abendessen)*; [Vimp] **2 es gongt** ein Gong ertönt

gön·nen; *gönnte, hat gegönnt*; [Vt] **1 j-m etw. g.** sich mit j-m ohne Neid darüber freuen, dass er Glück od. Erfolg hat: *Er gönnte ihr den beruflichen Erfolg von Herzen*; *Ich gönne es dir*, dass *du jetzt ein bisschen mehr Ruhe hast* **2 j-m / sich etw. g.** dafür sorgen, dass j-d / man selbst etw. Angenehmes bekommt ⟨j-m / sich e-e Pause, e-e Rast g.⟩

Gön·ner *der*; *-s*, *-*; j-d, der reich ist u. andere Menschen (*bes* Künstler) fördert u. unterstützt ≈ Mäzen || *hierzu* **Gön·ne·rin** *die*; *-*, *-nen*

gön·ner·haft *Adj*; *pej*; auf herablassende Art freundlich ⟨g. nicken; j-n g. belehren; mit gönnerhafter Miene⟩ || *hierzu* **Gön·ner·haf·tig·keit** *die*; *nur Sg*

Gön·ner·mie·ne *die*; *nur Sg*; *mst in* **mit G.** ≈ gönnerhaft: *Mit G. teilte er uns mit, dass er Bücher zu verschenken habe*

gor *Imperfekt, 3. Person Sg*; ↑ **gären**

Gör [gøːɐ̯] *das*; *-s*, *-en*; *bes nordd gespr, mst pej*; **1** *mst Pl* ≈ Kind **2** ein freches Mädchen

Gö·re *die*; *-*, *-n*; ↑ **Gör**

Go·ril·la *der*; *-s*, *-s*; **1** ein großer Menschenaffe, der in den Urwäldern Afrikas lebt **2** *gespr pej* ≈ Leibwächter

goss *Imperfekt, 1. u. 3. Person Sg*; ↑ **gießen**

Gos·se *die*; *-*, *-n*; **1** *veraltend* ≈ Rinnstein **2** *pej*; die niedrigste Schicht der Gesellschaft, die aufgrund ihrer Lebensweise als moralisch schlecht gilt ⟨die Sprache der G.; in der G. aufwachsen, leben, landen, enden; ein Mädchen, Junge aus der G.⟩

Go·tik *die*; *-*; *nur Sg*; ein Stil der europäischen Kunst, *bes* der Architektur, von der Mitte des 12. bis Ende des 15. Jahrhunderts: *Die Kathedrale Notre-Dame in Paris ist ein Meisterwerk der G.* || -K: **Früh-, Spät-** || *hierzu* **go·tisch** *Adj*; *nicht adv*

Gott *der*; *-(e)s*, *Göt·ter*; **1** *nur Sg*; (im Christentum, Judentum u. im Islam) das höchste Wesen außerhalb der normalen Welt, das die Welt erschaffen hat u. ihr Schicksal lenkt ⟨der allmächtige, liebe G.; G. anrufen, fürchten, lästern, preisen; an G. glauben; zu G. beten; auf G. vertrauen⟩ || K-: **Gott-, -vertrauen**; **Gottes-, -beweis** || NB: außer in Verbindung mit e-m attributiven Adj. ohne Artikel **2** (in vielen Religionen) eines von vielen (überirdischen) Wesen, die e-e übernatürliche Macht haben (oft als Verkörperung von Naturkräften gedacht): *die germanischen, griechischen, heidnischen Götter*; *Amor ist der römische G. der Liebe* || K-: **Götter-, -geschlecht, -sage** || -K: **Kriegs-, Liebes-, Meeres-, Sonnen-, Wetter-** || ID **G. sei Dank!** *gespr*; verwendet, um Erleichterung auszudrücken; **O 'G.!**; **(Ach,) du 'lieber G.!**; **Großer G.!**; **Mein 'G.!**; **G. im 'Himmel!**; **Um Gottes willen** *gespr*; verwendet, um Überraschung, Entsetzen, Bedauern *o.Ä.* auszudrücken; **Da sei 'G. vor!** *gespr*; verwendet, um auszudrücken, dass man die Vorstellung von etw. entsetzlich findet od. dass man etw. vollkommen ablehnt; **leider Gottes** *gespr* ≈ leider, bedauerlicherweise; **so G. 'will** *gespr*; wenn alles wie geplant verläuft; **weiß G.** *gespr*; verwendet, um e-e Aussage zu betonen ≈ wirklich: *Es war weiß G. nicht leicht*; *Er ist weiß G. nicht dumm*; **G. weiß, wann / wer / wo** *usw gespr*; niemand weiß, wann / wer / wo *usw*; **in Gottes Namen** *gespr*; verwendet, wenn man j-m etw. (*mst* nach wiederholtem Bitten) gewährt; **G. steh mir bei!** *gespr*; verwendet, um Entsetzen od. große Angst auszudrücken; **so wahr mir G. helfe!** verwendet am Ende e-s Schwures od. e-s Eides, um ihn zu verstärken; **G. hab ihn / sie selig** *gespr*; verwendet als floskelhafter Zusatz, nachdem man den Namen e-s / e-r Toten genannt hat; **Grüß (dich / euch / Sie) G.!** *südd* verwendet als Gruß, wenn man j-n trifft *o.Ä.* ≈ Guten Tag! ⟨(j-m) Grüß / grüß G. sagen⟩; **Behüt dich G.** *südd veraltend*; verwendet, wenn man sich von j-m verabschiedet; **Vergelts G.!** *südd* ≈ danke; **G. zum Gruß!** *veraltet*; verwendet als Gruß; **gebe G., dass ...** ≈ hoffentlich; **von Gottes Gnaden** *hist*; verwendet als Teil des Titels von Herrschern *o.Ä.*; **Das wissen die Götter!** *gespr*; das weiß niemand; *mst* **Dein Wort in Gottes Ohr** *gespr*; das wäre schön, das wollen wir hoffen; **den lieben G. spielen** *gespr*; versuchen, etw. nach seinen eigenen Wünschen zu bestimmen; **den lieben G. e-n guten Mann sein lassen** *gespr*; faul sein, nichts tun; *mst* **Du bist wohl ganz (u. gar) von G. verlassen!** *gespr* ≈ du spinnst wohl!; **G. u. die Welt kennen** *gespr*; viele Leute kennen; **über G. u. die Welt reden** *gespr*; über viele verschiedene Dinge reden; **etw. um Gottes Lohn tun** *gespr*; etw. ohne Bezahlung, umsonst tun; **wie G. ihn / sie geschaffen hat** *gespr*; völlig nackt; **leben wie G. in Frankreich** *gespr*; in Luxus, in Überfluss leben; **Gottes Mühlen mahlen langsam** böse Taten werden oft erst spät bestraft; **Hilf dir selbst, so hilft dir G.!** verwendet, um auszudrücken, dass man selbst aktiv werden muss, wenn man etw. erreichen / haben will; **wie ein junger G.** ⟨singen, spielen, tanzen⟩ *gespr*; sehr gut singen, spielen od. tanzen || *zu* **2 Göt·tin** *die*; *-*, *-nen*

Gott·er·bar·men *nur in* **zum G.** *gespr*; **1** qualitativ sehr schlecht: *Der Kinderchor hat zum G. gesungen* **2** so, dass man Mitleid spürt ≈ bemitleidenswert: *Das kleine Mädchen weinte zum G.* || *hierzu* **gott(s)·er·bärm·lich** *Adj*; *mst adv*

gott·er·ge·ben *Adj*; *mst adv*, *oft pej od iron*; untertänig u. demütig (gegenüber j-m) ⟨etw. g. hinnehmen⟩ || *hierzu* **Gott·er·ge·ben·heit** *die*; *nur Sg*

Göt·ter·spei·se *die*; *mst Sg*; e-e durchsichtige, bunte, weiche Masse aus süßem Fruchtsaft u. Gelatine, die wackelt, wenn man sie bewegt

Got·tes·acker *der*; *lit* ≈ Friedhof

Got·tes·dienst *der*; e-e religiöse Feier zur Verehrung Gottes (1) (*bes* bei den christlichen Religionen) ⟨ein evangelischer, katholischer, ökumenischer G.; zum G. gehen; e-n G. abhalten, besuchen⟩

Got·tes·haus *das*; *geschr* ≈ Kirche

Got·tes·läs·te·rung *die*; e-e Äußerung od. e-e Handlung, mit der man Gott (1) beschimpft od. beleidigt ≈ Blasphemie || *hierzu* **got·tes·läs·ter·lich** *Adj*

Got·tes·mut·ter *die*; *nur Sg*, *Rel*; Maria, die Mutter von Jesus Christus

Got·tes·sohn *der*; *nur Sg*, *Rel*; Jesus Christus

Got·tes·ur·teil *das*; *hist*; ein (Gerichts)Verfahren *bes* im Mittelalter. Man glaubte, den Schuldigen durch den Ausgang e-s Kampfes *o.Ä.* finden zu können

gott·ge·fäl·lig *Adj*; *geschr*; so, dass es den religiösen Vorstellungen entspricht: *g. leben*

Gott·heit *die*; *-*, *-en*; ein Gott (2) od. e-e Göttin, die nicht näher bezeichnet od. nicht genau bekannt sind: *In der Grabkammer wurden Statuen verschiedener ägyptischer Gottheiten entdeckt*

gött·lich *Adj*; **1** zu Gott (1) gehörend ⟨die Allmacht, die Gnade, die Güte, die Weisheit⟩ **2** von Gott (1) (kommend) ⟨e-e Eingebung, e-e Erleuchtung⟩ **3** so, wie es e-m Gott gebührt: *In einigen Na-*

turreligionen genoss die Sonne göttliche Anbetung **4** *geschr*; außerordentlich gut od. schön ≈ herrlich, wunderbar ⟨e-e Musik, e-e Stimme, ein Weib, ein Sänger; g. singen, spielen⟩ **5** *gespr hum*; köstlich, herrlich: *Es war g., wie sie ihre Kollegin nachgeahmt hat* || *zu* **1-4 Gött·lich·keit** *die*; *nur Sg*

gott·lob *Adv*; *veraltend* ≈ Gott sei Dank

gott·los *Adj*; nicht nach den Geboten Gottes (u. der geltenden Moral) gerichtet od. lebend ≈ unmoralisch ↔ fromm ⟨ein Leben, ein Mensch⟩

Gott·va·ter *der*; *nur Sg*, *Rel*; Gott als Vater von Jesus Christus u. als eine der drei Gestalten des christlichen Gottes

G

gott·ver·dammt *Adj*; *mst attr*, *gespr!* verwendet, um e-n starken Ärger auszudrücken ≈ verflucht

gott·ver·las·sen *Adj*; *gespr pej*; so einsam gelegen, dass man es als deprimierend empfindet ⟨ein Dorf, e-e Gegend⟩: *Ich langweile mich in diesem gottverlassenen Nest!*

Göt·ze *der*; *-n*, *-n*; *mst Pl*, *pej*; **1** ein Tier, e-e Person od. ein Ding, die wie ein Gott verehrt werden ⟨heidnische Götzen; Götzen anbeten⟩ || K-: ***Götzen-, -bild, -dienst, -verehrung*** || NB: nicht für die Götter der großen Weltreligionen verwendet **2** etw., das j-d übertrieben wichtig nimmt: *Sind Autos die Götzen des modernen Menschen?* || NB: *der Götze*; *den, dem, des Götzen*

Gour·met [gʊr'meː] *der*; *-s*, *-s*; *geschr* ≈ Feinschmecker

Gou·ver·nan·te [gu-] *die*; *-*, *-n*; *hist*; e-e Privatlehrerin od. Erzieherin für Kinder aus reichen Familien

Gou·ver·neur [guvɛr'nøːɐ̯] *der*; *-s*, *-e*; **1** der höchste Vertreter der Regierung e-s (Bundes)Staates in den USA **2** *hist*; (zur Zeit der Kolonialherrschaft) j-d, der e-e Kolonie regierte u. verwaltete

Grab *das*; *-(e)s*, *Grä·ber*; **1** das Loch in der Erde (3), in das ein Toter bei der Beerdigung gelegt wird ⟨ein G. ausheben, schaufeln, zuschaufeln, zuschütten⟩ **2** der Platz (auf e-m Friedhof), an dem ein Toter begraben ist ⟨ein G. bepflanzen, pflegen, schmücken⟩: *Blumen auf j-s G. legen* || K-: ***Grab-, -beigabe, -hügel, -inschrift, -kreuz, -platte, -schmuck*** || -K: ***Einzel-, Familien-, Kinder-, Massen-, Soldaten-, Urnen-*** || ID ***j-n zu Grabe tragen*** *geschr* ≈ j-n beerdigen; ***verschwiegen sein / schweigen wie ein G.*** *gespr*; ein Geheimnis bewahren (können); ***(sich*** *(Dat)****) sein eigenes G. graben / schaufeln*** sich (durch sein leichtsinniges Verhalten) selbst sehr schaden; *mst* ***Er / Sie / Das bringt mich noch ins G.!*** *gespr*, *mst hum*; er / sie / das ärgert mich sehr, macht mich ganz nervös: *Die Kinder bringen mich noch ins G. mit ihrer ewigen Streiterei!*; ***j-d würde sich im G. umdrehen, wenn er wüsste, dass …*** *gespr*, *mst hum*; j-d würde sich, wenn er noch lebte, sehr ärgern od. entsetzt sein, wenn er wüsste, dass …

gra·ben; *gräbt*, *grub*, *hat gegraben*; [Vt/i] **1** ***(etw.) g.*** ein Loch, e-n Graben *o.Ä.* in die Erde machen, indem man (*z.B.* mit e-m Spaten od. e-m Bagger) Erde wegschaufelt: *Wühlmäuse graben Gänge in die / der Erde*; *Die Geologen mussten tief g., bis sie auf Erdöl stießen* || K-: ***Grab-, -werkzeug***; [Vi] **2** ***nach etw. g.*** in der Erde nach etw. (*z.B.* Kohle, Gold, Münzen) suchen: *Die Archäologen gruben nach den Überresten der verschütteten Stadt*; [Vr] **3** ***etw. gräbt sich in etw.*** (*Akk*) etw. dringt mit Kraft od. Gewalt in etw. ein od. sinkt allmählich irgendwo ein: *Die Räder gruben sich in den Schlamm* **4** *mst* ***etw. hat sich in j-s Gedächtnis gegraben*** *geschr*; etw. ist so interessant, aufregend *o.Ä.* gewesen, dass der Betroffene es nie vergessen kann

Gra·ben *der*; *-s*, *Grä·ben*; **1** e-e lange, relativ schmale Vertiefung in der Erde (3), die *z.B.* zur Bewässerung von Feldern dient ⟨ein flacher, tiefer, künstlicher, natürlicher G.; e-n G. ausheben, ziehen⟩: *Um die Burg führt ein tiefer, mit Wasser gefüllter G.* || K-: ***Graben-, -rand, -wand*** || -K: ***Bewässerungs-, Burg-, Entwässerungs-, Stadt-, Wasser-*** **2** *Kurzw* ↑ ***Schützengraben*** || K-: ***Graben-, -kampf, -krieg*** || -K: ***Panzer-*** **3** ***der G. zwischen j-m / etw. u. j-m / etw.*** die sehr starken ideologischen *o.Ä.* Unterschiede zwischen verschiedenen Personen, Gruppen *o.Ä.*: *der G. zwischen Regierung u. Opposition*

Gra·bes·stil·le *die*; *geschr*; völlige Stille

Gra·bes·stim·me *die*; *mst in* ***mit G.*** mit tiefer, unheimlich klingender Stimme

Grab·mal *das*; *-(e)s*, *Grab·mä·ler / geschr -e*; ein großer Stein, e-e Statue *o.Ä.* auf dem Grab e-r bekannten od. reichen Person

Grab·schän·der *der*; *-s*, *-*; j-d, der ein Grab ausraubt od. beschädigt || *hierzu* **Grab·schän·dung** *die*

Grab·stät·te *die*; *geschr* ≈ Grab (2)

Grab·stein *der*; ein großer Stein auf e-m Grab, auf dem der Name (u. der Geburts- u. Sterbetag) des Toten steht

gräbt *Präsens*, *3. Person Sg*; ↑ ***graben***

Gra·bung *die*; *-*, *-en*; das Graben (2) *mst* zu archäologischen od. geologischen Zwecken

grad *gespr*; ↑ ***gerade***

Grad *der*; *-(e)s*, *- / -e*; **1** (*Pl Grad*) die Einheit, mit der man Temperaturen misst; Zeichen ° ⟨ein G. Celsius, Fahrenheit⟩: *Das Thermometer zeigt zwölf Grad (12°) unter Null / minus*; *Tageshöchsttemperaturen bei zwei Grad über Null / plus*; *Der Patient hatte vierzig Grad Fieber*; *Gestern hatte es dreißig Grad im Schatten*; *Wieviel Grad hat es?* || K-: ***Grad-, -einteilung*** || -K: ***Hitze-, Kälte-, Wärme-; Minus-, Plus-*** **2** (*Pl Grad*) die Einheit, mit der man Winkel misst; Zeichen °: *Der Kreis wird in 360 Grad eingeteilt* || -K: ***Winkel-*** **3** (*Pl Grad*) eine der gedachten Linien, die von Norden nach Süden od. von Osten nach Westen um die Erde verlaufen ⟨der erste, zweite *usw* G. nördlicher, südlicher Breite, östlicher, westlicher Länge⟩: *München liegt auf dem 48. G. nördlicher Breite* || -K: ***Breiten-, Längen-*** || NB: *zu* **1-3**: Die Pluralform der Komposita lautet *-grade* **4** (*Pl Grade*) ***der G.*** + *Gen* / ***an etw.*** (*Dat*) das Maß, die Stärke od. Intensität, in der etw. vorhanden ist ⟨ein geringer, hoher G.⟩: *Der G. der Umweltverschmutzung hat bedrohliche Ausmaße angenommen*; *Bis zu e-m gewissen G.* (= in gewissem Maße) *gebe ich dir Recht, aber …* || -K: ***Entwicklungs-, Schwierigkeits-, Verschmutzungs-*** **5** (*Pl Grade*) ***ein (akademischer) G.*** ein Titel, den man von e-r Universität bekommt: *der G. e-s Doktors der Theologie* || -K: ***Doktor-, Magister-*** || ID *mst* ***Er / Sie hat sich um 180 Grad geändert / gedreht*** er / sie ist völlig anders geworden || *zu* **4 grad·wei·se** *Adj*; *mst adv*

gra·de *gespr*; ↑ ***gerade***

Grad·mes·ser *der*; *geschr*; der Maßstab für den Grad (4), in dem etw. vorhanden ist: *Steigende Aktienkurse sind ein G. für das Wachstum der Wirtschaft*

gra·du·ell [gra'du̯el] *Adj*; *geschr*; **1** ⟨*mst* Unterschiede⟩ nicht sehr deutlich ausgeprägt, aber doch erkennbar **2** in kleinen Schritten ≈ allmählich, gradweise ⟨e-e Veränderung⟩

gra·du·iert [gradu'iːɐ̯t] *Adj*; **1** mit e-m akademischen Grad (5) od. Titel **2** mit dem Abschlusszeugnis e-r Fachhochschule; *Abk* grad.: *ein graduierter Ingenieur* (*Ing.* (*grad.*)) || *hierzu* **Gra·du·ier·te** *der / die*; *-n*, *-n*

Graf *der*; *-en, -en*; ein Adeliger (mit e-m Rang zwischen Freiherr u. Fürst) || K-: ***Grafen-, -stand, -titel*** || NB: **a)** *der Graf*; *den, dem, des Grafen*; **b)** der Titel *Graf* ist heute in Deutschland u. in der Schweiz nur noch Bestandteil des Familiennamens || *hierzu* **Grä·fin** *die*; *-, -nen*; **gräf·lich** *Adj*

Graf·fi·ti *die*; *Pl*; Sprüche od. Zeichnungen an Wänden od. Mauern *bes* von öffentlichen Gebäuden

Gra·fik *die*; *-, -en*; **1** *nur Sg*; die Kunst u. Technik des Zeichnens u. der Vervielfältigung durch verschiedene Arten des Druckens (*z.B.* als Holzschnitt, Kupferstich od. Radierung) **2** ein Blatt (Papier) mit e-r (gedruckten) künstlerischen Zeichnung || -K: ***Druck-, Original-*** **3** e-e Zeichnung, mit der ein Sachverhalt (*mst* mathematisch, prozentual *o.Ä.*) illustriert wird ≈ Diagramm || *zu* **1 Gra·fi·ker** *der*; *-s, -*; **Gra·fi·ke·rin** *die*; *-, -nen*

Gra·fik·kar·te *die*; *EDV*; ein elektronisches Bauteil, das das Bild auf dem Monitor des Computers produziert: *Dieses Computerspiel setzt e-e G. 640 x 480 mit 256 Farben voraus*

gra·fisch *Adj*; *nur attr od adv*; **1** zur Grafik (1) gehörend: *die grafische Kunst*; *das grafische Werk Rembrandts* **2** mit e-r od. durch e-e Grafik (3) ⟨e-e Darstellung⟩: *e-e wirtschaftliche Entwicklung g. darstellen*

Gra·fit, **Gra·fit** *der, das*; *-s, -e*; ↑ ***Graphit***

Gra·fo·lo·gie *usw* ↑ ***Graphologie*** *usw*

Graf·schaft *die*; *-, -en*; **1** *hist*; das Gebiet, in dem ein Graf herrschte **2** ein Verwaltungsbezirk *bes* in Großbritannien: *die G. Essex*

gram *Adj*; *mst in* ***j-m g. sein*** *geschr veraltet*; über j-n verärgert sein ≈ j-m böse (3) sein

Gram *der*; *-(e)s*; *nur Sg*, *geschr*; ein starker, lang dauernder Kummer ⟨tiefer G.; von G. erfüllt, gebeugt sein⟩ || K-: ***gram-, -erfüllt, -gebeugt***

grä·men; *grämte, hat gegrämt*; *geschr veraltend*; [Vt] **1** ***etw. grämt j-n*** etw. macht j-n sehr traurig: Es *grämte ihn, sie verlassen zu müssen*; Es *grämte sie*, dass *er sie nicht liebte*; [Vr] **2** ***sich*** (***über etw.*** (*Akk*)) ***g.*** über etw. sehr traurig sein

Gramm *das*; *-s, -*; **1** e-e Einheit, mit der man das Gewicht misst; *Abk* g: *Tausend Gramm sind ein Kilo(gramm)*; *Ein Pfund hat 500Gramm* || -K: ***Kilo-, Milli-*** **2** *Phys*; e-e Einheit, mit der man die Masse (6) misst; *Abk* g

Gram·ma·tik *die*; *-, -en*; **1** *nur Sg*; die (Lehre von den) Regeln e-r Sprache, nach denen Wörter in ihrer sprachlichen Form verändert u. zu Sätzen kombiniert werden ⟨die deskriptive, historische, strukturelle, vergleichende G.⟩: *die deutsche, französische, italienische G. beherrschen*; *die G. des Deutschen* || K-: ***Grammatik-, -prüfung, -regel, -theorie*** **2** ein Buch, in dem die G. (1) e-r Sprache dargestellt ist

gram·ma·ti·ka·lisch *Adj* ≈ grammatisch

gram·ma·tisch *Adj*; **1** die Grammatik (1) betreffend ⟨e-e Theorie, e-e Darstellung⟩ **2** nach den Regeln in den Grammatiken (2) ⟨g. richtig, falsch⟩

Gram·mo·fon, **Gram·mo·phon**® [-fo:n] *das*; *-s, -e*; *hist*; ein mechanisches Gerät, mit dem man Schallplatten abspielen konnte

Gra·nat *der*; *-(e)s, -e, -en, -en*; ein (dunkel)roter Halbedelstein || K-: ***Granat-, -brosche, -kette, -schmuck*** || NB: *der Granat*; *den, dem Granat* / *Granaten, des Granat(e)s* / *Granaten*

Gra·na·te *die*; *-, -n*; e-e Art kleine Bombe, die mit e-r schweren Waffe (e-m Geschütz) geschossen od. mit der Hand geworfen wird ⟨e-e G. detoniert, schlägt ein; j-n / etw. mit Granaten beschießen⟩ || K-: ***Granat-, -feuer, -splitter*** || -K: ***Hand-***

Grand·ho·tel ['grã:-] *das*; ein großes, luxuriöses Hotel

gran·di·os [-'dio:s], *grandioser, grandiosest-*; *Adj* ≈ großartig, hervorragend

Gra·nit, **Gra·nit** *der*; *-s, -e*; *mst Sg*; ein sehr hartes, graues Gestein (aus dem *z.B.* Pflastersteine für den Straßenbau gemacht werden) || K-: ***Granit-, -block, -felsen, -gestein, -platte*** || ID ***bei j-m*** (***mit etw.***) ***auf G. beißen*** *gespr*; bei j-m (*z.B.* mit e-r Bitte od. e-r Forderung) auf absolute Ablehnung stoßen, nichts erreichen können || *hierzu* **gra·ni·te·n-**, **gra·ni·te·n-** *Adj*; *nur attr, nicht adv*

Gran·ne *die*; *-, -n*; e-e Art dicke Borste an den Körnern von Gräsern u. Getreide: *Die Gerste hat sehr lange Grannen*

gran·teln; *grantelte, hat gegrantelt*; [Vi] *südd gespr pej*; alles u. jeden kritisieren (weil man schlecht gelaunt ist) || *hierzu* **Grant·ler** *der*; *-s, -*; **Grant·le·rin** *die*; *-, -nen*

gran·tig *Adj*; *südd gespr pej*; schlecht gelaunt ≈ verdrießlich || *hierzu* **Gran·tig·keit** *die*; *nur Sg*

Gra·nu·lat *das*; *-(e)s, -e*; e-e (*mst* chemische) Substanz in Form von Körnern, *z.B.* Wasch- od. Düngemittel

Grape·fruit ['gre:pfru:t] *die*; *-, -s*; e-e große (Zitrus)Frucht mit gelber Schale, deren Fleisch leicht bitter schmeckt ≈ Pampelmuse || K-: ***Grapefruit-, -saft***

Gra·phik, **Gra·phi·ker** [-f-] *usw* ↑ ***Grafik, Grafiker*** *usw*

Gra·phit [-'fi(:)t] *der, das*; *-s, -e*; *mst Sg*; ein weiches, graues Mineral, aus dem man *z.B.* die Mine von Bleistiften macht

Gra·pho·lo·gie [-f-] *die*; *-*; *nur Sg*; die Wissenschaft, die sich damit beschäftigt, was man an der Handschrift e-s Menschen erkennen kann, *bes* in Bezug auf seinen Charakter || *hierzu* **Gra·pho·lo·ge** *der*; *-n, -n*; **Gra·pho·lo·gin** *die*; *-, -nen*; **gra·pho·lo·gisch** *Adj*; *nur attr od adv*

grap·schen; *grapschte, hat gegrapscht*; *gespr*; [Vt] **1** (***sich*** (*Dat*)) ***j-n / etw. g.*** j-n / etw. schnell mit der Hand fassen od. greifen: *Der kleine Junge hat sich die Bonbons gegrapscht*; [Vi] **2** ***nach j-m / etw. g.*** rasch nach j-m / etw. greifen

Gras *das*; *-es, Grä·ser*; **1** *nur Sg*, *Kollekt*; die dicht wachsenden grünen Pflanzen, die den Boden bedecken u. von Kühen, Schafen, Ziegen *usw* gefressen werden ⟨frisches, saftiges, dürres, hohes, niedriges G.; das G. mähen; im G. liegen⟩ || K-: ***Gras-, -büschel, -fläche, -samen, -wuchs*** || -K: ***Steppen-, Wiesen-*** **2** e-e Pflanze mit e-m hohen, schlanken Halm, langen, schmalen Blättern u. kleinen, unauffälligen Blüten, die in vielen Arten in der ganzen Welt vorkommt || K-: ***Gras-, -art, -halm*** **3** *gespr* ≈ Haschisch, Marihuana || ID ***das G. wachsen hören*** *gespr iron*; aus den kleinsten (od. auch eingebildeten) Anzeichen u. Symptomen zu erkennen glauben, was sich in Zukunft ereignen wird; ***ins G. beißen*** *gespr!* ≈ sterben; ***über etw.*** (*Akk*) ***wächst G.*** *gespr*; ein Skandal, ein Verbrechen *o.Ä.* wird allmählich wieder vergessen; ***über etw.*** (*Akk*) ***G. wachsen lassen*** *gespr*; warten, bis ein Skandal, ein Verbrechen *o.Ä.* vergessen wird

Gras·de·cke *die*; das dichte Gras (1), das den Boden (vollständig) bedeckt ≈ Grasnarbe

gra·sen; *graste, hat gegrast*; [Vi] ⟨e-e Kuh, ein Pferd *o.Ä.*⟩ ***grast*** e-e Kuh, ein Pferd *o.Ä.* frisst Gras auf e-r Wiese ≈ e-e Kuh *usw* weidet

gras·grün *Adj*; von leuchtendem, hellem Grün: *ein grasgrüner Frosch*

Gras·hüp·fer *der*; *-s, -*; *gespr* ≈ Heuschrecke

Gras·nar·be *die* ≈ Grasdecke

gras·sie·ren; *grassierte, hat grassiert*; [Vi] ***etw. grassiert*** etw. verbreitet sich schnell ⟨e-e Epidemie, e-e Krankheit, e-e Seuche⟩: *Die Grippe grassiert in unserer Stadt*

G

Günter Grass

Günter Grass ist einer der führenden Autoren der deutschen Nachkriegsliteratur. Er wurde 1927 in Danzig geboren, das damals zu Deutschland gehörte. Mit seinem Roman ***Die Blechtrommel*** (1959) erreichte er weltweiten Ruhm. Grass schrieb neben mehreren Romanen unter anderem Gedichte, Erzählungen, Theaterstücke und Essays. Gleichzeitig ist er als Graphiker tätig. Er ist stark politisch engagiert, was auch immer wieder in seinen Werken zum Ausdruck kommt. Weitere bekannte Romane von ihm sind ***Hundejahre*** (1963), ***Der Butt*** (1977), ***Die Rättin*** (1986) und ***Unkenrufe*** (1992). 1999 erhielt Grass den Nobelpreis für Literatur.

G

gräss·lich *Adj*; **1** ⟨ein Verbrechen, ein Gestank⟩ so, dass sie Ekel od. sehr negative Gefühle hervorrufen ≈ abscheulich **2** *gespr*; sehr unangenehm ⟨ein Kerl; Wetter⟩ **3** *nicht adv, gespr*; sehr groß, sehr intensiv ⟨Kälte; Angst, Schmerzen⟩ **4** *nur adv, gespr*; verwendet, um negative Adjektive, Adverbien od. Verben zu verstärken: *g. langweilig*; *sich g. fürchten* || *zu* **1** u. **2 Gräss·lich·keit** *die*

Grat *der*; *-(e)s, -e*; die oberste schmale Linie (Kante), auf dem Rücken e-s Berges od. Gebirges || -K: ***Gebirgs-*** || NB: ↑ ***Kamm***

Grä·te *die*; *-, -n*; einer der feinen, *mst* spitzen Teile, aus denen das Skelett e-s Fisches besteht ⟨e-e G. in den Hals bekommen; sich an e-r G. verschlucken⟩ || -K: ***Fisch-*** || *hierzu* **grä·ten·los** *Adj*

Gra·ti·fi·ka·ti·on [-'tsi̯oːn] *die*; *-, -en*; e-e Geldsumme, die j-d, der e-e feste Arbeit hat, bei e-r besonderen Gelegenheit (*z.B.* zu Weihnachten) zusätzlich zum normalen Lohn od. Gehalt von seiner Firma bekommt || -K: ***Urlaubs-, Weihnachts-***

gra·ti·nie·ren; *gratinierte, hat gratiniert*; Vt ***etw. g.*** e-e Speise mit Käse *o.Ä.* im Ofen überbacken

gra·tis *Adj*; *nur präd od adv*; so, dass man nichts dafür bezahlen muss ≈ umsonst, kostenlos: *Der Eintritt ist heute g.*; *Diese Warenprobe bekommen Sie g.* || K-: ***Gratis-, -beilage, -exemplar, -probe***; ***-vorstellung***

Grät·sche *die*; *-, -n*; *mst in* ***e-e G. machen***; ***in die G. gehen*** die Beine grätschen

grät·schen; *grätschte, hat gegrätscht*; Vt ***die Beine g.*** (*bes* beim Turnen) im Sprung *o.Ä.* beide Beine so weit wie möglich voneinander wegstrecken u. gerade halten || K-: ***Grätsch-, -schritt, -sprung, -stellung***

Gra·tu·lant *der*; *-en, -en*; j-d, der e-m anderen (*bes* zum Geburtstag od. zu e-m Jubiläum) gratuliert || -K: ***Geburtstags-*** || NB: *der Gratulant*; *den, dem, des Gratulanten* || *hierzu* **Gra·tu·lan·tin** *die*; *-, -nen*

Gra·tu·la·ti·on [-'tsi̯oːn] *die*; *-, -en*; **1** das Gratulieren: *Viele Freunde kamen zur G.* **2 die G.** (**zu etw.**) ≈ Glückwunsch (1): *Meine G. zur bestandenen Prüfung!*

gra·tu·lie·ren; *gratulierte, hat gratuliert*; Vi ***(j-m) (zu etw.) g.*** j-m zu e-m bestimmten Anlass seine Glückwünsche sagen ≈ j-n beglückwünschen: *j-m (herzlich) zum Geburtstag, zur Hochzeit, zum bestandenen Examen g.*; *„Du hast den Führerschein schon vor zwei Wochen gemacht? Da muss ich ja noch nachträglich g.!“* || ID ***sich zu j-m / etw. g. können*** *gespr hum*; Grund haben, froh u. dankbar für j-n / etw. zu sein: *Zu dieser Frau kannst du dir g.!* || NB: *g.* wird häufiger verwendet als *j-n beglückwünschen*, aber *Glückwunsch* häufiger als *Gratulation*

Grat·wan·de·rung *die*; **1** die Wanderung auf dem Grat e-s Berges **2** e-e heikle Situation, die viel Diplomatie erfordert ⟨etw. ist e-e G.⟩

grau, *grauer, grau(e)st-*; *Adj*; **1** von der Farbe, die entsteht, wenn man schwarz u. weiß mischt: *e-n grauen Anzug tragen*; *Er hat schon graue Haare bekommen* || K-: ***Grau-, -gans, -hai, -schimmel***; ***grau-, -blau, -braun, -grün***; ***grau gestreift, meliert*** || -K: ***asch-, blau-, dunkel-, grün-, hell-, maus-, silber-*** **2 *j-d wird g.*** j-d bekommt graue (1) Haare **3** von e-r Farbe (im Gesicht), die blutleer u. krank wirkt: *vor Übermüdung g. im Gesicht sein* **4** trostlos u. langweilig ⟨der Alltag⟩: *Das Leben schien ihm g.* **5** *nur attr, nicht adv*; zeitlich sehr weit entfernt u. nicht genau bestimmt ⟨in grauer Ferne, Vorzeit, Zukunft⟩ || *zu* **1, 2** u. **3 Grau** *das*; *nur Sg*; *zu* **1 grau·äu·gig** *Adj*; *nicht adv*; **grau·bär·tig** *Adj*; *nicht adv*; **grau·haa·rig** *Adj*; *nicht adv*

Gräu·el *der*; *-s, -*; **1** *mst Pl, geschr*; entsetzliche, unmenschliche Taten, die die Menschen schockieren u. abstoßen: *die Gräuel des Krieges* || K-: ***Gräuel-, -geschichte, -szene, -tat*** **2 *j-d / etw. ist j-m ein G.*** j-d empfindet j-n / etw. als sehr unangenehm: *Die Steuererklärung ist mir ein G.*

grau·en[1]; *graute, hat gegraut*; Vi ***der Morgen / der Tag graut*** *geschr*; es wird hell, Tag ≈ es dämmert

grau·en[2]; *graute, hat gegraut*; Vr **1 *sich*** (***vor etw.*** (*Dat*)) ***g.*** vor etw. (große) Furcht empfinden: *Er graut sich* davor, *allein* zu *sein*; Vimp **2 *j-m / j-n graut*** (***es***) (***vor j-m / etw.***) j-d fürchtet sich (vor j-m / etw.): *Mir / Mich graut*, wenn *ich an das Examen denke*; *Es graut ihm vor nichts*

Grau·en *das*; *-s, -*; **1 *G.*** (***vor j-m / etw.***) *nur Sg*; große Furcht vor e-r Person / Sache, die einem unheimlich ist ≈ Entsetzen ⟨ein eisiges, leises, tiefes G.; G. erregen; von G. erfüllt, erfasst, gepackt (sein)⟩ **2** ein Ereignis, das Entsetzen hervorruft: *die Grauen des Bürgerkriegs* **3 *etw. bietet ein Bild des Grauens*** *geschr*; etw. wirkt schockierend auf den Betrachter: *Die Unfallstelle bot ein Bild des Grauens*

Grau·en er·re·gend *Adj*; so, dass man großes Entsetzen spürt: *ein Grauen erregender Anblick* || NB: aber: *äußerst grauenerregend* (zusammengeschrieben)

grau·en·haft *Adj*; **1** ⟨e-e Überschwemmung, e-e Verletzung; ein Mord, ein Unfall⟩ so, dass sie Angst od. Entsetzen hervorrufen: *e-e g. verstümmelte Leiche* **2** *nicht adv, gespr*; sehr groß, sehr intensiv ⟨e-e Hitze, e-e Kälte; Schmerzen⟩ **3** *gespr*; sehr schlecht: *Das Spiel war g.!* **4** *nur adv*; *gespr*; verwendet, um negative Adjektive od. Verben zu verstärken ≈ sehr: *Hier ziehts ja g.!*; *ein g. hässliches Bild*

grau·en·voll *Adj* ≈ grauenhaft

grau·len; *graulte, hat gegrault*; *gespr*; Vt **1 *j-n aus etw. g.*** durch unfaire Handlungen erreichen, dass j-d (*z.B.* aus e-r Firma, e-r Gemeinschaft) weggeht ≈ hinausekeln: *Seine Stiefmutter will ihn aus der Wohnung g.*; Vr **2 *sich*** (***vor j-m / etw.***) ***g.*** ≈ sich grauen[2] (1); Vimp **3 *j-m / j-n grault*** (***es***) (***vor j-m / etw.***) ≈ j-m graut[2] (2) es (vor j-m / etw.)

gräu·lich *Adj* ≈ grässlich

Grau·peln *die*; *Pl*; Körnchen aus gefrorenem Regen od. Schnee (die kleiner u. weicher sind als Hagelkörner): *Der Wetterbericht hat Niederschläge in Form von Regen od. G. vorhergesagt* || K-: ***Graupel-, -körner, -regen, -schauer, -wetter***

Graus *der*; *-es*; *nur Sg*, *gespr*; **1 *O G.!*** *veraltend*; verwendet als Ausdruck des Erschreckens ≈ o je! **2** ≈ Gräuel ⟨etw. ist (j-m) ein G.⟩

grau·sam *Adj*; **1** ***g.*** (***zu / gegenüber j-m***) ⟨ein Mensch⟩ so, dass er ohne Mitleid handelt, Menschen od. Tiere absichtlich quält *o.Ä.* ≈ gefühllos **2** so, dass es für den Betroffenen sehr leidvoll ist ⟨e-e Rache, e-e Strafe, e-e Tat; j-n g. quälen, bestrafen, behandeln; sich g. rächen⟩ **3** *nicht adv*; sehr unangenehm ⟨e-e Enttäuschung, e-e Hitze, e-e Kälte, Schmerzen⟩ **4** *nur adv*; verwendet, um negative Adjektive u. Verben zu verstärken: *g. frieren*; *Es ist g. kalt*; *Das tut g. weh*

Grau·sam·keit *die*; -, *-en*; **1** *nur Sg*; Herzlosigkeit u. Kaltblütigkeit gegenüber anderen Menschen: *Die G. mancher Menschen ist unfassbar* **2** *nur Sg*; die grausame (2) Art u. Weise, wie etw. durchgeführt wird: *Die G. des Mordes schockierte die Öffentlichkeit* **3** *mst Pl*; grausame (2) Taten: *Bei der mittelalterlichen Hexenverfolgung wurden ungeheuerliche Grausamkeiten begangen*

Grau·schlei·er *der*; *mst in* ***etw. hat e-n G.*** etw. ist nicht ganz weiß, wirkt leicht grau u. schmutzig ⟨die Wäsche⟩

grau·sen; *grauste, hat gegraust*; [Vr] **1** ***sich*** (***vor j-m / etw.***) ***g.*** sich (vor j-m / etw.) ekeln (u. fürchten): *Sie graust sich vor Würmern*; [Vimp] **2** ***j-m / j-n graust*** (***es***) (***vor j-m / etw.***) j-d empfindet Ekel u. Furcht (vor j-m / etw.): *Mir graust vor Schlangen*; *Es graust einem / einen bei dem Gedanken, dass ...*

Grau·sen *das*; *-s*; *nur Sg*; große Furcht u. Abscheu ⟨ein eisiges, kaltes G. erfasst, erfüllt, packt j-n; sich mit G. (von etw.) abwenden⟩ || ID ***j-m kommt / j-d kriegt das große G.*** *gespr*; j-d fühlt Entsetzen, Ekel od. Angst (*z.B.* wenn er an etw. Unangenehmes denkt, das bevorsteht)

grau·sig *Adj*; ⟨e-e Entdeckung, ein Mord⟩ so, dass sie bei j-m Schrecken u. Ekel hervorrufen ≈ Grauen erregend, schrecklich

Grau·zo·ne *die*; ein Bereich, in dem sich Tätigkeiten abspielen, die nicht ganz korrekt, aber nicht ausdrücklich verboten sind

gra·vie·ren [-v-]; *gravierte, hat graviert*; [Vt] **1** ***etw. in etw.*** (*Akk*) ***g.*** Linien (Ornamente od. e-e Schrift) *mst* in ein hartes Material, *z.B.* Metall od. Glas, schneiden **2** ***etw. g.*** etw. schmücken, indem man es mit e-r Gravur versieht: *e-n Pokal, e-n Ring g.* || *hierzu* **Gra·vie·rung** *die* || ► ***Gravur***

gra·vie·rend [-v-] **1** *Partizip Präsens*; ↑ ***gravieren*** **2** *Adj*; *nicht adv*, *geschr*; (im negativen Sinne) von großer Bedeutung ≈ schwer wiegend ⟨ein Fehler, ein Unterschied⟩

Gra·vi·ta·ti·on [gravita'tsi̯oːn] *die*; -; *nur Sg*, *geschr*; die Anziehungskraft (2) (der Erde) ≈ Schwerkraft

Gra·vur [-'vuːɐ̯] *die*; -, *-en*; e-e Schrift od. e-e Verzierung, die in etw. (ein)graviert ist

Gra·zie [-tsi̯ə] *die*; -, *-n*; **1** *nur Sg*; (*bes* von e-r Frau od. e-m Mädchen) e-e Art, sich zu bewegen, die sehr leicht u. elegant aussieht ≈ Anmut: *Die Tänzerin bewegt sich mit viel G.* **2** *hum*; e-e hübsche junge Frau

gra·zil *Adj*; *geschr*; schlank u. zierlich ≈ zart (1) ⟨ein Mädchen; e-e Figur⟩

gra·zi·ös ['tsi̯øːs] *Adj*; mit Grazie ≈ anmutig ⟨e-e Bewegung, e-e Figur; g. tanzen⟩

Greif *der*; *-(e)s / -en, -e / -en*; *geschr* ≈ Raubvogel || NB: *der Greif*; *den, dem Greif / Greifen, des Greif(e)s / Greifen*

greif·bar *Adj*; **1** so (nahe), dass man es leicht finden u. nehmen od. benutzen kann: *die Akten g. haben* **2** ≈ konkret, offensichtlich ⟨ein Erfolg, Beweise⟩ **3** (***etw. ist***) ***g. nahe*** (etw. ist) sehr gut zu sehen: *Bei gutem Wetter sind die Berge g. nahe* **4** ***etw. ist g. nahe***; ***etw. rückt in greifbare Nähe*** etw. wird sehr bald geschehen, stattfinden *o.Ä.*: *Der Prüfungstermin ist in greifbare Nähe gerückt*

grei·fen; *griff, hat gegriffen*; [Vt] **1** ***sich*** (*Dat*) ***etw. g.*** *gespr*; sich etw. nehmen (1,9): *Er griff sich e-e Zeitschrift u. machte es sich auf dem Sofa bequem*; [Vi] **2** ***nach j-m / etw. g.*** die Hand nach j-m / etw. ausstrecken u. ihn / es festhalten od. versuchen, ihn / es mit der Hand zu fassen: *Sie griff rasch nach dem fallenden Glas*; *Das Kind griff ängstlich nach der Hand der Mutter* **3** ***zu etw. g.*** *geschr*; etw. *mst* regelmäßig tun: *Wenn sie Zeit hat, greift sie gern zu e-m guten Buch* (= liest sie gern); *Er greift gern zur Flasche* (= trinkt viel Alkohol); *Sie griff zur Feder* (= wurde Schriftstellerin) **4** ***zu etw. g.*** etw. (*mst* Negatives) anwenden: *zu e-r List, zu unkorrekten Mitteln g.* **5** ***etw. greift um sich*** etw. breitet sich schnell aus ⟨e-e Epidemie, ein Feuer⟩ **6** ***in die Saiten, Tasten g.*** auf e-m Saiten- bzw. Tasteninstrument spielen **7** ***etw. greift*** etw. stellt e-e Berührung od. Verbindung her, damit ein technischer Vorgang ablaufen kann: *Auf der regennassen Fahrbahn griffen die Räder nicht mehr* **8** ***etw. greift*** etw. hat e-e bestimmte Wirkung u. den gewünschten Erfolg: *Die Maßnahmen zur Verringerung der Arbeitslosigkeit haben gegriffen* || ID (***etw. ist***) ***zum Greifen nah***(***e***) (etw. ist) sehr nahe; ***etw. ist zu hoch / niedrig gegriffen*** *geschr*; e-e geschätzte Zahl ist zu hoch / zu niedrig || ► ***Griff***

Grei·fer *der*; *-s*, -; der Teil e-s Baggers, Krans *o.Ä.*, mit dem man nach etw. greift

Greif·vo·gel *der* ≈ Raubvogel

grei·nen; *greinte, hat gegreint*; [Vi] *gespr pej*; **1** leise u. jammernd weinen **2** ≈ jammern

greis, *greiser, greisest-*; *Adj*; *mst attr, nicht adv, geschr*; sehr alt: *Ihr greiser Vater ist sehr krank*

Greis *der*; *-es, -e*; *geschr*; ein sehr alter Mann || K-: ***Greisen-, -alter, -stimme*** || *hierzu* **Grei·sin** *die*; -, *-nen*

grei·sen·haft *Adj*; wie ein Greis, wie bei e-m Greis: *Der Mann wirkte g.* || *hierzu* **Grei·sen·haf·tig·keit** *die*; *nur Sg*

Greiß·ler *der*; *-s*, -; j-d, der ein kleines Lebensmittelgeschäft hat ≈ Krämer

grell *Adj*; **1** so hell, dass es blendet (u. den Augen wehtut) ⟨das Licht, die Sonne, ein Blitz⟩: *Der Sänger trat auf die Bühne ins grelle Scheinwerferlicht* || K-: ***grell beleuchtet*** **2** hell u. oft unangenehm intensiv ≈ schreiend (2) ↔ gedeckt ⟨Farben: ein Orange, ein Rot⟩ || K-: ***grell-, -bunt, -gelb, -rot*** **3** unangenehm hoch ≈ schrill ⟨ein Ton, ein Pfiff, ein Schrei; e-e Stimme⟩ || *hierzu* **Grell·heit** *die*; *nur Sg*

Gre·mi·um [-mi̯ʊm] *das*; *-s*, *Gre·mi·en* [-mi̯ən]; *geschr*; e-e Gruppe *mst* von Experten, die e-e bestimmte Aufgabe erfüllen od. ein bestimmtes Problem lösen soll ≈ Ausschuss, Kommission ⟨ein G. bilden; in e-m G. mitwirken⟩ || K-: ***Gremien-, -arbeit*** || -K: ***Führungs-, Partei-, Vorstands-***

Grenz·baum *der* ≈ Schlagbaum

Grenz·be·am·te *der*; ein Beamter, der (*z.B.* als Polizist) an e-r Staatsgrenze od. beim Zoll arbeitet || *hierzu* **Grenz·be·am·tin** *die*

Grenz·be·reich *der*; **1** der Bereich, in dem sich zwei benachbarte Wissenschaften *o.Ä.* überschneiden: *der G. zwischen Physik u. Chemie* **2** der Bereich an beiden Seiten e-r Grenze (1)

Gren·ze *die*; -, *-n*; **1** ***die G.*** (***zu / nach etw.***) e-e markierte Linie, die durch Zoll u. Polizei kontrolliert wird u. zwei benachbarte Länder bzw. Staaten voneinander trennt ⟨die Grenzen befestigen, sichern, öffnen, schließen; (irgendwo) die G. passieren, überschreiten⟩: *Weil die Zöllner streikten, mussten wir an der G. lange warten* || K-: ***Grenz-, -bahnhof,***

G

-bewohner, -bezirk, -konflikt, -kontrolle, -linie, -ort, -polizei, -stadt, -verkehr, -wall || -K: **Landes-, Staats- 2** e-e Linie, die *z.B.* durch Berge od. Flüsse gebildet wird u. zwei (geographische od. politische) Gebiete voneinander trennt: *Der Rhein bildet e-e natürliche G. zwischen Deutschland u. Frankreich* || K-: **Grenz-, -fluss, -gebirge, -gewässer 3** e-e Linie, die den äußeren Rand e-s Grundstücks markiert || -K: **Grundstücks- 4 die G. zwischen etw.** (*Dat*) **u. etw.** (*Dat*) e-e imaginäre Linie, die zwei unterschiedliche, aber nahe beieinander liegende od. verwandte Bereiche voneinander trennt: *die G. zwischen Kindheit u. Jugend*; *Die Grenzen zwischen Physik u. Chemie sind fließend* || K-: **Grenz-, -wissenschaft 5** das äußerste Maß, das nicht überschritten werden kann od. darf ⟨j-m / etw. sind (enge) Grenzen gesetzt⟩: *Auch meine Geduld hat Grenzen!* || -K: **Alters-, Einkommens-, Leistungs-, Preis-, Schmerz- 6 die grüne G.** ein Teil der G. (1) zwischen zwei Ländern, der nicht od. nur wenig bewacht wird ⟨über die grüne G. fliehen, Rauschgift schmuggeln, illegal einwandern⟩ || ID **etw. hält sich in Grenzen** *mst hum*; etw. ist in nur geringem Maß vorhanden, ist nicht sehr ausgeprägt: *Seine Begeisterung für die Schule hält sich in Grenzen*; **seine Grenzen kennen** wissen, was man noch leisten od. ertragen kann u. was nicht mehr

gren·zen; *grenzte, hat gegrenzt*; [Vi] **1 etw. grenzt an etw.** (*Akk*) etw. hat e-e gemeinsame Grenze (1,2,3) mit etw.: *Sein Grundstück grenzt an den Wald* **2 etw. grenzt an etw.** (*Akk*) etw. ist fast mit etw. anderem (u. Negativem) gleichzusetzen: *Sein Mut grenzt an Tollkühnheit*

gren·zen·los *Adj*; **1** (scheinbar) ohne Ende, ohne räumliche Grenzen ⟨e-e Ebene, e-e Weite⟩ **2** ohne Einschränkung ⟨Freiheit; j-n g. bewundern; g. glücklich sein⟩ **3** *nicht adv*; sehr groß, sehr intensiv ⟨Angst, Begeisterung, Ehrgeiz, Geduld, Güte, Hass, Leid⟩ **4** *nur adv*; unendlich viel: *Ich habe nicht g. Zeit für dich, also beeil dich!* || *hierzu* **Gren·zen·lo·sig·keit** *die*; *nur Sg*

Gren·zer *der*; *-s, -*; *gespr* ≈ Grenzbeamte(r)

Grenz·fall *der*; ein Problemfall, der nicht eindeutig geklärt werden kann, weil es mehrere Möglichkeiten der Interpretation (od. Zuordnung) gibt: *juristische Grenzfälle*

Grenz·gän·ger *der*; *-s, -*; j-d, der regelmäßig u. häufig über e-e Grenze (1) geht, *z.B.* weil er jenseits der Grenze arbeitet

Grenz·land *das*; *nur Sg* ≈ Grenzbereich (2)

Grenz·pos·ten *der*; e-e Wache (2), ein Wachtposten an der Grenze (1)

Grenz·si·tu·a·ti·on *die*; *geschr*; e-e außergewöhnliche Situation, in der j-d extreme Maßnahmen ergreifen u. dabei oft gegen allgemeine od. persönliche moralische Prinzipien verstoßen muss

Grenz·über·gang *der*; **1** die Stelle, an der man offiziell über e-e Grenze (1) geht (u. an der sich der Zoll[1] (3) befindet) ≈ Grenze (1) **2** das Überschreiten e-r Grenze (1): *Wir wurden beim G. kontrolliert*

grenz·über·schrei·ten·d- *Adj*; *nur attr, nicht adv*; *mst in* **der grenzüberschreitende Handel, Verkehr** *mst Admin geschr*; der Handel, Verkehr über die Grenzen (1) hinweg

Grenz·ver·let·zung *die*; das illegale Überschreiten e-r Grenze (1) von bewaffneten Truppen

Grenz·wert *der*; **1** ein extremer Wert (5), der nicht unter- / überschritten werden darf: *Grenzwerte bei der Radioaktivität* **2** ein mathematischer Wert (5), auf den sich die einzelnen Glieder e-r Folge von Zahlen zubewegen; *Math* Limes: *Die Folge der Zahlen* 1, ½, ⅓, ¼ … *strebt dem G. Null zu*

Gret·chen·fra·ge *die*; *nur Sg*, *geschr*; die entscheidende Frage (*mst* nach der grundsätzlichen persönlichen Einstellung von j-m zu e-m Problem), die man nur schwer beantworten kann ⟨(j-m) die G. stellen⟩

Greuel, greulich ↑ ***Gräuel, gräulich***

grie·nen; *griente, hat gegrient*; [Vi] *nordd gespr* ≈ grinsen

Gries·gram *der*; *-(e)s, -e*; *pej*; ein schlecht gelaunter, mürrischer Mensch || *hierzu* **gries·grä·mig** *Adj*

Grieß *der*; *-es*; *nur Sg*; e-e Art grobes (körniges) Pulver aus gemahlenem Weizen od. gemahlenen Maiskörnern, aus dem man *mst* Suppe od. Brei macht || K-: **Grieß-, -brei, -klöße, -pudding, -suppe** || -K: **Mais-, Weizen-**

griff *Imperfekt, 1. u. 3. Person Sg*; ↑ ***greifen***

Griff[1] *der*; *-(e)s, -e*; **1 der G. irgendwohin** der Vorgang des Greifens (2): *Beim G. in seine Jackentasche erschrak er - seine Brieftasche war verschwunden* **2 mit eisernem G.** ganz fest, mit Gewalt: *Der Polizist hielt den Dieb mit eisernem G. fest* || -K: **Würge- 3 der G. zu etw.** das Zurückgreifen auf etw. (*mst* Negatives): *der G. zu unlauteren Mitteln* **4** e-e gezielte Bewegung mit der Hand bei e-r bestimmten Tätigkeit ≈ Handgriff ⟨ein geübter, falscher G.⟩: *Damit die Bedienung der Maschine reibungslos funktioniert, muss jeder G. sitzen* || ID **j-n / etw. im G. haben** ≈ j-n / etw. beherrschen, unter Kontrolle haben: *Wir hatten den Gegner voll im G.*; **etw. in den G. bekommen** / *gespr* **kriegen** etw. unter Kontrolle bringen; **mit j-m / etw. e-n guten G. getan haben** mit j-m / etw. e-e gute Wahl getroffen haben; **der G. zur Droge, Flasche, Zigarette** *euph*; der (regelmäßige, suchtbedingte) Drogen-, Alkohol-, Nikotinkonsum

Griff[2] *der*; *-(e)s, -e*; der Teil e-s Gegenstandes (*z.B.* e-r Tasche), an dem man ihn gut festhalten kann ⟨der G. e-s Koffers, e-s Löffels, e-s Messers, e-s Schirms, e-r Schublade, e-r Tür *usw*⟩ || -K: **Fenster-, Koffer-, Schirm-, Tür-**; **Holz-, Messing-**

griff·be·reit *Adj*; so, dass man es rasch u. bequem nehmen kann (ohne lange danach suchen zu müssen) ⟨etw. g. haben; etw. liegt g.⟩

Griff·brett *das*; e-e Art schmales Brett an (Saiten-) Instrumenten, an dem man die Saiten mit den Fingern drückt, damit die Töne verschieden hoch klingen: *das G. e-r Gitarre, e-r Violine, e-r Zither* || ↑ *Abb. unter* ***Zither***

Grif·fel *der*; *-s, -*; **1** ein Stift, mit dem man auf (Schiefer)Tafeln schreibt || K-: **Griffel-, -kasten, -spitzer 2** *mst Pl, gespr!* ≈ Finger

grif·fig *Adj*; *nicht adv*; **1** ⟨e-e Parole, ein Schlagwort⟩ so einfach (u. prägnant), dass man sie sich gut merken kann **2** ⟨ein Hammer, e-e Zange *usw*⟩ so geformt, dass man sie gut greifen u. benützen kann ≈ handlich **3** so beschaffen, dass etw. nicht rutscht ↔ glatt ⟨e-e Fahrbahn, e-e Piste, Schnee⟩ **4** ⟨ein (Reifen)Profil⟩ so, dass es gut greift (7) **5** aus e-m festen, stabilen Gewebe ⟨ein Stoff⟩ || *hierzu* **Grif·fig·keit** *die*; *nur Sg*

Grill *der*; *-s, -s*; **1** ein Gerät, mit dem man (auf e-m Rost[2] od. Spieß) Fleisch *usw* röstet (über glühender Kohle od. durch elektrisch erzeugte Hitze): *ein Steak, ein Hähnchen vom G.* || -K: **Elektro-, Holzkohlen-**; **Garten- 2** *Kurzw* ↑ ***Kühlergrill***

Gril·le *die*; *-, -n*; **1** ein Insekt, das den Heuschrecken ähnlich ist u. in (Erd)Höhlen lebt. Die Männchen machen in der Nacht ein monotones Geräusch ⟨die Grillen zirpen⟩ **2** *veraltend*; ein komischer Gedanke, e-e Laune

gril·len; *grillte, hat gegrillt*; [Vt/i] **(etw.) g.** Fleisch *o.Ä.* bei großer Hitze u. ohne Fett (auf e-m Grill od. über offenem Feuer) braten ⟨ein Steak, ein Hähn-

chen, Würstchen g.〉 ‖ K-: ***Grill-, -gerät, -kohle, -party, -pfanne, -platz, -rost, -spieß, -würstchen***

Gri·mạs·se *die*; -, *-n*; ein verzerrtes Gesicht, das man macht, um j-n zum Lachen zu bringen od. um so ein bestimmtes Gefühl auszudrücken 〈e-e G. / Grimassen machen, schneiden; das Gesicht zu e-r G. verziehen〉

Grịmm *der*; *-(e)s*; *nur Sg*, *geschr* ≈ Groll

grịm·mig *Adj*; **1** voller Zorn od. Groll ≈ zornig, wütend 〈ein grimmiges Gesicht machen; g. aussehen, dreinschauen〉 **2** *geschr*; 〈ein Löwe, ein Wächter〉 von so bösem Aussehen, dass sie Furcht erregen **3** *geschr*; sehr groß, sehr intensiv 〈e-e Kälte, ein Winter, Frost, Hunger〉 ‖ *zu* **1** u. **2 Grịm·mig·keit** *die*; *nur Sg*

Grịnd *der*; *-(e)s*, *-e*; **1** ≈ Schorf **2** *gespr*; ein Hautausschlag, auf dem sich e-e trockene Kruste bildet

grịn·sen; *grinste*, *hat gegrinst*; [Vi] mit breit auseinander gezogenen Lippen (*mst* mit spöttischer Absicht) lächeln 〈frech, höhnisch, schadenfroh, spöttisch g.; j-n grinsend ansehen; ein grinsendes Gesicht〉: *Er verzog sein Gesicht zu e-m breiten Grinsen* ‖ *zu* ***Gegrinse*** ↑ ***Ge-***

Grillen

Grillen ist „in“: Wenn es das Wetter erlaubt, zieht es die Grill-Fans in die Gärten, auf die Balkons und zu den in öffentlichen Parks angelegten **Grillplätzen**. Der Duft von glimmender Holzkohle und dem Fleisch, das auf den **Grillrosten** gart, ist unwiderstehlich. Gegrillt werden saftige, vorher marinierte, Steaks, **Grillwürstchen**, aber auch Fische. Dazu isst man Salate und Brot, sowie würzige Soßen, die man selbst anmacht oder fertig kauft. Wer es mag, trinkt zu Gegrilltem ein gut gekühltes Bier. Zu einer **Grillparty** werden Freunde eingeladen und man bereitet gemeinsam die Mahlzeit für alle zu.
Vor dem Grillen auf dem Balkon sollte man sich allerdings erkundigen, ob es nach der Hausordnung auch erlaubt ist.

grip·pa·l- *Adj*; *nur attr, nicht adv, geschr*; von e-r Grippe (1) verursacht od. e-r Grippe (1) ähnlich ⟨*mst* ein Infekt⟩

Grip·pe *die*; -; *nur Sg*; **1** e-e ansteckende Viruskrankheit mit hohem Fieber, Kopfschmerzen, Durchfall *o.Ä.*; *Med* Influenza ⟨(die / e-e) G. haben; mit G. im Bett liegen; an G. erkranken⟩ || K-: ***Grippe-, -epidemie, -impfung, -mittel, -welle*** **2** *gespr*; e-e Erkältung mit (hohem) Fieber

Grips *der*; *-es*; *nur Sg, gespr* ≈ Verstand, Auffassungsgabe ⟨nicht viel G. (im Kopf) haben; seinen G. anstrengen, zusammennehmen⟩

grob, *gröber, gröbst-*; *Adj*; **1** rau, nicht glatt, nicht weich ↔ fein (1) ⟨Leinen, ein Schuhwerk, ein Stoff⟩ **2** nicht fein (3), sondern in relativ großen Teilchen ⟨Kies, Mehl, Sand⟩ || K-: ***grob gehackt, gemahlen***; ***grob-, -körnig*** **3** derb od. plump aussehend, wirkend ↔ zart, fein (2) ⟨Gesichtszüge, Hände⟩ || K-: ***grob-, -knochig*** **4** *pej*; (im Verhalten gegenüber anderen Menschen) rücksichtslos u. ohne Gefühl, unhöflich ⟨ein Mensch; Späße; j-n g. anfahren (= kritisieren), zurechtweisen; g. gegen j-n werden⟩ **5** ***g. sein*** j-n fest anfassen u. ihm dabei wehtun ↔ behutsam sein: *Au, sei doch nicht so g.!* **6** *nur attr od adv*; nicht ganz genau, sondern nur ungefähr u. ohne Details ⟨e-n groben Überblick über etw. geben; etw. in groben Umrissen schildern; etw. in groben Zügen wiedergeben⟩ || K-: ***Grob-, -struktur*** **7** *mst attr*; mit (möglichen) schlimmen Folgen ⟨ein Irrtum, Unfug, ein Verstoß; g. fahrlässig handeln⟩ || ID ***aus dem Gröbsten heraus sein*** *gespr*; **a)** die größten Schwierigkeiten überwunden haben; **b)** als Kind relativ selbstständig geworden sein: *Die Kinder sind jetzt aus dem Gröbsten heraus, da kann ich wieder berufstätig werden*

Grob·heit *die*; -, *-en*; **1** *mst Pl*; unhöfliche, beleidigende Worte ⟨j-m Grobheiten an den Kopf werfen⟩ **2** *nur Sg*; e-e grobe (rücksichtslose u. unhöfliche) Handlung

Gro·bi·an *der*; *-s, -e*; *gespr pej*; ein Mann od. Junge, der oft grob (5) od. rücksichtslos ist

gröb·lich *Adj*; *nur attr od adv, geschr*; auf e-e grobe (7) Art u. Weise ⟨j-n / etw. g. vernachlässigen, missachten⟩

grob·schläch·tig *Adj*; *nicht adv*; von plumper, unförmiger Gestalt ⟨ein Kerl, ein Mensch⟩

Grog *der*; *-s, -s*; ein heißes Getränk aus Rum, Zucker u. Wasser ⟨ein steifer G. (= mit viel Rum)⟩

grog·gy ['grɔgi] *Adj*; *nur präd od adv, indeklinabel, gespr* ≈ müde, erschöpft

grö·len; *grölte, hat gegrölt*; [Vt/i] ***(etw.) g.*** *gespr pej*; (etw.) laut u. unschön singen od. schreien: *Betrunkene zogen grölend durch die Straßen*

Groll *der*; *-s*; *nur Sg*; ***(ein) G. auf / gegen j-n / etw.*** starker Ärger od. Hass, den man *mst* nicht offen zeigt ⟨ein heimlicher, tiefer, versteckter G.; e-n G. auf j-n / etw. haben; e-n G. gegen j-n hegen⟩

grol·len[1]; *grollte, hat gegrollt*; [Vi] *geschr*; ***(mit) j-m (wegen etw.*** (*Gen, gespr auch Dat*)) ***g.*** auf j-n böse sein, verärgert sein

grol·len[2]; *grollte, hat gegrollt*; [Vi] ***etw. grollt*** etw. macht (in weiter Ferne) ein dumpfes Geräusch ⟨der Donner, das Gewitter, die Kanonen⟩

Gros[1] [groː] *das*; -; *nur Sg*; ***das G.*** + *Gen*; der größte Teil (*mst* e-r Personengruppe): *Das G. der Bevölkerung ist gegen das geplante Kraftwerk*

Gros[2] [grɔs] *das*; *-ses, -se*; *veraltet*; ***ein G.*** + *Subst* 144 Stück des genannten Gegenstands || NB: Mit e-r Zahl lautet die Pluralform *Gros*: *4 Gros*

Gro·schen *der*; *-s, -*; **1** *hist*; die ehemals kleinste Währungseinheit in Österreich: *Ein Schilling hat hundert Groschen* **2** *hist*; e-e Zehnpfennigmünze **3** *nur Pl, gespr* ≈ (wenig) Geld: *Er verdient als Zeitungsjunge ein paar Groschen nebenbei* || ID ***bei j-m fällt (endlich) der G.*** *gespr*; j-d versteht endlich, wovon die Rede ist || NB: Die Idiome, die unter *Pfennig* aufgeführt sind, hört man auch mit *Groschen*

Gro·schen·heft *das*; *pej*; ein billiges (Roman)Heft, dessen Inhalt keinen literarischen Wert hat

Gro·schen·ro·man *der*; *pej*; ein billiger u. literarisch wertloser Roman

groß, *größer, größt-*; *Adj*; **1** *Maßangabe* + ***g.*** verwendet, um die Maße e-s Gegenstandes, e-s Raumes od. e-r Fläche od. die Länge des Körpers e-s Menschen anzugeben: *Das Regal ist drei mal vier Meter g.*; *Das Schwimmbecken ist 250m² g.*; *Mein Bruder ist einen Meter achtzig g.* **2** so, dass es in Bezug auf die Länge, Höhe, den Umfang, das Volumen *o.Ä.* Vergleichbares übertrifft ↔ klein (1): *Der große Zeiger der Uhr zeigt die Minuten an, der kleine die Stunden*; *Der Elefant ist ein großes Tier* || ↑ *Abb. unter* **Eigenschaften** || K-: ***Groß-, -baustelle, -feuer, -format***; ***groß-, -flächig*** **3** *nicht adv*; mit vergleichsweise vielen Personen, Tieren od. Dingen ↔ klein (2) ⟨e-e Familie, e-e Gruppe, e-e Herde, ein Orchester, ein Verein *usw*⟩: *Die Sendung erreichte ein großes Publikum*; *Hier finden Sie e-e große Auswahl an Radios* || K-: ***Groß-, -angriff, -betrieb, -einsatz, -fahndung, -familie, -kundgebung, -packung, -unternehmen, -veranstaltung*** **4** *nicht adv*; in der Menge od. im Wert über dem Durchschnitt ↔ klein (3) ⟨ein Betrag, ein Gewinn, e-e Summe, ein Verlust, ein Vermögen *usw*; ein (Geld)Schein⟩ || K-: ***Groß-, -auftrag, -einkauf, -kredit*** **5** *mst attr, nicht adv*; zeitlich relativ lang ↔ klein (4) ⟨e-e Pause, ein Zeitraum⟩: *Wo fahren Sie in den großen Ferien* (= Sommerferien) *hin?* **6** *nicht adv*; von besonderer Bedeutung, besonders wichtig ≈ bedeutend: *Picasso war ein großer Künstler*; *Kaiser Karl der Große* **7** *nicht adv*; sehr gut: *Das war e-e große Leistung*; *In Physik ist sie ganz g.* **8** *nicht adv*; mit sehr starken Auswirkungen ↔ klein (5) ⟨ein Fehler, ein Irrtum⟩ || K-: ***Groß-, -tat*** **9** *nicht adv*; wichtig, bedeutend ⟨ein Unterschied⟩ **10** *nicht adv*; intensiv, stark ↔ gering: *Ich habe große Angst, großen Hunger* **11** *nicht adv*; heftig, stark: *Nach der Rede gab es großen Beifall*; *Im Saal herrschte große Unruhe* **12** *mst attr, nicht adv, gespr*; älter ↔ klein (7) ⟨*mst* j-s Bruder, j-s Schwester⟩: *Ich habe zwei große Brüder* **13** *nicht adv, gespr* ≈ erwachsen ↔ klein (8): *Was willst du werden, wenn du einmal g. bist?* **14** *nur attr od adv*; mit viel Aufwand, Kosten *usw* verbunden ↔ klein (9) ⟨ein Empfang, ein Fest, e-e Veranstaltung; g. ausgehen; j-n / etw. g. herausbringen⟩: *Das müssen wir g. feiern* **15** *nur attr od adv*; in Bezug auf das Wesentliche, ohne unwichtige Details ⟨die Zusammenhänge⟩: *Er schilderte seine Pläne in großen Zügen*; *Das große Ganze* (= die Gesamtsituation) *darf man nicht vergessen* **16** in der Form, die man *z.B.* am Anfang e-s Satzes od. Namens verwendet (*z.B. A, B, C* im Unterschied zu *a, b, c*) ↔ klein (10) ⟨Buchstaben⟩: *„Zu Fuß" schreibt man auseinander u. mit e-m großen F* || K-: ***Groß-, -buchstabe*** **17** ***etw. g. schreiben*** etw. als besonders wichtig ansehen ≈ etw. wichtig nehmen: *Bei uns wird Kundendienst g. geschrieben* || NB: *mst* im Passiv! **18** ⟨das Gas, die Heizung, den Herd, die Platte *usw*⟩ ***(auf) g. schalten, stellen, drehen*** mithilfe e-s Schalters *o.Ä.* die Hitze od. Leistung e-s Geräts auf die höchste Stufe stellen ↔ etw. (auf) klein schalten, stellen, drehen **19** *nur adv*; besonders, sehr: *sich nicht g. um j-n / etw. kümmern*; *Was sollen wir g. darüber streiten?* **20** *nur adv*; verwendet (*mst* mit *denn* od. *schon*), um e-e rhetorische Frage zu verstärken: *Was ist schon g. dabei?* (= es ist doch nichts dabei); *„Na, was war denn gestern los?“ - „Was soll schon g. gewesen sein?“* (= du erwartest doch nicht, dass etw. Besonderes passiert ist) || ID ***im Großen u. Ganzen*** in Bezug auf das Ganze ≈ im Allgemeinen: *Im Großen u. Ganzen kann man mit dem abgelaufenen Geschäftsjahr zufrieden sein*; ***G. u. Klein*** alte u. junge Menschen ≈ alle, jeder; ***g. machen / müssen*** *gespr*; (*bes* von u. gegenüber Kindern verwendet) den Darm entleeren (müssen) ↔ klein machen / müssen

groß an·ge·legt *Adj*; *nicht adv*; mit großem Aufwand, vielen Personen *usw* geplant u. durchgeführt ⟨e-e Fahndung, e-e Untersuchung⟩

Groß·ab·neh·mer *der* ≈ Großkunde
Groß·alarm *der*; ein Alarm, bei dem viele Menschen beteiligt sind (*z.B.* viele Feuerwehrleute *usw*) ⟨G. auslösen, geben⟩
groß·ar·tig *Adj*; von hervorragender Qualität, sehr gut: *Das war e-e großartige Leistung*; *Das Wetter im Urlaub war g.*; *Unsere Mannschaft hat g. gespielt* || *hierzu* **Groß·ar·tig·keit** *die*; *nur Sg*
Groß·auf·nah·me *die*; e-e Aufnahme (6) in e-m Film, bei der ein Objekt (*z.B.* ein Gesicht) das ganze Bild ausfüllt ⟨etw. in G. zeigen⟩
Groß·brand *der*; ein Feuer, von dem e-e große Fläche od. ein großes Gebäude betroffen ist
Groß·bür·ger·tum *das*; *nur Sg*, *bes hist*; der reichere u. mächtigere Teil des Bürgertums, *bes* in der Gesellschaft des 19. Jahrhunderts || *hierzu* **Groß·bür·ger** *der*; **groß·bür·ger·lich** *Adj*
groß·deutsch *Adj*; **1** darauf bestrebt, alle deutschsprachigen Länder zu vereinigen: *der großdeutsche Gedanke der Nationalsozialisten* **2** ***das Großdeutsche Reich*** *hist*; verwendet als Bezeichnung für das nationalsozialistische Deutschland (einschließlich Österreich) von 1938 bis 1945
Gro·ße *der / die*; *-n*, *-n*; **1** ein großer Junge / ein großes Mädchen: *Unser Großer kommt schon in die Schule!* **2** *nur Pl*; (von u. gegenüber Kindern verwendet) Erwachsene || NB: *ein Großer*; *der Große*; *den, dem, des Großen*
Grö·ße *die*; *-*, *-n*; **1** ***die G.*** + *Gen* / ***von j-m / etw.*** die Maße (Breite, Länge, Höhe, Tiefe, Umfang, Volumen *usw*), die e-e Fläche, ein Gegenstand od. ein Raum hat: *Die G. des Zimmers beträgt vier mal fünf Meter / zwanzig Quadratmeter*; *Schüsseln in verschiedenen Größen*; *die beeindruckende G. e-s Gebirges* (= das Gebirge ist sehr groß u. beeindruckend) || K-: ***Größen-, -angabe, -unterschied, -verhältnis*** **2** *nur Sg*; die Höhe, Länge des Körpers e-s Menschen od. Tieres: *Er hat ungefähr meine G.*; *Mit seiner G. überragt er die Menge* (= er ist sehr groß) || -K: ***Körper-*** **3** ein genormtes Maß für die G. (1) von Kleidungsstücken, Schuhen *usw*: *Schuhe der G. 38*; *Welche G. haben Sie?* || -K: ***Handschuh-, Kleider-, Kragen-, Schuh-***; ***Konfektions-, Über-, Zwischen-*** **4** *mst Sg*; die Zahl der Mitglieder od. Komponenten e-r Gruppe von Personen, Tieren od. Dingen: *die G. e-r Familie, e-r Herde, e-r Auswahl, e-s Angebots* **5** *mst Sg*; die Menge od. der Wert von etw.: *die G. e-r Summe, e-s Gewinns, e-s Verlustes* **6** *mst Sg*; die Bedeutung, die Wichtigkeit von etw.: *die G. e-r Leistung einschätzen*; *die G. e-s Unterschieds messen* **7** die Bedeutsamkeit e-r Person: *die G. Goethes* **8** *mst Sg*; die Intensität od. das Ausmaß von etw.: *die G. seiner Liebesfähigkeit* **9** *mst Sg*; der gute u. edle Charakter e-r Person ⟨menschliche, seelische G. (zeigen)⟩ **10** e-e wichtige Persönlichkeit, die sehr viel leistet: *Michelangelo zählt zu den Größen der italienischen Kunst* || -K: ***Geistes-*** **11** *Math*, *Phys*; ein Begriff, mit dem man rechnen, den man in Zahlen ausdrücken kann (*z.B.* ein Gewicht, e-e Länge, e-e Temperatur): *die unbekannte G. x*
Groß·el·tern *die*; *Pl*; die Eltern der Mutter od. des Vaters || *hierzu* **groß·el·ter·lich** *Adj*; *mst attr*
Groß·en·kel *der* ≈ Urenkel || *hierzu* **Groß·en·ke·lin** *die*
Grö·ßen·ord·nung *die*; ein (ungefährer) Bereich, in den das Ausmaß, der Umfang *o.Ä.* von etw. einzuordnen ist: *Der Verbrauch liegt in der G. zwischen 1000 u. 2000l*
gro·ßen·teils *Adv*; zum großen Teil ≈ überwiegend: *Unsere Produkte werden g. im Ausland verkauft*
Grö·ßen·wahn *der*; die (krankhafte) Tendenz, sich selbst, seine eigenen Fähigkeiten u. Möglichkeiten maßlos zu überschätzen: *Seit er die neue Stelle hat, leidet er an G.* || *hierzu* **grö·ßen·wahn·sin·nig** *Adj*; *nicht adv*
Groß|grund·be·sit·zer *der*; j-d, der sehr viel Grund besitzt || *hierzu* **Groß|grund·be·sitz** *der*
Groß·han·del *der*; *Kollekt*; alle Betriebe od. Händler, die Waren in großen Mengen bei den Produzenten einkaufen u. an einzelne Geschäfte weiterverkaufen ↔ Einzelhandel || K-: ***Großhandels-, -kaufmann, -preis*** || -K: ***Getreide-, Holz-*** || *hierzu* **Groß·händler** *der*; **Groß·hand·lung** *die*
groß·her·zig *Adj*; *geschr*; **1** tolerant u. großzügig ≈ selbstlos ↔ kleinlich ⟨ein Mensch⟩ **2** ⟨ein Angebot, e-e Spende, e-e Tat⟩ so, dass sie von Großzügigkeit zeugen || *hierzu* **Groß·her·zig·keit** *die*; *nur Sg*
Groß·hirn *das*; der vordere Teil des Gehirns, der aus zwei Hälften besteht u. der den meisten Raum im Schädel einnimmt
Groß·in·dust·ri·el·le *der / die*; j-d, der einen großen Industriebetrieb od. mehrere Firmen besitzt od. leitet
Gros·sist *der*; *-en*, *-en* ≈ Großhändler ↔ Einzelhändler || NB: *der Grossist*; *den, dem, des Grossisten*
Groß·kind *das*; ⒸⒽ ≈ *Enkel(kind)*
groß·kot·zig *Adj*; *gespr*, *pej* ≈ aufschneiderisch, prahlerisch ⟨g. daherreden⟩
Groß·kü·che *die*; e-e Küche (*z.B.* in e-m Betrieb, e-r Kaserne), in der für viele Menschen gekocht wird
Groß·kun·de *der*; ein Kunde, der Waren in großen Mengen kauft
Groß·macht *die*; ein wirtschaftlich u. militärisch starker Staat, der die Weltpolitik entscheidend beeinflusst: *die G. USA* || K-: ***Großmacht-, -politik, -stellung, -streben***
Groß·markt *der*; ein Markt, bei dem Händler ihre Waren kaufen
Groß·maul *das*; *mst Sg*, *gespr! pej* ≈ Angeber || *hierzu* **groß·mäu·lig** *Adj*; *gespr! pej*
groß·mü·tig *Adj*; mit großzügiger, toleranter Gesinnung ⟨g. auf etw. verzichten; j-m g. verzeihen⟩ || *hierzu* **Groß·mut** *die*; *-*; *nur Sg*; **Groß·mü·tig·keit** *die*; *nur Sg*
Groß·mut·ter *die*; die Mutter des Vaters od. der Mutter || *hierzu* **groß·müt·ter·lich** *Adj*; *mst attr*
Groß·nef·fe *der*; der Enkel des Bruders od. der Schwester
Groß·nich·te *die*; die Enkelin des Bruders od. der Schwester
Groß·on·kel *der*; **1** der Bruder des Großvaters od. der Großmutter **2** der Ehemann der Großtante
Groß·rat *der*; ⒸⒽ ein Mitglied des Parlaments e-s Kantons || NB: ↑ ***Rat***[2] (4)
Groß·raum *der*; ***der G.*** + *Ortsname*; ein relativ großes Gebiet um e-e Stadt herum: *der G. München*

Groß·raum- *im Subst, wenig produktiv*; nicht in einzelne, kleinere Räume od. Abteilungen eingeteilt; das ***Großraumbüro***, das ***Großraumflugzeug***, der ***Großraumwagen***

groß·räu·mig *Adj*; **1** über ein großes Gebiet ⟨e-e Absperrung, e-e Brandbekämpfung, e-e Fahndung; die Wetterlage⟩: *Es wird empfohlen, die Unfallstelle g.* (= in weitem Abstand) *zu umfahren* **2** mit viel Platz ⟨ein Park, e-e Wohnung⟩ || *hierzu* **Groß·räu·mig·keit** *die*; *nur Sg*

Groß|rei·ne·ma·chen, **Groß|rein·ma·chen** *das*; *-s*; *nur Sg*, *gespr*; ein gründliches Putzen der Wohnung od. des Hauses

groß·schnäu·zig *Adj*; *pej* ≈ angeberisch

groß·schrei·ben; *schrieb groß, hat großgeschrieben*; [Vt] ***etw. g.*** ein Wort mit e-m großen (16) Buchstaben beginnen ↔ etw. kleinschreiben: *Im Deutschen schreibt man Substantive groß* || *hierzu* **Groß·schrei·bung**

Die Großschreibung

Substantive beginnen immer mit einem Großbuchstaben:

Ein schönes Land.

Das Gleiche gilt für substantivierte Verben, Adjektive und Pronomen:

Das Gehen fällt ihr schwer.
Er sucht immer das Gute im Menschen.
Jedem das Seine.

Auch die Personal- und Possessivpronomen der Höflichkeitsform werden großgeschrieben:

Wie heißen Sie?
Ist das Ihre Brille?

groß·spre·che·risch *Adj*; *pej* ≈ angeberisch

groß·spu·rig *Adj*; *pej* ≈ arrogant, anmaßend ⟨ein Auftreten, Reden⟩ || *hierzu* **Groß·spu·rig·keit** *die*; *nur Sg*

Groß·stadt *die*; e-e Stadt mit mehr als 100000 Einwohnern ↔ Kleinstadt || K-: ***Großstadt-, -kind, -lärm, -leben, -luft, -mensch, -verkehr*** || *hierzu* **Groß·städ·ter** *der*; **groß·städ·tisch** *Adj*

Groß·tan·te *die*; **1** die Schwester des Großvaters od. der Großmutter **2** die Ehefrau des Großonkels

Groß·teil *der*; *nur Sg*; **1** der größere Teil von etw.: *Er verbringt e-n G. seiner Ferien im Gebirge* **2** ein großer Teil, e-e große Anzahl: *Ein G. der Schulabgänger ist noch ohne Lehrstelle*

größ·ten·teils *Adv*; in der Hauptsache: *Unsere Produkte werden g. nach Übersee exportiert*

größt·mög·li·ch- *Adj*; *nur attr, nicht adv*; so groß wie möglich: *etw. bietet größtmögliche Sicherheit*

groß·tu·e·risch *Adj*; *pej* ≈ angeberisch, prahlerisch

groß·tun; *tat groß, hat großgetan*; [Vi] **1** ***(mit etw.) g.*** *gespr pej* ≈ angeben, prahlen: *Sie muss immer mit ihrem Cabrio g.*; [Vr] **2** ***sich (mit etw.) g.*** ≈ g. (1)

Groß·va·ter *der*; der Vater der Mutter od. des Vaters || *hierzu* **groß·vä·ter·lich** *Adj*; *mst attr*

Groß·vieh *das*; *Kollekt*; Pferde, Rinder, Schweine, Schafe u. Ziegen ↔ Kleinvieh

Groß|wet·ter·la·ge *die*; *Meteorologie*; die Wetterlage in e-m relativ großen Gebiet über mehrere Tage

Groß·wild *das*; *Kollekt*; große Tiere (*z.B.* Löwen, Tiger, Elefanten), die gejagt werden, *bes* in Afrika u. Indien || K-: ***Großwild-, -jagd, -jäger***

groß·zie·hen; *zog groß, hat großgezogen*; [Vt] ***j-n / ein Tier g.*** für ein Kind od. ein junges Tier so lange sorgen, bis es selbstständig geworden ist ≈ aufziehen

groß·zü·gig *Adj*; **1** von e-r Art, die zeigt, dass man von dem, was man besitzt, gern u. viel gibt ⟨ein Mensch; ein Geschenk, e-e Spende; g. sein; j-n g. beschenken, unterstützen⟩: *Es war sehr g. von ihr, uns alle zum Essen einzuladen* **2** von e-r Art, die zeigt, dass man Dinge, die einen stören, nicht beachtet ≈ tolerant ⟨ein Mensch; j-m g. verzeihen; g. über etw. hinwegsehen⟩: *Durch sein großzügiges Entgegenkommen konnte ein Kompromiss erreicht werden* **3** groß u. mit viel Platz: *e-e großzügige Wohnung* || *hierzu* **Groß·zü·gig·keit** *die*

gro·tesk *Adj*; mit e-r komischen od. lächerlichen Wirkung, weil einzelne Merkmale übertrieben sind ⟨e-e Aufmachung, e-e Erscheinung, e-e Erzählung, e-e Situation; g. aussehen, wirken⟩: *Mit dem kleinen Kopf u. den viel zu langen Armen wirkt diese Skulptur g.* || *hierzu* **gro·tes·ker·wei·se** *Adv*

Gro·tes·ke *die*; *-, -n*; **1** ein Kunstwerk, das die Wirklichkeit grotesk darstellt **2** ein Ereignis, das man als grotesk empfindet

Grot·te *die*; *-, -n*; e-e kleine natürliche od. künstliche Höhle (1) in e-m Felsen: *die Blaue G. auf Capri*

Grou·pie ['gru:pi] *das*; *-s, -s*; *gespr*; ein weiblicher Fan *bes* e-s Popstars, der versucht, persönlichen (u. sexuellen) Kontakt zu ihm zu bekommen

grub *Imperfekt, 1. u. 3. Person Sg*; ↑ ***graben***

Grüb·chen *das*; *-s, -*; e-e kleine Vertiefung in der Wange od. am Kinn: *Wenn sie lacht, hat sie Grübchen neben den Mundwinkeln*

Gru·be *die*; *-, -n*; **1** e-e (*mst* relativ große, breite, rechteckige) Vertiefung im Erdboden (die *mst* j-d gegraben hat) ⟨e-e G. graben, ausheben⟩ || -K: ***Abfall-, Müll-; Jauche(n)-; Fang-*** **2** ≈ Bergwerk: *Die Bergleute fahren in die G. ein* || K-: ***Gruben-, -arbeit, -arbeiter, -beleuchtung, -explosion, -lampe, -unglück*** || -K: ***Erz-, Kies-, Kohlen-, Sand-, Zinn-***

grü·beln; *grübelte, hat gegrübelt*; [Vi] ***(über etw.*** (*Akk / Dat*)) ***g.*** lange u. intensiv über etw. nachdenken ⟨vor sich hin g.; über e-e / e-r Aufgabe, ein / e-m Problem g.⟩ || *hierzu* **Grüb·ler** *der*; *-s, -*; **grüb·le·risch** *Adj*

grü·e·zi! ['gry:ɛtsi] (CH) verwendet als Begrüßungswort in der Schweiz ≈ Guten Tag

Gruft *die*; *-, Grüf·te*; ein gemauertes Grab, *bes* unter e-r Kapelle od. e-r Kirche ⟨j-n in e-r G. beisetzen⟩ || -K: ***Familien-***

Gruf·ti *der*; *-s, -s*; *gespr*; *bes* von Jugendlichen verwendet als Bezeichnung für e-n etablierten Menschen

grün *Adj*; **1** von der Farbe des Grases u. der Blätter: *Wenn die Ampel für die Fußgänger grünes Licht zeigt, dürfen sie die Straße überqueren* || K-: ***grün-, -blau*** || -K: ***dunkel-, gras-, hell-, moos-, oliv-, smaragd-; gelb-, grau-*** **2** noch nicht reif u. deswegen *mst* sauer ⟨Äpfel, Erdbeeren, Pflaumen *usw*; Tomaten⟩ **3** *mst pej od iron*; jung u. ohne Erfahrung ≈ unreif ⟨ein Junge⟩ **4** zur Partei der Grünen gehörig ⟨ein Abgeordneter⟩ || K-: ***grün-alternativ*** **5** ⟨Ideen, Vorstellungen; Politik⟩ so, dass sie den Umweltschutz in den Vordergrund stellen || NB: ↑ ***Punkt*** (12) **6** ***ein Baum wird g.*** ein Baum bekommt (im Frühling) frische Blätter || ID ***sich g. u. 'blau ärgern*** *gespr*; sich sehr ärgern; ***j-n g. u. 'blau schlagen*** *gespr*; j-n heftig verprügeln; *mst* ***Die sind sich*** (*Dat*) ***/ Wir sind uns*** (*Dat*) ***nicht g.*** *gespr*; sie mögen sich nicht / wir mögen uns nicht

Grün *das*; *-s, - / gespr -s*; **1** die grüne (1) Farbe: *Das Kleid ist in zartem G. gehalten* **2** *nur Sg, Kollekt*; die Gesamtheit der Pflanzen, die Blätter haben ⟨das frische, junge, zarte G.⟩ || -K: ***Birken-*** **3** *nur Sg, Kol-*

lekt; e-e Fläche mit Gras, Bäumen u. Büschen ≈ Grünanlage: *e-e Stadt mit viel G.* **4** *nur Sg, Sport*; (beim Golfspiel) die relativ kleine Fläche (mit kurz geschnittenem Rasen), in deren Mitte das Loch für den (Golf)Ball ist **5** e-e Spielfarbe im deutschen Kartenspiel od. e-e Karte dieser Farbe ≈ Blatt || NB: ↑ ***Herz*** (6,7) || ID (***Das ist***) ***dasselbe in G.*** *gespr*; (das ist) das Gleiche, auch nichts anderes

Grün·an·la·ge *die*; ein öffentlicher Park in e-r Stadt

Grund[1] *der*; *-(e)s*; *nur Sg*; **1** der Erdboden als Fläche, auf der man steht bzw. geht ⟨auf felsigem, festem, schlüpfrigem, sumpfigem G. stehen⟩ **2** *veraltend*; der Erdboden als Fläche, auf der etw. angebaut wird od. wächst ≈ Boden, Erde ⟨fetter, magerer, lehmiger, sandiger G.⟩ || -K: ***Acker-*** **3** *Kurzw* ↑ ***Grundbesitz***: *eigenen G. haben* || K-: ***Grund-, -erwerb, -steuer*** **4** ***j-s G. u. Boden*** verwendet als Bezeichnung für ein Grundstück od. Grundstücke in j-s Besitz **5** der feste Boden e-s Gewässers: *Das Wrack liegt auf dem G. des Meeres* || -K: ***Meeres-*** **6** e-e einheitliche (*mst* einfarbige) Fläche, die den Hintergrund od. Untergrund *z.B.* für ein Muster bildet: *Dieser Stoff zeigt schwarze Streifen auf rotem G.* || -K: ***Gold-*** || ID ***von G. auf / aus*** ≈ radikal, völlig ⟨etw. von G. auf / aus ändern, erneuern, kennen, lernen⟩; ***im Grunde*** (***genommen***) ≈ eigentlich[2] (7); ***sich in G. u. 'Boden schämen*** *gespr*; sich sehr schämen; ***etw. in G. u. 'Boden wirtschaften*** *gespr*; durch schlechtes Wirtschaften etw. ruinieren; ***etw.*** (*Dat*) ***auf den G. gehen*** versuchen, die (verborgenen) Ursachen *o.Ä.* von etw. zu finden || NB: ↑ ***zugrunde***

Grund[2] *der*; *-(e)s, Grün ·de*; das Motiv, der Anlass od. die Ursache, warum j-d etw. Bestimmtes tut, warum etw. geschieht ⟨ein einleuchtender, schwer wiegender, stichhaltiger, zwingender G.; aus beruflichen, privaten Gründen; den G. für etw. angeben; Gründe für etw. vorbringen⟩: *Ich habe meine Gründe für diese Entscheidung*; *Es besteht kein G. zur Aufregung*; *Sie hat allen G., sich zu ärgern* || -K: ***Entlassungs-, Entschuldigungs-, Krankheits-, Scheidungs-, Verhaftungs-*** || NB: ↑ ***aufgrund*** || zu **1 grund·los** *Adj*; **Grund·lo·sig·keit** *die*; *nur Sg*

grund- *im Adj, betont, wenig produktiv*; verwendet um auszudrücken, dass die im zweiten Wortteil genannte Eigenschaft in großem Maße zutrifft ≈ sehr, ganz u. gar; ***grundanständig, grundehrlich, grundfalsch, grundgescheit, grundgütig, grundhässlich, grundschlecht, grundsolide***

Grund- *im Subst, betont, sehr produktiv*; **1** verwendet, um auszudrücken, dass etw. e-r Sache zugrunde liegt, die Basis von etw. bildet; die ***Grundbedeutung*** ⟨e-s Wortes⟩, die ***Grundform*** ⟨e-s Verbs⟩, der ***Grundgedanke***, die ***Grundidee***, das ***Grundprinzip***, die ***Grundtendenz*** ⟨e-r Entwicklung⟩ **2** verwendet, um auszudrücken, dass etw. das Wichtigste bei etw. ist; die ***Grundbedingung***, der ***Grundbestandteil***, die ***Grundfrage***, die ***Grundregel***, die ***Grundvoraussetzung***, das ***Grundwissen*** **3** verwendet, um auszudrücken, dass etw. die Mindestform von etw. bildet (die immer gilt, zu der aber Zusätzliches hinzukommen kann); die ***Grundausstattung***, die ***Grundgebühr***, das ***Grundgehalt***, der ***Grundlohn*** **4** verwendet, um auszudrücken, dass etw. als Erstes kommt; der ***Grundanstrich***

Grund·aus·bil·dung *die*; *nur Sg, Mil*; der erste Teil der Ausbildung e-s Soldaten

Grund·bau·stein *der*; einer der wichtigsten Teile, aus denen etw. besteht

Grund·be·dürf·nis *das*; *-ses, -se*; *mst Pl*; das, worauf man nicht verzichten kann (*bes* Essen, Trinken, Schlafen u. Kleidung)

Grund·be·griff *der*; *-es, -e*; **1** *mst Pl*; die einfachsten, wichtigsten, elementarsten Regeln u. Zusammenhänge in e-m Fach, auf e-m Gebiet *o.Ä.*: *j-m die Grundbegriffe der Mathematik, des Tennis beibringen* **2** ein sehr wichtiges, häufig gebrauchtes Wort in e-r (*z.B.* wissenschaftlichen) Terminologie

Grund·be·sitz *der*; die Grundstücke od. das Land, das j-d besitzt || *hierzu* **Grund·be·sit·zer** *der*

Grund·buch *das*; ein amtliches Verzeichnis, in dem alle Grundstücke e-s bestimmten Gebiets u. deren Besitzer eingetragen werden || K-: ***Grundbuch-, -amt, -eintrag***

Grund·ei·gen·tum *das* ≈ Grundbesitz || *hierzu* **Grund·ei·gen·tü·mer** *der*

grün·deln; *gründelte, hat gegründelt*; [Vi] ⟨e-e Ente *o.Ä.*⟩ ***gründelt*** ein Wasservogel sucht am Boden *mst* von flachen Seen *o.Ä.* nach Futter u. taucht dabei den Kopf tief ins Wasser

grün·den; *gründete, hat gegründet*; [Vt] **1** ***etw. g.*** etw. neu schaffen ⟨e-e Firma, e-e Partei, e-n Staat, e-e Stadt, ein Unternehmen, e-n Verein g.⟩: *Rom wurde 753 v. Chr. gegründet* **2** ***e-e Familie g.*** *veraltend* ≈ heiraten (in der Absicht, Kinder zu bekommen) **3** ***etw. auf etw.*** (*Akk*) ***g.*** *geschr*; etw. mit etw. erklären, rechtfertigen *o.Ä.* ≈ etw. auf etw. (*Akk*) aufbauen: *Der Richter gründete den Freispruch des Angeklagten auf die entlastenden Zeugenaussagen*; [Vi] **4** ***etw. gründet auf etw.*** (*Dat*) *geschr*; etw. beruht auf etw. (*Dat*), stützt sich auf etw. (*Akk*): *Meine Theorie gründet auf folgenden Überlegungen ...*; [Vr] **5** ***etw. gründet sich auf etw.*** (*Akk*) ≈ g. (4) || *zu* **1 Grün·der** *der*; *-s, -*; **Grün·de·rin** *die*; *-, -nen*

Grün·der·jah·re *die*; *Pl, hist* die Zeit von 1871 bis ungefähr 1900 in Deutschland, in der viele (industrielle) Unternehmen gegründet wurden u. es dem Staat wirtschaftlich gut ging

Grün·der·zeit *die*; *nur Sg* ≈ Gründerjahre

Grund·far·be *die*; **1** eine der drei Farben Gelb, Rot u. Blau, aus denen man alle anderen Farben mischen kann **2** die Farbe, die den Untergrund von etw. bildet od. die als erste Farbe auf etw. gestrichen, gemalt *o.Ä.* wird

Grund·fes·ten *die*; *Pl*; **1** ***an den G. von etw. rütteln*** *geschr*; etw. grundsätzlich in Frage stellen u. es dadurch in seiner Existenz gefährden: *an den G. der Monarchie rütteln* **2** ***etw. wird in seinen G. erschüttert*** *mst* e-e These, e-e Ideologie *o.Ä.* wird grundsätzlich in Frage gestellt

Grund·flä·che *die*; die untere Fläche e-s Körpers (3), auf der er steht: *die G. e-s Würfels berechnen*

Grund·ge·setz *das*; *nur Sg* verwendet als Bezeichnung für die geltende Verfassung[1] der Bundesrepublik Deutschland; *Abk* GG

Grund·hal·tung *die*; die grundsätzliche Einstellung, die j-d gegenüber e-r Person od. Sache hat: *e-e positive G. gegenüber dem Fortschritt haben*

grun·die·ren; *grundierte, hat grundiert*; [Vt/i] ***(etw.) g.*** etw. mit e-r ersten Schicht Farbe od. e-r speziellen, *bes* haltbaren Flüssigkeit versehen: *das Auto vor dem Lackieren mit e-m Rostschutzmittel g.* || *hierzu* **Grun·die·rung** *die*

Grund·kennt·nis *die*; *-, -se*; *mst Pl*; das erste Wissen, das man braucht, um mehr über etw. lernen zu können: *sich Grundkenntnisse in e-r Sprache aneignen*

Grund·kurs *der*; der erste Kurs, in dem man das Wichtigste über etw. lernt

Grund·la·ge *die*; etw. (bereits Vorhandenes), auf das man etw. aufbauen od. von dem aus man etw. weiterentwickeln kann ≈ Basis (1) ⟨e-e feste, solide, stabile, tragfähige G.; etw. auf e-e neue G. stellen; die Grundlagen für etw. schaffen⟩: *E-e gute Ausbildung ist die G. für den beruflichen Erfolg*

Grụnd·la·gen|for·schung *die*; *nur Sg*; die Forschung, die sich mit den allgemeinen theoretischen Grundlagen e-r Wissenschaft (u. nicht mit ihrer praktischen Anwendung) befasst

grụnd·le·gend *Adj*; *geschr*; **1** von entscheidender Bedeutung ≈ fundamental, wesentlich ⟨e-e Erkenntnis, e-e Voraussetzung⟩: *Zwischen ihren Ansichten besteht ein grundlegender Unterschied* **2** radikal, völlig ⟨e-e Änderung, e-e Erneuerung, e-e Umgestaltung; etw. g. ändern, erneuern⟩

grụ̈nd·lich *Adj*; **1** sehr sorgfältig u. genau ⟨e-e Ausbildung, e-e Reinigung, e-e Vorbereitung; etw. g. säubern, planen, vorbereiten; sich (*Dat*) etw. g. überlegen⟩ **2** *nur adv*, *gespr* ≈ sehr ⟨sich g. irren, täuschen⟩ || *zu* **1 Grụ̈nd·lich·keit** *die*; *nur Sg*

Grụnd·li·nie *die*; **1** *Sport*; (*bes* beim Tennis u. Volleyball) eine der beiden hinteren Linien, die das Spielfeld begrenzen u. hinter denen der Ball im Aus ist **2** *Math*; die unterste Linie e-r geometrischen Figur

Grụnd·mau·er *die*; *mst Pl*; die Fundamente e-s Gebäudes ⟨etw. brennt bis auf die Grundmauern ab⟩

Grụnd·nah·rungs·mit·tel *das*; ein sehr wichtiges Nahrungsmittel wie *z.B.* Kartoffeln, Brot, Reis

Grün·dọn·ners·tag *der*; der Donnerstag vor Ostern

Grụnd·ord·nung *die*; *Kollekt*; die wichtigsten Gesetze u. Regeln, die in e-m Staat gelten ⟨die freiheitlich-demokratische G.⟩

Grụnd|re·chen·art *die*; *mst in* ***die vier Grundrechenarten*** Addition, Subtraktion, Multiplikation u. Division

Grụnd·recht *das*; *-(e)s*, *-e*; *mst Pl*; **1** eines der (politischen) Rechte des Bürgers in e-m demokratischen Staat, *z.B.* das Wahlrecht **2** eines der elementaren Rechte menschlicher Würde u. Unabhängigkeit, *z.B.* die Freiheit der Person od. die Gleichheit aller Menschen vor dem Gesetz ≈ Menschenrecht

Grụnd·ren·te *die*; ein bestimmter Geldbetrag, den jeder Rentner mindestens bekommen soll, unabhängig davon, wie viel Beiträge er gezahlt hat

Grụnd·riss *der*; **1** e-e technische Zeichnung, die den waagerechten Schnitt e-s Gebäudes wiedergibt: *e-n G. e-s Bungalows anfertigen* **2** *Math*; die senkrechte Projektion e-s Körpers (3) auf e-e waagrechte Ebene **3** e-e einfache, kurze, schematische Darstellung e-s umfangreichen Themas: *die Grundrisse der Anatomie*

Grụnd·satz *der*; **1** e-e feste Regel, nach der j-d lebt u. handelt ≈ Prinzip (1) ⟨moralische, politische, religiöse Grundsätze; e-n G. streng befolgen; an e-m G. festhalten; nach festen Grundsätzen handeln, leben; von seinen Grundsätzen nicht abgehen⟩ **2** e-e allgemein anerkannte Regel, e-e Norm, auf der etw. aufgebaut ist ≈ Prinzip (2): *Seine Theorie beruht auf bestimmten wissenschaftlichen Grundsätzen*

Grụnd·satz- *im Subst*, *wenig produktiv*; drückt aus, dass sich etw. auf Grundlegendes bezieht (u. oft auch normativen Charakter hat); die ***Grundsatzdebatte***, die ***Grundsatzdiskussion***, die ***Grundsatzentscheidung***, das ***Grundsatzurteil***

grụnd·sätz·lich, **grund·sạ̈tz·lich** *Adj*; **1** *mst attr*; e-n Grundsatz (2) betreffend (u. deshalb wichtig) ≈ prinzipiell (2) ⟨Bedenken, Fragen; e-e Entscheidung, ein Unterschied; sich g. zu etw. äußern⟩ **2** *mst attr*; wegen e-s (*z.B.* moralischen od. religiösen) Grundsatzes (1) ≈ aus Prinzip: *Apartheid g. ablehnen* **3** *nur adv* ≈ eigentlich[2] (8), an u. für sich, im Grunde (genommen): *Er ist zwar g. damit einverstanden, aber …*

Grụnd·schu·le *die*; die Schule, in die die Kinder die ersten vier Jahre gehen || K-: ***Grundschul-, -lehrer, -unterricht*** || *hierzu* **Grụnd·schü·ler** *der*

Grụnd·stein *der*; der erste Stein, mit dem man bei e-r Feier beginnt, die Mauern e-s öffentlichen Gebäudes zu bauen ⟨den G. legen, setzen⟩ || K-: ***Grundstein-, -legung*** || ID ***den G. für / zu etw. legen*** die Basis, den Ausgangspunkt für die Entwicklung von etw. schaffen: *den G. für ein neues / zu e-m neuen Leben legen*; ***etw. ist der G. für / zu etw.*** etw. ist der Anfang von etw.: *Der Auslandsaufenthalt war der G. zu seiner Karriere als Dolmetscher*

Grụnd·stock *der*; ***der G.*** + *Gen* ***/ für / zu etw.*** die (wenigen) Dinge, die als Ausgangsbasis für etw. Größeres dienen, das man nach u. nach dazukauft, -bekommt *o.Ä.*: *einfache Möbel als G. für den Aufbau e-s Haushalts kaufen*

Grụnd·stoff *der*; **1** ein Material, aus dem die Industrie etw. macht ≈ Rohstoff || K-: ***Grundstoff-, -industrie*** **2** ein chemisches Element (5)

Grụnd·stück *das*; ein Stück Land, dessen Lage u. Größe genau festgelegt ist u. das j-m gehört ⟨ein G. (ver)pachten, bebauen⟩ || K-: ***Grundstücks-, -eigentümer, -makler, -nachbar, -preis***

Grụnd·stu·di·um *das*; der erste Teil des Studiums an e-r Hochschule, der *mst* mit e-r Prüfung endet ↔ Hauptstudium

Grụnd·übel *das*; ein Fehler, Mangel *o.Ä.*, der Ursache für andere Fehler, Mängel *usw* ist

Grụ̈n·dung *die*; *-*, *-en*; **1** die ganz neue Schaffung von etw.: *die G. e-r neuen Partei* || K-: ***Gründungs-, -feier, -jahr, -kapital, -mitglied, -tag, -versammlung*** || -K: ***Orts-, Partei-, Staats-, Vereins-*** **2** ***die G. e-r Familie*** das Heiraten (in der Absicht, Kinder zu bekommen) || -K: ***Familien-***

grụnd·ver·kehrt *Adj*; *ohne Steigerung*; völlig falsch

grụnd·ver·schie·den *Adj*; *ohne Steigerung*; ganz verschieden

Grụnd·ver·sor·gung *die*; die Versorgung mit dem unbedingt Nötigen

Grụnd·was·ser *das*; *nur Sg*; der natürliche Vorrat an Wasser, das unter der Erdoberfläche ist: *Versickerndes Heizöl gefährdet das G.* || K-: ***Grundwasser-, -spiegel***

Grụnd·wehr·dienst *der*; der gesetzlich vorgeschriebene Militärdienst, den j-d leisten (= machen) muss

Grụnd·wort·schatz *der*; die wichtigsten Wörter e-r Sprache, die man zuerst lernt od. die man kennen muss, um sich in e-r Sprache zu verständigen

Grụnd·zahl *die*; eine der ganzen Zahlen 1, 2, 3 *usw* ≈ Kardinalzahl, natürliche Zahl ↔ Ordnungszahl

Grụnd·zug *der*; *mst Pl*; das wichtigste Merkmal von etw.: *die Grundzüge der deutschen Geschichte*; *e-e Entwicklung in ihren Grundzügen darstellen*

Grü·ne[1] *das*; *-n*; *nur Sg*; *mst in* **1** ***im Grünen*** in der freien Natur, nicht in der Stadt: *im Grünen wohnen* **2** ***ins Grüne*** in die freie Natur: *ins Grüne fahren*

Grü·ne[2] *der / die*; *-n*, *-n*; ein Mitglied od. Anhänger der Partei der Grünen || NB: *ein Grüner*; *der Grüne*; *den, dem, des Grünen*

grü·nen; *grünte, hat gegrünt*; *geschr*; [Vi] **1** ***etw. grünt*** etw. entwickelt junge, frische Blätter od. Triebe ⟨die Bäume, die Sträucher, die Wiesen⟩; [Vimp] **2** ***es grünt (u. blüht)*** die Pflanzen bekommen grüne Blätter (im Frühling)

Grü·nen *die*; *Pl*; e-e politische Partei *bes* in der Bundesrepublik Deutschland || NB: ohne Artikel (*z.B.* auf e-m Wahlzettel): *Grüne*

Grün·flä·che *die*; *Admin geschr*; **1** *mst Pl* ≈ Grünanlagen **2** *mst Pl*; die Gesamtheit der Gärten, Parks, Wiesen u. Wälder, die zu e-r Stadt gehören

Grün·fut·ter *das*; frische Pflanzen (*bes* Gras), die Tiere als Futter bekommen

Grün·kern *der*; ein Getreide (unreifer Dinkel), das man *bes* für Suppen verwendet

Grün·kohl *der*; dunkelgrüner Kohl, der keinen Kopf bildet u. den man erst im Winter erntet

grün·lich *Adj*; von leicht grüner Farbe

Grün·schna·bel *der*; *oft pej*; ein junger Mensch, der noch keine (Lebens)Erfahrung hat (aber vorlaut ist u. immer alles besser weiß)

Grün·span *der*; *-(e)s*; *nur Sg*; ein Belag, der sich durch die Einwirkung *mst* von Luft (allmählich) auf Kupfer u. Messing bildet

Grün·strei·fen *der*; ein schmaler Streifen aus Gras (u. Sträuchern), der *mst* zwischen zwei Fahrbahnen od. am Rand e-r Straße ist

grun·zen; *grunzte, hat gegrunzt*; [Vi] **1** ***ein Schwein grunzt*** ein Schwein gibt die Laute von sich, die für seine Art typisch sind; [Vt] **2** ***etw. g.*** *gespr*; etw. sehr undeutlich sagen

Grün·zeug *das*; *nur Sg*, *gespr*, *Kollekt*; **1** frisches, rohes Gemüse od. Salat **2** frische Kräuter, mit denen man etw. würzt

Grup·pe *die*; -, *-n*; **1** ***e-e G.*** + *Gen* / ***von Personen / Tieren / Dingen*** mehrere Personen, Tiere, Dinge *o.Ä.*, die gleichzeitig an einem Ort sind, die zusammengehören od. bestimmte gemeinsame Merkmale haben ⟨Gruppen bilden; Personen / Dinge in Gruppen einordnen, einteilen⟩: *Die Kinder verließen das Schulhaus einzeln u. in Gruppen*; *e-e G. von Bäumen* || K-: ***Gruppen-, -bild, -fahrkarte, -foto, -reise*** || -K: ***Baum-, Felsen-, Insel-, Menschen-*** *usw*; ***Alters-, Berufs-, Blut-, Gehalts-, Lohn-, Sach-*** *usw*; ***Bevölkerungs-*** **2** e-e G. (1) von Menschen, die sich regelmäßig treffen, um gemeinsam etw. zu tun, bestimmte Ziele zu verfolgen *o.Ä.* ⟨in e-r G. mitarbeiten⟩: *e-e Therapie in e-r G. machen*; *Unsere G. kämpft für die Abschaffung der Tierversuche* || K-: ***Gruppen-, -leiter, -therapie*** || -K: ***Bastel-, Frauen-, Sport-, Theater-, Therapie-, Trachten-, Volkstanz-, Wander-*** *usw* || *zu* **1** **grup·pen·wei·se** *Adj*; *mst adv*

Die Gruppe 47
Die **Gruppe 47** war eine Gruppierung deutscher Schriftsteller, die 1947 gegründet wurde. Die Mitglieder standen der politischen Linken nahe und brachten in ihren Werken einen kritischen Realismus gegenüber der deutschen Nachkriegsgesellschaft und der neueren Geschichte zum Ausdruck. Wichtige Vertreter der Gruppe waren **Alfred Andersch**, **Heinrich Böll**, **Günter Eich**, **Günter Grass** und **Martin Walser**. Die Gruppe wurde 1977 aufgelöst.

Grup·pen·sex *der*; sexuelle Handlungen zwischen mehr als zwei Personen

grup·pie·ren; *gruppierte, hat gruppiert*; [Vt] **1** ***j-n / etw.*** (*Kollekt od Pl*) ***irgendwie / irgendwo g.*** Personen od. Sachen in e-r bestimmten Weise als Gruppe (1,2) anordnen: *den Chor vor der Orgel g.*; *Er gruppierte die Sessel um die Couch, zu e-m Kreis*; [Vr] **2** ***sich*** (*Kollekt od Pl*) ***irgendwie / irgendwo g.*** sich als Gruppe (1) in e-r bestimmten Ordnung aufstellen, formieren: *Die Tänzer gruppierten sich an den Seiten der Bühne um den Solotänzer*

Grup·pie·rung *die*; -, *-en*; **1** das Einteilen in Gruppen (1) **2** ≈ Anordnung[2]: *Er änderte die G. der Stühle noch einmal* **3** e-e Gruppe von Personen *mst* innerhalb e-r politischen Partei, die Ansichten vertreten, die von der grundsätzlichen Richtung der Partei abweichen

gru·se·lig *Adj*; ⟨e-e Geschichte, ein Erlebnis⟩ so unheimlich (1), dass sie Angst hervorrufen

gru·seln; *gruselte, hat gegruselt*; [Vr] **1** ***sich*** (***vor j-m / etw.***) ***g.*** sich vor j-m / etw., das einem unheimlich od. gespenstisch vorkommt, fürchten; [Vimp] **2** ***j-n / j-m gruselt*** (***es***) (***vor j-m / etw.***) j-d fürchtet sich vor j-m / etw., das ihm unheimlich od. gespenstisch vorkommt: *Es gruselt ihn / ihm vor der Dunkelheit* || K-: ***Grusel-, -film, -geschichte***

Gruß *der*; *-es*, *Grü·ße*; **1** *mst Sg*; Worte od. Gebärden, die man aus Höflichkeit austauscht, wenn man sich trifft od. Abschied voneinander nimmt ⟨j-m die Hand zum G. reichen; j-s G. erwidern⟩ || K-: ***Gruß-, -formel*** || -K: ***Abschieds-, Willkommens-*** **2** etw., das man j-m als Zeichen seiner Freundschaft *o.Ä.* übermittelt ⟨j-m Grüße (von j-m) ausrichten, bestellen, überbringen; j-m Grüße schicken, senden⟩: *Ich schicke dir die Blumen als G.* || -K: ***Blumen-, Geburtstags-, Neujahrs-, Weihnachts-*** **3** ***mit freundlichen Grüßen*** verwendet als Schlussformel in Geschäftsbriefen **4** *mst* ***viele / herzliche / schöne Grüße*** (***von j-m***) (***an j-n***) verwendet, wenn man j-s beste Wünsche übermittelt bzw. sie ihm ausrichten lässt: *Schöne Grüße von meiner Frau / an Ihren Mann*; *Sag Maria herzliche Grüße von mir!*

Gruß·ad·res·se *die* ≈ Grußwort (2)

grü·ßen; *grüßte, hat gegrüßt*; [Vt] **1** ***j-n g.*** j-m e-n Gruß (2) zusenden: *Grüße bitte deine Schwester von mir!*; [Vt/i] **2** (***j-n***) ***g.*** j-n mit (formelhaften) Worten od. (ritualisierten) Gebärden willkommen heißen bzw. sich von ihm verabschieden ⟨(j-n) freundlich, höflich, flüchtig g.⟩: *Er zog grüßend den Hut* **3** ***j-d lässt*** (***j-n***) ***g.*** j-d lässt Grüße (2) ausrichten: *Die Gabi lässt g.* (= sie sagte mir, ich solle dir ihre besten Wünsche überbringen) || ID ***Grüß dich!*** *gespr*; als Grußformel verwendet, wenn man j-n trifft, zu dem man „du" sagt

gruß·los *Adj*; *mst adv*; ohne zu grüßen (2): *Nach dem Streit verließ er g. den Raum*

Gruß·wort *das*; *-(e)s*, *Gruß·wor·te*; **1** e-e kurze, offizielle Ansprache, mit der j-d die Teilnehmer *z.B.* e-s Kongresses begrüßt **2** ein Schreiben, mit dem die Teilnehmer e-r Veranstaltung offiziell begrüßt werden ≈ Grußadresse

Grüt·ze *die*; -; *nur Sg*; **1** ein Brei, den man aus gemahlenen Hafer- od. Gerstenkörnern macht **2** ***grüne / rote G.*** e-e Süßspeise aus grünen / roten Früchten, deren Saft u. Zucker **3** ***G.*** (***im Kopf***) *gespr veraltend* ≈ Verstand ⟨viel, wenig, keine G. (im Kopf) haben; zu etw. braucht man G.⟩

gu·cken ['gʊkn̩]; *guckte, hat geguckt*; *gespr*; [Vi] **1** ***irgendwohin g.*** seinen Blick (bewusst) auf etw. richten ≈ sehen (10): *aus dem Fenster, durchs Schlüsselloch g.* **2** ***irgendwie g.*** e-n bestimmten Gesichtsausdruck haben ⟨freundlich, finster, überrascht, verständnislos g.⟩ **3** ***etw. guckt aus etw.*** etw. ragt aus etw. heraus: *Dein Hemd guckt aus der Hose* || ID ↑ ***Wäsche***

Guck·loch *das*; ein Loch in e-r Tür od. e-r Wand, durch das man j-n / etw. beobachten kann, ohne selbst gesehen zu werden

Gue·ril·la[1] [ge'rɪlja] *der*; *-s*, *-s*; *mst Pl*; ein Mitglied e-r bewaffneten Organisation, die (*mst* im eigenen Land) e-n Krieg gegen die Regierung od. e-e Besatzungsmacht führt || K-: ***Guerilla-, -kampf, -krieg, -organisation***

Gue·ril·la[2] [ge'rɪlja] *die*; -, *-s*; e-e Gruppe von Guerillas[1]

Guil·lo·ti·ne [gijo'tiːnə] *die*; -, *-n*; *hist*; e-e Maschine, mit der (*bes* zur Zeit der Französischen Revolution) durch ein herabfallendes Beil Menschen der Kopf abgeschlagen wurde

Gu·lasch *das, der*; *-(e)s, -s / -e*; ein Gericht *mst* aus Rind- od. Schweinefleisch in Form kleiner Würfel mit Soße, das *bes* mit Paprika sehr scharf gewürzt wird || K-: ***Gulasch-, -suppe*** || -K: ***Kalbs-, Rinder- / Rinds-, Schweine- / Schweins-; Paprika-***

Gul·den *der*; *-s, -*; **1** *hist*; die ehemalige Währung der Niederlande: *der Holländische G.* **2** *hist*; e-e Gold- bzw. später Silbermünze, die man vom 14. bis 19. Jahrhundert *bes* in Deutschland verwendet hat

Gul·ly ['guli] *der*; *-s, -s*; e-e Art Schacht mit Gitter in der Straße, durch den Regen u. Abwässer in die Kanalisation fließen

G

gül·tig *Adj*; **1** ⟨ein Ausweis, e-e Eintrittskarte, e-e Fahrkarte, ein Vertrag⟩ so, dass sie bestimmten (gesetzlichen od. rechtlichen) Vorschriften entsprechen (u. daher wirksam sind bzw. für den vorgesehenen Zweck verwendet werden können) ↔ ungültig (1): *Der Reisepass ist noch bis Ende September g.* **2** von der Gesellschaft od. e-r kompetenten Gruppe (*z.B.* im wissenschaftlichen Bereich) allgemein anerkannt u. daher verpflichtend ≈ verbindlich (2) ⟨ein Grundsatz, e-e Maxime, ein Maßstab, ein Lehrsatz⟩ || *hierzu* **Gül·tig·keit** *die*; *nur Sg*

Gum·mi[1] *der, das*; *-s, -s*; **1** *nur Sg*; ein glattes, elastisches Material, das kein Wasser durchlässt: *Aus G. werden Reifen, Schuhsohlen u. Stiefel hergestellt* || K-: ***Gummi-, -absatz, -dichtung, -handschuh, -reifen, -schlauch, -schürze, -sohle, -stiefel*** || *zu* ***Gummistiefel*** ↑ *Abb. unter* **Schuhe** **2** *Kurzw* ↑ ***Gummiband, Gummiring*** || *hierzu* **gum·mi·ar·tig** *Adj*

Gum·mi[2] *der*; *-s, -s*; *gespr*; **1** *Kurzw* ↑ ***Radiergummi*** **2** *gespr!* ≈ Kondom

Gum·mi·band *das*; *-(e)s, Gum·mi·bän·der*; **1** ein schmales, elastisches Band, das in Kleidungsstücke eingenäht wird, um sie *z.B.* in der Taille eng zusammenzuhalten **2** ≈ Gummiring (1)

Gum·mi·bär·chen *das*; *-s, -*; *mst Pl*; e-e Süßigkeit aus e-r weichen, elastischen Masse in Form von bunten, kleinen Bären

Gum·mi·baum *der*; ein tropischer Baum mit großen, dicken, dunkelgrünen Blättern, der in Europa gern als Zimmerpflanze verwendet wird

gum·miert *Adj*; *nicht adv*; (*bes* auf der Rückseite) mit e-m Klebstoff überzogen ⟨Briefmarken, Briefumschläge, Etiketten⟩

Gum·mi·knüp·pel *der*; e-e Art Stock aus hartem Gummi, den *bes* die Polizei als (Schlag)Waffe verwendet

Gum·mi·pa·ra·graph *der*; *gespr*; e-e Vorschrift, die so allgemein formuliert ist, dass man sie auf sehr unterschiedliche Weise interpretieren kann

Gum·mi·ring *der*; **1** ein schmaler, dünner Ring aus Gummi[1], den man *z.B.* verwendet, um ein gerolltes Blatt Papier zusammenzuhalten **2** ein flacher Ring aus Gummi[1], den man beim Einkochen zwischen den Deckel u. den Rand des (Einkoch)Glases legt

Gum·mi·zug *der*; **1** ≈ Gummiband (1) **2** ein dehnbares (elastisches) Stück Stoff (in das einzelne dünne Fäden aus Gummi[1] eingewebt sind)

Gunst *die*; *-*; *nur Sg*, *geschr*; **1** ein freundliches, wohlwollendes Gefühl, e-e positive Haltung gegenüber j-m (der sich vorher *mst* sehr bemüht hatte, einem zu gefallen) ⟨j-s G. erringen, gewinnen, genießen, verlieren; j-m seine G. schenken; um j-s G. werben; sich um j-s G. bemühen⟩: *Die politischen Parteien müssten sich mehr um die G. der Wähler bemühen* || K-: ***Gunst-, -beweis*** || -K: ***Wähler-*** **2** etw., das man für j-n als Zeichen der G. (1) tut, *z.B.* ein Gefallen, den man ihm erweist ⟨e-e große, kleine G.; j-m e-e G. erweisen, gewähren; um e-e (letzte) G. bitten⟩ **3** ***zu j-s Gunsten*** so, dass es für j-n ein Vorteil od. Nutzen ist ↔ zu j-s Ungunsten ⟨etw. zu j-s Gunsten auslegen⟩: *Die Kassiererin hat sich zu meinen Gunsten verrechnet* || NB: ↑ ***zugunsten*** || ID ***die G. des Augenblicks / der Stunde*** ⟨nutzen⟩ e-e günstige Gelegenheit (ausnutzen)

güns·tig *Adj*; **1** ***g.*** (***für j-n / etw.***) für j-n von Vorteil, für e-n bestimmten Zweck, ein bestimmtes Vorhaben gut geeignet ⟨Umstände, Voraussetzungen, e-e Gelegenheit; etw. wirkt sich g. aus; etw. g. beeinflussen⟩: *Die Verhandlung verlief für ihn sehr g.*; *Der Wind war g., u. wir konnten gut segeln* **2** *nur präd od adv*, *geschr veraltend* ≈ wohlwollend

-güns·tig *im Adj*, *wenig produktiv*; mit Vorteilen im Hinblick auf die genannte Sache; ***kostengünstig*** ⟨e-e Produktionsweise⟩, ***preisgünstig*** ⟨ein Angebot⟩, ***verkehrsgünstig*** ⟨e-e Lage⟩, ***zinsgünstig*** ⟨Wertpapiere⟩

güns·ti·gen·falls, **güns·tigs·ten·falls** *Adv*; wenn alles optimal läuft ≈ bestenfalls: *Er kann in dem Wettkampf g. noch den dritten Platz erreichen*

Günst·ling *der*; *-s, -e*; *mst pej*; ***j-s G.*** j-d, der von e-r einflussreichen Person bevorzugt wird ≈ Protegé || K-: ***Günstlings-, -wirtschaft***

Gur·gel *die*; *-, -n*; der vordere Teil des Halses ≈ Kehle ⟨j-n an der G. packen; j-m die G. zudrücken; j-m / e-m Tier die G. durchschneiden⟩ || ID ***j-m an die G. springen*** *gespr*; sehr wütend auf j-n werden u. ihn beschimpfen

gur·geln; *gurgelte, hat gegurgelt*; [Vi] **1** (***mit etw.***) ***g.*** (bei zurückgelegtem Kopf) den Rachen mit e-r Flüssigkeit ausspülen. Man bewegt die Flüssigkeit, indem man Luft ausstößt (wobei Geräusche im Hals entstehen): *Bei Halsschmerzen gurgelt er mit Salbeitee*; *beim Zähneputzen g.* **2** ***etw. gurgelt*** e-e Flüssigkeit bewegt sich mit e-m Geräusch wie beim Gurgeln (1)

Gur·ke *die*; *-, -n*; **1** e-e Pflanze mit rauen Blättern u. gelben Blüten, die im Garten wächst u. deren Früchte man als Gemüse isst || K-: ***Gurken-, -beet, -ranke*** **2** die längliche grüne Frucht der G. (1), die man *bes* roh als Salat isst ⟨Gurken schälen, (in Scheiben) schneiden, raspeln⟩ || ↑ *Abb. unter* **Gemüse** || K-: ***Gurken-, -hobel, -kern, -schale, -salat*** || -K: ***Salat-*** **3** ***e-e*** (***saure***) ***G.*** e-e kleine G. (2), die *mst* mit gewürztem Essig haltbar gemacht u. in Gläsern verkauft wird: *ein Salamibrot mit (saurer) G. garnieren* || K-: ***Gurken-, -glas*** || -K: ***Essig-, Salz-, Senf-*** **4** *gespr! hum*; e-e *mst* hässliche, große Nase || *zu* **2** **gur·ken·för·mig** *Adj*

gur·ren; *gurrte, hat gegurrt*; [Vi] ***e-e Taube gurrt*** e-e Taube gibt die Laute von sich, die für ihre Art typisch sind

Gurt *der*; *-(e)s, -e*; **1** ein breites, stabiles Band *bes* zum Tragen od. Halten von etw.: *die Gurte e-s Fallschirms* || -K: ***Halte-, Leder-, Patronen-, Schulter-, Trag(e)-*** **2** *Kurzw* ↑ ***Sicherheitsgurt*** || K-: ***Gurt-, -muffel*** **3** ein breiter u. stabiler Gürtel (1) (*bes* bei e-r Uniform) ⟨den G. umschnallen, abnehmen⟩

Gür·tel *der*; *-s, -*; **1** ein festes Band aus Leder od. Stoff (*mst* mit e-r Schnalle), das man um die Taille trägt, um den Rock od. die Hose zu halten od. um ein weites Kleidungsstück zusammenzuhalten ⟨ein breiter, schmaler G.; den G. enger, weiter machen / schnallen; sich e-n G. umbinden, umschnallen⟩ || K-: ***Gürtel-, -schließe, -schnalle*** || -K: ***Kleider-, Leder-, Mantel-, Stoff-*** **2** ein Streifen Land od. e-e bestimmte Landschaft, die etw. umgeben: *Nördlich u. südlich des Äquators erstreckt sich der G. der Tropen* || -K: ***Baum-, Berg-, Minen-*** || ID *mst* ***Wir müssen den G. enger schnallen*** *gespr*; wir müssen sparen || *zu* **1** **gür·tel·los** *Adj*; *nicht adv*

Gụr·tel·li·nie *die*; *nur Sg*; *mst in* **1 *ein Schlag unter die G.*** **a)** (*bes* beim Boxen) ein (verbotener) Schlag in den Unterkörper; **b)** e-e unfaire, verletzende Handlung od. Bemerkung **2 *(etw. ist) unterhalb der G.*** **a)** (etw. ist) unanständig ⟨*mst* ein Witz⟩; **b)** (etw. ist) unfair ⟨e-e Bemerkung⟩

Gụr·tel·ro·se *die*; *nur Sg*; e-e schmerzhafte Virusinfektion, bei der sich auf der Haut Bläschen bilden

Gụr·tel·tier *das*; ein Tier, das in Mittel- u. Südamerika lebt u. e-n Panzer aus kleinen Hornplatten um den Körper trägt

gụr·ten, sich; *gürtete sich, hat sich gegürtet*; Vr ***sich (mit etw.) g.*** *geschr veraltet*; sich etw. als Gürtel (1) umlegen

Gu̇·ru *der*; *-s, -s*; **1** ein religiöser Lehrer im Hinduismus u. Buddhismus **2** *gespr hum od pej*; j-d, der in e-m bestimmten Bereich ein Vorbild ist u. e-e Leitfunktion hat: *ein G. der Popmusik*

GUS [geːǀuːˈǀɛs] *die*; -; *nur Sg*; (*Abk für* Gemeinschaft Unabhängiger Staaten) ein Staatenbund von Republiken der ehemaligen Sowjetunion

Gụss *der*; *-es, Gụ̈s·se*; **1** e-e relativ große Menge e-r Flüssigkeit, die mit e-m Schwung ausgeschüttet od. ausgegossen wird **2** das Gießen e-s Gegenstandes aus Metall *o.Ä.*: *der Guss e-r neuen Glocke* || K-: ***Guss-, -beton, -form, -stahl*** **3** e-e Schicht aus (verflüssigter u. wieder fest gewordener) Schokolade *o.Ä.* (*mst* auf e-m Kuchen): *den G. für die Torte vorbereiten* || -K: ***Torten-***; ***Schokoladen-***, ***Zucker-*** || ID ***wie aus einem G.*** vollkommen einheitlich (in der Gestaltung) ≈ homogen: *Architektur u. Ausgestaltung der Kirche wirken wie aus einem G.*

Gụss·ei·sen *das*; *nur Sg*; e-e besondere Art von Eisen, die man gut zum Gießen (4) verwenden kann || *hierzu* **guss·ei·sern** *Adj*

Gus·to *der*; *-s*; *nur Sg*; ***nach (j-s) G.*** nach j-s Geschmack od. Vorliebe: *Du kannst die Wohnung ganz nach deinem G. einrichten*

gu̲t, *besser, best-*; *Adj*; **1** so, wie es sein sollte, ohne Mängel, von od. mit hoher Qualität ↔ schlecht (1): *e-e gute Leistung*; *Hast du gut geschlafen?*; *Er kann gut tanzen*; *Er tanzt gut*; *Er ist ein guter Tänzer* **2** *nicht adv*; ⟨Augen, Ohren, e-e Nase, ein Gedächtnis, ein Gehör⟩ so, dass sie besser als durchschnittlich funktionieren ↔ schlecht (2) **3** *nicht adv*; ⟨ein Schüler, ein Student; ein Anwalt, ein Arzt, ein Lehrer *usw*⟩ so, dass sie ihre Aufgaben u. Pflichten sehr gewissenhaft erfüllen ↔ schlecht (3): *Gute Eltern sind immer für ihre Kinder da* **4** bemüht, kein Unrecht zu tun u. anderen zu helfen ↔ böse (1), schlecht (4) ⟨ein Mensch; gut zu j-m sein; j-n gut behandeln⟩: *das Gute im Menschen* **5** ⟨e-e Tat, ein Werk⟩ so, dass anderen dadurch geholfen wird **6** so, wie es *bes* in e-r Gesellschaft üblich ist, den Erwartungen u. moralischen Prinzipien entspricht ↔ schlecht (5) ⟨etw. verstößt gegen den guten Geschmack / die guten Sitten⟩ **7** von etw. überzeugt u. bemüht, nach dieser Überzeugung zu handeln ⟨ein Christ, ein Demokrat⟩ **8 *gut (für j-n)*** für j-n nützlich ↔ schlecht (7): *Es wäre gut für dich, dich einmal auszuruhen / wenn du dich einmal ausruhen würdest* **9** ≈ wirksam: *Kennst du ein gutes Mittel für / gegen Halsschmerzen?* **10** ≈ positiv, erfreulich ⟨e-e Nachricht⟩: *Er macht e-n guten Eindruck auf mich* **11** ≈ angenehm, problemlos: *Hattet ihr e-e gute Fahrt / Reise?* **12** mit mehr Ertrag od. Erfolg als durchschnittlich od. als erwartet ↔ schlecht (12) ⟨e-e Ernte, ein Jahr⟩ **13** *gespr*; ⟨ein Kind, ein Junge, ein Mädchen, ein Hund⟩ so, dass sie einem gehorchen ≈ brav, artig ↔ böse (5): *Willst du jetzt wieder gut sein?* **14** *nur attr, nicht adv*; seit langem bekannt u. vertraut ⟨ein Bekannter, ein Freund, e-e Freundin⟩ **15** verwendet als Bezeichnung für die zweitbeste (Schul)Note „2“ (auf der Skala 1-6 bzw. *sehr gut* bis *ungenügend*) ⟨„gut“ in etw. (*Dat*) haben, bekommen⟩ **16 *sehr gut*** verwendet als Bezeichnung für die beste (Schul)Note „1“ ⟨„sehr gut“ in etw. (*Dat*) haben, bekommen⟩ **17** ⟨Nerven⟩ ≈ belastbar ⟨gute Nerven haben / brauchen (= belastbar sein / sein müssen)⟩ **18 *etw. ist gut gemeint*** etw. wird in der freundlichen Absicht gemacht, j-m zu helfen *o.Ä.* (aber *mst* nicht wirksam od. durchführbar od. hat e-e gegenteilige Wirkung) ⟨ein Rat, ein Vorschlag⟩ **19** wichtig od. nützlich für j-n: *Gut, dass du mich daran erinnert hast!* **20** *nur attr od adv*; ein bisschen mehr als durch das angegebene Zeit-, Längenmaß *o.Ä.* bezeichnet wird ↔ knapp: *e-e gute / gut eine Stunde warten*; *Ich habe schon gut die Hälfte erledigt*; *Noch gut(e) zehn Kilometer, dann sind wir am Ziel* **21** *nur attr, nicht adv*; verwendet als Teil von Grüßen u. höflichen Wünschen ⟨Guten Abend!, Guten Morgen!, Guten Tag!, Gute Nacht!; Guten Appetit!, Gute Fahrt / Reise!, Gute Besserung!⟩ **22 *Alles Gute (zu etw.)!*** verwendet, um j-m Glück zu wünschen: *Alles Gute zum Geburtstag!* **23** *nur attr, nicht adv*; nur für besondere Anlässe ⟨Kleidung⟩: *Zum Vorstellungsgespräch zog er seinen guten Anzug an* **24** *nur adv*; ohne Mühe ≈ leicht[2] (1) ↔ schlecht (14) ⟨sich (*Dat*) etw. gut merken können; gut lernen; sich gut an etw. erinnern⟩ **25** *nur adv*; ohne, dass es Probleme gibt ↔ schlecht (15), kaum: *Ich kann hier nicht gut weg* **26** verwendet, um seine Zustimmung auszudrücken: *Gut, einverstanden!*; *„Darf ich?“ - „Also / Nun gut, wenn du unbedingt willst“* **27 *j-d hat es gut / ist gut dran*** *gespr*; j-d hat Glück, hat im Vergleich zu einem selbst e-n Vorteil **28 *j-m ist nicht gut*** j-d fühlt sich gesundheitlich nicht wohl, hat das Gefühl, erbrechen zu müssen ≈ j-m ist schlecht (17) **29 *j-m ist wieder gut / besser*** j-d fühlt sich gesundheitlich wieder wohl / wohler || ID ***so gut wie*** *gespr* ≈ beinahe, fast: *Bitte warte noch - ich bin schon so gut wie fertig*; ***im Guten*** ohne Streit ⟨sich im Guten einigen, trennen; im Guten auseinander gehen⟩; ***es mit j-m im Guten wie im Bösen versuchen*** versuchen, j-n durch freundliche u. auch durch strenge Behandlung zu beeinflussen *o.Ä.*; ***schon gut!*** verwendet, um auszudrücken, dass man bereit ist, j-m zuzustimmen, nachzugeben od. zu verzeihen, ohne dass weiter darüber geredet werden muss, ohne dass noch etw. geschehen muss; ***gut u. gern(e)*** *gespr* ≈ mindestens: *Das dauert gut u. gern zwei Wochen*; *Das Geschenk hat gut u. gern hundert Euro gekostet*; ***j-m wieder gut sein*** nicht mehr wütend auf j-n sein; ***sich*** (*Dat*) ***für etw. zu gut sein*** *pej*; sich für zu wichtig, zu intelligent *o.Ä.* für e-e bestimmte Tätigkeit halten; ***sich gut vorkommen*** *pej*; (zu Unrecht) stolz auf etw. sein; *mst* ***Er / Sie hat gut lachen / reden*** er / sie muss sich keine Sorgen machen, er / sie kann gute Ratschläge erteilen, weil er / sie selbst von etw. Unangenehmem nicht betroffen ist; ***j-d ist immer gut für etw.*** *gespr*; von j-m kann man etw. immer erwarten: *Konrad ist immer gut für e-n Witz*; ***etw. kann gut sein / ist gut möglich*** *gespr*; etw. ist durchaus vorstellbar; ***des Guten zu viel tun*** etw. Gutgemeintes übertreiben u. dadurch ins Gegenteil verkehren; *mst* ***Das ist des Guten zu viel*** *iron*; das geht zu weit; ***es gut sein lassen*** *gespr*; in e-r Angelegenheit nichts mehr unternehmen; *mst* ***Wofür / Wozu soll das gut sein / ist das gut?*** welchen Zweck hat das?; ***etw. hat sein Gutes*** etw. an sich Negatives hat auch positive Aspekte; *mst* ***Er / Sie führt nichts Gutes im Schilde*** er / sie plant etw. Böses; ***Wer weiß, wofür / wozu das (noch) gut ist!*** *gespr*; verwendet, um auszudrücken, dass aus etw. an sich Negativem auch etw. Positives herauskommen könnte; *mst* **'Du bist (vielleicht) gut!** *gespr iron*; verwendet, um e-n Vorschlag als unmöglich abzulehnen; (**Und**) **damit gut!** *gespr*; verwendet, um e-e Diskussion *o.Ä.* zu beenden ≈ Schluss jetzt || NB: ↑ ***jenseits***, ***Stube***

gut aus·se·hend *Adj*; *nicht adv* ≈ attraktiv ⟨e-e Frau, ein Mann⟩
gut be·zahlt *Adj*; *nicht adv*; so, dass der Betreffende viel Geld verdient ⟨e-e Arbeitsstelle, e-e Position, ein Posten; ein Angestellter, ein Manager *usw*⟩
gut do·tiert *Adj*; *nicht adv* ≈ gut bezahlt
gut ge·hen; *ging gut, ist gut gegangen*; [Vi] **1** ***etw. geht gut*** etw. entwickelt sich, endet positiv ↔ etw. geht / läuft schief: *Das ist gerade noch einmal gut gegangen, beinahe wäre ich ausgerutscht!*; [Vimp] **2** ***j-m geht es gut*** j-d ist gesund u. / od. hat keine Probleme ↔ j-m geht es schlecht **3** *mst* ***mit*** ⟨ihnen, den beiden *o.Ä.*⟩ ***geht es gut*** die Beziehung zwischen zwei Personen entwickelt sich positiv: *Meinst du, dass es mit den beiden gut geht, od. werden sie sich trennen?*
gut ge·hen·d- *Adj*; *nur attr*, *nicht adv*; ⟨ein Geschäft, ein Gasthaus, ein Restaurant⟩ so, dass sie von vielen Kunden besucht werden u. Gewinn bringen
gut ge·launt *Adj*; *nur attr od adv*; mit guter Laune ≈ fröhlich: *g. g. ins Büro kommen*
gut in·for·miert *Adj*; *nicht adv*; genau u. richtig informiert ≈ gut unterrichtet: *gut informierte Kreise* (= Personen, die über etw. genaue Informationen haben)
gut si·tu·iert *Adj*; *geschr*; in guten finanziellen Verhältnissen lebend ≈ wohlhabend
gut sit·zen·d- *Adj*; *nur attr*, *nicht adv*; ⟨ein Anzug, ein Kleid *usw*⟩ so geschnitten, dass sie gut an den Körper passen
gut tun; *tat gut*, *hat gut getan*; [Vi] **1** ***etw. tut (j-m) gut*** etw. hat e-e positive Wirkung auf j-n: *Bei dieser Hitze tut e-e kalte Dusche gut* **2** ***etw. tut (j-m / etw.) gut*** etw. ist für j-s Gesundheit nützlich: *Süßigkeiten tun den Zähnen nicht gut*
gut un·ter·rich·tet *Adj*; *nicht adv* ≈ gut informiert: *Wie aus gut unterrichteten Kreisen verlautet, erwägt er seinen Rücktritt*
gut ver·die·nen·d- *Adj*; *nur attr*, *nicht adv*; mit hohem Einkommen: *ein gut verdienender Anwalt*

Gut[1] *das*; *-(e)s*, *Gü·ter*; **1** Dinge, die j-m gehören ≈ Besitz ⟨bewegliche (= transportable) Güter; herrenloses Gut auffinden; sich an fremdem Gut vergreifen⟩: *Die Polizei fand bei dem Hehler gestohlenes Gut* || -K: ***Beute-***, ***Diebes-***, ***Schmuggel-*** **2** *geschr*; etw., das für j-n e-n bestimmten Wert hat ⟨geistige, irdische, materielle Güter⟩: *Freiheit ist ein kostbares Gut* || -K: ***Bildungs-***, ***Ideen-***, ***Kultur-***, ***Sprach-***, ***Wissens-***; ***Volks-*** **3** *mst Pl*; Waren, *bes* solche, die transportiert werden (sollen) ⟨verderbliche, sperrige Güter; Güter lagern, verladen, befördern, transportieren, verzollen⟩ || K-: ***Güter-***, ***-transport***, ***-verkehr***, ***-versand***, ***-wagen*** || -K: ***Bahn-***, ***Post-***; ***Sammel-***, ***Stück-***; ***Eil-***, ***Express-***; ***Fracht-***, ***Versand-***; ***Gebrauchs-***, ***Handels-***, ***Konsum-***, ***Luxus-***, ***Massen-***, ***Nahrungs-*** || ID ***Unrecht Gut gedeihet nicht*** Besitz, den man durch Diebstahl, Betrug, Ausbeutung *o.Ä.* bekommen hat, bringt kein Glück

Gut[2] *das*; *-(e)s*, *Gü·ter*; ein großer landwirtschaftlicher Betrieb[1] ⟨ein Gut bewirtschaften, verwalten, (ver)pachten; auf e-m Gut arbeiten⟩ || K-: ***Guts-***, ***-besitzer***, ***-verwalter*** || -K: ***Kloster-***, ***Ritter-***, ***Staats-***; ***Land-***, ***Muster-***, ***Wein-***

-gut *das*; *im Subst*, *begrenzt produktiv*; *mst Sg*; Dinge, die Objekt der genannten Handlung sind; ***Backgut***, ***Einmachgut***, ***Gefriergut***, ***Kochgut***, ***Pflanzgut***, ***Saatgut***, ***Waschgut***

Gut·ach·ten *das*; *-s*, *-*; **1** ***ein G.*** (***über j-n / etw.***) ein Bericht, in dem ein Experte nach sorgfältiger, *mst* wissenschaftlicher Untersuchung seine Meinung zu e-r Person, e-m Sachverhalt *o.Ä.* abgibt ⟨ein ärztliches, juristisches, psychiatrisches G.; ein G. anfordern, erstellen, vorlegen; bei j-m ein G. einholen⟩ **2** e-e schriftliche Darstellung der Eignung u. der Qualitäten *mst* e-s Studenten: *Für das Stipendium benötigen Sie ein G. von zwei Professoren* || *hierzu* **Gut·ach·ter** *der*; *-s*, *-*; **Gut·ach·te·rin** *die*; *-*, *-nen*; **gut·ach·ter·lich** *Adj*; *nur attr od adv* || ► ***begutachten***

gut·ar·tig *Adj*; **1** gehorsam u. nicht aggressiv ⟨ein Hund, ein Pferd *usw*⟩ **2** ⟨e-e Geschwulst, ein Tumor⟩ so, dass sie nur an e-m einzelnen Organ sind u. keine Metastasen bilden || *hierzu* **Gut·ar·tig·keit** *die*; *nur Sg*

gut·bür·ger·lich *Adj*; **1** *oft pej*; so, wie es dem (wohlhabenden) Bürgertum entspricht, solide (u. manchmal etwas bieder) ⟨e-e Familie; aus gutbürgerlichem Elternhaus sein⟩ **2** einfach u. reichlich, wie es in einfachen Gasthäusern angeboten wird ⟨Essen, die Küche⟩

Gut·dün·ken *das*; *-s*; *nur Sg*; *mst in* ***nach j-s G.*** so wie j-d es für richtig hält: *Er kann sein Taschengeld nach eigenem / seinem G. ausgeben*

Gü·te[1] *die*; *-*; *nur Sg*; e-e freundliche, großzügige Einstellung gegenüber anderen: *die G. Gottes*; *Hätten Sie bitte die G., mir zu helfen?* || ID (***Ach***) ***du 'meine / 'liebe G.!*** *gespr*; verwendet, um Erschrecken od. Überraschung auszudrücken

Gü·te[2] *die*; *-*; *nur Sg*, *veraltend*; die (gute) Qualität (2): *Dieser Markenname bürgt für die G. der Ware* || K-: ***Güte-***, ***-klasse***, ***-kontrolle***, ***-siegel*** || -K: ***Bild-***

Gu·te·nacht- *im Subst*, *wenig produktiv*; verwendet, um auszudrücken, dass etw. kurz vor dem Zubettgehen (in der Familie) gemacht wird; das ***Gutenachtgebet***, die ***Gutenachtgeschichte***, der ***Gutenachtkuss***, das ***Gutenachtlied***

Gü·ter *Pl*; ↑ ***Gut***

Gü·ter·bahn·hof *der*; ein Bahnhof nur für Güterzüge

Gü·ter·ge·mein·schaft *die*; *Jur*; die rechtliche Regelung, dass beide Ehepartner nach der Heirat ihr Vermögen gemeinsam verwalten

Gü·ter·tren·nung *die*; *Jur*; die rechtliche Regelung (*bes* im Hinblick auf e-e spätere Trennung), dass nach der Heirat jeder Ehepartner sein eigenes Vermögen behält u. es nach eigenem Willen u. eigener Verantwortung verwaltet ↔ Gütergemeinschaft || NB: ↑ ***Zugewinngemeinschaft***

Gü·ter·zug *der*; ein Zug[1], der nur Lasten transportiert

Gü·te·zei·chen *das*; e-e Art Etikett auf e-r Ware, mit dem bestätigt wird, dass die Ware auf ihre Qualität hin überprüft wurde ≈ Gütesiegel

gut·gläu·big *Adj*; mit dem naiven u. unkritischen Glauben, dass auch andere gut u. ehrlich sind: *Er hat dich doch reingelegt - du bist einfach zu g.!* || *hierzu* **Gut·gläu·big·keit** *die*; *nur Sg*

Gut·ha·ben *das*; *-s*, *-*; die Summe Geld auf der Habenseite, die man auf dem Bankkonto hat || -K: ***Bank-***, ***Spar-***, ***Zins-***

gut·hei·ßen; *hieß gut*, *hat gutgeheißen*; [Vt] ***etw. g.*** *geschr*; etw. für gut od. richtig halten ≈ billigen: *Diese Verschwendung kann man nicht g.*

gut·her·zig *Adj* ≈ gutmütig || *hierzu* **Gut·her·zig·keit** *die; nur Sg*

gü·tig *Adj*; **g.** (***gegenüber j-m / zu j-m / gegen j-n***) freundlich u. voll Verständnis, Geduld *o.Ä.* ⟨ein Mensch; g. lächeln⟩ || ID ***zu g.!*** *gespr iron*; verwendet, um auszudrücken, dass man j-n für nicht so großzügig od. freundlich hält, wie er tut od. selbst glaubt

güt·lich *Adj*; **1** ohne Streit, in gegenseitigem Einverständnis ⟨e-e Einigung, e-e Lösung; etw. g. regeln⟩ **2** ***sich*** (*Akk*) ***an etw.*** (*Dat*) ***g. tun*** *mst hum*; viel u. mit gutem Appetit essen od. trinken

gut·ma·chen; *machte gut, hat gutgemacht*; [Vt] ***etw. g.*** e-n Schaden, den man verursacht hat, od. ein Unrecht, das man j-m zugefügt hat, wieder in Ordnung bringen: *Ich habe bei dir einiges gutzumachen* || NB: aber: *seine Arbeit gut machen* (getrennt geschrieben) || ► ***Wiedergutmachung***

gut·mü·tig *Adj*; sehr geduldig u. friedlich u. immer bereit, die Wünsche u. Bitten anderer zu erfüllen: *G. wie sie ist, wird sie es schon machen* || *hierzu* **Gut·mü·tig·keit** *die; nur Sg*

gut·nach·bar·lich *Adj*; so freundschaftlich u. friedlich, wie es zwischen guten Nachbarn üblich ist: *Zwischen den beiden Ländern bestehen gutnachbarliche Beziehungen*

Gut·schein *der*; ein Schein[3], für den man Waren *o.Ä.* (bis zu e-m bestimmten Wert) bekommt ≈ Bon ⟨e-n G. (für etw.) ausstellen; e-n G. einlösen⟩: *ein G. im Wert von 100 Euro*; *Sie hat bei der Tombola e-n G. für e-n Kinobesuch gewonnen* || K-: ***Gutschein-, -heft*** || -K: ***Essens-, Getränke-, Waren-***

gut·schrei·ben; *schrieb gut, hat gutgeschrieben*; [Vt] ⟨e-e Bank *o.Ä.*⟩ ***schreibt*** (***j-m***) ***etw. gut*** *Admin geschr*; e-e Bank *o.Ä.* trägt e-e Geldsumme, die j-m zusteht, auf dessen Konto (als Guthaben) ein: *Die Zinsen wurden Ihrem Sparkonto gutgeschrieben*

Gut·schrift *die*; **1** ein Transfer auf dem Bankkonto, bei dem man Geld bekommt **2** e-e Quittung über e-e G. (1)

Guts·haus *das*; das Wohnhaus e-s Gutsherrn

Guts·herr *der*; *veraltet*; der Besitzer e-s Gutes[2]

Guts·hof *der* ≈ Gut[2]

gut·wil·lig *Adj*; **1** *mst adv*; ohne zu widersprechen, ohne dass Zwang angewendet werden muss ≈ bereitwillig ⟨sich g. zeigen, j-m g. folgen⟩ **2** ≈ gutartig (1) || *hierzu* **Gut·wil·lig·keit** *die; nur Sg*

gym·na·si·al [gymna'zi̯a:l] *Adj*; am Gymnasium ⟨die Ausbildung, der Unterricht⟩ || K-: ***Gymnasial-, -bildung, -lehrer***

Gym·na·si·ast [gymna'zi̯ast] *der*; *-en, -en*; ein Schüler e-s Gymnasiums || NB: *der Gymnasiast*; *den, dem, des Gymnasiasten* || *hierzu* **Gym·na·si·as·tin** *die*; *-, -nen*

Gym·na·si·um [gym'na:zi̯um] *das*; *-s, Gym·na·si·en*; **1** e-e Schule, die die Kinder nach der Grundschule besuchen können u. die mit dem Abitur abschließt ⟨ein neusprachliches, ein mathematisch-naturwissenschaftliches, ein humanistisches G.; das G. besuchen; aufs G. kommen, gehen⟩ **2** das Gebäude, in dem sich ein G. (1) befindet

Gym·nas·tik [gʏ-] *die*; *-*; *nur Sg*; Bewegungen u. Übungen, mit denen man den Körper trainiert, damit er elastisch bleibt od. wieder beweglich wird ⟨G. treiben⟩ || K-: ***Gymnastik-, -kurs, -lehrer*** || -K: ***Ball-, Heil-, Kranken-, Morgen-*** || *hierzu* **gym·nas·tisch** *Adj*; *nur attr od adv*

Gy·nä·ko·lo·ge *der*; *-n, -n*; ein Arzt mit e-r (Spezial)Ausbildung in Gynäkologie ≈ Frauenarzt || NB: *der Gynäkologe*; *den, dem, des Gynäkologen* || *hierzu* **Gy·nä·ko·lo·gin** *die*; *-, -nen*

Gy·nä·ko·lo·gie *die*; *-*; *nur Sg*; das Gebiet der Medizin, das sich mit den Krankheiten von Frauen u. mit der Geburtshilfe beschäftigt ≈ Frauenheilkunde || *hierzu* **gy·nä·ko·lo·gisch** *Adj*

H, h

H

H, h [haː] *das*; -, - / *gespr auch -s*; **1** der achte Buchstabe des Alphabets ⟨ein großes H; ein kleines h⟩ **2** *Mus*; der siebte Ton der C-Dur-Tonleiter || K-: ***H-Dur***; ***h-Moll***

ha! *Interjektion*; drückt aus, dass man Genugtuung empfindet od. dass man über etw. erstaunt ist: *Ha, das geschieht dir ganz recht!*

ha, ha!, ha, ha! *Interjektion*; **1** der Laut, den man hört, wenn j-d lacht **2** ironisch verwendet, um zu signalisieren, dass etw. überhaupt nicht lustig ist: *Ha, ha, sehr witzig!*

hä?[1] *Interjektion*; *gespr!*; drückt aus, dass man etw. Gesagtes nicht verstanden hat

hä![2] *Interjektion*; *gespr*; (*mst* mehrmals hintereinander) drückt Schadenfreude aus ≈ ätsch

Haar *das*; *-(e)s, -e*; **1** ein feines Gebilde, das wie ein Faden aussieht u. aus der Haut von Menschen und vielen (Säuge)Tieren wächst ⟨ein blondes, braunes, graues *usw* H.; j-m / sich ein H. ausreißen; sich die Haare an den Beinen, unter den Achseln rasieren⟩ || K-: ***Haar-, -ausfall, -büschel, -wuchs, -wurzel*** || -K: ***Achsel-, Bart-, Brust-, Kopf-; Flaum-; Scham-; Schwanz-*** **2** ***das H.*** / ***die Haare*** *Kollekt*; alle Haare (1) auf dem Kopf e-s Menschen ⟨dünnes, feines, glattes, krauses, lockiges, strähniges, schütteres, volles H. (haben); die Haare fallen / hängen j-m ins Gesicht / in die Augen / in die Stirn / gehen j-m aus; das H. / die Haare lang, kurz, offen, in der Mitte / seitlich gescheitelt tragen; das H. / die Haare föhnen, kämmen, bürsten, frisieren, toupieren, flechten, tönen, färben, bleichen, schneiden; (sich (*Dat*)) die Haare wachsen lassen⟩ || ↑ *Abb. unter* ***Kopf*** || K-: ***Haar-, -bürste, -farbe, -klemme, -spange, -spray, -strähne, -transplantation, -wäsche, -waschmittel*** || *zu* ***Haarbürste*** ↑ *Abb. unter* ***Bürste*** **3** *nur Sg*; das Fell von bestimmten Tieren: *e-e Katze mit langem H.* || ID ***aufs H.*** *gespr*; ganz genau ⟨j-m aufs H. gleichen⟩; ***um ein H.*** / ***ums H.*** *gespr*; beinahe, fast: *Ich hätte ihn um ein H. überfahren*; ***nicht um ein H.*** / ***um kein H.*** *gespr*; überhaupt nicht: *Er hat sich um kein H. verändert*; ***Da hat er / sie Haare lassen müssen*** er / sie hat bei diesem (erfolgreichen) Unternehmen auch e-n Schaden erlitten; ***etw. ist an den Haaren herbeigezogen*** *pej*; etw. ist sehr unwahrscheinlich, sehr weit hergeholt: *Seine Ausrede war an den Haaren herbeigezogen*; ***j-m stehen die Haare zu Berge / sträuben sich die Haare*** j-d ist über etw. (*mst* über schlimme Fehler von anderen) entsetzt; ***j-m die Haare vom Kopf fressen*** *gespr hum*; auf j-s Kosten sehr viel essen; ***kein gutes H. an j-m / etw. lassen*** j-n / etw. sehr stark kritisieren; ***ein H. in der Suppe finden*** e-n Nachteil, Mangel, Fehler bei etw. entdecken; *mst* ***Sie hat Haare auf den Zähnen*** sie ist sehr streitsüchtig u. aggressiv u. will immer Recht haben; ***niemandem ein H. / ein Härchen krümmen können*** sehr sanftmütig sein; ⟨Personen⟩ ***geraten / kriegen sich in die Haare*** *gespr*; zwei od. mehrere Personen fangen an, miteinander zu streiten; ⟨Personen⟩ ***liegen sich in den Haaren*** *gespr*; zwei od. mehrere Personen haben Streit miteinander; ***sich*** (*Dat*) ***wegen e-r Person*** (*Gen, gespr auch Dat*) / ***etw., über etw.*** (*Akk*) ***keine grauen Haare wachsen lassen*** sich keine (allzu) großen Sorgen wegen e-r Person / Sache machen; *mst* ***Ich bekomme noch graue Haare deinetwegen / deswegen!*** du bereitest / das bereitet mir viel Sorgen || ▸ ***behaart, enthaaren***

Haar·an·satz *der*; *mst Sg*; die Stelle an der Stirn, an der das Kopfhaar beginnt ⟨ein niedriger, hoher H.⟩

haa·ren; *haarte, hat gehaart*; [Vi] ***ein Tier haart*** ein Hund, e-e Katze *o.Ä.* verliert Haare

Haa·res·brei·te *die*; *nur in* ***um H.*** so, dass nur wenig fehlt(e) ≈ knapp: *ein Ziel um H. verfehlen*; *nur um H. e-m Unglück entgehen*

haar·fein *Adj*; so dünn wie ein Haar ⟨ein Riss, ein Strich; etw. ist h. gezeichnet⟩

haar·ge·nau *Adj*; *gespr*; sehr genau, in allen Details ⟨e-e Beschreibung; etw. stimmt h.; etw. h. (nach)erzählen, wissen, kennen, ausrechnen⟩

haa·rig *Adj*; **1** *nicht adv*; ⟨Arme, Beine, Schultern⟩ so, dass sie (viele) Haare haben **2** *gespr*; schwierig u. unangenehm ≈ heikel ⟨e-e Angelegenheit, e-e Sache, e-e Geschichte⟩

-haa·rig *im Adj*, *wenig produktiv*; mit Haaren von der genannten Art od. Farbe; ***dunkelhaarig, glatthaarig, grauhaarig, kraushaarig, kurzhaarig, langhaarig, rothaarig, schwarzhaarig, weißhaarig***

Haar·klam·mer *die*; e-e Art Klammer aus Metall, Plastik *o.Ä.*, mit der man das Haar od. etw. im Haar befestigt ≈ Haarklemme ⟨e-e Frisur, e-n Knoten mit Haarklammern feststecken; (sich (*Dat*)) Haarklammern ins Haar stecken⟩

haar·klein *Adv*; *gespr* ≈ haargenau

Haar·na·del *die*; ein kleines Stück Draht in der Form e-s „U", mit dem man e-e Frisur festhält

Haar·na·del·kur·ve *die*; e-e sehr enge Kurve

Haar·netz *das*; ein feines Netz, mit dem man die Haare zusammenhält

Haar·riss *der*; ein sehr dünner (oft nicht od. kaum sichtbarer) Riss

haar·scharf *Adj*; *gespr*; **1** ganz nahe od. knapp: *h. am Ziel vorbeischießen*; *h. e-r Verhaftung entgehen* **2** sehr präzise u. exakt ⟨h. überlegen, kalkulieren⟩

Haar·schnitt *der*; **1** die Form, in der die Kopfhaare geschnitten sind ≈ Frisur ⟨ein flotter, frecher, gewagter H.⟩ **2** das Schneiden der Kopfhaare ⟨e-n H. brauchen; j-m e-n H. machen⟩

Haar·spal·te·rei *die*; -, *-en*; *pej*; ein Streit um unwichtige Details || *hierzu* **haar·spal·te·risch** *Adj*

haar·sträu·bend *Adj*; *gespr*; so, dass es Empörung od. Entsetzen bewirkt ≈ unerhört ⟨j-s Benehmen, e-e Geschichte, ein Skandal, Unsinn⟩

Haar·teil *das*; fremde Haare (*z.B.* in der Form e-s Zopfes), die man an den eigenen Haaren befestigt

Haar·was·ser *das*; e-e Flüssigkeit, mit der man die Kopfhaare pflegt

Haar·wuchs *der*; **1** das Wachsen der Haare **2** die Dichte (1) der Haare, die j-d (auf dem Kopf) hat ⟨e-n dichten, starken, spärlichen H. haben⟩

Hab *nur in* ***Hab u. Gut*** *geschr*; die Dinge, die j-d besitzt: *sein gesamtes Hab u. Gut verlieren*

ha·ben[1]; *hat, hatte, hat gehabt*; [Vt] (*kein Passiv!*) **1** ***j-d***

hat etw. j-d besitzt etw. als Eigentum: *Sie hat ein Auto, ein Haus, viel Geld* **2** ***j-d / ein Tier hat etw.*** j-d / ein Tier besitzt etw. als Eigenschaft, Charakterzug, Merkmal *o.Ä.*: *Peter hat Mut*; *Unser Hund hat lange Haare* **3** ***etw. hat etw.*** zu etw. gehört etw.: *Die Wohnung hat e-n Balkon* **4** ***j-d / etw. hat etw.*** j-d / etw. ist in e-m bestimmten Zustand: *Das Kind hat e-n wunden Finger*; *Das Auto hat e-n Motorschaden* **5** ***j-d / ein Tier hat etw.*** j-d / ein Tier spürt (*mst* vorübergehend) ein körperliches od. emotionales Gefühl ⟨j-d hat Angst, Durst, Heimweh, Hunger, Schmerzen, Sorgen⟩ **6** ***j-d hat etw.*** j-d leidet an e-r Krankheit ⟨j-d hat Durchfall, Krebs, Masern, Schnupfen⟩ **7** ***j-d hat etw.*** etw. ist für j-n / bei j-m vorhanden ⟨j-d hat viel Arbeit; j-d hat Erfahrung, e-e Idee, Schwierigkeiten, j-s Vertrauen, Zeit; j-d hat die Absicht, die Erlaubnis, die Muße, die Pflicht, das Recht, etw. zu tun⟩: *Er hat Beziehungen* **8** ***j-d hat etw.*** j-d wird von e-m Ereignis, e-m Einfluss betroffen, j-d erlebt etw. ⟨j-d hat ein Abenteuer, Glück, Pech, e-n Unfall⟩: *Gestern hatten wir schlechtes Wetter* **9** ***j-d hat Dienst / Schule / Unterricht*** j-d muss arbeiten bzw. in die Schule gehen **10** ***j-d hat frei / Ferien / Urlaub*** j-d muss für kurze od. längere Zeit nicht arbeiten bzw. nicht in die Schule *o.Ä.* gehen **11** ***j-d hat etw.*** j-d wird in e-m bestimmten Fach unterrichtet od. nimmt im Unterricht etw. durch: *Im Gymnasium wirst du auch Chemie h.*; *In Geschichte haben wir gerade den Ersten Weltkrieg* **12** ***etw. hat etw.*** (*Pl*) etw. besteht aus etw., ist aus etw. zusammengesetzt: *Ein Kilometer hat tausend Meter*; *Der Ort hat fünfhundert Einwohner*; *Der Verein hat 200 Mitglieder* **13** ***j-d / etw. hat etw.*** j-d / etw. ist mit etw. versorgt, bekommt etw.: *Die Pflanze hat am Fenster viel Licht*; *Hat der Hund genug Futter?* **14** *mst* ***wir haben*** + *Zeitangabe* verwendet, um e-e Uhrzeit *o.Ä.* anzugeben: *Wir haben jetzt fünf Uhr*; *In Amerika haben sie jetzt Nacht* **15** ***etw. h.*** verwendet zusammen mit e-m Subst., um ein Verb zu umschreiben; ***etw. in Besitz h.*** ≈ etw. besitzen; ***mit j-m Streit h.*** ≈ mit j-m streiten; ***ein Einsehen h.*** ≈ etw. einsehen **16** ***etw. h.*** *gespr*; (elliptisch) verwendet, um auszudrücken, dass etw. geschehen, vollendet ist: *Hast du die Hausaufgaben* (gemacht)?; *Die Polizei hat den Mörder* (gefangen); *Er hat den Schlüssel* (gefunden, mitgenommen *usw*); *Hat sie ihr Kind schon* (geboren)? || NB: ↑ ***haben***[2] **17** ***j-d hat j-n*** j-d steht in der angegebenen Beziehung zu j-m ⟨j-d hat e-n Bruder, e-e Schwester, Geschwister, Kinder; j-d hat Feinde, Freunde, e-e Geliebte⟩ **18** ***etw. nicht h. können*** *gespr*; e-e starke Abneigung gegen etw. fühlen: *Ich kann seine blöden Bemerkungen nicht h.!* **19** ***j-d hat j-n als etw.*** (*Akk*) / ***zu etw.*** j-d steht in e-r bestimmten Beziehung zu j-m: *Er hat e-e Frau als Vorgesetzte*; *Sie hat e-n Politiker zum Vater* **20** ***j-d hat j-n für sich*** j-d wird von j-m unterstützt: *Bei dem Streit hatte er viele Freunde / seine Nachbarn / die halbe Klasse für sich* **21** ***etw. an j-m / etw. h.*** die Vorteile von j-m / etw. schätzen: *Er hat viel Freude an seinem Garten*; *Erst als sie weg war, merkte er, was er an ihr gehabt hatte* (= wie wichtig sie für ihn war) **22** ***j-d / etw. hat etw. 'an sich*** (*Dat*) j-d / etw. besitzt e-e bestimmte Eigenschaft, etw. verhält sich (oft) in e-r bestimmten Weise: *e-n unverschämten Ton, ein schlechtes Benehmen an sich h.*; *Was regst du dich so auf? - Das haben Autos nun mal so an sich, dass sie kaputtgehen* **23** ***j-d / etw. hat es 'in sich*** (*Dat*) *gespr*; (*mst* verwendet, um Anerkennung auszudrücken od. um auf unerwartete Probleme hinzuweisen) j-d / etw. hat e-e Eigenschaft, die man ihm nicht sofort ansieht: *Dieser Artikel hats in sich!* (= ist sehr schwierig) **24** ***j-d hat etw. hinter sich*** (*Dat*) / (***noch***) ***vor sich*** (*Dat*) j-d hat etw. schon / noch nicht getan od. erlebt: *Du hast noch dein ganzes Leben vor dir*; *Wenn ich die Prüfung hinter mir habe, wird gefeiert* **25** ***j-n / etw. zu*** + *Infinitiv* + ***h.*** etw. (mit j-m) tun müssen: *Sie hat noch e-n weiten Weg zurückzulegen*; *Der Herr Doktor hat noch einen Patienten zu behandeln, bevor er für Sie Zeit hat*; *Hast du nichts zu tun?* **26** ***nichts zu*** + *Infinitiv* + ***h.*** zu etw. nicht berechtigt sein ⟨j-m / irgendwo nichts zu befehlen, sagen, verbieten h.⟩: *Du hast hier nichts zu suchen, verschwinde!* **27** ***j-d hat j-n / etw. irgendwo*** (***liegen, sitzen, stehen***) j-d, der in e-r Beziehung zu j-m steht / etw., das j-m gehört, befindet sich an e-m bestimmten Ort: *Geld auf der Bank* (*liegen*) *h.*; *das Telefon am Bett* (*stehen*) *h.*; *Sie hat immer Besucher im Vorzimmer* (*sitzen*) **28** ***j-d hat es irgendwo*** *gespr*; j-d hat ein Leiden an e-m Körperteil ⟨j-d hat es am Knie, im Rücken, an / mit der Leber⟩ **29** ***es irgendwie h.*** verwendet, um j-s Lebensumstände bzw. jetzige Situation zu beschreiben ⟨es eilig, leicht, schwer, schön *o.Ä.* h.⟩: *Sehr gemütlich habt ihr es hier* **30** *mst* ***Du hast es gut!*** *gespr*; verwendet, um auszudrücken, dass man j-n (ein bisschen) um etw. beneidet: *Du hasts gut, du kannst Urlaub machen* **31** ***es nicht mit j-m / etw. h.*** *gespr*; j-n / etw. nicht mögen **32** ***es*** (***sehr***) ***mit j-m / etw. h.*** j-n / etw. sehr mögen (u. deshalb überbewerten): *Er hats mit der Musik* **33** ***es mit j-m h.*** *gespr pej*; e-e sexuelle Beziehung zu j-m unterhalten **34** (***et***)***was gegen j-n / etw. h.*** j-n / etw. nicht mögen: *Er hat was gegen Raucher in seiner Wohnung*; *„Was hast du denn gegen sie?“ - „Sie ist mir zu arrogant.“* **35** ***nichts gegen j-n / etw. h.*** sich nicht gestört fühlen durch j-n / etw. **36** (***et***)***was / nichts von j-m / etw. h.*** es genießen / nicht genießen können, dass j-d da ist bzw. dass man etw. hat (1,7,10): *Hoffentlich ist das Wetter schön, dann hast du was von deinem Urlaubstag*; *Wenn du so viel arbeitest, habe ich gar nichts mehr von dir* **37** (***et***)***was / nichts von j-m h.*** Ähnlichkeit / keine Ähnlichkeit mit j-m haben: *Er hat viel von seinem Vater* **38** (***et***)***was mit j-m h.*** *gespr* ≈ h. (33): *Er hat was mit seiner Sekretärin* **39** ***etw. ist zu h.*** etw. wird zum Verkauf angeboten: *Ist das Haus noch zu h. od. ist es schon verkauft?* **40** ***e-e Frau / ein Mann ist noch / wieder zu h.*** *gespr*; e-e Frau / ein Mann ist noch nicht / nicht mehr an e-n festen Partner od. Ehepartner gebunden **41** ***für etw. zu h. sein*** etw. mögen od. gern tun: *Für ein Glas Wein bin ich immer zu h.*; *Für solche Spiele ist er nicht mehr zu h.*; [Vi] **42** (***etw.***) ***zu*** + *Infinitiv* + ***h.*** etw. tun müssen: *Ich habe* (*viel*) *zu tun, zu arbeiten*; [Vr] **43** ***sich h.*** *gespr pej* ≈ sich zieren: *Jetzt habt euch nicht so, vertragt euch wieder!* || NB: *mst* verneint! **44** ***sich mit etw. h.*** *gespr pej*; übertrieben ängstlich, vorsichtig mit etw. umgehen: *Der hat sich vielleicht mit seinem Auto! - Niemand außer ihm darf es benutzen*; [Vimp] **45** ***es hat etw.*** *gespr*; die Luft hat e-e bestimmte Temperatur: *Wie viel Grad hat es?* || ID ***Ich habs!*** *gespr*; verwendet, um seine Freude darüber auszudrücken, dass man die Lösung zu e-m Problem, e-r Aufgabe *o.Ä.* gefunden hat; *mst* ***Er / Sie 'hats ja*** *gespr*; er / sie hat genug Geld, um großzügig damit umgehen zu können; ***Da / Jetzt hast dus / haben wirs / habt ihrs!*** *gespr*; verwendet, um auszudrücken, dass etw., das man befürchtet hat, eingetreten ist; *mst* ***Du hast gut lachen!*** *gespr iron*; du kannst lachen, weil du diese Probleme nicht hast; *mst* ***Das hab ich*** *usw* ***nun davon / von etw.!*** *gespr, oft iron*; verwendet, um auf die unangenehmen Folgen von etw. an sich Positivem aufmerksam zu machen: *Das hab ich nun von meiner Gutmütigkeit!*; *Das hat er nun davon, dass er immer so viel arbeitet. Seine Frau hat ihn ver-*

lassen!; ***Das werden wir gleich h.*** verwendet, um auszudrücken, dass man glaubt, ein Problem leicht lösen, e-n Schaden schnell beheben zu können; (***Und***) ***damit hat sichs*** *gespr*; das ist alles ≈ basta; ***Hat sich was!*** *gespr* ≈ von wegen; ***Dich hats wohl!***; ***Hats dich*** (***jetzt ganz***)***?*** *gespr*; verwendet, um j-n stark zu kritisieren ≈ du spinnst wohl; ***wie gehabt*** ≈ unverändert; ***Haste was, biste was!*** *gespr*; wer reich ist, hat auch Macht, Ansehen u. Einfluss; *mst* ***Was man 'hat, das 'hat man*** was man besitzt, kann einem nicht so leicht genommen werden; ***Wer 'hat, der 'hat*** *gespr hum od iron*; verwendet, um auszudrücken, dass man stolz darauf ist, etw. zu besitzen, das andere nicht haben; ***Wie hätten Sies denn gern***(***e***)***?*** *oft hum od iron*; **a**) wie würden Sie entscheiden?; **b**) wie wäre es Ihnen recht? || NB: ↑ ***dick***; ***dicke***

ha·ben[2] *Hilfsverb*; verwendet, um (zusammen mit dem Partizip Perfekt) das Perfekt, Plusquamperfekt u. zweite Futur von allen transitiven, reflexiven u. von bestimmten intransitiven u. unpersönlichen Verben zu bilden: *Er hat geschlafen*; *Sie hatte geweint*; *Ich habe sie nicht gesehen*; *Falls es im Laufe des Tages geregnet h. sollte, brauchst du die Blumen morgen nicht zu gießen* || NB: ↑ ***sein***[2]

Ha·ben *das*; *-s*; *nur Sg*, *Ökon*; die Summe Geld, die j-d einnimmt od. (*z.B.* auf e-r Bank) hat ↔ Soll

Ha·be·nichts *der*; *-(es)*, *-e*; *veraltend hum od pej*; j-d, der nur wenig besitzt / der arm ist

Hab·gier *die*; *nur Sg*, *pej*; das (ständige) Verlangen, immer mehr zu besitzen || *hierzu* **hab·gie·rig** *Adj*

hab·haft *Adj*; *nur in* ***j-s / etw. h. werden*** *geschr*; j-n / etw. finden, zu fassen bekommen ⟨des Täters, des Mörders, des Diebs h. werden⟩

Ha·bicht *der*; *-s*, *-e*; ein mittelgroßer Raubvogel, der in Europa u. Asien vorkommt u. am Tag jagt

ha·bi·li·tie·ren; *habilitierte*, *hat habilitiert*; [Vi] **1** e-e längere wissenschaftliche Arbeit schreiben u. dadurch die Berechtigung bekommen, an e-r Universität, Hochschule (als Privatdozent od. Professor) zu lehren; [Vr] **2** ***sich h.*** ≈ h. (1) || *hierzu* **Ha·bi·li·ta·ti·on** *die*; *-*, *-en*

Hab·se·lig·kei·ten *die*; *Pl*; j-s Besitz, der nur aus ein paar (*mst* wenig wertvollen) Dingen besteht: *Auf ihrer Flucht konnten sie nur ein paar H. mitnehmen*

Hab·sucht *die*; *nur Sg* ≈ Habgier || *hierzu* **hab·süch·tig** *Adj*

Hach·se *die*; *-*, *-n*; **1** der untere Teil des Beines von Kalb u. Schwein || -K: ***Kalbs-***, ***Schweins-*** **2** *gespr hum* ≈ Bein ⟨lange Hachsen haben⟩

Hack·bra·ten *der*; ein Braten aus Hackfleisch

Hack·brett *das*; ein Musikinstrument mit vielen Saiten, die man mit zwei kleinen Hämmern (Klöppeln) schlägt

Ha·cke[1] *die*; *-*, *-n*; ein einfaches Werkzeug, mit dem man den Erdboden locker macht

Ha·cke[2] *die*; *-*, *-n*; *nordd*; **1** ≈ Ferse **2** der Absatz e-s Schuhs ⟨sich die Hacken schief treten⟩: *Schuhe mit hohen Hacken* || ID ***sich die Hacken nach etw. ablaufen*** lange suchen müssen, um etw. zu bekommen || ▸ ***hochhackig***

ha·cken; *hackte*, *hat gehackt*; [Vt] **1** ***etw. h.*** etw. mit kräftigen Hieben in Stücke teilen (od. zerstören), *bes* mit e-r Axt, e-m Beil od. e-m Messer ⟨Holz h.; e-n Stuhl *o.Ä.* in Stücke / zu Brennholz h., ein Loch ins Eis h.⟩; [Vt/i] **2** (***etw.***) ***h.*** (*mst* mit e-r Hacke) die Erde (um etw.) lockern ⟨die Erde, ein Beet *usw* h.; im Garten h.; Kartoffeln, Rüben h.⟩; [Vi] **3** ***ein Vogel hackt nach j-m / etw.*** ein Vogel sticht od. stößt mit dem Schnabel nach j-m / etw.: *Der Papagei hat nach mir gehackt*

Ha·cker *der*; *-s*, *-*; j-d, der ohne Erlaubnis mit seinem Computer in ein fremdes Datensystem eindringt

Hack·fleisch *das*; Fleisch, das in sehr kleine Stücke gehackt ist (u. aus dem man Hackbraten, Hamburger, Frikadellen *usw* macht) ≈ Gehacktes || NB: gehacktes Rindfleisch wird oft *Tatar* genannt

Hack·klotz *der*; ein großes Stück Holz, auf das man Fleisch, Holz *o.Ä.* legt, um es klein zu hacken

Hack·ord·nung *die*; **1** die Hierarchie in e-r Gruppe von Tieren, die durch Drohgebärden u. Kämpfe aufrechterhalten wird **2** *hum od iron*; die Rangordnung unter den Menschen (*z.B.* im Beruf, in der Familie)

Häck·sel *der*, *das*; *-s*; *nur Sg*; Heu, Stroh *o.Ä.*, das in kurze Stücke zerschnitten ist || *hierzu* **häck·seln** (*hat*) *Vt*

Hack·steak *das*; gebratenes Hackfleisch, das so ähnlich wie ein Steak aussieht

Ha·der *der*; *-s*; *nur Sg*; *veraltend* ≈ Streit

ha·dern; *haderte*, *hat gehadert*; [Vi] ***mit etw. h.*** *geschr*; mit etw. (dauernd) unzufrieden sein u. darüber jammern ⟨*mst* mit seinem Schicksal h.⟩

Ha·fen[1] *der*; *-s*, *Hä·fen*; **1** ein geschützter Platz, an dem Schiffe landen u. Passagiere u. Ladung an Bord nehmen ⟨*mst* ein Schiff läuft e-n H. an, läuft in den / im H. ein, läuft aus dem H. aus, liegt, ankert im H.⟩ || K-: ***Hafen-***, ***-anlagen***, ***-arbeiter***, ***-ausfahrt***, ***-becken***, ***-behörde***, ***-einfahrt***, ***-gebühr***, ***-gelände***, ***-polizei***, ***-rundfahrt***, ***-stadt***, ***-viertel*** || -K: ***Boots-***, ***Fischerei-***, ***Handels-***, ***Jacht-***, ***Kriegs-*** **2** *nur Sg*, *lit*; ein Ort, an dem man sich geschützt u. sicher fühlt || ID ***in den H. der Ehe einlaufen***; ***im H. der Ehe landen*** *gespr hum* ≈ heiraten

Ha·fen[2] *der*; *-s*, *Hä·fen*; Ⓐ Ⓒⓗ ein Topf, e-e Schüssel *o.Ä.*, *mst* aus Ton od. Porzellan

Ha·fer *der*; *-s*; *nur Sg*; e-e Getreidesorte, die *bes* in kühlen Gegenden wächst u. die als Nahrung für Menschen (*bes* in Form von Flocken) u. Pferde dient || K-: ***Hafer-***, ***-brei***, ***-flocken***, ***-korn***, ***-mehl***, ***-stroh*** || ID ***j-n sticht der H.*** *gespr*; j-d ist in e-r vergnügten u. leichtsinnigen Laune

Ha·fer·schleim *der*; e-e Suppe aus gekochten Haferflocken

Haff *das*; *-(e)s*, *-e* / *-s*; ein Teil des Meeres an e-r Küste (*bes* der Ostsee), der durch e-n schmalen Landstreifen, Inseln *o.Ä.* vom offenen Meer abgetrennt ist

Haft *die*; *-*; *nur Sg*; **1** das Festgehaltenwerden od. Eingesperrtsein (*mst* von der Polizei) ≈ Arrest ⟨sich in H. befinden, in H. sein; *mst* die Polizei nimmt j-n in H., entlässt j-n aus der H.⟩ || K-: ***Haft-***, ***-anstalt***, ***-befehl***, ***-dauer***, ***-entlassene***, ***-entlassung***, ***-strafe*** || -K: ***Dunkel-***, ***Einzel-***, ***Kerker-***, ***Untersuchungs-*** **2** e-e Strafe, bei der man in H. (1) ist ≈ Haftstrafe ↔ Geldstrafe: *Für den Diebstahl hat er zwei Jahre H. bekommen / ist er zu zwei Jahren H. verurteilt worden* || ▸ ***Häftling***

-haft *im Adj*, *unbetont*, *sehr produktiv*; **1** drückt aus, dass etw. so ist wie das im ersten Wortteil genannte Substantiv; ***albtraumhaft*** ⟨ein Erlebnis⟩, ***automatenhaft*** ⟨j-s Bewegungen⟩, ***bildhaft*** ⟨e-e Darstellung⟩, ***elfenhaft*** ⟨e-e Gestalt⟩, ***feenhaft*** ⟨j-s Aussehen⟩, ***märchenhaft*** ⟨schön⟩, ***traumhaft*** ⟨schön⟩ **2** nach Art des im ersten Wortteil genannten Substantivs; ***heldenhaft*** ⟨j-s Mut⟩, ***meisterhaft*** ⟨Können⟩, ***rüpelhaft*** ⟨j-s Benehmen⟩, ***schalkhaft***, ***stümperhaft*** ⟨e-e Arbeit⟩ **3** mit e-r Neigung zu etw.; ***lasterhaft***, ***schwatzhaft***

haft·bar *Adj*; *nur in* **1** ***für etw. h. sein*** *Jur*; dazu verpflichtet sein, e-n entstandenen Schaden wieder gutzumachen **2** ***j-n für etw. h. machen*** *Jur*; j-n dazu verpflichten, e-n entstandenen Schaden wieder gutzumachen: *Der Benutzer wird für eventuelle Schäden an der Maschine h. gemacht*

Haft·be·fehl *der*; *Jur*; der schriftliche Beschluss (e-s Richters od. Gerichts), j-n zu verhaften ⟨der Richter erlässt (e-n) H. gegen j-n⟩

haf·ten[1]; *haftete, hat gehaftet*; [Vi] **1** ***etw. haftet irgendwo*** etw. bleibt auf e-r Oberfläche (auf der es aufgetragen, angebracht wird od. wurde) ↔ etw. geht ab, löst sich: *Auf nasser Haut haften Pflaster schlecht; Schmutz haftete an seinen Schuhen* **2** ***etw. haftet*** etw. rutscht nicht ⟨Räder, Reifen⟩ **3** ***etw. haftet an j-m / etw.*** etw. Negatives bleibt j-m / etw. erhalten ⟨ein Makel, ein Verdacht, ein schlechter Ruf haftet an j-m⟩

haf·ten[2]; *haftete, hat gehaftet*; [Vi] **1** ***für etw. h.*** verpflichtet sein, e-n entstandenen Schaden wieder gutzumachen: *Bitte achten Sie selbst auf Ihre Sachen, wir haften nicht für eventuelle Verluste* **2** ***für j-n h.*** dazu verpflichtet sein, Schäden wieder gutzumachen, die ein Kind *o.Ä.* verursacht: *Eltern haften für ihre Kinder* **3** ***(j-m) für etw. h.*** (j-m gegenüber) für etw. verantwortlich sein: *Sie haften (mir) dafür, dass die Ware rechtzeitig eintrifft*

> **haf·ten blei·ben**; *blieb haften, ist haften geblieben*; [Vi] **1** ***etw. bleibt irgendwo haften*** etw. klebt irgendwo: *Das Etikett will nicht auf der Flasche h. b., es geht immer wieder ab* **2** ***etw. bleibt irgendwo haften*** etw. bleibt im Gedächtnis ⟨etw. bleibt bei j-m, im Gedächtnis, in der Erinnerung haften⟩

Häft·ling *der*; *-s, -e*; j-d, der in e-m Gefängnis ist, weil er e-e Straftat od. ein Verbrechen begangen hat ≈ Gefangene(r) ⟨ein weiblicher, männlicher, politischer H.⟩ || K-: ***Häftlings-, -kleidung, -revolte***

Haft·pflicht *die*; *nur Sg, Jur*; **1** die gesetzliche Pflicht, e-n Schaden wieder gutzumachen, den man selbst od. den j-d, für den man verantwortlich ist, e-m anderen zugefügt hat || K-: ***Haftpflicht-, -versicherung*** || -K: ***Amts-, Auto-, Privat-*** **2** *gespr* ≈ Haftpflichtversicherung

Haft·scha·le *die* ≈ Kontaktlinse

Haf·tung *die*; *-, -en*; *mst Sg*; die Verpflichtung, e-n entstandenen Schaden wieder gutzumachen ⟨(keine) H. für etw. übernehmen; e-e Gesellschaft mit beschränkter H.⟩

Haft·ur·laub *der*; e-e kurze Unterbrechung der Haft

Ha·ge·but·te *die*; *-, -n*; die rote Frucht der Heckenrose, aus der man *bes* Tee macht || K-: ***Hagebutten-, -tee***

Ha·gel *der*; *-s*; *nur Sg*; **1** Niederschlag in Form von harten Körnern aus Eis || K-: ***Hagel-, -korn, -schaden, -schauer*** **2** ***ein H. von etw.*** (*Pl*) e-e Menge von (bedrohlichen) Dingen, die j-n / etw. plötzlich treffen ⟨ein H. von Vorwürfen, Protesten, Flüchen *usw*⟩ || -K: ***Bomben-, Kugel-, Pfeil-, Stein-***

ha·geln; *hagelte, hat gehagelt*; [Vimp] **1** ***es hagelt*** Hagel (1) fällt **2** ***es hagelt etw.*** (*Pl*) etw. trifft e-e Person od. Sache in großer Zahl: *Nach der Rede hagelte es Proteste, Vorwürfe*

Ha·gel·schlag *der*; ein heftiger Hagel (1), der *mst* große Schäden *bes* in der Landwirtschaft verursacht

ha·ger *Adj*; mager u. *mst* groß gewachsen ↔ rundlich ⟨ein Jüngling, e-e Frau, ein Gesicht, e-e Gestalt, Arme⟩ || *hierzu* **Ha·ger·keit** *die*; *nur Sg*

Hä·her ['hɛːɐ] *der*; *-s, -*; ein Vogel mit bunten Federn u. langem Schwanz, der in Europa im Wald lebt

Hahn[1] *der*; *-(e)s, Häh·ne*; ein männliches Huhn (1) ↔ Henne ⟨der H. kräht, kratzt im Mist⟩: *Der Hahn hat e-n roten Kamm auf dem Kopf* || K-: ***Hahnen-, -feder, -kamm, -kampf, -schrei*** || ID ***(irgendwo) der H. im Korb sein*** *gespr*; *mst* als einziger Mann unter vielen Frauen sein; *mst* ***Danach kräht kein H.*** *gespr*; das interessiert niemanden

Hahn[2] *der*; *-(e)s, Häh·ne*; der Teil e-r Wasser- od. Gasleitung *usw*, der dazu dient, diese zu öffnen u. zu schließen ⟨der H. tropft, klemmt; den H. öffnen, schließen, aufdrehen, zudrehen⟩ || -K: ***Gas-, Wasser-, Zapf-***

Hähn·chen *das*; *-s, -*; ein Hahn (od. Huhn) zum Essen ⟨ein H. rupfen, würzen, braten, grillen⟩ || -K: ***Back-, Brat-, Grill-; Mast-***

Hah·nen·fuß *der*; *nur Sg*; e-e giftige Blume mit mehreren kleinen gelben Blüten, die auf Wiesen wächst || K-: ***Hahnenfuß-, -gewächs***

Hai *der*; *-(e)s, -e*; ein *mst* großer, grauer Fisch, der *bes* in warmen Meeren vorkommt, mehrere Reihen von scharfen Zähnen hat u. manchmal Menschen angreift || K-: ***Hai-, -fisch***

Hain *der*; *-(e)s, -e*; *bes lit*; ein kleiner, heller Wald || -K: ***Birken-, Buchen-, Erlen-, Oliven-***

Hä·ke·lei *die*; *-, -en*; etw., das gehäkelt wird / ist

hä·keln; *häkelte, hat gehäkelt*; [Vt/i] ***(etw.) h.*** etw. aus Garn, Wolle *o.Ä.* herstellen, indem man mit e-r Nadel, die vorne e-n Haken hat, Maschen macht ⟨e-e Borte, e-n Topflappen h.⟩: *Taschentücher mit feinen, gehäkelten Spitzen* || K-: ***Häkel-, -arbeit, -garn, -nadel***

ha·ken; *hakte, hat gehakt*; [Vt] **1** ***etw. in / an etw. (Akk) h.*** etw. mit e-m Haken irgendwo befestigen: *e-n Schlüsselbund an den Gürtel h.*; [Vi] **2** ***etw. hakt (irgendwo)*** etw. hängt irgendwo fest u. kann nicht bewegt werden ⟨ein Schlüssel, e-e Schreibmaschine⟩

Ha·ken *der*; *-s, -*; **1** ein Stück Metall, Plastik *o.Ä.*, das gebogen ist u. das *mst* dazu verwendet wird, etw. festzuhalten od. irgendwo zu befestigen: *e-n Spiegel mit Haken an der Wand befestigen; den Hut vom H. nehmen* || -K: ***Angel-, Bilder-, Kleider-; Fleischer-, Mauer-, Metzger-; Eisen-, Plastik-, Stahl-*** **2** e-e Linie, die die Form e-s Hakens (1) hat: *Die Lehrerin macht unter jede richtige Rechnung e-n H.* **3** *gespr*; ein Nachteil, der mit e-r Sache verbunden ist (den man aber noch nicht kennt): *Das Angebot klingt zu gut - da muss irgendwo ein H. sein; Pass auf, die Sache hat bestimmt e-n H.!* **4** *Sport*; (beim Boxen) ein Schlag von unten nach oben || -K: ***Aufwärts-, Kinn-*** **5** ***ein Tier schlägt e-n H.*** ein Hase *o.Ä.* wechselt beim Fliehen ganz plötzlich die Richtung || *zu* **1** **ha·ken·för·mig** *Adj*

Haken (1)

der Kleiderhaken

der Bilderhaken

Ha·ken·kreuz *das*; ein Kreuz mit Haken, das in Deutschland als Zeichen des Nationalsozialismus diente || K-: ***Hakenkreuz-, -fahne***

Ha·ken·na·se *die*; e-e stark gebogene Nase ⟨e-e H. haben⟩

halb[1] *Adj*; *ohne Steigerung*; **1** *nur attr od adv*; so, dass etw. die Hälfte von etw. umfasst, beträgt ↔ ganz (*attr*), genau (*adv*): *ein halbes Brot, ein halber Liter; Die Züge fahren jede halbe Stunde; Dieses Jahr war der Urlaub nur h. so teuer* || K-: ***Halb-, -jahr, -kreis, -kugel, -leinen, -mond, -rund*** **2** *nur attr od adv*; zum Teil, nicht vollständig ↔ ganz ⟨ein Satz, ein Sieg, die Wahrheit; sich nicht mit halben Sachen zufrieden geben; etw. h. zugeben; h. lächeln, h. wei-

H

nen; h. blind, erfroren, fertig, gar, nackt, offen, tot, verhungert, voll *usw.*⟩: *Er ist nur h. angezogen*; *Ihre Augen sind h. geschlossen*; *Die Arbeit ist erst h. getan*; *die Flasche ist h. leer*; *ein h. rohes Steak* || K-: ***Halb-, -gebildete(r), -dunkel, -schlaf, -wahrheit, -wissen*** **3** *nur attr, nicht adv*; (ironisch od. übertrieben) verwendet, um e-e sehr große Gruppe von Menschen zu bezeichnen: *Das halbe Land kennt ihn schon*; *Zur Feier war die halbe Stadt eingeladen* **4** *nur attr od adv*; nicht so stark od. intensiv wie sonst ⟨mit halber Kraft⟩ **5** **(*nur*) *mit halbem Ohr / h. zuhören*** nicht genau hinhören, was gesagt wird **6** *nur attr, nicht adv*; an der Mitte e-r Strecke, e-s Zeitabschnitts *o.Ä.* ⟨auf halbem Weg / auf halber Strecke aufgeben, stehen bleiben, umkehren⟩: *Der Wecker klingelte zur halben Stunde* || K-: ***Halb-, -jahr*** || ID ***etw. ist nichts Halbes u. nichts Ganzes*** etw. ist nicht vollständig, nicht gut genug, um e-n (Qualitäts)Anspruch erfüllen zu können

halb[2] *Adv*; **1** (als Zeitangabe verwendet) dreißig Minuten vor der vollen Stunde: *Wir treffen uns um h. zwölf* **2** ***h. ..., h. ...*** von beiden genannten Dingen, Tätigkeiten, Eigenschaften *usw* etwas ≈ sowohl ..., als auch ...; teils ..., teils ... ⟨h. Mensch, h. Tier sein; h. lachen, h. weinen⟩ **3** ***h. u. h.*** ≈ einigermaßen: *Er hatte sich schon wieder h. u. h. beruhigt* **4** ***h. u. h.*** mit zwei Bestandteilen in gleicher Menge ≈ zu gleichen Teilen: *Ein Pfund gemischtes Gulasch, h. u. h.* (= die Hälfte Rindfleisch, die andere Hälfte Schweinefleisch) || ID ***h. so wild*** *gespr*; nicht so schlimm wie befürchtet od. wie es j-d sagt

halb- *im Adj, begrenzt produktiv*; **1** nur zum Teil, nicht ganz / völlig; ***halbautomatisch, halbbitter*** ⟨e-e Schokolade⟩, ***halblaut, halbtrocken*** ⟨ein Wein⟩ **2** *nur attr od adv*; verwendet, um den im Adj. genannten Zeitraum zu halbieren; ***halbjährig, halbjährlich, halbstündig, halbstündlich, halbtägig, halbtäglich***

Halb·af·fe *der*; ein (Säuge)Tier, das zu den Affen gehört, große Augen hat u. *bes* nachts aktiv wird

halb·amt·lich *Adj*; **1** von j-m berichtet, der guten Kontakt zur Nachrichtenquelle hat, aber nicht offiziell bestätigt ⟨e-e Meldung, e-e Nachricht, e-e Verlautbarung⟩ **2** herausgegeben mit Unterstützung eines od. mehrerer Ämter (3) ⟨e-e Zeitung *o.Ä.*⟩ || NB: aber: *Er macht das halb amtlich, halb privat* (getrennt geschrieben)

Halb·blut *das*; **1** ein Tier (*bes* ein Pferd), dessen Eltern verschiedenen Rassen angehören **2** *mst pej*; (in Bezug auf Menschen) ≈ Mischling

Hal·be *die*; *-n, -n*; *südd gespr*; ein halber Liter Bier || NB: **a)** in Verbindung mit Zahlen ist die Pluralform *Halbe*: *Zwei Halbe, bitte!*; **b)** Genitiv u. Dativ Sg.: *e-r Halben*

Halb|edel·stein *der*; ein Stein, der *mst* als Schmuck verwendet wird, aber nicht so wertvoll wie ein Edelstein ist: *Opale u. Türkise sind Halbedelsteine*

hal·be-hal·be *nur in* **(*mit j-m*) *h. machen*** *gespr*; etw. so mit j-m teilen, dass jeder die Hälfte bekommt

-hal·ben *im Adv, nach Pronomen, nicht produktiv, veraltend* ≈ -wegen; ***deinethalben, dere(n)thalben, dessenthalben, eurethalben, ihrethalben, meinethalben, seinethalben, unser(e)thalben***

hal·ber *Präp*; *mit Gen, nachgestellt, geschr*; verwendet, um den Grund für etw. anzugeben ≈ wegen ⟨der Einfachheit, Ordnung, Vollständigkeit h.⟩

-hal·ber *im Adv, nach Subst, begrenzt produktiv*; verwendet, um e-n Grund für etw. zu nennen; ***anstandshalber*** ⟨sich entschuldigen⟩, ***ehrenhalber, gesundheitshalber, interessehalber*** ⟨etw. wissen wollen⟩, ***krankheitshalber, ordnungshalber, sicherheitshalber, spaßeshalber, umständehalber*** ⟨ein Geschäft schließen müssen⟩, ***vorsichtshalber***

halb·fett *Adj*; **1** mit relativ wenig Fettanteil ⟨*mst* ein Käse⟩ **2** in dickerer Schrift als die Normalschrift ⟨ein Buchstabe; etw. h. drucken⟩

Halb·fi·na·le *das*; *Sport*; die Runde e-s Wettkampfs, deren Sieger ins Finale kommen

Halb·gott *der*; **1** (in der Mythologie) ein Wesen, das halb Mensch, halb Gott ist **2** *iron*; j-d, der sehr stark u. kritiklos verehrt wird ≈ Abgott **3** ***ein H. in Weiß*** *iron*; ein (Chef)Arzt (im Krankenhaus)

Halb·hei·ten *die*; *Pl*; Dinge, die nicht fertig geworden sind od. die nicht das gewünschte Resultat gebracht haben ⟨sich nicht mit H. zufrieden geben⟩

halb·her·zig *Adj*; ohne wirkliche Überzeugung u. Interesse ⟨ein Versuch, e-e Antwort, ein Lächeln⟩ || *hierzu* **Halb·her·zig·keit** *die*; *nur Sg*

halb·hoch *Adj*; mit e-r Höhe, die weder hoch noch niedrig ist ≈ mittelhoch ⟨ein Schrank, ein Tisch⟩

hal·bie·ren; *halbierte, hat halbiert*; [Vt] **1** ***etw. h.*** etw. in zwei Hälften teilen: *e-e Melone mit e-m Messer h.*; *e-e Strecke mit dem Zirkel h.* **2** ***etw. h.*** etw. auf die Hälfte reduzieren ↔ verdoppeln: *Wir können den Arbeitsaufwand h., wenn wir e-n Computer verwenden* || *hierzu* **Hal·bie·rung** *die*

Halb·in·sel *die*; ein Stück Land, das auf drei Seiten von Wasser umgeben ist: *Italien ist e-e H.*; *die iberische H.* (*Spanien u. Portugal*)

Halb·jah·res|zeug·nis *das*; ein Zeugnis, das ein Schüler nach der ersten Hälfte des Schuljahres bekommt

halb·lang *Adj*; weder lang noch kurz ⟨Haare, ein Rock⟩ || ID **(*Nun*) *mach / machs* (*aber*) *mal h.!*** *gespr*; übertreib nicht so

Halb·lei·ter *der*; *Phys*; ein Stoff, dessen elektrische Leitfähigkeit mit steigender Temperatur sehr stark zunimmt

halb·mast *Adv*; **(*auf*) *h.*** (in Bezug auf Fahnen) so, dass sie auf halber Höhe des Mastes wehen (*mst* als Zeichen der Trauer) ⟨e-e Fahne (auf) h. setzen; e-e Fahne steht, weht (auf) h.⟩

Halb·mes·ser *der*; *-s, -*; der halbe Durchmesser e-s Kreises ≈ Radius

Halb·pen·si·on *die*; *nur Sg*; das Wohnen u. Essen (Frühstück u. eine warme Mahlzeit) in e-m Hotel *o.Ä.* ⟨H. buchen, haben, nehmen; ein Zimmer mit H.⟩ || NB: ↑ ***Vollpension***

Halb·schuh *der*; ein *mst* leichter u. geschlossener Schuh, der den Knöchel nicht bedeckt ↔ Stiefel, Sandale || ↑ *Abb. unter* ***Schuhe***

Halb·schwes·ter *die*; e-e Schwester, mit der man nur einen gemeinsamen Elternteil hat ≈ Stiefschwester

halb·sei·den *Adj*; *gespr pej*; moralisch zweifelhaft u. nicht seriös ⟨ein Publikum, ein Lokal, ein Milieu⟩

halb·sei·tig *Adj*; **1** *nur attr od adv*; e-e halbe Seite lang ⟨ein Artikel, ein Bericht⟩ **2** so, dass die linke od. die rechte Seite des menschlichen Körpers betroffen ist ⟨e-e Lähmung; h. gelähmt sein⟩

Halb·star·ke *der*; *-n, -n*; *pej*; (*mst* verwendet von älteren Personen) ein Jugendlicher, der sich *bes* in der Gruppe stark fühlt u. sich oft respektlos benimmt || NB: *ein Halbstarker*; *der Halbstarke*; *den, dem, des Halbstarken*

halb·tags *Adv*; halb so viele (Arbeits)Stunden wie üblich od. gesetzlich festgelegt ≈ halbtägig ↔ ganztags ⟨h. arbeiten, beschäftigt sein⟩: *Die Ausstellung ist zurzeit nur h. geöffnet* || K-: ***Halbtags-, -arbeit, -job, -stelle, -tätigkeit***

Halb·ton *der*; *Mus*; der kleinste Abstand zwischen zwei Tönen od. der dazugehörige Ton: *Das Fis ist der H. zwischen dem F u. dem G*

Halb·wai·se *die*; ein Kind, dessen Vater od. Mutter tot ist || NB: ↑ ***Waise, Vollwaise***

halb·wegs *Adv*; *gespr*; so, dass man gerade noch zufrieden sein kann ≈ einigermaßen, mehr od. weniger: *Kannst du nicht einmal h. höflich sein!*

Halb·welt *die*; *nur Sg*; ein gesellschaftliches Milieu von Menschen, die elegant wirken, aber keinen guten Ruf haben

Halb·werts|zeit *die*; *Phys*; der Zeitraum, in dem ein radioaktiver Stoff zur Hälfte zerfällt ⟨etw. hat e-e kurze, lange H.⟩

halb·wüch·sig *Adj*; *nicht adv*; noch nicht erwachsen ⟨ein Kind, ein Junge, ein Mädchen⟩

Halb·zeit *die*; *Sport*; **1** (*bes* beim Fußball) die Pause zwischen den beiden Hälften e-s Spiels: *Zur H. steht es null zu null* **2** eine der beiden Spielhälften e-s Fußballspiels *o.Ä.* ⟨die erste, zweite H.⟩

Hal·de *die*; -, *-n*; e-e große Menge von Abfall, Kies, Kohle *usw*, die die Form e-s Hügels hat ⟨etw. zu e-r H. aufschütten, e-e H. abräumen⟩ || -K: ***Müll-, Schutt-***

half *Imperfekt, 1. u. 3. Person Sg*; ↑ ***helfen***

häl·fe *Konjunktiv II, 1. u. 3. Person Sg*; ↑ ***helfen***

Hälf·te *die*; -, *-n*; **1** einer von zwei gleich großen Teilen von etw. ⟨die H. e-s Betrags, e-r Fläche, e-r Größe, e-r Menge, e-r Zeit *usw*; j-d hat, etw. hat / ist um die H. mehr, weniger⟩: *Schneide den Apfel in der Mitte durch u. gib mir die H.* **2** einer von zwei Teilen e-s Ganzen ⟨die größere, kleinere H.; gut (= mehr als) die H.⟩ **3** ***zur H.*** (nur) zu 50 Prozent ≈ halb: *e-e Arbeit zur H. erledigen*; *Schulden zur H. bezahlen* || ID ***j-s bessere H.*** *gespr hum*; j-s Ehepartner

Half·ter *das, der*; *-s*, -; **1** die Seile oder Lederriemen (ohne Gebiss), die man *mst* e-m Pferd um den Kopf legt, um es zu führen ⟨ein Tier am H. führen, nehmen; e-m Tier ein H. umlegen, abnehmen⟩ || ↑ *Abb. unter* ***Pferd*** || -K: ***Pferde-*** **2** e-e Tasche für e-e Pistole, die an e-m Gurt befestigt ist || -K: ***Pistolen-, Schulter-***

half·tern; *halfterte, hat gehalftert*; Vt ***ein Tier h.*** e-m Tier ein Halfter (1) umlegen ↔ abhalftern

Hall *der*; *-(e)s*; *nur Sg*; ein dumpfes, schwingendes Geräusch ⟨der H. von Schritten, Tritten, Stimmen⟩

Hal·le *die*; -, *-n*; **1** ein großes, lang gestrecktes Gebäude, das *mst* nur einen hohen u. weiten Raum hat ⟨e-e große, lange H.⟩: *die Hallen e-r Fabrik, e-s Flughafens, e-s Messegeländes* || K-: ***Hallen-, -(schwimm)bad, -fußball, -handball, -turnier*** || -K: ***Ausstellungs-, Bahnhofs-, Fabrik-, Flugzeug-, Kongress-, Kühl-, Lager-, Markt-, Schwimm-, Sport-, Turn-, Wartungs-*** **2** ein großer Raum gleich hinter dem Eingang e-s Hotels, e-s großen repräsentativen Hauses *o.Ä.* || -K: ***Eingangs-, Empfangs-, Hotel-***

hal·le·lu·ja! *Interjektion*; *Rel*; verwendet, um (im Gottesdienst) Gott zu loben u. zu preisen

hal·len; *hallte, hat gehallt*; Vi **1** ***etw. hallt*** etw. klingt so wie in e-m großen, leeren Raum ⟨etw. hallt laut, unheimlich⟩: *Ihre Schritte hallten in dem weiten Korridor* **2** ***etw. hallt*** etw. gibt Geräuschen einen hallenden (1) Klang, ruft ein Echo hervor ⟨ein Raum, ein Saal⟩ **3** ***etw. hallt*** *geschr*; etw. ist laut zu hören ≈ etw. schallt: *Ein Schrei, ein Schuss hallt durch die Nacht*

hal·li hal·lo! *Interjektion*; *gespr hum* ≈ hallo (2)

Hal·lig *die*; -, *-en* [-lɪgn]; e-e kleine Insel aus der Inselgruppe (der Halligen) vor der deutschen Nordseeküste

hal·lo! *Interjektion*; **1** verwendet, um j-s Aufmerksamkeit auf sich zu lenken: *H., hören Sie mich?* **2** (*bes* von jüngeren Leuten) verwendet als saloppe Form der Begrüßung **3** verwendet, um sich am Telefon zu melden, wenn man angerufen wird **4** (*oft* ***hallo***) verwendet, um auszudrücken, dass man (angenehm) überrascht ist: *H., was seh ich denn da!*

Hal·lo *das*; *-s, -s*; *gespr*; lautes, fröhliches Rufen: *War das ein H.!*; *Wir wurden mit großem H. begrüßt*

Hal·lu·zi·na·ti·on [-'tsi̯oːn] *die*; -, *-en*; etw., das man zu sehen od. hören glaubt, das aber nicht da ist ≈ Sinnestäuschung ⟨Halluzinationen haben, an / unter Halluzinationen leiden⟩

Halm *der*; *-(e)s, -e*; der (*mst* hohle) Stängel von Gräsern u. Getreide: *Die Halme im Weizenfeld biegen sich im Wind* || -K: ***Getreide-, Gras-***

Ha·lo·gen *das*; *-s, -e*; *Chem*; ein Element, das ohne Sauerstoff mit Metallen Salz bildet: *Brom u. Chlor gehören zu den Halogenen*

Ha·lo·gen- *im Subst, wenig produktiv*; verwendet für Lampen, die sehr hell sind u. Halogene u. Edelgase enthalten; die ***Halogenlampe***, der ***Halogenscheinwerfer***, der ***Halogenstrahler***

Hals *der*; *-es, Häl·se*; **1** (beim Menschen u. bei vielen Wirbeltieren) der schmale Teil des Körpers zwischen Kopf u. Schultern ⟨den H. beugen, strecken, (ver)drehen; ein Tuch um den H. binden, legen; j-n am H. packen, würgen; sich (*Dat*) den H. verrenken, brechen; sich bis zum / bis an den H. zudecken⟩: *Giraffen haben e-n langen, schlanken H.* || ↑ *Abb. unter* ***Mensch, Kopf*** || K-: ***Hals-, -kette, -schlagader, -tuch, -wirbel*** || *zu* ***Halswirbel*** ↑ *Abb. unter* ***Skelett*** **2** der H. (1) als Organ, durch das Luft u. Nahrung in den Körper gelangen u. in dem die Laute gebildet werden ≈ Kehle, Rachen ⟨e-n entzündeten, rauen, trockenen, wunden H. haben; j-m tut der H. weh; j-m bleibt etw. im H. stecken⟩: *Der Arzt schaute ihr in den H. u. stellte fest, dass die Mandeln entzündet waren* || K-: ***Hals-, -entzündung, -schmerzen, -weh*** **3** die Stelle in der Nähe der Öffnung, an der ein Gefäß, ein hohler Körper od. ein Organ schmal ist ⟨der H. e-r Flasche, e-r Vase⟩ || -K: ***Flaschen-, Gebärmutter-*** **4** ein langer, schmaler Teil e-s Musikinstruments, auf dem die Saiten (u. das Griffbrett) sind ⟨der H. e-r Geige, e-r Gitarre⟩ || ID ***aus vollem Hals(e)*** ⟨rufen, schreien, singen⟩ ≈ laut (rufen *usw*); ***j-m um den H. fallen*** j-n plötzlich u. heftig umarmen; ***e-n langen H. machen / kriegen*** sich strecken, um besser sehen zu können; ***etw. in den falschen H. bekommen / kriegen*** *gespr*; **a)** sich verschlucken; **b)** etw. falsch verstehen u. zu Unrecht gekränkt sein; ***den H. nicht voll kriegen / nicht voll genug kriegen (können)*** *gespr, mst pej*; immer noch mehr von etw. haben wollen, obwohl man schon viel davon hat; ***etw. hängt j-m zum H. (he)raus*** *gespr*; j-d hat genug von etw., findet etw. nur noch lästig ≈ j-d ist etw. (*Gen*) überdrüssig; ***bis an den / bis über den / bis zum H. in etw.*** (*Dat*) ***stecken*** *gespr*; Probleme haben, weil man sehr / zu viel von etw. hat ⟨bis zum H. in Arbeit, in Schulden, in Schwierigkeiten stecken⟩; ***H. über Kopf*** (zu) plötzlich ≈ überstürzt; ***etw. bricht j-m den H.***; ***etw. kostet j-n / j-m den H.*** *gespr*; ein Ereignis od. e-e (leichtsinnige) Handlung ruiniert j-n, kostet j-n seine Karriere *o.Ä.*; ***sich j-m an den H. werfen*** *gespr pej*; **a)** sich j-m aufdrängen, sich bei j-m anbiedern; **b)** j-m deutlich zeigen, dass man sexuelles Interesse an ihm hat; ***sich*** (*Dat*) ***j-n / etw. auf den H. laden*** *gespr*; sich um j-n kümmern, der einem immer lästiger wird / e-e lästige Verpflichtung auf sich nehmen; ***j-n / etw. auf dem / am H. haben*** *gespr*; etw. (für j-n) tun müssen, was lästig ist; ***j-m / sich j-n / etw. vom Hals(e) halten*** *gespr*; verhindern, dass j-d / man mit etw. / von j-m belästigt wird; ***j-m / sich j-n / etw. vom Hals(e) schaffen*** *gespr*; j-n / sich von j-m / etw. Lästigem befreien; ***j-m mit etw. vom Hals(e) bleiben*** *gespr*; j-n nicht mit etw. belästigen; ***j-m j-n auf den H. het-***

zen *gespr*; j-n bei j-m (*mst* e-r staatlichen Institution) denunzieren, sodass er verfolgt u. bestraft wird ⟨j-m die Polizei, die Steuerfahndung auf den H. hetzen⟩; ***den / seinen H. aus der Schlinge ziehen*** e-n Ausweg aus e-r gefährlichen Situation finden

Hals·ab·schnei·der *der*; *-s, -*; *gespr pej* ≈ Wucherer || *hierzu* **hals·ab·schnei·de·risch** *Adj*

Hals·band *das*; ein Band, das man *mst* e-m Hund um den Hals bindet, um daran e-e Leine zu befestigen ⟨e-m Tier ein H. anlegen, abnehmen⟩

hals·bre·che·risch *Adj*; so gefährlich, dass man Glück hat, wenn man sich nicht verletzt ≈ lebensgefährlich ⟨ein Tempo⟩: *Sie machte e-e halsbrecherische Tour durch das Hochgebirge*

Hals-Na·sen-Oh·ren·arzt *der*; ein Arzt, der sich auf die Behandlung von Krankheiten des Halses, der Nase u. der Ohren spezialisiert hat; *Abk* HNO-Arzt

hals·star·rig *Adj*; *pej*; überhaupt nicht bereit, seine Meinung od. seinen Willen zu ändern ≈ eigensinnig, stur ↔ nachgiebig || *hierzu* **Hals·star·rig·keit** *die*; *nur Sg*

Hals- und Bein·bruch *gespr hum*; (als Formel) verwendet, um j-m für e-e *mst* gefährliche Aktion Glück zu wünschen: *„Hals- und Beinbruch bei eurer Kletterpartie!"*

halt[1] *Partikel*; *unbetont*, *südd* Ⓐ Ⓒⓗ *gespr*; **1** verwendet, um zu betonen, dass an e-r Tatsache nichts geändert werden kann ≈ eben, nun mal: *So ist das h. im Leben*; *„Ist das kalt heute!" - „Na ja, es wird h. Winter"* **2** verwendet, um e-e Aufforderung zu verstärken: *Fahr h. mit dem Bus, das geht schneller!*; *Ruh dich h. aus, wenn du müde bist!*

halt![2] *Interjektion*; verwendet, um j-n aufzufordern, nicht weiterzugehen, etw. nicht zu tun od. e-e Tätigkeit zu beenden / zu unterbrechen: *H.! Hier können sie nicht durch*; *H.! Bleiben Sie stehen!*

Halt[1] *der*; *-(e)s*; *nur Sg*; **1** etw., das verhindert, dass man / etw. fällt, von irgendwo abrutscht *usw* ⟨ein fester, sicherer H.; irgendwo H. suchen, (keinen) H. finden / haben, den H. verlieren; etw. gibt j-m / etw. H.⟩: *Zum Bergsteigen braucht man feste Schuhe, in Sandalen hat man nicht genügend H.* **2** e-e Person od. Sache, die j-m hilft, der unsicher wird od. verzweifelt ≈ Stütze ⟨ein innerer, moralischer, sittlicher H.; j-m ein H. sein, j-m (e-n) H. geben; etw. nimmt j-m den H.⟩

Halt[2] *der*; *-(e)s, -e / -s*; *mst Sg*; **1** *geschr*; das Anhalten, Unterbrechen e-r Bewegung od. Tätigkeit ≈ Stopp: *Sie fuhren ohne H. durch bis ans Ziel* **2** ≈ Haltepunkt, Haltestelle: *Am nächsten H. müssen Sie aussteigen* **3** *geschr* ≈ Einhalt ⟨j-m / etw. H. gebieten⟩

> **Halt ma·chen**; *machte Halt, hat Halt gemacht*; [Vi] **1** (*bes* beim Gehen, Wandern, Fahren *o.Ä.*) die Bewegung unterbrechen u. e-e Pause machen ≈ Rast machen: *Auf halbem Weg zum Gipfel machen wir Halt, um uns auszuruhen* **2** ***vor j-m / etw. nicht H. m.***; ***vor nichts*** (***u. niemandem***) ***H. m.*** keine Skrupel haben u. niemanden / nichts mit etw. Negativem od. Schädlichem verschonen ↔ vor j-m / etw. zurückschrecken: *Sie machten mit ihrer Zerstörungswut nicht einmal vor Kirchen u. Klöstern Halt*

hält *Präsens, 3. Person Sg*; ↑ ***halten***

halt·bar *Adj*; *nicht adv*; **1** (von Lebensmitteln) so, dass sie lange Zeit gegessen werden können ↔ leicht verderblich ⟨etw. ist lange, nur kurz h.; etw. h. machen⟩: *Durch Konservierung werden Lebensmittel länger h.* **2** lange Zeit fest u. stabil ≈ strapazierfähig ⟨e-e Frisur, Schuhe, e-e Verbindung⟩ **3** ⟨e-e Theorie, e-e These⟩ so, dass man sie beibehalten kann u. sie nicht aufgeben od. ändern muss ↔ unhaltbar: *Seine altmodischen Ansichten über Frauen sind wirklich nicht mehr h.* || NB: *mst* verneint || *hierzu* **Halt·bar·keit** *die*; *nur Sg*

Halt·bar·keits·da·tum *das*; *nur Sg*; der Zeitpunkt, bis zu dem garantiert ist, dass ein Lebensmittel gut ist ≈ Verfallsdatum ⟨etw. hat das H. überschritten⟩

hal·ten; *hält, hielt, hat gehalten*; [Vt] **1** ***j-n / etw. h.*** bewirken, dass e-e Person od. Sache irgendwo ist / bleibt, indem man sie *mst* mit der Hand fasst u. nicht loslässt ≈ festhalten ⟨etw. in der Hand, in seinen Händen, mit beiden Händen, in / mit den Zähnen, mit e-r Zange h.; j-n an / bei der Hand, am Arm, im Arm, in seinen Armen h.⟩: *(j-m) die Leiter h.*; *Haltet den Dieb!*; *Hältst du bitte mal den Koffer. Ich muss nach dem Schlüssel suchen* **2** ***etw. irgendwohin h.*** etw. in e-e bestimmte Position, an e-e bestimmte Stelle bringen: *die Hand an / vor den Mund h.*; *e-n Schirm über den Kopf h.* **3** ***etw. hält etw.*** (***irgendwo***) etw. bewirkt, dass etw. irgendwo (befestigt) bleibt: *Der Nagel hält das Bild an der Wand* **4** ***j-d / etw. hält j-n*** (***irgendwo***) j-d / etw. bewegt od. veranlasst j-n dazu, irgendwo zu bleiben: *Was hält dich noch in dieser Firma, wenn dir die Arbeit gar nicht gefällt?* **5** ***etw. h.*** etw. nicht ändern ≈ beibehalten ⟨den Kurs, das Tempo, den Ton h.; e-e Theorie, e-e These nicht h. können⟩ **6** ***etw. h.*** etw. nicht beenden, stören od. unterbrechen ≈ wahren ⟨Diät, Disziplin, Frieden, Ordnung, Ruhe h.⟩ **7** ***etw. hält etw.*** etw. bewirkt, dass etw. bestehen bleibt: *Der Ofen hält die Hitze lange* **8** *mst* ***j-d kann etw.*** (***nicht***) ***h.*** j-d kann e-n Betrieb *o.Ä.* vor dem Bankrott (nicht) retten: *Er konnte den Betrieb nicht mehr h.* **9** ***j-n / etw. irgendwie h.*** bewirken, dass j-d / etw. in e-m bestimmten Zustand bleibt: *das Essen warm h.*; *j-n bei Laune, am Leben h.*; *etw. in Gang, in Ordnung h.* **10** ***etw. h.*** *Sport*; als Torwart verhindern, dass der Ball ins Tor gelangt ⟨den Ball, e-n Elfmeter, e-n Freiwurf h.⟩ **11** ***etw. h.*** *Mil*; etw. erfolgreich verteidigen ⟨e-e Festung, e-e Stadt, e-e Stellung h.⟩ **12** ***etw. h.*** *Sport*; etw. nicht an andere abgeben müssen ⟨die Führung, e-n Rekord h.⟩ **13** ***etw. h.*** das tun, was man versprochen hat ⟨*mst* ein Versprechen, (sein) Wort h.⟩ **14** ***etw. h.*** etw. (das man vorbereitet hat) vor e-m Publikum sagen ⟨e-e Predigt, e-e Rede, ein Referat, e-e Unterrichtsstunde, e-n Vortrag h.⟩ **15** *mst* ***das Wasser nicht mehr h. können*** nicht mehr verhindern können, dass Urin aus der Blase (3) fließt **16** (***sich*** (*Dat*)) ***ein Tier h.*** ein Tier besitzen od. haben: *(sich) e-e Katze, Kühe, Schweine h.*; *ein Pferd im Sommer auf der Koppel u. im Winter im Stall h.* **17** ***sich*** (*Dat*) ***j-n h.*** *oft pej*; **a)** j-n (in seinem Haushalt) beschäftigen: *sich e-n Butler, ein Hausmädchen h.*; **b)** neben dem Ehepartner e-n anderen Sexualpartner haben (u. diesen finanziell unterstützen): *Er hält sich e-e Freundin / Geliebte* **18** ***etw. irgendwie h.*** etw. in e-r bestimmten Weise gestalten: *ein Zimmer ganz in Grün h.*; *Das Referat war zu allgemein gehalten* || NB: *mst* im Zustandspassiv! **19** ***j-n / sich / etw. für etw. h.*** e-e bestimmte Ansicht über j-n / sich / etw. haben, die falsch od. noch nicht bestätigt ist: *Falschgeld für echt(es Geld) h.*; *j-n für mutig, sich für e-n Helden h.* **20** ***j-n / etw. für j-n / etw. h.*** zwei Dinge od. Personen miteinander verwechseln: *Wegen ihrer kurzen Haare u. ihrer Kleidung hielt ich sie zuerst für e-n Mann* **21** (***et***)***was / viel / nichts von j-m / etw. h.*** e-e bestimmte / e-e gute / e-e schlechte Meinung von j-m / etw. haben: *Was hältst du von der Idee?*; *Der Chef hielt nicht viel von seinem Stellvertreter* **22** *Subst* + ***h.*** verwendet, um ein Verb zu umschreiben; ***nach j-m / etw. Ausschau h.*** ≈ nach j-m / etw. ausschauen; ***e-n Mittagsschlaf h.*** ≈ mittags schlafen; ***Unterricht h.*** ≈ unterrichten; ***Wache h.*** ≈ wachen; Vi **23** mit e-r Fortbewegung aufhören ≈ anhalten, stehen bleiben: *Der Zug hält (in fünf Minuten am Bahnhof)* **24** ***etw. hält*** etw. wird durch Belastungen nicht zerstört ⟨e-e Ehe, e-e Freundschaft⟩ **25** ***etw. hält*** etw. geht nicht auseinander ⟨ein Knoten, e-e Naht⟩ **26** ***etw. hält*** etw. bleibt in e-m guten Zustand ⟨Blumen, e-e Frisur, Lebensmittel⟩: *Das Wetter wird nicht h. - Es sieht nach Regen aus* **27** ***zu j-m h.*** j-n in e-r Auseinandersetzung, e-r unangenehmen Situation unterstützen ≈ j-m beistehen: *Ihr Mann hält zu ihr, was auch geschieht* **28** ***es mit j-m h.*** nach j-s Vorbild handeln: *Sie hält es mit ihrem Vater, der immer sagte: „Spare in der Zeit, dann hast du in der Not"* **29** ***es irgendwie (mit etw.) h.*** e-e bestimmte Einstellung zu etw. (Problematischem) haben (u. sich danach richten): *Wie haltet ihr es mit der neuen Regelung?* **30** ***gehalten sein*** + ***zu*** + *Infinitiv geschr*; den Befehl bekommen haben, etw. zu tun ≈ zu etw. angehalten sein: *Die Schüler sind gehalten, mit Füllhalter zu schreiben* **31** ***nicht zu h. sein*** von etw. nicht abgehalten werden können ≈ nicht zu bremsen sein: *Wenn er hört, dass j-d e-e Party gibt, ist er nicht (mehr) zu h.* **32** ***auf etw.*** (*Akk*) ***h.*** Wert auf etw. legen ≈ auf etw. (*Akk*) bedacht sein: *Er hält viel auf Höflichkeit* **33** ***auf sich*** (*Akk*) ***h.*** darauf achten, dass man gut gekleidet ist, e-n guten Ruf hat: *Wer auf sich hält, verkehrt nicht in zwielichtigen Lokalen* **34** ***irgendwie h.; auf j-n / etw. h.*** (mit e-r Waffe) auf j-n / etw. zielen ⟨zu hoch, zu niedrig h.; auf j-s Herz h.⟩ **35** ***irgendwohin h.*** *Seefahrt*; in e-e bestimmte Richtung fahren: *landwärts, ostwärts, nach Süden, auf die Küste h.* **36** ***'an sich*** (*Akk*) ***h.*** (***müssen***) ≈ sich beherrschen, sich zusammenreißen (müssen): *Ich musste an mich h., um nicht laut loszulachen / zu schreien*; Vr **37** ***j-d / etw. hält sich*** j-d / etw. bleibt in e-m (guten) Zustand ⟨Blumen, Lebensmittel, das Wetter⟩: *Er hat sich gut gehalten. - Man sieht ihm sein Alter nicht an* **38** ***sich (irgendwo) h.*** (***können***) das Gleichgewicht bewahren (können): *sich auf e-m bockenden Pferd h. (können)* **39** ***sich h. können*** seine Position behalten können: *sich als Parteivorsitzender h. können; Die Armee konnte sich nicht mehr h.* **40** ***sich irgendwo h.*** e-e Position einnehmen, an e-r Stelle bleiben ⟨sich abseits, neben j-m, in sicherer Entfernung, in der Mitte, dicht hinter j-m h.⟩ **41** ***sich irgendwo(hin) h.*** e-e bestimmte Richtung einschlagen ⟨sich rechts, links, nach Norden, nördlich h.⟩ **42** ***sich irgendwie h.*** e-e bestimmte Körperhaltung haben ⟨sich aufrecht, gerade, gut, krumm, schief h.⟩ **43** ***sich irgendwie h.*** ≈ bei etw. gut, schlecht *usw* sein: *sich in e-m Kampf, beim Wettkampf wacker, in e-r Diskussion gut, in e-r Prüfung schlecht h.* **44** ***sich an etw.*** (*Akk*) ***h.*** sich nach etw. richten, nicht von etw. abweichen ⟨sich an e-e Abmachung, ein Gesetz, die Regeln, die Tatsachen, e-n Vertrag, e-e Vorlage, die Wahrheit h.⟩: *Der Film hält sich eng an den gleichnamigen Roman* **45** ***sich an j-n h.*** **a)** in e-r Angelegenheit mit j-m sprechen, der zuständig ist ≈ sich an j-n wenden: *Bei Beschwerden halten Sie sich bitte an den Geschäftsführer*; **b)** mit j-m Kontakt pflegen, bei ihm Rat suchen, weil man ihm vertraut: *Halte dich nur an mich, wenn es Probleme gibt!*

Hal·te·punkt *der*; e-e Haltestelle (*bes* an e-r Bahnlinie)

Hal·ter[1] *der*; *-s, -*; e-e Konstruktion, mit der man etw. stützt od. an e-r bestimmten Stelle befestigt: *Der Radrennfahrer nahm die Trinkflasche aus dem H. u. trank e-n Schluck* || -K: ***Flaschen-, Handtuch-, Kerzen-, Socken-, Strumpf-***

Hal·ter[2] *der*; *-s, -*; ***der H.*** + *Gen* / ***von etw.*** *Admin* ≈ Eigentümer, Besitzer: *der H. des Fahrzeugs; die Halter von Hunden* || -K: ***Fahrzeug-, Hunde-, Katzen-, Pferde-, Schweine-, Tier-*** || *hierzu* **Hal·te·rin** *die*; *-, -nen*

Hal·te·rung *die*; *-, -en*; e-e Konstruktion, die als Halter[1] für etw. dient ⟨etw. aus der H. nehmen, in die H. hängen⟩

Hal·te·stel·le *die*; die Stelle, an der Busse u. Bahnen (regelmäßig) stehen bleiben, damit man ein- od. aussteigen kann ≈ Halt[2] (2), Station || -K: ***Bus-, Straßenbahn-, S-Bahn-, U-Bahn-***

Hal·te·ver·bot *das*; *nur Sg*; **1** ein Bereich, in dem man mit dem Auto nicht stehen bleiben darf ⟨absolutes, eingeschränktes H.; im H. stehen⟩ **2** das Verbot, im H. (1) stehen zu bleiben: *In unserer Straße besteht auf beiden Seiten H.* || K-: ***Halteverbots-, -schild***

-hal·tig *im Adj, sehr produktiv, nicht adv*; so, dass die genannte Substanz darin enthalten ist; ***eisenhaltig, goldhaltig, nikotinhaltig, sauerstoffhaltig, zuckerhaltig***

halt·los *Adj*; *ohne Steigerung*; **1** *nicht adv*; ohne jeden sachlichen Grund ≈ unbegründet, gegenstandslos ⟨ein Gerücht, e-e Anklage, e-e Behauptung, e-e Anschuldigung *o.Ä.*⟩ **2** ohne psychische u. moralische Festigkeit ≈ labil: *Seit dem Tod ihrer Eltern ist sie völlig h.* || *hierzu* **Halt·lo·sig·keit** *die*; *nur Sg*

Hal·tung *die*; *-, -en*; **1** *nur Sg*; die Art, wie j-d steht od. seinen Körper (beim Gehen, Sport *o.Ä.*) bewegt od. hält ≈ Stellung (1) ⟨e-e gute, schlechte, aufrechte H. haben; e-e gebückte H. einnehmen⟩: *Weil er so e-e schlechte H. hat, macht er jeden Tag zehn Minuten Gymnastik* || K-: ***Haltungs-, -fehler, -schaden*** || -K: ***Arm-, Bein-, Kopf-, Körper-*** **2** *mst Sg*; ***die H. (zu / gegenüber j-m / etw.)*** die individuelle Art u. Weise, wie j-d denkt, seine Umwelt betrachtet u. sich ihr gegenüber verhält ≈ Einstellung, Anschauung ⟨e-e konservative, progressive, fortschrittliche, autoritäre, liberale, ablehnende, feindliche H. haben⟩: *die zögernde H. der Regierung zu den Problemen der Luftverschmutzung* || -K: ***Abwehr-; Geistes-*** **3** *nur Sg*; ***die H.*** (+ *Gen* / ***von etw.*** (*Pl*)) das Halten (15) von Tieren: *In diesem Haus ist die H. von Hunden verboten* || -K: ***Haustier-, Geflügel-, Hunde-***

Ha·lun·ke *der*; *-n, -n*; *oft hum*; ein Mann, der Tricks anwendet u. andere betrügt ≈ Schurke, Gauner || NB: *der Halunke; den, dem, des Halunken*

Ham·bur·ger *der*; *-s, -*; **1** j-d, der in der Stadt Hamburg wohnt od. dort geboren ist ⟨ein gebürtiger, waschechter (= typischer) H.⟩ **2** [*auch* 'hɛmbœɐ̯gɐ] ein weiches Brötchen, das mit gebratenem Hackfleisch belegt ist (u. *mst* mit Ketschup gegessen wird)

hä·misch *Adj*; voller Freude darüber, dass j-m etw. Unangenehmes od. Schlimmes passiert ist ≈ boshaft, schadenfroh ⟨ein Grinsen, Blicke, Bemerkungen *o.Ä.*; h. grinsen; sich h. über etw. (*Akk*) freuen⟩

Ham·mel *der*; *-s, -*; **1** ein kastriertes männliches Schaf || K-: ***Hammel-, -herde*** **2** *nur Sg*; das Fleisch des Hammels (1), das man isst || K-: ***Hammel-, -braten, -fleisch, -keule, -kotelett, -spieß*** **3** *gespr pej*; verwendet als Schimpfwort für j-n, den man für sehr dumm od. unverschämt hält

Ham·mer *der*; *-s, Häm·mer*; **1** ein Werkzeug (mit e-m Stiel), mit dem man *bes* Nägel in Bretter od. Wände schlägt || ↑ *Abb. unter* ***Werkzeug*** || K-: ***Hammer-, -stiel*** **2** *Sport*; e-e Kugel aus Metall, die an e-m Draht befestigt ist u. weit geschleudert wird || K-: ***Hammer-, -werfen, -werfer*** **3** *gespr*; ein großer Fehler ≈ Schnitzer ⟨sich einige grobe Hämmer leisten⟩ ‖ ID ***etw. kommt unter den H.*** etw. wird versteigert; ***Das ist*** (***ja***) ***ein H.!*** *gespr*; das ist e-e Unverschämtheit!; ***j-d hat einen H.*** *gespr pej*; j-d tut verrückte Dinge ≈ j-d spinnt

häm·mern; *hämmerte, hat gehämmert*; [Vi] **1** mit dem Hammer (1) mehrere Male schlagen **2** ***irgendwohin h.*** (in kurzen Abständen) mehrere Male kräftig gegen e-e Fläche schlagen (u. ein lautes Geräusch erzeugen) ≈ klopfen, pochen: *Er hämmerte mit den Fäusten gegen die Tür* **3** ***auf etw.*** (*Dat*) ***h.*** ungeschickt u. kräftig (aber *mst* langsam) die Tasten e-s Klaviers od. e-r Schreibmaschine anschlagen ⟨auf dem Klavier, auf e-r Schreibmaschine h.⟩ ‖ *zu* ***Gehämmer*** (***e***) ↑ ***Ge-***

Ham·pel·mann *der*; **1** e-e Art Puppe aus Holz, Karton *o.Ä.*, deren Arme u. Beine sich gleichzeitig nach oben bewegen, wenn man an e-m Faden zieht **2** *gespr pej*; j-d, der keinen eigenen Willen hat u. das tut, was andere wollen ≈ Schwächling

Hams·ter *der*; *-s, -*; ein kleines (Nage)Tier, das in seinen dicken Backen viel Futter sammelt (u. das oft als Haustier gehalten wird)

Hams·ter·kauf *der*; das (panikartige) Kaufen großer Mengen bestimmter Waren (*mst* Lebensmittel) (*bes*, wenn diese knapp od. teuer werden): *Als die Regierung e-e Erhöhung der Preise ankündigte, kam es zu Hamsterkäufen*

hams·tern; *hamsterte, hat gehamstert*; [Vti] (***etw.***) ***h.*** *gespr*; *bes* Lebensmittel in viel größeren Mengen kaufen, als man gerade braucht ≈ horten ⟨Lebensmittel h.; Brot, Mehl, Zucker h.; Zigaretten, Brennholz h.⟩

Hand *die*; *-, Hän·de*; **1** der Körperteil am Ende des Armes, mit dem man *z.B.* nach etw. greift, e-n Gegenstand hält *usw* ⟨die rechte, linke H.; e-e feine, zartgliedrige, grobe H.; feuchte, kalte Hände haben; etw. in die H. nehmen, in der H. halten, aus der H. legen⟩: *sich vor dem Essen die Hände waschen*; *die Hände in die Hosentaschen stecken*; *ein Buch in die H. nehmen u. darin blättern* ‖ K-: ***Hand-, -bürste, -creme, -knochen***; ***Hände-, -trockner*** ‖ -K: ***Frauen-, Kinder-, Männer-*** **2** ***j-m die H. geben*** / ***schütteln*** die rechte H. (1) ausstrecken u. damit die Hand von j-d anderem fassen, sie drücken (u. schütteln), um ihn zu begrüßen ⟨j-m zur Begrüßung, zum Abschied die H. geben / schütteln⟩ **3** ***j-n bei der H. nehmen*** die H. (1) *bes* e-s Kindes fassen, um es zu führen **4** ***etw. zur H. nehmen*** etw. *mst* Kleines mit der H. (1) fassen (um es zu benutzen) **5** ***j-s rechte H.*** der engste u. wichtigste Mitarbeiter e-s Chefs od. Vorgesetzten **6** ***linker H.*** / ***rechter H.*** auf der linken / rechten Seite ≈ links / rechts: *Direkt vor uns haben wir das Rathaus, u. linker H. können Sie die Türme der Frauenkirche sehen* **7** ***unter der H.*** nicht öffentlich od. offiziell ≈ heimlich ⟨etw. unter der H. kaufen, verkaufen, erfahren, weitergeben⟩ **8** ***zu Händen*** (***von***) ***Herrn*** / ***Frau X*** verwendet in Anschriften auf Briefen, um anzuzeigen, für wen (in e-r Institution od. Firma) der Brief ist; *Abk* z.H. / z. Hd.: *An das Finanzamt Wuppertal, z.H. Frau Wagner* **9** *ohne Artikel, nur Sg, Sport*; beim Fußball e-e unerlaubte Berührung des Balles mit der H. (1) ≈ Handspiel: *Der Schiedsrichter entschied auf H. im Strafraum u. gab Elfmeter* ‖ ID ***etw. in die H. nehmen*** die Leitung e-s Projekts od. e-r Arbeit übernehmen (damit sie schneller zu Ende geführt werden); ***j-n in der H. haben*** so viel Macht über j-n haben, dass man über ihn bestimmen kann; ***etw. liegt*** (***klar***) ***auf der H.*** etw. ist deutlich u. gut zu erkennen ≈ etw. ist offensichtlich: *Die Vorteile dieser neuen Methode liegen klar auf der H.*; ***aus erster H.*** **a**) von j-m, der Informationen direkt bekommt, auf die man sich verlassen kann ⟨Nachrichten, Informationen aus erster H.⟩; **b**) vom ersten Besitzer ⟨ein Auto aus erster H.⟩; ***aus zweiter*** / ***dritter*** *usw* ***H.*** **a**) von j-m, der nicht direkt beteiligt war ⟨Nachrichten, Informationen aus zweiter / dritter *usw* H.⟩; **b**) von dem (in e-r Reihenfolge) zweiten / dritten *usw* Besitzer: *Er kaufte sich ein altes Auto aus zweiter H.*; ***sich*** (*Dat*) ***etw. an beiden Händen abzählen können*** leicht erkennen können, wie die Zusammenhänge sind; ***mit leeren Händen*** **a**) ohne ein Geschenk *o.Ä.* mitzubringen; **b**) ohne ein positives Ergebnis erreicht zu haben: *mit leeren Händen von den Verhandlungen zurückkommen*; ***mit vollen Händen*** in zu großen Mengen ≈ verschwenderisch; ***j-m zur H. gehen*** j-m bei e-r Arbeit helfen ≈ j-m behilflich sein; ***etw.*** (***nicht***) ***aus der H. geben*** etw., das man besitzt, (nicht) an andere weitergeben *o.Ä.*, od. e-e Funktion, die man innehat, (nicht) an andere abtreten: *Er ist nicht bereit, wichtige Aufgaben aus der H. zu geben*; ***hinter vorgehaltener H.*** nicht offen od. offiziell ≈ im Geheimen ⟨j-m etw. hinter vorgehaltener H. sagen⟩; ***etw. fällt j-m in die Hände*** etw. kommt (oft durch Zufall) in j-s Besitz ⟨geheime Pläne, Dokumente *o.Ä.* fallen j-m in die Hände⟩; ***j-d fällt j-m in die Hände*** j-d gerät in j-s Gewalt: *Mehrere Soldaten der Regierungstruppen fielen den Feinden in die Hände*; ***etw. geht mit etw. H. in H.*** e-e Entwicklung ist eng mit e-r anderen verbunden ≈ etw. geht mit etw. einher: *E-e höhere Zahl von / an Arbeitslosen geht meistens H. in H. mit sozialer Unruhe*; ***von der H. in den Mund leben*** das wenige Geld, das man bekommt, für Essen u. Trinken, Miete *usw* ausgeben müssen (u. nichts sparen können); ***alle*** / ***beide Hände voll zu tun haben*** *gespr*; sehr viel Arbeit haben; ***in festen Händen sein*** *gespr hum*; e-e feste Beziehung mit e-m Freund od. e-r Freundin haben; ***j-m rutscht die H. aus*** *gespr*; j-d schlägt j-n, gibt ihm e-e Ohrfeige (weil er geärgert od. provoziert wurde); ***j-n an der H. haben*** *gespr*; j-n kennen, der einem in e-r bestimmten Situation helfen kann: *e-n versierten Steuerberater an der H. haben*; ***zwei linke Hände haben*** *gespr*; sehr ungeschickt bei handwerklichen Tätigkeiten sein; ***e-e ruhige*** / ***sichere H. haben*** die Hände geschickt u. ohne Zittern benutzen können; ***e-e sichere*** / ***gute H.*** (***bei etw.***) ***haben*** etw. geschickt tun können: *Sie hat e-e sichere H. bei der Zusammenstellung von Farben*; ***etw. hat H. u. Fuß*** etw. ist gut durchdacht, vorbereitet od. geplant: *Der neue Kollege scheint gut zu sein. - Alles, was er macht, hat H. u. Fuß*; ***die Hände über dem Kopf zusammenschlagen*** *gespr*; sehr erstaunt od. erschrocken sein: *Ihre Mutter schlug die Hände über*

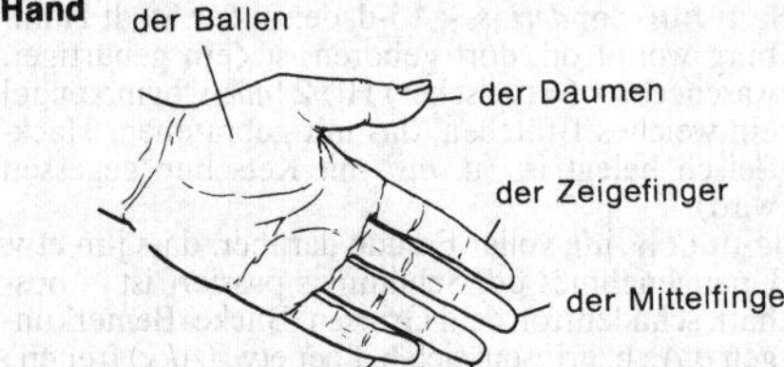

dem Kopf zusammen, als sie ihre neue Frisur sah; ***für j-n / etw. die / seine H. ins Feuer legen*** *gespr*; volles Vertrauen zu j-m haben, von j-s Unschuld überzeugt sein bzw. e-r Sache vollkommen sicher sein: *Manfred hat das Fahrrad nicht gestohlen. - Dafür lege ich die H. ins Feuer*; ***sich mit Händen u. Füßen gegen j-n / etw. wehren*** *gespr*; sich heftig gegen j-n / etw. wehren ≈ sich j-m / etw. widersetzen: *Die Beschäftigten wehrten sich mit Händen u. Füßen gegen die Abschaffung der Gleitzeit in ihrem Betrieb*; ***mit Händen u. Füßen*** mit vielen deutlichen, übertriebenen Gesten ⟨mit Händen u. Füßen reden, etw. mit Händen u. Füßen erklären, beschreiben⟩; ***seine Hände in Unschuld waschen*** *geschr*; beteuern, dass man für etw. nicht verantwortlich ist; ***um j-s H. anhalten*** *veraltend*; (als Mann) e-r Frau e-n Heiratsantrag machen od. die Eltern fragen, ob man ihre Tochter heiraten darf || ► ***anhand***

> **Hand voll** *die*; -, -; ***e-e H. v.*** + *Subst* e-e kleine Menge od. Anzahl ≈ wenig(e): *e-e H. v. Reis*; *Zu der Veranstaltung war(en) nur e-e H. v. Leute gekommen*

Hand·ar·beit *die*; **1** etw., das j-d gestrickt, gehäkelt, gestickt *o.Ä.* hat: *Sie macht gerade e-e H. aus Seide* || K-: ***Handarbeits-, -geschäft, -lehrer(in), -unterricht*** **2** ein Gegenstand, der als einzelnes Stück u. nicht maschinell hergestellt worden ist: *Dieses Paar Schuhe ist e-e echte indianische H.* **3** *nur Sg*; e-e Arbeit, für die man *bes* geschickte Hände braucht (wie *z.B.* beim Schnitzen od. Nähen): *Um e-e Holzfigur zu schnitzen, ist viel H. nötig* || *zu* **1 hand·ar·bei·ten** (*hat*) *Vi*

Hand·ball *der*; **1** *ohne Artikel, nur Sg*; e-e Sportart, bei der zwei Mannschaften versuchen, e-n Ball in das Tor der jeweils anderen Mannschaft zu bringen, wobei der Ball mit der Hand geworfen wird ⟨H. spielen⟩ || K-: ***Handball-, -spiel, -spieler, -turnier*** || -K: ***Feld-, Hallen-*** **2** ein Ball, mit dem man H. (1) spielt

Hand·bal·len *der*; *-s*, -; der dicke Muskel an der Innenseite der Hand unter dem Daumen

Hand·be·sen *der*; ein kleiner Besen mit kurzem Stiel (den man zusammen mit e-r Schaufel verwendet)

Hand·be·we·gung *die*; e-e Bewegung mit der Hand, die *mst* etw. Bestimmtes bedeutet ≈ Geste ⟨e-e H. machen⟩: *Mit e-r H. brachte er alle zum Schweigen*; *e-n Einwand mit e-r verächtlichen H. abtun*

Hand·breit *die*; -, -; die Breite von ungefähr 10 Zentimetern: *ein Kleid e-e H. kürzer machen*

Hand·brem·se *die*; e-e Bremse an e-m Fahrzeug, die man mit der Hand zieht ↔ Fußbremse ⟨die H. ziehen, lösen⟩ || ↑ *Abb. unter* ***Fahrrad***

Hand·buch *das*; ein Buch, das alles Wichtige über ein Gebiet zusammenfasst: *ein H. der Fotografie*

Händ·chen *das*; *-s*, -; **1** e-e kleine Hand **2 *j-d hält mit j-m Händchen***; ⟨ein Paar⟩ ***hält Händchen*** ein (Liebes)Paar hält sich (zärtlich) bei der Hand || *zu* **2 Händ·chen hal·tend** *Adj*; *nur attr od adv*

Hän·de·druck *der*; *nur Sg*; die Geste, bei der zwei Menschen einander die rechte Hand geben (*bes* wenn sie sich begrüßen od. verabschieden) ⟨ein leichter, kräftiger H.⟩: *Sie begrüßte jeden Gast mit e-m herzlichen H.*

Han·del *der*; *-s*; *nur Sg*; **1 *H.*** (***mit etw.***) das Einkaufen u. Verkaufen von Waren ⟨lebhafter, blühender H.; (mit etw.) H. treiben⟩: *Der H. mit Gewürzen floriert / stagniert / geht zurück* || K-: ***Handels-, -abkommen, -beziehungen, -partner, -schiff, -vertrag*** || -K: ***Drogen-, Gewürz-, Pelz-, Rauschgift-, Tabak-, Teppich-*** **2 *der H.*** *Kollekt*; alle Geschäftsleute u. Geschäfte, die mit dem H. (1) zu tun haben ⟨etw. wird aus dem H. gezogen⟩: *Der H. sah sich zu e-r Erhöhung der Preise gezwungen* || -K: ***Buch-*** **3 *etw. ist im H.*** etw. wird zum Verkauf angeboten: *Das Buch, das Sie suchen, ist seit einiger Zeit nicht mehr im H.* || ► ***handeln***[1], ***Händler***

han·deln[1]; *handelte, hat gehandelt*; [Vi] **1 *etw. h.*** etw. auf e-m Markt (od. an der Börse) verkaufen: *Im Sommer werden Tomaten zu viel günstigeren Preisen gehandelt als im Winter* || NB: *mst* im Passiv!; [Vi] **2 *mit etw. h.*** e-e bestimmte Ware einkaufen u. verkaufen: *mit Antiquitäten, Gebrauchtwagen h.* **3** (***mit j-m***) (***um etw.***) ***h.*** (beim Kauf e-r Ware) versuchen, die Ware billiger zu bekommen ≈ um etw. feilschen: *mit e-m Händler um den Preis e-s Teppichs h.*; *In manchen Ländern ist es üblich, beim Kauf bestimmter Waren zu h.*

han·deln[2]; *handelte, hat gehandelt*; [Vi] **1** (***irgendwie***) ***h.*** in e-r bestimmten Situation aktiv werden, sich in der genannten Weise verhalten ⟨fahrlässig, verantwortungslos; eigenmächtig, selbstsüchtig, übereilt, unüberlegt, vorschnell h.⟩: *Als er den Unfall sah, handelte er sofort u. leistete dem Verletzten erste Hilfe*; *Der Angeklagte wurde freigesprochen, da er in Notwehr gehandelt hatte* **2 *etw. handelt von etw.*** etw. hat etw. zum Thema ≈ etw. erzählt von etw., behandelt etw.: *Der Film handelt vom Untergang des Römischen Reiches*; [Vimp] **3** (***bei j-m / etw.***) ***handelt es sich um j-n / etw.*** *geschr*; j-d / etw. ist das, was über ihn / es gesagt wird: *Bei dem Angeklagten handelt es sich um e-n mehrfach vorbestraften Mann*; *Bei diesem Fund handelt es sich um e-e Vase aus dem 3. Jahrhundert* **4 *es handelt sich darum, dass...*** / + ***zu*** + *Infinitiv* es ist wichtig, notwendig, etw. Bestimmtes zu tun ≈ es geht darum, dass… / + zu + Infinitiv: *Es handelt sich darum, den Opfern schnell u. unbürokratisch zu helfen*

Han·dels·aka·de·mie *die*; Ⓐ ein Typ von Schulen in Österreich, die auf e-e Tätigkeit im kaufmännischen Bereich vorbereiten. Die Ausbildung dauert fünf Jahre u. wird mit der Matura abgeschlossen || NB: ↑ ***Handelsschule***

han·dels·ei·nig *Adj*; *mst in* ***j-d ist / wird*** (***sich*** (*Dat*)) ***mit j-m h.***; ⟨Personen⟩ ***sind / werden*** (***sich*** (*Dat*)) ***h.*** zwei od. mehrere Personen haben / finden e-e Basis für ein Geschäft: *Nach langem Hin u. Her wurde er mit seinem Geschäftspartner h.*

Han·dels·klas·se *die*; e-e Kategorie, der Waren je nach ihrer Qualität zugeordnet werden ≈ Güteklasse: *Die großen Eier sind H. I*

Han·dels·schu·le *die*; ein Typ von Schulen in Deutschland, der Schweiz u. in Österreich, die auf e-e Tätigkeit im kaufmännischen Bereich vorbereiten. Die Ausbildung dauert *mst* zwei od. drei Jahre || K-: ***Handelsschul-, -abschluss, -lehrer*** || *hierzu* **Han·dels·schü·ler** *der*; **Han·dels·schü·le·rin** *die*

Han·dels·span·ne *die*; die Differenz zwischen den Preisen, zu denen ein Händler e-e Ware kauft u. wieder verkauft ≈ Verkaufsspanne

han·dels·üb·lich *Adj*; *nicht adv*; so, wie im Handel üblich⟨*mst* e-e Packung, e-e Größe⟩

Han·dels·ver·tre·ter *der*; j-d, der für Firmen Waren an Geschäfte verkauft

hän·de·rin·gend *Adj*; *mst adv*; sehr dringend, verzweifelt ⟨j-n h. um etw. bitten; etw. h. suchen, brauchen⟩

Hand·fe·ger *der*; *-s*, -; ≈ Handbesen

Hand·fer·tig·keit *die*; *mst Sg*; die Fähigkeit, mit den Händen geschickt zu arbeiten

hand·fest *Adj*; *mst attr*; **1** von großer Intensität u.

so, dass man es ernst nehmen muss ⟨e-e Drohung, e-e Auseinandersetzung, ein Streit, ein Krach, ein Skandal⟩ **2** ≈ kräftig, nahrhaft ⟨e-e Mahlzeit; etw. Handfestes essen⟩

Hạnd·flä·che *die*; die ganze innere Seite e-r Hand (1) ↔ Handrücken

Hạnd·ge·lenk *das*; das Gelenk zwischen der Hand u. dem unteren Teil des Arms: *sich bei e-m Sturz das H. verstauchen* || ID ***etw. aus dem H. schütteln, etw. aus dem H.*** (***heraus***) ***tun*** etw. ganz ohne Mühe u. ohne Vorbereitung tun

Hạnd·ge·men·ge *das*; *-s, -*; *mst Sg*; ein Streit zwischen mehreren Personen, bei dem sie sich schlagen ≈ Schlägerei: *Als die Polizei mit Tränengas gegen die Demonstranten vorging, kam es zu e-m H.*

Hạnd·ge·päck *das*; e-e kleine Tasche u. andere Dinge, die man auf Reisen (*bes* im Flugzeug) bei sich behält: *Passagiere dürfen nur ein H. mitnehmen*

hạnd·ge·schrie·ben *Adj*; *nicht adv*; mit der Hand geschrieben ⟨ein Brief, ein Lebenslauf, e-e Bewerbung, ein Testament⟩

Hạnd·gra·na·te *die*; e-e Art kleine Bombe, die man mit der Hand auf ein Ziel wirft, an dem sie explodiert

hạnd·greif·lich *Adj*; **1** (***gegen j-n***) ***h. werden*** j-n körperlich angreifen / beginnen, sich mit j-m zu prügeln ≈ tätlich, gewalttätig werden **2** *mst attr*; konkret u. deutlich ≈ offenkundig ⟨ein Beweis, ein (Miss)Erfolg, e-e Lüge, ein Widerspruch⟩ || *zu* **1 Hạnd·greif·lich·keit** *die*; *mst Pl*

Hạnd·griff *der*; **1** ***etw. ist nur ein H.*** etw. kann ohne Mühe gemacht werden **2** ***mit ein paar Handgriffen*** schnell u. ohne Mühe: *etw. mit ein paar Handgriffen reparieren* **3** ≈ Griff[1] (4)

Hạnd·ha·be *die*; *-*; *nur Sg*; ***e-e H.*** (***zu*** *+ Infinitiv* / ***für etw.***) die Möglichkeit od. gesetzliche Grundlage, auf etw. zu reagieren: *Die Polizei hatte keine gesetzliche H. zu schießen / für den Schusswaffengebrauch*

hạnd·ha·ben; *handhabte, hat gehandhabt*; [Vt] **1 *etw. h.*** ein Werkzeug nehmen u. richtig (sachgerecht) anwenden ≈ mit etw. umgehen ⟨Werkzeuge, Geräte, Maschinen, Instrumente h.; e-n Hammer, e-n Pinsel, e-e Bohrmaschine h.; etw. (un)sachgemäß h.⟩ **2 *etw. irgendwie h.*** (nach e-r Interpretation *o.Ä.*) etw. irgendwie anwenden, praktizieren *o.Ä.* ⟨ein Gesetz, e-e Vorschrift, e-e Regelung, e-e Bestimmung lax, großzügig, kleinlich, übergenau h.⟩ || *hierzu* **Hạnd·ha·bung** *die*; *nur Sg*

Han·di·cap ['hɛndikɛp] *das*; *-s, -s*; ↑ ***Handikap***

-hän·dig *im Adj*, *wenig produktiv*; mit der genannten Hand od. mit der genannten Zahl von Händen; ***beidhändig*** ⟨lenken⟩, ***eigenhändig*** ⟨unterschreiben⟩, ***einhändig, linkshändig, rechtshändig, vierhändig*** ⟨Klavier spielen⟩, ***zweihändig***

Han·di·kap ['hɛndikɛp] *das*; *-s, -s*; etw., das für j-n / etw. e-n (schweren) Nachteil darstellt (auch bei sportlichen Wettkämpfen) || ► ***gehandikapt***

Hạnd·kuss *der*; e-e (heute seltene) Art der Begrüßung, bei der ein Mann mit seinen Lippen die Hand e-r Frau leicht berührt || ID ***etw. mit H. nehmen*** *gespr*; etw. sehr gern u. ohne zu zögern nehmen

Hạnd·lan·ger *der*; *-s, -*; **1** j-d, der für e-n anderen sehr einfache (körperliche) Arbeiten macht ≈ Gehilfe || K-: ***Handlanger-, -arbeiten*** **2** *pej*; j-d, der anderen bei etw. hilft, das moralisch nicht in Ordnung ist ≈ Helfershelfer: *ein H. des Regimes, des Geheimdienstes* || K-: ***Handlanger-, -dienste***

Händ·ler *der*; *-s, -*; **1** j-d, der bestimmte Waren kauft u. wieder verkauft (*mst* als Besitzer e-s kleinen Geschäfts) ≈ Kaufmann || -K: ***Antiquitäten-, Auto-, Blumen-, Buch-, Gemüse-, Kohlen-, Rauschgift-, Vieh-, Wein-, Zeitungs-*** **2 *ein fliegender H.*** j-d, der seine Waren nicht in e-m bestimmten Geschäft verkauft, sondern von Ort zu Ort fährt od. zu Fuß umherzieht ≈ Hausierer || ► ***Handel, handeln***[1]

hạnd·lich *Adj*; (*mst* klein u. einfach gebaut u. deshalb) leicht zu verwenden ⟨e-e Schreibmaschine, e-e Nähmaschine, e-e Bohrmaschine, ein Staubsauger, e-e Kamera *o.Ä.*; e-e Packung, ein Format⟩: *Dieser Koffer ist recht h., weil er schmal ist u. wenig wiegt* || *hierzu* **Hạnd·lich·keit** *die*; *nur Sg*

Hạnd·lung[1] *die*; *-, -en*; **1** der Ablauf od. das Resultat dessen, was j-d tut od. getan hat ≈ Tat ⟨e-e unbedachte, (un)überlegte, unreflektierte, strafbare H.; e-e symbolische H.; e-e H. begehen, bereuen⟩: *sich zu kriegerischen Handlungen provozieren lassen* || K-: ***Handlungs-, -freiheit, -spielraum, -weise*** || -K: ***Amts-, Gewalt-; Kurzschluss-, Willkür-*** **2** *mst Sg*; die Abfolge der einzelnen Geschehnisse, Handlungen (1), die die Basis e-r Geschichte, e-s Romans, Dramas od. Films bilden ⟨e-e spannende, langweilige, verwickelte H.⟩: *Der Film ist ziemlich langweilig, da er zu wenig H. hat* || K-: ***Handlungs-, -ablauf, -kette*** || -K: ***Haupt-, Neben-*** || *zu* **1 hạnd·lungs·fä·hig** *Adj*; *nicht adv*; *zu* **2 hạnd·lungs·arm** *Adj*; *nicht adv*; **hạnd·lungs·reich** *Adj*; *nicht adv* || ► ***handeln***[2]

Hạnd·lung[2] *die*; *-, -en*; *veraltet* ≈ Geschäft, Laden || -K: ***Buch-, Fahrrad-, Kohlen-, Wein-, Zoo-*** || ► ***Handel, handeln***[1]

Hand-out ['hɛndaut] *das*; *-s, -s*; eine od. mehrere Seiten mit kurzen Informationen, *bes* für die Teilnehmer e-s Kurses, Seminars *o.Ä.*

Hạnd·rü·cken *der*; die äußere Seite e-r Hand ↔ Handfläche

Hạnd·schel·len *die*; *Pl*; zwei Ringe aus Metall, die durch e-e Kette miteinander verbunden sind u. mit denen man Gefangenen die Hände fesselt ⟨j-m H. anlegen, die H. abnehmen; j-n mit H. abführen⟩

Hạnd·schlag (*der*); *nur Sg*; ein Händedruck, der in bestimmten Situationen als Symbol dient (*z.B.* um e-n Vertrag für gültig zu erklären) ⟨e-n Vertrag, e-e Abmachung mit / durch / per H. bekräftigen, besiegeln⟩ || ID ***keinen H. tun*** *gespr, mst pej*; überhaupt nicht arbeiten

Hạnd·schrift *die*; **1** die Art, die Buchstaben zu schreiben, die für j-n typisch ist ⟨e-e (un)saubere, (un)leserliche, (un)ordentliche H. haben⟩ **2** (*bes* bei e-m Kunstwerk) Merkmale, die für den typisch sind, der es gemacht hat ⟨etw. trägt, verrät j-s H.⟩ **3** ein Buch, das mit der Hand geschrieben ist ↔ Druck[2] (4): *Handschriften des 13. Jahrhunderts*

hạnd·schrift·lich *Adj*; **1** mit der Hand geschrieben ≈ handgeschrieben ↔ maschinengeschrieben, getippt ⟨ein Lebenslauf, e-e Bewerbung, e-e Notiz⟩ **2** in alten Handschriften (3) ↔ gedruckt ⟨Texte, Quellen, e-e Überlieferung⟩

Hạnd·schuh *der*; ein Kleidungsstück für die Hände, das sie (vor Kälte, Schmutz od. Verletzungen) schützt || -K: ***Box-, Finger-; Damen-, Herren-; Gummi-, Leder-, Pelz-, Woll-***

Handschuhe

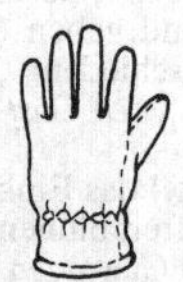

der Fingerhandschuh

der Fausthandschuh / der Fäustling

der Boxhandschuh

Hand·schuh|fach *das*; das Fach vorn im Auto (vor dem Beifahrer), in das man etw. (hinein)legen kann
Hand·stand *der*; *-(e)s*; *nur Sg*; e-e sportliche Übung, bei der man mit den Händen am Boden u. dem Kopf nach unten die Arme u. die Beine senkrecht in die Höhe streckt ⟨e-n H. machen⟩
Hand·ta·sche *die*; e-e Tasche, in der man *bes* kleine Dinge (wie Geld, Schlüssel, Ausweise *usw*) bei sich trägt || -K: ***Damen-, Herren-***
Hand·tel·ler *der* ≈ Handfläche ↔ Handrücken
Hand·tuch *das*; ein Tuch (*mst* aus Frottee), mit dem man sich nach dem Waschen abtrocknet || K-: ***Handtuch-, -halter*** || -K: ***Bade-, Frottee-*** || ID ***das H. werfen / schmeißen*** *gespr*; nicht mehr weitermachen, weil etw. zu schwierig ist ≈ aufgeben
Hand·um·dre·hen *nur in* (***etw.***) ***im H.*** (***tun***) (etw.) in sehr kurzer Zeit (tun)
Hand·wä·sche *die*; **1** das Waschen von Wäsche mit der Hand **2** *nur Sg*; Wäsche, die man mit der Hand u. nicht mit der Waschmaschine wäscht
Hand·werk *das*; *-s*; *nur Sg*; **1** e-e Tätigkeit, die man als Beruf ausübt u. bei der man *bes* mit den Händen arbeitet u. mit Instrumenten u. Werkzeugen etw. herstellt ⟨ein H. erlernen, ergreifen, ausüben⟩: *das H. des Zimmermanns, des Tischlers, des Elektrikers, des Metzgers* || K-: ***Handwerks-, -beruf, -betrieb, -geselle, -meister*** || -K: ***Metzger-, Schreiner-, Schuster-, Tischler-, Zimmer(er)-*** **2** *Kollekt*; alle Leute u. Betriebe, die ein H. (1) ausüben ↔ Handel, Industrie || ID ***j-m ins H. pfuschen*** *gespr*; in e-m Bereich etw. tun, für den j-d anderer zuständig u. geeigneter ist ≈ j-m (d)reinreden; ***j-m das H. legen*** *gespr*; bewirken, dass j-d nichts Böses mehr tun kann: *e-m Taschendieb das H. legen*; ***H. hat goldenen Boden*** *gespr*; wenn man ein H. (1) erlernt hat, hat man immer gute Chancen, durch seine Arbeit (viel) Geld zu verdienen
Hand·wer·ker *der*; *-s, -*; j-d, der als Beruf ein Handwerk ausübt: *Schlosser, Schreiner u. Maurer sind Handwerker*
hand·werk·lich *Adj*; *nur attr od adv*; in Bezug auf das Handwerk (1) ⟨Können, Geschick; Fähigkeiten; h. geschickt, begabt sein⟩
Hand·werks·zeug *das*; *nur Sg*, *Kollekt*; alle Dinge, Werkzeuge, Kenntnisse *o.Ä.*, die man braucht, um e-e Arbeit machen zu können: *Hammer u. Meißel gehören zum H. des Maurers*
Han·dy ['hɛndi] *das*; *-s, -s*; ein drahtloses Telefon
Hand·zei·chen *das*; ein Zeichen od. ein Signal, das man mit der Hand gibt ⟨per H. abstimmen⟩
Hanf *der*; *-(e)s*; *nur Sg*; **1** e-e Pflanze, aus der man Haschisch gewinnt u. aus deren Stängeln man Schnüre, Seile *o.Ä.* macht **2** die Samen des Hanfs (1) **3** die Fasern des Hanfs (1): *e-e Hängematte aus H.* || K-: ***Hanf-, -garn, -seil, -strick***
Hang[1] *der*; *-(e)s, Hän·ge*; der schräg abfallende Teil e-s Berges od. Hügels ≈ Abhang ⟨ein steiler, steil abfallender H.⟩ || -K: ***Berg-***
Hang[2] *der*; *-(e)s*; *nur Sg*; ***der H. zu etw.*** die Tendenz, etw. tun zu wollen, was sich oft negativ od. unangenehm auswirkt ≈ Neigung: *e-n H. zum Faulenzen haben*; *Er hat den H., aggressiv zu werden, wenn er zu viel getrunken hat*
Hän·ge·brü·cke *die*; e-e *mst* sehr lange Brücke, die an starken (Stahl)Seilen hängt, die an hohen Pfeilern befestigt sind: *Die „Golden Gate Bridge" in San Francisco ist e-e berühmte H.*
Hän·ge·bu·sen *der*; *pej*; Brüste, die schlaff nach unten hängen
Hän·ge·glei·ter *der*; *-s, -*; *Sport*; ein Drachen (2), ähnlich e-m Segelflugzeug, bei dem der Pilot nicht sitzt, sondern in e-m Gestell hängt
Hän·ge·mat·te *die*; ein Netz od. Tuch, das man (*z.B.* zwischen Bäumen) aufhängt, um darin zu liegen: *e-e H. zwischen zwei Bäumen spannen*
hän·gen[1]; *hing, hat / südd Ⓐ Ⓒⓗ ist gehangen*; Vi **1** ***etw. hängt irgendwo*** etw. ist mit dem oberen Teil an e-r Stelle festgemacht *o.Ä.* (sodass der untere Teil *mst* frei beweglich bleibt): *An unserem Baum hängen viele reife Birnen*; *Die Wäsche hängt zum Trocknen an der Leine*; *Das Bild hängt an der Wand*; *Der Mantel hängt auf dem Kleiderbügel* **2** ***etw. hängt irgendwie*** etw. hängt (1) in der genannten Stellung od. Lage: *Wir müssen unseren Spiegel zurechtrücken. - Er hängt schief*; **3** ***j-d / etw. hängt irgendwo*** j-d / etw. ist irgendwo befestigt: *Der Anhänger hängt am Auto*; *Der Artist hing am Seil* **4** ***irgendwo h.*** sich *bes* mit den Händen an e-r Stelle festhalten, sodass der Rest des Körpers frei in der Luft ist: *Der Turner hing am Reck* **5** ***etw. hängt irgendwohin*** etw. ist (weil es sehr schwer od. ohne Kraft ist) nach unten gebogen, fällt nach unten *o.Ä.*: *Die schneebedeckten Zweige hingen bis auf den Boden*; *Seine Haare waren so lang, dass sie ihm ins Gesicht hingen*; *Sie hat hängende Schultern* **6** ***etw. hängt irgendwo*** etw. klebt od. haftet an der genannten Stelle: *An seinen Stiefeln hing Schlamm* **7** ***etw. hängt irgendwo*** etw. bewegt sich nicht von der genannten Stelle: *Sein Blick hing an ihren Lippen* **8** ***etw. hängt irgendwo*** *geschr*; etw. ist in der Luft u. bleibt (bedrohlich) am genannten Ort: *E-e Dunstglocke hing über der Innenstadt* **9** ***an j-m / etw. h.*** e-e Person / Sache sehr mögen u. sich nicht von ihr / davon trennen wollen: *sehr an den Eltern h.*; *Er hing sehr an seinem alten Auto* **10** ***an der Strippe / am Telefon h.*** *gespr*; (lange) telefonieren **11** ***etw. hängt an j-m / etw.*** *gespr*; etw. hängt von j-m / etw. ab: Ob *wir gewinnen, hängt jetzt nur noch an dir* **12** ***etw. hängt*** (***an j-m / etw.***) *gespr*; etw. entwickelt sich (wegen j-m / etw.) nicht weiter: *Du solltest doch schon längst fertig sein. Woran hängt es denn noch?* **13** ***etw. hängt voller*** + *Subst* (*Pl*) viele Dinge hängen (1) irgendwo: *Der Baum hängt voller Früchte*; *Der Schrank hängt voller Kleider* || ID ***mit Hängen u. Würgen*** *gespr*; mit sehr großer Anstrengung ≈ knapp, gerade noch, mit knapper Not: *das Ziel mit Hängen u. Würgen erreichen*; *mst* ***Lass den Kopf nicht h.!*** *gespr*; sei nicht traurig
hän·gen[2]; *hängte, hat gehängt*; Vt **1** ***etw. irgendwohin h.*** etw. so an e-r Stelle befestigen, dass der untere Teil frei beweglich bleibt: *e-n Mantel auf den Kleiderbügel h.*; *Wäsche auf die Leine h.*; *e-e Tasche über die Schulter h.*; *ein Bild an die Wand h.* **2** ***etw. irgendwohin h.*** etw. (*bes* ein Körperteil) in e-e bestimmte Richtung gleiten lassen (oft weil man müde ist): *die Füße, Hände ins Wasser, den Arm aus dem Fenster hängen* **3** ***ein Tier / etw. irgendwohin h.*** ein Tier irgendwo festmachen / etw. irgendwo befestigen: *den Hund an die Leine h.*; *den Wagen an den Traktor h.* **4** ***j-n h.*** j-n mit e-m Strick um den Hals an e-n Galgen h. (1), um ihn zu töten ≈ aufhängen: *Der Mörder wurde gehängt*; Vr **5** ***sich irgendwohin h.*** sich mit den Händen festhalten u. den Körper frei in der Luft schwingen lassen: *Er hängte sich an den Ast u. schaukelte hin u. her* **6** ***sich ans Telefon / an die Strippe h.*** *gespr*; anfangen zu telefonieren

hän·gen blei·ben; *blieb hängen, ist hängen geblieben*; Vi **1** nicht weiterkommen, da man von etw. (e-m Hindernis) festgehalten wird ≈ stecken bleiben: *Als er über den Zaun klettern wollte, blieb er mit der Hose hängen u. stürzte* **2** (***irgendwo***) ***h. b.*** *gespr*; sehr lange irgendwo od. bei j-m / etw. bleiben: *Ich wollte schon um 10 Uhr zurück sein,*

H

aber dann traf ich noch ein paar alte Freunde u. blieb hängen **3 *etw. bleibt an j-m hängen*** *gespr*; etw. muss von j-m getan werden (*bes* weil die anderen es nicht tun wollen) ≈ etw. fällt j-m zu: *Die unangenehmen Arbeiten bleiben mal wieder an mir hängen!* **4** *gespr*; e-e Schulklasse wiederholen müssen ≈ sitzen bleiben **5 *von etw. bleibt bei j-m viel / nichts / wenig / (et)was hängen*** *gespr*; j-d kann viel / nichts / wenig / e-n Teil von etw. im Gedächtnis behalten: *Von seiner Rede ist bei mir kaum etwas hängen geblieben*

hạ̈n·gen las·sen; *lässt hängen, ließ hängen, hat hängen(ge)lassen*; [Vt] **1 *etw. (irgendwo) h. l.*** *mst* Kleidung, die man irgendwo aufgehängt hat, vergessen: *Er hat seine Jacke im Hotel hängen lassen* **2 *j-n h. l.*** *gespr*; j-m nicht helfen, obwohl man es versprochen (od. vereinbart) hat ≈ j-n sitzen lassen, im Stich lassen: *Er hatte ihr versprochen, beim Tapezieren zu helfen, doch dann ließ er sie hängen*; [Vr] **3 *sich h. l.*** *gespr*; keine Lust u. Energie mehr haben, etw. zu tun ≈ aufgeben[2] (4): *Los, wir müssen weiterarbeiten, wir dürfen uns nicht h. l.!*

Hạ̈n·ge·schrank *der*; e-e Art kleiner Schrank, der an der Wand aufgehängt wird

Hans·dạmpf *der*; *mst in* ***ein H. in allen Gassen*** *gespr*; j-d, der sich mit vielen verschiedenen Dingen (oberflächlich) beschäftigt

Die Hanse

Die Hanse war eine Gemeinschaft von deutschen Kaufleuten, die im 12. Jahrhundert mit dem Ziel gegründet worden war, sich bei Handelsgeschäften im Ausland gegenseitig zu unterstützen und Schutz zu gewähren. Unter der Leitung von Lübeck gehörten der Hanse zur Zeit ihrer größten Macht über 150 Städte an. Der Schwerpunkt lag im Seehandel, die wichtigste Handelsroute verlief über Ostsee und Nordsee zwischen Nowgorod (Russland) und London. Handelsgüter waren vor allem Erz, Pelze, Wachs, Getreide, Fisch, Salz und Wein. Aufgrund ihrer wirtschaftlichen Macht wurde die Hanse auch zu einer einflussreichen politischen Kraft in Europa. Im 15. Jahrhundert verlagerte sich der Handel mehr auf den Atlantik. Damit begann der Niedergang der Hanse, die jedoch noch bis ins 17. Jahrhundert bestand. In den alten Hansestädten **Bremen**, **Greifswald**, **Hamburg**, **Lübeck** und **Rostock** findet man noch viele Spuren ihrer großen Vergangenheit. Hamburg und Bremen sind eigene Bundesländer und haben damit auch heute noch den politischen Status von Stadtstaaten.

hạ̈n·seln; *hänselte, hat gehänselt*; [Vt] *mst* ⟨ein Kind⟩ ***hänselt*** ⟨ein Kind⟩ ein Kind ärgert ein anderes Kind wegen etw., das es an ihm komisch findet: *Ich mag ihre Sommersprossen, aber ihre Brüder hänseln sie deswegen*

Hans·wụrst, **Hạns·wurst** *der*; *-(e)s, -e / Hanswürs·te*; *pej*; j-d, der dumm ist u. über den man lacht

Hạn·tel *die*; *-, -n*; e-e Konstruktion mit Gewichten an beiden Enden, die man hochdrückt, um die Muskeln zu trainieren ⟨mit Hanteln trainieren; Hanteln wuchten⟩ || K-: ***Hantel-, -training***

Hanteln

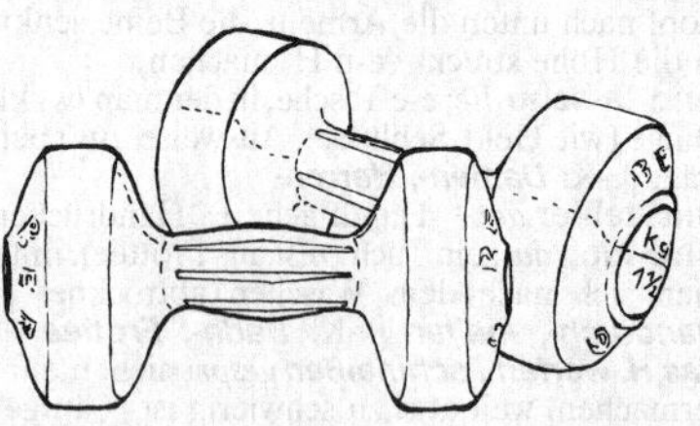

han·ti̱e·ren; *hantierte, hat hantiert*; [Vi] ***(mit etw.) h.*** etw. (*mst* ein Gerät od. Werkzeug) für e-e Tätigkeit verwenden ≈ etw. handhaben, mit etw. umgehen: *An Tankstellen sollte man nicht mit offenem Feuer h.*; *Man hörte sie in der Küche h.*

ha̱·pern; *haperte, hat gehapert*; [Vimp] *gespr*; **1 *es hapert (j-m / etw.) an etw.*** (*Dat*) es gibt (zurzeit) von etw. zu wenig od. nichts ≈ es mangelt, fehlt an etw. (*Dat*): *Die Firma ging Bankrott, weil es (ihr) an Aufträgen haperte* **2 *bei j-m hapert es mit etw. / in etw.*** (*Dat*) j-d ist auf e-m (Wissens)Gebiet nicht sehr gut: *Er schreibt gute Aufsätze, aber mit / in der Rechtschreibung hapert es noch bei ihm*

Hạp·pen *der*; *-s, -*; *gespr*; **1** e-e Kleinigkeit zum Essen, ein kleiner Imbiss ≈ Bissen: *Ich habe zwar keinen großen Hunger, aber e-n H. könnte ich schon vertragen* **2 *ein fetter H.*** *gespr*; e-e Sache, bei der man e-n großen finanziellen Gewinn macht

Hap·pe·ning ['hɛpənɪŋ] *das*; *-s, -s*; e-e spontane öffentliche (oft provozierende) Aktion (*bes* von Künstlern)

hạp·pig *Adj*; *gespr*; zu hoch ⟨ein Preis, e-e Strafe⟩ || ID ***Das ist ganz schön h.*** *gespr*; das (ist riskant u.) kann negative Folgen haben

hap·py ['hɛpi] *Adj*; *ohne Steigerung*, *gespr*; sehr glücklich

Hap·py End, **Hap·py·end** ['hɛpi'|ɛnt] *das*; *-(s), -s*; (in Filmen, Romanen, Märchen *usw*) ein Ende, das schön u. harmonisch ist, weil alle Konflikte gelöst worden sind ⟨etw. endet mit e-m H., kommt zu e-m H.⟩

Hä̱r·chen *das*; *-s, -*; ein kleines, dünnes Haar || ID ↑ ***Haar***

Hard·ware ['haːdvɛːɐ̯] *die*; *-*; *nur Sg*, *Kollekt*; alle Geräte u. Teile e-r Datenverarbeitungsanlage (Computer, Drucker *usw*) ↔ Software

Ha̱·rem *der*; *-s, -s*; **1** *hist*; der Teil des Palastes e-s Scheichs, Sultans *usw*, in dem seine (Ehe)Frauen lebten || K-: ***Harems-, -dame, -frau, -wächter*** **2** *Kollekt*, *hist*; die Frauen, die im H. (1) lebten **3** *Kollekt*, *gespr hum*; mehrere Frauen, mit denen ein Mann viel zusammen ist od. zu tun hat

Hạr·fe *die*; *-, -n*; ein großes Musikinstrument mit e-m dreieckigen Rahmen u. senkrechten Saiten, auf denen man mit beiden Händen spielt ⟨die H. zupfen; auf der H. spielen⟩ || K-: ***Harfen-, -spiel*** || *hierzu* **Har·fe·nịst** *der*; *-en, -en*; **Har·fe·nịs·tin** *die*; *-, -nen*

Hạr·ke *die*; *-, -n*; *bes nordd* ≈ Rechen || ID *mst* ***Dem werde ich zeigen, was e-e H. ist!*** *gespr*; verwendet, um auszudrücken, dass man e-m Dritten deutlich seine Meinung sagen wird

hạr·ken; *harkte, hat geharkt*; [Vt] **1 *etw. h.*** etw. mit der Harke glatt od. sauber machen ⟨Beete, Wege, den Rasen h.⟩ **2 *etw. (von etw.) h.*** etw. mit der Harke von etw. entfernen ⟨Laub *o.Ä.* (vom Rasen) h.⟩

Har·le·kin *der*; *-s*, *-e*; *mst Sg*; e-e lustige Gestalt in e-m besonderen Kostüm (*bes* in e-m Theaterstück)

harm·los *Adj*; **1** ⟨ein Mensch, ein Zeitgenosse, ein Typ; ein Hund; e-e Bemerkung, e-e Frage⟩ so, dass sie nichts Böses wollen od. tun ≈ ungefährlich ↔ bösartig: *Vor dieser Dogge brauchst du keine Angst zu haben. - Sie ist völlig h.* **2** ohne negative od. schädliche Wirkungen ↔ gefährlich ⟨ein Medikament, ein Schlafmittel; e-e Verletzung, e-e Wunde⟩ **3** sittlich u. moralisch in Ordnung (u. manchmal langweilig) ⟨ein Buch, ein Film, ein Witz, ein Vergnügen, ein Zeitvertreib *o.Ä.*⟩ || *hierzu* **Harm·lo·sig·keit** *die*

Har·mo·nie *die*; *-*, *-n* [-'niːən]; **1** ***die H.*** + *Gen*; ***die H. von etw. u. etw.*** der angenehme Effekt, wenn verschiedene Dinge gut zusammenpassen (u. ein Ganzes bilden) ⟨die H. der Töne, Klänge, Farben; die H. von Körper u. Geist, von Form u. Inhalt⟩ **2** *nur Sg*; ein friedlicher Zustand ohne größere Konflikte, Kämpfe *o.Ä.* ≈ Eintracht, Einklang ↔ Zwietracht, Streit ⟨in H. mit j-m / etw. leben⟩: *die H. zwischen zwei Menschen, verschiedenen Bevölkerungsgruppen*

har·mo·nie·ren; *harmonierte, hat harmoniert*; [Vi] **1** ***etw. harmoniert mit etw.***; ⟨Dinge⟩ ***harmonieren*** zwei od. mehrere Dinge passen gut zusammen: *Die Farben der Häuser harmonieren sehr gut mit den Farben des Meeres u. des Himmels* **2** ***j-d harmoniert mit j-m***; ⟨Personen⟩ ***harmonieren*** zwei od. mehrere Personen verstehen sich gut (u. leben od. arbeiten deshalb gut zusammen)

har·mo·nisch *Adj*; **1** *Mus*; so, dass alle Töne gut klingen, wenn sie gleichzeitig od. nacheinander gespielt werden ↔ disharmonisch ⟨ein Akkord, ein Dreiklang; e-e Melodie⟩ **2** so, dass die einzelnen Teile gut zueinander passen ≈ (gut) aufeinander abgestimmt: *die harmonischen Formen e-r Statue* **3** so, dass man sich gut miteinander versteht (u. kein Streit entsteht): *e-e harmonische Ehe führen*

har·mo·ni·sie·ren; *harmonisierte, hat harmonisiert*; [Vt] ⟨Dinge⟩ ***h.*** bewirken, dass zwischen verschiedenen Dingen Harmonie entsteht || *hierzu* **Har·mo·ni·sie·rung** *die*

Harn *der*; *-(e)s*; *nur Sg*; **1** die gelbliche Flüssigkeit, die in den Nieren gebildet wird u. mit der Stoffe aus dem Körper ausgeschieden werden ≈ Urin ⟨H. ausscheiden⟩ **2** ***H. lassen*** *geschr*; die Blase (3) entleeren ≈ urinieren

Harn·bla·se *die*; ein Organ im Körper des Menschen u. vieler Tiere, in dem sich der Harn sammelt

Har·nisch *der*; *-(e)s*, *-e*; *hist*; die eiserne Rüstung e-s Ritters || ID ***in H. sein / geraten*** wütend sein / werden; ***j-n in H. bringen*** j-n wütend machen

Harn·lei·ter *der*; e-e Art Schlauch zwischen der Niere u. der Harnblase

Harn·röh·re *die*; der Teil e-s Organs, der aus der Harnblase nach außen führt

Har·pu·ne *die*; *-*, *-n*; e-e Art Speer, mit dem man Fische fängt

har·ren; *harrte, hat geharrt*; [Vi] ***j-s / etw. h.***; ***auf j-n / etw. h.*** *geschr*; geduldig (aber neugierig od. sehnsüchtig) auf j-n / etw. warten: *der Dinge h., die da kommen sollen*

harsch *Adj*; unfreundlich ≈ barsch ⟨e-e Äußerung, e-e Bemerkung, Worte⟩: *j-n h. ansprechen*

hart[1], *härter, härtest-*; *Adj*; **1** fest u. nur schwer zu zerbrechen od. zu verformen ≈ fest, steif ↔ weich ⟨h. wie Fels / Stein; e-e Bank, ein Bett, ein Holz, e-e Schale⟩: *Das Brot ist trocken u. hart*; *Die Erde ist so ausgetrocknet, dass sie ganz h. ist* || K-: ***Hart-, -gummi, -holz, -käse, -metall***; ***hart gefroren*** || -K: ***eisen-, knochen-, stahl-, stein-*** **2** ohne Mitleid, Rücksicht od. andere freundliche Gefühle ≈ streng, grausam ↔ mild, freundlich ⟨ein Blick, ein Herz, e-e Strafe, ein Urteil, Worte; h. zu j-m sein; j-n h. anfassen, bestrafen⟩: *Die vielen Enttäuschungen haben ihn h. gemacht* **3** so, dass sehr viel Kraft u. Anstrengung nötig ist (od. aufgewendet wird) ≈ schwer ↔ leicht ⟨e-e Arbeit, ein Kampf, ein Training; h. arbeiten, lernen⟩ || K-: ***hart umkämpft*** **4** ***h.*** (***für j-n***) kaum zu ertragen ⟨Bedingungen, ein Leben, ein Los, Strapazen, ein Winter; etw. nimmt j-n h. mit, trifft j-n h.; j-m h. zusetzen⟩: *Es ist h. für ihn, dass seine Eltern so früh gestorben sind* **5** mit großer Wucht, heftig ↔ sanft ⟨ein Aufprall, e-e Landung, Schläge, ein Sturz; h. aufschlagen, bremsen⟩: *Das Flugzeug setzte h. auf* **6** *nicht adv*; mit hohem Alkoholgehalt ⟨ein Drink⟩: *Er trinkt auch härtere Sachen* (= Schnaps *o.Ä.*) **7** so, dass man davon süchtig wird ⟨Drogen⟩ **8** (physisch u. psychisch) widerstandsfähig ≈ robust ⟨ein Bursche, ein Mann⟩: *Sein Motto ist: „Gelobt sei, was h. macht"* **9** mit starkem Kontrast ≈ deutlich, scharf ⟨ein Gegensatz, Konturen, ein Umriss⟩ **10** so, dass der Betreffende Konsonanten stimmlos u. stark betont ausspricht ↔ weich ⟨ein Akzent, e-e Aussprache⟩ **11** *nur attr, nicht adv*; mit e-m stabilen Kurs ⟨Devisen, e-e Währung⟩: *in harten Franken zahlen* **12** *nicht adv*; so, dass man damit feine Striche machen kann ↔ weich ⟨ein Bleistift, e-e Mine⟩ **13** ***sich*** (***mit etw.***) ***h. tun*** *südd* Ⓐ *gespr*; Schwierigkeiten (mit etw.) haben: *Sie tut sich h. in der Schule*; *sich mit dem Lernen h. tun* **14** *mst adv*, *gespr*; (*bes* von Jugendlichen) verwendet, um auszudrücken, dass etw. erstaunlich od. empörend / entsetzlich ist ⟨e-e Sache⟩: *Ganz schön h., wie er seine Freundin behandelt* || ID ***Es geht h. auf h.*** *gespr*; es wird schonungslos u. mit vollem Einsatz gekämpft; ***h. im Nehmen sein*** *gespr*; viele Niederlagen ertragen können

hart[2] *Adv*; sehr nahe, dicht ⟨h. an der Grenze (zu etw.); h. am Abgrund⟩

hart ge·kocht *Adj*; *nicht adv*; ⟨*nur* ein Ei⟩ so lange gekocht, dass Dotter u. Eiweiß fest sind ↔ weich gekocht

Här·te *die*; *-*, *-n*; **1** *mst Sg*; die Eigenschaft e-s Körpers od. e-r Substanz, hart (1) zu sein ≈ Festigkeit ⟨etw. ist von großer, geringer H.⟩: *Stoffe mit unterschiedlicher H.*; *die H. e-s Kristalls ermitteln* || K-: ***Härte-, -grad, -prüfung, -stufe*** **2** *nur Sg*; die Eigenschaft, hart (2), streng zu sein od. zu reagieren ≈ Strenge ↔ Güte ⟨etw. mit grausamer, rücksichtsloser H. ahnden, bestrafen, verfolgen; mit äußerster H. gegen j-n / etw. vorgehen⟩: *Ihn traf die ganze H. des Gesetzes* **3** *mst Sg*; der Kalkgehalt des Wassers ⟨Wasser von großer, mittlerer, geringer H.⟩: *ein Waschmittel entsprechend der H. des Wassers dosieren* || K-: ***Härte-, -bereich*** **4** etw. Unangenehmes, das kaum zu ertragen ist ⟨e-e unzumutbare H.⟩: *die Härten des Lebens tapfer ertragen* **5** *nur Sg*; die Grausamkeit e-r Sache, Situation ⟨die H. des Elends, der Not, j-s Schicksals lindern⟩ **6** *nur Sg*; die Eigenschaft, hart (5) zu sein, die Heftigkeit e-s Stoßes, Falls *usw* ≈ Wucht: *die H. des Aufpralls* **7** *nur Sg*; die *mst* unangenehme Stärke od. Intensität von etw. ⟨die H. der Farben, e-s Gegensatzes, der Konturen⟩ **8** die Festigkeit e-r Bleistiftmine, die bestimmt, wie stark die Striche werden: *Stifte in verschiedenen Härten kaufen*

Här·te·fall *der*; **1** e-e Situation großer Not, in der sich j-d befindet: *In Härtefällen kann der Kredit verlängert werden* **2** *gespr*; j-d, der sich in e-r besonderen Notsituation befindet ⟨ein H. sein⟩

här·ten; *härtete, hat gehärtet*; [Vt] **etw. h.** e-e Substanz hart (1) od. härter machen ⟨Stahl h.⟩ || K-: **Härte-, -verfahren**

Hart·geld *das*; *nur Sg*; Geld in Form von Münzen ↔ Papiergeld

hart·ge·sot·ten *Adj*; *ohne Steigerung, nicht adv, gespr*; ohne Mitleid u. ohne Skrupel ≈ gefühllos ⟨ein Bursche, ein Geschäftsmann, ein Manager⟩

hart·her·zig *Adj*; ohne Mitleid, Rücksicht od. andere freundliche Gefühle ≈ hart (2), unbarmherzig ⟨ein Mensch⟩ || *hierzu* **Hart·her·zig·keit** *die*; *nur Sg*

hart·nä·ckig *Adj*; **1** so, dass der Betreffende trotz aller Hindernisse sein Ziel u. seine Meinung nicht ändert u. sich ständig dafür einsetzt ≈ beharrlich, ausdauernd ⟨e-e Bitte, ein Verfolger, ein Widerstand; etw. h. behaupten, fordern; sich h. weigern⟩: *Wir bestürmten sie mit Fragen, aber sie schwieg h.* **2** (in Bezug auf e-e (*mst* leichte) Krankheit) so, dass sie lange dauert ⟨e-e Erkältung, e-e Heiserkeit, ein Schnupfen⟩ || *hierzu* **Hart·nä·ckig·keit** *die*; *nur Sg*

H

Harz *das*; *-es, -e*; e-e klebrige Flüssigkeit, die (*bes* Nadel)Bäume absondern, wenn ihre Rinde beschädigt wird || -K: **Fichten-, Kiefern-, Tannen-** || *hierzu* **har·zig** *Adj*

Hasch *das*; *-s*; *nur Sg, gespr, Kurzw* ↑ **Haschisch**

Ha·schee *das*; *-s, -s*; ein Gericht aus gehacktem Fleisch, Fisch *o.Ä.*

ha·schen[1]; *haschte, hat gehascht*; *geschr*; [Vt] **1 j-n / ein Tier h.** j-n / ein Tier, der / das sich bewegt, fangen: *e-n Schmetterling h.*; [Vi] **2 nach j-m / etw. h.** versuchen, j-n / etw. zu fangen / zu h. (1)

ha·schen[2]; *haschte, hat gehascht*; [Vi] *gespr*; Haschisch rauchen || *hierzu* **Ha·scher** *der*; *-s, -*; **Ha·sche·rin** *die*; *-, -nen*

Hä·scher *der*; *-s, -*; *geschr pej*; j-d, der auf Befehl (e-r Regierung *o.Ä.*) Menschen sucht, um sie gefangen zu nehmen

Ha·schisch *das, der*; *-(s)*; *nur Sg*; e-e Droge, die als Zigarette (mit Tabak vermischt) geraucht wird: *e-n Joint aus H. rauchen* || K-: **Haschisch-, -pfeife, -zigarette**

Ha·se *der*; *-n, -n*; **1** ein (Säuge)Tier mit hellbraunem Fell, sehr langen Ohren u. e-m kurzen, weißen Schwanz. Hasen leben *mst* auf Feldern u. Wiesen, können sehr schnell laufen u. schnell die Richtung ändern || K-: **Hasen-, -braten, -fell, -jagd, -pfote** || -K: **Feld- 2** ein männlicher H. (1) ↔ Häsin **3** *gespr* ≈ Kaninchen **4** *gespr veraltend*; *bes* von Männern verwendet als Bezeichnung für e-e (attraktive) junge Frau ⟨ein flotter H.⟩ **5 falscher H.** ≈ Hackbraten || ID ***ein alter H. sein*** *gespr*; (in e-m bestimmten Bereich) viel Erfahrung haben; ***Da liegt der H. im Pfeffer*** *gespr*; das ist die Sache, die Schwierigkeiten macht; ⟨*mst* erkennen, wissen⟩ ***wie der H. läuft*** *gespr*; erkennen, wissen, wie die Zusammenhänge sind, wie e-e Angelegenheit verläuft; ***Mein Name ist H.*** (***, ich weiß von nichts***) *gespr*; von dieser Angelegenheit habe ich nichts gewusst (u. habe deshalb keine Schuld daran) || NB: *der Hase*; *den, dem, des Hasen*

Ha·sel *die*; *-, -n* ≈ Haselnuss (2) || K-: **Hasel-, -busch, -kätzchen, -rute, -strauch, -zweig**

Ha·sel·nuss *die*; **1** e-e kleine, runde Nuss, die e-e braune, harte, glänzende Schale hat || K-: **Haselnuss-, -staude, -strauch**; **haselnuss-, -groß 2** der Strauch, an dem die H. (1) wächst

Ha·sen·fuß *der*; *gespr pej*; ein ängstlicher Mensch ≈ Angsthase, Feigling

Ha·sen·schar·te *die*; *Med*; e-e Spalte in der Oberlippe (die ein Mensch als Missbildung von Geburt an hat)

Hä·sin *die*; *-, -nen*; ein weiblicher Hase (1)

Hass *der*; *Has·ses*; *nur Sg*; **1 H. gegen** / *gespr* **auf j-n / etw.** e-e sehr starke Abneigung gegen j-n / etw. ↔ Liebe ⟨(abgrund)tiefer, glühender, leidenschaftlicher H.; j-d ist von H. erfüllt, ist voller H.; H. empfinden / fühlen; gegen j-n / etw. hegen; sich j-s H. zuziehen⟩: *Die blutige Niederschlagung der Revolte schürte den H. der Bevölkerung gegen das Regime* || K-: **Hass-, -gefühl, -liebe, -tirade**; **hass-, -erfüllt 2 ein H.** (**auf j-n / etw.**) *gespr* ≈ Wut ⟨e-n H. auf j-n / etw. haben; e-n H. schieben (= über etw. sehr verärgert sein)⟩ || *hierzu* **hass·er·füllt** *Adj*

has·sen; *hasste, hat gehasst*; [Vt/i] **1** (**j-n / etw.**) **h.** Hass (gegen j-n / etw.) fühlen ↔ lieben ⟨j-n blind, erbittert, zutiefst, auf den Tod, aus ganzem Herzen h.⟩; [Vt] **2 etw. h.** etw. als sehr unangenehm empfinden: *Sie hasst es, früh aufstehen zu müssen*

has·sens·wert *Adj*; so, dass man Hass gegen die betreffende Person / Sache empfinden muss ≈ abscheulich ⟨ein Mensch, e-e Tat, ein Verbrechen⟩

häss·lich *Adj*; **1** optisch unschön ⟨ein Gesicht⟩ **2** moralisch verwerflich od. abstoßend ⟨ein Mensch, Worte, Szenen; sich h. benehmen⟩ || *hierzu* **Häss·lich·keit** *die*

Hast *die*; *-*; *nur Sg*; die Unruhe, mit der man etw. tut, wenn man sehr wenig Zeit hat ≈ Eile ↔ Ruhe ⟨etw. in, mit, ohne, voller H. tun⟩: *In großer H. packte sie ihre Koffer u. floh durch die Hintertür*

hast *Präsens, 2. Person Sg*; ↑ **haben**

has·ten; *hastete, ist gehastet*; [Vi] **irgendwohin h.** voller Unruhe irgendwohin laufen ≈ eilen

has·tig *Adj* ≈ eilig u. unruhig ↔ bedächtig

hat *Präsens, 3. Person Sg*; ↑ **haben**

hät·scheln, hät·scheln; *hätschelte, hat gehätschelt*; [Vt] **1 j-n / ein Tier h.** e-n Menschen od. ein Tier (*mst* ein bisschen zu zärtlich) streicheln, küssen *o.Ä.*: *Der alte Mann sitzt schon seit e-r Stunde auf der Bank u. hätschelt sein Hündchen* **2 j-n h.** j-n allzu freundlich behandeln u. ihn bevorzugen: *ein von der Presse gehätschelter Künstler*

hat·schi!, hat·schi! *Interjektion*; verwendet, um das Niesen nachzuahmen

hat·te *Imperfekt, 1. u. 3. Person Sg*; ↑ **haben**

hät·te *Konjunktiv II, 1. u. 3. Person Sg*; ↑ **haben**

Hau·be *die*; *-, -n*; **1** e-e Kopfbedeckung für Frauen, bei der Haare u. Ohren (fast) vollständig bedeckt sind ⟨die H. e-r Nonne, e-r Krankenschwester⟩ **2** *Kurzw* ↑ **Motorhaube 3** ein elektrisches Gerät zum Trocknen der Haare, das den Kopf bedeckt ⟨unter der H. sitzen⟩ **4** etw., das e-n Gegenstand bedeckt (u. ihn wärmt, schützt *o.Ä.*): *den Kaffee unter die H. stellen*; *Der Baum hat e-e H. aus Schnee* || -K: **Eier-, Kaffee-, Käse- 5** *südd* Ⓐ ≈ Mütze || ID ***unter die H. kommen*** *gespr hum*; (als Frau) heiraten; ***unter der H. sein*** *gespr hum*; (als Frau) verheiratet sein

Hauch *der*; *-(e)s*; *nur Sg*; **1** die Luft, die j-d (hörbar od. sichtbar) ausatmet ≈ Atem **2** ein sehr leichter Wind ⟨ein kühler, kalter H.⟩: *Es regte sich kaum ein H.* || -K: **Luft-, Wind- 3 ein H.** (**von etw.**) e-e sehr geringe, kaum spürbare Menge von etw. ≈ Anflug ⟨ein leichter, rosiger, zarter H.; ein H. von Parfüm, Rouge; ein H. von Schwermut⟩: *Er zeigte nicht den leisesten H. von Reue*

hauch·dünn *Adj*; sehr dünn ⟨ein Schleier, ein Stoff, Strümpfe, e-e Scheibe⟩

hau·chen; *hauchte, hat gehaucht*; [Vi] **1** (**irgendwohin**) **h.** durch den offenen Mund Luft ausstoßen: *auf e-e Brille h., um sie zu putzen*; *in die Hände h., um sie zu wärmen*; [Vt] **2 j-m e-n Kuss auf die Wange, die Lippen** *o.Ä.* **h.** j-m e-n sehr leichten, flüchtigen Kuss geben **3 etw. h.** etw. sehr leise (u. schüchtern) sagen || NB: Das Objekt ist immer ein Satz

hauch·zart *Adj*; sehr zart

Hau·de·gen *der*; *-s*, *-*; ein erfahrener (älterer) Mann

Haue[1] *die*; *Pl*, *gespr*; (*bes* bei Kindern) Schläge od. Prügel als Bestrafung ⟨H. kriegen, verdienen⟩

Haue[2] *die*; *-*, *-n*; *südd* Ⓐ Ⓒⓗ ≈ Hacke[1]

hau·en; *haute / geschr hieb*, *hat / ist gehauen*; Vt (*hat*) **1 *j-n h.*** (*haute*) *gespr*; (*bes* von Kindern verwendet) ≈ schlagen, verprügeln: *Ich sags meinem Bruder, der haut dich!* **2 *etw. in etw.*** (*Akk*) ***h.*** (*haute / hieb*) etw. herstellen, indem man mit e-m Werkzeug Stücke von etw. wegschlägt ⟨ein Bildnis in Marmor, ein Loch ins Eis, Stufen in den Fels / Stein h.⟩ **3 *etw. irgendwohin h.*** (*haute*) *gespr*; etw. mit Schwung irgendwohin werfen: *seine Sachen in den Schrank, in die Ecke h.* **4 *etw. in Stücke h.*** (*haute / hieb*) etw. durch Schläge zerstören ≈ zerschlagen **5 *etw. kurz u. klein h.*** (*haute*) *gespr*; heftig auf etw. einschlagen u. es ganz zerschlagen **6 *Bäume h.*** (*haute*) Bäume fällen ≈ schlagen **7 *Holz h.*** (*haute*) Holz mit e-m Beil kleiner hacken; Vi **8 *irgendwohin h.*** (*hat*) (*haute / hieb*) irgendwohin schlagen ⟨mit der Faust auf den Tisch, mit dem Stock nach j-m h.⟩ **9 *irgendwohin h.*** (*ist*) (*haute*) *gespr* ≈ stürzen, fallen: *aufs Knie, aufs Straßenpflaster h.* **10 (*mit etw.*) *irgendwohin h.*** (*ist*) (*haute*) *gespr*; unabsichtlich gegen etw. stoßen: *mit dem Kopf an / gegen die Wand, (mit dem Knie) an / gegen den Tisch h.*; Vr (*hat*) (*haute*) **11 *sich*** (*Pl*) ***h.*** *gespr*; (*bes* von Kindern verwendet) ≈ raufen, sich prügeln **12 *sich irgendwohin h.*** *gespr*; sich irgendwohin fallen lassen: *sich aufs Bett, in den Sessel h.*

Hau·er *der*; *-s*, *-*; einer von zwei langen (Eck)Zähnen des männlichen Wildschweins

Häuf·chen *das*; *-s*, *-*; ein kleiner Haufen || ID ***wie ein H. Elend / Unglück*** ⟨aussehen, dasitzen⟩ *gespr*; sehr traurig, niedergeschlagen aussehen, dasitzen

Hau·fen *der*; *-s*, *-*; **1 *ein H.*** + *Subst* / + *Gen* e-e Menge einzelner Dinge, die so übereinander liegen, dass sie die Form e-s kleinen Hügels / Berges bilden ⟨ein H. Kartoffeln, Sand, Schutt, schmutziger Wäsche *o.Ä.*; alles auf e-n H. legen, werfen⟩: *Die Putzfrau kehrte den Schmutz zu e-m H. zusammen / auf e-n H.* || ↑ *Abb. unter* **Stapel** || -K: ***Abfall-, Blätter-, Heu-, Holz-, Kies-, Kompost-, Mist-, Sand-, Schutt-, Trümmer-*** **2 *ein H.*** + *Subst* / + *Gen*; *nur Sg*, *gespr*; e-e große Anzahl od. Menge, sehr viel(e): *Das Auto hat e-n H. Geld gekostet*; *An der Unfallstelle hatte sich ein H. Neugieriger versammelt* **3 *auf einen H.*** *gespr* ≈ zusammen, gleichzeitig: *Zuerst kam niemand, u. dann kamen gleich alle auf einen H.* || ID ***etw. über den H. werfen*** *gespr*; etw. (*bes* e-n Plan) schnell aufgeben; ***j-n über den H. rennen / fahren*** *gespr*; j-n (versehentlich od. mit Absicht) umrennen, umfahren; ***j-n über den H. schießen*** *gespr*; j-n niederschießen || *zu* **2 hau·fen·wei·se** *Adv*

häu·fen; *häufte*, *hat gehäuft*; Vt **1 *etw.*** (*Kollekt od Pl*) ***irgendwohin h.*** einzelne Dinge so legen, dass ein Haufen (1) entsteht: *Er häufte Holz in den Ofen u. zündete es an*; Vr **2 *etw.*** (*Kollekt od Pl*) ***häuft sich*** etw. sammelt sich in großer Menge an: *Auf ihrem Schreibtisch häufen sich die Akten*; *Die Beschwerden häufen sich* || *zu* **2 Häu·fung** *die*; *nur Sg* || ► ***gehäuft***

Hau·fen·wol·ke *die*; e-e große dichte Wolke am Himmel ≈ Kumuluswolke

häu·fig *Adj*; so, dass es immer wieder vorkommt ≈ oft, immer wieder ↔ selten ⟨etw. tritt h. auf, geschieht h.⟩: *ein häufiger Fehler*; *e-e h. gestellte Frage*; *Er ist h. bei uns zu Gast* || *hierzu* **Häu·fig·keit** *die*; *nur Sg*

Haupt *das*; *-(e)s*, *Häup·ter*; *geschr*; **1** der Kopf e-s Menschen ⟨mit stolz erhobenem H.; mit bloßem / entblößtem H.⟩: *das H. der Medusa* || K-: ***Haupt-, -haar*** || -K: ***Greisen-*** **2** der Kopf e-s edlen Tieres: *das gewaltige, majestätische H. des Löwen* || -K: ***Drachen-, Löwen-*** **3** j-d, der an der Spitze e-r Gruppe von Menschen steht u. sie führt ≈ Oberhaupt: *Der Großvater war das H. der Familie*

Haupt- *im Subst*, *betont*, *sehr produktiv*; verwendet, um auszudrücken, dass es sich um das Zentrale od. Wichtigste handelt ↔ Neben-; der ***Hauptabschnitt*** ⟨e-s Buches⟩, der ***Hauptakzent*** ⟨e-s Wortes⟩, der ***Hauptangeklagte*** ⟨in e-m Prozess⟩, die ***Hauptarbeit***, die ***Hauptaufgabe***, die ***Hauptbeschäftigung***, der ***Hauptbestandteil*** ⟨e-r Mischung⟩, der ***Haupteingang*** ⟨e-s Theaters⟩, das ***Haupterzeugnis*** ⟨e-r Firma⟩, die ***Hauptfunktion*** ⟨e-r Maschine⟩, das ***Hauptgebäude***, der ***Hauptgewinn*** ⟨in e-m Preisausschreiben⟩, das ***Hauptinteresse***, die ***Hauptlast*** ⟨tragen⟩, die ***Hauptmahlzeit*** ⟨des Tages⟩, die ***Hauptperson*** ⟨in e-m Film⟩, das ***Hauptproblem***, der ***Hauptpunkt*** ⟨e-r Tagesordnung⟩, die ***Hauptreisezeit*** ⟨im Jahr⟩, die ***Hauptschwierigkeit***, die ***Hauptverantwortung***, die ***Hauptverkehrsstraße***, der ***Hauptzweck***

haupt·amt·lich *Adj*; so, dass der Betreffende es als (Haupt)Beruf ausübt (u. nicht als Nebentätigkeit) ↔ ehrenamtlich: *der hauptamtliche Leiter e-s Vereins*

Haupt|an·schluss *der*; diejenige Telefonleitung, die direkt mit dem Telefonnetz verbunden ist ↔ Nebenanschluss: *Er hat in seinem Haus einen H. u. zwei Nebenanschlüsse*

Haupt|bahn·hof *der*; der größte Bahnhof in e-r (Groß)Stadt; *Abk* Hbf.

Haupt·be·ruf *der*; *mst Sg*; (in Bezug auf j-n, der mindestens zwei Berufe hat) der Beruf, in dem j-d hauptsächlich arbeitet: *Er ist im H. Lehrer, aber er arbeitet manchmal auch als Musiker* || *hierzu* **haupt·be·ruf·lich** *Adj*

Haupt·dar·stel·ler *der*; der Schauspieler, der in e-m Theaterstück od. Film die wichtigste od. e-e sehr wichtige Rolle spielt || *hierzu* **Haupt·dar·stel·le·rin** *die*

Haupt·fach *das*; **1** ein wichtiges Fach in der Schule ↔ Nebenfach: *In den Hauptfächern Deutsch, Englisch u. Mathematik hat der Schüler gute Zensuren* **2** das Fach, das im Studium die größere Bedeutung hat ↔ Nebenfach

Haupt·fi·gur *die*; die wichtigste od. eine der wichtigsten Personen in e-m Roman, Film od. Theaterstück

Haupt·film *der*; *mst Sg*; der Film, der im Kinoprogramm angekündigt ist u. der nach der Reklame (u. den Vorfilmen) gezeigt wird

Haupt·gang *der* ≈ Hauptgericht

Haupt·ge·richt *das*; der Teil e-r Mahlzeit, der nach der Vorspeise u. vor dem Dessert serviert wird u. *mst* Fleisch od. Fisch enthält

Haupt·ge·schäfts|zeit *die*; die Zeit (am späten Nachmittag), in der die meisten Leute einkaufen gehen

Häupt·ling *der*; *-s*, *-e*; der Anführer e-s Stammes bei Naturvölkern || -K: ***Indianer-***

Haupt·mann *der*; *-(e)s*, *Haupt·leu·te*; *Mil*; ein relativ hoher Offizier (mit e-m Rang zwischen Oberleutnant u. Major)

Haupt·quar·tier *das*; *Mil*; der Ort, an dem sich (im Krieg) die Führer e-r Armee aufhalten

Haupt·red·ner *der*; j-d, der auf e-r Veranstaltung / Versammlung die wichtigste (u. längste) Rede hält || *hierzu* **Haupt·red·ne·rin** *die*

Haupt·rol·le *die*; die wichtigste od. eine der wichtigsten Rollen in e-m Theaterstück od. Film ⟨die H. bekommen, übernehmen, spielen⟩ || ID

H

j-d / etw. spielt (für j-n) die H. j-d / etw. ist (für j-n) am wichtigsten: *Seine Tochter spielt die H. in seinem Leben*

Haupt·sa·che *die*; **1** das Wichtigste, der entscheidende Punkt in e-r Angelegenheit ↔ Nebensache: *Lassen Sie uns jetzt zur H. kommen*; *Die H. ist, dass Sie hier glücklich sind / H., Sie sind hier glücklich* **2** ***in der H.*** ≈ hauptsächlich, vor allem: *Dieses Geschäft verkauft in der H. exklusive Modellkleider*

haupt·säch·lich *Adj*; **1** *nur adv* ≈ vorwiegend, vor allem: *Er interessiert sich h. für Kunst* **2** *nur attr, nicht adv* ≈ wichtigst-, größt-: *Sein hauptsächliches Interesse galt ihr*

Haupt·sai·son *die*; *mst Sg*; die beliebteste Reisezeit ≈ Hochsaison ↔ Nebensaison

Haupt·satz *der*; **1** *Ling*; ein Satz, der allein stehen kann u. nicht von e-m anderen Satz abhängig ist ↔ Nebensatz **2** *Mus*; der Teil e-s längeren Musikstückes, der das Hauptthema in der Grundtonart enthält

Haupt·schlag·ader *die*; die größte Arterie, von der alle anderen Arterien ausgehen; *Med* Aorta

Haupt·schuld *die*; der größte Teil e-r Schuld, der am schwersten wiegt ⟨die H. an etw. tragen; j-m die H. an etw. (*Dat*) zuschreiben, zusprechen, zumessen⟩ || *hierzu* **Haupt·schul·di·ge** *der / die*

Haupt·schu·le *die*; Ⓓ die Schule, die man (nach der Grundschule) von der fünften bis zur neunten Klasse besucht, wenn man nicht e-e höhere Schule (Realschule, Gymnasium) wählt || K-: ***Hauptschul-, -abschluss -lehrer*** || *hierzu* **Haupt·schü·ler** *der*; **Haupt·schü·le·rin** *die*

Haupt·se·mi·nar *das*; ein Seminar (1) an der Universität, das Studenten nach mehreren Semestern besuchen

Haupt·stadt *die*; die (oft größte) Stadt e-s Landes, in der die Regierung ihren Sitz hat: *Paris ist die H. von Frankreich* || *hierzu* **haupt·städ·tisch** *Adj*

Haupt·stra·ße *die*; **1** die größte u. wichtigste Straße e-s Ortes ↔ Nebenstraße: *Sein Haus liegt direkt an der H.* **2** e-e Straße, auf der man Vorfahrt hat

Haupt·stu·di·um *das*; der Teil des Studiums, der auf das Grundstudium folgt u. mit dem Abschluss des Studiums endet

Haupt·tref·fer *der*; der größte Gewinn od. einer der größten Gewinne in e-m Glücksspiel ⟨e-n H. im Lotto haben⟩

Haupt·ver·die·ner *der*; das Mitglied e-r Familie, das am meisten verdient

Haupt·ver·hand·lung *die*; *Jur*; die Verhandlung in e-m Prozess, in der das Urteil verkündet wird

Haupt·ver·kehrs|zeit *die*; die Zeit, in der besonders viel Verkehr ist (*mst* kurz vor Beginn u. kurz nach dem Ende der normalen Arbeitszeit) ≈ Stoßzeit

Haupt·ver·samm·lung *die*; die Versammlung, bei der e-e Organisation (*z.B.* e-e Aktiengesellschaft) über wichtige Themen spricht u. zu der sie alle Mitglieder einlädt || -K: ***Jahres-***

Haupt·wasch·gang *der*; *mst Sg*; der Teil des Programms e-r Waschmaschine, in dem die Wäsche gründlich gereinigt wird

Haupt·wohn·sitz *der*; *Admin geschr*; der Wohnsitz, der im Ausweis eingetragen wird u. an dem man seine Steuern zahlen muss: *Er hat seinen H. ins Ausland verlegt, um Steuern zu sparen*

Haupt·wort *das* ≈ Substantiv

hau ruck! *Interjektion*; *gespr*; verwendet als Ruf beim Bewegen e-r schweren Last

Haus *das*; *-es, Häu·ser*; **1** ein Gebäude, in dem Menschen wohnen ⟨ein einstöckiges, mehrstöckiges, baufälliges, modernes, ruhiges H.; ein H. bauen, einrichten, beziehen, bewohnen, besitzen; ein H. renovieren, umbauen, abreißen; ein H. (ver)kaufen, (ver)mieten⟩: *Das alte H. steht unter Denkmalschutz* || K-: ***Haus-, -besitzer, -bewohner, -eigentümer, -eingang, -fassade, -flur, -glocke, -kauf, -nummer, -tür, -verwalter, -wand*** || -K: ***Bauern-, Einfamilien-, Hoch-, Miets-, Reihen-, Wohn-*** **2** *geschr*; ein großes Gebäude, in dem *mst* viele Leute arbeiten, e-e Veranstaltung besuchen *o.Ä.*: *Bei dem Gastspiel der berühmten Sängerin war das H. ganz ausverkauft* || -K: ***Kur-, Schul-*** **3** *nur Sg*; das Gebäude, in dem man ständig lebt: *Er hat um sieben Uhr das H. verlassen, um zur Arbeit zu gehen* **4** ***j-d ist / bleibt zu Hause*** j-d ist / bleibt dort, wo er wohnt || NB: aber: *Hier ist mein Zuhause* **5** ***j-d geht / kommt nach Hause*** j-d geht / kommt dorthin, wo er wohnt **6** *nur Sg, Kollekt, gespr*; alle Menschen, die in e-m H. (1) wohnen: *Durch den Knall wachte das ganze H. auf* **7** *nur Sg, Kollekt, gespr*; alle Personen, die sich aus e-m bestimmten Anlass in e-m H. (2) befinden ≈ alle Anwesenden: *Bei dem Konzert des Popstars tobte das ganze H. vor Begeisterung* **8** *geschr* ≈ Familie: *Sie verkehrt in den besten Häusern der Stadt* **9** *geschr* ≈ Dynastie: *das H. Hohenzollern* || -K: ***Fürsten-, Herrscher-, Königs-*** **10** *nur Sg, veraltend, Kurzw* ↑ **Haushalt** (1) **11** *mst Sg* ≈ Firma: *Unser traditionsreiches H. hat seit über 50 Jahren nur zufriedene Kunden* || -K: ***Versand-, Waren-*** **12** ***das Weiße H.*** das Gebäude in Washington, in dem der Präsident der USA arbeitet || ID ***altes H.*** *gespr hum*; verwendet in der Anrede für e-n guten Freund ≈ Kumpel: *„Na, wie gehts, altes H.?"*; ***j-m (wegen etw.) das H. einrennen*** *gespr pej*; wegen derselben Sache immer wieder zu j-m kommen (u. ihn damit belästigen); ***j-m ins H. platzen / schneien / geschneit kommen*** *gespr*; j-n überraschend besuchen; ***in etw.*** (*Dat*) ***zu Hause sein*** *gespr*; sich auf e-m bestimmten Gebiet gut auskennen; ***etw. steht (j-m) ins H.*** *gespr*; j-m steht etw. (*mst* Unangenehmes) bevor; ***von H. aus*** *gespr* ≈ von vornherein: *Er meint, er habe von H. aus das Recht dazu*; ***H. u. Hof*** ⟨verlieren, verspielen⟩ alles, was man besitzt, verlieren, verspielen; ***das H. hüten*** zu Hause bleiben (*mst* weil man krank ist); ***frei H.*** so, dass für den Transport nichts bezahlt werden muss ⟨etw. frei H. liefern⟩

> **Haus hal·ten**; *hält Haus, hielt Haus, hat Haus gehalten*; Vi ***mit etw. H. h.*** mit etw. sparsam umgehen ≈ etw. (gut) einteilen ↔ etw. verschwenden ⟨mit den Vorräten, dem Wirtschaftsgeld, mit seinen Kräften H. h.⟩ || NB: **a)** *mst* im Infinitiv **b)** im Infinitiv auch zusammengeschrieben: *haushalten*

Haus·an·ge·stell·te *die*; e-e Frau, die j-m im Haushalt (1) hilft u. dafür bezahlt wird ≈ Haushaltshilfe

Haus·apo·the·ke *die*; *Kollekt*; Medikamente u. andere Dinge (*z.B.* Binden), die man zu Hause bereithält

Haus·ar·beit *die*; **1** *nur Sg*; Putzen, Waschen, Kochen *usw* ≈ Haushalt (1) **2** e-e schriftliche u. *mst* längere Arbeit, die ein Schüler od. Student zu Hause macht ⟨e-e H. schreiben⟩ **3** ≈ Hausaufgabe

Haus·ar·rest *der*; e-e Strafe, bei der man sein Haus od. seine Wohnung nicht verlassen darf ⟨j-n unter H. stellen; H. haben, bekommen; unter H. stehen⟩

Haus·arzt *der*; der Arzt, zu dem man regelmäßig zuerst geht, wenn man krank ist (u. der einen auch zu Hause besucht)

Haus·auf·ga·be *die*; e-e Arbeit, die ein Schüler zu Hause machen soll ⟨j-m e-e H. aufgeben; viele, wenig Hausaufgaben aufhaben, aufbekommen; die / seine Hausaufgaben machen⟩

haus·ba·cken *Adj*; *pej*; sehr einfach u. ohne Besonderheit ≈ bieder, schlicht ⟨e-e Kleidung, Ansichten; h. aussehen, gekleidet sein⟩
Haus·bar *die*; **1** *mst* ein Schrank, ein Regal *o.Ä.*, in dem man zu Hause starke alkoholische Getränke aufbewahrt **2** ein Raum in e-m (Privat)Haus, der als Bar eingerichtet ist
Haus·be·set·zer *der*; *-s, -*; *mst Pl*; j-d, der in ein leeres Haus einzieht, ohne es gemietet od. gekauft zu haben (u. damit gegen die Wohnungspolitik protestiert): *Die Hausbesetzer wollen mit ihrer Aktion gegen die hohen Mieten protestieren* || *hierzu* **Haus·be·set·zung** *die*
Haus·be·sor·ger *der*; *-s, -*; Ⓐ ≈ Hausmeister
Haus·be·such *der*; ein Besuch *mst* von e-m Arzt (od. e-m Sozialarbeiter) bei j-m zu Hause, um ihm dort zu helfen
Haus·boot *das*; *mst* ein kleines Schiff, das als Wohnung eingerichtet ist u. in dem man wohnen kann
Häus·chen *das*; *-s, -*; **1** ein kleines Haus **2** *gespr!* ≈ Toilette, Klo ⟨aufs H. müssen⟩ || ID ⟨vor Freude⟩ ***ganz / völlig aus dem H. sein*** *gespr*; (*mst* vor Freude) sehr aufgeregt sein
Haus·dra·chen *der*; *gespr pej*; e-e (Ehe)Frau, die viel streitet
Haus·durch·su·chung *die*; e-e Aktion, bei der Polizisten j-s Haus od. Wohnung durchsuchen, *z.B.* um gestohlene Gegenstände zu finden
haus·ei·gen *Adj*; *mst attr*; zu e-m Haus (2,11) gehörig: *Meine Firma hat e-n hauseigenen Parkplatz*
hau·sen; *hauste, hat gehaust*; Vi **1** ***irgendwo h.*** irgendwo unter schlechten Bedingungen wohnen: *in e-r Wellblechhütte, e-r Baracke, e-r Höhle h.* **2** ***j-d / etw. haust*** (***irgendwie***) *gespr*; j-d / etw. bewirkt große Unordnung (u. Zerstörungen) ≈ j-d / etw. wütet ⟨h. wie die Wandalen⟩: *Die Einbrecher haben in der Wohnung fürchterlich gehaust* **3** ⒸⒽ im Haushalt sparen
Häu·ser·block *der*; *Kollekt*; mehrere große Mietshäuser, die aneinander gebaut sind
Häu·ser·front *die*; die (vordere) Seite von mehreren Häusern, die zur Straße hin liegt ⟨an e-r H. entlangfahren, entlanggehen; e-e H. abschreiten⟩
Häu·ser·meer *das*; *nur Sg*, *Kollekt*; sehr viele Häuser, *z.B.* in e-r großen Stadt
Haus·frau *die*; e-e (*mst* verheiratete) Frau, die für die eigene Familie die Arbeit im Haus macht (*bes* kocht u. putzt) u. oft keinen anderen Beruf ausübt: *Sie ist als H. u. Mutter stärker belastet als in ihrem erlernten Beruf* || *hierzu* **haus·frau·lich** *Adj*; *nur attr od adv*
Haus·frau·en|art (*die*); *nur in* ***nach H.*** so zubereitet, wie es auch e-e Hausfrau machen würde: *ein Kartoffelsalat nach H.*
Haus·freund *der*; *gespr hum*; der Liebhaber e-r verheirateten Frau
Haus·frie·de(n) *der*; ein gutes, harmonisches Verhältnis zwischen den Bewohnern e-s Hauses od. e-r Wohnung (*z.B.* zwischen den Mitgliedern e-r Familie) ⟨den Hausfrieden stören, wiederherstellen⟩ || ID ***der H. hängt schief*** es gibt Streit innerhalb der Familie, zwischen zwei Leuten, die sich e-e Wohnung teilen *o.Ä.*
Haus·frie·dens|bruch *der*; *Jur*; e-e (strafbare) Handlung, bei der j-d illegal *z.B.* die Wohnung od. das Grundstück e-s anderen betritt
Haus·gang *der*; *südd* Ⓐ ⒸⒽ ≈ (Haus)Flur
Haus·ge·brauch *der*; *nur in* ***für den H.*** **1** für die eigene Familie (od. den eigenen Haushalt) gedacht: *Wir musizieren nur für den H.* **2** so, dass es für einen selbst, für die eigenen Ansprüche ausreicht: *Ich bin kein großer Techniker, aber für den H. reicht es*

haus·ge·macht *Adj*; von j-m selbst hergestellt ↔ gekauft: *hausgemachte Marmelade*
Haus·ge·mein·schaft *die*; **1** *Kollekt*; alle Bewohner e-s Hauses (*bes* e-s Mietshauses): *Die gesamte H. war bei der Versammlung anwesend* **2** die sozialen Beziehungen in e-r H. (1): *Wir haben e-e gute, intakte H.*
Haus·halt *der*; *-(e)s, -e*; *Kollekt*; **1** *mst Sg*; alle Arbeiten (*z.B.* Kochen, Putzen, Waschen, Einkaufen), die in e-m Haus od. e-r Wohnung getan werden müssen ⟨(j-m) den H. besorgen / erledigen / führen / machen⟩: *Er hilft seiner Frau täglich im H.* || K-: ***Haushalts-, -führung, -kasse*** **2** *mst Sg*; die Wohnung u. die Möbel u. Gegenstände, die dazugehören: *Nach dem Tod unserer Großmutter mussten wir ihren H. auflösen* (= mussten wir alle Gegenstände aus ihrer Wohnung entfernen) || K-: ***Haushalts-, -auflösung, -gründung*** **3** alle Personen, die in e-r Wohnung zusammenleben, *mst* e-e Familie: *Die Broschüren wurden an alle privaten Haushalte verschickt* || -K: ***Einzel-, Geschäfts-, Privat-*** **4** *Admin*; die Einnahmen u. Ausgaben e-r Gemeinde / e-s Landes / Staates od. e-r (öffentlichen) Institution ≈ Etat ⟨(über) den H. beraten, den H. beschließen⟩: *Der Bundestag beriet den H. für das kommende Jahr* || K-: ***Haushalts-, -ausschuss, -debatte, -defizit, -gesetz, -plan, -politik*** || -K: ***Bundes-, Sozial-, Staats-, Verteidigungs-***
-haus·halt *der*; *im Subst*, *wenig produktiv*; verwendet, um den Prozess des Austauschs von Stoffen od. Energie im Körper od. in der Natur zu bezeichnen; ***Körperhaushalt, Naturhaushalt***; ***Energiehaushalt, Hormonhaushalt, Mineralhaushalt, Vitaminhaushalt, Wärmehaushalt, Wasserhaushalt, Zuckerhaushalt***
Haus·häl·te·rin *die*; *-, -nen*; e-e Frau (e-e Angestellte), die j-m den Haushalt (1) führt ≈ Wirtschafterin
Haus·halts|ar·ti·kel *der*; *mst Pl*; ein Gegenstand, den man im Haushalt (1) braucht: *Töpfe, Gläser u. Geschirr finden Sie in unserer Abteilung für H.*
Haus·halts|geld *das*; *nur Sg*; e-e bestimmte Summe Geld, die j-d für e-n Haushalt (1) ausgeben kann ≈ Wirtschaftsgeld
Haus·halts|ge·rät *das*; ein (elektrisches) Gerät, das man im Haushalt braucht, *z.B.* ein Staubsauger
Haus·halts|hil·fe *die*; *mst* e-e Frau, die j-m im Haushalt (1) hilft u. die dafür bezahlt wird ≈ Hausangestellte || NB: ≠ ***Haushälterin***
Haus·halts|jahr *das*; *Admin*; der Zeitraum, für den ein bestimmter Etat, Haushalt (4) berechnet ist
Haus·halts|mit·tel *die*; *Pl*; das Geld, das in e-m Haushaltsjahr ausgegeben werden kann
Haus·halts|rei·ni·ger *der*; ein *mst* flüssiges Mittel, mit dem man *bes* Bad u. Küche putzt
Haus·halts|wa·ren *die*; *Pl* ≈ Haushaltsartikel || K-: ***Haushaltswaren-, -geschäft***
Haus·herr *der*; *mst Sg*; **1** der Gastgeber bei e-m Fest od. e-r Party ↔ Gast: *Der H. führte seine Gäste ins Wohnzimmer* **2** *mst* der Vater, der in e-r Familie über alles bestimmt ≈ Familienoberhaupt **3** *südd* Ⓐ der Besitzer e-s (Miets)Hauses: *Der H. hat uns die Kündigung geschickt* || *hierzu* **Haus·her·rin** *die*
haus·hoch *Adj*; *ohne Steigerung*; **1** sehr hoch u. gewaltig ⟨Wellen, Brecher⟩: *Der Geysir jagte haushohe Fontänen aus dem Boden* **2** *gespr*; sehr hoch (4) ⟨ein Favorit, ein Sieg; ein Spiel h. gewinnen, verlieren; j-m h. überlegen, unterlegen sein⟩ || NB: *haushoch → ein haushoher Sieg*
hau·sie·ren; *hausierte, hat hausiert*; Vi **1** (***mit etw.*** (*Pl*)) ***h.*** (***gehen***) von Haus zu Haus gehen, um Waren (die man bei sich hat) zu verkaufen: *Er hausierte mit Schreibwaren*; *Betteln u. Hausieren verboten!* **2**

H

mit etw. h. gehen *gespr pej*; mit vielen Leuten (in aufdringlicher Weise) über e-e bestimmte Sache sprechen ⟨mit e-r Idee, e-r Neuigkeit, e-m Vorschlag h. gehen⟩ || *zu* **1 Hau·sie·rer** *der*; *-s*, *-*

häus·lich *Adj*; **1** im eigenen Haus, in der eigenen Familie ⟨das Glück, die Umgebung, Pflichten, Sorgen⟩: *Die häuslichen Arbeiten verrichtet er meist am Wochenende* **2** gern zu Hause u. bei der Familie ⟨ein Mädchen, e-e Frau, ein Mann⟩ || ID ***sich*** (***irgendwo / bei j-m***) ***h. niederlassen*** *gespr*; lange irgendwo / bei j-m bleiben (obwohl man nicht erwünscht ist) || *hierzu* **Häus·lich·keit** *die*; *nur Sg*

Haus·mann *der*; ein (*mst* verheirateter) Mann, der (für die eigene Familie) den Haushalt (1) macht u. keinen anderen Beruf ausübt ↔ Hausfrau

Haus·manns|kost *die*; **1** ein einfaches Essen ↔ Delikatesse **2** (*bes* im Sport) e-e nicht besonders gute Leistung: *Beide Teams boten nur biedere H.*

Haus·meis·ter *der*; j-d, der in e-m größeren Haus (*z.B.* e-m Mietshaus od. e-r Firma) für die Reinigung, kleinere Reparaturen u. Ordnung sorgt

Haus·müll *der*; die Abfälle, die in privaten Haushalten entstehen

Haus·mu·sik *die*; das private Musizieren mit der Familie od. mit Freunden

Haus·müt·ter·chen *das*; *gespr pej*; verwendet als Bezeichnung für e-e langweilige (u. biedere) Hausfrau

Haus·ord·nung *die*; Vorschriften, die das Zusammenleben in e-m Haus (*bes* in e-m Mietshaus) regeln ⟨die H. beachten, einhalten, gegen die H. verstoßen⟩

Haus·putz *der*; die gründliche Reinigung e-s Hauses od. e-r Wohnung ⟨(e-n) H. machen⟩

Haus·rat *der*; *-s*; *nur Sg*, *Kollekt*; alle Dinge, die zu e-m Haushalt (2) gehören ≈ Einrichtung || K-: ***Hausrats-, -versicherung***

Haus·recht *das*; *nur Sg*, *Jur*; das Recht e-s Mieters od. Hausbesitzers, anderen zu verbieten, seine (eigene od. gemietete) Wohnung zu betreten ⟨von seinem H. Gebrauch machen⟩

Haus·schlüs·sel *der*; der Schlüssel für die Eingangstür e-s Hauses

Haus·schuh *der*; ein bequemer Schuh, den man zu Hause trägt ↔ Straßenschuh

Hausse ['(h)oːs(ə)] *die*; *-*, *-n*; *Ökon*; das Steigen der Preise von Aktien (u. anderen Wertpapieren) an der Börse ↔ Baisse

Haus·se·gen *der*; *nur in* ***bei j-m hängt der H. schief*** *gespr hum*; in e-r Familie / e-r Ehe gibt es Streit

Haus·stand *der*; *mst Sg*, *veraltend* ≈ Haushalt (3) ⟨e-n eigenen H. haben, gründen⟩

Haus·su·chung *die*; *-*, *-en*; *Admin geschr*; e-e Aktion, bei der Polizisten j-s Haus od. Wohnung durchsuchen, *z.B.* um gestohlene Gegenstände od. Beweise für ein Verbrechen zu finden

Haus·tier *das*; ein Tier, das man sich aus Freude od. zum (wirtschaftlichen) Nutzen hält: *Hunde, Katzen, Kühe, Ziegen u. Schafe sind Haustiere*

Haus·tür *die*; die Tür, durch die man ein Haus betritt || K-: ***Haustür-, -schlüssel***

Haus·ver·bot *das*; das Verbot, ein bestimmtes Haus od. e-e Wohnung zu betreten ⟨bei j-m / irgendwo H. haben; j-m H. erteilen⟩

Haus·wirt *der*; j-d, der ein Haus besitzt u. es vermietet hat: *Diese Reparatur muss der H. übernehmen*

Haus·wirt·schaft *die*; **1** ≈ Haushalt (1) ⟨bei j-m die H. führen⟩ **2** *nur Sg*; ein Fach (an bestimmten Schulen), in dem die Schüler in allen Arbeiten unterrichtet werden, die notwendig sind, um e-n Haushalt (1) zu führen || K-: ***Hauswirtschafts-, -lehrerin, -schule*** || *zu* **1 haus·wirt·schaft·lich** *Adj*; **Haus·wirt·schaf·te·rin** *die*; *-*, *-nen*

Haut *die*; *-*, *Häu·te*; **1** *nur Sg*; die äußerste dünne Schicht des Körpers von Menschen u. Tieren, aus der die Haare wachsen ⟨e-e helle, dunkle, empfindliche, weiche, zarte, lederne, raue, trockene, fettige, großporige, unreine, straffe, faltige, welke H. (haben); sich die H. abschürfen, eincremen; die H. e-s Tieres abziehen⟩ || K-: ***Haut-, -arzt, -ausschlag, -creme, -entzündung, -farbe, -fetzen, -jucken, -krankheit, -krebs, -pflege, -rötung, -salbe, -transplantation*** || -K: ***Gesichts-, Kopf-*** **2** die H. (1) (u. das Fell) bestimmter Tiere, *z.B.* Rinder, die zwar schon haltbar gemacht, aber noch nicht zu Leder verarbeitet ist ⟨rohe Häute; die H. gerben⟩ || -K: ***Büffel-, Kuh-, Schlangen-*** **3** e-e Hülle, die (oft unter der Schale) *z.B.* e-e Frucht umgibt: *die sieben Häute der Zwiebel*; *die H. von den Mandeln abziehen* || ↑ *Abb. unter* **Obst** || -K: ***Ei-, Pfirsich-, Wurst-*** **4** *nur Sg*; e-e glatte, feste Schicht, die e-n Gegenstand wie e-e Art H. (1) umgibt / ihn schützt: *Die H. des Flugzeugs besteht aus Aluminium* || -K: ***Boots-, Schiffs-***; ***Kupfer-, Stahl-*** **5** e-e dünne Schicht, die sich auf der Oberfläche e-r Flüssigkeit gebildet hat: *die H. auf der heißen Milch* || -K: ***Milch-*** || ID ***e-e ehrliche / gute H.*** *gespr*; ein ehrlicher / guter Mensch; ***nur noch H. u. Knochen sein***; ***nur noch aus H. u. Knochen bestehen*** *gespr*; sehr dünn sein, stark abgemagert sein; ***mit H. u. Haar(en)*** *gespr* ≈ völlig, ganz u. gar; ***aus der H. fahren*** *gespr*; wütend werden; ***j-d fühlt sich in seiner H. nicht wohl***; ***j-m ist in seiner H. nicht wohl*** *gespr*; j-d fühlt sich (wegen e-r Situation / der Umstände) unwohl; ***sich seiner H. wehren*** *gespr*; sich energisch verteidigen; ***nicht aus seiner H. (heraus)können*** *gespr*; sich nicht ändern, anders verhalten können; ***mit heiler H. davonkommen*** *gespr*; etw. ohne Verletzung / ohne Schaden überstehen; ***nicht in j-s H. stecken wollen / mögen*** *gespr*; nicht an j-s Stelle sein wollen, weil sich dieser in e-r ungünstigen Lage befindet; ***etw. geht j-m unter die H.*** etw. berührt j-n emotional sehr stark; ***seine H. retten*** *gespr*; sich / seine Existenz retten; ***seine H. zu Markte tragen*** *gespr*; **a)** sich für j-n / etw. einsetzen u. sich dadurch selbst in Gefahr bringen; **b)** *hum*; als Prostituierte, Stripteasetänzerin *o.Ä.* arbeiten; ***seine H. so teuer wie möglich / (möglichst) teuer verkaufen*** *gespr*; sich mit allen Kräften u. Mitteln wehren / verteidigen; ***auf der faulen H. liegen***; ***sich auf die faule H. legen*** *gespr*; nichts tun, faulenzen

häu·ten; *häutete*, *hat gehäutet*; [Vt] **1 *ein Tier h.*** von e-m geschlachteten Tier die Haut (1) (ab)ziehen ⟨e-n Hasen, e-e Kuh h.⟩ **2 *etw. h.*** die Haut (3) e-r Frucht *o.Ä.* entfernen ⟨Mandeln, e-n Pfirsich h.⟩; [Vr] **3 *ein Tier häutet sich*** ein Tier streift die oberste Schicht der Haut (1) ab: *Eidechsen u. Schlangen häuten sich*

haut·eng *Adj*; *ohne Steigerung*; so eng am Körper (anliegend), dass sich dessen Formen deutlich zeigen ⟨ein Pullover, ein Kleid, Jeans⟩

haut·freund·lich *Adj*; nicht schädlich für die Haut ⟨e-e Creme, ein Puder, e-e Seife⟩

haut·nah *Adj*; *ohne Steigerung*; so, dass man es direkt u. intensiv fühlen / wahrnehmen kann ⟨ein Bericht; etw. h. miterleben⟩: *In den Nachrichten waren hautnahe Bilder vom Kriegsschauplatz zu sehen*

Ha·va·rie *die*; *-*, *-n* [-riːən]; **1** ein Schaden *mst* an e-m Schiff od. Flugzeug **2** ein Unfall e-s Flugzeugs od. Schiffes

Ha·xe *die*; *-*, *-n*; *südd* ≈ Hachse || -K: ***Kalbs-, Schweins-***

Hbf *Abk*; ↑ ***Hauptbahnhof***

H-Bom·be ['haː-] *die* ≈ Wasserstoffbombe

he! *Interjektion*; *gespr*; verwendet als Ausdruck des Erstaunens od. der Empörung, od. wenn man j-n auf etw. aufmerksam machen will

Head·hun·ter ['hɛthantɐ] *der*; *-s*, *-*; *gespr*; j-d, der im Auftrag für Unternehmen *o.Ä.* Führungskräfte od. Talente (*z.B.* Modelle, Schauspieler) sucht

Heb·am·me *die*; *-*, *-n*; e-e Frau, die beruflich bei Geburten hilft

He·be·büh·ne *die*; e-e technische Anlage, mit der *bes* Autos hochgehoben werden: *Um den Auspuff richtig zu sehen, fuhr er das Auto auf die H.*

He·bel *der*; *-s*, *-*; **1** e-e Art einfacher Griff, mit dem man ein Gerät od. e-e Maschine *z.B.* ein- od. ausschalten kann ⟨e-n H. bedienen, betätigen, (her)umlegen, herunterdrücken, hochdrücken⟩ || -K: ***Brems-***, ***Einstell-***, ***Kupplungs-***, ***Schalt-*** **2** ein einfaches Werkzeug in Form e-r Stange od. e-s Bretts, mit dem man schwere Gegenstände heben u. fortbewegen kann ⟨*mst* den H. (irgendwo) ansetzen⟩ || K-: ***Hebel-***, ***-arm***, ***-wirkung*** || ID ***(irgendwo) den H. ansetzen*** an e-m bestimmten (Ansatz)Punkt mit e-r Sache beginnen; ***alle Hebel in Bewegung setzen*** alles Mögliche tun, um etw. zu erreichen; ***am längeren H. sitzen*** in e-r besseren Position als der Gegner sein u. mehr Einfluss u. Macht haben: *Gegen unseren Lehrer können wir nichts ausrichten. - Er sitzt immer am längeren H.*

he·ben; *hob*, *hat gehoben*; [Vt] **1 *j-n / etw. h.*** j-n / etw. nach oben bewegen: *Er macht Bodybuilding u. hebt mühelos Gewichte von hundert Kilo*; *Sie hob den Kopf u. lauschte aufmerksam* **2 *j-n / etw. irgendwohin, irgendwoher h.*** j-n / etw. hochnehmen u. an e-n anderen Ort, in e-e andere Lage bringen: *Sie hob das Baby aus der Wiege*; *Er hob den Sack Kartoffeln auf die Schultern* **3 *etw. hebt etw.*** *geschr*; etw. verbessert, steigert etw. ↔ etw. senkt etw. ⟨etw. hebt den Lebensstandard, den Wohlstand, das Niveau⟩: *Der berufliche Erfolg hat ihr Selbstbewusstsein gehoben* **4 *etw. h.*** *geschr*; etw., das vergraben od. in e-m Gewässer versunken ist, nach oben holen ≈ bergen (1) ⟨e-n Schatz, ein Schiff h.⟩: *Die Forscher haben das alte spanische Kriegsschiff gehoben*; [Vr] **5 *etw. hebt sich*** *geschr*; etw. wird nach oben bewegt, geht in die Höhe ↔ etw. senkt sich: *Im Theater hob sich langsam der Vorhang* **6 *etw. hebt sich*** *geschr*; etw. wird besser, steigert sich ↔ etw. sinkt: *Im Lauf des Abends hob sich die Stimmung auf der Party* || ID ***einen h.*** *gespr*; etw. Alkoholisches, *mst* Schnaps, trinken || *zu* **3** u. **4** **He·bung** *die*

he·cheln; *hechelte*, *hat gehechelt*; [Vi] ⟨ein Hund⟩ ***hechelt*** ein Hund atmet mit offenem Maul, sodass die Zunge heraushängt

Hecht *der*; *-(e)s*, *-e*; **1** ein (Raub)Fisch mit langem Kopf u. starken Zähnen, der bis zu 1,50 Meter lang ist u. im Süßwasser lebt ⟨e-n H. angeln, fangen⟩ **2** *gespr* ≈ Hechtsprung **3 *ein toller H.*** *gespr*; j-d, der (*mst* wegen seines Mutes od. seiner Männlichkeit) sehr bewundert wird

Hecht

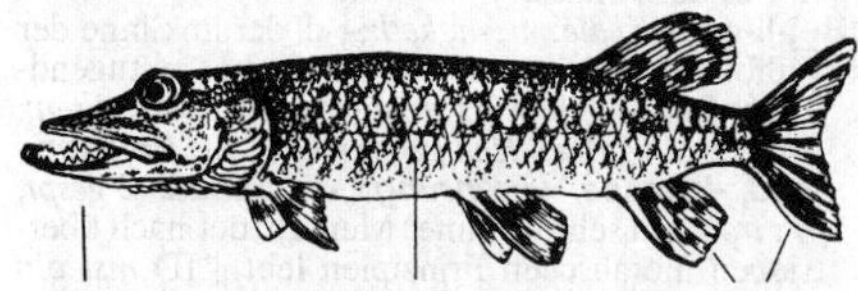

hech·ten; *hechtete*, *ist gehechtet*; [Vi] **1 *(irgendwohin) h.*** mit dem Kopf voraus u. mit nach vorne gestreckten Armen ins Wasser springen: *vom Dreimeterbrett ins Wasser h.* **2 *irgendwohin h.*** mit dem Kopf voraus u. mit nach vorne gestreckten Armen springen, um e-n Ball zu fangen ⟨nach dem Ball h.⟩: *Der Torwart hechtete ins rechte untere Eck*

Hecht·sprung *der*; der Sprung mit dem Kopf voraus u. mit nach vorne gestreckten Armen (*mst* ins Wasser od. über ein (Turn)Gerät): *e-n H. ins Schwimmbecken machen*

Heck *das*; *-s*, *-e / -s*; der hinterste Teil e-s Schiffes, Autos od. Flugzeugs ↔ Bug || ↑ *Abb. unter* ***Flugzeug***, ***Segelboot*** || K-: ***Heck-***, ***-antrieb***, ***-fenster***, ***-motor***, ***-scheibe***, ***-spoiler***, ***-tür*** || *zu* ***Heckscheibe*** ↑ ***Abb. unter Auto***

He·cke *die*; *-*, *-n*; Büsche od. Sträucher, die in e-r Reihe so eng aneinander gepflanzt sind, dass sie e-e Art Zaun bilden ⟨die H. schneiden, stutzen⟩: *e-e H. um den Garten pflanzen* || K-: ***Hecken-***, ***-schere*** || -K: ***Dornen-***, ***Flieder-***, ***Rosen-*** || *zu* ***Heckenschere*** ↑ *Abb. unter* ***Gartengeräte***

He·cken·schüt·ze *der*; *pej*; j-d, der aus e-m Versteck heraus auf j-n schießt

Heck·klap·pe *die*; e-e Art Tür mit Fenster hinten an bestimmten Autos, die nach oben aufgeklappt wird

Heer *das*; *-(e)s*, *-e*; **1** der Teil der Armee e-s Landes, der *bes* auf dem Land kämpft ↔ Luftwaffe, Marine **2 *ein H. von*** ⟨Personen / Dingen⟩ e-e sehr große Anzahl von Personen od. Dingen ≈ e-e Menge, ein Haufen Personen / Dinge: *Jeden Sommer strömt ein H. von Touristen in Richtung Süden*

Heer·schar *die*; **1** *mst Pl*, *veraltend*; ein Teil e-s Heeres (1) **2 *Heerscharen von*** ⟨Personen⟩ *gespr*; große Mengen: *Heerscharen von Besuchern*

He·fe *die*; *-*; *nur Sg*; e-e weißliche Masse, (die aus sehr kleinen Pilzen besteht u.) die bewirkt, dass e-e Flüssigkeit gärt od. dass Teig größer wird (aufgeht): *die H. in den Teig rühren u. den Teig gehen lassen* || K-: ***Hefe-***, ***-kuchen***, ***-pilz***, ***-teig*** || -K: ***Back-***

Heft *das*; *-(e)s*, *-e*; **1** e-e Art dünnes Buch mit mehreren leeren (unbedruckten) Blättern, die durch Fäden *o.Ä.* zusammengehalten u. in e-m Umschlag (aus Karton) sind: *Der Lehrer sammelt die Hefte mit den Hausaufgaben ein* || -K: ***Aufsatz-***, ***Diktat-***, ***Rechen-***, ***Schul-***, ***Vokabel-*** **2** e-e Art kleines, dünnes Buch, dessen Seiten nur durch Fäden od. Klammern zusammengehalten werden ≈ Bändchen **3** die einzelne Folge e-r Zeitschrift, die regelmäßig erscheint ≈ Nummer (6): *Die Zeitschrift erscheint jährlich in zwölf Heften* || -K: ***Comic-***, ***Mode-***, ***Porno-***, ***Programm-***

hef·ten; *heftete*, *hat geheftet*; [Vt] **1 *etw. h.*** Blätter mit Fäden od. Klammern zu e-m Heft od. Buch zusammenfügen: *e-e Broschüre h.* **2 *etw. irgendwohin h.*** etw. mit e-r Nadel od. Klammer an etw. befestigen: *ein Poster an die Wand h.*; [Vt/i] **3 *(etw.) h.*** die Teile e-s Kleidungsstücks, die man zugeschnitten hat, mit Nadeln od. großen Stichen provisorisch zusammennähen: *e-e Naht, e-n Saum h.*

hef·tig *Adj*; **1** von großer Intensität, sehr stark ≈ gewaltig ⟨ein Gewitter, ein Regen, ein Sturm; ein Schlag, ein Stoß; Schmerzen; e-e Kontroverse, ein Streit, ein Kampf, (e-e) Abneigung, (e-e) Leidenschaft, Liebe; h. weinen, erschrecken, h. aneinander geraten, sich (*Pl*) h. streiten, j-n h. tadeln⟩ **2** plötzlich u. mit viel Kraft ≈ abrupt, ruckartig ⟨e-e Bewegung⟩ **3** so, dass der Betreffende leicht wütend wird ≈ aufbrausend, aufschäumend, unbeherrscht ⟨e-e heftige Art (an sich) haben; h. reagieren⟩ || *hierzu* **Hef·tig·keit** *die*; *nur Sg*

Heft·klam·mer *die*; e-e kleine Klammer aus Draht, mit der man mehrere Blätter Papier verbindet || ↑ *Abb. unter* ***Klammer***

Heft·pflas·ter *das*; ein kleiner Streifen aus Plastik *o.Ä.* u. (Mull)Stoff, den man über kleinere Wunden klebt ⟨ein H. über e-e Wunde kleben; ein H. abziehen⟩

He·ge *die*; -; *nur Sg*, *Kollekt*; alles, was man tut, damit es (wilden) Tieren od. Pflanzen gut geht

he·gen; *hegte*, *hat gehegt*; [Vt] **1** ***etw.*** (*Kollekt od Pl*) ***h.*** sich (beruflich) um Tiere od. Pflanzen kümmern, damit es ihnen gut geht: *Der Förster hegt das Wild* **2** ***j-n h.*** (***u. pflegen***) *geschr*; sich intensiv u. mit viel Liebe um j-n kümmern, der krank ist od. Hilfe braucht: *Die Mutter hegte u. pflegte ihren Sprössling* **3** ***etw. h.*** *geschr*; verwendet zusammen mit e-m Subst., um ein Verb zu umschreiben; ***Abscheu gegen j-n / etw. h.*** ≈ j-n / etw. verabscheuen; ***Hass gegen j-n / etw. h.*** ≈ j-n / etw. hassen; ***Groll gegen j-n / etw. h.*** ≈ j-m / etw. grollen; ***Misstrauen gegen j-n / etw. h.*** ≈ j-m / etw. misstrauen; ***e-n Verdacht*** (***gegen j-n***) ***h.*** ≈ j-n verdächtigen; ***e-n Wunsch h.*** ≈ sich etw. wünschen; ***Zweifel an etw.*** (*Dat.*) ***h.*** ≈ an etw. zweifeln

Hehl *das*, *der*; *nur in* ***kein(en) H. aus etw. machen*** *geschr*; etw. (*bes* seine Emotionen) deutlich zeigen ≈ etw. offenbaren ↔ etw. verbergen: *Er machte kein(en) H. aus seiner maßlosen Enttäuschung*

Heh·ler *der*; *-s*, -; j-d, der Dinge kauft (u. wieder verkauft), obwohl er genau weiß, dass sie j-m gestohlen worden sind

Heh·le·rei *die*; -; *nur Sg*, *Jur*; die kriminelle Tat (Straftat), die ein Hehler begeht ⟨sich der H. schuldig machen⟩

hei! *Interjektion*; drückt aus, dass man sich freut od. lustig ist

Hei·de[1] *die*; -; *nur Sg*; e-e *mst* sandige, trockene Landschaft, in der *bes* Büsche, Gräser u. Sträucher wachsen: *die Lüneburger H.* || K-: ***Heide-, -land***

Hei·de[2] *der*; *-n*, *-n*; *veraltend*; j-d, der keiner der großen Religionen angehört ⟨die Heiden bekehren⟩ || NB: **a)** oft *pej* aus der Sicht der Christen verwendet; **b)** *der Heide*; *den*, *dem*, *des Heiden* || *hierzu* **Hei·din** *die*; -, *-nen*

Hei·de·kraut *das*; *nur Sg* ≈ Erika

Hei·del·bee·re *die*; **1** ein niedriger Strauch, an dem kleine dunkelblaue bis schwarze Beeren wachsen, aus denen man *bes* Saft od. Marmelade herstellt ≈ Blaubeere || K-: ***Heidelbeer-, -strauch*** **2** die Frucht der H. (1) ⟨Heidelbeeeren pflücken, saften, einkochen⟩ || K-: ***Heidelbeer-, -marmelade, -saft***

Hei·den- *im Subst*, *betont*, *wenig produktiv*, *gespr*; sehr viel od. sehr intensiv; die ***Heidenangst***, die ***Heidenarbeit***, das ***Heidengeld*** ⟨ein H. verdienen⟩, der ***Heidenlärm*** ⟨e-n H. machen⟩, der ***Heidenrespekt***, der ***Heidenspaß***, der ***Heidenspektakel*** ⟨e-n H. veranstalten⟩ || NB: **a)** *mst* mit unbestimmtem Artikel; **b)** Beide Teile dieser Begriffe werden betont: *Heidenspaß*

heid·nisch *Adj*; die Heiden[2] betreffend ⟨ein Kult, ein Brauch⟩

hei·kel, *heikler*, *heikelst-*; *Adj*; **1** ⟨ein Mensch⟩ sehr schwer zufrieden zu stellen, *bes* in Bezug auf das Essen ≈ wählerisch, anspruchsvoll ↔ anspruchslos: *Was Sauberkeit angeht, ist Ilse sehr h.* **2** *mst attr*; so kompliziert (u. mit Emotionen beladen), dass man sehr vorsichtig (u. taktvoll) mit j-m darüber sprechen muss ≈ diffizil ⟨ein Thema, ein Problem, e-e Frage, e-e Angelegenheit⟩: *Der Redner schnitt das heikle Problem der Rassendiskriminierung an*

heil *Adj*; *mst präd*, *ohne Steigerung*; **1** ohne Verletzung ≈ unverletzt ⟨(bei etw.) h. davonkommen⟩: *Sie hat den schweren Unfall h. überstanden* **2** *gespr*; nach e-r Verletzung wieder gesund ↔ krank: *Das Bein ist wieder h.* **3** *gespr*; ohne Schaden od. Beschädigung ≈ ganz[1] ↔ kaputt: *Mir ist das Glas auf den Boden gefallen, aber es ist h. geblieben*

Heil *das*; *-(e)s*; *nur Sg*, *geschr*; **1** etw., das für j-n das höchste Glück bedeutet ⟨sein H. in etw. (*Dat*) suchen, finden⟩: *nach dem H. streben* **2** *Rel*; Glückseligkeit u. Erlösung von den Sünden ⟨das ewige H.⟩ || K-: ***Heils-, -botschaft*** || -K: ***Seelen-*** || ID ***sein H. in der Flucht suchen*** *mst iron* ≈ fliehen; ***sein H.*** (***bei j-m***) ***versuchen*** *gespr*; versuchen, bei j-m etw. zu erreichen (was man oft bei anderen nicht erreicht)

Hei·land *der*; *-(e)s*; *nur Sg*; ***der H.*** *Rel*; Jesus Christus ⟨der gegeißelte, gekreuzigte H.⟩

Heil·an·stalt *die*; e-e Art Krankenhaus für Menschen, die an lange andauernden (chronischen) Krankheiten leiden od. psychisch krank sind ⟨j-n in e-e H. einweisen⟩ || -K: ***Lungen-, Nerven-, Trinker-***

Heil·butt *der*; *-(e)s*, *-e*; ein flacher (platter) Fisch, der *bes* in Meeren des nördlichen Teils der Erde lebt u. dessen Fleisch sehr gut schmeckt

hei·len; *heilte*, *hat / ist geheilt*; [Vt] (*hat*) **1** ***j-n*** (***von etw.***) ***h.*** e-n Kranken wieder gesund machen ≈ kurieren: *Der Arzt hat den Patienten* (*von seinem Leiden / seinen Beschwerden*) *geheilt* **2** ***etw. h.*** e-e Erkrankung od. Krankheit durch e-e Behandlung od. Medikamente beseitigen: *Der Arzt hat die Entzündung mit Penizillin geheilt*; [Vi] **3** ***etw. heilt*** (*ist*) etw. wird gesund ⟨Verletzungen, Wunden⟩: *Die Brandwunde ist gut / schnell geheilt*; *Muskeln u. Gewebe heilen besser als Knochen u. Bänder* || ID (***von j-m / etw.***) ***geheilt sein*** *gespr*; aufgrund negativer Erfahrungen nichts mehr mit j-m / etw. zu tun haben wollen || *zu* **2** **heil·bar** *Adj*; *nicht adv*; **Heil·bar·keit** *die*; *nur Sg*

heil·froh *Adj*; *nur präd*, *ohne Steigerung*, *nicht adv*, *gespr*; froh u. glücklich, dass e-e *mst* unangenehme Situation gut zu Ende gegangen ist ≈ erleichtert: *Wir waren alle h., dass die Prüfungen endlich vorbei waren*

hei·lig *Adj*; **1** durch den Bezug zu (e-m) Gott u. zur Religion von besonderem Wert od. besonderer Würde: *Der Ganges ist für die Hindus ein heiliger Fluss* **2** *Rel*; so, dass man dadurch das Heil (2) Gottes bekommt ⟨die Sakramente, die Messe, die Taufe⟩ **3** von der katholischen Kirche als Heilige / Heiliger (1) anerkannt; *Abk* hl.: *die heilige Elisabeth*; *der heilige Franz von Assisi* **4** *geschr*; von höchstem Wert ≈ unantastbar: *Die Freiheit ist ein heiliges Gut* **5** *gespr*; sehr groß: *e-n heiligen Zorn haben*; *Ich habe e-n heiligen Schrecken bekommen* **6** ***j-m ist nichts h.*** j-d hat vor nichts Respekt (od. Ehrfurcht)

> **hei·lig spre·chen**; *spricht heilig*, *sprach heilig*, *hat heilig gesprochen*; [Vt] ⟨der Papst⟩ ***spricht j-n heilig*** der Papst erklärt, dass j-d ein Heiliger (1) ist || *hierzu* **Hei·lig·spre·chung** *die*

Hei·lig·abend (*der*); der 24. Dezember || NB: man sagt: *Er kommt* (*an*) *Heiligabend / am Heiligen Abend nach Hause*

Hei·li·ge *der / die*; *-n*, *-n*; *kath*; j-d, der im Sinne der katholischen Kirche ein sehr frommes u. tugendhaftes Leben gelebt hat u. der verehrt wird: *Franz von Assisi wird als Heiliger verehrt* || K-: ***Heiligen-, -bild, -legende, -verehrung*** || -K: ***Schutz-*** **2** *gespr*, *mst iron*; ein sehr frommer Mensch, der nach übertrieben moralischen Prinzipien lebt || ID *mst* ***ein seltsamer / komischer Heiliger*** *gespr*, *mst iron od pej*; ein Mensch, der sich seltsam benimmt ≈ Sonderling || NB: *ein Heiliger*; *der Heilige*; *den*, *dem*, *des Heiligen*

Die Heiligen Drei Könige

Die Weihnachtszeit endet mit dem 6. Januar, dem Tag der Heiligen Drei Könige. In den katholischen Gebieten Deutschlands, vor allem auf dem Land, gibt es noch den Brauch der **Sternsinger**: Gruppen von Kindern, die als die Heiligen Drei Könige verkleidet sind, gehen von Haus zu Haus und singen Lieder. Zum Dank bekommen sie Süßigkeiten oder kleine Geldbeträge für einen guten Zweck geschenkt. Die Kinder schreiben mit Kreide die Buchstaben C + M + B – die Initialen eines lateinischen Segensspruchs – und die Jahreszahl auf die Haustür, was den Bewohnern Glück für das kommende Jahr bringen soll.

Hei·li·gen·schein *der*; der Lichtschein, der auf Bildern den Kopf *mst* e-s Heiligen umgibt

Hei·lig·tum *das*; *-s*, *Hei·lig·tü·mer*; **1** ein Ort, an dem ein Gott verehrt wird: *das H. des Apollo in Delphi* **2** ein Gegenstand, den man verehrt **3** *gespr*, *oft iron*; ein Gegenstand, der für j-n e-n sehr hohen Wert hat: *Sein Auto ist sein H.*

Heil·kraft *die*; die Eigenschaft, heilen zu können: *die Heilkräfte der Kamille* || *hierzu* **heil·kräf·tig** *Adj*

Heil·kun·de *die*; -; *nur Sg*; die Wissenschaft, die sich mit der Heilung von Krankheiten beschäftigt ≈ Medizin

Heil·kunst *die*; *nur Sg*; das Wissen u. die Fähigkeit, *bes* mit medizinischen Mitteln Krankheiten zu heilen

heil·los *Adj*; *pej*; verwendet, um auszudrücken, dass ein negativer Zustand sehr schlimm ist ≈ ungeheuer, furchtbar ⟨ein Durcheinander, e-e Unordnung, e-e Verwirrung⟩

Heil·mit·tel *das*; ein Mittel (ein Medikament od. ein medizinisches Verfahren), mit dem man versucht, e-e Krankheit zu heilen

Heil·quel·le *die*; e-e *mst* warme Quelle, die Mineralien *o.Ä.* enthält u. bei bestimmten Krankheiten hilft

Heil·prak·ti·ker *der*; j-d, der die Erlaubnis hat, (beruflich) Kranke zu behandeln u. zu heilen, der jedoch *mst* andere Methoden anwendet als die traditionelle Medizin || NB: ↑ ***Arzt***

heil·sam *Adj*; j-m nützlich, indem es ihm zeigt, dass sein Verhalten od. Denken falsch war od. ist ⟨e-e Erfahrung, ein Schock⟩

Hei·lung *die*; -, *-en*; der Vorgang des Heilens (1,3): *die H. e-s Kranken* || K-: ***Heilungs-, -aussichten, -chance, -prozess***

heim *Adv* ≈ nach Hause || NB: ↑ ***heim-***

Heim *das*; *-(e)s,-e*; **1** *nur Sg*; das Haus od. die Wohnung, in dem / der j-d lebt (u. sich wohl fühlt) ≈ Zuhause ⟨ein behagliches, gemütliches, trautes H.⟩: *Sie richtete sich ihr H. geschmackvoll ein* **2 *ein eigenes H.*** das Haus, das einem selbst gehört: *Der Wunsch nach e-m eigenen H.* || -K: ***Eigen-*** **3** ein Haus, in dem Personen od. Tiere, die Hilfe brauchen, leben u. betreut werden ⟨in ein H. kommen, eingewiesen werden; in e-m H. untergebracht sein⟩: *Das Kind ist in e-m / im H. aufgewachsen* || K-: ***Heim-, -erziehung***; ***-kind, -tier*** || -K: ***Alten-, Alters-, Blinden-, Kinder-, Obdachlosen-***; ***Tier-***; ***Erholungs-, Ferien-***; ***Pflege-, Wohn-*** **4** ein Haus, in dem sich die Mitglieder e-s Klubs od. Vereins treffen: *Alle Mitglieder haben geholfen, das neue H. zu bauen* || -K: ***Klub-, Vereins-***

heim- *im Verb, betont u. trennbar, sehr produktiv*; Die Verben mit *heim-* werden nach folgendem Muster gebildet: *heimbringen - brachte heim - heimgebracht*
heim- bezeichnet die Richtung zur eigenen Wohnung, zum eigenen Haus *o.Ä.* hin ≈ nach Hause;
heimkommen: *Am Dienstag kommt sie wieder heim* ≈ Am Dienstag kommt sie wieder dahin zurück, wo sie zu Hause ist
ebenso: ***j-n heimbegleiten, j-n heimbringen, j-n heimfahren, j-n heimholen, j-n / etw. heimschaffen, j-n heimschicken***; ***heimdürfen, heimfinden,*** (***j-n***) ***heimfliegen, heimgehen, heimkommen, heimkönnen, heimlaufen, heimmüssen, heimsollen, heimwollen***; ***sich heimbegeben, sich heimtrauen***

Heim·ar·beit *die*; *nur Sg*; e-e *mst* einfache Arbeit, die man für e-e Firma zu Hause gegen Bezahlung macht ⟨etw. in H. anfertigen⟩

Hei·mat *die*; -; *nur Sg*; **1** das Land, die Gegend od. der Ort, wo j-d (geboren u.) aufgewachsen ist od. wo j-d e-e sehr lange Zeit gelebt hat u. wo er sich (wie) zu Hause fühlt ⟨seine H. verlieren; (irgendwo) e-e neue H. finden⟩: *Nach zwanzig Jahren kehrten sie in ihre alte H. zurück* || K-: ***Heimat-, -dorf, -land, -liebe, -museum, -ort, -stadt*** **2 *die zweite H.*** ein fremdes Land, e-e fremde Gegend, ein fremder Ort, wo man sich nach einiger Zeit sehr wohl fühlt: *Sie stammt aus Hamburg, aber inzwischen ist Würzburg zu ihrer zweiten H. geworden* || -K: ***Wahl-*** **3** das Land, die Gegend od. der Ort, wo etw. seinen Ursprung hat: *Australien ist die H. des Kängurus*; *Die H. der „Commedia dell' arte" ist Italien* || *zu* **1 hei·mat·los** *Adj*

Hei·mat·dich·ter *der*; ein Dichter, der in seinen Werken Themen aus der Region beschreibt, in der er lebt, u. dazu oft den Dialekt dieser Region benutzt || *hierzu* **Hei·mat·dich·tung** *die*

Hei·mat·kun·de *die*; ein Fach in der (Grund)Schule, in dem die Kinder die Geschichte u. Geographie, die Tiere u. Pflanzen *usw* der näheren Umgebung kennen lernen || *hierzu* **hei·mat·kund·lich** *Adj*

hei·mat·lich *Adj*; *ohne Steigerung*; (so wie) in j-s Heimat (1) ⟨die Sprache; Klänge; die Berge, das Meer; Bräuche⟩

Hei·mat·ver·trie·be·ne *der / die*; *-n*, *-n*; Ⓓ ein Deutscher / e-e Deutsche, der / die nach 1945 *bes* das Gebiet östlich der Flüsse Oder bzw. Neiße verlassen musste || NB: *ein Heimatvertriebener*; *der Heimatvertriebene*; *den, dem, des Heimatvertriebenen*

Heim·chen *das*; *-s*, *-*; *mst in* ***ein H. am Herd(e)*** *pej od iron*; e-e Hausfrau, die damit zufrieden ist, ihre Familie zu versorgen, u. die sonst keine Interessen hat

Heim·com·pu·ter *der*; ein relativ einfacher Computer für zu Hause (*bes* für Spiele u. einfache Programmieraufgaben)

hei·me·lig *Adj*; *nicht adv*; so eingerichtet, dass man sich darin sehr wohl fühlt ≈ behaglich, gemütlich

Heim·fahrt *die*; die Fahrt nach Hause / zu dem Ort, wo man wohnt

heim·ge·hen (*ist*) [Vi] **1** ↑ ***heim-*** **2** *geschr euph* ≈ sterben || NB: *mst* im Perfekt; [Vimp] **3 *es geht heim*** (***bei j-m***) *gespr*; die Reise nach Hause (*z.B.* nach dem Urlaub) beginnt: *Wir fliegen am Montag nach Deutschland zurück. - U. wann geht es bei euch heim?* || *zu* **2 Heim·gang** *der*; *nur Sg*

hei·misch *Adj*; **1** *nur attr, nicht adv*; zur Heimat gehörig ≈ einheimisch: *die heimische Tier- u. Pflanzenwelt*; *die heimische Bevölkerung* **2 *irgendwo h.*** so, dass es aus der genannten Gegend stammt: *Der Tiger ist in Indien h.* **3 *sich irgendwo h. fühlen*** sich am genannten Ort so wohl wie in seiner Heimat fühlen

H

Heim·kehr [-keːɐ] *die*; -; *nur Sg*; das Zurückkommen in die Heimat (*bes* nachdem man längere Zeit fort war) ≈ Heimkunft: *die H. der Soldaten aus dem Krieg*; *ein Fest zu j-s H. vorbereiten*
heim·keh·ren (*ist*) [Vi] (nachdem man längere Zeit fort war) in seine Heimat zurückkommen: *von e-r Expedition in den Urwald wieder heil h.* || *hierzu* **Heim·keh·rer** *der*; *-s*, *-*; **Heim·keh·re·rin** *die*; *-*, *-nen*
Heim·kunft *die*; -; *nur Sg*, *geschr* ≈ Heimkehr
heim·lich *Adj*; so, dass es andere nicht sehen, hören od. bemerken ≈ im Verborgenen: *ein heimliches Treffen im Wald*; *e-e heimliche Vereinbarung treffen* || ID ***h., still u. leise*** *gespr*; so, dass es niemand hört u. sieht ≈ unbemerkt: *Er schlich sich h., still u. leise ins Haus* || *hierzu* **Heim·lich·keit** *die*

H

> **heim·lich tun**; *tut heimlich, tat heimlich, hat heimlich getan*; [Vi] *pej*; sich so verhalten, dass die anderen Leute merken, dass man etw. geheim hält: *Wenn sie über ihren Beruf spricht, tut sie immer furchtbar heimlich* || *hierzu* **Heim·lich·tu·er** *der*; *-s*, *-*; **Heim·lich·tu·e·rin** *die*; *-*, *-nen*

Heim·spiel *das*; *Sport*; ein Spiel / Match auf dem eigenen Sportplatz (u. nicht auf dem des Gegners) ↔ Auswärtsspiel ⟨ein H. haben⟩
heim·su·chen (*hat*) [Vt] *geschr*; **1** ***j-n h.*** in j-s Haus od. Wohnung eindringen u. ihn belästigen od. schädigen: *von Einbrechern heimgesucht werden* **2** ***etw. sucht j-n / etw. heim*** etw. hat e-n schädlichen Einfluss auf j-n od. auf e-e Gegend ⟨Krankheiten, Epidemien, Seuchen⟩: *Sie wurden von e-m Erdbeben heimgesucht*; *Das Land wurde von e-m Krieg u. von der Pest heimgesucht* || NB: *mst* im Passiv!
Heim·su·chung *die*; *-*, *-en*; *geschr*; ein großes Unglück (das man als Schicksalsschlag empfindet)
Heim·tü·cke *die*; -; *nur Sg*; **1** e-e hinterhältige Handlungsweise, mit der man j-m schaden will ≈ Arglist, Boshaftigkeit: *unter j-s H. zu leiden haben* **2** die Eigenschaft (*bes* e-r Krankheit), sich (oft lange unbemerkt) sehr schlimm (für j-n) zu entwickeln: *die H. von Aids* || *hierzu* **heim·tü·ckisch** *Adj*
heim·wärts *Adv*; in Richtung zu seiner Wohnung, zu seinem Haus, zu seiner Heimat ⟨h. ziehen, fahren⟩
Heim·weg *der*; *nur Sg*; der Weg nach Hause ⟨auf dem H. sein⟩
Heim·weh *das*; *-s*; *nur Sg*; ***H.*** (***nach j-m / etw.***) (wenn man weit weg von zu Hause ist) der starke Wunsch, nach Hause, in die Heimat zurückzukehren ↔ Fernweh ⟨H. haben, bekommen⟩
Heim·wer·ker *der*; *-s*, *-*; j-d, der zu Hause handwerkliche Arbeiten macht (*z.B.* tapeziert od. repariert)
heim·zah·len (*hat*) [Vt] ***j-m etw. h.*** j-m etw. Böses tun, weil er einem auch etw. Böses getan hat ≈ sich an j-m rächen: *Ich werde ihm seine boshaften Bemerkungen schon noch gewaltig h.!*
-hei·ni *der*; *im Subst*, *begrenzt produktiv*, *gespr pej*; verwendet, um auszudrücken, dass j-d mit der genannten Sache *mst* beruflich zu tun hat ≈ -fritze; ***Filmheini, Versicherungsheini, Zeitungsheini***
Hein·zel·männ·chen *das*; (in Sagen u. Märchen) ein freundlicher Zwerg, der heimlich die Arbeit der Menschen macht, wenn sie nicht zu Hause sind
Hei·rat *die*; *-*, *-en*; ***die H.*** (***mit j-m***) die Verbindung zur Ehe: *die H. des reichen Geschäftsmannes mit e-r jungen Schauspielerin* || K-: ***Heirats-, -absichten, -annonce, -urkunde***
hei·ra·ten; *heiratete*, *hat geheiratet*; [Vt/i] **1** (***j-n***) ***h.*** als Mann od. Frau gemeinsam mit dem Partner zum Standesamt (u. in die Kirche) gehen u. dort in e-r Zeremonie erklären, dass man sein Leben zusammen verbringen will ⟨kirchlich, standesamtlich h.⟩: *Er heiratet morgen* (*seine langjährige Freundin*); [Vi] **2** ***irgendwohin h.*** j-n h. (1) u. mit ihm / ihr an e-n bestimmten Ort ziehen: *Vor drei Jahren lernte unsere Tochter e-n Italiener kennen u. heiratete nach Florenz* **3** ***h. müssen*** *gespr*; h. (1), weil die Frau schwanger ist: *Sie mussten h.*
Hei·rats·an·trag *der*; ein Vorschlag, *mst* von e-m Mann an e-e Frau gerichtet, zu heiraten (1) ⟨e-r Frau e-n H. machen; e-n H. bekommen⟩
hei·rats·fä·hig *Adj*; *nicht adv*; *mst in* ***im heiratsfähigen Alter sein*** alt genug sein, um heiraten zu können
Hei·rats·schwind·ler *der*; ein Mann, der so tut, als wolle er e-e Frau heiraten, damit sie ihm Geld schenkt *o.Ä.* || *hierzu* **Hei·rats·schwin·del** *der*
hei·ser *Adj*; so, dass die Stimme (*z.B.* wegen e-r Erkältung) sehr rau klingt ⟨h. sein, sich h. schreien⟩: *Er war so erkältet, dass seine Stimme ganz h. klang* || *hierzu* **Hei·ser·keit** *die*; *nur Sg*
heiß, *heißer*, *heißest-*; *Adj*; **1** mit / von sehr hoher Temperatur, sehr warm ↔ kalt ⟨glühend, kochend, siedend h.⟩: *ein heißes Bad nehmen*; *An heißen Tagen gehe ich gern schwimmen*; *Das Kind hat e-e ganz heiße Stirn, bestimmt hat es Fieber* || K-: ***Heiß-, -luft*** **2** *nur attr od adv*; sehr intensiv ≈ leidenschaftlich ⟨e-e Liebe, e-e Sehnsucht, ein Verlangen, ein Wunsch; j-n h. begehren, h. u. innig lieben; etw. h. ersehnen⟩ || K-: ***heiß begehrt, ersehnt, geliebt*** **3** mit heftigen Worten u. starken Gefühlen ⟨e-e Debatte, e-e Diskussion, ein Kampf, e-e Kontroverse⟩ || K-: ***heiß umkämpft, umstritten*** **4** *nicht adv*, *gespr*; so, dass es zu Streit od. Konflikten führt ≈ brisant, heikel ⟨*mst* ein Thema⟩ **5** *nicht adv*, *gespr*; mit Streit, Protest od. politischen Aktionen: *Die Atomkraftgegner kündigten e-n heißen Herbst an* **6** *nur attr*, *nicht adv*, *gespr*; mit sehr guten Aussichten auf Erfolg, auf den Sieg ⟨ein Favorit⟩: *ein heißer Tipp beim Pferderennen* **7** *gespr*; mit e-m schnellen, erregenden (Tanz)Rhythmus (wie *z.B.* bei Rockmusik) ⟨Musik, Rhythmen⟩ **8** *gespr*; (von sportlichen Autos, schnellen Motorrädern) sehr schnell: *ein heißer Ofen* **9** *gespr*; (*bes* von Jugendlichen verwendet) sehr gut, sehr schön ≈ stark, toll: *Den Film finde ich echt h.!* **10** ***j-m ist h.*** j-d schwitzt ↔ j-m ist kalt || ID ***Was ich nicht weiß, macht mich nicht h.!*** *gespr*; verwendet, um auszudrücken, dass es manchmal besser ist, wenn man von etw. nichts erfährt, damit man sich nicht ärgern u. nicht nervös werden kann; ***es läuft j-m h. u. kalt den Rücken hinunter / herunter*** es schaudert j-n, j-d hat Angst (wenn er an etw. denkt)
heiß·blü·tig *Adj* ≈ leidenschaftlich, temperamentvoll ⟨ein Typ⟩
hei·ßen; *hieß*, *hat geheißen*; [Vi] **1** (*Name* +) ***h.*** e-n bestimmten Namen haben: *„Wie heißen Sie?"* - *„Ich heiße Helga Huber"*; *Wie heißt er denn mit Vornamen / Nachnamen?* **2** ***etw. heißt ...*** etw. entspricht e-m Wort, Satz *o.Ä.* e-r anderen Sprache: *„Wasser" heißt im Lateinischen „aqua"* **3** ***etw. heißt ...*** etw. hat e-n bestimmten Sinn, e-e bestimmte Bedeutung, bestimmte Konsequenzen: *„Das heißt also, du hast morgen keine Zeit für mich?"*; *Wenn er anruft, heißt das, ich habe den Job* **4** ***das heißt ...*** verwendet, um e-n Teilsatz einzuleiten, der das vorher Gesagte näher erklärt od. einschränkt; *Abk* d.h.: *Ich lese viel, das heißt, wenn ich die Zeit dazu habe*; [Vt] **5** ***j-n / etw.*** + *Name* + ***h.*** *geschr veraltend*; j-m / etw. e-n bestimmten Namen geben ≈ j-n / etw. + Name + nennen: *Sie hießen das Schiff „Titanic"* **6** ***j-n / etw. etw.*** (*Akk*) ***h.*** *geschr veraltet*; j-n / etw. als

etw. bezeichnen: *Sie hieß ihn e-n Lügner* **7 j-n h.** + **zu** + *Infinitiv geschr veraltet*; j-m etw. befehlen, j-n auffordern, etw. zu tun: *Er hieß sie, Platz zu nehmen*; [Vimp] **8 es heißt, (dass) …** man vermutet, behauptet, dass … ≈ man sagt, dass …: *Es heißt, er habe geheiratet | dass er geheiratet habe* **9 irgendwo heißt es, (dass) …** es steht irgendwo geschrieben, dass …: *In der Reklame hieß es, die Uhr sei wasserdicht* **10 irgendwo / irgendwann heißt es** + *Partizip Perfekt* | (+ **zu**) + *Infinitiv* es ist ratsam, notwendig, etw. zu tun: *Hier heißt es, sich schnell zu entscheiden*; *Jetzt heißt es zugreifen | zugegriffen* || ID **Was soll das h.?** verwendet, um gegen etw. zu protestieren, Kritik zu äußern: *„Die Schnellste bist du ja nicht gerade!" - „Was soll das h.?"*

Heiß·hun·ger *der*; **ein H. (auf etw.** (*Akk*)**)** ein sehr starker Appetit auf e-e bestimmte Speise || *hierzu* **heiß·hung·rig** *Adj*

heiß·lau·fen; *läuft heiß, lief heiß, ist heißgelaufen*; [Vi] **etw. läuft heiß** etw. wird durch starke Reibung heiß ⟨ein Getriebe, ein Rad, e-e Maschine *o.Ä.*⟩

Heiß·man·gel *die* ≈ Mangel[2]

-heit *die*; -, *-en*; *im Subst, sehr produktiv*; **1** *nur Sg*; wird e-m Adj. od. Partizip hinzugefügt, um daraus ein Subst. zu machen, das den entsprechenden Zustand, die entsprechende Eigenschaft *o.Ä.* bezeichnet; **Berühmtheit, Besonnenheit, Freiheit, Geborgenheit, Klarheit, Schönheit 2** bezeichnet e-e Person od. Sache, die die im ersten Wortteil genannte Eigenschaft hat od. die im genannten Zustand ist; **Berühmtheit, Neuheit, Seltenheit, Unebenheit, Unklarheit** || NB: *bes* auf Adjektive, die auf *-bar, -ig, -lich, -sam* enden, folgt *-keit*

hei·ter *Adj*; **1** froh u. von innerer Ruhe u. Humor bestimmt ≈ vergnügt ↔ bedrückt ⟨ein Mensch; ein Gemüt, ein Wesen; in e-r heiteren Laune, Stimmung sein; etw. stimmt j-n h.⟩ **2** mit blauem Himmel u. Sonnenschein ↔ trüb (3) ⟨*mst* ein Tag, Wetter⟩: *Morgen wird das Wetter h. bis wolkig* || ID *mst* **Das kann ja h. werden!** *gespr iron*; verwendet, um auszudrücken, dass man befürchtet, dass etw. Unangenehmes passieren wird

Hei·ter·keit *die*; -; *nur Sg*; **1** der Zustand, in dem j-d froh u. heiter (1) ist ⟨H. ausstrahlen, um sich verbreiten; von H. erfüllt sein⟩ **2** *mst* **j-d löst mit etw. / etw. löst H. aus** j-d bewirkt mit e-m (naiven) Vorschlag *o.Ä.*, dass die Leute lachen: *Er löste mit seinem Vorschlag | Sein Vorschlag löste allgemeine H. aus* || K-: **Heiterkeits-, -ausbruch**

heiz·bar *Adj*; *ohne Steigerung, nicht adv*; mit e-r Heizung ⟨ein Keller, ein Raum *o.Ä.*⟩

Heiz·de·cke *die*; e-e Art Bettdecke, die man elektrisch warm machen kann

hei·zen; *heizte, hat geheizt*; [Vt/i] **1 (etw.) h.** e-n Raum od. ein Haus *usw* mithilfe e-s Ofens od. e-r Heizung (1) warm machen ⟨ein Haus, ein Schwimmbad, e-e Wohnung, ein Zimmer *o.Ä.* h.⟩: *In unserem Schlafzimmer wird nicht geheizt* || K-: **Heiz-, -gerät, -kosten, -kraftwerk, -ofen**; [Vt] **2 etw. (mit etw.) h.** e-n Ofen *o.Ä.* mit Holz od. Kohle versehen u. Feuer darin machen: *e-n Ofen, e-n Herd mit Holz, Briketts, Gas, Öl h.* || K-: **Heiz-, -material, -öl 3 etw. h.** etw. als Brennstoff verwenden ⟨Briketts, Holz, Kohle h.⟩; [Vi] **4 irgendwie / mit etw. h.** auf bestimmte Weise, mit e-m bestimmten Brennstoff in e-m Ofen, e-r Heizung (1) Wärme erzeugen ⟨elektrisch, mit Gas, Kohle, Öl h.⟩

Hei·zer *der*; *-s*, -; j-d, dessen Beruf es ist, Öfen, Dampfkessel *o.Ä.* zu bedienen: *ein H. auf e-m Dampfer*

Heiz·flä·che *die*; der Teil e-s Ofens, e-r Heizung, der die Hitze ausstrahlt: *Nicht die H. berühren!*

Heiz·kes·sel *der*; ein Kessel (3) (als Teil e-r Heizung), in dem die Wärme produziert wird

Heiz·kis·sen *das*; e-e Art Kissen, das man elektrisch warm machen kann

Heiz·kör·per *der*; **1** ein Gerät (als Teil e-r Heizung), durch das heißes Wasser od. heißer Dampf geleitet wird, um e-n Raum zu heizen ≈ Heizung (2) **2** ein elektrisches Gerät, das wie ein H. (1) aussieht u. das man (vorübergehend) in e-n Raum stellt, um ihn zu heizen ≈ Radiator

Heiz·lüf·ter *der*; *-s*, -; ein elektrisches Gerät, das mit warmer Luft heizt

Heiz·pe·ri·o·de *die*; die Zeit des Jahres, in der man Häuser u. Wohnungen heizen muss

Hei·zung *die*; -, *-en*; **1** e-e technische Anlage, mit der man Räume bzw. Häuser heizt (1) u. die *mst* mit Gas, Öl od. Elektrizität betrieben wird ⟨die H. anstellen, abstellen, bedienen, warten⟩: *Die H. ist außer Betrieb* || K-: **Heizungs-, -anlage, -keller, -monteur, -tank** || -K: **Dampf-, Elektro-, Gas-, Öl- 2** *gespr* ≈ Heizkörper: *Er legt die Socken zum Trocknen auf die H.* **3** *nur Sg*; das Heizen (1): *Die H. des großen Hauses kommt sehr teuer*

Heiz·werk *das*; ein Kraftwerk, das Wärme zum Heizen von Gebäuden produziert

Heiz·wert *der*; *mst Sg*; die Menge an Wärme, die ein Stoff beim Verbrennen abgibt ⟨etw. hat e-n hohen, geringen H.⟩

Hek·tar *der, das*; *-s*, -; das Maß für e-e Fläche von 10000m^2; *Abk* ha: *3Hektar Ackerland* || K-: **Hektar-, -ertrag**

Hek·tik *die*; -; *nur Sg*; große Eile, die nervös macht ⟨irgendwo herrscht H.; etw. voller H. tun⟩: *In der H. (des Aufbruchs) hat er seinen Reisepass vergessen*; *die H. des Alltags*

hek·tisch *Adj*; mit großer Eile, Nervosität u. Unruhe ≈ fieberhaft ⟨e-e Atmosphäre; ein Mensch; etw. h. tun; hektische Betriebsamkeit entwickeln⟩

Hek·to·li·ter, Hek·to·li·ter *der, das*; 100 Liter; *Abk* hl

he·lau! *Interjektion*; *gespr*; verwendet im Karneval (*bes* in Mainz), um j-n zu grüßen od. um Begeisterung auszudrücken

Held *der*; *-en, -en*; **1** j-d, der mit sehr großem Mut e-e gefährliche Aufgabe löst (u. damit anderen Menschen hilft): *Die Feuerwehrleute, die ihr Leben riskiert hatten, wurden als Helden gefeiert* || K-: **Helden-, -mut, -tat 2** ein Soldat, der im Krieg sehr tapfer gekämpft hat u. zum Vorbild für andere (gemacht) wird ⟨ein großer, tapferer H.; die gefallenen Helden⟩ || K-: **Helden-, -friedhof** || -K: **Kriegs- 3** e-e mythologische Gestalt (wie *z.B.* Odysseus), die *bes* im Krieg u. in Kämpfen sehr tapfere Taten vollbracht hat || K-: **Helden-, -dichtung, -epos, -sage 4 der H. des Tages, des Abends** j-d, der wegen e-r besonderen (*z.B.* sportlichen) Leistung für kurze Zeit im Mittelpunkt des allgemeinen Interesses steht: *Nach dem Tor in der letzten Minute war er der H. des Tages* **5** die männliche Hauptperson in e-m literarischen Werk: *der tragische H. des Dramas* || K-: **Helden-, -darsteller, -rolle** || -K: **Film-, Märchen-, Roman-, Sagen- 6 H. der Arbeit** *hist* (*DDR*); verwendet als Bezeichnung für j-n, der Außerordentliches für die damalige Deutsche Demokratische Republik geleistet hatte **7 in etw.** (*Dat*) **kein H. sein** *gespr*; auf e-m Gebiet keine guten Leistungen erbringen: *In der Schule ist er kein (großer) H.* **8 den Helden spielen** so tun, als wäre man mutig, od. sich unnötig e-r Gefahr aussetzen || NB: *der Held*; *den, dem, des Helden* || *zu* **1 hel·den·haft** *Adj*; *zu* **1, 4** u. **5 Hel·din** *die*; -, *-nen*

Hel·den·stück *das*; *gespr iron*; e-e dumme (unüberlegte) Tat

Hẹl·den·tum *das*; *-s*; *nur Sg*; ein Verhalten, Denken u. Handeln, das j-n zum Helden (1,2) macht ≈ Tapferkeit

hẹl·fen; *hilft, half, hat geholfen*; Vi **1** ***(j-m) (bei etw.) h.*** j-n (durch bestimmte Mittel) unterstützen, damit er sein Ziel (schneller u. leichter) erreicht ≈ beistehen ⟨j-m bereitwillig, freiwillig, spontan, finanziell, mit Rat u. Tat h.⟩: *Die Kinder helfen ihrer Mutter im Haushalt*; *Er half der alten Frau beim Einsteigen ins Auto*; *Er hat ihr suchen / beim Suchen geholfen* **2** ***etw. hilft (j-m) (bei / gegen etw.)*** etw. bringt (j-m) bei e-r Krankheit Besserung od. Heilung: *Vitamin C hilft bei Erkältung* **3** ***etw. hilft nicht(s)*** *gespr*; etw. kann e-e unangenehme Situation nicht ändern od. verhindern: *Weinen u. Schreien hilft nicht(s)*; *Du musst jetzt ins Bett. - Da hilft alles nichts!* **4** ***sich nicht (mehr) zu h. wissen*** in e-r schwierigen Situation nicht (mehr) wissen, was man tun soll || ID ***j-m ist nicht zu h.*** *gespr pej*; bei j-m sind alle guten Ratschläge zwecklos, weil er sie doch nicht befolgt || *zu* **1 Hẹl·fer** *der*; *-s, -*; **Hẹl·fe·rin** *die*; *-, -nen* || ► ***Hilfe***

Hẹl·fers·hel·fer *der*; j-d, der j-m hilft, ein Verbrechen zu begehen od. Böses zu tun ≈ Komplize, Mittäter

He·li·kọp·ter *der*; *-s, -*; ≈ Hubschrauber

He̲·li·um *das*; *-s*; *nur Sg*; ein chemisches Element (Edelgas), mit dem man *z.B.* Ballons u. Leuchtröhren füllt; *Chem* He

hẹll *Adj*; **1** mit (viel) Licht ↔ dunkel (1) ⟨ein Lichtstrahl, Mondschein, ein Raum, ein Treppenhaus; ein h. erleuchtetes Fenster⟩: *Die Kerze brennt h.* **2** ***es wird h.*** die Sonne kommt hervor, der Morgen dämmert **3** mit Weiß vermischt, pastellartig ↔ dunkel (4) ⟨Farben⟩: *ein helles Rot* || K-: ***hell-, -blau, -grau, -grün*** *usw* **4** ≈ blond ⟨Haar⟩: *Sie hat ihre Haare h. getönt* **5** mit wenig Farbe, Pigmenten ≈ blass ⟨*mst* Haut⟩: *Sie liegt nicht gern in der Sonne, weil sie e-e helle Haut hat* **6** mit e-r hohen Frequenz ≈ hoch, klar ↔ tief, dunkel ⟨ein Ton, e-e Stimme, ein Lachen; etw. klingt, tönt h.⟩: *Das Glöckchen hat e-n hellen Klang* **7** *gespr* ≈ intelligent ⟨ein Bursche, ein Junge; ein Verstand; j-d ist h.⟩: *Er ist / hat ein helles Köpfchen* **8** *nur attr, nicht adv*; sehr intensiv, groß ⟨Aufregung, Begeisterung, Empörung, Freude, Panik, Wut⟩: *Das ist doch heller* (= reiner) *Wahnsinn, so schnell Auto zu fahren!* || *zu* **1 Hẹl·le** *die*; *-*; *nur Sg*; **Hẹl·lig·keit** *die*

hẹll·a̲u̲f *Adv* ≈ sehr ⟨*mst* h. begeistert sein⟩

hẹl·le *Adj*; *nordd gespr* ≈ klug, intelligent ⟨j-d ist h.⟩

Hẹl·le *das*; *-n, -n*; *gespr*; (ein Glas) helles Bier: *Ein kleines Helles, bitte!* || NB: *ein Helles*; *das Helle*; *dem, des Hellen*

Hẹl·ler *der*; *-s, -*; *hist*; e-e Münze mit geringem Wert, die vor 1900 benutzt wurde || ID ***keinen / nicht einen (lumpigen, roten) H.*** ⟨haben, für etw. hergeben / zahlen wollen⟩ *gespr*; kein Geld, nichts haben *usw*: *Das Bild ist keinen H. wert*; ***etw. auf H. u. Pfennig / etw. bis auf den letzten H. zurückzahlen*** *gespr*; Schulden vollständig zurückzahlen

hẹll·hö·rig *Adj*; **1** aus e-m bestimmten Grund misstrauisch u. deswegen aufmerksam ⟨h. werden; etw. macht j-n h.⟩ **2** ⟨ein Haus, e-e Wohnung⟩ so gebaut, dass man fast alle Geräusche hört, die aus e-m anderen Zimmer od. Haus kommen

hẹll·lich·t- *Adj*; *nur attr, nicht adv*; *mst in* ***am helllichten Tag*** während des Tages: *Das Verbrechen geschah am helllichten Tag* || NB: verwendet, um Erstaunen od. Empörung auszudrücken

hẹll·se·hen Vi *nur im Infinitiv*; (vorgeben zu) wissen, was in der Zukunft passieren wird bzw. was gerade an e-m weit entfernten Ort passiert ⟨h. können⟩ || *hierzu* **Hẹll·se·her** *der*; **Hẹll·se·he·rin** *die*; **hẹll·se·he·risch** *Adj*

hẹll·sich·tig *Adj*; so, dass alle wichtigen Gesichtspunkte beachtet u. richtig beurteilt werden ≈ vorausschauend ⟨etw. h. mit einplanen⟩ || *hierzu* **Hẹll·sich·tig·keit** *die*; *nur Sg*

hẹll·wạch *Adj*; ganz wach, überhaupt nicht müde ↔ schläfrig ⟨h. sein, daliegen⟩

Hẹlm *der*; *-(e)s, -e*; e-e harte Kopfbedeckung aus Metall, Plastik *o.Ä.*, die den Kopf vor Verletzungen schützen soll ⟨der H. e-s Bauarbeiters, e-s Ritters, e-s Soldaten; e-n H. aufsetzen, tragen, abnehmen⟩ || -K: ***Schutz-, Stahl-, Sturz-***

Hẹmd *das*; *-(e)s, -en*; **1** ein Kleidungsstück für den Oberkörper mit e-m festen Kragen, Ärmeln u. e-r (*mst* durchgehenden) Reihe von Knöpfen ≈ Oberhemd ⟨ein bügelfreies, kurzärmeliges, langärmeliges H.; ein H. anziehen, zuknöpfen, aufknöpfen, ausziehen; H. u. Krawatte tragen⟩: *Er trägt e-n Pullover über dem H.* || ↑ *Abb. unter* ***Bekleidung*** || K-: ***Hemd(s)-, -ärmel***; ***Hemd(en)-, -knopf, -kragen*** || -K: ***Freizeit-***; ***Herren-***; ***Smoking-***; ***Karo-, Seiden-, Streifen-*** **2** ein Kleidungsstück für den Oberkörper (*mst* aus Baumwolle) ohne Kragen u. oft ohne Ärmel, das zur Unterwäsche gehört ≈ Unterhemd: *Im Winter trägt sie ein warmes H. unter der Bluse* || -K: ***Angora-, Spitzen-, Träger-*** **3** ***nass bis aufs H.*** *gespr* ≈ durchnässt || ID ***sein letztes H. hergeben*** *gespr*; alles hergeben (verschenken), was man hat; ***j-n bis aufs H. ausplündern / ausziehen*** *gespr*; j-m alles (Geld) wegnehmen; ***j-n*** (*mst Pl*) ***/ etw. wie das H. wechseln*** *gespr pej*; j-n / etw. oft gegen j-d anderen / etw. anderes austauschen: *Er wechselt seine Freundinnen wie das H.*; *Sie wechselt ihre Meinung wie das H.*; *mst* ***Mach dir nicht ins H.!*** *gespr!* sei nicht so ängstlich! ≈ stell dich nicht so an!

Hẹmd·blu·se *die*; e-e Bluse, die wie ein Hemd (1) aussieht || K-: ***Hemdblusen-, -kleid, -stil***

hẹmds·är·me·lig, hẹmds·ärm·lig *Adj*; **1** *mst adv*; mit hochgekrempelten Hemdsärmeln ⟨h. dasitzen, herumlaufen⟩ **2** *gespr*; mit saloppen Umgangsformen ↔ vornehm, zurückhaltend: *Seine Art ist mir ein bisschen zu h.* || *zu* **2 Hẹmds·är·me·lig·keit, Hẹmds·ärm·lig·keit** *die*; *nur Sg*

He·mi·sphä̲·re *die*; *-, -n*; eine der beiden Hälften der Erdkugel ⟨die nördliche, südliche H.⟩

hẹm·men; *hemmte, hat gehemmt*; Vt *geschr*; **1** ***j-d / etw. hemmt etw.*** j-d / etw. macht durch e-n Widerstand die Bewegung von etw. langsamer (u. bringt sie zum völligen Stillstand) ≈ j-d / etw. bremst etw. ↔ j-d / etw. beschleunigt etw.: *Die Bäume hemmten die Lawine / den Lauf der Lawine* **2** ***etw. hemmt j-n in etw.*** (*Dat*) etw. behindert j-n in bestimmter Weise (*z.B.* in e-r Tätigkeit od. e-m Entwicklungsprozess) ↔ etw. fördert etw.: *Die schwere Krankheit hat das Kind in seiner körperlichen Entwicklung gehemmt* **3** ***j-d / etw. hemmt etw. (in etw.*** (*Dat*)) j-d / etw. behindert od. verzögert den Ablauf, die Entwicklung von etw. ↔ j-d / etw. fördert etw.: *den technischen Fortschritt h.*; *die Wirtschaft in ihrer Entwicklung h.*

Hẹmm·nis *das*; *-ses, -se*; *geschr*; etw., das j-n / etw. in e-r Bewegung, Entwicklung od. Tätigkeit hindert ≈ Hindernis ⟨etw. bedeutet ein (großes) H. für j-n / etw.; alle Hemmnisse überwinden⟩

Hẹmm·schuh *der*; **1** e-e Person od. Sache, die e-e Bewegung, Entwicklung od. Tätigkeit hemmt, behindert **2** ≈ Bremsklotz

Hẹmm·schwel·le *die*; moralische Bedenken, Angst *o.Ä.*, die j-n daran hindern, etw. zu tun ⟨e-e H. überwinden⟩

Hẹm·mung *die*; *-, -en*; **1** *nur Pl*; *mst* ein Gefühl, weniger wert zu sein als andere, unfähig zu sein *o.Ä.*, das dazu führt, dass j-d sehr schüchtern, ängstlich u. unsicher ist, auftritt ≈ Gehemmtheit ⟨große, starke

Hemmungen haben, voller Hemmungen sein, unter Hemmungen leiden⟩: *Sie hat Hemmungen, e-n Bikini anzuziehen, weil sie sich für zu dick hält* **2** *mst Pl*; e-e Scheu davor, bestimmte Dinge zu tun, die sittlich od. moralisch nicht (völlig) von anderen akzeptiert werden ≈ Skrupel ⟨keine Hemmungen haben, kennen⟩: *Er nimmt sich immer ohne jegliche Hemmungen das größte Stück Kuchen* **3** *geschr*; der Vorgang, der etw. hemmt (2,3) ↔ Förderung: *die H. j-s geistiger Entwicklung*; *die H. der wirtschaftlichen Entwicklung* || *zu* **2 hem·mungs·los** *Adj*

Hengst *der*; *-(e)s*, *-e*; das männliche Tier bei Pferd, Esel, Zebra, Kamel *o.Ä.* ↔ Stute || K-: ***Hengst-, -fohlen*** || -K: ***Zucht-***

Hen·kel *der*; *-s*, *-*; ein schmaler Griff in Form e-s Bogens an e-m Behälter ⟨der H. e-r Kanne, e-s Korbs, e-r Tasche, e-r Tasse; etw. am H. fassen, nehmen; ein H. bricht ab, reißt ab⟩ || ↑ *Abb. unter* ***Griff, Schüssel*** || K-: ***Henkel-, -korb, -krug, -topf*** || *hierzu* **hen·kel·los** *Adj*

hen·ken; *henkte, hat gehenkt*; [Vt] ***j-n h.*** j-n töten (hinrichten), indem man ihn (am Galgen) aufhängt || NB: *mst* im Passiv!

Hen·ker *der*; *-s*, *-*; j-d, der j-n tötet (hinrichtet), der zum Tode verurteilt worden ist ≈ Scharfrichter

Hen·kers|mahl·zeit *die*; *hum*; die letzte Mahlzeit (mit j-m) *mst* vor e-m unangenehmen Ereignis od. e-m Abschied

Hen·na *die*; *-* *od das*; *-s*; *nur Sg*; ein Pulver, das aus den Blättern e-s Strauches gewonnen wird u. mit dem man *mst* Haare rot färbt || K-: ***henna-, -rot***

Hen·ne *die*; *-*, *-n*; ein weibliches Huhn ↔ Hahn

He·pa·ti·tis *die*; *-*; *nur Sg*, *Med*; e-e Entzündung der Leber ≈ Gelbsucht

her *Adv*; **1 *von irgendwo her*** von e-m bestimmten Ort in Richtung auf den Sprecher zu: *Er hat mich von der anderen Straßenseite her gerufen*; *Sie kam von rechts her* **2 *von irgendwann her*** seit e-m bestimmten Zeitpunkt, seit e-r bestimmten Zeit: *Ich kenne ihn von der Schulzeit her*; *Sie kannte ihn noch von früher her* **3 *von etw. her*** unter e-m bestimmten Gesichtspunkt betrachtet: *Der Film ist von der schauspielerischen Leistung her sehr interessant*; *Das Kleid gefällt mir vom Stoff her sehr gut*; *Die Wohnung ist von der Größe her nicht für mich geeignet* **4 *her zu mir!*** *gespr!* verwendet als (aggressive od. unhöfliche) Aufforderung, zu einem zu kommen **5 *her mit*** + *Subst* / *Pronomen! gespr!* verwendet als (aggressive od. unhöfliche) Aufforderung, einem etw. zu geben od. zu bringen: *Her mit dem Geld!*; *Her damit!*

her sein (*ist*) [Vi] **1 *etw. ist*** + *Zeitangabe* ***her*** etw. war / geschah *o.Ä.* vor e-r bestimmten Zeit ≈ etw. liegt + *Zeitangabe* zurück: Es *ist drei Jahre her*, dass *wir uns das letzte Mal gesehen haben* **2 *hinter j-m h. s.*** *gespr*; j-n verfolgen, nach j-m fahnden: *Die Polizei ist hinter ihm her* **3 *hinter j-m h. s.*** *gespr*; *oft pej*; e-e Liebesbeziehung zu j-m haben wollen **4 *hinter etw. h. s.*** *gespr*; *oft pej*; etw. unbedingt haben wollen: *Er ist hinter ihrem Geld her* **5 *von irgendwo h. s.*** *gespr*; aus e-m Ort, Land kommen, stammen || NB: nur nach *wo*; [Vimp] **6 *mit j-m / etw. ist es nicht weit her*** *gespr*; j-s Leistung, Gesundheit / die Qualität von etw. ist relativ schlecht

her- *im Verb, betont u. trennbar, sehr produktiv*; Die Verben mit *her-* werden nach folgendem Muster gebildet: *herkommen - kam her - hergekommen*

1 *her-* bezeichnet die Richtung von irgendwo zum Sprecher od. Erzähler hin ↔ fort-, weg-;
j-n / etw. herbringen: *Bring bitte den Hammer her!* ≈ Bring den Hammer bitte zu mir, hierher
ebenso: ***j-n / etw. herholen, j-n / etw. herschicken, j-n / ein Tier hertreiben***; ***herdürfen, herkommen, herkönnen, hermüssen, herschwimmen, hersehen, hersollen, herwollen***; ***sich hertrauen, sich herwagen*** || NB: ↑ ***hin-***

2 *her-* drückt in Verbindung mit Verben der Bewegung (*mst* nach ***neben, hinter, vor*** + *Dat*) aus, dass dieselbe Richtung eingehalten wird;
herfahren: *Sie fuhr im Auto neben ihm her* ≈ Sie fuhr mit dem Auto neben ihm in dieselbe Richtung;
ebenso: ***neben, hinter, vor j-m hergehen / herschwimmen / hersteigen***

3 *her-* weist auf die Herkunft von j-m, den Ursprung von etw. hin;
aus / von etw. herstammen: *Sie stammt aus Frankreich her* ≈ Sie wurde in Frankreich geboren;
ebenso: ***etw. von irgendwo herhaben***; ***von irgendwo herkommen***

he·rab [hɛˈrap] *Adv*; bezeichnet die Richtung von irgendwo (oben) nach unten, häufig zum Sprecher od. Erzähler hin ≈ herunter ↔ hinauf ⟨von oben h., vom Himmel h.⟩ || NB: ↑ ***hinab***

he·rab- [hɛˈrap-] *im Verb, betont u. trennbar, begrenzt produktiv*; Die Verben mit *herab-* werden nach folgendem Muster gebildet: *herabfallen - fiel herab - herabgefallen*
herab- bezeichnet die Richtung von irgendwo (oben) nach unten, häufig zum Sprecher od. Erzähler hin ≈ herunter- ↔ hinauf-;
etw. fällt herab: *Ein Apfel fiel vom Baum herab* ≈ Ein Apfel fiel vom Baum auf die Erde
ebenso: ***etw. herabwerfen***; ***etw. baumelt herab, herabblicken, herabdürfen, etw. hängt herab, herabkönnen, herabsehen, herabsollen, herabsteigen***; ***sich herabtrauen, sich herabwagen*** || NB: ↑ ***hinab-***

he·rab·bli·cken (*hat*) [Vi] **1** ↑ ***herab-*** **2 *auf j-n h.*** ≈ j-n verachten, gering schätzen, auf j-n herabsehen (2) ⟨hochmütig, mit Verachtung auf j-n h.⟩

he·rab·las·sen (*hat*) [Vt] **1 *j-n / sich / etw. h.*** ein Seil *o.Ä.* dazu benutzen, um j-n / sich / etw. nach unten zu bringen ≈ herunterlassen: *Der Bergsteiger ließ sich an e-m Seil* (*von der Felswand*) *zu seinen Kameraden herab*; [Vr] **2 *sich zu etw. h.*** *iron*; etw. tun, obwohl man es für unter seiner Würde hält: *sich dazu h., mit j-m zu sprechen*; *sich zu e-r niedrigen, schmutzigen Arbeit h.* **3 *j-d lässt sich zu j-m herab*** *iron*; j-d spricht mit j-m od. nimmt Kontakt auf, obwohl er glaubt, das sei unter seiner Würde

he·rab·las·send 1 *Partizip Präsens*; ↑ ***herablassen*** **2** *Adj*; so, dass der Betreffende j-m deutlich zeigt, dass er sich für viel besser hält als er (u. auf e-r höheren Stufe in der sozialen Hierarchie stehe) ≈ arrogant, gönnerhaft ⟨ein Verhalten; j-n h. behandeln, grüßen⟩

he·rab·se·hen (*hat*) [Vi] **1** ↑ ***herab-*** **2 *auf j-n h.*** ≈ j-n verachten, gering schätzen: *Er ist arrogant u. sieht auf jeden herab, der weniger Geld hat als er*

he·rab·set·zen (*hat*) [Vt] **1 *etw. h.*** etw. auf e-e niedrigere Stufe, ein niedrigeres Niveau bringen ≈ senken, reduzieren ⟨die Geschwindigkeit, die Kosten, die Preise h.⟩ **2 *j-n / etw. h.*** e-e Person od. Sache zu Unrecht kritisieren, ihnen e-n geringeren Wert zuschreiben, als sie haben ≈ herabwürdigen ⟨j-s Leistungen, j-s Verdienste, j-s Wert h.⟩: *j-n vor allen Leuten h. u. demütigen* || *hierzu* **He·rab·set·zung** *die*

he·rab·wür·di·gen (*hat*) [Vt] ***j-n / etw. h.*** ≈ j-n / etw. herabsetzen (2) || *hierzu* **He·rab·wür·di·gung** *die*

H

he·ran [hɛ'ran] *Adv*; bezeichnet die Richtung von irgendwoher zu e-m Objekt hin u. zugleich oft näher zum Sprecher od. Erzähler hin: *Etwas weiter rechts / an die Seite h.*

he·ran- [hɛ'ran-] *im Verb, betont u. trennbar, sehr produktiv*; Die Verben mit *heran-* werden nach folgendem Muster gebildet: *herankommen - kam heran - herangekommen*

heran- bezeichnet die Richtung von irgendwoher zu e-m Objekt hin od. näher zum Sprecher od. Erzähler hin ≈ her- ↔ weg-;

herankommen: *Auf der Safari kamen die Elefanten bis auf wenige Meter an uns heran* ≈ Die Elefanten kamen ganz in unsere Nähe

ebenso: ***j-n / etw.*** (***an j-n / etw.***) ***heranführen, j-n / etw.*** (***an j-n / etw.***) ***heranlassen, j-n / etw.*** (***an j-n / etw.***) ***herantragen, j-n / etw.*** (***an j-n / etw.***) ***heranziehen***; (***an j-n / etw.***) ***herandürfen,*** (***an j-n / etw.***) ***heranfahren,*** (***an j-n / etw.***) ***herangehen,*** (***an j-n / etw.***) ***herankommen,*** (***an j-n / etw.***) ***herankönnen,*** (***an j-n / etw.***) ***heranmüssen,*** (***an j-n / etw.***) ***heranrücken,*** (***an j-n / etw.***) ***heransollen,*** (***an j-n / etw.***) ***herantreten,*** (***an j-n / etw.***) ***heranwollen***; ***sich*** (***an j-n / etw.***) ***herantasten, sich*** (***an j-n / etw.***) ***herantrauen, sich*** (***an j-n / etw.***) ***heranwagen***

he·rạn·bil·den (*hat*) [Vt] ***j-n*** (***zu etw.***) ***h.*** j-m e-e spezielle berufliche Ausbildung geben: *Die Computerfirmen bilden neue Fachkräfte heran* || *hierzu* **He·rạn·bil·dung** *die*

he·rạn·füh·ren (*hat*) [Vt] **1** ↑ ***heran-*** **2** ***j-n an etw.*** (*Akk*) ***h.*** j-m etw. zeigen u. sein Interesse dafür wecken ≈ j-n mit etw. vertraut machen: *die Mitarbeiter an neue Technologien h.*; [Vi] **3** ***etw. führt an etw.*** (*Akk*) ***heran*** etw. führt in die Nähe von etw.: *Der Weg führt an den Fluss heran*

he·rạn·ge·hen (*ist*) [Vi] **1** ↑ ***heran-*** **2** ***an etw.*** (*Akk*) ***h.*** ≈ etw. beginnen, in Angriff nehmen ⟨mit Eifer, Elan, Freude, Lust, Unlust an e-e Arbeit h.⟩

he·rạn·kom·men (*ist*) [Vi] **1** ↑ ***heran-*** **2** (***an etw.*** (*Akk*)) ***h.*** es schaffen, *bes* mit der Hand e-n bestimmten Gegenstand zu berühren ≈ (an etw.) heranreichen (1): *Kommst du an die Bücher heran, die oben im Regal stehen?* **3** ***an etw.*** (*Akk*) ***h.*** es schaffen, etw. zu bekommen ≈ sich etw. beschaffen: *In vielen Großstädten kommen Jugendliche leicht an Rauschgift heran* **4** ***an j-n / etw. h.*** es schaffen, genauso gut wie j-d anderer zu sein od. dessen Leistungen zu erreichen ≈ an j-n / etw. heranreichen (2)

he·rạn·las·sen (*hat*) [Vt] **1** ↑ ***heran-*** **2** ***j-n an j-n / etw. h.*** zulassen, dass j-d bei j-m sein darf, etw. genau ansieht od. es in die Hand nimmt ↔ j-n von j-m / etw. fern halten: *Er lässt niemanden an seine Münzsammlung heran* || NB: *mst* verneint

he·rạn·ma·chen, sich (*hat*) [Vr] ***sich an j-n h.*** *gespr*; versuchen, mit j-m (sexuellen) Kontakt zu bekommen ≈ j-m nachlaufen, nachsteigen: *Er macht sich schon seit längerer Zeit an seine Nachbarin heran*

he·rạn·neh·men (*hat*) [Vt] ***j-n*** (***zu etw.***) ***h.*** *gespr*; j-n e-e Arbeit tun lassen, die ziemlich anstrengend ist: *Der Meister nimmt den Lehrling zu sämtlichen schweren Arbeiten heran*

he·rạn·rei·chen (*hat*) [Vi] **1** (***an etw.*** (*Akk*)) ***h.*** e-n Punkt erreichen (1), (an etw.) herankommen (2): *Das Kind kann an den Schalter nicht h.* **2** ***an j-n / etw. h.*** die Leistung e-s anderen erreichen (4)

he·rạn·rei·fen (*ist*) [Vi] **1** ***etw. reift heran*** etw. wird allmählich reif ⟨Früchte, Getreide⟩ **2** ***j-d reift*** (***zu etw.***) ***heran*** j-d entwickelt sich in e-r bestimmten Hinsicht langsam (auf ein Ziel hin) **3** ***etw. reift*** (***in j-m***) ***heran*** ≈ etw. reift (3) (in j-m) ⟨ein Plan, e-e Idee⟩

he·rạn·tas·ten, sich (*hat*) [Vr] **1** ↑ ***heran-*** **2** ***sich an etw.*** (*Akk*) ***h.*** durch intensives (vorsichtiges) Suchen etw. allmählich verstehen od. zu e-r Lösung kommen: *sich an den Kern e-s Problems h.*

he·rạn·tra·gen (*hat*) [Vt] **1** ↑ ***heran-*** **2** ***etw. an j-n h.*** j-m sagen, was man wünscht od. worum man ihn bitten will ≈ etw. (j-m gegenüber) vorbringen ⟨e-e Bitte an j-n h.⟩

he·rạn·trau·en, sich (*hat*) [Vr] *gespr*; **1** ↑ ***heran-*** **2** ***sich an etw.*** (*Akk*) ***h.*** den Mut, das Selbstvertrauen haben, e-e schwierige Arbeit zu machen od. ein schwieriges Problem zu lösen

he·rạn·tre·ten (*ist*) [Vi] **1** (***an etw.*** (*Akk*)) ***h.*** von irgendwo näher an etw. treten (9): *Ein Mann trat plötzlich an unseren Tisch heran u. forderte uns auf mitzukommen* **2** (***mit etw.***) ***an j-n h.*** *geschr*; sich mit e-r Bitte, e-m Problem *o.Ä.* an j-n wenden

he·rạn·wach·sen (*ist*) [Vi] ***j-d / ein Tier wächst*** (***zu etw.***) ***heran*** ein Mensch od. ein Tier wird allmählich erwachsen

he·rạn·wa·gen, sich (*hat*) [Vr] **1** ↑ ***heran-*** **2** ***sich an etw.*** (*Akk*) ***h.*** ≈ sich an etw. herantrauen (2)

he·rạn·zie·hen [Vt] (*hat*) **1** ↑ ***heran-*** **2** ***j-n zu etw. h.*** j-n an e-e bestimmte Arbeit gewöhnen: *die Kinder zu Arbeiten im Haushalt h.* **3** ***j-n h.*** e-n Experten bitten, etw. zu beurteilen od. zu entscheiden ≈ einschalten: *Der Stadtrat zog zur Klärung der rechtlichen Lage e-n Juristen heran* **4** ***etw. h.*** etw. *bes* als Beweis vorlegen ≈ geltend machen: *Der Rechtsanwalt zog mehrere Paragraphen heran, die als Grundlage für e-e Milderung der Strafe dienen sollten* **5** ***etw. h.*** sich um junge Tiere od. Pflanzen kümmern, bis sie groß sind: *Ferkel h.*; *Tomatenpflanzen h.*; [Vi] (*ist*) **6** ***etw. zieht heran*** etw. nähert sich: *Ein Gewitter zieht heran*

he·rauf [hɛ'rauf] *Adv*; bezeichnet die Richtung von irgendwo (unten) nach oben, häufig zum Sprecher od. Erzähler hin ↔ hinab, hinunter: *Vom Tal bis zu uns h. wanderte er zwei Stunden* || NB: ↑ ***hinauf***

he·rauf- [hɛ'rauf-] *im Verb, betont u. trennbar, sehr produktiv*; Die Verben mit *herauf-* werden nach folgendem Muster gebildet: *heraufkommen - kam herauf - heraufgekommen*

herauf- bezeichnet die Richtung von irgendwo (unten) nach oben, häufig zum Sprecher od. Erzähler hin ↔ hinab-, hinunter-;

heraufkommen: *Der Briefträger kam zu uns in den vierten Stock herauf* ≈ Er kam in den vierten Stock, wo sich unsere Wohnung befindet

ebenso: ***j-n / etw.*** (***irgendwohin***) ***heraufbringen, j-n / ein Tier*** (***irgendwohin***) ***heraufführen, j-n / etw.*** (***irgendwohin***) ***heraufholen, j-n*** (***irgendwohin***) ***herauflassen, j-n / etw.*** (***irgendwohin***) ***heraufschicken, j-n / etw.*** (***irgendwohin***) ***herauftragen, etw.*** (***irgendwohin***) ***herauftransportieren***; (***irgendwohin***) ***heraufblicken,*** (***irgendwohin***) ***heraufdürfen,*** (***irgendwohin***) ***herauffahren,*** (***irgendwohin***) ***heraufkönnen,*** (***irgendwohin***) ***heraufmüssen,*** (***irgendwohin***) ***heraufsehen,*** (***irgendwohin***) ***heraufsollen,*** (***irgendwohin***) ***heraufsteigen***; ***sich*** (***irgendwohin***) ***herauftrauen / heraufwagen*** || NB: **a)** Anstelle e-r Richtungsangabe (*in den vierten Stock usw*) steht häufig nur e-e Angabe im Akk.: *Er kam den Berg herauf*; *Er führte die alte Frau die Treppe herauf*; **b)** ↑ ***hinauf-***

he·rauf·ar·bei·ten, sich (*hat*) [Vr] **1** ***sich*** (***etw.*** (*Akk*)) ***h.*** unter großen Mühen von irgendwo (unten) nach oben gelangen: *Die Bergsteiger arbeiteten sich mühsam die steile Felswand herauf* **2** ***sich*** (***zu etw.***) ***h.*** ≈ sich (zu etw.) hocharbeiten: *Sie hat sich zur Abteilungsleiterin heraufgearbeitet*

he·rauf·be·schwö·ren; *beschwor herauf, hat heraufbeschworen*; [Vt] ***etw. h.*** *bes* durch unüberlegte

Handlungen e-e schlimme od. gefährliche Situation entstehen lassen ≈ verursachen ↔ verhindern ⟨e-e Krise, e-n Krieg, ein Unheil *o.Ä.* h.⟩: *durch seinen Leichtsinn e-e Gefahr, durch sein aggressives Verhalten e-n Streit h.*

he·rauf·bit·ten (*hat*) Vt ***j-n h.*** j-n freundlich auffordern, e-e Treppe hochzusteigen u. *mst* in seine Wohnung mitzukommen ⟨j-n zu sich h.⟩

he·rauf·set·zen (*hat*) Vt ***etw. h.*** ≈ erhöhen, anheben[1] (2) ⟨die Miete, den Preis h.⟩

he·raus [hɛ'raus] *Adv*; **1** bezeichnet die Richtung von irgendwo (drinnen) nach draußen, häufig aus der Sicht des Sprechers od. Erzählers ≈ *gespr* raus ↔ hinein: *H. mit dir (in den Garten)!* || NB: ↑ ***hinaus*** **2** ***aus etw. h.*** verwendet, um die räumliche Präp. *aus*[1] (1) zu verstärken: *Aus dem Saal h. hörte man laute Stimmen* **3** ***aus etw. h.*** verwendet, um die kausale Präp. *aus*[1] (6) zu verstärken ⟨etw. aus bestimmten Überlegungen h., aus e-r Notlage h., aus e-r Laune h. tun⟩

he·raus sein (*ist*) Vi *gespr*; **1** herausgekommen (1) sein **2** ***etw. ist heraus*** etw. ist zum Verkauf im Handel od. auf dem Markt ≈ etw. ist veröffentlicht, erschienen: *Ist das neue Lexikon schon heraus?* **3** ***etw. ist heraus*** etw. ist (allgemein) bekannt: *Inzwischen ist heraus*, wer *die Autos aufgebrochen hat* **4** ***aus etw. h. s.*** *mst* e-e bestimmte Phase seines Lebens hinter sich haben: *Unser Sohn ist aus dem Alter heraus, in dem er heimlich Zigaretten rauchte* || ID *mst* ***Jetzt ist es (endlich) heraus!*** verwendet, um auszudrücken, dass man selbst od. j-d anderer endlich etw. gesagt hat, das man / er lange Zeit verschwiegen hatte

he·raus- [hɛ'raus-] *im Verb, betont u. trennbar, sehr produktiv*; Die Verben mit *heraus-* werden nach folgendem Muster gebildet: *herausfahren - fuhr heraus - herausgefahren*

heraus- bezeichnet die Richtung von irgendwo (drinnen) nach draußen, häufig zum Sprecher od. Erzähler hin ↔ hinein-;

(aus etw.) herausfahren: *Er fuhr mit seinem Auto aus der Garage heraus* ≈ Er fuhr mit seinem Auto von der Garage nach draußen (auf die Straße)

ebenso: ***(aus etw.) herausbrechen, j-n / etw. (aus etw.) herausbringen, j-n / sich / etw. (aus etw.) herausdrücken, etw. (aus etw.) herausfiltern, j-n / ein Tier (aus etw.) herausführen, etw. herausgeben, etw. (aus etw.) heraushalten, sich / etw. (aus etw.) heraushängen, j-n / etw. (aus etw.) herausheben, j-n / etw. (aus etw.) herausholen, etw. (aus etw.) herauskehren, j-n / ein Tier / etw. (aus etw.) herauslassen, etw. herauslegen, j-n aus etw. / etw. aus j-m herauslocken, sich / etw. (aus etw.) herauslösen, etw. (aus etw.) herausnehmen, etw. (aus etw.) herauspressen, etw. herausrücken, j-n / etw. (aus etw.) herausschicken, etw. herausschlagen, etw. (aus etw.) herausschrauben, j-n / sich / etw. herausstellen, etw. (aus etw.) herausstrecken, j-n / etw. (aus etw.) heraustragen, j-n / etw. (aus etw.) herauswerfen, j-n / sich / etw. (aus etw.) herausziehen***; ***(aus etw.) herausdürfen, (aus etw.) herausfallen, etw. fließt (aus etw.) heraus, (aus etw.) herausgehen, (aus etw.) herausklettern, (aus etw.) herauskommen, (aus etw.) herauskönnen, (aus etw.) herauslaufen, (aus etw.) herausmüssen, etw. ragt (aus etw.) heraus, (aus etw.) herausrutschen, (aus etw.) heraussehen, (aus etw.) heraussollen, (aus etw.) herausspringen, (aus etw.) herauswollen***; ***sich (aus etw.) heraustrauen / herauswagen*** || NB: ↑ ***hinaus-***

he·raus·ar·bei·ten (*hat*) Vt **1** ***etw. h.*** die wichtigen Teile od. Aspekte e-r Sache ganz deutlich zeigen: *in e-m Aufsatz die Gründe der Arbeitslosigkeit h.*; Vr **2** ***sich (aus etw.) h.*** sich unter großer Mühe aus etw. befreien: *sich aus dem Schlamm h.* || *zu* **1 He·raus·ar·bei·tung** *die*

her·aus·be·kom·men; *bekam heraus, hat herausbekommen*; Vt **1** ***etw. (aus etw.) h.*** es schaffen, etw. aus etw. anderem zu entfernen ↔ hineinbekommen: *den Nagel nicht aus dem Brett h.*; *Der Ball ist in den Bach gefallen, u. ich bekomme ihn nicht mehr heraus!* **2** ***etw. h.*** (beim Bezahlen) die Summe Geld zurückbekommen, die man zu viel gegeben hat: *Wenn ein Buch € 18,90 kostet, u. man mit e-m Zwanzigeuroschein bezahlt, bekommt man € 1,10 heraus* **3** ***etw. (aus j-m) h.*** es schaffen, etw. Unbekanntes (von j-m) zu erfahren, indem man sucht od. forscht od. (ihn) fragt ≈ etw. ermitteln, herausfinden: *Die Polizei muss erst noch h.*, wie *sich der Unfall ereignet hat* **4** ***etw. h.*** *gespr*; e-e mathematische Aufgabe lösen ≈ das Ergebnis von etw. ermitteln: *e-e Bruchrechnung nicht h.*

he·raus·bil·den, sich (*hat*) Vr ***etw. bildet sich heraus*** etw. entwickelt sich allmählich: *Zwischen seinem Nachbarn u. ihm hat sich im Lauf der Jahre e-e freundschaftliche Beziehung herausgebildet* || *hierzu* **He·raus·bil·dung** *die*

he·raus·bre·chen Vt (*hat*) **1** ↑ ***heraus-***; Vi (*ist*) **2** ***etw. bricht (aus etw.) heraus*** etw. löst sich von selbst aus e-m größeren Ganzen: *Große Stücke sind aus der Felswand herausgebrochen* **3** ***etw. bricht aus j-m heraus*** ein Gefühl zeigt sich plötzlich, weil sich j-d nicht mehr beherrschen kann ⟨Wut, Zorn, Hass, ein Schluchzen bricht aus j-m heraus⟩

he·raus·brin·gen (*hat*) Vt **1** ↑ ***heraus-*** **2** ***etw. h.*** ein neues Produkt auf den Markt bringen: *Der Sänger hat dieses Jahr schon seine zweite Schallplatte herausgebracht*; *ein neues Waschmittel h.* **3** ***etw. h.*** e-n Laut od. Ton erzeugen ≈ hervorbringen: *Er war so heiser, dass er keinen Ton mehr herausbrachte* **4** ***etw. (aus j-m) h.*** *gespr*; j-n dazu bringen, etw. Bestimmtes zu sagen: *Aus den Kindern war nicht herauszubringen*, wer *die Fensterscheibe eingeworfen hatte* **5** ***etw. h.*** *gespr*; das Ergebnis von etw. ermitteln ≈ herausbekommen (4): *Was hast du bei der dritten Aufgabe herausgebracht?*

he·raus·fah·ren Vi (*hat*) **1** ↑ ***heraus-*** **2** ***etw. h.*** (bei Rad- od. Autorennen) etw. erreichen (4) ⟨e-e Medaille, e-n dritten Platz, e-e gute Zeit h.⟩; Vi (*ist*) **3** ↑ ***heraus-***

he·raus·fin·den (*hat*) Vt **1** ***j-n / etw. (aus etw.) h.*** j-n / etw. in e-r großen Menge entdecken: *seinen Freund sofort aus der Menschenmenge h.* **2** ***etw. h.*** etw., das man wissen will, durch Suchen u. Forschen entdecken ≈ ermitteln, herausbekommen (3): *Habt ihr schon herausgefunden*, wie *der neue Laserdrucker funktioniert?*; Vi **3** ***(aus etw.) h.*** es schaffen, den Weg nach draußen zu finden: *Er hat sich im Wald verirrt u. findet nicht mehr heraus*

he·raus·for·dern (*hat*) Vt **1** ***j-n (zu etw.) h.*** j-n (*bes* e-n Sportler) dazu auffordern, gegen einen zu kämpfen *o.Ä.*: *den Weltmeister im Schwergewicht zum Titelkampf h.* **2** ***etw. h.*** durch sein Verhalten erreichen, dass etw. *mst* Negatives entsteht ≈ heraufbeschwören ⟨e-e bedrohliche Situation, e-e Gefahr, e-e Krise, Protest, herbe Kritik h.⟩ **3** ***j-n h.*** ≈ provozieren: *j-n herausfordernd ansehen* || *zu* **1 He·raus·for·de·rer** *der*; *-s, -*

He·raus·for·de·rung *die*; *-, -en*; **1** ein Kampf, bei dem j-d e-n Titelverteidiger herausfordert (1) **2** e-e schwierige od. außergewöhnliche Aufgabe, die j-n reizt: *Es war für ihn e-e H., den Mont Blanc zu besteigen*

he·raus·ge·ben (*hat*) [Vt] **1** (**j-m**) **etw. h.** ↑ **heraus-2 j-n / etw. h.** j-n, den man gefangen genommen hat, od. etw., das man an sich genommen hat, wieder zurückgeben ≈ aushändigen: *Die Entführer gaben die Geisel nach drei Wochen wieder heraus*; *Der Dieb gab seine Beute freiwillig heraus* **3 etw. h.** für die Veröffentlichung e-r Zeitung, Zeitschrift od. e-s Buches verantwortlich sein ≈ veröffentlichen, publizieren ⟨e-e Zeitung, ein Magazin, ein Wörterbuch h.⟩ **4** (**j-m**) **etw. h.** j-m das Geld zurückgeben, das er zu viel gezahlt hat: *Die Kassiererin hat mir zu wenig herausgegeben!*; [Vi] **5** (**j-m**) **auf etw.** (*Akk*) **h.** j-m das Geld zurückgeben, das er (*bes* mit e-m bestimmten Geldschein) zu viel gezahlt hat: *Können Sie mir auf fünfzig Euro h.?* || *zu* **3 He·raus·ge·ber** *der*; *zu* **2** u. **3 He·raus·ga·be** *die*; *nur Sg*

he·raus·ge·hen (*ist*) [Vi] **1** ↑ **heraus- 2 etw. geht** (**aus etw.**) **heraus** etw. lässt sich aus etw. entfernen ≈ etw. löst sich (aus etw.): *Der Tintenfleck geht nur sehr schwer aus dem Hemd heraus*; *Der Kuchen geht nicht aus der Backform heraus* **3 aus sich h.** nicht mehr schüchtern sein, sondern lebhaft werden u. den anderen seine Gefühle / Emotionen zeigen ↔ gehemmt sein, verklemmt sein: *Zuerst war er sehr zurückhaltend, doch dann ging er voll aus sich heraus*

he·raus·grei·fen (*hat*) [Vt] **j-n / etw.** (**aus etw.** (*Kollekt od Pl*)) **h.** e-e Person od. Sache aus e-r Menge, Anzahl auswählen: *aus der Klasse e-n Schüler h., um ihn zu prüfen*

he·raus·ha·ben (*hat*) [Vt] *gespr*; **1 etw. h.** die Lösung gefunden haben ⟨den Trick, den Dreh h.⟩: *Er hatte bald heraus*, wie *die Maschine funktioniert* **2 etw. h.** durch Suchen, Fragen u. Forschen erfahren, was unbekannt war ≈ ermitteln: *Die Kripo hat schnell herausgehabt*, wer *den Mord verübt hatte*

he·raus·hal·ten (*hat*) [Vt] **1** ↑ **heraus- 2 j-n / sich / etw.** (**aus etw.**) **h.** versuchen, dass j-d / man selbst / etw. nicht in e-e schwierige Situation verwickelt wird: *Aus diesem Streit halte ich mich heraus*

he·raus·hän·gen[1]; *hängte heraus, hat herausgehängt*; [Vt] **1** ↑ **heraus- 2 etw. h.** *gespr pej*; auf arrogante Weise zeigen, dass man im Gegensatz zu anderen etw. Bestimmtes hat od. kann ≈ herauskehren: *den Doktor(titel), die Direktorin h.* || ID **sich** (*Dat*) **etw. h. lassen** *gespr pej*; auf arrogante Weise zeigen, dass man im Gegensatz zu anderen etw. Bestimmtes hat od. kann

he·raus·hän·gen[2]; *hing heraus, hat herausgehangen*; [Vi] **j-d / etw. hängt** (**aus etw.**) **heraus** j-d / etw. hängt aus etw. nach draußen

he·raus·ho·len (*hat*) [Vt] **1** ↑ **heraus- 2 etw. h.** (große) Erfolge od. Gewinne bei etw. haben ≈ erkämpfen, erzielen: *Bei den Verhandlungen konnte er viel h.* **3 etw. h.** *gespr* ≈ etw. herausarbeiten (1)

he·raus·hö·ren (*hat*) [Vt] **1 etw.** (**aus etw.**) **h.** aus e-m Gemisch von Tönen od. Stimmen e-e Einzelheit hören: *Aus dem Chor war ihre Stimme deutlich herauszuhören* **2 etw.** (**aus etw.**) **h.** an der Art, wie j-d etw. sagt, merken, was er denkt od. fühlt ⟨Ärger, Enttäuschung, Freude, Wut *o.Ä.* aus j-s Stimme h.; Ironie, Kritik, Zustimmung *o.Ä.* aus j-s Worten h.⟩

he·raus·keh·ren (*hat*) [Vt] **1** ↑ **heraus- 2 etw. h.** *gespr pej*; anderen gegenüber seine (berufliche) Stellung, seinen Titel od. e-e bestimmte Eigenschaft (auf unangenehme Weise) deutlich zeigen: *Er kehrt immer den Chef heraus*

he·raus·kom·men (*ist*) [Vi] **1** ↑ **heraus- 2 etw. kommt heraus** etw. wird zum Verkauf in den Handel gebracht ≈ etw. kommt auf den Markt: *Das neue Automodell kommt nächstes Jahr heraus* **3 etw. kommt heraus** *gespr*; etw. wird (allgemein) bekannt: Es *ist nie herausgekommen*, wer *den Mord begangen hat* **4 etw. kommt** (**bei etw.**) **heraus** *gespr*; etw. ist das Ergebnis von etw.: *Ich habe schon dreimal nachgerechnet, aber es ist immer etw. anderes herausgekommen*; *Bei unserer Diskussion ist nichts Vernünftiges herausgekommen* **5 etw. kommt irgendwie heraus** *gespr*; etw. ist so (deutlich, klar), dass man es gut erkennen kann: *Auf diesem Foto kommen die Farben nicht gut heraus* **6 etw. kommt** (**irgendwie**) **heraus** *gespr*; etw. wird deutlich, verständlich: *In der Verfilmung des Romans kommt die eigentliche Problematik gar nicht richtig heraus* **7** (**irgendwie / irgendwann**) **mit etw. h.** *gespr*; erst nach einigem Zögern anfangen, über etw. Unangenehmes zu sprechen: *Allmählich kam er mit der Wahrheit heraus* **8 groß h.** *gespr*; (*bes* von Künstlern) großen Erfolg in der Öffentlichkeit haben: *Die Schauspielerin ist im Fernsehen groß herausgekommen* **9** *gespr*; als Erster e-e Karte spielen ≈ ausspielen || ID **aus dem Lachen, Staunen nicht h.** nicht aufhören können zu lachen, zu staunen; **etw. kommt auf dasselbe heraus** *gespr*; etw. macht keinen Unterschied, hat das gleiche Ergebnis

he·raus·krie·gen (*hat*) [Vt] **etw. h.** *gespr*; etw. in Erfahrung bringen

he·raus·las·sen (*hat*) [Vt] *gespr*; **1** ↑ **heraus- 2 etw. h.** etw. (nach längerem Zögern *o.Ä.*) aussprechen: *Er wollte lange nicht h.*, dass *er sich verliebt hatte*

he·raus·le·sen (*hat*) [Vt] **etw.** (**aus etw.**) **h.** an j-s Gesicht, Verhalten od. Formulierung zu erkennen glauben, was er denkt od. fühlt: *Ich habe aus seinem Brief herausgelesen*, dass *er unglücklich ist*

he·raus·ma·chen (*hat*) *gespr*; [Vt] **1 etw.** (**aus etw.**) **h.** etw. Unerwünschtes aus etw. entfernen: *e-n Fleck aus der Hose h.*; [Vr] **2 sich h.** sich positiv entwickeln, seine Fähigkeiten verbessern ≈ sich mausern

he·raus·neh·men (*hat*) [Vt] **1** ↑ **heraus- 2** (**j-m**) **etw. h.** (als Arzt *o.Ä.*) j-m ein inneres Organ entfernen ⟨j-m die Mandeln, den Blinddarm h.⟩; [Vr] **3 sich** (*Dat*) **etw. h.** *gespr*; etw. tun, das andere frech finden ≈ sich etw. anmaßen ⟨sich allerhand, zu viel, einiges h.⟩: *sich seinem Chef gegenüber zu viele Freiheiten h.* || *zu* **1 he·raus·nehm·bar** *Adj*; *nicht adv*; *zu* **2 He·raus·nah·me** *die*; *nur Sg*

he·raus·plat·zen (*ist*) [Vi] *gespr*; **1** plötzlich (ungewollt) anfangen zu lachen **2 mit etw. h.** plötzlich u. ohne viel zu überlegen etw. sagen ⟨mit e-r Frage, e-m Vorschlag, e-r Neuigkeit h.⟩

he·raus·pres·sen (*hat*) [Vt] **1** ↑ **heraus- 2 etw.** (**aus j-m**) **h.** j-n dazu zwingen, etw. zu tun od. zu sagen ≈ j-m etw. entlocken ⟨ein Geständnis, eine große Summe Geld aus j-m h.⟩

he·raus·put·zen (*hat*) [Vt] **j-n / sich h.** *gespr*; j-n / sich für e-n bestimmten Zweck sehr hübsch machen

he·raus·ra·gen (*hat*) [Vi] **1** ↑ **heraus- 2 j-d / etw. ragt** (**aus etw.** (*Kollekt od Pl*)) **heraus** j-d / etw. ist viel besser als andere Personen / Dinge

he·raus·ra·gend 1 *Partizip Präsens*; ↑ **herausragen 2** *Adj*; viel besser als der Durchschnitt ≈ ausgezeichnet, exzellent: *herausragende Leistungen in der Chemie vollbringen*; *Mozart u. Bach waren herausragende Komponisten*

he·raus·re·den, sich (*hat*) [Vr] **sich** (**aus etw.**) **h.** *gespr*; versuchen, andere davon zu überzeugen, dass man unschuldig ist (obwohl man schuldig ist) ↔ etw. zugeben, eingestehen: *Erst wollte er sich h., aber dann gab er doch zu, dass er den Unfall verursacht hatte*

he·raus·rei·ßen (*hat*) [Vt] **1 etw.** (**aus etw.**) **h.** so stark an etw. reißen, dass es sich löst od. von etw.

getrennt wird: *ein Foto aus dem Album h.; ein Blatt aus e-m Heft h.* **2 etw. reißt etw. (wieder) heraus** *gespr*; e-e positive Leistung gleicht e-e negative Leistung wieder aus ≈ etw. macht etw. wett: *Die Zwei in der mündlichen Prüfung hat seine schlechte Note im schriftlichen Examen wieder herausgerissen*

he·raus·rü·cken [Vt] (*hat*) **1** ↑ ***heraus-*** **2 *etw. h.*** *gespr*; etw. hergeben, nachdem man lange gezögert hat: *Nach langem Hin u. Her rückte sein Vater endlich fünfzig Euro heraus*; [Vi] (*ist*) **3 *mit etw. h.*** *gespr*; etw. sagen, verraten *o.Ä.*, nachdem man zuerst gezögert hat ⟨mit e-r Bitte, e-m Anliegen, e-r Kritik, e-m Geheimnis h.⟩

he·raus·rut·schen (*ist*) [Vi] **1** ↑ ***heraus-*** **2 *etw. rutscht j-m heraus*** *gespr*; etw. wird von j-m ausgesprochen, ohne dass es beabsichtigt war ≈ etw. entschlüpft j-m: *Entschuldige, ich wollte dich nicht beleidigen, das ist mir nur so herausgerutscht*

he·raus·schin·den (*hat*) [Vt] ***etw. h.*** *gespr*; *mst* durch Tricks e-n Vorteil od. Gewinn bekommen

he·raus·schla·gen (*hat*) [Vt] **1** ↑ ***heraus-*** **2 *etw. h.*** *gespr*; *mst* etw. durch Tricks *o.Ä.* für sich gewinnen

he·raus·schme·cken (*hat*) [Vt] **1 *etw. (aus etw.) h.*** e-n bestimmten Geruch od. Geschmack aus e-r Speise wahrnehmen: *Den Knoblauch konnte man deutlich aus der Tomatensoße h.*; [Vi] **2 *etw. schmeckt (aus etw.) heraus*** etw. ist durch seinen intensiven Geschmack aus e-r Speise wahrzunehmen: *Aus dem Salat schmeckt der Essig zu sehr heraus*

he·raus·schrei·ben (*hat*) [Vt] ***etw. (aus etw.) h.*** Teile aus e-m Text abschreiben: *interessante Daten aus e-m Zeitungsartikel h.*

he·raus·sprin·gen (*ist*) [Vi] **1** ↑ ***heraus-*** **2 *etw. springt (für j-n) (bei etw.) heraus*** *gespr*; ein Gewinn od. Vorteil entsteht für j-n (am Ende e-r Transaktion *o.Ä.*): *Beim Verkauf seines alten Autos sprang für ihn noch unerwartet viel Geld heraus*

he·raus·ste·hen (*hat*) [Vi] ***etw. steht heraus*** *gespr* ≈ etw. ragt heraus, steht hervor

he·raus·stel·len (*hat*) [Vt] **1** ↑ ***heraus-*** **2 *j-n / sich / etw. h.*** deutlich zeigen, wie wichtig od. gut j-d / man selbst / etw. ist: *Der Politiker stellte die Grundsätze seiner Partei deutlich heraus*; [Vr] **3 *etw. stellt sich heraus*** etw. wird (zum Schluss) deutlich ≈ etw. erweist sich, zeigt sich: *In der Verhandlung stellte sich heraus*, dass *der Angeklagte unschuldig war*; *Es wird sich noch h.*, wer *von uns beiden Recht hat*

he·raus·stre·cken (*hat*) [Vt] **1** ↑ ***heraus-*** **2 *j-m die Zunge h.*** (*mst* von Kindern untereinander) j-m die Zunge zeigen, um ihn zu ärgern od. um ihm zu zeigen, dass man ihn nicht mag *o.Ä.*

he·raus·strei·chen (*hat*) [Vt] **1 *etw. (aus etw.) h.*** Wörter od. Sätze in e-m Text streichen ↔ etw. hinzufügen: *bei der Korrektur e-s Textes ganze Sätze h.* **2 *j-n / sich / etw. h.*** deutlich zeigen od. sagen, wie wichtig od. gut j-d / man selbst / etw. ist ≈ herausstellen (2): *Er streicht ständig seine Leistungen als Sportler heraus*

he·raus·su·chen (*hat*) [Vt] ***j-n / etw. (aus etw. (Kollekt od Pl)) h.*** j-n / etw. aus e-r Menge wählen: *sein Lieblingshemd h.*

he·raus·wach·sen (*ist*) [Vi] ***aus etw. h.*** *gespr*; wachsen u. deshalb für ein Kleidungsstück zu groß u. zu dick werden: *Unser Sohn wächst alle paar Monate aus seinen Schuhen heraus*

he·raus·win·den, sich (*hat*) [Vr] ***sich (aus etw.) h.*** es schaffen, sich (mit Tricks od. Ausreden) aus e-r unangenehmen Situation zu befreien: *Mit vielen Ausreden u. Vorwänden gelang es ihm, sich aus der peinlichen Situation herauszuwinden*

herb *Adj*; **1** mit e-m Geschmack od. Geruch, der nicht süß, sondern leicht bitter od. sauer ist ↔ lieblich (3), süßlich (1) ⟨(ein) Wein, ein Parfüm⟩ **2** so, dass die betreffende Person / Sache sehr ernst u. streng wirkt ↔ weich ⟨ein Typ; e-e herbe Schönheit sein, herbe Züge haben; h. wirken⟩ **3** sehr streng ≈ hart, scharf ⟨Kritik, Worte⟩ **4** sehr schlimm ≈ bitter, schmerzlich: *e-e herbe Enttäuschung erleben; herbe Verluste hinnehmen müssen* || *hierzu* **Herb·heit** *die*; *nur Sg*

her·bei [hɛɐ̯'bai̯] *Adv*; bezeichnet die Richtung (von irgendwoher) zu e-m Objekt u. häufig auch zum Sprecher od. Erzähler hin ↔ weg

her·bei- [hɛɐ̯'bai̯-] *im Verb, betont u. trennbar, nicht mehr produktiv*; Die Verben mit *herbei-* werden nach folgendem Muster gebildet: *herbeieilen - eilte herbei - herbeigeeilt*

herbei- bezeichnet die Richtung (von irgendwoher) zu e-m Objekt u. häufig auch zum Sprecher od. Erzähler hin ≈ heran-, her-;

herbeieilen: *Als er mich sah, eilte er herbei* ≈ Als er mich sah, eilte er zu mir

ebenso: ***j-n / etw. herbeibringen, j-n / etw. herbeifahren, j-n / etw. herbeiholen, j-n / etw. herbeischaffen***; ***herbeikommen, herbeilaufen***, ⟨Personen⟩ ***strömen herbei***; ***sich herbeitrauen, sich herbeiwagen***

her·bei·füh·ren (*hat*) [Vt] ***etw. h.*** bewirken, dass etw. (*mst* Wichtiges, Entscheidendes) passiert ⟨e-e Entscheidung, das Ende h.; etw. führt den Tod herbei⟩: *Dem Vermittler gelang es, ein klärendes Gespräch zwischen den zerstrittenen Parteien herbeizuführen*

her·bei·re·den (*hat*) [Vt] ***etw. h.*** etw. Unangenehmes verursachen, indem man unnötig oft darüber redet ⟨Probleme, Schwierigkeiten h.⟩

her·bei·seh·nen (*hat*) [Vt] ***j-n / etw. h.*** den dringenden Wunsch haben, dass j-d / etw. da wäre: *den Tag h., an dem der Krieg zu Ende ist*

her·bei·wün·schen (*hat*) [Vt] ***j-n / etw. h.*** ≈ herbeisehnen

her·be·kom·men; *bekam her, hat herbekommen*; [Vt] *gespr*; ***j-n / etw. h.*** es schaffen, j-n / etw. zu bekommen, den / das man (dringend) braucht ≈ beschaffen, auftreiben: *Wo soll ich denn mitten in der Nacht e-n Installateur h.?*

Her·ber·ge *die*; -, *-n*; *veraltend*; **1** ein *mst* einfaches Gasthaus, in dem man schlafen u. essen kann ≈ Unterkunft || -K: ***Jugend-*** **2** *nur Sg*; die Aufnahme als Gast ⟨um H. bitten; irgendwo H. finden⟩

Her·bergs·mut·ter *die*; die Leiterin e-r Jugendherberge

Her·bergs·va·ter *der*; der Leiter e-r Jugendherberge

her·be·stel·len; *bestellte her, hat herbestellt*; [Vt] ***j-n / etw. h.*** den Auftrag geben, dass j-d von irgendwoher kommt / dass etw. gebracht wird ⟨j-n zu j-m / sich h.⟩: *den Kellner wegen e-r Reklamation h.*

her·bit·ten (*hat*) [Vt] ***j-n h.*** j-n bitten, zu einem zu kommen ≈ j-n zu sich bitten ⟨j-n zu sich h.⟩

Her·bi·zid *das*; -(*e*)*s*, *-e*; ein chemisches Mittel, mit dem man Unkraut vernichtet

Herbst *der*; -(*e*)*s*, *-e*; *mst Sg*; die Jahreszeit zwischen Sommer u. Winter, in der die Blätter der Laubbäume bunt werden ⟨ein milder, schöner, sonniger, regnerischer, stürmischer H.⟩: *Die Sonne scheint nicht mehr so stark. - Es wird langsam H.* || K-: ***Herbst-, -anfang, -blume, -ferien, -messe, -monat, -nebel, -sonne, -sturm, -tag*** || -K: ***Früh-, Spät-*** || *hierzu* **herbst·lich** *Adj*

Herbst·zeit·lo·se *die*; -, *-n*; e-e Pflanze, die im Herbst blüht. Die Blüten der H. haben e-e (hell)violette Farbe u. sehen ähnlich wie Krokusse aus

H

Herd *der*; *-(e)s, -e*; **1** ein großes Gerät in der Küche, auf dem man kochen kann ⟨ein elektrischer H.; den H. anschalten, ausschalten; e-e Pfanne, e-n Topf auf den H. stellen, vom H. nehmen⟩ || K-: ***Herd-, -platte*** || -K: ***Elektro-, Gas-; Küchen-*** || NB: ↑ ***Ofen*** **2** ***der H.*** (+ *Gen*) der Ort, an dem e-e Krankheit od. e-e unangenehme Entwicklung beginnt od. zuerst auftritt ≈ Ausgangspunkt, Zentrum ⟨der H. der Unruhen, des Aufruhrs, des Erdbebens, der Seuche⟩ || -K: ***Brand-, Eiter-, Entzündungs-, Infektions-, Krankheits-, Krisen-, Seuchen-, Unruhe-*** **3** ***am H. stehen*** *gespr* ≈ kochen **4** ***der häusliche H.*** *veraltend*; die eigene Wohnung od. das eigene Haus ≈ das Zuhause

Herd
die Kochplatte
der Backofen

Her·de *die*; *-, -n*; **1** ***e-e H.*** (+ *Gen*) e-e Gruppe großer (pflanzenfressender) Säugetiere derselben Art, die miteinander leben ⟨Schafe *o.Ä.* leben in der H.⟩: *e-e H. (ängstlicher) Elefanten*; *e-e H. Schafe, Rinder* || -K: ***Elefanten-, Kuh-, Rinder-, Pferde-, Schaf-, Vieh-*** *usw* || NB: ↑ ***Rudel*** **2** e-e Gruppe von (Haus)Tieren, die einem Besitzer gehören ⟨die H. weidet; die H. auf die Weide treiben, zusammentreiben; die H. hüten⟩ **3** *pej*; e-e große Gruppe von Menschen, die sich oft gleich verhalten u. das tun, was ein Anführer ihnen befiehlt ⟨in der H. mitlaufen; der H. folgen⟩

Her·den·trieb *der*; *nur Sg*; **1** der Instinkt bestimmter Tiere, bei ihrer Herde zu bleiben **2** *pej*; die Neigung mancher Menschen, sich großen Gruppen anzuschließen, um nicht selbstständig denken u. handeln zu müssen

he·rein [hɛˈrain] *Adv*; **1** bezeichnet die Richtung von irgendwo (draußen) nach drinnen, häufig zum Sprecher od. Erzähler hin ≈ *gespr* rein ↔ hinaus: *Bis ins Zimmer h. drang der Lärm* || NB: ↑ ***hinein*** **2** ***Herein!*** (nach e-m Klopfen an der Tür) verwendet, um j-m zu erlauben, ins Zimmer zu kommen

he·rein- [hɛˈrain-] *im Verb, betont u. trennbar, sehr produktiv*; Die Verben mit *herein-* werden nach folgendem Muster gebildet: *hereinkommen - kam herein - hereingekommen*
herein- bezeichnet die Richtung von irgendwo (draußen) nach drinnen, häufig zum Sprecher od. Erzähler hin ↔ hinaus-;
hereinkommen: *Sie öffnete die Tür u. kam ins Zimmer herein* ≈ Sie öffnete die Tür u. kam (von draußen) ins Zimmer
ebenso: ***j-n / etw.*** (***irgendwohin***) ***hereinbringen, j-n / ein Tier*** (***irgendwohin***) ***hereinführen,*** (***j-m***) ***etw. hereingeben, j-n / etw.*** (***irgendwohin***) ***hereinholen, j-n / etw.*** (***irgendwohin***) ***hereinlegen, j-n*** (***irgendwohin***) ***hereinschicken, etw.*** (***irgendwohin***) ***hereinstecken, j-n / etw.*** (***irgendwohin***) ***hereintragen, etw.*** (***irgendwohin***) ***hereinwerfen, j-n / etw.*** (***irgendwohin***) ***hereinziehen***; (***irgendwohin***) ***hereindrängen,*** (***irgendwohin***) ***hereindürfen,*** (***irgendwohin***) ***hereinfallen,*** (***irgendwohin***) ***hereinfahren,*** ⟨ein Vogel *o.Ä.*⟩ ***fliegt*** (***irgendwohin***) ***herein,*** (***irgendwohin***) ***hereingehen,*** (***irgendwohin***) ***hereinkommen,*** (***irgendwohin***) ***hereinkönnen,*** (***irgendwohin***) ***hereinmüssen,*** (***irgendwohin***) ***hereinsehen,*** (***irgendwohin***) ***hereinsollen,*** ⟨Personen / Wassermassen *o.Ä.*⟩ ***strömen*** (***irgendwohin***) ***herein,*** (***irgendwohin***) ***hereinstürzen,*** (***irgendwohin***) ***hereinwollen***; (***sich***) (***irgendwohin***) ***hereinschleichen, sich*** (***irgendwohin***) ***hereintrauen, sich*** (***irgendwohin***) ***hereinwagen*** || NB: ↑ ***hinein-***

he·rein·be·kom·men; *bekam herein, hat hereinbekommen*; [Vt] **1** ***etw. h.*** *gespr*; *mst* e-e Ware, die man verkaufen will, vom Hersteller bekommen: *die neue Winterkollektion h.* **2** ***etw. h.*** *gespr*; e-n Sender (mit dem Radio od. mit dem Fernseher) empfangen können: *Hier ist der Empfang so gut, dass wir sogar das Schweizer Programm h.*

he·rein·bit·ten (*hat*) [Vt] ***j-n h.*** j-n bitten, ins Zimmer zu kommen ⟨j-n zu j-m / sich h.⟩

he·rein·bre·chen (*ist*) [Vi] ***etw. bricht*** (***über j-n / etw.***) ***herein*** etw. geschieht od. beginnt plötzlich u. unerwartet (u. betrifft j-n) ⟨ein Unglück, e-e Katastrophe bricht über j-n herein; die Nacht, der Winter bricht herein⟩

he·rein·brin·gen (*hat*) [Vt] **1** ↑ ***herein-*** **2** ***etw.*** (***wieder***) ***h.*** *gespr*; etw. Versäumtes später durch mehr Arbeit *o.Ä.* wieder ausgleichen ≈ hereinholen (2): *die versäumten Arbeitsstunden wieder h.*

he·rein·fal·len (*ist*) [Vi] *gespr*; **1** ↑ ***herein-*** **2** ***auf j-n / etw. h.*** von j-m / durch etw. getäuscht od. betrogen werden ⟨auf e-n Betrüger, e-n Trick h.⟩ **3** (***bei / mit etw.***) ***h.*** durch etw. e-n Nachteil od. Schaden haben: *Bei dem neuen Auto ist er ganz schön hereingefallen*

he·rein·ho·len (*hat*) [Vt] **1** ↑ ***herein-*** **2** ***etw. h.*** *gespr* ≈ hereinbringen (2)

he·rein·kom·men (*ist*) [Vi] **1** ↑ ***herein-*** **2** ***etw. kommt herein*** etw. wird j-m (als Gehalt od. Gewinn) gegeben: *Überstunden machen, damit mehr Geld hereinkommt* **3** ***etw. kommt herein*** e-e bestimmte Ware wird geliefert: *Die neuen Jacken kommen nächste Woche herein*

he·rein·krie·gen (*hat*) [Vt] ***etw. h.*** *gespr* ≈ hereinbekommen

he·rein·las·sen (*hat*) [Vt] ***j-n / ein Tier h.*** *gespr*; es j-m / e-m Tier erlauben (od. möglich machen) hereinzukommen: *die Tür öffnen, um die Katze hereinzulassen*

he·rein·le·gen (*hat*) [Vt] **1** ↑ ***herein-*** **2** ***j-n h.*** *gespr*; j-n betrügen od. täuschen: *Der Händler hat mich hereingelegt. - Das Gerät funktioniert nicht*

he·rein·plat·zen (*ist*) [Vi] ***j-d platzt*** (***irgendwo***) ***herein*** *gespr*; j-d kommt plötzlich in e-e Veranstaltung, Versammlung *o.Ä.* u. stört sie so ≈ j-d platzt (irgendwo) hinein

he·rein·reg·nen (*hat*) [Vimp] ***es regnet herein*** es regnet (*z.B.* durch ein Loch im Dach) in e-n Raum ≈ es regnet hinein

he·rein·schau·en (*hat*) [Vi] *gespr*; **1** *südd* Ⓐ ⒸⒽ ≈ hereinsehen **2** j-n kurz besuchen ≈ vorbeischauen: *Ich wollte bloß mal kurz bei dir h.*

he·rein·schnei·en [Vi] (*ist*) **1** *gespr*; überraschend zu j-m (auf Besuch) kommen ⟨hereingeschneit kommen⟩; [Vimp] (*hat*) **2** ***es schneit herein*** es schneit (*z.B.* durch ein offenes Fenster) in e-n Raum

he·rein·spa·zie·ren (*ist*) [Vi] *gespr, oft hum* ≈ hereinkommen (1): *„Hereinspaziert, hereinspaziert!" rief ein Mann vor dem Zirkuszelt*

he·rein·zie·hen [Vt] (*hat*) **1** ↑ ***herein-***; [Vi] (*ist*) **2** ⟨Personen⟩ ***ziehen*** (***irgendwohin***) ***herein*** *mst* e-e große Anzahl von Personen geht ins Innere e-s Gebäudes *o.Ä.*: *Die Demonstranten zogen in den Saal herein*; [Vimp] (*hat*) **3** ***es zieht herein*** kalte Luft dringt von außen in e-n Raum

her·fah·ren [Vt] (*hat*) **1** ***j-n / etw. h.*** j-n / etw. *mst* mit dem Auto von irgendwoher bringen: *Er hat die Möbel hergefahren*; Vi (*ist*) **2** von irgendwoher mit dem Auto, Fahrrad, Zug, Bus *o.Ä.* kommen: *Bist du mit dem Auto hergefahren?* **3** ***neben, hinter, vor j-m / etw. h.*** neben, hinter, vor j-m / etw. in dieselbe Richtung fahren || *zu* **1** u. **2** **Her·fahrt** *die*

her·fal·len (*ist*) Vi **1** ***über j-n h.*** j-n plötzlich mit brutaler Gewalt angreifen **2** ***über etw. h.*** etw. voller Gier essen ⟨über das Essen h.: über den Kuchen, den Braten, das Dessert *usw* h.⟩ **3** ***über j-n / etw. h.*** *gespr*; j-n / etw. stark kritisieren **4** ***mit etw. über j-n h.*** j-n mit etw. belästigen ≈ j-n mit etw. bestürmen ⟨mit Fragen, Bitten über j-n h.⟩

her·fin·den (*hat*) Vi den Weg von irgendwoher finden zu e-m bestimmten Ziel: *Hast du leicht hergefunden?*

her·flie·gen (*ist*) Vi von irgendwoher mit dem Flugzeug kommen || *hierzu* **Her·flug** *der*

her·füh·ren (*hat*) Vt **1** ***j-n / etw. h.*** j-m / etw. von irgendwoher den Weg weisen; Vi **2** ***etw. führt her*** ein Weg, e-e Straße *o.Ä.* führt von irgendwoher zum Sprecher od. Handelnden hin: *Dieser Weg führt direkt (zum Haus) her*

Her·gang *der*; *nur Sg*; die Art, wie etw. geschehen ist ≈ Ablauf, Verlauf: *den H. des Unfalls schildern*

her·ge·ben (*hat*) Vt **1** ***etw. h.*** j-m etw. reichen: *Gib mir das Buch her!* **2** ***etw. h.*** etw. verschenken od. verkaufen ⟨etw. freiwillig, ungern h.⟩ **3** ***etw. / sich für etw. h.*** etw. / sich für etw. zur Verfügung stellen ⟨seinen Namen für e-n guten Zweck h.; sich für e-e niedrige Arbeit h.⟩ **4** ***etw. gibt etw. her*** *gespr*; etw. enthält etw., das nützlich od. interessant ist ⟨etw. gibt viel, wenig, nichts her⟩: *Dieses Thema gibt nichts her*

her·ge·hen (*ist*) Vi **1** ***neben, hinter, vor j-m / etw. h.*** neben, hinter, vor j-m / etw. in dieselbe Richtung gehen: *Sie ging neben ihm her u. hielt ihn bei der Hand* **2** *südd* Ⓐ von irgendwoher näher treten ≈ herkommen (1) || NB: *mst* im Imperativ; Vimp **3** ***es geht irgendwie her*** *gespr*; etw. geschieht, verläuft in der genannten Weise: *Auf der Party ging es laut her*; *Bei der Diskussion ging es heiß her* || ID ***h. u. etw. tun*** *gespr*; (ohne lange zu überlegen) etw. tun u. dadurch e-n unangenehmen Eindruck machen: *Der geht einfach her u. benutzt meine Sachen, ohne mich zu fragen!* || ► **Hergang**

her·ge·holt 1 *Partizip Perfekt*; ↑ **herholen 2** *Adj*; *nur in* ***etw. ist weit h.*** etw. ist sehr unwahrscheinlich od. unglaubwürdig ⟨e-e Ausrede ist weit h.⟩

her·ge·lau·fen 1 *Partizip Perfekt*; ↑ **herlaufen 2** *Adj*; *nur attr, nicht adv*; ⟨ein Bursche, ein Kerl, ein Typ⟩ so, dass (sie e-n schlechten Eindruck machen u.) man nichts über sie weiß || *zu* **2 Her·ge·lau·fe·ne** *der / die*; *-n, -n*

her·ha·ben (*hat*) Vt *mst* ***Wo hat er / sie (nur)*** ⟨das Geld, diese Begabung *o.Ä.*⟩ ***her?*** *gespr*; verwendet, um sein Erstaunen darüber auszudrücken, dass j-d so viel Geld hat, so begabt ist *o.Ä.*: *Wo hat er nur die vielen Autos her?*

her·hal·ten (*hat*) Vt **1** ***etw. h.*** etw. so halten, dass es in die Nähe des Sprechers kommt: *Halt deinen Teller her, du kriegst e-n Nachschlag*; Vi **2** ***j-d / etw. muss (als etw. / für j-n / etw.) h.*** *gespr*; j-d / etw. muss (an Stelle von j-d / etw. anderem) e-e bestimmte Funktion übernehmen ⟨etw. muss als Beweis, Vorwand h.; j-d muss als Opfer h.⟩: *Seine Erkältung musste als Ausrede für sein schlechtes Spiel h.*; *Sie muss für ihre beiden erkrankten Kollegen h.*

her·ho·len (*hat*) Vt ***j-n / etw. h.*** j-n / etw. von irgendwoher holen ⟨e-n Arzt, e-n Krankenwagen, ein Taxi h.⟩

her·hö·ren (*hat*) Vi *gespr*; aufmerksam auf das hören, was der Sprecher sagt: *Hört mal alle her!*

He·ring[1] *der*; *-s, -e*; ein silbern glänzender (Meeres)Fisch, der in großen Gruppen *bes* in nördlichen Meeren lebt u. gern gegessen wird ⟨gesalzene, gepökelte, geräucherte, marinierte Heringe; e-n H. ausnehmen, braten⟩ || K-: ***Herings-, -fang, -filet, -schwarm*** || -K: ***Brat-, Räucher-, Salz-***

He·ring[2] *der*; *-s, -e*; einer von mehreren kleinen Stäben aus Metall, die man in die Erde steckt, *bes* um die Schnüre e-s Zeltes daran zu befestigen

her·kom·men (*ist*) Vi **1** von irgendwoher (*mst* zum Sprecher) kommen: *Komm sofort her zu mir!* **2** ***Wo kommst du / kommt er*** *usw* ***her?*** verwendet, um zu fragen, wo j-d geboren ist, woher j-d stammt **3** ***Wo kommt*** ⟨*mst* das Geld⟩ ***her?*** verwendet, um danach zu fragen, wie j-d zu Geld *o.Ä.* gekommen ist od. kommt: *Wo soll das Geld h., wenn niemand arbeitet?*; *Sie machen ständig Urlaub. Wo kommt denn nur das Geld her?* || ► **Herkunft**

her·kömm·lich- *Adj*; *nur attr, nicht adv*; ⟨*mst* Methoden, Verfahren⟩ so, wie sie seit langem bekannt sind (u. angewendet werden) ≈ traditionell ↔ modern, neu || *hierzu* **her·kömm·li·cher·wei·se** *Adv*

her·krie·gen (*hat*) Vt ***j-n / etw. h.*** *gespr* ≈ herbekommen

Her·kunft *die*; *-, Her·künf·te*; *mst Sg*; **1** das Land, die Familie, die soziale Schicht *usw*, in denen j-d geboren u. aufgewachsen ist ≈ Abstammung ⟨adeliger, bäuerlicher, bürgerlicher H. sein⟩: *seiner H. nach Schotte sein* **2** der Ort od. Bereich, an bzw. in dem etw. entstanden ist od. produziert worden ist ≈ Ursprung ⟨die H. e-s Wortes, e-s Kunstwerkes, e-r Ware⟩: *Dieser Käse ist holländischer H.* || K-: ***Herkunfts-, -angabe, -land, -ort*** || ► **herkommen**

her·le·gen (*hat*) Vt ***j-n / sich / etw. h.*** *gespr*; j-n / sich / etw. in die Nähe des Sprechers legen: *Leg dich zu mir her*

her·lei·ten (*hat*) Vt **1** ***etw. (aus etw.) h.*** durch logische Schlüsse zu e-m bestimmten Resultat kommen ≈ ableiten ⟨e-e Formel, e-n Rechtsanspruch h.⟩ **2** ***etw. (von / aus etw.) h.*** von etw. den Ursprung angeben od. erkennen ≈ etw. auf etw. zurückführen: *ein Wort aus dem Griechischen h.*; Vr **3** ***etw. leitet sich von / aus etw. her*** etw. hat in etw. seinen Ursprung: *Das Wort „Demokratie" leitet sich vom griechischen „demos" her*

her·ma·chen (*hat*) *gespr*; Vi **1** ***j-d / etw. macht (et)was / viel / (gar) nichts*** *usw* ***her*** j-d / etw. ist schön / sehr schön / (überhaupt) nicht schön (u. macht deshalb e-n guten bzw. keinen guten Eindruck): *Mit ihrer flotten neuen Frisur macht sie ziemlich was her*; Vr **2** ***sich über etw.*** (*Akk*) ***h.*** etw. mit viel Energie (zu tun) beginnen ⟨sich über die Arbeit, das Essen h.⟩ **3** ***sich über j-n / etw. h.*** j-n / etw. stark kritisieren ≈ über j-n / etw. herfallen (3)

Her·me·lin[1] *das*; *-s, -e*; ein kleines (Raub)Tier, das im Winter ein weißes Fell hat

Her·me·lin[2] *der*; *-s, -e*; *mst Sg*; das weiße Fell e-s Hermelins[1], das früher *bes* Könige u. Fürsten trugen || K-: ***Hermelin-, -kragen, -mantel***

her·me·tisch *Adj*; *mst adv*, *geschr*; so, dass niemand u. nichts eindringen kann ⟨etw. h. abriegeln, abschließen, verschließen⟩: *Die Polizei riegelte das Gelände h. ab*

her·nach *Adv*; *bes südd* Ⓐ ≈ danach, später

her·neh·men (*hat*) Vt **1** ***etw. irgendwo h.*** etw. von irgendwoher bekommen: *Wo nimmt sie bloß die Geduld her?* || NB: nur nach *wo* **2** ***j-d / etw. nimmt j-n her*** j-d / etw. beansprucht od. belastet j-n körperlich od. psychisch stark: *Die Krankheit hat ihn sehr hergenommen*; *Der Trainer nahm unsere Mannschaft ordentlich her*

her·nie·der *Adv*; *geschr* ≈ herunter, herab

he·ro·ben *Adv*; *südd* Ⓐ ≈ (hier) oben ↔ herunten

He·roe [-ˈroːə] *der*; *-n*, *-n*; *geschr* ≈ Held (1,3) || NB: *der Heroe*; *den, dem, des Heroen* || *hierzu* **He·ro·in** *die*; *-*, *-nen*

He·ro·in *das*; *-s*; *nur Sg*; ein starkes Rauschgift in Form e-s weißen Pulvers, das sich Süchtige *mst* in den Arm spritzen ⟨(sich (*Dat*)) H. spritzen⟩ || K-: ***Heroin-, -tote(r)***; ***heroin-, -abhängig, -süchtig***

he·ro·isch *Adj*; *geschr* ≈ heldenhaft ⟨ein Entschluss, e-e Tat, ein Kampf; sich h. zur Wehr setzen⟩

Her·pes *der*; *-*; *nur Sg*; e-e ansteckende Krankheit, die schmerzhafte kleine Blasen auf der Haut verursacht (*z.B.* an den Lippen) || K-: ***Herpes-, -bläschen, -virus***

Herr *der*; *-(e)n*, *-en*; **1** verwendet als höfliche Bezeichnung für e-e erwachsene männliche Person (mit der man nicht befreundet ist od. die man nicht näher kennt) ↔ Dame ⟨ein junger, älterer, freundlicher H.⟩: *Ein H. hat angerufen*; *Die Herren fordern die Damen zum Tanzen auf* || K-: ***Herren-, -bekleidung, -fahrrad, -friseur, -handschuh, -hemd, -konfektion, -magazin, -mantel, -mode, -rad, -sakko, -sattel, -schneider, -schuh, -socken, -toilette, -uhr, -unterwäsche*** **2** ***H.*** (+ *Titel*) + *Name* / ***H.*** + *Titel* verwendet als höfliche Anrede od. Bezeichnung für e-e erwachsene männliche Person ↔ Frau: *Guten Tag, Herr Dr. Müller!* **3** *nur Pl*, *Sport*; die männlichen Sportler ↔ Damen: *Bei den Herren siegte Hans Maier*; *der Slalom der Herren* || K-: ***Herren-, -doppel, -einzel*** **4** ***H.*** (***über j-n / etw.***) j-d, der große Macht über Menschen, Tiere u. Dinge (die er besitzt) hat ≈ Gebieter ⟨ein gütiger, strenger, gerechter H.; sich zum Herrn machen; H. über Leben u. Tod sein⟩: *Der Hund gehorcht seinem Herrn aufs Wort* || -K: ***Burg-, Fabrik(s)-, Feudal-, Grund-, Guts-, Kolonial-, Landes-, Leh(e)ns-*** **5** *Rel* ≈ Gott ⟨der H. im Himmel; den Herrn loben, preisen; dem Herrn danken⟩ **6** ***der H. des Hauses*** der Vorstand e-r Familie, *bes* in seiner Funktion als Gastgeber **7** ***die Herren der Schöpfung*** *hum*; die Männer **8** ***j-s alter H.*** *gespr hum*; (*bes* von Jugendlichen verwendet) j-s Vater || ID ***der H. im Haus sein*** in e-r Familie die Entscheidungen treffen; ***sein eigener H. sein*** (*bes* finanziell) unabhängig sein; ***H. der Lage / Situation sein, bleiben*** e-e schwierige Situation unter Kontrolle haben; ***j-s / etw. H. werden***; ***über j-n / etw. H. werden*** sich gegen j-n durchsetzen bzw. e-e Situation unter seine Kontrolle bringen; ***nicht mehr H. seiner Sinne sein*** so verwirrt sein, dass man nicht weiß, was man tut; ***aus aller Herren Länder(n)*** *geschr*; von überall her || NB: *der Herr*; *den, dem, des Herr(e)n*

Herr·chen *das*; *-s*, *-*; *gespr*; der Besitzer e-s Hundes *o.Ä.* ↔ Frauchen

Her·ren·abend *der*; *veraltend*; ein (*mst* geselliges) Beisammensein von Männern (ohne deren Frauen)

Her·ren·ar·ti·kel *die*; *Pl*; Waren (*bes* Kleidung), die für Männer hergestellt werden ↔ Damenartikel

Her·ren·aus·stat·ter *der*; *-s*, *-*; ein (elegantes) Geschäft, das Kleidung für Männer verkauft

her·ren·los *Adj*; ohne Besitzer (der darauf aufpasst) ⟨ein Hund, e-e Katze; Gepäck; etw. liegt, steht h. herum⟩

Herr·gott *der*; *nur Sg*; **1** *gespr* ≈ Gott ⟨unser H.; der liebe H. (im Himmel)⟩ **2** *südd* Ⓐ ≈ Kruzifix (2) || K-: ***Herrgotts-, -schnitzer, -winkel*** **3** ***H.*** (***noch mal***)***!*** *gespr!* verwendet, um seine Ungeduld od. seinen Ärger auszudrücken

Herr·gotts·frü·he *die*; *nur in* ***in aller H.*** *gespr*; sehr früh am Morgen ⟨in aller H. aufbrechen⟩

her·rich·ten (*hat*) [Vt] **1** ***etw. h.*** etw. für e-n bestimmten Zweck fertig machen ≈ vorbereiten: *die Betten für die Gäste h.* **2** ***etw. h.*** etw., das kaputt od. alt ist, wieder in Ordnung bringen ≈ renovieren, restaurieren: *die alte Kirche wieder h.* **3** ***j-n / sich h.*** j-n / sich durch Frisieren, Schminken *o.Ä.* schönmachen: *sich ein bisschen h., weil man ausgehen will*

her·risch *Adj*; *pej*; so, dass der Betreffende j-n auf unfreundliche Art zwingt, ihm zu gehorchen ⟨e-e Person, e-e Frau; ein herrisches Wesen haben⟩

herr·je!, herr·je·mi·ne! *Interjektion*; drückt aus, dass man (unangenehm) überrascht od. entsetzt ist

herr·lich *Adj*; in hohem Maß schön, gut od. angenehm ⟨Wetter, ein Tag, Sonnenschein, ein Essen, ein Ausblick *usw*; etw. klingt, riecht, schmeckt h.⟩ || *hierzu* **Herr·lich·keit** *die*

Herr·schaft *die*; *-*, *-en*; **1** ***die H.*** (***über j-n / etw.***) *nur Sg*; die absolute Kontrolle (über j-n / etw.) ⟨die H. des Volkes, des Diktators, des Staates; die H. an sich reißen, antreten, ausüben, innehaben; an die H. gelangen, kommen⟩: *Dieses Schloss wurde während der H.* (= Regierungszeit) *von Kaiserin Maria-Theresia erbaut* || K-: ***Herrschafts-, -anspruch, -bereich, -form, -ordnung, -struktur, -system*** || -K: ***Allein-, Feudal-, Fremd-, Gewalt-, Schreckens-***; ***Welt-*** **2** *mst Sg*, *veraltend*; j-d, der Diener, Dienstmädchen *usw* hat: *Der Kutscher wartet auf seine H.* **3** *nur Pl*, *gespr*; alle (anwesenden) Damen u. Herren: *Meine Herrschaften, ich begrüße Sie herzlich!*; *Ich bitte die Herrschaften, mir zu folgen!* **4** ***unter j-s H.*** während der Zeit, in der j-d herrscht (1) **5** ***die H. über etw.*** (*Akk*) ***verlieren*** etw. nicht mehr unter Kontrolle haben: *Er verlor die H. über seinen Wagen u. fuhr in den Straßengraben* **6** ***H.*** (***noch mal***)***!*** *gespr!* verwendet, um seinen Ärger auszudrücken || *zu* **2 herr·schaft·lich** *Adj*

herr·schen; *herrschte*, *hat geherrscht*; [Vi] **1** (***über j-n / etw.***) ***h.*** (*bes* als Monarch) ein Land regieren: *Alexander der Große herrschte über ein riesiges Reich* **2** ***etw. herrscht*** etw. hat großen Einfluss *bes* auf die Politik ⟨die herrschende Klasse, Schicht, Partei⟩: *In unserer Zeit herrscht das Geld* **3** ***etw. herrscht*** etw. bestimmt (als Zustand) die Lage od. das Verhalten der Menschen ⟨es herrscht Armut, Not, Schweigen, Freude, Trauer; die herrschenden Verhältnisse, Ansichten⟩: *Nach der langen Trockenheit herrscht nun e-e große Hungersnot* || ► ***beherrschen***

Herr·scher *der*; *-s*, *-*; ***ein H.*** (***über j-n*** (*Kollekt od Pl*) ***/ etw.***) j-d, der die Kontrolle über ein Land, e-n großen Besitz *o.Ä.* hat || K-: ***Herrscher-, -geschlecht, -haus, -paar*** || -K: ***Allein-***; ***Welt-*** || *hierzu* **Herr·sche·rin** *die*; *-*, *-nen*

herrsch·süch·tig *Adj*; *pej*; seinem Charakter nach so, dass man andere immer unter seiner Kontrolle haben (beherrschen) will ⟨ein Mensch, ein Weib⟩ || *hierzu* **Herrsch·sucht** *die*; *nur Sg*

her·rüh·ren (*hat*) [Vi] ***etw. rührt von etw. her*** etw. wird od. wurde durch etw. verursacht: *Die Narbe rührt von e-r Operation her*

her·sagen (*hat*) [Vt] ***etw. h.*** *mst* e-n Text auswendig vortragen ≈ aufsagen (1) ⟨ein Gedicht h.⟩

her·schau·en (*hat*) [Vi] *südd* Ⓐ Ⓒⓗ ≈ hersehen || ID ***'Da schau her!*** *südd* Ⓐ Ⓒⓗ verwendet, um sein Erstaunen auszudrücken

her·schen·ken (*hat*) [Vt] ***etw. h.*** *südd* Ⓐ ≈ verschenken

her·se·hen (*hat*) [Vi] **1** ↑ ***her-*** (1) **2** ≈ aufpassen: *Wenn niemand hersieht, laufen wir schnell weg*

her·stam·men (*hat*) [Vi] ***von irgendwo h.*** an e-m bestimmten Ort, in e-m bestimmten Land geboren sein, von dort stammen (3) || NB: nur nach *wo*

her·stel·len (*hat*) [Vt] **1** ***etw. h.*** ein Produkt machen ≈ anfertigen, produzieren ⟨etw. maschinell, industriell, von Hand h.⟩: *Diese Firma stellt Autos her* **2** ***etw. h.*** bewirken, dass etw. entsteht ≈ schaffen

⟨e-e telefonische Verbindung, e-n Kontakt h.⟩ **3** ***etw. h.*** etw. von irgendwo bringen u. in die Nähe des Sprechenden stellen; Vr **4** ***etw. stellt sich her*** etw. entsteht ⟨das Gleichgewicht, die Ordnung⟩ **5** ***sich h.*** sich in die Nähe des Sprechenden stellen: *Stell dich ruhig her (zu mir)!* || zu **1**

Her·stel·ler *der*; *-s*, *-*

Her·stel·lung *die*; *-*; *nur Sg*; **1** der Vorgang, bei dem Waren produziert werden ≈ Erzeugung, Produktion: *Bei der H. von Aluminium wird viel Energie benötigt* || K-: ***Herstellungs-, -fehler, -kosten, -land, -verfahren*** || -K: ***Auto-, Glas-, Papier-*** *usw* **2** der Vorgang, bei dem etw. hergestellt (2) wird: *die H. e-r telefonischen Verbindung*

her·trei·ben *(hat)* Vt **1** ↑ ***her-*** (1) **2** ***j-n / ein Tier vor sich*** *(Dat)* ***h.*** hinter j-m / e-m Tier gehen u. ihn / es zwingen, (schneller) weiterzugehen

Hertz *das*; *-*, *-*; *Phys*; die Einheit, mit der man die Frequenz von Wellen misst; *Abk* Hz || -K: ***Kilo-***

he·rü·ben *Adv*; *südd* Ⓐ hier auf dieser Seite ≈ diesseits

he·rü·ber [hɛˈryːbɐ] *Adv*; bezeichnet die Richtung von irgendwo (drüben) auf die Seite des Sprechers od. Handelnden hin: *Wie lange dauert e-e Schiffsreise von Amerika h. nach Europa?* || NB: ↑ ***hinüber***

he·rü·ber- [hɛˈryːbɐ-] *im Verb*, *betont u. trennbar*, *begrenzt produktiv*; Die Verben mit *herüber-* werden nach folgendem Muster gebildet: *herübergehen - ging herüber - herübergegangen*

herüber- bezeichnet die Richtung von irgendwo (drüben) auf die Seite des Sprechers, Erzählers od. Handelnden hin ≈ *gespr* rüber-;

(***über etw.*** *(Akk)*) ***herübergehen***: *Sie ging über die Brücke zu mir herüber* ≈ Sie ging vom anderen Ufer über die Brücke auf die Seite, auf der ich war

ebenso: ***j-n / etw.*** (***über etw.*** *(Akk)*) ***herüberbringen, etw. herübergeben, j-n / etw.*** (***über etw.*** *(Akk)*) ***herüberholen, j-n / etw.*** (***über etw.*** *(Akk)*) ***herüberlassen,*** (***j-m***) ***etw. herüberreichen, j-n / etw.*** (***über etw.*** *(Akk)*) ***herüberschicken, j-n / sich / etw. herüberstellen, etw.*** (***über etw.*** *(Akk)*) ***herüberwerfen, j-n / sich / etw.*** (***über etw.*** *(Akk)*) ***herüberziehen***; (***über etw.*** *(Akk)*) ***herüberdürfen,*** (***j-n / etw.***) (***über etw.*** *(Akk)*) ***herüberfahren***, (***über etw.*** *(Akk)*) ***herübergehen***, (***über etw.*** *(Akk)*) ***herübergrüßen***, (***über etw.*** *(Akk)*) ***herüberhängen***, (***über etw.*** *(Akk)*) ***herüberklettern***, (***über etw.*** *(Akk)*) ***herüberkommen***, (***über etw.*** *(Akk)*) ***herüberkönnen***, (***über etw.*** *(Akk)*) ***herüberlaufen***, (***über etw.*** *(Akk)*) ***herübermüssen***, (***über etw.*** *(Akk)*) ***herüberschauen***, (***über etw.*** *(Akk)*) ***herüberschwimmen***, (***über etw.*** *(Akk)*) ***herübersehen***, (***über etw.*** *(Akk)*) ***herüberspringen***, (***über etw.*** *(Akk)*) ***herüberziehen***; ***sich*** (***über etw.*** *(Akk)*) ***herübertrauen, sich*** (***über etw.*** *(Akk)*) ***herüberwagen*** || NB: ↑ ***hinüber-***

he·rü·ber·bit·ten *(hat)* Vt ***j-n h.*** j-n bitten, zu einem herüberzukommen

he·rü·ber·kom·men *(ist)* Vi **1** ↑ ***herüber-*** **2** (*bes* als Nachbar) j-n kurz besuchen: *Kommen Sie doch mal auf e-n Kaffee zu uns herüber!*

he·rü·ber·rei·chen *(hat)* Vt **1** ↑ ***herüber-***; Vi **2** ***etw. reicht herüber*** etw. ist so lang, dass es sich von irgendwo drüben bis auf die Seite des Sprechenden erstreckt: *Das Seil reicht leicht zu mir herüber*

he·rü·ber·zie·hen Vt *(hat)* **1** ↑ ***herüber-*** **2** ***j-n*** (***zu sich***) ***h.*** j-n (*bes* Wähler) von seiner eigenen Meinung überzeugen ≈ j-n für sich gewinnen; Vi *(ist)* **3** ↑ ***herüber-***

he·rum [hɛˈrʊm] *Adv*; **1** (in Bezug auf Bewegungen) in e-m Bogen od. Kreis um sich selbst / j-n / etw. ≈ *gespr* rum ⟨nach rechts, nach links h., im Kreis h.⟩: *den Kopf nach links h. drehen* || -K: ***links-, rechts-*** **2** ***um j-n / etw. h.*** (in Bezug auf e-e Lage, Anordnung) in e-m Bogen od. Kreis um j-n / etw. ≈ *gespr* rum: *Um das ganze Haus h. wachsen Rosen*; *Der Weg um den See h. ist verschneit* || -K: ***rings-, rund-*** **3** ***um j-n / etw. h.*** in der Umgebung od. Nähe von j-m / etw. ≈ *gespr* rum: *Um München h. gibt es viele Seen*; *Alle um sie h. wussten von ihrem Leid* **4** ***um*** + *Zeit- od. Maßangabe* + ***h.*** *gespr* ≈ ungefähr (um), zirka (um): *Ich komme um vier h. bei dir vorbei* **5** ***verkehrt h.*** mit der falschen Seite nach außen, vorne, oben *o.Ä.*: *Du hast den Pullover verkehrt h. an*

he·rum sein *(ist)* Vi *gespr*; **1** ***um j-n h. s.*** in der Nähe von j-m sein u. sich um ihn kümmern: *Sie ist ständig um ihre kranke Mutter herum* **2** ***etw. ist herum*** etw. ist zu Ende, vorüber: *Die Pause ist gleich herum*

he·rum- [hɛˈrʊm-] *im Verb*, *betont u. trennbar*, *sehr produktiv*; Die Verben mit *herum-* werden nach folgendem Muster gebildet: *herumgehen - ging herum - herumgegangen*

1 *herum-* bezeichnet e-e Bewegung od. Anordnung in e-m Kreis od. mit j-m / etw. als Mittelpunkt;

um j-n / etw. herumgehen: *Wir gingen um das Haus herum* ≈ Wir gingen (im Kreis) um das Haus (sodass wir es von allen Seiten sehen konnten)

ebenso: ***etw. um j-n / etw. herumbinden, um j-n / etw. herumlaufen, um j-n / etw. herumreiten***, ⟨Personen⟩ ***stehen / tanzen um j-n / etw. herum***

2 *herum-* bezeichnet e-e Bewegung in die andere (entgegengesetzte) Richtung ≈ *gespr* rum-;

herumdrehen: *Er drehte den Hebel (nach links) herum* ≈ Er drehte den Hebel in die andere Richtung (von rechts nach links)

ebenso: ***etw. herumbiegen, etw. herumdrücken, etw. herumreißen, etw. herumwerfen***

3 *herum-* drückt aus, dass e-e Bewegung kein bestimmtes Ziel u. keine bestimmte Richtung hat ≈ umher-, *gespr* rum-;

(***irgendwo***) ***herumspazieren***: *Wir spazierten stundenlang in der Stadt herum* ≈ Wir spazierten ohne bestimmtes Ziel durch die Stadt

ebenso: (***irgendwo***) ***herumfahren / herumgehen / herumirren / herumlaufen***

4 *herum-* drückt aus, dass etw. längere Zeit versucht wird, ohne dass man genau weiß, wie es enden wird ≈ *gespr* rum-;

an j-m / etw., mit j-m / etw. herumexperimentieren: *Sie experimentieren schon lange mit dem neuen Treibstoff herum* ≈ Sie experimentieren schon lange mit dem neuen Treibstoff, haben aber keine besonders positiven Ergebnisse erzielt

ebenso: ***an etw.*** *(Dat)* ***herumbasteln, an etw.*** *(Dat)* / ***mit etw. herumprobieren, herumraten,*** (***an etw.*** *(Dat)*) ***herumrätseln***

5 *herum-* drückt aus, dass etw. ohne konkrete Absicht, ohne Sinn od. ohne Konzentration auf etw. Bestimmtes geschieht ≈ *gespr* rum-;

(***irgendwo***) ***herumblättern***: *Er blätterte lustlos in der Zeitschrift herum* ≈ Er sah die Zeitschrift nur kurz durch, ohne viel zu lesen

ebenso: (***irgendwo***) ***herumbrüllen / herumschreien / herumsitzen / herumstehen***

6 *herum-* drückt aus, dass man über längere Zeit mit j-d / etw. Unangenehmem zu tun hat od. sich darüber beklagt ≈ *gespr* rum-;

sich (***mit j-m / etw.***) ***herumquälen***: *Er quält sich schon seit Jahren mit seiner Doktorarbeit herum* ≈ Er versucht seit Jahren, seine Doktorarbeit fertig zu schreiben, aber ohne Lust u. ohne Erfolg ebenso: ***sich*** (***mit j-m / etw.***) ***herumärgern***, (***an j-m / etw.***) ***herummäkeln / herumnörgeln, sich*** (***mit j-m / etw.***) ***herumplagen***

he·rụm·al·bern (*hat*) [Vi] *gespr*; *mst* über längere Zeit Witze, Späße machen

he·rụm·är·gern, sich (*hat*) [Vr] **sich** (***mit j-m / etw.***) ***h.*** *gespr*; mit j-m / etw. immer wieder Probleme haben u. sich ärgern

he·rụm·bal·gen, sich (*hat*) [Vr] ***j-d balgt sich mit j-m herum***; ⟨zwei Personen⟩ ***balgen sich herum*** *gespr*; *mst* zwei Personen balgen sich längere Zeit miteinander

he·rụm·bas·teln (*hat*) [Vi] (***an etw.*** (*Dat*)) ***h.*** *gespr*; an etw. über längere Zeit immer wieder basteln (oft ohne je zu e-m Ende zu kommen): *Er bastelt jeden Sonntag an seinem Auto herum*

he·rụm·be·kom·men (*hat*) [Vt] *gespr*; **1** ***j-n h.*** durch Reden u. mit kleinen Tricks bewirken, dass j-d das tut, was man will ≈ überreden: *Sie hat ihren Mann doch noch herumbekommen mitzugehen* **2** ***etw. h.*** eine bestimmte Zeit hinter sich bringen ≈ herumbringen ⟨die Zeit irgendwie h.⟩: *Wie soll ich bloß die zwei Stunden h., bis der Zug fährt?*

he·rụm·brin·gen (*hat*) [Vt] ***etw. h.*** *gespr*; sich irgendwie beschäftigen u. so e-e bestimmte Zeit verbringen ≈ herumbekommen (2): *Wir werden die zehn Tage schon irgendwie h.*

he·rụm·bum·meln [Vi] *gespr*; **1** (*ist*) ohne Eile u. ohne bestimmtes Ziel spazieren gehen: *in der Stadt h.* **2** (*hat*) *pej*; langsam u. ohne Eifer arbeiten: *Sie hat während ihres Studiums ziemlich herumgebummelt*

he·rụm·deu·teln (*hat*) [Vi] (***an etw.*** (*Dat*)) ***h.*** *gespr pej*; versuchen, die Aussage e-s Textes durch kleinliches Interpretieren so zu deuten, wie es einem passt

he·rụm·dok·tern; *dokterte herum, hat herumgedoktert*; [Vi] *gespr*; **1** (***an j-m / sich***) ***h.*** versuchen, ohne dass man Arzt ist (u. das nötige Wissen hat), j-n / sich zu heilen: *Geh doch zum Arzt, statt selbst an dir herumzudoktern!* **2** (***an etw.*** (*Dat*)) ***h.*** versuchen, etw. zu reparieren: *Er hat lange an der Waschmaschine herumgedoktert*

he·rụm·dre·hen (*hat*) [Vt] **1** ***j-n / sich / etw. h.*** j-n / sich / etw. auf die andere Seite drehen ⟨den Schlüssel im Schloss h.; sich im Kreis h.⟩; [Vi] **2** ***an etw.*** (*Dat*) ***h.*** *gespr*; über längere Zeit gedankenlos an etw. drehen: *Sie drehte so lange an dem Knopf herum, bis er abriss*

he·rụm·drü·cken (*hat*) [Vt] **1** ***etw. h.*** etw. auf die andere Seite drücken ⟨e-n Hebel h.⟩; [Vr] **2** ***sich um etw. h.*** *gespr*; versuchen, etw. Unangenehmes nicht tun zu müssen ≈ sich vor etw. drücken: *sich ums Geschirrspülen h.* **3** ***sich irgendwo h.*** *gespr*; sich an e-m bestimmten Ort aufhalten, ohne etw. Nützliches zu tun ≈ sich (irgendwo) herumtreiben ⟨sich auf der Straße, in Lokalen h.⟩

he·rụm·druck·sen; *druckste herum, hat herumgedruckst*; [Vi] *gespr*; sich nur zögernd u. nicht direkt zu etw. äußern

he·rụm·er·zäh·len (*hat*) [Vt] ***etw. h.*** *mst pej*; etw. vielen Leuten erzählen: *überall h.*, dass *j-d seinen Job verloren hat*

he·rụm·fah·ren *gespr*; [Vt] (*hat*) **1** ***j-n / etw. h.*** j-n / etw. ohne bestimmtes Ziel von einem Ort zum anderen fahren: *Wir haben die Gäste in der Stadt herumgefahren*; [Vi] (*ist*) **2** ohne bestimmtes Ziel von einem Ort zum anderen (hin u. her) fahren ≈ umherfahren: *Wir sind in der Stadt herumgefahren* **3** ***um j-n / etw. h.*** in e-m Bogen an j-m / etw. vorbeifahren: *um ein Hindernis h.* **4** (*bes* vor Schreck) sich plötzlich u. schnell umdrehen: *Als die Tür hinter ihr aufging, fuhr sie erschrocken herum* **5** ***mit etw. irgendwo h.*** *bes* Hände u. Arme ziellos hin u. her bewegen: *j-m mit den Händen vor dem Gesicht h.*

he·rụm·fra·gen (*hat*) [Vi] *gespr*; viele verschiedene Leute (dasselbe) fragen: *Ich werde in der Nachbarschaft h., ob j-d unseren Hund gesehen hat*; *ein bisschen h., um sich e-e Meinung zu bilden*

he·rụm·fuch·teln (*hat*) [Vi] *gespr*; die Hände ohne bestimmtes Ziel heftig hin u. her bewegen: *mit den Händen in der Luft h.*

he·rụm·füh·ren (*hat*) [Vt] **1** ***j-n*** (***irgendwo***) ***h.*** j-n von einem Platz zum anderen führen, um ihm bestimmte Dinge zu zeigen ⟨j-n in der Stadt, im Haus, in der Bibliothek, im Museum h.⟩ **2** ***j-n um j-n / etw. h.*** j-n in e-m Kreis um j-n / etw. führen od. in e-m Bogen an j-m / etw. vorbeiführen ⟨j-n um den See, um ein Hindernis h.⟩ **3** ***etw. um etw. h.*** etw. in e-m geschlossenen Kreis um etw. bauen: *e-n Zaun um den Garten h.*; [Vi] **4** ***etw. führt um etw. herum*** etw. umgibt etw. in Form e-s geschlossenen Kreises: *Die Allee führt um den ganzen See herum*

he·rụm·fuhr·wer·ken; *fuhrwerkte herum, hat herumgefuhrwerkt*; [Vi] *gespr*; auf grobe od. dilettantische Art mit etw. arbeiten od. spielen: *Er wird mit dem Messer noch so lange h., bis er etw. kaputtmacht*

he·rụm·fum·meln (*hat*) [Vi] *gespr*; **1** ***an etw.*** (*Dat*) ***h.*** etw. immer wieder nervös berühren: *am Tischtuch h.* **2** ***an etw.*** (*Dat*) ***h.*** *pej*; auf ungeschickte Art versuchen, etw. zu reparieren **3** ***an j-m h.*** j-n berühren, u. ihn sexuell erregen od. belästigen

he·rụm·ge·ben (*hat*) [Vt] ***etw. h.*** etw. von einer Person zur anderen in e-r Runde *o.Ä.* geben: *ein Bild h.*

he·rụm·ge·hen (*ist*) [Vi] *gespr*; **1** ***um j-n / etw. h.*** in einem Kreis um j-n / etw. gehen od. in e-m Bogen an j-m / etw. vorbeigehen: *Wir gingen um den Turm herum, um ihn von allen Seiten zu fotografieren*; *um ein Hindernis h.* **2** (***irgendwo***) ***h.*** ohne festgelegten Weg (hin u. her) gehen ≈ umhergehen ⟨in der Stadt, im Park, im Museum, in der Wohnung h.⟩ **3** von einer Person zur anderen gehen ≈ die Runde machen: *Nach dem Essen ging ein Kellner herum u. bot Kaffee an* **4** ***etw. geht herum*** etw. wird von einer Person zur anderen gereicht ⟨e-e Unterschriftenliste, Fotos⟩ **5** ***etw. geht herum*** ein Gerücht, e-e Neuigkeit *o.Ä.* wird von einer Person zur anderen weitererzählt **6** ***etw. geht j-m im Kopf herum*** etw. beschäftigt j-n gedanklich sehr: *Der Film ist mir noch lange im Kopf herumgegangen* **7** ***etw. geht*** (***irgendwie***) ***herum*** e-e bestimmte Zeit vergeht (irgendwie): *Das Wochenende ging schnell herum*

he·rụm·geis·tern (*ist*) [Vi] *gespr*; (*bes* nachts) anstatt zu schlafen noch irgendwo umhergehen

he·rụm·gon·deln (*ist*) [Vi] (***irgendwo***) ***h.*** *gespr, mst pej*; zum Vergnügen Reisen machen od. ohne festes Ziel herumfahren (2): *Sie gondelt in der Welt herum*

he·rụm·ha·cken (*hat*) [Vi] ***auf j-m h.*** *gespr*; j-n ständig kritisieren ≈ an j-m herumnörgeln

he·rụm·hän·gen; *hing herum, hat herumgehangen*; [Vi] *gespr*; **1** ***etw. hängt herum*** *mst* etw. hängt irgendwo ohne Ordnung: *In ihrem Zimmer hängen viele Fotos herum* **2** ***j-d hängt*** (***irgendwo***) ***herum*** j-d ist irgendwo, ohne etw. Nützliches zu tun ⟨in der Kneipe, zu Hause, auf der Straße h.⟩

he·rụm·ho·cken (*hat / südd* Ⓐ Ⓒⓗ *ist*) [Vi] *gespr* ≈ herumsitzen (2) || *zu* ***Herumhockerei*** ↑ ***-ei***

he·rụm·hor·chen (*hat*) [Vi] *gespr*; (um etw. in Erfahrung zu bringen) viele verschiedene Leute (dasselbe) fragen ≈ herumfragen: *Ich werde im Betrieb h., ob j-d weiß, was passiert ist*

he·rụm·ir·ren (*ist*) [Vi] durch e-e Gegend gehen od. fahren, ohne den (richtigen) Weg zu wissen ≈ umherirren: *im Wald h.*

he·rụm·kno·beln (*hat*) [Vi] **(an etw.** (*Dat*)**) h.** *gespr*; lange Zeit immer wieder versuchen, ein Rätsel od. Problem zu lösen ≈ herumrätseln

he·rụm·kom·man·die·ren (*hat*) [Vt] ***j-n h.*** *gespr*; j-m ständig Befehle geben: *seine Angestellten h.*

he·rụm·kom·men (*ist*) [Vi] *gespr*; **1** ***um etw. h.*** e-r unangenehmen Sache entgehen können ≈ etw. vermeiden, umgehen können: *Um diese Prüfung wirst du nicht h.* || NB: *mst* verneint **2** *mst* (***in der ganzen Welt***) ***viel / weit h.*** durch häufige Reisen viel sehen u. erleben **3** ***um etw. h.*** es schaffen, um etw. herumzugehen od. herumzufahren: *Er kam mit seinem großen Auto nicht um die enge Kurve herum*

he·rụm·krie·gen (*hat*) [Vt] **1** ***etw. h.*** *gespr* ≈ herumbekommen **2** ***j-n h.*** *gespr*; j-n (durch gutes Zureden *o.Ä.*) dazu bringen, etw. zu tun

he·rụm·kri·ti·sie·ren (*hat*) [Vi] ***an j-m / etw. h.*** *gespr*; j-n / etw. ständig kritisieren

he·rụm·kur·ven (*ist*) [Vi] *gespr* ≈ herumfahren (2) ⟨in der Gegend h.⟩

he·rụm·kut·schie·ren; *kutschierte herum, hat / ist herumkutschiert*; *gespr*; [Vt] (*hat*) **1** ***j-n / etw. h.*** ≈ herumfahren (1); [Vi] (*ist*) **2** ≈ herumfahren (2)

he·rụm·lau·fen (*ist*) [Vi] *gespr*; **1** ***um j-n / etw. h.*** in e-m Kreis um j-n / etw. laufen od. in e-m Bogen an j-m / etw. vorbeilaufen **2** ***irgendwo h.*** ohne bestimmtes Ziel von einem Ort zum anderen (hin u. her) laufen ≈ umherlaufen: *in der Stadt h.* **3** ***irgendwie h.*** auf e-e bestimmte Art gekleidet sein: *Sie läuft neuerdings im Minirock herum*

he·rụm·lie·gen (*hat / südd* Ⓐ Ⓒⓗ *ist*) [Vi] *gespr*; **1** ***etw.*** (*Kollekt od Pl*) ***liegt irgendwo herum*** verschiedene Sachen liegen *mst* unordentlich irgendwo: *Überall liegen Zeitschriften herum* **2** ***j-d liegt*** (***irgendwo***) ***herum*** j-d liegt irgendwo u. tut nichts Nützliches: *Sie liegt ständig im Bett herum u. liest Comics*

he·rụm·lun·gern; *lungerte herum, hat / ist herumgelungert*; [Vi] ***j-d lungert*** (***irgendwo***) ***herum*** *gespr*; j-d ist irgendwo u. tut nichts Nützliches ≈ j-d hängt (irgendwo) herum ⟨auf der Straße h.⟩

he·rụm·mä·keln (*hat*) [Vi] (***an j-m / etw.***) ***h.*** *gespr*; j-n / etw. ständig kritisieren ≈ herumnörgeln

he·rụm·murk·sen (*hat*) [Vi] (***an etw.*** (*Dat*)) ***h.*** *gespr*; *mst* (dilettantisch) versuchen, etw. zu reparieren, aber keinen Erfolg haben: *am kaputten Radio h.*

he·rụm·nör·geln (*hat*) [Vi] (***an j-m / etw.***) ***h.*** *gespr*; j-n / etw. ständig kritisieren ≈ herummäkeln

he·rụm·pla·gen, sich (*hat*) [Vr] ***sich*** (***mit j-m / etw.***) ***h.*** *gespr*; immer wieder mit j-m / etw. Mühe, Probleme haben: *Er plagt sich schon seit Stunden mit dem kaputten Rad herum*; *sich mit e-m faulen Schüler h.*

he·rụm·pro·bie·ren (*hat*) [Vi] *gespr*; **1** es immer wieder probieren, versuchen **2** ***an etw.*** (*Dat*) ***h.*** *mst* ein Gerät zu bedienen od. zu reparieren versuchen

he·rụm·quä·len, sich (*hat*) [Vr] ***sich*** (***mit j-m / etw.***) ***h.*** *gespr* ≈ sich (mit j-m / etw.) herumplagen

he·rụm·rät·seln (*hat*) [Vi] (***an etw.*** (*Dat*)) ***h.*** *gespr*; lange Zeit immer wieder versuchen, ein Rätsel, e-e Frage od. ein Problem zu lösen ≈ herumknobeln, herumraten: *h., wie etw. passieren konnte*

he·rụm·re·den (*hat*) [Vi] (***um etw.***) ***h.*** *gespr*; von unwichtigen Dingen sprechen, um nicht über das eigentliche (*mst* unangenehme) Thema reden zu müssen ⟨um den heißen Brei (= ein unangenehmes Thema) h.⟩

he·rụm·rei·chen (*hat*) *gespr*; [Vt] **1** ***etw. h.*** etw. nacheinander mehreren Leuten geben, reichen: *die Schnapsflasche in der Runde h.* **2** ***j-n h.*** j-n vielen Leuten vorstellen: *Sie wurde auf allen Partys herumgereicht*; [Vi] **3** ***etw. reicht um etw. herum*** etw. ist lang genug, um e-n Kreis um etw. bilden zu können: *Die Schnur reicht nicht um das Paket herum*

he·rụm·rei·sen (*ist*) [Vi] *gespr*; viele Reisen machen: *Für ihre Firma muss sie viel in der Welt h.*

he·rụm·rei·ßen (*hat*) [Vt] ***etw. h.*** etw. mit e-r schnellen Bewegung in die andere Richtung drehen ≈ herumwerfen (1) ⟨*mst* das Steuer, das Lenkrad h.⟩

he·rụm·rei·ten (*ist*) [Vi] *gespr*; **1** ***auf etw.*** (*Dat*) ***h.*** *pej*; immer wieder von derselben (unangenehmen) Sache sprechen ⟨auf j-s Fehlern h.⟩ **2** ***auf j-m h.*** j-n ständig kritisieren ≈ auf j-m herumhacken **3** ***um j-n / etw. h.*** in e-m Kreis um j-n / etw. reiten od. in e-m Bogen an j-m / etw. vorbeireiten **4** ohne bestimmtes Ziel von einem Ort zum anderen reiten

he·rụm·ren·nen (*ist*) [Vi] *gespr*; **1** ***um j-n / etw. h.*** schnell in e-m Kreis um j-n / etw. laufen od. in e-m Bogen an j-m / etw. vorbeilaufen: *um das Haus h.* **2** ohne bestimmtes Ziel von einem Ort zum anderen rennen ≈ umherrennen: *Die Kinder rannten ausgelassen im Garten herum* **3** ***irgendwie h.*** irgendwie gekleidet sein: *im Sommer in Shorts h.*

he·rụm·rüh·ren (*hat*) [Vi] **1** (***in etw.*** (*Dat*)) ***h.*** *gespr*; immer wieder in e-m Topf *o.Ä.* rühren: *im Suppentopf h.* **2** (***in etw.*** (*Dat*)) ***h.*** über unangenehme Dinge sprechen, die weit in der Vergangenheit liegen: *in alten Geschichten h.*

he·rụm·rut·schen (*ist*) [Vi] *gespr*; **1** auf e-r glatten Oberfläche rutschen ⟨auf dem Eis h.⟩ **2** sich hin u. her bewegen (statt ruhig zu sitzen): *auf dem Stuhl h.*

he·rụm·schar·wen·zeln; *scharwenzelte herum, ist herumscharwenzelt*; [Vi] (***um j-n***) ***h.*** *gespr pej*; immer in j-s Nähe sein u. ihm bei jeder Gelegenheit (unaufgefordert) zu helfen versuchen, um e-n guten Eindruck zu machen

he·rụm·schi·cken (*hat*) [Vt] ***j-n / etw. h.*** *gespr*; j-n / etw. nacheinander zu mehreren Leuten, Institutionen *o.Ä.* schicken: *Er hat seine neue Idee in der ganzen Firma herumgeschickt*

he·rụm·schla·gen (*hat*) [Vt] **1** ***etw.*** (***um etw.***) ***h.*** Papier, Stoff *o.Ä.* um etw. wickeln ≈ etw. (um etw.) herumwickeln: *e-n Verband um das verletzte Knie h.*; [Vi] **2** Schläge austeilen, ohne e-e bestimmte Person treffen zu wollen ≈ um sich schlagen ⟨wild h.⟩; [Vr] **3** ***sich mit j-m / etw. h.*** *gespr*; mit j-m / etw. Schwierigkeiten u. Ärger haben ⟨sich mit Problemen, Zweifeln h.; sich mit seinem Chef, seiner Vermieterin, seinen Nachbarn h. (müssen)⟩

he·rụm·schlep·pen (*hat*) [Vt] *gespr*; **1** ***etw.*** (***mit sich***) ***h.*** etw. (*mst* e-n schweren Gegenstand) lange Zeit bei sich tragen ⟨e-n Rucksack, e-n Koffer, Bücher mit sich h.⟩ **2** ***etw. mit sich h.*** ein Problem, Sorgen, Kummer *o.Ä.* haben **3** ***etw. mit sich h.*** seit längerer Zeit e-e Krankheit haben: *Diesen Schnupfen schleppe ich schon lange mit mir herum* **4** ***j-d schleppt j-n irgendwo herum*** *oft hum*; j-d nimmt j-n (gegen seinen Willen) von einem Ort zum anderen mit ⟨j-n in der Stadt, im Museum h.⟩

he·rụm·schnüf·feln (*hat*) [Vi] *gespr pej*; (heimlich) versuchen, Informationen über j-n / etw. zu bekommen ≈ herumspionieren: *in j-s Privatleben h.*

he·rụm·schrei·en (*hat*) [Vi] *gespr* ≈ herumbrüllen

he·rụm·schwän·zeln (*ist*) [Vi] ***um j-n h.*** *gespr pej* ≈ (um j-n) herumscharwenzeln

he·rụm·set·zen, sich (*hat*) [Vr] ***sich*** (*Pl*) ***um j-n / etw. h.*** *gespr*; (von mehreren Personen) sich setzen u. dabei e-n Kreis um j-n / etw. bilden: *Die Gäste setzten sich um den Tisch herum*

he·rụm·sit·zen (*hat / südd* Ⓐ Ⓒⓗ *ist*) [Vi] **1** ⟨Personen⟩ ***sitzen um j-n / etw. herum*** mehrere Personen sitzen in e-m Kreis um j-n / etw.: *um das offene Feuer h.* **2** *gespr*; (längere Zeit) irgendwo sitzen, ohne etw. Nützliches zu tun ⟨müßig, tatenlos h.⟩

he·rụm·spi·o·nie·ren (*hat*) [Vi] *gespr pej*; (heimlich) versuchen, Informationen über j-n / etw. zu bekommen ≈ herumschnüffeln
he·rụm·spre·chen, sich (*hat*) [Vr] ***etw. spricht sich herum*** etw. wird von einem zum andern weitergesagt u. so allgemein bekannt: *Ein Skandal spricht sich in e-r so kleinen Stadt schnell herum*
he·rụm·sprin·gen (*ist*) [Vi] *gespr*; ohne bestimmte Absicht hin u. her springen: *Das Kind sprang fröhlich im Garten herum*
he·rụm·ste·hen (*hat / südd* Ⓐ Ⓒⓗ *ist*) *gespr*; [Vi] **1** 〈Personen〉 ***stehen um j-n / etw. herum*** mehrere Personen stehen in e-m Kreis um j-n / etw.: *Um den Verletzten standen viele Schaulustige herum* **2** irgendwo stehen, ohne etw. Nützliches zu tun: *in der Kneipe h.* **3 *etw. steht irgendwo herum*** etw. steht unordentlich irgendwo u. stört: *In der Küche steht viel Geschirr herum, das noch nicht gespült ist*
H
he·rụm·stel·len, sich (*hat*) [Vr] ***sich*** (*Pl*) ***um j-n / etw. h.*** sich in e-m Kreis um j-n / etw. stellen
he·rụm·stö·bern (*hat*) [Vi] *gespr*; irgendwo (heimlich) etw. suchen (u. dabei Unordnung machen): *in den Schubladen h.*; *auf dem Dachboden h.*
he·rụm·sto·chern (*hat*) [Vi] (***in etw.*** (*Dat*)) ***h.*** *gespr*; in etw. immer wieder mit etw. (*z.B.* e-r Gabel, e-m Zahnstocher) stechen od. bohren 〈mit e-m Stock im Mülleimer h.; mit der Gabel im Teller, im Essen h.〉
he·rụm·stol·zie·ren (*ist*) [Vi] *gespr*; stolz u. mit steifer (Körper)Haltung ohne bestimmtes Ziel von einem Ort zum anderen (hin u. her) gehen: *am Strand h.*
he·rụm·sto·ßen (*hat*) [Vt] ***j-n h.*** *gespr*; *bes* ein Kind immer wieder zu e-r anderen (Pflege)Person geben, damit es dort lebt 〈ein Pflegekind h.〉
he·rụm·strei·fen (*ist*) [Vi] *gespr*; *mst* auf der Suche nach etw. in e-m Gebiet hin u. her gehen ≈ umherstreifen: *im Wald h.*
he·rụm·strei·ten, sich (*hat*) [Vr] ***j-d streitet sich mit j-m herum***; 〈Personen〉 ***streiten sich herum*** *gespr*; zwei od. mehrere Personen streiten immer wieder
he·rụm·streu·nen (*ist*) [Vi] *gespr*; ***ein Tier streunt herum*** e-e Katze, ein Hund *o.Ä.* läuft hin u. her, (auf Nahrungssuche) durch die Gegend
he·rụm·tan·zen (*ist*) [Vi] *gespr*; **1** 〈Personen〉 ***tanzen um j-n / etw. herum*** mehrere Personen tanzen in e-m Kreis um j-n / etw.: *Sie tanzten um das Feuer herum* **2 *um j-n h.*** *pej*; immer in j-s Nähe sein u. alles tun, um ihm zu gefallen **3** sich hin u. her bewegen, als ob man tanzte (*mst* in Bezug auf Kinder) 〈vor Freude h.〉
he·rụm·te·le·fo·nie·ren (*hat*) [Vi] *gespr*; wegen e-r Sache viele verschiedene Leute anrufen
he·rụm·to·ben [Vi] *gespr*; **1** (*hat / ist*) spielen u. dabei hin u. her laufen u. Lärm machen ≈ umhertoben: *Die Kinder toben im Garten herum* **2** (*hat*) *pej*; laut u. wütend über etw. schimpfen
he·rụm·tol·len (*hat / ist*) [Vi] *gespr* ≈ herumtoben (1)
he·rụm·tra·gen (*hat*) [Vt] *gespr*; **1 *j-n / etw. h.*** j-n / etw. tragen u. dabei hin u. her gehen: *das Baby h., bis es einschläft* **2 *etw. mit sich h.*** etw. immer bei sich haben: *den Ausweis mit sich h.* **3 *etw. mit sich h.*** sich in seinen Gedanken ständig mit etw. beschäftigen 〈e-n Plan, e-e Idee, ein Problem mit sich h.〉
he·rum·tram·peln (*hat*) [Vi] *gespr*; **1** (***auf etw.*** (*Dat*)) ***h.*** immer wieder auf etw. treten u. es so zerstören: *auf dem Blumenbeet h.* **2 *auf j-m h.*** j-s Gefühle (durch ständige harte Kritik) verletzen ≈ j-n beleidigen **3 *auf j-s Gefühlen h.*** durch rücksichtsloses, egoistisches Verhalten j-s Gefühle ständig verletzen
he·rụm·trei·ben, sich (*hat*) [Vr] ***sich*** (***irgendwo***) ***h.*** *gespr pej*; einmal hier u. einmal dort sein u. nichts Nützliches tun: *Hast du dich heute wieder auf der Straße herumgetrieben, statt in die Schule zu gehen?* || *hierzu* **He·rụm·trei·ber** *der*
he·rụm·trö·deln (*hat*) [Vi] *gespr* ≈ trödeln
he·rụm·tun (*hat*) [Vi] (***mit / an etw.*** (*Dat*)) ***h.*** *südd* Ⓐ *gespr*; sich umständlich mit etw. beschäftigen
he·rụm·tur·nen [Vi] *gespr*; **1** (*hat*) nicht ernsthaft, sondern spielerisch turnen **2 *irgendwo h.*** (*ist*) irgendwo klettern: *an der Dachrinne h.*; *Die Affen turnen in den Bäumen herum*
he·rụm·wer·fen (*hat*) [Vt] **1 *etw. h.*** etw. mit e-r schnellen, plötzlichen Bewegung in die andere Richtung drehen ≈ herumreißen 〈*mst* das Steuer, das Lenkrad h.〉 **2 *etw. h.*** *gespr*; etw. unordentlich irgendwohin legen, werfen: *die Kleider im Zimmer h.*; [Vi] **3 *mit etw. h.*** *gespr*; etw. oft od. viel von etw. verwenden, gebrauchen ≈ mit etw. um sich werfen 〈mit Geld, mit Fremdwörtern, mit Fachausdrücken h.〉
he·rụm·wi·ckeln (*hat*) [Vt] ***j-m / sich etw. h.***; ***etw.*** (***um j-n / sich / etw.***) ***h.*** *gespr*; etw. um j-n / sich / etw. wickeln
he·rụm·zie·hen (*ist*) [Vi] *gespr*; von einem Ort zum anderen ziehen u. nirgends lange bleiben: *in der Welt h.*
he·rụn·ten *Adv*; *südd* Ⓐ ≈ dort unten, wo sich der Sprecher befindet od. befand ↔ heroben
he·run·ter [hɛˈrʊntɐ] *Adv*; bezeichnet die Richtung von irgendwo (oben) nach unten, häufig zum Sprecher, Erzähler od. Handelnden hin ≈ herab ↔ hinauf: *H. mit dir!* (= komm von dort herunter) || NB: ↑ ***hinunter***

> **he·rụn·ter sein** (*ist*) [Vi] *gespr*; **1 *etw. ist herunter*** etw. ist heruntergelassen, ist unten 〈die Jalousien, die Rollläden, der (Theater)Vorhang〉 **2** *mst* ***völlig mit den Nerven h. s.*** kurz vor e-m Nervenzusammenbruch sein

he·run·ter- [hɛˈrʊntɐ-] *im Verb, betont u. trennbar, sehr produktiv*; Die Verben mit *herunter-* werden nach folgendem Muster gebildet: *herunterblicken - blickte herunter - heruntergeblickt*
herunter- bezeichnet die Richtung von irgendwo (oben) nach unten, häufig zum Sprecher od. Erzähler hin ≈ herab- ↔ hinauf-;
(***irgendwohin***) ***herunterblicken***: *Er blickte aus dem Fenster des zweiten Stocks in den Hof herunter* ≈ Er blickte aus dem Fenster des zweiten Stocks nach unten in den Hof
ebenso: ***etw. herunterbiegen, j-n / etw.*** (***irgendwohin***) ***herunterbringen, etw. herunterdrücken, etw.*** (***irgendwohin***) ***heruntergeben, j-n / etw.*** (***irgendwohin***) ***herunterheben, j-n / etw.*** (***irgendwohin***) ***herunterholen, etw. herunterklappen, etw. herunterkurbeln, j-n / etw. herunternehmen,*** (***j-m***) ***etw. herunterreichen / etw. reicht*** (***irgendwohin***) ***herunter,*** (***etw.***) ***herunterrufen, j-n / etw.*** (***irgendwohin***) ***herunterschicken,*** (***etw.***) ***herunterschlucken, j-n / etw.*** (***irgendwohin***) ***herunterstoßen,*** (***j-n / sich / etw.***) (***irgendwohin***) ***herunterstürzen, j-n / etw.*** (***irgendwohin***) ***heruntertragen, j-n / etw.*** (***irgendwohin***) ***herunterwerfen, j-n / etw.*** (***irgendwohin***) ***herunterziehen***; ***etw. baumelt herunter,*** (***irgendwohin***) ***herunterdürfen,*** (***j-n / etw.***) (***irgendwohin***) ***herunterfahren,*** (***irgendwohin***) ***herunterfallen,*** 〈ein Vogel *o.Ä.*〉 ***fliegt*** (***irgendwohin***) ***herunter, etw. fließt*** (***irgendwohin***) ***herunter,*** (***irgendwohin***) ***heruntergehen, herunterhängen,*** (***irgendwohin***) ***herunterklettern,*** (***irgendwohin***) ***herunterkommen,*** (***irgendwohin***) ***herunterkönnen,*** (***irgendwohin***) ***he-***

runtermüssen, (***irgendwohin***) ***herunterrennen,*** (***irgendwohin***) ***herunterrutschen,*** (***irgendwohin***) ***heruntersehen,*** (***irgendwohin***) ***heruntersinken,*** (***irgendwohin***) ***herunterspringen,*** (***irgendwohin***) ***heruntersteigen, j-d / etw. rollt*** (***irgendwohin***) ***herunter***; ***sich herunterbeugen, sich*** (***irgendwohin***) ***heruntertrauen, sich*** (***irgendwohin***) ***herunterwagen*** || NB: **a)** Anstelle e-r Richtungsangabe (*in den Hof usw*) steht häufig nur e-e Angabe im Akk.: *Er kam den Berg herunter*; *Er führte die alte Frau die Treppe herunter*; **b)** ↑ ***hinunter***

he·rụn·ter·be·kom·men; *bekam herunter, hat heruntergebekommen*; Vt **1 *etw.*** (***irgendwohin***) ***h.*** *gespr*; etw. von irgendwo (oben) nach unten tragen od. transportieren können: *Die schwere Waschmaschine bekommen wir nie in den Keller herunter!* || NB: Anstelle e-r Richtungsangabe (*in den Keller usw*) steht häufig nur e-e Angabe im Akk.: *etw. die Treppe h.* **2 *etw.*** (***von etw.***) ***h.*** *gespr*; etw. (von etw.) entfernen können ≈ etw. (von etw.) lösen, wegmachen: *Diese Farbspritzer bekommst du nie mehr herunter!* **3 *etw. h.*** *gespr*; Nahrung hinunterschlucken können ⟨keinen Bissen mehr h.⟩ || NB: *mst* verneint

he·rụn·ter·bren·nen (*ist*) Vi **1 *etw. brennt herunter*** etw. brennt u. wird dabei kürzer ⟨*mst* e-e Kerze⟩ **2 *etw. brennt herunter*** etw. wird durch Feuer völlig zerstört: *Das Schloss ist bis auf die Grundmauern heruntergebrannt*

he·rụn·ter·drü·cken (*hat*) Vt **1** ↑ ***herunter-*** **2 *etw. h.*** *gespr*; bewirken, dass etw. auf ein niedrigeres Maß, Niveau kommt ≈ senken (3) ⟨*mst* die Kosten, die Preise h.⟩

he·rụn·ter·flie·gen (*ist*) Vi **1** ↑ ***herunter-*** **2** *gespr* ≈ herunterfallen

he·rụn·ter·ge·hen (*ist*) Vi **1** ↑ ***herunter-*** **2** (***von etw.***) ***h.*** *gespr*; sich vom genannten Ort entfernen: *Los, geh mit den Füßen vom Tisch herunter!* **3** (***mit etw.***) ***h.*** *gespr*; etw. in seiner Höhe reduzieren ≈ senken (3) ↔ hinaufgehen (3): *Der Händler ging letzte Woche mit den Preisen stark herunter*

he·rụn·ter·han·deln (*hat*) Vt ***j-n / etw.*** (***auf etw.*** (*Akk*)) ***h.*** *gespr*; durch Handeln[1] (3) e-n geringeren Preis zahlen müssen ⟨e-n Preis h.⟩: *Er kaufte den Teppich, nachdem er den Preis von 1000 auf 850 Euro heruntergehandelt hatte*

he·rụn·ter·hau·en (*hat*) Vt *nur in* ***j-m eine / ein paar h.*** *gespr* ≈ j-n ohrfeigen

he·rụn·ter·kom·men (*ist*) Vi **1** ↑ ***herunter-*** **2** dem Aussehen nach, finanziell, gesundheitlich u. / od. psychisch in e-n sehr schlechten Zustand geraten ≈ verkommen, verwahrlosen: *Das alte Schloss ist völlig heruntergekommen* **3 *von etw.*** (***auf etw.*** (*Akk*)) ***h.*** *gespr*; von e-r schlechten Leistung zu e-r besseren kommen ⟨von e-r schlechten Schulnote h.⟩: *Sie möchte in Englisch von ihrer Fünf auf e-e Drei h.*

he·rụn·ter·krat·zen (*hat*) Vt ***etw.*** (***von etw.***) ***h.*** ≈ abkratzen: *die Farbe vom Fensterrahmen h.*

he·rụn·ter·krie·gen (*hat*) Vt ***etw. h.*** *gespr* ≈ herunterbekommen

he·rụn·ter·la·den (*hat*) Vt ***etw. h.*** *EDV*; etw. aus dem Internet in den Speicher des eigenen Computers holen ⟨Informationen, ein Programm h.⟩

he·rụn·ter·lei·ern (*hat*) Vt ***etw. h.*** *gespr pej*; e-n Text ohne Betonung vortragen, sodass er langweilig wirkt: *Der Schüler leierte das Gedicht herunter*

he·rụn·ter·ma·chen (*hat*) Vt *gespr*; **1 *j-n / etw. h.*** j-n / etw. sehr negativ beurteilen: *Die Kritiker haben den neuen Film total heruntergemacht* **2 *j-n h.*** j-n auf erniedrigende Weise tadeln ≈ abkanzeln: *Die Direktorin hat den Lehrer vor der ganzen Klasse heruntergemacht* **3 *etw.*** (***von etw.***) ***h.*** ≈ entfernen: *das Etikett vom Marmeladenglas h.*

he·rụn·ter·put·zen (*hat*) Vt ***j-n h.*** *gespr* ≈ heruntermachen (2)

he·rụn·ter·ras·seln (*hat*) Vt ***etw. h.*** *gespr pej*; e-n Text (ohne Fehler, aber) sehr schnell u. monoton vortragen ⟨ein Gedicht, e-n Vortrag h.⟩

he·rụn·ter·rei·ßen (*hat*) Vt (***j-m / sich / etw.***) ***etw. h.***; ***etw.*** (***von etw.***) ***h.*** *gespr* ≈ etw. (von etw.) abreißen ⟨ein Plakat (von der Mauer), die alten Tapeten (von der Wand) h.⟩: *sich mit e-r schnellen Bewegung das Pflaster h.*

he·rụn·ter·schlu·cken (*hat*) Vt **1** ↑ ***herunter-*** **2 *etw. h.*** *gespr*; etw. nicht sagen: *e-e bissige Bemerkung h.*

he·rụn·ter·se·hen (*hat*) Vi **1** ↑ ***herunter-*** **2 *auf j-n h.*** ≈ j-n verachten, gering schätzen

he·rụn·ter·set·zen (*hat*) Vt ***etw. h.*** ≈ herabsetzen (1): *e-e Ware im Preis h.*

he·rụn·ter·spie·len (*hat*) Vt **1 *etw. h.*** (mit Absicht) etw. als weniger wichtig od. weniger schlimm beschreiben, als es in Wirklichkeit ist ↔ etw. hochspielen: *das Ausmaß der Katastrophe h.* **2 *etw. h.*** *gespr*; ein Musikstück ohne die nötige Konzentration (ausdruckslos) spielen: *e-e Sonate lieblos h.*

he·rụn·ter·stu·fen (*hat*) Vt **1 *etw. h.*** etw. auf ein niedrigeres Niveau senken ⟨die Gehälter, die Löhne h.⟩ **2 *j-n h.*** (als Arbeitgeber) j-n in e-e niedrigere Gehalts- od. Lohngruppe einordnen, sodass er weniger als vorher verdient

he·rụn·ter·wirt·schaf·ten (*hat*) Vt ***etw. h.*** *gespr*; *mst* e-e Firma *o.Ä.* durch schlechtes Management ruinieren

he·rụn·ter·wür·gen (*hat*) Vt ***etw. h.*** *gespr*; etw. das zäh ist od. schlecht schmeckt, mit Mühe herunterschlucken ≈ hinunterwürgen: *e-n zähen Bissen h.*

her·vor [hɛɐ̯'foːɐ̯] *Adv*; von irgendwo (drinnen, hinten, unten od. dazwischen) nach draußen, vorn (so, dass man ihn / sie / es sehen kann)

her·vor- [hɛɐ̯'foːɐ̯-] *im Verb, betont u. trennbar, begrenzt produktiv*; Die Verben mit *hervor-* werden nach folgendem Muster gebildet: *hervorstecken - steckte hervor - hervorgesteckt*

hervor- bezeichnet e-e Bewegung od. Handlung, bei der e-e Person od. Sache, die vorher unter, hinter od. in etw. (versteckt) war, sichtbar wird od. nach vorn kommt;

etw. hervorstecken: *Der Junge steckte seinen Kopf aus dem Fenster hervor* ≈ Der Junge steckte seinen Kopf so weit aus dem Fenster, dass man ihn sehen konnte

ebenso: ***j-n / etw. hervorholen, j-n / ein Tier hervorlocken, j-n / etw. hervorziehen***; ***hervorblicken, hervorkommen, hervorspringen, hervortreten***; ***sich hervortrauen, sich hervorwagen***

her·vor·brin·gen (*hat*) Vt **1 *etw. bringt etw. hervor*** etw. bewirkt, dass etw. wächst ≈ etw. trägt (6) etw.: *Der Boden, die Landschaft bringt viel hervor*; *Die Kakteen brachten große Blüten hervor* **2 *etw. h.*** etw. produzieren, *bes* e-e künstlerische Arbeit ≈ schaffen: *auf e-m Instrument Töne h.* **3** ⟨ein Land, e-e Stadt *o.Ä.*⟩ ***bringt j-n*** (*mst Pl*) / ***etw. hervor*** ein Land, e-e Stadt *o.Ä.* ist die Heimat von j-m / der Ursprung von etw. od. bietet die (politischen, kulturellen) Möglichkeiten, dass sich j-d / etw. zu etw. entwickeln kann: *Österreich hat große Musiker hervorgebracht*

her·vor·ge·hen (*ist*) Vi *geschr*; **1 *etw. geht aus etw. hervor*** man kann etw. an etw. erkennen, erfährt etw. aus e-r Quelle (4): *Aus unseren Akten geht hervor, dass Sie rechtzeitig informiert wurden* **2** *mst* ***aus etw. als Sieger h.*** am Ende von etw. Sieger sein ⟨aus e-m Kampf, e-m Wettstreit als Sieger h.⟩ **3** *mst* ***aus e-r Ehe gingen*** ⟨zwei (*usw*) Kinder⟩ ***her-***

H

vor das Ehepaar hatte zwei (*usw*) Kinder || NB: nur verwendet in Biografien *o.Ä.*

her·vor·gu·cken (*hat*) [Vi] *gespr*; **1** ***hinter etw.*** (*Dat*) / ***aus etw. h.*** ↑ ***hervor- 2 etw. guckt aus / hinter etw.*** (*Dat*) ***hervor***; ***etw. guckt zwischen etw.*** (*Kollekt od Pl*) (*Dat*) ***hervor*** etw. ist teilweise noch zu erkennen, obwohl es zum größten Teil durch etw. anderes verdeckt wird

her·vor·he·ben (*hat*) [Vt] ***etw. h.*** etw. besonders betonen ≈ unterstreichen (2), herausstellen (2) ⟨etw. lobend h.⟩: *Ich möchte insbesondere Ihre Treue u. Ihr Pflichtbewusstsein h.*

her·vor·ra·gen (*hat*) [Vi] **1** (***unter j-m*** (*Pl*) / ***aus etw.*** (*Kollekt od Pl*)) ***h.*** *geschr*; durch etw. *mst* Positives im Vergleich mit anderen auffallen: *Er ragt aus der Klasse hervor* **2** ***etw. ragt*** (***aus etw.***) ***hervor*** etw. erstreckt sich über die seitliche Begrenzung von etw. hinaus, ist länger als die anderen Teile: *Ein Brett ragt (aus e-m Stapel von Brettern) hervor*

her·vor·ra·gend 1 *Partizip Präsens*; ↑ ***hervorragen*** **2** *Adj*; (in Bezug auf Leistung, Talent *o.Ä.*) viel besser als der Durchschnitt ≈ ausgezeichnet, exzellent ↔ durchschnittlich: *Sie ist e-e hervorragende Ärztin*; **3** *Adj*; besonders wichtig od. gut ≈ bedeutend ⟨ein Ereignis, e-e Position, e-e Stellung; etw. ist von hervorragender Bedeutung (für j-n)⟩

her·vor·ru·fen (*hat*) [Vt] ***etw. ruft*** (***bei j-m***) ***etw. hervor*** etw. führt zu e-m bestimmten Effekt ≈ etw. verursacht, bewirkt etw.: *Zugluft ruft oft Erkältungen hervor*; *Das Konzert rief e-n Sturm der Begeisterung hervor*

her·vor·sprin·gen (*ist*) [Vi] **1** ↑ ***hervor- 2 etw. springt hervor*** etw. ragt stark nach außen ⟨j-s Kinn, j-s Nase springt scharf / stark hervor⟩: *ein hervorspringender Fels* || NB: oft im Partizip Präsens

her·vor·ste·chen (*hat*) [Vi] ***etw. sticht*** (***irgendwo***) ***hervor*** etw. zieht (durch seine besondere Form, Farbe, Größe, Bedeutung *o.Ä.*) die Aufmerksamkeit auf sich ≈ etw. fällt auf: *Das Rot sticht auf diesem Bild deutlich hervor* || NB: oft im Partizip Präsens

her·vor·ste·hen (*hat*) [Vi] ***etw. steht hervor*** etw. steht deutlich nach vorn od. nach außen ⟨j-s Backenknochen, j-s Zähne⟩ || NB: oft im Partizip Präsens

her·vor·tun, sich (*hat*) [Vr] **1** ***sich*** (***als etw.***) ***h.*** etw. ungewöhnlich gut machen u. damit andere beeindrucken ≈ sich (als etw.) auszeichnen ⟨sich ganz / nicht besonders / sonderlich h.⟩: *Sie hat sich als Flötistin hervorgetan* **2** ***sich*** (***mit etw.***) ***h.*** *gespr pej*; (vor anderen) die eigenen Leistungen, Fähigkeiten bewusst betonen ≈ sich in den Vordergrund spielen, (mit etw.) angeben: *Sie tut sich bei jeder Gelegenheit mit ihren Spanischkenntnissen hervor*

her·vor·zau·bern (*hat*) [Vt] ***etw. h.*** etw. plötzlich durch (Zauber)Tricks erscheinen lassen: *Der Magier zauberte ein Kaninchen aus seinem Hut hervor*

Her·weg *der*; der Weg (2) von irgendwo zu dem Ort, an dem sich der Sprecher befindet || NB: ↑ ***Hinweg***

Herz *das*; *-ens, -en / Herz*; **1** (*Pl Herzen*) das Organ im Inneren der Brust, das das Blut durch die Adern pumpt ⟨das H. schlägt, pocht, hämmert, arbeitet, funktioniert; ein kräftiges, starkes, schwaches H. haben⟩ || K-: ***Herz-, -beschwerden, -chirurg, -flattern, -kranke(r), -krankheit, -operation, -schmerzen, -schwäche, -transplantation, -verpflanzung***; ***herz-, -krank*** **2** (*Pl Herzen*) das H. (1), wenn man es sich als Zentrum der Gefühle vorstellt ≈ Seele ⟨ein gütiges, reines, fröhliches, warmes, weiches, gutes, hartes H. haben⟩ **3** (*Pl Herzen*) ein Gegenstand, der e-e ähnliche Form wie ein H. (1) hat: *ein H. aus Lebkuchen* || K-: ***Herz-, -form*** || -K: ***Lebkuchen-, Marzipan-, Schokoladen-*** **4** (*Pl Herzen*) der innerste Teil mancher Pflanzen: *Der beste Teil e-r Artischocke ist ihr H.* || -K: ***Artischocken-, Palmen-*** **5** *nur Sg*; das geographische Zentrum von etw. ≈ Mittelpunkt: *Innsbruck liegt im Herzen Europas* **6** *ohne Artikel, nur Sg*; e-e Spielfarbe im französischen u. im deutschen Kartenspiel: *H. ist Trumpf* || ↑ *Abb. unter* ***Spielkarten*** || K-: ***Herz-, -ass, -bube, -dame, -könig, -ober, -unter, -zehn*** *usw*, ***-zwei*** **7** (*Pl Herz*) e-e Karte der Spielfarbe H. (6) ⟨ein kleines / niedriges, großes / hohes H. ausspielen, zugeben⟩ || ID ***ein H. für j-n / etw. haben*** j-n / etw. lieben, Rücksicht auf j-n / etw. nehmen: *ein H. für Kinder, für die Natur haben*; ***leichten / schweren Herzens*** ohne / voller Zweifel u. Sorge; ***etw. auf dem Herzen haben*** e-e Bitte, e-n Wunsch haben u. mit j-m darüber sprechen wollen; ***sich*** (*Dat*) ***ein H. fassen*** seine Angst überwinden (u. etw. tun); ***aus tiefstem Herzen*** *geschr*; ***von*** (***ganzem***) ***Herzen*** aus e-m ehrlichen od. intensiven Gefühl heraus ⟨j-m von (ganzem) Herzen alles Gute wünschen; von Herzen gern; j-n / etw. aus tiefstem Herzen bedauern, verabscheuen⟩; ***alles, was das H. begehrt*** alles, was man sich wünscht; ***j-d / etw. liegt j-m am Herzen*** j-d / etw. ist für j-n sehr wichtig; ***j-s H. hängt an etw.*** (*Dat*) j-d möchte etw. unbedingt haben od. behalten; ***j-m etw. ans H. legen*** j-n bitten, e-r Sache besondere Aufmerksamkeit zu schenken; ***j-m ans H. gewachsen sein*** von j-m sehr gemocht werden; ***j-n in sein / ins H. schließen*** j-n mögen, gern haben; ***j-m sein H. schenken*** j-n lieben; ***j-d / etw. lässt j-s H. höher schlagen*** j-d / etw. bewirkt, dass j-d sich sehr freut; ***etw. zerreißt j-m das H.*** etw. macht j-n sehr traurig; ***j-d / etw. bricht j-m das H.*** j-d / etw. macht j-n sehr traurig od. unglücklich; ***sich*** (*Dat*) ***etw. zu Herzen nehmen*** genau über etw. nachdenken u. entsprechend handeln ⟨sich j-s Ratschläge, Ermahnungen, Vorwürfe, Kritik zu Herzen nehmen⟩; ***etw. nicht übers H. bringen***; ***nicht das H. haben*** + ***zu*** + *Infinitiv*; etw. nicht tun können, was für einen selbst od. für andere Schmerzen od. Kummer bringt; ***j-m schmilzt das H.*** j-d, der vorher streng, verbittert *o.Ä.* war, wird freundlich; ***j-m wird das H. schwer*** j-d wird traurig; ***j-m blutet / bricht das H.*** j-d ist voller Mitleid od. Trauer über etw.; ***j-m lacht das H. im Leib***(***e***) j-d freut sich sehr; ***j-m sein H. ausschütten*** j-m alle seine Sorgen erzählen; ***j-m rutscht / fällt das H. in die Hose*** *gespr*; j-d verliert plötzlich den Mut; ***sein H. sprechen lassen*** sich von seinen Gefühlen (*bes* seinem Mitleid *o.Ä.*) beeinflussen lassen; ***seinem Herzen e-n Stoß geben*** sich plötzlich für etw. entscheiden (nachdem man lange gezögert hat); ***das H. auf dem rechten Fleck haben*** *gespr*; ein vernünftiger u. liebenswürdiger Mensch sein; *mst* ***Sie sind 'ein H. u. 'eine Seele*** sie mögen sich sehr gern; ***j-n / etw. auf H. u. Nieren prüfen*** j-n / etw. sehr genau prüfen, untersuchen (um zu sehen, ob alles in Ordnung ist); ⟨e-e Frau⟩ ***trägt ein Kind unter dem Herzen*** *veraltend geschr*; e-e Frau ist schwanger; ***aus seinem Herzen keine Mördergrube machen*** seine Meinung offen sagen || NB: *das Herz*; *dem Herzen*, *des Herzens* || *zu* **1** u. **3**

herz·för·mig *Adj*

Herz·an·fall *der*; starke Herzschmerzen, die plötzlich auftreten. Bei e-m H. spürt man Angst u. kann nicht gut atmen ⟨e-n H. bekommen, haben⟩

her·zei·gen (*hat*) [Vt] ***etw. h.*** *gespr*; j-m etw. zeigen

her·zens·gut *Adj*; *ohne Steigerung*; sehr gütig u. herzlich (in seiner Art) ⟨*mst* ein Mensch⟩ || *hierzu* **Her·zens·gü·te** *die*; *nur Sg*

Her·zens·lust *nur in* ***nach H.*** wie es sich j-d gerade wünscht ≈ nach Belieben: *Auf der Party konnte jeder nach H. essen, trinken u. tanzen*
Her·zens·wunsch *der*; *nur Sg*; ***j-s H.*** etw., das sich j-d sehr stark wünscht
herz|er·fri·schend *Adj*; natürlich u. deshalb angenehm u. anregend ↔ langweilig: *Sie hat ein herzerfrischendes Lachen*
herz|er·grei·fend *Adj*; ⟨e-e (Liebes)Geschichte⟩ so, dass sie den Zuhörer *o.Ä.* emotional sehr bewegt (u. zum Weinen bringt) ≈ rührend
Herz·feh·ler *der*; ein (angeborener) Defekt am Herzen, durch den das Herz nicht normal arbeitet ⟨e-n H. haben; j-n wegen e-s Herzfehlers operieren⟩
Herz·ge·gend *die*; *nur Sg*; der Bereich des Körpers, der das Herz umgibt: *Stiche in der H. verspüren*
herz·haft *Adj*; **1** ≈ intensiv, kräftig (2) ⟨ein Händedruck, ein Kuss; h. gähnen, lachen⟩ **2** ≈ kräftig (3), nahrhaft ⟨Speisen⟩: *Es gab ein herzhaftes Frühstück mit Eiern, Speck u. Schwarzbrot*
her·zie·hen [Vi] (*hat*) **1** ***etw. h.*** *gespr*; etw. von irgendwo zu einem selbst ziehen (2): *den Tisch ein bisschen näher (zu sich) h.* **2** ***j-n / etw. hinter sich*** (*Dat*) ***h.*** j-n / etw. ziehen (u. so mit sich führen): *e-n Schlitten hinter sich h.*; [Vi] **3** (*ist*) von irgendwo an den Ort ziehen (19), in dem man sich gerade befindet ↔ fortziehen, wegziehen: *Sie sind erst vor kurzem aus Hamburg hergezogen* **4** ***hinter / vor / neben j-m / etw. h.*** (*ist*) hinter / vor / neben j-m / etw. gehen od. laufen (u. ihn / es so begleiten) **5** ***über j-n / etw. h.*** (*hat / ist*) *gespr*; etw. Schlechtes über j-n erzählen, der nicht anwesend ist ≈ j-n / etw. schlecht machen: *Die Angestellten ziehen immer über ihre Chefin her*
her·zig *Adj*; *veraltend*; hübsch u. lieb ≈ niedlich, reizend ⟨ein Kind, ein junges Tier⟩
-her·zig *im Adj, wenig produktiv*; so, dass j-s Gemüt, Charakter die genannte Eigenschaft hat; ***gutherzig, hartherzig, kaltherzig, mildherzig, treuherzig, warmherzig, weichherzig***
Herz·in·farkt *der*; e-e plötzliche Erkrankung, bei der das Herz (wegen schlechter Durchblutung) nicht mehr richtig funktioniert ⟨e-n H. bekommen⟩
Herz·kam·mer *die*; einer der beiden Teile des Herzens, die das Blut zur Lunge od. in den Körper pumpen ⟨die linke, rechte H.⟩
Herz·klop·fen *das*; *-s*; *nur Sg*; *mst in* ***H. haben*** sehr aufgeregt sein ⟨vor Angst, Aufregung, Freude H. haben⟩
Herz|kranz·ge·fäß *das*; *-es, -e*; *mst Pl, Med*; eine der großen Adern am Herzen
herz·lich *Adj*; **1** freundlich u. liebevoll ⟨Worte, ein Blick, ein Lächeln; j-n h. begrüßen, empfangen, j-n h. zu etw. beglückwünschen, j-m h. danken⟩ **2** *nur adv*, *gespr*; verwendet, um negative Adjektive u. Verben zu verstärken ≈ sehr: *Der Vortrag war h. langweilig*; *Ich habe mich h. geärgert*; *h. schlechtes Wetter* **3** *mst* ***Herzlichen Dank!***; ***Herzlichen Glückwunsch!***; ***Herzliche Grüße!***; ***Herzliches Beileid!*** verwendet in formelhaften Redewendungen, um das Subst. zu verstärken || *zu* **1 Herz·lich·keit** *die*; *nur Sg*
herz·los *Adj*; ohne Mitleid, ohne Mitgefühl ≈ gefühllos, grausam, hart[1] (2) ⟨ein Mensch; h. handeln⟩ || *hierzu* **Herz·lo·sig·keit** *die*; *nur Sg*
Herz·mus·kel *der*; *nur Sg*; der Muskel, aus dem das Herz besteht u. der das Blut in den Körper pumpt || K-: ***Herzmuskel-, -entzündung, -schwäche***
Her·zog *der*; *-(e)s, Her·zö·ge*; **1** *nur Sg*; ein Adelstitel, der höher als der des Grafen, aber niedriger als der des Königs ist **2** j-d, der den Titel H. (1) trägt: *der H. von York* || *hierzu* **Her·zo·gin** *die*; *-, -nen*
Her·zog·tum *das*; *-s, Her·zog·tü·mer*; das Gebiet, in dem ein Herzog herrscht
Herz·schlag *der*; **1** ein einzelner Schlag des Herzens ≈ Pulsschlag: *56 Herzschläge pro Minute* **2** *nur Sg*; das wiederholte, rhythmische Schlagen des Herzens ≈ Pulsschlag ⟨e-n schnellen, langsamen, unregelmäßigen H. haben⟩ **3** *nur Sg*; das plötzliche Ende der Tätigkeit des Herzens ≈ Herzversagen ⟨an e-m H. sterben, e-n H. erleiden, e-m H. erliegen⟩
Herz|schritt·ma·cher *der*; ein Gerät, das man in den Körper einpflanzt, um die Tätigkeit e-s schwachen Herzens zu unterstützen
Herz·tä·tig·keit *die*; *nur Sg*; die Arbeit des Herzens, durch die das Blut durch den Körper gepumpt wird
Herz·trop·fen *die*; *Pl*; ein flüssiges Medikament, das das Herz stärkt
her·zu *Adv*; *geschr veraltend* ≈ herbei
her·zu- *im Verb, betont u. trennbar, nicht mehr produktiv*, *geschr veraltend* ≈ herbei-
Herz·ver·sa·gen *das*; *-s*; *nur Sg*, *geschr*; die Tatsache, dass das Herz aufhört zu schlagen
herz·zer·rei·ßend *Adj*; so, dass es großes Mitleid erregt ≈ erschütternd ⟨ein Geschrei, ein Gejammer, ein Anblick; h. weinen, heulen⟩
he·te·ro·gen *Adj*; so, dass die einzelnen Teile nicht zueinander passen od. (sehr) unterschiedlich sind ≈ uneinheitlich ↔ homogen, einheitlich: *ein heterogenes Gemisch aus Wasser u. Öl*; *e-e heterogene Klasse* || *hierzu* **He·te·ro·ge·ni·tät** *die*; *-*; *nur Sg*
he·te·ro·se·xu·ell *Adj*; so, dass das sexuelle Interesse des Betreffenden auf das andere Geschlecht gerichtet ist ↔ homosexuell ⟨e-e Beziehung⟩
Hetz·blatt *das*; *pej*; e-e Zeitung, Zeitschrift *o.Ä.*, die immer gegen j-n / etw. hetzt[2]
Het·ze[1] *die*; *-*; *nur Sg*, *gespr*; e-e Situation, in der man etw. sehr schnell u. unter großem Druck tut ≈ Eile, Hast, Hetzerei
Het·ze[2] *die*; *-*; *nur Sg*; ***e-e H.*** (***gegen j-n / etw.***) *pej*; Äußerungen u. Handlungen, die man macht, um bei j-m Hass, Aggression, Wut *o.Ä.* gegen j-n / etw. zu erzeugen ⟨politische, antisemitische, rassistische H.; e-e H. gegen j-n / etw. betreiben, veranstalten⟩ || -K: ***Juden-, Kommunisten-***
het·zen[1]; *hetzte, hat / ist gehetzt*; [Vt] (*hat*) **1** ***j-n / ein Tier h.*** e-n Menschen od. ein Tier verfolgen, um sie zu fangen ≈ jagen ⟨Wild h.⟩: *Die Hunde hetzten den Hasen* **2** ***ein Tier auf j-n / ein Tier h.*** e-m Tier (*bes* e-m Hund) befehlen, e-n Menschen od. ein anderes Tier zu verfolgen u. zu fangen: *die Hunde auf e-n Hirsch h.* **3** ***j-n h.*** *gespr*; j-m immer wieder befehlen, etw. schneller zu tun ≈ j-n (zeitlich) unter Druck setzen: *Unser Chef hetzt uns immer*; [Vi] **4** (*hat*) *gespr*; sich sehr beeilen: *h. müssen, um alles rechtzeitig zu erledigen* **5** ***irgendwohin h.*** (*ist*) *gespr* ≈ irgendwohin eilen (1), hasten: *zum Bahnhof h., um den Zug noch zu erreichen*; [Vr] (*hat*) **6** ***sich h.*** *gespr* ≈ h. (4)
het·zen[2]; *hetzte, hat gehetzt*; [Vi] (***gegen j-n / etw.***) ***h.*** *pej*; bestimmte Dinge sagen od. tun, um bei j-m Hass, Aggression, Wut *o.Ä.* gegen j-n / etw. zu erzeugen ≈ j-n gegen j-n / etw. aufwiegeln || K-: ***Hetz-, -artikel, -kampagne, -propaganda, -rede*** || *hierzu* **Het·zer** *der*; *-s, -*
Hetz·jagd *die*; **1** e-e Art der Jagd, bei der man Tiere mit Hunden hetzt[1] (1) ⟨e-e H. veranstalten⟩ **2** ***e-e H.*** (***auf j-n***) *gespr*; die systematische Verfolgung von j-m (um ihn zu fangen) od. wiederholte Äußerungen (*z.B.* in der Presse), um j-n zu diskriminieren
Heu *das*; *-(e)s*; *nur Sg*; geschnittenes u. getrocknetes Gras, das man *bes* als Futter für Vieh verwendet ⟨H. machen⟩ || K-: ***Heu-, -ernte, -gabel, -haufen,***

H

-schober, -stadel || *zu* ***Heugabel*** ↑ *Abb. unter* ***Gabel***

Heu·bo·den *der*; *mst* der Dachboden über den (Vieh)Ställen, auf dem das Heu aufbewahrt wird

Heu·che·lei *die*; *-, -en*; **1** *nur Sg*; das Heucheln: *Ihr Mitleid ist doch nur H.!* **2** e-e Äußerung od. Handlung, mit der man etw. heuchelt

heu·cheln; *heuchelte, hat geheuchelt*; [Vt/i] ***(etw.) h.*** so tun, als ob man Gefühle od. Eigenschaften hätte, die man nicht hat ≈ etw. vortäuschen ⟨Freude, Liebe, Sympathie, Mitgefühl, Mitleid, Reue, Interesse h.⟩ || *hierzu* **Heuch·ler** *der*; *-s, -*; **Heuch·le·rin** *die*; *-, -nen*; **heuch·le·risch** *Adj*

heu·er *Adv*; *südd* Ⓐ ⒸⒽ in diesem Jahr

Heu·er *die*; *-, -n*; *mst Sg*; der Lohn, den ein Seemann bekommt

heu·len; *heulte, hat geheult*; [Vi] **1** ***ein Tier heult*** ein Tier gibt die langen (klagenden) Laute von sich, wie es *z.B.* Wölfe od. Hunde nachts tun **2** ***etw. heult*** etw. erzeugt lange u. laute (durchdringende) Töne ⟨e-e Sirene, ein Motor⟩ || K-: ***Heul-, -ton*** **3** ⟨*mst* der Wind, der Sturm⟩ ***heult*** der Wind, der Sturm weht sehr stark u. macht dadurch laute Geräusche **4** *gespr* ≈ weinen ⟨vor Angst, Schmerz, Wut h.; j-m ist zum Heulen zumute⟩: *Hör endlich auf zu h.!* || ID ***etw. ist zum Heulen*** *gespr*; etw. ist so, dass es traurig macht ≈ etw. ist deprimierend || *zu* ***Heulerei*** ↑ ***-ei***

Heul·su·se *die*; *-, -n*; *gespr pej*; *bes* ein Mädchen, das oft weint

heu·ri·g- *Adj*; *nur attr, nicht adv, südd* Ⓐ ⒸⒽ ≈ diesjährig-: *das heurige Osterfest*

Heu·ri·ge *der*; *-n, -n*; *südd* Ⓐ der Wein der letzten Ernte ⟨e-n Heurigen trinken⟩ || NB: *ein Heuriger*; *der Heurige*; *den, dem, des Heurigen*

Heu·schnup·fen *der*; *nur Sg*; e-e Krankheit, die durch e-e Allergie gegen Blütenstaub verursacht wird u. die wie ein Schnupfen ist

Heu·schre·cke *die*; *-, -n*; ein Insekt, das fliegen u. sehr weit springen kann: *Die Heuschrecken fielen in Schwärmen über die Felder her u. vernichteten die Ernte* || K-: ***Heuschrecken-, -plage, -schwarm***

heu·te *Adv*; **1** am gegenwärtigen / der gegenwärtige Tag ↔ gestern, morgen ⟨h. früh, Morgen, Mittag, Abend, Nacht; ab, bis, seit h.; von h. ab / an⟩: *H. scheint die Sonne*; *H. ist mein Geburtstag*; *H. ist Montag, der 10. April* **2** in der Gegenwart ≈ heutzutage: *H. besitzen viele Leute ein Auto* || ID ***lieber h. als morgen*** *gespr*; verwendet, um auszudrücken, dass man möchte, dass etw. sehr bald geschieht: *Ich würde lieber h. als morgen kündigen!*; ***von h. auf morgen*** *gespr* ≈ rasch, schnell, sofort: *E-e Fremdsprache lernt man nicht von h. auf morgen*

heu·tig *Adj*; *mst attr*; **1** heute, an diesem Tag (stattfindend) ↔ gestrig, morgig: *das heutige Konzert*; *das heutige Gastspiel* **2** von heute, von diesem Tag ↔ gestrig, morgig: *die heutige Post*; *In der heutigen Zeitung ist ein langer Bericht über den Unfall* **3** zur gegenwärtigen Zeit (Epoche) gehörend ≈ derzeitig, jetzig ↔ früher, zukünftig ⟨die Generation, die Jugend, die Technik⟩: *der heutige Stand der Wissenschaft* **4** ***am heutigen / der heutige Tag*** ≈ heute (1): *Am heutigen Tag wollen wir feiern*

heut·zu·ta·ge *Adv*; in der Gegenwart

He·xe *die*; *-, -n*; **1** (in Märchen) e-e *mst* alte u. hässliche Frau, die zaubern kann u. böse ist: *Die böse H. verzauberte den Prinzen in e-n Frosch* || K-: ***Hexen-, -besen, -häuschen*** **2** *hist*; e-e Frau, von der man glaubte, dass sie mit dem Teufel verbündet sei: *Sie wurde als H. angeklagt u. auf dem Scheiterhaufen verbrannt* || K-: ***Hexen-, -glaube, -prozess, -verbrennung, -verfolgung, -wahn*** **3** *gespr pej*; als Schimpfwort verwendet für e-e (*mst* ältere) Frau, die man hässlich u. / od. böse, unsympathisch findet

he·xen; *hexte, hat gehext*; [Vi] ≈ zaubern: *Ich kann doch nicht h.!* (= ich bin auch nur ein Mensch)

He·xen·kes·sel *der*; ein Durcheinander, das dadurch entsteht, dass viele Menschen vor Begeisterung od. aus Wut schreien u. toben: *Während des Endspiels glich das Fußballstadion e-m brodelnden H.*

He·xen·schuss *der*; *nur Sg*; ein sehr starker, plötzlicher Schmerz im Rücken

Hg., **Hrsg.** *Abk für* Herausgeber(in)

hg., **hrsg.** *Abk für* herausgegeben

Hick·hack *das / der*; *-s, -s*; *gespr pej*; sinnloser Streit

hie *Adv*; *nur in* ***hie u. da*** *veraltend* ≈ hier u. da

hieb *Imperfekt, 1. u. 3. Person Sg*; ↑ ***hauen***

Hieb *der*; *-(e)s, -e*; **1** ein starker Schlag (*bes* mit e-r Waffe od. e-r Axt) ⟨j-m e-n H. versetzen⟩: *Ein einziger H. mit seiner Axt genügte, u. der Baum fiel um* || K-: ***Hieb-, -waffe*** || -K: ***Peitschen-, Schwert-*** **2** *mst Pl*; e-e Bemerkung, die j-n scharf kritisiert ⟨Hiebe austeilen, einstecken⟩: *Bei seiner Ansprache teilte er nach allen Seiten Hiebe aus* || -K: ***Seiten-*** **3** *nur Pl, gespr* ≈ Prügel, Schläge (2) ⟨Hiebe bekommen / kriegen, einstecken (müssen), austeilen; es setzt Hiebe (= j-d bekommt Prügel)⟩

hieb·fest *Adj*; *nur in* ***hieb- u. stichfest*** gut begründet u. deshalb nicht zu widerlegen ≈ überzeugend ⟨ein Alibi, ein Argument, e-e Argumentation⟩

hielt *Imperfekt, 1. u. 3. Person Sg*; ↑ ***halten***

hier [hiːɐ̯] *Adv*; **1** an diesem Ort, an dieser Stelle (1) (an der sich der Sprecher befindet) ↔ dort ⟨h. oben, unten, draußen, drinnen, vorn, hinten⟩: *H. soll e-e Schule gebaut werden*; *Ich hole dich in zwei Stunden hier wieder ab*; *Deine Brille liegt h. auf dem Schrank*; *Von h. bis zu unserem Haus sind es nur noch ein paar Schritte*; *Komm rauf - h. oben ist es warm!* **2** ***h.*** + *Richtungsangabe* von dieser Stelle (1) aus (an der sich der Sprecher befindet) in e-e bestimmte Richtung ⟨h. um die Ecke, gegenüber⟩: *H. schräg gegenüber / über die Straße war früher e-e Bäckerei*; *Gleich h. um die Ecke wohnt ein Freund von mir* **3** ***von h. sein*** *gespr*; in diesem Ort od. dieser Gegend wohnen bzw. geboren sein **4** *Subst / Pronomen* + ***h.*** verwendet, um auf j-n / etw. (in der Nähe des Sprechers) hinzuweisen: *Mein Freund h. hat uns sehr geholfen*; *In dem Sessel h. saß ich, als mich der Einbrecher überfiel* **5** in diesem Zusammenhang, an dieser Stelle (bei e-r Unterhaltung, e-r Diskussion, e-r Rede, e-m Vortrag): *Dieser Einwand tut h. nichts zur Sache*; *Darauf kann h. nicht näher eingegangen werden* **6** in diesem Fall: *H. liegt ein Irrtum vor*; *H. geht es um das Wohl des Kindes* **7** zu diesem Zeitpunkt ⟨von h. ab / an⟩: *H. endet nun ein Zeitalter, u. ein neues beginnt* || ID ***h. u. da*** **a)** ≈ manchmal, ab u. zu, hin u. wieder; **b)** stellenweise, da u. dort; ***h. u. jetzt / heute*** ≈ sofort, unverzüglich: *Darauf will ich h. u. jetzt e-e Antwort haben!*

hier be·hal·ten; *behält hier, behielt hier, hat hier behalten*; [Vt] **1** ***j-n / etw. h. b.*** (***können***) j-n / etw. bei sich lassen (u. auf ihn / darauf aufpassen): *Kannst du Thomas / meinen Gummibaum h. b., während ich weg bin?* **2** ***j-n h. b.*** (***müssen***) j-n nicht weggehen lassen (können) (*z.B.* aus e-m Krankenhaus, e-r Polizeistation): *Wenn die Wunde nicht ausheilt, müssen wir Sie noch eine Woche h. b.*

hier blei·ben; *blieb hier, ist hier geblieben*; [Vi] an diesem Ort (an dem der Sprecher ist) bleiben: *Mir gefällt es in dem Garten, ich möchte noch e-e Weile h. b.*

hier las·sen (*hat*) Vt ***j-n / etw. h. l.*** j-n / etw. an dem Ort lassen, an dem sich der Sprecher befindet ↔ wegbringen: *Du kannst deine Tasche h. l. u. sie später wieder abholen*
hier sein (*ist*) Vi an dem Ort, an dem sich der Sprecher befindet, sein: *Gestern war sie noch hier. Sie ist erst heute Morgen abgereist*; *Wann wird der Brief h. s.?*

hie·ran, *betont* **hie·ran** *Adv*; verwendet, um auf etw. hinzuweisen, das man j-m zeigt od. gerade (mit der Präposition *an*) erwähnt hat: *H.* (an diesen Haken) *kannst du das Bild hängen*; *H.* (an dieser Tatsache) *ist kein Zweifel möglich*

Hie·rar·chie *die*; -, *-n* [-ˈçiːən]; **1** e-e strenge Ordnung (*mst* in e-m Staat od. e-r Organisation), die von oben nach unten geht u. in der jeder e-n bestimmten (hohen od. niedrigen) Rang hat ≈ Rangordnung ⟨e-e strenge, strikte, lockere H.; die staatliche, kirchliche H.; in e-r H. aufsteigen, absteigen, e-e H. durchbrechen⟩ || -K: ***Partei-, Staats-*** **2** *Kollekt*; alle Mitglieder in e-r H. (1), die e-n hohen Rang haben ≈ Führungsspitze || *zu* **1 hie·rar·chisch** *Adj*

hie·rauf, *betont* **hie·rauf** *Adv*; **1** verwendet, um auf etw. hinzuweisen, das man j-m zeigt u. das in der Nähe des Sprechers ist od. das gerade (mit der Präposition *auf*) erwähnt wurde: *H.* (auf diesem Bett) *schlief einst König Ludwig*; *H.* (auf diese Aussage) *bezog sich seine Kritik* **2** zeitlich kurz nach der eben erwähnten Sache od. Handlung ≈ danach: *Um acht Uhr frühstückte er, h. fuhr er weg* **3** zeitlich nach (u. *mst* wegen) der eben erwähnten Sache od. Handlung ≈ daraufhin: *Er beleidigte den Schiedsrichter u. wurde h. vom Platz gestellt*

hie·raus, *betont* **hie·raus** *Adv*; verwendet, um auf etw. hinzuweisen, das man j-m zeigt u. das in der Nähe des Sprechers ist od. das gerade (mit der Präposition *aus*) erwähnt wurde: *H.* (aus diesem Kelch) *wurde früher feierlich getrunken*; *H.* (aus dieser Tatsache) *ergaben sich große Probleme*

hier·bei, *betont* **hier·bei** *Adv*; verwendet, um auf etw. hinzuweisen, das man j-m zeigt od. das man gerade (mit der Präposition *bei*) erwähnt hat: *H.* (bei diesem Fall) *handelt es sich um Mord*; *H.* (bei diesem Anlass) *kam es zu Krawallen*

hier·durch, *betont* **hier·durch** *Adv*; verwendet, um auf etw. hinzuweisen, das man j-m zeigt od. das man vorher (mit der Präposition *durch*) erwähnt hat: *H.* (durch dieses Loch) *ist der Fuchs in den Stall gekommen*; *H.* (durch diesen Brief) *wird bestätigt, dass Frau Meier in unserer Firma ein Praktikum macht*

hier·für, *betont* **hier·für** *Adv*; verwendet, um auf etw. hinzuweisen, das man j-m zeigt od. das man vorher (mit der Präposition *für*) erwähnt hat: *Die Vorbereitungen h.* (für dieses Fest) *sind abgeschlossen*; *Die Beweise h.* (für diese Tatsache) *sind eindeutig*

hier·ge·gen, *betont* **hier·ge·gen** *Adv*; verwendet, um auf etw. hinzuweisen, das man j-m zeigt od. das man vorher (mit der Präposition *gegen*) erwähnt hat: *H.* (gegen diese Wand) *lehnte er die Leiter*; *H.* (gegen diese Maßnahme) *protestieren wir*

hier·her[1], *betont* **hier·her** *u.* **hier·her** *Adv*; **1** an diesen Ort, nach hier ↔ dorthin: *Sie wird nach der Feier h.* (in unsere Wohnung) *kommen* **2 *bis h.*** bis zu diesem Zeitpunkt, bis zu diesem Stadium *o.Ä.*: *Bis h. habe ich den Text verstanden, aber jetzt wirds schwierig* || ID ***bis h. u. nicht weiter*** dies ist die Grenze, die nicht überschritten werden darf || NB: ↑ ***hierhin***

hier·her[2] *mit Verb, begrenzt produktiv*; Die Verben mit *hierher* werden nach folgendem Muster gebildet: *hierher kommen - kam hierher - hierher gekommen*
hierher- bezeichnet die Richtung von irgendwo an den Ort, an dem sich der Sprecher befindet ≈ her-; ***hierher kommen***: *Komm sofort hierher!* ≈ Komm sofort zu mir / an den Ort, an dem ich bin!
ebenso: ***j-n / etw. hierher bringen, (j-n / etw.) hierher fahren, j-n hierher führen, etw. führt hierher, j-n / etw. hierher holen, j-n / etw. hierher legen, j-n / etw. hierher schicken, j-n / sich hierher setzen, etw. hierher stellen, j-n / etw. hierher tragen, j-n / etw. hierher ziehen***; ***hierher kommen, hierher laufen, hierher schauen***; ***sich hierher wagen***

hier·her ge·hö·ren (*hat*) Vi **1** ***etw. gehört hierher*** etw. gehört an diesen Ort ↔ etw. gehört dorthin: *Das Buch gehört im Regal nicht hierher, sondern dorthin* **2** ***etw. gehört hierher*** [-ˈ-] etw. gehört in diesen Zusammenhang u. muss dort besprochen, diskutiert werden ≈ etw. gehört zur Sache: *Dieses Thema gehört nicht hierher*
hier·her zie·hen Vt (*hat*) **1** ↑ ***hierher***; Vi (*ist*) **2** an diesen Ort ziehen (19), um hier zu wohnen: *Wir sind vor zwei Jahren hierher gezogen*

hier·hin, *betont* **hier·hin** *Adv*; an diesen Ort hin (auf den der Sprecher hinweist) ↔ dorthin: *Stellen Sie den Schrank bitte h.!*; (*Füllen Sie das Glas*) *bis h., bitte!* || NB: ↑ ***hierher***

hier·hin *mit Verb, begrenzt produktiv* ≈ hierher

hie·rin, *betont* **hie·rin** *Adv*; **1** in diesem (vorher genannten) Gegenstand, Raum *o.Ä.*: *H.* (in diesem Gebäude) *befand sich früher die Bibliothek* **2** in dieser (vorher genannten) Tatsache, Angelegenheit: *H.* (in diesem Punkt) *liegt das Problem*

hier·mit, *betont* **hier·mit** *Adv*; **1** verwendet, um auf etw. hinzuweisen, das man j-m zeigt od. das man vorher (mit der Präposition *mit*) erwähnt hat: *H.* (mit dieser Waffe) *wurde der Mord begangen*; *H.* (mit diesem Thema) *beschäftigt sie sich schon lange* **2** (als floskelhafte Wendung) verwendet, um *mst* e-e feierliche Erklärung einzuleiten: *H. taufe ich das Schiff auf den Namen „Admiral"*; *H. erkläre ich die Ausstellung für eröffnet*; *H. erkläre ich meinen Sohn Martin zum Alleinerben meines gesamten Vermögens*

Hie·ro·gly·phe [hieroˈglyːfə] *die*; -, *-n*; **1** ein Zeichen der alten ägyptischen (Bilder)Schrift **2** *nur Pl, gespr hum*; e-e (Hand)Schrift, die man kaum lesen kann: *Deine Hieroglyphen kann ich nicht entziffern*

hie·rü·ber, *betont* **hie·rü·ber** *Adv*; verwendet, um auf etw. hinzuweisen, das man j-m zeigt od. das man vorher (mit der Präposition *über*) erwähnt hat: *H.* (über diese Brücke) *können wir gehen*; *H.* (über dieses Thema) *schrieb er ein Buch*

hie·run·ter, *betont* **hie·run·ter** *Adv*; verwendet, um auf etw. hinzuweisen, das man j-m zeigt od. das man zuvor (mit der Präposition *unter*) erwähnt hat: *H.* (unter diesem Tisch) *lag der Schlüssel*; *H.* (unter diesem Begriff) *verstehen wir Folgendes*; *H.* (unter dieser Beleidigung) *litt er sehr*

hier·von, *betont* **hier·von** *Adv*; verwendet, um auf etw. hinzuweisen, das man j-m zeigt od. das man vorher (mit der Präposition *von*) erwähnt hat: *Unser Haus ist nicht weit h.* (von diesem Ort); *H.* (von diesen Tabletten) *nahm sie zehn Stück*; *H.* (von dieser Bedingung) *hängt alles ab*

hier·zu, *betont* **hier·zu** *Adv*; **1** (als Zusatz, Ergänzung) zu dieser (vorher genannten) Sache: *H. brauchen Sie dieses Kabel* (*z.B.* zu dieser Stereoanlage);

H. passen rote Schuhe (*z.B.* zu diesem Kleid) **2** zu diesem (vorher genannten) Zweck: *Er möchte in die USA reisen. - H. braucht er ein Visum* **3** zu diesem (vorher genannten) Sachverhalt, zu dieser Angelegenheit: *H. habe ich mir noch keine Meinung gebildet* (*z.B.* zu diesem Problem); *H. sage ich nichts* (*z.B.* zu diesem Vorwurf)

hier·zu·lan·de, **hier zu Lan·de** *Adv*; *veraltend*; in diesem Land od. diesem Gebiet (in dem sich der Sprecher befindet): *H. sind die Leute sehr konservativ*

hie·si·g- *Adj*; *nur attr, nicht adv*; in, aus dieser Gegend (in der sich der Sprecher befindet) ⟨die Bevölkerung, die Sitten, die Gebräuche⟩: *Sie ist keine Hiesige* (= Sie ist nicht von hier)

hieß *Imperfekt, 1. u. 3. Person Sg*; ↑ ***heißen***

hie·ven; *hievte, hat gehievt*; [Vt] ***etw.*** (***irgendwohin***) ***h.*** etw. (*mst* Schweres) nach oben ziehen ⟨den Anker h., etw. an Deck h.⟩

H

Hi-Fi ['haifi, 'hai'fai] *Tech, Kurzw* ↑ ***High Fidelity*** || K-: ***Hi-Fi-Anlage, Hi-Fi-Turm***

high [hai] *Adj*; *mst präd, gespr*; **1** in e-m euphorischen Zustand, nachdem man Rauschgift genommen hat ⟨h. werden, sein⟩ **2** ≈ glücklich ↔ down

High Fi·de·li·ty, **High·fi·de·li·ty** [haifi'dɛlɪtɪ] *die*; -; *nur Sg, Tech*; e-e sehr hohe Qualität bei der Wiedergabe *bes* von Musik (*z.B.* durch e-n CD-Spieler od. e-e Stereoanlage)

High·life ['hailaif] *das*; -(*s*); *nur Sg*; *mst in* ***irgendwo ist H.*** *gespr*; irgendwo wird laut u. lebhaft gefeiert

High·tech ['hai'tɛk] *das*; -(*s*) *od die*; -; *nur Sg*; sehr moderne technische Geräte, Verfahren *usw*, die *bes* mit Computern u. Mikroelektronik zu tun haben

Hil·fe *die*; -, -*n*; **1** *nur Sg*; das Helfen (1), die Unterstützung ⟨ärztliche, nachbarliche, finanzielle, materielle, uneigennützige, wirksame, gegenseitige H.; H. (von j-m) erwarten; j-m H. leisten, zusagen; j-m zu H. eilen, kommen; j-m (seine) H. anbieten; bei j-m / irgendwo H. suchen; j-n um H. bitten; um H. flehen, rufen, schreien; auf j-s H. angewiesen sein⟩: *Ein echter Freund ist immer da, wenn man H. braucht* || K-: ***Hilfe-, -leistung, -ruf, -schrei, -stellung***; ***Hilfs-, -aktion, -maßnahme*** **2** j-d, der hilft (1) ⟨H. herbeirufen, holen⟩: *Keine Angst, gleich kommt H.* **3** etw., das man als Unterstützung bekommt, *mst* Geld ⟨e-e H. beantragen, beziehen, erhalten⟩ || K-: ***Hilfs-, -bedürftigkeit, -dienst, -fonds, -gelder, -kasse, -organisation***; ***hilfs-, -bedürftig*** || -K: ***Alters-, Entwicklungs-, Sozial-, Wirtschafts-*** **4** j-d, der einem bei e-r Arbeit hilft, *mst* ohne dafür ausgebildet zu sein ⟨e-e H. einstellen, suchen⟩: *Die alte Dame sucht e-e H. für den Haushalt* || -K: ***Ernte-, Haus(halts)-, Küchen-, Laden-, Putz-*** **5** ***erste H.*** die ersten u. *mst* sehr wichtigen medizinischen Maßnahmen, mit denen man e-m Verletzten hilft (bevor der Arzt da ist) ⟨j-m erste H. leisten⟩ || K-: ***Erste-Hilfe-Kurs*** **6** (***zu***) ***H.!*** verwendet, um H. (1) zu rufen, wenn man in Gefahr ist **7** ***mit H.*** + Gen / ***von etw.*** indem man etw. anwendet, durch Unterstützung von etw.: *Mit H. e-s Hebels gelang es ihm, den schweren Stein fortzubewegen* **8** ***etw. zu H. nehmen*** etw. benutzen, um dadurch etw. zu erreichen: *e-n Stock zu H. nehmen, um etw. aus dem Bach zu fischen* **9** ***j-d / etw. ist j-m e-e H.*** j-d unterstützt j-n od. hilft ihm / etw. ist von Vorteil: *Unser Sohn ist mir im Haushalt schon e-e große H.*; *Ist es dir e-e H., wenn wir mit der Entscheidung noch warten?* || NB: ↑ ***mithilfe***

> **Hil·fe su·chend** ⟨ein Blick, ein (Gesichts)Ausdruck⟩ so, dass sie ausdrücken, dass der Betreffende Hilfe braucht: *sich H. s. umblicken / umsehen*

hilf·los *Adj*; **1** nicht fähig, sich selbst zu helfen: *Nach dem Unfall war sie im Auto eingeklemmt u. völlig h.*; *Seinen Aggressionen stand sie h. gegenüber* **2** unbeholfen, ungeschickt: *Seine hilflosen Ausreden wirkten eher peinlich* || *hierzu* **Hilf·lo·sig·keit** *die*; *nur Sg*

hilf·reich *Adj*; **1** so, dass man anderen Menschen e-e große Hilfe ist ⟨ein Mensch; j-m h. zur Hand gehen, zur Seite stehen⟩ **2** ≈ nützlich (1) ⟨ein Hinweis, ein Umstand⟩

Hilfs- *im Subst, betont, wenig produktiv*; **1** ohne Ausbildung für den ausgeübten Beruf ↔ Fach-; der ***Hilfsarbeiter***, die ***Hilfskraft***, das ***Hilfspersonal*** **2** nicht ständig in e-m Beruf tätig od. noch nicht voll für e-n Beruf ausgebildet; der ***Hilfsgeistliche***, der ***Hilfslehrer***, der ***Hilfspolizist***

hilfs·be·reit *Adj*; gern bereit zu helfen ≈ gefällig (2) ⟨ein Mensch⟩: *Der Junge ist alten Menschen gegenüber sehr h.* || *hierzu* **Hilfs·be·reit·schaft** *die*; *nur Sg*

Hilfs·mit·tel *das*; **1** etw., das e-e Arbeit (od. ein Vorhaben) einfacher macht ⟨ein (un)erlaubtes, (un)geeignetes H., ein technisches H.; ein H. anwenden, benutzen⟩ **2** *nur Pl*; Geld od. Gegenstände, die j-m helfen sollen, der in Not ist: *Nach dem Erdbeben trafen die Hilfsmittel von überall ein*

Hilfs·verb *das*; *Ling*; ein Verb, mit dem man *z.B.* die zusammengesetzten Zeiten u. das Passiv e-s Verbs bildet: *„Haben", „sein" u. „werden" sind im Deutschen Hilfsverben*

> **Die Hilfsverben *haben* und *sein***
>
> Um die zusammengesetzten Formen der Vergangenheit im Deutschen zu bilden, werden die Hilfsverben **haben** und **sein** verwendet.
>
> **sein**
>
> – verwendet man bei Verben, die einen Zustand oder eine Zustandsänderung ausdrücken:
>
> **Ich bin krank gewesen.**
> **Die Temperatur ist gestiegen.**
>
> – verwendet man mit Verben der Fortbewegung:
>
> **Ich bin durch Spanien gereist.**
>
> **haben**
>
> - wird in allen anderen Fällen verwendet:
>
> **Ich habe eine Übung gemacht.**

hilft *Präsens, 3. Person Sg*; ↑ ***helfen***

Him·bee·re *die*; **1** e-e rote Beere, die man essen kann u. die aus vielen kleinen Teilen besteht || ↑ *Abb. unter* ***Erdbeere*** || K-: ***Himbeer-, -eis, -geschmack, -saft, -strauch*** **2** ein Strauch mit Stacheln u. weißen Blüten, an dem die Himbeeren (1) wachsen

Him·mel *der*; -*s*, -; **1** *nur Sg*; der (Luft)Raum über der Erde ⟨ein blauer, bewölkter, bedeckter, klarer, wolkenloser, (wolken)verhangener, düsterer H.; der H. klart (sich) auf⟩: *Am H. funkeln die Sterne* || K-: ***Himmels-, -gewölbe, -kugel***; ***himmel-, -blau*** || -K: ***Sternen-, Wolken-*** **2** *nur Sg*; der Ort, an dem (im Glauben mancher Religionen) Gott ist u. an den die Menschen nach dem Tod kommen wollen ≈ Paradies ↔ Hölle ⟨in den H. kommen⟩ || K-: ***Himmels-, -fürst, -pforte, -tor, -tür*** **3** *nur Sg* ≈ Gott: *Der H. beschütze uns!*; *ein Zeichen des Himmels* **4** e-e Art Dach aus Stoff (*z.B.* über e-m Thron od. e-m Bett) ≈ Baldachin || K-: ***Himmel-, -bett*** **5** ***unter freiem H.*** im Freien ⟨unter freiem H. schlafen, übernachten⟩ **6** ***zwischen H. u. Erde*** hoch über der Erde (u. *mst* in gefährlichen Situationen, ohne sicheren Halt): *Der Artist hing hoch oben an e-m Seil zwischen H. u. Erde* **7** *gespr*; verwendet in Ausrufen der Verwunderung u. des Schreckens u. in Flüchen: *Um Himmels willen!*; *(Ach) du lieber H.!*; *Weiß der H.!*; *Gütiger H.!*; *H. noch mal!* || ID ***aus heiterem H.*** plötzlich u. ohne dass man damit rechnen, es erwarten konnte; ***der H. auf Erden*** ein sehr angenehmes Leben; ***H. u. Hölle in Bewegung setzen*** alles tun od. veranlassen, um ein bestimmtes Ziel zu erreichen; ***im siebten H. sein***; ***sich (wie) im sieb(en)ten H. fühlen*** überglücklich sein; ***j-n / etw. in den H. heben*** j-n / etw. sehr loben; ***etw. schreit zum H.*** etw. ist empörend ⟨ein Unrecht, e-e Ungerechtigkeit⟩; ***etw. stinkt zum H.*** *gespr*; etw. ist empörend, skandalös; ***j-m hängt der H. voller Geigen*** *veraltend*; j-d ist sehr glücklich; ***j-n / etw. schickt der H.*** j-d / etw. kommt in e-m günstigen Augenblick (in dem man ihn / es dringend braucht)

him·mel·angst *Adj*; *nur in* ***j-m ist / wird (es) h.*** *gespr*; j-d hat / bekommt große Angst

Him·mel·fahrt *(die)*; *nur Sg*; ***(Christi) H.*** ein (christlicher) Feiertag (am 40. Tag nach Ostern), an dem die Rückkehr von Jesus Christus in den Himmel gefeiert wird

Him·mel·fahrts|kom·man·do *das*; **1** e-e (lebens)gefährliche Aktion (*bes* im Krieg) **2** *Kollekt*; alle Personen, die an e-m H. (1) teilnehmen

him·mel·hoch *Adj*; *gespr*; sehr hoch ⟨ein Unterschied; j-m h. überlegen sein⟩ || NB: *himmelhoch* → *ein himmelhoher Unterschied* || ID ***h. jauchzend, zu Tode betrübt*** verwendet, um e-n Charakter zu beschreiben, der abwechselnd allzu fröhlich u. allzu traurig gestimmt ist

Him·mel·reich *das* ≈ Himmel (2)

him·mel·schrei·end *Adj*; *nicht adv*; *gespr*; (in Bezug auf etw. Negatives) auffallend stark ausgeprägt ≈ empörend ⟨*mst* ein Unrecht, e-e Ungerechtigkeit⟩

Him·mels·kör·per *der*; *Astron*; ein Stern (Gestirn) im Weltraum

Him·mels·rich·tung *die*; **1** e-e Richtung, mit der man sich *mst* auf der Erde orientiert (u. die sich auf die Lage der (Erd)Pole bezieht): *Nord, Süd, West u. Ost sind die Himmelsrichtungen* **2** ***aus allen Himmelsrichtungen*** von allen Seiten, von überall her **3** ***in alle Himmelsrichtungen*** nach allen Seiten, überallhin

Him·mels·zelt *das*; *lit* ≈ Himmel (1)

him·mel·weit *Adj*; *nur attr od adv*, *gespr*; sehr groß ⟨*mst* ein Unterschied⟩

himm·lisch *Adj*; **1** *gespr* ≈ herrlich, wunderbar ⟨ein Tag, ein Wetter, e-e Ruhe *o.Ä.*⟩ **2** im od. aus dem Himmel (2) ⟨Mächte, die Engel, ein Wesen⟩ **3** ***der himmlische Vater*** ≈ Gott (*bes* in der christlichen Religion)

hin *Adv*; **1** *räumliche Angabe* + ***hin*** in Richtung vom Sprecher (od. von dem vorher genannten Punkt) weg auf j-n / etw. zu: *Der Weg zum Stadion hin wird neu geteert*; *nach links hin* **2** *zeitliche Angabe* + ***hin*** in Richtung auf e-n bestimmten Zeitpunkt od. Zeitraum: *Gegen Abend hin wurde es kalt* **3** *räumliche Angabe* + ***hin*** verwendet, um e-e räumliche Ausdehnung auszudrücken: *Der Kanal erstreckt sich über viele Kilometer hin* **4** *zeitliche Angabe* + ***hin*** verwendet, um e-e zeitliche Ausdehnung auszudrücken: *Die Entwicklung vollzog sich über mehrere Monate hin*; *Durch viele Jahre hin trafen sie sich regelmäßig* **5** ***auf etw. (Akk) hin*** in Richtung auf ein bestimmtes Ziel od. e-n Zweck ⟨etw. auf etw. hin anlegen, planen⟩: *Unser Betrieb ist auf e-e kleine Produktion hin ausgerichtet* **6** ***auf etw. (Akk) hin*** wegen, auf Grund von etw. ⟨auf e-n Verdacht, e-e Vermutung, e-n Hinweis hin⟩: *Er wurde auf e-n bloßen Verdacht hin festgenommen* **7** ***auf etw. (Akk) hin*** im Hinblick auf etw. (oft e-e Krankheit od. e-n Fehler, die vermutet werden): *j-n auf Krebs hin untersuchen*; *e-n Plan auf Fehler hin überprüfen* **8** ***hin u. zurück*** für Hin- u. Rückfahrt (od. Rückflug): *Bitte einmal (e-e Fahrkarte nach) Frankfurt hin u. zurück* **9** ***hin u. her*** ohne bestimmte Richtung bzw. mit ständig wechselnder Richtung ≈ kreuz u. quer ⟨hin u. her gehen, fahren, laufen *usw*⟩: *Er war so nervös, dass er ständig hin u. her ging* || NB: aber: *hin- u. herfahren*, *hin- u. herfliegen*, *hin- u. hergehen*, *hin- u. herpendeln usw* (= hin u. wieder zurück (zusammengeschrieben)) **10** ***… hin, … her*** *gespr*; verwendet, um auszudrücken, dass man trotzdem etw. tun od. sich in bestimmter Weise verhalten muss: *Lust hin, Lust her, das muss gemacht werden*; *Freundin hin, Freundin her, ich sage ihr meine Meinung* || ID ***hin u. wieder*** ≈ manchmal; ***hin u. her gerissen sein*** sich (zwischen mehreren Möglichkeiten) nicht entscheiden können; ***hin u. her überlegen*** *gespr*; über alle Aspekte e-s Problems *o.Ä.* nachdenken; ***hin od. her*** *gespr*; mehr od. weniger: *Zwei Tage hin od. her, darüber brauchen wir uns nicht zu streiten*; ***das ist hin wie her*** *gespr*; das bleibt sich gleich, ist egal; ***nach einigem / langem / ewigem Hin u. Her*** nachdem etw. lange besprochen, diskutiert wurde; ***nach außen hin*** nur äußerlich, dem Anschein nach: *sich nach außen hin liberal geben*

> **hin sein** *(ist) gespr*; [Vi] **1** (elliptisch verwendet) ≈ hingegangen, hingefahren, hingekommen *o.Ä.* sein: *Als er so traurig war, ist sie zu ihm hin* (= hingegangen) *u. hat ihn getröstet* **2** ***ein Tier ist hin*** *gespr!* ein Tier ist tot: *Die Katze rührt sich nicht mehr. - Die ist hin* **3** sehr erschöpft sein ≈ (fix u.) fertig sein: *Nach dem Training war er ganz hin* **4** ***etw. ist hin*** etw. ist kaputt, funktioniert nicht ↔ etw. ist ganz: *Sein Auto ist hin* **5** ***etw. ist hin*** etw. ist verloren, ruiniert od. nicht mehr zu verwirklichen ⟨j-s Hoffnung, j-s Pläne, j-s Ruf⟩ **6** ***(von j-m / etw.) ganz h. s.*** von j-m / etw. begeistert sein: *Als er ihre Stimme hörte, war er ganz hin*; [Vimp] **7** ***es ist nicht mehr lange / noch lange hin bis (zu) etw.*** es dauert nicht mehr / noch lange, bis etw. geschehen wird: *Bis zu deinem Geburtstag ist (es) noch lange hin*

hin- *im Verb*, *betont u. trennbar*, *sehr produktiv*; Die Verben mit *hin-* werden nach folgendem Muster gebildet: *hinfahren - fuhr hin - hingefahren*
hin- bezeichnet die Richtung auf ein bestimmtes Ziel zu, häufig weg vom Sprecher, Erzähler od. Handelnden ↔ her-;
(j-n / etw.) irgendwohin hinfahren: *Morgen fahre ich zu ihr hin, um sie zu besuchen* ≈ Morgen werde ich zu ihr fahren, um sie zu besuchen
ebenso: ***j-n / etw. irgendwohin hinbringen, irgendwohin hindeuten, (j-n zu etw.) hindrängen, (etw.) irgendwohin hindrücken, hinfallen, irgendwohin hinfinden, (j-n / etw.) irgendwohin hinfliegen, (irgendwohin) hingehen, irgendwohin hinkommen, (irgendwohin) hinkönnen, j-n irgendwohin hinlassen, irgendwohin hinlaufen, j-n / etw. irgendwohin hinlegen, (etw.) irgendwohin hinlenken, j-n / ein Tier irgendwohin hinlocken, irgendwohin hinmüssen, j-n / etw. irgendwohin mit hinnehmen, j-m etw. hinreichen,***

H

irgendwohin hinreisen, irgendwohin hinrennen, (etw.) irgendwohin hinrücken, (irgendwohin) hinschauen, j-m etw. / etw. irgendwohin hinschieben, etw. irgendwohin hinschlagen, j-n / sich / etw. irgendwohin hinschleppen, (irgendwohin) hinsehen, (irgendwohin) hinsollen, irgendwohin hinstarren, j-n / sich / etw. irgendwohin hinstellen, ⟨Personen / Wassermassen *o.Ä.*⟩ ***strömen irgendwohin hin, j-n / etw. irgendwohin hintragen, (j-n / Tiere) irgendwohin hintreiben, j-n / sich / etw. irgendwohin hinwenden, etw. irgendwohin hinwerfen, irgendwohin hinwollen, etw. irgendwohin hinzeichnen, j-n / etw. irgendwohin hinziehen***; ***sich (irgendwohin) hinhocken / hinkauern / hinknien / hinsetzen / hinstellen / hintrauen / hinwagen***

hi·nab *Adv*; *geschr* ≈ hinunter: *Ins Tal h. geht man mehrere Stunden*

hi·nab- *im Verb, betont u. trennbar, begrenzt produktiv*; *geschr* ≈ hinunter-

hi·nan *geschr* ≈ hinauf

hin·ar·bei·ten *(hat)* Vi ***auf etw. (Akk) h.*** sich (zielstrebig) bemühen, etw. zu erreichen od. zu verwirklichen ⟨auf e-e Prüfung h.⟩: *Die Bürgerinitiative arbeitet* darauf *hin*, dass *das geplante Kernkraftwerk nicht gebaut wird*

hi·nauf *Adv*; bezeichnet die Richtung von unten nach oben, *bes* weg vom Sprecher od. Erzähler ↔ herab, herunter: *Vom Tal bis zur Skihütte h. braucht man eine Stunde* || NB: ↑ ***herauf-***

hi·nauf- *im Verb, betont u. trennbar, sehr produktiv*; Die Verben mit *hinauf-* werden nach folgendem Muster gebildet: *hinaufgehen - ging hinauf - hinaufgegangen*

hinauf- bezeichnet die Richtung von unten nach (irgendwo) oben, häufig weg vom Sprecher od. Erzähler ↔ herab-, herunter-;

(irgendwohin) hinaufgehen: *Er ging zur Hütte hinauf* ≈ Er ging zur Hütte nach oben

ebenso: ***j-n (irgendwohin) hinaufbegleiten, (irgendwohin) hinaufblicken, j-n / etw. (irgendwohin) hinaufbringen, (irgendwohin) hinaufdürfen, (j-n / etw.) (irgendwohin) hinauffahren, j-n / ein Tier (irgendwohin) hinaufführen, (irgendwohin) hinaufgehen, (irgendwohin) hinaufklettern, (irgendwohin) hinaufkommen, (irgendwohin) hinaufkönnen, j-n / etw. (irgendwohin) hinauflassen, (irgendwohin) hinauflaufen, (irgendwohin) hinaufmüssen, (j-m) etw. hinaufreichen / etw. reicht (bis nach) irgendwohin hinauf, (irgendwohin) hinaufschauen, j-n / etw. (irgendwohin) hinaufschicken, j-n / sich / etw. (irgendwohin) hinaufschieben, (irgendwohin) hinaufsehen, etw. (irgendwohin) hinaufsetzen, (irgendwohin) hinaufsollen, (irgendwohin) hinaufsteigen, j-n / etw. (irgendwohin) hinauftragen, j-n / ein Tier (irgendwohin) hinauftreiben, (irgendwohin) hinaufwollen, j-n / etw. (irgendwohin) hinaufziehen***; ***sich (irgendwohin) hinauftrauen / hinaufwagen*** || NB: **a)** Anstelle e-r Richtungsangabe *(zur Hütte usw)* steht häufig nur e-e Angabe im Akk.: *Er ging den Berg hinauf*; *Er führte die alte Frau die Treppe hinauf*; **b)** ↑ ***herauf-***

hi·nauf·ar·bei·ten, sich *(hat)* Vr **1** ***sich h.*** unter großen Mühen nach oben gelangen: *sich e-e Felswand h.* **2** ***sich (zu etw.) h.*** Schritt für Schritt e-e hohe berufliche Position erreichen ≈ sich (zu etw.) hocharbeiten: *sich zum Direktor h.*

hi·nauf·bit·ten *(hat)* Vt ***j-n h.*** j-n freundlich auffordern, nach oben zu kommen: *Die Sekretärin bat den Besucher zum Chef hinauf*

hi·nauf·ge·hen *(ist)* Vi **1** ↑ ***hinauf-*** **2** ***etw. geht hinauf*** *gespr*; etw. wird höher ≈ etw. steigt ⟨die Miete, der Preis⟩ **3** ***(mit etw.) h.*** *gespr*; etw. erhöhen, steigern ⟨mit dem Preis, der Geschwindigkeit h.⟩

hi·nauf·set·zen *(hat)* Vt **1** ↑ ***hinauf-*** **2** ***etw. h.*** ≈ erhöhen ⟨die Miete, den Preis h.⟩

hi·nauf·trei·ben *(hat)* Vt **1** ↑ ***hinauf-*** **2** ***etw. h.*** bewirken, dass etw. höher wird, steigt ⟨die Preise h.⟩

hi·naus *Adv*; **1** bezeichnet die Richtung von drinnen nach irgendwo draußen, häufig weg vom Sprecher od. Erzähler ↔ herein: *(zur Tür) h. ins Freie gehen* **2** ***h.*** + *räumliche Angabe*; in Richtung auf e-n freien Raum: *h. aufs Land, aufs Meer fahren*; *ein Fenster zum Hof h.*; *(e-e Wohnung) nach hinten, zur Straße h.* **3** ***über etw. (Akk) h.*** so, dass e-e Grenze, ein Maß *o.Ä.* überschritten wird: *j-n über die Dauer e-s Vertrags h. beschäftigen* **4** ***auf / über etw. (Akk) h.*** e-e unbestimmte, längere Zeit lang ⟨auf Tage, Wochen, Monate, Jahre *usw* h.⟩: *Das Konzert ist auf Wochen h. ausverkauft*

> **hi·naus sein** *(ist)* Vi *gespr*; **1** hinausgegangen, -gefahren *o.Ä.* sein: *Er ist auf die Felder hinaus* **2** ***über etw. (Akk) h. s.*** e-e bestimmte Zeit hinter sich haben ≈ aus etw. heraus sein (4): *Er ist über das Alter hinaus, in dem man jeden Abend in die Disko geht*

hi·naus- *im Verb, betont u. trennbar, sehr produktiv*; Die Verben mit *hinaus-* werden nach folgendem Muster gebildet: *hinaustragen - trug hinaus - hinausgetragen*

hinaus- bezeichnet die Richtung von drinnen nach irgendwo draußen, häufig weg vom Sprecher, Erzähler od. Handelnden ↔ herein-;

j-n / etw. hinaustragen: *Die Sanitäter trugen den Verletzten (aus dem Haus / zur Tür) hinaus* ≈ Die Sanitäter trugen den Verletzten nach draußen

ebenso: ***j-n / etw. hinausbefördern, j-n / etw. hinausbringen, j-n / etw. hinausfahren, j-n / ein Tier hinausführen, j-n / ein Tier hinausjagen, j-n hinauskomplimentieren, j-n / ein Tier / etw. hinauslassen, sich / etw. hinauslehnen, etw. hinausreichen, j-n / etw. hinausschieben, j-n / sich / ein Tier hinaussetzen, j-n / sich / etw. hinausstellen, j-n / etw. hinauswerfen, j-n / etw. hinausziehen***; ***hinausblicken, hinausdürfen, hinauseilen, hinausfallen, hinausfinden***, ⟨ein Vogel *o.Ä.*⟩ ***fliegt hinaus, etw. führt hinaus, hinausgehen, hinausklettern, hinauskommen, hinauskönnen, hinauslaufen, hinausmüssen, etw. ragt hinaus, etw. schießt (aus etw.) hinaus, hinaussehen, hinaussollen, hinausspringen, hinaussteigen, aus etw. / über etw. (Akk) hinauswachsen, hinauswollen, hinausziehen***; ***sich hinausbeugen, sich hinaustrauen, sich hinauswagen*** || NB: **a)** Wenn ausgedrückt werden soll, woher j-d / etw. hinauskommt *o.Ä.*, wird *mst* die Präposition *aus* verwendet: *Er lief aus dem Zimmer heraus*; Wenn ausgedrückt werden soll, wohin j-d / etw. kommt *o.Ä.*, wird *mst* die Präposition *zu* (bzw. *zur / zum*) verwendet: *Ich wollte gerade zur Tür hinaus*; **b)** ↑ ***heraus-***

hi·naus·ekeln *(hat)* Vt ***j-n (aus etw.) h.*** j-n so ärgern, dass er weggeht, kündigt *o.Ä.*: *Ihre Kollegen haben sie aus der Firma hinausgeekelt*

hi·naus·fah·ren Vt *(hat)* **1** ↑ ***hinaus-***; Vi *(ist)* **2** ↑ ***hinaus-*** **3** ***über etw. (Akk) h.*** weiter als bis zu e-r bestimmten Grenze, e-m bestimmten Punkt fahren: *über das Ziel h.*

hi·naus·flie·gen *(ist)* Vi **1** ↑ ***hinaus-*** **2** ***(aus etw.) h.*** *gespr* ≈ (aus etw.) hinausfallen **3** ***(aus etw.) h.*** *gespr*; gekündigt werden ⟨in hohem Bogen h.⟩: *aus der Firma h.* **4** ***etw. fliegt über etw. (Akk) hinaus*** etw.

fliegt weiter als bis zu e-r bestimmten Grenze, e-m bestimmten Punkt: *Der Ball ist über das Spielfeld hinausgeflogen*

hi·naus·füh·ren *(hat)* Vi **1** ↑ ***hinaus-***; Vi **2** ↑ ***hinaus-*** **3** ***etw. führt über etw.*** *(Akk)* ***hinaus*** etw. führt / geht weiter als bis zu e-r bestimmten Grenze, e-m bestimmten Punkt: *Die Bremsspur führt über den Mittelstreifen der Straße hinaus*

hi·naus·ge·hen *(ist)* Vi **1** ↑ ***hinaus-*** **2** ***etw. geht über etw.*** *(Akk)* ***hinaus*** etw. überschreitet ein bestimmtes Maß *o.Ä.*: *Diese Arbeit geht über meine Kräfte hinaus* **3** ***etw. geht irgendwohin hinaus*** *gespr*; etw. liegt in e-r bestimmten Richtung: *Das Fenster / Die Wohnung geht nach vorn, zur Straße, nach hinten, zum Hof hinaus*

hi·naus·hän·gen[1]; *hängte hinaus, hat hinausgehängt*; Vt ***etw. h.*** etw. von drinnen nach irgendwo draußen hängen: *Er hängte die Fahne aus dem Fenster hinaus*

hi·naus·hän·gen[2]; *hing hinaus, hat / südd* Ⓐ Ⓒⓗ *ist hinausgehangen*; Vi ***etw. hängt hinaus*** etw. hängt von drinnen nach irgendwo draußen: *Die Fahne hing zum Fenster hinaus*

hi·naus·kom·men *(ist)* Vi **1** ↑ ***hinaus-*** **2** ***j-d / etw. kommt über etw.*** *(Akk)* ***hinaus*** j-d / etw. überschreitet ein bestimmtes Maß, e-e bestimmte Grenze *o.Ä.*: *Sein altes Auto kommt nicht mehr über 100 Stundenkilometer hinaus* **3** ***etw. kommt auf etw.*** *(Akk)* ***hinaus*** ≈ etw. läuft auf etw. hinaus

hi·naus·lau·fen *(ist)* Vi **1** ↑ ***hinaus-*** **2** ***etw. läuft über etw.*** *(Akk)* ***hinaus*** etw. geht weiter als bis zu e-r bestimmten Grenze, e-m bestimmten Punkt **3** ***etw. läuft auf etw.*** *(Akk)* ***hinaus*** etw. hat ein bestimmtes Ergebnis: *Der Plan läuft auf e-e Modernisierung der Fabrik hinaus*

hi·naus·po·sau·nen; *posaunte hinaus, hat hinausposaunt*; Vt ***etw. h.*** *gespr, oft pej*; e-e Information, die nicht bekannt werden sollte, bekannt machen

hi·naus·ra·gen *(hat)* Vi **1** ↑ ***hinaus-*** **2** ***etw. ragt über etw.*** *(Akk)* ***hinaus*** etw. überschreitet ein bestimmtes Maß, e-e bestimmte Grenze *o.Ä.*: *Der Baum darf nicht über die Gartenmauer h.*; *Seine Leistungen ragen weit über den Durchschnitt hinaus*

hi·naus·rei·chen *(hat)* Vi **1** ↑ ***hinaus-***; Vi **2** ***etw. reicht über etw.*** *(Akk)* ***hinaus*** etw. überschreitet ein bestimmtes Maß, e-e bestimmte Grenze *o.Ä.*

hi·naus·schau·en *(hat)* Vi ***(aus etw.) h.*** *südd* Ⓐ Ⓒⓗ *gespr* ≈ (aus etw.) hinausblicken

hi·naus·schi·cken *(hat)* Vt ***j-n (aus etw.) h.*** j-n auffordern, e-n Raum zu verlassen

hi·naus·schie·ben *(hat)* Vt **1** ↑ ***hinaus-*** **2** ***etw. h.*** etw. nicht sofort tun, sondern auf e-n späteren Zeitpunkt verschieben ≈ hinauszögern ⟨den Abschied, e-e Entscheidung h.⟩

hi·naus·schie·ßen Vi *(ist)* **1** ↑ ***hinaus-*** **2** ***(aus etw.) h.*** *gespr*; sehr schnell von drinnen nach irgendwo draußen rennen ⟨wie der Blitz, wie ein geölter Blitz (= sehr schnell) h.⟩ **3** ***über etw.*** *(Akk)* ***h.*** *gespr*; weiter als bis zu e-r bestimmten Grenze, e-m bestimmten Punkt rennen

hi·naus·schmei·ßen *(hat)* Vt *gespr* ≈ hinauswerfen

Hi·naus·schmiss *der*; *-es, -e*; *gespr* ≈ Hinauswurf

hi·naus·schwim·men *(ist)* Vi ***(irgendwohin) h.*** weit weg vom Ufer schwimmen ⟨aufs Meer, auf den See h.⟩

hin·aus·set·zen *(hat)* Vt **1** ***j-n h.*** *gespr*; j-s Mietvertrag kündigen u. bewirken, dass er die Wohnung *o.Ä.* aufgeben muss: *Als er ein halbes Jahr mit der Miete im Rückstand war, hat ihn sein Vermieter hinausgesetzt*; Vr **2** ↑ ***hinaus-***

hi·naus·steh·len, sich *(hat)* Vr ***sich h.*** sich heimlich u. leise aus e-m Raum entfernen

hi·naus·wach·sen *(ist)* Vi **1** ↑ ***hinaus-*** **2** ***über j-n / etw. h.*** größer, höher werden als j-d / etw.: *Er ist über seinen Vater hinausgewachsen*; *Der Baum ist weit über das Haus hinausgewachsen* **3** ***über sich (selbst) h.*** seine bisherige Leistung sehr steigern

hi·naus·wer·fen *(hat)* Vt **1** ↑ ***hinaus-*** **2** ***j-n h.*** *gespr*; j-m kündigen: *Sie haben ihn hinausgeworfen, weil er so unzuverlässig ist* **3** ***j-n h.*** *gespr*; j-n zwingen, e-n Raum, ein Gebäude *o.Ä.* zu verlassen

hi·naus·wol·len *(hat)* Vi **1** ***auf etw.*** *(Akk)* ***h.*** e-e bestimmte Absicht, ein Ziel haben ≈ etw. beabsichtigen: *Worauf willst du mit dieser Frage hinaus?* **2** ***hoch h.*** ehrgeizig sein, e-e hohe Leistung, e-e hohe Position im Beruf *o.Ä.* anstreben **3** ↑ ***hinaus-***

Hi·naus·wurf *der*; *gespr*; der Vorgang, bei dem j-d j-n hinauswirft (2,3) od. hinausgeworfen (2,3) wird

hi·naus·zie·hen Vt *(hat)* **1** ↑ ***hinaus-***; Vi *(ist)* **2** ↑ ***hinaus-***; Vr *(hat)* **3** ***etw. zieht sich hinaus*** ≈ etw. zögert sich hinaus

hi·naus·zö·gern *(hat)* Vt **1** ***etw. h.*** etw. auf e-n späteren Zeitpunkt verschieben ≈ etw. hinausschieben (2) ⟨den Abschied, e-e Entscheidung h.⟩; Vr **2** ***etw. zögert sich hinaus*** etw. findet später statt als erwartet od. geplant: *Der Beginn des Konzerts zögert sich noch etwas hinaus. Haben Sie bitte Geduld!*

hin·be·kom·men; *bekam hin, hat hinbekommen*; Vt *gespr* ≈ hinkriegen

hin·bie·gen *(hat)* Vt *gespr*; **1** ***etw. h.*** ein Problem durch geschicktes Handeln (od. Manipulieren) beseitigen ⟨etw. geschickt, wieder h.⟩: *Obwohl er an dem Unfall schuld war, bog er es so hin, dass er den Schaden nicht bezahlen musste* **2** ***j-n h.*** j-n so beeinflussen, dass er sich so verhält, wie man es wünscht

hin·blät·tern *(hat)* Vt ***etw. für etw. h.*** *gespr*; (viel) Geld für etw. bezahlen: *Für das Haus musste er ein hübsches Sümmchen* (= viel Geld) *h.*

Hin·blick *der*; *nur in* ***im / in H. auf etw.*** *(Akk)* etw. betreffend ≈ in Bezug auf, hinsichtlich: *Im / In H. auf unser gestriges Gespräch möchte ich Ihnen noch die versprochenen Dokumente geben*

hin·brin·gen *(hat)* Vt **1** ↑ ***hin-*** **2** ***etw. h.*** *gespr*; etw. machen können ≈ etw. zustande bringen: *Er will das Radio reparieren, bringt es aber einfach nicht hin*

hin·den·ken *nur in* ***Wo denkst du / Wo denken Sie hin?*** *gespr*; verwendet, um (mit Entrüstung) auszudrücken, dass etw. nicht so ist, wie j-d anderer glaubt, od. dass man etw. ablehnt: *„Gehst du bis auf den Gipfel (des Berges)?" - „Ach, wo denkst du hin!"*

hin·der·lich *Adj*; *mst präd*; ***(j-m / etw.) h., (für j-n / etw.) h.*** so, dass j-d / etw. behindert, gestört wird ≈ störend ↔ förderlich: *Der Mantel war ihm beim Reifenwechseln h., deshalb zog er ihn aus*

hin·dern; *hinderte, hat gehindert*; Vt **1** ***j-d / etw. hindert j-n / etw. an etw.*** *(Dat)* j-d / etw. bewirkt, dass j-d etw. nicht tut / nicht tun kann od. dass etw. nicht passiert: *Der Gipsverband hindert sie am Schwimmen*; *Niemand hindert Sie* daran zu *gehen!* **2** ***j-d / etw. hindert j-n nicht*** + ***zu*** + *Infinitiv*; *gespr*; j-d lässt sich durch j-n / etw. nicht davon abbringen, etw. zu tun: *Der Regen hinderte ihn nicht, im Wald spazieren zu gehen*; Vt/i **3** ***etw. hindert (j-n) bei etw.*** etw. stört j-n bei e-r Tätigkeit ≈ etw. behindert j-n (bei etw.): *Helles Licht hindert (mich) beim Schlafen* || ► ***ungehindert***

Hin·der·nis *das*; *-ses, -se*; **1** etw., das e-n Weg versperrt u. das Weiterkommen schwer od. unmöglich macht ≈ Barriere ⟨ein H. aufbauen, errichten, umgehen, überwinden / nehmen, überspringen⟩: *Das Pferd setzte mühelos über die Hindernisse*; *Ohne die Fähre wäre der Fluss für uns ein unüberwindliches H. gewesen* || K-: ***Hindernis-, -lauf, -rennen*** **2** ***ein H. (für j-n / etw.)*** etw., das es schwierig macht, etw. zu tun ≈ Schwierigkeit ⟨ein H. beseitigen / aus dem Weg räumen / überwinden; j-m Hindernisse in den Weg legen⟩: *Das Inserat lautete: „Reparaturen Tag u. Nacht, Entfernung kein H.“*

Hịn·de·rungs·grund *der*; ein Grund, der etw. schwierig od. unmöglich macht ⟨etw. ist für j-n kein H.⟩

hịn·deu·ten (*hat*) Vi **1 etw. deutet auf etw.** (*Akk*) **hin** etw. bewirkt, dass man etw. vermutet, annimmt ≈ etw. weist auf etw. hin: *Alle Indizien deuten* darauf *hin*, dass *er der Mörder ist*; **2** ↑ **hin-**

Hịn·du *der*; -(*s*), -(*s*); j-d, der an die Lehre des Hinduismus glaubt

Hin·du·ịs·mus *der*; -; *nur Sg*; e-e Religion, die *bes* in Indien verbreitet ist u. deren Anhänger an die Wiedergeburt glauben || *hierzu* **hin·du·is·tisch** *Adj*

hin·dụrch *Adv*; **1 durch etw. h.** verwendet, um die Präp. *durch*[1] (1,2,3,4) zu verstärken: *Ich höre die Musik durch die Wand h.* **2** *räumliche Angabe* + **h.** verwendet, um e-e Strecke, e-e Distanz *o.Ä.* zu bezeichnen: *Die ganze Stadt h. hielt der Bus nur ein einziges Mal* **3** *Zeitangabe* + **h.** verwendet, um e-n Zeitraum zu bezeichnen, von dessen Anfang bis zu dessen Ende etw. dauert od. getan wird ≈ durch (7), während: *Sie wachte die ganze Nacht h. an seinem Bett*; *All die Jahre h. habe ich dich nicht vergessen*

hin·dụrch- *im Verb, betont u. trennbar, wenig produktiv*; Die Verben mit *hindurch-* werden nach folgendem Muster gebildet: *hindurchfahren - fuhr hindurch - hindurchgefahren*

hindurch- bezeichnet die Richtung in etw. hinein u. (am anderen Ende) wieder hinaus ≈ durch-;

(durch etw.) hindurchfahren: *Der Zug fuhr durch e-n Tunnel hindurch* ≈ Der Zug fuhr auf der einen Seite in den Tunnel hinein u. auf der anderen Seite wieder hinaus

ebenso: **(durch etw.) hindurchdürfen, (durch etw.) hindurchdringen, etw. fließt durch etw. hindurch, (durch etw.) hindurchgehen, (durch etw.) hindurchkönnen, (durch etw.) hindurchkriechen, (durch etw.) hindurchlaufen, (durch etw.) hindurchmüssen, (durch etw.) hindurchschwimmen, (durch etw.) hindurchsehen, (durch etw.) hindurchsollen, (durch etw.) hindurchwollen; j-n / etw. (durch etw.) hindurchlassen, etw. (durch etw.) hindurchstecken, j-n / sich / etw. (durch etw.) hindurchziehen, j-n / sich / etw. (durch etw.) hindurchzwängen; sich (durch etw.) hindurchtrauen, sich (durch etw.) hindurchwagen**

hi·nein *Adv*; **1** bezeichnet die Richtung von draußen nach (irgendwo) drinnen, häufig weg vom Sprecher od. Erzähler ≈ *gespr* rein ↔ heraus: *H. (ins Bett) mit dir!* || NB: ↑ **herein- 2 bis in etw.** (*Akk*) **h.** verwendet, um die Präp. *in*[1] (11) zu verstärken: *Das Fest dauerte bis in die späte Nacht h.*; *Die Zeichnung ist bis ins letzte Detail h. sehr exakt*

hi·nein- *im Verb, betont u. trennbar, sehr produktiv*; Die Verben mit *hinein-* werden nach folgendem Muster gebildet: *hineinfahren - fuhr hinein - hineingefahren*

hinein- bezeichnet die Richtung von draußen nach (irgendwo) drinnen, häufig weg vom Sprecher od. Erzähler ↔ heraus-;

(irgendwohin) hineinfahren: *Er fuhr mit dem Auto in die Garage hinein* ≈ Er fuhr mit dem Auto, das sich auf der Straße befand, in die Garage

ebenso: **(etw. in etw.** (*Akk*)**) hineinbohren, etw. bohrt sich in etw.** (*Akk*) **hinein, j-n / etw. (irgendwohin) hineinbringen, (j-n) (irgendwohin) hineindrängen, (j-n / etw.) (irgendwohin) hineinfahren, j-n / ein Tier (irgendwohin) hineinführen, etw. (irgendwohin) hineingießen, etw. (irgendwohin) hineinhalten, j-n / etw. (irgendwohin) hineinlassen, j-n / sich / etw. (irgendwohin) hineinlegen, j-n / etw. (irgendwohin) hineinschicken, etw. (irgendwohin) hineinschütten, j-n / sich / etw. (irgendwohin) hineinsetzen, j-n / etw. (irgendwohin) hineinstecken, j-n / sich / etw. (irgendwohin) hineinstellen, j-n / etw. (irgendwohin) hineinstoßen, (j-n / sich / etw.) (irgendwohin) hineinstürzen, j-n / etw. hineintragen, j-n / Tiere / etw. (irgendwohin) hineintreiben, j-n / sich / etw. (irgendwohin) hineinwerfen, j-n / sich / etw. (irgendwohin) hineinziehen; (irgendwohin) hineinblasen, (irgendwohin) hineinblicken, (irgendwohin) hineindürfen, (irgendwohin) hineinfallen, (irgendwohin) hineingehen, (irgendwohin) hineingelangen, (irgendwohin) hineingreifen, (irgendwohin) hineinklettern, (irgendwohin) hineinkommen, (irgendwohin) hineinkönnen, (irgendwohin) hineinkriechen, (irgendwohin) hineinlaufen, (irgendwohin) hineinmüssen, etw. ragt (irgendwohin) hinein, (irgendwohin) hineinreiten, (irgendwohin) hineinrennen, (irgendwohin) hineinrufen, (irgendwohin) hineinrutschen, (irgendwohin) hineinschauen, (sich) (irgendwohin) hineinschleichen, (irgendwohin) hineinsehen, (irgendwohin) hineinsollen, (irgendwohin) hineinspazieren, (irgendwohin) hineinspringen, (irgendwohin) hineinstolpern,** ⟨Personen / Wassermassen *o.Ä.*⟩ **strömen (irgendwohin) hinein, (irgendwohin) hineintreten, (irgendwohin) hineinwollen; sich (irgendwohin) hineinbegeben / hineintrauen / hineinwagen** || NB: ↑ **herein-**

hi·nein·bei·ßen (*hat*) Vi **(in etw.** (*Akk*)**) h.** ≈ in etw. beißen: *herzhaft in e-n Apfel h.*

hi·nein·be·kom·men (*hat*) Vt **etw. (in etw.** (*Akk*)**) h.** *gespr* ≈ etw. (in etw.) hineinkriegen

hi·nein·bit·ten (*hat*) Vt **j-n (in etw.** (*Akk*)**) h.** j-m höflich sagen, er solle e-n Raum betreten: *Der Arzt bat den Patienten (zu sich) hinein*

hi·nein·den·ken, sich (*hat*) Vr **sich in j-n / etw. h.** sich vorstellen, man wäre j-d anderer od. man wäre in e-r anderen Situation, um diesen / diese besser zu verstehen: *versuchen, sich in den Gegner hineinzudenken*

hi·nein·fin·den (*hat*) Vi **1 (in etw.** (*Akk*)**) h.** den richtigen Weg in etw., den Zugang zu etw. finden: *Er fand nicht in das Haus hinein, weil der Eingang versteckt lag*; Vr **2 sich in etw.** (*Akk*) **h.** sich mit etw. vertraut machen: *sich schnell in e-e neue Arbeit h.*

hi·nein·fres·sen (*hat*) Vt *gespr*; **1 etw. in sich** (*Akk*) **h.** Wut od. Trauer, die man fühlt, nicht zeigen, obwohl man darunter leidet ⟨Ärger, Kummer, Wut, Zorn in sich h.⟩; Vt/i **2 (etw.) in sich** (*Akk*) **h.** gierig sehr viel essen; Vr **etw. frisst sich in etw.** (*Akk*) **hinein** e-e Säure, e-e ätzende Flüssigkeit dringt durch die Oberfläche von etw.

hi·nein·ge·bo·ren *Adj*; *nur in* **in etw.** (*Akk*) **h. sein, werden** von Geburt an zu etw. dazugehören ⟨in e-e Familie, ein Geschlecht h. sein, werden⟩: *Sie wurde in eine der reichsten Familien des Landes h.*

hi·nein·ge·heim·nis·sen; *geheimnisste hinein, hat hineingeheimnisst*; Vt **etw. in etw.** (*Akk*) **h.** *gespr*; glauben, dass bestimmte Gründe, Motive od. Absichten bei etw. e-e Rolle spielen, die in Wirklichkeit nicht da sind ⟨etw. in j-s Verhalten, Worte h.⟩

hi·nein·ge·hen (*ist*) Vi **1** ↑ **hinein- 2 etw. geht in etw.** (*Akk*) **hinein** *gespr* ≈ etw. passt in etw. hinein: *In den Tank gehen 50 Liter (Benzin) hinein*; *Der Schlüssel geht nicht ins Loch hinein*

hi·nein·ge·ra·ten (*ist*) [Vi] ***in etw.*** (*Akk*) ***h.*** ≈ in etw. geraten (2,3): *in e-n Schneesturm h.*
hi·nein·hei·ra·ten (*hat*) [Vi] ***in etw.*** (*Akk*) ***h.*** durch Heirat Mitglied e-r Familie *o.Ä.* (u. dadurch oft reich) werden ⟨in e-e Familie, e-e Firma h.⟩
hi·nein·in·ter·pre·tie·ren; *interpretierte hinein, hat hineininterpretiert*; [Vt] ***etw. in etw.*** (*Akk*) ***h.*** glauben, dass man etw. in e-r Aussage, Handlung *o.Ä.* erkennt, obwohl kein Grund dafür vorhanden ist
hi·nein·knien, sich (*hat*) [Vr] ***sich in etw.*** (*Akk*) ***h.*** *gespr*; sich intensiv mit etw. beschäftigen ⟨sich in e-e Arbeit, e-e Aufgabe, ein Problem h.⟩
hi·nein·krie·gen (*hat*) [Vt] ***etw.*** (***in etw.*** (*Akk*)) ***h.*** *gespr*; es schaffen, dass etw. in etw. gelangt: *den Schlüssel nicht ins Schloss h.*
hi·nein·la·chen (*hat*) [Vi] ***in sich*** (*Akk*) ***h.*** sich heimlich freuen
hi·nein·mi·schen (*hat*) [Vt] **1** ***etw.*** (***in etw.*** (*Akk*)) ***h.*** ≈ etw. in etw. mischen: *den Verdünner in die Farbe h.*; [Vr] **2** ***sich in etw.*** (*Akk*) ***h.*** ≈ sich in etw. einmischen
hi·nein·pas·sen (*hat*) [Vi] **1** ⟨Personen / Dinge⟩ ***passen in etw.*** (*Akk*) ***hinein*** e-e bestimmte Anzahl von Personen / Dingen hat in etw. Platz: *In den Saal passen tausend Menschen hinein* **2** ***etw. passt*** (***in etw.*** (*Akk*)) ***hinein*** etw. hat e-e Form, die in etw. passt: *Der Schlüssel passt ins Schloss hinein* **3** ***j-d passt in etw.*** (*Akk*) ***hinein*** j-m passt (1) etw.
hi·nein·plat·zen (*ist*) [Vi] ***in etw.*** (*Akk*) ***h.*** *gespr*; plötzlich in e-n Raum, e-e Versammlung *o.Ä.* kommen u. die Leute, die dort sind, stören ⟨in e-e Feier, in e-e Gesellschaft, in e-e Versammlung h.⟩
hi·nein·reg·nen (*hat*) [Vimp] ***es regnet*** (***irgendwohin***) ***hinein*** Regen kommt durch e-e offene Stelle in etw. (ein Zimmer, e-e Tasche *usw*) hinein
hi·nein·rei·chen (*hat*) [Vt] **1** (***j-m***) ***etw. h.*** (j-m) etw. von draußen nach irgendwo drinnen reichen (1); [Vi] **2** ***etw. reicht irgendwohin hinein*** etw. erstreckt sich von außen bis in das Innere von etw.: *Die Zweige des Baumes reichen weit in den Hof hinein*
hi·nein·rei·ßen (*hat*) [Vt] *gespr*; **1** ***j-n*** (***in etw.*** (*Akk*)) (***mit***) ***h.*** bewirken, dass j-d in e-e unangenehme Situation kommt (in der man selbst ist): *Er wurde in den Skandal* (*mit*) *hineingerissen* **2** ***etw. reißt j-n hinein*** etw. kostet j-n viel Geld: *Der Urlaub hat mich ganz schön hineingerissen*
hi·nein·rei·ten [Vt] (*hat*) **1** ***j-n / sich in etw.*** (*Akk*) ***h.*** *gespr*; bewirken, dass j-d / man selbst in e-e unangenehme Situation kommt: *Er hat sich in den Schlamassel hineingeritten*; [Vi] (*ist*) **2** ↑ ***hinein-***
hi·nein·rie·chen (*hat*) [Vi] ***in etw.*** (*Akk*) ***h.*** sich kurz mit etw. beschäftigen u. e-n ersten Eindruck davon bekommen ⟨in e-e Arbeit, e-n Betrieb h.⟩
hi·nein·schlin·gen (*hat*) [Vt] ***etw. in sich*** (*Akk*) ***h.*** etw. sehr schnell essen od. hastig sehr viel von etw. essen
hi·nein·schlit·tern (*ist*) [Vi] ***in etw.*** (*Akk*) ***h.*** *gespr*; ohne es zu merken, allmählich in e-e unangenehme Situation geraten
hi·nein·spie·len (*hat*) [Vi] ***etw. spielt*** (***in etw.*** (*Akk*)) (***mit***) ***hinein*** etw. gehört zu den Ursachen od. wichtigen Aspekten e-r Sache: *Viele Gesichtspunkte spielen in die Entscheidung mit hinein, die Fabrik hier zu bauen*
hi·nein·stei·gern, sich (*hat*) [Vr] **1** ***sich*** (***in etw.*** (*Akk*)) ***h.*** mit übertrieben heftigen, immer stärker werdenden Gefühlen auf etw. reagieren ⟨sich in (e-e) Wut h.⟩ **2** ***sich*** (***in etw.*** (*Akk*)) ***h.*** sich mit etw. so intensiv beschäftigen, dass man immer daran denkt ⟨sich in ein Problem, e-e Sache h.⟩
hi·nein·stol·pern (*ist*) [Vi] **1** ↑ ***hinein-*** **2** ***in etw.*** (*Akk*) ***h.*** durch Zufall in e-e *mst* unangenehme Situation kommen ⟨in e-e Falle h.⟩
hi·nein·ver·set·zen, sich; *versetzte sich hinein, hat sich hineinversetzt*; [Vr] ***sich in j-n / etw. h.*** ≈ sich in j-n / etw. hineindenken: *Versetz dich doch einmal in meine Lage hinein: Was würdest du denn tun?*
hi·nein·wach·sen (*ist*) [Vi] **1** ***in etw.*** (*Akk*) ***h.*** so wachsen, dass einem ein Kleidungsstück *o.Ä.* passt: *Du wächst noch in den Mantel hinein* **2** ***in etw.*** (*Akk*) ***h.*** sich so entwickeln, dass man etw. nach u. nach immer besser tun kann ⟨in e-e Aufgabe h.⟩: *Sie muss in ihre Rolle als Mutter erst noch h.*
hi·nein·zie·hen [Vt] (*hat*) **1** ↑ ***hinein-*** **2** ***j-n in etw.*** (*Akk*) (***mit***) ***h.*** bewirken, dass j-d in e-e (unangenehme) Situation kommt, in der man auch ist: *Ich möchte nicht in Ihre Angelegenheiten hineingezogen werden!*; [Vi] (*ist*) **3** ↑ ***hinein-***
hin·fah·ren [Vi] (*ist*) **1** ↑ ***hin-*** **2** ***ü+ber etw.*** (*Akk*) ***h.*** mit der Hand über etw. streichen: *über das Tuch h.*; [Vt] (*hat*) **3** ↑ ***hin-***
Hin·fahrt *die*; die Fahrt zu e-m bestimmten Ort od. Ziel hin ↔ Rückfahrt: *Als er nach Irland fuhr, machte er auf der H. ein paar Tage in England halt*
hin·fal·len (*ist*) [Vi] **1** beim Gehen, Stehen *o.Ä.* zu Boden fallen ≈ stürzen ⟨der Länge nach h.; sich h. lassen⟩: *Er stolperte über die Teppichkante u. fiel hin* **2** ***etw. fällt*** (***j-m***) ***hin*** etw. (rutscht j-m aus der Hand u.) fällt zu Boden ≈ etw. fällt herunter: *Mir sind die Gläser hingefallen, jetzt sind sie kaputt*
hin·fäl·lig *Adj*; **1** ⟨e-e Entscheidung, ein Plan, e-e Regelung *usw*⟩ so, dass sie nicht mehr nötig od. gültig sind, weil sich die Umstände geändert haben ≈ gegenstandslos, ungültig: *Der neue Bauplan für das Haus macht den alten Plan h.*; **2** *geschr*; alt u. schwach ≈ gebrechlich, schwächlich ⟨ein Greis; h. werden⟩ || *zu* **2 Hin·fäl·lig·keit** *die*; *nur Sg*
hin·flie·gen (*ist*) [Vi] **1** ↑ ***hin-*** **2** *gespr* ≈ hinfallen
Hin·flug *der*; der Flug zu e-m bestimmten Ort, Ziel hin ↔ Rückflug
hing *Imperfekt, 1. u. 3. Person Sg*; ↑ ***hängen***[1]
Hin·ga·be *die*; *nur Sg*; der leidenschaftliche Einsatz, Eifer, mit dem man etw. tut, das einem sehr wichtig ist ≈ Hingebung ⟨etw. mit / voller H. tun⟩: *Erfolg hatte sie nur durch absolute H. an ihre Arbeit*
hin·ge·ben (*hat*) [Vt] **1** (***j-m / etw.***) ***etw. h.***; ***etw.*** (***für j-n / etw.***) ***h.*** *geschr* ≈ (j-m / etw.) etw. opfern (2) ⟨für j-n sein Leben h.⟩: *Er gab sein Hab u. Gut für die Armen hin*; [Vr] **2** ***sich etw.*** (*Dat*) ***h.*** etw. mit Eifer u. voller Aufmerksamkeit tun ≈ sich etw. (*Dat*) widmen ⟨sich e-r Arbeit, e-r Aufgabe h.⟩ **3** ***sich etw.*** (*Dat*) ***h.*** sich gegen ein Gefühl, e-n Gedanken *o.Ä.* nicht wehren ≈ etw. (*Akk*) zulassen ⟨sich Illusionen, (ganz / völlig) seinem Schmerz h.⟩: *Sie gab sich der trügerischen Hoffnung hin, er könne wieder gesund werden* **4** ***sich j-m h.*** *veraltend euph*; (*bes* als Frau) Sex mit j-m haben
Hin·ge·bung *die*; -; *nur Sg* ≈ Hingabe || *hierzu* **hin·ge·bungs·voll** *Adj*
hin·ge·gen *Konjunktion*; verwendet, um e-n Gegensatz auszudrücken ≈ dagegen: *Eulen können nachts sehr gut sehen. Am Tag h. sind sie fast blind*
hin·ge·hen (*ist*) [Vi] **1** ↑ ***hin-*** **2** ***etw. geht hin*** etw. ist gerade noch annehmbar / akzeptabel ≈ etw. geht durch ⟨etw. geht hin, mag (gerade noch) h.; (j-m) etw. h. lassen⟩: *Wenn du die paar Fehler noch verbesserst, mag der Aufsatz so h.* **3** ***etw. geht hin*** *geschr* ≈ etw. vergeht, verstreicht: *Die Monate gingen hin, u. der Winter kam ins Land* **4** *euph* ≈ sterben || NB: *mst* im Perfekt **5** *geschr* ≈ weggehen: *Der Priester sprach: „Gehet hin in Frieden!"*
hin·ge·hö·ren (*hat*) [Vi] **1** *mst* ***etw. gehört da / dort / hier hin*** *gespr*; etw. hat an e-m bestimmten

Ort seinen Platz od. wird dort aufbewahrt: *„Wo gehört das Messer hin?“ - „Es gehört dort hin, in die Schublade“* **2** *mst* **da / dort / hier h.** *gespr*; zu anderen Personen gehören od. passen: *Ich fühle mich hier nicht wohl. Ich gehöre hier einfach nicht hin*

hịn·ge·ris·sen 1 *Partizip Perfekt*; ↑ **hinreißen 2** *Adj*; **(von j-m / etw.) h.** von j-m / etw. fasziniert u. begeistert ⟨h. lauschen, zuhören⟩: *Er war von der Schauspielerin h.; Sie war von seinem Charme h.*

hịn·hal·ten *(hat)* Vt **1 j-m etw. h.** etw. so halten, dass j-d anderer es nehmen od. sehen kann: *An der Grenze hielt er dem Beamten seinen Ausweis hin* **2 j-n h.** j-n darauf warten lassen, dass man ein Versprechen einlöst, ihm Bescheid gibt *o.Ä.*: *Ich lasse mich nicht länger h. - Wenn ich mein Geld nicht bald bekomme, gehe ich vor Gericht* || K-: **Hinhalte-, -taktik**

hịn·hau·en *(hat) gespr*; Vt **1 etw. h.** ≈ hinwerfen (1): *seine Klamotten einfach h.* **2 etw. h.** etw. schnell u. ohne Sorgfalt machen ⟨e-e Arbeit, e-n Aufsatz h.⟩ **3 etw. h.** ≈ hinwerfen (2) ⟨seine Arbeit, seinen Job h.⟩; Vi **4 etw. haut hin** etw. ist richtig, funktioniert ≈ etw. klappt: *Mach dir keine Sorgen, das wird schon h.* **5** auf e-e bestimmte Stelle schlagen ≈ zuschlagen: *mit dem Hammer h.*; Vr **6 sich h.** sich hinlegen (um zu schlafen)

hịn·hö·ren *(hat)* Vi konzentriert auf etw. hören ≈ zuhören ⟨genau, kaum, nicht richtig h.⟩

hịn·ken; *hinkte, hat / ist gehinkt*; Vi **1** *(hat)* mit ungleichmäßigen Schritten gehen, wenn sich ein Bein weniger leicht bewegen lässt als das andere ⟨auf / mit dem linken / rechten Bein h.⟩ **2 irgendwohin h.** *(ist)* irgendwohin gehen u. (wegen e-r Verletzung *o.Ä.*) h. (1) **3 ein Vergleich hinkt** *(hat)* ein Vergleich passt nicht, trifft nicht zu

hịn·kom·men *(ist)* Vi **1** ↑ **hin- 2** *mst* **Wo kommt das hin?** wohin soll das gebracht werden?: *„Wo kommt der Koffer hin?“ - „Der kommt dorthin, aufs Bett“* **3 j-d kommt (mit etw.) an etw.** *(Akk)* **hin** *gespr*; j-d berührt etw. versehentlich: *Komm ja nicht an die Stromleitung hin!* **4 (mit etw.) h.** *gespr* ≈ mit etw. auskommen: *Kommen wir mit dem Brot hin, od. soll ich noch eins kaufen?* **5 etw. kommt hin** *gespr* ≈ etw. reicht aus: *Die Brötchen kommen für heute gerade noch hin* **6 etw. kommt hin** *gespr*; etw. ist richtig ≈ etw. stimmt: *Das sind dann zusammen dreißig Euro, kommt das hin?* || ID **Wo kommen / kämen wir da hin (, wenn ...)?** verwendet, um gegen etw. zu protestieren: *Wo kämen wir da hin, wenn jeder so faul wäre wie du?*

hịn·krie·gen *(hat)* Vt *gespr*; **1 etw. h.** etw. erfolgreich tun ≈ fertig bekommen: *Die Arbeit ist ja schon fertig. Wie hast du das bloß so schnell hingekriegt?* **2 etw. h.** etw. reparieren können: *Das Radio kriegst du ja doch nicht mehr hin. - Wirf es weg!* **3 j-n wieder h.** j-n heilen, gesund machen

hịn·läng·lich *Adj*; *nur attr od adv*; so, dass es genügt ≈ ausreichend, genügend ⟨etw. ist h. bekannt⟩

hịn·le·gen *(hat)* Vt **1** ↑ **hin- 2 etw. h.** *gespr*; etw. sehr gut (meisterhaft) tun ⟨e-n Tanz, e-e Vorführung h.⟩: *Der Schlagzeuger legte ein Solo hin, dass alle staunten*; Vr **2 sich h.** sich auf ein Bett *o.Ä.* legen, um zu ruhen / schlafen: *sich für ein Stündchen h.*

hịn·lüm·meln, sich *(hat)* Vr **sich (irgendwohin) h.** *gespr pej*; sich in nachlässiger Haltung irgendwohin setzen: *sich auf ein Sofa h.*

hịn·ma·chen *(hat) gespr*; Vt **1 etw. h.** etw. irgendwo befestigen: *ein Regal an die Wand h.* **2 etw. h.** ≈ zerstören, kaputtmachen **3 etw. macht j-n hin** etw. verbraucht all j-s Kräfte: *Dieser Job macht ihn noch hin, wenn er nicht bald kündigt* **4 j-n / ein Tier h.** *gespr!* ≈ töten; Vi **5 irgendwo h.** Kot od. Urin an e-m Ort ausscheiden, der nicht dafür vorgesehen ist: *Die Katze hat hier irgendwo im Wohnzimmer hingemacht*; Vr **6 j-d macht sich hin** j-d verbraucht all seine Kräfte

hịn·neh·men *(hat)* Vt **1** *gespr*; ↑ **hin- 2 etw. h.** sich gegen etw. nicht wehren ≈ sich etw. gefallen lassen ⟨etw. schweigend, wortlos, geduldig h.⟩: *Seine Beleidigungen nehme ich nicht länger hin!* **3 etw. als etw. h.** akzeptieren, dass etw. so ist, wie es ist, u. es nicht verändern wollen ⟨etw. als gegeben, selbstverständlich, unvermeidlich h.; etw. als Tatsache h.⟩

hịn·pas·sen *(hat)* Vi **j-d / etw. passt** ⟨hier, da, dort *usw*⟩ **hin** *gespr*; j-d / etw. passt (2) an e-e besondere Stelle od. in e-e bestimmte Umgebung: *Das Bild passt da nicht hin*

hịn·rei·chend *Adj*; so, dass es genügt ≈ ausreichend ↔ mangelhaft, ungenügend ⟨h. über etw. informiert sein⟩

Hịn·rei·se *die*; die Reise zu e-m bestimmten Ort, Ziel hin ↔ Rückreise

hịn·rei·ßen *mst in* **sich zu etw. h. lassen** etw. Unüberlegtes tun, weil man emotional heftig reagiert ↔ sich beherrschen: *Er ließ sich dazu h., im Streit seinen Bruder* zu *schlagen*

hịn·rei·ßend 1 *Partizip Präsens*; ↑ **hinreißen 2** *Adj*; sehr schön, sehr gut ≈ bezaubernd, zauberhaft ⟨ein Geschöpf, e-e Frau, ein Mädchen; h. sein, aussehen, singen, spielen, tanzen⟩

hịn·rich·ten *(hat)* Vt **j-n h.** j-n töten, nachdem er von e-m Gericht zum Tode verurteilt wurde ⟨j-n auf dem elektrischen Stuhl h.; j-n öffentlich h. (lassen)⟩ || *hierzu* **Hịn·rich·tung** *die*

hịn·schei·den *(ist)* Vi *geschr euph* ≈ sterben

hịn·schla·gen Vi **1** *(hat)* ↑ **hin- 2** *(ist) gespr*; mit großer Wucht hinfallen, stürzen ⟨lang h.⟩

hịn·schmei·ßen *(hat)* Vt **etw. h.** *gespr* ≈ hinwerfen (1,2)

hịn·schmie·ren *(hat)* Vt **etw. h.** *gespr*; etw. schnell schreiben, sodass man es nur schlecht lesen kann: *ein paar Zeilen h.*

hịn·schrei·ben *(hat)* Vt **1 etw. (irgendwohin) h.** etw. an e-e bestimmte Stelle schreiben: *Schreib die Rechnung da hin, auf die Tafel!*; Vi **2** *gespr*; e-n Brief *o.Ä.* an e-e Person, Firma od. Institution schreiben

hịn·set·zen *(hat)* Vt **1 j-n / sich / etw. (irgendwohin) h.** j-n / sich / etw. auf e-n bestimmten Platz setzen: *Setz dich dort aufs Sofa hin!*; **2 etw. h.** etw., das man in der Hand hält, irgendwohin stellen ≈ hinstellen: *e-e Tasse h.*; Vr **3 sich h. u.** ⟨lernen, lesen, rechnen, schreiben *usw*⟩ beginnen, e-e geistige Arbeit konzentriert zu tun: *Setz dich hin u. lern!*

Hịn·sicht *die*; -, *-en*; *mst Sg*; **1 in ... H.** unter e-m bestimmten Aspekt, unter dem etw. betrachtet wird ≈ in Beziehung (6) ⟨in dieser, gewisser, mancher, vieler, jeder H.; in künstlerischer, wirtschaftlicher, wissenschaftlicher *usw* H.⟩: *In finanzieller H. geht es ihm gut* **2 in H. auf etw.** *(Akk)* verwendet, um sich auf etw. Bestimmtes zu beziehen ≈ in Bezug auf, hinsichtlich: *Gibt es in H. auf den Vertrag noch irgendwelche Fragen?*

hịn·sicht·lich *Präp*; *mit Gen*, *geschr*; verwendet, um sich auf etw. Bestimmtes zu beziehen ≈ in Bezug auf, in Hinsicht auf: *H. seiner Gesundheit brauchen Sie sich keine Sorge zu machen*; *H. der Qualität unserer Produkte gibt es keine Klagen* || NB: Gebrauch ↑ *Tabelle unter* **Präpositionen**

Hịn·spiel *das*; *Sport*; das erste von zwei Spielen zwischen denselben Mannschaften ↔ Rückspiel

hịn·stel·len *(hat)* Vt **1** ↑ **hin- 2 j-n / sich / etw. als etw. h.** (oft zu Unrecht) behaupten, dass j-d / man selbst / etw. e-e bestimmte Eigenschaft hat ≈ j-n / sich / etw. als etw. bezeichnen ⟨j-n als Dummkopf, Trottel, Versager, Genie, Vorbild *usw* h.⟩: *Er* *stellt sich immer als naiv u. harmlos hin, dabei ist er sehr schlau; Sie hat das Problem als unwichtig hingestellt*

hị̣n·stre·cken (*hat*) [Vt] **1** ***j-m etw. h.*** etw. mit ausgestrecktem Arm so halten, dass es nahe bei j-m ist ≈ hinhalten: *j-m die Hand h.*; [Vr] **2** ***sich auf etw.*** (*Akk*) ***h.*** sich gestreckt auf etw. legen ≈ sich auf etw. hinlegen: *sich auf das Bett h.* **3** ***etw. streckt sich irgendwo(hin) hin*** etw. hat e-e große Ausdehnung in e-e Richtung, etw. erstreckt sich irgendwo(hin): *Der Wald streckt sich bis zum Fluss hin; Die Straße streckt sich entlang der Grenze hin*

hị̣n·stür·zen (*ist*) [Vi] **1** ≈ hinfallen (1): *Sie rutschte aus u. stürzte hin* **2** ***zu etw. h.*** sehr schnell irgendwohin laufen: *Sie stürzte zur Tür hin*

hint·ạn·set·zen; *setzte hintan, hat hintangesetzt*; [Vt] ***j-n / etw. h.*** *geschr*; e-e Person od. Sache weniger wichtig nehmen als e-e andere Person od. Sache u. sie deswegen vernachlässigen: *der Karriere zuliebe die Familie h.* || *hierzu* **Hint·ạn·set·zung** *die*; *nur Sg*

hint·ạn·ste·hen; *stand hintan, hat / südd* Ⓐ (CH) *ist hintangestanden*; [Vi] ***j-d / etw. steht hintan*** *geschr*; j-d / etw. wird zu Gunsten von j-d / etw. anderem vernachlässigt ≈ j-d / etw. steht zurück: *Bis zur Lösung der finanziellen Probleme muss alles andere h.*

hint·ạn·stel·len; *stellte hintan, hat hintangestellt*; [Vt] ***j-n / etw. h.*** *geschr* ≈ hintansetzen || *hierzu* **Hint·ạn·stel·lung** *die*; *nur Sg*

hị̣n·ten *Adv*; **1** an e-m Ort, der relativ weit / am weitesten vom Ziel entfernt ist ↔ vorne: *sich in der Schlange h. anstellen; Beim Einlauf ins Ziel war der Läufer mit der Startnummer 3 weit h.* **2** dort(hin), wo (oft aus der Blickrichtung des Sprechers) das Ende e-s Gegenstandes, Raumes *usw* ist ↔ vorne: *Das Register ist h. im Buch; Der Geldbeutel lag ganz h. in der Schublade* **3** (***da*** / ***dort***) ***h.*** an e-m Ort, der (relativ) weit vom Sprecher entfernt ist ↔ hier / da vorne: *Den Schlüssel habe ich da / dort h. gefunden* **4** auf der Seite e-s Hauses, die am weitesten von der Straße entfernt ist ↔ vorne: *Das Haus hat h. e-n zweiten Ausgang; Die Fenster gehen nach h. auf den Hof; Er ist h. im Garten* **5** auf der Seite des Körpers, an der der Rücken ist ↔ vorne ⟨j-n von h. packen; sich j-m von h. nähern; nach h. schauen⟩ **6** *gespr euph*; am Hintern, Gesäß: *h. wund sein* || ID ***h. u. vorn(e) nicht*** *gespr*; überhaupt nicht ⟨etw. klappt, reicht, stimmt h. u. vorn(e) nicht⟩; ***j-n von h. u. vorn(e) bedienen*** *gespr*; sich übertrieben intensiv um j-n kümmern; ***nicht (mehr) wissen, wo h. u. vorn(e) ist*** *gespr*; sehr verwirrt sein; ***j-n am liebsten von h. sehen*** *gespr*; j-n nicht mögen (u. froh sein, wenn er bald wieder weggeht)

hin·ten·drạn *Adv*; *gespr*; an e-r / e-e Stelle, die hinten an j-m / etw. ist ↔ vorndran

hin·ten·drauf *Adv*; *gespr*; hinten auf etw. ⟨etw. hat etw. h.; etw. (auf etw.) h. legen, tun, werfen⟩: *Der Lastwagen hat zehn Säcke Kartoffeln h.* || ID ***eins / ein paar / (et)was h.*** ⟨bekommen, kriegen⟩ *gespr*; einen Schlag od. ein paar (leichte) Schläge aufs Gesäß (bekommen)

hin·ten·drein *Adv* ≈ hinterher

hị̣n·ten·her·um *Adv*; *gespr*; **1** hinten um j-n / etw. herum: *Wir suchen den Garten rund ums Haus ab: Du schaust vorne, u. ich gehe h.* **2** auf Umwegen, nicht offen od. direkt ⟨etw. h. erfahren, hören⟩

hị̣n·ten·hin *Adv*; an das hintere Ende, zur Rückseite hin: *Stell dich h., ans Ende der Schlange*

hin·ten·nach *Adv*; *südd* Ⓐ ≈ hinterher

hị̣n·ten·raus *Adv*; *gespr*; nach hinten heraus / hinaus: *Der Dieb ist h. gelaufen; Seine Wohnung liegt h.*

hị̣n·ten·rum *Adv*; *gespr* ≈ hintenherum

hin·ten·über *Adv*; nach hinten: *h. ins Wasser fallen*

hin·ten·über|fal·len; *fällt hintenüber, fiel hintenüber, ist hintenübergefallen*; [Vi] nach hinten umfallen: *mit dem Stuhl h.*

hin·ten·über|kip·pen; *kippte hintenüber, ist hintenübergekippt*; [Vi] nach hinten umkippen

hị̣n·ter[1] *Präp*; **1** *mit Dat*; auf od. an der Rückseite von j-m / etw. ↔ vor: *im Auto h. dem Fahrer sitzen; ein Garten h. dem Haus; sich h. der Tür verstecken; h. e-m Auto herlaufen* **2** *mit Dat*; in e-r Reihenfolge od. Hierarchie nach j-m / etw. ↔ vor ⟨h. j-m zurückstehen, h. j-m / etw. zurückbleiben, h. j-m an die Reihe kommen⟩ **3** *mit Dat*; verwendet um auszudrücken, dass e-e Zeit od. e-e Handlung abgeschlossen ist ↔ vor ⟨etw. liegt h. j-m; j-d hat, bringt etw. h. sich⟩: *e-e schwere Zeit h. sich haben* **4** *mit Akk*; in Richtung auf die Seite, die hinten ist ↔ vor: *sich h. das Lenkrad setzen; sich h. das Rednerpult stellen*; **5** ***h. j-m / etw. her irgendwohin*** verwendet, um auszudrücken, dass j-d / etw. h. (1) j-m / etw. ist u. sich in die gleiche Richtung bewegt: *Die Entchen watschelten hinter ihrer Mutter her zum See*

hị̣n·ter[2] *Adv*; *südd* Ⓐ *gespr*; nach hinten

hị̣n·te·r- *Adj*; *nur attr, nicht adv, ohne Komparativ*; da, wo hinten ist ↔ vorder- ⟨das Ende, die Seite, der Teil⟩: *sich in die hinterste Reihe setzen; die Lösungen im hinteren Teil des Buches* || K-: ***Hinter-, -achse, -ausgang, -eingang, -huf, -lauf, -pforte, -rad, -seite, -treppe*** || *zu* ***Hinterrad*** ↑ *Abb. unter* ***Fahrrad*** || ID ***das Hinterste zuvorderst kehren*** *gespr*; **a)** etw. sehr gründlich suchen; **b)** etw. suchen u. dabei alles in Unordnung bringen

Hị̣n·ter·ba·cke *die*; -, *-n*; *mst Pl*; *gespr!* ≈ Gesäß

Hị̣n·ter·bänk·ler *der*; *-s*, *-*; *pej*; ein Mitglied des Parlaments, das nicht bedeutend ist u. dort *mst* keine Reden hält

Hị̣n·ter·bein *das*; eines der hinteren Beine e-s Tieres || ID ***sich auf die Hinterbeine stellen*** *gespr*; sich wehren, sich etw. nicht gefallen lassen

Hin·ter·blie·be·ne *der / die*; *-n*, *-n*; *geschr*; ein Mitglied der Familie e-s Toten, *bes* dessen Kind od. Ehepartner || K-: ***Hinterbliebenen-, -rente*** || NB: *ein Hinterbliebener; der Hinterbliebene; den, dem, des Hinterbliebenen*

hin·ter·brị̣n·gen; *hinterbrachte, hat hinterbracht*; [Vt] ***j-m etw. h.*** j-m etw. (*mst* Unangenehmes) erzählen, das er nicht erfahren sollte

hin·ter·drein *Adv*; *veraltend* ≈ hinterher

hin·ter·ei·nạn·der *Adv*; **1** eine Person / Sache hinter die andere od. hinter der anderen ↔ nebeneinander ⟨sich h. aufstellen, h. (her)fahren, (her)gehen, (her)laufen *usw*⟩ **2** in e-r ununterbrochenen Reihenfolge ≈ nacheinander: *Es regnet nun schon an fünf Wochenenden h.; Er gewann zweimal h. bei der Weltmeisterschaft die Goldmedaille*

hin·ter·ei·nạn·der *mit Verb*, *wenig produktiv*; Die Verben mit *hintereinander* werden nach folgendem Muster gebildet: *hintereinander fahren - fuhren hintereinander - hintereinander gefahren*

hintereinander drückt aus, dass mehrere Personen od. Dinge in e-r Reihe sind (einer / eines hinter dem anderen) bzw. in e-e Reihe kommen ↔ nebeneinander;

⟨Personen⟩ ***sitzen hintereinander***: *Die drei Mädchen saßen im Bus hintereinander* ≈ Ein Mädchen saß im Bus, hinter ihm das andere Mädchen, dahinter das dritte Mädchen

ebenso: ⟨Personen / Autos *o.Ä.*⟩ ***fahren hintereinander***, ⟨Personen⟩ ***gehen hintereinander***, ⟨Personen / Dinge⟩ ***liegen hintereinander***, ⟨Personen⟩ ***stehen hintereinander***; ⟨Personen / Dinge⟩ ***hintereinander legen*** / ***hintereinander set-***

H

zen / hintereinander stellen, ⟨Personen⟩ ***legen sich / setzen sich / stellen sich hintereinander***

hin·ter·fra̱·gen; *hinterfragte, hat hinterfragt*; [Vt] ***etw. h.*** *geschr*; prüfen, warum etw. so ist, wie es ist, od. was es bedeutet ⟨Klischees, Vorurteile h.⟩

Hi̱n·ter·ge·dan·ke *der*; e-e verborgene Absicht ⟨e-n Hintergedanken bei etw. haben⟩

hin·ter·ge̱·hen; *hinterging, hat hintergangen*; [Vt] ***j-n h.*** j-s Vertrauen missbrauchen ≈ j-n betrügen: *Sein Geschäftspartner hat ihn hintergangen*

Hin·ter·gla̱s|ma·le·rei *die*; **1** ein Bild, das auf Glas gemalt ist u. das man von der unbemalten Seite des Glases aus betrachtet **2** *nur Sg*; das Malen e-r H. (1)

Hi̱n·ter·grund *der*; **1** *mst Sg*; der Bereich des Blickfeldes od. e-s Bildes, der relativ weit vom Betrachter entfernt ist od. hinter den Personen / Dingen ist, die man betrachtet ↔ Vordergrund: *ein Bild mit e-m grünen H.*; *Das Foto zeigt im Vordergrund e-e Stadt u. im H. die Berge* **2** das, was man *mst* unbewusst wahrnimmt, weil etw. anderes e-n stärkeren Eindruck macht, die Aufmerksamkeit beansprucht ≈ Untermalung ↔ Vordergrund ⟨der akustische, ein neutraler H.; etw. gibt e-n guten H. ab⟩: *Auf dem Tonband mit dem Interview hört man im H. ein Stimmengewirr* || K-: ***Hintergrund-, -geräusche, -musik*** **3** e-e Position, in der j-d / etw. nicht bemerkt od. beachtet wird, relativ unauffällig od. unwichtig ist ↔ Vordergrund ⟨in den H. geraten, treten, im H. stehen, bleiben, aus dem H. hervortreten⟩: *Bei den Verhandlungen hielt er sich im H.* **4** *nur Sg*; die Situation, die j-n / etw. prägt ⟨der gesellschaftliche, politische, ökonomische H., j-s familiärer H.⟩: *Der Roman spielt vor dem H. des Bürgerkriegs* **5** *mst Pl* ≈ Gründe, Motive ⟨die Hintergründe e-r Tat ahnen, erkennen, erklären, suchen⟩: *Vermutlich hatte der Mord politische Hintergründe* **6** ***etw. hat e-n historischen / realen H.*** etw. beruht auf Tatsachen, ist nicht frei erfunden: *Die Legende von König Artus hat e-n historischen H.*

hi̱n·ter·grün·dig *Adj*; mit e-r Bedeutung, die nicht deutlich gezeigt wird ≈ schwer durchschaubar ⟨e-e Frage, j-s Humor, ein Lächeln; h. lächeln⟩ || *hierzu* **Hi̱n·ter·grün·dig·keit** *die*

Hi̱n·ter·grund|in·for·ma·ti·on *die*; e-e Information über den Hintergrund (4,5) e-r Sache

Hi̱n·ter·halt *der*; *-(e)s, -e*; *mst Sg*; ein Ort, an dem sich j-d versteckt, um j-n zu überfallen, wenn er dort vorbeikommt ⟨im H. liegen, in e-n H. geraten, j-n aus dem H. überfallen⟩: *Er wurde durch e-n Schuss aus dem H. getötet*

hi̱n·ter·häl·tig *Adj*; nach außen hin freundlich, aber mit bösen Absichten ≈ heimtückisch || *hierzu* **Hi̱n·ter·häl·tig·keit** *die*; *mst Sg*

Hi̱n·ter·hand *die*; *nur Sg*; das hintere Bein e-s großen Tieres (*z.B.* e-s Pferdes): *Das Pferd lahmt auf der H.* || ID ***in der H. sitzen*** beim Kartenspielen als letzter ausspielen können; ***etw. in der H. haben*** etw. in Reserve haben

hin·ter·he̱r[1] *Adv*; so, dass sich j-d / etw. hinter j-m / etw. in die gleiche Richtung bewegt ↔ voraus: *Beide sprangen ins Wasser: das Kind voraus, u. der Hund h.*

hi̱n·ter·her, hin·ter·he̱r[2] *Adv* ≈ danach, nachher ↔ vorher: *Wir wollen erst ins Kino u. h. essen gehen*

> **hin·ter·he̱r sein** (*ist*) [Vi] *gespr*; **1** ***j-m h. s.*** versuchen, j-n einzuholen od. zu fangen ≈ j-n verfolgen ⟨e-m Verbrecher h. s.⟩ **2** ***j-m / etw. h. s.*** aufpassen u. dafür sorgen, dass j-d richtig arbeitet, etw. getan wird: *sehr h. s.*, dass *alles aufgeräumt wird* **3** ***j-m / etw. h. s.*** sich sehr darum bemühen, j-n / etw. für sich zu gewinnen: *Er ist ihr / ihrem Geld hinterher* **4** ***mit etw. / in etw.*** (*Dat*) ***h. s.*** (hinter) etw. hinterherhinken (2) ⟨in der Entwicklung, mit der Arbeit h. s.⟩

hin·ter·her- *im Verb, betont u. trennbar, wenig produktiv*; Die Verben mit *hinterher-* werden nach folgendem Muster gebildet: *hinterherlaufen - lief hinterher - hinterhergelaufen*

hinterher- drückt aus, dass sich zwei od. mehrere Personen od. Dinge hintereinander in die gleiche Richtung bewegen ≈ nach- ↔ voraus-;

(***j-m / etw.***) ***hinterherlaufen***: *Sie ging durch den Garten, u. ihr Hund lief ihr hinterher* ≈ Sie ging durch den Garten, u. ihr Hund lief hinter ihr in die gleiche Richtung

ebenso: (***j-m / etw.***) ***hinterherfahren***, (***j-m / etw.***) ***hinterhergehen***, (***j-m / etw.***) ***hinterherhinken***, ***hinterherkommen***, (***j-m / etw.***) ***hinterherlaufen***, (***j-m / etw.***) ***hinterherrennen***; (***j-m***) ***j-n / etw. hinterherschicken***, (***j-m***) ***j-n / etw. hinterhertragen***, (***j-m***) ***etw. hinterherwerfen***

hin·ter·he̱r|hin·ken (*ist*) [Vi] **1** ↑ ***hinterher-*** **2** (***hinter***) ***etw.*** (*Dat*) ***h.*** *gespr*; nicht schnell genug mit etw. (fertig) sein: *Wir hinken* (*hinter*) *der Entwicklung hinterher*; *mit der Arbeit um zwei Wochen h.*

hin·ter·he̱r|lau·fen (*ist*) [Vi] **1** ↑ ***hinterher-*** **2** (***j-m / etw.***) ***h.*** *gespr*; (zu) eifrig versuchen, j-n für sich zu gewinnen, etw. zu bekommen ⟨e-m Mädchen h.; seinem Geld h. (müssen)⟩: *als Architekt e-m Auftrag h.*

Hi̱n·ter·hof *der*; ein *mst* dunkler Hof zwischen mehreren Häusern

Hi̱n·ter·kopf *der*; der hintere Teil des Kopfes: *e-n Schlag auf den H. bekommen* || ID ***etw. im H. haben / behalten*** etw. nicht vergessen, sich etw. (für später) merken

Hi̱n·ter·land *das*; *nur Sg*; ein Gebiet um e-e große Stadt herum od. hinter e-r Grenze, das von der Stadt od. der Umgebung wirtschaftlich, politisch, kulturell *usw* beeinflusst wird: *Truppen aus dem H. an die Front verlegen*

hin·ter·la̱s·sen; *hinterlässt, hinterließ, hat hinterlassen*; [Vt] **1** ***etw. h.*** Spuren *o.Ä.* produzieren, die noch da sind, wenn man wieder fort ist od. etw. vorbei ist ≈ zurücklassen: *Der Einbrecher hat überall Fingerabdrücke hinterlassen*; *Das Buch hat e-n guten Eindruck bei mir hinterlassen* **2** ***j-m etw. h.*** ≈ vererben: *j-m sein Haus h.* **3** ***j-n h.*** sterben u. j-n zurücklassen: *Er hinterlässt e-e Frau u. zwei Kinder*

Hin·ter·la̱s·sen·schaft *die*; *-, -en*; **1** das, was j-d j-m vererbt ≈ Erbe **2** *geschr*; das, was j-d / etw. irgendwo zurücklässt **3** ***j-s H. antreten*** nach j-s Tod etw. von ihm erben od. übernehmen, seine Arbeit fortführen *usw*

hin·ter·le̱·gen; *hinterlegte, hat hinterlegt*; [Vt] ***etw. irgendwo h.*** j-m etw. geben, damit er es aufbewahrt: *den Schlüssel beim Hausmeister h.*; *sein Geld im Safe h.*

Hi̱n·ter·leib *der*; der hintere Teil des Körpers von Insekten

Hi̱n·ter·list *die*; *nur Sg*; **1** das Bestreben, j-n zu täuschen u. ihm dadurch zu schaden ≈ Tücke ⟨voller H. sein⟩ **2** e-e Handlung, mit der man j-n täuschen u. ihm schaden will ⟨e-e gemeine H.⟩ || *zu* **1** **hi̱n·ter·lis·tig** *Adj*

hin·term *Präp mit Artikel*; *gespr* ≈ hinter dem: *etw. liegt h. Haus* || NB: *hinterm* kann nicht durch *hinter dem* ersetzt werden in Wendungen wie: *niemanden hinterm Ofen hervorlocken*

Hi̱n·ter·mann *der*; **1** ***j-s H.*** j-d, der hinter j-m ist ↔ Vordermann ⟨sich zu seinem H. umdrehen, sich mit seinem H. unterhalten⟩ **2** *mst Pl*; j-d, der für etw.

verantwortlich ist, aber nicht bekannt wird ⟨die Hintermänner e-s Putsches, e-s Regierungsumsturzes, e-s Terroranschlags⟩
hin·tern *Präp mit Artikel*; *gespr* ≈ hinter den: *h. Ofen kriechen*
Hin·tern *der*; *-s*, *-*; *gespr*; **1** der hintere Teil des Körpers, auf dem man sitzt ≈ Gesäß ⟨auf den H. fallen; e-m Kind den H. versohlen, j-n / j-m in den H. treten, kneifen, j-n / j-m auf den H. hauen⟩ **2** ***j-m ein paar auf den H. geben*** *gespr*; j-m mehrere Schläge auf den H. (1) geben **3** ***ein paar auf den H. bekommen / kriegen*** *gespr*; Schläge auf den H. (1) bekommen || ID ***sich auf den H. setzen*** *gespr*; **a)** auf den H. (1) fallen; **b)** fleißig lernen od. arbeiten; *mst* ***ich könnte mir / mich (vor Wut, Ärger) in den H. beißen*** *gespr*; ich ärgere mich sehr darüber, dass ich etw. nicht getan bzw. dass ich etw. Falsches getan habe; ***j-m in den H. kriechen*** *gespr! pej* ≈ j-m schmeicheln; ***j-m / j-n in den H. treten*** *gespr*; j-n unfreundlich zur Arbeit, zur Eile antreiben
hin·ter·rücks *Adv*; **1** von hinten ⟨j-n h. erschießen, erstechen, überfallen⟩ **2** ohne dass die betroffene Person es weiß ≈ heimtückisch ⟨j-n h. anschuldigen, verleumden⟩
hin·ters *Präp mit Artikel* ≈ hinter das: *h. Haus gehen* || NB: *hinters* kann nicht durch *hinter das* ersetzt werden in Wendungen wie: *j-n h. Licht führen*
Hin·ter·sinn *der*; *nur Sg*; **1** e-e verborgene zusätzliche Bedeutung ⟨etw. ohne H., mit bösem H. fragen, sagen⟩ **2** die eigentliche Bedeutung, die man nicht sofort versteht: *der H. e-r Fabel, e-s Gleichnisses* || *hierzu* **hin·ter·sin·nig** *Adj*
Hin·ter·teil *das*; *gespr* ≈ Gesäß, Hintern
Hin·ter·tref·fen *das*; *mst in* ***ins H. geraten / kommen*** in e-m Wettbewerb, Vergleich *o.Ä.* in e-e ungünstige Position kommen
hin·ter·trei·ben; *hintertrieb*, *hat hintertrieben*; Vt ***etw. h.*** heimlich u. auf unfaire Weise versuchen, etw. zu verhindern: *j-s Beförderung h., indem man schlecht über ihn redet*
Hin·ter·tür *die*; e-e Tür auf der hinteren Seite e-s Hauses || ID ***durch die H.*** auf Umwegen: *etw. abschaffen u. durch die H. wieder einführen*; ***sich*** (*Dat*) ***e-e H. offen halten*** sich e-e Möglichkeit offen halten, durch die man etw. (*z.B.* ein Versprechen) wieder rückgängig machen kann
Hin·ter·wäld·ler *der*; *-s*, *-*; *pej*; j-d, der nichts Neues kennt u. bei seinen alten Ansichten u. Gewohnheiten bleibt || *hierzu* **hin·ter·wäld·le·risch** *Adj*
hin·ter·zie·hen; *hinterzog*, *hat hinterzogen*; Vt ***etw. h.*** Geld, das einem nicht gehört, heimlich für sich behalten ≈ unterschlagen ⟨Staatsgelder, Steuern h.⟩ || *hierzu* **Hin·ter·zie·hung** *die*
Hin·ter·zim·mer *das*; **1** ein Zimmer im hinteren Teil des Hauses **2** ein Zimmer, in das man kommt, wenn man *z.B.* durch ein Geschäft od. ein Restaurant hindurchgeht: *e-e geschlossene Veranstaltung im H.*
hin·tre·ten (*ist*) Vi **1** ***irgendwohin h.*** den Fuß an e-e bestimmte Stelle setzen: *Wo man hier auch hintritt, überall ist es schmutzig* **2** ***zu j-m / etw. h.*** zu j-m / etw. (vom Standpunkt des Sprechers weg) mit wenigen Schritten gehen **3** (***mit etw.***) ***vor j-n h.*** mit e-r Bitte *o.Ä.* zu j-m gehen: *mit e-m Anliegen vor j-n h.*
hin·tun (*hat*) Vt ***etw. da / dort / hier h.*** *gespr*; etw. an e-e bestimmte Stelle legen, stellen: *„Wo soll ich das Buch h.?" - „Du kannst es dort h."*
hi·nü·ber *Adv*; bezeichnet die Richtung von irgendwo nach e-r anderen, gegenüberliegenden Seite hin, häufig weg vom Sprecher od. Erzähler: *Der Wald erstreckt sich nach rechts h.* || NB: ↑ ***herüber***

hi·nü·ber sein (*ist*) Vi **1** (***über etw.*** (*Akk*)) ***h. s.*** *gespr*; (elliptisch verwendet) ≈ hinübergegangen, hinübergefahren *usw* sein **2** ***etw. ist hinüber*** *gespr!* etw. ist kaputt, verdorben: *Das Radio ist hinüber*; *Die Milch war schon hinüber, deshalb habe ich sie weggeschüttet* **3** ***j-d ist hinüber*** *gespr!* j-d ist tot **4** ***j-d ist hinüber*** *gespr!* j-d ist sehr betrunken **5** ***j-d ist hinüber*** *gespr!* j-d schläft od. hat das Bewusstsein verloren

hi·nü·ber- *im Verb*, *betont u. trennbar*, *begrenzt produktiv*; Die Verben mit *hinüber-* werden nach folgendem Muster gebildet: *hinüberschwimmen - schwamm hinüber - hinübergeschwommen*
hinüber- bezeichnet die Richtung von irgendwo nach e-r anderen, gegenüberliegenden Seite hin, häufig weg vom Sprecher od. Erzähler;
(***irgendwohin***) ***hinüberschwimmen***: *Das Kind schwamm ans andere Ufer hinüber* ≈ Das Kind schwamm von dieser Seite des Flusses / Sees zur anderen, gegenüberliegenden Seite
ebenso: (***j-m***) ***j-n / etw. hinüberbringen,*** (***j-n / etw.***) ***hinüberfahren, j-n / etw. hinüberführen / etw. führt irgendwohin hinüber, j-n / ein Tier / etw. hinüberlassen,*** (***j-m***) ***etw. hinüberreichen, etw. reicht irgendwohin hinüber,*** (***j-m***) (***etw.***) ***hinüberrufen,*** (***j-m***) ***j-n / etw. hinüberschicken, j-n / etw. hinübertragen,*** (***j-n / sich / etw.***) ***hinüberziehen***; ***hinüberblicken, hinüberdürfen, hinübergehen, hinübergelangen, hinübergreifen, hinüberklettern, hinüberkommen, hinüberkönnen, hinüberlaufen, hinübermüssen, hinüberschauen, hinübersehen, hinübersollen, hinüberspringen, hinübersteigen, hinüberwollen***; ***sich hinüberbeugen, sich hinüberlehnen, sich hinübertrauen, sich hinüberwagen*** || NB: **a)** Wenn ausgedrückt werden soll, wohin j-d / etw. kommt *o.Ä.*, werden *mst* die Präpositionen *in* (+ *Akk*) od. *zu* verwendet: *Ich sah ins Tal hinüber / zu ihr hinüber*; Mit *über* (+ *Akk*) drückt man etw. aus, das zwischen einem selbst u. seinem Ziel ist: *Ich muss über den Fluss hinüber*; **b)** ↑ ***herüber-***
hi·nü·ber·hel·fen (*hat*) Vi **1** ***j-m*** (***über etw.*** (*Akk*)) ***h.*** j-m helfen, ein Hindernis zu überwinden: *j-m über e-n Zaun h.* **2** ***j-m über etw.*** (*Akk*) ***h.*** j-m helfen, Probleme *o.Ä.* zu bewältigen ⟨j-m über Schwierigkeiten, e-e schwere Zeit h.⟩
hin- und her- *im Verb*, *betont u. trennbar*, *wenig produktiv*; Die Verben mit *hin- und her-* werden nach folgendem Muster gebildet: *hin- und herlaufen, lief hin und her, hin- und hergelaufen*
hin- und her- bezeichnet e-e Bewegung zu e-m bestimmten Ort hin u. wieder zurück;
hin- und herpendeln: *Er pendelt täglich zwischen Rosenheim u. München hin und her* ≈ Er fährt täglich von Rosenheim nach München u. wieder nach Rosenheim zurück
ebenso: (***j-n / etw.***) ***hin- und herfahren, hin- u. herfliegen, hin- und hergehen, hin- und herrennen***
hi·nun·ter *Adv*; bezeichnet die Richtung von oben nach (irgendwo) unten, häufig weg vom Sprecher od. Erzähler ≈ hinab ↔ herauf: *Wir sahen vom Turm h. zu ihr*; *Zur Talstation h. wandert man zwei Stunden* || NB: ↑ ***herunter***

hi·nun·ter sein (*ist*) Vi *gespr*; (elliptisch verwendet) ≈ hinuntergegangen, hinuntergefahren *usw* sein

hi·nun·ter- *im Verb*, *betont u. trennbar*, *sehr produktiv*; Die Verben mit *hinunter-* werden nach folgendem Muster gebildet: *hinuntergehen - ging hinunter - hinuntergegangen*

hinunter- bezeichnet die Richtung von oben nach (irgendwo) unten, häufig weg vom Sprecher od. Erzähler ≈ hinab- ↔ herauf-;

(**irgendwohin**) **hinuntergehen**: *Er ging ins Wohnzimmer hinunter* ≈ Er ging vom oberen Stock nach unten in das Wohnzimmer

ebenso: (**irgendwohin**) **hinunterblicken,** (**j-m**) **j-n / etw.** (**irgendwohin**) **hinunterbringen,** (**irgendwohin**) **hinunterdürfen,** (**irgendwohin**) **hinuntereilen,** (**j-n / etw.**) (**irgendwohin**) **hinunterfahren,** (**irgendwohin**) **hinunterfallen, etw. fließt irgendwohin hinunter, j-n / ein Tier** (**irgendwohin**) **hinunterführen, etw.** (**irgendwohin**) **hinunterkippen,** (**irgendwohin**) **hinunterklettern,** (**irgendwohin**) **hinunterkommen,** (**irgendwohin**) **hinunterkönnen, j-n / etw.** (**irgendwohin**) **hinunterlassen,** (**irgendwohin**) **hinunterlaufen,** (**irgendwohin**) **hinuntermüssen,** (**j-m**) **etw. hinunterreichen**; **etw. reicht** (**bis nach**) **irgendwohin hinunter, j-d / etw. rollt** (**irgendwohin**) **hinunter,** (**j-m**) **etw. hinunterrufen,** (**irgendwohin**) **hinunterschauen, j-n / etw.** (**irgendwohin**) **hinunterschicken,** (**irgendwohin**) **hinuntersehen,** (**irgendwohin**) **hinuntersollen,** (**irgendwohin**) **hinunterspringen, etw. irgendwohin hinunterspülen,** (**irgendwohin**) **hinuntersteigen, j-n / etw.** (**irgendwohin**) **hinunterstoßen, j-n / sich / etw.** (**irgendwohin**) **hinunterstürzen, j-n / etw.** (**irgendwohin**) **hinuntertragen,** (**irgendwohin**) **hinunterwollen, j-n / etw.** (**irgendwohin**) **hinunterziehen**; **sich** (**irgendwohin**) **hinuntertrauen / hinunterwagen** || NB: **a**) Anstelle e-r Richtungsangabe (*ins Wohnzimmer usw*) steht häufig nur e-e Angabe im Akk.: *Er ging den Berg hinunter*; *Er führte die alte Frau die Treppe hinunter*; **b**) ↑ ***herunter-***

hi·nun·ter·kip·pen [Vt] (*hat*) **1** ↑ ***hinunter-*** **2 etw. h.** *gespr*; etw. sehr schnell (*bes* in e-m Zug, Schluck) trinken ⟨e-n Schnaps h.⟩; [Vi] (*ist*) **3 etw. kippt hinunter** *gespr*; etw. kippt nach unten

hi·nun·ter·schlin·gen (*hat*) [Vt] **etw. h.** etw. sehr schnell essen, ohne richtig zu kauen ⟨etw. hastig, gierig h.⟩

hi·nun·ter·schlu·cken (*hat*) [Vt] **1 etw. h.** schlucken, damit etw. vom Mund in den Magen gelangt: *e-n Bissen h.* **2 etw. h.** *gespr*; dem Wunsch, ein Gefühl zu zeigen od. etw. zu sagen, nicht nachgeben ≈ etw. unterdrücken ⟨e-e Bemerkung, e-n Kommentar h.; seinen Ärger, die Tränen, seine Wut h.⟩

hi·nun·ter·wür·gen (*hat*) [Vt] **etw. h.** etw. mit großer Mühe od. großem Ekel schlucken: *trockenes Brot h.*

hin·wärts *Adv*; auf dem Hinweg

Hin·weg *der*; der Weg, die Reise (von zu Hause *o.Ä.* weg) zu e-m Ziel hin ↔ Rückweg

hin·weg *Adv*; **1 über j-n / etw. h.** verwendet, um die räumliche Distanz auszudrücken, die zwischen den genannten Personen / Dingen ist: *Er winkte ihr über die Straße h. zu* (die Straße lag zwischen den beiden) **2 über j-n / etw. h.** verwendet, um auszudrücken, dass sich etw. über ein Hindernis *o.Ä.* bewegt: *Der Ball flog über das Tor h. ins Aus* **3 über etw.** (*Akk*) **h.** e-e bestimmte Zeit lang: *Sie hatten sich über Jahre h. nicht gesehen* **4 über etw.** (*Akk*) **h.** ohne sich von etw. aufhalten zu lassen: *über alle Grenzen, Schwierigkeiten o.Ä. h.* **5 über j-s Kopf / j-n h.** ohne j-n zu berücksichtigen, der wegen seiner Stellung in e-r Hierarchie hätte gefragt *o.Ä.* werden müssen ⟨etw. über j-n h. entscheiden⟩ **6** *geschr*; weg, fort von hier: *H. mit ihm!*

> **hin·weg sein** (*ist*) [Vi] **über etw.** (*Akk*) **h. s.** *gespr*; etw. überwunden haben

hin·weg- *im Verb, betont u. trennbar, begrenzt produktiv*; Die Verben mit *hinweg-* werden nach folgendem Muster gebildet: *hinwegspringen - sprang hinweg - hinweggesprungen*

hinweg- drückt in Verbindung mit *über + Akk* e-e Bewegung aus, die mehr od. weniger hoch über ein Hindernis *o.Ä.* führt ≈ hinüber-;

(**über etw.** (*Akk*)) **hinwegspringen**: *Das Pferd sprang über alle Hindernisse hinweg* ≈ Das Pferd sprang über die Hindernisse, ohne sie zu berühren;

ebenso: **sich über etw.** (*Akk*) **hinwegbewegen, über j-n / etw. hinwegsehen**

hin·weg·ge·hen (*ist*) [Vi] **1 über etw.** (*Akk*) **h.** etw. nicht beachten, sondern weitersprechen *o.Ä.* ⟨über e-e Bemerkung, e-n Einwand lächelnd, taktvoll, mit e-m Scherz h.⟩ **2 etw. geht über etw.** (*Akk*) **hinweg** *geschr*; etw. geschieht u. beeinflusst ein (*mst* großes) Gebiet: *Im Winter gehen über den Nordatlantik viele Stürme hinweg*

hin·weg·hel·fen (*hat*) [Vi] **j-m über etw.** (*Akk*) **h.** j-m helfen, ein Problem *o.Ä.* zu überwinden ⟨j-m über e-n Verlust, j-s Tod, e-e schwere Zeit h.⟩

hin·weg·kom·men (*ist*) [Vi] **über etw.** (*Akk*) **h.** ≈ etw. überstehen, überwinden ⟨über e-e Enttäuschung, j-s Tod, e-n Verlust h.⟩

hin·weg·kön·nen (*hat*) [Vi] *gespr*; *mst in* **nicht über etw.** (*Akk*) **h.** etw. nicht als relativ unwichtig ansehen können: *nicht darüber h., dass man schon 50 ist*

hin·weg·le·sen (*hat*) [Vi] **über etw.** (*Akk*) **h.** etw. beim Lesen nicht bemerken, beachten: *über e-n Fehler h.*

hin·weg·raf·fen (*hat*) [Vt] **etw. rafft j-n hinweg** *geschr*; etw. bewirkt j-s Tod ≈ etw. rafft j-n dahin ⟨der Hunger, der Krieg, die Malaria, die Pest⟩

hin·weg·re·den (*hat*) [Vi] **über etw.** (*Akk*) **h.** beim Reden etw. (Wichtiges) nicht berücksichtigen ≈ an etw. vorbeireden ⟨über die eigentlichen Probleme, die Tatsachen h.⟩

hin·weg·schau·en (*hat*) [Vi] *südd* Ⓐ Ⓒⓗ *gespr* ≈ hinwegsehen

hin·weg·se·hen (*hat*) [Vi] **1** ↑ ***hinweg-*** **2 über j-n h.** so tun, als ob man j-n nicht sähe ≈ j-n ignorieren **3 über etw.** (*Akk*) **h.** etw. nicht wichtig nehmen u. so tolerieren: *über kleine Mängel / die Unordnung h.*

hin·weg·set·zen [Vi] (*hat / ist*) **1 j-d / ein Tier setzt über etw.** (*Akk*) **hinweg** j-d / ein Tier bewegt sich mit e-m großen Sprung über ein Hindernis: *Das Pferd setzte über den Zaun hinweg*; [Vr] (*hat*) **2 sich über etw.** (*Akk*) **h.** etw. absichtlich nicht beachten (u. *z.B.* etw. Verbotenes trotzdem tun) ⟨sich über ein Verbot, j-s Bedenken, j-s Einwände h.⟩

hin·weg·täu·schen (*hat*) [Vt] **1 j-n über etw.** (*Akk*) **h.** j-n so täuschen, dass er etw. nicht bemerkt; [Vr] **2** *mst* **sich über etw.** (*Akk*) **h. lassen** es zulassen, dass j-d einen über e-n Sachverhalt *o.Ä.* täuscht: *sich über die schlechte Lage der Wirtschaft h. lassen*

hin·weg·trös·ten (*hat*) [Vt] **j-n / sich** (**mit etw.**) **über etw.** (*Akk*) **h.** j-n / sich (mithilfe von etw.) trösten, damit er / man e-n Verlust vergisst u. Kummer bewältigt ⟨j-n über e-e Enttäuschung, über e-n Verlust h.⟩: *sich mit Alkohol über e-n Verlust h.*

Hin·weis *der*; *-es, -e*; **1 ein H.** (**auf etw.** (*Akk*)) e-e Äußerung, die j-n auf etw. aufmerksam machen soll ⟨ein deutlicher, freundlicher H.; ein bibliographischer H.; j-m e-n H. geben, e-n H. beachten, e-m H. folgen⟩: *Die Polizei erhielt anonyme Hinweise auf den Täter, die zu seiner Verhaftung führten* || K-: **Hinweis-, -schild, -tafel** **2 ein H. für / auf etw.** (*Akk*) e-e Tatsache, aus der man bestimmte logische Schlüsse ziehen kann ≈ Anhaltspunkt, Anzeichen, Indiz ⟨ein H. liegt vor, existiert⟩: *Wir haben keinen H.* dafür / darauf, dass *diese Krankheit ansteckend sein könnte* **3 ein H. für / zu etw.** e-e Erklärung, Erläuterung, die j-m bei e-r bestimmten Tätigkeit helfen soll ≈ Rat: *Hinweise für die / zur Bedienung e-s elektrischen Geräts* **4 unter H. auf etw.** (*Akk*) *Admin geschr*; indem der Betreffende auf etw. aufmerksam gemacht wird: *Der Zeuge wurde unter H. auf sein Recht der Aussageverweigerung vernommen*

hin·wei·sen (*hat*) [Vt/i] **1 (j-n) auf etw.** (*Akk*) **h.** (j-n) auf e-e bestimmte Tatsache aufmerksam machen: *Ich möchte (Sie)* darauf *h.*, dass *das Rauchen hier verboten ist*; [Vi] **2 etw. weist auf etw.** (*Akk*) **hin** etw. erweckt e-n bestimmten Eindruck, macht e-e bestimmte Schlussfolgerung möglich: *Die Umstände seines Todes weisen auf e-n Mord hin* **3** *mst* **ein Schild** *o.Ä.* **weist auf etw. hin** ein Schild *o.Ä.* zeigt in die Richtung, wo etw. Bestimmtes ist

hin·wen·den (*hat*) [Vt] **1** ↑ **hin-**; [Vr] **2 sich (an j-n) h.** *gespr*; bei j-m Rat, Hilfe, Trost, Auskunft suchen: *Hier sind so viele Büros. - Wo muss ich mich nun h.?* || NB: *mst* im Fragesatz

hin·wer·fen (*hat*) [Vt] **1** ↑ **hin- 2 etw. h.** *gespr*; plötzlich entscheiden, etw. nicht länger zu tun ⟨die Arbeit, den ganzen Kram h.⟩: *Ich möcht am liebsten alles h.!* **3 etw. h.** etw. kurz u. rasch sagen ⟨e-e Frage, e-n Satz, ein Wort h.⟩: *e-e flüchtig hingeworfene Bemerkung* **4 etw. h.** etw. schnell u. nicht sehr sorgfältig zeichnen od. schreiben ⟨einige Zeilen, e-e Skizze h.⟩: *Er hat den Plan mit ein paar Strichen hingeworfen*; [Vr] **5 sich h.** sich auf den Boden fallen lassen

hin·wir·ken (*hat*) [Vi] **auf etw.** (*Akk*) **h.** alles tun, damit etw. Bestimmtes geschieht: *auf e-e Einigung der streitenden Parteien h.*; darauf *h.*, dass *die Umwelt besser geschützt wird*

Hinz *nur in* **H. u. Kunz** *gespr pej* ≈ jedermann, Krethi u. Plethi

hin·zau·bern (*hat*) [Vt] **etw. h.** *gespr*; etw. Gutes od. Schönes mit einfachen Mitteln in kurzer Zeit herstellen: *ein gutes Essen h.*

hin·zie·hen [Vt] (*hat*) **1** ↑ **hin- 2 etw. zieht j-n zu j-m / etw. hin** etw. bewirkt, dass j-d j-n / etw. gern mag ≈ etw. zieht j-n an ⟨sich zu j-m hingezogen fühlen⟩: *Die angenehme Atmosphäre zieht mich immer wieder zu diesem Lokal hin* **3 etw. h.** etw. unnötig lange dauern lassen ≈ etw. in die Länge ziehen ⟨e-n Prozess, ein Verfahren h.⟩; [Vi] (*ist*) **4 irgendwohin h.** seinen Wohnsitz an e-n anderen Ort verlegen; [Vr] (*hat*) **5 etw. zieht sich hin** etw. dauert unangenehm od. unnötig lange od. geschieht später als erwartet: *Ihre Ausbildung zog sich über Jahre hin*; *Die Sitzung zog sich bis zum Abend hin* **6 etw. zieht sich hin** etw. erstreckt sich in e-e bestimmte Richtung: *Die Straße zieht sich am Waldrand h.*

hin·zu- *im Verb, betont u. trennbar, wenig produktiv*; Die Verben mit *hinzu-* werden nach folgendem Muster gebildet: *hinzugeben - gab hinzu - hinzugegeben*

hinzu- drückt aus, dass j-d / etw. durch j-n / etw. ergänzt wird ≈ dazu-;

etw. ((zu) etw. (*Dat*)**) hinzugeben**: *Die Suppe schmeckt fade. - Gib noch ein bisschen Salz hinzu* ≈ Gib noch ein bisschen Salz in die Suppe, damit sie besser schmeckt

ebenso: **etw. (zu etw.) hinzuaddieren, j-n / etw. (zu j-m / etw.) hinzubekommen, (etw.) hinzulernen, j-n / etw. hinzunehmen, j-n / etw. (zu j-m / etw.) hinzurechnen, (etw.) hinzuverdienen, j-n / etw. (zu j-m / etw.) hinzuzählen; sich ((zu) j-m) hinzugesellen**

hin·zu·fü·gen (*hat*) [Vt] **1 (etw.** (*Dat*)**) etw. h.** etw. als Zusatz, Ergänzung in / zu etw. geben: *e-r Geschichte e-e Fortsetzung h.* **2 (etw.** (*Dat*)**) etw. h.** etw. noch zusätzlich sagen: *Er hatte seiner Rede nichts mehr hinzuzufügen*

hin·zu·kom·men (*ist*) [Vi] **1 j-d kommt hinzu** j-d kommt dorthin, wo schon andere Leute sind: *Sie kamen gerade hinzu, als der Unfall passierte* **2 j-d kommt (zu j-m) hinzu** ≈ j-d schließt sich j-m an: *Zuerst waren wir zu dritt, aber dann kamen (zu unserer Gruppe) noch Peter u. Susi hinzu* **3 etw. kommt (zu etw.) hinzu** etw. ereignet sich auch noch od. muss auch noch erwähnt werden ⟨es kommt hinzu / hinzu kommt, dass ...⟩: *Er war vollkommen betrunken. Hinzu kam,* dass *er auch noch Tabletten geschluckt hatte* **4 etw. kommt (zu etw.) hinzu** etw. wird zu etw. dazugegeben: *Zu den zwei Eigelb kommen drei Esslöffel Zucker hinzu*

hin·zu·set·zen (*hat*) [Vt] **1 etw. h.** ≈ hinzufügen (2); [Vr] **2 sich h.** ≈ sich dazusetzen

hin·zu·sto·ßen (*ist*) [Vi] zu j-m kommen, stoßen (10)

hin·zu·tre·ten (*ist*) [Vi] ≈ hinzukommen (1)

hin·zu·tun (*hat*) [Vt] **etw. (zu etw.) h.** *gespr* ≈ hinzufügen (1)

hin·zu·zie·hen (*hat*) [Vt] **j-n (bei etw.) h.** j-n (zusätzlich) um Rat bitten, etw. fragen *o.Ä.* ⟨e-n Arzt, e-n Experten h.⟩

Hi·obs·bot·schaft *die*; e-e sehr schlechte Nachricht ≈ Schreckensnachricht

hipp, hipp, hurra! *Interjektion*; *Sport, gespr*; verwendet, um Freude über etw. auszudrücken || *hierzu* **Hipp·hipp·hur·ra** *das*; *-s, -s*

Hip·pie *der*; *-s, -s*; *hist*; (*bes* in den 60er u. 70er Jahren des 20. Jahrhunderts) ein junger Mensch, der seinen Protest gegen die Gesellschaft *bes* dadurch zeigte, dass er lange Haare u. bunte Kleider trug, in Gruppen lebte u. Drogen nahm

Hirn *das*; *-(e)s, -e*; **1** ≈ Gehirn (1) ⟨das menschliche H.⟩ || K-: ***Hirn-, -blutung, -haut, -masse, -schädel, -schale, -tumor, -zelle***; ***hirn-, -geschädigt, -verletzt*** || -K: ***Groß-, Klein-*** **2** das Gehirn e-s geschlachteten Tieres, das man gebraten od. gebacken essen kann || -K: ***Kalbs-, Schweine-*** **3** *gespr* ≈ Verstand ⟨sein H. anstrengen; sich das H. zermartern; kein H. haben (= dumm sein)⟩

Hirn·ge·spinst *das*; *pej*; e-e absurde Idee

Hirn·kas·ten *der*; *nur Sg*; *mst in* **nichts im H. haben** *gespr*; dumm sein

hirn·los *Adj*; *gespr pej*; so dumm, dass man sich darüber ärgert ⟨ein Geschwätz, ein Verhalten⟩

hirn·ris·sig *Adj*; *gespr pej*; dumm u. unrealistisch ≈ verrückt ⟨e-e Idee, ein Vorschlag⟩

Hirn·schlag *der*; ein plötzliches Auftreten von Lähmungen *usw*, wenn die Adern an einer Stelle des Gehirns nicht mehr genug Blut durchlassen

Hirn·tod *der*; *Med*; der Zeitpunkt, zu dem das Gehirn aufhört zu funktionieren u. j-d nicht mehr lebensfähig ist, auch wenn das Herz noch schlägt

hirn·ver·brannt *Adj*; *gespr pej* ≈ hirnrissig ⟨Blödsinn, Unsinn⟩

Hirsch *der*; *-(e)s, -e*; **1** ein relativ großes Tier mit glattem, braunem Fell, das in Wäldern lebt u. Gras frisst. Das männliche Tier hat ein Geweih auf dem Kopf || K-: ***Hirsch-, -art, -geweih, -jagd, -kalb, -leder, -rudel*** **2** ein männlicher H. (1) ⟨ein kapitaler H.; der H. röhrt⟩ **3 ein (blöder) H.** *gespr! pej*; j-d, der etw. Dummes getan hat

Hirsch·horn *das*; *nur Sg*; die Substanz, aus der das Geweih e-s Hirsches besteht u. aus der man *z.B.* Knöpfe macht || K-: ***Hirschhorn-, -knopf***

Hirsch·kä·fer *der*; ein großer, schwarzer Käfer, bei dem die Kiefer des Männchens wie ein Geweih aussehen

Hirsch·kuh *die*; ein weiblicher Hirsch

Hir·se *die*; -, *-n*; **1** ein Getreide mit kleinen, runden gelben Körnern || K-: ***Hirse-, -korn*** || -K: ***Kolben-*** **2** die Körner der H. (1) || K-: ***Hirse-, -auflauf, -brei***

Hirt *der*; *-en, -en*; *veraltend* ≈ Hirte || -K: ***Schaf-, Schweine-, Vieh-, Ziegen-*** || NB: *der Hirt*; *den, dem, des Hirten*

Hir·te *der*; *-n, -n*; j-d, der e-e Herde von Tieren (auf der Weide) bewacht ⟨der H. hütet, weidet die Schafe⟩ || K-: ***Hirten-, -flöte, -hund, -junge, -lied, -stab, -volk*** || NB: *der Hirte*; *den, dem, des Hirten*

Hir·ten·brief *der*; *kath*; ein Text, in dem sich ein Bischof zu e-m religiösen od. politischen Problem äußert u. der während der Messe vorgelesen wird

his, His *das*; -, -; *Mus*; der Halbton über dem h

his·sen; *hisste, hat gehisst*; [Vt] ***etw. h.*** *mst* e-e Fahne, e-e Flagge, ein Segel an e-r Stange / an e-m Mast nach oben ziehen u. festmachen

His·tör·chen *das*; *-s*, -; *hum* ≈ Anekdote

His·to·ri·ker *der*;*-s*, -; ein Wissenschaftler im Fach Geschichte ≈ Geschichtswissenschaftler || *hierzu* **His·to·ri·ke·rin** *die*; -, *-nen*

his·to·risch *Adj*; **1** *nur attr od adv*; in Bezug auf die Geschichte[1] (1) ≈ geschichtlich (1) ⟨e-e Entwicklung, Studien⟩ **2** *nur attr, nicht adv*; mit e-m Thema aus der Geschichte[1] (1) ⟨ein Roman, ein Film⟩ **3** (*mst* im kulturellen od. politischen Bereich) von außergewöhnlicher Bedeutung ≈ geschichtlich (3) ⟨ein Augenblick, ein Moment, ein Ereignis⟩: *Der Bau der Berliner Mauer am 13. August 1961 war ein historisches Ereignis* **4** *nur attr, nicht adv*; ⟨e-e Stätte, e-e Landschaft, ein Ort⟩ so, dass dort (*mst* politisch) bedeutende Dinge geschehen sind **5** *mst adv*; so (sicher), dass es wirklich geschehen ist: *Die Schlacht ist h. belegt* **6** *nur attr, nicht adv*; mit alten, frühen Stufen e-s Phänomens als Forschungsgegenstand: *die historische Sprachwissenschaft*

Hit *der*; *-(s), -s*; *gespr*; **1** ein Lied, das sehr populär u. erfolgreich ist ⟨e-n Hit komponieren, schreiben⟩: *Der Schlager wurde ein Hit / zu e-m Hit* || K-: ***Hit-, -liste*** **2** ein Produkt, das sehr viele Leute kaufen ≈ Renner, Schlager (1): *Hausröcke sind der Hit der Saison* || -K: ***Verkaufs-, -hit*** || ID ***etw. ist der Hit*** *gespr*; etw. ist sehr gut, erfolgreich *o.Ä.*

Hit·ler·gruß *der*; *nur Sg*; *hist*; der offizielle Gruß im Nationalsozialismus. Dabei streckte man den rechten Arm nach oben u. sagte „Heil Hitler!“.

Hit·ler·ju·gend *die*; *hist*; e-e Organisation für die Jugend im Nationalsozialismus; *Abk* HJ

Hit·ler·jun·ge *der*; *hist*; ein Junge, der Mitglied in der Hitlerjugend war

Hit·pa·ra·de *die*; **1** die Liste der beliebtesten Hits (1) **2** e-e Sendung im Fernsehen od. Radio, in der die beliebtesten Hits (1) gespielt werden

Hit·ze *die*; -; *nur Sg*; **1** e-e hohe Temperatur, e-e große Wärme ↔ Kälte ⟨etw. bei mäßiger, mittlerer, starker H. kochen, braten, backen⟩: *Der Ofen strahlt große H. aus* || K-: ***Hitze-, -einwirkung*** **2** ein Wetter mit hohen Temperaturen, die *mst* als unangenehm empfunden werden ↔ Kälte ⟨es herrscht (e-e) brütende, drückende, glühende, große, lastende, schwüle, sengende, tropische H.⟩: *Die Luft flimmert vor H.*; *Ich vertrage diese H. nicht* || K-: ***Hitze-, -periode, -welle*** || -K: ***Mittags-, Sommer-; Tropen-*** || NB: um H. zu verstärken, verwendet man in der gesprochenen Sprache *Affenhitze* od. *Bullenhitze* **3** ein Zustand, in dem man sehr aufgeregt od. wütend ist ⟨sich in H. reden; in H. geraten / kommen⟩ || ID ***in der H. des Gefechts*** *gespr hum*; weil man aufgeregt ist od. in Eile ist ⟨etw. in der H. des Gefechts sagen, übersehen, vergessen⟩ || *zu* **1 hit·ze·be·stän·dig** *Adj*, **hit·ze·fest** *Adj*

hit·ze·frei *Adj*; *mst in* ***h. bekommen / kriegen, haben*** nicht in die Schule gehen müssen, weil es draußen sehr heiß ist

hit·zig *Adj*; **1** leicht (emotionell) erregbar u. mit heftigen Reaktionen ≈ aufbrausend ⟨ein Mensch; ein hitziges Temperament haben⟩ **2** mit erregten Worten (geführt) ≈ heftig (1), leidenschaftlich ↔ beherrscht, kühl ⟨e-e Debatte, e-e Diskussion, ein Wortgefecht; h. über etw. (*Akk*) streiten⟩

Hitz·kopf *der*; j-d der sehr schnell ärgerlich wird u. zu streiten beginnt || *hierzu* **hitz·köp·fig** *Adj*

Hitz·schlag *der*; das plötzliche Versagen des Kreislaufs, wenn man zu lange in großer Hitze war

HIV [haːiːˈfau] *das*; *-(s)*; *nur Sg*, *Med*; das Virus, von dem man Aids bekommt || K-: ***HIV-Infektion, HIV-Infizierte(r), HIV-Test***

HIV-ne·ga·tiv *Adj*; ohne e-e Infektion durch HIV

HIV-po·si·tiv *Adj*; durch HIV infiziert

HJ [haːˈjɔt] *die*; -; *nur Sg*, *Kurzw* ↑ ***Hitlerjugend***

hm *Interjektion*; ein Laut, den man von sich gibt, wenn man überrascht, erfreut, verunsichert *o.Ä.* ist od. wenn man gerade über etw. nachdenkt

H-Milch [ˈhaː-] *die*; e-e Milch, die speziell behandelt wird, damit sie sich vier bis sechs Wochen lang hält

HNO-Arzt [haːɛnˈ|oː-] *der*; *Kurzw* ↑ ***Hals-Nasen-Ohrenarzt***

ho! *Interjektion*; *gespr*; verwendet, um Erstaunen od. Protest auszudrücken

hob *Imperfekt, 1. u. 3. Person Sg*; ↑ ***heben***

Hob·by [ˈhɔbi] *das*; *-s, -s*; etw., das man (regelmäßig) in seiner Freizeit zum Vergnügen tut ≈ Steckenpferd ⟨ein H. haben, etw. als H. betreiben⟩: *Ihre Hobbys sind Reiten u. Skifahren*

Hobby- *im Subst*, *begrenzt produktiv*; verwendet, um auszudrücken, dass j-d etw. nicht beruflich, sondern als Hobby macht; der ***Hobbyfotograf***, der ***Hobbygärtner***, der ***Hobbykoch***

Hob·by·kel·ler *der*; ein Zimmer im Keller, in dem j-d sein Hobby ausübt (*z.B.* Basteln)

Ho·bel *der*; *-s*, -; **1** ein Werkzeug mit e-r scharfen Klinge, die dünne Stücke (Späne) von Gegenständen aus Holz wegnimmt u. so die Oberfläche glatt macht || ↑ *Abb. unter* ***Werkzeug*** || K-: ***Hobel-, -maschine*** **2** ein (Küchen)Gerät mit e-r scharfen Klinge, mit dem man *z.B.* Gemüse in dünne Scheiben schneiden kann || -K: ***Gurken-, Kraut-***

Ho·bel·bank *die*; e-e Art Tisch, auf dem man große Stücke Holz befestigt, um sie zu hobeln

ho·beln; *hobelte, hat gehobelt*; [Vt/i] **1** ***(etw.) h.*** Holz mit e-m Hobel (1) glatt machen ⟨Balken, Bretter h.⟩ || K-: ***Hobel-, -span***; [Vt] **2** ***etw. h.*** Gemüse mit e-m Hobel (2) in dünne Scheiben schneiden ⟨e-e Gurke, Kraut h.⟩

hoch, *höher, höchst-*; *Adj*; **1** verwendet, um die relativ große Ausdehnung / Länge e-s Gegenstandes nach oben zu bezeichnen ↔ niedrig, flach: *ein hoher Berg, e-e hohe Mauer*; *Schuhe mit hohen Absätzen*; *Das Gras ist schon h., es muss gemäht werden*; *Der Schrank ist so h., dass er nicht durch die Tür geht* || ↑ *Abb. unter* ***Eigenschaften*** || NB: Menschen u. Tiere sind *groß*, nicht *hoch* || K-: ***Hoch-, -gebirge, -haus*** || -K: ***haus-, meter-, turm-*** **2** *Maßangabe* + ***h.*** verwendet, um die Ausdehnung nach oben zu bezeichnen ↔ tief: *ein zweitausend Meter hoher Berg*; *Der Tisch ist nur sechzig Zentimeter h.* **3** in relativ großer Entfernung über dem Boden, dem Meeresspiegel *o.Ä.* ↔ niedrig, tief: *die Hände h. über den Kopf heben*; *Mittags steht die Sonne h. am Himmel* || K-: ***Hoch-, -alm, -ebene, -land, -nebel, -parterre, -plateau***; ***hoch-, -alpin, hoch gelegen*** **4** im Vergleich zum Durchschnitt groß, sehr viel od. sehr intensiv: *hohes Fieber*; *hohen Blutdruck haben*; *e-e hohe Geschwindigkeit*;

ein hohes Gewicht; *e-e hohe Miete*; *ein hoher Preis*; *hohe Schulden*; *e-e hohe Summe*; *hohe Verluste*; *die hohe Auflage e-r Zeitung* **5** in e-r Hierarchie relativ weit oben ⟨ein Gast, ein Offizier, ein Rang; etw. auf höherer Ebene entscheiden⟩ || K-: ***Hoch-, -adel, -aristokratie*** **6** ⟨e-e Stimme, ein Ton⟩ so, dass sie durch viele Schwingungen hell klingen ↔ dunkel, tief **7** moralisch od. sittlich gut ≈ edel ↔ nieder ⟨Ideale, Ziele⟩ **8** in der Qualität auf e-m guten Niveau ≈ groß ↔ niedrig ⟨j-s Ansprüche, j-s Lebensstandard⟩ || K-: ***Hoch-, -kultur*** **9** zeitlich weit fortgeschritten, relativ spät: *im hohen Alter*; *bis h. ins 17. Jahrhundert* **10** *nur adv*; verwendet, um Verben u. Adjektive zu verstärken ≈ sehr (stark) ⟨j-m etw. h. anrechnen; h. erfreut, willkommen sein; h. verehrt sein⟩ **11** *Zahl* + ***h.*** + *Zahl*; *Math*; verwendet, um e-e mathematische Potenz zu bezeichnen: *zehn h. drei* (10^3) **12** ***drei / vier / fünf*** *usw* ***Mann h.*** *gespr*; verwendet, um e-e Zahl von Personen anzugeben, die etw. gemeinsam als Gruppe tun: *Wir gingen acht Mann h. zum Chef u. beschwerten uns* **13** ***h. aufgeschossen*** sehr groß u. dünn: *ein h. aufgeschossener junger Mann* **14** ***etw. ist zu h. gegriffen*** e-e Zahl od. Menge wird überschätzt: *„Von 200 Bewerbern werden rund 180 die Prüfung bestehen." - „Das ist zu h. gegriffen"* || NB: vor e-m Subst. verwendet man *hoh-* statt *hoch*: *Das Haus ist hoch*; aber: *das hohe Haus* **15** *nur adv*; verwendet, um Adjektive u. Verben zu intensivieren ≈ sehr: ***hoch angesehen*** ⟨ein Wissenschaftler⟩, ***hoch begabt, hoch empfindlich*** ⟨ein Gerät⟩, ***hoch entwickelt*** ⟨ein Land⟩, ***hoch geachtet, hoch geehrt*** ⟨das Publikum⟩, ***hoch industrialisiert, hoch konzentriert, hoch qualifiziert*** ⟨ein Fachmann⟩ || NB *zu* **15**: ↑ ***hoch-***[1], ***höchst*** || ID ***etw. ist j-m / für j-n zu h.*** *gespr*; etw. wird von j-m nicht verstanden; ***(j-m) etw. h. u. heilig versprechen*** j-m etw. ganz fest versprechen; ***h. hinauswollen*** *gespr*; sehr ehrgeizig sein u. e-e wichtige berufliche, gesellschaftliche *o.Ä.* Position erreichen wollen; ***wenn es h. kommt*** *gespr* ≈ höchstens: *Auf der Party waren zwanzig Leute, wenn es h. kommt*; ***nach Höherem streben*** **a)** versuchen, beruflich höher zu steigen; **b)** sein Leben stark an geistigen Idealen orientieren; ***sich zu Höherem berufen fühlen*** *mst iron*; überzeugt sein, dass man für etw. Anspruchsvolleres geeignet ist; *mst* ***es wird höchste Zeit*** verwendet, um auszudrücken, dass man sich beeilen muss: *Wir müssen gehen, es wird höchste Zeit!*

hoch ach·ten *(hat)* [Vt] ***j-n / etw. h. a.*** *geschr*; j-n / etw. sehr achten: *e-e hoch geachtete Autorin*
hoch be·zahlt, *höher bezahlt, höchstbezahlt*; *Adj*; *nur attr, nicht adv*; mit e-m hohen Gehalt, Lohn ⟨ein Angestellter, ein Mitarbeiter; e-e Stellung⟩ || NB: im Superlativ nur attr. verwendet u. zusammengeschrieben
hoch do·tiert, *höher dotiert, höchstdotiert*; *Adj*; *nur attr, nicht adv*; sehr gut bezahlt ⟨ein Job, ein Posten⟩ || NB: im Superlativ nur attr. verwendet u. zusammengeschrieben
hoch ge·steckt *Adj*; *ohne Steigerung, nicht adv* ≈ hochgespannt ⟨Pläne, Ziele⟩
hoch ge·wach·sen *Adj*; *nur attr, ohne Steigerung, nicht adv*; groß u. schlank ⟨ein Junge, ein Mädchen⟩
hoch ste·hend **1** *Partizip Präsens*; ↑ ***hochstehen*** **2** *Adj*; *höher stehend, höchststehend*; *nicht adv*; von e-m hohen (gesellschaftlichen) Rang ⟨*mst* e-e Persönlichkeit⟩ || NB: im Superlativ nur attr. verwendet u. zusammengeschrieben

Hoch[1] *das*; *-s, -s*; *Meteorologie, Kurzw* ↑ ***Hochdruckgebiet*** ↔ Tief ⟨ein ausgedehntes, kräftiges H.⟩: *Das H. verlagert sich ostwärts*
Hoch[2] *das*; *-s, -s*; verwendet als Ausruf, *bes* um j-n zu ehren ⟨ein H. auf j-n ausbringen⟩: *Ein dreifaches H. auf den Sieger!* || K-: ***Hoch-, -ruf***
Hoch- *im Subst, nicht produktiv*; verwendet, um den Höhepunkt od. die Mitte e-s Zeitraums zu bezeichnen ↔ Früh-, Spät-; der ***Hochbarock***, die ***Hochgotik***, die ***Hochrenaissance*** *usw*; das ***Hochmittelalter***; der ***Hochsommer***
hoch-[1] *im Adj, sehr produktiv*; verwendet, um Adjektive zu verstärken ≈ sehr (stark); ***hochaktuell*** ⟨ein Thema⟩, ***hochanständig, hochbetagt*** ⟨e-e Frau, ein Mann⟩, ***hochelegant, hocherfreut-, hochexplosiv, hochgebildet-, hochgelehrt, hochgeschätzt-, hochgiftig, hochintelligent, hochinteressant, hochmodern, hochmodisch*** ⟨h. gekleidet⟩, ***hochoffiziell*** ⟨e-e Nachricht⟩, ***hochrot*** ⟨ein Kopf⟩, ***hochschwanger*** ⟨sein⟩, ***hochverehrt-, hochwillkommen*** ⟨ein Gast⟩, ***hochwirksam*** ⟨ein Gift⟩ || NB: Die Adjektive, die e-n Bindestrich (-) am Ende haben, werden nur vor dem Subst. zusammengeschrieben: *ein hochgebildeter Mann*, aber: *Er ist hoch gebildet*
hoch-[2] *im Verb, betont u. trennbar, sehr produktiv, oft gespr*; Die Verben mit *hoch-* werden nach folgendem Muster gebildet: *hochsteigen - stieg hoch - hochgestiegen*
hoch- bezeichnet die Richtung von unten nach oben ≈ herauf-, hinauf- ↔ herunter-, hinunter-;
(irgendwohin) hochsteigen: *Er stieg ins oberste Stockwerk hoch* ≈ Er ging alle Treppen hinauf bis ins oberste Stockwerk
ebenso: ***etw. hochbinden, (irgendwohin) hochblicken, j-n / etw. (irgendwohin) hochbringen, (irgendwohin) hochdürfen, (j-n / etw.) (irgendwohin) hochfahren, (irgendwohin) hochgehen, (irgendwohin) hochgucken, j-n / etw. (irgendwohin) hochheben, j-n / etw. (irgendwohin) hochholen, (irgendwohin) hochhüpfen, etw. hochklappen, (irgendwohin) hochklettern, (irgendwohin) hochkönnen, (irgendwohin) hochkriechen, j-n / etw. (irgendwohin) hochlassen, (irgendwohin) hochlaufen, etw. (irgendwohin) hochlegen, (irgendwohin) hochmüssen, etw. ragt hoch, etw. rankt sich (irgendwohin) hoch, sich / den Kopf hochrecken, j-n / etw. (irgendwohin) hochreißen, etw. rutscht (j-m) hoch, (irgendwohin) hochschauen, j-n / sich / etw. (irgendwohin) hochschieben, (sich) (irgendwohin) hochschleichen, (irgendwohin) hochsollen, etw. hochstecken, etw. (irgendwohin) hochstellen, etw. hochstemmen, j-n / etw. (irgendwohin) hochtragen, etw. wächst (irgendwohin) hoch, j-n / etw. (irgendwohin) hochwerfen, etw. wölbt sich hoch, (irgendwohin) hochwollen, j-n / sich / etw. (irgendwohin) hochziehen; sich (irgendwohin) hochtrauen / hochwagen*** || NB: Anstelle e-r Richtungsangabe (*ins oberste Stockwerk usw*) steht häufig nur e-e Angabe im Akk.: *Sie stieg die Treppe hoch*; *Er zog den Schlitten den Berg hoch*
Hoch·ach·tung *die*; *-*; *nur Sg*; ***die H. (vor j-m / etw.)*** e-e sehr große Achtung, ein sehr großer Respekt vor j-m / etw. ⟨H. vor j-m / etw. haben; seine H. zum Ausdruck bringen⟩
hoch·ach·tungs·voll *Adv*; *veraltend*; verwendet als Formel am Schluss e-s offiziellen Briefes (*z.B.* an e-e Behörde od. e-e Firma) || NB: Heute verwendet man eher: *Mit freundlichen Grüßen*
hoch·ar·bei·ten, sich *(hat)* [Vr] ***sich h.*** im Beruf in e-r bestimmten Zeit von e-r niederen zu e-r relativ

hohen Position kommen: *Er hat sich vom Kellner zum Direktor des Hotels hochgearbeitet*

Hoch·bau *der*; *nur Sg*; der Bereich des Bauwesens, der sich mit der Herstellung von Bauten befasst, die über dem Erdboden konstruiert werden ↔ Tiefbau: *e-e Firma für Hoch- u. Tiefbau*

Hoch·be·trieb *der*; *nur Sg*; *mst* ***irgendwo herrscht H.*** *gespr*; in e-m Geschäft, Gasthaus *o.Ä.* sind sehr viele Leute (die dort einkaufen, essen *usw*)

hoch·brin·gen (*hat*) [Vt] **1** ↑ ***hoch-***[2] **2** ***j-n h.*** *gespr*; j-n mit nach oben in die Wohnung bringen: *Ich bring morgen meine Freundin mit hoch* **3** ***j-n*** (***wieder***) ***h.*** j-n gesund pflegen **4** ***j-n h.*** *gespr* ≈ ärgern

Hoch·burg *die*; ein Ort, an dem *mst* e-e politische, religiöse od. kulturelle Bewegung besonders stark vertreten ist

hoch·deutsch *Adj*; in deutscher Sprache, wie sie nicht in den Mundarten od. der Umgangssprache gesprochen wird, sondern so, wie es der genormten deutschen (Hoch)Sprache entspricht ⟨die Aussprache, die Sprache; h. mit j-m reden, sprechen⟩

Hoch·deutsch *das*; *-(s)*; *nur Sg*; die deutsche Hochsprache, frei von Dialektausdrücken u. mit e-r allgemein anerkannten Aussprache ⟨auf, in H.⟩: *Viele Schulkinder müssen lernen, ihren Dialekt abzulegen u. H. zu sprechen*

Hoch·deut·sche *das*; *-n*; *nur Sg* ≈ Hochdeutsch: *Ich verstehe die Leute hier kaum. - Sie müssen für mich alles ins H. übersetzen!* || NB: Im Gegensatz zu *Hochdeutsch* immer mit dem bestimmten Artikel verwendet!

hoch·die·nen, sich (*hat*) [Vr] ***sich h.*** sehr fleißig u. hart arbeiten u. dadurch von e-r niederen in e-e hohe (berufliche) Position kommen

Hoch·druck *der*; *nur Sg*; **1** ein hoher Druck in e-r Flüssigkeit: *Im Behälter herrscht H.* **2** *Meteorologie*; hoher Luftdruck || K-: ***Hochdruck-, -zone*** **3** *mst* ***mit / unter H.*** *gespr*; konzentriert u. mit großer Eile ⟨etw. mit H. betreiben, unter H. arbeiten⟩

Hoch·druck|ge·biet *das*; *Meteorologie*; ein Gebiet mit hohem Luftdruck

hoch·fah·ren [Vi] (*hat*) **1** ↑ ***hoch-***[2] **2** ***etw. h.*** die Leistung e-r Maschine, e-s Reaktors *o.Ä.* kontinuierlich bis zur Höchstleistung steigern; [Vi] (*ist*) **3** ↑ ***hoch-***[2] **4** schnell (vom Stuhl od. von seinem Bett) aufstehen, weil man erschrocken ist ≈ auffahren

hoch·fah·rend 1 *Partizip Präsens*; ↑ ***hochfahren*** **2** *Adj*; arrogant u. aggressiv ≈ aufbrausend

Hoch·fi·nanz *die*; *nur Sg*, *Kollekt*; die Besitzer von Großbanken u. Großunternehmen e-s Landes, die politisch sehr einflussreich sind

hoch·flie·gen (*ist*) *gespr*; [Vi] ***etw. fliegt hoch*** etw. wird durch e-e Explosion zerstört

hoch·flie·gend 1 *Partizip Präsens*; ↑ ***hochfliegen*** **2** *Adj*; *mst attr*; voller Idealismus u. Optimismus u. *mst* unrealistisch ≈ ehrgeizig ⟨*mst* Pläne⟩

Hoch·form *die*; *nur Sg*; ein sehr guter *bes* körperlicher Zustand, in dem man gute Leistungen bringt ⟨in H. sein, zur H. auflaufen⟩

Hoch·ge·bir·ge *das*; ein Gebirge mit steilen Hängen u. spitzen Felsgipfeln, die *mst* über 2000 Meter liegen ↔ Mittelgebirge

Hoch·ge·fühl *das*; *nur Sg*; ein starkes Gefühl großer Freude od. des Stolzes

hoch·ge·hen (*ist*) [Vi] **1** ↑ ***hoch-***[2] **2** ***etw. geht hoch*** etw. bewegt sich nach oben ⟨die Schranke, der Vorhang (im Theater)⟩ **3** ***etw. geht hoch*** *gespr* ≈ etw. explodiert ⟨e-e Bombe, e-e Mine⟩ **4** *gespr*; wütend werden ≈ aufbrausen: *Geh doch nicht immer gleich hoch, wenn ich dich ein bisschen necke!* **5** ***j-n / etw. h. lassen*** j-n / etw. an die Polizei verraten od. (in Bezug auf die Polizei) j-n / etw. entdecken u. j-n verhaften od. etw. verhindern ⟨e-e Bande, e-n Plan h. lassen⟩ **6** ***etw. h. lassen*** in e-m Gebäude *o.Ä.* e-e Bombe explodieren lassen u. es so zerstören

hoch·geis·tig *Adj*; *ohne Steigerung*; auf e-m hohen intellektuellen Niveau ⟨ein Gespräch⟩

Hoch·ge·nuss *der*; ein besonders großer Genuss: *Dieser edle Wein ist ein H.*

hoch·ge·schlos·sen *Adj*; *ohne Steigerung*, *nicht adv*; ⟨e-e Bluse, ein Kleid *o.Ä.*⟩ so, dass sie den Oberkörper bis hinauf zum Hals ganz bedecken ↔ ausgeschnitten

hoch·ge·schraubt *Adj*; *nicht adv*, *gespr* ≈ hochgespannt ⟨*mst* Erwartungen⟩

hoch·ge·spannt *Adj*; an e-m Ideal, an (häufig) unrealistischen Vorstellungen orientiert ⟨*mst* Erwartungen⟩

hoch·ge·stellt *Adj*; *mst* ***e-e hochgestellte Zahl*** *bes Math*; e-e Zahl in kleiner Schrift, die (im Verhältnis zur normalen Schrift) nach oben versetzt ist || NB: **a)** ↑ ***Index*** (*3*, *4*), ***Exponent*** (1) ; **b)** aber: *e-e hoch gestellte Persönlichkeit* (getrennt geschrieben)

hoch·ge·stimmt *Adj*; *ohne Steigerung*, *nicht adv*, *geschr*; mit großen Erwartungen u. voller Freude ⟨ein Publikum⟩

hoch·ge·sto·chen *Adj*; *gespr pej*; übertrieben kompliziert, affektiert ≈ geschraubt ⟨Formulierungen, Reden; sich h. ausdrücken⟩

hoch·ge·züch·tet *Adj*; *ohne Steigerung*, *nicht adv*; sehr leistungsfähig, aber gleichzeitig sehr empfindlich ⟨ein Motor, e-e Maschine⟩

Hoch·glanz *der*; ein starker Glanz ⟨etw. auf H. polieren, putzen⟩ || K-: ***Hochglanz-, -papier*** || ID ***etw. auf H. bringen*** *gespr*; etw. sehr sauber putzen: *seine Wohnung auf H. bringen*

hoch·gra·dig *Adj*; *nur attr od adv*, *ohne Steigerung*; in hohem Grad, Maß ≈ äußerst ⟨Erregung, Nervosität; etw. ist h. veraltet⟩: *Der Erdboden war durch Chemikalien h. verseucht*

hoch·ha·ckig *Adj*; *ohne Steigerung*, *nicht adv*; mit hohen Absätzen ⟨Schuhe, Pumps, Sandaletten, Stiefel *usw*⟩

hoch·hal·ten (*hat*) [Vt] **1** ***j-n / etw. h.*** j-n / etw. hoch in die Luft halten: *ein Schild h.* **2** ***etw. h.*** etw. Wichtiges weiter in Erinnerung behalten od. praktizieren ⟨j-s Andenken, Bräuche, Traditionen h.⟩

Hoch·haus *das*; ein sehr hohes Haus mit vielen Etagen u. Wohnungen

hoch|herr·schaft·lich *Adj*; *ohne Steigerung*; sehr vornehm ⟨h. leben, wohnen⟩

hoch·her·zig *Adj*; *geschr* ≈ edel, großmütig, großzügig ↔ engherzig, kleinlich ⟨e-e Tat, j-s Handeln⟩ || *hierzu* **Hoch·her·zig·keit** *die*; *nur Sg*

hoch·ja·gen (*hat*) [Vt] **1** ***j-n / ein Tier h.*** bewirken, dass e-e Person od. ein Tier sehr schnell aufsteht ≈ aufscheuchen **2** ***den Motor h.*** *gespr*; (beim Auto) in e-m niedrigen Gang schneller als normal fahren (u. danach schnell in den höheren Gang schalten)

hoch·ju·beln (*hat*) [Vt] ***j-n / etw. h.*** *gespr*; j-n / etw. (zu) sehr loben u. dadurch bekannt machen: *Die Presse hat den Sänger hochgejubelt*

hoch·kant *Adv*; mit einer der beiden schmalsten u. kürzesten Seitenflächen nach unten: *e-e Kiste h. stellen* || ID ***j-n h. hinauswerfen / rausschmeißen*** *gespr*; j-n mit Worten od. mit körperlicher Gewalt aus einer Wohnung od. seinem Job entfernen

hoch·ka·rä·tig *Adj*; *ohne Steigerung*, *nicht adv*, *gespr*; **1** von besonders großer Bedeutung od. Qualität ⟨Politiker, Schauspieler⟩ **2** *Sport*; sehr gut: *e-e hochkarätige Chance vergeben*

hoch·kom·men (*ist*) [Vi] *gespr*; **1** (***irgendwohin***) ***h.*** nach oben, auf etw. hinauf kommen od. gelangen können: *Ich komme den Berg nicht hoch!* || NB: Anstelle e-r Richtungsangabe steht *mst* e-e Angabe im Akk.: *die Treppe h.* **2** ≈ aufstehen, sich erheben

H

⟨aus e-m Sessel, von e-r Bank h.⟩ **3** e-e berufliche Karriere machen: *Der Chef lässt niemanden neben sich h.* **4** wieder gesund werden ≈ wieder auf die Beine kommen: *Nach der Operation kam sie schnell wieder hoch* **5** ***etw. kommt j-m hoch*** etw. kommt aus dem Magen wieder nach oben (in den Hals): ⟨j-m kommt das Essen wieder hoch⟩ **6** ***etw. kommt j-m wieder hoch*** etw. kommt j-m wieder in Erinnerung: *Da kam ihr die Erinnerung an den Unfall wieder hoch* || ID ↑ ***Galle***

Hoch·kon·junk·tur *die; mst Sg*; **1** *Ökon*; e-e Phase in der Konjunktur, in der es der Wirtschaft sehr gut geht ≈ Boom ↔ Rezession **2** ***etw. hat (gerade) H.*** *gespr*; etw. ist gerade besonders beliebt od. wird oft gekauft

hoch·kön·nen *(hat) gespr*; [Vi] **1** ↑ ***hoch-***[2] **2** aufstehen können: *Kannst du allein aus dem Bett hoch, od. soll ich dir helfen?*

hoch·krem·peln *(hat)* [Vt] ***etw. h.*** ≈ aufkrempeln

hoch·krie·gen *(hat)* [Vt] **1** ***j-n / etw. h.*** *gespr*; j-n / etw. nach oben bringen können **2** ***(k)einen h.*** *vulg*; (k)eine Erektion bekommen können

hoch·le·ben *mst in* ***j-n / etw. h. lassen*** j-n / etw. feiern, indem man ein Hoch[2] ausbringt

hoch·le·gen *(hat)* [Vt] ⟨e-n Körperteil⟩ ***h.*** e-n Körperteil für längere Zeit in e-e erhöhte Postition bringen: *die Beine h.*

Hoch·leis·tung *die*; e-e sehr hohe / große Leistung bei äußerster Anspannung ⟨e-e (geistige, sportliche) H. vollbringen⟩

Hoch·leis·tungs|sport *der*; der Sport, bei dem professionell trainiert wird, damit man an Wettkämpfen teilnehmen u. sehr gute Leistungen bringen kann ↔ Breitensport ⟨H. betreiben⟩

Hoch·mut *der*; ein Denken od. Handeln, das zeigt, dass sich der Betreffende für besser, klüger od. schöner hält als andere Menschen ≈ Arroganz, Überheblichkeit ↔ Bescheidenheit, Demut || ID ***H. kommt vor dem Fall*** verwendet, um j-n davor zu warnen, arrogant zu sein || *hierzu* **hoch·mü·tig** *Adj*

hoch·nä·sig *Adj; gespr pej* ≈ hochmütig, eingebildet || *hierzu* **Hoch·nä·sig·keit** *die; nur Sg*

hoch·neh·men *(hat)* [Vt] **1** ***j-n / etw. h.*** j-n / etw. vom Boden, Tisch *o.Ä.* nehmen (u. irgendwohin tragen) ⟨ein Kind h. (= auf den Arm nehmen)⟩: *e-e schwere Kiste h. u. wegtragen* **2** ***j-n h.*** *gespr*; j-n auf freundliche, gutmütige Weise verspotten (ohne ihn zu demütigen) **3** *mst* ⟨die Polizei⟩ ***nimmt j-n hoch*** *gespr*; die Polizei fängt u. verhaftet e-n Verbrecher: *Die Polizei hat die Bande hochgenommen*

Hoch·ofen *der; Tech*; ein Ofen, in dem *bes* Eisenerz geschmolzen wird (um daraus (Roh)Eisen zu gewinnen)

hoch·päp·peln; *päppelte hoch, hat hochgepäppelt*; [Vt] ***j-n / ein Tier h.*** *gespr*; e-e Person od. ein Tier, die sehr schwach od. krank sind, wieder stark u. gesund machen: *ein krankes Kind, e-n jungen Vogel h.*

hoch·po·li·tisch *Adj; ohne Steigerung*; von großer politischer Bedeutung ⟨e-e Frage, ein Problem, ein Thema⟩

hoch·pro·zen·tig, *höherprozentig, höchstprozentig*; *Adj; nicht adv*; ⟨Alkohol, e-e Lösung⟩ so, dass sie e-n großen Anteil (Prozentsatz) von etw. enthalten

hoch·ran·gig, *höherrangig, höchstrangig*; *Adj; nicht adv*; mit e-m hohen Rang ⟨ein Offizier⟩

Hoch·rech·nung *die*; e-e (vorläufige) Rechnung, bei der man mit bereits vorhandenen Daten versucht, das (endgültige) Ergebnis vorherzusagen (*z.B.* bei Wahlen): *Die ersten Hochrechnungen haben ergeben, dass die Regierungspartei viele Wählerstimmen verloren hat* || *hierzu* **hoch·rech·nen** *(hat) Vt*

Hoch·rüs·tung *die; nur Sg* ≈ Aufrüstung ⟨die militärische H.⟩ || *hierzu* **hoch·rüs·ten** *(hat) Vi*

Hoch·sai·son *die*; **1** *mst Sg* ≈ Hauptsaison ↔ Nebensaison, Vorsaison **2** *mst* ⟨ein Geschäft⟩ ***hat H.*** ein Geschäft verkauft mehr Waren als sonst im Jahr, hat mehr Kunden als sonst: *Zu Weihnachten haben die Geschäfte H.*

hoch·schal·ten *(hat)* [Vi] ***(in etw.*** *(Akk)*) ***h.*** in e-n höheren Gang (4) schalten: *in den dritten Gang h.*

hoch·schau·keln *(hat)* [Vt] *gespr*; **1** ***etw. h.*** e-e Sache wichtiger nehmen als sie ist ⟨e-e Lappalie, ein Problem h.⟩ **2** ⟨Personen⟩ ***schaukeln sich hoch*** zwei od. mehrere Personen machen sich gegenseitig wütend, aggressiv *o.Ä.*

hoch·scheu·chen *(hat)* [Vt] ≈ aufscheuchen

hoch·schie·ßen [Vt] *(hat)* **1** ***j-n / etw. h.*** j-n / etw. durch e-n Schuss od. mit e-r Rakete nach oben befördern: *e-n Astronauten ins Weltall h.*; [Vi] *(ist)* **2** ***j-d / e-e Pflanze*** *o.Ä.* ***schießt hoch*** j-d / e-e Pflanze *o.Ä.* wächst sehr schnell in die Höhe: *Durch den vielen Regen sind die Bohnen schnell hochgeschossen* **3** *gespr*; ***(irgendwohin) h.*** schnell nach oben laufen: *in den Speicher h.* || NB: Anstelle e-r Richtungsangabe (*in den Speicher usw*) steht *mst* nur e-e Angabe im Akk.: *die Treppe h.* **4** ***etw. schießt hoch*** etw. bewegt sich schnell nach oben, steigt schnell an ⟨der Blutdruck, die Flammen⟩

hoch·schrau·ben *(hat)* [Vt] **1** ***etw. h.*** etw. drehen u. dadurch nach oben bewegen: *den Klavierhocker h.* **2** ***etw. h.*** etw. immer größer / höher werden lassen ⟨seine Ansprüche, seine Erwartungen, die Preise h.⟩; [Vr] **3** ⟨ein (Segel)Flugzeug, ein Vogel⟩ ***schraubt sich hoch*** ein (Segel)Flugzeug, ein Vogel bewegt sich in Form e-r Spirale nach oben

hoch·schre·cken[1]; *schreckt / schrickt hoch, schreckte / schrak hoch, ist hochgeschreckt*; [Vi] (aus Angst *o.Ä.*) sehr schnell aus dem Liegen od. Sitzen aufspringen ≈ auffahren (3), aufschrecken: *Er schreckte aus dem Schlaf hoch*

hoch·schre·cken[2] *(hat)* [Vt] ***j-n / ein Tier h.*** bewirken, dass j-d / ein Tier (aus Angst *o.Ä.*) schnell aufspringt ≈ aufschrecken: *Wild h.*

Hoch·schu·le *die*; e-e Institution, an der man als Erwachsener wissenschaftliche Fächer studieren kann || NB: ↑ ***Universität***, ***Fachhochschule*** || K-: ***Hochschul-, -abschluss, -absolvent, -bildung, -didaktik, -gesetz, -lehrer, -reform, -studium*** || *hierzu* **Hoch·schü·ler** *der*; **Hoch·schü·le·rin** *die* || ↑ Information Seite 516

Hoch·schul|rei·fe *die; Admin geschr* ≈ Abitur ⟨die H. haben⟩

hoch·schwan·ger *Adj; ohne Steigerung, nicht adv*; im 8. od. 9. Monat der Schwangerschaft ⟨h. sein⟩

Hoch·see *die; nur Sg*; die Teile des Meeres, die weit von der Küste u. den Küstengewässern entfernt sind || K-: ***Hochsee-, -fischer, -fischerei, -flotte, -jacht***

Hoch·si·cher·heits|trakt *der*; ein Teil e-s Gefängnisses mit sehr hohen Sicherheitsmaßnahmen

Hoch·sitz *der*; e-e Art Plattform (*z.B.* in e-m Baum), von der aus der Jäger Tiere beobachtet

Hoch·span·nung *die*; **1** *nur Sg*; e-e sehr große Erwartung u. Spannung[1] (1): *Vor seinem Auftritt herrschte H. im Saal* **2** e-e hohe elektrische Spannung[2] || K-: ***Hochspannungs-, -leitung, -mast***

hoch·spie·len *(hat)* [Vt] ***etw. h.*** *gespr*; etw. wichtiger machen, als es eigentlich ist ↔ herunterspielen, bagatellisieren

Hoch·spra·che *die; nur Sg; Ling*; die (*bes* geschriebene) Form e-r Sprache, die keine regionalen od. sozialen Merkmale hat ≈ Standardsprache ↔ Dialekt || *hierzu* **hoch·sprach·lich** *Adj*

Das Hochschulsystem

In Deutschland bewirbt sich etwa jeder Dritte Jugendliche um einen Platz an einer Hochschule. Außer den **Universitäten** und **Technischen Universitäten** gibt es zum Beispiel auch **Technische Hochschulen**, **Pädagogische Hochschulen** oder **Kunst-** und **Musikhochschulen.**
Die **Fachhochschulen** haben eine weitgehend praktische Ausrichtung. Für den Besuch einer Fachhochschule ist kein Abitur erforderlich, viele Studenten haben die Fachhochschulreife an einer Fachoberschule erworben.
Der Großteil der Hochschulen wird von den Bundesländern finanziert. An den staatlichen Einrichtungen ist das Studium kostenlos. Studenten können außerdem vom Staat **BAföG** erhalten. Dies ist eine finanzielle Unterstützung, die ein Stipendium und einen zinslosen Kredit verbindet; der Kredit kann zu günstigen Bedingungen zurückgezahlt werden.
Es wird in **Semestern** studiert. Jedes Semester besteht durchschnittlich aus vier Monaten, in denen man Vorlesungen und Seminare besucht, und zwei weiteren, in denen es keinen Unterricht gibt. Diese vorlesungsfreie Zeit wird von den Studenten genutzt, um ihre Arbeiten zu schreiben, ein Praktikum zu machen oder Geld zu verdienen. Bei fast allen Studiengängen werden ein Hauptfach und ein oder mehrere Nebenfächer belegt. Das Studium besteht im Allgemeinen aus dem Grundstudium, das mit der Zwischenprüfung abgeschlossen wird, und dem Hauptstudium. Der Abschluss variiert von Studiengang zu Studiengang. Es kann ein **Diplom**, ein **Magister** oder ein **Staatsexamen** sein.

Hoch·sprung *der*; *nur Sg*; *Sport*; e-e Disziplin in der Leichtathletik, bei der man über e-e Latte springen muss, die immer höher gelegt wird || *hierzu* **Hoch·sprin·ger** *der*; **Hoch·sprin·ge·rin** *die*

höchst *Adv* ≈ sehr, äußerst ⟨h. erfreut, gefährlich, interessant, leichtsinnig, naiv, ungenau, unwahrscheinlich, zufrieden⟩ || NB: ↑ ***hoch*** (15)

hoch·sta·peln (*hat*) [Vi] **1** so tun, als hätte man e-e hohe gesellschaftliche Position u. viel Geld, obwohl es nicht wahr ist, um so (*bes* finanzielle) Vorteile zu bekommen **2** so tun, als hätte man ein großes Wissen od. bedeutende Dinge getan, obwohl es nicht wahr ist || *hierzu* **Hoch·stap·ler** *der*; *-s, -*; **Hochstap·le·rin** *die*; *-, -nen*; **Hoch·sta·pe·lei** *die*; *-, -en*

hoch·ste·hen (*hat / südd* Ⓐ Ⓒⓗ *ist*) *mst* ***j-s Haare stehen hoch*** j-s Haare stehen weg vom Kopf

hoch·stei·gen (*ist*) [Vi] **1** ↑ ***hoch-***[2] **2** ***etw. steigt in j-m hoch*** ein Gefühl entsteht langsam bei j-m (u. beeinflusst sein Denken u. Handeln) ⟨Ärger, Wut, Freude, Hass *o.Ä.*⟩

höchs·tens *Adv*; **1** ***h.*** + *Zahl* auf keinen Fall mehr, wahrscheinlich aber weniger (als die Zahl angibt) ↔ mindestens: *Sie ist h. 15 Jahre alt*; *Das Auto darf h. 15000 Euro kosten*; *Er trinkt keinen Alkohol, h. einmal ein Glas Sekt zu Silvester* **2** drückt aus, dass nur das Genannte überhaupt in Frage kommt (u. auch das unwahrscheinlich ist): *Dieses Problem könnte h. ein Genie lösen* (= kann praktisch nicht gelöst werden); *H. ein Wunder könnte ihn jetzt noch retten* (= wahrscheinlich kann er nicht mehr gerettet werden)

Höchst·fall *der*; *nur in* ***im H.*** im besten Fall: *Im H. können wir 500 Stück verkaufen*

Höchst·form *die*; *nur Sg*; der Zustand, in dem j-d (*bes* sportlich) am meisten leisten kann ⟨in H. sein; sich in H. befinden⟩

Höchst·ge·schwin·dig·keit *die*; *mst Sg*; die höchste Geschwindigkeit, die möglich od. erlaubt ist

hoch·sti·li·sie·ren; *stilisierte hoch, hat hochstilisiert*; [Vt] ***j-n / etw.*** (***zu etw.***) ***h.*** *pej*; j-n / etw. besser u. wichtiger erscheinen lassen, als er / es in Wirklichkeit ist: *e-n unbedeutenden Klavierspieler zu e-m großen Pianisten h.*

Hoch·stim·mung *die*; *nur Sg*; e-e sehr gute (ausgelassene od. feierliche) Stimmung ⟨in H. sein; es herrscht H.⟩

Höchst·leis·tung *die*; die beste (mögliche) Leistung: *sportliche Höchstleistungen vollbringen*

Höchst·maß *das*; ***ein H.*** (***an etw.*** (*Dat*)) ein sehr hoher Grad (von etw.) ≈ Maximum: *Diese Arbeit fordert ein H. an Konzentration*

Höchst·men·ge *die*; die größte mögliche od. erlaubte Menge: *Was ist die H. an Alkohol, die man zollfrei importieren kann?*

höchst·mög·li·ch- *Adj*; *nur attr, ohne Steigerung, nicht adv* ≈ größtmöglich-

höchst·per·sön·lich, **höchst·per·sön·lich** *Adv*; *oft hum*; selbst, in eigener Person: *Der Chef hat mir h. gratuliert*; *Sie hat h. angerufen*

Höchst·stand *der*; *nur Sg*; der höchste Stand, das höchste Niveau ⟨etw. erreicht den H., ist auf dem (technischen, wissenschaftlichen) H.⟩

Höchst·tem·pe·ra·tur *die*; die höchste (mögliche) Temperatur: *mit Höchsttemperaturen von 30 Grad*

höchst|wahr·schein·lich, **höchst|wahr·schein·lich** *Adv*; sehr wahrscheinlich: *Sie werden h. zu spät kommen*

höchst·zu·läs·si·g- *Adj*; *nur attr, nicht adv, Admin geschr*; so hoch, wie es höchstens erlaubt ist ⟨das Gesamtgewicht, die Geschwindigkeit⟩

Hoch·tal *das*; ein Tal, das in relativ großer Höhe im Hochgebirge liegt

Hoch·tech·no·lo·gie *die*; sehr komplizierte Technologie aufgrund neuester Forschungsergebnisse

Hoch·tou·ren (*die*); *Pl*; *nur in* **1** ***auf H.*** so, dass die Leistung am größten ist ⟨etw. läuft auf H.; j-d arbeitet auf H.; etw. auf Hochtouren bringen; auf H. kommen⟩: *Die Maschine läuft auf H.* **2** ***etw. läuft auf H.*** etw. ist in der Phase der größten Aktivität ⟨die Kampagne, die Vorbereitungen⟩

hoch·tou·rig *Adj*; *mst* ***h. fahren*** so fahren, dass der Motor mit hoher Drehzahl läuft u. man erst sehr spät in e-n höheren Gang schaltet ⟨h. fahren⟩

hoch·tra·bend *Adj*; *pej*; übertrieben vornehm u. feierlich ≈ gespreizt ↔ schlicht ⟨Worte; etw. klingt h.⟩

hoch·trei·ben (*hat*) [Vt] ***etw. h.*** (bewusst) bewirken, dass *bes* Preise, Aktienkurse *o.Ä.* steigen ⟨die Preise, Aktienkurse h.⟩

hoch·ver·dien·t- *Adj*; *nur attr, ohne Steigerung, nicht adv, geschr*; ⟨e-e Persönlichkeit, ein Politiker, ein Wissenschaftler⟩ so, dass sie viel geleistet haben u. dafür geehrt worden sind || NB: aber: *Ihr Sieg war hoch verdient* (getrennt geschrieben)

Hoch·ver·rat *der*; *nur Sg*; ein Verbrechen, bei dem j-d sein Land in (große) Gefahr bringt (*z.B.* weil er feindlichen Staaten geheime Dokumente gibt) ⟨H.

begehen; des / wegen Hochverrats angeklagt sein⟩ || *hierzu* **Hoch·ver·rä·ter** *der*; **hoch·ver·rä·te·risch** *Adj*; *ohne Steigerung, nicht adv*

Hoch·was·ser *das*; *nur Sg*; **1** die Situation, wenn *bes* ein Fluss so viel Wasser hat, dass es zu e-r Überschwemmung kommen kann: *Der Fluss hat H.* **2** ≈ Überschwemmung || K-: ***Hochwasser-, -gefahr, -katastrophe, -schaden, -schutz***

hoch·wer·tig *Adj*; von hoher Qualität ↔ minderwertig ⟨Produkte, Nahrungsmittel, Lebensmittel, Stahl, Textilien; sich h. ernähren (= mit hochwertigen Lebensmitteln)⟩: *hochwertige Stoffe*

hoch·wol·len *(hat)* [Vi] *gespr*; **1** ↑ ***hoch-***[2] **2** ***(aus etw.) h.*** aufstehen wollen, sich aufsetzen wollen

Hoch·wür·den *mst in* ***Euer H.!*** *veraltend*; verwendet als Anrede für katholische u. höhere evangelische Geistliche

Hoch·zahl *die*; *Math*; die Zahl, die angibt, wie oft man e-e Zahl mit sich selbst multiplizieren muss ≈ Exponent (1)

Hoch·zeit[1] *die*; *-, -en*; **1** *mst Sg*; die Zeremonie, bei der ein Mann u. e-e Frau auf dem Standesamt od. in der Kirche erklären, dass sie ihr Leben zusammen verbringen wollen ≈ Heirat, Trauung, Eheschließung ↔ Scheidung ⟨die kirchliche, standesamtliche H.⟩ || K-: ***Hochzeits-, -bild, -brauch, -feier, -fest, -foto, -gast, -geschenk, -kleid, -kutsche, -paar, -reise*** **2** e-e Feier, die am Tag von j-s H. (1) stattfindet ⟨H. feiern, halten; e-e H. ausrichten, (j-n) zur H. (ein)laden⟩ || K-: ***Hochzeits-, -mahl, -tafel*** **3** ***(die) silberne / goldene / diamantene / eiserne H.*** der 25. / 50. / 60. / 65. Jahrestag e-r H. (1) od. e-e Feier an diesem Tag || ID *mst* ***nicht auf zwei Hochzeiten tanzen können*** *gespr*; zwei Dinge nicht gleichzeitig machen können || *zu* **1** u. **2** **hoch·zeit·lich** *Adj*; *ohne Steigerung*

Hoch·zeit[2] *die*; *geschr* ≈ Blütezeit

Hoch·zei·ter *der*; *-s, -*; *südd* Ⓐ Ⓒⓗ ≈ Bräutigam || *hierzu* **Hoch·zei·te·rin** *die*; *-, -nen*

Hoch·zeits|nacht *die*; die erste Nacht nach der Hochzeit, die ein Paar miteinander verbringt

Hoch·zeits|tag *der*; **1** der Tag der Hochzeit (1) **2** ein Jahrestag e-r Hochzeit: *den fünften H. feiern*

Ho·cke *die*; *-*; *nur Sg*; **1** die Körperhaltung, in der man hockt (1) ⟨in der H. sitzen; in die H. gehen⟩ **2** *Sport*; ein Sprung über ein Gerät mit angewinkelten Beinen ⟨e-e H. über den Kasten, das Pferd machen⟩

ho·cken; *hockte, hat / ist gehockt*; [Vi] **1** ***(irgendwo) h.*** *(hat / südd* Ⓐ Ⓒⓗ *ist)* die Knie so beugen, dass man auf den Unterschenkeln sitzt ≈ in der Hocke sitzen: *Sie hockte auf dem Boden u. pflückte Erdbeeren* **2** ***irgendwo h.*** *(hat / südd* Ⓐ Ⓒⓗ *ist) gespr*; so (*mst* auf dem Boden) sitzen, dass die Beine an den Körper herangezogen sind ≈ kauern: *Sie hockten um das Lagerfeuer u. wärmten sich die Hände* **3** ***irgendwo h.*** *(ist) südd* Ⓐ ≈ sitzen (1): *auf der Bank h.* **4** ***irgendwo h.*** *(hat / südd* Ⓐ *ist) gespr, mst pej*; längere Zeit immer nur an ein u. demselben Ort bleiben: *Sie hockt jeden Abend zu Hause u. geht nie aus*; *Er hockt stundenlang vor dem Fernseher* **5** ***über etw.*** *(Akk)* ***h.*** *(ist) Sport*; e-e Hocke (2) machen: *über das Pferd h.*; [Vr] *(hat)* **6** ***sich irgendwohin h.*** sich in hockender (1) Stellung an e-n bestimmten Platz setzen: *Er hockte sich vor die Katze u. kraulte sie* **7** ***sich irgendwohin h.*** *gespr*; sich in hockender (2) Stellung an e-n bestimmten Platz setzen: *Sie hockte sich vor den Kamin* **8** ***sich irgendwohin h.*** *südd* Ⓐ ≈ sich irgendwohin setzen (1): *Hock dich auf den Stuhl!*

Ho·cker *der*; *-s, -*; **1** ein Stuhl ohne Lehne (oft mit drei Beinen): *auf e-m H. am Klavier sitzen* || -K: ***Bar-, Klavier-, Küchen-*** **2** ein niedriger H. (1), auf den man *z.B.* steigt, wenn man etw. in der Höhe erreichen will ≈ Schemel ⟨auf e-n H. steigen⟩ || ID ***etw. reißt j-n nicht vom H.*** *gespr*; etw. interessiert j-n nicht od. gefällt ihm nicht sehr

Hocker

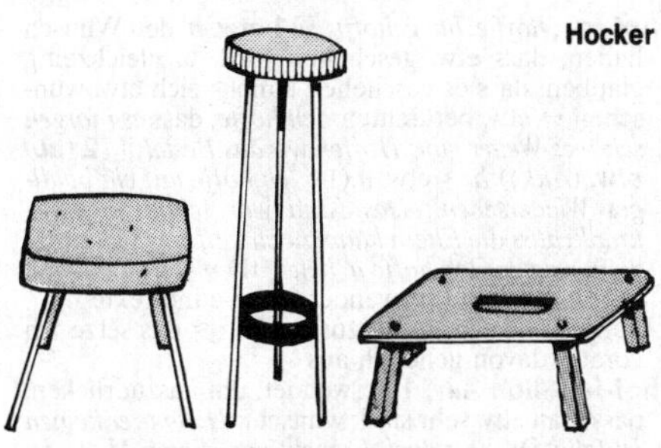

der Hocker(1) der Barhocker der Schemel

Hö·cker *der*; *-s, -*; **1** e-e Art kleiner Buckel (aus Fett) auf dem Rücken von Kamelen u. Dromedaren: *Das Kamel hat zwei Höcker* **2** e-e kleine, ziemlich feste Erhöhung an irgendeinem Teil des Körpers: *Vom vielen Schreiben hat er e-n H. am Finger bekommen*

hö·cke·rig *Adj*; *nicht adv*; **1** mit einem od. mehreren Höckern (2) ⟨e-e Nase⟩ **2** nicht eben ≈ bucklig, holperig ⟨ein Boden⟩

Ho·ckey ['hɔki, 'hɔke] *(das)*; *-s*; *nur Sg*; ein Spiel, bei dem zwei Mannschaften versuchen, e-n kleinen Ball mit Stöcken ins gegnerische Tor zu schlagen ⟨H. spielen⟩ || K-: ***Hockey-, -schläger, -spieler*** || -K: ***Eis-, Feld-, Rasen-***

höck·rig *Adj*; ↑ ***höckerig***

Ho·den *der*; *-s, -*; *mst Pl*; der Teil der (Geschlechts)Organe bei Männern, in dem die Samen produziert werden || ↑ *Abb. unter* ***Mensch***

Ho·den·sack *der*; die Hülle aus Haut, in der sich die Hoden befinden

Hof *der*; *-(e)s*; *Hö·fe*; **1** e-e Fläche hinter e-m Haus od. zwischen Häusern, die von Mauern *o.Ä.* umgeben ist (u. die von den Hausbewohnern zu verschiedenen Zwecken benutzt wird) ↔ Garten ⟨ein gepflasterter, geteerter H.; auf dem / im H. spielen; Fahrräder im H. abstellen, Wäsche im H. aufhängen⟩: *Das Fenster geht auf den / zum H. hinaus* || K-: ***Hof-, -tor*** || -K: ***Hinter-***; ***Schul-*** **2** das Haus e-s Bauern mit den Ställen, dem Garten, den (angrenzenden) Feldern *usw* ≈ Gehöft ⟨e-n H. erben, pachten, verpachten; in e-n H. einheiraten⟩: *Nur noch wenige Höfe im Dorf werden bewirtschaftet* || K-: ***Hof-, -erbe***; ***-hund*** || -K: ***Bauern-, Guts-*** **3** der Ort u. die Häuser, in denen ein König, Fürst *o.Ä.* lebt u. von wo aus er ein Gebiet regiert ⟨der königliche, kaiserliche H.; bei Hofe / am H. eingeführt werden; am H. leben⟩: *der H. Ludwigs XIV. in Versailles* || K-: ***Hof-, -adel, -dame, -gesellschaft, -garten, -kirche, -lieferant, -narr, -poet*** || -K: ***Fürsten-, Kaiser-, Königs-*** **4** *nur Sg*, *Kollekt*; die Personen, die am Hof (3) e-s Herrschers leben ≈ Hofstaat: *Die Schauspieltruppe führte ihr Stück vor dem H. des Königs auf* **5** *nur Sg*; ein heller Bereich *bes* um den Mond, der wie Nebel aussieht **6** *nur Sg*; verwendet als Teil von Namen von Gasthöfen u. Hotels: *im Bamberger H. absteigen* || ID ***j-m den H. machen*** *veraltend*; als Mann charmant um e-e Frau werben

Hof hal·ten; *hält Hof, hielt Hof, hat Hof gehalten*; [Vi] ⟨ein Fürst, ein König⟩ ***hält (irgendwo) Hof***

hist; ein Fürst, ein König *o.Ä.* ist mit seinem Hofstaat irgendwo u. regiert: *Karl der Große hielt in Aachen Hof* || *hierzu* **Hof·hal·tung** *die*; *nur Sg*

hof·fen; *hoffte, hat gehofft*; [Vi] **1** ***etw. h.*** den Wunsch haben, dass etw. geschehen wird, u. gleichzeitig glauben, dass es geschehen kann ≈ sich etw. wünschen ↔ etw. befürchten: *Ich hoffe*, dass *es morgen schönes Wetter gibt*; *Hoffen wir das Beste!*; [Vi] **2** (***auf etw.*** (*Akk*)) ***h.*** ≈ etw. h.(1): *Ich hoffe auf ein baldiges Wiedersehen!*; *Das Kind war schon so lange krank, dass die Eltern kaum noch (auf e-e Genesung) zu h. wagten*; *Ich hoffe u. bete* || ID *mst* ***Das will ich*** (***doch stark***) ***h.!*** verwendet, um e-e indirekte Drohung od. Warnung auszusprechen ≈ das setze ich voraus, davon gehe ich aus

hof·fent·lich *Adv*; **1** verwendet, um auszudrücken, dass man etw. sehr stark wünscht: *H. hatte er keinen Unfall!*; *Du hast doch h. nicht vor, diesen Mann zu heiraten?* **2** verwendet als Antwort auf e-e (Entscheidungs)Frage, um e-n leichten Zweifel auszudrücken: „*Kann er das Fahrrad reparieren?*" - „*H.!*"

Hoff·nung *die*; -, *-en*; **1** ***e-e H.*** (***auf etw.*** (*Akk*)) der starke Wunsch od. Glaube, dass etw. geschehen wird ⟨e-e begründete, berechtigte, falsche, schwache H.; sich / j-m Hoffnung(en) machen; in j-m Hoffnung(en) (er)wecken; H. schöpfen; (keine, wenig) H. haben; j-m e-e / die H. nehmen; die H. aufgeben, verlieren⟩: *Es gibt kaum noch H.*, dass *er gesund wird*; *Sie ging voller H. in die Prüfung*; *Mach dir keine falschen Hoffnungen!* **2** j-d / etw., von dem man e-e gute Leistung od. Hilfe erwartet: *Er ist die große H. seiner Eltern, er soll einmal ein berühmter Künstler werden*; *Du bist / das ist meine letzte H.!* **3** ***H. in j-n / etw. setzen*** von j-m / etw. e-e gute Leistung od. Hilfe erwarten **4** ***guter H. sein*** *veraltend euph*; (als Frau) ein Kind erwarten, schwanger sein || *zu* **1** **hoff·nungs·los** *Adj*; **hoff·nungs·voll** *Adj*

hoff·nungs·froh *Adj*; *geschr*; voller Hoffnung ≈ optimistisch ⟨h. in die Zukunft blicken⟩

Hoff·nungs·schim·mer *der*; *geschr*; ein bisschen Hoffnung

Hoff·nungs·trä·ger *der*; j-d, von dem man viel (an Leistung od. Hilfe) erwartet

ho·fie·ren; *hofierte, hat hofiert*; [Vt] ***j-n h.*** sehr hilfsbereit u. höflich zu j-m sein u. ihm schmeicheln ⟨seinen Chef, e-n Gönner h.⟩

hö·fisch *Adj*; **1** *hist*; so, wie es an e-m Hof (3) üblich war ↔ bürgerlich ⟨Sitten, Manieren, ein Tanz⟩ **2** *Lit*; der Kultur u. den Idealen der ritterlichen Gesellschaft des Mittelalters entsprechend ⟨die Dichtung, die Epik, die Kunst⟩

Hof·knicks *der*; *hist*; e-e Art Knicks, mit dem Frauen e-n Fürsten (u. seine Familie) begrüßen mussten

höf·lich *Adj*; ***h.*** (***zu j-m***) von e-m Verhalten geprägt, das auf die Gefühle anderer Menschen Rücksicht nimmt u. den sozialen Normen entspricht ≈ rücksichtsvoll, zuvorkommend ↔ unhöflich ⟨e-e Antwort, ein Benehmen, e-e Geste, ein Gruß; ein Mensch; (j-n) h. um etw. bitten, j-n h. grüßen; sich h. bedanken; ausgesucht, übertrieben h. sein; so h. sein, etw. zu tun⟩: *Er war so h., mir die Tür aufzuhalten*; *Als höflicher Mensch unterbricht er nie ein Gespräch*

Höf·lich·keit *die*; -, *-en*; **1** ***H.*** (***j-m gegenüber***) *nur Sg*; ein höfliches Benehmen ⟨j-n mit ausgesuchter, großer, übertriebener H. begrüßen, behandeln; es nicht an H. fehlen lassen; etw. aus reiner / nur aus H. tun⟩ || K-: ***Höflichkeits-, -besuch, -bezeigung, -floskel*** **2** *mst Pl*; höfliche, aber *mst* nichts sagende (unverbindliche) Worte ⟨Höflichkeiten austauschen⟩ || *zu* **1** **höf·lich·keits·hal·ber** *Adv*

Höf·ling *der*; *-s*, *-e*; *hist*; j-d, der zum Hofstaat e-s Fürsten *o.Ä.* gehörte

Hof·rat *der*; Ⓐ **1** ein (Ehren)Titel für Beamte **2** j-d, der den Titel „H."(1) trägt

Hof·staat *der*; *-s*; *nur Sg*, *Kollekt*; alle Personen, die am Hof (3) e-s Fürsten *o.Ä.* leben: *Der König u. sein ganzer H. versammelten sich im Thronsaal*

hoh- ↑ ***hoch***

Hö·he ['hø:ə] *die*; -, *-n*; **1** die Ausdehnung von etw. nach oben ↔ Tiefe: *e-e Mauer von zwei Meter H.*; *Dieser Berg hat e-e H. von 3000 Metern*; *die Länge, Breite u. H. e-s Schranks abmessen* || ↑ *Abb. unter* ***geometrische Figuren*** || K-: ***Höhen-, -angabe, -unterschied***; ***höhen-, -gleich*** || -K: ***Schrank-, Stuhl-, Tisch-*** *usw* **2** die Entfernung, die etw. von e-m bestimmten Punkt (*mst* der Erdoberfläche, des Meeresspiegels) hat, der darunterliegt ⟨etw. fliegt, liegt in großer H.; etw. befindet sich in e-r bestimmten H.⟩: *etw. aus großer H. fallen lassen*; *Der Ort liegt in sechshundert Meter H. (über dem Meeresspiegel)* || K-: ***Höhen-, -lage, -messer, -unterschied, -wanderung, -weg, -wind*** || -K: ***Augen- , Brust-, Knie-, Schulter-; Flug-, Meeres-, Wasser-*** **3** e-e (mathematische) Größe, die sich messen u. in Zahlen darstellen lässt ⟨die H. e-s Betrags, e-s Drucks, e-s Lohnes, e-r Steuer, e-r Temperatur; die H. bestimmen, ermitteln, festlegen, variieren, verändern⟩: *Die H. der Preise richtet sich nach Angebot u. Nachfrage* || -K: ***Druck-, Preis-, Schadens-, Temperatur-*** **4** *geschr*; ein Punkt od. e-e Gegend, die (weit) über e-e Ebene herausragen, *z.B.* ein Hügel ≈ Anhöhe ⟨e-e H. erklimmen, ersteigen; auf e-r H. stehen⟩: *Er machte e-e Wanderung zur H. der Klippe* || -K: ***Berges-, Pass-, Waldes-*** **5** die Frequenz, die ein Geräusch hat ⟨die H. e-s Tons⟩: *beim Singen nicht die richtige H. treffen* || -K: ***Ton-*** **6** *nur Pl*; ***die Höhen*** alle hohen Töne (*z.B.* in e-m Musikstück) im Gegensatz zu den mittelhohen u. tiefen Tönen **7** *nur Sg*; ein bestimmtes, relativ gutes Niveau ⟨(etw. hat) e-e beachtliche, beträchtliche H.⟩: *Der technische Fortschritt hat in den letzten Jahrzehnten e-e gewaltige H. erreicht* **8** ***auf der H.*** + *Gen* / ***von j-m / etw.***; ***auf gleicher H.*** (***mit j-m / etw.***) auf derselben (gedachten) Linie wie j-d / etw.: *Sie parkte das Auto auf der H. der evangelischen Kirche*; *Die beiden Pferde befinden sich kurz vor der Ziellinie auf gleicher H.* **9** *Math*; der senkrechte Abstand, den der äußerste Punkt e-r Figur von der Grundlinie od. Grundfläche hat ⟨die H. e-s Dreiecks, e-r Pyramide; die H. bestimmen, errechnen, ermitteln, messen, einzeichnen⟩ **10** *Astronomie*; der Abstand, den ein Planet, ein Stern *o.Ä.* vom Horizont hat: *Die Venus steht gerade in einundzwanzig Grad, sechzehn Minuten (21°16') H.* **11** ***auf der H.*** + *Gen*; am höchsten Punkt e-r Entwicklung ≈ Höhepunkt: *Er befindet sich auf der H. seines Ruhms* || ID ***Das ist*** (***ja***) ***die H.!*** *gespr*; verwendet, um seine Empörung auszudrücken ≈ das geht zu weit, das ist unerhört; ***auf der H. der Ereignisse sein*** über ein aktuelles Thema informiert sein ≈ auf dem Laufenden sein; ***etw. ist auf der H. der Zeit*** etw. entspricht e-m bestimmten Stand der Entwicklung; ***nicht*** (***ganz***) ***auf der H. sein*** *gespr*; nicht ganz gesund sein

Ho·heit *die*; -, *-en*; **1** ***die H.*** (***über etw.*** (*Akk*)) *nur Sg*; das Recht (e-s Staates), ein bestimmtes Gebiet zu regieren, u. die Verpflichtung, es zu schützen ≈ Souveränität ⟨die H. über ein Land, ein Meeresgebiet; die H. e-s Landes anerkennen; ein Land steht unter j-s H.⟩: *Die eroberten Gebiete wurden unter die H. der Siegermächte gestellt* || K-: ***Hoheits-,***

-gebiet, -gewalt, -gewässer, -recht, -träger, -zeichen || -K: ***Finanz-, Gerichts-*** **2** *nur Sg*; *geschr*; der vornehme u. edle Charakter ≈ Erhabenheit, Würde ⟨die H. e-r Erscheinung, e-r Persönlichkeit, e-s Amtes⟩ **3** ein Angehöriger e-r adeligen (regierenden) Familie **4** verwendet als Anrede für e-e H. (3) ⟨Eure H.⟩ || *zu* **2 ho·heits·voll** *Adj*

Hö·hen·angst *die*; *nur Sg*; die Angst davor, *z.B.* von e-r Brücke od. e-m Berg nach unten zu sehen

Hö·hen·flug *der*; **1** ein Flug in großer Höhe **2** *mst pej od iron*; die Wanderung von j-s Gedanken in sehr unrealistische, phantastische Bereiche ⟨j-s geistige Höhenflüge⟩ **3** ein großer Erfolg: *sein H. wurde gebremst*

Hö·hen·krank·heit *die*; *nur Sg*; ein Gefühl der Übelkeit (wegen e-s Mangels an Sauerstoff), das manche Menschen bekommen, wenn sie auf sehr hohen Bergen sind

Hö·hen·luft *die*; *nur Sg*; die Luft im Hochgebirge mit relativ wenig Sauerstoff ⟨die H. nicht vertragen; sich an die H. gewöhnen, anpassen (müssen)⟩

Hö·hen·son·ne *die*; **1** *nur Sg*; das Licht der Sonne im Gebirge, das ziemlich viel ultraviolette Strahlen enthält **2** ® ein Gerät, das Licht mit viel ultravioletten Strahlen erzeugt u. so bestimmte Krankheiten heilen kann ⟨unter der H. liegen; von e-r H. bestrahlt werden⟩

hö·hen|ver·stell·bar *Adj*; ⟨e-e Lampe, ein Sitz⟩ so, dass man ihre Höhe ändern kann

Hö·he·punkt *der*; **1** ***der H.*** + *Gen* / ***der H. in etw.*** (*Dat*) der wichtigste (u. schönste) Teil e-r Entwicklung od. e-s Vorgangs ⟨der dramatische, musikalische H.; etw. geht seinem H. zu, erreicht e-n H.; auf dem H. seiner Karriere, Laufbahn sein⟩: *Die Wahl zum Präsidenten stellte den H. (in) seiner politischen Laufbahn dar* **2** ≈ Orgasmus ⟨zum H. kommen⟩

hö·her ['hø:ɐ] *Komparativ*; ↑ ***hoch***

> **hö·her grup·pie·ren**; *gruppierte höher, hat höher gruppiert*; [Vt] ***j-n h. g.*** j-n in e-e höhere Tarifgruppe einstufen ≈ höher stufen || *hierzu* **Hö·her·grup·pie·rung** *die*
>
> **hö·her stu·fen**; *stufte höher, hat höher gestuft*; [Vt] ***j-n h. s.*** ≈ höher gruppieren ↔ j-n zurückstufen || *hierzu* **Hö·her·stu·fung** *die*

hö·he·rer·seits *Adv*; *geschr*; von e-r höheren (vorgesetzten) Dienststelle od. von e-m Vorgesetzten aus ⟨etw. wird h. angeordnet, befohlen, verfügt⟩

hohl *Adj*; **1** innen leer, ohne Inhalt ⟨ein Baum, ein Zahn⟩: *Die Mauer klingt an dieser Stelle h.* || K-: ***Hohl-, -körper, -raum*** **2** nach innen gebogen ≈ konkav ↔ konvex ⟨ein hohles Kreuz, hohle Wangen haben⟩: *Sie schöpfte mit der hohlen Hand Wasser aus dem Bach* || K-: ***Hohl-, -spiegel*** **3** ⟨ein Klang, ein Gelächter⟩ so, dass es klingt, als kämen sie aus e-m leeren Raum ↔ dumpf **4** *pej*; ohne wichtigen (geistigen) Inhalt ≈ leer, nichts sagend ⟨ein Gerede, Phrasen⟩ || *zu* **4 Hohl·heit** *die*; *nur Sg*

hohl·äu·gig *Adj*; mit Augen, die tief (im Kopf) liegen (infolge von Krankheit od. Unterernährung) ⟨Kinder, ein Gesicht⟩

Höh·le *die*; -, *-n*; **1** ein Raum unter der Erde od. in e-m Berg, Felsen *usw* ⟨e-e (unterirdische) H. entdecken, erforschen⟩: *Die Steinzeitmenschen lebten in Höhlen* || -K: ***Bären-, Dachs-, Fuchs-, Wolfs-; Erd-*** **2** *Kurzw* ↑ ***Augenhöhle*** ⟨j-s Augen liegen tief in ihren Höhlen⟩ **3** *pej*; e-e dunkle, feuchte, ärmliche Wohnung ⟨in e-r muffigen H. hausen, wohnen⟩ **4** *gespr*; *mst* j-s eigenes Zimmer od. seine Wohnung, wo er sich geborgen fühlt ⟨sich in seine(r) H. verkriechen⟩ || ID *mst* ***sich in die H. des Löwen wagen*** *hum*; mutig zu j-m hingehen, vor dem man Angst hat || ID ↑ ***aushöhlen***

Höh·len·ma·le·rei *die*; **1** e-e Art der Malerei, bei der Menschen alter Kulturen Bilder an die Wände ihrer Höhlen malten **2** *mst Pl*; ein Bild in dieser Art

Hohl·kopf *der*; *gespr pej* ≈ Dummkopf

Hohl·kreuz *das*; e-e Wirbelsäule, die im Bereich des unteren Rückens stark nach vorn gebogen ist ⟨ein H. haben, machen⟩

Hohl·maß *das*; **1** e-e (Maß)Einheit, mit der man angibt, wie groß das Volumen von etw. ist ≈ Raummaß: *Kubikmeter u. Liter sind Hohlmaße* **2** ein Gefäß mit e-r Skala, mit dem man *bes* die Menge e-r Flüssigkeit messen kann

Höh·lung *die*; -, *-en*; *geschr*; e-e *mst* natürlich entstandene kleine Höhle (1) in e-m Baum od. Felsen: *Viele Seevögel nisten in Höhlungen in der Felswand*

hohl·wan·gig *Adj*; *nicht adv*; sehr mager im Gesicht, mit eingefallenen Wangen (infolge von Krankheit od. Unterernährung)

Hohl·weg *der*; ein Weg zwischen steilen Felswänden

Hohn *der*; -(*e*)*s*; *nur Sg*; böser Spott, der mit Verachtung gemischt ist ⟨beißender, blanker, kalter, offener, unverhüllter H.; j-d / etw. erntet nur Spott u. H.⟩ || K-: ***Hohn-, -gelächter*** || ID *mst* ***Das ist ja der blanke, reine H.!*** das ist ohne jede Vernunft, das ist völlig absurd

> **Hohn spre·chen**; *spricht Hohn, sprach Hohn, hat Hohn gesprochen*; [Vi] ***etw. spricht etw.*** (*Dat*) ***Hohn*** *geschr*; etw. steht im Widerspruch zu etw. u. macht es dadurch lächerlich u. unglaubwürdig: *Diese Theorie spricht allen empirischen Ergebnissen Hohn* || NB: im Infinitiv u. Partizip I auch zusammengeschrieben: *allem Recht hohnsprechen*

höh·nen; *höhnte, hat gehöhnt*; [Vt] ***etw. h.*** *geschr*; etw. voller Hohn sagen: *„Das geschieht dir ganz recht", höhnte sie* || NB: das Objekt ist *mst* ein Satz || ► ***verhöhnen***

höh·nisch *Adj*; voller Hohn ≈ spöttisch ⟨ein Grinsen, ein Lachen, e-e Bemerkung, e-e Antwort; h. grinsen, lachen⟩

hohn·lä·chelnd *Adv*; *geschr*; mit e-m höhnischen Lächeln ⟨j-m etw. h. zur Antwort geben⟩

hohn·la·chend *Adv*; *geschr*; mit e-m höhnischen Lachen

ho·ho! *Interjektion*; *gespr*; verwendet, um Erstaunen od. Protest auszudrücken

hoi! [hɔy] *Interjektion*; *gespr*; drückt aus, dass man überrascht u. / od. erfreut ist

Ho·kus·po·kus *der*; -; *nur Sg*; **1** *gespr pej*; ein übertriebenes, lächerliches Zeremoniell, das die Leute amüsieren soll: *Der Sänger begleitete seinen Auftritt mit viel H.* **2** Zauberei od. Tricks: *Er macht den Kindern allerlei H. vor* **3** *ohne Artikel*, *gespr hum*; verwendet als Formel, die man spricht, wenn man e-n (Zauber)Trick zeigt: *H., da ist das Kaninchen!*

hold *Adj*; *geschr*; **1** sehr zart u. hübsch ≈ anmutig ⟨ein Kind, ein Lächeln⟩ **2 *das Glück ist j-m*** (***nicht***) ***h.*** j-d hat (kein) Glück

ho·len; *holte, hat geholt*; [Vt] **1 *j-n / etw. h.*** irgendwohin gehen, wo e-e Person od. Sache ist, u. sie mit sich zurückbringen ↔ (weg)bringen: *Kartoffeln aus dem Keller h.*; *j-n ans Telefon h.* **2 *etw. aus etw. h.*** etw. aus e-m Behälter (heraus)nehmen: *den Schlüssel aus der Tasche h.*; *Milch aus dem Kühlschrank h.* **3 *j-n h.*** j-n (durch e-en Anruf *o.Ä.*) veranlassen zu kommen ≈ kommen lassen, rufen ⟨den Arzt, den Klempner, die Polizei h.⟩: *Der Pfarrer* *wurde ans Bett des Sterbenden geholt* **4** ***etw. h.*** *gespr* ≈ einkaufen: *Brötchen h.* **5** ***j-n zu sich h.*** j-m erlauben, in seinem Haushalt zu wohnen: *Als ihre Eltern starben, holte der Bruder die Kinder zu sich* **6** ***j-n aus dem Bett h.*** j-n veranlassen, aus dem Bett aufzustehen: *Der Telefonanruf hat mich mitten in der Nacht aus dem Bett geholt* **7** ***Atem / Luft h.*** ≈ einatmen ⟨tief Atem / Luft h.⟩ **8** (***sich*** (*Dat*)) ***etw. h.*** (bei e-m Wettbewerb, beim Sport *usw*) etw. gewinnen ⟨e-e Medaille, e-n Preis, e-n Titel h.⟩: *Der Verein hat (sich) mit diesem Spiel die Meisterschaft geholt* **9** ***sich*** (*Dat*) ***etw. h.*** *gespr*; sich mit etw. infizieren u. krank werden ⟨sich die Grippe, e-n Schnupfen *usw* h.⟩ **10** ***sich*** (*Dat*) ***etw. h.*** sich etw. geben lassen ⟨sich Anregungen, (e-n) Rat, Tipps (von j-m) h.⟩ || ID *mst* ***Bei dem / der ist nichts*** (***mehr***) ***zu h.*** *gespr*; er / sie hat kein Geld mehr (das man ihm wegnehmen könnte)

H

hol·la! *Interjektion*; verwendet, um Überraschung auszudrücken

Höl·le *die*; -; *nur Sg*; **1** der Ort, von dem man (in manchen Religionen) glaubt, dass dort nach dem Tod die Seelen der Menschen für ihre Sünden bestraft werden ↔ Himmel ⟨in die H. kommen; zur H. fahren⟩ || K-: ***Höllen-, -feuer, -qualen*** **2** ein Ort od. ein Zustand, in dem man sehr viel leidet ⟨etw. ist für j-n die H.; j-m das Leben zur H. machen⟩ || ID ***j-m die H. heiß machen*** *gespr*; j-m durch Drohungen Angst machen; *mst* ***Hier ist die H. los*** *gespr*; hier ist großer Lärm u. ein (hektisches) Durcheinander

Hö̩l·len- *im Subst, wenig produktiv, gespr*; verwendet, um Substantive (*mst* mit negativem Inhalt) zu verstärken ≈ Heiden-, Mords-; die ***Höllenangst***, der ***Höllenkrach***, der ***Höllenlärm***, der ***Höllenspektakel***, das ***Höllentempo***

hö̩l·lisch *Adj*; **1** zur Hölle gehörig ⟨das Feuer⟩ **2** *gespr*; (im negativen Sinn) sehr stark, sehr groß ⟨Angst, Schmerzen, e-e Hitze, ein Lärm, ein Tempo⟩ **3** *nur adv, gespr*; verwendet, um Verben u. Adjektive zu verstärken ≈ sehr ⟨h. aufpassen, sich h. anstrengen, sich h. freuen; es ist h. heiß, kalt⟩: *Die Wunde tut h. weh*

Ho̩lm *der*; -(*e*)*s*, -*e*; einer der beiden langen Teile e-r Leiter: *E-e Leiter besteht aus zwei Holmen u. mehreren Sprossen*

Ho·lo·caust ['hoːlokaust] *der*; -(*s*), -*s*; **1** *nur Sg, hist*; der Massenmord an den Juden zur Zeit des Nationalsozialismus **2** das Töten e-r sehr großen Zahl von Menschen ≈ Massenvernichtung ⟨ein atomarer H.⟩

ho̩l·pe·rig *Adj*; ↑ ***holprig***

ho̩l·pern; *holperte, hat / ist geholpert*; [Vi] **1** ⟨ein Fahrzeug⟩ ***holpert irgendwohin*** (*ist*) ein Fahrzeug bewegt sich auf e-m unebenen Weg ruckartig auf u. ab ⟨ein Karren, ein Wagen⟩: *Die Kutsche holperte / Wir holperten* (= unser Wagen holperte) *über das Pflaster* **2** ***etw. holpert*** (*hat*) etw. bewegt sich während e-r Fahrt ruckartig auf u. ab: *Da sein Anhänger zu sehr holperte, fiel die Ladung herunter*

ho̩lp·rig *Adj*; **1** *nicht adv*; voller Löcher u. Unebenheiten ≈ uneben ⟨e-e Gasse, ein Pfad, ein Weg⟩: *auf e-m holprigen Pflaster fahren* **2** so, dass man noch viele Pausen beim Sprechen macht od. machen muss ≈ stockend ↔ flüssig ⟨h. lesen, sprechen, vortragen⟩: *Mein Italienisch ist noch ziemlich h.*

hol·ter·die·po̩l·ter *Adv*; *gespr* ≈ überstürzt, Hals über Kopf ⟨etw. h. machen; etw. geht h.⟩

Ho·lu̩n·der *der*; -*s*; *nur Sg*; **1** ein Strauch od. kleiner Baum mit kleinen schwarzen Beeren || K-: ***Holunder-, -beere, -blüte*** **2** die Beeren des Holunders (1) || K-: ***Holunder-, -saft, -tee***

Ho̩lz *das*; -*es*, *Höl·zer*; **1** *nur Sg*; das Material, aus dem Äste u. Stämme von Bäumen bestehen u. aus dem man *z.B.* Möbel u. Papier macht ⟨dunkles, helles, gemasertes, hartes, weiches, dürres, trockenes H.; H. hacken, sägen, spalten, stapeln; (etw. aus) H. schnitzen⟩: *ein Schrank aus massivem H.*; *H. für ein Lagerfeuer sammeln* || K-: ***Holz-, -bank, -bein, -blasinstrument, -brett, -brücke, -figur, -fußboden, -gerüst, -hammer, -haus, -hütte, -industrie, -kiste, -klotz, -kreuz, -scheit, -schnitzer, -schnitzerei, -schuhe, -schuppen, -ski, -span, -splitter, -stapel, -stück, -zaun***; ***holz-, -geschnitzt, - getäfelt, -verkleidet*** || -K: ***Buchen-, Eichen-*** *usw*; ***Bau-, Brenn-, Möbel-***; ***Hart-, Weich-*** || NB: Als Plural wird *Holzarten* od. *Holzsorten* verwendet **2** *mst Pl*; e-e bestimmte Sorte H. (1): *für den Geigenbau nur beste Hölzer verwenden*; *Mahagoni u. Teak sind edle Hölzer* || -K: ***Edel-, Laub-, Nadel-*** **3** *veraltend* ≈ Wald ⟨ins H. gehen, fahren⟩ **4** ***H. machen*** Bäume fällen *od.* Brennholz klein hacken || ID ***etw. ist viel H.*** *gespr*; etw. ist e-e große Menge Geld, Arbeit *o.Ä.*; ***j-d ist aus hartem / weichem H. geschnitzt*** j-d ist körperlich u. geistig sehr belastbar / nicht sehr belastbar, hat e-n festen Charakter / ist charakterlich nicht gefestigt; ***j-d ist aus anderem / dem gleichen H. geschnitzt*** j-d ist charakterlich ganz anders als / genau so wie e-e bestimmte andere Person; ***j-d steht wie ein Stück H. da*** j-d steht steif u. unbeweglich da; ***H. sägen*** *gespr hum* ≈ schnarchen; (***viel***) ***H. vor der Hütte haben*** *gespr hum*; (von Frauen) e-n großen Busen haben || ► ***Gehölz***, ***hölzern***

Hö̩lz·chen *das*; -*s*, -; **1** ein kleines Stück Holz **2** ≈ Zündholz: *e-e Lokomotive aus H. basteln*

hö̩l·zern *Adj*; **1** *nur attr, nicht adv*; aus Holz (1) ⟨e-e Brücke, ein Spielzeug⟩ **2** ⟨Bewegungen⟩ ungeschickt u. steif ≈ linkisch ↔ geschmeidig: *sich h. verbeugen* **3** ≈ taktlos, ungeschickt (3) ↔ gewandt ⟨sich h. benehmen⟩

Ho̩lz·fäl·ler *der*; -*s*, -; j-d, dessen Beruf es ist, Bäume zu fällen

Ho̩lz·ham·mer|me·tho·de *die*; *pej*; e-e plumpe, nicht sehr taktvolle Methode, seine Meinung durchzusetzen u. j-n von etw. zu überzeugen ⟨die H. anwenden, nach der H. vorgehen⟩

ho̩l·zig *Adj*; *nicht adv*; **1** so hart wie Holz ≈ verholzt ⟨ein Stängel⟩ **2** hart u. trocken u. deshalb schwer zu kauen

Ho̩lz·koh·le *die*; *nur Sg*; e-e sehr leichte Kohle, die man *bes* beim Grillen od. zum Zeichnen verwendet || K-: ***Holzkohlen-, -grill***

Ho̩lz·schnitt *der*; **1** *nur Sg*; e-e grafische Technik, bei der man ein Bild (seitenverkehrt) mit e-m scharfen Messer aus e-r Holzplatte herausschneidet. Die Holzplatte wird dann gefärbt u. dient für den Druck des Bildes **2** ein Blatt, das in der Technik des Holzschnitts (1) hergestellt ist: *Holzschnitte u. Kupferstiche aus dem 16. Jahrhundert*

Ho̩lz|schutz·mit·tel *das*; ein (chemisches) Mittel, mit dem man Holz (gegen Feuchtigkeit, Schädlinge) konserviert

Ho̩lz·weg *der*; *nur in* ***auf dem H. sein*** *gespr*; falsche Vorstellungen von j-m / etw. haben ≈ sich irren

Ho̩lz·wurm *der*; *gespr*; die Larve von verschiedenen Käfern, die Gänge ins Holz frisst

Home·com·pu·ter ['hoːm-] *der*; ein kleiner Computer (mit e-m eigenen Programm), mit dem man zu Hause *mst* Computerspiele spielt || NB: ↑ ***PC***

Home·page ['houmpeɪtʃ] *die*; -, -*s* [-peɪdʒɪz]; *EDV*; die erste Seite e-r Dokumentation im Internet, mit der sich *bes* e-e Firma, e-e Organisation darstellt

Ho̩·mo *der*; -*s*, -*s*; *gespr, Kurzw* ↑ ***Homosexuelle*** ≈ Schwule(r)

ho·mo·gen *Adj*; *geschr*, so, dass die einzelnen Teile gut zueinander passen, weil sie gleichartig sind ≈ einheitlich ↔ heterogen ⟨e-e Gruppe, e-e Masse, e-e (Gesellschafts)Schicht⟩ || *hierzu* **Ho·mo·ge·ni·tät** *die*; -; *nur Sg*

ho·mo·ge·ni·sie·ren; *homogenisierte, hat homogenisiert*; [Vt] ***etw. h.*** *Chem*; die Bestandteile von Flüssigkeiten, die sich nicht mischen, in kleinste Teile zerlegen u. mischen: *homogenisierte Milch*

Ho·mö·o·path [homøo'pa:t] *der*; *-en, -en*; ein Arzt mit e-r Ausbildung in Homöopathie || NB: *der Homöopath*; *den, dem, des Homöopathen*

Ho·mö·o·pa·thie [homøopa'ti:] *die*; -; *nur Sg*; e-e Heilmethode, bei der Krankheiten durch sehr kleine Mengen e-r Substanz geheilt werden, die die Krankheit verursachen kann

ho·mo·se·xu·ell, ho·mo·se·xu·ell *Adj*; mit sexueller Neigung zu Menschen des gleichen Geschlechts ⟨Beziehungen, e-e Veranlagung; h. veranlagt sein⟩ || NB: Man bezeichnet *mst* nur Männer als *homosexuell* u. Frauen als *lesbisch* || *hierzu* **Ho·mo·se·xu·a·li·tät** *die*; -; *nur Sg*

Ho·mo·se·xu·el·le, Ho·mo·se·xu·el·le *der*; *-n, -n*; ein Mann, der homosexuell ist || NB: *ein Homosexueller*; *der Homosexuelle*; *den, dem, des Homosexuellen*

Ho·nig *der*; *-s*; *nur Sg*; **1** die süße, weiche Substanz, die Bienen produzieren u. die man aufs Brot streicht ⟨H. sammeln⟩: *Die Bienen füllen ihre Waben mit H.* || K-: ***Honig-, -biene, -bonbon, -brot, -glas, -milch, -wabe, -wein***; ***honig-, -gelb, -süß*** || -K: ***Bienen-; Blüten-, Wald-*** **2** ***türkischer H.*** e-e harte, weiße Süßigkeit mit Mandeln u. Nüssen, die man *bes* auf dem Jahrmarkt kaufen kann || ID ***j-m H. um den Bart / ums Maul streichen / schmieren*** *gespr*; j-m schmeicheln || *zu* **1** **ho·nig·far·ben** *Adj*; *ohne Steigerung, nicht adv*

Ho·nig·ku·chen *der*; ein Gebäck, das Honig u. viele Gewürze enthält ≈ Lebkuchen, Pfefferkuchen

Ho·nig·ku·chen|pferd *das*; *nur in* ***grinsen / strahlen wie ein H.*** *gespr hum*; sich sehr freuen u. das durch sein (einfältiges) Lächeln zeigen

Ho·nig·le·cken *das*; *nur in* ***etw. ist kein H.*** *gespr*; etw. ist nicht so einfach u. angenehm (wie manche Leute glauben) ≈ etw. ist kein Zuckerlecken: *Das Leben als Filmstar ist kein H.*

Ho·nig·me·lo·ne *die*; e-e relativ kleine, sehr süße gelbe Melone

Ho·nig·schle·cken *das* ≈ Honiglecken

Ho·no·rar *das*; *-s, -e*; die Bezahlung für j-n, der in e-m freien Beruf arbeitet (*z.B.* Ärzte od. Rechtsanwälte) ⟨ein H. vereinbaren, festsetzen, fordern, auszahlen, einnehmen⟩ || K-: ***Honorar-, -abrechnung, -festsetzung, -forderung*** || -K: ***Arzt-, Autoren-*** || ► ***honorieren***

Ho·no·ra·ti·o·ren [-'tsio:rən] *die*; *Pl*, *geschr*; die Bürger e-s Ortes od. e-r Stadt, die wegen ihres Berufes u. ihrer Stellung besonders geachtet sind

ho·no·rie·ren; *honorierte, hat honoriert*; [Vt] **1** ***j-n (für etw.) h.*** j-m für e-e Leistung ein Honorar bezahlen ⟨sich etw. h. lassen⟩: *e-n Autor für seinen Roman angemessen h.*; *e-n Rechtsanwalt für seine Bemühungen h.* **2** ***etw. (mit etw.) h.*** für e-e Arbeit / Leistung ein Honorar zahlen ⟨e-n Artikel, e-n Beitrag, j-s Mitarbeit h.⟩: *Der Artikel wurde mit hundert Euro honoriert* **3** ***etw. (mit etw.) h.*** etw. anerkennen u. (mit etw.) belohnen: *Seine Bemühungen um den Naturschutz wurden nicht honoriert* || *hierzu* **Ho·no·rie·rung** *die*; *-, -en*; *mst Sg*

Hoo·li·gan ['hu:lig(ə)n] *der*; *-s, -s*; ein gewalttätiger junger Mann (*bes* ein Fußballfan)

Hop·fen *der*; *-s*; *nur Sg*; **1** e-e Pflanze, die an langen Stangen hochwächst u. deren Frucht verwendet wird, um Bier herzustellen ⟨H. anbauen⟩ || K-: ***Hopfen-, -bauer, -feld, -stange*** **2** die Frucht des Hopfens (1) ⟨H. pflücken, dörren⟩: *H., Malz u. Gerste sind wichtige Zutaten bei der Herstellung von Bier* || K-: ***Hopfen-, -ernte*** **3** ***H. zupfen*** H. (2) ernten || ID ***bei j-m ist H. u. Malz verloren*** *gespr*; jeder Versuch, j-n zu ändern, ist umsonst ≈ j-d ist ein hoffnungsloser Fall

hopp! **1** *Interjektion*; *gespr*; verwendet, um j-m zu sagen, er solle sich beeilen: *H., komm schon, sonst verpassen wir die Straßenbahn!* **2** **h., h.** *Adv*; *gespr*; sehr schnell (u. mit wenig Sorgfalt) ⟨etw. geht bei j-m h., h.⟩: *Fürs Kochen nimmt er sich nicht viel Zeit, das geht bei ihm immer h., h.*

hop·peln; *hoppelte, ist gehoppelt*; [Vi] ***(irgendwohin) h.*** kleine u. unregelmäßige Sprünge machen ⟨Hasen, Kaninchen⟩

hopp·la! *Interjektion*; *gespr*; verwendet als Ausruf, wenn j-d / man selbst gestolpert ist, sich ungeschickt verhalten hat *o.Ä.*: *H., fast wäre ich gefallen!*

hop·sen; *hopste, ist gehopst*; [Vi] ***(irgendwohin) h.*** *gespr*; hüpfen (u. sich dadurch fortbewegen): *Die Kinder hopsten durch das Zimmer* || *hierzu* **hops!** *Interjektion*

Hop·ser *der*; *-s, -*; *gespr*; ein kleiner Sprung ⟨e-n H. machen⟩

hops·ge·hen; *ging hops, ist hopsgegangen*; [Vi] **1** *gespr!* ≈ sterben **2** ***etw. geht hops*** *gespr* ≈ etw. geht kaputt

hör·bar *Adj*; so, dass man es mit den Ohren wahrnehmen kann: *ein kaum hörbares Geräusch*

hor·chen; *horchte, hat gehorcht*; [Vi] **1** heimlich bei etw. zuhören ≈ lauschen ⟨an der Tür, an der Wand h.⟩: *Er horchte an der Tür, um zu erfahren, was sie über ihn sagten* **2** sehr aufmerksam (angestrengt) auf bestimmte Geräusche achten: *Horch, kommt da nicht j-d die Treppe herauf?*; *Er hielt die Uhr an sein Ohr u. horchte, ob sie noch tickte* **3** ***auf j-n / etw. h.*** *bes südd* Ⓐ Ⓒⓗ *gespr* ≈ auf j-n / etw. hören: *Horch auf das, was ich dir sage!* || *zu* **1** **Hor·cher** *der*; *-s, -*

Hor·de *die*; *-, -n*; **1** ***e-e H.*** (+ *Gen* / ***von*** ⟨*Personen*⟩) *Kollekt*, *mst pej*; e-e Gruppe von Personen, in der es keine klare Ordnung gibt u. die oft als Bedrohung empfunden wird ⟨e-e johlende, lärmende, ungezügelte, wilde H.; e-e H. Halbstarker, Jugendlicher, Rocker; e-e H. rottet sich zusammen; in e-r H. umherstreifen⟩: *Auf dem Flughafen hatte sich e-e H. kreischender Fans versammelt, um den Popstar bei seiner Ankunft zu begrüßen* **2** *Kollekt*; e-e Gruppe von Familien e-s Naturvolks, die zusammenleben: *Die Jäger u. Sammler der Steinzeit lebten in Horden zusammen*

hö·ren; *hörte, hat gehört*; [Vt/i] **1** ***(j-n / etw.) h.*** Laute od. Geräusche mit den Ohren wahrnehmen ⟨ein Geräusch, e-n Knall, e-n Schrei, e-n Ton h.; gut, schlecht, schwer h.; nur noch auf einem Ohr h. (können)⟩: *Bei dem Lärm konnte er das Ticken der Uhr nicht h.*; *Er hört dich nicht, da er von Geburt an taub ist*; *Hast du ihn schon singen gehört?* || K-: ***Hör-, -behinderte(r), -test***; ***hör-, -behindert***; [Vt] **2** ***etw. h.*** Geräusche bewusst wahrnehmen, aufmerksam verfolgen ≈ anhören ⟨Musik, ein Konzert, Radio, e-e Schallplatte h.⟩ **3** ***etw. (über j-n / etw.) h.*** etw. über j-n / etw. erfahren bzw. herausfinden, dass etw. geschehen ist: *Ich habe schon von den Nachbarn gehört, dass du umziehen willst*; *Wir wollen die Gründe h., die sie zu dieser Tat getrieben haben*; *Ich habe nur Gutes über ihn gehört* **4** ***e-n Vortrag / e-e Vorlesung h.*** e-n Vortrag / e-e Vorlesung besuchen **5** ***j-n (zu etw.) h.*** j-n veranlassen od. ihm erlauben, zu e-m bestimmten Thema etw. zu sagen ≈ j-n (zu etw.) anhören ⟨den Angeklagten, e-n Sachverständigen, e-n Zeugen h.〉: *Er verlangte, als Vater des Opfers zu dem Fall gehört zu werden* **6 etw. an etw.** (*Dat*) **h.** e-n bestimmten Schluss aus dem ziehen, was j-d sagt bzw. wie j-d etw. sagt ≈ etw. an etw. (*Dat*) erkennen, etw. aus etw. heraushören: *Er hörte an ihrer Stimme*, dass *sie log*; [Vi] **7 auf j-n / etw. h.** e-n Rat befolgen, den man von j-m bekommt ≈ etw. (be)folgen 〈auf die Eltern, auf e-n Freund, auf e-n Rat h.〉: *Er hörte nicht auf die Warnungen u. wurde abseits der Skipiste von e-r Lawine verschüttet* **8** 〈ein Tier〉 **hört auf den Namen „X."** ein Tier hat den Namen „X." von seinem Besitzer bekommen: *Mein Wellensittich hört auf den Namen „Hansi"* **9 von j-m / etw. h.** Informationen über j-n / etw. bekommen ≈ etw. über j-n / etw. erfahren: *Ich habe schon von seinem Unfall gehört* **10 von j-m h.** nach längerer Zeit (wieder) e-n Brief, Anruf *o.Ä.* von j-m bekommen || ID **(et)was von j-m zu h. bekommen / kriegen** *gespr*; von j-m getadelt, beschimpft werden: *Wenn Vater heimkommt, wirst du was zu h. bekommen!*; **(et)was / nichts von sich h. lassen** *gespr*; j-n anrufen, anschreiben *o.Ä.* / sich nicht bei j-m melden: *Tschüs. - U. lass mal wieder was von dir h.!*; **etw. lässt sich h. / kann sich h. lassen** *gespr*; etw., das man hört (1), ist gut, erfreulich: *Das Angebot lässt sich h.*; *Der Preis kann sich wirklich h. lassen!*; **sich gern reden h.** *pej*; viel reden u. dabei sehr von sich überzeugt sein; **j-m vergeht Hören u. Sehen** j-d erlebt etw. Unangenehmes sehr intensiv: *Wenn du so weitermachst, verprügelt er dich, dass dir Hören u. Sehen vergeht*; **Man höre u. staune!** verwendet, um seine Überraschung auszudrücken ≈ sieh an, sieh da; **Hör mal / Hören Sie mal** verwendet, um die Dringlichkeit e-r Bitte, Forderung *o.Ä.* zu betonen: *Hör mal, du musst aber wirklich ganz vorsichtig sein, ja?*; **Na, hör mal / Na, hören Sie mal!** verwendet, um e-n Protest auszudrücken; **Wer nicht h. will, muss fühlen** wer Ratschläge nicht beachtet, muss die negativen Folgen tragen

H

Hö·ren·sa·gen *das*; *nur in* **vom H.** nicht aus eigener Erfahrung, sondern aus dem, was andere gesagt haben 〈j-n / etw. nur vom H. kennen; etw. vom H. wissen〉

Hö·rer *der*; *-s*, *-*; **1** j-d, der Musik *o.Ä.* im Radio hört ↔ Leser, Zuschauer || K-: **Hörer-, -brief, -post, -wunsch** || -K: **Radio-, Rundfunk- 2** der Teil des Telefons, den man gegen das Ohr hält u. in den man hineinspricht 〈den H. abnehmen, auflegen〉 || -K: **Telefon- 3** *geschr* ≈ Student: *e-e Veranstaltung für Hörer der naturwissenschaftlichen Fakultät* || *zu* **1** u. **3 Hö·re·rin** *die*; *-*, *-nen*

Hör·feh·ler *der*; ein Missverständnis, das entsteht, wenn j-d etw. akustisch nicht richtig verstanden hat

Hör·funk *der*; *veraltend* ≈ Rundfunk ↔ Fernsehen

Hör·ge·rät *das*; ein Gerät für Schwerhörige, das ihnen hilft, besser zu hören

hö·rig *Adj*; **j-m h.** (**sein**) *bes* sexuell so stark an j-n gebunden (sein), dass man völlig von ihm abhängig ist || *hierzu* **Hö·rig·keit** *die*; *nur Sg*

Ho·ri·zont, **Ho·ri·zont** *der*; *-(e)s*, *-e*; **1** *nur Sg*; die Linie in der Ferne, an der sich Himmel u. Erde / Meer zu berühren scheinen: *Die Sonne versinkt am H.* **2** *mst Sg*; der Bereich, den ein Mensch mit seinem Verstand beurteilen, verstehen kann ≈ Gesichtskreis 〈e-n beschränkten, engen, großen, weiten H. haben; etw. erweitert j-s H., geht über j-s H. hinaus〉: *(Das) Reisen erweitert den H.* **3 neue Horizonte** *geschr*; neue Möglichkeiten od. Perspektiven 〈etw. eröffnet (j-m / etw.) neue Horizonte; neue Horizonte tun sich j-m auf〉

ho·ri·zon·tal *Adj*; parallel zum Boden ≈ waagrecht ↔ vertikal, senkrecht: *in horizontaler Lage*; *etw. verläuft h.*

Ho·ri·zon·ta·le *die*; *-*, *-n*; *mst Sg*; e-e horizontale Linie od. Lage ↔ Vertikale 〈etw. liegt, verläuft in der Horizontalen〉

Hor·mon *das*; *-s*, *-e*; e-e Substanz, die der Körper selbst bildet u. die bestimmte Prozesse (*z.B.* das Wachstum) steuert || K-: **Hormon-, -behandlung, -haushalt, -mangel, -präparat, -spritze** || -K: **Sexual-, Wachstums-** || *hierzu* **hor·mo·nal** *Adj*; **hor·mo·nell** *Adj*

Hör·mu·schel *die*; der obere runde Teil des Telefonhörers, den man ans Ohr hält ↔ Sprechmuschel

Horn *das*; *-(e)s*, *Hörner*; **1** eines von *mst* zwei harten, bogenförmigen od. geraden Gebilden am Kopf mancher Tiere 〈ein gerades, krummes, spitzes, stumpfes H.; die Hörner e-r Kuh, e-r Ziege〉: *Der Torero wurde von e-m H. des Stiers durchbohrt* || K-: **Horn-, -tier, -vieh** || NB: Hirsche, Rentiere *usw* haben keine *Hörner*, sondern ein *Geweih* **2** *nur Sg*; das Material, aus dem Haare, Nägel u. die äußere Schicht der Haut bestehen || K-: **Horn-, -brille, -kamm, -knopf 3** ein Musikinstrument aus Blech (zum Blasen) 〈das H. blasen, ins H. stoßen〉 || ↑ *Abb. unter* **Blasinstrumente** || K-: **Horn-, -signal**; **Hörner-, -klang** || -K: **Jagd-, Wald- 4** ≈ Hupe 〈das H. ertönen lassen〉 || ID **j-m Hörner aufsetzen** *gespr*; seinen (Ehe)Mann mit e-m anderen Mann betrügen; **sich** (*Dat*) **die Hörner ablaufen / abstoßen** *gespr*; (*bes* sexuelle) Erfahrungen sammeln u. dadurch ruhiger, reifer werden; **ins gleiche H. blasen / stoßen** *gespr*; die gleichen Ansichten wie j-d anderer äußern

Hörn·chen *das*; *-s*, *-*; ein süßes Gebäckstück, das wie ein Horn (1) gebogen ist || ↑ *Abb. unter* **Brot** || -K: **Nuss-**

Horn·haut *die*; *nur Sg*; **1** die harte, trockene Haut, die man *mst* durch Reibung *z.B.* an der Ferse od. innen auf der Hand bekommt 〈e-e H. bekommen〉 **2** die durchsichtige äußere Haut über dem Augapfel || ↑ *Abb. unter* **Auge** || K-: **Hornhaut-, -entzündung, -übertragung, -verletzung**

Hor·nis·se *die*; *-*, *-n*; ein Insekt, das wie e-e große Wespe aussieht || ↑ *Abb. unter* **Biene** || K-: **Hornissen-, -nest**

Hor·nist *der*; *-en*, *-en*; j-d, der (beruflich) das Horn (3) bläst || NB: *der Hornist*; *den, dem, des Hornisten*

Horn·och·se *der*; *gespr pej*; verwendet als Schimpfwort für j-n, der etw. Dummes getan hat: *So ein H.!*

Ho·ro·skop *das*; *-(e)s*; *-e*; e-e Aussage über j-s Schicksal u. Zukunft, die ein Astrologe (nach der Position der Sterne) macht 〈j-m (s)ein H. stellen〉: *Er liest regelmäßig sein H. in der Wochenzeitung*; *Er ließ sich von e-r berühmten Astrologin sein H. stellen*

hor·rend *Adj*; *pej*; viel zu hoch, viel schlimmer, höher, stärker als üblich 〈Preise, e-e Summe〉: *Die Preise sind h. gestiegen*

Hor·ror [-roːɐ] *der*; *-s*; *nur Sg*; **1** ≈ Entsetzen, Grauen || K-: **Horror-, -film, -geschichte, -video 2** (**e-n**) **H.** (**vor j-m / etw.**) **haben** *gespr*; Angst u. Abscheu vor j-m / etw. haben: *Ich habe (e-n) H. vor Spinnen / vor der Schule* || ID **etw. ist der H.** *gespr*; etw. ist extrem unangenehm, grausam

Hör·saal *der*; ein großer Raum in der Universität für Vorträge u. Vorlesungen

Hör·spiel *das*; e-e Art (Theater)Stück, das im Radio gesendet wird 〈sich (*Dat*) ein H. anhören〉 || K-: **Hörspiel-, -autor**

Horst *der*; *-(e)s*, *-e*; das Nest e-s großen Raubvogels, das auf hohen Felsen gebaut ist || -K: **Adler-**

Hort *der*; *-(e)s*, *-e*; **1** e-e Einrichtung, in der Kinder betreut werden, während die Eltern tagsüber arbeiten || K-: **Hort-, -kind, -leiter** || -K: **Kinder- 2 ein H.** (+ *Gen* / **von etw.**) *geschr*; ein Ort, wo (geistige)

Werte u. Ideale gepflegt u. geschützt werden: *die Universität als H. der Gelehrsamkeit* **3** *lit* ≈ Schatz: *der H. der Nibelungen*

hor·ten; *hortete, hat gehortet*; Vt **etw.** (*Kollekt od Pl*) **h.** große Mengen von etw. sammeln, das wertvoll od. schwer zu bekommen ist: *Waren für schlechtere Zeiten h.*

Hor·ten·sie [-ziə] *die*; -, *-en*; e-e Pflanze mit weißen, roten od. blauen Blüten in Form von Kugeln

Hör·ver·mö·gen *das*; *nur Sg*; die Fähigkeit, (genau) zu hören ⟨ein gutes, schlechtes H. besitzen / haben⟩

Hör·wei·te *die*; *mst in* **j-d / etw. ist in / außer H.** j-d / etw. ist in dem Bereich / außerhalb des Bereichs, bis zu dem j-d ihn / es hören kann

Hös·chen *das*; *-s*, -; **1** e-e kleine Hose (1,2) || -K: **Kinder-**, **Strampel-** **2** e-e Unterhose für Frauen ≈ Schlüpfer

Ho·se *die*; -, *-n*; **1** ein Kleidungsstück, das beide Beine röhrenförmig umgibt u. von der Taille bis zu den Oberschenkeln, Knien od. den Füßen reicht ↔ Rock ⟨e-e lange, kurze, (haut)enge, weite H.; e-e H. waschen, bügeln, anziehen, in e-e H. schlüpfen⟩: *Als es kühler wurde, zog er seine kurze H. aus u. schlüpfte in e-e lange* || ↑ *Abb. unter* **Bekleidung** || K-: **Hosen-**, **-bein**, **-knopf**, **-saum**, **-tasche** || -K: **Damen-**, **Herren-**; **Jeans-**, **Leder-**, **Stoff-**; **Anzugs-**, **Schlafanzug(s)-**; **Spiel-**, **Sport-**, **Turn-**; **Strampel-**; **Sonntags-**; **Latz-** || NB: die Pluralform wird in der gesprochenen Sprache oft auch für *eine* Hose verwendet: *Er hat lange Hosen an* **2** *Kurzw* ↑ **Unterhose**: *E-e Garnitur Unterwäsche besteht aus Hemd u. H.*; *Das Kind hat in die H. gemacht* || ID **die H. (gestrichen) voll haben**; **sich (vor Angst) in die H. machen** *gespr*; große Angst haben; **die Hosen anhaben** *gespr*; derjenige sein, der (*mst* zu Hause) bestimmt, was geschieht: *Bei ihm zu Hause hat die Frau die Hosen an*; **etw. geht in die H.** *gespr* ≈ etw. misslingt, geht schief; **irgendwo ist tote H.** *gespr*; *bes* von Jugendlichen verwendet, um auszudrücken, dass irgendwo nichts Interessantes geschieht ≈ irgendwo ist nichts los: *Abends ist in diesem Kaff doch nur tote H. - Kein Kino, keine einzige Kneipe hat offen!*

Ho·sen·an·zug *der*; ein Kleidungsstück für Frauen, das aus e-r langen Hose u. e-r (dazu passenden) Jacke besteht ↔ Kostüm

Ho·sen·rock *der*; ein Kleidungsstück für Frauen, das wie ein Rock aussieht, aber zwei sehr weite Beinteile wie bei e-r Hose (1) hat, u. *mst* bis zum Knie reicht

Ho·sen·schei·ßer *der*; *vulg*, *pej*; ein ängstlicher Mensch

Ho·sen·trä·ger *der*; *-s*, -; *mst Pl*; zwei schmale Bänder (*mst* aus Gummi), die oben an der Hose befestigt werden u. über beide Schultern gehen, um zu verhindern, dass die Hose nach unten rutscht || -K: **Gummi-**, **Leder-**

Hos·pi·tal *das*; *-s*; *Hos·pi·tä·ler / Hos·pi·ta·le*; *veraltend* ≈ Krankenhaus || -K: **Armen-**

Hos·piz *das*; *-es*, *-e*; **1** e-e Art Krankenhaus für todkranke alte Menschen **2** *veraltend*; ein christliches Hotel, Gasthaus *o.Ä.* für Pilger

Hos·tess *die*; -, *-en*; **1** e-e *mst* junge Frau, die *bes* bei Messen od. Reisen Gäste u. Besucher begleitet u. informiert **2** *euph* ≈ Prostituierte, Modell (10)

Hos·tie ['hɔstiə] *die*; -, *-n*; *Rel*; e-e Oblate, die bei der Feier des Abendmahls gegessen wird ⟨die Hostien verteilen⟩

Hot·dog, **Hot Dog** *das*, *der*; *-s*, *-s*; ein heißes Würstchen in e-r Semmel (mit Ketschup od. Senf)

Ho·tel *das*; *-s*, *-s*; ein Haus, in dem man gegen Bezahlung schlafen (u. essen) kann ⟨ein erstklassiges, teures, vornehmes, kleines, schäbiges H.; in e-m H. absteigen, übernachten⟩: *Das Hotel „Royal" ist während der Messe ausgebucht* || K-: **Hotel-**, **-angestellte(r)**, **-bar**, **-besitzer**, **-bett**, **-detektiv**, **-direktor**, **-fachschule**, **-gast**, **-gewerbe**, **-halle**, **-kette**, **-küche**, **-personal**, **-rechnung**, **-verzeichnis**, **-zimmer** || -K: **Berg-**, **Luxus-**, **Sport-** || NB: einfache Hotels heißen *Pensionen* od. *Gasthöfe*

Ho·te·li·er [hotɛ'lieː] *der*; *-s*, *-s*; j-d, der ein Hotel besitzt u. / od. leitet

Hot·line ['hɔtlaɪn] *die*; -, *-s*; e-e Telefonnummer, unter der *z.B.* Computerhersteller Rat u. Auskunft anbieten

hott ↑ **hü**

Hr. / **Hrn.** *Abk für* Herr / Herrn od. Herren (*Pl*)

hu! *Interjektion*; *gespr*; ein Laut, den man von sich gibt, wenn man überrascht ist od. sich fürchtet

hü! *Interjektion*; *gespr*; **hü (hott)!** verwendet, um *bes* e-m Pferd das Signal zu geben, dass es anfangen soll zu laufen || ID **einmal hü u. einmal hott sagen** *gespr*; seine Meinung immer wieder ändern, weil man nicht weiß, was man will

hü·ben *Adv*; *nur in* **h. wie drüben** auf dieser Seite u. auch auf der anderen Seite (*z.B.* e-s Flusses, e-r Grenze): *H. wie drüben wird Wein angebaut*

Hub·raum *der*; *nur Sg*, *Tech*; **1** das Volumen des Zylinders, in dem sich der Kolben e-r Maschine auf- u. abbewegt **2** (bei Kraftfahrzeugen) das Volumen der Zylinder des Motors: *ein Motor mit e-m H. von 1600cm³*

hübsch[1] *Adj*; **1** in seiner äußeren Form angenehm, gefällig ≈ ansprechend ↔ hässlich ⟨e-e Frau, ein Mädchen, ein Mann, ein Gesicht, ein Kleid; h. aussehen, sich h. machen⟩ **2** so (angenehm), dass man es gern hört ≈ wohlklingend ⟨e-e Melodie, e-e Stimme⟩ **3** *gespr*; relativ gut, aber noch nicht perfekt ⟨e-e Leistung⟩ || NB: *zu* **1**, **2** u. **3**: mit *h.* drückt man oft ein eingeschränktes Lob aus **4** *gespr*, *oft iron*; ziemlich groß, viel ⟨e-e hübsche Stange (= Menge) Geld, ein hübsches Sümmchen (Geld), ein hübsches Stück Arbeit⟩

hübsch[2] *Partikel*; *betont u. unbetont*; **1** *gespr*, *oft iron*; verwendet, um Adjektive od. Verben zu verstärken ≈ ganz schön: *Es ist heute h. kalt / warm* **2** verwendet, um Aufforderungen zu verstärken: *Sei h. brav!*; *Immer h. der Reihe nach!*

Hub·schrau·ber *der*; *-s*; -; e-e Art Flugzeug mit Tragflächen, die sich sehr schnell drehen u. gleichzeitig als Propeller dienen. Ein H. kann senkrecht nach oben fliegen, in der Luft stehen bleiben u. auf kleinen Flächen landen ≈ Helikopter

Hubschrauber

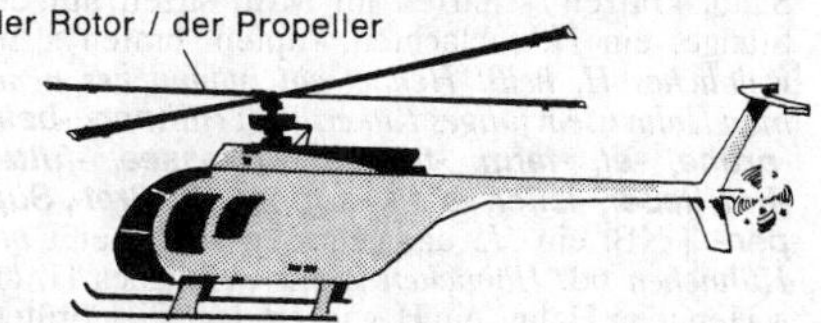

huch! *Interjektion*; *gespr*; ein Laut, den man von sich gibt, wenn man erschrickt, mit etw. Unangenehmem in Berührung kommt *o.Ä.*

Hu·cke *die*; *mst in* **1 j-m die H. voll hauen** *gespr*; j-n verprügeln; **2 die H. voll kriegen** *gespr*; verprügelt werden; **3 j-m die H. voll lügen** *gespr*; j-m viele (extreme) Lügen erzählen **4 sich** (*Dat*) **die H. voll saufen** *gespr*; sich sinnlos betrinken

H

hu·cke·pack *Adv*; *mst in* ***j-n / etw. h. nehmen / tragen*** j-n / etw. auf dem Rücken tragen: *Als sein kleiner Sohn beim Wandern müde wurde, trug er ihn h. nach Hause*

hu·deln; *hudelte, hat gehudelt*; [Vi] *gespr, südd*; *mst* e-e Arbeit sehr schnell u. nicht gut machen: *Nur nicht h.!* (= Lass dir Zeit)

Huf *der*; *-(e)s, -e*; der harte, unterste Teil des Fußes *z.B.* e-s Pferdes od. Esels ⟨e-m Pferd die Hufe beschlagen; ein Pferd scharrt mit den Hufen⟩ || ↑ *Abb. unter* ***Pferd*** || K-: ***Huf-, -beschlag, -geklapper, -krankheit, -pflege*** || -K: ***Pferde-***

Huf·ei·sen *das*; **1** ein gebogenes Stück Eisen, das man am Huf e-s Pferdes mit Nägeln befestigt ⟨e-m Pferd die Hufeisen anpassen, abnehmen⟩: *Das Pferd hat ein H. verloren*; *Viele Menschen glauben, dass ein H. Glück bringt* **2** etw. in der Form e-s Hufeisens (1) ⟨etw. bildet, formt ein H.⟩: *die Tische im Klassenzimmer bilden ein H.* || K-: ***Hufeisen-, -form*** || *zu* **2 huf·ei·sen·för·mig** *Adj*

H

Huf·lat·tich *der*; *-s*; *nur Sg*; e-e kleine Pflanze mit gelben Blüten, die sehr früh im Frühjahr blüht

Huf·schlag *der*; **1** *nur Sg*; das Geräusch, das entsteht, wenn *z.B.* Pferde od. Esel über e-n harten Boden laufen: *von weitem den H. e-s Pferdes hören* **2** ein heftiger Tritt, Schlag mit dem Huf: *durch e-n H. seines Pferdes verletzt werden*

Huf·schmied *der*; ein Schmied, der Pferde mit Hufeisen beschlägt

Hüf·te *die*; *-, -n*; **1** einer der beiden seitlichen Teile (am Körper des Menschen) zwischen Oberschenkel u. Taille ⟨breite, runde, schmale Hüften haben⟩: *die Arme in die Hüften stemmen* || ↑ *Abb. unter* ***Mensch*** || K-: ***Hüft-, -gelenk, -knochen, -leiden, -schwung, -umfang, -weite*** **2** ***sich in den Hüften wiegen*** die Hüften (beim Gehen *o.Ä.*) leicht hin u. her bewegen

Hüft·hal·ter *der*; e-e Art breiter, elastischer Gürtel, an dem Frauen ihre Strümpfe befestigen

hüft·hoch *Adj*; *ohne Steigerung, nicht adv*; so, dass es vom Boden bis zu j-s Hüfte reicht || NB: *hüfthoch* → *hüfthohes Gras*

Huf·tier *das*; ein Tier mit Hufen: *Antilopen sind Huftiere*

Hü·gel *der*; *-s, -*; e-e Art kleiner Berg, der *mst* mit Gras od. Bäumen bewachsen ist ⟨ein bewaldeter H.; e-n H. hinaufsteigen⟩: *Rom wurde auf sieben Hügeln erbaut* || K-: ***Hügel-, -kette, -kuppe, -land, -landschaft*** || -K: ***Ameisen-, Erd-, Sand-*** || *hierzu* **hü·gel·reich** *Adj*; *nicht adv*

hü·ge·lig, hüg·lig *Adj*; mit (vielen) Hügeln ⟨ein Gebiet, e-e Gegend, e-e Landschaft⟩

Huhn *das*; *-(e)s, Hüh·ner*; **1** ein *mst* weißer od. brauner Vogel, den *bes* Bauern halten u. dessen Fleisch u. Eier man isst ⟨Hühner picken Körner, baden im Sand, kratzen / scharren im Mist, sitzen auf der Stange; ein H. schlachten, rupfen, braten⟩: *Ein weibliches H. heißt Henne, ein männliches nennt man Hahn u. ein junges Küken* || K-: ***Hühner-, -bein, -brühe, -ei, -farm, -fleisch, -frikassee, -futter, -hof, -leber, -leiter, -stall, -suppe*** || -K: ***Brat-, Suppen-*** || NB: ein *H.*, das gegessen wird, heißt *mst Hühnchen* od. *Hähnchen* **2** ein weibliches H. (1) ≈ Henne ↔ Hahn ⟨ein H. gackert, legt Eier, brütet⟩ **3** das Fleisch e-s Huhns (1): *Reis mit H.* **4** ***ein verrücktes H.*** *gespr hum*; j-d, der ungewöhnliche Dinge tut od. lustige Ideen hat **5** ***ein dummes H.*** *gespr pej*; verwendet, um e-e Frau zu bezeichnen, die man für dumm hält || ID ***mit den Hühnern*** *hum*; sehr früh ⟨mit den Hühnern aufstehen, schlafen gehen⟩; ***Da lachen ja die Hühner!*** *gespr*; das ist lächerlich; ***Ein blindes H. findet auch einmal ein Korn*** *oft iron*; j-d, der normalerweise nie Erfolg hat, hat auch einmal Erfolg || *zu* **1 hüh·ner·ar·ti·g-** *Adj*; *nur attr, ohne Steigerung, nicht adv*

Hühn·chen *das*; *-s, -*; ein Huhn (1), das man (*mst* gebraten) isst ≈ Hähnchen || ID ***Mit dem / der habe ich (noch) ein H. zu rupfen*** *gespr*; ihm / ihr muss ich noch zu etw. Bestimmtem, das er / sie getan hat, ganz deutlich meine negative Meinung sagen

Hüh·ner·au·ge *das*; e-e schmerzende dicke Stelle an der Haut e-s Zehs, die *bes* durch zu enge Schuhe entsteht || K-: ***Hühneraugen-, -pflaster***

hu·hu![1] ['hu:hu] *Interjektion*; *gespr*; verwendet, um j-n auf sich aufmerksam zu machen, der relativ weit weg ist ≈ hallo

hu·hu![2] [hu'hu:] *Interjektion*; *gespr*; verwendet, um j-n zu erschrecken, *bes* wenn man Gespenst spielt

hui! *Interjektion*; **1** verwendet, um das Geräusch nachzuahmen, das durch e-e schnelle Bewegung od. starken Wind entsteht: *Hui, wie das heute stürmt!* **2** ≈ hoi

Huld *die*; *-*; *nur Sg, geschr veraltend, heute mst iron*; ≈ Gunst, Wohlwollen || *hierzu* **huld·voll** *Adj*

hul·di·gen; *huldigte, hat gehuldigt*; [Vi] *geschr*; **1** ***etw.*** (*Dat*) ***h.*** *mst iron*; etw. mit (übertriebenem) Eifer vertreten ⟨e-r Anschauung, e-m Grundsatz, e-r Überzeugung h.⟩ **2** ***j-m h.*** *veraltend*; j-m zeigen, dass man ihn sehr verehrt: *Das Publikum huldigte dem berühmten Dirigenten* || *hierzu* **Hul·di·gung** *die*

hül·fe *Konjunktiv II, 1. u. 3. Person Sg*; ↑ ***helfen***

Hül·le *die*; *-, -n*; **1** etw., mit dem ein Gegenstand (*mst* zum Schutz vor Beschädigung od. Staub) bedeckt ist, in das er gehüllt ist ⟨e-e H. aus Plastik, Stoff, Zellophan; etw. mit e-r H. bedecken, umgeben; etw. in e-e H. tun / stecken, etw. aus e-r H. nehmen⟩: *die Dokumente in e-e schützende H. stecken* || -K: ***Papp-***; ***Platten-, Schirm-***; ***Schutz-*** **2** ***die Hüllen fallen lassen*** *gespr hum*; sich (nackt) ausziehen: *Die Stripteasetänzerin ließ die Hüllen fallen* **3** ***die sterbliche H.*** *geschr*; der Körper e-s toten Menschen || ID ***in H. u. Fülle*** in großen Mengen: *Greift zu, es ist Essen in H. u. Fülle da*

hül·len; *hüllte, hat gehüllt*; [Vt] **1** ***j-n / sich / etw. in etw.*** (*Akk*) ***h.*** etw. um j-n / sich selbst / etw. legen (um ihn / sich / es zu bedecken, zu wärmen od. zu schützen) ≈ j-n / sich / etw. in etw. (*Akk*) wickeln: *j-n / sich in e-e Decke, in e-n Mantel h.*; *e-e Vase in Geschenkpapier h.* **2** ***etw. um j-n / etw. h.*** etw. um j-n / etw. wickeln: *ein Tuch um seine Schultern h.* **3** ***j-d / etw. ist in etw.*** (*Akk*) ***gehüllt*** etw. umgibt e-e Person od. Sache so, dass man sie kaum noch sehen kann: *Der Berggipfel ist in Nebel, Wolken gehüllt*; [Vr] **4** ***sich in Schweigen h.*** *geschr* ≈ schweigen

hül·len·los *Adj*; *ohne Steigerung, hum*; völlig nackt: *h. am Strand liegen*

Hül·se *die*; *-, -n*; **1** e-e Art kleines Rohr, in das man etw. hineinsteckt, damit es geschützt ist ⟨die H. e-s Bleistifts, e-r Patrone, e-s Thermometers⟩ || -K: ***Metall-, Papp-***; ***Patronen-*** **2** der längliche, schmale Teil verschiedener Früchte (*z.B.* Bohnen, Erbsen), in dem die Samen reif werden: *Vor dem Kochen streift man die grünen Erbsen aus den Hülsen heraus*

Hül·sen·frucht *die*; *-, Hül·sen·früch·te*; *mst Pl*; (e-e Gemüsepflanze mit) Samen, die in e-r Hülse (2) wachsen: *Bohnen u. Erbsen sind Hülsenfrüchte*

hu·man *Adj*; *geschr*; **1** gut zu anderen Menschen ≈ menschenfreundlich ↔ inhuman ⟨j-s Einstellung, ein Vorgesetzter⟩ **2** so, dass die Würde des Menschen geachtet / respektiert wird ≈ menschenwürdig ↔ unmenschlich: *humaner Strafvollzug*; *Der Stadtrat versucht, die Wohnviertel humaner zu gestalten*; *Gefangene h. behandeln*

Human- *im Subst, wenig produktiv, geschr*; den Menschen betreffend; die ***Humanbiologie***, die ***Humangenetik***, die ***Humanmedizin***

hu·ma·ni·sie·ren; *humanisierte, hat humanisiert*; [Vt] ***etw. h.*** *geschr*; etw. so verändern, dass es für die Menschen angenehmer wird ⟨die Arbeit, den Strafvollzug h.⟩ || *hierzu* **Hu·ma·ni·sie·rung** *die*; *nur Sg*

Hu·ma·nis·mus *der*; -; *nur Sg, geschr*; **1** e-e geistige Haltung, die großen Wert auf die Würde des Menschen u. die Entfaltung seiner Persönlichkeit u. seiner Fähigkeiten legt ⟨die Ideale des H.⟩ **2** e-e geistige Strömung in Europa (*bes* im 15. u. 16. Jahrhundert), die sich an den Idealen der antiken römischen u. griechischen Kulturen orientiert hat: *Erasmus von Rotterdam war einer der bedeutendsten Vertreter des H.* || *hierzu* **Hu·ma·nist** *der*; *-en, -en*

hu·ma·nis·tisch *Adj*; **1** *geschr*; nach den Ideen u. Idealen des Humanismus: *der humanistische Geist e-r Schrift* **2** ***ein humanistisches Gymnasium*** Ⓓ ein Gymnasium, in dem die Schüler Latein u. Griechisch lernen ≈ ein altsprachliches Gymnasium ↔ ein neusprachliches Gymnasium

hu·ma·ni·tär *Adj*; mit der Absicht, dem Ziel, Menschen zu helfen, die arm od. krank sind ≈ karitativ, mildtätig, wohltätig ⟨Aufgaben, Bestrebungen, Zwecke, Einrichtungen; aus humanitären Gründen⟩: *Das Rote Kreuz u. der Arbeiter-Samariter-Bund sind humanitäre Organisationen*

Hu·ma·ni·tät *die*; -; *nur Sg*; die Eigenschaft, human (1) zu sein ≈ Menschlichkeit ↔ Inhumanität: *Seine H. zeigt sich darin, dass er sich um die Armen kümmert*

Hum·bug *der*; *-s*; *nur Sg, gespr pej*; **1** etw., woran viele Leute glauben, das aber im Grunde Betrug ist: *Astrologie ist nichts als H.!* **2** ≈ Unsinn ⟨H. reden⟩

Hum·mel *die*; -, *-n*; ein Insekt, das wie e-e dicke, dicht behaarte Biene aussieht ⟨die H. brummt⟩ || ↑ *Abb. unter* ***Biene***

Hum·mer *der*; *-s*, -; **1** ein großer (Meeres)Krebs mit kräftigen Scheren, dessen Fleisch als Delikatesse gegessen wird || ↑ *Abb. unter* ***Schalentiere*** || K-: ***Hummer-, -fang, -fleisch*** **2** das Fleisch des Hummers (1) || K-: ***Hummer-, -cocktail, -salat***

Hu·mor [-'moːɐ̯] *der*; *-s*; *nur Sg*; **1** ein heiteres Wesen (2) ⟨H. haben⟩ **2** die Fähigkeit, unangenehme Dinge heiter u. gelassen zu ertragen ⟨ein goldener, unverwüstlicher H.; j-d hat viel, wenig, keinen H.; etw. mit H. ertragen / nehmen⟩: *Auch in den schwierigsten Situationen behält er seinen H.* **3** die Fähigkeit, selbst Witze zu machen u. zu lachen, wenn andere Witze über einen machen ⟨(keinen) Sinn für H. haben; vor H. sprühen⟩ **4** die gute Laune: *Der ewige Regen kann einem wirklich den H. verderben!* **5** ***e-n trockenen H. haben*** die Fähigkeit haben, knappe, sehr passende (oft ironische od. sarkastische) Bemerkungen zu machen, die auf andere erheiternd wirken || zu **1-3 hu·mor·los** *Adj*; **Hu·mor·lo·sig·keit** *die*; **hu·mor·voll** *Adj*

hu·mo·rig *Adj*; von Humor (1,2,3) zeugend ≈ launig, witzig ⟨e-e Bemerkung, e-e Rede⟩

Hu·mo·rist *der*; *-en, -en* ≈ Komiker || NB: *der Humorist; den, dem, des Humoristen*

hu·mo·ris·tisch *Adj*; voll Humor (3), mit Witzen u. Späßen ≈ humorvoll ⟨e-e Darbietung, e-e Erzählung, e-e Zeichnung; etw. h. betrachten, erzählen⟩

hum·peln; *humpelte, hat / ist gehumpelt*; [Vi] **1** (*hat*) (wegen Schmerzen im Fuß *o.Ä.*) mit einem Fuß nicht richtig auftreten können u. deshalb ungleichmäßig gehen ≈ hinken: *Nach seinem Unfall hat er eine Woche lang gehumpelt* **2** ***irgendwohin h.*** (*ist*) sich humpelnd (1) fortbewegen: *Nach dem Sturz mit dem Rad ist er nach Hause gehumpelt*

Hum·pen *der*; *-s*, -; ein (Trink)Gefäß *mst* mit e-m Henkel u. e-m Deckel, aus dem man *bes* Bier trinkt

Hu·mus *der*; -; *nur Sg*; die oberste, fruchtbare (Erd)Schicht des Bodens ⟨den H. abtragen⟩ || K-: ***Humus-, -bildung, -boden, -erde, -schicht*** || *hierzu* **hu·mus·reich** *Adj*; *nicht adv*

Hund *der*; *-(e)s, -e*; **1** ein Tier, das dem Menschen bei der Jagd hilft, sein Haus bewacht u. *bes* als Haustier gehalten wird ⟨ein struppiger, reinrassiger, herrenloser, streunender, treuer, bissiger H.; ein H. bellt, jault, knurrt, winselt, japst, hechelt, beißt, wedelt mit dem Schwanz, hebt sein Bein (an e-m Zaun, an e-r Mauer); e-n H. halten, an die Leine nehmen, an die Kette legen, in e-n Zwinger sperren, ausführen, dressieren, (zur Jagd) abrichten⟩: *Ein männlicher H. heißt Rüde, ein weiblicher heißt Hündin u. ein junger Welpe*; *Manche Hunde werden abgerichtet, um Blinde zu führen* || K-: ***Hunde-, -besitzer, -futter, -gebell, -haare, -halter, -hütte, -kot, -leine, -rasse, -rennen, -schnauze, -zucht, -züchter, -zwinger*** || -K: ***Blinden-, Haus-, Hirten-, Hof-, Hütten-, Jagd-, Polizei-, Schlitten-, Wach-*** || *zu* ***Hundeleine*** ↑ *Abb. unter* ***Schnur*** **2** ***ein scharfer H.*** ein H. (1), der so dressiert ist, dass er j-n auf Befehl angreift **3** ***ein scharfer H.*** *gespr*; ein strenger od. aggressiver Mensch **4** *vulg*; *mst* als Schimpfwort für e-n Menschen verwendet ⟨ein dummer, fauler, feiger, gemeiner H.⟩: *So ein blöder H.!*; *Du H.!* (= Schuft) **5** ***ein armer H.*** *gespr*; verwendet, um j-n zu bezeichnen, den man bedauert: *Du bist wirklich ein armer H.!* **6** ***ein dicker H.*** *gespr*; ein grober Fehler **7** ***ein dicker H.*** *gespr*; e-e Tat, über die man erstaunt ist u. die man für sehr frech hält || ID *mst* ***Die sind wie H. u. Katze*** *gespr*; sie vertragen sich nicht; ***j-d ist bekannt wie ein bunter / scheckiger H.*** *gespr*; j-d ist sehr bekannt; *mst* ***Damit kann man / kannst du keinen H. hinter dem Ofen (her)vorlocken*** *gespr*; das ist völlig uninteressant, unattraktiv; ***wie ein geprügelter H.*** *gespr*; voller Scham ≈ niedergeschlagen; ***wie ein H. leben*** *gespr*; in armen u. schlechten Verhältnissen leben; ***j-n wie e-n H. behandeln*** *gespr*; j-n schlecht (u. verächtlich) behandeln; ***j-d / etw. geht vor die Hunde*** *gespr*; j-d / etw. wird ruiniert, zerstört ≈ j-d / etw. geht zu Grunde

Hunde

⟨j-s Gesundheit, ein Mensch, die Moral⟩; ***Da liegt der H. begraben!*** *gespr*; das ist der Kern des Problems, die Ursache; ***Hunde, die bellen, beißen nicht*** wer sehr laut u. aggressiv droht, macht seine Drohungen *mst* nicht wahr (weil er feige, harmlos ist); ***schlafende Hunde wecken*** j-n auf etw. aufmerksam machen u. dabei das Risiko eingehen, sich selbst zu schaden: *Wenn wir nicht um Erlaubnis fragen, kann er es uns nicht verbieten. Man soll keine schlafenden Hunde wecken!*; ***Viele Hunde sind des Hasen Tod*** *gespr*; gegen viele Gegner hat einer allein keine Chance

hun·de·elend *Adj*; *gespr*; (gesundheitlich, seelisch) sehr schlecht, sehr elend (4) ⟨*mst* sich h. fühlen, j-m ist h. zumute⟩

Hun·de·ku·chen *der*; ein hartes Gebäck als Futter für Hunde

Hun·de·le·ben *das*; *gespr pej*; ein Leben in Armut u. Not ⟨*mst* ein H. führen / haben⟩

Hun·de·mar·ke *die*; e-e kleine Metallscheibe, die am Halsband des Hundes befestigt wird. Die H. dient als Nachweis, dass man die Hundesteuer bezahlt hat

hun·de·mü·de *Adj*; *gespr*; sehr müde ⟨h. sein⟩

hun·dert *Zahladj*; (als Zahl) 100; ↑ ***Anhang*** (4) || ID ***auf h. sein*** *gespr*; sehr wütend sein || NB: ↑ ***Hundert*** [3]

Hun·dert[1] *die*; -, *-e*; **1** die Zahl 100 **2** *nur Sg*; j-d / etw. mit der Nummer 100

Hun·dert[2] *das*; *-s*, -; **1** e-e Menge von 100 Personen od. Dingen ⟨das erste, zweite *usw* H.; j-d / etw. macht das H. voll⟩ **2** ***vom H.*** *Ökon* ≈ Prozent; *Abk* v.H.: *Der Zinssatz beträgt 8 v.H.*

Hun·dert[3], **hun·dert** *Zahlwort*; *indeklinabel*, *gespr* ≈ Hunderte ⟨einige, ein paar H.⟩: *Das hast du jetzt schon H. Mal* (= sehr oft) *gesagt* || NB: wie ein Adj. od. Subst. verwendet

Hun·der·te, **hun·der·te** *Zahlwort*; **1** ***H.*** (+ *Gen* (*Pl*)); ***H.*** (***von j-m / etw*** (*Pl*)) e-e große Menge von Personen od. Dingen: *Das versteht nur einer von / unter Hunderten*; *Zu Hunderten säumten die Zuschauer die Straßen*; *H. kleiner Kinder / von Kindern erkrankten* || NB: verwendet wie ein Adj. od. Subst. **2** ***etw. geht in die H.*** etw. beträgt deutlich mehr als 100 (Personen, Dinge, Euro *usw*): *Die Kosten für die Reparatur gehen in die H.*; *Die Zahl der Todesopfer ging in die H.*

Hun·der·ter *der*; *-s*, -; **1** *gespr*; die Zahl 100 **2** *gespr*; ein (Geld)Schein im Wert von 100 Mark, Franken *usw*: *Der Fernseher kostete mich ein paar Hunderter* **3** (in e-r Zahl mit mehr als drei Stellen) die dritte Stelle (von rechts bzw.) vor dem Komma: *beim Addieren alle Hunderter, alle Zehner, alle Einer untereinander schreiben* || K-: ***Hunderter-, -stelle*** || NB: *zu* **3**: ↑ ***Einer***, ***Zehner***

Hun·dert·me·ter|lauf *der*; ein Wettlauf über hundert Meter, *Abk* 100-m-Lauf: *der Start zum H.*

hun·dert·pro·zen·tig *Adj*; **1** *nicht adv*; so, dass es 100% e-r Menge umfasst; *Abk* 100%ig ⟨Alkohol, ein Gewinn⟩ **2** ≈ völlig, total ⟨ein Erfolg; e-e Sicherheit; etw. rentiert sich h.⟩ **3** *nur adv*, *gespr*; ganz gewiss, ganz sicher ⟨sich h. auf j-n verlassen können⟩: *Es ist h. so, wie ich es dir erzählt habe*

Hun·dert·schaft *die*; -, *-en*; *Kollekt*; e-e Gruppe aus hundert Personen (*mst* Soldaten, Polizisten): *E-e H. der Grenzpolizei sucht nach den Schmugglern*

hun·derts·t- *Zahladj*; *nur attr*, *nicht adv*; **1** in e-r Reihenfolge an der Stelle hundert ≈ 100.: *der hundertste Teilnehmer an e-m Wettbewerb* **2** ***der hundertste Teil*** (***von etw.***) ≈ 1/100 || ID ***vom Hundertsten ins Tausendste kommen*** (beim Erzählen od. bei e-r Unterhaltung) ständig das Thema wechseln ≈ ständig vom Thema abschweifen

hun·derts·tel *Adj*; *nur attr*, *indeklinabel*, *nicht adv*; den hundertsten Teil von etw. bildend ≈ 1/100: *e-e h. Sekunde* || NB: Bei gebräuchlichen Maßangaben ist auch die Schreibung *Hundertstelsekunde usw* üblich

Hun·derts·tel *das*; *-s*, -; der 100. Teil von etw.: *Die Gebühr beträgt ein H. der Summe* || K-: ***Hundertstel-, -sekunde***

hun·dert·tau·send, **hun·dert·tau·send** *Zahladj*; (als Zahl) 100000

Hun·de·sa·lon *der*; ein Geschäft, in dem Hunden die Haare geschnitten werden *usw*: *seinen Pudel im H. scheren lassen*

Hun·de·schlit·ten *der*; ein großer Schlitten, der von mehreren (Schlitten)Hunden gezogen wird || K-: ***Hundeschlitten-, -führer, -rennen***

Hun·de·sohn *der*; *gespr!* *pej*; verwendet als Schimpfwort für e-n gemeinen Menschen

Hun·de·steu·er *die*; e-e (kommunale) Steuer, die der Besitzer e-s Hundes zahlen muss

Hün·din *die*; -, *-nen*; ein weiblicher Hund ↔ Rüde

hün·disch *Adj*; *pej* ≈ unterwürfig ⟨Gehorsam, ein Blick⟩

hunds- *im Adj*; *wenig produktiv*, *gespr pej*; verwendet, um etw. Negatives zu verstärken ≈ sehr; ***hundserbärmlich*** ⟨h. frieren⟩, ***hundsgemein*** ⟨ein Lügner⟩, ***hundsjämmerlich*** ⟨h. zu Grunde gehen⟩ ***hundsmiserabel*** ⟨sich h. fühlen⟩

Hunds·ta·ge *die*; *Pl*; die heißesten Tage des Sommers in Europa

Hü·ne *der*; *-n*, *-n*; ein sehr großer u. kräftiger Mann ≈ Riese (1) ⟨ein H. (an Gestalt) sein⟩

Hü·nen·grab *das*; *hist*; ein Grab aus der Steinzeit, das aus mehreren großen Steinen besteht

hü·nen·haft *Adj*; sehr groß u. stark ≈ riesig (1) ⟨ein Mensch, e-e Gestalt⟩ || *hierzu* **Hü·nen·haf·tig·keit** *die*; *nur Sg*

Hun·ger *der*; *-s*; *nur Sg*; **1** das Bedürfnis, etw. zu essen ↔ Durst ⟨großen, viel, keinen H. haben; H. wie ein Bär, Löwe, Wolf (= großen H.) haben; H. bekommen, verspüren; seinen H. stillen; j-n plagt der H.⟩: *„Hast du noch H.?" - „Nein, ich bin schon satt"* || K-: ***Hunger-, -gefühl, -kur*** || -K: ***Bären-, Löwen-, Wolfs-*** **2** ein Mangel an Nahrungsmitteln, der lange dauert u. dazu führt, dass man an Gewicht verliert (u. schließlich stirbt) ⟨H. leiden; an, vor H. sterben⟩: *In Äthiopien herrscht* (*großer*) *H.* || K-: ***Hunger-, -tod*** **3** ***H. nach etw.*** *geschr*; ein starker Wunsch nach etw. ≈ (e-e) Begierde nach etw. ⟨H. nach Geld, Ruhm, Liebe, Zärtlichkeit⟩ || ID ***H. ist der beste Koch*** wenn man H. hat, schmecken einem alle Speisen

Hun·ger·jahr *das*; ein Jahr, in dem Hunger (2) herrscht

Hun·ger·lei·der *der*; *-s*, -; *gespr pej*; j-d, der sehr arm ist

Hun·ger·lohn *der*; *pej*; sehr wenig Geld für e-e geleistete Arbeit ⟨für e-n H. arbeiten müssen⟩

hun·gern; *hungerte*, *hat gehungert*; [Vi] **1** nur wenig od. nichts essen können, weil man nicht genug od. keine Lebensmittel hat: *In der Dritten Welt hungern viele Kinder* **2** (für kurze Zeit) absichtlich wenig od. nichts essen, um Gewicht zu verlieren; [Vr] **3** ***sich*** ⟨fit, gesund, schlank *o.Ä.*⟩ ***h.*** wenig od. nichts essen, bis man (wieder) fit, gesund, schlank *o.Ä.* ist; [Vimp] **4** ***j-n hungert*** (***es***) *geschr veraltend*; j-d hat Hunger (1) ↔ j-n dürstet (es) **5** ***j-n hungert*** (***es***) ***nach etw.*** *geschr*; j-d hat e-n starken Wunsch nach etw. ≈ j-d begehrt etw.: *Das Volk hungert nach Freiheit u. Gerechtigkeit*

hun·gers *nur in* ***h. sterben*** *geschr* ≈ verhungern

Hun·gers·not *die*; e-e Situation, in der die Menschen (in e-m bestimmten Gebiet) nicht genug zu essen haben ⟨e-e H. droht irgendwo, herrscht irgendwo⟩

Hun·ger·streik *der*; **1** die Weigerung (über lange Zeit), etw. zu essen, um dadurch ein bestimmtes (*mst* politisches) Ziel zu erreichen **2** ***in den H. treten*** sich weigern, etw. zu essen, um dadurch ein bestimmtes Ziel zu erreichen: *Die Häftlinge traten in den H., um bessere Bedingungen zu erzwingen*

Hun·ger·tuch *das*; *nur in* ***am H. nagen*** *gespr, mst hum*; kein Geld haben, arm sein

hung·rig *Adj*; **1** ⟨Menschen, Tiere⟩ in dem Zustand, dass sie Hunger (1) haben ↔ durstig ⟨h. wie ein Bär, Löwe, Wolf (sein)⟩ **2** ***h. nach etw.*** *geschr*; mit e-m starken Wunsch nach etw. ≈ begierig auf etw. ⟨h. nach Anerkennung, Liebe, Zärtlichkeit (sein)⟩

-hung·rig *im Adj*; *begrenzt produktiv*; mit e-m starken Verlangen nach der genannten Sache; ***bildungshungrig, erlebnishungrig, machthungrig, sensationshungrig, sonnenhungrig***

Hu·pe *die*; -, *-n*; e-e Vorrichtung im Auto, auf die man drückt, um Töne (als Warnsignale) zu erzeugen ⟨die H. betätigen, auf die H. drücken; die H. ertönt⟩ || K-: ***Hup-, -signal, -ton*** || -K: ***Auto-***

hu·pen; *hupte, hat gehupt* [Vi] mit e-r Hupe e-n (Signal)Ton erzeugen ⟨das Auto, das Taxi, der Fahrer; ärgerlich, laut, ungeduldig h.⟩: *Vor Schulen u. Krankenhäusern ist das Hupen verboten* || K-: ***Hup-, -verbot*** ||*zu* ***Gehupe*** ↑ ***Ge-***

hup·fen; *hupfte, ist gehupft*; [Vi] *südd* Ⓐ ≈ hüpfen || ID ***Das ist gehupft wie gesprungen*** *gespr*; das macht keinen Unterschied

hüp·fen; *hüpfte, ist gehüpft*; [Vi] mit einem od. beiden Füßen kleine Sprünge machen (u. sich dadurch fortbewegen) ⟨in die Höhe h., auf e-m Bein h.⟩: *Die Kinder hüpften den Weg entlang*; *Der Vogel hüpfte von Ast zu Ast*

Hup·fer *der*; *-s, -*; *bes südd* Ⓐ **1** ≈ Hüpfer **2** ***ein junger H.*** *oft pej*; ein junger u. unerfahrener Mann ≈ Grünschnabel

Hüp·fer *der*; *-s, -*; ein kleiner Sprung (*mst* vor Schreck od. aus Freude) ⟨e-n H. machen⟩

Hup·kon·zert *das*; *gespr hum*; der Lärm, der entsteht, wenn mehrere Autofahrer gleichzeitig hupen

Hür·de *die*; -, *-n*; **1** ***e-e H.*** (***für etw.***) etw., das j-n hindert, sein Ziel bequem u. einfach zu erreichen ⟨bürokratische Hürden überwinden (müssen)⟩: *Das fehlende Abitur erwies sich als* (*unüberwindliche*) *H. für seine berufliche Karriere* **2** ***e-e H. nehmen*** e-e Schwierigkeit überwinden u. Erfolg haben: *Wenn er die Abschlussprüfung besteht, ist die letzte H. auf seinem schulischen Weg genommen* **3** *Sport*; (in der Leichtathletik, im Reitsport) e-e Konstruktion aus Holzteilen, über die die Läufer bzw. die Pferde bei bestimmten Wettkämpfen springen müssen ⟨e-e H. aufstellen, überspringen, überwinden, reißen⟩ || K-: ***Hürden-, -lauf, -läufer, -rennen*** **4** ***e-e H. nehmen*** *Sport*; (in der Leichtathletik, im Reitsport) über e-e H.(3) springen (u. nicht stürzen) **5** *veraltend*; e-e Art transportabler Zaun für Schafe

Hu·re *die*; -, *-n*; *pej* ≈ Prostituierte

hu·ren; *hurte, hat gehurt*; [Vi] *pej*; oft mit verschiedenen Partnern sexuelle Kontakte haben || *hierzu* **Hu·rer** *der*; *-s, -*

Hu·ren·bock *der*; *vulg, pej*; verwendet als Schimpfwort für e-n Mann, der oft mit verschiedenen Frauen Sex hat

hur·ra! *Interjektion*; verwendet als Ausruf der Begeisterung od. des Beifalls ⟨Hurra / hurra rufen⟩: *H., morgen beginnen die Ferien!* || K-: ***Hurra-, -ruf***

Hur·ra *das*; *-s, -s*; der Ruf „hurra“ ⟨j-n mit e-m (dreifachen) H. begrüßen⟩

Hur·ra·pat·ri·o·tis·mus *der*; *pej*; ein übertriebener (unkritischer) Patriotismus

hur·tig *Adj*; *veraltend* ≈ schnell, rasch ⟨sich h. davonmachen⟩ || *hierzu* **Hur·tig·keit** *die*; *nur Sg*

Hu·sar [-'zaːɐ̯] *der*; *-en, -en*; *hist*; ein Soldat e-r Reitertruppe (der e-e Uniform im Stil der ungarischen Nationaltracht trug) || K-: ***Husaren-, -mütze, -uniform***

Hu·sa·ren·streich *der*; *veraltend*; e-e (sehr) mutige Tat, die gut endet ≈ Handstreich ⟨j-m gelingt ein H.⟩

Hu·sa·ren·stück *das*; *veraltend* ≈ Husarenstreich ⟨ein H. vollbringen⟩

husch! *Interjektion*; *gespr*; verwendet, um j-n (*mst* ein Kind) od. ein Tier aufzufordern, schnell (u. leise) wegzugehen: *H., ins Bett!*; *H., fort von hier!*

hu·schen; *huschte, ist gehuscht*; [Vi] **1** ***irgendwohin h.*** sich sehr schnell u. leise irgendwohin bewegen: *E-e Eidechse huschte über den Weg* **2** *mst* ***ein Lächeln huscht über j-s Gesicht*** *geschr*; j-d lächelt ganz leicht u. kurz

hüs·teln; *hüstelte, hat gehüstelt*; [Vi] mehrmals leicht od. leise husten (*mst* aus Verlegenheit od. um j-n auf etw. aufmerksam zu machen) ⟨verlegen h.⟩

hus·ten; *hustete, hat gehustet*; [Vi] **1** Luft mehrere Male kräftig u. ziemlich laut aus dem geöffneten Mund ausstoßen ⟨heftig, krampfhaft, laut h.⟩: *Das Kind war erkältet u. hustete die ganze Nacht* **2** e-e Erkältungskrankheit haben, bei der man oft h. (1) muss ≈ an Husten leiden: *Sie hustet schon seit drei Tagen* **3** ***auf etw.*** (*Akk*) ***h.*** *gespr*; auf etw., das einem nicht gut genug ist, verzichten; [Vt] **4** ***Blut, Schleim h.*** stark h. (1) u. dabei Blut / Schleim aus der Lunge hochbringen u. ausspucken (*z.B.* bei Tuberkulose) || ID *mst* ***Dem werd ich was / eins h.!*** *gespr hum od iron*; ich werde seine Forderung od. Bitte ganz bestimmt nicht erfüllen

Hus·ten *der*; *-s*; *nur Sg*; **1** e-e (Erkältungs)Krankheit, bei der man oft u. heftig husten (1) muss ⟨e-n starken, trockenen, chronischen H. bekommen, haben; H. haben, an H. leiden⟩ || K-: ***Husten-, -bonbon, -mittel, -saft, -tee, -tropfen*** **2** das Husten (1) || K-: ***Husten-, -anfall, -reiz***

Hut[1] *der*; *-(e)s, Hü·te*; **1** ein Kleidungsstück mit e-r stabilen Form, das man auf dem Kopf trägt ↔ Mütze ⟨ein H. mit e-r breiten Krempe, e-n H. aufsetzen, tragen, aufhaben / auf dem Kopf haben; den H. abnehmen; (vor j-m) den H. ziehen⟩ || K-: ***Hut-, -band, -form, -krempe, -mode*** || -K: ***Cowboy-, Damen-; Filz-, Leder-, Stoff-, Stroh-; Sonnen-, Trachten-, Zylinder-*** **2** der obere Teil e-s Pilzes, der wie ein runder Deckel aussieht ↔ Stiel || ↑ *Abb. unter* **Pilz** **3** ***ein alter H.*** *gespr*; etw., das nicht mehr neu u. interessant ist, sondern das schon jeder kennt || ID ***seinen H. nehmen*** (***müssen***) *gespr*; e-e Stellung aufgeben (müssen); *mst* ***Steck dir doch ... an den H.***; ***... kannst du dir an den H. stecken!*** *gespr! mst* verwendet, um j-m auf unhöfliche Weise zu sagen, er solle etw. behalten, weil man es nicht haben will: *Steck dir doch deine Blumen an den H.! - Ich will kein Geschenk von dir*; ⟨Personen, Dinge⟩ ***unter einen H. bringen*** *gespr*; bewirken, dass mehrere Personen od. verschiedene Dinge harmonisch zusammenpassen; ***j-m geht der H. hoch*** *gespr*; j-d verliert die Geduld u. wird wütend; ***mit j-m / etw. nichts am H. haben*** *gespr*; j-n / etw. nicht mögen; ***j-m eins auf den H. geben*** *gespr*; j-n tadeln; ***eins auf den H. bekommen / kriegen*** *gespr*; getadelt werden; ***H. ab*** (***vor j-m / etw.***)***!*** verwendet, um seine Bewunderung auszudrücken: *Ich muss sagen: H. ab vor ihrer Zivilcourage, meine Damen!*

Hut[2] *die*; *nur in* **(vor j-m / etw.) auf der H. sein** *geschr* ≈ sich vor j-m / etw. hüten

Hut·ab·la·ge *die*; der Teil e-r Garderobe, auf den man die Hüte legt

hü·ten; *hütete, hat gehütet*; [Vt] **1 ein Tier h.** aufpassen, dass e-m Tier auf der Weide nichts passiert u. dass es nicht wegläuft ⟨Gänse, Kühe, Schafe, Ziegen h.⟩ || K-: **Hüte-, -junge 2 j-n h.** auf j-n, *mst* ein Kind, aufpassen ≈ beaufsichtigen **3 ein Geheimnis h.** ein Geheimnis nicht verraten ≈ ein Geheimnis bewahren **4 das Bett h.** das Bett nicht verlassen, weil man krank ist **5 das Haus h.** im Haus zurückbleiben u. aufpassen, dass nichts Schlimmes geschieht (während die anderen Bewohner weg sind); [Vr] **6 sich vor j-m / etw. h.** vorsichtig sein, damit j-d einem nichts Böses tut od. aufpassen, damit einem nichts passiert ≈ sich vor j-m / etw. in Acht nehmen: *Die Mutter sagte zu Rotkäppchen: „Hüte dich vor dem bösen Wolf!"* **7 sich h.** + **zu** + *Infinitiv* etw. aus e-m bestimmten Grund, *mst* aus Vorsicht, nicht tun: *Er kann nicht schweigen, deshalb werde ich mich h., ihm noch einmal ein Geheimnis zu erzählen!* || ► **Hut**[2]

Hü·ter *der*; *-s, -*; *geschr*; j-d, der etw. bewacht u. schützt ≈ Wächter ⟨ein H. der Demokratie, der Moral, der Ordnung⟩ || NB: aber j-d, der Tiere hütet (1), heißt *Hirte!* || *hierzu* **Hü·te·rin** *die*; -, *-nen*

Hut·ma·cher *der*; j-d, der beruflich Hüte produziert || *hierzu* **Hut·ma·che·rin** *die*; -, *-nen*

Hut·na·del *die*; e-e lange Nadel (als Schmuck), mit der Frauen den Hut im Haar befestigen können

Hut·schnur *die*; *nur in* **etw. geht j-m über die H.** *gespr*; j-d ärgert sich sehr über etw. u. will es nicht länger ertragen

Hüt·te[1] *die*; -, *-n*; **1** ein kleines, einfaches Haus, das *mst* nur aus einem Zimmer besteht ⟨e-e strohgedeckte H.; e-e H. aus Holz, Lehm, Wellblech⟩ || -K: **Blech-, Holz-, Jagd-, Lehm- 2** e-e H. (1) in den Bergen, in der Bergsteiger, Skifahrer *usw* essen, übernachten od. Schutz suchen können ⟨die Nacht in e-r H. verbringen⟩ || K-: **Hütten-, -wirt** || -K: **Berg-, Schutz-, Ski-**

Hüt·te[2] *die*; -, *-n*; e-e Industrieanlage, in der Metalle aus Erzen bzw. (nichtmetallische) Rohstoffe wie Glas od. Schwefel gewonnen werden || K-: **Hütten-, -arbeiter, -industrie, -ingenieur, -kunde** || -K: **Eisen-, Erz-, Glas-, Kupfer-, Schwefel-, Stahl-**

Hüt·ten·abend *der*; e-e Feier am Abend in e-r Hütte[1] (2) in den Bergen

Hüt·ten·kä·se *der*; e-e Art von festem Quark

Hüt·ten·schuh *der*; *mst Pl*; ein Hausschuh, der aussieht wie ein Strumpf mit e-r festen (Leder)Sohle

Hüt·ten·werk *das* ≈ Hütte[2]

Hut·zel·brot *das*; *südd*; e-e Art süßes Brot mit vielen getrockneten Früchten ≈ Früchtebrot

hut·ze·lig, hutz·lig *Adj*; *gespr*; klein, mager u. mit vielen Falten im Gesicht ≈ runz(e)lig ⟨ein hutz(e)liges altes Weib(lein)⟩

Hy·ä·ne *die*; -, *-n*; ein Raubtier in Afrika u. Asien, das e-m Hund ähnlich sieht

Hy·a·zin·the *die*; -, *-n*; e-e Pflanze mit langen schmalen Blättern u. e-r Blüte in Form e-r Traube aus kleinen Blüten || K-: **Hyazinthen-, -blüte, -zwiebel**

hyb·rid *Adj*; *ohne Steigerung, nicht adv*; *Biol*; aus e-r Kreuzung entstanden ⟨e-e Pflanze, ein Tier⟩ || *hierzu* **Hyb·ri·de** *die*; -, *-n*

Hyb·ris *die*; -; *nur Sg*; *geschr* ≈ Hochmut

Hyd·rant *der*; *-en, -en*; e-e Art dickes, senkrecht stehendes Rohr *mst* an Straßen, aus dem die Feuerwehr Wasser holt, um e-n Brand zu löschen || NB: *der Hydrant*; *den, dem, des Hydranten*

Hyd·rat *das*; *-(e)s, -e*; *Chem*; e-e Substanz, die Wasser (chemisch gebunden) enthält

Hyd·rau·lik *die*; -; *nur Sg*; *Tech*; **1** die Wissenschaft u. Lehre von den Strömungen der Flüssigkeiten **2** e-e technische Konstruktion, die Kräfte mithilfe des Drucks e-r Flüssigkeit erzeugt od. überträgt || *zu* **2 hyd·rau·lisch** *Adj*

Hyd·ro·kul·tur *die*; **1** eine od. mehrere Pflanzen, deren Wurzeln in e-r speziellen Flüssigkeit, *mst* in e-m Behälter mit porösen, leichten braunen Steinen, sind **2** *nur Sg*; das Züchten u. Halten von Pflanzen in Form e-r H. (1)

Hy·gi·e·ne [hy'gie:nə] *die*; -; *nur Sg*; **1** *Med*; die Wissenschaft, die sich damit beschäftigt, wie man (*bes* durch Sauberkeit u. Körperpflege) die Gesundheit erhalten u. fördern kann ≈ Gesundheitslehre || K-: **Hygiene-, -maßnahme, -vorschrift 2** alle Maßnahmen, mit denen man Infektionskrankheiten verhindert u. den Körper sauber hält ≈ Gesundheitspflege, Körperpflege: *In e-m Krankenhaus muss ganz besonders auf H. geachtet werden* || K-: **Hygiene-, -artikel** || -K: **Körper-**

hy·gi·e·nisch [hy'gie:nɪʃ] *Adj*; **1** die Hygiene (1) betreffend ⟨e-e Maßnahme, e-e Vorschrift⟩ **2** sehr sauber u. ohne (Krankheits)Keime ↔ unhygienisch ⟨e-e Verpackung; etw. ist (nicht) h.⟩: *Lebensmittel müssen h. verpackt sein*

Hyg·ro·me·ter *das*; *-s, -*; *Meteorologie*; ein Gerät, mit dem man die Feuchtigkeit der Luft misst || *hierzu* **hyg·ro·met·risch** *Adj*

Hym·ne *die*; -, *-n*; **1 e-e H. (an / auf j-n / etw.)** ein feierliches Lied, in dem man j-n (*z.B.* Gott) od. etw. (*z.B.* das Vaterland) ehrt u. lobt: *e-e H. auf die Freiheit* || K-: **Hymnen-, -melodie, -sammlung, -text** || -K: **National- 2** ein feierliches Gedicht, in dem man j-n / etw. sehr lobt (verherrlicht) || K-: **Hymnen-, -dichter** || *hierzu* **hym·nisch** *Adj*

hy·per- [hy:pɐ-] *im Adj, betont u. unbetont, wenig produktiv, mst pej*; äußerst, in übertriebenem Maß ≈ über-[3]; **hypergenau, hyperkorrekt, hypermodern, hypersensibel**

Hy·per·bel *die*; -, *-n*; *Math*; e-e symmetrische Kurve (e-s Kegelschnitts), deren beide Enden sich voneinander entfernen || ↑ *Abb. unter* **geometrische Figuren** || *hierzu* **hy·per·bo·lisch** *Adj*

Hyper·link ['haɪpɐ-] *das*; *-s, -s*; *EDV*; die durch ein Symbol *o.Ä.* in e-m Computertext angezeigte Verknüpfung mit e-r anderen Textstelle *o.Ä.*, die per Mausklick aktiviert wird u. zusätzliche Informationen zu e-m bestimmten Stichwort liefert

Hyp·no·se *die*; -; *nur Sg*; e-e Art Schlaf, den ein Hypnotiseur bei j-m durch Suggestion erzeugt u. in dem dieser Mensch keinen eigenen Willen mehr hat ≈ Trance ⟨j-n in H. versetzen; unter H. stehen; aus der H. erwachen⟩ || *hierzu* **hyp·no·tisch** *Adj*

Hyp·no·ti·seur [-'zø:ɐ] *der*; *-s, -e*; j-d, der durch Suggestion bei j-m bewirken kann, dass dieser in Hypnose gerät

hyp·no·ti·sie·ren; *hypnotisierte, hat hypnotisiert*; [Vt] **1 j-n h.** bewirken, dass j-d in Hypnose gerät ⟨e-n Patienten h.⟩ **2 von j-m / etw. (wie) hypnotisiert sein** von e-r Person od. Sache so stark beeindruckt sein, dass man alles andere vergisst ≈ von etw. gefangen genommen sein

Hy·po·chon·der [hypo'xɔndɐ] *der*; *-s, -*; *geschr*; j-d, der immer glaubt, dass er krank sei u. deshalb klagt u. traurig ist

Hy·po·chond·rie [hypoxɔn'dri:] *die*; -, *-n* [-'dri:ən]; *mst Sg*; *Med*; die ständige (zwanghafte) Einbildung, dass man krank sei || *hierzu* **hy·po·chond·risch** *Adj*

Hy·po·te·nu·se *die*; -, *-n*; *Math*; die Seite in e-m

rechtwinkligen Dreieck, die dem rechten Winkel gegenüberliegt ↔ Kathete

Hy·po·thek *die*; -, *-en*; **1** ein (Geld)Kredit, den *mst* e-e Bank j-m gibt, weil er als Pfand e-e Wohnung od. ein Haus bieten kann ⟨e-e H. (auf sein Haus) aufnehmen, e-e H. abtragen, tilgen⟩ || K-: ***Hypotheken-, -schuldner, -zinsen*** **2** etw. Negatives, das j-d früher gemacht hat u. das jetzt für ihn ein Problem ist ≈ Bürde: *Seine frühere Gefängnisstrafe ist e-e schwere H. für seinen beruflichen Erfolg*

Hy·po·the·se *die*; -, *-n*; *geschr*; etw., das man zur (wissenschaftlichen) Erklärung e-s Phänomens od. Problems vorläufig behauptet, das aber noch nicht bewiesen ist ≈ Annahme, Vermutung ⟨e-e H. aufstellen, widerlegen⟩: *Es ist längst keine H. mehr, dass das Waldsterben durch die Luftverschmutzung verursacht wird* || *hierzu* **hy·po·the·tisch** *Adj*

Hys·te·rie *die*; -, *-n* [-'riːən]; **1** ein Zustand, in dem j-d aus Nervosität, Angst od. übertriebener Begeisterung nicht mehr vernünftig denken u. handeln kann || -K: ***Massen-*** **2** *Med*; die Neigung zur H. (1) als Krankheit || *zu* **2 Hys·te·ri·ker** *der*; *-s*, -; **Hys·te·ri·ke·rin** *die*; -, *-nen*

hys·te·risch *Adj*; **1** *mst pej*; in e-m Zustand der Hysterie (1) ≈ überspannt, übernervös ⟨ein Anfall, ein Verhalten; h. sein, reagieren; h. kreischen⟩: *Jetzt werde doch nicht gleich h.!* **2** *Med*; ⟨e-e Frau, ein Mann⟩ so, dass sie zur Hysterie (2) neigen

I, i

I, i [iː] *das*; -, - / *gespr auch -s*; der neunte Buchstabe des Alphabets ⟨ein großes I; ein kleines i⟩

i! [iː] *Interjektion*; *gespr*; verwendet, um auszudrücken, dass man sich vor j-m / etw. ekelt: *I, da ist e-e Fliege in meiner Suppe!*

-i *im Subst, sehr produktiv, gespr*; **1** verwendet, um aus e-r Bezeichnung od. e-m Namen e-e vertraute, freundliche Form der Anrede od. e-n Kosenamen zu machen; die ***Anni***, die ***Mami***, die ***Mutti***, der ***Papi***, der ***Vati*** **2** verwendet, um Abkürzungen zu bilden; der ***Ami*** (Amerikaner), der ***Profi*** (Professionelle), der ***Pulli*** (Pullover), der ***Schiri*** (Schiedsrichter)

i. A. *Abk für* im Auftrag || NB: ↑ ***Auftrag*** (2)

IC [iˈtseː] *der*; *-s*, *-s*; *Kurzw*; ↑ ***Intercity***

ICE [itseˈ|eː] *der*; *-s*, *-s*; *Kurzw*; ↑ ***Intercityexpress***

ich *Personalpronomen, 1. Person Sg*; verwendet, um die eigene Person, also sich selbst (als Sprecher od. Schreiber) zu bezeichnen: *Du u. ich, wir beide zusammen schaffen das schon!*; *Ich bin müde* || NB: ↑ *Tabelle unter* ***Personalpronomen***

Ich *das*; -(*s*), -(*s*); das eigene Wesen ≈ Selbst: *das eigene Ich erkennen, erforschen, verleugnen*

ich·be·zo·gen *Adj*; *pej*; *mst* ***i. sein*** sich selbst immer in den Vordergrund stellen ≈ egoistisch, egozentrisch sein || *hierzu* **Ich·be·zo·gen·heit** *die*; *nur Sg*

Ich·form *die*; *nur Sg*; e-e Form des Erzählens, bei der der Autor so tut, als ob er selbst an der Handlung beteiligt wäre

Ich·mensch *der* ≈ Egoist

Ich·sucht *die*; *nur Sg* ≈ Egoismus, Eigenliebe || *hierzu* **ich·süch·tig** *Adj*

i·de·al [ideˈaːl] *Adj*; **1** so, dass man es sich nicht besser vorstellen kann ≈ perfekt, vorbildlich: *Die neue Autobahn ist i. für mich, ich komme jetzt in 10 Minuten zur Arbeit*; *Das Wetter war i. zum Skifahren*; *Er hat die ideale Frau gefunden* || K-: ***Ideal-, -fall, -gewicht, -lösung, -vorstellung*** **2** nur in der Vorstellung existierend, nicht real vorhanden ↔ real: *der ideale Staat*

I·de·al [ideˈaːl] *das*; *-s*, *-e*; **1** ein hohes (moralisches) Ziel, das j-d erreichen will ⟨ein hohes I.; seine Ideale verwirklichen, realisieren; sich (*Dat*) seine Ideale bewahren, erhalten⟩: *Freiheit, Gleichheit u. Brüderlichkeit waren die Ideale der Französischen Revolution* **2** *nur Sg*; *mst* ***das I.*** + *Gen Sg*; die perfekte Verkörperung / Ausführung e-r Person / Sache: *Er ist das I. e-s Familienvaters*

I·de·al·bild *das* ≈ Ideal (2)

i·de·a·li·sie·ren; *idealisierte*, *hat idealisiert*; Vt ***j-n / etw. i.*** *geschr*; j-n / etw. besser od. schöner darstellen, als er / es wirklich ist ≈ verklären || *hierzu* **I·de·a·li·sie·rung** *die*

I·de·a·lis·mus *der*; -; *nur Sg*; **1** die Neigung, alles so zu sehen, wie es sein sollte ↔ Realismus: *jugendlicher, schwärmerischer I.* **2** das Bemühen, seine Ideale (1) zu verwirklichen (ohne auf den eigenen Vorteil zu achten) ↔ Egoismus: *Er denkt nur noch an das Geld - seinen anfänglichen I. hat er ganz verloren* **3** die philosophische Lehre, dass der Geist u. das Bewusstsein wichtiger für den Menschen sind als materielle Dinge ↔ Materialismus || *hierzu* **I·de·a·list** *der*; *-en*, *-en*; **i·de·a·lis·tisch** *Adj*

I·dee *die*; -, *-n* [iˈdeː(ə)n]; **1** ein *mst* spontaner Einfall (*z.B.* wie man ein Problem lösen könnte) ≈ Gedanke (2) ⟨e-e gute I.; e-e I. haben, auf e-e I. eingehen⟩: *Die Situation schien ausweglos, aber plötzlich hatte ich e-e I.* **2** *oft Pl*; ein allgemeiner Gedanke, Vorschlag od. Plan ⟨fortschrittliche, neuartige, konstruktive, revolutionäre Ideen; e-e I. (weiter)entwickeln, verwerfen, vertreten, nachvollziehen⟩: *Die Ideen des neuen Managers wurden mit Skepsis aufgenommen* || K-: ***Ideen-, -gehalt*** **3** ***e-e fixe I.*** e-e (oft falsche) Vorstellung, die j-n einfach nicht loslässt ⟨e-e fixe I. haben; etw. wird bei j-m zur fixen I.⟩ **4** ***e-e I.*** + *Komparativ*; *gespr* ≈ ein bisschen: *Die Hose müsste e-e I. länger sein* || ID ***keine I. von etw. haben*** *gespr*; gar nichts von etw. wissen || *zu* **2** **i·de·en·arm** *Adj*; **i·de·en·los** *Adj*; **i·de·en·reich** *Adj*

i·de·ell [ideˈɛl] *Adj*; **1** von e-r Idee bestimmt od. abgeleitet: *der ideelle Gehalt e-s Buches* **2** *mst* ***ein ideeller Wert*** ein Wert, der nicht in Geld *o.Ä.* ausgedrückt werden kann, sondern der nur für die betroffene Person von Bedeutung ist ↔ ein materieller Wert: *Diese Uhr ist ein Erbstück u. hat für mich e-n hohen ideellen Wert*

i·den·ti·fi·zie·ren; *identifizierte*; *hat identifiziert*; Vt **1** ***j-n / etw. (als j-n / etw.) i.*** j-n / etw. *mst* an bestimmten Merkmalen (wieder)erkennen: *Der Zeuge konnte den Täter i.*; *Anhand der Motornummer konnte das Auto identifiziert werden* **2** ***j-n / etw. mit etw. i.*** j-n / etw. mit etw. verbinden, j-n / etw. als Teil od. Vertreter von etw. ansehen: *Er wird immer mit e-r Figur identifiziert, die er als junger Mann gespielt hat*; Vr **3** ***sich mit j-m / etw. i.*** mit j-m / etw. völlig einverstanden sein: *Mit den Zielen dieser Organisation kann ich mich nicht i.* **4** ***sich mit j-m / etw. i.*** seine eigenen Erfahrungen *o.Ä.* in j-m / etw. wieder erkennen: *Mit den Figuren im Roman kann ich mich sehr gut i.* || *hierzu* **I·den·ti·fi·ka·ti·on** *die*; -, *-en*; **I·den·ti·fi·zie·rung** *die*

i·den·tisch *Adj*; *geschr*; **1** ohne irgendeinen Unterschied ≈ gleich ↔ unterschiedlich, verschieden: *Die Aussagen der beiden Zeugen waren i.*; *Über die Außenpolitik hatten beide Politiker identische Vorstellungen* **2** ⟨Personen / Dinge⟩ ***sind i.***; ***j-d / etw. ist mit j-m / etw. i.*** es handelt sich bei etw. um ein u. dieselbe Person / ein u. dasselbe Ding

I·den·ti·tät *die*; -, *-en*; *mst Sg*, *geschr*; **1** ***j-s I.*** j-s Name, Adresse *usw* als Beweis, wer er ist ⟨seine I. beweisen, nachweisen, belegen; j-s I. feststellen, überprüfen⟩: *Die Polizei stellte die I. des Verhafteten fest* **2** die vollständige Gleichheit ↔ Verschiedenheit: *die I. von zwei Dokumenten* **3** die innere Einheit, das Wesen von j-m / etw.: *die österreichische I.*

I·den·ti·täts·kar·te *die*; (CH) ≈ Personalausweis

Iden·ti·täts·kri·se *die*; e-e psychische Krise, die man erlebt, weil man mit dem Bewusstsein vom eigenen Wesen nicht zurechtkommt

I·de·o·lo·ge *der*; *-n*, *-n*; j-d, der e-e bestimmte Ideologie vertritt || NB: *der Ideologe*; *den, dem, des Ideologen*

I·de·o·lo·gie *die*; -, *-n* [-ˈgiːən]; **1** alle Ansichten u. Werte e-r sozialen Gruppe, e-r bestimmten Gesellschaft: *die I. des Bürgertums* **2** e-e (umfangreiche) politische Theorie als Grundlage e-r Staatsform ⟨die westliche, östliche, kommunistische I.; e-e I. begründen, vertreten⟩ || *hierzu* **i·de·o·lo·gisch** *Adj*

I·di·om [i'dio:m] *das*; *-s, -e*; *Ling*; **1** die Sprache, die für Personen e-r bestimmten Region, (Berufs)Gruppe od. sozialen Schicht charakteristisch ist **2** ein sprachlicher Ausdruck (aus mehreren Wörtern), dessen Bedeutung man nicht aus den Bedeutungen seiner Bestandteile ableiten kann (wie *z.B. j-m durch die Lappen gehen*) || *zu* **2 i·di·o·ma·tisch** *Adj*

I·di·ot [i'dio:t] *der*; *-en, -en*; verwendet als Schimpfwort für j-n, den man für ganz dumm, ungeschickt *o.Ä.* hält ≈ Dummkopf || NB: *der Idiot*; *den, dem, des Idioten* || *hierzu* **i·di·o·tisch** *Adj*

i·di·o·ten·si·cher *Adj*; *gespr hum*; ganz einfach zu verstehen od. zu bedienen ⟨ein Gerät, e-e (Bedienungs)Anleitung⟩

I·di·o·tie [idio'ti:] *die*; *-, -n* [-'ti:ən]; *gespr pej*; ein dummes Verhalten ≈ Dummheit, Blödsinn

I·dol *das*; *-s, -e*; j-d, der sehr verehrt wird u. für viele ein Vorbild ist ⟨ein I. anbeten, vergöttern, umschwärmen⟩: *Bob Dylan war lange ein I. der Jugend*

I·dyll [i'dʏl] *das*; *-s, -e*; der Zustand e-s einfachen, *bes* e-s friedlichen u. harmonischen Lebens ⟨ein dörfliches, ländliches, häusliches I.⟩

I·dyl·le [i'dʏlə] *die*; *-, -n*; **1** die Darstellung e-s Idylls in der Kunst **2** ≈ Idyll

i·dyl·lisch [i'dʏl-] *Adj*; **1** wie in e-m Idyll **2** ruhig u. landschaftlich schön

-ie·ren, **-i·sie·ren** *als Suffix in Verben*; oft verwendet, um ein Tun zu bezeichnen, durch das j-d / etw. in den Zustand gebracht wird, den die *mst* entlehnte Basis (Adj., Subst.) bezeichnet; ***etw. halbieren, komplettieren, etw. relativieren, legalisieren, modernisieren***; ***etw. atomisieren, bagatellisieren, ritualisieren***

-ig *im Adj, sehr produktiv*; verwendet, um Adjektive zu bilden **1** mit der im ersten Wortteil genannten Sache od. Eigenschaft; ***eifrig, fleißig, geizig, gierig, mutig***; ***dreiseitig*** ⟨ein Brief⟩, ***mehrgeschossig*** ⟨ein Haus⟩, ***vierbändig*** ⟨ein Roman⟩ **2** wie das im ersten Wortteil Genannte; ***affig*** ⟨ein Benehmen⟩, ***bullig*** ⟨e-e Figur⟩, ***flegelig*** ⟨ein Benehmen⟩, ***glasig*** ⟨Augen⟩, ***milchig, riesig, schwammig*** **3** in der Form dessen, was im ersten Wortteil genannt ist; ***bergig, bröselig, klumpig, kugelig***

I·gel *der*; *-s, -*; ein kleines (Land)Tier mit vielen Stacheln auf dem Rücken

-i·gen *als Suffix in Verben, begrenzt produktiv*; bezeichnet ein Tun, das sich auf ein Adj. od. auf ein Subst. als Ausgangswort bezieht; ***reinigen, festigen, j-n sättigen***; ***peinigen, schädigen, verdächtigen***

i·gitt!, **igit·ti·gitt!** *Interjektion*; *gespr*; verwendet, um auszudrücken, dass man sich vor etw. ekelt

-ig·keit *Suffix*; ↑ ***-keit***

Ig·lu *der / das*; *-s, -s*; ein Haus aus (Blöcken von) Schnee: *die Iglus der Eskimos*

Ig·no·rant *der*; *-en, -en*; *geschr pej*; ein dummer, unwissender Mensch || NB: *der Ignorant*; *den, dem, des Ignoranten* || *hierzu* **Ig·no·ran·ten·tum** *das*; *-s*; *nur Sg*

Ig·no·ranz *die*; *-*; *nur Sg*, *geschr pej* ≈ Dummheit, Unwissenheit

ig·no·rie·ren; *ignorierte, hat ignoriert*; [Vt] ***j-n / etw. i.*** j-n / etw. absichtlich nicht sehen od. erkennen wollen ↔ beachten: *Seine Ideen wurden von den Kollegen ignoriert*

IHK [i:ha'ka:] *die*; *-*; *nur Sg*; *Abk*; ↑ ***Industrie- und Handelskammer***

ihm *Personalpronomen der 3. Person Sg* (*er u. es*), *Dativ*; ↑ *Tabelle unter* ***Personalpronomen***

ihn *Personalpronomen der 3. Person Sg* (*er u. es*), *Akkusativ*; ↑ *Tabelle unter* ***Personalpronomen***

ih·nen *Personalpronomen der 3. Person Pl* (*sie*[2]), *Dativ*; ↑ *Tabelle unter* ***Personalpronomen***

Ih·nen *Personalpronomen der höflichen Form der 2. Person Sg u. Pl* (*Sie*), *Dativ*; ↑ *Tabelle unter* ***Personalpronomen***

ihr[1] [i:ɐ] *Personalpronomen der 2. Person Pl*; verwendet, um e-e Gruppe von Personen anzureden, von denen man (fast) alle mit *du* anredet: *Kommt ihr mit zum Baden?*; *Na, ihr beiden, wie gehts euch?* || NB: **a)** ↑ Erläuterungen auf Seite 57; **b)** ↑ *Tabelle unter* ***Personalpronomen***

ihr[2] [i:ɐ] *Personalpronomen der 3. Person Sg* (*sie*[1]), *Dativ*; ↑ *Tabelle unter* ***Personalpronomen***

ihr[3] [i:ɐ] *Possessivpronomen der 3. Person Sg u. Pl* (*sie*[1] *u. sie*[2]); ↑ *Tabellen unter* ***Possessivpronomen*** u. unter ***mein***

Ihr[1] [i:ɐ] *Possessivpronomen der höflichen Form der 2. Person Sg u. Pl* (*Sie*); ↑ *Tabellen unter* ***Possessivpronomen*** u. unter ***mein***

Ihr[2] [i:ɐ] *Personalpronomen der 2. Person Sg, Höflichkeitsform, geschr veraltet*; verwendet als höfliche u. respektvolle Anrede für e-e einzelne Person, *z.B.* e-n Richter od. e-n König ≈ Sie: *Habt Ihr wohl geruht, Euer Gnaden?*

ih·r- *Possessivpronomen der 3. Person Sg u. Pl* (*sie*[1] *u. sie*[2]); ↑ ***mein-***

Ih·r- *Possessivpronomen der höflichen Form der 2. Person Sg u. Pl* (*Sie*); ↑ ***mein-***

ih·rer *Personalpronomen der 3. Person Sg u. Pl* (*sie*[1] *u. sie*[2]), *Genitiv*; ↑ *Tabelle unter* ***Personalpronomen***

Ih·rer *Personalpronomen der höflichen Form der 2. Person Sg u. Pl* (*Sie*), *Genitiv*; ↑ *Tabelle unter* ***Personalpronomen***

ih·rer·seits *Adv*; was sie (Sg. od. Pl.) betrifft ≈ von ihr / ihnen aus: *Sie war / waren i. sehr zufrieden*

Ih·rer·seits *Adv*; was Sie (Sg. od. Pl.) betrifft ≈ von Ihnen aus: *Haben Sie I. noch Einwände?*

ih·res·glei·chen *Pronomen*; *indeklinabel*, *oft pej*; Leute wie sie (Sg. od. Pl.): *Ich kenne sie u. i.*

Ih·res·glei·chen *Pronomen*; *indeklinabel*, *oft pej*; Leute wie Sie (Sg. od. Pl.)

ih·ret·we·gen *Adv*; **1** deshalb, weil es für sie (Sg. od. Pl.) gut ist ≈ ihr / ihnen zuliebe **2** aus e-m Grund, der sie (Sg. od. Pl.) betrifft ≈ wegen ihr / ihnen: *Machst du dir i. Sorgen?*

Ih·ret·we·gen *Adv*; **1** deshalb, weil es für Sie (Sg. od. Pl.) gut ist ≈ Ihnen zuliebe **2** aus e-m Grund, der Sie (Sg. od. Pl.) betrifft ≈ wegen Ihnen

ih·ret·wil·len *Adv*; *nur in* **um i.** *geschr* ≈ ihretwegen

Ih·ret·wil·len *Adv*; *nur in* **um I.** *geschr* ≈ Ihretwegen

ih·ri·g-, **Ih·ri·g-** *Possessivpronomen*; *veraltend*; wie ein Substantiv verwendet für *der, die, das ihre, Ihre* || ↑ ***mein-***

Ih·ri·g- *Possessivpronomen*; *veraltend*; wie ein Substantiv verwendet für *der, die, das Ihre* || ↑ ***mein-***

-i·ker *der*; *-s, -*; *im Subst, begrenzt produktiv*; **1** j-d, der etw. (beruflich) macht, sich mit etw. beschäftigt; ***Chemiker, Dramatiker, Satiriker, Sinfoniker*** **2** j-d, der e-e Krankheit hat; ***Alkoholiker, Allergiker, Diabetiker*** **3** j-d, der ein Verhalten zeigt, das als negativ empfunden wird; ***Choleriker, Fanatiker, Neurotiker, Zyniker***

I·ko·ne *die*; -, *-n*; ein Bild (in der russisch- bzw. griechisch-orthodoxen christlichen Kirche), auf dem heilige Personen dargestellt sind || K-: ***Ikonen-, -malerei***

il- *im Adj*; ↑ **in-**

il·le·gal *Adj*; gegen das Gesetz ≈ ungesetzlich ↔ legal: *Er wurde wegen illegalen Waffenbesitzes verhaftet* || *hierzu* **Il·le·ga·li·tät** *die*; -; *nur Sg*

il·le·gi·tim [-tiːm] *Adj*; *geschr*; **1** gegen die Rechtsordnung (*z.B.* e-s Staates, e-r Organisation) ≈ unrechtmäßig ⟨ein Vorgehen, e-e Einmischung⟩ **2** *veraltend* ≈ unehelich ⟨ein Kind, ein Sohn, e-e Tochter⟩ || *hierzu* **Il·le·gi·ti·mi·tät** *die*; -; *nur Sg*

il·lo·yal [ˈɪloajaːl] *Adj*; ⟨Menschen; ein Verhalten⟩ so, dass sie j-s Vertrauen enttäuschen *o.Ä.* || *hierzu* **Il·lo·ya·li·tät** *die*; -; *nur Sg*

Il·lu·mi·na·ti·on [-ˈtsioːn] *die*; -, *-en*; *geschr* ≈ Beleuchtung (1) || *hierzu* **il·lu·mi·nie·ren** (*hat*) *Vt*

Il·lu·si·on [-ˈzioːn] *die*; -, *-en*; *oft Pl*; e-e falsche, *mst* zu optimistische Vorstellung von etw. ⟨kindliche, romantische Illusionen; Illusionen haben; j-s Illusionen zerstören; sich (*Dat*) (über j-n / etw.) Illusionen machen; j-m seine Illusionen lassen, rauben⟩: *Deine Idee ist nicht zu verwirklichen - reine I.*

il·lu·si·o·när *Adj*; *geschr*; auf e-r Illusion beruhend ↔ realistisch ⟨ein Plan, e-e Vorstellung⟩

il·lu·si·ons·los *Adj*; ohne Illusionen ≈ realistisch, nüchtern ↔ realitätsfremd ⟨e-e Einschätzung, e-e Beurteilung⟩ || *hierzu* **Il·lu·si·ons·lo·sig·keit** *die*; *nur Sg*

il·lu·so·risch *Adj*; nur in der Vorstellung, nicht realisierbar ≈ illusionär ↔ realistisch: *Du willst das ganz alleine schaffen? - Das ist doch i.!*

il·lus·ter *Adj*; *mst attr*, *geschr* ≈ vornehm, erlaucht ⟨e-e Gesellschaft, ein Kreis, ein Gast⟩ || NB: *illuster* → *ein illustrer Gast*

Il·lus·tra·ti·on [-ˈtsioːn] *die*; -, *-en*; **1** ein Bild, Foto *o.Ä.*, das e-n Text grafisch veranschaulicht: *die Illustrationen in e-m Lexikon* **2** das Illustrieren (1) ≈ Bebilderung: *die I. e-s Kinderbuchs* **3** das Illustrieren (2) ≈ Veranschaulichung

il·lus·tra·tiv [-ˈtiːf] *Adj*; *geschr*; als Erläuterung dienend ⟨ein Beispiel⟩

Il·lus·tra·tor *der*; *-s*, *Il·lus·tra·to·ren*; ein Künstler, der Illustrationen (1) macht || *hierzu* **Il·lus·tra·to·rin** *die*; -, *-nen*

il·lus·trie·ren; *illustrierte*, *hat illustriert*; [Vt] **1** ***etw. i.*** Bilder (Abbildungen) für etw. machen ≈ bebildern ⟨ein Buch, e-n Text, ein Lexikon i.; e-e illustrierte Zeitschrift⟩ **2** ***etw.*** (***mit etw.***) ***i.*** etw. (mit etw.) erläutern, verdeutlichen ≈ veranschaulichen: *e-e These mit e-m Beispiel i.*; *Er illustrierte seinen Vortrag mit Tabellen* || *hierzu* **Il·lus·trie·rung** *die*

Il·lus·trier·te *die*; *-n*, *-n*; e-e Zeitschrift, die sehr viele Bilder enthält || NB: im Gen. u. Dat. Sg.: *der Illustrierten*

Il·tis *der*; *-ses*, *-se*; ein kleiner brauner Marder

im *Präp mit Artikel*; **1** ≈ in dem: *im Garten sein*; *im Kino sein*; *im Bett liegen*; *im Jahre 1989* || NB: *im* kann nicht durch *in dem* ersetzt werden in Wendungen wie: *im Grunde genommen, im Gegenteil, im Großen u. Ganzen* **2** **im** + *substantivierter Infinitiv* in Bezug auf, in Hinsicht auf: *Im Rechnen ist er sehr gut, aber im Schreiben von Aufsätzen hat er Schwierigkeiten* **3** **im** + *substantivierter Infinitiv* während e-r Handlung, e-s Vorgangs: *Im Gehen drehte er sich noch einmal um u. winkte uns zu*

IM [iːˈɛm] *der*; *-(s)*, *-s*; *hist*; (*Abk für* inoffizieller Mitarbeiter) j-d, der *mst* neben seiner beruflichen Tätigkeit Informationen für den Staatssicherheitsdienst der DDR sammelte

im- *im Adj*; ↑ **in-**

I·mage [ˈɪmɪtʃ, ˈɪmɪdʒ] *das*; *-(s)*, *-s* [ˈɪmɪdʒɪz]; das Bild von j-m / etw., das in der Öffentlichkeit herrscht (u. oft extra zu diesem Zweck erzeugt wurde) ⟨sich ein I. aufbauen, schaffen; j-s I. zerstören; j-s I. ist angeschlagen⟩: *das I. der Unbestechlichkeit*

I·mage·pfle·ge *die*; *nur Sg*; alles, was man tut, damit man / etw. ein gutes Image hat od. bekommt

i·ma·gi·när *Adj*; *nicht adv*; **1** nur in der Vorstellung / Fantasie vorhanden ↔ wirklich, real **2** ***e-e imaginäre Zahl*** *Math*; die Wurzel (5) aus e-r negativen Zahl

Im·biss *der*; *-es*, *-e*; ein kleines (oft kaltes) Essen ≈ Snack ⟨e-n I. zubereiten, (ein)nehmen⟩ || K-: ***Imbiss-, -bude, -stand, -stube***

I·mi·tat *das*; *-(e)s*, *-e*; ≈ Imitation (2), Nachbildung

I·mi·ta·ti·on [-ˈtsioːn] *die*; -, *-en*; **1** das Imitieren, das Nachahmen **2** etw., das nachgeahmt od. e-r Sache nachgebildet wurde ↔ Original: *Dieser Schmuck ist nicht echt, sondern e-e gut gemachte I.* || *zu* **1 i·mi·ta·tiv** *Adj*

I·mi·ta·tor *der*; *-s*, *I·mi·ta·to·ren*; j-d, der (*mst* beruflich) Stimmen u. Gesten bekannter Personen od. Tierstimmen, Geräusche *usw* nachahmt, um sein Publikum damit zu unterhalten || -K: ***Stimmen-***

i·mi·tie·ren; *imitierte*, *hat imitiert*; [Vt] **1** ***j-n / etw. i.*** ≈ nachahmen: *j-s Stimme, e-n Sänger i.* **2** ***etw. i.*** ≈ nachbilden, künstlich herstellen: *imitiertes Leder*

Im·ker *der*; *-s*, -; j-d, der (*mst* beruflich) Bienen hält, um Honig zu gewinnen

Im·ke·rei *die*; -, *-en*; **1** *nur Sg*; die Pflege von Bienen, um Honig zu erhalten **2** ein Betrieb, der Honig herstellt u. verarbeitet

im·ma·nent *Adj*; *nicht adv*, *geschr*; (***etw.*** (*Dat*)) ***i.*** in e-r Sache (als ein wichtiger Bestandteil) enthalten ≈ innewohnend || *hierzu* **Im·ma·nenz** *die*; -; *nur Sg*

im·ma·te·ri·ell, im·ma·te·ri·ell [-teriɛl] *Adj*; *Jur*; *mst* ***ein immaterieller Schaden*** ein Schaden, der nicht j-s Geld od. Vermögen betrifft, sondern *z.B.* seine seelische od. körperliche Gesundheit od. seine Ehre ↔ materiell

im·mat·ri·ku·lie·ren; *immatrikulierte*, *hat immatrikuliert*; *Admin* (*geschr*); [Vt] **1** ***j-n i.*** j-n als Student an e-r Hochschule aufnehmen; [Vr] **2** ***sich i.*** sich als Student an e-r Hochschule anmelden ≈ sich einschreiben || *hierzu* **Im·mat·ri·ku·la·ti·on** *die*; -, *-en*

im·mens *Adj*; *ohne Steigerung*; sehr groß ⟨(Un)Kosten⟩

im·mer[1] *Adv*; **1** zu jeder Zeit ≈ stets, ständig, jederzeit ↔ nie, niemals: *Sie war i. freundlich zu mir*; *Er war mir i. ein guter Freund*; *Sie ist höflich wie i.* **2** ***i. wenn*** ≈ jedes Mal, wenn: *I. wenn ich ihn treffe, grüßt er freundlich* **3** ***für / auf i.*** von e-m bestimmten Zeitpunkt an auf unbegrenzte Zeit: *Er kommt nicht wieder. - Er ist für i. fortgegangen* **4** ***i. noch / noch i.*** (schon seit relativ langer Zeit u.) auch jetzt noch: *Er hält i. noch den Weltrekord im Hochsprung*

> **im·mer wäh·rend** *Adj*; *mst attr*; ohne Ende ≈ fortwährend, ständig: *immer währender Frieden*

im·mer[2] *Partikel*; **1** *betont od unbetont*; vor e-m Komparativ verwendet, um e-e ständige Steigerung auszudrücken: *Das Flugzeug stieg i. höher* (= höher u. höher); *Es kommen i. mehr Leute*; *Das Wasser wurde i. heißer* **2** *betont*; ***wann, wo, wie, was*** *usw* (***auch***) ***i.*** gleichgültig, wann / wo / wie / was *usw*: *Wo i. ich (auch) bin, was i. ich (auch) tue, ich denke nur an dich*; *Was i. er dir erzählen wird, glaub ihm kein Wort* **3** *betont u. unbetont*; verwendet am Anfang von *mst* freundlichen Aufforderungen: *I. mit der Ruhe!*; *I. rein, hier ist genug Platz!*

im·mer·fort *Adv*; *veraltend* ≈ immer[1](1), fortwährend

im·mer·grün *Adj; mst attr, nicht adv*; das ganze Jahr über grün, also mit Blättern od. mit Nadeln ⟨e-e Pflanze⟩

im·mer·hin *Partikel; betont u. unbetont*; **1** verwendet, um e-e negative Aussage einzuschränken od. zu relativieren ≈ zumindest: *Er hat zwar nicht gewonnen, aber i. ist er Zweiter geworden; Das ist i. e-e neue Idee - wenn auch schwer zu realisieren* **2** verwendet als Kommentar zu e-r negativen Aussage, die durch e-e einschränkende Bemerkung schon relativiert wurde ≈ wenigstens das: *„Sie ist zwar nicht gekommen, aber sie hat sich entschuldigt." - „Na, i.!"* **3** verwendet, um auszudrücken, dass man etw. berücksichtigen, bedenken sollte ≈ schließlich: *Das kann ich ihm nicht antun, er ist i. mein bester Freund; So solltest du nicht mit ihr reden, sie ist i. deine Mutter*

im·mer·zu *Adv; gespr* ≈ immer[1](1), ständig, dauernd: *Mein kleiner Bruder ärgert mich i.*

Im·mig·rant *der; -en, -en*; j-d, der in ein Land gekommen ist, um dort zu leben u. zu arbeiten ≈ Einwanderer || NB: *der Immigrant; den, dem, des Immigranten* || *hierzu* **Im·mig·ra·ti·on** *die; -, -en*; **im·mig·rie·ren** *(ist) Vi*

Im·mis·si·on [-'sio:n] *die; -, -en; geschr*; die negative Wirkung von Lärm, Schmutz, radioaktiven Strahlen *usw* auf Menschen, Tiere, Pflanzen || K-: ***Immissions-, -schutz***

Im·mo·bi·lie [-iə] *die; -, -n; mst Pl*; e-e unbewegliche Sache (*mst* ein Haus, e-e Wohnung od. ein Grundstück) als Eigentum ⟨mit Immobilien handeln⟩ || K-: ***Immobilien-, -besitz, -handel, -händler, -makler, -markt***

im·mun *Adj; nur präd*; **1 *i. gegen etw. sein*** bestimmte (Infektions)Krankheiten nicht (mehr) bekommen: *Ich habe als Kind Masern gehabt, jetzt bin ich i. dagegen* **2 *i. gegen etw. sein*** *gespr*; unempfindlich gegen etw. sein: *gegen e-e Versuchung, e-e Verlockung i. sein*

im·mu·ni·sie·ren; *immunisierte, hat immunisiert*; Vt ***j-n (gegen etw.) i.*** *Med*; j-n (*mst* durch e-e Impfung) davor schützen, dass er e-e bestimmte Krankheit bekommt || *hierzu* **Im·mu·ni·sie·rung** *die*

Im·mu·ni·tät *die; -; nur Sg*; **1 *die I. (gegen etw.)*** das Immunsein (1) gegen bestimmte Krankheitserreger: *I. gegen e-n Grippevirus besitzen* **2** *Jur*; e-e Regelung, nach der Diplomaten u. Abgeordnete normalerweise nicht strafrechtlich verfolgt werden dürfen. Die I. kann aber aufgehoben werden ⟨I. genießen; j-s I. aufheben⟩

Im·mun·schwä·che *die; nur Sg, Med*; ein krankhafter Zustand, bei dem man sehr leicht Infektionskrankheiten bekommt ≈ Abwehrschwäche || K-: ***Immunschwäche-, -krankheit***

Im·mun·sys·tem *das; Med*; das System der Zellen u. Organe im Körper, die der Abwehr von Krankheiten dienen ⟨ein intaktes, geschwächtes I. haben⟩

Im·pe·ra·tiv [-ti:f] *der; -s, -e* [-v-]; *mst Sg, Ling*; e-e Form des Verbs, mit der man e-e Bitte, Aufforderung, Warnung, e-n Befehl *o.Ä.* ausdrückt (*z.B.*: *Komm mal bitte her!; Seid ruhig!*) ≈ Befehlsform || *hierzu* **im·pe·ra·ti·visch** [-v-] *Adj*

Im·per·fekt *das; -s, -e; mst Sg, Ling*; e-e grammatische Kategorie beim Verb. Die Formen des Imperfekts *z.B.* von *lachen* sind *ich lachte, du lachtest, er lachte, wir lachten usw.* Das I. wird *bes* in Erzählungen verwendet u. drückt aus, dass e-e Handlung vorbei ist ≈ Präteritum ⟨das Verb steht im I.; das I. bilden; etw. ins I. setzen⟩

Im·pe·ri·a·lis·mus [-ia-] *der; -; nur Sg, Pol*; das Streben *bes* e-s Staates, sein Gebiet od. seine (politische, wirtschaftliche) Macht immer weiter auszudehnen ⟨e-e Politik des I. betreiben⟩: *der koloniale I.* || *hierzu* **Im·pe·ri·a·list** *der; -en, -en*; **im·pe·ri·a·lis·tisch** *Adj*

Im·pe·ri·um [-iʊm] *das; -s, Im·pe·ri·en* [-iən]; **1** *hist*; ein sehr großes (politisches) Reich ⟨das römische I.⟩ **2** *geschr*; e-e sehr große u. mächtige wirtschaftliche Organisation || -K: ***Rüstungs-, Wirtschafts-, Zeitungs-***

im·per·ti·nent *Adj; geschr* ≈ unverschämt || *hierzu* **Im·per·ti·nenz** *die; -; nur Sg*

imp·fen; *impfte, hat geimpft*; Vt/i ***(j-n) (gegen etw.) i.*** j-m ein Medikament geben od. e-n (Impf)Stoff in seinen Körper spritzen, damit er vor e-r Krankheit geschützt ist: *Kinder gegen Tuberkulose u. Kinderlähmung i.* || K-: ***Impf-, -aktion, -bescheinigung, -schutz*** || *hierzu* **Imp·fung** *die*

Impf·pass *der*; e-e Art Ausweis, in dem alle Impfungen eingetragen werden, die j-d bekommt

Impf·stoff *der*; ein Medikament, mit dem j-d geimpft wird

im·plan·tie·ren; *implantierte, hat implantiert*; Vt ***(j-m) etw. i.*** *Med*; e-m Menschen od. e-m Tier ein fremdes od. ein künstliches Organ einsetzen ≈ einpflanzen: *j-m ein künstliches Herz i.* || *hierzu* **Im·plan·ta·ti·on** *die; -, -en*

im·pli·zie·ren; *implizierte, hat impliziert*; Vt ***j-d / etw. impliziert etw.*** *geschr*; j-d / etw. deutet etw. an (ohne es direkt auszusprechen): *Seine Aussage impliziert*, dass *er von dem Verbrechen gewusst haben muss* || *hierzu* **Im·pli·ka·ti·on** *die; -, -nen*

im·pli·zit *Adj; geschr*; bei e-r Bedeutung mit eingeschlossen, aber nicht direkt ausgedrückt ↔ explizit

im·po·nie·ren; *imponierte, hat imponiert*; Vi ***(j-m) i.*** ≈ j-n beeindrucken: *Diese Vorführung hat mir sehr imponiert; Er hat ein sehr imponierendes Auftreten* || ► ***imposant***

Im·po·nier·ge·ha·be *das; -s; nur Sg*; **1** *Biol*; ein bestimmtes Verhalten von männlichen Tieren, mit dem sie weibliche Tiere beeindrucken u. männliche Rivalen abschrecken wollen **2** *pej*; ein Verhalten, mit dem man j-n beeindrucken will

Im·port *der; -(e)s, -e*; **1** *nur Sg*; die Einfuhr von Waren aus dem Ausland (die dann im Inland weiterverkauft werden) ≈ Einfuhr ↔ Export, Ausfuhr: *Der I. von japanischen Autos hat stark zugenommen* || K-: ***Import-, -artikel, -geschäft, -handel, -stopp, -ware*** **2** *mst Pl*; e-e Ware, die im Ausland gekauft wurde: *Importe aus der Dritten Welt*

im·por·tie·ren; *importierte, hat importiert*; Vt **1 *etw. i.*** Waren im Ausland kaufen, um sie dann im Inland weiterzuverkaufen ↔ exportieren, ausführen; Vi **2 *(irgendwoher) i.*** Waren aus e-m fremden Land einführen: *Wir importieren aus Fernost* || *hierzu* **Im·por·teur** [-'tø:ɐ] *der; -s, -e*

im·po·sant *Adj*; sehr eindrucksvoll ⟨ein Auftreten, e-e Erscheinung; ein Bau, ein Gebäude⟩

im·po·tent *Adj; nicht adv*; (von Männern) nicht fähig, Geschlechtsverkehr zu haben bzw. ein Kind zu zeugen || *hierzu* **Im·po·tenz** *die; -; nur Sg*

im·präg·nie·ren; *imprägnierte, hat imprägniert*; Vt **1 *etw. i.*** Textilien (chemisch) so behandeln, dass kein Wasser eindringen kann ⟨e-e Jacke, e-n Mantel i.⟩ **2 *etw. i.*** Holz *o.Ä.* (chemisch) behandeln, um es länger haltbar zu machen || *hierzu* **Im·präg·nie·rung** *die*

Im·pres·si·on [-'sio:n] *die; -, -en; mst Pl, geschr*; die Eindrücke *bes* von e-r Reise

Im·pres·si·o·nis·mus [-sio-] *der; -; nur Sg*; ein Stil der (europäischen) Kunst am Ende des 19. Jahrhunderts, in dem *bes* stark individuelle Eindrücke u. Stimmungen wiedergegeben wurden ⟨die Malerei des I.⟩: *Claude Monet u. Auguste Renoir sind Maler des I.* || *hierzu* **Im·pres·si·o·nist** *der; -en, -en*; **im·pres·si·o·nis·tisch** *Adj*

im·pro·vi·sie·ren [-v-]; *improvisierte, hat improvisiert*; [Vt/i] **1** (*etw.*) ***i.*** etw. ohne Vorbereitung, spontan tun: *ein Fest, e-e Rede, e-e Mahlzeit i.; Er hatte sich auf die Prüfung schlecht vorbereitet u. musste i.* **2** (*etw.*) ***i.*** *Mus*; (während man ein Instrument spielt) ein musikalisches Motiv entwickeln u. variieren: *In der Jazzmusik wird häufig improvisiert* || *hierzu* **Im·pro·vi·sa·ti·on** *die*; -, *-en*

Im·puls *der*; *-es, -e*; **1** *mst Pl* ≈ Anregung (2), Anstoß (1): *Von ihm gingen wertvolle Impulse für die Arbeit unserer Firma aus; Seine persönlichen Erfahrungen geben ihm immer wieder Impulse für seine Erzählungen* **2** ein spontaner innerer Drang, etw. zu tun ≈ Trieb ⟨etw. aus e-m I. heraus tun; e-m plötzlichen I. folgen⟩ **3** *mst Pl, Elektr*; ein kurzer Stromstoß ⟨etw. sendet Impulse (aus), empfängt Impulse⟩

im·pul·siv [-'zi:f] *Adj*; **1** e-m Impuls (2) folgend ⟨e-e Bewegung, e-e Reaktion; i. reagieren⟩ **2** (in seinem Charakter) so, dass man oft Impulsen (2) folgt ≈ spontan ⟨ein Mensch, ein Charakter⟩: *Er ist sehr i. u. überlegt meist nicht lange, bevor er etw. tut* || *hierzu* **Im·pul·si·vi·tät** *die*; -; *nur Sg*

im·stan·de, im Stan·de *mst in* ***i. sein*** + ***zu*** + *Infinitiv* ≈ fähig (1) sein + zu + *Infinitiv* ↔ außerstande sein + zu + *Infinitiv*: *Er ist durchaus i., die Arbeit allein zu machen; Vor Aufregung war sie nicht i. zu sprechen* || ID ***j-d ist i. u. tut etw.*** *gespr*; es ist möglich od. wahrscheinlich, dass j-d etw. (Negatives, Böses) tut: *Er ist i. u. erzählt alles deiner Frau*

in[1] *Präp*; **1** *mit Dat*; verwendet, um anzugeben, dass sich j-d / etw. innerhalb e-s Gebietes, Raumes *o.Ä.* befindet ↔ außerhalb: *Sie lebt in Italien; Ihr Schmuck liegt in e-r Kassette* || ↑ *Abb. unter* ***Präpositionen*** **2** *mit Dat*; verwendet, um anzugeben, dass j-d zu e-r Gruppe, Institution *o.Ä.* gehört od. etw. (Bestand)Teil von etw. ist ≈ bei: *in der Armee sein; in e-r Partei sein; e-e neue Anzeige in unserer Werbung* **3** *mit Dat*; verwendet, um e-n Zeitpunkt od. Zeitraum anzugeben, zu dem / innerhalb dessen etw. geschieht: *In diesem Sommer bleibe ich zu Hause; In der letzten Woche war er krank* **4** *mit Dat*; verwendet, um e-e Zeit anzugeben, nach deren Ablauf etw. geschehen wird ↔ vor: *In zwei Stunden ist Mittagspause* **5** *mit Dat*; verwendet zur Bezeichnung der Art u. Weise: *ein Glas in einem Zug austrinken; In aller Eile packte sie die Koffer* **6** *mit Dat*; verwendet zur Bezeichnung e-s Zustandes: *etw. ist in Betrieb, j-d ist in Schwierigkeiten; ein Bild in Öl; ein Roman in drei Bänden* **7** ***in etw.*** (*Dat Pl*) verwendet zur Bezeichnung e-r relativ großen Menge ⟨in Haufen, Massen, Mengen, Scharen⟩ **8** ***in etw.*** (*Dat Pl*) verwendet, um eine Maßeinheit anzugeben: *Die Amerikaner messen das Benzin in Gallonen, die Deutschen in Litern* || NB: *zu* **7** u. **8**: das Subst. nach *in* wird ohne Artikel verwendet **9** *mit Akk*; verwendet, um anzugeben, dass sich j-d / etw. in ein Gebiet, e-n Raum *o.Ä.* hinein bewegt; gibt e-e Richtung, ein Ziel an: *in die Stadt gehen, in (den) Urlaub fahren* || ↑ *Abb. unter* ***Präpositionen*** **10** *mit Akk*; verwendet, um auszudrücken, dass j-d / etw. Teil e-r Gruppe, Institution *o.Ä.* wird: *in die Schule kommen; in e-n Verein eintreten; Sein Bericht über den Umweltskandal kommt in die Zeitung* **11** (***bis***) ***in*** + *Akk*; verwendet, um auszudrücken, dass etw. bis zu e-m Zeitpunkt dauert: *bis spät in die Nacht; Der Winter reichte letztes Jahr bis weit in den April; Dieser Zustand blieb bis in die Zwanzigerjahre bestehen* **12** *mit Akk*; verwendet zur Bezeichnung e-r Zustandsänderung: *etw. zerfällt in zwei Teile; Das Wasser verwandelte sich in Eis* **13** verwendet mit bestimmten Substantiven, Adjektiven u. Verben, um e-e Ergänzung anzuschließen: *in j-n verliebt sein; sich in j-n verlieben; in seinem Beruf Erfolg haben*

in[2] *nur in* ***etw. ist in*** *gespr*; (*bes* von Jugendlichen verwendet) etw. ist modern, aktuell ↔ etw. ist out: *Kurze Röcke sind in; Surfen ist in*

in- *im Adj*; *betont, begrenzt produktiv, geschr*; verwendet, um auszudrücken, dass j-d / etw. e-e Eigenschaft nicht hat, nicht so ist; ***inakzeptabel*** ⟨ein Vorschlag⟩, ***indiskret*** ⟨e-e Frage⟩, ***inhuman*** ⟨e-e Behandlung⟩, ***inkonsequent*** ⟨ein Verhalten⟩, ***instabil*** ⟨e-e Lage⟩ || NB: **a**) ***in-*** steht in Verbindung mit Fremdwörtern; **b**) vor Wörtern, die mit *l* beginnen, steht ***il-*** (*z.B. illegal*), vor Wörtern mit *m* od. *p* steht ***im-*** (*z.B. immateriell, impotent*), vor Wörtern mit *r* steht ***ir-*** (*z.B. irreal*)

-in *im Subst, sehr produktiv*; verwendet, um aus maskulinen Personen- u. Tierbezeichnungen die femininen Formen zu bilden; ***Arzt - Ärztin, Koch - Köchin, Lehrer - Lehrerin, Maler - Malerin, Professor - Professorin, Sänger - Sängerin, Sportler - Sportlerin, Zauberer - Zauberin; Hase - Häsin, Hund - Hündin, Löwe - Löwin***

in·adä·quat, in·adä·quat *Adj*; *geschr*; nicht adäquat ≈ unangemessen ⟨e-e Darstellung⟩

in·ak·tiv, in·ak·tiv *Adj*; *geschr*; nicht aktiv (3) ≈ passiv (1), untätig

in·ak·zep·ta·bel, in·ak·zep·ta·bel *Adj*; *geschr*; nicht akzeptabel ≈ unannehmbar || NB: *inakzeptabel → ein inakzeptabler Vorschlag*

In·an·spruch·nah·me *die*; -; *nur Sg, geschr*; **1** das Nutzen e-s Rechts, e-r Möglichkeit *o.Ä.* (die einem zustehen): *die I. von Rechten* **2** ≈ Belastung (2): *die I. durch berufliche Pflichten*

In·be·griff *der*; *-(e)s*; *nur Sg*; **der I.** + *Gen Sg* e-e Person od. Sache, die e-e Eigenschaft in so großem Maße besitzt, dass sie als Symbol für diese Eigenschaft gilt: *Die Biene ist der I. des Fleißes; Die Göttin Venus ist der I. der Schönheit*

in·be·grif·fen *Adj*; *mst präd*; (***in etw.*** (*Dat*)) ***i.*** in etw. enthalten, schon dabei: *In diesem Preis ist die Mehrwertsteuer i.; Die Reise kostet zweitausend Euro, Vollpension i.*

In·be·trieb·nah·me *die*; -; *nur Sg*, (*Admin*) *geschr*; **1** das Einschalten *o.Ä.* e-s *mst* relativ großen Geräts: *Vor I. des Geräts sind alle Kontakte zu überprüfen* **2** die Eröffnung *mst* e-r Anlage (1), e-r Bahnlinie *o.Ä.*

In·brunst *die*; -; *nur Sg, geschr*; ein sehr starkes Gefühl, das man für e-e Person od. Sache hat, die man liebt od. von der man überzeugt ist ⟨mit großer / voller I. beten, lieben⟩ || *hierzu* **in·brüns·tig** *Adj*

in·de·fi·nit *Adj*; *nicht adv, Ling*; ohne Bezug auf e-e ganz bestimmte Person od. Sache ≈ unbestimmt ↔ definit ⟨der Artikel, ein Pronomen⟩: *„Jemand" ist ein indefinites Pronomen, es bezieht sich nicht auf e-e bestimmte Person, sondern auf irgendeine Person innerhalb e-r Gruppe* || K-: ***Indefinit-, -pronomen***

in·de·kli·na·bel, in·de·kli·na·bel *Adj*; *nicht adv, Ling*; so, dass es seine Form nicht ändert (wie *z.B.* das Adjektiv „rosa") ⟨ein Adjektiv, ein Pronomen, ein Wort⟩ || NB: *indeklinabel → ein indeklinables Wort*

in·dem *Konjunktion*; verwendet, um e-n Nebensatz einzuleiten, der ausdrückt, wie es zur Handlung des Hauptsatzes kommt ≈ dadurch, dass: *Er verschloss die Tür, i. er e-n Riegel vorschob*

in·des(·sen)[1] *Adv*; *geschr*; **1** ≈ jedoch **2** ≈ inzwischen

in·des(·sen)[2] *Konjunktion*; *geschr* ≈ während[2] (1)

In·dex *der*; *-(es), -e* / *In·di·ces* [-tse:s]; **1** (*Pl Indexe / Indices*) e-e alphabetische Liste von Namen od. Begriffen am Schluss e-s Buches ≈ Register, Verzeichnis ⟨etw. steht im I.; etw. im I. nachschlagen⟩ **2** (*Pl*

Indexe) e-e Liste von Büchern, Filmen *o.Ä.*, die (*bes* von der Kirche) verboten sind ⟨etw. kommt auf den I., steht auf dem I.⟩ **3** (*Pl Indices*) *bes Math*; e-e Zahl od. ein Buchstabe in kleiner Schrift, mit denen man verschiedene Begriffe, Werte od. Größen unterscheidet, die die gleiche Bezeichnung haben ⟨ein hochgestellter, tiefgestellter I.⟩: *Bei den mathematischen Größen „n^3" u. „x_2" sind „3" u. „2" Indices* || NB: ↑ ***Exponent*** **4** (*Pl Indices*) e-e hochgestellte Zahl od. ein Symbol in e-m Text, die auf e-e Anmerkung (od. Fußnote) verweisen ⟨e-n I. setzen⟩ **5** (*Pl Indices*) *Ökon*; ***der I.*** + *Gen Pl* e-e Statistik, die das Verhältnis der aktuellen Höhe von Preisen, Kosten *usw* zu ihrer Höhe zu e-m früheren Zeitpunkt ausdrückt: *der I. der Lebenshaltungskosten, der Preise ist gefallen, gestiegen* || -K: ***Preis-***

In·di·a·ner [ɪn'di̯a:nɐ] *der*; *-s*, *-*; j-d, der zu einem der Völker gehört, die schon in Amerika gelebt hatten, als die Weißen kamen || K-: ***Indianer-, -häuptling, -reservat(ion), -stamm*** || *hierzu* **In·di·a·ne·rin** *die*; *-*, *-nen*; **in·di·a·ni·sch-** *Adj*; *nur attr, nicht adv*

In·di·ces *Pl*; ↑ ***Index***

in·dif·fe·rent *Adj*; *geschr*; (***j-m / etw. gegenüber***) ***i.*** ohne Interesse an e-r Person od. Sache ≈ gleichgültig, teilnahmslos ⟨j-m / etw. i. gegenüberstehen; sich i. verhalten⟩ || *hierzu* **In·dif·fe·renz** *die*

In·di·ka·ti·on [-'tsi̯o:n] *die*; *-*, *-en*; **1** *Med*; e-e Situation, in der es vernünftig ist, für die Heilung e-e bestimmte Methode anzuwenden || -K: ***Operations-*** **2** *Jur*; ein (rechtlich anerkannter) Grund dafür, dass e-e Frau e-e Schwangerschaft abbrechen darf ⟨die medizinische, ethische, soziale I.⟩

In·di·ka·tiv [-f] *der*; *-s*, *-e*; *mst Sg*, *Ling*; die grammatische Kategorie des Verbs, bei der die Vorgänge *o.Ä.* als tatsächlich gegeben dargestellt werden ↔ Konjunktiv || K-: ***Indikativ-, -form*** || *hierzu* **in·di·ka·ti·visch**, **in·di·ka·ti·visch** [-v-] *Adj*

In·di·ka·tor *der*; *-s*, *In·di·ka·to·ren*; *geschr*; ***ein I.*** (***für etw.***) etw., an dem man erkennen kann, in welchem Zustand sich etw. befindet od. welche Vorgänge gerade stattfinden ≈ Anzeiger: *Die Stabilität e-r Währung ist ein I. für den wirtschaftlichen Zustand e-s Landes*

In·dio [-di̯o] *der*; *-s*, *-s*; j-d, der zu einem der Völker gehört, die ursprünglich in Süd- u. Mittelamerika gewohnt haben

in·di·rekt *Adj*; **1** nicht direkt[1] (7) ↔ direkt, unmittelbar ⟨etw. i. sagen, zum Ausdruck bringen⟩ **2** ***e-e indirekte Beleuchtung*** e-e Beleuchtung mit Lampen, die (versteckt angebracht sind u.) nicht direkt in den Raum strahlen || NB: ↑ ***Rede***

in·dis·kret *Adj*; nicht diskret ≈ taktlos, eindringlich ⟨e-e Frage, e-e Bemerkung⟩ || *hierzu* **In·dis·kre·ti·on** *die*; *-*, *-nen*

in·dis·ku·ta·bel, **in·dis·ku·ta·bel** *Adj*; *nicht adv*; so schlecht, dass es überhaupt nicht in Frage kommt ↔ erwägenswert ⟨ein Vorschlag; etw. ist vollkommen i.⟩ || NB: *indiskutabel* → *e-e indiskutable Leistung*

in·dis·po·niert, **in·dis·po·niert** *Adj*; *mst präd*, *geschr*; (oft auch als floskelhafte Ausrede verwendet, wenn man j-n nicht sehen will) in schlechter körperlicher Verfassung: *Der Chef ist heute i.*

In·di·vi·du·a·lis·mus [-v-] *der*; *-*; *nur Sg*; die Anschauung, nach der die Rechte u. die persönliche Freiheit des einzelnen Menschen die wichtigsten Werte in e-r Gesellschaft sind

In·di·vi·du·a·list [-v-] *der*; *-en*, *-en*; j-d, der ganz nach seinen eigenen Vorstellungen leben möchte ↔ Konformist || NB: *der Individualist*; *den, dem, des Individualisten* || *hierzu* **in·di·vi·du·a·lis·tisch** *Adj*

In·di·vi·du·a·li·tät [-v-] *die*; *-*; *nur Sg*, *geschr*; das Besondere, das j-n von anderen Menschen unterscheidet ⟨seine I. bewahren⟩

In·di·vi·du·al·ver·kehr *der*; *Admin geschr*; der Straßenverkehr mit privaten Autos *o.Ä.* im Unterschied zum Verkehr mit Bussen, Straßenbahnen *usw*

in·di·vi·du·ell [-vi'du̯ɛl] *Adj*; *geschr*; **1** in Bezug auf e-e Einzelperson ⟨Bedürfnisse, Eigenschaften, ein Geschmack, ein Stil, Wünsche⟩ **2** auf die Einzelperson zugeschnitten ⟨etw. i. gestalten⟩

In·di·vi·du·um [-'vi:duʊm] *das*; *-s*, *In·di·vi·du·en* [-du̯ən]; **1** *geschr*; der Mensch als Einzelperson **2** ein Tier als Einzelexemplar e-r Art **3** *pej*; j-d, der nicht sympathisch ist: *ein verdächtiges, seltsames I.*

In·diz [ɪn'di:ts] *das*; *-es*, *In·di·zi·en* [-'di:tsi̯ən]; **1** *mst Pl*, *Jur*; etw., das darauf hindeutet, dass j-d ein Verbrechen begangen hat ⟨die Indizien sprechen gegen j-n; j-n aufgrund von Indizien verhaften, verurteilen⟩ || K-: ***Indizien-, -prozess*** **2** *geschr* ≈ Anzeichen ⟨ein sicheres I. für etw.⟩

in·di·zie·ren; *indizierte*, *hat indiziert*; [Vt] **1** ***etw. i.*** *geschr*; etw. auf e-n Index (2) setzen ⟨ein Buch i.⟩ **2** *mst* ***etw. ist indiziert*** *Med*; e-e Behandlung, e-e Methode *o.Ä.* erscheint sinnvoll od. angebracht: *In diesem Fall ist e-e Operation nicht indiziert* || NB: *mst* im Zustandspassiv || *hierzu* **In·di·zie·rung** *die*

in·do·eu·ro·pä·isch, **in·do·eu·ro·pä·isch** *Adj*; *mst* ***die indoeuropäischen Sprachen*** *Ling*; die Sprachen in Europa, Persien u. Indien, die den gleichen Ursprung haben (*z.B.* Deutsch, Griechisch, Persisch)

in·do·ger·ma·nisch, **in·do·ger·ma·nisch** *Adj*; *Ling* ≈ indoeuropäisch

In·duk·ti·on [-'tsi̯o:n] *die*; *-*, *-en*; **1** *geschr*; das Schließen aus (bekannten) Tatsachen auf allgemeine Regeln ↔ Deduktion **2** *Phys*; das Erzeugen von Elektrizität mithilfe von magnetischen Feldern || K-: ***Induktions-, -spannung, -strom*** || -K: ***Elektro-, Magnet-, Selbst-*** || *hierzu* **in·duk·tiv**, **in·duk·tiv** *Adj*; **in·du·zie·ren** (*hat*) *Vt*

in·dust·ri·a·li·sie·ren; *industrialisierte*, *hat industrialisiert*; [Vt] ***etw. i.*** irgendwo e-e Industrie aufbauen: *ein Land, e-e Region i.* || NB: *mst* im Passiv || *hierzu* **In·dust·ri·a·li·sie·rung** *die*

In·dust·rie *die*; *-*, *-n* [-'tri:ən]; **1** *mst Sg*; alle Betriebe der Wirtschaft, die mithilfe von Maschinen große Mengen an Waren od. Rohstoffen produzieren ↔ Handwerk ⟨die chemische, pharmazeutische I.; e-e I. aufbauen; in der I. tätig sein⟩: *Die Übergänge zwischen I. u. Handwerk sind fließend* || K-: ***Industrie-, -abgase, -abwässer, -anlage, -arbeiter, -betrieb, -erzeugnis, -gebiet, -lärm, -produkt, -roboter, -stadt, -unternehmen, -zweig*** || -K: ***Auto-, Baustoff-, Konsumgüter-, Lebensmittel-, Metall-, Möbel-, Papier-, Rüstungs-, Spielwaren-, Stahl-, Textil-*** **2** (CH) ≈ Fabrik

In·dust·rie|kauf·mann *der*; j-d, der e-e kaufmännische Lehre gemacht hat u. in der Industrie *z.B.* im Vertrieb od. in der Verwaltung arbeitet || *hierzu* **In·dust·rie|kauf·frau** *die*

in·dust·ri·ell *Adj*; *nur attr od adv*; die Industrie betreffend ⟨die Entwicklung, die Fertigung, die Produktion⟩

In·dust·ri·el·le *der / die*; *-n*, *-n*; j-d, der e-n Industriebetrieb besitzt ≈ Unternehmer || -K: ***Groß-*** || NB: *ein Industrieller*; *der Industrielle*; *den, dem, des Industriellen*

In·dust·rie·staat *der*; ein Staat, in dessen Wirtschaft die Industrie der wichtigste Faktor ist ↔ Agrarstaat

I

In·dust·rie- und Han·dels·kam·mer *die*; Ⓓ e-e Organisation, die die Interessen von Industrie u. Handel e-r Region vertritt; *Abk* IHK

In·dust·rie|zeit·al·ter *das*; *nur Sg*; die Periode in der neuesten Geschichte, in der die Industrie die Wirtschaft verändert hat (ungefähr ab dem 19. Jahrhundert)

in·ef·fek·tiv, in·ef·fek·tiv *Adj*; *geschr*; nicht wirksam ↔ wirkungsvoll ⟨e-e Methode, ein Verfahren⟩

in·ef·fi·zi·ent, in·ef·fi·zi·ent *Adj*; *geschr*; ohne den gewünschten Erfolg ≈ unwirtschaftlich: *i. arbeiten*

in·ei·nan·der[1] *Adv*; e-e Person / Sache in die andere od. der anderen (drückt e-e Gegenseitigkeit aus): *Sie sind i. verliebt* (= Er liebt sie, u. sie liebt ihn); *Die beiden Farben gehen i. über*

in·ei·nan·der[2] *mit Verb, begrenzt produktiv*; Die Verben mit *ineinander* werden nach folgendem Muster gebildet: *ineinander greifen - griffen ineinander - ineinander gegriffen*

ineinander drückt aus, dass sich zwei od. mehrere Dinge (miteinander) vermischen od. auf andere Weise e-e Einheit bilden ↔ auseinander;

⟨Flüsse⟩ ***fließen ineinander***: *Die beiden Flüsse fließen ineinander* ≈ Die beiden Flüsse vereinigen sich u. bilden dann einen Fluss

ebenso: ⟨Dinge, Aktionen⟩ ***greifen ineinander***, ⟨Dinge⟩ ***passen ineinander***; ⟨Dinge⟩ ***ineinander schieben***, ⟨Dinge⟩ ***ineinander stecken***

in·ei·nan·der grei·fen *(haben)* Vi **1** ⟨Dinge⟩ ***greifen ineinander*** zwei od. mehrere Dinge, Teile e-r Maschine *o.Ä.* sind so gelagert, dass sie gegenseitig in den jeweils anderen Teil greifen u. so e-e gemeinsame Bewegung zustande kommt ⟨Zahnräder⟩ **2** ⟨Aktionen, Maßnahmen⟩ ***greifen ineinander*** zwei od. mehr Vorgänge, Unternehmungen *o.Ä.* wirken gemeinsam, weil sie zusammenpassen

in·ei·nan·der pas·sen *(haben)* Vi ⟨Dinge⟩ ***passen ineinander*** zwei od. mehrere Dinge haben solche Größen, dass eines in dem anderen Platz hat: *Die Schachteln passen genau ineinander*

in·fam *Adj*; *geschr pej* ≈ gemein, niederträchtig ⟨*mst* e-e Lüge⟩ ‖ *hierzu* **In·fa·mie** *die*; -; *nur Sg*

In·fan·te·rie, In·fan·te·rie [-təriː] *die*; -; *nur Sg*, *Mil*; der Teil e-s (Kriegs)Heeres, der zu Fuß kämpft ‖ K-: ***Infanterie-, -division, -regiment*** ‖ *hierzu* **In·fan·te·rist, In·fan·te·rist** *der*; *-en, -en*

in·fan·til *Adj*; *pej*; nicht reif u. erwachsen, sondern wie ein Kind ≈ kindisch ⟨ein Verhalten⟩ ‖ *hierzu* **In·fan·ti·li·tät** *die*; -; *nur Sg*

In·farkt *der*; *-(e)s, -e*; **1** *Med*; das plötzliche Absterben von Gewebe, das nicht mehr genug Blut bekommt ⟨e-n I. erleiden⟩ ‖ -K: ***Herz-, Lungen-, Nieren-*** **2** *gespr*, *Kurzw* ↑ ***Herzinfarkt*** ⟨e-n I. haben⟩

In·fekt *der*; *-(e)s, -e*; *Med*; **1** ≈ Infektion **2** ***ein grippaler I.*** ≈ Grippe

In·fek·ti·on [-ˈt͡sioːn] *die*; -, *-en*; **1** das Übertragen e-r Krankheit durch Bakterien, Viren *usw* ≈ Ansteckung ‖ K-: ***Infektions-, -gefahr, -krankheit*** **2** e-e Krankheit, die durch I. (1) übertragen wird ⟨e-e I. haben⟩ ‖ -K: ***Virus-***

in·fek·ti·ös [-ˈt͡si̯øːs] *Adj*; *Med* ≈ ansteckend ⟨e-e Erkrankung⟩

in·fer·na·lisch *Adj*; **1** so (böse), dass es einem Angst macht ≈ teuflisch, höllisch ⟨ein Gelächter⟩ **2** sehr intensiv u. unangenehm ≈ abscheulich ⟨ein Lärm, ein Geruch, ein Gestank⟩

In·fer·no *das*; *-s, -s*; *mst Sg*, *geschr*; ***das I.*** (+ *Gen*) verwendet, um etw. zu bezeichnen, das ganz schrecklich ist ⟨das I. der Flammen, des Krieges⟩

in·fi·nit, in·fi·nit *Adj*; *Ling*; (von e-r Verbform) dadurch gekennzeichnet, dass sie nicht nach Tempus, Numerus *usw* bestimmt ist (wie *z.B.* der Infinitiv, die Partizipien) ↔ finit

In·fi·ni·tiv [-tiːf] *der*; *-s, -e* [-və]; *Ling*; die Grundform e-s Verbs, in der es ins Wörterbuch eingetragen wird, *z.B. gehen, spazieren*

in·fi·zie·ren; *infizierte, hat infiziert*; Vt ***j-n / sich i.*** *Med*; j-n / sich mit e-r Krankheit anstecken

in flag·ran·ti *mst in* ***j-n in flagranti ertappen / erwischen*** j-n dabei überraschen, wie er etw. (*mst* Verbotenes) tut

In·fla·ti·on [-ˈt͡sioːn] *die*; -, *-en*; *mst Sg*; e-e wirtschaftliche Situation, die durch Preiserhöhungen u. e-e Minderung des Geldwerts gekennzeichnet ist ‖ K-: ***Inflations-, -bekämpfung, -rate*** ‖ *hierzu* **in·fla·ti·o·när** *Adj*

In·fo *das*; *-s, -s*; **1** *gespr*; ein Blatt od. Heft mit Informationen (über ein Thema) ‖ K-: ***Info-, -heft, -reise, -stand, -veranstaltung*** **2** *nur Pl* ≈ Informationen: *zwei Seiten mit Infos über alle Spielfilme der Woche*

in·fol·ge *Präp*; *mit Gen*, *geschr* ≈ aufgrund, wegen: *I. des starken Regens kam es zu Überschwemmungen* ‖ NB: auch adverbiell verwendet mit *von*: *i. von einigen Zwischenfällen*

in·fol·ge·des·sen *Adv*; *geschr* ≈ deshalb, folglich

In·for·mant *der*; *-en, -en*; ***(j-s) I.*** j-d, der j-m (*mst* wichtige od. geheime) Informationen über etw. (weiter)gibt: *ein I. der Polizei* ‖ NB: *der Informant; den, dem, des Informanten* ‖ *hierzu* **In·for·man·tin** *die*; -, *-nen*

In·for·ma·tik *die*; -; *nur Sg*; die (mathematische) Wissenschaft, die sich mit Computern u. ihrer Anwendung beschäftigt ‖ *hierzu* **In·for·ma·ti·ker** *der*; *-s, -*; **In·for·ma·ti·ke·rin** *die*; -, *-nen*

In·for·ma·ti·on [-ˈt͡sioːn] *die*; -, *-en*; **1** *mst Pl*; ***Informationen*** **(*****über j-n / etw.*****)** die Fakten, Details *o.Ä.*, die man bekommt, wenn man Bücher od. Zeitungen liest, Radio hört, sich nach etw. erkundigt *o.Ä.* ⟨vertrauliche, zuverlässige, einseitige Informationen; Informationen (von j-m) erbitten, einholen, erhalten; (mit j-m) Informationen austauschen; Informationen zurückhalten, an j-n weitergeben; j-m Informationen geben⟩: *Ich brauche dringend einige Informationen* ‖ K-: ***Informations-, -angebot, -austausch, -bedürfnis, -blatt, -defizit, -material, -quelle, -schrift, -stand, -wert, -zentrum*** ‖ -K: ***Presse-, Produkt-*** **2** *nur Sg*; die Stelle, an der man Informationen (1) bekommen kann ≈ Auskunft (2): *Herr Maier bitte zur I.!* **3** *nur Sg*; ***die I.*** **(*****über j-n / etw.*****)** das Informieren od. das Informiertwerden: *Zu ihrer I. legen wir unserem Brief e-e Broschüre bei*

in·for·ma·tiv [-ˈtiːf] *Adj*; *geschr*; ⟨ein Gespräch, ein Vortrag⟩ so, dass sie (wichtige) Informationen enthalten ≈ aufschlussreich

in·for·mell, in·for·mell *Adj*; *geschr*; nicht formell, nicht förmlich ⟨ein Anlass, e-e Veranstaltung⟩

in·for·mie·ren; *informierte, hat informiert*; Vt **1** ***j-n / sich*** **(*****über j-n / etw.*****)** ***i.*** j-m / sich Informationen zu e-m bestimmten Thema *o.Ä.* beschaffen: *sich über die Preise i.; sich i., wie etw. funktioniert* **2** ***j-n*** **(*****von etw.*****)** ***i.*** ≈ j-m etw. mitteilen

In·fo·tain·ment [-ˈteɪn-] *das*; *-s*; *nur Sg*, *Radio*, *TV*; unterhaltsam gestaltete Nachrichten u. Informationen

in·fra·ge, in Fra·ge *Adv*; **1** ***j-d / etw. kommt*** **(*****für j-n / etw.*****)** ***i.*** j-d / etw. ist die mögliche Lösung für ein Problem: *Für diese Stelle kommt nur ein Bewerber mit langjähriger Berufserfahrung i.* **2** ***etw. stellt etw. i.*** etw. gefährdet etw., macht etw. ungewiss: *Der Regen stellt unser Gartenfest am Wochenende* *i.* **3** ***etw. i. stellen*** Zweifel an etw. haben od. äußern || ID *mst* ***das kommt*** **(*****gar / mir*****)** ***nicht i.!*** Das erlaube ich nicht, das verbiete ich

In·fra·rot, **In·fra·rot** *das*; *-s*; *nur Sg*, *Phys*; warme Strahlen, die im Lichtspektrum hinter den roten Strahlen liegen u. nicht mehr zu sehen sind || K-: ***Infrarot-, -bestrahlung, -heizung, -lampe, -strahlung*** || *hierzu* **inf·ra·rot**, **inf·ra·rot** *Adj*

Inf·ra·struk·tur *die*; *geschr*; alle Elemente, die notwendig sind, damit sich in e-m Gebiet e-e Wirtschaft entwickeln kann, *z.B.* Straßen, Eisenbahnen, Wohnsiedlungen, öffentliche Gebäude *usw*: *ein Land mit gut, schwach entwickelter I.*

In·fu·si·on [-'zi̯oːn] *die*; *-, -en*; *Med*; die (tropfenweise) Einführung e-r Flüssigkeit mithilfe e-s Schlauches in j-s Adern ⟨j-m e-e I. geben; e-e I. bekommen⟩ || K-: ***Infusions-, -flasche, -kanüle, -schlauch***

Ing. *Abk*; ↑ ***Ingenieur***

In·ge·ni·eur [ɪnʒe'ni̯øːɐ] *der*; *-s, -e*; j-d, der (an der Universität od. Fachhochschule) ein technisches Fach studiert hat; *Abk* Ing. || -K: ***Bau-, Elektro-, Heizungs-, Maschinenbau-; Diplom-*** || *hierzu* **In·ge·ni·eu·rin** *die*; *-, -nen*

In·gre·di·en·zen [-'di̯ɛnt͡sn̩], **In·gre·di·en·zi·en** [-'di̯ɛnt͡si̯ən] *die*; *Pl*, *geschr* ≈ Bestandteile, Zutaten

Ing·wer ['ɪŋvɐ] *der*; *-s*; *nur Sg*; **1** e-e (asiatische) Pflanze, deren Wurzel als scharfes, süßes Gewürz verwendet wird **2** das Gewürz, das aus I. (1) gemacht wird

In·ha·ber *der*; *-s, -*; **1** der Eigentümer *bes* e-s Geschäftes od. Lokals: *Das Lokal hat den I. gewechselt* || -K: ***Allein-; Fabrik-, Firmen-, Geschäfts-; Lizenz-, Wohnungs-*** **2** j-d, der ein Amt, e-e Funktion *o.Ä.* (inne)hat || -K: ***Amts-, Lehrstuhl-, Rekord-*** || *hierzu* **In·ha·be·rin** *die*; *-, -nen*

in·haf·tie·ren; *inhaftierte, hat inhaftiert*; [Vt] ***j-n i.*** *geschr*; j-n verhaften || *hierzu* **In·haf·tie·rung** *die*

in·ha·lie·ren; *inhalierte, hat inhaliert*; [Vt/i] **1** (***etw.***) ***i.*** etw. tief einatmen, *bes* aus medizinischen Gründen ⟨ätherische Öle i.⟩: *Wegen seiner Bronchitis soll er täglich i.* **2** (***etw.***) ***i.*** den Rauch e-r Zigarette *o.Ä.* in die Lunge einatmen || *hierzu* **In·ha·la·ti·on** *die*; *-, -nen*

In·halt *der*; *-(e)s, -e*; *mst Sg*; **1** ***der I.*** (+ *Gen*) das, was in e-m Behälter *o.Ä.* ist: *Zeigen Sie mir bitte den I. ihres Koffers* **2** das, was in e-m Behälter / Raum Platz hat ≈ Volumen || -K: ***Raum-*** **3** *Math*; die Größe e-r Fläche || -K: ***Flächen-*** **4** das, was in e-m Text, Film, Theaterstück *o.Ä.* erzählt, mitgeteilt wird ↔ Form ⟨der gedankliche, ideologische, sprachliche I. e-r Geschichte, e-s Romans; etw. hat etw. zum I.; den I. erfassen, wiedergeben, zusammenfassen⟩ || K-: ***Inhalts-, -übersicht*** || -K: ***Gesprächs-*** **5** ***j-d / etw. ist der I. j-s Lebens*** j-d / etw. ist das, was j-s Leben e-n Sinn gibt, was für j-n sehr wichtig ist || -K: ***Lebens-*** || *zu* **4** u. **5**: **in·halts·arm** *Adj*; **in·halt(s)·be·zo·gen** *Adj*; **in·halts·leer** *Adj*; **in·halts·los** *Adj*; **in·halts·reich** *Adj* || ► ***beinhalten***

in·halt·lich *Adj*; in Bezug auf den Inhalt (4) ↔ formal: *der inhaltliche u. formale Aufbau e-s Dramas*

In·halts·an·ga·be *die*; ein relativ kurzer Text, der mitteilt, welchen Inhalt (4) ein Buch, ein Film *o.Ä.* hat ≈ Zusammenfassung

in·halts·schwer *Adj* ≈ wichtig, bedeutungsvoll ⟨e-e Botschaft, Worte⟩

In·halts·ver·zeich·nis *das*; e-e Liste der Kapitel od. Abschnitte, die ein Buch *o.Ä.* hat

in·hä·rent *Adj*; *nicht adv*, *geschr*; (***etw.*** (*Dat*)) ***i.*** ≈ (in etw.) enthalten: *die e-r Sache inhärente Problematik*

in·hu·man *Adj*; *geschr*; unmenschlich ⟨e-e Strafe, e-e Behandlung, ein Vorgehen⟩

I·ni·ti·a·le [-'t͡si̯aːlə] *die*; *-, -n*; *mst Pl*; einer der (Groß)Buchstaben, mit denen j-s Vorname u. Familienname beginnen (*z.B.* G.M. für Gisela Meier)

I·ni·ti·a·ti·ve [-t͡si̯a'tiːvə] *die*; *-, -n*; **1** *nur Sg*; der Wunsch u. die Bereitschaft, eigene Ideen zu entwickeln (u. zu realisieren) ≈ Unternehmungsgeist, Entschlusskraft ⟨I. haben, besitzen; j-m mangelt es an I.⟩ **2** e-e Anregung, die j-d gibt u. durch die er etw. ändert ⟨etw. geht auf j-s I. zurück⟩ || -K: ***Eigen-, Privat-, Regierungs-*** **3** ***die I. ergreifen*** in e-r Sache aktiv (tätig) werden **4** ***auf eigene I.*** von sich aus, selbstständig **5** ***e-e I.*** **(*****für / gegen etw.*****)** e-e Gruppe von Menschen, die sich aktiv für ein bestimmtes (politisches) Ziel od. gegen e-n Missstand einsetzen ⟨e-e I. gründen⟩: *Er ist Mitglied e-r I. für Umweltschutz* || -K: ***Bürger-*** **6** *Pol*; das Recht, dem Parlament Vorschläge für Gesetze zu machen od. das Vorschlagen von Gesetzen || -K: ***Gesetzes-*** **7** (CH) ≈ Volksbegehren || K-: ***Initiativ-, -begehren, -komitee***

I·ni·ti·a·tor [-'t͡si̯aːtoːɐ] *der*; *-s*, *I·ni·ti·a·to·ren*; j-d, der etw. ins Leben ruft

i·ni·ti·ie·ren [-t͡si'iːrən]; *initiierte, hat initiiert*; [Vt] ***etw. i.*** *geschr*; den Anstoß zu etw. geben, etw. veranlassen: *e-e Demonstration i.*

In·jek·ti·on [-'t͡si̯oːn] *die*; *-, -en*; *Med*; **1** das Injizieren ⟨e-e intramuskuläre, intravenöse I.; e-e I. (= e-e Spritze) bekommen; j-m e-e I. geben⟩ || K-: ***Injektions-, -lösung, -nadel, -spritze*** **2** die Flüssigkeit, die j-m injiziert wird

in·ji·zie·ren; *injizierte, hat injiziert*; [Vt] (***j-m / sich***) ***etw. i.*** *Med*; j-m / sich ein Medikament *o.Ä.* *mst* in e-e Ader od. in e-n Muskel spritzen: *j-m ein Betäubungsmittel i.*

In·kar·na·ti·on [-'t͡si̯oːn] *die*; *-, -en*; *geschr*; ***die I.*** + *Gen Sg* e-e Person od. Sache, die e-e Eigenschaft in sehr hohem Maße besitzt u. deswegen ein perfektes Beispiel dafür ist ≈ Inbegriff, Verkörperung: *Der Teufel ist die I. des Bösen*

In·kas·so *das*; *-s, -s* / (A) *In·kas·si*; *Bank*; das Einziehen (5) von Geld (*mst* von Schulden) || K-: ***Inkasso-, bevollmächtigte(r), -büro, -vollmacht***

in·klu·si·ve [-və] *Präp*; *mit Gen* ≈ einschließlich; *Abk* inkl., incl.: *Der Preis beträgt neunzig Euro i. Mehrwertsteuer* || K-: ***Inklusiv-, -angebot, -arrangement, -preis*** || NB: **a)** auch nach dem Subst. verwendet: *Mehrwertsteuer i.*; **b)** Gebrauch ↑ *Tabelle unter* ***Präpositionen***

in·kog·ni·to *Adj*; *nur präd od adv*; (*bes* bei bekannten Persönlichkeiten verwendet) so, dass man nicht erkannt wird ⟨i. bleiben, reisen⟩

In·kog·ni·to *das*; *-s, -s*; *mst Sg*, *geschr*; das Verheimlichen der eigentlichen Identität ⟨sein I. wahren, lüften (= sagen, wer man wirklich ist)⟩

in·kom·pa·ti·bel *Adj*; *geschr*; so, dass es mit e-m anderen System, Gerät *o.Ä.* nicht kombiniert od. vereinbart werden kann: *Sein Programm ist mit meinem Computer i.*; *die beiden Systeme sind i.* (= können nicht miteinander verbunden werden) || NB: *inkompatibel* → *inkompatible Systeme* || *hierzu* **In·kom·pa·ti·bi·li·tät** *die*; *-*; *nur Sg*

in·kon·se·quent *Adj*; *geschr*; nicht konsequent ↔ folgerichtig || *hierzu* **In·kon·se·quenz** *die*; *-, -en*

in·kor·rekt *Adj*; *geschr*; nicht korrekt ↔ richtig: *Diese Aussprache ist i.* || *hierzu* **In·kor·rekt·heit** *die*

In-Kraft-Tre·ten *das*; *-s*; *nur Sg*, *geschr*; das Gültigwerden von etw. ⟨das I. e-s Gesetzes⟩

In·ku·ba·ti·ons·zeit [-'t͡si̯oːns-] *die*; *Med*; *mst* ***e-e I. von*** + *Zeitangabe* der Zeitraum zwischen der Ansteckung mit e-m Virus *o.Ä.* u. dem Ausbrechen der Krankheit: *Cholera hat e-e I. von ein bis fünf Tagen*

I

In·land *das; nur Sg;* **1** das Gebiet, das innerhalb der Grenzen des eigenen Staates ist ↔ Ausland: *Waren im I. verkaufen* || K-: ***Inlands-, -flug, -geschäft, -porto, -preis, -reise, -verkehr*** **2** ≈ Binnenland ↔ Küstengebiet

in·lie·gen·d- *Adj; nur attr, nicht adv; geschr;* bei e-m Brief *o.Ä.* zusätzlich dabei: *Beachten sie bitte das inliegende Formular*

In·li·ner [ˈɪnlaɪnɐ] *der; -s, -; mst Pl;* ein Schuh mit kleinen Rädern, die in einer Reihe hintereinander angeordnet sind

In·line·skate [ˈɪnlaɪnskeːt] *das, der; -s, -s; mst Pl* ≈ Inliner

in me·di·as res [-diaːs-] *mst in* ***in medias res gehen*** *geschr;* ein Thema sofort u. direkt ansprechen, sofort zur Sache kommen

in·mit·ten *Präp; mit Gen; geschr;* in der Mitte e-s Gebietes od. in der Mitte zwischen mehreren Personen od. Dingen ≈ umgeben von: *Er saß i. der Schüler u. unterhielt sich mit ihnen; Das Schloss liegt i. e-s Waldes* || NB: auch adverbiell verwendet mit *von: Sie saß im Garten, i. von Blumen u. Bäumen*

in na·tu·ra so, dass die betroffene Person / Sache selbst da ist, nicht als Kopie, Bild, Modell *o.Ä.*: *Ich hätte das Haus gern in natura gesehen, das Foto sagt mir nicht viel*

in·ne·ha·ben; *hat inne, hatte inne, hat innegehabt;* Vt ***etw. i.*** *geschr;* ein Amt ausüben od. e-e wichtige Position haben ⟨ein Amt, e-n Posten, e-n Rang i.⟩

in·ne·hal·ten; *hält inne, hielt inne, hat innegehalten;* Vi ***(in etw.*** *(Dat)**)** **i.*** *geschr;* e-e Tätigkeit unterbrechen u. e-e kurze Pause machen: *Er hielt im Reden inne, um zu warten, bis die Zuhörer wieder ruhig waren*

in·nen *Adv;* in dem Bereich, der in e-m Raum, Körper *usw* liegt ↔ außen: *Die Kokosnuss ist außen braun u. i. weiß; Die Tür geht nach i. auf; Hast du schon einmal e-n Computer von i. gesehen?*

In·nen- *im Subst, begrenzt produktiv;* verwendet, um auszudrücken, dass sich etw. auf das Innere von etw. (*z.B.* von e-m Raum, e-m Gebäude) bezieht (u. *z.B.* dort stattfindet, gemacht wird *o.Ä.*) ↔ Außen-; die ***Innenaufnahme***, die ***Innenausstattung*** ⟨e-s Hauses⟩, die ***Innenbeleuchtung*** ⟨des Autos⟩, der ***Innendurchmesser*** ⟨e-s Balles⟩, die ***Inneneinrichtung***, die ***Innenfläche***, der ***Innenhof***, der ***Innenraum***, die ***Innenseite*** ⟨e-s Behälters, e-s Mantels⟩, der ***Innenspiegel*** ⟨des Autos⟩, die ***Innentemperatur***, die ***Innenwand*** ⟨e-s Raumes⟩

-In·nen *im Subst;* wird *bes* bei Berufsbezeichnungen e-m Subst. hinzugefügt, wenn mit einem Wort ausgedrückt werden soll, dass sowohl Frauen als auch Männer gemeint sind; ***AutorInnen, StudentInnen, LehrerInnen***

In·nen·ar·chi·tekt *der;* ein Architekt, der Räume einrichtet u. gestaltet || *hierzu* **In·nen·ar·chi·tek·tin** *die;* **In·nen·ar·chi·tek·tur** *die*

In·nen·le·ben *das;* die Gefühle u. Gedanken e-s Menschen: *sein I. vor j-m ausbreiten*

In·nen·mi·nis·ter *der;* der Minister, der *bes* für die öffentliche Ordnung, die Polizei *usw* zuständig ist || *hierzu* **In·nen·mi·nis·te·ri·um** *das*

In·nen·po·li·tik *die;* die politischen Aktivitäten, die in das Ressort des Innenministers fallen ↔ Außenpolitik || *hierzu* **in·nen·po·li·tisch** *Adj*

In·nen·stadt *die;* das Zentrum *mst* e-r relativ großen Stadt, in dem die meisten Geschäfte sind ≈ City

in·ne·r-[1] *Adj; nur attr, nicht adv;* **1** innen od. auf der Innenseite befindlich ↔ äußer-: *die inneren Teile e-s Radios; die innere Tasche e-r Jacke* **2** j-s Gefühle u. Gedanken betreffend ⟨die Gelassenheit, die Ruhe, die Spannung⟩: *Seine innere Unruhe war ihm nicht anzusehen, er wirkte sehr gelassen* **3** ***die inneren Organe*** die Organe (1), die sich im Körper befinden (*z.B.* Herz, Leber, Niere, Lunge *usw*) **4** die inneren (3) Organe des Menschen betreffend ⟨e-e Blutung, e-e Krankheit⟩ **5** das eigene Land (das Inland) betreffend ⟨Angelegenheiten, Probleme⟩ **6** als notwendiger Bestandteil in e-r Sache enthalten ⟨der Aufbau, die Ordnung, der Zusammenhang⟩ **7** ***die innere Medizin*** ein Fachgebiet der Medizin, das sich mit Krankheiten der inneren Organe beschäftigt **8** *nur Superlativ* ≈ intimst-, geheimst-: *Seine innersten Wünsche / Gedanken erzählte er niemandem*

in·ner-[2] *im Adj, betont, begrenzt produktiv;* verwendet, um auszudrücken, dass etw. innerhalb e-s bestimmten Systems, e-r bestimmten Organisation stattfindet; ***innerbetrieblich*** ⟨die Mitbestimmung⟩, ***innerkirchlich*** ⟨die Diskussion⟩, ***innerparteilich*** ⟨die Auseinandersetzung⟩, ***innerschulisch, innerstaatlich*** ⟨(die) Regelungen⟩, ***innerstädtisch*** ⟨der Verkehr⟩

in·ner·deutsch *Adj; hist;* zwischen den beiden deutschen Staaten (der Bundesrepublik Deutschland u. der DDR bis 1990)

In·ne·re *das; -n; nur Sg;* der innere Bereich: *das I. e-s Hauses; Im Innersten hoffte sie, dass er ihr nicht glauben möge* || NB: *sein Inneres; das Innere; dem, des Inneren*

In·ne·rei·en *die; Pl;* die inneren Organe von Tieren, die man essen kann (*bes* Leber, Herz, Magen)

in·ner·halb *Präp; mit Gen;* **1** in e-m bestimmten Gebiet, im Bereich e-s bestimmten Gebietes ↔ außerhalb: *Der Fußballplatz liegt i. der Stadt* **2** in e-m bestimmten Zeitraum ≈ während[1], binnen: *Der Schulbus fährt nur i. der Schulzeit* || NB: auch adverbiell verwendet mit *von: i. von Europa, i. von zwei Jahren*

in·ner·lich *Adj;* **1** innerhalb e-s Körpers, Raumes *o.Ä.* (befindlich) ↔ äußerlich: *ein Medikament zur innerlichen Anwendung* **2** *mst adv;* das Seelenleben, die Gedanken u. Gefühle betreffend ↔ äußerlich: *Äußerlich wirkte er ruhig, aber i. war er sehr nervös*

in·nert *Präp; mit Dat* (CH) ≈ innerhalb (2)

in·ne·wer·den; *wird inne, wurde inne, ist innegeworden;* Vi ***etw.*** *(Gen)* ***i.*** *geschr;* sich e-r Sache bewusst werden ≈ etw. (bewusst) wahrnehmen: *j-s Anwesenheit, e-r Gefahr, seiner Unzulänglichkeit i.*

in·ne·woh·nen; *wohnte inne, hat innegewohnt;* Vi ***etw. wohnt etw.*** *(Dat)* ***inne*** *geschr;* etw. ist in e-r Sache enthalten, ist eine ihrer Eigenschaften

in·nig *Adj;* **1** mit e-m tiefen, intensiven Gefühl ⟨e-e Beziehung, e-e Freundschaft, e-e Umarmung; j-n heiß u. i. (= leidenschaftlich) lieben⟩ **2** *mst* ***j-s inniger / innigster Wunsch*** j-s größter Wunsch ≈ j-s Herzenswunsch || *hierzu* **In·nig·keit** *die; nur Sg*

In·no·va·ti·on [-vaˈtsioːn] *die; -, -en; geschr;* etw. ganz Neues od. e-e Reform || *hierzu* **in·no·va·tiv** *Adj;* **in·no·va·ti·ons·feind·lich** *Adj;* **in·no·va·ti·ons·freu·dig** *Adj*

in·of·fi·zi·ell *Adj;* nicht offiziell ⟨ein Besuch, e-e Feier, e-e Mitteilung⟩

in·ope·ra·bel, in·ope·ra·bel *Adj; Med;* so, dass e-e Operation nicht möglich ist (ohne den Patienten zu gefährden) || NB: *inoperabel* → *ein inoperabler Tumor*

in pet·to *nur in* ***etw. in petto haben*** *gespr;* etw. Wichtiges haben od. wissen, von dem andere nichts wissen u. von dem man sich e-n Vorteil verspricht

in punc·to ***in puncto*** + *Subst ohne Artikel* ≈ in Bezug auf, hinsichtlich: *In puncto Sauberkeit ist er sehr pingelig*

In·put *der / das; -s, -s; EDV;* die Daten, die in den Computer eingegeben werden ↔ Output

In·qui·si·ti·on [-'tsio:n] *die*; -, *-en*; **1** *nur Sg, hist*; e-e Organisation der katholischen Kirche, die vom 12. bis 18. Jahrhundert Menschen suchte u. streng bestrafte, deren Glaube von der offiziellen Lehre abwich: *Er fiel der I. zum Opfer* **2** ein strenges Verhör || *hierzu* **In·qui·si·tor** *der*; *-s, -en*; **in·qui·si·to·risch** *Adj*

ins *Präp mit Artikel* ≈ in das || NB: *ins* kann nicht durch *in das* ersetzt werden in Wendungen wie: *sich ins Fäustchen lachen, etw. ins Leben rufen*

In·sas·se *der*; *-n, -n*; *Admin*; **1** j-d, der in e-m Fahrzeug sitzt: *Vier Insassen des Busses wurden bei dem Unfall schwer verletzt* || K-: ***Insassen-, -versicherung*** **2** j-d, der in e-m Heim lebt od. im Gefängnis ist ⟨die Insassen e-s Altersheims, e-r Haftanstalt, e-r Nervenklinik⟩ || -K: ***Gefängnis-, Heim-, Lager-*** || NB: *der Insasse; den, dem, des Insassen* || *hierzu* **In·sas·sin** *die*; -, *-nen*

ins·be·son·de·re, ins·be·sond·re *Partikel*; *betont u. unbetont*; so, dass etw. für j-n / etw. in besonders starkem Maße gilt ≈ vor allem, besonders: *Alle waren müde, Vater i. / i. Vater*; *Ich hasse Insekten, i. Wespen*

In·schrift *die*; etw., das auf Stein, Holz od. Metall geschrieben ist ⟨e-e I. auf e-m Denkmal, e-m Grabstein, in e-m Tempel, über e-r Tür; irgendwo e-e I. anbringen⟩: *die I. INRI auf dem Kreuz von Jesus Christus* || -K: ***Denkmals-, Grab-***

In·sekt *das*; *-(e)s, -en*; ein kleines Tier, das keine Knochen u. sechs Beine hat, *z.B.* e-e Fliege, e-e Ameise ⟨ein flugfähiges, giftiges, Blut saugendes, nützliches, schädliches, Staaten bildendes I.⟩ || K-: ***Insekten-, -fresser, -gift, -plage, -spray, -stich***

In·sek·ten·be·kämp·fungs|mit·tel *das*; ein chemisches Mittel, mit dem man schädliche Insekten bekämpft

In·sek·ten·schutz·mit·tel *das*; ein Mittel (*bes* zum Einreiben der Haut), mit dem man sich vor Insektenstichen schützt

In·sek·ten·staat *der*; *Zool*; e-e relativ große Gruppe von Insekten (*z.B.* Bienen, Ameisen), die in e-r Art Gesellschaft zusammenleben

In·sek·ten·ver·til·gungs|mit·tel *das* ≈ Insektenbekämpfungsmittel

In·sek·ti·zid *das*; *-(e)s, -e*; *geschr* ≈ Insektenbekämpfungsmittel

In·sel *die*; -, *-n*; ein (*mst* relativ kleines) Stück Land, das von Wasser umgeben ist ⟨e-e I. im Meer, im See, im Fluss; auf e-r I. leben, sein⟩: *Im Mittelmeer gibt es viele Inseln* || K-: ***Insel-, -bewohner, -gruppe, -staat, -volk*** || -K: ***Felsen-*** || ID ***reif für die I. sein*** *gespr*; mit den Nerven völlig fertig sein

In·se·rat *das*; *-(e)s, -e* ≈ Anzeige (1), Annonce ⟨ein I. aufgeben, in die Zeitung setzen⟩ || -K: ***Zeitungs-***

in·se·rie·ren; *inserierte, hat inseriert*; [Vt/i] ***(etw.) i.*** etw. in e-m Inserat, e-r Anzeige (1) zum Verkauf anbieten: *ein Auto, e-n Fernseher i.* || *hierzu* **In·se·rent** *der*; *-en, -en*; **In·se·ren·tin** *die*; -, *-nen*

ins·ge·heim *Adv* ≈ heimlich, im Stillen: *sich i. über j-n lustig machen*

ins·ge·samt *Adv*; so, dass alles mitgezählt ist ≈ zusammen: *Sie spielt in der Woche i. zwanzig Stunden Tennis*; *„Ich hatte drei Bier, was macht das i.?"*

In·si·der ['ɪnsaidɐ] *der*; *-s, -*; j-d, der in e-m bestimmten Bereich arbeitet (od. zu e-r bestimmten Gruppe gehört) u. sich dort deshalb sehr gut auskennt || K-: ***Insider-, -information, -wissen***

In·sig·ni·en [-niən] *die*; *Pl*, *geschr*; die Symbole e-s hohen Amtes: *Krone u. Zepter sind die I. des Königs*

in·so·fern[1] *Adv*; **1** in diesem Punkt, in dieser Hinsicht: *„Paul ist ein guter Schüler, i. stimme ich Ihnen zu, aber sein Benehmen ist sehr schlecht"* **2 *i. ... (als)*** in der genannten Hinsicht, aus dem genannten Grund: *Er hatte i. noch Glück bei dem Unfall, als er sich nur die Hand gebrochen hat*

in·so·fern[2] *Konjunktion*; ***i. (als)*** verwendet, um e-e Aussage auf e-e bestimmte Möglichkeit einzuschränken ≈ falls, wenn: *Ich werde kommen, i. es mir möglich ist*

in·so·weit[1] *Adv* ≈ insofern[1]

in·so·weit[2] *Konjunktion* ≈ insofern[2]

in spe [ɪn 'spe:] *Subst +* ***in spe*** verwendet, um auszudrücken, dass j-d e-e Funktion, Rolle übernehmen soll ≈ künftig-: *Das ist unser Chef in spe*

In·spek·teur [-'tøːɐ] *der*; *-s, -e*; **1** j-d, der etw. (amtlich) prüft u. kontrolliert ≈ Inspektor (1) **2** Ⓓ *Mil*; der höchste Offizier ⟨der I. des Heeres, der Marine, der Luftwaffe⟩

In·spek·ti·on [-'tsio:n] *die*; -, *-en*; **1** das Inspizieren: *Bei der I. der Hotelküche wurden hygienische Mängel festgestellt* || K-: ***Inspektions-, -fahrt, -gang, -reise*** **2** die regelmäßige Prüfung (Wartung) e-s Autos ⟨ein Auto zur I. bringen; das Auto muss zur I.⟩

In·spek·tor *der*; *-s, In·spek·to·ren*; **1** j-d, der etw. (amtlich) prüft u. kontrolliert: *Ein I. von der Versicherung wird den Schaden schätzen* **2** Ⓓ ein Beamter im öffentlichen Dienst, der e-e gehobene Laufbahn beginnt: *ein I. bei der Bundesbahn* || -K: ***Polizei-, Post-, Verwaltungs-, Zoll-*** || *hierzu* **In·spek·to·rin** *die*; -, *-nen*

In·spi·ra·ti·on [-'tsio:n] *die*; -, *-en*; *geschr*; **1** ein guter (schöpferischer) Einfall ≈ Eingebung ⟨e-e I. haben⟩ **2** der Vorgang, bei dem j-d durch etw. inspiriert wird

in·spi·rie·ren; *inspirierte, hat inspiriert*; [Vt] ***j-d / etw. inspiriert j-n (zu etw.)*** *geschr*; j-d / etw. regt *bes* e-n Künstler zu neuen Einfällen an

in·spi·zie·ren; *inspizierte, hat inspiziert*; [Vt] ***j-n / etw. i.*** (*mst* als Vertreter e-s Amtes *o.Ä.*) Truppen *o.Ä.* / etw. (*bes* Räume) genau prüfen, um festzustellen, ob alles in Ordnung ist ≈ kontrollieren ⟨e-e Schule i.; die Truppen i.⟩: *Die elektronischen Leitungen der Fabrik wurden inspiziert* || ► ***Inspektion, Inspekteur, Inspektor***

in·sta·bil, in·sta·bil *Adj*; *geschr*; nicht stabil ≈ labil ⟨ein Gleichgewicht, ein Zustand⟩ || *hierzu* **In·sta·bi·li·tät** *die*; -; *nur Sg*

In·stal·la·teur [-'tøːɐ] *der*; *-s, -e*; j-d, der beruflich Geräte anschließt, Leitungen u. Rohre verlegt u. repariert || -K: ***Elektro-***

in·stal·lie·ren; *installierte, hat installiert*; [Vt] **1 *etw. i.*** technische Geräte, Leitungen u. Rohre in ein Gebäude *o.Ä.* einbauen ⟨e-e Gasleitung, e-e Heizung, e-n Herd, Wasserrohre i.⟩ **2 *etw. i.*** *EDV*; ein Programm vor der ersten Benutzung in e-m Computer teilweise od. ganz auf der Festplatte einrichten || *hierzu* **In·stal·la·ti·on** *die*; -, *-en*

in·stand, in Stand *Adv*; *nur in* **1 *etw. i. setzen / bringen*** / Ⓒⓗ ***stellen*** ≈ in Ordnung bringen, reparieren: *ein baufälliges Haus wieder i. setzen* **2 *etw. i. halten*** dafür sorgen, dass etw. in e-m guten Zustand bleibt ≈ pflegen: *den Garten i. halten* **3 *etw. ist*** ⟨gut, ausgezeichnet, hervorragend *usw*⟩ ***i.*** etw. ist in e-m guten Zustand u. funktioniert: *Die alten Maschinen sind gut i.* || *zu* **1 In·stand·set·zung** *die*; *zu* **2 In·stand·hal·tung** *die*

in·stän·dig *Adj*; *nur attr od adv* ≈ dringend, eindringlich, nachdrücklich ⟨e-e Bitte; i. (auf etw.) hoffen, (j-n) i. um etw. bitten⟩

In·stanz *die*; -, *-en*; **1** ein Amt od. e-e Behörde, die für etw. zuständig sind ⟨e-e gesetzgebende, höhere, übergeordnete, politische, staatliche I.⟩: *Ein Gesetz muss durch mehrere Instanzen gehen, bis es endgültig verabschiedet wird* || K-: ***Instanzen-, -weg*** **2** ein Gericht auf e-r bestimmten Stufe in der Hierarchie der

I

Gerichte ⟨die erste, zweite, dritte, letzte I.⟩: *Er wurde in erster I. zu zwei Jahren Haft verurteilt u. in zweiter I. schließlich freigesprochen*

Ins·tịnkt *der*; *-(e)s, -e*; **1** *mst Sg*; die (lebensnotwendigen) Verhaltensweisen, mit denen ein Tier geboren wird (die es also nicht lernen muss): *ein Tier folgt seinem I.* || K-: ***Instinkt-, -handlung*** **2** ein sicheres Gefühl für die richtige Entscheidung in e-r bestimmten Situation ⟨ein feiner, untrüglicher, kaufmännischer, politischer I.; I. beweisen, zeigen, haben⟩: *Mit seinem erstaunlichen I. für lohnende Geschäfte gelang es ihm, viel Geld zu verdienen* || ID *mst* ⟨das Buch / der Film⟩ ***appelliert an die niederen Instinkte des Menschen*** das Buch / der Film versucht, in j-m (unbewusst) sexuelle od. aggressive Gefühle zu wecken || *zu* **1 ins·tịnkt·mä·ßig** *Adj*; *zu* **2 ins·tịnkt·los** *Adj*; **ins·tịnkt·si·cher** *Adj*

ins·tink·tiv [-'tiːf] *Adj*; vom Instinkt, von Gefühlen, nicht vom Verstand geleitet (gesteuert) ↔ rational ⟨e-e Abneigung, ein Verhalten, ein Wissen; i. handeln, reagieren; etw. i. richtig machen⟩: *Tiere haben e-e instinktive Angst vor Feuer*

I

In·sti·tu̲t *das*; *-(e)s, -e*; **1** e-e Einrichtung (3), die sich mit der Lehre od. Erforschung e-s Fachgebietes beschäftigt: *ein I. für Meeresbiologie, für Archäologie* || K-: ***Instituts-, -direktor, -leiter*** || -K: ***Forschungs-, Hochschul-*** **2** die Gebäude, in denen ein I. (1) untergebracht ist

In·sti·tu·ti·on [-'tsioːn] *die*; *-, -en*; **1** e-e Gruppe von Leuten, die gemeinsam e-e Funktion erfüllen od. Tätigkeiten ausüben im Auftrag des Staates, der Kirche, der Gesellschaft *o.Ä.* ≈ Einrichtung (3): *Schule u. Polizei sind staatliche Institutionen*; *Er arbeitet bei der Caritas, e-r kirchlichen I.* **2** e-e Gewohnheit, Sitte *o.Ä.*, die es schon lange gibt ≈ Einrichtung (3) ⟨e-e feste, soziale I.; die I. der Ehe, der Familie, der Taufe⟩

in·sti·tu·ti·o·na·li·si̲e·ren [-tsio-]; *institutionalisierte, hat institutionalisiert*; [Vt] ***etw. i.*** *geschr*; etw. zu e-r Institution (2) machen: *e-n Brauch i.* || *hierzu* **In·sti·tu·ti·o·na·li·si̲e·rung** *die*

in·stru·i̲e·ren; *instruierte, hat instruiert*; [Vt] *geschr*; **1** ***j-n i.*** (+ ***zu*** +*Infinitiv*) j-m sagen, dass od. wie er etw. tun soll ≈ j-m Anweisungen geben: *Die Wachsoldaten wurden instruiert, nicht mit den Touristen zu sprechen* **2** ***j-n*** (***über etw.*** (*Akk*)) ***i.*** j-m Informationen geben, die er für e-e Tätigkeit braucht || *hierzu* **In·struk·ti·o̲n** *die*; *-, -en*

in·struk·tiv [-'tiːf] *Adj*; *geschr*; so, dass man viel daraus lernen kann ≈ lehrreich ⟨ein Beispiel⟩

In·stru·mẹnt *das*; *-(e)s, -e*; **1** ein Gegenstand, mit dem man Musik macht ⟨ein I. lernen, beherrschen, spielen, stimmen⟩: *Sie spielt zwei Instrumente: Klavier u. Gitarre* || -K: ***Musik-***; ***Blas-, Saiten-, Schlag-, Streich-, Tasten-*** **2** ein Gegenstand, mit dem (auch komplizierte) Tätigkeiten ausgeführt werden ⟨feinmechanische, medizinische, optische Instrumente⟩: *Die Schwester reicht dem Arzt bei der Operation die Instrumente zu* || K-: ***Instrumenten-, -koffer*** **3** ***ein I.*** (+ *Gen*) ≈ Mittel: *Presse u. Fernsehen sind Instrumente der Nachrichtenübermittlung* || -K: ***Macht-*** **4** ***ein I.*** (+ *Gen*) e-e Person, die von j-m zu e-m bestimmten Zweck benutzt wird ≈ Werkzeug (3): *Er hat sie zu seinem (willenlosen) I. gemacht*

in·stru·men·ta̲l *Adj*; nur mit Musikinstrumenten, ohne Gesang ↔ vokal ⟨Musik, ein Stück⟩ || K-: ***Instrumental-, -begleitung, -musik, -stück***

In·stru·men·ta̲·ri·um *das*; *-s, In·stru·men·ta·ri·en* [-riən]; *geschr*, *Kollekt*; alle Mittel, Instrumente, die zu e-m bestimmten Zweck verwendet werden: *das I. e-s Arztes*; *das I. der Macht*

In·suf·fi·zi·enz, **In·suf·fi·zi·e̲nz** [-tsiɛnts] *die*; *-, -en*; *Med*; die Schwäche e-s Organs *o.Ä.* || -K: ***Herz-, Kreislauf-***

In·su·li̲n *das*; *-s*; *nur Sg*; ein Hormon, das die Bauchspeicheldrüse produziert: *Viele Diabetiker müssen sich I. spritzen* || K-: ***Insulin-, -mangel, -präparat***

in·sze·ni̲e·ren; *inszenierte, hat inszeniert*; [Vt] **1** ***etw. i.*** als Regisseur ein Drama im Theater einstudieren u. aufführen: *Der neue Regisseur inszenierte als erstes Stück Schillers „Räuber“* **2** ***etw. i.*** *oft pej*; etw. (oft mit List od. Raffinesse) verursachen ⟨e-n Aufstand, e-n Skandal i.⟩ || *hierzu* **In·sze·ni̲e·rung** *die*

in·tạkt *Adj*; *nicht adv*; **1** *ohne Steigerung*; ⟨ein technisches Gerät⟩ so, dass es funktioniert, keine großen Fehler (Mängel) od. Schäden hat ↔ kaputt: *Der Kühlschrank ist alt, aber immer noch i.* **2** harmonisch, ohne große Probleme ⟨e-e Beziehung, e-e Ehe⟩ || *hierzu* **In·tạkt·heit** *die*; *nur Sg*

in·te̲·ger *Adj*; *geschr*; rechtschaffen, vertrauenswürdig u. loyal ↔ korrupt: *Er ist absolut i., ihm kann man vertrauen* || NB: *integer* → *e-e integre Persönlichkeit*

In·te·gra̲l *das*; *-s, -e*; *Math*; **1** ein mathematischer Ausdruck, mit dem *z.B.* komplizierte Flächen- u. Rauminhalte definiert werden ⟨ein I. berechnen⟩: *das I. e-r Hyperbel* || K-: ***Integral-, -gleichung, -rechnung, -zeichen*** **2** das mathematische Symbol für diesen Ausdruck || NB: ↑ *Tabelle* ***Mathematische Zeichen*** auf Seite 678

In·teg·ra·ti·on [-'tsioːn] *die*; *-, -en*; *geschr*; **1** das Eingliedern: *die I. von Immigranten in die Bevölkerung* **2** das Eingebundensein in e-e Gemeinschaft **3** *Math*; das Berechnen e-s Integrals

in·teg·ri̲e·ren; *integrierte, hat integriert*; [Vt] **1** ***j-n / sich*** (***in etw.*** (*Akk*)) ***i.*** j-n / sich zum Mitglied e-r Gruppe machen: *ein neues Schulkind in die Klasse i.* **2** ***etw. in etw.*** (*Akk*) ***i.*** etw. zu e-m Teil e-s Ganzen werden lassen: *e-e Küchenzeile mit integriertem Kühlschrank*; [Vt/i] **3** (***etw.***) ***i.*** *Math*; ein Integral berechnen

In·teg·ri·tä̲t *die*; *-*; *nur Sg*; **1** *geschr* ***j-s I.*** ≈ Rechtschaffenheit, Redlichkeit ⟨auf j-s I. vertrauen; an j-s I. zweifeln⟩ **2** *Pol*; das Recht des Staates, seine Aufgaben allein u. autonom zu regeln u. seine Grenzen zu schützen ≈ Unverletzlichkeit ⟨die politische, wirtschaftliche, territoriale I. e-s Staates⟩

In·tel·lẹkt *der*; *-(e)s*; *nur Sg*, *geschr* ≈ Verstand ⟨der menschliche I., ein scharfer I.; j-s I. schulen⟩

in·tel·lek·tu·ẹll *Adj*; **1** *nur attr od adv*; in Bezug auf den Verstand ↔ körperlich, physisch ⟨die Entwicklung, j-s Fähigkeiten, e-e Leistung⟩ **2** *oft pej*; so, dass Wissen, Verstand u. geistige Arbeit stark betont werden

In·tel·lek·tu·ẹl·le *der / die*; *-n, -n*; *oft pej*; j-d, der aufgrund seiner (*mst* akademischen) Ausbildung dazu fähig ist, e-e eigene u. kritische Meinung *bes* zu politischen Problemen zu haben (ohne sich von Gefühlen leiten zu lassen) || NB: *ein Intellektueller*; *der Intellektuelle*; *den, dem, des Intellektuellen*

in·tel·li·gẹnt *Adj*; ⟨ein Kind, ein Tier, e-e Frage⟩ so, dass sie (viel) Intelligenz haben od. zeigen ≈ klug

In·tel·li·gẹnz *die*; *-*; *nur Sg*; **1** die Fähigkeit e-s Menschen (od. Tiers) zu denken u. vernünftig zu handeln ⟨(e-e) geringe, durchschnittliche, große I.⟩ || K-: ***Intelligenz-, -grad, -leistung, -test*** **2** *Kollekt*; die Mitglieder e-r Schicht (2), die geistig arbeiten, *bes* die Wissenschaftler u. Künstler e-s Landes **3** Lebewesen, die I. (1) haben: *Gibt es I. auf anderen Planeten?*

In·tel·li·gẹnz·bes·tie *die*; *gespr pej*; j-d, der sehr intelligent ist (u. dies die anderen spüren lässt)

In·tel·li·gẹnz·quo·ti·ent *der*; e-e Art Skala, nach der die Intelligenz e-s Menschen nach bestimmten

Kriterien gemessen wird; *Abk* IQ ⟨e-n hohen, niedrigen Intelligenzquotienten haben⟩

In·ten·dant *der; -en, -en;* der Leiter e-s Theaters, e-s Radio- od. Fernsehsenders || NB: *der Intendant; den, dem, des Intendanten*

In·ten·danz *die; -, -en;* **1** die Arbeit, das Amt e-s Intendanten: *die I. e-s Theaters übernehmen* **2** das Büro e-s Intendanten

in·ten·die·ren; *intendierte, hat intendiert;* [Vt] ***etw. i.*** *geschr* ≈ beabsichtigen

in·ten·siv [-ˈziːf] *Adj;* **1** mit viel Arbeit, Energie, Aufmerksamkeit (verbunden): *sich i. auf e-e Prüfung vorbereiten; e-n Kranken i. betreuen* **2** so, dass es sehr deutlich wahrgenommen werden kann ≈ stark ↔ schwach ⟨e-e Farbe, ein Gefühl, ein Schmerz, e-e Strahlung⟩: *Mittags ist die Sonne am intensivsten* **3** ⟨der Ackerbau, die Landwirtschaft, die Viehzucht⟩ so, dass sie mit hohem Aufwand u. modernster Technik betrieben werden || *hierzu* **In·ten·si·tät** *die; -; nur Sg*

-in·ten·siv [-ziːf] *im Adj, begrenzt produktiv;* **1** so, dass viel von dem im ersten Wortteil Genannten nötig ist; ***arbeitsintensiv*** ⟨ein Verfahren⟩, ***personalintensiv, pflegeintensiv, zeitintensiv*** **2** so, dass viel von dem im ersten Wortteil Genannten dabei entsteht; ***kostenintensiv, lärmintensiv*** ⟨e-e Arbeit⟩

in·ten·si·vie·ren [-ˈviː-]; *intensivierte, hat intensiviert;* [Vt] ***etw. i.*** etw. stärker od. intensiver (1) machen: *seine Bemühungen i., um doch noch zum Ziel zu kommen* || *hierzu* **In·ten·si·vie·rung** *die; nur Sg*

In·ten·siv·kurs *der;* ein Kurs, bei dem man in kurzer Zeit sehr viel u. intensiv (1) lernt: *ein I. in Englisch*

In·ten·siv·sta·ti·on *die;* e-e Abteilung im Krankenhaus, in der Patienten liegen, deren Leben in Gefahr ist (*z.B.* nach e-r Operation)

In·ten·ti·on [-ˈtsi̯oːn] *die; -, -en; geschr* ≈ Absicht (1) ⟨etw. entspricht j-s Intentionen⟩ || *hierzu* **in·ten·ti·o·nal** *Adj*

in·ter- *im Adj, begrenzt produktiv;* **1** drückt aus, dass etw. Dinge, Gebiete, Staaten *o.Ä.* verbindet; ***interdisziplinär*** ⟨Gespräche⟩, ***intermolekular*** ⟨Kräfte⟩, ***international*** **2** zwischen zwei, mehreren od. vielen Dingen od. Phänomenen (liegend); ***interplanetarisch*** ⟨der Raum, die Materie⟩, ***interstellar*** ⟨der Raum, die Materie⟩

in·ter·ak·tiv *Adj; EDV;* so, dass der Anwender e-s Computerprogramms während des Programmablaufs immer wieder Fragen beantworten u. aktiv werden muss

In·ter·ci·ty *der; -s, -s;* ein Schnellzug, der nur zwischen Großstädten verkehrt u. teurer ist als der normale Schnellzug; *Abk* IC || K-: ***Intercity-, -express, -zug, -zuschlag***

In·ter·ci·ty·ex·press *der;* Ⓓ der schnellste Zug der Deutschen Bahn, für den ein eigener Fahrpreis gilt; *Abk* ICE

in·ter·dis·zip·li·när *Adj; geschr;* so, dass mehrere wissenschaftliche Fächer beteiligt sind ⟨die Forschung⟩

in·te·res·sant *Adj;* **1** j-s Interesse (1) (er)weckend ⟨etw. i. finden⟩: *ein interessantes Buch, ein interessantes Problem* **2** so, dass viele Leute es haben wollen ≈ attraktiv (1), günstig ⟨ein Angebot, ein Geschäft⟩ **3** j-s Neugier erweckend: *Ich habe gestern e-e interessante Frau kennen gelernt* **4** ***sich i. machen*** (***wollen***) *pej;* ungewöhnliche Dinge sagen od. tun, damit die anderen auf einen aufmerksam werden

in·te·res·san·ter·wei·se *Adv;* verwendet, wenn man etw. Interessantes u. Aufschlussreiches in ein Gespräch einfließen lässt: *Mir hat er gesagt, dass er keine Zeit hat, aber i. war er bei der Party doch dabei*

In·te·res·se [ɪntəˈrɛsə] *das; -s, -n;* **1** *nur Sg;* ***I.*** (***an j-m / etw.***) der Wunsch, mehr über j-n / etw. zu wissen, etw. Bestimmtes zu tun *o.Ä.* ⟨wenig, großes I. haben, zeigen; I. für j-n / etw. aufbringen; etw. weckt j-s I.; etw. ist für j-n von I.⟩: *Er betrachtete die Bilder ohne großes I.; Ich habe kein I.* daran, *ihn wieder zu sehen* **2** ***I.*** (***an etw.*** (*Dat*)) der Wunsch, etw. zu kaufen: *Bei diesem milden Wetter besteht kaum I. an Wintersportartikeln* **3** *nur Pl;* die Dinge, mit denen sich j-d gern beschäftigt u. die ihm Spaß machen ≈ Neigungen ⟨geistige, handwerkliche, gemeinsame Interessen⟩ || K-: ***Interessen-, -gebiet*** **4** *mst Pl; bes* die wirtschaftlichen u. politischen Bedürfnisse *o.Ä.*, die e-e Person, ein Staat od. e-e Gruppe hat ≈ Belange ⟨j-s Interessen durchsetzen, wahrnehmen, vertreten⟩: *Die Gewerkschaften vertreten die Interessen der Arbeitnehmer* || K-: ***Interessen-, -gegensatz, -gemeinschaft, -gruppe, -konflikt, -verband, -vertreter, -vertretung*** **5** ***etw. ist / liegt in j-s I.*** etw. bringt j-m e-n Vorteil *o.Ä.*: *Es liegt in deinem eigenen I., es der Polizei zu melden* **6** ***in j-s I. handeln*** so handeln, wie es j-d will od. wie es ihm nutzt || *zu* **1** **in·te·res·se·hal·ber** *Adv;* **in·te·res·se·los** *Adj;* **In·te·res·se·lo·sig·keit** *die; nur Sg*

In·te·res·sent *der; -en, -en;* **1** ***ein I.*** (***für etw.***) j-d, der etw. kaufen od. mieten will: *Es haben schon viele Interessenten für die Wohnung angerufen* **2** j-d, der bei etw. mitmachen, an etw. teilnehmen will: *Unsere Skikurse haben bisher immer zahlreiche Interessenten gefunden* || K-: ***Interessenten-, -kreis*** || NB: *der Interessent; den, dem, des Interessenten* || *hierzu* **In·te·res·sen·tin** *die; -, -nen*

in·te·res·sie·ren; *interessierte, hat interessiert;* [Vt] **1** ***j-d / etw. interessiert j-n*** j-d / etw. ist so, dass j-d mehr über ihn / darüber wissen möchte, j-d / etw. weckt j-s Interesse (1): *Am meisten interessieren mich alte Briefmarken* **2** ***j-n für etw. i.*** bewirken, dass j-d etw. haben möchte, an etw. teilnehmen möchte *o.Ä.* ⟨j-n für e-n Plan, ein Projekt i.⟩; [Vr] **3** ***sich für etw. i.*** etw. gern haben wollen, mehr über etw. wissen wollen, etw. gern tun wollen *o.Ä.* ⟨sich für Musik, für Sport, sich für den Preis e-r Reise i.⟩ **4** ***sich für j-n i.*** mehr über j-n wissen wollen, j-n näher kennen lernen wollen *o.Ä.*: *Es sieht so aus, als ob sich dein Bruder für meine Schwester interessiert*

in·te·res·siert **1** *Partizip Perfekt;* ↑ ***interessieren*** **2** *Adj;* (***an j-m / etw.***) ***i.*** mit Interesse (1,2) ⟨j-m i. zuhören, zusehen⟩: *an Musik, an e-m Haus i. sein; ein interessierter u. aufmerksamer Schüler*

In·ter·face [-feɪs] *das; -, -s* [-feɪsɪs]; *EDV* ≈ Schnittstelle

In·ter·fe·renz *die; -, -en; Phys;* **1** der Zustand, in dem sich mehrere Wellen gegenseitig beeinflussen, überlagern *o.Ä.* || K-: ***Interferenz-, -erscheinung*** **2** *Ling;* die Einwirkung der Muttersprache beim Erlernen e-r Fremdsprache

In·te·ri·eur [ɛ̃teˈri̯øːɐ̯] *das; -s, -s / -e; geschr;* das Innere e-s Hauses od. Raumes, *bes* in Bezug auf die Einrichtung gesehen ⟨ein stilvolles I.⟩

In·ter·jek·ti·on [-ˈtsi̯oːn] *die; -, en; Ling;* ein Wort wie „oh", „pfui", „au" *usw*, das *mst* als Ausruf gebraucht wird

in·ter·kon·ti·nen·tal *Adj; nur attr od adv, geschr;* ⟨*mst* Raketen⟩ so, dass sie von e-m Kontinent zum anderen fliegen können || K-: ***Interkontinental-, -flug, -rakete***

In·ter·mez·zo *das; -s, -s / In·ter·mez·zi;* **1** e-e kleine Episode während e-s größeren Ereignisses ≈ Zwischenfall, Begebenheit ⟨ein kleines, unbedeutendes I.⟩ **2** *Mus*; ein Zwischenspiel in e-r Oper **3** *Mus*; e-e Art kurzes Musikstück

in·tern *Adj*; *geschr*; ⟨Angelegenheiten, e-e Regelung⟩ so, dass sie nur e-e bestimmte Gruppe, e-n bestimmten Betrieb *o.Ä.* betreffen: *e-e Sache auf e-r internen Sitzung besprechen* || -K: ***betriebs-, gewerkschafts-, universitäts-***

In·ter·nat *das*; *-(e)s, -e*; e-e Schule, in der die Schüler auch wohnen ⟨ins I. kommen, im I. sein⟩ || K-: ***Internats-, -schüler***

in·ter·na·ti·o·nal, in·ter·na·ti·o·nal *Adj*; ⟨ein Abkommen, die Beziehungen, ein Kongress, e-e Meisterschaft⟩ so, dass mehrere Nationen, Staaten beteiligt sind: *Das Rote Kreuz ist e-e internationale Organisation*; *Dieser Führerschein ist i. gültig*

In·ter·net *das*; *-s, -s*; *mst Sg*, *EDV*; e-e internationale Verbindung zwischen vielen, voneinander unabhängigen Computern, die den Austausch von Daten zwischen diesen Computern möglich macht ⟨das I. anwählen, aufrufen, nutzen; sich im I. einloggen; im I. surfen; aus dem I. rausgehen⟩ || K-: ***Internet-, -anwender, -surfer, -surfing***

in·ter·nie·ren; *internierte, hat interniert*; [Vt] ***j-n i.*** während e-s Krieges *o.Ä.* j-n, der nicht am Kampf beteiligt ist, zwingen, in e-m Lager zu leben ⟨Flüchtlinge i.⟩ || *hierzu* **In·ter·nie·rung** *die*

In·ter·nist *der*; *-en, en*; ein Arzt mit e-r Spezialausbildung für die Krankheiten *bes* des Herzens, des Magens u. des Darms || NB: *der Internist*; *den, dem, des Internisten* || *hierzu* **In·ter·nis·tin** *die*; *-, -nen*

In·ter·pol [-po:l] *(die)*; *-*; *nur Sg*; e-e internationale Polizeiorganisation: *ein von I. gesuchter Verbrecher*

In·ter·pret *der*; *-en, -en*; j-d, der etw. interpretiert (2,3) || NB: *der Interpret*; *den, dem, des Interpreten* || *hierzu* **In·ter·pre·tin** *die*; *-, -nen*

in·ter·pre·tie·ren; *interpretierte, hat interpretiert*; [Vt] **1** ***etw.*** (***als etw.***) ***i.*** j-s Verhalten, Worten *o.Ä.* e-e bestimmte Bedeutung zusprechen ≈ auslegen, deuten: *Sein Schweigen kann man als Feindseligkeit i.* **2** ***etw. i.*** versuchen, den tieferen Sinn von etw. zu erklären ≈ deuten ⟨ein Gedicht, e-n Gesetzestext, e-n Roman i.⟩ **3** ***j-n / etw.*** (***irgendwie***) ***i.*** das Werk e-s Komponisten *o.Ä.* (auf die genannte Weise) spielen od. singen: *Chopin wurde von Rubinstein sehr einfühlsam interpretiert* || *hierzu* **In·ter·pre·ta·ti·on** *die*; *-, -en*

In·ter·punk·ti·on [-'tsio:n] *die*; *-*; *nur Sg*, *Ling*; das Setzen von Kommas, Punkten *usw* in e-m geschriebenen Text ≈ Zeichensetzung ⟨e-e fehlerhafte, schlechte I.; die Regeln der I.⟩ || K-: ***Interpunktions-, -fehler, -regel***

In·ter·re·gio *der*; *-(s), -s*; Ⓓ ein Zug, der nur an größeren Bahnhöfen hält; *Abk* IR

In·ter·ro·ga·tiv·pro·no·men *das*; *Ling*; ein Pronomen, das e-n Fragesatz einleitet, *z.B.* „wer" od. „was" ≈ Fragepronomen

In·ter·vall [-v-] *das*; *-s, -e*; **1** *mst Pl*, *geschr*; ***ein I.*** (***zwischen etw.*** (*Pl*)) die Zeit zwischen zwei Ereignissen: *ein I. von drei Stunden*; *Die Intervalle zwischen seinen Fieberanfällen werden immer kürzer* **2** *Mus*; der Abstand zwischen zwei Tönen (in Bezug auf die Höhe): *das I. der Oktave* **3** ***in Intervallen*** *geschr*; in bestimmten Abständen ⟨etw. findet in Intervallen statt, kehrt in Intervallen wieder⟩

in·ter·ve·nie·ren [-v-]; *intervenierte, hat interveniert*; [Vi] *geschr*; **1** ***j-d / etw. interveniert*** (***bei j-m gegen etw.***) j-d / etw. protestiert offiziell gegen etw.: *bei der UNO gegen die Verletzung der Menschenrechte in e-m Land i.* **2** ***etw. interveniert*** das Militär, ein Staat *o.Ä.* greift in e-n Konflikt od. e-n Kampf ein || *hierzu* **In·ter·ven·ti·on** *die*

In·ter·view [-vju:] *das*; *-s, -s*; ***ein I. mit j-m*** (***zu etw.***) ein Gespräch, das *mst* ein Reporter od. Journalist mit j-m führt u. dann in der Zeitung od. im Fernsehen bringt ⟨ein I. verabreden, machen, senden⟩ || K-: ***Interview-, -partner***

in·ter·vie·wen [-'vju:ən]; *interviewte, hat interviewt*; [Vt] ***j-n*** (***über etw.*** (*Akk*)) ***i.*** (als Reporter od. Journalist) j-m (zu e-m bestimmten Thema) Fragen stellen: *e-n Popstar i.* || *hierzu* **In·ter·vie·wer** [-'vju:ɐ] *der*; *-s, -*

in·tim *Adj*; **1** sehr gut, sehr eng ⟨ein Freund⟩ **2** private, persönliche Dinge betreffend ⟨ein Gespräch, ein Problem, Gedanken⟩ **3** ⟨e-e Feier⟩ mit nur wenigen eingeladenen Gästen **4** *nur attr*, *nicht adv*; den Bereich des Körpers betreffend, in dem die Geschlechtsorgane sind ⟨die Hygiene⟩ || K-: ***Intim-, -bereich, -hygiene, -pflege, -spray*** **5** ***mit j-m i. sein / werden*** *euph*; mit j-m sexuelle Kontakte haben / bekommen **6** *mst attr*; sehr genau, detailliert ⟨intime Kenntnis von etw. besitzen / haben⟩: *Er ist ein intimer Kenner der Szene* **7** ≈ gemütlich ⟨e-e Atmosphäre, ein Restaurant⟩

In·tim·feind *der*; j-d, den man gut kennt, aber mit dem man extrem verfeindet ist

In·ti·mi·tät *die*; *-, -en*; **1** *nur Sg*; das sehr enge, intime (1) Verhältnis *mst* zwischen zwei Personen ≈ Vertrautheit **2** *nur Pl*; *mst* ***es kommt zu Intimitäten*** *euph*; es kommt zu erotischen Äußerungen, Handlungen od. zum Geschlechtsverkehr

In·tim·sphä·re *die*; die persönlichen Gedanken u. Gefühle e-s einzelnen ⟨j-s I. verletzen, in j-s I. eindringen⟩

In·tim·ver·kehr *der*; *euph* ≈ Geschlechtsverkehr

in·to·le·rant, in·to·le·rant *Adj*; ***i.*** (***gegen j-n / etw.***; ***gegenüber j-m / etw.***) nicht tolerant ≈ unduldsam ⟨e-e Einstellung, e-e Haltung⟩ || *hierzu* **In·to·le·ranz** *die*; *-*; *nur Sg*

In·to·na·ti·on [-'tsio:n] *die*; *-, -en*; *Ling*; die Art, wie man die Wörter betont u. wie die (Tonhöhe der) Stimme beim Sprechen steigt u. fällt

in·tran·si·tiv [-ti:f] *Adj*; *Ling*; ohne Akkusativobjekt ↔ transitiv ⟨ein Verb (= ein Verb, das kein

Interrogativpronomen

	Bei Fragen nach einer Person: **wer**
Nom	***Wer*** *hat das getan?*
Akk	***Wen*** *hast du gesehen?*
Dat	***Wem*** *schenkst du die Blumen?*
Gen	***Wessen*** *Bücher sind das?*
	Bei Fragen nach einer Sache oder einem Sachverhalt: **was**
Nom	***Was*** *ist das da auf dem Bild?*
Akk	***Was*** *schenkst du ihr zum Geburtstag?*

In Verbindung mit einer Präposition nimmt man statt *was* meist *wo(r)-* + Präposition: *womit*, *wonach*, *worüber* usw.
In der gesprochenen Sprache wird dafür auch *was* verwendet: *Um was* (= worum) *geht es?*; *Mit was* (= womit) *fängt man Fische?*
Als attributives Interrogativpronomen wird oft *welch* verwendet: *Welcher Wagen?*; *Welche Frau?*; *Welches Buch?*

Akkusativobjekt haben kann); ein Verb i. verwenden⟩

in·tra·ve·nös, in·tra·ve·nös [-v-] *Adj*; *nur attr od. adv*, *Med*; in die Vene (gehend) ⟨e-e Injektion; etw. i. spritzen, verabreichen⟩

In·tri·ge *die*; -, *-n*; *pej*; ein *mst* geheimer u. raffinierter Plan, mit dem man j-m schaden will ⟨Intrigen einfädeln, aufdecken; e-r I. zum Opfer fallen⟩

in·tri·gie·ren; *intrigierte, hat intrigiert*; [Vi] **(*gegen j-n / etw.*) *i.*** *geschr*; etw. Gemeines planen (u. ausführen), um j-m / etw. zu schaden

in·tro·ver·tiert, in·tro·ver·tiert *Adj*; *Psych*; (von Menschen) so, dass sie wenig Kontakt zu anderen Menschen suchen, sich mit ihren eigenen Gefühlen u. Gedanken beschäftigen u. diese nicht offen zeigen ≈ verschlossen ↔ extrovertiert

In·tu·i·ti·on [-ˈtsi̯oːn] *die*; -, *-en*; **1** das Ahnen od. Verstehen von Zusammenhängen *o.Ä.* aufgrund eines Gefühls od. Instinkts ⟨I. haben⟩ **2** etw., das man durch I. (1) fühlt od. weiß ≈ Eingebung ⟨e-e I. haben, e-r I. folgen⟩ || *hierzu* **in·tu·i·tiv** *Adj*

in·tus *Adj*; *nur in* ***etw. i. haben*** **a)** etw. verstanden u. im Gedächtnis haben: *die Vokabeln i. haben*; **b)** etw. Alkoholisches getrunken haben

in·va·lid, in·va·li·de [-v-] *Adj*; *nicht adv*; durch e-n Unfall od. e-e Krankheit für immer körperlich stark geschädigt ⟨nach e-m Unfall i. sein; i. werden⟩ || *hierzu* **In·va·li·de** *der / die*; *-n, -n*; **In·va·li·di·tät** *die*; -; *nur Sg*

In·va·si·on [ɪnvaˈzi̯oːn] *die*; -, *-en*; **1** das Eindringen e-r Armee in ein fremdes Land (*z.B.* im Krieg) ≈ Einfall (2) **2** ***e-e I.*** (***von*** + *Dat Pl*) *hum od pej*; die Ankunft von vielen Menschen od. Tieren in e-m Gebiet, e-m Ort: *e-e I. von Touristen, von Journalisten; e-e I. von Schnecken im Garten* || *zu* **1 In·va·sor** *der*; *-s, In·va·so·ren*; *mst Pl*

In·ven·tar [-v-] *das*; *-s, -e*; **1** alles, was ein Betrieb, e-e Firma besitzt, od. die Gegenstände, mit denen ein Haus *o.Ä.* eingerichtet ist ≈ Bestand (2): *den Wert des Inventars schätzen; Das Vieh ist das lebende I. e-s Bauernhofes* || K-: ***Inventar-, -verzeichnis*** **2** e-e Liste, in der das I. (1) steht (aufgelistet ist) ⟨ein I. aufstellen, führen; etw. steht im I.⟩

in·ven·ta·ri·sie·ren [-v-]; *inventarisierte, hat inventarisiert*; [Vt] **(*etw.*) *i.*** *geschr*; etw. ins Inventar (2) aufnehmen

In·ven·tur [ɪnvenˈtuːɐ̯] *die*; -, *-en*; die genaue Erfassung aller Waren, die zu e-m bestimmten Zeitpunkt in e-m Geschäft *o.Ä.* sind ≈ Bestandsaufnahme ⟨I. machen; wegen I. geschlossen⟩

In·ver·si·ons·la·ge [-ˈzi̯oːns-] *die*; *Meteorologie*; e-e Wetterlage, bei der es in geringer Höhe kühler ist als weiter oben. Dadurch wird die Luft nicht erneuert, u. die Menge an Abgasen *usw* in der Luft nimmt zu

in·ves·tie·ren [-v-]; *investierte, hat investiert*; [Vt] **1** (***etw.***) (***in etw.*** (*Akk*)) ***i.*** Geld *mst* relativ lange zur Verfügung stellen, damit e-e Firma neue Maschinen kaufen kann, expandieren kann *o.Ä.* ⟨Geld, Kapital in die Entwicklung neuer Produkte i.⟩; [Vt] **2 *etw.* (*in j-n / etw.*) *i.*** etw. mit e-m bestimmten Ziel für j-n / etw. benutzen, opfern ⟨viel Geduld, Liebe, Zeit in j-n / etw. i.⟩: *Sie hat sehr viel Mühe in diese Arbeit investiert*

In·ves·ti·ti·on [-ˈtsi̯oːn] *die*; -, *-en*; **1** *Ökon*; das Investieren (1) od. etw., das man investiert (1) hat ⟨e-e Gewinn bringende I.⟩: *die Konjunktur durch Investitionen beleben* || K-: ***Investitions-, -anreiz, -bereitschaft, -zulage*** **2** etw., wofür man Geld ausgegeben hat (*mst* in der Hoffnung, dadurch Geld zu verdienen, zu sparen *o.Ä.*): *Der Computer war e-e gute I.*

In·vest·ment [-v-] *das*; *-s, -s*; *Ökon* ≈ Kapitalanlage || K-: ***Investment-, -fonds, -gesellschaft, -papier***

in·wen·dig *Adj* ≈ innen ↔ außen: *Die Kokosnuss ist i. hohl* || ID ***j-n / etw. in- u. auswendig kennen*** *gespr*; j-n / etw. sehr gut, genau kennen

in·wie·fern, in·wie·fern[1] *Adv*; (*in direkten u. indirekten Fragen*) verwendet, um danach zu fragen, in welcher Hinsicht etw. geschieht od. bis zu welchem Grad etw. zutrifft: *I. hat er Recht?*

in·wie·fern, in·wie·fern[2] *Konjunktion*; verwendet, um e-n Nebensatz einzuleiten, in dem ausgedrückt wird, in welcher Hinsicht etw. geschieht od. bis zu welchem Grad etw. zutrifft: *Wir müssen feststellen, i. sich die Situation geändert hat*

in·wie·weit, in·wie·weit[1] *Adv* ≈ inwiefern[1]

in·wie·weit, in·wie·weit[2] *Konjunktion* ≈ inwiefern[2]

In·zest *der*; *-(e)s, -e*; *mst Sg*; der (verbotene) Geschlechtsverkehr zwischen zwei Personen, die eng verwandt sind, *z.B.* zwischen Bruder u. Schwester ≈ Blutschande || *hierzu* **in·zes·tu·ös** *Adj*

In·zucht *die*; -; *nur Sg*; das Zeugen von Jungen unter eng verwandten Tieren od. von Kindern unter blutsverwandten Menschen

in·zwi·schen *Adv*; **1** während der Zeit, in der etw. geschieht ≈ währenddessen, in der Zwischenzeit: *Geht ruhig spazieren, ich koche i. das Essen* **2** drückt aus, dass zwischen e-m Zeitpunkt in der Vergangenheit u. jetzt ein bestimmter Stand od. Zustand erreicht worden ist ≈ unterdessen, mittlerweile: *Ich habe vor vier Jahren begonnen, Russisch zu lernen. - I. kann ich russische Zeitungen lesen* **3** in der Zeit zwischen jetzt u. e-m Ereignis in der Zukunft ≈ einstweilen, bis dahin: *Morgen gebe ich ein großes Fest. - I. habe ich noch viel zu tun*

Ion [ˈioːn] *das*; *-s, Io·nen*; *Phys*; ein Atom od. e-e Atomgruppe mit elektrischer Ladung || *hierzu* **io·ni·sie·ren** (*hat*) *Vt*

i-Punkt [ˈiː-] *der*; der Punkt auf dem kleinen i

IQ [iːˈkuː, aɪˈkjuː] *der*; *-(s), -(s)*; *Kurzw* ↑ ***Intelligenzquotient***

ir- *im Adj*; ↑ ***in-***

ir·disch *Adj*; *nicht adv*; **1** in Bezug auf das alltägliche Leben (im Gegensatz zum religiösen Leben od. e-m Leben nach dem Tod) ⟨das Glück, Freuden⟩ **2** *geschr*; auf der Erde (vorkommend) ⟨(die) Lebewesen, die Gesteine⟩

ir·gend[1] *nur in* ***i. so ein***(***e*** *usw*) / ***i. so etwas*** *gespr, oft pej*; verwendet, um die Unbestimmtheit von *ein / etwas* noch zu verstärken: *Da war i. so ein Vertreter, der nach dir gefragt hat*

ir·gend[2] *Adv*; *geschr*; unter irgendwelchen Umständen, irgendwie: *Ich würde gerne helfen, wenn ich nur i. könnte*; *Kommen Sie bitte, so rasch es i. geht* (= so bald wie möglich)

ir·gend·ein, ir·gend·ein, *irgendeine, irgendein*; *Indefinitpronomen*; **1** e-e Person od. Sache, die man nicht (genauer) kennt, nicht (genauer) bestimmen kann: *Irgendeine Frau hat angerufen*; *In der Rechnung habe ich irgendeinen Fehler gemacht, ich weiß nur noch nicht wo* **2** e-e beliebige Person od. Sache: *Für den Urlaub kaufe ich mir irgendein Buch - Hauptsache, es ist lustig*; *Irgendeiner wird schon noch kommen*

ir·gend·et·was, ir·gend·et·was *Indefinitpronomen* ≈ etwas[1] (1): *Ist dir i. aufgefallen?*; *Hast du i. gehört?*

ir·gend·je·mand, ir·gend·je·mand *Indefinitpronomen* **1** verwendet, um die Unbestimmtheit von *jemand* noch zu verstärken: *I. muss das Geld doch aus der Kasse genommen haben* **2 *nicht i.*** [--ˈ--] ***sein*** j-d sein, der in bestimmter Hinsicht bekannter od. wichtiger ist als andere: *Er ist nicht i., sondern unser Bürgermeister!*

I

ir·gend·wann, **ir·gend·wann** *Adv*; zu einer Zeit, die man (noch) nicht kennt: *I. wird noch ein Unglück geschehen!*; *Er möchte i. nach Indien reisen*
ir·gend·was, **ir·gend·was** *Indefinitpronomen*; *gespr* ≈ irgendetwas
ir·gend·wel·ch-, **ir·gend·wel·ch-** *Indefinitpronomen*; verwendet als Pluralform für *irgendein(e usw)*: *Gibt es irgendwelche Probleme?*
ir·gend·wer, **ir·gend·wer** *Indefinitpronomen*; *gespr* ≈ irgendjemand: *Kennst du irgendwen, der ein Auto kaufen möchte?*
ir·gend·wie, **ir·gend·wie** *Adv*; **1** auf irgendeine Weise: *Wir müssen das Problem i. lösen*; *I. werden wir es schon schaffen* **2** *gespr* ≈ in gewisser Hinsicht: *I. hast du schon Recht*; *Sie könnte einem i. Leid tun*
ir·gend·wo, **ir·gend·wo** *Adv*; **1** an irgendeinem Ort, an irgendeiner Stelle: *Wir werden i. am Meer Urlaub machen*; *Ist hier i. e-e Toilette?* **2** *gespr* ≈ irgendwie (2): *I. spinnt er*
ir·gend·wo·her, **ir·gend·wo·her** *Adv*; **1** von irgendeinem Ort: *I. kommt Rauch - Ich glaube, es brennt* **2** durch irgendwelche (nicht näher bekannten) Umstände: *Ich werde schon noch i. Geld bekommen*; *Ich kenne ihn i.*
ir·gend·wo·hin, **ir·gend·wo·hin** *Adv*; an irgendeinen Ort: *Ich möchte i., wo nie Winter ist*
I·ris *die*; -, -; **1** e-e Blume mit langen, spitzen Blättern u. *mst* gelben od. violetten Blüten ≈ Schwertlilie **2** *nur Sg*; der farbige (blaue, braune, schwarze od. grüne) Teil des Auges, in dessen Mitte die Pupille ist ≈ Regenbogenhaut || ↑ *Abb. unter* ***Auge***
I·ro·nie *die*; -; *nur Sg*; ein Sprachmittel, bei dem man bewusst das Gegenteil von dem sagt, was man meint (*bes* um zu kritisieren od. um witzig zu sein) ⟨mit feiner, leiser, bitterer I.⟩ || ID ***e-e I. des Schicksals*** ein Zusammentreffen von Ereignissen, die völlig unerwartet sind u. die den Menschen als Spielball des Schicksals erscheinen lassen || *hierzu* **i·ro·ni·sie·ren** (*hat*) *Vt*
i·ro·nisch *Adj*; voller Ironie ⟨ein Lächeln, e-e Bemerkung; i. lächeln; etw. i. meinen⟩
irr *Adj*; *mst präd*; geisteskrank, verrückt, wahnsinnig ⟨j-n für i. halten⟩ || NB: ↑ ***irre***
ir·ra·ti·o·nal, **ir·ra·ti·o·nal** *Adj*; *geschr*; nicht den Gesetzen der Vernunft folgend od. durch sie erklärbar ↔ vernünftig ⟨ein Verhalten; i. handeln⟩
ir·re *Adj*; **1** ≈ irr **2** *gespr*; (*bes* von Jugendlichen verwendet) ungewöhnlich u. sehr gut ≈ toll: *Der Film war echt i.* **3** *nicht adv*, *gespr*; sehr groß, sehr intensiv: *e-e irre Hitze* **4** *nur adv*, *gespr*; verwendet, um Verben, Adverbien od. Adjektive zu verstärken ≈ sehr: *sich i. freuen*; *i. aufgeregt sein*
Ir·re[1] *der / die*; *-n*, *-n*; *gespr*, *oft pej*; j-d, der psychisch od. geistig krank ist ≈ Geisteskranke(r), Verrückte(r), Wahnsinnige(r) || ID ***ein armer Irrer*** *gespr*; j-d, der einem wegen seiner Dummheit od. Naivität Leid tut; ***wie ein Irrer*** *gespr*; sehr schnell ⟨fahren, rennen⟩ || NB: *ein Irrer*; *der Irre*; *den, dem, des Irren*
Ir·re[2] *die*; -; *nur Sg*; *nur in* ***in die I.*** in e-e falsche Richtung, auf e-n falschen Weg ⟨j-n in die I. führen, locken; in die I. gehen⟩: *Demagogen haben das Volk mit schönen Reden in die I. geführt*
ir·re·al *Adj*; *geschr*; **1** nicht realistisch ≈ unwirklich **2** ⟨Forderungen, Vorstellungen⟩ so, dass niemand sie verwirklichen kann ≈ utopisch || *hierzu* **Ir·re·a·li·tät** *die*; -; *nur Sg*
ir·re·füh·ren; *führte irre, hat irregeführt*; [Vt] ***j-n i.*** (absichtlich) bewirken, dass j-d e-e falsche Vorstellung von j-m / etw. bekommt ≈ täuschen: *j-n durch falsche Informationen i.* || NB: oft im Partizip Präsens: *e-e irreführende Behauptung* || *hierzu* **Ir·re·füh·rung** *die*; *nur Sg*
ir·re·ge·hen; *ging irre, ist irregegangen*; [Vi] ***mit / in etw.*** (*Dat*) ***i.*** *geschr*; sich mit etw. irren ⟨in / mit e-r Annahme, Vermutung i.⟩
ir·re·gu·lär, **ir·re·gu·lär** *Adj*; *geschr*; ⟨e-e Erscheinung⟩ nicht den Regeln od. der Norm entsprechend || *hierzu* **Ir·re·gu·la·ri·tät** *die*; -, *-en*
ir·re·lei·ten; *leitete irre, hat irregeleitet*; *geschr*; [Vt] **1** ***j-d / etw. leitet j-n irre*** j-d / etw. führt j-n auf den falschen Weg: *durch falsche Schilder irregeleitet werden* **2** ***etw. leitet j-n irre*** etw. führt j-n irre: *sich durch e-n falschen Eindruck i. lassen*
ir·re·le·vant, **ir·re·le·vant** *Adj*; *geschr*; nicht wichtig, nicht relevant ≈ unerheblich ⟨e-e Bemerkung, ein Unterschied⟩ || *hierzu* **Ir·re·le·vanz**, **Ir·re·le·vanz** *die*; -, *-en*
ir·re·ma·chen; *machte irre, hat irregemacht*; [Vt] ***j-n i.*** bewirken, dass j-d (in seinen Ansichten *o.Ä.*) unsicher wird ≈ irritieren: *Lass dich von ihm nicht i., du hast ganz Recht*
ir·ren[1]; *irrte, hat geirrt*; [Vr] **1** ***sich*** (***mit / in etw.*** (*Dat*)) ***i.*** etw. Falsches für echt, wahr od. richtig halten ≈ sich täuschen (3): *sich in der Richtung i.*; *sich mit e-r Vermutung i.*; *Du hast dich geirrt - er hat im Juni Geburtstag, nicht erst im Juli*; *Er irrt sich sehr, wenn er glaubt, dass wir ihm helfen* || K-: ***Irr-, -glaube, -lehre*** **2** ***sich in j-m i.*** e-n falschen Eindruck von j-m haben ≈ sich in j-m täuschen (4); [Vi] **3** *geschr* ≈ sich irren[1] (1) || ID ***Irren ist menschlich*** alle Menschen machen Fehler
ir·ren[2]; *irrte, ist geirrt*; [Vi] ***irgendwohin i.*** in e-m Gebiet von einem Punkt zum anderen (hin u. her) gehen, fahren, ohne das Ziel, den richtigen Weg zu finden: *durch die Straßen, durch den Wald i.*; *von Ort zu Ort i.* || K-: ***Irr-, -fahrt, -weg***
Ir·ren·an·stalt *die*; *gespr* ≈ Nervenklinik
Ir·ren·haus *das*; *gespr*, *pej* ≈ Nervenklinik || ID *mst* ***Hier gehts*** (***ja***) ***zu wie im I.*** *gespr pej od hum*; hier ist es chaotisch u. sehr laut
ir·re·pa·ra·bel, **ir·re·pa·ra·bel** *Adj*; *geschr*; ⟨*mst* Schäden⟩ so, dass man sie nicht mehr reparieren kann || NB: *irreparabel* → *irreparable Schäden*
ir·re·ver·si·bel, **ir·re·ver·si·bel** *Adj*; *geschr*; ⟨ein Prozess, ein Vorgang⟩ nicht umkehrbar, nicht reversibel || NB: *irreversibel* → *irreversible Vorgänge* || *hierzu* **Ir·re·ver·si·bi·li·tät** *die*; -; *nur Sg*
ir·re·wer·den; *wird irre, wurde irre, ist irregeworden*; [Vi] ***an j-m / etw. i.*** j-n / etw. nicht mehr verstehen, den Glauben an j-n / etw. verlieren
Irr·gar·ten *der* ≈ Labyrinth
ir·rig *Adj*; *nicht adv*; auf e-m Irrtum beruhend ≈ falsch (1) ⟨e-e Annahme, e-e Ansicht; in der irrigen Annahme, dass ...⟩ || *hierzu* **ir·ri·ger·wei·se** *Adv*
Ir·ri·ta·ti·on [-'tsio:n] *die*; -, *-en*; *geschr*; das Verwirrtsein (durch äußere Umstände, Reize *o.Ä.*)
ir·ri·tie·ren; *irritierte, hat irritiert*; [Vt] **1** ***j-d / etw. irritiert j-n*** j-d / etw. macht j-n unsicher od. nervös, j-d / etw. verwirrt j-n: *Ihr Lächeln irritierte ihn* **2** ***j-d / etw. irritiert j-n*** j-d / etw. stört j-n bei e-r Tätigkeit: *Er machte Fehler, weil ihn der Lärm irritierte*
Irr·läu·fer *der*; etw. (*z.B.* ein Brief, ein Paket), das die falsche Adresse erreicht
Irr·sinn *der*; *-s*; *nur Sg*; **1** ein kranker Geisteszustand ≈ Wahnsinn (2) **2** *pej*; e-e sinnlose, oft gefährliche Handlung: *der I. des Wettrüstens*
irr·sin·nig *Adj*; **1** geistig od. psychisch krank ≈ geisteskrank, wahnsinnig (1) ⟨i. sein, werden⟩ **2** ***i. vor etw.*** (*Dat*) wegen e-s sehr intensiven negativen Gefühls nicht fähig, vernünftig zu handeln ⟨(halb) i. vor Angst, Verzweiflung, Wut *o.Ä.*⟩ **3** *nicht adv*; *gespr*; sehr groß, sehr intensiv ⟨Angst, Hitze, Kälte, Schmerzen⟩ **4** *nur adv*, *gespr*; verwendet, um Ad-

jektive od. Verben zu verstärken ≈ sehr: *Er ist i. reich*; *Hier ist es i. kalt*; *Sie hat sich ganz i. gefreut*

Irr·sinns- *im Subst, mst betont, begrenzt produktiv, gespr*; verwendet, um auszudrücken, dass etw. besonders gut od. besonders intensiv ist ≈ Riesen-, Wahnsinns-; die ***Irrsinnshitze***, die ***Irrsinnskälte***, der ***Irrsinnspreis***

Irr·tum *der*; *-s, Irr·tü·mer*; **1** ein Fehler, der dadurch entsteht, dass man sich nicht richtig konzentriert, informiert *o.Ä.* ≈ Versehen ⟨ein kleiner, großer, schwerer, bedauerlicher, folgenschwerer,verhängnisvoller I.; e-m I. erliegen, unterliegen, verfallen; j-m unterläuft ein I; ein I. liegt vor⟩: *Diese Annahme beruht auf e-m I.* **2** ***im I. sein / sich im I. befinden*** sich irren **3** ***sich über j-n / etw. im I. befinden*** *geschr*; e-n falschen Eindruck von j-m / etw. haben

irr·tüm·lich *Adj*; auf e-m Irrtum beruhend ≈ fälschlich ↔ richtig ⟨e-e Annahme, e-e Entscheidung; etw. i. glauben⟩ || *hierzu* **irr·tüm·li·cher·wei·se** *Adv*

-isch *im Adj, sehr produktiv*; verwendet, um Adjektive zu bilden **1** zu j-m / etw. gehörig, in Bezug auf j-n / etw.; ***arabisch, bayrisch, griechisch, russisch, schwäbisch, spanisch*** *usw*; ***atheistisch, biologisch, kaufmännisch, kommunistisch, modisch, psychisch, studentisch*** **2** *oft pej*; so wie j-d / etw.; ***anarchistisch, angeberisch, dämonisch, diktatorisch, puristisch, tyrannisch*** || NB: Bildungen auf *-istisch* gehören zu Substantiven, die auf *-ist(in)* enden

Is·chi·as ['ɪʃias, 'ɪsçias] *der / das*; *-*; *nur Sg*; Schmerzen im Bereich des Ischiasnervs ⟨I. haben; an / unter I. leiden⟩

I·schi·as·nerv *der*; ein Nerv, der vom unteren Teil des Rückens zum Fuß verläuft

-i·sie·ren ↑ ***-ieren***

ISDN [i|ɛs|de'|ɛn] *das*; *-*; *nur Sg, Telecom*; (*Abk für* Integrated Services Digital Network) e-e besonders schnelle Form der Datenübertragung über das Telefonnetz || K-: ***ISDN-Anschluss, -Karte, -Netz, -Nummer***

Is·lam, Is·lam *der*; *-(s)*; *nur Sg*; der Glaube, der auf der Lehre Mohammeds beruht, die moslemische Religion ⟨sich zum I. bekennen; zum I. übertreten⟩ || *hierzu* **is·la·misch** *Adj*

-is·mus *der*; *-, -is·men*; *im Subst, sehr produktiv*; **1** *nur Sg*; verwendet, um Religionen, politische od. philosophische Strömungen u. Systeme, Kunststile *o.Ä.* zu bezeichnen; ***Buddhismus, Katholizismus***; ***Pazifismus***; ***Kapitalismus, Kommunismus, Sozialismus***; ***Expressionismus, Impressionismus*** **2** *nur Sg*; verwendet, um e-e persönliche Einstellung auszudrücken; ***Idealismus, Optimismus, Perfektionismus*** **3** *Ling*; verwendet, um e-n Begriff zu beschreiben, der die genannte Herkunft od. Eigenschaft hat; ***Anglizismus, Latinismus***; ***Archaismus, Euphemismus, Vulgarismus*** **4** *nur Sg*; verwendet, um e-e Veranlagung od. Krankheit zu bezeichnen; ***Autismus, Masochismus, Sadismus*** || NB: *hierzu* häufig Adjektive auf *-istisch*

I·so·la·ti·on [-'tsi̯oːn] *die*; *-, -en*; *mst Sg*; **1** das Isolieren (1): *die I. elektrischer Leitungen* **2** das Material, mit dem etw. gegen Strom, Hitze *usw* isoliert (1) ist: *Die I. des Kabels war defekt* **3** das Abgeschnittensein von dem Rest e-r Gemeinschaft *o.Ä.* ⟨sich aus seiner I. befreien⟩: *die I. in der Großstadt* **4** das Isolieren (2): *die I. von Typhuskranken auf e-r Quarantänestation* **5** *Chem*; das Isolieren (3): *die I. von Bakterien*

I·so·la·tor *der*; *-s, I·so·la·to·ren*; *Phys, Chem*; **1** e-e Substanz, die isoliert (4) **2** ein Gegenstand *bes* aus Porzellan, der gegen elektrischen Strom isoliert (4)

i·so·lie·ren; *isolierte, hat isoliert*; [Vt] **1** ***etw. i.*** etw. an seiner äußeren Seite mit e-r Schicht e-s geeigneten Materials bedecken, um es od. seine Umgebung vor elektrischem Strom, Hitze, Kälte, Lärm *o.Ä.* zu schützen ⟨Leitungen, Rohre, Räume, Wände i.⟩ || K-: ***Isolier-, -band, -glas, -material, -schicht*** **2** ***j-n*** (***von j-m*** (*Kollekt od Pl*) / ***etw.***) ***i.*** verhindern, dass j-d Kontakt mit anderen bekommt ⟨e-n Häftling i.; Infizierte, Cholerakranke i.⟩ || K-: ***Isolier-, -station*** **3** ***etw. i.*** *Chem*; e-e Substanz aus e-r Verbindung lösen: *e-n Wirkstoff i.*; [Vi] **4** ***etw. isoliert*** etw. schützt gegen Strom, Hitze, Kälte, Lärm *o.Ä.*: *Gummi isoliert gegen elektrischen Strom*; [Vr] **5** ***sich*** (***von j-m*** (*Kollekt od Pl*) / ***etw.***) ***i.*** Kontakt mit anderen Leuten vermeiden ≈ sich absondern

i·so·liert **1** *Partizip Perfekt*; ↑ ***isolieren*** **2** ***etw. i. betrachten*** etw. nicht im größeren (*z.B.* historischen, politischen, sozialen) Zusammenhang sehen: *E-e Erscheinung wie die Drogensucht von Jugendlichen darf man nicht i. betrachten*

I·so·lie·rung *die*; *-, -en* ≈ Isolation

isst *Präsens, 2. u. 3. Person Sg*; ↑ ***essen***

ist *Präsens, 3. Person Sg*; ↑ ***sein***

Ist *im Subst, betont, begrenzt produktiv*; verwendet, um etw. zu bezeichnen, das tatsächlich (so, in dieser Art) vorhanden ist ↔ Soll; der ***Istbestand*** ⟨an Waren⟩, die ***Istleistung*** ⟨e-r Maschine⟩, die ***Istmenge***, die ***Iststärke*** ⟨der Truppen⟩, der ***Istwert***

-ist *der*; *-en, -en*; *im Subst, sehr produktiv*; **1** verwendet, um e-n Anhänger od. Vertreter e-r Religion, e-r philosophischen od. politischen Überzeugung, e-s Kunststils *o.Ä.* zu bezeichnen; ***Atheist, Buddhist***; ***Pazifist***; ***Faschist, Kommunist, Sozialist***; ***Expressionist, Impressionist*** **2** verwendet, um j-n zu bezeichnen, der ein bestimmtes Musikinstrument (in e-m Orchester) spielt; ***Bassist, Flötist, Gitarrist, Pianist*** **3** verwendet, um j-n zu bezeichnen, der e-e bestimmte berufliche Tätigkeit ausführt; ***Maschinist***; ***Kontorist, Lagerist***; ***Kabarettist, Karikaturist, Komponist, Parodist*** **4** verwendet, um j-n zu bezeichnen, der an etw. teilnimmt od. zu e-r Gruppe von Personen gehört; ***Finalist, Putschist***; ***Infanterist, Reservist, Seminarist*** || NB: Substantive auf *-ist* enden auf *-en* in allen Fällen außer dem Nominativ. Die weibliche Form lautet *-i stin*

-i·tät *die*; *-, -en*; *im Subst, sehr produktiv*; **1** *nur Sg*; die Eigenschaft od. Verhaltensweise, die der vorausgehende Wortteil bezeichnet; ***Frigidität, Intensität, Invalidität, Legalität, Musikalität, Religiosität, Stabilität*** **2** e-e Person od. Sache, auf die die Aussage zutrifft; ***Absurdität, Autorität, Formalität, Normalität, Rarität, Realität, Spezialität***

-i·tis *die*; *-*; *nur Sg*; *im Subst, begrenzt produktiv, Med*; verwendet, um von lateinischen Bezeichnungen für Körperteile *o.Ä.* Krankheitsbezeichnungen abzuleiten; ***Appendizitis, Bronchitis, Dermatitis***

i-Tüp·fel·chen *das*; *-s, -*; *mst in* ***bis aufs i.*** bis ins kleinste Detail: *etw. ist bis aufs i. richtig / vorbereitet*

-iv [-iːf] *im Adj, betont, begrenzt produktiv*; verwendet, um Adjektive zu bilden, die *z.B.* e-e bestimmte Eigenschaft (***aggressiv, depressiv, explosiv, kooperativ, produktiv***), e-n Bezug zu etw. (***qualitativ, quantitativ***) od. e-e bestimmte Beschaffenheit (***attributiv, föderativ***) kennzeichnen

J, j

J, j [jɔt], Ⓐ [jeː] *das*; -, - / *gespr auch -s*; der zehnte Buchstabe des Alphabets ⟨ein großes J; ein kleines j⟩

ja *Partikel*; **1** *mst betont*; verwendet, um *bes* e-e Frage positiv zu beantworten ↔ nein: *„Hast du Lust, mit uns baden zu gehen?" - „Ja, klar / sicher / gern"*; *„Bist du schon lange in Deutschland?" - „Ja, schon seit vier Jahren"*; *„Ich gehe jetzt ins Bett" - „Ja, tu das"*; *Ist das falsch, u. wenn ja, warum?*; *„Willst du noch ein Glas Wein?" - „Ja, bitte!"* **2** *betont u. unbetont*; verwendet, um auszudrücken, dass man zuhört, *z.B.* am Telefon od. wenn j-d relativ lange redet: *„Ja, … ja, ich verstehe, …"* **3** *betont u. unbetont*; verwendet, um e-n Satz einzuleiten od. e-e Pause zu füllen od. um Zeit zum Nachdenken zu gewinnen ≈ tja: *Ja, also, das ist so …*; *Ja, ich weiß nicht…*; *„Was ist denn damals geschehen?" - „Ja, wie war das noch gleich?"* (= Ich muss erst noch kurz nachdenken) **4** *betont*; ***ja?*** verwendet, um auszudrücken, dass man darüber erstaunt ist, was der andere sagt, od. dass man das Gesagte nicht ganz glaubt ≈ wirklich?: *„Ich darf jetzt doch mitfahren!" - „Ja, ehrlich?"*; *„Der Fisch war mindestens zwei Meter lang!" - „Ja?"* **5** *betont*; …, ***ja?*** verwendet am Ende des Satzes, wenn man vom Gesprächspartner Zustimmung erwartet u. man seine Bitte / Aufforderung *usw* freundlicher ausdrücken will: *Du hilfst mir doch, ja?*; *Gib mir mal das Salz, ja?* **6** *unbetont*; verwendet, um dem Gesagten besonderen Nachdruck zu geben ≈ wirklich (3): *Ja, das war e-e herrliche Zeit*; *Ich werde ihn verklagen, ja, das werde ich tun!*; *Da hast du ja e-e schöne Bescherung angerichtet!* (= Das ist wirklich schlimm) **7** *betont u. unbetont*; ***ja (sogar)*** verwendet, um besonders zu betonen, dass der folgende Teil des Satzes ebenfalls richtig ist od. zutrifft: *Mein Mann liebt Fußball über alles, ja er ist (sogar) ganz verrückt danach*; *Wir waren alle schrecklich wütend, ja sogar mein Vater, der sonst immer ganz ruhig bleibt!* **8** *unbetont*; verwendet im Aussagesatz, um e-m Teil e-r Aussage od. e-s Sachverhalts zuzustimmen u. um dazu, oft in Verbindung mit *aber*, e-e Einschränkung zu machen ≈ zwar: *Diese Lösung ist ja momentan ganz gut, aber auf lange Sicht müssen wir uns etwas Neues einfallen lassen*; *Ich kann es ja versuchen (aber ich glaube nicht, dass es funktioniert)* **9** *unbetont*; in Aussagesätzen verwendet, um auszudrücken, dass etw. bekannt ist, um daran zu erinnern od. um auszudrücken, dass man Zustimmung erwartet ≈ doch[3] (1): *Du weißt ja, wie er ist*; *Er ist ja schon seit langem krank*; *Mach dir keine Sorgen, du hast ja noch genug Zeit*; *Ich habe ja gleich gesagt, dass das schief gehen wird!* **10** *unbetont*; verwendet, um Erstaunen darüber auszudrücken, dass etw. der Fall ist: *Du bist ja ganz nass!*; *Da bist du ja schon - du wolltest doch erst später kommen!*; *Ja, kennst du mich denn nicht mehr?* **11** *betont*; verwendet, um e-e Aufforderung zu verstärken u. gleichzeitig e-e Warnung od. Drohung auszusprechen ≈ bloß[4] (4): *Mach das ja nicht noch mal!*; *Dass du nach der Schule ja sofort nach Hause kommst!*; *Zieh dich nach dem Duschen ja warm an!* **12** *betont*; ***auch 'ja*** in Fragen verwendet, auf die man e-e positive Antwort erwartet. Man drückt damit aus, dass einem die Sache wichtig ist: *Wirst du bei der Oma auch ja brav sein?*; *Hast du auch ja alles so gemacht, wie ich es dir gesagt habe?*

Ja *(das)*; -(s), -(s); **1** die Antwort „ja" od. e-e Zustimmung ↔ Nein ⟨mit Ja antworten, stimmen; bei seinem Ja bleiben⟩ **2** ***Ja / ja zu etw. sagen*** sagen, dass man mit etw. einverstanden ist ≈ etw. *(Dat)* zustimmen, etw. befürworten ↔ etw. ablehnen: *Der Stadtrat sagte Ja zu dem Antrag der Bürger, ein Schwimmbad zu bauen* **3** ***nicht Ja / ja u. nicht Nein / nein sagen*** sich nicht entscheiden: *Ich sage dazu nicht Ja u. nicht Nein, ich muss noch einmal darüber nachdenken* || ID ↑ ***Amen***

Jacht *die*; -, *-en*; ein leichtes, schnelles Schiff mit Segeln od. Motor, das man zum Sport od. Vergnügen benutzt || K-: ***Jacht-, -hafen, -klub*** || -K: ***Luxus-, Motor-, Segel-***

Ja·cke *die*; -, *-n*; ein Kleidungsstück für den Oberkörper, das vorne offen ist u. mit Knöpfen *o.Ä.* geschlossen werden kann. Jacken trägt man *z.B.* als Teil e-s Anzugs (≈ Jackett), anstelle e-s Mantels od. über e-r Bluse, e-m Pullover *usw* || ↑ *Abb. unter* ***Bekleidung*** || K-: ***Jacken-, -ärmel, -tasche*** || -K: ***Damen-, Herren-; Leder-, Pelz-, Woll-; Strick-; Anzug-, Kostüm-*** || ID *mst* ***Das ist J. wie Hose*** *gespr hum*; hier gibt es keinen Unterschied ≈ das ist egal

Ja·ckett [ʒa-, ʃa-] *das*; *-s, -s* ≈ Anzugjacke, Sakko || ↑ *Abb. unter* ***Bekleidung***

Jagd *die*; -; *nur Sg*; **1** ***die J.*** **(*auf ein Tier*)** das Jagen (1) von e-m Tier ⟨J. auf ein Tier machen; e-e J. veranstalten; die J. aufnehmen⟩: *Wir haben e-n Leoparden bei der / seiner J. auf Antilopen beobachtet* || K-: ***Jagd-, -beute, -erlaubnis, -gebiet, -gewehr, -hund, -leidenschaft, -revier, -schein, -trophäe*** || -K: ***Bären-, Elefanten-, Enten-, Fuchs-*** *usw* **2** ***die J. auf j-n*** das Jagen od. Verfolgen von j-m: *J. auf Terroristen machen* || -K: ***Hexen-, Menschen-, Verbrecher-*** **3** ***die J. nach etw.*** die Suche nach etw., das Verfolgen e-s Ziels: *die J. nach neuen Ideen, nach dem Glück* **4** ein Gebiet, in dem man jagen (1) kann ⟨e-e J. haben, pachten⟩ || K-: ***Jagd-, -aufseher, -haus, -hütte, -pacht, -schloss*** **5** ***auf die / zur J. gehen*** Tiere jagen (1)

Jagd|flug·zeug *das*; *Mil*; ein schnelles Flugzeug für den Kampf in der Luft

Jagd·grün·de *die*; *Pl*; *mst in* ***in die ewigen J. eingehen*** *gespr hum* ≈ sterben

ja·gen; *jagte, hat / ist gejagt*; [Vt/i] *(hat)* **1** **(*ein Tier*) *j.*** (als Mensch od. Tier) Tiere verfolgen, um sie zu fangen od. zu töten ≈ auf die Jagd nach e-m Tier gehen, Jagd auf ein Tier machen ⟨Elefanten, Enten, Füchse, Hasen, Wildschweine *usw* j.; j. gehen⟩; [Vt] *(hat)* **2** ***j-n j.*** j-n verfolgen, *bes* um ihn gefangen zu nehmen ≈ auf j-n Jagd machen ⟨Bankräuber, Terroristen, Verbrecher *usw* j.⟩ **3** *mst* ***von etw. gejagt werden*** ⟨von Ängsten, Albträumen, Gewissensbissen *o.Ä.*⟩ gequält werden **4** ***j-n / ein Tier irgendwohin j.*** *gespr*; j-m / e-m Tier Angst machen *o.Ä.*, damit er / es irgendwohin geht ≈ vertreiben, verscheuchen: *Sie jagte die Kinder in den Garten, weil sie in der Wohnung zu viel Krach machten* **5** ***j-m /***

sich etw. irgendwohin j. *gespr*; j-m / sich selbst etw. mit großer Wucht in den Körper stoßen od. schießen: *Der Arzt jagte dem Patienten e-e Spritze in den Arm*; *Der Mörder jagte seinem Opfer eine Kugel in die Brust* **6** ⟨ein Ereignis / ein Termin⟩ ***jagt das andere / den anderen*** mehrere Ereignisse / Termine folgen schnell aufeinander; Vi *(ist)* **7** ***irgendwohin j.*** schnell irgendwohin fahren od. rennen ≈ rasen, toben: *mit 80 Stundenkilometern durch die Innenstadt j.* || ID *mst* ***Damit kannst du mich j.!*** verwendet, um auszudrücken, dass man e-e starke Abneigung gegen die genannte Sache hat

Jä·ger[1] *der*; *-s*, *-*; j-d, der beruflich od. aus Lust Tiere jagt || -K: ***Großwild-, Löwen-***

Jä·ger[2] *der*; *-s*, *-*; *Mil gespr* ≈ Jagdflugzeug || -K: ***Abfang-, Düsen-***

-jä·ger *begrenzt produktiv*; j-d, der alles versucht, um das Genannte zu erreichen od. zu bekommen; ***Autogrammjäger, Kopfgeldjäger, Mitgiftjäger***

Jä·ger·la·tein *das*; etw., das (*bes* von e-m Jäger) erfunden od. stark übertrieben wurde: *Das Ungeheuer von Loch Ness ist doch pures J.*

Ja·gu·ar ['jaːguaːɐ̯] *der*; *-s*, *-e*; e-e große südamerikanische Raubkatze mit schwarzen Kreisen u. Flecken auf dem Fell || ↑ *Abb. unter* ***Raubkatzen***

jäh *Adj*; *mst attr*, *geschr*; **1** plötzlich u. unerwartet (u. *mst* heftig) ⟨e-e Bewegung, ein Schmerz, ein Windstoß; sich jäh umdrehen; jäh aufspringen; ein jähes Ende nehmen; e-n jähen Tod finden⟩ **2** sehr steil ↔ sanft ⟨ein Abgrund, ein Felsvorsprung; etw. fällt jäh ab, steigt jäh an, geht jäh in die Höhe / Tiefe⟩

jäh·lings *Adv*; *veraltend* ≈ plötzlich

Jahr *das*; *-(e)s*, *-e*; **1** die Zeit vom 1. Januar bis 31. Dezember ⟨voriges, letztes, vergangenes J.⟩: *das J. 1987*; *im J. 1839*; *j-m ein glückliches neues J. wünschen*; *Dieses Jahr fehlt uns das Geld, um wegzufahren* || K-: ***Jahres-, -abonnement, -abrechnung, -ablauf, -anfang, -beginn, -beitrag, -bestzeit, -bilanz, -einkommen, -ende, -rückblick, -umsatz, -urlaub, -wechsel*** **2** ein Zeitraum von ungefähr 365 Tagen, den man von e-m beliebigen Zeitpunkt an zählt: *Sie ist 10 Jahre (alt)*; *Heute vor zwei Jahren haben wir uns kennen gelernt* || ID ***in den besten Jahren*** im Alter von 30 bis zu 50 Jahren; ***lange Jahre*** ⟨arbeiten⟩ sehr lange || NB: ↑ ***Schaltjahr***

-jahr *das*; *sehr produktiv*; **1** ein Jahr (1), in dem das, was im ersten Wortteil ausgedrückt wird, geschehen ist / geschieht; ***Baujahr*** ⟨e-s Autos⟩, ***Erscheinungsjahr*** ⟨e-s Buches⟩, ***Geburtsjahr, Sterbejahr, Todesjahr*** ⟨e-r Person⟩, ***Gründungsjahr*** ⟨e-r Firma⟩ **2** ein Jahr (1), in dem e-e berühmte Persönlichkeit besonders geehrt wird; ***Goethejahr, Lutherjahr*** **3** *mst Pl*; Jahre (2), in denen ein bestimmter Zustand herrscht; ***Friedensjahre, Kriegsjahre, Notjahre*** **4** ein Jahr (1), in dem die Bedingungen für das Genannte besonders gut od. schlecht sind; ⟨ein gutes, schlechtes⟩ ***Bienenjahr Obstjahr, Weinjahr*** **5** *mst Pl*; Jahre (2), die als Teil e-r bestimmten Phase des Lebens charakterisiert werden; ***Dienstjahre, Ehejahre, Gesellenjahre, Jugendjahre, Kinderjahre, Lehrjahre, Studienjahre*** **6** ein Jahr (2), das als Einheit der Zeitrechnung für etw. verwendet wird; ***Finanzjahr, Haushaltsjahr, Geschäftsjahr, Kalenderjahr, Kirchenjahr, Schuljahr, Studienjahr***

jahr·aus *Adv*; *nur in* ***j., jahrein / jahrein, j.*** über e-n langen Zeitraum hin regelmäßig (geschehend): *J., jahrein nur kochen u. putzen. Ich habs satt!*

Jahr·buch *das*; ein Buch, das einmal im Jahr erscheint u. das über die Ereignisse (*z.B.* in e-m Betrieb, e-r Institution) des vorausgegangenen Jahres informiert

jahr·ein *Adv*; ↑ ***jahraus***

jah·re·lang *Adj*; *ohne Steigerung*, *nur attr od adv*; mehrere od. viele Jahre (dauernd): *Unser jahrelanges Warten hat sich jetzt endlich gelohnt*; *Wir haben j. gespart, um uns ein neues Auto kaufen zu können*

jäh·ren, **sich**; *jährte sich*, *hat sich gejährt*; Vr ***etw. jährt sich*** (***zum*** *Ordinalzahl* + ***Mal***) ein Ereignis hat vor soundso vielen Jahren stattgefunden: *1989 jährte sich die Erfindung der Fotografie zum 150. Mal*

Jah·res·frist *die*; *nur in* ***vor, nach, binnen J.*** *geschr*; vor, nach einem Jahr, innerhalb eines Jahres

Jah·res|haupt·ver·samm·lung *die*; das wichtigste jährliche Treffen von Mitgliedern e-s Vereins *o.Ä.*

Jah·res·kar·te *die*; e-e Fahrkarte od. e-e Eintrittskarte (*z.B.* für den Zoo, das Schwimmbad), die ein Jahr lang u. für beliebig viele Fahrten, Besuche *usw* gültig ist

-jah·res|plan *der*; *wenig produktiv*; ein Plan für die Entwicklung der Wirtschaft e-s Staates od. e-s Unternehmens *o.Ä.* für e-e bestimmte Zahl von Jahren; ***Zweijahresplan, Vierjahresplan, Fünfjahresplan, Zehnjahresplan***

Jah·res·ring *der*; *mst Pl*; einer der Ringe, an denen man sieht, wie alt ein Baum ist, wenn man seinen Stamm durchschneidet (für jedes Jahr ein Ring)

Jah·res·tag *der*; ein Tag, an dem man sich an ein Ereignis erinnert, das genau vor einem od. mehreren Jahren stattgefunden hat: *Der 200. J. der Französischen Revolution wurde groß gefeiert*

Jah·res·wa·gen *der*; ein neues Auto, das j-d billiger vom Hersteller bekommt, weil er dort arbeitet. Ein J. darf erst nach einem Jahr wieder verkauft werden

Jah·res·zahl *die*; die Zahl, die ein bestimmtes Jahr innerhalb e-r Zeitrechnung hat (*bes* wenn es mit e-m wichtigen Ereignis verbunden wird): *Jahreszahlen der Geschichte auswendig lernen*

Jah·res·zeit *die*; einer der vier Teile des Jahres, die sich *bes* durch das Wetter voneinander unterscheiden ⟨die kalte, warme J.⟩: *Die vier Jahreszeiten heißen Frühling, Sommer, Herbst u. Winter* || *hierzu* **jah·res·zeit·lich** *Adj*; *ohne Steigerung*, *nur attr od adv*

-jahr·fei·er *die*; *begrenzt produktiv*; ein Fest, das man feiert, weil etw. seit der genannten Zahl von Jahren besteht; ***Zehnjahrfeier, Hundertjahrfeier, Zweihundertjahrfeier, Tausendjahrfeier, Zweitausendjahrfeier*** *usw* || NB: aber mit Ziffern: ***1000-Jahr-Feier***

Jahr·gang *der*; *Kollekt*; **1** alle Menschen, die im selben Jahr geboren sind: *Der J. 1984 kam 1990 in die Schule* **2** das Jahr, in dem j-d geboren ist: *Wir sind beide J. '50*; *Er ist mein J.* **3** verwendet, um auszudrücken, dass *bes* ein Wein / e-e Zeitschrift *o.Ä.* in e-m bestimmten Jahr produziert wurde / erschienen ist; *Abk* Jg: *die Jahrgänge e-r Zeitschrift*; *Wir nehmen den Beaujolais, J. 1991*

Jahr·gän·ger *der*; *-s*, *-*; (CH) ⟨Personen⟩ ***sind Jahrgänger*** zwei od. mehrere Personen sind im selben Jahr geboren: *Ich glaube, wir sind Jahrgänger*

Jahr·hun·dert *das*; *-s*, *-e*; **1** ein Zeitraum von 100 Jahren (der in e-r bestimmten Zeitrechnung ab e-m bestimmten Jahr gezählt wird); *Abk* Jh.; ⟨das kommende, vergangene J.; im nächsten, vorigen J.⟩: *Das 3. J. vor, nach Christi Geburt* || K-: ***Jahrhundert-, -mitte***; ***jahrhunderte-, -alt, -lang*** **2** ***das J.*** + *Gen* ein J. (1), das durch das Genannte besonders geprägt war od. ist: *das J. der Chirurgie, der Raumfahrt*

Jahr·hun·dert- *im Subst*, *begrenzt produktiv*; verwendet, um etwas ganz Außergewöhnliches zu charakterisieren; das ***Jahrhundertauto***, das ***Jahrhun-***

J

dertereignis, die ***Jahrhunderthochzeit***, das ***Jahrhundertprojekt***, die ***Jahrhundertsensation***, der ***Jahrhundertwein***, das ***Jahrhundertwerk***

Jahr·hun·dert|wen·de *die*; der Übergang von e-m Jahrhundert zum nächsten, *bes* vom 19. zum 20. Jahrhundert: *Dieses Foto stammt noch aus der Zeit um die J.*

-jäh·rig *im Adj, begrenzt produktiv*; **1** *mst attr*; die genannte Zahl von Jahren alt; ***einjährig, zweijährig*** *usw*: *das achtjährige Mädchen*; *ein 200-jähriger Baum* **2** die genannte Zahl von Jahren dauernd; ***einjährig, zweijährig*** *usw*: *e-e dreijährige Ausbildung*; *e-e langjährige Freundschaft*; *Der Zoo ist ganzjährig geöffnet* **3** *nur attr, nicht adv*; verwendet, um ein bestimmtes Jahr zu bezeichnen; *nur* ***diesjährig*** ⟨die Ernte⟩, ***letztjährig*** ⟨der Wein⟩, ***nächstjährig, vorjährig***

jähr·lich *Adj*; *nur attr od adv*; in jedem Jahr, jedes Jahr (wieder) stattfindend, fällig *o.Ä.*: *ein jährliches Einkommen von 35 000 Euro haben*; *Die Weltmeisterschaften finden j. statt*

-jähr·lich *im Adj, begrenzt produktiv*; in Abständen, die jeweils die genannte Zahl von Jahren bzw. den genannten Teil e-s Jahres dauern; ***vierteljährlich, halbjährlich, zweijährlich, dreijährlich*** *usw*

J

Jahr·markt *der*; e-e Art Markt (1) od. Volksfest, bei dem es auch Karussells, Bierzelte, Schießbuden *usw* gibt u. der einmal od. mehrere Male im Jahr stattfindet

Jahr·tau·send *das*; *-s, -e*; ein Zeitraum von tausend Jahren; *Abk* Jt: *Das zweite J. nach Christus neigt sich dem Ende zu* || K-: ***Jahrtausend-, -wende***

Jahr·zehnt *das*; *-s, -e*; ein Zeitraum von zehn Jahren ≈ Dekade

jäh·zor·nig *Adj*; ⟨Menschen⟩ so, dass sie oft plötzlich wütend werden || *hierzu* **Jäh·zorn** *der*

ja·ja *Partikel*; *betont*; *allein od am Satzanfang* **1** verwendet, um j-m zuzustimmen od. um Bedauern auszudrücken. Gleichzeitig signalisiert man damit, dass etw. bekannt ist: *„Früher haben wir hier oft gebadet, aber heute geht das nicht mehr"* - *„J., so ist es"* / *„J., das waren noch Zeiten!"* **2** verwendet, um auszudrücken, dass e-e Aufforderung, Frage *o.Ä.* lästig u. überflüssig ist: *„Die Blumen müssen noch gegossen werden"* - *„J., das mach ich nachher schon noch"*; *„Kommst du auch ganz bestimmt?"* - *„J."*

Ja·lou·sie [ʒalu'ziː] *die*; -, *-n* [-'ziːən]; e-e Art Vorhang innen od. außen vor dem Fenster aus waagerechten kleinen Brettern od. dünnen Streifen aus Plastik, den man herunterlässt, *z.B.* um die Sonne abzuhalten || NB: *Rollläden* sind stabile *Jalousien,* die immer außen vor dem Fenster angebracht u. *bes* nachts geschlossen werden; *Rollos* sind aus einem Stück Stoff || ↑ *Abb. unter* ***Fenster***

Jam·mer *der*; *-s*; *nur Sg*; **1 der J.** (***über etw.*** (*Akk*) / ***um j-n / etw.***) großer Kummer, der sich *mst* in lautem Klagen äußert: *der J. um e-n Verstorbenen*; *Der J. im Dorf war groß, als der Fluss alles überschwemmte* || K-: ***Jammer-, -geschrei*** **2** ein Zustand des Leids ≈ Elend ⟨ein Bild des Jammers bieten⟩ || K-: ***Jammer-, -gestalt*** **3** *mst* ***Es ist ein J., dass ...*** *gespr* ≈ es ist sehr schade / bedauerlich, dass ... || ID ***Es ist ein J. mit j-m / etw.*** *gespr*; es ist sehr schwierig, fast aussichtslos mit j-m / etw.

Jam·mer·lap·pen *der*; *gespr pej*; ein ängstlicher, schwacher Mensch

jäm·mer·lich *Adj*; **1** in e-m Zustand, der Mitleid od. Verachtung hervorruft ≈ kümmerlich: *Nach dem Erdbeben war die Stadt in e-m jämmerlichen Zustand*; *Du bist ein jämmerlicher Verräter!* **2** ⟨Geschrei, Weinen; j. heulen, schreien, weinen⟩ so, dass es großen Kummer ausdrückt ≈ erbärmlich **3** *nur adv*; verwendet, um ein Verb od. Adj., das etw. Negatives ausdrückt, zu verstärken ≈ erbärmlich, furchtbar (2) ⟨j. frieren, weinen⟩ || *zu* **1** u. **2 Jäm·mer·lich·keit** *die*; *nur Sg*

jam·mern; *jammerte, hat gejammert*; [Vi] **1** (***über j-n / etw.***) ***j.*** (*mst* mit vielen Worten u. in klagendem Ton) seine Sorgen und Schmerzen äußern ≈ klagen: *über das ungezogene Verhalten der Kinder j.*; *Er jammert schon wieder* (darüber), dass *er kein Geld hat*; [Vi] **2** ***etw. j.*** e-e Aussage machen, in der man über etw. klagt: *„Ich bin so einsam!"*, *jammerte sie* || *zu* ***Jammerei*** ↑ ***-ei*** || *zu* ***Gejammere*** ↑ ***Ge-***

jam·mer·scha·de *Adj*; *mst in* ***es ist*** (***um j-n / etw.***) ***j.*** *gespr*; verwendet, um sein großes Bedauern über e-e nicht genutzte Möglichkeit, e-e vergebliche Mühe, e-n vermeidbaren Schaden *usw* auszudrücken ≈ es ist sehr schade: *Es ist j. um ihre herrliche Stimme*; *Es ist j.*, dass *sie nicht Sängerin geworden ist*; *Das ist j.*

Jan·ker *der*; *-s, -*; *südd* Ⓐ e-e dicke Jacke, die *mst* zur traditionellen Kleidung e-r Gegend gehört

Jän·ner *der*; *-s, -*; *mst Sg*, Ⓐ ≈ Januar

Ja·nu·ar *der*; *-s, -e*; *mst Sg*; der erste Monat des Jahres; *Abk* Jan. ⟨im J.; Anfang, Mitte, Ende J.; am 1., 2., 3. J.⟩

jap·sen; *japste, hat gejapst*; [Vi] *gespr*; nach e-r großen Anstrengung schnell u. laut atmen ≈ keuchen: *Er war in den zehnten Stock gerannt u. stand nun* (*nach Luft*) *japsend vor der Tür*

Jar·gon [ʒar'gõː] *der*; *-s, -s*; e-e Form der Sprache mit besonderen Ausdrücken, die innerhalb e-r Gruppe von Menschen mit derselben sozialen Stellung, demselben Beruf od. Hobby gesprochen wird || -K: ***Fußball-, Insider-, Künstler-, Polizei-, Schüler-, Studenten-, Theater-, Zeitungs-***

Ja·sa·ger *der*; *-s, -*; *pej*; j-d, der mit der Meinung od. den Plänen anderer Menschen immer einverstanden ist || *hierzu* **Ja·sa·ge·rin** *die*; -, *-nen*

Jas·min *der*; *-s, -e*; ein Strauch mit intensiv duftenden, gelben od. weißen Blüten || K-: ***Jasmin-, -öl, -tee***

Ja·stim·me *die*; die Entscheidung für j-n / etw., die j-d bei e-r Wahl od. Abstimmung trifft: *Der Antrag wurde mit zwanzig Jastimmen bei zwei Neinstimmen u. einer Enthaltung angenommen*

jä·ten; *jätete, hat gejätet*; [Vt/i] **1** (***etw.***) ***j.*** *mst* kleine Pflanzen, die als störend empfunden werden, aus der Erde ziehen od. mit e-m Gerät entfernen ⟨Unkraut j.⟩ **2** (***etw.***) ***j.*** etw. manuell von Unkraut befreien ⟨ein Beet j.⟩

Jau·che *die*; -; *nur Sg*; ein Gemisch aus Urin u. Kot von Tieren, das man in Gruben sammelt u. als Dünger auf die Felder spritzt ≈ Gülle ⟨J. auf dem Feld ausbringen⟩ || K-: ***Jauche(n)-, -grube***

jauch·zen; *jauchzte, hat gejauchzt*; [Vi] *geschr*; mit lauter (hoher) Stimme jubeln ⟨vor Freude j.⟩

jau·len; *jaulte, hat gejault*; [Vi] lange, laute Töne von sich geben, die traurig klingen ⟨Hunde⟩ || NB: Hunde *jaulen*, Wölfe *heulen*

Jau·se *die*; -, *-n*; Ⓐ ≈ Imbiss, Snack || K-: ***Jausen-, -brot, -zeit*** || -K: ***Kaffee-*** || *hierzu* **jau·sen** (*hat*) *Vi*

ja·wohl *Partikel*; *betont*; **1** verwendet, um seine Zustimmung energisch auszudrücken ≈ ja (1) **2** verwendet, um auszudrücken, dass man e-n Befehl befolgen wird

ja·woll *Partikel*; *betont, gespr* ≈ jawohl

Ja·wort *das*; *mst in* ***j-m das / sein J. geben*** *geschr*; j-n heiraten

Jazz [dʒɛs] *der*; -; *nur Sg*; e-e Art der modernen Musik, die aus der Musik der schwarzen Bevölkerung Nordamerikas entstanden ist. Beim J. wird der Rhythmus stark betont u. oft frei improvisiert || K-: ***Jazz-, -band, -fan, -festival, -gitarrist, -musik, -sänger, -trompeter***

jaz·zen [ˈdʒɛsn̩]; *jazzte, hat gejazzt*; Vi Jazzmusik spielen

je[1] *Adv*; **1** zu irgendeinem Zeitpunkt in der Vergangenheit od. Zukunft ≈ jemals: *mehr / weniger denn je; glücklicher, schlimmer denn / als je (zuvor); Das ist das Schönste, was ich je gehört habe; Wirst du dich je ändern?* **2** verwendet, um die Zahl von Personen / Sachen zu nennen, die auf jede Person / Sache kommt ≈ jeweils: *Gruppen von / zu je fünf (Personen) bilden; Die Prüflinge bekommen je drei Fragen gestellt* **3** ***je nach etw.*** verwendet, um die Bedingung zu nennen, von der e-e Auswahl od. Entscheidung abhängt: *Je nach Saison gibt es Erdbeer-, Kirsch- oder Zwetschgenkuchen; Zum Essen trinkt er Bier od. Wein, je nach Laune*

je[2] *Konjunktion*; **1** ***je*** *+ Komparativ* … ***desto / umso*** *+ Komparativ* verwendet, um auszudrücken, dass etw. in Abhängigkeit von etw. anderem größer od. kleiner, intensiver od. weniger intensiv *usw* wird: *Je älter man wird, desto erfahrener wird man; Je mehr er aß, umso dicker wurde er; Er lernte das fremde Land umso besser kennen, je mehr er dort herumreiste* **2** ***je nachdem*** + ***ob / wie / wie viel*** *o.Ä.* verwendet, um die Bedingung zu nennen, von der e-e Entscheidung abhängt: *Er kommt um zehn od. elf Uhr, je nachdem ob er den früheren Zug erreicht od. nicht*

je[3] *Interjektion*; *gespr*; *nur in* ***ach / o je!*** verwendet, um Bedauern od. Erschrecken auszudrücken: *Ach je, jetzt komme ich zu spät!; O je, das Radio ist kaputt!*

Jeans [dʒiːnz] *die*; -, -; e-e *mst* blaue Hose aus festem Baumwollstoff ≈ Bluejeans ⟨e-e J. / ein Paar J. tragen⟩

Jeans- [dʒiːns-] *im Subst, begrenzt produktiv*; aus dem (blauen) Stoff, aus dem Jeans sind; der ***Jeansanzug***, das ***Jeanshemd***, die ***Jeansjacke***, der ***Jeansrock***, der ***Jeansstoff***

je·de ↑ ***jeder***

je·den·falls *Partikel*; *unbetont*; **1** verwendet, um auszudrücken, dass etw. unabhängig von den Bedingungen geschieht, getan wird od. so (u. nicht anders) ist ≈ auf jeden Fall, so oder so: *Meinst du, es wird regnen? Ich nehme j. e-n Schirm mit; Ich weiß nicht warum, aber j. hat sie ihn verlassen* **2** verwendet, um e-e Aussage einzuschränken (sodass sie nur für e-e bestimmte Person od. unter e-r bestimmten Bedingung gültig ist) ≈ zumindest, wenigstens: *Wir hatten tolles Wetter im Urlaub, j. in der ersten Woche*

je·der, *jede, jedes*; *Indefinitpronomen*; verwendet, um die einzelnen Mitglieder od. Teilnehmer e-r Gruppe od. Menge hervorzuheben od. um sich auf sie zu beziehen ↔ keine(r / s): *von jedem der Getränke e-n Schluck probieren; Ich lese jedes Buch, das sie schreibt; Jeder in meiner Klasse, der genügend Geld hat, kauft sich ein Motorrad* || NB: **a)** *jeder* verwendet man wie ein attributives Adj. (*jeden Tag*) od. wie ein Subst. (*Das kann jeder sagen!*); **b)** *jeder* betont die einzelne Person / Sache, *alle* betont die Gesamtheit der Personen / Sachen; ↑ *Tabelle unter* ***dieser***; **c)** ↑ ***Mal***

je·der·lei *Indefinitpronomen;indeklinabel*; jede Art von: *Sie liebt j. Schmuck* || NB: nur verwendet mit Plural, Kollektivbegriffen od. Stoffbezeichnungen

je·der·mann *Indefinitpronomen*; **1** ***etw. ist nicht jedermanns Sache / Geschmack*** *gespr*; nicht alle Menschen finden die genannte Sache gut od. angenehm: *Früh aufstehen ist nicht jedermanns Sache* **2** *veraltend* ≈ jeder ↔ niemand: *wie j. weiß* || NB: *jedermann* wird wie ein Substantiv verwendet

je·der·zeit *Adv*; **1** zu jeder beliebigen Zeit ≈ immer: *Sie können sich j. an mich wenden* **2** verwendet, um auszudrücken, dass man mit etw. rechnen muss, dass etw. sehr bald geschehen kann ≈ jeden Augenblick: *Die Lawine kann j. abgehen*

je·des ↑ ***jeder***

je·doch[1] *Adv*; verwendet, um e-n Gegensatz auszudrücken ≈ aber, doch: *Wie es weitergeht, weiß niemand genau, es gilt j. als sicher, dass der Minister zurücktreten wird*

je·doch[2] *Konjunktion*; *geschr*; verwendet, um e-n Teilsatz einzuleiten, in dem ein Gegensatz od. Widerspruch zum vorher Gesagten ausgedrückt wird ≈ aber, doch: *Die Polizei suchte ihn überall, fand ihn j. nicht / j. sie fand ihn nicht*

jed·we·der, *jedwede, jedwedes*; *Indefinitpronomen*; *veraltend* ≈ jeder || NB: ↑ *Tabelle unter* ***dieser***

Jeep® [dʒiːp] *der*; *-s, -s*; ein sehr stabiles, *mst* offenes Auto, mit dem man *z.B.* auch durch Sand u. Gras fahren kann ≈ Geländewagen

jeg·li·cher, *jegliche, jegliches*; *Indefinitpronomen*; *bes* mit abstrakten Begriffen verwendet als Verstärkung von *jede(r / s)*: *Nach seinem schweren Unfall war ihm jegliche Freude am Motorradfahren vergangen; Ihm fehlt jeglicher Ehrgeiz* || NB: ↑ *Tabelle unter* ***dieser***

je·her [ˈjeːheːɐ̯] *nur in* ***seit / von j.*** seit man sich erinnern kann ≈ schon immer: *Wir kennen uns schon seit j.*

je·mals *Adv*; zu irgendeinem Zeitpunkt in der Vergangenheit od. Zukunft ≈ je[1] (1): *Wirst du das j. lernen?; Hast du schon j. so etwas Schönes gesehen?*

je·mand *Indefinitpronomen*; verwendet, um e-e nicht näher genannte Person zu bezeichnen ↔ niemand: *J. muss doch wissen, wo Karin ist; Heute habe ich jemanden getroffen, den ich seit zehn Jahren nicht mehr gesehen habe; Wenn du den Rasen nicht mähen willst, dann muss das eben j. anders machen* || NB: **a)** In der gesprochenen Sprache nimmt man oft *jemand* anstelle von *jemanden, jemandem, jemand(e)s*: *Ich habe jemand getroffen*; **b)** *jemand* wird wie ein Subst. verwendet

je·ne ↑ ***jener***

je·ner, *jene, jenes*; *Demonstrativpronomen*; **1** verwendet, um auf e-e Person od. Sache hinzuweisen, die bereits erwähnt worden ist: *Es war der 23. Dezember. An jenem Abend beschlossen sie zu heiraten* **2** verwendet, um auf e-e Person od. Sache hinzuweisen, die vom Standpunkt des Sprechers, Erzählers od. Subjekts weiter entfernt ist ↔ dieser, diese, dieses: *Jenes Bild, das Sie dort sehen, ist über 400 Jahre alt* || NB: *bes* in der gesprochenen Sprache wird *mst dieser* od. *der / die / das … da* anstelle von *jener usw* verwendet: *Der Mann da / Dieser Mann* … **3** verwendet, um auf e-e Person od. Sache hinzuweisen, die als bekannt vorausgesetzt wird: *Was ich nicht aushalten kann, ist jene Arroganz, die ihn so kennzeichnet* **4** verwendet wie ein Subst., um sich auf die zweite von zwei vorher erwähnten Personen zu beziehen: *Frau Günther u. Frau Bauer waren auch da. Jene* (=Frau Bauer) *ist Chefredakteurin bei e-r Zeitschrift* || NB: ↑ *Tabelle unter* ***dieser***

je·nes ↑ ***jener***

jen·seits *Präp*; *mit Gen*; **1** auf derjenigen Seite der genannten Sache, die vom Standpunkt des Sprechers, des Erzählers (od. des Subjekts) weiter entfernt ist ↔ diesseits ⟨j. des Flusses; j. des Gebirges; j. der Grenze⟩: *Wir befinden uns hier in Kufstein. J. der Alpen liegt die Po-Ebene* **2** die Grenzen von etw. überschreitend ≈ außerhalb: *j. des Gesetzes* || ID *mst* ***j-d ist j. von Gut u. Böse*** *hum*; j-d ist geistig od. körperlich zu schwach, um etw. zu tun, das moralisch nicht richtig ist || NB: auch adverbiell verwendet mit *von*: *j. von Afrika*

Je̲n·seits *das*; -; *nur Sg*; **1** (*bes* nach dem Glauben der Christen) der Bereich, der außerhalb dieser Welt liegt u. in den man kommt, wenn man stirbt ↔ Diesseits **2** ***j-n ins J. befördern*** *gespr*; j-n töten

Jet [dʒɛt] *der*; -(*s*), -*s*; ein *mst* sehr schnelles Düsenflugzeug

Jet·lag ['dʒɛtlɛg] *der*; -*s*, -*s*; übermäßige Müdigkeit u. andere Beschwerden, nachdem man weite Strecken in westliche od. östliche Richtung geflogen ist

Jet·set ['dʒɛtsɛt] *der*; -*s*; *nur Sg*, *Kollekt*; die reichen Leute, die von einem exklusiven Ort zum anderen fliegen, um sich dort zu amüsieren ⟨zum J. gehören⟩

jet·ten ['dʒɛtn̩]; *jettete, ist gejettet*; [Vi] ***irgendwohin j.*** *gespr*; mit e-m Flugzeug (sehr schnell) an e-n Ort fliegen: *nach Paris j., um Kleider zu kaufen*

jẹt·zi·g- *Adj*; *nur attr, nicht adv*; jetzt (gerade) existierend, bestehend *o.Ä.* ≈ momentan, gegenwärtig: *ihr jetziger Freund*

jẹtzt[1] *Adv*; **1** genau zu dem Zeitpunkt, zu dem man spricht ≈ in diesem Augenblick, in diesem Moment: *Ich habe j. leider keine Zeit für dich. Komm bitte später wieder*; *Heute früh hat es geregnet, aber j. kommt die Sonne wieder heraus* **2** im Zeitraum der Gegenwart ≈ heutzutage, zurzeit ↔ früher, in der Zukunft: *Viele Leute gehen j. joggen, um etwas für ihre Gesundheit zu tun* **3** verwendet, um e-n Zeitpunkt der Vergangenheit zu bezeichnen: *Sie hatte j. alles, was sie wollte* **4** ≈ inzwischen, mittlerweile: *Nach der Hitzewelle ist es j. wieder kühler geworden* **5** ≈ nun, bald, demnächst: *Ich bin fertig, wir können j. gehen*; *Sie wird j. heiraten*

jẹtzt[2] *Partikel*; *betont u. unbetont, gespr*; verwendet *bes* in Fragesätzen, um Verärgerung, Ungeduld od. Verwunderung auszudrücken: *Hast du das j. noch immer nicht verstanden?*; *J. habe ich schon wieder vergessen, sie anzurufen!*; *Was ist denn j. schon wieder los?*

Jẹtzt *das*; -; *nur Sg*, *geschr*; die heutige Zeit ≈ Gegenwart ⟨das Einst u. das J.; ganz im Hier u. J. leben⟩

je̲·wei·li·g- *Adj*; *nur attr, ohne Steigerung, nicht adv*; in e-r bestimmten Situation gerade vorhanden: *sich den jeweiligen Umständen anpassen*

je̲·weils *Adv*; **1** ≈ je[1] (2): *Für die Testfragen gibt es j. maximal vier Punkte* **2** jedes Mal, immer: *Die Miete ist j. am Monatsersten zu zahlen*

Jh. *Abk*; ↑ ***Jahrhundert***

jịd·disch *Adj*; **1** zu der Sprache gehörig, die früher viele Juden *bes* in (Ost)Europa sprachen ⟨die Sprache; ein Ausdruck, ein Wort⟩ ‖ NB: die Sprache, die in Israel gesprochen wird, heißt *Hebräisch* **2** in jiddischer (1) Sprache ⟨ein Lied⟩ ‖ *zu* **1 Jịd·disch** (*das*); -(*s*); *nur Sg*; **Jịd·di·sche** *das*; -*n*; *nur Sg*

Job [dʒɔp] *der*; -*s*, -*s*; *gespr*; **1** e-e Arbeit, mit der man für relativ kurze Zeit Geld verdient: *sich in den Ferien e-n Job suchen*; *Im Sommer hat er e-n Job als Kellner* ‖ K-: ***Job-, -vermittlung*** ‖ -K: ***Aushilfs-, Ferien-*** **2** ≈ Arbeitsstelle ⟨seinen Job verlieren; e-n neuen Job suchen⟩ **3** ≈ Beruf: *In meinem Job muss man hart arbeiten*

jọb·ben ['dʒɔbn̩]; *jobbte, hat gejobbt*; [Vi] *gespr*; durch e-n Job (1) Geld verdienen ⟨j. gehen⟩: *In den Ferien jobbt er als Briefträger*

Jọb·sha·ring ['dʒɔbʃɛːrɪŋ] *das*; -(*s*); *nur Sg*; e-e Regelung, bei der sich *mst* zwei Personen e-n Arbeitsplatz teilen, der sonst von einer Person besetzt wäre

Jọch *das*; -(*e*)*s*, -*e*; **1** e-e Vorrichtung, die man *bes* Ochsen auf den Nacken legt, wenn sie etw. ziehen müssen **2** *nur Sg*, *geschr*; ein Zustand, den man als Belastung od. Qual empfindet ⟨das J. der Sklaverei, der Fremdherrschaft, der Ehe abschütteln; sich aus dem / vom J. der Tyrannei befreien⟩

Jọch·bein *das*; *Med*; der Knochen, der den Oberkiefer mit der Schläfe verbindet

Jọ·ckei *der*; ↑ ***Jockey***

Jo·ckey ['dʒɔke, 'dʒɔki] *der*; -*s*, -*s*; j-d, der (*mst* beruflich) bei Pferderennen reitet

Jo̲d *das*; -(*e*)*s*; *nur Sg*; ein chemisches Element, das man *bes* verwendet, um Wunden zu desinfizieren od. die Schilddrüse zu behandeln; *Chem* J ‖ K-: ***Jod-, -dampf, -präparat, -tinktur*** ‖ *hierzu* **jo̲d·hal·tig** *Adj*; *nicht adv*

jo̲·deln; *jodelte, hat gejodelt*; [Vi] in schnellem Wechsel von sehr hohen u. tiefen Tönen einzelne Silben singen (wie es *bes* in den Alpen typisch ist)

Jo̲d·ler *der*; -*s*, -; **1** ein Lied, in dem gejodelt wird **2** j-d, der jodelt ‖ *zu* **2 Jo̲d·le·rin** *die*; -, -*nen*

Jo̲·ga *das / der*; -(*s*); *nur Sg*; **1** e-e indische Philosophie, die lehrt, wie man durch Meditation, körperliche Übungen, enthaltsames Leben *usw* die Bedürfnisse des Körpers u. Zwänge der Psyche überwinden kann ⟨ein Anhänger des J.⟩ **2** die Übungen des J. (1), mit denen man lernt, sich zu konzentrieren u. zu entspannen ⟨J. betreiben⟩ ‖ K-: ***Joga-, -übung***

jog·gen ['dʒɔgn̩]; *joggte, hat / ist gejoggt*; [Vi] (um fit zu bleiben) in e-m relativ langsamen, aber gleichmäßigen Tempo ziemlich lange Strecken laufen ≈ e-n Dauerlauf machen ‖ *hierzu* **Jọg·ger** *der*; -*s*, -; **Jọg·ge·rin** *die*; -, -*nen*

Jog·ging ['dʒɔgɪŋ] *das*; -*s*; *nur Sg*; die Tätigkeit od. der Sport des Joggens ‖ K-: ***Jogging-, -hose, -schuhe***

Jọg·ging·an·zug *der*; Hose u. Jacke aus leichtem, weichem Stoff, die man *bes* zum Sport anzieht ‖ ↑ *Abb. unter* ***Bekleidung***

Jo̲·gi *der*; -*s*, -*s*; ein Anhänger des Joga (1)

Jo·ghurt, Jo·gurt ['joːgʊrt] *der, bes* Ⓐ *das*; -(*s*), -*s*; ein Produkt aus Milch, das durch Bakterien leicht sauer u. dick geworden ist u. das man oft mit Früchten isst ‖ K-: ***Joghurt-, -becher*** ‖ -K: ***Frucht-, Erdbeer-, Kirsch-*** *usw* ‖ *zu* ***Joghurtbecher*** ↑ *Abb. unter* ***Becher***

Jo·hạn·nis·bee·re *die*; **1** ein Strauch, an dem rote, weiße od. schwarze Beeren in kleinen Trauben (2) wachsen u. den man *mst* in Gärten findet ‖ K-: ***Johannisbeer-, -strauch*** **2** *mst Pl*; die Beeren dieses Strauchs ‖ K-: ***Johannisbeer-, -marmelade, -saft***

Johannisbeere

jo̲h·len; *johlte, hat gejohlt*; [Vi] (***etw.***) ***j.*** mit lauter u. unangenehmer Stimme schreien: *Nach dem Sieg ihrer Mannschaft zogen die Fans johlend davon*

Joint [dʒɔɪnt] *der*; -*s*, -*s*; *gespr*; e-e Zigarette, die Haschisch od. Marihuana enthält ⟨sich e-n J. drehen; e-n J. rauchen⟩

Jo·ker ['joːkɐ, 'dʒoːkɐ] *der*; -*s*, -; **1** e-e (zusätzliche) Spielkarte ohne bestimmten Wert, mit der man andere Karten ersetzen kann **2** e-e Person od. Sache, von der man noch nicht weiß, wie man sie einsetzen wird, die man aber für sehr wertvoll für ein Unternehmen od. Projekt hält: *Der Rechtsanwalt hob seinen J. bis zum letzten Verhandlungstag auf*

Jọl·le *die*; -, -*n*; **1** ein Ruderboot, das große Schiffe (als Beiboot) auf ihren Fahrten dabeihaben **2** ein kleines offenes Segelboot ‖ -K: ***Segel-***

Jong·leur [ʒɔŋ'(g)løːɐ̯] *der*; -*s*, -*e*; j-d, der gut jonglieren (1) kann u. seine Kunst *mst* in e-m Zirkus *o.Ä.* zeigt

jong·lie·ren [ʒɔŋ'(g)liːrən]; *jonglierte, hat jongliert*; [Vi] **1** (**mit etw.**) **j.** mehrere Gegenstände schnell hintereinander in die Luft werfen und wieder auffangen ⟨mit Bällen, Keulen, Reifen j.⟩ **2 mit etw. j.** mit Worten od. Zahlen sehr geschickt umgehen ⟨mit Worten, Ausdrücken, Begriffen, Zahlen j.⟩; [Vt] **3 etw. j.** etw. sehr geschickt im Gleichgewicht halten: *Der Seehund jongliert den Ball auf der Nasenspitze*

Jọp·pe *die*; -, *-n*; e-e dicke, bequeme Jacke für Männer (aus Loden), die kürzer ist als ein Mantel

Jọr·dan *der*; *-s*; *nur Sg*; ein Fluss in Israel u. Jordanien || ID **über den J. gehen / sein** *euph*; sterben / tot sein

Jo̱·ta *das*; *mst in* (**um**) **kein / nicht** (**um**) **ein J.** *geschr*; überhaupt nicht: *nicht um ein J. abweichen*

Joule [dʒuːl] *das*; -(*s*), -; *Phys*; die offizielle Maßeinheit für Energie; *Abk* J || -K: **Kilo-** || NB: *bes* in der gesprochenen Sprache wird die ältere Bezeichnung *Kalorie* für den Energiewert von Lebensmitteln verwendet: *Nüsse enthalten viele Kalorien*

Jour·na̱l [ʒʊr-] *das*; *-s*, *-e*; **1** e-e Zeitschrift mit Bildern, die der Unterhaltung u. Information dient ≈ Illustrierte || -K: **Kultur-, Mode- 2** e-e Radio- od. Fernsehsendung mit ausführlichen Berichten zu verschiedenen Themen ≈ Magazin[1] (2)

Jour·na·lị̱s·mus [ʒʊr-] *der*; -; *nur Sg*; **1** die Tätigkeit von Journalisten **2** die Art, wie Journalisten berichten, schreiben ⟨billiger J.⟩ || -K: **Sensations-**

Jour·na·lị̱st [ʒʊr-] *der*; *-en*, *-en*; j-d, der Berichte *usw* für Zeitungen, Fernsehen od. Rundfunk macht: *Als Star wird er ständig von Journalisten verfolgt* || -K: **Fernseh-, Rundfunk-, Sport-, Wirtschafts-** || NB: *der Journalist*; *den, dem, des Journalisten* || *hierzu* **Jour·na·lis·tin** *die*; -, *-nen*

Jour·na·lị̱s·tik [ʒʊr-] *die*; -; *nur Sg*; die Wissenschaft, die sich mit der Vermittlung von Meinungen, Nachrichten *usw* in den Medien beschäftigt

jour·na·lị̱s·tisch [ʒʊr-] *Adj*; in Bezug auf die Arbeit von Journalisten, typisch für Journalisten ⟨e-e Tätigkeit, Fertigkeiten, ein Stil⟩

jo·vi·a̱l [-v-] *Adj*; (in Bezug auf e-n Mann, der in e-r Hierarchie höher steht) freundlich u. großzügig ⟨ein Chef, ein Vorgesetzter⟩: *j-m j. auf die Schulter klopfen*; *j-m gegenüber j. sein*

Joy·stick ['dʒɔɪstɪk] *der*; *-s*, *-s*; *EDV*; ein Zusatzgerät für Computer zur Steuerung bei Computerspielen

JU [jɔt'uː] *die*; -; *nur Sg*, Ⓓ *Abk für* Junge Union || ↑ **Union** (3)

Ju̱·bel *der*; *-s*; *nur Sg*; große Freude, *bes* wenn sie von vielen Menschen lebhaft gezeigt wird ⟨in J. ausbrechen⟩: *Die Sieger wurden mit großem J. empfangen* || K-: **Jubel-, -ruf, -schrei** || ID ⟨es herrscht / ist / gibt⟩ **J., Trubel, Heiterkeit** (es herrscht) e-e laute u. fröhliche Stimmung

Ju̱·bel·fest *das*; *hum od veraltet* ≈ Jubiläum(sfeier), Geburtstag(sfeier)

Ju̱·bel·jahr *das*; *mst in* **alle Jubeljahre** (**einmal**) *gespr hum*; sehr selten

ju̱·beln; *jubelte, hat gejubelt*; [Vi] **1** (**über etw.** (*Akk*)) **j.** seine Freude über etw. laut u. lebhaft zeigen: *Der Torschütze jubelte über seinen Treffer*; [Vt] **2 etw. j.** e-e Aussage machen, die seine Freude über etw. lebhaft zeigt: *„Wir haben gewonnen!", jubelte sie*

Ju·bi·la̱r *der*; *-s*, *-e*; j-d, der ein Jubiläum hat: *unser J., der heute seinen achtzigsten Geburtstag feiert* || *hierzu* **Ju·bi·la̱·rin** *die*; -, *-nen*

Ju·bi·lä̱·um *das*; *-s*, *Ju·bi·lä̱·en*; ein Tag, an dem man ein Ereignis feiert, das genau vor e-r bestimmten Zahl von Jahren stattgefunden hat ⟨ein J. begehen / feiern, haben⟩ ≈ Jahrestag: *zum fünfzigjährigen J. e-r Firma gratulieren*; *ein J. zum hundertjährigen Bestehen e-s Vereins* || K-: **Jubiläums-, -feier, -tag** || -K: **Betriebs-, Dienst-, Geschäfts-** || NB: nicht für Geburtstage u. Hochzeitstage verwendet

ju·bi·li̱e·ren; *jubilierte, hat jubiliert*; [Vi] **1 über etw.** (*Akk*) **j.** (oft aus Freude über den Schaden von j-d anderem) jubeln: *Sie jubilierte über die Niederlage ihrer Gegnerin* **2** ⟨Engel, Vögel⟩ **jubilieren** Engel od. Vögel singen hell u. fröhlich

juch·he̱! *Interjektion*; verwendet, um große Freude auszudrücken ≈ juhu!

jụ·cken; *juckte, hat gejuckt*; [Vt/i] **1 etw. juckt** (**j-n**) von e-r Stelle der Haut geht ein unangenehmes Gefühl aus, auf das man mit Kratzen reagiert: *Die Mückenstiche juckten ihn*; *Mein Fuß juckt* || K-: **Juck-, -reiz 2 etw. juckt** (**j-n**) etw. verursacht bei j-m dieses unangenehme Gefühl ⟨e-e Narbe, ein Pullover, ein Schal, ein Stich⟩ || K-: **Juck-, -pulver**; [Vt] **3 etw. juckt j-n nicht** *gespr*; etw. bewirkt bei j-m kein Interesse, keine Sorge *o.Ä.* ≈ etw. kümmert j-n nicht, ist j-m egal: *Es juckt mich nicht*, dass *du mich nicht magst*; [Vr] **4 sich** (**irgendwo**) **j.** *gespr* ≈ sich kratzen; [Vimp] **5 j-n juckt es an etw.** (*Dat*) **/ irgendwo** etw. juckt (1) j-n: *Es juckt sie am Kopf, unter den Achseln* **6 es juckt j-n + zu** + *Infinitiv gespr*; etw. ist so interessant, dass es j-d gern tun würde ≈ etw. reizt j-n: *Es juckt mich schon lange, Surfen zu lernen*

Ju̱·das *der*; -, *-se*; *pej*; j-d, der e-n Verrat begeht || K-: **Judas-, -lohn**

Ju̱·de *der*; *-n*, *-n*; j-d, der zu der Religion gehört, die das Alte Testament der Bibel als wichtigste Grundlage hat: *Viele Juden leben heute in Israel* || K-: **Juden-, -viertel** || NB: **a**) Die Juden, die in Israel leben, werden als *Israelis* bezeichnet; **b**) *der Jude*; *den, dem, des Juden* || *hierzu* **Jü̱·din** *die*; -, *-nen*; **jü̱·disch** *Adj*

Ju̱·den·stern *der*; *hist*; ein Stern aus gelbem Stoff, den Juden im Nationalsozialismus auf der Kleidung tragen mussten

Ju̱·den·tum *das*; *-s*; *nur Sg*; **1** *Kollekt*; alle Juden **2** die Religion u. Kultur der Juden ⟨sich zum J. bekennen⟩

Ju̱·den·ver·fol·gung *die*; Handlungen gegen die Rechte, den Besitz u. das Leben der Juden (*mst* aus rassistischen Gründen), *bes* während der Zeit des Nationalsozialismus in Deutschland

Ju·di·ka·ti̱·ve *die*; -, *-n*; *mst Sg*, *Kollekt*, *Pol*; die Institutionen in e-m Staat, die für die Rechtsprechung zuständig sind ↔ Exekutive, Legislative

Ju·do ['juːdo] *das*; -(*s*); *nur Sg*; ein Sport, bei dem man versucht, den Gegner mit besonderen Griffen abzuwehren u. ihn zu Boden zu werfen || K-: **Judo-, -anzug**; **-griff**; **-lehrer**

Ju̱·gend *die*; -; *nur Sg*; **1** die Zeit des Lebens, in der man kein Kind mehr, aber noch kein Erwachsener ist ↔ Kindheit, Erwachsenenalter: *In der / seiner J. war er sehr sportlich* || K-: **Jugend-, -alter, -erinnerungen, -freund, -jahre, -sünde, -traum, -zeit 2** die Eigenschaften, die für diese Zeit typisch sind: *mit der Unbekümmertheit der J.* **3** *Kollekt*; junge Menschen dieses Alters ≈ Jugendliche ⟨die heranwachsende, heutige J.; die J. von heute⟩ || K-: **Jugend-, -alkoholismus, -arbeitslosigkeit, -buch, -film, -gruppe, -kriminalität, -literatur, -mannschaft, -organisation, -sendung, -strafanstalt, -zeitschrift** || -K: **Arbeiter-, Dorf-, Gewerkschafts-, Land-, Schul-, Stadt- 4 die reifere J.** *Kollekt*, *hum / iron*; Menschen, die nicht mehr jung, aber auch noch nicht sehr alt sind

ju̱·gend·frei *Adj*; *nicht adv*; für Jugendliche moralisch vertretbar u. deshalb für sie gesetzlich erlaubt ⟨ein Film⟩: *Pornofilme sind nicht j.*

ju̱·gend·ge·fähr·dend *Adj*; *nicht adv*; für Jugendliche moralisch gefährlich ⟨ein Buch, ein Film, Schriften⟩

Ju·gend·ge·richt *das*; ein Gericht, das mit den Straftaten zu tun hat, die Jugendliche begangen haben

Ju·gend·her·ber·ge *die*; e-e Art einfaches Hotel, in dem *bes* Jugendliche billig übernachten können

Ju·gend·heim *das*; e-e Einrichtung, die der Erziehung, Erholung od. Freizeitgestaltung Jugendlicher dient

ju·gend·lich *Adj*; **1** im Alter von Jugendlichen ⟨ein Publikum, ein Zuschauer⟩ **2** (*bes* in Bezug auf ältere Menschen) von e-r Art, die für junge Menschen typisch ist ⟨Elan, Frische, Leichtsinn, Schwung, Übermut⟩ || *hierzu* **Ju·gend·lich·keit** *die*; *nur Sg*

Ju·gend·li·che *der / die*; *-n, -n*; j-d, der kein Kind mehr, aber noch kein Erwachsener ist ↔ Kind, Erwachsene(r) || NB: *ein Jugendlicher*; *der Jugendliche*; *den, dem, des Jugendlichen*

Ju·gend·lie·be *die*; j-d, den man geliebt hat, als man noch jung war: *seine alte J. wiedersehen*

Ju·gend·meis·ter *der*; *Sport*; j-d, der e-e Meisterschaft von Sportlern im Alter von 14 bis 18 Jahren gewonnen hat || *hierzu* **Ju·gend·meis·ter·schaft** *die*

Ju·gend·schutz *der*; *Kollekt*; die Gesetze *o.Ä.*, die bestimmen, ob, wann od. wie lange Kinder u. Jugendliche arbeiten dürfen, wie sie vor Alkohol, Pornographie *usw* geschützt werden || K-: ***Jugendschutz-, -gesetz***

Ju·gend·spra·che *die*; *mst Sg*; die Variante der Sprache, die Jugendliche (miteinander) sprechen

Ju·gend·stil *der*; *nur Sg*; ein Stil in der (europäischen) Kunst u. im Kunsthandwerk am Ende des 19. u. Anfang des 20. Jahrhunderts || K-: ***Jugendstil-, -bau, -möbel, -vase***

Ju·gend·stra·fe *die*; *Jur*; e-e Gefängnisstrafe, die ein Jugendlicher bekommt

Ju·gend·wei·he *die*; **1** *hist* (*DDR*); e-e Feier, bei der vierzehnjährige Jugendliche in die sozialistische Gemeinschaft der Erwachsenen aufgenommen wurden **2** (*mst* in den neuen Bundesländern) e-e J. (1), die keinen ausgeprägten religiösen od. ideologischen Inhalt (mehr) hat

Ju·gend·zent·rum *das*; ein Gebäude, in dem sich Jugendliche treffen können, um miteinander ihre Freizeit zu gestalten

ju·hu! *Interjektion*; **1** verwendet, um große Freude auszudrücken **2** ['juːˈhuː] verwendet, um j-n, der relativ weit entfernt ist, auf einen selbst aufmerksam zu machen ≈ huhu!

Ju·li *der*; *-(s), -s*; *mst Sg*; der siebente Monat des Jahres; *Abk* Jul. ⟨im J.; Anfang, Mitte, Ende J.; am 1., 2., 3. J.⟩ || NB: *Juli* wird (*bes* am Telefon) [ju'lai] gesprochen, um e-e Verwechslung mit *Juni* zu vermeiden

Jum·bo *der*; *-s, -s*; *Abk* ↑ ***Jumbojet***

Jum·bo·jet ['jʊmbo dʒɛt] *der*; ein sehr großes Passagierflugzeug

jung, *jünger, jüngst-*; *Adj*; **1** (in Bezug auf e-n Menschen, ein Tier od. e-e Pflanze) so, dass sie erst seit relativ kurzer Zeit leben ↔ alt ⟨noch j. an Jahren sein⟩: *Sie ist noch zu j., um tanzen zu gehen*; *Er ist sehr j. gestorben*; *Susi ist meine jüngere Schwester, sie ist drei Jahre jünger als ich*; *In jungen Jahren war er Musiker*; *Junge Hunde nennt man Welpen* || K-: ***Jung-, -akademiker, -bürger, -tier, -vieh, -vogel, -wähler*** **2** (in Bezug auf ein Ding od. e-n Zustand) so, dass sie erst seit relativ kurzer Zeit existieren od. bestehen: *Es ist erst acht Uhr, der Tag ist noch j.*; *Sie sind j. verheiratet - sie haben erst vor zwei Wochen geheiratet* || K-: ***jung verheiratet, vermählt*** **3** so, dass es vor relativ kurzer Zeit war: *Das hat sich in der jüngsten Vergangenheit nicht verändert*; *In jüngster Zeit war sie immer so traurig*; *„Ist das e-e Untersuchung jüngeren Datums?“ - „Ja, sie ist nur zehn Tage alt“* || NB: *mst* im Komparativ od. Superlativ verwendet **4** ⟨Personen⟩ so, dass sie Eigenschaften haben, die für junge (1) Menschen typisch sind: *Ich fühle mich j. u. beschwingt!*; *Sie hat sich ein junges Herz bewahrt* **5** *Zahl* + ***Jahre j. sein*** *oft hum*; (*bes* als Mensch) das genannte Alter haben ≈ alt (3): *Sie ist 46 / 97 Jahre j.* **6** ***Jung u. Alt*** junge u. alte Menschen ≈ alle, jedermann || NB: ↑ ***Gericht***, ↑ ***Tag***

Jun·ge[1] *der*; *-n, -n / bes gespr Jungs*; **1** ein Jugendlicher od. ein Kind männlichen Geschlechts ≈ Knabe ↔ Mädchen || K-: ***Jungen-, -gesicht, -klasse, -schule, -streich*** **2** *Pl Jungs*; (*bes* von Männern) verwendet als Anrede für Freunde od. Kollegen: *Na, (alter / mein) J., wie gehts dir?*; *Machts gut, Jungs!* **3** ***ein schwerer J.*** *gespr*; ein Krimineller **4** ***J., J.!*** *gespr*; verwendet, um Erstaunen u. oft Bewunderung auszudrücken || ID ***j-n wie e-n dummen Jungen behandeln*** j-n nicht ernst nehmen u. entsprechend behandeln || NB: *ein Junge*; *der Junge*; *den, dem, des Jungen* || *hierzu* **jun·gen·haft** *Adj*

Jun·ge[2] *das*; *-n, -n*; ein sehr junges Tier: *Unsere Katze kriegt Junge* || -K: ***Hunde-, Katzen-, Löwen-*** *usw* || NB: *ein Junges*; *das Junge*; *dem, des Jungen*

Jun·ge[3] *der / die*; *-n, -n*; *mst Pl*; ein junger Mensch ↔ Alte(r) || NB: *ein Junger*; *der Junge*; *den, dem, des Jungen*

Jün·ger ['jʏŋɐ] *der*; *-s, -*; **1** *Rel*; einer der zwölf Männer, die Jesus Christus folgten **2** ***ein J.*** + *Gen*, *geschr*; ein Anhänger e-r bestimmten Lehre od. e-s Lehrers: *ein J. der Lehre Epikurs*; *ein J. Platons*

Jün·ge·re *der*; *-n, -n*; *hist*; *Name* + ***der J.*** verwendet, um von zwei berühmten, miteinander verwandten Personen, die den gleichen Namen haben, diejenige zu bezeichnen, die später geboren wurde ↔ Ältere: *Johann Strauß der J.* || NB: *der Jüngere*; *den, dem, des Jüngeren*

Jung·fer *die*; *-, -n*; *mst in* ***e-e alte J.*** *iron od pej*; e-e nicht verheiratete Frau, die man für altmodisch, schrullig u. moralisch sehr streng hält || *hierzu* **(alt)jüng·fer·lich** *Adj*

Jung·fern- *im Subst, wenig produktiv*; verwendet, um auszudrücken, dass j-d / etw. e-e bestimmte Sache zum ersten Mal tut; die ***Jungfernfahrt*** ⟨e-s Schiffes⟩, der ***Jungfernflug*** ⟨e-s Flugzeugs⟩, die ***Jungfernrede*** ⟨e-s neuen Abgeordneten⟩, die ***Jungfernreise*** ⟨e-s Schiffes⟩

Jung·fern|häut·chen *das*; e-e dünne Haut, die die Scheide e-r Jungfrau (1) teilweise verschließt; *Med* Hymen ⟨das J. reißt⟩

Jung·frau *die*; **1** ein Mädchen od. e-e Frau, die noch keinen Geschlechtsverkehr gehabt hatte: *Sie ist noch J.* **2** *iron od hum*; ein Mann, der noch keinen Geschlechtsverkehr gehabt hat **3** *nur Sg*; das Sternzeichen für die Zeit vom 24. August bis 23. September || ↑ *Abb. unter* ***Sternzeichen*** **4** j-d, der in der Zeit vom 24. August bis 23. September geboren ist: *Er ist (e-e) J.* || ID ***zu etw. kommen wie die J. zum Kind*** *gespr hum*; auf unverhoffte, unerklärliche Weise etw. bekommen

jung·fräu·lich *Adj*; **1** (in Bezug auf ein Mädchen od. e-e Frau) so, dass sie noch keinen Geschlechtsverkehr gehabt haben ≈ unberührt: *j. heiraten* **2** *nur attr, nicht adv*; noch von keinem Menschen betreten od. erforscht: *den jungfräulichen Schnee betreten* || *hierzu* **Jung·fräu·lich·keit** *die*; *nur Sg*

Jung·ge·sel·le *der*; *-n, -n*; **1** ein Mann, der (noch) nicht verheiratet ist: *Er ist schon vierzig u. immer noch J.* || K-: ***Junggesellen-, -bude, -leben, -wohnung, -zeit*** **2** ***ein eingefleischter J.*** ein Mann, der nicht verheiratet ist u. (aus Überzeugung) nicht heiraten will || NB: *der Junggeselle*; *den, dem, des Junggesellen* || *zu* **1 Jụng·ge·sel·lin** *die*; -, *-nen*

Jüng·ling *der*; *-s, -e*; *veraltend*; ein fast erwachsener junger Mann || K-: ***Jünglings-, -alter***

Jụng·so·zi·a·list *der*; Ⓓ ein Mitglied der Jugendorganisation der SPD; *Abk* Juso

jụ̈ngst *Adv*; *veraltend*; vor kurzer Zeit ≈ kürzlich, neulich

Jụ̈ngs·te *der / die*; *-n, -n*; *gespr*; j-s jüngster Sohn od. jüngste Tochter ↔ Älteste (2): *Unsere Jüngste kommt jetzt in die Schule* || ID **(auch) *nicht mehr der / die J. sein*** *gespr*; schon relativ alt u. deswegen *bes* körperlich nicht mehr sehr fit sein || NB: *unser Jüngster*; *der Jüngste*; *den, dem, des Jüngsten*

Ju̲·ni *der*; *-(s), -s*; *mst Sg*; der sechste Monat des Jahres; *Abk* Jun. ⟨im J.; Anfang, Mitte, Ende J.; am 1., 2., 3. J.⟩ || NB: ↑ ***Juno***

Ju̲·ni·kä·fer *der*; ein kleiner, hellbrauner Käfer, den man im Juni u. Juli sieht

ju̲·ni·or *Adj*; *indeklinabel*; *Name + **j.*** verwendet (*bes* wenn Vater u. Sohn den gleichen Vornamen haben), um den Sohn zu bezeichnen ↔ senior: *Huber j.; Hermann Löns j.*

Ju̲·ni·or *der*; *-s, Ju·ni·o·ren* [-'nio:rən] ; **1** *nur Sg*; (in e-r Firma) der Sohn des Besitzers od. der jüngere Partner ↔ Senior || K-: ***Junior-, -chef, -partner*** **2** *mst Sg, hum*; verwendet als Bezeichnung für den jüngsten Sohn e-r Familie ≈ der Jüngste: *Unser J. kommt dieses Jahr in die Schule* **3** *mst Pl, Sport*; ein junger Sportler (*mst* zwischen 18 u. 21 Jahren) || K-: ***Junioren-, -meister, -meisterschaft*** || *zu* **1** u. **3 Ju·ni·o̲·rin** *die*; -, *-nen*

Jụn·ker *der*; *-s, -*; *hist*; **1** ein junger Adliger **2** *oft pej*; ein Mitglied des preußischen Landadels

Jun·kie ['dʒaŋkɪ] *der*; *-s, -s*; *gespr*; (*bes* von Jugendlichen verwendet) ≈ Rauschgiftsüchtige(r), Drogenabhängige(r)

Ju·no̲, Ju̲·no *der*; *-s*; *nur Sg*; verwendet für *Juni*, um e-e Verwechslung mit *Juli* zu vermeiden

Jụn·ta ['xʊnta] *die*; -, *Jun·ten*; *mst Sg*; e-e Regierung (*bes* aus Armeeoffizieren), die *mst* durch Gewalt an die Macht gekommen ist || -K: ***Militär-***

Jupe [ʒy:p] *die*; -, *-s / auch der*; *-s, -s*; Ⓒⓗ ≈ (Damen)Rock

Ju̲·pi·ter *der*; *-s*; *nur Sg*; der fünfte u. größte Planet unseres Sonnensystems

Ju̲·ra *ohne Artikel*; die Wissenschaft, die sich mit Gesetz u. Recht beschäftigt u. Studienfach an der Universität ist ≈ Rechtswissenschaft ⟨J. studieren⟩ || K-: ***Jura-, -student, -studium***

ju·ri̲·disch *Adj*; *nur attr od adv, ohne Steigerung*, Ⓐ ≈ juristisch (1)

Ju·ris·pru·dẹnz *die*; -; *nur Sg*, *veraltend* ≈ Rechtswissenschaft, Jura

Ju·rịst *der*; *-en, -en*; j-d, der Rechtswissenschaft studiert hat u. auf diesem Gebiet arbeitet, *z.B.* als Rechtsanwalt od. Richter || NB: *der Jurist*; *den, dem, des Juristen* || *hierzu* **Ju·rịs·tin** *die*; -, *-nen*

ju·rịs·tisch *Adj*; *nur attr od adv*; **1** zur Rechtswissenschaft od. zu den entsprechenden Berufen gehörend ⟨e-e Fakultät, e-e Laufbahn, ein Gutachten⟩ **2** genau den Methoden der Rechtswissenschaft entsprechend ⟨j. denken, argumentieren⟩

Ju·ry [ʒy'ri:, 'ʒy:ri] *die*; -, *-s*; e-e Gruppe von Personen, die in e-m Wettbewerb die Leistungen der Teilnehmer beurteilt: *Der letzte Turner bekam von der J. die beste Note*

Ju̲s *ohne Artikel*; Ⓐ Ⓒⓗ ≈ Jura

Ju̲·so *der*; *-s, -s*; Ⓓ *Kurzw* ↑ ***Jungsozialist***

jụst *Adv*; *geschr*; verwendet, um auf den Zeitpunkt hinzuweisen, zu dem etw. (oft Unerwartetes od. Unerwünschtes) passiert od. eintritt ≈ gerade[3] (1), ausgerechnet (3) ⟨j. in dem Moment / in dem Augenblick, als ...⟩

jus·ta·mẹnt *Adv*; *veraltet* ≈ just

jus·ti̲e·ren; *justierte, hat justiert*; Vt ***etw. j.*** *geschr*; etw. genau einstellen ⟨ein Fernglas, ein Messgerät, e-e Waage j.⟩ || *hierzu* **Jus·ti̲e·rung** *die*

Jus·ti̲·tia [-tsia] *die*; -; *nur Sg*; die Gerechtigkeit, als (römische) Göttin dargestellt

Jus·ti̲z *die*; -; *nur Sg*; **1** *Kollekt*; der Teil der staatlichen Verwaltung, der die geltenden Gesetze anwendet u. durchsetzt ≈ Rechtsprechung, Rechtswesen || K-: ***Justiz-, -minister, -ministerium*** || -K: ***Militär-, Zivil-*** **2** e-e Behörde, die für die J. (1) verantwortlich ist ⟨j-n der J. ausliefern, übergeben⟩ || K-: ***Justiz-, -beamte(r), -behörde, -gebäude***

Jus·ti·zi·ar [-'tsia:ɐ̯] *der*; *-s, -e*; j-d, der beruflich die rechtlichen Angelegenheiten e-s Unternehmens, e-s Vereins *o.Ä.* regelt || *hierzu* **Jus·ti·zi·a̲·rin** *die*; -, *-nen*

Jus·ti̲z·irr·tum *der*; e-e falsche Entscheidung e-s Gerichts, *bes* die Verurteilung e-r unschuldigen Person ⟨e-m J. zum Opfer fallen⟩

Jus·ti̲z·voll·zugs|an·stalt *die*; *Admin geschr* ≈ Gefängnis

Ju̲·te *die*; -; *nur Sg*; **1** der grobe Stoff aus den Fasern e-r tropischen Pflanze, aus dem man *bes* Säcke macht || K-: ***Jute-, -faser, -sack, -tasche*** **2** die Pflanze, aus der man J. (1) gewinnt

Ju·we̲l[1] *das / der*; *-s, -en*; *mst Pl*; ein sehr wertvoller Edelstein || K-: ***Juwelen-, -diebstahl, -raub***

Ju·we̲l[2] *das*; *-s, -e*; *mst Sg*; e-e Person od. Sache, die man als sehr wertvoll empfindet: *Ihr Mann ist ein wahres J.; Der Dom ist ein J. gotischer Baukunst*

Ju·we·li̲er *der*; *-s, -e*; j-d, der beruflich Schmuck herstellt od. verkauft || K-: ***Juwelier-, -geschäft, -laden***

Jụx *der*; *-es*; *nur Sg, gespr* ≈ Spaß, Scherz ⟨e-n Jux machen; etw. aus Jux sagen, tun⟩ || ID ***aus (lauter) Jux (u. Tollerei)*** *gespr*; aus Übermut, nur zum Spaß

jwd [jɔtve:'de:] *Adv*; *gespr hum*; weit außerhalb e-r Stadt ⟨j. wohnen⟩

J

K, k

K, **k** [kaː] *das*; -, - / *gespr auch -s*; der elfte Buchstabe des Alphabets ⟨ein großes K; ein kleines k⟩

Ka·ba·rett [kabaˈrɛt, -ˈreː, ˈkabarɛt, -re] *das*; *-s, -s*; **1** *nur Sg*; e-e Art Theaterstück, das aus Dialogen, Sketchen u. Chansons besteht u. *bes* politische Verhältnisse u. aktuelle Ereignisse auf witzige Art kritisiert ⟨das politische, literarische K.; K. machen⟩ **2** das Haus od. der Saal, in dem K. (1) aufgeführt wird **3** *Kollekt*; die Personen, die das K. (1) gestalten || *zu* **1 Ka·ba·ret·tist** *der*; *-en, -en*; **Ka·ba·ret·tis·tin** *die*; -, *-nen*; **ka·ba·ret·tis·tisch** *Adj* || NB: ↑ ***Cabaret***

kab·beln, sich; *kabbelte sich, hat sich gekabbelt*; Vr ***j-d kabbelt sich mit j-m***; ⟨Personen⟩ ***kabbeln sich*** *nordd gespr*; zwei od. mehrere Personen streiten sich (nicht heftig)

Ka·bel *das*; *-s*, -; **1** e-e Art dicke Schnur, die aus feinen langen Drähten u. e-r schützenden Schicht aus Plastik besteht ⟨ein elektrisches, defektes K; ein K. verlegen⟩ || K-: ***Kabel-, -brand, -rolle*** || -K: ***Strom-, Starkstrom-, Telefon-, Verlängerungs-*** **2** ein sehr dickes Seil aus starken Drähten (*z.B.* bei e-r Seilbahn, e-r Hängebrücke) || ↑ *Abb. unter* ***Schnur***

Ka·bel·an·schluss *der*; *TV*; ein Anschluss an das Netz des Kabelfernsehens

Ka·bel·fern·se·hen *das*; die Übertragung von Fernsehprogrammen mithilfe von Kabeln (1), die in der Erde verlegt sind

Ka·bel·jau *der*; *-s, -e / -s*; ein relativ großer Raubfisch, der *bes* im (Nord)Atlantik gefangen wird ≈ Dorsch

Ka·bel·ka·nal *der*; *TV*; ein Fernsehsender, der über Kabel (1) zu empfangen ist

Ka·bi·ne *die*; -, *-n*; **1** ein kleiner Raum (*z.B.* zum Umkleiden), der durch e-n Vorhang od. e-e dünne Wand von anderen Räumen (ab)getrennt ist: *Sie können das Kleid noch nicht anprobieren - die Kabinen sind alle besetzt* || -K: ***Bade-, Dusch-, Umkleide-*** **2** ein Raum auf e-m Schiff, in dem Passagiere wohnen u. schlafen || -K: ***Luxus-, Schlaf-*** **3** der Raum in e-m Flugzeug, in dem die Passagiere sitzen

Ka·bi·nett *das*; *-s, -e*; **1** *Kollekt*; alle Minister e-r Regierung ⟨ein K. bilden, einberufen, umbilden, auflösen; das K. tagt⟩ || K-: ***Kabinetts-, -beschluss, -bildung, -krise, -liste, -mitglied, -sitzung, -tagung, -vorlage*** **2** *hist*; das Arbeitszimmer e-s Fürsten **3** Ⓐ ein kleines Zimmer || -K: ***Schlaf-***

Ka·bi·nett·stück *das*; e-e besonders kluge od. geschickte Aktion, die Erfolg hatte: *Der Abschluss dieses Vertrages war ein brillantes K.*

Kab·rio *das*; *-s, -s*; *Kurzw* ↑ ***Kabriolett***

Kab·ri·o·lett ein Auto, bei dem man das Dach nach hinten klappen kann ↔ Limousine

Ka·buff *das*; *-s, -s*; *gespr*; ein kleiner (Abstell)Raum *mst* ohne Fenster

Ka·chel *die*; -, *-n*; e-e dünne (*mst* viereckige) Platte aus (gebranntem) Ton, die man *bes* auf Wände, Böden (*z.B.* im Bad, in der Küche) od. Öfen klebt ≈ Fliese

ka·cheln; *kachelte, hat gekachelt*; Vt ***etw. k.*** die Wände, den Boden (e-s Bades) od. die Seiten (*z.B.* e-s Ofens) mit Kacheln versehen ≈ fliesen ⟨das Bad, die Küche, die Wände k.⟩

Ka·chel·ofen *der*; ein Ofen, der mit Kacheln bedeckt ist u. der die Wärme gut speichert

Ka·cke *die*; -; *nur Sg, gespr!* **1** ≈ Exkremente, Kot **2** e-e schlechte od. unangenehme Sache: *So e-e K.!* || *zu* **1 ka·cken** (*hat*) *Vt / i*

Ka·da·ver [-vɐ] *der*; *-s*, -; der Körper e-s toten Tieres ≈ Aas

Ka·da·ver·ge·hor·sam *der*; *pej*; ein übertriebener Gehorsam, der so weit geht, dass man sogar sinnlose od. brutale Befehle befolgt

Ka·denz *die*; -, *-en*; *Mus*; e-e Folge von Akkorden, die das Thema e-s (Musik)Stücks enthält u. es auch abschließt || -K: ***Schluss-***

Ka·der *der* / Ⓒⓗ *das*; *-s*, -; **1** e-e (Elite)Gruppe (e-r Organisation), die für ihre Aufgabe besonders gut ausgebildet od. speziell geschult wurde: *der K. e-r Partei*; *Er gehört zum K. der Nationalmannschaft* **2** *hist* (*DDR*); ein Kollektiv von Spezialisten (*bes* in der Politik, Wissenschaft u. Technik) **3** *mst Pl*; die Mitglieder e-s Kaders (1) ⟨Kader heranbilden⟩

Ka·dett *der*; *-en, -en*; *hist*; ein Schüler in e-r Institution, in der junge Männer auf den späteren Beruf des Offiziers vorbereitet wurden || K-: ***Kadetten-, -anstalt, -schule*** || NB: *der Kadett*; *den, dem, des Kadetten*

Ka·di *der*; *-s, -s*; ein Richter in e-m islamischen Land || ID ***j-n vor den K. bringen / schleppen*** *gespr*; j-n vor Gericht bringen

Kä·fer *der*; *-s*, -; **1** ein Insekt, das in vielen Arten vorkommt. Die dünnen Flügel werden durch kleine Platten geschützt ⟨ein K. summt / brummt / schwirrt durch die Luft, krabbelt auf dem Boden⟩ **2** *gespr veraltet*; ein junges Mädchen ⟨ein flotter, hübscher, niedlicher, reizender *usw* K.⟩ **3** *gespr*; ein Typ e-s Autos von der Firma „Volkswagen"

Käfer (1)

Kaff *das*; *-s, -s / -e*; *gespr pej*; ein kleiner, langweiliger Ort

Kaf·fee, **Kaf·fee** *der*; *-s, -s*; *mst Sg*; **1** *nur Sg*; ein dunkelbraunes Getränk, das aus gebrannten, dann gemahlenen Bohnen u. kochendem Wasser gemacht wird, etwas bitter schmeckt, anregend wirkt u. *mst* heiß getrunken wird ⟨starker, schwacher, dünner, koffeinfreier K.; K. machen, kochen, aufgießen, aufbrühen, filtern⟩: *„Nehmen Sie Ihren K. mit Milch u. Zucker?" - „Nein, schwarz"* || K-: ***Kaffee-, -bohnen, -pulver***; ***-geschirr, -kanne, -service, -tasse***; ***-pause***; ***kaffee-, -braun*** || -K: ***Filter-*** || *zu* ***Kaffeekanne*** ↑ *Abb. unter* ***Frühstückstisch*** **2** die Bohnen, aus denen man K. (1) macht ⟨K. rösten, mahlen⟩ || K-: ***Kaffee-, -sorte*** **3** *nur Sg*; e-e

Pflanze, deren Samen wie Bohnen aussehen u. aus denen man K. (1) macht ⟨K. anbauen, ernten⟩ || K-: ***Kaffee-, -baum, -pflanze, -plantage, -strauch*** **4** *nur Sg*; e-e kleine Mahlzeit am Nachmittag, bei der K. (1) getrunken (u. Kuchen *o.Ä.* gegessen) wird ⟨j-n zum K. einladen⟩ || K-: ***Kaffee-, -pause*** || ID ***etw. ist kalter K.*** *gespr*; etw. ist nicht mehr aktuell u. deshalb uninteressant

Kaffee und Kuchen

Das traditionelle deutsche Kaffeetrinken am Nachmittag ist vor allem an Wochenenden und an Feiertagen noch weit verbreitet. Häufig trifft man sich mit der Familie oder mit Freunden zu einer gemütlichen Unterhaltung bei Kaffee und Kuchen.
Es gibt oft eine große Auswahl an Gebäck, das bei dieser Gelegenheit gegessen wird. Neben kleineren Gebäckstücken, Rührkuchen und Obstkuchen ist vor allem die Vielzahl von Cremetorten und Sahnetorten typisch. Eine der bekanntesten Torten ist die **Schwarzwälder Kirschtorte**, die aus einem dunklen Biskuitteig, Sahne und Kirschen besteht und mit Schokolade verziert ist.

Kaf·fee·ex·trakt *der*; ein Pulver, das man (durch ein bestimmtes Verfahren) aus (Kaffee)Bohnen gewinnt u. das Kaffee (1) ergibt, wenn man es in heißes Wasser rührt

Kaf·fee·fahrt *die*; e-e sehr billige (Ausflugs)Fahrt, die Firmen machen, um den Teilnehmern bei dieser Gelegenheit ihre Produkte (*mst* zu sehr hohen Preisen) zu verkaufen

Kaf·fee·fil·ter *der*; **1** e-e Art Trichter, durch den man Kaffee filtert **2** e-e Art (Papier)Tüte, die man in den K. (1) legt ≈ Filtertüte, Filterpapier

Kaf·fee·haus *das*; *bes* Ⓐ ≈ Café

Das Wiener Kaffeehaus

Die Wiener Kaffeehäuser sind weltberühmt, viele von ihnen bewahren noch den Charme vergangener Zeiten. In der Vergangenheit waren sie ein beliebter Treffpunkt für die bessere Gesellschaft, Geschäftsleute und Künstler. Auch heute noch sind sie ein angenehmer Ort, um bei einer Tasse Kaffee, zu der traditionell immer ein Glas Wasser serviert wird, die Zeitung zu lesen und einige ruhige Stunden zu verbringen.
Hier einige typische Kaffeespezialitäten:

Brauner:	schwarzer Kaffee mit Milch
Einspänner:	Espresso im Glas mit Sahne
Fiaker:	Espresso im Glas mit Rum
Kapuziner:	schwarzer Kaffee mit wenig Milch
Melange:	Milchkaffee mit viel Milchschaum
Mokka:	Espresso

Kaf·fee·klatsch *der*; *gespr hum*; ein (geselliges) Treffen *bes* von Frauen am Nachmittag, bei dem man Kaffee trinkt, Kuchen isst u. sich unterhält

Kaf·fee·kränz·chen *das*; *-s, -*; **1** ≈ Kaffeeklatsch **2** e-e Gruppe *mst* von Frauen, die sich regelmäßig zum K. (1) treffen

Kaf·fee·löf·fel *der*; ein kleiner Löffel ≈ Teelöffel || NB: ↑ ***Esslöffel***

Kaf·fee·ma·schi·ne *die*; ein elektrisches Gerät, mit dem man (Filter)Kaffee macht

Kaf·fee·müh·le *die*; e-e kleine (elektrische od. mechanische) Mühle, in der man die Kaffeebohnen mahlt

Kaf·fee·satz *der*; der Rest des gemahlenen Kaffees, der *bes* auf dem Boden der Kanne od. der Tasse übrig bleibt

Kaf·fee·ta·fel *die*; ein festlicher Kaffeetisch

Kaf·fee·tan·te *die*; *gespr hum*; j-d, der gern u. viel Kaffee trinkt

Kaf·fee·tisch *der*; ein Tisch, der so gedeckt ist, dass man dort Kaffee trinken (u. Kuchen essen) kann ⟨den K. decken; sich an den K. setzen⟩

Kaf·fee·trin·ker *der*; j-d, der (gern viel) Kaffee trinkt

Kaf·fee·was·ser *das*; *nur Sg*; Wasser, das man heiß macht, um Kaffee zu machen ⟨K. aufsetzen⟩

Kä·fig *der*; *-s, -e*; **1** ein Raum mit Gittern *o.Ä.*, in dem Tiere (gefangen) gehalten werden: *Der Tiger ist aus seinem K. ausgebrochen* || -K: ***Affen-, Raubtier-, Löwen-, Tiger-*** *usw* **2** e-e Art Kasten mit festem Boden u. Gittern rundherum, in dem man kleine Haustiere hält || K-: ***Käfig-, -haltung, -tür*** || -K: ***Hamster-, Vogel-*** || ID ***ein goldener K.*** verwendet, um die Situation e-s Menschen zu bezeichnen, der viel Geld hat, der aber von anderen abhängig ist

kaf·ka·esk [-ka'ɛsk] *Adj*; *geschr*; absurd u. so bedrohlich (wie in den Romanen von Franz Kafka), dass man Angst bekommt ⟨e-e Welt; etw. hat kafkaeske Züge⟩

Kaf·tan *der*; *-s, -e*; ein langes, weites Kleid mit langen Ärmeln, wie es im Orient *bes* die Männer tragen

kahl, *kahler, kahlst-*; *Adj*; **1** (fast) ohne Haare ⟨ein Kopf, ein Schädel⟩: *Mein Vater wird allmählich k.* **2** ohne Blätter ⟨ein Ast, ein Baum, ein Strauch⟩ **3** ohne Bäume u. Sträucher ⟨ein Berg, e-e Gegend, e-e Landschaft⟩ **4** ohne Bilder, Möbel *o.Ä.* ≈ leer ⟨e-e Wand, ein Zimmer⟩ || *hierzu* **Kahl·heit** *die*; *nur Sg*

kahl fres·sen; *fraß kahl, hat kahl gefressen*; Vt ***ein Tier frisst etw. kahl*** ein Tier frisst alle Blätter von etw.
kahl sche·ren; *schor kahl, hat kahl geschoren*; Vt ***j-n / etw. k. s.*** *mst* alle Haare von j-s Kopf abschneiden

Kahl·kopf *der*; **1** ein Kopf ohne Haare ≈ Glatze **2** *gespr*; ein Mann mit e-m K. (1) ≈ Glatzkopf || *zu* **1** **kahl·köp·fig** *Adj*; **Kahl·köp·fig·keit** *die*; *nur Sg*

Kahl·schlag *der*; **1** *nur Sg*; das Fällen aller Bäume an einem bestimmten Ort **2** der Ort (im Wald), an dem alle Bäume gefällt wurden || *hierzu* **kahl schla·gen** *(hat) Vt*

Kahn *der*; *-(e)s, Käh·ne*; **1** ein kleines, offenes, flaches Boot (zum Rudern): *mit dem K. über den See rudern* || K-: ***Kahn-, -fahrt*** **2** ein breites, flaches Schiff (ohne eigenen Motor), das *bes* mit Waren die Flüsse hinauf- und hinuntergezogen wird || -K: ***Last-, Schlepp-*** **3** *gespr hum od pej* ≈ Schiff

Kai *der*; *-s, -s*; das Ufer im Hafen, an dessen Mauer die Schiffe liegen, wenn sie be- und entladen werden ⟨ein Schiff macht am K. fest, liegt am K.⟩ || K-: ***Kai-, -mauer*** || NB: ↑ ***Damm***

Kai·ser *der*; *-s, -*; **1** der oberste (weltliche) Herrscher, den es in e-r Monarchie geben kann || K-: ***Kaiser-,***

-krone, -reich || NB: ↑ ***König* 2** *nur Sg*; der Titel des Kaisers (1) ⟨j-n zum K. ernennen, wählen, krönen; j-n als K. ausrufen⟩: *K. Maximilian, der letzte Ritter* || *hierzu* **Kai·se·rin** *die*; -, *-nen*; **Kai·ser·tum** *das*; *-s*; *nur Sg*; *zu* **1 kai·ser·lich** *Adj*

Kai·ser·schmar·ren *der*; *südd* Ⓐ e-e süße Mehlspeise (mit Rosinen), die in der Pfanne gemacht, dann in kleine Stücke geschnitten u. so serviert wird

Kai·ser·schnitt *der*; e-e Operation, bei der die Gebärmutter e-r schwangeren Frau durch e-n Schnitt vom Bauch aus geöffnet wird, um das Kind herauszuholen || K-: ***Kaiserschnitt-, -geburt, -operation***

Ka·jak *der, das*; *-s, -s*; **1** ein schmales, geschlossenes Boot für eine Person (wie es die Eskimos auf der Jagd haben) **2** ein schmales, geschlossenes Boot (für einen od. mehrere Sportler), das man mit Paddeln bewegt

Ka·jü·te *die*; -, *-n*; ein (geschlossener) Raum auf Booten u. Schiffen, in dem man isst u. schläft || -K: ***Boots-, Offiziers-***

Ka·ka·du *der*; *-s, -s*; ein Vogel mit langen Federn am Kopf, die er aufrichten kann

Ka·kao [ka'kau̯] *der*; *-s*; *nur Sg*; **1** ein braunes Pulver, das aus großen (Samen)Körnern des Kakaobaumes gewonnen wird u. aus dem man Schokolade macht ⟨stark / schwach entölter K.⟩ || K-: ***Kakao-, -pulver* 2** der Samen, aus dem man K. (1) macht ⟨K. rösten⟩ || K-: ***Kakao-, -bohnen* 3** die Pflanze, an der K. (2) wächst ⟨K. anbauen⟩ || K-: ***Kakao-, -baum, -pflanze, -plantage, -strauch* 4** ein Getränk aus Milch, K. (1) u. Zucker ⟨e-e Tasse K.⟩ || ID ***j-n / etw. durch den K. ziehen*** *gespr*; über j-n / etw. (*mst* auf lustige, gutmütige Weise) spotten

Ka·ker·lak *der*; *-s* / *-en, -en*; ein großes schwarzes Insekt, das *bes* in den Spalten alter (schmutziger) Häuser lebt ≈ Küchenschabe || NB: *der Kakerlak*; *den, dem Kakerlak* / *Kakerlaken*; *des Kakerlaks* / *Kakerlaken*

Kak·tus *der*; - / *-ses*, *Kak·te·en* [-'teːən], *gespr auch -se*; e-e (tropische) Pflanze mit dicken (fleischigen) Blättern od. Polstern u. vielen Stacheln, die *mst* in trockenen Regionen wächst ⟨Kakteen züchten⟩ || K-: ***Kakteen-, -zucht*** || -K: ***Kugel-, Säulen-, Zimmer-***

Ka·la·mi·tät *die*; -, *-en*; *veraltend*; e-e sehr schwierige Situation

Ka·lau·er *der*; *-s*, -; ein einfacher, nicht sehr intelligenter Witz (der oft durch ein Spiel mit Worten entsteht) || *hierzu* **ka·lau·ern** (*hat*) *Vi*

Kalb *das*; *-(e)s*, *Käl·ber*; **1** ein junges Rind || K-: ***Kalb-, -fleisch***; ***Kalb(s)-, -fell, -leder***; ***Kalbs-, -braten, -frikassee, -hachse, -kopf, -leberwurst, -schnitzel***; ***Kälber-, -futter, -stall* 2** verwendet als Bezeichnung für das Junge[2] einiger Säugetiere (*z.B.* des Elefanten) || -K: ***Elefanten-, Giraffen-, Hirsch-*** || ID ***das Goldene K. anbeten***; ***ums Goldene K. tanzen*** *geschr*; die Macht des Geldes über alles schätzen

kal·ben; *kalbte, hat gekalbt*; [Vi] ***ein Tier kalbt*** ein Tier bekommt ein Kalb: *Die Kuh hat gekalbt*

Ka·lei·do·skop *das*; *-s, -e*; **1** ein optisches Gerät in Form e-s (Fern)Rohrs, in dem sich kleine, bunte (Glas)Steine befinden, die sich beim Drehen des Rohres so spiegeln, dass man Muster u. geometrische Figuren sieht, die sich ständig verändern **2** *geschr*; e-e sich schnell ändernde Folge von verschiedenen Dingen, Erscheinungen *usw* ⟨ein K. von Eindrücken⟩ || *zu* **1 ka·lei·do·sko·pisch** *Adj*

ka·len·da·risch *Adj*; nach dem Datum, das der Kalender nennt: *der kalendarische Beginn des Winters am 21. Dezember*

Ka·len·der *der*; *-s*, -; **1** *mst* ein einzelnes Blatt, e-e Art Heft, Block od. Buch, auf denen ein Jahr in zeitlicher Folge in alle Tage, Wochen u. Monate gegliedert ist: *wichtige Termine im K. notieren, vormerken* || -K: ***Termin-* 2** die Einteilung der Zeit (der Zeitrechnung) nach astronomischen Einheiten wie Tag, Monat, Jahr: *der gregorianische K.*

Ka·len·der·blatt *das*; das einzelne Blatt e-s (Abreiß)Kalenders

Ka·len·der·jahr *das*; die Zeit zwischen dem 1. Januar und dem 31. Dezember e-s Jahres (im Unterschied *z.B.* zu e-m Schuljahr)

Ka·li *das*; *-s*; *nur Sg*, *Kurzw* ↑ ***Kalisalz*** || K-: ***Kali-, -bergbau, -dünger, -industrie***

Ka·li·ber *das*; *-s*, -; **1** der innere Durchmesser von Rohren (*bes* beim Lauf von Gewehren *usw*) **2** der äußere Durchmesser von Gewehr-, Pistolenkugeln *o.Ä.*: *e-e Kugel vom K. 32* **3 *vom selben K.*** *gespr*, *mst pej*; von der gleichen Art, mit dem gleichen (schlechten) Charakter: *Die beiden sind vom selben K.*

Ka·li·salz *das*; *mst Pl*; ein Salz od. ein Gemisch von Verbindungen, die man *bes* als Dünger verwendet

Ka·li·um *das*; *-s*; *nur Sg*; ein sehr weiches, silbrig glänzendes (Leicht)Metall; *Chem* K

Kalk *der*; *-(e)s*; *nur Sg*; ein weißes Pulver (aus Kalkstein), das man beim Bauen braucht (*bes* um die Mauern mit e-r weißen Schicht zu bedecken) ⟨gebrannter, (un)gelöschter K.; K. brennen, löschen⟩ || K-: ***Kalk-, -brennerei, -mörtel*** || *hierzu* **kalk·hal·tig** *Adj*; *nicht adv*; **kal·kig** *Adj*; *nicht adv*

kal·ken; *kalkte, hat gekalkt*; [Vt] ***etw. k.*** Wände *o.Ä.* mit e-r Mischung aus Wasser u. Kalk streichen

Kalk·man·gel *der*; *nur Sg*; der Zustand, wenn im Körper (von Menschen u. Tieren) od. in der Erde zu wenig Kalk (Kalzium) ist

Kalk·stein *der*; *nur Sg*; ein *mst* weißes Gestein, das man aus Felsen bricht (u. *z.B.* beim Bauen verwendet)

Kal·kül *das, der*; *-s, -e*; *geschr*; **1** e-e Überlegung od. Planung, bei der man alle (störenden) Faktoren bedenkt, die das Ergebnis beeinflussen könnten ⟨etw. ins K. (einbe)ziehen⟩ **2** ≈ Berechnung (3) ⟨etw. aus reinem K. tun⟩

Kal·ku·la·ti·on [-'tsi̯oːn] *die*; -, *-en*; **1** das Berechnen (*mst* der Kosten für etw.): *die K. der Kosten für ein neues Projekt* **2** ≈ Schätzung: *Nach meiner K. müssten wir gleich da sein* || *zu* **1 kal·ku·la·to·risch** *Adj*

kal·ku·lie·ren; *kalkulierte, hat kalkuliert*; [Vt] **1 *etw. k.*** im Voraus berechnen, welche Kosten entstehen, welche Preise man verlangen muss: *die Kosten für ein Buch k.*; [Vt/i] **2 (*etw.*) *k.*** e-n Sachverhalt, e-e Situation *o.Ä.* in bestimmter Weise abschätzen ⟨schnell, scharf, falsch k.⟩ || *hierzu* **kal·ku·lier·bar** *Adj*; *nicht adv*

kalk·weiß *Adj*; sehr blass od. bleich (vor Erregung od. Angst): *vor Angst k. im Gesicht sein*

Ka·lo·rie *die*; -, *-n* [-'riːən]; **1** *mst Pl*; e-e (Maß)Einheit, mit der man angibt, wie viel Energie ein Nahrungsmittel im Körper erzeugt; *Zeichen* cal: *Schokolade hat viele Kalorien* || K-: ***Kalorien-, -gehalt*** || NB: ↑ ***Joule* 2** *Phys*; e-e (Maß)Einheit, mit der man e-e bestimmte Wärmemenge misst; *Zeichen* cal || *zu* **1 ka·lo·ri·en·arm** *Adj*; **ka·lo·ri·en·reich** *Adj*

ka·lo·ri·en·be·wusst *Adj*; *mst in* ***k. leben, essen, sich k. ernähren*** beim Essen darauf achten, dass man Nahrung mit wenigen Kalorien (1) isst

kalt, *kälter, kältest-*; *Adj*; **1** mit / von (sehr od. relativ) niedriger Temperatur, sehr kühl ↔ heiß ⟨es ist bitter (= sehr), empfindlich, eisig k.⟩: *Draußen ist es k., zieh doch e-n Mantel an*; *Iss schnell, sonst wird die*

Suppe k.; *Er hat immer kalte Hände u. Füße, weil sein Blutdruck so niedrig ist* || K-: ***Kalt-, -luft*** || -K: ***bitter-, eis-*** **2** nicht durch e-e Heizung warm gemacht: *Das Zimmer ist mit fließend warmem u. kaltem Wasser* || K-: ***Kalt-, -wasser*** **3** *nicht adv*; so, dass das Essen roh ist od. gekocht, aber nicht mehr warm ⟨ein Braten, ein Büfett, e-e Mahlzeit, e-e Platte; den Braten, das Hähnchen *o.Ä.* k. essen⟩: *Zwischen vierzehn u. achtzehn Uhr servieren wir nur kalte Speisen* **4** ohne Freundlichkeit u. ohne jedes (Mit)Gefühl ↔ herzlich ⟨ein Lächeln, ein Mensch⟩ **5** ⟨Farben, Licht⟩ so, dass sie auf einen fahl u. unangenehm wirken ↔ warm: *ein kaltes Grün, Weiß od. Blau* **6** *nur attr, nicht adv*; unangenehm intensiv ⟨kaltes Entsetzen, kaltes Grausen, kalte Wut erfasst / packt j-n⟩ **7** ***j-m ist k.*** j-d friert ↔ j-m ist heiß, warm **8** ***etw. k. stellen*** Getränke od. Speisen an e-n Ort stellen, wo sie k. (1) werden ↔ etw. warm stellen **9** *nur präd, nicht adv*; so, dass in der Miete die Heizungskosten noch nicht enthalten sind: *Die Wohnung kostet 850 Euro k.* || K-: ***Kalt-, -miete***

> **kalt blei·ben**; *blieb kalt, ist kalt geblieben*; [Vi] keine Gefühle, kein Mitleid zeigen
> **kalt lä·chelnd** *Adv*; *nur adv, gespr, pej*; ohne das geringste Mitgefühl mit j-m (dem man etw. Böses antut) ≈ ungerührt ⟨j-n k. l. fertig machen⟩
> **kalt las·sen**; *lässt kalt, ließ kalt, hat kalt gelassen*; [Vi] ***j-d / etw. lässt j-n kalt*** j-d / etw. bewirkt bei j-m kein Mitgefühl: *Das Elend ließ ihn kalt*

Kalt·blü·ter *der*; *-s, -*; *Zool*; ein Tier, dessen (Körper)Temperatur sich an die jeweilige Temperatur seiner Umgebung anpasst ↔ Warmblüter: *Eidechsen sind Kaltblüter*

kalt·blü·tig *Adj*; **1** *pej*; ohne Skrupel (u. Mitleid) ≈ gefühllos ⟨j-n k. ermorden, umbringen; ein Verbrecher⟩ || NB: *heißblütig* wird dagegen im Sinne von *temperamentvoll* gebraucht **2** in e-r gefährlichen Situation fähig, ganz ruhig zu bleiben u. vernünftig u. mutig zu handeln ≈ gelassen ↔ ängstlich: *der Gefahr k. ins Auge sehen* || NB: ↑ ***kühl*** **3** *nicht adv, Zool*; ⟨Tiere⟩ so, dass sich ihre (Körper)Temperatur an die Temperatur der Umgebung anpasst || *zu* **1** u. **2** **Kalt·blü·tig·keit** *die*; *nur Sg*

Käl·te *die*; *-*; *nur Sg*; **1** e-e niedrige Temperatur (der Luft, des Wassers), die man als unangenehm empfindet ↔ Wärme, Hitze ⟨es herrscht (e-e) eisige, grimmige, schneidende K.; vor K. zittern⟩: *Bei dieser K. brauchst du unbedingt Schal u. Mütze* || K-: ***Kälte-, -gefühl, -grad, -schutz*** **2** Temperaturen unter 0 Grad (Celsius) ≈ unter Null, minus: *20 Grad K.* (= -20°) **3** das Fehlen jeglichen Mitgefühls für andere Lebewesen ≈ Gefühlskälte: *In seinen Worten lag e-e eisige K.*

Käl·te·ein·bruch *der*; das schnelle u. plötzliche Sinken der (Außen)Temperatur (oft so, dass es friert)

Käl·te·pe·ri·o·de *die*; ein längerer Zeitraum mit sehr kaltem Wetter ↔ Wärmeperiode

Käl·te·wel·le *die*; Kälte, die sich auf ein Gebiet *mst* über e-n längeren Zeitraum ausdehnt ↔ Hitzewelle

Kalt·front *die*; *Meteorologie*; kalte Luftmassen, die in ein Gebiet mit wärmerer Luft dringen ↔ Warmfront ⟨e-e K. dringt vor, zieht herauf⟩

kalt·her·zig *Adj*; ohne Gefühl (*bes* ohne Mitleid od. Liebe) || *hierzu* **Kalt·her·zig·keit** *die*; *nur Sg*

Kalt·luft *die*; *nur Sg, Meteorologie*; kalte Luft: *Polare K. greift auf Deutschland über*

kalt·ma·chen; *machte kalt, hat kaltgemacht*; [Vt] ***j-n k.*** *gespr*; j-n töten, ermorden

kalt·schnäu·zig *Adj*; *gespr*; ohne (Mit)Gefühl od. Respekt, gleichgültig ≈ frech, rücksichtslos || *hierzu* **Kalt·schnäu·zig·keit** *die*; *nur Sg*

kalt·stel·len (*hat*) [Vt] ***j-n k.*** *gespr*; (durch bestimmte, *mst* unfaire Maßnahmen) j-m seine Macht, seinen Einfluss nehmen: *e-n lästigen, unliebsamen Konkurrenten k.* || NB: ↑ ***kalt*** (8)

Kal·zi·um *das*; *-s*; *nur Sg*; ein sehr weiches, silbriges (Leicht)Metall, das *z.B.* in Knochen, Zähnen u. Kreide vorkommt; *Chem* Ca

kam *Imperfekt, 1. u. 3. Person Sg*; ↑ ***kommen***

kä·me *Konjunktiv 1. u. 3. Person Sg*; ↑ ***kommen***

Ka·mel *das*; *-s, -e*; **1** ein großes Tier mit einem Buckel od. zwei Buckeln (Höckern), das in der Wüste od. Steppe lebt ⟨auf e-m K. reiten⟩ || NB: ↑ ***Dromedar*** || -K: ***Last-*** **2** *gespr pej*; verwendet als Schimpfwort ≈ Dummkopf, Trottel

Ka·mel·haar *das*; *nur Sg*; ein Stoff von (gelblicher) Farbe, der aus den Haaren von Kamelen gemacht wird || K-: ***Kamelhaar-, -decke, -mantel***

Ka·me·ra *die*; *-, -s*; **1** ein Apparat zum Filmen ≈ Filmkamera ⟨die K. läuft, surrt; die K. führen, auf etw. richten⟩: *Die K. schwenkt auf die Ansagerin* || K-: ***Kamera-, -einstellung, -führung, -team***; ***kamera-, -scheu*** || -K: ***Fernseh-, Film-*** **2** ≈ Fotoapparat: *e-n Film in die K. einlegen* **3** ***vor der K. stehen*** (als Schauspieler) in e-m Film mitspielen od. im Fernsehen auftreten

Ka·me·rad *der*; *-en, -en*; **1** j-d, mit dem man längere Zeit (oft in wichtigen Abschnitten des Lebens) zusammen war (*z.B.* in der Schule, im Krieg) u. dem man deshalb vertraut ≈ Gefährte ⟨j-m ein guter K. sein⟩ || -K: ***Klassen-, Kriegs-, Schul-*** **2** j-d, mit dem man oft beisammen ist, weil man die gleichen Interessen hat || -K: ***Mannschafts-, Spiel-, Sport-*** || *hierzu* **Ka·me·ra·din** *die*; *-, -nen* || NB: **a)** ↑ ***Freund, Genosse***; **b)** *der Kamerad*; *den, dem, des Kameraden*

Ka·me·rad·schaft *die*; *-*; *nur Sg*; ***K.*** (***mit j-m / zwischen*** ⟨Personen⟩) das Verhältnis zwischen zwei od. mehreren Menschen, die einander vertrauen u. helfen || *hierzu* **ka·me·rad·schaft·lich** *Adj*; *mst attr od adv* || NB: ↑ ***Freundschaft***

Ka·me·rad·schafts·geist *der*; *nur Sg*; e-e Einstellung innerhalb e-r Gruppe, die durch Kameradschaft bestimmt ist

Ka·me·ra·mann *der*; *-es, Ka·me·ra·män·ner / Ka·me·ra·leu·te*; j-d, der beim Film u. Fernsehen die Kamera führt || *hierzu* **Ka·me·ra·frau** *die*

Ka·mil·le *die*; *-, -n*; *mst Sg*; e-e Pflanze mit relativ hohen Stängeln u. kleinen Blüten, die in der Mitte gelb sind u. weiße Blütenblätter haben. Die Blüten werden als (Heil)Tee bei Entzündungen u. Magenverstimmungen verwendet || K-: ***Kamillen-, -blüte, -tee***

Ka·min *der*; *-s, -e*; **1** e-e Art offener Ofen, der *mst* so in die Wand e-s Zimmers gebaut ist, dass man das Feuer brennen sieht ⟨vor dem, am K. sitzen⟩: *Im K. prasselt ein Feuer* || K-: ***Kamin-, -feuer*** **2** *bes südd* Ⓐ Ⓒⓗ ≈ Schornstein || ID ***etw. in den K. schreiben*** (***können***) *gespr*; etw. aufgeben od. als verloren betrachten müssen: *Jetzt, wo er pleite ist, kann ich mein Geld in den K. schreiben*

Ka·min·fe·ger *der*; *-s, -*; Ⓒⓗ ≈ Schornsteinfeger

Ka·min·keh·rer *der*; *-s, -*; *südd* ≈ Schornsteinfeger

Kamm[1] *der*; *-(e)s, Käm·me*; ein (flacher, länglicher) Gegenstand (mit e-r Reihe von Zähnen, Zinken), mit dem man die Haare frisiert: *Sie fuhr sich schnell mit dem K. durch die Haare* || ID ***alle(s) über 'einen K. scheren*** Menschen od. Dinge ganz gleich behandeln u. beurteilen, obwohl sie verschieden sind || NB: ↑ ***Bürste***

Kamm[2] *der*; *-(e)s, Käm·me*; der Streifen rote Haut auf dem Kopf von Hähnen || ID ***j-m schwillt der***

K

K. *gespr*; **a)** j-d wird zornig; **b)** j-d zeigt in seinem Verhalten, wie stolz er ist

Kamm[3] *der*; *-(e)s, Käm·me*; **1** der (oberste) Teil e-s Gebirges, der von weitem wie eine Linie aussieht || K-: ***Kamm-, -lage*** || -K: ***Berg-*** **2** der höchste Punkt e-r Welle || -K: ***Wellen-***

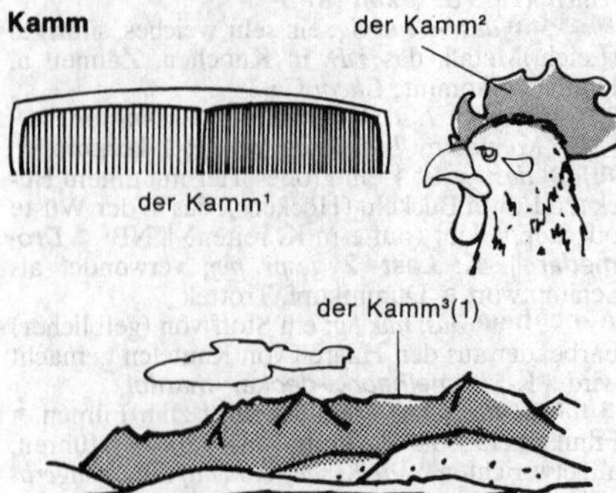

käm·men; *kämmte, hat gekämmt*; [Vt] ***j-n / sich k.***; ***j-m / sich die Haare k.*** j-s / seine eigenen Haare mit e-m Kamm[1] glatt u. ordentlich machen u. ihnen so e-e bestimmte Form geben ↔ bürsten: *Kämm dir die Haare nach hinten - das steht dir gut*

Kam·mer[1] *die*; *-, -n*; **1** *veraltend*; ein kleiner Raum, *bes* zum Schlafen: *Das Dienstmädchen hat e-e K. unter dem Dach* || -K: ***Dach-*** **2** ein kleiner (Neben)Raum, *bes* zum Lagern von Sachen (Vorräten, Gerät *usw*): *Das Bügelbrett steht in der K. neben dem Bad* || -K: ***Abstell-, Besen-, Speise-, Vorrats-*** **3** ein kleiner, abgeschlossener, hohler Raum im Innern von bestimmten Motoren od. technischen Geräten: *die Kammern des Brennofens* **4** ein hohler Raum im Herzen ≈ Herzkammer: *Das Herz hat vier Kammern*

Kam·mer[2] *die*; *-, -n*; *Kollekt*; **1** *Pol*; die Mitglieder e-s Parlaments (od. ein Teil e-s Parlaments) || -K: ***Abgeordneten-, Deputierten-*** **2** e-e Organisation, die für die Interessen e-s bestimmten Berufsstandes arbeitet || -K: ***Anwalts-, Ärzte-, Handels-***

Kam·mer·chor *der*; e-e kleine Gruppe von Sängern, die zusammen (Kammer)Musik machen

Kam·mer·die·ner *der*; *hist*; der persönliche Diener e-s Fürsten *o.Ä.*

Kam·mer·jä·ger *der*; j-d, der (beruflich) Ungeziefer in Gebäuden tötet

Kam·mer·kon·zert *das*; ein Konzert, bei dem Kammermusik gespielt wird

Käm·mer·lein *das*; *-s, -*; *hum*; ein kleines Zimmer || *mst* ID ***im stillen K.*** *hum*; in Ruhe u. ganz allein

Kam·mer·mu·sik *die*; *nur Sg*; (ernste) Musik, die für e-e kleine Zahl von Instrumenten od. Sängern geschrieben ist || *hierzu* **Kam·mer·mu·si·ker** *der*

Kam·mer·or·ches·ter *das*; ein relativ kleines Orchester, das Kammermusik spielt

Kam·mer·zo·fe *die*; *hist*; e-e Frau, die die Aufgabe hatte, e-e Fürstin *o.Ä.* zu bedienen

Kamm·garn *das*; ein feines, glattes Garn (aus Wolle), bei dem die kurzen Fasern mit e-r Art Kamm entfernt wurden

Kam·pag·ne [-ˈpanjə] *die*; *-, -n*; ***e-e K.*** **(*für, gegen j-n / etw.*)** e-e Aktion mit dem Zweck, in der Öffentlichkeit für j-n / etw. zu werben od. (*mst* aus politischen Gründen) gegen j-n / etw. zu kämpfen ⟨e-e K. starten, führen⟩: *Die K. gegen das Rauchen hat Erfolg* || -K: ***Presse-, Werbe-*** || NB: ↑ ***Feldzug***

Kampf *der*; *-(e)s, Kämp·fe*; **1** ***der K.*** **(*gegen j-n / mit j-m*)** militärische Aktionen während e-s Krieges ⟨ein harter, schwerer, erbitterter, blutiger, bewaffneter K.; der K. gegen die Eindringlinge, die feindliche Armee; ein K. entbrennt, tobt⟩ || K-: ***Kampf-, -flugzeug, -gebiet, -getümmel, -mittel, -panzer, -pause, -platz, -verband***; ***Kampf(es)-, -lärm, -mut*** || -K: ***Luft-, See-*** **2** ***der K.*** **(*gegen j-n / mit j-m*)** e-e Auseinandersetzung od. ein Streit, bei denen man versucht, mit körperlicher Kraft od. mit Waffen e-n (persönlichen) Gegner zu besiegen ⟨j-n zum K. herausfordern; ein K. Mann gegen Mann⟩: *Bei dem K. mit seinem Rivalen wurde er schwer verletzt* **3** ein Konflikt, *bes* e-e Kontroverse, zwischen Menschen(gruppen), die verschiedene Interessen, Meinungen od. Ideologien vertreten: *der Kampf der Geschlechter* **4** ***der K.*** **(*für, gegen j-n / etw.*)** die besonders intensiven Bemühungen u. Anstrengungen, mit denen man ein Ziel zu erreichen od. etw. zu verhindern versucht: *der K. gegen die Umweltverschmutzung, für den Frieden* || K-: ***Kampf-, -gefährte, -gemeinschaft, -genosse, -lied, -parole, -schrift, -ziel*** **5** ***der K.*** **(*um j-n / etw.*)** die intensiven Bemühungen u. Anstrengungen, ein (hohes) Ziel zu erreichen, j-n / etw. zu behalten *o.Ä.*: *der K. ums Überleben*; *der K. um (die) Erhöhung der Löhne*; *der K. um das Leben ihres schwer verletzten Mannes* **6** ***der K.*** **(*um etw.*)** ≈ Wettkampf: *der K. um den Sieg, um die Goldmedaille*; *Die Mannschaften lieferten sich e-n spannenden K.* **7** die Anstrengungen, mit denen man e-n seelischen Konflikt zu lösen versucht ⟨ein innerer, seelischer K.; e-n K. mit sich (selbst) austragen⟩ **8** ***j-m / etw. den K. ansagen*** zum Ausdruck bringen, dass man j-n / etw. bekämpfen will || *zu* **1** u. **2** **kampf·be·reit** *Adj*; *nicht adv*; **kampf·los** *Adj*; *zu* **8** **Kampf·an·sa·ge** *die*

-kampf *der*; *im Subst, unbetont, wenig produktiv*; ein sportlicher Wettkampf (*bes* der Leichtathletik) mit der genannten Zahl von Disziplinen; ***Dreikampf, Fünfkampf, Siebenkampf, Zehnkampf, Zwölfkampf***

Kampf·ab·stim·mung *die*; e-e Abstimmung *o.Ä.*, bei der zwei Gruppen (*mst* politische Parteien) ungefähr die gleichen Chancen haben zu gewinnen

kämp·fen; *kämpfte, hat gekämpft*; [Vi] **1** **(*gegen j-n / mit j-m*)** ***k.*** im Krieg mit Waffen versuchen, feindliche Soldaten zu besiegen ⟨tapfer, erbittert gegen die Eindringlinge, die feindliche Armee k.⟩ **2** **(*gegen j-n / mit j-m*)** ***k.*** (körperliche) Gewalt gegen e-n anderen anwenden u. so versuchen, ihn zu besiegen (auch mithilfe von Waffen): *Die beiden jungen Burschen kämpften verbissen miteinander* **3** ***für, gegen j-n / etw. k.*** sich sehr stark (angestrengt) bemühen, etw. zu erreichen bzw. zu verhindern ≈ sich für, gegen j-n / etw. einsetzen (8): *für die Gleichberechtigung der Frau, gegen den Rassismus k*; *gegen den Kandidaten der Opposition k.*; dagegen *k.*, dass *e-e Autobahn gebaut wird* **4** ***um j-n / etw. k.*** sich ganz intensiv darum bemühen, etw. zu erreichen, j-n / etw. zu behalten *o.Ä.*: *Die Gewerkschaft kämpft um höhere Löhne*; *Bei der Scheidung kämpfte sie um ihr Kind*; *Er kämpfte* darum, *die Kontrolle nicht* zu *verlieren* **5** **(*um etw.*)** ***k.*** sich *bes* im Sport bemühen, Erfolg (im Wettkampf) zu haben ⟨hart, verbissen k.⟩: *um den Meistertitel, um den Sieg k.* **6** **(*mit sich*)** ***k.*** lange u. intensiv über die positiven u. negativen Aspekte e-r unangenehmen Sache, e-s privaten Problems *o.Ä.* nachdenken, um sich richtig zu entscheiden: *Er kämpfte lange (mit sich), bevor er sich entschloss, seiner Frau die Wahrheit zu sagen*

Kamp·fer *der*; *-s*; *nur Sg*; e-e Masse, die aus dem Holz e-s (asiatischen) Baumes gewonnen wird u. *bes* in der Medizin u. Pharmazie verwendet wird || K-: ***Kampfer-, -öl, -salbe***

Kämp·fer *der; -s, -;* j-d, der (*bes* als Soldat, Sportler *o.Ä.*) für ein Ziel, gegen j-n / etw. kämpft || K-: ***Kämpfer-, -herz*** || -K: ***Freiheits-, Front-*** || *hierzu* **Kämp·fe·rin** *die; -, -nen*

kämp·fe·risch *Adj;* bereit (u. von dem Wunsch erfüllt), für ein Ziel zu kämpfen (2,3,4,5) ≈ einsatzfreudig ⟨e-e Haltung, ein Einsatz; sich k. zeigen⟩

Kämp·fer·na·tur *die;* ein Mensch, der von Natur aus gern kämpft (u. nicht aufgibt): *Er ist e-e richtige K.*

kampf·fes·lus·tig *Adj; nicht adv;* **1** bereit, mit j-m e-n Streit anzufangen ≈ herausfordernd ↔ versöhnlich ⟨j-n k. ansehen⟩ **2** bereit, für etw., gegen j-n zu kämpfen (1,2) || *hierzu* **Kampf·fes·lust** *die; nur Sg*

Kampf·fes·wil·le *der; nur Sg;* die Entschlossenheit, (weiter) zu kämpfen (u. nicht aufzugeben) ≈ Kampfgeist

Kampf·geist *der; nur Sg* ≈ Kampfeswille

Kampf·ge·richt *das; Sport;* e-e Gruppe von Experten, die e-n sportlichen Wettkampf überwachen (u. die Leistungen der Sportler bewerten) ≈ Jury

Kampf·hand·lung *die; mst Pl;* e-e militärische (Einzel)Aktion im Kampf (1) ⟨die Kampfhandlungen beenden, einstellen⟩

Kampf·hund *der;* ein Hund, der für Kämpfe mit anderen Hunden gezüchtet u. dressiert wird

Kampf·kraft *die; nur Sg;* die Fähigkeit (*bes* von Soldaten), erfolgreich zu kämpfen (1) ⟨die K. der Armee / Soldaten / Truppe *o.Ä.* erhöhen, verstärken⟩ || *hierzu* **kampf·kräf·tig** *Adj; nicht adv*

kampf·lus·tig *Adj* ≈ kampfeslustig

Kampf·preis *der; Ökon;* ein sehr niedriger Preis für e-e Ware, mit dem e-e Firma die Konkurrenz vom Markt verdrängen will

Kampf·rich·ter *der;* ein Experte, der bei e-m sportlichen Wettkampf darauf achtet, dass die Bestimmungen eingehalten werden, u. der die Leistungen der Sportler bewertet || NB: ↑ ***Jury***

Kampf·sport *der;* e-e Sportart wie *z.B.* Boxen, Ringen od. Judo

Kampf·stoff *der; mst Pl;* ***biologische, chemische, radioaktive Kampfstoffe*** (biologische, chemische, radioaktive) Substanzen, mit denen im Krieg Menschen getötet od. verletzt werden

kampf·un·fä·hig *Adj; nicht adv;* nicht (mehr) in der Lage, (weiter) zu kämpfen ⟨j-n k. machen⟩ || *hierzu* **Kampf·un·fä·hig·keit** *die; nur Sg*

Kampf·wil·le *der* ≈ Kampfeswille

kam·pie·ren; *kampierte, hat kampiert;* Vi ***irgendwo k.*** für kurze Zeit *mst* in e-m Zelt im Freien wohnen

Ka·nal *der; -s, Ka·nä·le;* **1** ein breiter, *mst* gerader, künstlicher Graben mit Wasser (*z.B.* zwischen zwei Meeren od. Flüssen), auf dem Schiffe fahren können || -K: ***Seiten-*** **2** ein relativ großes Rohr od. ein überdeckter Graben, durch die schmutziges Wasser aus den Häusern geleitet wird: *Die Abwässer der Stadt werden durch unterirdische Kanäle in die Kläranlage geleitet* || K-: ***Kanal-, -bau, -deckel, -system*** || -K: ***Abwasser-, Bewässerungs-, Entwässerungs-*** **3** *TV, Radio;* ein Frequenzbereich, in dem man e-n bestimmten Sender empfangen kann ⟨e-n K. wählen, einstellen, empfangen, hören⟩ **4** *nur Pl;* ***geheime, dunkle, diplomatische Kanäle*** geheime, verdächtige, diplomatische Wege, auf denen Informationen zum Empfänger gelangen || NB *zu* **4**: nur mit Adjektiv verwendet || ID ***den K. voll haben*** *gespr;* etw. satt haben

Ka·nal·ar·bei·ter *der;* **1** ein Arbeiter, der (Reparatur)Arbeiten an der Kanalisation verrichtet **2** Ⓓ *gespr;* j-d, der *bes* für e-n Politiker tätig ist, ohne dass er selbst sehr bekannt ist

Ka·na·li·sa·ti·on [-'tsjoːn] *die; -, -en;* ein System von (unterirdischen) Kanälen (2), durch die das gebrauchte schmutzige Wasser (Abwasser) (ab)geleitet wird || K-: ***Kanalisations-, -netz*** || -K: ***Abwasser-***

ka·na·li·sie·ren; *kanalisierte, hat kanalisiert;* Vt **1** ⟨e-e Stadt, ein Dorf⟩ ***k.*** in e-r Stadt, e-m Dorf *usw* Kanäle (2) anlegen **2** ***etw. k.*** *geschr;* e-e Sache, ein Problem in e-e bestimmte Richtung lenken u. dadurch zu deren Lösung beitragen: *seine Aggressionen k.* || *hierzu* **Ka·na·li·sie·rung** *die*

Ka·nal·tun·nel *der; nur Sg;* ein Tunnel unter dem Ärmelkanal, der England mit Frankreich verbindet

Ka·na·pee *das; -s, -s; veraltend* ≈ Sofa, Couch

Ka·na·ri *der; -s,-; bes südd* Ⓐ *gespr* ≈ Kanarienvogel

Ka·na·ri·en·vo·gel [-'naːriən-] *der;* ein gelber od. rötlicher kleiner (Sing)Vogel, den man als Haustier in Käfigen hält

Kan·da·re *die; -, -n;* e-e Gebissstange (als Teil des Zaumzeugs), an der man mit e-m kleinen Riemen (Zügel) zieht, wenn man ein Pferd in e-e bestimmte Richtung lenken will: *dem Pferd die K. anlegen* || ID *mst* ***j-n an die K. nehmen; j-m die K. anlegen*** j-s Freiheit einschränken u. sein Tun stärker kontrollieren

Kan·de·la·ber *der; -s, -;* ein Leuchter für mehrere Kerzen

Kan·di·dat *der; -en, -en;* **1** ***ein K.*** (***für etw.***) j-d, der e-e Stelle od. ein Amt haben möchte od. bereit ist, e-e (öffentliche) Funktion zu übernehmen u. sich deshalb darum bewirbt ≈ Anwärter, Bewerber ⟨K. seiner Partei; e-n Kandidaten aufstellen, nominieren, wählen⟩: *j-n als Kandidaten für die Bundestagswahl aufstellen; Er war der aussichtsreichste K. für das Amt des Präsidenten* || K-: ***Kandidaten-, -liste*** || -K: ***Gegen-, Ersatz-, Spitzen-*** **2** ein Student, der (gerade) das (Abschluss)Examen machen will || NB: *der Kandidat; den, dem, des Kandidaten* || *hierzu* **Kan·di·da·tin** *die; -, -nen*

Kan·di·da·tur *die; -, -en;* ***die K.*** (***für etw.***) die Aufstellung als Kandidat für e-e Wahl ≈ Bewerbung ⟨e-e K. annehmen, unterstützen, ablehnen; seine K. zurückziehen⟩: *Wir unterstützen seine K. für den Bundestag*

kan·di·die·ren; *kandidierte, hat kandidiert;* Vi (***für etw.***) ***k.*** sich als Kandidat (1) um e-e (öffentliche) Funktion od. um ein Amt bewerben: *Er kandidierte bei den Wahlen für unsere Partei*

kan·diert *Adj; mst attr, nicht adv;* mit Zucker bedeckt u. haltbar gemacht ⟨Früchte⟩

Kan·dis·zu·cker *der;* große, feste Kristalle aus weißem, gelbem od. braunem Zucker

Kän·gu·ru *das; -s, -s;* ein großes Tier, das in Australien beheimatet ist, e-n langen Schwanz u. starke Hinterbeine hat u. das seine Jungen in einer Art Beutel trägt

Ka·nin·chen *das; -s, -;* ein (Nage)Tier, ähnlich e-m Hasen, aber mit kürzeren Ohren || K-: ***Kaninchen-, -bau, -braten, -fell, -stall, -zucht***

Ka·nis·ter *der; -s, -;* ein großer Behälter aus Blech od. Plastik, in dem man *bes* Wasser, Öl od. Benzin aufbewahrt || -K: ***Benzin-, Öl-, Reserve-, Wasser-***

Kanister

kann *Präsens, 1. u. 3. Person Sg;* ↑ ***können***

Känn·chen *das; -s, -;* **1** e-e kleine Kanne || -K: ***Milch-, Sahne-*** **2** ***ein K.*** ⟨Kaffee, Tee, Schokolade *usw*⟩ e-e Portion e-s warmen Getränks (die

K

man in e-m Lokal bestellt), die aus ungefähr zwei Tassen besteht

Kan·ne *die*; -, *-n*; ein (relativ hohes) Gefäß (aus Blech, Porzellan *o.Ä.*) mit e-m Henkel u. e-m Schnabel *o.Ä.* (u. *mst* auch e-m Deckel): *e-e K. Kaffee* || -K: ***Gieß-***; ***Kaffee-, Milch-, Öl-, Tee-***; ***Blech-, Porzellan-*** || ID ***Es gießt wie aus Kannen*** *gespr*; es regnet sehr stark || NB: ↑ ***Krug***

Kan·ni·ba·le *der*; *-n, -n*; j-d, der das Fleisch von Menschen isst || NB: *der Kannibale; den, dem, des Kannibalen* || *hierzu* **kan·ni·ba·lisch** *Adj*; **Kan·ni·ba·lis·mus** *der*; -; *nur Sg*

kann·te *Imperfekt, 1. u. 3. Person Sg*; ↑ ***kennen***

Ka·non *der*; *-s, -s*; **1** ein Lied, bei dem zwei od. mehrere Stimmen kurz nacheinander anfangen, dieselbe Melodie zu singen **2** *mst Sg, geschr*; ein System von Regeln *o.Ä.*, die für e-n bestimmten Bereich gelten || -K: ***Gesetzes-, Verhaltens-*** **3** *nur Sg, Rel*; die Bücher der Bibel, die für die katholische Kirche verbindlich sind

Ka·no·ne *die*; -, *-n*; **1** e-e große Waffe mit e-m langen Rohr, aus der man sehr große Kugeln schießt ≈ Geschütz ⟨e-e K. laden, abfeuern⟩ || K-: ***Kanonen-, -boot, -donner, -kugel, -schuss*** **2** *gespr* ≈ Revolver: *Gib die K. her!* **3** *gespr*; j-d, der etw. (*mst* e-e Sportart) sehr gut kann: *Er ist e-e K. im Tennis* || -K: ***Sports-*** || ID ***j-d / etw. ist unter aller K.*** *gespr*; j-d / etw. ist in der Leistung / Qualität sehr schlecht; ***mit Kanonen auf Spatzen schießen*** mit (zu) starken Mitteln gegen etw. Harmloses, ein kleines Problem (an)kämpfen

Ka·no·nen·fut·ter *das*; *Kollekt, pej*; die Soldaten, die im Krieg für Aktionen geopfert werden, die keinen Erfolg haben können: *Unsere Männer sind bloß K.!*

Ka·no·nen·rohr *das*; der Lauf (5) e-r Kanone (1)

Ka·no·nier [-ˈniːɐ̯] *der*; *-s, -e*; der Soldat, der mit e-r Kanone (1) schießt

Kan·ta·te *die*; -, *-n*; ein *mst* religiöses Lied für mehrere Sänger, das ein Chor u. ein Orchester begleiten ⟨e-e K. aufführen⟩: *die Kantaten von Bach*

Kan·te *die*; -, *-n*; **1** e-e gerade (feste) Linie zwischen zwei Flächen, die in e-m bestimmten Winkel aufeinander treffen ⟨e-e scharfe K.⟩: *die Kanten e-s Würfels, der Kiste; sich an e-r K. des Tisches stoßen* || -K: ***Bett-, Stuhl-, Tisch-*** || NB: ↑ ***Ecke*** **2** ≈ Rand (1): *die K. e-s Ärmels* || ID ***etw. auf die hohe K. legen*** *gespr*; Geld als Reserve, für schlechte Zeiten sparen

Kan·ten *der*; *-s*, -; *bes nordd*; das erste od. letzte Stück von e-m (Laib) Brot

Kant·holz *das*; e-e Art Balken, mit dem man *z.B.* Wände stützt

kan·tig *Adj*; **1** mit Kanten (1) ↔ abgerundet ⟨ein Stein, ein Fels⟩ **2** ***ein kantiges Gesicht*** ein Gesicht mit ausgeprägtem Kinn u. hervorstehenden (Backen)Knochen

-kan·tig *im Adj, unbetont, wenig produktiv*; mit der genannten Zahl od. Art von Kanten; ***dreikantig, vierkantig, sechskantig, achtkantig***; ***scharfkantig***

Kan·ti·ne *die*; -, *-n*; e-e Art Restaurant in e-m Betrieb, e-r Kaserne *o.Ä.*: *mittags in der K. essen* || K-: ***Kantinen-, -essen, -kost, -pächter, -wirt***

Kan·ton *der*; *-s, -e*; einer von insgesamt 23 Bezirken (mit vielen autonomen Rechten) in der Schweiz: *der K. Uri* || K-: ***Kantons-, -gericht, -regierung*** || *hierzu* **kan·to·nal** *Adj*; *nicht adv*

Kan·tor *der*; *-s, Kan·to·ren*; der Leiter e-s (Kirchen)Chors, der zugleich Orgel spielt

Kant·stein *der*; *nordd* ≈ Bordstein

Ka·nu, Ka·nu *das*; *-s, -s*; **1** ein schmales, oben offenes Boot der Indianer (dessen Spitze vorn u. hinten nach oben zeigt) **2** ein (Sport)Boot, das wie ein K. (1) aussieht || K-: ***Kanu-, -sport*** || NB: ↑ ***Kajak***

Ka·nü·le *die*; -, *-n*; *Med*; die hohle Nadel an e-r (Injektions)Spritze

Ka·nu·te *der*; *-n, -n*; *Sport*; ein Sportler, der mit e-m Kanu (2) Sport treibt || NB: *der Kanute; den, dem, des Kanuten*

Kan·zel *die*; -, *-n*; **1** der Teil der Kirche (oft seitlich des Altars od. auf e-r Säule), von dem aus der Pfarrer seine Predigt hält **2** die Kabine (vorne im Flugzeug), in der der Pilot sitzt ≈ Cockpit

Kanz·lei *die*; -, *-en*; *bes südd* Ⓐ Ⓒⓗ das Büro e-s Rechtsanwalts od. die Dienststelle in e-m Amt

Kanz·ler *der*; *-s*, -; **1** *Kurzw* ↑ ***Bundeskanzler*** **2** *Kurzw* ↑ ***Reichskanzler*** **3** der oberste Verwaltungsbeamte an e-r Universität || K-: ***Kanzler-, -amt, -kandidat***

Kanz·ler·de·mo·kra·tie *die*; *nur Sg, Pol*; ein parlamentarisches (Regierungs)System, in dem der Kanzler sehr viel politischen Einfluss hat

Kap *das*; *-s, -s*; ein Teil e-r (Felsen)Küste, der weit ins Meer ragt || NB: *bes* in geographischen Namen, *z.B.*: *Kap der Guten Hoffnung, Kap Horn*

Ka·pa·zi·tät[1] *die*; -, *-en*; **1** *Ökon*; die Leistungsfähigkeit e-r Firma, e-s (Industrie)Unternehmens ⟨freie, nicht (aus)genutzte Kapazitäten; die K. voll (aus)nutzen⟩ **2** *geschr*; die Masse od. Menge von etw. od. die Zahl an Personen, die in e-n Raum hineinpassen: *Das Krankenhaus hat e-e K. von 300 Betten* **3** die Fähigkeit (e-s Kondensators), elektrische Ladung aufzunehmen u. zu speichern

Ka·pa·zi·tät[2] *die*; -, *-en*; ein Experte, der sein Fachgebiet ausgezeichnet beherrscht u. dafür bekannt ist ≈ Meister: *Er ist e-e K. auf dem Gebiet der Neurochirurgie*

Ka·pel·le[1] *die*; -, *-n*; e-e kleine Kirche (manchmal als separater Raum in e-m Schloss od. in e-r großen Kirche) || -K: ***Wallfahrts-***; ***Grab-, Tauf-***

Ka·pel·le[2] *die*; -, *-n*; *veraltend*; ein (relativ kleines) Orchester, das *bes* Musik zur Unterhaltung u. zum Tanz spielt || -K: ***Musik-, Tanz-***

Ka·pell·meis·ter *der*; (in e-r Hierarchie von Dirigenten) der 2. od. 3. Dirigent nach dem Chefdirigenten e-s großen Orchesters

Ka·per *die*; -, *-n*; *mst Pl*; die (Blüten)Knospe e-s Strauches, die man in Essig legt u. als Gewürz verwendet || K-: ***Kapern-, -soße***; ***-strauch***

ka·pern; *kaperte, hat gekapert*; [Vt] **1** ⟨ein Pirat⟩ ***kapert etw.*** *hist*; ein Pirat überfällt u. raubt (erbeutet) ein fremdes Schiff || K-: ***Kaper-, -fahrt, -schiff*** **2** ⟨ein Luftpirat⟩ ***kapert etw.*** ein Luftpirat bringt ein Flugzeug in seine Gewalt (*mst* um ein politisches Ziel zu erreichen) **3** ***sich*** (*Dat*) ***j-n / etw. k.*** es (durch List *o.Ä.*) schaffen, j-n / etw. für sich zu bekommen

ka·pie·ren; *kapierte, hat kapiert*; [Vt/i] ***(etw.) k.*** *gespr* ≈ verstehen (1): *Das kapiere ich einfach nicht!*

Ka·pil·la·re *die*; -, *-n*; *Med*; e-e ganz dünne, feine Ader || *hierzu* **ka·pil·lar** *Adj*

ka·pi·tal *Adj*; **1** *gespr*; sehr groß ⟨ein Fehler; e-n kapitalen Bock schießen (= e-n großen Fehler machen)⟩ **2** (*bes* von Jägern verwendet) sehr groß ⟨ein Bock, ein Hirsch, ein Hecht⟩

Ka·pi·tal *das*; *-s, -e / -ien* [-i̯ən]; **1** *Ökon*; das Geld, die Maschinen *usw*, die e-e Firma *o.Ä.* besitzt ⟨die Gesellschaft erhöht ihr K.⟩ || K-: ***Kapital-, -aufstockung, -bedarf, -besitz, -eigner, -erhöhung, -investition*** **2** Geld (das Gewinn bringt, *z.B.* in Form von Zinsen) ≈ Vermögen ⟨sein K. (gut, Gewinn bringend) anlegen, das K. aufbrauchen⟩ || K-: ***Kapital-, -anlage, -ertrag, -vermögen*** || ID ***aus etw. K. schlagen / ziehen*** etw. so (aus)nutzen, dass man e-n Vorteil od. e-n Gewinn davon hat: *aus e-r ver-*

traulichen Information K. schlagen; ***totes K.*** Wissen, Erfahrungen, Fähigkeiten *o.Ä.*, die man nicht (mehr) nutzen kann

Ka·pi·tal·bil·dung *die*; die Vermehrung des Kapitals (2) (*z.B.* durch Sparen od. Investieren)

Ka·pi·tal·er·trags·steu·er *die*; Ⓓ e-e Steuer, die man für Einkünfte aus Sparguthaben, Wertpapieren *o.Ä.* zahlen muss

Ka·pi·tal·flucht *die*; das Transferieren von Kapital (2) ins Ausland bei ungünstigen Bedingungen im Inland

Ka·pi·ta·lis·mus *der*; -; *nur Sg*, *Ökon*; ein gesellschaftliches System, in dem die Produktionsmittel in Privateigentum sind u. die Produktion für den Markt durch Angebot u. Nachfrage bestimmt wird || *hierzu* **ka·pi·ta·lis·tisch** *Adj*

Ka·pi·ta·list *der*; *-en, -en*; **1** *oft pej*; ein reicher privater Unternehmer (der e-n möglichst hohen Gewinn machen will) **2** ein Anhänger od. Verfechter des Kapitalismus || NB: *der Kapitalist*; *den, dem, des Kapitalisten*

Ka·pi·tal·markt *der*; der Markt für (*bes* langfristige) Kredite, Aktien, Pfandbriefe *usw*

Ka·pi·tal·ver·bre·chen *das*; ein besonders schweres Verbrechen (wie *z.B.* Mord od. Kidnapping) || *hierzu* **Ka·pi·tal·ver·bre·cher** *der*

Ka·pi·tän *der*; *-s, -e*; **1** der Kommandant e-s Schiffes **2** der verantwortliche Pilot in e-r großen Verkehrsmaschine **3** *Sport, Kurzw* ↑ ***Mannschaftskapitän***: *der K. der Nationalmannschaft* **4** ***K. zur See*** *Mil*; verwendet als Titel e-s hohen Offiziers der Marine

Ka·pi·täns·pa·tent *das*; das Recht, große Schiffe (als Kapitän) zu steuern

Ka·pi·tel *das*; *-s, -*; ein Abschnitt e-s (längeren) Textes, *mst* mit e-r eigenen Überschrift, der e-e inhaltliche Einheit bildet; *Abk* Kap.: *Der Roman hat 10 Kapitel* || K-: ***Kapitel-, -überschrift*** || -K: ***Einleitungs-, Schluss-*** || ID ***etw. ist ein K. für sich*** *gespr*; etw. ist unangenehm, problematisch od. schwierig: *Das Wohnungsproblem ist ein K. für sich*

Ka·pi·tell *das*; *-s, -e*; der oberste (*mst* verzierte) Teil e-r Säule *o.Ä.* || ↑ *Abb. unter* ***Säule***

Ka·pi·tu·la·ti·on [-ˈt͜sioːn] *die*; *-, -en*; **1** die offizielle Erklärung, dass man in e-m Krieg *o.Ä.* zu kämpfen aufhört u. sich geschlagen gibt ⟨e-e bedingungslose K.; die K. erklären⟩: *die K. Deutschlands im Zweiten Weltkrieg* **2** ein Vertrag, der die Erklärung der K. (1) enthält ⟨die K. annehmen, unterschreiben⟩

ka·pi·tu·lie·ren; *kapitulierte, hat kapituliert*; [Vi] **1** *mst* ⟨die Armee, das Land⟩ ***kapituliert*** die Armee od. das Land hört auf zu kämpfen, weil sie besiegt sind ≈ sich (j-m) ergeben[2] (1) **2** (***vor etw.*** (*Dat*)) ***k.*** resignieren u. nichts mehr tun, um noch Erfolg zu haben ≈ aufgeben ⟨vor e-r schwierigen Aufgabe, den Schwierigkeiten k.⟩

Kap·lan; *der*; *-s, Kap·lä·ne*; *kath*; ein Priester, der e-m katholischen Pfarrer in der Gemeinde hilft

Kap·pe *die*; *-, -n*; **1** e-e Kopfbedeckung aus relativ festem Material, die eng auf dem Kopf sitzt u. vorne e-n steifen Rand (e-n Schirm[1] (4)) haben kann ⟨e-e K. tragen, aufsetzen⟩ || -K: ***Leder-, Pelz-, Woll-***; ***Bade-*** **2** ein Stück Metall, Plastik *o.Ä.*, mit dem man etw. schützt od. verschließt (*z.B.* e-e Flasche) || ↑ *Abb. unter* ***Deckel*** || -K: ***Rad-, Schutz-, Verschluss-*** **3** der feste Teil vorn am Schuh || ID ***etw. auf seine*** (***eigene***) ***K. nehmen*** *gespr*; die Verantwortung für etw. auf sich nehmen

kap·pen; *kappte, hat gekappt*; [Vt] **1** ***etw. k.*** ein Stück von etw. (ab)schneiden u. dies dadurch kürzer machen: *Der Sturm hat die Spitzen der Bäume gekappt* **2** ***etw. k.*** ≈ durchschneiden ⟨*mst* die Taue, die Leinen k.⟩

Käp·pi *das*; *-s, -s*; e-e schmale, längliche (Uniform)Mütze

Kap·ri·o·le *die*; *-, -n*; *mst Pl*; **1** e-e *mst* lustige, ungewöhnliche Tat ⟨Kapriolen machen⟩ **2** ein großer, *mst* akrobatischer Sprung, der lustig aussieht

kap·ri·zi·ös [-ˈt͜siøːs] *Adj*; *geschr*; launisch, eigenwillig ⟨ein Benehmen; ein Stil; ein Wesen⟩

Kap·sel *die*; *-, -n*; **1** ein kleiner, runder od. ovaler Behälter aus dünnem, aber festem Material || -K: ***Blech-, Blei-, Gummi-, Metall-, Silber-*** **2** ein Medikament (*mst* in Form von Pulver), das von e-r Hülle umgeben ist (die sich dann im Magen auflöst) **3** *Bot*; (bei bestimmten Pflanzen) e-e Hülle, die den Samen enthält || -K: ***Samen-*** || *zu* **1** **kap·sel·för·mig** *Adj*; *nicht adv* || ▶ ***ab-, verkapseln***

ka·putt *Adj*; *nicht adv*, *gespr*; **1** in e-m Zustand, in dem es nicht mehr zu gebrauchen ist ≈ beschädigt, defekt ⟨*bes* ein Gerät, e-e Maschine⟩: *Mein Auto ist k.*; *Der Fernseher ist k.*; *die kaputte Glühbirne austauschen* **2** völlig erschöpft u. müde ⟨sich k. fühlen⟩: *Ich war nach der Arbeit ganz k.* **3** so (weit zerstört), dass sich die Partner nicht mehr lieben u. verstehen ↔ intakt ⟨*mst* e-e Beziehung, e-e Ehe⟩ **4** ≈ ruiniert || NB: ↑ ***Typ***

ka·putt- *im Verb, betont u. trennbar, wenig produktiv*, *gespr*; Die Verben mit *kaputt-* werden nach folgendem Muster gebildet: *kaputtmachen - machte kaputt - kaputtgemacht*;

kaputt- drückt aus, dass etw. in Stücke bricht od. auf andere Weise zerstört wird;

kaputtschlagen: *Er hat mit der Hand die Fensterscheibe kaputtgeschlagen* ≈ Er hat mit der Hand die Fensterscheibe zerschlagen

ebenso: ***etw. kaputtfahren, etw. kaputtkriegen, etw. kaputtmachen***

ka·putt·ge·hen (*ist*) [Vi] *gespr*; **1** ***etw. geht kaputt*** etw. zerbricht *o.Ä.*, gerät in e-n so schlechten Zustand, dass es nicht mehr zu gebrauchen ist **2** ***etw. geht kaputt*** etw. löst sich (auf) ⟨e-e Beziehung, e-e Ehe⟩ **3** ***j-d / etw. geht kaputt*** ein Geschäft *o.Ä.* wird wirtschaftlich ruiniert **4** (***an etw.***) ***k.*** wegen etw. die Freude am Leben od. seine Gesundheit verlieren

ka·putt·la·chen, sich (*hat*) [Vr] ***sich*** (***über j-n / etw.***) ***k.*** *gespr*; sehr heftig u. laut über j-n / etw. lachen: *sich über einen Witz k.*

ka·putt·ma·chen (*hat*) [Vt] *gespr*; **1** ***etw. k.*** ↑ ***kaputt-*** **2** ***j-n k.*** so viel Kraft (durch Anstrengungen) von j-m fordern, dass er dabei seine körperlichen od. seelischen Kräfte verliert: *Die Sorgen um ihren kranken Sohn machen sie noch kaputt*; [Vr] **3** ***sich k.*** alle Kräfte für etw. verbrauchen u. dadurch die eigene Gesundheit ruinieren: *Du solltest nicht so viel arbeiten. - Du machst dich doch kaputt!*

Ka·pu·ze *die*; *-, -n*; e-e Kopfbedeckung, die an e-m Mantel, e-m Anorak *o.Ä.* festgemacht ist

Ka·ra·bi·ner *der*; *-s, -*; ein Gewehr, das e-n kurzen Lauf (5) hat

Ka·ra·bi·ner·ha·ken *der*; ein (geschlossener) Haken (*z.B.* an der Hundeleine) mit e-r Feder[3], die verhindert, dass er sich von selbst öffnet

Ka·ra·cho *mst in* ***mit K.*** *gespr*; mit großer Geschwindigkeit, mit hohem Tempo ≈ rasant: *mit K. losrasen*

Ka·raf·fe *die*; *-, -n*; e-e schöne (gewölbte) Flasche, in der man *z.B.* Likör od. Wein serviert

Ka·ram·bo·la·ge [-ˈlaːʒə] *die*; *-, -n*; *gespr*; ein Zusammenstoß von mehreren Fahrzeugen, *mst* Autos ⟨es kommt zu e-r K.⟩: *e-e K. im Nebel* || -K: ***Massen-***

Ka·ra·mell *der*, Ⓒⓗ *das*; *-s*; *nur Sg*; e-e braune (klebrige) Substanz, die entsteht, wenn man Zucker erhitzt || K-: ***Karamell-, -bonbon, -creme, -pudding*** || *hierzu* **ka·ra·mell·far·ben** *Adj*; *nicht adv*

Ka·ra·mel·le *die*; -, *-n*; *mst Pl* ≈ Karamellbonbon

Ka·rat *das*; *-(e)s*, - / *-e*; **1** e-e (Maß)Einheit, in der man das Gewicht von Edelsteinen angibt: *ein Diamant von einem K.* **2** e-e (Maß)Einheit, mit der man angibt, wie hoch der Anteil von Gold (in e-r Legierung) ist: *Reines Gold hat 24 Karat* || NB: nach Zahlenangaben lautet der Plural *Karat* || ► ***hochkarätig***

Ka·ra·te (*das*); *-(s)*; *nur Sg*; ein Sport u. e-e Methode, ohne Waffen zu kämpfen, bei denen man *bes* mit den Händen (Handkanten) schlägt u. mit den Füßen tritt || K-: ***Karate-, -kämpfer, -meister***

Ka·ra·wa·ne *die*; -, *-n*; e-e Gruppe von Reisenden, Kaufleuten, Forschern *o.Ä.*, die durch unbewohnte Gebiete (Asiens od. Afrikas) *bes* mit Kamelen ziehen

Kar·dan·wel·le *die*; *Tech*; (beim Auto) e-e Stange mit mehreren Gelenken, die die Kraft vom Motor auf die Räder überträgt

Kar·di·nal *der*; *-s*, *Kar·di·nä·le*; *kath*; ein Priester, der in der Hierarchie der katholischen Kirche direkt unter dem Papst steht || NB: ↑ ***Bischof***

Kar·di·nal- *im Subst*, *wenig produktiv*, *geschr*; verwendet, um auszudrücken, dass es sich um das Wichtigste, Zentrale handelt ≈ Haupt-; der ***Kardinalfehler***, die ***Kardinalfrage***, das ***Kardinalproblem***, der ***Kardinalpunkt***

K

Kar·di·nal·zahl *die*; *Math*; e-e Zahl wie *eins*, *zwei*, *drei usw*, die e-e Menge nennt (im Gegensatz zu e-r Reihenfolge) ≈ Grundzahl ↔ Ordinalzahl

Kar·di·o·lo·gie *die*; -; *nur Sg*, *Med*; das Gebiet der Medizin, das sich mit den Funktionen u. den Erkrankungen des Herzens beschäftigt || *hierzu* **Kar·di·o·lo·ge** *der*; *-en*, *-en*; **Kar·di·o·lo·gin** *die*; -, *-nen*; **kar·di·o·lo·gisch** *Adj*; *nur attr od adv*

Ka·renz·tag *der*; *mst Pl*, *Ökon*; verwendet als Bezeichnung für die ersten Krankheitstage, für die kranke Arbeitnehmer keinen Lohn bekommen sollen (um die Lohnnebenkosten zu senken)

Kar·fi·ol [-'fio:l] *der*; *-s*; *nur Sg*, *südd* Ⓐ ≈ Blumenkohl

Kar·frei·tag *der*; der Freitag vor Ostern

karg, *karger* / *kärger*, *kargst-* / *kärgst-*; *Adj*; **1** nicht sehr reichlich in der Menge ≈ dürftig ⟨ein Mahl, ein Lohn; etw. ist k. bemessen⟩ **2** *nicht adv*; wenig fruchtbar ⟨ein Boden⟩ || *hierzu* **Karg·heit** *die*; *nur Sg*

kärg·lich *Adj*; **1** so, dass es sehr bescheiden u. einfach ist ⟨e-e Mahlzeit⟩ **2** nur mit ganz wenigen, einfachen Möbeln ≈ spartanisch ⟨e-e Einrichtung⟩: *Dieser Raum ist sehr k. eingerichtet* **3** ärmlich ⟨ein Dasein, ein Leben⟩ **4** gering, wenig ⟨ein Lohn, ein Rest⟩

ka·riert *Adj*; **1** *nicht adv*; mit e-m Muster aus Karos (1) ⟨ein Stoff⟩: *e-e Bluse aus kariertem Stoff* **2** mit Linien, die Quadrate od. Rechtecke bilden ⟨ein Schreibblock, Papier⟩ **3** *mst in* ***k. (daher)reden*** *gespr pej*; Dinge sagen, die keinen Sinn haben

Ka·ri·es [-iɛs] *die*; -; *nur Sg*, *Med*; e-e Erkrankung der Zähne, bei der die äußere, harte Substanz (der Zahnschmelz) zerstört wird ⟨K. haben⟩

Ka·ri·ka·tur *die*; -, *-en*; e-e (*mst* witzige) Zeichnung, auf der bestimmte charakteristische Merkmale od. Eigenschaften e-r Person / Sache übertrieben dargestellt werden ⟨e-e politische K.⟩ || -K: ***Zeitungs-*** || NB: ↑ ***Cartoon***

Ka·ri·ka·tu·rist *der*; *-en*, *-en*; j-d, der (beruflich) Karikaturen zeichnet || NB: *der Karikaturist*; *den*, *dem*, *des Karikaturisten* || *hierzu* **Ka·ri·ka·tu·ris·tin** *die*; -, *-nen*

ka·ri·kie·ren; *karikierte*, *hat karikiert*; [Vt] ***j-n / etw. k.*** j-n / etw. in e-r Karikatur darstellen: *e-n Politiker k.*

ka·ri·ta·tiv, **ka·ri·ta·tiv** [-f] *Adj*; ⟨e-e Organisation⟩ so, dass sie armen od. kranken Menschen dient ≈ wohltätig: *Das Rote Kreuz ist e-e karitative Organisation*; *sich k. betätigen, engagieren* || NB: ↑ ***barmherzig***

Kar·ne·val [-val] *der*; *-s*, *-e* / *-s*; *mst Sg*; die Zeit (*bes* im Februar), in der Leute Veranstaltungen besuchen, bei denen sie sich verkleiden, lustig sind, witzige Reden halten *o.Ä.* ≈ Fasching ⟨K. feiern; zum K. gehen; sich im K. verkleiden⟩: *Der Rosenmontag ist der Höhepunkt des Karnevals am Rhein* || K-: ***Karnevals-, -feier, -fest, -kostüm, -lied, -maske, -treiben, -trubel, -umzug, -veranstaltung, -verein, -zeit, -zug*** || *hierzu* **kar·ne·va·lis·tisch** *Adj*

Kar·ni·ckel *das*; *-s*, -; *gespr* ≈ Kaninchen

Ka·ro *das*; *-s*, *-s*; **1** eines von vielen Vierecken, die als Muster auf Papier(bögen) od. auf Stoffe gedruckt werden || K-: ***Karo-, -muster, -stoff*** **2** e-e Spielfarbe im internationalen Kartenspiel od. e-e Karte dieser Farbe || ↑ *Abb. unter* ***Spielkarten*** || NB: ↑ ***Herz*** (6,7) || ► ***kariert***

Ka·ros·se·rie *die*; -, *-n* [-'ri:ən]; die Teile des Autos, die *mst* aus (Stahl)Blech sind u. ihm seine charakteristische Form geben ⟨e-e schnittige K.⟩ || K-: ***Karosserie-, -bau, -schaden*** || -K: ***Auto-, Stahl-*** || NB: ↑ ***Chassis***

Karosserie

Ka·ro·tin *das*; *-s*; *nur Sg*; e-e Substanz, aus der Vitamin A entsteht u. die *z.B.* in Karotten enthalten ist

Ka·rot·te *die*; -, *-n* ≈ Möhre || ↑ *Abb. unter* ***Gemüse*** || K-: ***Karotten-, -beet***; ***-gemüse, -saft***

Karp·fen *der*; *-s*, -; ein großer Fisch, der in Teichen lebt ⟨K. züchten, kochen, braten⟩ || K-: ***Karpfen-, -teich, -zucht*** || -K: ***Silvester-, Weihnachts-***

Kar·re *die*; -, *-n*; **1** ein kleiner Wagen zum Schieben (*mst* mit einem od. zwei Rädern u. langen Griffen), auf dem man *z.B.* Mist, Erde od. Steine transportiert || ↑ *Abb. unter* ***Gartengeräte*** || K-: ***Karren-, -rad***; ***-weg*** || -K: ***Mist-, Sack-***; ***Schub-*** **2** *gespr pej*; ein altes Auto, Motorrad *o.Ä.* in schlechtem Zustand || ID ***die K. (für j-n) aus dem Dreck ziehen*** *gespr*; etw. (Unangenehmes), für das ein anderer verantwortlich ist, wieder in Ordnung bringen; ***j-m an die K. fahren*** *gespr*; j-n scharf od. mit groben Worten kritisieren

Kar·ree *das*; *-s*, *-s*; *mst in* ***im K.*** *veraltend*; in der Form e-s Vierecks: *Die Häuserblocks stehen im K.*

kar·ren; *karrte*, *hat gekarrt*; [Vt] **1** ***etw. (irgendwohin) k.*** etw. in e-r Karre (od. e-m kleinen Wagen) irgendwohin transportieren ⟨Erde, Steine, Lasten⟩ **2** ***j-n irgendwohin k.*** *gespr*, *mst pej*; j-n irgendwohin fahren

Kar·ren *der*; *-s*, -; ≈ Karre (1) || ID ***j-m an den K. fahren*** *gespr*; j-n scharf kritisieren ***j-n vor seinen K. spannen*** *gespr*; j-d anderen für sich arbeiten lassen, j-n ausnutzen

Kar·ri·e·re [-'riɛ:rə] *die*; -, *-n*; der Weg, der im Beruf zu Erfolg u. zu e-r guten Position führt ⟨e-e glänzende, steile, große K. vor sich haben; j-m / sich die K. verderben⟩ || -K: ***Beamten-*** || NB: ↑ ***Laufbahn*** || ID ***(als etw.) K. machen*** auf e-m bestimmten Gebiet beruflichen Erfolg haben u. Anerkennung finden: *Sie hat als Fotomodell K. gemacht*

Der Karneval im Rheinland

Der **Karneval** wird in Deutschland vor allem im Rheinland besonders gefeiert. Am bekanntesten sind die Veranstaltungen in **Köln**, **Mainz**, **Düsseldorf** und **Aachen**.
Der Karneval, der in anderen Regionen **Fasching** oder **Fastnacht** heißt, beginnt bereits am 11. 11. um 11.11 Uhr und endet am letzten Dienstag vor Beginn der Fastenzeit.
Zu Beginn des Karnevals wird in jeder Stadt das Prinzenpaar gewählt, das im Januar sein Amt antritt. Dann beginnen auch die vielen Veranstaltungen der **Karnevalsvereine**, wie die Karnevalssitzungen, mit denen politische Veranstaltungen parodiert werden, und die Kostümbälle.
Der Höhepunkt sind jedes Jahr die letzten sechs Tage vor dem Aschermittwoch, an denen in den Karnevalsgegenden das normale Leben fast völlig zum Stillstand kommt. Sie beginnen mit der **Weiberfastnacht**, bei der die Frauen für einen Tag die Macht übernehmen. An diesem Tag ist es Brauch, dass die Frauen allen Männern, die sich in ihre Nähe wagen, die Krawatte abschneiden dürfen. In dieser Zeit finden auch die meisten Umzüge statt, die größten und bekanntesten sind die **Rosenmontagsumzüge**. Hierbei ziehen geschmückte Wagen durch die Straßen, die sich mit lustigen Sprüchen und Dekorationen über Themen aus Politik und Alltag lustig machen. Sie werden von Musikkapellen begleitet, sowohl die Teilnehmer der Umzüge als auch die Zuschauer sind mit Kostümen verkleidet. Man feiert singend und tanzend in den Straßen.

Kar·ri·e·re·frau [-'ri̯eːrə-] *die*; e-e Frau, die Karriere macht od. im Beruf außerordentlich erfolgreich ist

Kar·ri·e̲·re·ma·cher [-'ri̯eːrə-] *der*; *pej*; j-d, der Karriere gemacht hat od. machen will u. dabei keine Rücksicht auf andere Menschen nimmt

Kar·ri·e·ri̤st [-i̯e-] *der*; *-en*, *-en*; *pej* ≈ Karrieremacher || NB: *der Karrierist*; *den*, *dem*, *des Karrieristen*

Kar·sa̤ms·tag *der*; der Tag vor Ostersonntag

Ka̤rst *der*; *-(e)s*, *-e*; e-e Landschaft aus (Kalk)Felsen mit vielen Spalten (Rissen) u. Höhlen, auf der kaum Pflanzen wachsen || K-: ***Karst-, -boden, -gebiet, -landschaft*** || *hierzu* **ka̤rs·tig** *Adj*; *nicht adv* || ▸ ***verkarstet***

Ka̤r·te *die*; *-*, *-n*; **1** ein rechteckiges Stück aus festem (steifem) Papier, auf das man etw. schreibt || -K: ***Kartei-*** **2** e-e K. (1) (oft mit e-m aufgedruckten Foto od. Bild), die dazu dient, anderen e-e Nachricht od. e-n Gruß zu schreiben ⟨j-m aus dem Urlaub, zum Geburtstag e-e K. schicken, schreiben⟩ || -K: ***Ansichts-, Beileids-, Geburtstags-, Glückwunsch-, Neujahrs-, Post-, Weihnachts-*** **3** ≈ Eintrittskarte ⟨Karten kaufen, bestellen; Karten reservieren lassen⟩ || K-: ***Karten-, -bestellung, -(vor)verkauf*** || -K: ***Kino-, Konzert-, Theater-*** **4** (in Restaurants, Bars *o.Ä.*) e-e Liste, auf der Speisen, Getränke *usw* u. ihre Preise stehen ⟨die K. verlangen, studieren; die K. bringen⟩ || -K: ***Eis-, Getränke-, Speise-, Wein-*** **5** ein (*mst* großes) Blatt (Papier), auf dem ein Gebiet (*z.B.* ein Land od. e-e Stadt) mit seinen Bergen, Tälern, Straßen, Flüssen *usw* dargestellt ist ≈ Landkarte ⟨e-e K. lesen, studieren; etw. auf der K. suchen⟩ || -K: ***Europa-, Welt-; Himmels-; Straßen-; Auto-*** **6** eine von verschiedenen Karten (1) mit Zahlen u. / od. Symbolen, die beim Kartenspiel verwendet werden ≈ Spielkarte ⟨die Karten mischen, geben; gute, schlechte Karten haben; Karten spielen⟩ || -K: ***Bridge-, Canasta-, Rommé-, Skat-, Tarock-*** **7** ≈ Fahrkarte, Ticket ⟨e-e K. lösen; die K. entwerten (lassen), vorzeigen; e-e K. lochen, knipsen, kontrollieren⟩ || -K: ***Jahres-, Monats-, Wochen-; Rückfahr-; Schüler-, Senioren-*** **8** *Kurzw* ↑ ***Visitenkarte*** ⟨seine K. dalassen, abgeben, überreichen⟩ **9** *Kurzw* ↑ ***Kreditkarte*** ⟨mit K. zahlen⟩ **10** ***die gelbe / rote K.*** *Sport*; e-e gelbe / rote K. (1), die der Schiedsrichter beim Fußball, Handball *o.Ä.* hochhält, um zu signalisieren, dass ein Spieler wegen e-s Fouls *o.Ä.* verwarnt wird (gelb) bzw. das Feld verlassen muss (rot) **11** ***die grüne K.*** ein Dokument, das (*bes* bei Fahrten ins Ausland) als Nachweis dafür dient, dass ein Fahrzeug versichert ist || ID ***j-m die Karten legen*** j-m mithilfe von (Spiel)Karten die Zukunft (voraus)sagen; ***die / seine Karten aufdecken / (offen) auf den Tisch legen***; ***mit offenen Karten spielen*** nichts zu verheimlichen versuchen; ***alles auf 'eine K. setzen*** alles tun (u. riskieren), um etw. Bestimmtes zu erreichen; ***auf die falsche K. setzen*** e-e Sache unterstützen, die keinen Erfolg hat; ***j-m in die Karten sehen / schauen*** herausbekommen, welche Pläne u. Absichten j-d hat

Kar·te̲i *die*; *-*, *-en*; e-e (systematisch geordnete) Sammlung von Karten (1) von gleicher Größe (in einem od. mehreren Kästen), auf denen bestimmte Daten od. Informationen stehen ⟨e-e K. anlegen, führen; in der K. nachsehen⟩ || K-: ***Kartei-, -blatt, -karte, -kasten, -zettel*** || -K: ***Einnahmen-, Mitglieder-, Patienten-***

Kar·te̲i·lei·che *die*; *hum*; *mst* ein Mitglied e-r Organisation, das zwar in der (Mitglieder)Kartei registriert, aber nicht aktiv ist

Kar·te̤ll *das*; *-s*, *-e*; *Ökon*; ein Zusammenschluss von großen Firmen, die durch Absprachen hinsichtlich der Preise ihrer Waren Konkurrenz ausschalten: *Große Firmen bilden häufig ein K.* || K-: ***Kartell-, -amt, -gesetz, -recht*** || -K: ***Preis-, Verkaufs-***

Ka̤r·ten·gruß *der*; e-e (Ansichts)Karte mit e-r kurzen Mitteilung u. e-m Gruß

Ka̤r·ten·haus *das*; *mst in* ***etw. stürzt zusammen / fällt in sich zusammen wie ein K.*** **a)** e-e Idee, e-e Theorie *o.Ä.* scheitert bei der ersten kritischen Prüfung (od. Bewährungsprobe), weil sie völlig unrealistisch ist; **b)** ein großes Unternehmen *o.Ä.* geht zugrunde

Ka̤r·ten|kunst·stück *das*; ein Trick mit (Spiel)Karten ⟨ein K. beherrschen, können⟩

Ka̤r·ten·spiel *das*; **1** ein (Gesellschafts)Spiel mit Karten (wie Skat od. Bridge) ⟨ein K. machen⟩ **2** alle Karten, die man für ein bestimmtes K. (1) braucht || NB: ↑ ***Blatt*** (5,6) || *hierzu* **Ka̤r·ten·spie·ler** *der*; **Ka̤r·ten·spie·le·rin** *die*

Ka̤r·ten·te·le·fon *das*; ein öffentliches Telefon, bei dem man keine Münzen einwirft, sondern e-e (Telefon)Karte einschiebt || NB: ↑ ***Telefonkarte***

Kar·to̤f·fel *die*; *-*, *-n*; **1** e-e runde od. längliche Knolle mit dünner brauner Schale, die unter der Erde wächst. Man isst sie gekocht od. gebraten ⟨alte (= vom vergangenen Herbst), neue, fest kochende, mehlige Kartoffeln; Kartoffeln ernten, schälen, kochen, einkellern⟩ || K-: ***Kartoffel-, -acker, -ernte, -feld, -sack, -schale, -schnaps, -suppe; -brei,***

-püree || -K: ***Früh-***; ***Futter-***; ***Salat-***; ***Speise-*** **2** die Pflanze, an der die Kartoffeln (1) wachsen ⟨Kartoffeln anbauen, pflanzen⟩ || K-: ***Kartoffel-, -fäule, -kraut***

Kar·tof·fel·chips *die*; *Pl*; dünne Scheiben von Kartoffeln (die in Fett gebraten u. mit Salz u. Paprika gewürzt werden) || NB: ↑ ***Pommes frites***

Kar·tof·fel·kä·fer *der*; ein Käfer mit gelben u. schwarzen Streifen, der (*bes* als Larve) die Blätter der Kartoffeln (2) frisst

Kar·tof·fel·kloß *der*; e-e runde Masse aus dem Teig von (geriebenen) rohen od. (zerquetschten) gekochten Kartoffeln

Kar·tof·fel·knö·del *der*; *südd* Ⓐ ≈ Kartoffelkloß

Kar·tof·fel·mehl *das*; *nur Sg*; feines Mehl aus Kartoffeln, das man *z.B.* zum Backen verwendet

Kar·tof·fel·pres·se *die*; ein (Küchen)Gerät, mit dem man gekochte Kartoffeln zu Brei zerquetscht

Kar·tof·fel·puf·fer *der*; *-s, -*; e-e Mischung aus rohen geriebenen Kartoffeln, Eiern u. Mehl. Sie wird in Form von runden Scheiben in heißem Fett gebacken ≈ Reibekuchen

Kar·tof·fel·sa·lat *der*; gekochte, in Scheiben geschnittene Kartoffeln, die man mit Zwiebeln, Mayonnaise *usw* zubereitet u. kalt als Salat isst

Kar·tof·fel·stär·ke *die*; *nur Sg* ≈ Kartoffelmehl

Kar·to·gra·fie, **Kar·to·gra·phie** [-'fiː] *die*; *-*; *nur Sg*; die Wissenschaft u. Technik der Herstellung von (Land)Karten || *hierzu* **Kar·to·graf**, **Kar·to·graph** *der*; *-en, -en*; **kar·to·gra·fisch**, **kar·to·gra·phisch** *Adj*; *nur attr od adv*; **kar·to·gra·fie·ren**, **kar·to·gra·phie·ren** (*hat*) *Vt*

Kar·ton [-'tɔŋ, -'tõ, -'toːn] *der*; *-s, -s*; **1** ein Behälter aus Pappe, der die Form e-s Kastens hat ≈ Schachtel || ↑ *Abb. unter* ***Behälter und Gefäße*** **2** *nur Sg*; das dicke, steife Papier, aus dem Kartons (1) gemacht werden ≈ Pappe

kar·to·niert *Adj*; *nicht adv*; (in Bezug auf Bücher) mit e-m festen Deckel (Einband) aus Karton (2) || -K: ***leinen-***

Ka·rus·sell *das*; *-s, -e / -s*; (auf Volksfesten *o.Ä.*) ein großes, rundes Gestell mit hölzernen Pferden, kleinen Autos *o.Ä.*, das sich im Kreis dreht, u. auf dem man (mit)fahren kann ⟨(mit dem) K. fahren⟩ || -K: ***Ketten-***; ***Kinder-***

Kar·wo·che *die*; die Woche vor Ostern

Kar·zi·nom *das*; *-s, -e*; *Med* ≈ (Krebs)Geschwulst, Tumor

Ka·schem·me *die*; *-, -n*; *gespr pej veraltend*; ein billiges Lokal (e-e Gaststätte) in e-r schlechten (verrufenen) Gegend ≈ Spelunke

ka·schie·ren; *kaschierte, hat kaschiert*; Vt ***etw. k.*** bestimmte Fehler od. Mängel (geschickt) verbergen ⟨seine Unkenntnis, seine Unsicherheit k.⟩

Kasch·mir *der*; *-s, -e*; *mst Sg*; ein feines, weiches (oft glänzendes) Gewebe aus Wolle || K-: ***Kaschmir-, -pullover, -schal***

Kä·se *der*; *-s*; *nur Sg*; **1** ein festes (weißes od. gelbes) Produkt aus Milch, das man (in vielen Sorten) *mst* zu Brot isst: *Der Camembert ist ein französischer K.* || K-: ***Käse-, -aufschnitt***; ***-brot***; ***-gebäck*** || -K: ***Hart-, Weich-***; ***Schafs-, Ziegen-*** || NB: als Plural wird *Käsesorten* verwendet **2** *gespr pej* ≈ Unsinn: *Was er da erzählt, ist K.*

Kä·se·blatt *das*; *gespr pej*; e-e kleine, unwichtige (Regional)Zeitung

Kä·se·glo·cke *die*; ein Teller mit e-r Haube (aus Glas), unter die man den Käse legt, damit er frisch bleibt

Kä·se·ku·chen *der*; ein Kuchen, dessen Teig zu e-m großen Teil aus Quark besteht

Kä·se·mes·ser *das*; ein spezielles (gebogenes) Messer, mit dem man Käse (ab)schneidet

Kä·se·plat·te *die*; verschiedene Sorten Käse, die man dem Gast auf e-m flachen Teller (e-r Platte) anbietet

Kä·se·rin·de *die*; die äußere Schicht von e-m harten Käse ⟨die K. abschneiden⟩

Ka·ser·ne *die*; *-, -n*; ein Komplex von Häusern, in dem Soldaten untergebracht sind || K-: ***Kasernen-, -hof***

ka·ser·nie·ren; *kasernierte, hat kaserniert*; Vt ***j-n*** (*Kollekt od Pl*) ***k.*** e-e Gruppe von Menschen nach Art von Soldaten für e-e bestimmte Zeit irgendwo unterbringen ⟨Sportler, Truppen k.⟩

Kä·se·tor·te *die*; e-e Torte mit e-r dicken Schicht aus Quark u. Sahne

kä·se·weiß *Adj*; *nicht adv*; *gespr*; sehr blass, bleich: *Sie wurde vor Schreck k. im Gesicht*

kä·sig *Adj*; *nicht adv*, *gespr*; sehr blass, bleich ⟨Haut; k. im Gesicht sein, aussehen⟩

Ka·si·no *das*; *-s, -s*; **1** *Kurzw* ↑ ***Spielkasino*** **2** ein großer Raum, in dem man sich nach der Arbeit trifft, um zu feiern *o.Ä.* ≈ Klubhaus **3** ein Speiseraum für Offiziere || -K: ***Offiziers-*** **4** ein Speiseraum in e-m Betrieb, Büro *o.Ä.* || NB: ↑ ***Kantine***

Kas·ka·de *die*; *-, -n*; ein (*mst* künstlich angelegter) Bach, der über mehrere Stufen wie ein Wasserfall steil nach unten stürzt || *hierzu* **kas·ka·den·för·mig** *Adj*; *nicht adv* || NB: ↑ ***Wasserfall***

Kas·ko·ver·si·che·rung *die*; e-e Form der (Auto)Versicherung, bei der ein Schaden am eigenen Auto ganz od. teilweise auch dann ersetzt wird, wenn der Fahrer selbst am Unfall schuld ist || NB: ↑ ***Haftpflichtversicherung***

Kas·per *der*; *-s, -*; **1** e-e bunt gekleidete (Hand)Puppe mit e-r großen Nase u. (Zipfel)Mütze, die e-e lustige, freche männliche Person darstellt || K-: ***Kasper-, -theater*** **2** *gespr*; j-d, der gern alberne Späße macht ⟨den K. machen⟩

Kas·perl *der*; *-s, -(n)*; *südd* Ⓐ ≈ Kasper (1,2) || K-: ***Kasperl-, -theater***

Kas·per·le *das / der*; *-s, -*; *südd* ≈ Kasper (1,2) || K-: ***Kasperle-, -theater***

Kas·per·li *das*; *-s, -*; Ⓒⓗ ≈ Kasper (1,2) || K-: ***Kasperli-, -theater***

kas·pern; *kasperte, hat gekaspert*; Vi *gespr*; alberne Späße machen (u. dabei lachen)

Kas·sa *die*; *-, Kas·sen*; Ⓐ ≈ Kasse

Kas·sand·ra·ruf *der*; *geschr*; die Warnung vor e-m kommenden Unheil

Kas·se *die*; *-, -n*; **1** ein Kasten (*bes* e-e Kassette) aus Stahl, in dem Geld aufbewahrt wird ⟨Geld aus der K. nehmen; j-m die K. anvertrauen⟩ **2** ein Gerät (mit Rechenmaschine), das in den Geschäften dazu dient, die Preise der gekauften Waren zu registrieren u. anzuzeigen, wie viel der Kunde bezahlen muss ≈ Ladenkasse, Registrierkasse ⟨an der K. sitzen; etw. in die K. tippen⟩ **3** (in e-m Supermarkt, Theater, Kino *usw*) die Stelle, an der man (*z.B.* den Preis der Waren, den Eintritt) bezahlt ⟨sich an der K. anstellen⟩: *Karten an der K. abholen*; *Waren an der K. bezahlen* || -K: ***Kino-, Theater-, Vorverkaufs-*** **4** (*bes* in e-r Bank) der Ort, an dem man Geld einzahlen od. bekommen kann ≈ (Zahl)Schalter || K-: ***Kassen-, -raum, -schalter*** **5** *gespr, Kurzw* ↑ ***Krankenkasse***: *Die Kosten für das Krankenhaus zahlt die K.* **6** *gespr veraltend, Kurzw* ↑ ***Sparkasse*** **7** ***K. machen*** (als Kaufmann) ausrechnen, wie viel Geld man (*z.B.* an e-m bestimmten Tag) eingenommen u. ausgegeben hat || ID ***j-n zur K. bitten*** *gespr*; von j-m Geld verlangen; *mst* ***gut / schlecht*** *od* ***knapp bei K. sein*** *gespr*; viel / wenig Geld (zur Verfügung) haben; ***seine K. aufbessern*** *gespr*, Geld dazuverdienen

Kas·sen·arzt *der*; ein Arzt, der das Recht (u. die Pflicht) hat, (auch) die Patienten zu behandeln, die bei e-r gesetzlichen Krankenkasse versichert sind || *hierzu* **kas·sen·ärzt·lich** *Adj*; *mst attr*

Kas·sen·bon *der* ≈ Kassenzettel

Kas·sen·bril·le *die*; *gespr*; e-e einfache u. billige Brille, die die gesetzliche Krankenkasse ihren Mitgliedern bezahlt

Kas·sen·er·folg *der*; ein Film, ein (Theater)Stück, Musical *usw*, die sehr gut besucht werden u. deshalb viel Geld einbringen

Kas·sen·pa·ti·ent *der*; ein Patient, der bei e-r gesetzlichen Krankenkasse versichert ist ↔ Privatpatient

Kas·sen·schla·ger *der*; *gespr*; *mst* e-e Ware, die von sehr vielen Kunden gekauft wird

Kas·sen·sturz (*der*); *mst in* ***K. machen*** *gespr*; zählen od. feststellen, wie viel Geld man (noch) hat

Kas·sen·wart *der*; *-(e)s, -e*; j-d, der das Geld e-s Vereins verwaltet

Kas·sen·zet·tel *der*; ein Zettel, auf dem steht, wie viel Geld man für jede einzelne Ware bezahlt hat, u. den man im Supermarkt *o.Ä.* als Quittung bekommt

Kas·se·rol·le *die*; -, *-n*; ein (flacher) Topf mit Stiel od. mit Henkeln, in dem man *bes* Fleisch brät || NB: ↑ ***Pfanne***

Kas·set·te[1] *die*; -, *-n*; ein flaches, rechteckiges Gehäuse aus Kunststoff, in das ein Magnetband u. zwei (kleine) Spulen fest eingebaut sind, u. mit dem man (in e-m Kassetten- od. Videorekorder) Musik, Filme *o.Ä.* aufnehmen u. abspielen kann ⟨e-e (un)bespielte K.; e-e K. einlegen, abspielen, aufnehmen, bespielen; etw. auf K. aufnehmen; e-e Schallplatte auf K. überspielen⟩: *e-e K. mit Beatlessongs* || -K: ***Musik-, Video-*** || NB: ↑ ***Tonband***

Kas·set·te[2] *die*; -, *-n*; **1** ein kleiner Behälter (ein Kästchen) aus Metall, in den man wertvolle Dinge, Geld *o.Ä.* einschließen kann || -K: ***Geld-, Schmuck-*** **2** e-e feste Schutzhülle mit mehreren (zusammengehörenden) Büchern, Schallplatten *o.Ä.*: *e-e K. mit Werken von Heinrich Heine*; *e-e K. mit den Sinfonien von Beethoven* || -K: ***Bücher-, Schallplatten-***; ***Geschenk-***

Kas·set·ten·deck *das*; der Teil e-r Stereoanlage, in dem man (Musik)Kassetten abspielen kann

Kas·set·ten·re·cor·der, Kas·set·ten·re·kor·der *der*; ein Gerät, mit dem man Musik, Reden *usw* (auf Kassetten[1]) aufnehmen u. abspielen kann

Kas·sier *der*; *-s, -e*; *südd* Ⓐ Ⓒⓗ ≈ Kassierer

kas·sie·ren; *kassierte, hat kassiert*; [Vt/i] **1** (***etw.***) ***k.*** von j-m Geld für e-e Ware, Leistung *o.Ä.* fordern u. nehmen ↔ bezahlen ⟨die Miete, den Strom, das Fahrgeld k.⟩: *Die Kellnerin hatte vergessen, bei uns zu k.*; [Vt] **2** ***etw. k.*** *gespr*; etw. nehmen u. behalten, ohne das Recht dazu zu haben ≈ einstecken: *Hast du schon wieder mein Feuerzeug kassiert?* **3** ***etw. k.*** *gespr*; (aufgrund seiner Autorität od. Macht) j-m etw. (weg)nehmen ⟨j-s Pass, Führerschein k.⟩ **4** ***etw. k.*** *gespr* ≈ bekommen[1] (1), erhalten[1] (1) ⟨das Honorar, seine Provision *usw* k.⟩ **5** ***etw. k.*** *gespr*; etw. Unangenehmes bekommen od. erleiden ≈ etw. hinnehmen müssen ⟨e-e Niederlage, e-e Ohrfeige k.⟩: *Unsere Mannschaft hat vier Tore kassiert* **6** ***ein Lob k.*** *gespr*; gelobt werden

Kas·sie·rer *der*; *-s*, -; j-d, bei dem man (*z.B.* in e-r Bank) Geld einzahlen od. bekommen kann: *Der K. hatte seinen Schalter schon geschlossen* || -K: ***Bank-*** **2** ≈ Kassenwart || *hierzu* **Kas·sie·re·rin** *die*; -, *-nen*

Kas·tag·net·te [-tanˈjɛtə] *die*; -, *-n*; *mst Pl*; eines von zwei kleinen Schälchen aus Holz, die man an den Fingern einer Hand hält u. rhythmisch gegeneinander schlagen lässt (*bes* bei bestimmten spanischen Tänzen)

Kas·ta·nie [-niə] *die*; -, *-n*; **1** ein (Laub)Baum, dessen braune, harte Früchte in e-r grünen, stacheligen Hülle stecken || K-: ***Kastanien-, -allee, -baum*** **2** die Frucht der K. (1). Es gibt e-e Sorte Kastanien, die man essen kann ⟨Kastanien rösten; heiße Kastanien essen⟩: *das Wild mit Kastanien füttern* || -K: ***Ess-*** || ID (***für j-n***) ***die Kastanien aus dem Feuer holen*** *gespr*; e-e unangenehme od. gefährliche Sache für j-n erledigen || *zu* **2 kas·ta·ni·en·braun** *Adj*; *nicht adv*

Käst·chen *das*; *-s*, -; **1** ein kleiner Kasten (1) **2** eines von vielen kleinen Quadraten, die auf (Rechen)Papier gedruckt sind

Kas·te *die*; -, *-n*; **1** (*bes* in Indien) eine von mehreren Guppen der Gesellschaft, die voneinander sehr streng getrennt sind **2** *mst pej*; e-e Gruppe der Gesellschaft, die meint, die Elite zu sein || -K: ***Ärzte-, Offiziers-***

kas·tei·en, sich; *kasteite sich, hat sich kasteit*; [Vr] *geschr*; **1** ***sich k.*** sich selbst (*bes* durch Schläge, Hungern *o.Ä.*) bestrafen: *Früher haben sich die Mönche kasteit, um ihre Sünden zu sühnen* **2** ***sich k.*** *hum*; sich Entbehrungen auferlegen, auf bestimmte Sachen bewusst verzichten || *zu* **1 Kas·tei·ung** *die*

Kas·tell *das*; *-s, -e* ≈ Burg, Festung

Kas·ten *der*; *-s, Käs·ten*; **1** ein *mst* rechteckiger Behälter aus Holz, Metall *o.Ä.* (*mst* mit Deckel) der zum Aufbewahren od. Transportieren von Sachen dient || -K: ***Brief-, Farben-, Geigen-, Kartei-, Werkzeug-*** **2** ***ein K.*** (+ *Subst*) ein rechteckiger Behälter ohne Deckel, der speziell für den Transport von Flaschen gemacht ist ⟨ein K. Bier, Limo, Mineralwasser⟩ **3** *Kurzw* ↑ ***Schaukasten*** **4** *gespr pej*; ein *mst* (altes) Auto, das nicht mehr gut fährt ≈ Karre (2) **5** *gespr pej*; ein (altes) Radio od. Fernsehgerät **6** *südd* Ⓐ Ⓒⓗ ≈ (Kleider)Schrank **7** *Sport*; ein (Turn)Gerät (aus Holz) in der Form e-s Kastens (1) mit e-r Oberfläche aus Leder, an dem man Sprünge macht: *e-e Grätsche, Hocke über den K. springen* || ID (***et***)***was auf dem K. haben*** *gespr*; intelligent sein || *zu* **1 kas·ten·för·mig** *Adj*; *nicht adv* || ► ***Kästchen***

Kas·ten·brot *das*; ein Brot, das in Form e-s länglichen Kastens (1) gebacken wurde

Kas·ten·form *die*; e-e rechteckige, längliche Backform

Kas·ten·wa·gen *der*; ein Auto mit e-r Ladefläche, die wie ein großer Kasten aussieht

kast·rie·ren; *kastrierte, hat kastriert*; [Vt] ***j-n / ein Tier k.*** bei e-m Mann od. männlichen Tier die Keimdrüsen (Hoden) entfernen, damit er / es unfruchtbar ist || *hierzu* **Kast·ra·ti·on** *die*; -, *-en*

Ka·sus *der*; -, - [-zuːs]; *Ling* ≈ Fall[2] (7)

Kat *der*; *-s, -s*; *gespr* ≈ Katalysator (1) || K-: ***Kat-, -auto***

Ka·ta·log *der*; *-(e)s, -e*; **1** e-e Art Liste od. Kartei, in der (in systematischer Ordnung) alle Gegenstände genannt (u. gekennzeichnet) sind, die sich in e-m bestimmten Museum, Lager, e-r Bibliothek od. bei e-r Ausstellung befinden ≈ Verzeichnis: *der alphabetische K. e-r Bibliothek* || -K: ***Bibliotheks-, Sach-*** **2** ein Buch oder dickes Heft, in dem alle Stücke e-r Ausstellung, e-s Museums od. alle Waren e-r Firma (mit ihren Preisen) verzeichnet sind ⟨im K. blättern, etw. aus dem K. bestellen⟩ || K-: ***Katalog-, -preis*** || -K: ***Ausstellungs-, Versandhaus-, Waren-*** **3** ***ein K. von etw.*** (*Pl*) viele einzelne Elemente, die zu e-m Thema gehören: *ein K. von Maßnahmen* || -K: ***Fragen-, Themen-***

K

ka·ta·lo·gi·sie·ren; *katalogisierte, hat katalogisiert*; [Vt] ***etw. k.*** etw. (mit e-r Nummer) in e-n Katalog aufnehmen || *hierzu* **Ka·ta·lo·gi·sie·rung** *die*

Ka·ta·ly·sa·tor *der*; *-s, Ka·ta·ly·sa·to·ren*; **1** ein technisches Gerät in Autos, durch das die schädlichen Teilchen in den (Auspuff)Gasen in weniger schädliche Stoffe umgewandelt werden || K-: ***Katalysator-, -auto, -technik*** **2** *Chem*; ein Stoff, der e-e chemische Reaktion bewirkt, selbst aber unverändert bleibt **3** etw., das e-e bestimmte Entwicklung auslöst od. beschleunigt ⟨etw. wirkt als K.⟩

Ka·ta·ma·ran *der*; *-s, -e*; ein Fahrzeug zum Segeln, das aus zwei parallel miteinander verbundenen Booten besteht

Ka·ta·pult *das, der*; *-(e)s, -e* ≈ (Stein)Schleuder

ka·ta·pul·tie·ren; *katapultierte, hat katapultiert*; [Vt] ***j-n / etw. irgendwohin k.*** j-n / etw. (mit od. wie mit e-m Katapult) irgendwohin schleudern od. schießen: *Beim Aufprall wurde er durch die Scheibe katapultiert*

Ka·ta·rakt *der*; *-(e)s, -e*; **1** ≈ Stromschnelle **2** ≈ Wasserfall

Ka·tarr, **Ka·tarrh** *der*; *-s, -e*; e-e Entzündung der Schleimhäute (*bes* der Atmungsorgane), bei der man Schleim od. Eiter absondert || -K: ***Hals-, Raucher-***

Ka·tas·ter *der, das*; *-s, -*; *Kollekt*; die Akten od. Bücher in e-m Amt, in denen alle Grundstücke aus e-m Bezirk verzeichnet u. beschrieben sind ≈ Grundbuch || K-: ***Kataster-, -amt, -auszug***

ka·ta·stro·phal [-ˈfaːl] *Adj*; sehr schlimm ≈ fürchterlich (1), verhängnisvoll ⟨ein Fehler, ein Irrtum, e-e Wirkung, Folgen⟩: *In dem Erdbebengebiet herrschen katastrophale Zustände*

Ka·ta·stro·phe [-fə] *die*; *-, -n*; ein sehr großes Unglück, ein (Natur)Ereignis mit schlimmen Folgen: *Der Wegfall des Exports wäre e-e K. für das Unternehmen* || -K: ***Erdbeben-, Natur-, Unwetter-***

Ka·ta·stro·phen·alarm *der*; ein Signal, das vor e-r drohenden Gefahr (*bes* e-r Naturkatastrophe) warnen soll ⟨K. geben, auslösen⟩

Ka·ta·stro·phen·dienst *der*; *Kollekt*; e-e Gruppe od. Organisation, die (*bes* medizinische u. technische) Hilfe leistet, wenn ein großes Unglück, *bes* e-e (Natur)Katastrophe, passiert ist

Ka·ta·stro·phen·ein·satz *der*; die Tätigkeiten von Helfern nach e-r (Natur)Katastrophe ⟨sich im K. befinden⟩

Ka·ta·stro·phen·fall *der*; *mst in* **im K.** wenn sich e-e Katastrophe ereignet (hat): *Die Helfer wissen, was sie im K. tun müssen*

Ka·ta·stro·phen·ge·biet *das*; die Gegend, in der sich e-e (Natur)Katastrophe (*z.B.* ein Erdbeben) ereignet hat

Ka·ta·stro·phen·schutz *der*; *Kollekt*; **1** e-e Organisation, die (*bes* medizinische u. technische) Hilfe leistet, wenn sich e-e Katastrophe ereignet hat **2** die Maßnahmen, die Katastrophen verhindern sollen

Ka·te·chis·mus *der*; *-, Ka·te·chis·men*; ein Lehrbuch für den religiösen (christlichen) Unterricht in der Schule

Ka·te·go·rie *die*; *-, -n* [-ˈriːən]; e-e Klasse od. Gruppe, in die man Dinge u. Personen aufgrund bestimmter gemeinsamer Merkmale einordnet ⟨etw. gehört, zählt zu e-r bestimmten K.⟩: *j-n in e-e bestimmte K. einordnen* || -K: ***Preis-, Waren-*** || NB: ↑ ***Gattung***

ka·te·go·risch *Adj*; *geschr*; sehr bestimmt u. mit viel Nachdruck ≈ entschieden (2) ⟨ein Nein; etw. k. ablehnen, fordern, verneinen; (j-m) etw. k. verbieten⟩

Ka·ter[1] *der*; *-s, -*; e-e männliche Katze

Ka·ter[2] *der*; *-s, -*; *gespr*; die Kopfschmerzen (u. die Übelkeit), die man hat, wenn man am Tag vorher zu viel Alkohol getrunken hat ⟨e-n K. bekommen, haben, vertreiben⟩

Ka·ter·früh·stück *das*; *hum*; e-e kleine Mahlzeit mit sauren Speisen (*bes* Hering u. Gurken), die man morgens isst, wenn man vom Abend zuvor e-n Kater[2] hat

Ka·the·der *das, der*; *-s, -*; *veraltend*; e-e Art schmaler hoher Tisch, an dem ein Lehrer od. Redner steht ≈ Pult

Ka·thed·ra·le *die*; *-, -n*; e-e große Kirche (die zu e-m Bistum, zum Sitz e-s Bischofs gehört): *die K. von Westminster* || NB: Die deutsche Bezeichnung für Bischofskirchen in englisch sprachigen Ländern, in Spanien u. in Frankreich ist *K.*, für Deutschland sagt man *mst Dom* od. *Münster*: *der Kölner Dom, das Freiburger Münster*

Ka·the·te *die*; *-, -n*; *Geometrie*; eine der beiden Seiten e-s Dreiecks, die e-n rechten Winkel bilden ↔ Hypotenuse

Ka·the·ter *der*; *-s, -*; *Med*; ein Röhrchen, das in bestimmte Organe des Körpers, *z.B.* in die Harnblase, eingeführt werden kann, *bes* um sie zu entleeren od. zu untersuchen: *e-n K. in die Blase einführen* || -K: ***Blasen-, Darm-, Herz-***

Ka·tho·de *die*; *-, -n*; *Phys*; der negative Pol (die Elektrode) e-r elektrischen Batterie *o.Ä.* ↔ Anode || K-: ***Kathoden-, -strahlen***

Ka·tho·lik, **Ka·tho·lik** *der*; *-en, -en*; j-d, der zur (römisch-)katholischen Kirche gehört ⟨ein gläubiger, praktizierender K. (= der regelmäßig in die Kirche geht)⟩ || NB: *der Katholik*; *den, dem, des Katholiken* || *hierzu* **Ka·tho·li·kin**, **Ka·tho·li·kin** *die*; *-, -nen*

ka·tho·lisch *Adj*; zu der christlichen Konfession gehörig, deren höchster Vertreter der Papst in Rom ist; *Abk* kath. ⟨die Kirche, ein Priester, Dogma; k. sein⟩

Ka·tho·li·zis·mus *der*; *-*; *nur Sg*; die Lehre der katholischen Kirche ⟨zum K. übertreten, sich zum K. bekennen⟩ || NB: ↑ ***Protestantismus***

Ka·to·de *die*; ↑ ***Kathode***

Kat·tun *der*; *-s*; *nur Sg*; ein sehr fester Stoff aus Baumwolle

Katz *die*; *nur in* **1** ***etw. ist für die K.*** *gespr*; etw. ist umsonst, vergebens: *Meine ganze Arbeit war für die K.!* **2** ***K. u. Maus*** (***mit j-m***) ***spielen*** (aus e-r Position der Stärke heraus) mit j-m spielen, indem man ihm (öfter) Hoffnungen auf etw. macht u. diese dann nicht erfüllt

Kätz·chen *das*; *-s, -*; **1** e-e kleine od. junge Katze (1) **2** *mst Pl*; die weichen Blüten mancher Bäume u. Sträucher || -K: ***Hasel-, Weiden-***

Kat·ze *die*; *-, -n*; **1** ein (Haus)Tier mit scharfen Zähnen u. Krallen, das Mäuse fängt ⟨die K. miaut, schnurrt, faucht, kratzt, putzt sich, macht e-n Buckel; anschmiegsam, falsch, zäh wie e-e K.⟩ || -K: ***Haus-, Wild-*** || K-: ***Katzen-, -fell*** **2** verwendet als Bezeichnung für e-e weibliche K. (1) (im Gegensatz zu e-m Kater) **3** eine der verschiedenen Tierarten, die mit der K. (1) verwandt sind ≈ Raubkatze: *Tiger u. Löwen sind Katzen* || ID ***die K. im Sack kaufen*** *gespr*; etw. kaufen, ohne vorher die Qualität zu prüfen; ***die K. aus dem Sack lassen*** *gespr*; etw. Wichtiges, das man bisher verschwiegen hat, verraten; ***wie die K. um den heißen Brei herumgehen*** *gespr*; nicht wagen, etw. Unangenehmes offen auszusprechen, u. deshalb nur zaghafte Andeutungen machen; ***Da beißt sich die K. in den Schwanz*** *gespr*; verwendet, um auszudrücken, dass e-e Sache bestimmte Folgen hat, die wiederum selbst diese Sache beeinflussen; ***Die K. lässt das Mausen nicht*** verwendet, um auszudrücken, dass j-d seine alten Gewohnheiten nicht ablegen kann || *zu* **1 kạt·zen·ar·tig** *Adj*; **kạt·zen·gleich** *Adj*; **kạt·zen·haft** *Adj*

Kạt·zen·au·ge *das*; **1** das Auge e-r Katze **2** *gespr*; e-e kleine Scheibe (*z.B.* hinten am Fahrrad), die Licht reflektiert ≈ Rückstrahler

Kạt·zen·jam·mer *der*; *gespr*; e-e traurige Stimmung nach e-m Misserfolg *o.Ä.*

Kạt·zen·mu·sik *die*; *nur Sg*, *gespr pej*; e-e Musik, die ohne Harmonie ist u. schlecht klingt ⟨K. machen⟩

Kạt·zen·sprung *der*; *nur in* **(nur) ein K.** *gespr*; nicht weit entfernt: *„Ist es noch weit bis zur Stadtmitte?" - „Nein, das ist nur noch ein K."*

Kạt·zen·tisch *der*; *gespr*; *hum*; **1** ein kleiner Tisch (abseits der Festtafel) für die Kinder **2** ***am K. sitzen / essen*** an e-r unwichtigen Stelle, am Rande sitzen / essen

Kạt·zen·wä·sche *die*; *mst in* ***K. machen*** *gespr hum*; sich sehr schnell, nicht gründlich u. ohne viel Wasser waschen

Kau·der·welsch *das*; *-(s)*; *nur Sg*, *pej*; e-e (verworrene) Sprache od. e-e Art zu sprechen, die man nicht verstehen kann ⟨ein K. reden⟩

kau·en; *kaute, hat gekaut*; [Vt/i] **1** ***(etw.) k.*** feste Nahrung mit den Zähnen kleiner machen (zerbeißen) ⟨etw. gut, gründlich k.; mit vollen Backen k.⟩: *Es ist ungesund, beim Essen nicht richtig zu kauen* || K-: ***Kau-, -bewegung, -muskel***; [Vi] **2** ***an / auf etw.*** (*Dat*) ***k.*** (*mst* weil man nervös ist) auf etw. herumbeißen ⟨an den Fingernägeln, auf e-m Bleistift k.⟩ **3** ***an etw.*** (*Dat*) ***zu k. haben*** *gespr*; etw. nur mit Mühe schaffen können ⟨an e-r Aufgabe, e-m Problem zu k. haben⟩

kau·ern; *kauerte, hat / südd* Ⓐ Ⓒⓗ *ist gekauert*; [Vi] **1** ***(irgendwo) k.*** mit gebeugten Knien so auf den Fersen sitzen, dass die Beine fest an den Körper gedrückt sind || K-: ***Kauer-, -stellung***; [Vr] **2** ***sich irgendwohin k.*** sich in e-r kauernden (1) Stellung auf den Boden setzen: *sich hinter e-e Hecke k., um sich zu verstecken*

Kauf *der*; *-(e)s, Käu·fe*; **1** das Kaufen (1) ≈ Erwerb ↔ Verkauf ⟨ein K. auf Raten, Kredit; etw. zum K. anbieten; etw. steht zum K. (= kann gekauft werden); e-n K. abschließen, rückgängig machen⟩: *Vom K. dieser Spülmaschine kann man nur abraten* || -K: ***Grundstücks-, Haus-***; ***Raten-*** **2** etw., das man gegen Bezahlung bekommen hat ⟨ein günstiger, schlechter, vorteilhafter K.⟩: *Stolz präsentierte sie ihren neuen K.* || ID ***etw. in K. nehmen*** die negative Seite e-r sonst guten Sache akzeptieren

kau·fen; *kaufte, hat gekauft*; [Vt/i] **1** ***(etw.) k.*** etw. dadurch bekommen, dass man Geld dafür zahlt ≈ erwerben ↔ verkaufen ⟨etw. neu, alt, gebraucht k.; bei j-m k.; etw. für teures (=viel) Geld k.⟩: *mit dem Taschengeld Bonbons k.*; *Sie kauft ihre Eier auf dem Markt*; *Hier kaufe ich nie wieder!* || K-: ***Kauf-, -preis, -vertrag***; [Vt] **2** ***(sich*** (*Dat*)***) etw. k.*** etw. für sich k. (1): *Sie hat sich ein neues Auto gekauft* **3** ***j-n k.*** *gespr*; j-n bestechen **4** ***sich*** (*Dat*) ***j-n k.*** *gespr*; j-m Vorwürfe machen, ihn bestrafen ≈ sich j-n vornehmen || ID *mst* ***Dafür kann ich mir nichts k.*** *gespr*; davon habe ich keinen Vorteil

Käu·fer *der*; *-s, -*; j-d, der etw. kauft bzw. gekauft hat ≈ Kunde ↔ Verkäufer || K-: ***Käufer-, -schicht*** || *hierzu* **Käu·fe·rin** *die*; *-, -nen*

Kauf·frau *die*; e-e Frau mit e-r abgeschlossenen kaufmännischen Lehre || NB: ↑ ***Kaufmann***

Kauf·haus *das*; ein großes Geschäft (*mst* mit mehreren Stockwerken), in dem man viele verschiedene Waren kaufen kann ≈ Warenhaus

Kauf·kraft *die*; *nur Sg*, *Ökon*; **1** ***die K.*** (***des Geldes***) der Wert des Geldes (e-r Währung) in Bezug auf die Menge der Waren, die man dafür kaufen kann ⟨die K. des Euro, des Dollars; die K. steigt, fällt, bleibt konstant⟩ **2** ***j-s K.*** j-s Fähigkeit, Waren *o.Ä.* zu bezahlen ≈ Zahlungsfähigkeit ⟨e-e geringe, hohe K.; die K. der Bevölkerung, der Arbeitnehmer⟩ || *zu* **2 kauf·kräf·tig** *Adj*; *nicht adv*

Kauf·leu·te *die*; *Pl*; ↑ ***Kaufmann***

käuf·lich *Adj*; **1** so, dass man es für Geld bekommen, kaufen kann ↔ unverkäuflich ⟨etw. k. erwerben⟩: *Die Bilder dieser Galerie sind nur zum Teil k.* **2** *veraltend* ≈ bestechlich ⟨ein Beamter, ein Zeuge⟩ **3** ***käufliche Liebe*** ≈ Prostitution || *zu* **2 Käuf·lich·keit** *die*; *nur Sg*

Kauf·lust *die*; *nur Sg*; die Bereitschaft, Waren zu kaufen ≈ Kaufinteresse: *Die Bekleidungsindustrie will die K. der Konsumenten steigern* || *hierzu* **kauf·lus·tig** *Adj*; *nicht adv*

Kauf·mann *der*; *-(e)s, Kauf·leu·te*; **1** j-d, der e-e spezielle (kaufmännische) Lehre abgeschlossen hat u. dessen Beruf es ist, mit Dingen zu handeln, sie zu kaufen u. zu verkaufen: *Er arbeitet als K. bei e-r Bank* || -K: ***Bank-, Einzelhandels-, Export-, Großhandels-, Industrie-***; ***Diplom-*** || NB: ↑ ***Kauffrau*** **2** *veraltend*; der Besitzer e-s kleinen (Einzelhandels)Geschäfts

kauf·män·nisch *Adj*; *nur attr od adv*; **1** *nicht adv*; in Bezug auf den Beruf des Kaufmanns (1) ⟨*mst* e-e Lehre, e-e Ausbildung⟩ **2** *nicht adv*; im Bereich von Einkauf u. Verkauf tätig ⟨*mst* ein Angestellter, ein Direktor, ein Leiter⟩ **3** so, wie es der Kaufmann (1) lernt ⟨das Rechnen, e-e Buchführung⟩ **4** in der Art e-s (erfolgreichen) Kaufmanns ≈ geschäftstüchtig ⟨Geschick, ein Instinkt; k. denken, handeln⟩

Kau·gum·mi *der*; e-e weiche Masse, *mst* als Streifen, die man lange kauen kann, die dabei klebrig wird u. nach Pfefferminz, e-r Frucht *o.Ä.* schmeckt ⟨K. kauen⟩

Kaul·quap·pe *die*; *-, -n*; ein sehr kleines Tier, das sich später zu e-m Frosch entwickelt

kaum *Adv*; **1** nur zu e-m geringen Grad ≈ fast nicht: *j-n k. kennen*; *Die Musik war k. zu hören* **2** nur mit Mühe od. Schwierigkeiten: *Er hats k.* (= gerade noch) *glauben können* **3** verwendet, um auszudrücken, dass man etw. nicht glaubt (für nicht wahrscheinlich hält) ≈ schwerlich: *Es ist schon spät - jetzt wird sie k. noch kommen*; *Er wird doch k. so dumm sein, das zu glauben, oder?* **4** verwendet, um auszudrücken, dass zwischen zwei Ereignissen nur sehr wenig Zeit liegt ≈ gerade erst: *Ich hatte k. mit der Arbeit angefangen, da wurde ich schon unterbrochen* **5** ≈ selten ↔ häufig: *Er ist k. zu Hause*; *Diese Tierart kommt bei uns k. vor* **6** ***k. dass*** *geschr*; kurz nachdem: *K. dass sie zu Hause war, musste sie schon wieder fort*

kau·sal *Adj*; **1** *geschr*; durch das Verhältnis zwischen Ursache u. Wirkung bestimmt ≈ ursächlich ⟨e-e Beziehung, ein Zusammenhang; etw. ist (durch etw.) k. bedingt⟩ || K-: ***Kausal-, -beziehung, -zusammenhang*** **2** *Ling*; ⟨ein Nebensatz, e-e Konjunktion⟩ so, dass sie den Grund für od. die Ursache von etw. angeben: *„Weil" u. „denn" sind kausale Konjunktionen* || K-: ***Kausal-, -satz***

Kau·sa·li·tät *die*; *-, -en*; *geschr*; der Zusammenhang von Ursache u. Wirkung ≈ Ursächlichkeit: *die K. zwischen Rauchen u. Lungenkrebs*

Kau·sal·ket·te *die*; *geschr*; e-e (Aufeinander)Folge von Wirkungen, die kausal zusammenhängen

Kau·ta·bak *der*; ein sehr fester (gepresster) Tabak, der gekaut (u. nicht geraucht) wird ⟨e-e Stange K.⟩

Kau·ti·on [-'tsi̯oːn] *die*; *-, -en*; **1** e-e Summe Geld, die man als Sicherheit zahlen (hinterlegen) muss, wenn man *z.B.* e-e Wohnung od. ein Fahrzeug mietet: *Der Vermieter verlangt drei Monatsmieten* (*als*)

K. **2** e-e Summe Geld, die man als Bürgschaft zahlen muss, damit ein Gefangener aus der (Untersuchungs)Haft entlassen wird ⟨e-e K. für j-n stellen, zahlen; j-n gegen Zahlung e-r K. auf freien Fuß setzen⟩ || NB: ↑ ***Pfand***

Kaut·schuk *der*; *-s*; *nur Sg*; die Substanz, (die man aus dem Saft bestimmter tropischer Bäume gewinnt u.) aus der man Gummi macht || K-: ***Kautschuk-, -baum, -milch, -plantage*** || -K: ***Natur-***

Kauz *der*; *-es*, *Käu·ze*; **1** e-e Art Eule ⟨der K. ruft, schreit⟩ **2** *pej od hum*; j-d, der sich (auf sympathische Weise) seltsam benimmt ≈ Sonderling ⟨ein seltsamer, sonderbarer, komischer K.⟩ || *zu* **2 kau·zig** *Adj*

Ka·va·lier [kavaˈliːɐ̯] *der*; *-s*, *-e*; **1** ein Mann, der sich *bes* Frauen gegenüber sehr höflich u. taktvoll benimmt ⟨ein vollkommener K.; ganz, immer K. sein; (den) K. spielen⟩: *Als guter K. half er der Dame gleich aus dem Mantel* **2 *ein K. am Steuer*** ein Autofahrer, der Rücksicht auf andere nimmt **3 *ein K. der alten Schule*** ein perfekter K. (1)

Ka·va·liers·de·likt *das*; e-e Handlung, die das Gesetz verbietet, die aber von der Gesellschaft toleriert wird: *Steuerhinterziehung wird oft als K. betrachtet*; *Schwarzfahren ist kein K.!*

Ka·va·lier(s)·start *der*; *nur Sg*, *gespr iron*; das schnelle, laute Anfahren (Starten) mit e-m Auto (mit dem man j-d anderem imponieren will) ⟨e-n K. hinlegen⟩

Ka·val·le·rie, **Ka·val·le·rie** [-v-] *die*; *-*, *-n* [-ˈriːən]; *mst Sg*, *Mil hist*; der Teil e-s Heeres, bei dem die Soldaten auf Pferden kämpften ≈ Reiterei ↔ Infanterie: *Mein Urgroßvater war bei der K.* || *hierzu* **Ka·val·le·rist** *der*; *-en*, *-en*

Ka·vi·ar [-v-] *der*; *-s*; *nur Sg*; e-e Delikatesse aus kleinen runden Eiern bestimmter Fische (*bes* vom Stör) ⟨echter, roter, schwarzer, russischer K.⟩

KB *EDV*, *Abk für* Kilobyte || NB: ↑ ***Kilo-***

keck *Adj*; **1** auf e-e sympathische u. nicht unhöfliche Weise frech ↔ zaghaft ⟨k. auftreten; j-n k. anschauen; j-m e-e kecke Frage stellen, e-e kecke Antwort geben⟩ **2** ⟨*mst* ein Bärtchen, e-e Locke, ein Hütchen⟩ so (auffällig), dass sie lustig wirken || *hierzu* **Keck·heit** *die*

Ke·fir *der*; *-s*; *nur Sg*; ein Getränk aus Milch, das etwas sauer (wie Joghurt) schmeckt

Ke·gel *der*; *-s*, *-*; **1** *Geometrie*; ein Körper, der e-n Kreis als Grundfläche hat u. nach oben immer schmaler wird ⟨ein spitzer, stumpfer K.⟩ || ↑ *Abb. unter* ***geometrische Figuren*** **2** etw., das die Form e-s Kegels (1) hat, *z.B.* ein Berg od. das Licht e-s Scheinwerfers || -K: ***Berg-, Licht-*** **3** eine der 9 (Holz)Figuren, die man beim Kegeln umstößt ⟨die Kegel aufstellen, abräumen, umwerfen; die Kegel fallen⟩ || *zu* **1 ke·gel·för·mig** *Adj*; *nicht adv*

Ke·gel·bahn *die*; **1** e-e Anlage zum Kegeln: *e-e Gaststätte mit K.* **2** die Fläche, auf der beim Kegeln die Kugel rollt

Ke·gel·bru·der *der*; *gespr*; j-d, der demselben Kegelklub angehört wie j-d anderer

ke·geln; *kegelte*, *hat gekegelt*; [Vi] **1** (im Spiel) e-e schwere Kugel so über e-e Bahn rollen lassen, dass sie möglichst viele der 9 Figuren (Kegel) am Ende der Bahn umwirft **2** Kegeln (1) regelmäßig als Sport od. Spiel betreiben: *Kegeln Sie?* || K-: ***Kegel-, -klub, -spiel, -sport***

Ke·gel·stumpf *der*; *Geometrie*; ein Körper, der wie ein Kegel (1) aussieht, von dem die Spitze abgeschnitten ist

Keh·le *die*; *-*, *-n*; **1** der vordere (äußere) Teil des Halses ≈ Gurgel: *Der Hund sprang ihm an die K.*; *Der Wolf biss dem Schaf die K. durch* **2** der hohle Raum (der obere Teil der Speise- u. Luftröhre) im Hals, durch den die Luft u. die Speisen in den Körper kommen ≈ Rachen, Schlund ⟨e-e entzündete, heisere, raue K. haben⟩ || ID ***aus voller K.*** ≈ laut ⟨aus voller K. singen⟩; ***sich*** (*Dat*) ***die K. aus dem Hals schreien*** *gespr*; sehr laut u. lange schreien; ***etw. in die falsche K. bekommen / kriegen*** *gespr*; etw. falsch verstehen u. deshalb (zu Unrecht) beleidigt sein; ***etw. schnürt j-m die K. zu*** etw. erzeugt (bei j-m) das Gefühl, dass sich sein Hals zuzieht u. er nicht mehr reden kann: *Die Angst schnürte mir die K. zu*

keh·lig *Adj*; (weit) hinten in der Kehle artikuliert ≈ guttural ⟨ein Laut, e-e Stimme; k. lachen, sprechen⟩

Kehl·kopf *der*; das (knorpelige) Organ im Hals (am oberen Ende der Luftröhre), in dem die Töne (u. die Stimme) erzeugt werden || K-: ***Kehlkopf-, -entzündung, -krebs***

Kehr·aus *der*; *-*; *nur Sg*, *südd*; das letzte (Tanz)Fest im Fasching (der Ball am Faschingsdienstag) ⟨zum K. gehen; K. feiern⟩

Keh·re *die*; *-*, *-n*; **1** e-e Biegung (Kurve (2)), bei der sich e-e Straße ganz in die Gegenrichtung wendet: *e-e Passstraße mit vielen Kehren* || NB: ↑ ***Serpentine*** **2** *Sport*; ein Sprung od. Schwung beim Turnen, bei dem man sich ganz in e-e andere, neue Richtung dreht: *mit e-r K. vom Pferd abgehen*; *e-e K. am Barren machen*

keh·ren[1]; *kehrte*, *hat / ist gekehrt*; [Vt] (*hat*) **1 *etw. irgendwohin k.*** etw. so drehen od. wenden, dass es in e-e bestimmte Richtung zeigt: *Er kehrte seine Hosentaschen nach außen, um zu zeigen, dass sie leer waren*; *Sie saß mit dem Gesicht zur Tür gekehrt da*; [Vr] (*hat*) **2 *etw. kehrt sich gegen j-n*** (***selbst***) negative Gefühle, unangenehme Maßnahmen *o.Ä.* wirken auf denjenigen, von dem sie ausgegangen sind **3 *etw. kehrt sich zum Besten*** etw. fängt schlecht an, aber endet gut **4 *sich an etw.*** (*Dat*) ***nicht k.*** sich von etw. *mst* Unangenehmem nicht stören lassen: *Sie kehrt sich nicht* daran, was *man von ihr denkt*; [Vi] (*ist*) **5 *nach Hause k.*** *geschr*; nach Hause zurückkommen ≈ zurückkehren, heimkehren

keh·ren[2]; *kehrte*, *hat gekehrt*; [Vt/i] **1** (***etw. aus etw. / von etw. / irgendwohin***) ***k.*** Schmutz mit dem Besen entfernen ≈ fegen (2) ⟨den Staub, das Laub von der Straße k.⟩ **2** (***etw.***) ***k.*** etw. durch Fegen von Staub, Schmutz befreien ⟨die Straße, Treppe k.⟩ || K-: ***Kehr-, -besen, -blech, -schaufel***

Keh·richt *der*, *das*; *-s*; *nur Sg*, *geschr*; der Abfall od. Schmutz, den man zu e-m Haufen (zusammen)gefegt hat: *den K. mit e-r Schaufel aufnehmen* || K-: ***Kehricht-, -eimer, -haufen, -schaufel*** || ID *mst* ***Das geht dich e-n feuchten K. an*** *gespr!* das geht dich überhaupt nichts an

Kehr·reim *der*; Worte od. Sätze, die sich in e-m Gedicht od. Lied am Schluss jeder Strophe wiederholen ≈ Refrain

Kehr·sei·te *die*; **1** der negative Aspekt (Nachteil) e-r Sache ≈ Schattenseite: *Kein Privatleben mehr zu haben, war die K. seines Erfolgs* **2** *hum* ≈ der Rücken od. das Gesäß ⟨j-m die K. zuwenden⟩ **3** *veraltend* ≈ Rückseite ↔ Vorderseite || ID ***die K. der Medaille*** der Nachteil e-r Sache

kehrt·ma·chen; *machte kehrt*, *hat kehrtgemacht*; [Vi] sich so drehen, dass man in die andere (entgegengesetzte) Richtung gehen kann ≈ zurückgehen, umkehren: *Lasst uns k., wir sind auf dem falschen Weg!*

Kehrt·wen·dung *die*; **1** e-e Bewegung, mit der j-d beginnt, in die entgegengesetzte Richtung zu gehen ⟨e-e K. machen⟩: *Er machte e-e K. u. lief nach Hause* **2** die plötzliche, vollständige Änderung seiner Meinung, Haltung ⟨e-e K. machen, vollziehen⟩

kei·fen; *keifte, hat gekeift*; [Vi] **(etw.) k.** *pej*; mit schriller Stimme schimpfen: *ein keifendes Weib* || NB: *bes* in Bezug auf Frauen verwendet

Keil *der*; *-(e)s, -e*; **1** *mst* ein spitzes Stück Holz od. Metall, in Form e-s Dreiecks, das als Werkzeug dient: *Er trieb e-n K. in den Baumstamm, um ihn zu spalten* **2** ein (dreieckiger) Klotz, den man vor das Rad e-s Wagens legt, damit er nicht wegrollt || ID ***e-n K. zwischen j-n u. j-n / zwischen zwei Personen / Gruppen** o.Ä. (Akk)* **treiben** die Liebe od. Freundschaft zwischen zwei Leuten, die Harmonie zwischen zwei Gruppen, Parteien *o.Ä.* zerstören ≈ Zwietracht stiften || *hierzu* **keil·förmig** *Adj*

Keil

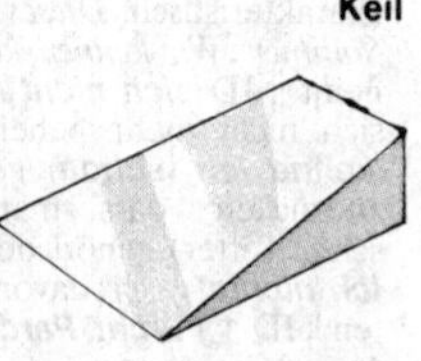

Kei·le *die*; *-*; *nur Sg, gespr* ≈ Prügel ⟨j-d kriegt K.; es setzt (= gibt) K.⟩

kei·len[1]; *keilte, hat gekeilt*; [Vt] ***etw. in etw.** (Akk)* **k.** e-n Keil (1) in e-n Spalt *o.Ä.* schlagen od. klemmen: *ein Stück Holz in e-n Baumstamm k.*

kei·len[2], **sich**; *keilte sich, hat sich gekeilt*; [Vr] ***j-d keilt sich mit j-m***; ⟨Personen⟩ ***keilen sich*** *gespr*; zwei od. mehrere Personen prügeln sich

Kei·ler *der*; *-s, -*; ein männliches Wildschwein

Keil·rie·men *der*; *Tech*; ein festes Band (*mst* aus dickem Gummi), das bei Maschinen dazu dient, die Kraft der Bewegung auf andere Teile zu übertragen

Keim[1] *der*; *-(e)s, -e*; **1** das, was sich als Erstes aus dem Samen od. der Zwiebel e-r Pflanze entwickelt ≈ Trieb, Spross ⟨e-e Pflanze bildet, treibt Keime⟩ || K-: ***Keim-, -blatt*** **2** die befruchtete (Ei)Zelle (bei Menschen u. Tieren): *Der K. nistet sich in der Gebärmutter ein* **3** der erste Anfang e-s Gefühls od. e-s Gedankens, e-r Beziehung *o.Ä.*, der noch schwach ist ⟨der K. der Hoffnung, Liebe; den K. von etw. in sich tragen; etw. ist im K. vorhanden⟩: *Dieser harmlose Streit war dann der K. für e-e lange Feindschaft* || ID ***etw. im K. ersticken*** etw. bereits am Anfang (im Anfangsstadium) zerstören

Keim[2] *der*; *-(e)s, -e*; *mst Pl*; eines der ganz kleinen Teilchen (*z.B.* Bakterien), die leben u. die Krankheiten erzeugen ≈ Krankheitserreger || K-: ***Keim-, -träger*** || ► ***entkeimen***

Keim·drü·se *die*; das Organ, in dem das Ei bzw. der Samen entsteht. Die männlichen Keimdrüsen heißen Hoden, die weiblichen Keimdrüsen Eierstöcke

kei·men; *keimte, hat gekeimt*; [Vi] **1 *etw. keimt*** etw. bildet e-n Keim[1] (1) od. Trieb ⟨die Saat, der Samen, die Zwiebeln⟩ **2 *etw. keimt (in / bei j-m)*** etw. entsteht als Gefühl od. Gedanke in j-m || *zu* **1 Kei·mung** *die*; *nur Sg*; **keim·fä·hig** *Adj*; *nicht adv*

keim·frei *Adj*; ohne Krankheitserreger ≈ steril (1): *pasteurisierte, keimfreie Milch*

Keim·ling *der*; *-s, -e*; e-e junge Pflanze, die gerade erst (aus dem Keim[1] (1)) entstanden ist || NB: ↑ ***Spross***

Keim·zel·le *die*; **1** e-e Zelle, die e-e Befruchtung möglich macht ≈ Geschlechtszelle: *Die männliche Samenzelle u. die weibliche Eizelle sind Keimzellen* **2** der Ausgangspunkt von etw., aus dem sich ein größeres Ganzes entwickelt: *die Familie als K. des Staates* || NB: ↑ ***Grundlage***

kein *Indefinitpronomen*; **1** nicht ein (Einziger, Einziges), nicht eine (Einzige): *Kein Mensch, kein Laut war zu hören*; *Sie fand keine saubere Tasse im Schrank*; *Es regnete keinen einzigen Tag* **2** nichts an, nichts von: *Sie hatte keine Lust, nach Hause zu gehen*; *Wir haben kein Geld*; *Sie hat keine Zeit*; *sich keine Sorgen, Gedanken machen* **3** *gespr*; (vor Zahlwörtern) verwendet, um auszudrücken, dass ein Zeitraum, e-e Zahl, e-e Menge nicht ganz erreicht wird ≈ nicht einmal: *Das Fleisch hat keine zehn Euro gekostet. - Das war ein Sonderangebot* || NB *zu* **1, 2** u. **3**: verwendet wie ein attributives Adj. **4** (allein stehend verwendet für Personen) niemand, nicht einer / eine / eines ↔ jeder: *Das glaubt dir keiner!*; *Ich kenne keinen von den beiden (Jungen)*; *Kein(e)s der Kinder war müde* **5** (allein stehend verwendet für Sachen) nicht einer / eine / eines davon: *„Gefällt dir das rote Tuch besser als das blaue?" - „Mir gefällt kein(e)s von beiden"* || NB: *zu* **4** u. **5**: verwendet wie ein Subst. **6** (allein in Endstellung verwendet, um das Gesagte hervorzuheben) überhaupt nicht: *Lust habe ich keine*; *Geld hat er keins*; *Freunde hat er keine* **7** verwendet vor e-m Adjektiv, um das Gegenteil auszudrücken ⟨kein schlechter Wein (= ein relativ guter Wein); keine schlechte Idee (= e-e ziemlich gute Idee)⟩ || NB: Die Formen von *kein* werden wie bei e-m Possessivpronomen gebildet; ↑ *Tabelle unter* ***mein***

kei·ne *Indefinitpronomen*; ↑ ***kein***

kei·ner *Indefinitpronomen*; ↑ ***kein***

kei·ner·lei *Indefinitpronomen*; *nur attr, indeklinabel*; überhaupt kein(e *usw*): *Das macht mir k. Vergnügen*; *Sie hat k. Lust, diese Stellung anzutreten*; *Wir haben darauf k. Einfluss* || NB: verwendet wie ein attributives Adj.

kei·nes *Indefinitpronomen*; ↑ ***kein***

kei·nes·falls *Adv*; unter keinen Umständen ≈ niemals ↔ auf jeden Fall: *K. wird dieses Geheimnis verraten*; *„Nimmst du mein Angebot an?" - „K.!"*

kei·nes·wegs *Adv*; verwendet, um auszudrücken, dass etw. überhaupt nicht zutrifft ≈ nicht im Entferntesten: *Ich hatte k. die Absicht, dich zu kränken*; *„War sie verärgert?" - „K."*

kein·mal *Adv*; nicht ein einziges Mal: *Er hat mir k. widersprochen*

keins *Indefinitpronomen* ≈ keines; ↑ ***kein***

keins·t- *nur in* ***in keinster Weise*** *gespr*; überhaupt nicht

-keit *die*; *-, -en*; *im Subst, sehr produktiv*; **1** *nur Sg*; verwendet, um aus Adjektiven, die e-n Zustand od. e-e Eigenschaft ausdrücken, entsprechende Substantive zu bilden; ***Freundlichkeit, Fruchtbarkeit, Heiserkeit, Übelkeit, Wirksamkeit*** **2** e-e Person od. Sache, die die genannte Eigenschaft haben, im genannten Zustand sind; ***Flüssigkeit, Möglichkeit, Notwendigkeit, Sehenswürdigkeit, Spitzfindigkeit*** || NB: **a)** oft tritt zwischen das Adjektiv u. *-keit* noch ein *-ig*: ***Boshaftigkeit, Helligkeit, Müdigkeit, Schnelligkeit***; **b)** ↑ ***-heit***

Keks *der*; *-es, -e od bes* Ⓐ *auch das*; *-, -(e)*; ein kleines, flaches, haltbares Gebäck (das in Dosen od. Packungen verkauft wird): *Kekse u. Waffeln* || K-: ***Keks-, -dose*** || -K: ***Butter-, Schokoladen-*** || ID ***j-m auf den K. gehen*** *gespr*; j-n nervös machen, j-m auf die Nerven gehen || NB: ↑ ***Plätzchen***

Kelch *der*; *-(e)s, -e*; ein *mst* verziertes (Trink)Glas mit rundem Fuß u. schlankem Stiel: *Wein in kostbaren Kelchen* || -K: ***Trink-*** || ID ***den bitteren Kelch bis auf den Grund / bis zur Neige leeren (müssen)*** *geschr*; e-e sehr unangenehme Sache bis zum Ende ertragen (müssen); ***Der K. ist an ihm / ihr / mir vorübergegangen*** *geschr veraltend*; er / sie / ich wurde vor dieser unangenehmen Sache bewahrt || *hierzu* **kelch·för·mig** *Adj*

Kel·le *die*; *-, -n*; **1** e-e Art (tiefer) Löffel mit langem Stiel, mit dem man *mst* Suppe aus e-m Topf od. e-r Schüssel nimmt (schöpft) || -K: ***Schöpf-, Suppen-*** **2** e-e *mst* dreieckige Metallplatte mit e-m Griff, mit der Maurer Zement od. Putz auf die Mauer strei-

K

chen || -K: ***Maurer-*** **3** ein Stab mit e-r runden Scheibe am Ende, mit dem *z.B.* Polizisten im Verkehr Signale geben ⟨ein Polizist hebt die K., winkt mit der K.⟩

Kel·ler *der*; *-s*, *-*; **1** der Teil e-s Hauses, der ganz od. teilweise unter der Erde liegt u. in dem bestimmte Gegenstände aufbewahrt werden ⟨etw. aus dem K. holen, etw. in den K. bringen⟩: *Kartoffeln im K. lagern* || K-: ***Keller-, -bar, -fenster, -geruch, -geschoss, -gewölbe, -raum, -treppe, -tür, -wohnung*** **2** ein Raum im K. (1) e-s Hauses ≈ Kellerabteil: *Jeder Mieter hat seinen eigenen K.* || -K: ***Heizungs-, Hobby-, Kartoffel-, Kohlen-, Vorrats-*** || ID ***etw. fällt in den K.*** *gespr*; etw. sinkt, fällt sehr tief ⟨die Aktienkurse, die Preise, die Temperaturen⟩; ***etw. ist im K.*** *gespr*; etw. ist sehr tief unten, stark gesunken: *Der Dollar ist zurzeit im K.*

Kel·le·rei *die*; *-*, *-en*; ein Betrieb, in dem Wein u. Sekt in großen Mengen gelagert werden || -K: ***Wein-***

Kel·ler·meis·ter *der*; j-d, der in e-m Weinkeller arbeitet u. dafür sorgt, dass der Wein die beste Qualität bekommt ≈ (Wein)Küfer

Kell·ner *der*; *-s*, *-*; ein Mann, der den Gästen in e-m Restaurant, in e-r Bar *o.Ä.* die Getränke od. das Essen bringt ⟨den / nach dem K. rufen⟩ || -K: ***Aushilfs-, Ober-*** || *hierzu* **Kell·ne·rin** *die*; *-*, *-nen*; **kell·nern** (*hat*) *Vi* || NB: Man spricht e-n K. oft mit „Herr Ober" an u. e-e Kellnerin mit „Fräulein". Allerdings vermeiden die meisten Leute heutzutage e-e direkte Anrede u. sagen nur „Zahlen, bitte" *o.Ä.*

Kel·ter *die*; *-*, *-n*; ein Gerät, mit dem man den Saft aus Früchten (*bes* Trauben) presst || *hierzu* **kel·tern** (*hat*) *Vt*

Kel·te·rei *die*; *-*, *-en*; ein Betrieb, in dem aus Trauben u. Obst Saft gewonnen wird || -K: ***Obst-, Wein-***

Kel·vin [-v-] (*das*); *-s*, *-*; e-e Maßeinheit für Temperaturen; *Abk* K: *0°K entsprechen minus 273,15°Celsius* || K-: ***Kelvin-, -skala***

Ke·me·na·te *die*; *-*, *-n*; **1** *hist*; (*bes* im Mittelalter) ein Raum für Frauen in e-r Burg **2** *gespr hum*; ein kleiner, einfacher Raum, in dem man für sich ist, in den man sich zurückziehen kann

ken·nen; *kannte, hat gekannt*; *Vt* **1** ***j-n / sich / etw. k.*** (durch eigene Erfahrungen od. durch j-s Hinweise) Informationen über j-n / sich / etw. haben, *bes* über die charakteristischen Eigenschaften ⟨j-s Schwächen, Stärken k.⟩: *Ich kenne ihn genau, er würde nie etw. Böses tun!*; *Ich kenne mich. - Wenn ich diese Arbeit nicht sofort erledige, bleibt sie noch lange liegen* || NB: ↑ ***wissen*** **2** ***j-n (irgendwie / von irgendwo / von irgendwann) k.*** j-n schon gesehen (u. mit ihm gesprochen) haben ≈ mit j-m bekannt sein ⟨j-n flüchtig, persönlich, vom Sehen, von früher, von der Arbeit / Schule *usw* k.⟩: *„Woher kennen wir uns bloß?" - „Ich glaube, wir kennen uns vom Studium her"* **3** ***j-n / etw. k.*** wissen, wer j-d od. wie etw. ist ⟨j-n dem Namen nach k.; etw. vom Hörensagen k.⟩: *Ich kenne dieses Spiel, das haben meine Eltern immer gespielt* **4** ***etw. k.*** etw. nennen können ≈ wissen (1) ⟨j-s Adresse, Alter, Name, Telefonnummer k.; den Grund für etw. k.⟩: *Ich kenne ein nettes Lokal in der Nähe* **5** ***etw. k.*** etw. schon einmal erlebt, erfahren haben (u. deshalb wissen, was u. wie es ist): *Kennst du dieses Glücksgefühl?*; *ein Winter (von) nie gekannter Härte* **6** ***etw. k.*** (Fachmann sein u.) von e-r Sache viel verstehen ≈ sich mit etw. auskennen **7** ***j-n / etw. irgendwie k.*** bestimmte Eigenschaften von j-m / etw. k. (1) od. e-n bestimmten Eindruck von j-m / etw. haben: *Ich kenne ihn nur als liebevollen Familienvater*; *Sie kennt Italien nur von seiner besten Seite*; *Wie ich dich kenne, schreibst du wieder nicht aus dem Urlaub* **8** ***j-n / etw. an etw.*** (*Dat*) ***k.*** *gespr* ≈ erkennen ⟨j-n an seinem Gang, seiner Stimme k.⟩: *Hunde kennen Menschen am Geruch* **9** ***j-d / etw. kennt etw.*** etw. ist für j-n / etw. typisch, charakteristisch: *Dieses Land kennt keinen heißen Sommer*; *Wir kennen keinen Hass* || NB: *mst* verneint || ID ***sich nicht mehr 'k.*** ⟨vor Wut⟩ *gespr*; sich nicht mehr beherrschen können; *mst* ***Das 'kenne ich (schon)*** *gespr*; verwendet, um auszudrücken, dass man etw. (Unangenehmes) schon (öfter) gehört od. erlebt hat; *mst* ***Da kenne ich 'nichts!*** *gespr*; davon lasse ich mich nicht abhalten || ID ↑ ***Furcht, Pardon*** || ▶ ***Kenntnis, Bekannte***

> **ken·nen ler·nen**; *lernte kennen, hat kennen gelernt*; *Vt* **1** ***j-n k. l.*** j-m zum ersten Mal begegnen u. mit ihm sprechen ≈ j-s Bekanntschaft machen: *Die beiden haben sich im Urlaub kennen gelernt*; *Sie lernte ihren späteren Ehemann beim Tanzen kennen* **2** ***j-n / etw. k. l.*** Erfahrungen mit j-m / etw. machen: *Wenn du die Arbeit erst besser kennen gelernt hast, wird sie dir vielleicht gefallen* || ID *mst* ***Du sollst mich (noch) k. l.!*** *gespr*; verwendet, um j-m zu drohen

Ken·ner *der*; *-s*, *-*; j-d, der von e-r Sache sehr viel versteht ≈ Fachmann, Experte: *Er ist ein K. der feinen Küche*; *Das ist Musik für Kenner* || *hierzu* **Ken·ne·rin** *die*; *-*, *-nen*

Ken·ner·blick *der*; *mst in* ***mit K.*** prüfend, kritisch u. mit Sachkenntnis ≈ mit Kennermiene ⟨etw. mit K. ansehen, prüfen, mustern⟩

Ken·ner·mie·ne *die*; *mst in* ***mit K.*** ≈ mit Kennerblick

Kenn- *im Subst, begrenzt produktiv*; verwendet, um auszudrücken, dass etw. dazu dient, j-n / etw. zu kennzeichnen, von anderen Personen / Dingen zu unterscheiden; die ***Kennfarbe***, die ***Kennkarte***, die ***Kennmarke***, die ***Kennzahl***, die ***Kennziffer***

kennt·lich *Adj*; *mst in* ***j-n / etw. (irgendwie) k. machen*** an j-m / etw. ein Zeichen anbringen ≈ kennzeichnen (1): *Vögel durch Fußringe k. machen*; *gefährliche Straßenabschnitte durch Warnschilder k. machen* || *hierzu* **Kennt·lich·ma·chung** *die*; *nur Sg*

Kennt·nis *die*; *-*, *-se*; **1** *mst Pl*; das (gesamte) Wissen, das man von etw. hat ⟨eingehende, gründliche Kenntnisse; seine Kenntnisse auffrischen, erweitern, vertiefen⟩: *Seine Kenntnisse auf dem Gebiet der Atomphysik waren verblüffend* || -K: ***Fach-, Sach-, Sprach-*** **2** *nur Sg*; das konkrete Wissen von etw. ⟨K. von etw. erhalten, erlangen, haben; etw. entzieht sich j-s K.⟩: *Ohne K. der genauen Umstände kann ich keine Entscheidung treffen* **3** ***von j-m / etw. K. nehmen*** bemerken, dass j-d / etw. da ist ≈ j-n / etw. wahrnehmen ↔ j-n / etw. übersehen: *Er nahm von dem Unfall keine K. u. fuhr weiter* **4** ***etw. zur K. nehmen*** etw., das einem mitgeteilt wird, geistig verarbeiten, ohne danach etw. darüber zu sagen: *Ich habe Ihren Einwand zur K. genommen. - Darf ich nun mit meinem Vortrag fortfahren?* **5** ***j-n (nicht) zur K. nehmen*** ≈ j-n (nicht) beachten: *Sie begegnete mir häufig auf Kongressen, aber sie nahm mich nie zur K.* **6** ***j-n (von etw.) in K. setzen*** *geschr*; j-m etw. Wichtiges berichten ≈ j-n (über etw.) unterrichten, informieren || *zu* **1** **kennt·nis·reich** *Adj*; *nicht adv*; *zu* **4** **Kennt·nis·nah·me** *die*; *-*; *nur Sg*

Kenn·wort *das*; *-(e)s*, *Kenn·wör·ter*; **1** ein Wort, das als Erkennungszeichen für etw. dient, mit dem man etw. registriert od. speichert: *Senden Sie die Lösung des Rätsels unter dem K. „Osterpreisrätsel" an die Redaktion* **2** ein Wort, das geheim ist u. das j-d nennen muss, um zu beweisen, dass er zu e-r bestimmten Gruppe gehört, ihm etw. erlaubt ist *o.Ä.* ≈ Losung, Parole ⟨j-n nach dem K. fragen; das K. nennen; das K. heißt „…"⟩

Kẹnn·zei·chen *das*; **1** etw. Besonderes, an dem man j-n / etw. erkennen, identifizieren, von anderen Personen / Dingen unterscheiden kann ≈ Merkmal ⟨ein auffälliges, deutliches, sicheres K.⟩: *Im Pass werden besondere Kennzeichen der betreffenden Person eingetragen, wie z.B. Narben* **2** ein Symbol, das dazu dient, dass man j-n / etw. erkennen kann ≈ Abzeichen **3** ein Schild mit e-r Kombination von Buchstaben u. Zahlen am Auto, Motorrad *usw* ⟨das polizeiliche, amtliche K.⟩: *„Welches K. hatte das Auto, das den Unfall verursachte?"* || -K: ***Fahrzeug-***

kẹnn·zeich·nen; *kennzeichnete, hat gekennzeichnet*; Vt **1** ***ein Tier / etw.*** (***irgendwie***) ***k.*** an etw. (od. j-m) ein (Kenn)Zeichen anbringen: *Vögel mit Fußringen / durch Ringe k.; Waren mit / durch Etiketten k.* || NB: *mst* nicht auf Personen bezogen **2** ***j-n / etw. als etw. k.*** e-e Eigenschaft e-r Person od. Sache nennen, um sie zu beschreiben ≈ charakterisieren, darstellen: *j-n als dumm, gewalttätig k.* **3** ***etw. kennzeichnet j-n / etw.*** (***als etw.***) etw. ist ein typisches Merkmal e-r Person / Sache: *Sein Verhalten kennzeichnet ihn als verantwortungsbewussten Menschen; Dieser schwarze Humor ist kennzeichnend für Briten* || *zu* **1** u. **2 Kẹnn·zeich·nung** *die*

kẹn·tern; *kenterte, ist gekentert*; Vi ***etw. kentert*** ein Boot *o.Ä.* wird *z.B.* durch Sturm od. Wellen umgeworfen

Ke·ra·mik *die*; -, *-en*; **1** *nur Sg*; Ton, der durch große Hitze in e-m Ofen sehr hart geworden ist: *„Ist die Vase aus Porzellan?" - „Nein aus K."* || K-: ***Keramik-, -fliesen, -geschirr, -vase*** **2** etw., das aus K. (1) hergestellt ist: *e-e Ausstellung alter Keramiken* || *hierzu* **Ke·ra·mi·ker** *der*; *-s*, *-*; **Ke·ra·mi·ke·rin** *die*; -, *-nen*; **ke·ra·mi·sch-** *Adj*; *nur attr, nicht adv*

Kẹr·be *die*; -, *-n*; e-e kleine Vertiefung (in Form e-s „V") in der Oberfläche *bes* von Holz ⟨e-e K. in etw. (*Akk*) hauen, machen, schlagen, schneiden, schnitzen⟩ || ID ***in dieselbe / die gleiche K. hauen / schlagen*** *gespr*; dasselbe sagen wie ein anderer u. ihn dadurch (in seiner Meinung) unterstützen, was für den Betroffenen aber unangenehm ist || NB: ↑ ***Scharte***, ***Spalt*** || *hierzu* **kẹr·ben** (*hat*) *Vt*

Kẹr·bel *der*; *-s*; *nur Sg*; ein Gewürz für Suppe *o.Ä.*

Kẹrb·holz *das*; *nur in* ***etw. auf dem K. haben*** *gespr*; etw. Verbotenes, Unrechtes getan od. ein Verbrechen begangen haben

Kẹrb·tier *das*; *Zool* ≈ Insekt

Kẹr·ker *der*; *-s*, *-*; **1** *hist*; ein Gefängnis (*mst* unter der Erde), in dem die Gefangenen sehr streng behandelt wurden ⟨j-n in den K. werfen; im K. schmachten⟩ **2** Ⓐ ≈ Gefängnisstrafe: *zu 3 Jahren K. verurteilt werden*

Kẹr·ker·meis·ter *der*; *hist*; ein Aufseher in e-m Kerker (1)

Kẹrl *der*; *-s*, *-e* / *nordd -s*; *gespr*; **1** ein Junge od. Mann ⟨ein hübscher, dummer, frecher, unverschämter, komischer K.⟩: *So ein blöder K.!; Ich kann den K. einfach nicht ausstehen!* || -K: ***Pracht-, Riesen-*** || NB: *mst* mit Adjektiven verwendet. In Verbindung mit negativen Attributen wird *K. mst* als Schimpfwort verwendet **2** ***ein richtiger / ganzer K.*** ein Mann, auf den man sich verlassen kann (auch in schwierigen Situationen) **3** *mst* ***ein feiner / netter K.*** ein Mann od. e-e Frau, die sehr sympathisch, liebenswert sind: *Susi ist ein wirklich feiner K.!*

Kẹrl·chen *das*; *-s*, *-*; ein kleiner Junge ⟨ein goldiges, nettes, süßes, freches, naseweises K.⟩ || NB: *mst* mit Adjektiven verwendet

Kẹrn *der*; *-(e)s*, *-e*; **1** der innere Teil e-r Frucht, aus dem e-e neue Pflanze wachsen kann u. der e-e (harte) Schale hat ⟨der K. e-r Aprikose, e-s Pfirsichs *usw*; die Kerne e-s Apfels, e-r Melone, e-r Sonnenblume *usw*; e-n K. ausspucken, verschlucken, mitessen⟩ || ↑ *Abb. unter* ***Obst*** || -K: ***Obst-, Apfel-, Aprikosen-, Birnen-, Kürbis-, Mandarinen-, Melonen-, Orangen-, Pfirsich-, Pflaumen-, Zitronen-*** **2** der weiche innere, *mst* essbare Teil e-r Nuss, e-s Kerns (1) ↔ Schale ⟨die Kerne von Haselnüssen, Mandeln, Pistazien, Sonnenblumen *usw*; Kerne schälen, essen⟩: *geröstete u. gesalzene Kerne von Erdnüssen* || -K: ***Erdnuss-, Kürbis-, Mandel-, Nuss-, Pistazien-*** **3** der (wichtigste) Teil in der Mitte von etw. ↔ Rand ⟨der K. der Erde, e-r Körperzelle, e-r Stadt⟩: *ein Baum, dessen K. fault; Die Sonne ist in ihrem K. noch viel heißer als an der Oberfläche* || K-: ***Kern-, -holz*** || -K: ***Erd-, Stadt-, Zell-*** **4** das Wesentliche, der wichtigste Teil e-r Sache ⟨der K. e-r Aussage, e-s Problems⟩ || K-: ***Kern-, -frage, -gedanke, -problem, -punkt, -stück*** **5** *Phys*; der Teil e-s Atoms, der die Protonen u. Neutronen enthält ⟨ein leichter, schwerer K.; e-n K. spalten⟩ || K-: ***Kern-, -fusion, -ladung, -physik, -spaltung, -verschmelzung, -zerfall*** || -K: ***Atom-; Helium-, Sauerstoff-, Uran-, Wasserstoff-*** *usw* **6 der** (***harte***) ***K.*** ⟨e-r Gruppe⟩ **a)** die Mitglieder e-r (*bes* radikalen, politischen) Gruppe, die sich am stärksten für ihre Ziele einsetzen u. am aktivsten sind: *der harte K. e-r Terroristengruppe*; **b)** *hum*; diejenigen aus e-r Gruppe, die sich am meisten für etw. interessieren, die größte Ausdauer *o.Ä.* haben || ID ***j-d hat e-n guten K.***; ***in j-m steckt ein guter K.*** j-d hat e-n guten Charakter || *zu* **1** u. **2 kẹrn·los** *Adj*; *nicht adv* || ► ***entkernen***

Kẹrn- *im Subst, begrenzt produktiv*; verwendet, um etw. zu bezeichnen, das mit der Spaltung od. Fusion von Atomkernen zu tun hat ≈ Atom-; der ***Kernbrennstoff***, die ***Kernenergie***, die ***Kernexplosion***, die ***Kernforschung***, die ***Kernkraft***, der ***Kernkraftbefürworter***, der ***Kernkraftgegner***, das ***Kernkraftwerk***, der ***Kernreaktor***, die ***Kernstrahlung***, die ***Kerntechnik***, die ***Kernwaffen*** || NB: **a)** *Kern-* wird *bes* von Befürwortern, *Atom-* auch von Gegnern der (zivilen, militärischen) Nutzung von Atomenergie verwendet; **b)** ↑ ***Kern*** (5) für weitere Komposita

Kẹrn·ge·häu·se *das*; der (innere) Teil *z.B.* e-s Apfels od. e-r Birne, in dem (Samen)Kerne sind

kẹrn·ge·sụnd *Adj*; *ohne Steigerung, nicht adv, gespr*; vollkommen gesund

kẹr·nig *Adj*; **1** grob od. derb ↔ fein ⟨ein Fluch, j-s Sprache, j-s Worte⟩ **2** stark, sportlich u. gesund ↔ weichlich ⟨ein Typ; j-d hat e-e kernige Natur⟩ || NB: *bes* für Männer verwendet **3** *nicht adv*; mit (vielen) Kernen (1): *kernige Orangen*

Kẹrn·obst *das*; Obst mit relativ weichen Kernen (*z.B.* Äpfel od. Birnen) || NB: ↑ ***Steinobst***

Kẹrn·sei·fe *die*; *nur Sg*; e-e einfache Seife (die nicht gefärbt od. parfümiert ist)

kẹrn·waf·fen|frei *Adj*; ⟨e-e Zone, ein Land⟩ so, dass sie ohne Atomwaffen sind

Kẹrn·zeit *die*; *mst Sg*; die Stunden e-s Arbeitstages, an denen alle Mitarbeiter e-s Betriebes mit gleitender Arbeitszeit anwesend sein müssen

Ke·ro·sịn [-z-] *das*; *-s*; *nur Sg*; e-e Art Benzin (als Treibstoff) *bes* für Flugzeuge

K

Ker·ze *die*; -, *-n*; **1** ein Gegenstand aus Wachs *o.Ä.* (*mst* in der Form e-r Stange) mit e-r Schnur (dem Docht) in der Mitte, den man anzündet, um Licht zu haben ⟨ein Weihnachtsbaum mit Kerzen; e-e K. anstecken / anzünden, löschen / ausmachen; e-e K. brennt (herunter), leuchtet, flackert, tropft, verlischt / geht aus⟩: *e-e K. aus echtem Bienenwachs* || K-: ***Kerzen-, -beleuchtung, -flamme, -halter, -leuchter, -licht, -schein, -ständer, -stummel, -stumpf*** || -K: ***Geburtstags-, Grab-; Wachs-*** **2** etw., das wie e-e längliche K. (1) aussieht ⟨e-e elektrische K.⟩: *Die Kastanie hat in der Blütezeit rosarote od. weiße Kerzen* **3** *Kurzw* ↑ ***Zündkerze*** || K-: ***Kerzen-, -wechsel*** **4** *Sport*; e-e Turnübung, bei der man auf dem Rücken liegt u. beide Beine so weit u. gerade wie möglich in die Höhe streckt ⟨e-e K. machen, turnen⟩

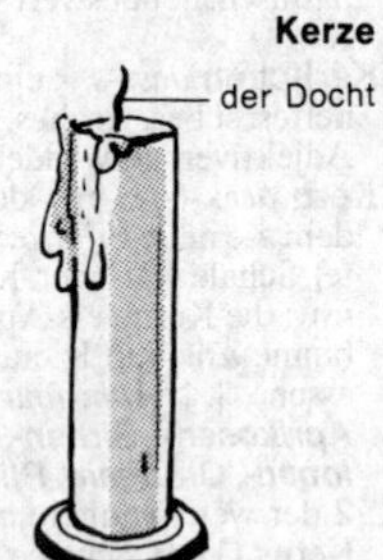

ker·zen·ge·ra·de *Adj*; (in senkrechter Richtung) ganz gerade, (auf *mst* steife Art) aufrecht ⟨ein Baum; sich k. halten, k. dasitzen⟩

Ke·scher *der*; *-s*, -; ein Stab mit e-m kleinen Netz in Form e-s Beutels an e-m Ring, mit dem man Fische, Krebse, Insekten *o.Ä.* fängt

kess, *kesser, kessest-*; *Adj*; **1** (auf lustige Weise) ein bisschen frech (u. ohne Respekt) ⟨e-e Antwort⟩ || NB: *bes* in Bezug auf Kinder u. Jugendliche verwendet **2** auf angenehme Art etwas anders als normal üblich (u. deshalb auffällig) ⟨e-e Frisur, ein Kleid⟩ || *hierzu* **Kess·heit** *die*; *nur Sg*

Kes·sel *der*; *-s*, -; **1** ein Metallgefäß (mit Deckel, Henkel u. e-r Öffnung zum Gießen), in dem man Wasser heiß macht ⟨den K. aufsetzen, vom Herd nehmen⟩ || -K: ***Kaffee-, Tee-; Wasser-*** **2** *veraltend*; ein Gefäß *mst* aus Kupfer, in dem man über dem offenen Feuer Wasser heiß macht od. Suppen *usw* kocht **3** ein sehr großer (geschlossener) Behälter aus Metall für Gase od. Flüssigkeiten: *Der Heizer schürt das Feuer unter dem K. der Lokomotive* || -K: ***Dampf-, Druck-, Heiz-; Gas-*** **4** ein tiefes Tal, das auf allen Seiten von Bergen umgeben ist ⟨e-e Stadt, ein Dorf liegt in einem K.⟩ || -K: ***Tal-*** **5** ein Gebiet, das feindliche Soldaten eingeschlossen haben ⟨aus e-m K. ausbrechen⟩ **6** e-e Art Kreis, den die Jäger (beim Kesseltreiben) bilden u. in den sie das Wild treiben || ► ***einkesseln***

Kes·sel·pau·ke *die*; *Mus*; e-e große, runde Pauke

Kes·sel·stein *der*; *nur Sg*; e-e harte Schicht aus Kalk, die sich in Töpfen bildet, in denen (hartes) Wasser gekocht wird

Kes·sel·trei·ben *das*; e-e Form der Jagd, bei der man das Wild (*bes* Hasen) zu e-r Stelle treibt u. von allen Seiten umstellt || ID *mst* ***j-d / etw.*** (*Kollekt od Pl*) ***veranstaltet ein K. gegen j-n*** e-e Gruppe von Gegnern od. Kritikern bekämpft j-n systematisch (mit Worten): *Die Presse veranstaltet ein K. gegen den Minister*

Ket·chup, **Ket·schup** ['kɛtʃap] *das, der*; *-s, -s*; e-e gewürzte, dicke Soße aus Tomaten u. Gewürzen (die *mst* in Flaschen verkauft wird) ⟨Pommes frites, Würstchen mit K.⟩ || -K: ***Tomaten-***

Kett·car® [-kaːɐ̯] *der*; *-s*; *-s*; ein Auto mit Pedalen für kleine Kinder ⟨K. fahren⟩

Ket·te *die*; -, *-n*; **1** e-e (lange) Reihe von Ringen aus Metall, die fest aneinander hängen ⟨die Glieder e-r K.; e-n Hund an die K. legen; ein Tier hängt / liegt an e-r K.; die K. klirrt, rasselt⟩: *Von der Decke hing ein riesiger Kronleuchter an e-r K.*; *Die Privatparkplätze sind mit Ketten abgesperrt* || K-: ***Ketten-, -glied*** || -K: ***Stahl-*** **2** ein Schmuck (in Form e-s Bandes aus Gold, Silber od. e-r Reihe von Steinen, Perlen *o.Ä.*), den man *mst* um den Hals od. das Handgelenk trägt ⟨e-e goldene, silberne K.; Perlen zu e-r K. auffädeln; e-e K. umlegen, tragen, ablegen / abnehmen⟩ || K-: ***Ketten-, -anhänger*** || -K: ***Arm-, Fuß-, Hals-; Gold-, Korallen-, Perlen-, Silber-*** **3** e-e Art K. (1), die dazu dient, die Kraft von einem Teil e-r Maschine od. e-s Fahrzeugs auf e-n anderen zu übertragen ⟨die K. e-s Fahrrads spannen, ölen⟩ || ↑ *Abb. unter* ***Fahrrad*** || K-: ***Ketten-, -antrieb, -fahrzeug, -panzer, -rad, -säge, -schutz*** || -K: ***Fahrrad-*** **4** *Kollekt*; mehrere Geschäfte, Restaurants *o.Ä.*, die sich an verschiedenen Orten befinden, aber zum gleichen Unternehmen gehören: *Dieses Restaurant gehört zu e-r K., die in ganz Westeuropa verbreitet ist* || -K: ***Hotel-, Kaufhaus-, Laden-, Restaurant-*** **5** ***e-e K.*** + *Gen* / ***von etw.*** (*Pl*) e-e ununterbrochene Reihe von Dingen gleicher Art: *e-e Kette von Bergen* || -K: ***Auto-, Berg-, Beweis-*** **6** ***e-e K.*** + *Gen* / ***von etw.*** (*Pl*) e-e Aufeinanderfolge von gleichartigen Ereignissen, Handlungen *o.Ä.* ⟨e-e Kette von Umständen, Unfällen, e-e Kette der Enttäuschungen⟩ **7** *Kollekt*; e-e Reihe von Menschen, die sich fest an den Händen fassen *o.Ä.* od. die etw. von einem zum anderen reichen ⟨Personen bilden e-e K.⟩: *Die Polizisten bildeten eine K., um die Demonstranten zurückzudrängen* || -K: ***Menschen-*** || ID ***j-n an die K. legen*** j-s Freiheit einschränken, indem man ihm Vorschriften macht od. Verbote erteilt

ket·ten; *kettete, hat gekettet*; [Vt] **1** ***j-n / etw. an j-n / etw. k.*** j-n / etw. mit e-r Kette (1) irgendwo fest anbinden: *e-n Gefangenen an die Mauer k.*; *e-n Hund an e-n Pflock k.* **2** ***j-n an sich*** (*Akk*) ***k.*** sich so verhalten, dass j-d (aus Pflichtgefühl) immer bei einem bleibt od. immer von einem abhängig ist

Ket·ten·hemd *das*; *hist*; ein Netz aus vielen kleinen (Metall)Ringen, das wie ein Hemd am Oberkörper (des Ritters) lag u. ihn so vor (Stichen mit) Waffen schützte

Ket·ten·rau·cher *der*; j-d, der (fast ohne Pause) eine Zigarette, Zigarre *usw* nach der anderen raucht

Ket·ten·re·ak·ti·on *die*; **1** *Chem*, *Phys*; e-e Folge von (chemischen, physikalischen) Vorgängen, die von selbst nacheinander ablaufen, wenn sie einmal begonnen haben ⟨etw. löst e-e K. aus⟩ **2** e-e Folge von Ereignissen, die von e-m bestimmten Geschehen bewirkt worden sind

Ket·zer *der*; *-s*, -; **1** *hist*; j-d, dessen Glauben nicht mit den Vorstellungen *bes* der katholischen Kirche übereinstimmte (u. der deswegen verfolgt wurde) ≈ Häretiker **2** *oft hum*; j-d, der andere Ansichten hat als die Mehrheit || *hierzu* **Ket·ze·rin** *die*; -, *-nen*; **ket·ze·risch** *Adj* || ► ***verketzern***

keu·chen; *keuchte, hat gekeucht*; [Vi] **1** (*bes* vor Anstrengung) laut u. tief atmen (schnaufen): *Der Marathonläufer kam keuchend am Ziel an*; [Vt] **2** ***etw. k.*** etw. mit Mühe sagen u. dabei k. (1) || NB: Das Objekt ist immer ein Satz

Keuch·hus·ten *der*; e-e (Kinder)Krankheit, bei der man oft u. lange (krampfartig) hustet

Keu·le *die*; -, *-n*; **1** e-e längliche Waffe aus Holz, die an einem Ende dünn u. am anderen Ende dick ist ⟨die K. schwingen; j-n mit e-r K. erschlagen⟩: *Die Neandertaler verwendeten Keulen als Waffen* || K-: ***Keulen-, -schlag*** **2** ein (Sport)Gerät in Form e-r K. (1), mit dem man Gymnastik treibt **3** der Oberschenkel von bestimmten (Schlacht)Tieren ≈

Schlegel ⟨e-e gebratene K.⟩ || -K: ***Gänse-, Hühner-, Reh-*** || *zu* **1 keu·len·för·mig** *Adj*; *nicht adv*

keusch, *keuscher, keuschest-*; *Adj*; *veraltend*; so, dass die betreffende Person frei von sexuellen Bedürfnissen ist, die bestimmten moralischen Grundsätzen widersprechen ⟨e-e Nonne; e-e Seele; k. leben⟩ || *hierzu* **Keusch·heit** *die*; *nur Sg*

Key·board ['ki:bɔ:d] *das*; *-s, -s*; **1** *Mus*; ein elektronisches Tasteninstrument (ähnlich e-m Klavier) **2** *EDV* ≈ Tastatur

Kfz [ka:|ɛf'tsɛt] *das*; -, *-(s)*; *gespr, Kurzw* ↑ ***Kraftfahrzeug*** || K-: ***Kfz-Papiere, Kfz-Steuer, Kfz-Versicherung, Kfz-Werkstatt***

KG [ka'ge:] *die*; -, *-s*; *Abk*; ↑ ***Kommanditgesellschaft***

Kha·ki *das*; *-(s)*; *nur Sg*; ein helles, mit Gelb vermischtes Braun || *hierzu* **kha·ki·far·ben, kha·ki·far·big** *Adj*; *nicht adv*

Ki·che·rei *die*; -, *-en*; *mst Sg*, *pej* ≈ Gekicher

Ki·cher·erb·se *die*; e-e Pflanze, die *bes* im Orient wächst, u. deren Früchte wie Erbsen aussehen

ki·chern; *kicherte, hat gekichert*; Vi **1** leise u. mit hohen Tönen lachen, ⟨(verlegen) vor sich hin k.⟩: *Als der Lehrer stolperte, kicherten die Kinder schadenfroh*; Vt **2** ***etw. k.*** etw. sagen u. dabei k. (1) || NB: Das Objekt ist immer ein Satz || *zu* ***Gekicher*** ↑ ***Ge-***

ki·cken; *kickte, hat gekickt*; *gespr*; Vt **1** ***etw. irgendwohin k.*** ≈ schießen[1] (4) ⟨den Ball ins Tor, ins Aus k.⟩; Vi **2** Fußball spielen || *zu* **2 Ki·cker** *der*; *-s*, -

Kid *das*; *-s, -s*; *mst Pl*, *gespr*; Kind, Jugendliche(r)

kid·nap·pen [-nɛpn̩]; *kidnappte, hat gekidnappt*; Vt ***j-n k.*** *gespr*; j-n als Geisel nehmen ≈ j-n entführen: *Der gekidnappte Fabrikant wurde gegen ein hohes Lösegeld wieder freigelassen* || *hierzu* **Kid·nap·per** *der*; *-s*, -; **Kid·nap·pe·rin** *die*; -, *-nen*

Kid·nap·ping *das*; *-s, -s*; das Kidnappen, Entführen e-s Menschen ≈ Menschenraub

kie·big *Adj*; *nordd*; **1** ≈ frech **2** verärgert ⟨k. werden⟩

Kie·bitz *der*; *-es, -e*; **1** ein (Sing)Vogel mit e-m Büschel schwarzer Federn am (Hinter)Kopf **2** *gespr*; ein Zuschauer beim Kartenspiel, beim Training von Sportlern *o.Ä.* || *zu* **2 kie·bit·zen** *(hat) Vi*

Kie·fer[1] *der*; *-s*, -; die beiden (Schädel)Knochen, aus denen die (oberen u. unteren) Zähne wachsen ⟨ein kräftiger, vorstehender K.; die Kiefer öffnen, schließen; sich den K. verrenken⟩ || K-: ***Kiefer-, -bruch, -gelenk*** || -K: ***Ober-, Unter-***

Kie·fer[2] *die*; -, *-n*; ein Baum, dessen Nadeln in Büscheln wachsen || ↑ *Abb. unter* ***Nadelbäume*** || K-: ***Kiefern-, -holz, -möbel, -nadel, -schonung, -wald, -zapfen***

kie·ken; *kiekte, hat gekiekt*; Vi *nordd gespr* ≈ gucken

Kie·ker *der*; *nur in* ***j-n auf dem K. haben*** *gespr*; ständig nach Gründen suchen, um j-n tadeln od. bestrafen zu können

kiek·sen; *kiekste, hat gekiekst*; Vt/i ***(etw.) k.*** (etw.) mit hoher, aber schwacher Stimme sprechen || NB: Das Objekt ist immer ein Satz

Kiel[1] *der*; *-(e)s, -e*; der harte Teil in der Mitte e-r (Vogel)Feder || -K: ***Feder-***

Kiel[2] *der*; *-(e)s, -e*; der Teil e-s Bootes od. Schiffes, der am tiefsten im Wasser liegt u. von vorn nach hinten als e-e Linie in der Mitte des (Schiffs)Bodens verläuft || -K: ***Boots-***

kiel·oben *Adv*; so, dass der Kiel oben ist ⟨ein Boot liegt, schwimmt, treibt k. (auf dem Wasser)⟩

Kiel·was·ser *das*; *nur Sg*; die (Fahr)Spur, die sich hinter e-m fahrenden Schiff auf dem Wasser bildet || ID ***in j-s K. segeln / schwimmen*** j-s Ansichten u. Handeln befürworten u. selbst profitieren

Kie·me *die*; -, *-n*; *mst Pl*; eine der Spalten am Kopf e-s Fisches, durch die er atmet ⟨ein Fisch bewegt die K.⟩ || K-: ***Kiemen-, -atmung***

Kien *der*; *-(e)s*; *nur Sg*; (Kiefern)Holz, das viel Harz enthält || K-: ***Kien-, -fackel, -span***

Kien·ap·fel *der*; ein Zapfen e-r Kiefer

Kie·pe *die*; -, *-n*; *nordd*; *ein* (*mst* viereckiger) Korb, den man auf dem Rücken trägt: *e-e K. (voll) Holz*

Kies *der*; *-es*; *nur Sg*; **1** *Kollekt*; viele kleine Steine, die am Fluss, am Rand der Straße od. auf Fußwegen liegen ⟨feiner, grober K.⟩ || K-: ***Kies-, -haufen, -weg*** || NB: ↑ ***Schotter*** **2** *gespr* ≈ Geld ⟨viel, wenig, ein Haufen K.⟩

Kie·sel *der*; *-s*, -; ein kleiner Stein, der durch fließendes Wasser fast rund geschliffen wurde ⟨bunte Kiesel⟩

Kie·sel·stein *der* ≈ Kiesel

Kies·gru·be *die*; e-e Stelle, an der Kies (aus dem Boden) gewonnen wird

kif·fen; *kiffte, hat gekifft*; Vi *gespr*; Haschisch rauchen ≈ haschen || *hierzu* **Kif·fer** *der*; *-s*, -; **Kif·fe·rin** *die*; -, *-nen*

ki·ke·ri·ki! *Interjektion*; verwendet, um das Krähen e-s Hahnes zu imitieren

kil·le·kil·le *Interjektion*; verwendet, wenn man j-n (*bes* ein Kind) kitzelt

kil·len; *killte, hat gekillt*; Vt ***j-n / ein Tier k.*** *gespr*; j-n / ein Tier kaltblütig töten, ohne Mitleid zu haben

Kil·ler *der*; *-s*, -; *gespr*; j-d (ein Mörder), der andere für Geld tötet

Kil·ler- *im Subst, betont, wenig produktiv*; drückt in Verbindung mit lebenden Organismen aus, dass diese tödlich (*bes* auf den Menschen) wirken; die ***Killerbiene***, der ***Killerhai***, die ***Killerzelle***

-kil·ler *der*; *im Subst, begrenzt produktiv, gespr*; verwendet, um *bes* etw. zu bezeichnen, das e-e Sache zerstört, beseitigt od. ihr schadet: ***Jobkiller, Ozonkiller, Schmutzkiller***

Ki·lo *das*; *-s, - / -s*; *gespr, Kurzw* ↑ ***Kilogramm***: *zwei Kilo Fleisch*; *überflüssige Kilos abspecken* (= durch e-e Diät verlieren) || NB: Nach Zahlen ist der Plural *Kilo* || *hierzu* **ki·lo·wei·se** *Adv*

Ki·lo- *im Subst, betont, wenig produktiv*; verwendet, um das Tausendfache e-r Maßeinheit zu bezeichnen ≈ tausend: das ***Kilobyte***, das ***Kilogramm***, das ***Kilohertz***, das ***Kilojoule***, die ***Kilokalorie***, das ***Kilopond***, das ***Kilovolt***, das ***Kilowatt***

Ki·lo·gramm *das*; tausend Gramm; *Abk* kg

Ki·lo·me·ter *der*; **1** tausend Meter; *Abk* km: *Bis zum Flughafen sind es noch 20 Kilometer* **2** *gespr*; (bei Geschwindigkeiten) K. (1) pro Stunde ≈ Stundenkilometer: *In der Stadt sind nur 50 Kilometer erlaubt*

Ki·lo·me·ter|fres·ser *der*; *gespr hum od pej*; j-d, der ohne Pause sehr lange Strecken mit dem Auto fährt

Ki·lo·me·ter|geld *das*; **1** das Geld pro Kilometer, das man (*z.B.* von seiner Firma) für Fahrten bekommt, die mit dem Beruf zu tun haben **2** das Geld, das man für ein Leihauto pro Kilometer bezahlen muss

ki·lo·me·ter|lang *Adj*; **1** mehrere Kilometer lang ⟨ein Stau⟩ **2** *gespr*; sehr lang

Ki·lo·me·ter|stand *der*; die Anzeige der schon gefahrenen Kilometer (auf dem Kilometerzähler)

Ki·lo·me·ter|stein *der*; ein Stein *bes* am Straßenrand, auf dem die Zahl der Kilometer steht, die bis dahin von e-m bestimmten Punkt aus zurückgelegt sind

Ki·lo·me·ter|zäh·ler *der*; ein Gerät in e-m Fahrzeug (*bes* in e-m Auto), das anzeigt, wie viele Kilometer das Fahrzeug schon gefahren ist

Ki·lo·watt|stun·de *die*; e-e Maßeinheit, mit der man angibt, wie viel elektrischen Strom ein Gerät verbraucht; *Abk* kWh

Kim·me *die*; -, *-n*; e-e Kerbe am Visier von Schusswaffen, die hilft, genau zu zielen ⟨über K. u. Korn zielen⟩

Kind *das*; *-(e)s, -er*; **1** ein junger Mensch in der Zeit von seiner Geburt bis zu dem Zeitpunkt, an dem er körperlich reif od. erwachsen (juristisch volljährig) ist ↔ Erwachsene(r) ⟨ein ungeborenes, neugeborenes, tot geborenes K.; ein artiges, braves, freches, ungezogenes, verzogenes K.; ein K. erwarten, bekommen, zur Welt bringen, in die Welt setzen, gebären, aufziehen, großziehen⟩: *Mit vierzehn ist sie eigentlich kein K. mehr*; *Die großen Kinder gehen in die Schule, die kleinen in den Kindergarten* || K-: ***Kindes-, -misshandlung, -tötung***; ***Kinds-, -taufe***; ***Kinder-, -arzt, -buch, -chor, -fahrrad, -film, -heilkunde, -lied, -psychologe, -puder, -schar, -sendung, -zimmer*** || -K: ***Schul-, Wunder-, Wunsch-*** || NB: Ein Kind unter etwa 18 Monaten wird *mst Baby* genannt, von ca. 18 Monaten bis 4 Jahre spricht man von *Kleinkind*, ab ca. 12 sagt man *Jugendliche(r)* **2** ***(j-s) K.*** j-s Sohn od. Tochter ≈ Nachkomme ⟨ein eigenes, leibliches, (un)eheliches, (il)legitimes, angenommenes, adoptiertes K.; j-s einziges, geliebtes K.; ein K. haben⟩: *Er ist ein K. reicher Eltern*; *Unsere Kinder sind schon erwachsen* || K-: ***Kind(e)s-, -mutter, -vater*** || -K: ***Bauern-***; ***Enkel-***; ***Waisen-*** **3** *nur Pl, hum*; verwendet als Anrede für e-e Gruppe von Freunden, Kollegen *o.Ä.*: *Kommt, Kinder, jetzt feiern wir ein Fest!* **4** ***ein K.*** (+ *Gen*) j-d, der an e-m bestimmten Ort / in e-r bestimmten Zeit geboren wurde u. dadurch (in seinem Charakter, Verhalten) geprägt wurde ⟨ein (echtes) K. seiner Zeit⟩: *Er ist ein typisches K. der Berge* **5** ***von K. an / auf*** seit der Zeit, als man noch ein K. (1) war: *Wir kennen uns von K. auf*; *Ich war von K. an ein Einzelgänger* **6** ⟨e-r Frau⟩ ***ein K. machen / andrehen / anhängen*** *gespr pej*; e-e Frau schwanger machen **7** ***bei*** ⟨e-r Frau⟩ ***ist ein K. unterwegs*** *euph*; e-e Frau ist schwanger **8** ***j-n an Kindes Statt annehmen*** *geschr*; j-n adoptieren || ID ***ein großes K. sein*** (als Erwachsener) naiv wie ein K. sein; ***mit K. u. Kegel*** *gespr*; mit der ganzen Familie: *mit K. u. Kegel verreisen*; *mst* ***unsere Kinder u. Kindeskinder*** unsere Nachkommen; ***das K. im Manne*** *hum*; die Freude, die viele Männer am Spielen haben; ***das K. beim (rechten) Namen nennen*** *gespr*; deutlich, offen über ein unangenehmes Thema sprechen; ***sich bei j-m lieb K. machen*** *gespr*; sich bei j-m einschmeicheln; ***kein K. von Traurigkeit sein*** *gespr*; lebenslustig sein; ***etw. ist j-s liebstes K.*** etw. ist j-m sehr wichtig: *Das Auto ist des Deutschen liebstes K.*; ***das K. mit dem Bade ausschütten*** etw. Schlechtes beseitigen wollen u. dabei auch etw. Gutes zerstören (weil man zu eifrig ist); *mst* ***Wir werden das K. schon schaukeln*** *gespr*; wir werden das Problem schon lösen / die Sache schon erledigen; *mst* ***Wie sag ichs meinem Kinde?*** *hum*; wie erkläre ich ihm / ihr das?; ***Aus Kindern werden Leute*** die Kinder werden (schnell) erwachsen; ***ein gebranntes K. sein*** durch schlechte Erfahrungen vorsichtig geworden sein; ***(ein) gebranntes K. scheut das Feuer*** schlechte Erfahrungen machen den Menschen vorsichtig || *zu* **1** **kin·der·feind·lich** *Adj*; **kin·der·freund·lich** *Adj*; **kind·ge·mäß** *Adj*; **kind·haft** *Adj*; *zu* **2** **kin·der·reich** *Adj*; *nicht adv*; **kin·der·los** *Adj*; *nicht adv*

Kin·der·ar·beit *die*; *nur Sg*; die (gesetzlich verbotene) Arbeit von Kindern gegen Lohn

Kin·der·dorf *das*; *Kollekt*; e-e Gruppe von Häusern (als soziale Institution), in denen *mst* Waisen wie in Familien von e-r (Kinderdorf)Mutter erzogen werden

Kin·de·rei *die*; -, *-en*; ein kindisches Verhalten, e-e kindische Tat ≈ Albernheit: *sich Kindereien ausdenken*

Kin·der·funk *der*; e-e Sendung od. ein Programm im Radio für Kinder

Kin·der·gar·ten *der*; **1** e-e Institution, in der Kinder (von 3-6 Jahren) das soziale Verhalten *usw* in der Gruppe lernen, bevor sie in die Schule kommen **2** das Haus, in dem ein K. (1) untergebracht ist || *hierzu* **Kin·der·gärt·ne·rin** *die*

Kin·der·geld *das*; *nur Sg*; Geld, das Eltern vom Staat bekommen (als Hilfe für die Erziehung ihrer Kinder)

Kin·der·glau·be *der*; *mst pej od iron*; e-e naive (einfältige) Vorstellung von j-m / etw. ⟨ein frommer K.⟩

Kin·der·heim *das*; **1** ein Heim, in dem die Kinder wohnen u. erzogen werden, deren Eltern tot sind od. sie völlig vernachlässigt haben ⟨ein Kind kommt ins K.⟩ **2** ein Heim für Kinder, die geistig od. körperlich behindert sind

Kin·der·hort *der*; **1** e-e Institution, in der Kinder, deren Eltern beide berufstätig sind, nachmittags nach der Schule betreut werden **2** das Haus, in dem ein K. (1) untergebracht ist

Kin·der·krank·heit *die*; **1** e-e (Infektions)Krankheit, die *bes* Kinder bekommen: *Masern, Mumps u. Windpocken zählen zu den Kinderkrankheiten* **2** Probleme, die ein neues Projekt, Modell *o.Ä.* am Anfang macht ≈ Anfangsschwierigkeiten

Kin·der·krie·gen *das*; *-s*; *nur Sg, gespr*; das Gebären e-s Kindes: *Zum K. ist sie schon zu alt*

Kin·der·krip·pe *die*; e-e Institution, in der Babys u. kleine Kinder (deren Eltern arbeiten) während des Tages betreut werden

Kin·der·la·den *der*; e-e Art Kindergarten, der auf private Initiative der Eltern entstanden ist u. in dem die Kinder besonders liberal (antiautoritär) erzogen werden

Kin·der·läh·mung *die*; *nur Sg*; e-e Infektionskrankheit, die *bes* Kinder bekommen u. die zu schweren Lähmungen führen kann; *Med* Polio(myelitis)

kin·der·leicht *Adj*; *gespr*; sehr leicht, einfach ⟨e-e Aufgabe, e-e Rechnung⟩

kin·der·lieb *Adj*; *mst in* ***(sehr) k. sein*** Kinder sehr gern mögen

Kin·der·mäd·chen *das*; e-e (*mst* junge) Frau, die von e-r Familie dafür bezahlt wird, dass sie (täglich) für die Kinder sorgt

Kin·der·narr *der*; j-d, der Kinder sehr (oft übertrieben) gern hat

Kin·der·schän·der *der*; j-d, der Kinder sexuell missbraucht

Kin·der·schreck *der*; *nur Sg, gespr*; j-d, vor dem Kinder Angst haben

Kin·der·schuh *der*; ein Schuh für Kinder || ID ***den Kinderschuhen entwachsen sein*** erwachsen sein; ***etw. steckt noch in den Kinderschuhen*** etw. ist noch am Anfang (im Anfangsstadium): *Die Gentechnologie steckt noch in den Kinderschuhen*

Kin·der·schwes·ter *die*; e-e (Kranken)Schwester, die sich auf die (Kranken)Pflege von Babys u. (kleinen) Kindern spezialisiert hat

Kin·der·se·gen *der*; *nur Sg*; *mst in* ***ein (reicher) K.*** *hum*; viele Kinder in e-r Familie

Kin·der·sitz *der*; **1** ein Sitz für kleine Kinder, den man an der Lenkstange od. dem Gepäckträger des Fahrrads befestigen kann **2** ein Sitz *o.Ä.*, den man am Rücksitz im Auto befestigt, damit kleine Kinder bei Unfällen besser geschützt sind

Kin·der·spiel *das*; ein Spiel für Kinder od. ein Spiel, das Kinder spielen || ID ***etw. ist ein K. (für j-n)*** *gespr*; etw. ist sehr einfach, kein Problem für j-n: *Das Auto zu reparieren ist doch ein K. für mich!*

Kịn·der·sterb·lich·keit *die*; *Admin geschr*; der (Prozent)Anteil der Kinder, die in e-m bestimmten Gebiet od. Land früh sterben

Kịn·der·stu·be *die*; *nur Sg*; *mst in* ***e-e gute K. haben*** zur Höflichkeit u. zu gutem Benehmen erzogen sein

Kịn·der·tel·ler *der*; (in einem Gasthaus) e-e Portion Essen für Kinder, die billiger und kleiner ist als die für Erwachsene ⟨e-n / den K. bestellen⟩

Kịn·der·wa·gen *der*; ein (kleiner) Wagen mit vier Rädern, in dem man ein Baby transportiert

Kinderwagen

Kịn·der·zeit *die*; *nur Sg* ≈ Kindheit

Kịn·des·al·ter *das*; *nur Sg*; *mst in* ***im K.*** ⟨sein⟩ in dem Alter (sein), in dem man noch ein Kind ist

Kịn·des·bei·ne *die*; *Pl*; *nur in* ***von Kindesbeinen an*** seit der Zeit, als man ein Kind war ≈ von Kind auf: *Sie kennen sich von Kindesbeinen an*

Kịn·des·miss·hand·lung *die*; *Jur*; das Quälen u. Schlagen von Kindern (*bes* durch ihre Eltern)

Kịnd·heit *die*; -, *-en*; *mst Sg*; die Zeit, in der j-d ein Kind ist ⟨e-e glückliche, schöne, unbeschwerte, freudlose, traurige K. haben, erleben⟩: *Er verbrachte seine K. bei seiner Großmutter in Amerika* || K-: ***Kindheits-, -erinnerung, -traum*** || NB: ↑ ***Jugend***

kịn·disch *Adj*; *pej*; (als Erwachsene(r)) mit e-m Benehmen wie ein Kind ≈ albern, unreif ⟨ein Benehmen, j-s Trotz⟩: *Du bist manchmal sehr k.!*

kịnd·lich *Adj*; wie ein Kind ≈ unreif ↔ erwachsen ⟨ein Aussehen, e-e Handschrift, e-e Naivität; k. wirken⟩ || *hierzu* **Kịnd·lich·keit** *die*; *nur Sg*

Kịnds·kopf *der*; *gespr pej*; j-d, der sich albern, kindisch benimmt

Ki·ne̱·tik *die*; -; *nur Sg*, *Phys*; ein Gebiet der Physik, das sich mit den Bewegungen der Körper beschäftigt || *hierzu* **ki·ne̱·tisch** *Adj*; *nur attr od adv*

Kịng *der*; *-s, -s*; *gespr*; *mst in* ***Er hält sich wohl für den K.*** *gespr pej*; er glaubt, er ist etw. Besonderes

Kịn·ker·litz·chen *die*; *Pl*, *gespr*; **1** ein (albernes u. überflüssiges) Verhalten, das e-n anderen ärgert ⟨K. machen⟩: *Lass deine dummen K.!* **2** unbedeutende Kleinigkeiten

Kịnn *das*; *-(e)s, -e*; der Teil des Gesichts unterhalb des Mundes (der ein bisschen vorsteht) ⟨ein eckiges, rundes, spitzes, fliehendes K.; ein K. mit e-m Grübchen; das K. in / auf die Hand stützen⟩ || ↑ *Abb. unter* ***Kopf*** || K-: ***Kinn-, -bart, -spitze***

Kịnn·ba·cke *die*; einer der beiden (seitlichen) Teile des Unterkiefers nahe dem Kinn

Kịnn·ha·ken *der*; ein Schlag mit der Faust (*mst* von unten) gegen das Kinn ⟨j-m e-n K. geben⟩

Kịnn·la·de *die* ≈ Unterkiefer

Kịnn·rie·men *der*; ein Riemen um das Kinn, der e-n Helm (fest)hält

Ki̱·no *das*; *-s, -s*; **1** ein Raum od. Haus, in dem (vor e-m Publikum) Filme gezeigt werden ⟨etw. wird im K. gespielt / gezeigt; etw. kommt, läuft im K.; ins K. gehen⟩ || K-: ***Kino-, -besitzer, -besucher, -film, -karte, -kasse, -programm, -reklame, -vorstellung*** || -K: ***Vorstadt-*** **2** *nur Sg*; e-e Vorstellung im K. (1): *Das K. beginnt um halb neun* **3** der Film als künstlerisches Medium

Ki·no·gän·ger *der*; *-s, -*; j-d, der (oft) ins Kino geht

Ki̱n·topp *der*; *-s, -s*; *gespr*; **1** *hum* ≈ Kino **2** *nur Sg*; der Film als Medium (*bes* zur Zeit des Stummfilms)

Ki·osk ['ki:ɔsk, kiɔsk] *der*; *-(e)s, -e*; ein kleines Haus (e-e Bude od. ein Stand), in dem *bes* Zigaretten, Zeitschriften u. Süßigkeiten verkauft werden ⟨etw. am K. kaufen⟩ || -K: ***Zeitungs-***

Kịp·ferl *das*; *-s, -(n)*; *südd* Ⓐ ≈ Hörnchen

Kịp·pe[1] *die*; -, *-n*; *gespr*; der Rest e-r Zigarette ≈ Zigarettenstummel

Kịp·pe[2] *die*; -, *-n*; **1** *Kurzw* ↑ ***Müllkippe*** **2** *mst in* ***j-d / etw. steht auf der K.*** *gespr*; j-d / etw. ist in e-r prekären Situation, etw. droht zu scheitern

kịp·pen; *kippte, hat / ist gekippt*; Vt (*hat*) **1** ***etw. k.*** etw. in e-e schräge Lage bringen: *den Deckel der Schreibmaschine nach hinten k.* || K-: ***Kipp-, -fenster, -lore, -schalter*** **2** ***etw. irgendwohin k.*** etw. aus e-m Gefäß irgendwohin schütten, gießen ⟨Wasser in den Ausguss, Müll auf die Straße k.⟩; Vi (*ist*) **3** ***j-d / etw. kippt*** j-d / etw. bewegt sich so aus e-r festen Position, dass er / es schließlich umfällt ≈ j-d / etw. stürzt um: *ein Regal so ungleichmäßig beladen, dass es (nach hinten, vorne) kippt* **4** ***etw. kippt*** etw. steht kurz vor e-r (*mst* negativen) Wende ⟨das Wetter kippt (= wird schlechter)⟩: *Das Spiel kippte in der zweiten Halbzeit* || ID ***einen k.*** *gespr*; (ein Glas) Alkohol (*bes* Schnaps) trinken || *zu* **1** **kịpp·bar** *Adj*

Kịr·che *die*; -, *-n*; **1** ein großes Gebäude, in dem Christen den Gottesdienst abhalten ⟨e-e evangelische, katholische, romanische, gotische, barocke, moderne K.⟩: *e-e K. mit drei Schiffen, e-m Turm, e-m Chor u. e-r Apsis* || K-: ***Kirchen-, -bank, -bau, -chor, -fenster, -gemeinde, -glocke, -konzert, -patron, -portal, -schiff, -tür; Kirch-, -hof, -platz, -turm*** || -K: ***Barock-, Rokoko-; Bischofs-, Dorf-, Kloster-, Missions-, Pfarr-*** || NB: ↑ ***Dom, Kapelle, Kathedrale, Münster*** **2** *Kollekt*; e-e religiöse Gemeinschaft, *bes* mit christlichem Glauben ≈ Konfession ⟨die evangelische, griechisch-orthodoxe, lutherische, katholische K.; e-r K. angehören; aus der K. austreten⟩: *Der Papst ist das Oberhaupt der römisch-katholischen K.* || K-: ***Kirchen-, -amt, -austritt, -fest, -geschichte, -lehre, -recht, -spaltung, -strafe, -übertritt, -verfolgung*** **3** die K. (2) als Institution: *die Trennung von K. u. Staat* **4** *nur Sg*, *gespr* ≈ Gottesdienst, Messe ⟨in die K. gehen⟩: *Samstags ist um 19 Uhr K.* || K-: ***Kirchen-, -besuch, -besucher, -choral, -lied, -musik; Kirch-, -gang, -gänger*** || ID ***die K. im Dorf lassen*** mit etw. nicht übertreiben

Kirche (1)

der Kirchturm

Kịr·chen·buch *das*; e-e Art Chronik, in der die wichtigsten Daten (der Geburten, Sterbefälle, Taufen u. Eheschließungen) e-r religiösen Gemeinde aufgeschrieben werden

Kịr·chen·die·ner *der*; j-d, der beruflich in der Kirche die einfachen Arbeiten macht u. alles für den Gottesdienst vorbereitet ≈ Küster, Messner

Kịr·chen·jahr *das*; *nur Sg*; das Jahr, wie es unter religiösen Aspekten (nach Sonn- u. Feiertagen, kirchlichen Festen der katholischen, evangelischen Kirche) gegliedert wird

Kịr·chen·maus *die*; *nur in* ***arm wie e-e K.*** (***sein***) *gespr hum*; sehr arm (sein)

Kịr·chen·staat *der*; *nur Sg*; ein kleiner Bezirk in Italien (in Rom), der unter der Herrschaft des Papstes steht ≈ Vatikan

Kịr·chen·steu·er *die*; e-e Steuer, die die (katholische, evangelische) Kirche (3) in manchen Ländern von ihren Mitgliedern fordert (u. die in Deutschland der Staat einzieht)

Kịr·chen·va·ter *der*; einer von mehreren berühmten Lehrern u. Verfassern wichtiger Schriften (*z.B.* Augustinus) in der Anfangszeit der christlichen Kirche

kịrch·lich *Adj*; **1** *nur attr od adv*; in Bezug auf die (katholische, evangelische) Kirche ⟨ein Amt, ein Fest, ein Ritus⟩ **2** nach den Bräuchen, Riten der (katholischen, evangelischen) Kirche ⟨e-e Trauung; k. heiraten, k. beerdigt werden⟩

Kịrch·weih *die*; -, *-en*; ein Fest auf dem Land mit e-m Jahrmarkt, das zur Erinnerung an die Einweihung der (Dorf)Kirche gefeiert wird ≈ Kirmes

Kịr·mes *die*; -, *-sen* ≈ Kirchweih

Kịr·sche *die*; -, *-n*; **1** e-e kleine, weiche, runde, *mst* rote Frucht mit e-m harten Kern in der Mitte || ↑ *Abb. unter* **Obst** || K-: ***Kirsch-, -kern; -kuchen, -likör, -marmelade, -saft*** **2** der Baum, an dem die Kirschen (1) wachsen ≈ Kirschbaum || K-: ***Kirsch-, -blüte, -holz*** || ID ***mit j-m ist nicht gut Kirschen essen*** mit j-m kann man sich nicht gut vertragen (weil er unfreundlich, streitsüchtig ist)

K

Kịrsch·was·ser *das*; *nur Sg*; ein Schnaps, der aus Kirschen gemacht wird

Kịs·sen *das*; *-s*, -; e-e Hülle (*mst* aus Stoff), die mit e-r weichen Substanz (*z.B.* Federn) gefüllt ist u. auf der man bequem sitzen, liegen od. schlafen kann ⟨ein weiches K.; ein K. aufschütteln; den Kopf auf ein K. legen⟩: *Er legte ein K. auf den Stuhl*; *Das K. ist mit Schaumstoff gefüllt* || K-: ***Kissen-, -bezug, -füllung, -überzug*** || -K: ***Feder-, Gummi-, Schaumstoff-, Seiden-; Sofa-, Stuhl-, Zier-; Fuß-, Kopf-***

Kịs·sen·schlacht *die*; *gespr*; ein lustiges (Kinder)Spiel, bei dem man mit Kissen wirft u. versucht, sich gegenseitig zu treffen ⟨e-e K. machen⟩

Kịs·te *die*; -, *-n*; **1** ein rechteckiger Behälter aus Holz ⟨e-e K. mit Büchern; etw. in e-e K. tun, verpacken; Kisten aufeinander stapeln⟩ || ↑ *Abb. unter* **Behälter und Gefäße** || -K: ***Obst-, Wein-*** **2** ***e-e K.*** + *Subst* die Menge, die in e-e K. (1) passt: *e-e K. Äpfel kaufen* **3** *gespr pej*; ein (altes) Fahrzeug, *bes* ein Auto || *zu* **2** **kịs·ten·wei·se** *Adv*

Kịtsch *der*; *-(e)s*; *nur Sg*, *pej*; etw., das keinen künstlerischen Wert hat, geschmacklos od. sentimental ist ↔ Kunst: *Diese imitierte Barockstatue ist der reinste K.* || NB: ↑ ***Schund*** || *hierzu* **kịt·schig** *Adj*

Kịtt *der*; *-(e)s*; *nur Sg*; e-e weiche Substanz, die an der Luft allmählich hart wird u. *z.B.* dazu dient, das Glas im (Fenster)Rahmen zu halten ⟨etw. mit K. verschmieren; der K. bröckelt (ab)⟩ || -K: ***Fenster-***

Kịtt·chen *das*; *-s*, -; *gespr*, *mst hum* ≈ Gefängnis ⟨im K. sitzen⟩

Kịt·tel *der*; *-s*, -; e-e Art Mantel aus dünnem Stoff, den man bei der Arbeit (über der normalen Kleidung) trägt || ↑ *Abb. unter* **Arbeitskleidung** || K-: ***Kittel-, -kleid, -schürze*** || -K: ***Arbeits-; Arzt-, Maler-, Monteur(s)-***

kịt·ten; *kittete*, *hat gekittet*; [Vt] ***etw. k.*** etw. mit Kitt (od. ähnlichen Materialien) reparieren od. kleben: *e-e zerbrochene Kaffeekanne k.* || ID *mst* ***Ihre Ehe lässt sich*** (***nicht mehr***) ***k.*** *gespr*; j-s Ehe kann nach e-m großen Streit (nicht mehr) gerettet werden

Kịtz *das*; *-es*, *-e*; ein junges Reh, e-e junge Gämse od. Ziege || -K: ***Reh-***

Kịt·zel *der*; *-s*, -; **1** das Gefühl, das man hat, wenn die Haut leicht gereizt (gekitzelt) wird || NB: ↑ ***Juckreiz*** **2** ein angenehmes Gefühl, das j-d hat, wenn er etw. Gefährliches, Verbotenes tut ⟨e-n K. verspüren⟩ || -K: ***Nerven-***

kịt·ze·lig *Adj*; **1** ***j-d ist k.*** j-d ist so, dass er sehr schnell (empfindlich) reagiert, wenn er gekitzelt wird: *an den Fußsohlen ist er besonders k.* **2** ≈ heikel (2) ⟨e-e Angelegenheit, e-e Situation⟩

kịt·zeln; *kitzelte*, *hat gekitzelt*; [Vt] **1** ***j-n k.*** j-n so berühren, dass er lachen muss (weil seine Sinne gereizt werden) ⟨j-n an den Fußsohlen, am Bauch, mit e-r Feder k.⟩ **2** ***etw. kitzelt j-n*** j-d hat große Lust, etw. zu tun ≈ etw. reizt j-n: *Es kitzelte ihn schon lange, einmal bei e-m Autorennen mitzumachen*; [Vtı] **3** ***etw. kitzelt*** (***j-n***) etw. verursacht bei j-m durch e-e leichte Berührung e-n (Juck)Reiz: *Lass das, das kitzelt!*; *Das Haar kitzelte sie an der Nase*

Kịtz·ler *der*; *-s*, -; *gespr* ≈ Klitoris

kịtz·lig *Adj*; ↑ ***kitzelig***

Ki̱·wi *die*; -, *-s*; e-e ovale Frucht mit weichem, grünem Fleisch u. Haaren auf der Haut

Klạcks *der*; *-es*, *-e*; *gespr*; ***ein K.*** (+ *Subst*) e-e kleine Menge e-r weichen Substanz, die irgendwohin fällt, gegeben wird *o.Ä.* ⟨ein K. Butter, Senf, Schlagsahne, Soße⟩ || ID ***etw. ist*** (***für j-n***) ***ein K.*** *gespr*; etw. ist (für j-n) e-e sehr leichte Aufgabe

Klạ·de *die*; -, *-n*; *nordd*; ein Heft für Notizen

klạf·fen; *klaffte*, *hat geklafft*; [Vi] ***etw. klafft*** etw. bildet e-e tiefe, weite Spalte ⟨e-e klaffende Wunde⟩: *Ein Riss klafft in der Wand*

klạ̈f·fen; *kläffte*, *hat gekläfft*; [Vi] ***ein Hund kläfft*** *pej*; ein Hund bellt laut u. mit unangenehm hoher Stimme || *hierzu* **Klạ̈f·fer** *der*; *-s*, -

Kla̱·ge *die*; -, *-n*; **1** *geschr*; laute Worte, mit denen man zu erkennen gibt, dass man Kummer od. Schmerzen hat ↔ Jubel: *in laute Klagen ausbrechen* **2** ***K.*** (***über j-n / etw.***) Worte, mit denen man zu erkennen gibt, dass man unzufrieden od. ängstlich ist ≈ Beschwerde ⟨Klagen werden laut, sind zu hören, kommen j-m zu Ohren⟩: *Das Betragen ihres Sohnes gibt keinen Grund zur K.* **3** ***K.*** (***auf etw.*** (*Akk*)) (***gegen j-n / etw.***) die Einleitung e-s (Zivil)Prozesses ⟨das Gericht *o.Ä.* erhebt, prüft e-e K., weist e-e K. ab; der Staatsanwalt gibt e-r K. statt⟩: *Seine K. auf Schmerzensgeld gegen den Hersteller des Medikaments hatte Erfolg* || K-: ***Klage-, -schrift*** || -K: ***Räumungs-, Scheidungs-*** || NB: ↑ ***Anklage***

kla̱·gen; *klagte*, *hat geklagt*; [Vi] **1** ***j-m sein Leid / seine Not k.*** j-m erzählen, dass man Kummer, Sorgen od. Schmerzen hat; [Vtı] **2** (***etw.***) ***k.*** *geschr*; mit Lauten od. Worten zu erkennen geben, dass man Kummer od. Schmerzen hat ≈ jammern ⟨laut, heftig k.⟩: *mit klagender Stimme*; *„Es tut so weh!" klagte er* || K-: ***Klage-, -laut, -lied*** || NB: Das Objekt ist immer ein Satz; [Vi] **3** ***über j-n / etw. k.*** j-m sagen, dass man Sorgen mit j-m / über etw. hat od. damit nicht zufrieden ist: *Sie klagte beim Doktor über starke Schmerzen* || NB: ↑ ***beklagen*** **4** (***gegen j-n / etw.***) (***auf etw.*** (*Akk*)) ***k.*** versuchen, in e-m Prozess zu seinem Recht zu kommen ⟨vor Gericht k.; auf Schmerzensgeld, Schadenersatz, Unterlassung, Wiedergutmachung k.⟩: *Mein Rechtsanwalt riet mir, gegen den Nachbarn zu k.* || NB: ↑ ***verklagen*** || *zu* **4** **Klä̱·ger** *der*; *-s*, -; **Klä̱·ge·rin** *die*; -, *-nen*

klä̱g·lich *Adj*; **1** ⟨ein Stöhnen; k. weinen; ein klägliches Gesicht machen⟩ so, dass damit Schmerz od. Angst ausgedrückt werden ≈ jammervoll **2** ⟨ein Anblick⟩ so, dass er Mitleid erregt **3** so klein, dass man ganz enttäuscht ist ⟨e-e Ausbeute, ein Rest⟩ **4**

sehr schlecht ⟨e-e Leistung, ein Ergebnis⟩ **5** *mst* ***k. scheitern, versagen*** so scheitern, versagen, dass es e-n sehr schlechten Eindruck macht

klag·los *Adj*; *mst adv*; ohne zu klagen (2) ⟨etw. k. ertragen, hinnehmen⟩

Kla·mauk *der*; *-s*; *nur Sg*; Komik, Scherz auf niedrigem Niveau: *ein Film mit viel K.*

klạmm, *klammer, klammst-*; *Adj*; *nicht adv*; **1** etwas feucht u. deshalb unangenehm kühl ⟨Bettzeug, Wäsche⟩ **2** vor Kälte steif u. unbeweglich ⟨Finger⟩

Klạmm *die*; *-, -en*; ein tiefes, enges Tal (mit e-m Bach) ≈ Schlucht

Klạm·mer *die*; *-, -n*; **1** ein kleiner Gegenstand, mit dem man zwei Dinge so aneinander presst, dass sie zusammenbleiben: *Wäsche mit Klammern an der Leine befestigen*; *zwei Blätter mit Klammern aneinander heften* || -K: ***Büro-, Wäsche-, Wund-*** **2** eines von zwei Zeichen, mit denen man ein Wort od. e-n Satz (zur Erklärung) einfügt ⟨etw. in Klammern setzen⟩: *eckige Klammern* [ ]; *runde Klammern* ( ); *geschweifte Klammern* { }; *spitze Klammern* ⟨ ⟩

Klammer (1)

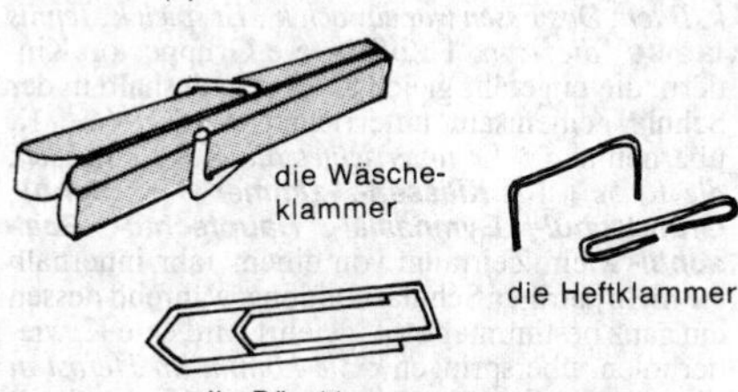

klạm·mern; *klammerte, hat geklammert*; [Vt] **1** ***etw. an etw.*** (*Akk*) ***k.*** etw. mit Klammern (1) an etw. befestigen: *Wäsche an die Leine k.*; *e-e Notiz an e-e Mappe k.* **2** ***etw. k.*** etw. mit Klammern (1) schließen ⟨e-e Wunde k.⟩ **3** ***etw. k.*** ≈ einklammern; [Vr] **4** ***sich an j-n / etw. k.*** sich an j-m / etw. so kräftig festhalten, wie man kann: *Das Äffchen klammerte sich an seine Mutter* || K-: ***Klammer-, -griff*** **5** ***sich an etw.*** (*Akk*) ***k.*** etw. nicht aufgeben wollen ⟨sich an e-e Hoffnung, e-e Vorstellung k.⟩

klamm·heim·lich *Adj*; *mst adv*, *gespr*; ganz heimlich ⟨k. abhauen, verschwinden⟩

Kla·mot·te *die*; *-, -n*; *gespr*; **1** *nur Pl*; (irgend)ein Teil der Kleidung: *sich neue Klamotten kaufen* **2** *mst pej*; ein lustiges Theaterstück od. ein Film mit niedrigem intellektuellem Niveau: *im Fernsehen e-e alte K. anschauen*

Kla·mot·ten·kis·te *die*; *mst in* ***aus der K.*** *gespr pej*; ziemlich alt, überholt u. nicht mehr interessant ⟨ein Film, ein Witz⟩

Klạmp·fe *die*; *-, -n*; *gespr veraltend* ≈ Gitarre

Klan *der*; *-s, -s*; ↑ ***Clan***

klạng *Imperfekt, 1. u. 3. Person Sg*; ↑ ***klingen***

Klạng *der*; *-(e)s, Klän·ge*; **1** ein *mst* angenehmer Ton ⟨ein heller, hoher, lieblicher, metallischer, reiner, süßer, tiefer, voller, warmer, weicher K.⟩ **2** Unterton, Assoziation: *Dieses Wort hat für mich e-n angenehmen K. - Es weckt in mir schöne Erinnerungen* **3** *nur Pl* ≈ Musik, Melodien ⟨aufregende, moderne, romantische Klänge⟩ || *zu* **1 klạng·lich** *Adj*; *nur attr od adv* || ► ***Missklang***

klạ̈n·ge *Konjunktiv II, 1. u. 3. Person Sg*; ↑ ***klingen***

Klạng·far·be *die*; *nur Sg*, *Mus*; die Art, wie etw. klingt

klạng·voll *Adj*; **1** mit e-m angenehmen, vollen Klang (1) ≈ wohl tönend **2** *mst* ***e-n klangvollen Namen haben*** *geschr*; berühmt sein

Klạpp- *im Subst, betont, begrenzt produktiv*; verwendet, um Dinge zu bezeichnen, die man (nach dem Gebrauch) zusammenklappen kann, so dass sie nicht so viel Platz brauchen; das ***Klappbett***, das ***Klappmesser***, das ***Klapprad***, der ***Klappsitz***, der ***Klappstuhl***, der ***Klapptisch***

Klạp·pe *die*; *-, -n*; **1** e-e Art Deckel, mit dem man e-e Öffnung an e-m Kasten *o.Ä.* verschließt od. öffnet: *die K. am Briefkasten öffnen* **2** *gespr pej* ≈ Mund **3** *gespr* ≈ Bett || ID ***j-d hat e-e große K.***; ***j-d reißt die / seine K. auf*** *gespr*; j-d redet frech u. arrogant; ***Halt die K.!*** *gespr!* sei still!

klạp·pen[1]; *klappte, hat / ist geklappt*; [Vt] (*hat*) **1** ***etw. irgendwohin k.*** etw. Festes, Steifes (das mit etw. auf einer Seite verbunden ist) in e-e andere Richtung drehen, wenden: *den Mantelkragen nach oben k.*; *Den Deckel der Kiste hatte man nach hinten geklappt*; [Vi] **2** ***etw. klappt irgendwohin*** (*ist*) etw. bewegt sich (als Klappe) von selbst in e-e bestimmte Richtung: *Der Kinositz klappte plötzlich nach hinten* **3** ***etw. klappt*** (*hat*) etw. schließt sich (als Klappe (1)) schnell u. macht dabei ein dumpfes Geräusch ≈ etw. klappt zu ⟨ein Fenster, ein Deckel⟩: *Ich hörte e-e Tür k.*

klạp·pen[2]; *klappte, hat geklappt*; [Vi] ***etw. klappt*** *gespr*; etw. gelingt so, wie man es geplant u. sich gewünscht hat ≈ etw. funktioniert (2) ⟨etw. klappt tadellos, wie am Schnürchen (= sehr gut)⟩: *Hoffentlich klappt unser Plan!*; *Hat bei der Prüfung alles geklappt?*

Klạp·per *die*; *-, -n*; ein Spielzeug für ganz kleine Kinder, das klappert, wenn man es schüttelt ≈ Rassel

klạp·per·dụ̈rr *Adj*; *gespr*; sehr mager od. dünn ⟨ein Mädchen⟩

Klạp·per·ge·stell *das*; *gespr*; j-d, der sehr mager ist

klạp·pe·rig *Adj*; ↑ ***klapprig***

Klạp·per·kas·ten *der*; *gespr*; *mst* ein alter Wagen (*bes* ein Auto)

Klạp·per·kis·te *die*; *gespr* ≈ Klapperkasten

klạp·pern; *klapperte, hat geklappert*; [Vi] **1** ***etw. klappert*** etw. macht schnell hintereinander Geräusche, die hell u. hart klingen: *Die Fensterläden klappern im Wind* **2** ***j-d klappert mit etw.*** j-d lässt etw. k. (1) **3** ***mit den Zähnen k.*** so stark frieren, dass die Zähne vibrierend aufeinander stoßen

Klạp·per·schlan·ge *die*; e-e (Gift)Schlange, die mit ihrem Schwanz ein klapperndes Geräusch machen kann

Klạp·per·storch *der*; *mst in* (***noch***) ***an den K. glauben*** *gespr*; sehr naiv, kindlich sein

klạpp·rig *Adj*; *gespr*; **1** so alt u. abgenutzt, dass einige Teile locker geworden sind (u. klappern) ⟨ein Auto, ein Fahrrad, e-e Schreibmaschine *usw*⟩ **2** alt u. schwach (od. dünn) ≈ gebrechlich ⟨ein Pferd⟩

Klạps *der*; *-es, Klap·se*; *gespr*; ein leichter Schlag mit der Hand ⟨j-m e-n freundlichen, leichten, kameradschaftlichen K. geben⟩

Klạps·müh·le *die*; *gespr!* ≈ Nervenklinik ⟨j-d ist reif für die K. (= ist völlig entnervt)⟩

klar, *klarer, klarst-*; *Adj*; **1** so sauber, dass man gut hindurchsehen kann ↔ trübe ⟨Wasser, ein See, e-e Fensterscheibe⟩ || -K: ***kristall-*** **2** ohne Wolken, Nebel *o.Ä.* ≈ wolkenlos ↔ bedeckt, dunstig ⟨ein Himmel, e-e Nacht, Sicht, Wetter⟩ **3** wach u. intelligent ⟨Augen, ein Blick⟩ **4** so, dass man genau versteht, was gemeint ist ≈ verständlich, deutlich (3) ↔ missverständlich ⟨e-e Antwort; sich k. ausdrücken; etw. wird j-m k.⟩: *Er hat mir ganz k.* (*u. deutlich*) *gesagt, was er will* **5** gut u. deutlich zu hören ⟨e-e Aussprache, ein Ton⟩: *k. u. akzentuiert sprechen* **6** ⟨Umrisse⟩ so (deutlich), dass man sie genau sehen, gut unterscheiden kann ≈ scharf (9) ↔ verschwommen **7** so, dass der Unterschied (Abstand) zu anderen deutlich ist ≈ eindeutig ⟨ein Vorsprung; j-n k. besiegen⟩: *Er hat das Rennen k. gewonnen* **8** *nur attr, nicht adv*; ohne Mehl gekocht ↔ gebunden ⟨e-e Brühe, e-e Suppe⟩ **9** *mst* ***e-n klaren Verstand haben*** logisch denken u. sachlich urteilen können **10** ***bei klarem Verstand sein*** (nicht verwirrt u. deshalb) in der Lage sein, normal zu denken **11** ***sich*** (*Dat*) ***über etw. k. / im Klaren sein*** etw. genau wissen u. deshalb sicher darüber urteilen können || ID (***Na***) ***k.!*** *gespr* ≈ selbstverständlich, sicher!: *„Hilfst du mir?" - „Na k.!"* || ► ***aufklaren***, (***auf***)***klären***

> **klar den·kend** *Adj*; *mst attr*; sachlich u. nüchtern (im Denken) ≈ vernünftig: *Jeder klar denkende Mensch weiß, dass Umweltschutz wichtig ist*
> **klar se·hen**; *sieht klar, sah klar, hat klar gesehen*; [Vi] *gespr* ≈ etw. verstehen: *Siehst du jetzt klar, wie das ist?*
> **klar wer·den**; *wurde klar, ist klar geworden*; [Vi] **1** ***etw. wird klar*** etw. wird verständlich, deutlich: *Ist klar geworden*, was *ich meine?* **2** ***etw. wird j-m klar*** j-d versteht etw. (allmählich) od. sieht es ein: *Ihm ist klar geworden*, dass *er sich ändern muss* **3** ***sich*** (*Dat*) (***über j-n / etw.***) ***k. w.*** sich über j-n / etw. e-e Meinung bilden, etw. erkennen od. entscheiden: *Bist du dir* darüber *klar geworden*, was *du im Urlaub tun willst?*; *Du musst dir* darüber *k. w.*, dass *das nicht geht*

Klär·an·la·ge *die*; ein technisches System (mit Becken u. Röhren), in dem schmutziges Wasser (Abwasser) gereinigt wird

Kla·re *der*; *-n, -n*; *gespr*; ein heller, farbloser Schnaps, *mst* Korn²: *zwei Klare bestellen* || NB: *ein Klarer*; *der Klare*; *den, dem, des Klaren*

klä·ren; *klärte, hat geklärt*; [Vt] **1** ***etw. k.*** ein Problem *o.Ä.* untersuchen od. analysieren u. dabei zu e-r Antwort kommen ⟨e-e Frage, ein Problem, e-n Mordfall k.⟩: *Er muss noch k.*, ob *der Raum für die Sitzung frei ist* **2** ***etw. k.*** e-e Flüssigkeit von Schmutz befreien ⟨Abwässer, Wasser k.⟩; [Vr] **3** ***etw. klärt sich*** etw. wird so, dass man gut hindurchsehen kann ⟨das Wasser⟩ **4** ***etw. klärt sich*** etw. wird so deutlich, dass man es erkennen / verstehen kann ⟨e-e Frage, ein Problem, ein Missverständnis⟩: *Es hat sich geklärt*, wer *es getan hat* || *hierzu* **Klä·rung** *die*; *mst Sg*

klar·ge·hen; *ging klar, ist klargegangen*; [Vi] ***etw. geht klar*** *gespr*; etw. geschieht so, wie man es gewünscht, geplant hat: *Mit dem Besuch geht alles klar*

Klar·heit *die*; *mst Sg*; **1** der Zustand od. die Eigenschaft, klar (1,2,3) zu sein: *die K. des Wassers, ihres Blickes* **2** der Zustand od. die Eigenschaft, klar (4) zu sein ≈ Verständlichkeit ↔ Unklarheit: *die K. seiner Ausführungen, Gedanken* **3** ***über etw.*** (*Akk*) ***K. gewinnen*** e-e Sache nach u. nach besser verstehen, sodass am Ende keine Zweifel mehr existieren **4** ***sich*** (*Dat*) ***über etw.*** (*Akk*) ***K. verschaffen*** sich über etw. genau informieren

Kla·ri·net·te *die*; *-, -n*; ein (Musik)Instrument aus Holz, mit Klappen aus Metall || ↑ *Abb. unter* ***Blasinstrumente***

klar·kom·men; *kam klar, ist klargekommen*; [Vi] (***mit j-m / etw.***) ***k.*** *gespr*; mit j-m / etw. keine Probleme haben, etw. gut bewältigen können ≈ zurechtkommen ⟨mit e-r Arbeit, e-r Aufgabe, e-m Problem k.⟩

klar·krie·gen; *kriegte klar, hat klargekriegt*; [Vt] *mst in* ***Das werden wir schon k.!*** *gespr*; das werden wir in Ordnung bringen

klar·le·gen; *legte klar, hat klargelegt*; [Vt] (***j-m***) ***etw. k.*** ≈ erklären ⟨ein Problem, e-e Sache k.⟩

klar·ma·chen; *machte klar, hat klargemacht*; [Vt] **1** (***j-m***) ***etw. k.*** j-m etw. genau erklären, so dass er es versteht, lernt od. einsieht: *Er machte allen klar*, dass *es so nicht weitergehen könne* **2** ***sich*** (*Dat*) ***etw. k.*** intensiv über etw. nachdenken, bis man es versteht, bis man Gewissheit erlangt hat

Klär·schlamm *der*; die Reste (u. der Schmutz), die (in Kläranlagen) nach der Reinigung des Wassers zurückbleiben

Klar·sicht- *im Subst, betont, wenig produktiv*; verwendet, um auszudrücken, dass etw. durchsichtig, transparent ist; die ***Klarsichtfolie***, die ***Klarsichthülle***, die ***Klarsichtpackung***

klar·stel·len; *stellte klar, hat klargestellt*; [Vt] ***etw. k.*** etw. so deutlich sagen, dass es andere richtig verstehen (u. erkennen): *Ich möchte ein für alle Mal k.*, dass *ich mir das nicht gefallen lasse!* || *hierzu* **Klar·stel·lung** *die* || NB: ↑ ***klären***

Klar·text *der*; *mst in* ***im K.*** *gespr*; mit verständlichen Worten, ohne zu beschönigen ≈ eigentlich ⟨etw. bedeutet, heißt im K., dass ...⟩

klas·se *Adj*; *indeklinabel, gespr*; so gut, dass es (die Leute) begeistern kann ≈ toll, super: *e-e k. Frau*; *ein k. Buch*; *Das Essen war einfach k.! Er spielt k. Tennis*

Klas·se¹ *die*; *-, -n*; **1** *Kollekt*; e-e Gruppe von Kindern, die ungefähr gleich alt sind u. deshalb in der Schule gemeinsam unterrichtet werden ⟨e-e K. übernehmen⟩: *Er unterrichtet die K. in Englisch*; *die K. 5a* || K-: ***Klassen-, -zimmer*** || -K: ***Schul-***; ***Grundschul-, Gymnasial-, Hauptschul-, Realschul-*** **2** ein Zeitraum von einem Jahr innerhalb e-r mehrjährigen Schulausbildung, während dessen ein ganz bestimmter Stoff gelehrt wird ⟨e-e K. wiederholen, überspringen⟩: *Sie kommt im Herbst in die erste K.*; *Er geht in die fünfte K.* (*Gymnasium*); *Er ging nach der zehnten K. von der Schule ab* **3** der Raum, in dem e-e K.¹ (1) unterrichtet wird ≈ Klassenzimmer ⟨die K. betreten, verlassen⟩ || *zu* **1** **klas·sen·wei·se** *Adv*

Klas·se² *die*; *-, -n*; **1** ***die K.*** (+ *Gen Pl*) *Kollekt*; e-e soziale Schicht ⟨die arbeitende, herrschende, die unterdrückte K.; die K. der Arbeiter, der Bauern⟩ || K-: ***Klassen-, -gesellschaft, -hass, -justiz, -staat, -unterschied*** || -K: ***Arbeiter-*** **2** ***die K.*** (+ *Gen Pl*) *Kollekt*; e-e Gruppe von Personen / Dingen, die gemeinsame Merkmale od. Interessen haben ⟨etw. e-r K. zuordnen⟩: *Er startet in der K. der Junioren* || -K: ***Alters-*** **3** ***die K.*** (***von etw.*** (*Pl*)) *Kollekt*; e-e qualitative Stufe in e-r Hierarchie, (Werte)Skala od. Rangfolge ⟨ein Abteil erster, zweiter K.; erster, zweiter K. fahren, fliegen⟩: *Obst der K. I*; *Die Fußballmannschaft steigt in die nächste K. auf* || -K: ***Gewichts-, Güte-, Handels-, Preis-*** **4** ***der Führerschein K. eins*** (***I***), ***zwei*** (***II***), ***drei*** (***III***) Ⓓ das Zeugnis, mit dem man Motorräder (I), Lastkraftwagen (II) bzw. Personenkraftwagen (III) fahren darf **5** *Biol*; e-e Kategorie im System der Lebewesen: *Im Stamm „Wirbeltiere" gibt es e-e K. „Säugetiere", zu der die Ordnung „Raubtiere" gehört* || ID ***j-d / etw. ist grosse K.*** *gespr*; j-d / etw. ist sehr gut, sympathisch *o.Ä.*: *Dein Freund / der Käse / die Party ist große K.!* || *zu* **1** **klas·sen·be·wusst** *Adj*; **klas·sen·los** *Adj* || ► ***erst-, zweit-, drittklassig***; ***deklassieren***

Klas·se- *im Subst, betont, sehr produktiv, gespr*; verwendet, um j-n / etw. als sehr gut, attraktiv *o.Ä.* zu bezeichnen; das ***Klasseauto***, der ***Klassefahrer***, das ***Klassefest***, die ***Klassefrau***, die ***Klasseleistung***

Klas·se·ment [klasəˈmãː] *das*; *-s, -s*; *Sport*; die Reihenfolge der Positionen (in e-m Wettbewerb)

Klas·sen·ar·beit *die*; ein schriftlicher Test für Schüler ⟨e-e K. haben, schreiben⟩

Klạs·sen·bes·te *der / die*; der Schüler (bzw. die Schülerin), der (die) in e-r Klasse[1] (1) die besten Noten hat: *Er ist zurzeit Klassenbester*

Klạs·sen·buch *das*; ein Heft mit Notizen des Lehrers über den Inhalt des Unterrichts u. die Leistungen der Schüler

Klạs·sen·feind *der*; *mst Sg*, *Kollekt*; (in der marxistischen Lehre) die (herrschende) Schicht der Gesellschaft, von der *bes* die Arbeiter unterdrückt werden

Klạs·sen·ka·me·rad *der*; j-d, der in dieselbe Klasse geht (wie ein anderer) ≈ Mitschüler, Schulkamerad: *Robert ist ein K. von mir* || *hierzu* **Klạs·sen·ka·me·ra·din** *die*

Klạs·sen·kampf *der*; (in der marxistischen Lehre) der (politische, ökonomische) Kampf um die Macht zwischen der herrschenden (besitzenden) Klasse (*z.B.* den Kapitalisten) u. den unterdrückten Klassen (*z.B.* den Arbeitern)

Klạs·sen·leh·rer *der*; der Lehrer, der für e-e Klasse[1] (1) verantwortlich ist ≈ Klassenleiter

Klạs·sen·lei·ter *der* ≈ Klassenlehrer

Klạs·sen·spre·cher *der*; ein Schüler, der von den anderen Schülern der Klasse gewählt wird, damit er ihre Interessen (gegenüber den Lehrern) vertritt

Klạs·sen·stär·ke *die*; die Zahl der Schüler, die in e-r Klasse sind

Klạs·sen·tref·fen *das*; ein Treffen von Personen, die früher einmal Schüler derselben Klasse waren

Klạs·sen·ziel *das*; *mst in* ***das K.* (*nicht*) *erreichen*** *Admin geschr*; am Ende des Schuljahrs (nicht) gut genug sein, um in die nächste Klasse[1] (2) zu kommen (versetzt zu werden)

klas·si·fi·zie·ren; *klassifizierte, hat klassifiziert*; [Vt] ⟨Personen / Dinge⟩ ***(nach etw.) k.*** e-e Gruppe von Personen od. e-e Menge von Dingen nach bestimmten Merkmalen einteilen || *hierzu* **Klas·si·fi·zie·rung** *die*; **Klas·si·fi·ka·ti·on** *die*; -, *-en*

Klạs·sik *die*; -; *nur Sg*; **1** e-e Epoche, in der die Kunst (Literatur *usw*) e-s Volkes ihren Höhepunkt erreicht hat ⟨die deutsche, französische K.⟩: *Die bedeutendsten Vertreter der deutschen K. sind Goethe u. Schiller* **2** die griechische u. römische Antike **3** *Mus*; die Zeit, die von Haydn, Mozart u. Beethoven geprägt ist **4** Musik (wie) aus der Zeit der K. (3) ≈ klassische Musik ⟨K. hören⟩

Klạs·si·ker *der*; *-s*, *-*; **1** ein Künstler (*bes* Dichter) der Klassik (1): *die Klassiker lesen* **2** *mst* ein Künstler (Philosoph, Wissenschaftler *o.Ä.*), dessen Werk lange (u. bis heute) als Vorbild wirkt **3** ein Buch e-s (bedeutenden) Autors, das auch nach langer Zeit noch viel gelesen wird: *„Alice im Wunderland" ist ein K. der Kinderliteratur*

klạs·sisch *Adj*; **1** die griechische u. römische Antike betreffend ⟨das Altertum, die Sprachen; klassische Philologie unterrichten⟩ || NB: ↑ ***antik*** **2** zur Kunst, Literatur der Klassik (1) gehörig ⟨die Dichter; ein Drama⟩ **3** zur Musik gehörig, die von bedeutenden Komponisten früherer Zeiten (*bes* der Klassik (3)) geschaffen wurde ⟨Musik, ein Musikstück, ein Konzert⟩ **4** nicht von der Mode abhängig (u. so, dass es zu allen Zeiten als schön empfunden wird) ≈ zeitlos ↔ modern: *ein klassisches Kostüm* **5** ≈ typisch, beispielhaft ⟨ein Beispiel, ein Beweis, ein Fehler⟩: *Der Professor demonstrierte den Studenten den klassischen Fall e-r Malariaerkrankung*

Klas·si·zịs·mus *der*; -; *nur Sg*; ein (Kunst)Stil (des 19. Jahrhunderts), der die Kunst der griechischen u. römischen Antike zum Vorbild hatte || *hierzu* **klas·si·zịs·tisch** *Adj*

Klạtsch *der*; *-(e)s*; *nur Sg*, *pej*; das (*bes* Negative), was die Leute über andere erzählen ≈ Gerede: *In Boulevardzeitungen steht viel K. über prominente Leute* || K-: ***Klatsch-, -kolumnist, -zeitung***

Klạtsch·ba·se *die*; *gespr pej*; j-d (*bes* e-e Frau), der (die) oft u. gern über andere Leute redet

klạt·schen[1]; *klatschte, hat geklatscht*; [Vi] **1** ***etw. klatscht* (*irgendwohin*)** etw. trifft auf etw. mit dem Geräusch, das entsteht, wenn Wasser plötzlich (in e-m Schwall) auf die Erde geschüttet wird: *Die Wellen klatschten gegen den Bug des Schiffes* || NB: ↑ ***prasseln*** **2** **(*in die Hände*) *k.*** die (Innenflächen der) Hände (längere Zeit) so gegeneinander schlagen, dass man es weit hört: *Der Trainer klatschte (in die Hände), um seine Mannschaft anzufeuern*; [Vt/i] **3** **(*Beifall*) *k.*** ≈ applaudieren, Beifall spenden ⟨begeistert, stürmisch (Beifall) k.⟩; [Vt] **4** ***etw. irgendwohin k.*** *gespr*; e-e (feuchte, weiche) Masse so an / gegen etw. werfen, dass sie dort hängen bleibt

klạt·schen[2]; *klatschte, hat geklatscht*; [Vi] ***(über j-n) k.*** *pej*; viel (*mst* Negatives) über andere Leute reden ≈ tratschen: *über seine Nachbarn k.* || *hierzu* **klạtsch·haft** *Adj*; *nicht adv*; **Klạtsch·haf·tig·keit** *die*; *nur Sg*

Klạtsch·mohn *der*; *nur Sg*; Mohn mit großen roten Blüten, der (in Europa) auf Feldern wächst

klạtsch·nass, **klatsch·nạss** *Adj*; *gespr*; völlig nass

Klạtsch·spal·te *die*; *pej*; der Teil e-r Zeitung, in dem viel Klatsch über prominente Leute steht

Klạtsch·weib *das*; *gespr pej* ≈ Klatschbase

klau·ben; *klaubte, hat geklaubt*; [Vt] ***etw. k.*** *südd* Ⓐ *gespr* ≈ pflücken, ernten ⟨Kartoffeln k.⟩

Klaue *die*; -, *-n*; **1** *mst Pl*; die Füße u. langen Krallen der Raubvögel u. Raubkatzen: *Der Habicht packte die Maus mit seinen Klauen*; *die scharfen Klauen des Löwen* **2** *mst Pl* ≈ Huf (*bes* bei Kühen, Ziegen, Schafen *o.Ä.*) **3** *nur Sg*, *gespr pej*; e-e sehr schlechte Handschrift: *Seine K. kann kein Mensch lesen*

klau·en; *klaute, hat geklaut*; *gespr*; [Vt/i] **((*j-m*) *etw.*) *k.*** j-m etw. (*mst* Kleineres) (weg)nehmen, das ihm gehört ≈ stehlen: *Wer hat meinen Füller geklaut?*

Klau·se *die*; -, *-n*; **1** e-e Hütte od. ein Raum, wo j-d ganz allein lebt **2** e-e sehr enge Stelle in e-m Bergtal

Klau·sel *die*; -, *-n*; e-e (oft zusätzliche) Regel, Bestimmung in e-m Vertrag, in e-r Vereinbarung ⟨e-e aufhebende, einschränkende K.; e-e K. in e-n Vertrag setzen⟩ || -K: ***Zusatz-***

Klaust·ro·pho·bie *die*; *nur Sg*, *Psych*; die (krankhafte) Angst davor, in geschlossenen Räumen zu sein

Klau·sur *die*; -, *-en*; **1** e-e schriftliche Prüfung *bes* an der Universität ⟨e-e K. schreiben, ablegen⟩ || K-: ***Klausur-, -arbeit, -note*** **2** die (inneren) Räume e-s Klosters, die Fremde nicht betreten dürfen **3** ***in K. gehen*** sich in die Einsamkeit zurückziehen **4** ***j-d*** (*Kollekt od Pl*) ***tagt in K.*** e-e Gruppe hat e-e Sitzung *o.Ä.*, von der die Öffentlichkeit ausgeschlossen ist || K-: ***Klausur-, -sitzung, -tagung***

Kla·vi·a·tur *die*; -, *-en*; *Kollekt*; alle Tasten an e-m Klavier, Akkordeon *o.Ä.*

Kla·vier [-'viːɐ̯] *das*; *-s*, *-e*; ein großes (Musik)Instrument mit weißen u. schwarzen Tasten, bei dem die Töne erzeugt werden, indem kleine Hämmer auf Saiten schlagen ≈ Piano ⟨K. spielen; j-n auf dem / am K. begleiten; ein K. stimmen⟩ || K-: ***Klavier-, -begleitung, -konzert, -lehrer, -musik, -sonate, -spiel, -spieler, -stimmer, -stuhl, -unterricht*** || NB: ↑ ***Flügel***[2]

Kla·vier·stun·de *die*; e-e Stunde Unterricht im Klavierspielen ⟨K. haben; Klavierstunden nehmen, geben⟩

Kle·be·band *das*; ein Band aus Plastik mit e-r Schicht Klebstoff: *ein Paket mit K. verschließen*

K

kle·ben; *klebte, hat geklebt*; [Vt] **1** ***etw. k.*** etw., das zerbrochen od. gerissen ist, mit Klebstoff verbinden (u. so reparieren): *e-e zerbrochene Vase k.*; *e-n Riss im Reifen k.* **2** ***etw.*** (***irgendwohin***) ***k.*** etw. (mit Klebstoff) irgendwo befestigen: *Plakate an die Wand k.*; *Fotos in ein Album k.*; [Vi] **3** ***etw. klebt*** etw. ist klebrig **4** ***etw. klebt irgendwo*** etw. ist fest (durch Klebstoff *o.Ä.*) mit etw. verbunden: *An der Tischplatte klebt ein Kaugummi* **5** ***etw. klebt*** (***irgendwie***) etw. hat die Eigenschaft, (durch die Wirkung von Klebstoff) an e-r Fläche fest (haften) zu bleiben: *Die Briefmarke klebt nicht mehr*; *Dieser Leim klebt hervorragend* (= ist ein sehr guter Klebstoff) **6** ***an j-m / etw. k.*** *gespr*; immer bei j-m sein, etw. nicht aufgeben wollen: *Die kleine Maria klebt immer an ihrer Mutter*; *Der Minister klebt an seinem Amt* || ID ***j-m eine k.*** *gespr*; j-m e-e Ohrfeige geben

> **kle·ben blei·ben**; *blieb kleben, ist kleben geblieben*; [Vi] **1** ⟨ein Insekt *o.Ä.*⟩ / ***etw. bleibt irgendwo kleben*** ein Insekt / etw. kann sich nicht mehr von e-r (klebrigen) Stelle od. Fläche lösen: *Die Fliege ist am Fliegenfänger kleben geblieben* **2** ***j-d bleibt kleben*** *gespr* ≈ j-d bleibt sitzen (1)

Kle·ber *der*; *-s, -*; *gespr* ≈ Klebstoff

Kle·be·stift *der*; (fester) Klebstoff in e-r Hülse

kleb·rig *Adj*; ⟨Bonbons, Finger, Hände⟩ an der Oberfläche so, dass e-e Art Klebstoff an ihnen haftet || *hierzu* **Kleb·rig·keit** *die*; *nur Sg*

Kleb·stoff *der*; e-e Flüssigkeit od. e-e Masse (1), mit der man Gegenstände fest miteinander verbinden kann ⟨K. auftragen; etw. mit K. bestreichen⟩ || NB: ↑ ***Leim***

kle·ckern; *kleckerte, hat / ist gekleckert*; *gespr*; [Vt] (*hat*) **1** ***etw. irgendwohin k.*** e-e dicke Flüssigkeit od. weiche Masse (ohne Absicht) irgendwohin fallen od. tropfen lassen (u. so Flecken machen): *Er hat Soße auf seine Krawatte gekleckert*; [Vi] (*ist*) **2** ***etw. kleckert irgendwohin*** e-e dicke Flüssigkeit od. weiche Masse tropft od. fällt in kleinen Mengen irgendwohin (u. macht so Flecken) **3** (***irgendwohin***) ***k.*** ≈ k. (1): *Pass auf u. kleckere nicht!* || ID ***nicht k., sondern klotzen*** *gespr*; etw. mit viel Energie, Geld *o.Ä.* tun, um dadurch zu imponieren

Klecks *der*; *-es, -e*; **1** ein Fleck, der von e-r farbigen Flüssigkeit (*z.B.* Tinte) kommt: *beim Malen Kleckse auf den Fußboden machen* || -K: ***Farb-, Tinten-*** **2** ***ein K.*** (+ *Subst*) e-e kleine Menge e-r dicken Flüssigkeit od. weichen Masse: *Würstchen mit e-m K. Senf*

kleck·sen; *kleckste, hat gekleckst*; [Vt] **1** ***irgendwohin k.*** e-e Flüssigkeit in Tropfen fallen lassen (u. so Flecken machen): *beim Fensterstreichen Farbe auf die Scheibe k.*; *Er hat beim Schreiben* (*ins Heft*) *gekleckst* **2** ***etw. kleckst*** etw. funktioniert nicht richtig u. macht deshalb Kleckse (1) ⟨der Füller, der Kugelschreiber⟩; [Vi] **3** ***etw. irgendwohin k.*** ≈ k. (1) || *hierzu* **Kleck·se·rei** *die*; *-, -en*

Klee *der*; *-s*; *nur Sg*; e-e niedrige (Futter)Pflanze mit drei (selten auch vier) runden Blättern || K-: ***Klee-, -ernte, -feld*** || ID ***j-n / etw. über den grünen K. loben*** *gespr*; j-n / etw. übertrieben loben

Klee·blatt *das*; **1** ein Blatt des Klees ⟨ein dreiblättriges, vierblättriges K.⟩: *Ein vierblättriges K. bringt angeblich Glück* **2** *Transp*; e-e Anlage aus vier großen Schleifen (2), die verhindert, dass dort, wo zwei große Straßen aufeinander treffen, e-e direkte Kreuzung nötig ist

Kleid *das*; *-(e)s, -er*; **1** ein Kleidungsstück für Frauen, das *mst* von den Schultern bis etwa zu den Knien reicht ⟨ein langärmliges, kurzärmliges, ärmelloses, hochgeschlossenes, tief ausgeschnittenes, schulterfreies K.; ein K. anziehen, tragen, anhaben, ausziehen⟩ || ↑ *Abb. unter* ***Bekleidung*** || -K: ***Sommer-, Winter-***; ***Abend-, Cocktail-***; ***Baumwoll-, Woll-, Leinen-, Seiden-*** **2** *nur Pl* ≈ Kleidung ⟨die Kleider anziehen, anlegen, ausziehen, ablegen, wechseln⟩ || K-: ***Kleider-, -bürste, -schrank, -ständer, -stoff*** || *zu* ***Kleiderbürste*** ↑ *Abb. unter* ***Bürste*** || ID ***Kleider machen Leute*** wenn man sich teuer anzieht, behandeln einen die Menschen mit mehr Respekt u. Höflichkeit

klei·den; *kleidete, hat gekleidet*; [Vt] ***j-n / sich irgendwie k.*** für j-n / sich e-e bestimmte Art von Kleidung wählen u. sie anziehen ⟨sich elegant, sportlich, modisch, nach der neuesten Mode, altmodisch, schick k.⟩: *Sie kleidet ihre Kinder immer hübsch u. trotzdem praktisch* **2** ***etw. kleidet j-n*** (***irgendwie***) etw. lässt j-n gut aussehen ≈ etw. steht j-m: *Der Hut kleidet sie* (*gut*); *Der karierte Stoff kleidet dich nicht* || NB: kein Passiv **3** ⟨*mst* seine Gedanken, Gefühle⟩ ***in Worte k.*** *geschr*; passende Worte verwenden, um *mst* seine Gedanken od. Gefühle auszudrücken

Klei·der·bü·gel *der*; ein Gegenstand (*mst* aus Holz od. Plastik) in Form e-s Bogens, über den man *bes* Kleider, Hosen u. Hemden hängt

Klei·der·ha·ken *der*; ein schmaler, kleiner Bogen *mst* aus Eisen (*z.B.* an der Wand), an dem man Kleidungsstücke aufhängen kann || ↑ *Abb. unter* ***Haken***

Klei·der·schrank *der*; ein hoher Schrank, in dem man Kleidung aufbewahrt

kleid·sam *Adj*; so (beschaffen), dass es für j-n gut passt, j-n gut kleidet (2) ⟨ein Mantel, ein Hut, ein Stoff, e-e Farbe, ein Muster⟩

Klei·dung *die*; *-*; *nur Sg*, *Kollekt*; alles, was man (als Kleid, Rock, Mantel, Hut, Schuhe *usw*) am Körper trägt, um ihn zu bedecken || -K: ***Sommer-, Winter-***; ***Berufs-, Sport-, Wander-***

Klei·dungs·stück *das*; ein einzelnes Teil der Kleidung, *z.B.* ein Hemd, ein Rock

Kleie *die*; *-*; *nur Sg*; der Rest (an Schalen u. Hülsen), der beim Mahlen des Korns zu Mehl übrig bleibt || -K: ***Weizen-***

klein, *kleiner, kleinst-*; *Adj*; **1** so, dass die Länge, Höhe, Größe, der Umfang, das Volumen *o.Ä.* unter dem Durchschnitt liegt ↔ groß (2): *Er hat nur e-e kleine Wohnung*; *Unser Sohn ist so gewachsen, dass ihm alle seine Schuhe zu k. geworden sind*; *Die Maus ist ein kleines Tier* || ↑ *Abb. unter* ***Eigenschaften*** || K-: ***Klein-, -format, -staat***; ***klein gedruckt, gemustert, kariert***; ***klein-, -gewachsen*** **2** *nicht adv*; mit vergleichsweise wenigen Personen, Tieren od. Dingen ↔ groß (3) ⟨e-e Familie, e-e Gruppe, e-e Herde, ein Verein *usw*⟩: *Wir treffen uns regelmäßig im kleinen Kreis*; *ein kleines Angebot an Fachbüchern* **3** *nicht adv*; in der Menge od. im Wert nicht sehr groß (4) od. hoch ⟨ein Betrag, ein Gewinn, e-e Summe, ein Verlust *usw*; ein (Geld)Schein⟩ **4** *mst attr, nicht adv*; zeitlich relativ kurz ↔ groß (5) ⟨e-e Pause, e-e Weile, ein Zeitraum⟩: *Warten Sie bitte e-n kleinen Moment* **5** *nicht adv*; von geringer Bedeutung, unwichtig ≈ unerheblich, unbedeutend ↔ groß (8), schwer ⟨ein Fehler, ein Irrtum; ein Missgeschick; ein Unterschied⟩ **6** *nur attr, nicht adv*; in e-r niedrigen beruflichen od. gesellschaftlichen Position ≈ unbedeutend ⟨ein Angestellter, ein Handwerker; der kleine Mann (von der Straße), die kleinen Leute⟩ **7** *mst attr, nicht adv, gespr*; (*bes* von u. gegenüber Kindern verwendet) jünger- ↔ groß (12) ⟨*mst* j-s Bruder, j-s Schwester⟩: *Ist das deine kleine Schwester?* **8** *nicht adv, gespr*; noch nicht erwachsen, (sehr) jung ↔ groß (13) ⟨ein Kind, ein Junge, ein Mädchen⟩:

Als ich k. war, wollte ich Ärztin werden; Das schmeckt den Kleinen u. den Großen **9** *nur attr, nicht adv*; mit wenig Aufwand, Kosten *usw* verbunden ↔ groß (14) ⟨e-e Feier, ein Fest, ein Imbiss⟩ **10** in der Form, die man *z.B.* innerhalb e-s Wortes verwendet (*z.B. a, b, c* im Unterschied zu *A, B, C*) ↔ groß (16) ⟨Buchstaben⟩: *In dem Satz „Ich gehe heim" schreibt man „heim" mit e-m kleinen h* || K-: ***Klein-, -buchstabe*** **11** ⟨das Gas, die Heizung, den Herd, die Platte *usw*⟩ ***(auf) k. schalten, stellen, drehen*** mithilfe e-s Schalters *o.Ä.* die Hitze od. Leistung e-s Geräts auf die niedrigste Stufe stellen ↔ etw. (auf) groß schalten, stellen, drehen **12** ***j-m e-e kleine Freude machen*** j-m etw. Nettes schenken *o.Ä.* || ID ***von k. an / auf*** seit der Kindheit; ***bis ins Kleinste*** so, dass alle Details berücksichtigt werden; ***k. beigeben*** (*mst* aus Feigheit) nachgeben; *mst* ***Er / Sie hat k. angefangen*** *gespr*; er / sie hat (bei der Gründung der Firma *o.Ä.*) mit wenig Geld angefangen (u. ist jetzt sehr reich); *mst* ***Man muss ja k. anfangen*** *gespr*; man muss im Berufsleben auf der untersten Stufe anfangen; ***k. machen / müssen*** *gespr*; (*bes* von u. gegenüber Kindern verwendet) die Blase entleeren (müssen) ↔ groß machen / müssen; ***k. u. hässlich werden*** *gespr*; kleinlaut werden (*mst* weil man Unrecht hat); ***ein k. wenig / bisschen*** *gespr* ≈ ein wenig / bisschen; *mst* ***es k. haben*** *gespr*; das passende Kleingeld haben || NB: ↑ ***Übel*** (3) || *zu* **1-6 Klein·heit** *die*; *nur Sg*

> **klein ma·chen**; *machte klein, hat klein gemacht*; [Vt] *gespr*; **1** ⟨*mst* Holz⟩ ***k. m.*** Holz *o.Ä.* in kleinere Teile teilen ≈ zerkleinern **2** ***(j-m) etw. k. m.*** j-m e-n Geldschein gegen kleinere Scheine od. Münzen tauschen ≈ wechseln: *j-m e-n Hunderteuroschein k. m.*
> **klein schnei·den**; *schnitt klein, hat klein geschnitten*; [Vt] ***(j-m) etw. k. s.*** (j-m) etw. in kleine Stücke schneiden
> **klein schrei·ben** (*hat*) *mst in* ***etw. wird klein geschrieben*** *gespr*; etw. wird als unwichtig behandelt || NB: aber: *ein Wort kleinschreiben* (zusammengeschrieben)

Klein·ar·beit *die*; *nur Sg*; *mst in* ***in mühevoller K.*** unter großer Mühe u. mit viel Arbeit im Detail
klein·be·kom·men; *bekam klein, hat kleinbekommen*; [Vt] ***j-n / etw. k.*** *gespr* ≈ kleinkriegen
Klein·be·trieb *der*; e-e kleine Firma mit wenigen Angestellten
Klein·bür·ger *der*; **1** *pej* ≈ Spießbürger **2** *Soz*; j-d, der zu den unteren Schichten des Bürgertums gehört || *hierzu* **Klein·bür·ger·tum** *das*; *nur Sg*; **klein·bür·ger·lich** *Adj*
Klei·ne *der / die*; *-n, -n*; ein kleiner Junge / ein kleines Mädchen: *Unsere Kleine kann schon sprechen* || NB: **a)** *mein Kleiner*; *der Kleine*; *den, dem, des Kleinen*; **b)** Bei Babys sagt man auch: *das Kleine*
Klein·fa·mi·lie *die*; e-e Familie, in der nur die Eltern mit ihren Kindern zusammenleben (also ohne Großeltern, Tanten, Onkel *usw*) ↔ Großfamilie
Klein·gar·ten *der*; einer von vielen kleinen Gärten auf e-m größeren Gebiet, das *mst* von der Gemeinde verpachtet ist ≈ Schrebergarten || K-: ***Kleingarten-, -anlage*** || *hierzu* **Klein·gärt·ner** *der*
Klein·ge·bäck *das*; *Kollekt*; Kekse, Waffeln *usw*
Klein·ge·druck·te, klein Ge·druck·te *das*; *-n*; *nur Sg*; die Bestimmungen u. Bedingungen *mst* auf der Rückseite von Verträgen (die klein gedruckt, aber trotzdem wichtig sind): *auch das K. lesen* || NB: *Kleingedrucktes*; *das Kleingedruckte*; *dem, des Kleingedruckten*
Klein·geld *das*; *nur Sg*, *Kollekt*; Münzen ↔ Papiergeld: *Leih mir doch bitte etwas K. zum Telefonieren*
klein·gläu·big *Adj*; *geschr pej*; ängstlich, voller Zweifel u. ohne Vertrauen ⟨ein Mensch⟩ || *hierzu* **Klein·gläu·big·keit** *die*; *nur Sg*
Klein·holz *das*; *nur Sg*, *Kollekt*; Holz, das in kleine Stücke (Scheite) gehackt ist ⟨K. machen⟩ || ID ***aus etw. K. machen***; ***etw. zu K. machen*** *gespr*; etw. (*bes* Möbel) in Stücke schlagen
Klei·nig·keit *die*; -, *-en*; **1** etw., das nicht sehr teuer ist: *der Nachbarin e-e K. zum Geburtstag schenken*; *Ich muss noch ein paar Kleinigkeiten in der Stadt besorgen* **2** *mst Pl*; unwichtige Details ≈ Nebensächlichkeiten, Bagatellen: *sich über jede K. aufregen* **3** ***e-e K. essen*** *gespr*; etw. (*z.B.* ein Brot, e-e Suppe *o.Ä.*) essen **4** ***etw. ist für j-n e-e / keine K.*** *gespr*; etw. ist für j-n ganz einfach / sehr schwer
Klein·ka·li·ber|ge·wehr *das*; ein Gewehr mit e-m Rohr, das e-n besonders kleinen Durchmesser hat
klein·ka·riert *Adj*; *gespr pej* ≈ engstirnig, borniert ↔ weltoffen ⟨k. denken⟩ || *hierzu* **Klein·ka·riert·heit** *die*; *nur Sg* || NB: aber: *ein klein karierter Stoff* (getrennt geschrieben)
Klein·kind *das*; ein Kind, das etwa zwischen 18 Monaten u. 4 Jahren alt ist || NB: ↑ ***Säugling***, ***Schulkind***
Klein·kram *der*; *gespr*, *Kollekt*, *mst pej*; **1** kleine Dinge ohne Wert **2** Aufgaben od. Angelegenheiten, die nicht wichtig sind: *Ich kann mich doch nicht um solchen K. kümmern!*
Klein·krieg *der*; *nur Sg*; ***K. (mit j-m)*** ein Streit über unwichtige Dinge, den man lange (od. dauernd) führt ⟨e-n ständigen K. führen⟩: *Ihre Ehe war ein dauernder K.*
klein·krie·gen; *kriegte klein, hat kleingekriegt*; [Vt] *gespr*; **1** ***j-n k.*** bewirken, dass j- seinen Mut od. sein Selbstvertrauen verliert ≈ fertig machen: *Wir werden dich schon noch k.!*; *Er lässt sich durch nichts k.* **2** ***etw. k.*** etw. in kleine Teile teilen ≈ zerkleinern: *Das Messer ist so stumpf, dass ich damit das Fleisch nicht k. kann* **3** ***etw. ist nicht kleinzukriegen*** etw. ist von so guter Qualität, dass es sich nicht abnützt, nicht kaputtgeht
Klein·kunst *die*; *nur Sg*; Kabarett, Sketche *usw* || K-: ***Kleinkunst-, -bühne***
klein·laut *Adj*; plötzlich still od. im Verhalten bescheiden (nachdem man vorher sehr selbstbewusst, frech *o.Ä.* war) ⟨k. sein, werden⟩
klein·lich *Adj*; *pej*; **1** nicht großzügig od. tolerant u. davon überzeugt, dass jede Kleinigkeit äußerst wichtig ist ≈ pedantisch ⟨ein Mensch⟩ **2** von pedantischem Denken bestimmt ⟨Überlegungen, Bestimmungen⟩ **3** ≈ geizig || *hierzu* **Klein·lich·keit** *die*
klein·mü·tig *Adj*; *geschr*; ohne Mut u. Selbstvertrauen || *hierzu* **Klein·mut** *der*
Klein·od *das*; *-(e)s*, *-e* / *-ien* [-'oːdi̯ən]; *geschr*; etw. (*mst* ein Schmuckstück), das sehr kostbar ist
klein·schrei·ben; *schrieb klein, hat kleingeschrieben*; [Vt] ***etw. k.*** ein Wort mit e-m kleinen (10) Buchstaben beginnen ↔ etw. großschreiben || *hierzu* **Klein·schrei·bung** *die*; *nur Sg*
Klein·stadt *die*; e-e Stadt, die weniger als ca. 20000 Einwohner hat || *hierzu* **Klein·städ·ter** *der*; **Klein·städ·te·rin** *die*; **klein·städ·tisch** *Adj* || NB: ↑ ***Großstadt***
Klein·tier *das*; *mst Pl*, *Kollekt*; verwendet als Bezeichnung für ein kleines (Haus)Tier (wie *z.B.* Katze, Hund, Vogel) || K-: ***Kleintier-, -halter, -praxis, -zucht***
Klein·vieh *das*; *Kollekt*; die kleinen Tiere auf e-m (Bauern)Hof || ID ***K. macht auch Mist*** *gespr*; auch

K

aus kleinen Geldsummen werden große Geldsummen, wenn man spart

Klein·wa·gen *der*; ein kleines Auto (mit e-m schwachen Motor)

Klein·zeug *das*; *Kollekt, gespr pej* ≈ Kleinkram

Klei·s·ter *der*; *-s, -*; ein einfaches Mittel, mit dem man Papier, Holz *o.Ä.* kleben kann (u. das man aus Stärke od. Mehl u. Wasser macht) ⟨K. anrühren⟩: *die Tapeten mit K. einstreichen* || -K: ***Tapeten-*** || *hierzu* **kleis·te·rig, kleist·rig** *Adj*

kleis·tern; *kleisterte, hat gekleistert*; Vt ***etw. irgendwohin k.*** *gespr*; etw. (mit Kleister) irgendwohin kleben: *die Tapeten an die Wand k.*

Kle·men·ti·ne *die*; *-, -n*; e-e süße Mandarine

Klem·me *die*; *-, -n*; **1** ein kleiner Gegenstand (*mst* mit zwei Armen (2) u. e-r Feder[3]), mit dem man kleine Dinge aneinander presst od. irgendwo befestigt ≈ Klammer (1): *Notizzettel mit e-r K. zusammenhalten*; *Haare mit e-r K. befestigen* **2** ein kleiner Gegenstand aus Plastik (mit Schrauben darin), mit dem man elektrische Kontakte herstellt (*z.B.* wenn man e-e Lampe anschließt) **3** *Med* ≈ Klammer (1) **4** *gespr*; e-e schwierige Lage, Situation ⟨in der K. sitzen, stecken; sich aus der K. ziehen können⟩

klem·men; *klemmte, hat geklemmt*; Vt **1** ***etw. irgendwohin k.*** etw. so zwischen zwei Dinge schieben od. drücken, dass es dort bleibt: *die Bücher unter den Arm k. u. zur Schule gehen* **2** ***sich*** (*Dat*) ***etw.*** (***in etw.*** (*Dat*)) ***k.*** mit dem Finger *o.Ä.* so zwischen zwei Dinge geraten, dass man sich dabei verletzt ⟨sich den Finger in der Tür, in der Schublade k.⟩; Vi **3** ***etw. klemmt*** etw. lässt sich nicht mehr (od. nur sehr schwer) bewegen ⟨e-e Tür, ein Fenster, e-e Schublade, ein Schloss⟩ || ID ***sich hinter etw.*** (*Akk*) ***k.*** *gespr*; ein Ziel mit Ernst u. viel Energie verfolgen

Klemp·ner *der*; *-s, -*; ein Handwerker, der *bes* Rohrleitungen aus Metall herstellt od. zusammenbaut u. die Wasserversorgung in Häusern installiert ≈ Installateur, Spengler || K-: ***Klempner-, -handwerk, -meister, -werkstatt*** || *hierzu* **klemp·nern** (*hat*) *Vi*

Klep·per *der*; *-s, -*; *pej*; ein altes, mageres, schwaches Pferd ⟨ein alter K.⟩

Klep·to·ma·nie *die*; *nur Sg*; der (krankhafte) Zwang zu stehlen ⟨an K. leiden⟩ || *hierzu* **Klep·to·ma·ne** *der*; *-n, -n*; **Klep·to·ma·nin** *die*; *-, -nen*; **klep·to·ma·nisch** *Adj*

kle·ri·kal *Adj*; *mst attr, geschr*; **1** vom Klerus, in Bezug auf den (katholischen) Klerus **2** so, wie man es vom Klerus erwartet: *e-e klerikale Haltung annehmen*

Kle·ri·ker *der*; *-s, -*; *geschr*; ein (katholischer) Geistlicher

Kle·rus *der*; *-*; *nur Sg, Kollekt, geschr*; alle (katholischen) Geistlichen

Klet·te *die*; *-, -n*; **1** e-e Pflanze mit stacheligen Blüten, die wie Kugeln aussehen u. leicht an den Kleidern hängen bleiben **2** die Blüte e-r K. (1) || ID ***wie e-e K. an j-m hängen*** *gespr*; sich so oft in die Nähe von j-m drängen, dass er es als lästig (u. aufdringlich) empfindet; ⟨Personen⟩ ***hängen wie die Kletten zusammen*** zwei od. mehrere Personen sind ständig zusammen od. halten fest zusammen

Klet·ter·ge·rüst *das*; e-e Konstruktion *mst* aus mehreren miteinander verbundenen Stangen, an denen Kinder (*z.B.* auf dem Spielplatz) (hoch)klettern können

klet·tern; *kletterte, ist geklettert*; Vi **1** (***irgendwohin***) ***k.*** nach oben (bzw. unten), über ein Hindernis gelangen, indem man Füße u. Hände benutzt ≈ steigen (1) ⟨auf e-n Baum, auf e-n Berg, über e-e Mauer, über e-n Zaun, nach oben k.⟩ **2** ***etw. klettert*** (***irgendwohin***) *gespr* ≈ etw. steigt (4) ↔ etw. sinkt ⟨die Preise, die Löhne; das Barometer, das Thermometer⟩ || *zu* **1 Klet·te·rer** *der*; *-s, -*

klettern (1)

Klet·ter·par·tie *die*; *gespr*; e-e Wanderung in den Bergen, bei der man auch auf Felsen steigt

Klet·ter·pflan·ze *die*; e-e Pflanze, die *z.B.* an e-r Mauer od. e-r Stange in die Höhe wächst

Klet·ter·stan·ge *die*; e-e Stange (für Kinder) zum Klettern u. Turnen

Klett·ver·schluss *der*; ein Verschluss an Kleidern od. Schuhen aus zwei Bändern, die aneinander haften

klick *Interjektion*; verwendet als Bezeichnung für das Geräusch, das entsteht, wenn e-e Kamera betätigt wird ⟨etw. macht k.⟩

kli·cken; *klickte, hat geklickt*; Vi ***etw. klickt*** etw. klingt mit dem kurzen, metallischen Ton, den man hört, wenn ein Foto gemacht wird ⟨die Fotoapparate, die Kameras⟩ || ID ***bei j-m klickt es*** (***endlich***) *gespr*; j-d begreift (endlich) etw.

Kli·ent [kli'ɛnt] *der*; *-en, -en*; *Jur*; der Kunde e-s Rechtsanwalts *o.Ä.* || NB: *der Klient*; *den, dem, des Klienten* || *hierzu* **Kli·en·tin** *die*; *-, -nen*

Kli·en·tel [kliɛn'teːl] *die*; *-, -en*; *Kollekt, Jur*; alle Klienten e-s Anwalts *o.Ä.*

Kliff *das*; *-(e)s, -e*; e-e steile Wand aus Felsen an e-r Küste

Kli·ma *das*; *-s, -s / geschr -te* [-'maːtə] **1** die Wetterbedingungen, die für e-e Region od. geographische Zone *mst* im Zeitraum e-s Jahres typisch sind ⟨ein mildes, warmes, kaltes, feuchtes, trockenes, tropisches K.⟩ || K-: ***Klima-, -änderung, -schwankung, -zone*** || -K: ***Reiz-***; ***See-, Tropen-, Wüsten-*** **2** *nur Sg*; die Art u. Weise, wie Menschen in e-r Gruppe miteinander umgehen u. dadurch ihre Kommunikation prägen ≈ Atmosphäre (2), Stimmung (3) ⟨irgendwo herrscht ein gutes, herzliches, schlechtes, frostiges, unfreundliches K.⟩: *Bei den Gesprächen der beiden Delegationen herrschte ein freundliches K.*

Kli·ma·an·la·ge *die*; ein Apparat, der die Temperatur u. die Feuchtigkeit der Luft in e-m Raum regelt

Kli·mak·te·ri·um *das*; *-s*; *nur Sg, Med* ≈ Wechseljahre

Kli·ma·schutz *der*; verwendet für Maßnahmen, die die weitere Erwärmung der Atmosphäre verringern sollen

kli·ma·tisch *Adj*; durch das Klima (1) bestimmt ⟨die Verhältnisse, (die) Einflüsse⟩

kli·ma·ti·sie·ren; *klimatisierte, hat klimatisiert*; Vt *mst* ***etw. ist klimatisiert*** die Temperatur u. die

Feuchtigkeit der Luft in e-m Haus, Raum *o.Ä.* ist (durch e-e Klimaanlage) reguliert || *hierzu* **Kli·ma·ti·sie·rung** *die*

Kli·ma·wech·sel *der*; neue klimatische Bedingungen durch e-n Ortswechsel (*z.B.* bei e-r Urlaubsreise od. e-r Kur): *Sein Arzt empfahl ihm e-n K.*

Kli·max *die*; -; *nur Sg, geschr* ≈ Höhepunkt

Klim·bim *der, das*; -*s*; *nur Sg*; *mst in* ***viel K. um etw. machen*** *gespr*; etw. viel wichtiger nehmen, als es eigentlich ist

Klimm·zug *der*; e-e (Turn)Übung, bei der man an e-r Stange hängt, sich mit den Händen hält u. den Körper langsam hochzieht ⟨Klimmzüge machen⟩

Klim·per·kas·ten *der*; *gespr, mst pej* ≈ Klavier

klim·pern; *klimperte, hat geklimpert*; [Vi] **1** ⟨Münzen, Schlüssel⟩ ***klimpern*** Münzen, Schlüssel stoßen aneinander u. erzeugen helle Töne **2** ***mit etw. k.*** Gegenstände aus Metall so gegeneinander schlagen, dass helle Töne erklingen ⟨mit Geldstücken, mit Schlüsseln k.⟩ **2** (***auf etw.*** (*Dat*)) ***k.*** *gespr*; *mst* auf der Gitarre od. dem Klavier einige Töne spielen || *zu* ***Geklimper*** ↑ ***Ge-***

Klin·ge *die*; -, -*n*; **1** der Teil e-s Messers od. e-r (Stich)Waffe, mit dem man schneidet bzw. sticht ⟨e-e scharfe, stumpfe, rostige K.; die K. e-s Dolches, e-s Degens⟩ **2** *Kurzw* ↑ ***Rasierklinge*** ⟨die K. wechseln, e-e neue K. einlegen⟩ || ID ***j-n über die K. springen lassen*** *gespr*; **a)** j-n ermorden (lassen); **b)** j-n (*mst* im Beruf) ruinieren

Klin·gel *die*; -, -*n*; ein kleiner Apparat (*z.B.* an der Tür e-r Wohnung od. an e-m Fahrrad), mit dem man helle Töne erzeugen kann, um so ein Signal zu geben ⟨e-e elektrische K.; die K. betätigen; auf die K. drücken⟩ || -K: ***Fahrrad-***; ***Tür-***, ***Wohnungs-***; ***Schul-***

Klin·gel·knopf *der*; ein Knopf (an e-r Wohnungstür), auf den man drückt, damit geöffnet wird

klin·geln; *klingelte, hat geklingelt*; [Vi] **1** e-e Klingel ertönen lassen ≈ läuten ⟨(an der Haustür) k., bei j-m k.⟩ **2** ***etw. klingelt*** etw. gibt helle (metallische) Töne von sich ⟨der Wecker, das Telefon⟩; [Vimp] **3** ***es klingelt*** e-e Klingel ist zu hören: *Es hat geklingelt. - Geh bitte an die Haustür u. schau nach, wer da ist* || ID ***bei j-m klingelt es*** (***endlich***) *gespr*; j-d begreift etw. endlich || NB: ↑ ***bimmeln***

Klin·gel·zei·chen *das*; ein akustisches (Warn)Signal, das durch e-e Klingel erzeugt wird ⟨ein K. geben⟩

klin·gen; *klang, hat geklungen*; [Vi] **1** ***etw. klingt*** etw. gibt helle, schöne Töne von sich ⟨die Glocken, die Gläser⟩ **2** ***etw. klingt irgendwie*** etw. wirkt durch seinen Klang auf e-e bestimmte Weise ≈ etw. hört sich irgendwie an ⟨ein Lied, e-e Melodie klingt lustig, traurig, schwermütig; j-s Stimme klingt sanft, zärtlich, abweisend⟩ **3** ***j-d / etw. klingt irgendwie*** j-s Aussagen *o.Ä.* erwecken e-n bestimmten Eindruck ≈ j-d / etw. wirkt irgendwie: *Du klingst müde*; *j-s Behauptungen klingen unglaubwürdig* || ID ***die Gläser k. lassen*** mit den Gläsern anstoßen (um so „Prost" zu sagen)

Kli·nik *die*; -, -*en*; ein Krankenhaus (das auf die Behandlung bestimmter Krankheiten spezialisiert ist) ⟨j-d wird in e-e K. eingeliefert⟩ || K-: ***Klinik-***, ***-aufenthalt*** || -K: ***Frauen-***, ***Kinder-***; ***Herz-***, ***Haut-***, ***Nerven-***; ***Privat-***, ***Universitäts-***

Kli·ni·kum *das*; -*s*, *Kli·ni·ken*; **1** ein sehr großes Krankenhaus (das aus mehreren (Universitäts)Kliniken besteht) **2** *nur Sg, Med*; ein Teil der praktischen Ausbildung von Medizinstudenten in e-m Krankenhaus

kli·nisch *Adj*; *nur attr od adv*; **1** in e-r Klinik ⟨e-e Behandlung; e-e Ausbildung⟩ **2** ***k. tot*** *Med*; so, dass Lunge u. Herz nicht mehr funktionieren

Klin·ke *die*; -, -*n*; *Kurzw* ↑ ***Türklinke*** || ↑ *Abb. unter* ***Griff*** || ID ***die Leute*** *o.Ä.* ***geben sich die K. in die Hand*** *gespr*; die Leute *o.Ä.* kommen in großer Zahl zu derselben Person / Stelle; ***Klinken putzen*** *gespr pej*; (als Vertreter *o.Ä.*) von Haus zu Haus gehen u. versuchen, etw. zu verkaufen

Klin·ker *der*; -*s*, -; ein kleiner, sehr hart gebrannter Ziegelstein

klipp *nur in* ***k. u. klar*** *gespr* ≈ deutlich ↔ missverständlich: *j-m k. u. klar die Meinung sagen*

Klipp *der*; -*s*, -*s*; **1** e-e Art Klammer (*mst* aus Metall), mit der man e-n Gegenstand an e-m anderen festmachen kann || -K: ***Krawatten-***, ***Kugelschreiber-*** **2** ein Schmuck, den man mit e-r Klammer am Ohrläppchen festmacht || -K: ***Ohr-*** || NB: ↑ ***Clip***, ***Videoclip***

Klip·pe *die*; -, -*n*; **1** ein großer (schroffer) Felsen im Meer (vor der Küste) od. am Meer **2** *gespr*; e-e Schwierigkeit, e-e heikle Situation: *Es gelang ihm, bei der Prüfung alle Klippen zu überwinden*

klir·ren; *klirrte, hat geklirrt*; [Vi] ***etw. klirrt*** etw. gibt ein helles, vibrierendes Geräusch von sich ⟨die Ketten, die Gläser⟩: *Bei dem leichten Erdbeben klirrten die Fenster*

klir·rend **1** *Partizip Präsens*; ↑ ***klirren*** **2** *Adj*; *nur attr od adv*; sehr stark, sehr intensiv ≈ eisig ⟨*mst* Frost, Kälte⟩

Kli·schee *das*; -*s*, -*s*; *geschr pej*; **1** e-e ganz feste Vorstellung, die kein Bild der Realität mehr ist ≈ Vorurteil ⟨in Klischees denken⟩: *das K., dass Frauen nur im Haushalt arbeiten sollten* || K-: ***Klischee-***, ***-vorstellung*** || -K: ***Rollen-*** **2** ein Wort od. ein Ausdruck, die schon lange verwendet werden u. keine konkrete, genau definierte Bedeutung (mehr) haben ≈ Phrase, Formel ⟨in Klischees reden⟩ || *hierzu* **kli·schee·haft** *Adj*

Klis·tier *das*; -*s*, -*e*; *Med* ≈ Einlauf (4)

Kli·to·ris *die*; -, -; ein Teil des weiblichen Geschlechtsorgans in der Form e-s kleinen Knotens am oberen Ende der (kleinen) Schamlippen

klit·schig *Adj*; *nicht adv*, *gespr pej*; ⟨Kuchen, Brot⟩ (noch) feucht, weil sie nicht lange genug gebacken wurden

klitsch·nass *Adj*; *gespr*; ganz nass

klit·ze·klein *Adj*; *gespr hum*; sehr klein ≈ winzig

Klo *das*; -*s*, -*s*; *gespr*, *Kurzw* ↑ ***Klosett*** (1,2), ***WC*** || K-: ***Klo-***, ***-bürste***, ***-deckel***, ***-fenster***, ***-papier***, ***-tür***

Klo·a·ke *die*; -, -*n*; ein *mst* unterirdischer Kanal, in dem das schmutzige Wasser (Abwasser) unter der Erde abfließt

klo·big *Adj*; sehr groß, schwer u. grob (gebaut) ≈ unförmig ⟨ein Tisch, ein Schrank; Hände, e-e Gestalt⟩

Klo·bril·le *die*; *gespr*; ein Sitz (aus Kunststoff od. Holz) für das Klosett, der wie ein flacher Ring aussieht

Klon *der*; -*s*, -*e*; *Biol*; eine / eines von zwei od. mehreren genetisch identischen Pflanzen / Tieren, die / das ohne geschlechtliche Befruchtung künstlich im Labor entstanden ist || *hierzu* **klo·nen** (*hat*) *Vt*

klö·nen; *klönte, hat geklönt*; [Vi] (***mit j-m***) ***k.*** *nordd* ≈ plaudern

klop·fen; *klopfte, hat geklopft*; [Vi] **1** (***an etw.*** (*Dat / Akk*)) ***k.*** (mit dem gekrümmten Finger) mehrere Male leicht *mst* an e-e Tür schlagen, wenn man ein Zimmer *o.Ä.* betreten will ⟨an der / an die Tür k.⟩: *leise ans Fenster k.*; *Ich habe dreimal geklopft, aber niemand hat mir geöffnet* **2** ***an / auf etw.*** (*Akk*) / ***gegen etw. k.*** mehrere Male leicht an / auf / gegen etw. schlagen ⟨j-m freundschaftlich, gönnerhaft auf die Schulter k.⟩ **3** ***das Herz klopft*** das Herz schlägt spürbar (*bes* weil man Angst *o.Ä.* hat) **4** ***ein Motor klopft*** der Motor e-s Autos macht klopfende (1) Geräusche, weil das Benzin e-e zu niedrige Oktanzahl hat; [Vt] **5** ***etw. k.*** intensiv u. lange auf, gegen etw. schlagen, um so den Schmutz od. Staub daraus zu entfernen ⟨den Teppich k.⟩ **6** ***etw. k.*** fest auf etw. schlagen, um es so weich (u. mürbe) zu machen: *die Steaks k., bevor man sie brät* **7** ***etw. aus / von etw. k.*** etw. aus, von den Kleidern entfernen, indem man sie schüttelt u. / od. mehrere Male dagegenschlägt: *den Sand aus den Socken k.; sich den Staub vom Mantel k.* **8** ***etw. in etw.*** (*Akk*) ***k.*** etw. *mst* mit e-m Hammer *o.Ä.* in etw. schlagen: *e-n Nagel ins Brett k.*; [Vimp] **9** ***es klopft*** man hört, dass j-d klopft (1), weil er in das Zimmer od. Haus kommen will: *Es hat geklopft. - Sieh bitte nach, wer da ist*

klopf·fest *Adj; nicht adv, Tech;* so (beschaffen), dass der Motor ruhig läuft (u. nicht klopft (4)) ⟨ein Kraftstoff⟩ || *hierzu* **Klopf·fes·tig·keit** *die; nur Sg*

Klopf·zei·chen *das; mst in* ***K. geben*** klopfen u. dadurch ein Signal geben

Klöp·pel *der; -s, -;* **1** der Teil in e-r Glocke, der sich bewegt, gegen die Wand der Glocke schlägt u. so den Ton erzeugt **2** e-e Art Stock bei bestimmten Musikinstrumenten (*z.B.* e-m Xylophon)

Klops *der; -es, -e; nordd;* e-e Art Kloß aus Hackfleisch: *Königsberger Klopse*

K

Klo·sett *das; -(e)s, -e / -s;* **1** ≈ Toilette[1] (1), WC || K-: ***Klosett-, -becken, -bürste, -sitz*** **2** der Raum, in dem das WC steht ≈ Toilette[1] (2) || K-: ***Klosett-, -fenster, -tür***

Klo·sett·pa·pier *das; nur Sg* ≈ Toilettenpapier

Kloß *der; -es, Klö·ße;* e-e Speise in Form e-r Kugel, die aus e-m Teig (von Kartoffeln, Grieß, Semmeln od. Fleisch) gemacht ist ≈ Knödel || -K: ***Fleisch-, Grieß-, Kartoffel-*** || ID ***e-n K. im Hals haben*** *gespr;* (vor Aufregung *o.Ä.*) kaum sprechen können

Kloß·brü·he *die; nur in* ***klar wie K.*** *gespr;* eindeutig (zu verstehen), ganz klar (4)

Klos·ter *das; -s, Klös·ter;* **1** ein Komplex aus mehreren Gebäuden u. e-r Kirche, die zusammengehören u. in denen Mönche od. Nonnen leben || K-: ***Kloster-, -bibliothek, -garten, -kirche, -mauer, -pforte*** **2** ***ins K. gehen*** Mönch bzw. Nonne werden || *zu* **1** **klös·ter·lich** *Adj*

Klos·ter·schu·le *die;* e-e Schule, die zu e-m Kloster gehört u. in der Mönche bzw. Nonnen unterrichten

Klotz *der; -es, Klöt·ze;* **1** ein großes, dickes Stück Holz *o.Ä., mst* ein Stück von e-m Baum(stamm) ⟨Klötze spalten⟩ || -K: ***Bau-, Hack-*** **2** ≈ Block || -K: ***Beton-*** **3** *mst* ***ein ungehobelter K.*** *gespr pej;* j-d, der grob u. unhöflich ist ≈ Rüpel || ID ***j-m ein K. am Bein sein*** *gespr;* j-n (oft ohne Absicht) in seiner Freiheit einschränken ≈ j-m lästig sein

klot·zen ↑ ***kleckern***

klot·zig *Adj; gespr;* **1** *mst pej* ≈ wuchtig, plump ↔ zierlich: *ein klotziger Schreibtisch* **2** *mst* ***k. verdienen*** viel Geld verdienen

Klub *der; -s, -s;* **1** *Kollekt;* e-e Gruppe von Menschen, die gleiche (gemeinsame) Interessen haben (*z.B.* im Sport) ≈ Verein ⟨e-n K. gründen, e-m K. beitreten, aus e-m K. austreten⟩ || K-: ***Klub-, -haus, -mitglied*** || -K: ***Fußball-, Golf-, Schach-, Sport-, Tennis-; Jugend-*** **2** das Haus (od. der Raum), in dem sich die Mitglieder e-s Klubs (1) treffen

Kluft[1] *die; -, Klüf·te;* **1** e-e tiefe, große Spalte in e-m Berg od. Felsen **2** ein tiefer Gegensatz zwischen zwei Personen, ihren Meinungen u. Haltungen ≈ Abgrund (3): *Zwischen ihnen bestand e-e tiefe K.; E-e unüberbrückbare K. trennte die beiden Familien* || ► ***klaffen, zerklüftet***

Kluft[2] *die; -, -en; mst Sg, gespr* ≈ Kleidung: *Fürs Theater hab ich mich in meine beste K. geworfen*

klug, *klüger, klügst-; Adj;* **1** *nicht adv;* mit vielen Kenntnissen u. der Fähigkeit, Unterschiede sicher zu erkennen, sie logisch zu analysieren *usw* ≈ intelligent, gescheit ⟨ein Mensch; ein kluger Kopf sein⟩: *In der Schule war sie die Klügste ihrer Klasse* **2** von der Vernunft u. Logik bestimmt ≈ vernünftig, umsichtig ⟨j-s Verhalten, e-e Entscheidung; j-m e-n klugen Rat geben⟩: *Er war k. genug zu wissen, wann er schweigen musste* || ID ***aus etw. nicht k. werden*** etw. nicht verstehen; ***aus j-m nicht k. werden*** nicht erkennen können, aus welchen Motiven j-d handelt ≈ j-n nicht durchschauen; ***so k. wie 'vorher / zuvor sein*** (trotz Bemühungen) nichts Weiteres über etw. herausgefunden haben; ***Der Klügere gibt nach*** verwendet, wenn man in e-m unwichtigen Streit, der sonst kein Ende finden würde, nachgibt || *hierzu* **Klug·heit** *die; nur Sg; zu* **2** **klu·ger·wei·se** *Adv*

Klug·schei·ßer *der; -s, -; gespr! pej;* j-d, der immer zeigen will, wie intelligent er ist (u. deshalb andere gern belehrt) ≈ Besserwisser || *hierzu* **klug·schei·ßen** (*hat*) *Vi nur im Infinitiv*

klum·pen; *klumpte, hat geklumpt;* [Vi] ***etw. klumpt*** etw. bildet Klumpen ⟨das Mehl⟩

Klum·pen *der; -s, -;* **1** ***ein K.*** + *Subst* e-e kleine (*mst* weiche) Masse ohne bestimmte Form ⟨ein K. Erde, Ton, Teig *o.Ä.*⟩ || -K: ***Erd-, Lehm-, Schnee-, Teig-, Ton-*** **2** ***ein K.*** + *Subst* ein großes Stück e-s Metalls ⟨ein K. Blei, Gold⟩ || -K: ***Gold-*** || *zu* **1** **klum·pig** *Adj*

Klün·gel *der; -s, -; Kollekt, pej;* e-e Gruppe von Personen, die sich gegenseitig dabei helfen, gute Positionen zu bekommen u. Geschäfte zu machen

Klun·ker *die; -, -n; mst Pl, gespr pej;* große, *mst* teure (Edel)Steine, die man als Schmuck trägt

km / h [kaːɛmˈhaː] *Kurzw* ↑ ***Stundenkilometer***

knab·bern; *knabberte, hat geknabbert;* [Vt/i] **1** (***etw.***) ***k.*** kleine Stücke von etw. (*z.B.* Schokolade, Nüssen) essen: *Vor dem Fernseher knabbert er gern (Salzstangen)*; [Vi] **2** ***an etw.*** (*Dat*) ***k.*** kleine Stücke von etw. Hartem (ab)beißen: *an e-m Keks k.; Der Hase knabbert an der Mohrrübe* || ID ***an etw.*** (*Dat*) ***zu k. haben*** *gespr;* **a)** lange brauchen, bis man mit etw. (*mst* e-m Problem) seelisch fertig wird; **b)** sich mit etw. (lange) abmühen müssen

Kna·be *der; -n, -n;* **1** (*Admin*) *geschr veraltend* ≈ Junge[1] (1): *Knaben u. Mädchen* || K-: ***Knaben-, -alter; -chor*** **2** *gespr, mst hum;* oft in der Anrede verwendet als Bezeichnung für e-n Mann ⟨alter K.⟩: *Na, alter K., wie gehts?* || NB: *der Knabe; den, dem, des Knaben*

kna·ben·haft *Adj;* mit e-r Figur, die für Jungen typisch ist ⟨ein Mädchen, e-e junge Frau⟩: *Ihre Figur wirkt k.*

Knä·cke·brot *das; nur Sg;* ein (Vollkorn)Brot, das in dünnen, knusprigen Scheiben gebacken ist

kna·cken; *knackte, hat geknackt;* [Vt] **1** ***etw. k.*** e-e Frucht öffnen, die mit e-r harten Schale umgeben ist ⟨Nüsse, Mandeln k.⟩ **2** ***etw. k.*** *gespr;* etw. mit Gewalt öffnen ≈ aufbrechen ⟨ein Schloss, e-n Geldschrank, e-n Safe, ein Auto k.⟩; [Vi] **3** ***etw. knackt*** etw. macht e-n Ton, ein Geräusch wie trockenes Holz, das zerbrochen wird ⟨das Bett, die Holztreppe, die Dielen, das Gebälk, die dürren Äste, die trockenen Zweige⟩; [Vimp] **4** ***irgendwo knackt es*** etw. gibt e-n knackenden (3) Ton von sich: *Es knackt im Radio, im Telefon*

Kna·cker[1] *der; -s, -; mst in* ***ein alter K.*** *gespr! pej;* ein alter (od. älterer) Mann

Kna·cker[2] *der; -s, -;* ≈ Knackwurst

kna·ckig *Adj; gespr;* **1** ⟨*mst* Karotten, Salat(blätter); Äpfel, Birnen⟩ so frisch u. fest, dass es knackt (3), wenn man hineinbeißt **2** fest (straff) u. elastisch, *mst* von erotischer Wirkung ⟨ein Körper, ein Po⟩

Knack·punkt *der; gespr;* der entscheidende Punkt, von dem etw. abhängt

Knạcks *der*; *-es*, *-e*; **1** ein knackender (3) Ton: *Plötzlich gab es e-n K., u. der Ast brach ab* **2** *gespr*; ein Riss in e-m Gegenstand aus Porzellan od. Glas ≈ Sprung[2]: *Das Glas hat e-n K.* **3** *gespr* ≈ Schaden (2), Defekt (2) ⟨ein körperlicher, seelischer K.; e-n K. haben, abbekommen⟩

knạck·sen; *knackste, hat geknackst*; [Vi] ***etw. knackst*** ≈ etw. knackt (3)

Knạck·wurst *die*; e-e kleine Wurst, die man *mst* heiß isst

Knạll *der*; *-(e)s*, *-e*; *mst Sg*; ein sehr lautes Geräusch, wie es *z.B.* von e-m Schuss od. e-r Explosion kommt ⟨ein lauter, ohrenbetäubender K.⟩ || ID ***auf K. u. Fall*** *gespr* ≈ plötzlich; ***j-d hat e-n K.*** *gespr*; j-d spinnt, ist verrückt

knạll- *im Adj, wenig produktiv, gespr*; so, dass die genannte Farbe grell ist, intensiv leuchtet; ***knallgelb, knallgrün, knallorange, knallrosa, knallrot***; ***knallbunt***

Knạll·ef·fekt *der*; *gespr*; ein überraschender Höhepunkt, der ganz plötzlich kommt

knạl·len; *knallte, hat / ist geknallt*; [Vi] **1** ***etw. knallt*** (*hat*) etw. gibt e-n Knall von sich ⟨ein Schuss, ein Sektkorken, die Peitsche⟩ **2** ***mit etw. k.*** (*hat*) mit etw. das Geräusch e-s Knalls erzeugen: *mit der Peitsche k.* **3** *mst* ***die Sonne knallt*** (***irgendwohin***) (*hat*) *gespr*; die Sonne strahlt sehr heiß **4** ***irgendwohin k.*** (*ist*) *gespr*; aus e-r schnellen Bewegung heraus plötzlich gegen etw. stoßen od. auf etw. fallen: *Der Ball knallte an den Pfosten*; *Er knallte mit dem Auto gegen e-n Baum*; [Vt] (*hat*) **5** ***etw. irgendwohin k.*** *gespr*; etw. schnell (u. heftig) irgendwohin, gegen etw. werfen ⟨e-e Tür ins Schloss k.⟩: *seine Schultasche in die Ecke k.* || ID ***j-m eine k.*** *gespr*; j-m e-e Ohrfeige geben

Knạll·frosch *der*; ein kleiner Sprengkörper, der in verschiedene Richtungen umherspringt, wenn er explodiert

knạll·hart *Adj*; *gespr*; **1** ≈ brutal: *In dem Film spielt er e-n knallharten Gangster* **2** *mst adv*; ohne Rücksicht auf j-s Gefühle ≈ deutlich, schonungslos: *Ich hab' ihm k. meine Meinung gesagt!*

knạl·lig *Adj*; *gespr*; (von Farben) grell (leuchtend) ≈ schreiend ⟨ein Gelb, ein Rot *usw*⟩

Knạll·kopf *der*; *gespr! mst* verwendet als Schimpfwort für j-n, der etw. Dummes (od. Verrücktes) tut od. sagt ≈ Dummkopf

knạpp, *knapper, knappst-*; *Adj*; **1** *mst präd*; so wenig, dass es kaum für das Nötigste (aus)reicht ≈ gering ↔ reichlich ⟨j-s Lohn, j-s Rente, Vorräte, Reserven, ein Warenangebot ist k.⟩: *Erdöl ist k. u. teuer geworden* **2** so, dass das Ergebnis gerade noch erreicht wird ⟨e-n knappen Sieg erringen; k. verlieren; e-e Entscheidung fällt k. aus⟩: *Der Vorsitzende wurde nur mit e-r knappen Mehrheit wieder gewählt* **3** *nur attr od adv*; **k.** + *Mengen- / Zeitangabe* etwas weniger (als die genannte Zahl), nicht ganz ↔ gut (20): *Es waren k. / knappe zwanzig Personen in dem Zimmer*; *Er ist k. fünf Jahre alt* **4** *nur adv*; sehr nahe, dicht (6): *K. hinter dem Haus endet der Weg* **5** ⟨Kleider⟩ so eng (od. klein), dass sie nicht (mehr) richtig passen ↔ weit: *Die Hose sitzt sehr k.* **6** so kurz, dass nur das Wichtigste gesagt wird ↔ ausführlich ⟨ein Überblick, e-e Schilderung; etw. k. zusammenfassen⟩ || *zu* **1, 2** u. **6 Knạpp·heit** *die*; *nur Sg*

> **knạpp hal·ten**; *hält knapp, hielt knapp, hat knapp gehalten*; [Vt] ***j-n k. h.*** *gespr*; j-m nur das (an Essen, Geld) geben, was er unbedingt braucht ≈ j-n kurz halten

Knạp·pe *der*; *-n*, *-n*; **1** ein Bergmann (nachdem er seine Lehre abgeschlossen hat) **2** *hist*; ein junger Mann, der e-m Ritter diente || NB: *der Knappe*; *den, dem, des Knappen*

knạp·sen; *knapste, hat geknapst*; [Vi] ***(mit etw.) k. (müssen)*** *gespr*; sparen (müssen), sein Geld so einteilen (müssen), dass es ausreicht

Knạr·re *die*; *-*, *-n*; *gespr*; ein Gewehr od. e-e Pistole

knạr·ren; *knarrte, hat geknarrt*; [Vi] ***etw. knarrt*** etw. macht ein Geräusch, wie es entsteht, wenn j-d über alte Bretter geht ⟨ein Bett, ein Sofa, e-e Tür, e-e Holztreppe knarrt, die Dielen knarren⟩

Knạst *der*; *-(e)s*; *nur Sg*, *gespr*; **1** ≈ Gefängnis ⟨im K. sitzen, in den K. wandern⟩ **2** die Zeit, die j-d im Gefängnis sitzen muss ≈ Haftstrafe: *zwei Jahre K.*

Knạst·bru·der *der*; j-d, der (oft) im Gefängnis ist

Knatsch *der*; *-es*; *nur Sg*, *gespr*; Ärger od. Streit ⟨K. miteinander haben; es gibt K.⟩

knạt·tern; *knatterte, hat geknattert*; [Vi] ***etw. knattert*** etw. macht ein Geräusch aus vielen kurzen Tönen, die wie Knalle klingen u. rasch aufeinander folgen ⟨ein Motorrad⟩

Knäu·el *das / der*; *-s*, *-*; ***ein K.*** + *Subst* e-e Art Kugel, die entsteht, wenn man e-n langen Faden aufrollt ⟨ein K. Garn, Wolle⟩

Knäuel

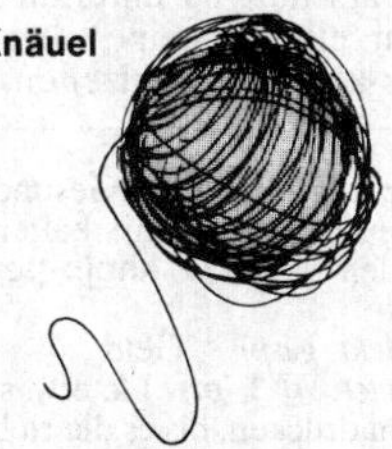

Knauf *der*; *-(e)s*, *Knäufe*; ein runder Griff, *z.B.* an e-r Tür od. an e-m Spazierstock || ↑ *Abb. unter* ***Griff*** || -K: ***Tür-*** || NB: ↑ ***Klinke***

Knau·ser *der*; *-s*, *-*; *gespr*; ein geiziger Mensch ≈ Geizhals

knau·se·rig *Adj*; *gespr* ≈ geizig || *hierzu* **Knau·se·rig·keit, Knaus·rig·keit** *die*

knau·sern; *knauserte, hat geknausert*; [Vi] ***(mit etw.) k.*** *gespr*; (mit etw.) übertrieben sparsam umgehen ⟨mit seinem Geld, mit Material k.⟩

knaus·rig *Adj*; ↑ ***knauserig***

knaut·schen; *knautschte, hat geknautscht*; *gespr*; [Vt] **1** ***etw. k.*** etw. so zusammendrücken, dass es Falten bildet ⟨die Zeitung, e-e Tischdecke, e-n Rock k.⟩ || NB: ↑ ***knüllen***; [Vi] **2** ***etw. knautscht*** etw. bekommt Falten ≈ etw. knittert: *Mein neuer Rock knautscht leicht* || K-: ***Knautsch-, -falte***

Knautsch·zo·ne *die*; *Tech*; der Teil vorn od. hinten am Auto, der sich bei e-m Unfall zuerst (ver)biegt u. so den Aufprall mildert: *Radfahrer haben keine K.*

Kne·bel *der*; *-s*, *-*; ein Stück Stoff, das *mst* e-m Gefesselten fest in den Mund gesteckt wird, damit er nicht schreien kann

kne·beln; *knebelte, hat geknebelt*; [Vt] ***j-n k.*** j-m e-n Knebel in den Mund stecken: *die Gefangenen fesseln u. k.* || *hierzu* **Kne·be·lung** *die*

Knẹcht *der*; *-(e)s*, *-e*; **1** *veraltend*; ein Arbeiter, der bei e-m Bauern angestellt ist || -K: ***Hof-, Pferde-, Stall-*** **2** j-d, der ganz von anderen abhängig ist: *Herren u. Knechte*

knẹch·ten; *knechtete, hat geknechtet*; [Vt] *mst* ⟨ein Land, Volk *o.Ä.*⟩ ***knechtet*** ⟨ein Volk⟩ *geschr*; ein Land, Volk *o.Ä.* behandelt ein anderes Volk wie Sklaven || *hierzu* **Knẹch·tung** *die*

Knẹcht·schaft *die*; *-*; *nur Sg*, *geschr* ≈ Unterdrückung, Unfreiheit ⟨ein Diktator *o.Ä.* führt ein Volk in (die) K., hält es in K., die Revolutionäre *o.Ä.* befreien es aus der K.⟩

knei·fen[1]; *kniff, hat gekniffen*; [Vt] **1** ***j-n (in etw. (Akk)) k.*** *nordd*; j-s Haut an e-r Stelle so mit den Fingern (zusammen)drücken, dass es wehtut

≈ zwicken ⟨j-n in den Arm, in den Hintern k.⟩; [Vt/i] **2** ***etw. kneift (j-n)*** etw. drückt sich in j-s Haut od. Fleisch u. tut ihm dabei weh ⟨ein Gummiband⟩: *Die Hose kneift (mich) am Bauch*

knei·fen[2]; *kniff, hat gekniffen*; [Vi] ***(vor etw.** (Dat)) **k.*** *gespr*; etw. nicht tun, weil man Angst hat od. faul ist ≈ sich (vor etw. (*Dat*)) drücken

Kneif·zan·ge *die*; e-e Zange, mit der man Nägel aus dem Holz zieht

Knei·pe *die*; -, *-n*; *gespr*; ein einfaches Lokal, in das man geht, um etw. (*bes* alkoholische Getränke) zu trinken ⟨in die K. gehen; in der K. sitzen⟩ || K-: ***Kneipen-, -wirt*** || -K: ***Studenten-*** || NB: ↑ ***Gasthaus***, ***Wirtschaft***

Die Kneipe

Eine Kneipe ist ein einfaches Lokal, das in etwa zwischen einem Café und einem Restaurant liegt. Meist geht man in eine Kneipe, um ein Glas Bier oder Wein zu trinken und sich dabei gemütlich mit Freunden oder Leuten aus der Nachbarschaft zu unterhalten. Man bekommt in einer Kneipe aber auch einen Imbiss oder kleinere Mahlzeiten.

K

Kneipp·kur *die*; e-e Kur zur Stärkung der Gesundheit, bei der bestimmte Körperteile mit kaltem Wasser abgeduscht werden || *hierzu* **kneip·pen** (*hat*) *Vi*

Kne·te *die*; -; *nur Sg*, *Kollekt*, *gespr* ≈ Geld

kne·ten; *knetete, hat geknetet*; [Vt/i] **1** ***(etw.) k.*** etw. so lange fest mit den Händen drücken, bis es die richtige Konsistenz hat ⟨den Teig k.⟩; [Vt] **2** ***etw. (aus etw.) k.*** etw. aus e-r weichen Masse mit den Händen formen: *Figuren aus Ton k.*

Knet·mas·se *die*; *nur Sg*; ein weiches Material (in verschiedenen Farben), aus dem *bes* Kinder Figuren formen

Knick *der*; *-(e)s, -e*; **1** e-e Stelle, an der etw., das vorher gerade verlaufen ist, stark abbiegt ≈ Biegung: *Das Rohr hat e-n K.*; *Die Straße macht hier e-n scharfen K.* **2** e-e Stelle auf e-m Blatt Papier *o.Ä.*, an der es (scharf) gefaltet ist u. e-e Art Linie bildet ≈ Kniff || ID ***e-n K. in der Optik / Pupille haben*** *gespr hum*; etw. nicht richtig sehen (u. deshalb übersehen)

kni·cken; *knickte, hat / ist geknickt*; [Vt] (*hat*) **1** ***etw. k.*** etw. an einer Stelle so biegen, dass e-e Kante entsteht, der Gegenstand jedoch nicht in zwei Teile zerfällt: *Der Wind hat die Blumen geknickt*; *„Bitte nicht k.!"* (Aufschrift auf Briefen); [Vi] (*ist*) **2** ***etw. knickt*** etw. biegt sich so stark, dass e-e Kante entsteht, ohne dass es dabei in zwei Teile zerfällt: *Die Blumen knickten bei dem starken Sturm* || NB: ↑ ***geknickt***

kni·cke·rig, knick·rig *Adj* ≈ geizig

Knicks *der*; *-es, -e*; e-e Bewegung, die *bes* kleine Mädchen *mst* früher gemacht haben, wenn sie j-n höflich (be)grüßen wollten *o.Ä.* Dabei beugte das Kind ein od. beide Knie u. setzte e-n Fuß zurück ⟨(vor j-m) e-n (tiefen) K. machen⟩

knick·sen; *knickste, hat geknickst*; [Vi] e-n Knicks machen: *Sie knickste tief vor der alten Dame*

Knie *das*; *-s, -* ['kniː(ə)]; **1** das Gelenk in der Mitte des Beines, mit dem man das Bein abbiegt ⟨ein eckiges, spitzes K.; die Knie anziehen, beugen, durchdrücken; sich vor j-m auf die Knie werfen; j-m schlottern, zittern die Knie⟩: *Ihr Rock reicht gerade bis zum K.*; *sich bei e-m Sturz die Knie aufschlagen* || ↑ *Abb. unter* ***Mensch*** || K-: ***Knie-, -gelenk*** **2** die Stelle e-r Hose, die das K. (1) bedeckt ⟨ausgebeulte, durchgescheuerte, geflickte Knie⟩ **3** die Stelle, an der ein Fluss od. ein Rohr e-e starke Krümmung macht od. e-n rechten Winkel bildet || ID ***in die Knie gehen*** **a)** aus dem Stand die Knie (1) beugen, bis sie den Boden berühren; **b)** seinen Widerstand aufgeben, weil man keine Kraft mehr hat; ***weiche Knie haben*** *gespr*; (aus Angst *o.Ä.*) sich (körperlich) schwach fühlen; ***j-n übers K. legen*** *gespr*; j-n verhauen; ***j-n in die Knie zwingen*** j-n besiegen od. so auf ihn wirken, dass sein Widerstand bricht; ***etw. übers K. brechen*** *gespr*; etw. (aus Ungeduld) zu schnell entscheiden od. machen (ohne es richtig zu überlegen u. zu planen) || NB: *die Knie*; aber: *auf (den) Knien* || ► ***knien***

Knie·beu·ge *die*; -, *-n*; e-e (Gymnastik)Übung, bei der man erst mit geradem Oberkörper steht u. dann in die Hocke geht, indem man die Knie beugt u. beide Arme nach vorne ausstreckt

Knie·fall *der*; **1** *hist*; das Beugen der Knie, bis sie den Boden berühren (was man *mst* als Geste der Unterwerfung od. aus Ehrerbietung macht) **2** ***e-n K. vor j-m machen*** *mst pej*; sich j-m unterwerfen (um Vorteile für sich zu erlangen) || *zu* **2** **knie·fäl·lig** *Adj*

knie·frei *Adj*; so (kurz), dass die Knie nicht bedeckt sind ⟨ein Kleid, ein Rock⟩

knie·hoch *Adj*; ⟨Gras, Schnee⟩ so, dass sie vom Boden bis zu den Knien reichen || NB: *kniehoch* → *kniehohes Gras*

Knie·keh·le *die*; die Rückseite des Knies (1) || ↑ *Abb. unter* ***Mensch***

knie·lang *Adj*; von e-r Länge, die von oben hinab bis zu den Knien reicht ⟨ein Kleid, ein Rock⟩

knien ['kniː(ə)n]; *kniete, hat / südd* Ⓐ Ⓒⓗ *ist gekniet*; [Vi] **1** ***(irgendwo) k.*** e-e Haltung einnehmen, bei der der Körper aufrecht ist u. *mst* beide Knie am Boden sind: *auf dem Boden k.*; *Er kniete vor dem Altar u. betete*; [Vr] **2** ***sich irgendwohin k.*** die Beine beugen, bis man irgendwo kniet (1): *Er kniete sich vor den Altar u. betete* **3** ***sich in etw.*** (*Akk*) ***k.*** *gespr*; etw. intensiv u. mit voller Energie tun: *sich in die Arbeit k.*

Knie·schei·be *die*; der flache, fast runde Knochen vorn am Knie(gelenk) || ↑ *Abb. unter* ***Skelett***

Knie·schüt·zer *der*; *-s, -*; ein kleines Polster, das *z.B.* Sportler vorne an den Knien tragen, damit sie nicht verletzt werden

Knie·strumpf *der*; ein Strumpf, der bis zum Knie reicht ↔ Socke

knie·tief *Adj*; vom Boden bis zu den Knien: *k. im Schnee stehen*

kniff *Imperfekt, 1. u. 3. Person Sg*; ↑ ***kneifen***

Kniff *der*; *-(e)s, -e*; **1** das Kneifen[1] (1): *ein K. in den Arm* **2** e-e Methode od. Idee, die e-e Arbeit viel leichter macht ≈ Kunstgriff, Trick **3** e-e Methode, andere zu täuschen, um für sich e-n Vorteil zu gewinnen ≈ List, Trick (1) **4** e-e Stelle auf e-m Blatt Papier *o.Ä.*, die entsteht, wenn man es knickt u. die wie e-e Linie aussieht ≈ Knick (2) || *zu* **1** **knif·fen** (*hat*) *Vt*

kniff·lig *Adj*; *gespr*; sehr kompliziert ≈ schwierig, verzwickt ⟨e-e Angelegenheit, e-e Aufgabe, e-e Bastelarbeit⟩

Knilch *der*; *-(e)s, -e*; *gespr pej*; verwendet als Schimpfwort für e-n Mann, den man unangenehm findet

knip·sen; *knipste, hat geknipst*; *gespr*; [Vt/i] **1** ***(j-n / etw.) k.*** ≈ fotografieren; [Vt] **2** ***etw. k.*** (mit e-r Zange) ein Loch in etw. machen ≈ lochen: *e-e Fahrkarte k.*

Knirps *der*; *-es, -e*; *gespr*; ein kleiner Junge

knịr·schen; *knirschte, hat geknirscht*; [Vi] **1** ***etw. knirscht*** etw. macht das Geräusch, das man hört, wenn *z.B.* j-d über Kies geht **2** ***mit den Zähnen k.*** die Zähne so aufeinander beißen u. hin- u. herbewegen, dass ein knirschendes (1) Geräusch entsteht

knịs·tern; *knisterte, hat geknistert*; [Vi] **1** ***etw. knistert*** etw. macht das (leichte) Geräusch, das entsteht, wenn *z.B.* Holz brennt ⟨Papier, Seide⟩: *das Feuer knistert im Ofen* **2** ***mit etw. k.*** mit etw. ein knisterndes (1) Geräusch machen: *mit dem Bonbonpapier k.*

knịs·ternd **1** *Partizip Präsens*; ↑ **knistern** **2** *Adj*; *nur attr, nicht adv*; ⟨e-e Atmosphäre, e-e Spannung⟩ so, dass die Erregung der Betroffenen sehr deutlich zu spüren ist

knịt·ter·frei *Adj*; ⟨ein Hemd, ein Stoff⟩ so (weich), dass sie nicht knittern ≈ knitterfest: *ein Hemd aus knitterfreiem Material*

knịt·te·rig *Adj*; ↑ ***knittrig***

knịt·tern; *knitterte, hat geknittert*; [Vi] **1** ***etw. k.*** Falten in e-n Stoff, in Papier *usw* machen; [Vi] **2** ***etw. knittert*** etw. bekommt Falten: *Dieser Stoff knittert leicht*

knịtt·rig *Adj*; mit vielen kleinen u. großen Falten

kno̱·beln; *knobelte, hat geknobelt*; [Vi] **1** mit Würfeln spielen **2** (***um etw.***) ***k.*** mit Würfeln *o.Ä.* spielen, um so zu entscheiden, wer (als Verlierer) etw. tun muss od. (als Gewinner) etw. tun darf: *Wir knobelten* darum, wer *abspülen muss* **3** ***an / über etw.*** (*Dat*) ***k.*** lange u. intensiv über die Lösung e-r Aufgabe od. e-s Problems nachdenken: *an e-m Rätsel k.*

Kno̱b·lauch *der*; *-(e)s*; *nur Sg*; e-e Pflanze mit e-r Art Zwiebel, die intensiv riecht u. als Gewürz dient: *e-e Soße mit viel K.* || K-: ***Knoblauch-, -brot***; ***-butter***

Kno̱b·lauch·ze·he *die*; ein Teil der Zwiebel des Knoblauchs

Knọ̈·chel *der*; *-s, -*; **1** einer von zwei Knochen, die man am Fuß rechts u. links vom Gelenk sieht ⟨sich (*Dat*) den K. umbiegen, verstauchen⟩: *ein Nachthemd, das bis zu den Knöcheln reicht* || ↑ *Abb. unter* ***Fuß, Mensch*** || -K: ***Fuß-*** **2** das Gelenk in der Mitte des Fingers *bzw.* das Gelenk, wo wie Finger in die Hand übergehen || -K: ***Finger-***

knọ̈·chel·lang *Adj*; ⟨ein Kleid, ein Nachthemd, ein Rock⟩ so lang, dass sie bis zu den (Fuß)Knöcheln reichen

knọ̈·chel·tief *Adj*; vom Boden bis zu den (Fuß)Knöcheln: *k. im Morast stecken*

Knọ·chen *der*; *-s, -*; **1** einer der vielen festen, besonders harten Teile des Körpers (von Mensch u. Wirbeltieren), aus denen das Skelett besteht: *Knochen bestehen hauptsächlich aus Kalk* || K-: ***Knochen-, -bruch, -gewebe, -krebs*** || -K.: ***Handwurzel-, Kiefer-, Oberarm-, Oberschenkel-, Schädel-, Schienbein-*** *usw* **2** *nur Pl*, *gespr* ≈ Glieder ⟨sich (*Dat*) die Knochen brechen; j-m tun sämtliche Knochen weh⟩ || ID ***bis auf die Knochen nass sein*** *gespr*; ganz nass sein; ***sich bis auf die Knochen blamieren*** *gespr*; sich sehr blamieren; *mst* ***der Schreck, die Angst sitzt j-m*** (***noch***) ***in den Knochen*** *gespr*; j-d spürt den Schrecken, die Angst noch immer

Knọ·chen·ar·beit *die*; *nur Sg*, *gespr*; e-e Arbeit, die den Körper sehr anstrengt

Knọ·chen·bau *der*; *nur Sg*; die Art, wie die Knochen in j-s Körper gebildet sind ⟨e-n kräftigen, schweren, zarten, zierlichen K. haben⟩

knọ·chen·dụ̈rr *Adj*; *gespr*; sehr dürr, mager

Knọ·chen·ge·rüst *das*; *nur Sg*, *Kollekt*; alle Knochen e-s Körpers ≈ Skelett

knọ·chen·hạrt *Adj*; *gespr*; sehr hart

Knọ·chen·haut *die*; *nur Sg*; die dünne Haut, die den Knochen umgibt || K-: ***Knochenhaut-, -entzündung***

Knọ·chen·mark *das*; e-e weiche Substanz, die im Innern mancher Knochen (der Röhrenknochen) ist

knọ·chen·trọ·cken *Adj*; *gespr*; **1** sehr trocken: *Hoffentlich regnet es bald, der Boden ist k.* **2** ≈ langweilig, fantasielos ⟨ein Buch, ein Thema⟩

knọ̈·chern *Adj*; **1** *nur attr, nicht adv*; aus Knochen (gebildet): *der knöcherne Teil des Fußgelenks* **2** ≈ knochig

knọ·chig *Adj*; so, dass die Knochen deutlich zu sehen sind ↔ fleischig ⟨ein Gesicht, e-e Hand⟩

Knö̱·del *der*; *-s, -*; *südd* Ⓐ ≈ Kloß || -K: ***Grieß-, Kartoffel-, Semmel-***

> **Knödel**
>
> **Knödel** oder **Klöße** sind ein typisch deutsches Gericht. Es handelt sich dabei um Kugeln, die etwa so groß sind wie ein Tennisball und aus Kartoffeln (**Kartoffelknödel** oder **Kartoffelklöße**) oder Weißbrot (**Semmelknödel**) hergestellt werden. Man isst sie als Beilage zu gebratenem Fleisch, wie zum Beispiel zum traditionellen **Schweinebraten**.

K

Knọl·le *die*; *-, -n*; ein runder, dicker Teil e-r Pflanze, der an den Wurzeln wächst u. die Nährstoffe speichert || -K: ***Kartoffel-, Wurzel-***

Knọl·len|blät·ter·pilz *der*; ein sehr giftiger Pilz, der dem Champignon ähnlich sieht

Knọl·len·na·se *die*; e-e Nase, die sehr dick u. rund ist

knọl·lig *Adj*; in der Form e-r Knolle ⟨e-e Nase⟩

Knọpf *der*; *-(e)s, Knöp·fe*; **1** ein kleiner, *mst* runder Gegenstand an Kleidern, mit dem man sie öffnet u. schließt ⟨e-n K. aufmachen, zumachen, annähen, verlieren⟩: *Ich habe an der Jacke e-n K. verloren*; *An deinem Hemd ist ein K. offen* || -K: ***Hemden-, Hosen-, Jacken-, Mantel-***; ***Kragen-, Manschetten-***; ***Metall-, Perlmutt-, Plastik-*** **2** ein kleines, *mst* rundes Teil an e-r Maschine od. e-m Gerät, auf das man drückt od. an dem man dreht, um sie / es in Funktion zu setzen ⟨(auf) e-n K. drücken, e-n / an e-m K. drehen⟩: *den K. am Radio drehen u. den richtigen Sender suchen* || K-: ***Knopf-, -druck***

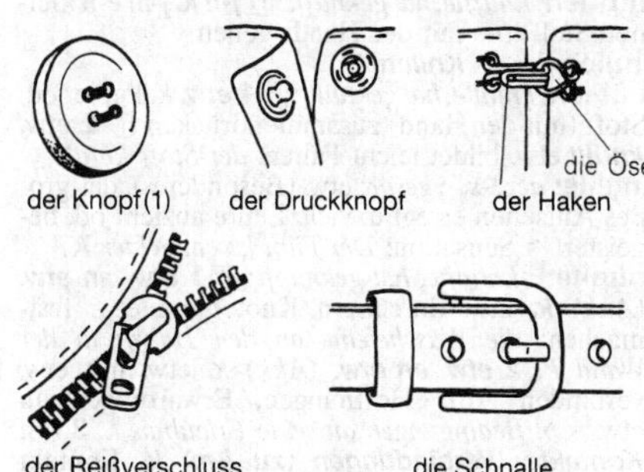

knö̱p·fen; *knöpfte, hat geknöpft*; [Vt] ***etw. k.*** etw. mit od. an den Knöpfen öffnen od. schließen: *e-e Hose zum Knöpfen*; *Diese Bluse wird hinten geknöpft* || NB: *mst* im substantivierten Infinitiv od. im Passiv!

Knọpf·loch *das*; ein kleines Loch (ein Schlitz) in der Kleidung *o.Ä.*, durch das man e-n Knopf (1) steckt

Knor·pel *der*; *-s*, *-*; e-e feste, aber elastische Substanz, die einzelne Knochen u. Gelenke miteinander verbindet || *hierzu* **knor·pe·lig, knorp·lig** *Adj*

knor·rig *Adj*; ⟨ein (alter) Baum⟩ krumm (gewachsen) u. mit vielen dicken Stellen an den Ästen

Knos·pe *die*; *-*, *-n*; der Teil e-r Pflanze, aus dem sich die Blüten od. Blätter entwickeln ⟨die Knospen sprießen, brechen auf, entfalten sich⟩ || -K: ***Blatt-, Blüten-; Rosen-***

knos·pen [Vi] ***etw. knospt*** etw. entwickelt Knospen ≈ etw. sprießt: *Die Bäume knospen schon*; *Die Rosen beginnen zu k.* || NB: *nur* in der 3. Person Sg. / Pl. Präsens, im Infinitiv od. Partizip Präsens!

kno·ten; *knotete, hat geknotet*; [Vt] **1** ***(sich (Dat)) etw. (Pl) k.*** Fäden, Bänder *o.Ä.* (durch e-n Knoten (1)) aneinander binden ≈ verknüpfen: *(sich) die Schnürsenkel k.* **2** ***(sich (Dat)) etw. um / an etw. (Akk) k.*** etw. mit e-m Knoten (1) binden u. so irgendwo befestigen: *sich ein Tuch um den Hals k.*

Kno·ten *der*; *-s*, *-*; **1** die Verknüpfung, die entsteht, wenn man die Enden eines Fadens od. mehrerer Fäden *o.Ä.* fest zusammenbindet ⟨e-n K. knüpfen, schlingen, lösen, aufmachen; e-n K. in etw. (*Akk*) machen; e-n K. nicht (mehr) aufbekommen⟩ **2** e-e Frisur für Frauen, bei der das lange Haar hinten am Kopf zu e-r Art Kugel verbunden wird ⟨e-n K. tragen⟩ **3** ein dicker (krankhafter) Teil im Gewebe ≈ Geschwulst: *e-n K. in der Brust haben* **4** verwendet als Maß(einheit) für die Geschwindigkeit e-s Schiffes (ca. 1,8km / h); *Abk* kn: *Das Schiff fährt mit / macht 20 Knoten* || ID *mst* ***bei j-m ist der K. gerissen / geplatzt*** *gespr*; j-d hat etw. endlich verstanden; ***den gordischen K. durchhauen*** ein schwieriges Problem auf ganz einfache (aber energische) Weise lösen

Kno·ten·punkt *der*; ein Ort, an dem sich verschiedene Straßen, (Eisenbahn)Linien *o.Ä.* treffen || -K: ***Verkehrs-***

kno·tig *Adj*; mit (vielen) dicken Stellen, Knoten (3) ⟨Äste, ein Gewebe⟩

Know-how [nou'hau] *das*; *-(s)*; *nur Sg*; das Wissen (darum), wie man etw. praktisch (technisch) macht, damit es funktioniert ⟨das technische K.⟩

Knub·bel *der*; *-s*, *-*; *gespr*; e-e harte od. geschwollene Stelle auf od. unter der Haut

Knuff *der*; *-(e)s, Knüf·fe*; *gespr*; ein leichter Stoß mit der Faust od. dem Arm (*bes* dem Ellbogen) ≈ Puff[2] ⟨j-m e-n K. geben⟩

knuf·fen; *knuffte, hat geknufft*; [Vt] ***j-n k.*** j-m e-n kleinen Stoß (*bes* mit der Hand) geben

Knülch *der*; ↑ ***Knilch***

knül·len; *knüllte, hat geknüllt*; [Vt] **1** ***etw. k.*** Papier od. Stoff (mit der Hand) zusammendrücken; [Vi] **2** ***etw. knüllt*** etw. bildet leicht Falten: *der Stoff knüllt*

Knül·ler *der*; *-s*, *-*; *gespr*; etw. (Besonderes), das großes Aufsehen erregt u. viele Leute anzieht od. begeistert ≈ Sensation: *Der Film ist ein echter K.!*

knüp·fen; *knüpfte, hat geknüpft*; [Vt] **1** ***etw. an etw. (Akk) k.*** etw. durch e-n Knoten an etw. festmachen: *die Wäscheleine an den Haken in der Wand k.* **2** ***etw. an etw. (Akk) k.*** etw. mit etw. verbinden[2] (6) ⟨Hoffnungen, Erwartungen an etw. k.⟩: *Bedingungen an seine Erlaubnis k.* **3** *mst* ***Kontakte, Verbindungen (zu j-m) k.*** Kontakt mit j-m aufnehmen (*mst* um etw. zu erreichen) **4** ***ein Netz k.*** Schnüre durch Knoten so verbinden, dass ein Netz entsteht **5** ***e-n Teppich k.*** viele kurze (Woll)Fäden dicht nebeneinander binden u. um dicke, längs laufende Fäden schlingen, sodass ein Teppich entsteht

Knüp·pel *der*; *-s*, *-*; ein kurzer, dicker Stock ≈ Prügel: *j-n mit e-m K. schlagen* || -K: ***Gummi-, Holz-*** || ID ***j-m e-n K. zwischen die Beine werfen*** *gespr*; j-m e-e Sache schwer machen

knüp·pel·dick *Adj*; *mst in* ***es kommt (mal wieder) k.*** *gespr*; viele unangenehme Dinge passieren zur gleichen Zeit

Knüp·pel·schal·tung *die*; *Tech*; e-e (Gang)Schaltung in Autos, deren Hebel am Boden befestigt ist

knur·ren; *knurrte, hat geknurrt*; [Vi] **1** ***ein Hund knurrt*** ein Hund gibt aus der Kehle drohende Laute von sich **2** ***über etw. (Akk) k.*** (*mst* mit undeutlicher Stimme) seine Verärgerung über etw. zum Ausdruck bringen; [Vt/i] **3** ***(etw.) k.*** (*mst* mit rauer Stimme) etw. Negatives sagen: *„So ein Mist!" knurrte er* || NB: Das Objekt ist immer ein Satz || ID ***j-m knurrt der Magen (vor Hunger)*** j-d hat großen Hunger (sodass sein Magen laute Geräusche produziert)

knur·rig *Adj*; ⟨e-e Antwort, ein Ton⟩ so (gereizt), dass sie zeigen, dass der Betreffende schlecht gelaunt ist ≈ mürrisch ↔ freundlich

Knus·per·häus·chen *das*; ein kleines Haus, das aus Lebkuchen gemacht ist (u. an das Märchen von „Hänsel u. Gretel" erinnert)

knus·pe·rig, knusp·rig *Adj*; **1** frisch gebraten od. gebacken, mit e-r harten Oberfläche ⟨ein Brötchen, e-e Kruste; etw. k. braten⟩ **2** *gespr hum*; jung u. attraktiv ⟨ein Mädchen; jung u. knusprig sein⟩

Knu·te *die*; *-*, *-n*; **1** ≈ Peitsche ⟨j-n mit der K. schlagen⟩ **2** ***unter der K.*** ⟨sein, leben⟩ wie ein / als Sklave sein, leben **3** ***j-n unter die K. bringen / zwingen*** j-n zum Sklaven machen

knut·schen; *knutschte, hat geknutscht*; *gespr*; [Vt/i] **1** ***(j-n) k.*** j-n intensiv küssen; [Vi] **2** ***mit j-m k.*** mit j-m schmusen

Knutsch·fleck *der*; *gespr*; ein dunkler Fleck, der auf der Haut entsteht, wenn man daran saugt

k.o. [kaːˈ|oː] *Adj*; *nur präd od adv*; **1** durch e-n Schlag des Gegners beim Boxen nicht mehr fähig, aufzustehen u. weiterzukämpfen ⟨k.o. gehen, sein; j-n k.o. schlagen⟩ **2** *gespr*; ganz müde u. erschöpft ↔ fit

K.o. [kaːˈ|oː] *der*; *-*, *-*; *Sport*; **1** ein Schlag (beim Boxen), nach dem j-d nicht mehr kämpfen kann ⟨durch K.o. gewinnen, verlieren⟩ || K-: ***K.o.-Schlag, K.o.-Sieg, K.o.-Sieger*** **2** ***technischer K.o.*** e-e Situation beim Boxen, in der ein Kampf abgebrochen wird, weil ein Gegner verletzt ist od. zu viel leidet (ohne k.o. zu gehen)

ko·a·lie·ren; *koalierte, hat koaliert*; [Vi] ⟨e-e Partei⟩ ***koaliert mit*** ⟨e-r Partei⟩; ⟨Parteien⟩ ***koalieren*** zwei od. mehrere Parteien verbinden sich politisch u. bilden so e-e Koalition

Ko·a·li·ti·on [-'tsioːn] *die*; *-*, *-en*; ***e-e K. (mit*** ⟨e-r Partei *o.Ä.*⟩ ***/ zwischen*** ⟨e-r Partei⟩ ***u.*** ⟨e-r Partei *o.Ä.*⟩) ein Bündnis *mst* zwischen Parteien, die zusammen e-e Regierung bilden (wollen) ⟨Parteien gehen e-e K. ein⟩: *e-e K. zwischen CDU, CSU u. FDP* || K-: ***Koalitions-, -partner, -regierung, -verhandlungen***

Ko·balt *das*; *-(e)s*; *nur Sg*; ein hartes, glänzendes Metall, das magnetisch ist; *Chem* Co || K-: ***kobalt-, -blau***

Ko·bold *der*; *-(e)s*, *-e*; e-e kleine Gestalt (in Märchen), von der man sagt, dass sie den Menschen gern Streiche spielt || *hierzu* **ko·bold·haft** *Adj*

Ko·bra *die*; *-*, *-s*; e-e sehr giftige Schlange, die in Asien u. Afrika lebt

Koch *der*; *-(e)s, Kö·che*; j-d, der (beruflich) in e-m Hotel od. Restaurant die Speisen macht, kocht || K-: ***Koch-, -mütze*** || -K: ***Chef-, Meister-; Schiffs-*** || ID ***Viele Köche verderben den Brei*** wenn zu viele Personen an e-r Sache arbeiten, wird nichts Gutes daraus || *hierzu* **Kö·chin** *die*; *-*, *-nen*

kọch·echt *Adj*; ⟨e-e Farbe, ein Stoff; Wäsche⟩ so, dass sie beim Waschen in sehr heißem Wasser nicht beschädigt od. verändert werden

kọ·chen; *kochte, hat gekocht*; [Vt/i] **1** *(etw.)* **k.** die Nahrung zum Essen vorbereiten, indem man sie heiß macht ≈ zubereiten: *das Mittagessen k.; Morgen koche ich Schweinebraten mit Knödeln u. Salat; Kochst du gerne?* || K-: ***Koch-, -buch, -geschirr, -herd, -kenntnisse, -kunst, -kurs, -platte, -rezept, -schürze, -stelle, -topf*** || *zu* ***Kochplatte*** ↑ *Abb. unter* ***Herd***; [Vt] **2** ⟨Tee, Kaffee⟩ ***k.*** Tee od. Kaffee zubereiten || NB: ↑ ***sieden*** **3** ***etw. k.*** Essen in heißem Wasser k. (1): *Die Kartoffeln auf kleiner Flamme weich k.; Soll ich die Eier braten od. k.?; Bohnen sollte man nie roh, sondern nur gekocht essen* **4** ***etw. k.*** Wäsche, Kleider *o.Ä.* in ungefähr 90°C heißem Wasser waschen || K-: ***Koch-, -wäsche, -waschgang***; [Vi] **5** ***etw. kocht*** etw. hat / erreicht die Temperatur (ungefähr 100°C), bei der Wasser Blasen macht u. zu Gas wird ≈ etw. siedet ⟨etw. zum Kochen bringen⟩: *die kochende Milch vom Feuer nehmen; Die Suppe fünf Minuten k. lassen* || K-: ***kochend heiß*** **6** (***vor Wut***) ***k.*** *gespr*; sehr wütend sein; [Vimp] **7** ***in j-m kocht es*** *gespr*; j-d ist sehr wütend **8** ***irgendwo kocht es vor Hitze*** *gespr*; irgendwo ist es sehr heiß

Kọ·cher *der*; *-s, -*; ein kleines Gerät, auf dem man (warmes Essen) kochen kann || -K: ***Camping-***; (***Propan***)***Gas-, Spiritus-***

Kö·cher *der*; *-s, -*; ein Behälter für Pfeile, die man mit dem Bogen (ab)schießt

kọch·fest *Adj*; *nicht adv* ≈ kochecht ⟨Textilien⟩

Kọch·löf·fel *der*; ein großer Löffel aus Holz, mit dem man das Essen beim Kochen umrührt || ID ***den K. schwingen*** *hum* ≈ kochen (1)

Kọch·ni·sche *die*; e-e Art kleine Küche als Teil e-s Zimmers in e-r kleinen Wohnung

Kọch·salz *das*; Salz, das man essen kann; *Chem* Natriumchlorid || K-: ***Kochsalz-, -lösung***

Kọch·wurst *die*; e-e Wurst, die man warm isst (nachdem sie im Wasser gekocht worden ist) || NB: ↑ ***Bratwurst***

Kode [koːt] *der*; ein System von Wörtern, Buchstaben, Symbolen *o.Ä.*, die andere Wörter *usw* ersetzen u. die für geheime Botschaften *o.Ä.* verwendet werden || *hierzu* **Ko·die·rung** *die*; **ko·die·ren** *(hat) Vt*

Kö·der *der*; *-s, -*; ein Stück Nahrung, das man irgendwohin legt od. irgendwo befestigt, um ein Tier anzulocken u. zu fangen ⟨e-n K. auslegen⟩: *der Köder an e-r Angel* || K-: ***Köder-, -fisch, -wurm*** || -K: ***Angel-***

kö·dern; *köderte, hat geködert*; [Vt] **1** ***ein Tier k.*** versuchen, ein Tier (mit e-m Köder) anzulocken u. zu fangen **2** ***j-n k.*** *gespr*; versuchen, j-n mit einem verlockenden Angebot für sich od. für e-e Sache zu gewinnen

Ko·edu·ka·ti·on ['koː|edukatsi̯oːn] *die*; *-*; *nur Sg*; (in der Schule) das gemeinsame Unterrichten von Jungen u. Mädchen in denselben Klassen || *hierzu* **ko·edu·ka·tiv** *Adj*

Ko·ef·fi·zi·ẹnt [ko|efi'tsi̯ent] *der*; *-en, -en*; **1** *Math*; die Zahl, mit der man e-e (veränderliche) Größe multipliziert **2** *Phys*; e-e Zahl, mit der man bestimmte Eigenschaften von Stoffen misst || -K: ***Brechungs-, Reibungs-*** || NB: *der Koeffizient; den, dem, des Koeffizienten*

Ko·exis·tenz, Ko·exis·tẹnz *die*; *-*; *nur Sg*; das Miteinander verschiedener Systeme, Ideologien *o.Ä.* zur gleichen Zeit: *die friedliche K. zweier Staaten* || *hierzu* **ko·exis·tie·ren** *(hat) Vi*

Kof·fe·in *das*; *-s*; *nur Sg*; e-e Substanz, die *bes* im Kaffee u. Tee vorkommt u. bewirkt, dass man sich wach u. aktiv fühlt || *hierzu* **kof·fe·in·frei** *Adj*; **kof·fe·in·hal·tig** *Adj*

Kọf·fer *der*; *-s, -*; ein großer, fester (*mst* rechteckiger) Behälter aus Leder, Plastik, Aluminium *o.Ä.*, in den man Kleidung u. andere Dinge legt, die man für e-e Reise braucht ⟨e-n K. packen, auspacken⟩: *seinen K. am Schalter aufgeben* || K-: ***Koffer-, -anhänger, -schlüssel, -träger*** || ID ***aus dem K. leben*** (beruflich) viel reisen müssen u. deshalb oft in Hotels wohnen; ***die Koffer packen*** *gespr*; j-n / e-n Ort voller Ärger verlassen; ***die Koffer packen müssen / können / dürfen*** *gespr*; entlassen werden

Kọf·fer·ku·li *der*; ein kleiner Wagen, der auf e-m Bahnhof, an e-m Flughafen *o.Ä.* bereitsteht, damit man damit sein Gepäck transportieren kann

Kọf·fer·ra·dio *das*; ein kleines Radio mit e-m Griff an der Oberseite, das man mit sich tragen kann

Kọf·fer·raum *der*; der (*mst* abgetrennte) Raum hinten im Auto, in den man das Gepäck legt || ↑ *Abb. unter* ***Auto*** || K-: ***Kofferraum-, -deckel***

Kog·nak ['kɔnjak] *der*; *-s, -s*; *gespr* ≈ Weinbrand || K-: ***Kognak-, -glas*** || NB: ↑ ***Cognac***

Kọg·nak·boh·ne *die*; e-e Praline in der Form e-r Bohne, die mit Weinbrand gefüllt ist

Kọg·nak·schwen·ker *der*; *-s, -*; ein rundes (bauchiges) Glas mit e-m Fuß, aus dem man Weinbrand trinkt

Kohl *der*; *-(e)s*; *nur Sg*; **1** *Kollekt*; e-e Pflanze, die in vielen Arten vorkommt u. die man gekocht als Gemüse isst. Die dicken, festen Blätter liegen eng aufeinander u. bilden so meistens e-e Art Kugel || ↑ *Abb. unter* ***Gemüse*** || K-: ***Kohl-, -kopf, -roulade, -suppe*** || -K: ***Grün-, Rot-, Weiß-*** || NB: ↑ ***Kraut, Blumenkohl, Rosenkohl, Wirsing*** **2** *gespr pej* ≈ Unsinn ⟨K. reden⟩ || ID ***das macht den K. auch nicht fett*** *gespr*; das hilft nicht viel weiter

Kohl·dampf *der*; *nur Sg*, *gespr* ≈ Hunger ⟨K. haben, schieben (= haben)⟩

Koh·le[1] *die*; *-, -n*; **1** *nur Sg*; e-e harte, braune od. schwarze Substanz (aus der Erde), die man *bes* zum Heizen verwendet ⟨K. abbauen, fördern⟩ || K-: ***Kohle-, -abbau, -bergbau, -bergwerk, -herd, -kraftwerk, -lager, -vorkommen*** **2** *mst Pl*; e-e *mst* kleine Menge K.[1] (1): *e-n Eimer Kohlen aus dem Keller holen* || K-: ***Kohlen-, -eimer, -händler, -heizung, -keller, -ofen, -sack, -schaufel*** **3** *nur Sg*; ein Stift aus (Holz)Kohle, mit dem man zeichnet ⟨mit K. zeichnen⟩ || K-: ***Kohle-, -skizze, -stift, -studie, -zeichnung*** || -K: ***Zeichen-*** || ID (***wie***) ***auf*** (***glühenden***) ***Kohlen sitzen*** *gespr*; nervös auf j-n / etw. warten || *zu* **1 koh·le·hal·tig** *Adj*

Koh·le[2] *die*; *-, -n*; *gespr* ≈ Geld ⟨viel, wenig K. haben⟩: *Gib die Kohlen her!; Ich nehme den Job, wenn die K. stimmt / die Kohlen stimmen!*

Koh·le·hyd·rat *das*; ↑ ***Kohlenhydrat***

Koh·len·di·oxid *das*; *-(e)s*; *nur Sg*; ein Gas, das aus Kohlenstoff u. Sauerstoff besteht. Menschen u. Tiere produzieren K., wenn sie ausatmen, u. Pflanzen produzieren aus K. Sauerstoff; *Chem* CO_2

Koh·len·hyd·rat *das*; *-(e)s, -e*; *Chem*; e-e Substanz, die aus Kohlenstoff, Sauerstoff u. Wasserstoff besteht, wie *z.B.* Zucker, u. die den Körper mit Wärme u. Energie versorgt: *Kartoffeln sind reich an Kohlenhydraten*

Koh·len·mọ·no·xid *das*; *-(e)s*; *nur Sg*; ein giftiges Gas, das entsteht, wenn Brennstoffe verbrannt werden, die Kohlenstoff enthalten; *Chem* CO: *In den Abgasen der Autos ist noch immer viel K.*

Koh·len·säu·re *die*; *nur Sg*; die Säure, die *z.B.* die Bläschen in der Limonade entstehen lässt; *Chem* H_2CO_3 || *hierzu* **koh·len·säu·re·hal·tig** *Adj*

Koh·len·stoff *der*; *nur Sg*; ein chemisches Element,

das in der Kohle, in reiner Form auch als Diamant u. Graphit vorkommt; *Chem* C

Koh·le·pa·pier *das*; *nur Sg*; ein Papier mit e-r Schicht blauer od. schwarzer Farbe. K. legt man zwischen zwei Blätter, um beim Schreiben e-e Kopie herzustellen

Köh·ler *der*; *-s*, *-*; j-d, der beruflich aus dem Holz der Bäume (Holz)Kohle herstellt

Köh·le·rei *die*; *-*, *-en*; der Betrieb, in dem ein Köhler arbeitet

Kohl·mei·se *die*; e-e Meise mit schwarzem Kopf u. schwarzer Kehle

kohl·ra·ben|schwarz *Adj*; *gespr*; **1** ganz schwarz ⟨Augen, Haare⟩ **2** sehr schmutzig ⟨Hände⟩

Kohl·ra·bi *der*; *-(s)*, *-(s)*; ein Kohl (1), dessen Knolle man roh od. gekocht als Gemüse isst

Kohl·weiß·ling *der*; *-s*, *-e*; ein weißer Schmetterling, dessen Raupen Kohl (1) fressen

Ko·i·tus *der*; *-*, *-* [-tu:s] / *-se*; *geschr* ≈ Beischlaf, Geschlechtsakt ⟨ein Mann u. e-e Frau vollziehen den K.⟩ || *hierzu* **ko·i·tie·ren** *(hat) Vi*

Ko·je *die*; *-*, *-n*; **1** ein schmales Bett in e-m Schiff **2** *gespr* ≈ Bett: *Liegst du immer noch in der K.?*

Ko·jo·te *der*; *-n*, *-n*; e-e Art wilder Hund, der *bes* in der Prärie frei lebt ≈ Präriehund || NB: *der Kojote*; *den, dem, des Kojoten*

K

Ko·ka *die*; *-*; *nur Sg*; ein Strauch, aus dem Kokain gewonnen wird || K-: ***Koka-, -blätter, -strauch***

Ko·ka·in *das*; *-s*; *nur Sg*; e-e Substanz, die man früher als Mittel gegen starke Schmerzen verwendet hat u. die heute verboten ist, weil sie als Rauschgift wirkt ⟨K. schnupfen⟩

ko·kett *Adj*; (von Frauen) mit e-m Verhalten, das auf spielerische Weise zum Ziel hat, auf e-n Mann attraktiv zu wirken: *die Augen k. niederschlagen*

ko·ket·tie·ren; *kokettierte, hat kokettiert*; [Vi] **1** ***mit etw. k.*** auf eine der eigenen Eigenschaften *o.Ä.* hinweisen, um dadurch interessant zu wirken od. andere zum Widerspruch zu reizen ⟨mit seinem Alter k.⟩ **2** ***mit etw. k.*** mit e-m Gedanken spielen (13): *mit der Idee k., selbstständig zu werden* **3** ***mit j-m k.*** *veraltend* ≈ flirten || NB: *mst* in Bezug auf Frauen verwendet || *hierzu* **Ko·ket·te·rie** *die*; *-*; *nur Sg*

Ko·ko·lo·res *der*; *-*; *nur Sg*, *gespr* ≈ Unsinn

Ko·kon [ko'kõ:] *der*; *-s*, *-s*; die Hülle aus feinen Fäden, mit der sich Raupen umgeben, wenn sie zur Puppe[2] werden (bzw. in die manche Insekten ihre Eier legen)

Ko·kos- *im Subst, betont, wenig produktiv*; **1** aus der Frucht der Kokospalme; das ***Kokosfett***, die ***Kokosflocken***, die ***Kokosmakrone***, die ***Kokosraspeln*** **2** aus (den Fasern) der Schale der Kokosnuss; die ***Kokosfaser***, die ***Kokosmatte***

Ko·kos·milch *die*; die Flüssigkeit im Innern der Kokosnuss

Ko·kos·nuss *die*; die Frucht der Kokospalme

Ko·kos·pal·me *die*; e-e tropische Palme mit großen ovalen Früchten in harter brauner Schale

Ko·kot·te *die*; *-*, *-n*; *veraltet*; e-e vornehme Prostituierte (*bes* an den Höfen der Fürsten u. Könige)

Koks *der*; *-es*; *nur Sg*; **1** e-e Art Kohle, die hart wie Stein ist u. sehr viel Hitze erzeugt **2** *gespr* ≈ Kokain

kok·sen; *kokste, hat gekokst*; [Vi] *gespr*; Kokain (als Rauschgift) nehmen

Ko·la *die*; ↑ ***Cola***

Kol·ben *der*; *-s*, *-*; **1** ein (Metall)Stab (in e-m Motor od. e-r Dampfmaschine), der in e-r engen Röhre (dem Zylinder) auf- u. abbewegt wird u. so die Energie weitergibt || K-: ***Kolben-, -antrieb, -ring, -stange*** **2** der breite Teil (Schaft) e-s Gewehres, den man beim Schießen fest an den Körper drückt || K-: ***Kolben-, -hieb, -schlag*** || -K: ***Gewehr-*** **3** e-e Frucht in Form e-s Stabes, die aus den Blüten mancher Pflanzen entsteht || K-: ***Kolben-, -hirse*** || -K: ***Mais-*** **4** *Chem*; ein kleines Gefäß (*mst* aus Glas), in dem Chemiker Flüssigkeiten erhitzen *usw*

Kol·ben·fres·ser *der*; *-s*, *-*; *gespr*; ein (Motor)Schaden beim Auto, bei dem sich der Kolben (1) nicht mehr bewegt: *Das war ein K.!*

Kol·chos *der, auch das*; *-*, *Kol·cho·se*; ↑ ***Kolchose*** || K-: ***Kolchos-, -bauer***

Kol·cho·se *die*; *-*, *-n*; ein sehr großer landwirtschaftlicher Betrieb, *bes* in der ehemaligen Sowjetunion, der dem Staat gehört u. kollektiv geleitet wird

Ko·li·bak·te·rie *die*; *mst Pl*; e-e Bakterie, die im Darm lebt, aber auch Krankheiten verursachen kann (wenn sie in zu großer Zahl mit der Nahrung aufgenommen wird)

Ko·lib·ri *der*; *-s*, *-s*; ein sehr kleiner, bunter tropischer Vogel, der seine Flügel so schnell bewegen kann, dass er seine Nahrung im Flug aus Blüten saugen kann

Ko·lik *die*; *-*, *-en*; ein starker Schmerz im Bauch, der ganz plötzlich kommt (u. wie ein Krampf wirkt) || -K: ***Gallen-, Nieren-***

Kolk·ra·be *der*; ein großer Rabe

kol·la·bie·ren; *kollabierte, ist kollabiert*; [Vi] *Med*; e-n Kollaps erleiden ≈ zusammenbrechen

kol·la·bo·rie·ren; *kollaborierte, hat kollaboriert*; [Vi] ***mit j-m k.*** mit dem (militärischen) Feind zusammenarbeiten (u. so gegen den eigenen Staat *usw* arbeiten) || *hierzu* **Kol·la·bo·ra·ti·on** *die*; *-*, *-en*; **Kol·la·bo·ra·teur** [-'tø:ɐ̯] *der*; *-s*, *-e*

Kol·laps *der*; *-es*, *-e*; *Med*; ein plötzlicher Anfall von Schwäche, weil nicht mehr genug Blut ins Gehirn kommt ⟨e-n K. erleiden⟩ || -K: ***Kreislauf-***

Kol·leg *das*; *-s*, *-s*; **1** e-e Art Schule, in der sich Erwachsene (nachträglich) auf das Abitur od. e-e ähnliche Prüfung vorbereiten **2** *veraltet* ≈ Vorlesung (an der Universität)

Kol·le·ge *der*; *-n*, *-n*; j-d, der mit einem od. mehreren anderen die gleiche Arbeit macht od. den gleichen Beruf hat: *mit den Kollegen gut auskommen* || NB: **a)** auch als Anrede verwendet: *Herr K.*; **b)** *der Kollege*; *den, dem, des Kollegen* || *hierzu* **Kol·le·gin** *die*; *-*, *-nen*

kol·le·gi·al *Adj*; freundlich u. gleich bereit zu helfen (wie ein guter Kollege) ⟨ein Verhalten; k. denken, handeln⟩ || *hierzu* **Kol·le·gi·a·li·tät** *die*; *-*; *nur Sg*

Kol·le·gi·at *der*; *-en*, *-en*; **1** ein Schüler e-s Kollegs **2** Ⓓ ein Schüler, der zur Kollegstufe gehört || NB: *der Kollegiat*; *den, dem, des Kollegiaten* || *hierzu* **Kol·le·gi·a·tin** *die*; *-*, *-nen*

Kol·le·gi·um *das*; *-s*, *Kol·le·gi·en*; *Kollekt*; alle Lehrer e-r Schule

Kol·leg·stu·fe *die*; Ⓓ verwendet als Bezeichnung für die beiden obersten Klassen des Gymnasiums, in denen die Schüler viele Fächer selbst wählen können

Kol·lek·te *die*; *-*, *-n*; **1** das Sammeln von Geld in der Kirche (*mst* während e-s Gottesdienstes) **2** das Geld, das durch e-e K. (1) gesammelt wird

Kol·lek·ti·on [-'tsi̯o:n] *die*; *-*, *-en*; **1** e-e Auswahl von neuen (Kleider)Modellen, die für den Verkauf zusammengestellt wird ⟨e-e K. (von) Krawatten, Hemden⟩ || -K: ***Frühjahrs-, Herbst-, Sommer-, Winter-*** **2** ≈ Sammlung (2): *Um an Geld zu kommen, musste er die besten Stücke seiner K. verkaufen*

kol·lek·tiv [-f] *Adj*; so, dass alle Personen e-r Gruppe betroffen od. beteiligt sind ≈ gemeinsam ↔ individuell ⟨e-e Arbeit, e-e Schuld; Personen handeln k.⟩ || K-: ***Kollektiv-, -arbeit, -bewusstsein, -eigentum, -schuld***

Kol·lek·tiv [-f] *das*; *-s*, *-s* / *-e*; *Kollekt*; **1** (*bes hist DDR*) e-e Gruppe von Menschen, die ihre Arbeit (nach e-m sozialistischen Prinzip) gemeinsam machen || -K: ***Arbeits-, Architekten-, Jugend-, Lehrer-, Redaktions-*** || NB: ↑ ***Team*** **2** e-e Gemeinschaft von Menschen, die zusammenleben || *zu* **1 kol·lek·ti·vie·ren** (*hat*) *Vt*; **kol·lek·ti·vis·tisch** *Adj*

Kol·lek·tiv·be·griff *der* ≈ Kollektivum

Kol·lek·ti·vum [-v-] *das*; *-s*, *Kol·lek·ti·va*; *Ling*; ein Substantiv, das verschiedene Dinge od. Personen zusammenfasst (*z.B.* das Wort „Armee" od. „Publikum")

Kol·ler *der*; *-s*, *-*; *gespr* ≈ Wutanfall ⟨e-n K. kriegen, haben⟩ || *hierzu* **kol·le·rig** *Adj*

kol·lern; *kollerte*, *hat gekollert*; Vi **1** ***ein Truthahn kollert*** ein Truthahn gibt die Laute von sich, die für seine Art typisch sind **2** *gespr*; wütend sein u. schimpfen

kol·li·die·ren; *kollidierte*, *ist / hat kollidiert*; Vi **1** *mst* ***ein Fahrzeug kollidiert mit e-m Fahrzeug***; ⟨Fahrzeuge⟩ ***kollidieren*** zwei od. mehrere Fahrzeuge stoßen zusammen: *Zwei PKWs kollidierten gestern früh auf der engen Landstraße nach Augsburg* **2** ***etw. kollidiert mit etw.***; ⟨Termine, Pläne *o.Ä.*⟩ ***kollidieren*** (*hat*) Termine, Pläne *o.Ä.* sind nicht miteinander vereinbar: *Der Termin kollidiert mit meiner Reise nach Bonn, wir müssen die Besprechung deshalb verlegen*; *Unsere Absichten kollidierten (miteinander)* || *hierzu* **Kol·li·si·on** *die*; *-*, *-en*

Kol·li·er [kɔ'lie:] *das*; *-s*, *-s*; ein wertvoller Schmuck aus Edelsteinen od. Perlen, den man um den Hals trägt. Ein K. besteht *mst* aus mehreren Ketten || -K: ***Brillant(en)-, Diamant(en)-, Perlen-***

Kol·lo·ka·ti·on [-'tsio:n] *die*; *-*, *-en*; *Ling*; e-e typische Verbindung aus mehreren Wörtern, *z.B.* aus Adj. u. Subst. od. Verb u. Objekt, die e-e syntaktische Einheit bilden

Kol·lo·qui·um, **Kol·lo·qui·um** *das*; *-s*, *Kol·lo·qui·en*; e-e Diskussion unter Fachleuten (*bes* Wissenschaftlern) ≈ Symposion ⟨ein K. abhalten⟩

Köl·nisch·was·ser, **köl·nisch Was·ser** *das*; *nur Sg*; e-e Art leichtes, erfrischendes Parfüm

ko·lo·ni·al- *Adj*; *nur attr*, *nicht adv*; in Bezug auf eine od. mehrere Kolonien (1) || K-: ***Kolonial-, -besitz, -gebiet, -herrschaft, -krieg, -macht, -politik, -reich***

Ko·lo·ni·al·herr *der*; *mst Pl*; ein Vertreter der Schicht (e-s fremden Staates), die in e-r Kolonie herrscht

Ko·lo·ni·a·lis·mus *der*; *-*; *nur Sg*; die Politik u. Ideologie e-s Staates, der andere Länder als Kolonien besetzt hat (u. ausbeutet) || NB: ↑ ***Imperialismus*** || *hierzu* **ko·lo·ni·a·lis·tisch** *Adj*

Ko·lo·ni·al·wa·ren *die*; *Pl*, *veraltend*; Lebensmittel, die aus fremden Ländern importiert wurden || K-: ***Kolonialwaren-, -geschäft, -handel, -laden***

Ko·lo·nie *die*; *-*, *-n* [-'ni:ən]; **1** ein Land od. Gebiet, das von e-m *mst* weit entfernten, wirtschaftlich viel höher entwickelten Staat beherrscht (u. ausgebeutet) wird ⟨e-e K. in Übersee⟩: *die ehemaligen britischen Kolonien* || -K: ***Kron-*** **2** *Kollekt*; e-e Siedlung (1), die von Auswanderern gegründet wird **3** *Kollekt*; e-e Gruppe von Menschen aus demselben Land od. mit dem gleichen Beruf, der gleichen Religion *o.Ä.*, die an e-m bestimmten Ort leben: *die Kolonien der Emigranten in New York*; *e-e K. von Künstlern* || -K: ***Künstler-*** **4** e-e große Gruppe von Tieren / Pflanzen, die eng zusammenleben / eng zusammen wachsen ⟨Vögel brüten, leben in Kolonien⟩ || -K: ***Bakterien-, Vogel-***

ko·lo·ni·sie·ren; *kolonisierte*, *hat kolonisiert*; Vt **1** *mst* ⟨ein Land⟩ ***kolonisiert*** ⟨ein Land⟩ ein Land macht ein anderes Land zu e-r Kolonie **2** ⟨Siedler *o.Ä.*⟩ ***kolonisieren etw.*** Siedler *o.Ä.* machen ein Gebiet bewohnbar u. nutzen es wirtschaftlich || *hierzu* **Ko·lo·ni·sa·ti·on** *die*; *nur Sg*; **Ko·lo·ni·sie·rung** *die*; *nur Sg*

Ko·lon·na·de *die*; *-*, *-n*; ein Gang mit e-r flachen Decke, die auf der offenen Seite von Säulen getragen wird: *die Kolonnaden auf dem Petersplatz in Rom*

Ko·lon·ne *die*; *-*, *-n*; *Kollekt*; **1** e-e lange Reihe von Autos, die hintereinander fahren ≈ Schlange ⟨Autos bilden e-e K.; sich in e-e K. einreihen; (in e-r) K. fahren⟩ || K-: ***Kolonnen-, -fahren*** || -K: ***Auto-, Wagen-*** **2** e-e große Gruppe von Personen (*bes* Soldaten od. Gefangenen), die miteinander zu ihrem Ziel ziehen ⟨Personen marschieren in Kolonnen; aus der K. treten⟩: *Endlose Kolonnen von Flüchtlingen waren unterwegs* || -K: ***Marsch-*** **3** e-e Reihe von Ziffern od. Zahlen, die untereinander stehen ⟨Kolonnen addieren⟩ **4** e-e Gruppe von Menschen, die gemeinsam e-e bestimmte Arbeit zu tun haben ≈ Arbeitstrupp || -K: ***Arbeits-, Bau-, Putz-, Sanitäts-***

Ko·lon·nen·sprin·ger *der*; *gespr*; ein Autofahrer, der bei dichtem Verkehr nicht in der Kolonne bleibt, sondern ein Fahrzeug nach dem anderen überholt

Ko·lo·ra·tur *die*; *-*, *-en*; *Mus*; e-e virtuose (Ton)Folge in e-r Melodie, die im Solo u. schnell gesungen wird (*bes* im Sopran) || K-: ***Koloratur-, -sängerin***

ko·lo·rie·ren; *kolorierte*, *hat koloriert*; Vt ***etw. k.*** weiße Flächen e-r Zeichnung *o.Ä.* mit Farben ausmalen ⟨e-e Grafik, e-e Radierung, e-e Zeichnung k.⟩ || *hierzu* **Ko·lo·rie·rung** *die*

Ko·lo·rit *das*; *-(e)s*, *-e*; die besondere Stimmung (u. Ausstrahlung) e-s Ortes, Bildes: *das mittelalterliche K. Heidelbergs* || -K: ***Lokal-***

Ko·loss *der*; *-es*, *-e*; **1** e-e Person, die besonders groß u. schwer ist ≈ Riese: *ein K. von e-m Mann* **2** ein sehr großes Gebäude, Werk od. Fahrzeug (*bes* Flugzeug od. Panzer) || -K: ***Stahl-***

ko·los·sal *Adj*; **1** sehr groß od. schwer u. beeindruckend ≈ gewaltig ⟨Ausmaße, Bauten⟩ **2** *nur attr*, *nicht adv*, *gespr*; sehr groß ⟨e-e Dummheit, ein Spaß⟩: *Er hatte kolossales Glück* **3** *nur adv*, *gespr*; verwendet, um Adjektive od. Verben zu verstärken ≈ sehr: *sich k. freuen*; *etw. interessiert j-n k.*

Ko·los·sal·film *der*; ein (Spiel)Film über historische od. biblische Ereignisse mit Szenen, in denen sehr viele Menschen zu sehen sind ≈ Monumentalfilm

Kol·por·ta·ge [-'ta:ʒə] *die*; *-*, *-n*; *mst Sg*; **1** ein Bericht über Dinge, von denen man gehört hat, aber nicht weiß, ob sie wahr sind: *Die K. dieses Gerüchts hat viel Schaden angerichtet* **2** schlechte Literatur mit spannender Handlung || K-: ***Kolportage-, -roman*** || *zu* **1 kol·por·tie·ren** (*hat*) *Vt*

Kölsch *das*; *-(s)*; *nur Sg*; **1** der Dialekt, den die Kölner sprechen **2** ein helles Bier, das *bes* in Köln getrunken wird

Ko·lum·ne *die*; *-*, *-n*; **1** ein Teil e-r Zeitung od. Zeitschrift, in dem derselbe Journalist regelmäßig Beiträge zu bestimmten Themen schreibt || -K: ***Klatsch-, Zeitungs-*** || NB: ↑ ***Glosse*** **2** *geschr*; e-e Reihe von Zeilen in e-r Zeitung od. e-e Reihe von Zahlen, die (in e-r Spalte) untereinander stehen || *zu* **1 Ko·lum·nist** *der*; *-en*, *-en*

Ko·ma *das*; *-s*, *-s* / *-ta*; *mst Sg*; der Zustand, in dem sich ein Mensch befindet, wenn er (*bes* mit schweren Verletzungen) sehr lange ohne Bewusstsein ist ⟨im K. liegen; aus dem K. nicht mehr erwachen⟩

Kom·bi *der*; *-s*, *-s*; ein Auto mit e-m relativ hohen u. langen Gepäckraum, das von hinten beladen wird || K-: ***Kombi-, -wagen***

Kom·bi- *im Subst*, *betont*, *wenig produktiv*; für verschiedene Zwecke verwendbar; die ***Kombimöbel***, der ***Kombischrank***, die ***Kombizange*** || *zu* ***Kombizange*** ↑ *Abb. unter* ***Werkzeug***

Kom·bi·nat *das*; *-(e)s*, *-e*; *Kollekt*, *hist* (*DDR*); e-e Einheit aus mehreren Betrieben (in der Industrie od. Landwirtschaft), die ihre Waren gemeinsam produzierten || -K: ***Industrie-***, ***Textil-***

Kom·bi·na·ti·on [-ˈtsi̯oːn] *die*; *-*, *-en*; **1** e-e geistige Leistung, durch die Fakten, Wissen u. Beobachtungen logisch u. sinnvoll miteinander verbunden werden ≈ das Kombinieren (1) ⟨e-e brillante, scharfsinnige K.⟩: *Der Detektiv löste seine Fälle oft durch verblüffende Kombinationen* || K-: ***Kombinations-***, ***-gabe***, ***-vermögen*** **2** die Zusammenstellung verschiedener Dinge zu e-r Einheit ≈ das Kombinieren (2): *e-e geschmackvolle K. von Farben* || K-: ***Kombinations-***, ***-möglichkeit***, ***-präparat*** || -K: ***Farb-*** **3** e-e feste (Reihen)Folge von Zahlen, die man auf e-m (Zahlen)Schloss einstellen muss, um *z.B.* e-n Safe zu öffnen: *j-m die K. für e-n Safe verraten* || K-: ***Kombinations-***, ***-schloss*** || -K: ***Zahlen-*** **4** ein Kleidungsstück, bei dem Hose u. Hemd od. Hose u. Jacke aus einem Stück sind || -K: ***Flieger-***, ***Gymnastik-*** **5** e-e Jacke u. e-e Hose / ein Rock, die gut zusammenpassen u. zusammen getragen werden sollen **6** e-e Folge von Zügen[2] (2) bei bestimmten Spielen (*z.B.* beim Fußball, Schach)

K

kom·bi·nie·ren; *kombinierte*, *hat kombiniert*; [Vt/i] **1** (***etw.***) ***k.*** aus bestimmten Anzeichen e-n logischen Schluss ziehen ≈ schließen, folgern: *Sherlock Holmes hatte wieder einmal richtig kombiniert*; *Er kombinierte sofort*, dass *hier etw. nicht stimmte*; [Vt] **2** ***etw. mit etw. k.*** verschiedene Dinge zu e-m (harmonischen) Ganzen verbinden: *ein grünes Kleid mit e-r gelben Jacke k.*; *e-e kombinierte Bahn-Schiffs-Reise* || *zu* **2** **kom·bi·nier·bar** *Adj*

Kom·bü·se *die*; *-*, *-n*; die Küche auf e-m Schiff

Ko·met *der*; *-en*, *-en*; ein Himmelskörper, der sich in e-r sehr langen, elliptischen Bahn um die Sonne bewegt u. der am Himmel wie ein Stern mit leuchtendem Schwanz zu sehen ist || K-: ***Kometen-***, ***-bahn***, ***-schweif*** || NB: *der Komet*; *den*, *dem*, *des Kometen*

ko·me·ten·haft *Adj*; sehr schnell (u. spektakulär) ⟨ein Aufstieg (als Künstler)⟩

Kom·fort [-ˈfoːɐ̯] *der*; *-s*; *nur Sg*; Geräte, Vorrichtungen *o.Ä.*, die das Leben angenehm u. bequem machen: *e-e Wohnung*, *ein Auto mit allem / jedem K.* || NB: ↑ ***Luxus***

kom·for·ta·bel *Adj*; mit viel Komfort || NB: *komfortabel* → *e-e komfortable Wohnung*

Ko·mik *die*; *-*; *nur Sg*; das, was man an e-r Situation, e-m Witz *o.Ä.* lustig findet, was einen zum Lachen bringt ⟨die unfreiwillige K. e-r Situation; etw. entbehrt nicht der K. (= ist komisch)⟩ || -K: ***Situations-***

Ko·mi·ker *der*; *-s*, *-*; ein Künstler (*bes* ein Schauspieler), der die Menschen zum Lachen bringt || *hierzu* **Ko·mi·ke·rin** *die*; *-*, *-nen*

ko·misch *Adj*; **1** ⟨e-e Situation, e-e Geschichte, ein Film; ein Clown⟩ so, dass sie zum Lachen anregen ≈ witzig, spaßig ↔ ernst, traurig **2** *gespr* ≈ merkwürdig, seltsam ⟨ein Mensch; ein Verhalten, e-e Art; ein Gefühl⟩: *Er gefällt mir nicht. - Er hat so e-e komische Art zu reden*; *Ich hab so ein komisches Gefühl, als ob heute noch was Schlimmes passieren würde* || *zu* **2** **ko·mi·scher·wei·se** *Adv*; *gespr*

Ko·mi·tee *das*; *-s*, *-s*; *Kollekt*; e-e Gruppe von Personen, die mit e-m bestimmten Ziel an e-r gemeinsamen Aufgabe arbeiten u. Entscheidungen treffen ⟨e-m K. angehören; das K. tagt, tritt zusammen⟩: *das Internationale Olympische K.* || -K: ***Fest-***, ***Friedens-***, ***Jugend-***, ***Streik-***, ***Wahl-***

Kom·ma *das*; *-s*, *-s* / *-ta*; **1** das Zeichen , in geschriebenen Texten ≈ Beistrich ⟨ein K. setzen⟩: *den Nebensatz vom Hauptsatz durch ein K. trennen* || K-: ***Komma-***, ***-fehler*** **2** ein K. (1), das in e-r Reihenfolge von Zahlen die ganze Zahl von den Dezimalstellen trennt: *e-e Zahl bis auf zwei Stellen hinter / nach dem K. ausrechnen*; *Er hatte im Examen die Note 1,3* (*gesprochen „eins Komma drei“*)

Kom·man·dant *der*; *-en*, *-en*; j-d, der *bes* auf e-m (Kriegs)Schiff, in e-m Flugzeug, in e-r Stadt *o.Ä.* der Leiter e-r Gruppe von Personen ist || -K: ***Feuerwehr-***, ***Raumschiff-*** || NB: *der Kommandant*; *den*, *dem*, *des Kommandanten*

Kom·man·dan·tur *die*; *-*, *-en*; die Behörde od. das Büro des Kommandanten

Kom·man·deur [-ˈdøːɐ̯] *der*; *-s*, *-e*; *Mil*; der Leiter e-r großen militärischen Truppe

kom·man·die·ren; *kommandierte*, *hat kommandiert*; [Vt] **1** ***etw. k.*** e-n Befehl, ein Kommando geben: *„Halt!“*, *kommandierte er* || NB: Das Objekt ist immer ein Satz **2** ***j-n irgendwohin k.*** j-m befehlen, irgendwohin zu gehen (um dort e-e bestimmte Aufgabe zu erfüllen): *j-n zur Schulung in e-e andere Stadt k.*; [Vt/i] **3** (***j-n*** / ***etw.*** (*Kollekt od Pl*)) ***k.*** Truppen *o.Ä.* als Kommandeur, Befehlshaber leiten **4** (***j-n***) ***k.*** *gespr pej*; j-m Befehle geben (ohne das Recht dazu zu haben): *Sie kommandiert gern*

Kom·man·dit·ge·sell·schaft *die*; *Ökon*; e-e (Handels)Gesellschaft, bei der mindestens einer der Teilhaber mit seinem ganzen Vermögen u. mindestens ein anderer in Höhe seiner Beteiligung an der Firma haftet; *Abk* KG || *hierzu* **Kom·man·di·tist** *der*; *-en*, *-en*

Kom·man·do *das*; *-s*, *-s*; **1** ein kurzer Befehl ⟨ein K. geben, erteilen⟩: *Auf das K. „los!“ beginnt das Rennen* || K-: ***Kommando-***, ***-ruf***, ***-stimme***, ***-ton*** **2** *oft Mil*; die Macht, in e-r Gruppe die Befehle geben zu dürfen ≈ Befehlsgewalt ⟨das K. haben / führen, unter j-s K. stehen, e-m K. folgen⟩ || K-: ***Kommando-***, ***-gewalt*** **3** *Kollekt*; e-e Gruppe von Personen, die *mst* nach militärischem Vorbild organisiert ist u. e-e bestimmte Aufgabe erfüllen soll || -K: ***Einsatz-***, ***Geheim-***, ***Polizei-***, ***Sonder-***, ***Überfall-*** **4** *Mil*; e-e leitende Behörde beim Militär

Kom·man·do·brü·cke *die*; der erhöhte Raum oben auf e-m Schiff (in dem der Kapitän u. der Steuermann ihren Dienst tun)

Kom·ma·stel·le *die*; e-e Ziffer, die rechts vom Komma (2) steht ≈ Dezimalstelle: *e-e Zahl mit vier Kommastellen*, *z.B. 3,1416*

kom·men; *kam*, *ist gekommen*; [Vi] **1** ***irgendwohin k.*** sich zu e-m genannten Ort, zum Sprecher *o.Ä.* bewegen: *Kommst du oft hierher?*; *Mein Cousin kommt morgen zu uns*; *Kommst du mit mir ins Kino?* **2** (***irgendwohin***) ***k.*** ein bestimmtes Ziel erreichen ≈ eintreffen, ankommen ⟨nach Hause, ans Ziel k.⟩: *Ist mein Paket schon gekommen?*; *Wann kommen die Gäste?* (= wann sollen sie hier sein?) **3** ***irgendwohin k.*** auf e-m bestimmten Weg zu e-m Ziel gelangen: *Wie kommt man von hier zum Flughafen?* **4** ***durch etw. k.*** auf dem Weg zu e-m bestimmten Ziel durch etw. gehen, fahren *o.Ä.*: *Wir kamen dann durch ein wunderschönes Tal* **5** ***irgendwoher k.*** aus dem genannten Land, der genannten Stadt *o.Ä.* stammen: *Ich komme aus Schottland* **6** (*mst* nach Beendigung e-r Beschäftigung *o.Ä.*) zu j-m hingehen: *„Kommst du jetzt endlich!“* (= beeil dich, ich will nicht länger warten) - *„Ich komm ja schon!“* **7** ***zu etw. k.*** die Zeit od. Gelegenheit finden, etw. zu tun: *Ich komme einfach zu nichts!* (= ich habe für nichts Zeit); *Bist du* dazu *gekommen, ihr zu schreiben?* **8** (***sich*** (*Dat*)) ***j-n*** / ***etw. k. lassen*** veranlassen, dass j-d / etw. zu einem kommt (1) od. gebracht wird: *Sie ließ sich e-n Arzt, ein Taxi k.* **9** ***etw.***

kommt irgendwoher etw. bewegt sich von e-m bestimmten Ausgangspunkt zu e-m genannten Ort, zum Sprecher *o.Ä.* hin: *Der Zug kommt aus Kempten u. fährt weiter nach München*; *Der Wind kommt von den Bergen* **10** ***etw. kommt irgendwo*** etw. befindet sich an der genannten Stelle (aus der Sicht dessen, der auf diese Stelle zugeht): *Nach dem Bahnhof kommt gleich rechts ein großes Krankenhaus* **11** ***etw. kommt irgendwann*** etw. findet zum genannten Zeitpunkt statt: *Nach dem Essen kommt die große Überraschung* **12** ***etw. kommt*** etw. erscheint od. entsteht irgendwo od. wird sichtbar: *Die ersten Blätter kommen schon. - Es wird Frühling*; *Bei unserem Baby kommen jetzt die ersten Zähne* **13** ***etw. kommt irgendwie*** etw. ereignet sich, etw. geschieht auf die genannte Art u. Weise: *Sein Tod kam für uns völlig überraschend*; *Es kam alles so, wie ich es vorhergesagt habe* **14** ***etw. kommt irgendwie*** etw. (*mst* e-e Reaktion) erfolgt auf die genannte Art u. Weise: *Ihre Antwort kam nur zögernd* **15** ***etw. kommt irgendwohin*** etw. soll irgendwohin gebracht werden, etw. gehört an den genannten Ort: *Das Geschirr kommt in die Spülmaschine*; *Der Salat kommt in den Kühlschrank* **16** ***j-d / etw. kommt auf j-n / etw.*** verwendet, um e-e gleichmäßige Verteilung od. e-e Proportion auszudrücken: *Im Lotto kommen auf jeden Gewinner mindestens tausend Verlierer* **17** ***j-m kommt etw.*** j-d hat e-e Idee, Bedenken *o.Ä.*: *Ihr kam plötzlich die Idee, selbst hinzufahren*; *Mir kommen langsam Zweifel* **18** ***etw. kommt über j-n*** j-d wird von e-m (*mst* negativen) Gefühl ergriffen: *Ein Gefühl der Verzweiflung / Ohnmacht / Hilflosigkeit kam über sie* **19** ***j-d / etw. kommt j-m gelegen / ungelegen*** j-d erscheint zu e-m günstigen / ungünstigen Zeitpunkt, etw. passiert zur rechten / falschen Zeit: *Du kommst mir gerade gelegen* **20** *mst* ***etw. kommt daher, dass ...*** etw. hat den genannten Grund od. die genannte Erklärung: *„Ich kann nicht mehr laufen" - „Das kommt daher, dass du so viel rauchst"* || NB: In Fragen sagt man „woher" od. „wie": *Woher / Wie kommt es, dass wir uns so selten sehen?* **21** ***nach j-m k.*** j-m ähnlich sein od. sich ähnlich wie j-d entwickeln: *Er kommt ganz nach seinem Vater* **22** ***auf etw.*** (*Akk*) ***k.*** sich an etw. erinnern: *Wie war noch mal sein Name? - Ich komme nicht darauf* **23** ***auf j-n / etw. k.*** die Idee haben, j-n / etw. zu berücksichtigen, in Erwägung zu ziehen *o.Ä.*: *Der Job interessiert mich schon, aber wie sind Sie ausgerechnet auf mich gekommen?* **24** ***auf etw.*** (*Akk*) ***k.*** die Lösung, das Ergebnis *o.Ä.* e-s (schwierigen) Rätsels, Problems *o.Ä.* herausfinden ⟨auf die Lösung k.⟩ **25** ***hinter etw.*** (*Akk*) ***k.*** etw. entdecken ⟨hinter ein Geheimnis k.⟩ **26** ***zu etw. k.*** etw. (*mst* Positives) bekommen ⟨zu Geld, zu Ansehen, zu Ruhm u. Ehre k.⟩ **27** ***zu etw. k.*** ein Ziel *o.Ä.* erreichen ⟨zum Ziel, zu e-m Ergebnis k.⟩: *Wie komme ich zu e-m neuen Job?* **28** ***an etw.*** (*Akk*) ***k.*** e-e (*mst* wichtige) Position erlangen ⟨an die Macht, an die Regierung k.⟩ **29** ***um etw. k.*** etw. verlieren ≈ etw. einbüßen ⟨um sein Geld, um sein Vermögen k.⟩ **30** ⟨in die Schule; ins Krankenhaus, ins Altersheim *o.Ä.*⟩ ***k.*** mit e-r Ausbildung, e-r Behandlung od. e-m Aufenthalt bei e-r Institution beginnen: *Mein Sohn kommt bald in die Schule* **31** ⟨aus dem Krankenhaus *o.Ä.*⟩ ***k.*** von e-r Institution entlassen werden **32** ***zur / zum*** + *Subst* + ***k.*** mit e-r (neuen) Tätigkeit im Berufsleben *o.Ä.* beginnen: *Meine Frau wird versetzt. - Sie kommt zur Verwaltung*; *Er kommt bald zum Bund / zur Bundeswehr* **33** ***zu etw. k.*** e-n bestimmten Punkt (*mst* in e-r Reihenfolge) erreichen: *Wir kommen nun zum letzten Punkt auf der Tagesordnung / zum nächsten Thema* **34** ***zu*** + *Subst* + ***k.*** verwendet, um ein Verb zu umschreiben; ***etw. kommt zum Ausbruch*** ≈ etw. bricht aus; ⟨Personen⟩ ***kommen zur Einigung*** ≈ Personen einigen sich; ***zu e-m Entschluss k.*** ≈ sich entschließen; ***zu e-r Erkenntnis k.*** ≈ etw. erkennen; ***zu Fall k.*** ≈ fallen; ***j-m zu Hilfe k.*** ≈ j-m helfen **35** ***j-d / etw. kommt zum / zur*** + *Subst* verwendet anstelle e-r Passivkonstruktion; ***etw. kommt zur Anwendung*** ≈ etw. wird angewendet; ***j-d / etw. kommt zum Einsatz*** ≈ j-d / etw. wird eingesetzt; ***etw. kommt zur Sprache*** ≈ etw. wird ausgesprochen **36** verwendet zusammen mit e-r Präp. + Subst., um den Beginn e-s Geschehens zu umschreiben; ***ins Rutschen k.*** ≈ anfangen zu rutschen; ***ins Stocken k.*** ≈ anfangen zu stocken **37** (***j-m***) ***mit etw. k.*** *gespr, mst pej*; j-n mit etw. belästigen: *Jetzt kommt er* (*uns*) *schon wieder mit diesem Unsinn* **38** ***j-m irgendwie k.*** *gespr, pej*; sich auf unangenehme Art j-m gegenüber benehmen ⟨j-m grob, frech, dumm (= unverschämt) k.⟩: *Wenn du mir so kommst, erreicht du bei mir gar nichts* **39** *gespr!* e-n Orgasmus haben **40** *gespr*; im Imperativ verwendet, um e-e Aufforderung zu verstärken: *Ach, komm, lass das!*; *Komm, sei doch nicht so traurig!*; [Vt/i] **41** ***etw. kommt*** (***j-n***) ***irgendwie*** etw. kostet (j-n) e-n bestimmten Preis: *Der Unfall kommt* (*mich*) *teurer, als ich dachte*; [Vimp] **42** ***es kommt zu etw.*** ein *mst* negativer Zustand tritt ein, etw. Unangenehmes geschieht: *Es kam zu schweren Unruhen*; *Wie konnte es nur* dazu *k.*, dass *wir nicht mehr miteinander reden?* || ID ***etw. 'k. sehen*** etw. voraussehen od. ahnen; ***auf j-n / etw. nichts k. lassen*** nicht akzeptieren, dass etw. Negatives über j-n / etw. gesagt wird; ***etw. ist im Kommen*** etw. wird (gerade) modern od. beliebt; (***wieder***) ***zu sich k.*** **a**) das Bewusstsein wiedererlangen; **b**) wieder normal u. vernünftig reagieren; ***irgendwo herrscht ein reges / ständiges Kommen u. Gehen*** viele Leute gehen irgendwo ein u. aus (u. bleiben nur kurze Zeit); *mst* ***Jetzt kommts mir*** (***wieder***) *gespr*; jetzt fällt es mir wieder ein; ***So weit kommts noch!*** *gespr*; das darf auf keinen Fall geschehen; ***Komme, was will / was*** (***da***) ***wolle ...*** nichts wird etw. daran ändern; ***Das kommt davon*** das ist die Folge (*mst* e-r unüberlegten Handlung *o.Ä.*); *mst* ***So wirst du nie zu etwas k.*** wenn du dein Leben nicht änderst, wirst du nie Erfolg u. Geld haben; ***die Zeit für gekommen halten*** + ***zu*** + *Infinitiv geschr*; glauben, dass es der richtige Zeitpunkt für etw. ist; (***wieder***) ***zu Kräften k.*** nach e-r Erkrankung wieder völlig gesund werden; ***an die Reihe k.*** der Nächste sein (der bedient, behandelt *o.Ä.* wird); ***Wer zuerst kommt, mahlt zuerst*** wer zuerst ankommt, der bekommt das Beste, Schönste *o.Ä.* || ID ↑ ***Fleck***, ***Leben***, ***schleudern***, ***Schliche***, ***Zweig***

Kom·men·tar *der*; *-s*, *-e*; **1** ***ein K.*** (***zu etw.***) ein Text bzw. e-e kurze Ansprache, in denen ein Journalist in der Zeitung, im Fernsehen *o.Ä.* seine Meinung zu e-m Ereignis gibt ↔ Nachricht || -K: ***Fernseh-***, ***Zeitungs-*** **2** die mündliche Beschreibung e-s Ereignisses für ein Publikum (*z.B.* e-s Fußballspiels im Radio) **3** ***ein K.*** (***zu etw.***) e-e schriftliche u. wissenschaftlich begründete Erklärung od. Auslegung von etw. ⟨ein K. zu e-m Gesetz⟩ || -K: ***Gesetzes-*** **4** ***ein K.*** (***zu etw.***) *oft pej*; e-e persönliche Meinung, Bemerkung ≈ Stellungnahme: *Auf deine Kommentare können wir verzichten*; *Er muss zu allem seinen K. abgeben* || ID ***„Kein K.!"*** dazu sage ich nichts || *zu* **1, 2** u. **3 Kom·men·ta·tor** *der*; *-s*, *Kom·men·ta·to·ren*; **Kom·men·ta·to·rin** *die*; *-*, *-nen*; *zu* **2** u. **4**

kom·men·tar·los *Adj*

kom·men·tie·ren; *kommentierte, hat kommentiert*; [Vt/i] **1** (***etw.***) ***k.*** e-n Kommentar (1,2,3) schreiben od. sprechen: *die Wahlen, ein Gesetz k.*; *Wer kom-*

K

mentiert (das Spiel)?; [Vi] **2** ***etw. k.*** seine Meinung zu etw. geben

Kom·merz *der*; *-es*; *nur Sg*, *veraltend*, *heute mst pej* ≈ Handel u. Wirtschaft mit ihrem Streben nach Profit

kom·mer·zi·ell *Adj*; *ohne Steigerung*; auf Gewinn, Profit gerichtet ⟨Interessen; ein Unternehmen⟩

Kom·mi·li·to·ne *der*; *-n*, *-n*; j-d, mit dem man zusammen an der Universität / Hochschule studiert (hat) ≈ Studienkollege || NB: *der Kommilitone*; *den, dem, des Kommilitonen* || *hierzu* **Kom·mi·li·to·nin** *die*; *-*, *-nen*

Kom·miss *der*; *-es*; *nur Sg*, *veraltend gespr pej* ≈ Militär(dienst): *Er muss zum K.*

Kom·mis·sar *der*; *-s*, *-e*; **1** ein Dienstgrad bei der (Kriminal)Polizei: *Der K. ist dem Mörder auf der Spur* || -K: ***Haupt-***, ***Ober-***; ***Kriminal-*** **2** j-d, der vom Staat für e-e bestimmte Aufgabe besondere Rechte (Vollmachten) erhalten hat ≈ Bevollmächtigte(r)

Kom·mis·sär *der*; *-s*, *-e*; **1** Ⓐ Ⓒⓗ ≈ Bevollmächtigte(r) **2** Ⓐ Ⓒⓗ ≈ Kommissar (1)

Kom·mis·sa·ri·at *das*; *-(e)s*, *-e*; **1** das Büro e-s Kommissars (1) **2** *südd* Ⓐ ≈ Polizeirevier

kom·mis·sa·risch *Adj*; *nur attr od adv*; ⟨e-e Leitung; etw. k. leiten⟩ nur für e-e bestimmte Zeit in Vertretung e-s anderen

Kom·miss·brot *das*; *veraltend*; ein hartes, haltbares Brot (*z.B.* für die Soldaten im Krieg)

Kom·mis·si·on [-ˈsi̯oːn] *die*; *-*, *-en*; **1** *Kollekt*; e-e Gruppe von Personen (innerhalb e-r größeren Organisation), die offiziell den Auftrag hat, gemeinsam e-e bestimmte Aufgabe, ein bestimmtes Problem zu lösen ≈ Ausschuss ⟨Personen bilden e-e K.⟩: *Die K. ist damit beauftragt, die Ursachen für die Katastrophe herauszufinden* || K-: ***Kommissions-***, ***-mitglied*** || -K: ***Kontroll-***, ***Musterungs-***, ***Prüfungs-***, ***Untersuchungs-***; ***Regierungs-*** **2** ***in K.*** in Auftrag (damit es (gegen e-e Gebühr) für den Besitzer verkauft wird) ⟨etw. in K. nehmen, verkaufen, haben⟩ || K-: ***Kommissions-***, ***-geschäft***, ***-handel***, ***-ware*** || *zu* **2** **Kom·mis·si·o·när** *der*; *-s*, *-e*

kom·mod *Adj*; Ⓐ *gespr* ≈ bequem

Kom·mo·de *die*; *-*, *-n*; ein niedriger Schrank (mit Schubladen), *mst* für Wäsche

kom·mu·nal *Adj*; in Bezug auf die Gemeinde, Kommune (1) || K-: ***Kommunal-***, ***-abgaben***, ***-politik***, ***-politiker***, ***-verwaltung***, ***-wahlen***

Kom·mu·ne *die*; *-*, *-n*; *Kollekt*; **1** e-e Stadt, ein Dorf *o.Ä.* als Gebiet mit eigener Verwaltung ≈ Gemeinde (1): *Bund, Länder u. Kommunen*; *die finanziellen Probleme der Kommunen* **2** e-e Gruppe von Personen (oft Studenten), die zusammen wohnen u. ihr Leben gemeinsam finanzieren, obwohl sie keine Familie sind ⟨in e-r K. leben, wohnen⟩

Kom·mu·ni·ka·ti·on [-ˈtsi̯oːn] *die*; *-*, *-en*; *mst Sg*; ***die K.*** (+ *Gen* / ***von etw.***); ***die K.*** (***mit j-m*** / ***zwischen*** ⟨Personen (*Dat*)⟩) das Sprechen mit anderen od. die Verständigung durch Zeichen ⟨die K. mit j-m aufnehmen, abbrechen⟩: *die K.* (= die Vermittlung) *der Gedanken*; *Während des Sturmes war keine K. zwischen Festland u. Insel möglich* || K-: ***Kommunikations-***, ***-barriere***, ***-bereitschaft***, ***-mittel***, ***-schwierigkeit*** || *hierzu* **kom·mu·ni·ka·ti·ons·fä·hig** *Adj*; **Kom·mu·ni·ka·ti·ons·fä·hig·keit** *die*; *nur Sg*

Kom·mu·ni·ka·ti·ons·sys·tem *das*; **1** ein System aus Zeichen, Lauten *o.Ä.*, mithilfe dessen man kommuniziert (wie *z.B.* Sprache, Schrift) **2** ein System aus Geräten, Einrichtungen *o.Ä.*, mithilfe dessen man kommuniziert (wie *z.B.* Telefon, Internet)

kom·mu·ni·ka·tiv [-f] *Adj*; *nicht adv*; **1** bereit, über etw. zu sprechen od. sich zu unterhalten: *Du bist heute nicht sehr k., ist etw. nicht in Ordnung?* **2** in Bezug auf die Kommunikation ⟨e-e Fähigkeit, ein Prozess⟩

Kom·mu·ni·on [-ˈni̯oːn] *die*; *-*, *-en*; *kath*; **1** das Empfangen der Hostie (in der Feier der Messe in der katholischen Kirche) ⟨die K. (= die Hostie) empfangen; zur K. gehen⟩ **2** das erste Mal, wenn ein (katholisches) Kind zur K. (1) geht ≈ Erstkommunion || K-: ***Kommunion-***, ***-kind***, ***-kleid***, ***-unterricht*** || *hierzu* **Kom·mu·ni·kant** *der*; *-en*, *-en*; **Kom·mu·ni·kan·tin** *die*; *-*, *-nen*

Kom·mu·ni·kee, **Kom·mu·ni·qué** [kɔmyniˈkeː, kɔmu-] *das*; *-s*, *-s*; ein offizieller Text, in dem das Ergebnis von Verhandlungen *o.Ä.* (*bes* an die Presse) mitgeteilt wird || -K: ***Schluss-***

Kom·mu·nis·mus *der*; *-*; *nur Sg*; **1** e-e politische Bewegung u. Ideologie (nach der Lehre von Karl Marx u. Friedrich Engels), die sich gegen den Kapitalismus richtet u. *bes* von den Regierungen Osteuropas vertreten wurde **2** e-e Gesellschaftsform, die versucht , die Lehre von Marx u. Engels zu verwirklichen, in der es also (theoretisch) kein Privateigentum u. keine Klassen gibt u. in der jeder nach seinen Bedürfnissen leben kann || *hierzu* **Kom·mu·nist** *der*; *-en*, *-en*; **Kom·mu·nis·tin** *die*; *-*, *-nen*

kom·mu·nis·tisch *Adj*; in Bezug auf den Kommunismus (1,2) ⟨die Ideologie; Ideale, Überzeugungen, Gedankengut⟩

kom·mu·ni·zie·ren; *kommunizierte*, *hat kommuniziert*; [Vi] **1** ***j-d kommuniziert mit j-m***; ⟨Personen⟩ ***kommunizieren*** (***miteinander***) *geschr*; zwei od. mehrere Personen teilen sich ihre Gefühle, Gedanken *o.Ä.* mit od. tauschen Informationen aus (*bes* durch Sprache, Schrift, Gesichtsausdruck od. Körperbewegungen): *Durch das Telefon wurde es möglich, mit weit entfernten Personen unmittelbar zu k.* **2** *kath*; zur Kommunion gehen

Ko·mö·di·ant *der*; *-en*, *-en*; **1** ein Schauspieler, der lustige Rollen in Komödien spielt **2** ein lustiger Mensch, der andere gern zum Lachen bringt **3** *pej*; j-d, der anderen Gefühle vortäuscht ≈ Heuchler || NB: *der Komödiant*; *den, dem, des Komödianten* || *hierzu* **ko·mö·di·an·ten·haft** *Adj*; **Ko·mö·di·an·tin** *die*; *-*, *-nen*; **ko·mö·di·an·tisch** *Adj*

Ko·mö·die [-di̯ə] *die*; *-*, *-n*; **1** ein lustiges (Theater)Stück od. ein lustiger Film, *mst* mit e-m glücklichen Ende ≈ Lustspiel ↔ Tragödie: *die Komödien Molières* || K-: ***Komödien-***, ***-schreiber***, ***-stoff*** **2** ein kleines Theater, in dem regelmäßig Komödien (1) aufgeführt werden || ID ***K. spielen*** *pej*; bestimmte Gefühle *o.Ä.* vortäuschen; ***etw. ist*** (***nur***) ***K.*** *pej*; etw. ist nicht echt, sondern vorgetäuscht: *Seine Tränen sind nur K.*

Kom·pag·non [kɔmpanˈjõː, ˈkɔmpanjõ] *der*; *-s*, *-s*; j-d, der e-e Firma od. Gesellschaft mit anderen zusammen besitzt

kom·pakt *Adj*; **1** fest u. dicht, mit wenig Zwischenräumen ↔ lose ⟨e-e Masse⟩ **2** klein, aber sehr praktisch, mit vielen Funktionen || K-: ***Kompakt-***, ***-anlage***, ***-auto***, ***-bauweise***, ***-kamera*** **3** *gespr* ≈ gedrungen ⟨e-e Statur; k. gebaut sein⟩

Kom·pa·nie *die*; *-*, *-n* [-ˈniːən]; **1** *Kollekt*; *Mil*; e-e kleine (Truppen)Einheit (*mst* mit 100-250 Männern) || K-: ***Kompanie-***, ***-chef***, ***-feldwebel***, ***-führer*** **2** *veraltend* ≈ Handelsgesellschaft || NB: *mst* in Firmennamen in den Abkürzungen *Co* u. *Cie*: *Firma Meyer & Co.*; *Firma Müller & Cie*

Kom·pa·ra·tiv [-f] *der*; *-s*, *-e*; *Ling*; e-e (Steigerungs)Form des Adjektivs oder Adverbs, die e-e Zunahme von Qualität, Quantität *o.Ä.* ausdrückt: *„leiser" ist der K. zu „leise"* || NB: ↑ ***Superlativ***

Kom·par·se *der*; *-n*, *-n*; j-d, der in e-m Film od. (Theater)Stück zusammen mit vielen anderen e-e ganz kleine (Neben)Rolle *bes* bei Massenszenen spielt ≈ Statist || NB: *der Komparse*; *den, dem, des Komparsen* || *hierzu* **Kom·par·sin** *die*; -, *-nen*

Kom·pass *der*; *-es, -e*; ein kleines Gerät mit e-r magnetischen Nadel, die immer nach Norden zeigt || K-: ***Kompass-, -nadel***

kom·pa·ti·bel *Adj*; **1** *EDV*; (*mst* von Computern *o.Ä.*) so, dass sie zusammen mit bestimmten anderen Geräten u. anderer Software benutzt werden können: *Die beiden Geräte sind nicht k.* || *-K*: ***IBM-kompatibel*** **2** *geschr*; ⟨Blutgruppen, Medikamente; Ämter⟩ so, dass sie (für bestimmte Zwecke) miteinander vereinbar sind || NB: *kompatibel* → *kompatible Geräte* || *hierzu* **Kom·pa·ti·bi·li·tät** *die*; *nur Sg*

Kom·pen·di·um *das*; *-s, -ien* [-di̯ən]; ein kurz gefasstes Lehrbuch

Kom·pen·sa·ti·on [-'tsi̯oːn] *die*; -, *-en*; **1** das Kompensieren || -K: ***Über-*** **2** e-e finanzielle Entschädigung: *j-m als K. für e-n Verlust Geld zahlen*

kom·pen·sie·ren; *kompensierte, hat kompensiert*; [Vt] ***etw.*** (***durch etw.***) ***k.*** *geschr*; e-e Schwäche, e-n Fehler *o.Ä.* durch etw. anderes ausgleichen: *Er versuchte, seine Aufregung durch lautes Sprechen zu k.*

kom·pe·tent *Adj*; mit dem Wissen u. der Fähigkeit dazu, das Richtige / Notwendige zu tun ↔ inkompetent: *Sie fühlte sich nicht k. genug, um die Frage beantworten zu können*

Kom·pe·tenz *die*; -, *-en*; **1** das Wissen od. das fachliche Können auf e-m bestimmten Gebiet **2** das Recht, Entscheidungen od. Anordnungen zu treffen u. Befehle zu erteilen ≈ Zuständigkeit || K-: ***Kompetenz-, -bereich, -konflikt, -streitigkeit***

kom·pi·lie·ren; *kompilierte, hat kompiliert*; [Vt] ***etw. k.*** *geschr*; Fakten u. Informationen so zusammenstellen, dass *z.B.* ein Bericht od. Buch entsteht ⟨Fakten, Informationen k.; e-n Bericht, ein Wörterbuch k.⟩ || *hierzu* **Kom·pi·la·ti·on** *die*; -; *nur Sg*

Kom·ple·ment *das*; *-(e)s, -e*; *geschr* ≈ Ergänzung || *hierzu* **kom·ple·men·tär** *Adj*

kom·plett *Adj*; **1** mit allen Teilen, die dazugehören ≈ vollständig: *ein komplettes* (*Porzellan*)*Service*; *Eine Münze fehlt mir noch, dann ist meine Sammlung k.* **2** *mst präd*; so, dass niemand fehlt: *Der Letzte ist eben eingetroffen. - Jetzt sind wir k. u. können abfahren* **3** *nur attr od adv*, *gespr* ≈ völlig ⟨Unsinn, Blödsinn, Wahnsinn⟩: *Der redet, als wäre er k. verrückt* || *zu* **1** u. **2 kom·plet·tie·ren** (*hat*) *Vt*

kom·plex *Adj*; so, dass viel (an verschiedenen Faktoren, Aspekten od. Bestandteilen) darin enthalten ist ≈ kompliziert, vielschichtig ↔ einfach ⟨ein Problem, Zusammenhänge⟩: *„Demokratie" ist ein sehr komplexer u. vieldeutiger Begriff* || *hierzu* **Kom·ple·xi·tät** *die*; *nur Sg*

Kom·plex *der*; *-es, -e*; **1** *Kollekt*; e-e Verbindung aus mehreren Dingen, die eng zusammenhängen (u. e-e Einheit bilden) ⟨ein K. von Fragen, Maßnahmen, Problemen⟩ || -K: ***Fragen-, Maßnahmen-, Problem-*** **2** *Kollekt*; e-e Gruppe von Gebäuden, die miteinander verbunden sind: *Hier entsteht ein neuer K. von Wohnhäusern*; *Das neue Krankenhaus ist ein riesiger K.* || -K: ***Fabrik-, Gebäude-, Wohn-*** **3** *Psych*; e-e Verbindung aus mehreren zusammenhängenden (u. *mst* unterbewussten) Vorstellungen, Erinnerungen od. Gefühlen, die negativ auf die Persönlichkeit wirken ⟨e-n K. haben, kriegen, bekommen; an e-m K. leiden; ein starker, verdrängter K.⟩: *Er hat Komplexe wegen seiner vielen Pickel* || -K: ***Minderwertigkeits-, Ödipus-***

Kom·pli·ce [-tsə] *der*; Ⓐ Ⓒⓗ ≈ Komplize

Kom·pli·ka·ti·on [-'tsi̯oːn] *die*; -, *-en*; *mst Pl*; etw., das e-n Prozess (e-e Entwicklung) stört ≈ Problem: *Beim Bau des Tunnels ergaben sich unvorhergesehene Komplikationen*; *Die Operation verlief ohne Komplikationen* || *hierzu* **kom·pli·ka·ti·ons·los** *Adj*

Kom·pli·ment *das*; *-(e)s, -e*; **1 *ein K.*** (***über etw.*** (*Akk*)) freundliche Worte, mit denen man (oft nur aus Höflichkeit) j-m e-e Freude machen od. ihm seine Bewunderung zeigen will ⟨j-m ein K. machen⟩: *Er machte ihr ein K. über das neue Kleid* **2** (***mein***) ***K.!*** verwendet, um j-n / etw. zu loben ≈ Meine Anerkennung!: *K.! Das hast du gut gemacht*

kom·pli·men·tie·ren; *komplimentierte, hat komplimentiert*; [Vt] ***j-n irgendwohin k.*** j-n (durch freundliches, höfliches Verhalten) dazu bringen, dass er irgendwohin geht: *Der unerwünschte Gast wurde höflich zum Ausgang komplimentiert*

Kom·pli·ze *der*; *-n, -n*; j-d, der e-m anderen bei e-r Tat hilft, die gegen das Gesetz verstößt: *Der Dieb verriet die Namen seiner Komplizen* || NB: *der Komplize*; *den, dem, des Komplizen* || *hierzu* **Kom·pli·zin** *die*; -, *-nen*; **Kom·pli·zen·schaft** *die*; -; *nur Sg*

kom·pli·zie·ren; *komplizierte, hat kompliziert*; [Vt] ***etw. k.*** etw. schwieriger, komplizierter machen (als es nötig wäre) ≈ erschweren ↔ vereinfachen: *Er muss jedes Problem immer noch mehr k.* || *hierzu* **Kom·pli·zie·rung** *die*; *nur Sg*

kom·pli·ziert **1** *Partizip Perfekt*; ↑ ***komplizieren*** **2** *Adj*; schwer zu begreifen ≈ schwierig ↔ einfach ⟨ein Problem⟩ **3** *Adj*; mit vielen Komplexen (3) *o.Ä.* u. deshalb nicht angenehm im Umgang mit anderen Menschen ⟨ein Mensch, ein Charakter⟩ **4** *Adj*; mit vielen technischen Details u. daher schwer zu bedienen ↔ einfach ⟨e-e Maschine, ein Instrument⟩ **5** *Adj*; *Med*; schwer zu heilen ⟨ein Knochenbruch⟩ || *hierzu* **Kom·pli·ziert·heit** *die*; *nur Sg*

K

Kom·plott *das*; *-(e)s, -e*; *pej*; ***ein K.*** (***gegen j-n***) ein geheimer Plan, gemeinsam etw. zu tun, das j-m (*bes* e-r Regierung) schadet ≈ Verschwörung ⟨ein K. anzetteln, schmieden, aufdecken⟩

Kom·po·nen·te *die*; -, *-n*; **1** *geschr*; einer von mehreren (zusammengehörenden) Teilen, die e-e Wirkung, e-n Einfluss auf das Ganze haben: *Die soziale K. gewinnt in seiner Politik e-e immer größere Bedeutung*; *Die Ironie ist e-e immer wiederkehrende K. in den Romanen Thomas Manns* **2** *Chem*; ein (Bestand)Teil e-r Substanz

kom·po·nie·ren; *komponierte, hat komponiert*; [Vt/i] **1** (***etw.***) ***k.*** ein (Musik)Stück schreiben: *e-e Oper, ein Chanson k.*; [Vt] **2 *etw. k.*** *geschr*; etw. aus verschiedenen Dingen (harmonisch) entstehen lassen ≈ zusammenstellen ⟨ein Menü, ein Getränk, e-e Soße⟩: *Dieses Bild stellt e-e wundervoll komponierte Fantasielandschaft dar*

Kom·po·nist *der*; *-en, -en*; j-d, der (beruflich) Musikstücke schreibt || NB: *der Komponist*; *den, dem, des Komponisten* || *hierzu* **Kom·po·nis·tin** *die*; -, *-nen*

Kom·po·si·ti·on [-'tsi̯oːn] *die*; -, *-en*; **1** *nur Sg*; das Komponieren (1): *die K. e-r Sinfonie* **2** etw., das j-d komponiert (1) hat ≈ Musikstück: *Die „Brandenburgischen Konzerte" gehören zu Bachs bekanntesten Kompositionen* **3** die Art der Zusammenstellung: *Die K. des Diners überlasse ich meiner Frau*

Kom·po·si·tum *das*; *-s, Kom·po·si·ta*; *Ling*; ein Wort, das aus zwei (od. mehreren) selbstständigen Wörtern besteht ↔ Simplex: *„Milchkanne" ist ein K., das aus den Substantiven „Milch" u. „Kanne" besteht*

Kom·post *der*; *-(e)s, -e*; *mst Sg*; **1** (e-e Art) sehr fruchtbare Erde, die aus den Resten von Pflanzen entsteht, wenn man sie mehrere Monate auf e-m Haufen im Freien gelagert hat || K-: ***Kompost-, -erde, -haufen*** **2** ≈ Komposthaufen: *Eierschalen auf den K. tun* || *hierzu* **kom·pos·tie·ren** (*hat*) *Vt*; **Kom·pos·tie·rung** *die*; *nur Sg*

Kom·pott *das*; *-(e)s*, *-e*; Obst, das mit Zucker u. Wasser gekocht wurde u. das man dann *mst* als Nachspeise isst || K-: ***Kompott-, -schale, -schüssel, -teller*** || -K: ***Erdbeer-, Kirsch-, Rhabarber-*** || NB: ↑ ***Marmelade***

Kom·pres·se *die*; *-, -n*; *Med*; ein Stück Stoff, das (oft feucht) zum Heilen von Krankheiten od. Verletzungen verwendet wird. Der Stoff wird um die Brust, um die Beine *o.Ä.* gewickelt ≈ Wickel ⟨Kompressen auflegen, machen⟩ || -K: ***Fieber-***

Kom·pres·sor *der*; *-s*, *Kom·pres·so·ren*; ein Gerät, das als Teil e-r größeren Maschine (*z.B.* e-s Kühlschrankes) Gase od. Luft so zusammendrückt, dass das Volumen kleiner wird

kom·pri·mie·ren; *komprimierte, hat komprimiert*; Vt *geschr*; **1** ***etw. k.*** e-e Substanz so zusammendrücken, dass sie weniger Platz benötigt, ihr Volumen kleiner wird ≈ verdichten **2** ***etw. k.*** etw. in wenigen Worten auf das Wichtigste zusammenfassen ⟨Ideen, Gedanken, e-n Text k.⟩ || *hierzu* **Kom·pri·mie·rung** *die*; *nur Sg*; *zu* **1 Kom·pres·si·on** *die*; *-*; *nur Sg*

Kom·pro·miss *der*; *-es*, *-e*; ***ein K.*** (***mit j-m***) (***über etw.*** (*Akk*)) die Einigung bei Verhandlungen od. bei e-m Streit, wobei jeder der Partner e-n Teil der Forderungen des / der anderen akzeptiert ⟨ein fairer, fauler (= ungerechter) K.; e-n K. schließen, eingehen, aushandeln; sich (*Pl*) auf e-n K. einigen⟩: *Wer in der Politik Erfolg haben will, der muss auch bereit sein, Kompromisse einzugehen* || K-: ***Kompromiss-, -bereitschaft, -lösung, -vorschlag***; ***kompromiss-, -bereit***

kom·pro·miss·los *Adj* ≈ unnachgiebig ↔ kompromissbereit ⟨ein Gegner; e-e Haltung, ein Vorgehen⟩ || *hierzu* **Kom·pro·miss·lo·sig·keit** *die*; *nur Sg*

kom·pro·mit·tie·ren; *kompromittierte, hat kompromittiert*; Vt ***j-n / sich k.*** durch sein Verhalten j-s / seinem Ansehen, Prestige schaden ≈ j-n / sich bloßstellen || *hierzu* **Kom·pro·mit·tie·rung** *die*; *nur Sg*

kon·den·sie·ren; *kondensierte, hat / ist kondensiert*; Vi (*hat / ist*) **1** ***etw. kondensiert*** (***irgendwo***) *Phys*; etw. geht vom gasförmigen in den flüssigen Zustand über: *An den kalten Fensterscheiben kondensiert das Wasser aus der feuchten Luft im Badezimmer*; Vt (*hat*) **2** *mst* ***etw. wird kondensiert*** e-e Flüssigkeit wird *mst* durch Verdampfen dicker gemacht ⟨kondensierte Milch⟩ || *hierzu* **Kon·den·sa·ti·on** *die*; *-, -en*; **Kon·den·sie·rung** *die*

Kon·dens·milch *die*; dickflüssige, haltbare Milch in Dosen od. Tüten, die *bes* für den Kaffee benutzt wird ≈ Dosenmilch

Kon·dens·strei·fen *der*; ein weißer Streifen am Himmel, der hinter (Düsen)Flugzeugen entsteht

Kon·dens·was·ser *das*; Wasser, das irgendwo kondensiert (1)

Kon·di·ti·on[1] [-'tsi̯o:n] *die*; *-*; *nur Sg*; die Fähigkeit des Körpers, etw. zu leisten ≈ Form, Verfassung: *Er treibt regelmäßig Sport u. hat deswegen (viel / e-e gute) K.* || K-: ***Konditions-, -mängel, -schwäche, -training*** || *hierzu* **kon·di·ti·o·nell** *Adj*; *nur attr od adv*

Kon·di·ti·on[2] [-'tsi̯o:n] *die*; *-, -en*; *mst Pl*, *Ökon*; eine der Bedingungen für die Lieferung od. den Verkauf e-r Ware

kon·di·ti·o·nal *Adj*; *Ling*; ⟨e-e Konjunktion, ein Nebensatz⟩ so, dass sie e-e Bedingung nennen: *„Falls" ist e-e konditionale Konjunktion*

Kon·di·tor *der*; *-s*, *Kon·di·to·ren*; j-d, der beruflich Torten, Kuchen *usw* herstellt u. verkauft

Kon·di·to·rei *die*; *-, -en*; der Betrieb od. das Geschäft e-s Konditors

Kon·do·lenz- *im Subst, betont, nicht produktiv*; so, dass man damit j-m sein Mitgefühl, Beileid (bei e-m Todesfall) ausdrückt ≈ Beileids-; der ***Kondolenzbesuch***, der ***Kondolenzbrief***, die ***Kondolenzkarte***, das ***Kondolenzschreiben***

kon·do·lie·ren; *kondolierte, hat kondoliert*; Vi ***j-m k.*** j-m bei e-m Todesfall in der Familie *o.Ä.* sein Mitgefühl mitteilen ≈ sein Beileid ausdrücken

Kon·dom *das*; *-s*, *-e*; e-e Hülle aus Gummi, die ein Mann vor dem Sex als Schutz vor e-r Infektion od. zur Verhütung e-r Schwangerschaft über den Penis zieht ≈ Präservativ

Kon·dor *der*; *-s*, *-e*; ein großer Geier in Südamerika

Kon·duk·teur [-'tø:ɐ̯] *der*; *-s*, *-e*; Ⓐ Ⓒⓗ ≈ Schaffner

Kon·fekt *das*; *-(e)s*; *nur Sg*, *Kollekt*; Pralinen *o.Ä.*

Kon·fek·ti·on [-'tsi̯o:n] *die*; *-*; *nur Sg*; **1** Kleidung, die in großer Zahl in e-r Fabrik hergestellt wird ↔ Modellkleidung || K-: ***Konfektions-, -anzug, -größe, -ware*** || -K: ***Damen-, Herren-*** **2** das Herstellen von Kleidung in Serien in e-r Fabrik

Kon·fe·renz *die*; *-, -en*; ***e-e K.*** (***über etw.*** (*Akk*)) ein Treffen, bei dem mehrere od. viele Personen über bestimmte Themen reden u. diskutieren ≈ Sitzung || K-: ***Konferenz-, -beschluss, -dolmetscher, -raum, -teilnehmer, -tisch*** || NB: ↑ ***Tagung*** || *hierzu* **kon·fe·rie·ren** (*hat*) *Vi*

Kon·fes·si·on [-'si̯o:n] *die*; *-, -en*; **1** e-e religiöse Gruppe innerhalb e-r Religion (*bes* des Christentums), *z.B.* die Katholiken od. die Protestanten **2** die Religion(sgemeinschaft), der man offiziell angehört ≈ Bekenntnis || K-: ***Konfessions-, -schule, -wechsel*** || *zu* **2 kon·fes·si·ons·los** *Adj*; *nicht adv*

Kon·fet·ti *das*; *-(s)*; *nur Sg*, *Kollekt*; viele kleine Stücke buntes Papier, die man *bes* im Karneval in die Luft wirft

Kon·fi·gu·ra·ti·on [-'tsi̯o:n] *die*; *-, -en*; *geschr*; die Anordnung der einzelnen Teile von etw.: *die K. der Gestirne bei j-s Geburt*

Kon·fir·mand *der*; *-en*, *-en*; *ev*; ein Jugendlicher, der sich gerade auf die Konfirmation vorbereitet od. gerade konfirmiert wurde || K-: ***Konfirmanden-, -unterricht*** || NB: *der Konfirmand*; *den, dem, des Konfirmanden* || *hierzu* **Kon·fir·man·din** *die*; *-, -nen*

Kon·fir·ma·ti·on [-'tsi̯o:n] *die*; *-, -en*; *ev*; e-e Feier (mit dem ersten Abendmahl) in der evangelischen Kirche, durch die Jugendliche als erwachsene Mitglieder in die kirchliche Gemeinde aufgenommen werden || *hierzu* **kon·fir·mie·ren** (*hat*) *Vt*

Kon·fi·se·rie [kɔnfizə'ri:, kõfizə'ri:] *die*; *-, -n* [-'ri:ən]; Ⓒⓗ **1** ≈ Konditorei **2** ≈ Konfekt

kon·fis·zie·ren; *konfiszierte, hat konfisziert*; *geschr*; Vt ⟨ein Beamter *o.Ä.*⟩ ***konfisziert etw.*** ein Beamter *o.Ä.* nimmt j-m etw. (*mst* aufgrund von staatlichen Vorschriften) weg, beschlagnahmt etw.: *Unrechtmäßig importierte Waren werden bei der Zollkontrolle konfisziert* || *hierzu* **Kon·fis·zie·rung** *die*; **Kon·fis·ka·ti·on** *die*; *-, -en*

Kon·fi·tü·re *die*; *-, -n*; e-e Art Marmelade, in der manche Früchte noch ganz sind || -K: ***Erdbeer-***

Kon·flikt *der*; *-(e)s*, *-e*; **1** e-e schwierige Situation, die dadurch entsteht, dass zwei od. mehrere Personen / Gruppen verschiedene Wünsche, Forderungen *o.Ä.* haben ⟨ein offener, schwelender K.; etw. ruft e-n K. hervor, beschwört e-n K. herauf; Personen tragen e-n K. aus; e-n K. lösen, schlichten; in e-n K. eingreifen; sich aus e-m K. heraushalten⟩ || K-: ***Konflikt-, -herd, -situation*** **2** e-e (psychisch) schwierige Situation, in der sich j-d *mst* zwischen verschiedenen Alternativen nicht entscheiden kann ≈ Zwiespalt ⟨ein innerer, seelischer, schwerer K.; etw. löst e-n K. aus, ruft e-n K. hervor; etw. bringt j-n in Konflikte⟩: *der K. zwischen Ver-*

K

nunft u. Gefühl **3 *ein bewaffneter / militärischer K.*** *euph*; ein kriegsähnlicher Kampf **4 *mit dem Gesetz in K. geraten / kommen*** etw. tun, das gesetzlich verboten ist ≈ straffällig werden || *zu* **1** u. **2**
kon·flikt·frei *Adj*; **kon·flikt·ge·la·den** *Adj*; *nicht adv*

kon·flikt·scheu *Adj*; so, dass j-d versucht, Konflikte unter allen Umständen zu vermeiden

Kon·fö·de·ra·ti·on [-'tsi̯o:n] *die*; -, *-en*; *Kollekt* ≈ Staatenbund: *die K. der Südstaaten im amerikanischen Bürgerkrieg* || *hierzu* **kon·fö·de·riert** *Adj*; *nicht adv*

kon·form *Adj*; **1** (*mst* in den Meinungen od. Beurteilungen) übereinstimmend, gleich ⟨Ansichten, Auffassungen⟩: *In diesem Punkt sind unsere Standpunkte k.* **2 *mit j-m / etw. k. gehen / sein*** mit j-m / etw. übereinstimmen, gleicher Meinung sein: *Hier gehe ich mit Ihnen / Ihrer Auffassung k.*

Kon·for·mis·mus *der*; -; *nur Sg*, *geschr*; die Haltung, seine eigene Meinung u. sein Verhalten an andere anzupassen (*mst* um e-n Nutzen davon zu haben) ↔ Nonkonformismus || *hierzu* **kon·for·mis·tisch** *Adj*

Kon·fron·ta·ti·ons·kurs [-'tsi̯o:ns-] *der*; *mst Sg*; ***auf K. gehen*** trotz e-r problematischen Situation weiter e-e andere Meinung als andere haben u. dadurch e-n Streit od. Kampf riskieren

kon·fron·tie·ren; *konfrontierte, hat konfrontiert*; [Vt] **1 *j-n mit j-m / etw. k.*** j-n in e-e Situation bringen, in der er sich mit j-m / etw. beschäftigen muss (*mst* obwohl es ihm unangenehm ist): *Sie konfrontierte ihren Vater* damit, dass *sie Schauspielerin werden wollte* **2 *j-n mit j-m k.*** j-n e-r Person gegenüberstellen || *hierzu* **Kon·fron·ta·ti·on** *die*; -, *-en*

kon·fus, *konfuser, konfusest-*; *Adj*; **1** ⟨Äußerungen, Worte⟩ so, dass sie nicht klar durchdacht u. deshalb schwer zu verstehen sind ≈ verworren **2** verwirrt, durcheinander ⟨k. reden⟩: *Sein Gerede macht mich ganz k.* || *hierzu* **Kon·fu·si·on** *die*; -, *-en*

Kon·glo·me·rat *das*; *-(e)s, -e*; **1** *Kollekt*, *geschr*; e-e Mischung aus sehr verschiedenen Dingen: *Sein neues Musical ist ein K. aus Musikstücken der unterschiedlichsten Stilrichtungen* **2** *Geol*; ein Gestein, das aus vielen kleinen Steinen besteht, die fest miteinander verbunden sind

Kon·gress *der*; *-es, -e*; **1** ein offizielles Treffen von Fachleuten, bei dem Meinungen, Informationen *usw* ausgetauscht werden ≈ Tagung ⟨ein medizinischer, wissenschaftlicher, internationaler K.; auf e-m K. sprechen⟩ || K-: ***Kongress-, -halle, -teilnehmer*** **2** das Parlament in den USA (das aus Senat u. Repräsentantenhaus besteht)

kon·gru·ent *Adj*; *bes Math* ≈ übereinstimmend ↔ inkongruent ⟨Begriffe, Figuren, Flächen, Zahlen⟩ || *hierzu* **Kon·gru·enz** *die*; *nur Sg*

Ko·ni·fe·re *die*; -, *-n*; *Bot*; ein Baum od. Busch, der Zapfen (1) trägt. Die meisten Koniferen haben Nadeln (*z.B.* Fichte, Tanne)

Kö·nig *der*; *-s, -e*; **1** der männliche Herrscher e-s Landes mit e-r Monarchie: *Juan Carlos, der K. von Spanien / spanische K.* || K-: ***Königs-, -hof, -kind, -krone, -palast, -schloss, -sohn, -thron, -tochter***; ***königs-, -treu*** || NB: auch als Titel verwendet: *K. Ludwig II.* (gesprochen: der Zweite) *ließ Schloss Neuschwanstein erbauen* **2 *der K.*** (+ *Gen*) e-e Person od. Sache, die besonders wichtig, gut *o.Ä.* ist ⟨der ungekrönte K.⟩: *Elvis Presley, der K. des Rock 'n' Roll*; *Dieser Wein ist der K. der Weine*; *Hier ist der Kunde K.* || -K: ***Schützen-*** **3** die wichtigste Figur im Schachspiel ⟨Schach dem K.!; der K. steht im Schach; den K. schachmatt setzen⟩ || ↑ *Abb. unter* ***Schachfiguren*** **4** e-e Spielkarte, auf der ein K. (1) abgebildet ist: *Ass, K., Dame, Bube* || ↑ *Abb. unter* ***Spielkarten*** **5 *der K. der Tiere*** der Löwe

Kö·ni·gin *die*; -, *-nen*; **1** e-e Frau als Herrscherin e-s Landes: *Elisabeth II.* (gesprochen: die Zweite), *K. von Großbritannien* || NB: auch als Titel verwendet **2** die Ehefrau e-s Königs (1) **3 *die K.*** + *Gen*; e-e Frau, ein Tier od. ein Ding, die besonders wichtig, gut *o.Ä.* sind: *die Rose, die K. der Blumen* **4** das weibliche Tier, das in e-m Insektenvolk die Eier legt || -K: ***Ameisen-, Bienen-***

kö·nig·lich *Adj*; **1** *nur attr od adv*; von e-m König (1), e-r Königin (1) ⟨ein Erlass, die Familie, das Schloss⟩ **2** sehr großzügig, freigiebig ≈ fürstlich ⟨ein Geschenk; j-n k. entlohnen, bewirten⟩ **3** *gespr*; außerordentlich ≈ köstlich ⟨ein Spaß, ein Vergnügen; sich k. amüsieren⟩

Kö·nig·reich *das*; **1** ein Reich, das von e-m König / e-r Königin regiert wird **2** ein Staat, an dessen Spitze ein König / e-e Königin steht (*z.B.* Großbritannien)

Kö·nig·tum *das*; -, *Kö·nig·tü·mer*; *mst Sg*; ein Staat mit e-m König od. e-r Königin als Herrscher

ko·nisch *Adj* ≈ kegelförmig

Kon·ju·ga·ti·on [-'tsi̯o:n] *die*; -, *-en*; *nur Sg*, *Ling*; das Konjugieren, die Beugung / Flexion des Verbs

kon·ju·gie·ren; *konjugierte, hat konjugiert*; [Vt] ***etw. k.*** die Formen e-s Verbs bilden, die *z.B.* bei e-r bestimmten Person od. bei e-m Tempus verlangt werden ≈ beugen ⟨ein Verb k.⟩ || NB: ↑ ***deklinieren***

Kon·junk·ti·on [-'tsi̯o:n] *die*; -, *-en*; **1** *Ling*; ein Wort wie *und, oder, aber, weil*, das Teile von Sätzen miteinander verbindet ≈ Bindewort **2** *Astron*; e-e Situation (aus der Sicht der Astrologie), in der verschiedene Sterne, Planeten *o.Ä.* in e-m Abschnitt des Tierkreiszeichens zusammenkommen

Kon·junk·tiv [-f] *der*; *-s, -e*; *Ling*; e-e Form (ein Modus) e-s Verbs, die *bes* in der indirekten Rede u. in Sätzen, die mit *wenn* beginnen, verwendet wird: *„Ich sei" u. „ich wäre" sind die Formen Konjunktiv I u. II der ersten Person Singular von „sein"* || K-: ***Konjunktiv-, -form, -satz*** || *hierzu* **kon·junk·ti·visch, kon·junk·ti·visch** *Adj*; *mst attr*

Kon·junk·tur *die*; -, *-en*; die allgemeine wirtschaftliche Situation u. Entwicklung e-s Landes ⟨etw. belebt, steigert die K.; e-e stabile, steigende, fallende, rückläufige K.⟩ || K-: ***Konjunktur-, -aufschwung, -lage, -politik, -schwankung, -zyklus*** || -K: ***Hoch-*** || *hierzu* **kon·junk·tu·rell** *Adj*

Kon·junk·tur·sprit·ze *die*; *gespr*; e-e finanzielle Maßnahme des Staates, die die wirtschaftliche Situation verbessern soll

kon·kav [-f] *Adj*; *Phys*; nach innen gewölbt ↔ konvex ⟨e-e Linse, ein Spiegel⟩

Kon·kla·ve *das*; *-s, -n*; die Versammlung der Kardinäle, bei der sie e-n neuen Papst wählen

Kon·kor·danz *die*; -, *-en*; e-e alphabetische Liste aller Wörter, die ein Autor (in e-m Buch) verwendet || -K: ***Bibel-***

Kon·kor·dat *das*; *-(e)s, -e*; ein Vertrag zwischen dem Vatikan u. der Regierung e-s Staates

kon·kret, *konkreter, konkretest-*; *Adj*; **1** bis ins Detail genau ≈ präzise ↔ abstrakt ⟨ein Beispiel, e-e Vorstellung, ein Vorschlag, e-e Meinung; etw. k. formulieren⟩: *Hast du schon konkrete Pläne?*; *Kannst du mir das mit e-m konkreten Beispiel erklären?*; *Drück dich bitte etwas konkreter aus!* **2** ⟨die Welt, die Wirklichkeit⟩ so, dass man sie mit den Sinnen wahrnehmen, erfassen kann ≈ gegenständlich ↔ abstrakt || *hierzu* **Kon·kret·heit** *die*; *nur Sg*

kon·kre·ti·sie·ren; *konkretisierte, hat konkretisiert*; [Vt] **1 *etw. k.*** etw. deutlich beschreiben, formulieren ≈ veranschaulichen: *Könnten Sie Ihre Vorstellungen / Pläne bitte k.?* [Vr] **2 *etw. konkretisiert sich***

etw. wird im Lauf e-r Entwicklung deutlich, sichtbar ≈ etw. nimmt Gestalt an

Kon·ku·bi·nat *das*; *-(e)s, -e*; *veraltend*; das Zusammenleben e-s Mannes u. e-r Frau wie in e-r Ehe (ohne dass sie verheiratet sind)

Kon·ku·bi·ne *die*; *-, -n*; *veraltend, pej* ≈ Geliebte

Kon·kur·rent *der*; *-en, -en*; j-d, der die gleichen Waren od. Leistungen anbietet od. das gleiche Ziel erreichen will wie j-d anderer (u. den dieser daher als Gegner betrachtet) ≈ Rivale ⟨ein gefährlicher K.⟩ || NB: *der Konkurrent*; *den, dem, des Konkurrenten* || *hierzu* **Kon·kur·ren·tin** *die*; *-, -nen*

Kon·kur·renz *die*; *-, -en*; **1** *nur Sg*; ***die K.*** (***mit j-m / um j-n / etw.***) die (Wettbewerbs)Situation, die entsteht, wenn mehrere Personen das gleiche Ziel erreichen wollen od. mehrere Hersteller, Händler *o.Ä.* die gleichen Leistungen od. Waren verkaufen wollen ⟨ernst zu nehmende, scharfe K.; j-m K. machen; mit j-m in K. treten⟩: *Die zunehmende K. im Computerbereich drückt auf die Preise* || K-: ***Konkurrenz-, -kampf*** **2** *nur Sg*, *Kollekt*; alle Hersteller, Händler *o.Ä.*, die die gleichen od. ähnliche Waren od. Leistungen anbieten wie j-d anderer ⟨zur K. gehen; bei der K. kaufen; starke K. haben; die K. ausschalten⟩: *Für dieses Auto zahlen Sie bei der K. 1000 Euro mehr* || K-: ***Konkurrenz-, -unternehmen*** **3** ein *mst* sportlicher Wettkampf, Wettbewerb: *Als vielseitiger Läufer nimmt er an mehreren Konkurrenzen teil* **4** *nur Sg*, *Kollekt*; alle anderen Personen, die (*z.B.* in e-m Wettkampf, bei e-r Bewerbung) das gleiche Ziel erreichen wollen wie man selbst ⟨gegen starke, große K. antreten, bestehen; die K. aus dem Feld schlagen⟩: *Der Weltrekordler musste seinen Titel gegen stärkste K. verteidigen* **5** ***außer K.*** so, dass j-d an e-m Wettbewerb teilnimmt, seine Leistung aber nicht offiziell bewertet wird ⟨außer K. starten, teilnehmen, antreten⟩ || ID ***j-d / etw. ist ohne K.*** j-d / etw. ist viel besser als jeder / alles andere; ***j-d / etw. ist keine K. für j-n / etw.*** *gespr*; j-d / etw. ist als K. (2,4) zu schwach, kann sich mit j-m / etw. nicht vergleichen || *zu* **2** u. **4** **kon·kur·renz·los** *Adj*

kon·kur·rie·ren; *konkurrierte, hat konkurriert*; [Vi] **1** ***j-d / etw. konkurriert mit j-m / etw.*** (***um j-n / etw.***); ⟨Personen / Firmen *o.Ä.*⟩ ***konkurrieren*** (***um j-n / etw.***) verschiedene Personen, Firmen *o.Ä.* versuchen im Wettbewerb, j-n / etw. für sich zu gewinnen: *konkurrierende Bewerber, Sportler* || NB: ↑ ***rivalisieren*** **2** (***mit j-m / etw.***) ***k. können*** gegen j-n / etw. in e-m Wettbewerb od. (wirtschaftlichen) Wettstreit bestehen können: *Mit dem Supermarkt u. seinen Sonderangeboten kann unser kleines Geschäft nicht mehr k.* || NB: *mst* verneint

Kon·kurs *der*; *-es, -e*; **1** die Unfähigkeit e-r Firma, Waren, Leistungen od. Schulden zu bezahlen ⟨j-d / e-e Firma geht in K., meldet den K. an, erklärt den K., steht (kurz) vor dem K.⟩ || NB: ↑ ***Bankrott*** **2** *Jur*; ein gerichtliches Verfahren wegen e-s Konkurses (1) ⟨den K. eröffnen⟩ || K-: ***Konkurs-, -eröffnung, -verfahren, -verwalter***

Kon·kurs·mas·se *die*; das Vermögen e-r Firma, das bei e-m Konkurs (2) gepfändet wird

kön·nen[1]; *kann, konnte, hat können*; *Modalverb*; **1** *Infinitiv* + ***k.*** die Fähigkeit haben, etw. zu tun: *Er kann Gitarre spielen*; *Sein Sohn konnte schon mit 15 Monaten sprechen*; *Dieser Computer kann eine Million Additionen pro Sekunde ausführen* **2** *Infinitiv* + ***k.*** (wegen bestimmter Voraussetzungen, Umstände) die Möglichkeit haben, etw. zu tun: *Ich habe nicht kommen können, weil meine Frau krank ist*; *Vor lauter Zahnschmerzen konnte ich nicht einschlafen*; *Ich weiß, dass ich mich auf dich verlassen kann* **3** *Infinitiv* + ***k.*** die Erlaubnis haben, etw. zu tun ≈ dürfen[1] (1): *Kann ich noch ein Stück Kuchen haben?*; *Ihr könnt mit meinem Auto fahren* **4** *Infinitiv* + ***k.*** *gespr*; verpflichtet od. gezwungen sein, etw. zu tun ≈ müssen[1] (1): *Der Kuchen ist verbrannt. - Jetzt kann ich e-n neuen backen* **5** *Infinitiv* + ***k.*** verwendet, um die Möglichkeit auszudrücken, dass etw. geschieht, eintritt: *Es kann sein, dass sie morgen schon kommt*; *Das hätte leicht schief gehen können*; *Ein solches Missgeschick hätte mir nie passieren können* **6** *Infinitiv* + ***k.*** (wegen bestimmter Voraussetzungen, Umstände) gute Gründe dafür haben, etw. zu tun: *Sie können sich schon mal innerlich auf Ihre Kündigung einstellen*; *Ich konnte ihm nur zustimmen*; *Sie kann einem Leid tun* || ID ***Man kann nie wissen*** *gespr*; man weiß nicht, ob sich etw. nicht als gut, richtig od. nötig erweisen wird: *Ich nehme die Spielkarten auf alle Fälle mit. - Man kann ja nie wissen*

kön·nen[2]; *kann, konnte, hat gekonnt*; [Vt/i] **1** (***etw.***) ***k.*** *gespr*; fähig sein, etw. zu tun: *Sie kann gut Englisch, aber wenig Französisch*; *Eine Strophe des Gedichtes kann ich schon* (*auswendig*); *Sie rief so laut* (*wie*) *sie konnte*; [Vi] **2** ***irgendwohin k.*** *gespr*; die Erlaubnis od. die Möglichkeit haben od. bekommen, irgendwohin zu gehen, fahren *o.Ä.*: *Kann ich heute ins Kino?*; *Ich bin fertig. - Du kannst jetzt ins Bad* **3** ***etw. kann irgendwohin*** etw. darf od. soll irgendwohin gebracht werden: *Kann die Wurst wieder in den Kühlschrank, od. brauchst du sie noch?* **4** noch die Energie für etw. haben: *Kannst du noch od. sollen wir eine Pause machen?*; *Ich kann nicht mehr* || NB: oft verneint || ID ***nicht(s) für etw. k.*** *gespr*; an etw. nicht schuld sein: *Ich kann nichts* dafür, dass *du dein Geld verloren hast*; (***es***) ***mit j-m gut / nicht k.*** *gespr*; sich mit j-m gut / nicht verstehen; ***Können wir?*** können wir anfangen / gehen?; *mst* ***Du kannst mich mal!*** *vulg*; verwendet, um auszudrücken, dass man sich über j-n sehr ärgert (u. dass man etw. nicht tun will); *mst* ***Wie konntest du nur?*** verwendet, um Entsetzen darüber auszudrücken, dass j-d etw. Bestimmtes getan hat || NB: *können*[2] wird als Vollverb verwendet; zusammen mit e-m Infinitiv wird *können* als Modalverb verwendet; ↑ ***können***[1]

Kön·nen *das*; *-s*; *nur Sg*; die besonderen Fähigkeiten auf e-m bestimmten Gebiet ≈ Leistungsfähigkeit: *sein handwerkliches K. unter Beweis stellen*

Kön·ner *der*; *-s, -*; j-d, der auf e-m bestimmten Gebiet sehr gute Kenntnisse od. Fähigkeiten hat ⟨ein echter, wahrer, wirklicher K. sein⟩ || *hierzu* **Kön·ne·rin** *die*; *-, -nen*

Kon·no·ta·ti·on *die*; *-, -en*; *Ling*; e-e zusätzliche assoziative Bedeutung ≈ Assoziation

konn·te *Imperfekt, 1. u. 3. Person Sg*; ↑ ***können***

könn·te *Konjunktiv II, 1. u. 3. Person Sg*; ↑ ***können***

Kon·rek·tor *der*; der Stellvertreter des Rektors an e-r Schule

Kon·se·ku·tiv·satz *der*; ein Nebensatz, der die Folge, Konsequenz von dem nennt, was im übergeordneten Satz steht

Kon·sens *der*; *-es, -e*; *geschr*; **1** e-e Übereinstimmung der Meinungen ↔ Dissens ⟨Personen finden e-n K., streben e-n K. an; über etw. (*Dat*) besteht (kein) K.⟩ **2** *veraltend* ≈ Einwilligung, Zustimmung ⟨seinen K. zu etw. geben; etw. mit j-s K. tun⟩

kon·se·quent *Adj*; **1** ohne Widersprüche ≈ folgerichtig ↔ inkonsequent ⟨k. denken, handeln⟩ **2** *mst adv*; so, dass man sich von etw. nicht abbringen lässt ≈ beharrlich ⟨e-n Plan, ein Ziel k. verfolgen⟩ || *hierzu* **kon·se·quen·ter·wei·se** *Adv*

Kon·se·quenz *die*; *-, -en*; **1** ≈ Auswirkung, Folge: *Der Unfall wird rechtliche Konsequenzen haben* **2** e-e Handlung, die sich (*mst* notwendig) aus e-m be-

K

stimmten Zustand ergibt **3** *nur Sg*; ein konsequentes (2) Verhalten ⟨etw. mit (aller) K. verfolgen⟩ || ID ***(aus etw.) die Konsequenzen ziehen*** aus e-m Vorfall *o.Ä.* Folgerungen ziehen u. sich danach richten: *Er zog die Konsequenzen u. trat zurück*

kon·ser·va·tiv, kon·ser·va·tiv [-f] *Adj*; **1** an überlieferten geistigen Werten u. gesellschaftlichen Strukturen orientiert ↔ progressiv ⟨Haltungen, Vorstellungen; e-e Partei, ein Politiker⟩ **2** nicht modern ⟨ein Anzug, e-e Kleidung⟩ **3** *Med*; ohne Operation ⟨e-e Behandlung, e-e Methode⟩ || *zu* **1 Kon·ser·va·ti·ve** *der / die*; *-n, -n*; **Kon·ser·va·ti·vis·mus** *der*; *-*; *nur Sg*; *hierzu* **Kon·ser·va·ti·vi·tät** *die*; *-*; *nur Sg*

Kon·ser·va·tor *der*; *-s, Kon·ser·va·to·ren*; j-d, der beruflich (*mst* im Museum) Kunstwerke pflegt *usw*, damit sie in gutem Zustand bleiben

Kon·ser·va·to·ri·um [-v-] *das*; *-s, Kon·ser·va·to·ri·en* [-iən]; e-e Art Hochschule für Musik

Kon·ser·ve [-və] *die*; *-, -n*; **1** e-e Dose od. ein Glas mit haltbar gemachten Lebensmitteln ⟨e-e K. öffnen⟩: *Erbsen aus der K. essen* || K-: ***Konserven-, -büchse, -dose, -fabrik, -öffner*** || -K: ***Fisch-, Fleisch-, Gemüse-, Obst-*** **2** Lebensmittel aus der K. (1): *sich von Konserven ernähren* || ID *mst* ***Musik aus der K.*** *gespr*; Musik von Schallplatten, Tonbändern *o.Ä.* ↔ Livemusik

kon·ser·vie·ren [-v-]; *konservierte, hat konserviert*; [Vt] **1 *etw. k.*** Lebensmittel dadurch haltbar machen, dass man sie *z.B.* trocknet, gefriert od. erhitzt u. luftdicht verpackt **2 *etw. k.*** durch e-e spezielle Behandlung verhindern, dass *bes* alte Kunstgegenstände zerfallen, zerstört werden

Kon·ser·vie·rung *die*; *nur Sg*; das Konservieren (*bes* von Lebensmitteln) || K-: ***Konservierungs-, -mittel, -stoff***

Kon·sis·tenz *die*; *-, -en*; *mst Sg*; die Beschaffenheit e-s Materials (in Bezug auf seinen Aufbau) ⟨e-e Substanz von breiiger, brüchiger, fester, flüssiger, spröder, zäher K.⟩

Kon·so·le *die*; *-, -n*; ein Brett od. ein Vorsprung an der Wand, auf das / den man etw. stellen kann

kon·so·li·die·ren; *konsolidierte, hat konsolidiert*; *geschr*; [Vt] **1 *etw. k.*** etw. (das schon da ist) festigen ⟨seine Machtposition, die Finanzlage k.⟩; [Vr] **2 *etw. konsolidiert sich*** etw. wird fest, stabil ⟨die Lage, Situation, die Verhältnisse⟩ || *hierzu* **Kon·so·li·da·ti·on** *die*; *-, -en*; **Kon·so·li·die·rung** *die*

Kon·so·nant *der*; *-en, -en*; einer der Laute aus der großen Gruppe von Lauten in der Sprache, die nicht zu den Vokalen gehören (*z.B.* [b, k, s, v, t]) ↔ Vokal ⟨ein stimmhafter, stimmloser K.⟩ || NB: *der Konsonant*; *den, dem, des Konsonanten* || *hierzu* **kon·so·nan·tisch** *Adj*

Kon·sor·ten *die*; *Pl*; *nur in Name* ***und Konsorten*** *gespr pej*; j-d u. andere Menschen, die gemeinsam mit ihm *z.B.* unmoralische Geschäfte machen ≈ Mitschuldige, Mittäter

Kon·sor·ti·um [-tsium] *das*; *-s, Kon·sor·ti·en* [-tsiən]; *Kollekt, Ökon*; ein vorübergehender Zusammenschluss von Firmen od. Banken mit dem Zweck, zusammen ein Geschäft abzuschließen, bei dem sehr viel Geld nötig ist || -K: ***Banken-***

Kon·spi·ra·ti·on [-'tsioːn] *die*; *-, -en*; *geschr*; e-e (politische) Verschwörung ⟨e-e K. aufdecken⟩

kon·spi·ra·tiv [-f] *Adj*; *ohne Steigerung*; **1** in Bezug auf e-e Konspiration ⟨e-e Absicht, e-e Tätigkeit⟩ **2** von Personen, die e-e Konspiration planen od. durchgeführt haben ⟨e-e Gruppe, e-e Vereinigung, e-e Wohnung⟩

kon·spi·rie·ren; *konspirierte, hat konspiriert*; [Vi] ***j-d konspiriert mit j-m (gegen j-n / etw.)***; ⟨Personen⟩ ***konspirieren (gegen j-n / etw.)*** *geschr*; *mst* mehrere Personen verschwören sich: *mit dem Feind gegen die Regierung k.*

kon·stant *Adj*; **1** ⟨Preise *o.Ä.*⟩ so, dass sie sich nicht ändern ≈ gleich bleibend ↔ veränderlich: *mit konstanter Geschwindigkeit fahren* **2** *mst adv*; die ganze Zeit über, ohne Unterbrechung ≈ ständig: *Die Sonne hat k. geschienen* **3** ≈ beharrlich ⟨e-e Weigerung⟩ || *hierzu* **Kon·stanz** *die*; *-*; *nur Sg*

Kon·stan·te *die*; *-, -n*; *Math*; e-e Größe, die sich nicht ändert, die gleich bleibt ↔ Variable

kon·sta·tie·ren; *konstatierte, hat konstatiert*; [Vt] ***etw. k.*** *geschr* ≈ feststellen, bemerken ⟨etw. lakonisch k.; e-n Fehler k.⟩

Kons·tel·la·ti·on [-'tsioːn] *die*; *-, -en*; **1** *geschr*; e-e Situation, in der bestimmte Faktoren zusammentreffen ⟨e-e (un)günstige K.⟩ **2** die Stellung der Planeten u. des Mondes zur Sonne u. zueinander, wie man sie von der Erde aus sieht ≈ Lage || -K: ***Sternen-***

kons·ter·nie·ren; *konsternierte, hat konsterniert*; [Vt] ***etw. konsterniert j-n*** *geschr* ≈ etw. bestürzt, verblüfft j-n: *konsterniert dreinschauen* || NB: *mst* im Zustandspassiv!

kon·sti·tu·ie·ren; *konstituierte, hat konstituiert*; [Vt] *geschr*; **1 *etw. k.*** e-e Institution gründen ⟨e-n Verein, e-e Organisation, ein Komitee k.⟩ **2 *etw. konstituiert etw.*** etw. ist ein wichtiger Teil von etw.: *Subjekt u. Prädikat sind konstituierende Elemente des Satzes*; [Vr] **3 *etw. konstituiert sich*** etw. wird gegründet, entsteht: *Die Bürgerinitiative konstituierte sich vor e-m Jahr*

Kon·sti·tu·ti·on [-'tsioːn] *die*; *-, -en*; **1** *nur Sg*; der allgemeine, *bes* körperliche Zustand e-r Person ⟨die körperliche, psychische, seelische K.; e-e kräftige, schwache K. haben⟩ **2** ≈ Verfassung[1] || *hierzu* **kon·sti·tu·ti·o·nell** *Adj*

kon·stru·ie·ren; *konstruierte, hat konstruiert*; [Vt] **1 *etw. k.*** etw. planen u. (nach diesem Plan) bauen ⟨ein Flugzeug, ein Auto, e-e Rakete, ein Schiff, e-e Brücke, ein Hochhaus k.⟩ **2 *etw. k.*** *pej*; e-n unglaubwürdigen (u. künstlich klingenden) Zusammenhang od. Sachverhalt als wahr darstellen ⟨ein Alibi, e-n Beweis, e-e These k.; etw. klingt konstruiert⟩: *Die konstruierte Beweisführung des Staatsanwaltes konnte die Richter nicht überzeugen* **3 *etw. k.*** e-e geometrische Figur (7) zeichnen ⟨ein Dreieck, ein Trapez, e-n Kegel k.⟩ **4 *etw. k.*** (nach den Regeln e-r bestimmten Sprache) etw. aus Wörtern bilden ⟨e-n Satz, e-e Phrase, e-e Fügung k.⟩ || *zu* **1 Kon·struk·teur** [-'tøːɐ] *der*; *-s, -e*

Kon·struk·ti·on [-'tsioːn] *die*; *-, -en*; **1** das Konstruieren (1): *Die K. e-s so großen Gebäudekomplexes dauert sicher einige Jahre* || K-: ***Konstruktions-, -fehler, -skizze, -zeichnung*** **2** das Zeichnen, Konstruieren (3) (von geometrischen Figuren) **3** *Ling*; das Zusammenfügen von Wörtern zu e-m Satz ≈ Konstruieren (4): *die K. komplizierter Sätze* || -K: ***Aktiv-, Passiv-, Satz-***

kon·struk·tiv, kon·struk·tiv [-f] *Adj*; *geschr*; mit dem Ziel, dass etw. entwickelt od. verbessert wird ↔ destruktiv ⟨ein Vorschlag, Kritik⟩ || NB: ↑ ***Misstrauensvotum***

Kon·sul *der*; *-s, -n*; **1** ein Vertreter e-s Staates in großen Städten des Auslands. Im Unterschied zu den Diplomaten vertritt er seinen Staat nicht politisch. Er hat meist wirtschaftliche u. Verwaltungsaufgaben (*z.B.* die Erteilung von Visa) **2** *hist*; j-d, der im antiken Rom (solange es Republik war) das höchste Staatsamt hatte

Kon·su·lat *das*; *-(e)s, -e*; **1** die Behörde e-s Konsuls (1) od. das Gebäude, in dem sie untergebracht ist || K-: ***Konsulats-, -gebäude*** **2** *hist*; der Zeitraum, in dem j-d als Konsul (2) amtierte

kon·sul·tie·ren; *konsultierte, hat konsultiert*; [Vt] *geschr*; **1 *j-n k.*** zu j-m gehen, um Informationen, e-n Rat, seine Meinung zu hören ≈ zurate ziehen ⟨e-n Arzt k.⟩ **2 *etw. k.*** etw. benutzen, um e-e Information zu bekommen ⟨ein Buch, ein Lexikon k.⟩ || *hierzu* **Kon·sul·ta·ti·on** *die*; -, *-en*

Kon·sum[1] *der*; *-s*; *nur Sg*, *geschr*; ***der K.*** (***von / an etw.*** (*Dat*)) das Verbrauchen (Konsumieren) von Waren (*bes* durch Essen u. Trinken): *e-n hohen K. an Alkohol haben*; *Der K. von exotischen Früchten ist stark gestiegen*; *Nach dem Reaktorunfall wurde vom K. frischer Milch abgeraten* || K-: ***Konsum-, -artikel, -gewohnheiten, -güter, -verhalten, -verzicht*** || -K: ***Alkohol-, Bier-, Fleisch-, Tabak-, Tabletten-, Zigaretten-***

Kon·sum[2] *der*; *-s, -s*; Ⓐ *od hist* (*DDR*) ein (Lebensmittel)Geschäft (der Konsumgenossenschaft)

Kon·sum·den·ken *das*; *oft pej*; die Einstellung, nach der man es dann am besten hat, wenn man so viele Dinge wie möglich kaufen u. verbrauchen kann

Kon·su·ment *der*; *-en, -en*; *Ökon* ≈ Verbraucher || NB: *der Konsument*; *den, dem, des Konsumenten* || *hierzu* **Kon·su·men·tin** *die*; -, *-nen*

Kon·sum·ge·sell·schaft *die*; *oft pej*; e-e Gesellschaft[1] (2), deren Art zu leben maßgeblich dadurch bestimmt ist, dass sehr viel gekauft u. verbraucht wird

Kon·sum·gü·ter *die*; *Pl*; Waren (wie Nahrung, Kleider, Möbel *usw*), die man (im Alltag) für das Leben u. die Wohnung *o.Ä.* braucht || K-: ***Konsumgüter-, -industrie, -produktion***

kon·su·mie·ren; *konsumierte, hat konsumiert*; [Vt] ***etw. k.*** *geschr*; etw. essen, trinken od. verbrauchen ⟨Bier, Alkohol, Tabak, Tabletten k.; Lebensmittel k.⟩

Kon·sum·ter·ror *der*; *pej*; der Druck, durch den die Firmen u. Geschäfte (*bes* durch Werbung) die Verbraucher dazu bringen wollen, mehr zu kaufen, als nötig ist

Kon·takt *der*; *-(e)s, -e*; **1 *K.*** (***mit / zu j-m / etw.***) die Beziehung, die man zu Freunden *o.Ä.* hat u. die man durch Treffen, Gespräche *o.Ä.* aufrechterhält ⟨(zwischen)menschlicher, gesellschaftlicher, sozialer, intimer, sexueller, enger K.; mit / zu j-m K. bekommen, haben; (den) K. aufnehmen, den K. abbrechen, aufgeben, verlieren; Kontakte anbahnen⟩: *Er ist sehr schüchtern u. hat deswegen kaum K. mit / zu seinen Mitschülern* || K-: ***Kontakt-, -anzeige, -mangel, -scheu, -schwierigkeit, -störung, -suche*** **2** das Austauschen von Informationen *o.Ä.* ⟨telefonischer, brieflicher K.; (den) K. herstellen, aufnehmen, aufrechterhalten, pflegen, den K. abbrechen, stören; (mit j-m) in K. kommen; mit j-m in K. stehen, bleiben⟩: *Die Polizei versuchte, K. mit / zu den Geiselnehmern zu bekommen* || K-: ***Kontakt-, -aufnahme*** **3** *geschr* ≈ Berührung (1): *Vermeiden Sie jeden K. mit dem giftigen Stoff!* || K-: ***Kontakt-, -gift, -infektion, -insektizid*** || -K: ***Haut-, Körper-*** **4** ≈ Berührung (2): *mit revolutionären Ideen in K. kommen* **5** ein elektrisches Teil, das man so bewegen kann, dass der Strom fließt bzw. unterbrochen wird ⟨e-n K. reinigen, erneuern, auswechseln⟩ || -K: ***Zünd-*** || *zu* **1 kon·takt·scheu** *Adj*

kon·takt·arm *Adj*; *nicht adv*; ⟨Menschen⟩ so, dass sie nur schwer Verbindungen, Kontakte zu anderen Menschen aufbauen können || *hierzu* **Kon·takt·ar·mut** *die*; *nur Sg*

kon·takt·freu·dig *Adj*; *nicht adv*; ⟨Menschen⟩ so, dass sie viele Kontakte suchen u. finden u. dadurch viele Freunde haben ≈ gesellig || *hierzu* **Kon·takt·freu·dig·keit** *die*

Kon·takt·lin·se *die*; *mst Pl*; e-e kleine Scheibe, die direkt auf dem Auge liegt u. wie e-e Brille funktioniert ≈ Haftschale

Kon·takt·mann *der*; *-, Kon·takt·män·ner / Kon·takt·leu·te*; j-d (oft e-e Art Agent), der in j-s Auftrag Kontakte (2) zu anderen sucht (u. herstellt), um von ihnen Informationen zu bekommen

Kon·takt·per·son *die* ≈ Kontaktmann

Kon·temp·la·ti·on [-'tsi̯oːn] *die*; -, *-en*; *mst Sg*, *geschr*; konzentriertes Nachdenken || *hierzu* **kon·temp·la·tiv** *Adj*

Kon·ten *Pl*; ↑ ***Konto***

Kon·ter- *im Subst, betont, nicht produktiv*, *geschr* ≈ Gegen-; der ***Konterangriff***, die ***Konterattacke***, die ***Konterrevolution***, der ***Konterschlag***

Kon·ter·fei *das*; *-s, -s / -e*; *hum* ≈ Bild, Fotografie: *j-s K. in der Brieftasche tragen*

kon·tern; *konterte, hat gekontert*; [Vt/i] **1 *j-m (etw.) k.*** spontan u. direkt auf etw., das ein anderer gesagt hat, reagieren, *bes* ihm deutlich u. geschickt widersprechen: *„Sie sind schrecklich faul", sagte er. „Nicht mehr als Sie", konterte sie*; *Er konterte mit der Bemerkung, dass …* || NB: Das Objekt ist immer ein Satz; [Vi] **2** beim Sport auf e-n Angriff des Gegners mit e-m eigenen Angriff reagieren

Kon·text *der*; *-(e)s, -e*; *geschr* ≈ Zusammenhang || K-: ***kontext-, -abhängig, -frei***

Kon·tex·tu·a·li·sie·rung *die*; -; *nur Sg*; die Einfügung e-s Wortes *o.Ä.* in e-n geeigneten sprachlichen Zusammenhang

Kon·ti·nent, **Kon·ti·nent** *der*; *-(e)s, -e*; **1** einer der großen Erdteile: *Die sechs Kontinente sind Afrika, Amerika, Asien, Australien, Europa u. die Antarktis* **2** *nur Sg*, *nur mit bestimmtem Artikel*; das europäische Festland: *Viele Engländer machen Urlaub auf dem K.* || *hierzu* **kon·ti·nen·tal** *Adj*; *mst attr, nicht adv*

Kon·ti·nen·tal·macht *die*; *hist*; ein mächtiger Staat in Europa (auf dem Festland)

Kon·ti·nen·tal·ver·schie·bung *die*; *Geol*; die langsame Verschiebung der Kontinente

Kon·tin·gent *das*; *-(e)s, -e*; ***das K.*** (***an etw.*** (*Dat*)) die (proportionale) Menge, Zahl od. Leistung, die man bei etw. bekommt bzw. erbringen muss ⟨ein K. festsetzen; sein K. erfüllen, ausschöpfen, überschreiten⟩: *das österreichische K. an UNO-Truppen*; *Während der Dürre wurde jedem Haushalt ein bestimmtes K. an Trinkwasser zugeteilt* || -K: ***Truppen-***

Kon·ti·nua *Pl*; ↑ ***Kontinuum***

kon·ti·nu·ier·lich *Adj*; *geschr*; ohne Unterbrechung ≈ stetig, ununterbrochen: *Der Profit der Firma steigt k. an* || *hierzu* **Kon·ti·nu·i·tät** *die*; -; *nur Sg*

Kon·ti·nu·um *das*; *-s, Kon·ti·nua / Kon·ti·nu·en*; *Math, Philos*; etw., das von Anfang bis zum Ende nicht unterbrochen wird ⟨ein räumliches, zeitliches K.⟩: *das K. der Zeit*

Kon·to *das*; *-s, -s / Kon·ten*; e-e Art Übersicht (mit e-r bestimmten Nummer) *bes* bei e-r Bank, aus der hervorgeht, wie viel Geld j-d dort noch hat, was dazugekommen ist u. was ausgegeben (abgebucht) worden ist ⟨ein K. bei e-r Bank eröffnen, haben, sperren lassen, überziehen, ausgleichen, auflösen; die Bank richtet ein K. für j-n ein, führt ein K. für j-n; etw. von e-m K. abheben, abbuchen, abziehen; etw. auf ein K. einzahlen, überweisen; etw. e-m K. gutschreiben; ein K. mit etw. belasten⟩: *fünftausend Euro auf seinem K. haben*; *Ich habe mein Konto um hundert Euro überzogen* (= ich bin mit hundert Euro im Minus); *Ist das Gehalt schon auf mein(em) Konto eingegangen?* || K-: ***Konto-, -inhaber, -nummer, -stand*** || -K: ***Bank-, Post-, Sparkassen-***; ***Geschäfts-, Privat-***; ***Giro-, Spar-***; ***Gehalts-*** || ID ***etw. geht auf sein / ihr*** *usw* ***K.*** *gespr*;

er / sie *usw* ist die Ursache für etw., ist schuld an etw.

Kon·to·aus·zug *der*; ein Ausdruck[3] e-r Bank, auf dem steht, wie viel Geld man gerade (auf seinem Konto) hat || K-: ***Kontoauszugs-, -drucker***

Kon·to·be·we·gung *die*; e-e Änderung auf e-m Konto, die entsteht, wenn Geld hinzukommt od. von ihm genommen (abgehoben, abgebucht) wird

Kon·to·füh·rung *die*; das Verwalten e-s Kontos durch e-e Bank || K-: ***Kontoführungs-, -gebühren***

Kon·tor *das*; *-s, -e*; ein Geschäft, das von e-r großen Firma (als Filiale) im Ausland betrieben wird || ID ***ein Schlag ins K.*** *gespr*; ein sehr unangenehmes Ereignis, ein schwerer Rückschlag

Kon·to·rist *der*; *-en, -en*; j-d (ein kaufmännischer Angestellter), der einfache Arbeiten in der Verwaltung e-s Betriebes macht || NB: *der Kontorist*; *den, dem, des Kontoristen* || *hierzu* **Kon·to·ris·tin** *die*; *-, -nen*

kont·ra *Präp*; *mit Akk*, *Jur* ≈ gegen ↔ pro: *In dem Prozess geht es um Schmidt k. Müller*

Kont·ra *das*; *-s, -s*; **1** ***das Pro u. K.*** + *Gen* ↑ ***Pro*** **2** ***j-m K. geben*** *gespr*; j-m (mit scharfen Worten) widersprechen

Kont·ra·bass *der*; das größte Streichinstrument (mit den tiefsten Tönen) ≈ Bassgeige || ↑ *Abb. unter* ***Streichinstrumente***

Kont·ra·hent *der*; *-en, -en*; **1** *geschr*; ein Gegner in e-m politischen od. sportlichen Kampf **2** *Jur, Ökon*; einer der Partner bei e-m Vertrag || NB: *der Kontrahent*; *den, dem, des Kontrahenten* || *hierzu* **Kont·ra·hen·tin** *die*; *-, -nen*

Kont·ra·in·di·ka·ti·on [-t͜si̯oːn] *die*; *Med*; ein Umstand, unter dem ein Medikament nicht gegeben od. e-e Behandlung nicht durchgeführt werden darf (*z.B.* während der Schwangerschaft od. bei zusätzlichen Krankheiten) ≈ Gegenanzeige || *hierzu* **kont·ra·in·di·ziert** *Adj*

Kon·trakt *der*; *-(e)s, -e*; *geschr* ≈ Vertrag ⟨e-n K. schließen, unterzeichnen, brechen⟩ || K-: ***Kontrakt-, -bruch***

Kon·trak·ti·on [-'t͜si̯oːn] *die*; *-, -en*; *Med*; das Anspannen von Muskeln: *die Kontraktionen des Herzmuskels* || *hierzu* **kon·tra·hie·ren** (*hat*) *Vt / i*

Kont·ra·punkt *der*; *Mus*; **1** e-e Technik, bei der zwei od. mehr Stimmen od. Melodien gleichzeitig so erklingen, dass sie harmonisch wirken **2** *geschr* ≈ Gegensatz ⟨etw. bildet e-n K. (zu etw.); j-d setzt e-n K. (zu etw.)⟩ || *hierzu* **kont·ra·punk·tisch** *Adj*

kont·rär *Adj*; *geschr* ≈ gegensätzlich ⟨Ziele, Charaktere, Meinungen⟩

Kon·trast *der*; *-(e)s, -e*; **1** ein starker, auffälliger Unterschied, Gegensatz ⟨ein farblicher, scharfer, starker K.⟩: *der Kontrast zwischen seinen Worten u. seinen Taten* || K-: ***Kontrast-, -farbe*** || -K: ***Farb-*** **2** der Unterschied zwischen den hellen u. dunklen Teilen e-s Fotos, (Fernseh)Bildes *o.Ä.* ⟨den K. einstellen, regulieren⟩ || -K: ***Helligkeits-*** || *hierzu* **kon·tras·tie·ren** (*hat*) *Vt*; **kon·trast·reich** *Adj*

kon·tras·tiv *Adj*; ⟨Linguistik, Grammatik⟩ vergleichend, gegenüberstellend

Kon·trast·mit·tel *das*; *Med*; ein Mittel, das (vor e-r Röntgenaufnahme) in den Körper kommt, damit man etw. besser erkennen kann ⟨ein K. injizieren, verabreichen⟩

Kont·ra·zep·ti·on [-'t͜si̯oːn] *die*; *-*; *nur Sg*, *Med* ≈ Empfängnisverhütung

Kon·troll·ab·schnitt *der*; der Teil e-r Eintrittskarte, der entfernt wird, wenn man durch den Eingang kommt

Kon·troll·bü·ro *das*; (CH) ≈ Einwohnermeldeamt

Kon·trol·le *die*; *-, -n*; **1** die Handlungen, mit denen man j-n / etw. (regelmäßig) prüft, um festzustellen, ob alles in Ordnung ist ≈ Überprüfung ⟨e-e strenge, gründliche K.; Kontrollen durchführen, verschärfen, (die) Kontrollen abschaffen⟩: *die K. des Gepäcks beim Zoll*; *die K. der Eintrittskarten am Eingang* || K-: ***Kontroll-, -gang, -runde, -stempel*** || -K: ***Führerschein-, Pass-*** **2** ***die K.*** (***über j-n / etw.***) die Aufsicht über j-n / etw. bzw. die Beherrschung e-r Situation ⟨die K. über j-n / etw. haben, ausüben, verlieren; unter j-s K. stehen⟩: *Er verlor die K.* (*über sich*) (= die Selbstbeherrschung); *die K. der Regierung durch das Parlament*; *Wir haben die Epidemie unter K.* (= im Griff) **3** ***die K.*** (***über j-n*** (*Kollekt od Pl*) ***/ etw.***) die Macht über j-n / etw. ⟨die K. über j-n / etw. verlieren⟩: *Sie hat die K. über das ganze Firmenimperium*

Kon·trol·leur [-'løːɐ̯] *der*; *-s, -e*; j-d, der etw. (*mst* Fahrkarten im Zug *o.Ä.*) kontrolliert (1) || *hierzu* **Kon·trol·leu·rin** *die*; *-, -nen*

kon·trol·lie·ren; *kontrollierte, hat kontrolliert*; [Vt] **1** (***j-n / etw.***) ***k.*** (über)prüfen, ob alles in Ordnung ist u. richtig gemacht wird: *An der Grenze werden unsere Pässe kontrolliert*; [Vt] **2** ***etw. k.*** sehr großen Einfluss auf etw. haben ≈ beherrschen: *Der Firmenkonzern kontrolliert den gesamten Markt*

Kon·troll·lam·pe *die*; *Tech*; e-e kleine (oft grüne od. rote) Lampe, die dazu dient, die Funktion e-s Gerätes *o.Ä.* zu überwachen. Sie leuchtet (*z.B.* grün), solange etw. funktioniert od. nicht (*bzw.* rot), wenn etw. nicht in Ordnung ist

Kon·troll·turm *der*; ein Turm (auf e-m Flughafen), von dem aus die Flugzeuge bei Start u. Landung geleitet werden ≈ Tower

kon·tro·vers [-v-] *Adj*; *geschr*; **1** (einander) entgegengesetzt ⟨Meinungen, Standpunkte; k. (= unversöhnlich) diskutieren⟩ **2** ≈ umstritten ⟨e-e These⟩

Kont·ro·ver·se *die*; *-, -n*; *geschr*; ***e-e K.*** (***mit j-m / zwischen*** ⟨Personen, Gruppen *o.Ä.*⟩) (***über etw.*** (*Akk*)) ≈ Auseinandersetzung ⟨e-e heftige, scharfe, harte K.⟩: *Zwischen den Interessengruppen gab es e-e heftige K. über den neuen Autobahnbau*

Kon·tur *die*; *-, -en*; *mst Pl*; e-e Linie, die die Grenzen (den Umriss) von Personen od. Dingen zeigt: *In der Dämmerung waren die Konturen der Häuser kaum noch zu sehen*

Ko·nus *der*; *-, -se*; *Math*; e-e (geometrische) Figur von der Form e-s Kegels (od. Kegelstumpfes) || ► ***konisch***

Kon·vent [-v-] *der*; *-(e)s, -e*; die Versammlung der (stimmberechtigten) Mitglieder e-s Klosters od. e-e Zusammenkunft von Pfarrern

Kon·ven·ti·on [-'t͜si̯oːn] *die*; *-, -en*; **1** *geschr*; e-e traditionell anerkannte Regel des sozialen Verhaltens, die in e-r Gesellschaft als Norm gilt ⟨gegen Konventionen verstoßen⟩ || NB: ↑ ***Sitte*** **2** ein Vertrag zwischen mehreren Staaten ≈ Abkommen: *die Genfer K. zum Schutz der Menschenrechte*

Kon·ven·ti·o·nal·stra·fe *die*; e-e (Geld)Strafe, die j-d bezahlen muss, der gegen die Bestimmungen e-s Vertrags verstoßen hat

kon·ven·ti·o·nell *Adj*; *geschr*; **1** wie es den gesellschaftlichen Konventionen entspricht ≈ herkömmlich ↔ unkonventionell ⟨Ansichten, Kleidung⟩ **2** *Mil*; ⟨Waffen, Kriege⟩ in der Art, wie sie vor der Erfindung von Atomwaffen üblich waren

kon·ver·gent *Adj*; **1** *Math*; ⟨Linien, Reihen⟩ so, dass sie sich dem gleichen Punkt, Wert nähern ↔ divergent **2** *geschr*; ⟨Meinungen, Ziele⟩ so, dass sie ähnlich werden od. sind ↔ divergent || *hierzu* **Kon·ver·genz** *die*; *-, -en*; **kon·ver·gie·ren** (*hat*) *Vi*

Kon·ver·sa·ti·on [-'t͜si̯oːn] *die*; *-, -en*; ***e-e K.*** (***mit j-m***) (***über j-n / etw.***) *geschr*; ein höfliches (oft oberflächliches) Gespräch *bes* bei e-m Besuch, auf e-r

K

Feier *o.Ä.* ⟨e-e geistreiche, höfliche, gepflegte K.; K. machen; e-e K. führen⟩: *Er fühlte sich verpflichtet, beim Essen mit den Tischnachbarn K. zu machen*

Kon·ver·sa·ti·ons·le·xi·kon [-'tsio:ns-] *das*; ein Lexikon, das über alles Wichtige u. Interessante der verschiedenen (Wissens)Bereiche informiert ≈ Enzyklopädie

kon·ver·tie·ren; *konvertierte, hat / ist konvertiert*; [Vt] (*hat*) **1 *etw.* (*in etw.* (*Akk*)) *k.*** *Ökon*; Geld (in e-e andere Währung) umtauschen: *Schweizer Franken in US-Dollars k.*; [Vi] (*hat / ist*) **2 (*zu etw.*) *k.*** *geschr*; seine Konfession, Religion ändern ≈ übertreten: *vom Christentum zum Islam k.*; [Vt/i] **3 (*etw.*) *k.*** *EDV*; Daten so verändern, dass sie mit e-m anderen Programm kompatibel sind || *zu* **1** u. **3 kon·ver·tier·bar** *Adj*; *nicht adv*; *zu* **2 Kon·ver·si·on** *die*; -, *-en*; *zu* **3 Kon·ver·tie·rung** *die*

kon·vex [-v-] *Adj*; nach außen gewölbt ↔ konkav ⟨e-e Linse, ein Spiegel⟩

Kon·voi, Kon·voi [-v-] *der*; *-s*, *-s*; *Kollekt*; mehrere Fahrzeuge (*bes* Autos), die zusammengehören u. hintereinander fahren ⟨im K. fahren⟩

kon·vul·si·visch [-vʊl'zi:vɪʃ] *Adj*; *geschr*; wie im Krampf ⟨Zuckungen⟩ || *hierzu* **Kon·vul·si·on** *die*; -, *-en*

Kon·zent·rat *das*; *-(e)s*, *-e*; ***ein K.* (*aus etw.*)** *bes Chem*; e-e Flüssigkeit, der man viel Wasser entzogen hat u. die deshalb viel mehr wirksame Substanzen enthält als sonst üblich: *Orangensaft aus K.*, *Zucker u. Wasser herstellen* || -K: ***Fruchtsaft-***

Kon·zent·ra·ti·on [-'tsio:n] *die*; -, *-en*; **1** *nur Sg*; ***die K.* (*auf j-n / etw.*)** der Zustand, in dem man besonders aufmerksam, konzentriert ist ↔ Zerstreutheit ⟨hohe, große K.⟩: *Sein Beruf als Fluglotse erfordert enorme K. u. ständige geistige Anspannung* || K-: ***Konzentrations-, -fähigkeit, -mangel, -schwäche*** **2** *nur Sg*; die Fähigkeit, sich konzentrieren (1) zu können, sich beim Denken, bei der Lösung e-s Problems nicht stören zu lassen: *Die K. der Schüler lässt vor den Ferien erfahrungsgemäß stark nach* **3 *die K. auf etw.*** das Sammeln, Konzentrieren (2,3) von Gedanken, Kräften auf e-e Sache, ein Ziel: *die K. darauf, ein Ziel zu erreichen*; *Jetzt ist die K. aller Kräfte auf unsere Aufgabe nötig* **4 *die K.*** + *Gen*; ***die K. von j-m / etw.*** (*Pl*) das Zusammenbringen von vielen Personen / Dingen an eine bestimmte Stelle: *e-e starke K. von Truppen im Grenzgebiet* || -K: ***Truppen-*** **5** *Chem*; der Anteil e-s bestimmten Stoffes in e-r Lösung od. e-m Gemisch ⟨e-e hohe, geringe, niedrige K.⟩: *Der Arzt hat mir dieses Medikament in e-r hohen K. verordnet*

Kon·zent·ra·ti·ons·la·ger [-'tsio:ns-] *das*; **1** *hist*; ein Lager, in dem die Nationalsozialisten (in Deutschland u. in Gebieten, die im Krieg erobert wurden) sehr viele Menschen (aus rassistischen u. politischen Gründen) gefangen hielten, folterten u. ermordeten; *Abk* KZ **2** ein Lager, in dem politische Gefangene unter sehr schlechten Bedingungen leben ≈ Internierungslager

kon·zent·rie·ren; *konzentrierte, hat konzentriert*; [Vr] **1 *sich* (*auf j-n / etw.*) *k.*** für (kurze) Zeit intensiv über j-n / etw. nachdenken ⟨sich sehr, stark k.⟩: *Bei diesem Lärm kann ich mich nicht (auf meine Aufgabe) k.* **2** ⟨j-s Aufmerksamkeit *o.Ä.*⟩ ***konzentriert sich auf j-n / etw.*** j-s Aufmerksamkeit *o.Ä.* richtet sich ganz auf e-e bestimmte Person od. Sache; [Vt] **3 *etw.* / *sich* (*auf j-n / etw.*) *k.*** seine ganze Energie u. seine Kräfte für *mst* lange Zeit auf eine Person od. Sache (*z.B.* e-e Prüfung) richten ⟨sich ganz, völlig auf etw. k.⟩: *Sie hat ihren Beruf aufgegeben u. konzentriert sich jetzt ganz auf ihr Baby*; *Wir müssen unsere Anstrengungen* darauf *k., e-e höhere Produktivität* zu *erreichen* **4 *j-n / etw.*** (*Kollekt od Pl*) (***irgendwo***) ***k.*** e-e große Zahl Personen od. Menge Fahrzeuge *o.Ä.* auf relativ kleinem Raum sammeln, zusammenziehen ⟨Truppen, Streitkräfte, Panzer, Schiffe k.⟩ **5 *etw. k.*** *Chem*; die Konzentration (5) e-s Stoffes erhöhen ↔ verdünnen ⟨e-e Säure k.⟩

kon·zent·riert 1 *Partizip Perfekt*; ↑ ***konzentrieren*** **2** *Adj*; so, dass man sein geistiges Vermögen, seine Aufmerksamkeit sehr stark auf e-e Person od. Sache lenkt ⟨k. nachdenken, zuhören, arbeiten⟩: *Er wirkt / ist sehr k. bei seiner Arbeit* **3** *Adj*; so, dass es in großer Zahl, hoher Intensität gleichzeitig irgendwo vorhanden ist: *ein konzentriertes Eingreifen der Polizei* **4** *Adj*; *Chem*; mit e-r hohen Konzentration (5) ⟨e-e Säure⟩

kon·zent·risch *Adj*; *Math*; ⟨Kreise, Kugeln⟩ so (angeordnet), dass sie denselben Mittelpunkt haben || *hierzu* **Kon·zent·ri·zi·tät** *die*; -; *nur Sg*

Kon·zept *das*; *-(e)s*, *-e*; *geschr*; **1 *ein K.* (*für etw.*)** ein schriftlicher Plan für e-n Text ≈ Entwurf ⟨ein K. ausarbeiten, entwerfen⟩: *ein K. für e-n Roman, e-e Doktorarbeit, e-e Rede vorlegen*; *Mein Aufsatz liegt bislang nur im K. vor* || NB: ↑ ***Gliederung*** **2 *ein K.* (*für etw.*)** ein Programm für ein bestimmtes (*mst* größeres u. langfristiges) Ziel ≈ Konzeption ⟨ein K. ausarbeiten, entwickeln, überdenken, verwerfen⟩: *ein K. für den Abbau der Arbeitslosigkeit* || ID ***aus dem K. kommen*** (*z.B.* während e-r Rede) vergessen, was man eigentlich sagen wollte ≈ den Faden verlieren; ***j-n aus dem K. bringen*** j-n (*z.B.* während e-r Rede) von seinem Thema ablenken od. verwirren: *Bei seinem Vortrag ließ er sich von Zwischenrufen aus dem K. bringen*; ***j-m das K. verderben*** etw. tun, das e-m Plan den Erfolg nimmt; ***etw. passt j-m nicht ins K.*** etw. gefällt j-m nicht, weil es nicht seinen Plänen entspricht

Kon·zep·ti·on [-'tsio:n] *die*; -, *-en*; *geschr* ≈ Konzept (2)

Kon·zept·pa·pier *das*; ein Text mit e-m Vorschlag für ein Projekt *o.Ä.* ⟨ein K. erstellen⟩

Kon·zern *der*; *-s*, *-e*; *Kollekt*, *Ökon*; mehrere große Firmen, die sich zu e-r größeren Einheit zusammengeschlossen haben u. zentral geleitet werden, aber rechtlich selbstständig sind ⟨ein multinationaler K.⟩ || -K: ***Industrie-, Medien-, Rüstungs-***

Kon·zert *das*; *-(e)s*, *-e*; **1** e-e Veranstaltung, auf der Künstler Musik spielen od. singen ⟨in ein / zu e-m K. gehen; auf e-m K. spielen; ein K. geben⟩ || K-: ***Konzert-, -abend, -abonnement, -agentur, -besuch, -halle, -musik, -pianist, -publikum, -reise, -saal*** || -K: ***Jazz-, Pop-, Rock-, Sinfonie-, Gala-, Wohltätigkeits-, Wunsch-*** **2** e-e Komposition für ein Orchester u. *mst* ein Soloinstrument: *ein K. für Violine u. Orchester* || -K: ***Gitarren-, Klavier-, Violin-***

kon·zer·tant *Adj*; in der Art u. Weise e-s Konzerts (1): *die konzertante Aufführung e-r Oper* (ohne Kulissen *usw*)

Kon·zert·flü·gel *der*; ein großer (Klavier)Flügel || ↑ *Abb. unter* ***Flügel***

kon·zer·tiert *Adj*; *mst in* ***e-e konzertierte Aktion*** *bes Pol*; e-e Aktion, ein Unternehmen *o.Ä.*, bei denen alle Partner (*z.B.* Staat, Unternehmer u. Gewerkschaften) gemeinsam vorgehen

Kon·zert·meis·ter *der*; *Mus*; **1** der erste Geiger e-s Orchesters **2** *hist*; der Leiter e-s Orchesters am königlichen *o.ä.* Hof (3)

Kon·zes·si·on [-'sio:n] *die*; -, *-en*; **1** *Admin*; die (schriftliche) Erlaubnis durch e-e Behörde, ein Gasthaus, ein Geschäft *o.Ä.* führen zu dürfen ≈ Lizenz ⟨e-e Behörde erteilt, entzieht j-m e-e K.⟩ || K-: ***Konzessions-, -inhaber*** || -K: ***Schank-*** **2** *mst Pl*, *geschr* ≈ Zugeständnis ⟨j-m Konzessionen machen; zu keinen Konzessionen bereit sein⟩

Kon·zil *das*; *-s, -e / -ien* [-i̯ən]; *kath*; e-e Versammlung von (katholischen) Bischöfen u. *mst* dem Papst, auf der Fragen der Kirche diskutiert u. entschieden werden ⟨der Papst beruft ein K. ein⟩

kon·zi·li·ạnt *Adj*; *geschr*; freundlich u. höflich (zu anderen Menschen) ≈ umgänglich ⟨ein Mensch, ein Verhalten, ein Wesen⟩

kon·zi·pie̱·ren; *konzipierte, hat konzipiert*; Vt ***etw. k.*** *geschr*; ein Konzept, e-n Plan für etw. machen: *e-n Text k.*; *Die Schule ist für dreihundert Schüler konzipiert*

Ko·ope·ra·ti·on [ko|opera'tsi̯oːn] *die*; *-, -en*; *geschr*; ***K.*** **(*mit j-m / etw.*)** ≈ Zusammenarbeit ⟨zur K. bereit sein⟩ || K-: ***Kooperations-, -bereitschaft***

ko·ope·rie̱·ren [ko|o-]; *kooperierte, hat kooperiert*; Vi ***j-d / e-e Firma*** *o.Ä.* ***kooperiert mit j-m / e-r Firma*** *o.Ä.*; ⟨Personen / Firmen *o.Ä.*⟩ ***kooperieren*** *geschr*; zwei od. mehrere Personen / Firmen *o.Ä.* arbeiten (*bes* auf politischem od. wirtschaftlichem Gebiet) zusammen || *hierzu* **ko·ope·ra·ti̱v** *Adj*

Ko·or·di·na·te [ko|ordi'naːtə] *die*; *-, -n*; *Math*; **1** eine der Zahlen, mit denen man die Lage e-s Punktes in e-r Ebene od. in e-m Raum angibt || K-: ***Koordinaten-, -kreuz*** || NB: ↑ ***Abszisse***, ***Ordinate*** **2** *Geogr*; eine der Zahlen (Längengrad u. Breitengrad), mit denen man die Lage e-s Ortes auf der Erde angibt

Ko·or·di·na̱·ten·ach·se *die*; *Math*; eine der Geraden, die das Koordinatensystem bilden (die x-Achse (Abszisse) od. die y-Achse (Ordinate))

Ko·or·di·na̱·ten·sys·tem *das*; *Math*; ein System aus zwei od. drei geraden Linien, die im rechten Winkel zueinander stehen u. sich in einem Punkt schneiden, u. mit deren Hilfe man Koordinaten berechnet *o.Ä.*

ko·or·di·nie̱·ren [ko|ɔrdi'niːrən]; *koordinierte, hat koordiniert*; Vt ***etw.*** **(*mit etw.*)** ***k.*** *geschr*; verschiedene Abläufe, Termine *o.Ä.* aufeinander abstimmen, damit alles reibungslos funktioniert: *Er koordiniert das Projekt* || *hierzu* **Ko·or·di·na·ti·o̱n** *die*; *-, -en*; **Ko·or·di·nie̱·rung** *die*

Kọpf *der*; *-(e)s, Köp·fe*; **1** der Teil des Körpers von Menschen u. Tieren, in dem Gehirn, Augen, Ohren, Mund u. Nase sind ⟨mit dem K. nicken; den K. neigen, bewegen, einziehen; mit erhobenem, gesenktem K.⟩ || ↑ *Abb. unter* ***Mensch*** || K-: ***Kopf-, -bewegung, -form, -haar, -haut, -massage, -nicken, -schuss, -stütze, -verletzung, -wunde*** **2** ***ein*** + *Adj* + ***K.*** *gespr*; ein Mensch mit großen geistigen Fähigkeiten ⟨ein kluger, geistreicher, heller, wacher, aufgeweckter, schlauer K.⟩ **3** ***der K.*** + *Gen* e-e Person od. Gruppe, die etw. leiten ⟨der K. e-s Unternehmens, e-r Organisation, e-r Firma⟩: *Er ist der K. der Bande* **4** eine von mehreren Personen: *Seine Familie zählt acht Köpfe*; *Pro K.* (= für jede einzelne Person) *werden 15 Euro Eintrittsgeld verlangt* || K-: ***Kopf-, -zahl*** **5** der obere runde Teil mancher Pflanzen, den man essen kann ⟨ein K. Kohl, Salat⟩ || K-: ***Kopf-, -salat*** || -K: ***Kohl-, Salat-*** **6** der vordere od. obere, *mst* runde Teil von etw. ⟨der K. e-s Nagels, e-r Pfeife, e-r Stecknadel, e-s Streichholzes⟩ || -K: ***Pfeifen-, Stecknadel-*** **7** der oberste Teil e-s Textes, *z.B.* Titel u. Datum e-r Zeitung, die Adresse am Anfang e-s Briefes *o.Ä.* || K-: ***Kopf-, -leiste, -zeile*** || -K: ***Brief-*** **8** der vorderste Teil (e-r Gruppe), zu dem die wichtigsten Leute gehören ⟨am K. e-r Tafel sitzen; am K. e-s Demonstrationszuges gehen⟩ **9** ***den K. / mit dem K. schütteln*** den K. (1) hin u. her bewegen u. dadurch ausdrücken, dass man etw. verneint, ablehnt, nicht versteht *o.Ä.* || K-: ***Kopf-, -schütteln***; ***kopf-, -schüttelnd*** **10** ***K. an K.*** eng, dicht zusammen, (in e-m Rennen, Wettbewerb *o.Ä.*) dicht beieinander: *Sie standen K. an K. (gedrängt), gingen K. an K. durchs Ziel* || K-: ***Kopf-an-Kopf-Rennen*** **11** ***von K. bis Fuß*** ganz u. gar, völlig ⟨sich von K. bis Fuß neu einkleiden; ein Gentleman von K. bis Fuß; nackt von K. bis Fuß⟩ || ID ***K. weg!*** verwendet, um j-n zu warnen, dass er vor e-r Gefahr den K. (1) einziehen soll; ***nicht auf den K. gefallen sein*** *gespr*; ziemlich schlau, nicht dumm sein; ***nicht*** **(*ganz*)** ***richtig im K. sein*** *gespr*; verrückt sein, verrückte Ideen haben; ***e-n schweren K. haben*** (*bes* vom Alkohol) Kopfweh haben; ***etw. steigt j-m in den K.*** etw. macht j-n benommen ⟨Alkohol, Düfte⟩; ***etw. steigt j-m in den K. / zu Kopf(e)*** etw. macht j-n übermütig od. eingebildet ⟨ein Erfolg, ein Lob⟩; ***etw. wächst j-m über den K.*** etw. wird zu viel für j-n ⟨die Arbeit⟩; ***bis über den K. in*** ⟨Arbeit, Schulden, Schwierigkeiten⟩ ***stecken*** viel zu viel Arbeit, Schulden *usw* haben; ***nicht wissen, wo einem der K. steht*** so viel Arbeit haben, dass man nicht weiß, wo man anfangen soll; ***j-m brummt / raucht / schwirrt der K.*** *gespr*; j-d ist vom Lernen od. Nachdenken ganz erschöpft; ***den K. voll*** **(*mit etw.*)** ***haben*** viel (über etw.) nachdenken müssen; ***etw. im K. behalten / haben*** sich etw. merken u. nicht vergessen: *Kannst du die Einkaufsliste im K. behalten?*; *Ich habe die Telefonnummer leider nicht im K.*; ***nichts*** **(*anderes*)** ***als j-n / etw. im K. haben*** *gespr*; zu sehr an eine ganz bestimmte Person / Sache denken: *Die Kinder haben nichts als Unsinn im K.*; *Du hast ja nur Mädchen im K.!*; ***etw. im K. rechnen*** etw. ohne Hilfsmittel, ohne es aufzuschreiben, rechnen; ***aus dem K.*** ≈ auswendig ⟨etw. aus dem K. aufsagen, können, wissen⟩; ***etw. geht j-m im K. herum***; ***j-d / etw. geht j-m nicht aus dem K.*** j-d muss immer wieder an j-n / etw. denken; ***etw. geht / will j-m nicht in den K.*** etw. ist so (unerwartet, unlogisch *o.Ä.*), dass es j-d nicht versteht: Es *will mir einfach nicht in den K.*, dass *ihr euch trennen wollt. Ihr habt euch doch immer so gut verstanden*; ***etw. geht / fährt / schießt j-m durch den K.*** etw. fällt j-m plötzlich ein; ***sich*** (*Dat*) ***etw. durch den K. gehen lassen*** längere Zeit über e-e Idee, e-n Vorschlag *o.Ä.* nachdenken, um sie zu prüfen; ***seinen K. anstrengen*** intensiv nachdenken, *bes* um e-e Lösung zu finden; ***sich*** (*Dat*) ***den K.*** **(*über j-n / etw.*)** ***zerbrechen / zermartern*** intensiv über j-n / etw. nachdenken; ***sich*** (*Dat*) ***etw. in den K. setzen*** etw. unbedingt erreichen, durchsetzen, haben wollen; ***sich*** (*Dat*) ***etw. aus dem K. schlagen*** e-n Plan, ein Ziel aufgeben, weil man sie nicht erreichen kann; ***seinen K. durchsetzen wollen*** gegen Widerstände versuchen, seine Wünsche od. Ziele zu erreichen; ***mit dem K. durch die Wand wollen*** *gespr*; etw. tun (durchsetzen) wollen, was unmöglich ist; ***mit dem K. gegen die Wand ren-***

Kopf

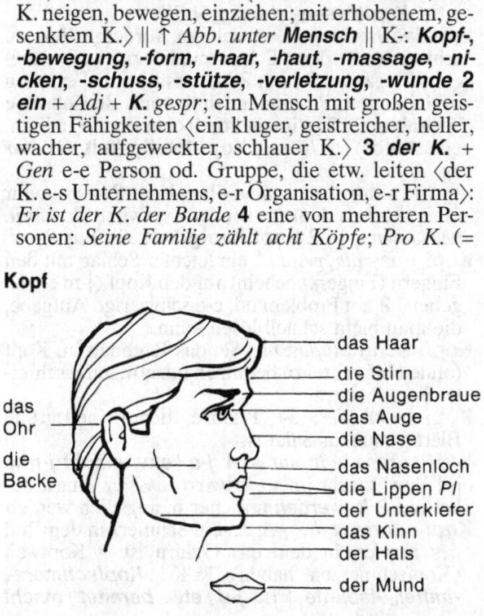

das Haar
die Stirn
die Augenbraue
das Ohr
das Auge
die Nase
die Backe
das Nasenloch
die Lippen *Pl*
der Unterkiefer
das Kinn
der Hals
der Mund

K

nen; ***sich*** (*Dat*) ***den K. an etw.*** (*Dat*) ***einrennen*** *gespr*; etw. trotz aller Anstrengung nicht erreichen (durchsetzen) können (weil der Widerstand zu groß ist); *mst …* ***u. wenn du dich auf den K. stellst!*** *gespr*; drückt aus, dass man etw. auf gar keinen Fall zulässt; ***e-n K. für sich / seinen eigenen K. haben*** e-n eigenen starken Willen haben; ***den K. einziehen*** *gespr*; den Mut verlieren (u. sich einschüchtern lassen); ***den K. hängen lassen*** resigniert, mutlos *o.Ä.* sein; ***K. hoch!*** verwendet, um j-m Mut zu machen, j-n zu trösten; ***den K. oben behalten*** den Mut nicht verlieren; ***den K. hoch tragen*** stolz sein; ***den K. verlieren*** in Panik geraten; ***e-n klaren / kühlen K. behalten / bewahren*** ruhig bleiben, nicht nervös werden; ***den / seinen K. in den Sand stecken*** von e-m Problem, e-r Gefahr nichts wissen wollen; ***sich*** (*Dat*) ***an den K. fassen / greifen*** *gespr*; für etw. Unsinniges kein Verständnis haben: *So e-e Dummheit. - Da muss man sich ja an den K. fassen!*; ***sich*** (*Dat Pl*) ***die Köpfe heiß reden*** *gespr*; sehr heftig diskutieren; ***sich*** (*Dat Pl*) **(*gegenseitig*)** ***die Köpfe einschlagen*** *gespr*; sich heftig streiten (u. prügeln); ***j-m den K. verdrehen*** *gespr*; erreichen, dass sich j-d in einen verliebt; ***j-m den K. zurechtrücken / zurechtsetzen*** j-n tadeln u. kritisieren; ***j-m den K. waschen*** *gespr*; j-n tadeln; *mst* ***Er / Sie wird dir schon nicht den K. abreißen*** *gespr*; er / sie wird nicht so böse reagieren, wie du (be)fürchtest; ***j-m etw. auf den K. zusagen*** j-m etw. (Negatives, Persönliches) ganz direkt sagen: *Sie sagte ihm auf den K. zu*, dass *er ein Betrüger sei*; ***j-m etw. an den K. werfen*** *gespr*; etw. Schlimmes (*bes* Beleidigendes) zu j-m sagen ⟨j-m Flüche, Beleidigungen, Schimpfwörter an den K. werfen⟩; ***j-n vor den K. stoßen*** ≈ j-n kränken; ***wie vor den K. geschlagen sein*** so überrascht od. entsetzt sein, dass man nicht reagieren kann; ***über seinen / ihren*** *usw* ***K. hinwegreden*** so über ein Thema reden, dass ein anderer / e-e andere nichts davon versteht; ***etw. geht über meinen*** *usw* ***K. hinweg*** etw. ist so schwierig, dass ich es nicht verstehe ⟨e-e Erklärung, ein Vortrag⟩; **(*etw.*)** ***über seinen / ihren*** *usw* ***K. hinweg*** ⟨entscheiden⟩ etw. entscheiden, ohne e-n anderen / e-e andere zu fragen od. zu informieren; ***j-m auf dem K. herumtanzen / herumtrampeln*** *gespr*; j-n ohne Respekt u. Rücksicht behandeln; ***den / seinen K. für j-n / etw. hinhalten*** **(*müssen*)** *gespr*; die negativen Folgen von etw. tragen (müssen), was man nicht verschuldet hat; ***K. u. Kragen / seinen K. riskieren*** *gespr*; sein Leben od. seine (berufliche, finanzielle) Existenz riskieren; ***Es geht um K. u. Kragen*** *gespr*; j-s Leben od. Existenz ist in Gefahr; ***etw. kostet j-m / j-n den Kopf*** etw. führt dazu, dass j-d seine (Arbeits)Stelle (bzw. *veraltend auch* sein Leben) verliert; ***j-n*** **(*um*)** ***einen K. kleiner / kürzer machen*** *gespr* ≈ j-n töten; ***j-s K. fordern*** fordern, dass j-d seine (Arbeits)Stelle verliert (bzw. *veraltend auch* getötet wird); ***den / seinen K. aus der Schlinge ziehen*** so geschickt reagieren, dass man seiner Strafe *o.Ä.* gerade noch entgehen kann; ***auf j-s K.*** ⟨steht e-e Belohnung, ist e-e Belohnung ausgesetzt⟩ wer den Genannten fängt od. verrät, der erhält e-e Belohnung; ***etw. auf den K. hauen*** *gespr*; Geld schnell (u. großzügig) für ein Vergnügen ausgeben: *Unseren Gewinn hauen wir heute Abend auf den K. - Erst gehen wir ins Kino u. dann ganz groß essen*; ***etw. steht auf dem K.*** etw. hängt od. steht so, dass die obere Seite unten ist ⟨ein Bild⟩; ***etw. auf den K. stellen*** **a)** die obere Seite von etw. nach unten drehen ⟨ein Bild auf den K. stellen⟩; **b)** *gespr*; etw. gründlich durchsuchen ⟨ein Haus, Zimmer⟩: *Ich habe das ganze Haus auf den K. gestellt, aber die Schlüssel habe ich nicht gefunden*; **c)** *gespr*; alles durcheinander bringen: *Die Kinder stellen immer die ganze Wohnung auf den K.*; **d)** *gespr*; etw. so (falsch) darstellen, dass es so wirkt, als ob das Gegenteil richtig wäre ≈ etw. verdrehen ⟨die Tatsachen, die Wahrheit auf den K. stellen⟩

> **Kopf ste·hen**; *stand Kopf, hat Kopf gestanden*; [Vi] *gespr*; sehr aufgeregt, überrascht *o.Ä.* sein: *Das ganze Dorf stand Kopf, als die Olympiasiegerin heimkehrte*

Kopf·ball *der*; ein Stoß des Balles mit dem Kopf

Kopf·be·de·ckung *die*; ein Hut, e-e Mütze od. ein Tuch für den Kopf

Köpf·chen *das*; *-s, -*; **1** ein kleiner Kopf **2** *gespr*; die Fähigkeit, gute Ideen zu haben ≈ Verstand ⟨K. haben; mit K. vorgehen⟩: *e-e Aufgabe mit K. lösen*; *K. muss man haben (, dann ist das kein Problem!)*

köp·feln; *köpfelte, hat geköpfelt*; [Vt/i] **(*etw.*)** ***k.*** *südd* Ⓐ ⒸⒽ *gespr* ≈ köpfen (4)

köp·fen; *köpfte, hat geköpft*; [Vt] **1** ***j-n k.*** j-n töten, indem man ihm den Kopf abschlägt ≈ enthaupten **2** ***etw. k.*** den oberen Teil von etw. abschlagen, abschneiden: *die Blumen, ein Ei k.* **3** ***e-e Flasche k.*** *gespr*; e-e Flasche Wein *o.Ä.* öffnen (u. den Inhalt trinken); [Vt/i] **4** **(*etw.*)** ***k.*** e-n Ball mit dem Kopf irgendwohin stoßen: *den Ball ins Tor k.*

Kopf·en·de *das*; die Seite des Bettes, auf die man den Kopf legt ↔ Fußende

Kopf·hö·rer *der*; ein Gerät (mit zwei Hörern an e-m Bügel), das man an die Ohren legt u. mit dem man dann Musik hören kann, ohne andere dadurch zu stören ⟨den K. aufsetzen, abnehmen⟩

-köp·fig *im Adj, begrenzt produktiv, nicht adv*; **1** mit der genannten Zahl von Personen, Mitgliedern; ***zweiköpfig, dreiköpfig*** *usw* ⟨e-e Familie; ein Gremium⟩ **2** mit der genannten Zahl od. Art von Köpfen; ***zweiköpfig, dreiköpfig***, *usw*; ***mehrköpfig, großköpfig*** *usw* ⟨ein Ungeheuer⟩ **3** mit der genannten Art von Haarwuchs am Kopf; ***glatzköpfig, kahlköpfig, krausköpfig, lockenköpfig***

Kopf·kis·sen *das*; ein weiches Kissen für den Schlaf || K-: ***Kopfkissen-, -bezug, -hülle***

kopf·las·tig *Adj*; **1** in seinem vorderen Teil zu schwer (mit dem Schwerpunkt zu weit vorn) ⟨ein Flugzeug, Schiff⟩ **2** so, dass zu viele Personen in leitenden Positionen sind ⟨ein Betrieb, e-e Verwaltung⟩ **3** zu intellektuell ⟨ein Buch, ein Film; ein Autor⟩ || *hierzu* **Kopf·las·tig·keit** *die*; *nur Sg*

kopf·los *Adj*; **1** *nicht adv*; ohne Kopf **2** nicht mehr fähig, klar zu denken (sondern verwirrt): *k. hin u. her laufen* || *zu* **2 Kopf·lo·sig·keit** *die*; *nur Sg*

Kopf·nuss *die*; *gespr*; **1** ein leichter Schlag mit den Fingern (Fingerknöcheln) auf den Kopf ⟨j-m e-e K. geben⟩ **2** ein Problem od. e-e schwierige Aufgabe, die man nicht schnell lösen kann

Kopf·rech·nen *das*; *nur Sg*; das Rechnen im Kopf (ohne Hilfsmittel zu benutzen od. etw. aufzuschreiben)

Kopf·sa·lat *der*; e-e Pflanze, deren (hell)grüne Blätter man als Salat isst

kopf·scheu *Adj*; *nur in* **1** ***j-d / etw. macht j-n k.*** j-d / etw. macht j-n so verwirrt, dass er Angst bekommt **2** ***k. werden*** unsicher u. ängstlich werden

Kopf·schmerz *der*; *mst Pl*; ein Schmerz in dem Teil des Kopfes, in dem das Gehirn ist ≈ Kopfweh ⟨Kopfschmerzen haben⟩ || K-: ***Kopfschmerz-, -mittel, -tablette*** || ID ***j-d / etw. bereitet / macht***

j-m Kopfschmerzen *gespr*; j-d / etw. macht j-m Sorgen; ***sich*** (*Dat*) ***über etw.*** (*Akk*) ***/ wegen etw. keine Kopfschmerzen machen*** *gespr*; sich keine Sorgen machen

Kopf·schmuck *der*; etw. (e-e Haube, Bänder *o.Ä.*), was man als Schmuck auf den Kopf (1) setzt: *der K. aus Federn, den Indianer tragen*

Kopf·sprung *der*; ein Sprung ins Wasser mit dem Kopf bzw. den Händen voran ⟨e-n K. machen⟩

Kopf·stand *der*; e-e (Turn)Übung, bei der man auf dem Kopf steht u. sich mit den Händen abstützt ⟨e-n K. machen⟩

Kopf·stein·pflas·ter *das*; ein Straßenbelag aus kleinen (runden od. viereckigen) Steinen

Kopf·stim·me *die*; *nur Sg*, *Mus*; e-e besondere Art des Singens von sehr hohen Tönen (bei der der Brustraum nicht mitschwingt) ≈ Falsett

Kopf·tuch *das*; ein Tuch, das man um den Kopf legt u. *mst* unter dem Kinn zusammenbindet

kopf·über *Adv*; mit dem Kopf voran ⟨k. ins Wasser springen, die Treppe herunterfallen⟩

kopf·un·ter *Adv*; mit dem Kopf nach unten ⟨k. am Reck hängen⟩

Kopf·weh *das*; *nur Sg*; *gespr* ≈ Kopfschmerzen ⟨K. haben⟩

Kopf·zer·bre·chen *das*; *-s*; *nur Sg*; die intensive (u. angestrengte) Überlegung, durch die man ein schwieriges Problem zu lösen sucht ⟨j-d / etw. bereitet j-m K.; sich (*Dat*) über etw. (*Akk*) (kein) K. machen⟩

Ko·pie *die*; -, *-n* [-'piː(ə)n]; **1** die genaue Nachahmung e-s Gegenstands (oft e-s Kunstwerks) ≈ Imitation ↔ Original ⟨die K. e-s Gemäldes, e-r Statue, e-s Schlüssels; e-e K. anfertigen, machen⟩ **2** ein Blatt Papier, auf das der Text *o.Ä.* e-s anderen Blattes durch ein besonderes Verfahren (durch Belichtung) übertragen wurde ⟨e-e beglaubigte K.⟩: *Bitte machen Sie vom Vertrag drei Kopien!* || -K: ***Farb-, Foto-*** **3** *EDV*; e-e zweite Datei mit demselben Inhalt wie e-e andere, in der Daten zur Sicherheit noch einmal gespeichert werden ⟨e-e K. machen, ziehen⟩ || -K: ***Sicherheits-, Sicherungs-***

ko·pie·ren; *kopierte, hat kopiert*; [Vt/i] **1** ***(etw.) k.*** e-e Kopie (1,2) von etw. machen (anfertigen); [Vt] **2** ***j-n / etw. k.*** j-n / etw. als Muster od. Vorbild nehmen u. sie nachahmen ≈ imitieren: *Sie versucht ständig, ihre Schwester zu k. - Jetzt kleidet sie sich sogar schon wie sie*

Ko·pie·rer *der*; *-s*, -; ≈ Kopiergerät || -K: ***Foto-***

Ko·pier·ge·rät *das*; ein Gerät, das (Foto)Kopien von Texten od. Bildern herstellt || -K: ***Foto-***

Ko·pi·lot *der*; der zweite Pilot e-s Flugzeugs || *hierzu* **Ko·pi·lo·tin** *die*; -, *-nen*

Kop·pel[1] *die*; -, *-n*; e-e Weide[1] mit e-m Zaun: *Pferde auf die K. führen* || -K: ***Pferde-***

Kop·pel[2] *das*; *-s*, -; ein (breiter) Gürtel, *mst* als Teil e-r Uniform ⟨das K. umschnallen⟩ || K-: ***Koppel-, -schloss***

kop·peln; *koppelte, hat gekoppelt*; [Vt] **1** ***etw. an etw.*** (*Akk*) ***/ mit etw. k.*** ein Gerät od. Fahrzeug an ein anderes hängen, mit ihm verbinden: *den Wohnwagen ans Auto k.*; *das Radio mit dem Kassettenrekorder k.* **2** ***etw. an etw.*** (*Akk*) ***/ mit etw. k.*** *geschr*; etw. an e-e Voraussetzung binden, von ihr abhängig machen: *ein Angebot an bestimmte Voraussetzungen k.* || *hierzu* **Kop·pe·lung**, **Kopp·lung** *die*

Ko·pro·duk·ti·on [-tsioːn] *die*; **1** die gemeinsame Arbeit (von Gruppen aus verschiedenen Ländern) *bes* an e-m Film od. e-r Fernsehsendung: *e-n Film in K. drehen* **2** ein Film, der von verschiedenen Produzenten gemeinsam gemacht wird: *e-e französisch-italienische K.*

ko·pu·lie·ren; *kopulierte, hat kopuliert*; [Vi] ⟨ein Tier⟩ ***kopuliert mit*** ⟨e-m Tier⟩; ⟨Tiere⟩ ***kopulieren*** *geschr*, *Biol*; zwei Tiere begatten sich || *hierzu* **Ko·pu·la·ti·on** *die*; -, *-en*

Ko·ral·le *die*; -, *-n*; *mst Pl*; **1** eines von vielen kleinen Tieren, die in warmen Meeren in großer Zahl zusammenleben u. die (hohe) Wände u. Türme aus e-r harten, weißen od. rötlichen Substanz (Kalk) bilden || K-: ***Korallen-, -kolonie*** **2** ein Gebilde aus abgestorbenen Korallen (1) || K-: ***Korallen-, -bank, -insel, -riff*** **3** ein kleines Stück K. (2), das man als Schmuck trägt: *ein Armband aus rosa Korallen* || K-: ***Korallen-, -armband, -kette, -schmuck***; ***korallen-, -rot***

Ko·ran *der*; *-s*; *nur Sg*; das heilige Buch des Islam || K-: ***Koran-, -schule***

Korb *der*, *-(e)s*, *Kör·be*; **1** ein leichter Behälter, der aus gebogenen Stäben, geflochtenen Streifen *o.Ä.* gemacht ist ⟨ein K. aus Weide(nruten), aus Draht; e-n K. flechten⟩: *Brötchen in e-m K. auf den Tisch stellen*; *e-n K. mit Wäsche in den Garten tragen*; *Unser Hund schläft in seinem K.* || K-: ***Korb-, -flechter, -macher*** || -K: ***Bast-, Draht-, Weiden-***; ***Brot-, Geschenk-, Obst-, Papier-, Wäsche-***; ***Einkaufs-, Näh-, Hunde-, Katzen-***; ***Schlaf-*** **2** ***ein K.*** + *Subst* (*Kollekt od Pl*) die Menge von etw., die in e-m K. (1) Platz hat ⟨ein K. Äpfel, Eier, Fische⟩ **3** *nur Sg*; ein geflochtenes Material aus (Weiden)Zweigen *o.Ä.*, aus dem man Körbe (1) u. Möbel herstellt: *ein Stuhl aus K.* || K-: ***Korb-, -geflecht, -sessel, -stuhl, -(kinder)wagen, -waren*** **4** der Teil e-s (Fessel)Ballons *o.Ä.*, in dem man sitzt od. steht **5** *Sport*; ein Ring aus Metall mit e-m Netz, in den man (beim Basketball *o.Ä.*) den Ball wirft, um Punkte zu bekommen ⟨e-n K. erzielen, werfen⟩ || ID ***j-m e-n K. geben*** ein Angebot (*bes* e-n Heiratsantrag od. e-e Aufforderung zum Tanz) ablehnen; ***j-d holt sich e-n K.***; ***j-d bekommt e-n K.*** j-d wird abgelehnt

Korb

kör·be·wei·se *Adv*; *gespr*; in großer Menge: *k. Pilze sammeln*

Kord *der*; *-(e)s*; *nur Sg*; ein dicker, *mst* weicher, gerippter Stoff aus Baumwolle || K-: ***Kord-, -hose, -jacke, -jeans, -samt***

Kor·del *die*; -, *-n*; e-e dicke (*mst* verzierte) Schnur aus mehreren Fäden

Kor·don [kɔr'dõː] *der*; *-s*, *-s*; *Kollekt*, *geschr*; e-e Kette (7) aus Polizisten od. Soldaten, die so e-e Zone sperren *o.Ä.*: *Die Polizisten bildeten e-n K.* || -K: ***Polizei-***

Ko·ri·an·der *der*; *-s*; *nur Sg*; e-e Pflanze, deren Samen man als Gewürz verwendet

Ko·rin·the *die*; -, *-n*; e-e kleine, dunkle Rosine ohne Kerne || K-: ***Korinthen-, -brot***

Ko·rin·then·ka·cker *der*; *-s*, -; *vulg* ≈ Pedant

Kork[1] *der*; *-(e)s*, *-e*; ein leichtes, braunes u. poröses Material, das aus Rinde (der Korkeiche) gewonnen wird u. aus dem man *bes* Korken u. Isoliermaterial macht || K-: ***Kork-, -eiche, -platte, -tapete***

Kork[2] *der*; *-s*, *-en*; *südd* Ⓐ ≈ Korken

Kor·ken *der*; *-s*, -; ein kleines, rundes Stück Kork od. Plastik, mit dem man Flaschen verschließt ⟨den K. (heraus)ziehen⟩ || -K: ***Flaschen-, Sekt-*** || NB: ↑ ***Stöpsel***

Kọr·ken·zie·her *der*; *-s, -*; ein Gerät mit e-m Griff u. e-r festen Spirale aus Metall, mit dem man den Korken aus der Flasche zieht

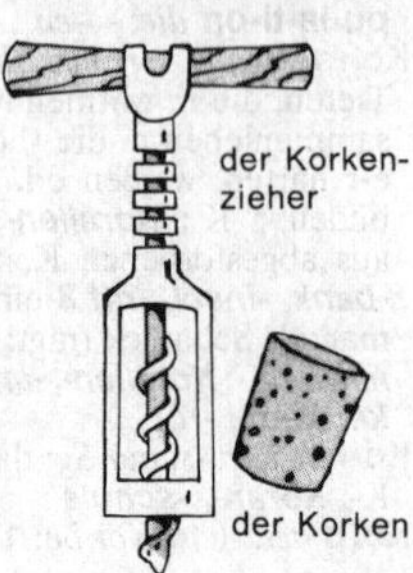

Kọr·mo·ran *der*; *-s, -e*; ein großer, *mst* schwarzer Vogel, der am Wasser lebt u. Fische fängt

Kọrn[1] *das*; *-(e)s, Kör·ner*; **1** der feste Samen, aus dem die Pflanze (*bes* Getreide) wächst ⟨Vögel picken Körner (auf), fressen Körner⟩: *Hühner mit Körnern füttern* || K-: ***Körner-, -futter*** || -K: ***Saat-, Samen-; Gersten-, Hafer-, Hirse-, Mais-, Reis-, Roggen-, Weizen-*** **2** ***ein K.*** + *Subst* etw. von der Form e-s Korns[1] (1) ⟨ein paar Körner Salz, Sand⟩ || -K: ***Gold-, Hagel-, Sand-, Staub-*** **3** *nur Sg, Kollekt*; Getreide, aus dem man Brot macht ⟨K. anbauen, ernten, dreschen⟩ || K-: ***Korn-, -ähre, -ernte, -feld, -speicher*** **4** die kleine Spitze auf dem Lauf e-s Gewehrs, die hilft, es genau auf ein Ziel zu richten ⟨über Kimme u. K. sehen⟩ **5** *nur Sg*; die Beschaffenheit e-s Materials od. seiner Oberfläche ⟨ein Film, Holz, Papier, Stein *usw* mit feinem, grobem K.⟩: *Je feiner das K. e-s Fernsehbildes ist, um so klarer wirkt es* || ID ***j-n / etw. aufs K. nehmen*** *gespr*; **a)** mit dem Gewehr auf j-n / etw. zielen; **b)** j-n / etw. genau beobachten u. mit Spott u. Witz heftig kritisieren

Kọrn[2] *der*; *-s*; *nur Sg, gespr*; ein starkes alkoholisches Getränk, das aus Getreide hergestellt wird

Kọrn·blu·me *die*; e-e leuchtend blaue Blume, die *bes* auf den Feldern im Getreide wächst || K-: ***kornblumen-, -blau***

Kọ̈r·ner·fres·ser *der*; *-s, -*; **1** *Zool*; ein Vogel, der von Körnern lebt ↔ Insektenfresser **2** *gespr hum od pej*; j-d, der viel Getreide (*z.B.* Müsli) u. wenig Fleisch isst

kọ̈r·nig *Adj*; ⟨Sand, Schnee, Reis⟩ so, dass die einzelnen Körner nicht zusammenkleben || -K: ***fein-, grob-***

Ko·ro·na *die*; *-, Ko·ro·nen*; *mst Sg* **1** der helle Ring aus Licht, der die Sonne umgibt **2** *Kollekt, gespr hum*; e-e lockere Gruppe von Menschen, die etw. gemeinsam unternehmen

Kör·per *der*; *-s, -*; **1** die Haut, die Muskeln, die Knochen *usw*, aus denen ein Mensch od. Tier besteht ≈ Leib, Organismus ⟨der männliche, weibliche, menschliche, tierische K.; ein gut gebauter, athletischer, durchtrainierter, muskulöser, zarter, schwacher, gebrechlicher, verbrauchter K.; am ganzen K. zittern⟩: *Er rieb sich am ganzen K. mit Sonnenöl ein* || K-: ***Körper-, -bau, -beherrschung, -geruch, -größe, -haltung, -kontakt, -kraft, -öffnung, -organ, -pflege, -stelle, -teil, -temperatur, -wärme*** **2** der K. (1) ohne Arme, Beine, Hals u. Kopf ≈ Rumpf, Leib: *Beim Boxen sind Schläge auf den K. unterhalb der Gürtellinie verboten* || -K: ***Ober-, Unter-*** **3** *Math*; e-e (dreidimensionale) Figur ↔ Fläche: *E-e Kugel ist ein runder K.* || -K: ***Hohl-*** **4** *Phys*; ein Gegenstand, ein Stück Materie || -K: ***Flug-, Himmels-*** **5** *Chem*; eine der Substanzen, die es auf der Erde gibt ≈ Stoff, Materie ⟨ein fester, flüssiger, gasförmiger K.⟩

kọ̈r·per·be·hin·dert *Adj*; *nicht adv*; mit e-m körperlichen Mangel od. Schaden, der den Betroffenen bei vielen Aktivitäten behindert || *hierzu* **Kọ̈r·per·be·hin·der·te** *der / die*; *-n, -n*; **Kọ̈r·per·be·hin·de·rung** *die*

kọ̈r·per·lich *Adj*; *nur attr od adv*; in Bezug auf den Körper (1) ≈ physisch ⟨Arbeit, Anstrengung, Ertüchtigung, Liebe; k. behindert sein⟩: *körperliches Unbehagen empfinden*; *in guter körperlicher Verfassung sein*

Kọ̈r·per·schaft *die*; *-, -en*; *Jur*; e-e Organisation, ein Betrieb *o.Ä.* mit bestimmten Rechten u. Pflichten: *Rundfunkanstalten sind Körperschaften des öffentlichen Rechts* || K-: ***Körperschafts-, -steuer***

Kọ̈r·per·spra·che *die*; die Haltung u. die Bewegungen des Körpers, Mimik u. Gestik (die etw. über die Stimmung des Menschen mitteilen)

Kọ̈r·per·teil *der*; ein Teil des Körpers von Mensch od. Tier, *z.B.* Arm od. Bein

Kor·po·ra·ti·on [-'tsi̯oːn] *die*; *-, -en*; *geschr* ≈ Körperschaft

Korps [koːɐ̯] *das*; *-, -* [koːɐ̯s]; *Kollekt*; **1** *Mil*; ein großer Truppenverband (aus mehreren Divisionen) || -K: ***Armee-*** **2** ***das diplomatische K.*** alle Botschafter in e-m bestimmten Land, die ihre Regierungen vertreten **3** e-e besondere Art von studentischer Verbindung (7) || K-: ***Korps-, -geist, -student***

kor·pu·lẹnt *Adj*; *nicht adv*; ziemlich dick ↔ mager ⟨Menschen⟩ || *hierzu* **Kor·pu·lẹnz** *die*; *-*; *nur Sg*

Kọr·pus[1] *das*; *-, Kor·po·ra*; *Kollekt*; *Ling*; e-e große Sammlung von (repräsentativen) Texten, Äußerungen *usw*

Kọr·pus[2] *der*; *-, -se*; *gespr hum*; der menschliche Körper

kor·rẹkt *Adj*; **1** so, dass bestimmte (gesellschaftliche) Normen genau eingehalten werden ≈ tadellos ↔ inkorrekt ⟨ein Handeln, ein Benehmen; sich k. benehmen, verhalten, kleiden⟩ **2** richtig ↔ falsch ⟨ein Ergebnis; etw. k. aussprechen⟩ || *hierzu* **Kor·rẹkt·heit** *die*; *-*; *nur Sg*; **kor·rẹk·ter·wei·se** *Adv*

Kor·rek·tiv [-f] *das*; *-s, -e* [-və]; *geschr*; ein Faktor, der Unterschiede ausgleicht u. der regulierend wirkt

Kor·rẹk·tor *der*; *-s, Kor·rek·to·ren*; *geschr*; j-d, der *bes* beim Druck e-s Buches od. e-r Zeitung die Fehler berichtigt

Kor·rek·tur *die*; *-, -en*; **1** (*bes* in geschriebenen od. gedruckten Texten) die Verbesserung e-s Textes, der Fehler hat ⟨Korrekturen anbringen, vornehmen⟩: *Lehrer machen ihre Korrekturen meist mit roter Farbe* || K-: ***Korrektur-, -abzug, -fahne, -taste, -zeichen*** **2** *geschr*; die Änderung von etw., das nicht (mehr) richtig ist: *die K. des Kurses e-s Schiffes* || -K: ***Kurs-*** || ► ***korrigieren***

Kor·re·la·ti·on [-'tsi̯oːn] *die*; *-, -en*; ***e-e K.*** (***mit / zu etw.***); ***e-e K.*** (***zwischen etw.*** (*Dat*) ***u. etw.*** (*Dat*) / ***zwischen etw.*** (*Dat Pl*)) *geschr*; der Zusammenhang u. die (Wechsel)Beziehung zwischen mehreren Faktoren, *bes* zwischen Ursache u. Wirkung: *Diese Faktoren stehen in K.*; *dass e-e K. zwischen Rauchen u. Magenkrebs besteht, ist bewiesen* || *hierzu* **kor·re·lie·ren** (*hat*) *Vi*

Kor·res·pon·dẹnt *der*; *-en, -en*; ein Journalist, der für die Presse, den Rundfunk od. das Fernsehen (regelmäßig von e-m bestimmten Land, e-r bestimmten Stadt) berichtet: *Wir schalten um zu unserem Korrespondenten nach Moskau* || K-: ***Korrespondenten-, -bericht*** || -K: ***Auslands-*** || NB: *der Korrespondent*; *den, dem, des Korrespondenten* || *hierzu* **Kor·res·pon·dẹn·tin** *die*; *-, -nen*

Kor·res·pon·dẹnz *die*; *-, -en*; *geschr*; **1** *nur Sg*; das Schreiben u. der Austausch von Briefen ≈ Briefwechsel (1) ⟨mit j-m e-e rege, lebhafte K. führen, haben, unterhalten; die K. erledigen; mit j-m in K. stehen; die K. abbrechen⟩ **2** *Kollekt*; die Briefe, die j-d geschrieben u. bekommen hat: *Kopien der ge-*

samten K. wurden in Ordnern gesammelt || -K: ***Geheim-, Geschäfts-, Handels-, Privat-***
kor·res·pon·die·ren; *korrespondierte, hat korrespondiert*; Vi *geschr*; **1 *mit j-m k.*** j-m regelmäßig Briefe schreiben u. von ihm welche bekommen **2 *etw. korrespondiert mit etw.***; ⟨Dinge⟩ ***korrespondieren miteinander*** etw. steht in e-m Zusammenhang mit etw., passt zu etw.: *Körperliche u. psychische Spannungen korrespondieren miteinander; Diese beiden Farben korrespondieren nicht miteinander*
Kor·ri·dor *der*; *-s, -e*; **1** ein Gang in e-m Haus, e-r Wohnung ≈ Flur[1] **2** ein schmaler Streifen Land, der e-n Staat durch ein anderes Land hindurch mit dem Meer od. e-m anderen Teil des Staates verbindet
kor·ri·gie·ren; *korrigierte, hat korrigiert*; Vt/i **1 *(etw.) k.*** e-n Text lesen u. die Fehler berichtigen: *Die Lehrerin korrigiert die Aufsätze*; Vt **2 *j-n / sich / etw. k.*** e-n Fehler bemerken (auf ihn hinweisen) u. ihn beseitigen ≈ berichtigen ⟨j-s Aussprache, e-n Fehler k.⟩ **3 *etw. k.*** ≈ (positiv) ändern ⟨seine Meinung, Ansichten k.⟩ || ► ***Korrektur***
Kor·ro·si·on [-'tsio:n] *die*; *-; nur Sg, geschr*; die Zerstörung von Metallen durch Rost ⟨etw. gegen / vor K. schützen; etw. geht in K. über⟩ || K-: ***Korrosions-, -schutz; korrosions-, -beständig*** || *hierzu* **kor·ro·die·ren** *(hat) Vi*
kor·rum·pie·ren; *korrumpierte, hat korrumpiert*; Vt ***j-n k.*** *geschr pej*; j-n durch Geld *o.Ä.* zu bestimmten Handlungen bewegen, die moralisch nicht gerechtfertigt werden können ≈ bestechen ⟨e-n Politiker k.; e-e korrumpierte Gesellschaft⟩ || *hierzu* **Kor·rum·pie·rung** *die; nur Sg*
kor·rupt, *korrupter, korruptest-*; *Adj*; *pej* ≈ bestechlich: *ein korrupter Beamter* || *hierzu* **Kor·rupt·heit** *die; nur Sg*
Kor·rup·ti·on [-'tsio:n] *die*; *-, -en*; *pej*; **1** ≈ Bestechung ⟨Fälle von K. aufdecken⟩ || K-: ***Korruptions-, -affäre, -skandal*** **2** *nur Sg* ≈ Bestechlichkeit: *die K. in der Regierung bekämpfen*
Kor·sar *der*; *-en, -en*; *hist* ≈ Pirat (*bes* im Mittelmeer) || NB: *der Korsar; den, dem, des Korsaren*
Kor·sett *das*; *-s, -s / -e*; **1** *Med*; ein fester (Gips)Verband um den Körper (*bes* bei Verletzungen des Rückens) **2** ein sehr enges Kleidungsstück mit festen Stäben, das Frauen *bes* früher unter den Kleidern trugen, um ihrer Figur e-e schlanke Form zu geben ≈ Mieder ⟨ein K. tragen; das K. schnüren⟩
Kor·so *der*; *-s, -s*; e-e (festliche) Fahrt von vielen (*mst* geschmückten) Wagen in e-r Reihe || -K: ***Blumen-*** || NB: ↑ ***Umzug***
Kor·ti·son *das*; *-s*; *nur Sg, Med*; ein starkes Medikament (gegen Entzündungen *o.Ä.*), das aus e-m Hormon hergestellt wird ⟨K. spritzen⟩: *Rheuma mit K. behandeln*
Ko·ry·phäe [kory'fɛ:ə] *die*; *-, -n*; *geschr*; ein sehr guter Fachmann, Wissenschaftler ≈ Experte ⟨e-e anerkannte K.⟩: *Er ist / gilt als e-e K. auf dem Gebiet der Gefäßchirurgie*
Ko·sak *der*; *-en, -en*; *hist*; ein Soldat im zaristischen Russland, der vom Pferd aus kämpfte || K-: ***Kosaken-, -chor, -mütze*** || NB: *der Kosak; den, dem, des Kosaken*
ko·scher *Adj*; **1** ⟨Fleisch, Speisen; k. essen, kochen⟩ so, wie es die Religion den Juden vorschreibt **2** *mst* ***j-d / etw. ist (j-m) nicht ganz k.*** *gespr pej*; ein Mensch, bestimmte Geschäfte, Vorgänge *o.Ä.* sind so, dass man ihnen nicht (ganz) vertrauen kann
Ko·se·form *die*; e-e (Kurz)Form des Namens, die man unter Freunden, in der Familie *o.Ä.* verwendet: *„Gabi" ist die K. von „Gabriele"*
ko·sen; *koste, hat gekost*; Vt/i **1 *(j-n) k.*** liebevoll u. zärtlich zu j-m sein, j-n streicheln ≈ liebkosen || K-: ***Kose-, -name, -wort***; Vi **2 *mit j-m k.*** ≈ k. (1)
Ko·si·nus *der*; *-, - / -se*; *mst Sg, Math*; ***der K. (e-s Winkels)*** ein Bruch[1] (6), der (beim rechtwinkligen Dreieck) das Verhältnis von Ankathete zu Hypotenuse ausdrückt ↔ Sinus; *Abk* cos
Kos·me·tik *die*; *-*; *nur Sg*; **1** die Anwendung von Cremes, Lippenstift, Puder *usw*, um den Körper, *bes* das Gesicht zu pflegen u. schöner zu machen ≈ Schönheitspflege || K-: ***Kosmetik-, -abteilung, -industrie, -koffer, -tasche*** **2** *gespr*; rein oberflächliche Änderungen od. Korrekturen
Kos·me·ti·ke·rin *die*; *-, -nen*; e-e Frau, die beruflich andere Menschen kosmetisch pflegt
kos·me·tisch *Adj*; *nur attr od adv*; **1** dafür bestimmt od. geeignet, den Körper u. das Gesicht zu pflegen od. schöner zu machen ⟨e-e Creme, e-e Operation⟩ **2** ⟨e-e Maßnahme⟩ so, dass sie nur den äußeren Eindruck (die Oberfläche) e-r Sache od. e-s Problems betrifft (ohne die wirklichen Fehler, Missstände zu beseitigen): *Die Steuerreform war lediglich e-e kosmetische Korrektur. - E-e gerechtere Aufteilung der Lasten hat sie nicht gebracht*
kos·mi·sch- *Adj*; *nur attr, nicht adv*; im od. aus dem Kosmos, den Weltraum betreffend ⟨Entfernungen, Strahlen; e-e Station, ein Flugkörper⟩
Kos·mo·naut *der*; *-en, -en*; ein Astronaut der ehemaligen Sowjetunion od. e-s anderen Landes im ehemaligen Ostblock || NB: *der Kosmonaut; den, dem, des Kosmonauten* || *hierzu* **Kos·mo·nau·tin** *die*; *-, -nen*; **kos·mo·nau·tisch** *Adj*
Kos·mos *der*; *-*; *nur Sg, geschr*; das ganze Weltall ≈ Universum || ► ***kosmisch***
Kost *die*; *-*; *nur Sg*; **1** das, womit sich j-d ernährt ≈ Nahrung, Essen ⟨einfache, leichte, bekömmliche, fleischlose, salzarme, vegetarische K.⟩ || -K: ***Gefängnis-, Kranken(haus)-; Roh-; Schon-; Tiefkühl-*** **2 *(freie) K. u. Logis*** Unterkunft u. Essen, für die man (nichts) zahlen muss **3 *j-n in K. nehmen*** *veraltend*; für j-n (gegen Bezahlung) regelmäßig das Essen machen || K-: ***Kost-, -geld***
kost·bar *Adj*; **1** sehr wertvoll u. *mst* selten u. daher sehr teuer: *ein kostbarer Teppich* **2** von hohem Wert, sehr wichtig für j-n, sodass man sorgfältig damit umgeht, nichts vergeudet: *Meine Zeit ist mir zu k., um sie mit solchem Unsinn zu verbringen*
Kost·bar·keit *die*; *-, -en*; **1** ein seltener, kostbarer (1) Gegenstand: *Die königliche Schatzkammer beinhaltet viele erlesene Kostbarkeiten* **2** *nur Sg*; ein sehr hoher Wert: *Der Ring ist von großer K.*
kos·ten[1]; *kostete, hat gekostet*; Vt **1 *etw. kostet*** + *Wertangabe*; etw. hat e-n bestimmten Preis: *Die Eier kosten zwanzig Cent pro / das Stück; Der Eintritt kostet für Kinder unter zehn Jahren nur die Hälfte; Was kostet e-e Fahrt nach Hamburg?*; Vt **2 *etw. kostet j-n etw.*** (*Akk*) für etw. muss j-d etw. hergeben, tun od. ertragen ⟨etw. kostet j-n nur e-n Anruf, schlaflose Nächte, viel Schweiß⟩: *Dieser Aufsatz hat mich viele Stunden harte(r) Arbeit gekostet; Es hat ihn viel Überwindung gekostet, sich bei ihr zu entschuldigen* **3 *etw. kostet j-n etw.*** (*Akk*) etw. ist die Ursache, der Grund dafür, dass j-d etw. verliert ⟨etw. kostet j-n Haus u. Hof, viel Kraft u. Nerven, die Stellung⟩: *Seine Unachtsamkeit im Straßenverkehr kostete ihn das Leben* **4 *sich*** (*Dat*) ***etw. (et)was k. lassen*** zu e-m besonderen Anlass (viel) Geld für j-n ausgeben: *Er ließ sich seine Beförderung etwas k. u. spendierte seinen Kollegen Sekt* || NB: *zu* **2,3** u. **4**: kein Passiv! || ID ***koste es, was es wolle*** ≈ unbedingt: *Er wollte an dem Wettkampf teilnehmen, koste es, was es wolle*
kos·ten[2]; *kostete, hat gekostet*; Vt/i **1 *(etw.) k.*** e-e kleine Menge von etw. essen od. trinken, um zu prüfen,

K

wie etw. schmeckt ≈ probieren: *e-n Löffel Suppe k.*; [Vi] **2 von etw. k.** e-e kleine Menge von e-r Speise probieren

Kọs·ten *die*; *Pl*; **die K. (für etw.)** das Geld, das man aus e-m bestimmten Grund ausgeben muss ≈ Ausgaben, Aufwand ⟨gleich bleibende, steigende, sinkende, erhöhte, geringfügige, erhebliche K.; K. sparen; etw. verursacht K.; keine K. scheuen; für alle K. aufkommen, die K. ersetzen⟩: *die K. für Miete u. Heizung*; *Durch den Kauf moderner Maschinen sanken die K. der Produktion* || K-: ***Kosten-, -aufwand, -berechnung, -entwicklung, -erstattung, -explosion, -senkung, -steigerung*** || -K: ***Behandlungs-, Benzin-, Betriebs-, Gerichts-, Herstellungs-, Lohn-, Personal-, Reparatur-, Verwaltungs-*** || ID **auf meine / seine** *usw* **K.** so, dass ich / er *usw* dafür bezahle / bezahlt ⟨auf j-s K. leben, wohnen⟩: *Wer schwarz fährt* (= *z.B.* U-Bahn fährt, ohne zu bezahlen), *fährt auf K. der anderen*; ***auf seine / ihre*** *usw* **K.** so, dass er / sie das Opfer, Ziel e-s Witzes *o.Ä.* ist ⟨auf j-s K. e-n Spaß, e-n Witz machen, sich amüsieren⟩; ***etw. geht auf K.*** + *Gen* / ***von j-m / etw.*** ≈ etw. schadet j-m / etw.: *Das Rauchen geht auf K. deiner Gesundheit*; ***auf seine K. kommen*** das bekommen, was man erhofft, sich gewünscht hat ⟨auf e-m Fest, im Urlaub *usw* (voll) auf seine K. kommen⟩

K

Kọs·ten spa·rend *Adj*; so, dass wenig(er) Kosten entstehen: *ein neues, Kosten sparendes Verfahren*

kọs·ten·de·ckend *Adj*; so, dass kein (finanzieller) Verlust entsteht ⟨Preise; k. produzieren⟩

kọs·ten·güns·tig *Adj*; mit niedrigen Kosten ⟨e-e Produktion⟩

kọs·ten·in·ten·siv *Adj*; mit hohen Kosten ⟨e-e Produktion⟩

kọs·ten·los *Adj*; so, dass man nichts dafür zahlen muss ≈ gratis: *Der Eintritt für Kinder unter sechs Jahren ist k.*

kọs·ten·pflich·tig *Adj*; *Jur*; ⟨e-e Verwarnung, e-e Mahnung⟩ so, dass man dafür etw. (e-e Gebühr) bezahlen muss ≈ gebührenpflichtig

Kọs·ten·punkt *(der) gespr*; der Preis, die Höhe der Kosten für e-e Anschaffung, e-n Auftrag *o.Ä.*: *„Ich verkaufe dir das Auto" - „K.?"*

Kọs·ten|vor·an·schlag *der*; **ein K. (für etw.)** die (ungefähre) Angabe des Preises aufgrund von Berechnungen, den e-e Arbeit od. Leistung (voraussichtlich) kosten wird ⟨e-n K. machen, aufstellen, erstellen⟩

Kọst·gän·ger *der*; *-s, -*; *veraltend*; j-d, der (*mst* bei einem wohnt u.) gegen Bezahlung bei einem isst

kọ̈st·lich *Adj*; **1** so, dass es besonders gut schmeckt (u. riecht) ≈ schmackhaft **2** sehr witzig u. amüsant ⟨e-e Idee, ein Einfall, ein Witz⟩: *Ihre Art, die Politiker nachzumachen, war k.* **3 *sich k. amüsieren*** sich sehr gut amüsieren || *zu* **1 Kọ̈st·lich·keit** *die*

Kọst·pro·be *die*; **1** e-e kleine Menge, die man isst od. trinkt, um den Geschmack e-r Speise od. e-s Getränks zu prüfen ⟨e-e K. von etw. nehmen⟩: *„Das ist ein ausgezeichneter Wein. - Möchten Sie e-e K.?"* **2** ein kleines Beispiel von etw., mit dem j-d beweist, dass er etw. kann ⟨e-e K. seines Könnens geben⟩

kọst·spie·lig *Adj*; sehr teuer: *E-e Weltreise ist e-e kostspielige Angelegenheit* || *hierzu* **Kọst·spie·lig·keit** *die*; *nur Sg*

Kos·tụ̲m *das*; *-s, -e*; **1** *Kollekt*; e-e besondere Art der Kleidung für Damen, bei der Rock u. Jacke *mst* aus demselben Material gemacht u. farblich aufeinander abgestimmt sind || K-: ***Kostüm-, -jacke, -rock, -stoff*** || -K: ***Frühjahrs-, Sommer-*** *usw*; ***Leinen-, Leder-, Woll-; Reise-, Straßen-*** **2** die Kleidung, die für e-e historische Epoche, e-e Region, e-e Schicht der Gesellschaft od. e-n Beruf typisch ist, *bes* wenn sie (von Schauspielern) im Theater od. auf Festen (*bes* im Karneval) getragen wird: *Die Sänger traten im K. des späten Barock auf*; *Welches K. ziehst du für die Faschingsparty an?* || K-: ***Kostüm-, -ball, -fest, -verleih*** || -K: ***Faschings-***

kos·tü·mi̲e̲·ren; *kostümierte, hat kostümiert*; [Vt] ***j-n / sich (als etw.) k.*** j-m / sich ein Kostüm (2) anziehen, um e-e bestimmte Rolle zu spielen ≈ verkleiden: *Kleine Mädchen kostümieren sich gern als Prinzessinnen* || *hierzu* **Kos·tü·mi̲e̲·rung** *die*

Kọst·ver·äch·ter *der*; *nur in* ***kein K. sein*** *gespr hum*; viel Freude an Genüssen haben

K.-o.-Sys·tem [kaː'|oː-] *das*; *Sport*; ein System bei Spielen od. sportlichen Kämpfen, bei dem immer nur die Sieger im Wettbewerb bleiben (u. die Verlierer ausscheiden)

Ko̲t *der*; *-(e)s*; *nur Sg*; ein Produkt der Verdauung bei Mensch u. Tier, das den Darm (in fester Form) verlässt ≈ Exkremente, Stuhl || -K: ***Fliegen-, Hühner-, Hunde-, Tier-, Vogel-***

Ko̲·tan·gens *der*; *-, -*; *mst Sg*, *Math*; ein Bruch[1] (6), der (beim rechtwinkligen Dreieck) das Verhältnis von Ankathete zu Gegenkathete ausdrückt; *Abk* cot ↔ Tangens

Ko·te·lett [kɔ'tlɛt, 'kɔtlɛt] *das*; *-s, -s*; ein Stück Fleisch mit e-m (Rippen)Knochen vom Schwein, Kalb od. Lamm, das man brät od. grillt || -K: ***Kalbs-, Lamm-, Schweine-***

Ko·te·lẹt·ten *die*; *Pl*; e-e Art kurzer Bart, der in schmalen Streifen an beiden Seiten des Gesichts vor den Ohren wächst

Kö̲·ter *der*; *-s, -*; *pej* ≈ Hund

Ko̲t·flü·gel *der*; das Teil der Karosserie e-s Autos *o.Ä.*, das über den Rädern liegt || ↑ *Abb. unter* **Auto**

Kọt·ze *die*; *-*; *nur Sg*, *vulg* ≈ Erbrochenes

kọt·zen; *kotzte, hat gekotzt*; [Vi] *gespr!* ≈ erbrechen, sich übergeben || K-: ***kotz-, -elend, -übel*** || ID ***zum Kotzen*** *gespr!* sehr unangenehm, abscheulich: *j-n zum K. finden*; *Das Wetter ist zum K.!*; ***das (große) Kotzen kriegen / bekommen*** *gespr!* j-n / etw. sehr unangenehm, abscheulich finden

Krạb·be *die*; *-, -n*; ein Tier (e-e Art Krebs) mit rundem Körper u. zehn Beinen, das im (Meer)Wasser lebt || ↑ *Abb. unter* **Schalentiere** || K-: ***Krabben-, -fang, -fischer, -fischerei***

krạb·beln; *krabbelte, ist / hat gekrabbelt*; [Vt] *(hat)* **1 *j-n k.*** *nordd gespr* ≈ kitzeln; [Vi] *(ist)* **2** (*bes* als kleines Kind) sich auf Händen u. Knien vorwärts bewegen: *Das Baby krabbelte zum Tisch u. zog sich an ihm hoch* || K-: ***Krabbel-, -alter, -kind*** **3** ⟨ein Insekt, e-e Spinne *o.Ä.*⟩ ***krabbelt (irgendwo)*** ein Insekt, e-e Spinne *o.Ä.* bewegt sich am Boden *o.Ä.* fort || NB: ↑ ***kriechen***

krạch! *Interjektion*; *gespr*; verwendet, um das kurze, laute Geräusch zu imitieren, mit dem *z.B.* etw. zu Boden fällt

Krạch *der*; *-(e)s, Krä·che*; **1** *nur Sg*, *pej*; unangenehm laute Geräusche ≈ Lärm ↔ Stille ⟨ein ohrenbetäubender, unerträglicher, zermürbender K.; K. machen⟩ **2** *mst Sg*; das Geräusch, das entsteht, wenn zwei harte Dinge zusammenstoßen ≈ Knall: *Es gab e-n lauten K., als die Tür zuschlug / als die Teller zu Boden fielen / als die Autos aufeinander prallten* **3 K. (mit j-m)** *gespr* ≈ Streit ⟨wegen etw. K. mit j-m bekommen, kriegen, haben⟩ || -K: ***Ehe-, Familien-*** || ID ***K. machen, schlagen*** *gespr*; laut gegen etw. protestieren, seine Meinung sagen *o.Ä.*

krạ·chen; *krachte, hat / ist gekracht*; [Vi] **1 *etw. kracht*** *(hat)* etw. macht ein kurzes lautes Geräusch, wie zwei harte Gegenstände, die heftig zusammenstoßen ⟨ein Donner, e-e Explosion, ein Gewehr, ein Schuss⟩: *Bei einem alten Haus krachen oft die Balken u. die Fußböden* **2 *etw. kracht*** (*hat*) etw. bricht mit e-m relativ lauten Geräusch in Stücke od. reißt ⟨die Naht, der Balken, das Eis⟩ **3 *irgendwohin k.*** (*ist*) mit e-m lauten Geräusch gegen etw. stoßen, irgendwohin fallen *o.Ä.* ≈ knallen ⟨zu Boden k.⟩: *Er / Das Auto krachte gegen die Mauer*; [Vimp] **4 *es kracht* (*irgendwo*)** *gespr*; irgendwo gibt es e-n (Auto)Unfall: *An dieser Kreuzung hat es schon oft gekracht* **5 *es kracht* (*irgendwo*)** *gespr*; irgendwo gibt es Streit **6 *es kracht* (*irgendwo*)** es gibt irgendwo ein krachendes (1) Geräusch: *Es krachte laut, als das Haus einstürzte* **7** ⟨bald, gleich, dann⟩ ***krachts*** *gespr*; verwendet, um j-m mit Strafe od. Schlägen zu drohen: *Wenn du nicht bald brav bist, krachts!* || ID ***dass es nur so kracht*** *gespr*; sehr (intensiv): *dumm sein, feiern, dass es nur so kracht*

kräch·zen; *krächzte, hat gekrächzt*; [Vi] **1 *ein Vogel krächzt*** ein Vogel produziert raue Laute ⟨e-e Krähe, ein Papagei, ein Rabe⟩; [Vt/i] **2 (*etw.*) *k.*** etw. mit leiser u. rauer Stimme sagen bzw. so reden (*z.B.* wenn man erkältet ist) || NB: Das Objekt ist immer ein Satz || *hierzu* **Kräch·zer** *der*; *-s*, -

Krä·cker *der*; *-s*, -; ein harter, salziger Keks || -K: ***Käse-***

Krad *das*; *-(e)s*, *Krä·der*; *bes Mil*, *Kurzw* ↑ ***Kraftrad*** || K-: ***Krad-, -fahrer***

kraft *Präp*; *mit Gen*, (*Admin*) *geschr* ≈ aufgrund, durch: *etw. k. seines Amtes entscheiden*

Kraft *die*; -, *Kräf·te*; **1** die Fähigkeit, etw. Schweres (*bes* mit Hilfe der Muskeln) zu heben od. tragen bzw. etw. Anstrengendes zu leisten ≈ Stärke, Leistungsfähigkeit ↔ Schwäche ⟨körperliche K.; (viel, wenig) K. haben; alle Kräfte / seine ganze K. (für etw.) aufbieten; seine K. / Kräfte überschätzen; j-m fehlt die K. zu etw.; etw. kostet j-n K.; j-s K. lässt nach; j-s Kräfte versagen, erlahmen; mit seinen Kräften Haus halten; vor / von K. strotzen⟩: *Mit letzter K. schleppte er sich durchs Ziel u. brach zusammen*; *Nach der Pause gingen sie mit frischer K. an die Arbeit* || K-: ***Kraft-, -anspannung, -anstrengung, -aufwand, -verschwendung*** || -K: ***Körper-, Muskel-, Spann-*** **2** die Fähigkeit, etw. mit Hilfe seines Verstandes zu tun, zu bewirken ⟨geistige, schöpferische K.; geheimnisvolle, telepathische Kräfte haben; tun, was in seinen Kräften steht⟩: *j-n nach besten Kräften beraten*; *ein Problem unter Aufbietung aller Kräfte lösen* || -K: ***Geistes-, Schöpfer-; Überzeugungs-, Urteils-, Vorstellungs-*** **3** die seelische, emotionale Fähigkeit, e-e unangenehme schwierige Situation zu bewältigen, zu ertragen *o.Ä.* ⟨moralische, seelische, sittliche K.; etw. geht über j-s Kräfte, übersteigt j-s Kräfte; seine K. / Kräfte überschätzen⟩: *die K. haben, e-r Versuchung zu widerstehen*; *Ihm fehlte die K., ihr die Wahrheit zu sagen* || -K: ***Glaubens-, Widerstands-, Willens-*** **4** die Fähigkeit von etw., etw. zu bewirken ⟨die K. der Sonnenstrahlen, e-s Medikaments; e-e belebende, heilsame, wärmende K.⟩: *Im Winter hat die Sonne nur wenig K.* || -K: ***Heil-, Wirkungs-, Zauber-*** **5** *Phys*; die Ursache für die Bewegungsänderung e-s Körpers od. für die Änderung seiner Form ⟨e-e elektrische, elektromagnetische, magnetische, anziehende, abstoßende K.⟩: *K. ist Masse mal Beschleunigung* || K-: ***Kraft-, -einwirkung, -feld, -übertragung*** || -K: ***Brems-, Flieh-, Reibungs-, Schwer-, Trägheits-*** **6** j-d, der für e-n anderen arbeitet (*bes* wenn er in e-m Betrieb od. Haushalt angestellt ist) ⟨e-e tüchtige, zuverlässige K. brauchen⟩ || -K: ***Arbeits-, Fach-, Hilfs-, Schreib-*** **7** *mst Pl*; e-e Gruppe von Menschen, die e-n bestimmten Einfluss auf die Gesellschaft hat ⟨fortschrittliche, liberale, revolutionäre Kräfte⟩: *In dieser Partei sind reaktionäre Kräfte am Werk* **8** die Leistung, mit der ein Motor e-s Schiffes arbeitet ⟨mit gedrosselter, halber, voller K. fahren; volle K. voraus / zurück!⟩ **9 *wieder zu Kräften kommen / bei Kräften sein*** (*bes* nach e-r Krankheit) gesund u. stark werden / sein **10 *aus eigener K.*** ohne fremde Hilfe ⟨etw. aus eigener K. erreichen, schaffen, tun⟩ **11 *mit vereinten Kräften*** gemeinsam ⟨etw. mit vereinten Kräften bewerkstelligen, tun⟩ **12 *in / außer K.*** gültig u. wirksam / nicht mehr gültig, nicht mehr wirksam ⟨ein Gesetz, e-e Regelung, ein Vertrag *usw* tritt, ist in / außer K.; etw. in / außer K. setzen⟩ || ID ***die treibende K. sein*** derjenige sein, der etw. bewirkt / möglich macht, weil man sich dafür einsetzt; *mst* ***Spar dir die / deine K.!*** *gespr*; es ist sinnlos, das zu versuchen || *zu* **1** u. **3 kraft·los** *Adj*; **Kraft·lo·sig·keit** *die*; *nur Sg*; **kraft·voll** *Adj* || ► ***entkräftet***

Kraft·aus·druck *der*; ein vulgärer Ausdruck ≈ Fluch ⟨mit Kraftausdrücken um sich werfen⟩

Kraft·brü·he *die*; e-e starke (kräftige) (Fleisch)Brühe

Kraft·fah·rer *der*; j-d, der (oft beruflich) ein Auto lenkt || NB: ↑ ***Chauffeur***

Kraft|fahr·zeug *das*; *Admin geschr*; ein Fahrzeug mit e-m Motor, das auf Straßen (nicht auf Schienen) fährt (ein Auto od. Motorrad); *Abk* Kfz || K-: ***Kraftfahrzeug-, -halter, -mechaniker, -papiere, -reparaturwerkstatt, -steuer, -versicherung***

kräf·tig *Adj*; **1** gesund u. stark ≈ robust ↔ schwächlich ⟨ein Kind, ein Mensch, ein Tier; e-e Pflanze⟩: *Sie hat ein kräftiges Kind geboren*; *Er ist nach langer Krankheit noch nicht k. genug, anstrengende Arbeit zu verrichten* **2** mit relativ viel körperlicher Kraft (1) ≈ stark, kraftvoll ↔ kraftlos, schwach ⟨ein Händedruck, ein Hieb, ein Schlag⟩: *die Flasche vor Gebrauch k. schütteln* **3** von intensiver Wirkung ≈ stark ↔ schwach ⟨e-e Farbe, e-e Fleischbrühe, ein Geschmack; ein Hoch, ein Tief, ein Licht, ein Wind⟩ **4** ≈ derb, direkt ↔ fein, gepflegt ⟨ein Ausdruck, ein Fluch, e-e Sprache⟩

-kräf·tig *im Adj*, *unbetont*, *begrenzt produktiv*; **1** (in hohem Maße) fähig zu etw.; ***heilkräftig*** ⟨e-e Pflanze⟩, ***kaufkräftig*** ⟨ein Kunde⟩, ***zahlungskräftig*** **2** so, dass das im ersten Wortteil Genannte in großer Menge od. mit großer Wirkung vorhanden ist; ***aussagekräftig, beweiskräftig, finanzkräftig, kapitalkräftig***

kräf·ti·gen; *kräftigte, hat gekräftigt*; [Vt] **1 *etw. kräftigt j-n / etw.*** etw. bewirkt, dass j-d od. ein Teil des Körpers stärker wird ≈ etw. stärkt j-n / etw. ↔ etw. schwächt j-n / etw.: *Training kräftigt die Muskeln*; [Vr] **2 *sich k.*** sich nach e-r Krankheit *o.Ä.* erholen || *hierzu* **Kräf·ti·gung** *die*; *nur Sg*

kraft·los *Adj*; ohne Kraft ≈ schwach ⟨ein Mensch, ein Händedruck⟩

Kraft·ma·schi·ne *die*; e-e Maschine, die mechanisch Energie erzeugt (*z.B.* e-e Dampfmaschine, e-e Turbine)

Kraft·mei·er *der*; *-s*, -; *gespr pej* ≈ Kraftprotz

Kraft·mensch *der*; *gespr*; j-d, der sehr stark ist

Kraft·pro·be *die*; e-e Handlung, mit der zwei od. mehrere Personen prüfen (u. entscheiden) wollen, wer der Stärkere ist ⟨es auf e-e K. ankommen lassen; j-n zu e-r K. herausfordern⟩

Kraft·protz *der*; *pej*; ein Mann, der sehr stark ist (u. damit prahlt) ≈ Muskelprotz

Kraft·rad *das*; *Admin*; ein Fahrzeug mit zwei Rädern u. e-m Motor (*z.B.* ein Motorrad)

Kraft·sport *der* ≈ Schwerathletik

Kraft·stoff *der* ≈ Treibstoff || K-: ***Kraftstoff-, -pumpe, -verbrauch***

kraft·strot·zend *Adj*; so, dass man deutlich sieht, wie stark die betreffende Person ist

kraft·voll *Adj*; mit viel Kraft od. Energie ↔ kraftlos: *ein kraftvoller Stoß*; *k. abspringen*

Kraft·wa·gen *der*; *Admin geschr* ≈ Auto || -K: ***Personen-, Last-***

Kraft·werk *das*; ein technischer Betrieb, in dem elektrische Energie erzeugt wird ≈ Elektrizitätswerk || -K: ***Atom-, Gezeiten-, Kern-, Kohle(n)-, Wasser-***

Kra·gen *der*; *-s*, *-* / *südd* (A) (CH) *Krä·gen*; der (feste) Teil e-s Hemds, e-r Bluse *o.Ä.*, der um den Hals geht ⟨ein enger, weiter, steifer, mit Pelz besetzter K.⟩: *den obersten Knopf des Hemdes am K. offen lassen*; *Als Schutz gegen den kalten Wind schlug er den K. seines Mantels hoch* || K-: ***Kragen-, -knopf*** || -K: ***Roll-, Steh-, Wechsel-; Hemden-, Jacken-, Mantel-; Papier-, Pelz-*** || ID ***j-n am K. kriegen / packen***; ***j-n beim K. packen / nehmen*** *gespr*; j-n (greifen u.) zur Rede stellen; ***j-m platzt der K.*** *gespr*; j-d verliert die Geduld; ***j-m / e-m Tier den K. umdrehen*** *gespr*; j-n / ein Tier töten; ***j-m geht es an den K.*** *gespr*; j-d gerät in Gefahr od. wird zur Verantwortung gezogen; ***j-m an den K. wollen*** *gespr*; j-m etw. Böses antun (od. nachweisen) wollen; ***etw. kostet j-m / j-n den K.*** *gespr*; etw. kostet j-n seine (Arbeits)Stelle (bzw. *veraltend auch* sein Leben)

Kra·gen·wei·te *die*; e-e Zahl, die angibt, wie weit ein Kragen ist (u. die bei Hemden für Männer dazu dient, die Größe zu definieren): *Ein Hemd mit K. 44* || ID ***j-d / etw. ist (nicht) j-s K.*** *gespr*; j-d / etw. ist (nicht) so, wie es j-d mag

Krä·he ['krɛːə] *die*; *-*, *-n*; ein schwarzer, relativ großer Vogel (der mit den Raben verwandt ist)

krä·hen ['krɛːən]; *krähte, hat gekräht*; [Vi] **1 *ein Hahn kräht*** ein Hahn gibt die Laute von sich, die für seine Art typisch sind **2** (*bes* als Baby) mit hoher, heller Stimme rufen od. Töne von sich geben, die Vergnügen u. Zufriedenheit ausdrücken ⟨vergnügt, vor Vergnügen k.⟩

Krä·hen·fü·ße *die*; *Pl*; kleine Falten an den Augen (in den äußeren Augenwinkeln)

Kra·ke *der*; *-n*, *-n*; ein Tier mit acht langen (Fang)Armen, das im Meer lebt (u. bei Gefahr e-e dunkle Flüssigkeit ausstößt) || NB: *der Krake*; *den, dem, des Kraken*

kra·kee·len; *krakeelte, hat krakeelt*; [Vi] *gespr pej*; laut schreien, schimpfen od. streiten || *hierzu* **Kra·kee·ler** *der*; *-s*, *-*

Kra·ke·lei *die*; *-*, *-en*; *gespr pej*; e-e Schrift, die man schlecht lesen kann (*bes* weil j-d beim Schreiben gezittert hat od. nicht gut schreiben kann) || *hierzu* **kra·ke·lig**, **krak·lig** *Adj*; **kra·keln** (*hat*) *Vt / i*

Kral·le *die*; *-*, *-n*; der scharfe, spitze u. *mst* gebogene Nagel an den Füßen bestimmter Tiere, *z.B.* bei Katzen u. Vögeln ⟨scharfe, spitze, stumpfe Krallen⟩ || ID ***j-m die Krallen zeigen*** *gespr*; sehr deutlich zeigen, dass man sich (gegen etw.) wehren will; ***j-d bekommt / kriegt etw. in die / seine Krallen*** *gespr pej*; j-d bekommt etw. in seine Gewalt od. seinen Besitz

kral·len; *krallte, hat gekrallt*; [Vt] **1 *etw. / sich an / in etw.*** (*Akk*) ***k.*** (mit den Fingern od. Zehen wie) mit Krallen nach etw. greifen u. sich (*bes* verzweifelt) irgendwo festhalten: *seine Finger in die Erde k.*; *Als er die Katze aus dem Korb nehmen wollte, krallte sie sich ängstlich an das Kissen* **2 *sich*** (*Dat*) ***etw. k.*** *gespr pej*; etw. schnell an sich nehmen

Kram *der*; *-s*; *nur Sg*, *gespr pej*; **1** (alte) Sachen ohne Wert, die man nicht mehr braucht ≈ Krempel, Plunder: *Der ganze Dachboden ist voll von altem K.* **2** etw. (*bes* e-e Arbeit), für das man kein Interesse hat: *Ich muss den K. da noch schnell fertig machen, dann können wir gehen* || ID ***den (ganzen) K. hinschmeißen*** *gespr*; etw. nicht mehr (weiter)machen (weil man keine Lust mehr hat); ***etw. passt ihm*** *usw* ***(nicht) in den K. / (nicht) in seinen*** *usw* ***K.*** *gespr*; etw. ist (nicht) so, wie er *usw* es erwartet od. sich vorstellt

kra·men; *kramte, hat gekramt*; *gespr*; [Vi] **1 *irgendwo (nach etw.) k.*** mit den Händen in e-m Haufen ungeordneter Dinge nach etw. suchen: *in alten Fotos, Papieren k.*; *in der Handtasche nach dem Schlüssel k.*; [Vt] **2 *etw. aus etw. k.*** in etw. suchen u. etw. daraus (hervor)holen: *e-e Zigarettenschachtel aus der Handtasche k.*

Krä·mer *der*; *-s*, *-*; *veraltend*; j-d, der ein kleines (Lebensmittel)Geschäft besitzt || NB: ↑ ***Kaufmann*** || *hierzu* **Krä·me·rin** *die*; *-*, *-nen*

Krä·mer·geist *der*; *nur Sg*, *pej*; kleinliches (geiziges u. egoistisches) Denken u. Handeln

Krä·mer·see·le *die*; *pej*; ein Mensch, der kleinlich, geizig u. egoistisch ist

Kram·la·den *der*; *gespr*; ein kleines Geschäft (für Lebensmittel u. billige Waren)

Kram·pe *die*; *-*, *-n*; ein Haken (in der Form e-s U) aus Eisen mit zwei spitzen Enden: *e-n Draht mit Krampen an der Wand festmachen*

Krampf *der*; *-(e)s*, *Krämp·fe*; **1** der Zustand, in dem sich Muskeln (*bes* als Reaktion auf e-e Überanstrengung u. ungeschickte Bewegung) zusammenziehen u. starr werden (so dass es weh tut): *e-n K. in den Zehen, Waden haben* || -K: ***Muskel-; Magen-, Waden-; Lach-*** **2** *nur Sg*, *gespr pej* ≈ Unsinn: *Das Theaterstück war (ein einziger) K.*; *So ein K.!* || *zu* **1 krampf·ar·tig** *Adj*; **krampf·lö·send** *Adj*

Krampf·ader *die*; e-e kranke, erweiterte Vene, die *bes* an den Beinen sichtbar ist u. wie e-e dicke blaue Schnur aussieht ⟨Krampfadern bekommen, haben; ein Arzt verödet Krampfadern⟩

kramp·fen; *krampfte, hat gekrampft*; [Vt] ***die Finger / die Hände in / um etw.*** (*Akk*) ***k.*** etw. mit aller Kraft (*bes* in e-r verzweifelten Lage) festhalten; [Vr] **2** ⟨j-s Finger, Hände⟩ ***krampfen sich um / in etw.*** (*Akk*) j-s Finger od. Hände halten sich mit aller Kraft irgendwo fest

krampf·haft *Adj*; **1** so starr od. mit (unkontrollierten) Bewegungen wie im Krampf ⟨Zuckungen; ein Schluchzen, ein Weinen⟩ **2** *gespr*; sehr angestrengt u. verbissen ↔ mühelos: *k. (über etw.) nachdenken*; *sich k. an etw. festhalten*; *k. versuchen, sich an etw. zu erinnern* **3** unnatürlich u. nicht echt ⟨ein Lachen, e-e Heiterkeit⟩

Kram·pus *der*; *-ses*, *-se*; *südd* (A) e-e (erdachte) Figur, von der man sagt, dass sie den Nikolaus begleite u. böse Kinder bestrafe ≈ Knecht Ruprecht

Kran *der*; *-(e)s*, *Krä·ne*; e-e Maschine mit e-m langen, beweglichen (Quer)Balken, der (*bes* auf Baustellen) große u. schwere Dinge heben u. bewegen kann || K-: ***Kran-, -führer***

Kra·nich *der*; *-s*, *-e*; ein großer grauer Vogel mit langen Beinen u. langem Hals, der *mst* in Sümpfen seine Nahrung sucht

krank, *kränker, kränkst-*; *Adj*; **1** in dem Zustand, in dem sich ein Mensch od. ein Tier nicht wohl fühlt, schwach ist od. Schmerzen, Fieber *o.Ä.* hat ↔ gesund ⟨geistig, körperlich, schwer, unheilbar k. sein; k. im / zu Bett liegen; sich k. fühlen, stellen (= so tun, als wäre man k.); k. spielen⟩: *Dieses Wetter macht mich k., da bekomme ich Kopfweh*; *Geh doch zum Arzt, wenn du k. bist!*; *„Ich habe gehört, du bist k., was hast du denn?" - „Grippe!"* || -K: ***gallen-, geistes-, geschlechts-, herz-, magen-*** *usw*; ***fie-***

ber-, grippe-, krebs- *usw*; ***sterbens-, tod-*** || **2** ⟨Pflanzen⟩ so, dass sie Parasiten haben, nicht gut wachsen, die Blätter verlieren *o.Ä.* ↔ gesund: *Der Baum ist an der Wurzel k.*; *kranke Zweige entfernen* **3** psychisch schwach u. leidend ⟨vor Eifersucht, Einsamkeit, Liebe *usw* k. sein⟩ || -K: ***gemüts-, liebes-*** **4** ***k. vor Sehnsucht nach j-m / etw. sein*** sich nach j-m / etw. sehr sehnen **5** ***sich k. ärgern*** *gespr*; sich sehr ärgern || ID *mst* ***Das macht mich (ganz) k.*** *gespr*; das geht mir auf die Nerven || ► ***Krankheit, erkranken***

Kran·ke *der / die*; *-n, -n*; j-d, der krank (1) ist: *e-n Kranken pflegen* || K-: ***Kranken-, -besuch, -bett, -geschichte, -gymnastik, -kost, -pflege, -transport, -versicherung, -wagen, -zimmer*** || NB: *ein Kranker*; *der Kranke*; *den, dem, des Kranken*

krän·keln; *kränkelte, hat gekränkelt*; [Vi] (häufig od. immer) ein bisschen krank sein

kran·ken; *krankte, hat gekrankt*; [Vi] ***etw. krankt an etw.*** (*Dat*) es gibt e-n bestimmten Grund dafür, dass etw. nicht od. nicht richtig funktioniert: *Die Sache krankt* daran, dass *sich niemand verantwortlich fühlt*

krän·ken; *kränkte, hat gekränkt*; [Vt] ***j-n k.*** etw. tun od. sagen, was die Gefühle e-s anderen verletzt ⟨gekränkt sein; sich (in seiner Ehre, Eitelkeit, in seinem Stolz) gekränkt fühlen⟩: *Seine böse Bemerkung hat mich zutiefst gekränkt* || *hierzu* **Krän·kung** *die*

Kran·ken·geld *das*; Geld, das man (von der Krankenversicherung) bekommt, wenn man krank ist u. nicht arbeiten kann, u. der Arbeitgeber einen nicht mehr bezahlt (*mst* nach 6 Wochen Krankheit)

Kran·ken·gym·nas·tin *die*; *-, -nen*; e-e Frau, die beruflich mit Kranken Gymnastik macht

Kran·ken·haus *das*; ein Gebäude, in dem Kranke liegen (die längere Zeit gepflegt u. behandelt werden) ≈ Klinik, Hospital ⟨im K. liegen; ins K. müssen, kommen; j-n ins K. bringen⟩ || K-: ***Krankenhaus-, -aufenthalt, -kosten, -personal***

kran·ken·haus|reif *Adj*; *gespr, mst in* ***j-n k. schlagen*** j-n so schwer verletzen, dass er im Krankenhaus behandelt wird (od. werden müsste)

Kran·ken·kas·se *die*; die (gesetzliche) Krankenversicherung

Kran·ken·pfle·ger *der*; ein Mann, der beruflich kranke Menschen pflegt || NB: ↑ ***Krankenschwester***

Kran·ken·schein *der*; ein Formular (der Krankenkasse), das man dem Arzt gibt, damit er einen (auf Kosten der Krankenversicherung) behandelt, ohne dass man bezahlen muss

Kran·ken·schwes·ter *die*; e-e Frau, die beruflich kranke Menschen pflegt || NB: ↑ ***Krankenpfleger***

Kran·ken·stand *der*; *mst in* ***im K. sein*** wegen e-r Krankheit nicht arbeiten (können)

Kran·ken·ver·si·che·rung *die*; e-e Institution, an die man jeden Monat e-e feste Summe bezahlen muss u. die dafür die medizinischen Kosten bezahlt, die bei e-r Krankheit entstehen ⟨die gesetzliche, e-e private K.⟩ || *hierzu* **kran·ken·ver·si·che·rungs|pflich·tig** *Adj*

krank·fei·ern; *feierte krank, hat krankgefeiert*; [Vi] *gespr hum*; nicht zur Arbeit gehen, obwohl man nicht wirklich (ernsthaft) krank ist

krank·haft *Adj*; **1** zu e-r Krankheit gehörig od. durch sie bewirkt ≈ pathologisch ⟨ein Prozess, e-e Wucherung, ein Zustand⟩: *e-e krankhafte Vergrößerung der Prostata* **2** so stark ausgeprägt, dass der Betreffende nicht mehr normal (sondern übertrieben) handelt u. reagiert ⟨Ehrgeiz, Eifersucht⟩: *Er ist k. eifersüchtig u. lässt seine Frau keinen Augenblick aus den Augen* || *hierzu* **Krank·haf·tig·keit** *die*; *nur Sg*

Krank·heit *die*; *-, -en*; **1** der Zustand, in dem Menschen, Tiere od. Pflanzen sind, deren Organe bzw. Teile nicht mehr richtig funktionieren (u. die unter e-m Mangel, e-r Störung, Parasiten, Bakterien *o.Ä.* leiden) ≈ Erkrankung ⟨e-e leichte, schwere, akute, chronische K.; e-e K. bekommen, haben, loswerden, bekämpfen, verhüten, heilen, (aus)kurieren; von e-r K. befallen werden; e-e K. bricht aus; sich von e-r K. erholen⟩: *Masern u. Gelbsucht sind Krankheiten, ein gebrochenes Bein ist e-e Verletzung*; *Aids ist e-e K., die durch Viren hervorgerufen u. übertragen wird* || K-: ***Krankheits-, -erreger, -symptom, -überträger, -ursache, -verlauf*** || -K: ***Drüsen-, Geistes-, Geschlechts-, Haut-, Nerven-*** *usw*; ***Erkältungs-, Infektions-, Mangel-***; ***Tropen-, Zivilisations-***; ***Frauen-, Kinder-***; ***Hunde-***; ***Pflanzen-*** *usw* **2** die Zeit, in der *bes* ein Mensch an e-r K. (1) leidet ≈ Erkrankung: *Während seiner zweiwöchigen K. konnte er nicht arbeiten* || K-: ***Krankheits-, -dauer*** || NB: ↑ ***Leiden, Beschwerde(n)***

Krank·heits·bild *das*; *Kollekt*; die Symptome, die bei e-r Krankheit auftreten ≈ Syndrom

krank·heits·hal·ber *Adv*; weil j-d krank ist: *k. verhindert sein*

Krank·heits·herd *der*; e-e Stelle des Körpers, von der e-e Krankheit ausgeht

krank·la·chen, sich; *lachte sich krank, hat sich krankgelacht*; [Vr] ***sich (über j-n / etw.) k.*** *gespr*; sehr lange lachen: *sich über e-n Witz k.*

Die Krankenversicherung

In Deutschland gibt es zwei Arten der Krankenversicherung. Die meisten Arbeiter und Angestellten und ihre Familienangehörigen sind bei einer **gesetzlichen Krankenkasse** versichert. Die Beiträge hierfür werden in der Regel je zur Hälfte vom Versicherten und von seinem Arbeitgeber bezahlt. Personen, die mehr als ein bestimmtes Einkommen bekommen, Selbstständige und Beamte können sich freiwillig bei einer **privaten Krankenkasse** versichern.

Die Krankenversicherung übernimmt die Kosten für die Behandlung beim Arzt oder Zahnarzt und im Krankenhaus, für Medikamente (ein geringer Betrag muss aber selbst bezahlt werden), für die medizinische Vorsorge und für Hilfsmittel für Behinderte oder alte Menschen.

Wenn man ärztliche Hilfe braucht, geht man zur Sprechstunde in die Praxis eines Arztes, den man frei wählen kann. Meist macht man dazu vorher einen Termin aus. Medikamente bekommt man ausschließlich in Apotheken. Manche sind verschreibungspflichtig, man erhält sie nur gegen Vorlage eines ärztlichen Rezepts.

Viele Patienten suchen auch Hilfe bei alternativen Methoden der Medizin, wie zum Beispiel bei verschiedenen Formen der **Naturheilkunde** wie **Akupunktur** oder **Homöopathie**. Diese Behandlungen werden jedoch nur von einigen privaten Versicherungen bezahlt.

kränk·lich *Adj*; schwach u. (oft) leicht krank, nicht ganz gesund ≈ kränkelnd: *ein kränkliches Kind* || *hierzu* **Kränk·lich·keit** *die*; *nur Sg*

krank·ma·chen; *machte krank, hat krankgemacht*; Vi *gespr* ≈ krankfeiern || NB: aber: *Sachen, die mich krank machen* (getrennt geschrieben)

krank·mel·den; *meldete krank, hat krankgemeldet*; Vt ***j-n / sich k.*** der Schule, dem Arbeitgeber *o.Ä.* mitteilen, dass j-d / man krank ist u. zu Hause bleiben muss

krank·schrei·ben; *schrieb krank, hat krankgeschrieben*; Vt ***j-n k.*** (als Arzt) schriftlich bestätigen, dass j-d krank ist u. deshalb nicht arbeiten od. zur Schule gehen kann ⟨sich k. lassen⟩: *für eine Woche krankgeschrieben sein*

Kranz *der*; *-es, Krän·ze*; ein *mst* ringförmiges Gebilde aus Blumen, Zweigen *o.Ä.* ⟨e-n K. winden, binden, flechten; e-n K. im Haar tragen; e-n K. auf ein Grab legen, e-n K. an e-m Denkmal niederlegen⟩: *Im Advent haben wir immer e-n K. aus Tannenzweigen mit vier Kerzen* || -K: ***Blumen-, Lorbeer-, Myrten-***; ***Braut-, Sieger-, Trauer-*** **2** etw. in der Form e-s Ringes: *e-e Torte mit e-m K. aus Erdbeeren*

Kränz·chen *das*; *-s, -*; **1** ein kleiner Kranz (1) **2** ein regelmäßiges Treffen *mst* von Frauen, um gemeinsam Kaffee zu trinken u. zu plaudern || -K: ***Kaffee-***

Krap·fen *der*; *-s, -*; *südd* Ⓐ ein rundes Gebäck aus (Hefe)Teig, das in heißem Fett gebacken wird ≈ Pfannkuchen, Berliner

krass, *krasser, krassest-*; *Adj*; *pej*; ganz extrem ⟨ein Gegensatz, ein Unterschied, ein Beispiel; etw. steht in krassem Widerspruch zu etw.; sich / etw. k. ausdrücken⟩: *In vielen Ländern gibt es krasse Gegensätze zwischen Arm u. Reich* || *hierzu* **Krass·heit** *die*; *nur Sg*

Kra·ter *der*; *-s, -*; ein tiefes Loch in der Erde, das oft wie ein Trichter aussieht u. *mst* durch e-e Explosion, e-n Vulkan od. e-n Meteoriten entstanden ist || K-: ***Krater-, -landschaft, -see***

Kratz·bürs·te *die*; *gespr hum*; e-e *mst* (junge) eigensinnige Frau, die sehr widerspenstig u. unfreundlich ist || *hierzu* **kratz·bürs·tig** *Adj*; **Kratz·bürs·tig·keit** *die*; *nur Sg*

Krät·ze *die*; *-*; *nur Sg*; e-e Krankheit, bei der die Haut (rot)braune, juckende Flecken bekommt; *Med* Skabies ⟨die K. haben⟩ || *hierzu* **krät·zig** *Adj*

krat·zen; *kratzte, hat gekratzt*; Vt **1** ***j-n / sich*** (***irgendwo***) ***k.***; ***j-m / sich etw. k.*** die (Finger)Nägel, Krallen *o.Ä.* mit leichtem Druck (oft) auf der Haut an den Stellen hin u. her bewegen, wo sie gereizt ist (sticht od. juckt) ⟨sich blutig, wund k.; j-n am / j-m den Rücken k.; j-n / sich zwischen den Schultern k.⟩ **2** ***j-n / sich k.*** die Haut (an e-r Stelle) mit e-m spitzen od. scharfen Gegenstand verletzen: *sich an e-m Drahtzaun k.*; *Die Katze hat mich gekratzt* || K-: ***Kratz-, -wunde*** **3** ***etw. aus / von etw. k.***; ***etw. in etw.*** (*Akk*) ***k.*** e-n spitzen, scharfen od. harten Gegenstand so (hin u. her) bewegen, dass etw. entfernt wird od. die Oberfläche von etw. verändert wird: *e-n Topf leer k.*; *die letzte Butter aus der Dose k.*; *mit e-m Nagel ein Muster ins Holz k.*; *Farbe von der Wand k.*; Vt/i **4** ***etw. kratzt*** (***j-n***) etw. reizt die Haut *o.Ä.* u. ist deshalb unangenehm ⟨etw. kratzt j-n auf der Haut, im Hals⟩: *Der neue Pullover kratzt* (*mich*); *Sein Bart kratzt beim Küssen*; *Hustenbonbons lutschen, weil man ein Kratzen im Hals verspürt*; Vi **5** *mst* ***ein Tier kratzt irgendwo*** ein Tier reibt seine Krallen *o.Ä.* an e-m Gegenstand: *Der Hund kratzte an der Tür* **6** ***etw. kratzt*** etw. macht ein unangenehmes, kratzendes (1) Geräusch: *Die Schreibfeder / Die Schallplatte kratzt* || ID ***etw. kratzt j-n nicht*** *gespr*; etw. stört, interessiert od. ärgert j-n nicht

Krat·zer *der*; *-s, -*; **1** e-e kleine Wunde od. kaputte Stelle, die durch Kratzen entstanden sind ≈ Schramme: *ein K. im Lack*; *Sie hat bei dem Unfall nur ein paar Kratzer abbekommen* || -K: ***Haut-, Lack-*** **2** ein kleines Gerät zum Kratzen (3) ≈ Schaber || -K: ***Topf-***

krau·len[1]; *kraulte, hat gekrault*; Vt ***j-n*** (***irgendwo***) ***k.***; ***j-m / sich etw. k.*** e-n Menschen od. ein Tier (liebevoll) streicheln, indem man die Finger(spitzen) fest hin u. her bewegt ⟨j-m das Kinn k.; j-m / sich den Bart k.; den Hund hinter, zwischen den Ohren k.; dem Hund das Fell k.⟩

krau·len[2]; *kraulte, hat / ist gekrault*; Vi ***k.*** (*hat / südd* Ⓐ Ⓒⓗ *ist*); ***irgendwohin k.*** (*ist*) *Sport*; (auf dem Bauch liegend) schwimmen, indem man e-n Arm nach dem anderen in e-m großen Bogen von vorn nach hinten durch das Wasser zieht u. die (gestreckten) Beine auf u. ab schwingen lässt || K-: ***Kraul-, -schwimmen, -staffel, -stil*** || *hierzu* **Krau·ler** *der*; *-s, -* || NB: ↑ ***Brustschwimmen***

kraus, *krauser, krausest-*; *Adj*; **1** ⟨Haare⟩ so, dass sie viele kleine dichte Locken haben ↔ glatt || K-: ***Kraus-, -haar, -kopf*** **2** konfus u. seltsam ↔ klar ⟨Gedanken⟩: *krauses Zeug reden* **3** ***die Stirn k. ziehen*** die Stirn runzeln || *zu* **1** **kraus·haa·rig** *Adj*

Krau·se *die*; *-, -n*; **1** ein Streifen Stoff, der so genäht ist, dass er dichte Falten hat (u. der *z.B.* am Hals als e-e Art dekorativer Kragen dient) || -K: ***Hals-*** **2** *nur Sg*; e-e Frisur, die aus vielen kleinen dichten Locken besteht

kräu·seln; *kräuselte, hat gekräuselt*; Vt **1** ***etw. k.*** kleine Falten, Locken, Wellen in etw. machen ⟨die Lippen, die Stirn k.⟩: *Der leichte Wind kräuselte die Oberfläche des Sees*; Vr **2** ***etw. kräuselt sich*** etw. bildet kleine Falten, Wellen, Locken *o.Ä.*: *Meine Haare kräuseln sich, wenn sie nass werden* || *hierzu* **Kräu·se·lung** *die*; *nur Sg*

krau·sen; *krauste, hat gekraust*; Vt **1** ***etw. k.*** ≈ kräuseln (1); Vr **2** ***etw. kraust sich*** ≈ etw. kräuselt sich

Kraut *das*; *-(e)s, Kräu·ter*; **1** *mst Pl*; kleine Pflanzen, die hauptsächlich aus Blättern (u. Stielen) bestehen u. die man als Medizin od. Gewürz verwendet ⟨Kräuter anbauen, sammeln, trocknen; Arznei, Medizin, Tee aus Kräutern; etw. mit Kräutern würzen⟩: *Für diese Soße braucht man Petersilie, Dill, Kerbel, Basilikum u. andere Kräuter* || K-: ***Kräuter-, -bad, -essig, -likör, -quark, -soße, -tee*** || -K: (*nur mit Pl*) ***Arznei-, Gewürz-, Heil-, Küchen-, Suppen-, Tee-*** **2** *nur Sg*; die Blätter u. Stiele e-r (essbaren) Pflanze, die nicht gegessen werden: *das K. von Kartoffeln, Rüben, Bohnen, Erbsen*; *das K. von den Radieschen abmachen* **3** *nur Sg, bes südd* Ⓐ verwendet als Bezeichnung für bestimmte Arten von Kohl (Rotkohl, Weißkohl, Sauerkohl): *Würstchen mit K.* || K-: ***Kraut-, -kopf, -salat*** || -K: ***Blau-, Rot-, Sauer-, Weiß-*** **4** *gespr* ≈ Tabak: *ein billiges, fürchterliches K. rauchen* **5** ***etw. schießt ins K.*** e-e Pflanze wächst zu schnell, hat zu viele Blätter u. deshalb wenig Blüten || ID ***Dagegen ist kein K. gewachsen*** *gespr*; dagegen kann man nichts machen; ***wie K. u. Rüben*** ohne Ordnung ≈ durcheinander: *In seinem Zimmer sieht es aus wie K. u. Rüben / liegt alles wie K. u. Rüben herum*

Kra·wall *der*; *-s, -e*; **1** *mst Pl*; laute (politisch motivierte) Aktivitäten, bei denen auch Gewalt angewendet wird ≈ Aufruhr: *Bei der Demonstration kam es zu blutigen Krawallen* **2** *nur Sg, gespr*; großer Lärm ≈ Krach ⟨K. machen⟩

Kra·wall·ma·cher *der*; *-s, -*; *gespr pej*; j-d, der Lärm od. Krawall macht

Kra·wat·te *die*; *-, -n*; ein Kleidungsstück aus e-m langen, schmalen Streifen Stoff, den man unter dem (Hemd)Kragen um den Hals legt u. vorne zu e-m Knoten bindet (u. den Männer *bes* zu Anzügen tragen) ≈ Schlips ⟨e-e K. tragen, umhaben; die K. binden, lockern, ablegen; sich (*Dat*) e-e K. umbinden⟩ || K-: ***Krawatten-, -knoten, -nadel, -zwang*** || NB: ↑ ***Fliege***

Kra·wat·ten·muf·fel *der*; *gespr*; ein Mann, der keine Krawatten tragen mag

Kra·xe *die*; -, -*n*; *südd* Ⓐ *gespr*; ein Korb od. ein (Trag)Gestell, die man auf dem Rücken trägt

kra·xeln; *kraxelte, ist gekraxelt*; Vi ***(irgendwohin) k.*** *bes südd* Ⓐ *gespr* ≈ klettern

Kre·a·ti·on [-'tsio:n] *die*; -, -*en*; etw. Neues, das *bes* für die Mode erdacht u. gemacht wird ≈ Modell: *die neuesten Kreationen vorführen* || ► ***kreieren***

kre·a·tiv *Adj*; mit neuen u. originellen Ideen (die auch realisiert werden) ≈ schöpferisch ⟨ein kreativer Mensch sein; kreative Fähigkeiten haben; k. tätig sein⟩ || *hierzu* **Kre·a·ti·vi·tät** *die*; -; *nur Sg*

Kre·a·tur *die*; -, -*en*; **1** *geschr* ≈ Lebewesen, Geschöpf: *Gottes Kreaturen* **2** *pej*; ein Mensch, den man verachtet ⟨e-e gemeine, widerliche K.⟩

Krebs[1] *der*; -*es*, -*e*; **1** ein Tier mit acht Beinen u. e-r harten Schale (e-m Panzer), das im Wasser lebt. Die zwei vorderen Beine sehen wie Zangen aus u. werden auch Scheren genannt: *Krebse werden leuchtend rot, wenn sie gekocht werden* || K-: ***krebs-, -rot*** **2** *nur Sg*; das Sternzeichen für die Zeit vom 22. Juni bis 22. Juli || ↑ *Abb. unter* ***Sternzeichen*** **3** j-d, der in der Zeit vom 22. Juni bis 22. Juli geboren ist: *Sie ist (ein) K.*

Krebs[2] *der*; -*es*; *nur Sg*; e-e gefährliche Krankheit, bei der bestimmte Zellen im Körper unnatürlich stark wachsen (wuchern) ⟨K. im Früh-, Spät-, Endstadium⟩: *Wenn K. sehr früh erkannt wird, kann er oft noch geheilt werden* || K-: ***Krebs-, -forschung, -früherkennung, -geschwulst, -geschwür, -kranke(r), -vorsorge, -vorsorgeuntersuchung, -tod***; ***krebs-, -krank*** || -K: ***Brust-, Darm-, Gebärmutter-, Haut-, Kehlkopf-, Knochen-, Lungen-, Magen-, Unterleibs-*** *usw* || *hierzu* **Krebs er·re·gend** *Adj*; *nicht adv*; **Krebs er·zeu·gend** *Adj*; *nicht adv*

kreb·sen; *krebste, hat gekrebst*; Vi *gespr*; *mst in* ***j-d hat zu k.*** j-d arbeitet viel, hat aber nur wenig Erfolg

kre·den·zen; *kredenzte, hat kredenzt*; Vt ***(j-m) etw. k.*** *geschr*; j-m (*bes* dem Gast) etw. zum Trinken geben

Kre·dit, Kre·dit *der*; -*(e)s*, -*e*; **1** e-e (Geld)Summe, die *bes* e-e Bank j-m für e-e bestimmte Zeit leiht. Für Kredite müssen *mst* Zinsen bezahlt werden ≈ Darlehen ⟨e-n K. aufnehmen; e-e Bank räumt j-m e-n K. ein, gewährt j-m e-n K.⟩ || K-: ***Kredit-, -anstalt, -antrag, -brief, -geber, -geschäft, -institut, -nehmer*** **2** *nur Sg*; die Möglichkeit, für e-e Ware od. Leistung später zu zahlen ⟨etw. auf K. kaufen; j-m K. geben; bei j-m K. haben⟩ **3** *nur Sg*; das Vertrauen in j-s Fähigkeit u Ehrlichkeit ⟨bei j-m großen K. haben, K. genießen; seinen K. bei j-m verspielen⟩

Kre·dit·hai, Kre·dit·hai *der*; *pej*; j-d, der viel zu hohe Zinsen für Kredite verlangt

Kre·dit·kar·te, Kre·dit·kar·te *die*; e-e kleine Karte (aus Plastik), die man von e-r Bank bekommt u. die man vorzeigt, wenn man (beim Einkaufen *o.Ä.*) nicht bar bezahlen will od. kann. Das Geld wird dann später vom Konto abgezogen

kre·dit·wür·dig, kre·dit·wür·dig *Adj*; *nicht adv*; in e-r so guten (finanziellen) Situation, dass man Kredite (*bes* von den Banken) bekommt || *hierzu* **Kre·dit·wür·dig·keit, Kre·dit·wür·dig·keit** *die*; *nur Sg*

Kre·do *das*; -*s*, -*s*; *geschr* ≈ Glaubensbekenntnis (2, 3)

kre·gel *Adj*; *nordd*; munter u. fröhlich, fit ⟨Menschen⟩ || NB: *kregel* → *kregle Kinder*

Krei·de *die*; -, -*n*; **1** *nur Sg*; e-e Substanz aus weichem, weißem (Kalk)Stein || K-: ***Kreide-, -felsen*** **2** ein Stück K. (1), das man zum Schreiben od. Zeichnen verwendet ⟨weiße, bunte, farbige K.; ein Stück K.⟩: *etw. mit K. an die Tafel schreiben* || K-: ***Kreide-, -strich, -zeichnung*** **3** ***bleich / weiß wie K. werden*** *bes* vor Schreck (od. Übelkeit) blass werden || K-: ***kreide-, -bleich, -weiß*** || ID ***(bei j-m) (tief) in der K. stehen / sein*** *gespr*; j-m (viel) Geld schulden

krei·dig *Adj*; *nicht adv*; weiß, schmutzig (od. staubig) von Kreide (2) ⟨Hände⟩

kre·ie·ren [kre'i:rən]; *kreierte, hat kreiert*; Vt ***etw. k.*** (*bes* in der Mode) ein neues Muster od. Modell machen: *Dieses Modell wurde von Dior kreiert* || ► ***Kreation***

Kreis *der*; -*es*, -*e*; **1** e-e geschlossene Linie, die so um e-n Punkt herum verläuft, dass sie an jeder Stelle gleich weit davon entfernt ist (od. die Fläche, die von dieser Linie umschlossen wird) ⟨e-n K. (mit e-m Zirkel) zeichnen; der Radius / die Fläche e-s Kreises⟩ || ↑ *Abb. unter* ***geometrische Figuren*** || K-: ***Kreis-, -bahn, -bewegung, -durchmesser, -fläche, -inhalt, -linie, -segment, -umfang***; ***kreis-, -rund*** **2** etw., das ungefähr die Form e-s Kreises (1) hat ≈ Kranz, Ring ⟨etw. beschreibt e-n K. (= bewegt sich so, dass ein K. entsteht); Personen bilden, schließen e-n K.⟩: *Der Adler zog seine Kreise am Himmel* **3** ***in e-m / im K.*** so, dass dabei e-e Art K. (2) entsteht ⟨sich (*Pl*) im K. aufstellen; sich im K. bewegen, drehen, umsehen; in e-m / im K. (um j-n / etw. herum) gehen, laufen; Personen sitzen, stehen im K. (um j-n / etw. herum)⟩ **4** *Kollekt*; mehrere Personen, die (oft) zusammen sind, um gemeinsam etw. zu tun ≈ Runde ⟨ein geselliger K.; in familiärem, eng(st)em, kleinem Kreise, im Kreise der Familie feiern⟩: *Er verbrachte Weihnachten im K. seiner Freunde* || -K: ***Arbeits-*** **5** *Kollekt*; mehrere Personen (od. auch Dinge), die ein gemeinsames Merkmal haben ⟨der K. der Interessenten, Kunden, Leser, Verdächtigen *usw*; ein K. von Problemen⟩ || -K: ***Kunden-, Problem-*** **6** *nur Pl*, *Kollekt*; bestimmte Teile der Gesellschaft (Bevölkerung) ⟨einflussreiche, gut unterrichtete, die besseren Kreise⟩ || -K: ***Bevölkerungs-, Fach-, Geschäfts-, Gesellschafts-*** **7** *Kurzw* ↑ ***Landkreis*** || K-: ***Kreis-, -gericht, -krankenhaus, -meister, -meisterschaft, -sparkasse, -verwaltung*** **8** *Elektr*, *Kurzw* ↑ ***Stromkreis, Schaltkreis*** ⟨e-n K. schließen, kurzschließen⟩ **9** *Sport*; (beim Handball) der Raum vor dem Tor, in dem nur der Torwart sein darf ⟨in den K. treten⟩ || -K: ***Wurf-*** || ID ***der K. schließt sich*** die Beweise, Indizien *o.Ä.* ergeben zusammen ein (sinnvolles) Bild; ***j-m dreht sich alles im Kreis(e)*** j-m ist schwindlig; ***sich (ständig) im K. bewegen / drehen*** immer wieder dasselbe denken, sagen od. tun u. deswegen zu keinem Ergebnis kommen; ***etw. zieht (weite) Kreise*** etw. hat (starke) Auswirkungen || *zu* **1** **kreis·för·mig** *Adj*

krei·schen; *kreischte, hat gekreischt*; Vt/i **1** ***(etw.) k.*** (etw.) mit lauter u. hoher Stimme schreien ⟨vor Schreck, vor Vergnügen k.; schrill k.⟩: *„Achtung!", kreischte sie* || NB: Das Objekt ist immer ein Satz; Vi **2** ***etw. kreischt*** etw. klingt laut u. schrill ⟨die Säge kreischt⟩

Krei·sel *der*; -*s*, -; ein kleines Spielzeug für Kinder, das sich auf e-r Spitze im Kreis dreht, wenn man ihm Schwung gibt ⟨den K. aufziehen, tanzen lassen; etw. dreht sich wie ein K.⟩ || *hierzu* **krei·seln** (*hat / ist*) *Vi*

krei·sen; *kreiste, hat / ist gekreist*; Vi **1** (*hat / ist*) sich so (fort)bewegen, dass ein Kreis (2) entsteht: *Der Adler kreiste am Himmel; Die Erde kreist um die*

K

Sonne || NB: sich auf der gleichen Stelle im Kreis bewegen heißt *sich drehen* od. *rotieren* **2 *etw. k. lassen*** etw. (in e-r Runde) von einer Person zur anderen gehen lassen ⟨e-e Flasche k. lassen⟩ **3 *mit etw. k.*** (*hat*) etw. so bewegen, dass ein Kreis (2) entsteht ⟨mit den Armen, den Beinen, dem Kopf, den Zehen k.⟩ **4 *etw. kreist um etw.*** (*hat / ist*) etw. kommt immer wieder auf dasselbe Thema (zurück) ⟨j-s Gedanken, ein Gespräch⟩

kreis·frei- *Adj*; *nur attr, nicht adv*, Ⓓ *Admin*; ⟨e-e Stadt⟩ so, dass sie zu keinem Landkreis gehört (sondern selbstständig ist)

Kreis·lauf *der*; **1** die Art der Bewegung, bei der etw. immer wieder zum Ausgangspunkt zurückkehrt, sich ständig wiederholt, ein (geschlossenes) System bildet ≈ Zirkulation || -K: ***Geld-, Strom-, Wasser-*** **2** *mst Sg*; die Bewegung des Blutes im Körper, die das Herz bewirkt ⟨der K. versagt; e-n schwachen K. haben; etw. regt den K. an, belastet den K.⟩ || K-: ***Kreislauf-, -kollaps, -mittel, -schwäche, -störung, -versagen*** || -K: ***Blut-*** **3** *nur Sg*; ein (kontinuierlicher) Ablauf, bei dem (in regelmäßigen Abständen) immer wieder dasselbe geschieht: *der K. der Natur, des Lebens*

Kreis·sä·ge *die*; e-e Maschine mit e-r runden Säge

Kreiß·saal *der*; der Raum in e-m Krankenhaus, in dem Frauen Kinder bekommen (gebären): *die Entbindung im K.*

Kreis·stadt *die*; die Stadt, in der sich die Behörden e-s Landkreises befinden

Kreis·tag *der*; Ⓓ *Kollekt*; die gewählten politischen Vertreter (Abgeordneten), die e-m Landkreis angehören ⟨in den K. gewählt werden, kommen⟩

Kreis|wehr·er·satz·amt *das*; Ⓓ e-e Behörde e-s Landkreises, die für die Einziehung von Wehrpflichtigen zum Wehrdienst zuständig ist

Krem *die*; -, -s; ↑ ***Creme***

Kre·ma·to·ri·um *das*; -s, *Kre·ma·to·ri·en* [-i̯ən]; ein Gebäude auf e-m Friedhof mit e-r Feierhalle u. e-r Anlage zur Verbrennung von Toten

kre·mig *Adj*; ↑ ***cremig***

Kreml, Kreml *der*; -(*s*); *nur Sg*; **1** die Regierung von Russland **2** *hist*; die Regierung der Sowjetunion **3** die Gebäude der Regierung in Moskau

Krem·pe *die*; -, -*n*; der untere (oft breite) Rand e-s Hutes (der dem Gesicht Schatten gibt)

Krem·pel *der*; -*s*; *nur Sg*, *Kollekt*, *gespr pej*; (oft alte) Dinge, die nicht viel wert sind ≈ Kram, Plunder

krem·peln; *krempelte, hat gekrempelt*; [Vt] ***etw. irgendwohin k.*** etw. in e-e bestimmte Richtung (um)legen ≈ umkrempeln, umschlagen: *die Ärmel nach oben k.*; *die (Hosen)Taschen nach außen k.*

Kren *der*; -(*e*)*s*; *nur Sg*, *südd* Ⓐ ≈ Meerrettich

kre·pie·ren; *krepierte, ist krepiert*; [Vi] ***j-d / ein Tier krepiert*** *gespr!* ein Mensch od. ein Tier stirbt

Krepp·pa·pier *das*; *nur Sg*; ein raues (elastisches) Papier mit vielen kleinen Falten, das man (*z.B.* im Fasching) für Dekorationen braucht

Krepp·soh·le *die*; e-e Schuhsohle aus rauem Gummi

Kres·se *die*; -, -*n*; *mst Sg*; e-e kleine Pflanze, deren Blätter ziemlich scharf schmecken u. als Salat gegessen werden od. als Gewürz dienen

Kre·thi *nur in* ***K. u. Plethi*** viele verschiedene Menschen, auch die einfachen Leute ≈ Hinz u. Kunz

kreucht *nur in* ***alles, was da k. u. fleucht*** *hum*; alle Tiere u. Insekten

kreuz *nur in* ***k. u. quer*** ohne Plan, Ordnung od. System: *mit dem Auto k. u. quer durch die Stadt fahren*; *Die Stifte liegen k. u. quer in der Schachtel*

Kreuz *das*; -*es*, -*e*; **1** die Zeichen x od. +, die man *z.B.* schreibt, um e-e bestimmte Stelle auf e-m Plan, e-r Karte *o.Ä.* zu markieren od. um eine von mehreren Möglichkeiten auf e-m Formular zu wählen ⟨ein K. machen; etw. mit e-m K. versehen⟩ **2** etw. mit der Form e-s Kreuzes (1) ⟨etw. bildet ein K.⟩: *Das K. am Eingang zum Supermarkt dreht sich nur in eine Richtung, so dass man dort nicht hinausgehen kann* || -K: ***Achsen-, Balken-, Dreh-, Faden-, Fenster-, Koordinaten-*** **3** ein K. (1), das *bes* in der christlichen Religion als Symbol verwendet wird (auch auf Flaggen od. als † in Verbindung mit dem Namen e-s Toten, dem Datum seines Todes): *Die Schweizer Flagge zeigt ein weißes K. auf rotem Grund* || -K: ***Altar-, Grab-, Holz-; Ehren-, Ritter-, Verdienst-; Haken-; Warn-*** **4** *hist*; ein Gerüst mit e-m langen senkrechten u. e-m kurzen waagrechten Balken, an dem früher Menschen aufgehängt u. getötet wurden ⟨j-n ans K. schlagen, vom K. abnehmen; am K. hängen, sterben⟩: *Jesus Christus starb am K.* || K-: ***Kreuzes-, -tod*** **5** der untere Teil des Rückens ⟨ein krummes, schiefes, hohles, steifes K. haben; j-m tut das K. weh; aufs K. fallen; es im K. haben⟩ || ↑ *Abb. unter* ***Mensch*** || K-: ***Kreuz-, -schmerzen, -weh*** || -K: ***Hohl-*** **6** *nur Sg*; ein schweres Leben ≈ Bürde, Leid ⟨sein K. auf sich nehmen; ein schweres K. zu tragen haben⟩ **7** e-e Spielfarbe im internationalen Kartenspiel od. e-e Karte dieser Farbe ≈ Treff || ↑ *Abb. unter* ***Spielkarten*** || NB: ↑ ***Herz*** **8** *Mus*; das Zeichen ♯, durch das e-e Note e-n halben Ton höher beschrieben wird ↔ ♭: *Die Tonart G-Dur hat ein K.* **9** e-e Stelle, an der zwei Autobahnen aufeinander treffen u. man von der einen Autobahn auf die andere wechseln kann: *das Stuttgarter K.* || -K: ***Autobahn-*** || NB: ↑ ***Kreuzung*** **10 *das K. des Südens*** ein Gebilde aus mehreren Sternen, die zusammen wie ein K. (1) aussehen u. nur in südlichen Ländern am Himmel zu sehen sind **11 *das Rote K.*** e-e Organisation, die *bes* bei Unfällen, Katastrophen, im Krieg *o.Ä.* Kranke, Verwundete u. Menschen in Not betreut. Das Zeichen ist ein rotes K. (1) auf weißem Grund ⟨das Internationale, Deutsche, Österreichische *usw* Rote K.⟩ || K-: ***Rotkreuz-, -helfer, -schwester*** **12 *über K.*** so, dass dabei ein K. (1) entsteht ⟨Dinge liegen über K.⟩: *Er legte Messer u. Gabel über K. auf seinen Teller* || ID ***j-n aufs K. legen*** *gespr*; j-n betrügen; **(*mit etw.*) *aufs K. fallen*** *gespr*; e-n Misserfolg haben; ***ein breites K. haben*** viel (Unangenehmes) geduldig ertragen; ***mit j-m / etw. ist es ein*** (***großes***) ***K.*** *gespr*; j-d / etw. macht viel Ärger; ***mit j-m / etw. sein K. haben*** *gespr*; durch j-n / etw. viel Mühe od. Ärger haben; ***zu Kreuze kriechen*** Demut zeigen u. nachgeben; ***ein / das K. schlagen*** e-e (rituelle) Geste machen, durch die man sich (in der katholischen Religion) unter den Schutz Gottes stellt ≈ sich bekreuzigen; ***ein Kreuz / drei Kreuze hinter j-m / etw. machen***; ***drei Kreuze machen, wenn …*** *gespr*; sehr froh sein, wenn man mit j-m nichts mehr zu tun hat od. wenn etw. vorbei ist || *zu* **1 kreuz·för·mig** *Adj*

Kreuz·bein *das*; *Med*; ein flacher, breiter Knochen am unteren Ende des Rückens

kreu·zen; *kreuzte, hat / ist gekreuzt*; [Vt] (*hat*) **1 *etw. kreuzt etw.*** zwei Wege, Fahrbahnen *o.Ä.* überschneiden sich (*mst* in Form e-s Kreuzes) **2** *mst* ⟨die Arme, die Beine⟩ ***k.*** die Arme od. die Beine so übereinander legen, dass e-e Art Kreuz entsteht **3** ⟨Dinge⟩ ***k.*** Dinge so zusammenlegen *o.Ä.*, dass e-e Art Kreuz entsteht ⟨die Schwerter k.⟩ **4** ⟨ein Tier u. ein Tier / e-e Pflanze u. e-e Pflanze⟩ ***k.***; ⟨ein Tier, e-e Pflanze⟩ ***mit*** ⟨e-m Tier, e-r Pflanze⟩ ***k.*** männliche u. weibliche Tiere od. Pflanzen verschiedener Arten so zusammenbringen (paaren), dass aus ihnen Nachkommen e-r neuen Art hervorgehen: *Wenn man Pferde u. Esel (miteinander) kreuzt, erhält man Maultiere u. Maulesel*; [Vi] (*hat / ist*)

5 ***etw. kreuzt irgendwo*** ein Schiff fährt (vor der Küste, in e-m Meer *o.Ä.*) hin u. her, ohne ein Ziel direkt anzusteuern: *Vor der Küste kreuzt e-e große Jacht*; Vr (*hat*) **6** ***etw. kreuzt sich mit etw.***; ⟨Straßen, Bahnlinien *o.Ä.*⟩ ***kreuzen sich*** zwei od. mehrere Straßen, Bahnlinien *o.Ä.* überschneiden sich an e-m bestimmten Punkt **7** ***Blicke kreuzen sich*** Blicke treffen sich **8** *mst* ***Die Briefe haben sich gekreuzt*** ein Brief des Absenders war noch unterwegs an den Empfänger, als der Empfänger bereits e-n Brief an den Absender geschickt hatte || ID *mst* ***Unsere Wege haben sich gekreuzt*** wir sind uns im Leben begegnet, hatten miteinander zu tun

Kreu·zer[1] *der*; *-s*, *-*; *hist*; e-e kleine Münze, die früher (in Österreich, Süddeutschland u. der Schweiz) gebräuchlich war

Kreu·zer[2] *der*; *-s*, *-*; **1** *Mil*; ein großes, schnelles Kriegsschiff **2** ein (Segel- od. Motor)Schiff, mit dem man relativ lange Reisen machen kann

Kreuz·fah·rer *der*; *hist*; ein Soldat od. Pilger, der auf e-m Kreuzzug war

Kreuz·fahrt *die*; e-e (Urlaubs)Reise auf e-m großen, schönen Schiff, bei der man in verschiedenen Häfen an Land geht u. kleine Ausflüge macht

Kreuz·feu·er *das*; *nur in* ***im K.*** (***der Kritik***) ***stehen***; ***ins K.*** (***der Kritik***) ***geraten*** von verschiedenen Seiten (öffentlich) scharf kritisiert werden

Kreuz·gang *der*; ein offener (Bogen)Gang, der um alle vier Seiten des Hofes e-s Klosters *o.Ä.* führt

kreu·zi·gen; *kreuzigte*, *hat gekreuzigt*; Vt ***j-n k.*** *hist*; j-n an ein Kreuz (4) nageln od. binden u. ihn dort sterben lassen

Kreu·zi·gung *die*; *-*; *-en*; **1** *hist*; der Vorgang, bei dem j-d gekreuzigt wurde ⟨die K. Jesu Christi⟩ **2** *Kunst*; die Darstellung der K. (1) Christi

kreuz·lahm *Adj*; *nicht adv*; *gespr*; mit (ständigen) Schmerzen im unteren Teil des Rückens

Kreuz·ot·ter *die*; *-*, *-n*; e-e giftige Schlange mit e-m regelmäßigen (Zickzack)Muster auf dem Rücken

Kreuz·rit·ter *der*; *hist*; ein Soldat (Ritter), der (im Mittelalter) an e-m Kreuzzug teilnahm

Kreuz·schlüs·sel *der*; ein relativ großes Werkzeug in der Form e-s Kreuzes, mit dem man *bes* die Schrauben an Autorädern lockert bzw. festmacht

Kreuz·spin·ne *die*; e-e große Spinne, deren Rücken als Muster e-e Art Kreuz zeigt

Kreu·zung *die*; *-*, *-en*; **1** e-e Stelle, an der sich zwei (od. mehrere) Straßen schneiden u. an der man von einer Straße auf die andere wechseln kann ⟨an der K. stehen bleiben, halten, abbiegen; e-e K. überqueren, über die K. fahren, gehen⟩ **2** *Biol*; das Kreuzen (4) von Tieren od. Pflanzen verschiedener Arten **3** *Biol*; ein Tier od. e-e Pflanze, die durch Kreuzen (4) entstanden sind: *Die Nektarine ist e-e K. aus Pfirsich u. Pflaume* || zu **1** **kreu·zungs·frei** *Adj*; *nicht adv*

kreuz·un·glück·lich *Adj*; *gespr*; sehr unglücklich

Kreuz·ver·hör *das*; *Jur*; e-e Form des Verhörs, bei der *bes* Zeugen vor Gericht durch den Staatsanwalt u. den Verteidiger intensiv befragt werden, um möglichst viele Informationen zu bekommen ⟨j-n ins K. nehmen, e-m K. unterziehen⟩

Kreuz·weg *der*; **1** e-e Stelle, an der sich zwei Wege treffen (kreuzen) **2** *kath*; e-e Folge von (*mst* 14) Bildern, auf denen die Kreuzigung u. der Tod von Jesus Christus dargestellt sind || ID ***an e-m K. stehen / angekommen sein*** *geschr*; in e-r Situation sein, in der man für die Zukunft e-e wichtige Entscheidung treffen muss

kreuz·wei·se *Adv*; so, dass ein Muster mit der Form e-s Kreuzes entsteht ⟨Dinge k. übereinander legen, einkerben, einschneiden; Dinge liegen k. übereinander⟩ || ID *mst* ***Du kannst mich*** (***mal***) ***k.!*** *gespr!* verwendet, um voll Ärger e-e Aufforderung, Kritik *o.Ä.* zurückzuweisen

Kreuz·wort|rät·sel *das*; ein gedrucktes (Rätsel)Spiel, bei dem man (oft in Zeitungen u. Zeitschriften) Wörter erraten muss, die man in ein Muster von Kästchen einträgt. (Manche Wörter muss man von links nach rechts u. andere von oben nach unten einsetzen) ⟨ein K. machen, lösen, ausfüllen⟩

Kreuz·zei·chen *das*; *bes kath*; das Zeichen e-s Kreuzes (3), das man nachmacht, indem man die rechte Hand zur Stirn hin, dann anschließend zur Brust u. zur linken u. rechten Schulter bewegt (*z.B.* wenn man e-e Kirche betritt *o.Ä.*) ⟨das / ein K. machen⟩

Kreuz·zug *der*; **1** *hist*; e-e lange Reise von christlichen Soldaten (*bes* Rittern) u. Pilgern als Teil e-s religiösen Krieges (im Mittelalter) gegen islamische Völker am Mittelmeer || -K: ***Kinder-*** **2** ***ein K.*** (***für / gegen etw.***) e-e große, leidenschaftliche Kampagne für od. gegen etw.: *e-n K. gegen die Pornographie / den Drogenhandel führen*

krib·be·lig *Adj*; *gespr* ≈ nervös: *Das ewige Warten macht mich ganz k.*

krib·beln; *kribbelte*, *hat gekribbelt*; *gespr*; Vi **1** ***etw. kribbelt*** etw. juckt od. kitzelt: *Meine Haut kribbelt am Rücken*; Vimp **2** *mst* ***Mich / Mir kribbelts*** meine Haut juckt **3** ***es kribbelt j-m / j-n irgendwo*** es juckt j-m / j-n in der Nase, auf der Haut, auf dem Rücken *o.Ä.* **4** ***irgendwo kribbelt u. krabbelt es*** irgendwo läuft e-e große Anzahl von Insekten herum **5** ***j-m / j-n kribbelt es in den Fingern*** (+ ***zu*** + *Infinitiv*) *gespr*; j-d hat große Lust, etw. zu tun

kribb·lig *Adj*; ↑ ***kribbelig***

Kri·cket *das*; *-s*; *nur Sg*, *Sport*; ein (typisch englisches) Rasenspiel zwischen zwei Mannschaften. Ziel ist es, ein kleines Holzgestell durch Werfen e-s kleinen Balles zu treffen, während der Gegner versucht, den Ball mit e-m Schläger abzuwehren u. e-e Strecke zu laufen (um so Punkte zu gewinnen)

krie·chen; *kroch*, *ist gekrochen*; Vi **1** sich auf Händen u. Knien fortbewegen ⟨durch ein Loch, ins Zelt, auf allen vieren k.⟩ **2** sich so fortbewegen, dass der Bauch den Boden berührt ⟨Menschen, Tiere; Schlangen, Schnecken, Krokodile, Raupen *usw*⟩: *Das Krokodil kroch langsam in die Nähe des Flusses* || NB: ↑ ***robben*** **3** ***irgendwohin k.*** sich an e-n Ort begeben, wo sehr wenig Platz ist od. der Körper von etw. (Schützendem) bedeckt wird ≈ schlüpfen ⟨unter die Decke, ins Bett, hinter den Ofen, Schrank k.⟩ **4** *mst* ⟨der Verkehr⟩ ***kriecht*** die Autos *usw* bewegen sich sehr langsam vorwärts || K-: ***Kriech-***, ***-gang***, ***-tempo*** **5** (***vor j-m***) ***k.*** *pej*; sich sehr (übertrieben) demütig benehmen u. so zeigen, dass man alles tut, was ein anderer verlangt ⟨vor Vorgesetzten, dem Chef, dem König k.⟩ **6** ***e-e kriechende Pflanze*** e-e Pflanze, die am Boden entlangwächst || *zu* **5** **Krie·cher** *der*; *-s*, *-*; **krie·che·risch** *Adj*

Kriech·spur *die*; **1** e-e Spur auf dem Boden, die entsteht, wenn j-d / ein Tier darüber kriecht (2) **2** der (Fahr)Streifen, der an manchen Autobahnen *o.Ä.* auf der rechten Seite (*bes* an langen Bergstrecken) für langsame Fahrzeuge reserviert ist

Kriech·tier *das* ≈ Reptil

Krieg *der*; *-(e)s*, *-e*; **1** ***ein K.*** (***gegen j-n / mit j-m***); ***ein K.*** (***zwischen*** ⟨Ländern, Völkern *o.Ä.*⟩) e-e Auseinandersetzung, ein Konflikt über e-n *mst* längeren Zeitraum, bei denen verschiedene Länder od. Teile e-s Landes / Volkes mit Waffen gegeneinander kämpfen ↔ Frieden ⟨ein blutiger, grausamer, unerklärter, offener, verlorener / aussichts-

K

loser K.; ein Land *o.Ä.* rüstet zum / für den K., bereitet e-n K. vor, fängt e-n K. an, führt, beendet, gewinnt, verliert e-n K.; irgendwo ist / herrscht K.; ein Land erklärt e-m Land den K., befindet sich mit e-m Land im K.; in den K. ziehen, müssen; aus dem K. heimkehren⟩: *e-n K. durch e-n Waffenstillstand unterbrechen, durch e-n Friedensschluss, e-e Kapitulation beenden; Viele Soldaten fallen im K., u. viele Zivilisten kommen im K. um* || K-: ***Kriegs-, -anfang, -ausbruch, -beginn, -bericht, -ende, -erklärung, -film, -flotte, -folge, -gefangene(r), -gefangenschaft, -gegner, -generation, -gericht, -grab, -hetze, -invalide, -kamerad, -marine, -opfer, -schauplatz, -schiff, -schulden, -teilnehmer, -tote(r), -verbrechen, -verbrecher, -verletzung, -veteran, -wirren, -zustand; kriegs-, -bedingt, -entscheidend, -geschädigt*** || -K: ***Angriffs-, Bomben-, Eroberungs-, Kolonial-, Stellungs-, Vernichtungs-, Verteidigungs-, Welt-*** || NB: ↑ ***Kampf*** **2** ein (politischer od. persönlicher) Kampf mit harten Worten u. bösen Taten: *mit den Nachbarn im K. liegen* || -K: ***Nerven-, Privat-*** **3** ***der Kalte K.*** *hist*; e-e Situation, in der zwei unterschiedliche (ideologische) Machtblöcke (*bes* der NATO u. der ehemaligen Sowjetunion) mit K. (1) drohten u. wenig verhandelten, aber nicht mit Waffen gegeneinander kämpften **4** ***ein heiliger K.*** ein K. (1) aus religiösen Motiven || ID ***in ständigem / im K. mit j-m leben*** ständig Streit mit j-m haben; ***j-m / etw. den K. erklären*** beginnen, j-n / etw. offen zu bekämpfen || ▶ ***bekriegen***

Krieg füh·ren·d- *Adj; nur attr, nicht adv*; ⟨Länder, Staaten⟩ so, dass sie aktiv am Krieg gegen andere beteiligt sind

krie·gen; *kriegte, hat gekriegt*; [Vt] ***etw. k.*** *gespr* ≈ bekommen[1]: *Hat die Polizei den Einbrecher (zu fassen) gekriegt?; Ich kriege noch dreißig Euro von dir; Wenn er so weitermacht, kriegt er noch e-e Ohrfeige* || NB: kein Passiv! || ID ***sich nicht mehr k.*** ⟨vor Lachen, Staunen⟩ *gespr*; laut u. lange lachen, sehr staunen (müssen); *mst* ***Das kriegen wir schon wieder (hin)*** *gespr*; verwendet, um auszudrücken, dass man etw. (Störendes, Kaputtes *o.Ä.*) wieder in Ordnung bringen wird

Krie·ger *der*; *-s, -*; **1** *hist*; ein Mann, der als Mitglied seines Volkes (*z.B.* bei den Germanen od. Indianern) Waffen trug **2** *veraltend*; ein Kämpfer im Krieg ≈ Soldat || K-: ***Krieger-, -denkmal, -grab, -witwe*** **3** ***ein kalter K.*** *Pol*; ein Politiker, der die Methoden des Kalten Krieges (3) unterstützt **4** ***ein müder K.*** *gespr hum*; ein Junge od. ein Mann, der schon nach kurzer Zeit (beim Spiel od. Sport) matt u. erschöpft ist

krie·ge·risch *Adj*; **1** ⟨ein Volk⟩ so (aggressiv), dass es oft u. gern kämpft ↔ friedlich **2** in der Form e-s Krieges ≈ militärisch ↔ friedlich ⟨Aktionen, Auseinandersetzungen, Konflikte⟩

Krieg·füh·rung *die*; *nur Sg*; **1** die Methode, nach der ein Krieg organisiert wird ⟨die Strategie der K.; die moderne K.⟩ **2** ***psychologische K.*** das Beeinflussen anderer Menschen mit (aggressiven) psychologischen Mitteln (in Zeiten e-s Krieges), um so ein bestimmtes Ziel zu erreichen || NB: ↑ ***Manipulation***

Kriegs·beil *das*; *hist*; e-e Art Axt, die Indianer zum Kämpfen benutzten ≈ Tomahawk || ID ***das K. ausgraben / begraben*** *gespr hum*; e-n Streit beginnen / beenden

Kriegs·be·ma·lung *die*; *hist*; Muster u. Farben, die sich *bes* Indianer vor e-m Kampf auf das Gesicht u. den Körper malten ⟨die K. anlegen; K. tragen⟩ || ID ***in (voller) K.*** *gespr hum*; (stark) geschminkt

Kriegs|be·richt·er·stat·ter *der*; ein Reporter, der sich dort aufhält, wo in e-m Krieg gekämpft wird, u. der von dort berichtet

kriegs·be·schä·digt *Adj*; *nicht adv*; mit e-m gesundheitlichen Schaden (*z.B.* e-r Krankheit, e-r Amputation), den der Betroffene im Krieg erlitten hat u. der nie vollständig behoben werden konnte || *hierzu* **Kriegs·be·schä·dig·te** *der / die*; *-n, -n*

Kriegs·dienst *der*; **1** die Aufgaben, die der Soldat im Krieg erfüllt **2** *gespr* ≈ Militärdienst, Wehrdienst || K-: ***Kriegsdienst-, -verweigerer, -verweigerung***

Kriegs·fuß *der*; *nur in* **1** ***mit j-m auf (dem) K. stehen / leben*** *hum*; mit j-m e-n (lange dauernden) Streit, Konflikt haben **2** ***mit etw. auf (dem) K. stehen*** *hum*; immer wieder Fehler im Umgang mit etw. machen: *mit der Technik, mit den Kommaregeln auf K. stehen*

Kriegs·ge·winn·ler *der*; *-s, -*; *pej*; j-d, der (*z.B.* durch den Verkauf von Waffen) an e-m Krieg Geld verdient

Kriegs·grä·ber|für·sor·ge *die*; das Bemühen (*bes* von privaten Organisationen), die Gräber von Soldaten zu finden u. zu pflegen

Kriegs·list *die*; ein Trick, mit dem man e-n Gegner im Krieg täuschen will

Kriegs·pfad *der*; *mst in* ***auf den K. gehen; auf dem K. sein*** *hum*; Aktionen gegen j-n / etw. planen

Kriegs·rat *der*; *mst in* ⟨Personen⟩ ***halten (e-n) K. (ab)*** *hum*; mehrere Personen beraten, wie sie in Zukunft (in e-r bestimmten Sache) handeln wollen

Kriegs·recht *das*; *nur Sg*; **1** allgemein anerkannte Normen (wie *z.B.* bei der Behandlung von Gefangenen), die im Krieg gelten ⟨ein Verstoß gegen das K.; e-e Verletzung des Kriegsrechts⟩ **2** e-e Änderung der Gesetze innerhalb e-s Staates, die bei Gefahr (*z.B.* während e-s Bürgerkrieges) beschlossen wird ⟨die Regierung verhängt das K. (über ein Land)⟩

Kriegs|spiel·zeug *das*; *oft pej, Kollekt*; Imitationen von Waffen, Soldaten, Panzern *o.Ä.*, die manche Kinder als Spielzeug bekommen

Kriegs·ver·bre·cher *der*; j-d, der gegen das Kriegsrecht (1) verstößt

kriegs·ver·sehrt *Adj*; *nicht adv* ≈ kriegsbeschädigt || *hierzu* **Kriegs·ver·sehr·te** *der / die*; *-n, -n*

Kri·mi *der*; *-s, -s*; *gespr, Kurzw* ↑ ***Kriminalroman, Kriminalfilm*** od. ***Kriminalgeschichte*** ⟨e-n K. lesen, anschauen, ansehen⟩

Kri·mi·nal- *im Subst, begrenzt produktiv*; dadurch bestimmt, dass das Thema Kriminalität behandelt wird; der ***Kriminalfilm***, die ***Kriminalgeschichte***, der ***Kriminalprozess***, die ***Kriminalpsychologie***, das ***Kriminalrecht***, der ***Kriminalroman***, die ***Kriminalstatistik***

Kri·mi·nal·be·am·te *der*; ein Beamter (bei) der Kriminalpolizei

Kri·mi·na·ler *der*; *-s, -*; *gespr* ≈ Kriminalbeamte(r)

kri·mi·na·li·sie·ren; *kriminalisierte, hat kriminalisiert*; *geschr*; [Vt] **1** ***etw. kriminalisiert j-n*** etw. bewirkt, dass j-d kriminell wird u. Verbrechen begeht: *Durch das Leben in Slums werden Jugendliche kriminalisiert* || NB: *mst* Passiv! **2** ***etw. k.*** etw. so beschreiben, als wäre es ein Verbrechen *o.Ä.*: *die Abtreibung k.* || *hierzu* **Kri·mi·na·li·sie·rung** *die*; *nur Sg*

Kri·mi·na·list *der*; *-en, -en*; ein Polizist (bei der Kriminalpolizei) ≈ Kriminalbeamte(r) || NB: *der Kriminalist; den, dem, des Kriminalisten* || *hierzu* **Kri·mi·na·lis·tin** *die*; *-, -nen*

Kri·mi·na·lis·tik *die*; -; *nur Sg*; die Wissenschaft, die sich damit beschäftigt, wie man Verbrechen aufklären u. verhindern kann *usw* || *hierzu* **kri·mi·na·lis·tisch** *Adj*

Kri·mi·na·li·tät *die*; -; *nur Sg, Kollekt*; **1** verbrecherische (kriminelle (2)) Aktivitäten ⟨zur K. neigen, in die K. absinken⟩ **2** alle Verbrechen, die (*z.B.* in e-m Land pro Jahr) passieren ⟨e-e Stadt *o.Ä.* hat e-e hohe, steigende K.; die K. bekämpfen⟩

Kri·mi·nal·kom·mis·sar *der*; ein Beamter der Polizei, der Verbrechen untersucht

Kri·mi·nal·po·li·zei *die*; *Kollekt*; der Teil der Polizei, der die Aufgabe hat, Verbrechen zu untersuchen

kri·mi·nell *Adj*; **1** bereit, Verbrechen zu begehen ≈ verbrecherisch ⟨Menschen, Organisationen⟩ **2** ⟨Handlungen⟩ so, dass sie ein Verbrechen darstellen ≈ strafbar **3** ***k. werden*** (zum ersten Mal) etw. tun, das als Verbrechen bestraft wird ≈ straffällig werden **4** *gespr*; ⟨ein Leichtsinn, e-e Rücksichtslosigkeit⟩ so, dass sie zu e-m Unglück führen könnten ≈ unverantwortlich: *Wie er Auto fährt, das ist ja k.!* || *zu* **1 Kri·mi·nel·le** *der / die*; *-n, -n*

Kri·mi·no·lo·gie *die*; -; *nur Sg*; die Wissenschaft, die sich mit Verbrechen, ihren Ursachen u. ihrer Bekämpfung beschäftigt || *hierzu* **Kri·mi·no·lo·ge** *der*; *-n, -n*; **Kri·mi·no·lo·gin** *die*; *-, -nen*

Krims·krams *der*; *-(es)*; *nur Sg, Kollekt, gespr*; e-e Menge von verschiedensten (kleinen) Dingen, die wenig Wert haben

Krin·gel *der*; *-s, -*; **1** ein kleiner, nicht exakt gezeichneter Kreis: *aus Langeweile Kringel an den Heftrand malen* **2** e-e Art Keks mit der Form e-s Kringels (1) || -K: ***Schokolade-, Zucker-***

krin·geln; *kringelte, hat gekringelt*; [Vt] **1** ***etw. k.*** etw. nach Art e-r Spirale formen: *e-e Haarsträhne um den Finger k.*; [Vr] **2** ***etw. kringelt sich*** etw. hat / bekommt die Form von Kringeln (1) ⟨j-s Haare⟩: *Die Schwänze von Schweinen kringeln sich* **3** ***sich k. (vor Lachen)*** *gespr*; herzhaft, intensiv lachen

Kri·po *die*; -; *nur Sg, gespr, Kurzw* ↑ ***Kriminalpolizei***

Krip·pe *die*; *-, -n*; **1** ein Gestell, in das man das Futter für Hirsche, Rehe, Pferde *usw* legt: *e-e K. mit Heu* || -K: ***Futter-*** **2** ein Modell mit Figuren, e-m Stall u. e-r K. (1), mit dem die Geburt von Jesus Christus dargestellt wird: *unter dem Christbaum e-e K. aufstellen* || K-: ***Krippen-, -figur*** || -K: ***Weihnachts-*** **3** *gespr, Kurzw* ↑ ***Kinderkrippe***

Krip·pen·spiel *das*; e-e Art Theaterstück, in dem die Geschichte der Geburt von Jesus Christus dargestellt wird

Kri·se *die*; *-, -n*; **1** e-e schwierige, unsichere od. gefährliche Situation od. Zeit (die vieles ändern kann) ⟨e-e finanzielle, politische, wirtschaftliche, seelische K.; in e-r K. sein, stecken; e-e K. durchmachen, überwinden⟩: *Die enorme Steigerung der Ölpreise führte zu einer wirtschaftlichen K.* || -K: ***Ehe-, Identitäts-, Energie-, Finanz-, Führungs-, Regierungs-, Wirtschafts-*** **2** *Med*; der Höhepunkt bei e-r schweren Krankheit; *Med* Krisis || *zu* **1 kri·sen·an·fäl·lig** *Adj*; *nicht adv*; **kri·sen·fest** *Adj*; *nicht adv*; **kri·sen·si·cher** *Adj*; *nicht adv*

kri·seln; *kriselte, hat gekriselt*; [Vimp] ***irgendwo kriselt es*** irgendwo gibt es Spannungen, e-e Krise: *In ihrer Ehe kriselt es schon lange, sie werden sich sicher bald trennen*

Kri·sen·ge·biet *das*; e-e Region, in der es politische Konflikte gibt u. in der es zu Kämpfen kommen kann ≈ Krisenherd

Kri·sen·herd *der* ≈ Krisengebiet

Kri·sen·stab *der*; *Kollekt*; e-e Gruppe von Personen (*mst* Experten), die zusammen e-e Lösung für e-e politische, wirtschaftliche *o.Ä.* Krise finden sollen: *Der Kanzler bildete e-n K.* (= setzte e-n K. zusammen)

Kris·tall[1] *der*; *-s, -e*; e-e chemische Substanz in e-r festen Form mit vielen kleinen Flächen, die oft wie helles Glas schimmern: *kleine durchsichtige Kristalle aus Eis* || -K: ***Eis-, Schnee-, Salz-, Zucker-*** || *hierzu* **kris·tall·ar·tig** *Adj*; **kris·tal·lisch** *Adj*; **Kris·tal·li·sa·ti·on** *die*; *-, -en*; **kris·tal·li·sie·ren** (*hat*) *Vi*

Kris·tall[2] *das*; *-s*; *nur Sg*; **1** farbloses, *mst* geschliffenes Glas (1) von hoher Qualität || K-: ***Kristall-, -glas, -kugel, -lüster, -schale, -vase*** **2** *Kollekt*; Gefäße, Leuchter *usw* aus K. (1): *das K. herausholen* || *zu* **1 kris·tal·le·n-** *Adj*; *nur attr, nicht adv*

kris·tall·klar *Adj*; sehr klar u. sauber ⟨ein See, Wasser⟩

Kris·tall·nacht *die*; *hist euph*; die Nacht vom 9. zum 10. November 1938, in der in Deutschland viele Synagogen u. Geschäfte der Juden zerstört wurden

Kri·te·ri·um *das*; *-s, Kri·te·ri·en* [-ri̯ən]; ***ein K.*** (***für etw.***) ein Merkmal, nach dem man e-e Frage entscheidet od. etw. beurteilt ⟨Kriterien aufstellen⟩: *Nach welchen Kriterien entscheidet die Jury?*

Kri·tik *die*; *-, -en*; **1** *nur Sg*; ***K.*** (***an j-m / etw.***) die Beurteilung e-r Person / Sache nach bestimmten Kriterien bzw. die Worte, mit denen diese Beurteilung ausgedrückt wird ⟨harte, konstruktive, negative, sachliche, schonungslose K.; K. äußern, üben, vorbringen; keine K. vertragen⟩: *Der Reporter übte K. an dem Einsatz der Polizei* || -K: ***Gesellschafts-, Regime-, Selbst-, Text-, Zeit-*** **2** ***e-e K.*** (***von j-m / etw.***) (***über j-n / etw.***) ein Bericht in e-r Zeitung, im Radio *usw*, in dem ein Buch, Film *o.Ä.* beurteilt wird ≈ Rezension, Besprechung ⟨e-e gute, schlechte, vernichtende K.; e-e K. schreiben, verfassen⟩: *Über seinen neuen Film konnte man in den Zeitungen nur gute Kritiken lesen* || -K: ***Buch-, Film-, Kunst-, Literatur-, Musik-, Theater-, Zeitungs-*** **3** *nur Sg, Kollekt*; die Personen, die Kritiken (2) verfassen ≈ Kritiker ⟨bei der K. (nicht) ankommen, von der K. gelobt, verrissen werden⟩ || ID ***unter aller / jeder K.*** *gespr*; sehr schlecht (in Bezug auf die Leistung) || *zu* **1** u. **2 Kri·ti·ker** *der*; *-s, -*; **Kri·ti·ke·rin** *die*; *-, -nen*

Kri·ti·kas·ter *der*; *-s, -*; *geschr pej*; j-d, der gern (u. oft in kleinlicher Weise) Kritik (1) übt

kri·tik·los *Adj*; *oft pej*; so, dass der Betreffende die eigene Meinung nicht ausdrückt, keine Kritik (1) äußert ↔ kritisch ⟨etw. k. akzeptieren, hinnehmen⟩

kri·tik·wür·dig *Adj*; *nicht adv*; ⟨ein Verhalten⟩ so, dass es Grund zur Kritik (1) anbietet

kri·tisch *Adj*; **1** ⟨ein Beobachter, e-e Einschätzung, ein Kommentar, ein Leser⟩ so, dass sie j-n / etw. genau prüfen u. streng beurteilen ↔ unkritisch: *j-n / etw. k. prüfen; sich k. mit etw. auseinander setzen* **2** negativ in der Beurteilung (von j-m / etw.) ≈ tadelnd ⟨e-e Äußerung, e-e Bemerkung; j-m k. gegenübertreten⟩: *Er äußerte sich k. zu den neuen Beschlüssen der Regierung* **3** in Gefahr, sich negativ zu entwickeln od. schlecht zu enden ≈ gefährlich, heikel ⟨e-e Lage, e-e Situation, ein Stadium, ein Zeitpunkt; an e-m kritischen Punkt anlangen, ankommen⟩: *Der Kranke befindet sich in e-m äußerst kritischen Zustand, es ist fraglich, ob er die Nacht überlebt*

kri·ti·sie·ren; *kritisierte, hat kritisiert*; [Vt] **1** ***j-n / etw. k.*** Kritik (1) an j-m / etw. äußern: *Sein Verhalten wurde von der Geschäftsleitung scharf / hart kritisiert* **2** ***j-n / etw. k.*** e-e Kritik (2) verfassen ≈ besprechen, rezensieren: *ein Buch k.*

krit·teln; *krittelte, hat gekrittelt*; [Vi] *pej*; j-n / etw. auf kleinliche Weise kritisieren (1)

Krit·ze·lei *die*; *-, -en*; **1** *nur Sg*; das Kritzeln **2** etw. Gekritzeltes, das man nur schwer lesen kann

K

krit·zeln; *kritzelte, hat gekritzelt*; [Vt/i] **1** (**etw.**) (**irgendwohin**) **k.** etw. so hastig od. mit kleinen Buchstaben schreiben, dass es schwer zu lesen ist: *Schnell kritzelte sie noch e-e Nachricht für ihn auf e-n Zettel* **2** (**etw.**) **irgendwohin k.** etw. *z.B.* aus Langeweile od. Nervosität auf e-n Zettel *o.Ä.* zeichnen: *beim Telefonieren Schnörkel u. Männchen auf ein Papier k.* || *zu* **1 krit·ze·lig, kritz·lig** *Adj*

kroch *Imperfekt, 1. u. 3. Person Sg*; ↑ **kriechen**

Kro·kant *der*; *-(e)s*; *nur Sg*; e-e harte braune Substanz aus Zucker u. Mandeln od. Nüssen || K-: **Krokant-, -praline, -schokolade**

Kro·ket·te *die*; *-, -n*; *mst Pl*; e-e kleine Rolle aus paniertem Kartoffelbrei, die in Fett gebacken wurde

Kro·ko·dil *das*; *-s, -e*; ein großes Tier (Reptil), das in manchen warmen Ländern im u. am Wasser lebt. Krokodile haben scharfe Zähne u. e-e sehr harte Haut || K-: **Krokodil-, -leder**

Kro·ko·dils·trä·nen *die*; *Pl, gespr*; Tränen, die Mitgefühl od. Rührung vortäuschen ⟨K. vergießen, weinen⟩

Kro·kus *der*; *-, -se*; e-e kleine, *mst* weiße, gelbe od. violette Blume, die im Frühling blüht || ↑ *Abb. unter* **Blumen**

Kro·ne *die*; *-, -n*; **1** ein Schmuck aus Gold u. Edelsteinen, den ein König, e-e Königin *usw* (als Zeichen ihres Amtes) zu besonderen Anlässen auf dem Kopf tragen || -K: **Kaiser-, Königs- 2** *nur Sg*; das Amt u. die Macht, die ein König bzw. e-e Königin hat ⟨j-m wird die K. aufgesetzt; die K. niederlegen (= abdanken)⟩ **3** die Familie, das Herrscherhaus, die von e-m König, Kaiser *o.Ä.* repräsentiert werden: *Der englischen K. gehören große Reichtümer* || K-: **Kron-, -juwelen 4** *Kurzw* ↑ **Baumkrone 5** e-e feste Schicht (*mst* aus Kunststoff od. Edelmetall), die vom Zahnarzt auf den Rest e-s kaputten Zahnes gesetzt wird || -K: **Gold-, Porzellan-; Zahn- 6** *nur Sg*; e-e Person od. Sache, die perfekt ist ≈ Krönung, Vollendung: *Der Mensch wird oft die K. der Schöpfung genannt* **7** die Währung *bes* der skandinavischen Länder || ID **etw.** (*Dat*) **die K. aufsetzen** *gespr*; etw. Unverschämtes *mst* durch e-e freche, gemeine od. unverschämte Tat noch schlimmer machen, als es schon war; **einen in der K. haben** *gespr*; betrunken sein

krö·nen; *krönte, hat gekrönt*; [Vt] **1 j-n** (**zu etw.**) **k.** j-n zum König *o.Ä.* machen u. ihm dabei die Krone (1) aufsetzen: *Karl der Große wurde im Jahre 800 zum Kaiser gekrönt* || NB: *mst* im Passiv! **2 etw. krönt etw.** etw. ist der Höhepunkt e-r Sache ⟨der krönende Abschluss e-r Arbeit, e-s Festes⟩ **3 etw. mit etw. k.** e-e gute Leistung (durch e-e sehr gute Leistung) noch besser machen: *die berufliche Laufbahn durch e-n großen Erfolg k.* || ID **etw. ist von Erfolg gekrönt** etw. hat großen Erfolg ⟨j-s Bemühungen, ein Plan⟩ || *hierzu* **Krö·nung** *die*

Kro·nen·kor·ken, Kron·kor·ken *der*; ein kleiner Deckel (mit Zacken) aus Metall, mit dem *bes* Bierflaschen verschlossen werden

Kron·leuch·ter *der*; ein großer Leuchter mit mehreren Lampen, der an der Decke e-s Zimmers frei herabhängt u. oft reich verziert ist

Kron·prinz *der*; **1** der Sohn od. Enkel e-s Kaisers, Königs *o.Ä.*, der der nächste Kaiser od. König werden soll ≈ Thronfolger **2** der wahrscheinliche Nachfolger in e-m leitenden Amt: *Er gilt als K. des Parteivorsitzenden* || *zu* **1 Kron·prin·zes·sin** *die*

Kron·zeu·ge *der*; j-d, der für ein Verbrechen, an dem er selbst beteiligt war, nicht od. nur wenig bestraft wird, weil durch seine Aussage in e-m Prozess andere Verbrecher verurteilt werden können || K-: **Kronzeugen-, -regelung**

Kropf *der*; *-(e)s, Kröp·fe*; **1** e-e dicke Stelle am Hals, die j-d bekommt, wenn seine Schilddrüse zu groß wird ⟨e-n K. bekommen, haben, operieren lassen⟩ **2** e-e Art Beutel in der Speiseröhre, in den viele Vögel das Futter aufnehmen u. für die Verdauung aufbereiten, bis sie *z.B.* ihre Jungen damit füttern können || ID **überflüssig / unnötig wie ein K.** *gespr*; vollkommen überflüssig

Kropp·zeug *das*; *nur Sg, Kollekt, gespr pej*; **1** ≈ Gesindel **2** ≈ Kram, Plunder

kross, *krosser, krossest-*; *Adj*; *nordd* ≈ knusprig

Krö·sus *der*; *-ses, -se*; *gespr hum*; j-d, der sehr reich ist ⟨kein K. sein⟩

Krö·te *die*; *-, -n*; **1** ein Tier, das e-m großen Frosch ähnelt, *mst* an Land lebt, aber ins Wasser geht, um seinen Laich abzulegen **2** *nur Pl, gespr*; Geld (in geringer Menge) ⟨ein paar, die letzten Kröten⟩

Krü·cke *die*; *-, -n*; **1** ein Stock mit e-m Griff (für die Hand) u. e-m Teil, der unter den Arm passt, für j-n, der Schwierigkeiten beim Gehen hat ⟨an Krücken gehen; e-e K. brauchen⟩ **2** der gebogene Griff an e-m einfachen (Geh)Stock od. Schirm || K-: **Krück-, -stock**

krud, kru·de, *kruder, krudest-*; *Adj*; *geschr* ≈ grob, rüde ⟨e-e Ausdrucksweise, ein Benehmen⟩

Krug *der*; *-(e)s, Krü·ge*; **1** ein Gefäß aus Glas, Porzellan *o.Ä.* für Flüssigkeiten mit einem od. zwei Henkeln ⟨ein irdener, gläserner K.⟩: *Bier aus e-m K. trinken* || -K: **Bier-, Wein-; Glas-, Ton-, Zinn-; Maß- 2 ein K.** + *Subst* die Menge Flüssigkeit, die in e-n K. (1) passt: *e-n K. Wein bestellen* **3** *bes nordd veraltend* ≈ Gaststätte, Schenke || -K: **Dorf-**

Kru·me *die*; *-, -n*; **1** *mst Sg*; die oberste Schicht Erde || -K: **Acker-, Boden- 2** *mst Pl, geschr* ≈ Krümel || -K: **Brot-**

Krü·mel *der*; *-s, -*; ein sehr kleines Stück (*bes* vom Brot, vom Kuchen, vom Tabak) || ↑ *Abb. unter* **Stück** || -K: **Brot-, Kuchen-, Tabak-**

krü·me·lig *Adj*; ⟨die Erde, das Brot, der Kuchen⟩ so, dass sie leicht in Krümel zerfallen od. Krümel bilden

krü·meln; *krümelte, hat gekrümelt*; [Vi] **1 etw. krümelt** etw. zerfällt in Krümel: *Der Kuchen krümelt* **2** so essen, dass dabei viele Krümel herunterfallen

krüm·lig *Adj*; ↑ **krümelig**

krumm, *krummer / krümmer, krummst- / krümmst-*; *Adj*; **1** (in Bezug auf etw. mit länglicher Form) so, dass es bogenförmige Abweichungen hat ↔ gerade ⟨schief u. k.; k. u. bucklig; k. sitzen⟩: *krumme Beine haben*; *Die Katze macht e-n krummen Buckel*; *Ohne Lineal wird die Linie k.* || ↑ *Abb. unter* **Eigenschaften** || K-: **Krumm-, -bein, -säbel, -schwert 2** *nur attr, nicht adv, gespr*; nicht ehrlich ≈ betrügerisch ⟨ein Geschäft; ein krummes Ding drehen; auf die krumme Tour⟩ || ID **sich k. u. schief lachen** *gespr*; sehr heftig lachen || *zu* **1 krumm·bei·nig** *Adj*; *nicht adv*

> **krumm le·gen, sich**; *legte sich krumm, hat sich krumm gelegt*; [Vr] **sich** (**für j-n / etw.**) **k. l.** *gespr*; (e-e Zeit lang) sehr sparsam sein, sich sehr einschränken, um etw. finanzieren zu können: *Sie mussten sich k.l., um allen Kindern ein Studium zu ermöglichen*
>
> **krumm neh·men**; *nimmt krumm, nahm krumm, hat krumm genommen*; [Vt] (**j-m**) **etw. k. n.** *gespr*; sich über j-s Verhalten ärgern ≈ j-m etw. übel nehmen

krüm·men; *krümmte, hat gekrümmt*; [Vt] **1 etw. k.** etw. Gerades krumm machen ≈ biegen: *den Finger um den Abzug k.*; *den Rücken k.*; [Vr] **2 etw. krümmt**

sich etw. ist / wird krumm ⟨e-e Linie, e-e Fläche⟩: *etw. hat e-e gekrümmte Oberfläche* **3 *sich* (*vor etw.*** (*Dat*)) ***k.*** den Rücken krumm machen ≈ sich winden ⟨sich vor Schmerzen k.⟩ **4 *sich vor Lachen k.*** (so) heftig lachen (dass man dabei nicht mehr gerade sitzen od. stehen kann) **5 *etw. krümmt sich*** etw. verläuft in (vielen) Kurven ⟨ein Fluss, e-e Straße⟩ **6 *ein Tier krümmt sich*** ein Tier windet sich ⟨e-e Schlange, ein Wurm⟩

krụmm·la·chen, sich; *lachte sich krumm, hat sich krummgelacht*; Vr ***sich k.*** *gespr*; sehr heftig lachen

Krụ̈m·mung *die*; -, *-en*; e-e bogenförmige Abweichung von e-m geraden Verlauf ↔ Gerade ⟨etw. hat e-e K.⟩: *die natürliche K. des Rückens*; *die K. der Erdoberfläche*

Krụp·pe *die*; -, *-n*; der hintere Teil des Rückens e-s Pferdes

Krụ̈p·pel *der*; *-s*, -; **1** *mst pej*; ein Mensch, dessen Körper nicht wie üblich gewachsen ist, der Missbildungen *o.Ä.* hat **2** ≈ Invalide

krụ̈p·pe·lig, krụ̈pp·lig *Adj*; *nicht adv*; schief u. krumm gewachsen ⟨ein Strauch, ein Baum⟩

Krụs·te *die*; -, *-n*; e-e harte Schicht auf etw. Weichem ⟨e-e harte, knusprige, zähe K.; die K. e-s Bratens, e-s Brotes⟩: *Auf der Wunde hat sich e-e K. aus geronnenem Blut gebildet* || -K: ***Blut-, Brot-, Haut-***

Krụs·ten·tier *das*; ein Tier mit e-r harten Schale, wie *z.B.* ein Krebs

Kru·zi·fix, Kru·zi·fịx *das*; *-es, -e*; **1** e-e Darstellung od. Nachbildung des Kreuzes, an dem Jesus Christus gestorben ist **2 *K.!*** *gespr!* verwendet als Fluch

Krỵp·ta *die*; -, *Kryp·ten*; e-e Art Keller in e-r alten Kirche, in dem *mst* die Särge wichtiger Personen stehen

Kto. *Abk für* Konto

Kụ̈·bel *der*; *-s*, -; **1** ein (größeres) rundes, weites Gefäß mit einem od. zwei Henkeln || K-: ***Kübel-, -pflanze*** || -K: ***Blumen-, Sekt-*** **2** *südd* Ⓐ ≈ Eimer

Ku·bịk, Ku·bịk *ohne Artikel, Pl, gespr*; (*Abk für* Kubikzentimeter) verwendet, um die Größe des Hubraums e-s Fahrzeugs anzugeben: *ein Motorrad mit 500 K.*

Ku·bik·me·ter, Ku·bịk·me·ter *der*; e-e Einheit, mit der das Volumen von etw. gemessen wird. Ein K. ist 1 Meter hoch, 1 Meter lang u. 1 Meter breit; *Math* m^3

Ku·bịk·wur·zel, Ku·bịk·wur·zel *die*; *Math*; die dritte Wurzel (5) e-r Zahl: *Die K. aus 27 ist drei* ($\sqrt[3]{27} = 3$)

Ku·bịk·zahl, Ku·bịk·zahl *die*; *Math*; e-e Zahl mit e-r hochgestellten 3: *Die Zahl 8 lässt sich als K. von 2 darstellen* ($8 = 2^3$)

Ku·bik·zen·ti·me·ter, Ku·bịk·zen·ti·me·ter *der*; e-e Einheit, mit der das Volumen von etw. gemessen wird. Ein K. ist 1 Zentimeter hoch, 1 Zentimeter lang u. 1 Zentimeter breit; *Math* cm^3

kụ·bisch *Adj*; **1** *Geometrie* ≈ würfelförmig ⟨ein Körper⟩ **2** *nicht adv*, *Math*; ⟨ein Ausdruck, e-e Gleichung⟩ so, dass dabei e-e Zahl Kubikzahl ist

Ku·bịs·mus *der*; -; *nur Sg*; ein Stil der modernen Kunst, bei dem natürliche Dinge in geometrischen Formen dargestellt werden || *hierzu* **ku·bịs·tisch** *Adj*

Kụ·bus *der*; -, *Ku·ben*; *Math* ≈ Würfel

Kụ̈·che *die*; -, *-n*; **1** ein Raum, der so eingerichtet ist (mit Herd, Kühlschrank *usw*), dass man dort *bes* kocht, bäckt od. Speisen zubereitet: *e-e Wohnung mit K. u. Bad*; *e-e K., die groß genug ist, um darin zu essen* || K-: ***Küchen-, -büffet, -einrichtung, -fenster, -gerät, -handtuch, -schrank, -schürze, -stuhl, -tisch, -waage*** || -K: ***Groß-, Hotel-, Kantinen-; Wohn-*** **2** *Kollekt*; die Möbel, mit denen e-e K. (1) eingerichtet ist: *e-e neue K. kaufen* || -K: ***Bauern-, Einbau-*** **3** e-e bestimmte Art, *bes* das Essen zu kochen ⟨die französische, gutbürgerliche, italienische *usw* K.; e-e gute / vorzügliche, e-e schlechte / miserable K.⟩ **4** *nur Sg*, *Kollekt*; die Personen, die in der K. (1) e-s Hotels, Restaurants *usw* arbeiten || K-: ***Küchen-, -hilfe, -personal*** **5 *kalte / warme K.*** kaltes / warmes Essen: *ein Lokal mit durchgehend warmer K.*

Kụ·chen *der*; *-s*, -; **1** ein relativ großes, süßes Gebäck ⟨e-n K. backen, machen, anschneiden; ein Stück K. abschneiden, essen; j-n zu Kaffee u. K. einladen⟩: *Zum Geburtstag gibt es e-n verzierten K. mit Kerzen* || K-: ***Kuchen-, -blech, -form, -gabel, -krümel, -teig, -teller*** || -K: ***Apfel-, Erdbeer-, Mohn-, Nuss-, Obst-, Rhabarber-, Rosinen-, Schokoladen-*** *usw*; ***Napf-; Biskuit-, Hefe-, Mürbeteig-, Rühr-*** **2 *Kuchen backen*** (als Kind) im Sandkasten Sand in (Plastik)Formen pressen u. diese umstürzen, sodass der Sand e-e bestimmte Form annimmt

Kụ̈·chen·be·nut·zung *die*; *mst in* ***ein Zimmer mit K.*** ein Zimmer, bei dem man j-s Küche mitbenutzen kann, wenn man es mietet

Kụ̈·chen·chef *der*; (in e-m Restaurant) der Koch, der die Arbeit in der Küche leitet

Kụ̈·chen·fee *die*; *gespr hum* ≈ Köchin

Die deutsche Küche

Ein normales deutsches Gericht besteht meist aus Fleisch oder Fisch, einer Beilage wie Kartoffeln, Reis oder Nudeln und Gemüse. Das Ganze wird auf einem Teller serviert, dazu gibt es manchmal noch einen Salat. Nur zu besonderen Gelegenheiten beinhaltet das Essen mehrere Gänge.

Eine besondere Stellung nimmt gekochtes Fleisch mit Soße ein. Typische Gerichte sind der **Schweinebraten** und der **Rinderbraten**. Ein anderer wichtiger Bestandteil der deutschen Kost sind die **Würstchen** in ihren verschiedenen Varianten.

In den Küstenregionen Deutschlands an der Nord- und Ostsee spielt Fisch eine wichtige Rolle. Im übrigen Deutschland isst man relativ wenig Fisch, hier werden Süßwasserfische wie Forelle oder Karpfen bevorzugt.

Traditionelle Beilage in Deutschland ist die Kartoffel. Sie wird unter anderem in Form von Salzkartoffeln, Bratkartoffeln, Pommes frites, Kartoffelbrei oder **Knödeln** zubereitet.

Ein typisch deutsches Gemüse sind die verschiedenen Kohlarten, wie den Rotkohl (auch Blaukraut genannt), der Grünkohl, der Wirsing oder das **Sauerkraut** (in Streifen geschnittenes Weißkraut, das mit Salz haltbar gemacht wurde).

Eine Besonderheit sind auch die verschiedenen Süßspeisen, die als vollständige Mahlzeit gelten. Beliebte Süßspeisen sind zum Beispiel Dampfnudeln, Pfannkuchen oder süße Aufläufe.

Kü·chen·kraut *das*; e-e Pflanze, mit der man Essen würzt

Kü·chen·ma·schi·ne *die*; ein elektrisches Gerät (mit e-m Behälter), das Teig rühren, Gemüse *o.Ä.* zerkleinern, Sahne (steif) schlagen *usw* kann

Kü·chen·pa·pier *das*; weiches Papier, das man in der Küche zum Aufwischen *o.Ä.* benutzt

Kü·chen·rol·le *die*; e-e Rolle Küchenpapier

Kü·chen·scha·be *die* ≈ Kakerlak

Kü·chen·zei·le *die*; *Kollekt*; Schränke u. Geräte, die in der Küche nebeneinander an e-r Wand stehen

Kü·chen·zet·tel *der* ≈ Speiseplan ⟨etw. steht auf dem K.⟩

Ku·ckuck *der*; *-s, -e*; **1** ein Vogel, der seine Eier in fremde Nester legt u. von anderen Vögeln (aus)brüten lässt ⟨der K. ruft⟩ || K-: ***Kuckucks-, -ruf*** **2** *hum*; ein Zeichen, das (vom Gerichtsvollzieher) auf gepfändete Gegenstände geklebt wird ⟨da klebt der K. drauf⟩ || ID *mst* ***weiß der K.!*** *gespr*; das weiß niemand; ***zum K. (nochmal)! / hols, hol dich der K.! / der K. soll dich holen!*** *gespr*; verwendet als Fluch; ***j-n zum K. wünschen*** j-n verfluchen

Ku·ckucks·ei *das*; *mst in* ***j-m ein K. ins Nest legen*** etw. tun, das j-m schadet (ohne dass dieser es gleich merkt)

Ku·ckucks·uhr *die*; e-e (Wand)Uhr, bei der ein kleiner Vogel (aus Holz) jede halbe u. / od. volle Stunde erscheint u. die Zeit so angibt, dass der Ruf des Kuckucks imitiert wird

Ku·del·mud·del *der / das*; *-s*; *nur Sg*; *gespr* ≈ Durcheinander

Ku·fe *die*; *-, -n*; der schmale, lange Teil, auf dem Schlitten od. Schlittschuhe über Schnee od. Eis gleiten || ↑ *Abb. unter* ***Schlitten***

Ku·gel *die*; *-, -n*; **1** ein runder, *mst* relativ kleiner Körper, der leicht rollt (u. im Gegensatz zu e-m Ball nicht elastisch ist) ⟨e-e K. rollt⟩: *Murmeln sind kleine bunte Kugeln aus Glas, mit denen Kinder spielen* || K-: ***kugel-, -rund*** || -K: ***Eisen-, Glas-, Holz-, Plastik-, Stahl-*** *usw* **2** e-e schwere K. (1) aus Metall, die man *z.B.* im Sport (beim Kugelstoßen) schleudert od. beim Kegeln rollt ⟨die K. schieben⟩ **3** ein kleiner, *mst* runder Gegenstand aus Metall, den man mit e-m Gewehr, e-r Pistole *o.Ä.* (ab)schießt ≈ Geschoss, Projektil ⟨von e-r K. getroffen, durchbohrt, gestreift, verfehlt werden; j-m / sich e-e K. in / durch den Kopf schießen, jagen⟩ || K-: ***Kugel-, -hagel*** || -K: ***Gewehr-, Pistolen-, Schrot-*** || ID ***e-e ruhige K. schieben*** *gespr*; sich bei der Arbeit nicht anstrengen (müssen) || *zu* **1** **ku·gel·för·mig** *Adj*; *nicht adv*; **ku·ge·lig** *Adj*; *nicht adv*

ku·gel·fest *Adj*; *nicht adv*; so, dass niemand hindurchschießen kann ≈ kugelsicher ⟨Glas, e-e Weste⟩

Ku·gel·kopf|(schreib·)ma·schi·ne *die*; e-e Schreibmaschine, deren Buchstaben auf e-r Metallkugel (angeordnet) sind (die man gegen e-e Kugel mit anderer Schriftart austauschen kann)

Ku·gel·la·ger *das*; der Teil in e-r Maschine, e-m Fahrzeug *o.Ä.*, in dem kleine (Stahl)Kugeln die Reibung verringern

ku·geln; *kugelte, hat / ist gekugelt*; [Vt] (*hat*) **1** ***etw. irgendwohin k.*** *mst* e-n Ball, Murmeln *o.Ä.* in e-e bestimmte Richtung rollen lassen; [Vi] (*ist*) **2** ***etw. kugelt irgendwohin*** etw. bewegt sich wie e-e Kugel (1,2) auf dem Boden ≈ etw. rollt: *Der Ball kugelte auf die Straße*; [Vr] (*hat*) **3** ***sich k.*** hinfallen u. sich hin u. her bewegen ≈ sich wälzen: *Die Kinder rauften u. kugelten sich am Boden* || ID ***sich k. vor Lachen*** (*hat*) heftig lachen

Ku·gel·schrei·ber *der*; ein Stift zum Schreiben mit e-r Mine, die Farbe enthält

ku·gel·si·cher *Adj*; *nicht adv* ≈ kugelfest

Ku·gel·sto·ßen *das*; *-s*; *nur Sg*; e-e Sportart (der Leichtathletik), bei der man e-e schwere Kugel möglichst weit wirft (stößt) || *hierzu* **Ku·gel·sto·ßer** *der*; *-s, -*; **Ku·gel·sto·ße·rin** *die*; *-, -nen*; **ku·gel·sto·ßen** *Vi*; *nur im Infinitiv*

Kuh *die*; *-, Kü·he*; **1** ein weibliches Rind (das schon ein Kalb gehabt hat) ↔ Ochse, Stier ⟨die K. gibt Milch, kalbt; e-e K. melken⟩ || K-: ***Kuh-, -euter, -milch*** || -K: ***Milch-*** **2** *gespr*; verwendet als Bezeichnung für ein (Haus)Rind allgemein ⟨die K. muht, käut wieder⟩ || K-: ***Kuh-, -fladen, -glocke, -hirt, -mist, -stall*** **3** das weibliche Tier bei manchen Tierarten || -K: ***Elefanten-, Hirsch-*** **4** *gespr pej*; verwendet als Schimpfwort für e-e Frau, über die man sich ärgert ⟨(e-e) blöde K.⟩ **5** ***e-e heilige K.*** *gespr*; etw., das nicht kritisiert od. verändert werden darf

Kuh·dorf *das*; *gespr pej*; ein kleines (langweiliges) Dorf

Kuh·haut *die*; *mst in* ***Das geht auf keine K.!*** *gespr*; das geht zu weit, das ist unerträglich!

kühl *Adj*; **1** mit / von relativ niedriger Temperatur, aber nicht richtig kalt ≈ frisch ↔ warm: *Im September sind die Nächte oft schon k.*; *Das Wasser ist angenehm k.* **2** höflich, aber nicht freundlich ↔ herzlich, warm ⟨ein Empfang; j-n k. ansehen, behandeln, grüßen⟩ **3** so, dass der Betreffende ohne Gefühle, Emotionen u. nur mit dem Verstand urteilt u. entscheidet ⟨k. u. sachlich; nüchtern u. k.⟩ **4** ***e-n kühlen Kopf bewahren*** *gespr*; in e-r schwierigen Situation sachlich bleiben **5** ***j-m ist k.*** j-d friert ein bisschen

Kühl·box *die*; ein Behälter, in dem Getränke u. Speisen kühl (1) bleiben

Kuh·le *die*; *-, -n*; *bes nordd*; e-e (nicht sehr tiefe) Vertiefung im Boden *o.Ä.* (wie e-e Mulde)

Küh·le *die*; *-*; *nur Sg*; **1** ≈ Frische (3): *die K. der Nacht* **2** die wenig freundliche Art: *die K. e-s Empfangs* **3** ≈ Sachlichkeit: *die K. des Verstandes*

küh·len; *kühlte, hat gekühlt*; [Vt] **1** ***etw. kühlt etw.*** etw. senkt die Temperatur von etw., macht etw. kühl (1) ⟨Getränke, e-n Motor (mit Luft, mit Wasser) k.⟩ || K-: ***Kühl-, -flüssigkeit, -wasser***; [Vt/i] **2** ***etw. kühlt (etw.)*** etw. macht etw. kühl: *Die Salbe kühlt* **3** **(*etw.*) *k.*** die Wunde, die Stirn *o.Ä.* kühl (1) machen: *Bei Fieber bitte regelmäßig k.!*

Küh·ler *der*; *-s, -*; **1** der Teil e-s Motors, der dazu dient, die Temperatur des Motors niedrig zu halten **2** ***der K. kocht*** *gespr*; das Wasser im Kühler e-s Autos ist so heiß, dass es verdampft

Küh·ler·grill *der*; ein Gitter vorn am Auto (vor dem Motor)

Küh·ler·hau·be *die* ≈ Motorhaube

Kühl·haus *das*; ein Gebäude, in dem Lebensmittel (Fleisch, Gemüse *o.Ä.*) gekühlt u. frisch gehalten werden

Kühl·schrank *der*; ein Gerät, in dem man Lebensmittel kühlt u. sie frisch hält ⟨an den K. gehen⟩

Kühl·ta·sche *die*; ein Behälter, in dem Lebensmittel (auf e-r Reise *o.Ä.*) kühl bleiben

Kühl·tru·he *die* ≈ Gefriertruhe

Küh·lung *die*; *-, -en*; **1** *nur Sg*; das Kühlen (1): *die K. von Getränken* **2** *nur Sg*; die angenehme Frische, die etw. Kühlendes (2) bringt: *Der Regen brachte kaum K.* **3** ein Gerät (Aggregat) *o.Ä.*, mit dem man etw. kühlt ⟨die K. versagt, fällt aus⟩

kühn *Adj*; **1** so, dass der Betreffende trotz e-r Gefahr keine Furcht zeigt, sondern handelt ≈ mutig ↔ ängstlich ⟨ein Held, e-e Tat⟩ **2** ganz neu, ungewöhnlich od. alles andere übertreffend ⟨ein Gedanke, e-e Idee, ein Plan; j-s kühnste Träume⟩ **3** ⟨e-e

Behauptung, e-e Frage, e-e Antwort⟩ so (ungewöhnlich), dass sie andere in Staunen versetzen od. sie provozieren ≈ gewagt ↔ maßvoll || *hierzu* **Kühn·heit** *die* || ► ***erkühnen***

k. u. k. ['kaː|ʊnt'kaː] *hist*; (*Abk für* kaiserlich u. königlich) in Bezug auf das (Kaiser- u. König)Reich Österreich-Ungarn ⟨die k. u. k. Monarchie; ein k. u. k. Offizier⟩

Kü·ken *das*; *-s*, *-*; **1** ein junges Huhn **2** ein junger Vogel ≈ Junges || -K: ***Enten-, Gänse-*** **3** *gespr*; ein Kind od. ein junges Mädchen

Ku·ku·ruz *der*; *-(es)*; *nur Sg*; Ⓐ ≈ Mais

ku·lant, *kulanter, kulantest-*; *Adj*; **1** großzügig u. entgegenkommend ⟨ein Kaufmann⟩: *Der Händler war k. u. hat die Reparatur umsonst ausgeführt* **2** akzeptabel ⟨Preise⟩ || *hierzu* **Ku·lanz** *die*; *nur Sg*

Ku·li[1] *der*; *-s*, *-s*; *hist*; ein Arbeiter, der in Asien für wenig Geld arbeitete || ID *mst* ***Ich bin doch nicht dein K.!*** *gespr*; ich lasse mich von dir nicht zum Arbeiten ausnutzen

Ku·li[2], **Ku·li** *der*; *-s*, *-s*; *gespr* ≈ Kugelschreiber

ku·li·na·risch *Adj*; *mst attr*; in Bezug auf gutes Essen ⟨Genüsse⟩

Ku·lis·se *die*; *-*, *-n*; **1** *Kollekt*; die Gegenstände auf e-r Bühne, die darstellen sollen, an welchem Ort die Handlung *z.B.* e-s Theaterstückes spielt ≈ Bühnenbild ⟨e-e K. aufbauen, abbauen⟩ **2** die Umgebung, der Hintergrund: *Die Alpen bildeten e-e malerische K. für den neuen Film* || ID ***etw. ist nur K.*** etw. ist nicht echt, nur vorgetäuscht; ***hinter den Kulissen*** im Verborgenen, der Öffentlichkeit nicht bekannt

Kul·ler·au·gen *die*; *Pl*, *gespr*; große, runde Augen || ID ***K. machen*** *gespr*; erstaunt od. unschuldig (drein)schauen, große Augen machen

kul·lern; *kullerte, ist / hat gekullert*; Vi **1** ***etw. kullert irgendwohin*** (*ist*) etw. bewegt sich wie e-e Kugel (1,2) ⟨Tränen kullern j-m über das Gesicht⟩ **2** ***mit den Augen k.*** (*hat*) die Augen im Kreis bewegen; Vr (*hat*) **3** ***sich k.*** (***vor Lachen***) über etw. sehr lachen (müssen)

kul·mi·nie·ren; *kulminierte, hat kulminiert*; Vi ***etw. kulminiert in etw.*** (*Dat*) *geschr*; e-e Entwicklung *o.Ä.* erreicht ihren höchsten Punkt ≈ etw. gipfelt in etw. (*Dat*) || *hierzu* **Kul·mi·na·ti·on** *die*; *-*, *-en*

Kult *der*; *-(e)s*, *-e*; **1** e-e Art einfache Religion ⟨ein heidnischer, indianischer, uralter K.⟩ || K-: ***Kult-, -handlung, -stätte*** **2** das Verhalten, bei dem man bestimmte Dinge od. Personen viel zu wichtig nimmt od. sie (wie etw. Heiliges) verehrt ⟨e-n K. mit j-m / etw. treiben; aus etw. e-n K. machen⟩ || K-: ***Kult-, -buch, -film*** || -K: ***Auto-, Jugend-, Personen-, Schönheits-, Star-*** || *zu* **1** **kul·tisch** *Adj*

kul·ti·vie·ren; *kultivierte, hat kultiviert*; *geschr*; Vt **1** ***etw. k.*** e-n Boden so bearbeiten, dass man darauf Getreide, Gemüse *o.Ä.* anbauen kann ⟨den Boden, Brachland, das Moor k.⟩ **2** ⟨Pflanzen⟩ ***k.*** Pflanzen züchten u. anbauen **3** ***etw. k.*** etw. sorgfältig pflegen u. so behandeln, dass es auf ein hohes Niveau kommt: *e-e Freundschaft, seinen persönlichen Stil k.; j-s Benehmen, Geschmack, Umgebung ist kultiviert* (= vornehm u. gebildet) || *hierzu* **Kul·ti·va·ti·on** *die*; *-*; *nur Sg*; **Kul·ti·vie·rung** *die*; *-*; *nur Sg*; *zu* **3** **Kul·ti·viert·heit** *die*; *nur Sg*

Kul·tur *die*; *-*, *-en*; **1** *nur Sg*, *Kollekt*; die Dinge u. Werte der menschlichen Gesellschaft, die den Menschen vom Tier unterscheiden, wie Kunst, Wissenschaft, Religion, Sprache *usw* ↔ Natur ⟨die Entwicklung, Geschichte, Grundlagen, Zukunft der (menschlichen) K.⟩ || K-: ***Kultur-, -geschichte, -gut, -stufe, -wissenschaft*** || NB: ↑ ***Zivilisation*** **2** die Stufe od. die Art der K. (1), die ein Volk in e-r bestimmten Zeit erreicht hat ⟨e-e primitive, hoch entwickelte K.; die östliche, die westliche, die abendländische K.⟩: *die K. der alten Inkas* || K-: ***Kultur-, -sprache, -volk*** **3** *Kollekt*; die (*bes* künstlerischen u. wissenschaftlichen) Aufgaben, Aktivitäten u. Produkte, die zu e-r K. (2) gehören ⟨den Menschen die K. näher bringen, K. vermitteln; die K. fördern⟩ || K-: ***Kultur-, -abkommen, -attaché, -austausch, -banause, -fonds, -politik, -referent, -veranstaltung*** **4** *nur Sg*; die Bildung e-s Menschen, wie sie in seinem Benehmen, Geschmack *usw* zum Ausdruck kommt ≈ Kultiviertheit ⟨K. haben; ein Mensch von K., mit wenig K.; etw. zeugt von K.⟩ **5** *nur Sg*; die Maßnahmen, die den Boden (für den Anbau von Pflanzen) fruchtbar, geeignet machen ≈ Kultivierung || K-: ***Kultur-, -boden, -landschaft*** **6** *nur Sg*; das Züchten u. Anbauen von Pflanzen ≈ Kultivierung: *Durch K. u. Veredelung wurde der Reis zu e-m der wichtigsten Nahrungsmittel für den Menschen* || K-: ***Kultur-, -pflanze*** || -K: ***Gemüse-, Getreide-, Kartoffel-, Obst-, Pilz-*** *usw* **7** *Kollekt*; mehrere Pflanzen, die zur gleichen Zeit gesät od. angepflanzt werden: *e-e K. (von) Champignons* || -K: ***Pilz-*** **8** *Kollekt*; Bakterien *o.Ä.*, die für wissenschaftliche od. medizinische Zwecke in e-m kleinen Behälter gezüchtet werden ≈ Zucht ⟨e-e K. ansetzen, beobachten⟩ || -K: ***Bakterien-, Pilz-*** || *zu* **4** **kul·tur·los** *Adj* || ► ***kultivieren***

Kul·tur·beu·tel *der*; e-e Art kleine Tasche, in die man Seife, Zahnbürste u. ähnliche Dinge tut, wenn man verreist ≈ Toilettenbeutel

Kul·tur|denk·mal *das*; ein altes Gebäude *o.Ä.*, das die Kultur e-r bestimmten Zeit repräsentiert u. deshalb gepflegt u. erhalten wird ⟨ein K. schützen⟩

kul·tu·rell *Adj*; *nur attr od adv*; **1** ⟨e-e Errungenschaft, die Entwicklung, der Fortschritt⟩ so, dass sie die menschliche Kultur (1) fördern **2** in Bezug auf die Kultur (3), die Kunst ⟨ein Ereignis, Interessen, e-e Veranstaltung⟩

Kul·tus *der*; *-*; *nur Sg*, *Admin geschr*; der Bereich der Kultur (3), kulturelle (2) Angelegenheiten ⟨das Ministerium, der Minister für Unterricht u. K.⟩ || K-: ***Kultus-, -minister, -ministerium***

Küm·mel *der*; *-s*, *-*; **1** *nur Sg*; e-e Pflanze mit (grau)braunen, länglichen Samen, die als Gewürz für Brot, Käse *usw* verwendet werden || K-: ***Kümmel-, -blüte, -pflanze*** **2** *nur Sg*; der Samen des Kümmels (1) als Gewürz ⟨Brot, Bratkartoffeln mit K.⟩ || K-: ***Kümmel-, -brot, -käse*** **3** *gespr*; ein Schnaps mit dem Geschmack von Kümmel

Kum·mer *der*; *-s*; *nur Sg*; **1** ***K.*** (***über j-n / etw.***) psychisches Leiden, große Sorgen (*mst* wegen e-s Schicksalsschlags *o.Ä.*) ↔ Freude ⟨K. empfinden, haben; j-d / etw. bereitet, macht j-m K.; etw. erspart j-m K.; etw. aus / vor K. tun⟩ **2** ***K.*** (***mit j-m / etw.***) ein Problem, das einem Ärger, Schwierigkeiten od. Enttäuschungen bereitet ⟨K. gewöhnt sein; mit e-m / seinem K. zu j-m gehen⟩: *Mit seiner Tochter hat er nur K.* || *zu* **1** **kum·mer·voll** *Adj* || ► ***bekümmert***

küm·mer·lich *Adj*; **1** ⟨Menschen, Tiere, Pflanzen⟩ so, dass sie nicht so groß u. kräftig sind wie andere ihrer Art: *Auf dem schlechten Boden gedeihen nur wenige kümmerliche Bäume* **2** ⟨ein Ergebnis, ein Ertrag, ein Lohn, ein Rest⟩ so, dass sie weit hinter den Erwartungen u. Wünschen zurückliegen

küm·mern; *kümmerte, hat gekümmert*; Vt **1** ***etw. kümmert j-n*** etw. macht j-m Sorgen od. interessiert ihn: Es *kümmert ihn nicht*, dass *er so unbeliebt ist*; *Was kümmern mich schon die Probleme anderer Leute?* || NB: *mst* verneint od. in Fragen; Vi **2** ***etw. kümmert*** etw. wächst schlecht: *Die Pflanzen kümmern in dem dunklen Raum*; Vr **3** ***sich um j-n k.*** auf j-n aufpassen bzw. j-n pflegen, der auf Hilfe angewiesen ist ≈ für j-n sorgen ⟨sich um e-n Kranken, die Kinder, ein Tier k.⟩ **4 *sich um etw. k.*** bestimmte Arbeiten ausführen, die notwendig sind ⟨sich um den Haushalt k.⟩: *Wer kümmert sich um Ihre Blumen, wenn Sie im Urlaub sind?* **5 *sich um etw. k.*** sich mit etw. in Gedanken beschäftigen ⟨sich um seine eigenen Angelegenheiten k.⟩: *Er kümmert sich nicht* darum, wie *es mir geht*; *Sie kümmert sich nicht* darum, was *die Leute über sie sagen* || NB: oft verneint

Küm·mer·nis *die*; -, *-se*; *geschr*; etw., das einem Kummer u. Sorgen macht: *die großen u. kleinen Kümmernisse des Lebens*

Kum·mer·speck *der*; *nur Sg*, *gespr*; rundliche Körperformen, die man bekommt, wenn man aus Kummer zu viel isst ⟨K. ansetzen⟩

Kum·met *das*, (CH) *der*; *-s*, *-e*; der ovale Teil des Zaumzeugs, den Zugtiere um den Hals tragen

Kum·pan *der*; *-s*, *-e*; *gespr*; **1** ≈ Kamerad, Kumpel **2** *pej* ≈ Komplize || *hierzu* **Kum·pa·nei** *die*; -, *-en*

Kum·pel *der*; *-s*, - / *gespr auch -s*; **1** ≈ Bergmann **2** *gespr* ≈ Freund, Kamerad ⟨ein (alter) K. von j-m⟩

ku·mu·lie·ren; *kumulierte*, *hat kumuliert*; *geschr*; [Vt] **1 *etw. k.*** etw. zusammenlegen od. -rechnen ≈ (an)häufen: *bei Wahlen Stimmen k.*; [Vr] **2** ⟨Wolken *o.Ä.*⟩ ***kumulieren sich*** Wolken kommen zusammen, bilden e-e (dichte) Masse **3** ⟨Gewinne *o.Ä.*⟩ ***kumulieren sich*** Gewinne *o.Ä.* sammeln sich an || *hierzu* **Ku·mu·la·ti·on** *die*; -, *-en*; **ku·mu·la·tiv** *Adj*

Ku·mu·lus·wol·ke *die*; e-e Wolke, die aus mehreren großen runden Wolken besteht

künd·bar *Adj*; **1** ⟨ein Darlehen, e-e Hypothek, ein Vertrag⟩ so, dass man sie kündigen kann ↔ unkündbar: *Die Versicherung ist frühestens nach Ablauf eines Jahres k.* **2** *mst präd*; so, dass der Betreffende entlassen (1) werden kann: *Als Beamter ist er nicht k.*

Kun·de[1] *der*; *-n*, *-n*; **1** j-d, der in e-m bestimmten Geschäft (ein)kauft od. bestimmte Dienste in Anspruch nimmt ⟨ein alter, guter K.; ein K. e-r Bank, der Bahn, der Post, e-s Friseurs; e-n Kunden bedienen⟩: *Kunden haben, die man regelmäßig beliefert* || K-: ***Kunden-, -beratung, -kartei, -kreis, -stamm*** || -K: ***Stamm-; Privat-, Geschäfts-; Bahn-, Bank-*** *usw* || NB: ↑ ***Klient***, ***Patient*** **2 *Dienst am Kunden*** e-e Leistung, die ein K. erhält, ohne dass er dafür zu zahlen braucht: *Die Lieferung der Waren gehört bei uns zum Dienst am Kunden* **3** *pej*; ***ein übler / schlechter K.*** ein übler / schlechter Kerl || ID ***Hier ist der K. König*** hier wird der K. besonders gut u. freundlich bedient || NB: *der Kunde*; *den, dem, des Kunden* || *hierzu* **Kun·din** *die*; -, *-nen*

Kun·de[2] *die*; -, *-n*; *mst Sg*, *geschr*; ***K.*** **(*von j-m / etw.*)** ≈ Nachricht ⟨gute, schlechte K. für j-n haben; K. von j-m / etw. geben, erhalten, haben⟩ || ▸ ***erkunden, bekunden***

-kun·de *die*; -; *nur Sg*, *wenig produktiv*; verwendet, um e-e Wissenschaft od. ein Schulfach zu bezeichnen; ***Erdkunde, Heilkunde, Heimatkunde, Pflanzenkunde, Sozialkunde, Sternkunde, Vogelkunde*** || *hierzu* **-kund·lich** *Adj*; *nur attr od adv*

kün·den; *kündete*, *hat gekündet*; [Vi] ***etw. kündet*** **(*von etw.*** (*Dat*)**)** *geschr*; etw. gibt e-n Hinweis auf etw.

Kun·den·dienst *der*; *nur Sg*; **1** *Kollekt*; alle Leistungen (*bes* Lieferung u. Reparatur), die e-e Firma ihren Kunden anbietet: *Die kostenlose Lieferung gehört bei uns zum K.* **2** die Stelle od. die Einrichtung, die Geräte, Maschinen e-r bestimmten Firma (od. e-s bestimmten Geschäfts) pflegt u. repariert ⟨den K. anrufen, holen, kommen lassen⟩: *Autos sollten regelmäßig zum K.*

kund·ge·ben; *gab kund*, *hat kundgegeben*; [Vt] ***etw. k.*** *geschr* ≈ bekannt geben

Kund·ge·bung *die*; -, *-en*; e-e Veranstaltung, *bes* als Teil e-r Demonstration, bei der e-e (politische) Meinung öffentlich verkündet wird ⟨e-e K. veranstalten, an e-r K. teilnehmen⟩: *Der Demonstrationszug endete mit e-r K. am Rathausplatz*

kun·dig *Adj*; so, dass der Betreffende über etw. viel weiß ≈ sachverständig ↔ dilettantisch ⟨e-e Beratung, ein Führer⟩

kün·di·gen; *kündigte*, *hat gekündigt*; [Vt/i] **1** (***etw.***) ***k.*** e-e vertragliche Vereinbarung zu e-m bestimmten Termin auflösen, beenden ↔ etw. abschließen ⟨e-e Arbeit, e-n Kredit, e-e Wohnung k.; (etw.) fristgerecht, fristlos k.⟩: *Hiermit kündige ich das Mietverhältnis zum 1. Oktober*; *Er hat (seine Stelle) gekündigt u. sich e-n neuen Job gesucht*; [Vi] **2 *j-m k.*** (als Arbeitgeber) e-n Arbeitsvertrag lösen ≈ j-n entlassen: *Die Firma kündigte ihm fristlos* **3 *j-m k.*** (als Vermieter) den Vertrag mit dem Mieter lösen

Kün·di·gung *die*; -, *-en*; **1** die Lösung e-s Vertrags ⟨e-e fristgerechte, fristlose, ordnungsgemäße, sofortige K.; j-m die K. aussprechen⟩ || K-: ***Kündigungs-, -frist, -schreiben, -schutz, -termin*** **2** ein Schreiben, das die K. (1) enthält ⟨j-m e-e / die K. schicken⟩ **3** die Frist, bis zu der e-e K. (1) wirksam wird ⟨ein Vertrag mit monatlicher, vierteljährlicher, sechsmonatiger, jährlicher K.⟩

Kund·schaft[1] *die*; -, *-en*; **1** *mst Sg*, *Kollekt*; die Kunden[1] (1) e-s Geschäfts, Betriebs: *Wir haben e-e große K.* **2** j-d, der in e-m Laden einkauft ≈ Käufer, Kunde[1] (1): *Es ist K. da!*; *die K. warten lassen*

Kund·schaft[2] *die*; -; *nur Sg*, *veraltend*; die Suche nach Informationen ≈ Erkundung ⟨auf K. gehen; j-n auf K. schicken, senden⟩ || *hierzu* **Kund·schaf·ter** *der*; *-s*, -; **Kund·schaf·te·rin** *die*; -, *-nen* || ▸ ***auskundschaften***

kund·tun; *tat kund*, *hat kundgetan*; [Vt] ***etw. k.*** *geschr* ≈ bekannt geben, mitteilen ⟨seine Meinung, e-n Entschluss, Missfallen k.⟩

künf·tig *Adj*; *nur attr od adv*; in Bezug auf die Zukunft: *die künftige Entwicklung*; *Ich will das k.* (= in Zukunft) *anders machen*

Kunst *die*; -, *Küns·te*; **1** (eine der) Tätigkeiten des Menschen, durch die er Werke schafft od. Dinge tut, die e-n bestimmten ästhetischen Wert haben, u. für die er e-e besondere Begabung braucht (*z.B.* Malerei, Musik u. Literatur) ⟨K. u. Kultur; die K. fördern; die bildende K.⟩ || K-: ***Kunst-, -gegenstand, -handwerk, -lied, -maler, -preis, -richtung, -verstand, -verständnis, -werk*** || -K: ***Bau-, Dicht-, Mal-, Rede-, Schauspiel-, Ton-*** **2** die (Tätigkeiten u.) Produkte der Architektur, Bildhauerei, Malerei, Grafik u. des Kunsthandwerks als Objekt der Betrachtung, der Kritik *o.Ä.* ⟨K. studieren; Werke der K. ausstellen⟩ || K-: ***Kunst-, -akademie, -ausstellung, -geschichte, -handel, -händler, -handlung, -historiker, -hochschule, -kalender, -kritik, -sammler, -studium, -wissenschaft*** **3** *ohne Artikel*, *nur Sg* ≈ Kunstwerk: *Ist das K. od. Kitsch?* **4** die Fähigkeit, etw. besonders gut od. etw. Schwieriges tun zu können ≈ Geschicklichkeit: *die K. des Überzeugens*; *die K., mit wenig Worten viel zu sagen* **5** *ohne Artikel*, *nur Sg*; etw., das nicht von selbst (natürlich) entstanden ist, sondern vom Menschen (nach)gemacht wurde ↔ Natur || K-: ***Kunst-, -blume, -darm, -dünger, -faser, -harz, -honig, -leder, -sprache, -wort*** **6** *Kurzw* ↑ ***Kunsterziehung*** || K-: ***Kunst-, -lehrer, -note, -stunde, -unterricht*** **7 *bildende K.*** ≈ K. (2) **8 *darstellende K.*** Schauspiel u. Tanz **9 *entartete K.*** *hist pej*; Kunstwerke, die die Nationalsozialisten für unnatürlich hielten u. verboten haben **10 *die schönen Künste*** ≈ K. (1) ||

K

ID ***etw. ist e-e / keine K.*** *gespr*; etw. ist schwierig / einfach (zu machen); ***mit seiner K. am Ende sein*** *gespr*; nicht mehr weiterwissen; ***e-e brotlose K.*** *gespr*; e-e Tätigkeit, mit der man nur wenig od. gar kein Geld verdienen kann || *zu* **1 kụnst·los** *Adj*; *zu* **1** u. **4 kụnst·reich** *Adj*; **kụnst·voll** *Adj* || ▸ ***künstlerisch***, ***künstlich***

Kụnst|denk·mal *das*; ein Bauwerk *o.Ä.* von künstlerischem Wert

Kụnst·druck *der*; ein Gemälde *o.Ä.*, das gedruckt (u. so vervielfältigt) worden ist

Kụnst|er·zie·hung *die*; Ⓓ ein (Schul)Fach, in dem man *bes* das Malen u. Zeichnen lernt ≈ Kunst (6), Zeichnen || *hierzu* **Kụnst·er·zie·her** *der*; **Kụnst·er·zie·he·rin** *die*

Kụnst·feh·ler *der*; der Fehler, den ein Arzt bei e-r Operation *o.Ä.* macht ⟨ein ärztlicher K.⟩: *aufgrund e-s Kunstfehlers behindert sein, sterben*

kụnst·fer·tig *Adj*; mit den Händen (bei e-r handwerklichen Arbeit) besonders geschickt || *hierzu* **Kụnst·fer·tig·keit** *die*

kụnst·ge·recht *Adj*; so, dass der Betreffende etw. richtig, wie ein Fachmann, macht ≈ fachmännisch: *e-n Gänsebraten k. zerlegen*

Kụnst·ge·wer·be *das*; *nur Sg*; das Gebiet der bildenden Künste, das sich mit der Gestaltung von (künstlerischen) Gebrauchsgegenständen *o.Ä.* befasst: *Keramik u. Glasbläserei gehören zum K.*

Kụnst·griff *der*; e-e geschickte Methode od. Handbewegung, mit der man etw. (sofort) leichter od. besser tun kann ≈ Trick, Kniff

Kụ̈nst·ler *der*; *-s, -*; **1** j-d, der Tätigkeiten im Bereich der Kunst (1) ausübt u. Kunstwerke schafft ⟨ein bildender, darstellender, freischaffender, namhafter, berühmter, unbekannter K.⟩: *Goethe war ein großer K.* **2** j-d, der e-n bestimmten Bereich geschickt beherrscht, etw. sehr gut kann ⟨ein K. in seinem Fach, seines Faches sein⟩ || -K: ***Koch-, Lebens-, Unterhaltungs-, Verwandlungs-*** || *hierzu* **Kụ̈nst·le·rin** *die*; *-, -nen* || NB: ↑ ***Artist***

kụ̈nst·le·risch *Adj*; *nur attr od adv*; **1** in Bezug auf die Kunst (1): *ein Bild mit künstlerischem Wert* **2** in Bezug auf den Künstler (1) ⟨die Aussage, der Gestaltungswille⟩

Kụ̈nst·ler·na·me *der*; der Name, den ein Künstler (als Pseudonym) annimmt: *Bob Dylan ist der K. von Robert Zimmermann*

Kụ̈nst·ler·pech *das*; *gespr hum*; *mst in* **(*das ist*) *K.!*** verwendet, um festzustellen, dass j-m etw. (aus Zufall) nicht gelungen ist, dass j-d Pech gehabt hat

kụ̈nst·lich *Adj*; **1** von Menschen als Ersatz hergestellt ≈ nachgemacht ↔ echt, natürlich ⟨Blumen, ein Farbstoff, Licht, Zähne⟩: *ein Pudding mit künstlichem Vanillegeschmack* **2** mit Hilfe von Geräten, Maschinen *o.Ä.* ⟨Beatmung, Befruchtung⟩: *Sie wird k. ernährt, k. am Leben erhalten* **3** vorgetäuscht, nicht wirklich vorhanden ≈ gekünstelt, gezwungen ↔ aufrichtig ⟨j-s Fröhlichkeit, j-s Herzlichkeit ist k.⟩ **4** ***sich k. aufregen*** *gespr pej*; übertrieben od. ohne Grund ärgerlich sein || *hierzu* **Kụ̈nst·lich·keit** *die*; *nur Sg*

Kụnst·pau·se *die*; e-e Pause, die j-d beim Sprechen macht, um e-n besonderen Effekt zu erzielen

Kụnst·schatz *der*; ein wertvolles Kunstwerk: *die Kunstschätze e-s Landes im Museum bewundern*

Kụnst·stoff *der*; ein Material, das durch chemische Verfahren hergestellt wird ≈ Plastik ⟨Folien, Kleidung, Spielzeug, Tüten aus K.⟩: *Teller aus K. zerbrechen nicht so leicht wie Teller aus Porzellan*; *Nylon ist ein K.*

Kụnst·stück *das*; **1** e-e geschickte (artistische) Leistung, die ein Akrobat, ein Zauberer, ein dressiertes Tier *usw* vorführt ⟨ein K. einüben, vorführen; Kunststücke machen; j-m ein K. zeigen⟩: *Sein Hund kann viele Kunststücke, wie auf den Hinterbeinen laufen od. durch e-n Reifen springen* **2** e-e schwierige Handlung ⟨etw. ist (k)ein K.⟩ **3** ***das K. fertig bringen*** + ***zu*** + *Infinitiv*; *oft iron*; etw. Schwieriges fertig bringen: *Er brachte das K. fertig, das Tor aus zwei Meter Entfernung nicht zu treffen* || ID ***K.!*** *gespr iron*; verwendet, um auszudrücken, dass etw. für j-n leicht zu erreichen war: *Sie hat die Französischprüfung bestanden. K., wenn ihre Mutter Französin ist!*

Kụnst·werk *das*; ein Produkt künstlerischer (1) Arbeit (Gestaltung) ⟨ein architektonisches, geniales, sprachliches K.⟩: *die berühmten Kunstwerke der Antike bewundern*; *Dieser Roman / Dieses Bild ist ein großes K.* || -K: ***Film-, Sprach-***

kụn·ter·bunt *Adj*; *gespr*; **1** aus ganz verschiedenen Komponenten gemischt ↔ einheitlich ⟨e-e Mischung, ein Programm⟩ **2** ohne jede Ordnung ⟨ein Durcheinander⟩

Kụ·pfer *das*; *-s*; *nur Sg*; ein relativ weiches, rötliches Metall, das Strom gut leitet; *Chem* Cu; ⟨ein Dach, ein Draht, ein Kessel, e-e Münze aus K.; e-e Legierung aus K. u. Zinn⟩ || K-: ***Kupfer-, -blech, -dach, -draht, -erz, -kessel, -legierung, -münze, -schmied*** || *hierzu* **kụ·pfer·far·ben** *Adj*; *nicht adv*

kụ·pfer·n- *Adj*; *nur attr, nicht adv*; **1** aus Kupfer (gemacht) ⟨ein Dach, e-e Münze⟩ **2** mit der Farbe von Kupfer ≈ kupferrot

kụ·pfer·rot *Adj*; *nicht adv*; mit der Farbe von Kupfer ≈ rotbraun ⟨ein Fell, Haare⟩

ku·pie·ren; *kupierte, hat kupiert*; [Vt] ***ein Tier / etw. k.*** den Schwanz u. die Ohren (e-s Hundes, e-s Pferdes *o.Ä.*) kürzer schneiden ≈ stutzen

Ku·pon [ku'põ:] *der*; *-s, -s*; **1** ein kleiner Zettel, für den man etw. (zurück)bekommt (*z.B.* Getränke, sein Gepäck) ≈ Gutschein **2** ein abtrennbarer Streifen Papier, mit dem man *z.B.* etw. bestellen kann || -K: ***Bestell-***

Kụ·ppe *die*; *-, -n*; **1** ein relativ flacher, runder (Berg)Gipfel ⟨e-e bewaldete K.⟩: *Auf der K. des Berges steht e-e Kirche* **2** das runde Ende e-s Fingers ≈ Fingerkuppe: *Die Kuppen der Finger zeigen Linien, die bei jedem Menschen anders sind*

Kụp·pel *die*; *-, -n*; ein Dach *o.Ä.*, das (wie e-e Halbkugel) gewölbt ist ⟨die K. des Petersdomes in Rom, e-s Zirkuszeltes, des Himmels⟩ || K-: ***Kuppel-, -bau, -dach***

Kup·pe·lei *die*; *-*; *nur Sg*, *Jur*; das (strafbare) Verhalten, sexuelle Kontakte zwischen Personen, die nicht miteinander verheiratet sind, zu vermitteln ⟨wegen K. angeklagt, verurteilt werden⟩ || *hierzu* **Kụpp·ler** *der*; *-s, -*; **Kụpp·le·rin** *die*; *-, -nen*

kụp·peln; *kuppelte, hat gekuppelt*; [Vt] **1** ***etw. an etw.*** (*Akk*) ***k.*** zwei Fahrzeuge (mit e-r Kupplung (3)) verbinden ≈ ankuppeln: *e-n Speisewagen an e-n Zug k.* **2** ***etw.*** (***mit etw.***) ***k.*** zwei Teile (e-r Maschine) so miteinander verbinden, dass sie zusammen wirksam werden u. die Verbindung wieder getrennt werden kann ≈ koppeln (1): *Motor u. Getriebe e-s Kraftfahrzeugs k.*; [Vi] **3** die Kupplung (1) e-s Fahrzeugs betätigen: *Bevor man e-n Gang einlegen kann, muss man k.*

Kụpp·lung *die*; *-, -en*; **1** e-e technische Vorrichtung in e-m Auto *o.Ä.*, mit der die Verbindung zwischen Motor u. Getriebe (*bes* zum Schalten) unterbrochen werden kann || K-: ***Kupplungs-, -hebel, -pedal*** **2** ein Pedal, mit dem man die K. (1) e-s Autos (beim Anlassen, Schalten *o.Ä.*) betätigt ⟨die K. treten, loslassen, langsam kommen lassen⟩ **3** e-e Art Hebel, mit dem man zwei Fahrzeuge aneinander hängt, wenn das eine das andere ziehen soll ⟨e-e

K

K. einhängen, abhängen⟩: *Die Waggons e-s Zuges sind durch Kupplungen miteinander verbunden* || -K: ***Anhänger-, Wohnwagen-***

Kur *die*; -, *-en*; **1** e-e (Heil)Behandlung über e-e Zeit von einigen Wochen, die der Regenerierung der Gesundheit allgemein dient (u. bei der man sich von Ärzten behandeln lässt, Diät hält, Sport treibt *usw*) ⟨e-e K. machen⟩ || K-: ***Kur-, -mittel*** || -K: ***Bäder-, Entschlackungs-, Entziehungs-, Fasten-, Obst-, Saft-, Trink-*** **2** ein Aufenthalt in e-m Ort mit besonderem Klima, Heilquellen *o.Ä.* od. in e-m Sanatorium, bei dem man e-e K. (1) macht ⟨(irgendwo) zur / auf K. sein; zur / auf K. gehen, fahren⟩ || K-: ***Kur-, -arzt, -aufenthalt, -gast, -klinik, -ort, -park***

Kür *die*; -, *-en*; *Sport*; ein Programm mit mehreren Übungen, das ein Sportler frei wählt, *z.B.* beim Bodenturnen, Eiskunstlauf *o.Ä.* ↔ Pflicht (2)

Ku·ra·tor *der*; *-s*, *Ku·ra·to·ren*; j-d, der den Besitz u. das Geld verwaltet, die j-d (*z.B.* e-r Universität, e-r Stiftung) gespendet hat ≈ Treuhänder

Ku·ra·to·ri·um *das*; *-s*, *Ku·ra·to·ri·en* [-i̯ən]; *Kollekt*; e-e Gruppe (*z.B.* von Kuratoren), die Aufsicht über die Verwendung öffentlichen Geldes führt ≈ Aufsichtsbehörde

Kur·bel *die*; -, *-n*; e-e kurze Stange, die man im Kreis dreht, um e-n Mechanismus in Bewegung zu setzen: *Das Schiebedach des Autos wird mit Hilfe e-r K. geöffnet*; *Ganz früher wurde der Automotor mit e-r K. angeworfen*

K

kur·beln; *kurbelte, hat gekurbelt*; [Vt] **1** ***etw. irgendwohin k.*** etw. mit e-r Kurbel bewegen: *das Fenster nach oben k.*; [Vi] **2** e-e Kurbel drehen: *Früher musste man beim Auto lange k., bis der Motor ansprang*

Kür·bis *der*; *-ses*, *-se*; **1** e-e niedrige Pflanze mit sehr großen runden, *mst* gelben Früchten, die man als Gemüse isst ⟨K. anbauen, anpflanzen⟩ **2** die Frucht des Kürbisses (1) ⟨K. süßsauer einmachen⟩ || K-: ***Kürbis-, -kern***

ku·ren; *kurte, hat gekurt*; [Vi] **(*irgendwo*) *k.*** *gespr*; e-e Kur machen

kü·ren; *kürte, hat gekürt*; [Vt] ***j-n zu etw. k.*** j-n (aus)wählen, der e-n (Ehren)Titel *o.Ä.* bekommen soll: *Sie wurde zur Miss World gekürt*

Kur·fürst *der*; *hist*; einer der Fürsten, die früher den deutschen Kaiser wählten

Kur·haus *das*; ein (öffentliches) Gebäude in e-m Kurort, das für die Kurgäste bestimmt ist

Ku·rie [-i̯ə] *die*; -, *-n*; *Kollekt*; die Behörden (u. Angestellten) im Vatikan ⟨die päpstliche, römische K.⟩ || K-: ***Kurien-, -kardinal***

Ku·rier [kuˈriːɐ̯] *der*; *-s*, *-e*; **1** j-d, der *bes* für e-n Staat, das Militär *o.Ä.* (*mst* geheime) Nachrichten überbringt ≈ Bote ⟨e-e Nachricht durch e-n K. überbringen lassen⟩ || K-: ***Kurier-, -dienst*** **2** j-d, der mit dem Auto, Fahrrad *o.Ä.* Briefe, Papiere *usw* (*mst* in größeren Städten) liefert

ku·rie·ren; *kurierte, hat kuriert*; [Vt] **1** ***j-d / etw. kuriert j-n* (*von etw.*)** ein Arzt *o.Ä.* behandelt j-n erfolgreich / e-e Behandlung ist erfolgreich: *Die Massagen haben ihn von seinen Rückenschmerzen kuriert* **2** ***j-d / etw. kuriert etw.*** j-d / etw. heilt e-e Krankheit, Schmerzen *o.Ä.*: *ein Magengeschwür durch strenge Diät k.* **3** ***etw. kuriert j-n* (*von etw.*)** *gespr*; etw. bewirkt, dass j-d sein Verhalten ändert u. bestimmte Fehler nicht mehr macht: *Seit er einmal tausend Euro verloren hat, ist er von seiner Wettleidenschaft kuriert* || ► ***auskurieren***

ku·ri·os [-ˈri̯oːs] *Adj*; *geschr* ≈ seltsam ⟨e-e Idee, ein Vorfall⟩ || *hierzu* **Ku·ri·o·si·tät** *die*; -, *-en*

Ku·ri·o·sum *das*; *-s*, *Ku·ri·o·sa*; *geschr*; etw., das seltsam (kurios) ist ≈ Kuriosität ⟨ein medizinisches K.; etw. gilt als K.⟩

Kur·kon·zert *das*; ein Konzert für die Gäste in e-m Kurort

Kur·pa·ckung *die*; e-e Masse, die man auf Haare u. Kopfhaut gibt u. einwirken lässt, um so etw. gegen Schuppen, trockene Haare *o.Ä.* zu tun

Kur·pfu·scher *der*; *-s*, -; *pej*; j-d, der Kranke medizinisch falsch behandelt

Kurs[1] *der*; *-es*, *-e*; **1** die Richtung, in die sich *bes* ein Schiff od. Flugzeug bewegt ⟨j-d / ein Schiff *o.Ä.* schlägt / hält e-n K. ein, ändert den K., kommt / weicht vom K. ab; ein Flugzeug geht, ist auf K.; j-d / ein Schiff *o.Ä.* nimmt K. auf etw. (*Akk*)⟩: *Das Schiff nahm K. auf den Hafen* || K-: ***Kurs-, -abweichung, -änderung, -korrektur, -wechsel*** || -K: ***Backbord-, Steuerbord-***; ***Heimat-*** **2** der Preis, den Aktien (Wertpapiere, Devisen *usw*) haben, wenn sie (an der Börse) gehandelt werden ⟨etw. hat e-n hohen, niedrigen K., steht hoch, niedrig im K.; ein K. fällt, bleibt gleich, steigt, zieht an⟩: *Wenn du Geld schon vor dem Urlaub hier umtauschst, bekommst du e-n besseren K.* || K-: ***Kurs-, -anstieg, -gewinn, -rückgang, -steigerung, -sturz, -verlust, -wert*** || -K: ***Börsen-***; ***Aktien-, Devisen-, Dollar-, Wertpapier-***; ***Ankaufs-, Verkaufs-***; ***Tages-*** **3** ***außer K.*** (als Zahlungsmittel) nicht mehr gültig ⟨etw. ist außer K.; etw. wird außer K. gesetzt⟩ **4** die politischen Ziele, die j-d, e-e Partei *o.Ä.* verfolgt ≈ Linie: *Die Regierung steuert e-n neuen K.* || K-: ***Kurs-, -wechsel*** || ID ***j-d / etw. steht* (*bei j-m*) *hoch im K.*** j-d / etw. ist beliebt

Kurs[2] *der*; *-es*, *-e*; e-e Folge von Lektionen u. Stunden, in denen man (*z.B.* an der Volkshochschule) bestimmte Kenntnisse erwerben kann ≈ Lehrgang ⟨e-n K. absolvieren, belegen, besuchen, machen, abhalten, geben⟩: *e-n K. in Spanisch belegen* || -K: ***Englisch-, Ski-, Schreibmaschinen-, Sprach-, Stenographie-, Tanz-*** *usw*

Kurs·buch *das*; ein Buch, in dem die Fahrpläne aller Strecken der Eisenbahn e-s Landes enthalten sind || NB: ↑ ***Fahrplan***

Kur·schat·ten *der*; *gespr hum*; e-e Person (des anderen Geschlechts), mit der man während e-r Kur engen Kontakt hat (flirtet *o.Ä.*)

Kürsch·ner *der*; *-s*, -; j-d, der beruflich aus Fellen Pelze macht (u. sie verkauft)

kur·sie·ren; *kursierte, hat kursiert*; [Vi] **1** ***etw. kursiert*** etw. ist in Umlauf ⟨das Geld, ein Schreiben⟩ **2** ***das Gerücht kursiert, dass ...*** man erzählt sich, dass ...

kur·siv [-ˈziːf] *Adj*; so, dass die Buchstaben nach rechts geneigt sind ↔ normal ⟨e-e Schrift; etw. k. schreiben, setzen⟩ || K-: ***Kursiv-, -druck, -schrift***

Kur·sus *der*; -, *Kur·se* ≈ Kurs[2], Lehrgang

Kurs·wa·gen *der*; ein Wagen, der nur für e-n Teil der Strecke zu e-m Zug gehört u. dann an e-n anderen (mit anderem Ziel) gehängt wird: *Der Zug nach Salzburg hat e-n K. nach Wien*

Kur·ta·xe *die*; e-e Geldsumme, die man zahlen muss, wenn man in e-m Kurort übernachtet u. für die man einige Leistungen billiger od. kostenlos erhält

Kur·ti·sa·ne *die*; -, *-n*; *hist*; e-e Prostituierte (am Hof e-s Königs *o.Ä.*)

Kur·ve [-və] *die*; -, *-n*; **1** e-e (regelmäßig gekrümmte) Linie ohne Ecken, in der Form e-s Bogens ↔ Gerade ⟨etw. bildet e-e K., stellt e-e K. dar⟩: *Das Flugzeug beschrieb / flog e-e weite K.* **2** e-e Stelle, an der e-e Straße e-e K. (1) hat ≈ Biegung ⟨e-e Straße mit vielen, engen, scharfen, gefährlichen Kurven; e-e K. schneiden, voll ausfahren; in die K. fahren⟩: *Das Auto wurde wegen zu hoher Geschwindigkeit aus der K. getragen u. in den Graben geschleudert* || K-: ***Kurven-, -technik, -verhalten*** || -K: ***Links-, Rechts-*** **3** e-e K. (1), die mit e-r mathematischen Formel ausgedrückt werden kann ⟨e-e K. berechnen, konstruieren, zeichnen⟩ **4** e-e Linie, die den Verlauf e-r Entwicklung grafisch abbildet: *e-e K., die die Höhe des Umsatzes e-r Firma über mehrere Jahre hinweg zeigt* || -K: ***Fieber-, Preis-, Temperatur-*** || NB: ↑ ***Diagramm* 5** *mst* ***etw. macht e-e K.*** die Straße, der Weg *o.Ä.* ändert die Richtung **6** *nur Pl, gespr hum*; die (als erotisch empfundenen) Körperformen e-r Frau || ID ***j-d kratzt die K.*** *gespr*; j-d geht weg, verschwindet; ***(gerade noch) die K. kriegen*** *gespr*; e-e Aufgabe im letzten Moment (gerade noch) bewältigen || *zu* **1** **kur·ven·för·mig** *Adj*; *nicht adv*; *zu* **2** u. **5** **kur·ven·reich** *Adj*; *nicht adv*

kur·ven; *kurvte, ist gekurvt*; *gespr*; [Vi] **1** ***j-d / etw. kurvt irgendwohin*** j-d / etw. fährt od. fliegt Kurven (1,2): *um die Ecke k.*; *durch die Luft k.* **2** ***irgendwohin k.*** (ohne bestimmtes Ziel) umherfahren ⟨durch e-e Stadt, durch ein Land k.⟩

kur·vig [-v-] *Adj*; *nicht adv*; mit vielen Kurven (2) ≈ kurvenreich ↔ gerade ⟨e-e Straße, e-e Strecke⟩

kurz, *kürzer, kürzest-*; *Adj*; **1** von e-r relativ geringen räumlichen Ausdehnung ↔ lang[1] (2): *Je höher die Sonne steht, um so kürzer sind die Schatten*; *Er hat ganz kurze Haare*; *Der kürzeste Weg nach Hause führt durch die Stadt* || ↑ *Abb. unter* **Eigenschaften** || K-: ***Kurz-, -strecke, -streckenläufer***; ***kurz geschnitten, geschoren*** **2** so, dass es sich nur über e-n (relativ) kleinen Zeitraum erstreckt ↔ lange (1): *Ich kann leider nur k. bleiben*; *Schon nach kurzer Zeit war er mit der Arbeit fertig*; *Er zögerte k. u. ging dann weiter* || K-: ***Kurz-, -urlaub***; ***kurz-, -fristig,*** **3** ***k. vor, k. hinter / nach*** + *Subst* (räumlich) nicht weit vor, hinter etw. ↔ weit: *Das Gasthaus kommt k. hinter / nach der Kirche, das können Sie nicht verfehlen*; *Er stolperte k. vor dem Ziel* **4** so, dass es nur wenige Zeilen od. Worte u. wenige Details umfasst ≈ knapp ↔ ausführlich, lang[1] (4) ⟨e-e Ansprache, e-e Notiz, e-e Übersicht, e-e Zusammenfassung⟩ || K-: ***Kurz-, -fassung, -form, -kommentar, -meldung, -nachricht, -referat*** **5** *mst adv*; so, dass der Betreffende schnell handelt, nicht zögert ≈ rasch ⟨etw. k. entschlossen tun; etw. k. abtun⟩ **6** *Maßangabe* + ***k.*** *gespr hum*; mit dem genannten geringen Umfang, der geringen Länge: *j-m e-n fünf Zeilen kurzen Brief schreiben* **7** ***seit / vor kurzem*** seit / vor kurzer Zeit: *Sie sind seit kurzem verheiratet*; *Sie haben vor kurzem geheiratet* || ID ***sich k. fassen*** etw. in wenigen Worten ausdrücken; ***k. (u. gut) / k. gesagt*** verwendet, um etw. zusammenzufassen: *Er hatte wenig Appetit u. schlief unruhig. - K. gesagt, es ging ihm schlecht*; ***k. u. bündig*** präzis u. bestimmt: *Sie antwortete k. u. bündig*; ***über k. od. lang*** ≈ früher od. später: *Über k. od. lang wird sie schon noch vernünftig werden*; ***k. vor knapp*** *gespr*; gerade noch rechtzeitig; ***k. u. schmerzlos*** *gespr*; schnell u. ohne (aus Rücksicht) zu zögern; ***k. angebunden sein*** unfreundlich, unhöflich sein; ***j-d / etw. kommt zu k.*** j-d / etw. wird zu wenig beachtet, wird benachteiligt; ***den Kürzeren ziehen*** *gespr*; (in e-r Auseinandersetzung) e-e Niederlage erleiden; ***alles k. u. klein schlagen*** *gespr*; (aus Wut) alles zerschlagen, kaputtmachen; *mst* ***machs k.!*** *gespr*; komm gleich zur Sache (ich habe nicht viel Zeit); ↑ ***Prozess***

> **kurz hal·ten**; *hält kurz, hielt kurz, hat kurz gehalten*; [Vt] ***j-n k. h.*** *gespr*; j-m nur wenig Geld od. Freiheit geben, *bes* aus erzieherischen Gründen ⟨die Kinder k. h.⟩
>
> **kurz tre·ten**; *tritt kurz, trat kurz, hat / ist kurz getreten*; [Vi] *gespr* ≈ kürzer treten

Kurz·ar·beit *die*; *nur Sg*; e-e Arbeitszeit, die kürzer ist als normal, weil es im Betrieb gerade nicht genug Arbeit gibt ⟨K. haben, machen⟩ || *hierzu* **Kurz·ar·bei·ter** *der*; **Kurz·ar·bei·te·rin** *die*

kurz·är·me·lig, kurz·ärm·lig *Adj*; *nicht adv*; mit kurzen Ärmeln ↔ langärm(e)lig ⟨ein Hemd, ein Pullover⟩

kurz·at·mig *Adj*; so, dass der Betreffende nur mit Mühe atmen kann

Kur·ze *der*; *-n, -n*; *gespr* ≈ Kurzschluss ⟨etw. hat e-n Kurzen⟩ || NB: *ein Kurzer*; *der Kurze*; *den, dem, des Kurzen*

Kür·ze *die*; -, *-n*; *mst Sg*; **1** die geringe Länge von etw.: *die K. des Weges*; *die K. des Briefes*; *die K. ihrer Haare* **2** die geringe Dauer von etw.: *die K. der Feier* **3** die geringe Entfernung od. räumliche Ausdehnung von etw.: *die K. des Abstands* **4** ***in K.*** ≈ bald: *Sie werden in K. von uns hören* **5** ***in aller K.*** sehr kurz (4) u. knapp: *j-m in aller K. das Nötigste erklären* || ID ***In der K. liegt die Würze*** e-e kurze, knappe Darstellung ist oft interessanter u. treffender als e-e lange (ausführliche)

Kür·zel *das*; *-s*, -; ein (*bes* stenografisches) Zeichen, das ein längeres Wort od. e-e Silbe ersetzt || NB: ↑ ***Abkürzung***

kür·zen; *kürzte, hat gekürzt*; [Vt] **1** ***etw. k.*** etw. kürzer (1) machen, *bes* indem man etw. davon abschneidet ↔ verlängern ⟨Ärmel, e-n Rock, e-n Mantel k.⟩ **2** ***(j-m) etw. k.*** j-m von etw., das er regelmäßig bekommt, weniger geben ≈ herabsetzen, reduzieren ↔ erhöhen ⟨(j-m) den Etat, das Gehalt, die Rationen, die Rente k.⟩; [Vt/i] **3** ***(etw.) k.*** etw. durch Streichungen kürzer (4) machen ⟨e-n Aufsatz, e-e Rede, e-n Roman k.⟩ **4** ***(etw.) (mit etw.) k.*** *Math*; e-n Bruch vereinfachen, indem man Zähler u. Nenner durch die gleiche Zahl dividiert / teilt: *Wenn man den Bruch* 2/4 *mit* 2 *kürzt, erhält man* ½ || *hierzu* **Kür·zung** *die*

kur·zer·hand *Adv*; schnell u. ohne zu zögern (od. zu überlegen) ≈ kurz entschlossen: *Als es ihm langweilig wurde, verließ er k. den Saal*

> **kür·zer tre·ten**; *tritt kürzer, trat kürzer, hat / ist kürzer getreten*; [Vi] *gespr*; **1** weniger Geld ausgeben ≈ sich einschränken **2** sich zurückhalten: *Nach seinem Herzinfarkt muss er k. t.*

kurz·fris·tig *Adj*; *ohne Steigerung*; **1** so, dass es nicht vorher angekündigt wurde ⟨e-e Abreise, e-e Absage, e-e Änderung⟩: *ein Rennen wegen schlechten Wetters k. verschieben* **2** relativ kurze Zeit gültig ↔ langfristig ⟨ein Abkommen, ein Kredit, ein Vertrag⟩ **3** in (möglichst) kurzer Zeit, rasch: *kurzfristige Lösungen finden*; *k. e-e Entscheidung treffen*

Kurz·ge·schich·te *die*; *Lit*; e-e kurze Erzählung mit e-r *mst* alltäglichen Handlung u. e-m überraschenden Schluss

kurz·haa·rig *Adj*; *ohne Steigerung, nicht adv*; mit kurzen Haaren ↔ langhaarig

kurz·le·big *Adj*; *nicht adv*; so, dass es nur kurze Zeit existiert od. funktioniert ↔ langlebig ⟨ein Gerät, e-e Mode⟩

kürz·lich *Adv*; vor wenigen Tagen ≈ vor kurzem, neulich

Kurz·park|zo·ne *die*; ein Gebiet, in dem man nur kurze Zeit parken darf (*z.B.* an e-r Parkuhr od. mit e-r Parkscheibe)

kurz·schlie·ßen; *schloss kurz, hat kurzgeschlossen*; [Vt] **1** ***etw. k.*** zwei Leitungen, die elektrische Spannung führen, miteinander verbinden ⟨e-n Stromkreis, die Zündung e-s Autos k.⟩; [Vr] **2** ***j-d schließt sich mit j-m kurz***; ⟨Personen⟩ ***schließen sich***

kurz zwei od. mehrere Personen treffen e-e kurze Absprache, tauschen schnell wichtige Informationen aus: *Wegen des Termins müssen wir uns noch k.* || NB: *mst* im Infinitiv!

Kụrz·schluss *der*; **1** e-e (unabsichtliche) Verbindung zwischen zwei Leitungen, die e-e Störung bewirkt ⟨ein Gerät hat e-n K.⟩: *Als das Kind mit der Steckdose spielte, verursachte es e-n K. u. wurde schwer verletzt* **2** e-e unüberlegte Handlung *o.Ä.*, bei der man aus Wut, Angst *o.Ä.* etw. Falsches tut: *Die Fahrerflucht nach dem Unfall war ein K.* || K-: ***Kurzschluss-, -handlung, -reaktion***

Kụrz·schrift *die* ≈ Stenographie

kụrz·sich·tig *Adj*; **1** *nicht adv*; so, dass der Betreffende nur die Dinge gut sehen kann, die nahe bei ihm sind ↔ weitsichtig **2** so, dass dabei wichtige Konsequenzen od. Aspekte nicht beachtet werden ≈ unüberlegt ⟨ein Entschluss, ein Verhalten; k. handeln⟩ || *hierzu* **Kụrz·sich·tig·keit** *die*

kurz·ụm *Adv* ≈ kurz: *Er liebt Rosen, Tulpen, Nelken. - K. er liebt Blumen*

Kụrz·wa·ren *die*; *Pl*, *Kollekt*; kleine Dinge, die man beim Nähen u. bei Handarbeiten braucht (*z.B.* Garn, Knöpfe, Reißverschlüsse)

kụrz·wei·lig *Adj*; *nicht adv*; so, dass dabei die Zeit schnell vergeht ≈ unterhaltsam, interessant ↔ langweilig ⟨ein Abend, e-e Beschäftigung, e-e Geschichte⟩

Kụrz·wel·le *die*; *nur Sg*, *Radio*; der Bereich, der Sender empfängt, die auf kurzen Wellen senden ↔ Langwelle, Mittelwelle, UKW ⟨K. hören; e-n Sender auf K. empfangen⟩ || K-: ***Kurzwellen-, -sender***

Kụrz·wort *das*; ein Wort, das aus Teilen eines od. mehrerer Wörter gebildet ist: *Uni ist ein K. für Universität, Kripo für Kriminalpolizei*

Kụrz·zeit|ge·dächt·nis *das*; *nur Sg*; der Teil des Gedächtnisses, der Informationen für kurze Zeit speichert ↔ Langzeitgedächtnis

kụrz·zei·tig *Adj*; *mst attr*, *ohne Steigerung* ≈ kurz (2): *Milch wird durch kurzzeitiges Erhitzen pasteurisiert*

kụsch! *Interjektion*; verwendet, um ein Tier zu vertreiben od. e-m Hund zu befehlen, still zu sein (od. sich hinzulegen)

kụ·sche·lig *Adj*; **1** so weich (u. warm), dass man die Berührung gern hat ⟨ein Bett, ein Tier⟩: *ein kleines Kätzchen mit k. weichem Fell* **2** so (gemütlich), dass man sich besonders wohl fühlt ≈ heimelig ⟨e-e Atmosphäre, e-e Wohnung⟩

kụ·scheln; *kuschelte, hat gekuschelt*; Vr **1** ***sich an j-n k.***; ***sich in etw.*** (*Akk*) ***k.*** j-n / etw. so mit dem (ganzen) Körper berühren, dass man sich geborgen fühlt u. nicht friert ≈ sich an j-n / etw. schmiegen: *Das Kind kuschelte sich eng an seine Mutter u. schlief ein*; Vi **2** ⟨Personen⟩ ***kuscheln*** *mst* zwei Personen schmiegen sich aneinander

Kụ·schel·tier *das*; ein weiches Stofftier: *ein K. mit ins Bett nehmen*

kụ·schen; *kuschte, hat gekuscht*; Vi **1** ***ein Hund kuscht*** ein Hund (gehorcht u.) hört auf zu bellen u. legt sich hin **2** (***vor j-m***) ***k.*** *gespr*; still (u. demütig) sein u. gehorchen: *Du sollst nicht k. - Wehr dich lieber!*; Vr **3** ***ein Hund kuscht sich*** ≈ ein Hund kuscht (1)

kụsch·lig *Adj*; ↑ ***kuschelig***

Ku·si̱·ne *die*; -, *-n*; ↑ ***Cousine***

Kụss *der*; *-es*, *Küs·se*; e-e Berührung mit den Lippen, mit der man Freundschaft, Liebe od. Zärtlichkeit ausdrückt od. j-n begrüßt ⟨ein flüchtiger, inniger, leidenschaftlicher, süßer, zärtlicher K.; j-m e-n K. (auf die Wange / den Mund / die Stirn) geben, hauchen, drücken; j-s Gesicht mit Küssen bedecken⟩: *Franzosen begrüßen sich oft mit e-m K. auf jede Wange* || -K: ***Abschieds-, Bruder-, Hand-, Zungen-***

kụss·echt *Adj*, *nicht adv*; so, dass die Farbe beim Küssen auf den Lippen bleibt ⟨ein Lippenstift⟩

küs·sen; *küsste, hat geküsst*; Vt ***j-n*** (***irgendwohin***) ***k.*** j-m einen od. mehrere Küsse geben: *Zum Abschied küsste er sie flüchtig auf die Wange* || ID ***Küss die Hand*** Ⓐ *gespr*; (von Männern) verwendet, um e-e Frau höflich zu grüßen

Kụss·hand *die*; *mst in* **1** ***etw. mit K. loswerden*** *gespr*; etw. sehr leicht verkaufen können **2** ***etw. mit K. nehmen*** *gespr*; etw. sehr gern annehmen, kaufen **3** ***j-m e-e K. zuwerfen*** die Finger der eigenen Hand küssen u. dann e-e Bewegung machen, als wolle man den Kuss (symbolisch) zu j-m werfen

Kü̦s·te *die*; -, *-n*; der Bereich, an dem Meer u. Land sich berühren ⟨e-e flache, steile, steinige, felsige K.⟩: *Ein Schiff kreuzt vor der K.*; *Seinen Urlaub an der K. verbringen* || K-: ***Küsten-, -bewohner, -gebiet, -gewässer***

Kü̦s·ten·strei·fen *der*; ein schmaler Streifen Land entlang der Küste

Kü̦s·ter *der*; *-s*, *-*; ≈ Kirchendiener

Kụs·tos *der*; -, *Kus·to̱·den*; j-d, der in e-m Museum wissenschaftliche Aufgaben hat

Kụtsch·bock *der*; der Platz, auf dem der Kutscher sitzt

Kụt·sche *die*; -, *-n*; *bes hist*; ein Wagen, der von Pferden gezogen wird u. *bes* Fahrgäste transportiert ⟨e-e K. fährt vor; in e-e K. steigen, in e-r K. sitzen, fahren⟩ || -K: ***Hochzeits-, Post-; Pferde-***

Kụt·scher *der*; *-s*, *-*; *bes hist*; j-d, der (beruflich) e-e Kutsche lenkt: *Der K. knallt mit der Peitsche*

kut·schi̱e·ren; *kutschierte, hat / ist kutschiert*; *gespr*; Vt (*hat*) **1** ***j-n / etw. irgendwohin k.*** j-n / etw. mit e-m Wagen *o.Ä.* irgendwohin bringen: *Er kutschierte uns alle in seinem alten Auto in die Stadt*; Vi (*ist*) **2** ***irgendwohin k.*** ohne festes Ziel mit dem Auto herumfahren: *durch das Land k.*

Kụt·te *die*; -, *-n*; **1** ein langes, weites Gewand mit Kapuze, das *bes* Mönche tragen || -K: ***Mönchs-*** **2** e-e Art Anorak (mit Kapuze), der bis zu den Knien reicht u. *bes* bei schlechtem Wetter getragen wird

Kụt·tel *die*; -, *-n*; *mst Pl*, *südd* Ⓐ Ⓒⓗ Magen u. Darm (von Rindern), die man isst || K-: ***Kuttel-, -suppe***

Kụt·ter *der*; *-s*, -; ein Schiff, mit dem man *bes* in der Nähe der Küste Fische fängt || -K: ***Fisch-***

Ku·vert [ku'veːɐ̯] *das*; *-s*, *-s* ≈ Briefumschlag ⟨ein K. zukleben, adressieren, frankieren⟩ || -K: ***Brief-***

Ku·ver·tü̱·re [-v-] *die*; -, *-n*; *geschr*; flüssige Schokolade, die man über Kuchen, Plätzchen *o.Ä.* gießt ≈ Schokoladenguss ⟨etw. in K. tauchen, mit K. bestreichen⟩

Ky·ber·ne̱·tik *die*; -; *nur Sg*; die Wissenschaft, die bestimmte Mechanismen in biologischen, technischen, soziologischen *o.Ä.* Vorgängen untersucht || *hierzu* **Ky·ber·ne̱·ti·ker** *der*; *-s*, -; **Ky·ber·ne̱·ti·ke·rin** *die*; -, *-nen*; **ky·ber·ne̱·tisch** *Adj*

ky·ri̱l·lisch *Adj*; *mst attr*; zu der Schrift gehörig, die *z.B.* für die russische Sprache benutzt wird ⟨ein Buchstabe, die Schrift⟩

KZ [ka'tsɛt] *das*; *-s*, *-s*; *Kurzw* ↑ ***Konzentrationslager*** || K-: ***KZ-Häftling, KZ-Scherge***

K

L, l

L, l [ɛl] *das*; -, - / *gespr auch -s*; der zwölfte Buchstabe des Alphabets ⟨ein großes L; ein kleines l⟩

la̲ e-e Silbe, mit der man die Worte e-s Textes beim Singen ersetzt

la̲·ben; *labte, hat gelabt*; *geschr*; [Vt] **1** ***j-n (mit etw.) l.*** j-m etw. geben, das ihn erfrischt ⟨j-n mit Speis u. Trank l.⟩; [Vr] **2** ***sich (an / mit etw.*** (*Dat*)) ***l.*** etw. genießen u. dadurch neue Kraft (u. Freude) bekommen ⟨sich an e-m Anblick l.⟩

la̲·bern; *laberte, hat gelabert*; *pej*; [Vi] sehr viele, dumme od. überflüssige Dinge sagen

la·bi̲l *Adj*; **1** ⟨ein Gleichgewicht, e-e Lage, e-e Situation⟩ so, dass sie sich leicht verändern können ↔ stabil **2** ⟨e-e Gesundheit, ein Kreislauf⟩ so, dass die betroffene Person leicht krank werden kann ≈ anfällig **3** ⟨ein Charakter, ein Mensch⟩ so, dass man sich nicht auf sie verlassen kann || *hierzu* **La·bi·li·tä̲t** *die*; -; *nur Sg*

La·bor [la'boːɐ̯] *das*; *-s, -s* / *-e*; ein Raum, in dem man *bes* technische u. medizinische Versuche u. Untersuchungen macht ⟨ein chemisches, medizinisches L.⟩ || K-: ***Labor-, -tisch, -untersuchung, -versuch*** || -K: ***Chemie-, Versuchs-, Zahn-***

La·bo·rạnt *der*; *-en, -en*; j-d, der beruflich in e-m Labor arbeitet ||-K: ***Chemie-*** || NB: *der Laborant*; *den, dem, des Laboranten* || *hierzu* **La·bo·rạn·tin** *die*; -, *-nen*

La·bo·ra·to̲·ri·um *das*; *-s*, *La·bo·ra·to·ri·en* [-i̯ən]; *geschr* ≈ Labor

La̲b·sal *das*; *-(e)s, -e* / *südd* Ⓐ *auch die*; -, *e*; *geschr*; etw., das bewirkt, dass sich j-d erholt u. erfrischt fühlt

La·by·rịnth *das*; *-(e)s, -e*; ein kompliziertes System von Straßen, Gängen u. Wegen, in dem man leicht die Orientierung verliert

Lạ·che, La̲·che[1] *die*; -, *-n*; Flüssigkeit, die sich an e-r Stelle *bes* am Boden angesammelt hat ≈ Pfütze ||-K: ***Blut-, Öl-, Wasser-***

Lạ·che[2] *die*; -; *nur Sg*, *gespr*, *oft pej*; die Art, wie j-d lacht ⟨e-e unangenehme, dreckige L. haben⟩

lä̲·cheln; *lächelte, hat gelächelt*; [Vi] den Mund etwas breiter machen, um zu zeigen, dass man sich freut od. dass man etw. lustig findet ⟨freudig, vergnügt, hämisch l.; über j-n / etw. l.⟩: *Als sie ihn sah, lächelte sie u. gab ihm die Hand*; *lächelnd zur Tür hereinkommen*; *Er lächelte über ihre Schüchternheit*

Lä̲·cheln *das*; *-s*; *nur Sg*; der Vorgang, bei dem j-d lächelt ⟨ein flüchtiges, müdes, süffisantes L.⟩: *Viele Kollegen finden das freundliche L. an ihr so sympathisch* || ID ***für etw. nur ein müdes L.*** (***übrig***) ***haben*** kein Interesse an etw. zeigen, da man es für schlecht hält

lạ·chen; *lachte, hat gelacht*; [Vi] **1** (***über etw.*** (*Akk*)) ***l.*** den Mund öffnen u. dabei kurz hintereinander mehrere Laute erzeugen, um zu zeigen, dass man sich freut od. lustig ist ↔ weinen ⟨laut, schallend, fröhlich, schadenfroh, triumphierend, dreckig l.; vor Vergnügen l.; über das ganze Gesicht l.; aus vollem Halse l.⟩: *Er erzählte e-n Witz, u. alle lachten laut*; *Lachen ist die beste Medizin* (Sprichwort) **2** ***über j-n / etw. l.*** beleidigende Bemerkungen über j-n / etw. machen, weil sie bestimmte Eigenschaften *o.Ä.* haben ≈ sich über j-n / etw. lustig machen, j-n verspotten, j-n auslachen: *Die Klassenkameraden lachten über seine Ungeschicklichkeit*; *Alle lachen über seinen Sprachfehler* **3** ***die Sonne / der Himmel lacht*** die Sonne scheint ≈ es herrscht strahlender Sonnenschein || ID ***bei j-m / irgendwo nichts zu l. haben*** *gespr*; bei j-m / irgendwo sehr streng behandelt werden; *mst* ***Da gibts nichts zu l.!*** *gespr*; das muss man ernst nehmen! *mst* ***Du hast / kannst gut / leicht l.*** *gespr*; du bist in e-r besseren Situation als ich; ***Dass ich nicht lache!*** *gespr*; verwendet, um auszudrücken, dass man das, was ein anderer einem erzählt hat, für falsch od. gelogen hält; *mst* ***Das wäre doch gelacht*** (, ***wenn...***) *gespr*; es ist völlig klar, dass j-d etw. tun kann, das andere für sehr schwierig halten: „*Was, ihr meint, diese Prüfung kann man nicht schaffen? - Das wäre doch gelacht!*" ***Wer zuletzt lacht, lacht am besten*** es ist wichtig, wer am Ende e-r Angelegenheit Erfolg hat

Lạ·chen *das*; *-s*; *nur Sg*; der Vorgang, bei dem j-d lacht (1) ⟨ein fröhliches, spöttisches, hämisches L.; das L. unterdrücken; sich das L. verbeißen, verkneifen; j-n (mit etw.) zum L. bringen⟩: *Als er anfing zu lachen, lachten alle mit - sein L. ist wirklich ansteckend* || ID ***j-d hat das L. verlernt*** j-d ist sehr traurig od. melancholisch; ***vor L.*** (***fast***) ***platzen*** *gespr*; sehr stark u. lange lachen; ***sich*** (*Akk*) ***vor L. nicht mehr halten können***; ***sich biegen / kugeln / ausschütten vor L.*** *gespr*; sehr stark lachen; *mst* ***Das ist doch zum L.!*** *gespr pej*; verwendet, um auszudrücken, dass man sich über etw. ärgert od. es lächerlich findet; *mst* ***Dir wird das L. noch vergehen!*** *gespr*; du wirst auch bald Probleme haben, wenn du in e-e ähnliche Situation kommst!

Lạ·cher *der*; *-s*, -; **1** j-d, der lacht **2** *gespr*; ein kurzes Lachen || ID ***die Lacher auf seiner Seite haben*** in e-r Auseinandersetzung *o.Ä.* etw. Lustiges sagen u. dadurch die Leute für sich gewinnen

Lạch|er·folg *der*; *mst in* ***e-n L. haben*** andere Menschen zum Lachen bringen

lä̲·cher·lich *Adj*; **1** so unpassend, dass es einen stört od. dass man es nicht ernst nehmen kann ≈ komisch, seltsam ⟨j-s Verhalten, Getue; ein Vorhaben⟩: *Es ist einfach l., sich über solche Kleinigkeiten aufzuregen* **2** sehr klein od. gering ≈ mickrig ↔ beträchtlich, ansehnlich ⟨ein Betrag, j-s Verdienst, e-e Summe, e-e Ausgabe⟩: *Dieses Buch habe ich mir für lächerliche fünf Euro gekauft*; *Sie verdient l. wenig* **3** ***etw. ins Lächerliche ziehen*** etw. abwerten, indem man Witze darüber macht || *zu* **1 Lä̲·cher·lich·keit** *die*

lạch·haft *Adj*; *mst präd*, *pej*; ⟨j-s Verhalten, j-s Vorhaben, Pläne⟩ so, dass man sie nicht ernst nehmen kann, sich aber trotzdem darüber ärgert ≈ ärgerlich

Lạch·krampf *der*; *mst in* ***e-n L. bekommen*** nicht mehr aufhören können zu lachen

Lachs [laks] *der*; *-es, -e*; **1** ein großer Fisch, der in den nördlichen Meeren lebt u. der sich in Flüssen vermehrt || K-: ***Lachs-, -fang*** || -K: ***See-*** **2** das rosafarbene Fleisch dieses Fisches, das sehr gut schmeckt ⟨geräucherter L.⟩: *Zu Silvester gibt es*

Brötchen mit L. u. Kaviar || K-: ***Lachs-, -brötchen, -ersatz*; *lachs-, -rot*** ||-K: ***Räucher-*** || *zu* **2 lachs·far·ben** *Adj*

Lach·sal·ve *die*; das gleichzeitige, laute Lachen mehrerer Personen ⟨von Lachsalven unterbrochen werden⟩

Lack *der*; *-(e)s, -e*; e-e Flüssigkeit, die man über Holz, Metall od. über e-e Farbe streicht, damit das Material geschützt ist ⟨farbloser, grüner *usw*, matter, glänzender L.; der L. blättert ab; L. auftragen, L. auf etw. (*Akk*) spritzen⟩ || K-: ***Lack-, -fehler, -schaden*** || ID ***Der L. ist ab*** *gespr*; **a)** etw. ist nicht mehr neu u. interessant; **b)** j-d sieht nicht mehr jung u. frisch aus

Lack·af·fe *der*; *gespr pej*; j-d, der sich übertrieben elegant kleidet u. sehr eitel u. arrogant ist

la·ckie·ren; *lackierte, hat lackiert*; [Vt/i] **1 (*etw.*) *l.*** Lack auf etw. streichen od. spritzen ⟨die Möbel, die Fensterrahmen, das Auto l.⟩: *Ich habe den alten Schrank neu lackiert*; [Vt] **2 *sich* (*Dat*) *die Fingernägel l.*** Nagellack auf die Fingernägel streichen || *zu* **1 La·ckie·rung** *die*

La·ckie·rer *der*; *-s, -*; j-d, der beruflich (*z.B.* Autos) lackiert

Lack·schuh *der*; *mst Pl*; Schuhe aus glänzendem Leder

La·de·hem·mung *die*; e-e Störung im Mechanismus e-r Waffe, sodass man die Munition nicht hineintun kann: *Die Pistole hatte L.* || ID ***j-d / etw. hat L.*** *gespr hum*; j-d versteht etw. überhaupt nicht / etw. funktioniert nicht

la·den[1]; *lädt* (*veraltend*: *ladet*), *lud, hat geladen*; [Vt] **1 *etw. lädt etw.*** etw. nimmt etw. (*bes* e-e Last) auf, um es (sie) zu transportieren: *Die Schiffe laden Bananen u. bringen sie nach Europa*; *Das Flugzeug hatte zu viel geladen* || K-: ***Lade-, -fläche, -gewicht, -kapazität, -raum*** **2 *etw.* (*mit etw.*) *l.*** etw., das man transportieren will, in ein Fahrzeug bringen ≈ beladen: *e-n Lastwagen mit Fässern l.*; *e-n Waggon mit Kisten l.* || K-: ***Lade-, -rampe*** **3 *etw. irgendwohin l.*** etw., das man transportieren will, in ein Fahrzeug bringen ≈ einladen: *Getreide in e-n Frachter l.*; *Säcke auf e-n Karren l.*; *Die Kräne laden die Container auf die Frachtschiffe* **4 *etw. l.*** *EDV*; e-e Datei in den Arbeitsspeicher nehmen, ein Programm aktivieren ≈ öffnen ⟨e-e Datei, ein Programm l.⟩ **5 *etw. aus / von etw. l.*** etw., das transportiert wurde, aus e-m Fahrzeug nehmen ≈ ausladen: *die Kisten aus dem Waggon l.* **6** ⟨e-e Schuld, e-e Verantwortung⟩ ***auf sich*** (*Akk*) ***l.*** *geschr*; schuldig, für etw. verantwortlich werden || ► ***Ladung***[1]

la·den[2]; *lädt* (*veraltend*: *ladet*), *lud, hat geladen*; [Vt/i] **1 (*etw.*) *l.*** Munition in e-e Waffe tun ↔ entladen ⟨ein Gewehr, e-e Pistole, ein Geschütz, e-e Kanone, e-e Armbrust l.⟩; [Vt] **2 *etw. l.*** elektrischen Strom in e-e Batterie schicken, damit diese wieder funktioniert ≈ aufladen || K-: ***Lade-, -zustand*** || ► ***Ladung***[2]

la·den[3]; *lädt* (*veraltend*: *ladet*), *lud, hat geladen*; [Vt] *geschr*; **1 *j-n* (*zu etw.*) *l.*** j-n (zu e-m Fest) einladen ↔ ausladen **2 *j-n l.*** j-n auffordern, vor Gericht zu erscheinen ≈ vorladen ⟨j-n als Zeugen l.; j-n vor Gericht, zu e-r Verhandlung l.⟩ || ► ***Ladung***[3], ***Einladung***, ***Vorladung***

La·den *der*; *-s, Lä·den*; **1** ein Raum od. Haus, in dem man bestimmte Dinge (wie *z.B.* Gemüse od. Bücher) kaufen kann ≈ Geschäft ⟨ein teurer L.; e-n L. aufmachen, einrichten, schließen; im L. bedienen⟩: *Mein Vater kauft seinen Tabak im L. an der Ecke* || K-: ***Laden-, -besitzer, -glocke, -kasse, -straße, -tür*** || -K: ***Buch-, Gemüse-, Hobby-, Lebensmittel-, Schreibwaren-, Tabak-, Tee-, Zeitungs-*** **2** *Kurzw* ↑ ***Fensterladen*** **3** *Kurzw* ↑ ***Rollladen*** || ID ***Der L. läuft*** *gespr*; ein Geschäft od. e-e Unternehmung funktioniert gut; ***den L. schmeißen*** *gespr*; durch seine Tüchtigkeit bewirken, dass ein Geschäft od. e-e Unternehmung gut funktioniert; ***den L. hinwerfen*** *gespr*; e-e Tätigkeit (oft aus Frustration od. Verärgerung) aufgeben; *mst* ***So wie ich den L. kenne*** *gespr*; so wie ich die Verhältnisse hier kenne

La·den·dieb *der*; j-d, der etw. aus e-m Geschäft stiehlt, während es geöffnet ist: *Jeder L. wird angezeigt!* || NB: ↑ ***Einbrecher*** || *hierzu* **La·den|dieb·stahl** *der*

La·den·hü·ter *der*; *-s, -*; *pej*; ein Gegenstand, den niemand kauft u. der deshalb lange in e-m Geschäft bleibt

La·den·schluss *der*; *nur Sg*; der Zeitpunkt, ab dem in Geschäften nichts mehr verkauft werden darf ≈ Geschäftsschluss: *kurz vor L. noch zum Einkaufen gehen* || K-: ***Ladenschluss-, -gesetz***

La·den·tisch *der*; **1** e-e Art Tisch (in e-m Geschäft), hinter dem der Verkäufer steht **2 *etw. unterm L. verkaufen*** Waren verkaufen, die verboten od. knapp sind

La·den·toch·ter *die*; (CH) ≈ Verkäuferin

lä·diert *Adj*; *gespr*; mit e-r Beschädigung od. Verletzung ≈ beschädigt, verletzt: *e-e lädierte Briefmarke*; *Mein Knie ist leicht l.*

Lä·die·rung *die*; *-, -en*; die Stelle, an der etw. beschädigt ist

lädt *Präsens, 3. Person Sg*; ↑ ***laden***

La·dung[1] *die*; *-, -en*; **1** die Dinge, die mit e-m Fahrzeug transportiert werden ≈ Fracht ⟨e-e L. aufnehmen; die L. löschen (= abladen)⟩: *e-e L. Holz, Getreide, Kohlen* || -K: ***Getreide-, Holz-, Kohle-*** **2** *gespr*; e-e relativ große Menge e-r Flüssigkeit: *e-e L. Wasser*

La·dung[2] *die*; *-, -en*; **1** die Menge Munition (in e-r Waffe) od. die Menge an Sprengstoff: *e-e L. Dynamit* || -K: ***Sprengstoff-*** **2** die Menge elektrischen Stroms, die in etw. ist ⟨e-e elektrische, positive, negative L.⟩: *Elektronen haben negative L.*

La·dung[3] *die*; *-, -en*; e-e Aufforderung, vor Gericht od. zu e-r Behörde zu kommen

La·dy ['le:di] *die*; *-, -s*; **1** verwendet anstelle von *Dame* in Verbindung mit englischen Namen **2 *First L.*** ['fœəst'le:di] verwendet als Bezeichnung für die Frau des Bundespräsidenten od. für die Frau e-s ausländischen Staatspräsidenten

lag *Imperfekt, 1. u. 3. Person Sg*; ↑ ***liegen***

lä·ge *Konjunktiv II, 1. u. 3. Person Sg*; ↑ ***liegen***

La·ge *die*; *-, -n*; **1** die Art u. Weise, in der sich j-d / etw. im Raum befindet ≈ Position ⟨sich in horizontaler, schiefer, schräger L. befinden⟩: *die L. des Kindes im Mutterleib, bei der Geburt* || -K: ***Schräg-*** **2** *mst Sg*; der Ort, an dem etw. in Bezug auf seine Umgebung liegt ⟨in ruhiger, sonniger, geographisch begünstigter, verkehrsgünstiger L.⟩: *ein Haus in sonniger L. am Hang*; *ein Bungalow in ruhiger L. am Stadtrand* || K-: ***Lage-, -plan*** || -K: ***Hang-, Stadtrand-*** **3** die äußeren Umstände, in denen sich j-d befindet ≈ Situation ⟨in e-r günstigen, beneidenswerten, herrlichen, schlechten, misslichen L. sein⟩: *Er lieh seinem Freund 2000 Euro u. half ihm so aus seiner misslichen finanziellen L.*; *Um sie zu verstehen, musst du dich einmal in ihre L. versetzen* || K-: ***Lage-, -bericht, -besprechung*** || -K: ***Finanz-, Rechts-, Wirtschafts-*** **4** *gespr*; die Getränke, die j-d (in e-m Gasthaus) für seine Freunde bestellt u. bezahlt ≈ Runde (4) ⟨e-e L. (Bier) ausgeben⟩ **5** ≈ Schicht ⟨e-e L. Stroh, Stoff⟩ || ID **(*nicht*) *in der L. sein, etw. zu tun*** (nicht) dazu fähig sein, etw. zu tun ≈ etw. (nicht) tun können; *mst* ***Ich bin in der glücklichen L., …*** ich freue mich (etw. Ehrenvolles tun zu dürfen, etw. Angenehmes zu haben od. zu empfangen); ***die L. peilen*** *gespr*; sehen, beobachten, wie die momentane L. (3) ist

La·gen *die*; *nur Pl*, *Sport*; e-e Disziplin beim Schwimmen, in der man je ein Viertel der Strecke Delphin, Rücken, Brust u. Kraul schwimmen muss: *400m L.*; *4 x 100 m L.* || K-: ***Lagen-, -schwimmen, -staffel***

La·ger *das*; *-s*, *-*; **1** ein Raum od. e-e Halle, wo man Waren abstellt, die man im Augenblick nicht braucht ⟨etw. auf L. haben⟩: *Ich schau mal im L. nach, ob wir diese Größe noch da haben* || K-: ***Lager-, -arbeiter, -halle, -haltung, -haus, -raum, -schuppen, -verwalter*** || -K: ***Baustoff-, Getränke-, Getreide-, Schuh-*** **2** *Kollekt*; mehrere Zelte od. Hütten, die man aufbaut, damit Menschen dort (*mst* vorübergehend) übernachten u. leben können ≈ Camp ⟨ein L. errichten, aufbauen, aufschlagen, abbrechen, auflösen⟩: *Die Truppen schlugen ihr L. am Rand des Waldes auf*; *Nach dem Erdbeben wurden Lager errichtet, um die Menschen zu versorgen* || K-: ***Lager-, -leben, -platz*** || -K: ***Arbeits-, Flüchtlings-, Ferien-, Gefangenen-, Truppen-*** **3** *Kollekt*; alle Personen od. Staaten, die die gleiche politische od. philosophische Meinung haben ⟨das östliche, westliche L; das feindliche L.⟩: *Beim Thema „Abtreibung" ist das Parlament in zwei Lager gespalten* || -K: ***Feindes-*** **4** e-e Schicht *bes* e-s Metalls, die sich im Felsen befindet ≈ Mine ⟨ein L. ausfindig machen, abbauen⟩ || -K: ***Erz-, Kohle-, Mineral-*** || ID ***etw. auf L. haben*** *gespr*; etw. sofort erzählen od. zeigen können, *bes* um andere zu unterhalten: *e-e Menge Witze auf L. haben*

La·ger·feu·er *das*; ein Feuer, das man im Freien macht, um sich zu wärmen od. um sich etw. zu essen zu machen: *Abends saßen wir ums L. u. sangen Lieder* || K-: ***Lagerfeuer-, -romantik***

La·ge·rist *der*; *-en*, *-en*; j-d, der beruflich in e-m Lager (1) arbeitet || NB: *der Lagerist*; *den, dem, des Lageristen*

La·ger·kol·ler *der*; *nur Sg*; das Gefühl von Verzweiflung u. Aggression, das j-d hat, wenn er zu lange in e-m Lager (2), e-m Gefängnis *o.Ä.* ist ⟨den L. kriegen⟩

la·gern; *lagerte, hat gelagert*; Vt **1** ***etw. l.*** etw., das man im Augenblick nicht braucht, an e-e Stelle tun, an der es bleiben kann ≈ aufbewahren: *Kartoffeln in e-m dunklen Keller l.*; *Holz muss trocken gelagert werden* **2** ***j-n / etw. irgendwie l.*** j-n / etw. in e-e bestimmte Stellung bringen: *den Ohnmächtigen fachgerecht l.*; Vi **3** ***etw. lagert irgendwo*** etw. ist an der genannten Stelle, an der Waren bleiben können: *Der Weinbrand lagert in alten Holzfässern* **4** ***irgendwo l.*** *geschr*; an der genannten Stelle (im Freien) übernachten od. sein Lager (2) aufbauen ≈ nächtigen: *Die Cowboys lagerten an e-m Fluss* || ID ***etw. ist irgendwie gelagert*** ⟨ein Fall, ein Problem, e-e Sache⟩ ist irgendwie beschaffen || *zu* **1** u. **3 La·ge·rung** *die*; *nur Sg*

La·gu·ne *die*; *-*, *-n*; ein Teil des Meeres, der durch Felsen od. ein Stück Land vom übrigen Meer getrennt ist: *Venedig ist auf Pfählen in e-r L. gebaut*

lahm *Adj*; **1** ⟨Körperteile⟩ so beschädigt, dass man sie nicht mehr (wie normal) bewegen kann ≈ gelähmt: *e-e lahme Hüfte*; *Er ist (auf beiden Beinen) l.* **2** ⟨ein Körperteil⟩ so müde, dass er kaum noch bewegt werden kann ≈ kraftlos: *Nachdem er den schweren Koffer geschleppt hatte, war sein rechter Arm ganz l.* **3** *gespr*; ohne Schwung ≈ langweilig ↔ lebendig: *Er ist so l., dass er während der Arbeit fast einschläft*; *Die Debatte war ziemlich l.* || *hierzu* **Lahm·heit** *die*; *nur Sg*

> **lahm le·gen**; *legte lahm, hat lahm gelegt*; Vt ***etw. legt etw. lahm*** etw. bewirkt, dass etw. stoppt od. nicht mehr funktioniert ≈ etw. bringt etw. zum Erliegen ↔ etw. bringt etw. in Gang ⟨den Verkehr, die Wirtschaft, den Handel, die Verhandlungen l. l.⟩: *Durch e-n Unfall war der Verkehr auf der Autobahn stundenlang lahm gelegt*

lahm·ar·schig *Adj*; *vulg*; ohne Schwung u. Energie ≈ lahm (3) ↔ dynamisch (2), temperamentvoll

lah·men; *lahmte, hat gelahmt*; Vi ***ein Pferd lahmt*** ein Pferd ist auf e-m Fuß lahm (1)

läh·men; *lähmte, hat gelähmt*; Vt **1** ***etw. lähmt j-n / etw.*** etw. bewirkt, dass man e-n Körperteil nicht mehr bewegen kann: *ein Gift, das Arme und Beine lähmt*; *Seit dem Unfall ist er in der linken Gesichtshälfte gelähmt* **2** ***etw. lähmt j-n / etw.*** etw. bewirkt, dass j-d seine Energie verliert od. dass etw. nicht mehr funktioniert ≈ zermürben, lahm legen: *vor Angst (wie) gelähmt sein*; *Frustration u. Misserfolge wirken lähmend auf seine Leistungsfähigkeit*; *Der Bürgerkrieg lähmte die Wirtschaft des Landes*

Läh·mung *die*; *-*, *-en*; **1** der Zustand, in dem man etw. (*bes* e-n Körperteil) nicht mehr bewegen kann || K-: ***Lähmungs-, -erscheinung*** **2** der Zustand, in dem ein System nicht mehr funktioniert ≈ Stillstand, Erliegen: *Der sinkende Dollarkurs führte zu e-r L. des internationalen Handels*

Laib *der*; *-(e)s*, *-e*; ein rundes Stück Brot od. Käse (das noch nicht angeschnitten ist): *ein Stück aus dem L. Käse herausschneiden* || -K: ***Brot-, Käse-***

Laich *der*; *-(e)s*, *-e*; die Menge Eier, die *bes* Fische u. Frösche ins Wasser legen || K-: ***Laich-, -platz, -zeit*** || -K: ***Fisch-, Frosch-***

lai·chen; *laichte, hat gelaicht*; Vi ⟨ein Fisch, ein Frosch *o.Ä.*⟩ ***laicht*** ein Fisch, ein Frosch *o.Ä.* legt den Laich ins Wasser

Laie *der*; *-n*, *-n*; **1** j-d, der auf e-m speziellen Gebiet keine besonderen Kenntnisse hat ≈ Nichtfachmann ↔ Experte, Fachmann, Spezialist: *Auf dem Gebiet der Astrophysik bin ich völliger L.*; *etw. auch für den Laien verständlich machen* **2** *Rel*; ein Mitglied e-r Kirche, das nicht Geistlicher ist || K-: ***Laien-, -prediger*** || NB: *der Laie*; *den, dem, des Laien* || *zu* **1 lai·en·haft** *Adj*

Lai·en·spiel *das*; ein Theaterstück, in dem Leute spielen, die nicht von Beruf Schauspieler sind || K-: ***Laienspiel-, -gruppe***

La·kai *der*; *-en*, *en*; **1** *hist*; ein Diener in Uniform **2** *pej*; j-d, der sich von j-m für dessen Interessen benutzen lässt || NB: *der Lakai*; *den, dem, des Lakaien*

La·ken *das*; *-s*, *-*; ≈ Betttuch || -K: ***Bett-***

la·ko·nisch *Adj*; *geschr*; ⟨e-e Antwort, e-e Feststellung⟩ in wenigen Worten, kurz

Lak·rit·ze *die*; *-*, *-n*; **1** *nur Sg*; e-e süße, schwarze Masse, die man isst **2** ein Stück aus dieser Masse (*mst* in e-r bestimmten Form) ⟨L. kauen, essen⟩ || K-: ***Lakritz-, -schnecke, -stange***

la·la *nur in* ***so l.*** *gespr*; nicht gut, aber auch nicht schlecht ≈ mittelmäßig, mittelprächtig: *„Wie gehts dir denn?" - „Na ja, so l."*

lal·len; *lallte, hat gelallt*; Vt/i ***(etw.) l.*** Laute sehr undeutlich u. ohne Pause dazwischen aussprechen ⟨ein Baby; ein Betrunkener⟩

La·ma *das*; *-s*, *-s*; e-e Art Kamel ohne Höcker, das in Südamerika (*bes* in den Anden) lebt

La·mel·le *die*; *-*, *-n*; **1** eine von vielen dünnen, aneinander gereihten Platten, *z.B.* an e-m Heizkörper **2** eine der dünnen Häute an der Unterseite e-s Pilzes || ↑ *Abb. unter* ***Pilz***

la·men·tie·ren; *lamentierte, hat lamentiert*; Vi ***(über etw. (Akk)) l.*** *gespr pej* ≈ jammern

L

La·me̩t·ta *das*; *-s*; *nur Sg*, *Kollekt*; **1** sehr dünne, schmale u. lange Streifen aus Metall, mit denen man den Weihnachtsbaum schmückt 〈den Weihnachtsbaum mit L. behängen〉 **2** *pej od hum*; die Orden, die j-d an der Brust trägt

La̩mm *das*; *-s*, *Läm·mer*; **1** das Junge des Schafs 〈das L. blökt; j-d ist brav, sanft, unschuldig wie ein L.〉 **2** *nur Sg*; das Fell des Lamms (1): *e-e Jacke aus L.* || K-: ***Lamm-, -fellsohle*** **3** *nur Sg*; das Fleisch des Lamms (1) || K-: ***Lamm-, -braten, -fleisch, -keule, -kotelett*** **4** *gespr*; j-d, der niemandem etw. Böses tun kann u. alles erduldet **5** ***das L. Gottes*** *Rel*; (im Neuen Testament) verwendet als Bezeichnung für Jesus Christus als Sohn Gottes ≈ Agnus Dei

la̩mm·fro̩mm *Adj*; *ohne Steigerung*; 〈ein Mensch, ein Tier〉 sehr geduldig u. gehorsam ≈ brav, sanft ↔ wild, aggressiv: *ein lammfrommer Schäferhund*

La̩m·pe *die*; *-, -n*; **1** ein (*mst* elektrisches) Gerät (*z.B.* an der Decke od. an der Wand), das Licht erzeugt: *e-e L. an die Decke hängen* || -K: ***Schreibtisch-, Nachttisch-, Tisch-, Zimmer-*** **2** das Teil e-s technischen Geräts, das künstliches Licht erzeugt: *Glühbirnen, Neonröhren u. Scheinwerfer sind Lampen* || ↑ *Abb. unter* **Fahrrad** || K-: ***Lampen-, -licht, -schein*** || -K: ***Glüh-, Öl-, Paraffin-***

Lampe

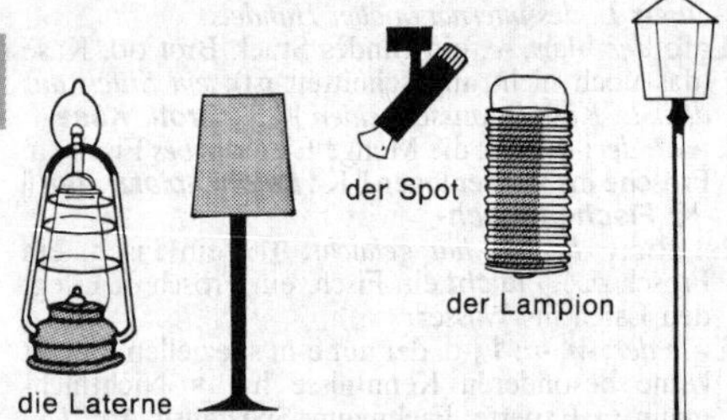

La̩m·pen·fie·ber *das*; die starke Nervosität kurz vor e-m öffentlichen Auftritt (*z.B.* als Sänger, Redner) 〈L. haben〉

Lam·pi·on ['lampiɔŋ] *der*; *-s, -s*; e-e Art Kugel aus Papier od. dünnem Stoff mit e-r Kerze in der Mitte: *Für das Sommerfest schmückten sie den Garten mit Lampions* || ↑ *Abb. unter* **Lampe**

lan·cie·ren [lã'siːrən]; *lancierte, hat lanciert*; [Vt] ***etw. l.*** *geschr*; dafür sorgen, dass etw. öffentlich wird, in die Zeitung kommt 〈e-e Nachricht l.〉 || *hierzu* **Lan·cie̲·rung** *die*; *mst Sg*

La̩nd[1] *das*; *-(e)s*; *nur Sg*; **1** der Teil der Erde, der nicht vom Wasser bedeckt ist ≈ Festland ↔ Wasser 〈auf dem L.; an L.〉: *Die Erdoberfläche besteht zu e-m Fünftel aus L. u. zu vier Fünfteln aus Wasser; Ein Frosch kann im Wasser, aber auch auf dem L. / an L. leben; Die Fischer zogen e-n großen Fisch an L.* || K-: ***Land-, -klima, -masse*** **2** ein bestimmtes Gebiet, e-e Fläche, wo man *bes* Pflanzen anbaut ≈ Acker 〈fruchtbares, karges, sumpfiges L.; das L. bearbeiten, fruchtbar machen, bebauen〉 || K-: ***Land-, -gewinnung*** || -K: ***Acker-, Weide-*** **3** ***das L.*** das Gebiet außerhalb der großen Städte, in dem man *bes* Landwirtschaft betreibt ↔ die Stadt 〈auf dem L. leben; vom L. kommen, aufs L. gehen〉: *Viele Menschen ziehen vom L. in die Stadt, um dort Arbeit zu suchen* || K-: ***Land-, -arzt, -bevölkerung, -leben, -luft, -pfarrer*** **4** ***an L. gehen*** ein Schiff verlassen u. festen Boden betreten ↔ an Bord gehen || ID ***etw. an L. ziehen*** *gespr*; (*mst* nach langen Verhandlungen) etw. bekommen ≈ auftreiben (1) 〈e-n Auftrag〉; ***kein L. mehr sehen*** *gespr*; nicht mehr wissen, wie man aus e-r schwierigen Situation kommt; ***etw. geht / zieht ins L.*** *geschr*; etw. vergeht 〈*mst* die Jahre〉; ***L. unter melden*** melden, dass ein Gebiet am Meer vom (Hoch)Wasser überflutet ist

La̩nd[2] *das*; *-(e)s*, *Län·der*; **1** ein Gebiet, das e-e Regierung hat u. politisch selbstständig ist ≈ Staat 〈ein neutrales, paktfreies, unabhängiges, autonomes, demokratisches, kapitalistisches, sozialistisches L.; j-n des Landes verweisen〉: *Spanien, Schweden u. Frankreich sind europäische Länder* || K-: ***Länder-, -name***; ***Landes-, -grenze, -hauptstadt, -regierung, -sprache, -währung, -wappen*** || -K: ***Mittelmeer-, Urlaubs-*** **2** Ⓓ Ⓐ ein Teil e-s Landes[2] (1), der e-e eigene Regierung u. Verfassung hat, über dem aber die zentrale Regierung des Landes[2] (1) steht ≈ Bundesland: *das L. Hessen*; *das L. Vorarlberg*; *Österreich besteht aus 9 Ländern* || K-: ***Landes-, -grenze, -hauptstadt, -parlament, -politik, -regierung*** || -K: ***Bundes-*** **3** ***das L. der aufgehenden Sonne*** *geschr*; Japan **4** ***das L. der unbegrenzten Möglichkeiten*** *veraltend*; Amerika, *bes* die USA **5** ***das L. der tausend Seen*** *geschr*; Finnland **6** ***das Gelobte / Heilige L.*** *geschr*; das biblische Palästina (das ungefähr dem heutigen Israel entspricht) **7** ***wieder im Lande sein*** *gespr*; wieder in das L. zurückgekehrt sein, in dem man wohnte, bevor man längere Zeit weg war **8** ***andere Länder, andere Sitten*** verwendet, um *mst* e-e humorvolle Bemerkung über e-e bestimmte Situation in e-m fremden Land zu machen || NB: ↑ ***hierzulande***

Das Land der Dichter und Denker

Deutschland wird oft „**das Land der Dichter und Denker**" genannt. Berühmte Schriftsteller und Philosophen, deren Einfluss weit über Deutschlands Grenzen hinaus wirkte, trugen zu diesem Ruf bei.
Die herausragendsten Namen im Bereich der Literatur sind wahrscheinlich **Friedrich von Schiller** und **Johann Wolfgang von Goethe**.
Einen Wendepunkt in der Geschichte der Philosophie bildete die ***Kritik der reinen Vernunft*** von **Immanuel Kant** (1724–1804). Seine Ideen wurden im **deutschen Idealismus** weiterentwickelt, dessen wichtigste Vertreter **Fichte**, **Schelling** und **Hegel** waren.

La̩n·de·an·flug *der*; der Vorgang, bei dem ein Flugzeug so tief fliegt, dass es auf e-m Flughafen landen kann: *ein Unfall beim L. auf dem Flughafen von Athen*

La̩n·de·bahn *die*; e-e breite Bahn od. Piste, auf der Flugzeuge landen ↔ Startbahn

la̩n·den; *landete, hat / ist gelandet*; [Vt] (*hat*) **1** ***j-n / etw. l.*** j-n / etw. aus der Luft od. aus dem Wasser an Land bringen ≈ absetzen 〈Truppen, Fallschirmjäger, ein Flugzeug l.〉 **2** ***etw. l.*** *gespr*; e-n Erfolg haben ≈ erringen, erreichen 〈e-n Sieg, e-n Erfolg, e-n Coup, e-n Treffer l.〉 || NB: kein Passiv!; [Vi] (*ist*) **3** aus der Luft od. aus dem Wasser an Land kommen ≈ aufsetzen ↔ starten 〈ein Flugzeug, ein Ballon, ein Vogel, ein Fallschirmspringer, ein Drachenflieger; ein Schiff, e-e Fähre〉: *Wir landeten pünktlich in Amsterdam u. flogen von dort weiter nach Boston; Der Fallschirmspringer landete in e-m Getreidefeld* || K-: ***Lande-, -erlaubnis, -manöver, -platz, -verbot*** **4** ***irgendwo l.*** *gespr*; an die genannte Stelle kommen, ohne dass dies so geplant war ≈ irgendwohin gelangen: *Er fuhr mit seinem Motorrad zu schnell in die Kurve u. landete in e-r Wiese*; *Sein Bewerbungsschreiben landete im Papierkorb* **5** ***irgendwo l.*** *gespr*; am Ziel ankommen: *Nach stundenlanger Suche sind wir endlich an der richtigen Adresse gelandet* || ID ***bei j-m nicht l.*** (***können***) (*hat*) *gespr*; bei j-m keinen Erfolg haben

Lạnd·en·ge *die*; ein schmaler Streifen Land, der zwei Meere voneinander trennt u. zwei große Landmassen miteinander verbindet ≈ Isthmus: *die L. von Korinth, von Panama*

Lạn·de·platz *der*; e-e Fläche, auf der kleine Flugzeuge u. Hubschrauber landen können || -K: ***Hubschrauber-***

Län·de·rei·en *die*; *Pl*; große Grundstücke, die j-d besitzt

Lạ̈n·der·spiel *das*; ein Spiel zwischen den Nationalmannschaften von zwei verschiedenen Ländern²(1) || -K: ***Eishockey-, Fußball-, Handball-***

Lạn·des|haupt·mann *der*; Ⓐ der Chef der Regierung e-s Bundeslandes: *der L. von Tirol*

Lạn·des·kun·de *die*; -; *nur Sg*; das Wissen / die Wissenschaft von der Geschichte, der Geographie, der Politik u. Kultur e-s Landes² (1) od. e-s Gebiets ⟨L. betreiben, unterrichten⟩ || K-: ***Landeskunde-, -unterricht*** || *hierzu* **lạn·des·kund·lich** *Adj*; *nur attr od adv*

Lạn·des·rat *der*; Ⓐ ein Mitglied der Regierung e-s Bundeslandes

Lạnd·flucht *die*; *nur Sg*; die Abwanderung vieler Menschen vom Land in die Stadt, weil sie dort Arbeit suchen ↔ Stadtflucht || NB: ↑ ***Verstädterung***

lạnd·fremd *Adj*; *nicht adv*; völlig fremd ≈ unbekannt

Lạnd·ge·richt *das*; ein Gericht, das über dem Amtsgericht steht

Lạnd·kar·te *die*; e-e große Karte, die e-e Gegend, ein Land od. die Welt in e-m bestimmten Maßstab darstellt ⟨sich nach der L. orientieren, etw. auf der L. suchen⟩: *Dieser Bach ist nicht auf der L. eingezeichnet*

Lạnd·kreis *der*; Ⓓ ein Bezirk, der mehrere Dörfer od. / u. kleine Städte umfasst, die zusammen verwaltet werden

lạnd·läu·fig *Adj*; *nur attr od adv*; so, wie es die Mehrzahl der Menschen denkt od. glaubt ≈ gängig, üblich ⟨die Meinung, Vorstellungen, Ansichten⟩: *Im landläufigen Sinn versteht man unter „Person" etwas anderes als im juristischen Sinn*

lạ̈nd·lich *Adj*; **1** zum Land¹ (3) gehörig ↔ städtisch ⟨Gemeinden, Orte⟩ **2** typisch für das Land¹ (3) ≈ bäuerlich, dörflich ⟨Sitten, Bräuche, die Tracht, die Sprache, die Atmosphäre, die Lebensweise⟩

Lạnd·mann *der*; *geschr veraltend* ≈ Bauer

Lạnd·pla·ge *die*; *Kollekt*; Personen, Tiere od. Dinge, die oft od. in großer Zahl / Menge vorkommen u. dadurch sehr lästig sind: *Die Mücken hier am See sind e-e wahre L.*

Lạnd·rat *der*; **1** Ⓓ der Beamte, der die Verwaltung e-s Landkreises leitet. Der L. wird von der Bevölkerung gewählt. || K-: ***Landrats-, -wahl*** **2** ⒸⒽ das Parlament e-s Kantons ≈ Großer Rat **3** ⒸⒽ ein Mitglied des Landrats (2)

Lạnd·rats|amt *das*; Ⓓ **1** die Behörde, die e-n Landkreis verwaltet **2** das Gebäude, in dem sich diese Behörde befindet

Lạnd·rat·te *die*; *hum*; j-d, der nicht Seemann od. Matrose ist

Lạnd·re·gen *der*; Regen, der in e-m relativ großen Gebiet ziemlich lange Zeit fällt ↔ Platzregen

Lạnd·schaft *die*; -, *-en*; **1** ein Teil der Oberfläche der Erde (mit Vegetation u. Häusern *usw*), so wie der Betrachter ihn sieht ⟨e-e hügelige, gebirgige, karge, malerische L.⟩: *die sumpfige L. der Camargue* || K-: ***Landschafts-, -pflege, -schutz*** || -K: ***Berg-, Gebirgs-, Hügel-, Küsten-, Sumpf-, Winter-*** **2** das gemalte Bild e-r L. (1) || K-: ***Landschafts-, -bild, -maler, -malerei***

lạnd·schaft·lich *Adj*; *nur attr od adv*; **1** auf die Landschaft (1) bezogen ⟨Verhältnisse, Bedingungen, Eigenheiten⟩ **2** charakteristisch für die Art, in e-r Gegend zu sprechen ≈ regional ⟨Wörter, Ausdrücke, Wendungen⟩: *An ihrer l. gefärbten Aussprache erkennt man, dass sie aus dem Schwarzwald kommt*

Lạnds·mann *der*; -*(e)s*, *Lands·leu·te*; **1** j-d, der aus demselben Land² (1) kommt wie ein anderer: *Auf seiner Reise durch China traf er zufällig zwei Landsleute* **2** ***Was sind Sie für ein L.?*** *veraltend*; aus welchem Land kommen Sie? || *hierzu* **Lạnds·män·nin** *die*; -, *-nen*

Lạnds·mann·schaft *die*; Ⓓ ein Verein, dessen Mitglieder im od. nach dem zweiten Weltkrieg ein Gebiet östlich der Bundesrepublik Deutschland verlassen mussten: *die schlesische L.*

Lạnd·stra·ße *die*; e-e Straße zwischen zwei Orten (*bes* Dörfern): *Sie können die Autobahn bis Würzburg nehmen, aber die L. ist schöner* || NB: ↑ ***Bundesstraße, Autobahn***

Lạnd·strei·cher *der*; *-s*, -; *oft pej*; j-d, der keine Wohnung hat u. von e-m Ort zum anderen geht ≈ Vagabund

Lạnd·strich *der*; ein Teil e-s Landes ≈ Gebiet, Gegend

Lạnd·tag *der*; *-(e)s*; *nur Sg*; Ⓓ **1** das Parlament e-s Bundeslandes: *der Bayerische L.* || K-: ***Landtags-, -abgeordnete(r), -mandat, -wahl*** **2** das Gebäude, in dem der L. (1) zusammenkommt || K-: ***Landtags-, -gebäude***

Lạn·dung *die*; -, *-en*; der Vorgang, bei dem ein Flugzeug landet ↔ Start ⟨e-e sanfte, harte, geglückte, missglückte L.; zur L. ansetzen; die L. vorbereiten⟩ || -K: ***Bauch-, Bruch-, Not-***

Lạn·dungs·brü·cke *die*; e-e Art kleine, mobile Brücke mit Geländer, über die man ein Schiff betritt od. verlässt

Lạn·dungs·steg *der* ≈ Landungsbrücke

Lạnd·ur·laub *der*; die freie Zeit, die ein Seemann an Land verbringt

Lạnd·weg *der*; der Weg, den man auf dem Land (u. nicht in der Luft od. auf dem Wasser) zurücklegt ↔ Luftweg, Seeweg: *auf dem L. von Hamburg in die Türkei fahren*

Lạnd·wein *der*; ein billiger Wein aus e-r bestimmten Gegend, *mst* ohne Angabe der Herkunft (2)

Lạnd·wirt *der*; *-(e)s*, *-e*; j-d, der selbstständig auf e-m Bauernhof arbeitet u. ihn leitet ≈ Bauer: *Ein L. kann sich auf Ackerbau od. auf Viehzucht spezialisieren* || NB: *Bauer* kann auch pejorativ verwendet werden, *Landwirt* aber nicht

Lạnd·wirt·schaft *die*; -, *-en*; **1** *nur Sg*; der Anbau von Pflanzen u. die Zucht von Tieren mit dem Ziel, die Bevölkerung mit Getreide, Kartoffeln, Fleisch, Milch *usw* zu versorgen ⟨die L. fördern, subventionieren, ankurbeln⟩ **2** ein Bauernhof ⟨e-e L. betreiben⟩ || K-: ***Landwirtschafts-, -ausstellung, -maschinen***; ***-minister***

lạnd·wirt·schaft·lich *Adj*; *nur attr od adv*; zur Landwirtschaft (1) gehörig ⟨Produkte, Maschinen, Erzeugnisse, ein Betrieb⟩

Lạnd·zun·ge *die*; e-e lange u. schmale Halbinsel

lạng¹, *länger*, *längst-*; *Adj*; **1** so, dass es e-e bestimmte Ausdehnung von e-m Ende bis zum anderen hat (die *mst* größer ist als die der anderen Seiten) ↔ breit: *Das Zimmer hat e-e Fläche von 20 Quadrat-*

metern - es ist 5 Meter l. u. 4 Meter breit; ein 50 Meter langes Schwimmbecken || NB: *lang* wird immer hinter die Maßangabe gestellt **2** so, dass es e-e ziemlich od. überdurchschnittlich große Ausdehnung von e-m Ende bis zum anderen hat ↔ kurz (1): *Ein endlos langer Weg führt hinauf zur Burg; Die Donau ist viel länger als der Rhein; die Ärmel e-s Pullovers kürzer machen, weil sie zu l. sind; Ihr Mantel ist so l., dass er ihr bis an die Fersen reicht; Seine Freundin hat lange blonde Haare* || ↑ *Abb. unter* **Eigenschaften** **3** so, dass es sich über e-n relativ großen Zeitraum erstreckt ↔ kurz (2) ⟨unendlich, endlos, ewig l.⟩: *ein langes Gespräch mit j-m führen; Das Theaterstück war sehr l. - es dauerte volle drei Stunden; Im Frühjahr werden die Tage wieder länger u. die Nächte kürzer; e-e lange Fahrt, Reise hinter sich haben; Wir haben uns seit langer Zeit nicht mehr gesehen* || -K: ***jahre-, nächte-, stunden-, tage-*** **4** so, dass es mehrere Seiten u. viele Details umfasst ≈ ausführlich ↔ kurz (4), knapp ⟨ein Brief, ein Schreiben⟩ **5** *Maßangabe +* ***l.*** mit der genannten Ausdehnung, Dauer od. Seitenzahl: *Meine Skier sind 2 Meter 10 l.; e-e vier Meter lange Schlange; ein 18 cm langer Reißverschluss; ein eineinhalb Stunden langer Vortrag; Wir haben zwei Stunden l. auf dich gewartet!; j-m e-n vier Seiten langen Brief schreiben* **6** *gespr*; von großer Körpergröße ≈ groß ↔ klein: *Beim Basketball braucht man lange Spieler* **7** ***l. u. breit*** mit vielen Details ≈ ausführlich, detailliert ⟨etw. l. u. breit erzählen⟩ **8** ***seit langem*** seit e-m großen Zeitraum: *Wir haben uns seit langem nicht mehr gesehen*

lạng[2] *Adv*; *gespr* ≈ entlang: *Ich glaube, wir müssen diese Straße l., um zum Bahnhof zu kommen*

> **lạng ge·hegt** *Adj*; *mst attr*; ⟨ein Traum, ein Wunsch⟩ schon lange vorhanden
> **lạng ge·streckt** *Adj*; ⟨ein Gebirge, ein Gebäude⟩ lang u. schmal

lạng·är·me·lig, lạng·ärm·lig *Adj*; ⟨ein Kleid, ein Pullover⟩ mit langen Ärmeln

lạng·at·mig *Adj*; *ohne Steigerung*; mit zu vielen unwichtigen Details ≈ weitschweifig ⟨l. reden; j-s Ausführungen⟩

lạng·bei·nig *Adj*; ⟨ein Fohlen, ein Mädchen⟩ mit langen Beinen

lạn·ge, *länger, längst-*; *Adv*; **1** während e-r relativ langen Zeit ↔ kurz: *Gestern Nachmittag schwammen wir l. im See; Das hat ja ziemlich l. gedauert, bis du mit deiner Arbeit fertig warst!* **2** seit e-m relativ großen Zeitraum ≈ seit einiger Zeit, seit geraumer Zeit ↔ gerade erst: *Ich habe schon l. darauf gewartet, dass du mich mal besuchst; Das weiß ich schon l.!* || NB: in der gesprochenen Sprache wird statt *lange* häufig *lang*[1] *(3)* verwendet: *Ihr habt euch ganz schön lang miteinander unterhalten*

Lạ̈n·ge *die*; *-, -n*; **1** (bei Flächen) die Ausdehnung von e-m Ende bis zum anderen (die *mst* größer ist als die der anderen Seiten) ↔ Breite: *ein Rechteck, dessen L. 5 cm u. dessen Breite 3 cm beträgt* || ↑ *Abb. unter* **geometrische Figuren** **2** die Ausdehnung von e-m Ende bis zum anderen ↔ Breite, Tiefe, Höhe: *die L. e-s Hosenbeins; die L. e-s Zuges, e-s Flugzeugs; Die L. des Rheins beträgt 1320 km* **3** *mst Sg*; die zeitliche Dauer: *Der Film hat e-e L. von zweieinhalb Stunden* || -K: ***Film-*** **4** *mst Sg*; die Anzahl der Seiten od. Zeilen e-s Schreibens ≈ Umfang ⟨die L. e-s Briefes, e-s Schreibens⟩ || -K: ***Brief-*** **5** *nur Sg*; **von** + *Maßangabe / Zeitangabe* + **L.** mit der L. (2,3) der genannten Angabe ↔ Breite, Tiefe, Höhe: *ein Flugzeug von 50 Metern L.; ein Drama von zweieinhalb Stunden L.* **6** *gespr*; die Körpergröße e-s Menschen: *Bei seiner L. sind ihm die meisten Hosen zu kurz* **7** *Sport*; der Vorsprung, der genau der L. (2) *mst* des Pferdes od. des Boots entspricht: *Mit drei Längen Vorsprung ritt der Jockey durch das Ziel* **8** ***etw. in die L. ziehen*** etw. so langsam machen, dass es sehr lange dauert ≈ verzögern ↔ beschleunigen **9** ***etw. zieht sich in die L.*** etw. dauert sehr lange ≈ etw. verzögert sich: *Das Tennismatch zog sich stark in die L.* || ID ***j-n um Längen schlagen***; ***um Längen besser sein*** *gespr*; (bei e-m Wettkampf od. bei e-r Tätigkeit, Fähigkeit) wesentlich besser sein als ein anderer

lạn·gen[1]; *langte, hat gelangt*; [Vi] ***irgendwohin l.*** *gespr*; mit der Hand irgendwohin fassen, um etw. zu greifen ≈ greifen: *in e-e Dose l., um ein Bonbon herauszuholen* || ID ***j-m eine l.*** *gespr*; j-m e-e Ohrfeige geben

lạn·gen[2]; *langte, hat gelangt*; [Vi] *gespr*; **1** ***j-d / etw. langt irgendwohin*** j-d / etw. reicht bis zu einem bestimmten Punkt: *Ihre Haare langen bis zur Schulter* **2** ***etw. langt*** etw. ist in genügendem Maß vorhanden ≈ etw. reicht aus, genügt ⟨Vorräte⟩: *Das Brot dürfte noch bis Ende der Woche l.*; [Vimp] **3** ***es langt (j-m)*** j-s Geduld ist zu Ende ≈ j-m reicht es, j-d hat die Nase voll: *Hört endlich auf mit euren dummen Witzen, mir langts jetzt!*

län·ger ['lɛŋɐ] **1** *Komparativ*; ↑ ***lang, lange*** **2** *Adj*; *nur attr od adv*; relativ lang / lange ↔ kurz: *Ich habe schon längere Zeit nichts von ihr gehört; Wir waren schon ein längeres Stück gefahren, als ihm einfiel, dass er seinen Ausweis vergessen hatte; Wir kennen uns schon l.*

län·ger·fris·tig *Adj*; *nur attr od adv,ohne Steigerung*; **1** gültig od. vorgesehen für e-n relativ langen Zeitraum ≈ auf längere Sicht ⟨Maßnahmen, Abkommen, e-e Regelung⟩ **2** ***l. gesehen*** wenn man die Entwicklung über e-e ziemlich lange Zeit betrachtet

Lan·ge·wei·le *die*; *-*; *nur Sg*; das unangenehme Gefühl, das man hat, wenn man nichts od. nichts Sinnvolles zu tun hat ↔ Kurzweil, Abwechslung ⟨entsetzliche, furchtbare, tödliche L. haben, verspüren⟩

Lạn·ge·zeit *die*; *nur Sg*; (CH) ≈ Heimweh, Sehnsucht

Lạng·fin·ger *der*; *gespr hum* ≈ Dieb

lạng·fris·tig *Adj*; *ohne Steigerung*; **1** ⟨Verträge, Abkommen, Vereinbarungen, Kredite, Maßnahmen⟩ so, dass sie ziemlich lange Zeit dauern od. gültig sind ↔ kurzfristig **2** ***l. gesehen*** wenn man die Entwicklung über e-e lange Zeit betrachtet: *L. gesehen können wir uns diesen Luxus nicht leisten*

lạng·ge·hen; *ging lang, ist langgegangen*; [Vi] ***irgendwo l.*** *gespr*; an e-r Strecke entlanggehen: *die Straße l.* || ID ***wissen, wos langgeht*** *gespr*; wissen, wie man sich in e-r bestimmten Situation verhalten muss: *Du brauchst mir keine Ratschläge zu geben, ich weiß schon, wos langgeht*; ***j-m zeigen, wos langgeht*** *gespr*; j-m deutlich seine Meinung sagen

lạng·haa·rig *Adj*; *nicht adv*; mit langen Haaren

lạng·jäh·rig *Adj*; *nur attr, ohne Steigerung, nicht adv*; seit vielen Jahren dauernd od. vorhanden ≈ alt (9) ⟨ein Mitarbeiter, e-e Bekanntschaft, e-e Rivalität, ein Geschäftspartner⟩

Lạng·lauf *der*; *-(e)s*; *nur Sg*; e-e Sportart, bei der man auf schmalen Skiern relativ lange Strecken im Wald u. auf Feldern zurücklegt || K-: ***Langlauf-, -loipe, -ski, -wettbewerb*** || -K: ***Ski-*** || *hierzu* **lạng·lau·fen** *Vi*; *nur im Infinitiv*; **Lạng·läu·fer** *der*

lạng·le·big *Adj*; *nicht adv*; ⟨Geräte, Motoren, Apparate⟩ fähig, lange Zeit voll zu funktionieren ↔ kurzlebig || *hierzu* **Lạng·le·big·keit** *die*; *nur Sg*

lạng·le·gen, sich; *legte sich lang, hat sich langgelegt*; [Vr] ***sich l.*** *gespr*; sich ins Bett, aufs Sofa *o.Ä.* legen, um sich auszuruhen

lạ̈ng·lich *Adj*; *ohne Steigerung*; relativ lang u. nicht sehr breit: *ein länglicher Streifen Land*

Lạng·mut *die*; -; *nur Sg*, *geschr*; große Geduld || *hierzu* **lạng·mü·tig** *Adj*

lạ̈ngs[1] *Präp*; *mit Gen*, *geschr* ≈ entlang ↔ quer über: *die Bäume l. der Straße*, *l. des Flusses*

lạ̈ngs[2] *Adv*; der längeren Seite nach ↔ quer: *ein Schnitt l. durch den Stoff*; *Die Streifen verlaufen l. über das Hemd* || K-: ***Längs-, -achse, -richtung, -schnitt, -streifen***

lạng·sam *Adj*; **1** mit geringer Geschwindigkeit ↔ schnell ⟨das Tempo, die Geschwindigkeit, die Fahrt; ein Rennen; ein Prozess, ein Vorgang⟩: *Gegen Ende des Rennens verließen ihn die Kräfte, u. er wurde immer langsamer*; *l. u. vorsichtig durch die Straßen fahren* **2** ⟨ein Mensch⟩ so, dass er etw. mit geringer Geschwindigkeit macht ≈ umständlich ↔ schnell, flink, agil: *Es macht keinen Spaß, mit ihm zusammenzuarbeiten, weil er so l. ist* **3** ⟨ein Mensch; ein Schüler⟩ so, dass er nicht schnell denkt ≈ schwerfällig **4** *mst attr* ≈ allmählich: *e-e langsame Steigerung der Produktion*; *Es wird l. Zeit, dass du zur Schule gehst!*; *Er hat l. begriffen, worum es hier geht* **5** ***l., aber sicher*** *gespr*; relativ l. (1), jedoch mit konstanten Fortschritten: *L., aber sicher nähern wir uns dem Ziel* || *zu* **1, 2** u. **3 Lạng·sam·keit** *die*; *nur Sg*

Lạng·schlä·fer *der*; j-d, der morgens (oft) spät aufsteht

Lạng·spiel|plat·te *die*; e-e Schallplatte mit mehreren Liedern auf jeder Seite; *Abk* LP ↔ Single

lạ̈ngst *Adv*; **1** schon seit langer Zeit ≈ schon lange ↔ erst seit kurzem: *Das war für ihn nichts Neues - er wusste es l.* **2** ***l. nicht*** verwendet, um die Verneinung zu verstärken ≈ bei weitem nicht: *Die Verhandlungen sind noch l. nicht erfolgreich abgeschlossen*; *Hier liegt l. nicht so viel Schnee, wie ich erwartet hatte*

lạ̈ngs·tens *Adv*; nicht längere Zeit als ≈ höchstens: *Unsere Besprechung wird l. eine Stunde dauern*

lạng·stie·lig *Adj*; *nicht adv*; ⟨e-e Axt, e-e Rose⟩ mit e-m langen Stiel

Lạng·stre·cken|lauf *der*; *nur Sg*; ein Wettlauf über e-e lange Strecke (*z.B.* 10000m, Marathonlauf)

Lạng·stre·cken|ra·ke·te *die*; e-e Rakete mit großer Reichweite

Lan·gus·te [laŋ'gʊstə] *die*; -, *-n*; ein großer, roter bis violetter Krebs (im Meer) ohne Scheren, aber mit langen Fühlern. *Langusten* werden als Delikatesse gegessen || ↑ *Abb. unter* ***Schalentiere***

lạng·wei·len; *langweilte*, *hat gelangweilt*; [Vt] **1** ***j-d / etw. langweilt j-n*** j-d / etw. ruft bei j-m Langeweile hervor ↔ j-d / etw. unterhält, amüsiert j-n: *Mit seinen alten Kriegsgeschichten langweilte er die anderen Gäste*; [Vr] **2** ***sich l.*** Langeweile haben **3** ***sich zu Tode l.*** *gespr*; sich sehr langweilen

Lạng·wei·ler *der*; *-s*, -; *gespr pej*; **1** j-d, der andere langweilt (1) **2** j-d, der alles so langsam macht, dass er anderen auf die Nerven geht ≈ Trödler

lạng·wei·lig *Adj*; so uninteressant, dass man dabei Langeweile hat ↔ kurzweilig, abwechslungsreich, spannend: *ein langweiliger Roman*; *ein langweiliger Gesprächspartner*; *Du musst nicht bleiben, wenn dir l. ist!* || NB: um *l.* zu verstärken, verwendet man (in der gesprochenen Sprache) *stinklangweilig*, *todlangweilig* || *hierzu* **Lạng·wei·lig·keit** *die*; *nur Sg*

Lạng·wel·le *die*; *nur Sg*, *Radio*; der Bereich, der Sender empfängt, die auf Wellen (3) von mindestens 1000 Metern senden ↔ Kurzwelle, Mittelwelle, UKW: *„Radio Monaco" auf L. empfangen* || K-: ***Langwellen-, -sender***

lạng·wie·rig *Adj*; mit so viel Mühe u. Schwierigkeiten verbunden, dass es lange Zeit dauert ↔ problemlos, unkompliziert ⟨Verhandlungen, Beratungen; e-e Krankheit, e-e Verletzung⟩ || *hierzu* **Lạng·wie·rig·keit** *die*; *mst Sg*

Lạng·zeit- *im Subst*, *begrenzt produktiv*; so, dass das im zweiten Wortteil Genannte lange Zeit dauert; das ***Langzeitprogramm***, der ***Langzeittest***, die ***Langzeittherapie***, der ***Langzeitversuch***, die ***Langzeitwirkung***

Lạng·zeit|ge·dächt·nis *das*; *Psych*; die Fähigkeit, sich an Dinge zu erinnern, die vor langer Zeit geschehen sind ↔ Kurzzeitgedächtnis

Lạn·ze *die*;-, *-n*; *hist*; e-e Waffe aus e-r langen Stange u. e-r Spitze aus Eisen, mit der man dem Gegner e-n Stoß gab || ↑ *Abb. unter* ***Waffen*** || K-: ***Lanzen-, -schaft, -spitze, -stich, -stoß*** || ID ***für j-n e-e L. brechen*** *geschr*; j-n unterstützen

la·pi·dar [-'daːɐ̯] *Adj*; *geschr*; (oft überraschend) kurz u. präzise formuliert ≈ prägnant ↔ ausschweifend ⟨e-e Feststellung, e-e Bewertung, e-e Formulierung⟩

Lap·pa·lie [la'paːliə] *die*; -, *-n*; etw., das völlig unwichtig ist ≈ Kleinigkeit, Belanglosigkeit ⟨sich wegen e-r L. aufregen⟩

Lạp·pen *der*; *-s*, -;**1** ein kleines Stück Stoff od. Leder, mit dem man *bes* putzt: *e-e Flüssigkeit mit e-m L. aufwischen* || -K: ***Stoff-, Leder-, Wisch-*** **2** *gespr* ≈ Geldschein: *Wie viele Lappen hast du denn für das Motorrad hingelegt?* (= bezahlt) || ID **a)** ***j-d / ein Tier geht j-m durch die Lappen*** j-m gelingt es nicht, j-n / ein Tier zu fangen ≈ j-d / ein Tier entkommt j-m: *Die Gangster gingen der Polizei durch die Lappen*; **b)** ***etw. geht j-m durch die Lappen*** j-m gelingt es nicht, etw. zu bekommen ≈ j-m entgeht etw.: *Mir ist ein herrlicher Job durch die Lappen gegangen*

lạ̈p·pisch *Adj*; *gespr pej*; **1** so einfach od. dumm, dass es einen ärgert ≈ albern, blöd, trivial ⟨e-e Idee, ein Einfall; ein Witz, e-e Geschichte; ein Spiel⟩ **2** sehr gering ≈ lächerlich (2) ⟨e-e Summe, ein Geldbetrag⟩

Lạp·sus *der*; -, - ['lapsuːs]; *geschr*; ein Fehler, den man macht, weil man leichtsinnig od. ungeschickt ist ≈ Ungeschicklichkeit, Missgeschick ⟨e-n L. begehen; j-m unterläuft ein L.⟩

Lap·top ['lɛp-] *der*; *-s*, *-s*; ein kleiner Computer in e-r Art Koffer, den man *bes* auf Reisen benutzt

Lạ̈r·che *die*; -, *-n*; **1** ein hellgrüner Nadelbaum, der seine Nadeln im Herbst verliert || ↑ *Abb. unter* ***Nadelbäume*** **2** *nur Sg*; das Holz der L. (1)

La·ri·fa̱·ri *das*; *-s*; *nur Sg*, *gespr* ≈ Unsinn

Lạ̈rm *der*; *-s*; *nur Sg*; laute u. unangenehme Geräusche ≈ Krach ↔ Ruhe, Stille ⟨ein furchtbarer, ohrenbetäubender L.; L. machen, verursachen⟩: *der L., den die Kinder auf dem Schulhof machen*; *der L. e-s startenden Flugzeuges* || K-: ***Lärm-, -bekämp-***

Lärm
In Deutschland wird viel Wert auf Ruhe gelegt. Vor allem bei der Wohnungssuche achtet man darauf, dass Straßenlärm und andere Umweltgeräusche so gering wie möglich sind. Es wird viel für den Lärmschutz getan, wie zum Beispiel durch besondere Fenster. Es gibt festgelegte Ruhezeiten, in denen es nicht erlaubt ist, laute Tätigkeiten wie zum Beispiel Rasen mähen, Löcher bohren usw. auszuführen. Diese Ruhezeiten sind im Allgemeinen die Mittagszeit (etwa zwischen 13 und 15 Uhr) und abends ab 22 Uhr.

fung, -belästigung, -belastung, -schutz*; *lärm-, -empfindlich || -K: ***Motoren-, Verkehrs-*** || ID ***viel L. um nichts*** *geschr*; viel Aufregung wegen e-r unwichtigen Sache

lär·men; *lärmte, hat gelärmt*; [Vi] Lärm machen ↔ still sein ⟨Kinder; ein Radio; ein Motorrad⟩ || *zu* ***Gelärme*** ↑ ***Ge-***

lar·mo·yant [-moa'jant] *Adj*; *geschr* ≈ weinerlich

Lar·ve [-fə] *die*; -, *-n*; **1** *Zool*; ein Tier, das wie ein Wurm aussieht u. aus dem später ein Käfer, Schmetterling *o.Ä.* wird: *Aus dem Ei entsteht e-e L., aus der L. e-e Puppe u. aus der Puppe ein Schmetterling* || -K: ***Insekten-, Käfer-*** **2** e-e Maske für das Gesicht **3** ***e-e schöne L.*** *pej*; das schöne Gesicht e-s dummen od. charakterlosen Menschen

las *Imperfekt, 1. u. 3. Person Sg*; ↑ ***lesen***

lasch *Adj*; ohne Energie u. Ehrgeiz ≈ lustlos ↔ ehrgeizig, dynamisch ⟨j-s Verhalten, Spielweise⟩ || *hierzu* **Lasch·heit** *die*; *mst Sg*

La·sche *die*; -, *-n*; ein ovales od. längliches Stück Papier, Stoff, Leder *o.Ä.*, mit dem man etw. verschließen kann: *die L. e-s Halbschuhs*; *die L. e-r Plastiktasche*

La·schi *der*; *-s, -s*; *gespr*; (*bes* von Jugendlichen verwendet) j-d, der lasch ist

La·ser ['le:zɐ] *der*; *-s*, -; ein Gerät, das e-n sehr schmalen Lichtstrahl erzeugt, mit dem man *z.B.* Metalle schneidet od. Menschen operiert || K-: ***Laser-, -chirurgie, -drucker, -medizin, -strahl, -technik***

las·sen[1]; *lässt, ließ, hat j-n / etw. gelassen, hat j-n / etw. + Infinitiv + lassen*; [Vt] **1** ***j-n / sich / ein Tier*** + *Infinitiv* + ***l.*** j-m erlauben od. ermöglichen, etw. zu tun ≈ zulassen, dulden ↔ verbieten: *die Katze im Bett schlafen l.*; *Er lässt seinen Bruder nie ungestört arbeiten*; *Er hat seinen Hund im Freien laufen lassen*; *Die Eltern ließen die Kinder nicht ins Kino gehen*; *Ich habe mich zu e-r Fahrt mit der Achterbahn überreden lassen*; *Ich lasse mich von dir nicht herumkommandieren!* || NB: kein Passiv! **2** ***j-n irgendwohin l.*** j-m erlauben, irgendwohin zu gehen ≈ zulassen, dulden ↔ verbieten: *die Kinder nicht mit schmutzigen Schuhen ins Haus l.*; *Die Besucher werden erst eine Stunde vor Beginn des Spiels ins Stadion gelassen* **3** ***etw.*** + *Infinitiv* + ***l.***; ***etw. irgendwohin*** (+ *Infinitiv* +) ***l.*** bewirken, dass etw. irgendwohin gelangt: *ein Glas fallen l.*; *e-n Drachen steigen l.*; *Wasser in die Wanne* (*laufen*) *l.*; *die Luft aus e-m Reifen l.* **4** ***j-n / etw. irgendwo l.*** j-n / etw. nicht von e-r Stelle wegbringen, entfernen ↔ wegräumen: *Lass die Koffer einfach im Flur*; *Lass bitte noch etwas Kaffee in der Kanne!* **5** ***j-m etw. l.*** j-m erlauben, etw., was man ihm gegeben hat, noch e-e bestimmte Zeit zu behalten ≈ überlassen ↔ zurückverlangen: *Ich lasse dir mein Fahrrad noch bis morgen Abend, dann musst du es mir aber zurückgeben* || NB: kein Passiv! **6** ***etw.*** (***sein***) ***l.*** *gespr*; mit etw. aufhören od. etw., das man tun wollte, doch nicht tun: *Mensch, lass das* (*sein*), *du weißt, dass es mich ärgert!*; *Komm, lass deine Arbeit sein - wir gehen ins Kino* **7** ***lass / lasst uns*** + *Infinitiv!* verwendet, um e-e Gruppe von Personen (zu der der Sprecher gehört) freundlich aufzufordern, etw. zu tun ≈ wollen wir + *Infinitiv!*: *Es ist schon spät - lasst uns doch nach Hause gehen!*; *Lasst uns morgen e-e Radtour machen!* || NB: kein Passiv! **8** ***einen*** (***fahren, streichen***) ***l.*** *gespr!* Luft aus dem Darm entweichen lassen ≈ furzen || NB: kein Passiv!; [Vr] **9** ***etw. lässt sich irgendwie*** + *Infinitiv* etw. gibt j-m die Möglichkeit, die genannte Handlung auf die genannte Weise auszuführen: *Das neue Computerprogramm lässt sich leicht lernen*; *Das Fenster klemmt - es lässt sich nur schwer öffnen*; *Diese Szene lässt sich sehr schlecht beschreiben* || NB: Diese Konstruktion wird oft e-r Passivkonstruktion mit *können* vorgezogen: *Das Fenster kann nur schwer geöffnet werden* → *Das Fenster lässt sich schwer öffnen* **10** ***es lässt sich*** + *Adv* + *Infinitiv* man hat die Möglichkeit, die genannte Handlung auszuführen: *Es lässt sich schwer sagen, was er jetzt vorhat*; *Bei dir lässt sichs* (*gut*) *leben* || ID *mst* ***Das muss man ihm l.!*** *gespr*; das muss man bei ihm anerkennen (obwohl man sonst viel an ihm schlecht findet) || NB: Die Perfektform heißt *hat … gelassen*, wenn kein Infinitiv folgt, also: *Er hat sie ins Kino gelassen*; Die Perfektform ist *hat … lassen*, wenn ein Infinitiv folgt, also: *Er hat sie ins Kino gehen lassen*

las·sen[2]; *lässt, ließ, hat* (*j-n / ein Tier*) + *etw.* + *Infinitiv* + *lassen*; [Vt] **1** ***j-n / ein Tier etw.*** + *Infinitiv* + ***l.*** j-n beauftragen od. zwingen, etw. zu tun ≈ veranlassen: *Ich lasse meinen Sohn immer den Rasen mähen*; *Er ließ seinen Hund den Stock zurückbringen*; *Unser Lehrer ließ uns die Hausaufgabe noch einmal machen*; *Die Mutter hat ihren Sohn einkaufen lassen* || NB: kein Passiv! **2** ***etw.*** + *Infinitiv* + ***l.*** veranlassen, dass etw. getan wird: *Ich habe das Kleid reinigen lassen*; *Sie hat die Polizei holen lassen* || NB: kein Passiv! **3** ***j-n / sich / etw.*** + *Infinitiv* + ***l.***; ***j-m / sich*** (*Dat*) ***etw.*** + *Infinitiv* + ***l.*** j-m den Auftrag geben, *mst* gegen Bezahlung etw. zu tun: *seinen Sohn bei e-m Chirurgen operieren l.*; *sich bei / von e-m Arzt behandeln l.*; *sich beim Friseur die Haare schneiden l.*; *Der Geschäftsmann ließ sich e-n Anzug schneidern*; *Er ließ sich von seinen Kindern den Wagen waschen* || NB: kein Passiv!

läs·sig *Adj*; **1** sehr natürlich, ohne Förmlichkeit ≈ locker (6), leger ↔ gezwungen, verkrampft ⟨j-s Art, Verhalten; j-s Kleidung⟩: *Er ist wegen seiner lässigen Art sehr beliebt*; *Sie ist immer sehr l. gekleidet* **2** *gespr*; ohne große Schwierigkeiten ≈ leicht[2] (1) ↔ schwierig ⟨e-e Prüfung, e-e Aufgabe; etw. l. bewältigen, bestehen⟩: *Er bestand die Führerscheinprüfung ganz l.*; *e-n Wettbewerb ziemlich l. gewinnen* || *hierzu* **Läs·sig·keit** *die*; *nur Sg*

Las·so *das*; *-s, -s*; ein langes Seil mit e-r Schlinge am Ende, mit dem man *bes* Rinder u. Pferde einfängt ⟨ein L. werfen; das L. schwingen⟩ || K-: ***Lasso-, -wurf***

lässt *Präsens, 2. u. 3. Person Sg*; ↑ ***lassen***

Last *die*; -, *-en*; **1** etw. Schweres, das j-d od. ein Tier tragen muss: *Afrikanische Frauen tragen Lasten oft auf dem Kopf*; *die schwere L., die der Esel zu tragen hatte* || K-: ***Last-, -esel, -tier*** **2** *mst Sg*; etw., das j-m viel Arbeit, Mühe u. Schwierigkeiten macht ≈ Bürde ⟨die L. des Alltags, e-s Amtes, des Berufs, der Geschichte⟩: *sich von der L. des Alltags erholen* **3** *geschr*; das Geld, das man j-m schuldet od. an den Staat zahlen muss ≈ Schulden, Steuern, Abgaben || -K: ***Schuld-, Steuer-*** **4** ***j-m zur L. fallen*** j-m viel Arbeit u. Mühe machen (u. somit auf die Nerven gehen) ≈ j-m lästig werden **5** ***j-m etw. zur L. legen*** *geschr*; j-m die Schuld für etw. geben ≈ j-n beschuldigen, bezichtigen || NB: ↑ ***zulasten***

Last·au·to *das* ≈ Lastwagen

las·ten; *lastete, hat gelastet*; [Vi] **1** ***etw. lastet auf j-m / etw.*** etw. liegt als Last (1) auf j-m od. e-m Tier: **2** ***etw. lastet auf etw.*** (*Dat*) etw. ist noch nicht bezahlt ≈ etw. ist mit etw. belastet: *Auf dem Grundstück lasten große Schulden* **3** ***etw. lastet auf etw.*** (*Dat*) etw. macht Probleme u. Schwierigkeiten ≈ etw. belastet etw.: *Hohe Ölpreise u. Arbeitslosigkeit lasten auf der Wirtschaft des Landes* **4** ***etw. lastet auf j-m*** etw. (*z.B.* ein früheres Erlebnis) macht j-m große Probleme ≈ etw. zermürbt j-n ⟨ein Verdacht; e-e Schuld, ein Verbrechen, ein Fluch⟩

Las·ter[1] *der*; *-s*, -; *gespr* ≈ Lastwagen

Lạs·ter[2] *das*; *-s*, *-*; (oft in Bezug auf Sexualität) e-e Verhaltensweise od. e-e Gewohnheit, die man als schlecht od. unangenehm empfindet ≈ Fehler, Makel ↔ Tugend ⟨ein L. haben; e-m L. frönen; von Lastern beherrscht werden; ein L. bekämpfen⟩: *Er hat zwei L.: Er raucht u. trinkt zu viel* ‖ K-: ***Laster-, -leben*** ‖ *hierzu* **lạs·ter·haft** *Adj*

Läs·ter·maul *das*; *gespr*; j-d, der gerne u. oft lästert ≈ Lästerer

lạs·tern; *lästerte, hat gelästert*; [Vi] ***(über j-n / etw.) l.*** *pej*; böse Bemerkungen über j-n / etw. machen ≈ über j-n / etw. spotten, j-n verspotten: *Sie lästerte darüber, dass er schwer wie ein Elefant sei* ‖ *hierzu* **Läs·te·rer** *der*; *-s*, *-*; **Lạs·te·rin** *die*; *-*, *-nen*; **Läs·te·rung** *die*

lạs·tig *Adj*; ***(j-m) l.*** ⟨e-e Person, e-e Sache⟩ so, dass sie j-n stören u. ihm auf die Nerven gehen ≈ störend, ärgerlich: *Jetzt kommt dieser Typ schon wieder! - der wird mir allmählich l.*; *Ich bin froh, wenn ich mit diesen lästigen Einkäufen fertig bin*; *Diese Mücken sind sehr l.!* ‖ *hierzu* **Läs·tig·keit** *die*; *nur Sg*

-las·tig *im Adj, wenig produktiv*; verwendet, um auszudrücken, dass etw. zu stark betont wird; ***kopflastig*** ⟨ein Mensch⟩, ***linkslastig*** ⟨e-e Zeitung⟩, ***theorielastig*** ⟨ein Studium⟩, ***rechtslastig*** ⟨e-e Zeitung⟩

Lạst|kraft·wa·gen *der*; *Admin geschr* ≈ Lastwagen; *Abk* Lkw

Last-Mi·nute-Flug [la:st'mɪnɪt-] *der*; *Transp*; e-e Flugreise, die man kurzfristig sehr billig buchen kann, weil der Veranstalter bis dahin nicht alle Plätze verkaufen konnte ≈ Last-Minute-Reise

Lạst·schrift *die*; *Bank*; die (Ab)Buchung e-s Betrags von j-s Bankkonto: *Gebühren durch / per L. einziehen* ‖ K-: ***Lastschrift-, -verfahren***

Lạst·wa·gen *der*; ein großes Kraftfahrzeug, das schwere Gegenstände transportiert ↔ Personenauto: *ein L. mit Anhänger*; *Ziegel mit dem L. zur Baustelle fahren* ‖ K-: ***Lastwagen-, -fahrer***

La·tein *das*; *-s*; *nur Sg*; **1** die Sprache der alten Römer ⟨das klassische L.⟩ **2** ein Schulfach, in dem Latein (1) gelehrt wird ‖ K-: ***Latein-, -lehrer, -unterricht, -vokabeln*** ‖ ID ***mit seinem L. am Ende sein*** für e-e schwierige Situation keine Lösung mehr wissen

La·tein·ame·ri·ka *das*; die Staaten südlich der USA (in denen Spanisch u. Portugiesisch gesprochen wird)

La·tei·ner *der*; *-s*, *-*; *gespr*; j-d, der Latein lehrt od. studiert hat

la·tei·nisch *Adj*; **1** ⟨die Grammatik, ein Text⟩ in Bezug auf die Sprache des alten Rom **2** ⟨die Schrift, Buchstaben⟩ in Bezug auf die Schrift, die im antiken Rom verwendet wurde u. die Grundlage der Druckschrift im Deutschen, Französischen *usw* ist

la·tẹnt *Adj*; *geschr*; ⟨e-e Erkrankung, e-e Gefahr, e-e Krise⟩ vorhanden, aber noch nicht wirksam od. sichtbar ‖ *hierzu* **La·tẹnz** *die*; *-*; *nur Sg*

La·tẹr·ne *die*; *-*, *-n*; **1** e-e Lampe, die nachts die Straße beleuchtet ≈ Straßenlampe ‖ ↑ *Abb. unter* ***Lampe*** ‖ -K: ***Straßen-*** **2** e-e Art Behälter aus Metall u. Glas, der die Flamme *bes* e-r Kerze schützt ‖ K-: ***Laternen-, -licht***

La·ti·num *das*; *-s*; *nur Sg*; Ⓓ die Kenntnisse in Latein nach mehreren Jahren Gymnasium ⟨das L. haben, nachholen⟩

Lat·ri·ne *die*; *-*, *-n*; e-e Toilette im Freien, bei der die Exkremente in e-e Grube fallen

Lat·sche *die*; *-*, *-n*; ein kleiner Baum mit Nadeln, der *bes* in den Alpen wächst

lat·schen; *latschte, ist gelatscht*; [Vi] ***irgendwohin l.*** *gespr*; so gehen, wie wenn man sehr müde ist

Lat·schen *der*; *-s*, *-*; *mst Pl*, *gespr*, *oft pej*; ein *mst* alter u. wertloser Schuh ‖ ID ***aus den Latschen kippen*** **a)** ohnmächtig werden **b)** sehr überrascht sein

Lạt·te *die*; *-*, *-n*; **1** ein schmales u. relativ langes Stück Holz mit vier Kanten: *Die Dachplatten werden an Latten befestigt*; *die Latten e-s Holzzaunes* ‖ K-: ***Latten-, -gestell, -rost, -zaun*** ‖ -K: ***Dach-, Holz-, Zaun-*** **2** *Sport*; e-e Stange aus Holz od. Metall, über die man beim Hoch- od. Stabhochsprung springt ⟨die L. reißen, überqueren⟩ ‖ -K: ***Hochsprung-*** **3** *Kurzw* ↑ ***Querlatte*** **4** ***e-e (ganze, lange) L. von etw.*** *gespr*; sehr viele einzelne Dinge ≈ e-e Reihe von etw. ⟨e-e (ganze, lange) L. von Zeugnissen, Qualifikationen, Vorstrafen haben⟩ **5** ***e-e lange L.*** *gespr*; ein sehr großer, schlanker Mensch (*bes* ein Mann)

Lạtz *der*; *-es*, *Lät·ze*; **1** ein Tuch, das man (*bes* Kindern) beim Essen um den Hals bindet, damit sie ihre Kleidung nicht schmutzig machen ≈ Lätzchen ⟨e-m Kind e-n L. umbinden⟩ **2** ein Stück Stoff (an e-r Hose, e-m Rock od. e-r Schürze), mit dem man die Kleidung *mst* über der Brust bedeckt, um sich nicht schmutzig zu machen ‖ ID ***j-m eins vor den L. knallen*** *gespr*; **a)** j-m e-n Schlag geben; **b)** j-n rügen ≈ zurechtweisen

Lätz·chen *das*; *-s*, *-*; ≈ Latz (1)

Lạtz·ho·se *die*; e-e Hose *bes* für Kinder od. Handwerker, die mit Trägern gehalten wird u. bei der der Stoff bis zur Brust reicht ‖ ↑ *Abb. unter* ***Arbeitskleidung***

lau *Adj*; (in Bezug auf die Temperatur) weder warm noch kalt (aber angenehm) ≈ mild ⟨die Wassertemperatur, ein Lüftchen; die Luft, der Abend⟩

L

Laub *das*; *-(e)s*; *nur Sg*, *Kollekt*; die Blätter von Bäumen oder Sträuchern, *bes* wenn sie abgefallen sind ⟨das L. verfärbt sich, fällt vom Baum; das L. zusammenfegen, zusammenkehren⟩: *Der Igel deckt sich im Winter mit L. zu* ‖ K-: ***Laub-, -besen, -haufen*** ‖ *zu* ***Laubbesen*** ↑ *Abb. unter* ***Gartengeräte***

Laub·baum *der*; ein Baum, der Blätter hat (die im Herbst abfallen) ↔ Nadelbaum: *Buche, Birke u. Eiche sind Laubbäume*

Lau·be *die*; *-*, *-n*; ein kleines Haus (in e-m Garten od. Park), das aus Holzlatten gebaut ist u. über das Pflanzen wachsen ⟨e-e lauschige L.⟩ ‖ -K: ***Garten-***

Laub·frosch *der*; ein kleiner, hellgrüner Frosch, der meistens auf Schilf od. Sträuchern lebt

Laub·sä·ge *die*; e-e leichte Säge mit sehr dünnem Sägeblatt, mit der man *bes* Figuren aus Sperrholz aussägt

Laub·wald *der*; ein Wald aus Laubbäumen ↔ Nadelwald, Mischwald

Lauch *der*; *-(e)s*; *nur Sg*; e-e Gemüsesorte, die e-n langen, weißen Stamm u. grüne Blätter hat u. ähnlich wie e-e Zwiebel schmeckt ≈ Porree ‖ K-: ***Lauch-, -gemüse, -suppe***

Lau·er ['lauɐ] *die*; *mst in* ***auf der Lauer liegen / sein*** sich irgendwo verstecken, um zu beobachten, was geschieht

lau·ern; *lauerte, hat gelauert*; [Vi] **1** ***auf j-n / etw. l.*** sich verstecken u. warten, bis e-e Person / Sache kommt, um sie zu fangen od. anzugreifen ≈ j-m auflauern: *Die Katze sitzt vor dem Mauseloch u. lauert auf die Maus*; *Die Cowboys legten sich hinter e-n Busch u. lauerten auf die Postkutsche* **2** ***auf etw.*** (*Akk*) ***l.*** *gespr*; ungeduldig darauf warten, dass etw. passiert, das zum eigenen Vorteil ist: *Der Mittelstürmer lauerte auf e-e gute Torchance*; darauf *l.*, dass *der Konkurrent e-n Fehler macht*

Lauf *der*; *-(e)s*, *Läu·fe*; **1** *nur Sg*; das Laufen (1): *Er übersprang den Zaun in vollem L.* ‖ K-: ***Lauf-, -richtung, -stil*** **2** ein Wettbewerb, bei dem man e-e bestimmte Strecke laufen muss: *Wegen e-r Verletzung* *konnte er zum zweiten L. nicht antreten* || K-: ***Lauf-, -disziplin, -wettbewerb*** || -K: ***Gelände-, Hindernis-, Hürden-, Kurzstrecken-, Langstrecken-, Marathon-, Staffel-, 100 m-, 200 m-, 400 m-, 800 m-, 1500 m-, 3000 m-, 5000 m-, 10000 m-*** **3** *nur Sg*; die Art u. Weise, wie etw. verläuft, stattfindet ≈ Verlauf, Ablauf: *der L. der Geschichte*; *den L. e-r Entwicklung beeinflussen* **4** *nur Sg*; die Bahn od. die Strecke, die ein Fluss, die Erde od. ein Stern nimmt: *der L. der Mosel bei Trier*; *den L. der Erde beobachten* **5** (bei Schusswaffen) das Rohr, durch das die Kugel nach außen schießt || -K: ***Gewehr-, Pistolen-*** **6** *mst Pl*; die Beine *bes* e-s Hundes, Hasen, Rehes || -K: ***Hinter-, Vorder-*** **7** ***im Laufe*** + *Gen* innerhalb des genannten Zeitraumes ⟨ im Laufe des Tages, der Woche, des Monats, des Jahres ⟩: *Ich werde Sie im Laufe der nächsten Woche anrufen* **8** ***e-n L. machen*** *gespr*; im Wald od. im Freien laufen (1), um sich fit zu halten ≈ joggen || ID ***etw. nimmt seinen / ihren L.*** etw. passiert, ohne dass j-d es beeinflussen od. aufheben kann ⟨ein Geschehen, e-e Entwicklung, das Schicksal⟩; ***etw.*** (*Dat*) ***freien L. lassen*** nicht versuchen, etw. zu ändern od. aufzuhalten: *Er ließ seiner Wut freien L. und weinte bitterlich*

Lauf·bahn[1] *die*; -, *-en*; e-e (*mst* 400 m lange, ovale) Bahn, auf der Wettbewerbe im Laufen stattfinden

Lauf·bahn[2] *die*; -, *-en*; *mst Sg*; die Entwicklung, die j-d *bes* im Beruf macht ≈ Werdegang, Karriere ⟨e-e berufliche, künstlerische, wissenschaftliche, handwerkliche L.; e-e L. durchlaufen, einschlagen⟩

Lauf·bur·sche *der*; **1** ein (*mst* junger) Bote **2** *gespr, oft pej*; j-d, der für e-n anderen einfache Arbeiten wie Botengänge macht ⟨für j-n den Laufburschen spielen⟩: *Bring deine Briefe selbst zur Post - ich bin nicht dein L.!*

lau·fen; *läuft, lief, ist / hat gelaufen*; [Vi] (*ist*) **1** sich auf den Füßen schnell fortbewegen (sodass beide Füße kurze Zeit in der Luft sind) ≈ rennen ⟨schnell, langsam l.; um die Wette l.⟩: *Er lief so schnell er konnte*; *Wenn du den Zug noch erreichen willst, musst du l.!*; *Mit erhobenen Armen lief sie durchs Ziel* **2** *bes gespr*; sich auf den Füßen von e-m Ort zum anderen bewegen ≈ gehen ⟨auf u. ab, hin u. her, an Krücken, am Stock l.⟩: *Unser Kind hat schon sehr früh l. gelernt*; *In Schuhen mit hohen Absätzen kann ich nicht gut l.*; *Fahren wir mit dem Bus, od. wollen wir l.?*; *„Wie weit ist es denn zum Schwimmbad?" - „Etwa zehn Minuten zu l."* **3** ***gegen / in etw.*** (*Akk*) ***l.*** beim Gehen od. Laufen mit j-m / etw. zusammenstoßen ⟨j-m ins Auto l.⟩: *Er war so betrunken, dass er voll gegen / in den Zaun gelaufen ist* **4** ***etw. läuft*** (***irgendwie***) etw. ist in Betrieb (u. funktioniert auf e-e bestimmte Weise) ⟨Maschinen, Geräte, Motoren⟩: *Seit der Reparatur läuft der Plattenspieler wieder einwandfrei*; *Bei laufendem Motor darf man nicht tanken* || K-: ***Lauf-, -geräusch*** **5** ***etw. läuft irgendwo***(***hin***) etw. bewegt sich irgendwo(hin): *Das Seil läuft über Rollen*; *Der Wagen läuft auf Schienen*; *Ein Zittern lief durch ihren Körper* **6** ***etw. läuft irgendwohin*** e-e Flüssigkeit bewegt sich irgendwohin ≈ etw. fließt, rinnt irgendwohin: *Tränen liefen ihr über die Wangen*; *Er ließ Wasser in den Eimer l.* **7** ***etw. läuft auf Grund*** ein Schiff *o.Ä.* bleibt an e-r flachen Stelle des Wassers liegen **8** ***der Käse läuft*** der Käse wird weich u. fängt an zu fließen **9** ***etw. läuft irgendwann / irgendwo*** etw. steht auf dem Programm u. wird gezeigt: *Was läuft gerade im Kino?*; *Der Film lief letzte Woche schon im Fernsehen* **10** ***etw. läuft irgendwie*** etw. entwickelt sich od. geschieht auf e-e bestimmte Weise ≈ etw. verläuft irgendwie, läuft irgendwie ab: *Die Verhandlungen sind sehr günstig für uns gelaufen*; *Wie läuft es denn so mit Gerhard u. dir?*; *Du weißt ja, wie es oft läuft - erst freut man sich lange auf etw., u. dann wird doch nichts daraus* **11** ***etw. läuft*** + *Zeitangabe* etw. ist für den genannten Zeitraum gültig ↔ auslaufen ⟨ein Abkommen, e-e Abmachung, e-e Vereinbarung, ein Vertrag⟩: *Mein Arbeitsvertrag läuft noch bis Ende des Jahres* **12** ***etw. läuft*** etw. wird gerade entschieden, ist noch nicht abgeschlossen ⟨ein Antrag, e-e Bewerbung, die Verhandlungen⟩: *Gegen ihn läuft e-e Anzeige wegen Trunkenheit am Steuer* **13** ***etw. läuft irgendwie*** *gespr*; der Verkauf von etw. entwickelt sich auf die genannte Weise: *Das neue Modell läuft sehr gut*; *Die Zeitschrift läuft nicht so wie erwartet* **14** ⟨ein Auto, ein Konto⟩ ***läuft auf j-s Namen / auf j-n*** j-d wird in e-r Liste, Kartei *o.Ä.* als Besitzer e-s Autos od. Kontos geführt **15** ***j-m läuft die Nase*** j-s Nase tropft; [Vt/i] **16** (***etw.***) ***l.*** (*ist / hat*) in e-m sportlichen Wettkampf l. (1): *Sie läuft die hundert Meter in zwölf Sekunden*; *Er hat / ist heute e-n neuen Rekord gelaufen* || K-: ***Lauf-, -schuh, -training***; [Vi] (*ist*) **17** ***Rollschuh, Schlittschuh, Ski l.*** sich auf Rollschuhen, Schlittschuhen, Skiern bewegen ≈ Rollschuh *usw* fahren: *Wir sind früher oft auf dem Teich Schlittschuh gelaufen*; *kannst du Ski l.?* **18** ***sich*** (*Dat*) ***etw.*** (***irgendwie***) ***l.*** (*hat*) so lange l. (1,2), bis die Füße od. Schuhe in e-m bestimmten Zustand sind ⟨sich die Füße wund l.; sich Blasen, Löcher in die Schuhe l.⟩ || NB: *zu* **16-18**: kein Passiv!; [Vr] (*hat*) **19** ***sich irgendwie l.*** so lange l. (1,2), bis man in e-m bestimmten Zustand ist ⟨sich müde, warm, wund l.⟩; [Vimp] (*hat*) **20** ***es läuft sich irgendwie*** man kann so l. (1,2): *In den neuen Schuhen läuft es sich gut*; *Auf Gras läuft es sich weicher als auf der Straße* || ID *mst* ***Na, wie läufts?*** *gespr*; wie geht es dir?; ***etw. läuft wie geschmiert*** *gespr*; ein Plan, ein Geschäft *o.Ä.* entwickelt sich sehr gut; *mst* ***Da läuft bei mir nichts!*** *gespr*; dazu bin ich nicht bereit; ***etw. ist gelaufen*** *gespr*; etw. ist nicht mehr zu ändern || ID ↑ ***Rücken*** || *zu* ***Lauferei*** ↑ ***-ei***

> **lau·fen las·sen**; *lässt laufen, ließ laufen, hat laufen lassen*; [Vt] ***j-n l. l.*** *gespr*; j-m wieder die Freiheit geben, nachdem man ihn festgenommen hatte ≈ freilassen: *Die Polizei ließ die vorläufig festgenommenen Fußballrowdies wieder laufen*

lau·fend **1** *Partizip Präsens*; ↑ ***laufen*** **2** *Adj*; *nur attr, ohne Steigerung, nicht adv*; zurzeit ablaufend, stattfindend od. erscheinend ⟨das Jahr, der Monat; die Nummer e-r Zeitschrift⟩ **3** *Adj*; *nur attr od adv, ohne Steigerung*; so, dass es in regelmäßigen Abständen auftritt, vorkommt ≈ ständig ⟨die Kosten, die Ausgaben⟩: *die laufenden Kosten so gering wie möglich halten*; *Die Gäste in diesem Hotel wechseln l.* **4** *Adj*; *nur attr, ohne Steigerung, nicht adv*; von e-m sehr langen Stück abgeschnitten: *Der laufende Meter dieses Stoffes, Teppichs kostet 30 Euro* || ID ***auf dem Laufenden sein / bleiben*** über das aktuelle Geschehen gut informiert sein / bleiben: *Man muss stets auf dem Laufenden bleiben*; ***j-n auf dem Laufenden halten*** j-n ständig über das aktuelle Geschehen informieren

Läu·fer[1] *der*; *-s*, -; **1** ein Sportler, der an e-m Wettbewerb im Laufen teilnimmt: *Die acht L., die sich für den Endlauf qualifiziert haben, gehen an den Start* || -K: ***Marathon-, Staffel-, 100-m-, 400-m-*** *usw* **2** die Figur beim Schach, die man nur diagonal bewegen darf || ↑ *Abb. unter* ***Schachfiguren*** || *zu* **1** **Läu·fe·rin** *die*; -, *-nen*

Läu·fer[2] *der*, *-s*, -; ein relativ langer u. schmaler Teppich

Lauf·feu·er *das*; *mst in* ***wie ein L.*** sehr schnell: *Die Nachricht vom Flugzeugabsturz verbreitete sich wie ein L.*
läu·fig *Adj*; bereit, sich mit e-m männlichen Hund (Rüden) zu paaren ⟨e-e Hündin⟩
Lauf·kund·schaft *die*; *nur Sg*; Kunden, die nicht regelmäßig in ein Geschäft kommen u. dort einkaufen ↔ Stammkundschaft
Lauf·ma·sche *die*; ein Loch *bes* in e-m Strumpf od. in e-r Strumpfhose, das entsteht, wenn sich mehrere Maschen gelöst haben ⟨e-e L. haben⟩
Lauf·pass *der*; *nur in* **1** ***j-m den L. geben*** *gespr*; sich von seinem Partner trennen ≈ mit j-m Schluss machen: *Sie gab ihrem langjährigen Freund den L.* **2** ***den L. bekommen*** *gespr*; von seinem Partner gesagt bekommen, dass er sich von einem trennen will
Lauf·schritt *der*; *mst in* ***im L.*** mit schnellen Schritten
Lauf·steg *der*; ein schmaler, erhöhter Weg aus Brettern *o.Ä.*, auf dem Modelle (6) auf u. ab gehen, um neue Kleidung vorzuführen
läuft *Präsens, 3. Person Sg*; ↑ ***laufen***
Lauf·vo·gel *der*; ein *mst* großer Vogel, der nicht fliegen kann u. nur auf dem Boden läuft: *Der Strauß u. der Emu sind Laufvögel*
Lauf·werk *das*; *Tech*; der Antrieb bei bestimmten Maschinen u. Geräten: *Hat dein neuer Computer ein L. od. zwei?* || -K: ***Disketten-, Festplatten-, Kassetten-***
Lau·ge *die*; -, *-n*; **1** Wasser, in dem Seife od. ein Waschmittel gelöst ist || -K: ***Seifen-, Wasch-*** **2** *Chem*; Wasser, in dem e-e Substanz gelöst ist, die zusammen mit Säure ein Salz bildet ≈ Base[1] ↔ Säure || -K: ***Natron-***
Lau·ne *die*, -, *-n*; **1** die Stimmung, in der j-d zu e-m bestimmten Zeitpunkt ist ≈ Gemütsverfassung ⟨gute, schlechte L. haben; guter, schlechter L. sein, bei / in L. sein; j-m die (gute) L. verderben⟩: *Wenn die Sonne scheint, habe ich gleich gute L.* **2** *nur Pl*; die schnell wechselnden Stimmungen, die j-d hat: *Ich habe unter den Launen meiner Kollegin zu leiden* **3** e-e Idee, die in e-r bestimmten Stimmung entstanden ist: *Aus e-r L. heraus fuhren wir mitten in der Nacht zum See u. badeten* **4** ***j-n bei L. halten*** versuchen, j-s Willen zu erfüllen, damit seine L. (1) gut bleibt || ▸ ***gelaunt***
lau·nen·haft *Adj*; mit vielen verschiedenen Launen (2) ≈ launisch, unbeständig, wankelmütig: *ein launenhafter Mensch* || *hierzu* **Lau·nen·haf·tig·keit** *die*; *nur Sg*
lau·nisch *Adj*; **1** mit vielen verschiedenen Launen ≈ launenhaft **2** schlechter Laune (1) ≈ schlecht gelaunt: *Heute war der Chef wieder mal furchtbar l.!*
Laus *die*; -, *Läu·se*; ein kleines Insekt, das vom Blut von Menschen u. Tieren od. vom Saft von Pflanzen lebt ⟨Läuse haben; e-e L. zerdrücken⟩ || -K: ***Blatt-, Kopf-, Schild-*** || ID ***j-m ist e-e L. über die Leber gelaufen*** *gespr*; j-d ärgert sich (*mst* wegen e-r Kleinigkeit)
Laus·bub *der*; *südd gespr*; ein kleiner Junge, der *bes* frech u. munter ist ≈ Bengel, Schlingel || K-: ***Lausbuben-, -streich*** || *hierzu* **laus·bu·ben·haft** *Adj*
Lausch·an·griff *der*; das geheime Abhören von Telefongesprächen von Personen, die unter Verdacht stehen, Verbrechen zu begehen *o.Ä.*
lau·schen; *lauschte, hat gelauscht*; [Vi] **1** sich stark konzentrieren, damit man etw. hört ≈ horchen: *an der Tür l.* **2** ***j-m / etw. l.*** j-m / etw. konzentriert zuhören: *dem Gesang der Vögel l.* || *zu* **1** **Lau·scher** *der*; *-s*, -; **Lau·sche·rin** *die*; -, *-nen*
lau·schig *Adj*; **1** *nur attr, nicht adv*; sehr still u. versteckt gelegen ⟨ein Plätzchen, ein Winkel⟩ **2** still u. mild ⟨die Nacht⟩: *in e-r lauschigen Nacht im Mai*
Lau·se·jun·ge *der*; *nordd gespr* ≈ Lausbub
lau·se·kalt *Adj*; *gespr*; ⟨ein Land, ein Wetter⟩ unangenehm kalt
lau·sen; *lauste, hat gelaust*; [Vt] ***j-n / sich l.*** bei j-m / sich selbst Läuse suchen u. entfernen: *Ein Affe laust den anderen* || ID ↑ ***Affe***
Lau·ser *der*; *-s*, -; *gespr* ≈ Lausbub
lau·sig *Adj*; *gespr*; **1** *pej*; sehr schlecht od. sehr unangenehm ⟨das Wetter; ein Vortrag, e-e Rede; l. kalt⟩ **2** *pej*; von geringer Bedeutung ≈ läppisch: *Du wirst dich doch nicht wegen der paar lausigen Cent aufregen!*
laut[1] *Adj*; **1** ⟨Musik, das Radio; ein Motor, e-e Maschine; Beifall, Schreie⟩ so, dass ihre Klänge od. Geräusche auch von weitem gehört werden können ↔ leise: *Stelle bitte das Radio leiser, die Musik ist doch viel zu l.!*; *Das Kind fing l. zu schreien an*; *Könnten Sie etwas lauter sprechen - ich verstehe Sie so schlecht* **2** *nicht adv*; ⟨e-e Straße, e-e Gegend, ein Viertel, die Nachbarn⟩ so, dass es viel Lärm gibt ≈ lärmend ↔ ruhig **3** ***l. denken*** nachdenken u. dabei sprechen, was man denkt: *„Hast du was gesagt?" - „Nein, ich habe nur l. gedacht."* **4** ***l. u. deutlich*** so, dass man es deutlich hört **5** ***(j-m) l. u. deutlich seine Meinung sagen*** (j-m) seine negative Meinung über etw. klar sagen **6** ***etw. wird laut*** etw. wird der Öffentlichkeit bekannt ≈ etw. verlautet ⟨Klagen, Beschwerden; Wünsche⟩
laut[2] *Präp*; *mit Dat / Gen*; genau so, wie gesagt od. angegeben wird ≈ gemäß, nach Angabe von: *L. ärztlichem Attest leidet der Patient an Gelbsucht*; *L. Fahrplan müsste der Bus schon längst da sein* || NB: Gebrauch ↑ *Tabelle unter* ***Präpositionen***
Laut *der*; *-(e)s, -e*; **1** etw., das man kurze Zeit hören kann u. das mit dem Mund erzeugt worden ist ⟨ein schriller, sanfter, klagender L.; e-n L. von sich geben, erzeugen⟩ **2** die kleinste akustische Einheit der Sprache ⟨ein geschlossener, offener, kurzer, langer L.; e-n L. artikulieren, nachahmen, nachsprechen⟩: *Das Wort „Buch" besteht aus vier Buchstaben, aber nur aus drei Lauten* || K-: ***Laut-, -system*** **3** ***keinen L. mehr von sich geben*** nichts mehr sagen
Lau·te *die*; -, *-n*; ein Musikinstrument mit 6 od. 11 Saiten, das *bes* in der Renaissance verwendet wurde || K-: ***Lauten-, -spieler***
lau·ten; *lautete, hat gelautet*; [Vi] **1** ***etw. lautet ... / etw. lautet irgendwie*** etw. besteht aus den genannten Worten, Zahlen *o.Ä.* od. hat den beschriebenen Inhalt: *Der Originaltext dieses Liedes lautete anders als die moderne Version*; *Die Aufschrift lautet: „Vorsicht Gift"*; **2** ***etw. lautet auf etw.*** (*Akk*) etw. hat den genannten Inhalt ≈ etw. besagt etw.: *Das Urteil lautete auf Freispruch*
läu·ten; *läutete, hat geläutet*; [Vt] **1** ***etw. l.*** bewirken, dass e-e Glocke Töne erzeugt ⟨die Glocken l.⟩; [Vi] **2** ***etw. läutet*** e-e Glocke erzeugt Töne **3** ***etw. läutet*** *bes südd* Ⓐ ≈ etw. klingelt ⟨der Wecker, die Türglocke, die Klingel, das Telefon⟩ **4** ***irgendwo l.*** *bes südd* Ⓐ an j-s Tür die Klingel ertönen lassen ≈ klingeln, schellen ⟨bei j-m, an j-s Wohnungstür l.⟩; [Vimp] **5** ***es läutet (an der Tür)*** ≈ j-d läutet (4) || ID ***von etw. l. gehört / hören haben*** etw. als Gerücht erfahren haben
lau·ter *Indefinitpronomen*; *indeklinabel*, *gespr*; nichts anderes als das Genannte ≈ nichts als, nur: *Auf der Party traf ich l. sympathische Leute*; *Er hat l. Unsinn im Kopf*; *Aus l. Dankbarkeit brachte er mir ein Geschenk*
lau·te·r- *Adj*; *nur attr*, *nicht adv*, *geschr* ≈ ehrlich, aufrichtig ⟨ein Charakter, ein Mensch; Absichten, Motive⟩ || *hierzu* **Lau·ter·keit** *die*; *nur Sg*

L

läu·tern; *läuterte, hat geläutert*; [Vt] ***etw. läutert j-n*** *geschr*; etw. (e-e Krankheit *o.Ä.*) befreit j-n von seinen Charakterfehlern *o.Ä.*

laut·hals *Adv*; sehr laut ⟨l. schreien, schimpfen, singen⟩

laut·lich *Adj*; *nur attr od adv*; in Bezug auf die Laute (2) der Sprache ⟨Veränderungen, Gemeinsamkeiten⟩

laut·los *Adj*; ohne dass ein Geräusch zu hören ist ≈ still, leise: *Der Fuchs schlich sich l. an seine Beute heran* || *hierzu* **Laut·lo·sig·keit** *die*; *nur Sg*

Laut·ma·le·rei *die*; das Nachahmen von Geräuschen u. Klängen durch ähnliche sprachliche Laute || *hierzu* **laut·ma·lend** *Adj*; **laut·ma·le·risch** *Adj*

Laut·schrift *die*; *Ling*; ein System von Zeichen, mit denen man die Laute (2) e-r Sprache notiert ⟨die internationale L.⟩

Laut·spre·cher *der*; *-s, -*; ein Gerät, das Stimmen od. Musik (*mst* lauter) wiedergibt ⟨etw. durch L. übertragen⟩: *die beiden L. der Stereoanlage*; *auf dem Bahnhof die Durchsage über L. nicht verstehen* || K-: ***Lautsprecher-, -box, -kabel, -membran***

laut·stark *Adj*; sehr laut u. heftig ≈ stürmisch ⟨Beifall, Proteste; ein Streit; etw. l. verkünden, l. protestieren⟩

Laut·stär·ke *die*; **1** die Stärke, Intensität des Schalls ⟨die L. messen⟩: *die hohe L., mit der ein Flugzeug startet*; *Die L. wird in „Phon" oder in „Dezibel" gemessen* **2** die Eigenschaft, lautstark zu sein

lau·warm *Adj*; nicht richtig warm, aber auch nicht kalt ≈ lau ⟨das Wasser, ein Getränk, das Essen⟩: *Lauwarmes Bier schmeckt nicht*

L

La·va [-v-] *die*; -; *nur Sg*; die flüssige Masse, die an die Erdoberfläche kommt, wenn ein Vulkan ausbricht ⟨glühende, erkaltete L.⟩ || K-: ***Lava-, -gestein, -masse, -strom***

La·ven·del [-v-] *der*; *-s*; *nur Sg*; **1** e-e Pflanze (die *bes* im Gebiet des Mittelmeers wächst) mit schmalen Blättern, aus deren Blüten man ein gut riechendes Öl gewinnt **2** das gut riechende Öl, das aus den Blüten des Lavendels (1) gewonnen wird || K-: ***Lavendel-, -öl***

La·wi·ne *die*; *-, -n*; **1** e-e große Masse *mst* aus Schnee u. Eis, die von e-m Berg ins Tal rutscht u. dabei immer größer wird ⟨e-e L. geht ab, geht nieder, donnert ins Tal; e-e L. begräbt, verschüttet j-n / etw.; e-e L. auslösen, sprengen⟩: *Die Skifahrer wurden unter e-r L. begraben* || K-: ***Lawinen-, -abgang, -gefahr, -hund, -katastrophe, -opfer, -unglück, -warnung***; ***lawinen-, -gefährdet, -sicher*** || -K: ***Eis-, Geröll-, Schnee-*** **2 *e-e L. von etw.*** (*Pl*) e-e sehr große Menge von einzelnen Dingen ≈ Flut: *Nach dem Konzert brach e-e L. von Briefen über den Sänger herein* || -K: ***Antrags-, Kosten-*** || *hierzu* **la·wi·nen·ar·tig** *Adj*

lax *Adj*; nicht streng in seinen Prinzipien ≈ lasch ↔ streng ⟨e-e Auffassung, e-e Einstellung; e-e Haltung⟩ || *hierzu* **Lax·heit** *die*; *nur Sg*

Lay-out, **Lay·out** ['leː|aut] *das*; *-s, -s*; die Anordnung des Textes u. der Bilder in e-r Zeitung, e-r Zeitschrift od. e-m Buch ⟨das L. machen, anfertigen⟩ || *hierzu* **lay·ou·ten** [-'|autn̩] (*hat*) *Vt / i*

La·za·rett [-ts-] *das*; *-s, -e*; e-e Art Krankenhaus für (verwundete) Soldaten || -K: ***Feld-***

-le *südd* ↑ ***-lein***

Lea·der ['liːdɐ] *der*; *-s, -*; **1** *Kurzw* ↑ ***Bandleader*** **2** (CH) (A) *Sport*; Tabellenführer

lea·sen ['liːzn̩]; *leaste, hat geleast*; [Vt] ***etw. l.*** *mst* ein Auto über e-e ziemlich lange Zeit mieten, wobei das Geld, das man bezahlt, vom Kaufpreis abgezogen wird, wenn man das Auto am Ende dieser Zeit kauft ⟨ein Auto l.⟩ || *hierzu* **Lea·sing** *das*; *-s*; *nur Sg*

le·ben; *lebte, hat gelebt*; [Vi] **1** auf der Welt sein u. e-n funktionierenden Organismus haben ≈ existieren, am Leben sein ↔ tot sein: *Leben deine Großeltern noch?*; *Als die Sanitäter kamen, lebte der Verunglückte noch, aber er starb auf dem Weg ins Krankenhaus* **2 *irgendwann l.*** als Mensch auf der Welt sein (u. in der Gesellschaft e-e Funktion haben) ≈ existieren: *Der Physiker Heinrich Hertz lebte im 19. Jahrhundert* **3 *irgendwie l.*** sein Dasein auf der Welt in der genannten Weise gestalten ⟨gut, üppig, opulent, enthaltsam, asketisch, schlecht, miserabel l.; in Not, in Armut l.⟩: *Wölfe leben in Rudeln*, *Bienen leben in Schwärmen* **4 *irgendwo l.*** an e-m Ort od. bei j-m die meiste Zeit sein ⟨auf dem Land, in der Stadt, im Wasser l.⟩: *Seit der Scheidung seiner Eltern lebt das Kind bei den Großeltern in Essen*; *Frösche leben auf dem Land u. im Wasser* **5 *von etw. l.*** etw. als Nahrung zu sich nehmen ≈ sich von etw. ernähren: *Während des Krieges lebten viele Leute hauptsächlich von Kartoffeln* **6 *von etw. l.*** irgendwoher Geld bekommen, um sich Essen, Kleidung *usw* kaufen zu können ⟨von seinen Ersparnissen, von den Zinsen l.⟩: *Von seinem Gehalt kann er sehr gut l.* **7 *etw. lebt von etw.*** ≈ etw. hängt von etw. ab: *Der Film lebt von seiner Spannung* **8 *für j-n / etw. l.*** seine ganze Energie u. Kraft in j-n / etw. stecken ≈ sich j-m / etw. widmen, hingeben: *Die Mutter lebte ausschließlich für ihre beiden Söhne*; [Vt] **9 *etw. l.*** sein Leben gestalten: *Wir leben ein ausgefülltes Leben* || ID ***l. wie Gott in Frankreich*** *gespr*; ein schönes Leben haben, *bes* weil man gut zu essen hat; ***l. u. l. lassen*** tolerant sein u. sich nicht in die Affären von anderen Leuten einmischen; *mst* ***es lebe...!*** verwendet, um den Wunsch auszudrücken, dass die genannte Person / Sache (lange) so bleiben möchte: *Es lebe die Freiheit!*; ***leb(e) wohl / leben Sie wohl*** *veraltend*; verwendet, um sich von j-m zu verabschieden ≈ Auf Wiedersehen

Le·ben *das*; *-s, -*; *mst Sg*; **1** das Lebendigsein e-s Menschen, e-s Tiers od. e-r Pflanze ≈ Existenz ↔ Tod ⟨am L. sein, am L. bleiben; das L. verlieren; j-m das L. retten; die Entstehung des Lebens⟩: *Der Feuerwehrmann rettete dem Kind das L.* || K-: ***Lebens-, fähigkeit***; ***lebens-, -fähig*** **2** der Zeitraum, während dessen j-d lebt (1) ⟨ein kurzes, langes L. haben; das L. (in vollen Zügen) genießen; sein L. verpfuschen⟩: *Mit 80 Jahren stieg er zum ersten Mal in seinem L. in ein Flugzeug* || K-: ***Lebens-, -abschnitt, -dauer, -ende, -erfahrung, -erinnerungen*** **3** die Art u. Weise zu leben (3) ⟨ein einfaches, sorgenfreies, hektisches, schweres L. führen; j-m das L. angenehm, schwer, unerträglich machen⟩ || K-: ***Lebens-, -bedingungen, -gewohnheiten, -verhältnisse, -weise*** || -K: ***Land-, Stadt-***; ***Studenten-*** **4** alle Ereignisse, die man jeden Tag erlebt u. die Einflüsse, die jeden Tag auf einen wirken ⟨das L. meistern; mit dem L. nicht mehr zurechtkommen; dem L. die positiven Seiten abgewinnen⟩ || -K: ***Alltags-, Familien-*** **5** alle Handlungen u. Vorgänge in e-m bestimmen Raum od. Bereich ≈ Betrieb[2] (4), Betriebsamkeit, Treiben: *Vor Weihnachten herrscht L. in den Straßen der Stadt*; *Seit sie zwei Kinder u. e-n Hund haben, ist L. ins Haus gekommen* || -K: ***Kleinstadt-, Großstadt-, Nacht-, Straßen-*** **6** etw., das für j-n sehr wichtig ist / war ≈ j-s Ein u. Alles: *Der Sport u. die Musik sind sein L. - für sie opfert er seine ganze Freizeit* || K-: ***Lebens-, -inhalt*** **7 *das gesellschaftliche / öffentliche / politische / wirtschaftliche L.*** alle Ereignisse u. Handlungen im Bereich der Gesellschaft, der Öffentlichkeit, der Politik, der Wirtschaft: *Nach seiner Wahlniederlage zog er sich aus dem po-*

litischen L. zurück **8 *das ewige L.*** *Rel*; das L. nach dem Tod ⟨ins ewige L. eingehen⟩ **9 *das werdende L.*** das kleine Kind (der Fötus), das im Bauch e-r schwangeren Frau heranwächst ⟨das werdende L. schützen⟩ || ID ***seinem L. ein Ende machen / setzen***; ***sich das L. nehmen*** sich selbst töten ≈ sich umbringen, Selbstmord begehen; ***j-m nach dem L. trachten*** das Ziel haben, j-n zu töten; **(*noch einmal*) *mit dem L. davonkommen*** in e-r Situation überleben, obwohl das L. (1) ernsthaft in Gefahr war; ***ums L. kommen*** sterben; ⟨ein Kampf⟩ ***auf L. u. Tod*** **a)** ein Kampf, bei dem einer der Gegner sterben kann od. wird; **b)** e-e Angelegenheit, bei der es um alles od. nichts geht; ***seines Lebens nicht mehr froh werden*** (immer wieder) große Probleme haben, sodass man nie glücklich sein kann: *Er hat ein Kind totgefahren u. wird seither seines Lebens nicht mehr froh*; ***etw. ins L. rufen*** ⟨e-e Organisation, e-e Vereinigung⟩ gründen; ***wie das blühende L. aussehen*** *gespr*; sehr gesund u. kräftig aussehen; ***für mein / sein*** *usw* ***L. gern*** sehr gern: *Schokolade esse ich für mein L. gern*; ***sich*** (*Akk*) ***durchs L. schlagen*** *gespr*; nur mit Mühe so viel Geld verdienen, dass man sich ernähren kann; ***nie im L.!***; ***im L. nicht!*** *gespr*; verwendet, um auszudrücken, dass man e-e Behauptung od. e-n Vorschlag völlig ablehnt; ***j-m das L. zur Hölle machen*** *gespr*; j-m viele sehr unangenehme Probleme machen; ***e-m Kind das L. schenken*** *geschr*; ein Kind zur Welt bringen ≈ gebären; ***in j-n kommt L.*** j-d wird aktiv: *Er saß gelangweilt in der Ecke, aber als er sie sah, kam auf einmal L. in ihn*; ***L. in die Bude bringen*** *gespr*; bewirken, dass irgendwo viel geschieht u. gute Stimmung ist; ***etw. ist aus dem L. gegriffen*** e-e Geschichte, ein Film *o.Ä.* ist sehr realistisch; ***seines Lebens nicht mehr sicher sein*** in Gefahr sein, getötet zu werden *o.Ä.*; ***Wie das L. so spielt!*** verwendet, um (oft resignierend) ein Ereignis zu kommentieren, das typisch für das L. (4) ist

le·bend 1 *Partizip Präsens*; ↑ ***leben*** **2** *Adj*; *mst attr*; noch heute gesprochen od. verwendet ↔ tot (8) ⟨*mst* e-e Sprache⟩: *Französisch u. Spanisch sind lebende Sprachen, Latein ist e-e tote Sprache*

Le·ben·den *die*; *Pl*; die Menschen, die jetzt leben ↔ die Toten || ID *mst* ***Die nehmen es von den L.*** *gespr*; die Preise sind hier extrem hoch

le·ben·dig *Adj*; **1** voller Schwung u. Temperament ≈ lebhaft, munter ↔ ruhig ⟨ein Kind⟩ **2** interessant u. lebhaft vorgetragen *o.Ä.* ⟨e-e Schilderung, e-e Erzählung⟩ **3** *ohne Steigerung*; noch am Leben ↔ tot (1) ⟨(j-n) bei lebendigem Leibe verbrennen⟩ **4 *etw. bleibt in j-m l.*** etw. wirkt bei j-m immer noch: *Die Erinnerung an seine Kindheit ist in ihm l. geblieben* **5 *etw. wird wieder l.*** etw. kommt wieder in Erinnerung ↔ etw. gerät in Vergessenheit || *zu* **1, 2** u. **3 Le·ben·dig·keit** *die*; *nur Sg*

Le·bens·abend *der*; *nur Sg*; das Alter (4) ⟨ein geruhsamer L.⟩

Le·bens·al·ter *das*; **1** *nur Sg*; die Anzahl der Jahre, die j-d gelebt hat ⟨ein hohes L. erreichen⟩ **2** ein bestimmter Abschnitt in der Entwicklung *bes* e-s Menschen

le·bens·er·hal·tend *Adj*; *nicht adv*; ⟨Funktionen, Maßnahmen⟩ so, dass sie verhindern, dass j-d / etw. stirbt

Le·bens·er·hal·tungs|trieb *der*; der starke Wunsch, nicht zu sterben, der einem in gefährlichen Situationen e-e besondere Kraft gibt

Le·bens·er·war·tung *die*; *nur Sg*; die Zahl der Jahre, die die Menschen im Durchschnitt leben ⟨e-e geringe, hohe L. haben; die L. steigt, sinkt⟩: *Die L. der Bevölkerung ist in den letzten 100 Jahren beträchtich gestiegen*

le·bens·feind·lich *Adj*; *nicht adv*; ⟨e-e Kälte, e-e Umgebung⟩ so, dass kaum ein Tier od. e-e Pflanze darin leben kann

le·bens·froh *Adj*; mit Freude am Leben ≈ lebenslustig || *hierzu* **Le·bens·freu·de** *die*; *nur Sg*

Le·bens·ge·fahr *die*; *nur Sg*; e-e große Gefahr für j-s Leben ⟨in L. sein, geraten, schweben; außer L. sein⟩: *Der Patient ist inzwischen außer L.* || *hierzu* **le·bens·ge·fähr·lich** *Adj*; *ohne Steigerung*

Le·bens·ge·fähr·te *der*; ein Mann, mit dem e-e Frau zusammenlebt, ohne dass sie verheiratet sind || NB: *ein Lebensgefährte*; *der Lebensgefährte*; *den, dem, des Lebensgefährten* || *hierzu* **Le·bens·ge·fähr·tin** *die*

Le·bens·geis·ter *die*; *Pl*, *gespr*; die Frische, die j-d nach großer Müdigkeit wieder fühlt: *Nach e-m kühlen Glas Sekt erwachten seine L. wieder*

Le·bens·ge·schich·te *die*; ***j-s L.*** alles, was j-d (in seinem Leben) erlebt hat ⟨j-m seine L. erzählen⟩

Le·bens·hal·tungs|kos·ten *die*; *Pl*; das Geld, das man für Kleidung, Nahrung, Wohnung *usw* ausgeben muss ⟨die L. steigen, sinken; die L. sind hoch, niedrig⟩

Le·bens·in·halt *der*; *mst in* ***j-d / etw. ist j-s*** (***einziger / ganzer***) ***L.*** j-d / etw. ist für j-n das Wichtigste im Leben

Le·bens·jahr *das*; ein Jahr in j-s Leben ⟨ein L. vollenden⟩: *Kinder ab dem vollendeten vierten L. zahlen den halben Preis*

Le·bens·künst·ler *der*; j-d, der alle Situationen im Leben meistert

le·bens·läng·lich *Adj*; **1** *mst attr*; für den Rest des Lebens, bis zum Tode ⟨*mst* e-e Haftstrafe⟩ **2 *l. bekommen*** *gespr*; wegen e-s Verbrechens den Rest seines Lebens im Gefängnis verbringen müssen: *Der mehrfache Mörder bekam l.*

Le·bens·lauf *der*; -(e)s, *Le·bens·läu·fe*; ein Text, in dem j-d die wichtigsten Ereignisse seines Lebens angibt (*bes* Schulabschlüsse u. berufliche Qualifikationen) u. den er *bes* für e-e Bewerbung schreibt ⟨ein handgeschriebener, tabellarischer L.; e-n L. schreiben, verfassen⟩

Le·bens·lust *die*; *nur Sg*; große Freude am Leben ⟨voll L. sein⟩ || *hierzu* **le·bens·lus·tig** *Adj*

Le·bens·mit·tel *die*; *Pl*; die Dinge, die man jeden Tag isst u. trinkt, um sich zu ernähren ≈ Nahrungsmittel || K-: ***Lebensmittel-, -chemiker, -geschäft, -industrie, -laden, -vergiftung, -versorgung, -vorrat*** || NB: alles, womit man sich ernährt, ist ein *Nahrungsmittel*; *Lebensmittel* sind *bes* die Dinge, die man zur grundlegenden Ernährung braucht, wie Brot, Fleisch od. Gemüse

le·bens·mü·de *Adj*; *ohne Steigerung*; ohne den Willen weiterzuleben || ID *mst* ***Du bist wohl l.!*** *gespr iron*; verwendet, wenn j-d etw. Gefährliches tut, ohne sich der Gefahr bewusst zu sein

Le·bens·mut *der*; das Gefühl, aus seinem Leben noch etw. machen zu können ⟨den L. verlieren; neuen L. schöpfen⟩

Le·bens·qua·li·tät *die*; *nur Sg*; die Qualität des täglichen Lebens, *bes* was die Arbeitsbedingungen, die Gesundheit u. die Freizeit angeht ⟨die L. verbessern⟩: *E-e intakte Natur ist ein Stück L.*

Le·bens·raum *der*; **1** *nur Sg*; der Bereich, in dem j-d frei leben u. arbeiten kann ⟨j-s L. einschränken⟩ **2** der Raum od. Ort, der bestimmten Pflanzen od. Tieren günstige Bedingungen zum Leben bietet; *Biol* Biotop

Le·bens·ret·ter *der*; j-d, der e-m anderen Menschen das Leben gerettet hat

Le·bens·stan·dard *der*; der Grad des Wohlstands e-r Person od e-r sozialen Gruppe ⟨e-n niedrigen, hohen L. haben, genießen⟩

Le·bens·un·ter·halt *der*; *nur Sg*; das Geld, das man braucht, um Nahrung, Kleidung u. Wohung zu bezahlen: *Viele Studenten verdienen ihren L. als Taxifahrer*

Le·bens·ver·si·che·rung *die*; e-e Versicherung, bei der e-e bestimmte Geldsumme ausbezahlt wird, wenn die Versicherungszeit zu Ende ist od. wenn der Versicherte stirbt ⟨e-e L. abschließen, ausbezahlt bekommen⟩ || K-: ***Lebensversicherungs-, -gesellschaft, -summe***

Le·bens·wan·del *der*; *nur Sg*; die Art u. Weise, wie j-d (*bes* in Bezug auf die Moral) lebt ⟨e-n anständigen *o.Ä.* L. führen⟩

le·bens·wert *Adj*; *mst in* ***das Leben ist l.*** das Leben ist so schön, dass man gerne lebt

le·bens·wich·tig *Adj*; *ohne Steigerung*; absolut notwendig, damit j-d leben kann ⟨Nährstoffe: Eiweiße, Fette, Kohlenhydrate, Mineralien, Vitamine⟩

Le·bens·zei·chen *das*; **1** irgendeine Nachricht od. ein Hinweis, dass j-d noch lebt, den man lange nicht gesehen hat: *Er durchquert auf e-m Motorrad die Sahara, u. seine Eltern haben seit Wochen kein L. von ihm bekommen* **2** ein Zeichen od. Beweis, dass j-d noch lebt: *Der Verletzte gab kein L. mehr von sich*

Le·bens·zeit *die*; *nur Sg*; **1** die Dauer des Lebens e-s Menschen **2** ***auf L.*** für den Rest des Lebens: *j-n zum Beamten auf L. ernennen*

Le·ber *die*; -, *-n*; **1** ein großes, rotbraunes inneres Organ, das das Blut reinigt u. giftige Substanzen im Körper unschädlich macht: *Die L. produziert Galle*; *Wenn man viel Alkohol trinkt, schadet man der L.* || K-: ***Leber-, -entzündung, -leiden, -schaden, -schrumpfung, -zirrhose***; ***leber-, -krank, -geschädigt*** || -K: ***Trinker-*** **2** die L. (1) e-s Tieres, die man isst ⟨gebratene, gegrillte L.⟩: *in Zwiebeln gebratene L. mit Kartoffelpüree* || K-: ***Leber-, -pastete*** || -K: ***Geflügel-, Kalbs-, Rinds-, Schweine-*** || ID ***frei von der L. weg sprechen*** *gespr*; ohne Hemmungen sprechen u. dabei das sagen, was man denkt; ***sich*** (*Dat*) ***etw. von der L. reden*** *gespr*; über seine Probleme reden u. sich damit von ihnen befreien

Le·ber·fleck *der* ≈ Muttermal

Le·ber·kä·se *der*; *nur Sg*; e-e Art gebackener Teig aus Fleisch, den man in Scheiben kalt od. warm isst

Le·ber·knö·del *der*; *südd* Ⓐ e-e Speise in Form e-r Kugel aus zerkleinerter Leber, Zwiebeln *usw*, die man in e-r Suppe isst || K-: ***Leberknödel-, -suppe***

Le·ber·tran *der*; *nur Sg*; ein Öl, das man aus der Leber von Fischen gewinnt u. das viele Vitamine hat

Le·ber·wurst *die*; e-e Wurst aus der Leber vom Kalb u. vom Schwein ⟨e-e grobe, feine L.⟩ || ID ***die beleidigte L. spielen*** *gespr hum*; wegen e-r Kleinigkeit beleidigt sein

Le·be·we·sen *das*; *-s*, -; ein lebender Organismus, von einer Zelle bis hin zum Menschen ⟨einzellige, mehrzellige, vielzellige, pflanzliche, tierische L.⟩

Le·be·wohl *das*; *-s*, *-s* / *-e*; *geschr*; **1** ≈ Abschied **2** ***j-m L. sagen*** sich von j-m verabschieden

leb·haft *Adj*; **1** voller Schwung u. Temperament ≈ lebendig, munter, aufgeweckt ↔ still, ruhig ⟨ein Kind⟩: *Ihr kleiner Sohn ist so l., dass sie kaum noch mit ihm fertig wird* **2** interessant u. mit Schwung (vorgetragen) ⟨e-e Diskussion, e-e Unterhaltung⟩: *Die Debatte kam lange Zeit nicht so recht in Schwung - erst gegen Ende wurde sie etwas lebhafter* **3** *mst attr*; sehr klar u. deutlich ↔ verschwommen: *j-s lebhafte Erinnerungen an seine Kindheit*; *Ich kann mir l. vorstellen, wie sie reagiert hat* **4** sehr groß u. stark ↔ gering ⟨das Interesse; der Beifall, der Applaus⟩: *Die Ausstellung stieß auf lebhaftes Interesse bei der Bevölkerung* || zu **1** u. **2** **Leb·haf·tig·keit** *die*; *nur Sg*

Leb·ku·chen *der*; ein Gebäck in runder od. viereckiger Form, das süß u. würzig schmeckt u. *bes* zu Weihnachten gegessen wird ≈ Pfefferkuchen ⟨Lebkuchen backen⟩ || NB: ↑ ***Plätzchen***

leb·los *Adj*; tot od. so, als ob es tot wäre ↔ lebendig (3) ⟨ein Mensch, ein Körperteil⟩: *Der Motorradfahrer stürzte u. blieb l. liegen* || *hierzu* **Leb·lo·sig·keit** *die*; *nur Sg*

Leb·tag *der*; *nur in* ***mein, dein*** *usw* ***L.*** *veraltend*; mein *usw* ganzes Leben lang: *Er hat sein L. hart gearbeitet*

Leb·zei·ten *die*; *nur in* ***zu j-s L.*** während j-d lebt(e)

lech·zen; *lechzte, hat gelechzt*; [Vi] ***nach etw. l.*** *geschr*; ein starkes Verlangen nach etw. haben ≈ nach etw. dürsten, etw. begehren ⟨nach Macht, Anerkennung l.; nach Rache, Vergeltung l.⟩

leck *Adj*; *nicht adv*; mit e-m Loch od. Riss darin, so dass e-e Flüssigkeit ausläuft od. eindringt ≈ undicht ⟨ein Schiff, ein Kahn, ein Boot; ein Tank, ein Behälter⟩: *Große Mengen von Öl flossen aus dem lecken Tanker ins Meer*

Leck *das*; *-(e)s*, *-e* / *-s*; ein kleines Loch od. ein Riss in e-m Behälter od. in e-m Schiff ⟨ein L. bekommen, abdichten⟩

le·cken[1]; *leckte, hat geleckt*; [Vt/i] **1** ***(etw.) l.*** etw. durch die Bewegung der Zunge in den Mund bringen ≈ schlecken: *Die Katze leckte ihre Milch*; [Vt] **2** ***ein Tier leckt etw. / sich*** ein Tier bewegt die Zunge über etw. / sich, um es / sich sauber zu machen ≈ ein Tier leckt etw. / sich ab: *Der Fuchs leckte seine Wunde*; *Die Katzenmutter leckt ihre Jungen* **3** ***(j-m / sich) etw. von etw. l.*** etw. mit der Zunge von e-r Stelle entfernen ≈ ablecken, abschlecken: *sich das Blut vom Finger l.*; [Vi] **4** ***an etw.*** (*Dat*) ***l.*** die Zunge über e-e Stelle bewegen ≈ an etw. schlecken: *Als er die Hand ausstreckte, leckte die Kuh daran* || ID *mst* ***etw. sieht wie geleckt aus, ist wie geleckt*** *gespr hum*; etw. ist sehr sauber u. ordentlich || ID ↑ ***Arsch*** ||► ***ablecken, auflecken***

le·cken[2]; *leckte, hat geleckt*; [Vi] ***etw. leckt*** etw. hat ein Leck ⟨ein Schiff; ein Behälter⟩

le·cker *Adj*; so, dass es sehr gut aussieht od. sehr gut schmeckt ≈ fein, appetitlich ⟨etw. riecht, schmeckt l., sieht l. aus⟩

Le·cker·bis·sen *der*; *-s*, -; **1** etw. (zu essen), das besonders gut schmeckt ≈ Delikatesse: *Ein Krabbencocktail ist ein L.* **2** etw. (*mst* aus dem Bereich der Kunst), das j-d sehr schätzt ≈ Genuss ⟨ein musikalischer, literarischer, künstlerischer L.⟩

Le·cke·rei *die*; -, *-en*; etw. (*mst* Süßes), das gut schmeckt

Le·cker·maul *das*; *gespr*; j-d, der gern gute (süße) Sachen isst

Le·der *das*; *-s*; *nur Sg*; **1** die Haut von Tieren, die so bearbeitet wurde, dass sie haltbar ist. Aus L. stellt man *bes* Schuhe, Taschen u. Jacken her ⟨weiches, glattes, geschmeidiges L.; L. gerben, verarbeiten, färben⟩: *e-e Jacke aus echtem L.* || K-: ***Leder-, -ball, -gürtel, -handschuh, -herstellung, -hose, -jacke, -knopf, -koffer, -mantel, -mappe, -riemen, -rock, -schuh, -sessel, -sofa, -stiefel, -tasche, -waren***; ***leder-, -braun*** || -K: ***Kunst-, Lamm-, Nappa-, Rinds-, Schafs-, Schlangen-, Schuh-, Wild-, Ziegen-*** || NB: als Plural wird *mst Ledersorten* verwendet **2** ***das L.*** *Sport* ≈ Fußball (2) **3** ***zäh wie L.*** sehr zäh ⟨Fleisch: ein Steak, ein Schnitzel⟩ || ID ***j-m ans L. wollen*** *gespr*; j-n angreifen wollen (um ihn zu schlagen *o.Ä.*); ***(gegen j-n / etw.) (ordentlich) vom L. ziehen*** *gespr*; über j-n / etw. schimpfen || *zu* **1** **le·der·ar·tig** *Adj*; *nicht adv*; **le·der·far·ben** *Adj*; *nicht adv*; **led·rig** *Adj*

le·dern *Adj*; **1** *nur attr, nicht adv*; aus Leder (1) hergestellt **2** so fest, dass es dem Leder (1) ähnlich ist

⟨*mst* Haut, Gesichtshaut⟩ **3** *mst attr*; sehr zäh ⟨Fleisch⟩

le·dig *Adj*; *nicht adv*; **1** nicht verheiratet: *Ist sie l., verheiratet od. geschieden?* **2 etw.** (*Gen*) **l. sein** *geschr*; von etw. (*mst* Unangenehmem) befreit sein ⟨seiner Pflichten, seiner Sorgen, seiner Verantwortung l. sein⟩

le·dig·lich *Partikel*; *betont u. unbetont*; nichts mehr als, nichts anderes als / niemand anders als ≈ nur[3] (1): *Die Demonstranten wollten nicht provozieren, sondern l. auf die Gefahren der Atomkraft aufmerksam machen*; *L. Renate war gekommen - niemand sonst*

Lee *die*; -; *nur Sg*; die Seite e-s Schiffes od. e-r Insel, die nicht dem Wind ausgesetzt ist ≈ Windschatten ↔ Luv ⟨etw. liegt in L., neigt sich nach L.⟩ || K-: ***Lee-, -seite***

leer [leːɐ̯] *Adj*; **1** ohne Inhalt ↔ voll ⟨Behälter, Gefäße: ein Schrank, ein Tank, e-e Kiste, e-e Schachtel, e-e Flasche, ein Glas, ein Fass; der Magen⟩: *Sobald sein Glas l. war, bestellte er sich ein neues*; *Mit großem Hunger kam er nach Hause, aber der Kühlschrank war l.*; *ein Glas in e-m Zug l. trinken*; *seinen Teller l. essen* || ↑ *Abb. unter* **Eigenschaften** || K-: ***Leer-, -gewicht, -gut*** **2** ohne Menschen darin ≈ unbewohnt, leer stehend ↔ bewohnt ⟨e-e Wohnung, ein Haus, ein Zimmer⟩: *Die Wohnung steht schon seit Monaten l.* **3** (fast) ohne od. nur mit sehr wenigen Menschen (darin) ↔ voll ⟨ein Bus, ein Zugabteil, e-e Konzerthalle, ein Saal, ein Kino; Straßen, e-e Stadt⟩: *Trotz des guten Wetters blieb das Stadion fast l.*; *Während der Sommermonate ist die Stadt fast l.* || -K: ***menschen-*** **4** so, dass nichts darauf geschrieben od. gedruckt ist ≈ unbeschrieben, unbedruckt ⟨*mst* ein Blatt (Papier)⟩ **5** *nur attr, nicht adv*; wertlos u. ohne Inhalt ≈ nichtig, wertlos ⟨Gerede, Sprüche⟩ || -K: ***ausdrucks-, inhalts-*** **6** *nur attr, nicht adv*; ⟨Versprechungen, Verheißungen; Drohungen⟩ so, dass man ihnen keinen Glauben schenken darf od. muss **7** *nur attr, nicht adv*; ohne Ausdruck od. Gefühl ≈ ausdruckslos ⟨*mst* j-n mit leeren Augen anstarren⟩ || ID ***l. ausgehen*** *gespr*; nichts bekommen

> **leer lau·fen**; *läuft leer, lief leer, ist leergelaufen*; [Vi] ***etw. läuft leer*** etw. wird leer (1), sodass keine Flüssigkeit mehr darin ist ≈ etw. läuft aus
>
> **leer ste·hend** *Adj*; *mst attr*; von niemandem bewohnt od. genutzt ↔ bewohnt ⟨ein Raum, ein Haus; e-e Wohnung, e-e Garage, e-e Werkstatt, Geschäftsräume⟩

Lee·re[1] *die*; -; *nur Sg*; **1** der Zustand, in dem etw. leer (2) ist: *die L. des Weltalls*; **2 *gähnende L.*** vollkommene L.[1] (1): *Es herrschte gähnende L.*

Lee·re[2] *nur in* **1 *ins L. greifen*** irgendwohin greifen, wo nichts ist **2 *ins L. starren*** frustriert od. abwesend vor sich hin starren u. dabei keinen festen Punkt ansehen **3 *ein Schlag ins L.*** *gespr*; e-e erfolglose Aktion ≈ Misserfolg, Scheitern

lee·ren; *leerte, hat geleert*; [Vt] **1 *etw. l.*** ein Gefäß od. e-n Behälter leer (1) machen ≈ ausleeren ↔ füllen: *ein Glas in einem Zug l.*; *Der Briefkasten wird jeden Tag zweimal geleert*; [Vr] **2 *etw. leert sich*** etw. wird (allmählich) leer (3) ↔ etw. füllt sich: *Nach Ende des Konzerts leerte sich der Saal allmählich*; *Gegen Geschäftsschluss beginnen die Straßen sich zu l.*

leer·ge·fegt *Adj*; *nicht adv*, *gespr*; **1** ⟨Straßen⟩ ohne Menschen **2** ⟨Regale, ein Kühlschrank⟩ ohne Inhalt, weil alles verkauft, verbraucht *o.Ä.* ist

Leer·lauf *der*; *-(e)s*, *Leer·läu·fe*; **1** das Laufen e-s Motors od. e-r Maschine, ohne dass ein Gang eingelegt ist ⟨im L.; in den L. schalten⟩: *Das Auto rollte im L. langsam an die Ampel ran* **2** e-e Zeit od. Phase, in der wenig gearbeitet od. produziert wird ⟨L. haben; es herrscht L.⟩: *In der Druckerei herrscht mangels Aufträgen gerade L.*

Leer·stel·le *die*; eine der Stellen in e-m Text, die nicht beschrieben sind u. die den Abstand zwischen zwei Wörtern bilden

Leer·tas·te *die*; die lange Taste bei e-r Schreibmaschine od. e-m Computer, mit der man e-e Leerstelle eingeben kann ⟨(auf) die L. drücken⟩

Lee·rung *die*; -, *-en*; das Leeren (1) ⟨e-s Briefkastens⟩: *nächste L. um 10.30 Uhr* || -K: ***Briefkasten-***

Leer·zei·le *die*; e-e Zeile in e-m Text, die nicht beschrieben wird (um e-n Absatz zu machen *o.Ä.*)

Lef·ze *die*; -, *-n*; *mst Pl*; die Lippen e-s Hundes od. Raubtieres

le·gal *Adj*; (im Rahmen des Gesetzes) erlaubt ≈ gesetzlich ↔ illegal ⟨etw. auf legale Weise, auf legalem Wege tun⟩ || *hierzu* **Le·ga·li·tät** *die*; -; *nur Sg*

le·ga·li·sie·ren; *legalisierte, hat legalisiert*; [Vt] ***etw. l.*** etw. für legal erklären: *In manchen Ländern ist die Prostitution legalisiert worden* || *hierzu* **Le·ga·li·sie·rung** *die*; *nur Sg*

Le·gas·the·nie *die*; -; *nur Sg*; *Psych*, *Med*; e-e Störung, durch die j-d große Probleme beim Lesen u. Rechtschreiben hat || *hierzu* **Le·gas·the·ni·ker** *der*; *-s*, -; **Le·gas·the·ni·ke·rin** *die*; -, *-nen*

le·gen; *legte, hat gelegt*; [Vt] **1 *j-n / sich / etw. irgendwohin l.*** e-e Person / sich / e-e Sache so irgendwohin bringen, dass sie / man dort liegt ⟨sich ins Bett l., sich auf die Seite, auf den Bauch l., sich in die Sonne, in den Schatten l.⟩: *Sie legte das Baby auf den Tisch, um es zu wickeln*; *Er legte das Messer u. die Gabel neben den Teller*; *Er legte ihr die Hand auf die Schulter, um sie zu trösten*; *Bretter über ein Loch l., damit niemand hineinfällt*; *Als es ihnen in der Sonne zu heiß wurde, legten sie sich in den Schatten* **2 *etw. l.*** etw. an e-r bestimmten Stelle od. auf e-r Fläche befestigen ≈ verlegen[1] (4), installieren ⟨Schienen, Rohre, Kabel, Fliesen l.⟩ **3 *sich / j-n schlafen l.*** *mst* ins Bett gehen, um zu schlafen / *mst* ein Kind zu Bett bringen || NB: *legen* ist ein transitives Verb, *liegen* ist intransitiv, also: *Er legte sein Fahrrad / sich unter e-n Baum, aber: Sein Fahrrad / Er lag unter e-m Baum*; [Vt/i] **4 *ein Tier legt* (*ein Ei / Eier*)** ⟨ein Huhn, ein Vogel⟩ produziert ein Ei / Eier || K-: ***Lege-, -henne***; [Vr] **5 *etw. legt sich*** etw. wird in seiner Stärke od. Intensität schwächer ≈ etw. lässt nach, flaut ab, hört auf ↔ etw. nimmt zu, wird stärker ⟨der Wind, der Sturm; der Zorn, die Wut, die Aufregung, die Empörung⟩: *Nachdem sich der Sturm gelegt hatte, fuhren sie auf den See hinaus* || ► ***Lage, Gelege*** || NB: ↑ ***setzen, stellen***

le·gen·där *Adj*; *nicht adv*; **1** durch e-e Legende (2) bekannt, aber nicht unbedingt wahr ≈ sagenhaft: *Odysseus ist e-e legendäre Gestalt* **2** so unwahrscheinlich od. erstaunlich wie in e-r Legende (2) ≈ unglaublich: *Im Kaukasus erreichte e-e Frau das legendäre Alter von 118 Jahren* **3** so, dass man noch lange Zeit später davon wie von e-r Legende (2) spricht: *der legendäre erste Auftritt der Beatles in Hamburg*

Le·gen·de *die*; -, *-n*; **1** e-e Geschichte vom Leben u. Leiden e-s Heiligen || -K: ***Heiligen-*** **2** e-e Geschichte, die seit langer Zeit erzählt wird u. an der *mst* einige Dinge übertrieben od. nicht wahr sind **3** die Erklärung der Zeichen u. Symbole *bes* in e-r Landkarte od. Abbildung || *zu* **1** u. **2 le·gen·den·haft** *Adj*

le·ger [leˈʒɛːɐ̯] *Adj*; **1** so, wie man sich unter Freunden u. in der Familie benimmt ≈ locker (6), lässig, ungezwungen ↔ steif (4) ⟨j-s Benehmen, Verhalten, Umgangsformen, der Umgangston⟩ **2** nicht sehr vornehm, aber trotzdem passend ≈ lässig, salopp ↔ streng, zugeknöpft ⟨j-s Kleidung⟩: *Ganz l. mit e-m Pullover bekleidet ging er in die Oper*

Leg·gings, **Leg·gins** *die*; -, -; e-e eng anliegende lange Hose aus weichem Stoff für Frauen od. Kinder

Le·gie·rung *die*; -, *-en*; ein Gemisch aus zwei od. drei Metallen ⟨e-e nicht rostende L.⟩: *Bronze ist e-e L. aus Kupfer u. Zinn* || -K: ***Bronze-, Kupfer-, Messing-, Silber-, Zink-, Zinn-***

Le·gi·on *die*; -, *-en*; **1** ***e-e L.*** + *Gen* / ***von*** e-e sehr große Anzahl von Personen ≈ Menge, Heer **2** *hist*; die größte Einheit des Heers der alten Römer

Le·gi·o·när *der*; *-s, -e*; **1** *hist*; ein Soldat in e-r Legion (2): *Asterix u. die römischen Legionäre* **2** *Sport*; ein Sportler, der im Ausland tätig ist

Le·gis·la·ti·ve [-v-] *die*; -, *-n*; *mst Sg, Kollekt*; die Institution in e-m Staat, die die Gesetze beschließt ≈ gesetzgebende Gewalt ↔ Exekutive, Judikative: *In e-r Demokratie ist das Parlament die L.*

Le·gis·la·tur·pe·ri·o·de *die*; die Dauer, für die Mitglieder e-s Parlaments gewählt sind

le·gi·tim *Adj*; *nicht adv*; **1** vom Gesetz erlaubt ≈ gesetzlich, rechtmäßig ↔ illegitim: *legitime Mittel bei etw. einsetzen*; *e-n legitimen Anspruch auf staatliche Hilfe haben* **2** *geschr* ≈ berechtigt, begründet ⟨Forderungen⟩ || *hierzu* **Le·gi·ti·mi·tät** *die*; -; *nur Sg*

le·gi·ti·mie·ren; *legitimierte, hat legitimiert*; [Vt] ***etw. l.*** etw. für legitim (1) erklären ≈ billigen ⟨ein Vorgehen, e-e Gesetzesänderung l.⟩ || *hierzu* **Le·gi·ti·ma·ti·on** *die*; *nur Sg*

Le·hen *das*; *-s*, -; *hist*; ein (Stück) Land, das ein Herrscher j-m gab, der es bewirtschaften od. verwalten durfte u. dafür dem Herrscher Dienste leisten od. ihm e-n Teil des Gewinns geben musste ⟨ein L. erhalten, vergeben; j-m etw. zu L. gehen⟩ || K-: ***Lehns-, -herr, -mann***

Lehm *der*; *-(e)s*; *nur Sg*; schwere gelbbraune Erde, die kein Wasser durchlässt u. aus der man *bes* Ziegelsteine herstellt: *Ziegel aus L. brennen* || K-: ***Lehm-, -boden, -erde, -klumpen*** || *hierzu* **leh·mig** *Adj*

Leh·ne *die*; -, *-n*; der Teil e-s Stuhls od. Sessels od. e-r Bank, auf den man die Arme od. den Rücken stützen kann: *ein Stuhl mit e-r hohen, unbequemen L.* || K-: ***Lehn-, -sessel, -stuhl*** || -K: ***Arm-, Rücken-, Stuhl-***

leh·nen; *lehnte, hat gelehnt*; [Vt] **1** ***etw. / sich an / gegen etw.*** (*Akk*) ***l.*** etw. od. seinen Körper schräg an etw. Stabiles stellen, damit es / man e-e Stütze hat: *e-e Leiter, ein Brett, ein Fahrrad an / gegen die Wand l.*; *Er lehnte sich mit dem Rücken an e-e Säule*; *den Kopf an j-s Schulter l.*; [Vi] **2** ***an etw.*** (*Dat*) ***l.*** in schräger Lage an etw. Stabilem stehen, damit man / es e-e Stütze hat: *Die Leiter lehnt an der Wand*; *Er lehnte an der Mauer*; [Vr] **3** ***sich irgendwohin l.*** sich auf etw. stützen u. den Oberkörper darüber beugen ≈ sich über etw. beugen: *sich aus dem Fenster lehnen u. auf die Straße schauen*; *Sie lehnte sich über die Mauer u. winkte uns zu*

Lehr·amt *das*; *mst Sg*; die Arbeit als Lehrer *bes* an e-r staatlichen Schule ⟨das L. anstreben⟩: *Er studiert Deutsch u. Englisch für das L. an Gymnasien* || K-: ***Lehramts-, -anwärter, -kandidat***

Leh·re *die*; -, *-n*; **1** die Ausbildung zu e-m Beruf als Handwerker od. Angestellter ≈ Berufsausbildung ⟨e-e L. anfangen, machen, beenden; in die L. gehen⟩: *Er macht gerade e-e L. als Schreiner*; *Nach der L. wurde er als Geselle in dieselbe Firma übernommen* || K-: ***Lehr-, -jahr, -junge, -vertrag, -werkstätte, -zeit*** || -K: ***Bäcker-, Maurer-, Metzger-, Schreiner-, Tischler-*** **2** e-e Erfahrung, die man gemacht hat u. aus der man etw. gelernt hat ⟨etw. ist j-m e-e L.; e-e L. aus etw. ziehen; j-m e-e Lehre geben, erteilen; e-e heilsame, bittere L.⟩: *Dieser Vorfall wird ihm immer e-e L. sein* **3** die Prinzipien, auf denen e-e Philosophie u. e-e Religion basieren ⟨e-e philosophische, christliche L.⟩: *die L. des Aristoteles*; *die L. Platos*; *die L. des Islam* || -K: ***Glaubens-*** **4** das Wissen u. die Theorien auf e-m bestimmten Gebiet der Wissenschaft: *die L. von den Gravitationskräften* || -K: ***Abstammungs-, Farben-, Laut-, Sprach-, Vererbungs-*** **5** *nur Sg*; das Lehren von Forschungsergebnissen *bes* an e-r Hochschule ⟨Forschung u. L.; Wissenschaft u. L.⟩ || K-: ***Lehr-, -anstalt, -auftrag, -beauftragte(r), -veranstaltung***

leh·ren; *lehrte, hat gelehrt*; [Vt] **1** ***(j-n) etw. l.***; ***j-n*** + *Infinitiv* + ***l.*** (nach e-m Plan) j-m Informationen geben u. mit ihm üben, damit er Wissen u. spezielle Fähigkeiten bekommt ≈ j-m etw. beibringen, j-n unterrichten ↔ lernen ⟨j-n lesen, schreiben, rechnen, schwimmen, tauchen, segeln, Ski fahren, Rad fahren, tanzen *usw* l.⟩: *Der Deutschlehrer lehrt die Kinder Rechtschreibung u. Grammatik* || K-: ***Lehr-, -buch, -film, -material, -methode, -mittel, -stoff, -ziel***; [Vt/i] **2** ***(etw.) l.*** Schülern od. Studenten Kenntnisse in e-m Fach geben ≈ unterrichten ⟨an e-r Hochschule, Universität l.⟩: *Er lehrt Mathematik u. Biologie an e-m Gymnasium*; *Der Professor lehrt (Kernphysik) in Hamburg* || K-: ***Lehr-, -tätigkeit*** **3** ***etw. lehrt (j-n), dass ...*** *geschr*; etw. zeigt (j-m) deutlich, dass etw. so ist ≈ etw. beweist etw. ↔ etw. widerlegt etw.: *Die Geschichte lehrt (uns), dass Menschen ihre Probleme selten ohne Gewalt lösen können*; *Die Erfahrung hat gelehrt, dass wir in Zukunft Rohstoffe sparen müssen*

Leh·rer *der*; *-s*, -; j-d, der *bes* an e-r Schule Unterricht gibt ↔ Schüler ⟨ein strenger, erfahrener L.⟩: *Er ist L. für Mathematik u. Physik an e-m Gymnasium*; *Wen habt ihr als L. in Sport?* || K-: ***Lehrer-, -ausbildung, -beruf, -ehepaar, -kollegium, -konferenz, -mangel, -schwemme, -zimmer, -überschuss*** || -K: ***Berufsschul-, Grundschul-, Hauptschul-, Sonderschul-; Biologie-, Chemie-, Deutsch-, Englisch-, Französisch-, Latein-, Mathematik-, Physik-, Sport-*** || *hierzu* **Leh·re·rin** *die*; -, *-nen*

Leh·rer·schaft *die*; -; *nur Sg, Kollekt*; alle Lehrer (an e-r Schule)

Lehr·fach *das*; *-(e)s, Lehr·fä·cher*; **1** ein Fach, das man an e-r Schule lehrt ⟨naturwissenschaftliche, geisteswissenschaftliche, gesellschaftspolitische, künstlerische Lehrfächer⟩ **2** *nur Sg*; der Beruf des Lehrers ⟨ins L. gehen (= Lehrer werden)⟩

Lehr·gang *der*; *-(e)s, Lehr·gän·ge*; **1** e-e (berufliche) Ausbildung, in der in relativ kurzer Zeit ein spezielles Wissen vermittelt wird ≈ Kurs, Kursus ⟨auf L. gehen, e-n L. machen, absolvieren, an e-m L. teilnehmen; j-n auf L. / zu e-m L. schicken⟩ || K-: ***Lehrgangs-, -teilnehmer, -voraussetzungen*** || -K: ***Computer-; Fortbildungs-, Meister-, Weiterbildungs-*** **2** *Kollekt*; alle Teilnehmer an e-m L. (1)

Lehr·geld *das*; *mst in* ***L. zahlen / geben (müssen)*** Schaden erleiden, weil man unerfahren ist u. noch Fehler macht

Lehr·kan·zel *die*; Ⓐ ≈ Lehrstuhl

Lehr·kör·per *der*; *nur Sg, Kollekt, Admin geschr* ≈ Lehrerschaft

Lehr·kraft *die*; -, *Lehr·kräf·te*; *Admin geschr* ≈ ein Lehrer od. e-e Lehrerin: *Wir brauchen mehr Lehrkräfte*

Lehr·ling *der*; *-s, -e*; j-d, der e-e Lehre (1) macht ≈ der / die Auszubildende ↔ Meister || NB: Heute verwendet man anstatt *Lehrling* meist *der / die Auszubildende* od. *bes* in gesprochener Sprache *Azubi*

Lehr·plan *der*; e-e Liste der einzelnen Wissensgebiete u. Themen, die die Schüler in e-r bestimmten Zeit durcharbeiten sollen ⟨e-n L. erstellen; sich (streng) an den L. halten⟩

lehr·reich *Adj*; so, dass man daraus viel lernen kann ≈ informativ ⟨e-e Erfahrung, ein Beispiel; etw. ist sehr l. für j-n⟩

Lehr·stel·le *die*; e-e Arbeitsstelle für e-n Lehrling ≈ Ausbildungsplatz ⟨sich um / für e-e L. bewerben⟩

Lehr·stuhl *der*; **ein L.** (**für etw.**) die Stelle e-s Professors an e-r Universität: *der L. für Theoretische Physik an der Universität Hamburg*

Lehr·werk *das*; *-(e)s, -e*; ein Buch, mit dem die Schüler im Unterricht arbeiten u. lernen ≈ Lehrbuch

-lei *im Zahladj, mst attr, indeklinabel, kaum produktiv*; **1** *nach Zahladj*; verwendet, um e-e bestimmte Anzahl verschiedener Arten von Personen / Dingen zu bezeichnen; ***einerlei, zweierlei, dreierlei, viererlei, fünferlei*** **2** *nach Pronomen od Zahladj*; verwendet, um e-e bestimmte Art od. e-e unbestimmte Anzahl verschiedener Arten von Personen / Dingen zu bezeichnen; ***beiderlei, derlei, keinerlei, mancherlei, solcherlei, tausenderlei, verschiedenerlei***

Leib *der*; *-(e)s, -er*; **1** *geschr od veraltend*; der Körper e-s Menschen od. Tiers (*bes* von der Schulter bis zum Becken) ⟨ein abgemagerter L.; am ganzen L. zittern; (j-n) bei lebendigem L. verbrennen⟩ || K-: ***Leibes-, -umfang***; ***Leib-, -schmerzen*** **2** ***der L. Christi, der L. des Herrn*** *Rel*; die Hostie || ID ***etw. am eigenen L. erfahren*** e-e Erfahrung selbst, persönlich machen; ***sich*** (*Dat*) ***j-n vom L. halten*** *gespr*; es vermeiden, mit j-m in Kontakt zu kommen; ***j-m auf den L. / zu Leibe rücken*** *gespr*; immer wieder zu j-m gehen u. ihn dadurch ärgern; ***etw.*** (*Dat*) ***auf den L. / zu Leibe rücken*** *gespr*; etw. Unangenehmes bekämpfen; ***etw. ist j-m wie auf den L. geschrieben*** *gespr*; etw. entspricht sehr gut den Fähigkeiten *bes* e-s Schauspielers: *Diese Rolle ist ihm wie auf den L. geschrieben*; ***mit L. u. Seele*** *gespr*; sehr gern u. mit viel Energie

Leib·ei·ge·ne *der / die*; *-n, -n*; *hist*; j-d, der rechtlich u. wirtschaftlich vollkommen von j-d anderem abhängig war || NB: *ein Leibeigener*; *der Leibeigene*; *den, dem, des Leibeigenen*

Leib·ei·gen·schaft *die*; *-*; *nur Sg, hist*; der Zustand, j-s Leibeigene(r) zu sein

lei·ben *nur in* ***wie er / sie leibt u. lebt*** *gespr*; wie man die genannte Person kennt, mit dem für sie typischen Verhalten: *Das ist Otto, wie er leibt u. lebt*

Lei·bes·kräf·te *die*; *mst in* ***aus Leibeskräften*** mit der ganzen Kraft, die in j-m steckt ⟨aus Leibeskräften schreien⟩

Lei·bes·vi·si·ta·ti·on [-tsio:n] *die*; *-, -en*; die Handlungen, mit denen man prüft, ob j-d *z.B.* Waffen od. Drogen in od. unter seiner Kleidung am Körper versteckt hat: *e-e L. über sich ergehen lassen müssen*

Leib·ge·richt *das*; die Speise, die j-d am liebsten isst

leib·haf·tig *Adj*; *nur attr od adv*; ⟨e-e Person, e-e Sache⟩ so, dass sie vor einem stehen od. dass man sie sich genau vorstellen kann ≈ wirklich ↔ imaginär: *Sie war völlig überrascht, als der berühmte Schauspieler plötzlich l. vor ihr stand*; *Er sah aus wie der leibhaftige Tod* || *hierzu* **Leib·haf·tig·keit, Leib·haf·tig·keit** *die*; *nur Sg*

Leib·haf·ti·ge *der*; *-n*; *nur Sg, euph* ≈ Teufel || NB: *der Leibhaftige*; *den, dem, des Leibhaftigen*

leib·lich *Adj*; *mst attr*; **1** verwendet, um auszudrücken, dass die genannte Person der richtige Vater od. die richtige Mutter e-s Kindes ist ⟨*mst* der Vater, die Mutter, die Eltern⟩ **2** *mst in* ***für das leibliche Wohl sorgen*** *geschr*; dafür sorgen, dass j-d gutes Essen u. Trinken bekommt

Leib·spei·se *die*; *südd* Ⓐ Ⓒⓗ ≈ Leibgericht

Leib·wa·che *die*; *Kollekt*; j-s Leibwächter

Leib·wäch·ter *der*; *-s, -*; j-d, der e-e berühmte Person (vor Attentaten) schützt

Lei·che *die*; *-, -n*; der Körper e-s toten Menschen ≈ Leichnam ⟨e-e L. entdecken, identifizieren, obduzieren⟩: *die L. e-s Ertrunkenen* || K-: ***Leichen-, -begräbnis, -bestattung, -blässe, -schändung, -starre, -tuch, -verbrennung, -wagen***; ***leichen-, -blass*** || ID ***aussehen wie e-e L.*** *gespr*; sehr blass u. schlecht aussehen; *mst* ***Er / Sie geht über Leichen*** *pej*; er / sie hat keine Skrupel bei der Durchführung von Plänen ≈ er / sie ist skrupellos; *mst* ***nur über meine L.!*** *gespr hum*; das erlaube ich auf keinen Fall

Lei·chen·fled·de·rei *die*; *-, -en*; *mst Sg*; das Stehlen von Dingen, die ein Toter bei sich hat || *hierzu* **Leichen·fled·de·rer** *der*; *-s, -*

Lei·chen·hal·le *die*; ein Gebäude auf dem Friedhof, in dem die Särge mit den Toten bis zur Beerdigung stehen

Lei·chen·schmaus *der*; *hum*; ein gemeinsames Essen, zu dem sich die Verwandten u. Bekannten e-s Toten nach dessen Beerdigung treffen

Leich·nam *der*; *-s*; *nur Sg*; *geschr* ≈ Leiche: *Der L. des verstorbenen Dichters wurde feierlich beigesetzt*

leicht[1] *Adj*; **1** mit relativ wenig Gewicht ↔ schwer, gewichtig: *Er wiegt nur 52 Kilo u. ist viel zu l. für seine Körpergröße*; *auf die Reise nur leichtes Gepäck mitnehmen*; *Holz schwimmt, weil es leichter ist als Wasser* || ↑ *Abb. unter* **Eigenschaften** || K-: ***Leicht-, -gewicht, -metall*** || -K: ***feder-*** **2** aus dünnem Stoff ⟨ein Stoff, ein Gewebe; ein Anzug, ein Hemd, e-e Bluse; l. bekleidet sein⟩ **3** von geringer Intensität ≈ schwach ↔ stark, kräftig, heftig ⟨ein Wind, ein Luftzug, e-e Brise; Schneefall, Regen, Frost; ein Schlag, ein Stoß, ein Hieb; e-e Grippe, e-e Erkältung, ein Schnupfen, ein Husten, Schmerzen, Kopfweh, e-e Verletzung, e-e Gehirnerschütterung; e-n leichten Schlaf haben⟩: *„Was fehlt dir denn?" - „Ach, nichts Besonderes, ich habe nur e-e leichte Erkältung."*; *Bei dem Unfall wurden zwei Personen schwer u. drei (Personen) l. verletzt*; *Es regnete l.*; *Es schneite l.* **4** so, dass es den Organismus wenig belastet ≈ bekömmlich ↔ schwer, stark ⟨e-e Zigarette; ein Wein, ein Bier; das Essen, die Kost⟩: *Nach meiner Operation durfte ich nur leichte Kost essen* || ID ***j-n um etw. leichter machen*** *gespr hum*; j-m e-e Summe Geld stehlen od. *bes* durch Tricks wegnehmen: *j-n beim Kartenspielen um 50 Euro leichter machen* || *hierzu* **Leicht·heit** *die*; *nur Sg*

leicht[2] *Adj*; **1** so, dass es wenig Arbeit od. Mühe macht ≈ einfach, simpel ↔ schwierig: *e-e leichte Rechnung*; *Diese Aufgabe ist so l. für ihn, dass er sich dabei gar nicht anzustrengen braucht*: *Es ist relativ l., ein paar Wörter in e-r fremden Sprache zu lernen, aber es ist sehr schwierig, e-e Sprache gut zu beherrschen* || NB: um *l.* zu verstärken, verwendet man (in der gesprochenen Sprache) *kinderleicht* **2** so, dass man nur wenig Kraft dazu braucht ↔ schwer ⟨e-e Arbeit⟩: *Er hat e-n Schaden an der Wirbelsäule u. darf nur leichte körperliche Arbeiten machen* **3** ***j-d / etw. ist l.*** + ***zu*** + *Infinitiv* es ist l.[2] (1), (mit j-m / etw.) etw. zu tun: *Diese Aufgabe ist l. zu bewältigen*; *Er ist l. einzuschüchtern* || ID *mst* ***Du hast l. reden!*** *gespr*; du hast nicht die Probleme wie ich *usw*; *mst* ***Das ist leichter gesagt als getan*** *gespr*; das ist schwieriger zu tun, als man vielleicht meint; ***es ist j-m ein Leichtes*** + ***zu*** + *Infinitiv*; *gespr*; j-d hat wenig Mühe, etw. zu tun: *Es war ihm ein Leichtes, ihn zu überzeugen* || *hierzu* **Leich·tig·keit** *die*; *nur Sg*

leicht[3] *Adv*; **1** ohne viel Widerstand, ohne besonderen Anlass ≈ schnell ↔ schwer: *Man braucht ihn nicht lange zu überreden - er gibt l. nach*; *Er wird sehr l. wütend* **2** verwendet, um auszudrücken, dass etw. passieren kann od. hätte passieren können ≈ ohne weiteres, durchaus: *Das hätte l. schief gehen können*; *Bei Eis u. Schnee passiert l. ein Unfall*

leicht fal·len; *fällt leicht, fiel leicht, ist leicht gefallen*; [Vi] ***etw. fällt j-m leicht*** etw. macht j-m keine Mühe od. Schwierigkeiten ↔ etw. fällt j-m schwer: *Es fiel ihm nicht leicht, von zu Hause auszuziehen*
leicht ma·chen; *machte leicht, hat leicht gemacht*; [Vt] ***j-m / sich etw. l. m.*** bewirken, dass etw. für j-n / einen selbst leicht[2] (1,2) wird ↔ j-m / sich etw. schwer machen: *Du lässt mich einfach alleine arbeiten - du machst es dir aber leicht!*
leicht neh·men; *nimmt leicht, nahm leicht, hat leicht genommen*; [Vt] ***etw. l. n.*** sich nicht viele Sorgen machen, wenn man etw. tut ↔ ernst nehmen: *Ich habe den Eindruck, dass er alles zu leicht nimmt* || ID ***Nimms leicht!*** *gespr*; ärgere dich nicht darüber!
leicht tun, sich; *tat sich leicht, hat sich leicht getan*; [Vr] ***sich*** (*Akk* / *Dat*) (***bei etw.***) ***l. t.*** *gespr*; keine Schwierigkeiten bei etw. haben ↔ sich schwer tun
leicht ver·dau·lich *Adj*; *nicht adv*; ⟨Speisen⟩ so, dass sie der Magen ohne Schwierigkeiten verdauen kann ↔ schwer verdaulich: *Hühnersuppe ist ein leicht verdauliches Gericht*
leicht ver·derb·lich *Adj*; *nicht adv*; ⟨Speisen, Waren⟩ so, dass sie schon nach kurzer Zeit schlecht u. ungenießbar sind
leicht ver·letzt *Adj*; *nicht adv*; mit leichten Verletzungen ↔ schwer verletzt || *hierzu* **Leicht·ver·letz·te**, **leicht Ver·letz·te** *der, die*
leicht ver·ständ·lich *Adj*; *nicht adv*; so, dass man keine Schwierigkeiten hat, es zu verstehen ↔ schwer verständlich: *Die Gebrauchsanweisung ist in leicht verständlicher Sprache geschrieben*

Leicht·ath·le·tik *die*; -; *nur Sg*, *Kollekt*; die Sportarten Laufen, Gehen, Springen, Stoßen u. Werfen↔ Schwerathletik ⟨L. betreiben⟩: *Hochspringen, Diskuswerfen, Kugelstoßen u. Hürdenlauf sind Disziplinen der L.* || *hierzu* **leicht·ath·le·ti·sch-** *Adj*; *nur attr, nicht adv*; **Leicht·ath·let** *der*; **Leicht·ath·le·tin** *die*

leicht·fer·tig *Adj*; *pej*; so, dass man nicht an die Konsequenzen denkt ≈ leichtsinnig, unüberlegt, unbesonnen ↔ besonnen, wohl überlegt ⟨j-s Verhalten, ein Plan, e-e Äußerung⟩ || *hierzu* **Leicht·fer·tig·keit** *die*; *nur Sg*

leicht·fü·ßig *Adj*; ⟨ein Mädchen, e-e Gazelle⟩ so, dass sie leise u. schnell laufen

leicht·gläu·big *Adj*; bereit, etw. schnell u. unkritisch zu glauben ≈ vertrauensselig ↔ misstrauisch: *Er ist sehr l. - Er glaubt alles, was man ihm erzählt* || *hierzu* **Leicht·gläu·big·keit** *die*; *nur Sg*

leicht·hin, **leicht·hin** *Adv*; ohne viel darüber nachzudenken: *etw. l. versprechen*

leicht·le·big *Adj*; ⟨ein Mensch⟩ so, dass er sich im Leben nicht viele Sorgen macht ≈ unbekümmert || *hierzu* **Leicht·le·big·keit** *die*; *nur Sg*

Leicht·sinn *der*; *-es*; *nur Sg*; die Eigenschaft, zu wenig darüber nachzudenken, was man tut ≈ Leichtfertigkeit, Fahrlässigkeit ↔ Vorsicht ⟨unerhörter, sträflicher L.⟩: *Viele Verkehrsunfälle passieren durch den L. der Autofahrer*

leicht·sin·nig *Adj*; so, dass der Betreffende nicht genug über die Konsequenzen seiner Handlungen nachdenkt ≈ unvorsichtig, leichtfertig, fahrlässig ↔ vorsichtig, bedacht ⟨ein Verhalten, ein Unterfangen, e-e Handlung⟩: *Beim Bergsteigen darf man nicht l. werden*; *Es ist l., ohne Helm Motorrad zu fahren* || *hierzu* **Leicht·sin·nig·keit** *die*; *nur Sg*

Leicht·sinns|feh·ler *der*; ein Fehler, den man nur macht, weil man nicht genau aufpasst ≈ Flüchtigkeitsfehler: *Ihr Diktat steckt voller Leichtsinnsfehler*

leid *Adj*; **1** ***es l. sein, werden*** + *Infinitiv* / ***, dass ...*** / ***, wenn ...*** *geschr*; ***j-n / etw. l. haben, sein, werden*** j-n / etw. nicht mehr mögen od. nicht mehr ertragen können: *Ich habe diese ewigen Wiederholungen im Fernsehen so l.!*; *Ich bin es jetzt l., ständig von ihm geärgert zu werden*; *Wirst du es nicht bald l., dass er regelmäßig zu spät kommt?* **2** (CH) ≈ unangenehm: *e-e leide Angelegenheit*

Leid *das*; *-(e)s*; *nur Sg*; **1** sehr große seelische Schmerzen ≈ Kummer, Qual ⟨bitteres, schweres, tiefes, unsägliches L.; j-m L. zufügen; L. erfahren, erdulden⟩: *Der Tod ihres Sohnes hat den Eltern tiefes L. zugefügt* **2** ***j-d / etw. tut j-m L.*** j-d / etw. wird von j-m bedauert: *Die armen Leute, die bei diesem Wetter arbeiten müssen, können einem wirklich L. tun!*; *(Es) tut mir L., ich wollte nicht stören*; *Es tut mir echt L., aber ich kann heute Abend nicht kommen*; *Es tut mir so L.*, dass *ich das gesagt habe - verzeih mir bitte!* **3** ***j-m sein L. klagen*** *oft hum*; j-m seinen Kummer u. seine Probleme erzählen: *Die Nachbarin kommt ständig zu uns, um uns ihr L. zu klagen* || NB: ↑ ***zuleide***

Lei·de·form *die*; *nur Sg* ≈ Passiv

lei·den; *litt, hat gelitten*; [Vt/i] **1** (***etw.***) ***l.*** körperliche, seelische Schmerzen od. sehr unangenehme Verhältnisse ertragen müssen ⟨heftige Schmerzen, Hunger, Durst, große Not l.⟩: *Sie musste wegen ihrer Krankheit noch lange l.*; *Er litt heftige Schmerzen, bis er starb*; *Er sah sie mit leidendem Blick an*; [Vt] **2** ***j-n / etw. nicht l. können*** j-n / etw. nicht mögen od. dulden ≈ j-n / etw. nicht ausstehen können: *Ich kann ihn überhaupt nicht l., weil er so ein Angeber ist*; *Sie konnte es nie l.*, wenn *man über sie lachte* **3** ***j-n / etw. gut l. können*** j-n / etw. gern haben || NB: *zu* **1-3**: kein Passiv!; [Vi] **4** ***an etw.*** (*Dat*) ***l.*** e-e Krankheit haben ⟨an Malaria, (e-r) Grippe, Gelbsucht, Migräne, Schlaflosigkeit, Depressionen l.⟩ **5** ***unter etw.*** (*Dat*) ***l.*** große Probleme od. Kummer wegen etw. haben: *Als er im Ausland studierte, litt er sehr unter seiner Einsamkeit*; *Kinder leiden oft darunter*, dass *sich ihre Eltern ständig streiten*; *Viele Menschen leiden unter dem Lärm des Straßenverkehrs* **6** ***etw. leidet unter etw.*** (*Dat*) ***/ durch etw.*** etw. nimmt durch den Einfluss e-r Sache Schaden ≈ etw. wird beeinträchtigt: *Die Bilder haben unter der ständigen Feuchtigkeit sehr gelitten*; *Unsere Rosen leiden sehr unter dem strengen Frost*; *Sein Ruf als Politiker hat durch den Skandal ziemlich gelitten*

Lei·den *das*; *-s*, *-*; **1** e-e lange u. *mst* schlimme Krankheit ⟨ein langes, schweres, unheilbares, chronisches L.⟩: *Der Patient starb nach langem, schwerem L.* || K-: ***Leidens-, -zeit*** || -K: ***Herz-, Rücken-*** **2** *nur Pl*; das Gefühl von Schmerzen u. Kummer: *die Leiden des Lebens*; *die Freuden u. Leiden des Alltags* || K-: ***Leidens-, -miene***

Lei·den·schaft *die*; *-*, *-en*; **1** ein seelischer Zustand, in dem j-d starke Gefühle (wie Liebe, Hass od. Zorn) empfindet ⟨e-e heftige, wilde, ungezügelte L.⟩: *Sie arbeiten voller L. an der Verwirklichung ihrer Idee* **2** ***j-s L.*** (***zu j-m / für j-n***) *nur Sg*; die starke Liebe, die man für j-n empfindet ≈ Verlangen ⟨e-e große, stürmische L.; e-e L. brennt in j-m, erfasst j-n, erlischt in j-m⟩: *In Filmen geht es oft um Liebe u. L.* **3** ***j-s L.*** (***für etw.***) *nur Sg*; die Liebe zu Dingen od. Tätigkeiten, die man sehr interessant findet ≈ Begeisterung ⟨seine L. für etw. entdecken; e-r L. verfallen, frönen; von e-r L. nicht mehr loskommen⟩: *Er hat e-e ungeheure L. für schnelle Autos*; *Ihre L. für exklusive Parfums geht so weit, dass sie ihr ganzes Geld dafür ausgibt* || -K: ***Spiel-, Wett-*** || *hierzu* **lei·den·schafts·los** *Adj*

lei·den·schaft·lich *Adj*; *mst attr*; **1** voller Leidenschaft (1) ≈ heftig ⟨ein Wunsch, ein Verlangen, ein Streit; sich j-m l. widersetzen; etw. l. verteidigen⟩ **2** voller Leidenschaft (2) für j-n ≈ hingebungsvoll ↔ leidenschaftslos ⟨ein Liebhaber; j-n l. umarmen, küssen⟩ **3** voller Leidenschaft (3) für etw. ≈ begeistert, passioniert ⟨ein Sportler, ein Koch, ein Fotograf, ein Segler, ein Kinogänger⟩ **4** ***l. gern*** *gespr*; sehr gern: *Sie geht l. gern ins Theater* || *hierzu* **Lei·den·schaft·lich·keit** *die*; *nur Sg*

Lei·dens·ge·fähr·te *der* ≈ Leidensgenosse

Lei·dens·ge·nos·se *der*; j-d, der die gleichen Probleme od. das gleiche Leid hat wie ein anderer || NB: *der Leidensgenosse*; *den, dem, des Leidensgenossen* || *hierzu* **Lei·dens·ge·nos·sin** *die*

Lei·dens·ge·schich·te *die*; **1** die Geschichte der Zeit, in der j-d od. ein Volk viel Leid ertragen muss: *die L. e-s Indianerstammes* **2** *iron*; die Krankheiten u. negativen Erlebnisse, die j-d gehabt hat: *Jetzt erzählt sie mir ihre L. schon zum dritten Mal!* **3** *Rel*; der Teil der Bibel, der vom Leiden u. Tod von Jesus Christus erzählt ≈ Passion

Lei·dens·weg *der* ≈ Leidensgeschichte (1,3)

lei·der *Adv*; **1** verwendet, um auszudrücken, dass man etw. bedauert, etw. schade findet ↔ bedauerlicherweise ↔ glücklicherweise, zum Glück: *L. müssen wir unseren Ausflug verschieben, da unser Sohn krank ist*; *Ich habe l. vergessen, den Brief einzuwerfen* **2** ***l.*** **(*ja* / *nein*)** verwendet als Antwort auf e-e Frage, wenn man etw. bedauert: *„Hast du diesen tollen Job bekommen?“ - „L. nein“* **3** ***l. Gottes*** *gespr* ≈ l. (1)

leid·ge·prüft *Adj*; *mst attr, nicht adv*; ⟨ein Lehrer, e-e Mutter, ein Vater *usw*⟩ so, dass sie (bei ihrer Tätigkeit) schon viel Ärger erlebt haben

lei·di·g- *Adj*; *nur attr, nicht adv* ≈ unangenehm ⟨e-e Angelegenheit, ein Thema⟩

leid·lich *Adj*; **1** *mst attr*; weder gut noch schlecht ≈ mittelmäßig, durchschnittlich: *ein leidlicher Filmregisseur*; *leidliche Kenntnisse in der Grammatik haben* **2** ***l. gut*** ≈ passabel: *Er spricht l. gut Schwedisch*

Leid·tra·gen·de *der / die*; *-n, -n*; j-d, der die unangenehmen Folgen von etw. ertragen muss: *Bei e-r Scheidung sind die Leidtragenden meistens die Kinder* || NB: *ein Leidtragender*; *der Leidtragende*; *den, dem, des Leidtragenden*

Leid·we·sen *das*; *nur in* ***zu j-s L.*** verwendet, um auszudrücken, dass j-d etw. bedauert ≈ zu j-s Bedauern ⟨zu meinem L.; zum L. seiner Eltern⟩: *Zu seinem L. war das Theater bei der Premiere fast leer*

Lei·er *die*; *-, -n*; *hist*; (in der Antike) ein Musikinstrument mit Saiten || ID *mst* ***Das ist immer die gleiche / die alte / dieselbe L.!*** *gespr pej*; das ist immer dasselbe (*bes* was j-d erzählt)

Lei·er·kas·ten *der*; *gespr* ≈ Drehorgel || K-: ***Leierkasten-, -mann***

lei·ern; *leierte, hat geleiert*; [Vt/i] **(*etw.*)** ***l.*** etw. schnell u. ohne Betonung sagen od. singen ≈ herunterleiern ⟨ein Gedicht, ein Lied l.⟩

Leih·ar·bei·ter *der*; j-d, der in e-m Betrieb angestellt bleibt, während er für kurze Zeit in e-m anderen arbeitet || *hierzu* **Leih·ar·beit** *die*

lei·hen; *lieh, hat geliehen*; [Vt] **1** ***j-m etw. l.*** j-m etw. für e-e bestimmte Zeit geben, damit er es (kostenlos) benutzen kann ≈ verleihen ↔ sich etw. ausleihen, etw. borgen: *Ihr Vater lieh ihr das Auto*; *Kannst du mir bis morgen zehn Euro l.?* || K-: ***Leih-, -bücherei, -gabe, -gebühr*** **2** ***sich*** **(*Dat*)** ***etw.*** **(*von j-m*)** ***l.*** j-n bitten, dass er einem etw. für e-e bestimmte Zeit gibt, damit man es (kostenlos) benutzen kann ≈ sich etw. ausleihen, sich etw. borgen: *Das Motorrad gehört ihm nicht - er hat es sich von seinem Freund geliehen*; *Für den Ball habe ich mir e-n Frack geliehen*

Leih·haus *das* ≈ Pfandhaus

Leih·mut·ter *die*; e-e Frau, die sich künstlich befruchten lässt, um für e-e andere Frau ein Kind auf die Welt zu bringen

Leih·wa·gen *der* ≈ Mietwagen

leih·wei·se *Adv*; *mst in* ***j-m etw. l. überlassen*** ≈ j-m etw. leihen (1)

Leim *der*; *-(e)s, -e*; ein Klebstoff, mit dem man *bes* Holz u. Papier klebt ⟨L. auftragen; L. anrühren⟩ || -K: ***Holz-*** || ID ***etw. geht aus dem L.*** *gespr*; etw. fällt od. bricht auseinander: *Dieser Stuhl geht schon aus dem L.*; ***j-m auf den L. gehen / kriechen*** *gespr*; sich von j-s Tricks täuschen lassen ≈ auf j-n hereinfallen

lei·men; *leimte, hat geleimt*; [Vt] **1** ***etw. l.*** Teile e-s Gegenstandes aus Holz mit Leim zusammenkleben: *e-n kaputten Stuhl l.* **2** ***j-n l.*** *gespr*; durch Tricks bewirken, dass j-d e-e Wette, ein Spiel od. Geld verliert

-lein *das*; *-s, -*; *sehr produktiv, bes lit od hum*; verwendet, um die Verkleinerungsform e-s Substantivs zu bilden (*mst* in Verbindung mit Umlaut des betonten Vokals) ≈ -chen; ***Bäumlein, Blümlein, Häuslein, Hündlein, Kätzlein, Kindlein, Vöglein*** || NB: nicht nach einsilbigen Substantiven auf *-l* (*Ball*, *Stuhl*) od. nach mehrsilbigen Substantiven auf *-le(n)* (*Bulle, Stollen*)

Lei·ne *die*; *-, -n*; **1** ein dünnes Seil, an das man *bes* die nasse Wäsche hängt, damit sie trocknet ⟨Wäsche an die L. hängen⟩ || ↑ *Abb. unter* ***Schnur*** || -K: ***Wäsche-*** **2** ein dünnes Band *mst* aus Leder, an dem man *bes* e-n Hund führt ⟨den Hund an die L. nehmen, an der L. führen; dem Hund die L. abmachen⟩ || ↑ *Abb. unter* ***Schnur*** || ID ***j-n an die L. legen***; ***j-n an e-r / der kurzen L. halten*** *gespr*; j-m (*bes* im privaten Bereich) wenig Freiheiten lassen; ***Zieh L.!*** *gespr*; verwendet, um j-m (unhöflich) zu sagen, dass er weggehen soll ≈ hau ab!

Lei·nen *das*; *-s*; *nur Sg*; ein sehr fester u. glatter Stoff (aus Flachs): *Die Tischdecke ist aus L.*; *ein in L. gebundenes Buch* || K-: ***Leinen-, -einband, -garn, -gewebe, -tuch, -weber***

Lein·öl *das*; *nur Sg*; ein Öl, das aus Leinsamen gewonnen wird u. mit dem man auch Salate anmacht

Lein·sa·men *der*; der Samen des Flachses, der viel Öl enthält || K-: ***Leinsamen-, -brot***

Lein·tuch *das*; *-(e)s, Lein·tü·cher* ≈ Betttuch, Laken

Lein·wand *die*; **1** e-e große weiße Fläche, auf die man Filme u. Dias projiziert ⟨die L. aufstellen, abbauen⟩ || -K: ***Dia-, Film-, Kino-*** **2** ≈ Kino (3): *die Stars der L.* || K-: ***Leinwand-, -star*** **3** e-e Fläche aus Leinen, auf die ein Maler malt: *die Ölfarben auf e-e L. auftragen*

lei·se *Adj*; **1** so, dass man es kaum hört ↔ laut ⟨Geräusche, Musik, e-e Stimme⟩: *Er öffnete ganz l. die Tür*; *Die Musik ist mir zu laut - kannst du nicht das Radio etwas leiser stellen?*; *Wir müssen leiser sein, sonst wacht das Baby auf* || NB: ↑ ***still*** **2** *nur attr od adv*; kaum vorhanden, nicht stark ausgeprägt ≈ leicht[1] (3) ⟨e-e Hoffnung; e-e Vermutung; ein Verdacht⟩: *Er hatte nicht die leiseste Ahnung* (= wusste überhaupt nichts) *von unserem Plan*; *l.* (= ein bisschen) *lächeln*

Leis·te *die*; *-, -n*; **1** ein sehr schmales, dünnes u. *mst* langes Stück aus Holz, Metall od. Kunststoff, mit dem man *bes* Ränder bedeckt || -K: ***Holz-, Kunststoff-, Metall-***; ***Fußboden-*** **2** eine der beiden Stellen am Körper des Menschen, an denen der Rumpf in den Oberschenkel übergeht ⟨sich die L. zerren; an der L. operiert werden⟩ || K-: ***Leisten-, -bruch, -gegend, -operation, -zerrung***

leis·ten[1]; *leistete, hat geleistet*; [Vt] **1** ***etw. l.*** etw. tun od. fertig machen, das *mst* viel Mühe kostet ≈ vollbringen, schaffen ⟨gute, hervorragende, ganze Arbeit l.; viel, wenig l.; nichts Besonderes l.⟩: *Er hat in seinem Leben schon ziemlich viel geleistet* || NB: *mst* im Perfekt! **2** ***etw. leistet etw.*** etw. hat die genannte Stärke: *Der Elektromotor leistet 2000 Watt*; *ein Automotor, der 120 PS leistet* **3** ***etw. l.*** *geschr*; verwendet zusammen mit e-m Subst., um ein Verb zu umschreiben; ***j-m gute Dienste l.*** j-m gut dienen; ***j-m Ersatz l.*** j-m etw. ersetzen; ***j-m Gehorsam l.*** j-m gehorchen; **(*keinen*) *Widerstand l.*** sich (nicht) widersetzen **4** **(*den*) *Wehrdienst l.*** als junger Mann e-e bestimmte Zeit lang in der Armee dienen **5** ***Zivildienst l.*** (anstatt des Wehrdienstes) als junger Mann e-e bestimmte Zeit lang *bes* in e-m Krankenhaus od. e-m Heim für alte Leute arbeiten

leis·ten[2], **sich**; *leistete sich, hat sich geleistet*; [Vt] **1** ***sich*** (*Dat*) ***etw. l.*** sich erlauben, etw. zu tun, was oft andere stört ≈ sich etw. herausnehmen ⟨sich e-e unverschämte Bemerkung, e-n üblen Scherz, e-n Fehler, e-n Schnitzer l.⟩: *Er kann* (es) *sich nicht mehr l., zu spät zur Arbeit* zu *kommen* **2** ***sich*** (*Dat*) ***etw. l.*** etw. kaufen od. tun, um sich zu belohnen od. um sich e-e Freude zu machen ≈ sich etw. gönnen: *Nach der anstrengenden Arbeit haben wir uns erst mal e-e Pause geleistet*; *Als ich gestern in der Stadt war, leistete ich mir e-n Pullover* **3** ***sich*** (*Dat*) ***etw. l. können*** genug Geld haben, um sich etw. zu kaufen: *Wir können uns dieses Jahr keinen Urlaub mehr l.*; *Ich kann es mir nicht mehr l., ein neues Auto* zu *kaufen* || NB: kein Passiv!

Leis·tung *die*; -, *-en*; **1** der Prozess, bei dem j-d etw. leistet[1] (1) od. das Ergebnis dieser Arbeit ⟨e-e gute, schwache, hervorragende L., e-e L. bieten, erbringen, erzielen, vollbringen, zeigen; die L. steigern; von j-m e-e L. verlangen; j-n zu e-r L. treiben⟩: *Gauß vollbrachte großartige Leistungen im Bereich der Mathematik*; *Der Titelverteidiger zeigte e-e nur mäßige L. u. schaffte lediglich ein Unentschieden* || K-: ***Leistungs-, -abfall, -anstieg, -bereitschaft, -bilanz, -druck, -niveau, -steigerung, -streben, -test, -vergleich, -vermögen, -wille, -zwang***; ***leistungs-, -bereit, -fördernd, -orientiert, -steigernd, -schwach, -stark*** || -K: ***Arbeits-*** **2** *nur Sg*; die L. (1), die ein Organismus od. ein System normalerweise schafft: *die enorme L. e-s Elektronenmikroskops*; *die L. des menschlichen Gehirns* || K-: ***Leistungs-, -fähigkeit***; ***leistungs-, -fähig*** **3** *mst Pl*; *bes* die Summen Geld, die e-e Firma od. e-e Versicherung an j-n zahlt: *die Leistungen e-r Krankenkasse*; *die sozialen Leistungen e-s Betriebs, e-s Unternehmens* || -K: ***Sozial-*** **4** *Phys*; die Arbeit, die ein Gerät *o.Ä.* in e-r bestimmten Zeit erbringt: *Das Auto bringt e-e L. von 76 Kilowatt* || -K: ***Motoren-***

leis·tungs·be·zo·gen *Adj*; ⟨ein Gehalt, e-e Vergütung⟩ so, dass sie direkt von den Leistungen (1) des Betroffenen abhängen

Leis·tungs·ge·sell·schaft *die*; *nur Sg*; e-e Gesellschaft, in der der Einzelne od. Gruppen nur an ihren Leistungen (1) gemessen werden

Leis·tungs·sport *der*; professionell betriebener Sport, bei dem gute Leistungen (1) das Wichtigste sind ↔ Breitensport || -K: ***Hoch-*** || *hierzu* **Leis·tungs·sport·ler** *der*

Leit- *im Subst, wenig produktiv*; **1** verwendet, um auszudrücken, dass sich j-d / etw. an der genannten Person / Sache orientiert; das ***Leitbild***, die ***Leitfigur***, der ***Leitgedanke***, die ***Leitidee***, der ***Leitsatz***, der ***Leitspruch***, die ***Leitwährung***, der ***Leitzins*** **2** verwendet, um auszudrücken, dass ein Tier in e-r Gruppe den höchsten Rang hat u. diese anführt; der ***Leithammel***, der ***Leithengst***, der ***Leithirsch***, der ***Leithund***, das ***Leittier***, der ***Leitwolf***

Leit·ar·ti·kel *der*; *-s*, -; der Artikel *mst* in e-r Zeitung, der die Meinung der Redaktion *o.Ä.* zu e-m wichtigen aktuellen Thema od. Ereignis wiedergibt || *hierzu* **Leit·ar·tik·ler** *der*; *-s*, -

lei·ten; *leitete, hat geleitet*; [Vt] **1** ***j-n / etw. l.*** die Tätigkeit e-r Gruppe von Menschen beeinflussen u. dafür verantwortlich sein ≈ führen (8), j-m / etw. vorstehen ⟨e-n Betrieb, ein Unternehmen, e-e Firma l.; e-e Versammlung, e-e Sitzung, e-e Diskussion, e-e Debatte l.; ein Orchester, e-n Chor l.⟩ **2** ***etw. irgendwohin l.*** bewirken, dass etw. (*bes* e-e Flüssigkeit) an e-n Ort kommt: *das Regenwasser in ein Becken l.*; *den Verkehr in e-e andere Richtung l.* **3** ***j-n irgendwohin l.*** mit j-m irgendwohin gehen, um ihm den Weg zu zeigen ≈ geleiten, führen (1): *e-n Gast in sein Zimmer l.* **4** ***sich*** (*Akk*) ***von etw. l. lassen*** sich bei e-r Entscheidung von etw. beeinflussen lassen: *sich bei e-m Entschluss von finanziellen Erwägungen l. lassen*; [Vi] **5** ***etw. leitet*** **(*etw.*)** etw. transportiert Wärme od. elektrische u. akustische Schwingungen weiter ⟨etw. leitet die Wärme, den Strom, den Schall⟩: *Metalle leiten den elektrischen Strom*; *Wasser leitet den Schall*; *Kupfer leitet besonders gut* || K-: ***Leit-, -fähigkeit***

lei·tend **1** *Partizip Präsens*; ↑ ***leiten*** **2** *Adj*; *nur attr, nicht adv*; (in e-m Betrieb) verantwortlich für die Tätigkeit e-r Gruppe von Menschen ⟨ein Angestellter, ein Ingenieur; e-e leitende Stellung haben⟩ **3** *Adj*; so, dass etw. dabei geleitet (5) wird ⟨leitende Metalle⟩

Lei·ter[1] *der*; *-s*, -; **1** j-d, der e-e Gruppe von Menschen leitet (1) ≈ Verantwortliche(r), Chef ⟨der L. e-s Betriebs, e-r Filiale, e-s Unternehmens, e-r Firma; der L. e-r Sitzung, e-r Diskussion; der L. e-s Chors⟩ || -K: ***Abteilungs-, Betriebs-, Expeditions-, Filial-, Firmen-, Heim-, Chor-, Diskussions-, Kurs-, Sitzungs-*** **2** *bes* ein Metall, das elektrischen Strom leitet (5): *Kupfer ist ein guter L.* || *zu* **1** **Lei·te·rin** *die*; -, *-nen*

Lei·ter[2] *die*; -, *-n*; zwei lange parallele Stangen (Holme) aus Holz od. Metall, die durch mehrere kurze Stücke (Sprossen) miteinander verbunden sind u. mit deren Hilfe man irgendwo hinaufsteigen kann ⟨auf die L. steigen; auf der L. stehen⟩ || K-: ***Leiter-, -holm, -sprosse***

Leiter[2]

die Sprosse

Leit·fa·den der; ein Buch *o.Ä.*, das ein Wissensgebiet für Laien beschreibt

Leit·ham·mel *der*; **1** das männliche Schaf, das die Herde leitet **2** *gespr pej*; j-d, dem andere Menschen etw. nachmachen od. gehorchen, ohne nachzudenken

Leit·li·nie *die*; ein Gedanke od. ein Prinzip, die das Handeln bestimmen ≈ Konzept: *die Leitlinien e-r Werbekampagne festlegen*

Leit·mo·tiv [-f] *das*; **1** *Mus*; e-e Melodie, die in e-m musikalischen Werk (*z.B.* e-r Oper) immer dann gespielt wird, wenn dieselbe Person od. die gleiche

Situation vorkommt **2** *Lit*; e-e Idee, ein Ausdruck od. e-e Handlung, die in e-m Roman, e-m Drama od. e-m Gedicht immer wieder vorkommen u. charakteristisch für das ganze Werk sind

Leit·plan·ke *die*; ein langer Streifen aus Metall od. Beton entlang e-r Straße, der Fahrzeuge aufhalten soll, die von der Fahrbahn abkommen ⟨gegen die L. prallen⟩

Leit·stel·le *die*; ein Ort od. ein Teil e-r Institution, von dem aus verschiedene Dinge koordiniert, gelenkt *o.Ä.* werden ≈ Zentrale: *die L. für Rettungsrufe, für Taxis* || -K: ***Rettungs-***

Lei·tung *die*; -, *-en*; **1** *nur Sg*; die Funktion od. die Aufgabe, etw. zu leiten (1) ≈ Führung (2) ⟨die L. übernehmen; j-m die L. anvertrauen, übergeben; j-n mit der L. beauftragen; unter (der) L. von j-m⟩: *Ab dem 1. Januar übernimmt Herr Huber die L. der Firma; Das Orchester spielt unter der L. von Sir Colin Davis; j-n mit der L. der Diskussion beauftragen* || -K: ***Diskussions-*** **2** *nur Sg*; die Personen, die etw. leiten (1) ≈ Führung (3), Spitze[1] (5) || -K: ***Betriebs-, Firmen-, Unternehmens-, Werks-*** **3** ein Rohr od. ein System von Röhren, das Flüssigkeiten od. Gase irgendwohin leitet (2) ⟨e-e L. legen, anzapfen⟩ || K-: ***Leitungs-, -rohr, -wasser*** || -K: ***Erdgas-, Erdöl-, Gas-, Wasser-***; ***Rohr-*** **4** Drähte od. Kabel, die elektrischen Strom leiten (5) ⟨e-e L. legen, ziehen; e-e L. steht unter Strom⟩ || K-: ***Leitungs-, -mast, -netz*** || -K: ***Hochspannungs-, Strom-*** **5** das Kabel, das e-e telefonische Verbindung herstellt ⟨die L. ist frei, besetzt, unterbrochen, überlastet; es knackt in der L.; e-e Störung in der L.⟩ || K-: ***Leitungs-, -mast*** || -K: ***Telefon-*** || ID ***e-e lange L. haben*** *gespr*; etw. sehr langsam begreifen; ***auf der L. stehen*** *gespr*; etw. in der betreffenden Situation nicht sofort begreifen

Lek·ti·on [lɛk'tsi̯oːn] *die*; -, *-en*; **1** ein inhaltlich zusammengehöriger Teil e-s Lehrbuchs ⟨e-e L. durchnehmen, behandeln⟩: *L. 14 besteht aus e-m Lesestück, aus e-m Dialog u. aus grammatischen Übungen* **2** etw., durch das man lernt, sich in Zukunft anders zu verhalten, *bes* e-e unangenehme Erfahrung, e-e Strafe od. ein Tadel ⟨e-e bittere L.; j-m e-e L. (in Sachen…) erteilen; e-e L. erhalten; e-e L. begreifen, gelernt haben⟩

Lek·tor *der*; *-s*, *Lek·to·ren*; **1** ein Angestellter in e-m Verlag, der Manuskripte beurteilt od. sie bearbeitet, bevor sie in Druck gehen **2** j-d, der (beruflich) an e-r Universität Kurse *bes* in Sprachen od. Musik gibt ⟨ein Lektor für Spanisch, Russisch, Englisch *usw*⟩ || -K: ***Englisch-, Französisch-, Italienisch-, Russisch-, Spanisch-*** || *hierzu* **Lek·to·rin** *die*; -, *-nen*

Lek·to·rat *das*; *-(e)s*, *-e*; der Teil (die Abteilung) e-s Verlages, in dem die Lektoren (1) arbeiten

Lek·tü·re *die*; -, *-n*; *mst Sg*; **1** etw. zum Lesen ≈ Lesestoff ⟨e-e spannende, unterhaltsame, amüsante, langweilige, humorvolle L.⟩: *sich zwei Romane als L. mit in den Urlaub nehmen* || -K: ***Urlaubs-*** **2** das Lesen *bes* im Unterricht: *mit der L. von „Die Jungfrau von Orléans" beschäftigt sein*

Len·de *die*; -, *-n*; **1** der Teil des Körpers zwischen der Wirbelsäule u. der Hüfte || K-: ***Lenden-, -wirbel*** **2** (bei Schwein u. Rind) das Fleisch aus der hinteren Gegend der Wirbelsäule || K-: ***Lenden-, -braten, -steak, -stück*** || -K: ***Rinder-, Schweine-***

Len·den·schurz *der*; *-es*, *-e*; ein Stück Fell od. Stoff, das die Genitalien u. das Gesäß bedeckt

len·ken; *lenkte, hat gelenkt*; [Vt/i] **1** ***(etw.) l.*** die Richtung e-s Fahrzeugs bestimmen ≈ steuern ⟨ein Fahrzeug l.: e-n Bus, ein Auto, e-n Wagen, ein Fahrrad l.⟩: *Unser Sohn hat schon gelernt, (sein Fahrrad) mit einer Hand zu l.*; [Vt] **2** ***etw. auf j-n / etw. l.*** bewirken, dass sich ein Gespräch od. j-s Aufmerksamkeit auf etw. (anderes) konzentriert ≈ etw. auf etw. richten: *den Verdacht auf e-n Unschuldigen l.; versuchen, das Gespräch auf ein anderes Thema zu l.; j-s Aufmerksamkeit auf wichtige Details l.* **3** ***etw. l.*** die Entwicklung e-r Sache bestimmen ≈ führen (8) ⟨die Verhandlungen, e-e Debatte; die Wirtschaft, den Staat l.⟩ || *zu* **1** u. **3** **lenk·bar** *Adj*; *nicht adv*

Len·ker *der*; *-s*, *-*; **1** die Stange am Fahrrad od. Motorrad, mit der man das Fahrzeug lenkt (1) ≈ Lenkstange || ↑ *Abb. unter* ***Fahrrad*** || -K: ***Fahrrad-*** **2** Ⓐ Ⓒⓗ der Fahrer e-s Autos od. Motorrads

Lenk·rad *das*; e-e Art Rad, mit dem man ein Auto, e-n Bus od. e-n Lastwagen lenkt (1) ≈ Steuerrad, Steuer

Lenk·stan·ge *die* ≈ Lenker (1)

Len·kung *die*; -, *-en*; **1** *nur Sg*; das Bestimmen e-r Entwicklung: *die L. der Wirtschaft durch den Staat* **2** alle Teile, die zum Lenken e-s Fahrzeugs nötig sind: *e-n Schaden in der L. haben; Die L. geht schwer*

Lenz *der*; *es*, *-e*; **1** *nur Sg*, *veraltend*, *lit* ≈ Frühling **2** *hum*, *nur Pl* ≈ Lebensjahre: *Sie ist gerade 17 Lenze jung* || ID ***sich*** (*Dat*) ***e-n faulen / schönen L. machen*** *gespr pej*; wenig arbeiten od. e-e angenehme, leichte Arbeit haben

Le·o·pard [leo-] *der*; *-en*, *-en*; ein großes Tier (e-e Raubkatze) mit e-m gelblichen Fell mit runden schwarzen Flecken (das *bes* in Asien u. Afrika lebt) || ↑ *Abb. unter* ***Raubkatzen*** || K-: ***Leoparden-, -fell*** || NB: *der Leopard; den, dem, des Leoparden*

Le·pra *die*; -; *nur Sg*; e-e tropische (Infektions)Krankheit, bei der die Haut zerstört wird u. Finger od. Zehen abfallen können ≈ Aussatz ⟨L. haben⟩ || K-: ***lepra-, -krank*** || *hierzu* **lep·rös** *Adj*

-ler *der*; *-s*, *-*; *sehr produktiv*; **1** *-ler* bezeichnet j-n, der etw. Bestimmtes tut od. sich damit beschäftigt; ***Altsprachler, Arbeitsrechtler, Künstler, Sportler, Völkerkundler, Wissenschaftler*** **2** *-ler* bezeichnet j-n, der zu e-r Gruppe, e-r Kategorie od. e-m Gebiet gehört; ***CDUler, FKKler, Nordstaatler, Ruheständler, SPDler, Viertklässler, Westler, Zuchthäusler*** **3** *-ler* bezeichnet e-n Menschen, ein Tier od. e-e Sache, die etw. Bestimmtes haben; ***Frontantriebler*** (ein Auto mit Frontantrieb), ***Tausendfüßler*** (ein Tier mit vielen Füßen), ***Vierflügler*** (ein Insekt mit vier Flügeln)

Ler·che *die*; -, *-n*; ein kleiner bräunlicher (Sing)Vogel, der steil in die Höhe fliegen kann ⟨die L. trillert, jubiliert⟩

lern·be·hin·dert *Adj*; *ohne Steigerung*, *nicht adv*; ⟨ein Kind, ein Schüler⟩ so, dass sie große Schwierigkeiten haben, den Unterrichtsstoff der (Grund)Schule zu lernen: *Lernbehinderte Kinder erhalten in der Sonderschule e-e besondere Förderung* || *hierzu* **Lern·be·hin·de·rung** *die*

ler·nen; *lernte, hat gelernt*; [Vi] **1** ***(von j-m) etw. l.*** durch Erfahrung sein Verhalten ändern ⟨Pünktlichkeit, Verlässlichkeit, Anstand, Sauberkeit l.⟩: *Er hat nie gelernt, pünktlich zu sein; Sie hat sehr schnell gelernt, wie man sich im Beruf verhalten muss* || K-: ***Lern-, -fähigkeit, -prozess***; ***lern-, -fähig*** **2** ***e-n Beruf l.*** e-e Ausbildung für e-n Beruf machen ≈ in die Lehre gehen, e-e Lehre machen ⟨Bäcker, Schreiner, Maurer, Bankkaufmann l.⟩: *„Ich glaube, Paul hat Maler gelernt"*; [Vt/i] **3** ***(etw.) l.*** ein besonderes Wissen erwerben, so dass man etw. beherrscht ↔ verlernen, vergessen ⟨e-e Fremdsprache, Vokabeln l.; Auto fahren, Rad fahren, Ski fahren, schwimmen, tauchen, kochen l.⟩: *Sie lernt Spanisch an der Volkshochschule; Er sitzt ständig in seinem Zimmer u. lernt; Sie lernt gerade, wie man e-n Computer bedient* || K-: ***Lern-, -begierde, -eifer, -stoff***; ***lern-, -begierig, -eifrig*** **4** ***(etw.)***

auswendig l. etw. so lernen, dass man es aus dem Gedächtnis wiederholen kann ⟨ein Gedicht, ein Zitat auswendig l.⟩: *Wir müssen das Gedicht bis morgen auswendig l.* **5** **(*etw.*)** ***aus etw. l.*** aufgrund bestimmter Erfahrungen sein Verhalten ändern ≈ e-e Lehre aus etw. ziehen ⟨aus der Erfahrung, aus Fehlern, aus der Geschichte l.⟩: *Ich habe aus dieser Geschichte gelernt,* dass *ich mich nicht auf mein Glück verlassen sollte* || *zu* **1** u. **3** **lẹrn·bar** *Adj; mst präd, nicht adv* || *zu* **3** **Lẹr·ner** *der; -s, -* || NB: In der gesprochenen Sprache kommt oft die Form *j-m etw. lernen* vor. Es müsste jedoch heißen *j-n etw. lehren* od. *j-m etw. beibringen;* ↑ ***lehren*** (1)

les·bar *Adj;* **1** so, dass man es (gut) lesen kann ↔ unleserlich ⟨j-s Handschrift, e-e Inschrift⟩ **2** in (leicht) verständlicher Sprache geschrieben ≈ verständlich ↔ unlesbar: *ein gut lesbarer Aufsatz* || *hierzu* **Les·bar·keit** *die; nur Sg*

lẹs·bisch *Adj;* (von Frauen) mit homosexuellen Neigungen ⟨e-e Frau; lesbische Liebe⟩ || *hierzu* **Les·be** *die; -, -n; gespr;* **Lẹs·bi·e·rin** [-biə-] *die; -, -nen*

Le·se *die; -, -n;* die Ernte der Weintrauben || -K: ***Wein-***

Le·se·buch *das;* ein Buch für Schüler mit Gedichten, Geschichten u. Ausschnitten aus längeren Texten

le·se·ge·schützt *Adj; nicht adv, EDV;* ⟨e-e Datei, ein Programm⟩ so, dass man sie nur öffnen / lesen kann, wenn man zuerst ein Passwort eingibt

Le·se·hil·fe *die; Admin geschr* ≈ Brille

le·sen[1]; *liest, las, hat gelesen;* [Vt/i] **1** **(*etw.*)** ***l.*** etw. Geschriebenes ansehen u. seinen Inhalt erfassen ⟨e-n Text, ein Buch, e-n Roman, e-e Geschichte, die Zeitung, e-e Zeitschrift l.; etw. genau, gründlich, flüchtig l.⟩: *Er liest jeden Tag vor dem Frühstück die Zeitung; Nach drei Monaten Schule konnte sie schon l.; Ich habe in e-r Zeitschrift gelesen,* dass *immer mehr Tierarten aussterben; j-s Handschrift nicht l. können* || K-: ***Lese-, -brille, -gerät, -lampe, -lupe, -saal, -stoff, -zimmer*** **2** **(*etw.*)** ***l.*** e-n Text l.[1] (1) u. dabei laut sprechen ≈ vorlesen, ablesen: *ein Drama mit verteilten Rollen l.* || K-: ***Lese-, -abend, -stück, -übung;*** [Vt] **3** ***die Messe l.*** als Priester die Messe feiern, zelebrieren **4** ***etw. l.*** Noten ansehen u. daraus die Melodie erkennen ⟨Noten, die Partitur l.⟩: *Obwohl er keine Noten l. kann, spielt er ausgezeichnet Trompete;* [Vi] **5** ***irgendwo l.*** als Professor an e-r Universität lehren (= Vorlesungen halten): *Er liest an der Hamburger Universität* **6** ***j-m aus der Hand l.*** die Linien in j-s Hand betrachten u. dadurch j-m die Zukunft vorhersagen: *Die Zigeunerin las ihm aus der Hand;* [Vr] **7** ***etw. liest sich irgendwie*** etw. ist in der genannten Weise geschrieben ⟨etw. liest sich gut, flüssig, interessant⟩: *Dieser neue Kriminalroman liest sich sehr interessant*

le·sen[2]; *liest, las, hat gelesen;* [Vt] **1** ***etw. l.*** die Früchte einzeln von der Pflanze abnehmen u. sammeln ⟨Trauben, Wein, Ähren l.⟩ **2** ***etw. l.*** etw. (*bes* Früchte) einzeln in die Hand nehmen u. die Schlechten von den Guten trennen ≈ aussortieren ⟨Rosinen, Mandeln, Erbsen l.⟩

Le·ser *der; -s, -;* **1** j-d, der gerade etw. liest: *Der L. wird in dem Zeitungsartikel mehrere Male direkt angesprochen* **2** j-d, der etw. regelmäßig liest ⟨ein jugendlicher, erwachsener, kritischer, aufmerksamer, unbedarfter L.⟩: *die Leser e-r Tageszeitung* || K-: ***Leser-, -umfrage, -wunsch, -zuschrift*** || -K: ***Zeitschriften-, Zeitungs-*** || *hierzu* **Le·se·rin** *die; -, -nen*

Le·se·rat·te *die; gespr hum;* j-d, der sehr gerne u. sehr viel liest

Le·ser·brief *der;* ein Brief e-s Lesers (2) an den Autor e-s Textes od. an e-e Zeitung ⟨e-n L. abdrucken, veröffentlichen, einschicken⟩

le·ser·lich *Adj;* so deutlich, dass man es gut lesen kann ↔ unleserlich ⟨j-s Handschrift⟩ || *hierzu* **Le·ser·lich·keit** *die; nur Sg*

Le·sung *die; -, -en;* **1** e-e Veranstaltung, bei der *mst* ein Autor e-n Teil seines Werkes vorliest || -K: ***Dichter-*** **2** e-e Sitzung des Parlaments, auf der man über ein Gesetz diskutiert ⟨die erste, zweite L. e-s Gesetzentwurfs⟩ **3** *Rel;* der Teil des Gottesdienstes, in dem ein Stück aus der Bibel vorgelesen wird

Le·thar·gie *die; -; nur Sg;* ein Zustand, in dem man keine Energie hat u. sich für nichts interessiert ≈ Teilnahmslosigkeit ⟨in L. verfallen, versinken; nicht mehr aus seiner L. herausfinden⟩ || *hierzu* **le·thạr·gisch** *Adj*

Lẹt·ter *die; -, -n;* ein gedruckter Buchstabe

Lẹtzt *nur in* ***zu guter L.*** verwendet, um auszudrücken, dass etw. zum Schluss doch noch e-e positive Wende nimmt: *Zu guter L. habe ich den Job doch noch bekommen*

lẹtz·t- *Adj; nur attr, nicht adv;* **1** so, dass es ganz am Ende e-r Reihenfolge kommt ↔ erst-: „*Z*" *ist der letzte Buchstabe des deutschen Alphabets; Silvester ist der letzte Tag des Jahres; als Letzter ins Ziel kommen; Die letzten Tage unseres Urlaubs waren besonders schön* **2** direkt vor dem jetzigen Zeitpunkt ≈ vorig- ↔ nächst-: *Letzte Woche war es sehr warm; Wo hast du letztes Jahr deine Ferien verbracht?; Wann haben wir uns das letzte / zum letzten Mal gesehen?* **3** am Ende als Rest übrig geblieben: *Das ist der letzte Rest von unserem Kuchen; seine letzten Kräfte, Reserven mobilisieren* **4** ***in letzter Zeit / in der letzten Zeit*** in dem Zeitraum direkt vor dem jetzigen Zeitpunkt: *Sie hat sich in letzter Zeit sehr verändert* || NB **a)** um *l.* zu verstärken, verwendet man *allerletzt-;* **b)** ↑ ***Augenblick*** || ► ***zuletzt***

Lẹtz·te *mst in* **1** ***j-m das L. abverlangen; das L. aus j-m herausholen*** die beste Leistung von j-m verlangen **2** ***sein Letztes geben*** seine ganze Kraft u. Energie in etw. stecken **3** *mst* ***Das ist doch das L.!*** *gespr pej;* verwendet, um ein sehr negatives Urteil abzugeben: *Diese Fernsehsendung war doch wirklich das L.!* **4** ***bis ins L.*** sehr gründlich ↔ oberflächlich: *j-m e-n Unfall bis ins L. schildern*

lẹtzt·end·lich *Adv* ≈ letztlich, letzten Endes

Lẹtz·te·re *der / die; -n, -n;* von zwei Personen od. Sachen diejenige, die man zuletzt genannt hat ↔ Erstere: *Verona u. Florenz sind sehr schöne Städte - Letztere bietet dem Touristen viel an Kultur* || NB: Letzterer, der Letztere; den, dem, des Letzteren

lẹtzt·jäh·ri·g- *Adj; nur attr, nicht adv;* aus dem od. vom letzten (2) Jahr ≈ vorjährig ⟨ein Modell⟩: *die letztjährige Tour de France*

lẹtzt·lich *Adv;* wenn man darüber genau nachdenkt: *Der Plan wirkt auf den ersten Blick ganz interessant, aber l. halte ich ihn für undurchführbar*

lẹtzt·ma·lig *Adj; nur attr od adv;* zum letzten (1) Mal ↔ erstmalig

lẹtzt·mög·li·ch- *Adj; nur attr, nicht adv;* ⟨ein Termin, ein Zeitpunkt⟩ so, dass sie die letzte (1) Möglichkeit sind ↔ erstmöglich: *sich zum letztmöglichen Termin e-e Karte fürs Konzert kaufen*

Leuch·te *die; -, -n;* **1** ≈ Lampe: *e-e L. am Schreibtisch befestigen* || ↑ *Abb. unter* ***Fahrrad*** || -K: ***Decken-*** **2** *mst* ***Er / Sie ist keine große L.*** *gespr;* er / sie ist (auf e-m Gebiet) nicht besonders gut: *In Mathematik ist er keine große L.*

leuch·ten; *leuchtete, hat geleuchtet;* [Vi] **1** ***etw. leuchtet*** etw. verbreitet Licht ≈ etw. strahlt, scheint ⟨e-e Lampe, e-e Leuchte, e-e Laterne; ein Stern, der Mond; e-e Farbe⟩: *Phosphor leuchtet bei Dunkel-*

heit; *In der Ferne sah er ein Licht l.* || K-: ***Leucht-, -buchstabe, -farbe, -feuer, -kraft, -rakete, -schrift*** **2** *mst* ***j-s Augen leuchten*** j-s Augen drücken Freude aus ≈ j-s Augen glänzen (1): *Ihre Augen leuchteten vor Glück* **3** ***irgendwohin l.*** den Lichtstrahl e-r Lampe irgendwohin richten: *j-m mit e-r Lampe ins Gesicht l.*

Leuch·ter *der*; *-s*, *-*; **1** e-e Lampe mit mehreren (Glüh)Birnen **2** ein Gerät, auf das man mehrere Kerzen stecken kann ⟨ein mehrarmiger L.⟩ || -K: ***Kerzen-***

Leucht·re·kla·me *die*; e-e Reklame, bei der Buchstaben u. Figuren durch Neonlampen u. Glühbirnen leuchten: *die L. am Piccadilly Circus in London*

Leucht·röh·re *die*; e-e Lampe in Form e-r Röhre, die mit Gas gefüllt ist. *Leuchtröhren* verwendet man *z.B.* für Leuchtreklame

Leucht·turm *der*; ein Turm an der Küste, an dessen Lichtsignalen sich Schiffe orientieren können

leug·nen; *leugnete, hat geleugnet*; *Vt/i* **1** (***etw.***) ***l.*** sagen, dass das, was ein anderer von einem behauptet, nicht wahr ist ≈ abstreiten, etw. von sich weisen ↔ zugeben, eingestehen ⟨e-e Tat, ein Verbrechen l.; hartnäckig l.⟩: *Er leugnete*, dass *er an dem Banküberfall beteiligt war*; *Vt* **2** ***etw. l.*** sagen, dass etw. nicht wahr ist ↔ anerkennen: *Niemand hat je ihre Ehrlichkeit geleugnet*; *Ich kann nicht l.*, dass *ich auch Popmusik mag* || NB: *mst* verneint! || *hierzu* **Leug·nung** *die*; *nur Sg*

Leu·kä·mie *die*; *-*, *-n* [-'miːən]; *mst Sg*, *Med*; e-e gefährliche Krankheit, bei der sich die weißen Blutkörperchen zu stark vermehren ≈ Blutkrebs ⟨an L. leiden, sterben⟩

Leu·mund *der*; *-(e)s*; *nur Sg*, *veraltend*; der Ruf (3), den j-d bei den Leuten hat (*bes* aufgrund seiner Lebensweise) ⟨e-n guten, schlechten L. haben⟩

Leu·munds·zeug·nis *das*; *mst in* ***j-m ein gutes / schlechtes L. ausstellen*** positive / negative Aussagen über j-s Charakter machen

Leu·te *die*; *Pl*; **1** e-e Gruppe von Menschen: *Auf der Party waren lauter sympathische L.*; *Auf dem Bahnsteig standen viele L. u. warteten auf den Zug*; *Die Brauerei beschäftigt mehr als 200 L.* **2** ***die L.*** die Menschen in j-s Nachbarschaft od. Umgebung ≈ die Mitmenschen: *Die L. werden bald über sie reden* **3** die Menschen, die für j-n (in e-m Team) arbeiten ≈ Mitarbeiter: *Der Trainer stellt e-e neue Mannschaft aus vielen neuen Leuten zusammen* **4** ***unter*** (***die***) ***L. kommen*** *gespr*; viele Kontakte zu anderen Menschen haben **5** ***vor allen Leuten*** in der Öffentlichkeit ⟨j-n vor allen Leuten blamieren, bloßstellen, beschimpfen, demütigen⟩ || ID *mst* ***Von jetzt an sind wir geschiedene L.!*** *gespr*; ich will nichts mehr mit dir gemeinsam tun || NB: *Menschen* verwendet man, wenn man den menschlichen Aspekt der Individuen betonen will (*bes* im Gegensatz zu Tieren od. Sachen): *Die Menschen rannten um ihr Leben*; mit *Leute* bezeichnet man e-e Gruppe, die man als Einheit (u. oft sich selbst gegenübergestellt) sieht: *Ich lasse mir jetzt die Haare rot färben - mir ist egal, was die L. dazu sagen*; *Personen* ist die neutralste Bezeichnung, die *bes* dann verwendet wird, wenn es sich um e-e bestimmte Anzahl von Individuen handelt: *Hier ist Platz für 20 Personen*

-leu·te *die*; verwendet als Plural zu Wörtern auf *-mann*; ***Bergleute, Fachleute, Feuerwehrleute, Geschäftsleute, Kameraleute, Kaufleute, Landsleute*** || NB: Andere Komposita auf *-mann* bilden den Plural mit / auf *-männer*, da sie sich ausschließlich auf Männer beziehen: ***Weihnachtsmänner, Ehemänner***

Leut·nant *der*; *-s*, *-s*; *Mil*; ein Offizier mit dem niedrigsten Rang

leut·se·lig *Adj*; freundlich u. gern mit anderen Menschen zusammen ≈ umgänglich ↔ verschlossen || *hierzu* **Leut·se·lig·keit** *die*; *nur Sg*

Le·vi·ten [-v-] *die*; *nur in* ***j-m die L. lesen*** *veraltend* ≈ j-n tadeln, zurechtweisen

Le·xi·ko·gra·fie, **Le·xi·ko·gra·phie** [-'fiː] *die*; *-*; *nur Sg*; das Schreiben von Wörterbüchern u. Lexika || *hierzu* **le·xi·ko·gra·fisch**, **le·xi·ko·gra·phisch** *Adj*; *nur attr od adv*

Le·xi·kon *das*; *-s*, *Le·xi·ka*; **1** ein Buch mit Wörtern (Stichwörtern) in alphabetischer Reihenfolge, über die man sachliche Informationen findet ⟨ein enzyklopädisches L.⟩ || -K: ***Jugend-***; ***Pflanzen-***, ***Tier-*** **2** *gespr* ≈ Wörterbuch || ID ***ein wandelndes L.*** *gespr*; j-d, der ein großes Wissen hat

Le·zi·thin *das*; *-s*, *-e*; *mst Sg*, *Chem*, *Biol*; e-e wichtige Substanz, die in allen Zellen des Körpers enthalten ist. L. als Medikament stärkt die Nerven u. steigert die Leistung

-li *CH* ↑ ***-lein***

Li·ai·son [liɛ'zõː] *die*; *-*, *-s*; *geschr veraltend* ≈ Liebesbeziehung, Liebschaft ⟨e-e L. mit j-m eingehen, haben⟩

Li·a·ne *die*; *-*, *-n*; e-e (Schling)Pflanze, die *bes* in den Tropen wächst u. sich um Bäume wickelt

Li·bel·le *die*; *-*, *-n*; ein Insekt mit e-m langen, schlanken Körper mit bunten Farben u. vier Flügeln, das *bes* am Wasser lebt

li·be·ral *Adj*; **1** ⟨ein Vorgesetzter, ein Chef; e-e Gesinnung, e-e Haltung, e-e Einstellung⟩ so, dass sie persönliche Freiheiten der Menschen kaum einschränken **2** mit den Prinzipien des Liberalismus (1) ⟨e-e Partei, e-e Fraktion; e-e Politik; e-e Zeitung⟩ || *zu* **1** **Li·be·ra·li·tät** *die*; *nur Sg*; **li·be·ra·li·sie·ren** (*hat*) *Vt*

Li·be·ra·lis·mus *der*; *-*; *nur Sg*; **1** e-e politische Anschauung, die es für gut hält, wenn sich das Individuum in der Politik u. in der Gesellschaft frei entfalten kann ⟨wirtschaftlicher, politischer L.⟩ **2** e-e liberale (1) Einstellung

Li·be·ro *der*; *-s*, *-s*; *Sport*; ein (Abwehr)Spieler beim Fußball, der sich nicht auf e-n bestimmten Gegner konzentriert, sondern je nach Verlauf des Spiels verschiedene Aufgaben übernimmt || ↑ *Abb. unter* ***Fußball***

Li·bi·do *die*; *-*; *nur Sg*, *Psych* ≈ Geschlechtstrieb

Lib·ret·to *das*; *-s*, *-s*; der Text e-r Oper, Operette *o.Ä.* od. ein Buch mit diesem Text

-lich *im Adj*; *sehr produktiv*; **1** *nach Verbstamm*; drückt aus, dass das, was im ersten Wortteil genannt wird, gemacht werden kann; ***begreiflich*** ⟨ein Irrtum⟩ (= so, dass er begriffen / verstanden werden kann); ***bestechlich*** ⟨ein Polizist⟩, ***erträglich*** ⟨Schmerzen⟩, ***verzeihlich*** ⟨ein Fehler⟩ **2** *nach un- + Verbstamm*; drückt aus, dass das, was im ersten Wortteil genannt wird, nicht gemacht werden kann; ***unauflöslich*** ⟨e-e Verbindung⟩ (= so, dass sie nicht aufgelöst werden kann); ***unbeschreiblich*** ⟨Freude⟩, ***unerklärlich*** ⟨ein Fehler⟩ **3** *nach Verbstamm od Subst*; drückt aus, dass etw. die im ersten Wortteil genannte Wirkung hat od. verursacht; ***abscheulich*** ⟨ein Anblick⟩ (= so, dass er Abscheu hervorruft); ***ärgerlich*** ⟨ein Missverständnis⟩, ***bedrohlich*** ⟨e-e Situation⟩ **4** *nach Subst*; in Bezug auf j-n / etw., zu j-m / etw. gehörig; ***beruflich*** ⟨Erfahrung⟩, ***elterlich*** ⟨das Haus⟩, ***fremdsprachlich*** ⟨Unterricht⟩, ***kirchlich*** ⟨Besitz⟩ **5** *nach Subst*; in der Art wie j-d / etw.; ***freundlich*** ⟨ein Gruß⟩, ***herbstlich*** ⟨Wetter⟩, ***kindlich*** ⟨ein Gemüt⟩, ***väterlich*** ⟨ein Freund⟩ **6** *nach Subst*; mit / voll etw.; ***ängstlich*** ⟨ein Blick⟩, ***glücklich*** ⟨e-e Zeit⟩, ***leidenschaftlich*** ⟨Liebe⟩, ***schmerzlich*** ⟨ein Verlust⟩ **7** *nach Subst od Adj*; mit e-r bestimmten Eigen-

L

schaft, in e-m bestimmten Zustand; ***fröhlich*** ⟨Menschen⟩, ***jungfräulich*** ⟨ein Mädchen⟩, ***männlich*** ⟨ein Kind⟩, ***ungeheuerlich*** ⟨e-e Frechheit⟩ **8** *nach Adj*; verwendet, um ein Adj. abzuschwächen ≈ fast, etwas; ***ältlich*** ⟨e-e Frau⟩, ***gelblich*** ⟨Haut⟩, ***dümmlich*** ⟨ein Grinsen⟩, ***länglich*** ⟨ein Gesicht⟩ **9** *nach Adj*; in der Form so ähnlich wie das Adj., von dem es abgeleitet ist; ***länglich*** ⟨ein Gesicht⟩, ***rundlich*** ⟨e-e Figur⟩ **10** *nach Zeitangabe*; verwendet, um auszudrücken, dass sich etw. im genannten Abstand wiederholt; ***halbjährlich, stündlich, täglich***

licht *Adj*; **1** *mst attr*; mit relativ großen Zwischenräumen ↔ dicht ⟨ein Wald: ein Hain, das Unterholz; j-s Haare⟩ **2** *nur attr*; *nicht adv*; von e-r inneren Seite zur anderen inneren Seite gemessen ⟨der Abstand: die Höhe, die Breite, die Weite⟩: *e-e Tür mit e-r lichten Höhe von 2 Metern* **3** *mst attr, geschr* ≈ hell ↔ düster: *e-e lichte Wohnung*; *am lichten Tag*

Licht *das*; *-(e)s, -er*; **1** *nur Sg*; das, was die Umgebung od. e-n Körper hell macht ≈ Helligkeit ↔ Dunkelheit, Schatten ⟨helles, grelles, diffuses, wärmendes, schwaches, fahles, ultraviolettes L.; das L. blendet j-n, erhellt e-n Raum; etw. gegen das L. halten⟩: *Das L. der Sonne war so grell, dass sie sich die Augen zuhalten musste*; *Geh mir bitte aus dem L., ich sehe nichts mehr!*; *E-e helle Wand reflektiert das L., e-e dunkle Wand absorbiert das L.* || K-: ***Licht-, -brechung, -bündel, -einfall, -einstrahlung, -einwirkung, -filter, -intensität, -quelle, -reiz, -schein, -schimmer, -stärke, -strahl, -verhältnisse, -welle***; ***licht-, -geschützt*** || -K: ***Kerzen-, Mond-, Sonnen-*** **2** (***das***) ***L.*** *nur Sg*; das elektrisch erzeugte L. (1) ⟨das L. anmachen, einschalten, anlassen, ausmachen, ausschalten, löschen; das L. brennt⟩: *Ich sah, dass sie noch auf war, weil in ihrem Zimmer L. brannte* || K-: ***Licht-, -schalter, -strom*** **3** *gespr* ≈ Lampe **4** *nur Pl, Kollekt*; die Lampen u. Glühbirnen, die leuchten ⟨die Lichter der Großstadt; die Lichter e-s Dampfers⟩ || K-: ***Lichter-, -glanz*** **5** ***das ewige L.*** e-e Lampe (in e-r katholischen Kirche), die immer rot leuchtet, um die ständige Gegenwart von Jesus Christus anzuzeigen || ID ***j-n hinters L. führen*** j-n täuschen; ***etw. ans L. bringen*** etw. (bisher Verstecktes, Verborgenes) öffentlich bekannt machen; ***L. in etw.*** (*Akk*) ***/ ins Dunkel bringen*** etw. aufklären; ***j-n / etw. ins rechte L. setzen / rücken*** j-n / etw. so darstellen, dass man ihre Vorteile sieht; ***etw. wirft ein*** ⟨positives, gutes, schlechtes⟩ ***L. auf j-n / etw.*** etw. hat die genannte Wirkung auf das Ansehen, den Ruf e-r Person / Sache; ***j-m geht ein L. auf*** *gespr*; j-d versteht plötzlich etw., das er vorher nicht verstanden hat; ***nicht gerade ein großes L. sein / kein großes L. sein*** *gespr*; nicht sehr intelligent sein; ***sein L.*** (***nicht***) ***unter den Scheffel stellen*** *geschr*; seine positiven Seiten od. Leistungen (nicht) verbergen; ***das L. der Welt erblicken*** *geschr*; geboren werden ≈ auf die Welt kommen

Licht·bild *das*; *Admin geschr* ≈ Passbild

Licht·blick *der*; etw., das j-n (*bes* in e-r schlechten Zeit) freut u. ihm Hoffnung macht: *E-e Eins in Sport war der einzige L. in seinem Zeugnis*

licht·emp·find·lich *Adj*; **1** so, dass e-e chemische Reaktion abläuft, wenn Licht darauffällt ↔ lichtunempfindlich ⟨ein Film, Filmpapier⟩ **2** so beschaffen, dass es von Licht schnell beschädigt wird od. auf Licht empfindlich reagiert ⟨Stoffe, die Haut, Augen⟩ || *hierzu* **Licht·emp·find·lich·keit** *die*; *nur Sg*

lich·ten; *lichtete, hat gelichtet*; Vt **1** ***den Anker l.*** den Anker hochziehen, damit das Schiff abfahren kann; Vr **2** ***etw. lichtet sich*** etw. wird immer weniger ↔ etw. füllt sich ⟨die Haare; der Nebel; die Reihen der Zuschauer⟩: *Gegen Ende des Spiels lichteten sich die Reihen der Zuschauer*

Licht·ge·schwin·dig·keit *die*; *nur Sg*; die Geschwindigkeit, mit der sich Licht (im Vakuum) ausbreitet

Licht·hu·pe *die*; ein Hebel, durch den man an e-m Auto die Scheinwerfer kurz aufleuchten lassen kann, *bes* um j-n zu warnen ⟨die L. betätigen⟩

Licht·jahr *das*; die Distanz, die das Licht in einem Jahr zurücklegt: *ein Stern, der 500 Lichtjahre von unserer Erde entfernt ist*

Licht·ma·schi·ne *die*; ein Gerät, das vom Motor e-s Autos *o.Ä.* angetrieben wird u. das den Strom für die elektrischen Geräte des Autos erzeugt || NB: ↑ ***Dynamo***

Licht·or·gel *die*; mehrere bunte Lampen, die in e-r Diskothek *o.Ä.* im Rhythmus der Musik an- u. ausgehen

licht·scheu *Adj*; **1** ⟨ein Mensch, ein Tier⟩ so, dass sie Angst vor dem Licht haben **2** *nur attr, nicht adv, pej*; ⟨Gesindel, Elemente⟩ so, dass sie sich verstecken, weil sie bestraft werden würden, wenn man sie finden würde ≈ verbrecherisch

Licht·schutz|fak·tor *der*; (oft mit e-r Zahl) verwendet, um anzugeben, wie sehr ein Sonnenöl od. e-e Sonnencreme die Haut schützt ⟨ein hoher, niedriger L.; L. 6⟩

Licht·spiel *das*; *veraltend* ≈ Film[1] (2) || K-: ***Lichtspiel-, -haus, -theater***

Lich·tung *die*; *-, -en*; e-e Stelle im Wald, an der keine Bäume sind

Lid *das*; *-(e)s, -er*; die (bewegliche) Haut, mit der man das Auge schließen kann ⟨die Lider senken, aufschlagen⟩: *Am vorderen Rand des Lides befinden sich die Wimpern* || ↑ *Abb. unter* ***Auge*** || -K: ***Augen-***

Lid·schat·ten *der*; e-e Art Farbe, mit der *bes* Frauen die Lider schminken ⟨L. auftragen, abschminken⟩

lieb *Adj*; **1** ***l.*** (***zu j-m***) freundlich u. angenehm (im Verhalten) ≈ liebenswert, nett: *Der Junge aus der Nachbarschaft ist wirklich ein lieber Kerl*; *Ich fand es ganz l. von dir, dass du mir geholfen hast*; *Unser Nachbar ist sehr l. zu unseren Kindern* || -K: ***kinder-, tier-*** **2** *mst attr*; gern gesehen ≈ willkommen ↔ unerwünscht ⟨Gäste⟩ **3** *nur attr, nicht adv*; ⟨Worte, ein Brief⟩ so, dass sie Freundlichkeit od. Liebe zeigen ≈ liebevoll ↔ böse: *liebe Worte an j-n richten*; *liebe Grüße an j-n senden, ausrichten* **4** *nur attr, nicht adv*; verwendet, um Personen od. Dinge zu beschreiben, die man sehr schätzt od. liebt ≈ geliebt, teuer (4), geschätzt ⟨mein lieber Mann, meine liebe Frau, meine lieben Eltern, ein lieber Freund, ein liebes Andenken, der liebe Gott⟩ **5** *nur attr, nicht adv*; verwendet, um j-n, den man gut kennt, (in e-m Brief) anzureden ≈ teuer: *Lieber Franz*; *Liebe Eltern*; *Liebe Oma*; *Mein lieber Freund*; *Liebe Frau Seeger* || NB: ↑ ***geehrt, verehrt*** **6** ***etw. wäre j-m l.*** j-d hätte es gern, wenn etw. der Fall wäre: *Es wäre mir l., wenn du mir beim Abspülen helfen könntest*

lieb be·hal·ten; *behielt lieb, hat lieb behalten*; Vt ***j-n / etw. l. b.*** nicht aufhören, j-n / etw. sehr zu mögen

lieb ge·win·nen; *gewann lieb, hat lieb gewonnen*; Vt ***j-n / etw. l. g.*** allmählich Zuneigung zu j-m / etw. entwickeln

lieb ha·ben; *hat lieb, hatte lieb, hat lieb gehabt*; Vt ***j-d hat j-n lieb***; ⟨Personen⟩ ***haben sich lieb*** j-d liebt (1,2) j-n / Personen lieben (1,2) sich: *Sie haben sich so sehr lieb, dass keiner ohne den anderen sein kann*

lieb·äu·geln; *liebäugelte, hat geliebäugelt*; [Vi] ***mit etw. l.*** sich mit etw. beschäftigen, weil man es gern haben od. machen möchte: *Er liebäugelte schon seit Monaten mit e-m neuen Auto*; *Sie liebäugelt mit der Idee zu verreisen*

Lie·be *die*; -; *nur Sg*; **1** ***die L.*** (***zu j-m***) die starken Gefühle der Zuneigung zu j-m, der zur eigenen Familie gehört od. den man sehr schätzt ≈ Wertschätzung ↔ Hass, Ablehnung ⟨die mütterliche, väterliche, elterliche, geschwisterliche, platonische L.; die L. zu seinen Eltern, Kindern, die L. zu Gott⟩: *Die Kinder wuchsen mit viel mütterlicher L. auf*; *die L. der Eltern zu ihren Kindern* || -K: ***Eltern-, Geschwister-, Mutter-, Vater-*** **2** ***die L.*** (***zu j-m***) die intensiven Gefühle für j-n, von dem man auch sexuell angezogen wird ≈ Zuneigung ↔ Hass, Abneigung ⟨die leidenschaftliche, innige, glückliche, unglückliche, heimliche, körperliche L.; j-m seine L. gestehen, beweisen, zeigen; j-s L. erwidern, verschmähen⟩: *Er hat sie nicht aus L., sondern ihres Geldes wegen geheiratet* || K-: ***Liebes-, -abenteuer, -affäre, -bedürfnis, -beweis, -beziehung, -entzug, -erklärung, -film, -geschichte, -leben, -nacht, -roman, -szene, -tragödie*** **3** ***die L.*** (***zu etw.***) das starke Interesse für etw., das man mag od. gerne tut ≈ die Begeisterung für etw.: *seine L. zur Malerei entdecken* || -K: ***Freiheits-, Heimat-, Vaterlands-*** **4** j-d, für den man L. (2) empfindet: *Mit 16 war seine große L. e-e Schülerin aus der Parallelklasse* **5** etw., das man besonders gern tut ≈ Vorliebe, Hobby, Lieblingsbeschäftigung: *Schwimmen ist seine große L.* **6** ***L. machen*** ≈ lieben (5) || ID ***L. auf den ersten Blick*** L. (2), die man spürt, wenn man j-n zum ersten Mal sieht; ***L. geht durch den Magen*** *gespr hum*; die Liebe (2) e-s Mannes zu seiner Frau (od. umgekehrt) ist um so größer, je besser sie (bzw. er) kochen kann; ***bei aller L.*** *gespr*; trotz des Verständnisses, das man für j-n / etw. hat

lie·be·be·dürf·tig *Adj*; *nicht adv*; ⟨e-e Person⟩ so, dass sie viel Liebe (1,2) braucht: *Kleine Kinder sind oft sehr l.* || *hierzu* **Lie·bes·be·dürf·nis** *das*; *nur Sg*

Lie·be·lei *die*; -, *-en*; *veraltend* ≈ Flirt || NB: ↑ ***Liebschaft***

lie·ben; *liebte, hat geliebt*; [Vt] **1** ***j-d liebt j-n***; ⟨Personen⟩ ***lieben sich*** j-d empfindet Liebe (1) für j-n / Personen empfinden Liebe (1) füreinander ≈ mögen, schätzen ↔ hassen ⟨seine Mutter, seinen Vater, seine Geschwister, Gott l.⟩ **2** ***j-d liebt j-n***; ⟨zwei Personen⟩ ***lieben sich*** j-d empfindet Liebe (2) für j-n / zwei Personen empfinden Liebe (2) füreinander ≈ lieb haben, gern haben, mögen ↔ hassen ⟨j-n leidenschaftlich, inniglich, körperlich l.⟩ **3** ***etw. l.*** ein sehr intensives Verhältnis zu etw. haben, das man gern mag ≈ schätzen ⟨den Frieden, die Heimat, das Vaterland l.⟩ **4** ***etw. l*** etw. sehr gern haben ≈ mögen[2] (2): *Sie liebt Sonne, Sand u. Meer*; *Er liebt es, bequem am Abend zu Hause zu sitzen* **5** ***j-d liebt j-n***; ⟨zwei Personen⟩ ***lieben sich*** zwei Personen haben Geschlechtsverkehr miteinander ≈ zwei Personen schlafen miteinander || ID ***Was sich liebt, das neckt sich*** *gespr*; wenn j-d j-n liebt (1,2), ärgert er ihn auch gern ein wenig

> **lie·ben ler·nen**; *lernte lieben, hat lieben gelernt*; [Vt] ***j-n / etw. l. l.*** allmählich beginnen, j-n / etw. zu lieben: *ein fremdes Land u. seine Kultur l. l.*

lie·bend **1** *Partizip Präsens*; ↑ ***lieben*** **2** *Adv*; *nur in* ***l. gern*** sehr gern: *Er geht l. gern im Wald spazieren*; *Ich nehme Ihr Angebot l. gern an*

lie·bens·wert *Adj*; freundlich u. nett ≈ sympathisch: *Unser Nachbar ist ein liebenswerter Mensch*

lie·bens·wür·dig *Adj*; freundlich, höflich (u. hilfsbereit) ≈ sympathisch: *ein liebenswürdiger Mensch* || *hierzu* **Lie·bens·wür·dig·keit** *die*; *mst Sg*

lie·ber **1** *Komparativ*; ↑ ***lieb*** **2** *Komparativ*; ↑ ***gern*** **3** *Adj*; ***j-d / etw. ist j-m l.*** (***als j-d / etw.***) j-d zieht j-n / etw. e-r anderen Person / Sache vor: *Ein Auto ist ja ganz praktisch, aber in der Stadt ist mir ein Fahrrad l.* **4** *Adv*; (mit e-m Verb im Konjunktiv) verwendet, um auszudrücken, dass etw. sinnvoller od. vernünftiger wäre ≈ besser: *Das hättest du l. nicht sagen sollen - jetzt ist er beleidigt*; *Lass das l. bleiben, das gibt nur Ärger!* || ID ***l. heute als morgen*** so bald wie möglich

Lie·bes·brief *der*; ein Brief, in dem man zärtliche Dinge an j-n schreibt, den man liebt (2)

Lie·bes·kum·mer *der*; *nur Sg*; der Kummer, den man hat, wenn man j-n liebt (2), der einen nicht liebt *o.Ä.* ⟨L. haben⟩

Lie·bes·müh *die*; *nur in* ***das ist verlorene / vergebliche L.*** diese Anstrengung wird keinen Erfolg haben

Lie·bes·paar *das*; ein Mann u. e-e Frau, die sich lieben (2), aber (noch) nicht verheiratet sind

Lie·bes·spiel *das*; sexuelle Handlungen (Küsse, Streicheln *o.Ä.*) vor dem Geschlechtsverkehr

lie·be·voll *Adj*; **1** so, dass dabei j-d j-m hilft u. sich um ihn kümmert ≈ fürsorglich ⟨e-e Betreuung, e-e Pflege⟩ **2** voller Liebe (2) ⟨ein Lächeln, e-e Umarmung, ein Blick⟩

Lieb·ha·ber *der*; *-s*, -; **1** j-d, der sich sehr für etw. interessiert u. davon begeistert ist: *ein L. klassischer Musik* || -K: ***Kunst-, Musik-, Literatur-, Theater-***; ***Pferde-*** **2** ein Mann, der *bes* mit e-r verheirateten Frau e-e Liebesbeziehung hat **3** ein Mann als Sexualpartner ⟨ein guter, schlechter L. sein⟩ || *zu* **1** **Lieb·ha·be·rin** *die*; -, *-nen*

Lieb·ha·be·rei *die*; -, *-en*; etw., das j-d regelmäßig (nicht beruflich, sondern zu seinem Vergnügen) tut ≈ Hobby: *das Züchten von Rosen als L.*

lieb·ko·sen; *liebkoste, hat liebkost*; [Vt] ***j-n l.*** *veraltend*; j-n streicheln u. küssen ≈ herzen ⟨ein kleines Kind l.⟩ || *hierzu* **Lieb·ko·sung** *die*

lieb·lich *Adj*; **1** ⟨ein Gesicht, ein Mädchen, ein Anblick⟩ so, dass sie sanft u. schön wirken ≈ anmutig, bezaubernd **2** ⟨ein Duft; ein Gesang, Töne⟩ so, dass sie angenehm riechen od. klingen ≈ sanft **3** sehr mild u. leicht süß ↔ herb ⟨*mst* Wein⟩ || *hierzu* **Lieb·lich·keit** *die*; *nur Sg*

Lieb·ling *der*; *-s*, *-e*; **1** verwendet als Anrede für j-n, den man besonders liebt (wie *z.B.* sein Kind, seine Frau od. seinen Mann) ≈ Schatz: *Bist du bald fertig, L.? - Das Theater fängt in e-r halben Stunde an* **2** ***L.*** + *Gen* j-d, den andere sehr nett finden: *Der Eiskunstläufer war der L. des Publikums*; *Karl ist der L. unserer Lehrerin* || -K: ***Publikums-***

Lieb·lings- *im Subst, sehr produktiv*; drückt aus, dass j-d / etw. allem anderen vorgezogen wird; die ***Lieblingsbeschäftigung***, der ***Lieblingsdichter***, das ***Lieblingsessen***, das ***Lieblingsfach***, die ***Lieblingsfarbe***, das ***Lieblingskind***, das ***Lieblingslied***, der ***Lieblingsschriftsteller***, der ***Lieblingsschüler***, die ***Lieblingsspeise***, der ***Lieblingssport***, das ***Lieblingsthema***, das ***Lieblingswort***

lieb·los *Adj*; **1** ohne Liebe (1,2) ↔ liebevoll (2) ⟨ein Mensch; ein Blick, e-e Umarmung, ein Kuss⟩ **2** so, dass man sich nicht um j-n kümmert u. sehr unfreundlich zu ihm ist ↔ liebevoll (1), fürsorglich ⟨j-n l. behandeln⟩ **3** *nur adv*; ohne dass man sich Mühe gegeben hat ≈ schlampig: *ein l. zubereitetes Essen* || *hierzu* **Lieb·lo·sig·keit** *die*; *nur Sg*

Lieb·schaft *die*; -, *-en*; *veraltend*; e-e *mst* oberflächliche sexuelle Beziehung zu j-m

liebs·t- **1** *Superlativ*; ↑ ***lieb*** **2** ***am liebsten*** *Superlativ*;

↑ ***gern***: *Mein Sohn isst am liebsten Pommes frites* **3** *Adj*; ***j-d / etw. ist j-m am liebsten*** j-d mag j-n / etw. mehr als alle anderen Personen / Dinge: *Georg ist mir von allen meinen Freunden am liebsten* || NB: um *l.* zu verstärken, verwendet man allerliebst-: *mein allerliebster Freund*

Liechtenstein

Das **Fürstentum Liechtenstein** ist einer der kleinsten Staaten der Welt, mit einer maximalen Ausdehnung von 25 km von Nord nach Süd und 10 km von Ost nach West (160 km²). Seine Hauptstadt ist **Vaduz**. Es liegt in Mitteleuropa in den Alpen.
Die Staatsform ist eine parlamentarische Monarchie. Offizielle Sprache ist Deutsch. Das Land zählt etwa 32.000 Einwohner, mehr als ein Drittel davon sind Ausländer, hauptsächlich Schweizer, Italiener, Deutsche und Österreicher. Eine besondere Anziehungskraft üben der Reichtum des Landes und seine Steuervorteile aus.

Lied *das*; *-(e)s, -er*; **1** e-e Melodie, die man zusammen mit e-m Text singt ⟨ein einstimmiges, mehrstimmiges, lustiges L.; ein L. singen, anstimmen, summen, trällern; die Strophen e-s Liedes⟩ || K-: ***Lied-, -text***; ***Lieder-, -buch*** || -K: ***Kinder-, Liebes-, Volks-*** || NB: ↑ ***Song***, ***Schlager*** **2** *nur Sg*; das Singen (der Lerche u. der Nachtigall) ≈ Gesang **3** *mst Sg*; ein sehr langes Gedicht, das von Helden erzählt ≈ Epos: *das L. der Nibelungen* || -K: ***Helden-*** || ID *mst* ***Davon kann ich ein L. singen*** *gespr*; ich kenne diese Probleme sehr genau; *mst* ***Es ist immer dasselbe / das alte / gleiche L.*** (***mit j-m / etw.***) *gespr*; es ist wieder das übliche Problem, die übliche Situation, es ist nichts besser geworden

lie·der·lich *Adj*; **1** nicht fähig, etw. in Ordnung zu halten ≈ schlampig, unordentlich ↔ gewissenhaft, sorgfältig: *Er ist so l., dass er nie etw. findet, wenn er es sucht* **2** mit wenig Mühe gemacht ≈ schlampig, unordentlich ↔ sorgfältig ⟨e-e Arbeit⟩: *Sein Zimmer sieht immer sehr l. aus* **3** *pej*; schlecht in Bezug auf die Sitten ≈ unanständig ↔ sittsam ⟨e-n liederlichen Lebenswandel führen⟩ || *hierzu* **Lie·der·lich·keit** *die*; *nur Sg*

Lie·der·ma·cher *der*; *-s, -*; j-d, der Text u. Musik für Lieder (*bes* Chansons) schreibt (u. sie selbst singt) || *hierzu* **Lie·der·ma·che·rin** *die*; *-, -nen*

lief *Imperfekt, 1. u. 3. Person Sg*; ↑ ***laufen***

lie·fern; *lieferte, hat geliefert*; Vt **1** ((***j-m***) ***etw.***) ***l.*** j-m e-e bestellte od. gekaufte Ware bringen ↔ erhalten ⟨etw. sofort, pünktlich, termingemäß, per Post, frei Haus l.⟩: *Wir können* (*Ihnen die Möbel*) *erst in sechs Wochen l.* || K-: ***Liefer-, -bedingungen, -frist, -termin, -zeit***; Vt **2** ***ein Tier / etw. liefert etw.*** ein Tier / etw. bringt etw. Essbares bzw. Rohstoffe *o.Ä.* hervor: *Bienen liefern Honig* **3** ***j-d / etw. liefert*** (***j-m***) ***etw.*** j-d / etw. stellt j-m etw. zur Verfügung ≈ j-d / etw. bietet (j-m) etw., gibt etw. her: *Der Skandal lieferte der Presse viel Gesprächsstoff* **4** zusammen mit e-m Substantiv verwendet, um ein Verb zu umschreiben; ***e-n Beweis*** (***für etw.***) ***l.*** ≈ etw. beweisen; ***e-n Nachweis*** (***für etw.***) ***l.*** ≈ etw. nachweisen; ***sich*** (*Pl*) ***e-n Kampf l.*** ≈ miteinander kämpfen; ***ein gutes / schlechtes Spiel l.*** ≈ gut / schlecht spielen || *zu* **1** **lie·fer·bar** *Adj*; *nicht adv*; **Lie·fe·rant** *der*; *-en, -en*

Lie·fe·rung *die*; *-, -en*; **1** das Liefern (1) e-r Ware ⟨e-e sofortige, termingemäße L.⟩: *Die L. der Ware erfolgt in zwei Wochen* **2** die Ware, die man liefert (1) od. die geliefert wird ⟨e-e beschädigte, defekte L.; die L. beanstanden, zurücksenden⟩

Lie·fer·wa·gen *der*; ein kleiner Lastwagen, mit dem man Waren liefert (1)

Lie·ge *die*; *-, -n*; e-e Art Bett ohne Rahmen (u. Matratze), das man *mst* auch zusammenklappen kann: *bei Bekannten auf e-r L. übernachten*

lie·gen; *lag, hat / südd* Ⓐ Ⓒⓗ *ist gelegen*; Vi **1** ***irgendwo / irgendwie l.*** in horizontaler Lage an der genannten Stelle od. in der genannten Art u. Weise sein ↔ stehen ⟨hart, weich, bequem, flach, ruhig l.; auf dem Bauch, auf dem Rücken, auf der Seite l.⟩: *E-e ganze Menge Bücher u. Papier lag auf seinem Schreibtisch*; *Er rutschte aus, weil e-e Bananenschale auf dem Bürgersteig lag*; *Die Kinder liegen in der Sonne* **2** ***etw. liegt irgendwo / irgendwie*** etw. ist an dem genannten (geographischen) Ort od. in der genannten (geographischen) Lage ⟨etw. liegt zentral, abgelegen, verkehrsgünstig, einsam u. verlassen⟩: *Köln liegt am Rhein*; *Hannover liegt südlich von Hamburg*; *Weißt du, wo Linz liegt?* **3** ***etw. liegt irgendwo*** etw. ist oberhalb od. über e-r Fläche: *Schnee liegt auf der Wiese*; *Dichter Nebel lag über der Stadt* **4** ***j-d / etw. liegt irgendwo*** j-d / etw. ist (*bes* in e-r zeitlichen Reihenfolge) an der genannten Stelle ⟨an der Spitze, in Führung l.⟩: *Nach der zehnten Runde lag der Favorit erst an siebter Stelle*; *Wer liegt denn zurzeit auf dem ersten Platz in der Fußball-Bundesliga?* **5** ***etw. liegt nach*** + *Ortsangabe / Richtungsangabe* etw. ist in der genannten Richtung: *Das Fenster liegt nach der Straße*; *Unser Wohnzimmer liegt nach Süden* **6** ***etw. liegt j-m*** j-d hat Talent, Begabung für etw. ≈ j-d ist für etw. begabt, talentiert: *Die Rolle des Clowns liegt ihm sehr gut*; *Singen liegt ihm nicht so sehr, aber er spielt gut Klavier* **7** ***etw. liegt an j-m / etw.*** etw. wird von j-m / etw. verursacht ≈ j-d / etw. ist schuld an etw.: *Ich glaube, das schlechte Bild* (*des Fernsehers*) *liegt an der Antenne*; dass *wir zu spät gekommen sind, lag am Streik der Fluglotsen*; *Vielleicht liegt* es *an den Bremsen*, dass *unser Auto so quietscht* **8** ***etw. liegt bei j-m*** etw. wird von j-m übernommen, getragen ≈ etw. lastet auf j-m: *Die politische Verantwortung für die Entscheidung liegt beim Bundeskanzler* **9** ***j-m liegt viel / wenig an etw.*** (*Dat*) etw. ist für j-n sehr / nicht wichtig ≈ j-d legt großen / geringen Wert auf etw.: *Den Eltern liegt viel* daran, dass *ihre Kinder e-e gute Ausbildung bekommen* || ID *mst* ***Das liegt bei dir / Ihnen*** *gespr*; das hängt von dir / Ihnen ab; *mst* ***An mir / uns soll es nicht l.!*** *gespr*; ich werde / wir werden (bei der Durchführung e-s Plans) keine Schwierigkeiten machen! || ► ***Lage***, ***gelegen***

lie·gen blei·ben; *blieb liegen, ist liegen geblieben*; Vi **1** nach dem Fallen in horizontaler Lage bleiben ↔ aufstehen: *Der Spieler blieb verletzt am Boden liegen* **2** ***etw. bleibt liegen*** Schnee *o.Ä.* bleibt nach dem Fallen auf e-r Fläche ↔ etw. schmilzt, taut: *Es schneite, aber der Schnee blieb nicht liegen, sondern schmolz gleich wieder* **3** ***etw. bleibt liegen*** etw. wird von j-m vergessen: *In der Garderobe sind mehrere Schirme u. Handschuhe liegen geblieben* **4** ***etw. bleibt liegen*** etw. wird nicht zu Ende gemacht ≈ etw. bleibt unerledigt: *Im Sommer bleibt viel Arbeit liegen, weil die Angestellten in Urlaub sind* **5** (wegen e-r Panne) nicht weiterfahren können ≈ e-e Panne haben: *Unser Auto blieb mitten auf der Autobahn liegen* **6** noch e-e bestimmte

Zeit im Bett bleiben ↔ aufstehen: *Als er aufwachte, war er so müde, dass er noch e-e Weile liegen blieb*
lie·gen las·sen; *lässt liegen, ließ liegen, hat liegen (ge)lassen*; [Vt] **1 etw. l. l.** vergessen, etw. (wieder) mitzunehmen: *seinen Schirm im Zug l. l.* **2 etw. l. l.** e-e Arbeit nicht tun, obwohl man sie tun sollte ↔ erledigen: *Das Wetter war so schön, dass ich die Arbeit liegen ließ u. zum See fuhr* **3 etw. rechts / links l. l.** links / rechts an e-m Gebäude vorbeigehen od. -fahren: *Du lässt den Bahnhof rechts liegen u. fährst immer geradeaus bis zum Theater* || ID ↑ **links**

Lie·gen·schaft *die*; -, *-en*; *Jur* ≈ Grundstück

Lie·ge·sitz *der*; ein Sitz *mst* im Auto, den man so verstellen kann, dass man (fast) liegt

Lie·ge·stuhl *der*; e-e Art Stuhl aus e-m Rahmen aus Holz u. e-m festen Stoff, den man zusammenklappen kann u. in dem man sitzen od. liegen kann: *Die Urlauber bräunten sich in ihren Liegestühlen am Strand* || ↑ *Abb. unter* **Stühle**

Lie·ge·stütz *der*; *-es, -e*; e-e sportliche Übung, bei der man den Oberkörper auf den Boden senkt u. ihn mit den Armen wieder nach oben drückt ⟨Liegestütze machen⟩

Liegestütz

Lie·ge·wa·gen *der*; der Wagen e-s Zuges, dessen Sitze man auseinander klappen kann, um darauf zu liegen ⟨die Nacht im L. verbringen⟩ || K-: **Liegewagen-, -karte, -schaffner** || NB: ↑ **Schlafwagen**

lieh *Imperfekt, 1. u. 3. Person Sg*; ↑ **leihen**

ließ *Imperfekt, 1. u. 3. Person Sg*; ↑ **lassen**

liest *Präsens, 2. u. 3. Person Sg*; ↑ **lesen**

Lift *der*; *-(e)s, -e*; **1** ≈ Aufzug[1], Fahrstuhl ⟨(mit dem) L. fahren; den L. nehmen⟩ **2** *Kurzw*; ↑ **Skilift** || -K: **Schlepp-, Sessel-**

lif·ten; *liftete, hat geliftet*; [Vt] **j-n / etw. l.** j-s Haut (*mst* des Gesichts) straffer u. glatter machen: *j-s Gesicht l.*; *Die Schauspielerin ließ sich bei e-m Spezialisten l.*

Li·ga *die*; -, *Li·gen*; **1** *Sport*; e-e Anzahl von Mannschaften, die im Verlauf e-r Saison jeweils gegeneinander spielen, um zu sehen, wer der Beste ist ≈ Spielklasse ⟨in e-e höhere L. aufsteigen; in e-e niedrigere L. absteigen⟩ || K-: **Liga-, -spiel** || -K: **Bezirks-, Kreis-, Landes-, Regional-, Bundes-** **2** *Pol*; e-e Union, die man schließt, damit man seine politischen Ziele leichter erreichen kann ≈ Bündnis, Vereinigung: *die L. der Arabischen Staaten*

li·iert [li'i:ɐt] *Adj*; *nur in* **mit j-m l. sein** *geschr*; mit j-m e-e (*mst* sexuelle) Beziehung haben

Li·kör [li'kø:ɐ̯] *der*; *-s, -e*; ein ziemlich süßes, relativ starkes alkoholisches Getränk (mit e-m bestimmten Aroma) || K-: **Likör-, -flasche, -glas** || -K: **Bananen-, Eier-, Himbeer-, Kirsch-, Mandel-**

li·la *Adj*; *indeklinabel*; von heller, violetter Farbe ≈ fliederfarben: *Sie trägt ein l. Kleid* || K-: **lila-, -farben** || NB: In der gesprochenen Sprache wird das Adj. auch dekliniert: *Sie trägt ein lilanes Kleid*

Li·lie ['li:li̯ə] *die*; -, *-n*; e-e Blume mit weißen Blüten, die gut riechen

Li·li·pu·ta·ner *der*; *-s, -*; j-d, der (nur wenig gewachsen ist u.) auch als Erwachsener besonders klein ist

Li·mit *das*; *-s, -s*; **das L.** (**für etw.**) die obere od. untere Grenze für e-e Größe, e-e Menge od. e-e Leistung ≈ Beschränkung ⟨(j-m) ein L. setzen; ein L. festsetzen, anheben, absenken⟩: *Das untere L. für den Verkauf des Bildes beträgt € 3000* || -K: **Gewichts-, Preis-, Teilnehmer-, Tempo-** || *hierzu* **li·mi·tie·ren** (*hat*) *Vt*

Li·mo *die / das*; -, *-(s)*; *gespr* ≈ Limonade

Li·mo·na·de *die*; -, *-n*; ein Getränk aus Saft, Zucker u. Wasser, das Kohlensäure, aber keinen Alkohol enthält: *den Kindern nach dem Spielen ein Glas L. geben* || -K: **Orangen-, Zitronen-**

Li·mou·si·ne [-mu-] *die*; -, *-n*; **1** ein sehr großes u. luxuriöses Auto ⟨in e-r L. vorfahren⟩: *die L. des Staatspräsidenten* **2** ein Auto mit festem Dach ↔ Kabriolett

Lin·de *die*; -, *-n*; **1** ein Baum mit hellgrünen, herzförmigen Blättern, dessen gelbliche Blüten gut riechen || K-: **Linden-, -allee, -baum, -blatt, -blüte** **2** das Holz der L. (1) || K-: **Linden-, -holz**

lin·dern; *linderte, hat gelindert*; [Vt] **etw. l.** e-e schlechte Situation od. e-e Krankheit etwas angenehmer machen ≈ mildern ↔ verschlimmern ⟨j-s Schmerzen, e-e Krankheit l.; das Elend, die Not l.⟩ || *hierzu* **Lin·de·rung** *die*; *nur Sg*

lind·grün *Adj*; von heller, gelblichgrüner Farbe

Lind·wurm *der*; *lit* ≈ Drache

Li·ne·al *das*; *-s, -e*; ein gerades Stück Holz, Metall od. Plastik, mit dem man gerade Striche ziehen u. kurze Abstände messen kann: *mit dem L. ein Rechteck zeichnen* || -K: **Zeichen-**

-ling *der*; *-s, -e*; *begrenzt produktiv*; **1** *nach Verbstamm*; j-d, mit dem etw. geschieht od. getan wird; **Findling, Impfling, Lehrling, Pflegling, Schützling, Sträfling** **2** *mst pej*; j-d, der das im ersten Wortteil Genannte ist od. tut; **Dichterling, Eindringling, Feigling, Fremdling, Naivling, Schädling, Schreiberling, Schwächling** **3** *mst Pl*; die genannte Zahl von Menschen, die dieselbe Mutter haben u. gleich alt sind; **Zwillinge** (= zwei gleichaltrige Geschwister), **Drillinge** (= drei gleichaltrige Geschwister), **Vierlinge, Fünflinge**

Lin·gu·is·tik *die*; *nur Sg* ≈ Sprachwissenschaft

Li·nie ['li:ni̯ə] *die*; -, *-n*; **1** ein relativ langer u. *mst* gerader Strich ⟨e-e gepunktete, gestrichelte L.; e-e L. zeichnen, ziehen⟩: *mit dem Lineal Linien auf ein Blatt Papier zeichnen* || K-: **Linien-, -papier** **2** e-e L. (1) von Personen od. Dingen ≈ Reihe: *Die Soldaten stehen in e-r L. / bilden e-e L.*; *Köln, Bonn u. Koblenz liegen in einer L. entlang des Rheins* **3** der Weg, den ein Bus, Zug, Schiff, Flugzeug *o.Ä.* regelmäßig fährt od. fliegt (od. der Bus *usw* selbst, der diesen Weg fährt) ⟨e-e L. einrichten, stilllegen⟩: *Die L. 3* (der Bus, Zug *usw* Nr. 3) *fährt zum Olympiastadion*; *Das Schiff verkehrt auf der L. Hamburg-Oslo* || K-: **Linien-, -bus, -dampfer, -flugzeug, -schiff, -verkehr** || -K: **Bus-, Fähr-, Flug-, Schiffs-, Eisenbahn-** **4** die Prinzipien, nach denen man (*bes* in der Politik) handelt ≈ Richtlinie, Leitlinie ⟨sich an e-e klare L. halten; e-e / keine klare L. erkennen lassen; von der festgelegten L. abweichen⟩: *Die Regierung muss e-e klare L. im Kampf gegen die Arbeitslosigkeit verfolgen* **5** eine der großen langen Falten auf der inneren Fläche der Hand || -K: **Hand-** **6** *Sport*; jede L. (1), die das Spielfeld selbst od. im Spielfeld e-n Raum begrenzt: *Der Ball landete knapp hinter der L.* || -K: **Aus-, Grund-, Mittel-,**

Seiten- 7 *Mil*; die Soldaten, die in e-r Reihe nebeneinander am nächsten zum Feind stehen ≈ Front ⟨die feindlichen Linien durchbrechen⟩ **8** die Folge der Generationen (*bes* in e-r Familie) ⟨die männliche, weibliche L.⟩ || ID ***in erster L.*** ≈ vor allem, insbesondere; ***auf ganzer L.***; ***auf der ganzen L.*** völlig, total ⟨auf ganzer L. versagen, schief gehen, misslingen⟩; ***auf die*** (***schlanke***) ***L. achten*** aufpassen, dass man nicht dick wird

Li·ni·en·flug *der*; der regelmäßige Flug auf e-r bestimmten Strecke (Linie (3)) ↔ Charterflug: *e-n L. nach Athen buchen*

Li·ni·en·ma·schi·ne *die*; ein Flugzeug, das regelmäßig auf e-r bestimmten Linie (3) fliegt ≈ Linienflugzeug ↔ Chartermaschine

Li·ni·en·rich·ter *der*; *Sport*; j-d, der an der seitlichen Linie des Spielfeldes bleibt u. dem Schiedsrichter bei Entscheidungen hilft || NB: ↑ ***Schiedsrichter***

li·niert *Adj*; *ohne Steigerung*; mit Linien (1) ⟨ein Blatt Papier, ein Heft⟩

link *Adj*; *nicht adv*, *gespr pej*; ⟨e-e Tour, ein Typ; linke Geschäfte machen⟩ so, dass andere dabei betrogen werden ≈ fragwürdig ↔ ehrlich

li·n·k- *Adj*; *nur attr*, *nicht adv*; **1** auf der Seite, auf der das Herz ist ↔ recht-: *sich den linken Arm brechen*; *mit der linken Hand schreiben*; *Der kleine Junge vertauschte den linken mit dem rechten Schuh*; *Er hat e-e Narbe auf der linken Wange* **2** mit den Prinzipien des Kommunismus, des Sozialismus od. e-r sozialdemokratischen Partei ↔ recht- ⟨e-e Zeitung; ein Abgeordneter; der linke Flügel e-r Partei⟩

L

Lin·ke[1] *die*; *-n*, *-n*; **1** *nur Sg*; die linke Hand ↔ Rechte **2** ein Schlag mit der linken Hand ↔ Rechte ⟨j-m e-e L. verpassen⟩ **3** *nur Sg*, *Kollekt*; alle Parteien u. politischen Gruppen, die für Kommunismus u. Sozialismus sind od. die sozialdemokratische Prinzipien haben ↔ Rechte **4** ***zu j-s Linken*** auf der linken[1] (1) Seite ↔ zu j-s Rechten: *Zu Ihrer Linken sehen Sie das Stadttheater*

Lin·ke[2] *der / die*; *-n*, *-n*; *gespr*; e-e Person, die e-r kommunistischen, sozialistischen od. sozialdemokratischen Partei angehört od. deren Ideen gut findet ↔ Rechte || NB: *ein Linker*; *der Linke*; *den*, *dem*, *des Linken*

lin·ken; *linkte*, *hat gelinkt*; Vt ***j-n l.*** *gespr*; j-n betrügen ≈ hereinlegen

lin·kisch *Adj*; *pej*; mit wenig Geschick ≈ ungeschickt, unbeholfen ↔ geschickt ⟨e-e Bewegung, e-e Geste, j-s Benehmen⟩

links[1] *Adv*; **1** ***l.*** (***von j-m / etw.***) auf der Seite, auf der das Herz ist ↔ rechts ⟨j-n l. überholen; nach l. abbiegen; l. von j-m gehen; von l. nach rechts; von rechts nach l.⟩: *Fahren Sie geradeaus u. biegen Sie nach der Ampel l. ab!*; *L. seht ihr das Rathaus u. rechts die Kirche*; *L. von der Post gibt es e-n Parkplatz* **2** (von Parteien, Gruppen od. Personen) so, dass die Prinzipien des Sozialismus, des Kommunismus od. der Sozialdemokratie anerkannt u. vertreten werden ↔ rechts ⟨l. sein, wählen; nach l. tendieren⟩ || ID ***j-n l. liegen lassen*** *gespr*; j-n absichtlich nicht beachten ≈ j-m die kalte Schulter zeigen; ***etw. mit l. machen*** *gespr*; etw. ohne Mühe machen

links[2] *Präp*; *mit Gen*; auf der linken Seite von: *l. des Rheins*, *l. der Autobahn*; *l. der Mitte* (= politisch eher links[1](2)) || NB: auch adverbiell verwendet mit *von*: *l. von dem Fluss verläuft die alte Straße*

links·bün·dig *Adj*; so, dass alle Zeilen e-s Textes links genau an e-r (gedachten) senkrechten Linie beginnen ↔ rechtsbündig ⟨l. schreiben⟩

links·ext·re·mis·tisch *Adj*; mit extrem linken[1] (2) Ideen ≈ linksradikal ↔ rechtsextremistisch || *hierzu* **Links·ext·re·mist** *der*; *-en*, *-en*; **Links·ext·re·mis·mus** *der*; *nur Sg*

links·ge·rich·tet *Adj*; *nicht adv*; linke (2) Ideen, Politik vertretend ⟨ein Politiker, e-e Zeitung⟩

Links·hän·der *der*; *-s*, *-*; j-d, der mit der linken Hand geschickter ist als mit der rechten ↔ Rechtshänder || *hierzu* **Links·hän·de·rin** *die*; *-*, *-nen*; **links·hän·dig** *Adj*

links·he·rum *Adv*; nach links ↔ rechtsherum ⟨etw. l. drehen⟩

Links·kur·ve *die*; e-e Kurve nach links ↔ Rechtskurve: *in e-r scharfen L. riskant überholen*

links·ra·di·kal *Adj* ≈ linksextremistisch ↔ rechtsradikal || *hierzu* **Links·ra·di·ka·le** *der / die*; *-n*, *-n*; **Links·ra·di·ka·lis·mus** *der*; *nur Sg*

links·sei·tig *Adj*; auf der linken Seite ↔ rechtsseitig: *e-e linksseitige Lähmung*

Links·ver·kehr *der*; das vorschriftsmäßige Fahren auf der linken Seite der Straße ↔ Rechtsverkehr: *In Großbritannien herrscht L.*

Li·no·le·um [-leʊm] *das*; *-s*; *nur Sg*; ein hartes u. zähes Material (ein Belag), mit dem man den Fußboden bedeckt: *ein Zimmer mit L. auslegen*

Lin·se[1] *die*; *-*, *-n*; **1** e-e runde, leicht gebogene Scheibe aus Glas od. Plastik, die Lichtstrahlen in e-e andere Richtung lenkt (bricht); Linsen verwendet man in Kameras u. in Mikroskopen ⟨e-e konvexe, konkave L.; e-e L. schleifen; die Brennweite, die Krümmung e-r L.⟩: *die L. e-s Vergrößerungsglases* **2** der Teil des Auges, der die Form u. Funktion e-r L.[1] (1) hat || ↑ *Abb. unter* ***Auge*** || K-: ***Linsen-***, ***-trübung*** **3** *gespr* ≈ Objektiv ⟨j-d / etw. läuft j-m vor die L.⟩

Lin·se[2] *die*; *-*, *-n*; **1** e-e Pflanze, deren essbare Samen die Form e-r kleinen Linse[1] (1) haben **2** die kleinen, runden, braunen od. roten Samen dieser Pflanze: *Heute gibt es Eintopf*: *Linsen mit Speck u. Würstchen* || K-: ***Linsen-***, ***-eintopf***, ***-gericht***

lin·sen; *linste*, *hat gelinst*; Vi ***irgendwohin l.*** *gespr*; versuchen, etw. zu sehen, ohne dass andere es bemerken ⟨durch das Schlüsselloch l.; um die Ecke l.⟩

Lip·pe *die*; *-*, *-n*; der obere od. der untere Rand des Mundes ⟨schmale, dicke, wulstige Lippen haben; die Lippen öffnen, runden, (zum Kuss) spitzen, aufeinander pressen⟩: *Sie setzte das Glas an die Lippen u. nahm e-n Schluck*; *Er biss sich beim Essen auf / in die L.* || ↑ *Abb. unter* ***Kopf*** || -K: ***Ober-***, ***Unter-*** || ID ***an j-s Lippen hängen*** j-m sehr konzentriert zuhören; ***etw. nicht über die Lippen bringen*** etw. nicht sagen können, weil es sehr unangenehm ist; ***e-e große / dicke / kesse L. riskieren*** *gespr* ≈ prahlen, angeben

Lip·pen·stift *der*; **1** e-e Art Stift, den *bes* Frauen verwenden, um e-e *mst* rote Substanz auf die Lippen zu bringen (u. so schöner auszusehen) **2** *nur Sg*; die Farbe des Lippenstiftes (1): *Sie hat etwas zu viel L. aufgetragen*

li·quid, **li·qui·de** [-kv-] *Adj*; *Ökon*; **1** ⟨e-e Summe, Gelder, Finanzmittel⟩ so, dass sie sofort zur Verfügung stehen ≈ verfügbar **2** ⟨e-e Firma, ein Unternehmen⟩ so, dass sie Rechnungen sofort zahlen können ≈ zahlungsfähig ↔ zahlungsunfähig || *hierzu* **Li·qui·di·tät** *die*; *nur Sg*

li·qui·die·ren; *liquidierte*, *hat liquidiert*; Vt **1** ***etw. l.*** *Ökon*; bewirken, dass ein Unternehmen *o.Ä.* nicht mehr existiert ≈ auflösen (3) ⟨e-e Firma, e-n Konzern, ein Unternehmen l.⟩ **2** ***j-n l.*** j-n *bes* aus politischen Gründen töten (lassen) ≈ exekutieren ⟨e-n Agenten l.⟩ || *hierzu* **Li·qui·die·rung** *die*; *mst Sg*; **Li·qui·da·ti·on** *die*; *mst Sg*

lis·peln; *lispelte*, *hat gelispelt*; Vi beim Sprechen eines „s“ mit der Zunge die Zähne berühren, sodass man anstatt „s“ e-e Art englisches „th“ spricht

List *die*; -, *-en*; **1** e-e Handlung, durch die man j-n täuscht, um sein Ziel zu erreichen ≈ Trick ⟨e-e L. ersinnen, anwenden; zu e-r L. greifen⟩: *j-m mit e-r L. e-n teuren Ring billig abkaufen* **2** *nur Sg*; ein Verhalten, bei dem man oft e-e L. (1) anwendet: *seine Pläne mit L. anpacken* **3 *mit L. u. Tücke*** *gespr*; indem man e-e L. (1) anwendet

Lis·te *die*; -, *-n*; **1** e-e schriftliche Zusammenstellung von mehreren Personen od. Dingen, die *mst* etw. gemeinsam haben u. die untereinander geschrieben sind ≈ Zusammenstellung, Verzeichnis ⟨e-e L. machen, erstellen, anlegen, führen; j-n / etw. in e-e L. aufnehmen, auf e-e L. setzen, von e-r L. streichen; j-n / sich in e-e L. eintragen⟩ || -K: ***Anwesenheits-, Einkaufs-, Bestell-, Besucher-, Gäste-, Schüler-*** **2** ein Blatt Papier, auf dem e-e L. (1) steht: *Auf dem Tisch lag e-e L., in die sich jeder Besucher eintragen konnte* **3** e-e L. (1) der Kandidaten für e-e Wahl ⟨j-n auf die L. setzen⟩ || K-: ***Listen-, -platz, -wahl*** || ID ***auf der schwarzen L. stehen*** **a)** zu den Personen gehören, die *z.B.* von den Behörden od. e-r Organisation als nicht vertrauenswürdig angesehen werden; **b)** *gespr*; bei j-m sehr unbeliebt sein

lis·tig *Adj*; ⟨ein Fuchs; ein Plan, ein Vorgehen⟩ so, dass in ihnen ein Trick od. e-e List steckt ≈ trickreich, raffiniert || *hierzu* **Lis·tig·keit** *die*; *nur Sg*

Li·ta·nei *die*; -, *-en*; **1** *kath*; ein Gebet, bei dem einmal der Priester u. einmal die Leute in der Kirche sprechen ⟨e-e L. beten⟩ **2** *gespr pej*; langes, monotones, *mst* klagendes Gerede: *Ich musste mir die ganze L. über seine Scheidung schon wieder anhören* **3 *e-e L.* (*von etw.*)** *gespr pej*; viele *mst* wenig interessante Dinge, die j-d aufzählt: *Der Rechtsanwalt führte e-e ganze L. von Gründen an*

Li·ter *der, das*; *-s*, -; die Einheit, mit der man das Volumen von Flüssigkeiten u. Gasen angibt; 1 Liter = 1000cm^3; *Abk* l ⟨ein halber L., ein viertel L.⟩: *einen L. Milch kaufen*; *Das Auto verbraucht 6 L. Benzin auf 100 Kilometer* || K-: ***Liter-, -flasche***

li·te·ra·risch *Adj*; zur Literatur (1) gehörig od. die Literatur (1) betreffend ⟨Werke, Gattungen; j-s Interesse⟩

Li·te·rat *der*; *-en, -en*; *geschr* ≈ Schriftsteller || NB: *der Literat*; *den, dem, des Literaten*

Li·te·ra·tur *die*; -, *-en*; **1** alle Gedichte, Dramen, Geschichten u. Romane (die von relativ hoher Qualität sind) ≈ Belletristik, Dichtung ⟨die moderne, zeitgenössische, triviale, anspruchsvolle L.; etw. geht in die L. ein, zählt zur L.⟩: *die deutschsprachige L.*; *die L. der Aufklärung, der Romantik* || K-: ***Literatur-, -epoche, -gattung, -geschichte, -kritik, -lexikon, -nobelpreis, -preis, -wissenschaft, -zeitschrift***; ***literatur-, -geschichtlich, -kritisch, -wissenschaftlich*** || -K: ***Trivial-*** **2 *die L.* (*zu / über etw.*)** *nur Sg*; alles, was über ein bestimmtes Thema od. Fachgebiet geschrieben wurde ⟨die wirtschaftliche, juristische, psychologische, medizinische L.; die L. zu e-m Thema kennen, zitieren⟩: *bei e-r wissenschaftlichen Arbeit die L. der Fachzeitschriften berücksichtigen* || K-: ***Literatur-, -angabe, -hinweis, -nachweis, -verzeichnis*** || -K: ***Fach-, Sekundär-***

Li·te·ra·tur·spra·che *die*; **1** die (auch stilisierte) Sprache, die in der Literatur (1) verwendet wird **2** *hist* (*DDR*) ≈ Standardsprache, Schriftsprache

li·ter·wei·se *Adv*; **1** in Mengen von einem Liter: *Wir verkaufen Milch nur l.* **2** in großen Mengen ⟨etw. l. kaufen, trinken⟩

Lit·faß|säu·le *die*; e-e dicke Säule (an der Straße od. auf e-m Platz), an die man Plakate klebt

Lit·schi *die*; -, *-s*; e-e kleine, runde, exotische Frucht mit rauer Schale u. e-m Kern

litt *Imperfekt, 1. u. 3. Person Sg*; ↑ ***leiden***

Li·tur·gie *die*; -, *-n* [-'giːən]; *Rel*; **1** die (offiziell vorgeschriebene Form der) verschiedenen Gottesdienste in der Kirche **2** der Teil des protestantischen Gottesdienstes, in dem der Pfarrer u. die Leute in der Kirche abwechselnd singen od. beten || *zu* **1 li·tur·gisch** *Adj*; *mst attr*

live [laif] *Adj*; *nur präd od adv*; *mst in* ***etw. l. übertragen / senden*** ein Ereignis im Radio od. im Fernsehen genau zu der Zeit übertragen, zu der es stattfindet ≈ direkt übertragen / senden: *Das Fußballspiel wird l. übertragen* || K-: ***Live-, -bericht, -reportage, -sendung, -übertragung*** **2** *mst in* **(*etw.*) *l. singen / spielen*** etw. wirklich singen / spielen, ohne Hilfe von Tonbandaufnahmen

Li·zenz *die*; -, *-en*; **1 *die L.* (*für etw.*)** die offizielle Erlaubnis (vom Staat od. e-r Institution), ein Geschäft zu eröffnen, ein Buch herauszugeben, ein Patent zu nutzen *o.Ä.* ≈ Konzession, Genehmigung ⟨e-e L. beantragen, erwerben, erteilen⟩: *die L. für den Vertrieb e-s Buches haben*; *ein Buch in L. vertreiben* || K-: ***Lizenz-, -gebühr, -inhaber, -vergabe, -vertrag*** **2** *Sport*; die Erlaubnis, e-n bestimmten Sport beruflich zu betreiben od. als Trainer od. Schiedsrichter zu arbeiten || K-: ***Lizenz-, -entzug, -spieler*** || -K: ***Spieler-, Schiedsrichter-, Trainer-***

Lkw, LKW ['ɛlkaːveː] *der*; *-(s), -s*; (*Abk für* Lastkraftwagen) ≈ Lastwagen ↔ Pkw || K-: ***Lkw-Fahrer, Lkw-Führerschein***

Lob *das*; *-(e)s*; *nur Sg*; die positive Reaktion auf e-e Leistung od. e-e Tat, die Worte der Anerkennung ↔ Tadel ⟨ein hohes, verdientes L.; L. verdienen, ernten; j-m L. spenden, zollen; j-n mit L. überhäufen; voll des Lobes für j-n / etw. sein⟩: *Sie bekam viel L. für ihren guten Aufsatz in der Schule*

Lob·by *die*; -, *-s*; e-e Gruppe von Personen mit gleichen Interessen, die versucht, *bes* Politiker so zu beeinflussen, dass sie e-n Vorteil davon hat ≈ Interessenvertretung: *Kinder haben keine L.*

lo·ben; *lobte, hat gelobt*; [Vt] ***j-n / etw.* (*für etw.*) *l.*** sagen, dass j-d etw. sehr gut gemacht hat od. dass etw. sehr gut ist ↔ tadeln, rügen ⟨j-n überschwänglich l.; sich lobend über j-n / etw. äußern; j-n / etw. lobend erwähnen⟩: *Der Firmenchef lobte den Mitarbeiter für seinen Fleiß* || ID *mst* ***Das 'lob ich mir!*** *gespr*; das gefällt mir sehr gut! || *hierzu* **lo·bens·wert** *Adj*

Lo·bes·hym·ne *die*; *mst in* ***e-e L. auf j-n / etw. singen*** j-n / etw. vor anderen auf übertriebene Art u. Weise loben

Lob·hu·de·lei *die*; -; *nur Sg*; übertriebenes Lob, mit dem man j-m *mst* schmeicheln will || *hierzu* **lob·hu·deln** (*hat*) *Vi*; **Lob·hud·ler** *der*; *-s*, -

löb·lich *Adj*; *mst iron*; ⟨e-e Idee, e-e Tat⟩ so, dass man sie loben muss ≈ lobenswert: *Dank seiner löblichen Idee bin ich jetzt pleite*

Lob·lied *das*; *mst in* ***ein L. auf j-n / etw. singen / anstimmen*** j-n / etw. sehr loben

lob·prei·sen; *lobpreiste, hat gelobpreist / lobgepriesen*; [Vt] ***j-n / etw. l.*** *geschr*; j-n / etw. sehr loben u. empfehlen || *hierzu* **Lob·prei·sung** *die*

Loch *das*; *-(e)s, Lö·cher*; **1** e-e Stelle, an der nichts mehr ist, an der aber vorher ein bestimmtes Material war ⟨ein großes, tiefes L.; ein L. (in etw.) reißen, graben, machen, bohren; ein L. zumachen, zufüllen, zuschütten⟩: *Er hat ein großes L. im Strumpf*; *Der Zahnarzt bohrt das L. im Zahn aus u. füllt es mit e-r Plombe*; *Der Dieb grub ein L. in den Boden u. versteckte darin seine Beute* **2** *gespr pej*; e-e kleine, *mst* dunkle od. schmutzige Wohnung ⟨in e-m schmutzi-

Litfaßsäule

gen, feuchten L. wohnen, hausen⟩ || ID ***etw. reißt ein großes L. in j-s Geldbeutel*** etw. kostet j-n sehr viel Geld; ***Löcher in die Luft starren*** (lange Zeit gedankenlos) geradeaus sehen, ohne dass man etw. Bestimmtes ansieht; ***Löcher in die Luft schießen*** schießen u. nicht treffen; ***j-m ein L. / Löcher in den Bauch fragen*** *gespr*; j-m immer wieder Fragen stellen, weil man etw. ganz genau wissen will; ***aus dem letzten L. pfeifen*** *gespr*; **a**) keine Kraft mehr haben od. krank sein; **b**) fast kein Geld mehr haben; ***saufen wie ein L.*** *gespr!* sehr viel Alkohol trinken

lo·chen; *lochte, hat gelocht*; [Vi] ***etw. l.*** mit e-m Gerät ein Loch od. Löcher in etw. machen ⟨e-e Fahrkarte, ein Blatt Papier l.⟩ || *hierzu* **Lo·chung** *die*

Lo·cher *der*; *-s, -*; ein Gerät, mit dem man zwei Löcher in ein Blatt Papier macht (damit man es in e-n Ordner heften kann)

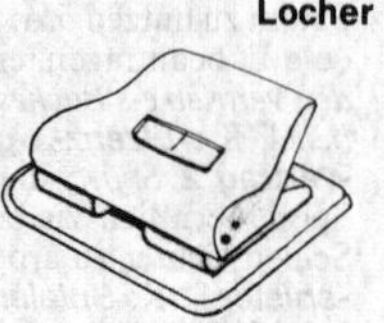
Locher

lö·che·rig *Adj*; *nicht adv*; mit mehreren Löchern ⟨Socken, Strümpfe; l. wie ein Schweizer Käse⟩

lö·chern; *löcherte, hat gelöchert*; [Vi] ***j-n (mit etw.) l.*** *gespr*; j-m immer wieder Fragen stellen od. ihm seine Wünsche sagen: *Meine Tochter löchert mich den ganzen Tag mit Fragen*

Loch·kar·te *die*; e-e Karte od. ein starkes Blatt Papier mit Informationen (in Form von Löchern), die von e-r Maschine gelesen werden können

Lo·cke *die*; *-, -n*; mehrere Haare, die (zusammen) e-e runde Form haben ⟨Locken haben; das Haar in Locken legen⟩: *Unsere Tochter hat glattes Haar, aber unser Sohn hat hübsche Locken* || K-: ***Locken-, -frisur, -kopf*** || ► ***lockig, gelockt***

lo·cken; *lockte, hat gelockt*; [Vi] **1** ***j-n / ein Tier (irgendwohin) l.*** versuchen, j-n / ein Tier durch Rufe od. durch etw. Angenehmes an e-n bestimmten Ort zu bringen ≈ anlocken ↔ verscheuchen: *Die Ente lockt die Küken zum Nest*; *mit Käse e-e Maus in die Falle l.*; *e-n Fußballer mit viel Geld ins Ausland l.* || K-: ***Lock-, -ruf, -speise*** **2** ***etw. lockt j-n irgendwohin*** etw. bringt j-n dazu, irgendwohin zu gehen (*mst* weil es sehr angenehm ist) ↔ etw. hält j-n von etw. fern: *Das warme Sommerwetter lockte viele Menschen an die Seen* || *zu* **1 Lo·ckung** *die* || ► ***Verlockung, verlockend***

Lo·cken·wick·ler *der*; *-s, -*; e-e kleine Rolle aus Plastik od. Metall, um die man Haare wickelt, damit Locken entstehen

lo·cker *Adj*; **1** nicht gut befestigt ≈ lose, wackelig ↔ fest ⟨ein Zahn, e-e Schraube, ein Nagel, ein Knopf⟩: *Seit seinem Unfall sind bei ihm zwei Zähne l.* **2** ⟨e-e Masse, ein Material⟩ so, dass viele kleine Löcher (Zwischenräume) darin sind ↔ fest (3), dicht ⟨der Schnee, der Teig; l. stricken⟩: *Würmer machen die Erde l.* **3** nicht kräftig gespannt od. gezogen ↔ straff, stramm ⟨ein Seil, ein Strick, e-e Schnur; ein Knoten⟩ **4** *mst präd*; nicht fest u. gespannt ⟨die Muskeln; die Beine, die Arme⟩ **5** ⟨e-e Beziehung; e-e Vorschrift, die Disziplin⟩ so, dass man dabei viele Freiheiten hat ↔ streng: *die Vorschriften l. handhaben* **6** *gespr*; in seinem Verhalten unkompliziert ≈ lässig, leger ↔ steif (4): *Man kann sich gut mit ihm unterhalten, weil er ein ziemlich lockerer Typ ist* || *zu* **6 Lo·cker·heit** *die*; *nur Sg*

lo·cker·las·sen; *lässt locker, ließ locker, hat locker gelassen*; [Vi] *mst* ***nicht l.*** *gespr*; etw. so lange versuchen, bis man sein Ziel erreicht hat ↔ aufgeben, verzagen: *Jetzt hast du die Arbeit bald fertig, du darfst nur nicht l.!* || NB: aber: *das Seil locker lassen* (getrennt geschrieben)

lo·cker·ma·chen; *machte locker, hat lockergemacht*; [Vt] ***etw. l.*** *gespr*; Geld für j-n / etw. geben ≈ spendieren: *Mein Vater hat 1000 Euro lockergemacht, damit ich mir ein Moped kaufen kann* || NB: aber: *den Boden locker machen* (getrennt geschrieben)

lo·ckern; *lockerte, hat gelockert*; [Vt] **1** ***etw. l.*** e-e Masse locker (2) machen ≈ auflockern ⟨die Erde, den Humus l.⟩ **2** ***etw. l.*** etw., das gespannt ist, locker (3) machen ↔ straffen ⟨ein Seil, e-n Knoten l.⟩ **3** ***etw. l.*** die Muskeln locker (4) machen ↔ anspannen: *vor e-m Sprint die Muskeln l.* **4** ***etw. l.*** etw. Strenges lockerer (5) machen ↔ verschärfen ⟨die Vorschriften, die Regeln l.⟩ || *hierzu* **Lo·cke·rung** *die*; *nur Sg*

lo·ckig *Adj*; mit vielen Locken ↔ glatt ⟨j-s Haar⟩

Lock·vo·gel *der*; *oft pej*; j-d mit der Aufgabe, j-n zu e-m bestimmten (*mst* illegalen) Verhalten zu bewegen: *Die Polizei setzte e-e Polizistin als L. für den Sexualverbrecher ein*

Lo·den *der*; *-s*; *nur Sg*; ein sehr dichtes Material aus Wolle, aus dem man *bes* Mäntel macht || K-: ***Loden-, -mantel, -stoff***

lo·dern; *loderte, hat gelodert*; [Vi] ***etw. lodert*** etw. brennt mit großen u. hohen Flammen ⟨Flammen, ein Feuer⟩

Löf·fel *der*; *-s, -*; **1** der Gegenstand, mit dem man *z.B.* die Suppe isst ⟨ein silberner L.; den L. ablecken⟩ || K-: ***Löffel-, -stiel*** || -K: ***Ess-, Kaffee-, Suppen-, Tee-*** **2** ***ein L.*** + *Substanz* die Menge der Substanz, die auf e-n L. (1) passt ⟨ein gestrichener, gehäufter L. Zucker⟩: *fünf L. Mehl* || ID ***j-m ein paar hinter die Löffel geben*** *gespr*; j-m e-e Ohrfeige geben; ***ein paar hinter die Löffel bekommen*** *gespr*; e-e Ohrfeige bekommen; *mst* ***Schreib dir das hinter die Löffel!*** *gespr*; merke dir das in Zukunft ganz genau!; ***den L. abgeben / wegwerfen*** *gespr!* ≈ sterben

löf·feln; *löffelte, hat gelöffelt*; [Vt] ***etw. l.*** etw. mit dem Löffel (1) essen: *hungrig seine Suppe aus dem Teller l.*

log *Imperfekt, 1. u. 3. Person Sg*; ↑ ***lügen***

Lo·ge ['loːʒə] *die*; *-, -n*; der Teil e-s Theaters, Kinos *o.Ä.*, der die teuersten Plätze hat u. der von den anderen Plätzen abgegrenzt ist || ↑ *Abb. unter* ***Theater*** || K-: ***Logen-, -platz***

Log·gia ['lɔdʒa] *die*; *-, Log·gi·en* ['lɔdʒiən]; e-e Art großer Balkon mit Dach

lo·gie·ren [-'ʒiː-, -'ʃiː-]; *logierte, hat logiert*; [Vt] **1** ***j-n l.*** (CH) j-n bei sich als Gast wohnen lassen ≈ aufnehmen, unterbringen; [Vi] **2** ***irgendwo l.*** *veraltend, oft hum* ≈ irgendwo für e-e bestimmte Zeit wohnen

Lo·gik *die*; *-*; *nur Sg*; **1** e-e Denkweise, bei der jeder Gedanke sinnvoll od. notwendigerweise zum nächsten führt ⟨e-e strenge, konsequente L.⟩: *In dem Satz „Er aß sehr viel, weil er keinen Hunger hatte" fehlt die L.* **2** die Wissenschaft, die sich mit den Prinzipien u. Gesetzen des Denkens beschäftigt: *die mathematische L.* || *zu* **2 Lo·gi·ker** *der*; *-s, -*; **Lo·gi·ke·rin** *die*; *-, -nen*

Lo·gis [lo'ʒiː]; *mst in* **(*bei j-m*) *Kost u. L. haben*** bei j-m essen u. wohnen können: *Sie verbrachte vier Wochen bei ihrer Tante in Frankreich - da hatte sie Kost u. L. frei*

lo·gisch *Adj*; **1** so, dass es den Prinzipien der Logik (1,2) entspricht ≈ folgerichtig ↔ unlogisch ⟨e-e Schlussfolgerung, ein Zusammenhang; l. denken, l. handeln⟩ **2** *mst präd, gespr*; so, dass man keinen weiteren Grund dafür nennen muss ≈ selbstverständlich: *Es ist doch völlig l.*, dass *du kein Geld hast, wenn du so teure Hobbys hast*

Lo·go *das*; *-s, -s*; ein Symbol, das als Warenzeichen für e-e Firma verwendet wird

lo·go *Adj; nur präd, nicht adv, gespr*; (*bes* von Jugendlichen verwendet) ≈ logisch (2): *Das ist l.!*

Lohn *der; -(e)s, Löh·ne*; **1** das Geld, das *bes* Arbeiter für ihre Arbeit (jeden Tag, jede Woche od. jeden Monat) bekommen ⟨e-n festen L. haben; die Löhne erhöhen, kürzen, auszahlen; die Löhne u. Gehälter⟩ || K-: ***Lohn-, -abbau, -auszahlung, -buchhaltung, -empfänger, -erhöhung, -forderung, -kürzung, -niveau, -tarif, -verhandlungen*** || -K: ***Arbeits-; Tarif-; Tages-, Wochen-, Monats-; Brutto-, Netto-*** || NB: Angestellte bekommen ein *Gehalt*, Beamte *Bezüge*; Leute, die freiberuflich arbeiten, wie *z.B.* Rechtsanwälte, Ärzte od. Übersetzer, bekommen ein *Honorar*; j-d, der selbstständig arbeitet, hat ein (privates) *Einkommen*; Schauspieler u. Künstler bekommen e-e *Gage*, Soldaten e-n *Sold*; *Verdienst* ist der Oberbegriff **2 der L. (für etw.)** *nur Sg, auch iron*; das, was man für seine Mühe od. für e-e Leistung od. Tat bekommt ⟨ein königlicher, fürstlicher, angemessener L.⟩: *Als L. für sein gutes Zeugnis bekam er ein Fahrrad*; *E-e Ohrfeige war der L. für seine Frechheit*

loh·nen; *lohnte, hat gelohnt*; [Vt] **1** ***j-m etw. l.*** *veraltend* ≈ j-n für etw. belohnen ⟨j-m seine Hilfe, Treue l.⟩; [Vr] **2** ***etw. lohnt sich*** etw. bringt e-n materiellen od. ideellen Vorteil od. Gewinn ≈ etw. rentiert sich: *Die ganze Mühe hat sich wirklich gelohnt*; *Es lohnt sich nicht mehr, den alten Fernseher reparieren* zu *lassen*

loh·nend **1** *Partizip Präsens*; ↑ ***lohnen*** **2** *Adj; mst attr*; ⟨e-e Aufgabe, ein Plan, ein Unternehmen⟩ so, dass man dabei e-n Gewinn od. viel Freude daran hat ≈ rentabel, erstrebenswert

Lohn·ne·ben·kos·ten *die; Pl*; die Kosten, die e-m Arbeitgeber neben dem eigentlichen Lohn / Gehalt aus e-r Arbeitsstelle entstehen, *bes* sein Anteil an der Kranken-, Renten- u. Arbeitslosenversicherung u. die Kosten für Lohnfortzahlungen bei Krankheit

Lohn·steu·er *die*; die Steuer, die ein Arbeiter, Angestellter od. Beamter für das Geld, das er verdient, an den Staat zahlen muss || NB: ↑ ***Einkommenssteuer***

Lohn·steu·er|jah·res·aus·gleich *der*; ein System, nach dem man e-n Teil der bereits bezahlten Steuer zurückbekommt, wenn man *bes* für seinen Beruf bestimmte Ausgaben hatte (*z.B.* für Bücher, Berufskleidung, ein Arbeitszimmer *o.Ä.*) ⟨den L. machen⟩

Lohn·steu·er|kar·te *die*; ein Formular (Vordruck), das man von der Gemeinde bekommt u. beim Arbeitgeber abgeben muss, damit er darauf einträgt, wie viel Lohn man in einem Jahr bekommen, bzw. wie viel Steuern man bezahlt hat

Loi·pe ['lɔypə] *die; -, -n; Sport*; die Spur, in der man beim Skilanglauf läuft ⟨e-e gespurte L.⟩

Lok *die; -, -s; Kurzw* ↑ ***Lokomotive***

lo·kal *Adj; mst attr, geschr*; nur e-n bestimmten Ort, e-e bestimmte Stelle betreffend ≈ örtlich ⟨die Nachrichten; e-e Betäubung; j-n l. betäuben⟩ || K-: ***Lokal-, -nachrichten, -patriotismus, -zeitung, -presse***

Lo·kal *das; -s, -e*; ein Raum od. Räume, in denen man für Geld etw. essen u. trinken kann ≈ Gaststätte, Wirtschaft ⟨in e-m L. einkehren⟩: *nach e-r Wanderung in e-m L. etwas essen* || -K: ***Speise-, Tanz-***

lo·ka·li·sie·ren; *lokalisierte, hat lokalisiert*; [Vt] ***etw. l.*** *geschr*; herausfinden od. festlegen, wo etw. ist: *die Schmerzen l.*; *die Stelle l., an der das Gift in den Fluss gelangte* || *hierzu* **Lo·ka·li·sie·rung** *die; mst Sg*; **lo·ka·li·sier·bar** *Adj; nicht adv*

Lo·kal·sen·der *der*; ein (Radio- od. Fernseh)Sender, der nur in e-m kleinen Gebiet empfangen wird

Lo·kal·teil *der*; der Teil e-r Zeitung mit den Nachrichten über den Ort, in dem die Zeitung erscheint

Lo·kal·ter·min *der*; das Treffen des Richters mit dem Angeklagten an dem Ort, an dem die Tat geschah ⟨e-n L. ansetzen, anberaumen⟩

Lok·füh·rer *der; Kurzw* ↑ ***Lokomotivführer***

Lo·ko·mo·ti·ve [-v-] *die; -, -n*; e-e Maschine, die auf e-m Eisenbahngleis die Wagen zieht || -K: ***Dampf-, Elektro-***

Lo·ko·mo·tiv·füh·rer *der*; j-d, der beruflich e-e Lokomotive fährt

Lo·kus *der; -, Lo·kus·se; gespr veraltend, oft hum* ≈ Toilette, Klo

Lol·li *der; -s, -s; gespr* ≈ Lutscher

Look [lʊk] *der; -s; nur Sg*; der typische Stil e-r Mode ⟨ein sportlicher, eleganter L.⟩: *Kleider im L. der 60er Jahre* || -K: ***Safari-, Trachten-***

Loo·ping ['lu:pɪŋ] *der; -s, -s; Aero*; der Kreis (in vertikaler Lage), den ein Flugzeug fliegt od. den e-e Achterbahn auf dem Rummelplatz fährt ⟨e-n L. drehen, fliegen⟩

Lor·beer *der; -s, -en*; **1** die kräftigen grünen Blätter e-s Baumes, der im Bereich des Mittelmeeres wächst || K-: ***Lorbeer-, -baum, -blatt, -zweig*** **2** *nur Sg*; ein Blatt des Lorbeers (1), das man als Gewürz verwendet || ID ***sich auf seinen Lorbeeren ausruhen*** *gespr*; nachdem man Erfolg gehabt hat, sich keine große Mühe mehr geben; (***bei / mit etw.***) ***keine Lorbeeren ernten können*** *gespr, oft iron*; mit e-r Leistung keine Erfolge haben od. keinen Eindruck machen

Lor·beer·kranz *der*; Zweige des Lorbeerbaumes, die in der Form e-s Kreises miteinander verbunden sind u. die man (*bes* in der Antike) j-m für seine (sportlichen od. politischen) Erfolge auf den Kopf setzte: *der L. Cäsars*

Lo·re *die; -, -n*; ein kleiner Wagen, der auf Schienen *bes* Steine (in Steinbrüchen) od. Kohle (in Bergwerken) transportiert

los[1] *Adj; nur präd, ohne Steigerung, nicht adv*; **1** nicht mehr an etw. befestigt ≈ ab, lose (1) ⟨ein Nagel, e-e Schraube, ein Brett, e-e Latte, ein Knopf⟩: *Du hast das Brett nicht fest genug angenagelt - jetzt ist es schon wieder l.* **2** ***j-n / etw. l. sein*** *gespr*; von e-r (unangenehmen) Person / Sache befreit sein ⟨e-e Krankheit l. sein: die Erkältung, den Schnupfen, den Husten, die Schmerzen l. sein⟩: *Nach zwei Stunden war ich unseren lästigen Nachbarn endlich l.* **3** ***etw. l. sein*** *gespr*; etw. nicht mehr haben, weil man es verloren od. ausgegeben hat: *Er ist schon wieder seinen Job l.*; *Er hat seinen Koffer im Bus stehen lassen - jetzt ist er ihn l.*; *Jetzt bin ich schon wieder fünfzig Euro l.!* **4** ***irgendwo / irgendwann ist viel / wenig / nichts / (et)was l.*** *gespr*; irgendwo / irgendwann geschieht viel, wenig *usw mst* Interessantes: *In e-r Großstadt ist viel l.*: *Da gibt es Kinos, Theater u. viele Kneipen*; *In diesem kleinen Dorf ist absolut nichts l.* **5** ***mit j-m ist nichts l.*** *gespr*; j-d ist krank, sehr beschäftigt od. langweilig: *Mit Rudi ist zurzeit nichts l., der muss den ganzen Tag arbeiten* **6** *mst* ***Was ist denn mit dir l.?*** *gespr*; hast du Probleme od. bist du krank? **7** ***Was ist (denn) los?*** **a)** was ist passiert?; **b)** verwendet, um Verärgerung auszudrücken, *bes* wenn man gestört wird

los[2] *Adv*; **1** verwendet, um j-n aufzufordern, schneller zu gehen od. etw. schneller zu machen: *Los, beeile dich endlich!*; *Los, komm jetzt!*; *Los, wir gehen jetzt!* **2** ***Auf die Plätze / Achtung - fertig - los!*** verwendet als Kommando beim Start zu e-m Wettlauf

Los *das; -es, -e*; **1** ein Stück Papier mit e-r Nummer, das man kauft, um (bei e-r Lotterie) etw. zu gewinnen ⟨ein L. kaufen, ziehen⟩: *Er kaufte fünf Lose, und alle waren Nieten* || K-: ***Los-, -nummer, -ver-***

käufer **2** ein Stück Papier *o.Ä.*, das dazu verwendet wird, e-e Entscheidung nach dem Zufallsprinzip zu treffen ⟨ein L. ziehen; etw. durch L. ermitteln; das L. entscheidet⟩: *Da zwei Teilnehmer dieselbe Punktzahl haben, wird durch L. ermittelt, wer in das Finale kommt* || K-: ***Los-, -entscheid*** **3** *geschr* ≈ Schicksal ⟨ein schweres L. haben; ein schreckliches L. erleiden⟩ **4** ***das große L.*** der größte Gewinn in e-r Lotterie ≈ Hauptgewinn || ID ***mit j-m / etw. das große L. gezogen haben*** gut gewählt haben || ▸ ***auslosen, verlosen***

los- *im Verb, betont u. trennbar, sehr produktiv*; die Verben mit *los-* werden nach folgendem Muster gebildet: *losgehen - ging los - losgegangen*

1 *los-* drückt aus, dass sich j-d / etw. von e-r Stelle weg bewegt ≈ weg-, fort-;
losfahren: *Als er an der Haltestelle ankam, fuhr der Bus gerade los* ≈ Als er ankam, bewegte sich der Bus gerade von der Haltestelle weg
ebenso: ***losfliegen, losrennen, losschwimmen***

2 *los-* drückt aus, dass e-e Handlung plötzlich beginnt;
losschreien: *Als man dem Kind das Spielzeug wegnahm, schrie es los* ≈ Als man dem Kind das Spielzeug wegnahm, fing es plötzlich an zu schreien
ebenso: ***losbrüllen, losschlagen***

3 *los-* drückt aus, dass j-d / etw. von etw. getrennt wird ≈ ab- (1), weg-;
etw. losdrehen: *Er drehte die Schraube los* ≈ Er drehte die Schraube so lange, bis sie (*z.B.* von e-m Brett) getrennt war
ebenso: ***etw. losbinden, etw. loslösen, etw. losmachen, etw. losschrauben***

-los; *im Adj, sehr produktiv*; ohne die genannte Sache; ***arbeitslos, chancenlos, gewissenlos, glücklos, respektlos, sinnlos, verantwortungslos, ziellos, zwecklos*** || NB ↑ ***-frei***

los·be·kom·men; *bekam los, hat losbekommen*; [Vt] ***etw.*** (***von etw.***) ***l.*** *gespr*; etw. von etw. trennen können: *Er bekam den Deckel nicht von der Dose los*

los·bin·den (*hat*) [Vt] ***j-n / etw.*** (***von etw.***) ***l.*** j-n / etw. von etw. trennen, indem man e-n Knoten öffnet ↔ anbinden: *ein Boot von der Stange l.*

los·bre·chen (*ist*) [Vi] ***etw. bricht los*** etw. fängt plötzlich u. intensiv an ⟨ein Sturm, ein Gewitter, ein Schauer; das Gelächter⟩

Lösch·blatt *das*; ein Blatt weiches Papier, das man benutzt, um feuchte Tinte zu trocknen

lö·schen[1]; *löschte, hat gelöscht*; [Vt] **1** ***etw. l.*** bewirken, dass etw. nicht mehr brennt ↔ anzünden ⟨ein Feuer, e-n Brand; e-e Kerze l.⟩: *Die Feuerwehr löschte den Brand* || K-: ***Lösch-, -arbeiten, -fahrzeug, -leiter, -mannschaft, -trupp, -wasser*** **2** ***etw. l.*** mit e-m Schalter bewirken, dass das (elektrische) Licht nicht mehr brennt ≈ ausschalten ⟨das Licht l.⟩ **3** ***etw. l.*** bewirken, dass das Genannte od. dessen Inhalt nicht mehr vorhanden sind ≈ tilgen, streichen ↔ aufnehmen ⟨e-e Eintragung, Daten l.; ein Konto l.; ein Tonband, e-e Tonbandaufnahme l.⟩: *Ich muss neue Kassetten kaufen, weil ich keine von den alten l. möchte* || K-: ***Lösch-, -taste*** **4** ***etw. löscht den Durst*** etw. bewirkt, dass man keinen Durst mehr hat ⟨Getränke⟩: *Mineralwasser löscht den Durst* **5** ***den Durst*** (***mit etw.***) ***l.*** etw. trinken: *Er löschte seinen Durst mit Limonade* || *zu* **3 Lö·schung** *die*; *mst Sg*

lö·schen[2]; *löschte, hat gelöscht*; [Vt] ***etw. l.*** *Seefahrt*; die Waren, die ein Schiff transportiert, an Land bringen ≈ entladen ⟨die Fracht, die Ladung, ein Schiff l.⟩ || *hierzu* **Lö·schung** *die*; *mst Sg*

Lösch·pa·pier *das*; *nur Sg* ≈ Löschblatt

los·don·nern (*ist*) [Vi] ***j-d / etw. donnert los*** *gespr*; j-d / etw. fährt schnell u. mit viel Lärm weg ≈ j-d / etw. rast los ⟨ein Auto, ein Motorrad, ein Flugzeug⟩

los·dre·hen (*hat*) [Vt] ***etw.*** (***von / aus etw.***) ***l.*** etw. von etw. trennen, indem man es dreht ⟨e-e Schraube l.⟩

lo·se *Adj*; **1** nicht mehr an etw. befestigt ↔ fest ⟨e-e Schraube, ein Nagel, ein Knopf⟩ **2** nicht aneinander befestigt ≈ einzeln ⟨Blätter⟩: *Seine Hefte bestehen nur noch aus losen Blättern* **3** *mst attr*; leicht provozierend ≈ frech ⟨lose Späße machen, lose Sprüche, Reden führen; ein loses Mundwerk haben⟩ **4** (noch) nicht fertig verpackt ⟨Bonbons l. verkaufen⟩

Lö·se·geld *das*; *nur Sg*; die Summe Geld, die man bezahlen muss, damit ein Gefangener freigelassen wird ⟨ein L. fordern, zahlen, hinterlegen⟩: *Die Entführer des Kindes verlangten eine halbe Million Euro L.*

los·ei·sen; *eiste los, hat losgeeist*; [Vt] ***j-n / sich l.*** *gespr*; erreichen, dass j-d / man von e-r Verpflichtung frei wird (u. e-n Ort verlassen kann): *Ich weiß, dass du viel zu tun hast. Aber kannst du dich nicht mal für ein paar Stunden l. u. zu mir kommen?*

lo·sen; *loste, hat gelost*; [Vi] (***um etw.***) ***l.*** etw. durch ein Los (2) entscheiden: *Meine beiden Söhne losten* (darum), wer *mit meinem Auto fahren durfte*

lö·sen[1]; *löste, hat gelöst*; [Vt] **1** ***etw.*** (***von / aus etw.***) ***l.*** etw. von der Sache / Stelle trennen, an der es befestigt (fest) ist ≈ abmachen, trennen ↔ befestigen, anbringen: *Sie löste die Briefmarke von der Postkarte*; *Er löst die Tapeten von der Wand* **2** ***etw. l.*** etw., das fest ist, locker(er) machen ≈ lockern ⟨e-n Knoten l.; e-e Schraube l.⟩ **3** ***etw. löst etw.*** etw. beseitigt etw. teilweise od. ganz ⟨etw. löst Krämpfe, Schmerzen, Hemmungen, Spannungen⟩: *e-e Creme, die die Spannungen in der Muskulatur löst* **4** ***etw. l.*** e-e Fahrkarte kaufen: *e-e Fahrkarte für die Straßenbahn am Automaten l.*; [Vr] **5** ***etw. löst sich*** (***von etw.***) etw. trennt sich von der Sache / Stelle, an der es befestigt (fest) ist ≈ etw. geht ab ⟨die Tapete, e-e Lawine, die Farbe⟩: *Die Farbe löste sich vom Zaun* **6** ***etw. löst sich*** etw. wird immer lockerer u. ist zum Schluss lose (1) ⟨e-e Schraube, ein Knoten⟩ **7** ***sich von j-m l.*** die enge Bindung an e-e Person geringer werden lassen od. brechen: *Wenn die Kinder älter werden, lösen sie sich von ihren Eltern* **8** ***etw. löst sich*** etw. wird in der Intensität geringer ≈ etw. nimmt ab, lässt nach ↔ etw. nimmt zu ⟨Schmerzen, Krämpfe; Hemmungen, Spannungen⟩ **9** ***ein Schuss löst sich*** ein Schuss kommt aus der Waffe, ohne dass j-d schießen wollte

lö·sen[2]; *löste, hat gelöst*; [Vt] **1** ***etw. l.*** durch Nachdenken, Analysieren u. Handeln zu e-m sinnvollen Ergebnis kommen ≈ meistern, bewältigen, klären ⟨ein Problem, ein Rätsel, e-n Fall, e-e mathematische Aufgabe l.⟩: *Dem Detektiv gelang es nicht, den Mordfall zu l.*; [Vr] **2** ***etw. löst sich*** etw. wird von j-m durch Nachdenken, Analysieren u. Handeln zu e-m sinnvollen Ergebnis gebracht ≈ etw. klärt sich (auf): *Die Polizei brauchte nicht mehr zu suchen, da sich das Rätsel um das verschwundene Auto gelöst hatte*

lö·sen[3]; *löste, hat gelöst*; [Vt] **1** ***etw. löst etw.*** etw. bildet mit etw. e-e homogene Mischung und entfernt es auf diese Weise (von e-m anderen Stoff): *Terpentin löst Farben u. Öle* **2** ***etw.*** (***in etw.*** (*Dat*)) ***l.*** e-e Substanz in e-e Flüssigkeit geben, damit sich e-e homogene Mischung bildet ⟨Salz, Zucker in Wasser l.⟩; [Vr] **3** ***etw. löst sich*** etw. bildet mit e-r Flüssigkeit e-e homogene Mischung ≈ etw. löst sich auf, zersetzt sich: *Fett löst sich nicht in Wasser*

los·fah·ren (*ist*) [Vi] (***von etw.***) ***l.*** sich mit e-m Fahrzeug von e-m Ort weg bewegen ≈ abfahren: *Wir fuhren in Genf um drei Uhr los*

los·ge·hen (*ist*) [Vi] **1** e-n Ort zu Fuß verlassen ≈ abmarschieren, aufbrechen, sich auf den Weg machen ↔ ankommen: *Wenn wir den Zug noch erreichen wollen, müssen wir jetzt l.* **2 etw. geht los** *gespr* ≈ etw. beginnt ⟨Veranstaltungen: das Theater, ein Theaterstück, ein Film, das Kino, ein Spiel, ein Konzert⟩: *Das Fest geht um 3 Uhr los* **3 etw. geht los** etw. wird abgefeuert od. explodiert ⟨ein Schuss, e-e Bombe⟩ **4** (**mit etw.**) **auf j-n l.** *gespr* ≈ j-n angreifen, attackieren: *Plötzlich gingen zwei Männer mit dem Messer aufeinander los* || ID *mst* **Gleich geht es los!** *gespr*; etw. (*z.B.* e-e Veranstaltung) beginnt in kurzer Zeit; **Jetzt gehts schon 'wieder los!** *gespr pej*; etw. Unangenehmes beginnt wieder; **Auf „los!" gehts los!** wenn das Startzeichen „los" gegeben wird, fängt *mst* ein Wettbewerb an

los·ha·ben (*hat*) [Vi] *nur in* **(et)was / viel / wenig / nichts l.** *gespr*; gutes / großes / wenig / kein Wissen od. Können (auf e-m bestimmten Gebiet) haben ≈ sich auskennen: *In praktischen Dingen hat er viel los*

los·heu·len (*hat*) [Vi] *gespr*; plötzlich anfangen, heftig zu weinen

los·kom·men (*ist*) [Vi] **1 von j-m / etw. l.** *gespr*; sich von j-m / etw. trennen können ⟨vom Alkohol nicht mehr l.⟩: *Obwohl sie ständig Streit mit ihrem Freund hat, kommt sie nicht mehr von ihm los* || NB: *mst* verneint! **2** (**von etw.**) **l.** *gespr* ≈ sich von etw. befreien: *Der Hund versuchte, von der Leine loszukommen*

los·krie·gen (*hat*) [Vt] *gespr*; **1 etw.** (**von etw.**) **l.** etw. von etw. trennen können: *Die Schraube ist verrostet, ich krieg' sie nicht los* **2 etw. l.** etw. verkaufen können: *Er kriegt sein altes Auto nicht los* **3 j-n l.** ≈ j-n loswerden

los·la·chen (*hat*) [Vi] plötzlich anfangen zu lachen: *Sie lachte laut los, als sie ihn im Nachthemd sah*

los·las·sen (*hat*) [Vt] **1 j-n / etw. l.** e-e Person / Sache, die man mit der Hand hält, nicht länger halten ↔ festhalten: *Du darfst die Zügel nicht l.!* **2 ein Tier** (**auf j-n**) **l.** e-m Tier befehlen od. es ihm möglich machen, j-n anzugreifen: *Er ließ seinen Hund auf den Dieb los* **3 j-n auf j-n** (*Kollekt od Pl*) **l.** *gespr*; j-n, der noch keine Erfahrung hat, seine Arbeit tun lassen: *Ist es nicht schlimm, so e-n unerfahrenen jungen Arzt auf die Menschheit loszulassen?* **4 etw. l.** *gespr, mst pej*; etw. schreiben u. es abschicken od. etw. sagen ⟨e-e Beschwerde l.; e-n Spruch, e-n Fluch l.⟩ **5 j-n nicht mehr l.** *gespr*; versuchen, j-n als Partner zu behalten (um ihn zu heiraten)

los·lau·fen (*ist*) [Vi] plötzlich anfangen zu laufen od. zu gehen

los·le·gen (*hat*) [Vi] **1** (**mit etw.**) **l.** *gespr*; deutlich u. wütend sagen, was einen ärgert: *Er legte sofort los mit seinen Beschwerden* **2** (**mit etw.**) **l.** *gespr*; etw. (mit viel Energie) beginnen ≈ etw. anpacken: *Morgens um sieben legten die Handwerker gleich los mit der Arbeit*; *Du kannst gleich l. mit deiner Erzählung*

lös·lich *Adj*; **1** *nur präd, nicht adv*; so, dass es mit e-r Flüssigkeit e-e homogene Mischung bildet: *Fett ist in Wasser nicht l., Zucker ist jedoch l.* **2** *mst attr, nicht adv*; fein gemahlen u. in Wasser l. (1) ⟨*mst* Pulverkaffee⟩ || *hierzu* **Lös·lich·keit** *die*; *nur Sg*

los·lö·sen (*hat*) [Vt] **1 etw.** (**von etw.**) **l.** ≈ etw. von etw. lösen[1](1): *Briefmarken vom Kuvert l.*; [Vr] **2 etw. löst sich** (**von etw.**) **los** ≈ etw. löst[1](5) sich von etw.: *Die Tapete hat sich losgelöst*

los·ma·chen (*hat*) [Vt] **j-n / etw.** (**von etw.**) **l.** j-n / etw. von etw. trennen, befreien ≈ losbinden ⟨ein Boot, e-n Hund von der Leine l.⟩

los·plat·zen (*ist*) [Vi] *gespr*; **1** plötzlich anfangen zu lachen **2** (**mit etw.**) **l.** plötzlich etw. (oft sehr laut u. wütend) sagen, weil man nicht mehr warten kann u. es einfach sagen muss

los·rei·ßen (*hat*) [Vt] **1 j-n / sich / etw.** (**von j-m / etw.**) **l.** j-n / sich / etw. von j-m / etw. trennen, indem man kräftig reißt ≈ abreißen: *e-n Knopf vom Mantel l.*; *Er wurde festgehalten, aber es gelang ihm, sich loszureißen*; [Vr] **2 sich von etw. nicht l. können** nicht aufhören können, *bes* etw. zu lesen od. anzusehen, weil es so interessant ist: *sich von e-m spannenden Buch nicht l. können*

los·ren·nen (*ist*) [Vi] plötzlich zu rennen beginnen ≈ wegrennen

los·sa·gen, sich (*hat*) [Vr] **sich von j-m / etw. l.** sagen, dass man mit j-m / etw. nichts mehr zu tun haben will ≈ sich von j-m / etw. trennen ⟨sich von seinem Glauben, von seiner Überzeugung l.⟩ || *hierzu* **Los·sa·gung** *die*

los·schie·ßen (*hat*) [Vi] **1** plötzlich anfangen zu schießen **2** *gespr*; anfangen, etw. zu erzählen: *Komm, schieß los u. erzähl uns, was du gesehen hast!* || NB: *mst* im Imperativ

los·schimp·fen (*hat*) [Vi] plötzlich anfangen zu schimpfen

los·schla·gen (*hat*) [Vt] **1 etw.** (**von etw.**) **l.** etw. von etw. durch e-n Schlag trennen ≈ abschlagen: *e-e Latte von e-m Zaun l.*; [Vi] **2 auf j-n l.** anfangen, j-n (*mst* unkontrolliert) zu schlagen ≈ auf j-n einschlagen: *Die beiden Boxer schlugen aufeinander los* **3** mit e-m (oft militärischen) Angriff beginnen

los·stür·zen (*ist*) [Vi] **1** plötzlich u. sehr schnell e-e Stelle (zu Fuß) verlassen ≈ loslaufen, losrennen, davonrennen **2 auf j-n l.** j-n angreifen ≈ sich auf j-n stürzen: *Der Tiger stürzte auf den Dompteur los*

los·tre·ten (*hat*) [Vt] **etw. l.** etw. durch Treten von etw. lösen od. in Bewegung setzen ⟨e-e Lawine l.⟩

Lo·sung *die*; -, *-en*; **1** ein kurzer Satz, der ausdrückt, was man tun soll ≈ Wahlspruch, Parole (2) ⟨e-e L. ausgeben⟩: *Der Stadtrat gab die L. aus*: *„Haltet unsere Stadt sauber!"* **2** *Mil* ≈ Parole (1)

Lö·sung[1] *die*; -, *-en*; **1** das Lösen[2] (1) ⟨e-s Problems, e-s Falles, e-s Rätsels, e-r Aufgabe⟩: *e-n Detektiv mit der L. e-s Falles beauftragen* || K-: **Lösungs-, -möglichkeit, -versuch, -vorschlag** || -K: **Konflikt-, Problem-** **2** das, womit ein Problem gelöst[2] (1) wird od. werden kann ≈ Auflösung ⟨e-e elegante L.; die L. finden⟩: *vergeblich versuchen, die L. e-r mathematischen Aufgabe zu finden* || K-: **Lösungs-, -wort**

Lö·sung[2] *die*; -, *-en*; e-e Flüssigkeit, die mit e-r anderen Substanz e-e homogene Mischung bildet ⟨e-e hochprozentige L.; e-e L. verdünnen⟩: *e-e L. aus Wasser u. Säure* || -K: **Salz-, Säure-**

los·wer·den (*ist*) [Vt] *gespr*; **1 j-n / etw. l.** sich von e-r Person / Sache trennen, die einem unangenehm ist ⟨e-n Besucher, e-n Eindringling l.⟩ **2 etw. l.** etw. verkaufen können: *schlecht gewordene Ware nicht mehr l.* **3 j-d wird etw. los** j-d verliert etw., j-m wird etw. gestohlen: *Er ist beim Einkaufen seine Brieftasche losgeworden* || ID *mst* **Ich werde das Gefühl nicht los, dass ...** ich habe den starken Verdacht, dass ...

los·zie·hen (*ist*) [Vi] e-n Ort *mst* zu Fuß verlassen

Lot *das*; *-(e)s, -e*; **1** ein Stück Metall, das an e-r Schnur hängt u. mit dessen Hilfe man feststellen kann, ob etw. senkrecht od. wie tief es ist **2** *Math*; e-e Gerade, die mit e-r anderen Geraden od. mit e-r Ebene e-n Winkel von 90° bildet ⟨das L. fällen⟩ || ID **etw. ist im L.** etw. ist in geordneten Verhältnissen; **etw. kommt** (**wieder**) **ins L.** etw. kommt wieder in Ordnung; **etw.** (**wieder**) **ins** (**rechte**) **L. bringen** wieder Ordnung in etw. bringen

lö·ten; *lötete, hat gelötet*; [Vt/i] (**etw.**) **l.** zwei Teile aus Metall durch ein anderes, flüssig gemachtes Metall, *mst* aus Blei u. Zinn, verbinden ⟨e-n Draht, e-e elektrische Leitung l.⟩ || NB: ↑ **schweißen**

Lo·ti·on [lo'tsio:n] *die*; -, *-en*; e-e Flüssigkeit (ähnlich wie Milch), mit der man die Haut pflegt

Löt·kol·ben *der*; ein elektrisches Gerät, mit dem man Metalle lötet

Lot·se *der*; *-n*, *-n*; j-d, der Schiffe durch e-n gefährlichen Teil e-s Meeres, Hafens, Flusses *o.Ä.* leitet od. Flugzeuge dirigiert || -K: ***Flug-*** || NB: *der Lotse*; *den, dem, des Lotsen*

lot·sen; *lotste, hat gelotst*; Vt **1** ***etw. l.*** ein Schiff durch e-e gefährliche Stelle des Meeres, Hafens, Flusses *usw* od. ein Flugzeug (vom Boden aus) auf die richtige Bahn leiten: *ein Schiff durch die Felsen l.*; *ein Flugzeug zur Startbahn l.* **2** ***j-n irgendwohin l.*** j-m den Weg zu seinem Ziel zeigen ≈ dirigieren: *j-n durch den Verkehr der Großstadt l.*

Lot·te·rie *die*; -, *-n* [-'ri:ən]; **1** ein System od. e-e Veranstaltung, bei denen Lose (1) gezogen werden u. derjenige e-n Gewinn bekommt, der die gleiche Nummer hat wie die des gezogenen Loses ≈ Verlosung ⟨an e-r L. teilnehmen; in der L. spielen⟩: *Lose für e-e L. kaufen* || K-: ***Lotterie-, -gewinn, -los*** **2** die Institution, die Lose (1) zieht u. Gewinne verteilt

Lot·ter·le·ben *das*; *pej od hum*; ein faules, unordentliches, unmoralisches Leben ⟨ein L. führen⟩

Lot·to *das*; *-s*; *nur Sg*; e-e Art Lotterie, bei der Zahlen gezogen werden u. bei der man Geld gewinnen kann, wenn man auf e-m Blatt Papier (e-m Schein) einige od. alle der gezogenen Zahlen gewählt hat ⟨L. spielen; drei, vier, fünf, sechs Richtige im L. haben⟩ || K-: ***Lotto-, -annahmestelle, -gewinn, -spiel, -zahlen*** || -K: ***Zahlen-***

Lot·to·schein *der*; ein Blatt Papier, auf dem man Zahlen ankreuzt u. für das man Geld bezahlt, um am Lotto teilzunehmen ⟨den L. ausfüllen⟩

Lö·we *der*; *-n*, *-n*; **1** ein großes, gelbbraunes Tier (e-e Raubkatze), das *bes* in Afrika lebt; die Männchen haben lange, kräftige Haare (e-e Mähne) auf dem Kopf u. auf der Schulter ⟨der L. brüllt; die Mähne des Löwen; der L. reißt seine Beute⟩ || ↑ *Abb. unter* ***Raubkatzen*** || K-: ***Löwen-, -jagd, -käfig, -mähne, -männchen, -pranke, -weibchen*** **2** *nur Sg*; das Sternzeichen für die Zeit vom 23. Juli bis 22. August || ↑ *Abb. unter* ***Sternzeichen*** **3** j-d, der in der Zeit vom 23. Juli bis 22. August geboren ist: *Sie ist (ein) L.* || NB: *der Löwe*; *den, dem, des Löwen* || ID ***kämpfen wie ein L.*** mit viel Mut u. Energie kämpfen || *zu* **1 Lö·win** *die*; -, *-nen*

Lö·wen·an·teil *der*; der größte u. beste Teil von etw. ⟨den L. bekommen; sich den L. sichern; den L. für sich beanspruchen⟩

Lö·wen·maul *das*; *nur Sg*, *Kollekt*; e-e Blume, die in vielen Farben in Gärten wächst

Lö·wen·zahn *der*; *nur Sg*; e-e Pflanze, die *bes* auf Wiesen wächst, e-e runde Blüte aus vielen gelben, spitzen Blütenblättern hat u. deren Stängel e-n weißen Saft enthält || ↑ *Abb. unter* ***Blumen***

lo·yal [loa'ja:l] *Adj*; *geschr*; **1** ***l.*** ***(gegenüber j-m / etw.)*** ⟨Staatsbürger, Truppen⟩ so, dass sie die Prinzipien e-r Institution (*bes* des Staates) respektieren ≈ treu **2** ***l.*** ***(gegenüber j-m / etw.)*** ⟨ein Kollege, ein Geschäftspartner⟩ so, dass sie aufrichtig u. fair sind (u. sich daran halten, was vereinbart wurde) ≈ pflichtbewusst, redlich: *Verträge l. erfüllen*; *l. gegenüber seinen Geschäftspartnern sein* || *hierzu* **Lo·ya·li·tät** *die*; -; *nur Sg*

LP [ɛl'pe:] *die*; -, *-s*; *gespr* ≈ Langspielplatte

LSD [ɛlɛs'de:] *das*; -*(s)*; *nur Sg*; ein Rauschgift

lt. *Abk für* laut[2]

Luchs [lʊks] *der*; *-es*, *-e*; ein Tier (e-e Raubkatze) mit gelbem Fell u. schwarzen Flecken, das in Europa vorkommt || ID ***aufpassen wie ein L.*** sehr aufmerksam sein u. alles genau beobachten

Lü·cke *die*; -, *-n*; **1** e-e Stelle, an der etw. fehlt, das dort sein sollte ⟨e-e L. entsteht; e-e L. lassen, schließen, füllen⟩: *Die Kinder krochen durch e-e L. im Zaun*; *Nachdem ihm ein Zahn gezogen worden war, hatte er e-e L. im Gebiss* || -K: ***Zahn-*** **2** das Fehlen von etw., das *mst* nützlich wäre ≈ Mangel: *In der Grammatik hat er große Lücken*; *Der Angeklagte konnte von e-r L. im Gesetz profitieren u. wurde freigesprochen* || -K: ***Gesetzes-, Wissens-***

Lü·cken·bü·ßer *der*; *mst pej*; e-e Person od. Sache, die als *mst* nicht vollwertiger Ersatz für j-n / etw. dient: *Weil Florian krank wurde, musste Paul als L. die Arbeit machen*

lü·cken·haft *Adj*; **1** mit einer od. mehreren Lücken (1) ↔ lückenlos (1) ⟨ein Gebiss⟩ **2** mit Lücken (2) ≈ unvollständig, unvollkommen ↔ lückenlos (2) ⟨j-s Wissen, Kenntnisse, Erinnerungen⟩ || *hierzu* **Lü·cken·haf·tig·keit** *die*; *nur Sg*

lü·cken·los *Adj*; **1** ohne Lücke (1) ↔ lückenhaft (1) ⟨ein Gebiss⟩ **2** ohne Lücken (2) ≈ umfangreich, perfekt ↔ lückenhaft (2) ⟨j-s Wissen, Kenntnisse, Erinnerungen⟩ || *hierzu* **Lü·cken·lo·sig·keit** *die*; *nur Sg*

lud *Imperfekt, 1. u. 3. Person Sg*; ↑ ***laden***

Lu·der *das*; *-s*, -; *gespr! pej*; verwendet als Schimpfwort für e-e Frau ⟨ein freches, unverschämtes, dummes L.⟩

Ludwig II. von Bayern

Ludwig II. von Bayern (1845–1886, ab 1864 König), ein Mitglied der Dynastie der **Wittelsbacher**, war der vorletzte König des ehemaligen Königreichs Bayern. Als der „Märchenkönig" ist er wohl heute noch der bekannteste der bayerischen Könige, es gibt viele Geschichten über ihn und sein exzentrisches Leben.
Besondere Anziehungspunkte für Touristen sind die romantischen Schlösser (zum Beispiel **Neuschwanstein**, **Linderhof** und **Herrenchiemsee**), die er nach eigenen Ideen bauen ließ. Er förderte auch besonders die Künste. Besonders begeistert war er von **Richard Wagner**, für den er das Bayreuther Opernhaus bauen ließ.

Luft *die*; -, *Lüf·te*; **1** *nur Sg*; das Gemisch aus Gasen, das die Erde umgibt u. das der Mensch u. die Tiere brauchen, um atmen zu können ⟨dünne, feuchte, milde, klare, warme, kalte, frische L.; die L. einatmen, ausatmen; keine L. (mehr) bekommen; nach L. ringen, schnappen⟩: *Die L. besteht aus e-m Gemisch aus Stickstoff, Sauerstoff u. Edelgasen*; *Nach dem Regen ist die L. wieder frisch u. gut*; *Wenn man auf e-n Berg steigt, wird die L. immer dünner* || K-: ***Luft-, -blase, -feuchtigkeit, -filter, -mangel, -reinheit, -strömung, -temperatur, -verschmutzung, -verunreinigung*** || -K: ***Frisch-, Kalt-, Warm-, Heiß-***; ***Meeres-*** **2** *nur Sg*; der Raum direkt über der Oberfläche der Erde, in dem wir leben: *e-n Ball in die L. werfen*; *e-e Brücke in die L. sprengen*; *Ein Pfeil fliegt durch die L.*; *Der Vogel fing e-e Fliege in der L.* || K-: ***Luft-, -angriff, -kampf, -schlacht*** **3** *nur Sg*; ein leichter Wind ≈ Lüftchen, Brise ⟨es geht, weht e-e frische, kalte L.⟩ **4** ***L. holen*** ≈ einatmen ⟨tief L. holen⟩ **5** ***die L. anhalten*** die L. (1) nicht aus dem Mund u. der Nase strömen lassen **6** ***an die frische L. gehen***; ***frische L. schnappen*** nach draußen gehen, um frische L. (1) atmen zu können || ID *mst* ***Die L. ist rein!*** es ist niemand da, der einen beobachten könnte; ***Es herrscht dicke L.*** *gespr*; es herrscht e-e gespannte Atmosphäre, Streit bahnt sich an; ***j-n wie L. behandeln*** *gespr*; j-n ignorieren; ***L. für j-n sein*** *gespr*; von j-m ignoriert, nicht beachtet werden; ***etw. liegt in der L.*** etw. steht (als Gefahr, Drohung) direkt bevor: *Da lag ein Streit in der L.*; ***j-d / etw. löst sich in L. auf*** j-d / etw. verschwindet plötzlich; ***j-m bleibt die L. weg*** **a)** j-d kann nicht mehr atmen; **b)** j-d ist sehr erschrocken od. erstaunt; ***etw. fliegt in die L.*** etw. explodiert: *Die Brücke flog in die L.*; ***etw. in die L. jagen*** *gespr*; etw. sprengen: *e-e Brücke in die L. jagen*; ***etw. ist aus der L. gegriffen*** etw. ist erfunden u. existiert in Wirklichkeit nicht ⟨e-e Behauptung⟩; ***aus etw. ist die L. raus*** *gespr*; etw. hat nicht mehr dieselbe Wirkung od. den Schwung wie am Anfang; ***j-d geht in die L.*** *gespr*; j-d wird sehr schnell wütend ≈ j-d geht hoch; ***j-n an die frische L. setzen*** *gespr*; j-n hinauswerfen; ***j-n in der L. zerreißen*** *gespr*; j-n sehr hart kritisieren; ***sich / etw.*** (*Dat*) ***L. machen*** laut sagen, was einem Probleme u. Ärger macht ⟨seinem Ärger, Verdruss L. machen⟩; *mst* ***von L. u. Liebe kann man nicht leben*** man braucht auch Essen *usw* (u. deswegen auch Geld) zum Leben; ***sich in die Lüfte schwingen***; ***sich in die Lüfte erheben*** *geschr*; den Boden verlassen u. fliegen ⟨Vögel⟩; ***j-m die L. zum Atmen nehmen*** j-n in seiner Freiheit sehr einschränken; ***Halt die L. an!*** *gespr*; **a)** sei still, rede nicht so viel; **b)** übertreib nicht so; ***etw. hängt*** (***noch***) ***in der L.*** etw. ist noch nicht entschieden; ***j-n in der L. hängen lassen*** j-n auf e-e Entscheidung od. Hilfe warten lassen

Luft·ab·wehr *die*; *nur Sg*, *Mil*; die Verteidigung gegen Flugzeuge u. Raketen des Feindes in der Luft

Luft·auf·nah·me *die*; ein Foto (e-s Teils der Oberfläche der Erde), das von e-m Flugzeug *o.Ä.* aus gemacht wurde

Luft·bal·lon *der*; e-e Hülle aus Gummi, die man mit Luft füllt u. die *bes* ein Spielzeug für Kinder ist

Luft·brü·cke *die*; der Transport von Lebensmitteln, Medikamenten *usw* in ein Gebiet, *bes* bei Katastrophen od. im Krieg ⟨e-e L. einrichten⟩

Lüft·chen *das*; *-s*; *nur Sg*; ein leichter Wind ≈ Luft (3), Brise ⟨es geht ein L.; ein laues L.⟩

luft·dicht *Adj*; so, dass keine Luft hinein od. hinaus kann ⟨e-e Verpackung⟩

Luft·druck *der*; *nur Sg*; der Druck, den die Luft (1) *bes* auf die Erde ausübt ⟨der L. steigt, fällt⟩ || K-: ***Luftdruck-, -messgerät***

lüf·ten; *lüftete, hat gelüftet*; [Vt/i] **1** (***etw.***) ***l.*** die Fenster öffnen, damit frische Luft in das Zimmer kommt ⟨ein Zimmer, e-n Raum l.⟩; [Vt] **2** ***ein Geheimnis l.*** j-m ein Geheimnis verraten ↔ ein Geheimnis hüten

Luft·fahr·zeug *das*; ein Fahrzeug, mit dem man fliegen kann: *Flugzeuge, Zeppeline u. Ballons sind Luftfahrzeuge*

luft·ge·trock·net *Adj*; *nicht adv*; an der Luft trocken geworden ⟨Fleisch, Schinken⟩

Luft·ge·wehr *das*; ein Gewehr, bei dem die zusammengepresste Luft die Kugel nach außen treibt || K-: ***Luftgewehr-, -schießen***

luf·tig *Adj*; **1** aus leichtem Stoff, der die Luft gut durchlässt ⟨Kleidung; l. angezogen sein⟩ **2** so, dass genügend frische Luft hineinkommt ⟨ein Raum, e-e Wohnung⟩ **3** ***in luftiger Höhe*** so weit oben (*z.B.* auf e-m Berg), dass man nur noch von Luft umgeben ist || *zu* **1** u. **2 Luf·tig·keit** *die*; *nur Sg*

Luf·ti·kus *der*; *-(ses), -se*; *gespr pej*; ein Mensch, auf den man sich nicht verlassen kann, weil er nur an sein Vergnügen denkt

Luft·kis·sen|boot *das*; ein Schiff od. Boot, das auf e-r Schicht zusammengepresster Luft über das Wasser fährt ≈ Hovercraft: *Zwischen Dover u. Calais verkehren Luftkissenboote*

Luft|kur·ort *der*; ein Kurort, in dem die Luft besonders gesund ist

luft·leer *Adj*; völlig ohne Luft ⟨*mst* im luftleeren Raum⟩

Luft·li·nie *die*; *nur Sg*; die kürzeste Distanz zwischen zwei Orten auf der Oberfläche der Erde: *500 Kilometer L.*

Luft·mas·se *die*; *mst Pl*; e-e große Menge Luft über e-m bestimmten Gebiet: *Polare Luftmassen dringen langsam nach Mitteleuropa vor*

Luft·mat·rat·ze *die*; e-e Art Kissen aus Plastik od. Stoff, das man mit Luft füllt (aufbläst), damit man sich darauf legen kann ⟨e-e L. aufblasen, aufpusten; auf e-r L. schlafen; die Luft aus der L. lassen⟩

Luft·pi·rat *der*; j-d, der den Piloten e-s Flugzeuges zwingt, in e-e andere Richtung zu fliegen ≈ Flugzeugentführer

Luft·post *die*; *nur Sg*; **1** das System, bei dem Briefe *usw* mit dem Flugzeug transportiert werden ⟨etw. per L. schicken⟩ **2** die Post (2), die mit dem Flugzeug transportiert wird || K-: ***Luftpost-, -brief***

Luft·pum·pe *die*; ein Gerät, mit dem man Luft in e-n Reifen *o.Ä.* pumpen kann || ↑ *Abb. unter* ***Fahrrad***

Luft·raum *der*; **1** der freie Raum über e-m Land ⟨in den L. e-s Landes eindringen⟩ **2** ***den L. verletzen*** ohne Erlaubnis in den L. (1) e-s Landes fliegen

Luft·röh·re *die*; (im Körper) e-e Art Röhre, durch die die Luft vom Mund u. von der Nase in die Lunge kommt

Luft·schlan·ge *die* ≈ Papierschlange

Luft·schutz|kel·ler *der*; ein stabil gebauter Keller, in dem die Menschen bei e-m Bombenangriff geschützt sind

Luft·sprung *der*; ein kleiner Sprung nach oben (*mst* aus Freude) ⟨vor Freude e-n L. machen⟩

Lüf·tung *die*; *-, -en*; **1** *nur Sg*; das Lüften (1) e-s Raumes **2** ein System aus Rohren, durch die frische Luft in die Räume e-s Gebäudes geleitet wird

Luft·waf·fe *die*; *nur Sg*; der Teil e-r Armee, der in der Luft kämpft ↔ Heer, Marine

Luft·weg *der*; **1** *nur Sg*; der Weg, auf dem j-d / etw. mit e-m Flugzeug *o.Ä.* transportiert wird ↔ Landweg, Seeweg ⟨auf dem L.⟩: *Autos auf dem L. nach Südamerika transportieren* **2** *nur Pl* ≈ Atemwege

Luft|wi·der·stand *der*; *nur Sg*; der Druck, den die Luft auf e-n Körper ausübt, der sich bewegt: *Bei zunehmender Geschwindigkeit wird der L. immer größer*

Luft·zug *der*; *mst Sg*; e-e Bewegung der Luft, *bes* in e-m Haus, e-r Höhle *o.Ä.*: *ein L. ließ die Kerze flackern*

Lug *nur in* **Lug u. Trug** *veraltend* ≈ Betrug

Lü·ge *die*; *-, -n*; e-e falsche od. unwahre Aussage ↔ Wahrheit ⟨e-e grobe, glatte, faustdicke L.; Lügen verbreiten; sich in Lügen verstricken; j-n der L. bezichtigen⟩: *Was du da sagst, ist e-e glatte L.!* || ID ***j-n Lügen strafen*** beweisen, dass j-d gelogen od. etw. Falsches behauptet hat; ***Lügen haben kurze Beine*** Lügen werden *mst* sehr schnell erkannt

lü·gen; *log, hat gelogen*; [Vi] etw. sagen, das nicht wahr od. richtig ist, *bes* um j-n zu täuschen ≈ schwindeln: *Glaube kein Wort von dem, was er sagt, er lügt nämlich ständig*; *Ich müsste l., wenn ich sagen wollte, dass ich mit deiner Leistung zufrieden bin* || ID *mst* ***Er / Sie lügt wie gedruckt*** er / sie lügt ständig; *mst* ***Er / Sie lügt, dass sich die Balken biegen*** *gespr*; er / sie erzählt große Lügen || *hierzu* **Lüg·ner**

der; *-s*, *-*; **Lüg·ne·rin** *die*; *-*, *-nen* || ► ***anlügen***, ***belügen***, ***erlogen***

Lu·ke *die*; *-*, *-n*; **1** ein kleines Fenster od. e-e kleine (verschließbare) Öffnung im Keller od. auf dem Dachboden || -K: ***Dach-***, ***Keller-*** **2** (*bes* auf Schiffen) e-e Öffnung, durch die man ein- od. aussteigen kann ⟨die Luken dichtmachen⟩

luk·ra·tiv [-f] *Adj*; *geschr*; ⟨ein Angebot, ein Geschäft⟩ so, dass sie viel Geld einbringen ≈ einträglich, viel versprechend

lu·kul·lisch *Adj*; *geschr*; in großen Mengen u. von sehr guter Qualität ≈ erlesen, exquisit ⟨ein Menü, ein Mahl, Speisen; Genüsse⟩

Lu·latsch *der*; *-(e)s*, *-e*; *mst in* ***ein langer L.*** *gespr*; ein *mst* schlanker u. sehr großer (junger) Mann

Lüm·mel *der*; *-s*, *-*; *gespr pej*; ein Junge od. junger Mann, der sich schlecht benimmt ≈ Flegel || *hierzu* **lüm·mel·haft** *Adj*

lüm·meln, sich; *lümmelte sich*, *hat sich gelümmelt*; [Vr] ***sich irgendwo(hin) l.*** *gespr pej*; so irgendwo sitzen od. liegen (od. sich so irgendwo hinsetzen od. hinlegen), dass es (übertrieben) nachlässig u. bequem ist (u. negativ auf andere Leute wirkt) ≈ sich irgendwo hinflegeln ⟨sich in den / im Sessel l.; sich auf das / auf dem Sofa l.⟩

Lump *der*; *-en*, *-en*; *pej*; j-d mit schlechtem Charakter, der *bes* andere betrügt ⟨ein elender, niederträchtiger L.⟩ || NB: *der Lump*; *den*, *dem*, *des Lumpen* || *zu* ***Lumperei*** ↑ ***-ei***

lum·pen [Vi] *nur in* ***sich nicht l. lassen*** *gespr*; ziemlich viel Geld für j-n / etw. ausgeben ≈ großzügig, freigebig sein: *Wenn seine Frau Geburtstag hat, lässt er sich nicht l.*

Lum·pen *der*; *-s*, *-*; **1** ein altes Stück Stoff, das *mst* schmutzig u. zerrissen ist ≈ Fetzen, Lappen **2** *mst Pl*, *pej*; ein sehr altes Kleidungsstück

lum·pig *Adj*; *gespr*; **1** mit schlechtem Charakter ≈ gemein, niederträchtig ↔ anständig **2** *nur attr*, *nicht adv*, *gespr*; in kleiner Menge u. von geringem Wert ≈ lausig: *Du wirst mit ihm doch nicht wegen der paar lumpigen Cent streiten!* || *zu* **1** **Lum·pig·keit** *die*; *nur Sg*

Lun·ge *die*; *-*, *-n*; **1** das Organ in der Brust des Menschen u. bestimmter Tiere, das beim Atmen die Luft aufnimmt u. sie wieder abgibt: *In der L. gibt das Blut Kohlendioxyd ab und nimmt frischen Sauerstoff auf* || K-: ***Lungen-***, ***-embolie***, ***-entzündung***, ***-krankheit***, ***-krebs***, ***-leiden***, ***-ödem***, ***-tuberkulose***, ***-tumor***; ***lungen-***, ***-krank*** || -K: ***Raucher-*** **2** ***die eiserne L.*** ein Apparat, mit dem künstlich Luft in die L. (1) gebracht wird **3** ***es auf der L. haben*** e-e kranke L. (1) haben **4** ***auf L. rauchen*** beim Rauchen den Rauch in die L. (1) einatmen ≈ inhalieren || ID ***sich*** (*Dat*) ***die L. aus dem Hals / Leib schreien*** *gespr*; sehr laut u. mit voller Energie schreien

Lun·gen·bra·ten *der*; Ⓐ ≈ Rinderfilet

Lun·gen·flü·gel *der*; e-e der Hälften der Lunge (1)

Lun·gen·zug *der*; *mst in* ***e-n L. machen*** beim Rauchen den Rauch in die Lunge einatmen

Lun·te *die*; *-*, *-n*; ein langer Faden, der mit e-r brennbaren Flüssigkeit präpariert ist u. den man anzündet, um *bes* Dynamit explodieren zu lassen ≈ Zündschnur || ID ***L. riechen*** *gespr*; e-e Gefahr im voraus bemerken ≈ Verdacht schöpfen

Lu·pe *die*; *-*, *-n*; ein rundes u. gebogenes Stück Glas (e-e Linse), durch das man kleine Dinge größer sieht ≈ Vergrößerungsglas ⟨e-e L. vergrößert; etw. mit der L. lesen⟩: *e-n Käfer unter der L. betrachten* || -K: ***Lese-*** || ID ***j-n / etw. unter die L. nehmen*** j-n / etw. genau beobachten u. prüfen

lu·pen·rein *Adj*; **1** absolut rein ≈ makellos ⟨*mst* ein Diamant, ein Brillant⟩ **2** ⟨ein Alibi, e-e Beweisführung⟩ so, dass keiner etw. dagegen sagen kann ≈ perfekt, einwandfrei

Lurch [lʊrç] *der*; *-(e)s*, *-e*; jedes Tier, das zuerst im Wasser lebt u. mit Kiemen atmet, später an Land lebt u. mit der Lunge atmet ≈ Amphibie

Lust *die*; *-*, *Lüs·te*; **1** ***L.*** (***auf etw.*** (*Akk*)) *nur Sg*; der (*mst* momentane) Wunsch, etw. zu haben ≈ der Wunsch, das Verlangen nach etw. ⟨große, keine L. auf etw. haben⟩: *Ich hätte jetzt L. auf ein Stück Kuchen mit Schlagsahne* **2** ***L.*** (***zu etw.*** (*Dat*)) *nur Sg*; der (*mst* momentane) Wunsch, etw. zu tun ⟨L. zu etw. haben, verspüren, bekommen; keine L. mehr haben⟩: *nicht die geringste L. zu e-r Wanderung haben*; *„Hast du nicht auch L., bei diesem schönen Wetter schwimmen zu gehen?“ - „Nein, ich habe heute keine L. zum Schwimmen.“* **3** ***die L.*** (***an etw.*** (*Dat*)) *nur Sg*; die Freude u. Zufriedenheit, die man *bes* bei e-r Tätigkeit bekommt ≈ Gefallen, Vergnügen ⟨L. an etw. haben, gewinnen; die L. an etw. verlieren; etw. aus purer L. tun; j-m vergeht die L. an etw.⟩: *Schon nach kurzer Zeit hatte sie die L. an ihrem neuen Job verloren*; *Bei diesem schlechten Wetter könnte einem die L. am Reisen vergehen!* || K-: ***Lust-***, ***-gefühl***, ***-gewinn*** **4** ***die L.*** (***auf j-n / etw.***) der starke Wunsch nach Sex ≈ Verlangen, Begierde, Wollust ⟨seine L. / Lüste befriedigen, stillen; seinen Lüsten nachgeben, frönen⟩ || K-: ***Lust-***, ***-empfinden***, ***-gefühl***, ***-gewinn*** || -K: ***Liebes-*** || ID ***nach L. u. Laune*** so, wie es einem gefällt

lust·be·tont *Adj*; ⟨e-e Tätigkeit⟩ mit Lust u. Freude verbunden

Lüs·ter *der*; *-s*, *-*; e-e große Lampe, die kunstvoll verziert ist, von der Decke[2] herunterhängt u. viele Kerzen od. Glühlampen hat ≈ Kronleuchter

Lüs·ter·klem·me *die*; *-*, *-n*; ein kleines Teil aus Plastik, mit dem man *bes* die Drähte e-r Lampe anschließt, indem man sie in der L. mit Schrauben festklemmt

lüs·tern *Adj*; voller Verlangen nach Sex ≈ begierig, wollüstig ⟨ein Kerl, ein Mann, ein Weib, e-e Frau; Blicke, Gedanken⟩ || *hierzu* **Lüs·tern·heit** *die*; *nur Sg*

-lüs·tern *im Adj*, *wenig produktiv*, *mst pej*; mit starkem Verlangen nach der genannten Sache; ***machtlüstern***, ***sensationslüstern***

lus·tig *Adj*; **1** so, dass es einen heiter macht od. zum Lachen bringt ≈ witzig, spaßig ⟨ein Witz, e-e Geschichte, ein Erlebnis, e-e Begebenheit, ein Vorfall⟩: *Auf der Feier ging es sehr l. zu*; *Es war sehr l., seinen Witzen zuzuhören* **2** ⟨e-e Person⟩ so, dass sie guter Laune ist u. Freude verbreitet ≈ fröhlich, heiter, ausgelassen ↔ griesgrämig, mürrisch: *Auf dem Betriebsfest waren alle recht l.* **3** ⟨j-s Augen, ein Lachen; Farben⟩ so, dass sie den Betrachter fröhlich stimmen ≈ fröhlich, heiter **4** ***sich*** (*Akk*) ***über j-n / etw. l. machen*** über j-n / etw. Späße machen ≈ j-n verspotten, auslachen: *Die Leute machen sich* darüber *l.*, dass *er so viele Sommersprossen hat* || ID ***Das ist ja l.!*** *gespr iron*; das ist sehr unangenehm! ***Das kann ja*** (***noch***) ***l. werden!*** *gespr iron*; das gibt noch viele Probleme || *zu* **1**, **2** u. **3** **Lus·tig·keit** *die*; *nur Sg*

-lus·tig *im Adj*, *begrenzt produktiv*; so, dass die betroffene Person das Genannte gern tut od. (gerade) gern täte; ***abenteuerlustig***, ***angriffslustig***, ***kampf(es)lustig***, ***kauflustig***, ***lebenslustig***, ***reiselustig***, ***schaulustig***, ***streitlustig***, ***unternehmungslustig***

Lüst·ling *der*; *-s*, *-e*; *pej*; ein Mann, der sehr oft an sexuelle Dinge denkt

lust·los *Adj*; ohne Lust (1,2) ↔ ehrgeizig: *e-n lustlosen Eindruck machen*; *l. seine Arbeit machen* || *hierzu* **Lust·lo·sig·keit** *die*; *nur Sg*

Martin Luther

Die Reformation und die Gründung der protestantischen Kirche in Deutschland gehen auf Martin Luther zurück.
Luther wurde 1483 in Eisleben (Sachsen-Anhalt) geboren und starb dort 1546. Nach einem Jurastudium trat er 1505 ins Kloster ein, 1507 wurde er zum Priester geweiht. Ein Jahr später begann er, Philosophie und Theologie in Wittenberg und Erfurt zu unterrichten.
1517 veröffentlichte er seine berühmten **95 Thesen**, in denen er vor allem den Verkauf von Ablässen durch den Papst kritisierte – ein Ablass war ein Papier, das dem Käufer die Befreiung von der Bestrafung in der Hölle für begangene und zukünftige Sünden versprach. Luther wollte zur ursprünglichen christlichen Lehre zurück und stellte die institutionelle Kirche infrage. Seine Ansichten fanden schnell viele Anhänger und wurden entgegen seinem Willen mit sozialen und politischen Forderungen verbunden. Dies hatte eine Reihe von blutigen Aufständen und Kriegen zur Folge. Es kam zur Aufspaltung der deutschen Territorien in protestantische und katholische Bereiche, wobei sich im Norden eher der Protestantismus durchsetzte, während der Süden eher katholisch blieb.
Luther übersetzte außerdem die Bibel ins Deutsche und machte sie so dem normalen Volk zugänglich. Zusammen mit der Ausbreitung des Buchdrucks hatte dies große Auswirkungen auf die Verbreitung einer allgemeinen deutschen Hochsprache.

Lust·molch *der*; -(e)s, -e; *gespr pej* ≈ Lüstling

Lust·ob·jekt *das*; *bes* e-e Frau, die nur als ein Objekt betrachtet wird, an dem man seine sexuelle Lust befriedigen kann: *Die Frau von heute will nicht mehr nur L. des Mannes sein*

Lust·spiel *das* ≈ Komödie ↔ Trauerspiel, Tragödie || K-: ***Lustspiel-, -dichter***

lust·wan·deln; *lustwandelte, ist lustgewandelt*; [Vi] *hum* ≈ spazieren gehen

lut·schen; *lutschte, hat gelutscht*; [Vt] **1** ***etw. l.*** etw. Essbares im Mund zergehen lassen ⟨ein Bonbon, ein Eis l.⟩; [Vi] **2** ***an etw.*** (*Dat*) ***l.*** etw. in den Mund nehmen u. daran saugen ⟨an e-m Schnuller, Lutscher l.; am Daumen l.⟩

Lut·scher *der*; -s, -; ein großes Bonbon an e-m Stiel, das man lutscht od. an dem man leckt

Luv [-f] *das*; -s; *nur Sg*; die Seite e-s Schiffes od. e-r Insel, auf der der Wind bläst ↔ Lee: *Die Insel liegt im L. e-s Gebirges* || K-: ***Luv-, -seite***

lu·xu·ri·ös *Adj*; mit viel Luxus ↔ bescheiden ⟨ein Auto, e-e Wohnung, ein Hotel, ein Lebensstil; ein luxuriöses Leben führen⟩

Lu·xus *der*; -; *nur Sg*; **1** *Kollekt*; alle Dinge von sehr guter Qualität, die man nicht unbedingt zum Leben braucht u. die *mst* sehr teuer sind, die aber trotzdem (*mst* zum Vergnügen) gekauft werden ⟨im L. leben; etw. ist reiner L.; den L. lieben⟩ || K-: ***Luxus-, -artikel, -gegenstand*** **2** ***großen L. treiben*** viel Geld für Dinge ausgeben, die L. (1) sind || ID ***etw. ist für j-n*** (***der reinste***) ***L.*** j-d kann sich etw. (Alltägliches) nur selten leisten

Lu·xus- *im Subst, begrenzt produktiv*; drückt aus, dass etw. von sehr guter Qualität, sehr teuer u. vornehm ist; das ***Luxusauto***, der ***Luxusdampfer***, das ***Luxushotel***, die ***Luxuslimousine***, die ***Luxusvilla***, der ***Luxuswagen***, die ***Luxuswohnung***

lyn·chen ['lʏnçn̩]; *lynchte, hat gelyncht*; [Vt] **1** ***j-n l.*** j-n wegen e-s Verbrechens brutal behandeln od. töten: *Die wütende Menge lynchte den vermeintlichen Mörder* **2** ***j-n l.*** *oft hum*; j-n wegen e-s Fehlers *o.Ä.* bestrafen od. mit ihm schimpfen: *Wenn du meinen Geburtstag wieder vergisst, werde ich dich l.!*

Lynch·jus·tiz *die*; das brutale Behandeln od. Töten eines od. mehrerer Menschen, *mst* durch e-e aufgebrachte Menge, die glaubt, dass diese Person(en) etw. Schlimmes gemacht habe(n) ⟨L. an j-m üben⟩

Ly·rik *die*; -; *nur Sg*; e-e Form der Dichtung in Versen, *mst* mit e-m bestimmten Reim od. Rhythmus ↔ Epik, Dramatik: *die romantische L.*; *die L. des Expressionismus* || -K: ***Liebes-*** || *hierzu* **Ly·ri·ker** *der*; -s, -; **Ly·ri·ke·rin** *die*; -, -nen; **ly·risch** *Adj*

Ly·ze·um [ly'tseːʊm] *das*; -s, *Ly·ze·en* [ly'tseːən]; **1** (CH) die letzten drei Klassen am Gymnasium ≈ Oberstufe **2** *hist*; e-e höhere Schule für Mädchen

L

M, m

M, m [ɛm] *das*; -,- / *gespr auch -s*; der dreizehnte Buchstabe des Alphabets ⟨ein großes M; ein kleines m⟩

Mä·ạn·der *der*; *-s,-*; eine von vielen engen Biegungen e-s Flusses || *hierzu* **mä·ạn·dern** (*hat*) *Vi*

Ma̲a̲t *der*; *-(e)s, -e(n)*; ein Unteroffizier in der Marine

Ma̲ch·art *die*; die Art, wie etw. gemacht ist: *Das Kleid wirkt elegant, obwohl es von einfacher M. ist*

mạch·bar *Adj*; *nicht adv*; *mst in* ***etw. ist (nicht) m.*** etw. kann (nicht) erreicht, durchgeführt werden

Mạ·che *die*; -; *nur Sg*; **1** *gespr pej*; ein Verhalten, das man als künstlich empfindet: *Ihre Freundlichkeit ist doch reine M., in Wirklichkeit kann sie mich nicht ausstehen* **2** ***etw. ist in der M.***; ***j-d hat etw. in der M.*** *gespr*; etw. wird gerade (von j-m) gemacht, produziert

-ma·che *die*; *im Subst, wenig produktiv*; der Versuch, die öffentliche Meinung od. Stimmung in e-e bestimmte Richtung zu lenken; ***Meinungsmache, Panikmache, Sensationsmache, Stimmungsmache***

mạ·chen; *machte, hat gemacht*; [Vt] **1** ***etw. m.*** durch Arbeit u. aus verschiedenen Materialien etw. entstehen lassen ≈ herstellen, anfertigen ⟨Tee, Kaffee, das Essen m.⟩: *aus Brettern e-e Kiste m.*; *aus Orangensaft, Gin u. Rum e-n Cocktail m.*; *Er ließ sich von dem Foto e-n Abzug m.*; *„Was machst du da?" - „Ich male ein Bild für Mutter"*; *Soll ich euch was zu trinken m.?* || NB: *m.* steht oft anstelle e-s Verbs, das die Tätigkeit genauer bezeichnen würde: *e-e Kiste m.* ≈ e-e Kiste bauen; *e-e Hose m.* ≈ e-e Hose schneidern **2** ***etw. m.*** bewirken, dass etw. entsteht ⟨Feuer, Lärm, Musik m.; Dummheiten, Blödsinn, Späße, Witze, ein Experiment m.⟩: *In seinem Diktat machte er zehn Fehler* **3** ***etw. m.*** irgendeine Tätigkeit, Handlung ausüben ≈ tun[1] (2) ⟨seine Arbeit, die Hausaufgaben, e-n Versuch m.⟩: *Er macht nur (das), was ihm gefällt*; *Was machst du morgen Nachmittag?*; *Ich bin ratlos, jetzt weiß ich nicht mehr, was ich m. soll!* **4** ***etw. m.*** in e-e Prüfung gehen, um e-e bestimmte Qualifikation zu bekommen ≈ ablegen (2) ⟨e-e Prüfung m.; das Abitur, die mittlere Reife, das Examen m.⟩ **5** ***j-m etw. m.*** (durch e-e Handlung) bewirken, dass j-d die genannte Sache hat ≈ verursachen, bereiten ⟨j-m (kaum, wenig, viel) Arbeit, Freude, Kummer, Mühe, Mut, Sorgen m.⟩: *Die Kinder machen ihr viel Freude* **6** ***etw. irgendwie m.*** in der genannten Art u. Weise handeln ⟨etw. gut, schlecht, richtig, falsch, sorgfältig, schlampig, verkehrt m.⟩: *Bravo, das hast du prima gemacht!* **7** ***j-n / etw. + Adj + m.*** bewirken, dass j-d / etw. in den genannten Zustand kommt: *j-n nass m.*; *ein Brett kürzer m.*; *Dieser Lärm macht mich ganz krank*; *Diese große Hitze macht mich durstig*; *Es macht mich ganz unruhig, wenn ich an die Prüfung denke*; *Macht es dich nicht traurig, allein zu sein?* **8** ***j-m etw. irgendwie m.***; ***j-m etw. zu etw. m.*** bewirken, dass etw. für j-n in den genannten Zustand kommt: *j-m das Leben schwer, angenehm m.*; *j-m das Leben zur Qual, zur Hölle m.* **9** ***j-n / etw. zu j-m / etw. m.*** bewirken, dass j-d / etw. sich irgendwie verändert: *Der Kummer machte ihn zu e-m kranken Mann*; *den Garten zum Spielplatz m.* **10** ***j-n zu etw. m.*** j-m e-e bestimmte Funktion geben ≈ j-n zu etw. ernennen, befördern ⟨j-n zum Direktor, Vorsitzenden, Leiter m.⟩ **11** ***etw. macht etw.*** *gespr*; etw. ist e-e bestimmte Zahl od. Summe ≈ etw. ergibt etw.: *Die Reparatur macht 60 Euro*; *Fünf mal sieben macht fünfunddreißig (5·7 = 35)* || NB: kein Passiv! **12** ***j-m / sich die Haare m.*** j-s od. seinen eigenen Haaren die gewünschte Form geben (u. sie schneiden) ≈ j-n / sich frisieren **13** ***etw. m.*** verwendet zusammen mit e-m Subst., um ein Verb zu umschreiben; ***e-e Bemerkung m.*** ≈ etw. bemerken; ***Besorgungen m.*** ≈ etw. besorgen; ***e-n Besuch (bei j-m) m.*** ≈ j-n besuchen; ***Einkäufe m.*** ≈ einkaufen; ***e-e Fahrt irgendwohin m.*** ≈ irgendwohin fahren; ***ein Foto (von j-m / etw.) m.*** ≈ (j-n / etw.) fotografieren; ***j-m ein Geschenk m.*** ≈ j-m etw. schenken; ***j-m ein Geständnis m.*** ≈ j-m etw. gestehen; ***ein Interview (mit j-m) m.*** ≈ j-n interviewen; ***e-e Reise m.*** ≈ verreisen; ***e-n Spaziergang m.*** ≈ spazieren gehen; ***ein Spiel m.*** ≈ spielen; ***den Versuch m. + zu*** + *Infinitiv* ≈ etw. zu tun versuchen; ***(j-m) e-n Vorschlag m.*** ≈ (j-m) etw. vorschlagen **14** ***das Bett / die Betten m.*** die Kissen u. die Bettdecken schütteln u. das Bett / die Betten wieder in e-n ordentlichen Zustand bringen **15** ***(e-e) Pause m.*** die Arbeit für kurze Zeit unterbrechen (um sich zu erholen): *Wann machen wir endlich Pause?* **16** ***(j-m) Platz m.*** j-d anderen an die Stelle lassen, an der man gerade ist, j-n vorbeilassen **17** ***(nur) Spaß m.*** etw. tun od. sagen, das man nicht ernst meint: *Das brauchst du nicht ernst zu nehmen, er macht doch nur Spaß* **18** ***etw. macht (j-m) Spaß*** etw. gibt j-m Freude u. Vergnügen ≈ etw. amüsiert, belustigt j-n: *Rad fahren macht (ihm) großen Spaß* || NB: kein Passiv! **19** ***etw. 'ganz m.*** *gespr* ≈ reparieren **20** ***sich (Dat) Sorgen m.*** voll Angst u. Sorge sein **21** ***sich (Dat) (nicht mal) die Mühe m.*** (+ ***zu*** + *Infinitiv*) etw. tun / nicht tun, das einem Mühe od. Arbeit macht (5): *Sie machte sich die Mühe, alle Papiere persönlich zu überprüfen* **22** ***j-d / etw. macht j-m zu schaffen*** j-d / etw. bereitet j-m Schwierigkeiten u. Probleme: *Das schwüle Wetter macht mir sehr zu schaffen* **23** ***es (mit j-m) m.*** *gespr*; Sex mit j-m haben ≈ es (mit j-m) treiben, tun **24** ***es j-m m.*** *gespr!* j-n sexuell befriedigen ≈ es j-m besorgen; [Vi] **25** ⟨in die Hose, ins Bett *o.Ä.*⟩ ***m.*** *gespr*; Darm u. Blase entleeren (u. Kot od. Urin in die Hose *o.Ä.* kommen lassen); [Vr] **26** ***sich an etw. (Akk) m.*** mit e-r Tätigkeit (*bes* mit e-r Arbeit) anfangen ≈ etw. anpacken, angehen: *Jetzt muss ich mich endlich an meine Hausaufgaben m.*; *sich daran m., ein Problem zu lösen* **27** ***etw. macht sich irgendwie*** etw. hat e-e bestimmte Wirkung od. ein bestimmtes Aussehen ⟨etw. macht sich gut⟩: *Wie macht sich das Bild über dem Sofa?* **28** ***j-d / etw. macht sich*** *gespr*; j-d / etw. entwickelt sich positiv: *Ich glaube, das Wetter macht sich heute noch*; *Früher war er nicht sehr fleißig, aber jetzt macht er sich* **29** ***sich auf die Reise / den Weg m.*** ≈ abreisen, losgehen od. losfahren || ID ***Was macht*** ⟨die Arbeit, die Gesundheit, das Leben⟩? *gespr*; verwendet, um höflich zu fragen, wie es j-m geht; *mst* (**Das**) **macht nichts!** das ist nicht schlimm!; **sich** (*Dat*) **nichts / nicht viel aus j-m / etw. m.** sich nicht (sehr) für j-n / etw. interessieren: *Sie macht sich nichts aus eleganten Kleidern*; **'Mach dir nichts draus!** *gespr*; ärgere dich nicht darüber!; *mst* **Nun 'mach schon!** *gespr*; beeile dich!; **Machs 'gut!** *gespr*; verwendet, um sich von j-m zu verabschieden (u. um ihm Glück zu wünschen) ≈ tschüs

Ma̱·chen·schaf·ten *die*; *Pl*, *pej*; (*mst* geheime) Pläne u. Handlungen, mit denen man j-m etw. Böses tut u. sich selbst dabei Vorteile verschafft ⟨dunkle, üble, verbrecherische M.; M. gegen j-n aufdecken⟩

Ma̱·cher *der*; *-s*, *-*; *gespr*; j-d, der sehr aktiv ist, die Initiative ergreift u. gute Ideen selbst od. mithilfe anderer in die Tat umsetzt

-ma·cher *der*; *im Subst*, *sehr produktiv*; *1* verwendet, um j-n danach zu bezeichnen, was er (in seinem Beruf) produziert; **Korbmacher, Filmemacher, Hutmacher, Liedermacher, Schuhmacher, Uhrmacher, Werkzeugmacher 2** verwendet, um j-n nach der Wirkung zu bezeichnen, die sein Verhalten (bei j-m) hat; **Angstmacher, Meinungsmacher, Miesmacher, Panikmacher, Stimmungsmacher 3** verwendet, um j-n nach etw. zu bezeichnen, das er (gern u.) oft tut; **Faxenmacher, Krachmacher, Krawallmacher, Possenmacher, Radaumacher, Spaßmacher, Sprüchemacher, Witzemacher 4** verwendet, um j-n nach dem Ziel zu bezeichnen, das er anstrebt (od. erreicht hat); **Geschäftemacher, Karrieremacher 5** verwendet, um etw. nach der Wirkung zu bezeichnen, die es bei j-m / etw. hat; **Dickmacher, Muntermacher, Weichmacher, Weißmacher** || *zu* **1-4 -ma·che·rin** *die*; *-*, *-nen*

Ma·cho ['matʃo] *der*; *-s*, *-s*; *mst pej*; ein Mann, der glaubt, dass Männer stark u. hart sein müssten, keine Gefühle zeigen dürften u. den Frauen überlegen seien ≈ Chauvi

Ma̱cht *die*; *-*, *Mäch·te*; **1** *nur Sg*; **M.** (**über j-n / etw.**) die Möglichkeit od. Fähigkeit, über Personen od. Dinge zu bestimmen od. sie zu beeinflussen ⟨(große) M. über j-n / etw. haben, ausüben; j-n in seiner M. haben; seine M. gebrauchen, missbrauchen, ausspielen, ausbauen; alles tun, was in seiner M. steht / liegt⟩: *Es steht nicht in ihrer M., diese Frage zu entscheiden* **2** *nur Sg*; die Kontrolle über ein Land, *bes* als Regierung ⟨an der M. sein; an die / zur M. kommen, gelangen; die M. übernehmen, an sich reißen, ergreifen; j-n an die M. bringen; die M. der Kirche, des Staates, des Volkes⟩ || K-: **Macht-, -antritt, -ergreifung, -gier, -hunger, -missbrauch, -streben, -übernahme** || -K: **Führungs-, Staats-, Volks- 3** *nur Sg*; e-e große physische od. psychische Kraft, mit der etw. auf j-n / etw. wirkt ≈ Kraft, Gewalt ⟨sich mit (aller) M. gegen etw. wehren, stemmen, für etw. einsetzen; die M. der Liebe, der Gewohnheit, des Geldes⟩ **4** ein Staat, der *mst* politisch od. wirtschaftlich besonders stark ist ⟨e-e ausländische, feindliche, verbündete M.⟩ || -K: **Atom-, Nuklear-, Groß-, Kolonial-, Industrie-, Kriegs-, Militär-, See- 5** *Kollekt*; e-e Gruppe von Menschen, die (in e-m Land) großen Einfluss hat ⟨die kirchliche, weltliche M.⟩ **6** *mst Pl*; ein Wesen, von dem man glaubt, dass es besondere (*mst* geheimnisvolle) Kräfte od. Fähigkeiten hätte ⟨die Mächte der Finsternis, des Bösen; dunkle, geheimnisvolle Mächte; an überirdische Mächte glauben⟩

Ma̱cht·ha·ber *der*; *-s*, *-*; *mst Pl*, *pej*; einer der Menschen, die in e-m Staat viel Macht haben u. diese missbrauchen: *Die Machthaber ließen den Führer der Opposition ohne Grund verhaften*

mä̱ch·tig *Adj*; **1** *nicht adv*; mit viel Einfluss u. Macht (1) ↔ schwach ⟨ein Herrscher, ein Land, ein Feind⟩: *Im Mittelalter war die Kirche e-e mächtige Institution* **2** *nicht adv*; sehr groß od. stark ≈ gewaltig ⟨ein Baum, ein Berg; Schultern; mächtiges Glück haben⟩ **3 etw.** (*Gen*) **m. sein** *geschr*; etw. beherrschen od. es unter Kontrolle haben ⟨e-r Sprache m. sein; seiner Sinne, seiner (selbst) kaum noch m. sein⟩: *Vor Angst war er seiner Stimme nicht m.* **4** *nur adv*, *gespr*; verwendet, um ein Verb od. Adj. zu verstärken ≈ sehr ⟨m. frieren, schwitzen; sich m. freuen⟩: *Der Junge ist m. stolz auf sein neues Fahrrad* || *zu* **1** u. **2 Mä̱ch·tig·keit** *die*; *mst Sg*

Ma̱cht·kampf *der*; ein Streit, bei dem man versucht, e-m Gegner die eigene Stärke od. Macht zu zeigen (u. über ihn zu triumphieren): *Die Diskussion um höhere Löhne ist zu e-m M. zwischen Regierung u. Gewerkschaft geworden*

ma̱cht·los *Adj*; nicht mehr fähig, etw. zu tun od. zu unternehmen, *bes* weil der Gegner zu stark ist ⟨j-m / etw. gegenüber völlig m. sein; gegen j-n / etw. m. sein; j-m / etw. völlig m. gegenüberstehen⟩: *m. gegen die Intrigen seiner Gegner sein* || *hierzu* **Ma̱cht·lo·sig·keit** *die*; *nur Sg*

Ma̱cht·mit·tel *das*; ein Mittel, das man anwendet, um j-m die eigene Stärke od. Macht zu zeigen

Ma̱cht·po·li·tik *die*; e-e Politik, die nur das Ziel hat, die eigene Stärke od. Macht zu zeigen u. zu festigen

Ma̱cht·po·si·ti·on *die*; (*bes* in e-m politischen od. wirtschaftlichen System) e-e Position, in der j-d viel Macht (1) hat ≈ Machtstellung ⟨e-e M. innehaben; seine M. missbrauchen, verteidigen; sich (*Dat*) e-e M. schaffen⟩

Ma̱cht·pro·be *die* ≈ Kraftprobe

Ma̱cht·stel·lung *die* ≈ Machtposition

Ma̱cht·ver·hält·nis·se *die*; *Pl*, *Pol*; die Art, wie die politische Macht in e-m Land *o.Ä.* verteilt ist: *Nach den Wahlen kam es zu e-r Verschiebung der M.*

ma̱cht·voll *Adj*; mit großer Wirkung: *e-e machtvolle Demonstration seiner Stärke*

Ma̱cht·wech·sel *der*; *bes Pol*; die Übernahme der (politischen) Macht durch e-e andere Partei, Person od. Gruppe

Ma̱cht·wort *das*; *mst in* **ein M. sprechen** etw. endgültig, definitiv entscheiden, weil man die nötige Autorität od. Macht dazu hat

Ma̱ch·werk *das*; *mst in* **ein übles M.** etw., das nach Meinung des Sprechers schlecht gemacht ist u. keinen Wert hat: *Dieser Film ist ein übles M.*

Ma̱·cke *die*; *-*, *-n*; *gespr*; **1** e-e Besonderheit im Verhalten e-s Menschen, die ein bisschen verrückt erscheint ≈ Tick, Spleen ⟨e-e M. haben; etw. ist bei j-m (schon) zur M. geworden⟩ **2** etw., das nicht ganz in Ordnung ist ≈ Fehler, Schaden, Defekt

Ma̱·cker *der*; *-s*, *-*; *gespr!* **1 j-s M.** (*bes* von Jugendlichen verwendet) der Freund e-s Mädchens od. e-r Frau **2** *pej*; (*bes* von jungen Frauen verwendet) ein (übertrieben selbstbewusster) Mann || *zu* **2 ma̱·cker·haft** *Adj*

MAD [ɛmaːˈdeː] *der*; *-*; *nur Sg*, Ⓓ (*Abk für* Militärischer Abschirmdienst) ein Geheimdienst in Deutschland, der militärische Informationen schützen soll || NB: ↑ **Bundesnachrichtendienst**

Mä̱d·chen *das*; *-s*, *-*; **1** ein Kind weiblichen Geschlechts od. e-e Jugendliche ↔ Junge ⟨ein kleines, liebes, hübsches M.⟩ || K-: **Mädchen-, -klasse, -pensionat, -schule, -stimme** || -K: **Bauern-, Schul- 2** e-e Tochter, *bes* wenn sie noch sehr jung ist ⟨ein M. bekommen, auf die Welt bringen⟩ **3** *gespr*; e-e junge Frau ⟨ein M. kennen lernen, sich in ein M. verlieben⟩: *Hoffentlich sind genug Mädchen auf der Party* **4** *gespr veraltend*; die Freundin e-s Mannes: *Er ist mit seinem neuen M. ins Kino gegangen* **5** *veraltend* ≈ Hausangestellte: *nach dem M.*

M

läuten || -K: ***Dienst-, Haus-, Kinder-, Stuben-, Zimmer-*** **6** ***ein leichtes M.*** *gespr veraltend euph* ≈ Prostituierte || NB: als Pronomen kann man in der gesprochenen Sprache auch *sie* (anstatt *es*) verwenden || ID ***M. für alles*** *gespr*; j-d, der die verschiedensten Arbeiten macht: *Eigentlich ist er als Chauffeur angestellt, aber in Wirklichkeit ist er M. für alles* || *zu* **1** **mäd·chen·haft** *Adj*; **Mäd·chen·haf·tig·keit** *die*; *nur Sg*

Mäd·chen·han·del *der*; ein illegales Geschäft, bei dem Mädchen in fremde Länder gebracht u. dort *mst* gezwungen werden, Prostituierte zu werden || *hierzu* **Mäd·chen·händ·ler** *der*

Mäd·chen·na·me *der*; **1** ein Vorname, den man e-m Mädchen gibt ↔ Jungenname: *Susanne ist ein M.* **2** der Familienname der Frau vor der Ehe

Ma·de *die*; -, *-n*; e-e Larve, die wie ein Wurm aussieht u. *z.B.* in Käse od. in Äpfeln vorkommt || -K: ***Fliegen-*** || ID ***wie die M. im Speck*** **(*leben*)** *gespr*; in Reichtum u. Überfluss (leben)

Mä·del *das*; *-s*, - / *nordd -s*; *gespr* ≈ Mädchen

ma·dig *Adj*; *ohne Steigerung*, *nicht adv*; mit Maden darin ⟨Früchte, Käse, Fleisch⟩ || ID ***j-m etw. m. machen*** *gespr*; j-m den Spaß an etw. nehmen ≈ j-m etw. verleiden

Ma·don·na *die*; -, *Ma·don·nen*; **1** *nur Sg*; *bes* als Anrede für Maria, die Mutter von Jesus Christus, verwendet **2** ein Bild od. e-e Statue der Mutter von Jesus Christus: *die M. mit dem Kinde* || K-: ***Madonnen-, -bild, -gesicht*** || *zu* **2** **ma·don·nen·haft** *Adj*

Ma·fia *die*; -, *-s*; *mst Sg*; e-e kriminelle Organisation, die seit langer Zeit *bes* in Italien u. in den USA Verbrechen begeht

-ma·fia *die*; -, *-s*; *im Subst*, *begrenzt produktiv*, *pej*; verwendet, um e-e einflussreiche Gruppe von Menschen zu bezeichnen, deren Aktivitäten kriminell od. unmoralisch sind; ***Drogenmafia, Kunstmafia, Opiummafia, Pornomafia***

mag *Präsens*, *1. u. 3. Person Sg*; ↑ ***mögen***

Ma·ga·zin[1] *das*; *-s*, *-e*; **1** e-e Zeitschrift, die mit aktuellen Berichten u. Fotos *bes* der Information dient ≈ Journal (1) || -K: ***Auto-, Film-, Mode-, Nachrichten-*** **2** e-e Sendung im Radio od. Fernsehen, die über aktuelle Ereignisse u. Probleme berichtet ≈ Journal (2)

Ma·ga·zin[2] *das*; *-s*, *-e*; **1** (*bes* in Geschäften, Bibliotheken u. Museen) ein großer Raum, in dem die Dinge gelagert werden, die man im Moment nicht braucht od. zeigt ≈ Lager(raum) || K-: ***Magazin-, -arbeiter, -verwalter*** || -K: ***Bücher-*** **2** der Behälter bei Schusswaffen, in dem die Patronen sind || -K: ***Gewehr-***

Magd [maːkt] *die*; -, *Mäg·de*; *veraltend*; **1** e-e Frau, die als Arbeiterin auf e-m Bauernhof tätig ist ↔ Knecht: *als M. dienen* **2** e-e Frau, die im (fremden) Haushalt Arbeiten wie Putzen, Waschen u. Einkaufen macht || -K: ***Dienst-, Küchen-***

Ma·gen *der*; *-s*, *Mä·gen*; das Organ, in dem die Nahrung nach dem Essen bleibt, bis sie in den Darm kommt ⟨e-n vollen, leeren, knurrenden, empfindlichen M. haben; j-m den M. auspumpen; sich (*Dat*) den M. verderben, voll stopfen, voll schlagen (= viel essen); j-m tut der M. weh⟩ || K-: ***Magen-, -beschwerden, -geschwür, -krämpfe, -krankheit, -krebs, -leiden, -operation, -säure, -schleimhaut, -schmerzen, -wand; magen-, -krank, -leidend*** || -K: ***Hühner-, Rinder-*** *usw* || ID ***j-m knurrt der M.*** j-d hat Hunger; ***etw. liegt j-m*** **(*schwer*)** ***im M.*** *gespr*; etw. macht j-m Sorgen, bedrückt ihn; ***etw. schlägt j-m auf den M.*** *gespr*; etw. macht j-m solche Sorgen *o.Ä.*, dass er ein unangenehmes Gefühl im M. hat; ***j-m dreht sich der M. um*** j-d ist so angewidert von etw., dass ihm fast schlecht wird

Ma·gen·bit·ter *der*; *-s*, -; e-e Art Likör, den man *mst* dann trinkt, wenn man zu viel gegessen hat

Ma·gen·saft *der*; die Flüssigkeit im Magen, die hilft, die Nahrung zu verdauen

Ma·gen·ver·stim·mung *die*; e-e leichte Störung der Verdauung ≈ Magenbeschwerden ⟨e-e M. haben⟩

ma·ger *Adj*; **1** *nicht adv*; (von Tieren u. Menschen) mit wenig Muskeln u. wenig Fett ≈ dürr, dünn ↔ dick: *Durch die lange Krankheit ist sie sehr m. geworden* **2** mit wenig od. gar keinem Fett ≈ fettarm ↔ fett ⟨Fleisch, Schinken, Käse⟩ || K-: ***Mager-, -milch, -quark*** **3** nicht so, wie man es erwartet od. gehofft hat ≈ dürftig, kümmerlich ⟨die Ernte, der Lohn, das Ergebnis, die Ausbeute⟩: *Das Angebot an frischem Obst war früher im Winter sehr m.* || *zu* **1** **Ma·ger·keit** *die*; *nur Sg*

Ma·ger·sucht *die*; *nur Sg*; e-e Krankheit, bei der *mst* Mädchen (aus psychischen Gründen) nicht (genug) essen u. sehr mager (1) werden; *Med* Anorexie

Ma·gie *die*; *nur Sg*; **1** e-e Kunst, die versucht, mit geheimen u. übernatürlichen Kräften Menschen u. Ereignisse zu beeinflussen ≈ Zauberei ⟨M. betreiben, ausüben⟩ **2** ***schwarze M.*** e-e M. (1), die für böse Zwecke verwendet wird **3** (*bes* im Zirkus u. im Varietee) die Kunst, durch Tricks überraschende Effekte zu produzieren ≈ Zauberkunst: *ein Meister der M.*

Ma·gier [-giɐ] *der*; *-s*, -; **1** ein Mann, der die Fähigkeit hat, Magie (1) zu betreiben ≈ Zauberer **2** j-d, der *bes* im Zirkus u. im Varietee bestimmte Tricks vorführt ≈ Zauberkünstler

ma·gisch *Adj*; **1** *ohne Steigerung*; in der Magie (1) verwendet ⟨e-e Formel, e-e Handlung, ein Zeichen⟩ **2** mit e-r starken Wirkung, die man kaum erklären kann ⟨Licht, e-e Wirkung; e-e magische Anziehungskraft; von etw. m. angezogen werden⟩

Ma·gis·ter *der*; *-s*, -; **1** ein Titel, den man bekommt, wenn man ein bestimmtes geisteswissenschaftliches Studium an e-r Universität abschließt; *Abk* M. A. (Magister Artium) ⟨den M. machen, haben⟩ || K-: ***Magister-, -titel*** || NB: ↑ ***Diplom*** **2** j-d, der diesen Titel hat

Ma·gist·rat *der*; *-(e)s*, *-e*; die Behörde, die e-e Stadt od. e-e Gemeinde verwaltet || K-: ***Magistrats-, -beamte(r), -beschluss***

Mag·ne·si·um *das*; *-s*; *nur Sg*; ein silberweißes Metall, das mit grellem weißem Licht verbrennt; *Chem* Mg || K-: ***Magnesium-, -lampe, -licht***

Mag·net *der*; *-s* / *-en*, *-e(n)*; **1** ein Stück Metall (*bes* Eisen), das andere Eisenstücke anzieht od. abstößt ⟨j-n / etw. wie ein M. anziehen⟩: *Sie sammelte die Stecknadeln mit e-m Magneten vom Boden auf* **2** ***ein M.*** **(*für j-n / etw.*)** e-e Person od. Sache, die für viele Menschen e-e Attraktion darstellt: *Der Stephansdom ist ein M. für Touristen aus aller Welt* || -K: ***Publikums-*** || NB: *der Magnet*; *den, dem Magnet / Magneten, des Magnets / Magneten*

Mag·net·bahn *die*; e-e Art Eisenbahn ohne Räder, die (aufgrund magnetischer Abstoßung) bei der Fahrt den Boden nicht berührt

Mag·net·feld *das*; der Raum um e-n Magneten, in dem seine Kraft wirksam ist ⟨ein schwaches, starkes M.⟩: *das M. der Erde*

mag·ne·tisch *Adj*; **1** mit der Wirkung, Metalle anzuziehen ⟨Eisen, ein Stab, e-e Nadel; das magnetische Feld e-r Spule⟩ || -K: ***elektro-, erd-*** **2** von besonderer persönlicher Wirkung ⟨e-e Anziehungskraft⟩: *Sie zog alle Blicke m. auf sich*

mag·ne·ti·sie·ren; *magnetisierte*, *hat magnetisiert*; Vt **1** ***etw. m.*** etw. magnetisch machen ⟨e-e Nadel m.⟩ **2** ***j-n m.*** e-n starken Eindruck auf j-n machen, e-e große Attraktion auf j-n ausüben: *sein Publikum m.* || *hierzu* **Mag·ne·ti·sie·rung** *die*

Mag·ne·tis·mus *der*; -; *nur Sg*; die Eigenschaft bestimmter Materialien, e-e magnetische Wirkung zu haben || -K: ***Elektro-, Erd-***

Mag·net·strei·fen *der*; ein Metallstreifen *bes* auf e-r Scheckkarte od. Kreditkarte, auf dem Daten wie Name, Kontonummer *o.Ä.* gespeichert sind

Mag·no·lie [-liə] *die*; -, *-n*; ein Baum, der sehr früh im Jahr blüht u. große, weißrosa Blüten hat, die wie Tulpen aussehen || K-: ***Magnolien-, -baum***

magst *Präsens, 2. Person Sg*; ↑ ***mögen***

Ma·ha·go·ni [maha-] *das*; *-s*; *nur Sg*; ein sehr hartes Holz von rötlicher Farbe, aus dem man *bes* Möbel macht || K-: ***Mahagoni-, -baum, -bett, -holz, -kasten, -möbel, -schrank, -tisch***

Mäh·dre·scher *der*; *-s*, -; e-e große Maschine, die dazu dient, Getreide zu mähen u. zu dreschen

mä·hen[1]; *mähte, hat gemäht*; [Vt] **1 *etw.* (*mit etw.*) *m.*** Pflanzen mit e-r Maschine, Sense *o.Ä.* abschneiden ⟨Getreide mit der Sichel, Gras mit der Sense m.⟩ **2** alle Pflanzen e-s Feldes od. e-r bestimmten Fläche abschneiden ⟨e-e Wiese, ein Feld m.; den Rasen m.⟩ || K-: ***Mäh-, -maschine***

mä·hen[2]; *mähte, hat gemäht*; [Vi] ⟨ein Schaf⟩ ***mäht*** ein Schaf blökt || *hierzu* **mäh!** *Interjektion*

Mahl *das*; *-(e)s, Mäh·ler / Mah·le*; *mst Sg*, *geschr*; **1** ≈ Mahlzeit (1) ⟨ein bescheidenes, üppiges, opulentes M. einnehmen, zu sich nehmen⟩ || -K: ***Mittags-, Nacht-*** || NB: als Plural wird eher *Mahlzeiten* verwendet **2** e-e *mst* festliche Gelegenheit, bei der sich Leute treffen u. miteinander essen ⟨sich zu e-m festlichen M. versammeln; zu e-m M. laden⟩ || -K: ***Fest-, Freuden-, Hochzeits-***

mah·len; *mahlte, hat gemahlen*; [Vt] **1 *etw. m.*** Körner zu Pulver machen ⟨Getreide zu Mehl m.; Kaffee grob, fein m.; Pfeffer m.⟩ **2 *etw. m.*** durch Mahlen (1) herstellen ⟨Mehl m.⟩; [Vi] **3 *etw. mahlt*** etw. dreht sich (im Schnee, Sand, Schlamm), ohne von der Stelle zu kommen ≈ etw. dreht durch ⟨die Räder des Autos mahlen im Sand⟩ || ▸ ***Mühle***

Mahl·zeit *die*; **1** die Nahrung, die man (regelmäßig) zu e-r bestimmten Tageszeit isst (u. die oft aus mehreren Gängen besteht) ⟨e-e warme M. zubereiten, essen, verzehren, einnehmen, zu sich nehmen⟩ || -K: ***Abend-, Haupt-, Mittags-, Zwischen-*** **2 (*Gesegnete*) *M.!*** *gespr*; verwendet, um j-m vor dem Essen e-n guten Appetit zu wünschen ≈ guten Appetit! **3 *M.!*** *gespr*; in der Mittagszeit verwendet, um j-n (*bes* Arbeitskollegen) zu grüßen **4 *Na M.!*** *gespr*; verwendet, um negative Überraschung auszudrücken

Mäh·ne *die*; -, *-n*; **1** die langen (u. *mst* dichten) Haare am Kopf od. Hals mancher Tiere, *bes* bei Löwen u. Pferden || ↑ *Abb. unter* ***Pferd*** || -K: ***Löwen-, Pferde-*** **2** *gespr hum*; die langen u. dichten Haare am Kopf e-s Menschen, *bes* wenn sie unordentlich aussehen ⟨e-e blonde, lockige M.⟩ || -K: ***Künstler-***

mah·nen; *mahnte, hat gemahnt*; [Vt] **1 *j-n* (*wegen etw.*) *m.*** j-n daran erinnern, dass er noch Geld zahlen od. etw. tun muss: *Der Händler mahnte ihn wegen der noch nicht bezahlten Rechnung* || K-: ***Mahn-, -bescheid, -brief, -schreiben***; [Vt/i] **2 (*j-n*) *zu etw. m.*** j-n auffordern, sich in e-r bestimmten Weise zu verhalten ≈ j-n zu etw. ermahnen ⟨(j-n) zur Ruhe, Geduld m.⟩: *Er mahnte uns, leise zu sein*

Mahn·ge·bühr *die*; e-e Summe Geld, die man als Strafe zahlen muss, wenn man e-e Mahnung (2) bekommen hat

Mahn·mal *das*; *-s, -e*; e-e Statue, Inschrift *o.Ä.*, die dazu dient, die Menschen an etw. Schlimmes zu erinnern, von dem man möchte, dass es nicht wieder geschieht: *Für die Opfer des Konzentrationslagers wurde ein M. errichtet* || NB: ↑ ***Denkmal***

Mah·nung *die*; -, *-en*; **1 *die M.* (*zu etw.*)** e-e Äußerung, die j-n auffordert, etw. zu tun, od. j-n daran erinnert, seine Pflicht zu erfüllen ⟨e-e leise, stille, ernste M.; e-e M. befolgen, beherzigen, überhören⟩: *e-e M. zur Vorsicht*; *die M., vorsichtig zu sein* **2** ein Brief, der einen auffordert, *bes* e-e Rechnung zu zahlen ≈ Mahnbrief, Mahnschreiben ⟨e-e M. erhalten, bekommen; j-m e-e M. schicken; die letzte M.⟩: *Wenn du die Rechnung nicht bald zahlst, wird dir die Post e-e M. schicken* || ▸ ***Ermahnung***

Mahn·wa·che *die*; e-e Art Demonstration, bei der Menschen an e-m öffentlichen Ort stehen u. durch ihr Schweigen gegen etw. protestieren

Mai *der*; *-s, -e*; *mst Sg*; **1** der fünfte Monat des Jahres ⟨im Mai; Anfang, Mitte, Ende Mai; am 1., 2., 3. Mai⟩: *Am siebten Mai hat Gabi Geburtstag* **2 *der Erste Mai*** ein Feiertag, an dem sich die Arbeiter in vielen Ländern versammeln, um gemeinsam zu demonstrieren ≈ Tag der Arbeit || K-: ***Mai-, -feiertag, -kundgebung***

Mai·an·dacht *die*; *kath*; ein kurzer Gottesdienst zu Ehren Marias (der Mutter von Jesus Christus), der im Mai jeden Abend stattfindet

Mai·baum *der*; der Stamm e-s Baumes, der bunt bemalt u. mit Bändern geschmückt ist. Der M. wird im Mai *bes* in Dörfern aufgestellt

Mai·glöck·chen *das*; e-e kleine Blume mit mehreren weißen Blüten, die wie kleine Glocken an e-m Stiel hängen u. angenehm riechen

Mai·kä·fer *der*; ein Käfer mit braunen Flügeln, der Blätter von Bäumen frisst u. *bes* im Mai fliegt

Mail·box ['meɪl-] *die*; -, *-en*; **1** *EDV*; ein Speicherplatz im Internet, in dem wie in e-m Briefkasten Nachrichten für j-n hinterlegt werden **2** *Telecom*; ein Anrufbeantworter e-s Handys

Mai·ling ['meɪlɪŋ] *das*; *-(s)*; *nur Sg*, *Post*; die Methode, Werbung mit der Post an viele Personen od. Firmen zu verschicken

Mais *der*; *-es*; *nur Sg*; **1** e-e Art von Getreide, das sehr hoch wächst u. große, gelbe Körner hat ⟨M. anbauen, ernten⟩ || K-: ***Mais-, -feld, -kolben, -körner, -mehl, -stroh***; ***mais-, -gelb*** **2** die Körner dieser Pflanze (*bes* als Nahrung)

Mais
der Mais
der Maiskolben

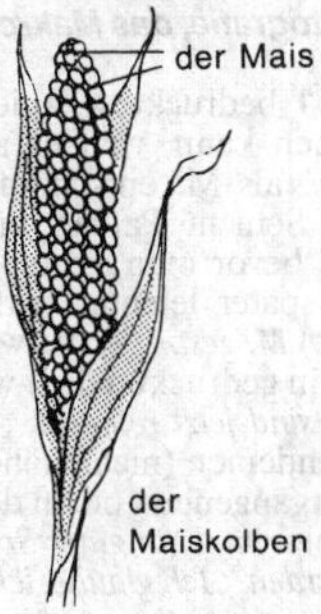

Ma·jes·tät *die*; -, *-en*; **1** *bes hist*; der Titel u. die Anrede für Kaiser u. Könige: *Ihre M. die Königin betritt den Saal* **2** *nur Sg*, *geschr*; die Eigenschaften, wegen derer j-d / etw. bewundert wird: *Die Alpen lagen in ihrer ganzen M. vor uns*

ma·jes·tä·tisch *Adj*; *geschr*; mit Würde ≈ würdevoll, hoheitsvoll: *der majestätische Flug des Adlers*; *m. einherschreiten*

Ma·jo·nä·se *die*; ↑ ***Mayonnaise***

Ma·jor [ma'joːɐ̯] *der*; *-s, -e*; ein Offizier, dessen Position über der e-s Hauptmanns ist

Ma·jo·ran *der*; *-s, -e*; *mst Sg*; e-e Pflanze, die getrocknet u. zerkleinert als Gewürz verwendet wird

Ma·jo·ri·tät *die*; -, *-en*; *mst Sg*, *geschr* ≈ Mehrheit (1) ↔ Minorität ⟨die M. erlangen; in der M. sein; die M. haben⟩: *Die M. der Befragten sprach sich gegen den Plan aus* || K-: ***Majoritäts-, -beschluss, -prinzip***

ma·ka·ber *Adj*; *nicht adv*; Schrecken, Grausen od.

Abneigung erregend, *bes* weil ein Zusammenhang mit dem Tod besteht ⟨ein Anblick, ein Gedanke, ein Humor, ein Lied, ein Scherz, e-e Szene; etw. wirkt m.⟩: *Ein Aschenbecher in Form e-s Totenkopfes ist m.* || NB: *makaber* → *ein makabrer Scherz*

Ma·kel *der*; *-s*, *-*; *geschr*; ein Fehler, den e-e Person / Sache hat, durch den sie weniger wert ist ≈ Mangel[1] (2,3) ⟨e-n M. aufweisen; ohne M. sein; etw. als M. empfinden⟩: *Sie empfindet es als M., keine Fremdsprache zu können* || *hierzu* **ma·kel·los** *Adj*; **Ma·kel·lo·sig·keit** *die*; *nur Sg*

mä·keln; *mäkelte, hat gemäkelt*; [Vi] **(an j-m / etw.) m.** (mit j-m / etw.) unzufrieden sein u. es deutlich sagen: *Sie mäkelt ständig am Essen*

Make-up [meːkˈ|ap] *das*; *-s*, *-s*; **1** kosmetische Produkte, die *bes* Frauen verwenden, um das Gesicht schöner zu machen ≈ Schminke ⟨ein dezentes, gekonntes, kein M. (tragen)⟩ **2** getönte (flüssige) Creme

Mak·ka·ro·ni *die*; *Pl*; lange Nudeln in der Form von dünnen Röhren

Mak·ler *der*; *-s*, *-*; j-d, der für andere Leute Geschäfte macht, *bes* indem er Häuser, Wohnungen *o.Ä.* an Käufer od. Mieter vermittelt ⟨e-n M. aufsuchen, einschalten⟩ || K-: ***Makler-, -gebühren*** || -K: ***Immobilien-, Börsen-, Grundstücks-***

Mak·ra·mee *die*; *-*, *-s*; *mst Sg*; e-e Handarbeit, bei der dicke Fäden so miteinander verknüpft werden, dass schöne Muster entstehen: *e-e Tasche aus M.*

Mak·re·le *die*; *-*, *-n*; ein essbarer Meeresfisch mit blaugrünen Streifen am Rücken ⟨e-e geräucherte M.⟩

Mak·ro *der, das*; *-s*, *-s*; *EDV*; (*Kurzw für* Makrobefehl) e-e häufig wiederkehrende Folge von Befehlen, die man durch e-e einzige Anweisung ablaufen lassen kann

mak·ro- / Mak·ro- *im Adj u. Subst, wenig produktiv* **1** auf ein großes Gebiet, e-n großen Raum bezogen ↔ mikro- / Mikro-; ***das Makroklima, der Makrokosmos, makrokosmisch, die Makroökonomie, die Makrostruktur*** **2** sehr groß od. größer als normal ≈ groß- / Groß- ↔ mikro- / Mikro-; ***die Makroaufnahme, die Makrofotografie, das Makromolekül***

Ma·ku·la·tur *die*; *-*, *-en*; **1** bedrucktes Papier, das man nicht mehr brauchen kann, weil es alt od. falsch bedruckt ist ⟨etw. als M. einstampfen⟩ **2** e-e Flüssigkeit od. e-e Schicht Papier, mit der man e-e Wand bedeckt, bevor man sie tapeziert, damit man die Tapete später leichter entfernen kann || ID ***etw. ist (reine) M.*** *gespr pej*; verwendet, um auszudrücken, dass ein gedruckter Text wertlos ist: *Unsere Urlaubspläne sind jetzt reine M.*

mal[1] *Adv*; *gespr*; zu irgendeiner (nicht näher bestimmten) Zeit in der Vergangenheit od. in der Zukunft ≈ einmal[1] (2): *Er war mal ein guter Sportler*; *Was willst du denn mal werden?*; *Ich glaube, ich muss mal Urlaub machen*

mal[2] *Partikel*; *unbetont, gespr*; **1** verwendet, um j-n höflich zu etw. aufzufordern, auch in Form e-s Fragesatzes: *Schau mal, da drüben sind Rehe!*; *Hier, probier mal meinen Stift*; *Komm (doch) mal her, bitte!*; *Gibst du mir bitte mal das Salz?* **2** **nun mal** verwendet, um auszudrücken, dass man e-e Tatsache nicht ändern kann ≈ eben[3] (1): *Gegen ihn hast du keine Chance - er ist nun mal stärker als du*; *Da kann man nichts machen, das ist nun mal so* || ID ↑ ***können***[2]

mal[3] *Konjunktion*; multipliziert mit: *vier mal vier ist sechzehn*

Mal[1] *das*; *-(e)s*, *-e*; **1** die Gelegenheit, bei der man etw. tut oder bei der etw. geschieht ⟨jedes, manches Mal; ein paar Mal; das erste, zweite, dritte *usw*, letzte, nächste, x-te Mal; beim / zum ersten, zweiten, dritten *usw*, letzten, nächsten, x-ten Mal⟩: *Beim nächsten Mal / Nächstes Mal / Das nächste Mal komme ich nicht mehr zu spät*; *Wir sprechen ein anderes Mal weiter*; *Sie fliegt zum dritten Mal nach Amerika*; *Wir sind schon einige / mehrere Male mit dem Schiff gefahren* **2** ***von Mal zu Mal*** **a)** jedes Mal[1] (1) aufs Neue (wie es die Situation erfordert) ⟨etw. von Mal zu Mal entscheiden, bestellen⟩; **b)** bei jedem Mal[1] (1) ⟨etw. ändert sich von Mal zu Mal⟩ **3** ***von Mal zu Mal*** + *Komparativ* bei jedem Mal[1] (1) mehr als zuvor ≈ immer, in steigendem Maße: *Die Stadt wird von Mal zu Mal lauter* **4** ***mit 'einem Mal*** ≈ plötzlich: *Beim Essen sprang sie mit einem Mal auf u. rannte hinaus* **5** ***ein ums / übers andere Mal*** ≈ immer wieder: *Ich habe versucht, mir diesen Fehler abzugewöhnen, aber ein ums andere Mal mache ich ihn wieder* **6** ***das eine od. andere Mal*** ≈ gelegentlich, hin u. wieder: *„Ist er oft zu spät gekommen?"* - *„Nein, nur das eine od. andere Mal"* **7** ***ein für alle Mal*** *gespr*; verwendet, um auszudrücken, dass etw. ab jetzt für immer gültig ist ⟨j-m etw. ein für alle Mal sagen; etw. gilt ein für alle Mal⟩

Mal[2] *das*; *-(e)s*, *Ma·le / Mä·ler*; ein Fleck auf der Haut || -K: ***Brand-, Wund-***

-mal *im Adv*, *begrenzt produktiv*; die genannte Zahl od. Menge von Malen; ***einmal, eineinhalbmal / anderthalbmal, zweimal, dreimal, viermal*** *usw*; ***keinmal, manchmal, vielmal, zigmal, x-mal***: *Er hat mich viermal besucht*

Ma·la·ria *die*; *-*; *nur Sg*; e-e tropische Krankheit, die durch Moskitos übertragen wird u. hohes Fieber verursacht || K-: ***Malaria-, -erreger***; ***malaria-, -krank***

ma·len; *malte, hat gemalt*; [Vti] **1** **(etw.) m.** mit Farbe ein Bild herstellen ⟨ein Aquarell, ein Bild, ein Porträt m.; in Öl, mit Wasserfarben, Wachskreiden, nach der Natur m.⟩ || K-: ***Mal-, -farbe, -kreide, -kunst, -kurs, -stift, -technik*** **2** **(etw.) m.** *bes südd*; etw. mit Farbe anstreichen ≈ streichen ⟨Türen, Wände, die Wohnung m. (lassen)⟩; [Vt] **3** ***j-n / etw. m.*** mit Farbe von j-m / etw. ein Bild machen: *ein Kind, e-n See, ein Haus, e-e Landschaft m.*; *sich m. lassen* **4** ***etw. m.*** etw. ganz langsam u. konzentriert schreiben od. zeichnen ⟨Buchstaben, Zahlen, Schnörkel m.⟩

Ma·ler *der*; *-s*, *-*; **1** j-d, der (als Künstler) Bilder malt: *Vincent van Gogh ist ein berühmter M.* || K-: ***Maler-, -leinwand*** || -K: ***Aquarell-, Fresken-, Ikonen-, Landschafts-, Miniatur-, Plakat-, Porträt-***; ***Kunst-***; ***Biedermeier-, Barock-, Renaissance-***; ***Pflaster-, Straßen-*** **2** j-d, der (als Handwerker) Wände, Fenster *usw* streicht ⟨den M. bestellen, kommen lassen⟩ || K-: ***Maler-, -farbe, -gehilfe, -meister, -pinsel*** || *hierzu* **Ma·le·rin** *die*; *-*, *-nen*

Ma·le·rei *die*; *-*, *-en*; **1** *nur Sg*; die Kunst, Bilder zu malen ≈ Malkunst ⟨die abstrakte, gegenständliche, realistische, moderne, zeitgenössische M.⟩: *die M. des Impressionismus, der Gotik* **2** ein gemaltes Bild: *Die Ausstellung zeigt Malereien von Magritte* || -K: ***Akt-, Landschafts-, Porträt-***; ***Aquarell-, Öl-***; ***Fresko-***; ***Hinterglas-, Ikonen-, Miniatur-, Plakat-***; ***Höhlen-, Pflaster-, Straßen-, Wand-***; ***Barock-***

ma·le·risch *Adj*; **1** *nur attr od adv, ohne Steigerung*; in Bezug auf die Malerei: *Sie zeigte schon als Kind großes malerisches Talent* **2** hübsch u. idyllisch ≈ pittoresk ⟨e-e Landschaft, ein Häuschen, ein Anblick, ein Platz⟩: *Das Dorf ist m. gelegen*

Mal·heur [maˈløːɐ̯] *das*; *-s*, *-e / -s*; *gespr*; ein kleiner unangenehmer Vorfall ≈ Missgeschick: *Mir ist da ein kleines M. passiert - ich habe den Kaffee verschüttet* || ID ***Das ist doch kein M.!*** das ist doch nicht so schlimm

-ma·lig *im Adj, begrenzt produktiv*; **1** *nur attr, nicht adv*; verwendet, um auszudrücken, dass etw. die genannte Zahl von Malen geschieht; ***einmalig, zweimalig, dreimalig*** *usw*; ***mehrmalig, oftmalig***: *e-e viermalige Wiederholung* **2** *nur attr od adv*; so, dass etw. beim / zum genannten Mal geschieht; ***erstmalig, diesmalig, nochmalig, letztmalig***: *Der diesmalige Sieger kommt aus Leipzig*

Mal·kas·ten *der*; e-e flache Schachtel aus Metall, in der Farben sind, mit denen man Bilder malt ≈ Farbkasten

mal·neh·men; *nahm mal, hat malgenommen*; Vt/i ((***etw.***) ***mit etw.***) ***m.*** ≈ multiplizieren

Ma·lo·che *die*; -; *nur Sg, bes nordd gespr*; die Arbeit im Beruf ⟨in die / zur M. gehen⟩

ma·lo·chen; *malochte, hat malocht*; Vi *bes nordd gespr*; sehr viel u. körperlich anstrengend arbeiten

-mals *im Adv, wenig produktiv*; **1** verwendet, um e-e unbestimmte Zahl von Malen auszudrücken; ***mehrmals, oftmals, vielmals***: *Ich danke Ihnen vielmals* **2** zum genannten Mal (in e-r Reihenfolge); ***erstmals, letztmals, nochmals***: *Ich will es nochmals versuchen*

malt·rä·tie·ren; *malträtierte, hat malträtiert*; Vt **1** ***j-n m.*** j-n so behandeln, dass man ihm körperlich od. psychisch weh tut: *j-n mit Schlägen, mit seinen Fäusten m.* **2** ***etw. m.*** etw. so behandeln, dass es (wahrscheinlich) kaputtgeht: *sein Auto, das Klavier m.*

Mal·ve [-v-] *die*; -, *-n*; e-e hohe Pflanze mit rosa od. lila Blüten, die *mst* in Gärten wächst. Aus den Blüten macht man Tee || K-: ***Malven-, -tee***

Malz *das*; *-es*; *nur Sg*; Getreide (*mst* Gerste), nachdem es im Wasser gelegen hat u. anschließend getrocknet u. geröstet worden ist || K-: ***Malz-, -bonbon, -zucker***

Malz·bier *das*; ein dunkles Bier, das besonders viel Malz u. wenig Alkohol enthält

Mal·zei·chen *das*; die Zeichen · od. x, die man in Multiplikationen verwendet

Malz·kaf·fee *der*; ein Getränk, das aus gerösteter u. gemahlener Gerste gemacht wird u. als Ersatz für Kaffee dient

Ma·ma *die*; -, *-s*; *gespr*; von u. gegenüber Kindern verwendet als Anrede od. Bezeichnung für die Mutter ≈ Mutti ↔ Papa || ↑ *Übersicht unter* ***Familie***

Ma·mi *die*; -, *-s*; *gespr* ≈ Mama ↔ Papi

Mam·mon *der*; *-s*; *nur Sg, pej* ≈ Geld (*bes* wenn es für j-n das Wichtigste im Leben ist) ⟨der schnöde M.⟩

Mam·mut *das*; *-s*, *-s* / *-e*; e-e Art Elefant mit langen Haaren, der vor langer Zeit gelebt hat u. jetzt ausgestorben ist || K-: ***Mammut-, -knochen, -skelett***

Mam·mut- *im Subst, begrenzt produktiv*; verwendet, um auszudrücken, dass etw. sehr groß ist ≈ Riesen- ↔ Mini-; das ***Mammutaufgebot*** ⟨an Künstlern bei e-m Festival⟩, der ***Mammutauftrag*** ⟨der Industrie⟩, der ***Mammutkonzern***, das ***Mammutkonzert***, das ***Mammutprogramm*** ⟨e-s Kongresses⟩, die ***Mammutsitzung*** ⟨des Parlaments⟩

mamp·fen; *mampfte, hat gemampft*; Vt/i (***etw.***) ***m.*** *gespr*; etw. essen (u. dabei mit vollen Backen kauen)

man[1] *Indefinitpronomen*; **1** verwendet, um irgendeine Person od. e-e Gruppe von Personen zu bezeichnen, die man nicht genauer bestimmen kann od. will: *Man hat mir das Fahrrad gestohlen*; *Man hat ihn zu e-r Geldstrafe verurteilt*; *Weiß man schon, wie die Wahlen ausgegangen sind?* || NB: **a)** *man* wird oft anstelle e-r Passivkonstruktion verwendet; **b)** ↑ ***frau 2*** verwendet, um sich selbst zu bezeichnen (u. um auszudrücken, dass e-e Aussage auch für andere Menschen gilt): *Von meinem Platz aus konnte man nichts sehen*; *Man kann nie wissen, wozu das gut ist*; *„Kannst du nicht schneller laufen?" - „Nein, man ist ja schließlich nicht mehr der Jüngste."* **3** verwendet, um *bes* die Öffentlichkeit od. die Gesellschaft zu bezeichnen, in der es e-e bestimmte (Verhaltens)Norm gibt: *In diesem Sommer trägt man Miniröcke* **4** (*z.B.* in Rezepten od. Gebrauchsanweisungen im Konjunktiv) verwendet, um j-m zu sagen, was er tun muss: *Man nehme vier Eier u. vermenge sie mit 300 g Mehl* || NB: *man* wird nur im Nominativ verwendet. Im Akkusativ wird *man* durch *einen* ersetzt u. im Dativ durch *einem*. Es gibt keine Genitivform

man[2] *Partikel*; *unbetont, bes nordd gespr* ≈ mal[2] (1): *Lass man gut sein, ist nicht so schlimm!*

Ma·nage·ment ['mɛnɛdʒmənt] *das*; *-s*, *-s*; **1** *Kollekt*; die Personen, die ein großes (industrielles) Unternehmen leiten ⟨dem M. angehören⟩ **2** das Führen, Leiten e-s großen Unternehmens *o.Ä.*: *j-n mit dem M. e-r Firma betrauen*

ma·na·gen ['mɛnɛdʒn]; *managte, hat gemanagt*; Vt **1** ***j-n m.*** dafür sorgen, dass *mst* ein Künstler od. Sportler immer wieder neue Verträge bekommt u. gut bezahlt wird **2** ***etw. m.*** *gespr*; (durch geschicktes Handeln) bewirken, dass etw. zustande kommt ≈ organisieren, arrangieren (1): *„Ich kann jetzt doch auf das Fest gehen." - „Wie hast du denn das gemanagt?"*

Ma·na·ger ['mɛnɛdʒɐ] *der*; *-s*, -; **1** eine von *mst* mehreren Personen, die ein großes (industrielles) Unternehmen leiten **2** j-d, der dafür sorgt, dass ein Künstler od. Sportler neue Verträge bekommt u. gut bezahlt wird || *hierzu* **Ma·na·ge·rin** *die*; -, *-nen*

manch *Indefinitpronomen*; verwendet, um eine od. mehrere einzelne Personen od. Sachen e-r unbestimmten Anzahl zu bezeichnen, die man nicht genauer bestimmen kann od. will ≈ einige, mehrere: *mancher Mann*; *mancher junge Mann*; *Sie hat dem Kind so manches Märchen erzählt*; *Er hat auf seiner Reise manches erlebt* || NB: **a)** Steht *manch* vor e-m unbestimmten Artikel od. vor e-m Adjektiv des Deklinationstyps B, bleibt es unverändert; ↑ *Tabelle unter* ***Adjektive***; **b)** *manch* verwendet man wie ein attributives Adj. (*an manchen Tagen*) od. wie ein Subst. (*Manche haben e-n sehr eigenartigen Geschmack*)

man·cher·lei *Indefinitpronomen*; *indeklinabel*; einige od . mehrere verschiedene (einzelne) Dinge od. Arten von etw. ≈ allerlei: *Auf seiner Reise hat er m. (Abenteuer) erlebt* || NB: *mancherlei* kann wie ein Adj. od. Subst. verwendet werden

manch·mal *Adv*; von Zeit zu Zeit, in manchen Fällen ≈ ab u. zu, gelegentlich, hin u. wieder: *M. besuche ich meine Großmutter*; *M. fährt er mit dem Auto*

Man·dant *der*; *-en*, *-en*; j-d, der e-n Rechtsanwalt damit beauftragt hat, ihn (vor Gericht) zu vertreten ≈ Klient: *Der Verteidiger beantragt Freispruch für seinen Mandanten* || NB: *der Mandant*; *den, dem, des Mandanten* || *hierzu* **Man·dan·tin** *die*; -, *-nen*

Man·da·ri·ne *die*; -, *-n*; e-e (Zitrus)Frucht, die der Orange ähnlich, aber kleiner u. süßer ist || K-: ***Mandarinen-, -baum, -kern, -schale***

Man·dat *das*; *-(e)s*, *-e*; **1** *Jur, geschr*; der Auftrag an e-n Rechtsanwalt, einen juristisch zu beraten od. (vor Gericht) zu vertreten ⟨j-m ein M. erteilen⟩: *Der Anwalt übernahm das M.* **2** *Pol*; das Amt e-s Abgeordneten im Parlament ≈ Sitz ⟨sein M. niederlegen⟩: *Die Partei hat 40 Mandate verloren* || K-: ***Mandats-, -gewinn, -träger, -verlust, -verteilung*** **3** ***j-m das M. erteilen*** *Pol*; e-m Abgeordneten den Auftrag geben, die Interessen seiner Wähler im Parlament zu vertreten

Man·del[1] *die*; -, *-n*; **1** ein ziemlich langer, flacher u.

essbarer (Samen)Kern in e-r harten Schale, aus dem man *z.B.* Marzipan herstellt ⟨bittere, süße, gesalzene Mandeln⟩ || K-: ***Mandel-, -baum*** || -K: ***Röst-, Salz-*** **2** ***gebrannte Mandeln*** e-e Süßigkeit aus Mandeln, die mit gebranntem Zucker überzogen sind || *zu* **1 man·del·för·mig** *Adj*

Man·del² *die*; -, *-n*; *mst Pl*; eines von zwei Organen im oberen hinteren Teil des Halses (des Rachens), die Infektionen abwehren ⟨eitrige, entzündete, gerötete, geschwollene Mandeln; sich die Mandeln herausnehmen lassen⟩ || K-: ***Mandel-, -entzündung, -operation, -vereiterung*** || -K: ***Rachen-***

Man·do·li·ne *die*; -, *-n*; ein gitarrenähnliches, ovales Musikinstrument mit vier Doppelsaiten

Mandoline

Ma·ne·ge [-ʒə] *die*; -, *-n*; ein *mst* runder Platz im Zirkus(zelt), auf dem die Artisten auftreten: *Der Clown stolperte in die M.* || -K: ***Zirkus-***

Man·gel¹ *der*; *-s*, *Män·gel*; **1** *nur Sg*; ***ein M.*** (***an j-m / etw.***) der Zustand, in dem etw. Wichtiges nicht ausreichend vorhanden ist: *ein M. an Lebensmitteln*; *Trotz Arbeitslosigkeit herrscht in bestimmten Wirtschaftszweigen immer noch ein M. an Arbeitskräften*; *Sein M. an Selbstvertrauen macht ihn schüchtern* || -K: ***Arbeitskräfte-, Ärzte-, Geld-, Lehrer-, Lehrstellen-, Platz-, Sauerstoff-*** **2** *mst Pl*; *mst* ein (Material)Fehler an e-r Ware ⟨leichte, schwere Mängel; Mängel feststellen, beanstanden, beheben, beseitigen⟩: *Ein gebrauchtes Auto weist oft Mängel auf* || K-: ***Mängel-, -haftung, -rüge*** **3** ein charakterlicher Fehler e-r Person (der anderen auffällt u. der sie stört) ≈ Makel ↔ Stärke¹ (2): *Sein größter M. ist seine Unehrlichkeit*

M

Man·gel² *die*; -, *-n*; **1** ein Gerät, bei dem Wäsche zwischen zwei Walzen gepresst u. glatt gemacht wird || -K: ***Heiß-, Wäsche-*** **2** ein Betrieb, in dem Wäsche mit der M. (1) gepresst wird || ID ***j-n in die M. nehmen / durch die M. drehen*** *gespr*; j-n hart, streng behandeln od. quälen u. verletzen ≈ j-m (hart) zusetzen

Man·gel·be·ruf *der*; ein Beruf, in dem es nicht genug Arbeitskräfte gibt

Man·gel·er·schei·nung *die*; ein Symptom, das darauf hinweist, dass dem Körper *mst* wichtige Stoffe (Vitamine od. Mineralien) fehlen

man·gel·haft *Adj*; **1** nicht gut genug, mit vielen Mängeln¹ (2,3) ≈ unzureichend ⟨Kenntnisse, e-e Ware, ein Wissen; e-e Ausbildung, Leistungen⟩: *Die Idee war gut, die Ausführung aber m.* **2** Ⓓ verwendet als Bezeichnung für die schlechte (Schul)Note 5 (auf der Skala von 1-6 bzw. *sehr gut* bis *ungenügend*). Mit dieser Note hat man die Prüfung *o.Ä.* nicht bestanden ⟨„m." (in etw. (*Dat*)) haben, bekommen⟩ || *zu* **1 Man·gel·haf·tig·keit** *die*; *nur Sg*

man·geln; *mangelte, hat gemangelt*; [Vi] **1** ***etw. mangelt j-m*** *geschr*; etw. ist bei j-m nicht vorhanden ≈ etw. fehlt (2): *Ihm mangelt der Mut zum Risiko*; [Vimp] **2** ***es mangelt j-m an j-m*** (*Kollekt od Pl*) / ***etw.*** j-d hat die Personen, die er eigentlich braucht / etw. (Notwendiges) nicht: *Es mangelt ihm an Mitarbeitern, an Humor, an dem nötigen Geld*

man·gels *Präp*; (*Admin*) *geschr*; **1** *mit Gen*; weil etw. nicht vorhanden ist: *M. finanzieller Unterstützung konnte die Expedition nicht durchgeführt werden* || NB: Gebrauch ↑ *Tabelle unter* ***Präpositionen*** **2** *mst* ***j-n m. Beweisen freisprechen*** (als Richter) j-n nicht verurteilen, weil die Beweise dazu nicht ausreichen

Man·gel·wa·re *die*; *mst Sg*; **1** e-e Ware, die viele Leute haben möchten, die es aber nur in geringer Menge gibt **2** ***etw. ist M.*** *gespr*; von etw. gibt es sehr wenig: *Im letzten Winter war Schnee M.*

Man·go ['maŋgo] *die*; -, *-s*; e-e süße, saftige tropische Frucht mit gelbem Fleisch u. e-m großen Kern || K-: ***Mango-, -baum***

Mang·ro·ve [-və] *die*; -, *-n*; ein Baum an tropischen Küsten, dessen Wurzeln weit aus dem Boden ragen

Ma·nie *die*; -, *-n* [-'ni:ən]; *mst Sg*, *geschr*; **1** der psychische Zwang, immer wieder bestimmte Dinge tun zu müssen (auch wenn man es gar nicht will) ≈ Besessenheit ⟨e-e M. entwickeln; etw. wird bei j-m zur M.⟩: *Da wäscht sie sich schon wieder die Hände! Das ist so e-e richtige M. von ihr* **2** *Psych*; e-e Phase e-r psychischen Krankheit, in der der Kranke sehr selbstbewusst u. übertrieben lebhaft ist ↔ Depression || *hierzu* **ma·nisch** *Adj*

Ma·nier [ma'ni:ɐ] *die*; -, *-en*; *mst Sg*; **1** die Art u. Weise, wie man etw. tut ⟨etw. in bewährter M. tun⟩: *Er argumentierte in überzeugender M.* **2** *mst* ***in j-s M.*** im charakteristischen Stil von j-m (*z.B.* e-s Künstlers): *e-e Sonate in typisch Mozartscher M.*

Ma·nie·ren *die*; *Pl*; die Art u. Weise, wie man sich benimmt ≈ Benehmen, Umgangsformen ⟨gute, schlechte, feine, keine M. haben; j-m M. beibringen⟩ || -K: ***Tisch-***

ma·nier·lich *Adj*; *veraltend*; **1** so, wie es den guten Manieren entspricht ⟨m. essen⟩ **2** *gespr*; relativ gut, aber noch nicht sehr gut ≈ passabel: *Ihre Leistungen sind mittlerweile ganz m.*

ma·ni·fest *Adj*; *mst in* ***etw. ist / wird m.*** *geschr*; etw. ist / wird eindeutig als etw. Bestimmtes zu erkennen ≈ etw. zeigt sich, etw. manifestiert sich

Ma·ni·fest *das*; *-(e)s*, *-e*; e-e schriftliche Erklärung, die die Prinzipien u. Ziele e-r Gruppe (*z.B.* e-r politischen Partei) enthält ⟨ein M. verfassen, herausgeben⟩ || -K: ***Friedens-***

ma·ni·fes·tie·ren, sich; *manifestierte sich, hat sich manifestiert*; [Vr] ***etw. manifestiert sich*** *geschr*; etw. ist (plötzlich) an bestimmten äußeren Erscheinungen zu erkennen, wird deutlich od. sichtbar ≈ etw. zeigt sich: *Bei der Demonstration manifestierte sich der Protest gegen die Politik der Regierung* || *hierzu* **Ma·ni·fes·ta·ti·on** *die*; -, *-en*

Ma·ni·kü·re *die*; -, *-n*; *mst Sg*; die Pflege der Hände (*bes* der Fingernägel) ⟨M. machen⟩

ma·ni·pu·lie·ren; *manipulierte, hat manipuliert*; [Vt] **1** ***j-n m.*** j-n absichtlich beeinflussen, ohne dass er es merkt, um zu erreichen, dass er in bestimmter Weise denkt u. handelt: *Durch die Werbung wird der Käufer oft manipuliert* **2** ***etw. m.*** etw. in betrügerischer Weise (leicht) verändern, *mst* um sich dadurch e-n Vorteil zu verschaffen ⟨Rechnungen, Stimmzettel m.⟩ **3** ***etw. m.*** ein Gerät od. e-n Motor so verändern, dass es gegen e-e Norm od. gegen ein Gesetz verstößt ⟨den Tachometer, den Kilometerzähler m.⟩ **4** ***etw. m.*** *bes* an e-m Gerät od. Fahrzeug etw. so verändern, dass ein Schaden entsteht od. dass ein Unfall passiert ≈ sabotieren || *hierzu* **Ma·ni·pu·la·ti·on** *die*; -, *-en*; **ma·ni·pu·lier·bar** *Adj*; *nicht adv*

Man·ko *das*; *-s*, *-s*; **1** ein Nachteil (der verhindert, dass etw. völlig positiv ist): *Das neue Auto hat nur ein M. - es ist ein bisschen teuer*; *Das M. bei der Sache ist, dass…* **2** *Ökon*; die Summe Geld, die (bei der Abrechnung) in der Kasse fehlt

Mann *der*; *-(e)s*, *Män·ner* / *Mann*; **1** (*Pl Männer*) e-e erwachsene männliche Person ↔ Frau || K-: ***Männer-, -chor, -gesangsverein, -stimme*** **2** (*Pl Män-*

ner) *Kurzw* ↑ **Ehemann** ⟨ihr geschiedener, verstorbener M.⟩: *Kann ich mal Ihren M. sprechen?* || ↑ *Übersicht unter* **Familie** **3** (*Pl Mann*) *mst Pl*; die (männlichen) Personen e-r Gruppe od. auf e-m Schiff: *Alle / Hundert Mann waren an Bord versammelt* || NB: *mst* zusammen mit Kardinalzahlen **4** ***Alle Mann an Deck!*** verwendet als Aufforderung an alle Seeleute, auf das oberste Deck zu gehen **5** ***alle Mann*** *gespr*; alle Personen zusammen **6** *Zahl* + ***Mann hoch*** *gespr*; mit der genannten Zahl von Personen: *Wir sind fünf Mann hoch ins Kino gegangen* || ID (***Mein lieber***) ***M.!*** *gespr*; verwendet als Ausdruck der Überraschung od. des Ärgers; ***etw. an den M. bringen*** *gespr*; **a**) etw. verkaufen; **b**) etw. sagen können, was man schon lange j-m erzählen wollte: *Na, hast du den Klatsch endlich an den M. gebracht?*; ***seinen M. stehen*** seine Aufgaben u. Pflichten gut erfüllen ≈ sich bewähren; ***ein gemachter M. sein*** *gespr*; (als Mann) reich sein u. gut leben können; ***Manns genug sein*** + ***zu*** + *Infinitiv* genug Mut haben u. stark genug sein, etw. (Unangenehmes) zu tun; *mst* ***von M. zu M.*** ⟨sprechen⟩ miteinander (als Männer) ehrlich u. unter vier Augen reden; ***pro M.*** (***u. Nase***) *gespr*; pro Person: *Das kostet pro M. (u. Nase) fünf Euro*; ***den starken M. markieren / mimen*** *gespr*; so tun, als ob einem nichts u. niemand schaden könnte; ***den wilden M. spielen*** *gespr*; vor Wut schreien u. schimpfen; ***ein M. der Tat*** ein M., der nicht zögert, wenn er handeln muss; ***der kleine M. / der M. auf der Straße*** der einfache (Durchschnitts)Bürger; ***ein M. von Welt*** ein M., der elegant u. (selbst)sicher (*bes* im gesellschaftlichen Umgang) ist; '***Selbst ist der M.!*** man muss sich selbst helfen können

Männ·chen *das*; *-s, -*; **1** ein männliches Tier ↔ Weibchen || NB: *bes* dann verwendet, wenn es keine eigene Bezeichnung für das männliche Tier gibt **2** *mst* ***M. malen, zeichnen*** kleine Figuren (in abstrahierter Form) zeichnen || ID ***ein Tier macht M.*** ein Tier sitzt auf den hinteren Pfoten u. hält den Körper aufrecht: *Der Hund macht M.*

Man·nen *die*; *Pl, hist*; die Leute, die j-m dienen ≈ Vasallen: *der König u. seine M.*

Man·ne·quin [-kɛ̃] *das*; *-s, -s*; e-e Frau, die *bes* bei e-r (Moden)Schau die neueste Kleidung trägt u. zeigt (vorführt) ↔ Dressman

Män·ner·sa·che *die*; *nur Sg*; *mst* ***etw. ist M.*** *gespr*; etw. sollte eigentlich Männern überlassen werden ↔ Frauensache: *Holz hacken ist M.*

Män·ner·welt *die*; *nur Sg*; **1** e-e Gesellschaft, in der Männer die wichtigen Positionen (*bes* der Politik u. Wirtschaft) haben: *In dieser M. haben Frauen es schwer, nach oben zu kommen* **2** *hum*; alle Männer, die irgendwo (versammelt) sind

Man·nes·al·ter *das*; *nur Sg*; *mst* ***im besten M.*** (***sein***) *mst hum*; als Mann zwischen ca. 40 u. 55 Jahren alt (sein)

Man·nes·kraft *die*; *nur Sg, veraltend* ≈ Potenz (1) ↔ Impotenz

mann·haft *Adj*; *geschr veraltend* ≈ tapfer || *hierzu* **Mann·haf·tig·keit** *die*; *nur Sg*

man·nig·fach *Adj*; *nur attr od adv* ≈ mannigfaltig (1) ⟨Ursachen, Wirkungen⟩

man·nig·fal·tig *Adj*; *geschr*; **1** zahlreich u. verschieden ⟨Einflüsse, Erfahrungen, Konsequenzen⟩: *In seinem neuen Beruf hat er mannigfaltige Aufgaben zu erfüllen* **2** mit vielen unterschiedlichen Arten von Pflanzen u. Tieren: *die mannigfaltige Flora der Tropen* || *hierzu* **Man·nig·fal·tig·keit** *die*; *nur Sg*

Männ·lein *das*; *-s, -*; *mst* ***Männlein u. Weiblein*** *gespr hum*; alle (anwesenden) Männer u. Frauen

männ·lich *Adj*; **1** *ohne Steigerung, nicht adv*; zu dem Geschlecht gehörig, das durch Samen Leben erzeugen kann ↔ weiblich ⟨e-e Person, ein Kind, ein Tier, e-e Pflanze⟩ **2** *ohne Steigerung, nicht adv*; von e-r männlichen (1) Person ↔ weiblich ⟨Sexualhormone, das Glied, Vornamen⟩ **3** ⟨ein Mann⟩ mit Eigenschaften, die als typisch für Männer gelten ≈ maskulin (1) ↔ unmännlich, weibisch: *Sie findet Männer mit Bart sehr m.* **4** ⟨e-e Frau⟩ mit Eigenschaften, die als typisch für Männer gelten ≈ maskulin (2) ↔ feminin, weiblich: *Mit ihrer neuen Frisur wirkt sie eher m.* **5** *ohne Steigerung, nicht adv*; in der Grammatik mit dem Artikel *der* verbunden ≈ maskulin (3) ↔ weiblich, sächlich

Männ·lich·keit *die*; *-*; *nur Sg*; das Verhalten, das Aussehen od. die Eigenschaft, die (nach traditioneller Auffassung) für Männer charakteristisch, typisch sind (*bes* im sexuellen Bereich) ↔ Weiblichkeit || K-: ***Männlichkeits-, -wahn***

Manns·bild *das*; *bes südd* Ⓐ *gespr*; **1** ≈ Mann (1) **2** ***ein gestandenes M.*** ein starker, männlicher (3) Mann

Mann·schaft *die*; *-, -en*; **1** die Sportler, die (in e-m Wettkampf) zusammengehören ≈ Team ⟨e-e M. aufstellen, bilden⟩ || K-: ***Mannschafts-, -aufstellung, -kampf, -spiel, -sport***(***art***), ***-wettbewerb*** || -K: ***Damen-, Herren-, Jugend-, National-***; ***Fußball-, Handball-, Ski-, Turner-, Volleyball-*** **2** *Kollekt*; alle Menschen, die während der Fahrt auf e-m Schiff od. während des Fluges in e-m Flugzeug arbeiten ≈ Besatzung, Crew || -K: ***Flugzeug-, Schiffs-*** **3** *gespr*; e-e Gruppe von Leuten, die in e-r Abteilung od. in e-m bestimmten Bereich eng zusammenarbeiten ≈ Team ⟨e-e dynamische, junge M.⟩ || -K: ***Regierungs-, Rettungs-*** **4** *Kollekt*; alle Soldaten e-r militärischen Einheit || -K: ***Ersatz-, Wach-*** **5** *nur Pl, Mil*; die einfachen Soldaten ↔ Unteroffiziere, Offiziere || K-: ***Mannschafts-, -dienstgrad, -kantine, -verpflegung*** || ID ***vor versammelter M.*** *gespr*; vor allen (anwesenden) Personen: *Sie hat mich vor versammelter M. beschimpft* || *zu* **1** **mann·schaft·lich** *Adj*

Mann·schafts·ka·pi·tän *der*; der Spieler, den e-e Mannschaft (1) zu ihrem Chef wählt ≈ Spielführer

Mann·schafts·wer·tung *die*; (bei e-m Wettkampf) die Platzierung der ganzen Mannschaft (1) (u. nicht des einzelnen Sportlers) ↔ Einzelwertung

manns·hoch *Adj*; *ohne Steigerung*; ungefähr so hoch wie ein erwachsener Mann ⟨e-e Mauer, ein Zaun⟩ || NB: *mannshoch* → *e-e mannshohe Mauer*

manns·toll *Adj*; *gespr pej* ≈ nymphoman

Mann·weib *das*; *gespr pej*; e-e (oft große) Frau, die aussieht u. sich verhält wie ein Mann

Ma·no·me·ter *das*; *-s, -*; **1** ein technisches Gerät, mit dem man den Druck von Flüssigkeiten od. Gasen messen kann **2** ***M.!*** *gespr*; verwendet, um sein Erstaunen auszudrücken

Ma·nö·ver [-v-] *das*; *-s, -*; **1** e-e militärische Übung (in der Landschaft), bei der Angriff u. Verteidigung geübt werden ⟨ein M. abhalten, durchführen; ins M. ziehen⟩ || -K: ***Flotten-, Heeres-***; ***Herbst-*** **2** *pej*; e-e Aktion, mit der man e-e Situation geschickt für sich ausnutzt ≈ Winkelzug, Trick (1) ⟨ein geschicktes, plumpes M.⟩: *Durch ein raffiniertes M. lenkte er die Aufmerksamkeit der Medien auf sich* || -K: ***Ablenkungs-, Täuschungs-*** **3** e-e geschickte u. schnelle Bewegung (mit der man die Richtung *mst* e-s Fahrzeugs ändert) || -K: ***Ausweich-, Wende-***

ma·növ·rie·ren [-v-]; *manövrierte, hat manövriert*; [Vt] **1** ***etw. irgendwohin m.*** *mst* ein Fahrzeug geschickt an e-e bestimmte Stelle lenken: *sein Auto in e-e Parklücke m.* **2** ***j-n irgendwohin m.*** *mst pej*; j-n oft durch Tricks (1) in e-e (*mst* berufliche) Po-

M

sition bringen: *Er hat sie in e-e leitende Stellung manövriert;* [Vi] **3 irgendwie m.** *mst pej;* (in e-r *mst* unangenehmen, ungünstigen Situation) geschickt u. vorsichtig handeln ⟨geschickt, taktisch klug m.⟩

ma·növ·rier·fä·hig *Adj; nicht adv;* ⟨ein Auto, ein Flugzeug, ein Panzer, ein Schiff⟩ so, dass man sie noch manövrieren (1) kann ↔ manövrierunfähig || *hierzu* **Ma·növ·rier·fä·hig·keit** *die; nur Sg*

Man·sar·de *die; -, -n;* ein Zimmer od. e-e Wohnung unter dem Dach mit *mst* schrägen Wänden || K-: ***Mansarden-, -wohnung, -zimmer***

Mansch *der; -(e)s; nur Sg, gespr pej;* e-e Masse von zerkleinertem, zerquetschtem Essen: *ein M. aus Kartoffeln u. Gemüse* || *hierzu* **man·schig** *Adj*

man·schen; *manschte, hat gemanscht;* [Vi] *gespr pej;* im Mansch (herum)rühren

Man·schet·te *die; -, -n;* **1** das steife Stück Stoff am (langen) Ärmel *mst* e-s Hemdes od. e-r Bluse (das man zuknöpfen kann) || K-: ***Manschetten-, -knopf*** **2** e-e Hülle aus (Krepp)Papier (als Verzierung) *mst* um e-n Blumentopf || -K: ***Papier-, Plastik-*** **3** *Tech;* e-e Art Ring *mst* aus Gummi od. Leder, der zwei Teile miteinander verbindet ≈ Dichtung || K-: ***Manschetten-, -dichtung*** || ID **(*vor j-m / etw.*) *Manschetten haben*** *gespr;* (vor j-m / etw.) Angst haben

Manschette

Man·tel[1] *der; -s, Män·tel;* ein Kleidungsstück mit langen Ärmeln, das *mst* bis über die Knie reicht, vorne *mst* mit Knöpfen geschlossen wird u. das man über dem Kleid od. Anzug trägt ⟨j-m aus dem, in den M. helfen; seinen M. ablegen⟩ || ↑ *Abb. unter* ***Bekleidung*** || K-: ***Mantel-, -futter, -tasche*** || -K: ***Leder-, Pelz-, Woll-; Regen-; Sommer-, Winter-*** || NB: ↑ ***Trenchcoat, Cape***

Man·tel[2] *der; -s, Män·tel;* **1** die äußere Hülle aus dickem Gummi, die den Schlauch e-s Reifens umgibt: *der M. e-s Autoreifens* || *-K:* ***Gummi-*** **2** *Tech;* die äußere Hülle, die etw. (als Schutz) umgibt: *der M. e-s Kabels, e-r Röhre, e-s Geschosses*

Män·tel·chen *das; -s, -; mst in* ***sein M. nach dem Wind drehen / hängen*** *pej;* seine Meinung immer wieder ändern, um e-n Vorteil davon zu haben

Man·tel·ta·rif *der; Ökon;* die Bestimmungen, die über e-n relativ langen Zeitraum die Arbeitsbedingungen regeln (*z.B.* die Länge der Arbeitszeit od. die Zahl der Urlaubstage) || K-: ***Manteltarif-, -vertrag***

Mantsch *der;* ↑ ***Mansch***

mant·schen ↑ ***manschen***

ma·nu·ell *Adj; geschr;* **1** mit den Händen (gemacht) ↔ maschinell ⟨Arbeit; etw. m. herstellen, verpacken⟩ **2** in Bezug auf die Hände ≈ handwerklich ⟨Fertigkeiten, ein Geschick⟩

Ma·nu·fak·tur *die; -, -en; hist;* ein Betrieb, in dem die Produkte in großer Anzahl mit der Hand u. nicht mit Maschinen hergestellt wurden || -K: ***Porzellan-, Teppich-, Textil-***

Ma·nu·skript *das; -(e)s, -e;* ein Text, der mit der Hand od. mit der (Schreib)Maschine bzw. dem Computer geschrieben ist u. gedruckt werden soll ⟨ein druckfertiges M.; ein M. redigieren, überarbeiten, vorlegen⟩: *ein M. an e-n Verlag schicken* || K-: ***Manuskript-, -blatt, -seite*** || -K: ***Original-***

Map·pe *die; -, -n;* **1** ein Stück Karton od. Plastik, das so gefaltet ist, dass man *z.B.* Dokumente, Briefe od. Zeichnungen hineinlegen od. dort aufbewahren kann ⟨e-e M. anlegen, aufschlagen⟩ || -K: ***Arbeits-, Zeichen-*** **2** e-e flache Tasche (aus Leder), in der *mst* Dokumente, Bücher od. Hefte getragen werden || -K: ***Akten-, Leder-, Schul-***

Mappe (1)

Mär *die; -, -en; veraltend;* e-e seltsame Geschichte od. Sage ⟨e-e alte, wunderbare M.⟩

Ma·ra·thon *der; -s, -s;* ein Wettlauf über 42 Kilometer || K-: ***Marathon-, -lauf, -läufer, -strecke***

Ma·ra·thon- *im Subst, begrenzt produktiv, gespr pej;* von besonders langer Dauer; die ***Marathonrede*** ⟨des Politikers⟩, die ***Marathonsitzung*** ⟨der Delegierten⟩, die ***Marathonveranstaltung*** ⟨der Gewerkschaft⟩, die ***Marathonverhandlung*** ⟨des Gerichts⟩

Mär·chen *das; -s, -;* **1** e-e (im Volk überlieferte) Erzählung, in der Personen wie *z.B.* Hexen, Riesen od. Zwerge u. unwirkliche Ereignisse vorkommen ⟨(j-m) M. erzählen, vorlesen⟩: *das M. von Rotkäppchen u. dem bösen Wolf; die Märchen der Brüder Grimm* || K-: ***Märchen-, -buch, -erzähler, -gestalt, -prinz, -sammlung*** || -K: ***Erwachsenen-, Kinder-, Volks-, Weihnachts-*** **2** *gespr;* e-e Geschichte, die sich j-d (*mst* als Ausrede) ausgedacht hat: *Erzähl mir doch keine Märchen!* || ID ***j-m ein M. auftischen*** j-m ein M. (2) erzählen, um ihn zu täuschen || NB: ↑ ***Fabel, Legende, Sage***

mär·chen·haft *Adj;* **1** (ähnlich) wie in e-m Märchen (1) ↔ realistisch ⟨e-e Erzählung; e-e Gestalt⟩: *Diese Oper hat märchenhafte Züge* **2** sehr schön ≈ zauberhaft ⟨e-e Landschaft; ein Anblick⟩ **3** *gespr;* so (ungewöhnlich), dass man es sich kaum vorstellen kann ≈ sagenhaft (2) ⟨Glück, Reichtum, e-e Karriere⟩: *m. niedrige Preise*

Mar·der *der; -s, -;* ein kleines (Raub)Tier, das klettern kann u. das man wegen seines Pelzes züchtet

Mar·ga·ri·ne *die; -; nur Sg;* ein Fett (ähnlich wie Butter), das aus dem Öl von Pflanzen gemacht wird || -K: ***Back-, Diät-*** || NB: als Plural wird *Margarinesorten* verwendet

Mar·ge·ri·te *die; -, -n;* e-e hohe (Wiesen)Blume mit e-r Blüte, die aus e-m gelben Zentrum u. länglichen weißen Blütenblättern besteht || K-: ***Margeriten-, -strauß***

mar·gi·nal *Adj; geschr;* ohne (große) Bedeutung ≈ nebensächlich, zweitrangig ↔ zentral ⟨ein Thema; von marginaler Bedeutung⟩

Mar·gi·na·lie [-liə] *die; -, -n; mst Pl;* e-e (*mst* kommentierende od. ironische) Bemerkung

Ma·ri·en- [ma'riːən-] *im Subst, begrenzt produktiv;* von od. für Maria, die Mutter von Jesus Christus; das ***Marienbild***, das ***Marienfest***, die ***Marienkirche***, die ***Marienlegende***, der ***Marienplatz***, die ***Marienstatue***, die ***Marienverehrung***

Ma·ri·en·kä·fer [ma'riːən-] *der;* ein kleiner, rundlicher Käfer mit roten Flügeln u. schwarzen Punkten

Ma·ri·hu·a·na [-hu-] *das; -s; nur Sg;* ein Rauschgift, das (*mst* in e-r Pfeife) geraucht wird ≈ Haschisch

Ma·ril·le *die; -, -n;* Ⓐ ≈ Aprikose || K-: ***Marillen-, -knödel, -marmelade, -schnaps***

Ma·ri·na·de *die; -, -n;* e-e Soße *bes* aus Essig, Öl u. Gewürzen, mit der man *mst* Fleisch od. Fisch würzt od. haltbar macht od. Salat anmacht: *Heringe in (e-e) M. einlegen* || *hierzu* **ma·ri·nie·ren** *(hat) Vt*

Ma·ri·ne *die*; -, *-n*; *mst Sg*; **1** der Teil der Armee, der im Krieg auf dem Meer kämpft ↔ Heer, Luftwaffe ⟨zur M. gehen; bei der M. dienen, sein⟩ || K-: ***Marine-, -offizier, -soldat, -uniform*** **2** *Kollekt*; alle militärischen Schiffe e-s Staates: *Die M. läuft aus* || K-: ***Marine-, -stützpunkt*** || -K: ***Kriegs-*** **3** *Kollekt*; alle zivilen Handelsschiffe e-s Staates || -K: ***Handels-***

Ma·ri·o·net·te *die*; -, *-n*; **1** e-e Puppe, deren Körperteile man an Fäden od. Drähten bewegen kann ⟨mit Marionetten spielen⟩ || K-: ***Marionetten-, -bühne, -figur, -spiel, -spieler, -theater*** **2** *pej*; j-d, der (willenlos) alles tut, was andere fordern

ma·ri·tim *Adj*; *nicht adv*, *geschr*; **1** in Bezug auf das Meer ⟨Forschungen, Untersuchungen⟩ **2** vom Meer beeinflusst ↔ kontinental ⟨ein Klima, e-e Fauna, e-e Flora⟩

Mark[1] *die*; -, -; *hist*; die ehemalige Währung Deutschlands; *Abk* DM: *Eine M. hat 100 Pfennig*; *Kannst du mir fünf Mark wechseln?* || -K: ***D-Mark*** || ID ***jede M.*** (***zweimal, dreimal***) ***umdrehen*** ⟨bevor man sie ausgibt⟩ *gespr*; sehr sparsam sein

Mark[2] *das*; *-s*; *nur Sg*; **1** die weiche Masse in den Knochen u. in der Wirbelsäule || -K: ***Knochen-, Rücken-*** **2** die weiche Masse in den Stängeln od. Sprossen mancher Pflanzen || -K: ***Holunder-, Palm-*** **3** ein Brei aus bestimmten weichen Früchten u. Gemüsearten || -K: ***Erdbeer-, Himbeer-, Tomaten-*** || ID ***j-n bis ins M. erschüttern, treffen*** j-n sehr schockieren od. beleidigen; ***kein M. in den Knochen haben*** *gespr pej*; ängstlich sein od. keine Energie haben; ***j-m das M. aus den Knochen saugen*** *gespr pej* ≈ j-n ausbeuten; ***etw. geht j-m durch M. u. Bein*** ⟨ein Schmerz, ein Schrei⟩ ist so intensiv, dass er sehr unangenehm für j-n ist

Mark[3] *die*; -, *-en*; *hist*; (im mittelalterlichen Deutschen Reich) ein Gebiet an der Grenze, das ein Graf verwaltete || K-: ***Mark-, -graf, -grafschaft*** || NB: heute noch in geographischen Ausdrücken: *die M. Brandenburg*

mar·kant, *markanter, markantest-*; *Adj*; *nicht adv*; (im positiven Sinn) auffallend ↔ unauffällig ⟨Gesichtszüge, e-e Erscheinung, e-e Persönlichkeit⟩

Mar·ke[1] *die*; -, *-n*; *mst gespr*; ein Stück Papier od. Blech, das etw. bestätigt od. durch das man das Recht auf etw. hat || -K: ***Brief-, Essens-, Lebensmittel-, Steuer-*** || NB: ↑ ***Coupon***

Mar·ke[2] *die*; -, *-n*; ein Zeichen, das e-n bestimmten Wert (5) angibt od. e-e bestimmte Stelle kennzeichnet ≈ Markierung: *Das Hochwasser stieg über die M. des Vorjahres* || -K: ***Best-, Richt-***

Mar·ke[3] *die*; -, *-n*; e-e Sorte e-r Ware mit e-m bestimmten Namen ⟨e-e bekannte, führende M.; e-e eingetragene, gesetzlich geschützte M.⟩ || K-: ***Marken-, -artikel, -fabrikat, -name, -ware, -zeichen*** || -K: ***Auto-, Whisky-, Zigaretten-*** || ID *mst* ***'Du bist*** (***mir***) ***vielleicht 'ne M.!*** *gespr*; du hast seltsame Ansichten, ein seltsames Benehmen

Mar·ken·but·ter *die*; Butter von bester Qualität. Die Bezeichnung ist gesetzlich festgelegt || NB: ↑ ***Molkereibutter***

Mär·ker *die*; *Pl*, *gespr hum*; mehrere (einzelne) Mark[1]: *Leih mir mal zwanzig M.*

mark·er·schüt·ternd *Adj*; sehr laut (u. von Angst erfüllt) ≈ durchdringend, gellend ⟨*mst* ein Schrei, (ein) Geschrei; m. schreien⟩

Mar·ke·ten·de·rin *die*; -, *-nen*; *hist*; e-e Frau, die im 16. bis 19. Jahrhundert die Soldaten begleitete u. ihnen Waren verkaufte

Mar·ke·ting *das*; *-(s)*; *nur Sg*; alles, was e-e Firma tut, um die eigenen Produkte gut zu verkaufen

mar·kie·ren; *markierte, hat markiert*; [Vt] **1** ***etw.*** (***mit / durch etw.***) ***m.*** ein Zeichen od. Symbol auf etw. machen, damit man es schnell u. deutlich erkennen kann ≈ kennzeichnen: *e-e Textstelle mit e-m roten Stift, durch Unterstreichen m.*; *Nimm den Weg, der auf der Karte mit blauen Punkten markiert ist* **2** ***etw. m.*** durch Zeichen od. Symbole etw. deutlich machen ≈ kennzeichnen: *Weiße Linien markieren das Spielfeld*; [Vt/i] **3** (***etw.***) ***m.*** *gespr pej*; so tun, als ob etw. der Fall wäre ≈ vortäuschen: *e-n Herzanfall m.*; *Er ist nicht krank, er markiert nur*; *Versuch nicht, den Helden zu m. - ich weiß, dass du Angst hast!*

Mar·kie·rung *die*; -, *-en*; **1** ein Zeichen od. ein Symbol, mit dem man etw. deutlich erkennbar macht (kennzeichnet) ⟨e-e farbige, gut sichtbare M.⟩ || K-: ***Markierungs-, -linie, -punkt*** || -K: ***Spielfeld-, Weg-*** **2** der Vorgang, bei dem man etw. kennzeichnet: *die M. e-s Wanderweges*

mar·kig *Adj*; mit kräftigen Worten formuliert u. nicht gut überlegt ⟨Worte, Sprüche⟩: *Abends in der Kneipe werden oft markige Sprüche gemacht*

Mar·ki·se *die*; -, *-n*; ein Tuch, das (über ein Gestell gespannt) dazu dient, Fenster od. Balkons vor der Sonne zu schützen ≈ Sonnendach ⟨die M. einholen, herunterlassen⟩ || NB: ↑ ***Jalousie***

-mark·schein *der*; *hist*; ein Geldschein im Wert von der genannten Zahl von Mark; ***Fünfmarkschein, Zehnmarkschein, Zwanzigmarkschein, Fünfzigmarkschein, Hundertmarkschein, Zweihundertmarkschein, Fünfhundertmarkschein, Tausendmarkschein***

Mark·stein *der*; ein wichtiges Ereignis in e-r Entwicklung ≈ Meilenstein: *Die Erfindung des Rades war ein M. in der Geschichte der Menschheit*

Mark·stück *das*; *hist*; e-e (Geld)Münze mit dem Wert einer Mark[1]

-mark·stück *das*; *hist*; e-e Münze im Wert von der genannten Zahl von Mark; ***Einmarkstück*** (***Markstück***), ***Zweimarkstück, Fünfmarkstück***

Markt *der*; *-(e)s*, *Märk·te*; **1** ein regelmäßiges Zusammentreffen von Händlern, die ihre Waren an e-m bestimmten Ort u. zu bestimmten Zeiten (an Ständen) verkaufen ⟨auf den / zum M. gehen⟩: *Freitags ist M.*; *Der M. wird auf der Wiese neben dem Bahnhof abgehalten* || K-: ***Markt-, -händler, -stand, -tag*** || -K: ***Fisch-, Gemüse-, Obst-, Weihnachts-, Wochen-*** **2** der Platz (in e-r Stadt), auf dem der M. (1) stattfindet: *Am M. steht ein Brunnen* || K-: ***Markt-, -platz*** **3** ein Gebiet od. Land, in dem Leute etw. kaufen wollen, od. e-e Gruppe von Leuten, die etw. kaufen wollen ⟨der ausländische, inländische, internationale M.; neue Märkte erschließen⟩ || K-: ***Markt-, -anteil*** || -K: ***Absatz-, Binnen-, Welt-*** **4** ***der M.*** (***für etw.***) das Interesse an e-r Ware u. der Wunsch, sie zu kaufen ≈ Nachfrage: *Der M. für Computer ist im Moment sehr groß*; *der M. für Waren dieser Art ist zurzeit gesättigt* **5** *Kollekt*, *Ökon*; die Bedingungen, die für den Kauf, den Verkauf u. den Preis von Waren wichtig sind || K-: ***Markt-, -analyse, -forschung, -lage, -studie*** **6** ***der schwarze M.*** der illegale Handel *bes* mit Waren, die (gesetzlich) verboten od. rationiert sind: *der schwarze M. für pornographische Videos* || -K:

M

Schwarz-* 7 *der graue M. der Handel mit Waren am Rande der Legalität: *der graue M. für billige Linienflüge* **8 *etw. auf den M. bringen / werfen*** etw. (*bes* in großer Zahl) herstellen u. zum Kauf anbieten

Mạrkt·frau *die*; e-e Frau, die Waren auf dem Markt (2) verkauft

Mạrkt·hal·le *die*; ein großes Gebäude auf dem Markt (2), in dem Händler ihre Waren verkaufen

Mạrkt·lü·cke *die*; ein Bereich, in dem es bisher noch keine geeigneten Waren gab ⟨e-e M. suchen, finden, entdecken; in e-e M. stoßen⟩

mạrkt·schrei·e·risch *Adj*; *pej*; in e-r lauten (aufdringlichen) u. *mst* unseriösen Weise für Dinge werbend ⟨e-e Reklame⟩

Mạrkt·wert *der*; *nur Sg*, *Ökon*; der momentane (durchschnittliche) Wert e-s Menschen od. e-r Ware auf dem Markt (4): *der M. e-s Spitzensportlers, e-s Rennpferdes*

Mạrkt·wirt·schaft *die*; *nur Sg*, *Ökon*; **1 *die* (*freie*) *M.*** ein Wirtschaftssystem, in dem die Produktion u. der Preis von Waren von Angebot u. Nachfrage bestimmt werden ↔ Planwirtschaft **2 *die soziale M.*** ein ziemlich freies Wirtschaftssystem, in das der Staat aber auch eingreift, *bes* um soziale Missstände zu verhindern || *hierzu* **mạrkt·wirt·schaft·lich** *Adj*

Mar·me·la·de *die*; -, *-n*; e-e süße Masse aus gekochtem Obst, die man auf das Brot streicht ⟨M. kochen; ein Glas M.⟩: *In der M. sind im Gegensatz zur Konfitüre keine ganzen Früchte* || K-: ***Marmeladen-, -brot, -dose, -glas*** || -K: ***Aprikosen-, Erdbeer-, Himbeer-*** || *zu* ***Marmeladendose*** ↑ *Abb. unter* ***Frühstückstisch***; *zu* ***Marmeladenglas*** ↑ *Abb. unter* ***Gläser***

Mạr·mor *der*; *-s, -e*; *mst Sg*; ein harter, wertvoller Stein, aus dem man *bes* Treppen u. Statuen macht ⟨weißer, schwarzer M.⟩ || K-: ***Marmor-, -bild, -büste, -platte, -säule, -tisch, -treppe***

Mạr·mor·ku·chen *der*; ein Kuchen, bei dem ein dunkler Teig so in e-n hellen Teig gerührt wird, dass ein Muster entsteht

ma·ro·de *Adj*; **1** moralisch schlecht u. deshalb dem Ruin nahe ≈ morbid, verdorben ⟨e-e Gesellschaft, e-e Welt⟩: *e-e m. u. degenerierte Wohlstandsgesellschaft* **2** *veraltend*; leicht krank od. sehr müde

Ma·ro·ne *die*; -, *-n*; **1** e-e essbare Kastanie: *geröstete Maronen* **2** ein essbarer Pilz mit e-r braunen Kappe

Ma·ro·ni *die*; -, -; *südd* Ⓐ ↑ ***Marone*** (1)

Ma·rọt·te *die*; -, *-n*; e-e seltsame Gewohnheit ≈ Spleen: *Es ist so eine M. von ihr, dass sie das Ei immer in der Mitte durchschlägt*

Mạrs *der*; -; *nur Sg*; der vierte Planet des Sonnensystems (zwischen Erde u. Jupiter) || K-: ***Mars-, -sonde***

mạrsch *Interjektion*; verwendet, um j-n aufzufordern zu gehen od. etw. schnell zu tun ≈ los² (1): *M., ins Bett!*; *M., an die Arbeit!*

Mạrsch¹ *der*; *-es, Mär·sche*; **1** *Mil*; das Gehen mit kurzen u. schnellen Schritten in e-r Gruppe ⟨j-n in M. setzen⟩: *Nach e-m anstrengenden M. erreichten die Soldaten wieder die Kaserne* || K-: ***Marsch-, -gepäck, -kolonne, -kompass, -lied, -ordnung, -route, -verpflegung***; ***marsch-, -bereit*** || -K: ***Nacht-*** **2** e-e Wanderung, bei der man e-e ziemlich lange Strecke geht ⟨e-n ausgedehnten M. machen⟩: *Nach dem kilometerlangen M. waren wir ziemlich kaputt* || -K: ***Fuß-*** **3** ein Musikstück im Rhythmus e-s Marsches¹ (1) ⟨e-n M. spielen, blasen⟩ || K-: ***Marsch-, -rhythmus, -takt*** || ID ***j-m den M. blasen*** *gespr*; j-m sehr deutlich sagen, was er falsch gemacht hat ≈ tadeln, zurechtweisen

Mạrsch² *die*; -, *-en*; ein sehr fruchtbares Gebiet an der Küste (der Nordsee), das durch Deiche geschützt ist

Mar·schall *der*; *-s, Mar·schäl·le*; (in einigen Ländern) der höchste Offizier der Armee

Mạrsch|flug·kör·per *der*; *Mil*; e-e Art Rakete (*mst* mit nuklearem Sprengstoff), die so niedrig fliegen kann, dass sie mit Radar nicht entdeckt wird

mar·schie·ren; *marschierte, ist marschiert*; Vi **1** *gespr*; e-e lange Strecke ziemlich schnell zu Fuß gehen: *Wir waren lange durch hügeliges Gelände marschiert, bevor wir an e-n See kamen* **2** in e-r geordneten Gruppe im Gleichschritt gehen: *Die Soldaten marschierten auf dem Kasernengelände*

Mạr·ter *die*; -, *-n*; *geschr*; e-e körperliche od. seelische Qual ≈ Folter ⟨Martern erdulden, erleiden, ertragen⟩ || K-: ***Marter-, -instrument*** || *hierzu* **mạr·tern** (*hat*) *Vt*

mar·ti·a·lisch [-ˈtsi̯aː-] *Adj*; *geschr*; so, dass es Angst macht ≈ kriegerisch, bedrohlich ↔ friedfertig ⟨j-s Aussehen, e-e Erscheinung, ein Gebaren⟩

Mạr·tins·horn *das*; ein akustisches Warnsignal an den Autos der Polizei, der Feuerwehr *o.Ä.*

Mạ̈r·ty·rer *der*; *-s, -*; j-d, der wegen seiner (*mst* politischen od. religiösen) Überzeugungen verfolgt u. getötet wird ⟨j-n zum M. machen⟩ || K-: ***Märtyrer-, -tod*** || *hierzu* **Mạ̈r·ty·re·rin** *die*; -, *-nen*

Mar·tỵ·ri·um *das*; *-s, Mar·ty·ri·en* [-i̯ən]; **1** ein schweres Leiden, das j-d für seinen Glauben od. für seine Überzeugungen erduldet u. das *mst* erst mit dem Tod endet ⟨ein grausames, hartes M.; ein M. auf sich nehmen, erleiden⟩: *das M. des heiligen Petrus* **2** *gespr*; etw., das j-m über längere Zeit viel Leid bringt ⟨ein einziges, wahres M.⟩: *Seine Tätigkeit als Lehrer war für ihn ein einziges M.*

Mar·xịs·mus *der*; -; *nur Sg*; e-e (von Karl Marx u. Friedrich Engels begründete) Lehre, die durch Revolution (aus der Klassengesellschaft) e-e klassenlose Gesellschaft schaffen will || *hierzu* **mar·xịs·tisch** *Adj*

Mar·xịst *der*; *-en, -en*; ein Anhänger des Marxismus || NB: *der Marxist*; *den, dem, des Marxisten* || *hierzu* **Mar·xịs·tin** *die*; -, *-nen*

Mạ̈rz *der*; *-(es), -e*; *mst Sg*; der dritte Monat des Jahres ⟨im M.; Anfang, Mitte, Ende M.; am 1., 2., 3. M.⟩: *Ostern ist dieses Jahr im M.*

Mạr·zi·pan *das / der*; *-s, -e*; *mst Sg*; e-e weiche Masse aus Mandeln u. Puderzucker, aus der man Süßigkeiten macht || K-: ***Marzipan-, -brot, -kartoffel, -schweinchen***

Mạ·sche¹ *die*; -, *-n*; **1** eine der Schlingen, aus denen ein (gestricktes od. gehäkeltes) Kleidungsstück besteht ⟨e-e lose, feste M.; e-e M. stricken, häkeln; Maschen aufnehmen, zunehmen, abnehmen; e-e M. fallen lassen⟩ || -K: ***Rand-*** **2** *nur Pl*; die Schlingen e-s Netzes: *Als sie die Netze einholten, zappelten viele Fische in den Maschen* **3 *e-e rechte / linke M.*** e-e M.¹ (1), bei der der Faden beim Stricken hinter / vor der Nadel liegt || ID ***j-m durch die Maschen gehen*** ≈ entkommen: *Der Bankräuber war der Polizei durch die Maschen gegangen*; ***durch die Maschen des Gesetzes schlüpfen*** wegen e-r Lücke im Gesetz nicht bestraft werden können || NB: ↑ ***Schlaufe***

Masche¹ (1)

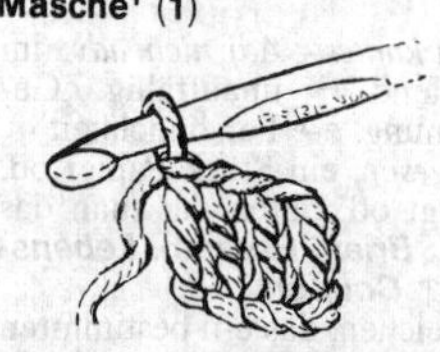

Mạ·sche² *die*; -, *-n*; *mst Sg*, *gespr*; e-e besondere (*mst* geschickte) Art, etw. zu tun ≈ Trick, Tour ⟨e-e raffinierte M.⟩: *Er versucht es immer wieder mit derselben alten M. - darauf fällt keiner mehr rein!*

Ma·schi̱·ne *die*; -, -*n*; **1** ein (mechanisches) Gerät, das Energie umformt u. so die Arbeit für den Menschen leichter macht ⟨e-e M. bauen, konstruieren, reparieren; e-e M. anschalten, ausschalten, bedienen, warten, in Betrieb nehmen⟩: *die Massenproduktion von Gütern mithilfe von Maschinen* || K-: ***Maschinen-, -antrieb, -fabrik, -öl, -schlosser*** || -K: ***Bohr-, Kaffee-, Spül-*** **2** *Kurzw* ↑ ***Schreibmaschine***: *Bewerbungen schreibt man mit der M.* || K-: ***maschinen-, -schriftlich*** **3** *Kurzw* ↑ ***Nähmaschine, Strickmaschine*** || K-: ***maschinen-, -gestrickt*** **4** *Kurzw* ↑ ***Waschmaschine*** **5** *gespr*; der Motor e-s Autos ⟨e-e starke M.⟩: *e-e M. mit 50 PS* **6** ≈ Flugzeug: *Die M. aus New York hat heute Verspätung* **7** *gespr* ≈ Motorrad ⟨e-e schwere M.⟩ || NB: ↑ ***Apparat***

> **Ma·schi̱·ne schrei·ben** [Vi] *mst im Infinitiv*; ***M. s. können*** auf der Schreibmaschine schreiben können: *sie kann gut M. s.; sie schreibt gut Maschine* || NB: andere Formen werden *mst* gebildet mit *(etw.) auf der Maschine schreiben*

ma·schi·ne̱ll *Adj*; mithilfe von Maschinen (1) ↔ von Hand, in Handarbeit ⟨etw. m. herstellen, fertigen, produzieren⟩

Ma·schi̱·nen·bau *der*; *nur Sg*; **1** die Herstellung von Maschinen (1) **2** die Wissenschaft vom M. (1) ⟨M. studieren⟩ || K-: ***Maschinenbau-, -ingenieur*** || *zu* **1 Ma·schi̱·nen·bau·er** *der*

ma·schi̱·nen·ge·schrie·ben *Adj*; *geschr*; mit e-r Schreibmaschine geschrieben ⟨ein Manuskript⟩

Ma·schi̱·nen·ge·wehr *das*; ein Gewehr, das ohne Unterbrechung schießt, solange man den Abzug drückt; *Abk* MG

Ma·schi̱·nen·lauf·zeit *die*; die Zeit (am Tag, in der Woche *o.Ä.*), in der die Maschinen e-s Unternehmens in Betrieb sind (u. nicht stillstehen u. dadurch nur Kosten verursachen)

ma·schi̱·nen·les·bar *Adj*; *EDV*; so, dass es ein Computer lesen kann ⟨ein Antrag, ein Ausweis, ein Formular, ein Vordruck⟩: *Bitte knicken Sie den Vordruck nicht - er ist sonst nicht mehr m.*

Ma·schi̱·nen·pis·to·le *die*; e-e Art Pistole, die ohne Unterbrechung schießt, solange man den Abzug drückt; *Abk* MP, MPi

Ma·schi̱·nen·raum *der*; (*bes* auf Schiffen) der Raum, in dem die (Antriebs)Maschinen (1) stehen

Ma·schi̱·nen·scha·den *der*; ein Schaden am Motor od. Getriebe *bes* e-s Schiffes

Ma·schi̱·nen·schlos·ser *der*; j-d, der beruflich Maschinen (1) baut od. zusammensetzt

Ma·schi·ne·ri̱e *die*; -, -*n* [-'riːən]; **1** ein System aus mehreren Maschinen (*z.B.* in e-r Fabrik) ⟨e-e komplizierte M.⟩ **2** die technischen Einrichtungen e-r Bühne (1): *die umfangreiche M. e-s modernen Theaters* **3** *geschr pej*; ein sehr kompliziertes System, in dem bestimmte Vorgänge geschehen, ohne dass man sie genau kontrollieren kann: *Sein Antrag war in der M. des bürokratischen Apparates verloren gegangen*

Ma·schi·ni̱st *der*; -*en*, -*en*; j-d, der beruflich Maschinen (1) bedient u. überwacht || NB: *der Maschinist; den, dem, des Maschinisten* || *hierzu* **Ma·schi·ni̱s·tin** *die*; -, -*nen*

Ma̱·sern *die*; -; *Pl*; e-e ansteckende Krankheit (*bes* bei Kindern), bei der man hohes Fieber hat u. sich rote Flecken auf der Haut bilden ⟨M. haben⟩

Ma̱·se·rung *die*; -, -*en*; ein unregelmäßiges Muster *bes* im Holz

Mạs·ke *die*; -, -*n*; **1** etw., mit dem man *bes* in Theaterstücken od. bei bestimmten Festen sein Gesicht ganz od. zum Teil bedeckt ⟨e-e bunte, tragische, komische M.; e-e M. aufsetzen, tragen, abnehmen⟩: *Auf der Karnevalsfeier trugen viele Leute Masken* **2** etw., das man zum Schutz (*z.B.* vor giftigen Gasen) vor dem Gesicht trägt ⟨e-e M. aufsetzen, tragen, abnehmen⟩: *Der Qualm war so dicht, dass der Feuerwehrmann seine M. aufsetzen musste* || -K: ***Atem-, Gas-, Schutz-*** **3** e-e Abbildung e-s Gesichts, die durch e-n Abdruck aus Gips hergestellt wird || -K: ***Gips-, Toten-*** **4** die Vorbereitung *bes* von Gesicht u. Haaren e-s Schauspielers für seinen Auftritt ⟨M. machen; in M. sein⟩: *Bevor sie auftreten kann, muss sie noch M. machen* **5** e-e Schicht aus Creme u. Kräutern o.Ä., die man auf das Gesicht streicht: *e-e M., die die Haut glatt u. schön macht* || -K: ***Gesichts-*** **6 *hinter der M.*** + *Gen* hinter der äußeren Erscheinung von j-m / etw.: *Er verbarg seine rohe Natur hinter der M. e-s Gentlemans* **7 *etw. wird / erstarrt zur M.*** etw. bewegt sich nicht mehr, zeigt keine Gefühle mehr ⟨ein Gesicht⟩ || ID ***die M. fallen lassen*** den anderen zeigen, wer man wirklich ist u. was man wirklich denkt

Mạs·ken·ball *der*; ein Fest, auf dem die Menschen tanzen u. Kostüme od. Masken (1) tragen ≈ Kostümfest ⟨auf e-n M. gehen⟩

Mạs·ken·bild·ner *der*; -*s*, -; j-d, der beruflich Schauspieler schminkt u. frisiert || *hierzu* **Mạs·ken·bild·ne·rin** *die*; -, -*nen*

mạs·ken·haft *Adj*; starr wie e-e Maske (1) ⟨ein Gesicht, ein Gesichtsausdruck, ein Lächeln⟩

Mas·ke·ra̱·de *die*; -, -*n*; **1** die Kleider (u. Masken), mit denen man sich für e-n (Masken)Ball verkleidet ≈ Kostümierung **2 *etw. ist M.*** etw. ist nicht echt, sondern vorgetäuscht ⟨j-s Freundlichkeit⟩

mas·ki̱e·ren; *maskierte, hat maskiert*; [Vt] **1 *j-n / sich m.*** j-m / sich selbst e-e Maske (1) aufsetzen od. ein Kostüm anziehen ≈ verkleiden: *sich als Clown m.* **2 *etw. m.*** versuchen, etw. zu verbergen ↔ enthüllen, aufdecken ⟨seine Unsicherheit, seine Schwächen, seine Angst m.⟩: *Sie maskierte ihre Unsicherheit mit lautem Reden*; [Vr] **3 *sich m.*** das Gesicht so verdecken od. verändern, dass man nicht erkannt werden kann ≈ sich vermummen: *Die Bankräuber hatten sich gut maskiert* || *hierzu* **Mas·ki̱e̱·rung** *die*

Mas·kọt·chen *das*; -*s*, -; etw., das j-m Glück bringen soll (u. das er deshalb oft bei sich hat) ≈ Talisman

mạs·ku·lin, mas·ku·li̱n *Adj*; **1** ⟨ein Mann⟩ mit Eigenschaften, die als typisch für Männer gelten ≈ männlich (3) ↔ unmännlich, weibisch: *Er hat e-e sehr maskuline Figur* **2** ⟨e-e Frau⟩ mit Eigenschaften, die als typisch für Männer gelten ≈ männlich (4) ↔ feminin, weiblich: *Sie hat e-n maskulinen Körperbau* **3** *ohne Steigerung, nicht adv, Ling*; in der Grammatik mit dem Artikel *der* verbunden ≈ männlich (5) ↔ feminin, sächlich: *Das Substantiv „Baum" ist im Deutschen m.*

Ma·so·chi̱st *der*; -*en*, -*en*; **1** j-d, der (zur sexuellen Befriedigung) gern Schmerzen u. Strafen erleidet ↔ Sadist **2** *mst iron*; j-d, der (scheinbar) gern leidet: *Bei dem Wetter willst du Fußball spielen - du bist ein richtiger M.!* || NB: *der Masochist; den, dem, des Masochisten* || *hierzu* **Ma·so·chi̱s·tin** *die*; -, -*nen*; **Ma·so·chi̱s·mus** *der*; -, *Ma·so·chis·men*; *mst Sg*; **ma·so·chi̱s·tisch** *Adj*

Maserung

maß *1. u. 3. Person Sg*; ↑ ***messen***

Maß[1] *das*; -*es*, -*e*; **1** e-e Einheit, mit der man Größen, Gewichte u. Mengen messen kann ⟨ein geeichtes Maß⟩: *Das Maß für die Bestimmung der Länge*

M

ist der Meter || -K: ***Raum-, Flächen-, Längen-*** **2** ein Gegenstand (der *z.B.* einen Meter Länge, ein Liter Volumen od. ein Kilo Gewicht hat), mit dem man die Länge, das Volumen od. das Gewicht von Dingen u. Substanzen bestimmen kann ⟨ein Maß eichen⟩ || -K: ***Meter-*** **3** e-e Zahl, die man durch Messen erhält: *die Maße e-s Raumes, e-s Schrankes; beim Schneider e-n Anzug nach Maß machen lassen* **4** *Adj* + ***Maß*** e-e bestimmte Menge od. Intensität ⟨ein erträgliches, hohes Maß; das übliche Maß; in geringem, hohem, beträchtlichem Maße⟩: *Seine Arbeit fordert ihn in hohem Maße; Die Überstunden müssen auf ein vertretbares Maß reduziert werden* **5** ***in / mit Maßen*** ≈ mäßig (1), maßvoll ⟨in / mit Maßen trinken, rauchen, essen⟩ **6** ***über alle Maßen*** viel mehr od. besser / schlimmer als normal ≈ extrem, überaus: *j-n über alle Maßen loben; Er ist über alle Maßen frech* || ID ***ohne Maß und Ziel*** ohne vernünftige Grenzen ≈ maßlos; ***ein gerüttelt Maß*** *geschr*; sehr viel: *Er trägt ein gerüttelt Maß (an) Mitschuld*; ***mit zweierlei Maß messen*** zwei Personen od. Dinge mit verschiedenen Kriterien (u. deshalb ungerecht) beurteilen; *mst* ***Jetzt ist das Maß aber voll!*** *gespr*; meine Geduld ist jetzt zu Ende!

Maß[2] *die*; -, -; *südd* Ⓐ ein Liter Bier || K-: ***Maß-, -krug***

> **Maß hal·ten**; *hält Maß, hielt Maß, hat Maß gehalten*; Vi **1** **(*bei etw.*) *M. h.*** etw. nur bis zu e-m bestimmten (noch akzeptablen) Maß[1] (4) tun ↔ maßlos sein ⟨beim Trinken, Rauchen, Essen, Fernsehen M. h.⟩: *Wenn er nicht anfängt, beim Whisky Maß zu halten, wird er noch zum Alkoholiker* **2** **(*mit etw.*) *M. h.*** sich etw. so einteilen, dass man es lange hat ↔ verschwenden, vergeuden ⟨mit seinen Kräften M. h.⟩

M

Mas·sa·ge [ma'sa:ʒə] *die*; -, *-n*; e-e Behandlung, bei der die Muskeln mit den Händen geknetet u. geklopft werden ⟨j-m Massagen verschreiben, geben⟩: *E-e M. lockert die Muskeln* || K-: ***Massage-, -praxis*** || -K: ***Fuß-, Ganzkörper-, Gesichts-, Kopf-, Rücken-*** || ▸ ***massieren***

Mas·sa·ker *das*; *-s*, -; ***ein M.*** **(*an j-m*)** das Töten vieler (*mst* wehrloser) Menschen ≈ Blutbad, Gemetzel ⟨ein M. anrichten, verüben⟩: *ein M. unter der Bevölkerung anrichten*

mas·sak·rie·ren; *massakrierte, hat massakriert*; Vt ***j-n m.*** j-n grausam töten: *Die Soldaten überfielen das Dorf und massakrierten die Bewohner*

Maß·ar·beit *die*; **1** *nur Sg*; e-e sehr genau gemachte Arbeit **2** die Herstellung *mst* von Kleidungsstücken nach den Maßen[1] (3) e-r bestimmten Person

Mas·se *die*; -, *-n*; **1** e-e (*mst* zähe od. breiige) Menge e-s Stoffes od. Materials ohne feste Form ⟨e-e zähe, weiche, knetbare M.⟩: *die glühende M. des Lavastroms* || -K: ***Knet-, Lava-, Teig-*** **2** *oft pej*; e-e große Zahl von Menschen, die man als Gesamtheit betrachtet ≈ das Volk ⟨die breite, namenlose M.; in der M. untergehen⟩: *Die Rufe des Verletzten gingen in der M. unter; Die Schaulustigen standen in Massen an der Unfallstelle* || K-: ***Massen-, -arbeitslosigkeit, -demonstration, -entlassungen, -gesellschaft, -grab, -hysterie, -organisation, -tourismus, -verhaftungen, -verkehrsmittel, -versammlung*** || -K: ***Menschen-, Volks-*** **3** *oft pej*; e-e große Anzahl od. Menge von etw.: *Dieses Jahr treten die Mücken in Massen auf* || K-: ***Massen-, -artikel, -güter, -herstellung, -produkt, -produktion, -ware*** **4** *nur Pl*; der größte Teil der Bevölkerung: *Es gelang ihm, die Massen für den Aufstand zu mobilisieren* **5** ***e-e M.*** (+ *Subst*) *gespr*; sehr viel(e) ≈ e-e Menge: *Zu Hause gibt es e-e M. Arbeit für dich; Er hat e-e ganze M. Schallplatten* **6** *Phys*; das Maß[1] (1) für die Eigenschaft der Materie, ein Gewicht zu haben u. andere Körper anzuziehen: *Je geringer die M. e-s Planeten ist, desto geringer ist seine Anziehungskraft*

Maß·ein·heit *die*; e-e festgelegte Einheit, mit der man Größen, Mengen u. Gewichte messen kann: *Meter, Kilogramm u. Ampere sind Maßeinheiten*

Mas·sel *der, südd* Ⓐ *das*; *-s*; *nur Sg*, *gespr*; Glück, das man nicht verdient od. erwartet hat ⟨M. haben⟩: *Da hast du noch einmal M. gehabt - das wäre beinahe schief gegangen*

-ma·ßen *im Adv*, *begrenzt produktiv*, *oft geschr*; verwendet, um aus Adjektiven (die *mst* aus Partizipien gebildet sind) Adverbien zu bilden; ***bekanntermaßen, erwiesenermaßen, folgendermaßen, gewissermaßen, gezwungenermaßen, gleichermaßen, solchermaßen***

Mas·sen·ab·fer·ti·gung *die*; *mst Sg*, *mst pej*; das Erledigen e-r Arbeit für viele Menschen, ohne deren persönliche Wünsche zu berücksichtigen

mas·sen·haft *Adj*; *nur attr od adv*, *gespr*; in großer Menge od. Zahl ≈ massenweise: *das massenhafte Auftreten von Mücken in Sumpfgebieten; Jedes Jahr kommen m. Touristen nach Pompeji*

Mas·sen·ka·ram·bo·la·ge *die*; ein Unfall, bei dem viele Fahrzeuge zusammengestoßen sind

Mas·sen·kund·ge·bung *die*; e-e Kundgebung, an der sehr viele Menschen teilnehmen

Mas·sen·me·di·um *das*; *-s*, *-me·di·en* [-i̯ən]; *mst Pl*; ein Kommunikationsmittel, das Information u. Unterhaltung an viele vermittelt: *die Massenmedien Fernsehen, Rundfunk u. Presse*

Mas·sen·mord *der*; der (gleichzeitige) Mord an mehreren od. vielen Menschen || *hierzu* **Mas·sen·mör·der** *der*

Mas·sen·ster·ben *das*; das Sterben vieler Menschen od. Tiere od. das Verschwinden e-r großen Zahl von Pflanzen, Geschäften *o.Ä.* innerhalb kurzer Zeit ≈ Massentod: *das M. von Kinos in den siebziger Jahren; das M. der Robben in der Nordsee*

Mas·sen·tier·hal·tung *die*; *nur Sg*; das Halten (16) e-r sehr großen Zahl von Tieren (*bes* von Hühnern, Rindern, Schweinen) in e-m einzigen Betrieb, *mst* unter für die Tiere schlechten Bedingungen

Mas·sen·tod *der* ≈ Massensterben

Mas·sen·ver·nich·tungs·waf·fen *die*; *Pl*; moderne (atomare, biologische, chemische) Waffen, mit denen man in kurzer Zeit sehr viele Menschen töten kann

mas·sen·wei·se *Adv*; *gespr*; in großer Menge od. Zahl ≈ massenhaft: *Tiere m. abschießen*

Mas·seur [ma'sø:ɐ̯] *der*; *-s*, *-e*; j-d, der beruflich Massagen gibt || *hierzu* **Mas·seu·rin** *die*; -, *-nen*

maß·ge·bend *Adj*; von großer Bedeutung ≈ entscheidend ⟨ein maßgebender Anteil an etw. (*Dat*); e-e maßgebende Rolle spielen⟩: *Deine Meinung ist hier leider nicht m.*

maß·geb·lich *Adj* ≈ maßgebend ⟨m. an etw. (*Dat*) beteiligt sein⟩

mas·sie·ren; *massierte, hat massiert*; Vt/i **(*j-n*) *m.*** j-m e-e Massage geben: *Nach dem Sport lässt er sich regelmäßig m.*

mas·siert **1** *Partizip Perfekt*; ↑ ***massieren*** **2** *Adj*; in großer Zahl u. Dichte ↔ vereinzelt: *das massierte Vorkommen von Schädlingen; In dieser Gegend treten m. Regenwürmer auf* **3** *Adj*; besonders stark u. intensiv ⟨Forderungen, Vorwürfe⟩: *Unsere Mannschaft musste gegen die massierte Abwehr des Gegners hart kämpfen*

mas·sig[1] *Adj*; groß u. von kräftiger Erscheinung ↔ zierlich: *der massige Körper e-s Athleten*

mas·sig[2] *Adv*; *gespr* ≈ massenhaft: *Schau, hier gibt es m. Erdbeeren*

mä·ßig *Adj*; **1** so, dass ein bestimmtes Maß[1] (4) bewusst eingehalten wird ≈ maßvoll ↔ maßlos ⟨m. essen, trinken, rauchen⟩ **2** auf ein relativ geringes Maß[1] (4) beschränkt: *mäßige Einkünfte erzielen*; *Die Weinernte war dieses Jahr nur m.* **3** nicht besonders gut ≈ mittelmäßig ⟨e-e Leistung, e-e (Theater)Vorstellung; ein Zeugnis⟩: *Die Vorspeise war gut, die Hauptspeise m.*

-mä·ßig *im Adj, sehr produktiv*; **1** der im ersten Wortteil genannten Sache entsprechend; ***planmäßig, rechtmäßig, vorschriftsmäßig*** **2** in Bezug auf die genannte Sache; ***bedeutungsmäßig, größenmäßig, mengenmäßig*** **3** so wie die genannte Person / Sache ≈ -artig, -haftig; ***bärenmäßig*** ⟨Kräfte⟩, ***lehrbuchmäßig*** ⟨ein Stil⟩ **4** *gespr*; was die im ersten Wortteil genannte Sache betrifft; ***kinomäßig, partymäßig, schulmäßig***

mä·ßi·gen; *mäßigte, hat gemäßigt*; [Vt] **1** ***etw. m.*** bewirken, dass etw. weniger intensiv ist als vorher ≈ mildern, zügeln ⟨seinen Zorn, sein Temperament, seine Worte, seine Begierde m.; seinen Ton m.⟩; [Vr] **2** ***sich*** (***bei / in etw.*** (*Dat*)) ***m.*** etw. weniger oft u. weniger intensiv tun ≈ sich einschränken, sich beherrschen ⟨sich beim Essen, Trinken, Rauchen m.⟩ ‖ *hierzu* **Mä·ßi·gung** *die*; *nur Sg*

mas·siv [maˈsiːf] *Adj*; **1** stabil u. kräftig (gebaut) ⟨ein Haus, ein Baum, ein Gebäude, ein Tisch⟩ **2** nur aus einem Material: *die kleine Statue aus massivem Gold* ‖ NB: In der Möbelindustrie sagt man : *Dieser Schrank ist massive Kiefer* od. *Dieser Schrank ist Kiefer m.* **3** nicht hohl ⟨e-e Figur, e-e Statue⟩ **4** sehr stark u. heftig ≈ nachhaltig ⟨Vorwürfe, Angriffe, Drohungen, Forderungen; j-n m. unterstützen, unter Druck setzen⟩: *Bevor er nachgab, musste massiver Druck auf ihn ausgeübt werden* ‖ *zu* **1** u. **4** **Mas·si·vi·tät** *die*; *nur Sg*

Mas·siv [-f] *das*; *-s, -e*; der gesamte Komplex e-s Gebirges ≈ Gebirgsstock: *das M. des Himalaja* ‖ -K: ***Gebirgs-***

maß·los *Adj*; über das normale Maß[1] (4) weit hinausgehend ↔ mäßig, maßvoll ⟨Zorn, Ärger, Verschwendung; m. übertrieben; m. enttäuscht sein⟩: *Sie ärgerte sich m. über seine Arroganz*

Maß·nah·me *die*; *-, -n*; ***e-e M.*** (***zu, gegen etw.***) e-e Handlung, die man ausführt, um ein bestimmtes Ziel zu erreichen ≈ Schritt (5) ⟨gezielte, durchgreifende, politische, soziale Maßnahmen treffen, ergreifen, einleiten, durchführen⟩: *Die Regierung leitete Maßnahmen zum Abbau der Arbeitslosigkeit ein* ‖ -K: ***Gegen-, Vergeltungs-, Vorsichts-***

Maß·re·gel *die*; e-e Vorschrift, mit der das Handeln gesteuert werden soll ⟨dienstliche, strenge Maßregeln treffen, ergreifen⟩

maß·re·geln; *maßregelte, hat gemaßregelt*; [Vt] ***j-n m.*** j-n (*bes* wegen e-r dienstlichen Sache) streng tadeln (u. *mst* bestrafen) ≈ zurechtweisen: *Der Offizier wurde für sein Vorgehen offiziell gemaßregelt* ‖ *hierzu* **Maß·re·ge·lung** *die*

Maß·stab *der*; **1** das Verhältnis der Größen auf e-r Landkarte od. bei e-m Modell zu den Größen in der Realität ⟨etw. in verkleinertem, vergrößertem M. darstellen, zeichnen⟩: *Das Modell hat den M. eins zu hundert* (*1:100*); *ein Stadtplan im M.* (*von*) *1:50000* **2** e-e Norm, nach der j-d / etw. beurteilt wird ≈ Kriterium ⟨strenge, neue Maßstäbe anlegen, setzen; etw. dient als M.⟩: *Selbst wenn man hohe Maßstäbe anlegt, war das e-e tolle Leistung* **3** *gespr* ≈ Zollstock, Metermaß ‖ *zu* **1** **maß·stab(s)|ge·recht** *Adj*; **maß·stab(s)|ge·treu** *Adj*

maß·voll *Adj*; so, dass dabei ein (vernünftiges) Maß[1] (4) eingehalten wird ≈ mäßig ↔ maßlos ⟨m. trinken, essen; maßvollen Gebrauch von etw. machen⟩

Mast[1] *der*; *-(e)s, -e / -en*; **1** e-e hohe senkrechte Stange (aus Holz od. Metall) auf e-m Schiff, an der die Segel festgemacht werden ⟨e-n M. aufrichten, kappen, umlegen⟩ ‖ ↑ *Abb. unter* **Segelboot** ‖ K-: ***Mast-, -spitze*** ‖ -K: ***Not-, Signal-*** **2** e-e hohe Stange, die *bes* Fahnen, Antennen od. elektrische Leitungen trägt ⟨Masten aufstellen⟩ ‖ K-: ***Mast-, -spitze*** ‖ -K: ***Fahnen-, Laternen-, Hochspannungs-, Leitungs-, Telegrafen-***

Mast[2] *die*; *-, -en*; *mst Sg*; das Füttern von Schlachttieren, die fett werden sollen ⟨die M. von Schweinen, Gänsen⟩ ‖ K-: ***Mast-, -futter***; ***-schwein, -vieh*** ‖ -K: ***Gänse-, Hühner-, Schweine-***

Mast·darm *der*; der letzte Teil des Darms (der am After endet); *Med* Rectum

mäs·ten; *mästete, hat gemästet*; [Vt] **1** ***ein Tier m.*** e-m Tier viel Futter geben, damit es fett wird, bevor es geschlachtet wird ⟨Schweine, Hühner, Gänse, Rinder m.; gemästete Hühner⟩ **2** ***j-n m.*** *gespr*; j-m zu viel zu essen geben ‖ *zu* **1** **Mäs·tung** *die*; *mst Sg*

mas·tur·bie·ren; *masturbierte, hat masturbiert*; [Vt/i] *geschr*; (***j-n***) ***m.*** (j-n od.) sich selbst sexuell befriedigen, indem man mit der Hand die Genitalien reizt ‖ NB: ↑ ***onanieren*** ‖ *hierzu* **Mas·tur·ba·ti·on** *die*; *-, -en*; *mst Sg*

Match [mɛtʃ] *das*; *-(e)s, -s / -e* [mɛtʃs / ˈmɛtʃə]; *Sport*; ein (sportliches) Spiel zwischen zwei Personen od. Mannschaften ⟨ein M. machen, austragen; das M. gewinnen, verlieren⟩: *Das M. endete unentschieden* ‖ -K: ***Tennis-, Fußball-***

Match·ball *der*; (*z.B.* beim Tennis od. Badminton) die Situation im Spiel, in der ein Spieler(paar) nur noch einen Punkt braucht, um das Match zu gewinnen

Ma·te·ri·al *das*; *-s, -ien* [-iən]; **1** die Substanz, aus der etw. hergestellt ist od. wird ⟨hochwertiges, minderwertiges M.; kostbare, teure, billige Materialien⟩: *Bei uns werden nur hochwertige Materialien verarbeitet*; *Plastik ist ein billigeres M. als Leder* ‖ K-: ***Material-, -bedarf, -einsparung, -fehler, -prüfung, -verbrauch, -verschleiß*** ‖ -K: ***Bau-, Druck-, Heiz-, Verpackungs-*** **2** *nur Sg*; Gegenstände, die *bes* für militärische Zwecke verwendet werden: *Die Armee hatte hohe Verluste an Menschen u. M.* ‖ K-: ***Material-, -schlacht*** ‖ -K: ***Kriegs-*** **3** *mst Sg*; etw. Schriftliches, das *mst* zu e-m bestimmten Zweck gesammelt wird (wie *z.B.* Notizen, Dokumente) ⟨statistisches, biographisches, wissenschaftliches M. zusammentragen, ordnen, sichten⟩: *Ich habe für meinen Aufsatz noch nicht genügend M. beisammen*; *dem Staatsanwalt entlastendes M. übergeben* ‖ K-: ***Material-, -sammlung*** ‖ -K: ***Belastungs-, Entlastungs-***

-ma·te·ri·al *das*; *im Subst, begrenzt produktiv*; **1** verwendet für alle Dinge, die zu e-m bestimmten Bereich gehören; ***Beweismaterial, Bildmaterial, Zahlenmaterial*** **2** verwendet für e-e Gruppe von Menschen, die zur Verfügung stehen; ***Menschenmaterial, Schülermaterial, Spielermaterial***

Ma·te·ri·al·er·mü·dung *die*; der Zustand, in dem ein Material wegen langer Belastung leicht zerbricht *o.Ä.*: *Als Ursache für den Flugzeugabsturz wurde M. genannt*

Ma·te·ri·a·lis·mus *der*; *-*; *nur Sg*; **1** e-e Einstellung zum Leben, die sich an materiellen Werten orientiert **2** *Philos*; die Lehre, nach der das menschliche Bewusstsein von der objektiven Realität (Materie) abhängig ist u. von ihr bestimmt wird ⟨der englische, französische M.⟩: *Nach dem historischen M. von Marx u. Engels wird die Existenz des Menschen von seinen gesellschaftlichen Verhältnissen be-*

M

stimmt || *hierzu* **ma·te·ri·a·lịs·tisch** *Adj*; **Ma·te·ri·a·lịst** *der*; *-en, -en*

Ma·te̱·rie [-i̯ə] *die*; -, *-n*; **1** *nur Sg*; etw., das als Masse vorhanden ist (im Gegensatz zu Vakuum u. Energie) ⟨lebende, tote M.⟩: *In der Physik unterscheidet man zwischen fester, flüssiger u. gasförmiger M.* **2** *mst Sg*; ein thematischer Bereich (*z.B.* e-r Diskussion, e-s Fachgebietes, e-r Untersuchung) ⟨e-e komplizierte, schwierige M.; e-e M. beherrschen⟩: *Ich habe meinen Arbeitsplatz gewechselt u. muss mich mit der neuen M. erst vertraut machen*

ma·te·ri·ẹll *Adj*; **1** *nicht adv*; die Dinge betreffend, die j-d zum Leben braucht od. haben möchte ↔ ideell ⟨materielle Bedürfnisse, Lebensbedingungen, Werte⟩: *Viele Menschen denken nur an materielle Dinge wie Geld u. Autos* **2** *nicht adv*; in Bezug auf den (Geld)Wert e-r Sache ⟨ein Schaden⟩: *Das Lager ist abgebrannt - verletzt wurde niemand, aber der materielle Verlust geht in die Millionen* **3** ≈ finanziell ⟨in materiellen Schwierigkeiten sein; m. abgesichert sein; j-n m. unterstützen⟩ **4** *nicht adv*; in Bezug auf die Materie (1): *Jeder materielle Körper im Universum ist an Raum u. an Zeit gebunden* **5** sehr an materiellen (1) Werten orientiert: *Seine Lebenseinstellung ist sehr m.*

Mạ·the (*die*); -; *nur Sg*, *gespr*; *bes* von Schülern verwendet für das Schulfach Mathematik || K-: ***Mathe-, -arbeit, -buch, -lehrer, -note, -stunde***

Ma·the·ma·tịk, **Ma·the·ma·ti̱k**, *bes* Ⓐ *auch* **Ma·the·ma̱·tik** *die*; -; *nur Sg*; die Wissenschaft, die sich mit den Zahlen, Mengen u. dem Berechnen von Formeln beschäftigt ⟨höhere, elementare, angewandte M.; M. studieren⟩: *Algebra u. Geometrie sind Gebiete der M.* || K-: ***Mathematik-, -lehrer, -studium, -unterricht*** || ID *mst* ***Das ist höhere M.*** das ist sehr schwer zu verstehen || NB: als Schul- od. Studienfach oft abgekürzt zu *Mathe* || *hierzu* **ma·the·ma̱·tisch** *Adj*

Ma·the·ma̱·ti·ker *der*; *-s*, -; j-d, der auf e-r Hochschule Mathematik studiert (hat) od. im Beruf

Mathematische Zeichen

+	und / plus	2^3	zwei hoch drei (dritte Potenz von zwei)
−	weniger / minus	∞	unendlich
× oder ·	mal / multipliziert mit	$\sqrt{4}$, $\sqrt[2]{4}$	(zweite) Wurzel / Quadratwurzel aus vier
:	geteilt durch / dividiert durch		
=	(ist) gleich / ist	$\sqrt[3]{4}$	dritte Wurzel / Kubikwurzel aus vier
≠	(ist) ungleich	∑	Summe
>	größer als	∫	Integral
<	kleiner als	%	Prozent
≧	größer gleich	‰	Promille
≦	kleiner gleich		

a ∈ A	a ist ein Element von A	
Brüche:	$\frac{1}{2}$ (ein halb), $\frac{2}{3}$ (zwei Drittel), $\frac{1}{4}$ (ein Viertel)	
Gleichung:	$a^2 + b^2 = c^2$ (a Quadrat plus b Quadrat gleich c Quadrat)	
Addition	addieren / zusammenzählen:	3 + 2 = 5 (drei und / plus zwei gleich / ist fünf) ↑ Summe
Subtraktion	subtrahieren / abziehen:	3 − 2 = 1 (drei weniger / minus zwei gleich / ist eins) ↑ Differenz
Multiplikation	multiplizieren / malnehmen:	3 · 2 = 6 (drei mal zwei gleich / ist sechs) ↑ Produkt
Division	dividieren / teilen:	6 : 2 = 3 (sechs durch zwei gleich / ist drei) ↑ Quotient
Wurzelgleichung	die Wurzel ziehen:	$\sqrt[2]{9}$ = 3 (die (zweite) Wurzel aus neun ist drei)

mit Mathematik zu tun hat || *hierzu* **Ma·the·ma·ti·ke·rin** *die*; -, *-nen*

Ma·ti·nee *die*; -, *-n* [-'neːən]; e-e künstlerische Veranstaltung (*z.B.* ein Film, e-e Theateraufführung), die am Vormittag stattfindet ⟨e-e M. veranstalten; an e-r M. teilnehmen⟩

Ma·jes·he·ring *der*; ein gesalzener Hering

Mat·ra·tze *die*; -, *-n*; **1** der Teil e-s Bettes, der mit weichem Material gefüllt ist u. auf dem man liegt ⟨e-e M. klopfen, lüften⟩ || -K: ***Rosshaar-, Schaumstoff-*** **2** *Kurzw* ↑ ***Luftmatratze***

Mät·res·se *die*; -, *-n*; *hist*; die (offizielle) Geliebte e-r hohen Persönlichkeit (*z.B.* e-s Fürsten, e-s Königs)

Mat·ri·ar·chat *das*; *-(e)s, -e*; *mst Sg*; ein gesellschaftliches System, in dem die Frau im öffentlichen Leben u. in der Familie e-e beherrschende Stellung hat ↔ Patriarchat || *hierzu* **mat·ri·ar·cha·lisch** *Adj*

Ma·trix *die*; -, *Matrizes / Ma·tri·zen*; *Math*; e-e Anordnung von Zahlen od. Symbolen in waagrechten u. senkrechten Reihen. Man verwendet sie besonders, um Gleichungen mit mehreren Unbekannten zu lösen || K-: ***Matrizen-, -rechnung***

Mat·rix·dru·cker *der*; ein Gerät, das man an e-n Computer anschließt u. das mithilfe von 9 od. 24 Nadeln Zeichen druckt ≈ Nadeldrucker

Mat·ri·ze *die*; -, *-n*; **1** ein Blatt Papier mit e-r Schicht aus Wachs, auf das man schreibt, um damit Kopien machen zu können **2** e-e Form[2] (*mst* aus Metall, Wachs od. Pappe), die beim Drucken (zur Herstellung e-r Druckplatte) verwendet wird **3** *Tech*; der Teil e-r (Press)Form[2], der e-m noch ungeformten Rohmaterial seine äußere Kontur gibt

Mat·ro·ne *die*; -, *-n*; *oft pej*; e-e ältere, kräftige, würdevolle Frau || *hierzu* **mat·ro·nen·haft** *Adj*; *oft pej*

Mat·ro·se *der*; *-n, -n*; **1** j-d, der beruflich als Seemann auf e-m Schiff arbeitet ⟨als M. anheuern⟩ **2** der unterste Dienstgrad bei der Marine || K-: ***Matrosen-, -mütze, -uniform*** || NB: *der Matrose*; *den, dem, des Matrosen*

Matsch *der*; *-es, -e*; *mst Sg*, *gespr*; **1** e-e Mischung aus Wasser, Schmutz u. Schnee od. Erde ⟨in den M. fallen, im M. versinken⟩ || -K: ***Schnee-*** **2** e-e feuchte Masse (aus Früchten) ≈ Brei: *Die Äpfel sind nur noch M.* || *hierzu* **mat·schig** *Adj*

matt[1], *matter, mattest-*; *Adj*; **1** (*mst* körperlich) erschöpft u. schwach: *Nach dem Jogging war er m. u. ausgelaugt* **2** von geringer Intensität ⟨e-e Stimme, ein Lächeln⟩: *Als ihn der Chef tadelte, grinste er nur m.* **3** ohne Glanz ↔ glänzend ⟨e-e Oberfläche, e-e Politur; Gold, Silber; ein Foto⟩: *Seine Augen sehen so m. aus - er scheint krank zu sein*; *Wie möchten Sie Ihre Fotos - m. od. glänzend?* || K-: ***Matt-, -gold*** **4** ⟨Glas⟩ so, dass man nicht hindurchsehen kann || K-: ***Matt-, -glas*** **5** so, dass es nur schwach leuchtet od. reflektiert ⟨Licht, Farben⟩: *In seinen Bildern wechseln matte u. leuchtende Farbtöne ab* **6** ohne innere Überzeugung u. daher ohne Wirkung ⟨e-e Entschuldigung; e-e Rede, ein Vortrag; ein Protest, ein Widerspruch⟩ || *hierzu* **Matt·heit** *die*

matt[2] *Adj*; *nur präd od adv*; (im Schach) besiegt, weil man nicht mehr mit dem König ziehen kann ≈ schachmatt ⟨m. sein; j-n m. setzen⟩: *Nach dem 20. Zug war er m.*

Mat·te *die*; -, *-n*; **1** e-e Unterlage für den Fußboden, die *mst* aus grobem Material (1) geflochten od. gewebt ist: *e-e M. aus Bast, Schilf, Binsen* **2** *Kurzw* ↑ ***Fußmatte***: *sich die Schuhe auf der M. abtreten* **3** *Kurzw* ↑ ***Hängematte*** **4** *Sport*; e-e weiche (Fußboden)Unterlage, die *z.B.* beim Turnen zum Schutz der Sportler (od. beim Ringen als Kampffläche) verwendet wird **5** *bes* Ⓒⓗ ≈ Bergwiese || ID ***auf der M. stehen*** *gespr*; (*mst* am Morgen) bereit sein, etw. zu tun: *Er steht jeden Morgen um 5 Uhr auf der M.*; ***j-n auf die M. legen*** *gespr*; j-n besiegen

Mat·tig·keit *die*; -; *nur Sg*; (*mst* körperliche) Erschöpfung u. Schwäche

Matt·schei·be *die*; *mst in* ***vor der M. sitzen*** *gespr pej* ≈ fernsehen || ID ***(e-e) M. haben*** *gespr*; etw. nicht verstehen, obwohl es oft erklärt wird

Ma·tu·ra *die*; -; *nur Sg*, Ⓐ Ⓒⓗ ≈ Abitur || *hierzu* **Ma·tu·rant** *der*; *-en, -en*; **Ma·tu·ran·tin** *die*; -, *-nen*

Mätz·chen *die*; *Pl*; e-e (ungeschickte) Handlung od. Äußerung, durch die j-d *mst* ohne Erfolg versucht, etw. zu erreichen ⟨M. machen⟩: *Diese M. nimmt dir hier keiner ab*; *Mach bloß keine M.!*

mau *Adj*; *gespr*; **1** ***j-d fühlt sich mau*** j-d fühlt sich nicht gut ≈ j-m ist unwohl: *Ich fühle mich ganz mau - ich glaube, ich habe zu viel gegessen* **2** *mst präd* ≈ schlecht (1): *Der Export geht mau*; *Mit unserer Zukunft als Lehrer sieht es mau aus*

Mau·er *die*; -, *-n*; **1** etw. aus Steinen od. Beton, das ein Gebiet begrenzt ⟨e-e hohe, niedrige M.; e-e M. bauen, errichten, einreißen, niederreißen⟩: *Er hat sich um sein Grundstück e-e zwei Meter hohe M. ziehen lassen* || K-: ***Mauer-, -loch, -nische*** || -K: ***Garten-, Haus-; Beton-, Stein-, Ziegel-*** **2** e-e M. (1) als Teil e-s Hauses *o.Ä.* ≈ Wand (1) ⟨dicke Mauern⟩: *Unsere Altbauwohnung hat solide Mauern - da hören wir von unseren Nachbarn nichts* || NB: Von außen spricht man *mst* von *Mauern*: *ein Fahrrad an die M. lehnen*; von innen spricht man *mst* von *Wänden*: *ein Bild an die Wand hängen* **3** ***die / e-e M.*** *+Gen* / ***von*** *+ Dat* feindliche od. negative Gefühle mehrerer Menschen: *gegen e-e M. von Hass anrennen*; *die M. des Misstrauens, des Schweigens, der Angst durchbrechen* **4** *Sport*; (beim Fußball od. Handball) mehrere Spieler, die sich bei e-m Freistoß / Freiwurf zwischen das eigene Tor u. den gegnerischen Spieler stellen ⟨e-e M. bilden⟩ **5** ***die (Berliner) M.*** e-e M. (1), die von 1961 bis 1989 den östlichen Teil Berlins vom westlichen trennte || K-: ***Mauer-, -bau, -öffnung***

Mau·er·blüm·chen *das*; *-s, -*; *gespr pej*; e-e schüchterne, zurückhaltende junge Frau, die von Männern kaum beachtet wird

Mau·er·blüm·chen|da·sein *das*; *mst in* ***ein M. fristen*** (zu Unrecht) kaum beachtet werden

mau·ern; *mauerte, hat gemauert*; Vt/i **1** ***(etw.) m.*** etw. mit Steinen u. Mörtel bauen: *e-e Wand, e-e Treppe m.*; Vi **2** *Sport gespr*; (*bes* beim Fußball) mit vielen Spielern das eigene Tor verteidigen **3** *gespr*; mit aller Kraft dafür sorgen, dass etw. geheim gehalten wird

Mau·er·werk *das*; *-(e)s, -e*; *mst Sg*; das Material (*bes* die Steine u. der Mörtel), aus dem Mauern gebaut sind ⟨altes, verfallenes, lockeres M.⟩

Maul *das*; *-(e)s, Mäu·ler*; **1** (bei Tieren) der Teil des Kopfes, mit dem sie die Nahrung aufnehmen: *das M. e-s Fisches, e-s Pferdes, e-s Hundes, e-s Löwen* || ↑ *Abb. unter* **Hecht** **2** *gespr! pej* ≈ Mund (1) || NB: Viele der Idiome, die unter *Mund* aufgeführt sind, hört man auch mit *Maul* **3** *nur Pl*, *gespr*; Kinder (od. andere abhängige Personen), die j-d versorgen muss: *Er muss fünf hungrige Mäuler ernähren* || ID ***das M. halten*** *gespr!* nicht reden: *Halts M.!*; ***j-m das M. stopfen*** *gespr!* j-n (mit Gewalt) daran hindern zu reden; ***sich*** (*Dat*) ***über j-n / etw. das M. zerreißen*** *gespr*; Schlechtes über j-n / etw. erzählen; ***das / sein M. aufreißen*** *gespr! pej* ≈ angeben; ***ein großes M. haben*** *gespr! pej*; ein Angeber sein

Maul·af·fen *nur in* ***M. feilhalten*** *gespr pej*; neugierig zusehen, ohne etw. zu tun

mau·len; *maulte, hat gemault*; Vi ***(über etw.*** (*Akk*)***) m.*** *gespr pej* ≈ schimpfen (1)

M

Maul·esel *der*; ein Tier, das aus e-m männlichen Pferd u. e-m weiblichen Esel entstanden ist

Maul·korb *der*; **1** e-e Art kleiner Korb (aus Riemen), den man Hunden vor das Maul bindet, damit sie nicht beißen können **2** *mst in* ***j-m e-n M. anlegen, verpassen*** j-m verbieten, bestimmte Dinge zu sagen

Maul·schel·le *die*; -, *-n*; *gespr* ≈ Ohrfeige

Maul·tier *das*; ein Tier, das aus e-m männlichen Esel u. e-m weiblichen Pferd entstanden ist

Maul- und Klau·en·seu·che *die*; *nur Sg*; e-e ansteckende, sehr gefürchtete Krankheit (*bes* bei Kühen u. Schweinen), bei der sich am Maul, an den Klauen u. am Euter kleine Blasen bilden

Maul·wurf *der*; *-(e)s*, *Maul·wür·fe*; ein Tier mit e-m kurzen schwarzen Pelz u. kräftigen Vorderbeinen, das Gänge unter der Erde gräbt || K-: ***Maulwurfs-, -hügel*** || ID ***blind wie ein M.*** sehr kurzsichtig

Mau·rer *der*; *-s*, *-*; j-d, der beruflich auf e-r Baustelle *bes* die Mauern macht || K-: ***Maurer-, -handwerk, -meister, -zunft***

Maus *die*; -, *Mäu·se*; **1** ein kleines (Nage)Tier mit langem Schwanz ⟨e-e weiße, graue M.; die M. piepst⟩: *Die M. ging in die Falle*; *Die Katze jagt die M.*; *Die M. knabbert, nagt am Käse* || K-: ***Mäuse-, -gift, -jagd***; ***Mause-, -falle, -loch*** || -K: ***Feld-, Spitz-, Wühl-*** **2** ein kleines technisches Gerät, mit dem man e-n Pfeil auf dem Bildschirm e-s Computers steuern kann || ↑ *Abb. unter* ***Computer*** **3** *gespr*; *bes* von Männern verwendet als Bezeichnung für ein kleines Mädchen od. für e-e junge Frau ⟨e-e süße M.⟩ **4** *nur Pl*, *gespr* ≈ Geld **5** ***weiße Mäuse*** *gespr hum*; Polizisten auf Motorrädern, die *mst* hohe Staatsgäste begleiten **6** ***e-e graue M.*** *gespr pej*; e-e Frau, die unauffällig u. *mst* nicht sehr attraktiv ist || ID ***weiße Mäuse sehen*** im Rausch etw. sehen, was nicht da ist; ***Da beißt die M. keinen Faden ab*** *gespr*; da kann man nichts ändern; ***Da möchte man Mäuschen sein / spielen*** da würde man gern unbemerkt zuhören u. zusehen

mäus·chen·still *Adj*; *nur präd od adv*, *ohne Steigerung*, *gespr*; sehr still: *Als er aufstand, um seine Rede zu halten, wurde es m. im Saal*

Mäu·se·mel·ken *das*; *nur in* ***etw. ist zum M.*** *gespr*; etw. ist so schlimm, dass man fast verzweifelt

mau·sen; *mauste*, *hat gemaust*; [Vt] ***etw. m.*** *gespr* ≈ stehlen, klauen, stiebitzen

Mau·ser *die*; -; *nur Sg*; der jährliche Wechsel der Federn bei Vögeln ⟨ein Vogel ist in der M.⟩

mau·sern; *mauserte*, *hat gemausert*; [Vi] **1** ***ein Tier mausert*** ein Tier wechselt die Federn ⟨Vögel, Hühner⟩: *Die Hühner mausern im Herbst*; [Vr] **2** ***ein Tier mausert sich*** ≈ ein Tier mausert (1) **3** ***sich (zu etw.) m.*** *gespr*; sich zu seinem Vorteil verändern, entwickeln: *Er hat sich in der letzten Zeit zu e-m sehr fähigen Mitarbeiter gemausert*

mau·se·tot *Adj*; *nur präd od adv*, *gespr* ≈ tot

mau·sig *Adj*; *nur in* ***sich m. machen*** *gespr*; sich frech u. respektlos gegenüber j-m verhalten

Maus·klick *der*; *-s*, *-s*; *EDV*; das Drücken e-r Taste der Maus (2) ⟨etw. per M. anwählen, auswählen⟩

Mau·so·le·um *das*; *-s*, *Mau·so·le·en*; ein Bauwerk, das über e-m Grab (*mst* e-r berühmten Person) steht

Maut *die*; -, *-en*; *mst südd* Ⓐ *od hist*; das Geld, das man bezahlen muss, wenn man auf e-r bestimmten Straße, durch e-n Tunnel od. über e-n Pass fährt ⟨M. bezahlen⟩ || K-: ***Maut-, -gebühr, -stelle***

Max *der*; *mst in* ***den großen / starken Max spielen, markieren*** *gespr*; den anderen immer zeigen, wie wichtig man ist ≈ angeben (5)

ma·xi·mal *Adj*; **1** *ohne Steigerung*, *nicht adv*; höchst-, größt-, längst-, stärkst- *usw* || K-: ***Maximal-, -geschwindigkeit, -gewicht, -preis, -profit*** **2** *nur adv*; verwendet, um die oberste Grenze anzugeben ≈ höchstens, im äußersten Fall ↔ mindestens: *die m. erlaubte Geschwindigkeit*; *das m. zulässige Gewicht*; *Im Lift haben m. 5 Personen Platz*

Ma·xi·me *die*; -, *-n*; e-e Regel, nach der man lebt u. die man kurz (*z.B.* in e-m Satz) zusammenfassen kann ≈ Grundsatz

ma·xi·mie·ren; *maximierte*, *hat maximiert*; [Vt] ***etw. m.*** versuchen, so viel wie möglich od. das Beste von etw. zu erreichen ≈ optimieren: *den Gewinn, die Ernte m.* || *hierzu* **Ma·xi·mie·rung** *die*; *mst Sg*

Ma·xi·mum *das*; *-s*, *Ma·xi·ma*; die größte Anzahl od. Menge von etw. ≈ Höchstmaß ↔ Minimum: *Das Auto bietet ein M. an Komfort*

Ma·yon·nai·se [majɔˈneːzə] *die*; -, *-n*; e-e dicke gelbliche Soße aus Eidottern, Öl u. Gewürzen: *den Salat mit M. anmachen*

Mä·zen *der*; *-s*, *-e*; j-d, der e-m Künstler od. Sportler Geld gibt ≈ Sponsor || *hierzu* **Mä·ze·na·ten·tum** *das*; *nur Sg*

MB *EDV*, *Abk für* Megabyte || NB: ↑ ***Mega-***

m. E. *Abk für* meines Erachtens; ↑ ***Erachten***

Me·cha·nik *die*; -, *-en*; **1** *mst Sg*, *Phys*; die Wissenschaft davon, wie äußere Kräfte auf Körper u. Systeme wirken ⟨die Gesetze der M.⟩: *Die M. untersucht, welche Kräfte auf ein Auto einwirken, wenn es beschleunigt wird* **2** *nur Sg*; die Art u. Weise, wie die verschiedenen Teile e-r Maschine zusammen funktionieren: *die M. e-r Uhr, e-s Apparates*

Me·cha·ni·ker *der*; *-s*, *-*; j-d, der beruflich Maschinen repariert, zusammenbaut u. überprüft || -K: ***Auto-, Kfz-***

me·cha·nisch *Adj*; **1** *mst attr*; ⟨Vorgänge; Energie, Kräfte⟩ in Bezug auf die Mechanik (1) **2** ⟨ein Verfahren⟩ mit e-m Mechanismus ≈ maschinell **3** ⟨e-e Bewegung; etw. geht m., läuft m. ab⟩ so, dass man dabei nicht denken muss ≈ automatisch: *Ganz m. sortieren die Frauen die Früchte nach der Größe*

me·cha·ni·sie·ren; *mechanisierte*, *hat mechanisiert*; [Vt] ***etw. m.*** bei der Produktion die menschliche Arbeit ganz od. teilweise durch Maschinen ersetzen ≈ technisieren ⟨e-n Betrieb, die Landwirtschaft m.⟩ || *hierzu* **Me·cha·ni·sie·rung** *die*; *mst Sg*

Me·cha·nis·mus *der*; -, *Me·cha·nis·men*; **1** die verschiedenen Teile e-r technischen Konstruktion, die so zusammenwirken, dass die Maschine funktioniert: *Der M. der Uhr muss repariert werden* **2** die Art u. Weise, wie die Teile e-s Ganzen zusammen funktionieren ≈ Ablauf ⟨ein biologischer, ein psychischer M.⟩ || -K: ***Bewegungs-*** **3** das Funktionieren e-r Institution, bei der (*mst* durch ständige Wiederholung) die einzelnen Handlungen immer gleich sind: *der M. in der Bürokratie, in e-r Organisation, in e-r Behörde* || *zu* **3 me·cha·nis·tisch** *Adj*

Me·cker·frit·ze *der*; *-s*, *-n*; *gespr pej*; j-d, der oft meckert ≈ Meckerer

me·ckern; *meckerte*, *hat gemeckert*; [Vi] **1** ***(über j-n / etw.) m.*** *gespr pej*; ≈ schimpfen (1): *Er meckert ständig über das Essen* **2** ***ein Tier meckert*** *bes* e-e Ziege macht die Laute, die für ihre Art typisch sind || *zu* **1 Me·cke·rer** *der*; *-s*, *-*; || *zu* ***Gemecker*** ↑ ***Ge-***

Me·cki·fri·sur *die*; e-e Frisur, bei der die Haare sehr kurz sind u. nach oben stehen

Me·dail·le [meˈdaljə] *die*; -, *-n*; ein rundes Stück Metall, das j-d für besondere Leistungen (*bes* im Sport) bekommt || K-: ***Medaillen-, -gewinner*** || -K: ***Gold-, Silber-, Bronze-***; ***Rettungs-, Tapferkeits-, Verdienst-***

Me·dail·lon [meda(l)ˈjõː] *das*; *-s*, *-s*; **1** ein kleiner, flacher Gegenstand, der an e-r Kette hängt u. in dem ein Bild od. Andenken ist **2** e-e relativ kleine, runde od. ovale Scheibe Fleisch od. Fisch || -K: ***Kalbs-***

Me·di·en *die*; *Pl von* ↑ ***Medium***

me·di·en·ge·recht *Adj*; so, dass es in e-m bestimmten Medium (1) e-e gute Wirkung erzielt: *Der Text ist in der jetzigen Form nicht m.*

Me·di·en·land·schaft *die*; *nur Sg*; alle Unternehmen od. Institutionen, die zur Presse, zum Rundfunk u. zum Fernsehen gehören

me·di·en·wirk·sam *Adj*; so, dass es von den Medien (1) beachtet wird

Me·di·ka·ment *das*; *-(e)s, -e*; ein Mittel (*z.B.* Tropfen, Tabletten), das ein Arzt e-m kranken Patienten gibt, damit dieser wieder gesund wird ≈ Arznei(mittel) ⟨ein starkes M.; ein M. einnehmen; j-m ein M. verschreiben, verabreichen⟩ || K-: ***Medikamenten-, -dosis, -missbrauch***; ***medikamenten-, -abhängig***

me·di·ka·men·tös *Adj*; mit Medikamenten ⟨e-e Behandlung; j-n m. behandeln⟩

me·di·ter·ran *Adj*; *ohne Steigerung, nicht adv, geschr*; typisch für das Gebiet des Mittelmeers ⟨das Klima, die Vegetation⟩

me·di·tie·ren; *meditierte, hat meditiert*; [Vi] **1** (***über etw.*** (*Akk*)) ***m.*** intensiv über etw. nachdenken **2** (***über etw.*** (*Akk*)) ***m.*** (*mst* aus religiösen Gründen) sich stark konzentrieren, um seine Ruhe zu finden || *hierzu* **Me·di·ta·ti·on** *die*; *-, -en*; **me·di·ta·tiv** *Adj*

me·di·um ['miːdɪəm] *Adj*; *nur präd od adv, ohne Steigerung, Gastr*; nicht ganz gar gebraten, innen rosa ⟨ein Filet, ein Steak⟩

Me·di·um *das*; *-s, Me·di·en* [-dɪ̯ən]; **1** ein Mittel, mit dem man Informationen weitergeben kann ≈ Kommunikationsmittel: *das M. Sprache*; *Fernsehen u. Rundfunk sind die wichtigsten Medien der heutigen Gesellschaft* || K-: ***Medien-, -fachmann, -forschung, -landschaft*** || -K: ***Massen-*** **2** *Phys*; e-e Substanz (*z.B.* Luft od. Wasser), in der ein physikalischer Vorgang abläuft **3** j-d, von dem man glaubt, er könne *z.B.* Kontakte zu toten Personen herstellen

Me·di·zin *die*; *-, -en*; **1** *nur Sg*; die Wissenschaft, die sich damit beschäftigt, wie der Körper des Menschen funktioniert, wie man Krankheiten erkennt u. behandelt ⟨M. studieren⟩ || -K: ***Sport-, Tier-, Zahn-*** **2** ≈ Arznei, Medikament ⟨e-e M. einnehmen; j-m e-e M. verordnen, verschreiben⟩ **3** ***e-e bittere M.*** *gespr*; e-e negative Erfahrung, aus der man etw. lernt || *zu* **1** u. **2** **me·di·zi·nisch** *Adj*; *nur attr od adv*

Me·di·zin·ball *der*; ein großer u. schwerer Ball, den man *mst* bei gymnastischen Übungen verwendet

Me·di·zi·ner *der*; *-s, -*; *gespr*; j-d, der Medizin studiert (hat) od. der Arzt ist || *hierzu* **Me·di·zi·ne·rin** *die*; *-, -nen* || NB: keine Berufsbezeichnung!

me·di·zi·nisch-tech·ni·sch- *Adj*; *nur in* e-e ***medizinisch-technische Assistentin*** e-e Frau, die nach e-r speziellen Ausbildung *mst* in e-m Labor Untersuchungen macht; *Abk* MTA

Me·di·zin·mann *der*; (bei Naturvölkern) ein Mann, von dem man glaubt, er habe magische Kräfte, mit denen er *z.B.* Kranke gesund machen könne

Meer *das*; *-(e)s, -e*; **1** e-e große Menge von salzigem Wasser, die e-n Teil der Erde bedeckt ⟨das weite, glatte, raue, offene M.; auf das M. hinausfahren; über das M. fahren, ans M. fahren, am M. sein, im M. baden⟩: *das Schwarze M.* || K-: ***Meer-, -wasser***; ***Meeres-, -biologie, -boden, -bucht, -fisch, -grund, -luft***; ***meer-, -blau*** || -K: ***Binnen-*** || NB: ↑ ***Ozean, See***[2] (1) **2** ***ein M. von etw.*** e-e sehr große Menge der genannten Sache: *ein M. von Blumen, Fahnen* || -K: ***Blumen-, Häuser-, Lichter-*** **3** ≈ Meeresspiegel

Meer·bu·sen *der*; e-e große Bucht im Meer

Meer·en·ge *die*; e-e Stelle, an der das Meer sehr schmal ist: *Die Beringstraße ist e-e M.*

Mee·res·arm *der*; e-e schmale Bucht, die weit ins Festland hineinführt

Mee·res·früch·te *die*; *Pl*; kleine Meerestiere, *z.B.* Muscheln, Tintenfische, Krebse, die man isst

Mee·res·spie·gel *der*; *nur Sg*; die durchschnittliche Höhe des Meeres, die man als Grundlage für die Messung von Höhen auf dem Land benutzt: *München liegt 518, Hamburg nur 6 Meter über dem M.*

Meer|jung·frau *die* ≈ Nixe

Meer·kat·ze *die*; e-e Affenart, die in Afrika lebt

Meer·ret·tich *der*; *-s, -e*; e-e Pflanze, deren Wurzeln man als scharfes Gewürz verwendet || K-: ***Meerrettich-, -soße***

Meer·salz *das*; Salz, das aus Meerwasser gewonnen wird

Meer·schaum *der*; *nur Sg*; harter weißer od. grauer Ton, aus dem man Tabakspfeifen macht || K-: ***Meerschaum-, -pfeife, -spitze***

Meer·schwein·chen *das*; ein kleines (Nage)Tier ohne Schwanz, das bei Kindern ein sehr beliebtes Haustier ist u. das man oft zu wissenschaftlichen Versuchen verwendet

meer·wärts *Adv*; in Richtung Meer, aufs Meer hinaus

Mee·ting ['miːtɪŋ] *das*; *-s, -s*; **1** *gespr* ≈ Zusammenkunft **2** e-e Veranstaltung für Sportler aus e-r bestimmten Sportart ≈ Sportfest || -K: ***Leichtathletik-***

Me·ga- *im Subst, wenig produktiv*; **1** *vor Maßeinheiten*; eine Million der genannten Einheit ↔ Mikro-; das ***Megabyte***, das ***Megahertz***, das ***Megaohm***, die ***Megatonne***, das ***Megavolt***, das ***Megawatt*** **2** (verwendet als Steigerung von *Super-*) sehr groß; der ***Megahit***, das ***Megakonzert***, der ***Megastar***

Me·ga·fon, **Me·ga·phon** [-f-] *das*; *-s, -e*; e-e Art Röhre, die an einem Ende weiter wird u. die die Stimme lauter macht, wenn man hineinspricht

Mehl *das*; *-(e)s*; *nur Sg*; **1** gemahlenes Getreide, aus dem man Brot, Kuchen *usw* herstellt ⟨weißes, dunkles, grobes M.⟩ || K-: ***Mehl-, -brei, -sack, -sieb, -sorte*** || -K: ***Gersten-, Mais-, Roggen-, Soja-, Vollkorn-, Weizen-*** || NB: als Plural wird *Mehlsorten* verwendet **2** ein Pulver, das entsteht, wenn man Holz sägt od. Knochen mahlt || -K: ***Säge-***; ***Holz-, Knochen-***

meh·lig *Adj*; *nicht adv*; **1** mit Mehl (1) bedeckt: *Sie hatte mehlige Hände vom Backen* **2** ⟨Sand, Staub⟩ so fein wie Mehl **3** ⟨Obst, Kartoffeln⟩ trocken u. mürbe (u. nicht saftig u. fest)

Mehl·spei·se *die*; e-e Speise aus Mehl (Eiern u. Milch): *Strudel, Nudeln u. Knödel sind Mehlspeisen*

Mehl·tau *der*; e-e Krankheit an Pflanzen, bei der auf den Blättern e-e Art weißer Staub liegt

mehr[1] *Indefinitpronomen*; **1** verwendet, um e-e Menge zu bezeichnen, die größer ist als e-e andere (gedachte) Menge ↔ weniger: *Er hätte gern noch m. Freizeit*; *Möchtest du m. Milch im Kaffee?*; *Die Reise hat m. (Geld) gekostet als geplant*; *Heute waren m. Zuschauer im Stadion als gestern* || K-: ***Mehr-, -einnahmen, -kosten, -verbrauch*** **2** verwendet als Komparativ zu *viel*: *Bernd verdient als Arzt viel m. als wir* **3** ***nicht 'm. u. nicht 'weniger*** genau das, was genannt wird, u. nichts anderes: *Die Reparatur kostete mich 500 Euro, nicht m. u. nicht weniger* **4** ***etw. schmeckt nach 'm.*** *gespr*; etw. schmeckt so gut, dass man noch m. davon essen könnte

mehr[2] *Adv*; **1** verwendet mit Verben als Komparativ zu *sehr*: *Du solltest dich m. schonen! Ich ärgere mich über sein rücksichtsloses Verhalten m. als je zuvor* **2** ***m. als*** + *Adj* ≈ sehr, äußerst: *Es war m. als dumm von ihm, so viele Schulden zu machen* **3** ***m.*** + *Subst* +

M

als + *Subst*; ***m.*** + *Adj* + ***als*** + *Adj* verwendet, um auszudrücken, dass die genannte Person / Sache eher das eine als das andere ist ≈ eher ... als ...: *Er ist m. Künstler als Architekt*; *Mehr erschöpft als erholt kamen sie aus dem Urlaub zurück* **4** *m.* drückt zusammen mit e-m verneinenden Ausdruck aus, dass etw., das bisher vorhanden war, nun nicht da ist: *Wir haben nichts m. zu trinken*; *Seit er e-n neuen Beruf hat, hat er keine Zeit m. für seine Freunde*; *Als ich ankam, war niemand m. da* **5 *mehr u. mehr*** so, dass etw. immer stärker od. intensiver wird ≈ immer m.: *Sie wird mir mehr u. mehr sympathisch*; *Er interessiert sich mehr u. mehr für Musik* **6 *m. oder minder / weniger*** wenn man das Ganze betrachtet ≈ so gut wie, praktisch: *Die Expedition war m. oder weniger sinnlos* **7 *um so m., als ...*** besonders aus dem genannten Grund: *Er freute sich um so m. über das Geschenk, als er davon nichts gewusst hatte*

Mehr *das*; *nur in* ***ein M.*** (***an etw.*** (*Dat*)) e-e Menge, die größer ist als e-e andere Menge: *Dieses Hotel bietet ein M. an Komfort*

mehr·ar·mig *Adj*; *ohne Steigerung*; mit mehreren Armen ⟨ein Leuchter⟩

mehr·bän·dig *Adj*; *ohne Steigerung*; aus mehr als zwei Bänden bestehend ⟨ein Lexikon, ein Roman⟩

Mehr·bett·zim·mer *das*; ein Zimmer in e-m Hotel, Krankenhaus *usw*, in dem mehrere Betten stehen (u. mehr als zwei Personen schlafen)

mehr·deu·tig *Adj*; so, dass man es in mehr als einer Art u. Weise verstehen kann ↔ eindeutig ⟨e-e Bemerkung⟩: *Der Titel des Romans ist m.*

mehr·di·men·si·o·nal *Adj*; *ohne Steigerung*; mit mehreren Dimensionen || *hierzu* **Mehr·di·men·si·o·na·li·tät** *die*; -; *nur Sg*

meh·ren; *mehrte, hat gemehrt*; [Vt] ***etw. m.*** *veraltend* ≈ vergrößern ↔ verringern ⟨sein Vermögen m.; seinen Einfluss m.⟩ || *hierzu* **Meh·rung** *die*; *mst Sg*

meh·re·r- *Indefinitpronomen*; mehr als zwei: *Sie probierte mehrere Hosen an, bevor sie eine kaufte*; *Ich musste mehrere Stunden warten* || NB: ↑ *Tabelle unter* ***Adjektive***

meh·rer·lei *Indefinitpronomen*; mehr als zwei von verschiedener Art ≈ allerlei: *Es gab m. Kuchen*; *Ich hatte m. Gründe für diese Entscheidung*

mehr·fach *Adj*; *nur attr od adv*, *ohne Steigerung*; mehr als einmal od. zweimal ≈ mehrmals: *der mehrfache deutsche Meister im Boxen*; *Er ist m. vorbestraft*; *Ich musste das Auto schon m. reparieren*

Mehr·fa·mi·li·en|haus *das*; ein Haus mit mehreren getrennten Wohnungen

mehr·far·big *Adj*; *ohne Steigerung*; mit mehr als zwei verschiedenen Farben ⟨e-e Abbildung, e-e Skizze⟩

Mehr·heit *die*; -, *-en*; **1** der größere Teil e-r Gruppe, die größere Zahl e-r Gruppe (*bes* von Menschen) ≈ Mehrzahl ↔ Minderheit ⟨in der M. sein⟩: *Die M. der Deutschen fährt / fahren mindestens einmal im Jahr in Urlaub*; *Er besitzt die M. der Aktien* || K-: ***Mehrheits-, -aktionär, -beteiligung*** || -K: ***Aktien-*** **2 *e-e M.*** (***von etw.***) *mst Sg*, *mst Pol*; der Unterschied in der Zahl zwischen e-r größeren u. e-r kleineren Gruppe *bes* von Stimmen od. Mandaten ⟨die M. haben, bekommen⟩: *Er wurde mit e-r knappen M. von nur zwei Stimmen gewählt*; *Sie gewann die Wahl mit e-r M. von 13 zu 12 Stimmen* || K-: ***Mehrheits-, -beschluss, -prinzip, -verhältnisse*** || -K: ***Dreiviertel-, Stimmen-*** **3 *die absolute M.*** mehr als 50% der Stimmen od. Mandate u. deshalb mehr als alle anderen zusammen **4 *die einfache / relative M.*** weniger als 50% der Stimmen od. Mandate, aber mehr als jede andere Partei od. Gruppe || *hierzu* **mehr·heit·lich** *Adj*; *nur attr od adv*

mehr·heits·fä·hig *Adj*; so, dass sich wahrscheinlich die Mehrheit der Stimmen dafür entscheidet ⟨ein Beschluss, ein Konzept⟩

Mehr·heits|wahl·recht *das*; das Wahlrecht, bei dem derjenige Kandidat gewinnt, der die meisten Stimmen hat

mehr·jäh·rig *Adj*; *nur attr od adv*, *ohne Steigerung*; mehrere Jahre dauernd od. über mehrere Jahre hinweg ⟨mehrjährige Erfahrung in etw. haben⟩

mehr·ma·lig *Adj*; *nur attr od adv*, *ohne Steigerung*; mehr, öfter als zweimal ≈ des Öfteren

mehr·mals *Adv*; mehr als zweimal: *Ich habe m. bei euch angerufen*

mehr·spra·chig *Adj*; *ohne Steigerung*, *nicht adv*; in zwei od. mehr als zwei Sprachen ⟨ein Text, ein Glossar⟩

mehr·spu·rig *Adj*; *ohne Steigerung*; mit mehr als einer Fahrspur ⟨e-e Straße⟩

mehr·stel·lig *Adj*; *ohne Steigerung*, *nicht adv*; aus mehreren Ziffern ⟨e-e Zahl⟩

mehr·stim·mig *Adj*; *ohne Steigerung*; mit od. für mehr als zwei (Sing)Stimmen ⟨ein Chor, ein Lied⟩ || *hierzu* **Mehr·stim·mig·keit** *die*; *nur Sg*

mehr·stö·ckig *Adj*; *ohne Steigerung*; mit mehr als zwei Stockwerken

mehr·stu·fig *Adj*; *ohne Steigerung*; in mehr als zwei Stufen od. Etappen ⟨ein mehrstufiger Vorgang, Prozess⟩: *Die Produktion läuft m. ab*

mehr·stün·dig *Adj*; *ohne Steigerung*; mehr als zwei Stunden dauernd: *e-e mehrstündige Konferenz, Gerichtsverhandlung*

mehr·tä·gig *Adj*; *ohne Steigerung*; mehr als zwei Tage dauernd

mehr·tei·lig *Adj*; *ohne Steigerung*; aus mehr als zwei Teilen bestehend ⟨ein Kleid, e-e Fernsehserie⟩

Mehr·weg- *im Subst*, *wenig produktiv*; verwendet, um auszudrücken, dass e-e Verpackung mehrmals gereinigt u. wieder benutzt werden kann ↔ Wegwerf-, Einweg-; die ***Mehrwegflasche***, das ***Mehrwegsystem***, die ***Mehrwegverpackung***

Mehr·wert|steu·er *die*; *nur Sg*; das Geld, das der Käufer zusätzlich zum Preis für bestimmte Produkte od. Dienstleistungen zahlen muss u. das der Verkäufer an den Staat als Steuer abgeben muss; *Abk* MwSt., MWSt.: *Die Preise sind inklusive M.* || K-: ***Mehrwertsteuer-, -gesetz***

mehr·wö·chig *Adj*; *ohne Steigerung*; mehr als zwei Wochen dauernd

Mehr·zahl *die*; **1** ≈ Plural ↔ Einzahl **2** *nur Sg* ≈ Mehrheit: *Die M. der Demonstranten war friedlich*

mehr·zei·lig *Adj*; *ohne Steigerung*; mit mehreren Zeilen ⟨e-e Annonce, e-e Anzeige, ein Inserat⟩

Mehr·zweck- *im Subst*, *begrenzt produktiv*; drückt aus, dass man die genannte Sache für verschiedene Zwecke benutzen kann; die ***Mehrzweckhalle***, die ***Mehrzweckmöbel***, der ***Mehrzweckraum***

mei·den; *mied, hat gemieden*; [Vt] **1 *j-n / etw. m.*** mit j-m / etw. keinen Kontakt haben wollen, also *z.B.* j-n nicht sehen od. treffen wollen ≈ j-m aus dem Weg gehen: *Seit ihrem Streit meiden sich Peter u. Hans*; *Er mied die Straße, in der er den Unfall hatte* **2 *etw. m.*** absichtlich etw. nicht essen od. trinken ≈ auf etw. verzichten ⟨e-e Speise, Alkohol m.⟩

Mei·le *die*; -, *-n*; die Einheit, mit der in vielen englischsprachigen Ländern große Entfernungen gemessen werden: *Eine M. entspricht 1609 Metern*

Mei·len·stein *der*; *geschr*; etw., das für e-e Entwicklung sehr wichtig ist: *Seine Erfindung ist ein M. für den technischen Fortschritt*

mei·len·weit *Adj*; *nur attr od adv*, *ohne Steigerung* ≈ sehr weit: *Die Fans fahren oft m., um ihren Star zu sehen*

mein *Possessivpronomen der 1. Person Sg* (*ich*); **1** wie ein Adj. verwendet, um auszudrücken, dass dem

Sprecher etw. gehört od. dass er ein besonderes Verhältnis zu j-m / etw. hat ≈ von mir: *mein Bruder u. meine Schwester*; *Ich finde meinen Schlüssel nicht mehr*; *Auf meiner letzten Reise lernte ich viele nette Leute kennen*; *Mein Bus fährt um 7 Uhr vor dem Bahnhof ab* **2 meine Damen u. Herren!** verwendet als Anrede für mehrere Personen (*z.B.* bei e-r Rede)

Possessivpronomen: *mein*				
Nominativ				
Sg	*m*	mein	junger	Hund
	f	meine	junge	Katze
	n	mein	junges	Pferd
Pl		meine	jungen	Tiere
Akkusativ				
Sg	*m*	meinen	jungen	Hund
	f	meine	junge	Katze
	n	mein	junges	Pferd
Pl		meine	jungen	Tiere
Dativ				
Sg	*m*	meinem	jungen	Hund
	f	meiner	jungen	Katze
	n	meinem	jungen	Pferd
Pl		meinen	jungen	Tieren
Genitiv				
Sg	*m*	meines	jungen	Hundes
	f	meiner	jungen	Katze
	n	meines	jungen	Pferdes
Pl		meiner	jungen	Tiere
Die anderen Possessivpronomen (*dein*, *sein* usw.) werden nach demselben Muster gebildet. (↑ auch Tabelle unter ***Possessivpronomen***)				

mei·n- *Possessivpronomen der 1. Person Sg* (*ich*); wie ein Subst. verwendet, um sich auf e-e (oft bereits erwähnte) Sache / Person zu beziehen, die zu dem Sprecher gehört: *Ist das dein Bleistift od. ist das meiner?*; *Das rote Auto dort ist mein(e)s*; *Ich glaube, dieser Bleistift ist der meine*; || NB: Die Formen von *mein-* ohne Artikel werden wie das Adj. des Deklinationstyps B gebildet, die Formen von *mein-* mit Artikel wie das Adj. des Deklinationstyps A; ↑ *Tabelle unter* ***Adjektive.*** Die Formen der übrigen Personen werden nach demselben Muster gebildet

Mein·eid *der*; e-e Lüge, die man (*mst* in e-r Gerichtsverhandlung) verwendet, obwohl man geschworen hat, die Wahrheit zu sagen ⟨e-n M. leisten, schwören; j-n wegen Meineides verurteilen⟩

mein·ei·dig *Adj*; *ohne Steigerung, nicht adv*; ⟨ein Zeuge⟩ so, dass er e-n Meineid geschworen hat: *Der Zeuge war m. u. wurde deshalb bestraft*

mei·nen; *meinte, hat gemeint*; [Vt/i] **1** (***etw.***) (***zu etw.***) ***m.*** e-e bestimmte Meinung zu etw. haben: *Was meinen Sie dazu?*; *„Kommt er bald?" - „Ich meine schon"*; *Ich meine*, dass *wir jetzt gehen sollten*; *Er meinte im Recht* zu *sein*; *Ich meine, er wird schon noch anrufen* || NB: ↑ Erläuterungen auf Seite 55; [Vt] **2 *etw. m.*** etw. ausdrücken wollen: *Was meinst du mit deiner Anspielung?*; *Du verstehst mich falsch, ich meine das ganz anders* **3 *j-n / etw. m.*** sich auf j-d Bestimmten / etw. Bestimmtes beziehen: *Er meinte nicht Markus, sondern Bernd, als er grüßte* **4** (***zu j-m***) ***etw. m.*** ≈ zu j-m etw. sagen: *„Besuch mich doch mal wieder!" meinte er freundlich zu mir* || ID ***Das will ich 'm.!*** verwendet, um zu betonen, dass man von etw. überzeugt ist; ***Man könnte m., ...*** daraus entsteht der Eindruck, dass...: *Man könnte meinen, du freust dich überhaupt nicht über das Geschenk*; ***Ich meine ja nur*** (***so***) verwendet, um auszudrücken, dass etw. nur ein Vorschlag od. e-e Idee ist, die der andere nicht akzeptieren muss; ***Wenn Sie 'm.*** ≈ wenn Sie das unbedingt wollen; ***Er meint, 'Wunder was / wer er ist*** *gespr pej* ≈ er glaubt, dass er besser sei als die anderen, obwohl das nicht stimmt; ***Was meinen Sie damit?*** was wollen Sie damit sagen?; ***etw. gut / böse m.*** e-e gute / böse Absicht bei etw. haben; *mst* ***Das war nicht so gemeint*** es war keine böse Absicht dabei; ***Es 'gut mit j-m m.*** wollen, dass es j-m gut geht (u. ihm deshalb helfen); ***Es zu 'gut mit etw. m.*** zu viel von etw. geben: *Sie hat es mit dem Pfeffer zu gut gemeint, das Essen ist viel zu scharf!*

mei·ner *Personalpronomen der 1. Person Sg* (*ich*), *Genitiv*; ↑ *Tabelle unter* ***Personalpronomen***

mei·ner·seits *Adv*; **1** was mich betrifft ≈ von mir aus: *Ich m. habe nichts dagegen* **2 *ganz m.*** verwendet als Antwort *z.B.* auf die Sätze „Ich freue mich, Sie kennen zu lernen!" od. „War nett / Hat mich gefreut, Sie kennen gelernt zu haben"

mei·nes·glei·chen *Pronomen*; *indeklinabel*; Leute wie ich: *Ich verkehre nur mit m.*

mei·net·we·gen *Adv*; **1** deshalb, weil es gut für mich ist ≈ mir zuliebe: *M. braucht ihr nicht auf den Urlaub zu verzichten* **2** aus e-m Grund, der mich betrifft: *M. braucht Peter nicht zu kommen* **3** *gespr*; ich habe nichts dagegen: *„Kann ich morgen dein Auto haben?" - „M.!"*

mei·net·wil·len *Adv*; *veraltend*; *nur in* ***um m.*** ≈ meinetwegen

mei·ni·g-, Mei·ni·g- *Possessivpronomen*; *veraltend*; wie ein Subst. verwendet für *der, die, das meine, Meine* || ↑ ***mein-***

Mei·nung *die*; -, *-en*; **1 *j-s M.*** (***zu etw.***); ***j-s M.*** (***über j-n / etw.***) das, was j-d über j-n / etw. denkt ≈ Auffassung, Ansicht ⟨e-e bestimmte M. haben; j-n nach seiner M. fragen; zu e-r M. kommen; sich e-e M. bilden; der M. sein, dass...; seine M. äußern⟩: *Wir sind oft derselben M.*; *Bist du auch der M.*, dass *zu viel Geld für die Rüstung ausgegeben wird?*; *Was / Wie ist ihre M. zum Ausgang der Wahlen?* || K-: ***Meinungs-, -bildung*** **2 *zu etw. keine M. haben*** zu etw. nichts sagen (wollen), weil man glaubt, dass man nicht genug darüber weiß **3 *meiner*** *usw* ***M. nach*** so wie ich *usw* die Situation beurteile: *Meiner M. nach war seine Entscheidung ungerecht* **4 *e-e schlechte, gute / hohe M. von j-m haben*** glauben, dass j-d schlecht, gut ist **5 *ganz meine M.!*** verwendet, um j-m deutlich zu sagen, dass man genauso denkt wie er **6 *'einer M. sein*** dieselbe M. (1) wie andere haben **7 *die öffentliche M.*** das, was die meisten Leute denken || ID ***j-m*** (***gehörig***) ***die M. sagen*** j-m deutlich sagen, was man von ihm od. seinen Aktionen hält ≈ j-n zurechtweisen; ***mit seiner M. nicht hinter dem Berg halten*** seine M. ehrlich u. deutlich sagen

Mei·nungs·äu·ße·rung *die*; e-e Äußerung, mit der man sagt, was man denkt: *das Recht auf freie M.*

M

Mei·nungs·aus·tausch *der*; Gespräche od. Diskussionen, bei denen man sich gegenseitig sagt, was man über ein Thema denkt ⟨ein offener M.⟩

mei·nungs·bil·dend *Adj*; *ohne Steigerung, nicht adv*; ⟨Zeitschriften; Maßnahmen⟩ so, dass sie e-n starken Einfluss auf die Meinung anderer Leute haben

Mei·nungs·for·schung *die*; Untersuchungen darüber, was die Leute über ein Problem od. Thema denken ≈ Demoskopie || K-: ***Meinungsforschungs-, -institut*** || *hierzu* **Mei·nungs·for·scher** *der*; **Mei·nungs·for·sche·rin** *die*

Mei·nungs·frei·heit *die*; *nur Sg*; das Recht, frei u. öffentlich zu sagen, welche Meinung man hat

Mei·nungs·ma·che *die*; *pej*; der Versuch, andere in ihren Meinungen (1) zu beeinflussen od. zu manipulieren (*mst* mit Argumenten, die nicht sachlich sind) ≈ Propaganda || *hierzu* **Mei·nungs·ma·cher** *der*

Mei·nungs·streit *der*; e-e Diskussion, bei der die Beteiligten ganz unterschiedliche Meinungen (1) äußern

Mei·nungs·um·fra·ge *die*; die Befragung e-r repräsentativen Gruppe in der Bevölkerung zu e-m bestimmten Thema (um herauszufinden, welche Meinung die Bevölkerung zu bestimmten Fragen hat) ⟨e-e M. machen, veranstalten⟩

Mei·nungs·ver·schie·den·heit *die*; -, *-en*; *mst Pl*; **1** ***Meinungsverschiedenheiten*** **(*über etw.*** (*Akk*)**)** unterschiedliche Meinungen zu e-m Thema **2** ein kleiner Streit, der entsteht, wenn es zu e-r Sache verschiedene Meinungen gibt ⟨e-e M. haben; seine Meinungsverschiedenheiten beilegen⟩

Mei·se *die*; -, *-n*; ein kleiner, bunter Singvogel || ID ***e-e M. haben*** *gespr* ≈ verrückt, nicht normal sein: *Du hast wohl e-e M.!*

Mei·ßel *der*; *-s*, -; e-e kurze Stange aus Metall mit e-m scharfen Ende, mit der man (mit e-m Hammer) *bes* Steine spalten od. formen kann

mei·ßeln; *meißelte, hat gemeißelt*; [Vt/i] **(*etw.*) *m.*** so mit dem Meißel arbeiten, dass e-e Form entsteht

meist *Adv* ≈ meistens

meis·t- *Adj*; **1** *Superlativ* ↑ ***viel***; die größte Anzahl, Menge von etw. ↔ wenigst-: *Sie hat immer das meiste Glück von allen*; *Er verdient am meisten von uns* || K-: ***meist-, -diskutiert, -gebraucht, -gefragt, -genannt, -verkauft*** **2** *nur attr, nicht adv*; verwendet, um auszudrücken, dass etw. insgesamt der größte Teil von etw. ist: *Die meisten Artikel in diesem Geschäft sind sehr teuer*

meis·tens *Adv*; in den meisten Fällen, fast immer: *Er steht m. um 7 Uhr auf*

Meis·ter *der*; *-s*, -; **1** j-d, der in e-m Handwerk die Qualifikation hat, junge Menschen auszubilden u. selbst ein Geschäft zu führen ↔ Lehrling || K-: ***Meister-, -prüfung, -titel*** || -K: ***Bäcker-, Friseur-, Metzger-, Schneider-, Schreiner-*** || NB: ↑ ***Geselle*** **2** ***seinen M. machen*** die Prüfung machen, durch die man M. (1) wird **3** j-d, der etw. sehr gut kann ≈ Fachmann, Experte: *Er ist ein M. auf seinem Gebiet*; *Louis Armstrong war ein M. des Jazz* **4** *Sport*; ein Sportler od. e-e Mannschaft, die e-n offiziellen Wettkampf gewonnen haben: *Er wurde deutscher M. im Marathonlauf* || K-: ***Meister-, -titel*** || -K: ***Europa-, Junioren-, Landes-, Welt-*** **5** ***M. Lampe*** verwendet in Fabeln u. Märchen als Name für den Hasen **6** ***M. Petz*** verwendet in Fabeln u. Märchen als Name für den Bären || ID ***j-d hat*** **(*in j-m*)** ***seinen M. gefunden*** j-d ist auf j-n getroffen, der ihm überlegen ist || *zu* **1-4 Meis·te·rin** *die*; -, *-nen*

Meis·ter- *im Subst*, *begrenzt produktiv*; **1** verwendet, um Personen zu bezeichnen, die ihre Sache sehr gut beherrschen ≈ Spitzen-; der ***Meisterkoch***, der ***Meisterdetektiv***, der ***Meisterdieb***, der ***Meisterschütze*** **2** verwendet, um auszudrücken, dass e-e Leistung sehr gut ist od. war; der ***Meisterschuss***, die ***Meisterleistung***, das ***Meisterwerk***

Meis·ter·brief *der*; e-e Urkunde, die bestätigt, dass j-d in e-m Handwerk Meister (1) ist

meis·ter·haft *Adj*; von e-r Qualität, die weit besser ist als der Durchschnitt ≈ hervorragend ↔ stümperhaft: *Er ist ein meisterhafter Koch*; *Sie spielt m. Klavier* || *hierzu* **Meis·ter·haf·tig·keit** *die*; *nur Sg*

Meis·ter·hand *die*; *nur in* ***von M.*** von e-m echten Meister (3): *Das Bild ist von M. gemalt*

meis·ter·lich *Adj* ≈ meisterhaft

meis·tern; *meisterte, hat gemeistert*; [Vt] ***etw. m.*** ein *mst* schwieriges Problem lösen ≈ bewältigen, bezwingen ↔ an etw. scheitern: *Er hat die schwierige Situation sehr gut gemeistert*

Meis·ter·schaft *die*; -, *-en*; **1** *oft Pl*, *Sport*; ein Wettkampf, bei dem die Sportler e-n offiziellen Titel gewinnen können: *Dieses Jahr finden die deutschen Meisterschaften im Schwimmen in Hamburg statt* || -K: ***Box-, Fußball-, Handball-, Leichtathletik-, Schwimm-, Ski-, Junioren-, Europa-, Welt-*** **2** e-e Fähigkeit, die weit über dem Durchschnitt liegt: *es in e-r Kunst zur M. bringen*

Meis·ter·stück *das*; **1** e-e sehr gute Leistung ≈ Meisterleistung ⟨ein M. vollbringen⟩ **2** etw., das j-d macht, damit er den Titel e-s Meisters in e-m Handwerk bekommt

Meis·ter·werk *das*; etw., das an Qualität sehr viel besser ist als vergleichbare Objekte: *Die Golden Gate Bridge ist ein M. der Architektur*

Mek·ka *das*; *-s*, *-s*; *mst Sg*; ein Ort, der für Personen mit e-m bestimmten Interesse sehr wichtig ist: *Cannes ist ein M. des Films*

Me·lan·cho·lie [-ko-] *die*; -, *-n*; *mst Sg*; ein Zustand, in dem j-d sehr traurig ist ≈ Schwermut ↔ Euphorie ⟨in M. versinken, verfallen⟩ || *hierzu* **Me·lan·cho·li·ker** *der*; *-s*, -; **Me·lan·cho·li·ke·rin** *die*; -, *-nen*; **me·lan·cho·lisch** *Adj*

Me·lan·ge [meˈlãːʒ] *die*; -, *-n*; Ⓐ ein Getränk, das zur Hälfte aus Kaffee u. zur Hälfte aus Milch besteht

Me·las·se *die*; -, *-n*; das, was als Rest bleibt, wenn man Zucker herstellt

Mel·de·amt *das*; *Kurzw*; ↑ ***Einwohnermeldeamt***

Mel·de·frist *die*; ein festgelegter Zeitraum, in dem man sich bei j-m (od. irgendwo) melden muss

mel·den; *meldete, hat gemeldet*; [Vt] **1** ***etw. m.*** e-e Nachricht (im Fernsehen, im Radio od. in der Zeitung) mitteilen: *Der Korrespondent meldet neue Unruhen aus Südamerika* **2** ***j-n / etw.*** **(*j-m / bei j-m*)** ***m.*** e-r zuständigen Person od. Institution Informationen über j-n / etw. geben ⟨e-n Unfall bei der Polizei m.; e-n Schaden bei der Versicherung m.⟩ **3** ***j-n zu / für etw. m.*** sagen od. auf andere Weise mitteilen, dass j-d an etw. teilnehmen will ≈ anmelden: *e-n Sportler für e-n Wettkampf m.*; [Vr] **4** ***sich*** **(*bei j-m*)** ***m.*** (wieder) Kontakt mit j-m aufnehmen ≈ von sich hören lassen: *Ich melde mich nach dem Urlaub bei dir* **5** ***sich*** **(*bei j-m*)** ***m.*** ≈ sich bei j-m vorstellen: *Du sollst dich bei der Firma Müller m.* **6** ***sich m.*** *gespr*; e-m anderen mitteilen, dass man etw. Bestimmtes möchte: *Bitte melden Sie sich, wenn Sie nichts mehr zu trinken haben* **7** ***sich m.*** in der Schule dem Lehrer zeigen, dass man etw. sagen möchte, indem man die Hand hebt **8** ***sich zu / für etw. m.*** sagen, dass man (freiwillig) bei etw. (mit)arbeiten od. mitmachen will ≈ sich zur Verfügung stellen: *Wer meldet sich freiwillig zum Geschirrspülen?* || ID **(*bei j-m*)** ***nichts zu m. haben*** *gespr*; keinen Einfluss mehr haben, wenn e-e bestimmte Person da ist ≈ nichts zu sagen haben

Mel·de·pflicht *die*; die Pflicht, etw. offiziell bei e-r Behörde zu melden (2): *Für manche Krankheiten besteht M.* || *hierzu* **mel·de·pflich·tig** *Adj*

Mel·de·schluss *der*; ein fester Zeitpunkt, bis zu dem man sich od. andere gemeldet (2,3) haben muss

Mel·dung *die*; -, *-en*; **1** etw., das man im Fernsehen, Radio od. in der Zeitung meldet, mitteilt ≈ Nachricht ⟨e-e amtliche M.⟩: *„Und nun die letzten Meldungen des Tages"* || -K: ***Falsch-, Schreckens-, Such-, Vermissten-*** **2** die Informationen, die man e-r Institution über j-n / etw. gibt ⟨e-e M. übermitteln, bekommen / erhalten, entgegennehmen, weiterleiten; e-e M. geht / trifft (irgendwo) ein; (j-m) M. machen, erstatten⟩: *Der Polizei liegt noch keine M. über den Unfall vor* || -K: ***Feuer-, Fund-, Krank-, Such-, Verlust-, Vermissten-, Vollzugs-; Lage-, Positions-*** **3** ***e-e M.*** **(*für / zu etw.*)** die (oft schriftliche) Erklärung, dass man bei etw. mitmachen will: *seine M. für e-n Wettkampf zurückziehen*; *Wir bitten um freiwillige Meldungen* **4** *EDV, Telecom*; e-e Feststellung od. Frage, die auf dem Bildschirm e-s Computers als Reaktion auf e-n Befehl erscheint, od. die ein Faxgerät ausdruckt || -K: ***Fehler-*** **5** *nur Sg*; das Melden

me·liert *Adj*; *ohne Steigerung*; **1** mit Fäden od. Fasern in verschiedenen Farben: *Der Pullover ist grau u. grün m.* **2** mit Haaren, die zum Teil grau geworden sind ≈ angegraut ⟨Haare⟩ || -K: ***grau meliert***

Me·lis·se *die*; -, *-n*; e-e Pflanze, die nach Zitrone riecht u. aus der man Tee macht || K-: ***Melissen-, -tee*** || -K: ***Zitronen-***

mel·ken; *melkt, melkte, hat gemelkt / veraltend milkt, molk, hat gemolken*; [Vt/i] **1** (***ein Tier***) ***m.*** Milch von e-m weiblichen Tier nehmen ⟨Kühe, Schafe, Ziegen m.⟩ || K-: ***Melk-, -maschine***; [Vt] **2** ***j-n m.*** *gespr*; von j-m immer wieder Geld fordern || *zu* **1** **Mel·ker** *der*; *-s*, -

Me·lo·die *die*; -, *-n* [-'di:ən]; **1** e-e Folge von musikalischen Tönen, die ein Ganzes bilden ⟨e-e M. spielen, singen; e-e schöne M. hören⟩: *Wer hat den Text zu dieser M. geschrieben?* **2** *oft Pl*; ein Teil aus e-r größeren musikalischen Komposition: *Melodien aus dem Musical „West Side Story"*

Me·lo·dik *die*; -; *nur Sg*; **1** die Lehre von der Melodie (1) **2** etw., das für ein Musikstück in der Melodie typisch ist

me·lo·disch *Adj*; **1** so, dass der Klang angenehm für den Zuhörer ist ⟨e-e Stimme; etw. klingt m.⟩ **2** in Bezug auf die Melodie (1)

Me·lo·dra·ma *das*; **1** *mst pej*; ein Film, ein Theaterstück od. e-e Handlung, bei denen *bes* Emotionen u. traurige Ereignisse übertrieben dargestellt werden: *das M. „Vom Winde verweht"*; *Jedes Mal, wenn er verreisen muss, spielt sich bei ihm zu Hause ein M. ab* **2** *Lit, Mus*; gesprochene Dichtung, die von Musik begleitet wird || *hierzu* **me·lo·dra·ma·tisch** *Adj*

Me·lo·ne *die*; -, *-n*; **1** e-e große runde Frucht mit sehr saftigem Fleisch || ↑ *Abb. unter* ***Obst*** || -K: ***Honig-, Wasser-, Zucker-*** **2** ein runder schwarzer Hut für Männer

Memb·ran *die*; -, *-en*; ↑ ***Membrane***

Memb·ra·ne *die*; -, *-n*; *Phys*; e-e sehr dünne Schicht aus Metall, Papier, Gummi od. Haut, die Schwingungen überträgt || -K: ***Lautsprecher-***

Mem·me *die*; -, *-n*; *veraltend*; j-d, der sehr feige ist ≈ Feigling || *hierzu* **mem·men·haft** *Adj*

Me·moi·ren [me'moa:rən] *die*; *nur Pl*; ein Bericht über die Erlebnisse u. Ereignisse seines Lebens, die j-d schreibt, wenn er alt ist ⟨ seine M. schreiben, veröffentlichen⟩ || K-: ***Memoiren-, -schreiber***

Me·mo·ran·dum *das*; *-s, Me·mo·ran·den / Me·mo·ran·da*; *geschr*; e-e kurze Zusammenfassung wichtiger Punkte ⟨ein M. verfassen⟩

me·mo·rie·ren; *memorierte, hat memoriert*; [Vt] ***etw. m.*** *geschr*; etw. auswendig lernen

Men·ge *die*; -, *-n*; **1** ein bestimmter Teil e-r Sache, die man nicht zählen kann, od. e-e bestimmte Anzahl von Personen / Dingen, die als Einheit angesehen werden ≈ Quantum, Portion: *E-e kleine M. dieses Medikaments genügt* **2** e-e große Anzahl (von Personen / Dingen) ≈ viele ↔ wenige: *e-e M. Fehler machen*; *e-e M. Bücher besitzen* ||NB: um *M.* zu verstärken, verwendet man *Unmenge* od. *Riesenmenge* **3** e-e große Zahl von Menschen an e-m Ort ⟨durch die M. gehen; in der M. verschwinden; aus der M. treten; sich unter die M. mischen⟩ || -K: ***Menschen-, Volks-, Zuschauer-*** **4** *Math*; mehrere Dinge, die zusammen als Einheit gesehen werden ⟨e-e endliche, unendliche M.⟩: *die M. der positiven Zahlen* || -K: ***Null-, Schnitt-, Teil-, Vereinigungs-*** **5** ***e-e / jede M.*** *gespr*; sehr viel ≈ Masse, Haufen: *e-e M. Geld, jede M. Arbeit haben, noch e-e M. lernen müssen* **6** ***in rauen Mengen*** *gespr*; sehr viel: *Er hat Zeit in rauen Mengen* **7** ***e-e ganze M.*** *gespr*; relativ viel(e): *e-e ganze M. Geld, Leute*

men·gen; *mengte, hat gemengt*; [Vt] **1** ***etw. m.*** verschiedene Stoffe (*bes* beim Backen) zusammenbringen u. mischen: *Wasser mit / und Mehl (zu e-m Teig) m.*; [Vr] **2** ***sich unter*** ⟨die Zuschauer, das Volk⟩ ***m.*** ≈ sich unter ... mischen **3** ***sich in etw.*** (*Akk*) ***m.*** ≈ sich in etw. einmischen ↔ sich aus etw. heraushalten || ▸ ***Gemenge***

Men·gen·leh·re *die*; *nur Sg*, *Math*; ein Bereich der Mathematik, in dem man mit abstrakten Mengen (4) anstatt mit einzelnen Zahlen rechnet

Men·gen·ra·batt *der*; ein Rabatt, den man bekommt, wenn man e-e große Menge e-r Ware kauft ⟨M. bekommen; j-m M. einräumen, gewähren⟩

Me·nis·kus *der*; -, *Me·nis·ken*; *Med*; e-e Scheibe (aus Knorpel) im Knie ⟨ sich den M. verletzen⟩ || K-: ***Meniskus-, -operation, -riss, -verletzung***

Men·sa *die*; -, *Men·sen*; e-e Art Restaurant an e-r Universität, in dem Studenten billig essen können

Mensch[1] *der*; *-en, -en*; **1** *nur Sg*; das Lebewesen, das sprechen u. denken kann u. sich dadurch vom Tier unterscheidet; *Biol* Homo sapiens: *Biologisch gesehen gehört der M. zu den Säugetieren* || -K: ***Steinzeit-, Ur-*** **2** ein Mann, e-e Frau od. ein Kind als Individuum ≈ Person: *Auf der Erde gibt es ungefähr 6 Milliarden Menschen*; *Er ist ein guter u. ehrlicher M.* || K-: ***Menschen-, -ansammlung, -auflauf, -gewühl, -masse, -menge*** **3** ***kein M.*** ≈ niemand: *Ich habe keinem Menschen davon erzählt* || *zu* **1** u. **2** ↑*NB unter* ***Leute*** || ID ***sich wie der erste M. benehmen*** *gespr hum*; sehr ungeschickt sein; ***sich wie der letzte M. benehmen*** *gespr*; ein schlechtes Benehmen haben, unangenehm auffallen; (**'*auch***) ***nur ein M. sein*** ebenso wie alle anderen Menschen Fehler haben od. Fehler machen; ***von M. zu M.*** privat u. voller Vertrauen; ***ein anderer M. werden*** sich vollständig ändern; ***unter Menschen gehen*** irgendwohin gehen, wo man (vielen) anderen Leuten begegnet; ***kein M. mehr sein***; ***nur noch ein halber M. sein*** *gespr*; sehr erschöpft sein || NB: *der Mensch*; *den, dem, des Menschen* || *zu* **1** **men·schen·ähn·lich** *Adj*; **men·schen·ar·tig** *Adj* || ↑ Abb. Seite 686

Mensch[2] *Interjektion*; ***M.*** (***Meier***)***!*** *gespr*; verwendet, um Verärgerung, Freude od. Überraschung auszudrücken: *M., hör endlich auf damit!*; *M.* (*Meier*), *da hast du aber Glück gehabt!*; *M., toll!*

Mensch är·ge·re dich nicht *das*; -(*s*); *nur Sg*; ein (Brett)Spiel mit Würfeln u. Figuren

Men·schen·af·fe *der*; ein relativ großer Affe ohne

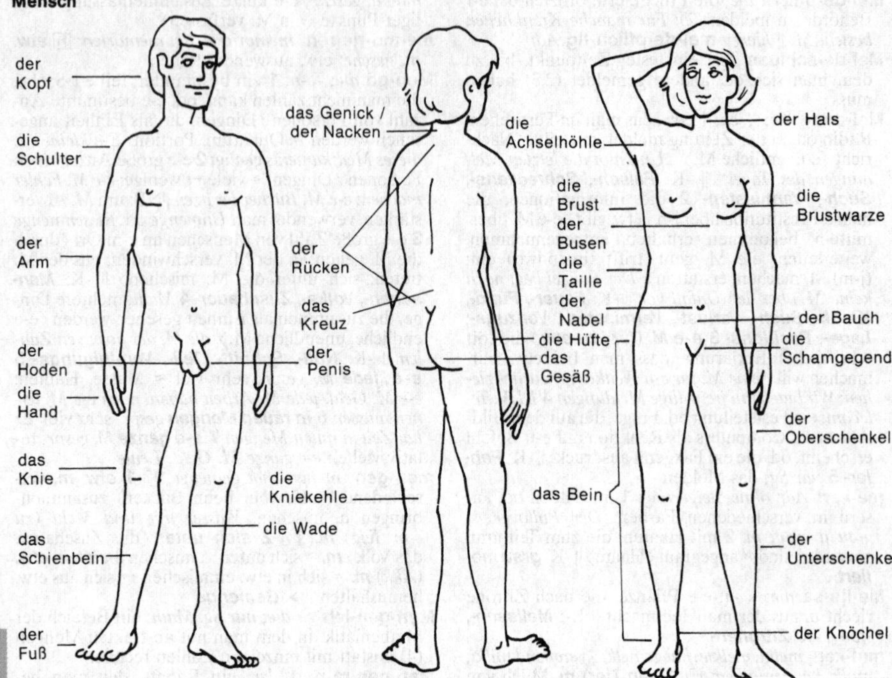

Schwanz, der Menschen ähnlich sieht: *Der Schimpanse ist ein M.*

Mẹn·schen·al·ter *das*; die Zeit, die ein Mensch durchschnittlich lebt

Mẹn·schen·bild *das*; *geschr*; die Vorstellung, die j-d od. e-e Gruppe von den Menschen hat: *das humanistische M.*; *das M. im Barock*

mẹn·schen·feind·lich *Adj*; **1** schlecht für die Menschen ↔ menschenfreundlich (1): *menschenfeindliche Häuser aus Beton*; *e-e menschenfeindliche Politik* **2** ⟨e-e Person⟩ so, dass sie die Menschen hasst u. keinen Kontakt mit ihnen haben will ↔ menschenfreundlich (2) || *hierzu* **Mẹn·schen·feind·lich·keit** *die*; *zu* **2 Mẹn·schen·feind** *der*

Mẹn·schen·fres·ser *der*; *-s*, *-*; ein Mensch, der das Fleisch von Menschen isst ≈ Kannibale

mẹn·schen·freund·lich *Adj*; **1** gut für die Menschen ↔ menschenfeindlich (1) **2** ⟨e-e Person⟩ so, dass sie die Menschen liebt u. will, dass es ihnen gut geht ↔ menschenfeindlich (2): *Der König war sehr m.* || *hierzu* **Mẹn·schen·freund·lich·keit** *die*; *zu* **2 Mẹn·schen·freund** *der*

Mẹn·schen·füh·rung *die*; *nur Sg*; die Fähigkeit e-s Chefs, Lehrers od. Offiziers, seine Angestellten, Schüler od. Soldaten so zu behandeln, dass diese gut arbeiten: *Ein Manager muss über gute M. verfügen*

Mẹn·schen·ge·den·ken *das*; *nur in* ***seit M.*** schon sehr lange, schon seit sehr langer Zeit

Mẹn·schen·ge·schlecht *das*; *nur Sg*, *Kollekt*; die Menschen ≈ die Menschheit

Mẹn·schen·ge·stalt *die*; *nur in* ***in M.*** mit dem Aussehen e-s Menschen ⟨ein Gott, ein Teufel in M.⟩

Mẹn·schen·hand *die*; *nur in* ***durch / von M.*** *geschr*; von Menschen gemacht ⟨ein Werk von M.⟩

Mẹn·schen·han·del *der*; der Handel mit Menschen (*bes* für die Prostitution), die wie e-e Ware gekauft u. verkauft werden ⟨M. betreiben⟩ || *hierzu* **Mẹn·schen·händ·ler** *der*

Mẹn·schen·ken·ner *der*; j-d, der die Fähigkeit hat, den Charakter e-s Menschen schnell u. richtig zu beurteilen ⟨ein guter / schlechter M. sein⟩ || *hierzu* **Mẹn·schen·kennt·nis** *die*; *nur Sg*

Mẹn·schen·ket·te *die*; e-e Reihe, die aus vielen Menschen besteht (die sich an den Händen halten) ⟨e-e M. bilden⟩

Mẹn·schen·kind *das* ≈ Mensch[1] (2): *Sie ist ein ganz fröhliches M.*

Mẹn·schen·le·ben *das*; **1** *geschr*; das Leben e-s Menschen: *Der Unfall kostete drei M.* **2** die Zeit, die ein Mensch lebt ≈ Menschenalter ⟨ein M. lang⟩

mẹn·schen·leer *Adj*; *nicht adv*; ohne Menschen ≈ verlassen ⟨ein Haus, ein Ort, ein Platz⟩

mẹn·schen·mög·lich *Adj*; *mst in* ***das / alles Menschenmögliche*** ⟨tun, versuchen⟩ alles tun / versuchen, was ein Mensch tun kann: *Der Arzt hat alles Menschenmögliche getan, um sie zu retten*

Mẹn·schen·op·fer *das*; **1** j-d, der (*z.B.* bei e-m Unfall od. e-m Attentat) stirbt: *Der Unfall hat drei M. gefordert* **2** das Töten von Menschen aus religiösen Gründen ⟨e-m Gott ein M. darbringen⟩

Mẹn·schen·raub *der*; *Jur*; das Entführen von Menschen mit dem Ziel, Geld für ihre Freilassung zu bekommen ≈ Entführung, Kidnapping

Mẹn·schen·rech·te *die*; *Pl*; die grundsätzlichen Rechte des Individuums (*z.B.* auf freie Meinungsäußerung), wie sie in vielen Staaten in der Verfassung enthalten sind ⟨der Schutz, e-e Verletzung, die Verwirklichung der M.⟩: *Das Recht auf Leben u. persönliche Freiheit, die Versammlungs-, die Presse-, u. die Glaubensfreiheit gehören zu den Menschenrechten* || K-: ***Menschenrechts-, -abkommen, -kommission, -verletzung***

mẹn·schen·scheu *Adj*; ⟨e-e Person⟩ so, dass sie

(aus Angst od. aus Abneigung) keinen Kontakt mit anderen Menschen haben will ≈ kontaktscheu: *Er ist ein menschenscheuer Einzelgänger* || *hierzu* **Men·schen·scheu** *die*; *nur Sg*

Men·schen·schlag *der*; *nur Sg*; e-e Gruppe von Personen, die ein Charakteristikum (od. mehrere Charakteristika) gemeinsam haben ⟨ein fröhlicher M.⟩

Men·schen·see·le *die*; **keine M.** ≈ niemand: *Ich ging auf den Marktplatz - da war keine M. zu sehen*

Men·schens·kind, **Men·schens·kin·der!** *Interjektion*; *gespr*; verwendet, um Erstaunen, Freude od. Ärger auszudrücken: *M., hör doch endlich auf damit!*; *M., was ist denn das?*

men·schen·un·wür·dig *Adj*; ⟨Verhältnisse, Lebensbedingungen; e-e Behandlung⟩ so schlecht, dass sie für e-n Menschen nicht angemessen sind

men·schen·ver·ach·tend *Adj*; ohne die Würde, die Rechte od. die Bedürfnisse von Menschen zu achten ⟨e-e Einstellung, e-e Politik, ein Regime⟩

Men·schen·ver·stand *der*; *mst in* **der gesunde M.** die natürliche Fähigkeit, Dinge vernünftig zu beurteilen (die man nicht in der Schule lernt u. die die Menschen in unterschiedlichem Maße besitzen)

Men·schen·wür·de *die*; das Recht, das jeder Mensch hat, als Person respektiert u. behandelt zu werden ⟨die M. achten, verletzen; gegen die M. verstoßen⟩ || *hierzu* **men·schen·wür·dig** *Adj*

Mensch·heit *die*; -; *nur Sg*; alle Menschen zusammen: *Das Penizillin ist e-e Erfindung zum Wohl der gesamten M.* || K-: **Menschheits-, -entwicklung, -geschichte, -ideal, -traum**

mensch·lich *Adj*; **1** in Bezug auf den Menschen ↔ tierisch ⟨die Sprache⟩ **2** ⟨e-e Person⟩ so, dass sie auf andere Menschen Rücksicht nimmt ≈ human, menschenfreundlich ↔ unmenschlich ⟨m. sein, handeln, denken⟩: *Der neue Chef ist sehr m.* **3** ≈ verständlich, entschuldbar ⟨e-e menschliche Schwäche; Irren ist m.⟩ || hierzu **Mensch·lich·keit** *die*; *mst Sg* || ► **vermenschlichen**

Menst·ru·a·ti·on [-'tsio:n] *die*; -, *-en*; die Blutung aus der Gebärmutter, die e-e Frau ca. alle vier Wochen hat, wenn sie nicht schwanger ist ≈ die Tage, Monatsblutung, Periode (2): *Sie hat ihre M.* || K-: **Menstruations-, -beschwerden** || *hierzu* **menst·ru·ie·ren** *(hat) Vi*

men·tal *Adj*; *geschr*; in Bezug auf den Verstand, das Denken ≈ geistig ⟨Fähigkeiten⟩

Men·ta·li·tät *die*; -, *-en*; das, was typisch für das Denken e-r Person od. e-r Gruppe ist ≈ Denkweise: *die M. der Leute an der Küste, der Bauern*

Men·thol *das*; *-s*; *nur Sg*; e-e Flüssigkeit, die man aus der Pfefferminze gewinnt. M. kommt in bestimmten Medikamenten vor: *Papiertaschentücher mit M.* || K-: **Menthol-, -salbe, -zigaretten**

Men·tor *der*; *-s*, *Men·to·ren*; *geschr veraltend*; j-d, der viel Erfahrung hat u. deshalb anderen hilft u. seinen Rat gibt

Me·nü *das*; *-s*, *-s*; **1** ein Essen aus mehreren Gängen (zu e-m festgelegten Preis) ⟨ein M. zusammenstellen⟩: *Das M. bestand aus drei Gängen: der Suppe, der Hauptspeise u. der Nachspeise* **2** *EDV*; e-e Liste mehrerer Programme, Dateien od. Funktionen, aus denen der Benutzer e-s Computers auswählen kann

Me·nu·ett *das*; *-s*, *-e* / *-s*; **1** *hist*; ein relativ langsamer Tanz im Dreivierteltakt **2** *Mus*; verwendet als Bezeichnung für e-n Satz in Sonaten od. Sinfonien

mer·ci ['mɛrsi] (CH) ≈ danke ⟨m. vielmals⟩

Me·ri·di·an [-'dia:n] *der*; *-s*, *-e*; *Geogr*; e-e gedachte Linie auf der Erdoberfläche, die vom Südpol zum Nordpol geht

mer·kan·til *Adj*; *geschr*; in Bezug auf den Handel u. die Wirtschaft ≈ kaufmännisch ⟨Interessen⟩

merk·bar *Adj* ≈ merklich ↔ unmerklich

Merk·blatt *das*; ein kurzer, gedruckter Text mit Erklärungen u. Hinweisen, *mst* zu e-m Formular od. e-r Verordnung

mer·ken; *merkte*, *hat gemerkt*; [Vt] **1 etw. m.** etw. sehen od. bewusst wahrnehmen u. verstehen: *Er hat sofort gemerkt*, dass *wir ihm helfen wollten* **2 sich** *(Dat.)* **etw. m.** etw. nicht vergessen ≈ sich etw. einprägen ⟨sich Zahlen, Namen, Daten m.; sich etw. nicht m. können⟩: *Deine Telefonnummer kann ich mir gut m.*; *Merkt euch endlich*, dass *ihr pünktlich sein müsst!* || ID *mst* **Du merkst aber auch alles!** *gespr iron*; verwendet, wenn j-d etw. sagt, das andere schon längst wissen u. er erst jetzt verstanden hat

merk·lich *Adj*; deutlich wahrnehmbar ≈ merkbar, spürbar ⟨Veränderungen, e-e Besserung; m. erholt, erschöpft sein⟩: *Es ist m. kühler geworden*

Merk·mal *das*; *-(e)s*, *-e*; e-e besondere Eigenschaft e-r Person / Sache, mit der man sie leicht von anderen unterscheiden kann ≈ Kennzeichen, Charakteristikum ⟨keine besonderen Merkmale haben, aufweisen; ein charakteristisches, typisches, wesentliches M.⟩ || -K: **Geschlechts-, Haupt-, Unterscheidungs-**

Mer·kur *der*; -; *nur Sg*; der Planet, der der Sonne am nächsten ist

merk·wür·dig *Adj*; anders als das Normale u. so, dass es Aufmerksamkeit od. Misstrauen weckt ≈ seltsam, eigenartig: *Heute Morgen sind die Straßen so m. ruhig* || *hierzu* **merk·wür·di·ger·wei·se** *Adv*; **Merk·wür·dig·keit** *die*; *mst Sg*

me·schug·ge *Adj*; *mst präd*, *gespr* ≈ verrückt

Mes·mer *der*; *-s*, -; (CH) ≈ Messner

Mes·ner, **Mes·ner** *der*; ↑ **Messner**

Mes·sage ['mɛsɪdʒ] *die*; -, *-s*; *mst Sg*, *gespr*; (*bes* von Jugendlichen verwendet) das, was ein Künstler, ein Sänger *usw* mit seinem Werk ausdrücken will ≈ Aussage (3)

mess·bar *Adj*; so, dass man es messen kann ⟨ein Unterschied⟩

Mess·be·cher *der*; ein Becher, in den e-e bestimmte Menge von etw. passt: *Geben Sie zwei Messbecher Waschpulver in die Waschmaschine*

Mess·die·ner *der*; *kath* ≈ Ministrant

Mes·se[1] *die*; -, *-n*; **1** *kath* ≈ Gottesdienst ⟨zur M. gehen, die M. halten⟩ || K-: **Mess-, -wein** || -K: **Früh-, Spät-, Vorabend-** **2** ein relativ langes Musikstück, das einzelne Teile der M.[1] (1) musikalisch darstellt: *die Messe in h-Moll von Bach* **3 e-e schwarze M.** e-e religiöse Feier, bei der der Teufel verehrt wird

Mes·se[2] *die*; -, *-n*; e-e Ausstellung, auf der neue Artikel vorgestellt werden || K-: **Messe-, -ausweis, -besucher, -gelände, -halle, -platz, -stand** || -K: **Buch-, Computer-, Handwerks-, Tourismus-**

Mes·se[3] *die*; -, *-n*; der Raum auf e-m Schiff, in dem man isst || -K: **Offiziers-**

mes·sen; *misst*, *maß*, *hat gemessen*; [Vt] **1 etw. m.** die Größe od. Menge von etw. feststellen: *Ich muss erst m.*, wie *hoch u. wie breit das Fenster ist*; *Der Arzt misst die Temperatur des Patienten* || K-: **Mess-, -apparat, -ergebnis, -fehler, -gerät, -instrument, -wert** **2 etw. m.** e-e bestimmte Größe, Länge, Höhe *o.Ä.* haben: *Das Zimmer misst* $15 m^2$ **3 j-n / etw. an j-m / etw. m.** e-e Person / Sache beurteilen, indem man sie mit j-d / etw. anderem vergleicht: *Du solltest deinen Sohn nicht immer an deiner Tochter m.*; [Vr] **4 sich mit j-m m.** durch e-n Wettkampf od. Vergleich feststellen, wer besser ist: *sich mit j-m im Radfahren, Kopfrechnen m.* **5 sich mit j-m nicht m. können** auf e-m Gebiet deutlich schlechtere Leistungen bringen als ein anderer ≈ j-m nicht gewachsen sein || ► **Maß**[1]

Mes·se·neu·heit *die*; ein neues Produkt, das auf e-r Messe[2] vorgestellt wird

Mes·ser *das*; *-s*, -; ein scharfer, flacher Gegenstand *mst* aus Metall (mit e-m Griff), den man zum Schneiden od. als Waffe zum Stechen benutzt ⟨ein scharfes, stumpfes, spitzes M.; mit M. u. Gabel essen; etw. mit dem M. abschneiden, (zer)schneiden, zerkleinern⟩: *Ein M. besteht aus Klinge u. Griff; Die scharfe Seite des Messers heißt Schneide, die stumpfe Messerrücken* || K-: ***Messer-, -griff, -klinge, -schneide, -schnitt, -stich*** || -K: ***Brot-, Küchen-*** ||ID ***j-n unter dem M. haben*** *gespr* ≈ j-n operieren; ***j-m das M. an die Kehle setzen*** *gespr*; j-n (durch Drohungen) zwingen, etw. zu tun; ***j-m geht das M. in der Hose / Tasche auf*** *gespr!* j-d wird sehr wütend; ***(j-m) ins offene M. laufen*** *gespr*; genau das tun, was ein anderer gehofft od. geplant hat, u. sich somit in e-e unangenehme Situation bringen; ***etw. steht auf des Messers Schneide*** etw. ist in e-m Zustand, in dem man (noch) nicht weiß, ob das Ergebnis positiv od. negativ sein wird: *Das Leben des Patienten stand lange auf des Messers Schneide*; ***j-n ans M. liefern*** *gespr*; j-n in e-e unangenehme Situation bringen, indem man ihn verrät

Mes·ser·rü·cken *der*; die Seite an der Klinge e-s Messers, mit der man nicht schneidet ↔ Schneide

mes·ser·scharf *Adj*; *ohne Steigerung*; **1** so scharf wie ein Messer **2** ⟨j-s Verstand; m. kombinieren⟩ sehr schnell u. präzise

Mes·ser·spit·ze *die*; **1** die Spitze e-s Messers **2** so viel, wie auf die Spitze e-s Messers passt ≈ Prise: *e-e M. Salz*

Mes·ser·ste·cher *der*; *-s*, -; *pej*; j-d, der in e-m Streit e-n anderen mit e-m Messer verletzt

Mes·se·stadt *die*; e-e Stadt, in der oft Messen[2] stattfinden

Mess·grö·ße *die*; e-e Einheit, in der man etw. misst (1)

Mes·si·as *der*; -; *nur Sg*, *Rel*; **1** von Christen als Bezeichnung für Jesus Christus verwendet **2** der Erlöser, der in der Bibel angekündigt wurde u. der nach dem jüdischen Glauben noch kommen wird

Mes·sing *das*; *-s*; *nur Sg*; ein Metall, das aus Kupfer u. Zink besteht: *ein Türschild aus M.* || K-: ***Messing-, -beschlag, -bett, -gießerei, -griff, -guss, -leuchter, -schild***

Mess·lat·te *die*; ein langer Stab aus Holz od. Metall, mit dem man etw. messen (1) kann

Mess·ner *der*; *-s*, -; *südd* Ⓐ ≈ Kirchendiener

Mes·sung *die*; -, *-en*; **1** das Messen (1) ⟨Messungen vornehmen⟩ **2** der Wert, den man beim Messen (1) feststellt

Met *der*; *-(e)s*; *nur Sg*; ein alkoholisches Getränk, das aus Honig gemacht wird ≈ Honigwein

Me·tall *das*; *-s*, *-e*; e-e *mst* harte, glänzende Substanz (wie Eisen, Gold u. Silber), die Wärme u. Elektrizität gut leitet u. die man (in heißem Zustand) durch Walzen od. Pressen formen kann ⟨ein weiches, hartes M.; Metalle bearbeiten, gießen, härten, legieren, schweißen⟩ ||K-: ***Metall-, -bearbeitung, -guss, -industrie, -legierung, -platte, -überzug, -verarbeitung*** || -K: ***Edel-, Leicht-, Schwer-***

Me·tall·ar·bei·ter *der*; ein Arbeiter in der Metallindustrie ≈ Metaller

me·tal·len *Adj*; **1** *nur attr*, *nicht adv*; aus Metall: *ein metallener Topf* **2** ≈ metallisch (2)

Me·tal·ler *der*; *-s*, -; *gespr* ≈ Metallarbeiter: *Die M. streiken*

me·tall·hal·tig *Adj*; *nicht adv*; mit Metall ⟨ein Gestein⟩

me·tal·lic *Adj*; *indeklinabel*; (von Lack od. Farbe) so, dass sie wie Metall glänzen: *Das Auto gibt es in m. rot od. in m. grün*

me·tal·lisch *Adj*; **1** aus Metall ⟨Rohstoffe, ein Stromleiter, ein Überzug⟩ **2** in irgendeiner Eigenschaft e-m Metall ähnlich ⟨ein Glanz, e-e Stimme, ein Klang; etw. glänzt, klingt, schimmert m.⟩: *ein Mineral von metallischer Härte*

Me·tal·lur·gie *die*; -; *nur Sg*; die Wissenschaft von den Methoden, die beim Gewinnen u. Verarbeiten von Metallen angewendet werden

Me·ta·mor·pho·se [-f-] *die*; -, *-n*; *geschr*; die Verwandlung in e-e andere Gestalt od. in e-n anderen Zustand: *Durch e-e M. entwickelt sich aus e-r Raupe ein Schmetterling*

Me·ta·pher [me'tafɐ] *die*; -, *-n*; *Ling*; ein bildlicher Ausdruck, mit dem man e-n indirekten Vergleich herstellt: *„Die zarte Knospe ihrer jungen Liebe" ist e-e M.* || *hierzu* **Me·ta·pho·rik** *die*; -; *nur Sg*; **me·ta·pho·risch** *Adj*

Me·ta·phy·sik *die*; -, *-en*; *mst Sg*; e-e Disziplin der Philosophie, in der man über die Voraussetzungen des Lebens u. über die Grundlagen der Welt nachdenkt || *hierzu* **Me·ta·phy·si·ker** *der*; **me·ta·phy·sisch** *Adj*

Me·tas·ta·se *die*; -, *-n*; *Med*; ein Tumor, der sich aus e-m anderen Tumor gebildet hat u. an e-r anderen Körperstelle erscheint ≈ Tochtergeschwulst

Me·te·or [mete'oːɐ] *der*; *-s*, *-e*; *Astron*; ein Körper, der aus dem Weltraum in die Atmosphäre der Erde kommt u. dabei verbrennt ≈ Sternschnuppe

Me·te·o·rit *der*; *-en / -s*, *-en / -e*; *Astron*; ein kleiner Meteor || NB: *der Meteorit*; *den, dem Meteorit / Meteoriten, des Meteorits / Meteoriten*

Me·te·o·ro·lo·gie *die*; -; *nur Sg*; die Wissenschaft, die sich mit dem Wetter u. seinen Voraussetzungen beschäftigt || *hierzu* **Me·te·o·ro·lo·ge** *der*; *-n*, *-n*; **Me·te·o·ro·lo·gin** *die*; -, *-nen*; **me·te·o·ro·lo·gisch** *Adj*

Me·ter *der / auch das*; *-s*, -; e-e Einheit, mit der man messen kann, wie lang, breit, hoch etw. ist; *Abk* m: *Es gibt selten Menschen, die über 2 Meter groß sind; Ein M. hat hundert Zentimeter, ein Kilometer hat tausend Meter* || K-: ***Meter-, -band, -maß, -stab***; ***meter-, -dick, -hoch, -lang, -tief, -weit*** || -K: ***Kilo-, Kubik-, Quadrat-***

me·ter·hoch *Adj*; *ohne Steigerung*; ungefähr einen od. mehrere Meter hoch ⟨Wellen⟩: *durch meterhohen Schnee stapfen* || NB: *meterhoch* → *e-e meterhohe Mauer*

Me·ter·wa·re *die*; ein Stoff, Vorhang *o.Ä.*, dessen Preis pro Meter angegeben wird u. der so verkauft wird

me·ter·wei·se *Adv*; in Mengen von einem od. mehreren Metern: *Dieser Stoff wird nur m. verkauft*

Me·tha·don *das*; *-s*; *nur Sg*, *Med*; ein Medikament, das an Süchtige verteilt wird, um ihnen zu helfen, ohne Heroin zu leben

Me·than *das*; *-s*; *nur Sg*; ein natürliches Gas, ohne Farbe u. Geruch, das sehr leicht brennt; *Chem* CH_4

Me·tha·nol *das*; *-s*; *nur Sg*; e-e bestimmte Art von giftigem Alkohol; *Chem* CH_3OH

Me·tho·de *die*; -, *-n*; **1** die Art u. Weise, in der man etw. tut, *bes* um sein Ziel zu erreichen ≈ Verfahren ⟨e-e moderne, wissenschaftliche M.; e-e M. entwickeln, einführen; nach e-r bestimmten M. verfahren⟩ || -K: ***Behandlungs-, Denk-, Erziehungs-*** **2** ***etw. hat M.*** etw. ist gut durchdacht: *Seine Arbeit hat M.*

Me·tho·dik *die*; -, *-en*; die Wissenschaft von den Methoden, die in e-m bestimmten Bereich angewandt werden: *die M. des Unterrichts* || -K: ***Unterrichts-***

me·tho·disch *Adj*; **1** *nur attr od adv*; in Bezug auf die angewandte Methode ⟨ein Fehler⟩ **2** exakt u. nach logischen Prinzipien ≈ planmäßig ⟨ein Vorgehen, Untersuchungen⟩

Me·tier [me'ti̯eː] *das; -s, -s;* **1** ≈ Beruf, Branche: *In welchem M. arbeitet er?* **2** e-e Tätigkeit, in der man sehr gut od. erfahren ist: *Das ist nicht mein M.*

Me̱t·rik *die; -, -en; mst Sg;* **1** *Lit;* die Lehre vom Rhythmus u. von der Struktur der Verse in e-m Gedicht **2** *Mus;* die Lehre vom Takt

me̱t·risch *Adj; nur attr od adv;* **1** in Bezug auf die Metrik **2** in Bezug auf das System, in dem man in Metern u. Kilogramm misst ⟨ein Maß, das System⟩

Me̱t·ro *die; -, -s;* die Untergrundbahn in manchen Städten: *die M. in Paris*

Met·ro·po̱·le *die; -, -n;* **1** *geschr* ≈ Hauptstadt **2** ***die M.*** *+ Gen* e-e Stadt, die ein wichtiges Zentrum für etw. ist: *Mailand ist die M. der italienischen Mode*

Me̱t·rum *das; -s, Met·ren;* **1** *Lit;* der Rhythmus, dem Wörter in Gedichten folgen ≈ Versmaß **2** *Mus;* der Rhythmus der Noten in e-m Lied ≈ Taktmaß

Me̦tz·ger *der; -s, -; bes südd* Ⓐ Ⓒⓗ ein Mann, der beruflich Tiere schlachtet, Fleisch u. Wurst verkauft ≈ Fleischer || *hierzu* **Me̦tz·ge·rin** *die; -, -nen*

Metz·ge·re̱i *die; -, -en; bes südd* Ⓐ Ⓒⓗ ein Geschäft, in dem man Fleisch u. Wurst kaufen kann ≈ Fleischerei

Meu̱·chel·mord *der; pej;* ein heimtückischer Mord ⟨e-n M. begehen⟩ || *hierzu* **Meu̱·chel·mör·der** *der*

meu̱ch·le·risch *Adj; pej* ≈ heimtückisch

Meu̱·te *die; -, -n;* **1** *pej;* e-e aggressive Gruppe von Menschen, die sich spontan bildet ≈ Horde, Bande **2** e-e Gruppe von Hunden, die man mit auf die Jagd nimmt ⟨e-e M. Jagdhunde; die M. (auf das Wild) loslassen⟩

Meu·te·re̱i *die; -, -en;* e-e Aktion mehrerer Personen (*bes* Matrosen, Gefangene), die sich weigern, ihren Vorgesetzten zu gehorchen, um selbst die Macht zu übernehmen ≈ Revolte ⟨e-e M. niederschlagen, unterdrücken; auf dem Schiff, im Gefängnis brach e-e M. aus; sich an e-r M. beteiligen⟩: *e-e M. gegen den Kapitän*

meu̱·tern; *meuterte, hat gemeutert;* [Vi] **1** ***(gegen j-n) m.*** an e-r Meuterei teilnehmen ≈ rebellieren **2** *gespr; mst* in lauten Worten sagen, dass man mit j-m / etw. sehr unzufrieden ist ≈ aufbegehren, protestieren: *Die Gäste meuterten, als sie nach einer Stunde immer noch kein Essen bekommen hatten* || *zu* **1 Meu̱·te·rer** *der; -s, -*

MEZ [ɛmeː'tsɛt] *nach Uhrzeiten;* (*Abk* für mitteleuropäische Zeit) die (Uhr)Zeit, die in Mitteleuropa gilt

Me̦·zo·sop·ran *der; Mus;* **1** *nur Sg;* e-e Stimmlage (der Frauen) zwischen Sopran u. Alt **2** e-e Sängerin mit e-r solchen Stimmlage

mi·a̱u·en; *miaute, hat miaut;* [Vi] ⟨e-e Katze⟩ ***miaut*** e-e Katze gibt die Laute von sich, die für ihre Art typisch sind || *hierzu* **mi·a̱u** *Interjektion*

mich[1] *Personalpronomen der 1. Person Sg (ich), Akkusativ;* ↑ *Tabelle unter* ***Personalpronomen***

mich[2] *Reflexivpronomen der 1. Person Sg (ich), Akkusativ;* ↑ *Tabelle unter* ***Reflexivpronomen***

mi̦·cke·rig, mi̦ck·rig *Adj; gespr pej;* (im Vergleich mit j-m / etw.) sehr klein, schwach od. unwichtig ↔ riesig: *ein mickriger Kerl; e-e mickrige Summe Geld* || *hierzu* **Mi̦ck·rig·keit** *die; nur Sg*

Mid·life-Cri·sis, Mid·life|cri·sis ['mɪdlaɪf'kraɪsɪs] *die; -; nur Sg, geschr;* e-e Krise mit Zweifeln über das bisher gelebte Leben, die viele Leute (*bes* Männer) haben, wenn sie zwischen 40 u. 50 Jahre alt sind

mi̱ed *Imperfekt, 1. u. 3. Person Sg;* ↑ ***meiden***

Mi̱e·der *das; -s, -;* ein enges Kleidungsstück aus e-m elastischen, festen Stoff, das Frauen unter der Kleidung tragen, um den Körper schlanker erscheinen zu lassen ≈ Korsett

Mi̱ef *der; -(e)s; nur Sg, gespr pej;* **1** der schlechte Geruch alter u. *mst* warmer Luft: *Mach bitte das Fenster auf, hier ist ein schrecklicher M.!* **2** e-e Atmosphäre, in der man sich nicht wohl fühlt ⟨kleinbürgerlicher, spießiger M.⟩ || *zu* **1 mi̱e·fen** (*hat*) *Vi*

Mi̱e·ne *die; -, -n;* ein Ausdruck im Gesicht, der anderen zeigt, wie man sich gerade fühlt ≈ Gesichtsausdruck ⟨e-e heitere, fröhliche, feierliche M. aufsetzen⟩ || -K: ***Leidens-, Unschulds-*** || ID ***keine M. verziehen*** nicht zeigen, was man gerade fühlt od. denkt; ***gute M. zum bösen Spiel machen*** obwohl man gegen etw. ist, nichts dagegen tun

Mi̱e·nen·spiel *das;* das Wechseln der Miene, des Gesichtsausdrucks ≈ Mimik: *Ich konnte an seinem M. erkennen, wie wütend er war*

mi̱es, *mieser, miesest-; Adj; gespr;* **1** *pej;* so schlecht, dass es einen ärgert ≈ miserabel: *ein mieser Film, mieses Wetter; sich m. gegenüber j-m verhalten* **2** in e-m schlechten Zustand ≈ krank ↔ fit ⟨sich m. fühlen⟩ || ▸ ***vermiesen***

> **mi̱es ma·chen;** *machte mies, hat mies gemacht;* [Vt] **1** ***j-n / etw. m. m.*** *pej;* über e-e Person / Sache nur negativ sprechen u. damit bewirken (wollen), dass andere auch so denken: *Er muss immer alles m. m.* **2** ***j-m etw. m. m.*** etw. so sehr kritisieren, dass j-d keine Freude mehr daran hat: *Von dir lass ich mir das Auto nicht m. m.!* || *hierzu* **Mi̱es·ma·cher** *der*

Mi̱es *das; -es, -e; südd* Ⓒⓗ ≈ Moor, Sumpf

Mi̱e·se *die; Pl, gespr;* **1** die Schulden, die j-d auf seinem Bankkonto hat ⟨in die Miesen kommen, in den Miesen sein⟩ **2** die Minuspunkte bei e-m Spiel

Mi̱e·se·pe·ter *der; -s, -; gespr pej;* j-d, der immer nur Negatives sagt od. denkt ≈ Miesmacher || *hierzu* **mi̱e·se·pet·rig** *Adj*

Mi̱es·mu·schel *die;* e-e essbare Muschel mit e-r schwarzen Schale

Mi̱e·te *die; -, -n;* **1** das Geld, das man jeden Monat (an den Eigentümer) zahlt, um in e-r Wohnung od. in e-m Haus wohnen zu können ⟨die M. (be)zahlen, überweisen, erhöhen, kassieren; in / zur M. wohnen⟩: *Er bezahlt monatlich 650 Euro M. für seine Wohnung* || K-: ***Miet-, -einnahme, -preis, -vertrag, -wucher, -zins*** || -K: ***Haus-, Jahres-, Monats-, Wohnungs-*** **2** das Geld, das man zahlt, wenn man sich ein Auto, Boot *o.Ä.* für e-e bestimmte Zeit leiht ≈ Leihgebühr || K-: ***Miet-, -auto, -gebühr, -wagen*** || -K: ***Platz-, Saal-*** || ID *mst* ***Das ist schon die halbe M.*** *gespr;* das ist der wichtigste Teil auf dem Weg zum Erfolg || NB: für e-e Fläche Land zahlt man *Pacht*

mi̱e·ten; *mietete, hat gemietet;* [Vt] ***etw. m.*** gegen Bezahlung e-r bestimmten Summe Geld e-e Wohnung, ein Haus, ein Büro *o.Ä.* bewohnen u. benutzen dürfen ↔ vermieten ⟨e-e Wohnung, ein Zimmer, e-n Saal, e-n Laden m.⟩ || NB: e-e Fläche Land *pachtet* man; ↑ ***leasen*** || *hierzu* **Mi̱e·ter** *der; -s, -;* **Mi̱e·te·rin** *die; -, -nen* || ▸ ***vermieten, Vermieter***

Mi̱e·ter·schutz *der; nur Sg;* Gesetze, die den Mieter e-r Wohnung *z.B.* davor schützen, dass der Vermieter ohne wichtigen Grund die Miete erhöht od. die Wohnung kündigt || K-: ***Mieterschutz-, -gesetz***

Mi̱et·recht *das; nur Sg;* alle Gesetze, die die Rechte u. Pflichten von Mietern u. Vermietern (von Wohnungen u. Häusern) regeln

Mi̱ets·haus *das;* ein relativ großes Haus mit vielen Wohnungen, die man mieten kann

Mi̱ets·ka·ser·ne *die; gespr pej;* ein großes, *mst* hässliches Mietshaus

Mi̱ets·leu·te *die; Pl;* die Leute, die e-e Wohnung od. ein Haus gemietet haben ≈ Mieter

Miet·woh·nung *die*; e-e Wohnung, für die man Miete zahlt ↔ Eigentumswohnung

Miet·zins *der*; *-es, -e*; *südd* Ⓐ Ⓒⓗ *od Jur* ≈ Miete (1)

Mie·ze *die*; *-, -n*; **1** *gespr* ≈ Katze || K-: ***Mieze-, -katze*** **2** *gespr!* ein junges Mädchen od. e-e junge Frau ⟨e-e flotte M.⟩

Mig·rä·ne *die*; *-, -n*; sehr starke Kopfschmerzen, die oft sehr lange dauern ⟨an M. leiden; M. haben⟩ || K-: ***Migräne-, -anfall***

Mi·kro *das*; *-s, -s*; *gespr* ≈ Mikrofon

Mi·kro- *im Subst, begrenzt produktiv*; sehr klein (od. kleiner als normal) ↔ Makro-; der ***Mikrocomputer***, der ***Mikrokosmos***, der ***Mikroprozessor***, die ***Mikrowellen***

Mik·ro·be *die*; *-, -n*; ein Lebewesen, das nur aus einer Zelle besteht ≈ Einzeller || NB: ↑ ***Bakterie***

Mik·ro·bi·o·lo·gie *die*; *nur Sg*; die Wissenschaft, die sich mit sehr kleinen Lebewesen (*z.B.* mit Bakterien) beschäftigt || *hierzu* **Mik·ro·bi·o·lo·ge** *der*; **Mik·ro·bi·o·lo·gin** *die*

Mik·ro·fiche [-fiʃ] *das, der*; *-s, -s*; ein Stück Film in Form e-r Karte (1) mit sehr kleinen Aufnahmen *mst* von Dokumenten

Mik·ro·film *der*; ein langer Streifen Film mit Aufnahmen in sehr kleiner Form, *mst* von Dokumenten

Mik·ro·fon [-f-] *das*; *-s, -e*; ein Gerät, in das man spricht od. singt. Man verwendet ein M., um e-e Stimme lauter zu machen, sie auf Tonband aufzunehmen od. sie zu übertragen (*z.B.* im Radio od. im Fernsehen) ⟨ins M. sprechen, singen⟩

Mik·ro·or·ga·nis·mus *der*; *mst Pl*; ein sehr kleines Lebewesen, das man nur mit dem Mikroskop sehen kann: *Bakterien u. Viren sind Mikroorganismen*

M

Mik·ro·phon [-f-] *das* ↑ ***Mikrofon***

Mik·ro·skop *das*; *-s, -e*; ein Gerät, das kleine Dinge optisch größer macht, damit man sie untersuchen kann ⟨ins M. schauen; etw. unter dem M. untersuchen⟩ || -K: ***Elektronen-*** || *hierzu* **mik·ro·sko·pie·ren** (*hat*) *Vi*

mik·ro·sko·pisch *Adj*; *nur attr od adv*; **1** mit e-m Mikroskop ⟨e-e Analyse; etw. m. untersuchen⟩ **2** so klein, dass man es nur mit e-m Mikroskop sehen kann ⟨Lebewesen, Partikel; m. klein⟩

Mik·ro·wel·len|herd *der*; ein Gerät, mit dem man das Essen sehr schnell heiß (u. gar) machen kann

Mil·be *die*; *-, -n*; ein sehr kleines Tier, das (mit den Spinnen verwandt ist u. als Parasit) auf Pflanzen, Tieren u. Menschen lebt || -K: ***Hausstaub-***

Milch *die*; *-*; *nur Sg*; **1** die weiße Flüssigkeit, die Babys u. sehr junge Tiere bei ihrer Mutter trinken ⟨M. haben, saugen / trinken⟩ || -K: ***Mutter-*** **2** die M. (1) von Kühen, Ziegen u. Schafen, die man trinkt u. aus der man Butter, Käse *o.Ä.* macht ⟨frische, warme, saure, kondensierte, entrahmte, pasteurisierte, homogenisierte, entfettete, fettarme M.⟩ || K-: ***Milch-, -brei, -flasche, -kanne, -kännchen, -mixgetränk, -reis, -shake***; ***-kuh, -schaf, -ziege*** || -K: ***Butter-, Frisch-, Kuh-, Mager-, Voll-*** || *zu* ***Milchkännchen*** ↑ *Abb. unter* ***Frühstückstisch*** **3** e-e weiße Flüssigkeit von bestimmten Pflanzen (*z.B.* bei der Kokosnuss u. beim Löwenzahn) || -K: ***Kokos-*** **4** e-e weiße, flüssige Creme, die man auf die Haut tut || -K: ***Gesichts-, Haut-, Reinigungs-, Sonnen-*** || ID ***ein Tier gibt M.*** ein Tier produziert M. (2) für Menschen

Milch·bar *die*; ein Lokal, in dem man *bes* Eis u. Getränke aus Milch bekommt

Milch·drü·se *die*; die Drüse in der Brust e-r Frau od. e-s weiblichen Säugetiers, die Milch (1) produziert

Milch·fla·sche *die*; **1** die Flasche, in der man Milch (2) verkauft **2** e-e Flasche, mit der man e-m Baby Milch gibt ≈ Flasche (3)

Milch·ge·sicht *das*; *mst pej*; **1** ein sehr blasses (kindliches) Gesicht **2** ein blasser, schwacher junger Mann

Milch·glas *das*; **1** ein Glas, aus dem man Milch trinkt ≈ Milchbecher **2** ein trübes (Fenster)Glas, durch das man nichts Genaues erkennen kann || K-: ***Milchglas-, -scheibe***

mil·chig *Adj*; weiß u. trüb wie Milch ⟨e-e Flüssigkeit, ein Glas⟩

Milch·kaf·fee *der*; ein Kaffee, der mit viel Milch gemischt ist

Milch·mäd·chen|rech·nung *die*; *nur Sg*; *gespr*; e-e Annahme od. Erwartung, die sehr unrealistisch ist (weil sie von falschen Voraussetzungen ausgeht)

Milch·pro·duk·te *die*; *Pl*; alles, was aus Milch gemacht ist, *z.B.* Butter, Käse, Joghurt

Milch·pul·ver *das* ≈ Trockenmilch

Milch·säu·re *die*; *nur Sg*; e-e Säure, die man in saurer Milch findet || K-: ***Milchsäure-, -bakterien***

Milch·scho·ko·la·de *die*; e-e hellbraune Schokolade, die mit viel Milch gemacht wird

Milch·stra·ße *die*; *nur Sg*; ein breiter heller Streifen aus Sternen, den man in der Nacht am Himmel sieht

Milch·zahn *der*; einer der ersten Zähne, die Kinder haben u. die sie verlieren, wenn sie ca. sechs Jahre alt sind

mild, mil·de *Adj*; **1** voller Verständnis für den anderen ≈ gütig ↔ hart, streng ⟨ein Urteil, e-e Strafe, ein Richter; m. urteilen, j-n m. behandeln⟩ **2** weder sehr kalt, noch sehr heiß ≈ lau ↔ rau ⟨das Klima, das Wetter, ein Abend⟩ **3** nicht sehr intensiv u. deshalb angenehm ≈ sanft, gedämpft ↔ grell ⟨ein Licht⟩ **4** nicht sehr intensiv im Geschmack ↔ scharf ⟨ein Käse, e-e Zigarre; etw. m. würzen⟩ **5** so, dass es der Haut nicht schadet ⟨e-e Seife, e-e Creme⟩ || *hierzu* **Mil·de** *die*; *-*; *nur Sg*

mil·dern; *milderte, hat gemildert*; Vt **1** ***etw. m.*** etw. so verändern, dass es weniger schlimm u. deshalb leichter zu ertragen ist ≈ abschwächen, lindern ↔ verschärfen ⟨j-s Leid, Not, Schmerzen; e-e Strafe, ein Urteil m.⟩; Vr **2** ***etw. mildert sich*** etw. wird schwächer ≈ etw. lässt nach, klingt ab ↔ etw. verschlimmert sich ⟨Zorn, Wut; Schmerzen⟩ || *hierzu* **Mil·de·rung** *die*; *nur Sg*

mild·tä·tig *Adj*; *geschr*; gut u. großzügig zu Menschen, die Hilfe brauchen ≈ wohltätig ↔ hartherzig || *hierzu* **Mild·tä·tig·keit** *die*; *nur Sg*

Mi·li·eu [mi'li̯øː] *das*; *-s, -s*; **1** alles, was von außen die Entwicklung e-s Menschen beeinflusst, *bes* seine Familie, Freunde u. Kollegen, der gesellschaftliche Hintergrund ≈ Umwelt (2) ⟨das soziale, häusliche M.; in e-m schlechten M. aufwachsen; aus e-m ärmlichen M. stammen⟩ || K-: ***Milieu-, -wechsel***; ***milieu-, -geschädigt*** || -K: ***Arbeiter-, Hafen-*** **2** die Umgebung, in der ein Tier od. e-e Pflanze lebt ⟨ein saures, alkalisches M.⟩ **3** *bes* Ⓒⓗ das M. (1) u. die Gegend, in der Prostituierte u. Zuhälter leben

mi·li·tant, *militanter, militantest-*; *Adj*; entschlossen u. bereit, für ein (*mst* politisches) Ziel zu kämpfen (indem man *z.B.* demonstriert u. dabei auch Gewalt anwendet) ⟨e-e Organisation; Anhänger, Gegner⟩: *Militante Oppositionelle besetzten das Rathaus*

Mi·li·tär[1] *das*; *-s*; *nur Sg*; **1** *Kollekt*; alle Soldaten e-s Landes ≈ Armee, die Streitkräfte ⟨beim M. sein; das M. einsetzen⟩ || K-: ***Militär-, -akademie, -arzt, -bündnis, -diktatur, -flugzeug, -gefängnis, -junta, -kapelle, -musik, -polizei, -putsch, -stützpunkt*** **2** ***zum M. gehen*** sich verpflichten, für e-e bestimmte Zeit als Soldat zu dienen || K-: ***Militär-, -dienst, -zeit***

Mi·li·tär[2] *der*; *-s, -s*; ein Mann, der beim Militär[1] (1) e-n hohen Rang hat

mi·li·tä·risch *Adj*; **1** in Bezug auf das Militär ↔ zivil ⟨Einrichtungen, Stützpunkte, e-e Intervention⟩ **2** ⟨die Disziplin, die Ordnung⟩ so, dass sie den Prinzipien folgen, die im Militär[1] (1) gelten: *In diesem Internat herrscht militärische Disziplin*

Mi·li·ta·ris·mus *der*; -; *nur Sg*; die Einstellung, dass ein Land seine Ziele nur mit e-r starken Armee erreichen könne, u. die Konsequenzen dieser Einstellung || *hierzu* **Mi·li·ta·rist** *der*; *-en*, *-en*; **mi·li·ta·ris·tisch** *Adj*

Mi·liz *die*; -, *-en*; *Kollekt*; **1** e-e Polizei, die nach militärischen Prinzipien organisiert ist || -K: ***Volks-*** **2** die bewaffneten Bürger e-s Staates, die erst im Falle e-s Kriegs einberufen werden: *die Schweizer M.* || K-: ***Miliz-, -heer, -soldat***

milkt *Präsens*, *3. Person Sg*; *veraltend*; ↑ ***melken***

Mill. *Abk für* Million, Millionen

Mil·le *das*; -, -; *hist*; *gespr*; tausend (Mark): *Gib mir 5 M., dann gehört das Boot dir*

Mil·li- *im Subst*, *vor Maßeinheiten*, *nicht produktiv*; der tausendste Teil der genannten Einheit (1/1000); das ***Millibar***, das ***Milligramm***, der ***Milliliter***, der ***Millimeter***

Mil·li·ar·där *der*; *-s*, *-e*; j-d, der Dinge u. Geld im Wert von mindestens einer Milliarde hat

Mil·li·ar·de *die*; -, *-n*; tausend Millionen (1000000000); *Abk* Md., Mrd.

Mil·li·ar·den- *im Subst*, *begrenzt produktiv*; mindestens eine Milliarde groß; der ***Milliardenbetrag***, das ***Milliardendefizit***, das ***Milliardengeschäft***, der ***Milliardenschaden***

Mil·li·ar·den·hö·he *die*; *nur in* **in M.** von (mehr als) einer Milliarde Euro, Franken *o.Ä.*: *Das Feuer verursachte e-n Schaden in M.*

Mil·li·me·ter *der*; die kleinste Maßeinheit, die auf e-m Lineal, Maßband *o.Ä.* angegeben ist. Ein Meter hat tausend Millimeter; *Abk* mm

mil·li·me·ter·ge·nau *Adj*; ganz genau: *die millimetergenaue Zeichnung e-s Grundrisses*

Mil·li·on [-'li̯oːn] *die*; -, *-en*; **1** tausend mal tausend (1000000); *Abk* Mill., Mio.: *Österreich hat über 7 Millionen Einwohner* **2 Millionen** + *Gen* / ***Millionen von j-m / etw.*** (*Pl*) e-e riesige Anzahl od. Summe von ⟨Millionen von Menschen, Autos; Millionen toter Fische⟩ **3** ***etw. geht in die Millionen*** *gespr*; etw. ist größer als eine M. (1): *Der Schaden geht in die Millionen*

Mil·li·o·när *der*; *-s*, *-e*; j-d, der Dinge u. Geld im Wert von mindestens einer Million hat

Mil·li·o·nen- *im Subst*, *begrenzt produktiv*; mindestens eine Million groß; der ***Millionenbetrag***, das ***Millionendefizit***, das ***Millionengeschäft***, der ***Millionenschaden***, die ***Millionenstadt***

Mil·li·o·nen·ding *das*; *gespr*; e-e Aktion (ein Geschäft, Betrug *o.Ä.*), bei der es um mehr als eine Million Euro *o.Ä.* geht

Mil·li·o·nen·hö·he *die*; *nur in* **in M.** von (mehr als) einer Million Euro, Franken *o.Ä.*: *Das Feuer verursachte e-n Schaden in M.*

mil·li·o·nen·schwer *Adj*; *ohne Steigerung*, *nicht adv*, *gespr*; mit Geld od. Besitz im Wert von (mehr als) einer Million: *ein millionenschwerer Industrieller*

mil·li·ons·t- *Zahladj*; *nur attr*, *nicht adv*; **1** in e-r Reihenfolge an der Stelle 1000000 ≈ 1000000. **2 *der millionste Teil* (*von etw.*)** ≈ 1/1000000

mil·li·ons·tel *Adj*; *nur attr*, *indeklinabel*, *nicht adv*; 1/1000000

Mil·li·ons·tel *das*; *-s*, -; 1/1000000

Milz *die*; -, *-en*; ein Organ in der Nähe des Magens (das weiße Blutkörperchen produziert)

Mi·me *der*; *-n*, *-n*; *geschr* ≈ Schauspieler || NB: *der Mime*; *den*, *dem*, *des Mimen*

mi·men; *mimte*, *hat gemimt*; [Vt] **1 *etw. m.*** *gespr pej*; so tun, als ob man *mst* ein bestimmtes Gefühl od. e-e Eigenschaft hätte ≈ vortäuschen, heucheln ⟨Herzlichkeit, Zuverlässigkeit m.⟩ **2 *j-n / etw. m.*** als (od. wie ein) Schauspieler (Mime) e-e bestimmte Rolle spielen

Mi·mik *die*; -; *nur Sg*; die Bewegungen, die j-s Gesicht zeigt, wenn er spricht, lacht, traurig ist *usw* ≈ Mienenspiel ⟨e-e lebhafte, feine, sprechende M. haben⟩ || *hierzu* **mi·misch** *Adj*; *nur attr od adv*

Mi·mo·se *die*; -, *-n*; **1** ein tropischer Baum od. Strauch mit kleinen, runden, gelben Blüten. Manche Mimosen ziehen ihre Blätter zusammen, wenn man sie berührt **2** *pej*; j-d, dessen Gefühle man leicht verletzen kann || *zu* **2 mi·mo·sen·haft** *Adj*; **Mi·mo·sen·haf·tig·keit** *die*; *nur Sg*

min·der[1] *Adj*; *nur attr*, *nicht adv*; **1** relativ schlecht ⟨von minderer Qualität⟩ **2** nicht sehr groß od. wichtig ⟨von minderer Bedeutung⟩

min·der[2] *Adv* ≈ weniger: *Das ist nicht m. wichtig als anderes* || K-: ***minder-, -begabt*** || NB: ↑ ***mehr***[2] (6)

min·der·be·mit·telt *Adj*; *nicht adv*; **1** (***geistig***) ***m.*** *gespr pej*; nicht sehr intelligent ≈ dumm, beschränkt **2** *Admin geschr*; arm

Min·der·heit *die*; -, *-en*; **1** *nur Sg*; der kleinere Teil e-r Gruppe ≈ Minorität ↔ Mehrheit ⟨in der M. sein⟩ **2** e-e kleine Gruppe von Menschen in e-m Staat, die sich von den anderen (in ihrer Rasse, Kultur, Religion *o.Ä.*) unterscheidet ⟨e-e soziale, religiöse, sprachliche M.⟩ || K-: ***Minderheiten-, -recht***

Min·der·heits·re·gie·rung *die*; e-e Regierung, die im Parlament keine Mehrheit hat (u. daher die Unterstützung der Opposition braucht)

min·der·jäh·rig *Adj*; *nicht adv*; ⟨e-e Person⟩ noch nicht so alt, dass sie vor dem Gesetz für ihre Taten verantwortlich ist ↔ volljährig, mündig || *hierzu* **Min·der·jäh·rig·keit** *die*; *nur Sg*; **Min·der·jäh·ri·ge** *der / die*; *-n*, *-n*

min·dern; *minderte*, *hat gemindert*; [Vt] **1 *etw. m.*** bewirken, dass etw. geringer, kleiner, weniger wird ≈ reduzieren, verringern ↔ steigern ⟨die Lautstärke, das Tempo m.; den Wert e-r Sache m.; sein Ansehen m.⟩; [Vr] **2 *etw. mindert sich*** etw. wird geringer, kleiner, weniger ≈ etw. verringert sich || *hierzu* **Min·de·rung** *die*; *mst Sg*

min·der·wer·tig Adj; **1** von schlechter Qualität ↔ hochwertig ⟨Obst, Fleisch, Papier⟩ **2 *sich m. fühlen*** das Gefühl haben, nicht so gut zu sein wie die anderen || *zu* **1 Min·der·wer·tig·keit** *die*; *nur Sg*; *zu* **2 Min·der·wer·tig·keits|ge·fühl** *das*

Min·der·wer·tig·keits|kom·plex *der*; das Gefühl, weniger intelligent, weniger hübsch, weniger gut *usw* als die anderen zu sein ⟨e-n M. haben; an e-m M. leiden⟩

Min·der·zahl *die*; *nur Sg*; *mst in* ***in der M. sein*** in kleinerer Zahl sein als e-e andere Gruppe von Personen ↔ in der Überzahl sein

min·des·t- *Adj*; *ohne Steigerung*, *nicht adv*; **1** *nur attr*; verwendet, um auszudrücken, dass von etw. nur ganz wenig da ist ≈ geringst-: *Er war wütend ohne den mindesten Grund*; *Ich habe nicht die mindeste Ahnung von Mathematik* || NB: *mst* verneint **2 *das Mindeste / mindeste*** ≈ das wenigste: *Das ist doch das Mindeste, was man von dir erwarten kann* **3 *nicht das Mindeste / mindeste*** ≈ überhaupt nichts: *Davon verstehe ich nicht das Mindeste* **4 *nicht im Mindesten / mindesten*** ≈ überhaupt nicht: *Ich habe nicht im Mindesten daran gedacht, ihn einzuladen* **5 *zum Mindesten / mindesten*** ≈ wenigstens, mindestens (2) || ▸ ***zumindest***

Min·dest- *im Subst*, *begrenzt produktiv*; die Anzahl od. die Menge, die etw. mindestens haben muss ↔ Höchst-; das ***Mindestalter*** ⟨für e-e Heirat⟩, der

M

Mindestbeitrag ⟨der Mitglieder e-s Clubs⟩, die ***Mindestgeschwindigkeit*** ⟨für Fahrzeuge auf Autobahnen⟩, der ***Mindestlohn*** ⟨e-s Arbeiters⟩, das ***Mindestmaß*** ⟨an Vertrauen, an Mitarbeit⟩, der ***Mindestpreis***, die ***Mindeststrafe*** ⟨für den Täter⟩, der ***Mindestumtausch*** ⟨von Devisen⟩

min·des·tens *Partikel*; *betont u. unbetont*; **1** *vor e-r Zahl*; nicht weniger, sondern eher mehr als (die Zahl angibt) ↔ höchstens: *Er ist m. 1,85 Meter groß u. wiegt m. 100kg*; *M. 80000 Zuschauer waren im Stadion* **2** verwendet, um auszudrücken, dass etw. das Minimum ist, was man erwarten kann ≈ wenigstens (1), zumindest (1): *Du hättest m. anrufen müssen, wenn du schon nicht kommen konntest*

Min·dest·halt·bar·keits|da·tum *das*; das Datum, bis zu dem Lebensmittel *o.Ä.* mindestens haltbar sind ≈ Verfallsdatum

Mi·ne[1] *die*; -, *-n*; **1** e-e Anlage unter der Erde, in der man Stoffe wie *z.B.* Gold, Diamanten, Kupfer gewinnt ≈ Bergwerk ⟨in e-r M. arbeiten; e-e M. stilllegen, schließen⟩ **2** einer der Gänge in e-r solchen Anlage ≈ Stollen ⟨e-e M. stürzt ein; e-e M. graben⟩ || K-: ***Minen-, -arbeiter*** || -K: ***Gold-, Kupfer-, Silber-*** || NB: Wird Kohle gewonnen, spricht man *mst* von *Zeche* od. *Grube*, wird Gold od. Silber gewonnen, spricht man von *Mine*, bei Salz spricht man von *Bergwerk*

Mi·ne[2] *die*; -, *-n*; e-e Art dünner Stab in e-m Bleistift od. Kugelschreiber, aus dem die Farbe kommt ⟨e-e neue, rote, blaue M. einsetzen; die M. abbrechen, auswechseln⟩ || -K: ***Bleistift-, Kugelschreiber-***

Mi·ne[3] *die*; -, *-n*; e-e Art Bombe, die man in den Boden od. unter Wasser legt, wo sie explodiert, wenn man sie berührt ⟨e-e M. detoniert, explodiert; Minen legen, suchen, entschärfen; auf e-e M. treten, fahren⟩ || K-: ***Minen-, -feld, -suchboot*** || -K: ***Land-, See-*** || ► ***verminen***

Mi·ne·ral *das*; *-s*, *-e* / *Mi·ne·ra·li·en* [-'ra:li̯ən]; **1** ein fester Stoff (wie *z.B.* Salz od. Diamanten), der in der Erde gebildet wurde **2** *nur Pl*; Salze (*mst* in Wasser gelöst), von denen ein Bestandteil ein M. (1) ist (wie *z.B.* Natrium od. Kalium): *Dieses Getränk enthält sieben wichtige Mineralien* || K-: ***Mineral-, -mangel, -salze, -stoffe*** || *hierzu* **mi·ne·ral·hal·tig** *Adj*; *nicht adv*

mi·ne·ra·lisch *Adj*; *nicht adv*, *ohne Steigerung*; aus od. mit Mineralien ⟨Substanzen, Stoffe⟩

Mi·ne·ral·öl *das*; Öl, das aus der Erde gewonnen wird ≈ Erdöl ↔ tierisches Öl, Pflanzenöl

Mi·ne·ral·was·ser *das*; Wasser aus e-r Quelle, das viele Mineralien enthält ⟨ein M. bestellen⟩

Mi·ni *der*; *-s*, *-s*; *gespr* ≈ Minirock

Mi·ni- *im Subst*, *begrenzt produktiv*; **1** im Vergleich zu etw. anderem (von derselben Art) sehr klein ≈ Klein-; die ***Minieisenbahn***, das ***Miniformat***, die ***Minikamera***, der ***Minipreis***, der ***Ministaat*** **2** so kurz, dass die Oberschenkel nicht ganz bedeckt sind ↔ Maxi-; das ***Minikleid***, die ***Minimode***

Mi·ni·a·tur [minia'tu:ɐ] *die*; -, *-en*; **1** ein (verziertes) Bild od. e-e Zeichnung in e-m alten Text **2** ein Bild, *mst* ein Portrait, in sehr kleinem Format (*bes* auf Elfenbein od. Porzellan) || K-: ***Miniatur-, -malerei***

Mi·ni·a·tur- *im Subst*, *begrenzt produktiv*; in sehr kleinem Format; die ***Miniaturausgabe*** ⟨e-s Buches, Bildes⟩, das ***Miniaturbild***, das ***Miniaturgemälde***, die ***Miniaturbahn*** ⟨im Zoo⟩

Mi·ni·car [-ka:ɐ] *der*; *-s*, *-s*; e-e Art Taxi. Minicars haben kein Taxischild u. stehen nicht an Taxiständen; man muss sie telefonisch bestellen

Mi·ni·golf *das*; ein Spiel, bei dem man versucht, mit e-m Schläger e-n kleinen Ball mit möglichst wenig Schlägen auf Bahnen[1] (4) *mst* aus Beton mit verschiedenen Hindernissen in ein Loch zu bringen || K-: ***Minigolf-, -platz, -schläger***

mi·ni·mal *Adj* **1** sehr klein; so klein, dass man es kaum erkennen kann ≈ geringfügig ⟨ein Vorsprung, Unterschiede, Temperaturschwankungen⟩ **2** so, dass es nicht mehr kleiner od. geringer sein könnte ≈ kleinstmöglich ↔ maximal ⟨ein Aufwand, Kosten⟩: *die Verschmutzung der Luft m. halten* || K-: ***Minimal-, -forderung, -programm***

Mi·ni·ma·list *der*; *-en*, *-en*; j-d, der nur das macht, was unbedingt notwendig ist || NB: *der Minimalist*; *den, dem, des Minimalisten*

Mi·ni·mum *das*; *-s*, *Mi·ni·ma*; **ein M.** (**an etw.** (*Dat*)) die kleinste Anzahl od. Menge von etw., die möglich, notwendig od. akzeptabel ist ≈ Mindestmaß ↔ Maximum ⟨etw. auf ein M. reduzieren; ein M. an Leistung, Aufwand⟩

Mi·ni·rock *der*; ein sehr kurzer Rock

Mi·nis·ter *der*; *-s*, -; j-d, der als Mitglied der Regierung ein Ministerium leitet ⟨j-n zum M. ernennen; e-n M. entlassen⟩ || -K: ***Außen-, Finanz-, Innen-, Justiz-, Premier-, Verteidigungs-, Wirtschafts-*** || *hierzu* **Mi·nis·te·rin** *die*; -, *-nen*

Mi·nis·te·ri·um *das*; *-s*, *Mi·nis·te·ri·en* [-i̯ən]; eine der höchsten Behörden in e-m Staat, die für e-n bestimmten Bereich der Verwaltung verantwortlich ist: *das M. für Wissenschaft u. Forschung*; *ein Sprecher des Ministeriums* || -K: ***Außen-, Finanz-, Innen-, Justiz-, Verteidigungs-, Wirtschafts-***

Mi·nis·ter·prä·si·dent *der*; **1** der Chef der Regierung in vielen (Bundes)Ländern Deutschlands **2** Ⓓ verwendet als Bezeichnung für den Chef der Regierung in manchen Staaten (auch wenn er offiziell anders heißt) ≈ Premierminister

Mi·nis·ter·rat *der*; *hist*; die Regierung der DDR

Mi·nist·rant *der*; *-en*, *-en*; *kath*; ein Kind, das dem Priester bei der Messe hilft || NB: *der Ministrant*; *den, dem, des Ministranten* || *hierzu* **Mi·nist·ran·tin** *die*; -, *-nen*

Min·na *die*; -, *-s*; *gespr*; **1** *veraltet* ≈ Dienstmädchen **2** ***die grüne M.*** *gespr veraltend*; ein Auto der Polizei, mit dem Gefangene transportiert werden || ID ***j-n zur M. machen*** *gespr*; j-n sehr streng kritisieren

Min·ne·sang *der*; *-s*; *nur Sg*, *hist*; die (Liebes)Lieder, die im 12.-14. Jahrhundert an den Höfen der Fürsten u. Könige gesungen wurden || *hierzu* **Min·ne·sän·ger** *der*

mi·nus[1] *Konjunktion*; *Math*; das Zeichen -, das e-e Substraktion anzeigt ≈ weniger ↔ plus: *drei m. zwei ist* (*gleich*) *eins* (*3-2=1*) || K-: ***Minus-, -zeichen***

mi·nus[2] *Präp*; *mit Gen*; drückt aus, dass e-e bestimmte Summe abgezogen wird ≈ abzüglich: *Die Rechnung beträgt € 700 m. Steuern*

mi·nus[3] *Adv*; **1** verwendet, um auszudrücken, dass ein (Zahl)Wert kleiner als Null ist ≈ unter Null ↔ plus: *m. 5 Grad Kälte*; *Es sind fünf Grad m.* **2** (zusammen mit der Angabe von Noten[2] (1)) etwas schlechter als die angegebene Note ↔ plus: *Sie hat in der Prüfung die Note „zwei m." bekommen*

Mi·nus *das*; -; *nur Sg*, *gespr*; **1** ein Geldbetrag, der auf dem Konto, bei der Abrechnung *o.Ä.* fehlt: *ein M. von zehn Euro* **2** ***im M. sein*** Schulden haben **3** ***ein M. machen*** weniger Geld einnehmen, als man ausgegeben hat: *Bei dem Konzert machte der Veranstalter ein ziemliches M.*

Mi·nus·pol *der*; *Phys*; der Pol (*bes* e-r Batterie) mit negativer elektrischer Ladung ↔ Pluspol

Mi·nus·punkt *der*; **1** ein Punkt, der bei der Bewertung e-r Leistung (*z.B.* bei Prüfungen, beim Turnen) von der Höchstzahl der Punkte abgezogen wird ↔ Pluspunkt **2** *mst Pl*; die Punkte, mit denen ein verlorenes (Fußball)Spiel bewertet wird

Mi·nu·te *die*; -, *-n*; **1** einer der 60 Teile einer Stunde;

Abk Min., min. ⟨e-e halbe, ganze, knappe, volle M.⟩: *Es ist fünf Minuten vor / nach elf (Uhr); zehn Minuten zu spät kommen* || K-: ***Minuten-, -zeiger***; ***minuten-, -lang*** || -K: ***Gedenk-, Schweige-, Spiel-*** **2** ein kurzer Zeitpunkt ≈ Augenblick, Moment ⟨e-e M. Zeit haben; keine ruhige M. haben; jede freie M. zu etw. nutzen⟩: *Warte noch e-e M., dann können wir gehen; Hätten Sie e-e M. Zeit für mich? Ich würde Sie gern sprechen* **3** ***in letzter M.***; ***in der letzten M.*** so kurz vor e-m bestimmten Zeitpunkt, dass es fast schon zu spät ist: *Er liefert seine Arbeiten immer in letzter M. ab*; **4** ***bis zur letzten M.*** bis zum letztmöglichen Zeitpunkt: *Sie wartet mit dem Kofferpacken immer bis zur letzten M.* **5** *Math*; einer der 60 Teile e-s Grades: *ein Winkel von 41 Grad 12 Minuten* || -K: ***Winkel-*** **6** ***auf die M.*** (***genau***) *gespr* ≈ pünktlich || ID *mst* ***Es ist fünf Minuten vor zwölf*** wenn man jetzt nichts tut, wird es zu spät sein

-mi·nü·tig *im Adj, nach e-r Zahl, begrenzt produktiv*; so viele Minuten dauernd, wie die Zahl angibt: *ein zehnminütiges Gespräch*

mi·nüt·lich *Adj; nur attr od adv*; so, dass es jede Minute einmal passiert

mi·nu·zi·ös, *minuziöser, minuziösest-*; *Adj*; *geschr*; so genau, dass jedes Detail beachtet wird ⟨e-e Arbeit; etw. m. analysieren⟩

Min·ze *die*; -, *-n*; e-e kleine Pflanze, deren Blätter ein starkes Aroma haben ≈ Pfefferminze

Mio. *Abk für* Million, Millionen

mir[1] *Personalpronomen der 1. Person Sg (ich), Dativ*; ↑ *Tabelle unter* ***Personalpronomen***

mir[2] *Reflexivpronomen der 1. Person Sg (ich), Dativ*; ↑ *Tabelle unter* ***Reflexivpronomen***

Mi·ra·bel·le *die*; -, *-n*; e-e kleine gelbe Frucht, die süß schmeckt u. e-r Pflaume ähnlich ist

Mi·ra·kel *das*; *-s*, -; *geschr* ≈ Wunder

Mi·santh·rop *der*; *-en, -en*; *geschr*; j-d, der die Menschen hasst u. niemandem vertraut ≈ Menschenfeind || NB: *der Misanthrop; den, dem, des Misanthropen* || *hierzu* **Mi·santh·ro·pie** *die*; -; *nur Sg*; **mi·santh·ro·pisch** *Adj*

Misch·bat·te·rie *die*; e-e Art Wasserhahn, den man so einstellen kann, dass das Wasser mit der gewünschten Temperatur herauskommt

Misch·brot *das*; ein Brot, das aus e-r Mischung von Roggen- u. Weizenmehl gebacken wird

Misch·ehe *die*; **1** *veraltend*; e-e Ehe, in der die beiden Partner verschiedene Religionen haben **2** (*bes* im Nationalsozialismus verwendet) e-e Ehe, in der die beiden Partner zu verschiedenen Rassen gehören

mi·schen; *mischte, hat gemischt*; [Vt] **1** ***etw.*** (***mit etw.***) ***m.*** etw. mit etw. so (ver)mengen, dass man die einzelnen Teile nicht mehr leicht voneinander trennen kann ⟨Wasser mit Wein m.; verschiedene Sorten Kaffee (miteinander) m.; den Salat m.; Farben m.⟩ || K-: ***Misch-, -futter, -kost*** **2** ***etw. m.*** etw. durch Mischung herstellen ⟨e-n Cocktail, e-e Arznei, Gift m.⟩ || K-: ***Misch-, -getränk*** **3** ***etw. in / unter etw.*** (*Akk*) ***m.*** e-e kleine Menge von etw. zu etw. anderem geben: *Salz in / unter den Teig m*; [Vt/i] **4** (***etw.***) ***m.*** e-e Reihenfolge so verändern, dass keine Ordnung besteht ⟨Karten, Lose m.⟩; [Vr] **5** ***etw. mischt sich mit etw.*** etw. verbindet sich so mit etw., dass man die einzelnen Teile nicht mehr leicht trennen kann ≈ etw. vermischt sich mit etw.: *Wasser u. Wein mischen sich gut, Wasser u. Öl dagegen überhaupt nicht; In ihrer Erinnerung mischten sich Wirklichkeit u. Traum* **6** ***sich unter*** ⟨die Menge, das Volk, die Zuschauer⟩ ***m.*** in e-e (Menschen)Menge gehen (*mst* um unerkannt od. unauffällig zu sein) ≈ sich unter … mengen **7** ***sich in etw.*** (*Akk*) ***m.*** etw. sagen od. tun, das einen selbst nicht betrifft ≈ sich einmischen ↔ sich aus etw. heraushalten ⟨sich in e-e Diskussion, in e-n Streit m.⟩ || ► ***gemischt***

Misch·ling *der*; *-s, -e*; **1** j-d, dessen Eltern verschiedene Hautfarbe haben **2** ein Tier (*bes* ein Hund), dessen Elterntiere zu verschiedenen Rassen gehören

Misch·masch *der*; *-(e)s, -e*; *mst Sg, gespr, oft pej*; etw., das aus verschiedenen Dingen besteht, die nicht zueinander passen: *Seit er in Amerika lebt, spricht er e-n M. aus Deutsch u. Englisch*

Misch·ma·schi·ne *die*; e-e Maschine, die man auf Baustellen verwendet, um Sand, Zement, Wasser *o.Ä.* zu mischen || -K: ***Beton-***

Misch·pult *das*; ein Gerät, mit dem man *z.B.* bei e-m Konzert den Klang u. die Lautstärke der verschiedenen Stimmen u. Instrumente regelt

Mi·schung *die*; -, *-en*; **1** ***e-e M.*** (***aus / von etw.***) etw., in dem verschiedene Dinge vorkommen ≈ Gemisch ⟨e-e gelungene, bunte M.; e-e M. aus verschiedenen Bonbons, Kaffees; e-e M. von alten Schlagern, von Gefühlen; e-e M. aus Wut u. Trauer⟩ || -K: ***Gewürz-, Kaffee-*** **2** ***e-e M.*** (***aus etw.***) etw., das zwei verschiedenen Dingen ähnlich, aber weder genau das eine noch genau das andere ist: *Seine Musik ist e-e M. aus Rock u. Jazz* **3** *mst Sg, selten*; das Mischen (1)

Misch·wald *der*; ein Wald mit Nadel- u. Laubbäumen

mi·se·ra·bel, *miserabler, miserabelst-*; *Adj*; **1** *pej*; so schlecht, dass man sich darüber ärgert ↔ hervorragend ⟨ein Film, ein Vortrag, e-e Leistung, ein Wein, Essen, ein Wetter⟩ **2** sehr schlecht od. krank ≈ erbärmlich, elend ↔ glänzend ⟨sich m. fühlen; j-m ist m. zumute; es geht j-m (gesundheitlich, wirtschaftlich) m.⟩ **3** *pej*; moralisch schlecht, *z.B.* faul, gemein, rücksichtslos *o.Ä.* ⟨ein Charakter, ein Benehmen⟩ || NB: *miserabel* → *ein miserabler Film*

Mi·se·re *die*; -, *-n*; e-e sehr schwierige Situation ≈ Notlage ⟨e-e wirtschaftliche, finanzielle M.; e-e M. überwinden⟩

Miss *die*; -, *Mis·ses*; **1** *ohne Artikel, nur Sg*; verwendet als englische Anrede für e-e (unverheiratete) Frau **2** ***Miss*** + (*Länder*)*Name* verwendet als Ehrentitel für e-e Frau, die aus e-r Gruppe als Schönste (ihres Landes) gewählt wurde: *die neue Miss Germany, Miss World* || K-: ***Miss-, -wahl***

miss-[1] *im Adj, nicht produktiv*; schlecht od. mit Fehlern ↔ gut-, wohl-; ***missgelaunt, missgestimmt, misstönend*** ⟨e-e Gitarre⟩, ***missverständlich*** ⟨e-e Formulierung⟩

miss-[2] *im Verb, nicht trennbar u. unbetont, nicht produktiv*; Die Verben mit *miss-* werden nach folgendem Muster gebildet: *missachten - missachtete - missachtet*

1 *miss-* drückt das Gegenteil der genannten Handlung aus ≈ nicht;

j-m / etw. misstrauen: *Sie misstraute seinen freundlichen Worten* ≈ Sie glaubte nicht, dass seine Freundlichkeit ehrlich war

ebenso: ***j-n / etw. missachten, etw. missbilligen, etw. missglückt*** (***j-m***), ***j-m etw. missgönnen, etw. missrät*** (***j-m***)

2 *miss-* drückt aus, dass e-e Handlung nicht so ist, wie sie sein soll ≈ falsch, schlecht;

j-n / etw. missbrauchen: *Er missbrauchte ihr Vertrauen u. betrog sie* ≈ Er benutzte ihr Vertrauen zu ihm dazu, sie zu betrügen

ebenso: ***etw. missdeuten*** (= falsch deuten), ***j-n / ein Tier misshandeln*** (= schlecht behandeln), ***j-n / etw. missverstehen*** (= falsch verstehen)

Miss- *im Subst, begrenzt produktiv*; **1** verwendet, um das Gegenteil von dem zu bezeichnen, was das Substantiv nennt; die ***Missachtung*** ⟨der Vor-

M

fahrt⟩, das ***Missbehagen***, der ***Misserfolg***, die ***Missgunst***, das ***Missvergnügen*** **2** verwendet, um zu zeigen, dass das, was im Substantiv genannt wird, nicht so ist, wie es sein sollte; die ***Missernte***, der ***Missklang***, die ***Missstimmung***, das ***Missverhältnis*** ⟨das M. zwischen Angebot u. Nachfrage⟩, die ***Misswirtschaft***

miss·ach·ten; *missachtete, hat missachtet*; [Vt] **1** ***etw. m.*** (mit Absicht) anders handeln, als es durch Regeln bestimmt ist ≈ gegen etw. verstoßen ↔ beachten ⟨ein Gesetz, e-e Verkehrsregel m.; die Vorfahrt m.⟩ || *hierzu* **Miss·ach·tung** *die*; *nur Sg* **2** ***j-n / etw. m.*** j-n / etw. nicht achten, j-m / etw. nicht genügend Aufmerksamkeit geben

Miss·bil·dung *die*; ein Lebewesen od. ein Teil davon (*z.B.* ein Organ), das nicht die normale Form hat, sondern *mst* durch e-e Krankheit verändert ist ≈ Deformation

miss·bil·li·gen; *missbilligte, hat missbilligt*; [Vt] ***etw. m.*** etw. nicht gut finden u. es auch sagen ⟨e-e Tat, ein Verhalten, e-e Äußerung m.⟩ || *hierzu* **Miss·bil·li·gung** *die*; *mst Sg*

Miss·brauch *der*; *mst Sg*; der falsche od. nicht erlaubte Gebrauch ⟨der M. von Medikamenten, e-s Amtes, der Macht⟩ || -K: ***Medikamenten-***; ***Amts-***, ***Macht-*** **2** ***sexueller M.*** e-e (strafbare) Handlung, bei der *mst* ein Erwachsener ein Kind od. ein Mann e-e Frau dazu zwingt, mit ihm sexuellen Kontakt zu haben

miss·brau·chen; *missbrauchte, hat missbraucht*; [Vt] **1** ***etw. m.*** etw. so verwenden, dass das Ergebnis für einen selbst (od. für andere) schlecht od. schädlich ist ⟨Rechte m.; Alkohol, Tabletten m.⟩: *Er hat sein Amt missbraucht, um sich zu bereichern* **2** ***j-n m.*** j-n zum Geschlechtsverkehr zwingen ≈ vergewaltigen ⟨ein Kind, e-e Frau (sexuell) m.⟩

miss·bräuch·lich *Adj*; *nur attr od adv*; nicht so wie vorgesehen, vorgeschrieben od. erwartet: *die missbräuchliche Verwendung von Medikamenten*

miss·deu·ten; *missdeutete, hat missdeutet*; [Vt] ***etw. m.*** etw. falsch verstehen ≈ missverstehen: *Seine Absichten wurden missdeutet* || *hierzu* **Miss·deu·tung** *die*

mis·sen [Vt] *nur in* ***j-n / etw. nicht m. wollen / können / mögen*** ohne j-n / etw. nicht sein wollen / können / mögen: *Obwohl ich mich oft einsam fühlte, möchte ich die Erfahrungen nicht m., die ich während meines Aufenthaltes im Ausland machte*

Miss·er·folg *der*; ein sehr schlechter Ausgang für j-n ≈ Scheitern, Fehlschlag ↔ Erfolg ⟨e-n M. haben, erleben, wettmachen; etw. ist ein M.⟩

Mis·se·tat *die*; *geschr veraltend*; e-e sehr schlechte od. illegale Tat ≈ Verbrechen, Delikt || *hierzu* **Mis·se·tä·ter** *der*

miss·fal·len; *missfällt, missfiel, hat missfallen*; [Vi] ***j-m m.*** *geschr*; j-m nicht gefallen || *hierzu* **Miss·fal·len** *das*; *-s*; *nur Sg*

miss·fäl·lig *Adj*; *mst attr, geschr*; ⟨e-e Äußerung⟩ so, dass sie zeigt, dass der Sprecher etw. nicht mag: *sich über j-n / etw. m. äußern*

Miss·ge·burt *die*; ein neugeborenes Kind od. Tier, das schwere Schäden (Missbildungen) hat

Miss·ge·schick *das*; ein Ereignis, das peinlich od. ärgerlich ist u. an dem man selbst schuld ist ≈ Malheur ⟨j-m passiert, widerfährt ein M.⟩

miss·glü·cken; *missglückte, ist missglückt*; [Vi] ***etw. missglückt (j-m)*** j-d hat bei etw. keinen Erfolg ≈ etw. misslingt (j-m) ↔ etw. glückt (j-m) ⟨ein Plan, e-e Arbeit⟩

miss·gön·nen; *missgönnte, hat missgönnt*; [Vt] ***j-m etw. m.*** nicht wollen, dass j-d etw. hat ≈ j-n um etw. beneiden ↔ j-m etw. gönnen: *Er missgönnt ihr ihren Erfolg* || ► ***Missgunst***

Miss·griff *der*; e-e Handlung od. Entscheidung, die falsch war ≈ Fehler ⟨e-n M. tun, machen⟩: *Es war ein M., diesen guten Mann zu entlassen*

Miss·gunst *die*; *nur Sg*; das Gefühl, dass man nicht will, dass es j-d anderem besser geht als einem selbst ≈ Neid || *hierzu* **miss·güns·tig** *Adj*

miss·han·deln; *misshandelte, hat misshandelt*; [Vt] ***j-n / ein Tier m.*** e-n Menschen od. ein Tier grausam u. brutal behandeln ⟨ein Kind, e-n Gefangenen, e-n Hund m.⟩ || *hierzu* **Miss·hand·lung** *die*

Miss·hel·lig·kei·ten *die*; *Pl*, *geschr* ≈ Unstimmigkeiten, Streit

Mis·si·on [-ˈsi̯oːn] *die*; *-, en*; **1** *geschr*; ein sehr wichtiger u. ernster Auftrag ⟨e-e historische, politische M.; e-e geschichtliche M. haben, erfüllen; in geheimer M.⟩ || -K: ***Handels-***, ***Militär-*** **2** *geschr* ≈ Delegation || K-: ***Missions-***, ***-chef*** **3** *nur Sg*; die Verbreitung e-s religiösen Glaubens (*bes* des christlichen Glaubens) in e-m Land, in dem ein anderer Glaube herrscht || K-: ***Missions-***, ***-schule***, ***-schwester***, ***-station***

Mis·si·o·nar *der*; *-s, -e*; j-d (*bes* ein Pfarrer od. Priester), der seinen Glauben in e-m Land, in dem ein anderer Glaube herrscht, verbreitet || *hierzu* **Mis·si·o·na·rin** *die*; *-, -nen*

mis·si·o·na·risch *Adj*; *mst attr*; in Bezug auf die Mission (3) ⟨m. tätig sein⟩ || NB: ↑ ***Eifer***

Miss·kre·dit *der*; *nur in* **1** ***j-n / etw. in M. bringen*** bewirken, dass j-d / etw. seinen guten Ruf verliert **2** ***in M. geraten / kommen*** seinen guten Ruf verlieren: *Durch den Skandal ist die Firma in M. geraten*

miss·lang *Imperfekt, 3. Person Sg*; ↑ ***misslingen***

miss·lich *Adj*; *nicht adv*; nicht sehr angenehm od. erfreulich ⟨e-e Lage, e-e Situation, Verhältnisse⟩ || *hierzu* **Miss·lich·keit** *die*

miss·lin·gen; *misslang, ist misslungen*; [Vi] ***etw. misslingt (j-m)*** etw. wird nicht so, wie es j-d gewünscht od. geplant hat ≈ etw. missglückt (j-m) ↔ etw. gelingt (j-m): *Der Versuch, ihr e-e Freude zu machen, ist ihm völlig misslungen* || *hierzu* **Miss·lin·gen** *das*; *-s*; *nur Sg*

miss·lun·gen *Partizip Perfekt*; ↑ ***misslingen***

Miss·ma·nage·ment *das*; *nur Sg*, *Ökon*; Fehler bei der Leitung e-s großen Unternehmens *o.Ä.*

miss·mu·tig *Adj*; so, dass man dabei merkt, dass sich j-d ärgert ≈ schlecht gelaunt, verdrießlich ↔ fröhlich ⟨ein missmutiges Gesicht machen; m. aussehen⟩

miss·ra·ten[1]; *missrät, missriet, ist missraten*; [Vi] ***etw. missrät (j-m)*** ≈ etw. missglückt, misslingt (j-m): *Der Kuchen ist mir missraten*

miss·ra·ten[2] **1** *Partizip Perfekt*; ↑ ***missraten***[1] **2** *Adj*; *mst attr, nicht adv*; mit e-m schlechten Charakter, schlecht erzogen ↔ brav, artig ⟨ein Kind⟩

miss·riet *Imperfekt, 1. u. 3. Person Sg*; ↑ ***missraten***[1]

Miss·stand *der*; *-(e)s, Miss·stän·de*; *mst Pl*; ein Zustand, in dem vieles falsch, schlecht u. oft auch illegal ist ⟨auf soziale Missstände hinweisen; Missstände (in der Wirtschaft) aufdecken, beseitigen⟩

misst *Präsens, 3. Person Sg*; ↑ ***messen***

miss·trau·en; *misstraute, hat misstraut*; [Vi] ***j-m / etw. m.*** kein Vertrauen zu j-m / in etw. haben ↔ j-m / etw. trauen ⟨Fremden m.⟩

Miss·trau·en *das*; *-s*; *nur Sg*; ***M. (gegen j-n / etw.)*** der Zweifel daran, ob man j-m / etw. vertrauen kann ≈ Argwohn ↔ Vertrauen ⟨j-m M. entgegenbringen; M. haben, hegen⟩

Miss·trau·ens·an·trag *der*; *Pol*; ***ein M. (gegen j-n / etw.)*** ein Antrag im Parlament, mit dem j-d beweisen will, dass die Mehrheit der Abgeordneten die Regierung od. e-n Minister nicht mehr unterstützt ⟨e-n M. einbringen⟩

Miss·trau·ens·vo·tum *das*; *Pol*; **1** ein Antrag, in

dem die meisten Mitglieder des Parlaments fordern, dass die Regierung ausgewechselt wird ⟨ein M. einreichen, herbeiführen⟩ **2** ***ein konstruktives M.*** Ⓓ e-e Aktion der Mehrheit der Abgeordneten im Bundestag, bei der sie sich weigern, den Bundeskanzler zu unterstützen, und bei der sie zugleich e-n neuen Kandidaten für sein Amt vorschlagen

miss·trau·isch *Adj*; ***m.*** (***gegen j-n / etw.***) voll von Misstrauen ≈ argwöhnisch ↔ arglos ⟨ein Mensch; m. sein, werden; j-n m. machen⟩

Miss·ver·hält·nis *das*; ein Verhältnis (1), das falsch ist od. als falsch angesehen wird ≈ Diskrepanz ⟨ein krasses M.⟩: *das M. zwischen der Zahl der männlichen u. der weiblichen Politiker*

Miss·ver·ständ·nis *das*; **1** die falsche Interpretation e-r Aussage od. Handlung ⟨ein M. aufklären, beseitigen; etw. führt zu Missverständnissen⟩: *Hier liegt (wohl) ein M. vor* **2** *mst Pl*; ein kleiner, nicht sehr schlimmer Streit ≈ Meinungsverschiedenheit: *Missverständnisse kommen hier immer wieder vor*

miss·ver·ste·hen; *missverstand, hat missverstanden*; Vt **1** ***j-n / etw. m.*** e-e Äußerung od. e-e Handlung von j-m anders verstehen, als dieser es wollte **2** ***j-n / etw. m.*** nicht richtig hören, was j-d gesagt hat

Miss·wirt·schaft *die*; *mst Sg*; Handlungen im Bereich der Wirtschaft, durch die Verluste entstehen: *Die M. des Staates hat zu Schulden geführt*

Mist *der*; *-(e)s*; *nur Sg*; **1** e-e Mischung aus Kot, Urin u. Stroh, die man als Dünger verwendet || K-: ***Mist-, -gabel, -haufen*** **2** *gespr pej*; etw., das sehr schlecht, dumm od. wertlos ist ⟨M. machen, erzählen, reden⟩: *So ein M.!*; *Diese Sendung im Fernsehen war der reinste M.* || ID ***M. verzapfen*** *gespr pej*; etw. Schlechtes od. Dummes erzählen; ***M. bauen*** *gespr*; (einen) Fehler machen; ***verdammter M.!*** *gespr!* verwendet, um Wut auszudrücken; *mst* ***Das ist nicht auf seinem M. gewachsen*** *gespr*; das ist nicht seine Idee gewesen

Mis·tel *die*; *-, -n*; e-e Pflanze, die auf Bäumen wächst, ihre Blätter auch im Winter nicht verliert u. runde, weiße Früchte hat: *Die M. ist ein Schmarotzer*

mis·tig *Adj*; **1** schmutzig von Mist (1) **2** *gespr pej*; sehr schlecht ⟨ein Wetter⟩

Mist·kä·fer *der*; ein kleiner Käfer, der bunt glänzt u. von Mist (1) lebt

Mist·kerl *der*; *gespr! pej*; verwendet als Schimpfwort für j-n, auf den man wütend ist

Mist·kü·bel *der*; Ⓐ ≈ Abfalleimer

Mist·stück *das*; *gespr! pej*; verwendet als Schimpfwort für e-e Frau, auf die man wütend ist

Mist·vieh *das*; *gespr! pej*; verwendet als Schimpfwort für ein Tier od. e-n Menschen, wenn es / er einen geärgert hat

Mist·wet·ter *das*; *gespr pej*; sehr schlechtes Wetter

mit[1] *Präp*; *mit Dat*; **1** verwendet, um das Mittel od. Instrument zu nennen, durch das etw. getan wird ≈ mittels, mithilfe: *mit Messer u. Gabel essen*; *e-n Nagel mit dem Hammer in die Wand schlagen*; *Er fährt jeden Tag mit dem Fahrrad zur Schule* **2** verwendet, um auszudrücken, dass zwei od. mehrere Personen zusammen sind u. dasselbe tun ↔ ohne: *Sie fuhr mit ein paar Freundinnen nach Rom*; *Hast du Lust, mit uns in die Stadt zu gehen?* **3** verwendet, um auszudrücken, dass zwei Personen od. Sachen zusammen sind od. zusammen gehören ↔ ohne: *Würstchen mit Kartoffelsalat*; *e-e Dose mit Bonbons*; *Die Übernachtung mit Frühstück kostet 40 Euro* **4** verwendet, um e-e adverbielle Bestimmung einzuleiten, die die Art u. Weise angibt: *e-e Feier mit großer Sorgfalt organisieren*; *seine Arbeit mit Freude machen*; *Mit großen Schritten verließ er den Raum*; *Ich hoffe, du hast das nicht mit Absicht getan!* **5** verwendet, um e-e gemeinsame Richtung auszudrücken ↔ gegen ⟨mit der Strömung schwimmen; mit dem Wind fahren⟩ **6** zu dem genannten Zeitpunkt: *Mit 19 Jahren machte sie das Abitur*; *Mit dem Gongschlag war es 9 Uhr* **7** verwendet nach bestimmten Verben, Substantiven u. Adjektiven, um deren Ergänzungen anzuschließen: *mit seinem Gegner kämpfen*; *Er beschäftigt sich gern mit Philosophie*; *Die Opposition findet sich nicht mit den Plänen der Regierung ab*; *Bist du mit diesem Vorschlag einverstanden?*; *Er ist mit seiner Arbeit nicht zufrieden* **8** *Tag / Monat* ***mit*** *Tag / Monat regional*; von (Tag / Monat) bis einschließlich (Tag / Monat): *Wir haben Montag mit Freitag von acht bis eins geöffnet*

mit[2] *Adv*; *gespr*; **1** zusammen mit einer od. mehreren Personen od. Sachen ≈ ebenfalls, auch: *Warst du mit dabei, als der Unfall passierte?*; *Es gehört mit zu deinen Pflichten, pünktlich zu sein* || NB: *mit*[2]*(1)* kann auch weggelassen werden **2** ***j-d / etw. ist mit*** + *Artikel* + *Adj im Superlativ* j-d / etw. ist eine von den Personen / Sachen, auf die die Beschreibung zutrifft: *Er war mit der beste Spieler auf dem Platz*; *Der Schutz der Umwelt ist mit die wichtigste Aufgabe für die Zukunft*

mit- *im Verb, betont u. trennbar, sehr produktiv*; Die Verben mit *mit-* werden nach folgendem Muster gebildet: *mitgehen - ging mit - mitgegangen*

1 *mit-* drückt aus, dass j-d etw. (gleichzeitig) mit einer od. mehreren Personen zusammen tut;

(***mit j-m***) ***mitspielen***: *Sie ließen den Jungen nicht (mit ihnen) mitspielen* ≈ Sie wollten nicht, dass der Junge zusammen mit ihnen spielte

ebenso: (***mit j-m***) ***mitessen,*** (***mit j-m***) ***mitfahren,*** (***mit j-m***) ***mitlachen,*** (***mit j-m***) ***mitreden,*** (***mit j-m***) ***mitregieren,*** (***mit j-m***) ***mitreisen,*** (***mit j-m***) ***mitziehen***

2 *mit-* drückt aus, dass j-d e-e Person od. Sache bei sich hat, wenn er irgendwohin geht;

j-n / etw. mitnehmen: *Auf die Wanderung nahmen wir alle e-n Rucksack mit* ≈ Alle hatten auf der Wanderung e-n Rucksack bei sich

ebenso: ***j-n / etw. mitschleifen, j-n / etw. mitschleppen, j-n / etw. mittragen, j-n / etw. mitziehen***

Mit- *im Subst, wenig produktiv*; *Mit-* bezeichnet j-n, der zusammen mit anderen etw. tut od. etw. ist; der ***Mitbegründer***, der ***Mitbesitzer*** ⟨e-r Firma⟩, der ***Mitbewerber*** ⟨um e-e Stelle⟩, der ***Mitbewohner***, der ***Mitbürger*** ⟨der Gemeinde⟩, der ***Miteigentümer*** ⟨des Hauses⟩, der ***Mitschüler*** ⟨aus meiner Klasse⟩, der ***Mitschuldige***, der ***Mitspieler*** ⟨im Team⟩, der ***Mittäter***, der ***Mitverdiener*** ⟨in e-r Familie⟩, der ***Mitverfasser*** ⟨e-s Buchs⟩, die ***Mitwirkenden*** ⟨e-r Theateraufführung⟩, der ***Mitwisser*** ⟨des Verbrechens⟩

mit·ar·bei·ten *(hat)* Vi **1** (***irgendwo***) ***m.*** e-n Teil e-r Arbeit machen ⟨an / bei e-m Projekt m.⟩ **2** im Unterricht zuhören, Fragen stellen u. freiwillig Fragen beantworten ≈ mitmachen || *hierzu* **Mit·ar·beit** *die*

Mit·ar·bei·ter *der*; **1** j-d, der in e-m Betrieb angestellt ist ⟨e-n neuen M. suchen, ausbilden; ein Unternehmen mit 50 Mitarbeitern⟩ **2** j-d, der an e-r Zeitung, e-m Projekt *o.Ä.* mitarbeitet, ohne fest angestellt zu sein ⟨ein freier, ständiger M. beim Rundfunk⟩ || NB: Der Chef sagt „meine Mitarbeiter", die Angestellten sprechen von ihren „Kollegen" || *hierzu* **Mit·ar·bei·te·rin** *die*

mit·be·kom·men; *bekam mit, hat mitbekommen*; Vt **1** ***etw.*** (***von etw.***) ***m.*** *gespr*; etw. hören, sehen, verstehen *o.Ä.*: *Sie war so müde, dass sie von dem Film kaum etwas mitbekommen hat*; *Hast du überhaupt mitbekommen, was ich gesagt habe?* **2** ***etw.*** (***von***

etw.*) *m. *gespr* ≈ erfahren: *Hast du mitbekommen, dass er ein Fest machen will?* **3 *etw.* (*von j-m*) *m.*** etw. von j-m bekommen, das man auch mitnimmt ↔ j-m etw. mitgeben: *Er hat von seiner Mutter ein bisschen Geld für den Ausflug mitbekommen*

mit·be·stim·men; *bestimmte mit, hat mitbestimmt*; [Vi] (***über etw.*** (*Akk*)) ***m.*** etw. zusammen mit anderen entscheiden ⟨m. dürfen⟩

Mit·be·stim·mung *die*; *nur Sg*; ***die M.*** (***über etw.*** (*Akk*)) das Recht der Mitarbeiter in e-m Betrieb, zusammen mit der Leitung des Unternehmens über Dinge zu entscheiden, die den Betrieb betreffen ⟨die betriebliche M.⟩: *Die Gewerkschaften kämpfen um mehr M.* || K-: ***Mitbestimmungs-, -gesetz, -recht***

mit·bie·ten (*hat*) [Vi] (zusammen mit anderen) auch etw. bieten (7): *bei e-r Versteigerung m.*

mit·brin·gen (*hat*) [Vt] **1 *j-n / etw. m.*** j-n / etw. bei sich haben, wenn man irgendwohin kommt ↔ allein kommen: *e-n Freund nach Hause m.* **2 (*j-m*) *etw. m.*** etw. (als Geschenk) bei sich haben, wenn man j-n besucht: *e-r Freundin Blumen m.* **3 *etw.* (*für etw.*) *m.*** e-e bestimmte Fähigkeit haben, die für etw. nützlich ist: *das nötige Fachwissen für e-n Job m.*

Mit·bring·sel *das*; *-s, -*; *gespr*; ein kleines Geschenk, das man j-m *bes* von e-r Reise mitbringt

mit·den·ken (*hat*) [Vi] **1** konzentriert zuhören u. versuchen, die einzelnen Gedanken des Sprechers zu verstehen **2** so arbeiten, dass man sich genau überlegt, was zu tun ist: *Für diese Arbeit brauchen wir j-n, der mitdenken kann*

M

mit·dür·fen (*hat*) [Vi] (***mit j-m***) ***m.*** *gespr*; die Erlaubnis haben, mit j-m irgendwohin zu gehen od. zu fahren

mit·ei·nan·der *Adv*; eine Person / Sache mit der anderen ≈ zusammen, gemeinsam: *m. spielen, streiten, korrespondieren*

mit·er·le·ben; *erlebte mit, hat miterlebt*; [Vt] ***etw. m.*** dabei sein, wenn etw. geschieht: *Er hat den Krieg noch miterlebt*; *Hast du schon einmal miterlebt,* wie *ein Unfall passiert ist?*

Mit·es·ser *der*; *-s, -*; ein kleiner weißer od. schwarzer Punkt auf der Haut, wo e-e Pore verstopft ist ⟨e-n M. haben, ausdrücken⟩ || NB: ↑ ***Pickel***

mit·fah·ren (*ist*) [Vi] dabei sein, wenn j-d / etw. irgendwohin fährt: *nach Kanada, mit den Eltern, in den Urlaub m.* || *hierzu* **Mit·fah·rer** *der*; **Mit·fah·re·rin** *die*

Mit·fahr|ge·le·gen·heit *die*; die Möglichkeit, für wenig Geld in j-s Auto mitzufahren; *Abk* MFG ⟨e-e M. anbieten, vermitteln, suchen⟩

Mit·fahr|zent·ra·le *die*; ein Büro, das Autofahrer u. Mitfahrer zusammenbringt, die zum selben Ort fahren wollen u. sich die Kosten dafür teilen

mit·flie·gen (*ist*) [Vi] bei e-m Flug dabei sein ⟨in e-r Maschine, auf e-m Flug m.⟩

mit·füh·len (*hat*) [Vi] (***mit j-m***) ***m.*** Mitgefühl haben ≈ an etw. Anteil nehmen: *mitfühlende Worte sprechen*

mit·füh·ren (*hat*) [Vt] **1 *etw. m.*** etw. bei sich haben: *viel Gepäck m.* **2 *etw. führt etw. mit*** ein Bach, Fluss *o.Ä.* schwemmt (= transportiert) Sand, Steine *o.Ä.* an e-e andere Stelle: *Dieser Fluss führt nach jedem Gewitter viel Holz mit*

mit·ge·ben (*hat*) [Vt] **1 *j-m etw. m.*** j-m, der weggeht, etw. geben, das er dann mit sich nimmt ↔ mitnehmen: *den Kindern Brot* (*in die Schule*) *m.* **2 *j-m j-n m.*** j-m e-n Begleiter geben: *den Touristen e-n Ortskundigen als Bergführer m.*

mit·ge·fan·gen *mst in* ***mitgefangen, mitgehangen*** ↑ ***mitgehen***

Mit·ge·fühl *das*; das traurige Gefühl, das man spürt, wenn andere Schmerzen, Trauer *o.Ä.* haben ≈ Anteilnahme ⟨M. haben, zeigen; sein M. äußern⟩

mit·ge·han·gen *mst in* ***mitgegangen, mitgehangen*** ↑ ***mitgehen***

mit·ge·hen (*ist*) [Vi] **1** mit j-m irgendwohin gehen ≈ j-n irgendwohin begleiten: *Willst du nicht zur Party m.?* **2** seine Stimmung von etw. anregen lassen ⟨bei e-m Konzert, mit der Musik m.⟩ **3 *etw. m. lassen*** *gespr*; etw. stehlen || ID ***mitgegangen,*** (***mitgefangen,***) ***mitgehangen*** man ist auch dann für etw. verantwortlich, wenn man nur passiv daran beteiligt war

Mit·gift *die*; *-, -en*; *mst Sg*; das Vermögen, das Eltern ihrer Tochter in die Ehe mitgeben || K-: ***Mitgift-, -jäger***

Mit·glied *das*; j-d, der zu e-r (*mst* organisierten) Gruppe (*z.B.* zu e-m Verein od. zu e-r Partei) gehört ⟨ein aktives, passives, zahlendes, langjähriges M.; die Mitglieder der Familie; irgendwo M. sein, werden; Mitglieder werben; j-n als M. aufnehmen⟩ || K-: ***Mitglieds-, -ausweis, -beitrag, -karte*** || -K: ***Familien-, Gewerkschafts-, Partei-, Vereins-***

mit·ha·ben (*hat*) [Vt] ***etw. m.*** *gespr*; etw. bei sich haben ≈ dabeihaben: *Hast du deinen Ausweis mit?*

mit·hal·ten (*hat*) [Vi] (***mit j-m***) ***m.*** genauso gut wie ein anderer (bei e-r Tätigkeit) sein: *Nach e-r Stunde Rudern konnte er* (*mit den anderen*) *nicht mehr m.*; *beim Bergsteigen nicht mehr m. können*

mit·hel·fen (*hat*) [Vi] j-m helfen, etw. zu tun ≈ mitarbeiten (1): *Ihre Kinder müssen zu Hause viel m.* || *hierzu* **Mit·hil·fe** *die*; *nur Sg*

mit·hil·fe, mit Hil·fe *Präp*; *mit Gen*; **1** mit j-s Unterstützung: *Der Umzug gelang problemlos m. einiger Freunde* **2** unter Zuhilfenahme einer Sache: *m. des neuen Computers die Aufgaben schneller lösen*; *den Text m. des Wörterbuches übersetzen* || NB: auch adverbiell verwendet mit *von*: *m. von Alkohol desinfizieren*

mit·hin *Adv* ≈ folglich

mit·hö·ren (*hat*) [Vt/i] **1** (***etw.***) ***m.*** zufällig *mst* ein Gespräch hören, das nicht für einen bestimmt ist: *Die Wände sind so dünn, dass die Nachbarn jeden Streit m.* **2** (***etw.***) ***m.*** j-n überwachen, indem man heimlich seinen Gesprächen zuhört

mit·kom·men (*ist*) [Vi] **1** (***mit j-m***) ***m.*** mit j-m zusammen irgendwohin gehen od. kommen ≈ j-n begleiten: *Will er mit uns auf die Party m.?* **2** (***mit j-m***) ***m.*** *gespr*; das machen können, was verlangt wird ⟨in der Schule, im Unterricht gut, schlecht, nicht m.⟩ **3** (***mit j-m***) ***m.*** *gespr*; genauso schnell etw. machen können wie j-d anderer ≈ (mit j-m) mithalten: *Geh nicht so schnell, ich komme nicht mehr mit* **4 *nicht*** (***mehr***) ***m.*** *gespr*; etw. nicht (mehr) verstehen können: *Erst wollte er das Klavier haben, jetzt verkauft er es schon wieder - ich komme da einfach nicht mit*

mit·kön·nen (*hat*) [Vi] *gespr*; **1** (***mit j-m***) ***m.*** die Möglichkeit haben, j-n zu begleiten: *Ich habe keine Zeit, ich kann nicht mit* **2** (***mit j-m***) ***m.*** ≈ mitdürfen: *Kann ich mit, wenn ihr ins Kino geht?*

mit·krie·gen (*hat*) [Vt] ***etw. m.*** *gespr* ≈ mitbekommen

mit·las·sen (*hat*) [Vt] ***j-n m.*** *gespr*; j-m erlauben, irgendwohin mitzugehen od. mitzufahren

mit·lau·fen (*ist*) [Vi] **1** (***mit j-m***) ***m.*** mit j-m zusammen irgendwohin laufen **2 *etw. läuft*** (***nebenher***) ***mit*** *gespr*; j-d tut etw. gleichzeitig mit e-r anderen, wichtigeren Arbeit

Mit·läu·fer *der*; *pej*; j-d, der e-e (*mst* negativ beurteilte) politische Bewegung od. Organisation unterstützt, ohne aktiv zu sein

Mit·laut *der* ≈ Konsonant ↔ Selbstlaut

Mit·leid *das*; das Gefühl, dass man e-m Menschen helfen od. ihn trösten möchte, wenn man sieht, dass er traurig od. in Not ist ⟨M. mit j-m haben; M. empfinden; M. erregen⟩ || K-: ***Mitleid erregend*** || *hierzu* **mit·lei·dig** *Adj*; **mit·leid(s)·los** *Adj*; **mit·leid(s)·voll** *Adj*

mit·lei·den *(hat)* [Vi] auch leiden, wenn andere leiden ≈ mitfühlen: *mit e-m gequälten Tier m.*

Mit·lei·den·schaft *die*; *mst in* ***j-d / etw. wird in M. gezogen*** j-m / etw. wird Schaden zugefügt (*mst* als Nebenwirkung e-s unangenehmen Zwischenfalls): *Durch die Explosion in der Fabrik wurden auch die benachbarten Häuser in M. gezogen*

mit·le·sen *(hat)* [Vt/i] ***(etw.) m.*** gleichzeitig lesen, was j-d spricht od. auch liest: *den Text m., während j-d Theater spielt*; *über j-s Schulter blicken u. m.*

mit·lie·fern *(hat)* [Vt] ***etw. m.*** etw. (mir e-r Ware) gleichzeitig od. zusätzlich liefern: *Die Kabel werden mit dem Fernseher gleich mitgeliefert*

mit·ma·chen *(hat) gespr*; [Vt] **1** ***etw. m.*** ≈ an etw. teilnehmen: *e-n Wettbewerb m.* **2** ***etw. m.*** e-e Arbeit *o.Ä.* zusätzlich (zur eigenen) machen: *Als sie krank war, machten die Kollegen ihre Arbeit mit* **3** ***etw. m.*** schwierige od. harte Zeiten erleben ≈ erdulden, durchmachen: *Seit ihr Mann trinkt, macht sie e-e Menge mit* || ID *mst* ***Da machst du was mit! / Da macht man was mit!*** *gespr*; man muss viel ertragen, was einem unangenehm ist; [Vi] **4** ***(bei etw. / an etw.*** *(Dat)*) ***m.*** ≈ an etw. teilnehmen **5** ***etw. macht (nicht mehr) mit*** etw. (*bes* Körperorgane od. Maschinen) funktionieren od. sind (nicht mehr) so, wie man es erwartet: *Er musste kurz vor dem Gipfel umkehren, weil sein Herz nicht mehr mitmachte*

Mit·mensch *der*; *-en, -en*; *mst Pl*; die Menschen, mit denen man zusammen in der Gesellschaft lebt

mit·mi·schen *(hat)* [Vi] ***irgendwo m.*** *gespr, oft pej*; bei etw. seinen Einfluss ausüben: *Er will überall m.*

mit·mö·gen *(hat)* [Vi] *gespr* ≈ mitwollen

mit·müs·sen *(hat)* [Vi] ***(mit j-m) m.*** *gespr*; gezwungen sein od. werden, mit j-m irgendwohin zu gehen od. zu fahren: *Muss ich wirklich mit? Ich möchte lieber zu Hause bleiben*

mit·neh·men *(hat)* [Vt] **1** ***j-n / etw. (irgendwohin) m.*** j-n / etw. bei sich haben, wenn man irgendwohin geht, fährt *o.Ä.*: *Nimm bitte den Brief mit, wenn du in die Stadt gehst* **2** ***etw. nimmt j-n / etw. mit*** etw. belastet j-n / etw. so stark, dass es negative Folgen hat ⟨arg mitgenommen aussehen⟩: *Die Ereignisse der letzten Woche haben sie arg mitgenommen* **3** ***etw. m.*** *gespr*; e-e Gelegenheit nutzen, um etw. Angenehmes zu erleben: *alles m., was einem im Urlaub angeboten wird* **4** ***etw. m.*** *gespr*; etw. so berühren, dass sich ein Teil davon löst: *Er fuhr so scharf in die Kurve, dass er e-n Teil der Mauer mitnahm*

mit·nich·ten *Adv*; *veraltend od hum* ≈ auf keinen Fall, keineswegs

mit·rau·chen [Vt/i] **1** ***(mit j-m) (etw.) m.*** mit (e-m) anderen zusammen rauchen: *Rauchst du eine mit?*; [Vi] **2** den Rauch einatmen müssen, den ein Raucher produziert || *zu* **2** **Mit·rau·cher** *der*

mit·rech·nen *(hat)* [Vt] ***etw. m.*** etw. in e-r Rechnung berücksichtigen ≈ einbeziehen: *die Nebenkosten m.*

mit·re·den *(hat)* [Vi] **1** ***(mit j-m) (bei etw.) m.*** in e-m Gespräch etw. Sinnvolles sagen können, weil man vom Thema etwas weiß: *Bei diesem Thema kann ich leider nicht m., ich verstehe nichts davon* **2** ***(bei etw.) m.*** ≈ (etw.) mitbestimmen

mit·rei·ßen *(hat)* [Vt] **1** ***j-n / etw. m.*** (wenn j-d / etw. fällt, stürzt *o.Ä.*) j-n / etw. mit sich fortreißen: *Die Wassermassen rissen den Damm mit* **2** ***j-n m.*** bewirken, dass j-d dieselbe Begeisterung, Freude *o.Ä.* verspürt, die man selbst hat ≈ begeistern ⟨e-e mitreißende Rede, Musik⟩: *Das temperamentvolle Spiel der beiden Teams riss das gesamte Publikum mit*

mit·sam·men *Adv*; *südd* Ⓐ ≈ miteinander

mit·samt *Präp*; *mit Dat*; gemeinsam, zusammen mit ≈ mit ↔ ohne: *Er kam m. der ganzen Familie*; *Sie verkaufte die Wohnung m. den Möbeln*

mit·schi·cken *(hat)* [Vt] ***j-n / etw. (mit j-m / etw.) m.*** j-n / etw. mit j-d / etw. anderem zusammen irgendwohin schicken: *ein Foto mit dem Brief m.*

mit·schnei·den *(hat)* [Vt] ***etw. m.*** etw. auf e-n Film, ein Tonband aufnehmen: *ein Gespräch m.* || *hierzu* **Mit·schnitt** *der*

mit·schrei·ben *(hat)* [Vt/i] **1** ***(etw.) m.*** etw. schreiben, während es j-d spricht: *m., was j-d diktiert*; *e-n Vortrag m.* **2** ***(etw.) m.*** an e-r schriftlichen Prüfung teilnehmen ⟨die Klausur m.⟩

mit·schul·dig *Adj*; *ohne Steigerung*; ***(an etw.*** *(Dat)*) ***m.*** ⟨e-e Person⟩ so, dass sie e-n Teil der Schuld hat: *Er war an dem Unfall m.* || *hierzu* **Mit·schuld** *die*

Mit·schü·ler *der*; *bes* ein Kind, das zusammen mit anderen in e-e bestimmte Klasse od. Schule geht ⟨meine, deine *usw.* Mitschüler; ein M. von j-m / + *Gen*⟩: *Ich habe heute zufällig e-n ehemaligen M. (von mir) wieder getroffen* || *hierzu* **Mit·schü·le·rin** *die*

mit·sin·gen *(hat)* [Vt/i] ***(etw.) m.*** ein Lied singen, das j-d auf e-m Instrument spielt od. das andere singen

mit·sol·len *(hat)* [Vi] ***(mit j-m) m.*** *gespr*; (mit j-m) irgendwohin mitgehen od. mitkommen sollen

mit·spie·len *(hat)* [Vi] **1** mit anderen zusammen spielen: *in e-r Band m.*; *Wir spielen Karten - spielst du mit?* **2** ***etw. spielt (bei j-m / etw.) mit*** etw. beeinflusst etw. (als e-r von mehreren Faktoren): *Bei ihrem Entschluss spielte mit, dass sie im Ausland bleiben wollte* **3** ***j-m übel / hart / schlimm / grausam m.*** j-m das Leben od. e-e bestimmte Situation schwer machen u. ihm schaden: *Diese schreckliche Krankheit spielt ihm übel mit* **4** ***(bei etw.) m.*** nichts gegen j-n / etw. tun, etw. nicht verhindern: *Wenn das Wetter mitspielt, gehe ich morgen baden*; *Ich würde gerne allein in Urlaub fahren, aber da spielen meine Eltern nicht mit* || *zu* **1** **Mit·spie·ler** *der*; **Mit·spie·le·rin** *die*

Mit·spra·che·recht *das*; das Recht, bei e-r Entscheidung mitbestimmen zu dürfen ⟨j-m ein M. einräumen, zugestehen⟩

Mit·strei·ter *der*; j-d, der gemeinsam mit (e-m) anderen für od. gegen etw. kämpft

Mit·tag *der*; *-s, -e*; **1** *nur Sg*; zwölf Uhr am Tag ↔ Mitternacht ⟨vor, gegen, nach M.; jeden M.; an e-m M. / e-s Mittags⟩: *Es ist M., die Kirchturmuhr schlägt gerade zwölf* **2** die (Tages)Zeit zwischen ungefähr 11 u. 14 Uhr ↔ Vormittag, Nachmittag ⟨gegen, über (= während) M.⟩: *Viele Geschäfte schließen über M.* || K-: ***Mittag-, -essen***; ***Mittags-, -hitze, -mahl(zeit), -pause, -ruhe, -schlaf, -sonne, -stunde, -zeit*** ||-K: ***Sonntag-, Montag-*** *usw* **3** am M. (1, 2) ⟨gestern, heute, morgen M.⟩ || NB: mit Namen von Wochentagen zusammengeschrieben: *Er kam Freitagmittag* **4** *nur Sg*; e-e (Arbeits)Pause während des Mittags (2) ≈ Mittagspau-

Die Mittagspause

Die Mittagspause in der Arbeit ist in Deutschland normalerweise zwischen einer halben und einer Stunde lang. Die Mehrzahl der Deutschen isst in der **Kantine** der Firma oder des Amts, die zu einem günstigen Preis ein warmes Mittagessen, Salate oder belegte Brötchen anbietet.
An allen deutschen Universitäten gibt es für die Studenten eine **Mensa**, in der sie mittags günstig essen können.

M

se ⟨M. machen⟩: *Wir haben jetzt M., kommen Sie um halb drei wieder* **5** (**zu**) ***M. essen*** zwischen 12 und 14 Uhr etw. *mst* Warmes essen || *zu* **1, 2** u. **3**

mịt·täg·lich *Adj*; *nur attr, nicht adv*

mịt·tags *Adv*; am Mittag (1,2) ↔ morgens, abends

Mịt·te *die*; -, *-n*; *mst Sg*; **1** der Teil, der *z.B.* bei e-m Kreis von allen Teilen des Randes gleich weit entfernt ist ≈ Zentrum, Mittelpunkt ↔ Rand, Anfang, Ende ⟨die M. e-r Fläche, e-s Gebiets, e-r Gruppe, e-s Körpers, e-s Raumes, e-r Strecke, e-s Zeitraumes; in der M. sein, stehen, liegen *usw*; in die M. gehen⟩: *In der M. des Saales hing e-e große Lampe von der Decke*; *Kirschen haben in der M. e-n harten Kern*; *Zur / Gegen M. des Monats wurde das Wetter besser* || K-: ***Mitt-, -sommer, -sommernacht, -winter*** || -K: ***Jahrhundert-, Kreis-, Lebens-, Monats-, Orts-, Stadt-, Tages-, Wochen-, Zimmer-*** **2** ***M.*** + *Zeitangabe* in der M. (1) des genannten Zeitraumes: *Der Vertrag gilt bis M. April*; *M. 1995*, *M. des nächsten Jahres*, *M. nächster Woche* **3** ***M.*** + *Zahl* ungefähr so alt wie die genannte Zahl plus etwa 4 bis 6 Jahre ⟨M. zwanzig, dreißig, vierzig *usw* sein⟩ || K-: ***Mitt-, -zwanziger*(*in*)*, -dreißiger*(*in*)*, -vierziger*(*in*)** *usw* **4** e-e Gruppe von Leuten, die keine extremen politischen Meinungen haben ↔ Linke, Rechte ⟨e-e Koalition, e-e Partei, ein Politiker der M.⟩ **5** ***die goldene M.*** ein Kompromiss, ein Standpunkt *o.Ä.* zwischen zwei Extremen **6** ***in / aus j-s M.*** in / aus e-r Gruppe von Personen, die zusammen sind: *In unserer M. befindet sich ein Verräter*; *Er wurde aus der M. seiner Familie gerissen*; *Der Vorschlag stammt aus eurer M.* **7** ***j-n in die M. nehmen*** so gehen, sitzen, stehen *o.Ä.*, dass j-d zwischen anderen Personen ist || ID ***Ab durch die M.!*** *gespr*; verwendet, um j-n aufzufordern, (schnell) wegzugehen; *mst* ***Er / Sie wurde aus unserer M. gerissen*** *geschr*; er / sie ist tot

mịt·tei·len (*hat*) [Vt] **1** ***j-m etw. m.*** etw. sagen, schreiben *o.Ä.*, damit j-d es erfährt ↔ verschweigen ⟨j-m etw. brieflich, schriftlich, mündlich, telefonisch, offiziell, vertraulich m.⟩: *Er teilte uns mit*, dass *er verreisen würde*; *Es wurde mir nicht mitgeteilt*, wann *er fährt*; *Sie hat uns ihre neue Adresse noch nicht mitgeteilt*; [Vr] **2** ***sich j-m m.*** mit j-m über die eigenen Gefühle, Gedanken sprechen ≈ sich j-m anvertrauen

mịt·teil·sam *Adj*; ⟨e-e Person⟩ so, dass sie gern über ihre Gedanken od. Gefühle spricht ≈ gesprächig

Mịt·tei·lung *die*; -, *-en*; etw., das man j-m mitteilt (1) ≈ Nachricht ⟨e-e vertrauliche M.; (j-m) e-e M. machen⟩ || K-: ***Mitteilungs-, -bedürfnis, -drang***

Mịt·tel *das*; *-s*, -; **1** ***ein M.*** (***zu etw.***) etw., mit dessen Hilfe man etw. tun od. erreichen kann ⟨ein einfaches, sicheres, wirksames, untaugliches, unfaires M; politische, rechtliche, unlautere Mittel; ein M. anwenden, einsetzen, benutzen; zu e-m M. greifen; kein M. unversucht lassen; etw. mit allen Mitteln tun, versuchen; j-m ist jedes M. recht⟩: *Schweigen ist ein gutes M.*, um *sie zu ärgern / wenn man sie ärgern will / mit dem man sie ärgern kann* || -K: ***Abschreckungs-, Arbeits-, Beweis-, Druck-, Kampf-, Nahrungs-, Orientierungs-, Transport-, Unterrichts-, Verkehrs-***; ***Behelfs-, Hilfs-*** **2** ***ein M.*** (***für / zu etw.***) e-e (chemische) Substanz als M. (1): *In der Flasche ist ein M. zum / für das Reinigen von Pinseln* || -K: ***Bleich-, Desinfektions-, Dünge-, Frostschutz-, Lösungs-, Reinigungs-, Rostschutz-, Wasch-*** **3** ***ein M.*** (***für / gegen etw.***); ***ein M.*** (***zu etw.***) ≈ Medikament, Arznei ⟨ein M. für / gegen Kopfschmerzen, Grippe *usw* (ein)nehmen, schlucken⟩: *e-e Wunde mit e-m blutstillenden M. behandeln*; *Der Arzt verschrieb ihr ein M. zum Einreiben* || -K: ***Abführ-, Arznei-, Brech-, Einreibe-, Gegen-, Herz-, Husten-, Schlaf-, Stärkungs-, Verhütungs-, Wurm-*** **4** *nur Pl*; das Geld, das j-d für e-n bestimmten Zweck hat ≈ Gelder, Kapital ⟨knappe, flüssige, finanzielle, private, staatliche Mittel⟩: *Der Kindergarten wird aus / mit öffentlichen Mitteln finanziert*; *Er verfügt über ausreichende Mittel, sich ein Haus zu kaufen* **5** ***das*** (***arithmetische***) ***M.*** (***aus etw.***) *Math* ≈ Durchschnitt (1) ⟨etw. liegt im, über, unter dem M.; das M. errechnen, bilden⟩: *Das M. aus den Zahlen zwei, sechs u. sieben ist fünf*; *Die Zahl der Toten bei Verkehrsunfällen lag letztes Jahr über dem langjährigen M.* || -K: ***Jahres-, Monats-*** ||ID ***Mittel u. Wege finden*** Möglichkeiten finden, etw. zu tun; ***ein*** (***bloßes***) ***M. zum Zweck*** e-e Person / Sache, die nur für e-n bestimmten Zweck wichtig ist || ► ***bemittelt***

mịt·tel- *im Adj*, *begrenzt produktiv*; von durchschnittlichem Umfang od. Format; ***mitteldick*** ⟨ein Brett⟩, ***mittelfein*** ⟨Papier⟩, ***mittelgroß*** ⟨ein Mann, e-e Frucht⟩, ***mittellang*** ⟨ein Bart⟩

Mịt·tel- *im Subst*, *sehr produktiv*; **1** in der Mitte, im Zentrum (befindlich); die ***Mittelachse*** ⟨e-s Wagens⟩, ***Mittelamerika***, das ***Mitteldeck*** ⟨e-s Schiffes⟩, ***Mitteleuropa***, das ***Mittelfeld***, der ***Mittelfeldspieler*** ⟨e-r Fußballmannschaft⟩, der ***Mittelfinger*** ⟨der Hand⟩, der ***Mittelgang***, das ***Mittelglied***, die ***Mittellinie*** ⟨e-s Fußballplatzes⟩, der ***Mittelscheitel***, die ***Mittelschicht***, das ***Mittelschiff*** ⟨e-r Kirche⟩, e-e ***Mittelstellung*** ⟨zwischen zwei Parteien einnehmen⟩, der ***Mittelstreifen*** ⟨zwischen zwei Fahrbahnen⟩, das ***Mittelstück***, die ***Mittelstufe*** ⟨e-r Schule⟩, der ***Mittelstürmer*** ⟨e-r Fußballmannschaft⟩, der ***Mittelteil*** ⟨e-r Kette, Brücke⟩ || *zu* ***Mittelfeldspieler, Mittellinie, Mittelstürmer*** ↑ *Abb. unter* ***Fußball***; *zu* ***Mittelfinger*** ↑ *Abb. unter* **Hand** **2** von mittlerer, durchschnittlicher Größe, Höhe *o.Ä.*; der ***Mittelbetrieb***, das ***Mittelgebirge***, die ***Mittelgröße*** ⟨von Kleidern⟩, die ***Mittelstrecke*** ⟨der Wettläufer⟩

Mịt·tel·al·ter *das*; *-s*; *nur Sg*; **1** (in der europäischen Geschichte) der Zeitraum zwischen Antike und Renaissance, den man *mst* vom 4. / 5. bis zum 15. Jahrhundert rechnet; *Abk* MA ⟨das frühe, hohe, späte M.⟩ **2** *mst* ***wie im finster*(*st*)*en M.*** wie im M. (1), in dem viele Dinge den Menschen noch nicht bewusst od. bekannt waren u. oft Grausames geschehen ist || *hierzu* **mịt·tel·al·ter·lich** *Adj*

mịt·tel·bar *Adj*; *geschr*; nicht direkt ↔ unmittelbar

Mịt·tel·ding *das*; *mst Sg*, *gespr*; etw., das Merkmale von zwei unterschiedlichen Dingen od. Begriffen gleichzeitig hat ≈ Zwischending: *Diese Musik ist ein M. zwischen Jazz und Rock*

Mịt·tel·eu·ro·pa (*das*) der Teil von Europa zwischen der Nordsee und Ostsee (im Norden) und den Alpen (im Süden)

mịt·tel·fris·tig *Adj*; *ohne Steigerung*; gültig od. vorgesehen für e-n Zeitraum, der weder kurz noch lang ist ↔ langfristig, kurzfristig ⟨e-e Lösung, e-e Maßnahme, e-e Regelung⟩

Mịt·tel·ge·bir·ge *das*; ein Gebirge, dessen Gipfel selten höher als 1000m sind: *Der Taunus und die Rhön sind deutsche Mittelgebirge*

Mịt·tel|hoch·deutsch *das*; *nur Sg*, *hist*; die Sprache der deutschen Literatur vom 11. bis zum 14. Jahrhundert || *hierzu* **mịt·tel|hoch·deutsch** *Adj*

Mịt·tel·klas·se *die*; **1** *mst Sg*; verwendet als Bezeichnung für e-e Ware (*bes* ein Auto) mit mittlerem Preis u. mittlerer Qualität ⟨ein Wagen der unteren, oberen M.⟩ || K-: ***Mittelklasse-, -wagen*** **2** *nur Sg*, *mst pej* ≈ Mittelmaß ⟨nur noch M. sein⟩

mịt·tel·los *Adj*; ohne Geld, Vermögen u. Besitz ≈ arm || *hierzu* **Mịt·tel·lo·sig·keit** *die*; *nur Sg*

Mịt·tel·maß *das*; *oft pej* ≈ Durchschnitt (2) || *hierzu* **mịt·tel·mä·ßig** *Adj*; **Mịt·tel·mä·ßig·keit** *die*; *nur Sg*

Mịt·tel·meer *das*; *nur Sg*; das Meer, das zwischen Europa u. Afrika liegt || K-: ***Mittelmeer-, -klima, -länder, -raum***

mịt·tel·präch·tig *Adj*; *gespr hum*; weder gut noch schlecht ⟨j-d fühlt sich, j-m geht es m.⟩: *Das Wetter ist heute m.*

Mịt·tel·punkt *der*; **1** (in e-m Kreis od. in e-r Kugel) der Punkt, der von allen Punkten des Kreises od. von der Oberfläche e-r Kugel gleich weit entfernt ist ≈ Zentrum **2** e-e Person od. Sache, die von allen beachtet wird ⟨ein geistiger, kultureller M.; der M. e-s Festes sein⟩ **3** ***im M.*** (***der Aufmerksamkeit***) ***stehen*** von allen beachtet werden

mịt·tels *Präp*; *mit Gen*, *geschr* ≈ mit, mithilfe: *m. e-s engmaschigen Drahtes* || NB: Gebrauch ↑ *Tabelle unter* ***Präpositionen***

Mịt·tel·schicht *die*; *mst Sg*; der Teil der Bevölkerung, der relativ gebildet ist u. dem es finanziell gut geht ≈ Mittelstand ↔ Unterschicht, Oberschicht ⟨zur M. gehören⟩

Mịt·tel·schu·le *die*; **1** veraltend ≈ Realschule **2** (CH) ≈ Gymnasium

Mịt·tels·mann *der*; *-(e)s*, *Mit·tels·män·ner*; j-d, der zwischen zwei Gegnern od. Partnern vermittelt, wenn diese nicht direkt miteinander Kontakt haben wollen od. können: *über Mittelsmänner mit den Terroristen in Kontakt treten*

Mịt·tel·stand *der*; *nur Sg* ≈ Mittelschicht

mịt·tel·stän·disch *Adj*; *nicht adv*; ⟨ein Betrieb, ein Unternehmen⟩ mit ungefähr 50 bis 500 Angestellten

Mịt·tel·stür·mer *der*; *Sport*; der Stürmer in der Mitte

Mịt·tel·weg *der*; *mst Sg*; **1** ≈ Kompromiss ⟨e-n M. suchen, finden, gehen⟩ **2** ***der goldene M.*** e-e Lösung, die alle Leute akzeptieren können

Mịt·tel·wel·le *die*; *mst Sg*; der Bereich der mittellangen Wellen, über die e-e (Rundfunk)Station ihr Programm sendet ↔ Kurzwelle, Langwelle, UKW ⟨M. hören; e-n Sender auf M. empfangen⟩ || K-: ***Mittelwellen-, -sender***

Mịt·tel·wert *der* ≈ Durchschnitt (1), Mittel (5)

Mịt·tel·wort *das*; *-(e)s*, *Mit·tel·wör·ter*; *veraltend*; **1** ≈ Partizip **2** ***M. der Gegenwart*** ≈ Partizip Präsens **3** ***M. der Vergangenheit*** ≈ Partizip Perfekt

mịt·ten *Adv*; **1** in der od. in die Mitte (1) ⟨m. darin, darunter / dazwischen, hindurch, hinein; m. auf, in etw. (*Akk* / *Dat*)⟩: *Das Brett brach m. durch*; *Der Schuss traf m. ins Schwarze*, *traf ihn m. ins Auge*, *m. ins Herz* **2** ***m. in etw.*** (*Dat*) ≈ während: *Er hat sie m. im Satz unterbrochen*; *Er schlief m. im Film ein*

mit·ten·drịn *Adv*; *gespr*; **1** (in der Mitte) zwischen anderen / anderem: *In dem Fach lag allerlei Zeug u. der gesuchte Schlüssel m.* **2** mitten in e-r Tätigkeit: *Er sagte ein Gedicht auf u. blieb m. stecken*

mit·ten·dụrch *Adv*; in der Mitte durch ⟨m. brechen, fahren, fliegen, führen *usw*⟩

mit·ten·mạng *Adv*; *nordd gespr* ≈ dazwischen

Mịt·ter·nacht (*die*); -; *nur Sg*; 24 Uhr, also 12 Uhr in der Nacht ↔ Mittag ⟨vor, gegen, um, nach M.⟩: (*Um*) *M. fährt die letzte U-Bahn* || ↑ *Übersicht unter* ***Uhrzeit*** || K-: ***Mitternachts-, -gottesdienst, -messe, -show, -stunde*** || *hierzu* **mịt·ter·nächt·lich** *Adj*; *nur attr*, *nicht adv*

mịt·ter·nachts *Adv*; um Mitternacht (herum): *M. spuken die Geister*

Mịt·ter·nachts|son·ne *die*; die Sonne, wenn sie in der Nähe des Nordpols od. Südpols im Sommer nachts nicht untergeht

mịtt·le·r- *Adj*; *nur attr*, *nicht adv*; **1** in der Mitte (1) befindlich: *Der mittlere Teil des Bratens ist noch nicht ganz gar* **2** weder alt noch jung ⟨e-e Frau / ein Mann mittleren Alters; in mittleren Jahren⟩ **3** weder besonders gut noch besonders schlecht ≈ normal, durchschnittlich (2): *ein mittleres Einkommen haben*; *mittlere Leistungen bringen* **4** ≈ durchschnittlich (1): *Die mittlere Jahrestemperatur ist in den letzten Jahren gestiegen*

mitt·ler·wei̲·le *Adv*; in der Zwischenzeit ≈ inzwischen, unterdessen

mịtt·schiffs *Adv*; in der Mitte des Schiffes

mịt·tun (*hat*) [Vi] *südd* (A) ≈ mitmachen (1)

Mịtt·woch *der*; *-s*, *-e*; der dritte (Arbeits)Tag der Woche; *Abk* Mi ⟨letzten, diesen, nächsten M.; M. früh⟩ || K-: ***Mittwoch-, -abend, -mittag, -morgen, -nacht***; ***mittwoch-, -abends, mittags*** *usw* || -K: ***Ascher-***

mịtt·wochs *Adv*; jeden Mittwoch: *Sie gehen m. immer kegeln*

mit·ụn·ter *Adv*; *geschr* ≈ manchmal: *M. raucht er nach dem Essen e-e Zigarre*

Mịt·ver·ant·wor·tung *die*; *nur Sg*; die Verantwortung, die man zusammen mit anderen hat ⟨M. tragen für etw.⟩ || *hierzu* **mịt·ver·ant·wort·lich** *Adj*

mịt·ver·die·nen; *verdiente mit*, *hat mitverdient*; [Vi] zusätzlich (zum Hauptverdiener) auch Geld verdienen ⟨e-e Frau, die Kinder⟩

mịt·wir·ken (*hat*) [Vi] **1** ***bei / an etw.*** (*Dat*) ***m.*** helfen, damit etw. getan werden kann **2** ***etw. wirkt bei etw. mit*** etw. ist bei etw. wichtig, von Bedeutung: *Bei dieser Entscheidung wirkten verschiedene Faktoren mit* **3** ***in etw.*** (*Dat*) ***m.*** (als Schauspieler) bei etw. mitspielen ⟨in e-m Film, Theaterstück m.⟩ || *hierzu* **Mịt·wir·kung** *die*; *nur Sg*; *zu* **1** u. **3** **Mịt·wir·ken·de** *der* / *die*; *-n*, *-n*

Mịt·wis·ser *der*; *-s*, *-*; j-d, der etw. über ein Verbrechen weiß, es aber nicht der Polizei sagt

Mịt·wis·ser·schaft *die*; -; *nur Sg*; das Wissen um e-e illegale Handlung od. um ein Geheimnis

mịt·wol·len (*hat*) [Vi] *gespr*; den Wunsch haben od. äußern, mit j-m irgendwohin zu gehen od. zu fahren

mịt·zäh·len (*hat*) [Vt] **1** ***j-n / etw. m.*** j-n / etw. beim Zählen berücksichtigen: *Es kommen zwanzig Gäste, Kinder nicht mitgezählt*; [Vi] **2** ***etw. zählt mit*** etw. ist in e-r Zahl enthalten: *Bei der Berechnung des Urlaubes zählen die Feiertage nicht mit*

mịt·zie·hen (*ist* / *hat*) [Vi] **1** (***mit j-m*** (*mst Pl*)) ***m.*** (*ist*) sich e-r Gruppe von Leuten anschließen, die zu Fuß gehen **2** (*hat*) sich e-r Aktion anschließen, die j-d anderer gestartet hat **3** (*hat*) *Sport*; bei e-m Lauf, Radrennen *o.Ä.* sein Tempo ebenfalls steigern, weil ein anderer es kurz zuvor getan hat; [Vt] **4** ***j-n / etw. m.*** (*hat*) ↑ ***mit-*** (2)

Mịx *der*; -, *-e*; *gespr* ≈ Mischung || -K: ***Material-***

Mị·xer *der*; *-s*, *-*; **1** ein elektrisches Gerät, mit dem man Nahrungsmittel kleiner machen od. mischen kann: *mit dem M. Eiweiß zu Schnee schlagen*; *Bananen, Milch u. Zucker mit dem M. verrühren* || -K: ***Hand-*** **2** j-d, der alkoholische Getränke mischt (2) ≈ Barmixer || *hierzu* **mị·xen** (*hat*) *Vt*

Mịx·ge·tränk *das* ≈ Cocktail

Mix·tur *die*; -, *-en*; *gespr*; e-e Mischung (*bes* als Medikament)

Mọb *der*; *-s*; *nur Sg*, *pej*; e-e wütende (Menschen)Menge, die *mst* Gewalt ausübt ≈ Pöbel

Mọb·bing *das*; *-s*; *nur Sg*; die Handlungen, bei denen Mitarbeiter e-s Unternehmens *o.Ä.* e-n Kollegen so ungerecht behandeln, dass er vor Ärger krank wird od. die Stelle aufgibt || *hierzu* **mọb·ben** *Vi*

Mö̲·bel *das*; *-s*, *-*; *mst Pl*; *mst* ziemlich große Gegenstände (wie *z.B.* ein Tisch, ein Schrank, ein Stuhl od. ein Bett), die man in e-r Wohnung, e-m Zimmer, e-m Büro *o.Ä.* benutzt ≈ Einrichtungsgegenstände ⟨neue, gebrauchte, antike, moderne M. kaufen; die M. rücken, umstellen⟩ || K-: ***Möbel-, -fabrik, -geschäft, -politur, -schreiner, -unternehmen*** || -K: ***Biedermeier-, Büro-, Garten-, Gebraucht-, Küchen-, Polster-, Sitz-, Stil-*** || ▶ ***möblieren***

Mö·bel·pa·cker *der*; *-s*, *-*; j-d, der beruflich bei e-m Umzug die Möbel verpackt u. transportiert

Mö·bel·stück *das*; ein einzelnes Möbel ⟨ein neues, praktisches M.⟩ || NB: *M.* wird oft als Singularform zu dem Plural *die Möbel* verwendet

mo·bil *Adj*; **1** nicht an e-n Ort gebunden ≈ beweglich ⟨e-e Bücherei, j-s Besitz, j-s Kapital⟩ **2** (*bes* von Militär u. Polizei) bereit, in Aktion zu treten ⟨Truppen, Verbände⟩ **3** (***j-n / etw.***) ***m. machen*** ≈ mobilisieren (1,2) || *zu* **1 Mo·bi·li·tät** *die*; -; *nur Sg*

Mo·bil·funk *der*; *-s*; *nur Sg*; ein Telefonnetz, das über Funksignale funktioniert, u. über das man mit drahtlosen Telefonen telefonieren kann

mo·bi·li·sie·ren; *mobilisierte*, *hat mobilisiert*; [Vt] **1** ***j-n m.*** j-n dazu bringen, für e-n bestimmten Zweck aktiv zu werden: *Um den Brand zu löschen, wurden alle Feuerwehrleute aus der Umgebung mobilisiert* **2** ***etw. m.*** bewirken, dass etw. (für e-n bestimmten Zweck) zur Verfügung steht ⟨alle Kräfte m.⟩; [Vt/i] **3** (***etw.***) ***m.*** in der Armee solche Vorbereitungen machen, dass bald ein Krieg geführt werden kann ⟨die Streitkräfte, die Truppen m.⟩ || *hierzu* **Mo·bi·li·sie·rung** *die*; *mst Sg*

Mo·bil·ma·chung *die*; *mst Sg*; die Vorbereitungen der Armee für den Krieg ⟨die M. anordnen⟩

Mo·bil·te·le·fon *das* ≈ Handy

möb·lie·ren; *möblierte*, *hat möbliert*; [Vt] ***etw. m.*** Möbel in e-n Raum stellen, damit man darin wohnen kann ≈ einrichten ⟨e-e Wohnung neu, modern m.; ein dürftig, altmodisch möbliertes Zimmer⟩

möb·liert 1 *Partizip Perfekt*; ↑ ***möblieren*** **2** *Adj*; *nicht adv*; *mst in* ***ein möbliertes Zimmer*** ein Zimmer, das der Besitzer mit den Möbeln darin vermietet

moch·te *Imperfekt*, *1. u. 3. Person Sg*; ↑ ***mögen***

möch·te *Konjunktiv II*, *1. u. 3. Person Sg*; ↑ ***mögen***

Möch·te·gern- *im Subst*, *wenig produktiv*, *gespr pej*; bezeichnet e-e Person, die etw. zu sein versucht, aber die Fähigkeiten dazu nicht besitzt; der ***Möchtegerndichter***, der ***Möchtegernkomponist***, der ***Möchtegernkünstler***, der ***Möchtegernstar***

Mo·dal·verb *das*; *Ling*; ein Verb, das man mit e-m anderen Verb (im Infinitiv; ohne *zu*) verbindet, um e-n Willen, e-e Erlaubnis, e-e Fähigkeit od. e-e Wahrscheinlichkeit auszudrücken: *mögen, müssen, können, dürfen, sollen u. wollen sind Modalverben*

Mo·de *die*; -, *-n*; **1** Kleidung, Frisuren u. Schmuck, wie sie in e-r bestimmten Zeit üblich u. beliebt sind ⟨e-e kleidsame, praktische, verrückte M.; die neuesten Pariser Moden vorführen, tragen⟩ || K-: ***Mode-, -branche, -fimmel, -geschäft, -journal, -magazin, -schöpfer, -tipp, -welt, -zeitschrift***; ***Moden-, -schau*** || -K: ***Damen-, Herren-, Kinder-***; ***Haar-, Hut-***; ***Frühjahrs-, Sommer-*** *usw* **2** *oft pej*; ein Verhalten (in Bezug auf Kleidung, Benehmen, auf e-e bestimmte Art von Musik, Literatur *usw*), das viele Leute zu e-r bestimmten Zeit zeigen ⟨etw. kommt, gerät, ist in M. / aus der M.; etw. ist, wird (große) M.⟩: *e-e Frisur nach der neuesten M.*; *Grillen ist jetzt groß in M.* || K-: ***Mode-, -artikel, -ausdruck, -beruf, -farbe, -tanz, -wort*** **3** ***etw. ist der M. unterworfen*** etw. ist mal weniger beliebt, mal mehr be-

Die Modalverben

Die Modalverben werden mit anderen Verben im Infinitiv verbunden und drücken dadurch besondere Bedeutungsnuancen aus, wie zum Beispiel eine Möglichkeit, eine Notwendigkeit, eine Erlaubnis oder eine Vermutung.
Es gibt die folgenden Modalverben im Deutschen:

1. **dürfen**	
– Erlaubnis:	**Die Tiere dürfen nicht gefüttert werden.**
	Darf ich Sie kurz sprechen?
– Vermutung:	**Sie dürfte bereits angekommen sein.**
2. **können**	
– Fähigkeit:	**Martina kann sehr gut Klavier spielen.**
	Ich kann ihm das nicht antun!
– Möglichkeit:	**Ich konnte dich gestern nicht mehr anrufen.**
– Vermutung:	**Ich kann mich auch getäuscht haben.**
– Erlaubnis:	**Du kannst jetzt für heute Schluss machen.**
3. **mögen**	
– Wunsch, Lust:	**Ich möchte diesen Pulli anprobieren.**
– Vermutung:	**Er mag ja Recht haben, aber er ist zu arrogant.**
4. **müssen**	
– Notwendigkeit:	**Ich muss morgen unbedingt meine Mutter anrufen!**
– Aufforderung:	**Das musst du einfach probieren!**
– sichere Vermutung:	**Er muss wohl krank sein.**
5. **sollen**	
– Auftrag, Pflicht:	**Peter soll nicht so mit ihren Gefühlen spielen.**
– Behauptung, Gerücht:	**Sie soll sehr reich sein.**
– Empfehlung:	**Du solltest mehr Sport treiben.**
– Konditionalsatz:	**Solltest du ihn treffen, frage ihn bitte nach dem Buch.**
6. **wollen**	
– Wille, Absicht:	**Susanne und Martin wollen nächsten Herbst in die Karibik reisen.**

liebt || ID ***Das sind ja ganz neue Moden / Was sind denn das für (neue) Moden?*** verwendet, um auszudrücken, dass einen ein neues Verhalten stört

mo·de·be·wusst *Adj*; ⟨Menschen⟩ so, dass sie sich nach der Mode (1) richten: *Sie kleidet sich / ist m.*

Mo·del *das*; *-s, -s* ≈ (Foto)Modell (6)

Mo·dell *das*; *-s, -e*; **1** ein kleiner Gegenstand, der e-n großen Gegenstand genau darstellt ≈ Kopie, Nachahmung: *Ein M. des Kölner Domes im Maßstab eins zu tausend*; *das M. e-s neuen Flugzeugs* || K-: ***Modell-, -eisenbahn, -flugzeug*** || -K: ***Flugzeug-, Schiffs-***; ***Papp-*** **2** e-e Person / Sache, die so gut od. perfekt ist, dass sie ein Vorbild ist ≈ Muster || K-: ***Modell-, -athlet, -charakter, -fall, -projekt*** **3** das erste Exemplar von etw., das später in großer Menge hergestellt werden soll ≈ Prototyp ⟨ein M. vorführen⟩ **4** e-e bestimmte Art e-s *mst* technischen Gerätes ≈ Typ, Fabrikat: *Sein Auto ist das neueste M.*; *Bei dieser Uhr handelt es sich um ein älteres M., das nicht mehr hergestellt wird* || -K: ***Ausstellungs-***; ***Auto-, Fahrzeug-, Kühlschrank-, Staubsauger-*** *usw* **5** e-e Person / Sache, die von e-m Künstler fotografiert, gemalt *usw* wird ≈ Vorlage ⟨j-m als M. dienen; etw. hat j-n / etw. zum M.; etw. nach e-m M. gestalten⟩ **6** j-d, dessen Beruf es ist, sich fotografieren, malen, zeichnen zu lassen ⟨als M. arbeiten⟩ || -K: ***Akt-, Foto-*** **7** ein Kleidungsstück, das nur einmal hergestellt wurde u. sehr teuer ist: *Der Mantel ist ein M. von e-m italienischen Modeschöpfer* || K-: ***Modell-, -kleid*** || -K: ***Ausstellungs-, Vorführ-*** **8** e-e Darstellung, mit der ein komplizierter Vorgang od. Zusammenhang erklärt werden soll: *ein M. des Atomkerns, des Zuckermoleküls* || -K: ***Atom-, Denk-*** **9** ≈ Entwurf ⟨das M. e-s Gesetzes, e-r Verfassung⟩ **10** *euph*; e-e Prostituierte, die man anrufen u. in ihrer Wohnung besuchen kann ≈ Callgirl || ID ***j-m M. stehen / sitzen*** vor e-m Maler, Bildhauer *o.Ä.* stehen / sitzen, damit er ein Portrait od. e-e Skulptur machen kann

mo·del·lie·ren; *modellierte, hat modelliert*; [Vt/i] ***(etw.) m.*** aus e-r weichen Substanz mit der Hand Gegenstände formen ⟨e-e Figur, ein Gesicht, ein Tier, e-e Vase *usw* (in / aus Ton, Wachs) m.⟩

Mo·dem *das*; *-s, -s*; *EDV*; ein Gerät, mit dessen Hilfe ein Computer zur Übermittlung von Daten an das Telefonnetz angeschlossen werden kann

Mo·de·pup·pe *die*; *pej*; e-e Frau, die immer nach der neuesten Mode gekleidet ist

Mo·der *der*; *-s*; *nur Sg*; die Stoffe, die entstehen, wenn etw. modert ⟨nach M. riechen; ein Geruch von M.⟩ || K-: ***Moder-, -geruch***

Mo·de·ra·tor *der*; *-s, Mo·de·ra·to·ren*; j-d, der im Rundfunk od. Fernsehen Sendungen moderiert || *hierzu* **Mo·de·ra·to·rin** *die*; *-, -nen*

mo·de·rie·ren; *moderierte, hat moderiert*; [Vt/i] ***(etw.) m.*** im Rundfunk od. Fernsehen als Sprecher (Moderator) e-e Sendung gestalten, indem man informiert, unterhält u. Kommentare gibt ⟨e-e Sendung m.⟩ || *hierzu* **Mo·de·ra·ti·on** *die*; *-, -en*

mo·de·rig *Adj*; ↑ ***modrig***

mo·dern; *moderte, hat / ist gemodert*; [Vi] ***etw. modert*** ≈ etw. fault ⟨das Holz, das Laub⟩

mo·dern *Adj*; **1** so, wie es im Augenblick zur Kultur u. Technik passt ≈ zeitgemäß ↔ veraltet, überholt: *nach modernen Methoden arbeiten*; *moderne Ansichten haben* **2** zur jetzigen Zeit gehörig ≈ aktuell ↔ alt, vergangen ⟨Kunst, ein Stil⟩: *Die moderne Staatsform ist die Demokratie, die Monarchie gehört der Vergangenheit an* **3** so, wie es gerade Mode (1,2) ist ↔ altmodisch ⟨e-e Frisur, ein Haus, ein Kleid; es ist gerade, wieder, nicht m., etw. + zu + *Infinitiv*⟩ || NB: sehr m. ≈ hochmodern || *zu* **1** u. **2** **Mo·der·ni·tät** *die*; *-, -en*; *mst Sg*

mo·der·ni·sie·ren; *modernisierte, hat modernisiert*; [Vt/i] **1** ***(etw.) m.*** etw. auf den neuesten Stand der Technik bringen ⟨e-n Betrieb, e-e Fabrik, ein altes Haus m.⟩; [Vt] **2** ***etw. m.*** etw. *bes* in Musik u. Literatur so verändern, dass es dem Geschmack u. dem Stil von heute entspricht ⟨ein klassisches Stück, e-e Oper m.⟩: *ein antikes Schauspiel in modernisierter Fassung aufführen* || *zu* **1** u. **2** **Mo·der·ni·sie·rung** *die*

mo·di·fi·zie·ren; *modifizierte, hat modifiziert*; [Vt] ***etw. m.*** *geschr*; etw. (leicht) verändern (um es den neuen Kenntnissen u. Bedingungen anzupassen) ≈ abändern, abwandeln ⟨e-e Theorie, ein Programm m.; die Methoden m.⟩ || *hierzu* **mo·di·fi·zier·bar** *Adj*; *nicht adv*; **Mo·di·fi·ka·ti·on** *die*; *-, -en*

mo·disch *Adj*; so, wie es gerade Mode (1,2) ist ≈ modern (3) ↔ altmodisch ⟨e-e Frisur, ein Kleid; sich m. kleiden⟩

mod·rig *Adj*; mit dem Geruch von faulendem Holz ⟨ein Keller, die Luft⟩

Mo·dul *das*; *-s, -e*; ein Teil e-s elektrischen Gerätes mit e-r bestimmten Funktion, das man mit anderen Teilen kombinieren u. leicht austauschen kann: *die Module e-s Farbfernsehers*

Mo·dus, **Mo·dus** *der*; *-, Mo·di*; **1** *geschr*; die Art u. Weise, wie man handelt u. wie man etw. durchführt ≈ Verfahrensweise ⟨e-n M. finden; e-n neuen M. suchen; den M. der Verhandlung bestimmen⟩: *Nach e-r langen Krise haben sie e-n M. gefunden, der beiden ein unabhängiges Leben ermöglicht* **2** *Ling*; die grammatische Kategorie des Verbs, mit der man den Willen od. die Wahrscheinlichkeit ausdrücken kann: *Indikativ, Konjunktiv u. Imperativ sind die Modi des Deutschen*

Mo·fa *das*; *-s, -s*; e-e Art Fahrrad mit e-m Motor, das höchstens 25 Kilometer pro Stunde fahren darf ⟨(ein) M. fahren⟩ || ↑ *Abb. unter* ***Motorrad***

mo·geln; *mogelte, hat gemogelt*; [Vi] ***(bei etw.) m.*** *gespr*; (*mst* bei Spielen) kleine Tricks anwenden, die gegen die (Spiel)Regeln verstoßen ≈ schwindeln ⟨beim Versteckenspielen, Würfeln, Pokern, bei e-m Test m.⟩: *Wer mogelt, darf nicht mehr mitspielen!*

Mo·gel·pa·ckung *die*; *gespr*; die große, auffällige Verpackung e-r Ware, die den Eindruck erweckt, dass sie mehr enthält, als dies der Fall ist

mö·gen[1]; *mag, mochte, hat mögen*; *Modalverb*; **1** *Infinitiv* + **m.** den Wunsch haben, etw. zu tun ≈ wollen[1], wünschen: *Sie möchte nach dem Abitur studieren*; *Möchtest du mit uns wandern?*; *Er mag nicht mit dem Rauchen aufhören*; *Ich hätte sehen mögen, wie er ins Wasser fiel!* || NB: Der Konjunktiv II (*möchte usw*) wird oft an Stelle des Präsens verwendet. Für die Vergangenheit verwendet man dann *wollen*: *Gestern wollte ich ins Kino gehen, heute möchte ich lieber zu Hause bleiben* **2** *Infinitiv* + **m.** verwendet, um auszudrücken, dass etw. möglich od. wahrscheinlich ist ≈ können[1] (5): *Er mag mit seiner Behauptung durchaus Recht haben*; *Es mag schon sein, dass der Angeklagte unschuldig ist* **3** *Fragewort* + ***mag j-d / etw. ...*** + *Partizip Perfekt* + ***sein / haben*** verwendet, wenn man sich ernsthafte Gedanken über den Verlauf e-r Handlung *o.Ä.* macht: *Wie mag das Schiff nur so schnell gesunken sein?*; *Warum mag er wohl Selbstmord begangen haben?* **4** ***j-d möge / möchte*** + *Infinitiv* in der indirekten Rede verwendet, um auszudrücken, dass j-d will, dass das Subjekt von *mögen* etw. tut ≈ sollen[1] (12): *Sie bat ihn, er möge / er möchte in ihrer Wohnung nicht rauchen* **5** ***etw. mag / möge genügen*** *geschr*; etw.

M

genügt (nach der Meinung des Sprechers): *E-e Anzahlung in Höhe von € 100 mag / möge genügen*

mö·gen²; *mag, mochte, hat gemocht*; [Vt] **1** ***j-n m.*** j-n sehr nett u. angenehm finden ≈ gern haben ↔ j-n nicht leiden können ⟨j-n gern, sehr m.⟩: *Die Schüler mögen ihre neue Lehrerin sehr* || NB: nur im Indikativ; Passiv selten! **2** ***etw. m.*** etw. gut finden ≈ gern haben, lieben (4): *Kinder mögen gerne Süßigkeiten; Magst du die Musik von Beethoven?* || NB: nur im Indikativ; kein Passiv! **3** ***etw. m.*** im Indikativ od. im Konjunktiv II verwendet, um auszudrücken, dass j-d etw. haben will ≈ wollen² (1), wünschen: *Mein Sohn möchte zu Weihnachten ein Fahrrad; „Möchtest du etwas zu essen?" - „Nein danke, ich möchte nichts mehr, ich bin schon satt"; Ich möchte nicht*, dass *ihr euch die Kleidung schmutzig macht!* || NB: kein Passiv!; [Vi] **4** ***irgendwohin m.*** den Wunsch haben, irgendwohin zu gehen, zu fahren *usw* ≈ irgendwohin wollen: *Ich mag / möchte jetzt nach Hause!* **5** Lust haben, etw. zu tun: *Morgen gehen wir in den Zoo - magst du?; „Geh jetzt ins Bett!" - „Ich mag aber nicht!"; „Schmeckt gut, die Marmelade. Möchtest du mal* (probieren)?" || NB: **a)** *mögen²* ist ein Vollverb; zusammen mit e-m Infinitiv wird es als Modalverb verwendet: ↑ ***mögen¹***; **b)** *zu* **3, 4** u. **5** ↑ *NB unter* ***mögen¹*** (1)

mög·lich *Adj*; *ohne Steigerung*; **1** so, dass es getan werden, geschehen od. existieren kann ≈ erreichbar ↔ unmöglich ⟨so bald, gut, schnell wie / als m.; j-m etw. m. machen⟩: *Er wollte alles tun, was ihm m. war, um ihr* zu *helfen*; *Wäre es m.*, dass *du mir dein Auto leihst?; Der Arzt hat alles Mögliche versucht, um ihr Leben* zu *retten* **2** so, dass es vielleicht getan wird, geschieht od. existiert ≈ denkbar, vorstellbar ↔ unmöglich ⟨etw. liegt im Bereich, im Rahmen des Möglichen⟩: *„Er ist sicher schon da." - „Schon m.!"; Ob es wohl m. ist*, dass *sie sich getrennt haben? Man sieht sie nie mehr zusammen* **3** ≈ richtig, akzeptabel ⟨e-e Antwort, e-e Lösung⟩: *Auf diese Frage gibt es mehrere mögliche Antworten - deine Antwort ist aber nicht m., sie ist falsch* **4** ***alle möglichen*** + *Pl*; ***alles Mögliche*** *gespr* ≈ vielerlei: *Sie kennt alle möglichen Leute; Sie waren auf alle möglichen Schwierigkeiten / alles Mögliche vorbereitet, aber darauf nicht* **5** ***sein Möglichstes tun*** alles tun, was man tun kann || ID ***Man sollte es nicht für m. halten!*** verwendet, um auszudrücken, dass man sehr überrascht (u. oft verärgert) ist || ► ***ermöglichen***

mög·li·cher·wei·se *Adv* ≈ vielleicht, eventuell

Mög·lich·keit *die*; -, *-en*; **1** verwendet, um auszudrücken, dass (theoretisch) etw. sein od. geschehen kann (aber nicht sein od. geschehen muss) ↔ Notwendigkeit, Wahrscheinlichkeit ⟨es besteht die M., dass ...; mit e-r M. rechnen, an e-r M. zweifeln⟩: *Es besteht die M.*, dass *auf anderen Planeten auch Menschen leben. Die M. ist vorhanden, aber die Wahrscheinlichkeit ist nicht groß* **2** ***die M.*** (+ ***zu*** + *Infinitiv*) e-e (günstige) Situation, in der etw. möglich ist ≈ Gelegenheit, Chance ⟨e-e M. ergreifen; von e-r M. Gebrauch machen; die, kaum, wenig, keine M. haben⟩: *Hast du die M., mich vom Büro aus anzurufen?; Es gibt keine M., sein Leben zu retten; Er gab ihr die M., sich bei ihm zu entschuldigen; Ich hatte leider keine M., dir zu schreiben, ich war zu beschäftigt* || -K: (*mit Pl*) ***Aufstiegs-, Erholungs-, Verdienst-*** **3** e-e Art, wie man etw. tun kann ≈ Alternative: *Es gibt mehrere Möglichkeiten, e-e Bitte zu formulieren; Er probierte verschiedene Möglichkeiten, bevor er die richtige Lösung fand* **4** *nur Pl*; die Fähigkeit, etw. zu tun ⟨die finanziellen, intellektuellen Möglichkeiten⟩ **5** ***nach M.*** wenn es möglich ist ≈ unter Umständen: *Könntest du heute nach M. länger bleiben?*

mög·lichst *Adv*; **1** ***m.*** + *Adj / Adv* ≈ so + Adj. / Adv. wie möglich: *Er versuchte, die Fragen m. schnell* (= so schnell wie möglich) *zu beantworten* **2** wenn es möglich (1) ist ≈ nach Möglichkeit: *Versuche doch m., heute pünktlich zu kommen*

Mo·ham·me·da·ner *der*; *-s*, -; j-d, der zur Religion des Islam gehört ≈ Moslem || *hierzu* **Mo·ham·me·da·ne·rin** *die*; -, *-nen*

Mohn *der*; *-s*; *nur Sg*; **1** e-e Pflanze mit *mst* großen roten Blüten. Aus manchen Arten von Mohn kann man Opium gewinnen || K-: ***Mohn-, -blume*** || NB: ↑ ***Klatschmohn***, ***Schlafmohn*** **2** die (Samen)Körner dieser Pflanze ⟨M. mahlen⟩: *ein Brötchen mit M. bestreuen* || K-: ***Mohn-, -brötchen, -kuchen***

Mohr *der*; *-en, -en*; *veraltet* ≈ Neger || ID ***Der M. hat seine Schuldigkeit getan, der M. kann gehen*** verwendet, um auszudrücken, dass man sich ungerecht behandelt fühlt, weil man nicht mehr erwünscht ist, sobald man nicht mehr gebraucht wird || NB: *der Mohr*; *den, dem, des Mohren*

Möh·re *die*; -, *-n*; **1** e-e Pflanze mit e-r länglichen, orangen Wurzel, die man als Gemüse anbaut ≈ Karotte **2** die Wurzel dieser Pflanze, die man isst ⟨Möhren schaben, kochen⟩: *Hasen fressen gern Möhren* || ↑ *Abb. unter* ***Gemüse*** || K-: ***Möhren-, -saft***

Moh·ren·kopf *der*; e-e süße, schaumige Masse mit Schokoladenüberzug

Mohr·rü·be *die*; *nordd* ≈ Möhre

Mo·kick *das*; *-s, -s*; ein Moped, das man nicht mit e-m Pedal, sondern mit e-m Hebel (mit dem Fuß) startet

mo·kie·ren, sich; *mokierte sich, hat sich mokiert*; [Vr] ***sich (über j-n / etw.) m.*** *geschr*; (mit leichter Arroganz) über j-n / etw. spotten: *Sie mokiert sich* darüber, dass *er immer altmodische Hosen trägt*

Mok·ka *der*; *-s, -s*; **1** *nur Sg*; ein sehr starker Kaffee, den man *mst* aus kleinen Tassen trinkt: *nach dem Essen e-n M. trinken* || K-: ***Mokka-, -löffel, -tasse*** **2** die Kaffeesorte, aus der man M. (1) macht

Molch *der*; *-(e)s, -e*; ein Tier (e-e Amphibie), das im Wasser lebt u. das wie e-e Eidechse aussieht

Mo·le *die*; -, *-n*; *mst* e-e Art Mauer, die den Hafen vor den Wellen schützt || -K: ***Hafen-***

Mo·le·kül *das*; *-s, -e*; eines der Teilchen, in die man e-e Substanz zerlegen kann, ohne dass sie ihre chemischen Eigenschaften verliert, u. das aus zwei od. mehr Atomen besteht: *Ein M. des Wassers besteht aus zwei Wasserstoffatomen u. einem Sauerstoffatom* || K-: ***Molekular-, -biologie, -gewicht*** || -K: ***Wasser-, Zucker-***

molk *Imperfekt, 1. u. 3. Person Sg*; *veraltend*; ↑ ***melken***

Mol·ke *die*; -; *nur Sg*; die weißgelbe Flüssigkeit, die von der Milch zurückbleibt, wenn man Käse od. Quark herstellt || K-: ***Molke-, -pulver***

Mol·ke·rei *die*; -, *-en*; ein Betrieb, der Butter, Käse, Joghurt *usw* aus Milch herstellt ≈ Käserei || K-: ***Molkerei-, -produkt***

Mol·ke·rei·but·ter *die*; Butter mittlerer Qualität || NB: ↑ ***Markenbutter***

Moll *das*, -; *nur Sg*, *Mus*; verwendet als Bezeichnung für Tonarten, die vom zweiten zum dritten Ton Halbtöne haben ↔ Dur || K-: ***Moll-, -tonart, -tonleiter*** || -K: ***b-Moll, c-Moll*** *usw*

mol·lig *Adj*; *gespr*; **1** angenehm dick ≈ rundlich ↔ hager: *Im Barock galten mollige Frauen als besonders schön* **2** weich u. warm ⟨ein Pullover⟩ **3** angenehm warm: *Hier am Ofen ist es m. warm*

Mo·lo·tow·cock·tail [-tɔf-] *der*; e-e Flasche, die mit Benzin *usw* gefüllt ist u. wie e-e kleine Bombe wirkt: *Die Demonstranten warfen mit Molotowcocktails*

M

Mo·ment[1] *der*; *-(e)s, -e*; **1** ≈ Augenblick ⟨der entscheidende, richtige M.; e-n M. warten, zögern, Zeit haben; im letzten M.⟩ **2** ***im M.*** jetzt[1] (1) || ID ***M.*** (***mal***)***!*** *gespr*; **a)** verwendet, um e-e plötzliche Idee einzuleiten: *M.* (*mal*), *da fällt mir etw. ein!*; **b)** verwendet, um j-m zu sagen, dass er etw. nicht tun darf: *He! M. mal, wo wollen Sie denn hin?*; ***e-n lichten M. haben*** *gespr hum*; ausnahmsweise einmal etw. verstehen

Mo·ment[2] *das*; *-(e)s, -e*; etw., das für ein Geschehen sehr wichtig ist ≈ Element, Faktor ⟨das auslösende, entscheidende, treibende M.⟩: *Seine Entschuldigung brachte ein versöhnliches M. in die Diskussion*; *Sie machte sich das M. der Überraschung zunutze* || -K: ***Gefahren-, Überraschungs-, Verdachts-***

mo·men·tan *Adj*; *nur attr od adv* ≈ augenblicklich (1): *Sein momentaner Zustand / Die momentane Lage ist beunruhigend*; *Ich kann mich m. nicht erinnern*

Mo·narch *der*; *-en, -en*; j-d, der allein über ein Reich herrscht u. als Zeichen seiner Rechte e-e Krone trägt: *Ein König u. ein Kaiser sind Monarchen* || NB: *der Monarch*; *den, dem, des Monarchen* || *hierzu* **Mo·nar·chin** *die*; *-, -nen*; **mo·nar·chisch** *Adj*

Mo·nar·chie *die*; *-, -n* [-iːən]; **1** e-e Staatsform, in der ein König od. Kaiser herrscht ↔ Republik **2** ***e-e konstitutionelle M.*** e-e M. (1), in der der Monarch (mit wenig Macht) den Staat repräsentiert u. die politischen Entscheidungen von Parlament u. Regierung getroffen werden **3** ***e-e absolute M.*** e-e M. (1), in der der Monarch allein regiert

Mo·nar·chist *der*; *-en, -en*; j-d, der die Staatsform der Monarchie für sehr gut hält || NB: *der Monarchist*; *den, dem, des Monarchisten* || *hierzu* **mo·nar·chis·tisch** *Adj*

Mo·nat *der*; *-s, -e*; **1** einer der zwölf Teile e-s Jahres ⟨der heißeste, schönste, kürzeste M. im Jahr; die kältesten Monate des Jahres; jeden M.; im nächsten, letzten, kommenden M.⟩: *Die Miete muss bis zum 3. des Monats gezahlt werden* || K-: ***Monats-, -anfang, -beginn, -ende, -hälfte, -lohn, -mitte, -name***; ***monate-, -lang*** || -K: ***Ernte-, Frühlings-, Herbst-, Kalender-, Sommer-, Winter-*** || NB: Die Monate heißen *Januar, Februar, März, April, Mai, Juni, Juli, August, September, Oktober, November, Dezember* **2** ein Zeitraum von (ungefähr) vier Wochen ⟨in, vor einem M.; nach zwei Monaten; für mehrere Monate⟩: *Seine Tochter ist jetzt drei Monate alt* **3** ***im*** ⟨dritten, vierten *usw*⟩ ***M. sein*** *gespr*; seit drei, vier *usw* Monaten schwanger sein **4** ⟨zwei, drei *usw*⟩ ***Monate bekommen*** *gespr*; zu zwei, drei *usw* Monaten Gefängnis verurteilt werden

-mo·na·tig *im Adj, wenig produktiv, nur attr, nicht adv*; die genannte Zahl von Monaten dauernd; ***einmonatig, zweimonatig, dreimonatig*** ⟨ein Aufenthalt⟩

mo·nat·lich *Adj*; *nur attr od adv*; **1** jeden Monat stattfindend, pro Monat: *Sie kommt m. zweimal / zweimal m. zu Besuch*; *Sein monatliches Einkommen beträgt dreitausend Euro* **2** so, dass es einen Monat dauert: *e-e monatliche Kündigungsfrist haben*; *etw. geschieht in monatlichen Abständen*

-mo·nat·lich *im Adj, wenig produktiv, nur attr od adv*; in Abständen, die jeweils die genannte Zahl von Monaten dauern; ***zweimonatlich, dreimonatlich, viermonatlich*** *usw*

Mo·nats·ge·halt *das*; **1** das Geld, das ein Beamter od. Angestellter jeden Monat für seine Arbeit bekommt **2** ***das 13. M.*** ein zusätzliches Gehalt, das *mst* zu Weihnachten gezahlt wird

Mönch *der*; *-s, -e*; **1** ein Mann, der der Religion in besonderer Weise sein ganzes Leben lang dient (*z.B.* auch nicht heiratet u. *mst* in e-m Kloster lebt) ↔ Nonne ⟨buddhistische, christliche Mönche⟩ || K-: ***Mönchs-, -gewand, -kloster, -kutte*** || -K: ***Benediktiner-, Bettel-, Dominikaner-, Franziskaner-, Wander-*** **2** ***wie ein M. leben*** ein Leben ohne Luxus u. ohne sexuelle Kontakte führen || *hierzu* **mön·chisch** *Adj*

Mond *der*; *-(e)s, -e*; **1** *nur Sg*; der große, runde Körper, der sich in 28 Tagen um die Erde dreht u. in der Nacht am Himmel zu sehen ist ↔ Sonne, Sterne ⟨zum M. fliegen; der erste Mensch auf dem M.⟩ || K-: ***Mond-, -fähre, -flug, -gestein, -landung, -oberfläche, -rakete, -sonde, -umlaufbahn*** **2** der M. (1), wie man ihn zu bestimmten Zeiten sehen kann ⟨abnehmender, zunehmender M.; der M. geht auf / unter, steht am Himmel, hat e-n Hof; die Scheibe, Sichel des Mondes⟩ || K-: ***Mond-, -aufgang, -nacht, -sichel, -untergang*** || -K: ***Halb-, Neu-, Voll-***; ***Silber-***; ***Tag-*** **3** ein Körper, der um e-n Planeten kreist ≈ Trabant: *Der Planet Mars hat zwei Monde* || -K: ***Erd-, Mars-, Saturn-*** *usw* **4** etw., das die Form e-s Halbkreises hat: *Monde ausstechen u. backen*; *Seine Fingernägel haben große Monde* || ID ***auf / hinter dem M. leben*** *gespr*; hinter der Zeit zurück sein; ***j-d könnte / möchte j-n auf den / zum M. schießen*** *gespr*; j-d ärgert sich sehr über j-n u. will ihn loswerden; *mst* ***Das kannst du*** (***dir***) ***in den M. schreiben*** *gespr*; das musst du als verloren aufgeben

mon·dän *Adj*; ⟨ein Badeort; e-e Frau, Kleidung, ein Lokal⟩ so, dass sie ihre Eleganz deutlich zeigen ≈ vornehm: *Cannes ist ein mondäner Badeort*

Mond·fins·ter·nis *die*; der Vorgang, bei dem der volle Mond in den Schatten der Erde tritt ⟨e-e partielle, totale M.⟩

Mond·lan·de|fäh·re *die*; ein Fahrzeug, mit dem man auf dem Mond landen u. wieder zum Raumschiff zurückkehren kann

Mond·schein *der*; das Licht des Mondes || ID *mst* ***Du kannst mir*** (***mal***) ***im M. begegnen!*** *gespr*; lass mich in Ruhe, ich werde deine Wünsche nicht erfüllen

mond·süch·tig *Adj*; *ohne Steigerung, nicht adv*; ⟨ein Mensch⟩ so, dass er nachts aufsteht u. schlafend umhergeht || *hierzu* **Mond·süch·tig·keit** *die*; *nur Sg*

mo·ne·tä·r- *Adj*; *nur attr, nicht adv*; *Ökon*; in Bezug auf das Geld od. die Währung ⟨Schwierigkeiten, die Situation⟩

Mo·ne·ten *die*; *Pl*, *gespr* ≈ Geld

mo·nie·ren; *monierte, hat moniert*; [Vt] ***etw.*** (***an etw.*** (*Dat*)) ***m.*** *geschr*; Fehler an etw. bemerken u. tadeln ≈ beanstanden, bemängeln ⟨e-e Rechnung m.; Mängel m.⟩

Mo·ni·tor *der*; *-s, -e / auch Mo·ni·to·ren*; **1** ein Bildschirm, auf dem man beobachten kann, was e-e Kamera irgendwo filmt: *Die Polizei beobachtet den Verkehr am M.* || K-: ***Monitor-, -überwachung*** **2** der Bildschirm e-s Computers || ↑ *Abb. unter* ***Computer*** || -K: ***Farb-***

mo·no *Adj*; *nur präd od adv*; nur auf einem Kanal aufgenommen od. zu hören ↔ stereo ⟨e-e Schallplatte m. abspielen; e-e Radiosendung m. hören⟩ || K-: ***Mono-, -sendung***

mo·no-, Mo·no- *im Adj u. Subst, wenig produktiv, geschr*; nur eines ↔ poly-, Poly-; ***monochrom*** (mit einer Farbe) ⟨e-e Aufnahme, ein Bildschirm⟩, ***monolithisch*** (aus einem Stück) ⟨ein Felsblock⟩, ***monotheistisch*** (mit einem Gott) ⟨e-e Religion⟩, der ***Monolith***

Mo·no·ga·mie *die*; *-*; *nur Sg*; das Zusammenleben mit nur einem Mann od. einer Frau als Partner ≈ Einehe ↔ Bigamie, Polygamie

Mo·no·gramm *das*; *-s, -e*; jeweils der erste Buchstabe des Vor- u. Familiennamens: *ein Tuch mit M.*

M

Mo·no·kul·tur, **Mo·no·kul·tur** *die*; **1** *nur Sg*; der (ständige) Anbau e-r einzigen Pflanzenart auf e-r Fläche ↔ Mischkultur **2** e-e (Acker)Fläche, auf der etw. in M. (1) wächst

Mo·no·log *der*; *-s, -e*; **1** e-e (lange) Rede e-r einzelnen Person ohne Partner (*bes* in Theaterstücken od. Filmen) ≈ Selbstgespräch ↔ Dialog ⟨e-n M. halten⟩ **2** ***innerer M.*** *Lit*; die Gedanken, Überlegungen, Reaktionen *o.Ä.* e-r Person in e-m Roman od. e-r Erzählung, die in der Ichform wiedergegeben, aber nicht laut ausgesprochen werden

Mo·no·pol *das*; *-s, -e*; ***das M.*** (***auf etw.*** (*Akk*)) das absolute Recht, die absolute Kontrolle über die Produktion e-r Ware od. das Bereitstellen e-r Dienstleistung ≈ Alleinrecht ⟨das M. auf etw. haben; ein M. ausüben; etw. ist j-s M.⟩: *Die Herstellung u. der Verkauf von Zündhölzern war lange Zeit ein staatliches M.* || K-: ***Monopol-, -inhaber, -stellung*** || -K: ***Bildungs-, Handels-, Informations-, Staats-, Steuer-*** || *hierzu* **mo·no·po·lis·tisch** *Adj*

mo·no·ton *Adj*; so, dass dasselbe ständig wiederholt wird u. somit langweilig ist ≈ eintönig ↔ abwechslungsreich ⟨Arbeit, Musik⟩: *die monotone Arbeit am Fließband* || *hierzu* **Mo·no·to·nie** *die*; *mst Sg*

Mons·ter *das*; *-s, -*; ein Wesen, das einem Angst macht (weil es so groß, hässlich od. böse ist) ≈ Ungeheuer || K-: ***Monster-, -film*** || *hierzu* **mons·ter·haft** *Adj*

Mons·ter- *im Subst, begrenzt produktiv, gespr pej*; viel zu groß ≈ Mammut-, Riesen- ↔ Mini-; e-e ***Monsteranlage***, ein ***Monsterbau*** ⟨der Industrie⟩, das ***Monsterprogramm*** ⟨e-r Tagung⟩, der ***Monsterprozess*** ⟨gegen die Terroristen⟩

monst·rös, *monströser, monströsest-*; *Adj*; **1** *geschr*; mit Eigenschaften e-s Monsters **2** viel zu groß u. *mst* auch hässlich: *ein monströses Bauwerk* || *hierzu* **Monst·ro·si·tät** *die*; *-, -en*

Monst·rum *das*; *-s, Monst·ren*; **1** ≈ Monster **2** ein Mensch, der zu sehr grausamen Taten fähig ist: *Um j-n so zu quälen, muss man ein wahres M. sein* **3** ***ein M.*** (***von etw.***) *gespr*; etw., das viel zu groß u. *mst* auch hässlich ist ⟨ein M. von e-m Koffer, Kasten, Kürbis⟩: *Der Schrank war ein solches M., dass wir ihn nicht durch die Tür brachten*

Mon·sun *der*; *-s, -e*; ein Wind in Süd- u. Ost-Asien, der alle sechs Monate die Richtung wechselt u. im Sommer starken Regen bringt || K-: ***Monsun-, -regen, -zeit***

Mon·tag *der*; *-s, -e*; der erste (Arbeits)Tag der Woche; *Abk* Mo ⟨am M.; letzten, diesen, nächsten M.; M. früh⟩ || K-: ***Montag-, -abend, -mittag, -morgen, -nacht***; ***montag-, -abends, -mittags*** *usw* || -K: ***Oster-, Pfingst-***

Mon·ta·ge [-ˈtaːʒə] *die*; *-, -n*; **1** das Montieren (1,2): *Bei der M. der Waschmaschine fehlte ein Schlauch* || K-: ***Montage-, -abteilung, -anleitung, -halle, -satz, -teil*** **2** ein Bild *o.Ä.*, das aus verschiedenen Teilen zusammengesetzt wird ≈ Collage ⟨Fotos, Zeitungsausschnitte zu e-r M. zusammenfügen, kleben⟩ || -K: ***Bild-, Foto-*** **3** das Herstellen e-s Films aus verschiedenen Teilen, die zusammengestellt u. zu e-m Filmband geklebt werden || -K: ***Film-*** **4** ***auf M.*** *gespr*; längere Zeit von zu Hause weg, um mit der M. (1) auf e-r Baustelle Geld zu verdienen ⟨auf M. gehen, sein⟩

mon·tags *Adv*; jeden Montag: *Das Restaurant hat m. Ruhetag*

Mon·tan·in·dust·rie *die*; die Industrie, die Kohle fördert u. Stahl herstellt u. verarbeitet

Mon·teur [-ˈtøːɐ] *der*; *-s, -e*; j-d, der beruflich etw. montiert (1)

mon·tie·ren; *montierte, hat montiert*; [Vt] **1** ***etw. m.*** mehrere Teile fest miteinander verbinden, sodass ein fertiges Gerät od. e-e Konstruktion entsteht ↔ abmontieren: *aus Stahlträgern e-e Brücke m.*; *am Fließband Autos m.* **2** ***etw. m.*** etw. *mst* mit Schrauben an e-m Ort befestigen ↔ abmontieren: *e-n Gepäckträger (auf das / dem Autodach) m.*; *Wenn die Lampen montiert sind, sind wir fertig*

Mo·nu·ment *das*; *-s, -e*; ***ein M.*** (***für j-n / etw.***) ≈ Denkmal, Mahnmal: *ein M. für die Opfer des 2. Weltkriegs errichten*

mo·nu·men·tal *Adj*; sehr groß u. deshalb beeindruckend ≈ gewaltig ⟨ein Gemälde, e-e Plastik, ein Gebäude; etw. wirkt m.; etw. m. gestalten⟩: *Den Mt. Everest zu bezwingen, war e-e monumentale Leistung* || K-: ***Monumental-, -bau, -film, -gemälde, -werk*** || *hierzu* **Mo·nu·men·ta·li·tät** *die*; *nur Sg*

Moor *das*; *-s, -e*; ein Gebiet mit e-m sehr nassen u. weichen Boden, auf dem *bes* Gras u. Moos wachsen ⟨ein gefährliches, unheimliches M.; im M. versinken, umkommen; sich im M. verirren; ein M. trockenlegen⟩ || K-: ***Moor-, -boden, -erde, -pflanze*** || *hierzu* **moo·rig** *Adj*; *nicht adv*

Moos *das*; *-es, -e*; **1** e-e Pflanze, die auf feuchtem Boden od. auf Bäumen wächst u. dort kleine, grüne Polster bildet: *Der Baumstumpf war von M. überwachsen* || K-: ***Moos-, -pflanze, -polster***; ***moos-, -grün, -bedeckt*** **2** *nur Sg*; ein Polster von solchen Pflanzen **3** *südd* Ⓐ Ⓒⓗ ≈ Moor **4** *nur Sg, gespr* ≈ Geld || ► ***bemoost, vermoosen***

Mo·ped *das*; *-s, -s*; ein Fahrzeug mit zwei Rädern u. e-m Motor, das höchstens 40 Kilometer pro Stunde fahren darf ⟨(ein) M. fahren⟩: *Für das M. braucht man e-n Führerschein Klasse 5* || K-: ***Moped-, -fahrer, -führerschein***

Mops *der*; *-es, Möp·se*; ein kleiner Hund mit kurzen Haaren u. Beinen, e-m dicken Körper u. e-r breiten, flachen Schnauze **2** *nur Pl, gespr!* verwendet, um große Brüste zu beschreiben **3** *nur Pl, gespr* ≈ Geld

mop·sen; *mopste, hat gemopst*; [Vt] ***(j-m) etw. m.*** *gespr* ≈ j-m etw. stehlen: *Wer hat mir meinen Bleistift gemopst?*

Mo·ral[1] *die*; *-*; *nur Sg*; **1** die (ungeschriebenen) Regeln, die in e-r Gesellschaft bestimmen, welches Verhalten e-s Menschen als gut u. welches als schlecht gilt ≈ Ethik ⟨die bürgerliche, christliche, sozialistische M.; gegen die M. verstoßen; die M. verletzen⟩ || K-: ***Moral-, -begriff, -lehre, -vorstellungen, -theologie*** **2** die Art, wie sich j-d nach den Regeln der M.[1] (1) richtet ⟨e-e lockere, strenge M. haben⟩: *Er hat e-e doppelte M. - die Ansprüche, die er an andere stellt, gelten nicht für ihn selbst*

Mo·ral[2] *die*; *-*; *nur Sg*; das Vertrauen in die eigenen Fähigkeiten ≈ Selbstvertrauen ⟨j-s M. ist gut, schlecht, ungebrochen; j-s M. stärken, schwächen⟩: *Nach der Niederlage sank die M. der Mannschaft*

Mo·ral[3] *die*; *-*; *nur Sg*; etw., das man aus e-r Geschichte lernen kann (u. in Fabeln am Schluss steht)

Mo·ral·apos·tel *der*; *pej* ≈ Moralist

mo·ra·lisch *Adj*; **1** *nur attr od adv*; in Bezug auf die Moral[1] (1) ≈ sittlich ⟨Druck, Zwang, Bedenken, Skrupel⟩: *Er fühlte sich m. dazu verpflichtet, ihr zu helfen* **2** so, dass man sich an die Regeln der Moral hält ≈ sittlich ↔ unmoralisch ⟨ein Lebenswandel, ein Verhalten⟩ || ID ***einen / den Moralischen haben*** *gespr*; **a)** ein schlechtes Gewissen haben; **b)** deprimiert sein

Mo·ra·list *der*; *-en, -en*; *oft pej*; j-d, der sich streng an die Regeln der Moral hält u. andere kritisiert, wenn sie nicht danach handeln || NB: *der Moralist*; *den, dem, des Moralisten*

Mo·ral·pre·digt *die*; *mst in* ***j-m e-e M. halten*** *oft pej*; j-n tadeln u. ihm sagen, wie er sich verhalten muss (um nicht gegen die Moral[1] (1) zu verstoßen)

Mo·rạst *der*; *-(e)s*, *-e* / *Mo·räs·te*; *mst Sg*; **1** ein Boden, der (*mst* nach e-m starken Regen) sehr nass u. weich ist ≈ Schlamm ⟨im M. stecken bleiben, versinken; etw. verwandelt sich in e-n M.⟩ **2** ***ein M. an etw.*** (*Dat*) ein Bereich des moralischen Verfalls: *ein M. an Korruption* || *zu* **1 mo·rạs·tig** *Adj*; *nicht adv*

mor·bi̲d, **mor·bi̲·de** *Adj*; *nicht adv*, *geschr*; **1** ⟨e-e Blässe; ein Geschlecht⟩ so, dass sie krank u. kraftlos aussehen **2** in e-m Zustand, in dem es relativ wenig Ordnung, aber schlechte Sitten gibt ≈ dekadent ⟨e-e Gesellschaft, die gesellschaftlichen Verhältnisse⟩ || *hierzu* **Mor·bi·di·tä̲t** *die*; *nur Sg*

Mọrd *der*; *-es*, *-e*; ***der M.*** (***an j-m***) e-e kriminelle Tat, die darin besteht, dass j-d einen (od. mehrere) Menschen mit Absicht tötet ⟨e-n M. begehen, verüben, aufklären; j-n des Mordes verdächtigen; j-n wegen Mord(es) anklagen, verurteilen; j-n zu e-m / zum M. anstiften; ein grausamer, politischer M.; ein M. aus Eifersucht⟩ || K-: ***Mord-, -anklage, -anschlag, -drohung, -plan, -verdacht, -versuch, -waffe*** || -K: ***Gatten-, Massen-, Raub-, Sexual-, Völker-*** || ID ***M. u. Totschlag*** *gespr*; ein schlimmer, gefährlicher Streit; ***das ist*** (***der reine, reinste, glatte***) ***M.!*** *gespr*; das ist sehr anstrengend od. gefährlich || NB: ↑ ***Totschlag***, ↑ ***Tötung*** || ► ***Ermordung***

mọr·den; *mordete*, *hat gemordet*; [Vt/i] ***(j-n) m.*** einen od. *mst* mehrere Morde begehen || ► ***ermorden***

Mö̲r·der *der*; *-s*, *-*; ein Mann, der e-n Mord begangen hat ⟨der mutmaßliche M.; zum M. werden; den M. verfolgen, fassen, verurteilen⟩ || -K: ***Massen-, Raub-*** || *hierzu* **Mö̲r·de·rin** *die*; *-*, *-nen*

Mö̲r·der·gru·be *die*; ↑ ***Herz***

mö̲r·de·risch **1** *Adj*; so, dass j-d dabei getötet wird / werden soll ⟨ein Kampf, ein Treiben; in mörderischer Absicht (auf j-n losgehen)⟩ **2** *Adj*; *gespr*; unangenehm groß, stark od. intensiv ⟨Gedränge, Geschrei, Hitze, Kälte, Tempo⟩ **3** *Adv*; *gespr*; verwendet, um Adjektive od. Verben negativ zu verstärken ≈ sehr: *m. heiß*; *Das tut m. weh*

Mọrd·kom·mis·si·on *die*; e-e Abteilung der (Kriminal)Polizei, die sich *bes* mit der Aufklärung von Morden beschäftigt

Mọrds- *im Subst*, *sehr produktiv*, *gespr*; verwendet, um auszudrücken, dass etw. sehr groß, sehr stark od. sehr intensiv ist ≈ Riesen-; ein ***Mordsding***, ein ***Mordsdreck***, ein ***Mordsdurst***, ein ***Mordsgeschrei***, ein ***Mordsglück***, ein ***Mordshunger***, ein ***Mordskrach***, ein ***Mordslärm***, ein ***Mordsrausch***, ein ***Mordsschreck(en)***, ein ***Mordsspaß***, ein ***Mordsspektakel***, e-e ***Mordswut***

Mọrds·kerl *der*; *gespr*; verwendet, um auszudrücken, dass ein Mann sehr groß u. stark od. sehr kameradschaftlich u. anständig ist

mọrds·mä·ßig *Adj*; *ohne Steigerung*; **1** *nur attr*, *nicht adv*, *gespr*; sehr stark, groß od. intensiv: *e-e mordsmäßige Wut haben* **2** *nur adv*, *gespr*; verwendet, um Adjektive od. Verben zu verstärken ≈ sehr: *Ich habe ihn m. gern*

Mo̲·res *die*; *Pl*; *mst in* **Ich werde / Das wird dich M. lehren!** *gespr*; verwendet, um auszudrücken, dass man j-n für sehr schlechtes Benehmen bestrafen will od. dass etw. e-e gerechte Strafe dafür ist

mọr·gen *Adv*; **1** an dem Tag, der auf heute folgt ↔ gestern, heute ⟨m. Abend, früh, Mittag, Nachmittag; bis, für m.⟩: *Sie hat m. Geburtstag*; *Warte damit bis m.*; *Er hat mich für m. Abend eingeladen* || NB: mit Adverbien der Zeit immer vor dem Adverb verwendet **2** die / in der Zukunft: *die Gesellschaft*, *die Technik von m.* **3** ***m.*** (***in einer Woche, in einem Jahr*** *usw*) am gleichen Tag der Woche / des Monats wie m. (2), nur eine Woche, ein Jahr *usw* später: *Er hat m. in einem Monat Geburtstag*; *M. in einem Jahr feiern sie ein Jubiläum* || ID ***M. ist auch noch ein Tag*** das muss nicht heute noch erledigt werden

Mọr·gen[1] *der*; *-s*, *-*; **1** die (Tages)Zeit vom Aufgehen der Sonne bis ungefähr 11 Uhr ≈ Frühe ↔ Abend ⟨ein kühler, strahlender, trüber M.; der Morgen bricht an, graut; am (frühen / späten) M., früh / spät am M.⟩ || K-: ***Morgen-, -andacht, -dämmerung, -frühe, -gebet, -himmel, -sonne, -spaziergang, -stunde, -zeitung*** || -K: ***Oster-, Sonntag-, Sommer-, Winter-*** *usw*; ***Sonntag-, Montag-*** *usw* **2** am M.[1] (1) ⟨gestern, heute M.⟩ || NB: mit Namen von Wochentagen zusammengeschrieben: *Sie kam Montagmorgen* **3** *nur Sg*, *veraltet* ≈ Osten ⟨gegen, gen M.⟩ **4** ***e-s*** (***schönen***) ***Morgens*** an e-m M.[1] (1) **5** ***des Morgens*** *geschr* ≈ morgens **6** ***Guten M.!*** verwendet als Gruß am M.[1] (1) ⟨j-m e-n Guten / guten M. wünschen⟩ **7** ***M. für M.*** jeden M.[1] (1) || ID ***frisch / schön wie der junge M.*** jung u. schön || *zu* **1 mọr·gend·lich** *Adj*; *nur attr*, *nicht adv*

Mọr·gen[2] *das*; *-s*; *nur Sg* ≈ Zukunft ↔ Heute, Gestern: *Sie glaubte, es gäbe kein M. für sie*

Mọr·gen[3] *der*; *-s*, *-*; *veraltend*; verwendet als Maß für die Größe e-s Feldes od. Gebietes. Ein M. hat ca. 3000m² ⟨ein M. Acker, Land⟩

Mọr·gen·grau·en *das*; *-s*; *nur Sg*; die Zeit kurz vor dem Aufgang der Sonne ≈ Morgendämmerung ⟨im M. aufstehen⟩

Mọr·gen·luft *die*; *nur Sg*; die kühle u. frische Luft am Morgen || ID ***M. wittern*** *oft hum*; e-e gute Chance auf Erfolg sehen (u. deshalb aktiv werden)

Mọr·gen·muf·fel *der*; *gespr*, *oft hum*; j-d, der morgens nach dem Aufstehen oft schlechte Laune hat und wenig spricht

mọr·gens *Adv*; am Morgen[1] (1) ↔ abends

mọr·gi·g- *Adj*; *nur attr*, *nicht adv*; den Tag betreffend, der auf heute folgt ↔ gestrig-: *Er hat Angst vor dem morgigen Tag*

Mọr·phi·um *das*; *-s*; *nur Sg*; ein Schmerzmittel, das aus Opium hergestellt wird u. süchtig machen kann; *Med*, *Chem* Morphin || K-: ***Morphium-, -spritze, -sucht***; ***morphium-, -süchtig***

mọrsch, *morscher*, *morschest-*; *Adj*; *nicht adv*; durch Feuchtigkeit od. hohes Alter weich u. brüchig geworden ↔ stabil ⟨Holz, ein Balken, ein Brett, e-e Treppe⟩ || *hierzu* **Mọrsch·heit** *die*; *nur Sg*

Mọr·se·al·pha·bet *das*; *nur Sg*; ein Alphabet, dessen Buchstaben aus Punkten u. Strichen bestehen, die kurzen und langen elektrischen Impulsen entsprechen, mit denen man Nachrichten sendet

mọr·sen; *morste*, *hat gemorst*; [Vt/i] ***(etw.) m.*** e-e Nachricht mit dem Morsealphabet senden ⟨SOS m.⟩ || K-: ***Morse-, -apparat***

Mö̲r·ser *der*; *-s*, *-*; e-e kleine Schüssel *mst* aus Porzellan od. Messing, in der man etw. mit e-r Art kleiner Keule (dem Stößel) zu Pulver macht: *Körner im M. zerreiben*, *zerstoßen*

Mọr·se·zei·chen *das*; ein Symbol aus dem Morsealphabet

Mö̲r·tel *der*; *-s*; *nur Sg*; e-e Mischung aus Sand, Zement u. Wasser, die beim Bauen die Steine zusammenhält ⟨den M. anrühren⟩

Mo·sa·i̲k *das*; *-s*, *-e* / *-en*; ein Bild od. ein Muster, das aus bunten Glasstücken od. Steinchen gemacht ist ⟨etw. mit e-m M. auslegen⟩ || K-: ***Mosaik-, -bild, -fußboden*** || -K: ***Glas-, Stein-***; ***Wand-*** || *hierzu* **mo·sa·i̲k·ar·tig** *Adj*

Mo·sche̲e *die*; *-*, *-n* [-ˈʃeːən]; ein Gebäude, in dem die Moslems Gott verehren: *Vor dem Betreten e-r M. muss man die Schuhe ausziehen*

Mö̲·se *die*; *-*, *-n*; *vulg*; die Genitalien der Frau

mo̲·sern; *moserte*, *hat gemosert*; [Vi] ***(über j-n / etw.) m.*** *gespr* ≈ (über j-n / etw.) nörgeln, meckern

M

Mos·ki·to *der*; *-s, -s*; e-e Mücke, die *bes* in den Tropen vorkommt u. durch ihre Stiche Krankheiten (*z.B.* Malaria) auf den Menschen überträgt
Mos·ki·to·netz *das*; ein Netz, mit dem man sich vor Moskitos schützt
Mos·lem *der*; *-s, -s*; j-d, der zur Religion des Islam gehört || *hierzu* **mos·le·misch** *Adj*
Most *der*; *-(e)s, -e*; *mst Sg*; **1** ein Saft aus Obst, *bes* aus Trauben || -K: ***Apfel-, Birnen-*** **2** *südd* Ⓐ Ⓒⓗ ein gärender Most (1) (mit etwas Alkohol)
mos·ten; *mostete, hat gemostet*; Vt/i **(*etw.*) *m.*** Most aus etw. herstellen: *Er mostet die Äpfel*
Most·rich *der*; *-(e)s*; *nur Sg*, *nordd* ≈ Senf
Mo·tel, Mo·tel *das*; *-s, -s*; ein Hotel direkt an der Autobahn od. an e-r wichtigen Straße
Mo·tiv[1] [-f] *das*; *-(e)s, -e*; ***ein M.* (*für etw.*)** ein Grund od. e-e Ursache dafür, dass j-d etw. tut ≈ Veranlassung ⟨ein persönliches, politisches, religiöses M.⟩: *Welches M. hatte er für den Mord? Sein M. war Eifersucht* || -K: ***Mord-, Tat-***
Mo·tiv[2] [-f] *das*; *-(e)s, -e*; **1** etw., das ein Maler, Fotograf, Bildhauer *usw* künstlerisch darstellt ⟨ein schönes, reizvolles M. abgeben; auf der Jagd, Suche nach Motiven sein⟩: *Stillleben sind ein beliebtes M. der Malerei* **2** ein Thema, das in der Literatur oft vorkommt ⟨ein M. aufgreifen, verwenden⟩: *ein M. aus der Sage*; *Das M. der bösen Stiefmutter kommt im Märchen häufig vor* **3** *Mus*; e-e Folge von Tönen in e-m Musikstück, die im Laufe des Stücks wiederholt wird ⟨ein M. wiederholen⟩
mo·ti·vie·ren; *motivierte, hat motiviert*; Vt/i **1** **(*j-n / sich*) (*zu etw.*) *m.*** j-n / sich zu etw. anregen od. j-m / sich Motive[1] geben, etw. zu tun: *e-m Kind e-e Belohnung versprechen, um es zum Lernen zu m.*; *Ich bekomme keine Gehaltserhöhung - so etwas motiviert nicht gerade*; Vt **2 *etw. motiviert etw.*** etw. ist ein Grund, ein Motiv[1] für e-e Tat ≈ etw. begründet etw.: *Sein schlechtes Benehmen scheint durch nichts motiviert* || NB: *mst* im Zustandspassiv! **3 *etw.* (*mit etw.*) *m.*** *geschr*; die Gründe, Motive[1] für e-e Tat nennen ≈ begründen ⟨e-n Antrag, e-e Handlungsweise⟩ || *hierzu* **Mo·ti·va·ti·on** *die*; *-, -en* || ▶ ***unmotiviert***
Mo·to *das*; *-s, -s*; Ⓒⓗ *gespr* ≈ Motorrad
Mo·tor, Mo·tor *der*; *-s, Mo·to·ren*; **1** e-e Maschine, die ein Fahrzeug od. ein Gerät antreibt, in Bewegung setzt ⟨der M. springt an, läuft, heult (auf), klopft, dröhnt, bockt, spuckt, setzt aus, streikt, stirbt ab; e-n M. anlassen / anwerfen / starten, warm werden lassen, laufen lassen, drosseln, abwürgen, ausstellen / abstellen / ausschalten; ein M. mit Luftkühlung, mit Wasserkühlung, mit vier Zylindern⟩: *ein M. mit 60 PS*; *Das Taxi wartet mit laufendem M. vor der Tür* || K-: ***Motor-, -block, -boot, -leistung, -öl, -säge, -schaden, -schlitten***; ***Motoren-, -bau, -geräusch, -kraft, -lärm*** || -K: ***Auto-, Boots-, Flugzeug-***; ***Benzin-, Diesel-, Elektro-*** **2** j-d, der dafür sorgt, dass etw. funktioniert ≈ treibende Kraft: *j-d ist der M. e-r Firma*
Mo·tor·hau·be *die*; e-e Klappe an e-m Auto, die man öffnet, wenn man etw. am Motor zu tun hat ⟨die M. öffnen, hochklappen, schließen; unter der M. nachsehen⟩ || ↑ *Abb. unter* ***Auto***
-mo·to·rig *im Adj, wenig produktiv, nicht adv*; mit der genannten Zahl von Motoren; ***einmotorig, zweimotorig, viermotorig*** ⟨ein Flugzeug⟩, ***sechsmotorig***
Mo·to·rik *die*; *-*; *nur Sg*; die Bewegung e-s Menschen / Tieres od. seiner Organe, die das Gehirn steuert: *Die M. e-s Säuglings ist noch ziemlich unkoordiniert*
mo·to·risch *Adj*; **1** in Bezug auf die Motorik: *Ein Reflex ist e-e motorische Reaktion des Körpers* **2** in Bezug auf den Motor (1): *die motorische Leistung e-s Fahrzeuges*
mo·to·ri·sie·ren; *motorisierte, hat motorisiert*; Vt ***j-n m.*** j-m ein Auto, Motorrad *o.Ä.* geben
mo·to·ri·siert 1 *Partizip Perfekt*; ↑ ***motorisieren*** **2** *Adj*; mit e-m Auto, Motorrad *o.Ä.*, das man benutzt ⟨ein Verkehrsteilnehmer⟩: *Sind Sie m.* (= haben Sie Ihr Auto da), *od. soll ich Sie mitnehmen?*
Mo·tor·rad, Mo·tor·rad *das*; ein Fahrzeug mit zwei Rädern u. e-m Motor, das schneller als 40 Stundenkilometer fahren darf u. hohe Geschwindigkeiten erreicht ≈ *Admin* Kraftrad ⟨ein schweres M.; M. fahren⟩: *Für das M. braucht man den Führerschein Klasse 1* || K-: ***Motorrad-, -fahren, -fahrer, -fahrerin, -führerschein, -helm, -rennen***

Mo·tor·rol·ler *der*; ein Fahrzeug mit zwei (kleinen) Rädern u. e-m Motor ⟨(e-n) M. fahren⟩: *Für e-n M. braucht man bei Geschwindigkeiten bis 40 Stundenkilometer e-n Führerschein Klasse 4 u. darüber e-n Führerschein Klasse 1* || ↑ *Abb. unter* ***Motorrad***
Mo·tor·sport *der*; *nur Sg*, *Kollekt*; alle Sportarten, zu denen man ein Fahrzeug mit Motor braucht (*z.B.* Autorennen)
Mot·te *die*; *-, -n*; ein kleiner (Nacht)Schmetterling, dessen Raupen oft Stoffe, Wolle *usw* fressen ⟨etw. ist von Motten zerfressen⟩ || K-: ***Motten-, -gift***; ***motten-, -zerfressen*** || ID ***von j-m / etw. angezogen werden wie Motten vom Licht*** so fasziniert von j-m / etw. sein, dass man immer wieder zu ihm / dahin geht; ***Da kriegt man ja die 'Motten!***; ***Du kriegst die 'Motten!*** *gespr*; verwendet, um auszudrücken, dass man sehr erstaunt od. verärgert ist
Mot·ten·kis·te *die*; *mst in* ***etw. kommt / stammt aus der M.***; ***etw. gehört in die M.*** *gespr pej*; etw. ist sehr alt ⟨ein Witz, ein Trick⟩
Mot·ten·ku·gel *die*; e-e kleine Kugel, die man zwischen die Kleider legt, damit keine Motten hineinkommen
Mot·to *das*; *-s, -s*; ein Gedanke, der *mst* in e-m kurzen Satz formuliert ist, an den man sich hält ≈ Devise, Wahlspruch ⟨sich etw. als M. wählen; etw. unter ein bestimmtes M. stellen⟩: *Sie handelt immer nach dem M. „leben u. leben lassen"*; *Das Seminar steht unter dem M. „Alternative Energiequellen"*
mot·zen; *motzte, hat gemotzt*; Vi **(*über etw.* (*Akk*)) *m.*** *gespr*, *mst pej* ≈ schimpfen (1)
Moun·tain·bike ['mauntn̩baik] *das*; *-s, -s*; ein stabiles Fahrrad mit breiten Reifen u. vielen Gängen
Mouse·pad ['maʊspɛt] *das*; *-s, -s*; *EDV*; e-e relativ weiche Unterlage, auf der man die (Computer)Maus hin und her bewegt

M

Mö·we *die*; -, *-n*; ein Vogel mit *mst* heller Farbe, der *bes* am Meer lebt, *mst* Fische, aber auch oft Abfälle frisst ⟨e-e M. kreischt, schreit, umkreist ein Schiff⟩

Wolfgang Amadeus Mozart

Wolfgang Amadeus Mozart ist zweifellos der klassische Komponist, der weltweit am bekanntesten ist und dessen Werke am meisten gespielt werden.
Er wurde 1756 in Salzburg geboren. Schon im Alter von sechs Jahren gab er Klavierkonzerte. Diese Virtuosität öffnete ihm die Salons und Höfe von mehreren Königen und Fürsten, wo er wichtige Musiker seiner Zeit kennen lernte. 1768, mit zwölf Jahren, wurde er zum Konzertmeister am erzbischöflichen Hof in Salzburg ernannt. Kurz darauf unternahm er mit seinem Vater die erste seiner drei Italienreisen. Die italienische Musik hatte einen großen Einfluss auf seine späteren Werke. 1781 verließ er Salzburg und zog nach Wien um. Er starb 1791 mit nur 35 Jahren in Wien.
Sein umfangreiches Werk umfasst alle Musikgattungen der damaligen Zeit, darunter viele Sinfonien, Konzerte für Klavier oder andere Soloinstrumente und Kammermusik, wie zum Beispiel die berühmte Serenade ***Eine kleine Nachtmusik***. Bekannte Opern von ihm sind ***Die Hochzeit des Figaro***, ***Don Giovanni***, ***Die Zauberflöte*** und ***Così fan tutte***.

Mrd. *Abk für* Milliarde, Milliarden

Mü·cke *die*; -, *-n*; ein kleines Insekt mit Flügeln, das *bes* am Wassser lebt. Manche Mücken saugen Blut ⟨von e-r M. gebissen, gestochen werden⟩: *In der Dämmerung tanzen die Mücken* || K-: ***Mücken-, -plage, -schwarm, -stich*** || -K: ***Malaria-, Stech-*** || ID ***aus e-r M. e-n Elefanten machen*** stark übertreiben od. etw. viel zu wichtig nehmen

Mu·cken *die*; *Pl*, *gespr*; *nur in* **(*seine*) *M. haben*** Eigenschaften haben, die andere stören: *Er ist sehr freundlich, aber er hat auch seine M.*; *Das Auto hat so seine M., z.B. funktioniert die Heizung nicht immer*

Mu·ckis *die*; *Pl*, *gespr* ≈ Muskeln

Mucks *der*; *-es*, *-e*; *mst Sg*; *mst in* ***keinen M. machen / sagen*** *gespr*; kein Wort sagen u. kein Geräusch machen

muck·sen; *muckste*, *hat gemuckst*; Vi **1** ***ohne zu m.*** *gespr*; ohne zu widersprechen od. sich gegen etw. zu wehren ≈ ohne zu murren: *Das Kind ging brav zu Bett, ohne zu m.*; Vr **2** ***sich nicht m.*** *gespr*; sich durch keinen Laut u. keine Bewegung bemerkbar machen: *Er saß in seinem Versteck und muckste sich nicht*

Muck·ser *der*; *-s*, -; *mst Sg* ≈ Mucks

mucks·mäus·chen|still *Adj*; *ohne Steigerung*, *mst präd*, *gespr*; so leise, dass niemand etw. hört ⟨j-d ist, irgendwo ist es m.⟩

mü·de *Adj*; **1** *nicht adv*; ***m.*** **(*von etw.*)** ⟨ein Mensch, ein Tier; zum Umfallen m.⟩ so, dass sie schlafen wollen ↔ munter, wach: *Er war so m., dass er früh ins Bett ging* || NB: um *m.* zu verstärken, verwendet man *hundemüde* od. *todmüde* **2** ⟨ein Mensch, ein Tier⟩ so, dass sie nach e-r Anstrengung keine Kraft, keine Energie mehr haben ≈ erschöpft, kraftlos ↔ frisch, fit: *Nach der langen Sitzung klang seine Stimme sehr m.* **3** ***j-s / etw. m. werden*** *geschr*; j-n / etw. (allmählich) nicht mehr mögen ≈ j-s / etw. überdrüssig werden: *Sie wurde seiner dummen Bemerkungen m. u. verließ ihn* || -K: ***ehe-, pillen-*** **4** ***nicht m. werden*** + ***zu*** + *Infinitiv* etw. immer wieder tun ≈ nicht aufhören: *Er wurde nicht m., die Vorzüge des neuen Modells anzupreisen* **5** ***ein müdes Lächeln*** ein schwaches, oft gequältes Lächeln || ► ***ermüden***

Mü·dig·keit *die*; -; *nur Sg*; der Zustand, in dem man am liebsten schlafen möchte ⟨e-e große, wohlige, bleierne M.; j-d wird von M. befallen, ergriffen, übermannt; M. verspüren; die M. von sich abschütteln; gegen die M. ankämpfen; vor M. einschlafen; j-m fallen vor M. die Augen zu⟩ || ID **(*nur*) *keine M. vorschützen / vortäuschen!*** verwendet, um j-n aufzufordern, sich weiterhin anzustrengen

Muff *der*; *-(e)s*; *nur Sg*; ein muffiger Geruch ≈ Mief

Muf·fe *die*; *mst in* ***j-m geht die M.***; ***j-d hat M.*** **(*vor j-m / etw.*)** *gespr*; j-d hat Angst

Muf·fel *der*; *-s*, -; *gespr pej*; j-d, der unfreundlich ist u. oft schlechte Laune hat || -K: ***Morgen-*** || *hierzu* **muf·fe·lig**, **muff·lig** *Adj*

-muf·fel *der*; *-s*; *im Subst*, *begrenzt produktiv*; j-d, der das, was im Subst. erwähnt wird, nicht (tun) mag od. ablehnt; ***Automuffel, Bademuffel, Ehemuffel, Fußballmuffel, Gurtmuffel, Krawattenmuffel, Modemuffel, Tanzmuffel***

muf·feln; *muffelte*, *hat gemuffelt*; Vi **1** unfreundlich sein u. oft schlechte Laune haben: *Hör schon auf zu m. u. spiel wieder mit!* **2** *südd* Ⓐ muffig (1) riechen

Muf·fen·sau·sen *das*; *nur in* ***M. haben*** *gespr*; Angst haben

muf·fig *Adj*; **1** ⟨Luft, ein Keller, Kleidung⟩ so, dass sie schlecht riechen, weil sie *z.B.* lange nicht gewaschen od. sauber gemacht worden sind od. mit frischer Luft in Berührung gekommen sind **2** *gespr pej*; mit schlechter Laune, unfreundlich u. mürrisch

Müh *nur in* ***mit Müh u. Not*** gerade noch ≈ knapp: *mit Müh u. Not e-n Bus, Zug erreichen*

Mü·he ['myːə] *die*;-, *-n*; *mst Sg*; e-e große geistige od. körperliche Anstrengung ⟨viel, wenig M. kosten, verursachen, machen; etw. (nur) mit M. erreichen; M. haben, etw. zu tun; keine M. scheuen; der M. wert sein, die M. lohnen; sich große M. geben, sich die M. machen, etw. zu tun⟩: *Es bereitete ihm große M., sie von seiner Ansicht zu überzeugen* || ID ***Gib dir keine M.***; ***Spar dir die M.***; ***Die M. kannst du dir sparen*** das führt zu nichts, ist zwecklos; ***Mach dir / Machen Sie sich keine M.*** verwendet, um j-n zu bitten, sich nicht viel Arbeit zu machen ≈ keine Umstände bitte; ***seine liebe M. mit j-m / etw. haben*** Probleme od. Schwierigkeiten mit j-m / etw. haben || *hierzu* **mü·he·los** *Adj*; **Mü·he·lo·sig·keit** *die*; *nur Sg*; **mü·he·voll** *Adj*

mu·hen ['muːən]; *muhte*, *hat gemuht*; Vi ⟨e-e Kuh *usw*⟩ ***muht*** e-e Kuh *usw* gibt die Laute von sich, die für ihre Art typisch sind || *hierzu* **muh** *Interjektion*

mü·hen, sich ['myːən]; *mühte sich*, *hat sich gemüht*; Vr ***sich m.*** *geschr*; etw. mit allen seinen Kräften tun od. versuchen ≈ sich anstrengen ⟨sich redlich, vergeblich m.⟩

Müh·le[1] *die*; -, *-n*; **1** ein Gerät, mit dem man *bes* Körner sehr klein machen kann ⟨e-e M. mit Handbetrieb; etw. durch die M. drehen⟩: Kaffee mit der M. mahlen || -K: ***Elektro-, Hand-***; ***Getreide-, Kaffee-, Pfeffer-*** **2** ein Gebäude, in dem man Mehl macht ⟨die M. geht, klappert, steht⟩: *Getreide zur M. bringen*; *In der M. mahlt der Müller das Korn zu Mehl* || K-: ***Mühl-, -bach*** || -K: ***Korn-***; ***Wasser-, Wind-*** **3** *gespr pej*; ein (altes) Fahrzeug **4** e-e monotone Tätigkeit, die schnell müde macht || ID ***in die Mühlen der Justiz / Verwaltung gera-***

M

ten in ein Verfahren verwickelt werden, das sehr lange dauert

Müh·le[2] *ohne Artikel, nur Sg*; ein Brettspiel für zwei Personen mit *mst* weißen u. schwarzen Steinen, bei dem man dem Gegner e-n Stein wegnehmen darf, wenn man drei der eigenen Steine in e-e Linie bringt ⟨M. spielen⟩ || ↑ *Abb. unter* ***Brettspiele*** || K-: ***Mühle-, -brett, -spiel, -stein***

Mühl·rad *das*; ein Rad, das von fließendem Wasser angetrieben wird u. so e-e Mühle in Bewegung setzt

Mühl·stein *der*; ein großer, runder Stein, mit dem Getreide gemahlen wird

Müh·sal *die*; -, *-e*; *geschr*; ein Zustand lang anhaltender großer Mühe: *Das Leben hielt für ihn nichts als M. u. Verdruss bereit*

müh·sam *Adj*; mit viel Mühe od. großer Anstrengung verbunden ≈ mühevoll, mühselig ↔ leicht, mühelos ⟨etw. in mühsamer Kleinarbeit tun; sich m. beherrschen⟩: *Es ist e-e mühsame Arbeit, all die Scherben zu e-r Vase zusammenzusetzen*

müh·se·lig *Adj*; *geschr*; sehr mühsam ⟨e-e Arbeit, ein Leben⟩ || *hierzu* **Müh·se·lig·keit** *die*; *mst Sg*

Mu·lạt·te *der*; *-n, -n*; j-d, der e-n schwarzen u. e-n weißen Elternteil hat || NB: *der Mulatte*; *den, dem, des Mulatten* || *hierzu* **Mu·lạt·tin** *die*; -, *-nen*

Mụl·de *die*; -, *-n*; e-e Stelle, an der e-e (Ober)Fläche etwas nach unten geht ≈ Senke, Vertiefung ⟨e-e flache, kleine M. im Boden, im Gelände; in e-r M. liegen⟩: *Das Mehl in e-e Schüssel schütten u. in die Mitte e-e M. drücken / machen*

Mu·li *das*; *-s, -s*; *südd* Ⓐ ≈ Maultier

Mụll *der*; *-s*; *nur Sg*; **1** ein dünner, leichter u. weicher Stoff aus Baumwolle, der wie ein Netz aussieht || K-: ***Mull-, -gardine, -vorhang, -windel*** **2** ein Stück Stoff, das man zwischen e-e Wunde u. den Verband legt || K-: ***Mull-, -binde*** || -K: ***Verbands-***

Mụ̈ll *der*; *-s*; *nur Sg*; **1** *Kollekt*; alle festen Stoffe, die ein Haushalt, ein Betrieb *usw* nicht mehr braucht u. wegwirft ≈ Abfall ⟨M. fällt an, wird abgeholt, wird beseitigt⟩: *Für die Entsorgung von M. u. Abwässern ist die Stadt zuständig* || K-: ***Müll-, -abladeplatz, -beseitigung, -beutel, -container, -deponie, -eimer, -entsorgung, -grube, -halde, -sack, -verbrennung*** || -K: ***Atom-, Gift-***; ***Haus-, Industrie-, Verpackungs-*** **2** ***etw. in den M. tun / werfen*** etw. in e-n Mülleimer od. e-e Mülltonne tun

Mụ̈ll·ab·fuhr *die*; -; *nur Sg*; **1** das Abholen von Müll **2** die kommunale Einrichtung, die den Müll abholt ⟨bei der M. arbeiten, sein⟩

Mụ̈ll·berg *der*; **1** e-e (zu) große Menge Müll, von der man nicht weiß, was man damit machen soll **2** ein Hügel aus Müll (der mit Erde zugedeckt wurde, damit Gras u. Bäume darauf wachsen)

Mụ̈l·ler *der*; *-s*, -; j-d, der beruflich in e-r Mühle Getreide mahlt || *hierzu* **Mụ̈l·le·rin** *die*; -, *-nen*

Mụ̈ll·kip·pe *die*; ein Platz, zu dem man den Müll bringen darf ≈ Müllabladeplatz, Müllhalde ⟨etw. auf die M. bringen⟩

Mụ̈ll·mann *der*; *-(e)s, Müll·män·ner*; j-d, der beruflich den Müll abholt

Mụ̈ll·ton·ne *die*; ein großer Behälter für Abfälle

Mụ̈ll·tren·nung *die*; *nur Sg*; das Sortieren von Müll nach bestimmten Stoffen (*z.B.* Glas, Plastik), um so diese Stoffe wieder neu verwerten zu können

Mụ̈ll·ver·mei·dung *die*; *nur Sg*; alle Maßnahmen, die bewirken sollen, dass so wenig Müll wie möglich verursacht wird

mụl·mig *Adj*; *gespr*; **1** von (leichter) Angst erfüllt ≈ unbehaglich ⟨j-m ist / wird m. (zumute); ein mulmiges Gefühl im Bauch haben⟩: *Als er weiter in die finstere Höhle drang, wurde ihm m.* **2** ⟨e-e Situation⟩ so, dass sie einem Angst macht ≈ bedrohlich

Mụl·ti *der*; *-s, -s*; *gespr*; ein Konzern, der Betriebe in mehreren Ländern hat ≈ multinationaler Konzern || -K: ***Medien-, Musik-, Öl-***

Die Mülltrennung

Deutschland ist ein sehr dicht bevölkertes Land, in dem große Mengen an Müll anfallen. Die Mülltrennung und das Recycling sind daher wichtige Themen.

In vielen Haushalten werden Papier, Glas, Metall und Biomüll von den übrigen Abfällen getrennt. In den Hausgemeinschaften gibt es dafür Behälter mit verschiedenen Farben. In manchen Gemeinden stehen auch öffentliche Container, zu denen der wieder verwertbare Müll gebracht werden muss.

In jeder Gemeinde gibt es einen **Wertstoffhof**, eine Sammelstelle, an der man größere Gegenstände wie Haushaltsgeräte, aber auch z.B. Chemikalien entsorgen kann.

Die Supermärkte in Deutschland sind verpflichtet, Behälter bereitzustellen, in denen die Kunden die Verpackung der gekauften Waren gleich im Laden wegwerfen können.

Viele Büros und öffentliche Einrichtungen verwenden Recyclingpapier für ihre Briefe und Formulare. Man findet auch immer mehr Produkte auf dem Markt, die aus wieder verwendeten Materialien hergestellt werden.

mụl·ti·kul·tu·rell *Adj*; ⟨e-e Gesellschaft⟩ mit Angehörigen mehrerer Kulturen (2)

mụl·ti·la·te·ral *Adj*; *Pol*; mit mehr als zwei Partnern ⟨ein Abkommen, Verhandlungen⟩

Mul·ti·me·dia (*das*); *-(s)*; *nur Sg*; das gleichzeitige Verwenden u. Zusammenwirken mehrerer Medien (1) in e-r Veranstaltung od. in e-m Computer (*z.B.* Musik, Grafiken, Filme) || K-: ***Multimedia-, -produkt, -show, -veranstaltung, -zeitalter***

mul·ti·me·di·al *Adj*; **1** so, dass viele Medien (1) beteiligt sind ⟨e-e Ausstellung, e-e Show⟩ **2** für viele Medien (1) geeignet, eingerichtet ⟨ein Computer⟩

Mul·ti·me·di·a·show [mʊlti'me:diaʃo:] *die*; e-e Veranstaltung, bei der Elemente der Musik, der Malerei, des Tanzes *usw* miteinander kombiniert werden

Mụl·ti·mil·li·o·när *der*; j-d, der Dinge u. Geld im Wert von vielen Millionen hat

mụl·ti·na·ti·o·nal *Adj*; *Ökon*; mit Betrieben in mehreren Ländern ⟨ein Konzern⟩

Mul·ti·pli·ka·tor *der*; *-s, Mul·ti·pli·ka·to·ren*; **1** *Math*; e-e Zahl, mit der e-e andere multipliziert wird **2** *geschr*; j-d, der Informationen weitergibt u. verbreitet

mul·ti·pli·zie·ren; *multiplizierte, hat multipliziert*; [Vt/i] ***(etw. mit etw.) m.*** *Math*; e-e Zahl um e-e andere vervielfachen ≈ malnehmen ↔ dividieren: *fünf multipliziert mit acht ist (gleich) / macht vierzig* (5 · 8 = 40) || *hierzu* **Mul·ti·pli·ka·ti·on** *die*; -, *-en*

Mu·mie [-iə] *die*; -, *-n*; der Körper e-s Toten, der durch besondere Methoden vor dem Verfall geschützt worden ist ⟨e-e ägyptische, vertrocknete M.⟩ || *hierzu* **mu·mi·en·haft** *Adj*; *nicht adv*

mu·mi·fi·zie·ren; *mumifizierte, hat mumifiziert*; [Vt] ***j-n / etw. m.*** e-n toten Körper zu e-r Mumie machen

Mụmm *der*; *-s*; *nur Sg*, *gespr* ≈ Mut, Schneid ⟨M. (in den Knochen) haben; j-m fehlt der M. zu etw.⟩

Mụ̈m·mel·mann *der*; *gespr hum* ≈ Hase

mụ̈m·meln; *mümmelte, hat gemümmelt*; [Vt/i] ***(etw.) m.*** *nordd gespr* ≈ kauen

Mum·pitz *der*; *-es*; *nur Sg*, *gespr pej* ≈ Unsinn

Mumps *der*; -; *nur Sg*; e-e ansteckende (Kinder)Krankheit, bei der die Drüsen am Hals sehr dick werden ≈ Ziegenpeter ⟨M. haben⟩

Mund *der*; *-(e)s*, *Mün·der*; **1** der Teil des Kopfes, mit dem man spricht u. isst ⟨ein breiter, großer, lächelnder, schiefer, sinnlicher, voller, zahnloser M.; den M. öffnen / aufmachen, schließen / zumachen, (zum Kuss, zum Pfiff) spitzen, verziehen; sich den M. abwischen, verbrennen; aus dem M. riechen; j-n auf den M. küssen; j-n (von) M. zu M. beatmen; etw. zum M. führen, an den M. setzen, in den M. nehmen / schieben / stecken⟩ || ↑ *Abb. unter* **Kopf** || K-: **Mund-, -geruch, -schleimhaut** || NB: Tiere haben ein *Maul*, Vögel e-n *Schnabel* **2** *geschr*; e-e große, dunkle Öffnung, die oft Angst macht ⟨der M. e-s Kraters, e-s Schachtes, e-s Stollens⟩ || ID ***e-n großen M. haben*** *pej*; ein Angeber sein; ***den M. vollnehmen*** *pej*; angeben; ***e-n losen M. haben, sich*** (*Dat*) ***den M. über j-n / etw. zerreißen*** *pej*; (*bes* schlecht) über andere Leuten reden ≈ lästern; ***nicht auf den M. gefallen sein*** in jeder Situation e-e passende Antwort haben ≈ schlagfertig sein; ***immer mit dem M. vorneweg sein*** *gespr*; vorlaut sein; ***den M. nicht aufbekommen / aufkriegen*** *mst pej*; (*z.B.* aus Schüchternheit) nichts sagen können; ***den M. nicht aufmachen / auftun*** *mst pej*; nichts sagen; ***den M. halten*** (über ein Geheimnis) nicht reden, still sein; *mst* ***Halt*** (***endlich***) ***den M.!*** *gespr pej*; verwendet, um j-n ungeduldig aufzufordern zu schweigen; ***j-m den M. öffnen / stopfen*** j-n (mit Gewalt) zum Reden / Schweigen bringen; ***j-m den M. verbieten wollen*** versuchen, j-n daran zu hindern, seine Meinung zu sagen; ***sich*** (*Dat*) ***den M. nicht verbieten lassen*** seine Meinung sagen u. dafür Nachteile in Kauf nehmen; ***sich*** (*Dat*) ***den M. verbrennen*** etw. sagen, das einem Nachteile bringt; ***j-m über den M. fahren*** j-n aggressiv beim Reden unterbrechen; ***j-m nach dem M. reden*** solche Dinge sagen, die j-d gern hören will; ***j-m etw. in den M. legen*** **a)** zu Unrecht behaupten, dass j-d etw. gesagt hat; **b)** j-n dazu bringen, das zu sagen, was man selbst denkt; ***sich*** (*Dat*) ***den M. fransig / fusselig reden*** *gespr*; sehr viel reden, *mst* um j-n von etw. zu überzeugen; ***j-m steht der M. nie still*** j-d redet sehr viel; ⟨schmutzige, ordinäre Wörter⟩ ***in den M. nehmen*** schmutzige, ordinäre Wörter aussprechen; ***etw. aus j-s*** (***eigenem***) ***M. hören*** etw. von j-m persönlich gesagt bekommen; ***j-d macht j-m den M. wässrig*** j-d redet so über etw., dass j-d anderer Lust od. Appetit darauf bekommt; ***j-d / etw. ist in aller Munde*** j-d / etw. ist so bekannt, dass man oft über ihn / darüber spricht; ***etw. geht von M. zu M.*** etw. wird schnell bekannt, weil es jeder einem anderen erzählt; ***M. u. Augen aufsperren / aufreißen*** *gespr*; sehr erstaunt sein; ***offenen Mundes / mit offenem M.*** ≈ staunend ⟨dastehen, zuhören⟩; ***hungrige Münder zu stopfen haben*** kleine Kinder versorgen müssen; ***sich*** (*Dat*) ***etw. vom M. absparen*** von dem wenigen Geld od. Essen, das man hat, j-m etw. geben od. für e-n bestimmten Zweck sparen

> **Mund voll** *der*; -, -; die Menge, die in den Mund passt ≈ Bissen: *Komm, iss doch auf - es sind nur noch ein paar Mund voll!*

Mund·art *die*; e-e Variante e-r Sprache, die für e-e bestimmte Region typisch ist ≈ Dialekt ↔ Hochsprache ⟨M. sprechen⟩ || K-: **Mundart-, -dichter(in), -dichtung, -forschung, -sprecher(in)** || *hierzu* **mund·art·lich** *Adj*

Mund·du·sche *die*; ein Gerät, mit dem man Wasser in den Mund spritzt, um die Zähne zu reinigen

Mün·del *das*; *-s*, -; j-d, dessen Rechte e-e andere Person (ein Vormund) vertritt, weil er keine Eltern hat od. weil er geistig behindert *o.Ä.* ist || ► ***entmündigen***

mun·den; *mundete*, *hat gemundet*; *geschr veraltend*; [Vi] ***etw. mundet*** (***j-m***) (***irgendwie***) *geschr* ≈ etw. schmeckt (j-m) gut / irgendwie

mün·den; *mündete*, *hat / ist gemündet*; [Vi] ***etw. mündet in etw.*** (*Akk*) etw. geht in etw. anderes über ≈ etw. mündet in etw. ein: *Der Rhein mündet in die Nordsee*

mund·faul *Adj*; *nicht adv*, *pej*; nicht bereit, viel zu sagen ≈ wortkarg ↔ redselig || *hierzu* **Mund·faul·heit** *die*; *nur Sg*

Mund·fäu·le *die*; e-e Entzündung in der Mundhöhle; *Med* Stomatitis

Mund·har·mo·ni·ka *die*; ein kleines Musikinstrument, in das man bläst u. das man dabei vor dem Mund hin- und herbewegt ⟨M. spielen⟩

Mund·höh·le *die*; der Raum im Mund, in dem die Zunge u. die Zähne sind

mün·dig *Adj*; **1** *mst präd*, *nicht adv*; ⟨ein junger Mann, e-e junge Frau⟩ so alt, dass sie vor dem Gesetz als Erwachsene gelten ≈ volljährig, großjährig ↔ minderjährig: *In der Bundesrepublik Deutschland wird man mit achtzehn Jahren m.* **2** fähig, selbstständig vernünftige Entscheidungen zu treffen ≈ reif ↔ unmündig ⟨ein Bürger⟩: *Als mündiger Mensch lässt man sich nicht manipulieren* || *hierzu* **Mün·dig·keit** *die*; *nur Sg* || ► ***entmündigen***

münd·lich *Adj*; gesprochen u. nicht geschrieben ↔ schriftlich ⟨e-e Prüfung; etw. m. vereinbaren⟩

M- und-S-Rei·fen [ɛmʊnt'|ɛs-] *der*; *-s*, -; *mst Pl*; (*Abk für* Matsch-und-Schnee-Reifen) Reifen, die für das Wetter im Winter gut geeignet sind

Mund·stück *das*; der Teil e-s Blasinstruments, e-r Pfeife *usw*, den man an den Mund hält od. in den Mund nimmt: *das M. e-r Flöte reinigen* || ↑ *Abb. unter* **Pfeife**

mund·tot *Adj*; *nur in* ***j-n m. machen*** j-m die Möglichkeit nehmen, seine Meinung zu sagen ⟨e-n politischen Gegner m. machen⟩

Mün·dung *die*; -, *-en*; **1** die Stelle, an der ein Fluss *o.Ä.* in ein anderes Gewässer fließt: *An der M. teilt sich der Fluss in ein Delta* || -K: **Fluss-, Donau-, Rhein-** **2** die vordere Öffnung an e-r Schusswaffe

Mund·vor·rat *der*; *geschr* ≈ Proviant

Mund·was·ser *das*; ein Mittel (gegen Mundgeruch od. Infektionen im Mund), mit dem man den Mund ausspült (gurgelt)

Mund·werk *das*; *nur Sg*, *gespr*; *mst in* **1** ***ein freches, loses M. haben*** viele freche Dinge sagen **2** ***ein flinkes M. haben*** in allen Situationen e-e schnelle Antwort wissen

Mund·win·kel *der*; eine der zwei Stellen, an denen die obere u. die untere Lippe zusammenkommen ⟨hängende Mundwinkel haben; j-s Mundwinkel zucken⟩: *e-e Zigarette im M. hängen haben*

Mund-zu-Mund-Be·at·mung *die*; die Hilfe, die man e-m Bewusstlosen gibt, indem man ihm mit dem eigenen Mund Luft in den Mund od. in die Nase bläst

Mu·ni·ti·on [-'tsi̯oːn] *die*; -, *-en*; *mst Sg*; **1** Sprengstoffe (*bes* Bomben u. Minen) u. Kugeln, Patronen *o.Ä.* für Waffen ⟨die M. verschießen, die M. geht aus⟩ || K-: **Munitions-, -depot, -lager** || -K: **Übungs-** **2** ***scharfe M.*** M. (1), die nicht für das Üben, sondern für das Kämpfen bestimmt ist

mun·keln; *munkelte*, *hat gemunkelt*; [Vt/i] (***etw.***) (***über j-n***) ***m.*** *gespr*; Dinge über andere Leute erzählen, die man oft nicht sicher weiß ⟨allerhand, allerlei

M

m.⟩: *Im Dorf wird schon lange über seine Liebschaften gemunkelt; Man munkelt / Die Leute munkeln, dass der neue Lehrer ein uneheliches Kind hat* || NB: Als Objekt steht entweder ein *dass*-Satz oder ein Pronomen wie *viel, allerhand, einiges*

Mụns·ter *das; -s, -;* e-e große Kirche, die zu e-m Kloster (od. e-r Diözese) gehört: *das Ulmer M.; das M. zu Straßburg*

mụn·ter[1] *Adj;* **1** lebhaft u. voll Energie ≈ aufgeweckt ↔ träge ⟨ein Baby, ein Kind, ein Tier⟩ **2** fröhlich, heiter ⟨ein Augenzwinkern, ein Lied, ein Mensch⟩: *m. singen* **3** *nur präd, nicht adv;* wach, nicht schläfrig ↔ müde ⟨m. werden, sein, bleiben; j-n m. machen, halten⟩: *Nach der langen Fahrt machte ihn der Kaffee wieder m.* || K-: ***Munter-, -macher*** || NB: um *m.* zu verstärken, verwendet man in der gesprochenen Sprache *putzmunter* **4** *nur präd, nicht adv;* in guter körperlicher Verfassung ↔ krank ⟨gesund u. m. sein; wieder m. sein⟩ **5** *geschr;* schnell fließend, plätschernd ⟨*mst* ein Bach⟩ || *hierzu* **Mụn·ter·keit** *die* || ► ***ermuntern, aufmuntern***

mụn·ter[2] *Adv; oft pej;* ohne genau darüber nachzudenken ≈ unbekümmert: *Ich versuche zu sparen, u. er gibt das Geld m. aus*

Mụ̈n·ze *die; -, -n;* **1** ein kleines, flaches, *mst* rundes Stück aus Metall, das *mst* als Geld benutzt wird ≈ Geldstück ↔ Banknote ⟨e-e antike, ausländische M.; Münzen prägen, in Umlauf bringen, sammeln⟩: *Der Bettler hatte ein paar Münzen im Hut* || K-: ***Münz-, -telefon; Münzen-, -sammlung*** || -K: ***Gold-, Kupfer-, Silber-*** **2 *klingende M.*** bares Geld ⟨mit klingender M. zahlen, etw. in klingende M. umsetzen⟩ **3 *e-e M. werfen*** e-e M. (1) in die Höhe werfen u. dann etw. danach entscheiden, welche Seite der M. oben liegt: *Lass uns e-e M. werfen: Kopf - wir gehen ins Kino, Zahl - wir bleiben zu Hause* || ID ***etw. für bare M. nehmen*** etw. glauben, was nicht wahr ist; ***j-m etw. in / mit gleicher M. heimzahlen / zurückzahlen*** auf etw. Böses, das einem j-d angetan hat, mit gleichen Mitteln reagieren

mụ̈n·zen; *münzte, hat gemünzt;* [Vt] ***etw. m.*** aus Metall Münzen herstellen ⟨Geld, Gold, Silber m.⟩ || K-: ***Münz-, -anstalt***

Mụ̈nz·wechs·ler *der; -s, -;* ein Automat, der Münzen gegen mehrere andere Münzen zum gleichen Wert umtauscht

mụ̈rb *bes südd* Ⓐ ↑ ***mürbe***

mụ̈r·be *Adj; nicht adv;* **1** so, dass es leicht in mehrere Teile zerfällt, weil es sehr alt ist ≈ brüchig, morsch ↔ fest, stabil ⟨Holz, Leder, ein Stoff⟩ **2** leicht zu kauen ≈ zart ↔ zäh ⟨Fleisch: ein Braten, ein Steak; etw. m. klopfen⟩ **3** *nur präd, nicht adv;* nach ziemlich langem Widerstand bereit nachzugeben ⟨m. werden; j-n durch etw. m. machen, bekommen⟩: *Das Weinen des Kindes machte ihn schließlich so m., dass er das Spielzeug kaufte* || *zu* **1** u. **2 Mụ̈rb·heit** *die; nur Sg* || ► ***zermürben***

Mụ̈r·be·teig, Mụ̈rb·teig *der;* ein (Kuchen)Teig, der nach dem Backen relativ hart u. krümelig wird ⟨Kekse, ein Tortenboden aus M.⟩

Mu̲·re *die; -, -n; südd* Ⓐ e-e Masse von Steinen, Erde u. Schlamm, die *z.B.* nach e-m Gewitter von e-m Berg ins Tal rutscht

Mụrks *der; -es; nur Sg, gespr pej;* etw., bei dem j-d Fehler gemacht hat ≈ Pfusch ⟨etw. ist M.; M. bauen / machen / produzieren⟩ || *hierzu* **mụrk·sen** (*hat*) *Vi*

Mụr·mel *die; -, -n;* e-e kleine, bunte Kugel *mst* aus Glas, mit der Kinder spielen

mụr·meln; *murmelte, hat gemurmelt;* [Vt/i] **1** ***(etw.) m.*** etw. sehr leise u. undeutlich sagen: *leise vor sich hin m; ein Gebet, e-n Gruß m.;* [Vi] **2 *etw. murmelt*** ≈ etw. plätschert ⟨ein Bach⟩

Mụr·mel·tier *das;* ein Nagetier, das in Gruppen im Gebirge lebt || ID ***schlafen wie ein M.*** fest schlafen

mụr·ren; *murrte, hat gemurrt;* [Vi] ***(über etw. (Akk)) m.*** über etw. schimpfen (1,3) od. mit etw. nicht einverstanden sein: *über e-e Strafe, e-e Ungerechtigkeit m.; etw. ohne Murren akzeptieren / ertragen*

mụ̈r·risch *Adj;* mit schlechter Laune, unfreundlich u. abweisend ≈ griesgrämig ⟨ein Mensch, j-s Wesen; ein mürrisches Gesicht machen⟩

Mu̲s *das; -es, -e; mst Sg;* e-e weiche Masse *mst* aus gekochtem (od. zerdrücktem) Obst ≈ Brei: *Bananen zu Mus zerdrücken* || -K: ***Apfel-, Pflaumen-*** || ID ***j-n zu Mus machen*** *gespr;* j-n brutal schlagen

Mụ·schel *die; -, -n;* **1** ein (Weich)Tier, das im Wasser lebt u. durch e-e harte Schale geschützt ist ⟨nach Muscheln tauchen; Muscheln essen⟩: *Die Auster ist e-e M., in der man manchmal Perlen findet* || ↑ *Abb. unter* ***Schalentiere*** || K-: ***Muschel-, -schale*** || -K: ***Fluss-, Meeres-*** **2** die Schale e-r M. (1) ⟨Muscheln sammeln, suchen⟩ || K-: ***Muschel-, -sammlung*** **3** jeder der beiden dicken Teile des Telefonhörers ⟨in die M. sprechen, die M. ans Ohr halten⟩ || -K: ***Hör-, Sprech-***

Mụ·schi *die; -, -s;* **1** verwendet als liebevolle Bezeichnung für e-e Katze **2** *gespr!* die äußeren Genitalien der Frau

Mu̲·se *die; -, -n;* **1** eine der neun griechischen Göttinnen, von denen jede in der Antike e-e Kunst od. Wissenschaft repräsentierte **2 *die leichte M.*** die Kunst (*bes* der Musik u. des Theaters), die der heiteren Unterhaltung dient || ID ***von der M. geküsst werden*** *hum;* zu e-r kreativen Tat inspiriert werden

Mu̲·sel·man *der; -en, -en* [-maːnən]; *veraltet* ≈ Mohammedaner || NB: *der Muselman; den, dem, des Muselmanen*

Mu·se̲·um *das; -s, Mu·se·en* [-ˈzeː(ə)n]; ein Gebäude, in dem (künstlerisch od. historisch) interessante Objekte aufbewahrt u. ausgestellt werden ⟨ein naturkundliches, technisches M.; ins M. gehen⟩: *Im M. für moderne Kunst ist zurzeit e-e Ausstellung über experimentelle Fotografie zu sehen* || K-: ***Museums-, -aufseher, -berater, -besuch, -führer, -katalog, -wärter*** || -K: ***Heimat-, Naturkunde-***

mu·se̲·ums·reif *Adj; nicht adv, gespr hum;* sehr alt (u. nicht mehr modern) ⟨Witze⟩: *Wie lange hast du denn den Anzug schon? Der ist ja m.!*

Mu·se̲·ums·stück *das;* etw., das im Museum ausgestellt wird

Mu·si·cal [ˈmjuːzikl] *das; -s, -s;* ein (Unterhaltungs)Stück mit moderner Musik, das mit Tanz u. Gesang im Theater aufgeführt wird ⟨ein M. ansehen⟩: *Heute gehen wir ins / zum M. „West Side Story"*

Mu·si̲k *die; -, -en;* **1** *mst Sg;* Töne, die (harmonisch u.) rhythmisch zu Melodien angeordnet sind ⟨leise, gedämpfte, untermalende, elektronische, instrumentale, ernste, geistliche, klassische, moderne M.; M. machen, spielen, M. hören⟩: *Das Orchester spielt M. von Mozart* || K-: ***Musik-, -instrument, -kapelle, -kassette, -stück, -theater, -werk*** || -K: ***Blas-, Gitarren-, Klavier-*** *usw;* ***Jazz-, Pop-, Rock-, Schlager-, Volks-; Marsch-, Tanz-, Unterhaltungs-; Film-, Kirchen-, Radio-; Begleit-, Instrumental-*** **2** *nur Sg;* die Kunst, Töne zu M. (1) anzuordnen ≈ Tonkunst: *Er studiert M. am Konservatorium u. lernt dort Dirigieren u. Komponieren* || K-: ***Musik-, -akademie, -geschichte, -hochschule, -kritik, -lehre, -theorie*** **3** *ohne Artikel, indeklinabel;* ein Fach in der Schule, in dem M. (2) unterrichtet wird || K-: ***Musik-, -buch, -lehrer, -note, -saal, -stunde*** **4** *nur Sg, gespr* ≈ Musikkapelle: *e-e Runde Bier für die M. spendieren* **5** *nur Sg;* ***die M.*** + *Gen* ein angenehmer Klang, e-e Harmonie: *Er lauschte der M.*

ihrer Stimme || ID *mst* ***Das ist M. in meinen / für meine Ohren*** das höre ich gern; *mst* ***Da ist M. drin*** das ist voller Vitalität

Mu·si·ka·li·en [-i̯ən] *die*; *Pl*; gedruckte Noten u. Texte als Vorlage zum Musizieren || K-: ***Musikalien-, -handlung***

mu·si·ka·lisch *Adj*; **1** mit e-r Begabung für Musik ↔ unmusikalisch ⟨ein Kind, ein Mensch⟩ **2** mit angenehmem Klang ≈ klangvoll ⟨e-e Sprache, e-e Stimme⟩ **3** *nur attr, nicht adv*; in Bezug auf Musik ⟨ein Genie, ein Genuss, ein Talent⟩ || *zu* **1** u. **2 Mu·si·ka·li·tät** *die*; -; *nur Sg*

Mu·si·kant *der*; *-en, -en*; ein Musiker, der *bes* Tanz- od. Volksmusik spielt || -K: ***Dorf-, Straßen-*** || NB: *der Musikant*; *den, dem, des Musikanten* || *hierzu* **Mu·si·kan·tin** *die*; *-, -nen*

Mu·sik·box *die*; ein Automat in Gaststätten, der e-e Schallplatte spielt, wenn man Geld hineinwirft

Mu·si·ker *der*; *-s, -*; j-d, der (*mst* beruflich) ein Instrument spielt: *Die M. setzten sich auf ihre Plätze u. begannen zu spielen* || -K: ***Berufs-, Hobby-*** || *hierzu* **Mu·si·ke·rin** *die*; *-, -nen*

mu·sisch *Adj*; *nur attr od adv*; **1** in Bezug auf die Kunst ≈ künstlerisch ⟨e-e Begabung, die Erziehung⟩ **2** mit e-r Begabung für Kunst ⟨ein Mensch⟩

mu·si·zie·ren; *musizierte, hat musiziert*; [Vi] auf e-m Instrument Musik machen, spielen ⟨im Familienkreis, miteinander m.⟩

Mus·kat·nuss, Mus·kat·nuss *die*; ein Samen in der Form e-r Nuss, den man gerieben als Gewürz verwendet: *Rosenkohl mit M.*

Mus·kel *der*; *-s, -n*; *mst Pl*; **1** einer der elastischen Teile des Körpers bei Mensch u. Tier, der sich zusammenziehen kann, um e-n Teil des Körpers od. ein Organ zu bewegen ⟨kräftige, starke, schlaffe Muskeln; e-n M. anspannen; sich e-n M. zerren⟩ || K-: ***Muskel-, -kraft, -krampf, -riss, -schmerz, -schwund, -starre, -zerrung*** || -K: ***Arm-, Bein-, Gesäß-, Herz-, Rücken-*** **2** ***Muskeln haben*** viel Kraft *bes* in den Armen haben || ID ***seine Muskeln spielen lassen*** zeigen, wer (hier) die Macht hat

Mus·kel·ka·ter *der*; *-s*; *nur Sg*; der Schmerz, den man spürt, wenn man Muskeln bewegt, die man (*mst* am Tag zuvor) zu stark belastet hat ⟨(e-n) M. haben⟩: *Von der Bergtour hat er (e-n) M. in den Beinen*

Mus·kel·protz *der*; *pej*; j-d, der stolz auf seine kräftigen Muskeln ist

Mus·ku·la·tur *die*; *-, -en*; die Muskeln e-s Körpers od. e-s Körperteils ⟨e-e kräftige M. haben⟩ || -K: ***Bauch-, Bein-, Nacken-, Rücken-***

mus·ku·lös, *muskulöser, muskulösest-*; *Adj*; *nicht adv*; mit kräftigen Muskeln ⟨Arme, Beine, ein Mensch, e-e Statur⟩

Müs·li[1] *das*; *-s, -s*; e-e Mischung aus Haferflocken, Rosinen, gemahlenen Nüssen *usw*, die man mit Obst u. Milch *o.Ä.* zum Frühstück isst

Müs·li[2] *der*; *-(s), -s*; *gespr, mst pej*; j-d, der (gern Müsli[1] isst u.) sich für den Schutz der Umwelt einsetzt || K-: ***Müsli-, -fraktion***

muss *Präsens, 1. u. 3. Person Sg*; ↑ ***müssen***

Muss *das*; *indeklinabel*; *mst in* ***etw. ist ein*** (***absolutes***) ***M.*** etw. ist etw., das man (unbedingt) tun muss od. das man erlebt haben sollte: *Diese Ausstellung ist ein M. für alle Freunde moderner Malerei*

Mu·ße *die*; -; *nur Sg*; ***die M.*** (***für / zu etw.***) die Zeit u. Ruhe, die nötig ist, um sich ohne Hast mit etw. zu beschäftigen od. etw. zu tun, das einen interessiert ⟨genügend, keine M. haben; j-m fehlt die M.⟩: *Er findet nie Zeit u. M., in ein Konzert zu gehen*; *Zum Lesen fehlt ihm die M.* || K-: ***Muße-, -stunde***

Muss·ehe *die*; *gespr*; e-e Ehe, die geschlossen wird, weil die Frau schwanger ist

müs·sen[1]; *musste, hat müssen*; *Modalverb*; **1** *Infinitiv* + ***m.*** verwendet, um auszudrücken, dass der Sprecher etw. für notwendig hält: *Ich muss jetzt gehen*; *Ich muss abnehmen!*; *Ich muss mich bei dir entschuldigen*; *So ein begabtes Kind muss man einfach fördern!* **2** *Infinitiv* + ***m.*** verwendet, um auszudrücken, dass etw. notwendig ist: *Er muss um 11 Uhr gehen, sonst verpasst er seinen Zug*; *Ich muss jeden Tag 80 Kilometer zur Arbeit fahren* **3** *Infinitiv* + ***m.*** verwendet, um auszudrücken, dass der Sprecher etw. annimmt od. glaubt: *Sie müssen sehr stolz auf ihre Tochter sein*; *Er muss weit über 80 sein*; *Der Bus hat schon zwei Stunden Verspätung, da muss etwas passiert sein* **4** *Infinitiv* + ***müsste(n)*** *usw* verwendet, um auszudrücken, dass der Sprecher glaubt, etw. zu wissen: *Ich rufe ihn jetzt an, er müsste eigentlich schon im Büro sein*; *Wenn ich richtig gerechnet habe, müssten wir noch 250 Euro haben - zähl doch mal nach* **5** *Infinitiv* + ***m.*** verwendet, um Kritik an j-m / etw. auszudrücken: *Du musst doch größenwahnsinnig geworden sein!* **6** *Infinitiv* + ***m.*** verwendet, um auszudrücken, dass der Betroffene nicht anders handeln kann / konnte: *Als sie ihn sah, musste sie einfach lachen*; *Ich muss immer niesen, wenn ich in die Sonne sehe* **7** *Infinitiv* + ***m.*** verwendet, um auszudrücken, dass der Betroffene gezwungen ist od. war, etw. zu tun: *Ich musste die ganze Zeit draußen warten*; *Er musste e-e Haftstrafe von 5 Jahren verbüßen* **8** *Infinitiv* + ***m.*** verwendet, um auszudrücken, dass der Sprecher etw. für wünschenswert hält ≈ sollen[1] (1): *Paris bei Nacht muss man einfach erlebt haben* **9** *Infinitiv* + ***müsste(n)*** *usw* verwendet, um e-n Wunsch auszudrücken ≈ sollen[1] (12): *Ist das schön heute - so müsste es immer sein!*; *Man müsste einfach mehr Geld haben, dann wäre vieles leichter* **10** *Infinitiv* + ***m.*** verwendet, um auszudrücken, dass sich der Sprecher über etw. ärgert: *Muss es denn ausgerechnet jetzt regnen?*; *Du musstest ja wieder mal zu spät kommen!* **11** *Infinitiv* + ***m.*** verwendet in verneinter Form, um j-n aufzufordern, etw. nicht zu tun: *Das musst du ihm nicht glauben* || ID ***'Muss das sein?*** *gespr*; verwendet, um auszudrücken, dass j-d etw. nicht tun soll od. mit etw. aufhören soll

müs·sen[2]; *musste, hat gemusst*; [Vt/i] **1** (***etw.***) ***m.*** (*bes* von und gegenüber Kindern verwendet) das Bedürfnis haben, den Darm od. die Blase zu leeren ⟨Aa, Pipi m.; mal m.⟩; [Vi] **2** ***irgendwohin m.*** irgendwohin gehen, fahren *o.Ä.* müssen[1] (1,2): *Sie muss ins Büro* **3** ***etw. muss irgendwohin*** etw. muss[1] (1,2) an e-n Ort gebracht werden: *Der Brief muss zur Post* **4** *gespr*; gezwungen sein od. sich gezwungen fühlen, etw. zu tun: *„Warum gehst du denn schon, wenn du nicht willst?" - „Ich muss, ich habe noch zu arbeiten"* || NB: *müssen*[2] wird als Vollverb verwendet; zusammen mit e-m Infinitiv wird *müssen* als Modalverb verwendet; ↑ ***müssen***[1]

mü·ßig *Adj*; *geschr*; **1** ohne (sinnvolle) Tätigkeit ≈ untätig, faul ↔ geschäftig ⟨m. dastehen, herumsitzen⟩: *anderen m. bei der Arbeit zusehen* **2** ⟨Stunden, Tage⟩ so, dass sie innere Ruhe u. Entspannung bringen **3** *nicht adv*; ohne Nutzen u. Sinn ≈ überflüssig, zwecklos ⟨e-e Frage, ein Gedanke⟩: *Da sie ja doch tut, was sie will, ist es m., ihr Ratschläge zu geben* || *hierzu* **Mü·ßig·keit** *die*; *nur Sg*

Mü·ßig·gang *der*; *nur Sg*; das Nichtstun ≈ Faulheit ↔ Fleiß || ID ***M. ist aller Laster Anfang*** wer nichts tut, wird leicht zum Laster verleitet

muss·te *Imperfekt, 1. u. 3. Person Sg*; ↑ ***müssen***

müss·te *Konjunktiv II, 1. u. 3. Person Sg*; ↑ ***müssen***

Mus·ter *das*; *-s, -*; **1** e-e bestimmte Kombination od. Reihenfolge von Farben, Zeichen *usw*, die sich wiederholt (*mst* als Verzierung e-r Oberfläche) ⟨ein auffälliges, buntes, (un)regelmäßiges M.; ein M. aus Farben, Karos, Streifen *usw*; das M. e-s Kleides, e-s Stoffes; ein M. entwerfen⟩: *Der Teppich hat ein M. aus orientalischen Ornamenten* || -K: ***Blumen-, Streifen-, Zopf-; Druck-, Häkel-, Strick-; Stoff-, Tapeten-*** **2** ***ein M.*** (+ *Gen* / ***von etw.***) e-e kleine Menge e-s Materials od. ein Exemplar von etw., die dazu dienen zu zeigen, wie das Material / etw. ist ≈ (Waren)Probe ⟨ein M. anfordern, sich (ein) M. zeigen lassen⟩: *In diesem Katalog finden Sie M. der Möbelstoffe, in denen das Sofa lieferbar ist; Das M. e-s Formulars, das man ausfüllen muss* || K-: ***Muster-, -buch, -heft, -koffer, -sendung, -stück*** || -K: ***Stoff-, Tapeten-, Waren-*** **3** die Art, wie etw. (immer wieder) geschieht, abläuft ≈ Schema ⟨etw. läuft nach e-m (bestimmten, festen) M. ab; e-m M. folgen⟩ || -K: ***Handlungs-, Verhaltens-*** **4** ***ein M.*** (***für etw.***) etw., das so gestaltet ist, dass es (gut u. richtig ist u.) nachgeahmt werden kann ≈ Vorlage ⟨etw. dient j-m als M.; etw. als M. nehmen⟩: *Das Urteil in diesem Prozess diente vielen Richtern als M. für ihre eigenen Entscheidungen; Hier hast du ein M., nach dem du deine Geschäftsbriefe verfassen kannst* || K-: ***Muster-, -brief, -prozess, -zeichnung*** || -K: ***Handlungs-*** **5** e-e schriftliche Anleitung (2), nach der man etw. nähen, stricken *usw* kann: *Ich habe diesen Pullover nach e-m M. aus e-r Zeitschrift gestrickt* || -K: ***Häkel-, Schnitt-, Strick-***

Mus·ter- *im Subst, begrenzt produktiv*; verwendet, um auszudrücken, dass j-d / etw. als Vorbild dienen kann; e-e ***Musterehe*** ⟨führen⟩, ein ***Mustergatte***, ein ***Musterschüler***

Mus·ter·bei·spiel *das*; ***ein M.*** + *Gen* / ***von*** +*Dat* ein besonders gutes Beispiel für etw.: *Er ist ein M. e-s fleißigen Mannes*

Mus·ter·exemp·lar *das*; ***ein M.*** (+ *Gen*) ein besonders gutes, schönes Exemplar: *Dieser große bunte Schmetterling ist ein wahres M. seiner Art*

mus·ter·gül·tig *Adj*; ⟨ein Schüler; ein Benehmen, e-e Ordnung⟩ so korrekt u. ohne Fehler, dass sie ein Vorbild sind ≈ vorbildlich, musterhaft || *hierzu* **Mus·ter·gül·tig·keit** *die*; *nur Sg*

mus·ter·haft *Adj* ≈ mustergültig

Mus·ter·kna·be *der*; *iron*; j-d, der sich immer so verhält, wie es Eltern, Lehrer, Vorgesetzte *usw* wollen

mus·tern[1]; *musterte, hat gemustert*; [Vt] ***j-n / etw. m.*** j-n / etw. aufmerksam, kritisch u. ganz genau betrachten, um ihn / es richtig einschätzen od. bewerten zu können ⟨j-n neugierig, spöttisch m.⟩: *j-n mit e-m abschätzigen, kühlen, herausfordernden Blick m.*

mus·tern[2]; *musterte, hat gemustert*; [Vt] ***j-n m.*** *Mil*; untersuchen, ob j-d für den Dienst in der Armee geeignet ist || *hierzu* **Mus·te·rung** *die*

Mus·ter·schü·ler *der*; *mst pej*; ein Schüler, der sehr fleißig, brav u. vorbildlich ist

Mut *der*; *-(e)s*; *nur Sg*; **1** ***der Mut*** (***für / zu etw.***) die Eigenschaft od. Bereitschaft, etw. zu tun, das gefährlich ist od. sein kann ≈ Courage ⟨(den) Mut haben, etw. zu tun; den Mut verlieren; all seinen Mut zusammennehmen; seinen Mut beweisen; viel Mut zeigen; j-m den Mut nehmen; j-m Mut einflößen⟩: *Es gehört Mut dazu, Löwen zu dressieren; Er hatte nicht den Mut, ihr die Wahrheit zu sagen* || -K: ***Helden-*** **2** das Vertrauen darauf, dass etw. gut od. wieder besser wird ≈ Zuversicht ⟨den Mut sinken lassen; (neuen) Mut fassen; j-m Mut geben, machen⟩: *Als sie vor Trauer fast verzweifelte, sprach er ihr Mut zu; Er ging mit frischem Mut an die Arbeit* || -K: ***Lebens-*** **3** ***der Mut der Verzweiflung*** der Mut (1), den man in e-r schlimmen Situation bekommt **4** ***frohen / guten Mutes sein*** *geschr*; in guter, zuversichtlicher Stimmung sein || zu **2** **mut·los** *Adj*; **Mut·lo·sig·keit** *die*; *nur Sg* || NB: ↑ ***zumute***

Mu·ta·ti·on [-'tsio:n] *die*; -, *-en*; *Biol*; e-e plötzliche Veränderung der Gene e-s Lebewesens: *Durch Einwirkung von radioaktiver Strahlung können Mutationen auftreten* || *hierzu* **mu·tie·ren** (*hat*) *Vi*

mu·tig *Adj*; mit viel Mut (1) ≈ kühn, unerschrocken ↔ feige ⟨ein Mensch, e-e Tat, ein Wort; m. für j-n / etw. eintreten⟩: *Es war sehr m. von ihm, diese unpopuläre Entscheidung zu treffen* || ► ***entmutigen, ermutigen***

mut·ma·ßen; *mutmaßte, hat gemutmaßt*; [Vt] ***m., dass ...*** *veraltend* ≈ vermuten

mut·maß·lich *Adj*; *nur attr od adv, geschr* ≈ wahrscheinlich ⟨der Mörder, der Täter, der Terrorist⟩: *den mutmaßlichen Tathergang beschreiben*

Mut·pro·be *die*; e-e Handlung, mit der j-d beweisen soll, dass er Mut (1) hat ⟨e-e M. ablegen, bestehen, machen⟩

Mut·ter[1] *die*; -, *Müt·ter*; **1** e-e Frau, die ein Kind geboren hat ⟨e-e gute, schlechte, ledige, liebevolle, strenge M.; j-s leibliche M.; wie e-e M. zu j-m sein⟩: *Sie ist M. von zwei Kindern* || K-: ***Mutter-, -liebe, -pflichten, -rolle; Mütter-, -genesungsheim, -hilfswerk*** **2** e-e Frau, die Kinder so versorgt, als wäre sie ihre M.[1] (1): *Er bekam e-e neue M., als sein Vater wieder heiratete* || ↑ *Übersicht unter* ***Familie*** || -K: ***Heim-, Pflege-, Stief-, Tages-*** **3** ein weibliches Tier, das Junge hat: *Katzen sind gute Mütter* || K-: ***Mutter-, -schaf, -sau, -tier*** || -K: ***Hunde-, Katzen-, Tier-, Vogel-*** **4** ***e-e werdende M.*** e-e schwangere Frau **5** ***die M. Gottes*** *Rel*; Maria, die M.[1] (1) von Jesus Christus od. ein Abbild von ihr || K-: ***Mutter-, -gottes*** **6** ***die M. Erde / Natur*** *oft hum*; die Erde / Natur als Ursprung des Lebens **7** ⟨etw. schmeckt, j-d fühlt sich⟩ ***wie bei Muttern*** *gespr*; wie zu Hause || *zu* **1** u. **2** **mut·ter·los** *Adj* || ► ***bemuttern***

Mut·ter[2] *die*; -, *-n*; ein kleines Stück Metall mit sechs Ecken u. e-m runden Loch (mit Gewinde), das auf e-e Schraube geschraubt wird, um diese zu befestigen ⟨e-e M. festschrauben, lösen, abschrauben⟩ || ↑ *Abb. unter* **Werkzeug** || -K: ***Schrauben-***

Mut·ter- *im Subst, wenig produktiv*; **1** die Substanz, aus der sich etw. (anderes) entwickelt ≈ Ausgangs-; die ***Muttergeschwulst*** ⟨der Wucherung⟩, das ***Muttergestein*** ⟨für die Mineralien⟩, die ***Mutterpflanze*** ⟨e-r Weizenkultur⟩ **2** die Zentrale, von der andere Teile e-r Organisation (gegründet werden u. daher) abhängig sind ≈ Stamm- ↔ Tochter-; die ***Mutterfirma***, die ***Muttergesellschaft*** ⟨des Konzerns⟩, das ***Mutterhaus*** ⟨des Ordens⟩, die ***Mutterkirche*** ⟨der Katholiken⟩, das ***Mutterland*** ⟨der Demokratie, des Sports⟩, die ***Mutterpartei*** ⟨der Sozialisten⟩

Mut·ter·bo·den *der*; *Agr*; die oberste Schicht des Erdbodens, in der Pflanzen wachsen ≈ Humus

Mut·ter·freu·de *die*; *mst in* ***Mutterfreuden entgegensehen*** ≈ schwanger sein

Mut·ter·kom·plex *der*; **1** e-e zu starke emotionale Bindung an die Mutter **2** der übertrieben starke Trieb e-r Frau, wie e-e Mutter für andere zu sorgen

Mut·ter·korn *das*; ein kleiner, schwarzer u. giftiger Pilz, der in den Ähren *bes* von Roggen wächst

Mut·ter·ku·chen *der*; e-e Art Organ, das während der Schwangerschaft in der Gebärmutter entsteht u. das dem Embryo Nahrung gibt; *Med* Plazenta

Mut·ter·leib *der*; *mst in* ***im M.*** (als Embryo) im Körper der Mutter ⟨die Entwicklung, die Zeit im M.⟩

müt·ter·lich *Adj*; **1** *nur attr, nicht adv*; zu e-r Mutter[1] (1) gehörig ⟨die Erziehung, die Liebe, die Pflichten⟩ **2** wie e-e Mutter[1] (1) ⟨e-e Frau, ein Wesen; m. aussehen, wirken, für j-n sorgen⟩ || zu **2** **Müt·ter·lich·keit** *die*; *nur Sg*

mụt·ter·li·cher·sei̲ts *Adv*; (nach e-r Verwandtschaftsbezeichnung verwendet) aus der Familie der Mutter[1] (1) ↔ väterlicherseits; *meine Großmutter m.; ein Onkel m.*

Mụt·ter·mal *das*; ein brauner Fleck auf der Haut, den man *mst* von Geburt an hat

Mụt·ter·milch *die*; die Milch, die nach der Geburt e-s Kindes in der Brust e-r Frau entsteht || ID ***etw. mit der M. einsaugen*** *gespr*; etw. schon als Kind (kennen) lernen

Mụt·ter·mund *der*; *nur Sg*, *Med*; die Öffnung der Gebärmutter (zur Scheide hin)

Mụt·ter·schaft *die*; -, *-en*; *mst Sg*; der Zustand, Mutter zu sein

Mụt·ter·schafts·ur·laub *der*; Ⓓ der Zeitraum von mehreren Monaten direkt nach der Geburt e-s Kindes, in dem die Mutter nicht zur Arbeit gehen muss ⟨M. beantragen; in M. gehen⟩

Mụt·ter·schafts·ver·tre·tung *die*; **1** die Arbeit, die man an Stelle e-r Frau macht, während sie wegen e-r Schwangerschaft ihren Beruf nicht ausübt **2** j-d, der e-e M. (1) macht

Mụt·ter·schutz *der*; **1** alle Gesetze, mit denen Frauen, die im Beruf sind, vor u. nach der Geburt ihres Babys vor Nachteilen geschützt werden sollen **2** e-e Zeit, in der e-e Frau wegen der Geburt ihres Babys ihren Beruf nicht ausübt

mụt·ter·se̲e̲·len|al·le̲in *Adj*; *nur präd od adv*, *gespr*; ganz allein ≈ einsam u. verlassen

Mụt·ter·söhn·chen *das*; *gespr pej*; **1** ein Junge od. Mann, der von seiner Mutter sehr verwöhnt worden ist od. wird **2** ein Mann, der zu weich ist

Mụt·ter·spra·che *die*; die Sprache, die ein Kind lernt, wenn es zu sprechen beginnt ↔ Fremdsprache: *Die meisten Österreicher haben Deutsch als M.* || *hierzu* **mụt·ter·sprach·lich** *Adj*

Mụt·ter·sprach·ler *der*; *-s*, -; j-d, der e-e bestimmte Sprache als Muttersprache spricht: *Wir brauchen unbedingt noch e-n M. als Lehrer für Englisch*

Mụt·ti *die*; -, *-s*; *gespr*; (*bes* von u. gegenüber Kindern) verwendet als liebevolle Bezeichnung od. Anrede für die Mutter ≈ Mama, Mami

mu̲t·wil·lig *Adj*; bewusst u. mit (böser) Absicht ≈ böswillig ⟨e-e Beschädigung; j-m m. schaden, wehtun⟩ || *hierzu* **Mu̲t·wil·le** *der*; *nur Sg*; **Mu̲t·wil·lig·keit** *die*; *nur Sg*

Mụ̈t·ze *die*; -, *-n*; e-e Kopfbedeckung aus weichem Material (*mst* Wolle), die man *bes* bei kaltem Wetter trägt ⟨e-e warme M.; e-e M. mit Schirm; e-e M. aufsetzen, abnehmen, vom Kopf ziehen; e-e M. stricken⟩: *Weil der Wind so stark wehte, zog er sich die M. tief in die Stirn* || -K: ***Fell-, Pelz-, Woll-***; ***Schirm-, Zipfel-***

MwSt, **MWSt** *Abk für* Mehrwertsteuer

My·ri·a̲·de *die*; -, *-n*; *mst Pl*; **Myriaden** (***von etw.***) *geschr*; e-e sehr große Anzahl (von etw.) ⟨Myriaden von Mücken, Sternen⟩

Myr·re, **Myr·rhe** ['mʏrə] *die*; -, *-n*; *mst Sg*; e-e Substanz, die aus e-m tropischen Baum gewonnen u. als Parfüm od. für Medikamente *o.Ä.* verwendet wird: *Gold, Weihrauch u. M. waren die Geschenke der Heiligen Drei Könige*

mys·te·ri·ö̲s, *mysteriöser*, *mysteriösest-*; *Adj*; ⟨ein Blick, ein Mensch, ein Vorfall⟩ so, dass man sie sich nicht erklären kann ≈ geheimnisvoll: *Sie ist unter mysteriösen Umständen umgekommen*

Mys·te̲·ri·um *das*; *-s*, *Mys·te·ri·en* [-i̯ən]; *geschr*; etw., das mit dem Verstand nur schwer zu begreifen ist ≈ Geheimnis: *das M. des Lebens*

mys·ti·fi·zie̲·ren; *mystifizierte*, *hat mystifiziert*; [Vt] ***etw. m.*** e-e Sache zu e-m Mysterium machen: *den Tod m.* || *hierzu* **Mys·ti·fi·ka·ti·o̲n** *die*; -, *-en*

Mys·tik ['mʏs-] *die*; -; *nur Sg*; **1** die Art, e-e Religion intensiv u. direkt zu erfahren u. so auszuüben, dass man meint, die Trennung von Gott u. Mensch überwunden zu haben **2** *pej*; e-e sehr unwahrscheinliche Annahme ≈ Spekulation || *hierzu* **mys·tisch**, **mỵs·tisch** *Adj*; *mst attr*

My̲·then *Pl*; ↑ ***Mythos***

My·tho·lo·gi̲e *die*; -, *-n* [-'giːən]; *geschr*; alle Mythen (1) (e-s Volkes) ≈ Sage ⟨die antike, griechische M.⟩ || *hierzu* **my·tho·lo̲·gisch** *Adj*

My̲·thos *der*; -; *My·then*; **1** e-e sehr alte Geschichte, die *mst* religiöse od. magische Vorstellungen enthält ≈ Sage: *der M. von der Erschaffung der Welt* **2** e-e Person, ein Ereignis, die / das in der Vorstellung der Menschen bestimmte (*mst* sehr positive) Eigenschaften hat(te) (was der Wirklichkeit oft nicht entspricht) ≈ Legende ⟨(zu seinen Lebzeiten) zum M. werden; ein unausrottbarer M.⟩: *der M. von der Tüchtigkeit der Deutschen* || *hierzu* **my̲·thisch** *Adj*

M

N, n

N, n [ɛn] *das*; -, - / *gespr auch -s*; der vierzehnte Buchstabe des Alphabets ⟨ein großes N; ein kleines n⟩

na *Interjektion*; *gespr*; **1** verwendet, um e-e Frage auszudrücken od. einzuleiten: *Na* (*wie gehts*)*?*; *Na, bist du bald fertig?*; *Na, wie hat dir der Film gefallen?* **2** verwendet, um e-e Aufforderung od. Feststellung einzuleiten u. Ärger od. Ungeduld auszudrücken: *Na endlich!*; *Na, dann eben nicht!*; *Na, das wurde aber auch Zeit!* **3** *bes* allein, ohne e-n Satz, verwendet, um seine Einstellung zu e-r Situation auszudrücken. Ob *na* Zustimmung od. Ablehnung ausdrückt, ergibt sich aus der Intonation u. der Situation **4** ***na, na*** (***na***) verwendet, um j-s Handlung od. Worte (auch im Scherz) zu kritisieren: *Na, na, na, das tut man aber nicht!* **5** ***na 'ja*** *gespr*; verwendet am Anfang des Satzes, drückt Zögern od. Skepsis aus: *Na ja, ich weiß nicht so recht …* **6** ***na 'gut / na 'ja / na 'schön*** verwendet, um auszudrücken, dass man etw. akzeptiert, obwohl einem etw. anderes lieber gewesen wäre: *Na gut, dann bleibe ich eben hier*; *Na ja, der Mantel ist zwar nicht schön, aber warm* **7** ***na 'also! / na 'bitte!*** verwendet, um auszudrücken, dass man schon längere Zeit darauf gewartet hat, dass j-d etw. tut, einsieht, glaubt *o.Ä.*: *Na bitte, da ist ja der Schlüssel - genau da, wo ich es dir gesagt habe!*; *Na also, warum nicht gleich so!* **8** ***na 'so was!*** verwendet, um Erstaunen auszudrücken **9** ***na 'und?*** verwendet, um auf unhöfliche Weise auszudrücken, dass einen etw. nicht interessiert **10** ***na, 'warte!*** verwendet, um j-m zu drohen: *Na, warte, das wirst du noch bereuen!*

Na·be *die*; -, *-n*; das kurze Rohr in der Mitte e-s Rades, durch das die Achse geht || -K: ***Rad-***

Na·bel *der*; *-s*, -; die kleine runde u. *mst* vertiefte Stelle am Bauch des Menschen || ↑ *Abb. unter* ***Mensch*** || -K: ***Bauch-*** || ID ***der N. der Welt*** *oft hum*; das Zentrum des Geschehens, das Bedeutendste

Na·bel·schnur *die*; e-e Art dünner Schlauch aus Gewebe, durch den der Embryo seine Nahrung aus dem Bauch der Mutter bekommt ⟨die N. durchtrennen⟩

nach *Präp*; *mit Dat*; **1** später als der genannte Zeitpunkt od. Vorgang ↔ vor[1] (3): *Schon wenige Minuten nach dem Unfall war die Polizei da*; *Nach dem Film gehen wir noch ein Bier trinken*; *Nach unserem Streit haben wir uns bald wieder versöhnt* **2** *gespr*; (bei der Angabe der Uhrzeit) verwendet, um die Minuten anzugeben, die zusätzlich zu den vollen Stunden bereits vergangen sind ↔ vor[1] (1): (*Um*) *zehn nach vier geht mein Zug*; *Gut, dann treffen wir uns* (*um*) *Viertel nach acht am Brunnen*; *„Wie viel Uhr ist es jetzt?" - „Gleich fünf nach halb drei"* (= *14.35*) || NB: Ab 20 Minuten bis zur vollen Stunde verwendet man *vor*: *zehn* (*Minuten*) *vor drei* **3** in die genannte Richtung ↔ von (4): *von Osten nach Westen reisen*; *von Norden nach Süden fliegen*; *den Kopf nach links drehen* **4** zu dem genannten Ort ↔ von (5): *im Urlaub nach Marokko fliegen*; *von Köln über Stuttgart nach Kempten fahren*; *von Spanien* (*aus*) *nach Portugal reisen* || NB: Ist der Zielpunkt e-e Person, heißt die Präp. *zu*: *zu Peter, zu seinen Großeltern fahren*; ist der Zielpunkt ein Land od. e-e Gegend mit Artikel, heißt die Präp. *in*: *in den Iran fliegen*; *in die Bretagne, in die Toskana fahren*; ist der Zielpunkt e-e Insel mit Artikel, heißt die Präp. *auf* (*Akk*): *auf die Kanarischen Inseln fliegen*; ist der Zielpunkt ein Fluss, See, Meer, Ozean *o.Ä.*, heißt die Präp. *an* (*Akk*) od. auch *zu*: *an die Nordsee fahren* **5** verwendet, um auszudrücken, dass j-d / etw. in e-r Reihenfolge (direkt) der / die / das Nächste ist ≈ hinter ↔ vor[1] (4): *Nach dem fünften Haus kommt e-e große Eiche - bei der biegen Sie rechts ab!*; *Nach dem Mont Blanc ist der Monte Rosa der höchste Berg Europas*; *Ich war der Letzte in der Schlange - nach mir kam niemand mehr* **6** so, wie es das genannte Vorbild sagt od. angibt ≈ gemäß, zufolge: *Nach Ptolemäus ist die Erde e-e Scheibe*; *Fischfilet nach Marseiller Art*; *e-n Vers frei nach Goethe zitieren* **7** ***nach etw. / etw. nach*** ≈ etw. (*Dat*) entsprechend, etw. (*Dat*) zufolge: *Meiner Meinung nach müssen wir das Problem anders lösen*; *nach Ansicht führender amerikanischer Krebsforscher…*; *aller Wahrscheinlichkeit nach…*; *sich der Größe nach aufstellen* **8** ***etw. nach*** wenn man die genannte Person / Sache betrachtet ≈ gemäß: *Seinem Verhalten nach ist er sehr streng erzogen worden*; *Ihrem Akzent nach stammt sie wohl aus Österreich*; *Dem Aussehen nach würde man sie für e-e Südamerikanerin halten* **9** ***nach etw.*** wenn man das Genannte als Maßstab nimmt ≈ gemäß, zufolge: *86° Fahrenheit sind nach der Celsiusskala 30°*; *Nach unserem Geld kostet die Tafel Schokolade hier zwei Euro* **10** fest verbunden mit bestimmten Substantiven, Adjektiven u. Verben, verwendet vor e-m Substantiv od. Pronomen: *das Streben nach Macht u. Reichtum*; *die Suche nach Erdöl*; *ganz gierig nach Süßigkeiten sein*; *sich nach j-m sehnen*; *j-m nach dem Leben trachten* || ID ***nach u. nach*** im Lauf der Zeit ≈ allmählich: *seine Schulden nach und nach abbezahlen*; ***nach wie vor*** noch immer ≈ weiterhin; (***Bitte***) ***nach Ihnen!*** als höfliche Formel verwendet, um j-n zu bitten, vor einem etw. zu tun, *z.B.* in e-n Raum zu treten od. ihn zu verlassen

nach- *im Verb, betont u. trennbar, sehr produktiv*; Die Verben mit *nach-* werden nach folgendem Muster gebildet: *nachgehen - ging nach - nachgegangen*

1 *nach-* drückt aus, dass die Verbhandlung auf e-e Person / Sache gerichtet ist, die sich räumlich od. zeitlich schon vom Handelnden entfernt hat ≈ hinterher- ↔ voraus-;

j-m etw. nachwerfen: *Die Demonstranten warfen den fliehenden Polizisten Steine nach* ≈ Die Polizisten flohen, u. die Demonstranten warfen Steine auf sie

ebenso: ***j-m / etw. nacheilen, j-m / etw. nachfahren, j-m nachfolgen, j-m / etw. nachlaufen, j-m / etw. nachrennen***

2 *nach-* drückt aus, dass e-e Handlung od. ein Ereignis ein zweites Mal abläuft. Bei Handlungen wird damit *mst* die Absicht des Prüfens od. Verbesserns verbunden;

(***etw.***) ***nachrechnen***: *Bevor er die Rechnung abschickte, rechnete er das Ergebnis nach* ≈ Er rech-

nete noch einmal, um zu prüfen, ob er (od. ein anderer) richtig gerechnet hatte
ebenso: ***etw. nachspülen, j-n / etw. nachbehandeln, j-n nachuntersuchen***
3 *nach-* drückt aus, dass j-d sich an e-m Vorbild od. Original orientiert, das er imitieren will ↔ vor- (3);
etw. nachsprechen: *Der Lehrer sagte e-n Satz, u. die Schüler sprachen ihn nach* ≈ Die Schüler sagten den Satz so, wie der Lehrer ihn gesagt hatte
ebenso: ***etw. nachbauen, etw. nachbilden, etw. nacherzählen, etw. nachformen, etw. nachmalen, (etw.) nachsingen***
4 *nach-* drückt aus, dass man etw. später (als erwartet) tut;
(etw.) nachlösen: *Sie löste die Fahrkarte im Zug nach* ≈ Sie kaufte die Fahrkarte nicht am Schalter, sondern erst im Zug
ebenso: ***j-n / etw. nachbehandeln, etw. nachbereiten, (etw.) nachfeiern, etw. nachholen, (etw.) nachlernen***
5 *nach-* drückt aus, dass etw. nach dem eigentlichen od. geplanten Ende noch weitergeht;
nachsitzen: *Weil er so frech war, ließ ihn der Lehrer n.* ≈ Er musste in der Schule bleiben, als die anderen nach Hause gingen
ebenso: ***etw. hallt nach, etw. klingt nach, etw. wirkt nach***
6 *nach-* drückt aus, dass man etw. intensiv u. gründlich tut od. etw. wiederholt;
nachdenken: *Er musste lange n., bevor er ihre Frage beantworten konnte* ≈ Er bemühte sich, durch intensives (u. langes) Überlegen e-e Antwort auf ihre Frage zu finden
ebenso: ***nachforschen, nachfragen, nachgrübeln, etw. nachlesen, j-m nachschnüffeln, nachsuchen***

Nạch- *im Subst, begrenzt produktiv*; verwendet, um auszudrücken, dass etw. auf die im zweiten Wortteil genannte Sache od. Handlung folgt; die ***Nachfeier*** ⟨e-r Hochzeit⟩, die ***Nachernte*** ⟨beim Obst⟩, der ***Nachgeschmack*** ⟨des Weins, e-s Erlebnisses⟩, der ***Nachhall***, der ***Nachklang*** ⟨e-s Tons, e-r Melodie⟩, die ***Nachsaison*** ⟨der Hotels⟩

nach·äf·fen; *äffte nach, hat nachgeäfft*; [Vt] ***j-n / etw. n.*** *pej*; j-n / etw. (*bes* die Gesten u. Worte e-r Person) in übertriebener Weise imitieren ≈ nachahmen: *Sie äfft gern ihre alte Tante nach*

nach·ah·men; *ahmte nach, hat nachgeahmt*; [Vt] ***j-n / etw. n.*** sich mit Absicht so verhalten, dass es e-r Person od. e-r Sache (ganz od. zum Teil) sehr ähnlich ist ≈ imitieren: *die Lässigkeit Humphrey Bogarts, das Bellen e-s Hundes n.* || *hierzu* **Nach·ah·mung** *die*; **Nach·ah·mer** *der, -s; -*

nach·ah·mens·wert *Adj*; so gut od. richtig, dass es sich lohnt, es ebenso zu machen ≈ vorbildlich ⟨ein Beispiel, e-e Leistung, ein Verhalten, ein Versuch⟩

nach·ar·bei·ten (*hat*) [Vt/i] **1** ***(etw.) n.*** Arbeit, die man versäumt od. nicht getan hat, später machen ≈ nachholen ↔ vorarbeiten: *Er muss diese Woche noch vier Stunden n.*; [Vt] **2** ***etw. n.*** etw., das bereits bearbeitet wurde, noch einmal bearbeiten, um es zu verbessern od. zu ergänzen: *Der Schreiner arbeitete den Schrank nach*

Nạch·bar *der*; *-n / -s, -n*; **1** j-d, der direkt neben j-m od. in dessen Nähe wohnt ⟨e-n neuen Nachbarn bekommen; die Nachbarn von nebenan; j-s N. werden⟩ || -K: ***Zimmer-*** **2** j-d, der *z.B.* im Konzert, im Kino od. in der Schule neben einem sitzt od. steht || -K: ***Bank-, Tisch-*** **3** ***gute Nachbarn sein*** als Nachbarn zueinander freundlich sein u. sich gegenseitig helfen || NB: *der Nachbar*; *den, dem Nachbar(n), des Nachbarn / (seltener) Nachbars* || *zu* **1** u. **2** **Nạch·ba·rin** *die*; *-; -nen*

Nạch·bar- / Nạch·bars- *im Subst, begrenzt produktiv*; **1** zum Nachbarn (1) gehörig; der ***Nachbargarten***, das ***Nachbarhaus***; die ***Nachbarsfrau***, die ***Nachbarsfamilie***, das ***Nachbarskind*** **2** ganz in der Nähe gelegen; das ***Nachbardorf***, der ***Nachbarort***; das ***Nachbarland***, der ***Nachbarstaat***; der ***Nachbartisch***, das ***Nachbarzimmer***

nạch·bar·lich *Adj*; *nur attr*; **1** im Bereich od. Besitz des Nachbarn (1): *der nachbarliche Garten* **2** wie es unter (*mst* guten) Nachbarn üblich ist ⟨Hilfe, Kontakte; Streitereien⟩ || -K: ***gut-***

Nạch·bar·schaft *die*; *-*; *nur Sg*; **1** *Kollekt*; alle Nachbarn (1) ⟨etw. in der N. herumerzählen⟩: *Die ganze N. spricht schon von seinem Unfall* **2** das Gebiet in der (näheren) Umgebung von j-m / etw. ≈ Nähe: *In unserer N. gibt es keine Schule* **3** die Beziehungen zwischen den Nachbarn (1) ⟨gute N. halten⟩ || K-: ***Nachbarschafts-, -hilfe*** || zu **3** **nạch·bar·schaft·li·ch-** *Adj*; *nur attr, nicht adv*

Nach·be·ben *das*; ein schwaches Erdbeben nach e-m stärkeren

nach·be·han·deln; *behandelte nach, hat nachbehandelt*; [Vt] ***j-n / etw. n.*** j-n / etw. (nach der Behandlung) noch einmal behandeln: *j-n nach einer schweren Lungenoperation n.* || *hierzu* **Nach·be·hand·lung** *die*

nach·be·kom·men; *bekam nach, hat nachbekommen*; [Vt] **1** ***etw. n.*** e-e bestimmte Ware später od. zusätzlich bekommen: *keine Ersatzteile mehr n.* **2** ***etw. n.*** *gespr*; zusätzlich zu seiner Portion noch etw. zu essen bekommen: *Kann ich noch Erdbeeren n.?*

nach·bes·sern (*hat*) [Vt] ***etw. n.*** etw. (noch einmal) bearbeiten, um es besser zu machen ≈ ausbessern, korrigieren || *hierzu* **Nach·bes·se·rung** *die*

nach·be·stel·len; *bestellte nach, hat nachbestellt*; [Vt/i] ***(etw.) n.*** e-e Ware (bei Bedarf) noch einmal bestellen: *Für dieses Service können Sie auch einzelne Teile n.*

nach·be·ten (*hat*) [Vt] ***etw. n.*** *gespr pej*; Worte u. Ideen e-s anderen (oft kritiklos) übernehmen u. wiedergeben ≈ nachplappern: *Er hat keine eigene Meinung - er betet nur das nach, was sein Vater sagt*

nach·bil·den (*hat*) [Vt] ***etw. n.*** etw. so bilden od. herstellen, dass es dem Original ähnlich ist ≈ nachmachen, nachbauen: *e-e römische Vase n.*

Nach·bil·dung *die*; *-, -en*; **1** *nur Sg*; das Nachbilden **2** ein Gegenstand, der nachgebildet wurde ≈ Imitation ↔ Original: *Diese Statue ist nur e-e N., das Original steht im Louvre*

nach·bli·cken (*hat*) [Vi] ***j-m / etw. n.*** ≈ j-m / etw. nachsehen (1)

nach·blu·ten (*hat*) [Vi] ***etw. blutet nach*** etw. fängt wieder an zu bluten ⟨e-e Wunde⟩ || *hierzu* **Nach·blu·tung** *die*

nach·boh·ren (*hat*) [Vi] *gespr*; durch wiederholtes Fragen versuchen, von j-m e-e Antwort zu bekommen ≈ nachfragen: *Er will mir nicht die Wahrheit sagen - da muss ich noch n.!*

nach·dem *Konjunktion*; **1** *mst* mit Plusquamperfekt verwendet, um auszudrücken, dass die Handlung des Nebensatzes schon beendet ist, wenn die Handlung des Hauptsatzes beginnt ↔ bevor: *Nachdem er gegessen hatte, schaute er noch ein wenig fern*; *Nachdem der Zahn gezogen war, begann die Wunde stark zu bluten* || NB: ↑ **danach 2** *gespr* ≈ da, weil: *Nachdem ich nicht da war, kann ich nichts dazu sagen*

nach·den·ken (*hat*) [Vi] ***(über j-n / etw.) n.*** sich e-e Situation vorstellen u. dabei *bes* an wichtige Einzelheiten od. Probleme denken ≈ überlegen ⟨angestrengt, scharf n.⟩: *Ich muss erst mal darüber n.!*

nach·denk·lich *Adj*; **1** ⟨ein Mensch⟩ oft in Gedanken vertieft **2** so, dass sich zeigt, dass die betroffene Person gerade über etw. nachdenkt: *ein nachdenk-*

N

liches Gesicht machen; *n. aussehen*; *die Stirn n. runzeln* **3 *n. werden*** sich von etw. betroffen fühlen u. beginnen, darüber nachzudenken || *hierzu* **Nach·denk·lich·keit** *die*; *nur Sg*

Nach·druck[1] *der*; *-(e)s*, *-e*; **1** die unveränderte (zweite *usw*) Ausgabe e-s Buches *o.Ä.* **2** *mst Sg*; das (*mst* illegale) Nachdrucken e-s Buches *o.Ä.*: *N. verboten!*; *N. nur mit Erlaubnis des Verlags* || *hierzu* **nach·dru·cken** (*hat*) *Vt*

Nach·druck[2] *der*; *-(e)s*, *nur Sg*; die Mittel (sprachliche od. andere), mit denen man deutlich macht, dass man etw. für sehr wichtig hält ⟨etw. mit N. verlangen, fordern, sagen, erklären; seinen Worten (mit Gesten) N. verleihen; mit N. auf etw. hinweisen⟩: *sich mit allem N. für die Abrüstung aussprechen*

nach·drück·lich *Adj*; mit Nachdruck[2] ≈ energisch ⟨e-e Forderung, e-e Drohung; j-n n. warnen; (j-n) n. auf etw. (*Akk*) hinweisen⟩

nach·dun·keln (*ist*) Vi ***etw. dunkelt nach*** etw. bekommt allmählich e-e dunkle(re) Farbe ↔ etw. verblasst ⟨Fotos, Holz, Haare⟩

nach·ei·fern; *eiferte nach*, *hat nachgeeifert*; Vi ***j-m (in etw.*** (*Dat*)) ***n.*** versuchen, etw. genauso zu machen od. so zu werden wie j-d, den man als Vorbild hat: *seinem großen Bruder n.*

nach·ei·nan·der, **nach·ei·nan·der** *Adv*; eine Person / Sache nach der anderen, in kurzen (zeitlichen od. räumlichen) Abständen ≈ hintereinander ↔ gleichzeitig: *Kurz n. landeten vier Flugzeuge*

nach|emp·fin·den; *empfand nach*, *hat nachempfunden*; Vt ***(j-m) etw. n.*** die Gefühle e-s Menschen so gut verstehen, als ob man sie selbst hätte ≈ nachfühlen ⟨j-s Zorn, Schmerz, Freude n.⟩: *Ich kann dir n.*, was *in dir vorgeht*

nach|er·zäh·len; *erzählte nach*, *hat nacherzählt*; Vt ***(j-m) etw. n.*** den Inhalt e-r Geschichte mit eigenen Worten (genau) erzählen ≈ wiedergeben ⟨(j-m) e-e Kurzgeschichte, e-n Roman, e-n Film n.⟩

Nach|er·zäh·lung *die*; ein Text, in dem der Inhalt e-r Geschichte noch einmal erzählt wird (*mst* als sprachliche Übung in der Schule) ⟨e-e N. machen, schreiben⟩

nach·fas·sen (*hat*) Vt/i **1 (*etw.*) *n.*** *gespr*; sich beim Essen eine zweite / dritte *usw* Portion holen / nehmen ≈ Nachschlag holen: *noch etwas Gemüse n.*; Vi **2** ein zweites Mal zupacken, weil man etw. beim ersten Mal nicht richtig fassen konnte

Nach·fol·ge *die*; *nur Sg*; das Übernehmen der Arbeit od. der Funktion e-s anderen ⟨die N. regeln, j-s N. antreten⟩: *Nach dem plötzlichen Tod des Präsidenten gab es Streit um dessen N.* || K-: ***Nachfolge-***, ***-organisation***, ***-regelung*** || *hierzu* **Nach·fol·ger** *der*; *-s*, *-*; **Nach·fol·ge·rin** *die*; *-*, *-nen*

nach·fol·gen (*ist*) Vi **1 *j-m n.*** j-m folgen, um ihn einzuholen od. (später) an denselben Ort zu kommen ≈ nachfahren, nachkommen: *Er fliegt schon morgen*, *u. die Familie folgt ihm dann später nach* **2 *j-m n.*** die Arbeit u. Funktion e-s anderen übernehmen ≈ j-s Nachfolge antreten ⟨j-m im Amt n.⟩

nach·fol·gend *Adj*; *nur attr od adv*; zeitlich od. räumlich folgend: *Die nachfolgenden Sendungen verschieben sich um ca. 15 Minuten* (= werden später als geplant ausgestrahlt)

nach·for·dern (*hat*) Vt ***etw. n.*** etw. zusätzlich od. nachträglich fordern, verlangen od. bestellen, weil man (nicht genug bekommen hat u.) mehr davon haben will: *Geld n.* || *hierzu* **Nach·for·de·rung** *die*

nach·for·schen (*hat*) Vi intensiv versuchen, zu Informationen od. Kenntnissen über j-n / etw. zu kommen ≈ ermitteln: *Es wurde lange nachgeforscht*, *bis man wusste*, *wie sich das Schiffsunglück ereignet hatte* || *hierzu* **Nach·for·schung** *die*; *-*, *-en*; *mst Pl*

Nach·fra·ge *die*; **1 *die N.*** (***nach etw.***) *nur Sg*, *Ökon*; der Wunsch od. das Bedürfnis (der Konsumenten), bestimmte Produkte zu kaufen ↔ Angebot (3) ⟨es herrscht, besteht enorme, große, rege, lebhafte, geringe N. nach etw.; die N. sinkt, steigt⟩: *Die N. nach Konzertkarten übersteigt das Angebot* **2** *nur in* ***Danke der / für die N.!*** *gespr veraltend hum*; verwendet, um sich dafür zu bedanken, dass j-d gefragt hat, wie es einem geht

nach·fra·gen (*hat*) Vi **1 (*bei j-m*) (*wegen etw.*** (*Gen*, *gespr auch Dat*)) ***n.*** j-n (*mst* bei e-r Institution) fragen, der die gewünschte Information geben kann ≈ sich bei j-m nach etw. erkundigen: *beim Finanzamt wegen der Steuer n.* **2** noch eine od. mehrere Fragen stellen, bis man e-e Antwort bekommt ≈ nachbohren: *Der Journalist musste immer wieder n.*, *um die nötigen Informationen zu bekommen*

nach·füh·len (*hat*) Vt ***(j-m) etw. n.*** ≈ (j-m) etw. nachempfinden

nach·fül·len (*hat*) Vt/i **1 (*etw.*) *n.*** etw. in e-n Behälter füllen, der (teilweise) leer geworden ist: *Die Kiste ist fast leer - wir müssen wieder* (*Kartoffeln*) *n.* **2 (*j-m*) (*etw.*) *n.*** j-s Glas, das (teilweise) leer geworden ist, wieder füllen ≈ j-m nachgießen, nachschenken

Nach·füll|pack *der*; *-s*, *-e*; ein Behälter od. e-e Packung *bes* mit Wasch- od. Putzmittel, das in den eigentlichen Behälter nachgefüllt (1) wird

nach·ge·ben (*hat*) Vi **1 (*j-m / etw.*) *n.*** auf Bitten od. Drängen anderer etw. erlauben od. tun, zu dem man vorher nicht bereit war ⟨dem Drängen, Betteln der Kinder n.; der Versuchung n.⟩: *Nach langer Diskussion gab ich schließlich nach u. ließ meine Tochter nach Kanada fliegen* **2 *etw. gibt nach*** etw. biegt sich, zerbricht od. zerreißt bei zu starker Belastung: *Das Brett hielt dem Gewicht der Maschine nicht mehr stand u. gab nach*

Nach·ge·bühr *die*; *nur Sg*; die Summe Geld, die der Empfänger e-s Briefes, e-r Postkarte *o.Ä.* der Post zahlen muss, wenn zu wenig Briefmarken darauf waren ≈ Nachporto ⟨(e-e) N. zahlen müssen⟩

Nach·ge·burt *die*; *mst Sg*; das Gewebe (die Plazenta *usw*), das nach der Geburt aus dem Bauch der Mutter kommt

nach·ge·hen (*ist*) Vi **1 *j-m n.*** j-m folgen, um ihn einzuholen od. um in dieselbe Richtung zu gehen **2 *etw.*** (*Dat*) ***n.*** etw., das nicht klar ist, (über)prüfen u. versuchen, es aufzuklären ≈ etw. untersuchen: *Die Polizei ging der Sache mit den aufgebrochenen Autos nach* **3 *etw.*** (*Dat*) ***n.*** e-e Arbeit, Tätigkeit *o.Ä.* regelmäßig machen, ausüben ⟨seinen Geschäften, Hobbys, e-m illegalen Gewerbe, e-r geregelten Arbeit n.⟩ **4** ⟨e-e Uhr⟩ ***geht nach*** e-e Uhr zeigt weniger an, als es richtig wäre ↔ etw. geht vor: *Meine Uhr geht schon wieder zehn Minuten nach* **5 *etw. geht j-m nach*** etw. ist für j-n so wichtig od. eindrucksvoll, dass er immer wieder daran denkt ⟨Ereignisse, Erlebnisse, Vorfälle⟩: *Das Bild von dem kranken Kind geht mir immer noch nach*

Nach·ge·schmack *der*; *nur Sg*; **1** der Geschmack, den man noch im Mund hat, nachdem man etw. gegessen od. getrunken hat: *Zwiebeln hinterlassen e-n beißenden N.* **2** e-e unangenehme Erinnerung an etw. ⟨ein bitterer, übler, schlechter N.⟩: *Der Streit hat bei ihm e-n bitteren N. hinterlassen*

nach·ge·stellt **1** *Partizip Perfekt*; ↑ ***nachstellen*** **2** *Adj*; *Ling*; ⟨ Attribute, Präpositionen⟩ so, dass sie im Satz auf das Wort od. den Teil des Satzes folgen, auf die sie sich beziehen ↔ vorgestellt

nach·gie·big *Adj*; *nicht adv*; (***j-m gegenüber***) ***n.*** schnell bereit nachzugeben (1) (*bes* um Konflikte zu vermeiden) ↔ stur, standhaft: *Wenn du nur ein bisschen nachgiebiger wärst*, *hätten wir nicht so oft Streit!* || *hierzu* **Nach·gie·big·keit** *die*; *nur Sg*

nach·gie·ßen (*hat*) Vt/i **(*j-m*) (*etw.*) *n.*** ≈ (j-m) (etw.) nachschenken: *Darf ich Ihnen Kaffee n.?*
nach·ha·ken (*hat*) Vi *gespr*; mehrmals Fragen zu e-m Problem stellen, weil der andere das nicht alles sagen will ≈ nachfragen: *Der Richter musste bei der Vernehmung des Zeugen immer wieder n.*
Nach·hall *der*; das Geräusch, das man *bes* in e-m großen, leeren Raum nach dem eigentlichen Ton noch hört || *hierzu* **nach·hal·len** (*hat / ist*) *Vi*
nach·hal·tig *Adj*; *mst attr*; von starker u. langer Wirkung ⟨ein Erfolg, ein Erlebnis; auf j-n e-n nachhaltigen Eindruck machen, j-n n. beeinflussen⟩
nach·hän·gen; *hing nach, hat nachgehangen*; Vi **1 *j-m / etw. n.*** sich voller Sehnsucht an j-n / etw. erinnern ≈ sich nach j-m / etw. sehnen: *seinen Erinnerungen an den letzten Urlaub n.* **2 *in etw.* (*Dat*) *n.*** *gespr*; in e-m Plan, in e-m Fach, auf e-m Gebiet *o.Ä.* noch nicht so weit sein, wie man sein sollte ≈ zurückliegen ⟨in Biologie, in Französisch *usw* n.; im Lehrplan, im Terminplan n.⟩
nach·hau·se *Adv*; Ⓐ Ⓒⓗ ≈ nach Hause || NB: ↑ ***Haus*** (5)
Nach·hau·se|weg *der*; j-s Weg nach Hause ≈ Heimweg ⟨e-n langen, weiten N. haben⟩: *Sie wurde auf dem N. überfallen*
nach·hel·fen (*hat*) Vi **1 (*j-m / etw.*) *n.*** durch seine Hilfe bewirken, dass etw. besser funktioniert: *Der Meister hilft (dem Lehrling) etwas nach, damit die Arbeit schneller vorangeht* **2 (*bei j-m*) *n. müssen*** *gespr*; bestimmte Mittel anwenden, um j-n dazu zu bringen, etw. zu tun: *Ich musste etwas n., bis er sich zum ersten Mal mit mir verabredete* **3** *mst* ***dem Glück ein wenig / ein bisschen n.*** etw. (*mst* nicht ganz Korrektes) tun, damit etw. so geht, wie man es sich wünscht
nach·her, nach·her *Adv*; **1** verwendet, um auszudrücken, dass e-e Handlung etwas später als e-e andere (Handlung) eintreten wird od. eintrat ≈ danach, später, anschließend ↔ vorher, zuvor: *„Ich muss jetzt Geld von der Bank holen." - „Das kannst du doch noch n. machen"* **2 *bis n.!*** verwendet, um sich von j-m zu verabschieden, den man ein paar Stunden später wieder sieht ≈ bis gleich, bis später
Nach·hil·fe *die*; ***N.* (*in etw.* (*Dat*))** *nur Sg*; zusätzlicher Unterricht, den ein Schüler (gegen Geld) von e-m anderen Schüler, e-m Studenten od. e-m Lehrer bekommt ⟨N. bekommen; (j-m) N. geben, erteilen⟩ || K-: ***Nachhilfe-, -lehrer, -schüler, -stunde, -unterricht***
Nach·hi·nein *nur in* ***im N.*** nach e-r bestimmten Zeit od. nachdem e-e Handlung schon vorbei ist od. war ≈ später, hinterher ↔ im Voraus: *Im N. hat sich dann doch gezeigt, dass er gelogen hatte*
Nach·hol|be·darf *der*; *nur Sg*; ***N.* (*an etw.* (*Dat*))** das Verlangen od. Bedürfnis, von e-r Sache besonders viel zu bekommen, auf die man lange Zeit verzichten musste: *Die ganze Woche über ging ich spät ins Bett - jetzt habe ich e-n riesigen N. an Schlaf*
nach·ho·len (*hat*) Vt ***etw. n.*** etw., das man versäumt hat od. das nicht stattgefunden hat, später tun od. durchführen ⟨e-e Prüfung, Versäumtes n.⟩: *Das Match, das abgesagt werden musste, wird nächsten Samstag nachgeholt* || K-: ***Nachhol-, -spiel***
nach·ja·gen (*ist*) Vi ***j-m n.*** j-n (*mst* mit e-m Fahrzeug) verfolgen, um ihn zu ergreifen ≈ j-m hinterherjagen: *e-m flüchtenden Bankräuber n.*
Nach·kom·me *der*; *-n, -n*; jedes der Kinder, Enkel, Urenkel *usw* e-r bestimmten Person ≈ Nachfahr ↔ Vorfahr ⟨keine Nachkommen haben; ohne Nachkommen sterben⟩ || NB: *der Nachkomme*; *den, dem, des Nachkommen*
nach·kom·men (*ist*) Vi **1** etwas später als die anderen kommen: *Geht schon mal voraus - ich komme gleich nach* **2 *j-m n.***; **(*bei / mit etw.*) *n.*** in dem gleichen Tempo wie die anderen mitmachen können ⟨beim Diktat, mit der Produktion gut, nicht n.⟩: *Kannst du nicht ein bisschen langsamer gehen, ich komme (dir) nicht nach!* **3 *etw.* (*Dat*) *n.*** *geschr*; das tun, was j-d von einem wünscht ≈ etw. (*Dat*) folgen ⟨e-r Verpflichtung, Anordnung, e-m Befehl n.⟩
Nach·kom·men·schaft *die*; -; *nur Sg*; *Kollekt*; alle Nachkommen e-r Person
Nach·kriegs- *im Subst, begrenzt produktiv*; nach dem Ende e-s Krieges, *mst* des zweiten Weltkrieges; die ***Nachkriegsgeneration***, die ***Nachkriegsgeschichte***, die ***Nachkriegsgesellschaft***; die ***Nachkriegsliteratur***, die ***Nachkriegszeit***
Nach·lass[1] *der*; *-es*; *Nach·läs·se*; alle Dinge, die von j-m nach seinem Tod zurückbleiben ≈ Hinterlassenschaft, Erbe ⟨j-s N. ordnen, verwalten⟩: *ein Werk aus dem (literarischen) N. e-s Dichters*; *Ihr N. bestand zum größten Teil aus Grundstücken* || K-: ***Nachlass-, -verwalter***
Nach·lass[2] *der*; *-es*, *Nach·läs·se*; die Summe, um die der Preis e-r Ware (für e-n bestimmten Kunden) reduziert wird ≈ Ermäßigung, Rabatt, Skonto ↔ Aufschlag (1) ⟨e-n N. gewähren, bekommen⟩: *bei Barzahlung e-n N. von 3% bekommen* || -K: ***Preis-***
nach·las·sen (*hat*) Vi **1 *etw. lässt nach*** etw. wird weniger intensiv ↔ etw. nimmt zu ⟨Schmerzen, das Fieber; e-e Spannung, der Druck; der Wind, der Sturm, der Regen⟩: *Wenn der Regen nicht bald nachlässt, müssen wir uns irgendwo unterstellen* **2** in seiner Leistung od. Qualität schlechter werden ≈ abnehmen (10) ↔ zunehmen ⟨die Sehkraft, das Gehör, das Gedächtnis, die Augen; j-s Fleiß, j-s Leistungsvermögen⟩: *Du lässt nach - früher hast du viel schneller reagiert*; Vt **3 (*j-m*) *etw. n.*** den Preis e-r Sache um e-e bestimmte Summe reduzieren ≈ j-m e-n Nachlass[2] gewähren ↔ aufschlagen (7): *Da das Gerät e-n Kratzer hatte, ließ der Händler mir 5% vom Preis nach*
nach·läs·sig *Adj*; ohne Interesse od. Sorgfalt ≈ schlampig, unordentlich ↔ sorgfältig ⟨e-e Ausdrucksweise, e-e Haltung, e-e Geste; n. arbeiten, gekleidet sein; mit seinen Sachen n. umgehen⟩ || *hierzu* **Nach·läs·sig·keit** *die* || NB: ↑ ***gleichgültig***
nach·lau·fen (*ist*) Vi **1 *j-m n.*** j-m zu Fuß folgen, um ihn zu fassen od. einzuholen **2 *j-m / etw. n.*** sich sehr bemühen müssen, um sein Ziel zu erreichen: *e-r Genehmigung n.* **3 *j-m / etw. n.*** sich ständig (u. in unwürdiger Weise) bemühen, j-n / etw. für sich zu gewinnen ⟨e-m Mann, e-r Frau n.; dem Glück, dem Geld n.⟩
nach·le·gen (*hat*) Vt/i **(*etw.*) *n.*** ein weiteres Stück Holz od. Kohle in den Ofen geben, damit das Feuer länger brennt: *ein Scheit Holz n.*
Nach·le·se *die*; **1** *mst Sg*; das Ernten der Trauben, die (nach der eigentlichen Lese) übrig geblieben sind ⟨e-e erfolgreiche N.⟩ **2 *e-e N.* (*aus etw.*)** *geschr*; e-e Zusammenstellung von einzelnen Teilen aus früheren Sendungen (im Radio od. Fernsehen): *e-e N. aus den musikalischen Höhepunkten des vergangenen Jahres*
nach·le·sen (*hat*) Vt ***etw. n.*** etw. (das man schon besprochen od. gehört hat, noch einmal) in e-m Buch nachschlagen u. lesen: *den Text e-s Vortrages n.*
nach·lie·fern (*hat*) Vt/i **(*etw.*) *n.*** e-n Teil e-r (bestellten) Ware später liefern: *Der Draht wird binnen 14 Tagen nachgeliefert* || *hierzu* **Nach·lie·fe·rung** *die*
nach·lö·sen (*hat*) Vt/i **(*etw.*) *n.*** e-e Fahrkarte erst im Zug kaufen ⟨e-e Fahrkarte, e-n Zuschlag n.⟩

N

nach·ma·chen (*hat*) Vt **1** (*j-m*) ***etw. n.*** genau das tun od. machen, was ein anderer tut od. macht: *Kinder machen den Eltern alles nach* **2** ***j-n / etw. n.*** mit Absicht so handeln od. sich so verhalten, dass man typische Eigenschaften e-s anderen zeigt ≈ nachahmen, imitieren: *Er kann gut e-n Schimpansen n.*; *Er machte nach,* wie *Charlie Chaplin läuft* **3** ***etw. n.*** etw. so herstellen, dass es wie das Original aussieht ≈ kopieren, fälschen: *Diese Münzen sind nicht aus römischer Zeit - die sind nur nachgemacht*; *die Unterschrift seines Vaters n.* **4** ***etw. n.*** *gespr*; (noch) den Teil e-r Arbeit tun, den man versäumt hat ≈ nacharbeiten: *das Register für das Buch bis Ende der Woche n.*

nach·mes·sen (*hat*) Vt/i (***etw.***) ***n.*** etw. messen, um herauszufinden, welche Größe etw. hat, ob es die richtige Größe hat od. ob e-e frühere Messung richtig war: *Miss doch einmal nach,* ob *der Schrank dort in die Ecke passt*; *Er maß nach,* wie *weit es von der Tür bis zum Fenster war*; *Ich muss das noch einmal n. - ich glaube, da stimmt etwas nicht* || *hierzu* **Nach·mes·sung** *die*

Nach·mie·ter *der*; j-d, der direkt nach e-m anderen e-e Wohnung, ein Haus *o.Ä.* mietet ↔ Vormieter ⟨e-n N. suchen⟩ || *hierzu* **Nach·mie·te·rin** *die*

Nach·mit·tag *der*; **1** die Zeit zwischen Mittag und Abend (von ca. 13-17 Uhr) ↔ Vormittag ⟨am frühen, späten N.⟩: *Er verbrachte den ganzen N. am See*; *Habt ihr auch am N. Schule od. nur am Vormittag?* || K-: ***Nachmittags-, -fahrt, -programm, -unterricht, -veranstaltung, -vorstellung, -zeit*** || -K: ***Sommer-, Winter-; Sonntag-, Montag-*** *usw*; ***Spät-*** **2** am N. (1) ↔ Vormittag ⟨gestern, heute, morgen N.⟩ || NB: mit den Namen von Wochentagen zusammengeschrieben: *Sie kam Mittwochnachmittag* **3** ***ein bunter N.*** e-e Veranstaltung (mit Spielen, Sketchen od. mit Kaffee u. Kuchen) am N. (1)

nach·mit·tags *Adv*; am Nachmittag od. während des Nachmittags ↔ vormittags: *Die Post ist n. erst ab drei Uhr wieder geöffnet*

Nach·nah·me *die*; -, *-n*; **1** *nur Sg*; ***per / gegen N.*** gegen Bezahlung (der Ware) bei der Lieferung: *ein Buch per N. schicken* || K-: ***Nachnahme-, -gebühr, -sendung*** **2** e-e Sendung, e-e Ware dieser Art ≈ Nachnahmesendung ⟨e-e N. bekommen⟩ || NB: als Plural wird *mst Nachnahmesendungen* verwendet

Nach·na·me *der* ≈ Familienname ↔ Vorname

nach·neh·men (*hat*) Vt/i (***sich*** (*Dat*)) (***etw.***) ***n.*** noch einmal etw. von dem Essen auf seinen Teller tun: *Nimm dir doch noch etwas Reis nach!*; *Wollen Sie nicht n.?*

nach·plap·pern (*hat*) Vt/i (***j-m***) (***etw.***) ***n.*** *gespr pej*; etw., das j-d gesagt hat, (kritiklos) wiederholen, ohne es richtig verstanden zu haben: *Die Kleine plappert ihren Brüdern alles nach*

nach·prü·fen (*hat*) Vt ***etw. n.*** (noch einmal) kontrollieren, um zu sehen, ob etw. vorhanden, richtig, wahr *o.Ä.* ist: *vor jeder längeren Fahrt solltest du n.,* ob *der Wagen noch genug Öl hat*; *die Aussagen e-s Zeugen n.*; *e-e Messung n.*

nach·rech·nen (*hat*) Vt/i (***etw.***) ***n.*** rechnen, um etw. Bestimmtes zu erfahren od. um zu prüfen, ob die erste Rechnung richtig war: *Rechne (das) mal nach - da ist irgendwo ein Fehler*; *Ich muss erst einmal n.,* ob *ich mir so e-n teuren Urlaub auch leisten kann*

Nach·re·de *die*; *mst in* ***etw. ist üble N.*** *bes Jur*; etw., was j-d über e-n anderen sagt, schadet diesem u. ist nicht wahr ⟨j-n wegen übler N. verklagen⟩

nach·rei·chen (*hat*) Vt (***j-m***) ***etw. n.*** etw. später (nach dem gesetzten Termin) abgeben, einreichen ⟨Dokumente, Unterlagen, Zeugnisse *o.Ä.* n.⟩

nach·rei·sen (*ist*) Vi ***j-m n.*** an den gleichen Ort reisen wie j-d, der schon dort ist ≈ nachkommen, j-m folgen

Nach·richt *die*; -, *-en*; **1** ***e-e N.*** (***von j-m / etw.***) / (***über j-n / etw.***); ***e-e N.*** (***von j-m***) (***an / für j-n***) e-e *mst* kurze Information über ein aktuelles Ereignis, das j-n interessiert ≈ Neuigkeit, Meldung ⟨e-e eilige, aktuelle, brandheiße (= sehr aktuelle) N.; e-e N. überbringen, übermitteln, weiterleiten, verbreiten, bringen; j-m e-e N. hinterlassen; (e-e) N. erhalten⟩: *Die N. vom Ausmaß der Katastrophe hat alle zutiefst erschüttert*; *Neben dem Telefon liegt e-e N. von Klaus an Renate*; *Wir haben noch keine N. über ihn erhalten*; *Die N.,* dass *unser alter Nachbar geheiratet hat, traf bei uns verspätet ein* || -K: ***Todes-, Unglücks-*** **2** *nur Pl*; e-e Sendung im Radio od. Fernsehen, die über die wichtigsten (*mst* politischen) Ereignisse informiert ⟨(sich (*Dat*)) die Nachrichten ansehen; etw. kommt in den Nachrichten⟩: *die Nachrichten des Norddeutschen Rundfunks*; *In den Nachrichten habe ich gehört, wer die Wahl gewonnen hat* || K-: ***Nachrichten-, -büro, -satellit, -sendung, -sprecher*** || -K: ***Abend-, Spät-, Kurz-, Lokal-, Welt-*** || ► ***benachrichtigen***

Nach·rich·ten·agen·tur *die*; ein Unternehmen, das Nachrichten (1) aus aller Welt sammelt u. an Presse, Rundfunk u. Fernsehen weitergibt

Nach·rich·ten·dienst *der*; **1** (*Admin*) *geschr*; ein staatlicher Geheimdienst || -K: ***Bundes-*** **2** ≈ Nachrichtenagentur || *hierzu* **nach·rich·ten·dienst·lich** *Adj*; *nur attr od adv*

Nach·rich·ten·ma·ga·zin *das*; e-e Zeitschrift (die *mst* wöchentlich erscheint), die die wichtigsten Nachrichten bringt u. aktuelle Themen behandelt: *Der „Spiegel" ist ein N.*

Nach·rich·ten·sper·re *die*; das Verbot, die Öffentlichkeit od. die Presse *usw* über ein Ereignis zu informieren ⟨e-e N. verhängen, aufheben⟩

Nach·rich·ten·tech·nik *die*; das Gebiet der Technik, das sich damit beschäftigt, wie man Informationen mit Hilfe der Technik (*z.B.* Radio, Fernsehen, Telefon, Telex) übertragen kann

nach·rü·cken (*ist*) Vi (***irgendwohin***) ***n.*** j-s Amt *o.Ä.* übernehmen: *in den Bundestag n.*; *Weil ein Mitglied des Parlaments ausschied, rückte sie nach*

Nach·ruf *der*; -*(e)s*, *-e*; ***ein N.*** (***auf j-n***) ein Text, mit dem man *bes* die persönlichen Qualitäten (u. Verdienste) e-r Person würdigt, die vor kurzem gestorben ist ⟨e-n N. auf j-n schreiben; e-n N. in die Zeitung setzen⟩

nach·ru·fen (*hat*) Vt/i ***j-m*** (***etw.***) ***n.*** j-m, der gerade weggegangen ist, mit lauter Stimme etw. sagen: *Als ich gerade wegfahren wollte, rief mir meine Mutter nach,* dass *ich auf sie warten solle*

nach·rüs·ten (*hat*) Vi **1** weitere Waffen produzieren od. kaufen, damit man den gleichen Stand erreicht wie ein potentieller Gegner ≈ aufrüsten ↔ abrüsten; Vt **2** ***etw.*** (***mit etw.***) ***n.*** ein Gerät, e-e Maschine *usw* technisch zu e-m bestimmten Zweck ändern od. verbessern: *sein Auto mit e-m Katalysator n.*; *seinen Computer mit e-r Festplatte n.* || *hierzu* **Nach·rüs·tung** *die*; *nur Sg*

nach·sa·gen (*hat*) Vt **1** (***j-m***) ***etw. n.*** etw. wiederholen, was ein anderer gesagt hat ≈ (j-m) (etw.) nachsprechen: *Der Lehrer hat das Wort vorgesagt, u. die Schüler mussten es n.* **2** ***j-m etw. n.*** etw. Bestimmtes von e-r Person behaupten (das oft nicht wahr ist) ≈ j-m etw. zuschreiben: *j-m geniale Fähigkeiten, Ehrgeiz n.*; *Ihm wird nachgesagt, er sei ein Lügner*; *Man sagt ihr nach,* dass *sie telepathische Kräfte habe* **3** ***j-m nichts n. können*** über j-n nichts Schlechtes sagen können

Nach·sai·son *die*; die Zeit direkt nach der Hauptsaison ↔ Vorsaison: *In der N. kommen weniger Touristen, u. die Preise sinken*

na̲ch·sal·zen (*hat*) [Vt/i] **(etw.) n.** zu etw., in od. auf dem schon Salz ist, noch mehr (Salz) dazutun

na̲ch·schau·en (*hat*) *südd* Ⓐ Ⓒⓗ [Vi] **1 j-m / etw. n.** ≈ j-m / etw. nachsehen (1); [Vt/i] **2 (etw.) n.** ≈ nachsehen (2)

na̲ch·schen·ken (*hat*) [Vt/i] **(j-m) (etw.) n.** j-m wieder etw. zu trinken geben, wenn seine Tasse od. sein Glas (fast) leer ist ≈ (j-m) nachfüllen (2): *Darf ich dir noch (e-n Schluck) n.?*

na̲ch·schi·cken (*hat*) [Vt] **(j-m) etw. n.** etw. an j-n schicken, der inzwischen anderswo ist ≈ nachsenden, hinterherschicken: *j-m die Post an die neue Adresse n.*

Na̲ch·schlag *der*; *nur Sg*; e-e zusätzliche Portion Essen (*bes* in e-r Kantine od. beim Militär) ⟨(e-n) N. bekommen⟩

na̲ch·schla·gen[1] (*hat*) [Vt/i] **(etw.) n.** ein Wort od. ein Kapitel in e-m Buch suchen, um sich über etw. zu informieren ≈ nachlesen: *ein unbekanntes Wort im Wörterbuch n.*; *unter dem Stichwort „Pyramide" in e-r Enzyklopädie n.*

na̲ch·schla·gen[2] (*ist*) [Vi] **j-m n.** in seinem Aussehen od. Charakter j-m ähnlich sein, mit dem man verwandt ist ≈ j-m ähneln: *Die Tochter schlägt mit ihrer Liebe zur Musik ganz dem Vater nach*

Na̲ch·schla·ge|werk *das*; ein Buch, das (*z.B.* durch alphabetische Ordnung von Stichwörtern) so aufgebaut ist, dass man darin etw. nachschlagen[1] kann: *Wörterbücher, Lexika u. Enzyklopädien sind Nachschlagewerke*

na̲ch·schlei·chen (*ist*) [Vi] **j-m n.** j-m so folgen, dass er es nicht bemerkt ⟨j-m unbemerkt n.⟩

na̲ch·schnei·den (*hat*) [Vt/i] **(etw.) n.** etw. noch einmal schneiden, um es in die gewünschte Form zu bringen ⟨(j-m) die Haare n.; e-n Stoff n.⟩

na̲ch·schrei·ben (*hat*) [Vt] **etw. n.** e-e Prüfung *o.Ä.* erst nach dem dafür bestimmten Termin schreiben: *Da er bei der Klassenarbeit krank war, musste er sie e-e Woche später n.*

Na̲ch·schub *der*; *nur Sg*; **1 der N. (an etw. (*Dat*))** *Mil*; das Essen, die Kleidung u. die Munition, mit denen die Truppen (im Krieg) versorgt werden ⟨N. (an Material) anfordern; keinen N. bekommen; j-n mit N. versorgen; für den N. verantwortlich sein; den N. organisieren⟩ || K-: **Nachschub-, -truppe, -weg** || -K: **Essens-, Material-, Munitions-, Truppen- 2** *gespr*; neues Material **3** *gespr hum*; zusätzliches Essen od. Getränke, wenn man (*bes* auf e-m Fest) (fast) alles verbraucht hat ⟨für N. sorgen⟩

na̲ch·se·hen (*hat*) [Vi] **1 j-m / etw. n.** den Blick auf e-e Person od. Sache richten, die sich von einem entfernt ≈ j-m / etw. nachblicken: *e-m Zug n., der aus dem Bahnhof fährt*; [Vt/i] **2 (etw.) n.** etw. betrachten, um es zu prüfen, um Fehler zu finden od. um bestimmte Informationen zu bekommen: *die Hausaufgaben der Kinder n.*; *n.*, ob *Post im Briefkasten ist*; *n.*, warum *der Plattenspieler nicht mehr geht*; *im Fahrplan n.*, wann *der Zug nach Köln fährt*; *im Wörterbuch n.*, wie *man „Chanson" ausspricht*; [Vt] **3 j-m etw. n.** j-s Fehler od. Schwäche(n) ohne Tadel akzeptieren ≈ nachsichtig (mit j-m) sein, j-m (etw.) verzeihen ↔ j-m etw. verübeln: *Sie sieht ihm seine Fehler nach*; *Er sah seinen Enkeln nach, dass sie ihm den Streich gespielt hatten* || ▶ ***Nachsicht***, ***nachsichtig***

Na̲ch·se·hen *das*; *nur in* **1 das N. haben** nicht das bekommen od. erreichen, was man will ≈ leer ausgehen: *Am Ende des Rennens hatte der Favorit das N. u. musste sich mit dem fünften Platz begnügen* **2 j-m bleibt das N.** j-d bekommt od. erreicht nicht das, was er wollte

na̲ch·sen·den; *sandte / sendete nach, hat nachgesandt / nachgesendet*; [Vt] **(j-m) etw. n.** etw. an j-n senden, der inzwischen anderswo ist ≈ nachschicken: *j-m die Post an den Urlaubsort n.* || *hierzu* **Na̲ch·sen·dung** *die*

na̲ch·set·zen (*hat*) [Vi] **j-m / etw. n.** j-m / etw. schnell folgen, um ihn / es einzuholen od. zu ergreifen ≈ nachjagen, j-n verfolgen (1) ⟨e-m Ausbrecher, e-m Dieb n.; dem Ball n.⟩

Na̲ch·sicht *die*; Verständnis od. Geduld beim Beurteilen e-r Person od. Sache ≈ Toleranz ↔ Strenge ⟨mit j-m N. haben; N. üben, N. walten lassen; um N. bitten⟩: *Mit Drogenhändlern kennt das Gesetz keine N.* || *hierzu* **na̲ch·sich·tig** *Adj*

Na̲ch·sil·be *die* ≈ Suffix ↔ Vorsilbe, Präfix

na̲ch·sin·gen (*hat*) [Vt/i] **(j-m) (etw.) n.** genau das singen, was ein anderer gesungen od. gespielt hat: *e-e Melodie, die man im Radio hört, n.*

na̲ch·sin·nen (*hat*) [Vi] **über etw.** (*Akk*) **n.** *geschr* ≈ (über etw.) nachdenken

na̲ch·sit·zen (*hat*) [Vi] (zur Strafe) länger als die anderen Schüler in der Schule bleiben (müssen) ⟨n. müssen; j-n n. lassen⟩: *Die Lehrerin ließ ihn n., weil er seine Hausaufgaben nicht gemacht hatte*

Na̲ch·spei·se *die*; e-e *mst* süße Speise, die man nach dem Essen (der Hauptmahlzeit) bekommt ≈ Dessert, Nachtisch ↔ Vorspeise: *Wollt ihr Pudding od. ein Eis als N.?*

Na̲ch·spiel *das*; *mst Sg*; die (*mst* unangenehmen) Folgen e-r Handlung od. e-s Vorfalls ≈ Konsequenzen, Folgen ⟨etw. hat ein gerichtliches N.⟩: *Das wird noch ein N. haben!*

na̲ch·spie·len (*hat*) [Vt/i] **1 (etw.) n.** ein Lied od. e-e Melodie spielen, die man gehört hat; [Vt] **2 etw. n.** ein Theaterstück aufführen, das (so) schon anderswo gespielt wurde: *Die Komödie wurde von mehreren Bühnen im Ausland nachgespielt*; [Vt] **3 n. lassen** *Sport*; ein Spiel (*bes* beim Fußball od. Handball) länger (als die festgesetzte Zeit) dauern lassen: *Wegen der vielen Unterbrechungen ließ der Schiedsrichter fünf Minuten n.*

na̲ch·spi·o·nie·ren; *spionierte nach, hat nachspioniert*; [Vi] **j-m n.** heimlich überprüfen, was j-d tut

na̲ch·spre·chen (*hat*) [Vt/i] **(j-m) (etw.) n.** die Worte, die j-d gesagt hat, genau wiederholen ≈ nachsagen ↔ vorsprechen ⟨e-e Eidesformel n.⟩

na̲ch·spü·len (*hat*) [Vt/i] **1 (etw.) n.** etw. noch einmal (ab)spülen ⟨die Gläser, Teller n.⟩; [Vi] **2 (mit etw.) n.** *gespr*; etw. (*mst* schnell) trinken, kurz nachdem man etw. anderes getrunken od. gegessen hat

na̲ch·spü·ren (*hat*) [Vi] **j-m / etw. n.** (durch Forschen u. Beobachten) versuchen, das herauszufinden, was an e-r Person / Sache unbekannt ist ≈ etw. erkunden, erforschen ⟨e-m Geheimnis, e-m Verbrechen, e-m Verbrecher, e-r Gangsterbande n.⟩

nä̲chst *Präp mit Dat, geschr*; in der Wichtigkeit *o.Ä.* unmittelbar j-m / etw. folgend ≈ neben (2): *N. der Umweltverschmutzung ist die Überbevölkerung das größte Problem*

nä̲chs·t- 1 *Superlativ*; ↑ **nahe 2** *Adj*; *nur attr, nicht adv*; so, dass etw. in e-r Reihe als Erstes folgt: *In der nächsten Lektion wird das Passiv behandelt*; *Biegen Sie nach der nächsten Ampel rechts ab!*; *Wer kommt als Nächster dran?* **3** *Adj*; *nur attr, nicht adv*; zeitlich direkt folgend ↔ vorig-: *Wir haben vor, nächstes Jahr nach Kanada zu fliegen*; *Nächsten Samstag / Am nächsten Samstag beginnt das Oktoberfest* **4 der N. bitte!** verwendet, um j-m zu sagen, dass er an die Reihe kommt || ▶ ***demnächst***, ***zunächst***

nä̲chst·be̩s·t- *Adj*; *nur attr, nicht adv, nur mit dem bestimmten Artikel*; **1** das Nächste (1), das den genannten Zweck erfüllt: *Sie waren todmüde u. gingen*

N

deshalb in das nächstbeste Hotel **2** ***die nächstbeste Gelegenheit*** die nächste (1) Gelegenheit (auch wenn sie nicht besonders günstig ist)

Nächs·te *der*; *-n*, *-n*; *geschr* ≈ Mitmensch: *Im Neuen Testament heißt es: „Du sollst deinen Nächsten lieben wie dich selbst."* || NB: **a)** *dein Nächster*; *der Nächste*; *den, dem, des Nächsten*; **b)** nie mit unbestimmtem Artikel; **c)** ↑ ***nächst-***

nach·ste·hen (*hat / südd* Ⓐ ⒸⒽ *ist*) 🅅 ***j-m / etw.*** (***an / in etw.*** (*Dat*)) ***n.*** im Vergleich mit j-m / etw. auf e-m Gebiet schlechter od. schwächer sein ≈ j-m / etw. unterlegen sein ⟨j-m / etw. in keinster Weise, in nichts n.⟩: *Er steht seinem älteren Bruder (an Mut u. Fleiß) nicht nach* || NB: *mst* verneint

nach·ste·hend 1 *Partizip Präsens*; ↑ ***nachstehen*** **2** *Adj*; *nur attr od adv*; (in e-m Text) direkt nach e-r bestimmten Stelle ≈ nachfolgend: *Vergleiche nachstehende Tabelle!*

nach·stei·gen (*ist*) 🅅 ***j-m n.*** *gespr*; *bes* e-m Mädchen od. e-r Frau folgen u. versuchen, mit ihr in Kontakt zu kommen ≈ j-m nachstellen (5), j-n umwerben: *Seit Wochen steigt er schon e-m hübschen jungen Mädchen aus der Nachbarschaft nach*

nach·stel·len (*hat*) 🅅 **1** ***etw. n.*** ein Gerät (nach e-m bestimmten Zeitraum) wieder genau einstellen ≈ neu einstellen ⟨die Zündung, den Vergaser, die Bremsen n.⟩ **2** ***etw. n.*** e-e Szene od. Situation so arrangieren od. darstellen wie im Original: *e-e Szene aus Schillers „Die Räuber" n.* **3** ***die Uhr n.*** die Zeiger der Uhr zurückdrehen; 🅅 **4** *mst* ***e-m Tier n.*** versuchen, ein Tier (*bes* mit e-r Falle) zu fangen: *Die Pelzjäger stellten dem Biber nach* **5** ***j-m n.*** ↑ ***nachsteigen***

Nächs·ten·lie·be *die*; die Liebe, Rücksicht u. Achtung, mit der man sich (nach der christlichen Lehre) um seine Mitmenschen kümmern soll ⟨sich in N. üben; etw. aus reiner, christlicher N. tun⟩

nächs·tens in naher Zukunft ≈ bald, demnächst

nächst·ge·le·ge·n- *Adj*; *nur attr, nicht adv*; am wenigsten weit entfernt: *die nächstgelegene Haltestelle*

nächst·hö·he·r- *Adj*; *nur attr, nicht adv*; um eine Stufe / einen Rang höher (*z.B.* in e-r Hierarchie): *der nächsthöhere Turm*; *der nächsthöhere Dienstgrad*

nächst·mög·li·ch- *Adj*; *nur attr, nicht adv*; von e-m bestimmten Zeitpunkt an als Nächstes möglich: *e-n Mitarbeiter zum nächstmöglichen Termin einstellen*

nach·su·chen (*hat*) 🅅 **1** (***irgendwo***) ***n.*** intensiv (noch einmal) nach j-m / etw. suchen: *Ich habe überall nachgesucht, aber ich kann den Schlüssel nicht finden*; *Hast du schon in der Küche nachgesucht?* **2** (***bei j-m***) ***um etw. n.*** *geschr*; offiziell u. förmlich um etw. bitten ⟨um seine Entlassung, Versetzung n.⟩

Nacht *die*; -, *Näch·te*; **1** der Teil e-s Tages, während dessen es völlig dunkel ist ↔ Tag (2) ⟨letzte N.; e-e finstere, klare, sternenklare, mondhelle, laue N.; bei N.; in der N.; die N. bricht herein; es wird N.; e-e N. durchtanzen, durchzechen, durchmachen; e-e unruhige, schlaflose N. haben, verbringen; bei j-m über (= die ganze) N. bleiben⟩: *die N. vom Montag auf Dienstag*; *in der N. zum Dienstag*; *bis spät in die N. arbeiten*; *bis in die späte N. arbeiten*; *Die Kinder verbrachten die gestrige N. im Zelt*; *Ab* (*dem*) *21. Juni werden die Nächte wieder länger u. die Tage kürzer* || K-: ***Nacht-, -arbeit, -creme, -fahrverbot, -flugverbot, -frost, -himmel, -marsch, -schlaf, -vorstellung, -wanderung, -zeit*** || -K: ***Sommer-***; ***Sonntag-***, ***Montag-*** *usw* **2** in der N. (1) ⟨gestern, heute, morgen N.⟩: *Heute N. war es so kalt, dass der See zugefroren ist* || NB: mit den Namen von Wochentagen zusammengeschrieben: *Sie kam Samstagnacht* **3** ***die Heilige N.*** die N. (1) vor dem 25. Dezember ≈ Heiliger Abend **4** ***Gute N.!*** als Wunsch od. Verabschiedung verwendet, wenn j-d ins Bett geht, um zu schlafen ⟨j-m (e-e) Gute / gute N. wünschen⟩: *Gute N., schlaf jetzt u. träum was Süßes!* **5** ***zur N.*** *geschr* ≈ nachts **6** ***über N.*** innerhalb sehr kurzer Zeit ≈ von einem Tag auf den anderen: *Der unbekannte junge Sänger wurde über N. zum Superstar* **7** ***bei Einbruch der N.*** zu Beginn der N. (1) **8** ***schwarz wie die N.*** völlig, ganz schwarz || ID ***bei N. u. Nebel*** *gespr*; ganz heimlich (u. oft bei N. (1)) ≈ klammheimlich: *Sie brachen bei N. u. Nebel aus dem Gefängnis aus*; ⟨hässlich, dumm *usw*⟩ ***wie die N.*** *gespr*; sehr hässlich, dumm *usw*; ***sich*** (*Dat*) ***die N. um die Ohren schlagen***; ***die N. zum Tag machen*** *gespr*; die ganze N. (1) wach bleiben u. nicht zu Bett gehen ≈ durchmachen; ***j-m schlaflose Nächte bereiten*** j-m große Sorgen machen (sodass er oft nicht schlafen kann); (***Na***) ***dann, gute N.!*** *gespr*; verwendet, um auszudrücken, dass man für e-e bestimmte Situation das Schlimmste befürchtet: *Wenn mein Freund herausfindet, dass ich ihn belogen habe, dann gute N.!* || ► ***übernachten***

Nacht·dienst *der*; *nur Sg*; der Dienst, den man in der Nacht hat (*bes* im Krankenhaus) ↔ Tagdienst ⟨N. haben⟩

Nach·teil *der*; *-s*, *-e*; **1** die ungünstigen negativen Auswirkungen, die e-e Sache hat od. haben könnte ↔ Vorteil ⟨etw. ist für j-n / etw. von N.; j-m erwachsen, entstehen (aus etw.) Nachteile⟩: *Dieses Haus hat den N.*, dass *es zu klein ist*; *oft ist es ein N., gutmütig zu sein*; *Der N. dieses Gerätes ist sein hoher Preis* **2** (***j-m gegenüber***) ***im N. sein*** in e-r schlechteren od. ungünstigeren Situation sein als j-d anderer **3** ***etw. gereicht j-m zum N.*** *geschr*; etw. hat für j-n negative Folgen || *zu* **1 nach·teil·haft** *Adj* || ► ***benachteiligen***

nach·tei·lig *Adj*; mit Nachteilen verbunden ≈ negativ ↔ vorteilhaft ⟨Folgen, der Einfluss; etw. wirkt sich n. aus⟩

Nacht·es·sen *das*; *südd* ⒸⒽ ≈ Abendessen

Nacht·eu·le *die*; *gespr hum*; j-d, der oft u. gern abends lange aufbleibt ≈ Nachtschwärmer

Nacht·hemd *das*; ein Kleidungsstück, das wie ein sehr langes Hemd aussieht u. das Frauen nachts im Bett tragen ⟨ein seidenes N.⟩ || NB: ↑ ***Schlafanzug***, ***Pyjama***

Nach·ti·gall *die*; -, *-en*; ein kleiner Vogel, der nachts singt u. wegen seines schönen Gesangs bekannt ist ⟨die N. schlägt (= singt)⟩

näch·ti·gen; *nächtigte, hat genächtigt*; 🅅 ***irgendwo n.*** Ⓐ ≈ übernachten || *hierzu* **Näch·ti·gung** *die*

Nach·tisch *der*; *nur Sg* ≈ Nachspeise, Dessert

Nacht·klub *der*; ein Lokal, das nachts sehr lange geöffnet hat (u. in dem es oft Striptease gibt) || K-: ***Nachtklub-, -besitzer***

Nacht·le·ben *das*; *Kollekt*; (*bes* in e-r Großstadt) die verschiedenen Möglichkeiten, am Abend auszugehen u. sich zu amüsieren: *Das Wiener N. hat neben vielem anderen auch erstklassigen Jazz zu bieten*

nächt·li·ch- *Adj*; *nur attr, nicht adv*; in der Nacht (stattfindend), zur Nacht gehörend ⟨die Kühle, die Ruhe, die Stille⟩: *das nächtliche Treiben in e-r Großstadt*

Nacht·lo·kal *das*; ein Lokal, in dem man spät in der Nacht, wenn andere Lokale schließen, noch Alkohol trinken u. oft auch tanzen kann

Nacht·mahl *das*; *bes* Ⓐ ≈ Abendessen

Nach·trag *der*; *-(e)s*; *Nach·trä·ge*; ***ein N.*** (***zu etw.***) ein Text, den man später zu e-m schon vorhandenen Text hinzufügt ≈ Zusatz, Ergänzung || NB: ↑ ***Anhang***

nach·tra·gen (*hat*) 🅅 **1** (***j-m***) ***etw. n.*** etw. zu j-m tragen, der sich schon von einem entfernt hat: *Muss ich dir denn alles n.? Wo hast du deine Gedanken?* **2 *etw. n.*** etw., das man an der richtigen Stelle vergessen hat, später (dazu)schreiben od. -sagen ≈ ergänzen, hinzufügen: *in e-m Aufsatz ein paar Bemerkungen n.* **3 *j-m etw. n.*** etw. Böses, das j-d einem getan hat, nicht vergessen u. ihm nicht verzeihen ≈ j-m etw. übel nehmen ↔ j-m verzeihen: *Sie trägt ihrem Nachbarn heute noch nach,* dass *er sie damals verklagt hat*

nach·tra·gend 1 *Partizip Präsens*; ↑ ***nachtragen* 2** *Adj*; mit der Neigung, sich lange über j-n / etw. zu ärgern: *Seine Mutter ist sehr n. - sie verzeiht ihm nicht den kleinsten Fehler*

nach·träg·lich *Adj*; *nur attr od adv*; nach dem (eigentlichen) Zeitpunkt (stattfindend) ≈ im Nachhinein ⟨Glückwünsche, e-e Bemerkung; etw. n. einreichen⟩: *Dein Geburtstag liegt zwar etwas länger zurück, aber ich wünsche dir n. noch alles Gute*

nach·trau·ern *(hat)* [Vi] ***j-m / etw. n.*** sehr bedauern od. traurig sein, dass j-d / etw. nicht mehr da ist: *e-r verpassten Gelegenheit n.* || NB: ↑ ***nachweinen***

Nacht·ru·he *die*; **1** *geschr*; der Schlaf während der Nacht: *Flugzeuglärm störte ihn in seiner N.* **2** die Zeit zwischen 22 und 6 Uhr, während der man leise sein soll, damit die anderen schlafen können ⟨die N. einhalten, stören⟩

nachts *Adv*; in od. während der Nacht (1) ↔ tagsüber: *Wenn ich abends Kaffee trinke, kann ich n. nicht einschlafen; Ich bin erst um drei Uhr n. nach Hause gekommen*

Nachts *geschr*; *nur in* **1 *eines N.*** in e-r bestimmten, nicht näher bezeichneten Nacht: *Sie kam eines N. und blieb für immer* **2 *des N.*** in der Nacht, bei Nacht

Nacht·schicht *die*; die (Schicht)Arbeit während der Nacht ↔ Tagschicht ⟨N. haben⟩

nacht·schla·fend *Adj*; *nur in* ***zu nachtschlafender Zeit*** *gespr hum*; nachts, wenn die Leute schlafen

Nacht·schränk·chen *das*; *-s, -*; ≈ Nachttisch

Nacht·schwär·mer *der*; *gespr hum* ≈ Nachteule

Nacht·tisch *der*; e-e Art sehr kleiner Tisch od. Schrank neben dem Bett, auf den man *z.B.* den Wecker stellt

Nacht·topf *der*; e-e Art Topf, den man *bes* früher beim Bett aufbewahrte u. benutzte, wenn man nachts seine Blase entleeren musste u. nicht zur Toilette gehen wollte

Nacht·tre·sor *der*; ein Tresor bei e-r Bank² (1), in dem man *mst* große Mengen Geld deponieren kann, wenn der Schalter² schon geschlossen ist

Nacht-und-Ne·bel-Ak·ti·on *die*; *oft pej*; e-e überraschende Aktion, die *bes* die Polizei heimlich plant u. bei Nacht durchführt

Nacht·wäch·ter *der*; **1** j-d, der in der Nacht ein Gebäude bewacht ≈ Wachmann **2** *hist*; ein Mann, der nachts die Uhrzeit ausrief u. für Ruhe u. Ordnung sorgte **3** *gespr pej*; j-d, der nie aufpasst u. *mst* sehr lange braucht, um etw. zu verstehen

nach|voll·zie·hen; *vollzog nach, hat nachvollzogen*; [Vt] ***etw. n.*** sich denken od. vorstellen (können), wie etw. gewesen ist ⟨j-s Gedanken, Handlungsweise n.⟩ || *hierzu* **nach|voll·zieh·bar** *Adj*

nach·wach·sen *(ist)* [Vi] ***etw. wächst nach*** etw. wächst weiter, nachdem ein Teil davon abgeschnitten wurde, etw. Neues wächst da, wo etw. entfernt wurde: *Das Unkraut wächst sehr schnell nach; Der Friseur hat die Haare zu kurz geschnitten, aber sie wachsen ja wieder nach*

Nach·wahl *die*; e-e Wahl, die zu e-m späteren Zeitpunkt (nach e-r bereits stattgefundenen Wahl) durchgeführt wird

nach·wei·nen *(hat)* [Vi] *mst in* ***j-m / etw. keine Träne / nicht n.*** wegen des Weggehens von j-m od. des (scheinbaren) Verlusts von etw. eher erleichtert als traurig sein

Nach·weis *der*; *-es, -e*; **1** e-e Handlung, ein Argument od. e-e Tatsache, die zeigen, dass etw. richtig war / ist: *den N. für e-e Theorie führen, liefern; Der wissenschaftliche N.,* dass *es Leben auf anderen Planeten gibt, ist noch nicht gelungen* **2** die Dokumente, mit denen man etw. nachweisen kann: *den N. seiner / für seine Arbeitsunfähigkeit erbringen* || -K: ***Befähigungs-, Identitäts-, Literatur-, Quellen-***

nach·wei·sen *(hat)* [Vt] **1 *etw. n.*** (mit Dokumenten) zeigen, dass man etw. hat ⟨ein festes Einkommen, e-n festen Wohnsitz n.⟩ **2 *etw. n.*** mit Argumenten od. Dokumenten zeigen, dass das, was man behauptet, wahr ist: *die Existenz von etw. n.; Zusammenhänge n.* **3 *j-m etw. n.*** beweisen, dass j-d etw. getan hat ⟨j-m e-n Mord, e-n Diebstahl n.⟩ || *hierzu* **nach·weis·bar** *Adj*

nach·weis·lich *Adj*; *nur attr od adv*; so, dass es bewiesen ist: *Das ist n. ein Irrtum, n. falsch*

Nach·welt *die*; *nur Sg*; alle Menschen (von e-r bestimmten Generation aus gesehen), die später leben ⟨etw. der N. überliefern, hinterlassen⟩

nach·wer·fen *(hat)* [Vt] **1** ↑ ***nach-*** (1) **2 *j-m etw. n.*** *gespr*; es j-m sehr leicht machen, etw. zu kaufen od. ein Ziel zu erreichen ⟨j-m die Angebote, gute Noten n.⟩: *Tomaten sind im Moment sehr billig, sie werden einem fast nachgeworfen* **3 *etw. n.*** noch mehr Münzen (hin)einwerfen ⟨beim Telefonieren Münzen n.⟩

nach·wie·gen *(hat)* [Vt/i] ***(etw.) n.*** etw. wiegen, um festzustellen, wie schwer es ist, ob das (angegebene) Gewicht richtig ist *o.Ä.*: *Sind das wirklich zweihundert Gramm Nüsse? Wieg (sie) doch mal nach!*

nach·win·ken *(hat)* [Vi] ***j-m / etw. n.*** j-m winken, der von einem weggeht od. wegfährt: *Sie winkte ihrem Mann mit e-m Taschentuch nach, als der Zug abfuhr*

nach·wir·ken *(hat)* [Vi] ***etw. wirkt nach*** etw. hat auch später noch e-e Wirkung: *Die Krankheit wirkt immer noch nach* || *hierzu* **Nach·wir·kung** *die*

Nach·wort *das*; *-(e)s, -e*; ein kurzer Text am Ende e-s Buches, der Informationen über das Buch, den Autor *o.Ä.* enthält ≈ Schlusswort ↔ Vorwort

Nach·wuchs *der*; *-es*; *nur Sg*, *Kollekt*; **1** das Kind od. die Kinder (in e-r Familie) ≈ Nachkommenschaft ⟨ohne N. bleiben; keinen N. bekommen, haben⟩: *Unser N. kommt bald in die Schule* **2** die jüngere Generation (beim Sport, in der Kunst *o.Ä.*), die noch nicht fest etabliert ist ⟨der akademische, wissenschaftliche N.; den N. fördern⟩: *Unserem Verein fehlt es an N.* || K-: ***Nachwuchs-, -autor, -förderung, -kraft, -künstler, -mangel, -organisation, -sänger, -schauspieler, -schwimmer, -spieler, -talent*** || -K: ***Film-***

nach·wür·zen *(hat)* [Vt/i] ***(etw.) n.*** etw., das schon gewürzt ist, noch mehr würzen: *den Salat n.*

nach·zah·len *(hat)* [Vt/i] ***(etw.) n.*** e-e Summe (die man schon hätte zahlen müssen) später zahlen: *Ich musste fast tausend Euro an das Finanzamt n.* || *hierzu* **Nach·zah·lung** *die*

nach·zäh·len *(hat)* [Vt/i] **1 *(etw.) n.*** ≈ zählen (1) **2 *(etw.) n.*** etw. noch einmal zählen, um zu kontrollieren, ob das erste Ergebnis richtig war ⟨das Geld n.⟩ || *hierzu* **Nach·zäh·lung** *die*

nach·zeich·nen *(hat)* [Vt/i] **1 *(etw.) n.*** e-e Zeichnung machen, die e-r vorhandenen (Zeichnung) sehr ähnlich ist **2 *(etw.) n.*** die Linien e-r vorhandenen Zeichnung mit Hilfe e-s besonderen Papiers auf ein Blatt übertragen ≈ abpausen; [Vt] **3 *etw. n.*** ≈ nachziehen (2)

nach·zie·hen *(hat)* [Vt] **1 *ein Bein n.*** ein Bein langsamer als das andere bewegen u. deshalb hinken: *Er hat ein steifes Bein, das er beim Gehen immer*

N

nachzieht **2** ***etw. n.*** mit e-m Stift e-e Linie (noch einmal) zeichnen u. so kräftiger machen ≈ nachzeichnen (3) ⟨e-e Linie, e-n Strich, die Lippen, die Augenbrauen (beim Schminken) n.⟩ **3** ***etw. n.*** an etw. (mit e-m Schraubenzieher) noch einmal drehen, um es fester zu machen ⟨e-e Schraube, e-e Mutter n.⟩; [Vi] **4** (*z.B.* in e-r Geschäftsbranche) dem Beispiel e-s anderen folgen: *Wenn ein Laden die Preise erhöht, ziehen die anderen bald nach*

Nạch·züg·ler *der*; *-s*, *-*; **1** j-d, der später als die anderen an e-n Ort kommt ⟨auf e-n N. warten⟩ **2** *hum*; j-d, der viel jünger als seine Geschwister ist

Nạ·cke·dei *der*; *-s*, *-s*; *gespr hum*; j-d, der nackt ist, *bes* ein Kind

Nạ·cken *der*; *-s*, *-*; der hintere Teil des Halses ≈ Genick ⟨e-n steifen N. haben; den Kopf in den N. werfen; j-m den N. massieren; den Hut in den N. schieben⟩ || ↑ *Abb. unter* **Mensch** || K-: ***Nacken-, -haar, -schmerzen, -wirbel*** || ID ***j-m im N. sitzen*** **a**) j-m Angst od. Sorgen machen ⟨die Gläubiger; ein Termin⟩; **b**) j-n verfolgen u. ihm schon ganz nahe sein ≈ j-m dicht auf den Fersen sein ⟨der Feind, die Verfolger⟩

nạckt *Adj*; *ohne Steigerung*; **1** nicht mit Kleidung bedeckt ≈ bloß[1](1), unbekleidet ↔ angezogen ⟨n. baden, daliegen; sich n. ausziehen⟩: *Er arbeitete mit nacktem Oberkörper*; *Auf dem Titelbild der Zeitschrift war e-e nackte Frau abgebildet* || K-: ***Nackt-, -baden, -foto, -modell*** || NB: Um *n.* zu verstärken, verwendet man (in der gesprochenen Sprache) *pudelnackt*, *splitter(faser)nackt* **2** ohne schützende Hülle / Decke od. Schmuck ≈ bloß[1](1), kahl, blank (2): *ein nackter Vogel* (=ohne Federn); *ein nackter Baum* (=ohne Blätter); *ein nackter Raum* (=ohne Möbel); *auf dem nackten Boden sitzen* || K-: ***Nackt-, -schnecke*** **3** *nur attr, nicht adv*; sehr groß, sehr schlimm ⟨die Angst, das Elend, die Verzweiflung⟩: *Die nackte Wut war deutlich auf seinem Gesicht zu sehen* **4** *mst* ***nur das nackte Leben retten können*** nur das Leben retten (können), aber nicht den Besitz *o.Ä.* **5** ***die nackten Tatsachen*** nur die reinen Fakten || *zu* **1** u. **2** **Nạckt·heit** *die*; *nur Sg*

Nạckt·ba·de|strand *der*; ein Strand, an dem man nackt baden darf ≈ FKK-Strand

Na̱·del *die*; *-*, *-n*; **1** ein dünner, spitzer Gegenstand, mit dem man näht ⟨e-e N. einfädeln; e-n Faden in die N. einfädeln / auf die N. fädeln; sich mit / an e-r N. stechen⟩ || K-: ***Nadel-, -öhr, -spitze, -stich*** || -K: ***Häkel-, Näh-, Nähmaschinen-, Stopf-, Strick-*** **2** ein kleiner Gegenstand mit e-r N. (1), den man irgendwo (*bes* als Schmuck) befestigt ⟨sich die Haare mit Nadeln aufstecken; e-e silberne N. am Anzug tragen⟩ || -K: ***Ansteck-, Haar-, Krawatten-*** **3** der Teil e-r Spritze, mit dem man j-m in die Haut sticht ⟨die N. sterilisieren⟩ || -K: ***Injektions-*** **4** ein kleiner, dünner Zeiger bei e-m Gerät ⟨die N. schlägt aus, pendelt, steht still, zittert⟩: *Die N. des Kompasses zeigt nach Norden* || -K: ***Benzin-, Kompass-, Magnet-, Tachometer-*** **5** die feine Spitze am Tonarm e-s Plattenspielers, die beim Spielen die Schallplatte berührt ⟨die N. kratzt, ist abgenutzt; die N. aufsetzen, abnehmen⟩ || -K: ***Diamant-, Saphir-*** **6** *mst Pl*; die schmalen grünen Teile etwa in der Form e-r N. (1) an manchen Arten von Bäumen ↔ Blatt ⟨ein Baum verliert die Nadeln⟩: *Tannen, Fichten u. Kiefern haben Nadeln* || -K: ***Fichten-, Kiefern-, Tannen-*** || ID ***(wie) auf Nadeln sitzen*** *gespr*; nervös sein; ***an der N. hängen*** *gespr*; (rauschgift)süchtig sein u. sich regelmäßig *bes* Heroin spritzen; ***von der N. (nicht) loskommen / wegkommen*** *gespr*; es (nicht) schaffen, ohne Rauschgift zu leben || *zu* **1** **na̱·del·för·mig** *Adj*

Nadel (1)

die Nähnadel das Öhr

die Stecknadel

die Sicherheitsnadel

Na̱·del·baum *der*; ein Baum, dessen Blätter wie Nadeln (1) aussehen u. der *mst* auch im Winter grün ist ↔ Laubbaum: *Fichten, Tannen, Kiefern u. Pinien sind Nadelbäume*

Na̱·del·kis·sen *das*; ein kleines Kissen, in das man Näh- u. Stecknadeln steckt, damit man sie nicht verliert || ↑ *Abb. unter* ***nähen***

na̱·deln; *nadelte*, *hat genadelt*; [Vi] ***etw. nadelt*** ein (Nadel)Baum verliert Nadeln (6)

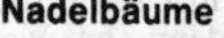
Nadelbäume

die Fichte die Kiefer die Lärche die Tanne

Na·del·strei·fen *der; -s, -; mst Pl;* die vielen dünnen, senkrechten, weißen Linien auf e-m dunklen Stoff für Anzüge *o.Ä.* || K-: ***Nadelstreifen-, -anzug***

Na·del·wald *der;* ein Wald aus Nadelbäumen ↔ Laubwald, Mischwald

Na·gel[1] *der; -s, Nä·gel;* ein langer, dünner u. spitzer Gegenstand *mst* aus Metall mit e-m flachen Kopf, den man irgendwo hineinschlägt, um etw. zu befestigen ⟨e-n N. (mit dem Hammer) einschlagen, in die Wand schlagen, (mit der Zange) aus der Wand, aus dem Holz ziehen; e-n N. krumm schlagen, etw. an e-n N. hängen, an e-m N. aufhängen; etw. mit Nägeln befestigen⟩ || -K: ***Eisen-, Stahl-*** || ID ***den N. auf den Kopf treffen*** *gespr;* das Wesentliche e-r Sache erkennen u. sagen; ***etw. an den N. hängen*** *gespr;* etw. nicht mehr weitermachen ≈ aufgeben[2] (2) ⟨den Beruf an den N. hängen⟩; ***Nägel mit Köpfen machen*** e-e Aufgabe *o.Ä.* konsequent durchführen

Nagel[1]

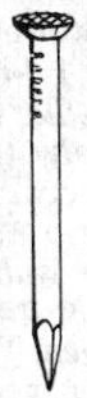

Na·gel[2] *der; -s, Nä·gel;* der harte, flache Teil am Ende von Fingern u. Zehen ⟨(j-m / sich) die Nägel schneiden, feilen, polieren, lackieren; an den Nägeln kauen; kurze, lange, (un)gepflegte Nägel (haben)⟩ || NB: Hunde, Katzen, Vögel *usw* haben *Krallen* || K-: ***Nagel-, -bürste, -feile, -lack, -schere*** || -K: ***Daumen-, Finger-, Fuß-, Zehen-*** || *zu* ***Nagelbürste*** ↑ *Abb. unter* ***Bürste*** || ID ***etw. brennt j-m auf / unter den Nägeln*** *gespr;* etw. muss dringend getan werden, weil es einen beunruhigt; ***sich*** (*Dat*) ***etw. unter den N. reißen*** *gespr;* etw. nehmen, was j-d anderem gehört

Nagel[2]

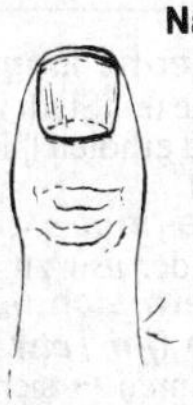

na·gel·fest ↑ ***niet- u. nagelfest***

Na·gel·haut *die;* die Haut, die den Nagel an der Stelle bedeckt, an der er aus dem Finger / Zeh wächst ⟨die N. zurückschieben; die N. ist eingerissen⟩

na·geln; *nagelte, hat genagelt;* [Vt] **1** ***etw. irgendwohin n.*** etw. mit Nägeln irgendwo befestigen: *ein Brett vor ein Fenster n.* **2** ***etw. n.*** etw. mit Nägeln schließen od. (wieder) zu e-m Ganzen machen ⟨e-e Kiste, e-n Sarg aus Brettern n.; e-n Knochen(bruch), ein Bein n.⟩ **3** ***etw. n.*** in etw. Nägel hineinschlagen ⟨genagelte Schuhe⟩ || NB: *mst* im Partizip Perfekt

na·gel·neu *Adj; gespr;* ganz neu: *ein nagelneuer Anzug*

na·gen; *nagte, hat genagt;* [Vi] **1** ***an etw.*** (*Dat*) ***n.*** mit den Zähnen sehr kleine Stücke von etw. Hartem entfernen: *Der Hund nagte an e-m Knochen; Die Maus nagt an e-m Stück Käse* **2** ***etw. nagt an j-m*** etw. quält j-n ⟨Zweifel, Kummer; ein nagendes Hungergefühl⟩; [Vt] **3** ***ein Tier nagt etw.*** (***in etw.*** (*Akk*)) ein (Nage)Tier macht durch Nagen (1) ein Loch in etw. **4** ***ein Tier nagt etw.*** (***von etw.***) ein (Nage)Tier entfernt etw. durch Nagen (1)

Na·ge·tier *das;* ein kleines (Säuge)Tier, das Pflanzen frisst u. sehr scharfe, lange Vorderzähne hat: *Mäuse, Biber u. Hasen sind Nagetiere*

nah ↑ ***nahe***[1]

-nah [-naː] *im Adj, nach Subst, begrenzt produktiv;* **1** an der genannten Person / Sache orientiert ≈ -bezogen, -orientiert ↔ -fern; ***bürgernah*** ⟨e-e Politik⟩, ***lebensnah*** ⟨ein Buch⟩, ***praxisnah*** ⟨e-e Ausbildung⟩, ***realitätsnah, wirklichkeitsnah*** ⟨ein Film⟩ **2** mit ähnlichen Ideen u. Zielen wie die genannte Sache; ***gewerkschaftsnah*** ⟨ein Verein⟩, ***parteinah*** ⟨e-e Stiftung⟩, ***SPD-nah, CDU-nah*** *usw;* **3** räumlich nicht weit von der genannten Sache entfernt; ***frontnah*** ⟨ein Ort⟩, ***grenznah*** ⟨ein Ort⟩, ***küstennah*** ⟨ein Gewässer⟩

Nah|auf·nah·me *die;* ein Foto, das j-n / etw. aus sehr geringer Entfernung zeigt

na·he[1] [ˈnaːə], *näher, nächst-; Adj;* **1** ***n.*** (***bei / an j-m / etw.***) (räumlich) nicht weit entfernt (von j-m / etw.) ↔ fern[1] (1): *in die nahe Stadt gehen; Der nächste Friseur ist gleich um die Ecke; n. beim Bahnhof wohnen* **2** *gespr* ≈ kurz (1) ↔ weit ⟨der nächste Weg⟩: *Wenn wir die Abkürzung nehmen, haben wir es näher* **3** (vom Standpunkt des Sprechers aus) zeitlich nicht weit in der Zukunft ↔ fern[1] (2) ⟨das Ende, der Abschied, die Abreise; in naher Zukunft; n. bevorstehen⟩: *Der Tag, an dem die Entscheidung fallen wird, rückt immer näher* **4** *attr od adv;* ⟨ein Angehöriger, ein Verwandter, ein Freund⟩ eng (4) (verbunden): *mit j-m n. verwandt, befreundet sein; mit j-m näher bekannt sein* **5** *mst* ***aus / von nah u. fern*** von überall her **6** ***n. d(a)ran sein*** + ***zu*** + *Infinitiv* bereit sein, etw. zu tun; etw. fast schon tun: *Er war n. daran, aus dem Verein auszutreten* **7** ***etw.*** (*Dat*) ***n. sein*** kurz davor sein, etw. zu erleben, das gefährlich od. unangenehm ist ⟨dem Tod, den Tränen, der Verzweiflung; dem Ruin, dem Untergang *usw*⟩ **8** ***j-m / etw. n. kommen*** n. (1) zu j-m / etw. kommen: *Komm mir nicht zu n., ich bin erkältet* || ID ***j-m zu n. treten*** etw. sagen od. tun, das j-s Gefühle verletzt

na·he[2] [ˈnaːə] *Präp; mit Dat, geschr;* nicht weit entfernt von ≈ in der Nähe von ↔ fern[2]: *n. der Universität, n. dem Bahnhof wohnen*

na·he brin·gen; *brachte nahe, hat nahe gebracht;* [Vt] **1** ***j-m etw. n. b.*** bewirken, dass sich j-d für etw. interessiert u. es versteht: *Die Ausstellung versucht den Besuchern die Kunst des Fernen Ostens nahe zu bringen* **2** ***j-n j-m n. b.*** bewirken, dass zwischen (zwei) Menschen e-e Beziehung entsteht od. intensiver wird

na·he ge·hen; *ging nahe, ist nahe gegangen;* [Vi] ***etw. geht j-m nahe*** etw. bewirkt bei j-m Trauer od. Mitleid ≈ etw. erschüttert j-n: *Ihr tragisches Schicksal ging ihm sehr nahe*

na·he kom·men; *kam nahe, ist nahe gekommen;* [Vi] **1** *mst* ⟨Personen⟩ ***kommen sich*** (*Dat*) ***nahe*** *mst* zwei Personen beginnen, einander zu verstehen (6): *Über ihre Liebe zur Musik sind sich die beiden nahe gekommen* **2** ***etw. kommt etw.*** (*Dat*) ***nahe*** etw. ist fast so wie etw. anderes ⟨etw. kommt der Wahrheit nahe⟩: *Seine Beschreibung kommt e-r Beleidigung nahe*

na·he le·gen; *legte nahe, hat nahe gelegt;* [Vt] **1** ***j-m etw. n. l.*** j-n höflich, aber bestimmt auffordern, etw. zu tun: *j-m den Rücktritt n. l.; j-m n. l., zurückzutreten* **2** ***etw. legt etw. nahe*** etw. lässt etw. als wahrscheinlich erscheinen ≈ etw. suggeriert etw.: *Sein Verhalten legt den Verdacht nahe, dass er mehr darüber weiß, als er zugibt*

na·he lie·gen; *lag nahe, hat / südd* Ⓐ Ⓒⓗ *ist nahe gelegen;* [Vi] ***etw. liegt nahe*** etw. ist mit großer Wahrscheinlichkeit so ≈ etw. bietet sich an: *Der Verdacht liegt nahe, dass er betrunken war*

na·he lie·gend, *näher liegend, nächstliegend / gespr mst naheliegender, naheliegendst-; Adj; nicht adv;* sehr gut verständlich ≈ einleuchtend: *Aus nahe liegenden Gründen schweigt er zu den Vorwürfen, aber in seiner Situation war es das Nächstliegende zu schweigen*

N

na·he ste·hen; *stand nahe, hat / südd* Ⓐ ⒸⒽ *ist nahe gestanden*; [Vi] **1** ***j-m n. s.*** e-e tiefe persönliche Beziehung zu j-m haben ≈ j-n gern haben: *Sie steht ihrem Bruder immer noch sehr nahe, obwohl sie sich selten sehen* **2** ***j-m / etw. n. s.*** ähnliche Ideen u. Ziele haben wie j-d / etw. ≈ mit j-m / etw. sympathisieren: *Diese Zeitung steht der CDU sehr nahe*

Nä·he ['nɛːə] *die*; -; *nur Sg*; **1** e-e kleine räumliche Entfernung, von e-m bestimmten Punkt aus gesehen ↔ Ferne (1) ⟨etw. aus der N. betrachten, (an)sehen; in der N. von j-m / etw. wohnen; in j-s N. bleiben; in nächster, unmittelbarer, greifbarer N.⟩: *Ganz in unserer N. gibt es e-n See* || -K: ***Boden-, Erd-, Grenz-, Körper-, Stadt-*** **2** e-e Zeit, die (von e-m bestimmten Zeitpunkt aus gesehen) nicht weit in der Zukunft liegt ↔ Ferne (3) ⟨etw. liegt, ist in unmittelbarer N.; etw. rückt in greifbare N.⟩: *Unser Urlaub ist inzwischen in greifbare N. gerückt* **3** e-e enge (zwischenmenschliche) Beziehung ⟨j-s N. suchen; Angst vor N. haben⟩ **4** ***aus der N. betrachtet*** bei kritischer Betrachtung od. Überprüfung: *Aus der N. betrachtet ist sein Vorschlag unbrauchbar*

na·he·bei *Adv*; nicht weit von hier: *Sie wohnt n.* || NB: aber: *Sie wohnt nahe bei der Grenze*

na·hen ['naːən]; *nahte, ist / hat genaht*; *geschr*; [Vi] *(ist)* ***etw. naht*** etw. kommt näher, nähert sich ↔ etw. entfernt sich ⟨der Abschied, der Morgen, der Abend; ein Gewitter, ein Sturm⟩: *Es naht der Tag, an dem ...* || NB: *mst* nicht im Perfekt

nä·hen ['nɛːən]; *nähte, hat genäht*; [Vt/i] **1** ***(etw.) n.*** etw. herstellen, indem man Stoffteile mit Nadel u. Faden verbindet ≈ schneidern ⟨ein Kleid, e-n Rock, e-n Bettbezug *usw* n.; mit der Hand, mit der Maschine n.⟩: *Sie näht gern* || K-: ***Näh-, -faden, -garn, -maschine, -nadel*** || *zu* ***Nähnadel*** ↑ *Abb. unter* ***Nadel***; [Vt] **2** ***etw. n.*** etw. reparieren, indem man die Teile mit Nadel u. Faden verbindet ≈ flicken ⟨ein Loch, e-n Riss n.⟩: *Die Hose ist geplatzt u. muss genäht werden* **3** ***etw. an / auf etw. (Akk) n.*** etw. mit Nadel u. Faden irgendwo befestigen: *e-n Knopf an / auf den Mantel n.* **4** ***etw. / gespr auch j-n n.*** e-e Wunde mit e-m Faden schließen: *Der Riss über dem Auge muss genäht werden*; *Er hatte sich so stark verletzt, dass ihn der Arzt n. musste* || ► ***Naht***

nähen

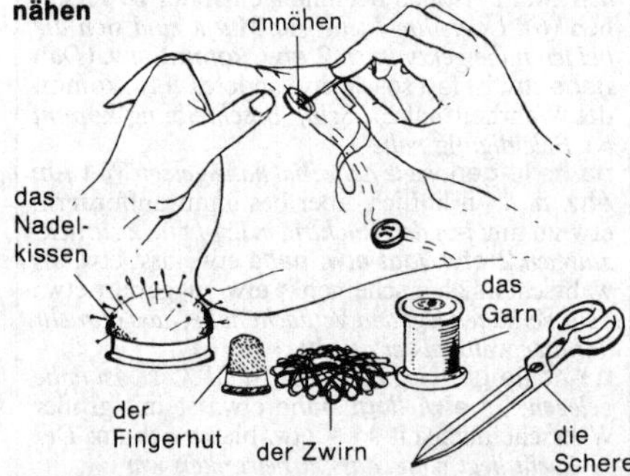

nä·her ['nɛːɐ] **1** *Komparativ*; ↑ ***nahe*** **2** *Adj*; (mit mehr Details u. deshalb) genauer ⟨nähere Einzelheiten erfahren; die näheren Umstände in Betracht ziehen; bei näherer Betrachtung; (nichts) Näheres über j-n / etw. wissen; j-n n. kennen; auf etw. (nicht) n. eingehen⟩

nä·her brin·gen; *brachte näher, hat näher gebracht*; [Vt] **1** ***j-m etw. n. b.*** j-n mit etw. vertraut machen ≈ nahe bringen (1) **2** ***etw. bringt j-n j-m näher*** etw. bewirkt, dass die Beziehung zwischen (zwei) Menschen besser u. intensiver wird: *Die Sorge um das kranke Kind hat sie einander wieder näher gebracht*

nä·her kom·men; *kam näher, ist näher gekommen*; [Vi] **1** ***j-m n. k.*** ≈ nahe kommen (1): *Auf dem Ausflug kamen sich die beiden näher* **2** ***etw. kommt etw.*** (*Dat*) ***näher*** etw. entspricht e-r Sache mehr als etw. anderes, ist wahrscheinlicher, glaubwürdiger *o.Ä.*: *Das kommt der Sache, den Tatsachen, der Wahrheit schon näher*

nä·her lie·gen; *lag näher, hat / südd* Ⓐ ⒸⒽ *ist näher gelegen*; [Vi] ***etw. liegt näher als etw.*** etw. ist sinnvoller, geeigneter, wahrscheinlicher *o.Ä.* als etw. anderes ≈ etw. bietet sich an: *Bei diesem Regen liegt es näher, zu Hause zu bleiben als spazieren zu gehen*

nä·her ste·hen; *stand näher, hat / südd* Ⓐ ⒸⒽ *ist näher gestanden*; [Vi] ***j-m / etw. n. s.*** e-e engere Beziehung zu j-m / etw. haben (als j-d anderer, als früher *o.Ä.*)

Nah|·er·ho·lung *die*; die Möglichkeit, sich in der Nähe (e-r Stadt in e-m Park, Wald *o.Ä.*) auszuruhen u. zu erholen || K-: ***Naherholungs-, -gebiet, -zentrum***

Nä·he·rin *die*; -, *-nen*; e-e Frau, deren Beruf es ist, Kleider *usw* zu nähen ≈ Schneiderin

nä·hern, sich; *näherte sich, hat sich genähert*; [Vr] **1** ***sich (j-m / etw.) n.*** räumlich näher zu j-m / etw. kommen ↔ sich von j-m / etw. entfernen: *Wir nähern uns den Alpen*; *Der Hund näherte sich, blieb aber drei Meter vor uns stehen* **2** ***etw. nähert sich*** etw. kommt zeitlich näher: *Jetzt haben wir schon Mai - der Sommer nähert sich* **3** ***j-d / etw. nähert sich etw.*** (*Dat*) j-d / etw. hat etw. bald erreicht: *etw. nähert sich seinem Ende*; *Ich nähere mich der Lösung* **4** ***sich etw.*** (*Dat*) ***n.*** sich mit etw. Schwierigem beschäftigen ≈ sich an etw. heranwagen ⟨sich e-m Problem n.⟩ **5** ***sich j-m n.*** *bes* als Mann versuchen, mit e-r Frau in Kontakt zu kommen, weil sie einem gefällt ⟨sich e-m Mädchen, e-r Frau n.⟩ **6** ***etw. nähert sich etw.*** (*Dat*) etw. wird e-r anderen Sache ähnlich: *Seine Begeisterung für den Sport nähert sich schon dem Fanatismus*

na·he·zu *Partikel*; *betont u. unbetont* ≈ fast, beinahe: *Der Film dauerte n. vier Stunden*

Nah·kampf *der*; **1** *Mil*; ein Kampf, bei dem sich die Gegner sichtbar u. nahe gegenüberstehen || K-: ***Nahkampf-, -mittel, -waffe*** **2** *Sport*; ein Kampf (*z.B.* beim Boxen od. Ringen), bei dem sich die Gegner in geringer Entfernung gegenüberstehen u. durch Schläge *o.Ä.* Punkte sammeln

nahm *Imperfekt, 1. u. 3. Person Sg*; ↑ ***nehmen***

Näh·ma·schi·ne *die*; e-e Maschine, mit der Kleidungsstücke *o.Ä.* genäht werden

näh·me *Konjunktiv II, 1. u. 3. Person Sg*; ↑ ***nehmen***

Nah·ost *ohne Artikel, indeklinabel* ≈ der Nahe Osten: *Unruhen in N.* || NB: ↑ ***Osten*** (4)

Nähr·bo·den *der*; **1** ***ein N. (für etw.)*** e-e Substanz, in der man Pilze, Bakterien *o.Ä.* züchtet **2** die Grundlage für (*mst* negative) Entwicklungen: *ein N. für e-e Diktatur, für e-e blutige Revolution*; *Die Slums sind ein N. für Verbrechen*

näh·ren; *nährte, hat genährt*; *geschr*; [Vt] **1** ***j-n / ein Tier n.*** *veraltend* ≈ ernähren (1) **2** ***etw. n.*** etw. verstärken ⟨e-e Hoffnung, e-n Verdacht, e-e Befürchtung n.⟩: *Seine Reaktion nährte den Verdacht, dass er* *der Täter war*; [Vr] **3 sich (von etw.) n.** *veraltend* ≈ sich (von etw.) ernähren (5)

nahr·haft *Adj*; *nicht adv*; mit vielen Nährstoffen, die man braucht, um gesund u. kräftig zu sein: *Reis u. Brot sind sehr n.*

Nähr·stoff *der*; *-(e)s, -e*; *mst Pl*; die vielen Substanzen, die Organismen brauchen, um zu leben u. zu wachsen || *hierzu* **nähr·stoff·arm** *Adj*; *nicht adv*; **nähr·stoff·reich** *Adj*; *nicht adv*

Nah·rung *die*; -; *nur Sg*; alles, was Menschen od. Tiere essen u. trinken (müssen), um zu leben (u. zu wachsen) ⟨N. zu sich nehmen; N. suchen; etw. dient j-m / e-m Tier als / zur N.⟩ || K-: ***Nahrungs-, -aufnahme, -suche*** || -K: ***Baby-, Kinder-, Tier-; Pflanzen-*** || ID ***etw.*** (*Dat*) ***N. geben*** bewirken, dass etw. intensiver wird ≈ verstärken, fördern ⟨e-m Gerücht, e-m Vorurteil N. geben⟩; ***etw. erhält / findet (durch etw.) N.*** etw. wird durch etw. intensiver ⟨Gerüchte, Vorurteile⟩

Nah·rungs·ket·te *die*; *nur Sg*, *Biol*; e-e Hierarchie von Lebewesen, bei denen jedes dem nächsten als Nahrung dient: *die N. Gras-Rind-Mensch*

Nah·rungs·mit·tel *das*; etw., was man als Mensch isst od. trinkt, um zu leben ≈ Lebensmittel || K-: ***Nahrungsmittel-, -industrie, -vergiftung***

Nähr·wert *der*; *nur Sg*; der Wert (in Bezug auf Vitamine, Mineralien, Kalorien *usw*) e-s Nahrungsmittels für den Körper ⟨etw. hat e-n hohen, niedrigen N.⟩: *Milch hat e-n hohen N.*

Näh·sei·de *die*; ein dünner Faden, den man zum Nähen verwendet

Naht *die*; -, *Näh·te*; **1** die Linie, die entsteht, wenn man zwei Stücke Stoff *o.Ä.* mit e-m Faden verbindet ⟨e-e N. machen, nähen, steppen, auftrennen; e-e einfache, doppelte N.⟩: *Die Jeans sind schon so alt, dass die Nähte aufgehen / aufplatzen* || -K: ***Doppel-, Hosen-, Zier-*** **2** die Stelle, an der e-e Wunde genäht worden ist: *Die N. ist gut verheilt* **3** die Linie, die entsteht, wenn man beim Schweißen, Löten *o.Ä.* zwei Stücke Metall *o.Ä.* miteinander verbindet ⟨e-e N. schweißen⟩ || ID ***j-d platzt aus allen Nähten*** *gespr hum*; j-d ist sehr dick; ***etw. platzt aus allen Nähten*** *gespr*; etw. braucht so viel Platz, dass der vorhandene Raum zu eng wird: *Die Bibliothek platzt allmählich aus allen Nähten*

naht·los *Adj*; **1** ohne (Naht od.) sichtbare Verbindung ⟨Strümpfe, Rohre⟩ **2** ohne weiße Stellen (die ein Bikini *o.Ä.* zurücklässt), wenn man sich in der Sonne bräunt ⟨e-e Bräune; n. braun sein⟩ **3** ⟨ein Übergang⟩ so, dass es ohne Probleme geschieht od. kaum sichtbar ist: *Die beiden Kurse gehen n. ineinander über*

Nah·ver·kehr *der*; **1** der Verkehr von Zügen u. Autos auf kurzen Strecken, *bes* in der Nähe e-r großen Stadt ↔ Fernverkehr || K-: ***Nahverkehrs-, -zug*** **2** ***der öffentliche N.*** der N. (1) mit Bussen, Straßenbahnen *usw*

Näh·zeug *das*; *-s*; *nur Sg*; alles, was man zum Nähen (1) braucht (*z.B.* Nadel, Schere u. Faden)

na·iv [na'i:f] *Adj*; **1** voller Vertrauen u. ohne Gedanken an etw. Böses ≈ gutgläubig ⟨ein Mensch; n. wie ein Kind sein⟩ **2** *mst pej*; nicht fähig, Situationen richtig zu erkennen u. sich ihnen gegenüber entsprechend zu verhalten ≈ einfältig: *Es war ziemlich n. von ihm zu glauben, er würde so zu viel Geld kommen* **3** ***naive Kunst, naive Malerei*** e-e Form der Malerei, die Menschen, Tiere *usw* sehr einfach darstellt u. die *mst* von Laien gemacht wird || *zu* **1** u. **2** **Na·i·vi·tät** [-v-] *die*; *nur Sg*

Na·me *der*; *-ns, -n*; **1** das Wort (od. die Wörter), unter dem man e-e Person od. Sache kennt u. durch das man sie identifizieren kann ⟨j-m / etw. e-n Namen geben; e-n Namen für j-n / etw. suchen, finden, aussuchen; j-s Namen tragen; sich e-n anderen Namen beilegen, zulegen; seinen Namen nennen, sagen, angeben, verschweigen⟩: *Jeder nennt sie Nini, aber ihr wirklicher N. ist Martina*; *Sein N. ist Meier* || K-: ***Namen(s)-, -änderung, -verzeichnis, -wechsel*** || -K: ***Familien-, Firmen-, Fluss-, Frauen-, Hunde-, Jungen-, Künstler-, Länder-, Mädchen-, Männer-, Orts-, Städte-, Stoff-, Tier-, Vor-*** **2** das Wort (od. die Wörter), unter dem man e-e Gruppe von gleichen Objekten kennt u. mit dem man diese Gruppe od. ein Exemplar davon nennt: *Tannen, Fichten u. Föhren fasst man unter dem Namen „Nadelbäume" zusammen* || -K: ***Art-, Gattungs-*** **3** die (gute) Meinung, die andere Leute von einem haben ≈ Ruf, Reputation ⟨e-n (guten, schlechten) Namen haben; sich (als j-d / mit etw.) e-n Namen machen⟩ **4** ***im Namen*** + *Gen*; ***in j-s Namen*** für j-n / etw., *bes* wenn einem e-e Aufgabe übertragen wurde ⟨im Namen des Gesetzes, des Volkes, der Regierung, seiner Eltern; im eigenen Namen⟩: *Im Namen des Gesetzes: Sie sind verhaftet!*; *Im Namen des Volkes ergeht folgendes Urteil: …* || ID ***etw. beim Namen nennen*** etw. (*z.B.* ein Tabu) deutlich aussprechen; ***j-n nur dem Namen nach kennen*** j-n nicht persönlich kennen, aber schon von ihm gehört haben; ***seinen Namen für etw. hergeben*** etw. offiziell leiten, unterstützen *o.Ä.*, ohne dabei aktiv zu sein; ***mein N. ist Hase*** *gespr*; verwendet, um auszudrücken, dass man von e-r bestimmten Sache nichts weiß (u. nichts damit zu tun haben will) || NB: *der Name*; *den, dem Namen, des Namens*

na·men·los *Adj*; **1** so, dass der Name der betroffenen Person(en) nicht bekannt ist ⟨ein Spender, die Toten⟩ **2** *geschr* ≈ sehr groß ⟨Elend, Schmerz, Trauer, Glück *o.Ä.*⟩ || *zu* **1** u. **2** **Na·men·lo·sig·keit** *die*; *nur Sg*

na·mens[1] *Adv*; *geschr*; mit dem Namen: *in e-r kleinen bayerischen Stadt n. Füssen*

na·mens[2] *Präp*; *mit Gen*, *Admin geschr* ≈ im Namen von: *Die Delegation verhandelte n. der Betroffenen mit der zuständigen Behörde*

Na·mens·schild *das*; ein kleines Schild (*z.B.* an e-r Tür), auf dem der Name der betreffenden Person steht

Na·mens·tag *der*; *kath*; der Tag im Jahr, der dem Heiligen gewidmet ist, dessen Namen man hat ⟨N. haben⟩

Na·mens·vet·ter *der*; j-d, der den gleichen Vornamen od. den gleichen Familiennamen hat wie ein anderer, ohne dass die beiden verwandt sind

na·ment·lich[1] *Adj*; *nur attr od adv*; so, dass dabei jede Person od. Sache mit ihrem Namen genannt wird ⟨e-e Abstimmung; j-n n. nennen, erwähnen⟩

na·ment·lich[2] *Adv*; *geschr* ≈ vor allem, hauptsächlich: *Von den Einsparungen sind alle betroffen, n. aber die Rentner*

nam·haft *Adj*; **1** *nur attr, nicht adv*; berühmt od. bekannt, bedeutend ⟨ein Wissenschaftler, ein Gelehrter, ein Fotograf⟩ **2** *nur attr, nicht adv*; ziemlich groß ≈ beträchtlich ⟨e-e Summe, e-e Spende, ein Betrag⟩ **3** ***j-n n. machen*** *geschr*; feststellen, wer die Person ist (die etw. Bestimmtes getan hat) ⟨den Täter n. machen⟩

näm·lich *Adv*; **1** verwendet, um e-e Aussage noch genauer od. konkreter zu formulieren ≈ genauer gesagt, und zwar: *Nächstes Jahr, n. im Mai, fliegen wir in die USA* **2** verwendet, um etw. zu begründen, was man vorher gesagt hat: *Er ist gut gelaunt - er hat n. seine Prüfung bestanden*

nann·te *Imperfekt, 1. u. 3. Person Sg*; ↑ ***nennen***

na·nu *Interjektion*; verwendet, um Überraschung od. Verwunderung auszudrücken: *N., wer kommt denn da? - Dich habe ich ja noch gar nicht erwartet*

N

Na·palm *das*; *-s*; *nur Sg*; e-e Substanz, aus der man Bomben macht, durch die *bes* im Vietnamkrieg große Waldflächen verbrannt sind || K-: ***Napalm-, -bombe, -opfer***

Napf *der*; *-(e)s*, *Näp·fe*; e-e kleine, *mst* flache Schüssel, in der man *z.B.* Hunden u. Katzen das Futter gibt: *der Katze e-n N. mit Milch hinstellen* || -K: ***Blech-, Ess-, Spuck-; Fress-, Futter-, Milch-, Trink-***

Nar·be *die*; *-*, *-n*; e-e Stelle auf der Haut, an der man sieht, dass dort einmal e-e Wunde war ⟨e-e N. bleibt zurück; etw. hinterlässt e-e N., verheilt ohne N.⟩ || -K: ***Brand-, Operations-, Pocken-*** || ► ***vernarben***

nar·big *Adj*; *nicht adv*; mit (vielen) Narben ⟨ein Gesicht, e-e Haut⟩

Nar·ko·se *die*; *-*, *-n*; *mst Sg*; der Zustand der Unempfindlichkeit, in den man j-n bringt, damit man ihn operieren kann; *Med* Anästhesie ⟨in (der) N. liegen; die N. einleiten; aus der N. erwachen; j-m e-e N. geben⟩ || K-: ***Narkose-, -apparat, -arzt, -mittel, -schwester*** || -K: ***Teil-, Voll-*** || *hierzu* **nar·ko·ti·sie·ren** *(hat) Vt*

Narr *der*; *-en*, *-en*; **1** j-d, der nicht richtig nachdenkt u. sich (in e-r bestimmten Situation) ganz falsch u. unvernünftig verhält ≈ Dummkopf: *Er war ein N., ihren Lügen zu glauben* **2** *hist*; j-d, der *bes* am Hof e-s Königs od. Fürsten die Aufgabe hatte, die Menschen zum Lachen zu bringen || -K: ***Hof-*** **3** j-d, der sich ein buntes lustiges Kleid anzieht u. so Karneval feiert || ID ***j-n zum Narren halten*** versuchen, j-n zu täuschen, e-n Spaß mit j-m zu machen: *Dieses teure Auto soll dir gehören? - Du willst mich wohl zum Narren halten!*; ***an j-m / etw. e-n Narren gefressen haben*** *gespr*; j-n / etw. sehr gern mögen || *zu* **1** u. **3** **När·rin** *die*; *-*, *-nen* || NB: *der Narr*; *den, dem, des Narren*

-narr *der*; *im Subst, begrenzt produktiv*; j-d, der das, was genannt wird, so gern mag, dass er sich fast die ganze Zeit damit beschäftigt ≈ -liebhaber, -fan, -freak; ***Blumennarr, Büchernarr, Computernarr, Hundenarr, Kindernarr, Pferdenarr***

Nar·ren·frei·heit *die*; *nur Sg*; die Freiheit, Dinge zu sagen od. zu tun, die andere nicht sagen od. tun dürfen ⟨(bei j-m) N. haben, genießen; j-m N. gewähren⟩

Nar·ren·haus *das*; *gespr pej* ≈ Irrenhaus

nar·ren·si·cher *Adj*; *gespr*; so einfach, dass man nichts falsch machen kann ≈ idiotensicher

när·risch *Adj*; **1** nicht sehr vernünftig ⟨e-e Idee, ein Einfall; närrisches Zeug reden; sich n. benehmen⟩ **2** *gespr*; sehr intensiv ⟨e-e närrische Freude zeigen, sich n. freuen⟩ **3** *nur attr, nicht adv*; für Karneval od. Fasching typisch: *Am Faschingsdienstag herrscht auf allen Straßen närrisches Treiben*

Nar·zis·se *die*; *-*, *-n*; e-e Blume mit langen, schmalen Blättern u. weißen od. gelben Blüten, die im Frühling blüht || ↑ *Abb. unter* ***Blumen***

Nar·ziss·mus *der*; *-*; *nur Sg*, *geschr*; die übertriebene Form der Liebe zur eigenen Person || *hierzu* **nar·ziss·tisch** *Adj*

NASA ['na:za] *die*; *-*; *nur Sg*; (*Abk für* National Aeronautics and Space Administration) die Behörde für Luft- u. Raumfahrt in den USA

Na·sal *der*; *-s*, *-e*; ein Laut, bei dem ein Teil der Luft durch die Nase herauskommt: *Die Laute „m" u. „n" sind Nasale* || K-: ***Nasal-, -laut*** || *hierzu* **na·sal** *Adj*; **na·sa·lie·ren** *(hat) Vt*

na·schen; *naschte, hat genascht*; Vt/i **1** ***(etw.) n.*** von etw., das man sehr gern mag (*bes* Süßigkeiten), ein bisschen essen ⟨Schokolade, Kekse, Bonbons n.⟩: *Ich nasche unheimlich gern*; Vi **2** ***(von etw.) n.*** (*mst* heimlich) e-e kleine Menge von etw. nehmen u. essen

Na·sche·rei *die*; *-*, *-en* / *n*; **1** *mst Sg*; das Naschen **2** *mst Pl* ≈ Süßigkeiten

nasch·haft *Adj*; *nicht adv*; ⟨ein Kind⟩ so, dass es gern u. oft Süßigkeiten isst || *hierzu* **Nasch·haf·tig·keit** *die*; *nur Sg*

Nasch·kat·ze *die*; *gespr*; j-d, der viel nascht

Na·se *die*; *-*, *-n*; **1** der Teil des Gesichts, mit dem man riecht (u. atmet) ⟨durch die N. atmen; sich (*Dat*) die N. putzen, zuhalten; j-m läuft, rinnt, blutet die N.; e-e verstopfte N. haben; in der N. bohren; die N. rümpfen⟩ || ↑ *Abb. unter* ***Kopf*** || K-: ***Nasen-, -bluten, -ring, -schmuck; Nase-, -rümpfen; nase-, -rümpfend*** || -K: ***Haken-, Knollen-*** **2** *gespr*; die Fähigkeit, etw. zu riechen ≈ Geruchssinn ⟨e-e gute, feine N. haben⟩ **3** ***e-e N. für etw.*** *gespr*; die Fähigkeit zu wissen, was man tun muss, um etw. Bestimmtes zu erreichen ≈ Riecher, Gespür ⟨e-e gute, die richtige N. für etw. haben⟩: *Seit sie das Geschäft leitet, geht es viel besser als vorher - sie hat einfach die richtige N. dafür* **4** ***pro N.*** *gespr* ≈ pro Person, pro Kopf || ID ***j-d / etw. beleidigt die / j-s N.*** *gespr*; j-d / etw. riecht sehr unangenehm; ***j-m etw. unter die N. halten*** *gespr*; j-m etw. ganz nahe vor die Augen halten; ***etw. liegt / steht vor j-s N.*** *gespr*; etw. liegt / steht direkt vor j-m: *Was suchst du denn den Zucker, er steht ja vor deiner N.!*; ***etw. fährt j-m vor der N. weg / davon*** *gespr*; ⟨der Zug, der Bus, die Straßenbahn⟩ fährt weg, kurz bevor j-d hinkommt (u. einsteigen möchte); ***von j-m / etw. die N. (gestrichen) voll haben*** *gespr*; keine Lust mehr haben, j-n zu sehen od. etw. zu tun, *bes* weil man zu viel mit ihm / damit zu tun gehabt hat ≈ j-n / etw. (gründlich) satt haben; ***j-m gefällt / passt j-s N. nicht*** *gespr*; j-d mag j-n nicht, ohne dass es e-n besonderen Grund dafür gibt; ***die N. vorn haben*** *gespr*; gegenüber anderen (Konkurrenten) erfolgreich sein: *Was immer er tut, er hat die N. vorn*; ***auf die N. fallen*** *gespr*; e-n Misserfolg haben ≈ scheitern; ***die / seine N. zu tief ins Glas stecken*** *gespr*; zu viel Alkohol trinken; ***die / seine N. ins Buch stecken*** *gespr*; etw. lesen u. dabei lernen; ***seine N. in etw.*** (*Akk*) ***stecken*** *gespr*; etw. bei Dingen sagen od. tun, die einen nicht betreffen ≈ sich in etw. einmischen ⟨seine N. in fremde Angelegenheiten stecken⟩; ***j-d sieht nicht weiter als seine N.*** (***reicht***) *gespr*; j-d ist sehr engstirnig, hat keinen Blick für größere Zusammenhänge; ***die N. hoch tragen*** arrogant od. eingebildet sein; (***über j-n / etw.***) ***die N. rümpfen*** j-n / etw. schlecht finden (u. verachten); ***immer der N. nach*** *gespr* ≈ geradeaus ⟨immer der N. nach gehen⟩; ***j-m etw. an der N. ansehen*** *gespr*; an j-s Gesicht(sausdruck) sehen, was los ist od. in welcher Stimmung er ist; *mst* ***Fass dich doch an die eigene N.!*** *gespr*; prüfe dein eigenes Verhalten, bevor du andere kritisierst!; ***j-n an der N. herumführen*** *gespr*; j-n mit Absicht täuschen; *mst* ***Das werde ich ihm / ihr nicht auf die N. binden!*** *gespr*; das werde ich ihm / ihr nicht sagen; ***j-m auf der N. herumtanzen*** *gespr*; mit j-m tun, was man will; ***j-m etw. aus der N. ziehen*** *gespr*; j-m so lange Fragen stellen, bis er etw. sagt (was er vorher nicht sagen wollte); ***j-n mit der N. auf etw.*** (*Akk*) ***stoßen*** *gespr*; auf sehr direkte Art j-n auf etw. aufmerksam machen; ***j-m etw. unter die N. reiben*** *gespr*; j-n *mst* auf unangenehme Weise auf seine Fehler *o.Ä.* aufmerksam machen; ***j-m etw. vor der N. wegschnappen*** *gespr*; etw., das ein anderer auch gern hätte, schnell vor ihm kaufen od. nehmen; ***j-m j-n vor die N. setzen*** *gespr, oft pej*; j-n zum Chef von j-d anderem machen, der selbst mit diesem Posten gerechnet hat; ***sich*** (*Dat*) ***e-e goldene N. verdienen*** *gespr*; (bei e-m Geschäft) sehr viel Geld verdienen; ***j-m e-e (lange)***

N. drehen / machen *gespr*; j-n verspotten od. über j-n triumphieren

na·se·lang *nur in* ***alle n.*** *gespr*; sehr oft

nä·seln; *näselte, hat genäselt*; [Vi] durch die Nase sprechen ⟨e-e näselnde Stimme, Sprechweise⟩: *Er näselt, weil er starken Schnupfen hat*

Na·sen·flü·gel *der*; *mst Pl*; die zwei weichen Teile an den Seiten der Nase ⟨j-s Nasenflügel beben, zittern, blähen sich⟩

Na·sen·län·ge *die*; *nur Sg*; *mst in* **1** ***j-m um e-e N. voraus sein*** ein bisschen besser sein als ein anderer **2** ***j-n um e-e N. schlagen*** knapp vor j-m gewinnen

Na·sen·loch *das*; *-s, Na·sen·lö·cher*; *mst Pl*; die zwei Öffnungen der Nase || ↑ *Abb. unter* ***Kopf***

Na·sen·rü·cken *der*; der schmale obere Teil der Nase

Na·sen·spit·ze *die*; *mst Sg*; der weiche Teil am vorderen Ende der Nase || ID ***j-m etw. an der N. ansehen*** *gespr*; j-s Stimmung *o.Ä.* an seinem Gesicht(sausdruck) erkennen

Na·sen·stü·ber *der*; *-s, -*; *gespr*; e-e Äußerung, mit der man j-n auf sanfte Art tadelt ⟨j-m e-n N. versetzen, verabreichen⟩

na·se·weis *Adj* ≈ vorlaut || *hierzu* **Na·se·weis** *der*; *-es, -e*

Nas·horn *das*; ein großes, schweres Tier, das e-e dicke graue Haut u. ein od. zwei Hörner auf der Nase hat ≈ Rhinozeros

-na·sig *im Adj, wenig produktiv*; mit e-r Nase, die die genannte Form hat; ***hakennasig, knollennasig, krummnasig, langnasig, plattnasig, spitznasig***

nass, *nasser / nässer, nassest- / nässest-*; *Adj*; **1** voll od. bedeckt mit Wasser (od. e-r anderen Flüssigkeit) ↔ trocken: *die nassen Haare mit e-m Föhn trocknen*; *Die Straßen sind n. vom Regen* **2** mit viel Regen ≈ verregnet ↔ trocken ⟨das Wetter, ein Sommer⟩ **3** *nur präd, nicht adv*; noch nicht ganz trocken ≈ frisch ⟨die Farbe, dieTinte⟩ **4** *nicht adv*; schon fast geschmolzen u. deshalb schwer ⟨Schnee⟩ **5** ***sich n. machen*** (*bes* als kleines Kind) Urin in die Hose od. ins Bett rinnen lassen || ID ***Mach dich nicht n.!*** *gespr*; Reg dich nicht auf, beruhige dich! || NB: im Unterschied zu *nass* bezieht sich *feucht* auf e-e kleinere Menge an Flüssigkeit, *z.B.* ist Gras nach e-m Regen *nass*, ein paar Stunden später nur noch *feucht*

Nass *das*; *-es*; *nur Sg, geschr*; Wasser (*bes* zum Trinken od. zum Baden) ⟨das kostbare, kühle N.⟩: *Er erfrischte sich durch e-n Sprung ins kühle N.*

Näs·se *die*; *-*; *nur Sg*; der Zustand od. die Eigenschaft, nass (1) zu sein ⟨vor N. triefen; etw. vor N. schützen⟩: *Es regnet in Strömen - willst du bei der N. wirklich spazieren gehen?* || -K: ***Straßen-***

näs·sen; *nässte, hat genässt*; [Vi] ***etw. nässt*** *mst* ⟨e-e Wunde⟩ gibt e-e Flüssigkeit (nicht Blut!) von sich

nass·kalt *Adj*; *nicht adv*; ⟨Wetter⟩ kalt u. mit viel Regen: *ein nasskalter Herbst, Monat*

Nass·ra·sur *die*; das Rasieren mit Wasser u. Seife ↔ Trockenrasur || *hierzu* **Nass·ra·sie·rer** *der*

Na·ti·on [-'tsi̯oːn] *die*; *-, -en*; **1** alle Menschen, die dieselbe Abstammung, Sprache u. Kultur haben u. *mst* innerhalb gemeinsamer politischer Grenzen leben ≈ Volk ⟨die deutsche, italienische, französische *usw* N.⟩ **2** ≈ Staat: *An den Olympischen Spielen nehmen Sportler der verschiedensten Nationen teil* || -K: ***Industrie-*** **3** ***die Vereinten Nationen*** e-e internationale Organisation, die für den Frieden auf der Welt arbeitet; *Abk* die UNO, UN

na·ti·o·nal [-tsi̯o-] *Adj*; **1** *mst attr*; in Bezug auf e-e Nation ⟨die Selbstbestimmung, die Souveränität, die Interessen⟩ || K-: ***National-, -museum***, **2** *mst attr*; die Angelegenheiten innerhalb e-s Staates betreffend ↔ international ⟨auf nationaler Ebene; den nationalen Notstand ausrufen⟩ **3** ***e-e nationale Minderheit*** e-e kleine Gruppe von Menschen, die sich von den anderen im Staat durch ihre Sprache u. Kultur unterscheidet

na·ti·o·nal·be·wusst *Adj*; in seiner Einstellung u. seinem Handeln (immer) bewusst an den eigenen Staat od. die eigene Nation denkend || *hierzu* **Na·ti·o·nal·be·wusst·sein** *das*; *nur Sg*

Na·ti·o·nal|fei·er·tag *der*; ein Feiertag, der an ein Ereignis erinnert, das für ein Volk od. e-n Staat sehr wichtig war ≈ Staatsfeiertag

Na·ti·o·nal·ge·richt *das*; e-e Speise, die für ein Land typisch ist (u. dort gern gegessen wird)

Na·ti·o·nal·hym·ne *die*; das offizielle Lied e-s Landes, das zu feierlichen Anlässen gespielt wird: *Unter den Klängen der N. nahm der Sportler die Medaille entgegen*

Na·ti·o·na·lis·mus *der*; *-*; *nur Sg*; **1** *mst pej*; e-e Denkweise, die die Interessen der eigenen Nation für wichtiger hält als die anderer Völker od. Staaten **2** das starke Bewusstsein, Teil e-r Nation zu sein, *bes* wenn damit das Ziel verbunden ist, e-n eigenen Staat zu gründen || *zu* **1** **Na·ti·o·na·list** *der*; *-en, -en*

na·ti·o·na·lis·tisch *Adj*; *mst pej*; übertrieben patriotisch

Na·ti·o·na·li·tät *die*; *-, -en*; **1** die Zugehörigkeit (e-s Bürgers) zu e-m bestimmten Staat ≈ Staatsangehörigkeit, Staatsbürgerschaft **2** *Kollekt*; e-e Gruppe von Menschen, die dieselbe Sprache u. Kultur haben u. mit Menschen anderer Sprache od. Kultur innerhalb gemeinsamer politischer Grenzen leben: *Im alten Österreich gab es viele verschiedene Nationalitäten*

Na·ti·o·nal·mann·schaft *die*; e-e Mannschaft mit Spielern von verschiedenen Vereinen, die bei internationalen Wettkämpfen ein bestimmtes Land vertritt || -K: ***Fußball-***

Na·ti·o·nal·rat *der*; **1** *nur Sg*; das direkt gewählte Parlament in Österreich u. der Schweiz **2** ein Mitglied des Nationalrates (1) || NB: ↑ ***Bundesrat, Ständerat***

Na·ti·o·nal·so·zi·a·lis·mus *der*; *-*; *nur Sg*; **1** die politische (faschistische) Bewegung, die nach dem 1. Weltkrieg in Deutschland entstand u. mit der Hitler an die Macht kam **2** die Diktatur Hitlers in Deutschland von 1933-1945, die die Ideologie dieser Bewegung hatte || *zu* **1** **Na·ti·o·nal·so·zi·a·list** *der*; *-en, -en*; **na·ti·o·nal·so·zi·a·lis·tisch** *Adj* || NB: ↑ ***Nazi***

NATO ['naːto] ↑ ***Nato***

Na·to *die*; *-*; *nur Sg*; ein militärisches Bündnis zwischen den USA, Kanada u. mehreren westlichen europäischen Staaten || K-: ***Nato-, -general, -manöver***

Na·tri·um *das*; *-s*; *nur Sg*; ein sehr weiches Metall, das fast nur in Verbindung mit anderen Substanzen vorkommt; *Chem* Na: *Speisesalz ist e-e Verbindung aus N. u. Chlor* || K-: ***Natrium-, -chlorid***

Na·tron *das*; *-*; *nur Sg*; ein weißes Pulver, das *bes* im Backpulver ist

Nat·ter *die*; *-, -n*; e-e Schlange, die *mst* nicht giftig ist, mit e-r deutlichen Grenze zwischen Kopf u. Körper || ID ***e-e N. am Busen nähren*** *geschr*; j-m vertrauen u. Gutes tun, der einem später schadet

Na·tur *die*; *-, -en*; **1** *nur Sg*; alles was es gibt, das der Mensch nicht geschaffen hat (*z.B.* die Erde, die Pflanzen u. Tiere, das Wetter *usw*) ⟨die belebte, unbelebte N.; Mutter N.; die Gesetze, Wunder der N.⟩: *Die Niagarafälle sind ein Wunderwerk der N.* || K-: ***Natur-, -gesetz, -katastrophe, -produkt,***

-wunder **2** *nur Sg*; Wälder, Wiesen *o.Ä.*, die nur wenig od. nicht vom Menschen verändert worden sind (oft im Gegensatz zur Stadt) ⟨die freie, unberührte N.⟩: *mit der N. im Einklang leben*; *Viele Tiere kann man nur noch im Zoo besichtigen, weil sie in freier / in der N. kaum noch vorkommen* || K-: ***Natur-, -forscher, -freund, -geschichte*** **3** *nur Sg*; ein Material, das vom Menschen in seinem natürlichen Zustand belassen wurde ↔ Kunst (5): *Ihre Haare sind nicht gefärbt, das ist N.* || K-: ***Natur-, -faser, -farbe, -haar, -locken, -perle, -seide***; ***natur-, -blond*** **4** die Eigenschaften, die j-n von anderen unterscheiden ≈ Wesen (1): *Es liegt nicht in ihrer N., unehrlich zu sein*; *Sie ist von N. (aus) sehr aufgeschlossen* **5** *nur Sg*; die Art, wie etw. (beschaffen) ist ⟨Fragen, Probleme allgemeiner, grundsätzlicher N.; ein Fehler, e-e Verletzung leichter, schwerer N.⟩ || ID ***Das liegt in der N. der Sache / der Dinge*** das ist eben so, man kann es nicht anders erwarten; *mst* ***Das ist gegen / wider die N.*** das ist nicht gut od. richtig, weil es gegen die Moral *o.Ä.* verstößt; ***etw. geht j-m gegen / wider die N.*** etw. ist so, dass es j-d sehr ungern tut, weil er es mit seinem (inneren) Wesen nicht vereinbaren kann

Na·tu·ra·li·en [-liən] *die*; *Pl*; Produkte (*bes* Lebensmittel), mit denen man (statt mit Geld) für etw. bezahlt ⟨in N. bezahlen⟩

Na·tu·ra·lis·mus *der*; -; *nur Sg*; ein Stil der Kunst u. der Literatur *bes* am Ende des 19. Jahrhunderts, bei dem alles (auch das Hässliche) möglichst genau dargestellt wird: *Gerhart Hauptmann war ein berühmter Vertreter des N.* || *hierzu* **Na·tu·ra·list** *der*; *-en, -en*; **Na·tu·ra·lis·tin** *die*; -, *-nen*; **na·tu·ra·lis·tisch** *Adj*

na·tur·be·las·sen *Adj*; nicht vom Menschen verändert ⟨e-e Landschaft, Milch⟩

N

Na·tur·bur·sche *der*; *gespr*; ein kräftiger, natürlicher[1](5) u. unkomplizierter junger Mann

Na·tur·denk·mal *das*; etw. in der Natur (ein Baum, ein Felsen, ein Wasserfall *o.Ä.*), das nicht verändert od. zerstört werden darf

Na·tu·rell *das*; *-s, -e*; der Charakter u. das Wesen e-s Menschen ≈ Temperament: *ein ausgeglichenes N.*

Na·tur·er·eig·nis *das*; ein ungewöhnliches Ereignis in der Natur (1), auf das die Menschen keinen Einfluss haben: *Die letzte Sturmflut war ein schreckliches N.*

na·tur·far·ben *Adj*; *nicht adv*; so, dass die (ursprüngliche) Farbe nicht verändert worden ist ↔ gefärbt ⟨Holz, Wolle⟩

na·tur·ge·ge·ben *Adj*; *nicht adv*; so, dass der Mensch keinen Einfluss darauf hat: *So e-e Begabung kann nur n. sein*

na·tur·ge·mäß[1] *Adj*; ⟨e-e Lebensweise, e-e Ernährung⟩ so, dass es der Natur (2) angepasst ist

na·tur·ge·mäß[2] *Adv*; so, wie es aufgrund der Eigenschaften e-r Person / Sache zu erwarten ist ≈ folgerichtig

na·tur·ge·treu *Adj*; wie in der Natur (2), wie in Wirklichkeit ⟨ein Bild, ein Foto, e-e Darstellung, e-e Schilderung, e-e Zeichnung⟩

Na·tur·ge·wal·ten *die*; *Pl*; die starken Kräfte wie Wind, Sturm *usw*, die in der Natur (1) wirken: *Bei Sturm u. eisiger Kälte kämpften sie gegen die N.*

Na·tur|heil·kun·de *die*; *nur Sg*; e-e Art der Medizin, bei der die Kranken (ohne chemische Medikamente) mit natürlichen[1](1) Methoden behandelt werden || NB: ↑ ***Homöopathie***

Na·tur·kost *die*; Lebensmittel, die ohne Dünger, Gifte, Hormone *o.Ä.* hergestellt u. möglichst wenig bearbeitet worden sind, u. die deshalb gesund sind || K-: ***Naturkost-, -laden***

Na·tur·kun·de *die*; *nur Sg*, *veraltend*; ein Fach in der Schule, das sich mit der Kenntnis der Natur (1) beschäftigt || *hierzu* **na·tur·kund·lich** *Adj*; *nur attr od adv*

na·tür·lich[1] *Adj*; **1** *ohne Steigerung*; so, wie es normal in der Welt vorkommt, ohne dass der Mensch es beeinflusst ↔ künstlich: *Die Stadt hat e-n natürlichen Hafen*; *Mäuse haben viele natürliche Feinde, z.B. Katzen u. Füchse* **2** so, wie es von der Erfahrung her erwartet wird ≈ normal ↔ unnatürlich, unnormal: *Es ist ganz n., sich vor dem Zahnarzt zu fürchten*; *Es ist doch nur n.*, dass / wenn *das Kind vor dem großen Hund Angst hat* **3** *ohne Steigerung*; so, dass es von Geburt an vorhanden ist ≈ angeboren ↔ erlernt ⟨e-e Begabung, ein Charme, Locken⟩: *Katzen haben e-e natürliche Scheu vor Wasser* **4** *ohne Steigerung*; den Gesetzen der Physik, Chemie *usw* entsprechend ↔ übernatürlich: *Es muss e-e natürliche Erklärung für dieses Ereignis geben* **5** ⟨ein Mensch⟩ so, dass er entspannt ist u. so aussieht, spricht u. handelt, wie es seinem Wesen entspricht ≈ ungezwungen ↔ unnatürlich, gekünstelt: *e-e natürliche junge Frau* **6** so, wie es der Natur (2) entspricht u. der Umwelt od. Gesundheit nicht schadet ≈ naturgemäß[1] ⟨e-e Ernährung, e-e Lebensweise⟩ **7** ***e-e natürliche Zahl*** *Math*; e-e positive ganze Zahl (1, 2, 3 *usw*) **8** ***e-e natürliche Person*** *Jur*; ein Mensch mit allen seinen Rechten im Gegensatz zu e-r Organisation ↔ e-e juristische Person **9** ***ein natürlicher Tod*** ein Tod, den kein Mensch od. Unglück bewirkt hat ↔ ein gewaltsamer Tod ⟨e-s natürlichen Todes sterben⟩ || *zu* **1, 3** u. **5 Na·tür·lich·keit** *die*; *nur Sg*

na·tür·lich[2] *Adv*; **1** verwendet, um auszudrücken, dass der Sprecher etw. für ganz klar u. logisch hält ≈ selbstverständlich: *N. habe ich ihm vertraut, sonst hätte ich den Vertrag ja nicht unterschrieben* **2** so, wie man es erwartet (geahnt od. befürchtet) hat ≈ erwartungsgemäß: *Wir hatten uns sehr auf den Ausflug gefreut. N. hat es dann geregnet* **3** (*mst* in Verbindung mit *aber*) verwendet, um etw., das klar u. selbstverständlich ist, einzuschränken: *Natürlich hast du Recht, aber man muss auch seine Position verstehen* || *zu* **1 na·tür·li·cher·wei·se** *Adv*

na·tur·nah *Adj*; so, dass es der Natur entspricht ≈ natürlich[1] (6) ⟨e-e Ernährung, e-e Lebensweise⟩ || *hierzu* **Na·tur·nä·he** *die*

Na·tur·park *der*; ein (Landschafts)Gebiet, das zum Schutz bestimmter Tiere u. Pflanzen in seinem natürlichen Zustand belassen wurde ≈ Naturschutzgebiet

na·tur·rein *Adj*; *nicht adv*; ohne chemische Zusätze ⟨ein Saft, ein Wein⟩

Na·tur·schutz *der*; *nur Sg*; *Kollekt*; die Maßnahmen u. Gesetze, durch die man bestimmte Landschaften u. seltene Tiere u. Pflanzen erhalten will: *Das Edelweiß steht unter N. u. darf nicht gepflückt werden* || K-: ***Naturschutz-, -gebiet, -gesetz*** || *hierzu* **Na·tur·schüt·zer** *der*; *-s, -*

Na·tur·ta·lent *das*; j-d, der etw. sehr schnell erlernen kann (u. e-e sehr große Begabung dafür hat) ⟨ein N. sein⟩

na·tur·ver·bun·den *Adj*; ⟨ein Mensch⟩ so, dass er ein besonders enges Verhältnis zur Natur (2) hat || *hierzu* **Na·tur·ver·bun·den·heit** *die*; *nur Sg*

Na·tur·volk *das*; ein Volk, das auf e-r einfachen Stufe der Zivilisation lebt: *Die Buschmänner in Afrika sind ein N.*

Na·tur·wis·sen·schaft *die*; *Kollekt*; die Wissenschaften (wie *z.B.* Physik, Chemie, Biologie), die sich mit den Erscheinungen in der Natur (1) befassen ↔ Geisteswissenschaft, Gesellschaftswissenschaft || *hierzu* **Na·tur·wis·sen·schaft·ler** *der*;

-s, -; **Na·tur·wis·sen·schaft·le·rin** *die; -, -nen*; **na·tur·wis·sen·schaft·lich** *Adj; mst attr*

Na·tur·zu·stand *der*; der Zustand, in dem etw. ist, das der Mensch (noch) nicht verändert hat ≈ Urzustand

Na·vi·ga·ti·on [naviga'tsio:n] *die; -; nur Sg*; das Berechnen u. Bestimmen des Kurses von Schiffen, Flugzeugen *o.Ä.* || *hierzu* **na·vi·gie·ren** *(hat) Vt*

Na·zi *der; -s, -s; gespr pej* ≈ Nationalsozialist || K-: ***Nazi-, -herrschaft, -regime, -verbrechen, -zeit***

Na·zis·mus *der; -; nur Sg, pej* ≈ Nationalsozialismus

na·zis·tisch *Adj; pej* ≈ nationalsozialistisch

NB [ɛn'be:] *das; -(s), -(s); (Abk für* Notabene) verwendet, um e-n Hinweis od. e-e Anmerkung einzuleiten

NC [ɛn'tse:] *der; -s, -s; gespr, Kurzw* ↑ ***Numerus clausus***

n. Chr. ↑ ***Christus*** (2)

ne![1], **nee!** [ne:] *Partikel; gespr* ≈ nein

ne[2] [nə] *Partikel; betont, gespr* ≈ nicht wahr: *Die Stimmung ist gut hier, ne?*

Ne·an·der·ta·ler *der; -s, -*; verwendet als Bezeichnung für e-n Menschen, der vor sehr langer Zeit (in der Steinzeit) gelebt hat

Ne·bel *der; -s, -*; **1** die Wolken (aus Dunst), die sich über dem Boden bilden u. durch die man nicht (weit) sehen kann ⟨dichter, feuchter, undurchdringlicher N.; etw. ist in N. gehüllt, im N. verborgen; der N. fällt, senkt sich auf etw. *(Akk)*, steigt, verzieht sich⟩: *Es herrschte N. mit Sichtweiten um fünfzig Meter / unter fünfzig Metern; Bei N. muss man langsam fahren; bei e-m Konzert künstlichen N. auf der Bühne produzieren* || K-: ***Nebel-, -scheinwerfer, -schleier, -schwaden, -wand*** || -K: ***Boden-, Hoch-; Früh-, Morgen-; Herbst-*** **2** e-e Gruppe von (sehr weit entfernten) Sternen, die zusammen wie ein heller Fleck am Himmel aussehen || -K: ***Andromeda-*** || ► ***einnebeln, vernebeln***

Ne·bel·bank *die; -, Ne·bel·bän·ke*; e-e Masse von Nebel über e-m Gebiet, der die Sicht behindert od. erschwert

ne·bel·haft *Adj* ≈ undeutlich, verschwommen ↔ klar ⟨j-s Erinnerung, e-e Vorstellung⟩

Ne·bel·horn *das*; e-e Art Hupe, mit der ein Schiff andere Schiffe warnt, wenn Nebel ist

ne·be·lig *Adj*; ↑ ***neblig***

ne·ben *Präp*; **1** *mit Dat*; an e-r Seite von j-m / etw. ↔ vor, hinter: *Die Klingel ist n. der Haustür; Monika steht n. ihrem Freund; Die Kinder gingen n. ihr* || ↑ *Abb. unter* ***Präpositionen*** **2** *mit Dat*; zusätzlich zu j-m / etw. ≈ außer[1] (2): *Im Supermarkt gibt es n. Lebensmitteln auch Teller u. Tassen zu kaufen; Mit seinem Fernseher kann er n. den deutschen Programmen auch die österreichischen empfangen* **3** *mit Dat*; verwendet, um e-n Vergleich auszudrücken ≈ verglichen mit: *N. seinem Bruder ist er ziemlich klein geblieben* **4** *mit Akk*; zur Seite von j-m / etw. hin: *Der Bräutigam stellte sich n. die Braut* || ↑ *Abb. unter* ***Präpositionen***

Ne·ben- *im Subst, begrenzt produktiv*; drückt aus, dass das, was im Substantiv erwähnt wird, zusätzlich zu etw. anderem existiert, das wichtiger ist ↔ Haupt-; der ***Nebeneffekt***, der ***Nebeneingang*** ⟨e-s Gebäudes⟩, das ***Nebenfach*** ⟨in der Schule, im Studium⟩, die ***Nebenfigur*** ⟨im Film⟩, der ***Nebenraum*** ⟨e-r Wohnung⟩, die ***Nebenstrecke*** ⟨der Bahn⟩, der ***Nebenverdienst*** ⟨e-s Beamten⟩

ne·ben·amt·lich *Adj*; verwendet, um auszudrücken, dass e-e Funktion, e-e Tätigkeit zusätzlich zur Hauptfunktion ausgeübt wird od. wurde ↔ hauptamtlich

ne·ben·an *Adv*; im Nachbarhaus, Nachbarzimmer od. in der Nachbarwohnung: *nach n. gehen; sich n. aufhalten; Er wohnt im Haus n.; Er wohnt bei uns n.; die Kinder von n.*

ne·ben·bei *Adv*; **1** zusätzlich zu e-r anderen, wichtigeren Tätigkeit ≈ außerdem: *Er ist Lehrer u. verdient sich n. ein paar Euro mit Nachhilfestunden* **2** verwendet, um auszudrücken, dass das, was man sagt, e-e Ergänzung od. e-e Einschränkung zu etw. anderem ist ≈ beiläufig ⟨etw. n. bemerken⟩: *Sie haben geheiratet - n. gesagt, hat mich das nicht überrascht; …, aber das nur n. (gesagt)*

Ne·ben·be·ruf *der*; ein Beruf, den man zusätzlich zu e-m anderen (Beruf) ausübt ↔ Hauptberuf: *Er ist im N. Schauspieler* || *hierzu* **ne·ben·be·ruf·lich** *Adj; nur attr od adv*

Ne·ben·be·schäf·ti·gung *die*; e-e Arbeit, die man zusätzlich (zu seinem eigentlichen Beruf) macht

Ne·ben·buh·ler *der; -s, -*; ein Mann, der sich *mst* neben einem anderen Mann um die Zuneigung e-r Frau bemüht ≈ Rivale || *hierzu* **Ne·ben·buh·le·rin** *die; -, -nen*

ne·ben·ei·nan·der[1] *Adv*; **1** e-e Person / Sache neben die andere od. neben der anderen ↔ hintereinander: *Die Schüler stellen sich der Größe nach n. auf; Meine Mutter u. meine Schwester wohnen direkt n.* **2** gleichzeitig od. zusammen mit j-d / etw. anderem ≈ miteinander ⟨friedlich n. existieren, leben⟩

ne·ben·ei·nan·der[2] *mit Verb, wenig produktiv*; Die Verben mit *nebeneinander* werden nach folgendem Muster gebildet: *nebeneinander liegen - lagen nebeneinander - nebeneinander gelegen*

1 *nebeneinander* drückt aus, dass e-e Person / Sache neben e-r od. mehreren anderen ist ↔ hintereinander;

⟨Personen / Dinge⟩ ***stehen nebeneinander***: *Die Bücher stehen im Regal nebeneinander* ≈ Ein Buch steht im Regal, u. daneben stehen noch andere

ebenso:⟨Personen / Dinge⟩***liegennebeneinander***, ⟨Personen⟩ ***sitzen nebeneinander***

2 *nebeneinander* drückt aus, dass e-e Bewegung od. Handlung so verläuft, dass e-e Person / Sache neben e-e andere kommt ↔ hintereinander, auseinander;

j-n / sich / etw. *(Pl)* ***nebeneinander stellen***: *Er stellte die Gläser nebeneinander auf den Tisch* ≈ Er stellte die Gläser so auf denTisch, dass eines neben dem anderen stand

ebenso: ⟨Dinge⟩ ***nebeneinander halten, etw.*** *(Pl)* ***/ sich*** *(Pl)* ***nebeneinander legen, sich*** *(Pl)* ***nebeneinander setzen***

---

ne·ben·ei·nan·der le·gen *(hat)* Vt **1** ⟨Dinge⟩ ***n. l.*** zwei od. mehrere Dinge so legen, dass eines neben dem anderen ist; Vr **2** ***sich*** *(Pl)* ***n. l.*** (von zwei od. mehreren Personen) sich so legen, dass e-e Person neben der anderen liegt

ne·ben·ei·nan·der set·zen, sich *(haben)* Vr ***sich*** *(Pl)* ***n. s.*** sich so setzen, dass e-e Person neben der anderen ist

ne·ben·ei·nan·der ste·hen *(haben / südd* Ⓐ Ⓒⓗ *sind)* Vi ⟨Personen / Dinge⟩ ***stehen nebeneinander*** zwei od. mehrere Personen stehen so, dass eine Person / Sache neben der anderen ist: *Die Fahrräder stehen nebeneinander im Keller*

ne·ben·ei·nan·der stel·len *(hat)* Vt ***j-n / sich / etw.*** *(Pl)* ***n. s.*** zwei od. mehrere Personen / Dinge so stellen, dass sie nebeneinander kommen: *Die Schüler stellten sich nebeneinander*

---

ne·ben·ei·nan·der|her *Adv*; so, dass sich zwei od. mehrere Personen / Dinge nebeneinander in die gleiche Richtung bewegen: *Die Gleise verlaufen n.*

N

Ne·ben·ein·künf·te *die*; *Pl* ≈ Nebenverdienst
Ne·ben·er·werb *der*; e-e bezahlte Tätigkeit, die man zusätzlich (zum eigentlichen Beruf) ausübt: *Er betreibt seinen Bauernhof nur als N.* || K-: ***Nebenerwerbs-, -bauer, -betrieb, -tätigkeit***
Ne·ben·fluss *der*; ***ein N.*** + *Gen* ein Fluss, der in e-n größeren Fluss fließt: *Der Inn ist ein N. der Donau*
Ne·ben·ge·bäu·de *das*; ein kleines Gebäude, das zu e-m größeren (bei e-r Firma od. e-m Bauernhof) gehört ↔ Hauptgebäude
Ne·ben·ge·dan·ke *der*; e-e Absicht od. e-e Idee, die man zusätzlich zu e-r anderen hat ⟨e-n Nebengedanken verfolgen⟩
Ne·ben·ge·räusch *das*; ein störendes Geräusch, das man bei e-r Maschine hört, wenn sie läuft
ne·ben·her- *im Verb, betont u. trennbar, wenig produktiv*; Die Verben mit *nebenher-* werden nach folgendem Muster gebildet: *nebenhergehen - ging nebenher - nebenhergegangen*
1 *nebenher-* drückt aus, dass sich zwei od. mehr Personen / Dinge nebeneinander gleichzeitig in die gleiche Richtung bewegen;
nebenherfahren: *Seine Mutter ging zu Fuß, u. er fuhr mit dem Fahrrad nebenher* ≈ Er fuhr in die Richtung, in die seine Mutter ging, u. blieb dabei neben ihr
ebenso: ***nebenhergehen, nebenherlaufen, nebenherrennen, nebenherspringen***
2 *nebenher-* drückt aus, dass etw. gleichzeitig mit etw. anderem, das wichtiger ist, getan wird;
etw. läuft nebenher: *Sie arbeitet im Büro, der Haushalt läuft so nebenher* ≈ Sie arbeitet im Büro u. auch im Haushalt, aber die Arbeit im Büro ist wichtiger für sie
ebenso: ***nebenhergehen, etw. nebenhermachen***
ne·ben·her|ge·hen (*ist*) [Vi] **1** ↑ ***nebenher-*** (1) **2** ***etw. geht nebenher*** etw. wird gleichzeitig mit etw. getan, das wichtiger ist: *Er arbeitet in e-r Computerfirma, die Betreuung der Fußballmannschaft geht bei ihm nebenher*
ne·ben·her|lau·fen (*ist*) [Vi] **1** ↑ ***nebenher-*** (1) **2** ***etw. läuft nebenher*** etw. geht nebenher (2)
Ne·ben·höh·len *die*; *Pl*; die zwei Räume (Höhlen) unter den Augen auf beiden Seiten der Nase ⟨verstopfte N. haben⟩ || K-: ***Nebenhöhlen-, -entzündung, -eiterung*** || -K: ***Nasen-***
Ne·ben·klä·ger *der*; *Jur*; j-d, der in e-m Prozess außer dem Staatsanwalt ebenfalls klagt (4), weil er selbst (von der Straftat) betroffen ist
Ne·ben·kos·ten *die*; *Pl*; die Kosten, die zusätzlich zu etw. entstehen: *Zur Miete kommen noch die N. für Heizung u. Wasser hinzu*
Ne·ben·leu·te *Pl*; ↑ ***Nebenmann***
Ne·ben·mann *der*; *-es, Ne·ben·män·ner / Ne·ben·leu·te*; j-d, der neben einem sitzt od. steht
Ne·ben·pro·dukt *das*; etw., das bei der Produktion von etw. (ohne Absicht od. ohne viel Arbeit) zusätzlich entsteht: *Bei der Erzeugung von Strom entsteht Wärme als N.*; *Als N. seiner Übersetzungen entstand ein Glossar*
Ne·ben·rol·le *die*; e-e kleine Rolle in e-m Theaterstück, Film *o.Ä.* ↔ Hauptrolle || ID ***j-d / etw. spielt nur e-e N.*** j-d / etw. ist für j-n unwichtig
Ne·ben·sa·che *die*; **1** etw., das nicht sehr wichtig ist ↔ Hauptsache ⟨etw. ist N.⟩: *Wie das Gerät aussieht, ist N., Hauptsache es funktioniert!* **2** ***die schönste N. der Welt*** *gespr hum*; etw., das man als sehr schöne Beschäftigung empfindet || *zu* **1 ne·ben·säch·lich** *Adj*; **Ne·ben·säch·lich·keit** *die*
Ne·ben·sai·son *die*; die Zeit vor od. nach der Hauptsaison
Ne·ben·satz *der*; ein Satz, der von e-m anderen Satz abhängt u. allein keinen Sinn ergibt ↔ Hauptsatz: *In dem Satz „Ich ging zu Bett, weil ich müde war" ist „weil ich müde war" der N.*
Ne·ben·stra·ße *die*; e-e kleine, nicht sehr wichtige Straße (mit wenig Verkehr) ≈ Seitenstraße ↔ Hauptstraße
Ne·ben·ver·dienst *der*; Verdienst aus e-m Nebenerwerb
Ne·ben·wir·kung *die*; e-e (*mst* schwächere) Wirkung, die zusammen mit e-r anderen auftritt (u. oft unerwartet od. unerwünscht ist): *Diese Tabletten können auch unangenehme Nebenwirkungen haben*
neb·lig *Adj*; *nicht adv*; mit Nebel (verbunden), von Nebel umgeben ⟨Wetter⟩
nebst *Präp*; *mit Dat, veraltend*; zusammen mit: *ein Zimmer n. Dusche*; *Herr Kunze n. Gattin*
ne·bu·los, ne·bu·lös *Adj*; *geschr*; nicht klar u. deutlich ≈ verschwommen ⟨e-e Erinnerung, e-e Vorstellung⟩
ne·cken; *neckte, hat geneckt*; [Vt] ***j-n / ein Tier n.*** j-n / ein Tier aus Spaß ein bisschen ärgern, ohne ihn / es wirklich wütend zu machen ≈ foppen
ne·ckisch *Adj*; **1** auffällig u. oft etwas gewagt: *Susanne trug ein neckisches Nachthemd* **2** ≈ schelmisch: *j-m n. zublinzeln*
nee ↑ ***ne***[1]
Nef·fe *der*; *-n, -n*; der Sohn des Bruders od. der Schwester (od. des Bruders od. der Schwester des Ehepartners) ↔ Nichte || NB: *der Neffe*; *den, dem, des Neffen*
Ne·ga·ti·on [-'tsi̯oːn] *die*; -, *-en*; **1** *geschr*; der Vorgang, bei dem man ein Prinzip, e-e Regel *o.Ä.* nicht anerkennt ≈ Ablehnung, Aufhebung: *die N. überkommener Werte* **2** *nur Sg*; *Ling* ≈ Verneinung ⟨die N. e-s Satzes⟩ || K-: ***Negations-, -partikel*** || -K: ***Satz-, Wort-***
ne·ga·tiv, ne·ga·tiv [-f] *Adj*; **1** ⟨e-e Antwort, ein Bescheid⟩ so, dass sie „nein" ausdrücken ↔ positiv (1) **2** ⟨e-e Haltung, e-e Einstellung⟩ so, dass sie Ablehnung ausdrücken ↔ positiv (1), bejahend: *Er hat e-e negative Einstellung zur Arbeit - am liebsten würde er gar nichts tun* **3** nicht so, wie es sein sollte ≈ ungünstig ↔ positiv (2) ⟨ein Einfluss, ein Ergebnis; die negative Seite e-r Sache; etw. wirkt sich n. aus⟩: *Er zeichnete ein negatives Bild ihres Charakters - sie sei ganz faul u. streitsüchtig* || K-: ***Negativ-, -beispiel*** **4** *Chem, Phys*; mit mehr Elektronen als Protonen ↔ positiv (3) ⟨e-e elektrische Ladung, ein Pol⟩ **5** *Med*; ⟨ein Befund⟩ so, dass dabei e-e (vermutete) Krankheit od. ein vermuteter Zustand nicht bestätigt wird ↔ positiv (4): *Der AIDS-Test fiel bei ihm n. aus* **6** ***e-e negative Zahl*** *Math*; e-e Zahl, die kleiner als Null ist u. mit e-m Minuszeichen bezeichnet wird: *Minus fünf (-5) ist e-e negative Zahl*
Ne·ga·tiv, Ne·ga·tiv [-f] *das*; *-s, -e*; ein Foto, auf dem das, was in Wirklichkeit hell ist, dunkel erscheint u. umgekehrt ↔ Positiv || K-: ***Negativ-, -film***
Ne·ger *der*; *-s, -*; ein Mensch, dessen Haut dunkel od. schwarz ist u. der e-m Volk angehört, das (ursprünglich) aus Afrika kommt ≈ Schwarzer ↔ Weißer, Indianer, Asiate || *hierzu* **Ne·ge·rin** *die*; -, *-nen* || NB: Statt *Neger* verwendet man heute oft *Schwarzer* (*bes* in politischem Zusammenhang), weil *Neger* oft als beleidigend empfunden wird
ne·gie·ren; *negierte, hat negiert*; [Vt] ***etw. n.*** *geschr* ≈ ablehnen ⟨e-e Ansicht, e-e Vorstellung n.⟩ || *hierzu* **Ne·gie·rung** *die*
Neg·li·gee, Neg·li·gé [negli'ʒeː] *das*; *-s, -s*; e-e Art leichtes, langes Kleid, das Frauen zum Schlafen od. am Morgen tragen ≈ Nachthemd
neh·men; *nimmt, nahm, hat genommen*; [Vt] **1** ***etw. n.*** etw. mit der Hand greifen u. es (fest)halten, von irgendwo entfernen od. zu sich (heran)holen: *e-e Tasse aus dem Schrank n.*; *e-e Katze auf den Schoß n.*;

ein Glas in die Hand n.; *e-n Mantel über den Arm n.*; *ein Stück Kuchen vom Teller n.* **2 *etw. n.*** unter mehreren Möglichkeiten eine wählen u. für e-e bestimmte Tätigkeit, zu e-m Zweck benutzen: *Weil das Auto kaputt war, nahm er den Zug in die Stadt*; *Sie nahm den kürzesten Weg nach Hause*; *Er nahm den größten Topf für die Suppe*; *Der grüne Pullover gefällt mir am besten, den nehme ich* **3 *j-n / etw. n.*** ≈ annehmen, akzeptieren ↔ ablehnen: *Er nahm die Wohnung, obwohl sie teuer war*; *Hoffentlich nimmt mich die Firma - die Arbeit würde mir gefallen* **4 (*für etw.*) *etw. n.*** etw. (als Gegenleistung, Zahlung *o.Ä.*) fordern u. bekommen: *Er nimmt zwei Euro für ein Pfund Tomaten*; *Sie nimmt nichts für ihre Hilfe, sie tut es aus Freundschaft* **5 *etw. n.*** e-e Medizin *o.Ä.* schlucken ≈ einnehmen ⟨Gift, Hustensaft, die Pille, Tabletten *usw* n.⟩ **6 *etw. n.*** ein Hindernis od. e-e (schwierige) Stelle bewältigen: *Das Pferd nahm die Hürden mit Leichtigkeit*; *Das Auto nahm die Kurve, die Steigung sehr schnell* **7 *etw. n.*** sich etw. als Beispiel vorstellen ⟨das Beispiel, den Fall n., dass ...⟩: *Nicht alle Vögel können fliegen - Nimm* (*z.B.*) *den Pinguin, der hat nicht einmal richtige Flügel* **8 *etw. n.*** *Mil* ≈ erobern, einnehmen ⟨e-e Festung, e-e Stadt n.⟩ **9 (*sich* (*Dat*)) *etw. n.*** etw. (er)greifen, um es zu haben: *Er nahm* (*sich*) *ein Stück Kuchen*; *Ich habe* (*mir*) *eine deiner Zigaretten genommen, ich hoffe, du hast nichts dagegen* **10 (*sich* (*Dat*)) *etw. n.*** von etw., *bes* worauf man ein Recht hat, Gebrauch machen ⟨(sich) Urlaub n.; frei n.⟩ **11 (*sich* (*Dat*)) *j-n n.*** j-m e-e Aufgabe geben u. ihn dafür bezahlen ⟨(sich) e-n Anwalt, e-e Putzfrau *usw* n.⟩ **12 *j-m j-n / etw. n.*** *geschr*; bewirken, dass j-d j-n / etw. nicht mehr hat ≈ j-m j-n / etw. wegnehmen: *e-m Kind das Spielzeug n.*; *Die Freundin hat ihr den Mann genommen* **13 *j-m etw. n.*** verhindern, dass j-d etw. hat ≈ j-m etw. verderben: *Geh da weg, du nimmst mir die Sicht*; *Der Regen nahm ihr die Freude am Fest* **14 *etw. von j-m n.*** j-n von etw. (Unangenehmem) befreien ↔ j-m etw. aufbürden ⟨die Angst, die Last, die Sorge von j-m n.⟩ **15 *etw. an sich*** (*Akk*) ***n.*** etw. bei sich aufbewahren: *Ich habe die Dokumente an mich genommen* **16 *etw. auf sich*** (*Akk*) ***n.*** etw. Unangenehmes freiwillig ertragen ⟨Verantwortung, Schuld auf sich n.⟩: *Er nahm e-n weiten Weg auf sich, um sie zu besuchen* **17 *j-n / etw. mit sich n.*** j-n / etw. dabei haben, wenn man irgendwohin geht od. fährt ≈mitnehmen: *Sie nahm ihren Hund mit sich in Urlaub* **18 *etw. zu sich n.*** *geschr*; etw. essen od. trinken: *e-n kleinen Imbiss zu sich n.* **19 *j-n zu sich n.*** j-n bei sich wohnen lassen ≈ aufnehmen: *Sie nahmen ein Kind aus dem Waisenhaus zu sich* **20 *j-n / etw. für j-n / etw. n.*** glauben, dass e-e Person / Sache e-e andere od. etw. Bestimmtes ist ≈ j-n / etw. für j-n / etw. halten: *Wir hatten ihn für e-n Einbrecher genommen* **21 *j-n / sich / etw. irgendwie n.*** j-n / sich / etw. in der beschriebenen Weise verstehen, behandeln: *e-e Bemerkung wörtlich n.*; *j-n ernst n.*; *Er fiel in der Prüfung durch, weil er sie zu leicht nahm* **22 *j-n zur Frau / zum Mann n.*** j-n heiraten **23 *j-n zu n. wissen*** verstehen, wie man j-n richtig behandelt: *Er weiß seine Angestellten zu n.* **24 *etw. als etw. n.*** etw. in der genannten Weise interpretieren: *Ich nehme es als gutes Zeichen*, dass *wir noch nichts von ihm gehört haben* **25** verwendet, um e-e Verbhandlung zu umschreiben; ***Abschied*** (***von j-m***) ***n.*** ≈ sich (von j-m) verabschieden; ⟨ein Recht⟩ ***in Anspruch n.*** ≈ es beanspruchen; ***ein Bad n.*** ≈ baden; ⟨e-e Maschine⟩ ***in Betrieb n.*** ≈ anfangen, sie zu betreiben; ***Einfluss auf j-n / etw. n.*** ≈ j-n / etw. beeinflussen; ***j-n / etw. in Empfang n.*** ≈ j-n / etw. empfangen; ***etw. nimmt kein Ende*** etw. endet nicht; ***etw. nimmt ein gutes Ende*** etw. endet gut; ***etw. in Produktion n.*** ≈ anfangen, etw. zu produzieren; ***Rache*** (***an j-m***) ***n.*** ≈ sich (an j-m) rächen || ID ***hart im Nehmen sein*** viel aushalten; ***sich*** (*Dat*) ***das Leben n.*** Selbstmord begehen; ***man nehme...*** *veraltend*; verwendet, um (Koch)Rezepte einzuleiten; ***sich*** (*Dat*) ***etw. nicht n. lassen*** darauf bestehen, etw. zu tun: *Er ließ* (es) *sich nicht n., die Gäste selbst* zu *begrüßen*; ***wie mans nimmt*** *gespr*; verwendet, um auszudrücken, dass man e-e Sache auch anders beurteilen kann: *„Er ist wohl sehr fleißig?" - „Wie mans nimmt"*; ***es mit etw.*** (***nicht so***) ***genau n.*** etw. (nicht) richtig, ordentlich, pünktlich *o.Ä.* machen: *Mit der Arbeitszeit nimmt sie es nicht so genau*; ***Woher n. u. nicht stehlen?*** *gespr*; verwendet, um auszudrücken, dass man etw. nicht hat u. auch nicht weiß, wie man es bekommen soll(te)

Neid *der*; -*(e)s*; *nur Sg*; **1** das Gefühl der Unzufriedenheit darüber, dass andere Leute etw. haben, das man selbst nicht hat, aber gern hätte ⟨der pure N.; etw. aus N. tun; N. empfinden⟩: *Er platzte fast vor N., als sie mit dem neuen Auto vorfuhr* **2 *vor N. grün werden / erblassen*** plötzlich starken N. (1) spüren || ID *mst* ***das muss ihm / ihr der N. lassen*** *gespr*; das muss man anerkennen, auch wenn man sonst Zweifel hat; (***Das ist nur***) ***der N. der Besitzlosen*** *gespr*, *oft hum*; verwendet als Antwort, wenn j-d sagt, dass ein anderer zu viel (von etw.) hat: *„Sie hat über deinen dicken Bauch gelacht." - „Na und? Da ist ja nur der N. der Besitzlosen!"* || *hierzu* **neid·er·füllt** *Adj*; **neid·los** *Adj*; **neid·voll** *Adj*; || NB: ↑ ***Missgunst***

nei·den; *neidete, hat geneidet*; Vt ***j-m etw. n.*** ein Gefühl der Unzufriedenheit haben, weil j-d etw. hat, das man selbst gern hätte ≈ j-m etw. missgönnen ↔ j-m etw. gönnen: *j-m den Erfolg n.* || *hierzu* **Nei·der** *der*; *-s*, -

Neid·ham·mel *der*; *gespr pej*; j-d, der voller Neid ist

nei·disch *Adj*; ***n.*** (***auf j-n / etw.***) ***sein*** Unzufriedenheit darüber empfinden, dass ein anderer etw. hat, das man selbst nicht hat, aber gern hätte

Nei·ge *die*; -; *nur Sg*, *geschr*; *mst in* **1 *etw. geht zur N.*** etw. ist bald fertig (aufgebraucht) od. zu Ende ⟨das Geld, ein Vorrat, das Wasser, der Urlaub, die Ferien⟩ **2 *etw. bis auf die / zur N. leeren*** etw. völlig austrinken ⟨ein Glas bis zur N. leeren⟩

nei·gen; *neigte, hat geneigt*; Vi **1 *zu etw. n.*** so sein, dass ein bestimmter Zustand leicht eintreten kann od. dass man etw. oft tut ⟨zu Depressionen, Erkältungen, Übertreibungen, Übergewicht n.⟩: *Eisen neigt* dazu, *schnell* zu *rosten* **2 *zu etw. n.*** e-e bestimmte Meinung e-r anderen vorziehen ≈ zu etw. tendieren: *Ich neige zu der Ansicht / Auffassung, dass er Recht hat*; *Er neigt* dazu, *das Projekt aufzugeben* || NB: ↑ ***geneigt***; Vt **3 *etw. n.*** etw. aus e-r senkrechten Lage in e-e schräge (Lage) bringen ↔ aufrichten ⟨den Kopf zur Seite, den Oberkörper nach vorn n.⟩; Vr **4 *sich irgendwohin n.*** den Oberkörper aus der senkrechten Lage in e-e schräge (Lage) bringen ≈ sich beugen ↔ sich aufrichten: *Er neigte sich über sein Buch*; *Sie neigte sich aus dem Fenster* **5 *etw. neigt sich*** (***irgendwohin***) etw. ändert seine senkrechte od. waagrechte Lage od. Richtung nach unten: *Unter der Last des Schnees neigten sich die Bäume*; *Das Segelboot neigte sich zur Seite, als es vom Wind erfasst wurde*

Nei·gung *die*; -, *-en*; **1** *mst Sg*; der Grad, in dem sich e-e Linie / Fläche senkt ≈ Gefälle ⟨etw. hat e-e leichte, starke N.⟩: *die sanfte N. e-s Hügels*; *Die N. der Straße beträgt zehn Grad* || K-: ***Neigungs-, -winkel*** **2 *e-e N.*** (***für etw.***) ein starkes Interesse (für etw.) ≈ Vorliebe: *j-s intellektuelle Neigungen fördern*; *Er hat e-e N. für moderne Kunst* **3 *die N.*** (***zu etw.***)

N

verwendet, um auszudrücken, dass j-d / etw. zu e-m bestimmten Zustand, Verhalten neigt (1) ≈ Veranlagung, Tendenz ⟨e-e krankhafte N.⟩ **4 *e-e* (*keine*) *N. haben* / *zeigen*** + ***zu*** + *Infinitiv*; (nicht) den Willen haben / zeigen, etw. zu tun: *Er zeigte keine N., sich bei der Arbeit anzustrengen*

nein *Partikel*; **1** *mst betont*; als Antwort verwendet, um auszudrücken, dass man e-e Bitte, Aufforderung *o.Ä.* ablehnt od. dass man e-r Aussage nicht zustimmt ↔ ja: *„Willst du noch ein Stück Kuchen?" „N. danke!"*; *„Bist du fertig?" - „N., noch nicht."*; *„Ich glaube, es regnet." - „N., da irrst du dich."* **2** *betont u. unbetont*; verwendet, um e-n Ausruf des Erstaunens einzuleiten: *N., dass es so etwas gibt!*; *N., wie schön!*; *O n., wie schrecklich!* **3** *betont u. unbetont*; verwendet, um e-e Aussage zu korrigieren od. genauer zu formulieren ≈ ja (7): *Das Wasser war angenehm warm, n., geradezu heiß*; *Das gefällt mir hundert-, n., tausendmal besser* **4** ***nein?*** *betont*; verwendet am Ende von verneinten (rhetorischen) Fragesätzen, wenn der Sprecher e-e Zustimmung erwartet ≈ nicht wahr, oder: *Du bist mir doch nicht mehr böse, n.?*

Nein *das*; *-(s)*; *nur Sg*; **1** die Antwort „nein" ⟨ein eindeutiges, klares N.; mit N. stimmen; bei seinem N. bleiben⟩ **2** (***zu etw.***) ***N.*** / ***nein sagen*** sagen, dass man etw. nicht will, etw. nicht akzeptiert ≈ ablehnen ↔ zustimmen: *Er hat ihr e-n Vorschlag gemacht, aber sie hat N. dazu gesagt*; *Wenn du mich so ansiehst, kann ich einfach nicht N. sagen* || NB: ↑ ***Ja***

Nein·sa·ger *der*; *-s, -*; *pej*; j-d, der Vorschläge immer od. immer wieder ablehnt ↔ Jasager

Nein·stim·me *die*; die Entscheidung gegen j-n / etw., die j-d bei e-r Wahl od. Abstimmung trifft: *Der Antrag wurde mit zwanzig Neinstimmen bei drei Jastimmen u. einer Enthaltung abgelehnt*

Nek·tar *der*; *-s*; *nur Sg*; **1** e-e süße Flüssigkeit, die Blüten produzieren: *Viele Insekten saugen N. aus den Blüten* **2** ein Getränk aus Früchten, die gepresst u. mit Wasser vermischt werden || -K: ***Frucht-, Orangen-, Pfirsich-***

Nek·ta·ri·ne *die*; *-, -n*; e-e süße Frucht, die aussieht wie ein Pfirsich mit glatter Haut

Nel·ke *die*; *-, -n*; **1** e-e (Garten)Blume, die *mst* sehr stark riecht u. weiße, rosa od. rote Blüten hat ⟨e-e N. im Knopfloch tragen⟩ || K-: ***Nelken-, -strauß*** **2** die getrocknete Blüte e-s tropischen Baumes, die man als Gewürz verwendet: *e-n Schweinebraten mit Nelken spicken* || -K: ***Gewürz-***

nen·nen; *nannte, hat genannt*; [Vt] **1** ***j-n*** / ***etw.*** + *Name* + ***n.*** j-m / etw. e-n bestimmten Namen geben: *Sie nannten ihre Tochter Christa*; *Er nennt seinen Hund Schnuffi* **2** ***j-n*** + *Name* + ***n.*** j-n mit e-m bestimmten Namen ansprechen ⟨j-n bei / mit seinem Vornamen, Nachnamen n.⟩: *Du kannst mich ruhig Robbi n., wie alle meine Freunde* **3** ***j-n*** / ***etw.*** + *Adj* / *Subst* + ***n.*** sagen, dass j-d / etw. e-e bestimmte Eigenschaft hat od. dass er etw. ist ≈ j-n / etw. als etw. bezeichnen: *Sie nannten ihn e-n Dummkopf*; *Das nenne ich ein schönes Fest*; *Fleißig kann man ihn nicht gerade n.* (= er ist ein bisschen faul) **4** (***j-m***) ***etw. n.*** (j-m) etw. sagen ↔ verschweigen: *Kannst du mir e-n Vogel mit sechs Buchstaben n.?*; *Der Mörder wollte die Gründe für seine Tat nicht n.*; [Vr] **5** ***sich*** + *Name* ***n.*** ≈ Name + heißen: *Und wie nennt sich eure Band?* **6** ***j-d*** / ***etw. nennt sich etw.*** *oft iron*; j-d / etw. hat e-n Namen, den er / es nicht verdient: *Jeden Tag Regen - das nennt sich nun Sommer!*; *Er nennt sich Künstler - warum, ist mir unverständlich* || NB: das Substantiv steht *mst* im Nominativ: *Und so was nennt sich mein Freund!* || ▸ ***so genannt***

nen·nens·wert *Adj*; so interessant od. wichtig, dass es sich lohnt, darüber zu sprechen ≈ erwähnenswert, besonder-: *Es gab keine nennenswerten Schwierigkeiten* || NB: *mst* verneint

Nen·ner *der*; *-s, -*; *Math*; die Zahl, die bei e-m Bruch unter dem Strich steht ↔ Zähler: *Der N. von ⅕ ist 5* || ID ***e-n gemeinsamen N. finden*** e-e Grundlage für ein Vorgehen *o.Ä.* finden, die für alle akzeptabel ist; ***etw. auf einen*** (***gemeinsamen***) ***N. bringen*** unterschiedliche Meinungen, Interessen *o.Ä.* einander näher bringen

Nenn·wert *der*; der (finanzielle) Wert, der auf Münzen, Geldscheinen od. Wertpapieren genannt ist. Dieser Wert kann (*z.B.* bei Aktien) höher od. niedriger sein als die Summe, die man dafür zahlt ↔ Kurswert ⟨der N. e-r Aktie, e-r Briefmarke, e-s Wertpapiers⟩: *Bei der Auktion wurde e-e Briefmarke mit e-m N. von 30 Pfennig für 5000 Euro versteigert*

Ne·o·fa·schis·mus *der*; e-e (politische) Bewegung (nach dem 2. Weltkrieg) mit den Ideen des Faschismus || *hierzu* **Ne·o·fa·schist** *der*; **ne·o·fa·schis·tisch** *Adj*

Ne·o·klas·si·zis·mus *der*; ein Baustil des 20. Jahrhunderts, bei dem antike griechische u. römische Elemente (*z.B.* Säulen) als Vorbild dienen || *hierzu* **ne·o·klas·si·zis·tisch** *Adj*

Ne·o·lo·gis·mus *der*; *-, Ne·o·lo·gis·men*; *Ling*; ein neues Wort (od. ein Wort mit e-r neuen Bedeutung)

Ne·on *das*; *-s*; *nur Sg*; ein Gas, mit dem man Leuchtröhren füllt u. Licht erzeugt; *Chem* Ne || K-: ***Neon-, -lampe, -licht, -reklame, -röhre***

Ne·o·na·zis·mus *der*; e-e (politische) Bewegung nach dem 2. Weltkrieg mit den Ideen des Nationalsozialismus || *hierzu* **Ne·o·na·zi** *der*; **ne·o·na·zis·tisch** *Adj*

Ne·on·far·be *die*; *-, -n*; *mst Pl*; sehr bunte Farben, die auffällig stark leuchten: *modische Kleidung in Neonfarben*

nep·pen; *neppte, hat geneppt*; [Vt] ***j-n n.*** *gespr pej*; zu viel Geld von j-m für e-e Ware od. e-e Leistung verlangen || *hierzu* **Nepp** *der*; *-s*; *nur Sg*

Nerv [-f] *der*; *-s, -en*; **1** e-e Art Faser (1) im Körper, die die Informationen zwischen den einzelnen Teilen des Körpers u. dem Gehirn leitet ⟨den N. e-s Zahnes abtöten, betäuben, ziehen⟩ || K-: ***Nerven-, -entzündung, -gift, -schmerz, -strang, -system, -zelle*** || -K: ***Geruchs-, Geschmacks-, Hör-, Seh-; Zahn-*** **2** *nur Pl*; die seelische Verfassung ⟨gute, schlechte, schwache Nerven haben; Nerven aus Stahl, wie Drahtseile haben (= psychisch sehr belastbar sein); j-s Nerven sind zum Zerreißen gespannt, halten etw. nicht aus, versagen; die Nerven behalten, verlieren; mit den Nerven herunter, am Ende, fertig sein⟩: *Als Dompteur im Zirkus braucht man starke Nerven* || K-: ***Nerven-, -belastung, -kraft, -probe, -zusammenbruch***; ***nerven-, -beruhigend, -schwach, -stark*** || ID ***j-m auf die Nerven gehen*** / ***fallen***; ***j-m den*** (***letzten***) ***N. töten*** *gespr*; j-n sehr stören ≈ j-m lästig sein; ***e-n empfindlichen N. treffen*** etw. tun od. sagen, was der Betroffene als schlimm empfindet; ***den N. haben*** + ***zu*** + *Infinitiv* *gespr*; so mutig / frech sein, etw. zu tun; *mst* ***Du hast*** (***vielleicht***) ***Nerven!*** *gespr*; verwendet, um auszudrücken, dass man das, was ein anderer tut od. sagt, als frech od. unverschämt betrachtet; ***Nerven zeigen*** die Konzentration, die Beherrschung od. die Kontrolle über sich selbst (allmählich) verlieren; ***j-m gehen die Nerven durch*** j-d tut od. sagt etw., das unvernünftig od. aggressiv ist || ▸ ***entnervt***

ner·ven [-f-]; *nervte, hat genervt*; *gespr*; [Vt/i] **1** ***j-d*** / ***etw. nervt*** (***j-n***) j-d / etw. stört j-n sehr ≈ j-d / etw. fällt j-m auf die Nerven: *Die Musik nervt mich, mach sie bitte aus*; [Vt] **2** ***j-n*** (***mit etw.***) ***n.*** j-n so lange fragen od. um etw. bitten, bis er ärgerlich wird: *Allmählich nervt er mich mit seinen vielen Fragen*

Ner·ven·arzt *der*; **1** ein Arzt mit e-r (Spezial)Ausbildung für Krankheiten der Nerven (1) ≈ Neurologe **2** *gespr*; ein Arzt mit e-r (Spezial)Ausbildung für psychische Krankheiten ≈ Psychiater

ner·ven·auf·rei·bend *Adj*; psychisch anstrengend ⟨ein Job⟩

Ner·ven·bün·del *das*; *gespr*; j-d, der sehr nervös ist ⟨das reinste N., nur noch ein N. sein⟩

Ner·ven·heil·an·stalt *die*; *geschr* ≈ Nervenklinik

Ner·ven·kit·zel *der*; *gespr*; das (für manche Menschen) angenehme Gefühl in e-r gefährlichen od. spannenden Situation: *Er sucht die Gefahr - offensichtlich reizt ihn der N. dabei*

Ner·ven·kli·nik *die*; e-e Klinik für psychische Krankheiten

Ner·ven·kos·tüm *das*; *gespr hum*; j-s psychischer Zustand in Bezug darauf, wieviel Ärger und Aufregungen er ertragen kann ⟨ein dünnes, schwaches, starkes N. haben⟩

ner·ven·krank *Adj*; *nicht adv*; **1** an den Nerven krank (geworden) **2** *gespr*; psychisch krank || *hierzu* **Ner·ven·krank·heit** *die*

Ner·ven·krieg *der*; e-e Situation, in der beide Gegner psychologische Druckmittel (*z.B.* Mittel der Propaganda) benutzen, um den anderen zu verunsichern: *Die Scheidung war der reinste N.*

Ner·ven·lei·den *das* ≈ Nervenkrankheit

Ner·ven·sä·ge *die*; *gespr pej*; j-d, der durch sein Verhalten andere Leute immer wieder stört ≈ Quälgeist

Ner·ven|zu·sam·men·bruch *der*; der Vorgang, bei dem j-s Nerven versagen, weil er körperlich, geistig od. seelisch sehr große Probleme hat ⟨e-n N. bekommen, haben, erleiden⟩

nerv·lich *Adj*; *nur attr od adv*; in Bezug auf die Nerven (2) ⟨e-e Anstrengung, e-e Belastung; etw. ist n. bedingt⟩

ner·vös [-v-] *Adj*; **1** (wegen e-r starken psychischen Belastung) voller innerer Unruhe od. Anspannung ↔ ruhig, gelassen ⟨e-e Gereiztheit; etw. macht j-n n.⟩: *n. e-e Zigarette nach der anderen rauchen / mit dem Schlüsselbund spielen*; *In der Prüfung machte er e-n nervösen Eindruck* **2** in Bezug auf die Nerven (1) ⟨e-e Störung, Zuckungen⟩ || *zu* **1 Ner·vo·si·tät** *die*; *nur Sg*

nerv·tö·tend *Adj*; *gespr*; ⟨Lärm, Geschrei, Geschwätz⟩ so, dass sie j-n sehr belästigen od. sehr nervös machen: *Dieser Mensch ist einfach n.*

Nerz *der*; *-es, -e*; **1** ein kleines Tier (ähnlich e-m Marder) mit *mst* braunem, wertvollem Fell **2** das Fell des Nerzes (1) **3** ein Mantel *o.Ä.* aus dem Fell des Nerzes (1) ⟨e-n N. tragen⟩ || K-: ***Nerz-, -jacke, -kragen, -mantel***

Nes·ca·fé® *der*; *-s, -s*; ein Kaffee in der Form von Pulver, der sich in heißem Wasser auflöst || NB: als Plural wird *mst zwei, drei usw* (*Tassen*) *Nescafé* verwendet

Nes·sel *die*; *-, -n*; *Kurzw* ↑ ***Brennnessel*** || ID ***sich*** (***mit etw.***) ***in die Nesseln setzen*** *gespr*; durch e-e Tat od. e-e Äußerung in e-e unangenehme Situation kommen; ***wie auf Nesseln sitzen*** *gespr*; sehr unruhig sein

Nes·sel·fie·ber *das*; e-e allergische Reaktion, bei der man Fieber hat, rote Flecken bekommt u. die Haut juckt

Nest *das*; *-(e)s, -er*; **1** der Platz, an den ein Vogel seine Eier legt u. wo er sie ausbrütet ⟨ein Vogel sitzt in / auf dem N., verlässt das N.; ein N. ausnehmen, ausräubern⟩: *Die Schwalbe baut ihr N. aus Lehm*; *Der Spatz hat sein N. in der Hecke* || -K: ***Vogel-; Amsel-, Schwalben-, Storchen-*** *usw* **2** e-e Art kleine Höhle, die Insekten, Mäuse *usw* bauen od. graben, um dort zu leben || -K: ***Eichhörnchen-, Mäuse-, Schlangen-, Wespen-*** **3** *gespr pej*; ein (kleiner) Ort, in dem es langweilig ist ≈ Kaff || -K: ***Dreck(s)-, Provinz-*** **4** der Ort, an dem sich *bes* Verbrecher verstecken ≈ Schlupfwinkel ⟨ein N. von Räubern, Schmugglern ausheben (= sie entdecken u. verhaften)⟩ || -K: ***Agenten-, Diebes-*** || ID ***sich ins warme / gemachte N. setzen*** *mst* ohne große Anstrengung (*z.B.* durch Heirat) in e-e Situation kommen, in der es einem gut geht od. man leicht Erfolg hat; ***das eigene N. beschmutzen*** schlecht über die eigene Familie, das eigene Land *o.Ä.* reden || ► ***nisten***

Nest·be·schmut·zer *der*; *-s, -*; *pej*; j-d, der schlecht über das eigene Land *o.Ä.* spricht

nes·teln; *nestelte, hat genestelt*; [Vi] ***an etw.*** (*Dat*) ***n.*** (ungeschickt) mit den Fingern versuchen, etw. zu öffnen od. zu lösen ≈ an etw. fingern ⟨an der Krawatte, an den Knöpfen, am Reißverschluss n.⟩

Nest·häk·chen *das*, *-s, -*; das (*mst* verwöhnte) jüngste Kind in e-r Familie

Nest·wär·me *die*; das angenehme Gefühl, das ein Kind hat, wenn die Eltern es lieben u. für es sorgen: *Kinder brauchen N.*

nett[1], *netter, nettest-*; *Adj*; **1** im Verhalten freundlich u. angenehm ≈ lieb, sympathisch ⟨ein Mensch, ein Junge, ein Mädchen; n. zu j-m sein; etw. Nettes sagen⟩: *Es war n. von dir, mich zu besuchen / dass du mich besucht hast*; *Würden Sie so n. sein u. das Fenster schließen?* **2** so, dass es angenehm wirkt ≈ ansprechend, hübsch ⟨n. aussehen; sich n. anziehen; etw. n. herrichten⟩: *Durch die hellen Möbel u. die Blumen ist das Zimmer ganz n. geworden* || NB: Wie viele andere Adjektive mit positiver Bedeutung, wird *nett* auch ironisch mit negativer Bedeutung verwendet: *„Er hat dir 100 Euro geklaut? - Das ist ja ein netter Freund!"*

nett[2] *Adv*; *gespr*; *mst in* **ganz n.** ≈ ganz schön, ziemlich: *Bei der Kälte haben wir ganz n. gefroren*; *Wir mussten uns ganz n. anstrengen*

net·ter·wei·se *Adv*; aus Freundlichkeit ≈ liebenswürdigerweise: *Er hat mir n. sein Auto geliehen*

Net·tig·keit *die*; *-, -en*; *mst Pl*; höfliche od. freundliche Worte ≈ Kompliment ⟨j-m ein paar Nettigkeiten sagen⟩

net·to *Adv*; **1** ohne die Verpackung ↔ brutto: *Der Inhalt dieser Dose wiegt 250g n. / n. 250g* || K-: ***Netto-, -gewicht*** **2** (von Löhnen, Gehältern *o.Ä.*) nachdem Steuern od. andere Kosten abgezogen sind ↔ brutto: *Er verdient 1600 Euro n. im Monat / Er verdient n. 1600 Euro* || K-: ***Netto-, -betrag, -einkommen, -einkünfte, -einnahmen, -ertrag, -gehalt, -gewinn, -lohn, -preis, -verdienst***

Netz[1] *das*; *-es, -e*; **1** ein (elastisches) Material (Gewebe) aus Fäden, Seilen, Drähten *o.Ä.*, die miteinander verknüpft sind ⟨ein feines, weit-, grobmaschiges N.; ein N. knüpfen, flicken, ausbessern⟩ **2** ein N.[1] (1), mit dem man *bes* Fische fängt ⟨die Netze auswerfen, einholen; mit e-m N., im N. Fische fangen; die Fische gehen ins N.⟩ || -K: ***Fisch(er)-, Vogel-*** **3** *Sport*; ein N.[1] (1), das (*z.B.* im Tennis od. Volleyball) das Spielfeld in zwei Teile trennt od. (*z.B.* beim Fußball) e-n Teil des Tors bildet ⟨das N. spannen; den Ball über das N. / ins N. schlagen; ins N. schießen; am N. stehen; das N. berühren⟩ || -K: ***(Tisch)Tennis-, Tor-, Volleyball-*** **4** ein N.[1] (1), in dem man Dinge transportiert od. etw. (*z.B.* Gepäck) aufbewahrt: *die Waren ins N. packen* || -K: ***Einkaufs-, Gepäck-*** **5** ein N.[1] (1), das j-n (vor etw.) schützt: *Die Artisten arbeiten mit / ohne N.*; *sein Bett mit e-m N. umhüllen, um die Moskitos fern zu halten*

N

|| -K: ***Fliegen-, Moskito-*** **6** ein N.[1] (1), das man über den Haaren trägt, damit die Frisur ordentlich bleibt || -K: ***Haar-*** **7** ein N.[1] (1), das e-e Spinne macht, um kleine Tiere zu fangen ⟨die Spinne macht, spinnt ein N., sitzt im N.⟩ || -K: ***Spinnen-*** || ID ***j-m ins N. / in j-s N. gehen*** *gespr*; von j-m gefangen werden || NB: ↑ ***Sieb, Gitter*** || *zu* **1 nẹtz·ar·tig** *Adj*; **nẹtz·för·mig** *Adj*

Nẹtz[2] *das*; *-es, -e*; **1** ein System (*bes* von Straßen, Schienen, Kanälen *o.Ä.*), durch das Menschen u. Waren (einfach u. schnell) in viele Richtungen u. an viele Orte kommen können: *Deutschland hat ein gut ausgebautes N. von Autobahnen* || -K: ***Autobahn-, Bahn-, Eisenbahn-, Flug-, Kanal-, Kanalisations-, Omnibus-, Schienen-, Straßen-, Straßenbahn-, Transport-, Verkehrs-*** **2** ein System (von Apparaten u. Leitungen), mit dem man Gas, elektrischen Strom, Nachrichten *o.Ä.* verteilt u. transportiert ⟨ein Haus, ein Gerät an das (öffentliche) N. anschließen; das N. überlasten, stark belasten⟩ || -K: ***Computer-, Fernmelde-, Fernschreib-, Fernseh-, Fernsprech-, Kabel-, Nachrichten-, Rundfunk-, Strom-, Telefon-, Telegrafen-*** **3** e-e Gruppe von Personen od. Institutionen, die an verschiedenen Orten arbeiten, aber miteinander durch die Organisation verbunden sind || -K: ***Handels-, Spionage-, Tankstellen-, Verkaufs-*** **4 *das soziale N.*** ein System von sozialen Hilfen, das der Bevölkerung e-n bestimmten Lebensstandard garantieren soll **5 *ein N. von*** ⟨Lügen, Intrigen *o.Ä.*⟩ viele Lügen, Intrigen *o.Ä.*, die miteinander verbunden sind: *sich in e-m N. / in ein N. von Widersprüchen verstricken* || ▶ ***vernetzen***

Nẹtz·an·schluss *der*; **1** die Vorrichtung für den Anschluss ans Stromnetz **2** die Möglichkeit, ein elektrisches Gerät (durch e-e Leitung) mit Strom zu versorgen

Nẹtz·ge·rät *das*; ein Gerät, das den elektrischen Strom aus dem normalen Stromnetz so verändert, dass man e-e Maschine damit betreiben kann

Nẹtz·haut *die*; die Schicht des (menschlichen) Auges, die für das Licht empfindlich ist || ↑ *Abb. unter* ***Auge*** || K-: ***Netzhaut-, -ablösung, -entzündung***

Nẹtz·kar·te *die*; e-e Fahrkarte für Zug, Bus u. Straßenbahn, mit der man in e-m bestimmten Gebiet so oft fahren kann, wie man will

Nẹtz·werk *das* ≈ Netz[2] (1,2): *ein N. von Wasserstraßen u. Schleusen* || K-: ***Netzwerk-, -computer, -zugang*** || -K: ***Computer-, Service-***

neu *Adj*; **1** *nicht adv*; erst seit kurzer Zeit (für j-n) vorhanden od. vor kurzer Zeit hergestellt ↔ alt: *e-e neue Methode ausprobieren*; *e-e neue Straße bauen*; *den Park neu gestalten*; *Dieses Haus ist neu, letztes Jahr war es noch nicht da* || K-: ***Neu-, -anfertigung, -anschaffung, -erwerb, -eröffnung, -gründung***; ***neu erbaut, eröffnet, geschaffen*** **2** *ohne Steigerung*; von niemandem vorher benutzt od. besessen ↔ gebraucht ⟨etw. ist so gut wie neu; etw. sieht n. aus⟩: *Die Autos, die ich bis jetzt hatte, waren nie neu, sondern immer gebraucht* || K-: ***Neu-, -wagen*** || NB: *zu* **1** u. **2**: um *neu* zu verstärken, verwendet man (in der gesprochenen Sprache) *nagelneu, brandneu* **3** *mst attr* ≈ sauber, frisch: *nach dem Duschen ein neues Hemd anziehen* **4** *nicht adv*; (aktuell u.) vorher nicht bekannt ⟨e-e Entdeckung, e-e Erfindung, Erkenntnisse; e-n neuen Stern entdecken⟩ || K-: ***Neu-, -entdeckung*** **5 *etw. ist j-m neu*** j-d hat von etw. noch nichts gewusst: *Dass wir kein Geld mehr auf dem Konto haben, ist mir neu* **6** nicht lange zurückliegend, in letzter Zeit geschehen u. noch aktuell ⟨in neuerer, neuester Zeit; etw. ist neueren Datums; die neuesten Nachrichten, Ereignisse, Meldungen; die neuere Literatur; etw., nichts Neues wissen, hören, erfahren; was gibt es Neues?⟩: *„Weißt du schon das Neueste? - Gabi hat gestern ein Baby bekommen"* || K-: ***neu vermählt*** **7** *nicht adv*; aus der Ernte dieses Jahres ↔ alt ⟨Kartoffeln⟩ **8** erst seit kurzer Zeit bekannt bzw. an e-m bestimmten Ort od. in e-r bestimmten Position ⟨neu in e-m Betrieb, in e-r Stadt sein; die Freundin, Bekannte⟩: *Der Neue macht seine Arbeit gut, obwohl er erst seit zwei Wochen bei uns arbeitet* || K-: ***Neu-, -ankömmling*** **9 *seit neuestem*** seit sehr kurzer Zeit ≈ seit kurzem, neuerdings || ▶ ***erneuern, erneut*** **10** *nur adv*; noch einmal u. dabei anders als vorher ⟨etw. neu überarbeiten, formulieren, schreiben⟩ || K-: ***Neu-, -bearbeitung, -gestaltung, -ordnung***

> **neu ge·ba·cke·n-** *Adj*; *nur attr, nicht adv, gespr*; gerade erst in dieser Rolle, in diesem Beruf *o.Ä.* ⟨ein Ehemann, ein Doktor⟩

neu·ar·tig *Adj*; erst in der letzten Zeit erfunden od. bekannt geworden (u. deshalb bemerkenswert) ⟨e-e Methode, ein Mittel, ein Verfahren⟩ || *hierzu* **Neu·ar·tig·keit** *die*; *nur Sg*

Neu|auf·la·ge *die*; **1** der neue (*mst* etwas veränderte) Druck e-s Buchs ⟨e-e N. herausbringen; etw. erscheint in e-r N.⟩ || NB: ↑ ***Nachdruck*** **2** etw., das neu sein soll, aber eigentlich nur e-e Wiederholung von etw. ist, das vorher bereits da war: *Seine Ideen sind nur e-e N. von dem, was schon Freud gesagt hat*

Neu·bau *der*; *-s, Neu·bau·ten*; **1** *nur Sg*; das Bauen e-s Hauses, *bes* wenn es ein altes ersetzt: *In der Gemeinde wird über den N. des Krankenhauses diskutiert* **2** ein Haus, das erst vor kurzem gebaut worden ist ↔ Altbau ⟨in e-m N. wohnen⟩ || K-: ***Neubau-, -wohnung***

Neu·bil·dung *die*; **1** ein Vorgang, bei dem etw. Neues entsteht od. anders zusammengesetzt ist als vorher ⟨die N. von Gewebe, Zellen, Wörtern; die N. der Regierung⟩ **2** das Resultat e-s solchen Vorgangs

neu·er·dings *Adj*; **1** seit kurzer Zeit, in letzter Zeit ≈ seit neuestem: *N. gibt es Überlegungen, die Geschäfte am Abend länger offen zu lassen* **2** *südd* Ⓐ Ⓒⓗ ≈ wieder, noch einmal

Neu·e·rer *der*; *-s, -*; j-d, der versucht, bestimmte Dinge zu verändern u. sie so moderner zu machen

neu·er·lich *Adj*; *nur attr od adv*; (nach e-r Pause od. Unterbrechung) erneut ⟨e-n neuerlichen Anlauf nehmen (etw. zu tun); etw. n. versuchen⟩

Neu·er·schei·nung *die*; etw. (*mst* ein Buch od. e-e Schallplatte), das vor kurzem auf den Markt gekommen ist od. bald kommen wird ⟨e-e N. ankündigen⟩: *ein Buchprospekt mit allen Neuerscheinungen der letzten drei Monate*

Neu·e·rung *die*; *-, -en*; e-e Veränderung, die etw. Neues an die Stelle von etw. bringt, das es vorher gegeben hat: *In diesem Jahr wurden in unserem Betrieb verschiedene Neuerungen eingeführt*

neu·ge·bo·ren *Adj*; *mst attr, ohne Steigerung*; **1** vor kurzem auf die Welt gekommen ⟨ein Kind⟩ **2 *wie n.*** frisch u. voller Energie: *Nach der Sauna fühle ich mich immer wie n.*

Neu·gier, **Neu·gier·de** *die*; *-*; *nur Sg*; ***die N.*** (***auf j-n / etw.***) der Wunsch, etw. Bestimmtes zu wissen, kennen zu lernen od. zu erfahren ⟨e-e lebhafte, brennende N.; vor N. brennen, platzen; etw. aus reiner, purer N. tun; etw. weckt, erregt j-s N.; seine N. befriedigen, zähmen, zügeln; von N. gepackt werden⟩

neu·gie·rig *Adj*; ***n.*** (***auf j-n / etw.***) voller Neugier ↔ ohne Interesse: *ein neugieriges Kind*; *Ich bin n.*, ob *du das schaffst*; *Jetzt bin ich aber n.*, wie *du das Problem lösen willst*; *Ich bin n.* darauf, was *er sagen wird*

Neu·heit *die*; -, *-en*; **1** etw., *bes* ein Produkt, das neu ist (u. erst seit kurzem auf dem Markt) ≈ Novum: *Vor einigen Jahren waren die Mountainbikes e-e echte N.* || -K: ***Welt-*** || NB: ↑ ***Neuigkeit*** **2** *nur Sg*; das Neusein ⟨der Reiz der N.⟩

neu|hoch·deutsch *Adj*; deutsch, wie es ca. seit dem 17. Jahrhundert gesprochen u. geschrieben wird || *hierzu* **Neu|hoch·deutsch** *das*; **Neu|hoch·deut·sche** *das*; *nur mit dem bestimmten Artikel*

Neu·ig·keit *die*; -, *-en*; e-e Information od. Nachricht, die neu (6) ist (u. von der nur wenige Menschen etw. wissen) ⟨(interessante) Neuigkeiten haben, erzählen, wissen, erfahren, verbreiten⟩

Neu·jahr, *auch* **Neu·jahr** *das*; *nur Sg*; **1** der erste Tag des neuen Jahres (der in vielen Ländern ein Feiertag ist) ⟨N. feiern; j-m zu N. Glück wünschen⟩ || K-: ***Neujahrs-, -empfang, -fest, -grüße, -morgen, -tag*** **2** ***Prosit N.!*** verwendet, um j-m bei e-m Glas Sekt, Wein *o.Ä.* zu Beginn des neuen Jahres alles Gute zu wünschen

Neu·land *das*; *nur Sg*; **1** (*bes* in der Forschung) ein Gebiet, über das man noch nichts weiß ⟨N. entdecken, erforschen, betreten; etw. ist N. für j-n⟩ **2** ein Stück Land, auf dem es erst seit kurzem möglich ist, zu wohnen od. etw. anzubauen ⟨N. gewinnen⟩ || K-: ***Neuland-, -gewinnung***

neu·lich *Adv*; zu e-m Zeitpunkt, der noch nicht weit in der Vergangenheit liegt ≈ vor kurzem, kürzlich ↔ vor langer Zeit: *Ich habe ihn n. gesehen*

Neu·ling *der*; *-s*, *-e*; j-d, der erst seit kurzer Zeit in e-r Gruppe ist od. erst beginnt, sich mit etw. zu beschäftigen ≈ Anfänger: *e-n N. im Betrieb haben*

neu·mo·disch *Adj*; *gespr pej*; modern, aber nicht nach dem Geschmack des Sprechers ↔ altmodisch: *Dieses neumodische Plastikzeug taugt nichts*

Neu·mond *der*; *nur Sg*; die Zeit, in der man den Mond nicht sehen kann, weil er zwischen Sonne u. Erde steht || NB: ↑ ***Halbmond***, ***Vollmond***

neun *Zahladj*; **1** (als Ziffer) 9; ↑ ***Anhang*** (4) || NB: Gebrauch ↑ *Beispiele unter* **vier** **2** ***alle neun(e)!*** verwendet, wenn beim Kegeln alle 9 Kegel auf einmal fallen || ID ***Ach, du 'grüne Neune!*** *gespr*; verwendet, um Überraschung od. Erschrecken auszudrücken

Neun *die*; -, *-en*; **1** die Zahl 9 **2** j-d / etw. mit der Nummer 9

Neu·ner *der*; *-s*, -; *gespr*; **1** die Ziffer 9 **2** etw., das mit der Zahl 9 bezeichnet wird, *mst* ein Bus

neun·hun·dert *Zahladj*; (als Zahl) 900

neun·mal|klug *Adj*; *pej*; **1** ⟨ein Kind, ein Kerl⟩ so, dass sie glauben, alles besser zu wissen als andere ≈ besserwisserisch **2** ***neunmalkluges Gerede*** Äußerungen von j-m, der alles besser zu wissen glaubt

neunt *nur in* ***zu n.*** mit insgesamt 9 Personen

neun·t- *Zahladj*, *nur attr*, *nicht adv*; **1** in e-r Reihenfolge an der Stelle neun ≈ 9. || Gebrauch ↑ *Beispiele unter* ***viert-*** **2** ***der neunte Teil*** (***von etw.***) ≈ 1/9

neun·tau·send *Zahladj*; (als Zahl) 9000

neun·tel *Adj*; *nur attr*, *indeklinabel*, *nicht adv*; den 9. Teil von etw. bildend ≈ 1/9

Neun·tel *das*; *-s*, -; der 9. Teil (1/9) von etw.

neun·tens *Adv*; verwendet bei e-r Aufzählung, um anzuzeigen, dass etw. an 9. Stelle kommt

neun·zehn *Zahladj*; (als Zahl) 19; ↑ ***Anhang*** (4)

neun·zehn·t- *Zahladj*, *nur attr*, *nicht adv*; **1** in e-r Reihenfolge an der Stelle 19 ≈19. **2** ***der neunzehnte Teil*** (***von etw.***) ≈ 1/19

neun·zig *Zahladj*; **1** (als Zahl) 90; ↑ ***Anhang*** (4) **2** ***Anfang, Mitte, Ende n. sein*** ungefähr 90 bis 93, 94 bis 96, 97 bis 99 Jahre alt sein

Neun·zig *die*; -, *-en*; *mst Sg*; **1** die Zahl 90 **2** j-d / etw. mit der Zahl / Nummer 90

neun·zi·ger *Adj*; *nur attr*, *indeklinabel*, *nicht adv*; die zehn Jahre (e-s Jahrhunderts od. Menschenlebens) von 90 bis 99 betreffend: *e-e Frau in den / ihren Neunzigern*; *in den n. Jahren des vorigen Jahrhunderts* || K-: ***Neunziger-, -jahre***

Neu·ral·gie *die*; -, *-n* [-'giːən]; *Med*; starke Schmerzen in den Nerven, die plötzlich u. oft unerwartet kommen

neu·ral·gisch *Adj*; **1** *Med*; von e-r Neuralgie verursacht od. für sie typisch ⟨Schmerzen⟩ **2** ***der neuralgische Punkt*** ein Punkt (*z.B.* im Verkehrsnetz), bei dem oft Störungen vorkommen, od. ein Thema *o.Ä.*, bei dem j-d empfindlich reagiert ≈ Schwachpunkt, Schwachstelle: *Mach dich nicht über seine politischen Ansichten lustig, das ist sein neuralgischer Punkt*

neu·reich *Adj*; *nicht adv*, *pej*; in kurzer Zeit reich geworden u. bestrebt, den Reichtum (auf unangenehme Art) zu zeigen ⟨Leute⟩ || *hierzu* **Neu·rei·che** *der / die*

Neu·ro·lo·gie *die*; -; *nur Sg*; das Gebiet der Medizin, das sich mit dem Nervensystem u. seinen Krankheiten beschäftigt || *hierzu* **Neu·ro·lo·ge** *der*; *-n*, *-n*; **neu·ro·lo·gisch** *Adj*

Neu·ro·se *die*; -, *-n*; e-e psychische (u. oft auch körperliche) Störung, die ihre Ursache *mst* darin hat, dass man (als Kind) schlimme Erlebnisse hatte u. mit ihnen nicht zurechtgekommen ist

Neu·ro·ti·ker *der*; *-s*, -; j-d, der nicht normal reagiert od. seltsame Dinge tut, weil er e-e Neurose hat: *Er ist ein richtiger N. - Er wäscht sich dauernd die Hände, weil er Angst hat, sich anzustecken*

neu·ro·tisch *Adj*; (aufgrund e-r Neurose) nicht normal: *Sie hat e-n neurotischen Drang zur Sauberkeit*; *Er hat e-n neurotischen Hund*

Neu·schnee *der*; der Schnee, der frisch gefallen ist: *In den Bergen gibt es fast 30cm N.*

neut·ral *Adj*; **1** weder für noch gegen einen der Gegner in e-m Streit ≈ unparteiisch ↔ parteiisch ⟨ein Beobachter, ein Bericht; n. bleiben, sich n. verhalten⟩ **2** ⟨ein Land, ein Staat⟩ so, dass sie in e-m Krieg keiner Seite helfen: *die neutrale Schweiz* **3** ⟨ein Ort, ein Gebiet, ein Gewässer⟩ so, dass sie keinem der Gegner in e-m Streit gehören **4** so, dass dabei keine starken Emotionen entstehen ⟨ein Gespräch in neutrale Bahnen, auf ein neutrales Thema lenken⟩ **5** ohne besondere (auffällige) Eigenschaften (u. deshalb mit verschiedenen Dingen kombinierbar) ≈ unaufdringlich ⟨e-e Farbe; geschmacklich / im Geschmack n.⟩ **6** ***ein neutrales Blatt Papier*** ein weißes Blatt Papier ohne Zeilen od. Kästchen u. ohne Beschriftung

-neut·ral *im Adj*, *wenig produktiv*; **1** von der genannten Sache nicht abhängig od. daran orientiert ↔ -orientiert, -spezifisch; ***geschlechtsneutral*** ⟨e-e Erziehung⟩, ***leistungsneutral*** ⟨ein Einkommen⟩ **2** ohne die genannte Sache (in hohem Maße) zu haben ↔ -intensiv; ***geruchsneutral*** ⟨e-e Seife⟩, ***geschmacksneutral*** ⟨ein Salatöl, ein Speiseöl⟩, ***kostenneutral*** ⟨e-e Neuerung⟩

neut·ra·li·sie·ren; *neutralisierte*, *hat neutralisiert*; [Vt] ***etw.*** (***durch / mit etw.***) ***n.*** e-r Sache die (oft negative) Wirkung nehmen ≈ ausgleichen: *ein Gift mit e-m Gegengift n.* || *hierzu* **Neut·ra·li·sie·rung** *die*; **Neut·ra·li·sa·ti·on** *die*

Neut·ra·li·tät *die*; -; *nur Sg*; **1** der Status e-s Landes, das neutral (2) ist ⟨die N. e-s Landes garantieren, respektieren, verletzen; ein Land wahrt, erklärt seine N.⟩: *Österreich hat sich zur ständigen N. verpflichtet* || K-: ***Neutralitäts-, -bruch, -erklärung, -politik, -verletzung*** **2** ***N.*** (***gegenüber etw.***) ein

Verhalten od. e-e Einstellung, bei der man versucht, objektiv zu bleiben

Neut·ro·nen·bom·be *die*; e-e Bombe, die Lebewesen tötet, aber Dinge nur wenig od. gar nicht beschädigt

Neu·wert *der*; der Wert, den ein Gegenstand hat, bevor er das erste Mal gebraucht wird ⟨der N. e-s Autos⟩

neu·wer·tig *Adj*; gebraucht, aber noch fast neu ⟨ein Auto, ein Fahrrad⟩

Neu·zeit *die*; *nur Sg*; die Epoche in der Geschichte, die im 16. Jahrhundert beginnt u. in der wir jetzt leben ↔ Mittelalter, Altertum || *hierzu* **neu·zeit·lich** *Adj*; *mst attr*

Neu·zu·las·sung *die*; **1** die erste Anmeldung e-s neuen Autos bei e-r Behörde **2** ein neues Auto, das zum ersten Mal angemeldet wird od. worden ist: *In diesem Jahr gibt es mehr Neuzulassungen als im Vorjahr*

nicht[1] *Partikel*; *betont u. unbetont*; **1** verwendet, um e-e verneinte Aussage zu machen: *Schnee ist n. schwarz, sondern weiß*; *Er kommt n. mit, er bleibt lieber zu Hause*; *Warum hast du n. gesagt, dass du keine Pilze magst?* **2** verwendet zur Verneinung anstelle e-s ganzen Ausdrucks ↔ schon[2] (1): *„Meinst du, dass sie noch kommen werden?" - „Ich glaube n."*; *Schau, ob du Blumen bekommen kannst, wenn n., dann kaufst du e-e Flasche Wein*; *Fährst du jetzt mit oder n.?*; *„Wer mag ein Stück Kuchen?" - „Ich n."* **3** verwendet vor Wörtern mit negativer Bedeutung (*bes* vor Adjektiven mit *un-*), um etwas vorsichtig auszudrücken: *Die Bedienung war n. unfreundlich* (≈ sie war aber auch nicht freundlich); *Der Aufsatz ist n. schlecht, aber noch keineswegs sehr gut*; *Die Organisation lief n. ohne Pannen ab* **4** ***nicht ein*** ≈ kein: *N. einer hatte den Mut, Nein zu sagen*; *N. eine Flasche von diesem Wein war gut* || NB: ↑ ***etwa***[2] (2), ***gerade***[3] (3), ***zuletzt***

N

nicht[2] *Partikel*; **1** *unbetont*; in Fragen verwendet, wenn vom Gesprächspartner e-e positive Antwort erwartet wird: *Ist diese Aussicht n. wunderbar?*; *Hast du n. auch Lust, baden zu gehen?* **2** *betont u. unbetont*; ..., ***n.*** **(*wahr*)*?*** verwendet am Ende des Satzes, um den Gesprächspartner zur Zustimmung aufzufordern: *Diese Aussicht ist wunderbar, n.?*; *Du bleibst doch noch, n. wahr?* **3** *unbetont*; in Feststellungen u. Ausrufen verwendet, auf die man keine Antwort, höchstens Zustimmung erwartet: *Wie oft habe ich n. schon hier gesessen u. an dich gedacht*; *Was haben wir n. schon alles zusammen erlebt!* **4** *unbetont*; in Ausrufen verwendet, um (auch ironisch) zu betonen, dass man überrascht ist: *Was du n. alles weißt!*; *Was du n. sagst!*

nicht[3] *Konjunktion*; ***nicht, dass...*** *mst iron*; kurz für „es ist nicht so, dass ...": *N., dass ich etwa neugierig bin, aber ich würde gern wissen, was er macht*; *N., dass es wichtig wäre, aber mich würde schon interessieren, wo du gestern warst* || NB: ↑ ***nur***[2] (1)

nicht[4] *mit Adj*, *sehr produktiv*, *bes in Fachsprachen*; verwendet, um die genannte Eigenschaft zu verneinen; ***nicht amtlich*** ⟨e-e Stellungnahme⟩, ***nicht berufstätig*** ⟨e-e Hausfrau⟩, ***nicht christlich*** ⟨e-e Religion⟩, ***nicht ehelich*** ⟨ein Kind⟩, ***nicht kommunistisch*** ⟨Länder⟩, ***nicht leitend*** ⟨ein Metall⟩, ***nicht öffentlich*** ⟨e-e Sitzung⟩, ***nicht organisiert*** ⟨Arbeiter⟩, ***nicht rostend*** ⟨Stahl⟩, ***nicht selbstständig*** ⟨e-e Arbeit⟩, ***nicht sesshaft*** ⟨e-e Person⟩, ***nicht staatlich*** ⟨e-e Schule⟩ || NB: **a)** während *un-* oft e-e Wertung ausdrückt, bezeichnet *nicht* einfach das Fehlen der genannten Eigenschaft; *z.B. nicht selbstständig* ≠ *unselbstständig*; *nicht organisiert* ≠ *unorganisiert*; **b)** *nicht* in Verbindung mit e-m Partizip wird in der Regel getrennt geschrieben, die Verbindungen mit Adjektiven können auch zusammengeschrieben werden: *nichtamtlich*, *nichtehelich usw*

nicht ros·tend *Adj*; so beschaffen, dass sich kein Rost daran bildet ≈ rostfrei ⟨Stahl⟩

Nicht- *im Subst*, *sehr produktiv*, *bes in Fachsprachen* **1** *Nicht-* drückt aus, dass die genannte Handlung nicht geschieht; die ***Nichtachtung*** ⟨der Würde e-s Menschen⟩, die ***Nichtbeachtung*** ⟨e-r Regel⟩, die ***Nichtanerkennung*** ⟨e-s Staates⟩, die ***Nichtbefolgung*** ⟨e-r Vorschrift⟩, die ***Nichteinmischung*** ⟨in die inneren Angelegenheiten e-s Staates⟩, die ***Nichterfüllung*** ⟨der Normen⟩ **2** *Nicht-* drückt aus, dass j-d / etw. nicht das ist, was der zweite Teil des Wortes bezeichnet: der ***Nichtchrist***, der ***Nichtfachmann***, das ***Nichtmetall***, das ***Nichtmitglied***, der (die) ***Nichtraucher*(*in*)**, der (die) ***Nichtschwimmer*(*in*)**, der ***Nichttänzer***

Nicht·ach·tung *die*; *nur Sg*; **1** ein Mangel an Respekt vor j-m / etw. ≈ Missachtung ⟨j-m mit N. begegnen⟩ **2** ***j-n mit N. strafen*** j-n für etw. bestrafen, indem man ihn ignoriert

Nicht·an·griffs|pakt *der*; ein Vertrag zwischen Staaten, in dem sie versprechen, nicht gegeneinander zu kämpfen

Nicht·be·ach·tung *die*; *nur Sg*, *Admin geschr*; **1** der Vorgang, bei dem etw. ⟨ein Verbot, ein Gebot, e-e Vorschrift⟩ nicht beachtet wird ≈ Missachtung **2** das Ergebnis dieses Vorgangs

Nich·te *die*; -, *-n*; die Tochter des Bruders od. der Schwester (od. des Bruders od. der Schwester des Ehepartners) ↔ Neffe

Nicht·er·schei·nen *das*; *nur Sg*, *Admin geschr*; die Tatsache, dass j-d nicht bei e-r Behörde erscheint, obwohl er dazu aufgefordert worden ist: *Wegen Nichterscheinens des Angeklagten wurde der Prozess vertagt*

Nicht·ge·fal·len *das*; *nur in* ***bei N.*** ⟨Geld zurück⟩ wenn j-m etw. nicht gefällt

nich·tig *Adj*; **1** *geschr* ≈ unwichtig, bedeutungslos ⟨ein Vorwand, ein Anlass; Dinge, Gründe⟩ **2** *Jur* ≈ ungültig ⟨etw. für n. erklären⟩ || ID ↑ ***null u. n.*** || *zu* **1** u. **2** **Nich·tig·keit** *die*

Nicht·lei·ter *der*; ein Material, das elektrischen Strom nicht leitet

Nicht·rau·cher *der*; **1** j-d, der nicht die Gewohnheit hat, zu rauchen ↔ Raucher || K-: ***Nichtraucher-, -abteil, -eck*(*e*)** **2** *gespr*; ein Raum, *bes* ein Abteil in e-m Zug, in dem man nicht rauchen darf || *zu* **1** **Nicht·rau·che·rin** *die*

nichts *Indefinitpronomen*; **1** verwendet, um die absolute Abwesenheit von etw. auszudrücken ≈ nicht ein Ding ⟨etw. nutzt, schadet n.; durch n. zu überzeugen sein; vor n. zurückschrecken; um n. besser (als j-d / etw.) sein; es zu n. bringen⟩: *Kannst du bitte das Licht einschalten, ich sehe n.*; *Er hat n. zu tun*; *Wir müssen Wasser trinken, es gibt sonst n.*; *Er ist mit n. zufrieden* || NB: um *n.* zu verstärken, verwendet man *gar n.*, *überhaupt n.* **2** ***n. als ...!*** *gespr auch* ***n. wie*** ≈ nur: *Mit ihm hat man n. als Ärger* **3** ***für n.*** *gespr*; ohne das erwartete Ergebnis od. die erhoffte Wirkung ≈ umsonst, vergeblich: *Der Kuchen ist verbrannt, die ganze Arbeit war also für n.* **4** ***wie n.*** *gespr*; sehr schnell u. ohne Mühe: *Mit e-m guten Auto bist du dort wie n.* **5** ***n. da!*** *gespr*; verwendet, um auszudrücken, dass etw. nicht getan werden soll ≈ kommt nicht in Frage! **6** ***n. wie*** ⟨weg!, raus!⟩ verwendet, um auszudrücken, dass etw. sehr schnell gehen soll **7** ***mir n., dir n.*** *gespr*; von e-m Augenblick auf den anderen: *Mir n., dir n. verschwand er* **8**

für n. u. 'wieder n. völlig umsonst: *Du meinst, dass ich die ganze Arbeit für n. u. wieder n. gemacht habe?* || ID ↑ ***ungut***

nichts ah·nend *Adj*; *nur attr od adv*; ohne daran zu denken, dass etw. Schlimmes passieren könnte ≈ ahnungslos: *Die Passagiere saßen n. a. da, als die Bombe explodierte*
nichts sa·gend *Adj*; ohne besonderen Inhalt u. deshalb langweilig ⟨e-e Äußerung, ein Gespräch, e-e Antwort; ein Gesicht⟩: *Der Politiker gab ein nichts sagendes Interview*

Nichts *das*; *-*; *nur Sg*; **1** das völlige Fehlen von allem ⟨die Welt aus dem N. erschaffen; ins N. greifen⟩ **2** ***ein N.*** e-e Person od. Sache, die überhaupt nicht wichtig ist: *Früher hatte er viel Macht, aber jetzt ist er ein N.*; *sich um ein N. streiten* **3** ***vor dem N. stehen*** alles verloren haben, was man zum Leben braucht
nichts|des·to·trotz *Adv*; *gespr hum* ≈ dennoch, trotzdem
nichts|des·to·we·ni·ger *Adv* ≈ dennoch, trotzdem
Nichts·nutz *der*; *-es*, *-e*; j-d, der nur sinnlose od. unwichtige Dinge tut u. für ernste Arbeit nicht zu gebrauchen ist ≈ Taugenichts || *hierzu* **nichts·nut·zig** *Adj*; **Nichts·nut·zig·keit** *die*; *nur Sg*
Nichts·tu·er *der*; *-s*, *-*; *pej*; j-d, der faul ist u. nicht arbeitet ≈ Faulenzer || *hierzu* **nichts·tu·e·risch** *Adj*
nichts·wür·dig *Adj*; *geschr pej*; mit e-m schlechten Charakter u. deshalb wert, verachtet zu werden ≈ gemein[1] (1) ⟨ein Mensch, ein Kerl, ein Verräter; Gedanken⟩ || *hierzu* **Nichts·wür·dig·keit** *die*; *nur Sg* || NB: ↑ ***unwürdig***
Nicht|zu·tref·fen·de *das*; *mst in* ***Nichtzutreffendes streichen*** auf Formularen verwendet, um auszudrücken, dass man durchstreichen soll, was nicht zutrifft
Nickel *das*; *-s*; *nur Sg*; ein schweres Metall, das weiß wie Silber glänzt; *Chem* Ni
ni·cken; *nickte*, *hat genickt*; [Vi] den Kopf (mehrere Male) kurz nach vorn beugen, *bes* um „ja" auszudrücken od. um zu zeigen, dass man mit etw. einverstanden ist ⟨beifällig, zustimmend, freudig, anerkennend, zufrieden (mit dem Kopf) n.; j-n mit e-m (kurzen) Nicken grüßen⟩: *Ich fragte sie, ob sie mitkommen wolle, u. sie nickte*; *Immer wenn der Redner etw. sagte, was ihr gefiel, nickte sie mit dem Kopf* || ► ***Kopfnicken*** || NB: ↑ ***schütteln***
Ni·cker·chen *das*; *-s*, *-*; *gespr*; ein kurzer Schlaf während des Tages ≈ Schläfchen ⟨ein N. machen, halten⟩ || ► ***einnicken***
nie *Adv*; **1** zu keiner Zeit ↔ immer ⟨nie lügen; nie Zeit haben; etw. nie ganz verstehen⟩: *Ich werde nie vergessen, wie schön der Urlaub war* **2** kein einziges Mal: *Er war noch nie in London*; *Er hat mich noch nie betrogen*; *Sie ist verliebt wie nie zuvor*; *Wenn ich anrufe, ist sie nie da* **3** auf keinen Fall; unter keinen Umständen ↔ problemlos: *Diesen Mann wirst du nie dazu bringen, Geschirr zu spülen* **4** ***nie wieder / nie mehr*** (in Zukunft) nicht noch einmal: *Ich hoffe, dieser Fehler wird mir nie mehr passieren*; *Du wirst nie wieder so viel Glück haben!* **5** ***nie wieder (...)!*** verwendet, um auszudrücken, dass etw. Bestimmtes nicht mehr vorkommen soll: *nie wieder Krieg!* **6** ***nie u. nimmer!*** *gespr* ≈ nie (3): *Das ist so viel Arbeit, das schaffe ich nie u. nimmer*
nie·der *Adv*; **1** ***n. (mit j-m / etw.)!*** *mst* bei Demonstrationen *o.Ä.* verwendet als Ausdruck der Opposition gegen die genannte Person / Sache: *N. mit dem Faschismus!* **2** ***auf u. n.*** ↑ ***auf***[2] (2)

nie·de·r-[1] *Adj*; *nur attr*, *nicht adv*; **1** auf einer der unteren Stufen e-r Hierarchie ↔ hoch ⟨der Adel, ein Beamter⟩ **2** ≈ primitiv ↔ edel ⟨Motive, Triebe⟩ **3** *südd* Ⓐ Ⓒⓗ, *gespr* ≈ niedrig ↔ hoch ⟨ein Raum, e-e Tür⟩
nie·der-[2] *im Verb*, *betont u. trennbar*, *begrenzt produktiv*; Die Verben mit *nieder-* werden nach folgendem Muster gebildet: *niederschreiben - schrieb nieder - niedergeschrieben*
1 *nieder-* bezeichnet e-e Richtung von oben nach unten zum Boden ≈ herab-, hinab-, herunter-, hinunter- ↔ hoch-, hinauf-, herauf-;
etw. niederdrücken: *Sie öffnete die Tür, indem sie die Türklinke niederdrückte* ≈ Sie drückte die Türklinke nach unten
ebenso: ***etw. niederholen***, ***etw. niederlegen***, ***sich / etw. niedersetzen***, ***etw. niederstellen***; (***sich***) ***niederknien***; ***niedersinken***; ***etw. prasselt nieder***
2 *nieder-* drückt aus, dass j-d / etw. (durch die im Verb genannte Tätigkeit) so getroffen, zerstört *o.Ä.* wird, dass er / es zum Schluss am Boden liegt;
etw. niederbrennen: *Sie brannten den Wald nieder* ≈ Sie zündeten den Wald an u. zerstörten ihn dadurch
ebenso: ***j-n / etw. niederhauen***, ***j-n niederknüppeln***, ***j-n niederprügeln***, ***j-n / etw.. niederschlagen***, ***j-n / etw. niederstampfen***, ***j-n / etw. niedertrampeln***, ***j-n / etw. niedertreten***, ***j-n / etw. niederwalzen***
Nie·der- *im Subst*, *nicht produktiv*; in geographischen Namen verwendet, um den flacheren Teil der Region od. des Landes zu bezeichnen ↔ Ober-; ***Niederbayern***, ***Niederösterreich***, ***Niedersachsen***, der ***Niederrhein***
nie·der·bren·nen [Vt] (*hat*) **1** ***etw. n.*** etw. durch Feuer völlig zerstören ≈ einäschern ⟨ein Dorf, ein Haus, e-e Kirche n.⟩: *Die Soldaten brannten die Kirche nieder*; [Vi] **2** ***etw. brennt nieder*** (*ist*) etw. wird durch Feuer völlig zerstört ≈ etw. verbrennt ⟨ein Haus, e-e Stadt brennt bis auf die Grundmauern nieder⟩ **3** ***etw. brennt nieder*** (*ist*) etw. wird beim Brennen immer kleiner (u. geht schließlich aus) ⟨ein Feuer, e-e Kerze⟩ **4** ***etw. brennt (auf j-n / etw.) nieder*** (*hat*) etw. (*mst* die Sonne) leuchtet sehr stark u. verursacht große Hitze
nie·der·brül·len (*hat*) *gespr*; [Vt] *mst* ***e-n Redner n.*** (als Gruppe) so laut schreien, dass ein Redner nicht mehr verstanden werden kann ≈ niederschreien: *Das empörte Publikum brüllte den Redner nieder*
nie·der·deutsch *Adj*; die Dialekte betreffend, die man im Norden Deutschlands spricht u. die dem Holländischen relativ ähnlich sind ↔ mitteldeutsch, süddeutsch: *die niederdeutschen Mundarten* || *hierzu* **Nie·der·deut·sche** *das*; *-n*; *nur Sg*; *nur mit dem bestimmten Artikel* || NB: ↑ ***Platt***
nie·der·fal·len (*ist*) [Vi] **1** ***etw. fällt nieder*** *geschr*; etw. fällt nach unten ≈ etw. fällt, etw. fällt herab ⟨die Blätter, der Schnee⟩ **2** (***vor j-m / etw.***) ***n.*** sich schnell auf die Knie werfen (*mst* um seinen Respekt vor j-m / etw. zu zeigen)
Nie·der·gang *der*; *nur Sg*; *geschr*; der Prozess, bei dem etw. ganz an Bedeutung verliert (u. schließlich zugrunde geht) ≈ Untergang, Verfall ↔ Aufstieg: *der N. des Inkareiches*
nie·der·ge·hen (*ist*) [Vi] **1** ***etw. geht nieder*** etw. fällt auf die Erde od. rollt (heftig) ins Tal ⟨ein Platzregen, ein Hagelschauer, ein Gewitter, e-e Lawine⟩ **2** ***etw. geht nieder*** etw. senkt sich ⟨der Vorhang (im Theater)⟩ **3** ***etw. geht nieder*** etw. nähert sich langsam dem Boden ≈ etw. landet ⟨ein Flugzeug⟩
nie·der·ge·schla·gen 1 *Partizip Perfekt*; ↑ ***niederschlagen*** **2** *Adj*; sehr traurig u. ohne Energie ≈ de-

N

primiert, bedrückt ↔ heiter, fröhlich ⟨e-n niedergeschlagenen Eindruck machen; n. wirken⟩: *Sie ist so n., weil ihre Katze gestorben ist* || *hierzu* **Nie·der·ge·schla·gen·heit** *die; nur Sg*

nie·der·hal·ten (*hat*) [Vt] **1** ***etw. n.*** etw. so festhalten, dass es unten (am Boden) bleibt ↔ hochhalten: *Halt bitte den Draht nieder, bis ich darüber steige!* **2** ***j-n*** (*Kollekt od Pl*) ***n.*** Menschen daran hindern, frei zu werden u. die gleichen Rechte zu bekommen ≈ unterdrücken ⟨ein Volk, die Untertanen n.⟩

nie·der·kämp·fen (*hat*) [Vt] **1** ***etw. n.*** *mst* ein Gefühl durch seinen festen Willen unter Kontrolle bekommen ≈ unterdrücken, bezwingen ⟨seinen Zorn, seine Eifersucht, seine Müdigkeit n.⟩ **2** ***j-n n.*** *Mil*; gegen j-n kämpfen und ihn besiegen **3** ***j-n n.*** *Sport*; den Gegner durch seine Kampfkraft besiegen

nie·der·kau·ern, sich (*hat*) [Vr] ***sich n.*** sich ganz klein machen u. so sitzen (bleiben): *Das kleine Mädchen kauerte sich unter e-m Busch nieder, um sich zu verstecken*

nie·der·knal·len (*hat*) [Vt] ***j-n n.*** *gespr* ≈ niederschießen

nie·der·kni·en [Vi] (*ist*) **1** (***vor j-m / etw.***) ***n.*** mit den Knien nach unten (auf den Boden) gehen (u. in dieser Stellung bleiben) ⟨vor dem Altar, in der Kirche n.⟩; [Vr] (*hat*) **2** ***sich n.*** ≈ n. (1)

Nie·der·kunft *die; -; nur Sg; geschr veraltend* ≈ Geburt

Nie·der·la·ge *die; -, -n*; das Verlieren e-s Wettkampfs, Streits *o.Ä.* ↔ Sieg, Erfolg ⟨e-e schwere, militärische, vernichtende, knappe, klare N.; e-e N. hinnehmen, einstecken, erleiden (müssen); j-m e-e N. beibringen, bereiten; e-e persönliche N. erleiden⟩: *Nach der klaren 0:3-N. hat unsere Mannschaft keine Chance mehr auf den Titel*

nie·der·las·sen, sich (*hat*) [Vr] **1** ***sich irgendwo(hin)*** (*Dat / Akk*) ***n.*** sich auf etw. setzen, *bes* wenn man es sich bequem machen möchte: *sich auf e-m Sofa / auf das Sofa n.; sich im / ins Gras n.* **2** ***sich irgendwo n.*** an e-n Ort ziehen, um dort zu wohnen od. zu arbeiten: *sich auf dem Land n.* **3** ***sich als etw. n.*** als Arzt, Anwalt *o.Ä.* e-e Praxis eröffnen: *sich als Tierarzt n.*

Nie·der·las·sung *die; -, -en*; **1** der Teil e-r Firma, der an e-m anderen Ort ist als die Zentrale ≈ Zweigstelle, Filiale: *Unsere Firma hat Niederlassungen im ganzen Land* **2** (CH) das Recht (von Ausländern, die dort schon lange sind), im Lande bleiben zu dürfen

nie·der·le·gen [Vt] **1** ***j-n / etw.*** (***irgendwohin***) ***n.*** j-n / etw. (hinunter) auf etw. legen: *den Verletzten ins Gras n.; das Buch auf den Tisch n.* **2** ***etw. n.*** etw. nicht mehr tun od. ausüben ⟨ein Amt, ein Mandat n.⟩ **3** ⟨die Arbeit⟩ ***n.*** ≈ streiken ↔ wieder aufnehmen **4** ⟨die Waffen⟩ ***n.*** nicht mehr kämpfen **5** ***etw.*** (***schriftlich***) ***n.*** *geschr* ≈ aufschreiben: *Sie hat ihre Eindrücke in den Briefen an ihren Mann niedergelegt*

nie·der·ma·chen (*hat*) [Vt] *gespr*; **1** ***j-n*** (*mst Pl*) ***n.*** *mst* mehrere Personen mit brutaler Gewalt töten **2** ***j-n n.*** *pej*; j-n scharf kritisieren

nie·der·met·zeln (*hat*) [Vt] ***j-n*** (*Kollekt od Pl*) ***n.*** mehrere Personen mit brutaler Gewalt töten ≈ niedermachen

nie·der·pras·seln (*ist*) [Vi] **1** ***etw. prasselt nieder*** etw. fällt schnell u. heftig auf die Erde ⟨der Regen, der Hagel⟩ **2** ***etw. prasselt*** (***auf j-n***) ***nieder*** j-d bekommt etw. in großer Menge ⟨Hiebe, Schläge; Fragen, Vorwürfe⟩: *Nach seiner Rede prasselten die Vorwürfe auf ihn nieder*

nie·der·rei·ßen (*hat*) [Vt] **1** ***etw. n.*** etw. zum Einsturz bringen ≈ abreißen (2) ↔ aufrichten ⟨ein Haus, e-e Mauer n.⟩ **2** ***j-n n.*** j-n so stoßen od. ziehen, dass er auf den Boden fällt: *Er wurde von der Druckwelle der Explosion niedergerissen*

nie·der·schie·ßen (*hat*) [Vt] ***j-n n.*** auf j-n, der sich nicht wehren kann, schießen u. ihn so verletzen od. töten: *Sie schossen die flüchtenden Soldaten reihenweise nieder*

Nie·der·schlag *der; -(e)s, Nie·der·schlä·ge*; **1** *mst Pl*; (die Menge an) Regen, Schnee *usw*, (die) der auf die Erde fällt ⟨geringe, leichte, starke, einzelne Niederschläge⟩: *Am späten Nachmittag kann es zu Niederschlägen kommen* || K-: ***Niederschlags-, -gebiet, -menge*** **2** *Chem*; die festen Bestandteile e-r Lösung, die sich absondern u. zu Boden sinken ≈ Ausfällung **3** *mst in* ***etw. findet seinen N. in etw.*** (*Dat*) etw. kommt in etw. zum Ausdruck ≈ etw. ist in etw. wieder zu finden: *Die liberale Politik der neuen Regierung fand ihren N. in zahlreichen neuen Gesetzen* || *zu* **1** **nie·der·schlags|arm** *Adj; nicht adv*; **nie·der·schlags|frei** *Adj; nicht adv*; **nie·der·schlags|reich** *Adj; nicht adv*

nie·der·schla·gen (*hat*) [Vt] **1** ***j-n n.*** j-n zu Boden schlagen: *j-n mit e-m Stock n.* **2** ***etw. n.*** e-n Aufstand, e-e Revolte mit Gewalt beenden: *Der Putschversuch wurde blutig niedergeschlagen*; [Vr] **3** ***etw. schlägt sich irgendwo nieder*** e-e dünne Schicht (von Dampf) bildet sich (*z.B.* auf e-m Fenster): *Wenn es im Raum wärmer ist als draußen, schlägt sich Wasserdampf innen an den Fenstern nieder* **4** ***etw. schlägt sich nieder*** etw. bildet e-n Niederschlag (2) ≈ etw. fällt aus **5** ***etw. schlägt sich in etw.*** (*Dat*) ***nieder*** etw. kommt in etw. zum Ausdruck: *Diese frühen Erfahrungen haben sich in all ihren Schriften niedergeschlagen* || *zu* **1** **Nie·der·schla·gung** *die; nur Sg*

nie·der·schmet·tern (*hat*) [Vt] ***etw. schmettert j-n nieder*** etw. nimmt j-m seinen ganzen Mut u. seine Freude ≈ etw. erschüttert j-n ⟨e-e niederschmetternde Nachricht, Kritik, Erfahrung; ein niederschmetterndes Ergebnis, Resultat⟩: *Die Nachricht vom Tod seines Freundes hat ihn völlig niedergeschmettert*

nie·der·schrei·ben (*hat*) [Vt] ***etw. n.*** ≈ zu Papier bringen, aufschreiben ⟨seine Gedanken, Erinnerungen n.⟩ || ► ***Niederschrift***

Nie·der·schrift *die*; **1** ***die N.*** (*+ Gen / von*) *mst Sg*; die Tätigkeit, etw. aufzuschreiben: *Die N. seiner Erlebnisse kostet ihn seine ganze Freizeit* **2** ***die N.*** (*+ Gen / von*) der Text, den man (nieder)geschrieben hat ≈ Aufzeichnung (1) ⟨e-e N. von etw. anfertigen⟩

nie·der·set·zen, sich (*hat*) [Vr] ***sich*** (***irgendwo(hin)*** (*Dat / Akk*)) ***n.*** ≈ sich (hin)setzen ⟨sich auf e-m Stuhl / auf e-n Stuhl, auf dem Boden / auf den Boden n.⟩: *Setz dich erst mal nieder u. ruh dich aus!*

nie·der·stim·men (*hat*) [Vt] ⟨Personen⟩ ***stimmen j-n / etw. nieder*** mehrere Personen lehnen (in e-r Abstimmung) j-n / etw. mit großer Mehrheit ab ⟨e-n Kandidaten, e-n Vorschlag, e-n Antrag n.⟩

nie·der·stre·cken (*hat*) [Vt] ***j-n n.*** j-n schlagen, durch e-n Schuss *o.Ä.* verletzen, sodass er zu Boden fällt

nie·der·tou·rig [-tuːrɪç] *Adj; Tech*; mit relativ wenigen Umdrehungen des Motors ↔ hochtourig: *ein Auto n. fahren*

Nie·der·tracht *die; -; nur Sg, geschr*; **1** e-e Art zu denken u. zu handeln, die (bewusst) böse ist ≈ Gemeinheit, Infamie ↔ Güte ⟨etw. aus N. tun, sagen; j-d ist voller N.⟩: *Er hat das Spielzeug aus purer N. kaputtgemacht* **2** e-e Handlung, die durch solches Denken verursacht ist ⟨e-e N. begehen; sich e-e N. ausdenken⟩ || *zu* **1** **nie·der·träch·tig** *Adj*

Nie·de·rung *die; -, -en*; ein flaches Stück Land (*bes* an Flüssen, Seen), das tiefer als seine Umgebung liegt ⟨e-e sumpfige N.⟩: *In den Niederungen ist es sehr oft neblig* || -K: ***Fluss-, Sumpf-***

nie·der·wer·fen *(hat)* Vt **1** ***j-n / sich n.*** j-n / sich auf den Boden werfen: *Er warf seinen Gegner mit e-m geschickten Judogriff nieder; Die Leute warfen sich vor dem König nieder, um ihm ihren Respekt zu zeigen* **2** ***etw. n.*** etw. mit Gewalt beenden ≈ niederschlagen (2) ⟨e-n Aufstand, e-e Revolte, e-e Rebellion n.⟩ || *hierzu* **Nie·der·wer·fung** *die; nur Sg*

nied·lich *Adj;* so hübsch u. lieb, dass man es sofort gern hat ≈ süß (3) ⟨ein kleines Mädchen, ein Kleidchen, ein Hündchen; n. aussehen⟩: *Die Kleine sieht heute n. aus, mit dem netten Röckchen u. der Schleife im Haar* || NB: ↑ ***putzig*** || ▸ ***verniedlichen***

nied·rig *Adj;* **1** nicht sehr hoch (im Vergleich zu anderen Dingen) ↔ hoch (1) ⟨e-e Mauer, ein Fenster, ein Berg, ein Gebäude, ein Haus, e-e Hütte, e-e Zimmerdecke, e-e Brücke *o.Ä.*⟩: *Der Schreibtisch ist zu n. für mich* || K-: ***Niedrig-, -wasser*** **2** nicht weit über dem Boden ≈ tief (3) ↔ hoch (2) ⟨etw. fliegt, hängt n.⟩: *Die Zweige sind so n., dass man die Äpfel mit der Hand pflücken kann* **3** im Ausmaß, Umfang, Wert od. Grad relativ gering ↔ hoch (4) ⟨ein Einkommen, e-e Miete, Preise, Löhne; e-e Geschwindigkeit; Temperaturen; e-e Zahl; die Kosten, die Ausgaben n. halten, zu n. ansetzen⟩: *e-n niedrigen Blutdruck haben; ein Bier mit e-m sehr niedrigen Alkoholgehalt; e-n niedrigen Gang einlegen, um die Geschwindigkeit zu verringern* **4** *veraltend pej;* in e-r (gesellschaftlichen) Rangordnung relativ weit unten (stehend) ⟨von niedriger Herkunft, Geburt, von niedrigem Rang (sein)⟩ **5** moralisch von sehr geringem Wert ↔ edel ⟨e-e Gesinnung, Triebe, Instinkte, Beweggründe, Motive⟩ **6** ***n. von j-m denken*** e-e schlechte Meinung von j-m haben || *zu* **5 Nied·rig·keit** *die; nur Sg* || ▸ ***erniedrigen***

nie·mals *Adv* ≈ nie: *Ich hatte noch n. solche Angst wie gestern; Das werde ich n. tun* || NB: *niemals* ist e-e Verstärkung von *nie*

nie·mand *Indefinitpronomen* (nur wie ein Subst. verwendet) kein (einziger) Mensch ≈ keiner ↔ jemand: *„Hat heute j-d angerufen?" - „Nein, n."; Ich habe an der Tür geklingelt, aber es hat n. geöffnet; Er wollte mit niemandem von uns sprechen; Sie möchte n. anderen sehen als dich* || NB: *niemand* wird in der gesprochenen Sprache *mst* nicht dekliniert: *Ich habe niemand (statt niemanden) gesehen*

Nie·mand *der; -s; nur Sg; mst in* ***ein N.*** j-d, der nicht wichtig ist ≈ Nichts

Nie·mands·land *das; nur Sg;* **1** der Streifen Land zwischen den Grenzen von zwei Staaten **2** ein Gebiet, in dem niemand wohnt **3** ein Thema, ein Fach *o.Ä.*, mit dem man sich noch nicht beschäftigt hat: *Noch in den 60er Jahren war Umweltpolitik politisches N.*

Nie·re *die; -, -n;* **1** eines der beiden Organe, die den Urin produzieren || K-: ***Nieren-, -entzündung, -kolik, -schrumpfung, -steine, -transplantation; nieren-, -krank*** **2** *mst Pl;* dieses Organ bestimmter Tiere, das man essen kann ⟨saure, geschmorte Nieren⟩ || K-: ***Nieren-, -rollbraten*** **3** ***etw. geht j-m an die Nieren*** *gespr;* etw. belastet j-n psychisch || *zu* **1 nie·ren·för·mig** *Adj*

nie·seln; *nieselte, hat genieselt;* Vimp ***es nieselt*** es regnet (oft stundenlang) leicht u. mit feinen Tropfen || K-: ***Niesel-, -regen***

nie·sen; *nieste, hat geniest;* Vi die Luft plötzlich u. laut (nach e-r Reizung) aus der Nase stoßen (*bes* wenn man Schnupfen hat) ⟨laut, heftig n. (müssen)⟩: *Wenn j-d niest, sagt man meist „Gesundheit"*

Nies·reiz *der;* das Gefühl in der Nase, bevor man niesen muss ⟨e-n N. verspüren⟩

Nie·te[1] *die; -, -n;* **1** ein Los (1), mit dem man nichts gewinnt ⟨e-e N. ziehen⟩ **2** *gespr pej;* j-d, von dem man glaubt, dass er nichts kann u. zu nichts fähig ist ≈ Null, Versager: *Er ist e-e totale N., er kann nicht einmal e-n Nagel in die Wand schlagen*

Nie·te[2] *die; -, -n;* e-e Art Nagel, mit dem man zwei Teile (*z.B.* aus Metall) verbindet. Wenn sie befestigt ist, hat die N. zwei dicke flache Enden || K-: ***Niet-, -nagel***

niet- und na·gel·fest *nur in* ***alles, was nicht niet- u. nagelfest ist*** *gespr;* alles, was man wegtragen kann, weil es nicht befestigt ist: *Die Diebe nahmen alles mit, was in dem Haus nicht niet- u. nagelfest war*

ni·gel|na·gel·neu *Adj; gespr hum;* ganz neu ≈ funkelnagelneu

Ni·hi·lis·mus *der; -; nur Sg;* e-e (Lebens)Einstellung od. Philosophie, die besagt, dass nichts, was es gibt, e-e Bedeutung od. e-n Wert hat || *hierzu* **Ni·hi·list** *der; -en; -en;* **ni·hi·lis·tisch** *Adj*

Ni·ko·laus *der; -, -e / gespr hum Ni·ko·läu·se;* **1** ein Mann mit langem, weißem Bart u. e-m langen, roten Mantel, der Kindern am 6. Dezember kleine Geschenke bringt ⟨der N. kommt⟩ **2** *ohne Artikel;* der 6. Dezember: *Heute ist N.* || K-: ***Nikolaus-, -abend, -tag***

Der Nikolaus

Am 6. Dezember ist **Nikolaustag**. Dieser Brauch geht auf den heiligen Nikolaus von Myra zurück, einen Schutzpatron der Kinder.
Die Kinder stellen am Abend einen Stiefel vor die Tür und warten darauf, dass der Nikolaus kleine Geschenke hineinsteckt. Manchmal kommt auch eine als Nikolaus verkleidete Person – typisch sind der lange weiße Bart und der rote Mantel – zu den Familien oder in den Kindergarten und bringt einen Sack voller Plätzchen, Süßigkeiten und Mandarinen. Oft wird der Nikolaus von einem finsteren Diener (**Knecht Ruprecht**) begleitet, der für ungezogene Kinder eine Rute zur Bestrafung dabei hat. Diese Rute wird allerdings nie benutzt, sondern soll nur zur Abschreckung dienen.

Ni·ko·lo *der; -s, -s;* Ⓐ ≈ Nikolaus

Ni·ko·tin *das; -s; nur Sg;* e-e schädliche Substanz im Tabak, die e-e stimulierende Wirkung auf die Nerven hat: *N. macht süchtig* || K-: ***Nikotin-, -gehalt*** || *hierzu* **ni·ko·tin·arm** *Adj;* **ni·ko·tin·frei** *Adj;* **ni·ko·tin·hal·tig** *Adj*

Nil·pferd *das* ≈ Flusspferd

Nim·bus *der; -; nur Sg, geschr;* das extrem hohe Ansehen, das j-d (*z.B.* als Dichter) hat ≈ Ruhm ⟨e-r Sache den N. geben⟩: *Er hat den N., sehr gerecht zu sein*

nim·mer *Adv;* **1** *südd* Ⓐ ≈ nicht mehr, nie mehr **2** ***nie u. n.*** ↑ ***nie*** (6)

Nim·mer·lein *gespr hum;* ***Sankt N.*** ein Tag, der nie kommen wird ⟨da kannst du warten bis Sankt N.⟩ || K-: ***Nimmerleins-, -tag***

nim·mer·mehr *Adv; südd* Ⓐ ≈ nie mehr

Nim·mer·satt *der; -s, -e; gespr;* j-d, der von etw. nie genug bekommen kann ≈ Vielfraß

Nim·mer|wie·der·se·hen *gespr; nur in* ***auf N.*** für immer ⟨auf N. verschwinden⟩

nimmt *Präsens, 3. Person Sg;* ↑ ***nehmen***

nip·pen, *nippte, hat genippt;* Vi ***(an etw.*** *(Dat)****) n.*** e-e sehr kleine Menge von etw. trinken (*mst* um den Geschmack zu prüfen): *an e-r Tasse Tee n.*

Nịp·pes *die*; *Pl*; *gespr*; kleine Gegenstände u. Figuren (*bes* aus Porzellan), die man im Zimmer aufstellt ⟨Kitsch u. N.⟩ || K-: ***Nipp-, -figuren, -sachen***

nịr·gend·her *Adv*; ***von n.*** ≈ nirgendwoher

nịr·gend·hịn *Adv* ≈ nirgendwohin

nịr·gends *Adv*; an keinem Ort, an keiner Stelle ≈ nirgendwo ↔ überall: *Ich kann den Schlüssel n. finden*; *Er war n. so gern wie zu Hause*

nịr·gend·wo *Adv* ≈ nirgends

nịr·gend|wo·her *Adv*; von keinem Ort, von keiner Stelle, von keiner Person, von keiner Ursache *o.Ä.*: *„Woher hast du das?" - „N., das habe ich selbst gemacht."*

nịr·gend|wo·hịn *Adv*; an keinen Ort, an keine Stelle: *„Wo soll ich das hinstellen?" - „N., das kommt in den Müll."*

Nir·wa·na *das*; -(*s*); *nur Sg*; (im Buddhismus) der ideale Zustand nach dem Tod (wenn man nicht noch einmal geboren wird)

-nis *im Subst, nicht mehr produktiv*; **1** verwendet, um aus e-m Verb od. Adj. ein Subst. zu machen; das ***Ärgernis***, das ***Hindernis***, das ***Schrecknis***, die ***Vorkommnisse*** **2** drückt das Resultat der genannten Handlung aus; die ***Erkenntnis***, die ***Ersparnisse***, das ***Ereignis***, das ***Vermächtnis*** **3** drückt den Vorgang, Zustand *o.Ä.* aus, die das Verb od. Adj. beschreiben; das ***Begräbnis***, die ***Erlaubnis***, die ***Fäulnis***, die ***Finsternis***

Nị·sche *die*; -, -*n*; **1** ein kleiner freier Raum od. e-e freie Ecke in der Mauer od. Wand: *e-e Vase, e-n Schrank in e-e N. stellen* **2** ein *mst* kleines Gebiet, in dem seltene Tiere od. Pflanzen leben können ⟨e-e ökologische N.⟩

nịs·ten; *nistete, hat genistet*; [Vi] ***ein Tier nistet (irgendwo)*** ein Tier hat irgendwo ein Nest: *Die Möwen nisten auf dem Felsen*; *In dem Baum nistet ein Eichhörnchen* || K-: ***Nist-, -platz***

Nịst·kas·ten *der*; ein Kasten, der in e-m Baum aufgehängt wird, damit Vögel darin ihr Nest bauen können

Nit·rat *das*; -*s*, -*e*; *Chem*; e-e Substanz, die Stickstoff enthält u. *bes* im Dünger vorkommt

Nit·rit *das*; -*s*, -*e*; *Chem*; e-e Substanz, die Stickstoff enthält u. giftig sein kann

Nit·ro·gly·ze·rin *das*; e-e Flüssigkeit, die sehr leicht explodiert: *Zur Herstellung von Dynamit verwendet man N.*

Ni·veau [ni'voː] *das*; -*s*, -*s*; *mst Sg*; **1** e-e bestimmte Stufe auf e-r (gedachten) Skala, mit der etw. bewertet od. gemessen wird ⟨das geistige, künstlerische N.; sein N. halten, steigern; (kein) N. haben⟩: *Dieser Roman hat ein niedriges N.*; *Die Preise haben jetzt ihr höchstes N. seit langem erreicht* || K-: ***Niveau-, -unterschied, -verlust*** || -K: ***Preis-*** **2** e-e (gedachte) Linie od. Fläche parallel zur (Oberfläche der) Erde ≈ Höhe: *Die Brücke hat das gleiche N. wie / ein höheres N. als die Straße*

ni·veau·los *Adj*; von schlechter Qualität ≈ anspruchslos ↔ niveauvoll ⟨ein Buch, ein Film, ein Vortrag⟩

ni·vel·lie·ren [-v-]; *nivellierte, hat nivelliert*; [Vt] ***etw. n.*** *geschr*; Unterschiede aufheben (beseitigen), die zwischen verschiedenen Niveaus existieren ≈ ausgleichen ⟨kulturelle, soziale Unterschiede n.⟩ || *hierzu* **Ni·vel·lie·rung** *die*; *mst Sg*

nịx *Indefinitpronomen*; *gespr* ≈ nichts

Nị·xe *die*; -, -*n*; ein (fiktives) Wesen mit dem Körper e-r Frau u. dem Schwanz e-s Fisches, das im Wasser lebt ≈ Meerjungfrau

njạm! *Interjektion*; *gespr*; ***n.*** **(*n.*)*!*** verwendet, um auszudrücken, dass etw. sehr gut schmeckt

nö *Partikel*; *gespr* ≈ nein

no·bel *Adj*; **1** *geschr* ≈ großmütig, edel ↔ niederträchtig ⟨ein Charakter, e-e Geste, e-e Haltung⟩ **2** *mst hum*; sehr vornehm u. für die meisten Leute zu teuer ≈ exquisit, luxuriös ⟨ein Hotel, Kleidung, ein Lokal⟩ || K-: ***Nobel-, -herberge, -restaurant***; ***-schuppen*** **3** *gespr*; ziemlich groß od. wertvoll ≈ großzügig ↔ kleinlich ⟨ein Geschenk, ein Trinkgeld⟩ || NB: *nobel* → *ein nobles Geschenk*

No·bẹl·preis *der*; ein Preis, der jedes Jahr in Schweden für die besten wissenschaftlichen u. kulturellen Leistungen vergeben wird ⟨den N. bekommen⟩: *der N. für Literatur, für Physik* || K-: ***Nobelpreis-, -träger*** || -K: ***Friedens-***

nob·lesse ob·lige [nɔ'blɛs ɔ'bliːʒ] *oft hum*; wenn j-d e-e hohe Position in der Gesellschaft hat, muss er sich so (nobel) verhalten, wie es die Leute von ihm erwarten

No·bo·dy ['noːbɔdi] *der*; -(*s*), -*s*; *mst Sg*; j-d, der (noch) nicht bekannt, berühmt od. bedeutend ist, u. daher keinen (großen) Einfluss hat

nọch[1] *Partikel*; **1** *betont u. unbetont*; verwendet, um auszudrücken, dass ein Zustand zu e-m bestimmten Zeitpunkt andauert, aber bald zu Ende sein kann ↔ nicht mehr ⟨immer n.; n. immer⟩: *Hast du dein altes Fahrrad n.?*; *Wir haben n. etwas Zeit, bevor der Zug fährt*; *N. können wir etwas gegen die Zerstörung der Umwelt tun - bald ist es vielleicht zu spät*; *Ich habe heute n. gar nichts gegessen* **2** *unbetont*; bevor etwas geschieht, vor e-m Zeitpunkt: *Können Sie das n. vor Montag erledigen?*; *Ich muss erst n. abwaschen, dann können wir gehen*; *Schafft ihr das n. bis Ostern?*; *Vor Galileo Galilei glaubte man n., dass die Sonne um die Erde kreise* **3** *unbetont*; verwendet, um e-e Warnung od. Mahnung auszudrücken: *Wenn du so weitermachst, bringst du dich n. um!*; *Du kommst n. zu spät!*; *Das wird er n. bereuen!*; *Wir werden schon n. sehen, wer hier Recht hat!* **4** *unbetont*; verwendet, um e-e Absichtserklärung für die nahe Zukunft auszudrücken: *Ich komme n. darauf zurück* **5** *unbetont*; verwendet, um auszudrücken, dass etw. in nächster Zeit wahrscheinlich geschehen wird: *Sie kommt bestimmt n.* **6** *unbetont*; verwendet, um auszudrücken, dass etw. zu e-r bestimmten Zeit der Fall war u. dass diese Zeit nicht weit zurückliegt: *Gestern war er n. gesund, aber heute liegt er im Krankenhaus* **7** *unbetont*; verwendet, um auszudrücken, dass etw. sehr schnell eingetreten ist: *Sie haben n. am selben Tag geheiratet*; *Sie starb n. am Unfallort* **8** *unbetont*; verwendet, um auszudrücken, dass etw. von etw. übrig geblieben ist od. bald zu Ende sein wird: *Ich habe nur n. zwanzig Euro*; *Hast du n. fünf Minuten Zeit?* **9** *betont u. unbetont*; verwendet, um auszudrücken, dass j-d / etw. zu j-d / etw. anderem hinzukommt: *N. ein Bier, bitte!*; *Und was hat sie n. gesagt?*; *Passt das n. in den Koffer?* **10** *unbetont*; verwendet, um auszudrücken, dass etw. im Vergleich mit etw. anderem relativ positiv ist: *Da hast du n. Glück gehabt - der Unfall hätte viel schlimmer ausgehen können*; *Hier ists ja n. ordentlich - du solltest mal mein Zimmer sehen!* **11** *unbetont*; verwendet, um e-e positive Aussage zu verstärken u. auszudrücken, dass sie e-n Gegensatz zu etw. darstellt: *Diese Äpfel sind zwar klein, aber dafür haben sie n. Geschmack!*; *Das waren n. Zeiten!* **12** *unbetont*; verwendet, um Ärger auszudrücken u. um zu zeigen, dass man etw. als ein Minimum erwartet: *Das wirst du ja n. für mich tun können!* **13** *betont u. unbetont*; ***n.*** **(*viel*)** + *Komparativ*; verwendet, um e-e Steigerung zu verstärken: *Die alte Wohnung war schon sehr schön, aber diese hier ist n. schöner*; *Er spielt recht gut Klavier, aber sie spielt n. viel besser* **14** *betont*; ***'n. so*** verwendet, um auszudrücken, dass etw. unter keinen Umständen eintritt od. getan wird ≈ egal wie, wie + *Adj* + auch (immer): *Da kannst du n. so viel trainieren - gegen ihn hast du keine Chance!*; *Und wenn der Film n. so interessant ist - ich sehe ihn trotzdem nicht an!* **15** *unbetont*; ***n.* (*gleich* / *mal*)** verwendet, wenn man nach etw. fragt, an das man sich im Moment nicht erinnern kann od. das man nicht verstanden hat: *Wie hieß n. (gleich) die Kathedrale in Wien?*; *Wie heißt er n. (mal)?* **16** *betont u. unbetont*; ***n.* (*ein*)*mal*** ein weiteres Mal: *Könnten Sie das n. einmal wiederholen?* **17** *unbetont*; ***n. nie*** bis jetzt nicht: *Ich war n. nie in Amerika* **18** *betont, gespr*; ***'n. u. 'n.*** sehr viel od. sehr oft: *Er hat Briefmarken n. u. n.* **19** *betont, gespr hum*; ***'n. u. 'nöcher*** ≈ n. u. n. **20** *unbetont*; ***auch 'das n.*** als Ausruf verwendet, wenn zum wiederholten Mal etw. Unangenehmes geschieht

noch[2] *Konjunktion*; ↑ ***weder***

noch·ma·li·g- *Adj*; *nur attr, nicht adv*; ⟨e-e Aufforderung, e-e Überprüfung⟩ so, dass sie noch einmal geschehen ≈ abermalig, weiter: *E-e nochmalige Wiederholung ist unnötig*

noch·mals *Adv*; noch einmal ≈ abermals: *Er versuchte n., sie anzurufen*

No·ma·de *der*; *-n, -n*; j-d, der mit seinem Volk von Ort zu Ort zieht, um dort Gras für seine Tiere zu finden: *In Nordafrika gibt es viele Nomaden* || K-: ***Nomaden-, -leben, -volk*** || -K: ***Wüsten-*** || NB: *der Nomade*; *den, dem, des Nomaden* || *hierzu* **no·ma·disch** *Adj*

No·men *das*; *-s, - / No·mi·na*; *Ling*; **1** ≈ Substantiv **2** *Kollekt*; ein Substantiv od. Adjektiv

No·men·kla·tur *die*; *-, -en*; *geschr*; **1** die (genau definierten) Wörter u. Ausdrücke, die Wissenschaftler auf e-m bestimmten Gebiet verwenden ≈ Terminologie **2** e-e Liste der Termini e-s Faches ≈ Verzeichnis

no·mi·nal *Adj*; *Ling*; wie ein Nomen (1) gebraucht ≈ substantivisch ⟨e-e Konstruktion⟩

No·mi·nal|ein·kom·men *das*; *Ökon*; die Höhe des Einkommens (Verdienstes) in Zahlen, die aber nichts darüber aussagen, was man damit kaufen kann ↔ Realeinkommen

No·mi·nal·stil *der*; *nur Sg*, *Ling*; e-e Art sich auszudrücken, bei der man sehr viele Substantive verwendet

No·mi·nal·wert *der*; *Ökon* ≈ Nennwert

No·mi·na·tiv [-f] *der*; *-s, -e*; *Ling*; der Kasus, in dem das Subjekt des Satzes steht ≈ erster Fall ⟨ein Wort steht im N.⟩: *In dem Satz „Der Ball flog durch das Fenster" steht „der Ball" im N.*

no·mi·nell *Adj*; *nur attr od adv*; **1** *geschr*; nur dem Namen nach, aber nicht in Wirklichkeit ↔ tatsächlich ⟨ein Mitglied⟩ **2** *Ökon*; so, dass dabei nur die Zahlen berücksichtigt werden, aber nicht der wirkliche Wert ≈ rechnerisch ↔ real: *Die nominelle Gehaltserhöhung von 3 Prozent wird durch die Inflation ausgeglichen*

no·mi·nie·ren; *nominierte, hat nominiert*; [Vt] **1** ***j-n* (*für etw.*) *n.*** j-n zum Kandidaten für e-e Wahl bestimmen ≈ aufstellen **2** ***j-n* (*für etw.*) *n.*** j-n (als Teilnehmer) für e-n sportlichen Wettbewerb melden || *hierzu* **No·mi·nie·rung** *die*

Non·cha·lance [nõʃa'lã:s] *die*; *-*; *nur Sg*, *geschr*; ein lockeres (ungezwungenes) Verhalten, das angenehm wirkt ≈ Lässigkeit, Ungezwungenheit

non·cha·lant [nõʃa'lã:] *Adj*; *geschr*; mit Nonchalance ≈ lässig (1), ungezwungen ↔ formell, steif (4)

Non·kon·for·mis·mus *der*; *-*; *nur Sg*, *geschr*; die Haltung, die j-n von den herrschenden Meinungen frei u. unabhängig macht || *hierzu* **Non·kon·for·mist** *der*; *-en, -en*; **non·kon·for·mis·tisch** *Adj*

Non·ne *die*; *-, -n*; e-e Frau, die ihr ganzes Leben lang Gott dienen will, nicht heiratet u. *mst* in e-m Kloster lebt ≈ Klosterfrau ↔ Mönch

Non·sens *der*; *- / -es*; *nur Sg*, *gespr pej* ≈ Unsinn

non·stop [nɔn'stɔp] *Adv*; ohne e-e Pause ⟨n. fliegen, Filme n. vorführen⟩: *von München n. bis Hamburg fahren* || K-: ***Nonstop-, -flug, Non-Stop-Flug***

Nop·pe *die*; *-, -n* **1** eine von vielen kleinen, dicken (biegsamen) Stellen (Zapfen) auf e-r Oberfläche, die verhindern, dass etw. darauf rutscht: *Die Seife liegt auf e-m Stück Gummi mit Noppen* **2** e-e Art Knoten in dicken Stoffen od. Garn: *ein Pullover mit Noppen* || K-: ***Noppen-, -garn, -stoff***

Nord[1] *ohne Artikel, indeklinabel, Seefahrt, Meteorologie* ≈ Norden (1) ↔ Süd ⟨Wind aus, von N.; ein Kurs nach N.⟩: *Die Position des Schiffes ist 56 Grad N. u. ein Grad West*

Nord[2] *der*; *-(e)s*; *nur Sg*, *Seefahrt* ≈ Nordwind

Nord·at·lan·tik|pakt *der*; *nur Sg*, *geschr* ≈ Nato

nord·deutsch *Adj*; **1** in Bezug auf den nördlichen Teil Deutschlands ↔ süddeutsch **2** in Bezug auf die Sprache dieses Gebietes ↔ süddeutsch ⟨ein Ausdruck, ein Wort⟩ || *zu* **1 Nord·deut·sche** *der / die*; **Nord·deutsch·land** *(das)*; *nur Sg*; *zu* **2 Nord·deut·sche** *das*

Nor·den *der*; *-s*; *nur Sg*; **1** die Richtung, die auf der Landkarte oben ist ↔ Süden ⟨der Wind weht aus / von N.; aus, in Richtung N.⟩: *Der Polarstern steht im N.*; *Die Nadel im Kompass zeigt nach N.* || K-: ***Nord-, -fenster, -hang, -küste, -rand, -seite, -teil*** **2** der Teil e-s Gebietes, der im N. (1) ist ≈ Nordteil ↔ Süden: *Er wohnt im N. des Landes, der Stadt* || K-: ***Nord-, -afrika, -amerika, -europa*** *usw* **3** ***der* (*hohe*) *N.*** der Teil der Erde, der sehr weit im N. (1), in der Nähe des Nordpols ist: *Im hohen N. Sibiriens gibt es ewiges Eis*

nor·disch *Adj*; *mst attr*; in Bezug auf die nordeuropäischen Länder, *bes* Norwegen, Schweden, Dänemark, Finnland u. Island ⟨die Länder, die Sagen, die Sprachen⟩

nörd·lich[1] *Adj*; **1** *nur attr, nicht adv*; nach Norden (gerichtet) ↔ südlich ⟨ein Kurs; in nördliche Richtung fahren⟩ **2** *nur attr, nicht adv*; von Norden nach Süden (gehend) ↔ südlich ⟨ein Wind; der Wind kommt, weht aus nördlicher Richtung⟩ **3** *mst attr*; im Norden (1,2) (befindlich) ↔ südlich ⟨die Erdhalbkugel, ein Land, die Seite, der Teil⟩: *Im nördlichen Kanada ist es jetzt schon sehr kalt*

nörd·lich[2] *Präp*; ***etw. ist* (*1 Kilometer o.Ä.*) *n. etw.*** (*Gen*); etw. liegt (1 Kilometer *o.Ä.*) höher im Norden als etw.: *Die Stadt liegt fünf Kilometer n. der Grenze*; *Die Straße n. unseres Hauses ist gesperrt* || NB: Folgt ein Wort ohne Artikel, verwendet man *n. von*: *n. von Italien*

Nord·licht *das*; **1** Flecken od. Streifen aus buntem Licht am Himmel, die man in der Nähe des Nordpols nachts oft sehen kann; *Meteorologie* Aurora Borealis **2** *gespr hum*; j-d, der aus dem Norden von Deutschland kommt

Nord·ost *ohne Artikel, indeklinabel, Seefahrt, Meteorologie* ≈ Nordosten (1); *Abk* NO

Nord·os·ten *der*; **1** die Richtung zwischen Norden u. Osten; *Abk* NO ⟨der Wind weht aus / von N.⟩ **2** ***der N.*** der Teil e-s Gebietes, der im N. (1) ist ≈ Nordostteil: *der N. e-s Landes*

nord·öst·lich[1] *Adj*; **1** *nur attr od adv*; nach Nordosten (gerichtet) od. von Nordosten (kommend) ⟨in nordöstliche Richtung, aus nordöstlicher Richtung⟩ **2** *mst attr*; im Nordosten (befindlich) ⟨die Seite, der Teil⟩

nord·öst·lich[2] *Präp*; ***etw. ist* (*1 Kilometer o.Ä.*) *n. etw.*** (*Gen*) etw. liegt (1 Kilometer *o.Ä.*) weiter im Nordosten als etw.: *e-e Straße n. der Stadt* || NB:

N

Folgt ein Wort ohne Artikel, verwendet man *n. von*: *n. von Spanien*

Nord·pol *der*; *nur Sg*; der nördlichste Punkt auf der Erde ↔ Südpol

Nord·see *die*; -; *nur Sg*; der Teil des Atlantischen Ozeans zwischen Großbritannien, Norwegen u. Dänemark

Nord-Süd-Ge·fäl·le *das*; *nur Sg*, *Pol*; der Unterschied zwischen den reichen Ländern im Norden u. den armen Ländern im Süden

nord·süd·lich *Adj*; von Norden nach Süden (verlaufend): *Die Autobahn verläuft in nordsüdlicher Richtung*

Nord·west *ohne Artikel*, *indeklinabel*, *Seefahrt*, *Meteorologie* ≈ Nordwesten (1); *Abk* NW

Nord·wes·ten *der*; **1** die Richtung zwischen Norden u. Westen; *Abk* NW ⟨der Wind weht aus / von N.⟩ **2** der Teil e-s Gebietes, der in dieser Richtung od. Gegend liegt ≈ Nordwestteil: *der N. e-s Landes*

nord·west·lich[1] *Adj*; *mst attr*; **1** nach Nordwesten (gerichtet) od. von Nordwesten (kommend) ⟨in nordwestlicher Richtung, aus nordwestlicher Richtung⟩ **2** im Nordwesten (befindlich) ⟨die Seite, der Teil⟩

nord·west·lich[2] *Präp*; ***etw. ist*** (*1 Kilometer o.Ä.*) ***n. etw.*** (*Gen*) etw. liegt (1 Kilometer *o.Ä.*) weiter im Nordwesten als etw.: *ein Kloster n. des Dorfes* || NB: Folgt ein Wort ohne Artikel, verwendet man *n. von*: *n. von Dänemark*

Nord·wind *der*; ein Wind, der von Norden kommt

nör·geln; *nörgelte*, *hat genörgelt*; [Vi] (***über j-n / etw.***) ***n.*** *pej*; j-n / etw. wegen kleiner Dinge immer wieder kritisieren ≈ meckern || *hierzu* **Nörg·ler** *der*; *-s*, -; **nörg·le·risch** *Adj*; **nör·ge·lig** *Adj*

Norm *die*; -, *-en*; **1** *mst Pl*; e-e allgemein anerkannte (ungeschriebene) Regel, nach der sich andere Menschen verhalten sollen ≈ Moralvorstellung ⟨ethische, gesellschaftliche, moralische Normen; Normen festsetzen; sich an Normen halten⟩ **2** das, was als normal od. üblich empfunden wird ⟨j-d / etw. entspricht der N., weicht von der N. ab⟩ **3** e-e bestimmte (Arbeits)Leistung, die j-d in e-r bestimmten Zeit schaffen soll ⟨die N. erfüllen, übererfüllen; e-e N. aufstellen, festlegen, erhöhen, senken⟩ || K-: ***Norm-, -erfüllung*** || -K: ***Arbeits-*** **4** e-e bestimmte Leistung, die ein Sportler erreichen muss, damit er an e-m Wettkampf teilnehmen darf **5** e-e Regel, wie etw. hergestellt, getan werden soll, aussehen soll ⟨technische Normen⟩ || -K: ***Industrie-, Rechts-; DIN-Norm***

nor·mal *Adj*; **1** so, wie es die allgemeine Meinung für üblich od. gewöhnlich hält ↔ unnormal, außergewöhnlich: *Ist es n.*, dass *ein Kind mit 14 Jahren schon arbeiten muss?*; *Unter normalen Umständen wäre sie jetzt schon hier, aber bei dem starken Schneefall wird sie sich verspäten* || K-: ***Normal-, -bürger, -fall, -gewicht, -größe, -höhe, -maß, -temperatur, -verbraucher, -zeit, -zustand*** || NB: um *n.* zu verstärken, verwendet man in der gesprochenen Sprache *stinknormal* **2** geistig u. körperlich gesund ↔ anormal, abnorm: *Ihre Angst vor Fremden ist doch nicht mehr n.!* || ID *gespr*; *mst* ***Bist du*** (***eigentlich***) ***noch n.?*** verwendet, um Ärger u. Erstaunen über j-s Verhalten auszudrücken

Nor·mal *das*; *-s*; *nur Sg* ≈ Normalbenzin || NB: *mst* ohne Artikel!

Nor·mal·ben·zin *das*; *nur Sg*; das (einfache) Benzin, mit dem die meisten Autos fahren || NB: ↑ ***Superbenzin, Diesel***

nor·ma·ler·wei·se *Adv*; so wie es sonst (üblich) ist od. sein sollte ≈ gewöhnlich: *N. müsste ich jetzt zur Arbeit gehen, aber heute habe ich frei*

nor·ma·li·sie·ren; *normalisierte*, *hat normalisiert*; [Vt] **1** ***etw. n.*** bewirken, dass etw. normal wird: *Das Gespräch hat ihr gespanntes Verhältnis zueinander normalisiert*; [Vr] **2** ***etw. normalisiert sich*** etw. wird normal: *Sie war sehr krank, aber inzwischen hat sich ihr Zustand wieder normalisiert* || *hierzu* **Nor·ma·li·sie·rung** *die*; *nur Sg*

Nor·mal·null *das*; *-(e)s*; *nur Sg*; die Höhe auf der Erdoberfläche, die mit null festgelegt wurde (u. die die Höhe des Meeres ist) u. auf die sich die Angaben über die Höhe von Orten, Bergen *usw* beziehen; *Abk* NN: *Hamburg liegt 6m über N.*

Nor·mal·ver·brau·cher *der*; (***Otto***) ***N.*** der durchschnittliche, normale Bürger: *Solch ein Luxusauto kann sich Otto N. nicht leisten*

nor·ma·tiv [-'tiːf] *Adj*; als Norm bindend ≈ zwingend ↔ deskriptiv ⟨e-e Bestimmung, e-e Regel⟩: *Ist das e-e normative od. e-e deskriptive Grammatik?*

nor·men; *normte*, *hat genormt*; [Vt] **1** ***etw. n.*** e-e Norm (5) aufstellen, die sagt, welche Größe / Form, welches Gewicht *usw* die Produkte haben sollen ≈ vereinheitlichen ⟨Papierformate n.⟩ **2** ***etw. n.*** etw. so gestalten, dass es e-r Norm (5) entspricht ⟨Gewichte, Waagen n.⟩ || *hierzu* **Nor·mung** *die*

Nor·men·kon·trol·le *die*; *Jur*; die Prüfung durch ein Gericht, ob ein Gesetz *bes* gegen die Verfassung verstößt || K-: ***Normenkontroll-, -verfahren***

nor·mie·ren; *normierte*, *hat normiert*; [Vt] ***etw. n.*** ≈ normen (1) || *hierzu* **Nor·mie·rung** *die*

Nos·tal·gie *die*; -; *nur Sg*; e-e Stimmung, in der man sich nach früheren Zeiten u. deren Kultur, Kunst od. Lebensart sehnt || K-: ***Nostalgie-, -gefühl*** || *hierzu* **nos·tal·gisch** *Adj*

Not *die*; -, *Nö·te*; **1** *nur Sg*; der Zustand, in dem j-d sehr arm ist u. nicht genug Geld u. Essen zum Leben hat ≈ Armut ↔ Reichtum ⟨große, schlimme Not; Not leiden; in Not geraten, sein; j-s Not lindern⟩: *Weil es seit Jahren nicht mehr geregnet hat, herrscht hier große Not* || -K: ***Hungers-*** **2** *mst Sg*; e-e (schlimme) Situation, in der man Hilfe braucht ≈ Bedrängnis ⟨Rettung aus / in höchster Not; j-m in der Stunde der Not beistehen⟩: *Die Not der Opfer des Erdbebens ist unbeschreiblich* || K-: ***Not-, -signal, -situation*** **3** der Zustand, in dem j-d seelisch leidet od. verzweifelt ist ≈ Verzweiflung ⟨innere, seelische Not; j-m seine Not / Nöte klagen; in Not sein⟩: *Er wusste sich in seiner Not nicht mehr zu helfen* **4** ***ohne Not*** ohne wichtigen Grund ≈ grundlos: *j-m ohne Not wehtun* **5** ***zur Not*** wenn es nicht anders geht ≈ notfalls: *Zur Not kann ich noch was kochen, aber ich würde lieber im Restaurant essen* **6** ***mit knapper Not / mit Mühe u. Not*** ≈ gerade noch: *den Zug mit knapper Not erreichen* **7** ***etw. tut Not*** *geschr*; etw. ist nötig || ID ***seine*** (***liebe***) ***Not mit j-m / etw. haben*** (große) Schwierigkeiten mit j-m / etw. haben; ***aus der Not e-e Tugend machen*** aus e-r unangenehmen Situation noch e-n Vorteil gewinnen; ⟨helfen⟩ ***wenn / wo Not am Mann ist*** helfen, wo j-d / etw. gebraucht wird; ***Not macht erfinderisch*** wenn einem etw. Notwendiges fehlt, lernt man oft, sich auch so zu helfen; ***in der Not frisst der Teufel Fliegen*** *gespr*; wenn es unumgänglich ist, ist man auch mit etw. zufrieden, das man sonst nicht nähme

> **Not lei·dend** *Adj*; *nicht adv*; ⟨e-e Familie; die Bevölkerung⟩ so arm (1), dass sie nicht genug Geld od. Essen zum Leben haben

No·tar *der*; *-s*, *-e*; ein Jurist, der beruflich bestätigt (beglaubigt), dass Dokumente echt sind, der Testamente ausarbeitet *usw*

No·ta·ri·at *das*; *-(e)s*, *-e*; das Büro e-s Notars

no·ta·ri·ell *Adj; nur attr od adv*; von e-m Notar gemacht ⟨etw. n. beglaubigen, beurkunden lassen; e-e Bestätigung⟩
Not·arzt *der*; ein Arzt, der in e-m Notfall (1) (mit dem Krankenwagen) zu e-m Unfall kommt od. den man rufen kann, wenn andere Ärzte keinen Dienst haben (*z.B.* am Wochenende) || K-: ***Notarzt-, -dienst, -wagen***
Not·auf·nah·me *die*; e-e Abteilung e-s Krankenhauses, in der Patienten behandelt werden, die e-n Unfall hatten od. plötzlich Hilfe brauchen
Not|aus·gang *der*; ein Ausgang, durch den man schnell nach draußen kommt, wenn *z.B.* ein Feuer ausbricht
Not·be·helf *der*; etw., das man nur benutzt, wenn man etw. Besseres nicht hat ≈ Behelfslösung ⟨etw. ist ein N., dient als N.⟩
Not·be·leuch·tung *die*; ein *mst* schwaches Licht, das man benutzen kann, wenn plötzlich kein Strom mehr da ist
Not·brem·se *die*; e-e Bremse in e-m Zug, die man ziehen kann, wenn man e-e Gefahr bemerkt ⟨die N. betätigen, ziehen⟩ || *hierzu* **Not·brem·sung** *die*; -, *-en*
Not·dienst *der*; der Dienst (als Arzt, Apotheker *o.Ä.*) außerhalb der normalen Arbeitszeit (*bes* für Notfälle) ≈ Bereitschaft (3), Bereitschaftsdienst
Not·durft *die*; -; *nur Sg*; *mst in* ***die / seine N. verrichten*** *geschr*; Blase u. / od. Darm entleeren ≈ austreten (5)
not·dürf·tig *Adj*; nicht richtig, sondern nur so, dass es gerade noch hält od. funktioniert ≈ provisorisch, behelfsmäßig ↔ sachgemäß ⟨etw. n. flicken, reparieren⟩
No·te[1] *die*; -, *-n*; **1** ein geschriebenes Zeichen, das e-n Ton in e-m Musikstück darstellt ⟨e-e punktierte N.; Noten lesen können; nach Noten singen, spielen⟩ || ↑ *Abb. unter* ***Tonleiter*** || -K: ***Viertel-, Achtel-*** **2** *nur Pl*; ein Blatt od. Heft mit Noten[1] (1), die ein od. mehrere Musikstücke darstellen ⟨Noten kaufen; die Noten vor sich liegen haben⟩ || K-: ***Noten-, -heft, -papier, -ständer*** **3** ***e-e ganze / halbe N.*** e-e N.[1] (1), die e-e Dauer von vier / zwei Taktschlägen hat
No·te[2] *die*; -, *-n*; **1** e-e Zahl od. ein Ausdruck, mit dem die Leistung e-s Schülers, Studenten *usw* (in e-r Skala) bewertet wird ≈ Zensur ⟨e-e gute, schlechte N. in etw. (*Dat*); e-e N. bekommen; j-m e-e N. geben; Noten austeilen, verteilen⟩: *Sie hat e-e sehr gute N. bekommen*; *Der Aufsatz wurde mit der N. 3 / „befriedigend" bewertet* || K-: ***Noten-, -durchschnitt, -gebung, -system, -vergabe*** || -K: ***Aufsatz-, Prüfungs-, Schul-***; ***Deutsch-, Physik-, Sport-*** *usw* **2** e-e Zahl, mit der die Leistung e-s Sportlers, (*z.B.* beim Turnen od. Tanzen) bewertet wird ⟨e-e hohe, niedrige N.⟩
No·te[3] *die*; -, *-n*; e-e offizielle, schriftliche Mitteilung, die *bes* e-e Regierung von e-m Diplomaten bekommt ⟨e-e diplomatische N.⟩
No·te[4] *die*; *nur Sg*; ***e-e*** + *Adj* + ***N.*** der gute Eindruck, die (besondere) Qualität, die etw. hat ⟨e-r Sache e-e besondere, festliche N. geben, verleihen⟩: *Ein selbst verfasstes Gedicht ist ein Geschenk mit e-r persönlichen N.*
Note·book ['noutbuk] *das*; *-s*, *-s*; *EDV*; ein kleiner, tragbarer PC
No·ten·blatt *das*; **1** ein Blatt, auf dem (Musik)Noten stehen **2** ein Blatt, das mit Linien für (Musik)Noten bedruckt ist
No·ten·li·nie *die*; eine von fünf Linien, in die man Noten[1] (1) schreibt
No·ten·schlüs·sel *der*; ein Zeichen, das am Beginn e-r Zeile mit Notenlinien steht u. den (Ton)Bereich bezeichnet, in dem die Noten[1] (1) stehen || NB: ↑ ***Bassschlüssel, Violinschlüssel***
Not·fall *der*; **1** e-e (unerwartete) Situation, in der man (schnell) Hilfe braucht (oft von e-m Arzt od. der Polizei *o.Ä.*) ⟨j-m in e-m N. Hilfe leisten; Geld für den N. zurücklegen⟩ **2** ***im N.*** wenn es sein muss, wenn die Situation es erfordert: *Bremse nur im N. ziehen!*
not·falls *Adv*; wenn es wirklich notwendig sein sollte ≈ im Notfall: *Wenn der letzte Zug schon weg ist, kann ich n. auch mit dem Taxi nach Hause kommen*
not·ge·drun·gen *Adv*; weil die Situation es notwendig macht(e) ≈ gezwungenermaßen ↔ freiwillig: *Da das Hotel geschlossen hatte, mussten wir n. im Auto übernachten*
Not·gro·schen *der*; Geld, das j-d für e-e Zeit der Not spart
no·tie·ren; *notierte, hat notiert*; [Vt] **1** ***(sich (Dat)) etw. n.*** etw. auf e-n Zettel schreiben, damit man es nicht vergisst ≈ aufschreiben ⟨e-e Adresse, e-e Telefonnummer⟩ **2** ***etw. (mit etw.) n.*** *Ökon*; e-n bestimmten Kurs, Preis für etw. an der Börse ermitteln u. festsetzen: *e-e Aktie mit zweihundert Euro n.*; [Vi] **3** ***etw. notiert irgendwie*** *Ökon*; etw. hat e-n ;bestimmten Preis, Kurs an der Börse: *Der Dollar notiert heute höher als gestern, über dem Kurs des Vortages* || *zu* **2** u. **3** **No·tie·rung** *die* || ► ***Notiz***
nö·tig *Adj*; **1** ***n. für j-n / etw***; ***n. zu etw.*** so, dass es gebraucht wird od. getan werden muss ≈ erforderlich, notwendig ↔ unnötig ⟨etw. macht etw. n., ist n.; etw. für n. halten; das Nötige veranlassen, alles Nötige tun⟩: *mit der nötigen Vorsicht vorgehen*; *Der Trainer fand es n.*, dass *seine Spieler öfter trainieren*; *Bei diesem Wetter ist* es *n.*, *sich warm anzuziehen*; *Wenn n., bleibe ich noch ein bisschen u. helfe dir* **2** *nur präd od adv*, *gespr*; so, dass etw. bald geschehen, getan werden muss ≈ dringend ⟨n. aufs Klo müssen, etw. n. brauchen⟩ || ID ***falls n.*** für den Fall, dass es nötig ist; *mst* ***Er / Sie hat es n.*** er / sie muss etw. tun, kann etw. gebrauchen: *„Er macht e-e Diät."* - *„Er hats auch n.!"*; ***etw. nicht n. haben*** etw. nicht tun müssen (u. stolz darauf sein, es nicht tun zu müssen): *Ich habe es nicht n., ihn um Verzeihung* zu *bitten*; ***es nicht für n. halten, etw. zu tun*** etw. nicht tun u. dadurch auf andere Leute unhöflich, unfreundlich *o.Ä.* wirken; *mst* ***Das ist doch nicht n. / Das wäre doch nicht n. gewesen!*** verwendet, um sich höflich zu bedanken
nö·ti·gen; *nötigte, hat genötigt*; [Vt] **1** ***j-n (zu etw.) n.*** j-n so bitten, etw. zu tun, dass er es kaum ablehnen kann ≈ j-n zu etw. drängen ↔ j-m etw. freistellen ⟨j-n zum Bleiben, Essen n.⟩: *Er nötigte sie, noch ein Glas Wein* zu *trinken* **2** ***j-n (zu etw.) n.*** *Jur*; j-n durch Drohung od. Gewalt dazu bringen, etw. zu tun **3** ***etw. nötigt j-n zu etw.*** etw. ist so, dass j-d gezwungen ist, etw. zu tun ≈ etw. zwingt j-n zu etw.: *Das schlechte Wetter nötigte sie, nach Hause* zu *gehen* || *zu* **2** **Nö·ti·gung** *die*; *nur Sg*
nö·ti·gen·falls *Adv*; wenn es sein muss ≈ notfalls, wenn nötig: *Das Kleid wird ihr schon passen, n. kann man es auch umtauschen*
No·tiz *die*; -, *-en*; **1** etw., das man aufgeschrieben hat ≈ kurzer Vermerk ⟨Notizen machen⟩: *Das geht aus e-r N. im Tagebuch hervor* || K-: ***Notiz-, -block, -buch*** || -K: ***Akten-, Rand-, Tagebuch-*** **2** e-e kurze Meldung in der Zeitung || -K: ***Zeitungs-*** || ID ***(keine) N. von j-m / etw. nehmen*** j-n / etw. (nicht) beachten || ► ***notieren***
Not·la·ge *die*; e-e schlimme Situation ⟨e-e wirtschaftliche, finanzielle N.⟩
not·lan·den; *notlandete, ist notgelandet*; [Vi] mit e-m Flugzeug in e-r gefährlichen Situation irgendwo

N

landen: *Als das Triebwerk ausfiel, musste das Flugzeug / der Pilot auf der Straße n.* || NB: *mst* im Infinitiv od. Perfekt verwendet! || *hierzu* **Not·lan·dung** *die*

Not·lö·sung *die*; e-e Lösung, die man in e-r schlechten Situation nur deshalb wählt, weil man keine bessere (Lösung) findet

Not·lü·ge *die*; e-e Lüge, mit der man etw. Schlimmes verhindern will ⟨zu e-r N. greifen; eine N. erfinden⟩

no·to·risch *Adj*; ⟨ein Lügner, ein Säufer⟩ bekannt dafür, dass sie sehr oft etw. Schlechtes tun

Not·ruf *der*; **1** ein Telefonanruf *o.Ä.*, mit dem man die Polizei, die Feuerwehr od. e-n Arzt um Hilfe in e-m Notfall bittet ⟨e-n N. empfangen, entgegennehmen⟩ **2** e-e Telefonnummer für Notrufe (1)

Not·ruf·num·mer *die*; e-e Telefonnummer, unter der man im Notfall die Polizei, Feuerwehr od. e-n Notarzt erreicht: *die Notrufnummern in Deutschland lauten 110, 112 u. 19 222*

Not·ruf·säu·le *die*; e-e Säule mit e-m Telefon an der Autobahn *o.Ä.*, von der aus man bei e-m Unfall od. e-r Panne die Polizei anrufen kann

not·schlach·ten; *notschlachtete, hat notgeschlachtet*; [Vt] ***ein Tier n.*** ein Tier schlachten, weil es krank od. verletzt ist || NB: *mst* im Infinitiv od. Perfekt verwendet! || *hierzu* **Not·schlach·tung** *die*

Not·sitz *der*; ein einfacher (zusätzlicher) Sitz (*z.B.* im Kino, im Zug), den man benutzt, wenn die anderen Plätze besetzt sind

Not·stand *der*; *mst Sg*, *Jur*; **1** e-e Situation, in der ein Staat od. Menschen in Gefahr sind u. in der deswegen besondere Gesetze gelten ⟨den N. ausrufen, erklären⟩ || K-: ***Notstands-, -gebiet, -gesetz*** **2** e-e Situation, in der man bestimmte Gesetze brechen darf, um sich od. j-n vor e-r Gefahr zu schützen

Not·un·ter·kunft *die*; ein einfaches Haus, ein Zelt, e-e Turnhalle *o.Ä.*, in denen man lebt, *z.B.* weil die eigene Wohnung zerstört ist od. weil man fliehen musste ⟨Notunterkünfte bereitstellen, einrichten, schaffen⟩

Not·wehr *die*; -; *nur Sg*; die Anwendung von Gewalt, die nicht bestraft wird, wenn damit ein Angriff abgewehrt wird ⟨in / aus N. handeln; N. geltend machen⟩

not·wen·dig *Adj*; **1** ≈ nötig ↔ überflüssig: *e-e notwendige Reparatur vornehmen*; *Er hielt es für n., sie über die neue Entwicklung zu informieren*; *Es ist nicht n.*, dass *du hier bleibst* **2** *mst attr*; ⟨e-e Konsequenz, e-e Reaktion⟩ so, dass sie nicht verhindert werden kann ≈ unvermeidlich, zwangsläufig: *Das Waldsterben ist e-e notwendige Folge der Umweltverschmutzung* || NB: Viele Wendungen, die unter *nötig* aufgeführt sind, hört man auch mit *notwendig* || *hierzu* **Not·wen·dig·keit** *die*; *mst Sg*

not·wen·di·ger|wei·se *Adv*; so (zwingend), dass es nicht verhindert werden kann ≈ zwangsläufig ⟨etw. führt n. zu etw.⟩

Not·zucht *die*; -; *nur Sg*, *geschr veraltend*; sexuelle Gewalt ≈ Vergewaltigung

Nou·gat *der, das* ↑ ***Nugat***

No·vel·le[1] [-v-] *die*; -, -*n*; e-e Erzählung (länger als e-e Kurzgeschichte, aber kürzer als ein Roman) *mst* über ein ungewöhnliches Ereignis u. oft mit e-m Wendepunkt: *die Novellen von Gottfried Keller* || K-: ***Novellen-, -sammlung*** || *hierzu* **No·vel·list** *der*; *-en, -en*; **no·vel·lis·tisch** *Adj* || NB: ↑ ***Roman, Kurzgeschichte***

No·vel·le[2] [-v-] *die*; -, -*n*; e-e Änderung e-s Gesetzes ⟨e-e N. einbringen, verabschieden⟩: *e-e N zum Umweltschutzgesetz* || -K: ***Gesetzes-***

no·vel·lie·ren [-v-]; *novellierte, hat novelliert*; [Vt] *mst* ⟨das Parlament⟩ ***novelliert ein Gesetz*** *geschr*; das Parlament ändert ein Gesetz || *hierzu* **No·vel·lie·rung** *die*

No·vem·ber [-v-] *der*; *-s*, -; *mst Sg*; der elfte Monat des Jahres; *Abk* Nov. ⟨im N.; Anfang, Mitte, Ende N.; am 1., 2., 3. N.; ein nebliger, kalter, stürmischer N.⟩: *Am ersten N. ist Allerheiligen* || K-: ***November-, -abend, -tag, -nacht***

No·vi·ze [-v-] *der*; *-n, -n*; ein Mann, der sich in e-m Kloster darauf vorbereitet, ein Mönch zu werden || NB: *der Novize*; *den, dem, des Novizen* || *hierzu* **No·vi·zin** *die*; -, *-nen*

Nr. *Abk für* Nummer

NS- [ɛn'|ɛs-] *im Subst, nicht produktiv*; in Bezug auf den Nationalsozialismus ≈ Nazi-; die ***NS-Organisation***, das ***NS-Regime***, der ***NS-Staat***, das ***NS-Verbrechen***

NSDAP [ɛnɛsdeːaː'peː] *die*; -; *nur Sg*, *hist*; (*Abk für* Nationalsozialistische Deutsche Arbeiterpartei) die Partei Adolf Hitlers

nu *Adv*; *nordd gespr* ≈ nun[1] (1)

Nu *nur in* ***im Nu*** *gespr*; in sehr kurzer Zeit ≈ im Handumdrehen: *Er drehte sich um u. war im Nu verschwunden*; *Ich bin im Nu wieder da*

Nu·an·ce ['nỹãːsə] *die*; -, *-n*; **1** ein feiner Unterschied in Farbe, Helligkeit, Bedeutung *o.Ä.* ≈ Abstufung ⟨stilistische, sprachliche, farbliche Nuancen⟩: *Rot gibt es in vielen Nuancen* || -K: ***Farb-, Bedeutungs-*** **2** ***e-e N.*** (***von etw.***) ein kleines bisschen ≈ Spur[2], Hauch (3): *Sie sprach um e-e N. zu laut*; *Dieses Blau ist e-e N. heller als das andere* **3** ≈ Feinheit, Merkmal ⟨kulturelle, stilistische Nuancen⟩: *Es ist kaum möglich, alle Nuancen e-r fremden Sprache zu erlernen* || *zu* **1** **nu·an·cen·reich** *Adj*

nu·an·ciert [nỹã'siːɐ̯t] *Adj*; *geschr*; mit vielen Details u. feinen Unterscheidungen ≈ nuancenreich, differenziert ↔ grob, undifferenziert ⟨e-e Ausdrucksweise; ein Klavierspiel; sich n. ausdrücken; etw. n. darstellen, beschreiben, zeichnen⟩: *Seine Erzählung gab ein sehr nuanciertes Bild des 19. Jahrhunderts* || *hierzu* **nu·an·cie·ren** (*hat*) *Vt*; **Nu·an·cie·rung** *die*

nüch·tern *Adj*; **1** so, dass die betroffene Person kein Frühstück gegessen hat u. der Magen leer ist ⟨mit nüchternem Magen, n. zum Arzt gehen⟩: *Ich kann auf nüchternen Magen keinen Alkohol trinken* **2** nicht betrunken, nicht von den Wirkungen des Alkohols beeinflusst ↔ betrunken, beschwipst ⟨nicht mehr ganz n., völlig, vollkommen n. sein⟩: *Nach zwei Gläsern Wein war er nicht mehr ganz n.* || NB: um *n.* zu verstärken, verwendet man (in der gesprochenen Sprache) *stocknüchtern* **3** von sachlichen Überlegungen u. nicht vom Gefühl geleitet ≈ sachlich ↔ unsachlich, emotional ⟨e-e Überlegung, Feststellungen; die Sache n. betrachten, beurteilen; ein nüchterner, n. denkender Mensch⟩ **4** nur an Zweck u. Funktion orientiert ≈ zweckmäßig, funktional ⟨ein Raum, ein Betonbau, ein Stil; e-e n. eingerichtete Wohnung⟩: *Ohne Pflanzen u. Bilder wirkt das Büro schrecklich n.* || *hierzu* **Nüch·tern·heit** *die*; *nur Sg*

nu·ckeln; *nuckelte, hat genuckelt*; [Vi] (***an etw.*** (*Dat*)) ***n.*** *gespr*; an etw. saugen: *Das Baby nuckelte zufrieden an der Brust seiner Mutter*

Nu·del *die*; -, *-n*; *mst Pl*; **1** ein Nahrungsmittel aus Mehl u. Wasser (u. Eiern), das man in Wasser kocht u. mit e-r Sauce, in Suppen od. mit Fleisch isst: *Lange dünne Nudeln nennt man Spaghetti*; *Hühnersuppe mit Nudeln* || K-: ***Nudel-, -salat, -suppe, -teig*** || -K: ***Band-, Faden-, Suppen-*** **2** ***e-e dicke, dumme, freche N.*** *gespr pej*; e-e dicke, dumme od. freche (junge) Frau

-nu·del *die*; -, *-n*; *im Subst, wenig produktiv*; *mst pej*; für e-e Frau verwendet, die mit dem im ersten

Wortteil genannten Substantiv oft in Verbindung gebracht wird; ***Skandalnudel, Giftnudel*** (= e-e Person, die sehr bösartig ist), ***Ulknudel***

Nu·del·brett *das*; ein großes Brett, auf dem man Teig flach u. dünn macht

Nu·del·holz *das*; *-es, Nu·del·höl·zer*; e-e Walze mit Griffen links u. rechts, mit der man Teig flach u. dünn macht

Nu·gat ['nu:gat] *der, das*; *-s*; *nur Sg*; e-e weiche, süße, braune Masse aus gemahlenen Nüssen, Zucker u. Kakao, mit der man oft Pralinen *o.Ä.* füllt || K-: ***Nougat-, -füllung, -masse, -schokolade*** || -K: ***Nuss-***

nuk·le·ar [nukle'a:ɐ̯] *Adj*; *mst attr, ohne Steigerung*; **1** so, dass dabei Atomenergie verwendet wird ⟨Energie, Waffen, ein Krieg; e-e Explosion⟩ || K-: ***Nuklear-, -macht, -waffen*** **2** ⟨Kräfte, Streitkräfte⟩ mit Atomwaffen **3** Atomwaffen betreffend ⟨die Abrüstung⟩

null[1] *Zahladj*; *indeklinabel*; **1** (als Ziffer) 0 **2** *Sport*; verwendet, um auszudrücken, dass keine Punkte od. Tore erzielt wurden: *ein Match mit eins zu n.* (*1:0*) *gewinnen*; *Das Spiel endete n. zu n.* (*0:0*) *unentschieden* **3** verwendet, um auszudrücken, dass in e-m Test keine Punkte erreicht od. keine Fehler gemacht wurden od. werden: *im Diktat n. Fehler haben*; *in e-m Test n. Punkte bekommen* **4** ***n.*** (***Grad*** (***Celsius***)) die Temperatur (auf der Celsius-Skala), bei der Wasser beginnt, zu Eis zu werden ≈ 0°C ⟨Temperaturen über, unter n.; die Temperatur sinkt (auf 10 Grad) unter n., steigt auf 10 Grad über n.⟩ **5** *nur Sg*; die Stellung e-s Schalters od. Zeigers, die zeigt, dass ein Gerät nicht eingeschaltet ist ⟨etw. steht auf n., zeigt auf n.; etw. auf n. stellen, drehen, schalten⟩: *Ist die Heizung an? - Nein, der Schalter steht auf n.* **6** ***n. Uhr*** *Admin geschr*; zwölf Uhr nachts ≈ Mitternacht, 24 Uhr: *Der Zug kommt um n. Uhr zweiundzwanzig* (*022 Uhr*) *an* || ID ***n. u. nichtig*** ≈ ungültig ⟨e-n Vertrag für n. u. nichtig erklären⟩; ***etw. ist gleich n.*** *gespr*; das Ergebnis, der Erfolg, das Resultat *o.Ä.* ist ohne Bedeutung u. Wert, j-s Interesse, j-s Reaktion *o.Ä.* ist nicht vorhanden; ***in n. Komma nichts*** *gespr hum*; in sehr kurzer Zeit ≈ im Nu, in Windeseile, im Handumdrehen

null[2] *Adj*; *nur attr, nicht adv, indeklinabel, gespr* ≈ kein(e) *usw* ⟨Ahnung, Interesse, Bock (= Lust) haben⟩: *Von Mathe hast du wohl n. Ahnung, was?*; *Er zeigt n. Interesse an der Politik*

Null *die*; *-, -en*; **1** die Ziffer 0: *Die Zahl 100 hat zwei Nullen* **2** *mst Sg, gespr pej*; j-d, der nichts kann u. in seinem Leben nichts erreicht hat ≈ Versager, Niete

Null·acht|fünf·zehn- *im Subst, begrenzt produktiv*; von durchschnittlicher Qualität, wie man es schon oft gesehen hat ≈ Allerwelts-; die ***Nullachtfünfzehn-Aufführung*** ⟨e-s Theaterstückes⟩, der ***Nullachtfünfzehn-Film***, die ***Nullachtfünfzehn-Frisur***, die ***Nullachtfünfzehn-Sendung*** ⟨im Radio⟩ || NB: *mst* mit dem unbestimmten Artikel verwendet

Null·di·ät *die*; *nur Sg*; e-e Diät, bei der man außer Wasser, Vitaminen u. Mineralien nichts isst od. trinkt: *unter ärztlicher Aufsicht e-e N. machen*

Null·lei·ter *der*; *Tech*; der Draht (in e-r elektrischen Leitung), in dem kein Strom fließt u. der mit der Erde (2) verbunden ist

Null·punkt *der*; **1** der Punkt auf e-r Skala, an dem auf der einen Seite die negativen u. auf der anderen Seite die positiven Werte beginnen **2** (auf der Celsius-Skala) die Temperatur, bei der Wasser zu Eis wird **3** *gespr*; ein Punkt, wo alles sehr schwierig u. hoffnungslos ist od. aussieht ≈ Tiefpunkt ↔ Höhepunkt ⟨auf dem N. (angelangt) sein; etw. sinkt auf den N.⟩: *Meine Konzentration hat heute ihren völligen N. erreicht, ich kann keinen klaren Gedanken fassen* **4** ***der absolute N.*** *Phys*; die tiefste Temperatur, die es gibt: *Der absolute N. liegt bei -273° Celsius*

Null·run·de *die*; *Ökon*; e-e Tarifrunde, bei der keine Lohnerhöhungen erzielt werden ⟨e-e N. vereinbaren⟩

Null·ta·rif *der*; *mst in* ***zum N.*** ohne, dass man etw. bezahlen muss ≈ gratis, kostenlos: *Die erste Fahrt mit der neuen U-Bahn war zum N.*

Null·wachs·tum *das*; *Ökon*; das Ausbleiben e-r Erhöhung der Produktion (*z.B.* e-s Betriebs), des Bruttosozialprodukts e-s Landes *o.Ä.*

Nul·pe *die*; *-, -n*; *bes nordd gespr pej*; ein dummer, langweiliger Mensch

Nu·me·ri *Pl*; ↑ ***Numerus***

nu·me·rie·ren ↑ ***nummerieren***

nu·me·risch *Adj*; **1** *nur attr od adv*; in Bezug auf die Anzahl ≈ zahlenmäßig, quantitativ ↔ qualitativ ⟨e-e n. starke, schwache Gruppe; e-e numerische Überlegenheit; e-e Gruppe *o.Ä.* ist n. überlegen⟩ **2** nur aus Ziffern gebildet, *bes* ohne Buchstaben ⟨ein Kode, ein System⟩ **3** *Math*; mit konkreten, bestimmten Zahlen (statt nur mit Buchstaben) ⟨das Rechnen, e-e Gleichung⟩

Nu·me·rus *der*; *-, Numeri*; *Ling*; die grammatische Kategorie, die beim Subst. u. Verb zeigt, ob ein od. mehrere Personen od. Dinge gemeint sind: *Die deutsche Sprache hat zwei Numeri: Singular u. Plural*

Nu·me·rus clau·sus *der*; *-*; *nur Sg*; e-e Regelung, die nur e-r begrenzten Anzahl von Personen erlaubt, ein bestimmtes Fach an e-r Universität *o.Ä.* zu studieren; *Abk* NC

Num·mer *die*; *-, -n*; **1** e-e Zahl, die den Platz e-r Person / Sache in e-r Reihe od. Liste angibt; *Abk* Nr. ⟨e-e hohe, niedrige N.⟩: *Karten für die Sitze N. 11 u. N. 12*; *das Los mit der N. 13*; *Ich wohne in der Maximilianstraße N. 41* || -K: ***Bestell-, Garderoben-, Haus-, Katalog-, Konto-, Kontroll-, Los-, Personal-, Scheck-, Steuer-, Zimmer-*** **2** j-d / etw. mit der angegebenen N. (1): *Bis auf N. 3 sind alle Zimmer besetzt*; *Die N. 666 gewinnt e-e Reise nach Kalifornien* **3** die Reihe von Ziffern, die man wählt, um zu telefonieren ⟨j-m seine N. geben; j-s N. haben; unter der N. 2859 erreichbar sein⟩ || -K: ***Telefon-, Privat-, Ruf-*** **4** die Ziffern u. Buchstaben auf e-m Schild, das Autos, Motorräder *usw* haben müssen ≈ (polizeiliches) Kennzeichen || K-: ***Nummern-, -schild, -tafel*** || -K: ***Auto-, Fahrzeug-, Wagen-*** **5** die Zahl, die die Größe von Kleidern, Schuhen *usw* angibt ≈ Größe (3) ⟨große, kleine Nummern⟩: *Damenschuhe N. 38*; *Haben Sie dieses Kleid e-e (halbe) N. größer?* || -K: ***Kleider-, Schuh-*** **6** ein Heft e-r Zeitschrift od. Zeitung ≈ Ausgabe[2] (2): *In der letzten N. von „Lebende Sprachen" war ein interessanter Artikel*; *e-e alte N. des „Spiegel"* || -K: ***Doppel-, Einzel-, Probe-, Sonder-*** **7** ein Stück in e-m Programm ⟨e-e N. vorführen, abziehen⟩: *Wir spielen jetzt e-e N. aus unserer letzten LP*; *Unsere nächste N: Gino und Gina auf dem Trapez!* || -K: ***Dressur-, Kabarett-, Solo-, Varietee-, Zirkus-*** **8** *gespr*; j-d, der auf irgendeine Art ungewöhnlich ist ⟨e-e komische, ulkige, witzige N.; j-d ist e-e N. für sich⟩ **9** *vulg*; ein sexueller Akt ⟨e-e N. machen, schieben⟩ || ID *mst* ***Thema N. eins*** das, worüber am meisten gedacht od. gesprochen wird: *Fußball ist bei vielen Männern Thema N. eins*; ***j-d ist die N. eins*** j-d ist auf e-m bestimmten Gebiet der beste; *mst* ***Dort ist man*** (***nur, bloß***) ***e-e N.*** dort ist man nur einer von vielen u. wird deshalb nicht beachtet: *In den großen Krankenhäusern sind die Patienten oft nur Nummern*; ***auf N. Sicher / sicher gehen*** *gespr*; kein Risiko eingehen: *Sie ging auf N. Sicher u. machte e-e Fotokopie des Briefes*; ***etw. ist e-e N. zu groß, ein***

paar Nummern zu groß (***für j-n***) *gespr*; etw. ist zu schwierig für j-n || ► ***nummerieren***

num·me·rie·ren; *nummerierte, hat nummeriert*; [Vt] ***etw. n.*** etw. (*Dat*) e-e Nummer geben u. es so in e-e bestimmte Ordnung od. Reihenfolge bringen ⟨Seiten n.; die Plätze im Kino, Theater sind nummeriert⟩ || *hierzu* **Num·me·rie·rung** *die*

Num·mern·schild *das*; das Schild aus Metall bei Autos, Motorrädern *usw*, auf dem *mst* Zahlen u. Buchstaben als Kennzeichen stehen || ↑ *Abb. unter* ***Auto***

nun[1] *Adv*; **1** in dem Moment, in dem der Sprecher etw. sagt ≈ in diesem Augenblick, jetzt[1] (1) ⟨von nun ab, von nun an⟩: *Nun bist du an der Reihe*; *Kommen wir nun zum Programm der nächsten Woche* **2** im Zeitraum der Gegenwart ≈ heutzutage, jetzt[1] (2) ↔ früher: *Früher war an dieser Stelle e-e schöne Wiese, nun stehen hier Hochhäuser* **3** inzwischen, mittlerweile: *Die wirtschaftliche Lage hat sich nun wieder etwas gebessert* **4** ***was nun?*** verwendet, um Ratlosigkeit auszudrücken od. um zu sagen, dass man nicht weiß, was als Nächstes kommt

nun[2] *Partikel*; *unbetont*; **1** in Fragen verwendet, um (Ungeduld darüber) auszudrücken, dass man die gewünschte Information noch nicht erhalten hat: *Hat sie den Job nun bekommen oder nicht?*; *Glaubst du mir nun endlich?*; *Kommt er nun, oder kommt er nicht?*; *War das nun so richtig, oder müssen wir noch etwas ändern?* **2** ***nun*** (***ein***)***mal*** *gespr*; verwendet, um auszudrücken, dass etw. so ist, wie es ist, u. dass man daran nichts ändern kann ≈ eben[3] (1): *Du kannst nun mal nicht alles haben!*; *Die Entscheidung ist nun mal so getroffen worden - da lässt sich nichts ändern* **3** ***nun*** (***gut***) verwendet, um e-n Satz einzuleiten u. oft ein neues Thema anzusprechen ≈ also[3] (6): *Nun, das kann ich nicht sofort entscheiden*; *Nun gut, ich bezahle dir die Eintrittskarte*; *Nun, habt ihr euch schon überlegt, wohin ihr in Urlaub fahrt?*

nun·mehr *Adv*; *geschr*; **1** von jetzt an, in der Zukunft ≈ von nun an, ab jetzt, künftig: *Wir werden das n. anders machen* **2** von e-m Zeitpunkt in der Vergangenheit bis jetzt ≈ nun[1] (3), jetzt[1] (3), inzwischen: *N. sind es fünf Jahre, dass ich in dieser Stadt lebe*

nur[1] *Adv*; verwendet, um etw., das man vorher gesagt hat, einzuschränken ≈ bloß[2]: *Das Konzert war toll, nur war die Musik ein bisschen zu laut*; *Das habe ich ja gleich gesagt, du hast es mir nur nicht geglaubt*; *Ich habe das auch gehört. Ich frage mich nur, stimmt das auch?*

nur[2] *nur in* **1** ***nicht nur ... sondern auch*** verwendet, um auszudrücken, dass zu etw. noch etw. anderes hinzukommt: *Er ist nicht nur ein guter Schauspieler, sondern auch ein guter Sänger* **2** ***nur dass*** verwendet, um etw., das man vorher gesagt hat, einzuschränken ≈ bloß[2]: *Der Film hat mir gut gefallen, nur dass er ein bisschen lang war*

nur[3] *Partikel*; **1** *betont u. unbetont*; verwendet, um auszudrücken, dass e-e Aussage genau auf die genannte Sache / Person *o.Ä.* zutrifft u. auf nichts anderes (u. dass das wenig ist). *Nur* bezieht sich auf den Teil des Satzes, der direkt auf *nur* folgt ≈ bloß, lediglich: *Nur Hans hat den Kuchen gekauft* (u. sonst niemand); *Hans hat nur den Kuchen gekauft* (u. nichts anderes); *Hans hat den Kuchen nur gekauft* (u. nicht gegessen); *Ihre neuen Schuhe kosteten nur 40 Euro*; *Ich habe ihn nur kurze Zeit gesehen* || NB: Auch *erst* drückt aus, dass etw. weniger ist, als man erwartet hat od. erwarten kann. *Erst* betont jedoch die Erwartung, dass noch etw. dazukommt od. kommen könnte: *Er hat bis jetzt erst zweimal gewonnen*; *Um acht Uhr waren erst fünf Gäste da* **2** *unbetont*; verwendet, um e-e Aussage zu betonen: *Sie geht spazieren, so oft sie nur kann*; *Komm, wann immer du nur willst*; *Ich tue alles, was du nur willst* **3** *unbetont*, *gespr*; ***nur so*** + *Verb* sehr stark: *Sie zitterte nur so vor Angst*; *Das Auto fuhr so schnell um die Kurve, dass die Reifen nur so quietschten* **4** *unbetont*; ***nur noch*** (+ *Komparativ*) verwendet, um auszudrücken, dass etw. e-e unerwünschte Wirkung hat: *Bleib im Bett, sonst wirst du nur noch krank*; *Sag lieber nichts, sonst wird er nur noch wütender*; *Wenn du an dem Mückenstich kratzt, juckt er nur noch mehr* || ID ***nur so*** *gespr*; ohne bestimmten Grund ⟨etw. nur so sagen, tun⟩: *„Warum hast du das denn getan?" - „Ach, nur so, ich weiß nicht"*

nur[4] *Partikel*; *betont u. unbetont*; **1** in Fragen verwendet, um auszudrücken, dass man nicht weiß, was (jetzt) zu tun ist ≈ bloß[4] (1): *Wo ist denn nur mein Schlüssel?*; *Was kann da nur passiert sein?*; *Wie funktioniert das denn nur?* **2** in Ausrufesätzen u. rhetorischen Fragen verwendet, um Bewunderung, Kritik *o.Ä.* auszudrücken ≈ bloß[4] (2): *Was hast du da nur wieder angestellt!*; *Warum hast du das nur nicht schon früher gesagt?* **3** verwendet, um j-n zu beruhigen, zu trösten od. ihm Mut zu machen: *Nur mit der Ruhe, wir haben Zeit genug!*; *Nur nichts überstürzen!*; *Nur Mut, das schaffst du schon!*; *Nur keine Angst!* **4** verwendet, um aus e-r Aufforderung e-e Drohung od. Warnung zu machen ≈ bloß[4] (4), ja (11): *Komm nur nicht so spät nach Hause, du weißt ja, dass Vater das nicht mag*; *Sei nur nicht so frech!*; *Glaub nur nicht, dass ich mir das gefallen lasse!*; *„Soll ich ihn mal fragen?" - „Nur nicht - da wird er bloß wütend!"* **5** verwendet, um e-n dringenden Wunsch auszudrücken ≈ bloß[4] (5): *Wenn es doch nur schon Abend wäre!*; *Hätte ich das doch nur nicht gesagt!*; *Wäre ich nur zu Hause geblieben, dann hätte das nicht passieren können!*

Nur|haus·frau *die*; *pej od iron*; e-e Frau, die nur den Haushalt versorgt u. keinen bezahlten Beruf ausübt

nu·scheln; *nuschelte, hat genuschelt*; [Vt/i] *gespr*; **1** (***etw.***) ***n.*** so reden, dass man den Mund kaum bewegt u. deshalb schwer zu verstehen ist: *Was nuschelst du da? Ich verstehe kein Wort!* **2** (***etw.***) ***in seinen Bart n.*** ≈ n. (1) || NB: auch für Leute verwendet, die keinen Bart haben || *zu* ***Genuschel*** ↑ ***Ge-***

Nuss *die*; -, *Nüs·se*; **1** e-e trockene Frucht mit e-m Kern, der in e-r harten Schale steckt ⟨Nüsse knacken, aufmachen⟩: *Das Eichhörnchen sammelt Nüsse für den Winter* || K-: ***Nuss-, -baum, -schale*** **2** der Kern dieser Frucht, den man *mst* essen kann || K-: ***Nuss-, -eis, -kuchen, -schokolade, -torte***; ***nuss-, -braun*** || -K: ***Kokos-, Muskat-*** || NB: ↑ ***Erdnuss, Haselnuss, Walnuss*** || ID ***e-e dumme / blöde / taube N.*** *gespr pej*; verwendet als Schimpfwort für e-n dummen / blöden Menschen; ***e-e taube Nuss*** etw., das nicht den Wert hat, den man erwartet; ***e-e harte N.*** *gespr*; ein schwieriges Problem ⟨etw. ist e-e harte N. für j-n; j-m e-e harte N. zu knacken / beißen (= lösen) geben; e-e harte N. zu knacken / beißen haben, bekommen⟩

Nuss·kna·cker *der*; *-s*, *-*; ein Gerät, mit dem man die Schale e-r Nuss aufmacht

Nüs·tern *die*; *Pl*; die Nasenlöcher des Pferdes ⟨geblähte N.⟩ || ↑ *Abb. unter* ***Pferd***

Nut·te *die*; *-*, *-n*; *gespr pej* ≈ Prostituierte || *hierzu* **nut·ten·haft** *Adj*; *pej*

nutz ↑ ***nütze***

nutz·bar *Adj*; **1** so, dass man es für e-n bestimmten Zweck verwenden kann ≈ verwendbar ↔ nutzlos ⟨e-e Energie, Rohstoffe, e-e Idee⟩ **2** ***etw.*** (***für j-n***) ***n. machen*** etw. so machen, dass es genutzt werden kann ⟨die Wasserkraft n. machen; e-e Erfindung für die Menschen n. machen⟩ || *zu* **1** **Nutz·bar·keit** *die*; *nur Sg*; *zu* **2** **Nutz·bar·ma·chung** *die*; *nur Sg*

nụtz·brin·gend *Adj*; so, dass j-d e-n bestimmten Nutzen davon hat ≈ nützlich ↔ nutzlos ⟨seine Zeit, sein Geld n. verwenden, anlegen, investieren⟩

nụ̈t·ze *mst in* ***j-d / etw. ist zu nichts n.*** j-d ist einem keine Hilfe, etw. ist so, dass man nichts Sinnvolles damit tun kann ≈ j-d / etw. ist zu nichts zu gebrauchen: *Viele Produkte, die die Industrie auf den Markt bringt, sind doch zu gar nichts n.!*

nụt·zen; *nutzte, hat genutzt*; [Vt] **1** ***etw.*** (***zu etw.***) ***n.*** etw. für e-n bestimmten Zweck sinnvoll verwenden ≈ verwerten ⟨e-e Gelegenheit, e-e Chance, die Freiheit n.⟩: *jede freie Minute zur Weiterbildung n.*; *die Wasserkraft zur Erzeugung von Strom n.*; *das schöne Wetter zum Wandern n.*; *den Keller für sein Hobby n.*; *e-e fruchtbare Gegend landwirtschaftlich n.*; *Er nutzte die Zeit* (dazu), *sich auszuruhen*; [Vi] **2** ***etw. nutzt*** (***j-m / etw.***) (***etwas / viel***) etw. bringt j-m / etw. e-n Vorteil, hilft ihm irgendwie ↔ etw. schadet j-m / etw.: *Ein günstiger Kredit würde der Firma viel n.*; **3** ***etw. nutzt*** (***j-m / etw.***) ***wenig / nichts*** etw. bringt j-m / etw. keinen Vorteil, hilft nicht: *Seine Ratschläge nutzen uns wenig*; Es *nutzt nichts, hier herumzustehen, wir müssen was tun!*

nụ̈t·zen; *nützte, hat genützt*; *bes südd* Ⓐ ↑ ***nutzen***

Nụt·zen *der*; *-s*; *nur Sg*; **1** ein Vorteil od. Gewinn, den j-d von e-r bestimmten Sache od. Tätigkeit hat ↔ Schaden ⟨der praktische, unmittelbare, gesellschaftliche, wirtschaftliche N.; e-n (großen) N. aus etw. ziehen; e-n, keinen N. von etw. haben; sich von etw. e-n N. versprechen; etw. bringt (j-m / etw.) (e-n) N.; etw. mit N. anwenden⟩: *Der praktische N. dieser Erfindung wird enorm sein* **2** ***etw. ist*** (***j-m / etw.***) ***von N.*** etw. ist für j-n / etw. ein Vorteil: *Bei der Bewerbung um den Job werden dir deine Erfahrungen auf diesem Gebiet von Nutzen sein*; *Es wird dir von N. sein*, dass *du Erfahrungen auf diesem Gebiet hast* || ► ***zunutze***

Nụtz·flä·che *die*; die Fläche des Erdbodens, auf der man etw. (an)bauen kann, od. der Teil e-s Gebäudes, den man zu etw. nutzen kann

Nụtz·holz *das*; *nur Sg*, *Kollekt*; das Holz, aus dem man *bes* Möbel macht ↔ Brennholz

Nụtz·last *die*; das Gewicht, das ein Auto, Schiff, Flugzeug *o.Ä.* tragen kann ↔ Eigengewicht

nụ̈tz·lich *Adj*; **1** *nicht adv*; so, dass etw. davon e-n Nutzen (1) hat ≈ brauchbar, hilfreich ↔ nutzlos, unnütz ⟨ein Hinweis, e-e Beschäftigung, ein Geschenk, Pflanzen, Tiere; (allerlei) Dinge; j-d / etw. erweist sich als n.⟩: *Gummistiefel werden uns bei diesem Regen sehr n. sein*; *Es war für die Natur sehr n.*, dass *es endlich wieder geregnet hat* **2** ***j-m*** (***bei etw.***) ***n. sein, sich*** (***bei j-m / etw.***) ***n. machen*** j-m helfen ≈ j-m hilfreich sein: *Er war seinem Freund beim Reparieren des Autos n.*; *Er hat sich bei der Gartenarbeit n. gemacht* || *zu* **1** **Nụ̈tz·lich·keit** *die*; *nur Sg*

Nụ̈tz·lich·keits|den·ken *das*; *-*; *nur Sg*; e-e Art zu denken, wobei nur solche Dinge für wichtig gehalten werden, die e-n direkten praktischen Nutzen haben

nụtz·los *Adj*; ohne Nutzen (1) ≈ sinnlos, unnütz ⟨Bemühungen, e-e Anstrengung; etw. n. vergeuden⟩: *Es ist völlig n., ihr Ratschläge* zu *geben, sie ignoriert sie einfach* || *hierzu* **Nụtz·lo·sig·keit** *die*; *nur Sg*

Nụtz·nie·ßer *der*; *-s*, *-*; j-d, der e-n Vorteil od. Gewinn von etw. hat, ohne dass er viel dafür getan hat

Nụtz·pflan·ze *die*; e-e Pflanze, die man anbaut, *bes* um sie zu essen

Nụtz·tier *das*; ein Tier, das man wirtschaftlich nutzt. Man hält Nutztiere, damit sie für einen arbeiten od. weil sie Fleisch, Milch, Eier *o.Ä.* liefern

Nụt·zung *die*; *-*; *nur Sg*; das Verwenden von etw. zu e-m bestimmten Zweck ≈ Verwertung: *die friedliche N. der Kernenergie*; *die landwirtschaftliche N. des Bodens*; *die industrielle, wirtschaftliche N. der Rohstoffe* || K-: ***Nutzungs-, -recht***

Ny·lon® ['nailɔn] *das*; *-s*; *nur Sg*; ein künstlich hergestelltes Material, aus dem man *bes* Kleidungsstücke macht: *e-e Strumpfhose aus N.* || K-: ***Nylon-, -strümpfe, -strumpfhose***

Nym·phe ['nʏmfə] *die*; *-*, *-n*; (in der griechischen u. römischen Mythologie) eine der jungen Göttinnen, die in Bäumen, Flüssen, Bergen *o.Ä.* wohnen || NB: ↑ ***Nixe*** || *hierzu* **nỵm·phen·haft** *Adj*

nym·pho·man [nʏmfo-] *Adj*; *geschr*; (von Frauen) mit e-m krankhaft starken sexuellen Trieb ≈ mannstoll ↔ frigide || *hierzu* **Nym·pho·ma·nie** *die*; *nur Sg*; **Nym·pho·ma·nin** *die*; *-*, *-nen*

N

O, o

O, o [oː] *das*; -, - / *gespr auch -s*; der fünfzehnte Buchstabe des Alphabets ⟨ein großes O; ein kleines o⟩ || *hierzu* **o-för·mig, O-för·mig** *Adj*

Ö, ö [øː] *das*; -, - / *gespr auch -s*; der Umlaut des o ⟨ein großes Ö; ein kleines ö⟩

o! *Interjektion*; verwendet mit e-m anderen Wort, um *bes* Erschrecken od. Bedauern auszudrücken ⟨o ja!, o weh!, o Gott!, o doch!, o nein!⟩ || NB: ↑ ***oh***

-o *der*; *-s, -s*; *im Subst, begrenzt produktiv, gespr, oft pej*; *bes* von Jugendlichen verwendet, um auszudrücken, dass die betroffene Person die Eigenschaften hat, die im ersten Wortteil genannt werden; ***Anarcho*** (= Anarchist), ***Brutalo*** (= brutaler Mensch) *usw*

O·a·se *die*, -, *-n*; **1** e-e Stelle in der Wüste, an der es relativ viel Wasser u. deshalb auch Bäume u. andere Pflanzen gibt: *Viele Karawanen rasten in der O.* **2** ***e-e O.*** + *Gen* ein Ort, an dem man etw. Angenehmes empfindet oder Vorteile hat, die es sonst nur selten gibt ≈ Paradies ⟨e-e O. des Friedens, der Ruhe, der Stille⟩ || -K: ***Steuer-***

ob[1] *Konjunktion*; **1** verwendet (nach bestimmten Verben, Substantiven u. Adjektiven), um e-n Nebensatz einzuleiten, der e-e Frage, Zweifel od. Ungewissheit ausdrückt: *Wissen Sie, ob heute noch ein Zug nach Berlin fährt?*; *Sie konnte sich nicht entscheiden, ob sie ihn anrufen sollte oder nicht* **2** **(*egal*) *ob ... oder nicht*** drückt aus, dass etw. auf jeden Fall geschieht od. geschehen muss: *Täglich macht er e-n Spaziergang, (egal) ob es draußen warm ist oder nicht*; *Ob er will oder nicht, er muss den Schaden ersetzen* **3** ***ob ... ob*** **(*...ob*)** drückt aus, dass etw. für alle Personen od. Sachen gilt, die genannt werden ≈ egal ob: *Ob Alt, ob Jung, ob Arm, ob Reich: alle sind willkommen*; *Ob Frau, ob Mann, ob Kind, jeder war eingeladen* **4** ***u. 'ob!*** *gespr*; verwendet, um e-e positive Antwort zu verstärken ≈ und wie!: *Kannst du Tischtennis spielen? - Und ob (ich das kann)!* **5** ***als ob*** ↑ ***als***[2] (4)

ob[2] *Präp*; *mit Gen, geschr veraltet* ≈ wegen

O·bacht *die*; -; *nur Sg*, *südd* Ⓐ **1** ***O.!*** ≈ Vorsicht! **2** (***auf j-n / etw.***) ***O. geben*** (auf j-n / etw.) Acht geben, aufpassen: *Gib O.! Er muss O. geben, dass er keinen Fehler macht*

ÖBB [øbeˈbeː] *die*; -; *nur Sg*, *Abk für* Österreichische Bundesbahnen

Ob·dach *das*; *-(e)s*; *nur Sg*, *geschr*; e-e Unterkunft, in der man wohnen kann, wenn man (*bes* nach e-r Katastrophe) keine Wohnung hat ⟨j-m O. gewähren; (ein) O. finden⟩

Ob·dach·lo·se *der / die*; *-n, -n*; j-d, der (aus Not od. nach e-r Katastrophe) ohne Wohnung ist: *Das Rote Kreuz stellt den Obdachlosen Zelte zur Verfügung* || K-: ***Obdachlosen-, -asyl, -fürsorge, -heim*** || NB: *ein Obdachloser*; *der Obdachlose*; *den, dem, des Obdachlosen* || *hierzu* **ob·dach·los** *Adj*; **Ob·dach·lo·sig·keit** *die*; *nur Sg*

Ob·duk·ti·on [-ˈtsi̯oːn] *die*; -, *-en*; *Med*; der Vorgang, bei dem ein Arzt den Körper e-s Toten aufschneidet, um zu prüfen, wann u. warum dieser gestorben ist ≈ Autopsie ⟨e-e O. anordnen⟩ || K-: ***Obduktions-, -befund*** || *hierzu* **ob·du·zie·ren** (*hat*) *Vt*

O-Bei·ne *die*; *Pl*; krumme, nach außen gebogene Beine ↔ X-Beine ⟨O-Beine haben⟩ || *hierzu* **o-bei·nig, O-bei·nig** *Adj*

O·be·lisk *der*; *-en, -en*; ein schmaler, hoher Stein als Denkmal, der unten quadratisch ist u. oben e-e Spitze hat: *der O. auf dem Petersplatz in Rom* || NB: *der Obelisk*; *den, dem, des Obelisken*

o·ben *Adv*; **1** (vom Sprecher aus gesehen) an e-r höheren Stelle ↔ unten ⟨ganz, hoch, weit o.⟩: *Das Haus hat o. vier Zimmer u. unten drei*; *Das Buch steht im Regal rechts o.* **2** auf der höher gelegenen Seite e-s Gegenstandes ↔ unten ⟨etw. o. öffnen, zumachen, zubinden⟩ **3** in die / der Luft ⟨nach o. blicken, sehen; etw. fliegt, schwebt o.⟩ **4** in der Höhe ⟨hier o.⟩ **5** am od. im oberen Teil e-s Blatts Papier, e-s Briefs *o.Ä.* ↔ unten: *der erste Absatz auf Seite fünf o.*; *Das Datum steht rechts o.* **6** weiter vorn im Text ↔ unten: *Hiervon wurde o. bereits berichtet*; *wie o. angegeben* || K-: ***oben erwähnt, genannt, stehend, zitiert*** **7** auf der Oberfläche: *Öl schwimmt immer o.* **8** auf der kurzen Seite e-s langen Tisches, an der die wichtigste Person sitzt: *Das Brautpaar hat seinen Platz o. an der Tafel* **9** *gespr*; weiter im Norden (gelegen): *ganz o., an der Nordsee*; *hoch o. im Norden* **10** *gespr*; von höherem Status od. von höherer dienstlicher Stellung: *die (Leute) da o.*; *Die Anweisung kommt von o.* **11** ***o. ohne*** *gespr hum*; (*bes* als Frau) mit nacktem Oberkörper ⟨o. ohne baden; sich o. ohne sonnen⟩ || K-: ***Obenohne-Bedienung*** || ID ***von o. herab*** so, als ob man viel vornehmer als andere sei ⟨j-n von o. herab ansehen; mit j-m von o. herab sprechen⟩; ***von o. bis unten*** **a)** ≈ völlig, ganz: *von o. bis unten schmutzig*; *Das Haus muss von o. bis unten renoviert werden*; **b)** lange u. genau ⟨j-n von o. bis unten ansehen; ein Haus von o. bis unten durchsuchen⟩

o·ben·an, o·ben·an *Adv*; als Wichtigstes an erster Stelle: *Auf seiner Wunschliste steht o. ein neues Fahrrad*

o·ben·auf *Adv*; *geschr*; **1** auf allen anderen Dingen ≈ zuoberst ⟨etw. liegt, sitzt, steht o.⟩ **2** ***wieder o. sein*** wieder gesund sein od. Selbstvertrauen haben: *Er hat das berufliche Tief überwunden u. ist wieder o.*

o·ben·drauf *Adv*; *gespr* ≈ obenauf (1)

o·ben·drein *Adv* ≈ zusätzlich, außerdem: *Sie war laut u. o. auch noch frech*

o·ben·drü·ber *Adv*; *gespr*; über j-n / j-m / etw. ≈ darüber ↔ untendrunter: *ein Wort durchstreichen u. ein anderes o. schreiben*

o·ben·he·rum *Adv*; *gespr*; am / im oberen Teil (des Körpers): *sich o. waschen*

o·ben·rum *Adv*; *gespr* ≈ obenherum

O·ber *der*; *-s, -*; **1** *gespr* ≈ Kellner **2** (***Herr***) ***O.!*** verwendet als höfliche Anrede für den Kellner (in e-m Restaurant) ↔ Fräulein **3** die Karte zwischen König u. Unter im deutschen Kartenspiel || ↑ *Abb. unter* ***Spielkarten*** || -K: ***Blatt-, Eichel-, Herz-, Schellen-***; ***Trumpf-***

o·be·r-[1] *Adj*; *nur attr, nicht adv*; **1** über etw. anderem od. höher als etw. anderes gelegen, befindlich ↔ unter-: *die obere Hälfte, Reihe, Schicht, Stufe*; *das obere Stockwerk*; *Das Buch steht im obersten Fach* *des Regals* **2** in e-r Hierarchie höher als die anderen: *die Schüler der oberen Klassen*; *die oberste Behörde*; *der oberste Gerichtshof* **3** *nur Superlativ* ≈ wichtigst- ⟨das oberste Gebot, der oberste Grundsatz, das oberste Prinzip⟩ **4** (bei Flüssen) näher zur Quelle gelegen ↔ unter-: *die obere Donau* || K-: ***Ober-, -rhein*** || NB: ↑ ***zehntausend***

o·ber-[2] *im Adj, begrenzt produktiv, gespr*; verwendet, um (*bes* negative) Adjektive zu verstärken; ***oberblöd, oberfad, oberfaul*** ⟨e-e Sache⟩, ***obermies***

O·ber- *im Subst, begrenzt produktiv*; **1** verwendet, um die Hälfte e-s Körperteils zu bezeichnen, die über der anderen Hälfte ist ↔ Unter-; der ***Oberarm***, der ***Oberkiefer***, der ***Oberkörper***, die ***Oberlippe***, der ***Oberschenkel*** **2** verwendet, um etw. zu bezeichnen, das sich auf od. über ähnlichen Dingen befindet ↔ Unter-; die ***Ober(be)kleidung***, das ***Oberdeck***, das ***Oberhemd*** **3** verwendet, um auszudrücken, dass e-e Person od. Institution e-n höheren Rang hat als der, der vom Grundwort ausgedrückt wird; der ***Oberbürgermeister***, der ***Oberförster***, der ***Obergefreite***, das ***Oberlandesgericht***, der ***Oberlehrer***, der ***Oberleutnant***, der ***Oberstaatsanwalt***, der ***Oberstudienrat*** **4** verwendet, um ein Amt, e-e Position *o.Ä.* zu bezeichnen, die höher als alle anderen sind; die ***Oberaufsicht***, die ***Oberherrschaft***, die ***Oberhoheit***, das ***Oberkommando*** ⟨des Heeres⟩ **5** verwendet, um den Teil e-s Landes zu bezeichnen, der höher liegt als der andere ↔ Unter-, Nieder-; ***Oberfranken***, die ***Oberpfalz***, ***Oberösterreich***, ***Oberschlesien*** **6** *gespr pej*; verwendet, um Substantive, die etw. Negatives ausdrücken, zu verstärken; der ***Oberangeber***, der ***Oberdepp***, der ***Obergauner***, der ***Oberspinner***

O·ber·arm *der*; der Teil des Armes vom Ellbogen bis zur Schulter ↔ Unterarm

O·ber·be·fehls·ha·ber *der*; j-d, der den höchsten Rang in der Armee e-s Landes hat ⟨der O. des Heeres, der Streitkräfte⟩ || *hierzu* **O·ber·be·fehl** *der*; *nur Sg*

O·ber·be·griff *der*; ein Begriff, unter dem man viele andere zusammenfassen kann ↔ Unterbegriff: *„Gehölze" ist der O. für Bäume u. Sträucher*

O·be·ren *die*; *Pl*; die Personen mit dem höchsten Rang: *den Anweisungen der Oberen folgen* || -K: ***Ordens-, Partei-***

O·ber·flä·che *die*; -, *-n*; **1** die Seite e-s Materials od. e-s Körpers, die man von außen sieht: *etw. hat e-e glänzende, glatte, polierte, raue, wellige O.* || K-: ***Oberflächen-, -bearbeitung, -struktur*** **2** die oberste Schicht e-r Flüssigkeit od. Masse: *Der Wind kräuselt die O. des Sees*; *Auf der O. des Wassers schwamm Öl* || K-: ***Oberflächen-, -spannung*** || -K: ***Wasser-*** **3** *Geometrie*; alle Flächen, die e-n Körper umgeben: *die O. e-s Würfels berechnen*

o·ber·fläch·lich *Adj*; **1** nicht gründlich u. detailliert ⟨e-e Darstellung, Kenntnisse; etw. nur o. behandeln, betrachten⟩ **2** kurz, flüchtig u. nicht intensiv ⟨e-e Bekanntschaft; etw. nur o. kennen⟩ **3** *pej*; ohne Interesse an geistigen Werten ⟨ein Charakter, ein Mensch⟩ || *hierzu* **O·ber·fläch·lich·keit** *die*; *mst Sg*

O·ber·ge·schoss, Ⓐ **O·ber·ge·schoß** *das*; ein Stockwerk, das über dem Erdgeschoss liegt ↔ Untergeschoss ⟨das erste, zweite, dritte *usw* O.⟩

O·ber·gren·ze *die*; der höchste Wert, der nicht überschritten werden darf od. kann ↔ Untergrenze

o·ber·halb *Präp*; *mit Gen*; weiter oben als etw. ≈ über ↔ unterhalb: *O. 2000 Meter geht der Regen in Schnee über*; *O. dieser Preisgrenze ist das Angebot nicht mehr interessant* || NB: auch adverbiell verwendet mit *von*: *o. von Afrika*

O·ber·hand *die*; *nur Sg*, *geschr*; **1** ***die O. haben / behalten*** mehr Macht od. Einfluss als andere haben: *Die konservativen Parteien behielten viele Jahre die O.* **2** ***die O. gewinnen / bekommen*** stärker (als andere) werden, sich (gegen andere) durchsetzen ≈ siegen

O·ber·haupt *das*; *geschr*; j-d, der in e-r Gruppe den höchsten Rang hat ⟨das geistliche, politische, weltliche O.; das O. der Familie⟩: *Der Papst ist das O. der katholischen Kirche* || -K: ***Familien-, Kirchen-***

O·ber·hemd *das*; ein Hemd (1), das Männer (über e-m Unterhemd) tragen || -K: ***Herren-***

O·ber·hir·te *der*; *geschr*; das Oberhaupt e-r Kirche || NB: *der Oberhirte*; *den, dem, des Oberhirten*

O·be·rin *die*; -, *-nen*; **1** e-e Nonne, die ein Kloster od. ein kirchliches Heim leitet **2** e-e Krankenschwester, der die Schwestern e-s Krankenhauses unterstehen

o·ber·ir·disch *Adj*; auf od. über der Oberfläche der Erde gelegen, befindlich ↔ unterirdisch: *Das schmutzige Wasser wird durch oberirdische Rohre in ein Becken geleitet* || NB: ↑ ***überirdisch***

O·ber·kie·fer *der*; der obere Teil des Kiefers ↔ Unterkiefer

O·ber·kör·per *der*; der obere Teil des menschlichen Körpers (vom Bauch bis zum Hals) ↔ Unterkörper

O·ber·lauf *der*; der Teil e-s Flusses, der näher zur Quelle liegt ↔ Unterlauf

O·ber·lei·tung *die*; ein Draht, der über Masten gespannt ist u. aus dem *bes* Straßenbahnen u. elektronische Lokomotiven den elektrischen Strom nehmen

O·ber·licht *das*; ein Fenster in der Decke e-s Raumes

O·ber·lip·pe *die*; die obere Lippe ↔ Unterlippe || K-: ***Oberlippen-, -bart***

O·ber|re·al·schu·le *die*; *hist*; e-e Art Gymnasium

O·bers *das*; -; *nur Sg*, Ⓐ ≈ (süße) Sahne || -K: ***Schlag-***

O·ber·schen·kel *der*; der Teil des Beins zwischen Knie u. Hüfte ≈ Schenkel ↔ Unterschenkel, Wade || ↑ *Abb. unter* **Mensch** || K-: ***Oberschenkel-, -knochen***

O·ber·schicht *die*; *nur Sg*; der Teil der Bevölkerung mit der höchsten sozialen Stellung ↔ Unterschicht: *Das Land wurde von e-r dünnen O. beherrscht*

o·ber·schlau *Adj*; *gespr iron*; ⟨ein Mensch; o. daherreden⟩ so, dass er sich für sehr schlau hält

O·ber·schu·le *die*; **1** *gespr*; e-e höhere Schule, *bes* ein Gymnasium **2** *hist* (*DDR*); die normale Schule, die aus zehn od. zwölf Klassen bestand ⟨die zehnklassige allgemeinbildende polytechnische O. (= POS); die zwölfklassige erweiterte O. (= EOS)⟩ || *hierzu* **O·ber·schü·ler** *der*

O·ber·schwes·ter *die*; e-e Krankenschwester, die in e-r Klinik e-e Abteilung leitet

O·ber·sei·te *die*; die obere Seite, die man sieht ↔ Unterseite

O·berst *der*; *-en / -s, -en / -e*; ein hoher Offizier (mit e-m Rang zwischen Oberstleutnant u. Brigadegeneral). Ein O. ist *mst* der Chef e-r Kaserne || NB: *der Oberst*; *den, dem Oberst / Obersten, des Obersts / Obersten*

O·ber·stüb·chen *das*; *nur in* ***nicht ganz richtig im O. sein*** *gespr*; ein bisschen verrückt sein

O·ber·stu·fe *die*; *Kollekt*; **1** die drei höchsten Klassen *bes* e-s Gymnasiums ↔ Unterstufe, Mittelstufe **2** *hist* (*DDR*); die vier bzw. sechs höchsten Klassen e-r Oberschule (2) || K-: ***Oberstufen-, -lehrer***

O·ber·teil *das / der*; das / der obere Teil ↔ Unterteil || NB: *das* O. ist häufiger als *der* O., *bes* wenn es sich um ein Einzelstück handelt: *das O. e-s Bikinis*

O·ber·was·ser *das*; *nur in* ***O. bekommen / haben*** *gespr*; e-n Vorteil erlangen / im Vorteil sein

O·ber·wei·te *die*; der Umfang des Oberkörpers (von Frauen), wie er um Brust u. Rücken gemessen wird

ob·gleich *Konjunktion* ≈ obwohl

Ob·hut *die*; -; *nur Sg*, *geschr*; Schutz u. Pflege ⟨in guter O. sein; unter j-s O. stehen; sich in j-s O. befinden; j-n / etw. in / unter seine O. nehmen⟩: *die Kinder unter der O. der Lehrerin*

o·bi·g- *Adj*; *nur attr*, *nicht adv*, *geschr*; weiter vorn schon genannt (*z.B.* in e-m Brief) ≈ oben erwähnt: *Bitte senden Sie Ihre Antwort an obige Adresse*

Ob·jekt *das*; -*(e)s*, -*e*; **1** etw., das so interessant ist, dass man sich damit beschäftigt (od. es *z.B.* erforscht) ≈ Gegenstand (2) ⟨ein lohnendes O.; ein O. der Forschung⟩: *Als Olympiasieger ist er das O. der allgemeinen Neugier* || -K: ***Demonstrations-, Forschungs-, Streit-, Versuchs-*** **2** *Ökon*; ein Gebäude, Grundstück *o.Ä.*, *bes* das man kaufen od. verkaufen will ≈ Immobilie: *Der Makler bietet mehrere interessante Objekte an* || K-: ***Objekt-, -schutz*** || -K: ***Kauf-, Wert-*** **3** *Ling*; ein Substantiv, das ein Verb ergänzt, aber nicht das Subjekt ist. Objekte stehen im Deutschen *mst* im Dativ od. im Akkusativ ⟨das direkte, indirekte O.⟩: *In dem Satz „Er las das Buch mit Interesse" ist „das Buch" das direkte O.* || K-: ***Objekt-, -satz*** || -K: ***Akkusativ-, Dativ-, Präpositional-*** **4** ein Kunstgegenstand, der *mst* aus verschiedenen gewöhnlichen Gegenständen u. Materialien besteht || K-: ***Objekt-, -kunst***

ob·jek·tiv, **ob·jek·tiv** [-f] *Adj*; **1** von Fakten u. nicht von persönlichen Gefühlen od. Wünschen bestimmt ≈ sachlich ↔ subjektiv ⟨ein Grund, e-e Meinung, ein Urteil; etw. o. berichten, darstellen, schildern⟩ **2** ⟨Tatsachen⟩ so, dass sie unabhängig vom Bewusstsein des Menschen existieren || *zu* **1** **Ob·jek·ti·vi·tät** *die*; *nur Sg*; *zu* **1** u. **2** **ob·jek·ti·vie·ren** *(hat) Vt*; **Ob·jek·ti·vie·rung** *die*; *nur Sg*

Ob·jek·tiv [-f] *das*; -*(e)s*, -*e*; ein System von Linsen bei optischen Geräten (*z.B.* e-r Kamera): *das O. ausschrauben, wechseln*

Ob·la·te *die*; -, -*n*; e-e dünne, runde Scheibe aus Mehl u. Wasser, die wie e-e Waffel *mst* mit e-r Füllung gegessen wird od. als Boden für ein kleines Gebäck bzw. als Hostie in e-m christlichen Gottesdienst dient || K-: ***Oblaten-, -lebkuchen***

ob·lie·gen; *oblag*, *hat oblegen*; Vi ***etw. obliegt j-m*** *geschr*; etw. ist j-s Aufgabe od. Pflicht: *Die Entscheidung obliegt der Behörde*; *Es obliegt dem Gericht, den Beweis* zu *erbringen* || *hierzu* **Ob·lie·gen·heit** *die*

ob·li·gat *Adj*; *mst attr*, *nicht adv*, *oft iron*; so, dass es in bestimmten Situationen immer wieder vorkommt od. geschieht: *Nach dem schönen Wetter kommt jetzt das obligate Gewitter*

Ob·li·ga·ti·on [-ˈtsi̯oːn] *die*; -, -*en*; *Ökon*; ein Wertpapier mit Zinsen, die unverändert bleiben ≈ Schuldverschreibung || -K: ***Bundes-***

ob·li·ga·to·risch *Adj*; **1** von e-r Autorität vorgeschrieben ≈ verbindlich ↔ fakultativ: *Die Teilnahme an diesem Kurs ist o.* **2** *mst attr*, *nicht adv*, *mst iron* ≈ obligat

Ob·mann *der*; -*(e)s*, *Ob·män·ner* / *Ob·leu·te*; j-d, der e-e Gruppe von Personen vertritt, *z.B.* die Angestellten gegenüber der Leitung e-r Firma: *der O. der Gewerkschaft* || -K: ***Betriebs-*** || *hierzu* **Ob·frau** *die*; **Ob·män·nin** *die*; -, -*nen*

O·boe *die*; -, -*n*; ein Blasinstrument aus Holz mit hohem Klang, in das man durch ein dünnes Rohr hineinbläst ⟨(die) O. spielen⟩ || ↑ *Abb. unter* ***Blasinstrumente*** || *hierzu* **O·bo·ist** *der*; -*en*, -*en*; **O·bo·is·tin** *die*; -, -*nen*

O·bo·lus *der*; -, -*se*; *geschr hum*; e-e *mst* kleine Summe Geld, die man für etw. gibt, *bes* e-e Spende ⟨seinen O. entrichten⟩

Ob·rig·keit *die*; -, -*en*; *geschr veraltend*; die Personen od. die Institution, die die Macht haben ⟨die geistliche, kirchliche, weltliche O.⟩

Ob·rig·keits·den·ken *das*; *nur Sg*, *pej*; die Überzeugung, dass man den Mächtigen (der Regierung, Kirche *usw*) in allen Dingen (kritiklos) gehorchen soll

Ob·rig·keits·staat *der*; *pej*; ein autoritärer Staat, in dem die Bürger ohne demokratische Rechte sind

ob·schon *Konjunktion*; *geschr* ≈ obwohl, obgleich

Ob·ser·va·to·ri·um [-v-] *das*; -*s*, *Ob·ser·va·to·ri·en* [-ri̯ən]; ein Gebäude, von dem aus Wissenschaftler *bes* die Sterne od. das Wetter beobachten

ob·ser·vie·ren [-v-] *observierte*, *hat observiert*; Vt ***j-n / etw. o.*** *(Admin) geschr*; verdächtige Personen od. Orte, an denen ein Verbrechen geschehen könnte, (polizeilich) beobachten || *hierzu* **Ob·ser·va·ti·on** *die*; -, -*en*; **Ob·ser·vie·rung** *die*

ob·sie·gen; *obsiegte*, *hat obsiegt*; Vi ***etw. obsiegt*** *geschr* ≈ etw. siegt ⟨das Böse, das Gute⟩

obs·kur *Adj*; *nicht adv*; **1** *geschr pej*; unbekannt u. daher verdächtig ≈ anrüchig ⟨ein Lokal, e-e Tätigkeit⟩: *obskure Geschäfte machen* **2** unlogisch u. nicht richtig ⟨Gedanken, Äußerungen, Argumente⟩ || *hierzu* **Obs·ku·ri·tät** *die*; *nur Sg*

Obst *das*; -*(e)s*; *nur Sg*; die *mst* süßen u. saftigen Früchte (von Bäumen u. Sträuchern), die man (roh) essen kann, wie *z.B.* Äpfel, Bananen od. Pfirsiche ⟨frisches, eingemachtes, gedörrtes O.; O. einkochen⟩ || K-: ***Obst-, -baum, -blüte, -ernte, -garten, -korb, -kuchen, -messer, -plantage, -saft, -salat, -teller, -torte*** || -K: ***Beeren-, Kern-, Stein-***; ***Dosen-, Frisch-, Trocken-***

Obst·ler *der*; -*s*, -; *südd* Ⓐ ein Schnaps aus Obst

Obst·scha·le[1] *die*; e-e flache Schüssel, in die man Obst legt

Obst·scha·le[2] *die*; die äußere Schicht *z.B.* von Äpfeln, Bananen, Orangen || NB: *bes* bei Pfirsichen u. vielen Beeren sagt man *Haut*

obs·zön *Adj*; ⟨e-e Anspielung, ein Bild, ein Witz; Verhalten⟩ so, dass sie *bes* im sexuellen Bereich die guten Sitten verletzen ≈ unanständig

Obs·zö·ni·tät *die*; -, -*en*; **1** *nur Sg*; die Eigenschaft, obszön zu sein **2** ein Bild od. Text mit obszönem Inhalt: *Der Film wurde wegen seiner Obszönitäten heftig kritisiert*

ob·wohl *Konjunktion*; verwendet, um auszudrücken, dass das, was im Hauptsatz gesagt wird, trotz der genannten Umstände zutrifft, eintritt *o.Ä.* ≈ obschon, obgleich: *Er ist überhaupt nicht müde, o. er die ganze Nacht nicht geschlafen hat*; *O. es schon Herbst ist, kann man noch im Freien sitzen*

Ochs [ɔks] *der*; -*en*, -*en*; (*bes südd* Ⓐ Ⓒⓗ) *gespr* ≈ Ochse || ID ***dastehen wie der O. vorm Berg / Scheunentor*** *gespr*; nicht mehr wissen, was man tun soll || NB: *der Ochs*; *den, dem, des Ochsen*

Och·se [ˈɔksə] *der*; -*n*, -*n*; **1** ein männliches Rind (Stier), dem die Geschlechtsdrüsen entfernt wurden: *Ochsen vor den Pflug spannen* || K-: ***Ochsen-, -fleisch, -gespann, -karren, -schwanz, -zunge*** **2** *gespr*; verwendet als Schimpfwort für j-n, den man für dumm hält || NB: *der Ochse*; *den, dem, des Ochsen*

och·sen [ˈɔksn̩]; *ochste*, *hat geochst*; Vi ***(für / auf etw. (Akk)) o.*** *gespr*; sehr viel arbeiten ≈ schuften ⟨auf / für e-e Prüfung o.⟩

Och·sen·schwanz|sup·pe *die*; e-e Suppe aus dem Fleisch vom Schwanz e-s Ochsen

Och·sen·tour [-tuːɐ̯] *die*; *gespr hum*; e-e Arbeit od. e-e berufliche Karriere, die viel Zeit u. Mühe kostet

Ọ·cker *der / das*; *-s*; *nur Sg*; **1** ein natürlicher Farbstoff aus gelblich braunen Mineralien **2** ein Farbton zwischen gelb u. braun || K-: ***ocker-, -braun, -farbig, -gelb*** || *hierzu* **ọ·cker** *Adj*; *nur präd, indeklinabel, nicht adv*; **ọ·cker·far·ben** *Adj*; *nicht adv*

O̲·de *die*; *-, -n*; ein *mst* feierliches Gedicht mit e-m eigenen Rhythmus: *e-e Ode von Hölderlin*

ö̲·de *Adj*; **1** ⟨e-e Gegend, e-e Landschaft⟩ so, dass da keine od. nur wenige Bäume u. Sträucher wachsen können ≈ kahl **2** fast ohne Menschen u. trostlos: *Nach dem Tod seines Freundes schien ihm die Welt öde u. leer* **3** ⟨ein Dasein, ein Gespräch, ein Leben, ein Tag⟩ ≈ langweilig ↔ abwechslungsreich || *hierzu* **Ö·de** *die*; *-*; *nur Sg* || ▶ ***Einöde***

Ọ·dem *der*; *-s*; *nur Sg*, *lit* ≈ Atem

Ö·de̲m *das*; *-s, -e*; *Med*; e-e Stelle am Körper, die dick wird, weil sich dort Blut od. Wasser sammelt. Ödeme bilden sich *bes* an schlecht durchbluteten Beinen

Obst

o̲·der *Konjunktion*; **1** verwendet, um auszudrücken, dass es mehrere Möglichkeiten gibt; *Abk* od.: *In diesem See kann man schwimmen, surfen oder segeln* **2** verwendet, wenn es nur eine von zwei Möglichkeiten geben kann: *Er kommt heute oder morgen*; *Ja oder nein?*; *Du hast die Wahl*: *komm mit oder bleib hier* **3** verwendet, um auszudrücken, dass j-d / etw. auch anders genannt werden kann: *elektronische Datenverarbeitung oder kurz EDV*; *Karl d. Große oder Charlemagne, wie ihn die Franzosen nennen* **4** verwendet, um auf e-e unangenehme Konsequenz hinzuweisen / e-e Drohung einzuleiten: *Ihr benehmt euch sofort anständig, oder ihr fliegt raus! Entweder hält er sich an die Spielregeln, oder er spielt nicht mit* **5** ***…, oder?*** verwendet am Ende e-s Satzes, wenn der Sprecher Zustimmung erwartet od. sich erhofft: *Wir machen jetzt e-e Kaffeepause, oder?*; *Der Club trainiert doch für die Olympischen Spiele, oder?* **6** ***oder so*** (***was / ähnlich***) *gespr*; verwendet, um auszudrücken, dass man etw. nicht genau weiß: *Er studiert Sinologie oder so was*; *Er heißt Michalski oder so* (*ähnlich*) || NB: **a)** ↑ ***entweder***; **b)** Nach *oder* ist die Wortstellung wie in e-m normalen Aussagesatz: *Vielleicht hatte er keine Zeit, oder sein Auto hatte e-e Panne*. Vergleiche damit: *Er konnte nicht kommen, weil sein Auto e-e Panne hatte*

Ö̲·di·pus·kom·plex *der*; *Psych*; e-e übertrieben starke emotionale Bindung e-s Jungen / Mannes an seine Mutter bzw. e-s Mädchens / e-r Frau an ihren Vater

Ö̲d·land *das*; *Agr*; Land, das weder bebaut ist noch landwirtschaftlich *o.Ä.* genutzt wird

O·dys·se̲e *die*; *-, -n* [-seːən]; *geschr*; e-e lange Reise mit vielen Abenteuern u. Schwierigkeiten

Oeuv·re [ˈøːvrə] *das*; *-, -s*; *geschr*; das gesamte Werk e-s Autors od. Künstlers ≈ Lebenswerk

O̲·fen *der*; *-s, Öfen*; **1** ein Gerät, in dem man (*z.B.* mit Holz) Feuer macht, um ein Zimmer zu heizen ⟨den O. anheizen, schüren, ausgehen lassen; der O. zieht nicht; der O. raucht, glüht⟩ || K-: ***Ofen-, -bank, -heizung, -kachel, -rohr, -tür*** || -K: ***Gas-, Kohle-, Öl-; Kachel-*** || NB: ↑ ***Heizung*** **2** ein Gerät, in dem man Kuchen backt od. e-n Braten zubereitet ≈ Backofen: *ein Hähnchen im O. braten* || -K: ***Gas-, Elektro-*** || NB: der O. (2) ist meist Teil e-s Herdes **3** ***ein heißer O.*** *gespr*; (*bes* verwendet von Jugendlichen) ein Auto od. ein Motorrad mit starkem Motor || ID *mst* ***Jetzt ist der O. aus!*** *gespr*; da kann man nichts mehr ändern; ***hinter dem O. hocken***; ***sich hinter dem O. verkriechen*** *gespr*; immer im Haus bleiben u. nicht nach draußen gehen

o̲·fen·frisch *Adj*; gerade aus dem Backofen geholt ≈ frisch gebacken ⟨Brot, Brötchen⟩

ọf·fen *Adj*; **1** so, dass man hinein-, hinaus- od. hindurchgehen, -greifen, -sehen *o.Ä.* kann ≈ geöffnet, auf ↔ geschlossen, verschlossen, zu ⟨sperrangelweit, weit o. sein, stehen⟩: *bei offenem Fenster schlafen*; *den obersten Knopf am Hemd o. lassen*; *Hat sie die Augen schon o., oder schläft sie noch?*; *Du brauchst keinen Schlüssel, die Tür / das Auto ist o.* || -K: ***halb-*** **2** so, dass man da ohne Hindernis weiterfahren kann ≈ frei ↔ gesperrt ⟨die Straße, der Pass, der Grenzübergang, die Grenze⟩: *Die Zufahrt zum Gletscher ist nur im Sommer o.* **3** so, dass Kunden *o.Ä.* hineindürfen ≈ auf, geöffnet ↔ geschlossen, zu ⟨Banken, Behörden, Geschäfte, Parks, Zoos⟩: *Die Läden sind bis 18 Uhr o.*; *Hat die Bank schon o.?* **4** noch nicht (vom Hersteller) nach Mengen verpackt ⟨Getreide, Milch, Wein; etw. o. kaufen, verkaufen⟩ **5** so, dass viel Raum ist u. man weit sehen kann ≈ frei ⟨ein Feld, ein Gelände; auf offenem Meer⟩ **6** noch nicht erledigt od.

O

entschieden ⟨e-e Entscheidung, e-e Frage, ein Konflikt, ein Problem⟩: *Es ist noch o.*, wohin *wir in Urlaub fahren*; *Es ist noch o.*, ob *sie an der Tagung teilnehmen wird* **7** noch nicht bezahlt ⟨e-e Rechnung, ein Betrag⟩ **8** noch zu haben ≈ frei ↔ besetzt ⟨ein Arbeitsplatz, e-e Stellung⟩ **9** so, dass der Betreffende ehrlich ist u. seine Gefühle nicht versteckt ≈ freimütig ⟨ein Blick, ein Mensch, ein Bekenntnis; e-e offene Art, ein offenes Wesen haben; etw. o. gestehen, sagen, zeigen, zugeben; ein offenes Wort mit j-m reden; j-m seine Meinung o. sagen; etw. o. und ehrlich zugeben⟩: *O. gesagt mag ich ihn nicht*; *Sie sagte ihm o. ihre Meinung* **10** für jeden deutlich erkennbar ≈ unverhohlen ⟨Feindschaft, Hass, Protest, Widerstand; etw. tritt o. zutage⟩ **11** ***o. für j-n / etw.***; ***gegenüber j-m / etw. o.*** bereit, etw. Neues zu akzeptieren u. sich damit zu beschäftigen ≈ aufgeschlossen: *o. für alles Neue sein*; *den Problemen des anderen gegenüber o. sein*; *mit offenen Sinnen durch die Welt gehen* || -K: ***welt-*** **12** noch nicht verheilt ⟨e-e Wunde⟩ **13** so, dass die Haut Risse u. Wunden hat ≈ wund ⟨offene Beine, Hände haben⟩ **14** so, dass jeder teilnehmen od. mitmachen kann ⟨ein Wettbewerb, ein Rennen⟩: *Die Meisterschaft ist für alle Altersgruppen o.* **15** nicht zusammengebunden ≈ lose ⟨die Haare o. tragen; mit offenen Haaren⟩ || *zu* **9, 10** u. **11 Of·fen·heit** *die*; *nur Sg* || ► ***öffnen***, ***Öffnung***

of·fen blei·ben; *blieb offen, ist offen geblieben*; Vi **1 *etw. bleibt offen*** etw. wird nicht geschlossen: *Diese Tür muss immer o. b.!* **2 *etw. bleibt offen*** etw. kann nicht entschieden od. gelöst werden: *Da man sich nicht einigen konnte, musste die Frage o. b.*

of·fen hal·ten; *hält offen, hielt offen, hat offen gehalten*; Vt **1 *etw. o. h.*** etw. so halten, dass es offen bleibt ≈ aufhalten: *die Tür, den Kofferdeckel o. h.* **2 *etw. o. h.*** etw. nicht schließen ⟨e-e Behörde, ein Geschäft⟩: *Er hält seine Gaststätte 24 Stunden am Tag offen* **3 *j-m / sich etw. o. h.*** etw. so regeln, dass man es später noch tun kann: *sich e-n Ausweg, e-e Fluchtmöglichkeit o. h.*

of·fen las·sen; *lässt offen, ließ offen, hat offen gelassen*; Vt **1 *etw. o. l.*** etw. nicht (ver)schließen: *Lass bitte die Tür offen, ich habe keinen Schlüssel dabei!*; *Er hat das Paket offen gelassen, damit du es sehen kannst* **2 *etw. o. l.*** ≈ frei lassen ⟨e-n Platz, e-e Stelle in e-r Liste o. l.⟩ **3 *etw. o. l.*** etw. ohne Antwort od. Lösung lassen ⟨e-e Frage o. l. ⟩: *Er hat* (es) *noch offen gelassen*, ob *er morgen mitfährt* **4 *Wünsche o. l.*** *geschr*; Wünsche nicht erfüllen

of·fen le·gen; *legte offen, hat offen gelegt*; Vt ***etw. o. l.*** *geschr*; etw. so zeigen, dass es ein anderer prüfen kann ⟨seine Absichten, die Abrechnung, die Kontobücher o. l.⟩ || *hierzu* **Of·fen·le·gung** *die*; *nur Sg*

of·fen ste·hen; *stand offen, hat / südd Ⓐ Ⓒⓗ ist offen gestanden*; Vi **1 *etw. steht offen*** etw. ist (weit) offen ⟨die Tür, das Fenster; der Mund; der Hemdkragen⟩ **2 *etw. steht j-m offen*** j-d hat die Möglichkeit, etw. zu tun: *Ihm stehen noch alle Möglichkeiten / alle Türen offen*; *Es steht dir offen*, ob *du mit uns fahren möchtest*; *Es steht dir offen*, *hier zu bleiben*

of·fen·bar[1] *Adj*; *geschr*; ⟨e-e Absicht, e-e Lüge⟩ so, dass sie jeder deutlich sehen u. leicht verstehen kann ≈ offensichtlich, klar: *Etw. ist / wird j-m o.*

of·fen·bar[2] *Adv*; wie es den Eindruck macht, wie es scheint ≈ anscheinend: *Er sitzt den ganzen Tag in der Kneipe herum - o. hat er nichts zu tun*

of·fen·ba·ren; *offenbarte, hat offenbart*; Vt **1 *(j-m) etw. o.*** *geschr*; (j-m) etw. sagen, das vorher geheim war ≈ enthüllen, gestehen ⟨ein Geheimnis, die Wahrheit o.⟩: *Er hat ihr seine Liebe offenbart*; Vr **2 *sich (j-m) o.*** *geschr*; (mit j-m) offen über etw. Persönliches sprechen ≈ sich j-m anvertrauen ⟨sich e-m Freund o.⟩ **3 *sich (j-m) (als etw.*** (*Nom*)**) *o.*** zeigen, was od. wie man / es wirklich ist: *Seine Freundlichkeit offenbarte sich als purer Schwindel*

Of·fen·ba·rung *die*; -, *-en*; **1** *geschr*; die Handlung, mit der j-d etw. offenbart (1) ≈ Geständnis, Enthüllung ⟨die O. e-r Schuld⟩ **2** *geschr*; etw., das j-n (plötzlich) viele Dinge erkennen u. verstehen lässt: *Die Lektüre des Buchs war e-e O. für sie* **3** *Rel*; das Mitteilen e-r religiösen Wahrheit, wie sie direkt von Gott erfahren wurde: *die O. des Johannes*

Of·fen·ba·rungs·eid *der*; *Jur*; ein Eid, mit dem man erklärt, dass man (als Schuldner) seinen ganzen Besitz ehrlich aufgeführt hat u. seine Schulden nicht zahlen kann ⟨den O. ablegen, leisten⟩

of·fen·her·zig *Adj*; **1** ⟨ein Mensch⟩ so, dass er über persönliche Dinge offen (9) spricht **2** *hum*; mit e-m tiefen Ausschnitt ⟨*mst* ein Kleid⟩ || *hierzu* **Of·fen·her·zig·keit** *die*; *nur Sg*

of·fen·kun·dig, **of·fen·kun·dig** *Adj*; **1** so, dass es jeder deutlich erkennen kann ≈ offenbar, offensichtlich: *ein offenkundiger Fall von Korruption* **2** so, dass es jeder weiß ≈ bekannt ⟨etw. wird o.; etw. o. machen⟩: *Seit es in der Zeitung stand, ist es o., dass die Firma in Schwierigkeiten ist* || *hierzu* **Of·fen·kun·dig·keit** *die*

of·fen·sicht·lich, **of·fen·sicht·lich** *Adj*; so, dass es jeder sehen u. erkennen kann ≈ offenkundig: *Seine Angst war o., er zitterte am ganzen Körper*; *Sie hat o. geträumt* || *hierzu* **Of·fen·sicht·lich·keit** *die*; *nur Sg*

of·fen·siv [-f] *Adj*; **1** *Mil*; mit der Absicht, anzugreifen (statt sich nur zu verteidigen) ↔ defensiv ⟨e-e Kriegsführung, e-e Taktik, e-e Strategie⟩ || K-: ***Offensiv-, -krieg, -taktik, -waffen*** **2** so, dass man dabei aktiv ein Ziel verfolgt, angreift (3) od. provoziert ≈ angriffslustig ↔ defensiv ⟨o. spielen, diskutieren⟩: *In der zweiten Halbzeit ging die Mannschaft zu e-m offensiveren Spiel über u. schoss noch zwei Tore* || K-: ***Offensiv-, -spiel, -verteidiger***

Of·fen·si·ve [-və] *die*; -, *-n*; **1** *Mil* ≈ Angriff ↔ Defensive ⟨e-e O. planen, einleiten, eröffnen; aus der Defensive in die / zur O. übergehen⟩ || -K: ***Gegen-, Groß-*** **2** Maßnahmen, die schnell zu e-m bestimmten Ziel führen sollen ⟨e-e O. ergreifen⟩: *e-e O. gegen Drogenmissbrauch* || -K: ***Friedens-, Wirtschafts-*** **3** *nur Sg*; e-e offensive (2) Spielweise, e-e offensive (2) Art zu diskutieren *o.Ä.* ≈ Angriff ↔ Defensive ⟨zur O. übergehen⟩

öf·fent·lich *Adj*; **1** so, dass jeder daran teilnehmen, zuhören u. seine Meinung dazu sagen kann ↔ geheim ⟨ein Vortrag, Wahlen, ein Auftritt; ö. auftreten, ö. abstimmen; etw. ö. bekannt geben, erklären; etw. ist ö. zugänglich⟩ **2** so, dass es jeder benutzen darf ↔ privat ⟨ein Fernsprecher, Anlagen, die Verkehrsmittel⟩ **3** *nur attr od adv*; von allen od. für alle ⟨ein Ärgernis, die Meinung, die Sicherheit, das Wohl; im öffentlichen Interesse handeln; etw. liegt im öffentlichen Interesse⟩ **4** so, dass es jeder weiß ≈ bekannt: *Missstände ö. machen* **5** *nur attr, nicht adv*; mit der Regierung od. ihren Leistungen für die Menschen verbunden ≈ staatlich ⟨die Gelder, die Gebäude, die Ordnung, e-e Schule⟩ || NB: ↑ ***Dienst*** (8) || ► ***veröffentlichen***

Öf·fent·lich·keit *die*; -; *nur Sg*; **1** *Kollekt*; die Leute im Allgemeinen, alle Leute, die in e-r Stadt, e-m Land *o.Ä.* wohnen ≈ Allgemeinheit ⟨die Ö. alarmieren, informieren; etw. dringt an die Ö., ist der Ö. zugänglich; sich an die Ö. wenden; vor die Ö. treten; von der Ö. unbemerkt; unter Ausschluss der Ö.〉: *Diese Bilder sollten der Ö. zugänglich sein; Unsere Zeitung brachte die Nachricht an die Ö.; die Ö. von e-r Sitzung ausschließen; Die Gerichtsverhandlung fand unter Ausschluss der Ö. statt* || K-: **öffentlichkeits-, -scheu** || -K: **Welt- 2** der Zustand, öffentlich (1,2,3,4) zu sein 〈die Ö. der Rechtssprechung〉 **3 in der / aller Ö.** da, wo man von vielen gehört u. gesehen wird 〈etw. in aller Ö. erklären, sagen, tun; etw. geschieht in aller Ö.〉: *Er hat sie in aller Ö. geohrfeigt*

Öf·fent·lich·keits·ar·beit *die; nur Sg*; die Maßnahmen, mit denen e-e Organisation od. Institution versucht, in der Öffentlichkeit (1) für sich zu werben ≈ Public Relations

Of·fert *das; -(e)s, -e*; Ⓐ ≈ Offerte

Of·fer·te *die; -, -n; Ökon*; ein schriftliches Angebot für Waren od. Dienstleistungen 〈j-m e-e O. machen〉 || *hierzu* **of·fe·rie·ren** *(hat) Vt*

of·fi·zi·ell *Adj*; **1** im Auftrag der Regierung od. e-s Amtes (gemacht) ≈ amtlich ↔ inoffiziell 〈e-e Bekanntmachung, e-e Mitteilung; die Linie, der Kurs; etw. o. bestätigen〉: *ein Land o. anerkennen; j-m e-n offiziellen Besuch abstatten; Von offizieller Seite ist der Rücktritt des Ministers noch nicht bestätigt worden* || -K: **halb-, hoch- 2** öffentlich u. feierlich ≈ förmlich: *Der Empfang hatte e-n sehr offiziellen Charakter; Er trägt nur bei offiziellen Anlässen e-e Krawatte* **3** *gespr*; so, wie es öffentlich gesagt wird (aber nicht wahr sein muss) ↔ inoffiziell: *O. ist er krank, aber in Wirklichkeit ist er beim Skifahren*

Of·fi·zier *der; -s, -e*; j-d, der beim Militär e-n hohen Rang hat u. Befehle erteilen kann 〈ein hoher, verdienter O.; ein O. der Luftwaffe〉 || K-: **Offiziers-, -anwärter, -kasino, -korps, -laufbahn, -rang, -uniform** || -K: **Marine-, Reserve-**

of·fi·zi·ös *Adj; gespr*; von offizieller Seite unterstützt, aber nicht ganz offiziell ≈ halbamtlich, halboffiziell 〈e-e Nachricht, e-e Zeitung〉

off·line ['ɔflaɪn] *Adj; nur präd od adv, EDV*; nicht in Verbindung mit anderen Computern, e-m Netzwerk 〈ein Computer ist o.〉 || K-: **Offline-, -betrieb**

öff·nen; *öffnete, hat geöffnet*; [Vt] **1 etw. (mit etw.) ö.** bewirken, dass etw. offen (1) ist ≈ aufmachen ↔ schließen: *j-m höflich die Tür ö.; das Fenster ö., damit frische Luft hereinkommt; e-n Brief mit e-m Messer ö.; Er öffnete den Mund, als wollte er etwas sagen* **2 etw. ö.** (ein Hindernis beseitigen u.) erlauben, dass man etw. wieder benutzt ↔ sperren 〈den Pass, die Grenze ö.〉: *Wenn der Schnee geräumt ist, wird die Passstraße wieder geöffnet* **3 etw. ö.** bewirken, dass sich etw. entfaltet 〈den Fallschirm, den Regenschirm ö.〉; [Vt/i] **4 j-d / etw. öffnet (etw.)** ein Laden(besitzer) lässt Besucher, Kunden *o.Ä.* herein ≈ j-d / etw. macht auf ↔ j-d / etw. schließt: *Die Bank öffnet ihre Schalter um 8 Uhr; Der Zoo ist / hat täglich von acht bis achtzehn Uhr geöffnet;* [Vr] **5 etw. öffnet sich** etw. wird offen (1) ≈ etw. geht auf ↔ etw. schließt sich 〈etw. öffnet sich von selbst, automatisch, geräuschlos〉: *Das Tor öffnet sich von selbst, wenn man auf diesen Knopf drückt; Die Tür öffnete sich, u. der Arzt kam herein* **6 sich etw. (Dat) ö.** beginnen, sich für j-n / etw. zu interessieren u. sich damit zu beschäftigen ↔ sich (vor) etw. verschließen 〈sich dem Neuen, e-r Idee ö.〉 **7 sich j-m ö.** *geschr*; j-m seine Gefühle zeigen u. ihm vertrauen ≈ sich j-m anvertrauen

Öff·ner *der; -s, -*; ein kleines Gerät, mit dem man *z.B.* Dosen od. Flaschen öffnen kann: *ein Ö. für Bierflaschen* || -K: **Dosen-, Flaschen-**

Öff·nung *die; -, -en*; **1** e-e Stelle, an der etw. offen (1) ist od. die in das Innere von etw. führt ≈ Loch: *Durch e-e kleine Ö. in der Wand fällt Licht in den Keller; Er kroch durch e-e kleine Ö. im Zaun in den Garten* || -K: **Fenster-, Mauer-, Tür-; After-, Mund-, Körper- 2** *nur Sg*; der Vorgang, bei dem etw. (*bes* offiziell) geöffnet wird od. sich öffnet: *die Ö. der Universitäten für die Arbeiterklasse; Seit der Ö. der Grenzen sind Reisen ins Ausland wieder möglich*

Öff·nungs·zeit *die; -, -en; mst Pl*; die Zeit, in der ein Geschäft, ein Museum *o.Ä.* offen hat

> **Die Öffnungszeiten**
>
> Die strengen Vorschriften zu den Ladenöffnungszeiten in Deutschland wurden vor einigen Jahren gelockert. Die offiziell erlaubten Zeiten liegen nun zwischen 7 Uhr und 20 Uhr von Montag bis Freitag, an Samstagen darf bis 16 Uhr geöffnet sein. In vielen Geschäften, die außerhalb des Stadtzentrums oder in kleineren Städten liegen, sind die Öffnungszeiten allerdings kürzer. Es gibt keine 24-Stunden-Läden. Eine Möglichkeit, um außerhalb der normalen Öffnungszeiten Nahrungsmittel einzukaufen, sind Geschäfte an Bahnhöfen und Flughäfen oder Tankstellen.
>
> Die Geschäftszeiten der Banken liegen im Allgemeinen vormittags zwischen 8.30 Uhr und 13 Uhr und nachmittags zwischen 14.30 Uhr und 16 Uhr. Manche Banken sind an Donnerstagen länger geöffnet, am Wochenende sind alle Banken generell geschlossen. Postämter haben gewöhnlich von 8 Uhr bis 18 Uhr geöffnet. In kleineren Orten und in den Filialen in den Stadtteilen kann es sein, dass sie über die Mittagszeit geschlossen sind und abends bereits früher schließen. An Samstagen sind sie nur bis 12 Uhr geöffnet.

oft, *öfter, öftest-; Adv*; **1** viele Male, immer wieder ≈ häufig ↔ selten: *Das ist mir schon oft passiert; Ich bin oft nicht zu Hause* **2** in vielen Fällen ≈ häufig ↔ selten: *Schweden sind oft blond; Es ist oft schwer, seinen Akzent zu verstehen* **3** in (regelmäßigen) kurzen Abständen: *Die U-Bahnen verkehren recht oft* **4** verwendet, um zu fragen od. anzugeben, in welchen Abständen od. wie viele Male etw. geschieht 〈so oft, soundso oft, wie oft〉: *„Wie oft hast du schon angerufen?" - „Zweimal"; „Wie oft fahren die Busse von hier zum Bahnhof?" - „Alle zehn Minuten"; Sie putzen die Fenster nur so oft, wie es unbedingt nötig ist* **5 (schon) des Öfteren** einige Male, wiederholt: *Dieser Fehler ist des Öfteren vorgekommen*

öf·ter 1 *Komparativ*; ↑ **oft 2** *Adv*; mehrere od. einige Male ≈ mehrmals: *Ich habe diesen Film schon ö. gesehen; Es ist ö. vorgekommen, dass …*

öf·ters *Adv* ≈ öfter (2), mehrmals

oft·ma·li·g- *Adj; nur attr, nicht adv, geschr*; so, dass es oft vorkommt ≈ häufig

oft·mals *Adv; geschr* ≈ oft (1,2), häufig

oh! *Interjektion*; **1** verwendet, um Freude, Überraschung, Entsetzen *o.Ä.* auszudrücken: *Oh, das ist aber lieb von dir!; Oh, so spät ist es schon!* || NB: aber: *o Gott, o ja, o weh* **2 oh / o, là, là!** *bes* verwendet von Männern, um auszudrücken, dass ihnen e-e Frau sehr gut gefällt

O·heim *der; -(e)s, -e; veraltet* ≈ Onkel

Ohm *das; -s; nur Sg, Phys*; die Einheit, in der man den elektrischen Widerstand misst

oh·ne[1] *Präp*; *mit Akk*; **1** verwendet, um auszudrücken, dass die genannte Person / Sache nicht vorhanden od. nicht dabei ist, nicht benutzt wird *o.Ä.* ↔ mit: *ein Zimmer o. Fenster*; *Bier o. Alkohol*; *o. Besteck, nur mit den Fingern essen*; *Er ist o. seine Frau in Urlaub gefahren*; *O. Strom u. Heizung zahlt er für seine Wohnung 600 Euro* **2 o. weiteres a)** ohne Probleme od. Mühe: *E-e Ameise kann o. weiteres Dinge tragen, die schwerer sind als sie selbst*; **b)** ohne darüber nachzudenken od. j-n um Erlaubnis zu fragen: *Du kannst doch nicht einfach o. weiteres hineingehen!* **3 o. viel ...** *gespr* ≈ mit wenig: *Sie hat ihr Studium o. viel Lust gemacht* || ID *mst* **o. mich** *gespr*; verwendet, um auszudrücken, dass man bei etw. nicht mitmachen will: *„Bei dem Wetter wollt ihr schwimmen gehen? - O. mich!"*; **(gar) nicht (so) o. sein** *gespr*; verwendet, um auszudrücken, dass j-d / etw. schöner, besser, gefährlicher *usw* ist, als man vielleicht denkt: *Dieser Wein ist nicht o. - pass auf, dass du nicht betrunken wirst!*

oh·ne[2] *Konjunktion*; **o. zu** + *Infinitiv*; **o. dass** verwendet, um auszudrücken, dass etw. nicht der Fall ist, nicht geschieht od. nicht getan wird: *Sie ging, o. sich zu verabschieden*; *Sie hat uns geholfen, o. es zu wissen / o. dass sie es wusste*; *O. dass ich was gesagt hätte, fing sie an zu weinen*

oh·ne·dies *Partikel* ≈ ohnehin

oh·ne·glei·chen *Adj*; *nicht adv*; verwendet, um auszudrücken, dass es (*mst* zu etw. Negativem) nichts Ähnliches gibt ≈ beispiellos ⟨ein Wahnsinn o.; mit e-r Frechheit, Unverschämtheit o.⟩ || NB: *o.* steht immer *nach* dem Substantiv

oh·ne·hin *Partikel*; *betont u. unbetont*; völlig unabhängig von allem ≈ auf jeden Fall, sowieso: *Es macht nichts, wenn es keine Karten für die Vorstellung gibt - ich habe o. keine Zeit*

oh·ne·wei·ters *Adv*; Ⓐ ≈ ohne weiteres; ↑ **ohne**[1](2)

Ohn·macht *die*; -, *-en*; **1** ein Zustand, in dem j-d (*mst* für kurze Zeit) ohne Bewusstsein ist ≈ Bewusstlosigkeit ⟨e-e lange, tiefe, plötzliche O.; e-r O. nahe sein; aus der O. erwachen⟩ || K-: **Ohnmachts-, -anfall 2 in O. fallen** das Bewusstsein verlieren ≈ ohnmächtig werden **3** *nur Sg*; **O. (gegenüber j-m / etw.)** ein Zustand, in dem man etw. nicht tun od. ändern kann ⟨zur O. verurteilt sein; O. empfinden⟩: *die politische O. e-r kleinen Partei gegenüber den großen Parteien* || ID **von e-r O. in die andere fallen** *gespr hum*; sehr (od. oft) erstaunt od. entsetzt sein

ohn·mäch·tig *Adj*; **1** (für e-e kurze Zeit) ohne Bewusstsein ≈ bewusstlos ⟨o. werden⟩: *Sanitäter trugen das ohnmächtige Mädchen an die frische Luft* **2** ⟨Wut, Zorn, Verzweiflung⟩ so, dass die betroffene Person dabei nichts tun od. ändern kann: *Sie musste o. zusehen, wie ihr Haus abbrannte*

o·ho! *Interjektion*; *gespr*; verwendet, um auszudrücken, dass man erstaunt ist (u. sich oft ein bisschen ärgert): *Oho! Sag das noch mal u. du kannst was erleben!* **2** *Adj* + **aber 'oho!** klein, alt, jung *o.Ä.*, aber nicht zu unterschätzen: *Klein, aber o.!*

Ohr *das*; -(e)s, *-en*; **1** eines der beiden Organe, mit denen Menschen u. Tiere hören ⟨das linke, das rechte Ohr; abstehende, spitze Ohren; sich die Ohren zuhalten; ein Tier hinter den Ohren kraulen; j-m etw. ins Ohr flüstern, sagen; auf einem Ohr, auf beiden Ohren taub sein⟩ || ↑ *Abb. unter* **Kopf** || K-: **Ohr-, -clip, -schmuck**; **Ohren-, -arzt, -entzündung, -heilkunde, -leiden, -schmerzen** || -K: (*im Pl*) **Elefanten-, Esels-, Hasen-** *usw*; **Hänge-, Schlapp- 2** *Adj* + **Ohr(en)** verwendet, um auszudrücken, dass die betroffene Person die genannte Art od. Fähigkeit zu hören hat ≈ Gehör ⟨gute, feine, scharfe, schlechte Ohren haben⟩: *ein feines Ohr für kleine Unterschiede haben*; *Nur ein geschultes Ohr kann alle diese Töne auseinander halten* || ID **Ohren haben wie ein Luchs a)** sehr gut hören können; **b)** alles hören, auch das, was man nicht erfahren soll; **lange Ohren bekommen / machen** *gespr*; neugierig zuhören; **ganz Ohr sein** sehr aufmerksam zuhören; **die Ohren spitzen** aufmerksam od. neugierig zuhören; **nur mit halbem / 'einem Ohr hinhören / zuhören** nicht genau zuhören; **auf den / seinen Ohren sitzen** *gespr*; nicht hören, dass j-d zu e-m spricht, dass j-d ruft *o.Ä.*; *mst* **Mach / Sperr deine Ohren auf!** *gespr*; verwendet, um Ärger darüber auszudrücken, dass j-d nicht zuhört od. nicht tut, was man sagt; **auf 'dem / 'diesem Ohr taub sein / schlecht hören / nicht (gut) hören** *gespr*; von e-r bestimmten Sache nichts hören wollen; **tauben Ohren predigen** j-n ermahnen, der nicht darauf reagiert; **etw. geht bei j-m zum / beim 'einen Ohr hinein u. zum / beim 'anderen hinaus** *gespr*; etw. macht auf j-n keinen Eindruck, etw. wird schnell wieder vergessen ⟨Ermahnungen, Vorwürfe⟩; **j-m (s)ein Ohr leihen** *geschr*; j-m, der einem etw. sagen will, zuhören; **die / seine Ohren vor etw. verschließen** auf j-s Wünsche, Bitten *o.Ä.* nicht reagieren; **ein offenes Ohr für j-n / etw. haben** Verständnis u. Interesse für j-s Bitten, Wünsche od. Vorschläge haben; **ein offenes Ohr bei j-m (für etw.) finden** bei j-m Verständnis (für etw.) finden; **j-m mit etw. in den Ohren liegen** *gespr*; j-n immer wieder um dasselbe bitten: *Meine Tochter liegt mir damit in den Ohren*, dass *ich ihr e-e Katze kaufen soll*; **j-m die Ohren vollheulen / volljammern** *gespr*; bei j-m über etw. jammern u. ihm dadurch lästig sein; **j-m kommt etw. zu Ohren** j-d erfährt etw. (*mst* das er nicht wissen sollte); **seinen Ohren kaum / nicht trauen** etw., das man hört, kaum glauben können; **etw. ist nicht für fremde Ohren bestimmt** etw., das j-d sagt, soll kein anderer hören od. erfahren; **etw. ist nichts für zarte Ohren** *gespr*; etw., das j-d sagt, ist *mst* vulgär, könnte für empfindliche Leute unangenehm od. abstoßend sein; **etw. geht (leicht) ins Ohr** etw. ist angenehm anzuhören ⟨e-e Melodie, ein Lied⟩; **etw. (noch) im Ohr haben** den Klang von etw. noch genau hören; **j-m klingen die Ohren** *gespr* (*hum*); j-d spürt, dass j-d über ihn spricht od. an ihn denkt; **j-m ein paar / eins / eine hinter die Ohren geben** *gespr* ≈ j-n ohrfeigen; **ein paar / eins / eine hinter die Ohren bekommen** *gespr*; eine od. mehrere Ohrfeigen bekommen; *mst* **Ich zieh dir die Ohren lang!** *gespr hum*; verwendet, um e-m Kind zu drohen; **j-n übers Ohr hauen** *gespr*; j-n betrügen; **die Ohren hängen lassen** *gespr*; mutlos sein; *mst* **Halt die Ohren steif!** *gespr*; verwendet, um j-m *bes* beim Abschied od. vor e-r schwierigen Aufgabe Mut zu machen; **mit den Ohren schlackern** *gespr*; sehr überrascht od. erschrocken sein; **von einem Ohr zum anderen strahlen / grinsen** *gespr*; sehr erfreut sein u. entsprechend strahlen / grinsen; **sich** (*Dat*) **etw. hinter die Ohren schreiben** *gespr*; (oft im Imperativ verwendet) die Lehre aus e-r *mst* schlechten Erfahrung ziehen, um diese in Zukunft zu vermeiden; **es faustdick / knüppeldick hinter den Ohren haben** *gespr*; schlau u. raffiniert sein; **noch feucht / nicht trocken hinter den Ohren sein** *gespr*; jung sein u. noch keine Erfahrung haben; **viel um die Ohren haben** *gespr*; viele verschiedene Dinge zu tun haben; **bis über beide Ohren in Arbeit, Schulden** *usw* **stecken** *gespr*; sehr viel Arbeit, Schulden *usw* haben; **bis über beide Ohren verliebt sein** *gespr*; sehr verliebt sein; **sich ((für) ein Stündchen / Weilchen) aufs Ohr le-**

O

gen / hauen *gespr*; sich hinlegen, um für kurze Zeit zu schlafen

Ohr *das*; -(e)s, -e; das schmale Loch am Ende e-r Nadel, durch das man den Faden zieht || ↑ *Abb. unter* ***Nadel*** || -K: ***Nadel-***

oh·ren·be·täu·bend *Adj*; *gespr*; sehr laut ⟨ein Lärm, ein Krach⟩

Oh·ren·sau·sen *das*; *nur Sg*; ein störendes Rauschen im Ohr ⟨O. bekommen, haben⟩

Oh·ren·schmalz *das*; *nur Sg*; die gelbliche, weiche Substanz, die sich im Ohr bildet

Oh·ren·schmaus *der*; *nur Sg*; etw., das man gerne hört: *Das Konzert, das Lied war ein O.*

Oh·ren·schüt·zer *der*; *-s, -*; *mst Pl*; zwei kleine Polster, mit denen man die Ohren vor Kälte schützt ⟨O. tragen⟩

Oh·ren·zeu·ge *der*; j-d, der etw. selbst gehört hat: *O. e-s Streits werden*

Ohr·fei·ge *die*; **1** ein Schlag, den man j-m mit der offenen Hand ins Gesicht gibt ⟨e-e schallende O.; e-e O. bekommen; j-m e-e O. geben, versetzen⟩ **2** ***e-e saftige O.*** e-e schmerzhafte O. (1)

ohr·fei·gen; *ohrfeigte*, *hat geohrfeigt*; Vt ***j-n o.*** j-m eine od. mehrere Ohrfeigen geben

Ohr·fei·gen|ge·sicht *das*; *mst in* ***er / sie hat ein O.*** *gespr pej*; er / sie sieht so dumm u. unsympathisch aus, dass es einen aggressiv macht

Ohr·hö·rer *der*; ein kleines Gerät, das man sich ins Ohr steckt, um Töne e-s Radios, Kassettenrekorders *o.Ä.* allein zu hören (ohne andere zu stören)

Ohr·läpp·chen *das*; der untere, weiche Teil des menschlichen Ohrs ⟨j-n am O. zupfen; sich die Ohrläppchen (durch)stechen lassen⟩

Ohr·mu·schel *die*; der Teil des (menschlichen) Ohrs, den man sieht

Ohr·ring *der*; ein Schmuckstück, das man in e-m kleinen Loch im Ohr(läppchen) befestigt

Ohr·wurm *der*; **1** ein kleines, braunes Insekt ohne Flügel **2** *gespr*; e-e Melodie, die man sich sehr leicht merkt u. an die man immer wieder denkt

-o·id *im Adj*, *nicht produktiv*; ähnlich wie; ***faschistoid*** ⟨ein Politiker, Ansichten⟩, ***humanoid*** ⟨ein Lebewesen⟩, ***negroid*** ⟨Gesichtszüge⟩

o·je! *Interjektion*; verwendet, um Bedauern auszudrücken: *Oje, jetzt hab ich den Kaffee verschüttet!*; *„Ich kann nicht kommen, ich bin krank" - „Oje, hoffentlich ist es nichts Schlimmes!"*

o·je·mi·ne! *Interjektion* ≈ oje

o.k., O.K. [o'keː] ↑ ***okay***

o·kay[1] [o'keː] *Adj*; *nur präd*, *ohne Steigerung*, *nicht adv*, *gespr*; **1** so, wie man es sich wünscht ≈ in Ordnung: *Sind meine Haare o.?*; *Ihre Arbeit ist völlig o.*; *Gestern war ich krank, aber heute bin ich wieder völlig o.* **2** so, dass man zufrieden sein kann, aber nicht begeistert ist ≈ in Ordnung: *„Wie hat dir das Buch gefallen?" - „Nun, ich finds ganz o."*; *„Wie ist denn ihr neuer Freund?" - „Er ist so weit o."*

o·kay[2] [o'keː] *Partikel*; *betont*, *gespr*; **1** verwendet als Antwort auf e-n Vorschlag *o.Ä.*, um Zustimmung auszudrücken ≈ ist gut, ist recht: *„Gehst du morgen mit uns schwimmen?" - „Ja, o."* **2 ..., *o.?*** verwendet am Ende des Satzes, wenn der Sprecher Zustimmung erwartet od. sich erhofft ≈ ja?: *Ich nehme dein Auto, o.?*; *Wir treffen uns morgen um sieben, o.?* **3** verwendet, um e-e Aufforderung, Feststellung, Frage *o.Ä.* einzuleiten ≈ also: *O., mach weiter!*; *O., wir können jetzt gehen*; *O., seid ihr fertig?*

O·kay [o'keː] *das*; *-(s), -s*; *gespr* ≈ Zustimmung ⟨sein O. (zu etw.) geben⟩

ok·kult *Adj*; *nicht adv*; von unbekannten, verborgenen Kräften (wie *z.B.* Geistern) bestimmt ≈ übernatürlich ⟨Kräfte, Fähigkeiten, Mächte⟩

Ok·kul·tis·mus *der*; *-s*; *nur Sg*; die Beschäftigung mit okkulten Dingen || *hierzu* **Ok·kul·tist** *der*; *-en, -en*; **ok·kul·tis·tisch** *Adj*

Ok·ku·pa·ti·on [-'tsioːn] *die*; *-, -en*; *mst Sg*, *geschr*, *Mil*; die Besetzung e-s fremden Landes durch e-e Armee od. das Besetztsein || K-: ***Okkupations-, -gebiet, -heer, -zeit*** || *hierzu* **ok·ku·pie·ren** (*hat*) *Vt*

Ö·ko- *im Subst*, *begrenzt produktiv*; verwendet, um auszudrücken, dass die genannte Person / Sache bestimmte ökologische Prinzipien hat od. erfüllt ≈ Bio-; das ***Ökobett***, die ***Ökobewegung***, das ***Ökohaus***, das ***Ökoprodukt***

Ö·ko·bau·er *der*; *gespr*; ein Bauer, der versucht, der Natur nicht zu schaden, indem er *z.B.* keine Gifte u. keinen künstlichen Dünger verwendet

Ö·ko·freak *der*; *gespr*, *oft pej*; j-d, der (oft übertrieben) viel Wert darauf legt, sich gesund zu ernähren u. so zu leben, dass er der Umwelt wenig schadet

Ö·ko·la·den *der*; *gespr* ≈ Bioladen

Ö·ko·lo·gie *die*; -; *nur Sg*; **1** das (funktionierende) System der Beziehungen von Lebewesen zueinander u. zu ihrer Umwelt **2** die Wissenschaft von der Ö. (1)

ö·ko·lo·gisch *Adj*; **1** *nur attr*, *nicht adv*; in Bezug auf die Ökologie (1) ⟨der Kreislauf; das ökologische Gleichgewicht stören⟩ **2** ⟨Grundsätze, Methoden⟩ so, dass sie die Ökologie (1) nicht schädigen ≈ biologisch **3** *nur attr*, *nicht adv*; in Bezug auf die Ökologie (2) ⟨Studien⟩

Ö·ko·no·mie *die*; *-, -n*; **1** das wirtschaftliche System (e-s Landes) ≈ Wirtschaft: *die Ö. der Schweiz* || -K: ***Handels-, Industrie-, National-, Sozial-*** **2** der sorgfältige u. sparsame Verbrauch von Geld, Kraft, Energie *usw* **3** *nur Sg*, *veraltend* ≈ Wirtschaftswissenschaft ⟨Ö. studieren⟩

ö·ko·no·misch *Adj*; **1** *nur attr*, *nicht adv*; in Bezug auf die Ökonomie (1), Wirtschaft ≈ wirtschaftlich (1) ⟨die Grundlagen, die Strukturen, das System⟩ **2** ⟨e-e Arbeitsweise, e-e Produktion⟩ so, dass dabei Mittel u. Kräfte sparsam, aber wirkungsvoll eingesetzt werden ≈ wirtschaftlich (3)

Ö·ko·sys·tem *das*; ein natürlicher Lebensraum u. die Lebewesen darin: *Durch den Bau von Straßen wird das Ö. des Waldes gestört*

Ok·ta·e·der *der*; *-s, -*; *Math*; ein Körper, dessen Oberfläche aus acht gleichen Dreiecken besteht

Ok·tan *das*; *-s, - / -e*; die Maßangabe für die Qualität von Benzin: *Super hat mehr Oktan als Normalbenzin*; *ein Benzin von 91 Oktan* || K-: ***Oktan-, -zahl*** || NB: nach Zahlenangaben ohne Endung: *100 Oktan*

Ok·ta·ve [-və] *die*; *-, -n*; **1** der Abstand (Intervall) von acht Tönen der Tonleiter ⟨e-e O. höher, tiefer singen, greifen⟩ **2** die acht Töne, die zu e-r Tonleiter gehören ⟨Oktaven greifen, spielen⟩

Ok·to·ber *der*; *-s, -*; *mst Sg*; der zehnte Monat des Jahres; *Abk* Okt. ⟨im O.; Anfang, Mitte, Ende O.; am 1., 2., 3. O.⟩

Ok·to·ber·fest *das*; ein großes Fest mit Bierzelten, Achterbahnen, Karussells *usw*, das jedes Jahr im September in München stattfindet || ↑ Information Seite 756

O·ku·lar *das*; *-s, -e*; das System von Linsen in e-m Mikroskop *o.Ä.*, das dem Auge am nächsten ist

Ö·ku·me·ne *die*; -; *nur Sg*, *Rel*; **1** die Gemeinschaft aller christlichen Kirchen **2** e-e Bewegung, die das Gemeinsame der verschiedenen christlichen Kirchen betont u. versucht, gemeinsames Handeln (*z.B.* Gottesdienste) möglich zu machen

ö·ku·me·nisch *Adj*; *Rel*; **1** für Protestanten u. Katholiken gemeinsam ⟨die Bewegung, e-e Feier, ein Gottesdienst⟩ **2** so, dass es alle Katholiken der ganzen Welt betrifft ⟨ein Konzil⟩

Ok·zi·dent *der*; *-s*; *nur Sg*, *geschr* ≈ Abendland ↔ Orient || *hierzu* **ok·zi·den·tal** *Adj*; *nicht adv*

O

Das Oktoberfest

Das **Oktoberfest** ist eines der bekanntesten deutschen Volksfeste und gleichzeitig das weltweit größte. Es findet in München, der Hauptstadt des Freistaats Bayern, auf der Theresienwiese statt. Daher wird das Oktoberfest auch oft einfach **Die Wies'n** genannt. Es dauert 16 Tage und endet am ersten Sonntag im Oktober. Sein Ursprung geht auf die Feiern anlässlich der Hochzeit des Kronprinzen **Ludwig I.** im Jahr 1810 zurück. Das Fest beginnt mit einem Umzug, an dem Gruppen in traditioneller Tracht teilnehmen, und dem offiziellen Anstich des ersten Fasses Bier durch den Oberbürgermeister. Die Münchner Brauereien stellen riesige Bierzelte auf. Dort trinkt man die traditionelle **Maß Bier** (einen Liter Bier aus einem Krug) und isst Spezialitäten der bayerischen Küche (zum Beispiel gegrillte Hähnchen, Schweinshaxen, Brezeln). Dazu wird von einer Musikkapelle Volksmusik gespielt. Neben den traditionellen Angeboten wie Achterbahn, Geisterbahn, Karussells und Schießbuden ziehen natürlich jedes Jahr auch moderne Attraktionen Hunderttausende Besucher an.

Öl *das*; *-(e)s, -e*; **1** e-e Substanz (ähnlich e-m flüssigen Fett), die in Wasser immer oben schwimmt. Öle verwendet man zum Kochen, als Brennstoff od. damit Maschinen leichter laufen ⟨ein tierisches, pflanzliches Öl; ranziges Öl; ätherische Öle⟩: *nur Öl zum Kochen verwenden*; *e-e Salatsoße aus Essig u. Öl*; *Nach 5000km sollte beim Auto das Öl gewechselt werden* || K-: ***Öl-, -fleck, -gewinnung, -kanne, -palme*** || -K: ***Haut-, Maschinen-, Motor-, Salat-, Schmier-, Sonnen-, Speise-, Distel-, Oliven-, Sonnenblumen-*** **2** *nur Sg* ≈ Erdöl ⟨Öl fördern; nach Öl bohren; mit Öl heizen⟩ || K-: ***Öl-, -bohrung, -embargo, -feld, -förderung, -gewinnung, -heizung, -industrie, -konzern, -lager, -leitung, -multi, -preis, -quelle, -raffinerie, -tank, -tanker*** || -K: ***Heiz-, Mineral-, Roh-*** **3** *Kurzw* ↑ ***Ölfarbe*** (1): *Er malt in Öl* || K-: ***Öl-, -bild, -gemälde, -malerei*** || ID ***Öl ins Feuer gießen*** durch das, was man sagt od. tut, e-n Streit, e-e Aufregung *o.Ä.* noch schlimmer machen; ***Öl auf die Wogen gießen*** etw. sagen, was aufgeregte od. streitende Menschen beruhigt || *zu* **1** u. **2 öl·hal·tig** *Adj*; *nicht adv*

Öl·baum *der*; *geschr* ≈ Olivenbaum

Ol·die ['o:ldi] *der*; *-s, -s*; *gespr*; **1** ein ziemlich alter Schlager, Film *o.Ä.* **2** j-d, der ziemlich alt ist (für e-e bestimmte Tätigkeit): *Er ist mit 37 der O. der Mannschaft*

Old·ti·mer ['o:ltaimɐ] *der*; *-s, -*; **1** ein sehr altes Auto, das wegen seines Alters wertvoll ist **2** *hum*; ein alter Mann

O·le·an·der *der*; *-s, -*; ein Strauch mit weißen, rosa od. roten Blüten, der *bes* in Mittelmeerländern wächst

ö·len; *ölte, hat geölt*; [Vt] **1 *etw. ö.*** Öl in od. auf *mst* bewegliche Teile von e-m Gerät od. e-r Maschine tun, damit sie sich leichter bewegen ⟨ein Fahrrad, e-n Motor, e-e Nähmaschine, ein Schloss, e-e Tür ö.⟩ **2 *etw. ö.*** ≈ einölen ⟨Bretter, e-n Fußboden ö.⟩

Öl·far·be *die*; **1** e-e Farbe in Form e-r weichen Masse, mit der Künstler Bilder malen. Diese Bilder nennt man Ölbilder od. Ölgemälde **2** e-e glänzende Farbe, mit der man *z.B.* die Wände im Bad anstreicht, damit kein Wasser in die Mauer kommt

Öl·film *der*; e-e dünne Schicht aus Öl *mst* auf dem Wasser: *Der Teich ist mit e-m Ö. bedeckt*

Öl·göt·ze *der*; *mst in* ⟨dastehen⟩ ***wie ein Ö.*** *gespr*, *oft pej*; stumm u. ohne e-e Reaktion od. Bewegung (dastehen)

ö·lig *Adj*; **1** wie Öl ⟨e-e Flüssigkeit; etw. glänzt ö.⟩ **2** mit Öl bedeckt od. beschmutzt: *Er wischte seine öligen Hände an der Hose ab* **3** *pej*; sehr schmeichlerisch ⟨ein Mensch, j-s Benehmen⟩

o·liv [-f] *Adj*; *indeklinabel*; graugrün: *Die Jacke ist o.* || K-: ***oliv-, -grün***

O·li·ve [-və] *die*; *-, -n*; **1** die Frucht des Olivenbaums, die man essen kann u. aus der man auch Öl macht ⟨grüne, schwarze Oliven⟩ || K-: ***Oliven-, -ernte, -öl*** **2** ≈ Olivenbaum || K-: ***Oliven-, -hain, -holz*** || *hierzu* **o·li·ven·far·big** *Adj*; **o·li·ven·far·ben** *Adj*

O·li·ven·baum *der*; ein Baum mit kleinen, bitteren Früchten, der *bes* in Mittelmeerländern wächst

Öl·ja·cke *die*; e-e wasserdichte, *mst* gelbe Jacke

Öl·kri·se *die*; e-e politische od. wirtschaftliche Krise, die entsteht, wenn es nicht genug Erdöl gibt od. das Öl zu teuer wird

oll, *oller, ollst-*; *Adj*; *bes nordd gespr*; **1** ≈ alt: *olle Schuhe, Kleider* **2** verwendet, um ein negatives Urteil od. Ungeduld auszudrücken ≈ blöd: *Wann kommt der olle Bus denn endlich?*

Ol·le *der / die*; *-n, -n*; *bes nordd gespr*; *mst* verwendet mit Possessivpronomen als Bezeichnung für j-s Ehemann / Ehefrau od. Vater / Mutter ≈ Alte || NB: *mein Oller*; *der Olle, den, dem, des Ollen*

Öl·pest *die*; e-e starke Verschmutzung von Wasser u. Strand durch Erdöl, bei der viele Tiere sterben

Öl·sar·di·ne *die*; ein kleiner Fisch, der in Öl konserviert u. in kleinen, flachen Dosen verkauft wird

Öl·stand *der*; die Menge des Öls in e-m Tank (*z.B.* beim Auto) ⟨den Ö. messen, prüfen⟩

Öl·tep·pich *der*; e-e große Fläche auf dem Wasser, die mit (Erd)Öl bedeckt ist

Ö·lung *die*; *nur in* ***die Letzte Ö.*** *kath*; ein Sakrament, das ein Priester e-m Sterbenden als Vorbereitung auf den Tod gibt ⟨die Letzte Ö. bekommen, empfangen; j-n mit der Letzten Ö. versehen⟩

Öl·wech·sel *der*; das Entfernen von altem Öl aus e-m Motor u. das Nachfüllen von neuem Öl ⟨e-n Ö. vornehmen; der Ö. ist fällig⟩

O·lym·pia (*das*); *-(s)*; *nur Sg* ≈ Olympiade ⟨für O. trainieren⟩ || K-: ***Olympia-, -gelände, -jahr, -komitee, -mannschaft, -medaille, -sieg, -sieger, -stadion, -teilnehmer, -wettkampf***

O·lym·pi·a·de *die*; *-, -n*; ein internationaler Wettkampf zwischen den besten Sportlern der Welt, der alle vier Jahre (jeweils in e-m anderen Land) stattfindet ≈ Olympische Spiele, Olympia ⟨an der O. teilnehmen, für die O. trainieren⟩

o·lym·pi·sch- *Adj*; *nur attr, nicht adv*; **1** zur Olympiade gehörig ⟨die Flagge, die Flamme, das Feuer, der Eid, e-e Disziplin, ein Wettkampf, ein Rekord; die Olympischen Sommerspiele / Winterspiele⟩ **2** ***der olympische Gedanke*** die absolute Fairness u. der Glaube, dass das Mitmachen das Wichtigste ist

Öl·zweig *der*; *nur Sg*; ein Zweig von e-m Olivenbaum (als Symbol des Friedens)

O·ma *die*; *-, -s*; *gespr*; **1** *bes* von u. gegenüber Kindern verwendet als Anrede od. Bezeichnung für die Großmutter ↔ Opa **2** *oft pej*; e-e alte Frau

O·me·lett [ɔm(ə)'lɛt] *das*; *-(e)s, -s / -e*; Eier, die man mit Milch zu Schaum rührt u. in der Pfanne brät. Omeletts füllt man *z.B.* mit Pilzen od. Marmelade || -K: ***Champignon-, Schinken-, Spargel-***

Ome·lette [ɔm'lɛt] *die*; -, *-n*; Ⓐ ⒸⒽ ≈ Omelett
O·men *das*; *-s*, -; ein Ereignis, das man für e-n Hinweis auf etw. hält, das die Zukunft bringt ≈ Vorzeichen ⟨ein gutes, schlechtes O.⟩: *Die neuen Arbeitslosenzahlen sind kein gutes O. für die Wirtschaft*
O·mi *die*; -, *-s*; *gespr* ≈ Oma (1) ↔ Opi
o·mi·nös *Adj*; **1** so, dass es etw. Schlimmes vorauszusagen scheint ⟨ein Schweigen; o. lächeln⟩ **2** *nicht adv*; nicht ganz so, dass man daran glauben kann: *Hast du dieses ominöse Ungeheuer selbst gesehen?*
Om·ni·bus *der*; *-ses*, *-se* ≈ Bus, Autobus || K-: ***Omnibus-, -betrieb, -bahnhof, -fahrer, -haltestelle, -linie, -unternehmen, -verkehr***
om·ni·po·tent *Adj*; *nicht adv*, *geschr* ≈ allmächtig ⟨ein Herrscher⟩
o·na·nie·ren; *onanierte, hat onaniert*; [Vi] sich selbst sexuell befriedigen ≈ masturbieren || *hierzu* **O·na·nie** *die*; -; *nur Sg*
On·kel *der*; *-s*, - / *gespr auch -s*; **1** der Bruder der Mutter od. des Vaters od. der Ehemann der Tante ↔ Tante: *(mein) O. Kurt* || ↑ *Übersicht unter* ***Familie*** **2** *gespr*; verwendet von u. gegenüber Kindern als Bezeichnung od. Anrede für Männer ≈ Herr: *zum O. Doktor gehen*; *Gib dem O. brav die Hand!*
on·kel·haft *Adj*; *gespr*, *oft pej*; freundlich, aber herablassend ⟨ein Gehabe, ein Ton⟩
on·line ['ɔnlaɪn] *Adj*; *nur präd od adv*; in Verbindung mit anderen Computern, e-m Netzwerk ⟨ein Computer ist o.; o. gehen, sein⟩ || K-: ***Online-, -angebot, -betrieb, -dienst, -forum, -recherche, -spiel, -zugang***
OP [o'pe:] *der*; *-s*, *-s*; *Kurzw* ↑ ***Operationssaal*** || K-: ***OP-Schwester***
O·pa *der*; *-s*, *-s*; *gespr*; **1** *bes* von u. gegenüber Kindern verwendet als Anrede od. Bezeichnung für den Großvater ↔ Oma **2** *oft pej*; ein alter Mann
O·pal *der*; *-s*, *-e*; ein wertvoller Stein, der nicht durchsichtig u. fast weiß ist, aber in verschiedenen Farben schimmert, u. den man für Schmuck verwendet
OPEC ['o:pɛk] *die*; -; *nur Sg*; (*Abk für* Organization of Petroleum Exporting Countries) die Organisation der Staaten, die Erdöl exportieren || K-: ***OPEC-Länder, OPEC-Staaten***
O·pen·air-, Open-Air- ['oʊpn 'ɛə-] *im Subst*, *wenig produktiv*, *gespr*; im Freien (stattfindend); das ***Openairfestival, Open-Air-Festival***, das ***Openairkonzert, Open-Air-Konzert***, die ***Openairveranstaltung, Open-Air-Veranstaltung***
O·per *die*; -, *-n*; **1** e-e Art Theaterstück mit Musik, bei dem ein großes Orchester spielt u. die Darsteller ihren Text singen ⟨e-e O. aufführen, dirigieren, inszenieren, komponieren⟩: *Verdis bekannteste O. ist „Aida"* || K-: ***Opern-, -arie, -bühne, -haus, -komponist, -libretto, -melodie, -sänger*** || -K: ***Barock-, Kinder-, Märchen-*** **2** *nur Sg*; e-e Veranstaltung, bei der e-e O. (1) aufgeführt wird: *Heute gehen wir in die O.*; *Die O. beginnt heute schon um 19 Uhr* || K-: ***Opern-, -aufführung, -besucher, -spielplan*** **3** e-e kulturelle Einrichtung, die die Aufführung von Opern (1) organisiert: *O. u. Schauspiel werden vom Staat subventioniert*; *Nach ihrer Ausbildung als Sängerin will sie an die O. gehen* || K-: ***Opern-, -chor, -direktor, -ensemble*** || -K: ***Staats-*** **4** das Gebäude, in dem Opern (1) aufgeführt werden ≈ Opernhaus || *zu* **1 o·pern·haft** *Adj*
O·pe·ra·teur [-'tø:ɐ] *der*; *-s*, *-e*; *geschr*; derjenige Arzt, der (gerade) e-e bestimmte Operation (1) ausführt || NB: Ärzte, deren Beruf es ist zu operieren, heißen *Chirurgen*
O·pe·ra·ti·on [-'tsio:n] *die*; -, *-en*; **1** der Vorgang, bei dem ein Arzt j-n / etw. operiert (1) ≈ chirurgischer Eingriff ⟨e-e gefährliche, harmlose, komplizierte, kosmetische O.; e-e O. ausführen, vornehmen; sich e-r O. unterziehen⟩: *Die O. wurde unter Vollnarkose durchgeführt* || K-: ***Operations-, -narbe, -schwester, -tisch, -trakt*** || -K: ***Augen-, Blinddarm-, Herz-, Hüft-, Kiefer-, Magen-*** *usw*; ***Krebs-***; ***Schönheits-*** **2** *Mil*; relativ große, geplante Kampfhandlungen ⟨e-e militärische, strategische O.⟩: *die Operationen e-r Heeresgruppe in e-m bestimmten Gebiet leiten* || K-: ***Operations-, -basis, -plan*** **3** *geschr*; e-e komplizierte, technische od. mathematische Handlung: *die Operationen, mit denen ein Computer Befehle ausführt* || ID ***O. gelungen, Patient tot*** *gespr iron*; der Plan wurde zwar perfekt ausgeführt, doch das Ergebnis ist gerade das Gegenteil von dem, was beabsichtigt war
O·pe·ra·ti·ons·saal *der*; der Raum in e-r Klinik *o.Ä.*, in dem Operationen ausgeführt werden
o·pe·ra·tiv [-f] *Adj*; mittels e-r Operation ≈ chirurgisch ⟨ein Eingriff; etw. o. entfernen⟩: *e-e Warze o. entfernen*
O·pe·ra·tor *der*; *-s*, *O·pe·ra·to·ren*; j-d, der beruflich (als Fachmann) große Computer bedient
O·pe·ret·te *die*; -, *-n*; e-e Art lustige Oper: *Die „Fledermaus" ist e-e der beliebtesten Operetten von Johann Strauß* || K-: ***Operetten-, -aufführung, -komponist, -melodie, -musik, -sänger*** || *hierzu* **o·pe·ret·ten·haft** *Adj* || NB: ↑ ***Musical***
o·pe·rie·ren; *operierte, hat operiert*; [Vt/i] **1** ***(j-n / etw.) o.*** als Arzt j-s Körper durch Schnitte öffnen, um e-e Krankheit od. Verletzung zu behandeln ⟨e-n entzündeten Blinddarm, e-n Herzfehler, e-n Tumor o.; ein frisch Operierter⟩: *Er hat Krebs u. muss operiert werden*; [Vt] **2** ***j-n an etw.*** (*Dat*) ***o.*** j-n an e-m bestimmten Teil des Körpers o. (1): *j-n am Darm, am Magen o.*; [Vi] **3** *Mil*; e-e Operation (2) durchführen **4** ***irgendwie o.*** *geschr* ≈ irgendwie handeln, vorgehen ⟨geschickt, vorsichtig, mit Tricks o.⟩
O·pern·füh·rer *der*; ein Buch, in dem die Handlungen u. Figuren bekannter Opern beschrieben sind
O·pern·glas *das*; ein kleines Fernglas, das man als Zuschauer in der Oper od. im Theater benutzt
Op·fer *das*; *-s*, -; **1** etw., auf das man für e-n bestimmten Zweck verzichtet, das man j-m gibt od. das man tut, obwohl es einem schwer fällt ⟨ein großes, schweres O.; ein O. für j-n / etw. bringen; j-m ein O. abverlangen, auferlegen; ein O. nicht annehmen können⟩: *Nur unter großen finanziellen Opfern konnte sie ihre Kinder studieren lassen* || K-: ***Opfer-, -bereitschaft, -freudigkeit, -mut***; ***opfer-, -bereit, -freudig, -willig*** **2** Tiere, Menschen od. Dinge, die man in e-r Zeremonie e-m Gott gibt ⟨ein O. empfangen, verlangen; j-m ein O. darbringen⟩: *versuchen, e-n Gott durch ein O. zu versöhnen* || K-: ***Opfer-, -gabe, -feuer, -lamm, -tier, -tod, -zeremonie*** || -K: ***Blut-, Brand-, Menschen-, Tier-***; ***Dank-, Sühne-*** **3** Geld, das man der Kirche *o.Ä.* schenkt ≈ Spende || K-: ***Opfer-, -büchse, -geld*** **4** j-d, der (durch e-n Unfall, e-e Katastrophe, ein Verbrechen *o.Ä.*) Schaden leidet od. stirbt: *O. des Krieges, e-s Justizirrtums, e-s Mörders, e-r Verwechslung werden*; *Die Pest forderte zahllose Opfer - die meisten Opfer waren in den Städten zu beklagen* || -K: ***Kriegs-, Todes-, Unfall-, Verkehrs-*** **5** ***j-m / etw. zum O. fallen*** von j-m / etw. verletzt, getötet, beschädigt od. zerstört werden: *Ich bin e-m Betrüger zum O. gefallen* **6** ***j-m etw. zum O. bringen*** j-m etw. schenken, auf das man nur sehr schwer verzichten kann **7** ***ein O. der Flammen werden*** bei e-m Brand zerstört od. getötet werden
Op·fer·gang *der*; *geschr*; e-e Handlung, mit der man andere schonen od. retten will, obwohl man dabei selber leidet ⟨e-n O. antreten⟩
op·fern; *opferte, hat geopfert*; [Vt/i] **1** ***(j-m) (etw.) o.***

e-m Gott ein Opfer (1) bringen: *den Göttern ein junges Tier o.*; [Vi] **2** ***etw.*** (***für j-n / etw.***) ***o.***; (***j-m / etw.***) ***etw. o.*** für e-n Menschen od. e-e Sache etw. tun od. geben, auf etw. Wertvolles verzichten ⟨seine Gesundheit, seine Karriere o.; viel Zeit u. Geld o.⟩: *Für sein Hobby opfert er sein ganzes Taschengeld*; *Seiner Idee hat er alles geopfert*; [Vr] **3** ***sich o.*** *iron*; etw., das andere nicht selbst tun können / wollen, für sie tun: *Wer opfert sich u. spült das Geschirr?* **4** ***sich*** (***für j-n***) ***o.*** etw. für j-n tun, obwohl man dabei Schaden nimmt od. das Leben verliert: *Er opferte sich, um seine Kinder zu retten* || *zu* **1 Op·fe·rung** *die*

Op·fer·stock *der*; ein kleiner Kasten, in den man in der Kirche Geld als Spende wirft

O·pi *der*; *-s, -s*; *gespr* ≈ Opa (1) ↔ Omi

O·pi·at *das*; *-(e)s, -e*; e-e Substanz (*bes* ein Medikament), die Opium enthält

O·pi·um *das*; *-s*; *nur Sg*; e-e Droge, die aus (Schlaf)Mohn gemacht wird, die Schmerzen stillt u. die als Rauschgift verwendet wird ⟨O. nehmen, rauchen, schmuggeln⟩ || K-: ***Opium-, -gesetz, -handel, -pfeife, -raucher, -schmuggel, -sucht***

op·po·nie·ren; *opponierte, hat opponiert*; [Vi] (***gegen j-n / etw.***) ***o.*** *geschr*; anderer Meinung sein u. gegen j-n / etw. Widerstand leisten ≈ sich (j-m / etw.) widersetzen, (j-m / etw.) widersprechen: *gegen e-e Autorität, gegen e-n Beschluss o.*

op·por·tun *Adj*; *geschr*; so, dass es in der gegebenen Situation günstig ist ≈ angebracht ↔ inopportun: *Wir halten neue Steuern momentan nicht für o.*

Op·por·tu·nis·mus *der*; *-s*; *nur Sg*, *geschr*, *oft pej*; die Einstellung, bei der man seine Meinungen *o.Ä.* sehr schnell mit den einzelnen Situationen u. der Meinung anderer ändert, um Vorteile zu haben ⟨politischer O.; aus (reinem) O. handeln⟩ || *hierzu* **Op·por·tu·nist** *der*; *-en, -en*; **op·por·tu·nis·tisch** *Adj*

Op·po·si·ti·on [-'tsio:n] *die*; *-, -en*; *mst Sg*; **1** die Parteien in e-m Parlament, die nicht an der Regierung beteiligt sind ⟨die parlamentarische O.; ein Mitglied, Angehöriger der O.⟩: *Der Vorschlag kam aus den Reihen der O.*; *Die O. lehnt das Gesetz ab* || K-: ***Oppositions-, -bank, -führer, -partei*** **2** *Kollekt*; die Menschen, die gemeinsam e-e andere als die offizielle Meinung, Lehre od. Politik haben ⟨die innerparteiliche, außerparlamentarische O.; sich der O. anschließen, in die O. gehen⟩: *Die O. probt den gewaltlosen Widerstand* **3** *geschr* ≈ Widerstand, Widerspruch ↔ Übereinstimmung ⟨jede O. unterdrücken; etw. aus O. tun⟩: *Es gibt mehr O. als Zustimmung zu seinen Sparvorschlägen* || K-: ***Oppositions-, -geist*** **4** ***in O. zu etw.*** im Gegensatz zu etw. ⟨etw. steht in O. zu etw.⟩ || *hierzu* **op·po·si·ti·o·nell** *Adj*

op·tie·ren; *optierte, hat optiert*; [Vi] ***für etw. o.*** *geschr*; sich für etw. (*bes* e-e bestimmte Staatsangehörigkeit) entscheiden

Op·tik *die*; *-*; *nur Sg*; **1** *Phys*; das Gebiet der Physik, das sich mit dem Licht u. seiner Wahrnehmung beschäftigt **2** *geschr*; der visuelle Eindruck, den etw. macht: *Die Blumen am Fenster haben die O. des Raumes verbessert*

Op·ti·ker *der*; *-s, -*; j-d, der beruflich Brillen, Mikroskope, Ferngläser *usw* macht, repariert u. verkauft || K-: ***Optiker-, -geschäft, -laden*** || -K: ***Augen-***

op·ti·mal *Adj*; so gut, wie es in e-r bestimmten Situation überhaupt möglich ist ≈ bestmöglich ⟨die Lösung, der Zustand; etw. o. gestalten, nutzen, verwerten⟩ || *hierzu* **op·ti·mie·ren** (*hat*) *Vt geschr*

Op·ti·mis·mus *der*; *-*; *nur Sg*; e-e Einstellung zum Leben od. e-e Denkweise, bei der j-d (immer) das Beste erwartet od. nur die gute Seite von etw. sieht ↔ Pessimismus ⟨gedämpfter, unerschütterlicher O.; sich seinen O. bewahren; voller O. sein⟩ || -K: ***Fortschritts-, Zweck-*** || *hierzu* **Op·ti·mist** *der*; *-en, -en*; **Op·ti·mis·tin** *die*; *-, -nen*; **op·ti·mis·tisch** *Adj*

Op·ti·mum *das*; *-s*, *Op·ti·ma*; *geschr*; das beste Ergebnis, das in e-r bestimmten Situation möglich ist ≈ Höchstmaß: *ein O. an Leistung erreichen*

Op·ti·on [-'tsio:n] *die*; *-, -en*; **1** *bes EDV*; eine von mehreren Möglichkeiten, unter denen man wählen kann **2** ***e-e O. auf etw.*** (*Akk*) ***haben*** *Ökon*, *Jur*; für den Kauf *o.Ä.* e-r Ware vorgemerkt sein, aber noch nicht fest zugesagt haben. Der Geschäftspartner hat sich verpflichtet, bis zu e-m bestimmten Termin auf die Entscheidung zu warten

op·tisch *Adj*; **1** mit dem Auge wahrgenommen ≈ visuell ⟨ein Eindruck, ein Reiz, e-e Täuschung⟩ **2** *nur attr*, *nicht adv*; mit Linsen, Spiegeln *o.Ä.* (ausgestattet) ⟨Geräte, Instrumente⟩ **3** *nur attr od adv*; in Bezug auf die Wirkung, die etw., das man sieht, auf einen hat: *Sie hat ihre Möbel aus optischen Gründen umgestellt*

o·pu·lent *Adj*; *mst attr*, *geschr*; viel u. gut ≈ üppig ⟨ein Mahl; o. speisen⟩ || *hierzu* **O·pu·lenz** *die*; *-*; *nur Sg*

O·pus *das*; *-*, *O·pe·ra*; *geschr*; **1** *nur Sg*; verwendet mit e-r Zahl, um ein Werk e-s Komponisten zu bezeichnen; *Abk* op.: *Händels Orgelkonzert op. 4* **2** *mst Sg*; ein literarisches od. musikalisches Werk: *j-s neuestes O.* **3** *mst Sg*; das gesamte Werk e-s Schriftstellers od. Komponisten

O·ra·kel *das*; *-s, -*; **1** ein geheimnisvoller Spruch, mit dem j-d etw. darüber sagt, was in der Zukunft geschehen wird ⟨ein O. verkünden, auslegen, deuten; ein O. erfüllt sich⟩ || K-: ***Orakel-, -spruch*** **2** ein od. mehrere Priester, die (*bes* im antiken Griechenland) an e-m bestimmten heiligen Ort das O. (1) verkünden ⟨ein O. befragen; das O. von Delphi⟩ || *zu* **1 o·ra·kel·haft** *Adj*; **o·ra·keln** (*hat*) *Vt / i*

o·ral *Adj*; *nur attr od adv*; **1** *Med*; so, dass es durch den Mund in den Körper gelangt ⟨ein Medikament; etw. o. einnehmen, verabreichen⟩ **2** in Bezug auf sexuelle Handlungen mit dem Mund ⟨Verkehr; j-n o. befriedigen⟩

O·ran·ge[1] [o'rã:ʒə, o'raŋʒə] *die*; *-, -n*; e-e süße, runde Frucht mit dicker, rotgelber Schale, die in warmen Ländern wächst u. die innen in Spalten unterteilt ist ≈ Apfelsine ⟨e-e O. auspressen, schälen⟩ || ↑ *Abb. unter* ***Obst*** || K-: ***Orangen-, -baum, -limonade, -marmelade, -saft, -schale, -scheibe, -schnitz***

O·ran·ge[2] [o'rã:ʒ(ə), o'raŋʒ(ə)] *das*; *-*; *nur Sg*; die Farbe, die entsteht, wenn man Gelb mit Rot mischt ⟨ein helles, kräftiges, leuchtendes O.⟩ || *hierzu* **o·ran·ge·far·ben** *Adj*; **o·ran·ge·far·big** *Adj*

o·ran·ge [o'rã:ʒ(ə), o'raŋʒ(ə)] *Adj*; von der Farbe Orange[2]: *ein Bauarbeiter mit oranger Jacke*; *Mandarinen sind o.* || K-: ***orange-, -rot*** || NB: Die flektierten Formen werden nur in der gesprochenen Sprache verwendet. Um sie zu vermeiden, verwendet man *orangefarben* od. *orangefarbig*

O·ran·geat [oraŋ'ʒa:t] *das*; *-s*; *nur Sg*; die mit Zucker konservierte Schale von Orangen, die man *bes* für Kuchen verwendet ⟨O. u. Zitronat⟩

O·rang-U·tan [oraŋ'u:tan] *der*; *-s, -s*; ein großer (Menschen)Affe mit langem, bräunlichem Fell u. sehr langen Armen

o·ra·to·risch *Adj*; *nur attr od adv*, *geschr*; in Bezug auf j-s Fähigkeiten als Redner ≈ rednerisch ⟨Geschick, e-e Leistung⟩

O·ra·to·ri·um *das*; *-s*, *O·ra·to·ri·en* [-iən]; *Mus*; ein großes musikalisches Werk für Sänger u. Orchester mit ernstem od. religiösem Inhalt ⟨ein O. komponieren, aufführen⟩: *ein O. von J.S. Bach* || -K: ***Weihnachts-***

Or·ches·ter [ɔr'kɛstɐ] *das*; *-s*, *-*; **1** e-e ziemlich große Gruppe von Musikern, die gemeinsam mit e-m Dirigenten Musik machen u. Konzerte geben ⟨das städtische O.; ein sinfonisches O.; ein O. dirigieren, leiten; das O. probt, geht auf Tournee, gibt ein Konzert, spielt unter der Leitung von j-m⟩ || K-: ***Orchester-, -begleitung, -konzert, -mitglied*** || -K: ***Blas-, Streich-; Laien-, Rundfunk-, Schul-, Sinfonie-, Unterhaltungs-*** **2** der tiefer gelegene Raum vor e-r Bühne, in dem das O. (1) sitzt u. spielt ≈ Orchestergraben || *zu* **1 or·chest·ral** *Adj*

Or·ches·ter·gra·ben *der* ≈ Orchester (2) || ↑ *Abb. unter* ***Theater***

or·chest·rie·ren [-k-]; *orchestrierte, hat orchestriert*; [Vt] ***etw. o.*** ein Musikstück so gestalten od. ändern, dass es von e-m Orchester (1) gespielt werden kann || *hierzu* **Or·chest·rie·rung** *die*

Or·chi·dee [-'deː(ə)] *die*; *-*, *-n*; e-e Blume der tropischen Länder, die sehr schöne Blüten hat

Or·den[1] *der*; *-s*, *-*; *mst* ein kleines Stück Metall an e-m farbigen Band, das j-d (als Auszeichnung) für e-e besondere Tat od. Leistung bekommt ⟨j-m einen O. verleihen, an die Brust heften; e-n O. tragen; mit e-m O. ausgezeichnet werden⟩ || K-: ***Ordens-, -band, -stern, -träger, -verleihung*** || -K: ***Lebensretter-, Verdienst-***

Or·den[2] *der*; *-s*, *-*; *Kollekt*; e-e Gruppe von Menschen, die gemeinsam nach festen Regeln ihrer Religion *bes* in e-m Kloster leben ⟨ein strenger O.; e-n O. gründen, stiften; e-m O. beitreten, angehören⟩: *Franz von Assisi gründete den O. der Franziskaner* || K-: ***Ordens-, -bruder, -burg, -gründer, -gründung, -kleid, -regel, -schwester, -tracht***

or·dent·lich *Adj*; **1** ⟨e-e Wohnung, ein Zimmer⟩ so, dass alle Dinge darin (gepflegt, sauber u.) an ihrem Platz sind ↔ unordentlich: *sein Zimmer o. aufräumen*; *die Wäsche o. in den Schrank legen* **2** ⟨Menschen⟩ so, dass sie dafür sorgen, dass ihre Sachen o. (1) sind ≈ ordnungsliebend ↔ unordentlich: *ein ordentlicher u. fleißiger Schüler* **3** so, wie es den Normen der Gesellschaft entspricht ≈ anständig ⟨ein Benehmen, ein Beruf, Leute; sich o. benehmen; ein ordentliches Leben führen⟩ **4** *gespr*; so, wie es dem Zweck entspricht (u. wie man es sich daher wünscht) ≈ richtig: *Vor der Arbeit brauche ich erst einmal ein ordentliches Frühstück*; *etw. Ordentliches zu essen* **5** *nur attr od adv, gespr*; sehr stark, sehr intensiv: *Gestern hat es o. geregnet*; *Ich bin o. nass geworden*; *Du hast mir e-n ordentlichen Schrecken eingejagt* **6** *nur attr, nicht adv*; mit den normalen Aufgaben, Rechten u. Pflichten ≈ planmäßig ↔ außerordentlich ⟨ein Gericht, ein Mitglied, ein Professor⟩ || *zu* **1** u. **2 Or·dent·lich·keit** *die*; *nur Sg*

Or·der[1] *die*; *-*, *-n*; *mst Sg, Mil* ≈ Befehl ⟨(e-e) O. ausgeben; j-m (e-e) O. geben⟩: *Sie hatten (die) O., die Brücke zu verteidigen* || ► ***beordern***

Or·der[2] *die*; *-*, *-s*; *Ökon*; ein Auftrag, mit dem ein Kunde e-e Ware bestellt || K-: ***Order-, -buch, -eingang*** || *hierzu* **or·dern** *(hat) Vt*

Or·di·nal·zahl *die*; e-e Zahl, mit der man e-e Stelle in e-r Reihenfolge bezeichnet ≈ Ordnungszahl ↔ Grundzahl, Kardinalzahl: *Die Ordinalzahlen „erster", „zweiter" kann man auch als 1., 2. schreiben*

or·di·när *Adj*; **1** *pej*; (*bes* in Bezug auf sexuelle Dinge) nicht so zurückhaltend, höflich *o.Ä.*, wie es den Normen der Gesellschaft entsprechen würde ≈ unanständig ↔ fein ⟨Menschen, Witze, Wörter; o. lachen, sprechen⟩ **2** *nur attr, nicht adv*; nicht von besonderer Art ≈ alltäglich, gewöhnlich ↔ außergewöhnlich: *Das ist kein besonderer Stoff, sondern ganz ordinäre Baumwolle*

Or·di·na·ri·at *das*; *-(e)s*, *-e*; *kath*; die Behörde (1), die ein Bistum verwaltet ⟨das bischöfliche O.⟩

Or·di·na·ri·us *der*; *-*, *Or·di·na·ri·en* [-i̯ən]; ein Professor an e-r Hochschule, der e-n Lehrstuhl hat

Or·di·na·te *die*; *-*, *-n*; *Math*; der Abstand, den ein Punkt von der waagrechten (x-)Achse e-s Koordinatensystems hat ↔ Abszisse || K-: ***Ordinaten-, -achse***

Or·di·na·ti·on [-'tsi̯oːn] *die*; *-*, *-en*; **1** *Rel*; die Feier, bei der ein Priester geweiht u. in sein Amt eingeführt wird **2** Ⓐ die Sprechstunde e-s Arztes || K-: ***Ordinations-, -hilfe*** **3** Ⓐ die Praxis e-s Arztes || K-: ***Ordinations-, -zimmer*** || *zu* **1** u. **2 or·di·nie·ren** *(hat) Vt*

ord·nen; *ordnete, hat geordnet*; [Vt] **1 *etw.*** (*Kollekt od Pl*) **(*irgendwie*) *o.*** Dinge in e-e bestimmte Reihenfolge od. an ihre Plätze bringen, sodass sie leicht zu finden sind: *seine Briefmarkensammlung nach Ländern o.*; *die Bücher nach Sachgruppen u. Autoren o.*; *die Haare o.*; *seine Gedanken o.* **2 *etw.*** (*Kollekt od Pl*) ***o.*** dafür sorgen, dass etw. so wird, wie es sein soll, u. nicht mehr verändert werden muss ≈ regeln (1) ⟨seine dienstlichen, privaten Angelegenheiten o.; e-n Nachlass o.; in geordneten Verhältnissen (= den gesellschaftlichen Normen entsprechend) leben; etw. verläuft in geordneten Bahnen⟩

Ord·ner[1] *der*; *-s*, *-*; j-d, der bei e-r großen Veranstaltung den Teilnehmern ihre Plätze zeigt u. Auskunft gibt: *den Anweisungen der Ordner folgen* || -K: ***Fest-, Saal-***

Ord·ner[2] *der*; *-s*, *-*; **1** e-e Art Mappe aus dicker Pappe od. Plastik, in der man Papiere aufbewahrt od. ordnet ⟨e-n O. anlegen; Rechnungen in e-m O. abheften⟩ || -K: ***Akten-*** **2** *EDV*; ein Teil der Festplatte od. Diskette, dem man e-n Namen gibt u. in dem man Dateien ablegen kann ⟨e-n O. anlegen; e-e Datei in e-m O. abspeichern, ablegen⟩

Ord·nung *die*; *-*, *-en*; **1** *nur Sg*; der Zustand, in dem alle Dinge an ihrem Platz sind ↔ Unordnung ⟨mustergültige, peinliche, vorbildliche O.; O. halten, machen, schaffen; etw. in O. bringen, halten; für O. sorgen⟩: *In seinem Schrank herrscht O.* || K-: ***Ordnungs-, -liebe, -sinn; ordnungs-, -liebend*** **2** *nur Sg*; der Zustand, in dem j-d gesund ist, etw. funktioniert od. alles so ist, wie es sein soll ⟨alles ist in bester, schönster O.; etw. kommt, ist in O.; etw. in O. bringen, halten⟩: *Mit dem Staubsauger ist etwas nicht in O., er macht so komische Geräusche*; *Herbert war krank, aber jetzt ist er wieder in O.*; *Er entschuldigte sich u. brachte die Sache damit in O.*; *Sie haben sich gestritten, aber das kommt schon wieder in O.*; *Sie hat das kaputte Radio wieder in O. gebracht* **3** *nur Sg, gespr*; der Zustand, in dem j-d mit etw. zufrieden od. einverstanden ist ⟨etw. in O. finden; etw. ist, geht in O.⟩: *Findest du es in O., dass er so frech ist?*; *„Wir treffen uns im Schwimmbad" - „(Ist / Geht) in O.!"* **4** *nur Sg*; der Zustand, in dem die Menschen sich nach Gesetzen u. Regeln richten ⟨die öffentliche O.; die O. bewahren, gefährden; Gesetz u. O. aufrechterhalten; für O. sorgen⟩: *Es herrscht Ruhe u. O. im Land*; *Bringen Sie mal O. in Ihre Abteilung - hier herrscht ja keine Disziplin!* **5** *nur Sg*; die Gesetze u. Regeln, nach denen sich die Menschen richten ⟨die demokratische, öffentliche, verfassungsmäßige O.; gegen die O. verstoßen⟩ || -K: ***Gesellschafts-, Gewerbe-, Grund-, Prüfungs-, Studien-*** **6** *nur Sg*; das Prinzip, nach dem Dinge angeordnet werden ≈ Reihenfolge ⟨e-e alphabetische, chronologische, systematische O.; etw. (*Dat*) e-e O. geben⟩ **7** *nur Sg*; die Handlungen, bei denen man etw. ordnet (1,2): *Er ist mit der O.*

seiner Akten beschäftigt **8** *Biol*; e-e Kategorie im System der Lebewesen: *In der Klasse „Säugetiere" gibt es e-e O. „Raubtiere", zu der die Familie der Katzen (Löwen, Tiger usw) gehört* **9** *nur Sg*; ***erster / zweiter / dritter ...O.*** auf der ersten / zweiten / dritten... Stufe in e-r Hierarchie in Bezug auf die Wichtigkeit e-r Sache: *ein Problem erster O.*; *e-e Landstraße dritter O.* **10** ***j-n zur O. rufen*** j-m sagen, dass er aufhören soll, gegen die Regeln zu verstoßen: *Der Richter rief die Zuschauer zur O., als sie zu laut wurden*

ord·nungs·ge·mäß *Adj*; so, wie es sein muss u. den Regeln entspricht ≈ vorschriftsmäßig ⟨ein Verhalten⟩: *e-n Auftrag o. ausführen*; *ein Auto o. parken*

ord·nungs·hal·ber *Adv*; nicht weil es nötig, sondern weil es so üblich ist: *Ich werde o. um Erlaubnis fragen, aber ich bin sicher, dass wir das tun können*

Ord·nungs·hü·ter *der*; *hum / iron* ≈ Polizist

Ord·nungs·stra·fe *die*; *Jur*; e-e Strafe für e-e Ordnungswidrigkeit

Ord·nungs·wid·rig·keit *die*; *Jur*; e-e Handlung, die gegen amtliche Vorschriften verstößt, aber nicht kriminell ist, u. für die man e-e kleine Strafe zahlen muss ⟨e-e O. begehen⟩: *Falsches Parken ist e-e O.* || *hierzu* **ord·nungs·wid·rig** *Adj*

Ord·nungs·zahl *die* ≈ Ordinalzahl

Or·do·nanz, **Or·don·nanz** *die*; -, *-en*; *Mil*; ein Soldat, der in e-r Kantine für Offiziere das Essen austeilt, die Tische deckt *usw*

O·re·ga·no *der*; -; *nur Sg*; e-e Pflanze, deren Blätter als Gewürz *bes* für italienische Speisen (*z.B.* Pizza) verwendet werden ≈ wilder Majoran

ORF [oːǀɛrˈǀɛf] *der*; -; *nur Sg*; **1** (*Abk für* Österreichischer Rundfunk) die staatlichen österreichischen Radio- u. Fernsehsender **2** die österreichischen Fernsehprogramme: *Was kommt heute im ORF?*

Or·gan *das*; *-s*, *-e*; **1** ein Teil des Körpers, der e-e spezielle Funktion hat ⟨die inneren Organe; ein O. spenden, verpflanzen⟩: *Herz, Leber u. Magen sind wichtige Organe* || K-: ***Organ-, -empfänger, -entnahme, -funktion, -spende, -spender, -transplantation, -verpflanzung*** || -K: ***Atmungs-, Fortpflanzungs-, Verdauungs-*** **2** e-e Zeitung od. Zeitschrift, die den Zielen e-r Organisation dient u. von ihr herausgegeben wird || -K: ***Partei-, Vereins-*** **3** e-e Abteilung (*z.B.* e-r Regierung od. Verwaltung) für bestimmte Aufgaben ⟨ein ausführendes, gesetzgebendes, staatliches, untergeordnetes, zentrales O.⟩ || -K: ***Kontroll-, Partei-, Verwaltungs-*** **4** *gespr* ≈ Stimme ⟨ein lautes, unangenehmes O. haben⟩

Or·gan·bank *die*; e-e Institution, die Organe (1) für Transplantationen sammelt u. aufbewahrt

Or·ga·ni·sa·ti·on [-ˈtsioːn] *die*; -, *-en*; **1** e-e Gruppe von Menschen mit e-m gemeinsamen Ziel od. e-r gemeinsamen Aufgabe (*z.B.* ein Verein, ein Geschäft od. e-e Partei) ⟨e-e kirchliche, militärische, politische O.; e-r O. angehören; Mitglied e-r O. sein⟩: *Die Caritas ist e-e O. der katholischen Kirche* || K-: ***Organisations-, -beschluss, -büro, -gründung*** || -K: ***Arbeiter-, Berufs-, Hilfs-, Untergrund-*** **2** *nur Sg*; das Organisieren (1): *für die O. e-s Festes verantwortlich sein* || K-: ***Organisations-, -fehler, -gabe, -talent, -tätigkeit*** **3** *nur Sg*; der Aufbau u. der Ablauf nach e-m festen Plan ⟨die O. der Arbeit, e-s Betriebes, der Verwaltung⟩ || K-: ***Organisations-, -form*** || -K: ***Arbeits-, Betriebs-*** **4** *nur Sg*; das Organisieren (4): *Die Gewerkschaft bemüht sich um die O. der Angestellten* || K-: ***Organisations-, -verbot***

Or·ga·ni·sa·tor *der*; *-s*, *Or·ga·ni·sa·to·ren*; j-d, der etw. (*z.B.* ein Fest, e-e Ausstellung) organisiert (1) || *hierzu* **Or·ga·ni·sa·to·rin** *die*; -, *-nen*

or·ga·ni·sa·to·risch *Adj*; *nur attr od adv*; in Bezug auf das Organisieren (1) ⟨Mängel, Maßnahmen, ein Problem; o. begabt sein⟩

or·ga·nisch *Adj*; **1** in Bezug auf j-s Organe (1) ↔ psychisch ⟨ein Defekt, ein Leiden; o. gesund, krank sein⟩ **2** *geschr*; ⟨ein Bestandteil, e-e Entwicklung; etw. ist o. gewachsen⟩ so, dass sie e-e harmonische Einheit (mit etw.) bilden ↔ unorganisch: *e-e alte, o. gewachsene Stadt* **3** *Chem*; ⟨e-e Säure, e-e Substanz, e-e Verbindung⟩ so, dass sie aus Verbindungen des Kohlenstoffs bestehen u. im Körper von Tieren od. Pflanzen vorkommen ↔ anorganisch **4** ***die organische Chemie*** die Chemie, die sich mit organischen (3) Substanzen beschäftigt

or·ga·nisch-bi·o·lo·gisch *Adj*; ohne Kunstdünger u. Gifte ⟨ein Anbau; Gemüse, Obst⟩

or·ga·ni·sie·ren; *organisierte*, *hat organisiert*; [Vt/i] **1** ***(etw.) o.*** etw., an dem *mst* viele Personen beteiligt sind, planen, vorbereiten u. durchführen ⟨e-e Ausstellung, ein Fest, e-n Streik, e-e Tagung, e-e Veranstaltung, den Widerstand o.⟩ **2** ***(etw.) o.*** *gespr euph* ≈ stehlen; [Vt] **3** ***j-n / etw. o.*** *gespr*; dafür sorgen, dass j-d kommt od. dass etw. da ist ≈ besorgen: *Organisierst du die Getränke für die Feier?*; [Vr] **4** ⟨Personen⟩ ***organisieren sich*** mehrere Personen bilden e-e Gruppe od. Organisation, um gemeinsam etw. zu tun od. für etw. zu kämpfen ⟨sich genossenschaftlich, gewerkschaftlich, politisch o.⟩: *Die Bauern haben sich in Genossenschaften organisiert* || *zu* **1** u. **3** **Or·ga·ni·sie·rung** *die*; *nur Sg*

or·ga·ni·siert **1** *Partizip Perfekt*; ↑ ***organisieren*** **2** *Adj*; *nur attr, nicht adv*; von e-r Verbrecherorganisation (wie *z.B.* der Mafia) systematisch geplant u. durchgeführt ⟨die Kriminalität, das Verbrechen⟩ **3** *Adj*; *mst attr*; in Form von Gruppen od. Organisationen ⟨Verbrecherbanden; e-e Protestbewegung, der Widerstand⟩

Or·ga·nis·mus *der*; -, *Or·ga·nis·men*; *geschr*; **1** der Körper e-s Menschen od. Tieres (als ein System von Organen) ⟨der menschliche, tierische O.; ein lebender O.⟩: *Sein O. ist durch die Operation geschwächt* **2** ein (*bes* sehr kleines) Lebewesen ⟨mikroskopische, winzige Organismen⟩ || -K: ***Mikro-*** **3** ein System von vielen einzelnen Teilen, von denen jeder e-e wichtige Aufgabe erfüllt: *Der Staat ist ein komplizierter O.* || -K: ***Staats-, Wirtschafts-***

Or·ga·nist *der*; *-en*, *-en*; j-d, der (oft beruflich) in e-r Kirche die Orgel spielt || NB: *der Organist*; *den, dem, des Organisten*

Or·gas·mus *der*; -, *Or·gas·men*; der (kurze) Zustand des höchsten sexuellen Genusses ≈ Höhepunkt ⟨e-n O. bekommen, haben; zum O. kommen⟩ || *hierzu* **or·gas·tisch** *Adj*; *nicht adv*

Or·gel *die*; -, *-n*; ein sehr großes Musikinstrument mit vielen unterschiedlich hohen u. dicken Pfeifen, das *mst* in Kirchen steht ⟨e-e O. bauen; die / auf der O. spielen⟩: *ein Konzert für O. und Violine* || K-: ***Orgel-, -konzert, -musik, -pfeife, -spiel*** || -K: ***Dom-*** || ► ***Organist***

or·geln; *orgelte*, *hat georgelt*; [Vi] **1** auf e-r Orgel spielen **2** ***etw. orgelt*** etw. macht ähnliche Töne wie e-e Orgel ⟨der Wind⟩

Or·gie [-giə] *die*; -, *-n*; **1** ein wildes Fest, bei dem viel gegessen u. viel Alkohol getrunken wird, oft mit sexuellen Aktivitäten ⟨nächtliche, wilde, wüste Orgien feiern⟩ || -K: ***Rauschgift-*** **2** *gespr*; etw., das man in übertriebenem Maße tut: *Am Sonntag haben wir ganz viel Kuchen gegessen. Das war e-e O.!* || -K: ***Fress-, Sauf-*** || *hierzu* **or·gi·as·tisch** *Adj*

O·ri·ent [ˈoːri̯ɛnt, oˈri̯ɛnt] *der*; *-s*; *nur Sg*; **1** ***der (Vordere) O.*** das Gebiet von Ägypten, dem Iran u. den Ländern dazwischen ≈ der Nahe Osten || K-: ***Orient-, -express***; ***-teppich*** **2** der O. (1) u. das Gebiet der Länder im Osten vom Iran bis einschließlich Bangladesch ≈ Morgenland ↔ Okzident

o·ri·en·ta·lisch [ori̯en-] *Adj*; im Orient od. in Bezug auf den Orient ⟨Sitten, Kunst⟩ || *hierzu* **O·ri·en·ta·le** *der*; *-n, -n*; **O·ri·en·ta·lin** *die*; *-, -nen*

o·ri·en·tie·ren [ori̯en-]; *orientierte, hat orientiert*; Vt **1 *j-n / sich* (*über etw.* (*Akk*)) *o.*** *geschr*; j-n / sich über etw. informieren: *Der Minister wird seinen Gast über die innenpolitische Lage o.* **2 *j-n / etw. auf etw.* (*Akk*) *o.*** ≈ j-n / etw. auf etw. lenken, konzentrieren: *alle Kräfte auf die Erhaltung des Friedens o.*; Vr **3 *sich* (*nach / an etw.* (*Dat*)) *o.*** herausfinden, wo man ist u. in welche Richtung man gehen will ⟨sich nach dem Kompass, nach den Sternen, am Stand der Sonne, anhand e-r Beschreibung o.⟩: *sich im Dunkeln an Geräuschen o.*; *sich ohne Stadtplan nicht o. können* **4 *sich an j-m / etw. o.*** *geschr* ≈ sich nach j-m / etw. richten ⟨sich an e-m Ideal, e-m Vorbild o.⟩: *Die Produktion muss sich an der Nachfrage o.*

-ori·en·tiert *im Adj, begrenzt produktiv*; **1** so, dass sich die betreffende Person / Sache nach bestimmten Vorstellungen od. Idealen richtet; ***erfolgsorientiert*** ⟨Menschen⟩, ***konsumorientiert*** ⟨e-e Gesellschaft⟩, ***linksorientiert, rechtsorientiert*** ⟨ein Autor⟩, ***praxisorientiert*** ⟨e-e Ausbildung⟩, ***wissenschaftsorientiert*** ⟨ein Unterricht⟩ **2** so, dass sich die betreffende Person / Sache nach bestimmten (äußeren) Bedingungen richtet; ***bedarfsorientiert*** ⟨e-e Produktion⟩, ***exportorientiert*** ⟨ein Betrieb⟩, ***nachfrageorientiert*** ⟨ein Warenangebot⟩

O·ri·en·tie·rung *die*; *-*; *nur Sg*; **1** das Wissen, wo man sich befindet, das Orientieren (3) ⟨die O. verlieren⟩: *Zur besseren O. merkte er sich die Namen der Straßen* || K-: ***Orientierungs-, -punkt, -sinn, -vermögen, -zeichen*** **2 *die O.* (*über etw.* (*Akk*))** *geschr*; das Orientieren (1): *Diese Übersicht genügt zur allgemeinen O.* **3 *die O.* (*an etw.* (*Dat*))** *geschr* ≈ die Anpassung (an etw.): *die O. der Politik an demokratischen Grundsätzen*; *die O. neu überdenken* || -K: ***Neu-*** || *zu* **1 o·ri·en·tie·rungs·los** *Adj*

O·ri·en·tie·rungs·hil·fe *die*; etw., das helfen soll, in e-r Gegend od. auf e-m Fachgebiet sein Ziel zu finden ⟨als O. dienen⟩: *e-e O. für das Studium*; *Der Leuchtturm ist e-e O. für die Schifffahrt*

O·ri·ga·no *der*; ↑ ***Oregano***

o·ri·gi·nal *Adj*; *indeklinabel*; **1** *mst adv*; nicht verändert od. nachgemacht ≈ echt ↔ imitiert: *o. Südtiroler Wein*; *e-e o. antike Figur* **2** *nur präd od adv* ≈ live (1), direkt[1] (8): *ein Tennisspiel o. übertragen*

O·ri·gi·nal *das*; *-(e)s, -e*; **1** ein literarisches od. künstlerisches Werk in der (ursprünglichen) Form, die der Künstler selbst geschaffen hat: *Die Ausstellung zeigt Dürers Aquarelle im O.*; *das handschriftliche O. von Goethes „Faust"*; *Diesem Lied liegt ein griechisches O. zugrunde*; *Kannst du genug Englisch, um Hemingway im O. zu lesen?* || K-: ***Original-, -aufnahme, -ausgabe, -fassung, -gemälde, -text, -ton***; ***original-, -getreu*** **2** das erste Exemplar e-s geschriebenen Textes ≈ Vorlage ↔ Kopie, Abschrift ⟨ein O. ablichten, kopieren, vergrößern, verkleinern; von e-m O. Kopien herstellen; e-e Urkunde im O. vorlegen⟩ **3** *gespr*; (verwendet, um j-n positiv zu bewerten) j-d, dessen Kleidung, Benehmen, Ansichten *o.Ä.* ungewöhnlich u. interessant sind: *Der alte Professor war ein richtiges O.*

O·ri·gi·nal- *im Subst, begrenzt produktiv*; so, wie es zuerst war, ohne Veränderung ↔ Neu-; die ***Originalabfüllung***, der ***Originaleinband***, die ***Originalflasche***, die ***Originalpackung***, der ***Originalverschluss***

O·ri·gi·na·li·tät *die*; *-*; *nur Sg*; **1** ≈ Echtheit **2** die Eigenschaft, originell zu sein: *Kreativität und O. zeichnen diesen Künstler aus*

o·ri·gi·nell *Adj*; **1** neu, ungewöhnlich u. *mst* witzig ⟨ein Gedanke, ein Gedicht, ein Einfall, e-e Idee⟩ **2** mit guten, neuen u. witzigen Ideen ⟨Menschen⟩

Or·kan *der*; *-s, -e*; ein starker Sturm, der großen Schaden anrichtet ⟨ein O. bricht los, tobt / wütet irgendwo⟩: *Der Sturm steigerte sich zum O.*; *Orkane verwüsteten weite Landstriche* || K-: ***Orkan-, -stärke***; ***orkan-, -artig***

Or·na·ment *das*; *-(e)s, -e*; *geschr*; ein Muster (1), mit dem man *bes* Stoffe u. Bauwerke schmückt ⟨mit Ornamenten geschmückt, verziert⟩: *ein Teppich mit verschlungenen Ornamenten* || -K: ***Pflanzen-, Tier-*** || *hierzu* **or·na·men·tal** *Adj*; **or·na·ment·ar·tig** *Adj*

Or·nat *der*; *-(e)s, -e*; *geschr*; e-e besondere Kleidung für öffentliche od. kirchliche Feiern ≈ Amtstracht ⟨ein Priester, ein König im O.; in vollem O.⟩

Or·ni·tho·lo·gie *die*; *-*; *nur Sg*; die Wissenschaft, die sich mit den Vögeln beschäftigt ≈ Vogelkunde || *hierzu* **Or·ni·tho·lo·ge** *der*; *-n, -n*; **Or·ni·tho·lo·gin** *die*; *-, -nen*; **or·ni·tho·lo·gisch** *Adj*

Ort *der*; *-(e)s, -e*; **1** ein bestimmtes, lokalisierbares Gebiet od. e-e Lage im Raum ≈ Platz (4) ⟨an e-m Ort⟩: *Ort u. Zeit e-s Unfalls melden*; *Er ist abgereist u. hält sich an e-m unbekannten Ort auf*; *Diese Pflanze wächst am besten an schattigen Orten* || -K: ***Aufenthalts-, Unglücks-, Versammlungs-*** **2** *nur Sg*; der Ort (1), an dem etw. normalerweise ist ≈ Stelle, Platz (5) ⟨an e-m Ort⟩: *Ich habe das Buch nicht gefunden, es steht nicht an seinem Ort* **3** ein Dorf od. e-e Stadt ≈ Ortschaft ⟨in e-m Ort⟩: *Orte mit mehr als 50000 Einwohnern* || K-: ***Orts-, -ausgang, -ende, -mitte, -name, -polizei, -teil, -verkehr***; ***orts-, -ansässig, -fremd*** || -K: ***Geburts-, Heimat-, Wohn-***; ***Ferien-, Kur-*** **4** *Kollekt*; die Einwohner e-s Ortes (3): *Der ganze Ort protestierte gegen die geplante neue Straße* **5 *am Ort*** (hier) in diesem Ort (3): *Er ist der einzige Arzt am Ort* **6 *an Ort und Stelle*** an dem Ort (1), an dem etw. geschieht / geschehen ist: *Der Minister informierte sich an Ort und Stelle über das Ausmaß der Katastrophe* **7 *an öffentlichen Orten*** dort, wo jeder hingehen kann (*z.B.* auf der Straße, im Bahnhof) **8 *höheren Ort(e)s*** *geschr*; bei e-r Behörde od. Instanz, die in der Hierarchie weiter oben ist ⟨etw. wird höheren Ort(e)s entschieden, überprüft⟩ **9 *vor Ort*** (*Admin*) *geschr*; an dem Ort (1), wo etw. geschieht / geschehen ist

Ört·chen *das*; *-s, -*; ***das* (*stille*) *Ö.*** *gespr hum euph* ≈ Toilette, WC

or·ten; *ortete, hat geortet*; Vt ***j-n / etw. o.*** mithilfe von Instrumenten feststellen, wo sich j-d / etw. befindet ⟨ein Flugzeug, ein Schiff, ein Wrack o.; etw. mit Radar o.⟩ || *hierzu* **Or·tung** *die*

or·tho·dox *Adj*; **1** zu e-r Gruppe von Menschen gehörig, die sich sehr streng an die Vorschriften ihrer Religion halten ≈ strenggläubig ⟨ein Jude, ein Moslem⟩ **2** *mst attr, Rel*; zu der Form der christlichen Religion gehörig, die in Osteuropa verbreitet ist ⟨die Kirchen, ein Priester⟩ || -K: ***griechisch-orthodox, russisch-orthodox*** **3** *geschr, oft pej*; ⟨e-e Haltung, ein Wissenschaftler⟩ so, dass die betreffende Person an alten Meinungen u. Lehren festhält u. nichts Neues zulässt ↔ unorthodox || *hierzu* **Or·tho·do·xie** *die*; *-*; *nur Sg*

Or·tho·gra·fie, Or·tho·gra·phie [-'fiː] *die*; *-, -n* [-'fiːən]; *mst Sg* ≈ Rechtschreibung ⟨die Regeln der O.; Fehler in der O. machen⟩: *die O. des Deutschen*; *die deutsche O.* || K-: ***Orthografie- / Orthographie-, -fehler*** || *hierzu* **or·tho·gra·fisch, or·tho·gra·phisch** *Adj*; *nur attr od adv*

O

Or·tho·pä·de *der*; *-n, -n*; ein Arzt mit e-r (Spezial)Ausbildung in Orthopädie || -K: ***Kiefer-, Sport-*** || NB: *der Orthopäde*; *den, dem, des Orthopäden*

Or·tho·pä·die *die*; *-*; *nur Sg*; das Gebiet der Medizin, das sich mit den Knochen u. mit der Haltung u. der Bewegung des Körpers beschäftigt || *hierzu* **or·tho·pä·disch** *Adj*; *nur attr od adv*

ört·lich *Adj*; **1** e-n bestimmten Ort (1), nur e-n Teil e-s Gebiets betreffend ≈ lokal, regional ↔ großräumig ⟨e-e Besonderheit, Gegebenheiten, Veränderungen; Aufheiterungen, Gewitter, Schauer⟩: *Ö. ist mit Gewittern zu rechnen* **2** *nur attr, nicht adv*; in Bezug auf e-n Ort (3) ≈ lokal ⟨die Behörden, die Feuerwehr⟩ **3** auf e-e bestimmte Körperstelle beschränkt ≈ lokal ⟨e-e Betäubung; j-n ö. betäuben⟩

Ört·lich·keit *die*; *-, -en*; *mst Pl*; ein Ort (1), ein Gebiet, ein Gebäude *o.Ä.* ⟨sich mit den Örtlichkeiten vertraut machen⟩

Ort·schaft *die*; *-, -en*; ein *mst* kleiner Ort (3): *Können wir in der nächsten O. e-e Pause machen?*

orts·fremd *Adj*; nicht aus e-m Ort (3), sodass man sich dort nicht auskennt ⟨o. sein⟩

Orts·ge·spräch *das*; ein Telefongespräch innerhalb e-r Stadt, e-s Ortes (3) ↔ Ferngespräch

Orts·grup·pe *die* ≈ Ortsverein

Orts·kran·ken·kas·se *die*; ***die*** **(*Allgemeine*) *O.*** Ⓓ die Krankenkasse, in der man als Arbeiter, Student *usw* versichert ist, wenn man nicht (aufgrund bestimmter Voraussetzungen u. auf eigenen Wunsch) e-e private Versicherung *o.Ä.* hat; *Abk* AOK

orts·kun·dig *Adj*; ⟨ein Führer⟩ so, dass er sich in dem Gebiet od. Ort gut auskennt, in dem er gerade ist

Orts·netz *das*; alle Telefonverbindungen e-s Ortes (3): *Das O. Münster hat die Vorwahl 0251*

Orts·sinn *der*; *nur Sg*; die Fähigkeit, an e-m fremden Ort sein Ziel richtig zu finden ≈ Orientierungssinn

Orts·ta·rif *der*; der billigste Tarif für Telefongespräche. Er gilt für Gespräche innerhalb e-s Orts u. der nächsten Umgebung od. wenn man e-e Firma *o.Ä.* anruft, die die restlichen Kosten des Anrufs übernimmt: *Rufen Sie uns an - zum O.!*

orts·üb·lich *Adj*; *nicht adv*; so, wie es in dem betreffenden Ort (3) üblich ist ⟨Löhne, Mieten, Preise⟩

Orts·um·ge·hung *die*; e-e Straße, die nicht *durch* e-n Ort (3), sondern an ihm *vorbei* führt ≈ Umgehungsstraße

Orts·ver·ein *der*; die Gruppe e-s Vereins od. e-r Partei, die an e-m bestimmten Ort organisiert ist ≈ Ortsgruppe

Orts·wech·sel *der*; der Vorgang, bei dem man e-n Ort verlässt u. an e-n anderen geht od. von e-r Stadt in e-e andere zieht ⟨e-n O. vornehmen⟩

Orts·zeit *die*; die Uhrzeit, die an e-m bestimmten Ort gilt: *Das Flugzeug landet in Tokio um 10 Uhr O.*

-ös *im Adj nach Subst, wenig produktiv*; verwendet, um auszudrücken, dass das im ersten Wortteil Bezeichnete in großer Menge od. Intensität vorhanden ist; ***luxuriös*** ⟨e-e Wohnung⟩, ***melodiös*** ⟨e-e Stimme⟩, ***muskulös*** ⟨ein Mann⟩, ***mysteriös*** ⟨e-e Angelegenheit⟩, ***strapaziös*** ⟨e-e Reise⟩, ***voluminös*** ⟨ein Buch⟩

öS *hist*; *Abk für* Österreichische Schilling(e)

Ö·se *die*; *-, -n*; ein kleiner Ring aus Metall, in den man e-n Haken einhängen od. durch den man e-e Schnur ziehen kann ⟨Haken u. Ösen⟩ || ↑ *Abb. unter* ***Knopf***

Os·si *der*; *-s, -s*; *gespr, oft pej od hum*; verwendet, um e-n Bewohner der neuen Bundesländer (= das Gebiet der ehemaligen DDR) zu bezeichnen ↔ Wessi: *Typisch O.!*

Ost[1] *ohne Artikel, indeklinabel*; **1** *Seefahrt, Meteorologie* ≈ Präp. + Osten (1) ↔ West ⟨Wind aus / von Ost; ein Kurs Richtung Ost⟩ || -K: ***Nord-, Süd-*** **2** ≈ Osten (3), Ostblock ↔ West: *Zu der Tagung kamen Besucher aus Ost u. West*

Ost[2] *der*; *-s*; *nur Sg*, *Seefahrt* ≈ Ostwind

Ost·block *der*; *nur Sg*, *hist*; die Sowjetunion u. *bes* die europäischen Staaten, die mit ihr verbündet waren ≈ Osten (3) || K-: ***Ostblock-, -land, -staat***

Ost·deutsch·land *(das)*; **1** der östliche Teil Deutschlands (*bes* vor 1949 od. nach 1990) **2** *gespr, hist*; die ehemalige DDR || *hierzu* **ost·deutsch** *Adj*

Os·ten *der*; *-s*; *nur Sg*; **1** die Richtung, die auf der Landkarte nach rechts zeigt ↔ Westen ⟨der Wind weht aus / von O.; aus, in Richtung O.; nach O. zeigen⟩: *Die Sonne geht im O. auf* || K-: ***Ost-, -fenster, -hang, -küste, -rand, -seite, -teil*** **2** der Teil e-s Gebietes, der im O. (1) liegt ≈ Ostteil ↔ Westen: *Er wohnt im O. des Landes, der Stadt* || K-: ***Ost-, -afrika, -amerika, -europa*** *usw* **3** ≈ Ostblock **4** ***der Nahe O.*** das Gebiet von Ägypten, dem Iran u. den Ländern dazwischen ≈ der (Vordere) Orient (1) **5** ***der Mittlere O.*** das Gebiet der Länder im O. (1) vom Iran bis einschließlich Bangladesh ≈ Orient (2) **6** ***der Ferne O.*** das Gebiet von China, Japan, Indonesien u. den Ländern dazwischen ≈ Südostasien || *zu* **6** **fern·öst·li·ch-** *Adj*; *nur attr, nicht adv*

os·ten·ta·tiv [-f] *Adj*; *geschr*; mit Absicht u. so, dass die anderen es bemerken ≈ herausfordernd: *Er gähnte o.; O. kehrte sie uns den Rücken*

Os·ter·ei *das*; **1** ein (hart) gekochtes Ei, das bunt bemalt ist u. oft zu Ostern für Kinder versteckt wird ⟨Ostereier bemalen, färben, verstecken, suchen, essen⟩ **2** ein Ei aus Schokolade *o.Ä.*, das man zu Ostern kaufen kann

Os·ter·glo·cke *die*; e-e (Frühlings)Blume mit schmalen Blättern u. großen gelben Blüten

Os·ter·ha·se *der*; **1** ein Hase, von dem kleine Kinder glauben, dass er ihnen zu Ostern Eier u. Süßigkeiten bringt **2** e-e Figur aus Schokolade *o.Ä.* in der Form e-s Hasen, die man zu Ostern kaufen kann

Os·ter·lamm *das*; **1** ein Lamm, das zu Ostern gegessen wird **2** ein süßes Gebäck, das die Form e-s kleinen Lamms hat u. zu Ostern gegessen wird

Os·ter·marsch *der*; e-e große Demonstration zu Ostern für den Frieden in der Welt

Os·tern *(das)*; *-, -*; **1** das Fest im Frühling, mit dem die Christen die Auferstehung von Jesus Christus feiern ⟨vor, zu / an, über, nach O.⟩: *Letztes Jahr hat es (zu / an) O. geschneit* || K-: ***Oster-, -feiertage, -ferien, -fest, -montag, -sonntag, -zeit*** || NB: oft wird mit dem Plural auch ein einzelnes Osterfest bezeichnet: *vorige, letzte, nächste O.* **2** ***Frohe / Fröhliche O.!*** verwendet, um j-m ein schönes Osterfest zu wünschen

Os·ter·wo·che *die*; die Woche vor Ostern ≈ Karwoche

Os·ter·zopf *der*; ein Zopf (2), der zu Ostern gegessen wird

Ost·ge·bie·te *die*; *Pl*, *hist*; verwendet, um die Gebiete östlich des heutigen Deutschland zu bezeichnen, die vor 1938 zu Deutschland gehörten u. jetzt polnisch od. russisch sind

öst·lich[1] *Adj*; **1** *nur attr, nicht adv*; in die Richtung nach Osten ↔ westlich ⟨ein Kurs; in östliche Richtung fahren⟩ **2** *nur attr, nicht adv*; von Osten nach Westen ⟨ein Wind; der Wind kommt, weht aus östlicher Richtung⟩ **3** *nur attr od adv*; im Osten (1,2) ↔ westlich ⟨ein Land, die Seite, der Teil⟩: *Wir befinden uns zehn Grad östlicher Länge* **4** *mst attr*; in Bezug auf die Länder Asiens u. die Menschen, die dort leben ≈ asiatisch ↔ westlich **5** *mst attr, nicht*

Ostern

Nach der **Karwoche** mit ihren kirchlichen Feiertagen (**Palmsonntag**, **Gründonnerstag**, **Karfreitag**) beginnt das eigentliche Osterfest, an dem die Christen die Auferstehung von Jesus Christus feiern.
In der Nacht zum **Ostersonntag** gehen viele Leute in die Kirche. In manchen Gemeinden wird vor der Kirche ein großes Feuer, das **Osterfeuer**, angezündet. Auch der **Ostermontag** ist in Deutschland Feiertag.
Zum Frühstück an den Feiertagen isst man traditionell **Ostereier**, das sind hart gekochte Eier, die bunt bemalt wurden. Es werden auch besondere Süßigkeiten vorbereitet, wie zum Beispiel ein **Osterzopf** oder ein **Osterlamm** aus Rührteig.
In der Wohnung stellt man oft einen Strauß aus Zweigen auf, an dem bunt bemalte Ostereier hängen oder man schmückt einen Strauch im Garten.
Die Kinder freuen sich darauf, die Nester zu suchen, die der **Osterhase** mit Schokoladeneiern gefüllt hat und für sie im Haus oder im Garten versteckt hat.

Österreich

Österreich ist eine parlamentarische Bundesrepublik (**Republik Österreich**) und besteht aus neun **Bundesländern**. Auf einem 83.860 km² großen Gebiet leben etwa 8.150.000 Einwohner.
Wichtige Wirtschaftssektoren sind Landwirtschaft und Viehzucht und der Fremdenverkehr.
Die Hauptstadt ist **Wien**, mit mehr als 1,5 Millionen Einwohnern. Andere wichtige Städte sind **Graz**, **Linz**, **Salzburg** und **Innsbruck**.

adv; zum (früheren) Ostblock, zum Osten (3) gehörig ⟨ein Diplomat, ein Politiker⟩

öst·lich[2] *Präp*; ***etw. ist*** *(1 Kilometer o.Ä.)* ***ö. etw.*** *(Gen)*; etw. liegt (1 Kilometer *o.Ä.*) weiter im Osten als etw. ↔ westlich: *fünf Kilometer ö. der Grenze leben*; *Das Gebiet ö. des Flusses ist überschwemmt* || NB: folgt ein Wort ohne Artikel, verwendet man *ö. von*: *ö. von München*

Ost·po·li·tik *die*; *nur Sg*, Ⓓ die Politik e-r westlichen Regierung gegenüber den (ehemals) kommunistischen Ländern in Osteuropa u. Asien, *bes* dem (früheren) Ostblock

Öst·ro·gen *das*; *-s, -e*; *Med*; ein Hormon, das im Eierstock der Frau entsteht

Ost·see *die*; *-*; *nur Sg*; das Meer zwischen Dänemark, Schweden, Finnland u. den Ländern südlich von ihnen || NB: ↑ ***Nordsee***

ost·wärts *Adv*; nach Osten

Ost-West- *im Subst, begrenzt produktiv*; zwischen den Ländern des (früheren) Ostblocks u. den Staaten des Westens; die ***Ost-West-Beziehungen***, der ***Ost-West-Dialog***, der ***Ost-West-Handel***, der ***Ost-West-Konflikt***, das ***Ost-West-Verhältnis***

Ost·wind *der*; ein Wind aus Osten (1) ⟨ein eisiger O.⟩

Ost·zo·ne *die*; Ⓓ **1** *hist*; der Teil Deutschlands, der nach 1945 von den Sowjets besetzt wurde u. dem Gebiet der ehemaligen DDR entspricht **2** *gespr hist*; die DDR || K-: ***Ostzonen-, -flüchtling*** || *hierzu* **ost·zo·na·l-** *Adj*; *nur attr, nicht adv*

O-Ton ['o:to:n] *der*; *gespr*; (*Abk für* Originalton) verwendet, um auszudrücken, dass ein Zitat, j-s Sprache *o.Ä.* nicht verändert wurde: *Dieser Satz ist O-Ton Helmut Kohl*; *Der Heimatfilm ist O-Ton Süd* (= in e-m süddeutschen Dialekt)

Ot·ter[1] *der*; *-s, -*; ein kleines Säugetier mit glänzendem Fell, das am u. im Wasser lebt u. Fische frisst || -K: ***Fisch-***

Ot·ter[2] *die*; *-, -n*; e-e giftige Schlange ≈ Viper: *Die bekannteste O. ist die Kreuzotter*

Ot·to *der*; *-s, -s*; *bes nordd gespr*; etw., das besonders groß ist: *Mann, ist das ein O.!* || ID ***den flotten O. haben*** *bes nordd gespr*; Durchfall haben || NB: ↑ ***Normalverbraucher***

Ot·to·mo·tor *der*; ein Motor, der mit Benzin betrieben wird u. mit dem die meisten Autos fahren ↔ Dieselmotor

out [aut] *Adj*; *gespr*; *nur in* ***etw. ist out*** etw. ist nicht mehr beliebt, nicht mehr in Mode ↔ etw. ist in

ou·ten ['autn̩]; *outete, hat geoutet*; *gespr*; [Vt] **1** ***j-n / sich o.*** öffentlich sagen, dass j-d / man selbst homosexuell ist; [Vr] **2** ***sich als etw. o.*** *oft hum*; offen e-e peinliche Tatsache über sich selbst aussprechen: *sich als Alkoholiker, als Partymuffel o.*

Out·put ['autput] *der*; *-s, -s*; **1** *EDV*; die Daten u. Informationen, die ein Computer als Ergebnis liefert ↔ Input **2** *Ökon*; die gesamte Menge der Waren, die ein Betrieb produziert: *der industrielle O.* **3** *Elektr*; die Leistung e-s technischen Gerätes

Out·si·der ['autsaidɐ] *der*; *-s, -*; *gespr* ≈ Außenseiter

Out·sour·cing ['autso:ɐsɪŋ] *das*; *-(s)*; *nur Sg*, *Ökon*; die Übergabe von Arbeitsbereichen *bzw.* bestimmten Projekten e-s Unternehmens an andere Firmen *bzw.* freie Mitarbeiter, um Kosten zu sparen

Ou·ver·tü·re [uver-] *die*; *-, -n*; ein Musikstück, das am Anfang *z.B.* e-r Oper od. Operette gespielt wird: *die O. zu „Figaros Hochzeit"*

o·val [-v-] *Adj*; mit e-r Form wie ein Ei, wenn man es sich flach vorstellt ≈ elliptisch ⟨ein Gesicht, ein Spiegel, ein Tisch, e-e Rennbahn⟩

O·val [-v-] *das*; *-(e)s, -e*; etw., das oval ist: *das O. der Rennbahn*

O·var *das*; ↑ ***Ovarium***

O·va·ri·um [-v-] *das*; *-s, Ova·ri·en*; *mst Pl*, *Med* ≈ Eierstock

O·va·ti·on [ova'tsio:n] *die*; *-, -en*; *mst Pl*, *geschr*; **1** sehr starker Beifall, Applaus: *Das Publikum empfing die Sängerin mit Ovationen* **2** ***stehende Ovationen*** Ovationen (1), bei denen das Publikum aufsteht

O·ver·all ['o:vərɔ:l] *der*; *-s, -s*; ein (Arbeits)Anzug aus einem Stück: *ein Mechaniker im blauen O.* || ↑ *Abb. unter* ***Arbeitskleidung***

O·ver·head|pro·jek·tor ['o:vəhɛd-] *der*; ein Projektor, der etw., das auf e-e Folie gezeichnet (od. kopiert) wurde, groß auf e-r (Lein)Wand zeigt

O·ver·kill ['o:vəkɪl] *das / der*; *-s*; *nur Sg*; ein Zustand, in dem die Vorräte an (Atom)Waffen viel größer sind, als nötig wäre, um e-n möglichen Gegner zu vernichten od. die Erde zu zerstören

ÖVP [ø:fau'pe:] *die*; *-*; *nur Sg*; (*Abk für* Österreichische Volkspartei) e-e Partei in Österreich

O·vu·la·ti·on [ovula'tsio:n] *die*; *-, -en*; *Med* ≈ Eisprung

O·vu·la·ti·ons·hem·mer *der*; *Med*; ein Medikament (wie die Antibabypille), das die Ovulation verzögert od. verhindert

O·xid *das*; *-(e)s, -e*; *Chem*; e-e Verbindung e-s chemischen Stoffes mit Sauerstoff || -K: ***Eisen-, Kupfer-***

o·xi·die·ren; *oxidierte, ist / hat oxidiert*; *Chem*; [Vt] (*hat*) **1 *etw. o.*** bewirken, dass sich ein chemischer Stoff mit Sauerstoff verbindet; [Vi] (*ist*) **2 *etw. oxidiert*** etw. verbindet sich mit Sauerstoff ≈ etw. rostet: *Eisen oxidiert sehr leicht* || *hierzu* **O·xi·da·ti·on** *die*; -, *-en*

O·xyd ↑ ***Oxid***

o·xy·die·ren ↑ ***oxidieren***

O·ze·an *der*; *-s, -e*; ein großes Meer zwischen Kontinenten ≈ Weltmeer ⟨der Atlantische, der Indische, der Pazifische / Stille O.⟩ || K-: ***Ozean-, -dampfer***

O·ze·an·rie·se *der*; *gespr*; ein sehr großes Schiff, das auf Ozeanen fährt

O·ze·lot *der*; *-s, -e / -s*; **1** e-e kleine Raubkatze mit geflecktem Fell (*bes* in Mittel- u. Südamerika) **2** ein Mantel od. e-e Jacke aus dem Fell des Ozelots (1)

O·zon *das / gespr auch der*; *-s*; *nur Sg*; **1** ein giftiges blaues Gas, das e-e Form von Sauerstoff ist; *Chem* O_3: *Das O. in den hohen Schichten der Atmosphäre hält e-n Teil der schädlichen ultravioletten Strahlen von der Erde ab* || K-: ***Ozon-, -gehalt, -konzentration, -schicht*** **2** *gespr veraltet*; angenehm saubere, frische Luft, *bes* am Meer od. im Wald || *zu* **1 o·zon·hal·tig** *Adj*; *nicht adv*; || *hierzu* **o·zon·reich** *Adj*; *nicht adv*

O·zon·a·larm *der*; die Warnung, sich wegen hoher Ozonwerte nicht unnötig im Freien aufzuhalten

O·zon·kil·ler *der*; *gespr*; etw., das dazu beiträgt, dass die Ozonschicht der Atmosphäre teilweise zerstört wird: *Fluorkohlenwasserstoffe sind Ozonkiller*

O·zon·loch *das*; Gebiete in den hohen Regionen der Erdatmosphäre (*bes* über der Antarktis), in denen die Ozonschicht zerstört ist

O·zon·wert *der*; *-(e)s, -e*; *mst Pl*; der Anteil an Ozon in der Atemluft im Freien, der von besonderen Messstationen täglich gemessen wird

P, p

P, p [peː] *das*; -, - / *gespr auch -s*; der sechzehnte Buchstabe des Alphabets ⟨ein großes P; ein kleines p⟩

paar *Indefinitpronomen*; *indeklinabel*; **1** *mst* ***ein p.*** verwendet, um e-e geringe Anzahl (von Personen, Dingen *usw*) anzugeben ↔ viele: *Hast du ein p. Minuten Zeit?*; *Vom Kuchen sind nur noch ein p. Stücke übrig*; *Es sind noch ein p. übrig geblieben*; *Die p. Euro, die das Kino kostet, wirst du ja wohl noch haben*; *Er geht immer zu den Sitzungen, nur die letzten p. Mal war er krank* **2** *mst* ***ein p.*** + *Zahl* ≈ mehrere ⟨ein p. hundert, tausend; ein p. Millionen *usw*⟩ **3** ***alle p.*** + *Zeit- / Längenangabe* in Abständen von wenigen Sekunden, Metern *usw*: *alle p. Sekunden auf die Uhr schauen*; *alle p. Meter stehen bleiben*

Paar *das*; *-(e)s*, - / *-e*; **1** (*Pl Paar*) zwei Dinge, die zusammengehören ⟨ein, zwei, drei Paar Handschuhe, Ohrringe, Schuhe, Strümpfe, Würstchen⟩ **2** (*Pl Paare*) zwei Menschen, die einander lieben, miteinander verwandt sind od. zusammen arbeiten ⟨ein ungleiches, unzertrennliches P.⟩: *Dieses P. gewann letztes Jahr den Eiskunstlauf!* || -K: ***Braut-, Ehe-, Eltern-, Geschwister-, Liebes-, Tanz-, Zwillings-*** **3** (*Pl Paare*) zwei Tiere, die zusammengehören: *ein P. Ochsen, Pferde vor den Pflug, Wagen spannen* || ID *mst* ***Das sind zwei Paar Stiefel*** *gespr*; das sind zwei ganz unterschiedliche Sachen

paa·ren, sich; *paarte sich, hat sich gepaart*; [Vr] **1** ***sich*** (*Pl*) ***p.*** (von e-m weiblichen u. e-m männlichen Tier) so zusammenkommen, dass dadurch junge Tiere entstehen können: *Die Enten paarten sich, u. bald darauf legte das Weibchen Eier* **2** ***etw. paart sich mit etw.*** etw. ist gemeinsam mit etw. vorhanden: *In seinem Charakter paart sich Mut mit Verantwortungsgefühl* || ► ***Paarung***

Paa·rung *die*; -, *-en*; **1** der Vorgang, bei dem zwei Tiere sich miteinander paaren (1) || K-: ***Paarungs-, -bereitschaft, -verhalten, -zeit*** **2** *Sport*; die Kombination zweier Mannschaften zu e-m Spiel innerhalb e-s größeren Wettbewerbs: *Bei den Fußballspielen gab es diesmal interessante Paarungen*

paar·wei·se *Adv*; in Paaren ↔ einzeln ⟨sich p. aufstellen; etw. p. kaufen (= jeweils zwei Stück von etw. kaufen)⟩

Pacht *die*; -, *-en*; **1** *nur Sg*; das Pachten ⟨etw. in P. haben, nehmen; j-m etw. in P. geben⟩ || K-: ***Pacht-, -geld, -vertrag*** || -K: ***Gebäude-, Jagd-, Land-*** **2** das Geld, das j-d bekommt, von dem man etw. pachtet ⟨die P. erhöhen, senken, kassieren⟩ **3** der Vertrag, mit dem man etw. pachtet ⟨die P. kündigen, verlängern⟩

pach·ten; *pachtete, hat gepachtet*; [Vt] ***etw. p.*** j-m Geld dafür geben, dass man ein Stück Land, e-n Raum *o.Ä.* (mit allen Rechten) nutzen darf ↔ verpachten ⟨e-n Garten, ein Grundstück, e-n Hof, ein Lokal p.⟩ || NB: ↑ ***mieten*** || ID *mst* ***so tun / sich so benehmen, als hätte man etw. für sich gepachtet*** *gespr pej*; sich so benehmen, als hätte man als Einziger die genannte positive Eigenschaft od. als dürfte man allein das Genannte benutzen: *Tu nicht so, als hättest du die Weisheit für dich gepachtet!* || *hierzu* **Päch·ter** *der*; *-s*, -; **Päch·te·rin** *die*; -, *-nen*

Pack *das*; *-s*; *nur Sg*, *gespr pej* ≈ Gesindel || -K: ***Diebes-, Lumpen-***

-pack *der*; *-s*, *-e*; *im Subst*, *begrenzt produktiv* ≈ -packung; ***Dreierpack, Sechserpack***

Päck·chen *das*; *-s*, -; **1** e-e kleine Packung (1) od. ein kleines Paket (1) ⟨ein P. Backpulver, Kaugummi; etw. zu e-m P. binden, verschnüren⟩ || ↑ *Abb. unter* ***Behälter und Gefäße*** **2** etw. (*mst* in e-m Karton *o.Ä.* Verpacktes), das man mit der Post schickt u. das weniger als zwei Kilogramm wiegt ↔ Paket (2) ⟨ein P. aufgeben, bekommen⟩ || ID *mst* ***Jeder hat sein P. zu tragen*** jeder hat seine Probleme u. Sorgen

Pack·eis *das*; e-e dicke Schicht Eis auf dem Wasser, die aus vielen Stücken besteht, die aufeinander liegen ↔ Treibeis: *Das Schiff ist im P. stecken geblieben*

pa·cken; *packte, hat gepackt*; [Vt] **1** ***etw.*** (***in etw.*** (*Akk*)) ***p.*** Dinge in Schachteln, Kisten *usw* legen, um sie irgendwohin zu transportieren od. darin aufzubewahren ≈ einpacken ↔ auspacken ⟨seine Sachen, seine Schulsachen p.⟩: *Kleider in den Koffer p*; *das Gepäck in das Auto p.* **2** ***j-n / etw. p.*** j-n / etw. greifen u. sehr fest halten ≈ ergreifen ↔ loslassen: *Der Löwe packte die Antilope im Genick*; *Er packte ihn am Arm, sodass er nicht mehr weglaufen konnte* **3** ***etw. packt j-n*** j-d spürt plötzlich e-e starke emotionale Reaktion ⟨j-n packt die Wut, die Verzweiflung, die Angst, die Leidenschaft⟩: *Mich packt der Neid, wenn ich daran denke, wie leicht manche Leute ihr Geld verdienen* **4** ***etw. p.*** *gespr*; etw. gerade noch schaffen od. erreichen ⟨e-e Hürde, e-e Prüfung p.⟩: *Meinst du, er hat den Zug noch gepackt?* **5** ***j-n irgendwohin p.*** j-n irgendwohin legen u. zudecken ⟨ein Kind, e-n Kranken ins Bett, aufs Sofa p.⟩; [Vt/i] **6** (***etw.***) ***p.*** etw. mit seinen Sachen füllen, weil man verreisen will *o.Ä.* ↔ auspacken ⟨e-n Koffer, ein Paket, e-n Rucksack, e-e Schultasche p.⟩: *Er verreist morgen u. hat noch nicht mit dem Packen angefangen* || ID *mst* ***Pack dich!*** *gespr*; verwendet, um j-n sehr unfreundlich aufzufordern zu gehen ≈ hau ab! || ► ***auspacken, einpacken, verpacken***

Pa·cken *der*; *-s*, -; ziemlich viele Dinge gleicher Art, die aufeinander liegen (u. zusammengebunden sind) ≈ Stapel, Bündel ⟨ein P. Bücher, Papier, Wäsche, Zeitungen⟩

pa·ckend 1 *Partizip Präsens*; ↑ ***packen*** **2** *Adj*; ⟨ein Roman, ein Film⟩ so, dass man nicht aufhören kann, sie zu lesen od. anzusehen ≈ fesselnd

Pa·cker *der*; *-s*, -; j-d, der beruflich in e-m Betrieb Waren verpackt || *hierzu* **Pa·cke·rin** *die*; -, *-nen*

Pack·esel *der*; ein Esel, der Lasten trägt

Pack·pa·pier *das*; dickes braunes Papier, das man benutzt, um Pakete u. Päckchen zu verpacken

Pack·pferd *das*; ein Pferd, das Lasten trägt

Pa·ckung *die*; -, *-en*; **1** e-e bestimmte Menge od. Zahl von Dingen gleicher Art, die zusammen (in e-r Hülle) verkauft werden ⟨e-e P. Eier, Milch, Kaffee, Kekse, Zigaretten⟩ || -K: ***Haushalts-, Zigaretten-*** **2** die Hülle od. der Behälter, in denen diese Dinge sind ≈ Verpackung ⟨e-e P. aufreißen, aufschneiden, öffnen⟩: *Nimm die Sorte in / mit der ro-*

ten P. || ↑ *Abb. unter* **Behälter und Gefäße** || -K: ***Aufreiß-, Frischhalte-, Klarsicht-, Zellophan-*** **3** ≈ Umschlag[1] (3) ⟨j-m e-e schmerzlindernde, warme P. machen⟩ || -K: ***Fango-, Moor-, Schlamm-; Kur-*** **4** *gespr*; e-e hohe Niederlage im Sport ⟨e-e P. bekommen⟩

-pa·ckung *die*; *im Subst, begrenzt produktiv*; e-e Packung (2) mit der genannten Anzahl von etw. als Inhalt; die ***Zweierpackung***, die ***Sechserpackung*** ⟨Eier⟩, die ***Zehnerpackung*** ⟨Eier⟩, die ***Zwölferpackung***, die ***Zwanzigerpackung*** ⟨Zigaretten⟩

Pä·da·go·ge *der*; *-n, -n*; **1** *geschr* ≈ Lehrer **2** ein Wissenschaftler, der sich mit Pädagogik beschäftigt || *hierzu* **Pä·da·go·gin** *die*; *-, -nen* || NB: *der Pädagoge; den, dem, des Pädagogen*

Pä·da·go·gik *die*; *-; nur Sg*; die Wissenschaft, die sich mit dem Unterrichten u. Erziehen beschäftigt || -K: ***Schul-, Sozial-*** || *hierzu* **pä·da·go·gisch** *Adj*

Pad·del *das*; *-s, -*; ein Stock (mit e-m breiten, flachen Teil an einem od. beiden Enden), den man ins Wasser taucht, um so ein kleines Boot zu bewegen || NB: Ein *Ruder* ist am Boot befestigt, ein *P.* nicht

Pad·del·boot *das*; ein schmales Boot, das man mit Paddeln bewegt || NB: ↑ ***Kanu***

pad·deln; *paddelte, hat / ist gepaddelt*; [Vi] **1** ein Boot mit Paddeln bewegen: *über den See p.* **2** ***ein Tier paddelt*** ein Tier schwimmt so, dass sich die Beine wie beim Gehen unter dem Körper bewegen ⟨Enten, Schwäne⟩

paf·fen; *paffte, hat gepafft*; [Vt/i] **1** ***(etw.) p.*** rauchen, ohne den Rauch in die Lunge zu saugen **2** ***(etw.) p.*** *gespr* ≈ rauchen ⟨e-e Zigarette, e-e Zigarre p.⟩

Pa·ge ['pa:ʒə] *der*; *-n, -n*; ein (junger) Diener, der e-e Uniform trägt || -K: ***Hotel-*** || NB: *der Page; den, dem, des Pagen*

Pa·go·de *die*; *-, -n*; ein Tempel in Asien, der wie ein Turm mit vielen Stockwerken aussieht, von denen jedes ein eigenes Dach hat || K-: ***Pagoden-, -stil***

pah! *Interjektion*; verwendet, um Verachtung auszudrücken: *Pah, das ist doch lächerlich!*

Pa·ket *das*; *-(e)s, -e*; **1** etw., das man mit e-r Schnur zusammengebunden od. zusammen in e-e Schachtel / e-n Karton getan hat ≈ Packen: *Er band die Zeitungen zu einem P. zusammen* || -K: ***Bücher-, Wäsche-*** **2** ein P. (1), das man mit der Post schickt u. das mehr als zwei Kilogramm wiegt ↔ Päckchen (2) ⟨ein P. aufgeben, bekommen; j-m ein P. schicken⟩ || K-: ***Paket-, -annahme, -ausgabe, -schalter, -sendung*** || -K: ***Eil-, Post-, Wert-*** **3** ≈ Packung (1,2) ⟨ein P. Waschpulver⟩ || ↑ *Abb. unter* **Behälter und Gefäße** **4** mehrere Dinge gleicher Art, die zusammengehören ⟨ein P. Aktien; ein P. von Forderungen, Vorschlägen⟩ || -K: ***Aktien-, Gesetzes-, Software-***

Pa·ket·kar·te *die*; e-e Karte (mit der Adresse des Empfängers u. Absenders), die man mit e-m Paket (2) bei der Post abgibt

Pakt *der*; *-(e)s, -e*; **1** ≈ Bündnis ⟨e-n P. mit j-m, e-m Staat schließen; e-m P. beitreten, angehören⟩ || -K: ***Nichtangriffs-, Nordatlantik-*** **2** ***der Warschauer P.*** *hist*; ein militärisches Bündnis zwischen der alten Sowjetunion u. den meisten Staaten Osteuropas

Pa·lais [pa'lɛ:] *das*; *-, -* [pa'lɛ:s]; ein kleines Schloss[2]

Pa·lä·on·to·lo·gie *die*; *-; nur Sg*; die Wissenschaft, die sich mit Lebewesen beschäftigt, die vor sehr langer Zeit auf der Erde lebten || *hierzu* **Pa·lä·on·to·lo·ge** *der*; *-n, -n*; **pa·lä·on·to·lo·gisch** *Adj*

Pa·last *der*; *-(e)s, Pa·läs·te*; ein großes, teures Gebäude, in dem ein König, Fürst *o.Ä.* lebt ⟨ein prunkvoller P.; der P. des Königs, des Maharadschas *usw*⟩: *der Buckingham-P. in London* || K-: ***Palast-, -wache*** || -K: ***Fürsten-, Königs-***

Pa·läs·ti·nen·ser *der*; *-s, -*; ein Araber, der aus Israel od. Jordanien stammt (u. dort lebt) || K-: ***Palästinenser-, -führer, -lager***

Pa·last·re·vo·lu·ti·on *die*; *Pol*; der Versuch der Diener, Soldaten *o.Ä.* e-s Herrschers, diesem die Macht wegzunehmen || NB: ↑ ***Verschwörung***

Pa·lat·schin·ke *die*; *-, -n*; *mst Pl*, Ⓐ ein dünner Pfannkuchen

Pa·la·ver [-v-] *das*; *-s, -*; *gespr pej*; e-e lange, oft sinnlose Diskussion ≈ Geschwätz ⟨(um etw.) ein großes / langes P. machen⟩

pa·la·vern [-v-]; *palaverte, hat palavert*; [Vi] ***über etw. (Akk) p.*** *gespr pej*; lange *mst* ohne ein Ergebnis über etw. reden od. diskutieren

Pa·let·te *die*; *-, -n*; **1** e-e Platte, die ein Maler in der Hand hält u. auf der er die Farben mischt **2** ***e-e P. (an etw.*** *(Dat Pl)*) viele verschiedene Dinge der gleichen Art ≈ Vielfalt ⟨e-e bunte, reiche, breite P.⟩: *Der Verkäufer führte die ganze P. an Möglichkeiten vor, die der neue Computer bietet* **3** ein Gestell aus mehreren Brettern, auf das man in e-m Lager Waren legt, um sie leichter transportieren zu können: *e-e P. mit dem Gabelstapler anheben*

pa·let·ti *nur in* ***alles p.!*** *gespr*; (es ist) alles in Ordnung

Pa·li·sa·de *die*; *-, -n*; **1** ein starker Holzpfahl **2** *mst Pl*; e-e Art Zaun aus Palisaden (1)

Pal·me *die*; *-, -n*; ein Baum ohne Äste, der nur ganz oben große Blätter hat u. in tropischen Ländern wächst || K-: ***Palmen-, -strand*** || -K: ***Dattel-, Kokos-*** || ID ***j-n auf die P. bringen*** *gespr*; j-n wütend machen; ***auf der P. sein*** *gespr*; wütend sein

Palm·kätz·chen *das*; die weiche Blüte mancher Bäume, *bes* der Weide

Palm·sonn·tag *der*; der Sonntag vor Ostern

Palm·we·del *der*; das große Blatt e-r Palme

Pam·pe *die*; *-, -n*; *bes nordd gespr, oft pej*; ein dicker Brei

Pam·pel·mu·se *die*; *-, -n*; *veraltend* ≈ Grapefruit

Pamph·let [pam'fle:t] *das*; *-(e)s, -e*; *geschr pej*; ***ein P. (gegen j-n / etw.)*** ein Text mit oft politischem Inhalt, in dem etw. sehr stark u. aggressiv gefordert od. kritisiert wird ≈ Streitschrift || NB: ↑ ***Flugblatt***

pam·pig *Adj*; *gespr pej*; sehr unhöflich ⟨e-e Antwort, ein Benehmen; p. werden⟩

pan- / Pan- *im Adj u. Subst, begrenzt produktiv*; Ganz-, Gesamt-; ***panafrikanisch, panamerikanisch, panarabisch***, der ***Panamerikanismus***, der ***Panslawismus***

Pan·da *der*; *-s, -s*; e-e Art schwarzweißer Bär, der in China lebt || K-: ***Panda-, -bär***

Pan·flö·te *die*; ein Musikinstrument, auf dem man bläst u. bei dem mehrere kleine Pfeifen (mit verschiedenen Längen) nebeneinander sind || ↑ *Abb. unter* **Flöten**

pa·nie·ren; *panierte, hat paniert*; [Vt] ***etw. p.*** etw. vor dem Braten in Ei und (Panier)Mehl tauchen ⟨Blumenkohl, Fisch, ein Kotelett, ein Schnitzel p.⟩

Pa·nier·mehl *das*; e-e Art Mehl aus geriebenem Weißbrot zum Panieren ≈ Semmelbrösel

Pa·nik *die*; *-, -en*; *mst Sg*; e-e Angst, die so stark ist, dass man nicht mehr denken kann u. *mst* nur noch davonlaufen will ⟨(e-e) P. bricht aus; in P. geraten; P. erfasst, ergreift j-n; j-n in P. versetzen⟩: *Als das Feuer ausbrach, rannten alle voller P. zum Ausgang* || K-: ***Panik-, -stimmung*** || *hierzu* **pa·nik·ar·tig** *Adj*

Pa·nik·ma·che *die*; *-; nur Sg, gespr pej*; der Versuch, anderen Angst zu machen, indem man e-e Gefahr größer darstellt, als sie tatsächlich ist ⟨etw. ist nur, reine P.⟩

pa·nisch *Adj*; durch Panik ausgelöst od. gekennzeichnet ≈ panikartig ⟨e-e Angst, e-e Reaktion, ein Schrecken⟩

Pan·ne *die*; -, -*n*; **1** ein plötzlicher Schaden an e-m Fahrzeug, aufgrund dessen man dann nicht weiterfahren kann ⟨e-e P. haben, beheben⟩: *Er hatte mit seinem Fahrrad e-e P. - der Reifen war geplatzt*; *Das Auto hatte e-e P. u. musste abgeschleppt werden* || K-: ***Pannen-, -hilfe, -hilfsdienst*** || -K: ***Auto-, Fahrrad-, Reifen-*** **2** ein Fehler od. technisches Problem: *Bei dem Empfang gab es mehrere Pannen: Erst funktionierte das Mikrofon des Redners nicht, u. dann kam der Dolmetscher auch noch zu spät*

Pan·nen·dienst *der*; e-e Organisation, die Autofahrern hilft, wenn sie e-e Panne haben

Pan·nen·hil·fe *die*; *nur Sg*; die Hilfe, mit der e-e Panne (1) behoben wird ⟨P. leisten⟩

Pa·nop·ti·kum *das*; -*s*, *Pa·nop·ti·ken*; e-e Ausstellung von seltsamen, oft lustigen Dingen

Pa·no·ra·ma *das*; -*s*, *Pa·no·ra·men*; der weite Blick, den man von e-m *mst* hoch gelegenen (Aussichts)Punkt hat ≈ Rundblick: *Auf dem Gipfel bot sich uns ein fantastisches P.*

pan·schen; *panschte, hat gepanscht*; [Vt/i] **(*Wein*) *p.*** Wein so herstellen, dass man Stoffe verwendet, die nicht erlaubt sind (wie *z.B.* Zucker, Chemikalien od. Wasser)

Pan·ter, **Pan·ther** *der*; -*s*, -; ein schwarzer Leopard

Pan·ti·ne *die*; -, -*n*; *nordd*; ein Schuh mit e-r Sohle aus Holz || ID ***aus den Pantinen kippen*** *gespr*; **a)** ohnmächtig werden od. vor Schwäche zusammenbrechen; **b)** sehr überrascht sein

Pan·tof·fel *der*; -*s*, -*n*; ein Schuh, der hinten offen ist u. den man im Haus trägt ⟨warme, weiche Pantoffeln; in die Pantoffeln schlüpfen⟩ || ↑ *Abb. unter* ***Schuh*** || -K: ***Filz-*** || ID ***unter dem P. stehen*** als Ehemann zu Hause nichts ohne seine Frau entscheiden dürfen

Pan·tof·fel·held *der*; *pej*; ein (Ehe)Mann, der nichts ohne seine Frau entscheiden darf

Pan·tof·fel·ki·no *das*; *gespr hum* ≈ Fernsehen (3)

Pan·to·mi·me[1] *die*; -, -*n*; e-e Art einfaches Theaterstück mit vielen Gesten u. Bewegungen, aber ohne Worte || K-: ***Pantomimen-, -spiel*** || *hierzu* **pan·to·mi·misch** *Adj*

Pan·to·mi·me[2] *der*; -*n*, -*n*; j-d, der e-e Pantomime[1] vorführt || NB: *der Pantomime*; *den, dem, des Pantomimen*

pant·schen; *pantschte, hat gepantscht*; [Vt/i] **(*etw.*) *p.*** ≈ panschen

Pan·zer *der*; -*s*, -; **1** e-e harte Schale, die den Körper mancher Tiere bedeckt u. schützt ⟨der P. e-s Käfers, e-s Krebses, e-r Schildkröte⟩ **2** ein schweres militärisches Fahrzeug, das sich auf zwei breiten Ketten (= Raupen) vorwärts bewegt ⟨e-n P. lenken⟩ || K-: ***Panzer-, -fahrer, -kompanie*** **3** *hist*; die Kleidung aus Metall, die ein Ritter trug ≈ Rüstung ⟨e-n P. anlegen, tragen⟩

pan·zern; *panzerte, hat gepanzert*; [Vt] ***etw. p.*** etw. mit festen Teilen aus Metall schützen ⟨ein gepanzertes Schiff, Auto⟩ || NB: *mst* im Zustandspassiv!

Pan·zer·glas *das*; sehr hartes, dickes Glas, das nicht bricht, wenn man darauf schießt

Pan·zer·schrank *der* ≈ Geldschrank, Tresor

Pa·pa, **Pa·pa** *der*; -*s*, -*s*; *gespr*; von u. gegenüber Kindern als Anrede od. Bezeichnung für den Vater verwendet ≈ Vati, Papi

Pa·pa·gei, **Pa·pa·gei** *der*; -*en* / -*s*, -*en*; ein *mst* bunter Vogel mit gebogenem Schnabel, der in tropischen Ländern lebt u. lernen kann, Wörter zu sprechen: *Aras u. Wellensittiche sind Papageien* || NB: *der Papagei*; *den, dem Papagei* / *Papageien, des Papageis* / *Papageien*

Pa·per·back ['peːpɐbɛk] *das*; -*s*, -*s*; *gespr* ≈ Taschenbuch

Pa·pi *der*; -*s*, -*s* ≈ Papa

Pa·pier *das*; -(*e*)*s*, -*e*; **1** *nur Sg*; das dünne, *mst* weiße Material, auf das man schreibt, zeichnet u. druckt ⟨holzfreies P.; ein Blatt, Bogen, Stück P.; auf P. malen, schreiben, zeichnen; etw. in P. wickeln, (ein)schlagen⟩: *e-e Blume, ein Lampion aus P.*; *P. wird aus Holz gemacht* || K-: ***Papier-, -block, -bogen, -fabrik, -fetzen, -format, -schere,-schnipsel*** || -K: ***Schreib-, Zeichen-; Brief-, Zeitungs-*** || *zu* ***Papierfetzen, Papierschnipsel*** ↑ *Abb. unter* ***Stück*** **2** ein Material, ähnlich wie P. (1), das zu verschiedenen Zwecken benutzt wird || K-: ***Papier-, -blume, -drache, -geld, -handtuch, -serviette, -taschentuch, -tüte*** || -K: ***Filter-, Pack-, Pergament-, Klo-, Toiletten-, Zigaretten-*** **3** ein Text mit wichtigen Informationen, den j-d aufbewahrt (*z.B.* e-e Rechnung od. ein Vertrag) od. der für Fachleute bestimmt ist ≈ Schriftstück ⟨ein amtliches, vertrauliches P.; ein P. erarbeiten, sichten, unterzeichnen; Papiere ordnen, durchsehen⟩ || -K: ***Arbeits-*** **4** *nur Pl*; offizielle Dokumente wie Ausweis, Pass, Führerschein *usw* ⟨falsche / gefälschte Papiere; j-m neue Papiere ausstellen; die Papiere prüfen; seine Papiere vorzeigen; die Papiere sind nicht in Ordnung⟩ || -K: ***Ausweis-, Auto-, Zulassungs-*** **5** *Ökon*, *Kurzw* ↑ ***Wertpapier*** || ID ***etw. zu P. bringen*** etw. aufschreiben; ***etw. aufs P. werfen*** etw. skizzieren; ⟨ein Recht, ein Vertrag *o.Ä.* besteht, existiert⟩ ***nur auf dem P.*** ein Recht, ein Vertrag *o.Ä.* steht irgendwo geschrieben, wird aber nicht beachtet; ***etw. ist nur ein Stück / Fetzen P.*** etw. Geschriebenes ist wertlos od. ungültig ⟨ein Vertrag⟩; ***P. ist geduldig*** verwendet, um Zweifel am Wert von etw. Geschriebenem auszudrücken

Pa·pier·deutsch *das*; *pej*; das oft schwierige u. komplizierte Deutsch, das *bes* Behörden verwenden ≈ Amtsdeutsch

Pa·pier·ein·zug *der*; e-e Funktion bei Schreibmaschinen, Fotokopiergeräten, Druckern *o.Ä.* Mit dem P. wird das Papier in das Gerät transportiert ⟨automatischer, manueller P.; der P. klemmt⟩

pa·pie·ren *Adj*; **1** *nur attr*, *nicht adv*; aus Papier: *e-e papierene Blume* **2** so wie Papier ⟨etw. fühlt sich p. an⟩ **3** sehr kompliziert u. schwer zu verstehen ⟨ein Deutsch, ein Stil⟩

Pa·pier·korb *der*; ein Behälter für Abfälle aus Papier || NB: ↑ ***Abfalleimer***

Pa·pier·kram *der*, *gespr pej*; (offizielle) Briefe, Formulare *o.Ä.* (die man als lästig empfindet) ⟨den P. erledigen⟩

Pa·pier·krieg *der*; *gespr pej*; ein langer (u. oft lästiger) Briefwechsel mit e-r Behörde *o.Ä.*

Pa·pier·ma·ché *das*; ↑ ***Pappmaché***

Pa·pier·schlan·ge *die*; ein langer dünner Streifen aus buntem Papier, der zu e-r Rolle geformt ist u. den man im Karneval auf Feiern unter die Leute wirft ≈ Luftschlange ⟨Papierschlangen werfen⟩

Pa·pier·ti·ger *der*; j-d, der gefährlich od. stark wirkt, es aber nicht wirklich ist

papp *nur in* ***nicht mehr p. sagen können*** *gespr*; sehr satt sein

Papp *der*; -*s*; *nur Sg*, *gespr*; **1** ein dicker Brei **2** ≈ Kleister, Klebstoff

Papp·de·ckel *der*; ein Stück Pappe / Karton

Pap·pe *die*; -, -*n*; *mst Sg*; e-e Art dickes, stabiles u. steifes Papier: *e-e Schachtel aus P.* || K-: ***Papp-, -becher, -karton, -nase, -schachtel, -teller*** || ID ***j-d / etw. ist nicht von P.*** *gespr*; j-d / etw. ist stark, ist nicht zu unterschätzen

Pap·pel *die*; -, -*n*; ein hoher, schmaler (Laub)Baum, den man *bes* neben Straßen pflanzt

pap·pen; *pappte, hat gepappt*; *gespr*; [Vt] **1** ***etw. an / auf etw.*** (*Akk*) ***p.*** ≈ kleben: *ein Schild auf ein Glas Marmelade p.*; [Vi] **2** ***etw. pappt*** etw. haftet gut an

P

etw. ≈ etw. klebt **3** ***etw. pappt*** etw. ist feucht u. lässt sich gut formen ⟨Schnee⟩ || K-: ***Papp-, -schnee***

Pap·pen·de·ckel *der*; Ⓐ ↑ ***Pappdeckel***

Pap·pen·hei·mer *die*; *Pl*; *nur in* ***seine P. kennen*** *gespr*; eine od. mehrere Personen gut kennen u. wissen, wie sie sich verhalten

Pap·pen·stiel *der*; *mst in* ***etw. ist ein / kein P.*** *gespr*; etw. ist e-e / keine Kleinigkeit

pap·per·la·papp! *Interjektion*; verwendet, um auszudrücken, dass man etw. Gesagtes für Unsinn hält ≈ Quatsch!

pap·pig *Adj*; *nicht adv*, *gespr*; **1** sehr weich (u. feucht) ↔ knusprig ⟨ein Brötchen⟩ **2** feucht u. leicht zu formen ⟨Schnee⟩ **3** ≈ klebrig

Papp·ma·ché [-maˈʃeː], **Papp·ma·schee** *das*; *-s*, *-s*; e-e feuchte Masse aus Papier u. Leim *o.Ä.*, aus der man Figuren formen kann u. die beim Trocknen hart wird ⟨etw. aus P. basteln⟩

Pap·ri·ka *der*; *-s*, *-(s) od die*; *-*, *-(s)*; **1** (*der P.*) e-e Pflanze mit großen, hohlen Früchten von grüner, gelber od. roter Farbe, die als Gemüse gegessen werden || K-: ***Paprika-, -schote*** **2** (*der / die P.*) die Frucht des Paprikas (1) ≈ Paprikaschote ⟨gedünstete(r), gefüllte(r) P.⟩: *P. in e-n gemischten Salat schneiden* || ↑ *Abb. unter* ***Gemüse*** **3** (*der P.*) *nur Sg*; ein rotes Pulver, das man als (scharfes) Gewürz verwendet: *Gulasch mit P. würzen* || K-: ***Paprika-, -gulasch, -schnitzel***

Paps *der*; *-*; *nur Sg*, *gespr* ≈ Papa

Papst *der*; *-es*, *Päps·te*; der höchste Bischof der römisch-katholischen Kirche ≈ der Heilige Vater ⟨e-e Audienz beim P.⟩: *der Besuch P. Johannes Pauls des Zweiten in Polen* || K-: ***Papst-, -krone, -wahl*** || ID ***päpstlicher sein als der P.*** strenger od. genauer sein, als die Regeln es erfordern || *hierzu* **päpst·lich** *Adj*

-papst *der*; *im Subst*, *wenig produktiv*; j-d, der auf e-m Gebiet den größten Einfluss hat; ***Kunstpapst, Literaturpapst, Orthographiepapst***

Pa·ra·bel *die*; *-*, *-n*; **1** *Lit*; e-e kurze, einfache Geschichte, die mithilfe e-s Vergleichs e-e moralische od. religiöse Lehre gibt || NB: ↑ ***Gleichnis*** **2** *Math*; die Kurve, die *z.B.* ein Ball beschreibt, wenn er in die Luft geworfen wird u. wieder zu Boden fällt || ↑ *Abb. unter* ***geometrische Figuren***

Pa·ra·bol·an·ten·ne *die*; e-e Antenne in Form e-s Parabolspiegels, mit der man *z.B.* Satellitenfernsehen empfangen kann

Pa·ra·bol·spie·gel *der*; ein Spiegel, der nach innen gewölbt ist u. Strahlen in einem Punkt sammelt

Pa·ra·de *die*; *-*, *-n*; **1** ein Ereignis, bei dem *bes* Soldaten festlich gekleidet sind u. sich in Reihen aufstellen od. durch die Straßen ziehen ⟨e-e P. abhalten⟩ || -K: ***Militär-, Truppen-*** **2** das Abwehren *bes* e-s Schusses durch den Torwart beim Fußball od. e-s Angriffs beim Fechten ⟨e-e glänzende P.⟩ **3** ***e-e P. abnehmen*** als Offizier od. Politiker Soldaten grüßen, die e-e P. (1) abhalten || ID ***j-m in die P. fahren*** *gespr*; j-n plötzlich stören u. ihn dadurch an e-r Handlung hindern || ► ***parieren***

Pa·ra·de·bei·spiel *das*; ein sehr gutes Beispiel ≈ Musterbeispiel

Pa·ra·dei·ser *der*; *-s*, *-*; Ⓐ ≈ Tomate

Pa·ra·de·pferd *das*; *gespr*; e-e Person od. Sache, die auf e-m Gebiet so gut ist, dass man sie gern voll Stolz anderen als Beispiel zeigt

Pa·ra·de·stück *das*; etw., das so gut od. schön ist, dass man es stolz als Beispiel zeigt

Pa·ra·de·uni·form *die*; e-e festliche Uniform

Pa·ra·dies *das*; *-es*, *-e*; **1** (in der Bibel) der schöne Ort, an dem Adam u. Eva gelebt haben ≈ Garten Eden ⟨ein Leben wie im P.⟩ **2** *Rel*; der Ort, an dem Gott u. die Engel leben ≈ der Himmel ↔ die Hölle ⟨ins P. eingehen⟩ **3** ein besonders schöner u. angenehmer Ort: *Diese Insel ist ein wahres P.* **4** ***ein P.*** (***für j-n***) ein Ort, an dem es alles gibt, was j-d braucht: *ein P. für Urlauber* || -K: ***Ferien-, Kinder-, Urlaubs-, Vogel-, Wintersport-*** **5** ***das P. auf Erden*** ⟨haben⟩ alles, was man sich nur wünschen kann || *hierzu* **pa·ra·die·sisch** *Adj*

pa·ra·dox *Adj*; so, dass es e-n Widerspruch in sich enthält od. dass darin zwei Dinge nicht zusammenpassen: *Es ist p., dass es in e-m so reichen Land so viel Armut gibt* || *hierzu* **pa·ra·do·xer·wei·se** *Adv*

Pa·ra·do·xon *das*; *-s*, *Pa·ra·do·xa*; e-e Aussage, die paradox ist: *„Ein schwarzer Schimmel" ist ein P.*

Pa·raf·fin *das*; *-s*, *-e*; ein Gemisch, aus dem man *bes* Kerzen, Schuhcreme *o.Ä.* macht

Pa·ra·graf, **Pa·ra·graph** [-f] *der*; *-en*, *-en*; ein Teil e-s Gesetzes, Vertrages *o.Ä.*, der e-e Nummer trägt; *Zeichen* § ⟨P. eins, zwei, drei des Grundgesetzes, der Straßenverkehrsordnung, des Strafgesetzes⟩ || NB: *der Paragraph*; *den, dem, des Paragraphen*; vor e-r Zahl hat *P.* jedoch keine Endung u. wird ohne Artikel gebraucht: *gegen Paragraph 3 verstoßen*

Pa·ra·gra·fen·di·ckicht, **Pa·ra·gra·phen·di·ckicht** *das*; *pej*; die vielen Paragraphen, Bestimmungen *usw*, die den Laien verwirren

Pa·ra·gra·fen·dschun·gel, **Pa·ra·gra·phen·dschun·gel** *der*; *pej* ≈ Paragraphendickicht

Pa·ra·gra·fen·rei·ter, **Pa·ra·gra·phen·rei·ter** *der*; *pej*; j-d, der sich sehr streng an die Vorschriften hält u. keine Ausnahmen erlaubt ≈ Bürokrat

pa·ral·lel *Adj*; ⟨Linien⟩ so, dass sie an jeder Stelle gleich weit voneinander entfernt sind: *etw. verläuft p. zu etw.* || K-: ***Parallel-, -straße***

parallel

Pa·ral·le·le *die*; *-*, *-n*; **1** ***e-e P.*** (***zu etw.***) e-e Linie, die zu e-r anderen parallel ist **2** *mst Pl*; etw. Ähnliches, ein ähnlicher Fall od. e-e Ähnlichkeit ⟨Parallelen aufweisen, feststellen⟩: *Die Polizei sieht Parallelen zwischen den beiden Verbrechen u. geht davon aus, dass es sich um denselben Täter handelt* || K-: ***Parallel-, -fall*** || *hierzu* **Pa·ral·le·li·tät** *die*; *-*, *-en*; *mst Sg*

Pa·ral·lel·klas·se *die*; e-e Klasse, in der die Schüler genauso alt sind u. denselben Stoff behandeln wie in e-r anderen Klasse derselben Schule

Pa·ral·le·lo·gramm *das*; *-s*, *-e*; *Math*; ein Viereck, bei dem die gegenüberliegenden Seiten gleich lang u. parallel sind || ↑ *Abb. unter* ***geometrische Figuren*** || NB: Ein *P.* mit rechten Winkeln heißt *Rechteck*

Pa·ra·ly·se *die*; *-*, *-n*; *Med* ≈ Lähmung

pa·ra·ly·sie·ren; *paralysierte*, *hat paralysiert*; Vt ***etw. paralysiert j-n / ein Tier*** *geschr*; etw. lähmt j-n / ein Tier

Pa·ra·me·ter *der*; *-s*, *-*; *geschr*; einer der Faktoren, die Einfluss auf e-n Prozess od. ein Geschehen haben: *Die Zinsen sind ein wichtiger P. bei der Berechnung der wirtschaftlichen Entwicklung*

pa·ra·mi·li·tä·risch *Adj*; *mst attr*; so organisiert wie e-e offizielle Armee ⟨e-e Gruppe, e-e Organisation, e-e Ausbildung⟩: *paramilitärische Guerrillas*

Pa·ra·noia [-ˈnɔya] *die*; *-*; *nur Sg*, *Med*; e-e (Geistes)Krankheit, bei der j-d das Gefühl hat, gehasst u. verfolgt zu werden od. bei der j-d meint, er sei e-e berühmte Persönlichkeit || *hierzu* **pa·ra·no·id** *Adj*; **Pa·ra·no·i·ker** *der*; *-s*, *-*

Pa·ra·nuss *die*; e-e Nuss, die in Brasilien wächst u. e-e sehr harte Schale mit Kanten hat

Pa·ra·phra·se *die*; *-*, *-n*; *geschr*; die Umschreibung e-r Äußerung od. e-s Ausdruckes mit anderen, *mst* einfacheren Worten, die leichter zu verstehen sind || *hierzu* **pa·ra·phra·sie·ren** (*hat*) *Vt*

P

Pa·ra·psy·cho·lo·gie *die*; die Wissenschaft, die sich *z.B.* mit Wahrsagen u. mit der Übertragung von Gedanken (= Telepathie) beschäftigt

Pa·ra·sit *der*; *-en, -en*; **1** ein Tier od. e-e Pflanze, die auf od. in anderen leben u. von ihnen die Nahrung nehmen ≈ Schmarotzer: *Wanzen u. Misteln sind Parasiten* || -K: ***Darm-, Haut-; Baum-, Menschen-*** **2** *pej*; ein fauler Mensch, der andere für sich arbeiten lässt ≈ Schmarotzer || K-: ***Parasiten-, -dasein, -leben*** || NB: *der Parasit; den, dem, des Parasiten* || *hierzu* **pa·ra·si·tär** *Adj*

pa·rat *Adj*; **1** *nur präd, nicht adv*; so, dass man es (zur Hand) hat, wenn man es braucht ≈ (griff)bereit ⟨etw. p. haben, halten, legen; e-e Antwort, e-e Ausrede p. haben⟩ **2** ***sich (für etw.) p. halten*** darauf vorbereitet sein u. darauf warten, dass man für etw. gebraucht wird

Pär·chen *das*; *-s, -*; **1** zwei junge Leute, die verliebt sind ≈ Liebespaar **2** ein männliches u. ein weibliches (Klein)Tier: *Sind die beiden Vögel ein P.?*

Par·don [par'dõː] *das*; *-s*; *nur Sg*; **1** ***Pardon!*** verwendet, um sich bei j-m zu entschuldigen ≈ Verzeihung!, Entschuldigung! **2** ***kein P. kennen*** *geschr*; keine Rücksicht nehmen, schonungslos handeln

Pa·ren·the·se *die*; *-, -n*; *Ling*; e-e zusätzliche Erklärung, die man (*mst* in Klammern od. zwischen Gedankenstrichen) in e-n Satz einfügt

par ex·cel·lence [parɛksɛ'lãːs] *Adv*; *geschr*; verwendet, um auszudrücken, dass die genannte Person / Sache e-m Typ od. e-r Vorstellung genau entspricht: *Er ist ein Pedant par excellence* || NB: *par excellence* steht immer nach dem Substantiv

Par·fait [par'fɛ] *das*; *-s, -s*; e-e feine Speise aus (halb) gefrorenen süßen Zutaten od. aus gehacktem Fleisch od. Fisch

Par·fum [par'fœː] *das*; *-s, -s*; ↑ ***Parfüm***

Par·füm *das*; *-s, -s / -e*; e-e Flüssigkeit, die man auf die Haut tut, um gut zu riechen ⟨ein liebliches, herbes, betörendes, aufdringliches, schweres P.; (ein) P. auftragen, auftupfen, benutzen⟩ || K-: ***Parfüm-, -duft, -flasche, -wolke, -zerstäuber***

Par·fü·me·rie *die*; *-, -n* [-'riːən]; **1** ein Geschäft, das Parfüm verkauft **2** ein Betrieb, der Parfüm herstellt

par·fü·mie·ren; *parfümierte, hat parfümiert*; Vt ***j-n / sich / etw. p.*** Parfüm auf die Haut / ein Taschentuch *o.Ä.* tun: *e-e parfümierte Seife*

pa·rie·ren; *parierte, hat pariert*; Vt/i **1** ***(etw.) p.*** e-n Schlag od. Schuss abwehren ⟨e-n Hieb, e-n Schlag, e-n Stoß, e-n Schuss p.⟩; Vt **2** ***ein Pferd p.*** als Reiter ein Pferd dazu bringen, stehen zu bleiben od. langsamer zu werden; Vi **3** ***(j-m) p.*** *gespr* ≈ gehorchen ⟨j-d muss p. lernen⟩

Pa·ri·ser *der*; *-s, -*; **1** j-d, der in der Stadt Paris wohnt od. dort geboren ist **2** *gespr!* ≈ Kondom

pa·ri·tä·tisch *Adj*; so, dass die Zahl od. die Rechte der Mitglieder der verschiedenen Gruppen darin gleich sind ⟨Ämter, Mitbestimmung; Ausschüsse p. besetzen⟩ || *hierzu* **Pa·ri·tät** *die*; *-, -en*

Park *der*; *-(e)s, -s*; e-e ziemlich große u. gepflegte Fläche mit Gras, Blumen u. Bäumen (*bes* in e-r Stadt), wo man sich erholen kann ≈ Grünanlage ⟨in den P. gehen, im P. spielen, spazieren gehen⟩ || K-: ***Park-, -anlage,-bank, -landschaft, -weg*** || -K: ***Kur-, Schloss-, Stadt-***

-park *der*; *im Subst, wenig produktiv*; **1** *Kollekt*; alle Fahrzeuge, Maschinen, Anlagen *o.Ä.*, die e-m Betrieb *o.Ä.* zur Verfügung stehen; ***Fahrzeugpark, Fuhrpark, Maschinenpark, Wagenpark*** **2** ein Gebiet mit mehreren Anlagen, Gebäuden *usw*, die e-m bestimmten Zweck dienen ≈ -zentrum; ***Entsorgungspark*** ⟨für Atommüll⟩, ***Forschungspark, Industriepark, Vergnügungspark***

Park-and-Ride-Sys·tem [paː(r)kənd'raɪd-] *das*; ein System, bei dem man sein Auto auf e-m großen Parkplatz am Stadtrand, Bahnhof *o.Ä.* abstellen u. mit dem Zug, Bus *o.Ä.* weiterfahren kann

par·ken; *parkte, hat geparkt*; Vt/i **1** ***(etw.) p.*** ein Auto od. Motorrad dorthin stellen, wo man aussteigen will: *das Auto direkt vor dem Haus p.*; *Parken ist hier verboten*; *im Parkverbot p.* || K-: ***Park-, -bucht, -dauer, -gebühr, -zeit***; Vi **2** ***j-d / etw. parkt irgendwo*** j-s Auto ist irgendwo geparkt (1) ≈ j-d / etw. steht irgendwo: *Ich parke hier um die Ecke*

Par·kett *das*; *-(e)s, -e*; **1** ein Fußboden aus vielen schmalen Holzstücken ⟨glattes P.; das P. bohnern, versiegeln; (ein) P. verlegen⟩ || K-: ***Parkett-, -boden, -brett*** || -K: ***Tanz-*** **2** *nur Sg*; die Plätze in der Höhe der Bühne (in e-m Theater od. in e-m Kino) ↔ Balkon, Loge ⟨im P. sitzen⟩ || ↑ *Abb. unter* ***Theater*** || K-: ***Parkett-, -sitz*** **3** *nur Sg*; ein Bereich des öffentlichen Lebens ⟨sich aufs internationale, politische P. wagen⟩

Park·haus *das*; ein Gebäude, in dem viele Autos stehen können

par·kie·ren; *parkierte, hat parkiert*; (CH) Vt/i **1** ***(etw.) p.*** ≈ parken (1); Vi **2** ***etw. parkiert*** ≈ etw. parkt

Park·kral·le *die*; ein Gerät, das die Räder e-s falsch parkenden Autos blockiert, damit der Fahrer nicht wegfahren kann, bevor er Strafe bezahlt hat

Park·leuch·te *die*; ein kleines Licht, das man nachts an e-m parkenden Auto brennen lassen kann

Park·lü·cke *die*; ein Platz zwischen anderen parkenden Autos ≈ Parkplatz (2)

Park·platz *der*; **1** ein großer Platz, auf dem viele Autos geparkt werden können **2** ≈ Parklücke: *Ich habe keinen P. gefunden*

Park·schei·be *die*; e-e Scheibe mit e-r Art Uhr, auf der man den Zeitpunkt einstellt, zu dem man sein Auto irgendwo abstellt , wo man nur begrenzte Zeit parken darf. Die P. legt man sichtbar ins Auto

Parkscheibe

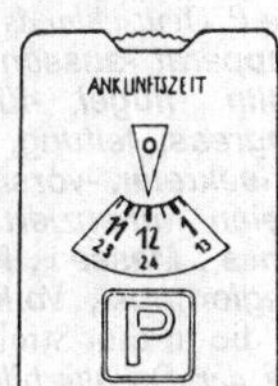

Park·sün·der *der*; *gespr*; j-d, der dort parkt, wo es nicht erlaubt ist

Park·uhr *die*; ein Automat, in den man Geld wirft, damit man e-e bestimmte Zeit parken darf ⟨e-e P. läuft ab⟩

Park·ver·bot *das*; **1** das Verbot, an e-r Stelle zu parken ⟨das P. beachten, missachten; irgendwo gilt / herrscht P.⟩ **2** e-e Stelle, an der das Parken verboten ist ⟨im P. stehen⟩ || NB: ↑ ***Halteverbot***

Park·wäch·ter *der*; ein Wächter in e-m Park od. auf e-m Parkplatz

Par·la·ment *das*; *-(e)s, -e*; **1** e-e Institution in e-r Demokratie. Das P. beschließt die Gesetze, seine Mitglieder werden (in den meisten Ländern) vom Volk gewählt ≈ Volksvertretung ⟨ein P. einberufen, auflösen, wählen; ein P. tritt zusammen, tagt, berät (über) etw., verabschiedet ein Gesetz; die Mehrheit im P. haben; ins P. gewählt werden, einziehen⟩: *Der Bundestag ist das höchste P. in Deutschland* || K-: ***Parlaments-, -abgeordnete(r), -debatte, -ferien, -mehrheit, -mitglied, -präsident, -sitzung, -wahlen*** || -K: ***Landes-, Stadt-*** **2** das Gebäude, in dem das P. (1) zusammenkommt || K-: ***Parlaments-, -gebäude***

Par·la·men·tär *der*; *-s, -e*; j-d, der in e-m Krieg *o.Ä.* (mit e-r weißen Flagge) zum Feind geschickt wird, um über etw. zu verhandeln ≈ Unterhändler

Par·la·men·ta·ri·er [-riɐ] *der*; *-s, -*; ein Mitglied des Parlaments ≈ Abgeordnete(r) || *hierzu* **Par·la·men·ta·ri·e·rin** *die*; *-, -nen*

P

par·la·men·ta·risch *Adj*; *mst attr*; **1** mit e-m Parlament ⟨e-e Demokratie, e-e Monarchie⟩ **2** in Bezug auf das Parlament ⟨e-e Aufgabe, e-e Tätigkeit⟩ **3** im Parlament (1) ↔ außerparlamentarisch ⟨die Mehrheit, die Opposition⟩

Par·la·men·ta·ris·mus *der*; -; *nur Sg*; ein politisches System, in dem das Parlament (1) e-e sehr wichtige Funktion hat

Pa·ro·die *die*; -, *-n* [-'diːən]; ***e-e P.*** (***auf j-n / etw.***) / (***von j-m / etw.***) e-e *mst* lustige od. komische Nachahmung e-r Person od. e-s Textes || *hierzu* **pa·ro·die·ren** (*hat*) *Vt*; **pa·ro·dis·tisch** *Adj*

Pa·ro·don·to·se *die*; -, *-n*; *Med*; e-e Krankheit, bei der sich das Zahnfleisch zurückbildet (u. dann die Zähne ausfallen) ≈ Zahnfleischschwund

Pa·ro·le *die*; -, *-n*; **1** ≈ Kennwort (2) ⟨j-n nach der P. fragen; e-e P. ausgeben⟩ **2** ein kurzer Satz od. Spruch, der die Meinung od. ein Prinzip e-r Person od. Institution ausdrückt ≈ Leitsatz, Wahlspruch, Motto: „*Wer rastet, der rostet*" *war immer seine P.* **3** *nur Pl*; Behauptungen, die nicht wahr sind || -K: ***Flüster-, Hetz-, Lügen-***

Pa·ro·li *nur in* ***j-m P. bieten*** sich gegen j-n mit Erfolg wehren

Part *der*; *-s, -s*; der Teil, den e-e Person in e-m Musik- od. Theaterstück spielt, singt od. tanzt ⟨j-s P. übernehmen⟩

Par·tei *die*; -, *-en*; **1** e-e Organisation mit e-m politischen Programm, die von Menschen mit gemeinsamen politischen Zielen gebildet wurde ⟨e-e bürgerliche, demokratische, fortschrittliche, liberale, linke, kommunistische, konservative, rechte, sozialistische, radikale, gemäßigte, illegale, verbotene P.; ein Anhänger, ein Mitglied, ein Funktionär e-r P.; e-e P. zieht in ein Parlament ein, ist im Parlament vertreten, stellt die Regierung⟩: *Die Sozialdemokratische P. ist die älteste P. Deutschlands* || K-: ***Partei-, -abzeichen, -amt, -apparat, -ausschluss, -beschluss, -chef, -disziplin, -flügel, -führer, -funktionär, -genosse, -kongress, -leitung, -mitglied, -politik, -programm, -sekretär, -vorsitzende(r), -zugehörigkeit; Parteien-, -finanzierung*** || -K: ***Arbeiter-, Einheits-, Links-, Massen-, Nazi-, Oppositions-, Rechts-, Regierungs-, Volks-*** **2** e-e Gruppe von Menschen, die in e-m Streit die gleiche Meinung haben: *Bei der Debatte bildeten sich zwei Parteien* || -K: ***Gegen-*** **3** einer der Gegner in e-m Streit vor Gericht ⟨die klagende, beklagte, gegnerische P.⟩ || -K: ***Prozess-*** **4** die Mieter e-r Wohnung in e-m Haus mit mehreren Wohnungen: *ein Haus mit sechs Parteien* || -K: ***Haus-*** || ID ***für j-n / etw. P. ergreifen / nehmen*** j-n / etw. in e-m Streit *o.Ä.* unterstützen ≈ für j-n / etw. eintreten; ***über den Parteien stehen*** neutral, unparteiisch sein

Par·tei·buch *das*; e-e Art Ausweis, den Mitglieder e-r Partei haben

Par·tei·freund *der*; ein Mitglied der gleichen Partei

Par·tei·gän·ger *der*; *-s*, -; *oft pej*; j-d, der e-e bestimmte politische Richtung unterstützt ≈ Anhänger[2]

par·tei·in·tern *Adj*; ⟨e-e Auseinandersetzung, ein Beschluss⟩ so, dass sie nur die Partei selbst betreffen

par·tei·isch *Adj*; *pej*; nicht objektiv, sondern für od. gegen einen der Gegner in e-m Streit ≈ voreingenommen ↔ unparteiisch, neutral ⟨e-e Haltung, ein Richter, ein Zeuge; etw. p. beurteilen, darstellen⟩

par·tei·lich *Adj*; **1** e-e Partei (1,2,3) betreffend ⟨*mst* Interessen, Grundsätze⟩ **2** so, dass der Betreffende (in e-m Streit) seinen Standpunkt vertritt od. für j-n / etw. Partei ergreift ⟨p. handeln⟩ || *zu* **2 Par·tei·lich·keit** *die*; *nur Sg*

Die politischen Parteien in Deutschland

Das politische Leben in Deutschland wird von zwei großen Volksparteien bestimmt: Auf der einen Seite von der **CDU** (**Christlich-Demokratische Union**), einer Rechtspartei, mit ihrer bayrischen Schwesterpartei, der **CSU** (**Christlich-Soziale Union**), und auf der anderen Seite von der **SPD** (**Sozialdemokratische Partei Deutschlands**), einer Linkspartei.

Außerdem spielen die folgenden Parteien eine Rolle: **Bündnis 90/Die Grünen**, die aus der Umweltschutz-, Friedens- und Bürgerrechtsbewegung hervorgingen, die **FDP** (**Freie Demokratische Partei**), auch als die **Liberalen** bekannt, und die **PDS** (**Partei des Demokratischen Sozialismus**), die von sozialistischen Politikern aus der ehemaligen DDR gegründet wurde.

par·tei·los *Adj*; *nicht adv*; in keiner politischen Partei organisiert ⟨ein parteiloses Mitglied des Parlaments⟩ || *hierzu* **Par·tei·lo·se** *der / die*; *-n, -n*

Par·tei·nah·me *die*; -, *-n*; die Unterstützung *bes* e-r Person, Gruppe in e-r Debatte, e-m Konflikt *o.Ä.*

Par·tei·tag *der*; **1** die Tagung, auf der e-e Partei über ihr Programm diskutiert ⟨e-n P. abhalten; etw. auf e-m P. beschließen⟩ **2** *Kollekt*; die Mitglieder e-r Partei, die auf e-m P. (1) abstimmen dürfen || -K: ***Bundes-, Landes-***

Par·tei·ver·kehr *der*; *nur Sg*, *südd* Ⓐ ≈ Publikumsverkehr

par·ter·re [-'tɛr] *Adv*; im Erdgeschoss ⟨p. wohnen⟩

Par·ter·re [-'tɛr(ə)] *das*; *-s, -s* ≈ Erdgeschoss ⟨im P. wohnen⟩ || K-: ***Parterre-, -wohnung***

Par·tie *die*; -, *-n* [-'tiːən]; **1** ein Teil von etw. (*bes* von Körperteilen), der nicht deutlich von anderen Teilen abgegrenzt ist ≈ Bereich: *Die untere P. ihres Gesichtes ist verletzt* || -K: ***Hals-, Kinn-, Mund-, Nacken-, Stirn-*** **2** ein einzelnes Spiel (*bes* bei Brett- u. Kartenspielen) ⟨e-e P. Billard, Bridge, Domino, Schach *usw* spielen, gewinnen, verlieren⟩ || -K: ***Schach-*** **3** die Rolle[2] (1), die ein Sänger *bes* in e-r Oper hat ≈ Part || -K: ***Solo-*** **4** *veraltend* ≈ Ausflug || -K: ***Kletter-, Land-, Rad-, Segel-*** || ID (***bei etw.***) ***mit von der P. sein*** bei etw. mitmachen; ***e-e gute / glänzende P. machen*** j-n heiraten, der reich ist; ***e-e gute / glänzende P. sein*** reich sein u. deswegen als Ehepartner erwünscht sein

par·ti·ell [par'tsiɛl] *Adj*; *geschr* ≈ teilweise ↔ total ⟨ein Gedächtnisverlust, e-e Lähmung, e-e Sonnenfinsternis⟩

Par·ti·kel[1], **Par·ti·kel** *das*; *-s*, -; ein sehr kleiner Teil e-r Substanz ≈ Körnchen ⟨ein radioaktives, winziges P.⟩ || -K: ***Asche-, Staub-***

Par·ti·kel[2], **Par·ti·kel** *die*; -, *-n*; *Ling*; **1** (im engeren Sinn) ein Wort, das nicht (durch Flexion) verändert wird u. auch nicht zu den Präpositionen, Konjunktionen od. Adverbien gehört. Mit ihm drückt der Sprecher seine Einstellung zu dem aus, was er sagt: *In dem Satz „Was soll ich bloß tun?" ist „bloß" e-e P.* || -K: ***Abtönungs-, Modal-*** **2** (im weiteren Sinn) ein Wort, das nicht (durch Flexion) verändert wird, also auch e-e Präposition, e-e Konjunktion, ein Adverb: *Kurze Wörter wie z.B. „in", „ab" oder „auf" werden oft Partikeln genannt* || -K: ***Frage-, Antwort-***

Par·ti·san *der*; *-s / -en, -en*; j-d, der nicht als Soldat der Armee, sondern als Mitglied e-r bewaffneten Gruppe gegen e-n Feind kämpft, der das Land besetzt ≈ Widerstandskämpfer ⟨als P. kämpfen; zu den Partisanen gehen⟩ || K-: ***Partisanen-, -kampf, -krieg*** || NB: *der Partisan; den, dem Partisan / Partisanen, des Partisans / Partisanen*

Par·ti·tur *die; -, -en; Mus;* die schriftliche Form e-s Musikstücks mit Noten für alle Instrumente u. Sänger ⟨e-e P. lesen⟩

Par·ti·zip *das; -s, -ien* [-'tsiːpiən]; *Ling;* **1** e-e Wortform, die von e-m Verb abgeleitet wird u. aus der man die Person, die Zahl u. das Tempus nicht erkennen kann ≈ Mittelwort **2** ***das P. Perfekt / das P. des Perfekts*** die Form des Verbs, die im Perfekt od. im Passiv verwendet wird ≈ Mittelwort der Vergangenheit: *In den Sätzen „Sie hat gewonnen" u. „Das Kind wurde entführt" sind „gewonnen" u. „entführt" die Partizipien des Perfekts* **3** ***das P. Präsens / das P. des Präsens*** die Form des Verbs, die auf *-(e)nd* endet u. oft wie ein (attributives) Adj. verwendet wird ≈ Mittelwort der Gegenwart: *In „die schlafenden Kinder" ist „schlafend" ein P. Präsens*

par·ti·zi·pie·ren; *partizipierte, hat partizipiert;* [Vi] ***(an etw.*** *(Dat)****) p.*** *geschr* ≈ an etw. teilhaben ⟨an e-m Erfolg, Gewinn p.⟩

Part·ner *der; -s, -;* **1** einer von zwei Menschen, od. eine von zwei Gruppen, die etw. gemeinsam tun, besprechen *o.Ä.: j-s P. beim Kartenspiel sein* || -K: ***Brief-, Gesprächs-, Handels-, Koalitions-, Schach-, Tarif-, Verhandlungs-, Vertrags-*** **2** j-d, der mit j-m ein sehr enges Verhältnis hat, mit ihm zusammen lebt *o.Ä.* ⟨den P. wechseln⟩: *in e-r Heiratsanzeige den P. fürs Leben suchen* || K-: ***Partner-, -beziehung, -probleme, -tausch, -wahl, -wechsel*** || -K: ***Ehe-, Lebens-, Sexual-*** **3** einer von mehreren Besitzern e-s Geschäfts od. e-r Firma ≈ Teilhaber || -K: ***Geschäfts-, Junior-, Senior-*** || *hierzu* **Part·ne·rin** *die; -, -nen*

Part·ner·look *der; mst in* ***im P.*** mit Kleidungsstücken der gleichen Art u. Farbe (damit man sieht, dass zwei Personen zusammengehören)

Part·ner·schaft *die; -, -en;* **1** e-e (oft gute od. intime) Beziehung, die man zu e-m Partner hat ⟨e-e harmonische, intime P.; in P. mit j-m leben⟩ **2** e-e freundschaftliche Beziehung zwischen zwei Städten, Universitäten *o.Ä. mst* aus verschiedenen Ländern || -K: ***Städte-***

part·ner·schaft·lich *Adj;* so, dass man dabei j-n als Partner mit denselben Rechten behandelt ⟨ein Verhältnis⟩

Part·ner·stadt *die;* e-e Stadt, die zu e-r Stadt in e-m anderen Land in regelmäßigem Kontakt steht (*bes* damit sich die Leute der verschiedenen Länder u. Kulturen besser kennen lernen): *Glasgow ist die P. von Nürnberg*

par·tout [-'tuː] *Adv; gespr;* **1** ≈ um jeden Preis, unbedingt ⟨etw. p. tun, haben wollen⟩ **2** ***p. nicht*** überhaupt nicht (obwohl sich j-d sehr anstrengt) ⟨etw. will j-m p. nicht gelingen, einfallen; sich p. nicht erinnern können⟩

Par·ty [-ti] *die; -, -s;* ein privates Fest mit Essen, Trinken, Musik *usw* ⟨e-e P. geben; auf e-e / zu e-r P. eingeladen sein, gehen⟩ || K-: ***Party-, -keller, -raum, -service*** || -K: ***Cocktail-, Dinner-, Garten-, Geburtstags-, Tanz-*** || NB: ↑ ***Feier***

Par·zel·le *die; -, -n;* ein kleines Grundstück ⟨etw. in Parzellen aufteilen⟩ || *hierzu* **par·zel·lie·ren** *(hat) Vt*

Pas·cal *das; -s, -;* **1** e-e (Maß)Einheit, die den Druck angibt; *Phys* Pa: *Ein Millibar entspricht hundert Pascal* || -K: ***Hekto-*** **2** *EDV;* eine der Computersprachen

Pa·scha *der; -s, -s; gespr, mst pej;* ein egoistischer Mann, der sich (zu Hause) bedienen lässt ⟨den P. spielen⟩

Pass[1] *der; -es, Päs·se;* ein Dokument, das man für die Reise in viele Länder braucht u. das Informationen darüber gibt, wer man ist u. zu welchem Staat man gehört ⟨e-n P. beantragen, ausstellen, aushändigen, verlängern, einziehen⟩ || K-: ***Pass-, -kontrolle*** || -K: ***Diplomaten-, Reise-*** || NB: ↑ ***Personalausweis***

Pass[2] *der; -es, Päs·se;* **1** e-e Straße od. ein Weg, auf denen man ein Gebirge überqueren kann: *ein P. über die Alpen; Wegen Lawinengefahr mussten mehrere Pässe gesperrt werden* || K-: ***Pass, -straße*** **2** *Sport;* ein Wurf od. Zuspiel, mit dem man den Ball e-m Spieler der eigenen Mannschaft weitergibt ⟨ein genauer, langer, steiler P.; j-m e-n P. geben⟩ || -K: ***Steil-***

pas·sa·bel *Adj;* gut genug, um akzeptiert zu werden ≈ annehmbar ⟨Leistungen⟩: *Das Hotel war zwar nicht super, aber es war ganz p.* || NB: *passabel* → *e-e passable Leistung*

Pas·sa·ge[1] [-ʒə] *die; -, -n;* **1** e-e kurze Straße mit Geschäften u. e-m Dach für Fußgänger || -K: ***Einkaufs-, Laden-*** **2** e-e *mst* enge Stelle, durch die j-d geht od. fährt ≈ Durchgang, Durchfahrt **3** das Durchfahren, Passieren[2] (1): *Der Kanal ist für die P. großer Schiffe nicht tief genug*

Pas·sa·ge[2] [-ʒə] *die; -, -n;* ein Teil e-s Textes od. e-s Musikstücks: *Passagen aus e-m Buch zitieren*

Pas·sa·gier [-'ʒiːɐ] *der; -s, -e;* **1** j-d, der mit e-m Flugzeug od. Schiff reist ≈ Fluggast, Fahrgast || K-: ***Passagier-, -dampfer, -flugzeug, -liste*** **2** ***ein blinder P.*** j-d, der sich auf e-m Flugzeug od. Schiff versteckt (um kostenlos mitzureisen) || *hierzu* **Pas·sa·gie·rin** *die; -, -nen*

Pass·amt *das;* e-e Behörde, die Pässe[1] ausstellt

Pas·sant *der; -en, -en;* j-d, der (zufällig) irgendwo vorbeigeht (*mst* wenn etw. passiert) ≈ Fußgänger || NB: *der Passant; den, dem, des Passanten* || *hierzu* **Pas·san·tin** *die; -, -nen*

Pas·sat *der; -(e)s, -e;* ein Wind in den Tropen, der von Osten kommt || K-: ***Passat-, -wind***

Pass·bild *das;* ein Foto, das nur den Kopf e-r Person zeigt u. das in e-m Pass od. Ausweis befestigt wird

pas·sé, pas·see *Adj; nur präd, ohne Steigerung, nicht adv, gespr;* nicht mehr aktuell, nicht mehr modern

pas·sen; *passte, hat gepasst;* [Vi] **1** ***etw. passt (j-m)*** etw. hat die richtige Größe od. Form, sodass es j-d gut tragen kann ≈ etw. sitzt (8) ⟨Kleidung: das Hemd, die Hose, die Schuhe; etw. passt ausgezeichnet, wie angegossen⟩ **2** ***etw. passt (irgendwohin)*** etw. kann von der Form, Größe od. Menge her irgendwo untergebracht od. irgendwohin gestellt werden: *Passen alle Koffer ins Auto?; Der Schlüssel passt nicht ins Schloss; Der Ring passt an den Finger; In den Topf passen drei Liter Wasser* **3** ***etw. passt (zu etw.)*** etw. geht mit etw. so zusammen, dass es e-e harmonische Gesamtwirkung ergibt ≈ etw. harmoniert mit etw.: *Der Hut passt sehr gut zum neuen Kleid* **4** ***zu j-m p.*** ähnliche Eigenschaften u. Interessen haben wie j-d anderer ≈ zusammenpassen: *Sie passt gut zu ihm, sie ist genauso ehrgeizig wie er; Die beiden passen gut zueinander* **5** ***etw. passt j-m*** *gespr;* etw. ist so, wie es j-d will ≈ etw. ist j-m recht ↔ etw. missfällt j-m: *Sein Verhalten passt mir nicht; Passt es dir, wenn ich dich morgen besuche?* **6** ***etw. passt zu j-m*** *gespr;* etw. ist so, wie man es von j-m erwarten kann: *So e-e Gemeinheit passt zu ihm!; Was ist denn mit dir? Diese Faulheit passt gar nicht zu dir!* **7** *mst* ***p. müssen*** *gespr;* auf etw. keine Antwort wissen, ein Problem nicht lösen können: *Da muss ich p.* **8** (*bes* beim Kartenspielen) nicht (mehr) bieten (7); [Vt] **9** ***etw. in etw.*** *(Akk)* ***p.*** etw. so gestalten, dass es passt (2): *ein Re-*

P

gal in e-e Nische p. **10 *etw. zu j-m p.*** den Ball zu e-m Spieler der eigenen Mannschaft werfen od. schießen: *den Ball zurück zum Torwart p.* || ID *mst* ***Das passt zu dir*** *gespr*; das ist typisch für dich; *mst* ***Das könnte / würde dir so p.!*** *gespr*; das hättest du gern, aber es wird nichts daraus

pas·send 1 *Partizip Präsens*; ↑ ***passen* 2** *Adj* ≈ treffend ↔ unpassend ⟨e-e Bemerkung, Worte⟩ **3** *Adj*; *mst in* ***es p. haben / machen*** j-m die exakte Summe Geld (in Scheinen u.Münzen) geben, die er verlangt: *Haben Sie es p.? - Ich kann nämlich nicht wechseln*

Pass·fo·to *das* ≈ Passbild

pass·ge·recht *Adj*; ⟨e-e Größe, Maße⟩ so, dass sie genau passen (1)

pas·sie·ren[1]; *passierte, ist passiert*; Vi **1 *etw. passiert*** etw. ist in e-r bestimmten Situation plötzlich da u. bewirkt e-e oft unangenehme Veränderung ≈ etw. geschieht, ereignet sich ⟨ein Unfall, ein Unglück⟩: *Da kommt die Feuerwehr - da muss etw. passiert sein*; *Wie konnte das nur p.?* **2 *etw. passiert j-m*** j-d erlebt (1) etw. ≈ etw. widerfährt j-m ⟨j-m passiert etw. Komisches, Merkwürdiges, Seltsames⟩: *Stell dir vor, was mir gestern passiert ist - ich bin im Lift stecken geblieben!* **3 *etw. passiert j-m*** j-d tut etw. ohne Absicht ≈ etw. unterläuft j-m ⟨j-m passiert etw. Dummes, ein Missgeschick⟩: *Weißt du, was mir gerade passiert ist? - Ich habe meinen Schlüssel verloren* **4 *etw. passiert mit j-m / etw.*** *gespr*; etw. geschieht od. wird getan, sodass es j-n / etw. betrifft: „*Was passiert mit den Abfällen?*" - „*Die kommen hier in den Eimer*" **5 *etw. passiert j-m*** etw. bewirkt, dass j-d verletzt ist ≈ etw. stößt j-m zu ⟨j-m passiert ein Unglück, ein Unfall⟩: *Ist ihm bei dem Unfall etwas passiert?* || ID ***Das kann jedem (mal) p.*** das ist nicht so schlimm; *mst* ***Das kann auch nur dir p.!*** *gespr*; es ist typisch, dass gerade du etw. falsch gemacht hast; ... ***oder es passiert was / sonst passiert was!*** *gespr*; wenn du nicht bald tust, was ich will, werde ich wütend!; ***Nichts passiert!*** verwendet als höfliche Antwort, wenn j-d einen unabsichtlich gestoßen *o.Ä.* u. sich entschuldigt hat

P

pas·sie·ren[2]; *passierte, hat passiert*; Vt *geschr*; **1 *etw. p.*** von e-m Ende von etw. bis zum anderen gehen od. fahren ≈ durchfahren: *Das Schiff passierte den Panamakanal* **2 *j-n / etw. p.*** an j-m od. e-r bestimmten Stelle vorbeigehen od. -fahren ⟨e-e Grenze p.⟩ **3 *etw. passiert etw.*** etw. wird bei e-m Verfahren angenommen, genehmigt *o.Ä.* ⟨ein Antrag, ein Gesetz passiert das Parlament; ein Film passiert die Zensur⟩

pas·sie·ren[3]; *passierte, hat passiert*; Vt ***etw. p.*** etw. durch ein Sieb gießen od. drücken ⟨gekochte Beeren / Tomaten, e-e Soße p.⟩

Pas·si·on [-'sio:n] *die*; -, *-en*; **1 *e-e P.* (*für etw.*)** ≈ Leidenschaft (3), Vorliebe: *Musik ist seine große P.*; *Er hat e-e P. für gutes Essen* **2** *Rel*; die Geschichte vom Leiden u. Tod Christi || K-: ***Passions-, -spiel*** **3** ein Musikstück, das die P. (2) zum Thema hat

pas·si·o·nier·t *Adj*; *nur attr, nicht adv* ≈ leidenschaftlich (3), begeistert ⟨ein Angler, ein Jäger⟩

pas·siv, pas·siv [-f] *Adj*; **1** *oft pej*; so, dass der Betreffende akzeptiert, was geschieht, ohne zu reagieren od. ohne Interesse daran ↔ aktiv ⟨sich p. verhalten, p. bleiben⟩: *nicht p. zusehen, sondern sich aktiv beteiligen* **2** *mst attr*; ohne spezielle Funktion ⟨ein Mitglied (in e-m Verein)⟩ || NB: ↑ ***Wahlrecht, Widerstand*** || *hierzu* **Pas·si·vi·tät** [-v-] *die*; -; *nur Sg*

Pas·siv [-f] *das*; *-s*; *nur Sg*, *Ling*; die Form des (transitiven) Verbs, die mit *werden* od. *sein* u. mit dem Partizip Perfekt gebildet wird ≈ Leideform ↔ Aktiv: *In dem Satz „Das Fenster wird geschlossen" steht das Verb im P.* || K-: ***Passiv-, -bildung, -konstruktion, -satz*** || -K: ***Vorgangs-, Zustands-*** || *hierzu* **pas·si·visch** [-v-] *Adj*

Das Passiv

Beim Passiv unterscheidet man zwischen dem Vorgangspassiv und dem Zustandspassiv.

Das **Vorgangspassiv** wird aus den konjugierten Formen des Hilfsverbs **werden** und dem Partizip Perfekt des Vollverbs (im Beispiel **öffnen → geöffnet**) gebildet. Im Perfekt und Plusquamperfekt verliert dabei das Partizip Perfekt von *werden* die Vorsilbe **ge-**.

Beispiel:
Das Fenster wird geöffnet / wurde geöffnet / ist geöffnet worden.

Das Objekt des Aktivsatzes wird zum Subjekt des Passivsatzes, das Subjekt wird mit den Präpositionen **von** (bei Personen) oder **durch** angeschlossen.

Beispiel:
Der Lehrer öffnete das Fenster. → Das Fenster wurde vom Lehrer geöffnet.

Das Zustandspassiv wird aus den konjugierten Formen des Hilfsverbs **sein** und dem Partizip Perfekt des Vollverbs gebildet.

Beispiel:
Das Fenster ist geöffnet / war geöffnet.

Pas·si·va [-v-] *die*; *Pl*, *Ökon*; die Schulden, die ein Unternehmen hat ≈ Verbindlichkeiten ↔ Aktiva

Pas·siv·rau·cher *der*; j-d, der selbst nicht raucht, aber den Zigarettenrauch anderer einatmen muss || *hierzu* **Pas·siv·rau·chen** *das*; *-s*; *nur Sg*

Pas·sus *der*; -, - ['pasu:s]; *geschr*; ein Teil e-s schriftlichen Textes, *bes* e-s Vertrages od. Gesetzes ⟨e-n P. ändern, streichen⟩ || NB: Im Plural sagt man statt *Passus* oft *Passagen*

Pass·wort *das*; *EDV*; ein Wort, das *mst* geheim ist u. das man in den Computer eingeben muss, um ein Programm zu starten, Daten abzurufen *o.Ä.* ⟨ein P. eingeben⟩

Pas·te *die*; -, *-n*; **1** e-e weiche Masse, die aus Puder u. e-r Flüssigkeit od. aus Fett besteht ⟨e-e P. auf die Haut, e-e Wunde auftragen⟩ || -K: ***Schuh-*** **2** e-e weiche Masse, die *z.B.* aus klein gemachtem Fleisch od. Fisch besteht u. aufs Brot gestrichen wird || -K: ***Anschovis-, Sardellen-***

Pas·tell *das*; *-s*, *-e*; **1** *nur Sg*; ein blasser, heller Farbton: *e-e Farbe in zartem P.* || K-: ***Pastell-, -farbe*** **2** ein Bild mit blassen, hellen Farben || K-: ***Pastell-, -bild, -malerei*** || *zu* **1 pas·tell·far·ben** *Adj*; *nicht adv*

Pas·te·te *die*; -, *-n*; **1** ein rundes Gebäck (aus Blätterteig), das mit Fleisch, Gemüse *o.Ä.* gefüllt wird || -K: ***Gemüse-, Hühner-*** **2** e-e weiche Masse aus feinem Fleisch od. Leber, die man *mst* aufs Brot streicht || -K: ***Gänseleber-***

pas·teu·ri·sie·ren [pastøri'zi:rən]; *pasteurisierte, hat pasteurisiert*; Vt ***etw. p.*** Lebensmittel kurz erhitzen u. dadurch haltbar machen ⟨Milch p.⟩ || *hierzu* **Pas·teu·ri·sa·ti·on** *die*; -; *nur Sg*; **Pas·teu·ri·sie·rung** *die*; *nur Sg*

Pas·til·le *die*; -, *-n*; e-e kleine Tablette, die man (als

Medikament) lutscht ⟨e-e P. im Mund zergehen lassen⟩ || -K: ***Hals-, Husten-***
Pas·tor, Pas·tor *der*; *-s, -en* [-'toːrən]; *bes nordd*; ein evangelischer Pfarrer || *hierzu* **Pas·to·rin** *die*; *-, -nen*
Pa·te *der*; *-n, -n*; j-d, der die Aufgabe übernimmt, den Eltern e-s Kindes bei der religiösen Erziehung zu helfen || -K: ***Firm-, Tauf-*** || ID ***bei etw. P. stehen*** dazu beitragen, dass etw. entsteht || NB: *der Pate*; *den, dem, des Paten* || *hierzu* **Pa·tin** *die*; *-, -nen*
Pa·ten·kind *das*; ein Kind, zu dem j-d Pate ist
Pa·ten·on·kel *der*; ein männlicher Pate
Pa·ten·schaft *die*; *-, -en*; e-e Beziehung zwischen e-r Person, e-r Organisation *o.Ä.* u. e-r anderen, wobei die eine Seite die andere Seite (*bes* finanziell u. organisatorisch) unterstützt: *e-e P. für ein Kind in der Dritten Welt übernehmen*
pa·tent *Adj*; *gespr*; **1** gut u. praktisch ⟨e-e Idee, e-e Lösung⟩ **2** *nicht adv*; tüchtig u. sympathisch ⟨ein Bursche, ein Mädel⟩
Pa·tent *das*; *-(e)s, -e*; **1** ***ein P.*** (***für etw.***) das Recht, e-e Erfindung als Einziger wirtschaftlich zu nutzen ⟨ein P. anmelden, erwerben; j-m ein P. erteilen; ein P. erlischt⟩ || K-: ***Patent-, -amt, -recht, -schutz*** **2** ein Dokument, das beweist, dass man e-e bestimmte Tätigkeit ausüben darf ⟨ein P. als Kapitän, Steuermann haben; ein P. erwerben⟩ || -K: ***Kapitäns-***
Pa·ten·tan·te *die*; ein weiblicher Pate ≈ Patin
pa·ten·tie·ren; *patentierte, hat patentiert*; Vt ***etw. p.*** etw. rechtlich (durch ein Patent (1)) schützen ⟨sich e-e Erfindung p. lassen⟩
Pa·tent·lö·sung *die*; e-e einfache Lösung für ein schwieriges Problem (die in vielen Fällen angewendet werden kann) ≈ Patentrezept
Pa·tent·re·zept *das* ≈ Patentlösung
Pa·ter *der*; *-s, - / Pat·res*; ein katholischer Priester, der zu e-m Orden gehört
Pa·ter·nos·ter *der*; *-s, -*; ein (Personen)Aufzug, der keine Türen hat u. nicht anhält, wenn man ein- od. aussteigen will
pa·the·tisch *Adj*; *oft pej*; voller Pathos ↔ nüchtern ⟨e-e Geste, ein Stil; etw. klingt p.⟩
Pa·tho·lo·gie *die*; *-*; *nur Sg*; **1** das Gebiet der Medizin, das sich damit beschäftigt, wie Krankheiten entstehen u. welche Wirkungen sie haben **2** e-e Abteilung für P. (1) (in e-r Klinik), in der *bes* Leichen u. Gewebe untersucht werden ⟨in der P. arbeiten⟩ || *hierzu* **Pa·tho·lo·ge** *der*; *-n, -n*; **Pa·tho·lo·gin** *die*; *-, -nen*
pa·tho·lo·gisch *Adj*; **1** *Med* ≈ krankhaft ⟨e-e Veränderung, ein Verhalten⟩ **2** in Bezug auf die Pathologie ⟨die Anatomie⟩
Pa·thos *das*; *-*; *nur Sg*, *oft pej*; ein allzu leidenschaftlicher, feierlicher Stil (*z.B.* e-r Rede) ⟨falsches, revolutionäres P.; etw. mit P. vortragen⟩
Pa·ti·ence [pa'sjãːs] *die*; *-, -n*; ein Kartenspiel, das man *mst* allein spielt, u. bei dem man die Karten in e-r bestimmten Weise ordnen muss ⟨e-e P. legen, machen⟩
Pa·ti·ent [pa'tsient] *der*; *-en, -en*; j-d, der von e-m Arzt behandelt wird ⟨e-n Patienten pflegen, heilen⟩ || -K: ***Kassen-, Privat-*** || NB: *der Patient*; *den, dem, des Patienten* || *hierzu* **Pa·ti·en·tin** *die*; *-, -nen*
Pa·ti·na *die*; *-*; *nur Sg*; e-e grünliche Schicht, die sich mit der Zeit auf der Oberfläche von Kupfer bildet ⟨etw. setzt P. an⟩
Pat·ri·arch *der*; *-en, -en*; **1** ein (alter) Mann, der autoritär über e-e Familie herrscht **2** *Rel*; ein wichtiger Bischof in der orthodoxen Kirche || NB: *der Patriarch*; *den, dem, des Patriarchen* || *zu* **1** **pat·ri·ar·cha·lisch** *Adj*
Pat·ri·ar·chat *das*; *-(e)s, -e*; *mst Sg*; e-e Gesellschaft(sform), in der die Männer in Beruf, Familie u. Staat die Macht haben ↔ Matriarchat
Pat·ri·ot *der*; *-en, -en*; *auch pej*; j-d, der sein (Heimat)Land liebt u. bereit ist, es zu verteidigen || NB: *der Patriot*; *den, dem, des Patrioten* || *hierzu* **pat·ri·o·tisch** *Adj*; **Pat·ri·o·tis·mus** *der*; *-*; *nur Sg*
Pat·ri·zi·er [-tsiɐ] *der*; *-s, -*; *hist*; ein reicher Bürger e-r Stadt (*bes* im Mittelalter)
Pat·ron *der*; *-s, -e*; **1** ein christlicher Heiliger, von dem man glaubt, er beschütze e-e (Berufs)Gruppe besonders ≈ Schutzheiliger || -K: ***Schutz-*** **2** *gespr pej*; ein Mensch, den man nicht mag ⟨ein unangenehmer P.⟩ || NB: *mst* zusammen mit e-m Adj. **3** *veraltet* ≈ Schirmherr || *zu* **3** **Pat·ro·nat** *das*; *-s, -e*
Pat·ro·ne *die*; *-, -n*; **1** ein rundes, längliches Stück Metall, das man mit e-m Gewehr od. e-r Pistole abfeuert || K-: ***Patronen-, -gurt, -hülse, -tasche*** || -K: ***Platz-, Schrot-*** **2** e-e kleine Röhre aus Plastik, die mit Tinte gefüllt ist ⟨e-e neue P. in den Füller einlegen⟩ || K-: ***Patronen-, -füller*** || -K: ***Ersatz-, Tinten-*** **3** die Hülle, in der ein Film ist, wenn man ihn in die Kamera legt || -K: ***Film-***
Pat·rouil·le [pa'trʊljə] *die*; *-, -n*; **1** das Patrouillieren ≈ Kontrollgang ⟨auf P. gehen, fahren⟩ || K-: ***Patrouillen-, -fahrt, -gang*** **2** e-e Gruppe von Soldaten od. Polizisten, die patrouilliert ≈ Streife (1) || K-: ***Patrouillen-, -boot, -führer***
pat·rouil·lie·ren [patrʊ'liːrən]; *patrouillierte, hat / ist patrouilliert*; Vi (*hat*) **1** ***etw. p.*** (als Soldat, Polizist *o.Ä.*) ein Gebiet kontrollieren od. bewachen, indem man zu bestimmten Zeiten in ihm herumgeht od. -fährt ⟨ein Gebäude, den Hafen, e-e Stadt p.⟩; Vi (*ist*) **2** (***irgendwo***) ***p.*** ≈ p. (1)
patsch! *Interjektion*; verwendet für das Geräusch, das entsteht, wenn *z.B.* etw. ins Wasser fällt od. j-d e-e Ohrfeige bekommt ≈ klatsch!
Pat·sche *die*; *-, -n*; *gespr*, *mst Sg*; e-e unangenehme Situation ⟨in die P. geraten; in der P. sitzen; j-m aus der P. helfen⟩
pat·schen; *patschte, hat gepatscht*; Vi *gespr*; etw. so tun, dass dabei ein Geräusch entsteht, wie wenn etw. ins Wasser fällt ≈ klatschen ⟨durch e-e Pfütze p.⟩
Pat·schen *der*; *-s, -*; Ⓐ **1** ≈ Hausschuh **2** *gespr*; ein Loch im (Auto)Reifen ⟨e-n P. haben⟩
patsch·nass *Adj*; *gespr*; sehr nass ≈ klatschnass
Patt *das*; *-s, -s*; **1** e-e Situation, in der keiner der Gegner gewinnen kann, *bes* beim Schach **2** e-e Situation, in der Verhandlungen zu keinem Erfolg führen || K-: ***Patt-, -situation***
pat·zen; *patzte, hat gepatzt*; Vi *gespr*; **1** e-n kleinen Fehler machen **2** *südd* Ⓐ ≈ klecksen
Pat·zer *der*; *-s, -*; *gespr*; ein kleiner Fehler ≈ Schnitzer ⟨e-n P. machen⟩
pat·zig *Adj*; *gespr*; unhöflich u. frech, *bes* weil man wütend ist ⟨e-e Antwort; p. sein, werden⟩ || *hierzu* **Pat·zig·keit** *die*; *nur Sg*
Pau·ke *die*; *-, -n*; e-e große Trommel, die wie e-e halbe Kugel aussieht ⟨P. spielen⟩ || ↑ *Abb. unter* ***Schlaginstrumente*** || K-: ***Pauken-, -schlag*** || ID ***auf die P. hauen*** *gespr*; **a)** laut u. lustig feiern; **b)** etw. klar, deutlich u. laut kritisieren; **c)** *pej*; sich mit vielen Worten selbst loben; ***mit Pauken u. Trompeten durchfallen*** *gespr*; mit etw. (*z.B.* in e-r Prüfung od. e-r Theaterpremiere) ein sehr schlechtes Ergebnis erreichen
pau·ken; *paukte, hat gepaukt*; Vt/i (***etw.***) ***p.*** *gespr*; intensiv u. lange lernen ≈ büffeln ⟨für e-e / vor e-r Prüfung p.; Deutsch, Mathe *usw*, Vokabeln p.⟩
Pau·ker *der*; *-s, -*; *gespr*, *mst pej* ≈ Lehrer
Paus·ba·cke *die*; *-, -n*; *mst Pl*; dicke, runde Backen ⟨ein Gesicht, ein Hamster mit Pausbacken⟩ || *hierzu* **paus·ba·ckig, paus·bä·ckig** *Adj*
pau·schal *Adj*; **1** *nur attr od adv*; in Bezug auf das Ganze u. nicht auf einzelne Teile ≈ insgesamt ⟨etw.

P

p. abrechnen, zahlen⟩ || K-: ***Pauschal-, -angebot, -betrag, -honorar, -summe*** **2** so, dass man sich dabei sehr allgemein ausdrückt, ohne Details zu berücksichtigen ⟨etw. p. verurteilen, beurteilen⟩ || K-: ***Pauschal-, -urteil*** || *zu* **2 pau·scha·li·sie·ren** *(hat) Vi*

Pau·scha·le *die*; -, *-n*; e-e Summe Geld, die man als Ganzes für e-e Leistung bekommt od. zahlt ↔ Einzelabrechnung ⟨e-e monatliche P.⟩ || -K: ***Fahrkosten-, Heizkosten-, Monats-***

Pau·schal·rei·se *die*; e-e Reise, bei der man vorher e-n festen Preis für Fahrt, Hotel u. Essen bezahlt ⟨e-e P. buchen, machen⟩

Pau·schal·tou·rist *der*; j-d, der e-e Pauschalreise macht || *hierzu* **Pau·schal·tou·ris·mus** *der*

Pau·schal·ur·lau·ber *der* ≈ Pauschaltourist

Pausch·be·trag *der* ≈ Pauschale

Pau·se *die*; -, *-n*; e-e *mst* kurze Zeit, in der man e-e Tätigkeit *(bes* e-e Arbeit od. den Unterricht) unterbricht, *z.B.* um sich auszuruhen ⟨e-e kurze P., e-e P. einlegen, machen; sich keine P. gönnen; etw. ohne P. tun⟩: *In der P. spielen die Kinder im Schulhof; beim Sprechen e-e P. machen, um nachzudenken; während der P. im Theater ein Eis essen* || K-: ***Pausen-, -raum*** || -K: ***Arbeits-, Schul-, Sitzungs-; Frühstücks-, Mittags-, Kaffee-, Zigaretten-; Denk-, Erholungs-, Verschnauf-*** || NB: ↑ ***Rast***

pau·sen; *pauste, hat gepaust*; [Vt/i] ***(etw.) p.*** *veraltend* ≈ kopieren

Pau·sen·brot *das*; Essen, *bes* ein Brot, das ein Kind in die Schule mitnimmt, um es in der Pause zu essen

pau·sen·los *Adj*; **1** ohne Pause ≈ ununterbrochen: *p. im Einsatz sein; p. reden* **2** *mst adv, gespr, mst pej*; sehr oft, in kurzen Abständen: *Er kommt mich p. besuchen; Sie lügt p.*

Pau·sen·zei·chen *das*; **1** ein Signal, das ein Radio- od. Fernsehsender in e-r Pause sendet **2** ein Zeichen in der Notenschrift, das dem Musiker sagt, wann er e-e (kurze) Spielpause einhalten muss

pau·sie·ren; *pausierte, hat pausiert*; [Vi] e-e Arbeit od. Tätigkeit für (relativ) kurze Zeit nicht tun ≈ aussetzen (8): *beim Sprechen kurz p.; Nach der Verletzung musste er fünf Wochen p.*

Pa·vi·an [-v-] *der*; *-s, -e*; ein (mittelgroßer) Affe mit rotem Hinterteil

Pa·vil·lon [ˈpavɪljɔŋ] *der*, (CH) *das*; *-s, -s*; **1** ein kleines, *mst* rundes u. oft offenes Haus, wie man es *bes* in Parks u. Gärten sieht: *Das Konzert findet im Pavillon statt* || -K: ***Konzert-, Lust-, Musik-*** **2** ein Haus mit *mst* nur einem Raum, in dem man *bes* Waren u. Bilder ausstellt || -K: ***Ausstellungs-, Messe-, Verkaufs-***

Pay-TV [ˈpeɪtiviː] *das*; *-s*; *nur Sg*, *TV*; Programme von privaten Fernsehsendern, die man nur mithilfe e-s Zusatzgerätes (dem Decoder) empfangen kann, das man mieten muss

Pa·zi·fik *der*; *-s*; *nur Sg*; der Ozean zwischen dem amerikanischen Kontinent u. Asien bzw. Australien

Pa·zi·fis·mus *der*; -; *nur Sg*; die Überzeugung, dass Gewalt u. Kriege unbedingt vermieden werden müssen ↔ Militarismus || *hierzu* **Pa·zi·fist** *der*; *-en, -en*; **Pa·zi·fis·tin** *die*; -, *-nen*; **pa·zi·fis·tisch** *Adj*

PC [peːˈtseː] *der*; *-s, -s*; *(Abk für* Personal Computer) ein einzelner Computer, mit dem j-d (in der Firma od. zu Hause) schreibt, rechnet, Zeichnungen macht od. Informationen speichert || NB: ↑ ***Homecomputer***

PC-Ar·beits·platz [peˈtseː-] *der*; ein Arbeitsplatz, bei dem man die meiste Zeit am PC sitzt

PdA [peːdeːˈ|aː] *die*; -; *nur Sg*; *(Abk für* Partei der Arbeit) e-e politische Partei in der Schweiz

PDS [peːdeːˈ|ɛs] *die*; -; *nur Sg*; *(Abk für* Partei des Demokratischen Sozialismus) e-e politische Partei in Deutschland (die Nachfolgepartei der SED)

Pea·nuts [ˈpiːnats] *die*; *Pl*, *gespr*, *mst iron*; unwichtige Kleinigkeiten

Pech[1] *das*; *-s*; *nur Sg*; **1** etw. Unangenehmes od. Schlechtes, das einem passiert u. an dem niemand Schuld hat ↔ Glück ⟨P. haben, vom P. verfolgt werden⟩: *Mit den Frauen hat er immer P. - Er verliebt sich immer in die falsche; Sie hatte das P., den Zug zu versäumen; So ein P.! - Jetzt ist der Reifen geplatzt!* || -K: ***Jagd-*** **2** ***P. gehabt!***; ***Dein P.!*** *gespr*; verwendet, um auszudrücken, dass man j-n, der Pech hatte, nicht bedauert od. dass er selbst schuld ist || NB: ↑ ***Unglück***

Pech[2] *das*; *-s*; *nur Sg*; **1** e-e schwarze Masse, die gut klebt u. mit der man *z.B.* Dächer od. Schiffe vor Wasser schützen kann ⟨etw. mit P. abdichten, bestreichen⟩ || K-: ***pech-, -finster, -schwarz*** **2** *südd* (A) ≈ Harz || ID ***zusammenhalten wie P. und Schwefel*** *gespr*; gute Freunde sein u. sich durch nichts trennen lassen

Pech·sträh·ne *die*; e-e Zeit, in der j-d viel Pech[1] hat ↔ Glückssträhne ⟨e-e P. haben⟩

Pech·vo·gel *der*; *gespr*; j-d, der viel Pech[1] hat ≈ Unglücksrabe

Pe·dal *das*; *-s, -e*; **1** ein Teil bei Geräten od. Maschinen, auf den man mit dem Fuß drückt, um e-n Mechanismus zu betätigen ⟨die Pedale e-s Fahrrads, e-s Autos, e-r Orgel; aufs P. drücken, steigen, treten; den Fuß vom P. nehmen⟩ || ↑ *Abb. unter* ***Fahrrad*** || -K: ***Brems-, Gas-, Kupplungs-; Fahrrad-*** **2** ***(kräftig) in die Pedale treten*** versuchen, mit dem Fahrrad ziemlich schnell zu fahren

pe·dan·tisch *Adj*; *pej*; zu genau u. ordentlich ≈ kleinlich, pingelig ⟨ein Mensch, e-e Ordnung⟩ || *hierzu* **Pe·dant** *der*; *-en, -en*; **Pe·dan·te·rie** *die*; -, *-n*

pe·des ↑ ***per***

Peep·show [ˈpiːpʃoː] *die*; e-e Art Show, bei der der Besucher in e-m kleinen Raum sitzt u. durch ein Fenster e-e nackte Frau beobachten kann

Pe·gel *der*; *-s*, -; **1** die Höhe, bis zu der (in e-m Fluss od. See) das Wasser steht ≈ Wasserstand ⟨der P. steigt, fällt⟩ || K-: ***Pegel-, -höhe, -stand*** **2** ein Gerät zum Messen des Wasserstandes

pei·len; *peilte, hat gepeilt*; [Vt] ***etw. p.*** mit e-m Kompass od. mit elektrischen Geräten feststellen, wo od. in welcher Entfernung etw. ist ⟨ein Schiff, e-e Station, den Standpunkt e-s Schiffes p.⟩ || *hierzu* **Pei·lung** *die*

Pein *die*; -; *nur Sg*; *geschr*; ein intensiver körperlicher od. psychischer Schmerz ≈ Qual ⟨körperliche, seelische P.⟩

pei·ni·gen; *peinigte, hat gepeinigt*; [Vt/i] **1** ***etw. peinigt (j-n)*** *geschr*; etw. schmerzt intensiv u. erzeugt Leid ≈ etw. quält ⟨Hunger, Durst, das schlechte Gewissen, Reue, Schmerzen⟩: *peinigende Schmerzen*; [Vt] **2** ***j-n / ein Tier p.*** *geschr veraltend* ≈ quälen || *zu* **2 Pei·ni·ger** *der*; *-s*, -; **Pei·ni·gung** *die*

pein·lich *Adj*; **1** unangenehm u. so, dass man sich dabei schämt ⟨Fragen, e-e Situation, ein Vorfall; etw. ist j-m / für j-n p.; von etw. p. berührt, betroffen sein⟩: *Es war ihm sehr p., dass er den Geburtstag seiner Frau vergessen hatte* **2** *nur attr od adv*; sehr genau u. mit größter Aufmerksamkeit (gemacht) ≈ sorgfältig ↔ nachlässig ⟨die Sauberkeit, die Ordnung, die Sorgfalt; p. genau, p. korrekt, p. sauber⟩ || *zu* **1 Pein·lich·keit** *die*

pein·sam *Adj*; *hum* ≈ peinlich (1)

Peit·sche *die*; -, *-n*; **1** e-e lange Schnur an e-m Stock, mit der man *bes* Tiere schlägt, um sie anzutreiben ⟨die P. schwingen; mit der P. knallen; j-n / ein Tier

P

mit der P. schlagen⟩ || K-: ***Peitschen-, -hieb, -knall, -schlag*** **2** ***e-m Tier die P. geben*** ein Tier mit der P. (1) antreiben

pei·tschen; *peitschte, hat / ist gepeitscht*; [Vt] (*hat*) **1** ***j-n p.*** j-n mit der Peitsche schlagen, *bes* um ihn zu bestrafen ≈ auspeitschen **2** ***ein Tier p.*** ein Tier mit der P. antreiben; [Vi] (*ist*) **3** ***etw. peitscht irgendwohin*** etw. schlägt (*bes* wenn ein starker Wind weht) mit großer Kraft od. Wucht gegen etw. ⟨der Regen, die Wellen⟩: *Der Regen peitschte gegen die Scheiben*

pe·jo·ra·tiv [-f] *Adj*; *geschr*; ⟨ein Wort, ein Ausdruck⟩ so, dass sie e-e negative Wertung ausdrücken ≈ abwertend

Pe·ki·ne·se *der*; *-n, -n*; ein kleiner Hund mit kurzen Beinen, e-r flachen Nase u. langen Haaren || ↑ *Abb. unter* ***Hunde*** || NB: *der Pekinese*; *den, dem, des Pekinesen*

Pe·li·kan *der*; *-s, -e*; ein großer Vogel, der Fische fängt u. unter seinem langen Schnabel e-n großen Sack hat

Pel·le *die*; *-, -n*; *nordd*; die dünne Haut von Kartoffeln, Obst, Wurst *o.Ä.* ≈ Schale || ID ***j-m auf die P. rücken*** *gespr*; **a)** sich sehr nah zu j-m setzen; **b)** immer wieder mit e-r Bitte, e-r Forderung *o.Ä.* zu j-m kommen; ***j-m auf der P. sitzen / liegen*** *gespr*; j-m durch seine ständige Anwesenheit lästig sein; ***j-m (mit etw.) nicht von der P. gehen*** *gespr*; immer wieder *bes* mit e-r Bitte zu j-m kommen ≈ j-n (mit etw.) belästigen

pel·len; *pellte, hat gepellt*; *nordd*; [Vt] **1** ***etw. p.*** ≈ schälen ⟨Orangen, Kartoffeln p.⟩; [Vr] **2** ***etw. pellt sich*** ≈ etw. schält sich (4) ⟨die Haut⟩

Pell·kar·tof·fel *die*; *-, -n*; *mst Pl*; Kartoffeln, die mit der Schale gekocht wurden

Pelz *der*; *-es, -e*; **1** die Haut mit den dicht wachsenden Haaren bestimmter Tiere (wie *z.B.* von Bären, Füchsen *o.Ä.*) ≈ Fell ⟨ein dichter, dicker, zottiger P.; e-m Tier den P. abziehen⟩ || K-: ***Pelz-, -tier*** || -K: ***Schafs-, Wolfs-*** *usw* **2** *nur Sg*; ein P. (1), aus dem man *bes* Kleidungsstücke macht: *ein Mantel aus P.* || K-: ***Pelz-, -handschuhe, -jacke, -kappe, -kragen, -mantel, -mütze, -stiefel*** **3** ein Mantel od. e-e Jacke aus P. (2) ⟨e-n P. tragen; ein echter P.⟩ || ID ***j-m (mit etw.) auf den P. rücken*** *gespr*; immer wieder mit e-r Bitte zu j-m kommen

pel·zig *Adj*; **1** mit e-r weichen, rauen Oberfläche ⟨ein Blatt; etw. fühlt sich p. an⟩: *Die Haut von Pfirsichen ist p.* **2** unangenehm rau u. trocken ⟨j-s Mund, Zunge ist p., fühlt sich p. an⟩ **3** ohne Gefühl ≈ taub: *Nach der Spritze vom Zahnarzt fühlte sich mein Mund p. an*

Pen·dant [pã'dã:] *das*; *-s, -s*; ***das P. (zu j-m / etw.)*** *geschr* ≈ Gegenstück, Entsprechung ⟨etw. ist, bildet das P. zu etw.; etw. hat kein P.⟩

Pen·del *das*; *-s, -*; **1** ein Gewicht, das an einem Punkt hängt, frei schwingt u. dazu dient, etw. zu messen ⟨ein P. schwingt, schlägt aus⟩ **2** ein Gewicht, das hin- u. herschwingt u. so regelt, wie schnell e-e Uhr geht ≈ Uhrpendel ⟨das P. in Bewegung setzen⟩ || K-: ***Pendel-, -uhr*** **3** ***das P.*** + *Gen* etw., das regelmäßig von einer extremen Position zur anderen wechselt: *Nach dem Skandal schlug das P. der öffentlichen Meinung wieder zur Opposition hin aus*

pen·deln; *pendelte, hat / ist gependelt*; [Vi] **1** ***etw. pendelt*** (*ist*) etw. hängt an etw. u. schwingt (langsam) hin u. her **2** ***mit etw. p.*** (*hat*) etw. hängen lassen u. hin u. her schwingen ⟨mit den Armen, Beinen p.⟩ **3** ***j-d pendelt*** (*ist*) j-d fährt regelmäßig von einem Ort zum anderen, *bes* von der Wohnung zum Arbeitsplatz: *zwischen Augsburg u. München / von Augsburg nach München p.* || K-: ***Pendel-, -verkehr*** || *zu* **3** **Pend·ler** *der*; *-s, -*; **Pend·le·rin** *die*; *-, -nen*

pe·net·rant *Adj*; *pej*; **1** so intensiv, dass man es unangenehm findet ⟨ein Geruch, ein Geschmack; es riecht, schmeckt p. nach etw.⟩ **2** immer wieder lästig u. störend ≈ aufdringlich: *Seine Art, bei jeder Gelegenheit zu zeigen, wie reich er ist, ist wirklich p.* || *hierzu* **Pe·net·ranz** *die*; *-*; *nur Sg*

peng! *Interjektion*; verwendet, um das Geräusch e-s Schusses od. Knalls zu imitieren

pe·ni·bel *Adj*; übertrieben genau u. ordentlich ≈ pedantisch ⟨ein Mensch, e-e Ordnung, Sauberkeit⟩ || NB: *penibel* → *ein penibler Mensch*

Pe·ni·cil·lin [-ts-] *das*; *-s*; *nur Sg*; Ⓐ ≈ ***Penizillin***

Pe·nis *der*; *-, -se*; das Organ beim Mann u. bei verschiedenen männlichen Tieren, aus dem der Samen u. der Urin kommen ≈ Glied[1] (3) || ↑ *Abb. unter* ***Mensch***

Pe·ni·zil·lin *das*; *-*; *nur Sg*, *Med*; ein Medikament, das bestimmte Bakterien tötet || K-: ***Penizillin-, -spritze, -tablette***

Pen·nä·ler *der*; *-s, -*; *gespr hum*; ein Schüler (am Gymnasium)

Pen·ne *die*; *-, -n*; *gespr hum* ≈ Schule

pen·nen; *pennte, hat gepennt*; [Vi] *gespr* ≈ schlafen

Pen·ner *der*; *-s, -*; *gespr pej*; **1** ≈ Landstreicher, Obdachlose(r) **2** j-d, der viel od. lang schläft

Pen·si·on[1] [-'zio:n] *die*; *-*; *nur Sg*; **1** das Geld, das ein Beamter jeden Monat vom Staat bekommt, wenn er (*mst* aus Gründen des Alters) aufgehört hat zu arbeiten ⟨e-e hohe, niedrige, schöne P. haben, bekommen⟩ || K-: ***Pensions-, -anspruch***; ***pensions-, -berechtigt*** **2** die Zeit im Leben e-s Beamten, in der er e-e P.[1] (1) bekommt ≈ Ruhestand ⟨in P. sein; in P. gehen; j-n in P. schicken⟩ || -K: ***Früh-*** || *zu* **2** **Pen·si·o·när** *der*; *-s, -e*; **Pen·si·o·nist** *der*; *-en, -en*; *südd* Ⓐ ⒸⒽ || NB: ↑ ***Rente***

Pen·si·on[2] [-'zio:n] *die*; *-, -en*; ein Haus, in dem man *bes* im Urlaub schlafen u. essen kann ⟨in e-r P. wohnen, unterkommen, übernachten⟩ || K-: ***Pensions-, -gast*** || NB: e-e *Pension* ist *mst* kleiner u. billiger als ein *Hotel*

Pen·si·o·nat *das*; *-s, -e*; *veraltend* ≈ Internat || -K: ***Mädchen-***

pen·si·o·nie·ren [pɛnzio'ni:rən]; *pensionierte, hat pensioniert*; [Vt] ***j-n p.*** veranlassen, dass j-d (*bes* ein Beamter) aufhört zu arbeiten u. e-e Pension[1] od. Rente bekommt ≈ in den Ruhestand versetzen ⟨j-n vorzeitig, frühzeitig p.; sich p. lassen; ein pensionierter Beamter⟩ || *hierzu* **Pen·si·o·nie·rung** *die*

Pen·sum *das*; *-s, Pen·sen*; *mst Sg*; die Arbeit, die man in e-r bestimmten Zeit machen muss ⟨sein P. erfüllen, schaffen, erledigen; sein tägliches, übliches P. (an Arbeit)⟩ || -K: ***Arbeits-, Pflicht-, Unterrichts-***; ***Durchschnitts-, Jahres-, Tages-, Wochen-***

Pent·house ['penthaus] *das*; *-*; *nur Sg*; e-e (*mst* teure) Wohnung auf dem flachen Dach e-s hohen Hauses ⟨in e-m P. wohnen⟩

Pep *der*; *-*; *nur Sg*, *gespr* ≈ Schwung: *e-e Show mit Pep* || *hierzu* **pep·pig** *Adj*

Pe·pe·ro·ni *die*; *-, -(s)*; *mst Pl*; kleine, scharfe Pfefferschoten

per *Präp*; *mit Akk*; **1** ***per*** + *Subst* verwendet, um das Mittel zu nennen, mit dem j-d / etw. von e-m Ort zu e-m anderen gelangt ≈ mit[1](1) ⟨per Bahn, per Schiff, per Luftpost, per Autostopp⟩ **2** ***per*** + *Subst geschr*; verwendet, um das Mittel zu nennen, das man zu e-m bestimmten Zweck verwendet: *etw. per Vertrag regeln, e-n Brief per Einschreiben schicken, e-e Rechnung per Scheck zahlen* **3** ***per*** + *Subst* (*Admin*) *geschr*; verwendet, um anzugeben, wie etw. gemessen od. gezählt wird ≈ pro: *ein Preis von fünf Euro per Stück, per Kilo*; *hundert Umdre-*

P

hungen per Sekunde || NB *zu* **1**, **2** u. **3**: Das folgende Subst. wird ohne Artikel verwendet **4** *Ökon*; verwendet, um den Zeitpunkt anzugeben, an dem man etw. tun soll: *per sofort*; *Die Rechnung ist per 31. Dezember zu zahlen* **5** **(*mit j-m*) *per du, per Sie sein*** zu j-m „du", „Sie" sagen ≈ j-n duzen, siezen: *Sie ist mit dem Chef per du* **6** ***per pedes*** *hum*; zu Fuß

Pe·rest·ro̱i·ka (*die*); -; *nur Sg*; die Neugestaltung des politischen Systems in der ehemaligen Sowjetunion, *bes* im Bereich der Innenpolitik u. der Wirtschaftspolitik ≈ Umbau, Umbildung

per·fẹkt, *perfekter*, *perfektest-*; *Adj*; **1** ***p.*** **(*in etw.*** (*Dat*)**)** so, dass niemand / nichts besser sein kann ≈ vollkommen, vollendet: *ein perfekter Ehemann*; *p. Französisch sprechen*; *In Stenografie ist sie inzwischen fast p.* **2** ***etw. ist p.*** etw. ist so, dass man nichts mehr daran ändern kann od. ändern muss ≈ abgeschlossen, besiegelt ⟨ein Vertrag, e-e Sache, e-e Abmachung, e-e Niederlage⟩ **3** ***ein perfektes Verbrechen*** ein Verbrechen, bei dem es unmöglich ist, den Täter zu finden **4** ***etw.*** **(*mit j-m*)** ***p. machen*** entscheiden, dass etw. wirksam wird od. man etw. ganz sicher tun wird ≈ ausmachen, festlegen ⟨den Vertrag, e-n Termin p. machen⟩

Pẹr·fekt *das*; *-s*, *-e*; *mst Sg*, *Ling*; die Form des Verbs, die mit *sein* od. *haben* gebildet wird: *In dem Satz „Er ist nach Italien gefahren" ist „ist gefahren" das P. von „fahren"* || K-: ***Perfekt-, -form*** || NB: Als Pl. verwendet man *mst Perfektformen*

Per·fek·ti·on [-ˈt̮sio:n] *die*; -; *nur Sg*; die absolute Fehlerlosigkeit (*mst* in der Ausführung von etw.) ≈ Vollkommenheit ⟨etw. bis zur P. treiben; es in etw. (*Dat*) zur P. bringen⟩: *Er spielt Cello mit höchster P.*

per·fek·ti·o·nie̱·ren [-t̮sio-]; *perfektionierte*, *hat perfektioniert*; [Vt] ***etw. p.*** so lange an etw. arbeiten, bis es perfekt (1) ist ≈ vervollkommnen ⟨e-e Technik, e-e Maschine, ein System p.⟩

Per·fek·ti·o·nịs·mus [-t̮sio-] *der*; -; *nur Sg*, *oft pej*; der Wunsch, alles so perfekt (1) wie möglich zu machen || *hierzu* **Per·fek·ti·o·nịst** *der*; *-en*, *-en*; **per·fek·ti·o·nịs·tisch** *Adj*

P

per·fi̱d, **per·fi̱·de** *Adj*; *geschr*; auf besonders heimtückische Art böse ≈ hinterhältig ⟨e-e Lüge, e-e Frage, ein Dieb⟩ || *hierzu* **Per·fi·di·tä̱t** *die*; -, *-en*

Per·fo·ra·ti·on [-ˈt̮sio:n] *die*; -, *-en*; e-e Art Linie mit e-r Reihe von kleinen Löchern, die es möglich machen, dass man ein Blatt Papier leicht abreißen kann: *ein Kalenderblatt*, *e-e Briefmarke an der P. abreißen* || *hierzu* **per·fo·rie̱·ren** (*hat*) *Vt*

Per·ga·mẹnt *das*; -(*e*)*s*, *-e*; **1** *nur Sg*; ein Material (e-e präparierte Tierhaut), das man *bes* früher statt Papier verwendete: *e-e mittelalterliche Urkunde aus P.* **2** ein Stück P. (1) mit e-r alten Schrift darauf

Per·ga·mẹnt·pa·pier *das*; *nur Sg*; ein sehr festes Papier, das leicht durchsichtig ist u. Fett nicht durchlässt: *Brote in P. wickeln*

Pẹr·go·la *die*; -, *Per·go·len*; ein Gang[2] (1) im Garten, der mit Pflanzen bewachsen ist

Pe·ri·o̱·de *die*; -, *-n*; **1** ***die P.*** + *Gen* ein relativ langer Zeitraum, der *bes* durch bestimmte Ereignisse charakterisiert ist ≈ Epoche, Zeitabschnitt, Phase: *Die fünfziger Jahre waren die P. des großen wirtschaftlichen Aufschwungs* || -K: ***Frost-, Hitze-, Kälte-, Regen-, Schlechtwetter-, Schönwetter-, Trocken-***; ***Entwicklungs-, Übergangs-, Wachstums-*** **2** ***j-s P.*** ≈ Menstruation ⟨e-e Frau hat (gerade) ihre P.⟩

Pe·ri·o̱·den·sys·tem *das*; *Chem*; ein Schema, in dem alle chemischen Elemente nach ihrem (Atom)Gewicht geordnet sind

Pe·ri·o̱·di·kum *das*; -, *Pe·ri·o·di·ka*; *geschr*; e-e Zeitschrift, die regelmäßig erscheint

pe·ri·o̱·disch *Adj*; *mst adv*; so, dass es in bestimmten Zeitabständen immer wieder vorkommt ⟨etw. tritt p. auf, erscheint p.⟩

pe·ri·pher [periˈfe:ɐ̯] *Adj*; *geschr*; **1** am Rand liegend ↔ zentral: *die peripheren Stadtteile* **2** nicht sehr wichtig ≈ nebensächlich ⟨e-e Frage, ein Problem⟩

Pe·ri·phe·rie̱ [-f-] *die*; -, *-n*; **1** *geschr*; ein Gebiet, das am Rand von etw. liegt ≈ Randbezirk ↔ Zentrum ⟨an der P. e-r Stadt wohnen⟩ **2** *Kollekt*, *EDV*; die Geräte, die an den elektronischen Rechner angeschlossen werden || K-: ***Peripherie-, -gerät***

Pẹr·le *die*; -, *-n*; **1** e-e kleine, harte weiße Kugel, die man in Muscheln findet u. gern als Schmuck verwendet ⟨echte, künstliche Perlen; e-e Kette aus Perlen; Perlen züchten, nach Perlen tauchen⟩ || K-: ***Perlen-, -fischer, -halsband, -händler, -kette, -kollier, -muschel, -schmuck, -taucher, -zucht, -züchter***; ***perlen-, -besetzt, -bestickt*** || -K: ***Natur-, Süßwasser-, Zucht-*** **2** e-e kleine Kugel aus Glas, Holz *o.Ä.*, die *mst* mit anderen e-e Kette bildet || -K: ***Glas-, Holz-*** **3** *gespr*, *mst hum*; *bes* e-e Frau, die für j-n von großem Wert ist, weil sie ihm viel hilft || ID *mst* ***Da fällt dir keine P. aus der Krone!*** *gespr*; verwendet, um j-m zu sagen, dass er nicht zu stolz sein soll, etw. *mst* Unangenehmes zu tun; ***Perlen vor die Säue werfen*** etw. für j-n tun od. j-m etw. geben, das er nicht zu schätzen weiß

pẹr·len; *perlte*, *hat / ist geperlt*; [Vi] **1** ***etw. perlt*** **(*irgendwo*)** (*hat*) etw. bildet Tropfen od. Blasen, die wie Perlen aussehen ⟨j-m perlt der Schweiß auf der Stirn; der Tau perlt auf e-r Pflanze; perlender Sekt, Champagner⟩ **2** ***etw. perlt von etw.*** (*ist*) etw. rinnt in Form von Tropfen von etw. ⟨j-m perlt der Schweiß von der Stirn⟩

Pẹrl·mutt *das*; *-s*; *nur Sg*; die glänzende Schale von bestimmten Muscheln u. (Meeres)Schnecken, aus der man *bes* Schmuck macht || K-: ***Perlmutt-, -farbe, -griff, -knopf*** || *hierzu* **pẹrl·mutt·far·ben** *Adj*

Pẹrl·mut·ter *die*; -; *od das*; *-s*; *nur Sg* ≈ Perlmutt

Pẹr·lon® *das*; -; *nur Sg*; ein künstliches, dünnes Material, aus dem man *bes* Strümpfe macht || K-: ***Perlon-, -strümpfe*** || NB: ↑ ***Nylon***®

pẹrl·weiß *Adj*; *ohne Steigerung*; von der silbrig weißen Farbe e-r Perle

per·ma·nẹnt *Adj*; *ohne Steigerung*, *geschr* ≈ ständig, dauernd ⟨ein Zustand, e-e Bedrohung⟩ || *hierzu* **Per·ma·nẹnz** *die*; -; *nur Sg*

per·plẹx *Adj*; *mst präd*, *gespr*; so überrascht von etw., dass man nicht mehr reagieren kann ≈ verblüfft ⟨völlig p. sein; p. dastehen, schauen⟩ || *hierzu* **Per·ple·xi·tä̱t** *die*; -; *nur Sg*

Per·ron [peˈrõ:] *das*, *der*; *-s*, *-s*; (CH) ≈ Bahnsteig

Pẹr·ser *der*; *-s*, -; **1** ein Einwohner von Persien **2** *Kurzw* ↑ ***Perserteppich*** || *zu* **1** **Pẹr·se·rin** *die*; -, *-nen*

Pẹr·ser·tep·pich *der*; ein wertvoller, *mst* bunter Teppich aus dem Orient

Per·sif·la·ge [-ˈfla:ʒə] *die*; -, *-en*; *geschr*; e-e (nachahmende) Darstellung, mit der man sich durch Übertreibung über j-n lustig macht || *hierzu* **per·sif·lie̱·ren** (*hat*) *Vt* || NB: ↑ ***Parodie***

Per·so̱n *die*; -, *-en*; **1** ein einzelner Mensch: *ein Auto mit Platz für fünf Personen*; *Der Eintritt kostet 10 Euro pro P.* || ↑ *NB unter* **Leute** **2** ein Mensch mit e-r besonderen Eigenschaft ⟨e-e intelligente, hässliche, interessante P.⟩ || K-: ***Personen-, -beschreibung*** **3** e-e Frau ⟨e-e reizende, dumme, eingebildete P.⟩ || NB *zu* **2** u. **3**: nur mit e-m Adj., das e-e Wertung ausdrückt **4** e-e fiktive P. (1) in e-m Theaterstück, Roman *o.Ä.* ≈ Figur (3) || -K: ***Haupt-, Neben-*** **5** *nur Sg*, *Ling*; e-e grammatische Form des Verbs od. des Pronomens, die zeigt, wer spricht (die erste P.), wen man anspricht (die zweite P.) od. über wen man spricht (die dritte P.) ⟨die erste, zweite, dritte P. Singular / Plural⟩ **6** ***e-e natürliche / juristische P.*** *Jur*; ein Mensch / e-e Organisation (mit bestimmten Rechten) **7** ⟨Angaben, Daten, Fragen⟩ ***zur P.*** Angaben, Daten, Fragen über Name, Alter, Geschlecht, Aussehen, Beruf *usw* e-r P. (1) **8** ***j-d ist etw. in P.*** j-d hat die genannte Eigenschaft in sehr hohem Maß: *Sie ist die Güte / die Ruhe in P.* **9** ***in eigener P.*** ≈ selbst, persönlich ⟨in eigener P. erscheinen, kommen⟩ || ID ***ich für meine P.*** verwendet, um seine eigene (*mst* abweichende) Meinung einzuleiten ≈ was mich betrifft

Per·so·nal *das*; *-s*; *nur Sg*, *Kollekt*; die Personen, die bei e-r Firma *o.Ä.* beschäftigt sind ≈ Belegschaft ⟨geschultes P.; P. einstellen, entlassen⟩ || -K: ***Firmen-, Haus-, Hotel-, Krankenhaus-, Lehr-, Pflege-, Verwaltungs-, Wach-***

Per·so·nal·ab·tei·lung *die*; die Abteilung in e-m Betrieb, die *z.B.* berechnet, wer wie viel verdient

Per·so·nal·ak·te *die*; e-e Mappe mit Papieren, in denen wichtige Informationen über e-n Angestellten stehen: *Einsicht in seine P. verlangen*

Per·so·nal·aus·weis *der*; ein Dokument (Ausweis) mit Angaben zur Identität e-r Person: *Der P. enthält Name, Foto, Beschreibung, Adresse u. Unterschrift der betreffenden Person* || NB: ↑ ***Reisepass***

Per·so·nal·bü·ro *das* ≈ Personalabteilung

Per·so·nal·chef *der*; der Leiter der Personalabteilung

Per·so·nal·com·pu·ter *der*; *geschr* ≈ PC

Per·so·na·li·en [-li̯ən] *die*; *Pl*; die Angaben zur Person wie *z.B.* der Name, das Geburtsdatum u. die Adresse ⟨j-s P. aufnehmen⟩

per·so·nal·in·ten·siv *Adj*; so, dass dafür viel Personal nötig ist ⟨e-e Produktion, ein Verfahren⟩

Per·so·nal·pro·no·men *das*; *Ling*; ein Pronomen, das für e-e bestimmte Person od. Sache steht: *„Ich", „du", „ihm" sind Personalpronomina*

Per·so·nal·rat *der*; verwendet als Bezeichnung für den Betriebsrat im öffentlichen Dienst

Per·so·nal·uni·on *die*; *nur in* ***in P.*** so, dass der Betreffende zwei Ämter *o.Ä.* gleichzeitig hat

Per·sön·chen *das*; *-s*, *-*; *gespr*; ein Mädchen od. e-e schlanke junge Frau ⟨ein zartes, zierliches P.⟩

per·so·nell *Adj*; *nur attr od adv*; in Bezug auf das Personal od. die Personen, die in e-m Bereich arbeiten ⟨personelle Veränderungen vornehmen; etw. hat personelle Konsequenzen⟩

Per·so·nen|kraft·wa·gen *der*; *Admin geschr* ≈ Pkw ↔ Lastkraftwagen

Per·so·nen·kreis *der*; *Kollekt*; e-e bestimmte Zahl von Personen (die etw. gemeinsam haben)

Per·so·nen·kult *der*; *nur Sg*, *oft pej*; die völlig übertriebene Verehrung von j-m, der Macht u. Ansehen hat ⟨e-n P. mit j-m treiben⟩

Per·so·nen·scha·den *der*; *geschr*; die Verletzung e-r Person od. ein Todesfall bei e-m Unfall (im Verkehr) ↔ Sachschaden

Per·so·nen·wa·gen *der* ≈ Pkw

per·so·ni·fi·zie·ren; *personifizierte*, *hat personifiziert*; [Vt] ***j-d personifiziert etw.*** *geschr*; j-d dient als Symbol für etw. od. verkörpert etw.: *In der griechischen Mythologie wird das Meer durch den Gott Poseidon personifiziert*; *Sie ist die personifizierte Ordnung* (= ist sehr ordentlich) || *hierzu* **Per·so·ni·fi·zie·rung** *die*; **Per·so·ni·fi·ka·ti·on** *die*; *-*, *-en*

per·sön·lich *Adj*; **1** *mst attr*; in Bezug auf die eigene Person ⟨j-s Angelegenheiten, j-s Freiheit, j-s Interessen⟩ **2** *mst attr*; so, dass es e-e Person in ihrem privaten Bereich betrifft ≈ privat: *Darf ich Ihnen e-e ganz persönliche Frage stellen?*; *aus persönlichen Gründen nicht kommen* **3** *mst attr*; für j-n charakteristisch ⟨j-s persönliche Art, etw. zu tun; e-r Sache e-e persönliche Note geben⟩ **4** so, dass e-e Beziehung od. ein Kontakt direkt von Person zu Person besteht ⟨ein Gespräch; persönliche Beziehungen zu j-m haben; j-n p. kennen⟩ **5** so, dass der Mensch

Personalpronomen

Nominativ	*Akkusativ*	*Dativ*	*Genitiv*
Singular			
ich: Ich bin krank.	**mich:** Wer pflegt mich?	**mir:** Wer hilft mir?	**meiner:** Wer erbarmt sich meiner?
du: Du bist krank.	**dich:** Wer pflegt dich?	**dir:** Wer hilft dir?	**deiner:** Wer erbarmt sich deiner?
Sie: Sie sind krank.	**Sie:** Wer pflegt Sie?	**Ihnen:** Wer hilft Ihnen?	**Ihrer:** Wer erbarmt sich Ihrer?
er: Er ist krank.	**ihn:** Wer pflegt ihn?	**ihm:** Wer hilft ihm?	**seiner:** Wer erbarmt sich seiner?
sie: Sie ist krank.	**sie:** Wer pflegt sie?	**ihr:** Wer hilft ihr?	**ihrer:** Wer erbarmt sich ihrer?
es: Es ist krank.	**es:** Wer pflegt es?	**ihm:** Wer hilft ihm?	**seiner:** Wer erbarmt sich seiner?
Plural			
wir: Wir sind krank.	**uns:** Wer pflegt uns?	**uns:** Wer hilft uns?	**unser:** Wer erbarmt sich unser?
ihr: Ihr seid krank.	**euch:** Wer pflegt euch?	**euch:** Wer hilft euch?	**euer:** Wer erbarmt sich euer?
Sie: Sie sind krank.	**Sie:** Wer pflegt Sie?	**Ihnen:** Wer hilft Ihnen?	**Ihrer:** Wer erbarmt sich Ihrer?
sie: Sie sind krank.	**sie:** Wer pflegt sie?	**ihnen:** Wer hilft ihnen?	**ihrer:** Wer erbarmt sich ihrer?

u. nicht die Sache kritisiert wird ⟨e-e Beleidigung; j-n p. angreifen⟩ **6** so, dass der Betreffende e-m anderen *mst* sein Mitleid od. seine Trauer zeigt ⟨meine *usw* persönliche Anteilnahme; persönliche Worte finden⟩ **7** *nur attr od adv*; so, dass j-d etw. selbst tut ≈ in eigener Person: *Zur Einweihung des neuen Jugendzentrums kam der Minister p.* || ID ***p. werden*** in e-m Gespräch od. Streit Dinge sagen, die den anderen im privaten Bereich betreffen; ***etw. p. nehmen*** etw. als Beleidigung verstehen; ***Das war nicht p. gemeint*** das war keine Kritik an dir / Ihnen

Per·sön·lich·keit *die*; -, *-en*; **1** *nur Sg*; alle charakteristischen, individuellen Eigenschaften e-s Menschen: *Die Krankheit hat ihre P. verändert*; *In ihrem Beruf konnte sie ihre P. voll entfalten* || K-: ***Persönlichkeits-, -entfaltung, -entwicklung, -spaltung, -struktur*** **2** j-d, der e-n festen, individuellen Charakter hat: *Schon als Kind war sie e-e richtige P.* **3** j-d, der in der Öffentlichkeit bekannt ist ≈ Prominente(r) ⟨e-e P. des öffentlichen Lebens⟩

Per·spek·ti·ve [-v-] *die*; -, *-n*; **1** das Verhältnis der Linien zueinander in e-m zweidimensionalen Bild, das den Eindruck der Dreidimensionalität hervorruft ⟨die P. e-s Gemäldes, e-r Zeichnung stimmt (nicht)⟩ **2** der Punkt, von dem aus man etw. betrachtet ≈ Blickwinkel, Sicht: *etw. aus verschiedenen Perspektiven fotografieren* **3** die (subjektive) Art, wie man etw. sieht u. beurteilt ≈ Sichtweise ⟨e-e neue P. eröffnet sich, tut sich auf⟩ || -K: ***Betrachter-, Erzähl-*** **4** die Möglichkeiten, die sich in der Zukunft bieten ≈ Zukunftsaussichten ⟨keine P. mehr haben; j-m e-e P. geben⟩: *Mit dem Lottogewinn eröffneten sich ihm ungeahnte Perspektiven*

per·spek·ti·visch [-v-] *Adj*; in Bezug auf die Perspektive (1) ↔ flächig ⟨e-e Darstellung, die Tiefe⟩

Pe·rü·cke *die*; -, *-n*; e-e Kopfbedeckung aus künstlichen od. echten Haaren ⟨e-e P. tragen⟩ || K-: ***Perücken-, -macher***

per·vers [-v-] *Adj*; *pej*; **1** (*bes* im sexuellen Bereich) so weit von der Norm entfernt, dass es als nicht natürlich bewertet wird ≈ abartig ⟨Neigungen; p. veranlagt sein⟩ **2** *gespr* ≈ widerlich: *Seine politischen Ideen finde ich geradezu p.* || *hierzu* **Per·ver·si·on** *die*; -, *-en*; **Per·ver·si·tät** *die*; -, *-en*

per·ver·tie·ren [-v-]; *pervertierte, hat / ist pervertiert*; *geschr*; [Vt] *(hat)* **1** ***etw. p.*** *pej*; etw. so verändern, dass es schlimm u. unnatürlich wird: *Das viele Geld hat sein Verhalten pervertiert*; [Vi] *(ist)* **2** ***etw. pervertiert (zu etw.)*** etw. wird schlimm u. unnatürlich: *Die Revolution pervertierte zur Diktatur* || *hierzu* **Per·ver·tie·rung** *die*

Pes·si·mis·mus *der*; -; *nur Sg*; e-e Einstellung zum Leben od. e-e Denkweise, bei der j-d (immer) das Schlimmste erwartet od. nur die schlechten Seiten von etw. sieht ≈ Schwarzseherei ↔ Optimismus || *hierzu* **Pes·si·mist** *der*; *-en, -en*; **Pes·si·mis·tin** *die*; -, *-nen*; **pes·si·mis·tisch** *Adj*

Pest *die*; -; *nur Sg*; **1** e-e Krankheit mit hohem Fieber u. eitrigen Entzündungen, die sich (als Epidemie) sehr schnell ausbreitet u. an der früher sehr viele Menschen starben ⟨die P. haben; an der P. sterben; die P. bricht aus⟩ || K-: ***Pest-, -beule, -epidemie*** **2** ***wie die P.*** *gespr pej* ≈ sehr ⟨j-n / etw. wie die P. hassen; wie die P. stinken⟩

Pes·ti·lenz *die*; -; *nur Sg*, *veraltet* ≈ Pest

Pes·ti·zid *das*; *-s, -e*; *geschr*; ein chemisches Mittel, mit dem man schädliche od. störende Pflanzen, Insekten *o.Ä.* bekämpft

Pe·ter *der*; *mst in* **1** ***schwarzer Peter*** ein Kartenspiel für Kinder **2** ***j-m den schwarzen Peter zuschieben*** j-m die Schuld od. Verantwortung für etw. geben

Pe·ter·si·lie [-liə] *die*; -, *-n*; *mst Sg*; e-e kleine (Garten)Pflanze, deren grüne Blätter (u. Wurzeln) man als Gewürz verwendet ⟨ein Bund P.; etw. mit P. garnieren⟩: *P. auf die Suppe streuen* || K-: ***Petersilien-, -kartoffeln, -wurzel***

Pe·ti·ti·on [-'tsio:n] *die*; -, *-en*; ein Schreiben an e-e Regierung od. Behörde, mit dem man um etw. bittet ≈ Bittschrift ⟨e-e P. abfassen, einreichen; j-m e-e P. überreichen⟩ || K-: ***Petitions-, -ausschuss***

Pe·tro·dol·lar *der*; *Ökon*; das Geld (in Dollar), das ein Land verdient, das Erdöl exportiert

Pet·rol *das*; *-s*; *nur Sg*; (CH) ≈ Petroleum

Pet·ro·le·um [pe'tro:leʊm] *das*; *-s*; *nur Sg*; e-e Flüssigkeit, die man aus Erdöl herstellt u. die gut brennt || K-: ***Petroleum-, -kocher, -lampe***

Pet·ting *das*; *-(s), -(s)*; ein sexuelles Verhalten, bei dem sich zwei Menschen am ganzen Körper streicheln u. einander so zum Orgasmus bringen können, ohne direkten Geschlechtsverkehr zu haben

pet·to *nur in* ***etw. in p. haben*** etw. für e-n bestimmten Zweck bereit haben ≈ auf Lager haben ⟨e-n Trick, e-n Witz in p. haben⟩

Pet·ze *die*; -, *-n*; *gespr pej*; ein Junge od. ein Mädchen, die petzen

pet·zen; *petzte, hat gepetzt*; [Vt/i] ***(j-m etw.) p.*** *gespr pej*; als Kind e-m Erwachsenen sagen, dass ein anderes Kind etw. getan hat, was es nicht sollte: *dem Lehrer p.*, dass *der Nachbar die Hausaufgaben nicht gemacht hat* || *hierzu* **Pet·zer** *der*; *-s*, -

peu à peu [pøa'pø(:)] *Adv* ≈ allmählich, nach u. nach

Pf. *hist*; *Abk für* Pfennig

Pfad *der*; *-(e)s, -e*; **1** ein schmaler Weg **2** *EDV*; die korrekte Folge von Laufwerk, Verzeichnis u. Dateinamen, die man anklicken od. per Tastatur eingeben muss, um e-e Datei zu öffnen od. ein Computerprogramm zu starten || ID ***auf dem P. der Tugend wandeln*** *geschr*; sich so verhalten, wie Sitte u. Moral es verlangen; ***vom P. der Tugend abweichen*** *geschr*; etw. tun, das gegen Sitte u. Moral ist

Pfad·fin·der *der*; *-s*, -; **1** *nur Pl*, *Kollekt*; e-e Organisation von jungen Menschen, die durch die Gemeinschaft lernen sollen, wie man sich in e-r Gruppe verhält u. wie man anderen Menschen hilft ⟨bei den Pfadfindern sein; zu den Pfadfindern gehen⟩ **2** ein Mitglied der Pfadfinder (1) ⟨P. sein⟩ || K-: ***Pfadfinder-, -lager, -uniform***

Pfaf·fe *der*; *-n, -n*; *gespr pej* ≈ Priester, Geistlicher || NB: *der Pfaffe*; *den, dem, des Pfaffen*

Pfahl *der*; *-(e)s, Pfäh·le*; ein (dicker) Stab aus Holz, den man mit einem Ende in die Erde schlägt ≈ Pfosten ⟨e-n P. einschlagen, in den Boden rammen⟩ || NB: ↑ ***Pfeiler, Pflock***

Pfahl·bau *der*; *-s, Pfahl·bau·ten*; ein Haus im Wasser od. am Ufer, das auf Pfählen steht

Pfand *das*; *-(e)s, Pfän·der*; **1** etw. (Wertvolles), das man j-m als Garantie dafür gibt, dass man sein Versprechen hält ≈ Sicherheit (6) ⟨j-m ein P. geben; ein P. einlösen, auslösen; etw. als P. behalten⟩ **2** e-e Summe Geld, die man für e-n Gegenstand bezahlt u. die man wieder zurückbekommt, wenn man den Gegenstand (*mst* e-e Flasche, e-n Schlüssel *o.Ä.*) zurückgibt ⟨ein P. hinterlegen; P. zahlen⟩: *Auf dieser Bierflasche ist P.* || K-: ***Pfand-, -flasche***; ***-geld*** || -K: ***Flaschen-*** || NB: ↑ ***Kaution***

Pfand·brief *der*; ein Dokument, das man bekommt, wenn man e-r Bank Geld leiht

pfän·den; *pfändete, hat gepfändet*; [Vt] **1** ***etw. p.*** j-m etw. wegnehmen, um damit dessen Schulden zu bezahlen ⟨das Gericht, der Gerichtsvollzieher pfändet j-s Möbel, e-n Teil von j-s Einkommen⟩ **2** ***j-n p.*** bestimmte Dinge bei j-m pfänden ⟨j-n p. lassen⟩ || *hierzu* **Pfän·dung** *die*; **pfänd·bar** *Adj*

Pfand·haus *das*; ein Geschäft, in dem man für ein Pfand (1) Geld leihen kann ≈ Leihhaus ⟨etw. ins P. tragen⟩
Pfand·schein *der*; ein Dokument, auf dem steht, was j-d als Pfand (1) erhalten hat
Pfan·ne *die*; -, -*n*; **1** ein *mst* rundes u. flaches Gefäß mit e-m langen Stiel, in dem man *z.B.* Fleisch u. Kartoffeln braten kann: *ein Schnitzel in der P. braten*; *ein Ei in die P. schlagen* || -K: ***Brat-*** **2** Ⓒⓗ ein Kochtopf (mit Stiel) || ID ***j-n in die P. hauen*** *gespr*; j-m absichtlich schaden od. ihn stark kritisieren
Pfann·ku·chen *der*; **1** *südd*; e-e Art dünner, weicher, flacher Kuchen, den man in der Pfanne bäckt ≈ Eierkuchen ⟨ein gefüllter P.; Pfannkuchen backen⟩ **2** *nordd*; ein kleiner, runder, weicher Kuchen, der in heißem Fett gebacken wird u. *mst* mit Marmelade gefüllt ist ≈ Berliner, Krapfen
Pfarr·amt *das*; das Haus mit der Wohnung e-s Pfarrers u. dem Büro der Gemeinde (2)
Pfar·rei *die*; -, -*en*; **1** ≈ Gemeinde (2) **2** ≈ Pfarrhaus
Pfar·rer *der*; -*s*, -; ein Mann, der in e-r christlichen Kirche (als Priester) religiöse Aufgaben erfüllt u. *z.B.* Gottesdienste hält ⟨ein evangelischer, katholischer P.⟩ || *hierzu* **Pfar·re·rin** *die*; -, -*nen*
Pfau *der*; -*(e)s* / Ⓐ *auch* -*en*, -*e*; ein Vogel, dessen Schwanz sehr lange u. bunte Federn hat, die er (wie e-n Fächer) ausbreiten kann ⟨der P. schlägt ein Rad⟩ || K-: ***Pfauen-, -feder*** || NB ↑ ***eitel*** || NB: *der Pfau*; *den, dem Pfau / Pfauen, des Pfau(e)s / Pfauen*
Pfau·en·au·ge *das*; ein Schmetterling mit augenförmigen Flecken auf den Flügeln, die den Flecken auf den Federn e-s Pfaus ähnlich sind || -K: ***Nacht-, Tag-***
Pfef·fer *der*; -*s*; *nur Sg*; kleine Körner, die man (*mst* gemahlen) als scharfes Gewürz verwendet ⟨weißer, schwarzer, grüner, roter P.; e-e Prise P.; Salz u. P.⟩ || K-: ***Pfeffer-, -korn***; ***-steak*** || ID *mst* ***Der kann bleiben / hingehen, wo der P. wächst*** *gespr*; er interessiert mich nicht, u. ich will ihn nicht sehen || *zu* **1** **pfef·fe·rig** *Adj*
Pfef·fer·ku·chen *der* ≈ Lebkuchen
Pfef·fer·min·ze *die*; *nur Sg*; e-e Pflanze, deren Blätter intensiv schmecken u. aus denen man *z.B.* Tee macht || K-: ***Pfefferminz-, -aroma, -bonbon, -likör, -öl, -tee***
Pfef·fer·müh·le *die*; ein Gerät, mit dem man die Körner des Pfeffers mahlen kann
pfef·fern; *pfefferte, hat gepfeffert*; [Vt] **1** ***etw. p.*** etw. mit Pfeffer würzen ⟨das Fleisch, den Salat p.⟩ **2** ***etw. irgendwohin p.*** *gespr*; etw. mit Schwung irgendwohin werfen: *Aus Wut pfefferte er sein Buch in die Ecke* || NB: ↑ ***gepfeffert***
Pfei·fe *die*; -, -*n*; **1** ein einfaches Musikinstrument, das Töne erzeugt, wenn man Luft hineinbläst ⟨auf der P. spielen; die Pfeifen e-r Orgel⟩ || -K: ***Orgel-*** **2** ein kleines Instrument, mit dem man e-n hohen Ton erzeugt, wenn man Luft hineinbläst ⟨die P. e-s Schiedsrichters⟩ || -K: ***Triller-*** **3** ein schmales Rohr mit e-m dicken runden Ende, mit dem man Tabak raucht ⟨die P. stopfen, ausklopfen; P. rauchen; sich e-e P. anzünden; die P. geht aus⟩ || K-: ***Pfeifen-, -kopf, -mundstück, -raucher, -stiel, -tabak*** || -K: ***Tabak(s)-, Wasser-*** **4** *gespr pej* ≈ Versager || ID ***nach j-s P. tanzen*** *pej*; alles tun, was ein anderer will
pfei·fen; *pfiff, hat gepfiffen*; [Vt/i] **1** ***(etw.) p.*** einen Ton od. mehrere Töne produzieren, indem man die Lippen rund u. spitz macht u. Luft hindurchpresst ⟨ein Lied, e-e Melodie p.⟩ **2** ***(etw.) p.*** als Schiedsrichter mit e-r Pfeife (2) ein Signal geben ⟨ein Foul, ein Tor p.⟩; [Vi] **3** ***j-m / e-m Tier p.*** p. (1), um j-n / ein Tier zu sich zu rufen *o.Ä.* ⟨seinem Hund p.⟩ **4** mit e-r Pfeife (2) ein Signal geben ⟨ein Polizist, ein Schiedsrichter⟩ **5** ***etw. pfeift*** etw. produziert hohe Töne ⟨e-e Lokomotive, der Teekessel⟩ **6** ***ein Tier pfeift*** ein Tier stößt e-n hohen Ton aus, *bes* um andere Tiere zu warnen ⟨e-e Maus, ein Murmeltier⟩ **7** ***auf j-n / etw. p.*** *gespr*; j-n / etw. nicht (mehr) wichtig finden u. auf ihn / darauf verzichten können || ID *mst* ***'Dem / Der werde ich was p.!*** *gespr*; ich denke gar nicht daran, das zu tun, was er / sie von mir will

Pfeife

Pfeif·kon·zert *das*; das laute Pfeifen von vielen Zuschauern, denen etw. nicht gefallen hat
Pfeif·ton *der*; ein hoher Ton, wie er *z.B.* aus e-r Pfeife kommt
Pfeil *der*; -*(e)s*, -*e*; **1** ein dünner gerader Stab, der vorne e-e Spitze hat u. den man *mst* mit e-m Bogen[1](4) abschießt ⟨mit P. u. Bogen jagen, schießen, kämpfen; Pfeile in e-m Köcher aufbewahren⟩ || -K: ***Indianer-*** **2** ein Zeichen, (das aussieht wie ein P. (1) u.) das in e-e bestimmte Richtung zeigt: *Ein P. zeigt den Weg zum Ausgang* || K-: ***Pfeil-, -richtung***
Pfei·ler *der*; -*s*,-; e-e Art dicke, senkrechte Säule aus Holz, Stein od. Metall, die ein Haus od. e-e Brücke stützt ≈ Träger: *Die Brücke wird von mächtigen Pfeilern getragen* || -K: ***Brücken-, Eck-, Stütz-***
pfeil·schnell *Adj*; *ohne Steigerung, gespr*; sehr schnell
Pfen·nig *der*; -*s*, - / -*e*; *hist*; die ehemals kleinste Einheit des Geldes in Deutschland; *Abk* Pf ⟨keinen P. (bei sich) haben; auf den P. genau herausgeben, abrechnen⟩: *Eine Mark hat 100 Pfennig* || K-: ***Pfennig-, -münze*** || ID ***mit jedem P. rechnen (müssen)*** *gespr*; wenig Geld haben; ***etw. ist keinen P. wert*** *gespr*; etw. hat keinen Wert; ***für j-n / etw. keinen P. geben*** *gespr*; glauben, dass j-d / etw. nichts wert ist; ***jeden P.*** (***zweimal / dreimal***) ***umdrehen*** *gespr*; sehr sparen od. geizig sein
Pfen·nig·ab·satz *der*; ein hoher, dünner Absatz bei Damenschuhen, der unten sehr schmal ist
Pfen·nig·stück *das*; *hist*; ein Pfennig als Münze
-pfen·nig·stück *das*; *im Subst*; *hist*; e-e Münze im Wert der genannten Zahl von Pfennigen; ***Einpfennigstück, Zweipfennigstück, Fünfpfennigstück, Zehnpfennigstück, Fünfzigpfennigstück***
pfer·chen; *pferchte, hat gepfercht*; [Vt] ***j-n / Tiere in etw.*** (*Akk*) ***p.*** j-n / Tiere mit Gewalt in etw. sperren, wo sehr wenig Platz ist: *Tiere in Waggons p.*
Pferd *das*; -*(e)s*, -*e*; **1** ein großes Tier mit e-m Schwanz aus langen Haaren. Man reitet auf e-m P. u. lässt es auch *z.B.* e-n Wagen ziehen ⟨ein P. geht im Schritt, trabt, galoppiert, scheut, wiehert; Pferde halten, züchten; die Pferde tränken; auf e-m P. reiten; ein P. reiten, zureiten, striegeln, einspannen, ausspannen, satteln; aufs P. steigen, sich aufs P. setzen; vom P. steigen, absitzen, fallen; dem P. die Sporen geben⟩ || K-: ***Pferde-, -decke, -dieb, -fleisch, -fuhrwerk, -knecht, -kopf, -koppel, -mist, -rennen, -schlitten, -sport, -stall, -wagen, -zucht*** || -K: ***Reit-, Renn-, Zirkus-, Zug-*** **2** *Sport*; ein Turngerät mit vier Beinen u. e-r Art langem Balken, der mit Leder umgeben ist || K-: ***Pferd-, -sprung*** **3** *gespr*; e-e Figur im Schachspiel ≈ Springer || ↑ *Abb. unter* **Schachfiguren** || ID ***wie ein P.***

arbeiten / schuften *gespr*; sehr viel u. schwer arbeiten ; ***das beste P. im Stall*** *gespr hum*; der od. die Beste in e-r Gruppe (*z.B.* in e-m Betrieb); ***das P. vom Schwanz her aufzäumen*** *gespr*; etw. falsch anfangen, sodass es dann sehr kompliziert wird; ***auf das richtige / falsche P. setzen*** *gespr*; mit e-r Unternehmung *o.Ä.* Erfolg haben / scheitern; ***mit j-m Pferde stehlen können*** *gespr*; j-m vertrauen u. alles mit ihm wagen können; ***keine zehn Pferde bringen j-n zu etw. / irgendwohin*** *gespr*; absolut nichts kann j-n dazu bringen, etw. zu tun od. irgendwohin zu gehen / fahren; *mst* ***Ich glaub, mich tritt ein P.!*** *gespr*; ich bin völlig überrascht

Pferd

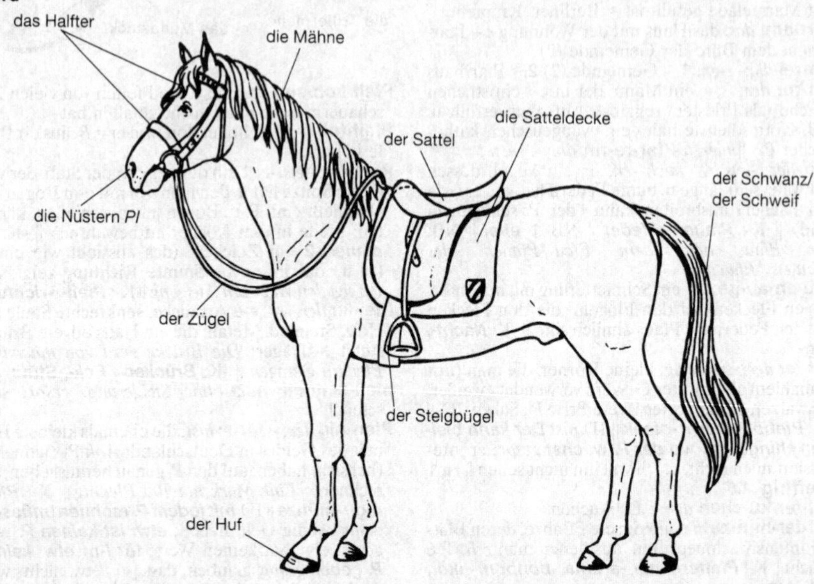

Pfe̱r·de·ap·fel *der*; *-s, Pfer·de·äp·fel*; *mst Pl, gespr*; der Kot e-s Pferdes

Pfe̱r·de·fuß *der*; *nur Sg*; *mst in* ***etw. hat e-n P.*** *gespr*; etw. hat e-n Nachteil

Pfe̱r·de·län·ge *die*; ungefähr die Länge e-s Pferdes ⟨um e-e P. voraus sein, gewinnen, verlieren⟩

Pfe̱r·de·schwanz *der*; **1** der Schwanz des Pferdes **2** e-e Frisur, bei der man lange Haare hinten am Kopf zusammenbindet u. nach unten fallen lässt

Pfe̱r·de·stär·ke *die*; (*Admin*) *geschr veraltend* ≈ PS

pfiff *Imperfekt, 1. u. 3. Person Sg*; ↑ ***pfeifen***

Pfịff *der;-(e)s, -e*; **1** ein hoher kurzer (u. schriller) Ton, den man durch Pfeifen erzeugt ⟨ein schriller P.; e-n P. ausstoßen⟩: *Wenn der P. des Schiedsrichters ertönt, ist das Spiel aus*; *Der Redner erntete Applaus u. Pfiffe* || -K: ***Schluss-*** **2** *nur Sg*, *gespr*; etw., das e-e Sache besonders interessant macht ⟨etw. (*Dat*) e-n gewissen, modischen P. geben; etw. hat P.⟩: *Er trägt immer Anzüge mit P.*

Pfịf·fer·ling *der*; *-s, -e*; ein kleiner essbarer, gelber Pilz || ID ***keinen / nicht 'einen P.*** *gespr*; überhaupt nichts ⟨keinen / nicht einen P. wert sein; für j-n / etw. keinen / nicht einen P. geben⟩

pfịf·fig *Adj*; intelligent, geschickt u. mit Humor u. Fantasie ≈ gewitzt, schlau ⟨ein Bursche, e-e Idee, e-e Miene, ein Gesicht, e-e Bemerkung; sich p. anstellen⟩ || *hierzu* **Pfịf·fig·keit** *die*; *nur Sg*

Pfịf·fi·kus *der*; *-, -se*; *gespr hum*; j-d, der pfiffig ist

Pfịngs·ten (*das*); -, -; die zwei Feiertage im Mai od. Juni (50 Tage nach Ostern), an denen die christliche Kirche feiert, dass der Heilige Geist zu den Menschen gekommen ist ⟨zu / an P.⟩ || K-: ***Pfingst-, -feiertage, -ferien, -montag, -sonntag, -tage*** || NB: *P.* wird *mst* ohne Artikel verwendet. Der Plural wird *bes* in der gesprochenen Sprache häufig auch anstelle des Singulars benutzt: *vorige P.* (= am letzten Pfingstfest)

Pfịngst·fest *das* ≈ Pfingsten

Pfịngst·ro·se *die*; e-e Pflanze mit großen weißen od. roten Blüten, die als Staude in Gärten wächst

Pfịr·sich *der*; *-s, -e*; e-e süße, runde Frucht mit saftigem, gelbem Fleisch, e-r rotgelben, rauen Haut u. e-m großen Kern in der Mitte || ↑ *Abb. unter* ***Obst*** || K-: ***Pfirsich-, -baum, -blüte, -bowle, -haut, -kern***

Pflạn·ze *die*; -, *-n*; ein Lebewesen (wie *z.B.* ein Baum od. e-e Blume), das *mst* in der Erde wächst u. Wurzeln, Blätter u. Blüten hat ⟨e-e P. wächst, gedeiht, welkt, geht ein, stirbt ab; Pflanzen züchten, kultivieren; die Pflanzen gießen, düngen; sich von Pflanzen ernähren; ein Tier frisst Pflanzen⟩ || K-: ***Pflanzen-, -dünger, -fett, -fresser, -schädling*** || -K: ***Garten-, Topf-, Treibhaus-, Zimmer-; Futter-, Gift-, Heil-, Zier-; Bohnen-, Kartoffel-, Salat-*** *usw*

pflạn·zen; *pflanzte, hat gepflanzt*; [Vt] **1 *etw.*** (***irgendwohin***) ***p.*** Samen streuen od. kleine Pflanzen mit Wurzeln in die Erde stecken, damit sie dort wachsen ⟨Salat, Bohnen, Bäume, Sträucher, Blumen p.⟩ **2 *etw. irgendwohin p.*** *mst* e-e Fahne irgendwo festmachen: *e-e Fahne auf das Dach des Rathauses p.* **3 *sich irgendwohin p.*** *gespr*; sich irgendwohin setzen ⟨sich auf e-n Stuhl, auf das Sofa p.⟩

Pflạn·zen·gift *das*; **1** ein Gift, das man aus Pflanzen macht **2** ein Gift, das Pflanzen tötet (u. das man *mst* gegen Unkraut verwendet) ≈ Herbizid

Pflạn·zen·kun·de *die* ≈ Botanik

Pflạn·zen·öl *das*; ein Öl, das man aus den Samen od. Früchten bestimmter Pflanzen macht

Pflan·zen·reich *das*; *nur Sg*; alle Pflanzen, die es gibt (als Ganzes gesehen) ≈ Flora ↔ Tierreich

Pflan·zen·schutz|mit·tel *das*; ein chemisches Mittel, das Pflanzen vor schädlichen Tieren (od. vor Unkraut) schützt ≈ Pestizid 〈P. sprühen〉

Pflan·zen·welt *die*; *nur Sg*; alle Pflanzen, die in e-r bestimmten Gegend, in e-m bestimmten Land *o.Ä.* wachsen ≈ Flora ↔ Tierwelt

pflanz·lich *Adj*; **1** *mst attr*; in Bezug auf Pflanzen 〈der Organismus〉 **2** aus Pflanzen gemacht ↔ tierisch 〈Fette, Öle〉

Pflan·zung *die*; -, *-en*; **1** die Handlung, bei der man etw. pflanzt (1) **2** e-e (kleine) Plantage

Pflas·ter[1] *das*; *-s*, -; **1** die Oberfläche e-r Straße, e-s Platzes *o.Ä.*, die man aus einzelnen Steinen, aus Asphalt oder Beton macht 〈ein gutes, schlechtes, holpriges P.; das P. aufreißen, erneuern〉 || K-: ***Pflaster-, -stein*** || -K: ***Asphalt-, Beton-, Kopfstein-, Straßen-, Ziegel-*** **2** *mst* ***ein gefährliches / teures P.*** *gespr*; ein Ort, der gefährlich / teuer ist: *Düsseldorf ist ein teures P.* **3** ***ein heißes P.*** *gespr*; ein gefährlicher Ort || *zu* **1** **pflas·tern** (*hat*) *Vt*

Pflas·ter[2] *das*; *-s*, -; ein Streifen, den man über e-e Wunde klebt, damit kein Schmutz hineinkommt 〈ein P. auf e-e Wunde kleben〉 || -K: ***Heft-, Hühneraugen-***

Pflau·me *die*; -, *-n*; **1** e-e süße, dunkelblaue, rötliche od. gelbe Frucht mit e-r glatten Haut u. e-m relativ großen Kern in der Mitte 〈getrocknete Pflaumen〉 || K-: ***Pflaumen-, -baum, -kuchen, -mus, -schnaps*** **2** *gespr pej* ≈ Dummkopf, Versager

Pfle·ge *die*; -; *nur Sg*; **1** alles, was j-d tut, der sich um die Gesundheit *o.Ä.* von j-m / e-m Tier kümmert 〈e-e liebevolle, aufopfernde P.; die P. der Kranken; P. brauchen; ständiger P. bedürfen; bei j-m in P. sein; j-n / ein Tier zu j-m in P. geben; ein Tier in P. nehmen〉: *Es war ihrer guten P. zu verdanken, dass er so schnell gesund wurde* || K-: ***Pflege-, -heim, -personal, -station***; ***pflege-, -bedürftig*** || -K: ***Alten-, Kranken-, Säuglings-*** **2** *mst* ***ein Kind in P. nehmen*** ein (fremdes) Kind in seine Familie aufnehmen u. dort versorgen **3** das, was man tut, damit etw. in e-m guten Zustand bleibt 〈etw. braucht, erfordert, verlangt viel, wenig P.; die P. der Zähne, des Körpers, der Pflanzen *usw*〉 || K-: ***Pflege-, -mittel*** || -K: ***Fuß-, Haar-, Körper-, Mund-, Zahn-***; ***Denkmal-, Gesundheits-, Landschafts-*** **4** ***die P.*** + *Gen* das, was man tut, um etw. zu fördern od. zu erhalten 〈die P. nachbarlicher, freundschaftlicher, gesellschaftlicher Beziehungen; die P. des Brauchtums, der Musik〉

Pfle·ge- *im Subst*, *nicht produktiv*; verwendet, um die Beziehungen in e-r Familie zu bezeichnen, in der ein fremdes Kind für e-e gewisse Zeit lebt; die ***Pflegeeltern***, das ***Pflegekind***, die ***Pflegemutter***, die ***Pflegetochter***, der ***Pflegesohn***, der ***Pflegevater***

Pfle·ge·fall *der*; j-d, der so krank od. schwach ist, dass er ohne Pflege (1) nicht leben kann 〈ein P. sein; zum P. werden〉

pfle·ge·leicht *Adj*; *nicht adv*; so, dass es wenig Pflege (3) braucht 〈ein Stoff, e-e Bluse, ein Hemd *o.Ä.*〉

pfle·gen[1]; *pflegte*, *hat gepflegt*; [Vt] **1** ***j-n p.*** für j-n, der krank od. alt ist, alles tun, was nötig ist, damit er gesund wird od. damit es ihm gut geht ≈ für j-n sorgen, j-n betreuen 〈j-n aufopfernd, liebevoll p.; j-n gesund p.〉 **2** ***etw. p.*** alles tun, was nötig ist, damit etw. in e-m guten Zustand bleibt ↔ vernachlässigen: *sein Auto, den Garten, den Teppich p.* **3** ***etw. / sich p.*** sich um sein Aussehen kümmern (indem man sich schön anzieht, frisiert *usw*) 〈seine Haare, sein Gesicht, seine Fingernägel p.; ein gepflegtes Äußeres / Aussehen haben; e-e gepflegte Erscheinung sein〉

pfle·gen[2]; *pflegte*, *hat gepflegt*; [Vt] **1** ***etw. p.*** sich mit etw. beschäftigen, um es zu fördern od. zu erhalten 〈die Künste, die Wissenschaften, Geselligkeit, Beziehungen zu j-m p.〉 **2** ***p.*** + ***zu*** + *Infinitiv geschr*; etw. immer wieder tun ≈ die Gewohnheit haben + zu + *Infinitiv*: *Als junger Mann pflegte er jeden Abend durch die Wälder zu reiten*

Pfle·ge·per·so·nal *das*; *nur Sg*; alle Personen (Krankenschwestern u. -pfleger), die in e-m Krankenhaus, Altersheim *o.Ä.* die Menschen pflegen[1] (1)

Pfle·ger *der*; *Kurzw* ↑ ***Krankenpfleger***

Pfle·ge·satz *der*; die Kosten (pro Tag, Monat *o.Ä.*), die für die Pflege e-s Kranken, Alten *o.Ä.* im Krankenhaus od. Altersheim festgesetzt sind

Pfle·ge·ver·si·che·rung *die*; e-e Versicherung (1), die Geld zahlt, wenn j-d im Alter gepflegt werden muss

Pflicht *die*; -, *-en*; **1** etw., das man tun muss, weil es die Gesellschaft, die Moral, das Gesetz, der Beruf *o.Ä.* verlangt ≈ Verpflichtung ↔ Recht 〈e-e sittliche, moralische, staatsbürgerliche P.; j-s Rechte u. Pflichten; etw. für seine P. halten; etw. als seine P. betrachten; seine P. tun, erfüllen; die P. haben + zu + *Infinitiv*; sich seiner P. entziehen; j-n seiner Pflichten entheben〉: *Es ist e-e moralische P., j-m, der in Not ist, zu helfen* || K-: ***Pflicht-, -eifer, -erfüllung, -gefühl, -treue***; ***pflicht-, -eifrig, -treu*** || -K: ***Aufsichts-, Erziehungs-, Melde-, Schul-, Schweige-, Sorge-, Unterhalts-*** **2** *nur Sg*, *Sport*; Übungen, die alle Teilnehmer in e-m Wettkampf in der gleichen Form machen müssen ↔ Kür: *die P. im Kunstturnen* **3** ***die P. ruft*** *gespr*; verwendet, um auszudrücken, dass man noch e-e bestimmte Arbeit tun muss: *Ich würde ja gern länger bleiben, aber die P. ruft* **4** ***die ehelichen Pflichten*** *Jur*, *veraltend*; Sex mit dem Ehepartner || ID ***etw. ist j-s P. u. Schuldigkeit*** j-d muss etw. unbedingt tun (ob er will od. nicht); ***j-n in die P. nehmen*** dafür sorgen, dass j-d seine P. tut; ***j-n in P. nehmen*** (CH) j-n in ein Amt einsetzen

Pflicht·be·such *der*; ein Besuch, den man bei j-m macht, weil man das Gefühl hat, er erwartet es 〈j-m e-n P. abstatten〉

pflicht·be·wusst *Adj*; 〈ein Mensch〉 so, dass er genau weiß, was seine Pflicht ist, u. entsprechend handelt || *hierzu* **Pflicht·be·wusst·sein** *das*

Pflicht·fach *das*; ein Fach im Unterricht, das man nehmen muss, wenn man e-e bestimmte Ausbildung macht ↔ Wahlfach

pflicht·ge·mäß *Adj*; so, wie es die Pflicht verlangt: *die pflichtgemäße Erfüllung e-s Auftrags*

-pflich·tig *im Adj*, *begrenzt produktiv*; drückt aus, dass das, was im ersten Wortteil genannt wird, notwendig ist od. getan werden muss; ***anzeigepflichtig*** 〈e-e Krankheit〉, ***einkommenssteuerpflichtig, gebührenpflichtig*** 〈e-e Mahnung〉, ***rezeptpflichtig*** 〈ein Medikament〉, ***schulpflichtig*** 〈ein Kind〉, ***sozialversicherungspflichtig, steuerpflichtig*** 〈ein Arbeitnehmer〉

Pflicht·lek·tü·re *die*; *nur Sg*; **1** Bücher *o.Ä.*, die j-d aus bestimmten Gründen (*z.B.* im Studium) lesen muss **2** *oft hum*; ein Buch *o.Ä.*, das j-d (unbedingt) lesen sollte, weil es gut, interessant *o.Ä.* ist

Pflicht·übung *die*; **1** *Sport*; e-e Übung (in e-r sportlichen Disziplin), die alle Teilnehmer machen müssen **2** *gespr*; etw., das man nur deshalb tut, weil man glaubt, es tun zu müssen: *Seine Familie zu besuchen ist für ihn e-e reine P.*

pflicht·ver·ges·sen *Adj*; 〈ein Mensch〉 so, dass er nicht das tut, was seine Pflicht wäre ↔ pflichtbewusst || *hierzu* **Pflicht·ver·ges·sen·heit** *die; nur Sg*

Pflicht·ver·si·che·rung *die*; e-e Versicherung, die man haben muss, weil es das Gesetz verlangt (*z.B.* die Krankenversicherung) || *hierzu* **pflicht·ver·si·chert** *Adj*

Pflicht·ver·tei·di·ger *der*; ein Rechtsanwalt, den das Gericht für e-n Angeklagten ausgewählt hat (*bes* weil der Angeklagte kein Geld hat)

pflicht·wid·rig *Adj*; ⟨ein Verhalten; p. handeln⟩ so, dass der Betreffende genau das Gegenteil von dem tut, was seine Pflicht wäre

Pflock *der*; *-(e)s, Pflö·cke*; ein *mst* rundes, dickes Stück Holz *o.Ä.*, das man in die Erde schlägt, um etw. daran zu befestigen ⟨e-n P. in die Erde treiben / schlagen⟩ || -K: ***Holz-, Zelt-***

pflü·cken; *pflückte, hat gepflückt*; [Vt] ***etw. p.*** Blätter od. Früchte abreißen od. abschneiden u. sammeln ⟨Äpfel, Kirschen, Erdbeeren, Tee, Baumwolle, Blumen *usw* p.⟩

Pflü·cker *der*; *-s, -*; j-d, der (beruflich) in Plantagen *o.Ä.* Obst, Tee, Baumwolle *usw* pflückt || -K: ***Baumwoll-, Kaffee-, Obst-, Tee-*** || *hierzu* **Pflü·cke·rin** *die*; *-, -nen*

Pflug *der*; *-(e)s, Pflü·ge*; ein Gerät, mit dem man auf e-m Acker den Boden locker macht, indem man ihn aufreißt u. umdreht || ID ***etw. kommt unter den P. / ist unter dem P.*** *geschr*; etw. soll Ackerland werden / wird als Ackerland genutzt

pflü·gen; *pflügte, hat gepflügt*; [Vt/i] ***(etw.) p.*** den Boden mit e-m Pflug locker machen ⟨den Acker, die Felder p.; mit dem Traktor p.⟩

Pflug·schar *die*; *-, -en*; das Teil aus Eisen an e-m Pflug, das die Erde aufreißt u. sie umdreht

Pfor·te *die*; *-, -n*; **1** e-e kleine Tür in e-r Mauer od. in e-m Zaun || -K: ***Eingangs-, Garten-*** **2** ein Eingang zu e-m Gebäude, der von j-m (dem Pförtner) bewacht wird ⟨sich an der P. melden; etw. an der P. abgeben⟩ **3** ***etw. öffnet / schließt seine Pforten*** *geschr*; *bes* ein öffentlicher Betrieb beginnt / hört auf zu arbeiten || NB: ↑ ***Tor***[1]

Pfört·ner *der*; *-s, -*; j-d, der beruflich den Eingang e-s großen Gebäudes bewacht || K-: ***Pförtner-, -loge, -haus*** || -K: ***Nacht-*** || NB: ↑ ***Portier***

Pfos·ten *der*; *-s, -*; e-e Art Balken od. starke Stange aus Holz od. Metall. Pfosten werden zum Stützen od. Halten verwendet || -K: ***Bett-, Fenster-, Tor-, Tür-; Holz-, Metall-***

Pföt·chen *das*; *-s, -*; **1** e-e kleine Pfote (1,2) **2** ***ein Tier gibt P.*** ein Tier, *bes* ein Hund sitzt auf den hinteren Beinen u. hebt e-e Pfote

Pfo·te *die*; *-, -n*; **1** ein Fuß (mit Zehen), wie ihn viele Säugetiere haben: *Katzen haben Pfoten mit scharfen Krallen* || -K: ***Bären-, Hasen-, Hunde-, Katzen-*** **2** *gespr!, mst pej* ≈ Hand: *Wasch dir gefälligst die Pfoten!* || NB: Manche Ausdrücke, die unter *Hand* u. *Finger* aufgeführt sind, hört man auch mit *Pfote / Pfoten*. Sie sind dann oft pejorativ u. grob

Pfropf *der*; *-(e)s, -e*; etw., das sich in e-m Rohr od. in e-r Ader so festsetzt, dass die Flüssigkeit nicht mehr fließen kann: *Im Abflussrohr hat sich ein P. aus Haaren gebildet* || -K: ***Blut-, Schleim-, Watte-***

pfrop·fen; *pfropfte, hat gepfropft*; [Vt] ***j-n / etw. (Pl) in etw. (Akk) p.*** mehr (Menschen od. Dinge) in etw. hineinpressen, als Platz ist ≈ stopfen, pferchen

Pfrop·fen *der*; *-s, -*; etw., das man in ein Loch steckt, um es zu schließen ≈ Stöpsel: *e-e Flasche mit e-m P. luftdicht verschließen* || -K: ***Gummi-, Kork-***

Pfrün·de *die*; *-, -n*; *hist*; ein Amt (*bes* in der Kirche), durch das man zusätzlich Geld (*bes* aus der Landwirtschaft) bekam

pfui! *Interjektion*; verwendet, um auszudrücken, dass man etw. als schmutzig, unmoralisch od. ekelig empfindet ⟨P. / p. rufen, sagen⟩: *P., fass dieses dreckige Ding nicht an!*; *P. Teufel!*; *Das Publikum hat lautstark P. / p. gerufen* || K-: ***Pfui-, -ruf***

Pfund *das*; *-(e)s, - / -e*; **1** e-e Einheit, mit der man das Gewicht misst. Ein *Pfund* hat 500g; *Abk* Pfd ⟨ein halbes, ganzes P.⟩: *fünf Pfund Zwiebeln*; *Sie wiegt 100 Pfund*; *Dieses Brot hat drei Pfund* **2** die Einheit des Geldes in bestimmten Ländern ⟨englische Pfund / Pfunde kaufen, umtauschen; etw. in P. zahlen⟩: *Ein P. Sterling hat 100 Pence* || K-: ***Pfund-, -note*** || NB: nach e-r Zahl ist der Plural *Pfund*: *das Baby wiegt schon 12 Pfund*; *das Kleid hat bloß 30 Pfund gekostet*; aber: *Er bringt erhebliche Pfunde auf die Waage* (= er wiegt sehr viel) || *zu* **1** **pfund·wei·se** *Adv*

pfun·dig *Adj*; *südd gespr* ≈ großartig, toll

Pfunds- *im Subst, wenig produktiv, gespr*; verwendet, um die im zweiten Wortteil genannte Person / Sache sehr positiv zu bewerten; der ***Pfundskerl***, das ***Pfundsmädchen***, der ***Pfundsspaß***, die ***Pfundsstimmung***

Pfusch *der*; *-(e)s*; *nur Sg*; **1** *gespr pej*; e-e schlecht gemachte Arbeit ⟨P. machen, bauen⟩ || K-: ***Pfusch-, -arbeit*** **2** Ⓐ ≈ Schwarzarbeit ⟨in P. arbeiten; etw. in P. machen⟩ || *hierzu* **pfu·schen** (*hat*) *Vi*; **Pfu·scher** *der*; *-s, -*; **Pfu·sche·rin** *die*; *-, -nen*

Pfüt·ze *die*; *-, -n*; das Wasser, das sich bei Regen an e-r Stelle am Boden sammelt ≈ Lache ⟨in e-e P. treten; Pfützen bilden sich⟩ || -K: ***Regen-, Wasser-***

Pha·lanx [f-] *die*; *-, Pha·lan·gen*; *geschr*; e-e Gruppe von Menschen, die sich geschlossen auf ein Ziel hin bewegen ⟨e-e (geschlossene) P. bilden⟩

Phal·lus [f-] *der*; *-, Phal·li*; *geschr*; e-e Darstellung des (erigierten) Penis *bes* als Symbol der Fruchtbarkeit || K-: ***Phallus-, -symbol*** || *hierzu* **phal·lisch** *Adj*

Phä·no·men [f-] *das*; *-s, -e*; *geschr*; **1** etw., das irgendwo (*z.B.* in der Natur) vorkommt u. von Menschen beobachtet wird ≈ Erscheinung ⟨ein physikalisches, psychologisches, gesellschaftliches P.; ein P. beobachten, beschreiben, untersuchen, erklären⟩: *das P. der Gravitation* || -K: ***Natur-*** **2** etw., das sehr selten ist u. das man nicht versteht ≈ Rätsel (3) ⟨ein merkwürdiges, ungewöhnliches P.; etw. ist für j-n ein P.⟩: *Es ist ein P. für mich, wie j-d so hoch springen kann* **3** j-d, der auf e-m Gebiet viel besser als alle anderen ist ≈ Koryphäe, Ass

phä·no·me·nal [f-] *Adj*; so gut, dass jeder darüber erstaunt ist ≈ erstaunlich ⟨e-e Leistung⟩

Phan·ta·sie, phan·tas·tisch *usw* ↑ ***Fantasie, fantastisch*** *usw*

Phan·tom [f-] *das*; *-s, -e*; etw., das es nur in j-s Fantasie (1) gibt ≈ Trugbild ⟨e-m P. nachjagen⟩

Phan·tom·bild [f-] *das*; e-e Zeichnung von e-m Verbrecher, die die Polizei aufgrund von Zeugenaussagen macht, um damit nach ihm zu suchen

Pha·rao [f-] *der*; *-s, Pha·ra·o·nen*; *hist*; ein König im alten Ägypten || K-: ***Pharaonen-, -grab, -tempel***

Pha·ri·sä·er [fari'zɛːɐ] *der*; *-s, -*; *geschr pej*; j-d, der so tut, als würde er sich genau an (religiöse) Gebote halten, dies aber in Wirklichkeit doch nicht tut ≈ Heuchler || *hierzu* **pha·ri·sä·er·haft** *Adj*; **Pha·ri·sä·er·tum** *das*; *-s*; *nur Sg*

Phar·ma- [f-] *im Subst, wenig produktiv* ≈ pharmazeutisch; die ***Pharmaindustrie***, der ***Pharmakonzern***

Phar·ma·zie [f-] *die*; *-*; *nur Sg*; die Wissenschaft, die sich mit Medikamenten u. ihren Wirkungen beschäftigt ≈ Arzneimittelkunde ⟨P. studieren⟩ || *hierzu* **Phar·ma·zeut** *der*; *-en, -en*; **phar·ma·zeu·tisch** *Adj*

Pha·se [f-] *die*; *-, -n*; **1** ein Teil e-r Entwicklung od.

P

e-s Ablaufs ≈ Abschnitt (3) ⟨e-e P. durchlaufen, durchmachen; in e-r kritischen P. sein; in die entscheidende P. kommen, (ein)treten; e-e schwierige P. haben⟩: *Er steckt gerade in e-r depressiven P.*; *Der Wahlkampf geht jetzt in die entscheidende P.* || -K: ***Anfangs-, End-, Schluss-, Übergangs-, Zwischen-***; ***Entwicklungs-, Erholungs-, Trotz-*** **2** eine der (Erscheinungs)Formen des Mondes od. e-s anderen Planeten, der von der Sonne beleuchtet wird ⟨die Phasen des Mondes, der Venus⟩ || -K: ***Mond-***

-phil [-'fiːl] *im Adj, begrenzt produktiv, geschr*; verwendet, um auszudrücken, dass j-d / etw. e-e Sache, ein Volk *o.Ä.* sehr mag od. bevorzugt ↔ -phob; ***anglophil, frankophil, germanophil***; ***bibliophil*** (= bücherliebend), ***hydrophil*** (= wasserliebend) ⟨e-e Pflanze⟩

Phi·lanth·rop [f-] *der*; *-en, -en*; *geschr* ≈ Menschenfreund || NB: *der Philanthrop*; *den, dem, des Philanthropen* || *hierzu* **phi·lanth·ro·pisch** *Adj*

Phi·la·te·lie [f-] *die*; -; *nur Sg*; das Sammeln von Briefmarken u. die dazu nötigen Kenntnisse || *hierzu* **Phi·la·te·list** *der*; *-en, -en*; **phi·la·te·lis·tisch** *Adj*

Phil·har·mo·ni·ker [f-] *der*; *-s, -*; **1** *nur Pl*; verwendet in den Namen von bedeutenden Orchestern, die klassische Musik spielen: *die Wiener P.* **2** j-d, der in e-m solchen Orchester spielt

Phi·lis·ter [fi'lɪstɐ] *der*; *-s, -*; *pej*; ein Mensch mit sehr konservativen Ansichten, der neue Ideen (*bes* in der Kunst u. in der Moral) ablehnt ≈ Spießbürger || *hierzu* **phi·lis·ter·haft** *Adj* || *zu* ***Philisterei*** ↑ ***-ei***

Phi·lo·dend·ron [f-] *der*; *-s, Phi·lo·dend·ren*; e-e (Zimmer)Pflanze mit großen grünen Blättern mit Schlitzen u. braunen, trockenen (Luft)Wurzeln

Phi·lo·lo·gie [f-] *die*; *-, -n* [-'giːən]; die Wissenschaft, die sich *bes* mit der Erforschung von Texten u. ihrer Entstehung beschäftigt || -K: ***Alt-, Neu-*** || *hierzu* **Phi·lo·lo·ge** *der*; *-n, -n*; **Phi·lo·lo·gin** *die*; *-, -nen*; **phi·lo·lo·gisch** *Adj*

Phi·lo·soph [filo'zoːf] *der*; *-en, -en*; **1** j-d, der sich beruflich mit Philosophie beschäftigt **2** *gespr*; j-d, der intensiv über die Grundprobleme des Lebens nachdenkt u. darüber diskutiert || NB: *der Philosoph*; *den, dem, des Philosophen*

Phi·lo·so·phie [filozo'fiː] *die*; *-, -n* [-'fiːən]; **1** *nur Sg*; die Wissenschaft, die sich damit beschäftigt, wie wir denken u. handeln u. die den Sinn u. Zweck des Lebens untersucht ⟨P. betreiben, lehren, studieren⟩ || -K: ***Geschichts-, Moral-, Rechts-, Religions-, Sprach-*** **2** ein bestimmtes System von Antworten auf Fragen, die die P.(1) stellt ⟨die materialistische, idealistische, buddhistische P.⟩: *die P. Platons*; *die P. Hegels* **3** die Art u. Weise, wie j-d das Leben u. seinen eigenen Platz darin sieht ≈ Weltanschauung ⟨sich seine eigene P. zurechtlegen⟩: *Ihre P. ist*: *Zu viel arbeiten ist ungesund* || -K: ***Lebens-***

phi·lo·so·phie·ren [filozo'fiːrən]; *philosophierte, hat philosophiert*; [Vi] (***über etw.*** (*Akk*)) ***p.*** über philosophische Probleme nachdenken u. reden ⟨über Gott u. die Welt, über den Sinn des Lebens p.⟩

phi·lo·so·phisch [filo'zoːfɪʃ] *Adj*; **1** in Bezug auf die Philosophie (1) ⟨Probleme, Fragestellungen, Schriften, ein System, das Denken⟩ **2** so, dass der Betreffende offensichtlich lange u. intensiv nachgedacht hat ⟨ein Mensch, e-e Bemerkung, e-e Betrachtungsweise; etw. p. betrachten, nehmen⟩

Phleg·ma [f-] *das*; *-s*; *nur Sg*; ≈ Trägheit ⟨ein erstaunliches P. zeigen / an den Tag legen⟩

phleg·ma·tisch [f-] *Adj*; ⟨ein Typ, ein Mensch⟩ so, dass er körperlich u. geistig wenig aktiv ist, sich also kaum ärgert od. freut u. sich für wenige Dinge interessiert ≈ schwerfällig, träge || *hierzu* **Phleg·ma·ti·ker** *der*; *-s, -*

pH-neut·ral [pe'haː-] *Adj*; ⟨e-e (Wasch)Lotion, ein Shampoo, ein Spülmittel⟩ so, dass sie den gleichen pH-Wert wie die Haut haben u. sie deshalb schonen

-phob [-'foːp] *im Adj, begrenzt produktiv, geschr*; verwendet, um auszudrücken, dass j-d / etw. e-e Sache, ein Volk *o.Ä.* ablehnt, nicht mag ↔ -phil; ***anglophob, frankophob, germanophob***

Pho·bie *die*; *-, -n*; *Psych*; e-e krankhafte Angst *mst* vor bestimmten Gegenständen, Tieren od. Situationen

Phon [f-] *das*; *-s, -*; e-e Einheit, mit der man angibt, wie laut ein Geräusch ist: *Der Lärm übersteigt 120 Phon*

Pho·nem [f-] *das*; *-s, -e*; *Ling*; die kleinste sprachliche Einheit, mit der Bedeutungen unterschieden werden können: *„d" in „Ende" und „t" in „Ente" sind unterschiedliche Phoneme*

Pho·ne·tik [f-] *die*; -; *nur Sg*; die Wissenschaft, die sich mit der Bildung der sprachlichen Laute beschäftigt || NB: ↑ ***Phonologie*** || *hierzu* **Pho·ne·ti·ker** *der*; *-s, -*; **pho·ne·tisch** *Adj*; *nur attr od adv*

Phö·nix [f-] *der*; -; *nur Sg*; ein (mythischer) Vogel || ID ***wie ein P. aus der Asche*** (***empor***)***steigen*** *geschr*; mit ganz neuer Kraft etw. beginnen, nachdem es so ausgesehen hat, als wäre man völlig am Ende

Pho·no·lo·gie [f-] *die*; -; *nur Sg*; die Wissenschaft, die sich mit den Eigenschaften von Lauten e-r Sprache beschäftigt, durch die unterschiedliche Bedeutungen entstehen || *hierzu* **pho·no·lo·gisch** *Adj*; *nur attr od adv*

Phos·phat [fɔs'faːt] *das*; *-(e)s, -e*; e-e Substanz, die Phosphor enthält u. die in vielen Dünge- u. Waschmitteln enthalten ist || -K: ***Natrium-*** || *hierzu* **phos·phat·frei** *Adj*; *nicht adv*; **phos·phat·hal·tig** *Adj*; *nicht adv*

Phos·phor ['fɔsfoːɐ] *der*; *-s*; *nur Sg*; ein chemisches Element, das im Dunkeln leuchtet u. das verbrennt, wenn es mit Luft zusammenkommt; *Chem* P || K-: ***Phosphor-, -bombe, -dünger, -säure***

pho·to-, Pho·to- ↑ ***foto-, Foto-***

Phra·se [f-] *die*; *-, -n*; **1** *pej*; ein Ausdruck od. Satz, der so oft benutzt worden ist, dass er in seiner Bedeutung verblasst ist ≈ Klischee (2) ⟨e-e dumme, hohle, leere P.⟩ **2** *Ling*; ein Teil e-s Satzes **3** ***Phrasen dreschen*** *pej*; viele Phrasen (1) benutzen || *zu* **3 Phra·sen·dre·scher** *der*; *-s, -* || *zu* ***Phrasendrescherei*** ↑ ***-ei***

phra·sen·haft [f-] *Adj*; wie e-e Phrase (1) ≈ nichts sagend ↔ bedeutungsvoll

Phra·se·o·lo·gis·mus [f-] *der*; *-, Phra·se·o·lo·gis·men*; *Ling*; e-e idiomatische Wendung (*z.B. j-m e-n Korb geben* = j-s Angebot ablehnen) || *hierzu* **phra·se·o·lo·gisch** *Adj*; *nur attr od adv*

pH-Wert [pe'haː-] *der*; e-e Zahl, die ausdrückt, in welchem Maße e-e feste od. flüssige Substanz die Eigenschaften e-r Säure od. e-r Base hat ⟨ein niedriger, hoher, neutraler pH-Wert⟩: *den pH-Wert e-s Baches, des Bodens ermitteln / messen*

Phy·sik, Phy·sik [f-] *die*; -; *nur Sg*; **1** die Wissenschaft, die sich mit der Materie, ihrer Bewegung u. mit den Kräften, die auf sie wirken, beschäftigt ⟨die experimentelle, theoretische P.; P. studieren⟩: *Die Optik, die Mechanik u. die Akustik sind Gebiete der P.* || -K: ***Astro-, Atom-, Kern-*** **2** ein Fach in der Schule, in dem die Kinder etw. über P. (1) lernen || K-: ***Physik-, -arbeit, -buch, -lehrer, -note, -stunde*** || *zu* **1 Phy·si·ker** *der*; *-s, -*; **Phy·si·ke·rin** *die*; *-, -nen*

phy·si·ka·lisch [f-] *Adj*; *mst attr*; **1** in Bezug auf die Physik (1) ⟨ein Experiment; e-e Formel, ein Ge-

P

setz; ein Prozess, ein Vorgang⟩ **2** ⟨e-e (Land)Karte⟩ so, dass Berge, Täler, Flüsse *usw* eingezeichnet sind

Phy·si·og·no·mie [f-] *die*; -, *-n* [-'miːən]; *geschr*; die Form u. Gestalt e-s Gesichts ⟨e-e einprägsame, interessante, außergewöhnliche P.⟩ || *hierzu* **phy·si·og·no·misch** *Adj*

Phy·si·o·lo·gie [f-] *die*; -; *nur Sg*; die Wissenschaft, die sich damit beschäftigt, wie der Körper u. seine Organe funktionieren || *hierzu* **phy·si·o·lo·gisch** *Adj*; *nur attr od adv*

phy·sisch [f-] *Adj*; *geschr* ≈ körperlich ↔ psychisch ⟨e-e Krankheit, ein Schmerz⟩

Pi *das*; -*(s)*; *nur Sg*; der griechische Buchstabe p, der in der Mathematik e-e Zahl bezeichnet, die das Verhältnis des Umfanges e-s Kreises zu seinem Durchmesser angibt: *Pi ist ungefähr 3,14*

Pi·a·nist *der*; *-en*, *-en*; j-d, der beruflich Klavier spielt || -K: ***Konzert-*** || NB: *der Pianist*; *den, dem, des Pianisten* || *hierzu* **Pi·a·nis·tin** *die*; -, *-nen*

Pi·a·no *das*; *-s*, *-s*; **1** ≈ Klavier **2** ≈ Flügel[2]

Pi·ckel[1] *der*; *-s*, -; e-e kleine, runde Erhebung auf der Haut, die *mst* rot (u. entzündet) ist ≈ Pustel ⟨ein eitriger P.; e-n P. bekommen, haben, ausdrücken⟩ || -K: ***Eiter-*** || *hierzu* **pi·cke·lig, pick·lig** *Adj*

Pi·ckel[2] *der*; *-s*, -; e-e spitze Hacke, mit der man Löcher in Eis, Steine u. Straßen schlägt || -K: ***Eis-***

pi·cken[1]; *pickte, hat gepickt*; Vt **1** ***ein Vogel pickt etw.*** ein Vogel stößt mit dem Schnabel nach etw., um es zu fressen ⟨ein Huhn, e-e Taube pickt Körner⟩ **2** ***etw. aus etw. p.*** etw. mit dem Schnabel od. den Fingerspitzen aus etw. nehmen: *Rosinen aus dem Kuchen p.*; Vi **3** ***ein Vogel pickt irgendwohin*** ein Vogel stößt mit dem Schnabel in e-e Richtung: *Ein Vogel pickt nach j-s Finger*

pi·cken[2]; *pickte, hat gepickt*; Vi u. Vt Ⓐ *gespr* ≈ kleben

Pick·nick *das*; *-s*, *-s*; ein Essen im Freien (*z.B.* am Waldrand) während e-s Ausflugs ⟨(ein) P. machen⟩ || K-: ***Picknick-, -korb***

pi·co·bel·lo [-k-] *Adj*; *nur präd od adv*, *gespr*; sehr sauber u. ordentlich: *ein Zimmer p. aufräumen*

Pief·ke *der*; *-s*, *-s*; **1** *bes nordd gespr*; j-d, der dumm ist, aber angibt u. sich für wichtig hält ⟨ein eingebildeter, kleiner, frecher P.⟩ **2** Ⓐ *gespr pej* ≈ Norddeutsche(r)

piek·fein *Adj*, *gespr*; sehr elegant od. vornehm ⟨Leute; sich p. anziehen⟩

piek·sau·ber *Adj*; *gespr*; sehr sauber

piep! *Interjektion*; verwendet, um die Laute von jungen Vögeln zu imitieren || ID ***nicht mal / mehr p. sagen (können)*** kein Wort sagen (können)

Piep *der*; *nur in* **1** ***e-n P. haben*** *gespr pej*; verrückt sein **2** ***keinen P. mehr machen / tun*** *gespr*; tot sein od. nicht mehr sprechen

pie·pe *Adj*; *nordd gespr*; ***j-d / etw. ist j-m p.*** j-d / etw. interessiert j-n nicht ≈ j-d / etw. ist j-m egal

piep·egal *Adj*; *gespr* ≈ piepe

pie·pen; *piepte, hat gepiept*; Vi ***ein Tier / etw. piept*** ein Tier / etw. piepst (2) || ID ***etw. ist zum Piepen*** *gespr*; etw. ist lustig; *mst* ***Bei dir piepts wohl!*** *gespr*; ich glaube, du spinnst

Pie·pen *die*; *Pl*, *gespr* ≈ Geld

Pie·per *der*; *-s*, -; ein kleines Gerät, das piept, wenn es ein Funksignal empfängt, u. das *z.B.* Ärzte tragen, wenn sie ständig erreichbar sein sollen

pieps! *Interjektion*; ↑ ***piep!***

Pieps *der*; ↑ ***Piep***

piep·sen; *piepste, hat gepiepst*; Vt/i **1** ***(etw.) p.*** etw. mit schwacher, hoher Stimme sagen od. singen ⟨ein Lied p.⟩: „*Guck mal, Mami*" *piepste das Kind* || K-: ***Pieps-, -stimme***; Vi **2** ***ein Tier / etw. piepst*** ein Tier / ein Apparat *o.Ä.* produziert e-n leisen, hohen Ton ≈ ein Tier / etw. piept ⟨ein Vogel, e-e Maus; e-e Armbanduhr; ein elektronisches Gerät⟩ || *zu* **1** **piep·sig** *Adj*

Piep·ser *der*; *-s*, -; **1** ≈ Pieper **2** *gespr* ≈ Piep (2)

Pier *der*; *-s*, *-e* / *-s*; e-e Art Brücke, die in e-n See od. ins Meer geht. Am P. halten Schiffe, damit man sie *z.B.* beladen kann ⟨am P. festmachen, liegen⟩

Pier·cing [-s-] *das*; *-s*; *nur Sg*; das Durchbohren der Haut, der Lippen *o.Ä.*, um Schmuck zu befestigen

pie·sa·cken; *piesackte, hat gepiesackt*; Vt ***j-n p.*** *gespr pej*; j-n (absichtlich) ärgern ≈ necken, quälen: *Die Mücken haben mich schlimm gepiesackt*

pie·seln; *pieselte, hat gepieselt*; Vi *südd* Ⓐ Ⓒⓗ *gespr*; die Blase entleeren ≈ pinkeln

Pi·e·tät [pie'tɛːt] *die*; -; *nur Sg*, *geschr*; die Rücksicht auf religiöse Gefühle anderer od. auf ihre Trauer um Tote ⟨die P. wahren, etw. aus P. tun⟩ || *hierzu* **pi·e·tät·los** *Adj*; **pi·e·tät·voll** *Adj*

Pig·ment *das*; *-(e)s*, *-e*; **1** ein Stoff, den Pflanzen, Tiere u. Menschen in den Zellen haben u. der *z.B.* den Blättern, der Haut u. den Haaren ihre Farbe gibt || K-: ***Pigment-, -fehler, -fleck*** **2** ein Pulver, das mit Öl, Wasser *o.Ä.* vermischt wird, um e-e Farbe herzustellen

pig·men·tiert *Adj*; *ohne Steigerung*, *nicht adv*; mit Pigmenten ⟨schwach, stark pigmentierte Haut⟩

Pik *das*; *-s*, -; e-e Spielfarbe im internationalen Kartenspiel od. e-e Karte dieser Farbe || ↑ *Abb. unter* ***Spielkarten*** || NB: ↑ ***Herz***

pi·kant *Adj*; **1** mit angenehm intensivem Geschmack ≈ schmackhaft ↔ fade (1) ⟨ein Gewürz, e-e Soße; etw. p. würzen⟩ **2** ⟨e-e Geschichte, ein Witz *o.Ä.*⟩ mit sexuellem Inhalt od. mit sexuellen Andeutungen ≈ schlüpfrig || *zu* **2** **Pi·kan·te·rie** *die*; -, *-n*

Pi·ke *die*; *nur in* ***etw. von der P. auf lernen*** *gespr*; etw. gründlich u. von Anfang an lernen: *e-n Beruf von der P. auf lernen*

pi·ken; *pikte, hat gepikt*; Vt/i ***(j-n) p.*** *nordd gespr* ≈ stechen ⟨j-n mit e-r Nadel p.; etw. pikt⟩

Pi·kett *das*; *-s*, *-e*; Ⓒⓗ **1** ≈ Bereitschaftsdienst (der Polizei, Feuerwehr *usw*) || K-: ***Pikett-, -dienst, -mannschaft, -offizier*** **2** ***auf P.*** in Bereitschaft ⟨auf P. sein; j-n auf P. stellen⟩

pi·kiert *Adj*; *geschr* ≈ beleidigt, entrüstet

Pik·ko·lo *der*; *-s*, *-s*; **1** e-e kleine Flasche Sekt ⟨e-n P. trinken⟩ || K-: ***Pikkolo-, -flasche*** **2** ein Kellner, der noch ausgebildet wird

Pik·ko·lo·flö·te *die*; e-e kleine (Quer)Flöte

pik·sen ↑ ***piken***

Pik·to·gramm *das*; e-e ganz einfache Zeichnung (*bes* an Bahnhöfen u. Flughäfen), deren Bedeutung man leicht versteht, *z.B.* ein Wegweiser

Pil·ger *der*; *-s*, -; j-d, der e-e (weite) Reise zu e-m heiligen Ort macht, um dort zu beten ≈ Wallfahrer ⟨ein frommer P.⟩ || K-: ***Pilger-, -fahrt, -reise*** || -K: ***Mekka-, Rom-*** || *hierzu* **Pil·ge·rin** *die*; -, *-nen*

pil·gern; *pilgerte, ist gepilgert*; Vi **1** ***irgendwohin p.*** als Pilger zu e-r religiösen Stätte reisen ≈ wallfahren: *nach Jerusalem, nach Mekka p.* **2** ***irgendwohin p.*** *hum*; (*mst* in e-r Gruppe) irgendwohin gehen od. wandern

Pil·le *die*; -, *-n*; **1** ein kleines, rundes Medikament, das man (unzerkaut) schlucken soll ⟨e-e P. (ein)nehmen, schlucken⟩ || K-: ***Pillen-, -schachtel*** || -K: ***Beruhigungs-*** **2** ***die P.*** e-e P. (1), die e-e Frau regelmäßig nimmt, um nicht schwanger zu werden ≈ Antibabypille ⟨sich die P. verschreiben lassen; die P. nehmen, absetzen⟩ || K-: ***Pillen-, -pause*** **3** *gespr* ≈ Tablette || ID ***e-e bittere P.*** *gespr*; etw. Unangenehmes, das j-d ertragen muss

Pil·len·knick *der*; die schnelle Abnahme der Geburten, die es in vielen Ländern nach Einführung der Pille (2) gab

P

pil·len·mü·de *Adj*; ⟨Frauen⟩ so, dass sie die Pille (2) nicht mehr nehmen möchten

Pi·lot *der*; *-en, -en*; j-d, der ein Flugzeug, e-n Hubschrauber *o.Ä.* steuert || K-: ***Piloten-, -uniform*** || -K: ***Flugzeug-, Hubschrauber-, Jet-*** || NB: *der Pilot; den, dem, des Piloten* || *hierzu* **Pi·lo·tin** *die*; *-, -nen*

Pi·lot- *im Subst, wenig produktiv*; verwendet, um auszudrücken, dass etw. ein erster Versuch od. das erste (Probe)Exemplar von etw. ist ≈ Test-; der ***Pilotfilm*** ⟨e-r Fernsehserie⟩, das ***Pilotprojekt***, die ***Pilotsendung***, die ***Pilotstudie*** ⟨für e-e Reihe von Untersuchungen⟩, der ***Pilotversuch***

Pils *das*; *-, -*; ein Bier, das relativ bitter ist u. *mst* in e-m Glas mit Stiel serviert wird ⟨P. vom Fass⟩

Pil·se·ner *das*; *-s, -*; ↑ ***Pils***

Pilz *der*; *-es, -e*; **1** e-e niedrige Pflanze mit e-m Stiel u. e-r Art Hut (Kappe), die ohne Blüten u. Blätter *bes* im Wald wächst ⟨ein essbarer, (un)genießbarer, giftiger P.; Pilze suchen, sammeln, essen⟩: *Champignons sind Pilze, die wild im Wald u. auf der Wiese wachsen, aber auch gezüchtet werden* || K-: ***Pilz-, -gericht, -suppe, -vergiftung*** || -K: ***Gift-, Speise-; Lamellen-, Röhren-*** **2** sehr kleine Organismen, die wie Puder od. Pulver aussehen u. (als Krankheitserreger) auf Pflanzen, Lebensmitteln *usw* wachsen: *Meine Rosen haben e-n P.* || K-: ***Pilz-, -befall, -erkrankung*** || -K: ***Fuß-, Haut-; Hefe-, Schimmel-*** || ID ⟨Fabriken, neue Häuser *o.Ä.*⟩ ***schießen wie Pilze aus der Erde / aus dem Boden*** Fabriken / neue Häuser *o.Ä.* entstehen sehr schnell in großer Zahl

Pilz

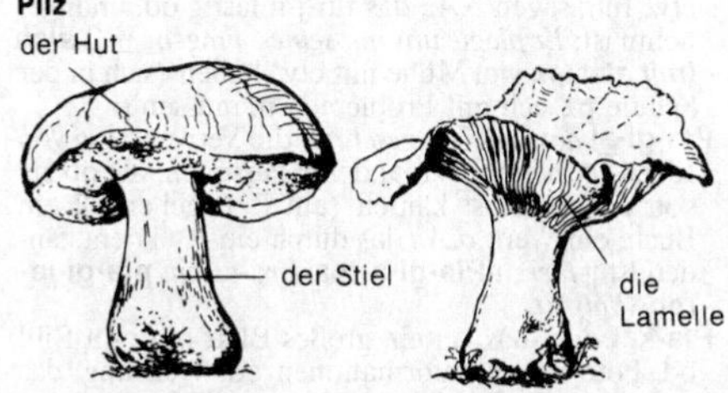

Pilz|be·ra·tungs·stel·le *die*; e-e Institution, bei der man fragen kann, welche Pilze essbar sind

Pim·mel *der*; *-s, -*; *gespr!* ≈ Penis

Pimpf *der*; *-(e)s, -e*; *gespr* ≈ Knirps

pin·ge·lig, ping·lig *Adj*; *gespr, mst pej* ≈ pedantisch

Ping·pong *das*; *-s*; *nur Sg, gespr* ≈ Tischtennis || K-: ***Pingpong-, -ball, -match, -spiel***

Pin·gu·in ['pɪŋguiːn] *der*; *-s, -e*; ein großer Vogel, der in der Antarktis lebt u. nicht fliegen, aber gut schwimmen kann

Pi·nie ['piːni̯ə] *die*; *-, -n*; ein Baum mit langen Nadeln u. dicken Zapfen, der in warmen Ländern wächst u. die Form e-s Schirms hat

pink *Adj*; *nur präd od adv*; leuchtend rosa

Pin·ke *die*; *-*; *nur Sg, gespr* ≈ Geld

Pin·kel *der*; *-s, -*; *mst in* ***ein feiner P.*** *gespr pej*; j-d, der reich u. vornehm ist (od. nur so tut)

pin·keln; *pinkelte, hat gepinkelt*; [Vi] *gespr*; die Blase entleeren || K-: ***Pinkel-, -pause***

Pin·ke·pin·ke *die*; *-*; *nur Sg*; *gespr* ≈ Geld

Pin·ne *die*; *-, -n*; *Seefahrt*; die Stange, mit der man das Steuerruder bewegt || -K: ***Ruder-***

pin·nen; *pinnte, hat gepinnt*; [Vt] ***etw. irgendwohin p.*** etw. *z.B.* mit Stecknadeln an der Wand *o.Ä.* befestigen ⟨ein Plakat, e-e Notiz an die Wand p.⟩

Pinn·wand *die*; e-e rechteckige Fläche aus ziemlich weichem Material, die an der Wand hängt u. an die man Notizen, Fotos *usw* pinnt

Pin·sel *der*; *-s, -*; **1** ein Stiel mit feinen Haaren am Ende, mit dem man Farbe auf ein Blatt (Papier) od. auf e-e Wand bringt ⟨ein feiner, dicker, großer P.; den P. eintauchen, abstreifen; mit dem P. e-n Strich ziehen, etw. anstreichen, Farbe auftragen⟩ || K-: ***Pinsel-, -stiel, -strich*** || -K: ***Leim-, Maler-*** **2** ***ein eingebildeter P.*** *gespr pej*; ein arroganter Mann

Pinsel

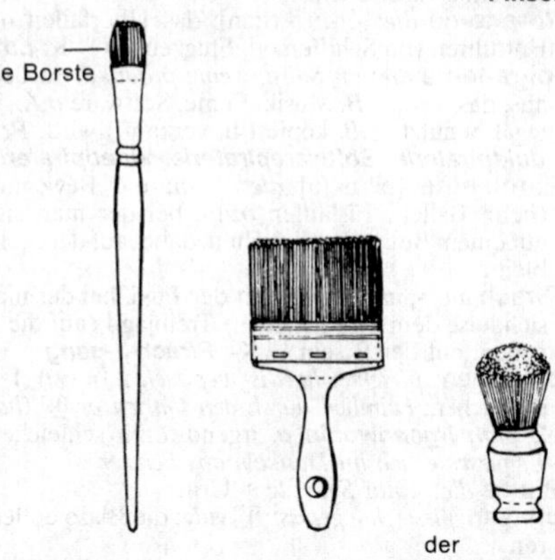

pin·seln; *pinselte, hat gepinselt*; [Vt/i] **1** ***(etw.) p.*** *gespr*; (etw.) mit dem Pinsel malen od. schreiben ⟨ein Bild p.⟩: *Er pinselte e-n Spruch an die Wand*; [Vt] **2** ***etw. p.*** e-e Flüssigkeit mit dem Pinsel auf etw. auftragen ⟨den Braten, das Zahnfleisch p.⟩

Pin·te *die*; *-, -n*; *nordd gespr* ≈ Lokal, Kneipe

Pin-up-Girl ['pɪn|apgøːɐ̯l] *das*; *-s, -s*; **1** das Bild e-r (fast) nackten Frau in e-r Zeitschrift *o.Ä.* **2** die Frau auf diesem Bild

Pin·zet·te *die*; *-, -n*; ein Instrument mit zwei flachen Metallstäben, die an e-m Ende miteinander verbunden sind u. mit denen man sehr kleine Dinge greifen kann: *Haare mit der P. auszupfen*

Pinzette

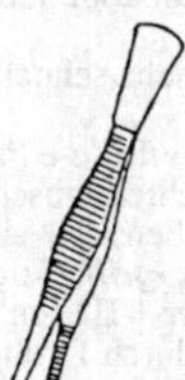

Pi·o·nier [-'niːɐ̯] *der*; *-s, -e*; **1** j-d, der zu den ersten gehört, die ein Land besiedeln od. kolonisieren: *die amerikanischen Pioniere* || K-: ***Pionier-, -zeit*** **2** j-d, der etw. als Erster tut u. damit ein Vorbild gibt ≈ Wegbereiter || K-: ***Pionier-, -arbeit, -leistung, -tat*** **3** *Mil*; ein Soldat e-r Truppe, die *z.B.* Wege od. Brücken für e-e Armee macht || K-: ***Pionier-, -bataillon, -truppe*** || *hierzu* **Pi·o·nie·rin** *die*; *-, -nen*

Pi·o·nier·geist *der*; der Drang u. die Fähigkeit, neue Gedanken zu entwickeln u. neue Dinge zu tun

Pi·pa·po *das*; *-s*; *nur Sg, gespr, mst pej*; alles, was nach Meinung einiger dazugehört, aber für andere überflüssig ist ≈ Drum u. Dran: *Er hat sich ein Haus am Meer gekauft, mit Jacht u. allem P.*

Pipe·line ['paiplain] *die*; *-, -s*; e-e lange Leitung aus Rohren, in der Erdöl od. Erdgas zu e-m weit entfernten Ort transportiert wird

Pi·pet·te *die*; *-, -n*; ein kleines Rohr aus Glas, das an der Spitze enger wird. Man bringt Flüssigkeit in e-e P., um etw. davon messen od. verwenden zu können: *Ohrentropfen mit e-r P. ins Ohr tropfen*

Pi·pi, Pi·pi *mst in* ***P. machen*** (von u. gegenüber Kindern verwendet) die Blase entleeren

Pi·pi·fax *der*; -; *nur Sg*, *gespr*; dummes od. unwichtiges Zeug

Pi·rat *der*; *-en*, *-en*; ein Mann, der auf dem Meer fremde Schiffe (kapert u.) ausraubt ≈ Seeräuber ⟨von Piraten überfallen, gekapert werden⟩ || -K: **Fluss-** || K-: **Piraten-, -flagge, -schiff** || NB: *der Pirat*; *den*, *dem*, *des Piraten*

Pi·ra·ten·sen·der *der*; ein privater (Radio)Sender, der ohne Lizenz sendet

Pi·ra·te·rie *die*; -, *-n* [-ˈriːən]; das Überfallen od. Entführen von Schiffen od. Flugzeugen || -K: **Luft-**

-pi·ra·te·rie *die*; *im Subst*, *wenig produktiv*; drückt aus, dass etw., *z.B.* Musik, Filme, Software *o.Ä.*, illegal benutzt (*z.B.* kopiert u. verkauft) wird; **Produktpiraterie, Softwarepiraterie, Videopiraterie**

Pi·rou·et·te [piˈru̯ɛtə] *die*; -, *-n*; e-e Bewegung (beim Ballett, Eislaufen *o.Ä.*), bei der man sich auf einem Bein schnell dreht u. dabei auf der Stelle bleibt

Pirsch *die*; -; *nur Sg*; e-e Art der Jagd, bei der man sich leise dem Tier nähert ↔ Treibjagd ⟨auf die P. gehen; auf der P. sein⟩ || K-: **Pirsch-, -gang**

pir·schen; *pirschte*, *hat* / *ist gepirscht*; Vi (*ist*) **1** ≈ schleichen: *heimlich durch den Garten p.*; Vr (*hat*) **2 sich irgendwohin p.** irgendwohin schleichen: *Er pirschte sich im Dunkeln ans Fenster*

Pis·se *die*; -; *nur Sg*, *vulg* ≈ Urin

pis·sen; *pisste*, *hat gepisst*; Vi *vulg*; die Blase entleeren

Pis·soir [piˈso̯aːɐ̯] *das*; *-s*, *-e* / *-s*; e-e (öffentliche) Toilette für Männer

Pis·ta·zie [-t͜si̯ə] *die*; -, *-n*; **1** e-e Pflanze mit kleinen grünen Samen, die wie Nüsse schmecken || K-: **Pistazien-, -kerne 2** der Samen der P. (1) ⟨gesalzene Pistazien⟩

Pis·te *die*; -, *-n*; **1** der Hang e-s Berges, auf dem man Ski fährt ≈ Abfahrt (3) ⟨abseits, außerhalb der Pisten fahren, die P. verlassen⟩ || -K: **Ski- 2** e-e Art Straße, auf der Flugzeuge starten u. landen ≈ Rollbahn ⟨ein Flugzeug setzt auf der P. auf⟩ || -K: **Flug-, Lande-, Start- 3** ein Weg für Autos in der Wüste, Steppe od. im Urwald ⟨e-e holprige, staubige P.⟩ || -K: **Gras-, Sand- 4** *Sport*; e-e Strecke *bes* für Motorrad- u. Autorennen ⟨von der P. abkommen⟩ || -K: **Renn-**

Pis·ten·sau *die*; *gespr pej*; j-d, der sehr schnell u. ohne Rücksicht Ski fährt

Pis·to·le *die*; -, *-n*; e-e kurze Schusswaffe ⟨e-e P. laden, (ent)sichern, ziehen, auf j-n richten, abschießen; mit der P. auf j-n zielen, schießen⟩ || ↑ *Abb. unter* **Schusswaffen** || K-: **Pistolen-, -griff, -kugel, -schuss** || -K: **Dienst-, Gas-, Wasser-** || ID **j-m die P. auf die Brust setzen** *gespr*; j-n durch Drohungen zwingen, etw. zu tun; **wie aus der P. geschossen** ⟨antworten⟩ *gespr*; sehr schnell antworten

pitsch·nass *Adj*; *ohne Steigerung*, *gespr*; sehr nass

pit·to·resk *Adj*; *geschr* ≈ malerisch

Piz·za [-t͜s-] *die*; -, *-s* / *Piz·zen*; e-e flache, runde Speise aus (Hefe)Teig, auf den man Käse, Tomaten *o.Ä.* legt u. den man im Ofen bäckt ⟨e-e P. backen⟩ || K-: **Pizza-, -bäcker, -restaurant**

Piz·ze·ria [-t͜s-] *die*; -, *-s* / *Piz·ze·ri·en* [-ˈriːən]; ein (*mst* italienisches) Restaurant, in dem man *bes* Pizzas essen kann

Pkw, PKW [ˈpeːkaːveː, peːkaːˈveː] *der*; *-(s)*, *-s*; (*Abk für* Personenkraftwagen) ein Auto (für Personen) ≈ Personenwagen || K-: **Pkw-Fahrer** || NB: ↑ **Lkw**

Pla·ce·bo [plaˈt͜seːbo] *das*; *-s*, *-s*; *Med*; ein Mittel, das Patienten als Medikament gegeben wird, aber keine (chemische) Wirkung hat || K-: **Placebo-, -effekt**

pla·cie·ren [-ˈtsiː-, -ˈsiː-] ↑ **platzieren**

pla·cken, sich; *plackte sich*, *hat sich geplackt*; Vr **sich** (**mit etw.**) **p.** *gespr*; schwere Arbeit tun u. sich sehr anstrengen ≈ sich plagen || *zu* **Plackerei** ↑ **-ei**

plä·die·ren; *plädierte*, *hat plädiert*; Vi **1 für** / **gegen etw. p.** Argumente für od. gegen etw. bringen ≈ sich für / gegen etw. aussprechen: *Der Redner plädierte* dafür, *härter gegen Terroristen vorzugehen* **2** *Jur*; **auf Freispruch p.** (als Rechtsanwalt) beantragen, dass der Angeklagte keine Strafe bekommt **3** *Jur*; (vor Gericht) ein Plädoyer halten

Plä·do·yer [plɛdo̯aˈjeː] *das*; *-s*, *-s*; **1** *Jur*; die Rede, die der Staatsanwalt od. der Verteidiger vor Gericht hält, bevor das Urteil gesprochen wird ⟨ein (glänzendes) P. halten⟩ **2 ein P. für** / **gegen etw.** *geschr*; e-e Rede, in der j-d Argumente u. Beweise für od. gegen etw. bringt: *ein P. für mehr Gleichberechtigung*; *ein P. gegen die Todesstrafe*

Pla·fond [plaˈfõː] *der*; *-s*, *-s*; **1** *südd* Ⓐ die Decke[2] e-s Zimmers od. Raumes **2** Ⓒⓗ ≈ Limit

Pla·ge *die*; -, *-n*; **1** etw., das für j-n (lange) unangenehm u. belastend ist ≈ Qual ⟨e-e schreckliche, lästige P.; j-m das Leben zur P. machen⟩: *Ihre Allergie ist e-e richtige P. für sie* || -K: **Heuschrecken-, Insekten-, Mäuse-, Mücken- 2** *gespr*; e-e Arbeit, die schwer u. anstrengend ist ≈ Mühsal

Pla·ge·geist *der*; *gespr*, *oft hum*; j-d, der andere dauernd mit seinen Wünschen bedrängt ≈ Quälgeist

pla·gen; *plagte*, *hat geplagt*; Vt **1 etw. plagt j-n** etw. ist für j-n (*mst* ziemlich lange Zeit) unangenehm u. belastend, weil Arbeit, Probleme od. Schmerzen damit verbunden sind ≈ etw. quält j-n ⟨die Hitze, der Durst, Schmerzen, Gedanken⟩: *Die Mücken plagten uns sehr* **2 j-n** (**mit etw.**) **p.** immer wieder etw. tun, sagen *o.Ä.*, das für j-n lästig od. unangenehm ist: *Er plagte uns mit seinen Fragen*; Vr **3 sich** (**mit etw.**) **p.** viel Mühe mit etw. haben ⟨sich in der Schule p.; sich mit Problemen p. müssen⟩

Pla·gi·at *das*; *-(e)s*, *-e*; *geschr*; **1** die Verwendung von Ideen, Arbeiten *o.Ä.* anderer Personen, als ob sie von einem selbst kämen ⟨ein P. begehen⟩ **2** ein Buch, ein Werk *o.Ä.*, das durch ein P. (1) entstanden ist || *hierzu* **Pla·gi·a·tor** *der*; *-s*, *-en*; **pla·gi·ie·ren** (*hat*) *Vt*

Pla·kat *das*; *-(e)s*, *-e*; ein großes Blatt mit e-m Bild od. Foto u. mit Informationen od. Werbung, das man an e-e Stelle klebt, an der es viele Leute sehen ⟨ein P. entwerfen, anschlagen; ein P. an e-e Litfaßsäule kleben; Plakate kleben; etw. auf Plakaten ankündigen⟩ || K-: **Plakat-, -kunst, -malerei, -wand, -werbung** || -K: **Film-, Kino-, Konzert-, Theater-, Wahl-, Werbe-** || NB: ↑ **Transparent**

pla·ka·tiv [-f] *Adj*; ⟨Farben, j-s Sprache, ein Titel; etw. wirkt p.⟩ mit e-r starken Wirkung, weil sie einfach u. einprägsam sind

Pla·ket·te *die*; -, *-n*; e-e kleine, flache, *mst* runde Scheibe aus Plastik, Metall *o.Ä.*, die man irgendwo aufklebt od. ansteckt u. auf der Zeichen od. Worte stehen ⟨e-e P. anstecken, tragen⟩: *e-e P. mit der Aufschrift „Atomkraft - nein danke!"*

plan *Adj*; *geschr* ≈ flach, eben ⟨e-e Fläche⟩

Plan *der*; *-(e)s*, *Plä·ne*; **1** e-e Art Programm, das genau beschreibt, was man bis zu e-m bestimmten Zeitpunkt tun muss ⟨e-n P. ausarbeiten, erarbeiten, ausführen, durchführen, verwirklichen; e-n P., Pläne machen⟩: *Er überließ nichts dem Zufall, sondern hatte e-n genauen P., wie alles gemacht werden sollte* || K-: **Plan-, -änderung** || -K: **Arbeits-, Dienst-, Fahr-, Sende-, Spiel-, Stunden-, Termin-, Veranstaltungs-, Zeit- 2** ≈ Absicht, Intention ⟨e-n P., Pläne haben; e-n P. fassen (= etw. beabsichtigen), verfolgen (= durchführen wollen), verwirklichen, aufrechterhalten (= weiterhin durchführen (wollen)), aufgeben; e-n P. fallen lassen (= aufgeben); j-s Pläne durchkreuzen (= zerstören)⟩:

Sie fassten den P., sich ein Haus zu kaufen || -K: ***Flucht-; Heirats-, Urlaubs-, Zukunfts-*** **3** e-e Zeichnung, die zeigt, wie etw. gebaut ist od. gebaut werden soll ≈ Entwurf ⟨e-n P. zeichnen, entwerfen, ausarbeiten⟩: *Die Pläne für den Umbau unseres Hauses sind inzwischen fertig* || -K: ***Bau-, Konstruktions-*** **4** e-e Zeichnung, die *mst* e-e Stadt in e-m kleinen Maßstab darstellt ≈ Karte (5): *ein P. von Salzburg; Auf diesem P. sind alle Sehenswürdigkeiten eingezeichnet* || -K: ***Lage-, Stadt-, Übersichts-*** **5** ***Pläne schmieden*** Pläne (1) machen **6** ***etw. steht auf dem P.*** etw. ist geplant (2), steht bevor **7** ***etw. geht / (ver)läuft nach P.*** etw. funktioniert so, wie man es gewünscht u. geplant hat || ID ***j-d / etw. tritt auf den P.*** j-d / etw. erscheint; ***etw. ruft j-n auf den P.*** etw. bewirkt, dass j-d aktiv wird (indem er *z.B.* protestiert od. sich gegen etw. wehrt)

Pla·ne *die*; -, *-n*; e-e große Decke aus Stoff od. Plastik, die man (zum Schutz) über etw. legt ⟨etw. mit e-r P. abdecken, zudecken⟩ || -K: ***Plastik-; Regen-, Wagen-, Zelt-***

pla·nen; *plante, hat geplant*; [Vt] **1** ***etw. p.*** sich gut überlegen, wie man etw. machen will ⟨etw. lange im Voraus p.; etw. auf lange Sicht p.; e-n Diebstahl p.; seinen Urlaub p.⟩: *Wir müssen genau p.*, was *wir tun wollen* **2** ***etw. p.*** die Absicht haben, etw. zu tun ≈ beabsichtigen, vorhaben: *Wir planen, nächstes Jahr nach Japan zu fliegen* **3** ***etw. p.*** e-e Zeichnung, ein Modell *o.Ä.* von etw. machen, damit man weiß, wie man es bauen muss ≈ entwerfen ⟨ein Haus, e-n Garten, e-e Straße p.⟩

Pla·net *der*; *-en, -en*; **1** ein Himmelskörper, der sich um e-e Sonne dreht ↔ Fixstern: *Merkur, Mars u. Venus sind Planeten* || K-: ***Planeten-, -bahn, -system*** **2** ***unser P.*** die Erde || NB: *der Planet; den, dem, des Planeten* || *zu* **1 pla·ne·ta·risch** *Adj*; *nicht adv*

Pla·ne·ta·ri·um *das*; *-s, Pla·ne·ta·ri·en* [-iən]; **1** e-e Anlage zur Beobachtung der Sterne u. Planeten **2** ein Gebäude mit e-r Kuppel, in dem ein P. (1) steht

pla·nie·ren; *planierte, hat planiert*; [Vt/i] ***(etw.) p.*** etw. mit Maschinen eben machen ≈ einebnen ⟨den Boden, ein Gelände p.⟩ || *hierzu* **Pla·nie·rung** *die*

Pla·nier·rau·pe *die*; ein großes Fahrzeug (das auf Ketten läuft), mit dem man den Boden planiert

Plan·ke *die*; -, *-n*; ein dickes u. breites Brett || -K: ***Schiffs-***

plän·keln; *plänkelte, hat geplänkelt*; [Vi] ***mit j-m p.*** mit j-m im Spaß ein wenig streiten || ► ***Geplänkel***

Plank·ton *das*; *-s*; *nur Sg*, *Kollekt*; die sehr kleinen Pflanzen u. Tiere, die im Wasser leben u. von vielen Fischen gefressen werden

plan·los *Adj*; ohne Plan, Überlegung ≈ unüberlegt ↔ planvoll ⟨j-s Handeln; p. arbeiten, vorgehen⟩ || *hierzu* **Plan·lo·sig·keit** *die*; *nur Sg*

plan·mä·ßig *Adj*; **1** genau wie es im Plan (1) steht: *Die Arbeiten verliefen p.* **2** so, wie es im Fahrplan steht ⟨die Ankunft, die Abfahrt⟩: *Der Zug aus Athen kam p. in Salzburg an* || *hierzu* **Plan·mä·ßig·keit** *die*; *nur Sg*

Plansch·be·cken, plan·schen ↑ ***Plantschbecken, plantschen***

Plan·stel·le *die*; ein Arbeitsplatz (*bes* für e-n Beamten) im öffentlichen Dienst ⟨e-e P. bekommen, auf e-r P. sitzen; Planstellen einsparen⟩

Plan·ta·ge [plan'taːʒə] *die*; -, *-n*; ein großes Stück Land (oft in tropischen Ländern), auf dem man Pflanzen anbaut || K-: ***Plantagen-, -arbeiter, -besitzer*** || -K: ***Bananen-, Baumwoll-, Erdbeer-, Kaffee-, Tabak-***

Plantsch·be·cken *das*; ein flaches Becken mit Wasser, in dem Kinder im Sommer baden

plant·schen; *plantschte, hat geplantscht*; [Vi] im Wasser spielen u. dabei die Hände u. Füße so bewegen, dass das Wasser spritzt: *Die Kinder plantschten mit größtem Vergnügen im Wasser*

Pla·nung *die*; -, *-en*; die Handlungen, durch die ein Plan (1,2,3,4) entsteht ⟨e-e gründliche, kurzfristige, langfristige, rechtzeitige P.⟩ || K-: ***Planungs-, -stadium*** || -K: ***Fehl-, Städte-, Wirtschafts-***

Plan·wirt·schaft *die*; ein System, in dem die Wirtschaft e-s Landes von e-r zentralen Stelle (der Regierung) geplant wird ↔ Marktwirtschaft

Plap·per·maul *das*; *gespr pej*; j-d, der viel redet (ohne zu denken): *Du bist ein richtiges P.!*

plap·pern; *plapperte, hat geplappert*; *gespr*; [Vt] **1** ***etw. p.*** *pej*; etw. sagen, ohne nachgedacht zu haben ⟨Unsinn p.⟩; [Vi] **2** schnell u. viel reden, ohne etw. Wichtiges zu sagen ⟨Kinder⟩

plär·ren; *plärrte, hat geplärrt*; *gespr, mst pej*; [Vt/i] **1** ***(etw.) p.*** (etw.) mit lauter u. unangenehmer Stimme singen od. rufen; [Vi] **2** laut u. lange weinen ⟨kleine Kinder, Säuglinge⟩

Plas·ma *das*; *-s, Plas·men*; der flüssige Teil des Blutes ⟨P. spenden⟩ || -K: ***Blut-***

Plas·te *die*; -, *-en*; *ostd gespr* ≈ Plastik[1]

Plas·tik[1] *das*; *-s*; *nur Sg*; ein künstliches Material. Man kann es so herstellen, dass es weich u. dünn ist (wie *z.B.* für Folien) od. biegsam od. hart || K-: ***Plastik-, -besteck, -beutel, -eimer, -flasche, -folie, -plane, -sack, -tasche, -tüte*** || *zu* ***Plastiktüte*** ↑ *Abb. unter* ***Behälter und Gefäße***

Plas·tik[2] *die*; -, *-en*; **1** e-e Figur, die von e-m Künstler gemacht worden ist: *Plastiken von Rodin u. Henry Moore* || -K: ***Bronze-, Holz-, Marmor-, Stein-*** **2** *nur Sg*; die Kunst, Plastiken[2] (1) herzustellen: *die P. des Mittelalters, der Gegenwart*

Plas·tik·geld *das*; *nur Sg*, *gespr hum* ≈ Kreditkarte ⟨mit P. zahlen⟩

plas·tisch *Adj*; **1** so (gestaltet), dass es nicht wie e-e Fläche, sondern als Raum wirkt ⟨die plastische Wirkung e-s Bildes, e-s Reliefs⟩ **2** *nur attr, nicht adv*; in Bezug auf e-e Plastik[2] ⟨die Kunst⟩ **3** so, dass man es sich genau vorstellen kann ≈ anschaulich ⟨e-e Erzählung; etw. p. darstellen⟩ **4** ≈ formbar ⟨ein Material, e-e Masse⟩ **5** ***plastische Chirurgie*** Chirurgie, bei der j-s Aussehen verbessert od. verändert wird || *zu* **1, 3** u. **4 Plas·ti·zi·tät** *die*; -; *nur Sg*

Pla·ta·ne *die*; -, *-n*; ein Baum mit großen Blättern u. e-m hellen Stamm || K-: ***Platanen-, -allee***

Pla·teau [pla'toː] *das*; *-s, -s*; e-e Ebene, die *mst* höher liegt als das Land um sie herum ≈ Hochebene || -K: ***Berg-, Hoch-***

Pla·tin *das*; *-s*; *nur Sg*; ein sehr hartes grauweißes Metall, das sehr wertvoll ist; *Chem* Pt || K-: ***Platin-, -elektrode, -ring, -schmuck***

Pla·ti·tu·de [-'tyːdə] ↑ ***Plattitüde***

pla·to·nisch *Adj*; **1** *nicht adv*; in Bezug auf die Philosophie Platons ⟨die Philosophie, die Tradition⟩ **2** nur geistig u. nicht sexuell ⟨Liebe, e-e Beziehung⟩

plat·schen; *platschte, hat / ist geplatscht*; [Vi] **1** ***etw. platscht irgendwohin*** (*hat / ist*) etw. erzeugt das kurze, helle Geräusch, das entsteht, wenn Wasser auf etw. fällt ⟨die Wellen, das Wasser⟩: *Der Regen platscht auf die Straße, gegen die Fenster* **2** ***irgendwohin p.*** (*ist*) mit e-m kurzen, hellen Geräusch ins Wasser fallen || *hierzu* **platsch!** *Interjektion*

plät·schern; *plätscherte, hat / ist geplätschert*; [Vi] **1** ***etw. plätschert*** (*hat*); ***etw. plätschert irgendwohin*** (*ist*) etw. fließt, fällt od. bewegt sich (irgendwohin) u. macht dabei ein leises, helles Geräusch ⟨das Wasser, der Bach, der Regen, die Wellen⟩ **2** (*hat*) Wasser so bewegen, dass es leise, helle Geräusche macht: *Die Kinder plätschern im Wasser* **3** ***etw. plätschert vor sich*** (*Akk*) ***hin*** (*ist*) etw. ist ohne be-

P

sondere Ereignisse od. Höhepunkte: *Unsere Diskussion plätscherte nur vor sich hin*

platt, *platter, plattest-*; *Adj*; **1** flach u. breit ⟨etw. p. drücken, walzen; sich p. auf den Boden legen, werfen; p. auf der Erde liegen; die Nase an der Fensterscheibe p. drücken⟩ **2** ohne Luft ↔ prall ⟨ein Reifen⟩ ‖ NB: ↑ ***Platten*** **3** *pej*; allgemein bekannt, also weder wichtig noch interessant ≈ geistlos, banal, trivial ⟨Witze, e-e Redensart, ein Gespräch⟩ **4** ***p. sein*** *gespr*; sehr erstaunt sein ≈ baff sein: *Über ihr ungewöhnliches Geschenk war er einfach p.*

Platt *das*; *-(s)*; *nur Sg*; die Dialekte, die im Norden Deutschlands gesprochen werden u. die dem Holländischen relativ ähnlich sind ≈ Niederdeutsch ⟨P. sprechen⟩ ‖ *hierzu* **Platt·deutsch** *(das)*; **Platt·deut·sche** *das*; **platt·deutsch** *Adj*; *ohne Steigerung*

Plat·te *die*; *-, -n*; **1** ein flaches, dünnes *mst* rechteckiges Stück aus e-m harten Material ⟨e-e P. aus Stein, Holz; e-e eiserne P.⟩ ‖ -K: ***Beton-, Eis-, Glas-, Holz-, Kunststoff-, Marmor-, Metall-, Stahl-, Stein-***; ***Tisch-, Tischtennis-*** **2** e-e (runde) Fläche *mst* auf e-m Herd, auf der man kochen kann ⟨e-n Topf auf die P. stellen; die P. einschalten, ausschalten⟩: *ein Herd mit vier Platten* ‖ -K: ***Herd-, Koch-, Ofen-*** **3** *Kurzw* ↑ ***Schallplatte*** ⟨e-e P. auflegen, anhören, spielen⟩ ‖ K-: ***Platten-, -archiv, -aufnahme, -cover, -hülle, -sammlung*** ‖ -K: ***Jazz-, Opern-, Tanz-***; ***Langspiel-*** **4** ein großer u. flacher Teller, auf dem man Speisen serviert ⟨e-e P. herumreichen⟩: *e-e P. mit kaltem Braten* ‖ *-K:* ***Fleisch-, Torten-*** **5** verschiedene Speisen, die zusammen auf e-r P. (4) serviert werden ⟨e-e P. für zwei Personen⟩ ‖ -K: ***Aufschnitt-, Fleisch-, Gemüse-, Grill-, Käse-, Salat-*** **6** ***e-e kalte P.*** ein kaltes Essen, das aus Schinken, Wurst, Käse, Salat *usw* besteht **7** *gespr* ≈ Glatze ‖ ID ***hell auf der P. sein*** *gespr*; intelligent sein

plät·ten; *plättete, hat geplättet*; [Vt] ***(etw.) p.*** ≈ bügeln

Plätt·ei·sen *das*; *nordd* ≈ Bügeleisen

Plat·ten *nur in* ***e-n P. haben*** keine Luft mehr in e-m Reifen am Fahrrad, Auto *o.Ä.* haben

Plat·ten·spie·ler *der*; ein Gerät, mit dem man Schallplatten spielt

Platt·form *die*; **1** e-e Fläche (*z.B.* auf e-m Turm), von der man nach unten sehen kann ⟨e-e P. errichten, auf die P. (hinauf)steigen⟩ ‖ -K: ***Aussichts-*** **2** *geschr*; e-e Art Programm, auf das sich e-e Gruppe von Personen einigt (um damit in der Öffentlichkeit aktiv zu werden) ≈ Basis (1) ⟨e-e gemeinsame / politische P. finden, suchen, schaffen⟩

Platt·fuß *der*; *-es, Platt·fü·ße*; *mst Pl*; **1** ein Fuß, bei dem die ganze Sohle den Boden berührt, wenn man geht ⟨Plattfüße haben⟩ **2** ***e-n P. haben*** *gespr* ≈ e-n Platten haben ‖ *zu* **1** **platt·fü·ßig** *Adj*; *nicht adv*

Platt·heit *die*; *-, -en*; *pej*; **1** *nur Sg*; die Banalität e-r Bemerkung *o.Ä.* ⟨etw. ist an P. nicht zu übertreffen⟩ **2** *mst Pl* ≈ Plattitüde ⟨Plattheiten von sich geben⟩

Plat·ti·tü·de *die*; *-, -n*; *geschr pej*; e-e Aussage od. Redewendung, die nicht mehr interessant ist, weil sie schon alle kennen ≈ Gemeinplatz

Platz *der*; *-es, Plät·ze*; **1** e-e große Fläche (in e-m Dorf od. in e-r Stadt), die vor e-m Gebäude od. zwischen mehreren Häusern liegt ⟨ein großer, weiter, freier P.; über den P. gehen, fahren⟩: *Auf dem P. vor dem Rathaus steht ein großer Brunnen* ‖ K-: ***Platz-, -konzert*** ‖ -K: ***Bahnhofs-, Dom-, Dorf-, Haupt-, Kirch-, Rathaus-*** **2** e-e große Fläche im Freien, die e-n bestimmten Zweck hat ‖ -K: ***Camping-, Eislauf-, Exerzier-, Fußball-, Golf-, Lager-, Minigolf-, Park-, Reit-, Renn-, Rummel-, Schieß-, Schrott-, Spiel-, Sport-, Tennis-, Übungs-*** **3** ***P. (für j-n / etw.)*** *nur Sg*; ein Raum od. Bereich, in dem man sein kann od. den man mit etw. füllen kann ⟨keinen, viel, wenig P. haben; P. haben, machen, schaffen, (frei) lassen; j-m / etw. P. bieten⟩: *keinen P. im Wohnzimmer für ein Klavier haben*; *Haben wir in diesem kleinen Auto zu fünft P.?*; *Lassen Sie nach dieser Zeile ein wenig P. frei!*; *Der Schrank nimmt viel P. weg* ‖ K-: ***Platz-, -bedarf, -ersparnis, -mangel*** **4** ein Ort, an dem man sein od. bleiben möchte ⟨ein windgeschützter, versteckter P.⟩: *ein schöner P. für ein Picknick*; *der richtige P. zum Erholen* ‖ -K: ***Rast-, Liege-*** **5** der Ort, an dem j-d / etw. war u. wo er / es sein soll: *Sie stellte das Buch an seinen P. zurück* ‖ NB: *mst* mit Possessivpronomen! **6** *mst* ein Sitz (od. e-e Stelle, an der man stehen kann) ⟨e-n P. suchen; j-m seinen P. anbieten; Plätze reservieren lassen; e-n guten, schlechten P. haben; etw. ist bis auf den letzten P. voll⟩: *Sind hier noch Plätze frei?* ‖ K-: ***Platz-, -reservierung*** ‖ -K: ***Liege-, Sitz-, Steh-***; ***Fenster-*** **7** e-e verfügbare Stelle (*mst* bei e-r Institution) ⟨e-n P. im Kindergarten, Altersheim bekommen⟩ ‖ -K: ***Heim-, Kindergarten-, Studien-*** **8** die Position, die ein Mensch in Bezug auf e-n anderen Menschen od. e-e Gemeinschaft hat ⟨sein P. ist in der Familie, an der Seite seiner Frau; j-s P. im Leben, in der Gesellschaft⟩ **9** die Position, die j-d in e-m Wettkampf erreicht ≈ Rang[3] ⟨der erste, zweite P.; auf den ersten P. kommen; den ersten P. belegen, machen⟩: *Die beiden italienischen Teilnehmer belegten die Plätze drei u. vier* ‖ -K: ***Tabellen-*** **10** ***(j-m / für j-n) P. machen*** seine Position *o.Ä.* so ändern, dass sich noch j-d (zu j-m) setzen kann od. dass j-d vorbeigehen kann **11** ***P. nehmen*** ≈ sich setzen: *Bitte nehmen Sie P.!* **12** ***P. behalten*** ≈ sitzen bleiben: *Bitte behalten Sie P.!* **13** ***fehl am Platz(e) sein*** zu etw. nicht passen ≈ deplatziert sein: *Deine Bemerkung war völlig fehl am Platz* **14** ***P.!*** verwendet, um e-m Hund zu befehlen, dass er sich hinsetzt od. hinlegt **15** ***am Platz(e)*** *veraltend*; in diesem Ort: *Er ist der größte Pelzhändler am Platze* ‖ ID ***j-n vom P. fegen*** *gespr*; j-n in e-m Wettkampf sehr deutlich schlagen; ***ein P. an der Sonne*** **a)** e-e angenehme Situation od. Position; **b)** Glück u. Erfolg im Leben; ***j-n auf die Plätze verweisen*** j-n in e-m Wettkampf besiegen

> **Platz spa·rend** *Adj*; so, dass es wenig Platz braucht ≈ Raum sparend ⟨etw. P. s. aufstellen, anordnen⟩

Platz·angst *die*; *nur Sg*; die Angst, die manche Menschen bekommen, wenn sie in e-m geschlossenen Raum od. mit zu vielen Menschen in e-m Raum sind ≈ Klaustrophobie ⟨P. haben, bekommen⟩

Platz·an·wei·ser *der*; *-s, -*; j-d, der im Kino od. Theater die Eintrittskarten kontrolliert u. dem Besucher zeigt, wo sein Platz ist ‖ *hierzu* **Platz·an·wei·se·rin** *die*; *-, -nen*

Plätz·chen *das*; *-s, -*; **1** ein kleiner Platz (1,4) **2** ein kleines, flaches, süßes Gebäck ⟨Plätzchen backen⟩ ‖ -K: ***Weihnachts-*** ‖ NB: *Plätzchen* bäckt man selbst, *Kekse* kauft man

plat·zen; *platzte, ist geplatzt*; [Vi] **1** ***etw. platzt*** etw. geht plötzlich (oft mit e-m Knall) kaputt, *mst* weil der Druck im Inneren zu stark geworden ist ⟨der Reifen, der Luftballon, die Naht⟩ **2** ***etw. platzt*** *gespr*; etw. führt nicht zu dem Ergebnis, das man geplant od. gewünscht hat ≈ etw. scheitert ⟨e-e Konferenz, die Verhandlungen, die Verlobung⟩ **3**

etw. platzt *gespr*; etw. findet nicht statt ⟨j-d lässt e-n Termin, e-e Verabredung p.⟩: *Das Konzert ist geplatzt, weil die Sängerin plötzlich krank wurde* **4** ***etw. platzt*** *gespr*; etw. wird (plötzlich) aufgedeckt ≈ etw. fliegt auf ⟨der Betrug, der Schwindel⟩ **5** ***in etw.*** (*Akk*) ***p.*** *gespr*; plötzlich irgendwohin kommen u. stören ⟨in e-e Veranstaltung, in e-e Besprechung p.⟩ **6** ***vor etw.*** (***fast*** / ***schier***) ***p.*** *gespr*; von e-m oft negativen Gefühl erfüllt sein ⟨vor Eifersucht, Neid, Neugier, Stolz, Wut p.⟩: *Als wir ein neues Auto kauften, ist unser Nachbar schier geplatzt vor Neid* || ID *mst* ***Ich platze*** (***gleich***) *gespr*; ich habe e-n vollen Magen, weil ich sehr viel gegessen (u. getrunken) habe

platzen

plat·zie·ren; *platzierte, hat platziert*; Vt **1** ***etw. irgendwohin p.*** etw. an e-n bestimmten Platz setzen, stellen od. legen: *das neue Bild unter das alte p.* **2** ***etw. irgendwohin p.*** *Sport*; den Ball so schießen od. werfen, dass er an e-e ganz bestimmte Stelle kommt ≈ etw. irgendwohin zielen: *den Ball in die rechte untere Ecke p.*; Vr **3** ***sich p.*** *Sport*; in e-m sportlichen Wettkampf auf e-n bestimmten Rang kommen ⟨sich unter den ersten fünf (Läufern) p.; sich gut / schlecht p.⟩: *Er konnte sich nicht p.* (= belegte e-n schlechten Platz) **4** ***sich irgendwohin p.*** *gespr, oft hum* ≈ sich irgendwohin setzen

plat·ziert **1** *Partizip Perfekt*; ↑ ***platzieren*** **2** *Adj*; genau so, wie man zielt ⟨ein Ball, ein Wurf, ein Schuss⟩: *ein hart u. p. geschossener Elfmeter*

Plat·zie·rung *die*; -, *-en*; **1** das Platzieren **2** *Sport*; das Ergebnis e-s Wettkampfs, das zeigt, ob j-d im Vergleich zu den anderen gut od. schlecht war ⟨die genaue P. bekannt geben; e-e gute, schlechte P.⟩

Platz·kar·te *die*; e-e Karte, mit der man sich *z.B.* im Zug e-n Sitzplatz reserviert

Platz·mie·te *die*; **1** das Geld, das man für e-n Platz (3) (*z.B.* beim Campen od. zum Tennisspielen) bezahlt **2** ein Abonnement (für Theateraufführungen od. Konzerte)

Platz·pat·ro·ne *die*; e-e Patrone ohne Kugel (für Pistolen u. Gewehre), die nur knallt

Platz·re·gen *der*; ein sehr starker Regen, der nicht lange dauert ⟨ein P. geht nieder⟩

Platz·ver·weis *der*; die Entscheidung des Schiedsrichters, dass ein Spieler das Spielfeld verlassen muss ⟨e-n P. verhängen; e-n P. bekommen⟩

Platz·wun·de *die*; e-e Wunde, die entsteht, wenn die Haut (nach e-m Stoß od. Schlag) reißt

plau·dern; *plauderte, hat geplaudert*; Vi **1** (***mit j-m***) (***über j-n*** / ***etw.***) / (***von j-m*** / ***etw.***) ***p.*** mit j-m auf angenehme u. freundliche Art sprechen, ohne etw. sehr Wichtiges, Ernstes od. Offizielles zu sagen ⟨nett, gemütlich mit der Nachbarin p.⟩: *über seine Erlebnisse im Urlaub p.*; *von seinen neuesten Plänen p.* **2** j-m etw. erzählen, das geheim bleiben soll ≈ etw. ausplaudern: *Wenn du mir versprichst, nicht zu p., erzähle ich dir ein Geheimnis*

Plau·der·stünd·chen *das*; *-s*, -; e-e *mst* kurze Zeit, die man mit j-m plaudert ⟨ein P. halten, haben⟩

Plau·der·ta·sche *die*; *gespr*; j-d, der viel über Dinge redet, die geheim bleiben sollen

Plau·der·ton *der*; *nur Sg*; e-e witzige u. leichte Art, etw. zu erzählen ⟨etw. im P. erzählen⟩

Plausch *der*; *-(e)s, -e*; *mst Sg*; **1** *bes südd* Ⓐ ≈ Gespräch ⟨e-n P. mit j-m halten⟩ **2** Ⓒⓗ ≈ Vergnügen, Spaß ⟨etw. ist ein P.; etw. aus / zum P. tun⟩

plau·schen; *plauschte, hat geplauscht*; Vi **1** (***mit j-m***) ***p.*** *bes südd* Ⓐ ≈ plaudern **2** Ⓐ ≈ schwindeln

plau·si·bel, *plausibler, plausibelst-*; *Adj*; so klar u. verständlich, dass man es gut verstehen kann ≈ einleuchtend, verständlich ⟨ein Grund, e-e Antwort; j-m etw. p. machen; etw. p. erklären, begründen; etw. klingt p.⟩ || NB: *plausibel* → *e-e plausible Antwort* || *hierzu* **Plau·si·bi·li·tät** *die*; *nur Sg*

Play-back, Play·back ['pleɪbɛk] *das*; -; *nur Sg*; e-e Technik im Fernsehen, Radio *o.Ä.*, bei der der Ton nicht vom Sänger produziert wird, sondern vom Tonband kommt || K-: ***Play-back-Verfahren***; ***Playback-, -verfahren***

Play·boy ['pleɪbɔɪ] *der*; *-s, -s*; ein reicher Mann, der viel Geld für Frauen u. teure Hobbys ausgibt

Pla·zen·ta *die*; -, *-s* / *Pla·zen·ten*; *Med* ≈ Mutterkuchen

Pla·zet *das*; *-s, -s*; *geschr* ≈ Zustimmung ⟨j-m sein P. zu / für etw. geben⟩

pla·zie·ren, Pla·zie·rung *usw.* ↑ ***platzieren***, ***Platzierung*** *usw*

plei·te *Adj*; *nur präd, ohne Steigerung, nicht adv*, *gespr*; **1** ohne Geld, sodass die Rechnungen nicht mehr bezahlt werden können ≈ bankrott ⟨ein Unternehmen, e-e Firma, ein Geschäftsmann⟩ **2** so, dass man im Moment kein Geld hat: *Kannst du mir 100 Euro borgen? - Ich bin nämlich total p.*

Plei·te *die*; -, *-n*; *gespr*; **1** der Zustand, in dem ein Geschäft kein Geld mehr hat ≈ Bankrott ⟨(kurz) vor der P. stehen⟩ **2** etw., das ohne Erfolg geblieben ist ≈ Fehlschlag, Reinfall: *Das Konzert war e-e totale P. - Es kamen nur 200 Zuschauer* **3** ***P. gehen*** / ***machen*** ≈ Bankrott gehen / machen

plem·plem *Adj*; *nur präd, nicht adv, gespr pej* ≈ verrückt: *Er ist total p.*

Ple·num *das*; *-s, Ple·nen*; die Sitzung, zu der alle Mitglieder e-r Organisation od. Vereinigung kommen (*bes* alle Mitglieder e-s Parlaments) ≈ Vollversammlung || K-: ***Plenar-, -sitzung, -tagung***

Ple·o·nas·mus *der*; -, *Ple·o·nas·men*; *Ling, Lit*; ein Ausdruck, in dem zwei Wörter, *mst* ein Adjektiv u. ein Substantiv, etw. doppelt ausdrücken: *Der Ausdruck „weißer Schimmel" ist ein P., denn Schimmel sind immer weiß* || *hierzu* **ple·o·nas·tisch** *Adj*

Ple·thi ↑ ***Krethi***

Ple·xi·glas® *das*; *nur Sg*; ein harter, durchsichtiger Kunststoff

PLO [peːɛl'|oː] *die*; -; *nur Sg*; (*Abk für* Palestine Liberation Organization) e-e politische Organisation der Palästinenser ⟨die Palästinensische Befreiungsorganisation PLO⟩ || K-: ***PLO-Führer***

Plom·be *die*; -, *-n*; **1** ein kleines Stück Metall od. Plastik. Man klebt es auf etw., das verschlossen od. verpackt ist, um zu zeigen, dass die so verschlossene Sache nicht geöffnet werden darf ⟨etw. mit e-r P. versiegeln, sichern, verschließen⟩ || -K: ***Zoll-*** **2** ≈ Füllung (2): *e-e P. aus Amalgam* || -K: ***Gold-, Zahn-*** || *hierzu* **plom·bie·ren** (*hat*) *Vt*; **Plom·bie·rung** *die*

plötz·lich *Adj*; sehr schnell u. überraschend ↔ allmählich ⟨e-e Bewegung, e-e Wende, ein Entschluss; ein Wetterumschwung⟩: *Sein plötzlicher Entschluss, nach Amerika auszuwandern, hat uns alle sehr traurig gemacht*; *Ich erschrak, als der Hund p. zu bellen anfing* || ID ***aber ein bisschen p.!*** verwen-

P

det, um j-m auf sehr unhöfliche Art zu sagen, dass er sich beeilen soll || *hierzu* **Plötz·lich·keit** *die*; *nur Sg*

plump, *plumper, plump(e)st-*; *Adj*; **1** so dick u. schwer, dass man sich nicht leicht u. geschickt bewegen kann ↔ grazil, graziös **2** nicht höflich u. ohne Rücksicht auf die spezielle Situation ↔ taktvoll ⟨e-e Anspielung, ein Annäherungsversuch; j-s Benehmen⟩ **3** wenig intelligent u. in der Absicht leicht zu erkennen ⟨e-e Lüge, ein Täuschungsmanöver⟩ || *hierzu* **Plump·heit** *die*; *nur Sg*

plump·sen; *plumpste, ist geplumpst*; Vi ***irgendwohin p.*** schwer (u. laut) zu Boden od. ins Wasser fallen || *hierzu* **plumps!** *Interjektion*; **Plumps** *der*; *-es, -e*

Plumps·klo *das*; *gespr*; ein Klo ohne (Wasser)Spülung

Plun·der *der*; *-s*; *nur Sg, pej*; wertlose Dinge, die man nicht braucht ≈ Kram, Trödel

plün·dern; *plünderte, hat geplündert*; Vt/i **1** ***(etw.) p.*** aus Geschäften u. Häusern Dinge stehlen (*bes* im Krieg od. während e-r Katastrophe); Vt **2** ***etw. p.*** *hum*; (fast) alles wegnehmen, essen *o.Ä.*, was da ist ⟨den Kühlschrank, das Sparbuch p.⟩ || *hierzu* **Plün·de·rer** *der*; *-s, -*; **Plün·de·rung** *die*

Plu·ral *der*; *-s, -e*; *mst Sg, Ling*; die Form e-s Wortes, die zeigt, dass von zwei od. mehr Personen od. Dingen gesprochen wird ≈ Mehrzahl ↔ Singular; *Abk* Pl., Plur. ⟨den P. e-s Wortes bilden⟩: *„Männer" ist der P. von „Mann"* || K-: ***Plural-, -bildung, -endung, -form*** || NB: Als Mehrzahl wird statt *Plurale* oft *Pluralformen* verwendet

Plu·ra·lis·mus *der*; *-*; *nur Sg, geschr*; **1** die Tatsache, dass Menschen, Organisationen *o.Ä.* ganz verschiedene Meinungen, Ideen *usw* vertreten (dürfen) **2** die politische Anschauung od. Einstellung, die den P. (1) zum Ziel hat || *hierzu* **plu·ra·lis·tisch** *Adj*

plus[1] *Math*; das Zeichen +, das e-e Addition anzeigt ≈ und ↔ minus: *Drei p. zwei ist (gleich) fünf (3 + 2 = 5)* || K-: ***Plus-, -zeichen***

plus[2] *Präp*; *mit Gen*; zusätzlich zu e-r bestimmten Summe od. Menge ≈ zuzüglich ↔ minus: *Die Wohnung kostet 650 Euro p. Nebenkosten* || NB: *mst* ohne Artikel u. ohne Genitivendung verwendet: *p. Trinkgeld*

plus[3] *Adv*; **1** verwendet, um auszudrücken, dass ein Wert größer als Null ist ↔ minus[3] (1): *Am Morgen waren es fünf Grad p. (+5°)*; *Minus zwei mal minus zwei ist p. vier (-2 x -2 = +4)* **2** etwas besser als die angegebene (Schul)Note ↔ minus[3] (2): *Er hat im Aufsatz die Note „zwei p." bekommen*

Plus *das*; *-*; *nur Sg*; **1** ein *bes* finanzieller Gewinn ↔ Minus: *Dieses Jahr konnte die Firma ein beträchtliches P. verbuchen* **2** *gespr* ≈ Vorteil ↔ Minus, Nachteil: *Sein gutes Aussehen ist ein wichtiges P. für ihn* || K-: ***Plus-, -punkt***

Plüsch, **Plüsch** *der*; *-(e)s*; *nur Sg*; e-e Art dicker, weicher Stoff, den man *bes* für Sessel od. Sofas verwendet || K-: ***Plüsch-, -decke, -sessel, -sofa***

Plüsch·tier *das*; ein Tier aus Plüsch (für Kinder)

Plus·pol *der*; *Phys*; der Pol (*bes* e-r Batterie) mit positiver elektrischer Ladung ↔ Minuspol

Plus·quam·per·fekt *das*; *-(e)s, -e*; *mst Sg*; die Form des Verbs, die mit dem Imperfekt von *sein* od. *haben* u. dem Partizip Perfekt gebildet wird ≈ Vorvergangenheit ⟨ein Verb ins P. setzen⟩: *„Er hatte gegessen" ist das P. zu „er isst"*

Plus·zei·chen *das*; das Zeichen +, das *bes* e-e Addition ausdrückt od. das anzeigt, dass e-e Zahl positiv ist ↔ Minuszeichen

Plu·to·ni·um *das*; *-s*; *nur Sg*; ein (radioaktives) chemisches Element, das man für Atombomben u. in Atomkraftwerken verwendet; *Chem* Pu || K-: ***Plutonium-, -fabrik***

PLZ *Abk für* Postleitzahl

Pneu [pnøː] *der*; *-s, -s*; *bes* CH ein Reifen, der mit Luft gefüllt ist

pneu·ma·tisch *Adj*; *Tech*; mit Luftdruck gesteuert ⟨e-e Bremse⟩

Po *der*; *-s, -s*; *gespr* ≈ Gesäß || K-: ***Po-, -backe***

Pö·bel *der*; *-s*; *nur Sg, pej*; verwendet als Bezeichnung für e-e Gruppe von Menschen, die man als ungebildet, gemein, aggressiv *o.Ä.* betrachtet ≈ Mob || ► ***anpöbeln***

po·chen; *pochte, hat gepocht*; Vi **1** ***etw. pocht*** etw. ist in (regelmäßigen) Abständen deutlich zu spüren ⟨ein pochender Schmerz; j-m pocht das Blut in den Schläfen, das Herz im Hals⟩ **2** ***(an etw. (Akk)) p.*** *geschr* ≈ klopfen (1) ⟨an die Tür p.⟩ **3** ***auf etw. (Akk) p.*** energisch darauf hinweisen, dass man etw. hat u. auch in Zukunft haben will ≈ auf etw. bestehen ⟨auf sein Recht p.⟩

po·chiert [pɔˈʃiːɐt] *Adj*; *nicht adv*; ohne Schale in Wasser gekocht ⟨ein Ei⟩

Po·cken *die*; *Pl*; e-e gefährliche Krankheit, bei der man Fieber hat u. Blasen bekommt (die später oft zu Narben werden) ≈ Blattern ⟨die P. haben; sich gegen P. impfen lassen⟩ || K-: ***Pocken-, -epidemie, -narbe, -schutzimpfung*** || *hierzu* **po·cken·nar·big** *Adj*

Po·dest *das*; *-(e)s, -e*; e-e kleine, leicht erhöhte Fläche, auf der *bes* ein Denkmal od. ein Redner steht ≈ Podium || -K: ***Sieger-***

Po·dex *der*; *-(es), -e*; *gespr hum* ≈ Gesäß

Po·di·um *das*; *-s, Po·di·en* [-i̯ən]; e-e kleine, leicht erhöhte Fläche, auf der *z.B.* ein Dirigent od. ein Redner steht od. wie sie das Theater hat

Po·di·ums·dis·kus·sion *die*; e-e Diskussion zwischen Experten, die vor e-m Publikum auf e-m Podium sitzen

Po·e·sie [poeˈziː] *die*; *-*; *nur Sg, geschr*; **1** die Kunst, Gedichte zu schreiben ≈ Lyrik, Dichtkunst ↔ Prosa **2** *Kollekt*; Gedichte ≈ Dichtung **3** die faszinierende Schönheit ≈ Zauber ⟨die P. der Liebe; ein Abend voller P.⟩ || *zu* **1** u. **2** **po·e·tisch** *Adj*

Po·e·sie·al·bum *das*; ein kleines Buch, in das Freunde u. Verwandte (zur Erinnerung) kurze Gedichte *o.Ä.* schreiben

Po·et [poˈeːt] *der*; *-en, -en*; *geschr* ≈ Dichter || NB: *der Poet*; *den, dem, des Poeten*

Po·e·tik *die*; *-, -en*; *mst Sg*; die Wissenschaft u. Darstellung von literarischen Formen

po·fen; *pofte, hat gepoft*; Vi *gespr* ≈ schlafen

Pog·rom *der, das*; *-s, -e*; das Verfolgen u. Töten vieler Menschen, die e-e andere Rasse, Religion *o.Ä.* haben || K-: ***Pogrom-, -stimmung*** || -K: ***Juden-***

Pog·rom·nacht *die*; *nur Sg, hist* ≈ Kristallnacht

Poin·te [ˈpo̯ɛ̃ːtə] *die*; *-, -n*; ein überraschender Schluss, den e-e Geschichte od. ein Witz hat ⟨die P. verderben, nicht verstehen⟩

poin·tiert [po̯ɛ̃-] *Adj*; *geschr*; besonders gut u. wirksam formuliert ⟨e-e Bemerkung, e-e Formulierung⟩ || *hierzu* **poin·tie·ren** (*hat*) *Vt*

Po·kal *der*; *-s, -e*; **1** e-e Art Becher (*mst* aus Metall), den ein Sportler od. e-e Mannschaft nach dem Sieg in e-m Wettkampf bekommt || K-: ***Pokal-, -finale, -runde, -sieger, -spiel, -turnier*** **2** ein wertvoller Becher ≈ Kelch || -K: ***Gold-, Kristall-, Wein-***

pö·keln; *pökelte, hat gepökelt*; Vt ***etw. p.*** etw. in Salz legen, damit es haltbar wird ⟨Fisch, Fleisch p.⟩ || K-: ***Pökel-, -fleisch***

Po·ker *das, der*; *-s*; *nur Sg*; ein Kartenspiel, bei dem man oft um viel Geld spielt ⟨e-e Runde P. spielen⟩

po·kern; *pokerte, hat gepokert*; Vi **1** Poker spielen **2**

(um etw.) p. ein *mst* hohes (finanzielles) Risiko eingehen ⟨hoch p.⟩

Pol *der*; *-s, -e*; **1** der Punkt auf e-m Planeten (*bes* der Erde), der am weitesten im Süden od. Norden ist, u. das Gebiet um ihn herum: *An den Polen herrscht ein kaltes Klima* || -K: ***Nord-, Süd-*** **2** eine der beiden Stellen an e-m Gerät, e-r Batterie, e-m Kabel *o.Ä.*, an der der Strom heraus- od. hineinfließt: *die Pole e-r Batterie* || -K: ***Minus-, Plus-*** **3** *Phys*; eines der beiden Enden e-s Magneten || K-: ***Pol-, -stärke*** **4** ***der ruhende Pol*** j-d, der (im Gegensatz zu anderen) sehr ruhig bleibt: *der ruhende Pol des Teams*

po·lar *Adj*; *ohne Steigerung, nicht adv*; **1** in Bezug auf einen der Pole (1) der Erde: *der Zustrom polarer Luftmassen* || K-: ***Polar-, -expedition, -gebiet, -forscher, -himmel*** **2** *geschr* ≈ gegensätzlich ⟨Meinungen, Kräfte⟩

po·la·ri·sie·ren, sich; *polarisierte sich, hat sich polarisiert*; Vr ⟨Meinungen *o.Ä.*⟩ ***polarisieren sich*** *geschr*; Meinungen *o.Ä.* gehen immer weiter auseinander || *hierzu* **Po·la·ri·sa·ti·on** *die*; *-, -en*; **Po·la·ri·sie·rung** *die*

Po·la·ri·tät *die*; *-*; *nur Sg, geschr*; die Gegensätzlichkeit von zwei Objekten od. Erscheinungen: *die P. von Licht u. Schatten*

Po·lar·kreis *der*; der (Breiten)Kreis, der im Norden u. im Süden der Erde die gemäßigte von der polaren Klimazone trennt

Po·lar·licht *das*; das Leuchten in der Nacht, das man in der Nähe e-s Pols (1) sehen kann ≈ Nordlicht

Po·lar·nacht *die*; die Zeit, in der in den Gebieten um e-n Pol (1) die Sonne Tag u. Nacht nicht scheint

Po·le·mik *die*; *-*; *-en*; *mst Sg, geschr*; ein (oft persönlicher) Angriff auf j-n / etw. (*bes* im Rahmen e-r politischen od. wirtschaftlichen Auseinandersetzung) mit Argumenten, die nicht sachlich sind || -K: ***Zeitungs-*** || *hierzu* **po·le·misch** *Adj*

po·le·mi·sie·ren; *polemisierte, hat polemisiert*; Vi ***gegen j-n / etw. p.*** *geschr*; j-n / etw. scharf u. ohne sachliche Argumente angreifen || *hierzu* **Po·le·mi·ker** *der*; *-s, -*; **Po·le·mi·ke·rin** *die*; *-, -nen*

po·len; *polte, hat gepolt*; Vt ***etw. p.*** etw. an e-n Pol (2,3) anschließen

Po·len·te *die*; *-*; *nur Sg, gespr*; *veraltend pej* ≈ Polizei

Po·li·ce [po'li:sə] *die*; *-, -n*; ein Dokument, das beweist, dass man e-e Versicherung abgeschlossen hat || -K: ***Versicherungs-***

Po·lier *der*; *-s, -e*; ein Handwerker, der auf e-r großen Baustelle die Arbeiten der Bauarbeiter organisiert u. überwacht

po·lie·ren; *polierte, hat poliert*; Vt ***etw. p.*** etw. reiben, damit es glänzend wird ⟨e-n Spiegel, e-n Tisch, das Auto p.⟩ || K-: ***Polier-, -mittel, -tuch***

Po·li·kli·nik *die*; e-e Abteilung im Krankenhaus, in der die Patienten behandelt werden u. sofort wieder nach Hause dürfen ≈ Ambulanz (2)

Po·lio, Po·li·o·my·e·li·tis *die*; *-*; *nur Sg, Med* ≈ Kinderlähmung || K-: ***Polio-, -impfung***

Po·lit- *im Subst, begrenzt produktiv*; **1** mit politischem Inhalt; das ***Politdrama***, die ***Politrevue***, der ***Politthriller*** **2** *hist* (*DDR*) ≈ politisch; die ***Politabteilung***, die ***Politinformation***, der ***Politoffizier***

Po·lit·bü·ro *das*; die Leitung e-r kommunistischen Partei ⟨die Mitglieder des Politbüros⟩

Po·li·tes·se *die*; *-, -n*; e-e Angestellte e-r Gemeinde (1), die (für die Polizei) *bes* kontrolliert, ob die Autos richtig parken

Po·li·tik, Po·li·tik *die*; *-*; *nur Sg*; **1** der Teil des öffentlichen Lebens, der das Zusammenleben der Menschen in e-m Staat u. die Beziehungen der Staaten untereinander bestimmt ⟨sich für P. interessieren, sich mit P. befassen; in die P. gehen; die internationale P.⟩ **2** e-e Form der P. (1), die von e-r bestimmten Ideologie, e-m bestimmten Programm *o.Ä.* geprägt ist ⟨e-e konservative, e-e liberale P.; die P. e-r Partei, e-s Staates, e-r Regierung⟩ || K-: ***Politik-, -wissenschaft*** || -K: ***Außen-, Innen-, Abrüstungs-, Entspannungs-, Friedens-; Agrar-, Finanz-, Handels-, Kommunal-, Kultur-, Partei-, Regierungs-, Sozial-, Wirtschafts-*** **3** e-e Vorgehensweise, die e-e Person od. e-e Institution in e-m bestimmten Bereich anwendet, um erfolgreich zu sein ≈ Taktik || -K: ***Finanz-, Gehalts-, Lohn-, Personal-, Preis-; Einschüchterungs-, Hinhalte-***

Po·li·ti·ker, Po·li·ti·ker *der*; *-s, -*; j-d, der ein politisches Amt innehat || *hierzu* **Po·li·ti·ke·rin** *die*; *-, -nen*

Po·li·ti·kum, Po·li·ti·kum *das*; *-s*; *nur Sg*; ein Ereignis od. e-e Sache mit großer politischer Bedeutung ⟨ein P. ersten Ranges; etw. wird zum P.⟩

Po·li·tik·ver·dros·sen·heit *die*; e-e Einstellung, bei der man nichts mehr von der Politik hören will (*mst* wegen Skandale *o.Ä.*)

po·li·tisch, po·li·tisch *Adj*; **1** in Bezug auf die Politik (1) ⟨der Gegner, j-s Gesinnung, die Lage, e-e Partei, j-s Überzeugung⟩: *j-n aus politischen Gründen verfolgen* || -K: ***außen-, innen-, kultur-, partei-, sozial-, wirtschafts-*** **2** mit politischem (1) Inhalt ⟨Dichtung, Kabarett, Lyrik⟩ **3** aus politischen (1) Gründen ⟨ein Häftling, ein Verfolgter⟩ **4** auf ein bestimmtes Ziel gerichtet, klug u. berechnend ⟨e-e rein politische Entscheidung⟩

po·li·ti·sie·ren; *politisierte, hat politisiert*; Vt **1** ***j-n p.*** j-n so beeinflussen, dass er sich für die aktuelle Politik (1) interessiert **2** ***etw. p.*** ein Thema od. e-e Sache unter e-m politischen (1) Aspekt behandeln ⟨ein Problem p.⟩; Vi **3** (als Laie) über Politik diskutieren: *Am Stammtisch wird oft politisiert* || *zu* **1** u. **2** **Po·li·ti·sie·rung** *die*; *nur Sg*

Po·li·to·lo·gie *die*; *-*; *nur Sg*; die Wissenschaft, die sich mit politischen Strukturen u. Prozessen innerhalb e-s Staates u. zwischen verschiedenen Staaten beschäftigt || *hierzu* **Po·li·to·lo·ge** *der*; *-n, -n*; **Po·li·to·lo·gin** *die*; *-, -nen*; **po·li·to·lo·gisch** *Adj*

Po·li·tur [-'tu:ɐ] *die*; *-, -en*; ein Mittel (*mst* e-e Flüssigkeit), mit dem man *z.B.* Möbel poliert || -K: ***Auto-, Möbel-***

P

Po·li·zei *die*; *-*; *nur Sg*; **1** e-e staatliche Institution, deren Aufgabe es ist, die Menschen u. ihr Eigentum zu schützen, Verbrechen zu verhindern u. aufzuklären ⟨(Beamter) bei der P. sein; j-n der P. melden, j-n bei der P. anzeigen; sich der P. stellen⟩ || K-: ***Polizei-, -aktion, -auto, -beamte(r), -bericht, -dienststelle, -einheit, -eskorte, -funk, -gewahrsam, -hund, -notruf, -schutz, -streife, -uniform, -wagen*** || -K: ***Bahn-, Geheim-, Grenz-, Kriminal-, Verkehrs-*** **2** ein einzelner Polizist od. mehrere Polizisten ⟨die P. holen, rufen, verständigen⟩: *Die P. hat den Dieb gefasst* **3** das Gebäude der P. (1) ≈ Polizeidienststelle, Polizeirevier ⟨zur P. gehen; sich auf / bei der P. melden⟩ || ID ***j-m die P. auf den Hals hetzen*** *gespr*; j-n bei der P. anzeigen; ***dümmer sein, als die P. erlaubt*** *gespr*; sehr dumm sein

Po·li·zei·ap·pa·rat *der*; *Kollekt*; alles, was zu der Polizei (1) als e-r staatlichen Institution gehört

po·li·zei·lich *Adj*; *nur attr od adv*; von der Polizei durchgeführt, die Polizei betreffend ⟨Ermittlungen; p. gesucht⟩

Po·li·zei·prä·si·dent *der*; der Leiter der Polizei e-r großen Stadt od. e-s großen Gebietes

Po·li·zei·prä·si·di·um *das*; das zentrale Gebäude der Polizei

Po·li·zei·re·vier *das*; **1** das Gebäude der Polizei, die ein bestimmtes Gebiet kontrolliert **2** ein Gebiet, das von der Polizei kontrolliert wird

Po·li·zei·staat *der*; *pej*; ein Staat, in dem die Polizei so viel Macht hat, dass die Menschen sie fürchten
Po·li·zei·sta·ti·on *die* ≈ Polizeirevier (1)
Po·li·zei·stun·de *die*; *mst Sg*; die Zeit, zu der Lokale nachts schließen müssen: *Um ein Uhr ist bei uns P.*
Po·li·zist *der*; *-en, -en*; ein Mitglied der Polizei (1) || -K: ***Bahn-, Geheim-, Grenz-, Kriminal-, Verkehrs-*** || NB: *der Polizist*; *den, dem, des Polizisten* || *hierzu* **Po·li·zis·tin** *die*; *-, -nen*
Pol·ka *die*; *-, -s*; ein schneller, einfacher Tanz
Pol·len *der*; *-s, -*; *Biol*; der feine Staub, den e-e Blüte produziert u. mit dem e-e andere Blüte befruchtet wird ≈ Blütenstaub || K-: ***Pollen-, -allergie, -korn***
Po·lo *das*; *-s*; *nur Sg*; ein Spiel, bei dem beide Mannschaften auf Pferden sitzen u. e-n kleinen Ball mit e-m Schläger spielen || K-: ***Polo-, -spieler, -schläger***
Po·lo·hemd *das*; ein Hemd mit kurzen Ärmeln, das nur am oberen Teil Knöpfe hat
Po·lo·nai·se [-'nɛːzə], **Po·lo·nä·se** *die*; *-, -n*; ein langsamer festlicher Tanz, bei dem die Paare hintereinander hergehen, *bes* bei der Eröffnung e-s Balles[2]
Pols·ter *das*, Ⓒⓗ Ⓐ *der*; *-s, -*; **1** ein kleiner, weicher Gegenstand, auf dem man bequem sitzen od. liegen kann ≈ Kissen ⟨sich ein P. unter den Kopf legen⟩ || K-: ***Polster-, -bank, -möbel, -sessel*** || -K: ***Leder-, Plüsch-, Rücken-, Sitz-*** **2** ein kleines Kissen, mit dem man (in der Kleidung) *bes* die Schultern betont || -K: ***Schulter-*** **3** *gespr*; das Geld, das man zu seiner Sicherheit gespart hat ≈ Reserve ⟨ein dickes, finanzielles P.⟩
Pols·ter·gar·ni·tur *die*; ein Sofa mit (Polster)Sesseln für das Wohnzimmer
Pols·ter·grup·pe *die* ≈ Polstergarnitur
pols·tern; *polsterte, hat gepolstert*; [Vt] ***etw. p.*** ein Möbelstück mit Polstern bequem machen ⟨Sessel, ein Sofa p.⟩: *Die Autositze sind gut gepolstert* || ID ***gut gepolstert sein*** *gespr hum*; dick sein || *hierzu* **Pols·te·rung** *die*
Pol·ter·abend *der*; der Abend vor der Hochzeit, den man *mst* mit Freunden feiert: *Am P. wird nach altem Brauch Geschirr zerschlagen*
Pol·ter·geist *der*; ein Gespenst, das Lärm macht
pol·tern; *polterte, hat / ist gepoltert*; [Vi] **1** ***etw. poltert*** (*hat*) etw. macht beim Fallen laute u. dumpfe Geräusche **2** ***etw. poltert irgendwohin*** (*ist*) etw. fährt od. fällt mit lauten u. dumpfen Geräuschen: *Der alte Holzwagen polterte durch die Straße*; [Vimp] (*hat*) **3** ***es poltert*** man kann das Geräusch des Polterns (1) hören || *hierzu* **pol·te·rig, polt·rig** *Adj*
po·ly-, Po·ly- *im Adj u. Subst, begrenzt produktiv, nur in technischen Ausdrücken*; ≈ viel(e), mehrere ↔ mono-, Mono-; das ***Polyeder*** (ein geometrischer Körper mit vielen Ecken); ein ***polychromer Bildschirm*** (ein Bildschirm mit mehreren Farben)
Po·ly·amid® *das*; *-(e)s, -e*; *Chem*; ein Kunststoff, aus dem man *bes* Kleidung macht: *Nylon ist ein P.*
Po·ly·äthy·len *das*; *-s*; *nur Sg*, *Chem*; ein harter Kunststoff: *ein Eimer, e-e Schüssel aus P.*
Po·ly·es·ter *der*; *-s, -*; *Chem*; ein Kunststoff, aus dem man *bes* Kleidung macht: *Der Pullover besteht zu 80% aus Wolle u. zu 20% aus P.*
Po·ly·ethy·len ↑ ***Polyäthylen***
Po·ly·ga·mie *die*; *-*; *nur Sg*; e-e Form der Ehe, bei der man gleichzeitig zwei od. mehr Partner hat ↔ Monogamie || *hierzu* **po·ly·gam** *Adj*
po·ly·glott *Adj*; *ohne Steigerung*, *geschr*; **1** in mehreren Sprachen geschrieben ⟨die Ausgabe e-s Buches⟩ **2** fähig, mehrere Sprachen zu sprechen
Po·lyp *der*; *-en, -en*;**1** *gespr* ≈ Krake, Tintenfisch **2** *Biol*; ein kleines Tier, das im Wasser lebt u. wie e-e Pflanze aussieht **3** *mst Pl*; ein kleiner Zapfen, der an den Schleimhäuten *bes* der Nase wächst u. beim Atmen stört ⟨Polypen haben; j-m die Polypen herausnehmen⟩ **4** *gespr pej* ≈ Polizist || NB: *der Polyp*; *den, dem, des Polypen*
po·ly·phon [-f-] *Adj*; *ohne Steigerung*, *Mus*; so, dass verschiedene Stimmen gleichzeitig u. eigenständig nebeneinander erklingen || *hierzu* **Po·ly·pho·nie** *die*; *-*; *nur Sg*
po·ly·sem *Adj*; *Ling*; ⟨ein Wort⟩ mit mehr als einer Bedeutung || *hierzu* **Po·ly·se·mie** *die*; *-*; *nur Sg*
Po·ly·tech·ni·kum *das*; *-s*, *Po·ly·tech·ni·ken*; *veraltet*; e-e Fachhochschule für Ingenieure
Po·ly·the·is·mus *der*; *-*, *Po·ly·the·is·men*; der Glaube, dass es mehrere Götter gibt ↔ Monotheismus || *hierzu* **po·ly·the·is·tisch** *Adj*; *ohne Steigerung*
Po·ma·de *die*; *-, -n*; e-e Art Creme, die man in die Haare reibt, um sich besser frisieren zu können
po·ma·dig *Adj*; *gespr* ≈ träge, langsam
Pom·mes ['pɔməs] *die*; *Pl*, *gespr* ≈ Pommes frites
Pommes frites [pɔm'frɪt(s)] *die*; *Pl*; Kartoffeln, die in lange, dünne Stücke geschnitten sind u. in Fett gebacken werden ⟨e-e Portion Pommes frites⟩
Pomp *der*; *-(e)s*; *nur Sg*, *pej* ≈ Prunk ⟨etw. mit großem P. tun⟩ || *hierzu* **pom·pös** *Adj*
Pon·cho ['pɔntʃo] *der*; *-s, -s*; e-e Art Mantel ohne Ärmel mit e-m Loch für den Kopf
Pon·ti·fi·kat *das*; *-(e)s, -e*; das Amt od. die Amtszeit des Papstes od. e-s Bischofs der katholischen Kirche
Pon·ti·us [-tsiʊs] *nur in* ***von P. zu Pilatus laufen*** *gespr*; zu vielen Behörden, Geschäften *o.Ä.* gehen müssen, um e-e Angelegenheit zu regeln
Po·ny[1] ['pɔni] *das*; *-s, -s*; ein kleines Pferd
Po·ny[2] ['pɔni] *der*; *-s, -s*; e-e Frisur, bei der die glatten Haare vom Kopf her auf die Stirn fallen ⟨e-n P. haben, tragen⟩ || K-: ***Pony-, -frisur***
Pool[1] ['puːl] *der*; *-s, -s*; *Kurzw* ↑ ***Swimmingpool***
Pool[2] ['puːl] *der*; *-s, -s*; Geld, das mehrere Menschen od. Firmen miteinander teilen u. gemeinsam verwenden ⟨etw. in e-n gemeinsamen P. tun, etw. aus e-m P. finanzieren⟩
Pop *der*; *-s*; *nur Sg*; moderne (Unterhaltungs)Musik, die *bes* jungen Leuten gefällt || K-: ***Pop-, -gruppe, -konzert, -musik, -star*** || NB: ↑ ***Beat, Rock***
Pop-Art *die*; *-*; *nur Sg*; moderne Kunst, bei der einfache Gegenstände des Lebens als Material verwendet werden: *Andy Warhol ist ein Vertreter der P.*
Pop·corn [-k-] *das*; *-s*; *nur Sg*; Maiskörner, die man röstet, bis sie aufplatzen u. die man *mst* mit Salz od. Zucker isst
Po·pe *der*; *-n, -n*; **1** ein Geistlicher in der russisch-orthodoxen Kirche **2** *pej* ≈ Priester || NB: *der Pope*; *den, dem, des Popen*
Po·pel *der*; *-s, -*; *gespr*; ein kleines Stück der weichen Masse (= Schleim), die sich in der Nase bildet
po·pe·lig *Adj*; *gespr pej* ≈ geizig, knauserig ⟨ein Geschenk⟩
Po·pe·lin, Po·pe·li·ne [-'liːn(ə)] *der*; *-s, -*; ein feiner u. fester Stoff für Kleidungsstücke
po·peln; *popelte, hat gepopelt*; [Vi] ***(in der Nase) p.*** *gespr* ≈ in der Nase bohren
pop·lig ↑ ***popelig***
Po·po *der*; *-s, -s*; *gespr* ≈ Po, Hintern || -K: ***Kinder-***
pop·pig *Adj*; *gespr*; **1** mit bunten leuchtenden Farben ⟨e-e Farbe, e-e Kleidung⟩ **2** mit sehr auffälligen Effekten ⟨j-s Stil, e-e Show, e-e Inszenierung⟩
po·pu·lär *Adj*; **1** bekannt u. beliebt ↔ unpopulär ⟨e-e Auffassung, ein Politiker, ein Sänger, ein Schlager, e-e Theorie; durch etw. p. werden⟩ **2** so, dass viele Menschen es verstehen können ≈ allgemein verständlich ⟨e-e Darstellung⟩ || *hierzu* **Po·pu·la·ri·tät** *die*; *nur Sg*

P

po·pu·la·ri·sie·ren; *popularisierte, hat popularisiert*; Vt **etw. p.** *geschr*; etw. populär (1,2) machen

po·pu·lär·wis·sen·schaft·lich *Adj*; mit wissenschaftlichem Inhalt, aber so geschrieben od. erklärt, dass jeder es verstehen kann ⟨ein Buch⟩

Po·pu·la·ti·on [-ˈtsi̯oːn] *die*; -, *-en*; *Kollekt, Biol*; die Pflanzen od. Tiere, die in e-m bestimmten Gebiet leben || -K: ***Affen-, Fisch-, Vogel-*** *usw*

Po·re *die*; -, *-n*; *mst Pl*; e-e sehr kleine Öffnung, *bes* in der Haut od. in e-m Schwamm ⟨große, verstopfte Poren; j-m bricht der Schweiß aus allen Poren⟩

Por·no *der*; *-s, -s*; *gespr*; ein Buch, ein Film *o.Ä.*, die Pornographie (1) enthalten ⟨e-n P. ansehen⟩ || K-: ***Porno-, -heft, -film, -kino***

Por·no·gra·fie, **Por·no·gra·phie** [-graˈfiː] *die*; -; *nur Sg*; **1** e-e Darstellung der Sexualität, die die moralischen Vorstellungen der Gesellschaft verletzt **2** ein Buch, Film *o.Ä.*, die P. (1) enthalten || *hierzu* **por·no·gra·fisch, por·no·gra·phisch** *Adj*

po·rös *Adj*; *nicht adv*; mit sehr kleinen Löchern, sodass Wasser od. Luft durchkommt ⟨e-e Dichtung, ein Gestein⟩ || *hierzu* **Po·ro·si·tät** *die*; -; *nur Sg*

Por·ree *der*; *-s, -s* ≈ Lauch

Por·ta·ble [ˈpɔrtəbl̩] *der, das*; *-s, -s*; ein Radio- od. Fernsehgerät, das man leicht (bei sich) tragen kann

Por·tal *das*; *-s, -e*; ein großer Eingang zu e-m wichtigen Gebäude ⟨das P. e-r Kirche⟩ || -K: ***Dom-, Kirchen-, Schloss-***

Porte·mon·naie [pɔrtmɔˈneː] *das*; *-s, -s*; e-e kleine Tasche für das Geld, das man bei sich hat ≈ Geldbeutel || -K: ***Leder-, Damen-, Herren-***

Por·ti·er [pɔrˈti̯eː] *der*; *-s, -s* ≈ Pförtner || -K: ***Hotel-***

por·tie·ren; *portierte, hat portiert*; Vt **j-n p.** (CH) j-n zur Wahl vorschlagen, als Kandidaten aufstellen

Por·ti·on [-ˈtsi̯oːn] *die*; -, *-en*; **1** die Menge Essen, die für e-e Person bestimmt ist ⟨e-e große, doppelte P.; e-e P. Eis, Kartoffelsalat, Pommes frites⟩ **2** ***e-e P. Kaffee / Tee*** zwei Tassen (ein Kännchen) Kaffee / Tee || ID ***e-e halbe P.*** *gespr hum*; j-d, der klein u. dünn ist; ***Dazu gehört e-e gehörige P.*** ⟨Frechheit, Glück, Mut⟩ dazu braucht man viel (Frechheit, Glück, Mut) || *zu* **1 por·ti·o·nie·ren** (*hat*) *Vt*; **por·ti·ons·wei·se** *Adj*; *mst adv*

Port·mo·nee *das*; ↑ ***Portemonnaie***

Por·to *das*; *-s, -s*; das Geld, das man zahlen muss, wenn man j-m e-n Brief, ein Paket *o.Ä.* schicken will || -K: ***Brief-, Paket-, Straf-***

Port·rait [-ˈtrɛː] *das*; ↑ ***Porträt***

Por·trät [-ˈtrɛː] *das*; *-s, -s*; **1** ein Bild od. Foto, auf dem man Kopf u. Brust e-s Menschen sieht ⟨von j-m ein P. machen, malen⟩ || K-: ***Porträt-, -bild, -foto, -kunst, -maler*** || -K: ***Familien-, Kinder-, Selbst-*** **2** ein kurzer Text, in dem j-s Charakter od. Leben dargestellt wird || *hierzu* **por·trä·tie·ren** (*hat*) *Vt*

Port·wein *der*; ein süßer Wein aus Portugal

Por·zel·lan *das*; *-s, -e*; **1** e-e harte weiße Substanz, aus der *bes* Teller u. Tassen gemacht sind ⟨P. brennen⟩ || K-: ***Porzellan-, -figur, -geschirr, -laden, -tasse, -teller*** **2** ein Gegenstand aus P. (1) ⟨chinesisches, kostbares, feines P.; P. sammeln⟩ || K-: ***Porzellan-, -fabrik, -laden***

Po·sau·ne *die*; -, *-n*; ein großes Blasinstrument aus Metall mit e-m langen Rohr, das man beim Spielen verschieben kann, um so den Ton zu ändern || ↑ *Abb. unter* ***Blasinstrumente***

Po·sau·nist *der*; *-en, -en*; j-d, der (in e-m Orchester) Posaune spielt || NB: *der Posaunist; den, dem, des Posaunisten* || *hierzu* **Po·sau·nis·tin** *die*, -, *-nen*

Po·se *die*; -, *-n*; die Haltung, in der j-d sitzt, steht od. liegt, *bes* wenn er fotografiert od. gemalt wird ⟨e-e P. einnehmen, annehmen⟩

po·sie·ren; *posierte, hat posiert*; Vi *geschr*; e-e Pose einnehmen: *für den Maler, vor dem Spiegel p.*

Po·si·ti·on [-ˈtsi̯oːn] *die*; -, *-en*; **1** die Aufgabe od. die Funktion, die j-d in e-m Betrieb od. in e-r Organisation hat ≈ Stellung (3), Posten[1]; ⟨e-e leitende, gesicherte, gute, verantwortungsvolle, wichtige P. haben⟩: *Ein Mann in seiner P. kann sich solche Fehler nicht leisten* || -K: ***Führungs-, Macht-, Schlüssel-*** **2** ein bestimmter Platz in e-r Reihenfolge od. Hierarchie: *in e-m Rennen in führender, zweiter, letzter P. sein / liegen* || -K: ***Spitzen-*** **3** *mst Sg*; der Ort od. die Stelle, an denen etw. (zu e-r bestimmten Zeit) in Bezug auf seine Umgebung ist ≈ Lage (2), Standort ⟨die P. e-s Flugzeugs, Schiffes; e-e P. bestimmen, berechnen; j-m seine P. durchgeben⟩ || -K: ***Ausgangs-*** **4** die (Art der) Stellung (1), die j-d / etw. irgendwo einnimmt ⟨e-e liegende, sitzende, stehende P. einnehmen⟩ **5** die Meinung, die j-d zu e-m Thema hat ≈ Standpunkt ⟨e-e P. beziehen⟩ **6** die Situation, in der j-d ist ≈ Lage (3) ⟨sich in e-r günstigen, starken, schwachen P. befinden⟩ **7** ein einzelner Punkt, Gegenstand auf e-r Liste ≈ Posten[3] (2) ⟨die einzelnen Positionen e-r Liste, Rechnung, Bestellung prüfen, nachrechnen, durchgehen⟩ **8** ***in P. gehen*** die vorgesehene P. (3) einnehmen ⟨Soldaten⟩

po·si·tiv, **po·si·tiv** [-f] *Adj*; **1** so, dass der Betreffende etw. akzeptiert, bestätigt od. „ja" dazu sagt ↔ negativ (2), ablehnend ⟨e-e Antwort, ein Bescheid, e-e Haltung⟩: *Er hat e-e positive Einstellung zur Arbeit* **2** angenehm od. so, wie es sein sollte ≈ günstig ↔ negativ (3) ⟨ein Einfluss, ein Ergebnis; etw. wirkt sich p. aus⟩: *Er zeichnete ein positives Bild ihres Charakters - sie sei intelligent u. selbstbewusst* **3** *Chem, Phys*; mit mehr Protonen als Elektronen ↔ negativ (4) ⟨e-e elektronische Ladung; p. geladen⟩ **4** *Med*; mit e-m Ergebnis, das e-n Verdacht bestätigt ↔ negativ (5) ⟨ein Befund⟩: *Der Krebstest war p.* **5** *Math*; größer als Null ↔ negativ (6) ⟨e-e Zahl⟩

Po·si·tiv[1] [-f] *das*; *-s, -e* [-və]; ein Foto, bei dem das, was in der Natur hell ist, auch auf dem Bild des Filmes hell ist ↔ Negativ || -K: ***Dia-***

Po·si·tiv[2] [-f] *der*; *-s*; *nur Sg*; die Grundform des Adjektivs: *Der P. des Adjektivs „groß" lautet „groß", der Komparativ lautet „größer" u. der Superlativ „am größten"*

P

Po·si·ti·vis·mus [-v-] *der*; -; *nur Sg*; e-e philosophische Theorie, die sagt, dass man nur solche Dinge wissenschaftlich erforschen kann, die man mit den Sinnen wahrnehmen kann || *hierzu* **Po·si·ti·vist** *der*; *-en, -en*; **po·si·ti·vis·tisch** *Adj*

Po·si·tur [-ˈtuːɐ̯] *die*; -, *-en*; *mst in* **1** ***sich*** (*Akk*) ***in P. setzen, stellen, werfen*** *gespr*; in übertriebener Weise versuchen, sich so zu setzen od. zu stellen, dass man gut aussieht **2** ***in P. gehen / sein*** die richtige Stellung / Haltung *bes* für e-n Kampf als Boxer, Fechter *o.Ä.* einnehmen

Pos·se *die*; -, *-n*; ein einfaches u. lustiges Theaterstück || ID ***Possen reißen*** dumme Witze machen || NB: ↑ ***Lustspiel*** || *hierzu* **pos·sen·haft** *Adj*

Pos·ses·siv·pro·no·men [-f-] *das*; *Ling*; ein Pronomen, mit dem man e-e Zugehörigkeit ausdrückt: *„Mein", „dein" u. „sein" sind Possessivpronomina* || NB: ↑ *Tabelle unter* ***mein*** *u. Tabelle Seite 794*

pos·sier·lich *Adj*; lustig u. niedlich ≈ putzig, drollig ⟨ein Kätzchen, ein Hündchen⟩

Post *die*; -; *nur Sg*; **1** e-e (öffentliche) Institution, die *bes* Briefe u. Pakete befördert ⟨bei der P. arbeiten, sein; etw. mit der P. schicken⟩ || K-: ***Post-, -angestellte(r), -auto, -beamte(r), -sparbuch, -sparkasse, -stempel*** || -K: ***Bundes-*** **2** die Briefe, Pakete *usw*, die die P. (1) befördert ⟨die eingegangene, heutige P.; die P. austragen, zustellen, lesen, bearbeiten; P. bekommen⟩: *„Ist P. für mich da?" - „Für*

Possessivpronomen

Person im Singular						*Personen im Plural*					
		m	mein	junger	Hund			*m*	unser	junger	Hund
ich	*Sg*	*f*	meine	junge	Katze	**wir**	*Sg*	*f*	unsere	junge	Katze
		n	mein	junges	Pferd			*n*	unser	junges	Pferd
	Pl		meine	jungen	Tiere		*Pl*		unsere	jungen	Tiere
		m	dein	junger	Hund			*m*	euer	junger	Hund
du	*Sg*	*f*	deine	junge	Katze	**ihr**	*Sg*	*f*	eure	junge	Katze
		n	dein	junges	Pferd			*n*	euer	junges	Pferd
	Pl		deine	jungen	Tiere		*Pl*		eure	jungen	Tiere
		m	Ihr	junger	Hund			*m*	Ihr	junger	Hund
Sie	*Sg*	*f*	Ihre	junge	Katze	**Sie**	*Sg*	*f*	Ihre	junge	Katze
		n	Ihr	junges	Pferd			*n*	Ihr	junges	Pferd
	Pl		Ihre	jungen	Tiere		*Pl*		Ihre	jungen	Tiere
		m	sein	junger	Hund						
er/es	*Sg*	*f*	seine	junge	Katze						
		n	sein	junges	Pferd			*m*	ihr	junger	Hund
	Pl		seine	jungen	Tiere	**sie**	*Sg*	*f*	ihre	junge	Katze
		m	ihr	junger	Hund			*n*	ihr	junges	Pferd
sie	*Sg*	*f*	ihre	junge	Katze		*Pl*		ihre	jungen	Tiere
		n	ihr	junges	Pferd						
	Pl		ihre	jungen	Tiere						

dich ist heute keine P. gekommen" || K-: ***Post-, -sendung*** || -K: ***Eil-, Geschäfts-, Luft-, Paket-, Weihnachts-*** **3** ≈ Postamt ⟨auf die / zur P. gehen; etw. auf die / zur P. bringen⟩: *Wann macht die P. auf?* || ID ***'ab (geht) die P.*** *gespr*; verwendet, wenn j-d sofort losfährt od. losfahren soll od. wenn etw. sofort beginnt od. beginnen soll

post-, Post- *im Adj u. Subst, begrenzt produktiv, geschr*; verwendet, um auszudrücken, dass etw. nach der genannten Periode, Phase *o.Ä.* erfolgt ↔ prä-, Prä-; ***postglazial*** (= nach der Eiszeit), ***postnatal*** (= nach der Geburt), ***postoperativ*** ⟨Blutungen, Komplikationen⟩, der ***Postimpressionismus***

pos·ta·lisch *Adj*; *geschr*; durch die Post (1) ⟨j-n p., auf postalischem Wege benachrichtigen⟩

Post·amt *das*; ein Gebäude, in dem man Briefe u. Pakete abgeben u. telefonieren kann

Post·an·wei·sung *die*; **1** Geld, das man j-m mit der Post (1) schicken lässt **2** das Formular, das man ausfüllen muss, um j-m Geld zu schicken ≈ Zahlkarte

Post·bank *die*; *nur Sg*; e-e Bank[2], die ihre Schalter in Postämtern hat

Post·bo·te *der* ≈ Briefträger || *hierzu* **Post·bo·tin** *die*

Pos·ten[1] *der*; *-s, -*; die Stellung (3), die j-d in e-m Betrieb, e-r Institution *o.Ä.* hat ≈ Position (1) ⟨ein ruhiger, wichtiger, verantwortungsvoller P.⟩: *Als Beamter hat er e-n sicheren P.* || -K: ***Direktor-, Minister-, Vertrauens-, Vorstands-***

Pos·ten[2] *der*; *-s, -*; **1** die Stelle, an der *bes* ein Soldat steht, wenn er etw. bewacht ⟨seinen P. beziehen, verlassen; auf dem P. bleiben⟩ || -K: ***Alarm-, Beobachtungs-*** **2** ein Soldat, Polizist *o.Ä.*, der etw. bewacht ≈ Wache ⟨Posten aufstellen, verstärken, ablösen, abziehen⟩ || -K: ***Grenz-, Polizei-, Streik-, Wach-*** **3** ***P. stehen*** etw. als P.[2] (2) bewachen ≈ Wache haben **4** ***P. schieben*** *gespr*; etw. als P.[2] (2) bewachen || ID ***wieder auf dem P. sein*** *gespr*; (nach e-r Krankheit) wieder gesund sein; ***sich*** (*Akk*) ***nicht auf dem P. fühlen*** *gespr*; sich krank fühlen; ***auf verlorenem P. sein / stehen / kämpfen*** *gespr*; ohne Erfolg für etw. kämpfen

Pos·ten[3] *der*; *-s, -*; **1** e-e bestimmte Menge e-r Ware: *e-n größeren P. Hosen auf Lager haben* || -K: ***Rest-*** **2** e-e einzelne Sache auf e-r Liste: *die einzelnen Posten e-r Rechnung nachprüfen* || -K: ***Einzel-***

Pos·ter *das*; *-s, -*; ein Plakat, das man *bes* in Räumen aufhängt, um sie zu schmücken

Post·fach *das*; **1** ein Fach[1] in e-m Postamt, in dem die Briefe, die j-d bekommt, liegen bleiben, bis er sie holt **2** (in e-m Hotel) ein Fach[1] für Briefe u. Nachrichten

Post·ge·heim·nis *das*; *nur Sg*, *Jur* ≈ Briefgeheimnis

Post·gi·ro|amt [-'ʒiː-] *das*; e-e Einrichtung der Post (1), die *bes* Girokonten verwaltet

post·hum ↑ ***postum***

pos·tie·ren; *postierte, hat postiert*; [Vt] ***j-n / sich irgendwo p.*** j-n / sich an e-n Ort stellen, *mst* um dort etw. zu bewachen: *e-n Polizisten am Eingang p.*

Pos·til·li·on ['pɔstiljoːn] *der*; *-s, -e*; *hist*; der Kutscher e-r (Post)Kutsche

Post·kar·te *die*; **1** e-e Karte mit e-m Bild, die man j-m *bes* aus dem Urlaub schickt ≈ Ansichtskarte **2** e-e Karte mit e-r kurzen Nachricht, die man (ohne Umschlag) mit der Post schickt ↔ Brief

Post·kut·sche *die*; *hist*; die Kutsche, mit der Briefe u. Personen befördert wurden

post·la·gernd *Adj*; ⟨ein Brief, ein Paket; j-m p. schreiben⟩ so, dass sie so lange auf dem Postamt bleiben, bis der Empfänger sie holt

Post·leit·zahl *die*; die Zahl, mit der man auf Briefen, Paketen *o.Ä.* e-n Ort kennzeichnet

Post·ler *der*; *-s, -*; *südd gespr*; j-d, der bei der Post arbeitet

Post·scheck *der*; *veraltend*; ein Scheck für ein Konto bei der Post || K-: ***Postscheck-, -konto***
Post·skript *das*; *-(e)s, -e*; ein kurzer Text, den man (zusätzlich) zu e-m Brief schreibt, der eigentlich schon fertig ist; *Abk* PS
Post·skrip·tum *das*; *-s, Post·skrip·ta*; ↑ ***Postskript***
Post·stem·pel *der*; ein Stempel, den die Post auf e-n Brief, ein Paket *o.Ä.* drückt || ↑ *Abb. unter* ***Stempel***
Pos·tu·lat *das*; *-(e)s, -e*; *geschr*; **1** ≈ These ⟨ein P. aufstellen⟩ **2** e-e moralische Forderung, die j-d an andere stellt ⟨etw. zum P. erheben⟩ **3** ⒸⒽ ein Antrag im Parlament, mit dem die Regierung aufgefordert wird, über etw. zu berichten od. in einer Sache aktiv zu werden || *zu* **3 Pos·tu·lant** *der*; *-en, -en*; *zu* **1** u. **2 pos·tu·lie·ren** *(hat) Vt geschr*
pos·tum *Adj*; *attr od adv*, *geschr*; nach j-s Tod: *die postume Veröffentlichung e-s Romans*
post·wen·dend *Adj*; *mst adv*; **1** mit der nächsten (Post)Sendung ⟨etw. p. zurückschicken; j-m p. antworten⟩ **2** *gespr* ≈ sofort
Post·wert·zei·chen *das*; *Admin geschr* ≈ Briefmarke
Post·wurf·sen·dung *die*; *Admin geschr*; Informationen, Werbung *usw*, die mit der Post an viele Leute geschickt werden
Pot[1] *das*; *-s*; *nur Sg*, *gespr* ≈ Marihuana
Pot[2] *der*; *-s*; *nur Sg*; das Geld, das alle Spieler bei e-m Kartenspiel eingesetzt u. in die Mitte gelegt haben
po·tent *Adj*; **1** fähig zum Sex (u. dazu, Kinder zu zeugen) ↔ impotent ⟨ein Mann⟩ **2** mit viel Geld ≈ finanzstark, zahlungskräftig ⟨ein Geldgeber, ein Geschäftspartner⟩
Po·ten·tat *der*; *-en, -en*; *geschr pej* ≈ Herrscher || NB: *der Potentat*; *den, dem, des Potentaten*
Po·ten·ti·al [-ˈtsi̯aːl], **po·ten·ti·ell** [-ˈtsi̯ɛl] ↑ ***Potenzial, potenziell***
Po·tenz *die*; *-, -en*; **1** *nur Sg*; die Fähigkeit (e-s Mannes) zum Sex (u. dazu, Kinder zu zeugen) ↔ Impotenz **2** *Math*; die Zahl, die man erhält, wenn man e-e Zahl (mehrere Male) mit sich selbst multipliziert ⟨die zweite, dritte *usw* P.; mit Potenzen rechnen⟩: *Die fünfte P. von zehn wird als* 10^5 *(„zehn hoch fünf") geschrieben*
Po·ten·zi·al *das*; *-s, -e*; *geschr*; alle Mittel u. Möglichkeiten, die zu e-m bestimmten Zweck verwendet werden können ⟨das militärische, wissenschaftliche P. e-s Staates⟩ || -K: ***Arbeits-, Energie-, Kräfte-, Menschen-, Wirtschafts-***
po·ten·zi·ell *Adj*; *geschr* ≈ möglich ⟨e-e Bedrohung, e-e Gefahr⟩
po·ten·zie·ren; *potenzierte, hat potenziert*; Vt **1** ***etw. p.*** *Math*; e-e Zahl (mehrere Male) mit sich selbst multiplizieren **2** ***etw. p.*** *geschr* ≈ vervielfachen ⟨seine Bemühungen, die Leistungen, die Wirkung p.⟩ || *hierzu* **Po·ten·zie·rung** *die*
Pot·pour·ri [ˈpɔtpʊri] *das*; *-s, -s*; ein Musikstück, das aus mehreren, *mst* bekannten Liedern *usw* besteht || -K: ***Schlager-***
Pott *der*; *-(e)s, Pöt·te*; *nordd gespr*; **1** ≈ Topf || -K: ***Blumen-, Koch-, Nacht-*** **2** ≈ Schiff ⟨ein großer, dicker P.⟩ || ID ***(nicht) zu Potte kommen*** *nordd gespr*; mit e-r Aufgabe *o.Ä.* (nicht) zurechtkommen
Pott·asche *die*; *nur Sg*; e-e Substanz, die man *mst* dazu verwendet, Teig u. andere weiche Massen größer zu machen; *Chem* Kaliumkarbonat
pott·häss·lich *Adj*; *nordd gespr*; sehr hässlich
Pott·wal *der*; ein großer Wal mit eckigem Kopf
potz *Interjektion*; *veraltend*; *nur in* ***p. Blitz!*** verwendet, um auszudrücken, dass man sehr überrascht ist
Pou·let [puˈleː] *das*; *-s, -s*; ⒸⒽ ≈ Hühnchen
Pow·er [ˈpaʊɐ] *die*; *-*; *nur Sg*, *gespr*; (*bes* von Jugendlichen verwendet) große Energie, Kraft *o.Ä.*: *Lautsprecher mit viel P.*; *Mann, der hat vielleicht P.!*
PR [peːˈ|ɛr] *ohne Artikel*; (*Abk für* Public Relations) alles, womit man über ein Produkt od. über e-e Institution informiert, um für sie zu werben ⟨für PR zuständig sein⟩ || K-: ***PR-Abteilung, PR-Manager***
prä-, Prä- *im Adj u. Subst, begrenzt produktiv, geschr*; vor e-m bestimmten Zeitpunkt, Ereignis *o.Ä.* ↔ post-, Post-; ***prämenstruell*** ⟨Syndrom⟩, ***pränatal*** (= vor der Geburt)
Prä·am·bel *die*; *-, -n*; ***e-e P. (zu etw.)*** e-e Einleitung zu e-m Gesetz, Vertrag *o.Ä.*, die den Zweck des Textes erklärt: *die P. zur Verfassung, zum Staatsvertrag* || NB: ↑ ***Vorwort***
Pracht *die*; *-*; *nur Sg*; **1** große , strahlende Schönheit, großer Aufwand ≈ Herrlichkeit ⟨verschwenderische, üppige P.; die P. der Gewänder, e-s Schlosses; große P. entfalten⟩: *Der Garten zeigt sich im Sommer in seiner ganzen / vollen P.* || K-: ***Pracht-, -entfaltung, -saal*** || -K: ***Blumen-, Blüten-, Farben-, Locken-*** **2** ***j-d / etw. ist e-e (wahre) P.*** *gespr*; j-d / etw. sieht sehr schön aus: *Du bist heute e-e wahre P.!*
Pracht- *im Subst, begrenzt produktiv, gespr*; verwendet, um e-e Person od. Sache zu bezeichnen, die alle guten Eigenschaften hat, die man sich wünscht; der ***Prachtjunge***, der ***Prachtkerl***, das ***Prachtmädchen***, das ***Prachtwetter***
Pracht·exemp·lar *das*; *gespr, oft hum*; e-e Person od. Sache, die alle Eigenschaften hat, die man sich wünscht: *ein P. von e-m Schäferhund*
präch·tig *Adj*; **1** mit großer Pracht (1) ≈ prachtvoll ⟨e-e Kirche, ein Schloss; e-e Uniform⟩ **2** sehr gut ⟨das Wetter, ein Buch; sich p. mit j-m unterhalten; sich p. mit j-m verstehen; p. gedeihen⟩
Pracht·stra·ße *die*; e-e Straße mit schönen, *mst* alten Häusern, teuren Geschäften *usw*
Pracht·stück *das*; *gespr* ≈ Prachtexemplar
pracht·voll *Adj* ≈ prächtig
prä·des·ti·niert *Adj*; *geschr*; ***zu etw. / für etw. p. sein*** für etw. ideal geeignet sein: *Er ist für e-e politische Laufbahn / zum Politiker p.*
Prä·di·kat *das*; *-(e)s, -e*; **1** e-e Bezeichnung, die aussagt, von welch guter Qualität etw. ist ≈ Auszeichnung (1): *ein Film mit dem P. „wertvoll"*; *Qualitätswein mit P.* **2** *Ling*; der Teil des Satzes, der etw. über das Subjekt aussagt (*mst* das Verb od. das Verb plus Objekt) ≈ Satzaussage: *In dem Satz „Sie besuchte ihren Freund" ist „besuchte ihren Freund" das P.*
prä·di·ka·tiv [-f] *Adj*; ⟨ein Adjektiv⟩ so, dass es *mst* e-r Form von *sein* od. *werden* folgt: *Im Satz „Er ist dumm" wird das Adjektiv „dumm" p. verwendet*
Prä·fe·renz *die*; *-, -en*; ***e-e P. (für etw.)*** *geschr*; die Bevorzugung e-r Person od. Sache ⟨Präferenzen haben⟩: *seine P. für französischen Rotwein* || *hierzu* **prä·fe·rie·ren** *(hat) Vt geschr*
Prä·fix *das*; *-es, -e*; *Ling*; ein Wortteil, der vor ein anderes Wort gesetzt wird ≈ Vorsilbe ↔ Suffix: *das P. „un-" in dem Wort „unfreundlich"* || K-: ***Präfix-, -verb*** || *hierzu* **prä·fi·gie·ren** *(hat) Vt*
prä·gen; *prägte, hat geprägt*; Vt **1** ***etw. (auf / in etw. (Akk)) p.*** ein Bild od. e-e Schrift in festes Material pressen ⟨ein Zeichen auf / in etw. p.; geprägtes Silber, Papier⟩ **2** ***Münzen p.*** Münzen herstellen **3** ***etw. prägt j-n*** etw. hat e-n starken Einfluss auf j-s Charakter ≈ etw. formt j-n ⟨etw. prägt j-n nachhaltig; von seiner Umwelt, seinen Eltern, Freunden geprägt sein, werden⟩ **4** ***etw. prägt j-n / etw.*** etw. ist ein typisches Merkmal von j-m / etw.: *Schneebedeckte Gipfel prägen das Bild der Landschaft*; *Sein Verhalten ist von Aggressivität geprägt* || NB: oft im Passiv **5** ***etw. p.*** etw. in der Sprache neu bil-

den ⟨ein Wort, ein Schlagwort, e-n Ausdruck, e-n Slogan p.⟩ || ► ***einprägen, einprägsam, Gepräge***

prag·ma·tisch *Adj*; so, dass sich der Betreffende an den gegebenen Tatsachen u. an der konkreten Situation orientiert (anstatt Prinzipien zu folgen) ≈ praktisch ⟨e-e Vorgangsweise, e-e Betrachtungsweise; j-s Denken; p. denken, handeln; p. veranlagt sein⟩ || *hierzu* **Prag·ma·tik** *die*; -, *-en*; **Prag·ma·ti·ker** *der*; *-s*, -; **Prag·ma·ti·ke·rin** *die*; -, *-nen*

prag·ma·ti·sie·ren; *pragmatisierte, hat pragmatisiert*; [Vt] ***j-n p.*** Ⓐ *Admin*; j-n zum Beamten machen ≈ verbeamten || *hierzu* **Prag·ma·ti·sie·rung** *die*

präg·nant *Adj*; so formuliert, dass das Wichtigste mit wenigen Worten genau gesagt wird ↔ umständlich ⟨ein Stil, ein Beispiel; etw. kurz u. p. formulieren⟩ || *hierzu* **Präg·nanz** *die*; -; *nur Sg*

Prä·gung *die*; -, *-en*; **1** das Prägen (1) e-s Zeichens auf festes Material **2** das Herstellen von Münzen || -K: ***Münz-*** **3** *nur Sg*; das Prägen (3) e-r Person || K-: ***Prägungs-, -phase*** **4** das Bild od. die Schrift, die in etw. geprägt (1) ist **5** ein Wort *o.Ä.*, das j-d neu gebildet hat: *„Super-GAU" ist e-e P. des 20. Jahrhunderts* || -K: ***Neu-*** **6** *Adj* (*im Gen*) + ***P.*** mit den im Adj. ausgedrückten Charakteristika: *e-e Demokratie westlicher P.*

prä·his·to·risch *Adj*; in Bezug auf die Zeit, als es noch keine Schrift gab ≈ vorgeschichtlich ⟨Funde, Grabstätten, die Zeit⟩

prah·len; *prahlte, hat geprahlt*; [Vi] ***(mit etw.) p.*** voll übertriebenem Stolz erzählen, was man alles hat od. geleistet hat (od. haben will) ≈ angeben (5): *gern mit seinen Erfolgen p.* || *hierzu* **prah·le·risch** *Adj*

Prahl·hans *der*; *-es, Prahl·hän·se*; *gespr*; j-d, der gern u. viel prahlt ≈ Angeber, Aufschneider

Prak·tik *die*; -, *-en*; **1** *mst Pl* ≈ Gepflogenheiten ⟨geschäftliche, wirtschaftliche Praktiken⟩ **2** *nur Pl*, *pej* ≈ Machenschaften ⟨gewissenlose, betrügerische Praktiken⟩ || NB: ↑ ***Praxis***

prak·ti·ka·bel *Adj*; ⟨e-e Lösung, ein Vorschlag, Methoden⟩ so, dass sie auch in die Praxis umgesetzt werden können ≈ brauchbar, zweckmäßig || NB: *praktikabel* → *praktikable Vorschläge* || *hierzu* **Prak·ti·ka·bi·li·tät** *die*; *nur Sg*

Prak·ti·kant *der*; *-en, -en*; j-d, der ein Praktikum macht || K-: ***Praktikanten-, -stelle*** || NB: *der Praktikant; den, dem, des Praktikanten* || *hierzu* **Prak·ti·kan·tin** *die*; -, *-nen*

Prak·ti·ker *der*; *-s*, -; **1** j-d mit praktischer Erfahrung auf e-m bestimmten Gebiet od. j-d, der sehr praktisch[1] (3) veranlagt ist ↔ Theoretiker ⟨ein reiner P. sein⟩ **2** *gespr* ≈ praktischer Arzt

Prak·ti·kum *das*; *-s, Prak·ti·ka*; ein Teil e-r Ausbildung, den man in e-m Betrieb *o.Ä.* macht, um dort praktische[1] (1) Erfahrungen zu sammeln ⟨ein P. machen, absolvieren⟩ || -K: ***Betriebs-, Schul-***

prak·tisch[1] *Adj*; **1** in Bezug auf die konkrete Praxis[1] (1) ↔ theoretisch ⟨Erfahrungen, der Unterricht, ein Beispiel; etw. p. erproben⟩: *ein Problem anhand e-s praktischen Beispiels erklären* **2** für e-n bestimmten Zweck gut geeignet ≈ zweckmäßig ↔ unpraktisch ⟨Hinweise, Ratschläge; Kleidung; j-m etw. Praktisches schenken⟩: *Diese Schuhe sind nicht modisch, dafür aber sehr p.* **3** fähig, die Probleme des täglichen Lebens gut zu lösen ≈ geschickt ↔ unpraktisch ⟨ein Mensch; p. denken, p. veranlagt sein⟩ **4** ***ein praktischer Arzt*** ein Arzt, der sich (anders als *z.B.* ein Augenarzt) nicht spezialisiert hat ≈ Allgemeinarzt ↔ Facharzt || ► ***Praxis***

prak·tisch[2] *Adv*; *gespr*; so gut wie, mehr od. weniger: *Er weiß p. alles*; *Das Dorf wurde durch das Erdbeben p. völlig zerstört*

prak·ti·zie·ren; *praktizierte, hat praktiziert*; [Vt] **1** ***etw. p.*** etw. im Alltag, in der Praxis[1] (1) anwenden ⟨e-e Methode p.⟩; [Vt/i] **2** ***(etw.) p.*** so leben, dass man die Regeln e-r Religion beachtet ⟨ein praktizierender Katholik, Jude⟩; [Vi] **3** ***(als Arzt) p.*** als Arzt (in seiner eigenen Praxis) tätig sein ⟨als Frauenarzt, Zahnarzt p.⟩: *Mein Hausarzt praktiziert nicht mehr, sein Sohn hat jetzt die Praxis übernommen*

Prä·lat *der*; *-en, -en*; *Rel*; j-d, der in der katholischen Kirche ein hohes Amt mit bestimmten Rechten hat || NB: *der Prälat; den, dem, des Prälaten*

Pra·li·ne *die*; -, *-n*; ein kleines Stück Schokolade, das mit e-r Masse gefüllt ist ⟨e-e Schachtel (mit) Pralinen⟩ || K-: ***Pralinen-, -schachtel***

prall, *praller, prallst-*; *Adj*; **1** sehr voll u. deshalb so, dass die Oberfläche fest u. gespannt ist ↔ schlaff ⟨ein Fußball, ein Kissen, ein Segel; p. gefüllt sein⟩ || K-: ***prall-, -voll*** **2** ziemlich dick u. so, dass die Haut fest u. gespannt ist ≈ stramm ↔ schlaff ⟨ein Busen, Brüste⟩ **3** *mst* ***in der prallen Sonne liegen*** ohne Schutz in der Sonne liegen

pral·len, *prallte, ist geprallt*; [Vi] ***(mit etw.) gegen etw. p.*** mit großer Kraft u. Geschwindigkeit gegen etw. stoßen: *Bei dem Unfall prallte er mit dem Kopf gegen die Scheibe* || ► ***Aufprall, Zusammenprall***

Prä·mie [-iə] *die*; -, *-n*; **1** e-e Summe Geld, die j-d einmal (als Preis) für e-e besondere Leistung bekommt: *e-e P. für das Gewinnen e-s neuen Abonnenten* || -K: ***Abschluss-, Fang-, Kopf-, Leistungs-, Risiko-, Schuss-, Treue-*** **2** das Geld, das j-d (regelmäßig) für seine Versicherung zahlt ≈ (Versicherungs)Beitrag ⟨die P. ist fällig; die Prämien erhöhen⟩ || -K: ***Versicherungs-*** **3** Ⓓ das Geld, das e-e Bank od. der Staat demjenigen zahlt, der regelmäßig Geld auf ein besonderes Konto zahlt (um *z.B.* für den Bau e-s eigenen Hauses zu sparen) || K-: ***prämien-, -begünstigt*** || -K: ***Spar-, Bauspar-***

prä·mie·ren; *prämierte, hat prämiert*; [Vt] ***j-n / etw. (für etw.) p.*** j-m / etw. für e-e besondere Leistung e-n Preis geben ≈ auszeichnen ⟨e-n Film, ein Buch, e-e Schauspielerin p.⟩ || *hierzu* **Prä·mie·rung** *die*

prä·mi·ie·ren [-'miːrən]; *prämiierte, hat prämiiert*; [Vt] ↑ ***prämieren*** || *hierzu* **Prä·mi·ie·rung** *die*

Prä·mis·se *die*; -, *-n*; *geschr* ≈ Voraussetzung ⟨von bestimmten, falschen Prämissen ausgehen⟩

pran·gen; *prangte, hat geprangt*; [Vi] **1** ***etw. prangt irgendwo*** etw. ist an e-r Stelle so befestigt *o.Ä.*, dass es jeder gut sieht: *Mehrere Orden prangten an seiner Uniform* **2** ***etw. prangt (in etw.*** (*Dat*)) *geschr*; etw. ist schön (u. leuchtet): *Die Stadt prangt im festlichen Weihnachtsschmuck*

Pran·ger *der*; *-s*, -; *hist*; ein Pfahl auf e-m öffentlichen Platz, an den man im Mittelalter Verbrecher zur Strafe angebunden hat, um sie allen zu zeigen ⟨j-n an den P. bringen, stellen⟩ || ID ***j-n / etw. an den P. stellen*** j-n / etw. öffentlich kritisieren; ***am P. stehen*** öffentlich kritisiert werden

Pran·ke *die*; -, *-n*; **1** einer der (Vorder)Füße e-s Löwen, Bären *o.Ä.* ≈ Tatze || K-: ***Pranken-, -hieb*** || -K: ***Löwen-*** **2** *gespr pej od hum*; e-e große, kräftige Hand

Prä·pa·rat *das*; *-(e)s, -e*; **1** ein (Heil)Mittel, *bes* ein Medikament, das chemisch hergestellt ist ⟨ein wirksames P.⟩ || -K: ***Brom-, Eisen-, Eiweiß-, Hormon-, Jod-, Kalk-, Vitamin-*** *usw* **2** *Biol, Med*; der Körper e-s Lebewesens (od. ein Teil davon), der konserviert worden ist, damit man ihn genau untersuchen kann: *das P. e-s Frosches, e-s menschlichen Hirns* || -K: ***Gewebe-, Skelett-***

Prä·pa·ra·tor *der*; *-s, Prä·pa·ra·to·ren*; j-d, der Präparate (2) macht u. Tiere ausstopft (2)

prä·pa·rie·ren; *präparierte, hat präpariert*; [Vt] **1** ***etw. p.*** ein Präparat (2) machen ⟨e-n Vogel, ein Organ p.⟩ **2** ***etw. p.*** etw. so bearbeiten, dass es e-m bestimmten Zweck dienen kann ≈ vorbereiten: *die*

Präpositionen

1 ***mit Dativ*:**

aus, außer, bei, entgegen, entsprechend, fern, gegenüber, gemäß, gleich, mit, mitsamt, nach, nächst, nahe, nebst, samt, seit, von, zu, zufolge, zuliebe, zuwider

2 ***mit Akkusativ*:**

à, bis, durch, für, gegen, (*veraltet*) gen, je, ohne, per, pro, um, wider

bis wird auch mit anderen Präpositionen verwendet, wobei diese Präpositionen dann den Kasus des nachfolgenden Substantivs regieren: *bis an das Haus* (*Akk*); *bis zum Ende* (*Dat*)

3 ***mit Dativ oder Akkusativ*:**

an, auf, entlang, hinter, in, neben, unter, über, vor, zwischen

Der Dativ steht, wenn die Präpositionen bezeichnen, **wo** jd/etw. ist, liegt, steht *usw*; der Akkusativ steht, wenn die Präpositionen bezeichnen, **wohin** sich eine Bewegung richtet.

Die folgenden Illustrationen veranschaulichen diesen Unterschied. Bei Verbindungen aus Verb, Adjektiv oder Substantiv + Präposition wird in diesem Wörterbuch der jeweilige Kasus der Präposition (*Dativ* oder *Akkusativ*) immer eigens angegeben.

mit dem Dativ:

An dem Baum hängen Äpfel
Auf der Wäscheleine hängt die Wäsche
Hinter dem Zelt steht ein Baum
In dem Zelt ist ein Schlafsack
Neben dem Zelt ist ein Mofa

Über dem Mofa ist eine Wäscheleine
Unter der Wäscheleine ist das Mofa
Vor dem Zelt steht ein Tisch
Zwischen den Bäumen hängt eine Wäscheleine

mit dem Akkusativ:

Der Mann lehnt die Leiter **an den** Baum

Der Junge setzt sich **auf das** Fahrrad

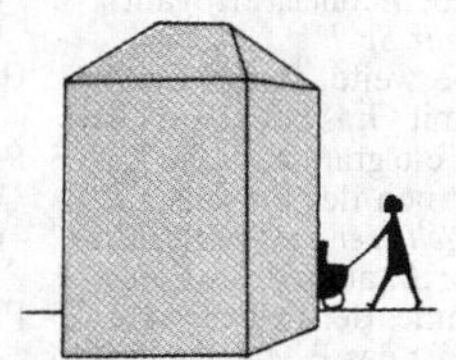

Die Frau schiebt den Kinderwagen **hinter das** Haus

Die Frau geht **in das** Haus

Der Mann stellt den Koffer **neben die** Bank

Der Junge springt **über den** Zaun

Der Ball rollt **unter das** Auto
Der Hund läuft **vor das** Auto

Der Junge läuft **zwischen die** Autos

P

Präpositionen (Fortsetzung)

ab wird normalerweise mit dem Dativ, in der gesprochenen Sprache auch mit dem Akkusativ verwendet

plus und *minus* werden in der gesprochenen Sprache auch mit dem Akkusativ und gelegentlich mit dem Dativ verbunden

4 *mit Genitiv*:

abseits*, anfangs, angesichts*, anhand*, anlässlich, anstelle*, aufgrund*, aufseiten, außerhalb*, (*veraltet*) bar, beiderseits*, diesseits*, halber (*nachgestellt*), infolge*, inmitten*, innerhalb*, jenseits*, kraft, links*, minus, mithilfe, namens, nördlich*, oberhalb*, östlich*, plus, rechts*, südlich*, seitens, um… willen, unbeschadet, unfern*, ungeachtet, unterhalb*, unweit*, vonseiten, vorbehaltlich, westlich*, zeit

*diese Präpositionen werden auch adverbiell mit ***von*** + Dativ verwendet

5 *mit Genitiv oder Dativ*:

längs, laut, ob

Vor allem in der gesprochenen Sprache werden folgende Präpositionen mit dem Dativ verwendet, aber manche Leute halten das für stilistisch schlecht:

statt, trotz, während, wegen

Folgende Präpositionen werden vor dem Substantiv mit dem Genitiv bzw. (seltener) nach dem Substantiv mit dem Dativ verbunden:

zugunsten, zulasten, zuseiten, zuungunsten

zugunsten der Kirche; *mir zugunsten*

Diese Wörter können auch adverbiell mit ***von*** + Dativ verwendet werden.

Folgende Präpositionen werden nur unter bestimmten Umständen mit dem Dativ verbunden (ansonsten mit dem Genitiv):

abzüglich, anstatt, ausschließlich, betreffs, bezüglich, binnen, dank, einschließlich, exklusive, hinsichtlich, inklusive, mangels, mittels, in puncto, vermittels(t), vermöge, zuzüglich, zwecks

Wenn ein Substantiv im Singular ohne Artikel und Attribut auf diese Präpositionen folgt, hat es (besonders in der gesprochenen Sprache) keine Genitivendung:

mangels Interesse (*anstatt*: *Interesses*); *laut Beschluss vom 4.5.*; *inklusive Porto*; *in puncto Fleiß ist er nicht gerade der Weltmeister*

Folgt ein allein stehendes Substantiv im Plural auf diese Präpositionen, wird meistens der Dativ gebraucht:

mangels Beweisen; *anstatt Geschenken*

Kommt ein Adjektiv hinzu, wird aber der Genitiv gebraucht:

mangels triftiger Gründe

P

Skipiste für das Rennen p. || *hierzu* **Prä·pa·ra·ti·on** *die*; -, *-en*; *zu* **1** u. **2** **Prä·pa·rie·rung** *die*

Prä·po·si·ti·on [-ˈtsi̯oːn] *die*; -, *-en*; *Ling*; ein Wort, das vor od. (selten) nach e-m Subst. od. Pronomen steht, das (zeitliche, örtliche *o.Ä.*) Verhältnis dieses Worts zum Rest des Satzes festlegt u. den Fall (Kasus) des Worts bestimmt ≈ Verhältniswort: *Im Satz „Das Buch lag auf dem Tisch" ist „auf" e-e P.*

prä·po·tent *Adj*; Ⓐ *pej* ≈ überheblich, arrogant || *hierzu* **Prä·po·tenz** *die*; -; *nur Sg*

Prä·rie *die*; -, *-n* [-ˈriːən]; e-e weite, flache Landschaft in Nordamerika, die mit Gras bewachsen ist

Prä·sens *das*; -; *nur Sg*, *Ling*; e-e grammatische Kategorie beim Verb. Die Formen des Präsens *z.B.* von *gehen* sind *ich gehe, du gehst, er geht, wir gehen usw.* Mit dem Präsens wird *z.B.* ausgedrückt, dass etw. gerade geschieht od. immer der Fall ist ≈ Gegenwart ⟨das Verb steht im P.; das P. von etw. bilden; etw. ins P. setzen⟩ || K-: ***Präsens-, -form*** || NB: als Pl. wird *Präsensformen* verwendet

prä·sent *Adj*; **1** *nur präd, ohne Steigerung, nicht adv, geschr* ≈ anwesend ↔ abwesend ⟨stets p. sein⟩ **2** ***etw. p. haben*** fähig sein, sich an etw. Bestimmtes zu erinnern ≈ etw. im Kopf haben

Prä·sent *das*; *-(e)s, -e*; *geschr* ≈ Geschenk ⟨j-m ein P. machen, überreichen; j-m etw. zum P. machen⟩ || K-: ***Präsent-, -korb***

Prä·sen·ta·ti·on [-ˈtsi̯oːn] *die*; -, *-en*; e-e Veranstaltung, bei der etw. Neues der Öffentlichkeit vorgestellt wird || -K: ***Buch-, Platten-***

prä·sen·tie·ren; *präsentierte, hat präsentiert*; Vt **1** ***(j-m) etw. p.*** *geschr od iron*; j-m etw. anbieten od. geben ⟨j-m ein Geschenk, die Rechnung p.⟩ **2** ***das Gewehr p.*** *Mil*; gerade stehen u. das Gewehr senkrecht vor dem Körper halten || K-: ***Präsentier-, -griff*** **3** ***(j-m) j-n / sich / etw. p.*** j-n / sich / etw. j-m bewusst u. stolz zeigen ⟨sich den Fotografen p.; sich in voller Größe p.⟩: *den Eltern die neue Freundin p.*

Prä·sen·tier·tel·ler *der*; *mst in* ***auf dem P. sitzen*** *gespr*; an e-m Ort sein, an dem einen jeder sieht: *Wir sitzen hier doch auf dem P.!*

Prä·senz *die*; -; *nur Sg*, *geschr* ≈ Anwesenheit ↔ Abwesenheit ⟨sich j-s P. bewusst sein, werden⟩

Prä·senz·dienst *der*; Ⓐ *Admin* ≈ Militärdienst, Wehrdienst ⟨den P. ableisten⟩ || *hierzu* **Prä·senz·die·ner** *der*

Prä·ser·va·tiv [-f] *das*; *-s, -e* [-və] ≈ Kondom

Prä·si·dent *der*; *-en, -en*; **1** der ranghöchste Mann e-r Republik ≈ Staatschef, Staatsoberhaupt ⟨e-n neuen Präsidenten wählen; j-n zum Präsidenten wählen⟩: *der P. der Vereinigten Staaten* || K-: ***Präsidenten-, -wahl*** || -K: ***Bundes-, Regierungs-, Staats-, Vize-*** **2** j-d, der e-e Organisation od. Institution leitet ≈ Vorsitzende(r) ⟨der P. der Akademie, der Universität, des Fußballclubs⟩ || -K: ***Bundestags-, Gerichts-, Polizei-, Universitäts-, Vereins-*** **3** Ⓒⓗ ≈ Bürgermeister || -K: ***Gemeinde-, Orts-, Stadt-*** || NB: *der Präsident*; *den, dem, des Präsidenten*; aber: vor Namen steht *Präsident* ohne Endung: *Er empfing Präsident Mitterand* || *hierzu* **Prä·si·den·tin** *die*; -, *-nen*; **Prä·si·dent·schaft** *die*; -; *nur Sg*

Prä·si·dent·schafts·kan·di·dat *der*; j-d, der bei e-r Wahl für das Amt e-s Präsidenten (1) kandidiert

Prä·si·di·um *das*; *-s, Prä·si·di·en* [-diən]; **1** *Kollekt*; die Gruppe, die e-e Organisation leitet ≈ Vorstand ⟨j-n ins P. wählen⟩ || K-: ***Präsidiums-, -sitzung, -tagung*** || -K: ***Partei-*** **2** das Gebäude od. Büro e-s (Polizei)Präsidenten || -K: ***Polizei-***

pras·seln; *prasselte, hat geprasselt*; [Vi] **1** ***etw. prasselt*** (***irgendwohin***) etw. fällt mit vielen lauten, kurzen Geräuschen irgendwohin: *Es blitzt u. donnert, u. der Regen prasselt auf die Dächer* **2** ***etw. prasselt*** etw. brennt stark u. macht dabei laute Geräusche ⟨das Feuer, die Flammen⟩

pras·sen; *prasste, hat geprasst*; [Vi] viel Geld ausgeben, um gut leben zu können ↔ sparen || *hierzu* **Pras·ser** *der*; *-s, -* || ▸ ***verprassen***

prä·ten·ti·ös [-'tsiøːs] *Adj*; *geschr*; ⟨e-e Ausstattung, e-e Wortwahl⟩ so, dass sie anspruchsvoll u. kultiviert wirken sollen ↔ schlicht, bescheiden

Prä·te·ri·tum *das*; *-s, Prä·te·ri·ta*; *Ling* ≈ Imperfekt ⟨das Verb steht im P.; das P. bilden; etw. ins P. setzen⟩: *Der Satz „Ich las ein Buch" steht im P.; Das P. von „er tut" ist „er tat"*

Prat·ze *die*; *-, -n*; *gespr, mst pej*; e-e große, schwere Hand

prä·ven·tiv [-f] *Adj*; dazu bestimmt, etw. Unangenehmes (*bes* e-e Krankheit) zu verhindern ≈ vorbeugend, prophylaktisch ⟨Maßnahmen⟩ || K-: ***Präventiv-, -maßnahme, -medizin*** || *hierzu* **Prä·ven·ti·on** *die*; *-*; *nur Sg*

Pra·xis[1] *die*; *-*; *nur Sg*; **1** das konkrete Tun u. Handeln ↔ Theorie ⟨etw. in die P. umsetzen; etw. durch die P. bestätigen; etw. wird sich in der P. erweisen; Beispiele aus der P.; die Verbindung von Theorie u. P.⟩: *e-e Theorie in der P. erproben* || K-: ***Praxis-, -bezug***; ***praxis-, -bezogen, -nah, -orientiert*** **2** die Erfahrung, die j-d in e-m bestimmten Bereich (*bes* in seinem Beruf) hat ⟨(viel, wenig, keine) P. haben; j-m fehlt die P.⟩: *Dafür brauchen wir jemanden mit langjähriger P.* || -K: ***Berufs-, Fahr-, Unterrichts-, Verkaufs-*** **3** die Art u. Weise, wie etw. über e-n ziemlich langen Zeitraum überall gemacht wird ⟨die geschichtliche, wirtschaftliche P.⟩

Pra·xis[2] *die*; *-, Pra·xen*; die Räume, in denen ein Arzt od. Rechtsanwalt arbeitet ⟨e-e gut gehende, ärztliche, eigene P. haben; e-e P. eröffnen, übernehmen⟩ || -K: ***Anwalts-, Arzt-, Land-, Privat-***

Prä·ze·denz·fall *der*; *geschr*; ein Fall, dessen Ausgang (*z.B.* vor Gericht) als Beispiel für zukünftige, ähnliche Fälle dient ⟨e-n P. schaffen⟩

prä·zis, **prä·zi·se** *Adj*; genau ↔ vage, unpräzise ⟨e-e Antwort, e-e Beschreibung, e-e Formulierung; etw. p. beschreiben, formulieren, berechnen⟩ || *hierzu* **Prä·zi·si·on** *die*; *-*; *nur Sg*

prä·zi·sie·ren; *präzisierte, hat präzisiert*; [Vt] ***etw. p.*** etw., das man schon gesagt hat, noch einmal genauer sagen ≈ konkretisieren ⟨seinen Standpunkt, seine Aussagen, seine Forderungen p.⟩ || *hierzu* **Prä·zi·sie·rung** *die*

Prä·zi·si·ons·ar·beit [-'zioːns-] *die*; e-e Arbeit, die mit großer Genauigkeit u. Sorgfalt gemacht worden ist od. gemacht werden muss: *Ein Uhrmacher leistet P.*

Prä·zi·si·ons·ge·rät [-'zioːns-] *das*; ein Gerät, das sehr genau arbeitet (wie *z.B.* e-e Uhr)

pre·di·gen; *predigte, hat gepredigt*; [Vt/i] **1** (***etw.***) ***p.*** als Pfarrer in der Kirche die Predigt sprechen ⟨gut, schlecht, schwach, eindringlich p.⟩; [Vt] **2** (***j-m***) ***etw. p.*** *gespr*; j-m immer wieder sagen, wie er sich verhalten soll ⟨Sparsamkeit, Moral p.⟩; [Vi] **3** (***über etw.*** (*Akk*)) ***p.*** in e-r Predigt (1) über ein bestimmtes Thema sprechen

Pre·di·ger *der*; *-s, -*; j-d, der in e-m Gottesdienst die Predigt hält

Pre·digt *die*; *-, -en*; **1** die Rede (über ein religiöses Thema), die ein Pfarrer in der Kirche hält ⟨e-e P. halten⟩ || -K: ***Oster-, Pfingst-, Sonntags-, Weihnachts-*** **2** *gespr pej*; e-e lange u. ernste Ermahnung ≈ Standpauke: *Wenn ich spät nach Hause komme, erwartet mich e-e P.* **3** ***j-m e-e P. halten*** *gespr*; j-n streng ermahnen

Preis[1] *der*; *-es, -e*; **1** ***der P.*** (***für etw.***) die Summe Geld, für die j-d etw. kauft, verkauft od. anbietet ⟨ein hoher, niedriger, günstiger, fairer, angemessener P.; die Preise steigen, sinken, schwanken, sind stabil; die Preise kalkulieren, erhöhen, reduzieren, senken; e-n P. fordern, verlangen; die Preise in die Höhe treiben; den P. herunterhandeln; etw. sinkt, steigt im P.; mit dem P. hinaufgehen, heruntergehen⟩: *Die Preise für Erdöl steigen wieder* || K-: ***Preis-, -angabe, -differenz, -entwicklung, -erhöhung, -ermäßigung, -liste, -manipulation, -nachlass, -senkung, -stabilität, -steigerung, -verfall, -vorteil*** || -K: ***Ankaufs-, Einkaufs-, Eintritts-, Fahr-, Kauf-, Laden-, Lebensmittel-, Markt-, Miet-, Mindest-, Schwarzmarkt-, Verkaufs-, Wucher-*** **2** ***j-m e-n guten P. machen*** j-m e-e Ware billig verkaufen **3** ⟨beim Einkaufen⟩ ***nicht auf den P. achten / schauen / sehen*** das kaufen, was e-e gute Qualität hat, auch wenn es teuer ist **4** ***etw. über / unter*** (***dem***) ***P. verkaufen*** etw. teurer / billiger verkaufen, als es kosten sollte || ID ***etw. hat seinen P.*** etw. Positives kann nur erreicht werden, wenn man dafür auch etw. Negatives in Kauf nimmt; ***um jeden P.*** ≈ unbedingt: *Er will um jeden P. gewinnen*; ***um keinen P.*** überhaupt nicht ≈ auf keinen Fall

Preis[2] *der*; *-es, -e*; e-e Belohnung (*mst* in Form e-s Pokals, e-r Geldsumme *o.Ä.*), die j-d bekommt, der in e-m Spiel od. in e-m Wettbewerb gewinnt ⟨der erste, zweite, dritte P.; e-n P. gewinnen, stiften, bekommen, verleihen⟩ || K-: ***Preis-, -verleihung, -verteilung*** || -K: ***Buch-, Ehren-, Geld-***; ***Kunst-, Literatur-, Nobel-, Sieges-***

Preis[3] *der*; *-es*; *nur Sg*, *geschr* ≈ Lob || K-: ***Preis-, -lied***

Preis|aus·schrei·ben *das*; *-s, -*; ein Wettbewerb, bei dem derjenige e-n Preis[2] gewinnen kann, der die gestellten Aufgaben gelöst hat ⟨an e-m P. teilnehmen; bei e-m P. mitmachen; ein P. veranstalten⟩

preis·be·wusst *Adj*; ⟨ein Kunde⟩ so, dass er beim Einkaufen die Preise vergleicht, um günstig zu kaufen: *p. einkaufen*

Preis·bre·cher *der*; *-, -*; j-d, der e-e Ware viel billiger verkauft als andere Händler

Preis·drü·cker *der*; *-s, -*; j-d, der e-e Ware billig verkauft u. der dadurch bewirkt, dass auch andere Händler die Preise senken

Prei·sel·bee·re *die*; **1** e-e kleine rote Beere, die an sehr niedrigen Sträuchern im Wald wächst u. die man *mst* zu Wild isst || K-: ***Preiselbeer-, -kompott, -marmelade, -strauch*** **2** ein Strauch mit Preiselbeeren (1)

Preis·em·pfeh·lung *die*; *mst in* ***unverbindliche P.*** verwendet, um auszudrücken, dass die Ware auch zu e-m anderen Preis verkauft werden kann, als der Hersteller vorgesehen hat

prei·sen; *pries, hat gepriesen*; [Vt] **1** ***j-n / etw. p.*** *geschr* ≈ loben: *Der Kritiker pries die Inszenierung in den höchsten Tönen*; [Vr] **2** ***sich glücklich p.*** (***können***) *geschr*; glücklich über etw. sein (können)

Preis·fra·ge *die*; **1** e-e Frage, die man in e-m Preisausschreiben *o.Ä.* beantworten muss **2** *gespr*; ein Problem, das man sehr schwer lösen kann: *Wie es jetzt weitergeht, das ist die P.* **3** e-e Entscheidung, die davon abhängt, wie hoch der Preis[1] ist: *Ob wir diese Wohnung kaufen, ist e-e P.*

preis·ge·ben; *gibt preis; gab preis, hat preisgegeben*; Vt **1** ***j-n / etw.*** **(*j-m / etw.*)** ***p.*** j-n / etw. nicht mehr vor j-m / etw. schützen ≈ ausliefern: *j-n seinen Feinden p.; j-n der Schande p.* **2** ***etw. p.*** ≈ verraten ⟨ein Geheimnis p.⟩: *Er gab nicht preis, was er dachte* **3** ***etw. p.*** sich nicht mehr länger für etw. engagieren ≈ aufgeben[2] (2) ⟨seine Ideale p.⟩ || *hierzu* **Preis·ga·be** *die; nur Sg*

preis·ge·bun·den *Adj*; ⟨Bücher, Waren⟩ so, dass der Preis, den ein Händler dafür verlangen darf, vom Hersteller, vom Staat *o.Ä.* festgelegt ist || *hierzu* **Preis·bin·dung** *die*

preis·ge·krönt *Adj; nicht adv*; ⟨ein Dichter, ein Film, ein Roman⟩ so gut, dass sie einen od. mehrere Preise[2] bekommen haben

Preis·ge·richt *das* ≈ Jury || *hierzu* **Preis·rich·ter** *der*

preis·güns·tig *Adj* ≈ billig ↔ teuer ⟨ein Angebot; p. einkaufen⟩

Preis·klas·se *die*; e-e Kategorie von Preisen[1], die etw. über die Qualität der Ware aussagt ≈ Preislage: *ein Auto der mittleren P.*

Preis·la·ge *die*; die Höhe des Preises[1] für e-e Ware od. Leistung: *ein Hotel mittlerer P.*

preis·lich *Adj; nur attr od adv*; in Bezug auf den Preis[1] ⟨ein p. günstiges Angebot⟩

Preis·rät·sel *das*; ein Rätsel (*mst* in e-r Zeitschrift), bei dem man e-n Preis[2] gewinnen kann

Preis·schild *das*; ein kleines Schild, das den Preis e-r Ware zeigt

Preis·schla·ger *der; gespr*; e-e sehr billige Ware, mit der e-e Firma Werbung macht

Preis·trä·ger *der*; j-d, der e-n Preis[2] bekommen hat || *hierzu* **Preis·trä·ge·rin** *die*

Preis·trei·ber *der; pej*; j-d, der dafür sorgt, dass die Preise[1] höher werden || *hierzu* **preis·trei·bend** *Adj* || *zu* ***Preistreiberei*** ↑ ***-ei***

preis·wert *Adj*; billig im Verhältnis zur Qualität ≈ günstig ↔ teuer ⟨p. einkaufen⟩

pre·kär *Adj; nicht adv, geschr*; ⟨e-e Situation, e-e Lage⟩ so, dass man nicht mehr weiß, was man (am besten) tun soll ≈ heikel

prel·len[1]; *prellte, hat geprellt*; Vt ***sich*** (*Dat*) ***etw. p.*** so stark gegen etw. stoßen, dass e-e Prellung entsteht ⟨sich das Knie, die Schulter p.⟩

prel·len[2]; *prellte, hat geprellt*; Vt **1** ***j-n*** **(*um etw.*)** ***p.*** *gespr*; j-m etw., auf das er ein Recht hat, nicht geben ≈ betrügen ⟨j-n um die Belohnung, um sein Geld p.⟩: *Er hat ihn um 200 Euro geprellt* **2** ***die Zeche p.*** die Rechnung für Essen od. Trinken nicht bezahlen

Prel·lung *die; -, -en*; e-e Verletzung (durch e-n Stoß od. Schlag), bei der ein großer, blauer Fleck auf der Haut entsteht ⟨Prellungen erleiden⟩ || -K: ***Schulter-***

Pre·mi·er [prəˈmi̯eː] *der; -s, -s; Kurzw* ↑ ***Premierminister***

Pre·mi·e·re [preˈmi̯eːrə] *die; -, -n*; **1** die erste öffentliche Vorführung e-s Theaterstücks, Films *o.Ä.* ≈ Erstaufführung ⟨etw. hat P.; in die P. / zur P. gehen; die P. besuchen⟩ || K-: ***Premieren-, -abend, -besucher, -publikum*** || -K: ***Film-, Opern-, Theater-*** **2** *gespr hum*; das erste Mal, dass man etw. tut

Pre·mi·er·mi·nis·ter [prəˈmi̯eː-] (in manchen Ländern) der Chef der Regierung ⟨der französische P.⟩ || *hierzu* **Pre·mi·er·mi·nis·te·rin** *die*

pre·schen; *preschte, ist geprescht*; Vi (***irgendwohin***) ***p.*** *gespr*; sehr schnell irgendwohin laufen od. fahren

Pres·se[1] *die; -; nur Sg*; **1** *Kollekt*; alle Zeitungen u. Zeitschriften in e-m Land (mit ihren Mitarbeitern u. Institutionen) ⟨die deutsche, englische, ausländische P.; etw. steht in der P.⟩ || K-: ***Presse-, -bericht, -fotograf, -information, -kommentar, -korrespondent, -meldung, -notiz, -zensur*** || -K: ***Auslands-, Boulevard-, Lokal-, Sport-, Welt-*** **2** *Kollekt*; die Redakteure, Journalisten *usw* bei Fernsehen, Rundfunk u. Zeitungen ⟨die P. einladen; e-n Empfang für die P. geben⟩ || K-: ***Presse-, -empfang, -gespräch*** **3** ***von der P. sein*** als Journalist *o.Ä.* bei e-r Zeitung arbeiten **4** ***etw. geht durch die P.*** etw. wird von den Zeitungen u. Zeitschriften gemeldet **5** ***e-e gute / schlechte P. haben*** von den Zeitungen gut / schlecht beurteilt werden

Die Presse in Deutschland

Wichtige Tageszeitungen in Deutschland sind die **Süddeutsche Zeitung** (München), die **Frankfurter Allgemeine** (Frankfurt am Main) und **Die Welt** (Hamburg). Die Tageszeitung mit der größten Auflage ist **Bild**, eine Boulevardzeitung, die Nachrichten aus aller Welt mit Klatsch über Stars und Prominente kombiniert.

Die Zeit (Hamburg) ist eine Wochenzeitung von hohem Niveau, die fundierte Berichte über alle Themen von der Politik bis zur Mode enthält.

In Deutschland gibt es zwei wöchentlich erscheinende Zeitschriften, die sehr ausführliche Informationen über aktuelle Themen der Politik, Wirtschaft und Kultur bieten: **Der Spiegel** (Hamburg) und **Focus** (München). Immer wieder werden in ihnen auch Skandale und Affären aufgedeckt. Andere Zeitschriften, die solche Informationen mit Unterhaltung mischen, sind die Illustrierten **Bunte** und **Stern**.

Pres·se[2] *die; -, -n*; **1** e-e Maschine, die etw. mit hohem Druck klein od. glatt macht od. ihm e-e bestimmte Form gibt ⟨e-e automatische, hydraulische P.⟩ || -K: ***Brikett-, Schrott-, Stroh-*** **2** ein Gerät, mit dem man den Saft *bes* aus Obst drückt || -K: ***Obst-, Saft-, Wein-, Zitronen-*** **3** e-e Maschine, die etw. (*z.B.* die Seiten e-r Zeitung) druckt ⟨etw. ist in der P.⟩ || -K: ***Drucker-***

Pres·se·agen·tur *die*; ein Büro, das interessante, aktuelle Informationen sammelt u. an die Presse[1] (1,2) weitergibt ≈ Nachrichtenagentur

Pres·se·er·klä·rung *die*; ein gedruckter Text (zu e-m aktuellen Ereignis), den j-d der Presse[1] (1,2) übergibt ⟨e-e P. abgeben⟩

Pres·se·frei·heit *die; nur Sg*; das Recht, Informationen frei zu sammeln u. zu verbreiten

Pres·se·kon·fe·renz *die*; ein Treffen, bei dem j-d (*mst* ein Pressesprecher) den Journalisten Informationen zu e-m aktuellen Ereignis gibt ⟨auf e-r P.⟩

pres·sen; *presste, hat gepresst*; Vt **1** ***etw. p.*** mit starkem Druck etw. herstellen od. in e-e bestimmte Form bringen ⟨Briketts, Stroh, Schallplatten p.⟩ **2** ***etw. p.*** etw. durch starken Druck glatt od. flach machen: *in e-m Buch Blumen p.* **3** ***etw. p.*** *bes* Obst kräftig drücken, damit man daraus e-e Flüssigkeit bekommt ⟨Trauben, Zitronen, Oliven p.⟩ **4** ***j-n / etw. irgendwohin p.*** j-n / etw. mit großer Kraft irgendwohin drücken ⟨j-n / etw. an sich p.⟩: *seinen Gegner an die Wand p.; die Luft durch die Nase p.* **5** ***etw. in ein Schema / System p.*** etw. unbedingt zu e-m Teil e-s Schemas / Systems machen wollen (auch wenn es nicht hineinpasst) **6** ***j-n zu etw. p.*** ≈ j-n zu etw. zwingen ⟨j-n zum Militärdienst p.⟩; Vi **7** mit großer Kraft drücken: *Bei der Geburt muss die Mutter kräftig p.* || K-: ***Press-, -wehen***

Pres·se·or·gan *das*; e-e Zeitung, Zeitschrift *o.Ä.*, durch die e-e Institution (*z.B.* e-e politische Partei) der Öffentlichkeit Informationen gibt

Pres·se·spre·cher *der*; ein Vertreter e-r Behörde, Firma, Partei *o.Ä.*, dessen Aufgabe es ist, Informationen an die Presse[1] (1,2) weiterzugeben

Pres·se·stel·le *die*; die Stelle (*mst* ein Büro) e-r Institution, die bestimmte Informationen an die Presse[1] (1,2) weitergibt

pres·sie·ren; *pressierte, hat pressiert*; [Vimp] ***es pressiert* (*j-m*) (*mit etw.*)** *bes südd* Ⓐ Ⓒⓗ *gespr*; etw. ist (für j-n) sehr eilig: *Ich hab keine Zeit, mir pressierts*; *Mit dieser Entscheidung pressiert es*

Pres·si·on [-ˈsi̯oːn] *die*; -, *-en*; *mst Pl*, *geschr* ≈ Zwang, Druck ⟨Pressionen ausgesetzt sein⟩

Press·luft *die*; Luft, die unter starkem Druck steht u. mit der man bestimmte Maschinen antreibt ≈ Druckluft || K-: ***Pressluft-, -bohrer, -hammer***

Press·sack *der*; *nur Sg*; e-e Art Wurst mit Sülze

Pres·ti·ge [prɛsˈtiːʒ(ə)] *das*; *-s*; *nur Sg*; das Ansehen, das j-d, e-e Institution *o.Ä.* in der Öffentlichkeit hat ⟨(soziales, politisches) P. besitzen, haben; sein P. wahren, verlieren; (an) P. gewinnen; j-s P., das P. der Partei ist gesunken, gewachsen⟩ || K-: ***Prestige-, -denken, -gewinn, -verlust***

Pres·ti·ge·fra·ge *die*; *geschr*; e-e Angelegenheit, bei der es nur um j-s Prestige geht ⟨etw. zu e-r P. machen; etw. ist für j-n e-e reine P.⟩

Preu·ße *der*; *-n*, *-n*; **1** *südd* Ⓐ *oft pej*; j-d, der aus dem mittleren od. nördlichen Teil Deutschlands kommt **2** *hist*; j-d, der in Preußen wohnte od. aus Preußen stammte || NB: *der Preuße*; *den, dem, des Preußen* || *hierzu* **Preu·ßin** *die*; -, *-nen*; **preu·ßisch** *Adj*

pri·ckeln; *prickelte, hat geprickelt*; [Vi] ***etw. prickelt*** etw. verursacht ein Gefühl, als ob viele feine Nadeln leicht in die Haut stechen würden: *Meine Finger prickeln vor Kälte*

pri·ckelnd; **1** *Partizip Präsens*; ↑ ***prickeln*** **2** *Adj*; *nur attr od adv*; so, dass dabei ein erregendes Gefühl der Spannung od. Erwartung entsteht ⟨ein Abenteuer, e-e Atmosphäre, ein Reiz, Neugier⟩

pries *Imperfekt, 1. u. 3. Person Sg*; ↑ ***preisen***

Pries·ter *der*; *-s*, *-*; **1** ein Mann, der (*bes* in der katholischen Kirche) die Messe hält u. sich um die Gläubigen kümmert ⟨j-n zum P. weihen⟩ **2** j-d, der ein religiöses Amt hat: *die Priester im Tempel des Zeus* || K-: ***Priester-, -amt, -gewand*** || *hierzu* **Pries·ter·schaft** *die*; -; *nur Sg*; **Pries·ter·tum** *das*; *-s*; *nur Sg*; **pries·ter·lich** *Adj*; *zu* **2** **Pries·te·rin** *die*; -, *-nen*

Pries·ter·se·mi·nar *das*; e-e Art Schule, in der katholische Priester ausgebildet werden

pri·ma *Adj*; *indeklinabel, ohne Steigerung, gespr* ≈ sehr gut: *ein p. Sportler*; *Das Wetter ist p.*

Pri·ma·bal·le·ri·na *die*; die wichtigste Tänzerin in e-m Ballett

Pri·ma·don·na *die*; -, *Pri·ma·don·nen*; **1** die wichtigste Sängerin in e-r Oper, in e-m Theater **2** *pej*; j-d, der sich verhält, als ob er ein Star sei

Pri·ma·ner *der*; *-s*, *-*; *veraltend*; ein Schüler der 12. od. 13. Klasse am Gymnasium

pri·mär *Adj*; *ohne Steigerung, geschr* ≈ vorrangig ↔ sekundär: *Die primäre Frage ist, ob wir das Projekt überhaupt finanzieren können*; *Er muss sich jetzt p. auf seinen Beruf konzentrieren*

Pri·mat[1] *das* / *der*; *-(e)s*, *-e*; *geschr* ≈ Vorrang ⟨etw. hat das / den P.; das / der P. des Geistes über den Körper⟩

Pri·mat[2] *der*; *-en*, *-en*; *mst Pl*, *Biol*; ein Affe od. ein Mensch || NB: *der Primat*; *den, dem, des Primaten*

Pri·mel *die*; -, *-n*; e-e Blume mit *mst* gelben Blüten, die im Frühling blüht || ID ***eingehen wie e-e P.*** *gespr*; (im Sport) hoch verlieren, (im Geschäft) schnell ruiniert werden

pri·mi·tiv [-f] *Adj*; **1** in der Entwicklung auf e-m niedrigen Niveau ⟨Lebewesen, e-e Kultur⟩ **2** sehr einfach ≈ simpel ↔ kompliziert ⟨e-e Waffe, Werkzeuge, e-e Methode⟩ **3** nur mit den Dingen ausgestattet, die man unbedingt zum Leben braucht ≈ einfach[1] (2) ⟨e-e Unterkunft, Verhältnisse; p. leben⟩: *Wir waren recht p. untergebracht, ohne fließendes Wasser u. Elektrizität* **4** *pej*; geistig od. intellektuell auf niedrigem Niveau ⟨ein Kerl, ein Witz⟩ || *hierzu* **Pri·mi·ti·vi·tät** [-v-] *die*; -; *nur Sg*

Pri·mi·tiv·ling *der*; *-s*, *-e*; *gespr pej*; j-d, der geistig od. intellektuell auf e-m niedrigen Niveau ist

Pri·mus *der*; -, *-se*; *mst Sg*, *veraltend*; der beste Schüler e-r Klasse

Prim·zahl *die*; *Math*; e-e ganze Zahl, die man nur durch 1 u. sich selbst teilen kann, *z.B.* 11, 19, 37

Print·me·di·en *die*; *nur Pl*; Zeitungen, Zeitschriften u. Bücher im Gegensatz zu Radio, Fernsehen *usw*

Print·pro·dukt *das*; e-e Zeitung, Zeitschrift, ein Buch im Gegensatz zu e-m elektronischen Medium

Prinz *der*; *-en*, *-en*; der Sohn od. ein anderer naher Verwandter e-s Königs od. e-s Fürsten || NB: *der Prinz*; *den, dem, des Prinzen* || *hierzu* **Prin·zes·sin** *die*; -, *-nen*

Prinz·ge·mahl *der*; -, *-e*; *mst Sg*; der Ehemann e-r regierenden Herrscherin

Prin·zip *das*; *-s*, *Prin·zi·pi·en* [-pi̯ən]; **1** e-e Regel *o.Ä.*, nach der j-d, e-e Gruppe *o.Ä.* lebt ≈ Grundsatz ⟨demokratische, sittliche Prinzipien; Prinzipien haben; seinen Prinzipien treu bleiben, untreu werden⟩: *nach dem P. der Gleichberechtigung handeln*; *Er hat es sich zum P. gemacht, keinen Schüler* zu *bevorzugen*; *Bei uns herrscht das P.*, dass *Männer u. Frauen die gleichen Rechte u. Pflichten haben* || K-: ***prinzipien-, -treu*** || -K: ***Grund-, Lebens-, Gleichheits-, Leistungs-, Mehrheits-, Wirtschaftlichkeits-*** **2** die Idee, die Gesetzmäßigkeit, auf der etw. aufgebaut ist: *Er erklärte uns, nach welchem P. die Maschine funktioniert* || -K: ***Ordnungs-*** **3** ***aus P.*** weil man bestimmte Prinzipien (1) hat ≈ prinzipiell, grundsätzlich ⟨etw. aus P. (nicht) tun⟩: *Ich rauche aus P. nicht* **4** ***im P.*** im Grunde, eigentlich: *Im P. hast du Recht, aber es geht trotzdem nicht* **5** ***es geht* (*j-m*) *ums P.*** für j-n ist e-e Idee wichtiger als ein konkreter Fall: *Einem unfreundlichen Kellner gebe ich kein Trinkgeld - da geht es mir ums P.* **6** ⟨ein Mann, e-e Frau⟩ ***mit Prinzipien*** e-e Person, die ihren moralischen Regeln immer folgt

prin·zi·pi·ell [-ˈpi̯ɛl] *Adj*; *ohne Steigerung*; **1** grundsätzlich, wesentlich ⟨ein Unterschied⟩ **2** *mst adv*; (nur) in Bezug auf die theoretischen Grundlagen ⟨etw. ist p. gut / möglich / richtig, aber…⟩: *Ich bin p. einverstanden, aber ich hätte noch einen anderen Vorschlag*; *P. können wir schon mit dem Auto hinfahren, aber mit dem Zug ist es schneller u. bequemer* **3** *mst adv*; aus Überzeugung, aus Prinzip ⟨p. nicht rauchen, nicht trinken⟩: *Sie gibt p. keine Interviews*

Prin·zi·pi·en·rei·ter *der*; *pej*; j-d, der sich streng an bestimmte Prinzipien (1) hält, obwohl es *mst* wenig Sinn hat || *zu* ***Prinzipienreiterei*** ↑ ***-ei***

Pri·or *der*; *-s*, *Pri·o·ren*; *kath*; j-d, der e-n religiösen Orden od. ein Kloster leitet || *hierzu* **Pri·o·rat** *das*; *-(e)s*, *-e*; **Pri·o·rin** *die*; -, *-nen*

Pri·o·ri·tät *die*; -, *-en*; *geschr*; **1** ***P.* (*vor etw.*)** *nur Sg*; die größere Bedeutung, die e-e Sache bekommt (als andere Sachen) ≈ Vorrang ⟨etw. (*Dat*) P. einräumen; etw. hat (absolute) P.⟩: *Der Schutz der Umwelt muss absolute P. vor den Interessen der Wirtschaft u. der Industrie haben* **2** ***Prioritäten setzen*** entscheiden, was für einen wichtig ist u. was nicht: *Wir können nicht alles gleichzeitig machen, darum müssen wir Prioritäten setzen*

Pri·se *die*; -, *-n*; e-e kleine Menge von etw. (die zwischen zwei Fingern Platz hat) ⟨e-e P. Salz, Pfeffer, Zucker, Tabak⟩

Pris·ma *das*; *-s, Pris·men*; **1** *Math*; ein geometrischer Körper, der oben u. unten von zwei miteinander identischen Flächen begrenzt wird u. dessen Seiten schräg sind || ↑ *Abb. unter* **geometrische Figuren** **2** ein Körper aus Glas, (der aussieht wie ein Keil) der das Licht so bricht (5), dass verschiedene Farben entstehen || K-: ***Prismen-, -glas*** || *hierzu* **pris·ma·tisch** *Adj*; **pris·men·för·mig** *Adj*

Prit·sche *die*; -, *-n*; **1** ein einfaches Bett, das aus Brettern gemacht ist ⟨auf e-r P. liegen, schlafen⟩ || -K: ***Holz-*** **2** (bei e-m Lastwagen) die Fläche, auf der man die Waren transportiert || K-: ***Pritschen-, -wagen*** || -K: ***Lade-***

pri·vat [-v-] *Adj*; **1** nur für einen selbst u. nicht für andere ≈ persönlich (1,2) ⟨die Angelegenheiten, die Interessen, ein Vergnügen⟩: *Ich möchte mit niemandem darüber sprechen, das ist e-e rein private Sache* || K-: ***Privat-, -angelegenheit, -besitz, -eigentum, -grundstück, -lehrer, -sache, -sphäre, -vergnügen*** **2** außerhalb des beruflichen od. dienstlichen Bereiches ↔ dienstlich, geschäftlich ⟨ein Brief, Mitteilungen, ein Gespräch, j-s Meinung; mit j-m p. verkehren, sprechen, zu tun haben⟩ || K-: ***Privat-, -adresse, -auto, -brief, -fahrzeug, -gebrauch, -gespräch, -leben, -lektüre, -person*** **3** nicht vom Staat od. e-r öffentlichen Institution finanziert od. geführt ⟨ein Unternehmen, e-e Schule, e-e Klinik, e-e Krankenkasse; etw. p. finanzieren⟩ || K-: ***Privat-, -bank, -fernsehen, -klinik, -krankenkasse, -mittel, -schule, -sender, -unternehmen, -wirtschaft*** **4** nur für e-e bestimmte Gruppe von Personen ↔ öffentlich ⟨e-e Party, e-e Veranstaltung; im privaten Rahmen⟩ || K-: ***Privat-, -audienz, -straße, -weg*** **5** ***an / von p.*** an j-n / von j-m, der nicht im Auftrag e-r Firma, Behörde *o.Ä.* handelt: *etw. nur an p. verkaufen*

Pri·vat·de·tek·tiv *der*; ein Detektiv, der nicht für die Polizei, sondern für e-e einzelne Person arbeitet: *Sherlock Holmes ist ein berühmter P.*

Pri·vat·hand *die*; *mst in* **1** ***aus / von P.*** aus privatem (1) Besitz **2** ***in P.*** in privatem (1) Besitz

pri·va·ti·sie·ren [-v-]; *privatisierte, hat privatisiert*; [Vt] **1** ***etw. p.*** *Ökon*; ein (staatliches) Unternehmen zu e-m privaten (3) machen ↔ verstaatlichen ⟨e-e Firma p.⟩; [Vi] **2** keinen Beruf ausüben, weil man genug Geld hat || *zu* **1** **Pri·va·ti·sie·rung** *die*

Pri·vat·le·ben *das*; *nur Sg*; alles, was j-d tut, das nichts mit seinem Beruf zu tun hat ⟨sich ins P. zurückziehen (= keinen Beruf mehr ausüben)⟩: *Als Chef des Unternehmens hat er kaum noch (ein) P.*

Pri·vat·mensch *der* ≈ Privatperson

Pri·vat·num·mer *die*; die Nummer des Telefons in j-s Wohnung od. Haus ↔ Dienstnummer

Pri·vat·pa·ti·ent *der*; j-d, der Mitglied e-r privaten (3) Krankenversicherung ist. Ein Arzt kann von ihm mehr Geld verlangen als von anderen Patienten ↔ Kassenpatient

Pri·vat·per·son *die*; e-e Person, wie man sie unabhängig von ihrem Beruf sieht

Pri·vat·sen·der *der*; ein (Fernseh)Sender, der ausschließlich durch Werbung finanziert wird

Pri·vat·wirt·schaft *die*; die Geschäfte, Industrien *usw*, die von privaten Unternehmern, nicht vom Staat betrieben werden ⟨in der P. arbeiten⟩ || *hierzu* **pri·vat·wirt·schaft·lich** *Adj*

Pri·vi·leg [-v-] *das*; *-s, Pri·vi·le·gi·en* [-'le:gi̯ən]; ein besonderer Vorteil, den nur e-e bestimmte Person od. e-e bestimmte Gruppe von Personen hat ≈ Vorrecht, Sonderrecht ⟨Privilegien haben, besitzen; j-m Privilegien gewähren; j-n mit besonderen Privilegien ausstatten; etw. als sein P. betrachten⟩: *Früher war gute Schulbildung ein P. der Reichen* || *hierzu* **pri·vi·le·gie·ren** (*hat*) *Vt*; **pri·vi·le·giert** *Adj*

pro *Präp*; *mit Akk*; **1** ***pro*** + *Subst* für jede einzelne Person od. Sache: *Der Eintritt kostet 12 Euro pro Person*; *Das macht 25 Euro pro Meter* **2** ***pro*** + *Zeitangabe* drückt aus, dass etw. für den genannten Zeitraum gilt: *Er verdient pro Stunde 20 Euro*; *Die Putzfrau kommt einmal pro Woche* || NB: Das folgende Substantiv wird ohne Artikel verwendet

Pro *das*; -; *nur Sg*; *mst in* **das Pro u. Kontra** + *Gen* alle Argumente, die für u. gegen etw. aufgeführt werden können: *das Pro u. Kontra des Tourismus diskutieren*

pro- *im Adj, begrenzt produktiv*; mit e-r positiven Einstellung zu der im zweiten Wortteil genannten Sache, Ideologie *o.Ä.* ↔ anti-; ***proarabisch, proamerikanisch, prokommunistisch, proindustriell, prowestlich***

Pro·band *der*; *-en, -en*; e-e Person, die (für wissenschaftliche Untersuchungen) bestimmte Aufgaben lösen muss od. mit der Versuche gemacht werden ≈ Versuchsperson, Testperson || NB: *der Proband; den, dem, des Probanden*

pro·bat *Adj*; *nicht adv* ≈ bewährt ⟨ein Mittel⟩

Pro·be *die*; -, *-n*; **1** die Handlung, durch die man feststellt, ob etw. e-e bestimmte Eigenschaft hat od. ob es funktioniert ≈ Test, Prüfung ⟨e-e P. machen, vornehmen, bestehen⟩: *e-e Zeitung für e-e Woche zur P. abonnieren* || K-: ***Probe-, -alarm, -bohrung, -fahrt, -jahr, -zeit*** **2** e-e kleine Menge von etw., an der man erkennen kann, wie es ist ≈ Muster ⟨e-e P. von etw. nehmen, e-e P. entnehmen, untersuchen⟩: *Die Astronauten brachten Proben vom Mond mit* || K-: ***Probe-, -abzug, -exemplar, -packung, -seite, -stück*** || -K: ***Blut-, Boden-, Gesteins-, Gewebe-, Material-, Produkt-, Text-, Urin-***; ***Gratis-*** **3** das Proben, Üben (vor der Aufführung vor dem Publikum) ⟨e-e P. abhalten⟩: *Die Theatergruppe hat dreimal in der Woche P.* || -K: ***Chor-, General-, Orchester-, Theater-*** **4** *gespr*; e-e (schriftliche) Prüfung in der Schule ⟨e-e P. haben, schreiben⟩ || K-: ***Probe-, -arbeit, -turnen*** || -K: ***Schul-*** **5** ***auf P.*** für kurze Zeit (um zu sehen, ob man mit j-m / etw. zufrieden ist) ≈ probeweise ⟨j-n auf P. anstellen, beschäftigen⟩ **6** ***die P. machen*** prüfen, ob man richtig gerechnet hat, indem man dieselbe Rechnung auf e-e andere Weise noch einmal rechnet || -K: ***Rechen-*** **7** ***e-e P.*** + *Gen* ***geben*** etw. tun u. damit zeigen, wie gut man es kann ⟨e-e P. seiner Kunst, seines Könnens geben⟩ **8** ***j-n / etw. auf die P. stellen*** testen, ob j-d / etw. stark belastet werden kann: *Das lange Warten stellte meine Geduld hart auf die P.* || ID ***die P. aufs Exempel machen*** e-e Theorie in der Praxis prüfen || *zu* **1** **pro·be·wei·se** *Adj*; *mst adv*

> **Pro·be** *mit Verb, betont, begrenzt produktiv*; Die Verben mit *Probe* werden nach folgendem Muster gebildet: *Probe fahren - fuhr Probe - Probe gefahren*
> *Probe* drückt aus, dass etw. getestet wird;
> **Probe singen**: *Er musste erst P. s., bevor er in den Chor aufgenommen wurde* ≈ Er musste erst zeigen, ob er (gut) singen konnte
> ebenso: ***(etw.) P. fahren, P. laufen, P. liegen, P. schreiben, P. wohnen***

P

Pro·be·lauf *der*; der Test, ob e-e Maschine, e-e Methode funktioniert ⟨e-n P. machen, starten⟩

pro·ben; *probte, hat geprobt*; [Vt/i] **(etw.) p.** etw. so oft tun, bis man es gut kann ≈ üben ⟨ein Theaterstück p.⟩: *Die Feuerwehr probt (das Löschen von Bränden) für den Ernstfall; Das Orchester probt täglich*

Pro·be·zeit *die*; die Zeit, in der ein Arbeitnehmer am Anfang e-r neuen Tätigkeit zeigen muss, dass er für die Stelle geeignet ist

pro·bie·ren; *probierte, hat probiert*; [Vt] **1 etw. p.** versuchen, ob od. wie etw. (in der Praxis) geht ≈ testen, ausprobieren ⟨ein Kunststück, ein neues Verfahren p.⟩: *p., wie schnell ein Auto fahren kann; Morgen will er p., ob seine Theorie auch in der Praxis stimmt*; [Vt/i] **2 (etw.) p.** e-e kleine Menge von etw. essen od. trinken, um den Geschmack zu prüfen ≈ kosten² (1): *e-n neuen Wein p.; p., ob genug Salz in der Suppe ist; Darf ich mal p.?* **3 (etw.) p.** etw. anziehen, um zu sehen, ob es passt, gut aussieht ≈ anprobieren: *ein Kleid, Schuhe p.* **4 (etw.) p.** (*mst* ohne Erfolg) versuchen, etw. zu tun ⟨e-n Trick p.⟩: *Er probierte, die Tür mit dem falschen Schlüssel zu öffnen; Ich habe probiert ihn zu überreden, aber er will nicht* || ID ***Probieren geht über Studieren*** man sollte etw. p. (1), bevor man lange darüber nachdenkt || ► ***Probe***

Prob·lem *das*; *-s, -e*; **1** e-e schwierige Aufgabe, über die man nachdenken muss, um sie zu lösen ≈ Schwierigkeit ⟨ein großes, schwieriges, technisches P.; ein P. ansprechen, angehen, lösen; vor e-m P. stehen; etw. wird zum P.; j-m stellt sich ein P.⟩: *Sie steht vor dem P., ob sie den Vertrag unterschreiben soll od. nicht; Wir wollen ein Haus bauen. Das P. liegt nur noch darin, den richtigen Platz dafür zu finden* || K-: ***Problem-, -bewusstsein, -lösung, -stellung*** || -K: ***Haupt-, Rand-, Teil-; Arbeitslosen-, Rechts-, Zukunfts-*** **2** *mst Pl*; Ärger, Schwierigkeiten ⟨j-m Probleme machen; Probleme (mit j-m / etw.) haben⟩: *Mit den alten Nachbarn gab es nichts als Probleme - wir sind froh, dass sie umgezogen sind* || K-: ***Problem-, -fall, -kind, -müll*** || -K: (*im Pl*) ***Alkohol-, Finanz-, Haar-, Haut-*** || ID ***kein P.!*** *gespr*; das ist nicht schwierig; ***Probleme wälzen*** lange über Probleme (1) nachdenken; *mst* ***Das ist dein P.*** das musst du allein lösen, ich kann dir dabei nicht helfen || *hierzu* **prob·lem·los** *Adj*

Prob·le·ma·tik *die*; -; *nur Sg*; alle Probleme (2), die e-e Sache betreffen ⟨e-e P. ansprechen⟩

prob·le·ma·tisch *Adj*; ⟨e-e Beziehung, e-e Lösung⟩ so, dass sie Probleme mit sich bringen ↔ problemlos, unproblematisch

Pro·dukt *das*; *-(e)s, -e*; **1** etw., das Menschen erzeugen od. herstellen ≈ Erzeugnis ⟨ein industrielles, landwirtschaftliches P.; ein P. entwickeln, erzeugen, herstellen⟩ || -K: ***Agrar-, Industrie-, Natur-*** **2** etw., das unter bestimmten Bedingungen entsteht ≈ Resultat, Ergebnis: *Unser Erfolg ist das P. unserer Bemühungen* || -K: ***Abbau-, Zerfalls-*** **3** *Math*; die Zahl, die man erhält, wenn man Zahlen miteinander multipliziert: *27 ist das P. von 3 mal 9; 27 ist das P. aus 3 mal 9 (27 = 3 x 9)* || ► ***produzieren***

Pro·dukt·haf·tung *die*; *Jur*; die Pflicht des Herstellers e-r Ware, Schäden wieder gutzumachen, die j-m durch Fehler an der Ware entstehen

Pro·duk·ti·on [-ˈtsi̯oːn] *die*; -, *-en*; **1** das Herstellen von Waren (*mst* in großer Menge) ≈ Herstellung, Erzeugung ⟨die industrielle, maschinelle P.; die P. einstellen⟩ || K-: ***Produktions-, -ablauf, -ausfall, -kapazität, -kosten, -leiter, -mittel, -plan, -prozess, -verfahren, -verhältnisse, -weise, -zweig*** || -K: ***Auto-, Güter-, Lebensmittel-, Metall-; Fließband-, Massen-, Serien-*** **2** die Menge od. der Umfang der Waren, die (in e-r bestimmten Zeit) hergestellt werden ⟨die P. ankurbeln, erhöhen, steigern, drosseln, reduzieren⟩ || K-: ***Produktions-, -steigerung, -zuwachs*** || -K: ***Jahres-, Monats-, Tages-*** **3** *nur Sg*; der Vorgang, bei dem etw. entsteht: *die P. von Speichel im Mund; die P. der weißen Blutkörperchen* **4** ein Film, e-e Reportage *o.Ä.*: *e-e P. des Westdeutschen Rundfunks* || -K: ***Fernseh-, Film-***

pro·duk·tiv [-f] *Adj*; **1** ⟨ein Unternehmen, ein Industriezweig⟩ so, dass sie viel produzieren (1) u. auch rentabel arbeiten **2** ⟨e-e Arbeit, e-e Sitzung⟩ so, dass viele konkrete Ergebnisse dabei herauskommen **3** ⟨ein Künstler⟩ so, dass er quantitativ viel leistet || NB: ↑ ***schöpferisch*** **4** *nicht adv*, *Ling*; ⟨ein Präfix, ein Suffix, e-e Bildung⟩ so, dass man damit viele neue Wörter bilden kann || *hierzu* **Pro·duk·ti·vi·tät** [-v-] *die*; *nur Sg*

Pro·du·zent *der*; *-en, -en*; **1** ein Mensch, e-e Firma od. ein Land, die etw. (für den Markt) produzieren (1) ≈ Hersteller, Erzeuger ↔ Konsument, Verbraucher || -K: ***Computer-, Erdöl-, Reis-*** *usw* **2** j-d, der e-n Film *o.Ä.* produziert (3) || -K: ***Film-, Schallplatten-, Theater-*** || NB: ↑ ***Regisseur*** || NB: *der Produzent; den, dem, des Produzenten*

pro·du·zie·ren; *produzierte, hat produziert*; [Vt] **1 etw. p.** Waren (in großer Menge) herstellen ≈ erzeugen ⟨Kunststoffe, Stahl, Autos, Lebensmittel, Maschinen p.⟩ **2 etw. produziert etw.** etw. bewirkt, dass etw. entsteht: *Die Drüsen im Mund produzieren Speichel*; **3 etw. p.** die Rahmenbedingungen für e-n Film, e-e Schallplatte, ein Theaterstück *o.Ä.* organisieren (u. finanzieren); [Vr] **4 sich (vor j-m) p.** *gespr*, *mst pej*; sich so benehmen, dass man beachtet wird: *Er will sich nur p.*

Prof *der*; *-s, -s*; *gespr* ≈ Professor

pro·fan *Adj*; *geschr*; **1** ≈ alltäglich ↔ ungewöhnlich ⟨e-e Angelegenheit, e-e Sorge⟩ **2** *nur attr, nicht adv* ≈ weltlich ↔ sakral ⟨Bauten⟩ || K-: ***Profan-, -bau***

pro·fes·si·o·nell *Adj*; **1** *nur attr od adv*; ⟨ein Fußballer, ein Sportler⟩ so, dass sie die genannte Tätigkeit od. den genannten Beruf ausüben **2** ⟨e-e Arbeit⟩ ≈ fachmännisch ↔ dilettantisch: *e-e p. ausgeführte Reparatur* || *hierzu* **Pro·fes·si·o·na·lis·mus** *der*; -; *nur Sg*; **Pro·fes·si·o·na·li·tät** *die*; -; *nur Sg*

Pro·fes·sor [-soːɐ̯] *der*; *-s, Pro·fes·so·ren*; **1** ein Titel für Lehrer an der Universität; *Abk* Prof. ⟨zum P. ernannt werden⟩ || -K: ***Universitäts-, Fachhochschul-*** **2** j-d, der diesen Titel trägt ⟨ein ordentlicher, außerordentlicher P.⟩ *Er ist P. für Geschichte* || -K: ***Gast-*** **3** Ⓐ ein Lehrer an e-m Gymnasium || -K: ***Gymnasial-*** **4 *ein zerstreuter P.*** *gespr hum*; j-d, der sich nicht konzentrieren kann u. viel vergisst || *hierzu* **Pro·fes·so·rin** *die*; -, *-nen*; **pro·fes·so·ral** *Adj*

Pro·fes·sur [-ˈsuːɐ̯] *die*; -, *-en*; die Stelle e-s Professors an e-r Universität ⟨e-e P. bekommen, haben⟩

Pro·fi *der*; *-s, -s*; j-d, der *bes* e-e Sportart beruflich ausübt ↔ Amateur || K-: ***Profi-, -boxer, -fußballer, -sportler*** || -K: ***Box-, Fußball-, Golf-, Tennis-*** || *hierzu* **pro·fi·haft** *Adj* || ► ***professionell***

Pro·fil *das*; *-s, -e*; **1** *bes* ein Gesicht od. ein Kopf von der Seite gesehen ≈ Seitenansicht ↔ Vorderansicht ⟨ein feines, markantes P. (haben); j-n im P. / j-s P. fotografieren, zeichnen⟩ || K-: ***Profil-, -ansicht, -bild, -zeichnung*** **2** das Muster aus hohen u. tiefen Linien auf e-m Reifen od. e-r (Schuh)Sohle ⟨ein gutes, schwaches, abgefahrenes P.⟩: *Die Reifen seines Autos haben kaum noch P.* || K-: ***Profil-, -reifen, -sohle, -tiefe*** || -K: ***Reifen-, Rillen-, Stollen-*** **3** *geschr*; die (positiven) Eigenschaften, die typisch für e-e Person od. Sache sind u. diese von anderen unterscheiden ⟨ein Beruf / ein Künstler mit e-m

P

unverwechselbaren P.⟩: *Die Partei bemühte sich um ein klares P.* || -K: ***Berufs-, Verlags-***

pro·fi·lie·ren, sich; *profilierte sich, hat sich profiliert*; Vr **sich p.** *oft pej*; zeigen, dass man sehr gut ist, u. dadurch bekannt werden: *sich als Wissenschaftler p.; Sie will sich nur p., darum ist sie so fleißig*

Pro·fil·neu·ro·se *die*; *geschr pej*; das übertriebene Bemühen, sich zu profilieren ⟨e-e P. haben⟩

Pro·fit, Pro·fit *der*; *-(e)s, -e*; das Geld, das j-d od. e-e Firma bei e-m Geschäft[1] (1) verdient ≈ Gewinn ↔ Verlust ⟨P. machen; hohe Profite erzielen; etw. mit P. verkaufen⟩ || K-: ***Profit-, -geschäft, -gier, -rate*** || *hierzu* **pro·fi·ta·bel** *Adj*; **Pro·fit brin·gend** *Adj*

pro·fi·tie·ren; *profitierte, hat profitiert*; Vi **1 *von etw. p.*** e-n Vorteil von etw. haben: *von seiner guten Allgemeinbildung p.* **2 *bei etw. p.*** bei e-m Geschäft *o.Ä.* Gewinn machen

pro for·ma *Adv*; nur der äußeren Form nach, aber nicht in Wirklichkeit: *Es wurde nur pro forma abgestimmt, die Entscheidung war schon gefallen*

pro·fund *Adj*; *nicht adv*, *geschr* ≈ gründlich ⟨Kenntnisse, Wissen⟩ || *hierzu* **Pro·fun·di·tät** *die*; -; *nur Sg*

Prog·no·se *die*; *-, -n*; ***e-e P.*** (***zu etw.***) *geschr*; e-e (wissenschaftlich begründete) Aussage darüber, wie sich etw. entwickeln wird ≈ Vorhersage ⟨e-e P. stellen, wagen⟩: *die Prognosen zum Ausgang e-r Wahl* || -K: ***Konjunktur-, Wahl-, Wetter-, Wirtschafts-*** || *hierzu* **prog·nos·ti·zie·ren** (*hat*) *Vt geschr*

Pro·gramm *das*; *-s, -e*; **1** das, was ein Theater, Kino, Fernsehsender, e-e Institution *o.Ä.* der Öffentlichkeit in e-m bestimmten Zeitraum anbietet ⟨etw. in das P. aufnehmen, aus dem P. nehmen; etw. steht auf dem P., etw. wird aus dem P. gestrichen⟩: *die Fernsehzeitschrift mit dem P. der nächsten Woche; das umfangreiche P. der Volkshochschule; Das Theater hat diesmal „Die Räuber" von Schiller im P.* || K-: ***Programm-, -änderung, -gestaltung, -hinweis, -vorschau*** || -K: ***Fernseh-, Kino-, Rundfunk-, Theater-, Veranstaltungs-*** **2** die einzelnen Punkte bei e-r Veranstaltung ⟨ein abendfüllendes, buntes (= abwechslungsreiches) P.; das P. e-s Konzerts, e-s Kabaretts, e-r Tagung⟩ || -K: ***Abend-, Fest-*** **3** ein Heft od. Blatt, das Informationen über das P. (1,2) gibt ⟨ein P. kaufen, e-n Blick ins P. werfen⟩: *im P. nachlesen, wer in e-m Theaterstück mitspielt* || K-: ***Programm-, -heft*** **4** ein Kanal (3) e-s Radio- od. Fernsehsenders: *Im ersten P. kommt heute ein Krimi* **5** ein Plan, auf dem steht, wann man etw. machen muss od. will ⟨(sich) ein P. machen; ein P. entwerfen, ausarbeiten, einhalten⟩: *Der Minister hatte bei seinem Besuch in Prag ein umfangreiches P. zu absolvieren* || -K: ***Aktions-, Arbeits-, Forschungs-, Hilfs-, Raumfahrt-, Reise-, Sofort-, Trainings-*** **6** ein Text, in dem e-e Partei od. Regierung sagt, welche Ziele sie hat ⟨ein politisches P.; ein neues P. beschließen, verabschieden⟩ || -K: ***Grundsatz-, Partei-, Wahl-*** **7** e-e Reihe von Befehlen, die e-m Computer gegeben werden, damit er bestimmte Aufgaben macht (u. die auch auf Disketten *o.Ä.* gekauft werden können) ⟨ein P. schreiben, kaufen, kopieren, installieren⟩ || K-: ***Programm-, -datei, -diskette*** || -K: ***Computer-, Graphik-, Textverarbeitungs-*** **8** bestimmte Arbeitsabläufe e-r Maschine, die durch vorgegebene Befehle gesteuert werden: *e-e Waschmaschine mit mehreren Programmen* || K-: ***programm-, -gesteuert*** || -K: ***Test-, Wasch-*** **9** *Kollekt*; die Waren, die ein Betrieb zu e-r bestimmten Zeit herstellt u. verkauft ≈ Sortiment ⟨das P. e-s Verlags; etw. aus dem P. nehmen; etw. ins P. aufnehmen⟩ || -K: ***Möbel-, Verlags-*** || ID ***nach P.*** so, wie es geplant ist ⟨nach P. vorgehen⟩; ***etw. steht auf dem P.*** etw. ist geplant || *zu* **5** u. **6** **pro·gram·ma·tisch** *Adj*

pro·gramm·ge·mäß *Adj*; *nur attr od adv*; so, wie es geplant ist ≈ planmäßig ⟨ein Ablauf; etw. geht, verläuft p.⟩: *Der Start der Rakete verlief p.*

pro·gram·mie·ren; *programmierte, hat programmiert*; Vt/i (***etw.***) ***p.*** ein Programm (7) schreiben u. in den Computer geben ⟨e-n Rechner, e-n Computer p.⟩ || K-: ***Programmier-, -sprache*** || *hierzu* **Pro·gram·mie·rung** *die*

Pro·gram·mie·rer *der*; *-s, -*; j-d, der beruflich Programme für Computer schreibt || *hierzu* **Pro·gram·mie·re·rin** *die*; *-, -nen*

Pro·gres·si·on [-'sio:n] *die*; *-, -en*; **1** ein System, nach dem man immer mehr Prozent seines Einkommens als Steuern zahlen muss, wenn das Einkommen größer wird ⟨in e-e höhere, die nächste P. kommen⟩ **2** *geschr*; e-e Entwicklung, die in Stufen geschieht

pro·gres·siv, pro·gres·siv [-f] *Adj*; **1** ≈ fortschrittlich ↔ konservativ ⟨e-e Haltung, e-e Gesinnung, e-e Einstellung, j-s Denkweise⟩ **2** *geschr* ≈ fortschreitend ⟨e-e Entwicklung, e-e Paralyse⟩

Pro·jekt *das*; *-(e)s, -e*; e-e Arbeit, die genau geplant werden muss u. ziemlich lange dauert ⟨ein P. initiieren, entwerfen, verwirklichen, in Angriff nehmen⟩ || K-: ***Projekt-, -idee, -leiter, -woche*** || -K: ***Bau-, Forschungs-, Groß-, Raumfahrt-***

Pro·jek·til *das*; *-s, -e*; *geschr*; das Geschoss aus e-m Gewehr od. einer Pistole

Pro·jek·tor [-to:ɐ̯] *der*; *-s, Pro·jek·to·ren*; ein Gerät, mit dem man Bilder projizieren kann || -K: ***Dia-, Film-***

pro·ji·zie·ren; *projizierte, hat projiziert*; Vt **1 *etw. irgendwohin p.*** *geschr*; ein Bild od. die Bilder e-s Films mit e-m Gerät beleuchten, sodass man sie auf e-r Wand sehen kann ⟨Dias, e-n Film an die Wand, auf die Leinwand p.⟩ **2 *etw. auf j-n / etw. p.*** *Psych*; meinen, dass man bei j-m / etw. ein Gefühl, Verhalten *o.Ä.* sehen kann, das man bei sich selbst kennt || *hierzu* **Pro·jek·ti·on** *die*; *-, -nen*

pro·kla·mie·ren; *proklamierte, hat proklamiert*; Vt ***etw. p.*** *geschr*; etw., das für ein Land wichtig ist, öffentlich u. feierlich sagen ≈ verkünden: *die Unabhängigkeit p.* || *hierzu* **Pro·kla·ma·ti·on** *die*; *-, -nen*

Pro·ku·rist *der*; *-en, -en*; j-d, der für die Firma, in der er arbeitet, Geschäfte abschließen u. Verträge unterschreiben darf || NB: *der Prokurist*; *den, dem, des Prokuristen* || *hierzu* **Pro·ku·ris·tin** *die*; *-, -nen*

Pro·let *der*; *-en, -en*; *pej*; j-d, der sehr schlechte Manieren hat || NB: *der Prolet*; *den, dem, des Proleten* || *hierzu* **pro·le·ten·haft** *Adj*

Pro·le·ta·ri·at *das*; *-s*; *nur Sg*; die gesellschaftliche Klasse von sehr armen Arbeitern (*bes* zur Zeit der industriellen Revolution)

Pro·le·ta·ri·er *der*; *-s, -*; j-d, der zum Proletariat gehört || *hierzu* **pro·le·ta·risch** *Adj*

Pro·log *der*; *-(e)s, -e*; *geschr*; e-e Einleitung zu e-m Theaterstück od. zu e-m langen Gedicht ↔ Epilog

Pro·me·na·de *die*; *-, -n*; **1** ein schöner, breiter Weg zum Spazierengehen: *die P. im Schlosspark* || -K: ***Ufer-*** **2** *veraltend* ≈ Spaziergang

Pro·me·na·den·mi·schung *die*; *gespr hum* ≈ Mischling (2)

pro·me·nie·ren; *promenierte, ist / hat promeniert*; Vi (***irgendwo***) ***p.*** *geschr od hum* ≈ spazieren gehen

Pro·mil·le *das*; *-(s), -*; ein Tausendstel; *bes* verwendet, um anzugeben, wie viel Alkohol j-d im Blut hat; *Math* ‰: *Autofahren mit mehr als 0,8 P.* (*Alkohol im Blut*) *ist strafbar* || K-: ***Promille-, -grenze, -wert***

pro·mi·nent *Adj*; *nicht adv*; ⟨ein Politiker, ein

Schauspieler⟩ bei sehr vielen Leuten bekannt || *hierzu* **Pro·mi·nen·te** *der / die; -n, -n*

Pro·mi·nenz *die; -; nur Sg*; **1** *Kollekt*; die Menschen, die sehr bekannt u. wichtig sind: *Auf dem Ball war viel P. anwesend* **2** das Prominentsein

Pro·mis·ku·i·tät *die; -; nur Sg, geschr*; das sehr häufige Wechseln der Partner, zu denen man sexuelle Beziehungen hat

pro·mo·vie·ren; *promovierte, hat promoviert*; [Vt] **1** ***j-n p.*** j-m den Titel des Doktors (der Philosophie *o.Ä.*) verleihen; [Vi] **2** den Titel des Doktors erwerben || *hierzu* **Pro·mo·ti·on** *die; -, -en*

prompt *Adj*; **1** ⟨e-e Antwort, e-e Bedienung, e-e Lieferung⟩ so, dass sie ohne Zögern erfolgen ≈ sofortig **2** *nur adv, ohne Steigerung, gespr, oft iron*; wie nicht anders zu erwarten war: *Er fuhr zu schnell u. p. hatte er e-n Unfall* || *hierzu* **Prompt·heit** *die; nur Sg*

Pro·no·men *das; -s, - od Pro·no·mi·na; Ling*; ein Wort, das man statt e-s Substantivs benutzt u. das sich auf dieselbe Person od. Sache bezieht wie das Substantiv, *z.B. er* od. *sie* ≈ Fürwort || -K: ***Demonstrativ-, Indefinit-, Interrogativ-, Possessiv-, Personal-*** || *hierzu* **pro·no·mi·nal** *Adj; nur attr od adv*

pro·non·ciert [pronõ'si:ɐt] *Adj; geschr*; ⟨e-e Meinung⟩ so, dass sie deutlich formuliert ist

Pro·pa·gan·da *die; -; nur Sg*; **1** *oft pej*; Informationen, die *bes* e-e Partei od. Regierung verbreitet, um die Meinung der Menschen zu beeinflussen ⟨P. (be)treiben, machen⟩ || K-: ***Propaganda-, -film, -lüge, -material, -schrift*** || -K: ***Hetz-, Kriegs-, Wahl-*** **2** *hist (DDR)*; die Verbreitung u. Erklärung politischer Ideen u. Meinungen **3** ***P. für etw. machen*** den Menschen empfehlen, etw. zu kaufen, zu e-r Veranstaltung zu gehen *o.Ä.* ≈ für etw. werben || *zu* **1** **Pro·pa·gan·dist** *der; -en, -en*; **Pro·pa·gan·dis·tin** *die; -, -nen*; **pro·pa·gan·dis·tisch** *Adj*

pro·pa·gie·ren; *propagierte, hat propagiert*; [Vt] ***etw. p.*** *geschr*; versuchen, viele Menschen von e-r Idee zu überzeugen ⟨e-e Lehre, e-e Theorie p.⟩: *die Gleichheit aller Menschen p.*

Pro·pan *das; -s; nur Sg*; ein Gas, das man *bes* zum Kochen u. Heizen benutzt || K-: ***Propan-, -gas***

Pro·pel·ler *der; -s, -*; ein Teil e-s Flugzeugs, das aus *mst* zwei langen, flachen Metallteilen besteht, die sich so schnell drehen, dass dadurch das Flugzeug fliegen kann ⟨den P. anwerfen⟩ || K-: ***Propeller-, -antrieb, -flugzeug, -maschine***

pro·per *Adj; gespr*; sauber u. gepflegt ⟨ein Aussehen, ein Zimmer; sich p. kleiden⟩

Pro·phet [-f-] *der; -en, -en*; **1** (*bes* im Alten Testament) j-d, der die Lehre Gottes den Menschen erklärt u. von dem man glaubt, Gott habe ihn geschickt: *der P. Elias; Mohammed, der P. Allahs* **2** j-d, der sagt, er könne die Zukunft vorhersehen: *Woher soll ich wissen, wie es ausgeht - ich bin doch kein P.!* || NB: *der Prophet; den, dem, des Propheten* || *hierzu* **pro·phe·tisch** *Adj*

pro·phe·zei·en [-f-]; *prophezeite, hat prophezeit*; [Vt] ***(j-m) etw. p.*** vorhersagen, was in der Zukunft geschehen wird ⟨e-e Katastrophe, das Kommen des Messias, den Weltuntergang p.; j-m e-e gute, schlechte Zukunft p.⟩ || *hierzu* **Pro·phe·zei·ung** *die*

pro·phy·lak·tisch [-f-] *Adj; geschr*; ⟨e-e Behandlung, Maßnahmen⟩ so, dass sie *bes* e-e Krankheit verhindern ≈ vorbeugend || *hierzu* **Pro·phy·la·xe** *die; -, -n*

Pro·por·ti·on [-'tsio:n] *die; -, -en; mst Pl*; **1** das Verhältnis der Größe e-s Teils zur Größe des Ganzen ⟨ausgewogene Proportionen⟩: *Auf der Zeichnung stimmen die Proportionen nicht ganz: Im Vergleich zum Körper ist der Kopf zu groß* **2** *geschr* ≈ Ausmaße: *Die Verschuldung des Staates hat inzwischen Besorgnis erregende Proportionen angenommen*

pro·por·ti·o·nal [-tsio-] *Adj*; **1** ***p. (zu etw.)*** *geschr*; entsprechend dem Anteil am Ganzen ↔ unproportional: *Die Sitze im Parlament werden p. verteilt* (= jede Partei bekommt die Zahl der Sitze, die ihrem Anteil am Wahlergebnis entspricht) **2** ***direkt p. (zu etw.)*** *Math*; ⟨e-e Größe⟩ so, dass sie größer / kleiner wird, wenn e-e andere Größe auch größer / kleiner wird **3** ***indirekt / umgekehrt p. (zu etw.)*** *Math*; ⟨e-e Größe⟩ so, dass sie kleiner wird, wenn e-e andere Größe größer wird u. umgekehrt || *hierzu* **Pro·por·ti·o·na·li·tät** *die; -; nur Sg*

pro·por·ti·o·niert [-tsio:-] *Adj; mst in* ***gut p.*** mit Proportionen (1), die zueinander passen ⟨ein Körper⟩

Pro·porz *der; -es, -e; Pol*; **1** das Verteilen von Ämtern proportional zur Größe der beteiligten Gruppen / Parteien **2** (CH) ≈ Verhältniswahl

propp·en·voll *Adj; nordd gespr*; ganz voll ⟨ein Behälter, ein Raum⟩

Propst *der; -(e)s, Pröps·te; Rel*; ein Priester, der alle Priester leitet, die zu e-m Dom od. zu e-m ziemlich großen (Kirchen)Bezirk gehören || -K: ***Dom-***

Pro·sa *die; -; nur Sg*; die geschriebene Sprache (außer den Texten, die in Versen u. Reimen geschrieben sind) ↔ Dichtung, Poesie: *Kurzgeschichten u. Romane sind P.* || K-: ***Prosa-, -text, -übersetzung***

pro·sa·isch *Adj; pej* ≈ nüchtern (4) ↔ romantisch

pro·sit! *Interjektion* ≈ prost!

Pro·sit *das; -s, -s; mst* **1** ***ein P. auf j-n ausbringen*** ≈ auf j-s Wohl trinken **2** ***P. Neujahr!*** verwendet am ersten Tag des neuen Jahres, um den Wunsch auszudrücken, dass das neue Jahr Gutes bringen soll

Pros·pekt *der; -(e)s, -e*; ein Heft mit Text u. Bildern, das über e-e Ware informiert || -K: ***Farb-, Reise-***

prost! *Interjektion*; verwendet, bevor man in Gesellschaft *bes* den ersten Schluck e-s alkoholischen Getränks trinkt || ► ***zuprosten***

Pros·ta·ta *die; -; nur Sg*; e-e Drüse beim Mann, die e-e Flüssigkeit für den Samen produziert ≈ Vorsteherdrüse ⟨e-e krankhaft vergrößerte P.⟩ || K-: ***Prostata-, -krebs, -leiden, -operation***

pros·ti·tu·ie·ren, sich; *prostituierte sich, hat sich prostituiert*; [Vr] **1** ***sich p.*** Geld dafür nehmen, dass man j-m sexuellen Kontakt erlaubt **2** ***sich p.*** *geschr pej*; (*mst* nur wegen des Geldes) für Leute od. für Zwecke arbeiten, mit denen man sich nicht identifizieren kann ⟨sich als Künstler p.⟩

Pros·ti·tu·ier·te *die; -, -n*; e-e Frau, die mit ihren sexuellen Kontakten Geld verdient ≈ Dirne || NB: *e-e Prostituierte; die Prostituierte; der Prostituierten*

Pros·ti·tu·ti·on [-'tsio:n] *die; -; nur Sg*; die Handlungen, durch die sich j-d prostituiert (1) ⟨der P. nachgehen⟩

Pro·ta·go·nist *der; -en, -en*; die wichtigste Person (*bes* in e-m Theaterstück, Roman *o.Ä.*) || NB: *der Protagonist; den, dem, des Protagonisten* || *hierzu* **Pro·ta·go·nis·tin** *die; -, -nen*

Pro·te·gé [-'ʒe:] *der; -s, -s*; ***ein P.*** (+ *Gen*) j-d, der protegiert wird ≈ Günstling: *ein P. des Königs*

pro·te·gie·ren [-'ʒi:]; *protegierte, hat protegiert*; [Vt] ***j-n p.*** *geschr*; durch seine gesellschaftliche Stellung od. seinen Einfluss j-n so unterstützen, dass er *bes* beruflichen Erfolg hat || *hierzu* **Pro·tek·ti·on** *die; -, -en*

Pro·te·in *das; -s, -e; Chem*; eine von vielen Substanzen, wie sie im Körper von Menschen u. Tieren u.

in Pflanzen gebildet werden (*z.B.* Enzyme, Insulin, Hormone) || *hierzu* **pro·te·in·arm** *Adj*; **pro·te·in·hal·tig** *Adj*; **pro·te·in·reich** *Adj*

Pro·tek·ti·o·nis·mus [-tsi̯o-] *der*; -; *nur Sg*, *Ökon*; die Maßnahmen, durch die ein Land die eigene Wirtschaft vor der Konkurrenz aus anderen Ländern schützt (*bes* durch höhere Steuern od. Importbeschränkungen)

Pro·tek·to·rat *das*; *-s*, *-e*; **1** ein Land, dessen Verteidigung u. Außenpolitik von e-m anderen, mächtigeren Land bestimmt wird **2** *nur Sg*; die Schutzherrschaft e-s stärkeren Staates über e-n schwächeren Staat **3** *geschr* ≈ Schirmherrschaft ⟨unter j-s P. stehen⟩

Pro·test *der*; *-(e)s*, *-e*; ***P.*** (***gegen j-n / etw.***) Worte, Handlungen *o.Ä.*, die deutlich zum Ausdruck bringen, dass man mit j-m / etw. nicht einverstanden ist ⟨heftiger, scharfer P.; P. erheben, anmelden, äußern; es hagelt Proteste⟩: *Er verließ unter lautem P. den Saal*; *Aus P. gegen die Politik der Regierung trat er aus der Partei aus* || K-: ***Protest-, -aktion, -haltung, -kundgebung, -marsch, -rufe, -schreiben, -song, -welle***

Pro·tes·tant *der*; *-en*, *-en*; ein Mitglied e-r christlichen Kirche, die den Protestantismus vertritt || NB: *der Protestant*; *den, dem, des Protestanten* || *hierzu* **Pro·tes·tan·tin** *die*; -, *-nen*

pro·tes·tan·tisch *Adj*; ⟨ein Geistlicher, die Kirche⟩ zum Protestantismus gehörig ≈ evangelisch

Pro·tes·tan·tis·mus *der*; -; *nur Sg*; die Lehre der christlichen Kirchen, die sich im 16. Jahrhundert (nach der Reformation) von der katholischen Kirche getrennt haben

pro·tes·tie·ren; *protestierte*, *hat protestiert*; [Vi] (***gegen j-n / etw.***) ***p.*** deutlich zum Ausdruck bringen, dass man mit j-m / etw. nicht einverstanden ist ≈ Protest erheben: *gegen e-e schlechte Behandlung p.*; *Er protestierte* dagegen, dass *man ihm die Miete erhöht hatte*

Pro·the·se *die*; -, *-n*; ein künstlicher Körperteil ⟨e-e P. tragen⟩ || K-: ***Prothesen-, -träger*** || -K: ***Arm-, Bein-, Zahn-***

Pro·to·koll *das*; *-s*, *-e*; **1** ein Text, in dem genau steht, was in e-r Sitzung (*z.B.* im Gericht od. bei geschäftlichen Verhandlungen) gesagt wurde ≈ Niederschrift ⟨ein P. anfertigen, schreiben; etw. ins P. aufnehmen⟩ || -K: ***Gerichts-, Sitzungs-, Verhandlungs-*** **2** ein Text, in dem ein (wissenschaftlicher) Versuch *o.Ä.* genau beschrieben wird || -K: ***Versuchs-*** **3** die Regeln, nach denen sich *bes* Diplomaten u. Politiker bei offiziellen Anlässen verhalten sollen ⟨das P. einhalten, dem P. genügen; das P. schreibt etw. vor⟩ **4** (***das***) ***P. führen*** ein P. (1) schreiben || K-: ***Protokoll-, -führer*** **5** ***etw. zu P. geben*** sagen, dass etw. ins P. (1) geschrieben werden soll **6** ***etw. zu P. nehmen*** etw. ins P. (1) schreiben || *zu* **1** u. **3** **pro·to·kol·la·risch** *Adj*

pro·to·kol·lie·ren; *protokollierte*, *hat protokolliert*; [Vt/i] (***etw.***) ***p.*** etw. in ein Protokoll (1,2) schreiben ⟨e-e Aussage, e-e Sitzung, ein Verhör, den Verlauf e-s Versuchs p.⟩

Pro·ton *das*; *-s*, *Pro·to·nen*; *Phys*; ein sehr kleines Teil im Atomkern, das positiv geladen ist ↔ Elektron: *Ein Wasserstoffatom besteht aus einem P. u. aus einem Elektron*

Pro·to·typ *der*; **1** das erste Exemplar e-r Maschine *o.Ä.*, das hergestellt wird **2** ***der P.*** + *Gen* ein typisches Beispiel für etw. ≈ Inbegriff

Protz *der*; *-es*, *-e*; *gespr pej*; j-d, der damit protzt, was er hat od. kann || -K: ***Geld-, Kraft-, Muskel-***

prot·zen; *protzte*, *hat geprotzt*; [Vi] (***mit etw.***) ***p.*** *gespr pej*; deutlich zeigen, dass man etw. hat, auf das man sehr stolz ist ⟨mit seinem Geld, Wissen p.⟩: *Er protzt immer* (damit), dass *er sich die teuersten Hotels leisten kann*

prot·zig *Adj*; *gespr pej*; ⟨ein Auto, ein Ring, ein Palast⟩ so, dass jeder sieht, dass sie sehr viel Geld gekostet haben

Pro·ve·ni·enz [prove'ni̯ɛnts] *die*; -, *-en*; *geschr* ≈ Herkunft: *Teppiche orientalischer P.*

Pro·vi·ant [-v-] *der*; *-s*, *-e*; *mst Sg*; das Essen, das man auf e-n Ausflug od. e-e Reise mitnimmt od. das Soldaten im Krieg bei sich tragen ⟨reichlich P. einpacken, mitnehmen⟩ || K-: ***Proviant-, -korb***

Pro·vi·der [pro'vaɪdɐ] *der -s*, -; *EDV*; ein Unternehmen, das bestimmte Dienste der Telekommunikation, *z.B.* den Zugang zum Internet, anbietet

Pro·vinz [-v-] *die*; -, *-en*; **1** (in manchen Staaten) ein relativ großes Gebiet mit eigener Verwaltung || K-: ***Provinz-, -hauptstadt*** **2** *nur Sg*, *oft pej*; ein Gebiet, in dem es (im Gegensatz zu großen Städten) wenig kulturelle od. gesellschaftliche Ereignisse gibt ⟨e-e Stadt, ein Dorf ist finsterste, tiefste P.; in der P. leben; aus der P. kommen⟩ || K-: ***Provinz-, -stadt, -theater*** || *zu* **2** **Pro·vinz·ler** *der*; *-s*, -

pro·vin·zi·ell [-v-] *Adj*; *mst pej*; mit Eigenschaften, Ansichten, alten Bräuchen *o.Ä.*, die man als typisch für die Provinz (2) betrachtet: *e-e Stadt*, *ein Dorf wirkt p.*

Pro·vi·si·on [provi'zi̯oːn] *die*; -, *-en*; das Geld, das j-d dafür bekommt, dass er für e-n anderen od. im Auftrag e-s anderen etw. verkauft hat ⟨e-e P. kassieren, einstreichen⟩: *Für jede Versicherung, die er abschließt, bekommt unser Vertreter zehn Prozent P.* || -K: ***Vermittlungs-, Verkaufs-***

Pro·vi·si·ons·ba·sis *die*; *nur in* ***auf P.*** so, dass der Betreffende für seine Tätigkeit e-e Provision bekommt ⟨auf P. arbeiten⟩

pro·vi·so·risch [-v-] *Adj*; nur so lange verwendet, bis man etw. Besseres hat ≈ behelfsmäßig, vorübergehend ↔ endgültig ⟨e-e Reparatur, ein Verband⟩

Pro·vi·so·ri·um [-v-] *das*; *-s*, *Pro·vi·so·ri·en* [-'zoːri̯ən]; *geschr*; etw., das provisorisch ist ≈ Notbehelf

pro·vo·kant [-v-] *Adj*; *geschr*; ⟨ein Auftreten, ein Verhalten; etw. p. formulieren⟩ so, dass man j-n damit provozieren will ≈ provokativ, herausfordernd

Pro·vo·ka·teur [provoka'tøːɐ] *der*; *-s*, *-e*; *geschr pej*; j-d, der andere zu Handlungen *bes* gegen die Regierung od. e-e Partei auffordert ≈ Aufwiegler

Pro·vo·ka·ti·on [provoka'tsi̯oːn] *die*;-, *-en*; e-e Handlung, e-e Aussage *o.Ä.*, mit der man j-n ärgert u. so zu e-r Reaktion auffordert ⟨etw. als P. auffassen, verstehen; auf e-e P. antworten, reagieren⟩

pro·vo·ka·tiv [-f] *Adj*; *geschr* ≈ provokant

pro·vo·ka·to·risch [-v-] *Adj*; *geschr* ≈ provokant

pro·vo·zie·ren [-v-]; *provozierte*, *hat provoziert*; [Vt] **1** ***j-n*** (***zu etw.***) ***p.*** etw. tun, um j-n zu ärgern u. ihn dadurch zu e-r Reaktion zu reizen ⟨j-m provozierende Fragen stellen; sich nicht p. lassen⟩: *Der Schüler versuchte*, *den Lehrer* dazu *zu p.*, *ihn* zu *schlagen*; *e-n Hund so lange p.*, *bis er beißt* **2** ***etw. p.*** durch seine Handlungen *o.Ä.* bewirken, dass etw. (Negatives) passiert, ausbricht *o.Ä.* ⟨e-n Krieg, e-e Schlägerei, Widerspruch p.⟩ || ► ***Provokation***

Pro·ze·dur *die*; -, *-en*; e-e Reihe von *mst* langen u. unangenehmen Handlungen ≈ Verfahren (3) ⟨e-e langwierige, umständliche, lästige P.⟩

Pro·zent *das*; *-(e)s*, - / *-e*; **1** einer von hundert Teilen e-r Menge; *Math* %: *vier P.* (*4%*) *Zinsen*; *Zehn P. von fünfzig Euro sind fünf Euro* || NB: nach e-r Zahl lautet der Pl. *Prozent*: *zehn Prozent* **2** *nur Pl*, *gespr*; ein Teil e-s Gewinns ⟨Prozente bekommen⟩ **3** *nur Pl*, *gespr*; e-e Preissenkung um e-e bestimmte Summe ⟨bei j-m Prozente kriegen⟩: *Mein Freund hat ein*

Computergeschäft u. gibt mir Prozente, wenn ich bei ihm einkaufe

-pro·zen·tig *im Adj, begrenzt produktiv*; mit der genannten Zahl od. Menge von Prozenten; ***einprozentig, zweiprozentig, dreiprozentig*** *usw*; ***hochprozentig*** ⟨Alkohol, e-e Lösung⟩: *e-e zehnprozentige Steigung, e-e sechzigprozentige Mehrheit*

Pro·zent·punkt *der*; *mst Pl*; verwendet anstelle von Prozent (1) (um e-e Entwicklung auf e-r grafischen Kurve anzugeben): *den Diskontsatz um e-n halben P.* (= um 0,5%) *erhöhen / senken*

Pro·zent·satz *der*; ein Anteil e-r Menge (in Prozenten ausgedrückt): *Ein hoher P. der Wähler ist für das neue Gesetz*

pro·zen·tu·al *Adj*; *mst attr*; in Prozenten (1) ausgedrückt ⟨ein Anteil, e-e Beteiligung⟩

Pro·zess[1] *der*; *-es, -e*; **1** das Verfahren, bei dem ein Gericht ein Verbrechen od. e-n Streit untersucht u. beurteilt ⟨ein öffentlicher P.; e-n P. anstrengen, gegen j-n führen, gewinnen, verlieren, wieder aufnehmen⟩: *Bis zum P. sitzt er in Untersuchungshaft* || K-: ***Prozess-, -führung, -gegner, -kosten, -recht*** || -K: ***Mord-, Straf-, Zivil-*** **2** ***j-m den P. machen*** *gespr*; j-n vor Gericht bringen ≈ j-n vor Gericht stellen || ID ***kurzen P. mit j-m machen*** *gespr*; j-n kurz u. heftig tadeln; ***kurzen P. mit etw. machen*** *gespr*; etw. sehr schnell entscheiden (*mst* zum Nachteil eines anderen)

Pro·zess[2] *der*; *-es, -e*; ein Vorgang, der aus mehreren Phasen besteht, in dem e-e (allmähliche) Veränderung stattfindet ↔ Zustand ⟨ein chemischer, natürlicher P.; e-n P. beobachten, beschleunigen, hemmen, steuern, beeinflussen⟩: *Dieser P. dauerte tausend Jahre* || -K: ***Alterungs-, Entstehungs-, Entwicklungs-, Veränderungs-***

pro·zes·sie·ren; *prozessierte, hat prozessiert*; Vi ***(mit j-m / gegen j-n) p.*** e-n (Zivil)Prozess (gegen j-n) führen ≈ j-n verklagen: *wegen e-s Vertragsbruchs p.*

Pro·zes·si·on [-'si̯oːn] *die*; *-, -en*; e-e religiöse Feier, bei der (katholische) Priester u. die Gläubigen hintereinander durch die Stadt od. das Dorf gehen || -K: ***Fronleichnams-***

Pro·zes·sor [pro'tsɛsoːɐ̯] *der*; *-s, Pro·zes·so·ren*; *EDV*; wichtiges Bauteil in e-m Computer *o.Ä.*, das aus winzigen Schaltkreisen besteht u. das Rechen- u. Steuerprozesse ausführt || -K: ***Mikro-*** || K-: ***prozessor-, -gesteuert***

Pro·zess·ord·nung *die*; die Regeln, nach denen ein Prozess[1] (1) ablaufen muss

prü·de *Adj*; ⟨ein Mensch⟩ so, dass er es als unangenehm empfindet, über sexuelle Dinge zu sprechen || *hierzu* **Prü·de·rie** *die*; *-, -en*

prü·fen; *prüfte, hat geprüft*; Vt **1** ***j-n / etw. p.*** feststellen, ob j-d / etw. e-e gewünschte Eigenschaft (im richtigen Maß) hat ≈ untersuchen, testen ⟨j-n / etw. gründlich, oberflächlich p.; j-n prüfend ansehen; etw. prüfend anfassen⟩: *p.*, ob *e-e Rechnung stimmt*; *mit dem Finger die Temperatur des Wassers p.*; *p.*, wie *stark j-d ist*; *j-n auf seine Zuverlässigkeit (hin) p.* || K-: ***Prüf-, -bericht, -gerät, -verfahren*** **2** ***etw. p.*** darüber nachdenken, ob man etw. annimmt od. ablehnt ≈ überprüfen ⟨ein Angebot, e-n Antrag (eingehend) p.⟩ **3** ***etw. prüft j-n*** *geschr*; etw. belastet j-n psychisch stark ⟨das Leben; das Schicksal hat j-n hart, schwer geprüft⟩ || NB: *mst* im Passiv!; Vt/i **4** ***(j-n) p.*** j-m Fragen stellen, um zu erfahren, ob er etw. gelernt hat ⟨e-n Schüler, e-n Studenten p.; j-n mündlich, schriftlich, streng p.⟩: *ein staatlich geprüfter Dolmetscher* || ► ***Prüfung, überprüfen, nachprüfen***

Prü·fer *der*; *-s, -*; **1** j-d, der e-n Studenten *o.Ä.* prüft (4) ⟨ein erfahrener, gefürchteter, strenger P.⟩ **2** j-d, dessen Beruf es ist, etw. zu prüfen (1) || ***Steuer-***

Prüf·ling *der*; *-s, -e*; j-d, der geprüft (4) wird

Prüf·stand *der*; die Stelle, an der man *bes* e-e Maschine mit Messgeräten prüft ⟨etw. kommt auf den P.; etw. auf dem P. erproben, testen⟩

Prüf·stein *der*; *mst* e-e Situation, in der j-d zeigen muss, was er kann ≈ Bewährungsprobe ⟨ein P. für j-s Intelligenz, Mut⟩

Prü·fung *die*; *-, -en*; **1** e-e mündliche od. schriftliche Aufgabe, mit der j-s Kenntnisse od. Fähigkeiten beurteilt werden ≈ Test, Examen ⟨e-e mündliche, schriftliche, schwierige P.; sich auf e-e P. vorbereiten; auf / für e-e P. lernen; e-e P. machen, ablegen, schreiben, bestehen; in e-r P. versagen; durch e-e P. fallen⟩ || K-: ***Prüfungs-, -anforderungen, -angst, -aufgabe, -bedingungen, -ergebnis, -fach, -fragen, -kandidat, -note, -ordnung, -teilnehmer, -termin*** || -K: ***Abgangs-, Abitur-, Abschluss-, Aufnahme-, Diplom-, Doktor-, Eignungs-, Facharbeiter-, Fahr-, Führerschein-, Gesellen-, Meister-, Sprach-*** **2** *nur Sg*; e-e Untersuchung, mit der man feststellt, ob etw. richtig ist *o.Ä.* ≈ ⟨etw. bedarf e-r P., hält e-r P. (nicht) stand; etw. e-r P. unterwerfen, unterziehen⟩: *Die genaue P. der Rechnung hat e-n Fehler ergeben* || -K: ***Brems-, Gehör-, Härte-, Material-, Qualitäts-, Reaktions-, Rechnungs-*** **3** e-e Situation, in der j-d psychisch stark belastet wird ⟨e-e harte, schwere P. zu bestehen haben⟩ || -K: ***Schicksals-***

Prü·gel *die*; *Pl*; mehrere Schläge, die j-d in e-m Kampf od. als Strafe bekommt ≈ Hiebe ⟨e-e Tracht P.; P. austeilen, bekommen / kriegen / beziehen⟩ || K-: ***Prügel-, -strafe***

Prü·ge·lei *die*; *-, -en*; ein Streit, bei dem Menschen sich kräftig schlagen ≈ Schlägerei

Prü·gel·kna·be *der*; j-d, den man ohne Grund *bes* für Fehler anderer Leute bestraft ≈ Sündenbock

prü·geln; *prügelte, hat geprügelt*; Vt **1** ***j-n p.*** j-n (voller Wut) mehrere Male kräftig schlagen ≈ verprügeln; Vr **2** ***sich (mit j-m) p.*** kämpfen u. sich dabei gegenseitig kräftig schlagen: *Er prügelte sich mit dem Nachbarsjungen* **3** ***sich um etw. p.*** *gespr*; mit allen Mitteln versuchen, etw. zu bekommen, das man will ⟨sich um die letzten Karten, Plätze p.⟩

Prunk *der*; *-(e)s*; *nur Sg*; e-e viel zu kostbare Ausstattung od. Verzierung (*mst* e-s Gebäudes *o.Ä.*) ≈ Pracht ↔ Nüchternheit ⟨verschwenderischer P.; der P. e-s Festes, e-r Kirche, e-s Schlosses⟩ || *hierzu* **prun·ken** *(hat) Vi*; **prunk·voll** *Adj*

Prunk·stück *das*; das schönste od. wertvollste Stück *bes* in e-r Sammlung

prus·ten; *prustete, hat geprustet*; Vi Luft durch fast geschlossene Lippen pressen, sodass ein lautes Geräusch entsteht u. Wasser od. Speichel aus dem Mund kommt ⟨vor Lachen p.; prustend aus dem Wasser auftauchen⟩

PS[1] [peː'|ɛs] *das*; *-, -*; (*Abk für* Pferdestärke) e-e Einheit, mit der man die Leistung von Automotoren angibt: *ein Auto, ein Motor mit 70 PS* || NB: Statt *PS* wird heute offiziell Kilowatt (KW) verwendet (1 PS = 0,736 KW). Man spricht aber häufiger von *PS* als von *Kilowatt*

PS[2] [pe'|ɛs] *Abk*; ↑ ***Postskript***

Psalm *der*; *-s, -en*; ein Gebet od. religiöses Lied in der Bibel

pscht! *Interjektion* ≈ pst!

pseu·do-, Pseu·do- *im Adj u. Subst, begrenzt produktiv, oft pej*; verwendet, um auszudrücken, dass j-d / etw. in Wirklichkeit nicht das ist, was er zu sein vorgibt od. es zu sein scheint; der ***Pseudochrist***, ***pseudodemokratisch***, der ***Pseudomarxist***, ***pseudomodern***, die ***Pseudowissenschaft***, der ***Pseudowissenschaftler***, ***pseudowissenschaftlich***

P

Pseu·do·nym *das*; *-s, -e*; ein Name, den j-d statt seines eigenen Namens hat, um nicht erkannt zu werden ≈ Deckname ⟨unter e-m P. schreiben, veröffentlichen, reisen⟩

pst! *Interjektion*; verwendet, um j-n aufzufordern, still zu sein

Psy·che *die*; *-, -n*; *geschr*; das seelische od. geistige Leben des Menschen ≈ Geist, Seele ↔ Körper ⟨e-e kindliche, kranke, labile P.; die menschliche P.⟩

Psy·chi·a·ter [psy'çia:tɐ] *der*; *-s, -*; ein Arzt, der Krankheiten der Psyche feststellt u. behandelt ⟨zu e-m P. gehen⟩: *Das Gericht forderte das Gutachten e-s Psychiaters an*

Psy·chi·at·rie [psyçia-] *die*; *-, -n*; **1** *nur Sg*; das Gebiet der Medizin, das sich mit seelischen Krankheiten beschäftigt **2** e-e Klinik od. e-e Abteilung, in der psychisch kranke Menschen behandelt werden || *hierzu* **psy·chi·at·risch** *Adj*; *nur attr od adv*

psy·chisch *Adj*; in Bezug auf die Psyche ≈ seelisch ↔ körperlich, physisch ⟨e-e Belastung, ein Druck, e-e Krankheit; p. gesund / krank sein⟩

Psy·cho·ana·ly·se *die*; *-*; *nur Sg*; e-e Methode, diejenigen Erlebnisse e-s Menschen (*bes* seine Träume u. Erlebnisse als kleines Kind) zu finden u. zu analysieren, die der Grund für psychische Krankheiten sind: *Sigmund Freud, der Begründer der P.* || *hierzu* **Psy·cho·ana·ly·ti·ker** *der*; *-s, -*; **psy·cho·ana·ly·tisch** *Adj*; *nur attr od adv*

Psy·cho·lo·ge *der*; *-n, -n*; **1** j-d, der Psychologie (1) studiert hat || -K: ***Betriebs-, Diplom-, Gerichts-, Kinder-, Schul-*** **2** j-d, der die Fähigkeit hat, Menschen richtig einzuschätzen ⟨ein guter, schlechter P.⟩ || *hierzu* **Psy·cho·lo·gin** *die*; *-, -nen*

Psy·cho·lo·gie *die*; *-*; *nur Sg*; **1** die Wissenschaft, die sich mit dem seelischen Verhalten beschäftigt ⟨P. studieren⟩ || -K: ***Entwicklungs-, Jugend-, Kinder-, Schul-, Sexual-, Sozial-, Sprach-, Tier-*** **2** die Fähigkeit, die Psyche anderer Menschen zu erkennen, zu verstehen u. dieses Wissen anwenden: *ein bisschen P. anwenden, um j-n zu überzeugen*

psy·cho·lo·gisch *Adj*; **1** *nur attr od adv*; in Bezug auf die Psychologie (1) ⟨ein Experiment, ein Gutachten⟩ **2** *nur attr od adv*; in Bezug auf die Psychologie (2) ⟨das Einfühlungsvermögen, das Verständnis, das Vorgehen, p. geschickt handeln⟩ **3** *gespr* ≈ psychisch ⟨die Ursachen, ein Vorgang⟩

Psy·cho·path *der*; *-en, -en*; *gespr*; j-d, dessen Verhalten gestört od. krankhaft ist || NB: *der Psychopath*; *den, dem, des Psychopathen* || *hierzu* **psy·cho·pa·thisch** *Adj*

Psy·cho·phar·ma·ka [-f-] *die*; *Pl*; Medikamente, die die Psyche beeinflussen (wie *z.B.* Beruhigungsmittel u. Schlafmittel) ⟨P. nehmen⟩

Psy·cho·se *die*; *-, -n*; **1** e-e psychische Krankheit, bei der sich der Charakter ändert **2** ein Zustand, in dem j-d mit (unnatürlich) heftigen Gefühlen auf etw. reagiert || -K: ***Angst-, Massen-, Prüfungs-*** || *hierzu* **psy·cho·tisch** *Adj*

psy·cho·so·ma·tisch *Adj*; durch Angst od. psychische Probleme verursacht ⟨e-e Krankheit, e-e Störung⟩: *Ihr Kopfweh ist p. bedingt* || *hierzu* **Psy·cho·so·ma·tik** *die*; *-*; *nur Sg*

Psy·cho·ter·ror *der*; *gespr pej od hum*; Maßnahmen, Handlungen *o.Ä.*, mit denen j-d psychisch gequält wird

Psy·cho·the·ra·peut *der*; ein Therapeut, der psychische Probleme behandelt || *hierzu* **Psy·cho·the·ra·peu·tin** *die*; **Psy·cho·the·ra·pie** *die*; **psy·cho·the·ra·peu·tisch** *Adj*

PTT [pe:te:'te:] (CH) *Abk für* Post, Telefon, Telegraf

pu·ber·tär *Adj*; **1** während der Pubertät (auftretend): *Akne ist e-e pubertäre Erscheinung* **2** *pej*; für die Pubertät typisch ≈ unreif ↔ erwachsen ⟨ein Verhalten; Witze⟩

Pu·ber·tät *die*; *-*; *nur Sg*; die Zeit, in der sich der Körper des Menschen von dem e-s Kindes zu dem e-s Erwachsenen verändert ⟨in die P. kommen; in der P. sein⟩: *In der P. wird man geschlechtsreif* || K-: ***Pubertäts-, -erscheinung***

Pub·li·ci·ty [pa'blɪsiti] *die*; *-*; *nur Sg*; das (häufige) Erscheinen in den Massenmedien, wodurch der Betroffene sehr bekannt wird ⟨für P. sorgen⟩: *durch e-n neuen Film als Schauspieler an P. gewinnen*

Pub·lic Re·la·tions, **Pub·lic·re·la·tions** ['pablɪk ri'le:ʃnz] *die*; *Pl* ≈ Öffentlichkeitsarbeit || ↑ ***PR***

pub·lik *Adj*; *nur präd, nicht adv, geschr*; in der Öffentlichkeit bekannt ⟨*mst* etw. ist / wird p.; etw. p. machen⟩ || *hierzu* **Pub·li·zi·tät** *die*; *-*; *nur Sg*

Pub·li·ka·ti·on [-'tsio:n] *die*; *-, -en*; *geschr*; **1** *nur Sg*; das Drucken von Texten od. Büchern ≈ Veröffentlichung: *Die P. unseres Reiseführers soll im März erfolgen* || K-: ***Publikations-, -rechte, -verbot*** **2** etw., das j-d publiziert hat ≈ Veröffentlichung: *die neueste P. des bekannten Autors*

Pub·li·kum *das*; *-s*; *nur Sg*, *Kollekt*; **1** die Menschen, die bei e-r Veranstaltung zuhören u. zuschauen ⟨ein gemischtes, junges P.; das P. geht mit (= ist begeistert), klatscht (Beifall); j-d / etw. kommt beim P. (gut) an, ist beim P. beliebt⟩ || K-: ***Publikums-, -erfolg, -liebling, -resonanz*** || -K: ***Fernseh-, Gala-, Konzert-, Premieren-, Theater-*** **2** die Menschen, die sich für Bücher, Filme, Theater *usw* interessieren ⟨ein festes treues P. haben, sein P. finden; ein breites P. erreichen⟩ **3** die Gäste, die ein Lokal, Hotel od. e-n Ort besuchen ⟨ein gutes, gehobenes, elegantes, feines, fragwürdiges P.⟩ || -K: ***Stamm-***

Pub·li·kums·ver·kehr *der*; *nur Sg*; **1** die Zulassung des Publikums (für Besprechungen, Antragstellungen *o.Ä.*) bei e-r Behörde ≈ Parteiverkehr: *Am 24. Dezember kein P.!*; *P. von 8-12 Uhr* **2** die Leute, die zu e-r Behörde od. Bank kommen

pub·li·kums·wirk·sam *Adj*; ⟨e-e Schlagzeile, e-e Werbung; etw. p. gestalten, platzieren⟩ so, dass sie in der Öffentlichkeit e-e große Wirkung haben

pub·li·zie·ren; *publizierte, hat publiziert*; [Vt/i] **1** ***(etw.) p.*** ein Buch od. e-n Text (Aufsatz) drucken lassen, damit die Leute es / ihn lesen können ≈ veröffentlichen; [Vt] **2** ***etw. p.*** *geschr*; etw. bekannt machen ≈ publik machen || ► ***Publikation***

Pub·li·zist *der*; *-en, -en*; *geschr*; ein Schriftsteller od. Journalist, der das aktuelle Geschehen kommentiert || NB: *der Publizist*; *den dem, des Publizisten* || *hierzu* **Pub·li·zis·tin** *die*; *-, -nen*

Pub·li·zis·tik *die*; *-*; *nur Sg*; die Wissenschaft, die sich mit den Medien (Buch, Zeitung, Film, Fernsehen, Radio) u. ihrer Wirkung beschäftigt || *hierzu* **pub·li·zis·tisch** *Adj*

Puck *der*; *-s, -s*; die kleine runde Scheibe, mit der man beim Eishockey spielt

Pud·ding *der*; *-s, -e / -s*; e-e weiche, süße Speise, die entsteht, wenn man (Pudding)Pulver mit Milch u. Zucker kocht ⟨P. kochen, machen, essen⟩: *P. mit Vanillegeschmack*; *P. mit Himbeersaft* || K-: ***Pudding-, -form, -pulver*** || -K: ***Grieß-, Erdbeer-, Himbeer-, Schokoladen-, Vanille-***

Pu·del *der*; *-s, -*; ein Hund, der ein Fell mit dichten, kleinen Locken hat ⟨e-n P. scheren⟩ || ↑ *Abb. unter* ***Hunde*** || ID **des Pudels Kern** der wichtigste Punkt e-r Sache, den man aber *mst* erst spät erkennt; ***wie ein begossener P.*** *gespr*; traurig u. enttäuscht

Pu·del·müt·ze *die*; e-e (Woll)Mütze, die eng am Kopf liegt

pu·del·nackt *Adj*; *gespr*; ganz nackt

pu·del·nass *Adj*; *gespr*; sehr nass: *im Regen p. werden*
pu·del·wohl *Adv*; *gespr, nur in* **sich p. fühlen** sich sehr wohl fühlen
Pu·der *der, gespr auch das*; *-s, -*; ein Pulver, das man auf die Haut gibt ⟨P. auftragen; sich mit P. schminken⟩ || K-: **Puder-, -dose** || -K: **Gesichts-, Kinder-, Schönheits-, Wund-** || *hierzu* **pu·de·rig, pud·rig** *Adj*
pu·dern; *puderte, hat gepudert*; Vt **(j-m / sich) etw. p.** Puder auf e-e Stelle der Haut geben ⟨sich das Gesicht, die Nase p.; e-e Wunde p.; ein Baby p.⟩
Pu·der·zu·cker *der*; e-e Art Zucker, der so fein ist wie Mehl
puff! *Interjektion*; verwendet, um das Geräusch zu imitieren, das *z.B.* bei e-m Schuss entsteht od. wenn etw. platzt
Puff[1] *das / der*; *-s, -s*; *gespr!* ≈ Bordell
Puff[2] *der*; *-(e)s, Püf·fe*; *gespr*; ein leichter Stoß (*bes* mit der Faust) ≈ Knuff ⟨ein freundschaftlicher, kräftiger P.; j-m e-n P. geben⟩ || ID ***e-n P. / ein paar Püffe vertragen können*** *gespr*; nicht empfindlich sein
Puff·är·mel *der*; ein Ärmel, der oben am Arm sehr weit ist u. am unteren Ende eng wird
puf·fen; *puffte, hat gepufft*; Vt *gespr*; **1 j-n p.** j-n mit der Faust od. dem Ellbogen leicht stoßen: *j-n in die Rippen p.*; Vi **2** ⟨e-e Lokomotive⟩ **pufft** e-e Lokomotive stößt Dampf aus u. macht dabei ein Geräusch
Puf·fer *der*; *-s, -*; **1** ein rundes Stück aus Eisen, das bei Waggons u. Lokomotiven Stöße vorn u. hinten abfängt (5) **2 j-d / etw. dient als P.** j-d / etw. wird dazu benutzt, dass ein Streit *o.Ä.* nicht größer wird
Puf·fer·staat *der*; ein *mst* kleiner Staat, der zwischen zwei Staaten liegt u. durch seine Lage oft Konflikte zwischen diesen beiden verhindert
Puf·fer·zo·ne *die*; ein Gebiet, das zwischen zwei anderen Gebieten liegt u. durch seine Lage oft Konflikte zwischen diesen beiden verhindert
Puff·mut·ter *die*; *gespr!* e-e Frau, die ein Bordell leitet
puh! *Interjektion*; verwendet als Ausruf, wenn einem *z.B.* etw. unangenehm erscheint: *Puh, hier stinkts!*
pu·len; *pulte, hat gepult*; *nordd gespr*; Vt **1 etw. aus / von etw. p.** etw. mit den Fingern entfernen: *Rosinen aus dem Kuchen p.*; *e-n Splitter aus der Fußsohle p.*; Vi **2 an / in etw.** (*Dat*) **p.** versuchen, etw. mit den Fingern aus etw. zu entfernen ⟨in der Nase p.⟩
Pulk *der*; *-(e)s, -s / -e*; mehrere Personen, Tiere, Fahrzeuge *o.Ä.*, die dicht zusammen sind ⟨im P. fahren, laufen, auftreten⟩: *In der letzten Runde gelang es ihm, sich vom P. zu lösen*
Pul·le *die*; *-, -n*; *gespr* ≈ Flasche: *e-n Schluck aus der P. nehmen* || ID **volle P.** *gespr*; mit voller Kraft ⟨volle P. fahren, kämpfen, laufen, schreien⟩
Pul·li *der*; *-s, -s*; *gespr* ≈ Pullover
Pul·lo·ver *der*; *-s, -*; ein Kleidungsstück (oft aus Wolle), das man über Hemd od. Bluse zieht ⟨ein selbst gestrickter, warmer, flauschiger P.; e-n P. stricken⟩ || ↑ *Abb. unter* **Bekleidung** || -K: **Woll-, Ringel-, Rollkragen-**
Pul·lun·der *der*; *-s, -*; ein Kleidungsstück, das wie ein Pullover ohne Ärmel aussieht
Puls *der*; *-es*; *nur Sg*; **1** die rhythmische Bewegung, mit der das Herz das Blut durch den Körper befördert ⟨ein beschleunigter, langsamer, schwacher, (un)regelmäßiger P.; j-s P. jagt, rast, schlägt schnell; j-m den P. fühlen, messen⟩: *Der P. des Bewusstlosen war kaum noch spürbar* || K-: **Puls-, -schlag 2** die Frequenz der Schläge des Pulses (1) pro Minute ⟨ein hoher, niedriger P.⟩: *Er hatte e-n P. von hundertfünfzig, hatte hundertfünfzig P.* || K-: **Puls-, -frequenz**
Puls·ader *die*; *nur in* **sich** (*Dat*) **die Pulsadern aufschneiden / öffnen** sich die größte Ader am Handgelenk aufschneiden, um sich zu töten
pul·sie·ren; *pulsierte, hat pulsiert*; Vi **etw. pulsiert** etw. fließt rhythmisch ⟨das Blut pulsiert durch die Adern⟩
pul·sie·rend 1 *Partizip Präsens*; ↑ **pulsieren 2** *Adj*; *mst* **das pulsierende Leben** ⟨der Großstadt⟩ das dynamische, vielfältige Leben in der Großstadt
Pult *das*; *-(e)s, -e*; **1** e-e Art kleiner, hoher Tisch (mit e-r schrägen Platte), hinter den man sich stellt, *bes* wenn man e-e Rede hält od. ein Orchester dirigiert ⟨am P. stehen; ans / hinter das P. treten u. sprechen, dirigieren⟩ || -K: **Dirigenten-, Redner-, Steh- 2** ein Tisch, an dem ein Kind bzw. ein Lehrer in der Schule sitzt ⟨sich ans / hinter das P. setzen⟩ || -K: **Lehrer-, Schreib-**
Pul·ver [-fɐ, -vɐ] *das*; *-s, -*; **1** e-e Substanz aus vielen sehr kleinen Körnern ⟨ein feines, grobkörniges P.; etw. zu P. zermahlen, zerreiben, zerstoßen⟩: *ein P. gegen Insekten ausstreuen*; *ein P. für / gegen Kopfschmerzen in Wasser auflösen u. einnehmen*; *Gips ist ein P., das man mit Wasser anrührt* || K-: **Pulver-, -kaffee** || -K: **Back-, Brause-, Juck-, Kaffee-, Kakao-, Milch-, Pudding-, Seifen-, Wasch- 2** ein schwarzes P. (1), das leicht explodiert u. in Schusswaffen verwendet wird ⟨mit P. u. Blei schießen; das P. ist feucht geworden⟩ || K-: **Pulver-, -dampf, -qualm** || -K: **Schieß-, Schwarz- 3** *gespr* ≈ Geld || ID **sein (ganzes) P. verschossen haben** *gespr*; keine Energie od. keine Ideen mehr haben; *mst* ***Er / Sie hat das P. nicht erfunden*** *gespr*; er / sie ist dumm || *zu* **1 pul·ve·rig, pulv·rig** *Adj*; **pul·ver·för·mig** *Adj*; **pul·ve·ri·sie·ren** (*hat*) *Vt*
Pul·ver·fass *das*; **1** ein Fass, in dem Schießpulver aufbewahrt wird **2 etw. gleicht e-m P.** etw. ist so, dass die Gefahr e-s Kampfes, Krieges *o.Ä.* besteht ⟨e-e Lage, e-e Situation, e-e Stadt⟩ || ID ***auf e-m / dem P. sitzen*** in e-r sehr gefährlichen Situation sein
Pu·ma *der*; *-s, -s*; e-e Raubkatze, die in Amerika lebt ≈ Berglöwe || ↑ *Abb. unter* **Raubkatzen**
Pum·mel·chen *das*; *-s, -*; *nordd gespr hum*; ein kleines dickes Mädchen
pum·me·lig, pumm·lig *Adj*; *gespr* ≈ (ein wenig) dick ⟨ein Baby, e-e Frau⟩
Pump *der*; *nur in* **auf Pump** *gespr*; mit Geld, das man sich geliehen hat ⟨auf P. leben, etw. auf P. kaufen⟩
Pum·pe *die*; *-, -n*; **1** ein Gerät, mit dem man Flüssigkeiten, Luft *o.Ä.* (*bes* durch Ansaugen od. durch Druck) durch Rohre leitet ⟨e-e handbetriebene, elektrische P.⟩ || -K: **Benzin-, Luft-, Öl-, Wasser-; Hand-, Motor- 2** *gespr hum* ≈ Herz
pum·pen[1]; *pumpte, hat gepumpt*; Vt/i **(etw. irgendwohin) p.** Flüssigkeiten od. Luft mit e-r Pumpe irgendwohin leiten: *Luft in e-n Reifen p.*; *Wasser aus e-m Brunnen p.*; *Das Herz pumpt das Blut durch die Adern*
pum·pen[2]; *pumpte, hat gepumpt*; *gespr*; Vt **1 (sich** (*Dat*)**) (von j-m) etw. p.** ≈ sich etw. leihen, borgen: *sich zehn Euro (von j-m) p.* **2 j-m etw. p.** ≈ j-m etw. leihen
Pum·per·ni·ckel *der*; *-s*; *nur Sg*; ein sehr dunkles u. festes (Roggen)Brot ohne Rinde
Pump·ho·se *die*; e-e sehr weite Hose aus dünnem Stoff, die unten eng ist
Pumps [pœmps] *der*; *-, -*; ein eleganter (Frauen)Schuh mit Absatz || ↑ *Abb. unter* **Schuhe**
Punk [paŋk] *der*; *-s, -s*; **1** e-e Bewegung junger Menschen, die gegen die (bürgerliche) Gesellschaft pro-

P

testieren u. ihren Protest durch bunte Kleidung, Frisuren u. Musik *usw* zeigen || K-: ***Punk-, -haarschnitt, -musik, -rock*** **2** ein junger Mensch dieser Bewegung ≈ Punker

Pun·ker ['paŋkɐ] *der; -s, -* ≈ Punk (2) || *hierzu* **Pun·ke·rin** ['paŋkərɪn] *die; -, -nen*

Pụnkt *der; -(e)s, -e;* **1** e-e kleine runde Stelle: *ein rotes Kleid mit gelben Punkten; Die Sterne sind so weit von uns entfernt, dass sie nur als leuchtende Punkte zu sehen sind* || -K: ***Farb-, Licht-*** **2** e-e bestimmte Stelle ↔ Fläche, Gebiet: *An welchen Punkten willst du die Löcher in die Wand bohren?; Von diesem P. aus kann man das ganze Tal überblicken* || -K: ***Aussichts-, Dreh-, Elfmeter-, Halte-, Treff-*** **3** das Zeichen . , das am Ende e-s Satzes od. e-r Abkürzung steht ⟨e-n P. setzen⟩ || -K: ***Doppel-, Strich-*** || NB: ↑ ***I-Punkt*** **4** *Geometrie*; e-e genau festgelegte Stelle in e-r Ebene od. auf e-r Geraden ⟨zwei Linien schneiden, treffen sich in e-m P.; die Lage e-s Punktes im Raum⟩ || -K: ***Berührungs-, Mittel-, Schnitt-*** **5** e-e bestimmte Stufe in e-r Entwicklung ⟨e-n P. erreichen, überschreiten⟩: *Sie ist jetzt an e-m P. in ihrem Leben angekommen, an dem sie e-e Entscheidung treffen muss* || -K: ***Brenn-, Gefrier-, Null-, Schmelz-, Siede-; Höhe-, Tief-*** **6** e-e bestimmte Zeit innerhalb e-r Entwicklung ≈ Stelle (6), Moment ↔ Zeitraum: *An diesem P. des Films sollte eigentlich die Musik einsetzen* || -K: ***Zeit-*** **7** eine der Einheiten, mit der man e-e Leistung od. e-n Erfolg in e-m Spiel od. Wettkampf misst u. bewertet ⟨e-n P. erzielen, machen, gewinnen, verlieren⟩: *vier Punkte Vorsprung haben; Beim Volleyball gewinnt die Mannschaft den Satz, die als Erste 15 Punkte hat; Der Turner erhielt für seine Kür 9,8 Punkte* || K-: ***Punkt-, -richter, -sieg, -spiel, -system, -wertung, -zahl*** || -K: ***Minus-, Plus-, Straf-*** **8** eines von mehreren Themen ⟨die Punkte e-r Tagesordnung; ein strittiger, wichtiger P.; sich in allen Punkten einig sein; auf e-n P. zurückkommen; e-n P. berühren, erörtern, abhaken⟩ || -K: ***Anklage-, Beratungs-, Haupt-, Programm-, Tagesordnungs-, Vertrags-*** **9** *Ökon*; die Einheit, mit der man das Fallen od. Steigen e-s Preises od. Wertes misst: *E-e Aktie steigt, fällt um zwei Punkte; Der Dollar wurde heute an der Börse drei Punkte höher notiert als gestern* || -K: ***Prozent-*** **10** ***P.*** + *Zeitangabe; gespr*; genau dieser Zeitpunkt: *Es ist jetzt P. zwölf (Uhr)* **11** ***P. für P.*** ein Thema *o.Ä.* nach dem anderen (in der richtigen Reihenfolge) ⟨e-e Liste P. für P. durchgehen, prüfen⟩ **12** ***der grüne Punkt*** Ⓓ ein rundes (*mst* grünes) Zeichen mit zwei kreisförmig verlaufenden Pfeilen, das bedeutet, dass die Verpackung für das Recycling geeignet ist **13** ***der springende P.*** der Kern e-r Sache **14** ***der tote P.*** ein Zeitpunkt, zu dem man sehr erschöpft ist u. nicht mehr weiter kann ⟨an e-m toten P. anlangen; den toten P. überwinden⟩ **15** ***j-s wunder P.*** *mst* ein Thema, bei dem j-d schnell beleidigt ist || ID ***ohne P. u. Komma reden*** *gespr*; sehr viel u. ohne Pausen sprechen; ***Nun mach (aber) mal e-n P.!*** *gespr*; jetzt ist genug, das geht zu weit! || *zu* **1** **pụnkt·för·mig** *Adj* || ► ***gepunktet***

pụnk·ten; *punktete, hat gepunktet*; [Vi] einen Punkt od. mehrere Punkte (7) bei e-m Spiel od. Wettkampf erzielen

pụnkt·gleich *Adj*; mit der gleichen Zahl von Punkten (7) in e-m Wettkampf od. Spiel: *Die Mannschaften sind / liegen p.* || *hierzu* **Pụnkt·gleich·heit** *die; nur Sg*

punk·tie̲·ren; *punktierte, hat punktiert*; [Vt] ***j-n / etw. p.*** *Med*; mit e-r Nadel kleine Stiche in e-n Teil des Körpers machen, um so *z.B.* Flüssigkeit herauszuholen ⟨die Lunge, den Patienten, das Rückenmark p.⟩ || *hierzu* **Punk·ti·o̲n** *die; -, -en*

punk·tie̲rt *Adj; nicht adv, Mus*; um die Hälfte länger ⟨e-e Note⟩: *e-e punktierte Viertelnote*

pụ̈nkt·lich *Adj*; genau zu der Zeit, die festgelegt od. verabredet war ⟨p. sein, ankommen, eintreffen, zahlen⟩ || *hierzu* **Pụ̈nkt·lich·keit** *die; nur Sg*

punk·tu·ẹll *Adj; geschr*; nur in Bezug auf einen Punkt, Fall *o.Ä.* od. auf wenige Teile ≈ in einzelnen Punkten ⟨etw. tritt p. auf⟩: *e-e punktuelle Einigung erreichen*

Pụnsch *der; -es, -e*; ein heißes Getränk aus Wein, Rum u. Gewürzen

Pu·pịl·le *die; -, -n*; der kleine schwarze Teil in der Mitte des Auges, durch den das Licht ins Auge kommt ⟨die Pupillen verengen sich, weiten sich⟩ || ↑ *Abb. unter* **Auge**

Pụp·pe[1] *die; -, -n*; **1** e-e kleine Figur, die wie ein Mensch aussieht u. mit der *mst* Kinder spielen ⟨mit Puppen spielen⟩ || K-: ***Puppen-, -bett, -haus, -kleid, -wagen*** || -K: ***Porzellan-, Stoff-, Stroh-*** **2** e-e P.[1] (1), mit der man Theaterstücke aufführt || K-: ***Puppen-, -spiel, -spieler, -theater*** || -K: ***Hand-, Holz-, Marionetten-, Stab-*** || ↑ *Abb. unter* **Marionette** || ID ***die Puppen tanzen lassen*** *gespr*; fröhlich feiern; ***bis in die Puppen*** *gespr*; sehr lange ⟨bis in die Puppen aufbleiben, feiern⟩ || *zu* **1** u. **2** **pụp·pen·haft** *Adj*

Pụp·pe[2] *die; -, -n*; die Raupe in e-r festen Hülle, bevor sie zum Schmetterling *o.Ä.* wird || ► ***einpuppen, verpuppen***

pu̲r, *purer, purst-; Adj*; **1** *nur attr, nicht adv*; ⟨Gold, Silber⟩ so, dass sie nicht mit etw. anderem gemischt sind ≈ rein **2** *direkt nach dem Subst*; ohne Wasser od. Eis ⟨ein Whisky p.; etw. p. trinken⟩ **3** *nur attr, nicht adv, gespr*; nichts anderes als ≈ bloß, rein ⟨Blödsinn, Zufall⟩: *Er sagte das aus purer Bosheit*

Pü·ree̲ *das; -s, -s*; e-e weiche Masse, die entsteht, wenn man *bes* Kartoffeln od. ein Gemüse weich kocht u. dann zerquetscht ≈ Brei || -K: ***Erbsen-, Kartoffel-*** || *hierzu* **pü·rie̲·ren** (*hat*) *Vt*

Pu·rịst *der; -en, -en*; j-d, der wünscht, dass *bes* die Sprache so verwendet wird, wie es traditionell als richtig betrachtet wird: *Puristen bekämpfen vor allem den Gebrauch von Fremdwörtern* || NB: *der Purist; den, dem, des Puristen* || *hierzu* **pu·rịs·tisch** *Adj*; **Pu·rịs·mus** *der; -; nur Sg*

Pu·ri·ta̲·ner *der; -s, -*; **1** ein Mitglied e-r christlichen Kirche, *bes* in den USA, die *z.B.* lehrt, dass derjenige Erfolg hat, den Gott auserwählt hat **2** *pej*; j-d, der nach strengen Prinzipien lebt u. für den Freude e-e Sünde ist || *hierzu* **pu·ri·ta̲·nisch** *Adj*; **Pu·ri·ta·nịs·mus** *der; -; nur Sg*

Pụr·pur *der; -s; nur Sg*; ein Farbstoff, der intensiv rot ist || K-: ***purpur-, -rot*** || *hierzu* **1** **pụr·pur·far·ben** *Adj*

pụr·purn *Adj*; so rot wie Purpur (1) ≈ purpurrot ⟨der Himmel, der Sonnenuntergang⟩

Pụr·zel·baum *der*; e-e Turnübung *bes* von Kindern, bei der sie ihre Hände auf den Boden stützen u. sich dann nach vorn rollen ≈ Rolle ⟨e-n P. machen, schlagen⟩

Purzelbaum

pur·zeln; *purzelte, ist gepurzelt*; [Vi] **1** ***irgendwohin p.*** das Gleichgewicht verlieren u. (mit dem Kopf voraus) fallen, ohne sich zu verletzen ⟨auf den Boden, in den Schnee, vom Stuhl p.⟩ **2** ***die Preise purzeln*** die Preise fallen schnell u. stark

Pus·te *die*; -; *nur Sg*, *gespr*; *mst in* **1** ***aus der P. kommen / sein*** nach e-r körperlichen Anstrengung nur mit Mühe normal atmen können **2** ***j-m geht die P. aus*** **a)** j-d kann nicht mehr normal atmen (*mst* bei e-r körperlichen Anstrengung); **b)** j-d hat nicht mehr genug Kraft od. Geld für etw.

Pus·te·ku·chen! *Interjektion*; verwendet, um Ablehnung od. Enttäuschung auszudrücken ≈ von wegen!

Pus·tel *die*; -, -*n*; *Med*; e-e Blase auf der Haut, die mit Eiter gefüllt ist ≈ Pickel

pus·ten; *pustete, hat gepustet*; [Vt] **1** ***etw. irgendwohin p.*** etw. bewegen, indem man kurz u. kräftig bläst: *Staub vom Tisch p.*; *sich die Haare aus dem Gesicht p.*; [Vi] **2** ***(irgendwohin) p.*** (kurz u.) kräftig blasen: *p., damit die Suppe kühler wird* **3** nach e-r Anstrengung mit Mühe atmen ≈ keuchen ⟨ins Pusten kommen⟩: *beim Treppensteigen p. müssen*

Pu·te *die*; -, -*n*; ein (weiblicher) Truthahn || K-: ***Puten-, -braten, -fleisch, -schinken, -wurst***

Pu·ter *der*; -*s*, - ≈ Truthahn

Putsch *der*; -*es*, -*e*; der heimlich geplante Versuch (oft e-r militärischen Gruppe), die Regierung e-s Landes mit Gewalt zu übernehmen ⟨e-n P. planen; durch e-n P. an die Macht kommen⟩ || K-: ***Putsch-, -versuch*** || -K: ***Militär-*** || *hierzu* **put·schen** (*hat*) *Vi*; **Put·schist** *der*; -*en*, -*en*

Put·te *die*; -, -*n*; die Figur e-s Engels mit den Proportionen e-s kleinen, rundlichen Kindes: *Putten in e-r Barockkirche*

Putz *der*; -*es*; *nur Sg*; e-e Mischung aus Sand, Wasser u. Gips *o.Ä.*, mit der man die Ziegel e-r Mauer bedeckt (*bes* um der Mauer e-e glatte Oberfläche zu geben) ⟨der P. blättert, bröckelt, fällt ab; Leitungen unter, auf / über P. verlegen⟩ || -K: ***Außen-, Innen-, Rau-, Roh-*** || ID ***auf den P. hauen*** *gespr*; **a)** sehr laut u. fröhlich feiern; **b)** sich sehr laut bei j-m über etw. beschweren || ► ***verputzen***

put·zen; *putzte, hat geputzt*; [Vt] **1** ***etw. p.*** die Oberfläche von etw. durch Reiben u. Wischen sauber machen ≈ reinigen ⟨e-e Brille, ein Fenster, Schuhe, Silber, (sich) die Zähne p.⟩ **2** ***etw. p.*** (*bes* von Gemüse) Schmutz u. Teile, die man nicht isst, entfernen ⟨Pilze, Salat, Spinat p.⟩ **3** ***(j-m / sich) die Nase p.*** mit e-m Taschentuch die Nase von Schmutz u. Schleim befreien; [Vt/i] **4** ***(etw.) p.*** *bes südd* Ⓒⓗ Räume, Fußböden (*bes* mit Wasser u. Putzmittel) sauber machen ⟨ein Bad, e-e Küche, e-n Laden, e-e Treppe p.⟩ || K-: ***Putz-, -tag, -tuch***; [Vi] **5** ***p. gehen*** als Putzfrau arbeiten; [Vr] **6** ***ein Tier putzt sich*** ein Tier reinigt das Fell od. pflegt die Federn ⟨e-e Katze, ein Vogel⟩

Putz·fim·mel *der*; -*s*; *nur Sg*, *pej*; die zwanghafte Neigung zum Saubermachen

Putz·frau *die*; e-e Frau, die Wohnungen *o.Ä.* putzt (4) u. dafür Geld bekommt ≈ Raumpflegerin

put·zig *Adj*; *gespr*; klein u. lieb ≈ possierlich ⟨ein Äffchen, ein Hündchen, ein Kätzchen⟩

Putz·lap·pen *der*; ein Stück Stoff, mit dem man *bes* Fußböden putzt (4) ≈ Scheuertuch, Wischtuch

Putz·mit·tel *das*; e-e Flüssigkeit, die man verwendet, um etw. sauber zu machen ≈ Reinigungsmittel

putz·mun·ter *Adj*; *gespr*; ⟨Kinder⟩ sehr lustig u. überhaupt nicht müde

Putz·teu·fel *der*; *gespr*; j-d, der zu viel putzt (4) (*bes* eine Frau)

Puz·zle ['pazl, 'pasl] *das*; -*s*, -*s*; ein Spiel, bei dem man aus vielen kleinen Teilen ein Bild zusammensetzt ⟨ein P. legen, zusammensetzen⟩ || K-: ***Puzzle-, -spiel*** || *hierzu* **puz·zeln** (*hat*) *Vi*

PVC [pe:fau'tse:] *das*; -(*s*); *nur Sg*; ein Kunststoff, aus dem *z.B.* Folien bestehen; *Chem* Polyvinylchlorid

Pyg·mäe [py'gmɛ:ə] *der*; -*n*, -*n*; ein kleiner Mensch mit dunkler Haut, der zu einem der verschiedenen Stämme gehört, die in Zentralafrika leben || NB: *der Pygmäe*; *den, dem, des Pygmäen* || *hierzu* **pyg·mä·en·haft** *Adj*

Py·ja·ma [py'dʒa:ma] *der*; -*s*, -*s* ≈ Schlafanzug

Py·ra·mi·de *die*; -, -*n*; **1** e-e geometrische Figur mit e-r *mst* viereckigen Grundfläche u. dreieckigen Seiten, die sich an der Spitze in einem Punkt treffen || ↑ *Abb. unter* ***geometrische Figuren*** **2** e-e große P. (1) aus Stein wie *z.B.* in Ägypten od. Südamerika: *die Pyramiden von Gizeh besichtigen* **3** etw. mit der Form e-r P. (1): *Dosen zu e-r P. aufstapeln* || *hierzu* **py·ra·mi·den·för·mig**

Py·ro·ma·nie *die*; -; *nur Sg*, *Psych*; e-e psychische Krankheit, bei der man den starken Wunsch hat, etw. durch Feuer zu zerstören || *hierzu* **py·ro·man** *Adj*; **Py·ro·ma·ne** *der*; -*n*, -*n*

Py·ro·tech·nik *die*; die Kunst, Feuerwerke zu machen

Pyr·rhus·sieg ['pyrus-] *der*; *geschr*; ein Erfolg od. Sieg, für den man so sehr kämpfen musste, dass man kaum e-n Vorteil davon hat

Py·thon *der / die*; -, -*s*; e-e sehr große (u. nicht giftige) Schlange, die Tiere tötet, indem sie sie erdrückt || K-: ***Python-, -schlange***

Q, q

Q, q [ku:] *das*; -, - / *gespr auch -s*; der siebzehnte Buchstabe des Alphabets ⟨ein großes Q; ein kleines q⟩
qkm *veraltend, Abk für* Quadratkilometer ≈ km²
qm *veraltend, Abk für* Quadratmeter ≈ m²
Quack·sal·ber ['kvakzalbɐ] *der*; *-s*, -; *pej*; j-d, der behauptet, ein Arzt zu sein, von diesem Beruf aber nichts versteht ≈ Kurpfuscher
Quad·del [kv-] *die*; -, *-n*; e-e kleine Stelle, an der die Haut entzündet u. geschwollen ist: *nach der Pockenimpfung Quaddeln am Arm bekommen*
Qua·der ['kva:dɐ] *der*; *-s*, -; **1** *Math*; ein Körper (3), der von sechs Rechtecken begrenzt ist || ↑ *Abb. unter* ***geometrische Figuren*** **2** ein Steinblock in Form e-s Quaders (1) || K-: ***Quader-, -stein***
Quad·rant *der*; *-en*, *-en*; *hist*; ein astronomisches Instrument, mit dem man die Höhe von Gestirnen bestimmen konnte || NB: *der Quadrant*; *den, dem, des Quadranten*
Quad·rat *das*; *-(e)s*, *-e*; **1** ein Rechteck mit vier gleich langen Seiten || ↑ *Abb. unter* ***geometrische Figuren*** **2** *Math*; die zweite Potenz e-r Zahl: *Das Q. von 3 ist 9*; *Den Ausdruck „a Q." schreibt man a²* || *hierzu* **quad·ra·tisch** *Adj*
Quad·rat- *im Subst vor Längenmaß, nicht produktiv*; verwendet als Maß, mit dem man die Größe e-r Fläche angibt; der ***Quadratkilometer*** (*Abk* km², *veraltend* qkm), der ***Quadratmeter*** (*Abk* m², *veraltend* qm), der ***Quadratmillimeter*** (*Abk* mm², *veraltend* qmm), der ***Quadratzentimeter*** (*Abk* cm², *veraltend* qcm)
Quad·rat·lat·schen *die*; *Pl*, *gespr pej*; sehr große Füße od. Schuhe
Quad·rat·schä·del *der*; *gespr pej*; **1** ein großer, eckiger Kopf **2** j-d, der andere Meinungen nicht akzeptiert u. immer seinen eigenen Willen durchsetzt
Quad·ra·tur [kvadra'tu:ɐ] *die*; -, *-en*; *mst in* ***die Q. des Kreises / Zirkels*** *geschr*; e-e Aufgabe, die nicht gelöst werden kann
Quad·rat·wur·zel *die*; *Math*; die Wurzel (5) e-r Zahl: *(Die) Q. aus fünfundzwanzig ist fünf* (√25 = 5)
Quad·rat·zahl *die*; *Math*; die Zahl, die man als Ergebnis bekommt, wenn man e-e Zahl mit sich selbst multipliziert: *Vier ist die Q. von zwei* (*4 = 2 x 2*)
Quad·ro·fo·nie, **Quad·ro·pho·nie** [kvadrofo'ni:] *die*; -; *nur Sg*; das Wiedergeben von Musik u. Tönen mit vier Lautsprechern, die *mst* in den vier Ecken e-s Raumes stehen || *hierzu* **quad·ro·fon**, **quad·ro·phon** *Adj*
Quai [ke:] *der / das*; *-s*, *-s*; **1** ≈ Kai **2** (CH) ≈ Uferstraße
qua·ken; *quakte*, *hat gequakt*; [Vi] ⟨e-e Ente, ein Frosch *o.Ä.*⟩ ***quakt*** e-e Ente, ein Frosch *o.Ä.* geben die Laute von sich, die für ihre Art typisch sind || *hierzu* **quak!** *Interjektion*
quä·ken; *quäkte*, *hat gequäkt*; [Vi] klagende u. hohe Töne von sich geben ⟨ein Säugling⟩
Qual *die*; -, *-en*; **1** *mst Pl*; starker körperlicher od. seelischer Schmerz ⟨Qualen erleiden, erdulden⟩: *Er starb unter großen Qualen* **2** *mst Sg*; etw., das schwer zu ertragen ist: *Sie machten uns den Aufenthalt zu e-r Q.*; *Es war e-e Q., das ansehen zu müssen* || ID ***die Q. der Wahl haben*** vor dem Problem stehen, sich zwischen mehreren Möglichkeiten entscheiden zu müssen; ***ein Tier von seinen Qualen erlösen*** ein Tier, das Schmerzen hat, töten
quä·len; *quälte*, *hat gequält*; [Vt] **1** ***j-n / ein Tier q.*** bewirken, dass j-d / ein Tier körperliche Schmerzen hat ⟨j-n / ein Tier zu Tode q.⟩: *Quäle nie ein Tier zum Scherz, denn es fühlt wie du den Schmerz* (Sprichwort) **2** ***j-d / etw. quält j-n*** j-d / etw. bereitet j-m seelische Schmerzen ⟨quälende Gedanken, Ungewissheit, Zweifel⟩: Es *quälte sie zu wissen*, dass *er sie hasste*; *Er quälte sie mit seiner Eifersucht* **3** ***j-n*** (***mit etw.***) ***q.*** j-n nicht in Ruhe lassen, ihn mit Bitten, Fragen *o.Ä.* belästigen: *Das Kind quälte sie so lange, bis sie ihm ein Eis kauften*; [Vr] **4** ***sich*** (***mit etw.***) ***q.*** unter etw. seelisch od. körperlich leiden: *Sie quälte sich mit dem Gedanken an seinen Tod*; *Das Tier muss sich so q. - lass es doch einschläfern* **5** ***sich*** (***mit etw.***) ***q.*** sich mit etw. sehr anstrengen ⟨sich mit e-r Arbeit, e-r Last q.⟩ **6** ***sich irgendwohin q.*** sich mit großer Mühe irgendwohin bewegen: *sich durch den Schnee q.* || ▸ ***gequält***
Quä·le·rei *die*; -, *-en*; etw., das j-n sehr anstrengt, ihm sehr schwer fällt: *Tanzen ist für mich e-e einzige Q., ich bin einfach zu ungeschickt*
Quäl·geist *der*; *gespr*; *bes* ein Kind, das ständig seine Eltern quält (3)
Qua·li·fi·ka·ti·on [kvalifika'tsio:n] *die*; -, *-en*; **1** die Voraussetzungen (*mst* in Form von Zeugnissen *o.Ä.*) für e-e bestimmte Tätigkeit: *Als Q. für diese Stelle ist das Abitur notwendig*; *Bei seinen Qualifikationen müsste er (et)was Besseres finden* **2** die Befähigung, e-e bestimmte Tätigkeit auszuüben: *Seine Q. als Trainer ist unbestritten, aber er passt nicht zur Mannschaft* **3** *Sport*; e-e Leistung, die man erbringen muss, um an bestimmten Wettkämpfen teilnehmen zu können: *die Q. für die Deutsche Meisterschaft schaffen*; *in der Q.* (= in e-r Qualifikationsrunde) *ausscheiden* || K-: ***Qualifikations-, -runde, -spiel***
qua·li·fi·zie·ren; *qualifizierte*, *hat qualifiziert*; [Vt] **1** ***etw. als etw.*** (*Akk*) ***q.*** *geschr*; etw. als etw. bezeichnen ≈ klassifizieren: *Er qualifizierte den Krieg als Verbrechen*; [Vr] **2** ***sich*** (***für etw.***) ***q.*** sich als geeignet für etw. erweisen, indem man die erforderliche Leistung erbringt ⟨ein qualifizierter Mitarbeiter⟩: *Er hat sich für die Weltmeisterschaft qualifiziert* || *hierzu* **Qua·li·fi·zie·rung** *die*
qua·li·fi·ziert **1** *Partizip Perfekt*; ↑ ***qualifizieren*** **2** *geschr*; ⟨e-e Arbeit⟩ so, dass man dafür besondere Kenntnisse braucht **3** *geschr*; ⟨ein Urteil, ein Kommentar⟩ sinnvoll u. nützlich
Qua·li·tät *die*; -, *-en*; **1** *mst Pl*; herausragende Fähigkeiten od. Eigenschaften ≈ Vorzüge: *Für diese Aufgabe benötigen wir j-n mit besonderen Qualitäten* **2** *mst Sg*; der besonders hohe Grad guter Eigenschaften: *Wir achten sehr auf Q.*; *Auf Q. kommt es an* || K-: ***Qualitäts-, -arbeit, -erzeugnis, -produkt, -ware*** **3** *mst Sg*; die typische Beschaffenheit (*mst* e-s Materials, e-r Ware *o.Ä.*): *ein Stoff von hervorragender / schlechter Q.* || K-: ***Qualitäts-, -kontrolle, -minderung, -unterschied***
qua·li·ta·tiv ['kvalitati:f] *Adj*; *nur attr od adv*; in Be-

Q

zug auf die Qualität (2) ⟨ein Unterschied⟩: *ein q. hochwertiger Stoff*

Qual·le *die*; -, *-n*; ein kleines, durchsichtiges Tier, das im Meer lebt u. etwa die Form e-s Schirms hat

Qualm *der*; *-s*; *nur Sg*; ein dichter, wolkiger Rauch, der *mst* als unangenehm empfunden wird ⟨beißender, dicker Q.; der Q. e-r Zigarre⟩

qual·men; *qualmte, hat gequalmt*; [Vi] **1 *etw. qualmt*** etw. gibt dichten Rauch ab ⟨ein Schornstein, e-e Zigarre, e-e Lokomotive⟩; [Vt/i] **2 (*etw.*) *q.*** *gespr* ≈ rauchen: *Er qualmt dicke Zigarren*; *Sie qualmt wie ein Schlot* (= raucht sehr viel)

qual·mig ['kvalmɪç] *Adj*; *nicht adv*, *pej*; ⟨e-e Kneipe, ein Zimmer⟩ voll Qualm ≈ verqualmt

qual·voll *Adj*; ⟨e-e Krankheit, e-e Strapaze, ein Tod; q. sterben⟩ mit Qualen (verbunden)

Quänt·chen *das*; *-s*; *mst Sg*; e-e sehr kleine Menge, ein wenig ⟨ein Q. Glück, Hoffnung⟩

Quan·ten·sprung *der*; *geschr hum*; ein so großer Entwicklungsschritt, dass dabei mehrere Stufen übersprungen werden

quan·ti·fi·zie·ren; *quantifizierte, hat quantifiziert*; [Vt] ***etw. q.*** *geschr*; die Anzahl od. Häufigkeit e-r Sache angeben od. bestimmen

Quan·ti·tät *die*; -, *-en*; die Menge od. Anzahl, in der etw. vorhanden ist: *die Q. des Warenangebots*; *Auf die Qualität, nicht auf die Q. kommt es an* || *hierzu* **quan·ti·ta·tiv** *Adj*; *nur attr od adv*

Quan·tum *das*; *-s*, *Quan·ten*; die Menge von etw., die angemessen ist, j-m zusteht *o.Ä.* ⟨j-s tägliches Q.⟩: *„Noch eine Tasse Kaffee?" - „Nein danke, ich habe mein Q. für heute schon getrunken"* || -K: ***Arbeits-***

Qua·ran·tä·ne [ka-] *die*; -, *-n*; die vorübergehende Isolierung von Personen od. Tieren, die Infektionskrankheiten verbreiten könnten ⟨in Q. kommen; unter Q. sein / stehen; aus der Q. entlassen werden; die Q. aufheben⟩ || K-: ***Quarantäne-, -station***

Quark *der*; *-s*; *nur Sg*; **1** ein weiches, weißes Nahrungsmittel, das aus saurer Milch gemacht wird || K-: ***Quark-, -kuchen, -speise*** **2** *gespr pej* ≈ Unsinn: *So ein Q.!*; *Rede keinen Q.!*

Quar·tal *das*; *-s*, *-e*; eines der vier Viertel e-s Kalenderjahres: *Der März ist der letzte Monat des ersten Quartals* || K-: ***Quartals-, -abschluss***

Quar·tal(s)·säu·fer *der*; *gespr pej*; j-d, der zu bestimmten Zeiten sehr viel Alkohol trinkt

Quar·te *die*; -, *-n*; *Mus*; ein Intervall von vier Tonstufen

Quar·tett *das*; *-(e)s*, *-e*; **1** *Mus*; e-e Komposition für vier Stimmen od. Instrumente **2** *Mus*; e-e Gruppe von vier Sängern od. Musikern || -K: ***Streich-*** **3** ein Kartenspiel für Kinder, bei dem man jeweils vier zusammengehörige Karten sammelt u. ablegt

Quar·tier [kvar'tiːɐ] *das*; *-s*, *-e*; **1** *veraltend*; e-e (zeitweilige) Unterkunft, Wohnung ⟨ein Q. suchen, nehmen, beziehen; ein festes Q. haben⟩ || -K: ***Nacht-, Urlaubs-*** **2** Ⓐ Ⓒⓗ Stadtviertel: *Er wohnt in e-m noblen Q.* **3** *Mil*; e-e Unterkunft für Soldaten ⟨irgendwo Q. beziehen, machen⟩

Quarz *der*; *-es*, *-e*; ein hartes Mineral, das man *z.B.* bei der Herstellung von Uhren verwendet; *Chem* SiO_2 || K-: ***Quarz-, -glas, -lampe, -uhr***

qua·si *Adv*; mehr od. weniger ≈ gewissermaßen, sozusagen: *Er hat mich q. gezwungen zu unterschreiben*; *Wir sind q. zusammen aufgewachsen* || K-: ***quasi-, -offiziell***

quas·seln; *quasselte, hat gequasselt*; *bes nordd*; [Vt/i] **(*etw.*) *q.*** *gespr*, *mst pej*; lange über unwichtige Sachen reden ≈ quatschen, schwatzen: *Er quasselt wieder mal dummes Zeug* || *zu* ***Gequassel*** ↑ ***Ge-***

Quas·sel·strip·pe *die*; -, *-n*; *bes nordd*; **1** *gespr pej*; j-d, der sehr oft u. lang über unwichtige Dinge redet **2 *an der Q. hängen*** *gespr hum*; telefonieren

Quas·te *die*; -, *-n*; ein dichtes Büschel von gleich langen Fäden od. Haaren: *Der Schwanz des Esels endet in e-r Q.* || -K: ***Maler-, Puder-, Schwanz-***

Quatsch *der*; *-(e)s*; *nur Sg*, *gespr pej*; **1** ≈ Unsinn ⟨Q. machen, reden⟩ **2 (*das ist doch*) *Q.* (*mit Soße*)!** das ist (absoluter) Unsinn, das ist (völlig) falsch

quat·schen[1]; *quatschte, hat gequatscht*; *gespr*; [Vt/i] **1 (*etw.*) *q.*** *pej*; (viel) dummes Zeug reden: *Quatsch nicht so viel!*; *Quatsch doch keinen Blödsinn!* (= das stimmt nicht); [Vi] **2** etw. sagen od. verraten, das geheim bleiben sollte: *Einer von uns hat gequatscht* **3 *mit j-m q.*** sich mit j-m unterhalten: *Wir haben lange miteinander gequatscht* || *zu* ***Gequatsche*** ↑ ***Ge-***

quat·schen[2]; *quatschte, hat gequatscht*; [Vi] ***etw. quatscht*** etw. macht ein klatschendes Geräusch: *Der nasse Boden quatschte unter unseren Füßen*

Quatsch·kopf *der*; *gespr pej*; j-d, der viel Unsinn redet

Queck·sil·ber *das*; ein silbrig glänzendes Metall, das *bes* in Thermometern verwendet wird; *Chem* Hg || K-: ***Quecksilber-, -dampf, -vergiftung*** || ID *mst* ***j-d ist das reine Q.*** j-d ist sehr lebhaft od. unruhig || *hierzu* **queck·silb·rig** *Adj*

Quell *der*; *-s*; *nur Sg*, *geschr*; der Ursprung von etw., das als sehr wertvoll betrachtet wird ⟨der Q. des Lebens, der Freude, der Liebe⟩

Quel·le *die*; -, *-n*; **1** e-e Stelle, an der Wasser aus der Erde kommt ⟨e-e heiße, sprudelnde, versiegte Q.⟩ || K-: ***Quell-, -wasser*** **2** der Ursprung e-s Baches od. Flusses: *der Lauf der Donau von der Q. bis zur Mündung* **3** *geschr*; der Ursprung od. Ausgangspunkt ⟨e-e Q. der Freude, der Angst, des Schmerzes⟩ **4** ein Text, den man wissenschaftlich verwertet od. in e-m anderen Text zitiert || K-: ***Quellen-, -angabe, -forschung, -nachweis, -studium, -text*** || ID ***an der Q. sitzen*** gute Verbindungen zu j-m od. etw. haben; *mst* ***etw. aus sicherer Q. wissen*** e-e Nachricht von e-r zuverlässigen Person od. Stelle haben

quel·len; *quillt, quoll, ist gequollen*; [Vi] **1 *etw. quillt irgendwohin / irgendwoher*** etw. kommt in relativ großer Menge durch e-e enge Öffnung ⟨Blut, Rauch, Tränen, Wasser *o.Ä.*⟩: *Blut quillt aus der Wunde*, *Tränen quellen aus den Augen*; *Durch die Ritzen quoll Rauch ins Zimmer* **2 *etw. quillt*** etw. wird größer, weil es Feuchtigkeit aufnimmt ⟨Bohnen, Erbsen, Linsen⟩: *Reis quillt beim Kochen*

quen·geln; *quengelte, hat gequengelt*; [Vi] **1** *gespr*; leise u. klagend weinen ⟨Kinder⟩ **2** *gespr*; (von Kindern) immer wieder (weinerlich) Wünsche od. Klagen äußern: *Hör endlich auf zu q.!* **3 (*über etw.* (*Akk*)) *q.*** *gespr pej*; unzufrieden (über etw.) reden: *Er quengelt ständig* (darüber), dass *das Essen nicht schmeckt* || *hierzu* **Queng·ler** *der*; *-s*, *-*; *zu* ***Quengelei*** ↑ ***-ei***

Quent·chen *das*; ↑ ***Quäntchen***

quer ['kveːɐ] *Adv*; **1 *q. durch / über etw.*** (*Akk*) von einer Ecke e-r Fläche diagonal zu e-r anderen, (schräg) von e-m Teil e-r Fläche zu e-m anderen: *q. durch den Garten*, *q. über den Rasen* || K-: ***Quer-, -balken, -lage, -leiste, -linie, -straße, -strich*** **2 *q. durch das Land*** durch das Land hindurch **3 *q. zu etw.*** rechtwinklig zu e-r Linie: *Das Auto stand q. zur Fahrbahn* **4 *kreuz u. q.*** durcheinander, planlos in verschiedene Richtungen: *Hier liegt alles kreuz u. q. herum*; *Er lief kreuz u. q. durch die Stadt*

quer ge·streift *Adj*; *nicht adv*; mit horizontal laufenden Streifen ↔ längs gestreift: *ein quer gestreiftes Hemd*

quer le·gen, sich; *legte sich quer, hat sich quer*

gelegt; Vr **sich q. l.** *gespr*; versuchen, j-s Absichten zu durchkreuzen, indem man sich weigert zuzustimmen *o.Ä.*
quer schie·ßen; *schoss quer, hat quer geschossen*; Vi *gespr*; die Pläne anderer absichtlich stören || *hierzu* **Quer·schuss** *der*

quer·beet *Adv*; *gespr*; **1** ohne sich an Wege od. Straßen zu halten: *q. über e-e Wiese gehen* **2** so, dass alle Teile, Kategorien *o.Ä.* betroffen werden: *Die Entwicklung geht q. durch die ganze Bevölkerung*
Quer·den·ker *der*; j-d, der andere als die üblichen Meinungen vertritt
Que·re *die*; -; *nur Sg*, *gespr*; die Richtung / Lage, die quer zu etw. ist: *etw. der Q. nach durchschneiden* || ID *mst* ***j-m in die Q. kommen*** j-n stören, j-s Weg kreuzen
Que·re·le *die*; -, *-n*; *mst Pl*; ein relativ kleiner, aber *mst* unangenehmer Streit: *Ihre Gespräche endeten immer mit Querelen*
quer·feld|ein *Adv*; mitten durch Felder und Wiesen: *Wir gingen q.* || K-: ***Querfeldein-, -lauf, -rennen***
Quer·flö·te *die*; e-e Flöte, die beim Blasen quer gehalten wird || ↑ *Abb. unter* **Flöten**
Quer·for·mat *das*; ein Format, bei dem die Breite größer ist als die Höhe ↔ Längsformat: *ein Bild im Q.*
Quer·kopf *der*; *gespr pej*; j-d, der grundsätzlich nicht das tut, was die anderen wollen || *hierzu* **quer·köp·fig** *Adj*
Quer·lat·te *die*; e-e horizontale Latte, die *mst* zwei vertikale Latten miteinander verbindet (*z.B.* beim Tor für Fußball, Handball *o.Ä.*): *die Q. treffen*
Quer·schiff *das*; *Archit*; der Teil e-r Kirche, der quer zu dem langen Innenraum liegt ↔ Längsschiff
Quer·schlä·ger *der*; **1** ein Geschoss, das im Flug auf e-n Gegenstand stößt und daher von seiner ursprünglichen Richtung abkommt: *Er wurde durch e-n Q. schwer verwundet* **2** *gespr pej*; j-d, der absichtlich nicht das tut, was die anderen wollen
Quer·schnitt *der*; **1** ein Schnitt (5) senkrecht zur Längsachse e-s Körpers ↔ Längsschnitt: *der Q. e-s Kegels* **2** e-e Auswahl von verschiedenen Dingen nach bestimmten Gesichtspunkten ≈ Überblick: *ein Q. durch die gesamte Literaturgeschichte*
Quer·schnitts|läh·mung *die*; *nur Sg*, *Med*; e-e völlige Lähmung des Körpers unterhalb derjenigen Stelle des Rückens, an der das Rückenmark (*bes* durch e-n Unfall) verletzt worden ist || *hierzu* **quer·schnitts|ge·lähmt** *Adj*; *nicht adv*
Quer·sum·me *die*; *Math*; die Summe der einzelnen Ziffern e-r Zahl ⟨die Q. e-r Zahl bilden, errechnen, ermitteln⟩: *Die Q. von 215 ist 8*
Quer·trei·ber *der*; *-s*, *-*; *gespr pej*; j-d, der ständig versucht, die Pläne anderer zu stören
Que·ru·lant *der*; *-en*, *-en*; *pej*; j-d, der sich ständig beschwert u. sich *z.B.* immer wieder auf Rechte beruft, die er zu besitzen glaubt || NB: *der Querulant*; *den, dem, des Querulanten*
Quer·ver·bin·dung *die*; **1** e-e Verbindung zwischen verschiedenen (selbstständigen) Gebieten, Themen *o.Ä.* ⟨e-e Q. herstellen, bilden, schaffen⟩: *Ihr Vortrag stellte e-e Q. zwischen den beiden Theorien her* **2** e-e *mst* schräg verlaufende Verbindung zwischen zwei Orten (durch ein anderes Gebiet hindurch)
Quet·sche *die*, -, *-n*; *gespr hum* ≈ Akkordeon
quet·schen; *quetschte*, *hat gequetscht*; Vt **1** ***(j-m / sich) etw. q.*** e-n Körperteil durch starken Druck verletzen: *Ich quetschte mir den Finger in der Tür* || K-: ***Quetsch-, -wunde*** **2** ***etw. q.*** ⟨Kartoffeln, Bananen⟩ zu Brei pressen **3** ***j-n / etw. gegen / an etw.*** (*Akk*) ***q.*** j-n / etw. mit Druck gegen / an etw. pressen ⟨j-n / etw. gegen die Mauer, an die Wand q.⟩; Vr **4** ***sich irgendwohin q.*** sich mit Mühe irgendwohin zwängen (wo wenig Platz ist): *Sie quetschten sich zu fünft in das Auto*; *sich durch die Tür q.* || *zu* **1 Quet·schung** *die*
Queue [kø:] *das* / *südd* Ⓐ *der*; *-s*, *-s* ≈ Billardstock
Quiche [kɪʃ] *die*; -, *-s*; e-e Art flacher, salziger Kuchen, der oben e-e Schicht aus Eiern, Käse, Zwiebeln *o.Ä.* hat
quick [kv-] *Adj*; *bes nordd*; lebhaft u. rege ≈ munter: *ein quicker Junge*; *ein quicker Geist*
Qui·ckie *der* / *das*; *-s*, *-s*; *gespr! bes* von Jugendlichen verwendet als Bezeichnung für kurzen, schnellen Geschlechtsverkehr
quick·le·ben·dig *Adj*; *ohne Steigerung*; äußerst lebhaft od. munter: *ein quicklebendiges Kind*
quie·ken; *quiekte*, *hat gequiekt*; Vi **1** ⟨Ferkel, Mäuse⟩ die Laute von sich geben, die für ihre Art typisch sind **2** *gespr*; hohe, kurze Laute machen ⟨Kinder⟩ || *hierzu* **quiek!** *Interjektion*
quiek·sen; *quiekste*, *hat gequiekst*; Vi ≈ quieken
Quiek·ser *der*; *-s*, *-*; *gespr*; ein hoher, quietschender Laut ⟨e-n Q. ausstoßen⟩
quiet·schen; *quietschte*, *hat gequietscht*; Vi **1** ***etw. quietscht*** etw. gibt durch Reibung e-n hellen, schrillen Ton von sich ⟨e-e Tür, ein Schrank⟩ **2** *gespr*; helle, schrille Laute ausstoßen ⟨vor Freude, Schreck, Vergnügen q.⟩
Quiet·scher *der*; *-s*, *-*; ein heller, schriller Ton ⟨e-n Q. ausstoßen⟩
quietsch·fi·del *Adj*; *ohne Steigerung*, *gespr* ≈ quietschvergnügt
quietsch·ver·gnügt *Adj*; *ohne Steigerung*, *gespr*; sehr vergnügt, sehr fröhlich
quillt *Präsens*, *3. Person Sg*; ↑ **quellen**
Quin·te *die*; -, *-n*; *Mus*; ein Intervall von fünf Tonstufen
Quint·es·senz *die*; -, *-en*; *mst Sg*; das Wesentliche, der Kern e-r Sache: *die Q. e-r Diskussion*, *e-r Frage*
Quin·tett *das*; *-s*, *-e*; *Mus*; **1** e-e Komposition für fünf Stimmen od. Instrumente **2** e-e Gruppe von fünf Sängern od. Musikern
Quirl [kv-] *der*; *-(e)s*, *-e*; ein Gerät, dessen unterer Teil sich schnell dreht u. das man *z.B.* in e-n Teig hält, um ihn zu mischen: *Eier mit dem Q. schaumig rühren*; *die Zutaten mit e-m Q. verrühren* || *hierzu* **quir·len** (*hat*) *Vt*
quir·lig *Adj*; *nicht adv*; sehr lebhaft u. ständig aktiv ⟨ein Kind; ein Mittelstürmer (beim Fußball)⟩
quitt *Adj*; *nur präd*, *nicht adv*, *gespr*; **1** ***j-d ist mit j-m q.***; ⟨Personen⟩ ***sind q.*** zwei Personen haben gegenseitig keine Schulden mehr **2** ***j-d ist mit j-m q.***; ⟨Personen⟩ ***sind q.*** zwei Personen haben miteinander abgerechnet (3): *Er hat dich geschlagen, du hast ihn geschlagen. - Jetzt seid ihr q.!*
Quit·te *die*; -, *-n*; **1** ein Obstbaum mit gelblichen, apfelähnlichen Früchten, die sehr hart sind **2** die Frucht der Q. (1) || K-: ***Quitten-, -baum, -gelee***
quit·tie·ren; *quittierte*, *hat quittiert*; Vt/i **1** ***(etw.) q.*** durch Unterschrift den Empfang e-r Sache (*bes* von Geld) bestätigen ⟨e-n Betrag, e-e Rechnung q.⟩: *Würden Sie bitte hier unten q.?*; Vt **2** ***etw. mit etw. q.*** auf etw. in e-r bestimmten Weise reagieren: *Sie quittierte diese Unverschämtheit mit e-m spöttischen Lächeln* **3** ***den Dienst q.*** *veraltend*; ein Amt niederlegen
Quit·tung *die*; -, *-en*; **1** e-e Bescheinigung, dass man Geld od. Waren erhalten hat ⟨j-m e-e Q. (über 30 Euro) ausstellen; e-e Q. unterschreiben⟩ || K-: ***Quittungs-, -block, -buch, -formular*** **2** ***die Q.*** *gespr*;

unangenehme Folgen e-s (schlechten) Verhaltens: *Hier hast du die Q. für deinen Leichtsinn*

Quiz [kvɪs] *das*; -; *nur Sg*; ein unterhaltsames Spiel (*mst* im Radio od. Fernsehen), bei dem Kandidaten Fragen beantworten od. Rätsel lösen müssen ⟨ein Q. veranstalten, gewinnen; an e-m Q. teilnehmen⟩ || K-: ***Quiz-, -sendung***

Quiz·mas·ter ['kvɪsmaːstɐ] *der*; *-s*, -; j-d, der e-e Quizsendung leitet (moderiert)

quoll *Imperfekt, 3. Person Sg*; ↑ ***quellen***

Quo·rum *das*; *-s*; *nur Sg*; die Anzahl von Mitgliedern, die (bei e-r Versammlung) notwendig ist, um einen Beschluss zu fassen: *das für die Abstimmung nötige Q.*

Quo·te *die*; -, *-n*; e-e bestimmte Anzahl im Verhältnis zu e-m Ganzen ≈ Anteil ⟨e-e hohe, niedrige Q.; die Q. von etw. ermitteln, berechnen⟩: *Die Q. der tödlichen Verkehrsunfälle sank um drei Prozent*

Quo·ten·frau *die*; (*Pol*) *gespr*; e-e Frau, die e-n Posten aufgrund e-r Quotenregelung bekommen hat

Quo·ten·re·ge·lung *die*; *Pol*; e-e Bestimmung, nach der in manchen Ämtern u. Positionen e-e bestimmte Anzahl e-r Gruppe von Menschen, *bes* Frauen, vertreten sein soll

Quo·ti·ent [kvo'tsi̯ɛnt] *der*; *-en*, *-en*; *Math*; **1** ein Zahlenausdruck, der aus e-m Zähler u. e-m Nenner besteht (*z.B.* ⅘) **2** das Ergebnis e-r Division ⟨den Quotienten bestimmen, ermitteln, errechnen⟩ || NB: *der Quotient*; *den*, *dem*, *des Quotienten*

Q

R, r

R, r [ɛr] *das*; -, - / *gespr auch -s*; der achtzehnte Buchstabe des Alphabets ⟨ein großes R, ein kleines r⟩

Ra·batt *der*; *-(e)s, -e*; ***R.*** (***auf etw.*** (*Akk*)) e-e Reduktion des Preises für Dinge, die man (*bes* in großen Mengen) kauft ⟨j-m (e-n) R. gewähren, geben⟩: *Als Angestellter bekommt er zehn Prozent R. auf alle Waren des Hauses* || K-: ***Rabatt-, -marke*** || -K: ***Mengen-***

Ra·bat·te *die*; *-, -n*; ein schmales Beet mit Blumen

Ra·batz *der*; *-es*; *nurSg*; *mst in* ***R. machen*** *gespr*; sehr laut feiern od. laut protestieren

Ra·bau·ke *der*; *-n, -n*; *gespr*; ein junger Mann, der laut ist u. wenig Rücksicht auf andere nimmt || NB: *der Rabauke*; *den, dem, des Rabauken*

Rab·bi *der*; *-(s), -s*; verwendet als Titel für e-n jüdischen Religionslehrer u. Prediger

Rab·bi·ner *der*; *-s, -*; ein jüdischer Religionslehrer u. Prediger

Ra·be *der*; *-n, -n*; ein großer schwarzer Vogel mit schwarzem Schnabel u. e-r lauten, rauen Stimme ⟨der R. krächzt⟩ || ID ***stehlen / klauen wie ein R. / die Raben*** *gespr*; oft stehlen || NB: *der Rabe*; *den, dem, des Raben*

Ra·ben·el·tern *die*; *Pl*; *pej*; Eltern, die nicht gut für ihre Kinder sorgen || *hierzu* **Ra·ben·mut·ter** *die*; **Ra·ben·va·ter** *der*

ra·ben·schwarz *Adj*; *ohne Steigerung*; vollkommen schwarz ⟨j-s Haar, e-e Nacht⟩

ra·bi·at, *rabiater, rabiatest-*; *Adj*; brutal u. ohne Rücksicht ≈ grob ⟨ein Bursche; r. werden⟩

Ra·che *die*; *-*; *nur Sg*; ***R.*** (***an j-m***) (***für etw.***) e-e Handlung, mit der man j-n (außerhalb des Gesetzes) bestraft, der einem selbst od. e-m Freund etw. Böses getan hat ≈ Vergeltung ⟨blutige, grausame R.; j-m R. schwören; auf R. sinnen; j-n dürstet, gelüstet nach R.; etw. aus R. tun; R. an j-m nehmen⟩ || K-: ***Rache-, -akt, -gedanken, -gelüste, -schwur*** || ID ***die R. des kleinen Mannes*** *gespr, oft hum*; ein kleiner Schaden *o.Ä.*, den man e-m Stärkeren mit Absicht zufügt, weil man sich anders gegen ihn nicht wehren kann

Ra·chen *der*; *-s, -*; **1** der innere Teil des Halses, der am Ende des Mundes beginnt || K-: ***Rachen-, -entzündung, -mandeln*** **2** der offene Mund e-s gefährlichen Tieres ≈ Maul: *Der Dompteur steckte den Kopf in den R. des Löwen* || ID ***j-m etw. in den R. werfen*** j-m etw. geben, das er unbedingt haben will

rä·chen, **rä·chen**; *rächte, hat gerächt*; [Vt] **1** ***j-n r.*** für j-n Rache nehmen, indem man die Person (*mst* mit ungesetzlichen Mitteln) bestraft, die ihm etw. Böses getan hat: *seinen ermordeten Freund r. wollen* **2** ***etw. r.*** ein Unrecht *o.Ä.* wieder gutmachen, indem man die Person bestraft, die dafür verantwortlich war ⟨e-n Mord, ein Verbrechen r.⟩; [Vr] **3** ***sich*** (***an j-m***) (***für etw.***) ***r.*** j-n für etw. Böses bestrafen, das er einem getan hat: *Für diese Beleidigung werde ich mich noch* (*an ihm*) *r.* **4** ***etw. rächt sich*** etw. hat unangenehme Folgen ⟨j-s Faulheit, Leichtsinn, Unaufmerksamkeit, Übermut⟩ || *zu* **1-3** **Rä·cher** *der*; *-s, -*; **Rä·che·rin** *die*; *-, -nen*

Ra·chi·tis *die*; *-*; *nur Sg*; e-e Krankheit durch Mangel an Vitaminen (die *bes* kleine Kinder bekommen), bei der die Knochen weich werden || *hierzu* **ra·chi·tisch** *Adj*

Rach·sucht *die*; *nur Sg*; der starke Wunsch, sich zu rächen || *hierzu* **rach·süch·tig** *Adj*

ra·ckern; *rackerte, hat gerackert*; *gespr*; [Vi] schwer arbeiten ≈ schuften

Ra·cket [ˈrɛkət] *das*; *-s, -s* ≈ Tennisschläger

Rad *das*; *-(e)s, Rä·der*; **1** der runde Teil e-s Fahrzeugs, der sich in seinem Mittelpunkt (um die Achse) dreht u. so das Fahrzeug rollen lässt ⟨das Rad dreht sich, rollt, schleift, quietscht; ein Rad montieren, (aus)wechseln⟩ || ↑ *Abb. unter* ***Auto***, ***Fahrrad*** || K-: ***Rad-, -nabe, -wechsel*** || -K: ***Ersatz-, Hinter-, Reserve-, Vorder-*** **2** ein rundes Teil e-r Maschine (*mst* mit Zacken) ⟨die Räder e-s Getriebes, Uhrwerks⟩ || -K: ***Antriebs-, Lenk-, Schub-, Schwung-, Steuer-***; ***Schaufel-, Zahn-***; ***Mühl-***; ***Wasser-*** **3** *Kurzw* ↑ ***Fahrrad***: *aufs Rad steigen*; *e-n Ausflug mit dem Rad machen* || K-: ***Rad-, -fahrer, -rennen, -sport, -tour, -wanderung, -weg*** || -K: ***Damen-, Herren-***; ***Klapp-, Renn-, Sport-***; ***Drei-, Zwei-*** **4** e-e Turnübung ⟨(ein) Rad schlagen⟩ **5** ***ein Pfau schlägt ein Rad*** ein männlicher Pfau breitet die Schwanzfedern aus || ID ***unter die Räder kommen*** *gespr*; **a)** (von e-m Fahrzeug) überfahren werden; **b)** moralisch u. sozial völlig herunterkommen; ***das fünfte Rad am Wagen sein*** (in e-r Gruppe) stören, weil man überflüssig ist

Rad (4)

ein Rad schlagen

> **Rad fah·ren**, **Rad fah·ren**; *fährt Rad, fuhr Rad, ist Rad gefahren*; [Vi] **1** mit dem Fahrrad fahren || K-: ***Radfahr-, -weg*** || NB: Will man das Ziel der Fahrt angeben, so kann man *Rad fahren* nicht verwenden. Stattdessen sagt man: *Wir sind mit dem Rad zum See gefahren* **2** *gespr pej*; freundlich, wie ein Diener zu den Vorgesetzten sein u. ihnen schmeicheln || *hierzu* **Rad·fah·rer** *der*; **Rad·fah·re·rin** *die*

Ra·dar, **Ra·dar** *der, das*; *-s*; *nur Sg*; **1** e-e technische Methode, durch die man messen kann, wo ein Gegenstand ist, wohin u. wie schnell er sich bewegt: *durch R. feststellen, wo sich ein Flugzeug befindet*; *die Geschwindigkeit e-s Fahrzeugs mit R. messen* || K-: ***Radar-, -kontrolle, -station, -überwachung*** **2** ein Gerät, das mit R. (1) arbeitet ⟨mit R. ausgestattet sein⟩ || K-: ***Radar-, -gerät***

Ra·dar·fal·le *die*; *gespr pej*; e-e Kontrolle, bei der die Geschwindigkeit von Fahrzeugen durch versteckte Radargeräte gemessen wird ⟨in e-e R. geraten⟩

Ra·dar·schirm *der*; der Bildschirm e-s Radargeräts

Ra·dau *der*; *-s*; *nur Sg*, *gespr* ≈ Lärm ⟨R. machen⟩

ra·de·bre·chen; *radebrechte*, *hat geradebrecht*; [Vt/i] **(*etw.*) *r.*** e-e fremde Sprache mit viel Mühe u. vielen Fehlern sprechen ⟨ein paar Worte (e-r Sprache) r. (können)⟩ || NB: *mst* im Infinitiv

ra·deln; *radelte*, *ist geradelt*; [Vi] *bes südd* Ⓐ *gespr*; mit dem Fahrrad fahren ≈ Rad fahren || ► ***Radler***

Rä·dels·füh·rer *der*; *pej*; j-d, der andere dazu verführt, aggressiv zu handeln od. gegen Gesetze zu verstoßen ⟨der R. e-r Bande⟩

Rä·der·werk *das*; *Kollekt*; die Räder, die e-e Maschine od. Uhr antreiben

ra·di·al *Adj*; *Tech*; vom Mittelpunkt aus in alle Richtungen e-s Kreises ≈ strahlenförmig ⟨Kräfte; r. verlaufen, angeordnet sein⟩

Ra·di·a·tor *der*; *-s*, *Ra·di·a·to·ren*; **1** *geschr*; der Teil e-r (Zentral)Heizung, der im Zimmer die Wärme abgibt ≈ Heizkörper **2** *gespr*; e-e kleine Heizung (auf Rollen), die mit Strom heizt

ra·die·ren; *radierte*, *hat radiert*; [Vt/i] **1 (*etw.*) *r.*** etw., das man *bes* mit Bleistift geschrieben od. gezeichnet hat, durch Reiben mit e-m Stück Gummi entfernen ≈ ausradieren ⟨e-n Fehler, e-n Strich r.⟩ **2 (*etw.*) *r.*** ein Bild machen, indem man mit e-r Nadel u. Säure Linien in Metall ritzt (u. davon e-n Abdruck macht) || K-: ***Radier-, -nadel*** || *zu* **2 Ra·die·rung** *die*

Ra·dier·gum·mi *der*; ein kleiner Gegenstand aus Gummi *o.Ä.* zum Radieren (1)

Ra·dies·chen [ra'diːsçən] *das*; *-s*, *-*; e-e kleine Pflanze mit e-r runden dicken Wurzel, die außen rot u. innen weiß ist, scharf schmeckt u. roh gegessen wird ⟨ein Bund R.⟩ || ↑ *Abb. unter* ***Gemüse*** || ID ***die Radieschen von unten anschauen*** *gespr hum*; tot u. begraben sein

ra·di·kal *Adj*; **1** ⟨Änderungen, Reformen; e-e Methode⟩ so, dass sie starke Veränderungen mit sich bringen: *ein radikaler Bruch mit der Tradition* **2** *bes Pol*, *pej*; ⟨die Linke, die Rechte⟩ so, dass sie kompromisslos extreme Positionen vertreten (u. oft bereit sind, Gewalt anzuwenden, um ihre Ziele zu erreichen) **3** ⟨ein Gegner; ein Verfechter⟩ so, dass sie sehr stark gegen bzw. für etw. eintreten **4** *nicht adv*; sehr stark u. wirksam (aber oft auch mit negativen Folgen): *radikale Mittel einsetzen* **5** *nur adv*; verwendet, um ein Verb od. ein Partizip zu verstärken ≈ sehr (stark): *die Zahl der Atomwaffen r. reduzieren*; *Sie hat sich r. verändert* || *hierzu* **Ra·di·ka·li·tät** *die*; *-*; *nur Sg*; *zu* **2 Ra·di·ka·lis·mus** *der*; *-*; *nur Sg*; **ra·di·ka·li·sie·ren** *(hat) Vt*

Ra·di·ka·le *der* / *die*; *-n*, *-n*; j-d, der radikale (2) politische Meinungen u. Ziele hat || NB: *ein Radikaler*; *der Radikale*; *den*, *dem*, *des Radikalen*

Ra·dio *das*; *-s*, *-s*; **1** ein Gerät, das elektromagnetische Wellen empfängt u. diese als Töne wiedergibt ≈ Rundfunkgerät ⟨ein tragbares R.; das R. läuft, spielt; das R. anmachen, einschalten, ausmachen, ausschalten⟩ || K-: ***Radio-, -antenne, -apparat, -gerät*** || -K: ***Auto-, Koffer-, Transistor-*** **2** *nur Sg*; e-e Institution, die ein Programm sendet, das man mit e-m R. (1) empfangen kann: *Sie arbeitet beim R.* || K-: ***Radio-, -programm, -sender*** **3** *nur Sg*; das Programm, das man mit dem R. (1) empfangen kann ⟨R. hören; etw. im R. bringen, hören⟩

ra·di·o·ak·tiv [-f] *Adj*; in e-m Zustand, in dem Atome zerfallen u. dabei Energie abgeben, die Menschen, Tieren u. Pflanzen schadet ⟨Abfälle, ein Element, ein Stoff, die Strahlung, der Zerfall⟩: *Uran ist r.* || *hierzu* **Ra·di·o·ak·ti·vi·tät** *die*; *nur Sg*

Ra·di·o·lo·ge *der*; *-n*, *-n*; ein Arzt mit e-r (Spezial)Ausbildung in Radiologie || NB: *der Radiologe*; *den*, *dem*, *des Radiologen* || *hierzu* **Ra·di·o·lo·gin** *die*; *-*, *-nen*

Ra·di·o·lo·gie *die*; *-*; *nur Sg*; die Wissenschaft, die sich mit Röntgenstrahlen u. Radioaktivität u. mit deren Anwendung *bes* in der Medizin beschäftigt || *hierzu* **ra·di·o·lo·gisch** *Adj*

Ra·di·o·we·cker *der*; ein Radio, das einen (mit Musik) weckt

Ra·di·um *das*; *-s*; *nur Sg*; ein radioaktives Metall; *Chem* Ra

Ra·di·us *der*; *-*, *Ra·di·en* [-di̯ən]; die Entfernung vom Mittelpunkt e-s Kreises od. e-r Kugel zum Rand ≈ Halbmesser || NB: ↑ ***Durchmesser***

Rad·kap·pe *die*; e-e Scheibe, mit der man die Radnabe bei Autos u. Motorrädern bedeckt

Rad·ler *der*; *-s*, *-*; *südd* Ⓐ *gespr*; **1** ≈ Radfahrer **2** ein Getränk aus Bier u. Limonade || *zu* **1 Rad·le·rin** *die*; *-*, *-nen*

Rad·ler·ho·se *die*; e-e eng anliegende Hose aus elastischem Material, die fast bis zum Knie geht u. die man *bes* zum Radfahren anzieht

-räd·rig *im Adj*, *wenig produktiv*, *nur attr*, *nicht adv*; mit der genannten Zahl od. Art von Rädern; ***einrädrig, zweirädrig, dreirädrig, vierrädrig; großrädrig, kleinrädrig***

RAF [ɛr|aː'|ɛf] *die*; *-*; *nur Sg*, *Kurzw* ↑ ***Rote-Armee-Fraktion***

raf·fen; *raffte*, *hat gerafft*; [Vt] **1 *etw.* (*an sich* (*Akk*)) *r.*** *pej*; so viel von etw. nehmen, wie man bekommen kann ⟨Besitz, Geld, Schmuck r.⟩ **2 *etw. r.*** Stoff so halten od. befestigen, dass er Falten bildet ⟨e-n Vorhang r.⟩ **3 *etw. r.*** e-n Text, die Handlung e-s Buches, Films *o.Ä.* kürzer machen, sodass nur das Wichtige übrig bleibt ≈ kürzen, straffen **4 *etw. r.*** *gespr* ≈ kapieren

Raff·gier *die*; *nur Sg*, *pej*; der starke Wunsch, so viel wie möglich von etw. zu bekommen ≈ Habgier || *hierzu* **raff·gie·rig** *Adj*

Raf·fi·na·de *die*; *-*, *-n*; Zucker, der aus sehr kleinen weißen Körnern besteht || -K: ***Zucker-***

Raf·fi·ne·rie *die*; *-*, *-n* [-'riːən]; e-e Fabrik, die Erdöl od. Zucker reinigt u. bearbeitet || -K: ***Öl-, Zucker-*** || *hierzu* **raf·fi·nie·ren** *(hat) Vt*

Raf·fi·nes·se [-'nɛsə] *die*; *-*, *-n*; **1** *nur Sg* ≈ Schlauheit, Geschicklichkeit ⟨die R. e-s Betrügers, e-s Plans⟩ **2** *mst Pl*; ein besonderes technisches Detail an e-m Gerät: *ein Sportwagen mit allen Raffinessen*

raf·fi·niert *Adj*; **1** ⟨ein Plan, ein System, e-e Technik⟩ besonders klug ausgedacht od. geschickt angewendet: *Durch die raffinierte Anordnung der Möbel sieht der Raum größer aus* **2** schlau u. geschickt ≈ clever ⟨ein Gauner, Machenschaften, ein Trick⟩

Ra·ge ['raːʒə] *die*; *-*; *nur Sg*; *mst in* ***in R.*** *gespr* ≈ wütend ⟨in R. kommen; j-n in R. bringen⟩

ra·gen; *ragte*, *hat* / *ist geragt*; [Vi] ***etw. ragt irgendwohin*** etw. reicht weiter nach oben, außen *usw* als die Umgebung: *Ein Nagel ragt aus der Wand*

Ra·gout [ra'guː] *das*; *-s*, *-s*; kleine Stücke Fleisch od. Fisch in e-r Soße || -K: ***Fisch-, Hammel-, Hirsch-, Kalbs-, Lamm-, Reh-, Rinder-***

Rahm *der*; *-(e)s*; *nur Sg*, *südd* Ⓐ ⒸⒽ ≈ Sahne ⟨süßer, saurer R.⟩ || K-: ***Rahm-, -schnitzel, -soße, -spinat***

rah·men; *rahmte*, *hat gerahmt*; [Vt] ***etw. r.*** e-n Rahmen (1) um etw. machen ⟨ein Bild, ein Dia, ein Fenster, e-n Spiegel r.⟩ || *hierzu* **Rah·mung** *die*

Rah·men *der*; *-s*, *-*; **1** ein fester Rand, den man *bes* um Bilder od. Spiegel macht, um sie zu schmücken od. zu befestigen ⟨etw. in e-n R. (ein)fassen, aus dem R. nehmen⟩ || -K: ***Bilder-, Gold-, Holz-, Sil-***

ber-; ***Stick-***, ***Web-*** **2** der Teil e-r Tür od. e-s Fensters, der fest mit der Wand verbunden ist || -K: ***Fenster-***, ***Tür-*** **3** der (untere) Teil e-s Fahrzeugs, an dem die Achsen befestigt sind u. der die Karosserie trägt || -K: ***Fahrzeug-*** **4** ***ein R.*** (***für etw.***) *nur Sg*; die Umgebung u. der Zusammenhang, in denen etw. stattfindet od. geschieht ⟨ein feierlicher, würdiger R.; der geschichtliche, soziale R.⟩: *Die Konzerte bildeten den R. für die Verleihung der Preise* **5** *nur Sg*; der Bereich, innerhalb dessen etw. geschieht ⟨im R. des Möglichen liegen, bleiben⟩: *Veränderungen in kleinem, großem R.* **6** ***im R.*** + *Gen* ≈ anlässlich: *Im R. der Zweihundertjahrfeier finden zahlreiche Veranstaltungen statt* || ID ***etw. bleibt im R.*** etw. unterscheidet sich nicht vom Üblichen; ***etw. fällt aus dem R.*** etw. unterscheidet sich stark vom Üblichen; ***j-d / etw. passt nicht in den R.*** j-d / etw. ist fehl am Platz; ***etw. sprengt den R.*** (+ *Gen*) etw. geht über das hinaus, was geplant war

Ra̲h·men- *im Subst, wenig produktiv*; verwendet, um auszudrücken, dass etw. die allgemeinen Bedingungen, Regeln *usw* für etw. enthält u. keine Details; das ***Rahmenabkommen***, die ***Rahmenbedingung***, der ***Rahmenbeschluss***, die ***Rahmenbestimmung***, das ***Rahmengesetz***, der ***Rahmenplan***

-rah·men *der*; *im Subst, wenig produktiv*; die Grenzen, die für etw. festgelegt sind u. in denen etw. bleiben muss; der ***Finanzrahmen***, der ***Strafrahmen***, der ***Zeitrahmen***

Ra̲h·men·er·zäh·lung *die*; e-e Erzählung, in der mehrere Geschichten erzählt werden u. in der eine Geschichte den Zusammenhang zwischen allen herstellt: *Das „Decamerone" von Boccaccio ist e-e R.*

Ra̲in *der*; *-(e)s*, *-e*; ein schmales Stück Boden am Rand e-s Feldes, auf dem Gras u. Blumen wachsen || -K: ***Acker-***, ***Feld-***, ***Weg-***

rä̲·keln ↑ ***rekeln***

Ra·ke̲·te *die*; *-*, *-n*; **1** ein großer Körper in Form e-s Zylinders, der oben e-e Spitze hat u. der von der Erde weg in den Weltraum fliegen kann ⟨e-e mehrstufige, (un)bemannte R.; e-e R. zünden, starten⟩: *mit e-r R. zum Mond fliegen* || K-: ***Raketen-***, ***-abschussrampe***, ***-antrieb***, ***-start***, ***-stufe***, ***-treibstoff***, ***-triebwerk*** || -K: ***Mond-***, ***Träger-***, ***Weltraum-*** **2** e-e R. (1), die als Waffe benutzt wird u. *mst* Bomben transportiert ⟨Raketen stationieren, abfeuern, abschießen, auf ein Ziel richten⟩: *die Zahl der atomaren Raketen begrenzen* || K-: ***Raketen-***, ***-(abschuss)basis***, ***-abwehr***, ***-stützpunkt***, ***-werfer*** || -K: ***Atom-***, ***Kampf-***, ***Luftabwehr-***, ***Panzerabwehr-***; ***Kurzstrecken-***, ***Mittelstrecken-***, ***Langstrecken-*** **3** e-e Art Geschoss (wie e-e kleine R. (1)), das in der Luft explodiert u. als Feuerwerk od. Signal verwendet wird || -K: ***Feuerwerks-***, ***Leucht-***, ***Signal-***

Ral·lye ['rɛli] *die*; *-*, *-s od* Ⓒⓗ *das*; *-s*, *-s*; ein Wettrennen mit Autos über weite Strecken auf normalen Wegen ⟨an e-r R. teilnehmen, e-e R. fahren⟩: *die R. Monte Carlo*; *die R. Paris - Dakar*

Ra̲m·me *die*; *-*, *-n*; ein Gerät, das man dazu benutzt, etw. in den Boden zu stoßen od. den Boden flach u. fest zu machen || -K: ***Dampf-***

ra̲m·men; *rammte, hat gerammt*; Vt **1** ***etw. irgendwohin r.*** etw. mit kräftigen Schlägen *bes* in den Boden schlagen ⟨Pfähle in den Boden r.⟩ **2** ***j-n / etw. r.*** beim Fahren an j-s Auto / etw. stoßen u. es beschädigen

Ra̲m·pe *die*; *-*, *-n*; **1** e-e schräge Fläche, über die Fahrzeuge zu e-r höheren od. tieferen Ebene fahren können **2** e-e erhöhte Fläche vor e-m Gebäude, auf der man Waren besser aus e-m Lastwagen laden kann **3** der vordere Rand der Bühne im Theater

Ra̲m·pen·licht *das*; *mst in* ***im R. stehen*** oft in der Öffentlichkeit auftreten u. viel beachtet werden

ram·po·ni̲e·ren; *ramponierte, hat ramponiert*; Vt ***etw. r.*** *gespr*; etw. relativ stark beschädigen

ram·po·ni̲ert **1** *Partizip Perfekt*; ↑ ***ramponieren*** **2** *Adj*; *gespr*; in schlechtem Zustand ≈ angeschlagen, mitgenommen: *Nach dem Skandal ist sein Ansehen ziemlich r.*; *Du siehst so r. aus, hast du letzte Nacht nicht geschlafen?*

Ra̲msch *der*; *-es*; *nur Sg*, *pej*; Dinge von sehr schlechter Qualität (die ein Geschäft verkauft) || K-: ***Ramsch-***, ***-laden***, ***-ware***

ra̲n *Adv*; *gespr*; ↑ ***heran***

ra̲n- *im Verb, sehr produktiv, gespr*; ↑ ***heran-***

Ra̲nd *der*; *-(e)s*, *Rän·der*; **1** der äußere Teil von etw., der Teil e-r Fläche, der am weitesten vom Zentrum entfernt ist ↔ Mitte ⟨der obere, untere, äußere, innere, linke, rechte R.⟩: *ein Glas bis zum R. füllen*; *Er stand am R. des Abgrunds u. sah hinunter* || K-: ***Rand-***, ***-bezirk***, ***-gebiet***, ***-lage***, ***-zone*** || -K: ***Außen-***, ***Innen-***; ***Dorf-***, ***Feld-***, ***Hut-***, ***Krater-***, ***Orts-***, ***Stadt-***, ***Stoff-***, ***Tassen-***, ***Teller-***, ***Ufer-***, ***Wald-***, ***Weg-***, ***Wiesen-***, ***Wüsten-*** **2** der seitliche, obere od. untere Teil e-s Blattes Papier, auf den man normalerweise nichts schreibt ⟨e-n R. lassen; etw. am R. anmerken⟩ || K-: ***Rand-***, ***-bemerkung***, ***-notiz*** **3** ein Strich od. schmaler Streifen am R. (1) von Flächen: *ein Briefumschlag mit schwarzem R.*; *der gezackte R. e-r Briefmarke* || -K: ***Fett-***, ***Kalk-***, ***Schmutz-***, ***Schweiß-***, ***Trauer-*** **4** ***am Rande*** ≈ nebenbei, beiläufig ⟨etw. nur am Rande bemerken, erwähnen; etw. spielt sich (nur ganz) am Rande ab⟩ || K-: ***Rand-***, ***-bemerkung***, ***-erscheinung***, ***-figur***, ***-notiz*** || ID ***außer R. u. Band sein / geraten*** *gespr*; voller Energie u. so wild sein / werden, dass man nicht beruhigt werden kann; ***am Rande*** + *Gen* ***stehen*** in großer Gefahr sein, etw. Negatives zu erleben ⟨am Rande des Grabes, Ruins, Wahnsinns stehen⟩; ***j-n an den R.*** + *Gen* ***bringen*** j-n in die genannte Gefahr bringen ⟨j-n an den R. des Grabes / Todes, des Ruins, der Verzweiflung bringen⟩; *mst* ***Halt den R.!*** *gespr!* sei still! || NB: ↑ ***zurande***

Ran·da̲·le *die*; *-*; *nur Sg*; *mst in* ***R. machen*** *gespr* ≈ randalieren

ran·da·li̲e·ren; *randalierte, hat randaliert*; Vi Lärm machen, andere Leute stören u. Sachen mit Absicht beschädigen: *randalierende Fans* || *hierzu* **Ran·da·li̲e·rer** *der*; *s-*, *-*

Ra̲nd·grup·pe *die*; e-e Gruppe von Menschen, die nicht von der Gesellschaft akzeptiert wird u. somit isoliert lebt

-ran·dig *im Adj, wenig produktiv*; mit der genannten Art von Rand; ***breitrandig***, ***glattrandig***, ***schmalrandig***

ra̲nd·los *Adj*; ohne Rahmen, ohne Einfassung ⟨e-e Brille⟩

Ra̲nd·stein *der*; *südd* Ⓐ Ⓒⓗ ≈ Bordstein

Ra̲nd·strei·fen *der*; der äußere Teil der Straße (*bes* bei e-r Autobahn), auf dem man nicht fahren, bei e-r Panne aber das Auto abstellen darf

ra̲nd·vo̲ll *Adj*; ⟨ein Auto, ein Glas, ein Programm⟩ so, dass nichts anderes mehr darin Platz hat

ra̲ng *Imperfekt, 1. u. 3. Person Sg*; ↑ ***ringen***

Ra̲ng *der*; *-(e)s*, *Rän·ge*; **1** e-e bestimmte Stufe in e-r Ordnung (Hierarchie), die durch soziale od. dienstliche Wichtigkeit gekennzeichnet ist ≈ Stellung (3) ⟨e-n hohen, niedrigen R. haben, einnehmen, bekleiden⟩: *der R. e-s Leutnants*; *Sie steht im R. e-r Ministerin* || K-: ***Rang-***, ***-abzeichen***, ***-folge***, ***-höchste(r)***, ***-höhere(r)***, ***-ordnung***, ***-stufe***, ***-unterschied***; ***rang-***, ***-höchst-***, ***-niedrigst-*** || -K: ***Dienst-***; ***Generals-***, ***Offiziers-*** **2** *nur Sg*; verwendet, um die Qualität od. den Stellenwert von j-m / etw. einzustufen:

ein Komponist vom R. Beethovens **3** der Platz, den man in e-mWettkampf erreicht: *den ersten / letzten R. belegen* **4** der hintere u. höher liegende Teil des Raumes, in dem man im Kino od. Theater sitzt || ↑ *Abb. unter* **Theater 5** **von R.** mit e-m hohen Wert, R. (2): *ein Schriftsteller von R.* **6 ersten Ranges** von großer Bedeutung: *ein Skandal ersten Ranges* || ID ***j-m den R. ablaufen*** bessere Leistungen bringen als j-d ≈ j-n überflügeln; ***alles, was R. u. Namen hat*** sehr viele bekannte Leute ≈ die Prominenz; ***zu R. u. Würden kommen*** bekannt u. einflussreich werden || *zu* **1, 2** u. **3** **rang·gleich** *Adj*; **rang·mä·ßig** *Adv*

Ran·ge *die*; -, *-n*; ein lebhaftes u. freches Kind

ran·ge·hen; *ging ran, ist rangegangen*; [Vi] *gespr*; **1** ***an etw.*** (*Akk*) ***r.*** ≈ an etw. herangehen **2** sich ohne Zweifel od. Zögern bemühen, ein Ziel zu erreichen: *Er hat sie gerade erst kennen gelernt u. gleich zum Essen eingeladen. Der geht ganz schön ran!*

ran·geln; *rangelte, hat gerangelt*; [Vi] ***(mit j-m) (um etw.) r.*** *gespr*; mit j-m kämpfen, ohne ihm wehtun zu wollen ≈ (sich) um etw. raufen, balgen: *Die Kinder rangelten um die besten Plätze*

ran·gie·ren [raŋ'ʒiːrən]; *rangierte, hat rangiert*; [Vt/i] **1** ***(etw.) r.*** Eisenbahnwagen auf ein anderes Gleis bringen, *bes* um neue Züge zusammenzustellen || K-: ***Rangier-, -bahnhof, -gleis, -lok***; [Vi] **2** ***irgendwo r.*** e-n bestimmten Rang (2), e-e bestimmte Bedeutung haben: *Der Urlaub rangiert auf der Prioritätsliste vieler Deutschen ganz oben*

ran·hal·ten (*hat*) *gespr*; [Vi] **1** ***etw. r.*** ≈ heranhalten; [Vr] **2** ***sich (mit etw.) r.*** ≈ sich (mit e-r Arbeit) beeilen: *Wenn wir uns (mit der Arbeit) r., werden wir rechtzeitig fertig* **3** ***sich r.*** viel essen: *Haltet euch ordentlich ran, es ist genug da*

rank *Adj*; *mst in* ***r. u. schlank*** sehr schlank

Ran·ke *die*; -, *-n*; ein langer, dünner u. biegsamer Teil e-r Pflanze, mit dem sie sich irgendwo festhält: *die Ranken des Efeus, der Erbse, des Weines* || K-: ***Ranken-, -gewächs*** || -K: ***Blatt-, Blumen-, Bohnen-, Brombeer-, Efeu-, Hopfen-, Kürbis-, Wein-***

Rän·ke *die*; *Pl*; *nur in* ***R. schmieden*** *lit*; (heimlich) Pläne machen, um j-m zu schaden ≈ intrigieren || K-: ***Ränke-, -schmied***

ran·ken; *rankte, hat / ist gerankt*; [Vi] (*ist*) **1** ***etw. rankt irgendwo*** etw. wächst an e-r Stelle u. hält sich mit Ranken fest ⟨Pflanzen⟩; [Vr] (*hat*) **2** ***etw. rankt sich irgendwohin*** etw. wächst an etw. entlang od. in die Höhe: *An der Mauer rankt sich Efeu in die Höhe* **3** ***etw. rankt sich um j-n / etw.*** *geschr*; etw. existiert in Zusammenhang mit j-m / etw. ⟨Erzählungen, Geschichten, Legenden⟩: *Viele Geschichten ranken sich um König Ludwigs Tod*

ran·krie·gen (*hat*) [Vt] *gespr*; **1** ***j-n r.*** j-m e-e schwere Arbeit geben **2** ***j-n r.*** j-n zwingen, e-n Schaden wieder gutzumachen **3** ***j-n r.*** ≈ hereinlegen

ran·las·sen (*hat*) [Vt] **1** ***j-n / ein Tier (an j-n / etw.) r.*** *gespr*; zulassen, dass j-d / ein Tier in die Nähe e-r Person / Sache kommt **2** ***j-n r.*** *gespr*; j-m Gelegenheit geben zu zeigen, was er kann

ran·ma·chen (*hat*) *gespr*; [Vt] **1** ***etw. (irgendwohin) r.*** etw. irgendwo befestigen; [Vr] **2** ***sich an j-n r.*** ≈ sich an j-n heranmachen **3** ***sich r.*** ≈ sich beeilen

ran·müs·sen; *muss ran, musste ran, hat rangemusst*; [Vi] *gespr*; **1** ≈ heranmüssen **2** (viel) arbeiten müssen

rann *Imperfekt, 3. Person Sg*; ↑ ***rinnen***

rann·te *Imperfekt, 1. u. 3. Person Sg*; ↑ ***rennen***

ran·schmei·ßen, sich (*hat*) [Vr] ***sich an j-n r.*** *gespr pej*; auf jede Weise versuchen, j-s Freund zu werden

Ran·zen *der*; *-s*, -; **1** e-e Art Tasche, die ein Schüler auf dem Rücken trägt ⟨den R. packen, tragen⟩ || -K: ***Leder-, Schul-*** **2** *gespr pej*; ein *mst* dicker Bauch || ID ***sich*** (*Dat*) ***den R. vollschlagen*** *gespr!*; viel essen

ran·zig *Adj*; so, dass das Fett darin alt ist u. schlecht riecht u. schmeckt ⟨Butter, Nüsse, Öl⟩

ra·pid, ra·pi·de *Adj* ≈ sehr schnell, rasant ↔ allmählich ⟨ein Anstieg, e-e Entwicklung, e-e Veränderung, ein Wachstum⟩

Rap·pe *der*; *-n, -n*; ein schwarzes Pferd ↔ Schimmel || NB: *der Rappe*; *den, dem, des Rappen*

Rap·pel *der*; *-s*; *nur Sg, gespr*; ein (nervöser) Zustand, in dem j-d für kurze Zeit unvernünftige Dinge tut ⟨e-n R. kriegen, haben⟩

rap·peln; *rappelte, hat gerappelt*; [Vi] ***etw. rappelt*** *gespr* ≈ etw. klappert ⟨der Wecker⟩

Rap·pen *der*; *-s*, -; die kleinste Einheit des Geldes in der Schweiz; *Abk* Rp: *Ein Franken hat 100 Rappen*

Rap·port *der*; *-(e)s, -e*; e-e Meldung, die j-d *bes* beim Militär an e-n Vorgesetzten machen muss ⟨ein schriftlicher, mündlicher R.; e-n R. schreiben, machen; zum R. erscheinen; sich zum R. melden⟩

rar, *rarer, rarst-*; *Adj*; **1** nicht oft vorkommend ≈ selten: *Die Eulen sind in unseren Wäldern inzwischen rar geworden* || NB: *selten* wird häufiger verwendet als *rar* **2** *nur präd, nicht adv*; nicht in genügender Menge vorhanden ≈ knapp ⟨Lebensmittel, Rohstoffe⟩ **3** ***sich (bei j-m) rar machen*** *gespr*; weniger Kontakt zu j-m haben als früher, *bes* weil man keine Zeit od. Lust mehr dazu hat

Ra·ri·tät *die*; -, *-en*; **1** ein Gegenstand, von dem es nur wenige Stücke gibt u. der deshalb wertvoll ist ⟨Raritäten sammeln⟩ **2** das seltene Vorkommen von etw. ≈ Seltenheit

ra·sant, *rasanter, rasantest-*; *Adj*; **1** sehr schnell ⟨e-e Fahrt, ein Tempo, ein Sportwagen; e-e Entwicklung, ein Wachstum⟩: *das rasante Wachstum der industriellen Produktion* **2** *gespr*; ⟨e-e Musik⟩ in aufregender Weise schön || *hierzu* **Ra·sanz** *die*; -; *nur Sg*

rasch, *rascher, raschest-*; *Adj*; so, dass ein Vorgang od. e-e Handlung nur kurze Zeit dauert ≈ schnell ↔ langsam: *e-e rasche Auffassungsgabe haben*; *rasche Fortschritte machen*; *Ich gehe nur r. Zigaretten holen, ich bin gleich wieder da* || *hierzu* **Rasch·heit** *die*; *nur Sg*

ra·scheln; *raschelte, hat geraschelt*; [Vi] **1** ***etw. raschelt*** etw. macht das Geräusch, das man hört, wenn der Wind trockene Blätter bewegt ⟨das Laub, das Stroh, die Seide; etw. r. hören⟩ **2** ***mit etw. r.*** etw. so bewegen, dass es raschelt (1)

ra·sen[1]; *raste, hat gerast*; [Vi] ***(vor etw.*** (*Dat*)***) r.*** wütend u. laut sprechen u. sich dabei wild benehmen ≈ toben, wüten ⟨vor Wut, Zorn, Eifersucht, Schmerzen r.; j-n zum Rasen bringen⟩

ra·sen[2]; *raste, ist gerast*; [Vi] **1** ***(irgendwohin) r.*** sehr schnell fahren od. laufen: *Das Auto raste in die Zuschauer*; *Wir rasten von e-m Geschäft zum anderen* **2** ***die Zeit rast*** die Zeit vergeht sehr schnell **3** ***der Puls / das Herz rast*** der Puls / das Herz schlägt sehr schnell || *zu* **1** **Ra·ser** *der*; *-s*, -; *gespr pej*

Ra·sen *der*; *-s*, -; *mst Sg*; (*bes* in Gärten u. Parks) e-e Fläche mit dichtem, kurzem Gras ⟨ein gepflegter R.; den R. mähen, sprengen⟩ || NB: ↑ ***Wiese***

Ra·sen·mä·her *der*; *-s*, -; ein Gerät, mit dem man den Rasen mäht || -K: ***Benzin-, Elektro-***

Ra·sen·spren·ger *der*; *-s*, -; ein Gerät, das Wasser verspritzt u. so den Rasen feucht hält

Ra·se·rei[1] *die*; -; *nur Sg*; das Toben (aus Wut) ⟨in R. geraten; j-n zur R. bringen; ein Anfall von R.⟩

Ra·se·rei[2] *die*; -; *nur Sg, gespr pej*; sehr schnelles u. unvorsichtiges Fahren

Ra·sier·ap·pa·rat *der*; ein Gerät zum Rasieren

ra·sie·ren; *rasierte, hat rasiert*; [Vt] ***j-n / sich r.***; ***(j-m / sich) etw. r.*** mit e-r Klinge od. mit e-m elektrischen Gerät j-s / die eigenen Barthaare entfernen ⟨j-n / sich nass, trocken r.; j-m / sich den Bart r.⟩: *Ich rasiere mich nicht mehr - ich will mir e-n Bart wachsen lassen* || K-: ***Rasier-, -creme, -messer, -pinsel, -schaum, -seife, -zeug*** || *zu* ***Rasierpinsel*** ↑ *Abb. unter* ***Pinsel*** || ▶ ***Rasur***

Ra·sie·rer *der*; *-s, -*; *gespr* ≈ Rasierapparat

Ra·sier·klin·ge *die*; ein kleines, sehr dünnes Stück Metall mit scharfen Kanten zum Rasieren

Ra·sier·was·ser *das*; e-e Flüssigkeit (die Alkohol enthält u. angenehm riecht), die man nach dem Rasieren aufs Gesicht tut ≈ Aftershave

Rä·son [rɛˈzõː] *die*; *-*; *nur Sg*; **1** ***zur R. kommen***; (***wieder***) ***R. annehmen*** sich wieder so vernünftig verhalten, wie es von einem erwartet wird (nachdem man vorher unvernünftig war) **2** ***j-n zur R. bringen*** bewirken, dass sich j-d wieder so (vernünftig) verhält, wie man es von ihm erwartet

rä·so·nie·ren; *räsonierte, hat räsoniert*; [Vi] (***über etw.*** (*Akk*)) ***r.*** *gespr* ≈ nörgeln, schimpfen: *Er räsoniert ständig* (darüber), wie *böse alle Menschen sind*

Ras·pel[1] *die*; *-, -n*; **1** ein Gerät aus Metall mit e-r rauen Oberfläche, mit dem man etw. reibt, um sehr kleine Stücke daraus zu machen ≈ Reibe ⟨Äpfel, Käse, Möhren, Schokolade mit e-r R. zerkleinern⟩ **2** e-e grobe Feile, mit der man Holz, Metall *usw* bearbeitet || -K: ***Holz-***; ***Tischler-***

Ras·pel[2] *der*; *-s, -n*; *mst Pl*; ein kleines Stück Apfel, Käse, Schokolade *o.Ä.*, das man mit e-r Raspel[1] (1) gemacht hat || -K: ***Kokos-, Schoko-***

ras·peln; *raspelte, hat geraspelt*; [Vt/i] **1** (***etw.***) ***r.*** etw. mit e-r Raspel[1] (1) klein machen ⟨Äpfel, Schokolade, Nüsse, Karotten r.; etw. grob, fein r.⟩ **2** (***etw.***) ***r.*** etw. mit e-r Raspel[1] (2) bearbeiten ⟨Holz r.⟩

Ras·se *die*; *-, -n*; **1** eine der großen Gruppen, in die man die Menschen einteilt u. die sich *bes* durch die Hautfarbe unterscheiden ⟨die schwarze, gelbe, weiße, rote R.⟩ || K-: ***Rassen-, -hass, -hetze, -ideologie, -integration, -konflikt, -merkmal, -unterschied, -wahn*** || -K: ***Menschen-*** **2** e-e Gruppe von Tieren, die sich durch bestimmte Merkmale von anderen Tieren (derselben Art) unterscheiden ⟨e-e neue R. (von Kühen, Hunden *usw*) züchten; zwei Rassen (miteinander) kreuzen⟩ || -K: ***Hühner-, Hunde-, Pferde-, Tier-*** **3** *gespr*; e-e Gruppe von Menschen, deren Verhalten man seltsam u. fremd findet ⟨e-e seltsame, merkwürdige R.⟩ **4** ***die menschliche R.*** alle Menschen (im Gegensatz zu den Tieren) ≈ Menschheit **5** ***R. haben*** *gespr* ≈ rassig sein

Ras·se- *im Subst, nicht produktiv*; verwendet, um ein Tier zu bezeichnen, das keine Mischung aus verschiedenen Rassen (2) ist; der ***Rassehund***, die ***Rassekatze***, das ***Rassepferd*** || NB: ↑ ***reinrassig***

Ras·sel *die*; *-, -n*; ein einfaches Spielzeug für Babys, das ein rasselndes Geräusch macht || -K: ***Baby-***

Ras·sel·ban·de *die*; *gespr*; mehrere Kinder, die gern Lärm machen (u. Streiche spielen)

ras·seln; *rasselte, hat / ist gerasselt*; [Vi] **1** ***etw. rasselt*** (*hat*) etw. macht die harten, schnellen Geräusche, die *z.B.* entstehen, wenn e-e Kette bewegt wird **2** ***mit etw. rasseln*** (*hat*) mit etw. die Geräusche machen, die *z.B.* entstehen, wenn e-e Kette bewegt wird **3** ***etw. rasselt*** (*hat*) etw. läutet ⟨der Wecker⟩ **4** ***etw. rasselt irgendwohin*** (*ist*) etw. fährt u. macht dabei die Geräusche, die entstehen, wenn *z.B.* e-e Kette bewegt wird ⟨ein Panzer⟩ **5** ***durch etw. r.*** (*ist*) *gespr*; e-e Prüfung nicht bestehen ≈ durchfallen ⟨durchs Abitur, durch das Examen r.⟩

Ras·sen·dis·kri·mi·nie·rung *die*; *nur Sg*; die schlechtere Behandlung von Menschen wegen ihrer Hautfarbe *o.Ä.*

Ras·sen·tren·nung *die*; *nur Sg*; die Praxis, Menschen verschiedener Rassen im öffentlichen Leben (*z.B.* in Schulen) zu trennen u. nicht nach dem gleichen Recht zu behandeln

Ras·sen·un·ru·hen *die*; *Pl*; (*mst* gewaltsame) politische Aktionen von Menschen, die wegen ihrer Rasse schlechter behandelt werden als andere

ras·sig *Adj*; *nicht adv*, *gespr*; **1** ⟨e-e Frau⟩ schön u. voller Temperament **2** ⟨ein Auto⟩ schön u. schnell

Ras·sis·mus *der*; *-*; *nur Sg*, *pej*; die Ideologie, die besagt, dass Menschen der einen Rasse besser sind als die e-r anderen || *hierzu* **Ras·sist** *der*; *-en, -en*; **ras·sis·tisch** *Adj*

Rast *die*; *-, -en*; *mst Sg*; e-e Pause, die man *bes* bei Wanderungen macht ⟨(e-e) R. machen; sich (*Dat*) e-e, keine R. gönnen⟩ || ID ***ohne R. u. Ruh*** ohne Pause

ras·ten; *rastete, hat gerastet*; [Vi] beim Wandern e-e Pause machen || ID ***Wer rastet, der rostet*** verwendet, um j-n aufzufordern weiterzumachen

Ras·ter[1] *der*; *-s, -*; *Tech*; ein Gerät, mit dem man (beim Drucken) ein Bild in einzelne Punkte aufteilt ⟨ein feiner, grober R.⟩ || -K: ***Farb-, Linien-, Punkt-***

Ras·ter[2] *der, das*; *-s, -*; ein System von Begriffen, in das j-d das, was er sieht, erlebt, hört *usw*, einordnet ⟨etw. in ein / e-n R. einordnen; aus e-m R. herausfallen; in kein / keinen R. passen⟩

Rast·haus *das* ≈ Raststätte

rast·los *Adj*; **1** ⟨ein Mensch⟩ so, dass er nie e-e Pause macht ≈ ununterbrochen, unermüdlich: *r. arbeiten* **2** sehr aktiv u. unruhig ⟨das Treiben der Stadt; Augen⟩ || *hierzu* **Rast·lo·sig·keit** *die*; *nur Sg*

Rast·platz *der*; **1** ein Platz, an dem man während e-r Wanderung e-e Pause machen kann **2** ein Parkplatz an e-r Autobahn (mit e-m Gasthaus)

Rast·stät·te *die*; e-e Art Gasthaus an e-r Autobahn

Ra·sur *die*; *-, -en*; **1** das Rasieren || -K: ***Elektro-, Nass-, Trocken-*** **2** die Art, wie j-d / etw. rasiert ist ⟨e-e glatte, schlechte R.⟩

Rat[1] *der*; *-(e)s*; *nur Sg*; das, was man (aufgrund seiner Erfahrung od. Kenntnisse) j-m sagt, damit er weiß, was er tun soll ≈ Ratschlag ⟨ein wohl gemeinter, fachmännischer, ehrlicher Rat; j-m e-n Rat geben, erteilen; j-n um Rat fragen, bitten; j-s Rat (ein)holen, befolgen; e-m Rat folgen; auf j-s Rat hören; auf j-s Rat hin (etw. tun)⟩: *Mein Rat wäre, mit dem Zug statt mit dem Auto zu fahren* || NB: als Plural wird *Ratschläge* verwendet || ID ***sich*** (*Dat*) ***keinen Rat*** (***mehr***) ***wissen*** nicht mehr wissen, was man tun soll; ***j-m mit Rat u. Tat zur Seite stehen*** j-m helfen, so gut man kann; *mst* ***Da ist guter Rat teuer*** da ist es schwierig, e-e Lösung zu finden || NB: ↑ ***zurate***

Rat[2] *der*; *-(e)s, Rä·te*; **1** e-e Gruppe von Menschen, die in e-r Organisation *o.Ä.* bestimmte Probleme diskutieren u. dann entscheiden ⟨den Rat einberufen; j-n in den Rat wählen; im Rat sitzen⟩ || K-: ***Rats-, -beschluss, -mitglied, -sitzung, -vorsitzende(r)*** || -K: ***Aufsichts-, Betriebs-, Familien-, Gemeinde-, Kirchen-, Minister-, Revolutions-, Stadt-*** **2** j-d, der Mitglied e-s Rates[2] (1) ist **3** *nur Sg*; der Titel e-s ziemlich hohen Beamten || -K: ***Amts-, Regierungs-, Studien-*** **4** ***der Große Rat*** das Parlament e-s Schweizer Kantons **5** ***die eidgenössischen Räte*** das Schweizer Parlament (Nationalrat u. Ständerat) **6** ***Rat für Gegenseitige Wirtschaftshilfe*** *hist* ≈ Comecon; *Abk* RGW

rät *Präsens, 3. Person Sg*; ↑ ***raten***

Ra·te *die*; *-, -n*; e-e von vielen Teilzahlungen, die man so lange leistet, bis die volle Summe bezahlt ist ⟨etw. auf Raten kaufen; etw. in Raten abzahlen, bezahlen, zahlen⟩: *die letzte R. e-r Schuld zahlen*; *Sie zahlt ihr Auto in monatlichen Raten von / zu 150 Euro ab* || -K: ***Abzahlungs-, Bank-, Monats-*** || *hierzu* **ra·ten·wei·se** *Adj*; *mst adv*

-ra·te *die; im Subst, begrenzt produktiv;* verwendet, um die Häufigkeit e-s bestimmten Phänomens (*mst* in Prozent) auszudrücken; ***Abtreibungsrate, Geburtenrate, Inflationsrate, Sterblichkeitsrate, Wachstumsrate, Zuwachsrate***

ra·ten[1]; *rät, riet, hat geraten;* [Vi] ***j-m zu etw. r.*** j-m (aufgrund seiner Erfahrung) sagen, was er in e-r bestimmten Situation tun soll ≈ j-m etw. empfehlen, vorschlagen: *Der Arzt hat ihr zu e-r Kur geraten; Ich habe ihm geraten, neue Reifen* zu *kaufen* || ID *mst* ***Lass dir das geraten sein!*** *gespr;* verwendet, um e-e Aufforderung mit e-r Drohung zu verbinden; *mst* ***Das möchte ich dir auch geraten haben!*** *gespr;* verwendet, um e-e Drohung auszudrücken für den Fall, dass j-d doch nicht tut, was er gerade versprochen hat *o.Ä.;* ***j-m ist nicht zu r.*** j-d hört auf keinen Rat[1] || ► ***anraten, beraten***

ra·ten[2]; *rät, riet, hat geraten;* [Vt/i] **(*etw.*) *r.*** versuchen, e-e richtige Antwort od. ein richtiges Urteil zu geben, obwohl man kein genaues Wissen von e-r Sache hat ≈ schätzen[1] (1) ⟨richtig, gut, falsch, schlecht r.⟩: *Ich habe keine Ahnung, wie viel du für das Auto gezahlt hast, aber lass mich mal r.; Er hat die Antwort nur geraten* || K-: ***Rate-, -spiel*** || -K: ***Rätsel-*** || ID *mst* **rat mal (...)** *gespr;* verwendet, um j-s Interesse zu wecken, bevor man etw. erzählt: *Rat mal, wen ich gestern gesehen habe!;* ***Dreimal darfst du r.*** *gespr;* verwendet, um auszudrücken, dass nur eine Antwort in Frage kommt || *hierzu* **Ra·ter** *der; -s, -* || ► ***erraten, Rätsel***

Ra·ten·kauf *der;* ein Geschäft, bei dem man die gekaufte Ware in Raten zahlt || *hierzu* **Ra·ten·käu·fer** *der*

Ra·ten·zah·lung *die;* **1** das Zahlen e-r (fälligen) Rate ⟨e-e R. leisten⟩ **2** das Zahlen in Raten ↔ Barzahlung ⟨etw. auf R. kaufen⟩

Rat·ge·ber *der; -s, -;* **1** j-d, der anderen Leuten gute Ratschläge gibt **2 *ein R.* (*für etw.*)** ein kleines Buch, in dem man Tipps u. Informationen über etw. findet: *ein R. für den Garten*

Rat·haus *das;* das Gebäude, in dem der Bürgermeister u. die Verwaltung e-s Ortes sind || K-: ***Rathaus-, -platz, -saal, -turm***

ra·ti·fi·zie·ren; *ratifizierte, hat ratifiziert;* [Vt] *mst* ***das Parlament ratifiziert etw.*** das Parlament bestätigt e-n (bereits unterzeichneten) internationalen Vertrag: *Der Friedensvertrag wurde von den Parlamenten beider Staaten ratifiziert* || *hierzu* **Ra·ti·fi·ka·ti·on** *die; -, -en;* **Ra·ti·fi·zie·rung** *die*

Ra·tio ['ra:tsio] *die; -; nur Sg, geschr* ≈ Vernunft

Ra·ti·on [ra'tsio:n] *die; -, -en;* **1** die Menge *bes* an Lebensmitteln, die jeder für e-e bestimmte Zeit bekommt (weil die Vorräte knapp sind) ⟨e-e R. Brot, Fleisch; die Rationen kürzen, erhöhen; Rationen zuteilen⟩ || -K: ***Brot-, Fett-, Fleisch-; Tages-*** **2 *die eiserne R.*** *gespr hum;* Lebensmittel, die man nur im äußersten Notfall essen will **3 *j-n auf halbe R. setzen*** *gespr hum;* j-m weniger zu essen geben (damit er Gewicht verliert) || ► ***rationieren***

ra·ti·o·nal [ratsio-] *Adj;* vom Verstand u. nicht von Gefühlen geleitet ↔ irrational, emotional ⟨r. denken, handeln; ein r. denkender Typ sein⟩: *e-e rationale Entscheidung fällen* || *hierzu* **Ra·ti·o·na·lis·mus** *der; -; nur Sg;* **Ra·ti·o·na·list** *der; -en, -en;* **Ra·ti·o·na·li·tät** *die; -; nur Sg*

ra·ti·o·na·li·sie·ren [ratsio-]; *rationalisierte, hat rationalisiert;* [Vt/i] **1 (*etw.*) *r.*** in e-m Betrieb weniger Leute u. *mst* mehr Maschinen für die Arbeit einsetzen (um Kosten zu sparen) ⟨e-n Betrieb, die Produktion, e-e Arbeit r.⟩ **2 (*etw.*) *r.*** etw. so ändern, dass es rationeller wird || *hierzu* **Ra·ti·o·na·li·sie·rung** *die*

ra·ti·o·nell [ratsio-] *Adj;* ⟨e-e Arbeitsweise, e-e Methode; r. arbeiten, wirtschaften; die Arbeitskraft, seine Energie r. einsetzen⟩ so, dass mit wenig Kraft u. Material ein gutes Ergebnis erreicht wird ≈ effektiv, effizient

ra·ti·o·nie·ren [ratsio-]; *rationierte, hat rationiert;* [Vt] ***etw. r.*** regeln, dass jeder nur e-e bestimmte, kleine Menge von etw. bekommt (weil nicht genug davon vorhanden ist) ⟨Lebensmittel r.; Brot, Butter, Fleisch *usw* r.; Benzin, Zigaretten r.⟩: *Wegen der großen Hitze musste das Wasser rationiert werden*

rat·los *Adj;* ⟨r. sein, dastehen; ein Blick, ein Achselzucken⟩ so, dass der Betroffene nicht weiß, was er tun soll || *hierzu* **Rat·lo·sig·keit** *die; nur Sg*

rat·sam *Adj; nur präd od adv;* gut u. richtig ≈ empfehlenswert ⟨etw. für r. halten⟩: *Bei Regen ist es r., e-n Schirm mitzunehmen; Ich halte es für r.,* dass *wir die Arbeit anders verteilen*

ratsch! *Interjektion;* verwendet, um das Geräusch auszudrücken, das man hört, wenn j-d Papier od. Stoff zerreißt

Rat·schlag *der* ≈ Rat[1] || NB: *Ratschläge* wird als Plural zu dem Wort *Rat*[1] verwendet, das nur im Singular steht: *j-m gute Ratschläge geben*

Rät·sel *das; -s, -;* **1** e-e Art komplizierte Frage, bei der man raten[2] od. lange nachdenken muss, um die Antwort zu finden ⟨ein leichtes, einfaches, schweres, schwieriges R.; ein R. lösen, raten; j-m ein R. aufgeben; die Lösung des Rätsels wissen⟩ || K-: ***Rätsel-, -frage*** **2** ein Spiel mit solchen Fragen, das man in verschiedenen Formen *bes* in Zeitschriften findet || K-: ***Rätsel-, -ecke, -heft, -zeitschrift*** || -K: ***Bilder-, Kreuzwort-, Silben-, Zahlen-; Preis-*** **3** etw., das man nicht erklären kann ≈ Geheimnis (2) ⟨j-m ein R. sein, bleiben⟩: *Es ist mir ein R.,* wo *sie so lange bleibt* **4 *vor e-m R. stehen*** sich etw. nicht erklären können **5 *etw. gibt j-m Rätsel / ein R. auf*** etw. ist für j-n ein Problem, ein R. (3) || ID ***in Rätseln sprechen / reden*** sich so unklar ausdrücken, dass niemand weiß, wovon man spricht; *mst* ***Das ist des Rätsels Lösung!*** verwendet, um sein Staunen auszudrücken, wenn man plötzlich die Lösung od. Erklärung für etw. findet

rät·sel·haft *Adj;* **1** ⟨auf rätselhafte Weise, unter rätselhaften Umständen⟩ so, dass man sie nicht erklären kann ≈ mysteriös, geheimnisvoll **2 *etw. ist j-m r.*** etw. ist so, dass es j-d nicht verstehen kann: *Es ist mir absolut r.,* wie *ich meine Uhr verlieren konnte* || *hierzu* **Rät·sel·haf·tig·keit** *die; nur Sg*

rät·seln; *rätselte, hat gerätselt;* [Vi] *mst* **(*darüber*) *r.*, *wie / wo / was*** *usw* (durch Nachdenken) versuchen, e-e Erklärung für etw. zu finden: *Wir haben lange gerätselt,* was *wohl diese Zeichen bedeuten*

Rat·te *die; -, -n;* **1** ein (Nage)Tier mit e-m dünnen Schwanz, das wie e-e große Maus aussieht || K-: ***Ratten-, -falle, -gift, -plage*** **2** *gespr pej;* verwendet als Schimpfwort || ID ***Die Ratten verlassen das sinkende Schiff*** verwendet, um zu kritisieren, dass viele Leute schnell aufgeben u. die anderen verlassen, wenn Gefahr droht

-rat·te *die; im Subst, wenig produktiv;* j-d, der etw. sehr liebt ≈ -narr; ***Ballettratte, Bücherratte, Leseratte, Wasserratte***

Rat·ten·fän·ger *der; -s, -; pej;* j-d, der andere Leute mit einfachen Tricks für seine Ideen begeistert

Rat·ten·schwanz *der;* **1** der lange Schwanz e-r Ratte **2 *ein R.* (*von etw.*)** *gespr;* viele unangenehme Dinge, die sich als Folge *z.B.* e-r Änderung ergeben

rat·tern; *ratterte, hat gerattert;* [Vi] ***etw. rattert*** etw. macht die Geräusche, die *z.B.* entstehen, wenn große Metallstücke schnell u. oft gegeneinander stoßen ⟨das Maschinengewehr, der Zug⟩

rau, *rauer-, rauest-; Adj;* **1** ⟨e-e Oberfläche⟩ relativ hart u. nicht glatt, sodass man e-n Widerstand spürt, wenn man mit dem Finger darüber streicht: *Rauer Stoff kratzt auf der Haut; die rauen Stellen e-s Bretts mit dem Hobel glätten* **2** *nicht adv*; ⟨ein Klima, ein Wetter, ein Winter⟩ kalt u. mit viel Wind ≈ streng ↔ mild **3** ⟨Sitten; ein Ton⟩ grob, ohne Taktgefühl **4** ⟨ein Klang, e-e Stimme⟩ kratzig od. unklar (*z.B.* wegen e-r Erkältung) ↔ klar **5** *mst* ***ein rauer Hals*** ein entzündeter Hals, der die Stimme rau (4) klingen lässt **6** *nicht adv*; ⟨die See⟩ mit hohen Wellen, stürmisch ↔ ruhig || *hierzu* **Rau·heit** *die*; *nur Sg*; **Rau·ig·keit** *die*; *nur Sg*

Raub *der*; *-es*; *nur Sg*; **1** das Wegnehmen e-s Gegenstandes von j-m (unter Androhung od. Anwendung von Gewalt) ⟨e-n (bewaffneten) R. begehen, verüben; wegen schweren Raubes vor Gericht stehen, angeklagt sein⟩ || K-: ***Raub-, -überfall*** || -K: ***Bank-, Kirchen-, Straßen-; Juwelen-*** **2** die Entführung e-s Menschen || -K: ***Kindes-, Mädchen-, Menschen-*** **3** die Dinge, die j-d / ein Tier geraubt hat ≈ Beute ⟨seinen R. in Sicherheit bringen⟩ || ID ***etw. wird ein R. der Flammen*** *geschr*; etw. wird bei e-m Brand zerstört ≈ etw. verbrennt

Raub-[1] *im Subst*, *wenig produktiv*; auf illegale Weise produziert od. getan ≈ Schwarz-; der ***Raubdruck*** ⟨e-s Buchs⟩, die ***Raubkopie*** ⟨e-s Computerprogramms⟩, die ***Raubpressung*** ⟨e-r Schallplatte⟩

Raub-[2] *im Subst*, *nicht produktiv*; verwendet, um Tiere zu bezeichnen, die andere Tiere fangen u. fressen; der ***Raubfisch***, die ***Raubkatze***, das ***Raubtier***, der ***Raubvogel***, das ***Raubwild***

Raubkatzen

Raub·bau *der*; *nur Sg*; **1** ***R.*** **(*an etw.*** (*Dat*)**)** die zu intensive Nutzung e-s Teils der Natur (*z.B.* e-s Ackers), durch die Schaden entsteht ⟨R. treiben⟩ **2** ***mit etw. R. treiben*** etw. so belasten, dass man es schädigt ≈ etw. ruinieren ⟨*mst* mit seiner Gesundheit R. treiben⟩

Rau·bein *das*; *gespr*; ein etwas grober, sonst aber sympathischer Mensch || *hierzu* **rau·bei·nig** *Adj*

rau·ben; *raubte, hat geraubt*; [Vt/i] **1** **((*j-m*) *etw.*) *r.*** j-m etw. mit Gewalt od. Drohungen wegnehmen: *Die Täter schlugen ihn nieder u. raubten ihm das ganze Geld*; [Vi] **2** ***ein Tier raubt ein Tier*** ein Tier fängt (u. frisst) ein anderes Tier ⟨der Wolf raubt Schafe, der Fuchs raubt Hühner⟩ **3** ***etw. raubt j-m etw.*** etw. bewirkt, dass j-d etw. nicht hat od. nicht bekommt ⟨etw. raubt j-m den Schlaf, die Ruhe⟩ **4** **(*j-m*) *j-n r.*** *veraltend* ≈ entführen ⟨*mst* ein Kind r.⟩ || ▸ ***ausrauben, berauben***

Räu·ber *der*; *-s*, *-*; **1** j-d, der raubt (1) od. geraubt hat ⟨von Räubern überfallen werden; Räubern in die Hände fallen⟩ || K-: ***Räuber-, -bande, -hauptmann*** || -K: ***Bank-, See-, Straßen-*** **2** *gespr pej*; j-d, der zu viel Geld für seine Waren od. Dienste nimmt **3** ein Tier, das andere (*mst* kleinere) Tiere frisst || -K: ***Nest-*** || *hierzu* **räu·be·risch** *Adj*

Räu·ber·höh·le *die*; *mst in* ***Da sieht es ja aus wie in e-r R.!*** *gespr*; hier ist es sehr unordentlich

Raub·mord *der*; ein Verbrechen, bei dem j-d e-m anderen etw. raubt u. ihn ermordet || *hierzu* **Raub·mör·der** *der*

Raub·rit·ter *der*; *hist*; ein Ritter, der davon lebte, Reisende zu überfallen, um ihnen alles Wertvolle zu rauben || *hierzu* **Raub·rit·ter·tum** *das*

Raub·tier *das*; jedes (Säuge)Tier mit starken Zähnen, das andere Tiere jagt u. frisst: *Tiger u. Wölfe sind Raubtiere* || K-: ***Raubtier-, -gehege, -käfig***

Rauch *der*; *-(e)s*; *nur Sg*; **1** die Wolken, die entstehen u. in die Luft steigen, wenn etw. verbrennt ≈ Qualm ⟨dichter, dicker, schwarzer, beißender R.; der R. e-s Feuers; aus dem Kamin kommt R., steigt R. auf⟩ || K-: ***Rauch-, -entwicklung, -säule, -schwaden, -wolke*** **2** der R. (1) e-r Zigarette *o.Ä.* ⟨den R. inhalieren⟩ || -K: ***Pfeifen-, Tabak-, Zigaretten-, Zigarren-*** || ID ***etw. geht in R.*** **(*und Flammen*)** ***auf*** etw. wird bei e-m Brand zerstört ≈ etw. verbrennt; ***sich in R. auflösen / in R. aufgehen*** plötzlich nicht mehr da sein; ***kein R. ohne Flamme*** verwendet, um auszudrücken, dass an e-m Gerücht *o.Ä.* wahrscheinlich etw. Wahres ist || *zu* **1 rauch·far·ben** *Adj*

rau·chen; *rauchte, hat geraucht*; Vt/i **1** (***etw.***) ***r.*** an e-r brennenden Zigarette, Pfeife *o.Ä.* saugen u. den (Tabak)Rauch einatmen ⟨e-e Zigarette, Pfeife, e-e Zigarre, e-n Joint r.⟩: *Darf man hier r.?* || K-: ***Rauch-, -verbot*** **2** (***etw.***) ***r.*** die Gewohnheit haben zu r. (1) ⟨viel, wenig r.; sich das Rauchen abgewöhnen; das Rauchen aufgeben; zu r. aufhören⟩; Vi **3** ***etw. raucht*** etw. produziert Rauch u. lässt ihn nach außen kommen ⟨der Kamin, der Ofen⟩ **4** ***passiv r.*** den Rauch von Zigaretten anderer Leute einatmen, obwohl man selbst nicht raucht ≈ mitrauchen **5** ***r. wie ein Schlot*** *gespr*; sehr viel r. (2); Vimp **6** ***es raucht*** (***irgendwo***) es entsteht Rauch: *Da drüben raucht es, wir sollten die Feuerwehr holen*

Rau·cher *der*; *-s, -*; **1** j-d, der die Gewohnheit hat zu rauchen (1) ⟨ein starker R. sein⟩ ↔ Nichtraucher (1) || -K: ***Pfeifen-, Zigaretten-, Zigarren-*** **2** *gespr* ≈ ein Abteil in e-m Zug, ein Teil e-s Flugzeugs *o.Ä.*, in dem man rauchen darf ↔ Nichtraucher (2) || *zu* **1 Rau·che·rin** *die*; *-, -nen*

Räu·cher- *im Subst, begrenzt produktiv* ≈ geräuchert; der ***Räucheraal***, der ***Räucherfisch***, der ***Räucherlachs***, der ***Räucherspeck***

Rau·cher·bein *das*; e-e Krankheit, bei der die Adern in den Beinen eng werden u. das Blut nicht mehr gut fließen kann (*bes* weil j-d zu viel raucht)

Rau·cher·hus·ten *der*; ein Husten, den j-d hat, weil er zu viel raucht

räu·chern; *räucherte, hat geräuchert*; Vt **1** ***etw. r.*** etw. haltbar machen, indem man es im Rauch hängen lässt ⟨Fisch, Fleisch, Speck, Schinken r.⟩; Vi **2** (***mit etw.***) ***r.*** Dinge verbrennen, die gut riechen ⟨mit Weihrauch r.⟩ || K-: ***Räucher-, -stäbchen*** || *zu* **1 Räu·che·rung** *die*; *nur Sg*

Rauch·fah·ne *die*; e-e große Menge Rauch, die wie e-e Fahne in der Luft schwebt

Rauch·fang *der*; *-s, Rauch·fän·ge*; **1** *bes hist*; e-e Art Dach über dem Herd, das den Rauch auffängt, bevor er in den Kamin zieht **2** *bes* Ⓐ ≈ Kamin, Schornstein || K-: ***Rauchfang-, -kehrer***

rau·chig *Adj*; **1** ⟨ein Lokal, e-e Bar, e-e Kneipe⟩ voll vom Rauch der Zigaretten **2** ⟨Glas⟩ grau od. schwarz wie Rauch (1) ≈ rauchfarben || K-: ***Rauch-, -glas*** **3** ⟨ein Whisky, ein Tee⟩ so, dass sie nach Rauch (1) schmecken **4** ⟨e-e Stimme⟩ tief u. rau

Rauch·wa·ren *die*; *Pl, Kollekt*; **1** die Dinge, die man zum Rauchen (1) braucht **2** Pelze, Pelzwaren

Räu·de *die*; *-*; *nur Sg*; e-e Krankheit von (Haus)Tieren, bei der die Haare ausfallen

räu·dig *Adj*; *nicht adv*; ⟨ein Hund, e-e Katze, ein Fuchs⟩ an der Räude leidend

rauf *Adv*; *südd gespr*; ↑ ***herauf, hinauf***

rauf- *im Verb, sehr produktiv, gespr*; ↑ ***herauf-, hinauf-***

Rau·fa·ser|ta·pe·te *die*; e-e Tapete mit rauer Oberfläche, auf die man noch Farbe streicht

Rauf·bold *der*; *-(e)s, -e*; ein Mann od. Junge, der oft e-n Streit (e-e Rauferei) provoziert

rau·fen; *raufte, hat gerauft*; Vi **1** ***j-d rauft*** (***mit j-m***); ⟨Personen⟩ ***raufen*** zwei od. mehrere Personen kämpfen ohne Waffen u. *mst* zum Spaß; Vr **2** ***j-d rauft sich mit j-m*** (***um etw.***); ⟨Personen⟩ ***raufen sich*** (***um etw.***) ≈ r. (1): *Die Kinder rauften sich um den Ball* **3** ***sich*** (*Dat*) ***die Haare r.*** verzweifelt od. verärgert sein

Rau·fe·rei *die*; *-, -en* ≈ Schlägerei, Prügelei

rauf·lus·tig *Adj*; ⟨ein Kerl⟩ so, dass er gern rauft || *hierzu* **Rauf·lust** *die*; *nur Sg*

rauh, Rauh·bein *usw* ↑ ***rau, Raubein*** *usw*

Raum *der*; *-(e)s, Räu·me*; **1** der Teil e-s Gebäudes, der e-n Fußboden, Wände u. e-e Decke hat ≈ Zimmer: *e-e Wohnung mit vier Räumen*: *Küche, Bad, Wohnzimmer u. Schlafzimmer* || K-: ***Raum-, -aufteilung, -gestaltung, -klima, -temperatur*** || -K: ***Aufenthalts-, Ausstellungs-, Büro-, Empfangs-, Keller-, Kühl-, Lager-, Schlaf-, Umkleide-, Wasch-, Wohn-***; ***Neben-*** || NB: ↑ ***Zimmer*** **2** ein Bereich mit drei Dimensionen (mit Länge, Breite u. Höhe / Tiefe): *Das Weltall ist ein luftleerer R.*; *R. u. Zeit sind die Dimensionen, in denen wir uns bewegen* || K-: ***Raum-, -maß, -vorstellung*** || -K: ***Hohl-, Innen-, Luft-, Zwischen-*** **3** *nur Sg*; der R. (2) od. die Fläche, die man zu e-m bestimmten Zweck benutzen kann ≈ Platz (3) ⟨ein enger, freier, offener R.; viel / wenig R. beanspruchen, einnehmen; R. schaffen; auf engem / engstem R. zusammenleben; den R. nutzen⟩: *Im Auto ist / Das Auto hat nicht genug R. für so viele Koffer* || K-: ***Raum-, -ersparnis, -mangel, -not*** **4** *mst Sg*; ein Teil der Erdoberfläche, *bes* e-s Landes ≈ Gebiet, Gegend: *Ein Unwetter richtete im R.* (*um*) *Regensburg großen Schaden an*; *Er sucht e-e neue Stelle im süddeutschen R. / im R. Süddeutschland* || -K: ***Sprach-, Wirtschafts-*** **5** *nur Sg*; der R. (2) außerhalb der Atmosphäre (der Erde) ≈ Weltraum, (Welt)All, Kosmos || K-: ***Raum-, -fahrer, -flug, -forschung, -kapsel, -station*** || -K: ***Welt-*** **6** *nur Sg*; die Möglichkeit, sich frei zu entfalten *o.Ä.*: *Man soll neuen Ideen R. geben*; *Als Politiker hat man nicht viel R. für private Interessen* || ID ***etw. steht im R.*** etw. ist als Problem vorhanden u. muss gelöst werden

Raum spa·rend *Adj* ≈ Platz sparend

Raum·an·zug *der*; die spezielle Kleidung für e-n Astronauten

Raum·aus·stat·ter *der*; *-s, -*; j-d, der beruflich Wände tapeziert, Teppiche legt od. das Material dafür verkauft

räu·men; *räumte, hat geräumt*; Vt **1** ***etw. irgendwohin r.*** etw. (von irgendwo wegnehmen u.) an e-n bestimmten Platz bringen: *das Geschirr vom Tisch r.*; *die Wäsche aus dem / in den Schrank r.* **2** ***etw. r.*** von e-m Raum od. Ort weggehen: *Die Polizei forderte die Demonstranten auf, die Straße zu r.* **3** ***etw. r.*** seine Sachen aus e-r Wohnung *o.Ä.* wegnehmen u. diese verlassen ⟨e-e Wohnung, ein Haus r.⟩ **4** ***etw. r.*** e-e Straße *o.Ä.* wieder frei machen (*z.B.* nach e-m Unfall): *Die Polizei räumte die Unglücksstelle* **5** ***etw. r.*** etw. wegtun, weil es ein Hindernis *o.Ä.* ist ⟨Schnee r.⟩ || *zu* **2-5 Räu·mung** *die*

Raum·fahrt *die*; *nur Sg*; die Erforschung des Weltraums mit Raketen u. Sonden ⟨die bemannte, unbemannte R.⟩ || K-: ***Raumfahrt-, -behörde, -medizin, -programm***

Raum·in·halt *der*; der Platz, den ein Raum od. Körper hat od. braucht ≈ Volumen

Raum·kli·ma *das*; der Zustand der Luft in e-m Raum (1) (die Temperatur, die Feuchtigkeit u. der Gehalt an ungesunden Substanzen): *Pflanzen zur Verbesserung des Raumklimas*

räum·lich *Adj*; **1** *nur attr od adv*; in Bezug auf den Raum (1) ⟨die Aufteilung, Gestaltung e-s Hauses⟩ **2** *nur attr od adv*; in Bezug auf den Raum (2) ⟨die Lage e-s Körpers, etw. r. u. zeitlich einordnen⟩ **3** *nur attr od adv*; in Bezug auf den Raum (3), Platz ⟨die Enge, die Nähe⟩ **4** ≈ dreidimensional ⟨e-e Darstellung⟩ **5** so, wie in e-m Raum (2) (wirkend) ⟨das Hören, das Sehen⟩: *der räumliche Klang e-r Stereoanlage*

Räum·lich·keit *die*; *-, -en*; **1** *mst Pl*; die Räume in

R

e-m Gebäude: *Wir haben endlich passende Räumlichkeiten für unsere Tagung gefunden* **2** *nur Sg* ≈ Dreidimensionalität ⟨die R. e-r Perspektive, e-r Zeichnung⟩

Raum·pfle·ge·rin *die*; *geschr*; e-e Frau, die beruflich Räume putzt

Raum·schiff *das*; ein Fahrzeug, mit dem man durch den Weltraum fliegen kann

Raum·son·de *die*; ein unbemanntes Raumschiff für wissenschaftliche Forschungen im Weltraum

Räu·mungs·ar·bei·ten *die*; *Pl*; Arbeiten, mit denen man *bes* Schutt od. Schnee von Plätzen u. Straßen entfernt

Räu·mungs·kla·ge *die*; e-e Klage vor Gericht, mit der ein Vermieter erreichen will, dass j-d aus e-r Wohnung od. aus e-m Haus ziehen muss

Räu·mungs·ver·kauf *der*; das Verkaufen aller Waren, wenn j-d sein Geschäft aufgibt

Rau·näch·te *die*; *Pl*; die zwölf Nächte zwischen dem 24. Dezember u. dem 6. Januar

Rau·nen *das*; *-s*; *nur Sg*, *geschr*; das gleichzeitige, leise Sprechen (vieler Leute): *Als sie erschien, ging ein R. durch den Saal* || *hierzu* **rau·nen** *(hat) Vt*

Rau·pe[1] *die*; *-, -n*; die Larve e-s Schmetterlings, die e-n länglichen Körper u. viele Füße hat ⟨e-e R. verpuppt sich⟩ || K-: ***Raupen-, -befall, -fraß***

Rau·pe[2] *die*; *-, -n*; **1** ≈ Kette (3) ⟨etw. bewegt sich auf Raupen⟩ || K-: ***Raupen-, -fahrzeug, -schlepper*** **2** ein Fahrzeug mit Raupen[2] (1) || -K: ***Planier-***

Rau·reif *der*; *nur Sg* ≈ Reif[1]

raus *Adv*; *gespr*; ↑ ***heraus, hinaus***

raus- *im Verb, sehr produktiv, gespr*; ↑ ***heraus-, hinaus-***

Rausch *der*; *-es, Räu·sche*; **1** der Zustand, in den man kommt, wenn man zu viel Alkohol trinkt ⟨sich e-n R. antrinken, e-n R. bekommen, haben⟩ **2** ***ein R.*** *(+ Gen) nur Sg*; ein Zustand, in dem ein Gefühl so stark ist, dass man nicht mehr denken u. bewusst handeln kann ⟨in e-n R. geraten⟩: *von e-m R. der Leidenschaft erfasst werden* || -K: ***Freuden-, Sieges-*** || *hierzu* **rausch·haft** *Adj* || ► ***berauscht***

rau·schen; *rauschte, hat / ist gerauscht*; Vi **1** ***etw. rauscht*** *(hat)* etw. macht ein gleichmäßiges Geräusch, wie man es *z.B.* bei e-m schnell fließenden Fluss hört ⟨der Bach, das Meer, die Wellen, der Wind⟩ **2** ***etw. rauscht irgendwohin*** *(ist)* etw. bewegt sich (schnell) u. rauscht (1) dabei: *Der Bach rauscht zu Tal* **3** ***irgendwohin r.*** *(ist) gespr*; nach e-m Streit *o.Ä.* schnell irgendwohin gehen od. fahren: *Er rauschte wütend aus dem Zimmer*

rau·schend **1** *Partizip Präsens*; ↑ ***rauschen*** **2** *Adj*; sehr laut u. intensiv ≈ stark ⟨Beifall⟩ **3** *Adj*; ⟨ein Fest⟩ mit viel Luxus u. Prunk

Rausch·gift *das*; e-e Substanz, die man nimmt, um angenehme Gefühle zu haben, u. die süchtig macht ≈ Droge ⟨R. nehmen; von R. abhängig sein⟩: *Morphium u. Heroin sind Rauschgifte* || K-: ***Rauschgift-, -handel, -händler, -sucht, -süchtige(r)***; ***rauschgift-, -süchtig***

Rausch·mit·tel *das* ≈ Rauschgift || K-: ***Rauschmittel-, -missbrauch, -sucht***

räus·pern, sich; *räusperte sich, hat sich geräuspert*; Vr ***sich r.*** durch e-e Art kurzes Husten die Kehle reinigen, um e-e klare Stimme zu haben

raus·schmei·ßen *(hat)* Vt *gespr*; **1** ***etw. r.*** etw. wegwerfen **2** ***j-n r.*** j-n aus e-m Raum entfernen (lassen) **3** ***j-n r.*** ≈ feuern (1) || *hierzu* **Raus·schmiss** *der*

Rau·te *die*; *-, -n*; ein Viereck mit jeweils zwei gleich langen parallelen Seiten, das keinen rechten Winkel hat; *Geometrie* Rhombus || ↑ Abb. von *Rhombus* unter ***geometrische Figuren*** || K-: ***Rauten-, -form, -muster***

Ra·ver ['reɪvɐ] *der*; *-s, -*; *gespr*; (*bes* von Jugendlichen verwendet) j-d, der gern auf Partys zu Technomusik tanzt

Ra·vi·o·li [-v-] *die*; *Pl*; kleine Taschen aus Nudelteig, die mit Fleisch od. Gemüse gefüllt sind

Raz·zia ['ratsia] *die*; *-, Raz·zien* [-iən]; e-e überraschende Aktion der Polizei, bei der die Leute in e-m Lokal, Haus *o.Ä.* kontrolliert (1) werden ⟨e-e R. durchführen, veranstalten; j-n bei e-r R. festnehmen⟩

re- *im Verb, unbetont u. nicht trennbar, begrenzt produktiv*; Die Verben mit *re-* werden nach folgendem Muster gebildet: *rekultivieren - rekultivierte - rekultiviert*

1 *re-* drückt aus, dass etw. wieder so gemacht wird, wie es früher war;

etw. reprivatisieren: *Die Regierung hat die Banken reprivatisiert* ≈ Die Regierung hat die Banken, die früher in privatem Besitz waren, wieder in private Hände gegeben

ebenso: ***etw. reaktivieren, etw. remilitarisieren***

2 *re-* drückt aus, dass etw. neu od. anders gemacht wird;

etw. reorganisieren: *Nach dem Krieg wurde die Wirtschaft reorganisiert* ≈ Nach dem Krieg wurde die Wirtschaft neu u. besser organisiert

Re·a·genz·glas *das*; ein sehr schmales, hohes Glas, in dem ein Chemiker Stoffe mischt, heiß macht *usw*

re·a·gie·ren; *reagierte, hat reagiert*; Vi **1** ***(auf j-n / etw. irgendwie) r.*** in e-r bestimmten Weise handeln (als Antwort auf e-e Handlung, Bemerkung *o.Ä.*): *auf e-e Frage unfreundlich r.*; *Sie hat blitzschnell reagiert u. so e-n Unfall vermieden*; *Wie hat sie auf die Einladung reagiert?* **2** ***etw. reagiert (mit etw.)*** etw. verändert sich (chemisch), wenn e-e Mischung entsteht od. etw. in Kontakt mit e-r anderen Substanz kommt ⟨etw. reagiert basisch, sauer, heftig, träge⟩: *Wenn e-e Säure mit e-r Lauge reagiert, entsteht ein Salz*

Re·ak·ti·on [-'tsio:n] *die*; *-, -en*; **1** ***e-e R.*** ***(auf j-n / etw.)*** die Handlung, mit der j-d auf etw. reagiert (1) ⟨e-e heftige, spontane, unerwartete R.; e-e R. auslösen, bewirken, hervorrufen, provozieren; keine R. zeigen⟩: *Wie war ihre R., als sie von dem Unfall hörte?* || K-: ***Reaktions-, -geschwindigkeit***; ***reaktions-, -schnell*** || -K: ***Gegen-*** **2** e-e Veränderung im Körper von Menschen, Tieren aufgrund äußerer Einflüsse ⟨e-e allergische R.⟩ **3** ***e-e R.*** ***(mit etw.)*** der (chemische) Prozess, der abläuft, wenn sich Substanzen verändern ⟨e-e chemische, heftige, thermische, saure R.; e-e R. läuft ab⟩: *Bei der R. von Eisen mit / u. Sauerstoff entsteht Rost* || K-: ***Reaktions-, -geschwindigkeit*** **3** *nur Sg*, *Kollekt*; die Menschen u. Organisationen, die reaktionär sind

re·ak·ti·o·när [-tsio'nɛ:ɐ] *Adj*; *pej*; gegen soziale u. politische Veränderungen ↔ progressiv ⟨e-e Einstellung, ein Politiker; r. denken⟩

re·ak·ti·ons·fä·hig [-'tsio:ns-] *Adj*; *nicht adv*; **1** fähig, schnell auf etw. zu reagieren (1) ⟨ein Mensch⟩ **2** fähig, mit etw. zu reagieren (2) ⟨e-e chemische Substanz⟩: *Wasserstoff ist sehr r.* || *hierzu* **Re·ak·ti·ons·fä·hig·keit** *die*; *nur Sg*

Re·ak·ti·ons·ver·mö·gen [-'tsio:ns-] *das*; die Fähigkeit, (*bes* auf Gefahren) schnell zu reagieren (1) ≈ Reaktionsfähigkeit ⟨ein gutes R. haben⟩

Re·ak·tor *der*; *-s, Re·ak·to·ren*; e-e große technische Einrichtung, mit deren Hilfe aus radioaktivem Material (Kern)Energie hergestellt wird || K-: ***Reaktor-, -sicherheit, -unfall*** || -K: ***Atom-, Kern-***

re·al [re'a:l] *Adj*; **1** *geschr*; ⟨e-e Chance, die Gegebenheiten; die Welt⟩ so, wie sie in Wirklichkeit sind ≈ wirklich, tatsächlich ↔ imaginär **2** ***der r. existierende Sozialismus*** *mst iron*; der Sozialismus, wie er in kommunistischen Ländern in Wirklichkeit ist od. war **3** ≈ realistisch (1) ⟨e-e Einschätzung, e-e Beurteilung; r. denken, etw. r. einschätzen⟩ **4** *Ökon*; in Bezug auf den tatsächlichen Wert des Geldes ↔ nominell ⟨das Einkommen, der Zinsertrag⟩ || K-: ***Real-, -einkommen, -lohn, -wert***

re·a·li·sie·ren; *realisierte, hat realisiert*; [Vt] **1** ***etw. r.*** *geschr*; etw. tun, das man (schon lange) geplant hat ≈ verwirklichen ⟨e-n Plan, ein Projekt, ein Vorhaben r.⟩ **2** ***etw. r.*** etw. bewusst erkennen ≈ sich etw. bewusst machen ⟨e-e Gefahr, ein Problem⟩: *Er hat noch nicht realisiert*, dass *er in Gefahr ist* / wie *gefährlich das ist* || *zu* **1 Re·a·li·sa·ti·on** *die*; *nur Sg*; **re·a·li·sier·bar** *Adj*; **Re·a·li·sie·rung** *die*; *nur Sg*

Re·a·lis·mus *der*; -; *nur Sg*; **1** e-e Einstellung, bei der man das Leben u. die Probleme nüchtern beurteilt, ohne sich dabei von Gefühlen u. falschen Vorstellungen beeinflussen zu lassen ↔ Optimismus, Pessimismus **2** ein Stil der Kunst u. Literatur (*bes* im 19. Jahrhundert), in dem die Welt relativ realistisch (2) gezeigt wird || NB: ↑ ***Romantik, Naturalismus*** || *hierzu* **Re·a·list** *der*; *-en, -en*; **Re·a·lis·tin** *die*; *-, -nen*

re·a·lis·tisch *Adj*; **1** ⟨e-e Beurteilung, e-e Einschätzung⟩ so, dass sie an der Wirklichkeit orientiert sind ≈ sachlich, nüchtern ↔ unrealistisch: *Wann kann man r. mit der Beendigung des Projekts rechnen?* **2** ⟨e-e Darstellung, ein Film⟩ so, dass sie die Welt zeigen, wie sie wirklich ist ≈ lebensecht, wirklichkeitsnah ↔ realitätsfern || *zu* **2 Re·a·lis·tik** *die*; -; *nur Sg*

Re·a·li·tät *die*; *-, -en*; **1** *nur Sg*; das, was es wirklich auf der Welt gibt ≈ Wirklichkeit ↔ Illusion: *In der R. sieht manches anders aus, als man es sich vorgestellt hat* || K-: ***Realitäts-, -sinn*** **2** *nur Sg*; ***die R.*** + *Gen* die tatsächliche Existenz, das Bestehen von etw. ⟨die R. e-r Sache anzweifeln, bestreiten, beweisen⟩ **3** *geschr* ≈ Tatsache: *die Realitäten des Lebens akzeptieren* || *zu* **1 re·a·li·täts·be·zo·gen** *Adj*; **re·a·li·täts·fern** *Adj*

Re·a·lo *der*; *-s, -s*; *gespr*; ein gemäßigtes Mitglied der Partei der Grünen ↔ Fundi || K-: ***Realo-, -flügel***

Re·al·schu·le *die*; e-e Schule, die die Schüler *bes* auf wirtschaftliche u. technische Berufe vorbereitet. Wer die R. (nach der 10. Klasse) mit Erfolg beendet hat, macht e-e Lehre od. kann auf die Fachoberschule gehen ≈ Mittelschule ↔ Hauptschule, Gymnasium ⟨auf die R. gehen⟩ || K-: ***Realschul-, -abschluss, -lehrer*** || *hierzu* **Re·al·schü·ler** *der*

Re·ani·ma·ti·on [-'tsi̯oːn] *die*; *-, -en*; *Med* ≈ Wiederbelebung

Re·be *die*; *-, -n*; der Zweig, an dem die (Wein)Trauben wachsen || K-: ***Reb-, -laus, -stock*** || -K: ***Wein-***

Re·bell *der*; *-en, -en*; j-d, der versucht, e-n bestehenden Zustand mit Gewalt zu ändern || NB: *der Rebell; den, dem, des Rebellen*

re·bel·lie·ren; *rebellierte, hat rebelliert*; [Vi] **(*gegen j-n / etw.*) *r.*** versuchen, bestehende Zustände mit Gewalt zu ändern ⟨gegen die Regierung, e-n Vorgesetzten, e-n Befehl, e-n Zustand r.⟩

Re·bel·li·on [-'li̯oːn] *die*; *-, -en*; ***e-e R.*** **(*gegen j-n / etw.*)** das Rebellieren ≈ Aufstand, Revolte ⟨e-e R. (blutig) niederschlagen⟩: *e-e R. der Gefangenen gegen die schlechte Behandlung* || NB: ↑ ***Revolution***

re·bel·lisch *Adj*; **1** mit dem Wunsch zu rebellieren ≈ aufrührerisch ⟨die Bauern, die Soldaten, das Volk⟩ **2** *gespr*; unruhig u. ungeduldig od. nervös

Re·ben·saft *der*; *gespr hum* ≈ Wein (1)

Reb·huhn *das*; ein brauner Vogel (etwas größer als e-e Taube), der auf Feldern u. Wiesen lebt

Re·chaud [re'ʃoː] *der / das*; *-s, -s*; **1** ein Gerät, mit dem man Speisen warm hält, während sie auf dem Tisch stehen **2** *südd* Ⓐ Ⓒⓗ ≈ (Gas)Kocher

re·chen; *rechte, hat gerecht*; *bes südd* Ⓐ Ⓒⓗ [Vt/i] **1** **(*etw.*) *r.*** etw. mit dem Rechen glatt u. sauber machen ≈ harken ⟨ein Beet, e-n Weg r.⟩ **2** **(*etw.*) *r.*** etw. mit dem Rechen entfernen ≈ harken ⟨Gras, Laub r.⟩

Re·chen *der*; *-s, -*; *bes südd* Ⓐ Ⓒⓗ e-e Stange, die unten viele Stäbe hat, mit der man den Boden glatt macht od. Laub u. Gras sammelt ≈ Harke: *ein Beet mit dem R. ebnen*; *mit dem R. das gemähte Gras zusammensammeln* || -K: ***Holz-, Metall-; Gras-, Heu-, Laub-***

Re·chen- *im Subst, begrenzt produktiv*; in Bezug auf das Rechnen; die ***Rechenart***, die ***Rechenaufgabe***, das ***Rechenbuch***, der ***Rechenfehler***, das ***Rechenheft***, der ***Rechenlehrer***, die ***Rechenmaschine***, die ***Rechenstunde***, die ***Rechentechnik***, der ***Rechenunterricht***, das ***Rechenzeichen***

Re·chen·schaft *die*; -; *nur Sg*; **1** ***R.*** **(*über etw.*** (*Akk*)**)** ein Bericht *o.Ä.* darüber, warum man etw. getan hat od. wie man seine Pflicht erfüllt hat ⟨j-m R. ablegen, geben; von j-m R. fordern, verlangen; j-m (keine) R. schuldig sein⟩: *Einmal im Jahr legt der Vorstand des Vereins R.* darüber *ab*, wofür *er das Geld ausgegeben hat* || K-: ***Rechenschafts-, -bericht, -pflicht*** **2** ***j-n*** **(*für etw.*)** ***zur R. ziehen*** j-n dazu zwingen, R. (1) zu geben u. die Folgen dafür zu tragen, wenn er seine Pflicht nicht erfüllt hat

Re·chen·schie·ber *der*; *-s, -*; ein Stab mit mehreren Skalen, mit dem man komplizierte Rechnungen lösen kann: *e-n Logarithmus mit dem R. berechnen*

Re·chen·zent·rum *das*; der Teil e-r großen Firma od. e-r Institution, in dem die großen Computer stehen

Re·cher·che [re'ʃɛrʃə] *die*; *-, -n*; *mst Pl*; die intensive Suche nach Informationen *bes* für e-n (Zeitungs)Bericht ≈ Nachforschung, Ermittlung ⟨e-e R. machen⟩ || *hierzu* **re·cher·chie·ren** (*hat*) *Vt / i*

rech·nen; *rechnete, hat gerechnet*; [Vi] **1** Zahlen u. Mengen (durch Addieren, Subtrahieren, Multiplizieren u. Dividieren) so miteinander in Verbindung bringen, dass neue Zahlen od. Mengen entstehen ⟨im Kopf, schriftlich r.; mit großen / kleinen Zahlen, Brüchen, Logarithmen, Prozenten r.⟩ || NB: ↑ ***Rechen-*** **2** ***mit j-m / etw. r.*** es für möglich od. wahrscheinlich halten, dass j-d kommen od. etw. geschehen wird: *Ich rechne* damit, dass *der Plan Erfolg hat*; *Was, du bist schon da! Mit dir hatte ich noch gar nicht gerechnet* **3** ***auf j-n / etw. r.***; ***mit j-m / etw. r.*** hoffen u. erwarten, dass j-d mitmacht od. dass etw. gemacht wird ≈ sich auf j-n / etw. verlassen: *Können wir bei der Abstimmung mit dir r.?*; *Ich rechne fest mit deiner Hilfe* **4** **(*mit etw.*) *r.*** mit dem Geld sparsam umgehen; [Vt] **5** ***j-n / etw.*** **(*zu etw.*) *r.*** j-n / etw. bei e-r Überlegung auch berücksichtigen: *Ich zahle fast 800 Euro Miete, Heizkosten nicht gerechnet*; *Wenn man die Kinder dazu rechnet, sind wir 9 Personen* **6** ***j-n zu etw. r.*** j-n als etw. betrachten ≈ j-n zu etw. zählen: *Ich rechne ihn zu meinen Freunden* (= er gehört zu meinen Freunden) **7** ***etw. r.*** e-e Menge od. e-e Zahl schätzen ≈ veranschlagen: *Für das Fest hat er pro Person eine Flasche Wein gerechnet* **8** ***etw. mit / zu etw. r.*** e-e bestimmte Zahl als Grundlage für e-e Rechnung / Kalkulation nehmen ≈ etw. mit etw. ansetzen: *Wenn man die Kosten pro Kilometer mit / zu zwanzig Cent rechnet, dann kostet die Fahrt dreißig Euro*

Rech·ner *der*; *-s, -*; **1** ***ein*** + *Adj* + ***R.*** j-d, der in der genannten Weise rechnet (1) ⟨ein guter, schneller, schlechter R.⟩ **2** ≈ Computer || ↑ *Abb. unter* ***Computer*** || -K: ***Elektronen-, Grafik-, Groß-***

rech·ne·risch *Adj*; *nur attr od adv*; **1** durch Rechnen

R

(1) (entstanden) ⟨e-e Größe, ein Mittelwert; etw. r. lösen, ermitteln⟩ **2** in Bezug auf das Rechnen (1) ⟨e-e Begabung; die Richtigkeit⟩

Rẹch·nung[1] *die*; -, *-en*; **1** die Handlung, mit Zahlen u. Mengen zu rechnen (1) ⟨e-e einfache, leichte R.; e-e R. mit Brüchen, mit mehreren Unbekannten; e-e R. stimmt, geht auf, ist falsch⟩ || -K: ***Bruch-, Dezimal-, Differential-, Infinitesimal-, Integral-, Prozent-*** **2** *nur Sg* ≈ Schätzung: *Nach meiner R. werden wir in etwa zehn Minuten ankommen* **3 etw.** (*Dat*) ***R. tragen*** *geschr* ≈ etw. berücksichtigen ↔ etw. außer Acht lassen || ID ***j-s R. geht nicht auf*** j-d hat bei etw. keinen Erfolg, weil etw. anders ist, als er es erwartet hat

Rẹch·nung[2] *die*; -, *-en*; **1 *e-e R.* (*für etw.*) (*über etw.*** (*Akk*)) e-e Liste, auf der steht, wie viel Geld man für Waren od. Leistungen bezahlen muss ⟨j-m e-e R. (aus)stellen, schreiben; etw. auf die R. setzen; e-e R. prüfen⟩: *e-e R. für e-n Kühlschrank über 550 Euro*; *Herr Ober, die R. bitte!* || K-: ***Rechnungs-, -nummer*** || -K: ***Arzt-, Gas-, Getränke-, Hotel-, Maler-, Schneider-, Strom-*** **2** der Betrag auf e-r R.[2] (1) ⟨e-e R. bezahlen, überweisen⟩ || K-: ***Rechnungs-, -betrag*** **3 *auf R.*** so, dass man zuerst die Ware od. Leistung zusammen mit e-r R.[2] (1) bekommt u. später zahlt ↔ gegen Barzahlung ⟨etw. auf R. kaufen, bestellen, liefern⟩ **4 (*j-m*) *etw. in R. stellen*** e-e Ware od. Leistung auf e-e R.[2] (1) schreiben ≈ j-m etw. berechnen || ID *mst* ***Das geht auf meine / seine*** *usw* ***R.*** das bezahle ich / bezahlt er *usw*; ***die R. für etw. bezahlen müssen / präsentiert bekommen*** die negativen Folgen seines Verhaltens ertragen müssen; ***e-e (alte) R. (mit j-m) begleichen*** j-n wegen e-s Vorfalls zur Rechenschaft ziehen ≈ mit j-m abrechnen; *mst* ***Da hast du aber die R. ohne den Wirt gemacht!*** da hast du dich getäuscht (weil du j-n od. e-n Umstand nicht in deinen Überlegungen berücksichtigt hast)

Rẹch·nungs·hof *der*; e-e Behörde, die prüft, ob die Verwaltung e-s Landes finanziell korrekt arbeitet || -K: ***Bundes-***

Rẹch·nungs·jahr *das*; *Ökon*; ein Zeitraum von zwölf Monaten, für den ein Betrieb e-e Bilanz macht || NB: ≠ ***Kalenderjahr***

rẹcht *Adj*; *ohne Steigerung*; **1 *r.* (*für j-n / etw.*)** für e-n bestimmten Zweck gut geeignet ≈ richtig, passend ↔ falsch, verkehrt: *Hier ist nicht der rechte Ort für so ein Gespräch*; *Diese Arbeit ist doch nicht das Rechte für dich* **2 *etw. ist* (*j-m*) *r.*** etw. passt j-m, j-d ist mit etw. einverstanden: *Ihm ist jedes Mittel r., um ans Ziel zu kommen*; *Ist es dir r.,* wenn *ich mitkomme?*; *Es ist mir nicht r.,* dass *du dir so viel Arbeit gemacht hast* **3** den Regeln der Moral entsprechend ≈ richtig ↔ unrecht: *Es war nicht r.,* dass *du sie angelogen hast*; *Du tätest r.* daran, *dich zu entschuldigen* **4** *nur attr od adv* ≈ richtig (3) ⟨j-n / etw. r. verstehen, r. verstanden haben⟩: *keine rechte Vorstellung von etw. haben*; *keine rechte Freude an etw. haben*; *ohne rechten Appetit essen*; *Ich habe eigentlich nicht (so) r. verstanden, was er sagen wollte*; *Ich höre wohl nicht r., das kann doch nicht dein Ernst sein!* || NB: *mst* verneint **5** *nur attr od adv*; verwendet, um ein Adj., Adv., Subst. od. Verb zu verstärken (ist stärker als „ziemlich", aber nicht so stark wie „sehr"): *Sie macht sich rechte Sorgen um ihn*; *Er gibt sich r. viel Mühe*; *Er ist ein rechter Angeber* **6 *r. und billig*** ≈ gerecht: *Es ist nur r. u. billig, wenn Frauen den gleichen Lohn für gleiche Arbeit fordern* || ID ***es j-m nicht r. machen können***; ***j-m nichts r. machen können*** nichts tun können, was j-m passt od. gefällt; *mst* ***Man kann es nicht allen r. machen*** man tut nie etw., das allen gefällt; *mst* ***Das geschieht dir r.!*** *gespr*; das ist die gerechte Strafe; ***R. so!***; ***So ist es r.!***; ***Das ist r.!*** so ist es in Ordnung, gut so; (***Das ist ja alles***) ***r. u. schön, aber...*** verwendet, um e-e Kritik od. Ablehnung einzuleiten; ***Alles, was r. ist!*** *gespr*; verwendet, um gegen etw. zu protestieren; ***Was dem einen r. ist, ist dem anderen billig*** was der eine darf, muss man auch dem anderen erlauben; ***nichts Rechtes mit j-m / etw. anzufangen wissen / anfangen können*** **a**) nicht wissen, was man mit j-m / etw. tun kann od. soll; **b**) j-n / etw. nicht mögen; (***irgendwo***) ***nach dem Rechten sehen*** (irgendwo) nachsehen, ob alles in Ordnung ist (u. es in Ordnung halten); ***r. und schlecht*** nicht gut, aber auch nicht sehr schlecht; *mst* ***Du kommst mir gerade r.*** *gespr*; **a**) dich kann ich jetzt gerade sehr gut gebrauchen; **b**) *iron*; dich kann ich gerade jetzt überhaupt nicht gebrauchen (weil ich beschäftigt bin *o.Ä.*) || NB: ↑ ***erst***[2]

rẹch·t- *Adj*; *nur attr, nicht adv*; **1** auf der Seite, auf der das Herz nicht ist ↔ link- (1): *sich das rechte Bein brechen*; *j-m die rechte Hand geben*; *auf der rechten Straßenseite* **2** mit den Prinzipien von konservativen od. nationalistischen Parteien ↔ link- ⟨ein Abgeordneter, e-e Partei, e-e Zeitung; der rechte Flügel e-r Partei⟩ || ► ***rechts***

Rẹcht *das*; *-(e)s, -e*; **1** *nur Sg, Kollekt*; die Regeln für das Zusammenleben der Menschen in e-m Staat, die in Gesetzen festgelegt sind ⟨das bürgerliche, öffentliche R.; das R. anwenden, verletzen, brechen; das R. auf seiner Seite haben, wissen⟩: *Nach geltendem R. ist die Beschaffung von Heroin strafbar* || K-: ***Rechts-, -angelegenheit, -auffassung, -auskunft, -beratung, -lage, -ordnung, -philosophie, -schutz, -sprache, -unsicherheit, -verbindlichkeit, -verletzung, -vorschrift, -wissenschaft*** || -K: ***Arbeits-, Beamten-, Ehe-, Eigentums-, Eltern-, Familien-, Grund-, Haus-, Jugend-, Kirchen-, Kriegs-, Kündigungs-, Patent-, Privat-, Scheidungs-, Staats-, Straf(prozess)-, Tarif-, Urheber-, Verfassungs-, Verkehrs-, Vertrags-, Völker-, Zivil-*** **2 *das R.* (*auf etw.*(*Akk*))** der (moralisch od. gesetzlich verankerte) Anspruch (auf etw.) ⟨ein angestammtes, unveräußerliches, verbrieftes R.; die demokratischen, elterlichen, vertraglichen Rechte; ein R. geltend machen, ausüben, missbrauchen, wahrnehmen; sein R. fordern, wollen, bekommen; sich (*Dat*) ein R. nehmen, anmaßen, vorbehalten; auf sein R. pochen (= sein Recht fordern); j-m ein R. übertragen, verweigern, absprechen, entziehen; j-s Rechte wahren, verletzen⟩: *Die Verfassung garantiert das R. des Bürgers auf freie Meinungsäußerung*; *Der Rechtsanwalt versuchte, ihr durch e-e Klage vor Gericht zu ihrem R. zu verhelfen*; *Mit welchem R. gibst du mir Befehle?* || -K: ***Aufenthalts-, Selbstbestimmungs-, Wahl-*** **3** *nur Sg*; das, was die Moral od. das Gesetz erlauben ↔ Unrecht: *Ein Kind muss lernen, zwischen R. u. Unrecht zu unterscheiden* || K-: ***Rechts-, -bewusstsein, -empfinden*** **4 *das bürgerliche R.*** die Gesetze, die das Privatleben regeln **5 *zu R.*** mit gutem Grund, richtigerweise **6 *R. sprechen*** als Richter Urteile fällen **7 *das R. beugen*** *pej*; (als Richter, Regierung *o.Ä.*) so handeln, dass man zwar nicht gegen den Text der Gesetze verstößt, aber gegen die Absicht, die dahintersteht **8 *das R. des Stärkeren*** verwendet, um *mst* Verärgerung darüber auszudrücken, wenn j-d mit viel Macht das tut, was er will, ohne das R. (2) dazu zu haben **9 *im R. sein***; ***R. haben*** bei e-m Streit *o.Ä.* derjenige sein, der das R. (1, 2) auf seiner Seite hat **10 *R. haben*** etw. sagen, das den Tatsachen entspricht ↔ sich irren: *Ich weiß nicht, ob du mit dieser Behauptung R. hast*; *Ich muss zugeben, dass du doch R. hattest* **11 *R. behalten*** die Bestätigung bekommen, dass man R. (10) hat **12 *sich im R. fühlen*** glauben, dass man im R. (9) ist **13 *j-m R. geben*** j-m sagen, dass seine Meinung richtig ist od. war ≈ j-m zustimmen: *In diesem Punkt muss ich Ihnen R. geben* **14 *R. bekommen*** von anderen die Bestätigung bekommen, dass die eigene Meinung richtig war **15 *zu seinem R. kommen*** das bekommen, was einem zusteht **16 *von Rechts wegen*** wie es das R. (1) regelt || ID ***etw. fordert / verlangt sein R.*** etw. muss in ausreichendem Maß berücksichtigt werden: *Nach der großen Anstrengung verlangt der Körper sein R. - ich muss mich jetzt etwas ausruhen*; ***alle Rechte vorbehalten*** verwendet, um auszudrücken, dass das betreffende Werk (Buch, Platte *o.Ä.*) nicht ohne Genehmigung kopiert, nachgedruckt *o.Ä.* werden darf || *zu* **2 rẹcht·los** *Adj*

Rẹch·te[1] *die*; *-n, -n*; **1** *nur Sg*; die rechte Hand ↔ Linke **2** *Sport*; ein Schlag mit der rechten Hand ↔ Linke **3** *nur Sg*; alle Parteien u. politischen Gruppen mit konservativen bis hin zu nationalistischen Prinzipien ↔ Linke **4 *zu j-s Rechten*** auf der rechten Seite ↔ zu j-s Linken: *Zu meiner Rechten sehen Sie den Dom*

Rẹch·te[2] *der / die*; *-n, -n*; *gespr*; e-e Person, die e-r konservativen od. nationalistischen Partei angehört od. deren Prinzipien gut findet ↔ Linke(r) || NB: *ein Rechter*; *der Rechte*; *den, dem, des Rechten*

Rẹcht·eck *das*; e-e geometrische Figur mit vier Seiten (von denen jeweils zwei gleich lang u. parallel sind) u. vier Winkeln von je 90° || ↑ *Abb. unter* ***geometrische Figuren*** || NB: ↑ ***Quadrat*** || *hierzu* **rẹcht·eckig** *Adj*

rẹch·tens *nur in* ***etw. ist r.*** ≈ etw. ist rechtmäßig: *Die Kündigung war r.*

rẹcht·fer·ti·gen; *rechtfertigte, hat gerechtfertigt*; [Vt] **1 *etw.* (*mit etw.*) *r.*** die Gründe für e-e Handlung, Äußerung *o.Ä.* nennen: *Die Firma rechtfertigte die Entlassung der Arbeiter mit der schlechten Konjunkturlage* **2 *etw. rechtfertigt etw.*** etw. ist ein ausreichender Grund für etw. ⟨etw. ist (durch etw.) gerechtfertigt⟩: *Die gute Qualität des Stoffs rechtfertigt den hohen Preis*; *Hältst du die strenge Bestrafung für gerechtfertigt?*; *Sein Verhalten ist durch nichts gerechtfertigt*; [Vr] **3 *sich* (*mit etw.*) *r.*** die Gründe für seine Aktionen, Äußerungen *o.Ä.* nennen: *Er versucht sich immer* damit *zu r.*, dass *er hier neu ist* || *hierzu* **Rẹcht·fer·ti·gung** *die*

Rẹcht·ha·be·rei *die*; *-*; *nur Sg, pej*; das Verhalten e-r Person, die glaubt, dass sie immer Recht habe

rẹcht·ha·be·risch *Adj*; *pej*; ⟨e-e Person⟩ so, dass sie immer Recht haben will

rẹcht·lich *Adj*; *nur attr od adv*; in Bezug auf das Recht (1) ≈ gesetzlich ⟨die Gleichstellung, die Grundlage⟩: *Kann man dem Mieter nach der rechtlichen Lage kündigen?*; *Ist das denn r. zulässig?*

rẹcht·mä·ßig *Adj*; ⟨der Besitzer, der Eigentümer, e-e Kündigung, ein Vorgehen⟩ dem Recht (1) entsprechend || *hierzu* **Rẹcht·mä·ßig·keit** *die*; *nur Sg*

rẹchts[1] *Adv*; **1 *r.* (*von j-m / etw.*)** auf der Seite, auf der das Herz nicht ist ↔ links[1] (1) ⟨nach r. abbiegen; sich r. einordnen; von r. kommen; von links nach r.⟩: *R. von uns sehen Sie das Museum* **2** (von Parteien, Gruppen od. Personen) so, dass sie konservative od. nationalistische Prinzipien anerkennen u. vertreten ↔ links[1] (2) ⟨r. sein, wählen; r. eingestellt sein; r. stehen; nach r. tendieren⟩ || K-: ***rechts-, -gerichtet***; ***rechts stehend***

rẹchts[2] *Präp*; *mit Gen*; rechts[1] von etw. ↔ links[2]: *r. der Straße, des Weges*; *r. der Mitte* (= politisch eher konservativ) || auch adverbiell verwendet mit *von*: *r. von der Halle soll ein Schwimmbad gebaut werden*

Rẹchts·an·spruch *der*; ***ein R.* (*auf etw.* (*Akk*))** ein Anspruch, den j-d nach dem geltenden Gesetz hat

Rẹchts·an·walt *der*; j-d, dessen Beruf es ist, andere über die Gesetze zu informieren u. Leute in e-m Gerichtsprozess zu vertreten ⟨sich e-n R. nehmen; e-n R. konsultieren⟩ || K-: ***Rechtsanwalts-, -büro, -kanzlei*** || *hierzu* **Rẹchts·an·wäl·tin** *die*

Rẹchts·bei·stand *der*; *Jur*; j-d, der die Gesetze kennt u. der vom Staat die Erlaubnis hat, Leute vor Gericht zu beraten (ohne Rechtsanwalt zu sein)

Rẹchts·be·ra·ter *der*; j-d (ein Rechtsanwalt), der *z.B.* e-e Regierung, e-e große Firma in rechtlichen Fragen berät

Rẹchts·bre·cher *der*; *-s, -*; j-d, der etw. getan hat, was geltendes Recht verletzt || *hierzu* **Rẹchts·bre·che·rin** *die*; *-, -nen*; **Rẹchts·bruch** *der*

rẹchts·bün·dig *Adj*; so, dass alle Zeilen e-s Textes rechts genau an e-r (gedachten) senkrechten Linie enden ↔ linksbündig ⟨r. schreiben⟩

rẹcht·schaf·fen *Adj*; **1** ⟨ein Mensch, ein Mann, e-e Frau *usw*; r. sein, handeln⟩ so, dass sie auf ehrliche Weise versuchen, ihre Ziele zu erreichen ≈ redlich **2** *nur adv*; mit sehr viel Mühe ⟨sich r. um etw. bemühen⟩ **3** *nur attr od adv*; so, dass j-d guten Grund dafür hat ⟨ein Hunger, e-e Müdigkeit; r. müde sein⟩ || *zu* **1** u. **2 Rẹcht·schaf·fen·heit** *die*; *nur Sg*

Rẹcht·schrei·bung *die*; *nur Sg*; die richtige Art u. Weise, wie man die Wörter e-r Sprache schreibt ≈ Orthographie: *die Regeln der R. beherrschen* || K-: ***Rechtschreib-, -buch, -fehler, -korrektursystem, -reform, -regel*** || ↑ Information Seite 828

Rẹchts·emp·fin·den *das*; *nur Sg*; das Gefühl dafür, was Recht u. was Unrecht ist

rẹchts·ext·rem *Adj* ≈ rechtsextremistisch

rẹchts·ext·re·mis·tisch *Adj*; mit extremen, undemokratischen, *bes* nationalistischen Ideen ≈ rechtsradikal ↔ linksextremistisch || *hierzu* **Rẹchts·ext·re·mist** *der*; **Rẹchts·ext·re·mịs·mus** *der*; *nur Sg*

rẹchts·fä·hig *Adj*; *ohne Steigerung*, *Jur*; fähig, Rechte u. Pflichten zu haben: *e-e rechtsfähige Organisation* || *hierzu* **Rẹchts·fä·hig·keit** *die*; *nur Sg*

rẹchts·frei *Adj*; *mst in* ***ein rechtsfreier Raum*** ein Bereich, der nicht durch Gesetze geregelt ist

rẹchts·ge·rich·tet *Adj*; *nicht adv*; rechte (2) Ideen, Politik vertretend ⟨ein Politiker, e-e Zeitung⟩

Rẹchts·hän·der *der*; *-s, -*; j-d, der mit der rechten Hand geschickter ist als mit der linken ↔ Linkshänder || *hierzu* **Rẹchts·hän·de·rin** *die*; *-, -nen*; **rẹchts·hän·dig** *Adj*

rẹchts·he·rum *Adv*; nach rechts ↔ linksherum ⟨etw. r. drehen⟩

rẹchts·kräf·tig *Adj*; durch ein Gericht endgültig entschieden ⟨ein Urteil; j-n r. verurteilen⟩ || *hierzu* **Rẹchts·kräf·tig·keit** *die*; *nur Sg*

rẹchts·kun·dig *Adj*; mit gutem juristischem Wissen

Rẹchts·kur·ve *die*; e-e Kurve nach rechts ↔ Linkskurve: *e-e scharfe R.*

Rẹchts·mit·tel *das*; *Jur, mst Pl*; ein rechtliches Mittel, mit dem j-d erreichen will, dass ein Urteil noch einmal überprüft wird, damit e-e andere Entscheidung getroffen wird ⟨Rechtsmittel einlegen⟩: *Berufung u. Revision sind Rechtsmittel* || K-: ***Rechtsmittel-, -belehrung***

Rẹchts·nach·fol·ge *die*; *Jur*; die Tatsache, dass Rechte u. Pflichten von e-r Person auf e-e andere übergehen ⟨die R. antreten⟩ || *hierzu* **Rẹchts·nach·fol·ger** *der*; **Rẹchts·nach·fol·ge·rin** *die*

Rẹcht·spre·chung *die*; *nur Sg, Kollekt*; alle Entscheidungen, die Richter fällen ≈ Jurisdiktion

rẹchts·ra·di·kal *Adj* ≈ rechtsextremistisch ↔ linksradikal || *hierzu* **Rẹchts·ra·di·ka·le** *der / die*; *-n, -n*; **Rẹchts·ra·di·ka·lis·mus** *der*; *nur Sg*

Rẹchts·schutz|ver·si·che·rung *die*; e-e Versicherung, die die Kosten für Gericht, Rechtsanwalt *usw* zahlt, wenn j-d e-e (Gerichts)Verhandlung hat

Die Regeln der neuen Rechtschreibung

Am 1. 8. 98 trat die von den deutschsprachigen Ländern gemeinsam beschlossene Rechtschreibreform in Kraft. Bis zum 31. 7. 2005 gilt die alte Schreibung als überholt, aber nicht als falsch. In folgenden 6 Bereichen wurden Änderungen vorgenommen, die hier nur auszugsweise dargestellt werden können: (die alten Schreibungen stehen in Klammern)

1 Laut-Buchstaben-Zuordnung

ss- oder ß-Schreibung

- Wird der vorhergehende Vokal **kurz** gesprochen, schreibt man ***ss*** statt ***ß***: *bisschen* (*bißchen*), *dass*, *Nuss*, *sie wusste*
- Wird der vorhergehende Vokal **lang** gesprochen oder steht vorher ein **Diphthong** wird wie bisher ***ß*** geschrieben: *Fuß*, *sie saßen*, *draußen*, *reißen*
  In der Schweiz wird nur *ss*, nie *ß* verwendet!
- Einige Wörter werden in der Schreibweise ihrem **Stamm** angenähert bzw. systematisiert, z. B.: *aufwändig* zu *Aufwand* (*aufwendig*) oder *aufwendig* zu *aufwenden*, *Stängel* zu *Stange* (*Stengel*), *überschwänglich* (*überschwenglich*); *essenziell* zu *Essenz* (auch *essentiell*), *nummerieren* zu *Nummer* (*numerieren*), *platzieren* (*plazieren*), *Tipp* (*Tip*)
- Stammschreibung bei **Zusammensetzungen**: *Geschirrreiniger* (*Geschirreiniger*), *stilllegen* (*stillegen*), *Kaffeeernte* (*Kaffeernte*)
- Einige **Fremdwörter** werden der deutschen Schreibung angeglichen. Daneben sind auch die alten Schreibungen gültig, z. B. *Bravour*/*Bravur*, *Exposé*/*Exposee*, *Joghurt*/*Jogurt*, *Ketchup*/*Ketschup*, *Mayonnaise*/*Majonäse*, *Orthographie*/*Orthografie*, *Thunfisch*/*Tunfisch*

2 Groß- und Kleinschreibung

Großgeschrieben wird in der Regel, wenn vor das betreffende Wort ein Artikel gesetzt werden kann. Die Großschreibung betrifft unter anderem:

- **Bezeichnungen für Tageszeiten** in Verbindung mit *heute*, *gestern*, *morgen* usw.: *heute Abend* (*heute abend*), *vorgestern Mittag*
- **Zahlwörter** als Substantive gebraucht: *jeder Dritte* (*dritte*), *als Erste*, *der Nächste* (aber wie bisher klein: die Zahladjektive *viel*, *wenig*, der *eine*, der *andere* in allen ihren Flexionsformen: *die einen gingen spazieren*, *die anderen lasen*)
- **Substantive in Verbindung mit Präpositionen**: *sich in Acht nehmen* (*sich in acht nehmen*), *in Bezug auf*, *im Stande* (auch *imstande*)
- **substantivisch gebrauchte Adjektive in festen Verbindungen**: *im Allgemeinen* (*im allgemeinen*), *im Argen liegen*, *das Beste*, *bis ins Kleinste*, *des Öfteren*
- **Sprachbezeichnungen,** wenn sie zusammen mit Präpositionen vorkommen: *auf gut Deutsch* (*auf gut deutsch*), *in Spanisch*

Klein schreibt man nach der Neuregelung:

- **Adjektive in festen Fügungen** (die keine Eigennamen sind): *erste Hilfe* (*Erste Hilfe*), *grüner Punkt*
- **Ableitungen von Personennamen auf (i)sch:** *die grimmschen Märchen*, *die lutherschen Thesen*, (*bei besonderer Betonung auch*: *die Dürer'schen Werke*)
- **die vertrauliche Anrede in Briefen**: *du*, *dein*, *dich*, *euer* (*Du*, *Dein* ...) (dagegen weiterhin *Sie*, *Ihr* bei offizieller Anrede)

3 Getrennt- und Zusammenschreibung

Nach den neuen Regeln wird die **Getrenntschreibung** als der Normalfall angesehen. Sie betrifft unter anderem folgende Gruppen mit trennbaren Verben:
(Untrennbare Verben werden weiterhin zusammengeschrieben: *handhaben*, *langweilen!*)

- **Infinitiv/Substantiv/Partizip + Verb:** *kennen lernen*, *sitzen bleiben*, *spazieren gehen Halt machen*, *Rad fahren*, *Schlange stehen*, *bekannt geben*, *getrennt schreiben*, *verloren gehen*
- **Adjektiv + Verb** werden getrennt geschrieben, wenn das Adjektiv in dieser Verbindung steigerbar ist oder durch *sehr*/*ganz* erweitert werden kann: *fern liegen* (*ferner liegen*), (*ganz*) *leicht fallen*
- **(zusammengesetztes) Adverb + Verb** *aneinander fügen* (*aneinanderfügen*), *aufwärts gehen*
- Steht an zweiter Stelle ein **Partizip,** richtet sich die Schreibung nach der Infinitivform: *allein erziehend* (weil *allein erziehen*), *fett gedruckt*, *Not leidend* (weil *Not leiden*)

4 Schreibung mit Bindestrich

- Vorgeschrieben ist der Bindestrich wenn **Zahlen und Buchstaben** zusammentreffen: *5-fach*, *28-jährig*, *100-prozentig* (aber: *die 70er Jahre*, *40%ig*, *ein 12tel*)
- Er darf verwendet werden, um die Schreibung **übersichtlicher** zu machen: *Fußball-Länderspiel*, *Black-out*

5 Zeichensetzung

Das Komma darf entfallen:

- in Hauptsätzen, die mit ***und*** bzw. ***oder*** verbunden sind: *Das Essen war ausgezeichnet* (,) *und der Kellner bediente uns sehr freundlich.*
- beim **erweiterten Infinitiv mit „zu"**: *Wir versuchten* (,) *das Gerät zu reparieren.*

6 Worttrennung am Zeilenende

- vermehrte Trennung nach **Sprechsilben:** *A-bend* (bisher keine Trennung möglich) *da-rum* (*dar-um*), *In-te-res-se* (neben *In-ter-es-se*), *Lis-te* (*Li-ste*)
- **ck** wird bei Trennung nicht mehr zu kk: *We-cker* (alt *Wek-ker*), *Rö-cke*

rechts·sei·tig *Adj*; auf der rechten Seite ↔ linksseitig ⟨e-e Lähmung; r. gelähmt⟩
Rechts·staat *der*; *Pol*; ein Staat, der die Rechte seiner Bürger schützt u. dessen Richter vom Staat unabhängig handeln können || *hierzu* **rechts·staat·lich** *Adj*; **Rechts·staat·lich·keit** *die*; *nur Sg*
Rechts·streit *der*; *Jur*; ein Streit zwischen zwei Parteien (3) vor Gericht ≈ Prozess
Rechts·ver·kehr *der*; das (vorschriftsmäßige) Fahren auf der rechten Seite der Straße ↔ Linksverkehr: *In Deutschland herrscht R.*
Rechts·weg *der*; *Jur*; **1** die Schritte, die j-d unternimmt, um die Klärung e-s Problems auf juristischem Weg zu erreichen ⟨den R. einschlagen, beschreiten⟩ **2** ***unter Ausschluss des Rechtsweges*** *Jur*; (*z.B.* bei e-m Preisausschreiben) ohne die Möglichkeit, etw. vor ein Gericht zu bringen
rechts·wid·rig *Adj*; so, dass man gegen das geltende Recht verstößt ≈ gesetzeswidrig ↔ rechtmäßig || *hierzu* **Rechts·wid·rig·keit** *die*
rechts·wirk·sam *Adj*; *Jur* ≈ rechtsgültig, rechtskräftig || *hierzu* **Rechts·wirk·sam·keit** *die*; *nur Sg*
recht·win·ke·lig, **recht·wink·lig** *Adj*; mit e-m Winkel von 90° ⟨ein Dreieck⟩
recht·zei·tig *Adj*; früh genug ⟨etw. r. schaffen, fertig bekommen, beenden⟩: *Lass uns r. weggehen, damit wir uns nicht beeilen müssen* || NB: ↑ ***pünktlich***
Reck *das*; *-(e)s, -e*; ein Turngerät, das aus e-r waagerechten Stange (in ca. 2,50 m Höhe) u. Stützen für diese Stange besteht ⟨am R. turnen; vom R. abgehen; e-e Übung am R.⟩ || K-: ***Reck-, -stange, -turner, -übung***
Re·cke *der*; *-n, -n*; *lit*; (*bes* in Sagen u. Epen) ≈ Held || NB: *der Recke*; *den, dem, des Recken* || *hierzu* **re·cken·haft** *Adj*
re·cken; *reckte, hat gereckt*; Vt ***etw. / sich r.*** ≈ strecken (2) || ID ***sich r. u. strecken*** *bes* nach dem Schlafen die Arme u. Beine ganz gerade machen u. dehnen, damit man munter wird
Re·cor·der [-k-] *der*; ↑ ***Rekorder***
Re·cyc·ling [ri'saiklɪŋ] *das*; *-s*; *nur Sg*; e-e Technik, mit der man aus bereits gebrauchten Gegenständen (*bes* aus Papier, Glas od. Metall) neue Gegenstände herstellt: *das R. von leeren Dosen u. Flaschen* || K-: ***Recycling-, -papier*** || -K: ***Glas-, Papier-*** || *hierzu* **re·cy·celn** [ri'saik(ə)ln] (*hat*) *Vt*; **re·cy·cel·bar** *Adj*
Re·dak·teur [-'tøːɐ̯] *der*; *-s, -e*; j-d, der bei e-r Zeitung, beim Fernsehen *usw* die Texte aussucht u. bearbeitet, bevor sie veröffentlicht werden: *der verantwortliche, zuständige R. für Kunst u. Kultur* || -K: ***Chef-, Kultur-, Nachrichten-, Sport-, Rundfunk-, Fernseh-, Verlags-, Zeitschriften-, Zeitungs-*** || *hierzu* **Re·dak·teu·rin** [-'tøːrɪn] *die*; *-, -nen*
Re·dak·ti·on [-'tsioːn] *die*; *-, -en*; **1** die Tätigkeit e-s Redakteurs ⟨die R. haben⟩ || -K: ***End-, Schluss-*** **2** alle Redakteure e-r Zeitung, beim Fernsehen od. beim Rundfunk || K-: ***Redaktions-, -mitglied*** || -K: ***Kultur-, Sport-, Rundfunk-, Fernseh-, Zeitschriften-, Zeitungs-*** **3** die Büros der Redakteure || *hierzu* **re·dak·ti·o·nell** *Adj*
Re·dak·ti·ons·schluss *der*; der Zeitpunkt, nach dem die Redaktion (2) keine Texte mehr annimmt: *Kurz vor R. bekam die Zeitung noch e-e wichtige Nachricht*
Re·dak·tor *der*; *-s, Re·dak·to·ren*; **1** ein Bearbeiter od. Herausgeber wissenschaftlicher od. literarischer Texte **2** CH ≈ Redakteur
Re·de *die*; *-, -n*; **1** ***e-e R. (an j-n / vor j-m) (über j-n / etw.)*** das Sprechen vor Zuhörern (*mst* zu e-m besonderen Anlass) ≈ Ansprache, Vortrag, Referat ⟨e-e feierliche, glänzende, schwungvolle, mitreißende R. (völlig) frei halten; e-e R. an die Versammlung halten⟩ || K-: ***Rede-, -kunst, -talent, -übung, -verbot, -zeit*** || -K: ***Begrüßungs-, Eröffnungs-, Fest-, Gedenk-, Grab-, Rundfunk-, Trauer-, Wahl-*** **2** *mst Pl*; das, was man (in e-m Gespräch) sagt ≈ das Reden (2) ⟨leere, freche, unverschämte Reden führen; j-n mit leeren, schönen Reden hinhalten; etw. in seine R. einfließen lassen⟩ || K-: ***Rede-, -weise*** **3** *nur Sg*; die Kunst, Reden (1) zu entwerfen u. zu halten ≈ Rhetorik ⟨die Gabe der R.; etw. in freier R. vortragen⟩ **4** *nur Sg*; das, was die Leute über j-n / etw. sagen ≈ Gerücht, Gerede ⟨es geht die R., dass…⟩ **5** ***die direkte R.*** *Ling*; ein Satz, der e-e Äußerung wörtlich wiedergibt (u. in Anführungszeichen gesetzt wird) **6** ***die indirekte R.*** *Ling*; ein (Neben)Satz, der e-e Äußerung sinngemäß wiedergibt u. der im Konjunktiv steht **7** ***gebundene R.*** ≈ Verse, Lyrik || ID ***große Reden schwingen*** *gespr pej* ≈ prahlen, angeben; *mst* ***Davon kann nicht die / keine R. sein*** *gespr*; das trifft überhaupt nicht zu, wird nicht geschehen *o.Ä.*; ***die R. kommt auf j-n / etw.***; ***j-d bringt die R. auf j-n / etw.*** man spricht über j-n / etw.; *mst* ***von j-m / etw. ist die R.*** j-d / etw. ist Thema e-r R. (1) od. e-s Gesprächs: *Beim gestrigen Vortrag war viel von Psychologie die R.*; *Es ist schon lange die R.* davon, dass *wir e-e neue Wohnung brauchen*; ***etw. ist nicht der R. wert*** etw. ist nicht wichtig, nicht schlimm; ***j-m R. u. Antwort stehen*** j-m erklären, warum man sich auf e-e bestimmte Art verhalten hat; ***j-n (wegen etw.) zur R. stellen*** j-n zwingen, sein Verhalten zu erklären; ***Langer R. kurzer Sinn: …*** *gespr*; zusammenfassend od. kurz gesagt
Re·de·fluss *der*; *nur Sg*; das Reden ohne Stocken, Zögern *o.Ä.* ⟨j-s R. unterbrechen⟩
Re·de·frei·heit *die*; *nur Sg*; das Recht (des Bürgers), in der Öffentlichkeit kritisch über alle Themen sprechen zu dürfen
re·de·ge·wandt *Adj*; *nicht adv*; fähig, seine Ideen klar u. gut zu formulieren || *hierzu* **Re·de·ge·wandt·heit** *die*; *nur Sg*
re·den; *redete, hat geredet*; Vt/i **1** ***(etw.) (über j-n / etw.) r.***; ***(etw.) (von j-m / etw.) r.*** das, was man (über j-n / etw.) denkt, sagen ≈ sprechen (5) ⟨ununterbrochen, dauernd, kein Wort r.; deutlich r.; Gutes, Schlechtes, Unsinn r.; j-n (nicht) zu Ende r. lassen⟩: *Er redet nur von Autos u. Motorrädern* **2** ***(etw.) (mit j-m) (über j-n / etw.) r.***; ***(etw.) (von j-m / etw.) r.*** mit j-m ein Gespräch (über j-n / etw.) haben ≈ mit j-m sprechen (6), sich mit j-m unterhalten ⟨mit j-m gut, über alles r. können; mit sich selbst r.⟩: *mit e-r Freundin über das Studium r.*; *nicht mehr miteinander r.*; *Was habt ihr gestern über mich geredet?*; Vi **3** ***(vor / zu j-m) (über etw. (Akk)) r.*** e-e Rede (1) halten ≈ sprechen (7): *vor e-m großen Publikum über Energiepolitik r.* **4** ***(über j-n / etw.) r.*** Schlechtes über andere Menschen sagen ≈ klatschen, tratschen ⟨die Leute r. lassen⟩: *Über den neuen Nachbarn wird viel geredet* **5** unter Zwang Informationen geben ⟨j-n zum Reden bringen⟩: *j-n foltern, damit er redet* || ID ***von sich r. machen*** etw. tun, über das dann viele Leute reden u. schreiben; ***mit sich r. lassen*** bereit sein, über etw. zu diskutieren u. nachzugeben; ***Darüber lässt sich r.*** das ist vielleicht möglich; ***gut r. haben*** ein Problem weniger schwierig finden als j-d anderer, weil man selbst es nicht hat; ***R. ist Silber, Schweigen ist Gold*** oft ist es besser, nichts zu sagen || NB: in den Bedeutungen **1, 2** u. **3** sind *reden* u. *sprechen* Synonyme. *Sprechen* ist gehobener als *reden* || ► ***beredt***
Re·dens·art *die*; *-, -en*; Sätze mit *mst* idiomatischer Bedeutung ≈ Redewendung (1) ⟨e-e übliche, häufige, banale, abgedroschene R.⟩: *„Was sich neckt, das liebt sich"* *ist e-e R.* || ID ***Das sind doch nur***

R

Redensarten! was j-d sagt, darf man nicht ernst nehmen, er meint es nicht so

Re·de·schwall *der*; *nur Sg*, *pej*; das schnelle u. ununterbrochene Sprechen, das den Gesprächspartner daran hindert, selbst etw. zu sagen

Re·de·wen·dung *die*; **1** ≈ Redensart **2** mehrere Wörter, die *mst* e-e idiomatische Bedeutung haben ≈ Idiom: *„j-n durch den Kakao ziehen" ist e-e R.*

re·di·gie·ren; *redigierte, hat redigiert*; [Vt/i] ***(etw.) r.*** (als Redakteur) bei e-r Zeitung, in e-m Verlag *o.Ä.* e-n Text lesen u. korrigieren ⟨ein Buch, e-n Text r.⟩

red·lich *Adj*; *geschr*; **1** mit guten Absichten u. großem Ernst ≈ aufrichtig ↔ unredlich ⟨ein Mensch; e-e Gesinnung; ein redliches Leben führen; r. handeln, es r. mit j-m meinen⟩ **2** *mst adv*; sehr, intensiv ⟨sich r. bemühen, plagen, anstrengen; sich redliche Mühe geben⟩ || *hierzu* **Red·lich·keit** *die*; *nur Sg*

Red·ner *der*; *-s, -*; **1** j-d, der e-e Rede (1) hält ⟨ein guter, schlechter R.; als R. auftreten⟩ || K-: ***Redner-, -bühne, -podium, -pult, -tribüne*** || -K: ***Fest-, Haupt-, Lob-, Wahl-*** **2** j-d, der gute Reden halten kann ⟨der geborene, kein R. sein⟩ || K-: ***Redner-, -gabe, -talent*** || *zu* **1 Red·ne·rin** *die*; *-, -nen*

red·ne·risch *Adj*; *nur attr od adv*; in Bezug auf die Tätigkeit, Reden zu halten ≈ rhetorisch ⟨Fähigkeiten, ein Talent, e-e Begabung⟩

red·se·lig *Adj*; ⟨e-e Person⟩ so, dass sie sehr viel u. gern erzählt ≈ geschwätzig || *hierzu* **Red·se·lig·keit** *die*; *nur Sg*

Re·duk·ti·on [-'tsioːn] *die*; *-, -en*; *geschr*; ein Vorgang, bei dem e-e Summe od. e-e Menge kleiner gemacht wird ≈ Senkung, Verminderung ↔ Erhöhung || -K: ***Kosten-, Preis-*** || ▸ ***reduzieren***

re·dun·dant *Adj*; *geschr*; ⟨Informationen⟩ nicht unbedingt notwendig ≈ überflüssig || *hierzu* **Re·dun·danz** *die*; *-*; *nur Sg*

re·du·zie·ren; *reduzierte, hat reduziert*; [Vt] **1** ***etw. (um etw.) (auf etw.*** (*Akk*)) ***r.*** e-e Zahl od. Menge kleiner machen ≈ verringern ↔ erhöhen ⟨etw. auf ein Minimum r.⟩: *die Heizkosten um ein Drittel r.; Der ursprüngliche Preis von € 300 wurde um ein Drittel auf € 200 reduziert* **2** ***etw. auf etw.*** (*Akk*) ***r.*** etw. so einfach machen, dass nur noch die wichtigsten Dinge da sind: *Er reduzierte seinen Vortrag auf die wichtigsten Punkte*; [Vr] **3** ***etw. reduziert sich (um etw.) (auf etw.*** (*Akk*)) etw. wird in der Zahl od. Menge kleiner ≈ etw. verringert sich ↔ etw. erhöht sich: *Die Unfälle haben sich seit Einführung der Geschwindigkeitsbeschränkung auf die Hälfte reduziert* || *hierzu* **Re·du·zie·rung** *die*; **redu·zier·bar** *Adj* || ▸ ***Reduktion***

R

Ree·de *die*; *-, -n*; ein Platz vor e-m Hafen, an dem Schiffe liegen können ⟨auf der R. liegen⟩

Ree·der *der*; *-s, -*; j-d, der Schiffe (zum Transport von Waren od. Personen) besitzt

Ree·de·rei *die*; *-, -en*; das Geschäft e-s Reeders

re·ell *Adj*; **1** *nicht adv*; wirklich vorhanden ↔ imaginär ⟨e-e Chance, Aussichten⟩: *reelle Chancen haben, e-e Stelle zu bekommen* **2** ohne dass j-d versucht, mehr Gewinn zu machen als erlaubt ist ≈ fair, ehrlich ⟨ein Geschäft; ein Geschäftsmann, e-e Firma; Preise⟩

Re·fe·rat *das*; *-(e)s, -e*; **1** ***ein R.*** (***über j-n / etw.***) der Text, den j-d über ein Thema geschrieben hat u. den er *bes* seinen Kollegen vorliest ≈ Vortrag ⟨ein wissenschaftliches R.; ein R. halten⟩ || -K: ***Kurz-*** **2** ein *mst* wissenschaftlicher Bericht über ein bestimmtes Thema ⟨ein R. schreiben, verfassen⟩ **3** ein Teil e-r Behörde mit e-r festgelegten Aufgabe: *das R. für Jugend u. Sport* || K-: ***Referats-, -leiter*** || -K: ***Kultur-, Steuer-***

Re·fe·ree [refə'riː] *der*; *-s, -s*; Ⓐ Ⓒⓗ *Sport* ≈ Schiedsrichter

Re·fe·ren·dar *der*; *-s, -e*; Ⓓ j-d, der sein Studium (mit dem 1. Staatsexamen) beendet hat u. noch e-e praktische Ausbildung an der Schule od. am Gericht *o.Ä.* machen muss (um nach dem 2. Staatsexamen Beamter zu werden) || K-: ***Referendar-, -dienst, -zeit*** || -K: ***Rechts-, Regierungs-, Studien-*** || *hierzu* **Re·fe·ren·da·rin** *die*; *-, -nen*

Re·fe·ren·da·ri·at *das*; *-(e)s, -e*; Ⓓ die Zeit, in der j-d als Referendar arbeitet ⟨sein R. machen, im R. sein⟩

Re·fe·ren·dum *das*; *-s, Re·fe·ren·da / Re·fe·ren·den*; Ⓒⓗ Volksabstimmung ⟨ein R. abhalten⟩

Re·fe·rent *der*; *-en, -en*; **1** j-d, der ein Referat (1) hält **2** j-d, der ein Referat (3) leitet || NB: *der Referent; den, dem, des Referenten* || *hierzu* **Re·fe·ren·tin** *die*; *-, -nen*

Re·fe·renz *die*; *-, -en*; *mst Pl*, *geschr*; e-e schriftliche Information über j-s Charakter, Fähigkeiten *o.Ä.*, *bes* wenn er e-e Arbeit sucht ≈ Empfehlung ⟨gute Referenzen haben⟩

re·fe·rie·ren; *referierte, hat referiert*; [Vt/i] **1** ***(etw.) r.*** e-n mündlichen od. schriftlichen Bericht über etw. geben: *den Stand der wissenschaftlichen Forschung r.*; [Vi] **2** (***über etw.*** (*Akk*)) ***r.*** ein Referat (1) über ein Thema halten: *über archäologische Ausgrabungen r.*

re·flek·tie·ren; *reflektierte, hat reflektiert*; [Vt/i] **1** ***etw. reflektiert (etw.)*** etw. wirft Strahlen od. Wellen, die darauf fallen, wieder zurück ⟨etw. reflektiert Töne, Strahlen, die Hitze⟩: *ein reflektierendes Nummernschild*; [Vt] **2** ***etw. reflektiert etw.*** *geschr* ≈ etw. spiegelt etw. wider: *Dieser Roman reflektiert die gesellschaftlichen Verhältnisse*; [Vi] **3** (***über etw.*** (*Akk*)) ***r.*** *geschr*; über etw. genau u. intensiv nachdenken ⟨über das Leben, über ein Problem r.⟩ **4** ***auf etw.*** (*Akk*) ***r.*** *gespr*; das Ziel haben, etw. zu bekommen od. zu erreichen: *Er reflektierte auf e-e gut bezahlte Stellung* || *zu* **1 Re·flek·tor** *der*; *-s, Reflek·to·ren*; || ▸ ***unreflektiert***; ***Reflexion***

Re·flex *der*; *-es, -e*; **1** e-e schnelle Reaktion des Körpers auf e-n äußeren Einfluss, die man nicht kontrollieren kann ⟨e-n R. auslösen⟩ || K-: ***Reflex-, -bewegung, -handlung, -zone*** || -K: ***Greif-, Husten-*** **2** ≈ Widerschein || -K: ***Licht-, Sonnen-***

Re·fle·xi·on [reflɛ'ksioːn] *die*; *-, -en*; **1** der Vorgang, bei dem Strahlen *o.Ä.* reflektiert werden: *Die R. der Sonnenstrahlen bewirkt, dass es in Bodennähe wärmer ist als in der Höhe* **2** *geschr*; ***R.*** (***über etw.*** (*Akk*)) das intensive Nachdenken über etw. ⟨Reflexionen anstellen⟩

re·fle·xiv [-f] *Adj*; *Ling*; verwendet, um auszudrücken, dass e-e Handlung auf die Person od. Sache gerichtet ist, die sie macht ≈ rückbezüglich ⟨ein Verb, ein Pronomen; ein Verb r. gebrauchen⟩: *„sich schämen" ist ein reflexives Verb*

Re·fle·xiv·pro·no·men [-f-] *das*; *Ling*; ein Pronomen, das ein reflexives Verhältnis ausdrückt ≈ rückbezügliches Fürwort: *In „Ich schäme mich" ist „mich" ein R.*

Re·form *die*; *-, -en*; e-e Veränderung (*bes* in e-r Organisation od. in der Gesellschaft), durch die man bestimmte Zustände besser machen will ⟨e-e politische, e-e soziale R.; Reformen vorschlagen, durchführen⟩ || K-: ***Reform-, -bestrebungen, -plan, -versuch, -vorschlag, -werk***; ***reform-, -bedürftig*** || -K: ***Agrar-, Bildungs-, Boden-, Hochschul-, Rechtschreib-, Schul-, Steuer-, Strafrechts-, Währungs-, Wirtschafts-*** || *hierzu* **Re·for·mer** *der*; *-s, -*; **Re·for·me·rin** *die*; *-, -nen*

Re·for·ma·ti·on [-'tsioːn] *die*; *-*; *nur Sg*; e-e religiöse u. soziale Bewegung im 16. Jahrhundert, die von Martin Luther ausging u. dazu geführt hat, dass es heute e-e protestantische Kirche gibt || *hierzu*

Reflexivpronomen

als Akkusativobjekt		*als Dativobjekt*	
1. Person Sg	**ich** verspäte **mich**	*1. Person Sg*	**ich** gebe **mir** viel Mühe
2. Person Sg	**du** verspätest **dich** **Sie** verspäten **sich**	*2. Person Sg*	**du** gibst **dir** viel Mühe **Sie** geben **sich** viel Mühe
3. Person Sg	**er / sie / es** verspätet **sich**	*3. Person Sg*	**er / sie / es** gibt **sich** viel Mühe
1. Person Pl	**wir** verspäten **uns**	*1. Person Pl*	**wir** geben **uns** viel Mühe
2. Person Pl	**ihr** verspätet **euch** **Sie** verspäten **sich**	*2. Person Pl*	**ihr** gebt **euch** viel Mühe **Sie** geben **sich** viel Mühe
3. Person Pl	**sie** verspäten **sich**	*3. Person Pl*	**sie** geben **sich** viel Mühe

Re·for·ma·tor *der; -s, Re·for·ma·to·ren*; **re·for·ma·to·risch** *Adj*

Re·for·ma·ti·ons·tag *der; nur Sg*; ein Festtag in der evangelischen Kirche (der 31. Oktober), der an die Reformation erinnert

Re·form·haus *das*; ein Geschäft, in dem man Nahrungsmittel bekommt, die nicht mit chemischen Mitteln behandelt wurden

re·for·mie·ren; *reformierte, hat reformiert*; [Vt] **etw. r.** etw. durch e-e Reform verändern (u. verbessern) ⟨ein Gesetz r.⟩ || *hierzu* **Re·for·mie·rung** *die; mst Sg*

Re·form·kost *die; -; nur Sg*; Nahrungsmittel, die nicht mit chemischen Mitteln behandelt wurden

Ref·rain [rəˈfrɛ̃ː] *der; -s, -s*; ein Teil e-s Liedes, der am Ende jeder Strophe wiederholt wird

Re·gal *das; -s, -e*; e-e Konstruktion aus Brettern, die man an e-r Wand od. auf Stützen befestigt, damit man dort Dinge aufbewahren kann ⟨etw. ins / auf das R. stellen, legen; etw. liegt, steht im R.; etw. aus dem / vom R. nehmen⟩ || K-: ***Regal-, -brett, -fach, -wand*** || -K: ***Akten-, Bücher-, Wand-***

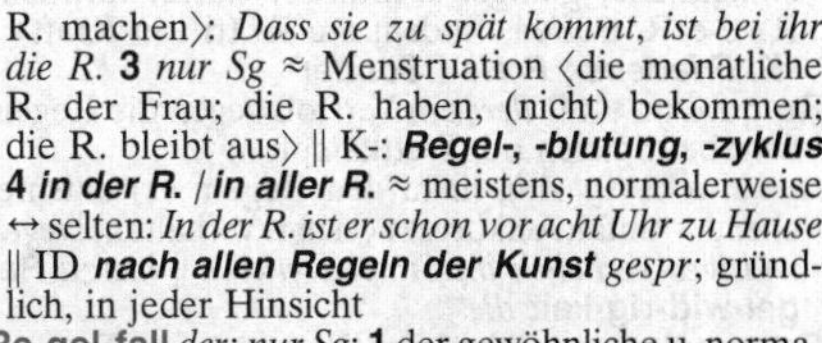

Re·gat·ta *die; -, Re·gat·ten*; *Sport*; ein Rennen für Segel- od. Ruderboote || K-: ***Regatta-, -strecke*** || -K: ***Ruder-, Segel-***

re·ge, *reger, regst -; Adj*; **1** mit viel Bewegung, Aktivität u. Energie ≈ lebhaft, munter ⟨Verkehr, der Handel, der Absatz, e-e Nachfrage, e-e Diskussion, ein Briefwechsel; körperlich r. sein; regen Anteil an etw. nehmen⟩ **2** so, dass der Betreffende Zusammenhänge schnell versteht ≈ lebhaft ↔ träge ⟨e-e rege Intelligenz, Fantasie, Vorstellungskraft haben; geistig r. sein⟩ || *hierzu* **Reg·sam·keit** *die; nur Sg*

Re·gel *die; -, -n*; **1** ein Prinzip od. e-e Ordnung, die sagt, wie man bestimmte Dinge tun muss ≈ Norm, Vorschrift ⟨strenge, grammatische, mathematische Regeln; die Regeln anwenden, beachten, befolgen, übertreten, verletzen; e-e R. aufstellen; sich an e-e R. halten; gegen e-e R. verstoßen; die Regeln des Zusammenlebens, des Anstands, der Höflichkeit, e-s Spiels⟩ || K-: ***Regel-, -bruch, -verstoß*** || -K: ***Anstands-, Grund-, Kloster-, Lebens-, Ordens-, Rechtschreib-, Spiel-, Sprach-, Verhaltens-, Verkehrs-, Vorfahrts-*** **2** *nur Sg*; das, was (bei j-m od. etw.) normal od. üblich ist ≈ das Übliche ↔ Ausnahme ⟨etw. bildet, ist die R.; sich (*Dat*) etw. zur R. machen⟩: *Dass sie zu spät kommt, ist bei ihr die R.* **3** *nur Sg* ≈ Menstruation ⟨die monatliche R. der Frau; die R. haben, (nicht) bekommen; die R. bleibt aus⟩ || K-: ***Regel-, -blutung, -zyklus*** **4** ***in der R.* / *in aller R.*** ≈ meistens, normalerweise ↔ selten: *In der R. ist er schon vor acht Uhr zu Hause* || ID ***nach allen Regeln der Kunst*** *gespr*; gründlich, in jeder Hinsicht

Re·gel·fall *der; nur Sg*; **1** der gewöhnliche u. normale Fall ↔ Ausnahme **2** ***im R.*** ≈ meistens

re·gel·los *Adj*; ohne feste Regeln (1) ≈ ungeordnet, ungeregelt ⟨ein Durcheinander; ein regelloses Leben führen⟩ || *hierzu* **Re·gel·lo·sig·keit** *die; nur Sg*

re·gel·mä·ßig *Adj*; **1** so, dass es im gleichen Abstand immer wieder vorkommt, stattfindet *o.Ä.*: *seine Mahlzeiten r. einnehmen*; *das regelmäßige Erscheinen e-r Zeitschrift* **2** ⟨Verben⟩ so, dass sie e-m Muster entsprechen, das oft vorkommt ↔ unregelmäßig **3** bestimmten Vorstellungen von Harmonie u. Schönheit entsprechend ≈ ebenmäßig: *ein regelmäßiges Gesicht* **4** *mst adv, gespr*; sehr oft, immer wieder: *Er versäumt r. den Zug* || *hierzu* **Re·gel·mä·ßig·keit** *die; mst Sg*

Regelmäßige und unregelmäßige Verben

Die deutschen Verben werden in **schwache Verben** (regelmäßig) und **starke Verben** (unregelmäßig) unterteilt.

Bei den schwachen Verben wird im **Imperfekt** die Silbe **-te** an den Wortstamm angehängt.
Das **Partizip Perfekt** bekommt die Vorsilbe **ge-** und die Endung **-t**.
Beispiele:
leben, lebte, gelebt
reden, redete, geredet

Bei den starken Verben ändert sich im **Imperfekt** der Stammvokal.
Für die Form des **Partizip Perfekt** wird im Allgemeinen die Vorsilbe **ge-** hinzugefügt, es ändert sich der Stammvokal und als Endung kommt die Silbe **-en** dazu.
Beispiele:
finden, fand, gefunden
gehen, ging, gegangen

re·geln; *regelte, hat geregelt*; [Vt] **1** ***etw. r.*** etw. (mit Regeln (1)) in e-e bestimmte Ordnung bringen ⟨etw. ist genau geregelt⟩: *Der Polizist regelt den Ver-*

R

kehr; *In unserem Haus ist genau geregelt, wann jeder Mieter die Treppe putzen muss* **2 *etw. r.*** etw. so einstellen, dass es angenehm od. praktisch ist ≈ regulieren ⟨die Temperatur r.; die Lautstärke r.⟩; [Vr] **3 *etw. regelt sich* (*von selbst*)** etw. kommt (ohne Einflüsse von außen) in e-e Ordnung, in der alles funktioniert

re·gel·recht *Adj*; *nur attr od adv*, *gespr* ≈ wirklich, tatsächlich: *Das ist doch regelrechter Unsinn!*; *Er war r. wütend*

Re·gel|stu·di·en·zeit *die*; Ⓓ die Zeit (in Semestern), die j-d normalerweise für sein Studium brauchen sollte ⟨die R. überschreiten⟩

Re·ge·lung *die*; -, *-en*; **1** die Handlungen, durch die man etw. regelt (1,2): *Die R. des Verkehrs erfolgt durch e-n Polizisten* || -K: ***Temperatur-***, ***Wärme-*** **2** e-e festgelegte Vereinbarung ≈ Vorschrift ⟨e-e einheitliche, gültige, rechtliche, starre, tarifliche R.; e-e R. treffen, finden; e-e R. tritt in Kraft⟩ || -K: ***Friedens-***, ***Preis-***, ***Sonder-***

Re·gel·ver·stoß *der*; ein Verstoß gegen die Regeln (*mst* bei Spielen od. Wettkämpfen)

re·gel·wid·rig *Adj*; nicht den Regeln (1) entsprechend ≈ unfair, unkorrekt ⟨sich r. verhalten⟩: *regelwidriges Verhalten im Straßenverkehr* || *hierzu* **Re·gel·wid·rig·keit** *die*

Re·gen *der*; *-s*; *nur Sg*; **1** das Wasser, das (in Tropfen) aus den Wolken zur Erde fällt ⟨ein leichter, starker, heftiger, anhaltender, kurzer R.; der R. prasselt⟩: *Ich glaube, wir bekommen bald R.* || K-: ***Regen-***, ***-bekleidung***, ***-dach***, ***-front***, ***-gebiet***, ***-lache***, ***-menge***, ***-pfütze***, ***-rinne***, ***-schauer***, ***-schutz***, ***-spritzer***, ***-tag***, ***-tonne***, ***-tropfen***, ***-wasser***, ***-wetter***, ***-wolke***; ***regen-***, ***-arm***, ***-reich*** || -K: ***Dauer-***, ***Gewitter-***, ***Monsun-***, ***Niesel-***, ***Sprüh-*** || NB: als Plural wird *Regenfälle* verwendet **2 *ein R. von etw.*** (*Pl*) e-e große Zahl von etw. ⟨ein R. von Blumen, Glückwünschen, Vorwürfen⟩ || ID ***vom R. in die Traufe kommen*** von e-r schlechten Situation in e-e noch schlechtere kommen; ***j-n im R. stehen lassen*** j-m nicht helfen, der in e-r schlechten Situation ist; ***ein warmer R.*** Geld, das man bekommt u. gut gebrauchen kann, aber nicht erwartet hatte

re·gen; *regte*, *hat geregt*; [Vt] **1 *etw. r.*** *geschr*; e-n Teil des Körpers (ein wenig) bewegen ≈ rühren ⟨die Finger, e-n Arm, ein Bein r.⟩; [Vr] **2 *sich r.*** sich (ein wenig) bewegen ≈ sich rühren: *Er schlief ganz ruhig u. regte sich überhaupt nicht* **3 *etw. regt sich* (*bei j-m*)** ein Wunsch, ein Gefühl *o.Ä.* macht sich bei j-m bemerkbar ⟨Eifersucht, Angst, ein Zweifel, Mitleid⟩: *Bei ihm regte sich der Wunsch, ein bisschen mehr von der Welt zu sehen*

Re·gen·bo·gen *der*; Lichteffekte mit verschiedenen Farben am Himmel in Form e-s großen Bogens, der entsteht, wenn es noch leicht regnet u. die Sonne wieder scheint

Re·gen·bo·gen|haut *die*; der farbige Teil des Auges um die Pupille ≈ Iris || ↑ *Abb. unter* **Auge** || K-: ***Regenbogenhaut-***, ***-entzündung***

Re·gen·bo·gen|pres·se *die*; *nur Sg*, *Kollekt*; Zeitschriften, die *mst* über Sensationen u. über das Leben bekannter Leute berichten

re·ge·ne·rie·ren; *regenerierte*, *hat regeneriert*; [Vt] **1 *etw. regeneriert etw.*** *geschr*; etw. gibt j-m wieder neue Kräfte ⟨etw. regeneriert j-s Gesundheit, j-s Kräfte⟩; [Vr] **2 *sich r.*** *geschr*; wieder neues Leben, neue Kräfte bekommen: *Er hat sich im Urlaub körperlich regeneriert* **3 *etw. regeneriert sich*** ein Organ, ein Gewebe *o.Ä.* wächst wieder neu: *Die Haut hat sich nach dem Unfall schnell wieder regeneriert* || *hierzu* **Re·ge·ne·ra·ti·on** *die*; -; *nur Sg*

Re·gen·fäl·le *die*; *Pl* ≈ Regen ⟨anhaltende, plötzliche, sintflutartige R.⟩

Re·gen·guss *der*; starker Regen

Re·gen·man·tel *der*; ein Mantel, der kein Wasser durchlässt u. den man trägt, wenn es regnet

Re·gen·schirm *der*; ein Schirm[1] (1), den man bei Regen über den Kopf hält || ID *mst* ***Ich bin gespannt wie ein R.*** *gespr*; ich bin auf etw. sehr neugierig

Re·gent *der*; *-en*, *-en*; **1** ein regierender König od. Kaiser **2** j-d, der für e-n König *usw* regiert, weil dieser krank, zu alt od. zu jung ist || -K: ***Prinz-*** || NB: *der Regent*; *den*, *dem*, *des Regenten* || *hierzu* **Re·gen·tin** *die*; -, *-nen*; **Re·gent·schaft** *die*

Re·gen·wald *der*; ein dichter, feuchter Wald in sehr warmen Ländern ⟨der tropische R.⟩

Re·gen·wurm *der*; ein Wurm, der in der Erde lebt u. bei Regen an die Oberfläche kommt

Re·gen·zeit *die*; die Zeit, in der es in den Tropen u. Subtropen oft u. stark regnet ↔ Trockenzeit

Reg·gae ['rɛgeɪ] *der*; *-(s)*; *nur Sg*; e-e Art der modernen Musik, die aus Jamaika kommt

Re·gie [re'ʒiː] *die*; -; *nur Sg*; **1** die Anweisungen des Regisseurs an die Schauspieler ≈ Spielleitung ⟨unter j-s R. spielen⟩ || K-: ***Regie-***, ***-assistent***, ***-konzeption*** || -K: ***Bild-***, ***Ton-*** **2 (*die*) *R. führen*** **a)** für die Inszenierung e-s Theaterstücks *o.Ä.* verantwortlich sein; **b)** ein Projekt leiten || ID ***in eigener R.*** selbstständig, auf eigene Verantwortung; ***unter j-s R.*** unter der Leitung der genannten Person

re·gie·ren[1]; *regierte*, *hat regiert*; [Vt/i] **1 (*j-n / etw.*) *r.*** die höchste Macht über ein Land od. ein Volk haben ≈ (über j-n / etw.) herrschen ⟨e-e Regierung; ein Monarch regiert e-n Staat, ein Volk⟩ **2 (*j-n / etw.*) *r.*** *oft hum*; über j-n / etw. so viel Macht haben, dass man alles bestimmt ⟨seine Angestellten r.⟩; [Vi] **3 *über j-n / etw. r.*** ≈ r. (1) ⟨über ein Land, ein Reich r.⟩ **4 *irgendwo r.*** *oft hum*; irgendwo die absolute Macht haben ⟨im Haushalt, in der Küche r.⟩ || ► ***Regierung***

re·gie·ren[2]; *regierte*, *hat regiert*; [Vt] ***etw. regiert etw.*** *Ling*; ein Wort zieht e-n bestimmten Kasus nach sich: *„Mit" regiert den Dativ* || ► ***Rektion***

Re·gie·rung *die*; -, *-en*; **1** *mst* mehrere Personen, die (*mst* als gewählte Vertreter des Volks) in e-m Staat, Land *o.Ä.* die Macht haben: *Die R. hat das Vertrauen der Wähler verloren* || K-: ***Regierungs-***, ***-bündnis***, ***-chef***, ***-koalition***, ***-mitglied***, ***-partei***, ***-politik***, ***-programm***, ***-sprecher***, ***-umbildung***, ***-wechsel*** || -K: ***Bundes-***, ***Landes-***, ***Militär-***, ***Staats-***, ***Übergangs-***, ***Zentral-*** **2 *an der R. sein*** in e-m Staat, Land *o.Ä.* (*mst* als gewählte Vertreter des Volks) die Macht haben

Re·gie·rungs·be·zirk *der*; Ⓓ e-e Region (mit mehreren Städten u. Landkreisen), die dieselbe Verwaltung hat; *Abk* Reg.-Bez.: *Bayern ist in sieben Regierungsbezirke unterteilt*

Re·gie·rungs·er·klä·rung *die*; e-e Erklärung (3), in der die Regierung ihre Ziele od. ihre Haltung zu aktuellen Fragen darlegt

re·gie·rungs·fä·hig *Adj*; *ohne Steigerung*, *nicht adv*; ⟨e-e Koalition⟩ so, dass sie im Parlament die Mehrheit hat

Re·gie·rungs·prä·si·dent *der*; Ⓓ j-d, der e-n Regierungsbezirk leitet

Re·gie·rungs·rat *der*; **1** Ⓓ ein ziemlich hoher Beamter in der Verwaltung **2** Ⓒⓗ die Regierung (1) e-s Schweizer Kantons **3** Ⓒⓗ ein Mitglied im R. (2)

Re·gie·rungs·sitz *der*; die Stadt od. das Gebäude, in denen die Regierung ihren Sitz (3) hat

Re·gime [re'ʒiːm] *das*; *-s*, - [-mə] / *-s*; *oft pej*; verwendet, um *bes* Regierungen zu bezeichnen, die nicht demokratisch sind ⟨ein autoritäres, undemokratisches, diktatorisches R.; unter dem R. des Dikta-

R

tors⟩ || K-: ***Regime-, -gegner, -kritiker*** || -K: ***Militär-, Nazi-, Terror-, Willkür-***

Re·gi·ment *das*; -*(e)s*, -*er*; **1** *Mil*; e-e ziemlich große militärische Einheit (die aus mehreren Bataillonen besteht) || K-: ***Regiments-, -arzt, -kommandeur*** || -K: ***Artillerie-, Infanterie-*** **2** ***ein strenges / hartes R. führen*** gegenüber anderen sehr streng sein (*z.B.* als Familienoberhaupt, Firmenchef *o.Ä.*) || ID *mst* ⟨die Mutter⟩ ***führt ein eisernes R.*** *gespr*; die Mutter achtet in der Familie streng auf Ordnung u. Disziplin

Re·gi·on [re'gio:n] *die*; -, -*en*; **1** ein ziemlich großes Gebiet mit bestimmten typischen Merkmalen ⟨die arktische, tropische R.⟩ **2** ≈ Bezirk, Bereich || ID ***in höheren Regionen schweben*** *mst iron*; sich so sehr mit seinen Ideen u. Fantasien beschäftigen, dass man nicht mehr an die Wirklichkeit denkt || *zu* **1 re·gi·o·nal** *Adj*

-re·gi·on [-regio:n] *die*; *im Subst, nicht produktiv*; verwendet, um e-n (nicht genau begrenzten) Teil des Körpers zu bezeichnen; ***Beckenregion, Magenregion, Schulterregion***

Re·gi·o·nal·bahn *die*; Ⓓ ein Nahverkehrszug

Re·gi·o·nal·ex·press *der*; Ⓓ ein Nahverkehrszug

Re·gi·o·nal·pro·gramm *das*; ein Fernsehprogramm, das speziell für e-e bestimmte Region gesendet wird

Re·gis·seur [reʒɪ'sø:ɐ] *der*; -*s*, -*e*; j-d, der in e-m Theater-, Fernsehstück od. e-m Film den Schauspielern sagt, wie sie ihre Rolle spielen sollen || *hierzu* **Re·gis·seu·rin** *die*; -, -*nen* || ► ***Regie***

Re·gis·ter *das*; -*s*, -; **1** e-e alphabetische Liste von Wörtern am Ende e-s Buches *o.Ä.*, die angibt, auf welcher Seite im Buch ein Begriff behandelt wird ≈ Index ⟨im R. nachsehen, etw. im R. suchen, finden⟩ || K-: ***Register-, -auszug, -band*** || -K: ***Autoren-, Namen-, Orts-, Personen-, Sach-, Stichwort-*** **2** ein Buch od. e-e Liste (in e-m Amt) mit wichtigen Informationen ⟨ein amtliches, kirchliches R.⟩ || -K: ***Geburten-, Handels-, Standesamts-, Sterbe-, Straf-*** **3** *Mus*; e-e Gruppe von Pfeifen od. Tasten (*z.B.* bei e-r Orgel od. e-m Keyboard), mit denen man besondere Klänge erzeugen kann || ↑ *Abb. unter* **Akkordeon** || ID ***alle R. ziehen*** mit allen Mitteln versuchen, sein Ziel zu erreichen

Re·gis·tra·tur *die*; -, -*en*; der Ort, an dem Akten, Urkunden, Briefe in e-r Behörde *o.Ä.* aufbewahrt werden

re·gis·trie·ren; *registrierte, hat registriert*; [Vt] **1** ***j-n / etw. r.*** Namen od. Zahlen in e-e (*mst* amtliche) Liste schreiben ≈ erfassen (2) ⟨j-s Namen r.; Besucher, Einwohner r.⟩ **2** ***etw. r.*** ≈ bemerken[1] (2): *Das Kind registriert einfach alles* **3** ***etw. registriert etw.*** etw. misst etw. u. zeichnet es auf: *Der Seismograph registriert die Stöße, die bei e-m Erdbeben auftreten*

Reg·le·ment [reglə'mã:] *das*; -*s*, -*s*; *geschr*; die Regeln u. Vorschriften *bes* beim Sport ⟨gegen das R. verstoßen, sich an das R. halten⟩

reg·le·men·tie·ren; *reglementierte, hat reglementiert*; [Vt] ***etw. r.*** *geschr*; etw. durch *mst* sehr genaue u. strenge Vorschriften regeln || *hierzu* **Reg·le·men·tie·rung** *die*

Reg·ler *der*; -*s*, -; der Teil bei e-m Gerät, mit dem man die Lautstärke, Temperatur, Frequenz *o.Ä.* steuern kann || -K: ***Helligkeits-, Kontrast-, Lautstärke-***

reg·los *Adj*; *ohne Steigerung* ≈ regungslos

reg·nen; *regnete, hat geregnet*; [Vimp] **1** ***es regnet*** es fällt Regen zur Erde ⟨es regnet leicht, stark, heftig, in Strömen⟩ **2** ***es regnet etw.*** (*Pl*) etw. fällt in großen Mengen herunter: *Im Karneval regnet es Konfetti* **3** ***es regnet etw.*** (*Pl*) *gespr*; j-d bekommt etw. in großen Mengen ≈ es hagelt etw.: *Es regnete Anfragen*

reg·ne·risch *Adj*; ⟨ein Wetter; ein Tag⟩ mit viel Regen

Re·gress *der*; -*es*, -*e*; *Jur*; der Rückgriff *z.B.* von e-r Firma, die für e-n Schaden verantwortlich gemacht wird, auf e-e andere Firma (*z.B.* e-n Zulieferer), der den Schaden eigentlich verursacht hat: *Sollte uns durch Ihre Lieferverzögerung Schaden entstehen, werden wir R. nehmen / fordern* || K-: ***Regress-, -anspruch, -forderung, -klage*** || *hierzu* **re·gress·pflich·tig** *Adj*

reg·sam *Adj*; *geschr* ≈ rege (2)

re·gu·lär *Adj*; **1** bestimmten Normen, Regeln, Vorschriften *o.Ä.* entsprechend ↔ irregulär ⟨Öffnungszeiten, Arbeitszeiten, e-e Ausbildung, ein Vertrag⟩ **2** ***der reguläre Preis*** der normale, nicht herabgesetzte Preis

re·gu·la·tiv [-f] *Adj*; *geschr*; ⟨ein Faktor; e-e Funktion⟩ so, dass sie steuernd od. ausgleichend auf e-n Sachverhalt einwirken

Re·gu·la·tor *der*; -*s*, *Re·gu·la·to·ren*; *geschr* ≈ Regler

re·gu·lie·ren; *regulierte, hat reguliert*; [Vt] **1** ***etw. r.*** etw. so ändern, wie man es für bestimmte Zwecke haben will ⟨die Temperatur, e-e Maschine, e-n Flusslauf, die schiefen Zähne e-s Kindes r.⟩; [Vr] **2** ***etw. reguliert sich*** (***selbst***) etw. regelt sich von selbst || *hierzu* **Re·gu·lie·rung** *die*

Re·gung *die*; -, -*en*; *geschr*; **1** e-e leichte Bewegung **2** ein Gefühl, das man plötzlich empfindet || -K: ***Gefühls-***

re·gungs·los *Adj*; *ohne Steigerung*; **1** ⟨j-s Gesichtsausdruck⟩ so, dass er keine Gefühle zeigt **2** *mst adv*; ohne jede Bewegung: *Die Katze sitzt r. vor dem Mauseloch* || *hierzu* **Re·gungs·lo·sig·keit** *die*; *nur Sg*

Reh [re:] *das*; -*(e)s*, -*e* ['re:ə]; ein Tier mit braunem Fell u. Hufen, das im Wald lebt ⟨ein scheues Reh⟩ || K-: ***Reh-, -bock***; ***-braten, -keule***; ***reh-, -braun***

re·ha·bi·li·tie·ren; *rehabilitierte, hat rehabilitiert*; [Vt] **1** *mst* ***j-d wird rehabilitiert*** *geschr*; j-s Ruf wird (*z.B.* nach e-m falschen Urteil, nach e-m Skandal) wiederhergestellt **2** ***j-n r.*** *Med*; j-m, der lange krank od. verletzt war, helfen, wieder gesund zu werden; [Vr] **3** ***sich r.*** *geschr*; (nach e-m Fehler, e-r sehr schlechten Leistung *o.Ä.*) durch besondere Leistungen sein Ansehen wiederherstellen || *hierzu* **Re·ha·bi·li·tie·rung** *die*; **Re·ha·bi·li·ta·ti·on** *die*; -, -*en*

Reh·kitz *das*; ein junges Reh

Rei·bach *der*; *mst in* (***den großen***) ***R. machen*** *gespr*, *oft pej*; viel Geld mit etw. verdienen

Rei·be *die*; -, -*n* ≈ Reibeisen

Reib·ei·sen *das*; **1** ein Gerät aus Metall od. Plastik mit e-r rauen Oberfläche, mit dem man etw. in sehr kleine Stücke reibt ≈ Raspel, Reibe ⟨Äpfel, Käse, Möhren, Schokolade mit e-m R. zerkleinern⟩ **2** ***wie ein R.*** sehr rau ⟨Haut, e-e Stimme⟩

Rei·be·ku·chen *der*; *bes nordd* ≈ Kartoffelpuffer

rei·ben; *rieb, hat gerieben*; [Vt] **1** ***etw.*** (***an etw.*** (*Dat*)) ***r.*** etw. fest auf etw. anderes drücken u. es dabei hin u. her bewegen: *Die Katze rieb ihren Kopf an meinem Bein* **2** ***sich*** (*Dat*) ***etw. r.*** mit der Hand an e-m Körperteil r. (1) ⟨sich die Nase, die Augen r.⟩ **3** ***etw. irgendwie r.*** Schmutz *o.Ä.* von etw. entfernen, indem man es reibt (1) ⟨e-n Tisch, das Fenster sauber, trocken r.⟩ **4** ***etw. aus / von etw. r.*** etw. von irgendwo durch Reiben (1) entfernen: *Sie rieb e-n Fleck aus / von ihrem Rock* **5** ***etw. r.*** etw. mit e-m Reibeisen zu sehr kleinen Stücken machen ≈ raspeln ⟨Kartoffeln, Äpfel r.⟩; [Vi] **6** ***etw. reibt*** ≈ etw. kratzt: *Die neue Jeans reibt ein bisschen*; [Vr] **7** ***sich*** (***an j-m / etw.***) ***r.*** *gespr*; sich über j-n / etw. ärgern u. seinen Ärger auch zeigen

R

Rei·be·rei *die*; -, *-en*; *mst Pl*; ein kleiner Streit (*mst* um unwichtige Dinge) ≈ Streiterei(en): *Zwischen den beiden kommt es ständig zu Reibereien*

Rei·bung *die*; -, *-en*; *Phys*; die Kraft, die entsteht, wenn ein Körper auf e-n anderen drückt u. dabei bewegt wird: *R. erzeugt Wärme* || K-: ***Reibungs-, -elektrizität, -fläche, -kraft, -wärme, -widerstand***

rei·bungs·los *Adj*; ohne Probleme ⟨der Ablauf e-r Veranstaltung; etw. verläuft r., läuft r. ab⟩

reich *Adj*; **1** *nicht adv*; mit viel Geld od. Besitz ≈ vermögend ↔ arm (1): *Er ist so reich, dass er sich ein Schloss kaufen konnte* **2** mit großem Aufwand ≈ prächtig ⟨e-e Ausstattung im Theater, ein Gewand; etw. ist r. verziert⟩ || K-: ***reich gedeckt, reich geschmückt*** **3** in großer Menge vorhanden ⟨Beute, Auswahl⟩ **4** ***r. an etw.*** (*Dat*) ***sein*** sehr viel von etw. haben ↔ arm an etw. (*Dat*) sein: *Alaska ist r. an Bodenschätzen*; *Er ist r. an Erfahrungen*

Reich *das*; -(*e*)*s*, *-e*; **1** das (*mst* große) Gebiet, in dem ein König, Kaiser, Diktator *o.Ä.* herrscht: *das R. Karls des Großen*; *das Römische R.* || -K: ***Kaiser-, König-***; ***Welt-*** **2** ***das R.*** + *Gen* ein bestimmter Teil der gedanklichen od. realen Welt ⟨das R. der Träume, der Fantasie, der Musik⟩ || -K: ***Märchen-, Traum-*** **3** ***das Deutsche R.*** *hist*; **a**) verwendet als inoffizielle Bezeichnung für den deutschen Staat vor 1806; **b**) verwendet als offizielle Bezeichnung für den deutschen Staat von 1871 bis 1945 || K-: ***Reichs-, -deutsche(r), -gebiet, -grenze, -mark, -pfennig, -post, -präsident, -regierung*** **4** ***das Dritte R.*** *hist*; die Zeit des Nationalsozialismus in Deutschland von 1933 bis 1945 **5** ***das tausendjährige R.*** verwendet als ironische Bezeichnung für das Dritte R. (4) **6** ***das R. der Mitte*** verwendet als Bezeichnung für China **7** ***j-s R.*** *gespr*; der Bereich, in dem man nicht gestört werden will u. den man liebt ⟨sein eigenes kleines R. haben⟩

-reich *im Adj*, *sehr produktiv*; mit e-r großen Menge von der genannten Sache ↔ -arm; ***fettreich, kalorienreich, vitaminreich*** ⟨e-e Kost⟩; ***nährstoffreich, sauerstoffreich*** ⟨ein Boden⟩; ***niederschlagsreich*** ⟨e-e Gegend⟩, ***schneereich*** ⟨ein Winter⟩; ***ideenreich*** ⟨ein Mensch⟩

Rei·che *der / die*; *-n, -n*; *mst Pl*; j-d, der sehr reich (1) ist ↔ Arme(r) || NB: *ein Reicher*; *der Reiche*; *den, dem, des Reichen*

rei·chen; *reichte, hat gereicht*; [Vt] *geschr*; **1** ***j-m etw. r.*** ≈ j-m etw. geben: *Können Sie mir bitte das Buch r.?* **2** ***etw. r.*** etw. servieren: *nach dem Essen Tee u. Kaffee r.*; [Vi] **3** ***j-d / etw. reicht bis*** + *Präp* + *Subst* j-d / etw. kommt (von der Länge, Breite, Größe *o.Ä.* her) bis zu e-m bestimmten Punkt: *Der Mantel reichte ihr bis über die Knie*; *Mein Sohn reicht mir schon bis zur Schulter* **4** ***irgendwohin r.*** etw. mit der Hand erreichen können ≈ hinreichen **5** ***etw. reicht*** (***j-m***); ***etw. reicht*** (***für j-n / etw.***) etw. ist genug für j-n / etw. ≈ etw. genügt, etw. reicht aus: *Unser Geld reicht nicht für e-e teure Wohnung*; *Du kriegst nur ein Stück Kuchen - das reicht für dich!* (= auch wenn du mehr haben willst, du bekommst es nicht) || ID ***Mir reichts***; ***Jetzt reichts mir!*** *gespr*; ich habe jetzt keine Lust mehr

reich·hal·tig *Adj*; mit vielen Dingen, unter denen man wählen kann ⟨e-e Auswahl, e-e Speisekarte, ein Angebot⟩

reich·lich *Adj*; **1** mehr als genug od. üblich: *Er gab dem Kellner ein reichliches Trinkgeld*; *Wir haben noch r. Zeit* || NB: Vor e-m Subst. ohne Artikel ist *r.* indeklinabel: *Ich habe r. Kleingeld* **2** relativ groß (od. fast zu groß): *Der Mantel ist r. für ihn* **3** ein bisschen mehr als: *Er kam erst nach e-r reichlichen Stunde wieder*; *Das dauert r. zwei Tage* **4** *nur adv*, *gespr*; verwendet um Adjektive u. Verben zu verstärken ≈ ziemlich, sehr: *Sie kommt immer r. spät*

Reichs·bahn *die*; *nur Sg*; ***die*** (***Deutsche***) ***R.*** die staatliche Eisenbahn im Deutschen Reich (3) u. der ehemaligen DDR; *Abk* DR

Reichs·kanz·ler *der*; (*Pol*) *hist*; **1** (1871-1918) der höchste Beamte der Regierung, der vom Kaiser ernannt wurde **2** (1919-1933) der Vorsitzende der Regierung des Deutschen Reiches **3** (1933-1945) der diktatorische Führer im Dritten Reich

Reichs|kris·tall·nacht *die*; ↑ ***Kristallnacht***

Reichs·tag *der*; *nur Sg*; **1** das Parlament im Deutschen Reich (3) u. manchen anderen europäischen Staaten ⟨der dänische, finnische, schwedische R.⟩ **2** das Gebäude, in dem sich der R. (1) versammelt

Reich·tum *der*; *-s*, *Reich·tü·mer*; **1** e-e große Menge Geld od. Besitz ↔ Armut ⟨(sich (*Dat*)) R. erwerben; zu R. kommen⟩ **2** ***R.*** (***an etw.*** (*Dat*)) *nur Sg*; e-e große Menge von etw.: *sein R. an Erfahrungen*; *der R. Sibiriens an Bodenschätzen* || -K: ***Einfalls-, Erfahrungs-, Ideen-, Farben-, Formen-***

reif *Adj*; *nicht adv*; **1** ⟨Tomaten; Obst: Äpfel, Birnen, Pflaumen *usw*; Getreide: Weizen, Roggen, Gerste, Hafer *usw*⟩ so weit entwickelt, dass man sie ernten (u. essen) kann ↔ unreif, grün (2) **2** so lange gelagert, dass der Geschmack gut ist ⟨Käse, Wein, Cognac⟩ **3** so vernünftig, wie man es von e-m Erwachsenen erwartet ↔ unreif ⟨e-e Frau, ein Mann⟩: *Ihr Sohn ist sehr r. für sein Alter* **4** klug u. vernünftig gedacht od. gemacht ⟨ein Urteil; ein Kunstwerk, e-e Idee; e-e Leistung, e-e Arbeit⟩ **5** ***für etw. r. sein*** etw. dringend benötigen: *Wir sind r. für e-n Urlaub* **6** ***körperlich r.*** ≈ geschlechtsreif || ID ↑ ***Insel***

Reif[1] *der*; -(*e*)*s*; *nur Sg*; e-e dünne weiße Schicht Eis, die *bes* auf Gras u. Zweigen entsteht, wenn es nachts sehr kalt ist (auch wenn kein Schnee liegt) || K-: ***Reif-, -bildung*** || -K: ***Früh-, Morgen-, Nacht-***

Reif[2] *der*; -(*e*)*s*, *-e*; ein kreisförmiges Schmuckstück, das *bes* Frauen am Handgelenk od. am Unterarm tragen || -K: ***Arm-***

-reif *im Adj*, *begrenzt produktiv*; **1** drückt aus, dass j-d das im ersten Wortteil Genannte dringend braucht od. verdient; ***erholungsreif, pensionsreif, urlaubsreif*** **2** drückt aus, dass j-d / etw. für das im ersten Wortteil Genannte gut genug od. weit genug entwickelt ist; ***druckreif*** ⟨e-e Äußerung⟩, ***olympiareif*** ⟨e-e Leistung⟩, ***pflückreif*** ⟨Obst⟩, ***serienreif*** ⟨ein Prototyp⟩ **3** *oft iron*; drückt aus, dass etw. sehr alt od. in schlechtem Zustand ist; ***abbruchreif*** ⟨ein Haus⟩, ***museumsreif*** ⟨ein Modell⟩, ***schrottreif*** ⟨ein Auto⟩

Rei·fe *die*; -; *nur Sg*; **1** der Zustand, in dem j-d / etw. reif (3,6) ist ↔ Unreife ⟨j-s geschlechtliche, körperliche, geistige, politische, sittliche R.⟩: *Für diese Aufgabe fehlt ihm die nötige R.* || -K: ***Geschlechts-*** **2** der Zustand, in dem etw. reif (1) ist: *Diese Traubensorte erreicht ihre R. im Oktober* || K-: ***Reife-, -dauer, -zeit*** **3** Ⓓ (***die***) ***mittlere R.*** der Abschluss, den man nach Bestehen der letzten Klasse in der Realschule od. der 10. Klasse im Gymnasium hat ↔ Abitur ⟨(die) mittlere R. machen, haben⟩

rei·fen; *reifte, ist gereift*; [Vi] **1** ***etw. reift*** etw. wird reif (1,2) ⟨Obst, Getreide, Käse, Wein⟩ **2** ***j-d reift*** j-d wird reif (3): *Hans ist in den letzten Jahren sehr gereift* **3** ***etw. reift in j-m*** etw. entwickelt sich in j-s Gedanken ⟨ein Plan, ein Entschluss⟩

Rei·fen *der*; *-s*, -; **1** e-e Art dickes Band aus Gummi, das beim Auto, Fahrrad *usw* um das Rad liegt u. mit Luft gefüllt ist ⟨den R. aufpumpen, flicken, wechseln; abgefahrene Reifen⟩: *An seinem Fahrrad ist ein R. geplatzt*; *Die Reifen des Autos quietschten, als er um die Ecke fuhr* || ↑ *Abb. unter* ***Auto***, ***Fahrrad*** || K-: ***Reifen-, -panne, -profil, -schaden,***

-wechsel || -K: ***Auto-, Fahrrad-; Gummi-, Reserve-; Sommer-, Winter-*** **2** ein festes Band aus Eisen, Gummi, Holz, Metall *o.Ä.*, das die Form e-s Kreises hat || -K: ***Fass-; Eisen-, Gummi-, Holz-, Metall-***

Rei·fe·prü·fung *die; Admin geschr* ≈ Abitur

Rei·fe·zeug·nis *das; Admin geschr* ≈ Abiturzeugnis

reif·lich *Adj; nur attr od adv*; sehr genau ⟨nach reiflicher Überlegung; etw. r. bedenken, überlegen⟩

Rei·gen *der; -s, -*; ein Tanz im Kreis mit Gesang || ID ***etw. eröffnet / schließt den R.*** *geschr*; etw. bildet den Anfang / Schluss von etw. (*mst* e-r Feier)

Reih *nur in* ***in Reih u. Glied*** in e-r genau festgelegten Ordnung ⟨in Reih u. Glied stehen, antreten⟩

Rei·he ['raiə] *die; -, -n*; **1** ***e-e R.*** (***von*** + *Subst* (*Pl*)) mehrere Dinge od. Menschen, die nebeneinander od. hintereinander in e-r Linie stehen ⟨e-e R. von Bäumen, von Häusern; Personen stehen in e-r R., bilden e-e R., stellen sich in e-r R. auf⟩ || -K: ***Baum-, Häuser-, Menschen-, Sitz-, Stuhl-*** **2** ***e-e R.*** + *Gen* / ***von j-m / etw.*** (*Pl*) e-e ziemlich große Zahl od. Menge von Personen / Sachen: *Nach e-r R. von Jahren haben wir uns wiedergesehen; E-e ganze R. (von) Untersuchungen ist nötig, um das Problem zu lösen* || NB: Wenn *e-e Reihe* als unbestimmte Zahlangabe verwendet wird, steht das Verb *mst* im Singular: *Eine Reihe von Kindern war krank* **3** *oft Pl; mst* ***in ihre(n) Reihen*** als Teil e-r Gruppe von Menschen: *Sie nahmen ihn in ihre Reihen auf; Wir haben e-n Verräter in unseren Reihen* **4** e-e Zahl von Veröffentlichungen, Sendungen *o.Ä.*, die zusammen e-e Einheit bilden: *e-e neue R. über Sprachprobleme* || -K: ***Buch-, Fernseh-, Schriften-, Taschenbuch-, Veranstaltungs-, Vortrags-*** **5** ***j-d ist an der R. / kommt an die R.; die R. ist an j-m*** *gespr*; j-d ist der Nächste, der bedient, behandelt wird od. der etw. tun darf od. muss ≈ dran sein, drankommen: *Jetzt bin ich an der R.!* **6** ***der R. nach*** einer nach dem anderen: *sich der R. nach an der Kasse anstellen* **7** ***außer der R.*** als Ausnahme (innerhalb des normalen Ablaufs): *Weil er heftige Schmerzen hatte, nahm ihn der Arzt außer der R. dran* || ID ***aus der R. tanzen*** anders sein als allgemein üblich od. erwartet; ***etw. auf die R. kriegen*** *gespr*; **a)** etw. verstehen; **b)** mit e-m Problem *o.Ä.* fertig werden

rei·hen; *reihte, hat gereiht*; [Vt] **1** ***etw.*** (*Pl*) (***auf etw.*** (*Akk*)) ***r.*** gleiche od. ähnliche Dinge so zusammenbringen, dass e-e Reihe (1) entsteht: *Perlen auf e-e Schnur r.*; [Vr] **2** ***etw. reiht sich an etw.*** (*Akk*) etw. folgt (in e-r bestimmten Ordnung) auf etw.: *Ein schönes Erlebnis reihte sich an das andere*

Rei·hen·fol·ge *die*; die (zeitliche) Ordnung, nach der Dinge od. Handlungen aufeinander folgen ⟨e-e geänderte, umgekehrte R.; die R. ändern; in alphabetischer R.⟩

Rei·hen·haus *das*; ein Haus (*mst* für eine Familie) in e-r Reihe von (gleichen) aneinander gebauten Häusern ↔ Einfamilienhaus, Doppelhaus(hälfte) ⟨in e-m R. wohnen⟩

Rei·hen·un·ter·su·chung *die*; e-e ärztliche Untersuchung vieler Personen od. bestimmter Gruppen von Personen, die *mst* vom Staat angeordnet wird ⟨e-e R. anordnen; an e-r R. teilnehmen⟩

Rei·her *der; -s, -*; ein *mst* grauer Vogel mit langen Beinen u. e-m langen Schnabel, der am Wasser lebt u. Frösche u. Fische fängt || -K: ***Fisch-; Grau-***

-rei·hig *im Adj, wenig produktiv*; mit der genannten Zahl von Reihen (1); ***zweireihig, dreireihig, vierreihig*** *usw*

reih·um *Adv*; von einem zum anderen, einer nach dem anderen ⟨etw. r. gehen lassen, geben; r. fragen, blicken⟩: *Der Lehrer ließ das Bild in der Klasse r. gehen*

Reim *der; -(e)s, -e*; **1** der gleiche (od. ähnliche) Klang von Wörtern od. Silben am Ende von zwei od. mehr Zeilen e-s Gedichts || K-: ***Reim-, -paar, -schema, -wort*** **2** ein kurzes Gedicht mit Wörtern, die sich reimen ⟨ein lustiger R.⟩ || -K: ***Kinder-*** **3** ***ein männlicher / weiblicher R.*** ein R. (1), dessen letzte Silbe betont / unbetont ist || ID ***sich*** (*Dat*) ***keinen R. auf etw.*** (*Akk*) ***machen können*** *gespr*; etw. nicht verstehen

rei·men; *reimte, hat gereimt*; [Vt] **1** ***etw.*** (***auf etw.*** (*Akk*)) ***r.*** ein Wort verwenden, das am Ende genauso klingt wie ein anderes Wort: *in e-m Lied „Herz" auf „Schmerz" r.*; [Vr] **2** ***etw. reimt sich*** (***auf etw.*** (*Akk*) / ***mit etw.***) etw. klingt am Ende genauso wie ein anderes Wort: *„Sonne" reimt sich auf „Wonne"*

rein[1] *Adj*; **1** nicht mit anderen Stoffen gemischt ≈ pur ⟨Gold, Silber, Alkohol, Baumwolle; chemisch r.⟩: *Das Kleid ist aus reiner Seide* **2** nicht mit anderen Tönen od. Farben gemischt ⟨ein Blau, ein Ton; r. weiß⟩ **3** sehr klar ⟨ein Klang, e-e Stimme⟩: *etw. klingt r.; j-d singt r.* **4** ohne Akzent ≈ akzentfrei ⟨e-e Aussprache⟩: *ein reines Französisch sprechen* **5** ganz sauber ⟨ein Hemd, Wäsche; Luft, Wasser⟩ **6** ohne schlechte Gedanken (*bes* sexueller Art) ≈ unschuldig ↔ verdorben ⟨Gedanken, e-e Liebe; ein reines Herz haben⟩ **7** *nur attr od adv, gespr*; nichts anderes als ≈ pur: *Es war der reine Zufall, dass wir uns heute getroffen haben; Dieser Antrag ist e-e reine Formalität* **8** *mst* ***etw. ist der / die / das reinste*** + *Subst, gespr, oft iron od hum*; verwendet, um e-e Aussage zu verstärken: *Im Vergleich zu Joggen ist Arbeiten die reinste Erholung; Das ist der reinste Wahnsinn!* || ID ***etw. ins Reine bringen*** etw. in Ordnung bringen; ***mit j-m / etw. ins Reine kommen*** Probleme, die man mit j-m / etw. hat, lösen; ***mit sich*** (***selbst***) ***ins Reine kommen*** sich darüber klar werden, was man will; ***etw. ins Reine schreiben*** etw. noch einmal schreiben, damit es schön u. sauber ist ⟨e-n Aufsatz, e-n Brief ins Reine schreiben⟩ || NB: ↑ ***Gewissen*** || *zu* **1-6** **Rein·heit** *die; nur Sg*

rein[2] *Adv; gespr*; ↑ ***hinein, herein***

rein[3] *Partikel; betont u. unbetont*; **1** verwendet, um auszudrücken, dass etw. ausschließlich im genannten Sinne erfolgt (ist): *r. gefühlsmäßig handeln; Das ist ein r. privates Gespräch* **2** verwendet, um e-e Aussage zu verstärken: *Sie glaubt mir r. gar nichts; Es ist r. zum Verzweifeln mit ihm!*

> **rein wa·schen** (*hat*) [Vt] ***j-n / sich*** (***von etw.***) ***r. w.*** beweisen, dass ein Verdacht (der einen selbst betrifft), nicht richtig ist ⟨sich von e-m Verdacht, von e-r Anschuldigung r. w.⟩

rein- *im Verb, sehr produktiv, gespr*; ↑ ***hinein-, herein-***

rein·bei·ßen (*hat*) [Vi] *gespr* ≈ hineinbeißen || ID ***zum R. ausschauen / aussehen / sein*** *gespr*; attraktiv aussehen

Rei·ne·ma·chen *das; -s; nur Sg; nordd*; das Saubermachen von Räumen, Fußböden *o.Ä.*: *Heute ist großes R.* || *hierzu* **Rei·ne·ma·che·frau** *die*

Rein·er·lös *der* ≈ Reingewinn

Rein·er·trag *der* ≈ Reingewinn

Rein·fall *der; nur Sg, gespr* ≈ Enttäuschung, Misserfolg ⟨(mit etw.) e-n R. erleben⟩: *Die Party war der größte R.*

Rein·ge·winn *der*; das Geld, das als Gewinn bleibt, nachdem man die Steuern u. die eigenen Kosten gezahlt hat

rein·hän·gen; *hängte rein, hat reingehängt*; [Vt] **1** ***etw. irgendwo r.*** *gespr* ≈ hineinhängen; [Vr] **2** ***sich*** (***in***

etw. (*Akk*)) ***r.*** *gespr*; sich stark bei e-r Sache engagieren

rein·hau·en; *haute rein, hat reingehauen*; *gespr*; [Vi] **1** ***j-m ein paar / eine r.*** j-m ins Gesicht schlagen; [Vi] **2** (***ordentlich***) ***r.*** viel essen **3** ***etw. haut rein*** etw. zeigt große Wirkung

Rein·heits·ge·bot *das*; Ⓓ ein Gesetz aus dem Jahr 1516, das bestimmt, dass man nur Gerste, Hopfen u. Wasser nehmen darf, um Bier herzustellen

rei·ni·gen; *reinigte, hat gereinigt*; [Vt] ***etw. r.*** Schmutz von etw. entfernen ≈ säubern ⟨die Nägel, e-e Wunde r.; die Kleider (chemisch) r. lassen; e-n Anzug zum Reinigen bringen⟩

Rei·ni·ger *der*; *-s, -*; ein chemisches Mittel, mit dem man Dinge sauber machen kann ≈ Reinigungsmittel || -K: ***Bad-, Flecken-, WC-***

Rei·ni·gung *die*; *-, -en*; **1** *nur Sg*; der Vorgang, bei dem man etw. sauber macht || K-: ***Reinigungs-, -kraft, -mittel*** **2** ein Betrieb, in dem Kleider *usw* (chemisch) gereinigt werden ⟨etw. in die R. bringen⟩

Re·in·kar·na·ti·on [re|ınkarna'tsio:n] *die*; *-, -en*; die Wiedergeburt in e-m anderen Körper nach dem Tod: *Buddhisten glauben an die R.*

Rein·kul·tur *die*; *nur in Subst +* ***in R.*** *gespr*; in hohem Maße ⟨Kitsch in R.⟩

rein·lich *Adj*; **1** *nicht adv*; mit dem Willen, alles sauber zu halten ⟨Menschen, Tiere⟩: *Katzen sind reinliche Tiere* **2** *veraltend* ≈ sauber || *hierzu* **Rein·lich·keit** *die*; *nur Sg*; **rein·lich·keits·lie·bend** *Adj*

Rein·ma·chen *das*; ↑ ***Reinemachen*** || *hierzu* **Rein·ma·che·frau** *die*

rein·ras·sig *Adj*; *nicht adv*; ⟨Tiere: ein Hund, ein Pferd, e-e Katze *usw*⟩ so, dass beide Eltern von derselben Rasse sind || *hierzu* **Rein·ras·sig·keit** *die*; *nur Sg*

Rein·schrift *die*; die endgültige, sauber geschriebene Form e-s Textes ⟨e-e R. machen; in R.⟩

rein·wür·gen (*hat*) *gespr*; [Vi] ***j-m eine / eins r.*** j-n absichtlich in e-e unangenehme Situation bringen

rein·zie·hen (*hat / ist*) *gespr*; [Vt] (*hat*) **1** ***j-n / etw.*** (***in etw.*** (*Akk*)) ***r.*** j-n / etw. von draußen nach irgendwo drinnen ziehen (1): *Der Fuchs zog das Huhn in seinen Bau rein* **2** ***j-n in etw.*** (*Akk*) (***mit***) ***r.*** ≈ hineinziehen (2) **3** ***sich*** (*Dat*) ***etw. r.*** etw. konsumieren: *sich e-n Film, ein Video r.*; [Vi] (*ist*) **4** ***etw. zieht*** (***von etw. in etw.*** (*Akk*)) ***rein*** etw. zieht von draußen nach irgendwo drinnen: *Der Rauch zieht vom Wohnzimmer ins Schlafzimmer rein*

R

Reis *der*; *-es*; *nur Sg*; **1** e-e (Getreide)Pflanze, die man in warmen Ländern auf nassen Feldern anbaut ⟨R. anbauen, pflanzen, ernten⟩ || K-: ***Reis-, -ernte, -feld, -korn, -pflanze*** **2** die gelbweißen, länglichen Körner des Reises (1), die man in Wasser kocht u. essen kann ≈ Reiskorn ⟨(un)geschälter, polierter R.; R. kochen⟩ || K-: ***Reis-, -auflauf, -gericht, -mehl, -schnaps, -suppe, -wein*** || -K: ***Milch-; Natur-; Langkorn-, Rundkorn-***

Rei·se *die*; *-, -n*; **1** ***e-e R.*** (***irgendwohin***) e-e *mst* lange Fahrt (mit dem Auto, Schiff, Flugzeug *o.Ä.*) von einem Ort zum anderen ⟨auf e-r R.; e-e weite, lange, große, kurze, kleine, angenehme, interessante R.; e-e R. buchen, antreten, machen; seine R. unterbrechen; von e-r R. zurückkehren, erzählen; e-e R. ans Meer, um die Welt; j-m e-e gute R. wünschen; gute R.!⟩: *Wohin geht die R.?* || K-: ***Reise-, -abenteuer, -andenken, -antritt, -begleiter, -bericht, -beschreibung, -bus, -erlebnis, -gefährte, -gepäck, -koffer, -pläne, -prospekt, -proviant, -route, -scheck, -spesen, -tasche, -tipp, -unterlagen, -vorbereitungen, -ziel*** || -K: ***Auto-, Bahn-, Bus-, Flug-, Schiffs-; Bildungs-, Dienst-, Entdeckungs-, Ferien-, Forschungs-, Geschäfts-, Hochzeits-, Pilger-, Urlaubs-, Vergnügungs-, Vortrags-; Auslands-, Welt-; Afrika-, Italien-, Wien-*** *usw*; ***Gruppen-*** || NB: *e-e R.* <u>*nach*</u> verwendet man, wenn der Orts- od. Ländername ohne Artikel gebraucht wird: *e-e R. nach Frankreich, Athen usw*; wenn der bestimmte Artikel beim Ländernamen verwendet wird, sagt man *e-e R.* <u>*in*</u>: *e-e R. in die USA* **2** ***auf Reisen sein*** *geschr*; e-e R. (1) machen ≈ verreist sein **3** ***auf Reisen gehen*** *geschr* ≈ verreisen **4** ***auf der R.*** ≈ unterwegs: *Wir haben auf der R. viele Leute kennen gelernt* || ID ***Wenn einer / j-d e-e R. tut, so kann er was erzählen*** wenn j-d e-e R. (1) macht, dann erlebt er viel u. lernt viel Neues kennen || NB: ↑ ***Ausflug, Fahrt***

Rei·se·apo·the·ke *die*; verschiedene medizinische Mittel, die man auf e-e Reise mitnimmt

Rei·se·be·kannt·schaft *die*; j-d, den man auf e-r Reise kennen gelernt hat

Rei·se·bü·ro *das*; ein Geschäft, in dem man Reisen (u. alles, was dazu gehört) buchen u. kaufen kann

Rei·se·fie·ber *das*; das Gefühl der Nervosität vor e-r Reise ⟨j-n packt das R.⟩

Rei·se·füh·rer *der*; **1** ein Buch, das über alles informiert, was in e-m Land od. in e-r Stadt (für den Touristen) wichtig ist: *ein zuverlässiger R.* **2** ≈ Reiseleiter || *zu* **2** **Rei·se·füh·re·rin** *die*

Rei·se·ge·sell·schaft *die* ≈ Reisegruppe

Rei·se·grup·pe *die*; e-e Gruppe von Menschen, die miteinander e-e Reise machen, die *mst* von e-m Reisebüro organisiert worden ist

Rei·se·ka·der *der*; *hist* (*DDR*); ein Funktionär, Wissenschaftler, Sportler *o.Ä.* mit der Erlaubnis, regelmäßig ins (westliche) Ausland zu reisen

Rei·se·land *das*; ein Land, in dem viele Menschen Urlaub machen ≈ Urlaubsland

Rei·se·lei·ter *der*; j-d, der e-e Gruppe von Menschen auf e-r Reise begleitet u. für die Organisation verantwortlich ist || *hierzu* **Rei·se·lei·te·rin** *die*

Rei·se·lust *die*; *nur Sg*; der starke Wunsch, (immer wieder) e-e Reise zu machen ⟨von R. gepackt sein, werden⟩ || *hierzu* **rei·se·lus·tig** *Adj*

rei·sen; *reiste, ist gereist*; [Vi] (***irgendwohin***) ***r.*** e-e (*mst* lange) Fahrt von e-m Ort zum anderen machen ≈ e-e Reise machen ⟨gern, viel, bequem, dienstlich r.; mit dem Zug, mit dem Auto r.; erster, zweiter Klasse r.; ins Gebirge r.; um die Welt r.⟩ || ► ***bereisen, verreisen***

Rei·sen·de *der / die*; *-n, -n*; **1** j-d, der gerade e-e Reise macht: *Die Reisenden werden gebeten, an der Grenze ihre Pässe bereitzuhalten* || -K: ***Afrika-, Europa-, Welt-*** *usw*; ***Dienst-, Ferien-, Forschungs-, Geschäfts-, Vergnügungs-; Auto-, Flug-, Schiffs-, Zug-; Allein-*** **2** *veraltend* ≈ Handelsvertreter || -K: ***Geschäfts-, Handels-*** || NB: *ein Reisender; der Reisende; den, dem, des Reisenden*

Rei·se·pass *der* ≈ Pass[1]

Rei·se·ruf *der*; *Radio*; e-e Meldung im Radio, in der j-d, der auf e-r Reise unterwegs ist, gebeten wird, wegen e-s Notfalles *mst* zu Hause anzurufen

Rei·se·ver·an·stal·ter *der*; *mst* e-e Firma, die Reisen organisiert u. verkauft (*z.B.* an Reisebüros)

Rei·se·ver·kehr *der*; der starke Verkehr, der entsteht, wenn viele Leute in Urlaub fahren ⟨es herrscht starker, reger R.⟩

Rei·se·wel·le *die*; der sehr starke Verkehr (*z.B.* zu Beginn u. Ende der Schulferien): *Die erste R. rollt in Richtung Süden*

Rei·se·wet·ter·be·richt *der*; ein Bericht über das Wetter, *bes* für Leute, die verreisen wollen

Rei·sig *das*; *-s*; *nur Sg*, *Kollekt*; dünne, trockene Zweige, die unter Bäumen am Boden liegen ⟨R. sammeln⟩ || K-: ***Reisig-, -besen, -bündel*** || -K: ***Birken-, Tannen-***

Reiß·aus *nur in* (***vor j-m / etw.***) ***R. nehmen*** *gespr*; (vor j-m / etw.) schnell weglaufen

Reiß·brett *das*; ein Brett, auf das man Papier legt, um darauf *mst* technische Zeichnungen zu machen ⟨am R. arbeiten; Papier auf das R. spannen⟩

rei·ßen; *riss, hat / ist gerissen*; [Vt] *(hat)* **1** ***etw.*** (***in etw.*** (*Akk*)) ***r.*** aus etw. zwei od. mehrere Teile machen, indem man es kräftig in zwei verschiedene Richtungen zieht ≈ zerreißen ⟨etw. in Fetzen, in Stücke, in Streifen r.⟩: *Vor Wut riss er den Brief in tausend Stücke* **2** (***sich*** (*Dat*)) ***etw. in etw.*** (*Akk*) ***r.*** ein Loch *o.Ä.* in etw. machen, *bes* dadurch, dass man irgendwo hängen bleibt od. dass etw. explodiert ⟨(sich (*Dat*)) ein Loch in die Hose r.⟩ **3** ***etw. reißt ein Loch in etw.*** (*Akk*) etw. explodiert u. macht dadurch ein Loch in etw.: *Die Mine riss ein tiefes Loch in die Erde* **4** (***j-m***) ***etw. aus etw. r.***; ***j-n / etw. von etw. r.*** schnell u. kräftig an j-m / etw. ziehen, sodass er / es von e-r Stelle entfernt wird ⟨j-m die Kleider vom Leib r.⟩: *Der starke Wind riss ihm den Hut vom Kopf* **5** ***j-m etw. aus der Hand / den Händen r.*** ≈ j-m etw. entreißen **6** ***j-n / etw. irgendwohin r.*** an j-m / etw. plötzlich u. schnell ziehen, sodass er / es sich irgendwohin bewegt ⟨j-n zu Boden r.; den Wagen, das Fahrrad zur Seite r.; etw. in die Höhe, in die Tiefe r.⟩: *Als er den Radfahrer sah, riss der Fahrer das Lenkrad nach links* **7** ***ein Tier reißt ein Tier*** ein Tier fängt u. tötet ein anderes Tier ⟨der Wolf, der Löwe *o.Ä.* reißt ein Schaf, ein Huhn *usw*⟩ **8** ***etw. an sich*** (*Akk*) ***r.*** mit Gewalt od. mit e-m Trick in den Besitz von etw. kommen ⟨die Macht, Geld, e-n Brief an sich r.⟩ **9** ***j-n aus etw. r.*** j-n bei etw. stören ⟨j-n aus dem Schlaf, aus seinen Träumen, aus seinen Gedanken r.⟩; [Vt/i] *(hat)* **10** (***die Latte***) ***r.*** *Sport*; (beim Hochsprung) die Latte so berühren, dass sie zu Boden fällt; [Vi] **11** ***etw. reißt*** *(ist)* etw. trennt sich plötzlich in zwei Teile od. bekommt ein Loch ⟨das Seil, das Tau, der Film, der Schnürsenkel, e-e Kette⟩: *Du darfst nicht so fest ziehen, sonst reißt die Schnur* **12** ***an etw.*** (*Dat*) ***r.*** *(hat)* (immer wieder) schnell u. kräftig an etw. ziehen (ohne es kaputtzumachen) ≈ an etw. zerren: *Der Hund bellte laut u. riss an seiner Kette*; [Vr] *(hat)* **13** ***sich um j-n / etw. r.*** *gespr*; alles versuchen, um j-n / etw. zu bekommen ⟨sich um e-n Auftrag, um (Kino)Karten r.⟩: *Mehrere Vereine reißen sich um den Fußballstar* ‖ ID ***etw. reißt ein Loch*** ⟨in die Kasse *o.Ä.*⟩ *gespr*; e-e Reparatur *o.Ä.* ist sehr teuer

rei·ßend **1** *Partizip Präsens*; ↑ ***reißen*** **2** *Adj*; ⟨ein Bach, ein Strom⟩ sehr schnell fließend u. deshalb gefährlich **3** ***etw. hat / findet reißenden Absatz*** etw. wird in kurzer Zeit in großer Menge verkauft: *Das Buch hat reißenden Absatz gefunden*

Rei·ßer *der*; *-s, -*; *gespr*; ein Buch od. Film mit sehr großem Erfolg beim Publikum (*bes* weil sie spannend sind)

rei·ße·risch *Adj*; *pej*; auf billige Art so interessant gemacht, dass viele Leute darauf aufmerksam werden ⟨e-e Überschrift, Schlagzeilen, e-e Aufmachung; etw. r. aufmachen⟩

reiß·fest *Adj*; *nicht adv*; ⟨ein Gewebe, ein Faden⟩ so stabil, dass sie nicht reißen (11) ‖ *hierzu* **Reiß·fes·tig·keit** *die*; *nur Sg*

Reiß·lei·ne *die*; e-e Leine, an der man zieht, damit sich der Fallschirm öffnet

Reiß·na·gel *der*; e-e Art kurzer, dünner Nagel, den man leicht mit e-m Finger in Holz *o.Ä.* drücken kann, weil er e-n flachen breiten Kopf hat: *ein Plakat mit Reißnägeln an die Wand heften*

Reiß·ver·schluss *der*; e-e Art Band *bes* bei Kleidungsstücken, mit dem man e-e Öffnung auf- od. zumachen kann. Ein R. besteht aus zwei Reihen von kleinen Zähnen aus Metall od. Plastik u. e-m beweglichen Teil, der die Zähne zusammen- bzw. auseinander bringt ⟨den R. aufmachen, öffnen, zumachen, schließen, hochziehen; der R. klemmt⟩ ‖ ↑ *Abb. unter* ***Knopf***

Reiß·wolf *der*; e-e Maschine, die aus Papier u. Stoff sehr kleine Stücke macht

Reiß·zwe·cke *die* ≈ Reißnagel

Reißzwecke

rei·ten; *ritt, hat / ist geritten*; [Vi] **1** *(ist)* (***auf e-m Tier***) ***r.*** auf e-m Tier sitzen u. sich von ihm tragen lassen ⟨auf e-m Pferd, e-m Esel, e-m Kamel r.; im Schritt, Galopp, Trab r.⟩ ‖ K-: ***Reit-, -hose, -klub, -lehrer, -peitsche, -pferd, -sport, -stiefel, -stunde, -tier, -turnier, -unterricht, -weg***; [Vt] **2** ***ein Tier r.*** *(hat)* auf e-m bestimmten Tier r. (1) ⟨ein Pferd, ein Kamel, e-n Esel r.⟩ **3** ***etw. r.*** *(hat / ist)* *mst* an e-m Wettbewerb teilnehmen, bei dem man reitet (1) ⟨ein Rennen, ein Turnier r.⟩ ‖ *hierzu* **Rei·ter** *der*; *-s, -*; **Rei·te·rin** *die*; *-, -nen*

Reit·schu·le *die*; **1** e-e Institution, bei der man das Reiten (1,2) lernen kann **2** *südd* (CH) ≈ Karussell

Reiz *der*; *-es, -e*; **1** etw., das bewirkt, dass ein (Sinnes)Organ darauf reagiert ⟨ein schwacher, starker, mechanischer, akustischer, optischer R.; Reizen ausgesetzt sein⟩: *Die Pupillen reagieren auf optische Reize, indem sie größer od. kleiner werden* ‖ -K: ***Brech-, Husten-, Lach-, Licht-, Sinnes-*** **2** die verlockende Wirkung ≈ Anziehungskraft ⟨der R. des Neuen, des Verbotenen; auf j-n e-n gewissen, starken, unwiderstehlichen R. ausüben; seinen R. verlieren; immer mehr an R. verlieren⟩: *die besonderen Reize des Waldes im Herbst* ‖ ID ***weibliche Reize*** das, was den Männern an Frauen besonders gefällt; ***etw. hat*** (***so***) ***seine Reize*** *gespr*; etw. ist sehr angenehm: *Faulenzen hat so seine Reize* ‖ *zu* **2** **reiz·los** *Adj*; **Reiz·lo·sig·keit** *die*; *nur Sg*

reiz·bar *Adj*; *nicht adv*; ⟨ein Mensch⟩ so, dass er sehr schnell ärgerlich u. aggressiv wird: *leicht r. sein* ‖ *hierzu* **Reiz·bar·keit** *die*; *nur Sg*

rei·zen; *reizte, hat gereizt*; [Vt] **1** ***etw. reizt j-n*** etw. ist für j-n so interessant, dass er es tun od. haben möchte: *Dieses Auto reizt ihn schon lange*; Es *würde mich sehr r., surfen* zu *lernen* **2** ***j-n / ein Tier r.*** j-n / ein Tier (lange) so behandeln, dass er / es böse reagiert: *Mich wundert nicht, dass der Hund dich gebissen hat - du hast ihn ja lange genug gereizt*; [Vt/i] **3** (***j-n***) ***zu etw. r.*** bewirken, dass j-d etw. tun will ⟨j-n zum Widerspruch, (j-n) zum Lachen r.⟩: Es *reizt mich, ihn zu ärgern* **4** ***etw. reizt*** (***etw.***) etw. verursacht Schmerzen u. macht etw. wund ⟨etw. reizt die Augen, die Schleimhaut, den Magen, j-s Nerven⟩ ‖ K-: ***Reiz-, -gas, -stoff*** ‖ NB: ↑ ***gereizt***

rei·zend **1** *Partizip Präsens*; ↑ ***reizen*** **2** *Adj*; im Verhalten sehr freundlich u. angenehm ≈ nett[1] (1), lieb (1) ⟨ein Mädchen, e-e Frau; Leute; etw. r. finden⟩: *Es ist r. von dir*, dass *du mir Blumen bringst* **3** *Adj*; ⟨e-e Stadt, ein Häuschen, ein Kleid, ein Abend; r. aussehen⟩ so, dass sie angenehm wirken u. gefallen ≈ hübsch, nett **4** *Adj*; *gespr iron*; nicht sehr erfreulich od. angenehm: *Ein Stau von 50km, das sind ja reizende Aussichten für unsere Fahrt!*

Reiz·the·ma *das*; ein Thema, das, wenn es angesprochen wird, j-n ärgerlich macht od. zu Streit führt

Reiz·über·flu·tung *die*; die Tatsache, dass es *bes* durch Fernsehen, Werbung, (Straßen)Lärm *usw* zu viele Reize (1) für die Menschen gibt: *Besonders in der Stadt ist man e-r zunehmenden R. ausgesetzt*

Rei·zung *die*; *-, -en*; **1** *nur Sg*; die Wirkung von Reizen (1): *Bei andauernder R. der Haut durch chemische Mittel können Krankheiten entstehen* **2** e-e leichte Entzündung: *e-e R. der Bronchien* || -K: ***Blinddarm-***

rei·z·voll *Adj*; **1** interessant u. schön ⟨e-e Gegend, ein Gesicht, ein Kontrast⟩ **2** ⟨e-e Aufgabe, ein Thema⟩ so, dass sie j-s Interesse wecken ≈ verlockend: *Für Kinder ist es r., etwas zu tun, das verboten ist*

Reiz·wä·sche *die*; *nur Sg, gespr*; e-e besondere Unterwäsche, die *bes* Frauen anziehen, um erotisch zu wirken

Reiz·wort *das*; ein bestimmtes Wort, das in j-m starke, *mst* aggressive Gefühle hervorruft

re·ka·pi·tu·lie·ren; *rekapitulierte, hat rekapituliert*; Vt ***etw. r.*** *geschr*; etw. noch einmal in kürzerer Form sagen od. für sich zusammenfassen ≈ wiederholen, zusammenfassen ⟨e-n Text, die wichtigsten Punkte e-s Vortrags r.⟩ || *hierzu* **Re·ka·pi·tu·la·ti·on** *die*; -, *-en*

re·keln, sich; *rekelte sich, hat sich gerekelt*; Vr ***sich r.*** *gespr*; seinen Körper so strecken u. dehnen, dass es angenehm ist: *sich vor dem Aufstehen im Bett r.*

Re·kla·me *die*; -; *nur Sg*; **1 *R.* (*für etw.*)** Maßnahmen, mit denen Leute dazu gebracht werden, bestimmte Waren zu kaufen ≈ Werbung ⟨e-e gute, schlechte, geschmacklose, aufwendige R.; R. machen⟩: *Sie macht R. für teure Parfums* || -K: ***Kino-, Zeitschriften-, Zeitungs-; Auto-, Bier-, Uhren-, Zigaretten-*** **2** *gespr*; ein Prospekt, ein kurzer Film, ein Bild *o.Ä.*, mit denen R. (1) gemacht wird ⟨sich die R. ansehen, anschauen⟩: *Heute war der Briefkasten wieder voller R.* || K-: ***Reklame-, -bild, -film, -plakat, -schild*** || ID ***für j-n R. machen*** *gespr*; j-n empfehlen: *für seinen Arzt R. machen*; ***mit etw. R. machen*** *gespr* ≈ prahlen, angeben (5): *mit den guten Noten seiner Kinder R. machen*

re·kla·mie·ren; *reklamierte, hat reklamiert*; Vt/i **(*etw.*) (*bei j-m / etw.*) *r.*** sich (bei e-r Firma, in e-m Geschäft *o.Ä.*) beschweren, weil e-e Ware Fehler hat (u. in Ordnung gebracht werden muss) ≈ beanstanden: *Der Kunde hat reklamiert, dass sein Fernseher nicht richtig funktioniert* || *hierzu* **Re·kla·ma·ti·on** *die*; -, *-en*

re·kon·stru·ie·ren; *rekonstruierte, hat rekonstruiert*; Vt **1 *etw. r.*** etw., von dem es nur Reste od. Beschreibungen gibt, neu bauen: *e-n antiken Tempel, e-e zerstörte Stadt r.* **2 *etw. r.*** (aufgrund von Berichten od. Beschreibungen) versuchen, im Nachhinein festzustellen, wie etw. war od. verlaufen ist ⟨den Tathergang, den Unfall, ein Gespräch r.⟩ || *hierzu* **re·kon·stru·ier·bar** *Adj*; **Re·kon·struk·ti·on** *die*; -, *-en*

re·kon·va·les·zent [-v-] *Adj*; *ohne Steigerung, nicht adv, Med*; *mst* ***r. sein*** sich gerade von e-r Krankheit erholen || *hierzu* **Re·kon·va·les·zenz** *die*; -; *nur Sg*

Re·kord *der*; *-(e)s, -e*; **1** (*bes* im Sport) die beste Leistung, die j-d bis zu e-m bestimmten Zeitpunkt erreicht hat ⟨ein europäischer, olympischer, persönlicher R.; e-n R. aufstellen, halten, verbessern, brechen; e-n R. werfen, springen, laufen⟩: *Er verbesserte seinen R. im Hochsprung um zwei Zentimeter* || K-: ***Rekord-, -höhe, -leistung, -weite, -zeit*** || -K: ***Europa-, Welt-; Schanzen-, Strecken-*** **2** die höchste Zahl, die bis zu e-m bestimmten Zeitpunkt erreicht wurde ⟨etw. stellt e-n (absoluten) R. dar; e-n neuen R. erreichen⟩: *Der Rekord der diesjährigen Kältewelle liegt bei minus 30° Celsius* || K-: ***Rekord-, -ergebnis, -ernte, -gewinn, -marke*** || ID ***j-d / etw. bricht / schlägt alle Rekorde*** *gespr*; j-d übertrifft alle anderen / etw. übertrifft alles andere

Re·kor·der *der*; *-s, -*; ein Gerät, mit dem man Musik, Filme *o.Ä.* aufnehmen u. wieder abspielen kann || -K: ***Kassetten-, Video-***

Re·kord·hal·ter *der*; *-s, -*; ein Sportler, der e-n Rekord hält || *hierzu* **Re·kord·hal·te·rin** *die*

Rek·rut *der*; *-en, -en*; ein Soldat, der neu beim Militär ist u. noch ausgebildet werden muss ⟨Rekruten ausbilden⟩ || K-: ***Rekruten-, -ausbildung, -zeit*** || NB: *der Rekrut*; *den, dem, des Rekruten*

rek·ru·tie·ren; *rekrutierte, hat rekrutiert*; *geschr*; Vt **1 *j-n r.*** j-n für e-e bestimmte Aufgabe, Tätigkeit *usw* holen: *Mitarbeiter für ein Projekt r.*; Vr **2 *etw. rekrutiert sich aus j-m / etw.*** (*Kollekt od Pl*) etw. besteht aus Menschen e-r bestimmten Gruppe ≈ etw. setzt sich aus etw. zusammen: *Das Personal dieser Firma rekrutiert sich vor allem aus Technikern u. Ingenieuren* || *hierzu* **Re·kru·tie·rung** *die*

Rek·ti·on [rɛk'tsi̯oːn] *die*; -, *-en*; *Ling*; die Eigenschaft e-s Wortes od. Ausdrucks, den Kasus des Wortes zu bestimmen, das von ihm abhängt ⟨die R. des Verbs⟩ || -K: ***Verb-***

Rek·tor *der*; *-s, Rek·to·ren*; **1** Ⓓ j-d, der e-e Grund- oder Hauptschule leitet **2** der Leiter e-r Universität || -K: ***Universitäts-*** || *hierzu* **Rek·to·rin** *die*; -, *-nen*

Rek·to·rat *das*; *-s, -e*; **1** die Räume für den Rektor u. seine Mitarbeiter **2** die Amtszeit e-s Rektors (2)

Re·lais [rə'lɛː] *das*; -, - [rə'lɛːs]; ein Teil in e-m elektrischen Gerät, das e-n Kontakt herstellt, sodass Strom fließt || K-: ***Relais-, -schaltung, -steuerung***

Re·la·ti·on [-'tsi̯oːn] *die*; -, *-en*; ***die R.*** (***zwischen etw.*** (*Dat*) ***u. etw.*** (*Dat*)) *geschr*; die Beziehung od. Verbindung, die es zwischen (zwei) Dingen, Tatsachen, Begriffen *usw* gibt ≈ Verhältnis ⟨e-e R. besteht, stimmt; etw. in (die richtige) R. zu etw. bringen⟩: *die R. zwischen Leistung u. Lohn* || ID ***etw. steht in keiner R. zu etw.*** die Beziehung zwischen zwei Dingen ist ungleich: *Die Kosten des Films standen in keiner R. zum Erfolg* (=der Film war sehr teuer, hatte aber kaum Erfolg)

re·la·tiv, **re·la·tiv** [-f] *Adj*; **1** von verschiedenen Bedingungen abhängig u. von ihnen bestimmt ↔ absolut ⟨Werte, Größen, Begriffe⟩: *Es ist alles r.* (= wie man etw. beurteilt, hängt davon ab, in welchem Zusammenhang man es sieht) **2 *r.*** + *Adj* verwendet, um e-n Vergleich (zu absoluten Werten) einzuleiten ≈ verhältnismäßig, ziemlich: *ein r. heißer Sommer*; *Die Demonstration verlief r. friedlich* || NB: ↑ ***Mehrheit*** (4) || *zu* **1** **Re·la·ti·vi·tät** *die*; -; *nur Sg*

re·la·ti·vie·ren [-v-]; *relativierte, hat relativiert*; Vt ***etw.*** (***durch etw.***) ***r.*** *geschr*; etw. in e-m größeren Zusammenhang u. *mst* so in der richtigen Perspektive sehen: *Alte wissenschaftliche Erkenntnisse werden durch neue meist nicht aufgehoben, sondern relativiert* || *hierzu* **Re·la·ti·vie·rung** *die*

Re·la·tiv·pro·no·men [-f-] *das*; *Ling*; ein Pronomen wie *z.B. welcher* od. *der, die, das*, das e-n Nebensatz einleitet u. anstelle e-s Substantivs aus dem Hauptsatz steht

Relativpronomen

	Sg			Pl
	m	*f*	*n*	
Nom	der	die	das	die
Akk	den	die	das	die
Dat	dem	der	dem	denen
Gen	dessen	deren	dessen	deren/ derer

Derer im Genitiv Plural ist umgangssprachlich.

Re·la·tiv·satz [-f-] *der*; ein Nebensatz, der durch ein Relativpronomen eingeleitet wird: *In dem Satz „Gestern traf ich die Frau, die neben mir wohnt, in der Stadt" ist „die neben mir wohnt" ein R.*

re·le·vant [-v-] *Adj*; **r.** (**für j-n / etw.**) wichtig (im Zusammenhang mit etw.) ↔ irrelevant ⟨e-e Frage, ein Ergebnis; etw. ist historisch, politisch, wissenschaftlich r.; etw. ist für j-n / etw. r.⟩: *Diese Faktoren sind für die Auswertung des Experiments nicht r.* || *hierzu* **Re·le·vanz** *die*; -; *nur Sg*

Re·li·ef [re'li̯ɛf] *das*; *-s, -s*; **1** e-e Art Bild aus Stein, Ton *o.Ä.*, dessen Oberfläche nicht eben ist, weil die Figuren, Muster *o.Ä.* höher (od. tiefer) als ihre Umgebung sind, wie *z.B.* bei e-r Münze || -K: ***Flach-, Hoch-; Giebel-; Stein-, Ton-*** **2** *Geogr*; die Form der Oberfläche e-s Planeten, *bes* der Erde ⟨ein reich gegliedertes, geringes R.⟩ || -K: ***Boden-, Tiefsee-, Unterwasser-*** **3** e-e Art (Land)Karte, bei der Gebirge *usw* wie bei e-m R. (1) gezeichnet sind || K-: ***Relief-, -globus, -karte*** || *zu* **1 re·li·ef·ar·tig** *Adj*

Re·li·gi·on [-'gio:n] *die*; -, *-en*; **1** *nur Sg*; der Glaube an einen Gott od. mehrere Götter, mit dem man sich den Sinn des Lebens erklärt ⟨e-e / keine R. haben⟩ || -K: ***Natur-*** **2** e-e bestimmte Form von R. (1) mit bestimmten Überzeugungen, Ritualen *usw* ≈ Glaube (3) ⟨die jüdische, christliche R.⟩: *Der Buddhismus ist eine der großen Religionen der Welt* || K-: ***Religions-, -bekenntnis, -freiheit, -gemeinschaft, -geschichte, -krieg, -philosophie, -wissenschaft, -zugehörigkeit*** || -K: ***Staats-, Welt-*** **3** *nur Sg, ohne Artikel*; ein Fach in der Schule, in dem e-e bestimmte R. (2) unterrichtet wird ⟨R. unterrichten; R. haben⟩ || K-: ***Religions-, -buch, -lehrer, -note, -stunde, -unterricht*** || *zu* **1** u. **2 re·li·gi·ons·los** *Adj*

Die Religionen in den deutschsprachigen Ländern

In Deutschland bekennen sich mehr als 55 Millionen Menschen, das sind etwa 67% der Bevölkerung, zum christlichen Glauben. Von ihnen sind etwa 28 Millionen **Protestanten** oder **evangelische Christen** und circa 27 Millionen **Katholiken**.
Ein geringer Teil der Deutschen gehört anderen Religionen an, wie etwa dem jüdischen Glauben oder dem Islam. Die muslimische Bevölkerung ist hauptsächlich türkischen Ursprungs.

Die österreichische Bevölkerung ist zu 90% katholischen Glaubens, die restlichen 10% verteilen sich auf Protestanten, andere Religionen und Nichtgläubige.
In der Schweiz sind die Protestanten mit 50% und die Katholiken mit 44% vertreten.

re·li·gi·ös *Adj*; **1** in Bezug auf die Religion (1,2) ⟨ein Bekenntnis, e-e Zeremonie, e-e Bewegung, e-e Kunst, e-e Überlieferung, Fragen, der Eifer; etw. r. betrachten⟩ **2** ⟨ein Mensch⟩ so, dass er entsprechend der Lehre e-r Religion (2) lebt, denkt u. handelt ≈ gläubig, fromm: *Meine Tante ist sehr r.* || *zu* **2 Re·li·gi·o·si·tät** *die*; -; *nur Sg*

Re·likt *das*; *-(e)s, -e*; etw., das von e-r früheren Zeit od. von e-m früheren Zustand übrig geblieben ist ≈ Überrest, Überbleibsel: *die Relikte der Vergangenheit*

Re·ling *die*; -; *nur Sg*; das Geländer auf dem Deck e-s Schiffes ⟨an der R. stehen; sich an die R. lehnen; sich über die R. beugen⟩

Re·li·quie [re'li:kviə] *die*; -, *-n*; *Rel*; ein Gegenstand, der aufbewahrt u. verehrt wird, weil er für die Leute e-n großen religiösen Wert hat (*z.B.* ein Schädel od. ein Ring) ⟨Reliquien verehren⟩ || K-: ***Reliquien-, -schrein, -verehrung***

Re·make ['ri:meɪk] *das*; *-s, -s*; e-e neue Version e-s bekannten u. *mst* erfolgreichen Liedes od. Films

Re·mi·nis·zenz *die*; -, *-en*; *geschr*; **1 *e-e R.*** (***an j-n / etw.***) ≈ Erinnerung ⟨e-e R. an die Kindheit; Reminiszenzen auffrischen⟩ **2 *e-e R.*** (***an j-n / etw.***) ≈ Ähnlichkeit, Anklang: *e-e deutliche R. an das Violinkonzert von Bach*

re·mis [rə'mi:] *Adj*; *nur präd od adv*; (*bes* im Schachspiel) ≈ unentschieden ⟨e-e Partie endet r.; (auf) r. spielen⟩ || *hierzu* **Re·mis** [rə'mi:] *das*; -, - [rə'mi:s]

Re·mou·la·de [-mu-] *die*; -, *-n*; e-e kalte Sauce aus Ei, Öl u. Kräutern || K-: ***Remouladen-, -sauce***

rem·peln; *rempelte, hat gerempelt*; [Vt] ***j-n r.*** j-n (*mst* mit Absicht) mit dem Arm od. mit dem Körper stoßen ≈ anrempeln

Rem·pler *der*; *-s*, -; ein Stoß mit dem Arm od. Körper ⟨e-n R. bekommen; j-m e-n R. geben⟩

Re·nais·sance [rənɛ'sã:s] *die*; -, *-n*; **1** ein Stil der (europäischen) Kunst vom 15. bis 17. Jahrhundert, bei dem man mit großem Interesse die antike griechische u. römische Kunst, Literatur, Wissenschaft *usw* studierte u. zu imitieren versuchte ⟨die italienische R.; die Malerei, die Architektur der R.⟩ || K-: ***Renaissance-, -bau, -dichter, -maler, -musik, -stil, -zeit*** || -K: ***Früh-, Hoch-, Spät-*** **2** *nur Sg*; die Epoche der R. (1) ⟨in der R.; aus der R. stammen⟩ **3** *geschr*; e-e Phase, in der j-d / etw. wieder interessant wird od. in Mode kommt ⟨e-e R. erleben⟩: *die R. des Biedermeier*; *die R. des Minirocks*

Ren·dez·vous [rãde'vu:] *das*; -, - [rãde'vu:s]; **1 *ein R.*** (***mit j-m***) ein Treffen von zwei Leuten, die zusammen ausgehen wollen ⟨mit j-m ein R. haben; zu e-m R. gehen; sich zu e-m R. verabreden⟩ **2 *sich*** (*Kollekt od Pl*) ***irgendwo ein R. geben*** sich (als Gruppe) irgendwo treffen: *Am Wiener Opernball gibt sich die Prominenz jedes Jahr ein R.*

Ren·di·te *die*; -, *-n*; der Gewinn, den ein Wertpapier (jedes Jahr) bringt

re·ni·tent *Adj*; *geschr* ≈ aufsässig

ren·nen; *rannte, hat / ist gerannt*; [Vi] (*ist*) **1** (***irgendwohin***) ***r.*** sich schnell auf den Füßen fortbewegen (sodass beide Füße kurze Zeit in der Luft sind) ≈ laufen ↔ gehen ⟨mit j-m um die Wette r.; um sein Leben r.⟩: *Er ist so schnell gerannt, dass er jetzt völlig außer Atem ist* **2 *irgendwohin r.*** *gespr pej*; immer wieder irgendwohin gehen: *Musst du wirklich jeden Sonntag auf den Fußballplatz r.?* **3 *gegen / an etw.*** (*Akk*) ***r.*** *gespr*; beim Laufen od. Gehen heftig an etw. stoßen (u. sich wehtun): *mit dem Kopf gegen / an ein Bücherregal r.* **4 *in etw.*** (*Akk*) ***r.*** in e-e gefährliche Situation kommen (ohne dass man es merkt) ⟨ins Unglück, in sein Verderben r.; blindlings in den Tod r.⟩; [Vt] (*hat*) **5** *mst* ***sich*** (*Dat*) ***ein Loch in etw.*** (*Akk*) ***r.*** *gespr*; sich beim Laufen *o.Ä.* an e-m Körperteil verletzen ⟨sich ein Loch in den Kopf r.⟩ **6** *mst* ***j-m / sich*** ⟨ein Messer *o.Ä.*⟩ ***in etw.*** (*Akk*) ***r.*** *gespr*; j-m / sich ein Messer *o.Ä.* in den Körper stoßen || *zu* ***Rennerei*** ↑ ***-ei***

Ren·nen *das*; *-s*, -; **1** ein Wettkampf, bei dem man versucht, schneller als andere zu laufen, zu fahren od. zu reiten ⟨ein R. findet statt; ein packendes, spannendes R.; ins R. gehen; ein R. machen, veranstalten, abhalten; ein R. gewinnen, verlieren; als Sieger aus e-m R. hervorgehen⟩ || K-: ***Renn-, -auto, -boot, -fahrer, -leitung, -pferd, -rad, -reiter, -rodel, -sport, -strecke, -wagen*** || -K: ***Auto-, Boots-,***

R

Pferde-, Rodel-, Ski-, Seifenkisten-; Hindernis-, Sandbahn-, Wett-* 2 *ein totes R. ein R. (1), bei dem zwei Teilnehmer genau zur gleichen Zeit ins Ziel kommen || ID ***das R. machen*** *gespr*; **a**) ein R. (1) gewinnen; **b**) bei etw. Erfolg haben; ***gut im R. liegen*** *gespr*; gute Chancen haben, bei etw. Erfolg zu haben; ***Das R. ist gelaufen*** **a**) es ist bereits sicher, wer das R. (1) gewinnen wird; **b**) *gespr*; etw. ist bereits entschieden od. vorbei

Ren·ner *der*; *-s*, *-*; *gespr*; ein Produkt, von dem in kurzer Zeit viel verkauft wird ≈ Schlager (2): *der R. der Saison*; *Dieses Buch ist ein absoluter R.*

Re·nom·mee *das*; *-s*, *-s*; *mst Sg*, *geschr*; die (gute) Meinung, die andere Leute von j-m / etw. haben ≈ Ruf (3) ⟨ein gutes R. haben; an R. verlieren⟩

re·nom·mie·ren; *renommierte, hat renommiert*; [Vi] (***mit etw.***) ***r.*** *geschr* ≈ prahlen: *mit seinem Titel r. wollen* || K-: ***Renommier-, -sucht***

Re·nom·mier·stück *das*; *geschr*; etw., das gut geeignet ist, um damit zu prahlen

re·nom·miert **1** *Partizip Perfekt*; ↑ ***renommieren*** **2** *Adj*; *nicht adv*, *geschr*; sehr bekannt u. angesehen: *ein renommierter Künstler*

re·no·vie·ren [-v-]; *renovierte, hat renoviert*; [Vt/i] (***etw.***) ***r.*** in e-m Gebäude alte Dinge erneuern u. kaputte Dinge instand setzen ⟨ein Gebäude r.: e-e Villa, e-e Kirche, Altbauten, e-e Wohnung r.⟩ || *hierzu* **Re·no·vie·rung** *die*

ren·ta·bel *Adj*; so, dass man davon e-n finanziellen Gewinn hat ≈ einträglich ↔ unrentabel ⟨ein Geschäft, ein Betrieb; r. wirtschaften, arbeiten⟩ || NB: *rentabel* → *ein rentables Geschäft* || *hierzu* **Ren·ta·bi·li·tät** *die*; *-*; *nur Sg*

Ren·te *die*; *-*, *-n*; **1** e-e Summe Geld, die j-d jeden Monat vom Staat bekommt, wenn er ein bestimmtes Alter erreicht hat u. nicht mehr arbeiten muss ⟨e-e R. beziehen, bekommen; Anspruch auf (e-e) R. haben⟩ || K-: ***Renten-, -anspruch, -empfänger, -erhöhung*** || -K: ***Alters-, Mindest-*** || NB: ein Beamter bekommt e-e *Pension*, andere Leute bekommen e-e *Rente* **2** *nur Sg*; die Zeit im Leben e-s Arbeiters od. e-s Angestellten, in der er (*mst* aus Altersgründen) nicht mehr arbeitet u. e-e R. (1) bekommt ≈ Pension, Ruhestand ⟨in R. sein; in R. gehen⟩ **3** e-e Summe Geld, die j-d regelmäßig von e-r Versicherung, von j-d anderem od. aus angelegtem Kapital bekommt || -K: ***Boden-, Grund-, Invaliden-, Waisen-, Witwen-, Zusatz-***

R

Ren·ten·al·ter *das*; *nur Sg*; das Alter, in dem man Rente bekommen kann

Ren·ten·ver·si·che·rung *die*; e-e staatliche Einrichtung, an die man e-n Beitrag zahlt, solange man arbeitet, u. die einem im Alter dann e-e Rente zahlt

Ren·tier *das*; ein großer Hirsch, der in den kalten Ländern im Norden (*z.B.* in Skandinavien) lebt

ren·tie·ren, sich; *rentierte sich, hat sich rentiert*; [Vr] ***etw. rentiert sich*** (***für j-n***) etw. bringt j-m Gewinn ≈ etw. lohnt sich, etw. zahlt sich aus: *Das Hotel rentiert sich nicht*; Es *rentiert sich doch gar nicht, für drei Tage so weit* zu *fahren* || ▸ ***rentabel***

Rent·ner *der*; *-s*, *-*; j-d, der e-e Rente (1) bekommt u. nicht mehr arbeiten muss || -K: ***Früh-*** || *hierzu* **Rent·ne·rin** *die*; *-*, *-nen*

Rep *der*; *-s*, *-s*; *gespr*, *Kurzw* ↑ ***Republikaner*** (2)

re·pa·ra·bel *Adj*; *nicht adv*; ⟨ein Schaden, ein Defekt⟩ so, dass sie repariert werden können ↔ irreparabel || NB: *reparabel* → *ein reparabler Schaden*

Re·pa·ra·ti·on [-ˈt̮sio:n] *die*; *-*, *-en*; *mst Pl*; Geld, das ein besiegtes Land nach e-m Krieg an ein anderes Land als Wiedergutmachung für Schäden *o.Ä.* zahlen muss || K-: ***Reparations-, -anspruch, -zahlung***

Re·pa·ra·tur *die*; *-*, *-en*; der Vorgang, bei dem etw. Kaputtes wieder in Ordnung gebracht wird ≈ Instandsetzung ⟨etw. zur R. bringen; e-e R. vornehmen, machen (lassen)⟩: *Der Motor ist schon so alt, dass sich e-e R. nicht mehr lohnt* || K-: ***Reparatur-, -arbeiten, -kosten, -werkstatt***; ***reparatur-, -bedürftig*** || -K: ***Auto-, Dach-, Fernseh-, Schuh-***

re·pa·ra·tur·an·fäl·lig *Adj*; *nicht adv*; so, dass es oft repariert werden muss: *ein reparaturanfälliges Auto*

re·pa·rie·ren; *reparierte, hat repariert*; [Vt] ***etw. r.*** e-n kaputten Gegenstand wieder in Ordnung bringen ≈ richten ⟨etw. notdürftig r.⟩: *das Fahrrad / Auto selber r.*; *den Fernseher r. lassen* || ▸ ***reparabel***

Re·per·toire [repɛrˈtoa:ɐ] *das*; *-s*, *-s*; **1** alle Musikstücke, Theaterstücke *usw*, die ein Künstler od. ein Theater spielen od. zeigen kann ≈ Programm (1) ⟨etw. ins R. aufnehmen, im R. haben; ein R. zusammenstellen; etw. gehört zu j-s / zum R.⟩: *Die Gruppe hat auch moderne Lieder in ihrem R.* **2** *mst* ***ein großes*** *o.Ä.* ***R. an etw.*** (*Dat*) ***haben*** *gespr*; etw. gut beherrschen, gute Kenntnisse in etw. haben: *ein immenses R. an Fremdwörtern haben*

Rep·lik *die*; *-*, *-en*; *geschr*; e-e Rede od. ein Text, mit denen j-d auf die Äußerung e-s Kritikers antwortet ≈ Entgegnung ⟨e-e geschliffene, glänzende R.⟩

Re·port *der*; *-(e)s*, *-e*; *geschr* ≈ Bericht

Re·por·ta·ge [-ˈta:ʒə] *die*; *-*, *-n*; ***e-e R.*** (***über j-n / etw.***) ein Bericht (im Radio, im Fernsehen od. in der Zeitung) über ein aktuelles Thema ⟨e-e R. (über etw.) machen, bringen, schreiben⟩ || -K: ***Bild-, Foto-; Fernseh-, Radio-, Rundfunk-, Zeitungs-; Sport-***

Re·por·ter *der*; *-s*, *-*; j-d, der beruflich über aktuelle Ereignisse berichtet || -K: ***Fernseh-, Gerichts-, Radio-, Rundfunk-, Zeitungs-; Foto-; Sport-*** || *hierzu* **Re·por·te·rin** *die*; *-*, *-nen*

re·prä·sen·ta·bel *Adj*; *geschr*; ⟨ein Haus, ein Büro⟩ so, dass sie in der äußeren Erscheinung e-n guten Eindruck machen ≈ eindrucksvoll || NB: *repräsentabel* → *ein repräsentables Haus*

Re·prä·sen·tant *der*; *-en*, *-en*; *geschr*; j-d, der e-e bestimmte Gruppe von Menschen, e-e Institution *o.Ä.* in der Öffentlichkeit vertritt ≈ Vertreter (2): *ein R. der Kirche* || -K: ***Firmen-*** || NB: *der Repräsentant*; *den, dem, des Repräsentanten* || *hierzu* **Re·prä·sen·tan·tin** *die*; *-*, *-nen*

Re·prä·sen·ta·ti·on [-ˈt̮sio:n] *die*; *-*, *-en*; *geschr*; **1** die Vertretung e-s Staates, e-r Institution *o.Ä.*: *die R. e-r Partei durch ihren Vorsitzenden* **2** *nur Sg*; das, womit sich der Staat öffentlich repräsentiert (5), u. die damit verbundenen Kosten ⟨etw. dient der R., gehört zur R.⟩: *Der Abgeordnete hat das große Auto zur R.* || K-: ***Repräsentations-, -gelder***

re·prä·sen·ta·tiv [-f] *Adj*; *geschr*; **1** ***r.*** (***für j-n / etw.***) für e-e Gruppe od. e-e Richtung (in der Kunst, im Denken) typisch: *ein repräsentativer Vertreter des Impressionismus* **2** ***r.*** (***für j-n / etw.***) ⟨e-e Erhebung, e-e Umfrage, e-e Auswahl; ein repräsentativer Querschnitt der Bevölkerung⟩ so, dass darin das Gesamtbild e-r Gesellschaft *o.Ä.* mit den verschiedenen Meinungen der Menschen enthalten ist: *Diese Meinungsumfrage ist nicht r., weil nur Akademiker befragt wurden* || K-: ***Repräsentativ-, -umfrage*** **3** geeignet, um damit zu repräsentieren (5): *ein repräsentatives Haus* **4** *Pol*; mit Prinzipien, nach denen die Interessen aller Gruppen vertreten werden ⟨e-e Demokratie⟩

re·prä·sen·tie·ren; *repräsentierte, hat repräsentiert*; [Vt] *geschr*; **1** ***etw. r.*** für ein Land, für e-e Institution *o.Ä.* in der Öffentlichkeit sprechen ≈ vertreten ⟨j-n / etw. nach außen, im Ausland r.⟩: *Als Botschafterin repräsentiert sie ihr Land gut* **2** ***etw.*** (***mit etw.***) ***r.*** ein typischer Vertreter (2) von etw. sein: *Mit* *ihren Anschauungen repräsentiert sie ihre Generation* **3 *den Typ*** + *Gen* ***r.*** ein bestimmter Typ sein ≈ j-n verkörpern: *Er repräsentiert den Typ des guten Onkels* **4 *etw. repräsentiert e-n Wert*** (***von*** + *Zahl*) etw. hat e-n (bestimmten) Wert: *Die Galerie repräsentiert e-n Wert von über drei Millionen Euro*; [Vi] **5** sich in der Öffentlichkeit so verhalten, wie es seiner hohen gesellschaftlichen Stellung entspricht ⟨zu r. verstehen⟩

Re·pres·sa·lie [repre'saːliə] *die*; -, -*n*; *mst Pl*, *geschr*, *oft pej*; (als Reaktion auf etw.) e-e Maßnahme, mit der auf j-n Druck ausgeübt werden soll ⟨wirtschaftliche Repressalien; j-m mit Repressalien drohen⟩

Re·pres·si·on [-'si̯oːn] *die*; -, -*en*; *geschr*; die (oft gewaltsame) Unterdrückung von Widerstand, Kritik, persönlicher Freiheit *usw* ⟨R. ausüben⟩ || K-: ***repressions-, -frei***

re·pres·siv [-f] *Adj*; *geschr*; mit Repressionen verbunden ↔ repressionsfrei: *ein repressives Regierungssystem*

Re·print [re'prɪnt] *der*; -*s*, -*s*; *geschr*; e-e neue, unveränderte Auflage e-s Buches ≈ Nachdruck

Re·pri·se *die*; -, -*n*; *Mus geschr*; die Wiederholung e-s Teils e-r Komposition

Re·pro *die*; -, -*s od das* -*s*, -*s*; *gespr*, *Kurzw* ↑ ***Reproduktion*** (1,2) || K-: ***Repro-, -kamera, -technik, -verfahren***

Re·pro·duk·ti·on [-'tsi̯oːn] *die*; -, -*en*; **1** *bes* ein Bild, das durch Fotografieren od. Drucken e-s Originalbildes entstanden ist ≈ Kopie ↔ Original ⟨e-e farbige, schwarzweiße R.⟩: *e-e R. e-s Rembrandt-Bildes* **2** die Methode od. der Vorgang, mit denen man Reproduktionen (1) macht

re·pro·du·zie·ren; *reproduzierte*, *hat reproduziert*; [Vt] ***etw. r.*** e-e Kopie von etw. machen: *ein Bild r.*: *ein Gemälde, ein Foto r.* || *hierzu* **re·pro·du·zier·bar** *Adj*

Rep·til *das*; -*s*, -*ien* [-iən]; ein Tier, dessen Körper von Schuppen od. Horn bedeckt ist u. das Eier legt. Der Körper von Reptilien ändert seine Temperatur je nach der Umgebung ≈ Kriechtier: *Schlangen, Krokodile u. Eidechsen sind Reptilien*

Re·pub·lik, **Re·pub·lik** *die*; -, -*en*; ein Staat, dessen Oberhaupt ein Präsident (anstelle e-s Königs od. e-r Königin) ist u. dessen Regierung *mst* vom Volk gewählt wird ↔ Monarchie ⟨e-e demokratische, sozialistische, parlamentarische R.⟩: *die R. Österreich* || -K: ***Bundes-, Volks-***

Re·pub·li·ka·ner *der*; -*s*, -; **1** *nur Pl*; Ⓓ e-e nationalistische Partei in Deutschland **2** Ⓓ ein Mitglied der Republikaner (1) **3** j-d, der das Prinzip der Republik unterstützt ↔ Monarchist || *hierzu* **Re·pub·li·ka·ne·rin** *die*; -, -*nen*

re·pub·li·ka·nisch *Adj*; **1** in Bezug auf e-e Republik ↔ monarchistisch: *e-e republikanische Verfassung* **2** in Bezug auf die Republikaner

Re·pub·lik·flucht *die*; *nur Sg*, *hist* (*DDR*); früher in der DDR verwendet, um das Verlassen der DDR ohne offizielle Erlaubnis zu bezeichnen

Re·pu·ta·ti·on [-'tsi̯oːn] *die*; -, -*en*; *geschr*; der Ruf (3), den e-e Person od. Firma hat ⟨seine gute R. einbüßen⟩

Re·qui·em ['reːkviɛm] *das*; -*s*, -*s*; **1** *Rel*; e-e Messe, bei der man für e-n Toten betet ⟨ein R. lesen⟩ **2** ein Musikstück für ein R. (1) ⟨ein R. aufführen⟩

Re·qui·sit [-kv-] *das*; -*s*, -*en*; **1** *mst Pl*; die Gegenstände, die man bei e-m Theaterstück für die Bühne od. bei e-m Film braucht || K-: ***Requisiten-, -kammer*** **2 *ein R.*** (***für j-n / etw.***) etw., das (als Mittel od. Instrument) für j-n / etw. notwendig ist ≈ Zubehör: *Das wichtigste R. für mich ist die Kamera*

Re·ser·vat [-v-] *das*; -(*e*)*s*, -*e*; **1** ein Stück Land in den USA, auf dem die Indianer leben ⟨in e-m R. leben⟩ || -K: ***Indianer-*** **2** ein Stück Land (*bes* in Afrika), auf dem man keine Tiere jagen darf || -K: ***Wild-***

Re·ser·ve [-v-] *die*; -, -*n*; **1 *R.*** (***an etw.*** (*Dat*)) *mst Pl*; Dinge, die man aufbewahrt, um sie später einmal (*bes* in schlechten Zeiten) zu gebrauchen ≈ Vorrat ⟨finanzielle Reserven; (keine) Reserven haben, anlegen; etw. als R. zurücklegen; die letzten Reserven angreifen, antasten, verbrauchen (müssen)⟩: *Reserven an Getreide, an Brennstoff* || K-: ***Reserve-, -kanister, -rad, -reifen, -tank*** || -K: ***Benzin-, Brennstoff-, Energie-, Geld-, Gold-, Rohstoff-, Strom-, Wasser-*** **2** *mst* ***Reserven haben*** (*mst* nach großer Anstrengung od. in e-r schwierigen Situation) noch Kräfte frei haben ⟨körperliche, psychische Reserven haben⟩ || -K: ***Kraft-*** **3** *nur Sg*, *Kollekt*, *Mil*; die Männer, die als Soldaten bereits ausgebildet wurden, aber nicht mehr in der Armee sind ⟨Soldaten, Offiziere der R.⟩ || K-: ***Reserve-, -offizier, -truppe, -übung*** **4** *nur Sg*, *Kollekt*, *Sport*; die Mannschaft, in der die Spieler spielen, die nicht zur ersten Mannschaft gehören ⟨bei der R. sein, spielen⟩ || K-: ***Reserve-, -spieler, -bank*** **5** *nur Sg*; ein Verhalten, bei dem man seine Gefühle u. Meinungen nicht zeigt ≈ Zurückhaltung || ID ***j-n / etw. in R. haben / halten*** j-n / etw. zur Verfügung haben, falls man ihn / es braucht; *mst* ***j-n aus der R. locken*** j-n dazu bringen, seine Gefühle zu zeigen

re·ser·vie·ren [-v-]; *reservierte*, *hat reserviert*; [Vt] (***j-m / für j-n***) ***etw. r.*** *bes* e-n Platz od. ein Zimmer für j-n frei halten ⟨j-m / sich etw. r. lassen; etw. für j-n / etw. r.⟩: *ein Hotelzimmer r. lassen*; *für heute Abend e-n Tisch r.* || *hierzu* **Re·ser·vie·rung** *die*

re·ser·viert [-v-] **1** *Partizip Perfekt*; ↑ ***reservieren*** **2** *Adj*; von Natur aus sehr zurückhaltend **3** *Adj*; (***j-m gegenüber***) ***r.*** *Adj*; *mst* aufgrund e-s Vorfalls bewusst distanziert ⟨sich r. verhalten⟩: *Nach dem Streit war sie mir gegenüber ziemlich r.* || *hierzu* **Re·ser·viert·heit** *die*; *nur Sg*

Re·ser·voir [rezɛr'vo̯aːɐ̯] *das*; -*s*, -*e*; **1** ein großes Becken, in dem man Wasser sammelt, *bes* um die Umgebung damit zu versorgen ≈ Sammelbecken ⟨ein R. anlegen⟩ || -K: ***Wasser-*** **2 *ein R.*** (***an etw.*** (*Dat*)) ein großer Vorrat od. e-e große Zahl von etw.: *ein unerschöpfliches R. an Ideen*

Re·si·denz *die*; -, -*en*; **1** ein Haus, in dem e-e wichtige Persönlichkeit wohnt: *die R. der englischen Königin, des Erzbischofs, des Botschafters* || -K: ***Sommer-, Winter-*** **2** e-e Stadt, in der ein König, ein Präsident, ein Fürst *o.Ä.* wohnt u. regiert || K-: ***Residenz-, -stadt, -theater***

re·si·die·ren; *residierte*, *hat residiert*; [Vi] ***irgendwo r.*** (von wichtigen Persönlichkeiten) an dem genannten Ort, in dem genannten Haus wohnen (u. dort regieren): *Der amerikanische Präsident residiert im Weißen Haus in Washington*

re·sig·nie·ren; *resignierte*, *hat resigniert*; [Vi] in Bezug auf e-e bestimmte Sache die Hoffnung aufgeben: *Du darfst doch nicht gleich r.! Du wirst es schon schaffen* || *hierzu* **Re·sig·na·ti·on** *die*; -; *nur Sg*

re·sis·tent *Adj*; *nicht adv*, *Biol*, *Med*; ***r.*** (***gegen etw.***) ⟨Pflanzen, Bakterien⟩ so, dass ihnen e-e Krankheit, ein Gift *o.Ä.* nicht schaden kann ≈ widerstandsfähig: *Die Bakterien sind gegen den Impfstoff r.* || *hierzu* **Re·sis·tenz** *die*; -; *nur Sg*

re·so·lut *Adj*; ⟨ein Mensch⟩ so, dass er genau weiß, was er will u. sich auch durchsetzt ≈ tatkräftig ↔ zaghaft || *hierzu* **Re·so·lut·heit** *die*; *nur Sg*

Re·so·lu·ti·on ['tsi̯oːn] *die*; -, -*en*; e-e Entscheidung, die von e-r Versammlung getroffen wird u. in der bestimmte Dinge gefordert werden ≈ Beschluss ⟨e-e R. verfassen, einbringen, annehmen, billigen, verlesen, verabschieden⟩ || -K: ***Friedens-, Protest-***

Re·so·nanz *die*; -, *-en*; **1** die Klänge, die man hört, wenn Teile des Objekts, das den Klang erzeugt, mitschwingen ⟨etw. erzeugt R.; etw. hat (e-e gute, schlechte) R.⟩: *Die Stimmbänder erzeugen im Brustkorb R.* || K-: ***Resonanz-, -boden, -kasten, -körper*** **2 *die R.* (*auf j-n / etw.*)** die Reaktionen, die auf e-n Vorschlag *o.Ä.* folgen ≈ Echo, Widerhall ⟨etw. stößt auf R.; etw. findet R.⟩: *Sein Vorschlag stieß beim Publikum auf keine R.*

Re·so·pal® *das*; *-s*; *nur Sg*; e-e harte Schicht aus Kunststoff auf Tischplatten, Küchenschränken *o.Ä.* || K-: ***Resopal-, -platte, -tisch***

re·sor·bie·ren; *resorbierte, hat resorbiert*; [Vt/i] ***etw. resorbiert* (*etw.*)** *Chem, Med*; etw. nimmt Flüssigkeiten in sich auf || *hierzu* **Re·sorp·ti·on** *die*; -, *-en*

re·so·zi·a·li·sie·ren; *resozialisierte, hat resozialisiert*; [Vt] ***j-n r.*** j-m, der im Gefängnis war, helfen, wieder in ein normales Leben zu finden || *hierzu* **Re·so·zi·a·li·sie·rung** *die*

Res·pekt *der*; *-(e)s*; *nur Sg*; **1 *R.* (*vor j-m / etw.*)** e-e Haltung, die zeigt, dass man j-n (*z.B.* aufgrund seines Alters od. seiner Position) od. etw. (*z.B.* e-e Leistung) sehr achtet ≈ Achtung (2), Hochschätzung ⟨großen, keinen, ziemlichen, nicht den geringsten R. vor j-m / etw. haben; R. vor dem Alter; j-m seinen R. erweisen; j-m R. zollen, schulden; etw. nötigt j-m R. ab; R. einflößen; sich (*Dat*) (bei j-m) R. verschaffen⟩: *Jürgen hat vor den Lehrern keinen R. mehr* || K-: ***Respekt einflößend*** **2 *R.* (*vor j-m / etw.*)** ≈ Angst (1): *Ich habe großen R. vor Hunden* **3 *bei allem R.*** verwendet, um e-e Kritik einzuleiten: *Bei allem R., das kann ich mir nicht bieten lassen!* **4 *Respekt!*** *gespr*; verwendet, um auszudrücken, dass man j-s Arbeit od. Leistung gut findet || *zu* **1 res·pekt·los** *Adj*; **res·pekt·voll** *Adj*; **Res·pekt·lo·sig·keit** *die*

res·pek·ta·bel *Adj*; *mst attr od präd*; **1** so, dass man Respekt (1) vor j-m / etw. hat: *Wir haben es alle sehr r. gefunden*, dass *sie sich so verhalten hat* / wie *sie sich verhalten hat* **2** ⟨e-e Leistung, j-s Gehalt; r. verdienen⟩ ziemlich gut || NB: *respektabel* → *respektables Verhalten* || *hierzu* **Res·pek·ta·bi·li·tät** *die*; -; *nur Sg*

res·pek·tie·ren; *respektierte, hat respektiert*; [Vt] **1 *j-n / etw. r.*** vor j-m / etw. Respekt (1) haben ≈ achten, schätzen: *seine Eltern u. Lehrer r.* **2 *etw. r.*** etw. als legitim akzeptieren (auch wenn man damit nicht einverstanden ist) ⟨j-s Meinung, Wünsche r.; e-e Entscheidung r.⟩ **3 *etw. r.*** Rücksicht auf etw. nehmen ⟨j-s Gefühle r.⟩

res·pek·ti·ve [-v-] *Konjunktion*; *geschr* ≈ beziehungsweise; *Abk* resp.

Res·pekts·per·son *die*; j-d, der aufgrund seiner Fähigkeiten *o.Ä.* von vielen Leuten respektiert (1) wird

Res·sen·ti·ment [rɛsãti'mãː] *das*; *-s, -s*; *mst Pl*; ***Ressentiments* (*gegen j-n / etw.*)** *geschr*; ein starkes Gefühl der Abneigung (*mst* aufgrund von früheren negativen Erlebnissen): *Er hat starke Ressentiments gegen die neue Computertechnik*

Res·sort [rɛ'soːɐ̯] *das*; *-s, -s*; **1** ein genau begrenzter Bereich von Aufgaben u. Kompetenzen, für die j-d verantwortlich ist ⟨etw. ist j-s R., fällt in j-s R., gehört zu j-s R.; ein R. übernehmen⟩ **2** e-e Abteilung in e-r Institution, die bestimmte Aufgaben u. Kompetenzen hat: *das R. „Umweltschutz"* ⟨ein R. leiten⟩ || K-: ***Ressort-, -chef, -leiter***

Res·sour·cen [rɛ'sʊrsn̩] *die*; *Pl*, *geschr*; **1** alles, was ein Land hat, um seine Menschen zu ernähren, um Waren zu produzieren *usw* (*bes* Rohstoffe u. Geld) ⟨die natürlichen R.; R. erschließen, nutzen; R. ausschöpfen⟩ **2** die (Geld)Mittel, über die ein Betrieb verfügen kann ⟨über beachtliche R. verfügen⟩

Rest *der*; *-(e)s, -e*; **1** das, was übrig (geblieben) ist ⟨ein kläglicher, kleiner R.⟩: *Es ist noch ein R.* (*von dem*) *Kuchen da* || K-: ***Rest-, -bestand, -betrag*** || -K: (*mst mit Pl*) ***Farb-, Leder-, Stoff-, Woll-***; ***Brot-, Kuchen-, Speise-*** **2** *nur Sg*; das, was noch fehlt, damit etw. vollständig od. abgeschlossen ist ⟨der R. des Tages, des Weges⟩: *Den R. der Arbeit können Sie morgen machen* || K-: ***Rest-, -betrag, -forderung, -summe, -zahlung*** **3** *Math*; die Zahl, die bei e-r Division übrig bleibt, wenn die Rechnung nicht genau aufgeht (8): *23 geteilt durch 7 ist 3, R. 2* || ID ***etw. gibt j-m / etw. den R.*** *gespr*; etw. macht j-n völlig fertig, etw. zerstört etw. völlig: *Diese Hitze gibt mir noch den R.*

Res·tau·rant [rɛsto'rãː] *das*; *-s, -s*; ein Lokal, in dem man essen u. trinken kann

Res·tau·ra·ti·on [-'tsi̯oːn] *die*; -, *-en*; **1** *geschr*; die Arbeit, durch die *bes* alte Kunstwerke restauriert werden: *die R. e-s Bildes, e-s Bauwerks* || K-: ***Restaurations-, -arbeit*** **2** *Pol*; die Versuche, alte politische Verhältnisse wiederherzustellen: *die R. der Monarchie nach dem Scheitern der Revolution* || K-: ***Restaurations-, -zeit*** || *zu* **2 res·tau·ra·tiv** *Adj*

Res·tau·ra·tor *der*; *-s, Re·stau·ra·to·ren*; j-d, der (beruflich) etw. restauriert

res·tau·rie·ren; *restaurierte, hat restauriert*; [Vt] ***etw. r.*** Kunstwerke (*z.B.* wertvolle Bilder), Gebäude, Möbel *o.Ä.* wieder in ihren ursprünglichen Zustand bringen || *hierzu* **Res·tau·rie·rung** *die*

rest·li·ch- *Adj*; *nur attr, nicht adv*; als Rest übrig geblieben ≈ übrig: *die restliche Arbeit*; *Was hast du mit dem restlichen Geld gemacht?*

rest·los *Adj*; *mst adv*; **1** *gespr* ≈ völlig: *Er war von deiner Idee r. begeistert*; *die restlose Aufklärung der Affäre* **2** so, dass nichts übrig bleibt: *etw. r. aufessen*; *Die Theatervorstellung war r. ausverkauft*

Rest·pos·ten *der*; das, was von e-r vorher großen Menge an Waren übrig ist u. noch verkauft werden kann ⟨billige Restposten⟩

Res·trik·ti·on [-'tsi̯oːn] *die*; -, *-en*; *mst Pl*, *geschr*; e-e Maßnahme, durch die man verhindern will, dass etw. ein bestimmtes Maß überschreitet ≈ Einschränkung, Beschränkung ⟨etw. Restriktionen unterwerfen; j-m Restriktionen auferlegen⟩ || K-: ***Restriktions-, -maßnahme*** || -K: ***Budget-, Kredit-, Wirtschafts-***

res·trik·tiv [-f] *Adj*; *geschr*; ⟨Maßnahmen⟩ so, dass sie verhindern, dass etw. ein bestimmtes Maß überschreitet ≈ einschränkend: *Die Regierung verfolgt e-e restriktive Wirtschaftspolitik*

Rest·stra·fe *die*; die Zeit, die ein Häftling (ab e-m bestimmten Zeitpunkt) noch im Gefängnis bleiben muss ⟨seine R. abbüßen, absitzen; j-m die R. erlassen⟩

Re·sul·tat *das*; *-(e)s, -e*; *geschr*; **1** das Ergebnis od. der Ausgang von j-s Bemühungen ⟨ein gutes, schlechtes R. erreichen, erzielen⟩ **2** *oft iron*; die Folge e-r bestimmten Handlung *o.Ä.*: *Das R. seines Leichtsinns ist, dass er 2000 Euro Schulden hat* **3** das, was am Schluss e-r mathematischen Rechnung steht ≈ Ergebnis (4) || -K: ***End-, Gesamt-, Prüfungs-, Teil-***

re·sul·tie·ren; *resultierte, hat resultiert*; [Vi] *geschr*; **1 *etw. resultiert aus etw.*** etw. ist ein Effekt od. e-e Folge von etw. ≈ etw. folgt, ergibt sich aus etw.: *Diese Probleme resultieren aus e-r schlechten Politik* **2 *etw. resultiert in etw.*** (*Dat*) etw. hat etw. als Ergebnis, Folge

Re·sü·mee *das*; *-s, -s*; *geschr*; e-e inhaltliche Zusammenfassung am Schluss e-s Textes od. e-r Rede ⟨ein

R. ziehen; ein R. geben; ein kurzes, knappes R.〉 || *hierzu* **re·sü·mie·ren** *(hat) Vt / i*

re·tar·die·rend *Adj*; *mst attr, geschr*; 〈ein Faktor, ein Moment〉 so, dass sie e-n Prozess verzögern

Re·tor·te *die*; -, *-n*; **1** *Chem*; ein kugelförmiges Gefäß aus Glas, in dem man Flüssigkeiten destilliert **2** ***aus der R.*** *oft pej*; nicht auf natürliche Weise entstanden 〈ein Kind aus der R.〉

Re·tor·ten·ba·by *das*; *gespr, veraltend*; ein Baby, das außerhalb des Mutterleibes gezeugt u. dann in die Gebärmutter der Mutter implantiert wurde

re·tour [re'tuːɐ̯] *Adv*; *gespr veraltend* ≈ zurück || K-: ***Retour-, -fahrkarte***

Re·tour·kut·sche *die*; *gespr*; e-e Beleidigung, ein Vorwurf *o.Ä.* als Reaktion auf e-e Beleidigung, e-n Vorwurf *o.Ä.* 〈mit e-r R. auf etw. reagieren〉

Ret·ro·spek·ti·ve [-v-] *die*; -, *-n*; **1** e-e Ausstellung, e-e Reihe von Vorführungen *o.Ä.*, die die wichtigsten Werke e-s Künstlers zeigt: *Im „Rialto" läuft gerade e-e Hitchcock-R.* **2** *geschr* ≈ Rückschau || *zu* **2** **ret·ro·spek·tiv** *Adj*

ret·ten; *rettete, hat gerettet*; Vt **1** ***j-n / sich r.*** j-n / sich selbst helfen, aus e-r gefährlichen Situation heraus in Sicherheit zu kommen 〈j-n aus e-r Gefahr r.; j-n vor dem Ertrinken r.〉: *Er konnte sich u. seine Kinder gerade noch aus dem brennenden Haus r.* **2** ***j-m das Leben r.*** verhindern, dass j-d in e-r gefährlichen Situation stirbt **3** ***etw. r.*** verhindern, dass etw. zerstört wird od. verloren geht: *Er konnte im Krieg seinen Besitz nicht mehr r.* **4** ***seinen Kopf / seine Haut r.*** ≈ sich r. (1) **5** ***etw. r.*** verhindern, dass e-e Situation peinlich od. dass etw. zum Misserfolg wird 〈die Situation, den Abend r.〉 || ID ***sich*** *(Akk)* ***vor j-m / etw.*** *(Kollekt od Pl)* ***nicht*** *(**mehr**)* ***r. können*** *gespr*; zu viel von j-m / etw. haben od. bekommen: *Sie konnte sich vor Verehrern nicht mehr r.*; ***nicht mehr zu r. sein*** *gespr*; ganz verrückt sein; ***Rette sich, wer kann!*** *gespr hum*; verwendet, um andere vor j-m / etw. zu warnen; *mst* ***Bist du noch zu r.?*** *gespr*; du spinnst wohl!

Ret·ter *der*; *-s*, -; j-d, der j-n / etw. rettet 〈der R. in der Not〉 || -K: ***Lebens-*** || *hierzu* **Ret·te·rin** *die*; -, *-nen*

Ret·tich *der*; *-s, -e*; e-e Pflanze mit *mst* weißer od. roter Wurzel, die man roh isst u. die scharf schmeckt

Ret·tung *die*; -, *-en*; **1** die Handlungen, mit denen man j-n / etw. rettet 〈die R. in der Not; e-e geglückte R.; j-m R. bringen; auf R. hoffen〉 || K-: ***Rettungs-, -aktion, -arzt, -flugzeug, -hubschrauber, -mannschaft, -wagen*** **2** Ⓐ ≈ Krankenwagen

Ret·tungs·an·ker *der*; e-e Person od. Sache, die einem in e-r gefährlichen Situation hilft

Ret·tungs·boot *das*; ein kleines Boot, das man benutzt, wenn ein Schiff untergeht

Ret·tungs·dienst *der*; Ärzte, Sanitäter *o.Ä.*, die bei Unfällen *o.Ä.* helfen 〈den R. alarmieren, rufen〉

ret·tungs·los *Adv*; **1** so, dass es keine Rettung geben kann 〈r. verloren sein〉 **2** *gespr*; in sehr starkem Maße ≈ völlig: *Er war r. in sie verliebt*

Ret·tungs·ring *der*; ein großer Ring aus leichtem Material, der j-n vor dem Ertrinken retten kann

Ret·tungs·schwim·mer *der*; j-d, der gelernt hat, j-n zu retten, der am Ertrinken ist

Re·turn [ri'tøːɐ̯n] *der*; *-s, -s*; *Sport*; der Schlag, mit dem man (im Tennis, Badminton *usw*) den Aufschlag des Gegners zurückgibt

re·tu·schie·ren; *retuschierte, hat retuschiert*; Vt/i ***(etw.) r.*** ein Bild od. ein Foto so verändern, dass man bestimmte Dinge besser u. Fehler nicht mehr sieht || *hierzu* **Re·tu·sche** *die*; -, *-n*

Reue *die*; -; *nur Sg*; das Gefühl des Bedauerns, dass man etw. getan hat, das falsch od. schlecht war 〈ehrliche, tiefe R. zeigen〉 || K-: ***Reue-, -bekenntnis***; ***reue-, -voll*** || ► ***bereuen***

reu·en; *reute, hat gereut*; Vt **1** ***etw. reut j-n*** etw. erfüllt j-n mit Reue: Es *reute ihn*, dass *er sich so schlecht benommen hatte* **2** ***etw. reut j-n*** j-d ärgert sich, weil er etw. Falsches getan hat: Es *hat mich schon längst gereut*, dass *ich ihm Geld geliehen habe*

reu·ig voll Reue 〈ein Sünder〉

reu·mü·tig *Adj*; voll Reue 〈r. zurückkommen; sich r. entschuldigen〉

Reu·se *die*; -, *-n*; e-e Art Korb, mit dem man Fische u. Krebse fängt

re·üs·sie·ren [re|ʏ'siːrən]; *reüssierte, hat reüssiert*; Vi ***(mit etw. / bei etw.) r.*** *geschr*; Erfolg haben

Re·van·che [re'vãːʃ(ə)] *die*; -, *-n*; **1** die Chance, nach e-m verlorenen Spiel noch einmal zu spielen 〈vom Gegner R. fordern; j-m R. geben〉 || K-: ***Revanche-, -partie, -spiel*** **2** *gespr* ≈ Rache || K-: ***Revanche-, -foul, -politik***; ***revanche-, -lüstern***

re·van·chie·ren, sich [revã'ʃiːrən]; *revanchierte sich, hat sich revanchiert*; Vr **1** ***sich*** (***an j-m***) (***für etw.***) ***r.*** denjenigen verfolgen u. bestrafen, der einem etw. Böses getan hat ≈ sich rächen: *Er revanchierte sich mit e-m bösen Foul an seinem Gegner* **2** ***sich*** (***bei j-m***) (***für etw.***) (***mit etw.***) ***r.*** *gespr*; j-m als Dank für etw. Schönes (*z.B.* ein Geschenk) später auch e-e Freude machen: *Ich werde mich bei dir für deine Hilfe r.*

Re·van·chis·mus [revã'ʃɪsmʊs] *der*; -; *nur Sg*; e-e (oft sehr nationalistische) Politik, die das Ziel hat, die Gebiete zurückzugewinnen, die im Krieg verloren wurden || *hierzu* **Re·van·chist** *der*; *-en, -en*; **re·van·chis·tisch** *Adj*

Re·ve·renz [-v-] *die*; -, *-en*; *geschr*; *mst in* ***j-m seine R. erweisen / bezeigen*** j-m zeigen, dass man ihn ehrt u. sehr achtet

Re·vers [re'veːɐ̯] *das, der*; -, - [-'veːɐ̯s]; der (dreieckige) Streifen Stoff vorn an Jacken, Jacketts od. Mänteln, der beim Kragen beginnt: *Sie trug e-e Brosche am R. ihrer Jacke* || -K: ***Jacken-, Mantel-***; ***Seiden-***

re·ver·si·bel [-v-] *Adj*; *geschr*; 〈ein Prozess, ein Schaden〉 so, dass man sie wieder ändern kann u. der alte Zustand wieder erreicht wird ≈ umkehrbar ↔ irreversibel || NB: *reversibel* → *ein reversibler Prozess* || *hierzu* **Re·ver·si·bi·li·tät** *die*; -; *nur Sg*

re·vi·die·ren [-v-]; *revidierte, hat revidiert*; Vt **1** ***etw. r.*** etw. (noch einmal) prüfen, um es zu verbessern od. zu korrigieren 〈ein Urteil, e-n Vertrag r.〉 **2** ***seine Meinung über etw.*** *(Akk)* ***r.*** seine Meinung (nach kritischer Prüfung) ändern

Re·vier [re'viːɐ̯] *das*; *-s, -e*; **1** ein Gebiet mit festen Grenzen (in dem j-d *mst* für Ordnung sorgt): *Der Förster betreut ein bestimmtes R.* || K-: ***Revier-, -förster*** || -K: ***Dienst-, Forst-, Jagd-, Polizei-, Wald-, Wohn-*** **2** ein Gebiet, das ein Tier gegen andere Tiere seiner Art verteidigt 〈ein Tier markiert, verteidigt sein R.〉 **3** *Kurzw* ↑ ***Polizeirevier*** **4** *gespr hum*; der Bereich, in dem man arbeitet: *Versicherung? - Das ist mein R.*

Re·vi·si·on [revi'zi̯oːn] *die*; -, *-en*; **1** *Jur*; ein Antrag an ein höheres Gericht, das Urteil e-s untergeordneten Gerichts zu prüfen u. zu ändern 〈gegen ein Urteil R. einlegen; in (die) R. gehen〉 || K-: ***Revisions-, -antrag, -gericht, -prozess, -urteil, -verfahren, -verhandlung*** **2** die nochmalige Überprüfung von etw. 〈die R. e-s Urteils, e-s Vertrags, e-s Textes〉 || K-: ***Revisions-, -kommission, -organ*** || -K: ***Bücher-, Gepäck-, Kassen-, Steuer-, Verfassungs-, Vertrags-, Waren-*** || NB: ≠ ***Berufung***

Re·vi·sor [re'viːzoːɐ̯] *der*; *-s, Re·vi·so·ren*; j-d, der (beruflich) *bes* Rechnungen, Bilanzen *usw* überprüft || -K: ***Rechnungs-, Steuer-, Zoll-***

Re·vol·te [-v-] *die*; -, *-n* ≈ Aufstand, Aufruhr 〈e-e R.

R

bricht aus; e-e R. ersticken, niederschlagen, unterdrücken⟩: *Im Gefängnis ist e-e R. ausgebrochen* || -K: ***Häftlings-, Militär-, Offiziers-***

re·vol·tie·ren [-v-]; *revoltierte, hat revoltiert*; [Vi] ***(gegen j-n / etw.) r.*** e-n Aufstand, e-e Revolte (gegen j-n / etw.) machen ≈ sich gegen j-n / etw. auflehnen: *Das Volk revoltierte gegen den Tyrannen*

Re·vo·lu·ti·on [revolu'tsjo:n] *die*; -, *-en*; **1** die Aktionen, durch die e-e Gruppe von Personen *mst* mit Gewalt versucht, an die Macht in e-m Land zu kommen ⟨e-e R. bricht aus, bricht zusammen, scheitert; e-e R. unterdrücken, niederschlagen⟩: *die Französische R. von 1789* || K-: ***Revolutions-, -führer, -komitee, -rat, -regierung, -tribunal*** || -K: ***Gegen-, Konter-*** **2** e-e radikale Änderung der Entwicklung: *e-e technische R.*; *die industrielle R. im 19. Jahrhundert* || -K: ***Kultur-*** || *hierzu* **Re·vo·lu·ti·o·när** *der*; *-s, -e*; **Re·vo·lu·ti·o·nä·rin** *die*; -, *-nen*

re·vo·lu·ti·o·när [revolutsjo'nɛ:ɐ] *Adj*; **1** von Ideen bestimmt, die zu e-r Revolution (1) führen können ⟨Ideen, Gedanken, Ziele; e-e Anschauung, e-e Gesinnung; e-e Partei, ein Kampf⟩ **2** mit der Wirkung, etw. radikal zu ändern ⟨e-e Entdeckung, e-e Erfindung⟩: *Die technischen Erneuerungen der letzten 30 Jahre sind r.*

re·vo·lu·ti·o·nie·ren [revolutsjo'ni:rən]; *revolutionierte, hat revolutioniert*; [Vt] ***etw. r.*** etw. vollständig ändern ⟨e-e revolutionierende Entdeckung, Erfindung, Idee⟩: *Die Entdeckung des Insulins revolutionierte die Medizin* || *hierzu* **Re·vo·lu·ti·o·nie·rung** *die*; *nur Sg*

Re·vo·luz·zer [-v-] *der*; *-s*, -; *gespr*, *oft pej*; j-d, der sich gegen die (soziale u. politische) Ordnung stellt

Re·vol·ver [re'vɔlvɐ] *der*; *-s*, -; e-e Art Pistole, bei der nach jedem Schuss die nächste Kugel automatisch in den Lauf kommt ⟨den R. laden, abdrücken, ziehen⟩ || ↑ *Abb. unter* ***Schusswaffen*** || K-: ***Revolver-, -kugel, -schuss*** || -K: ***Trommel-***

Re·vol·ver·blatt *das*; *gespr pej*; e-e Zeitung, die *bes* über Skandale u. Sensationen berichtet

Re·vol·ver·held *der*; *mst pej*; j-d (*mst* in e-m Wildwestfilm), der sehr schnell u. oft schießt

Re·vue [re'vy:] *die*; -, *-n* [re'vy:ən]; e-e Mischung aus Show u. Theater mit Liedern u. Tänzen ⟨e-e R. inszenieren; in e-r R. als Sängerin, Tänzerin auftreten⟩ || K-: ***Revue-, -film, -girl, -operette, -star, -theater*** || ID ***etw. R. passieren lassen*** noch einmal über etw. (*z.B.* ein Erlebnis) nachdenken

re·zen·sie·ren; *rezensierte, hat rezensiert*; [Vt] ***etw. r.*** über etw. e-e Rezension schreiben ⟨ein Buch, ein Theaterstück r.⟩ || *hierzu* **Re·zen·sent** *der*; *-en, -en*; **Re·zen·sen·tin** *die*; -, *-nen*

Re·zen·si·on [-'tsjo:n] *die*; -, *-en*; ein Artikel (*mst* in e-r Zeitung), in dem ein Film, ein Buch od. ein Theaterstück kritisch beurteilt wird ⟨e-e R. schreiben; e-e harte, scharfe R.⟩ || -K: ***Buch-, Film-***

Re·zept *das*; *-(e)s, -e*; **1** e-e schriftliche Anweisung vom Arzt, welche Medizin od. Behandlung ein Patient bekommen soll ⟨j-m ein R. ausstellen⟩: *ein R. in der Apotheke vorlegen*; *Er hat ein R. für / über acht Massagen bekommen*; *Dieses Medikament gibt es nur auf R.* || K-: ***Rezept-, -block, -gebühr*** **2** e-e genaue Beschreibung, nach der man ein bestimmtes Essen kochen kann: *ein Kochbuch mit ausgezeichneten Rezepten* || -K: ***Back-, Koch-, Kuchen-, Torten-*** **3** ***ein R.*** ***(für etw.)*** e-e Art Regel, nach der man ein Problem lösen kann: *Ich kann dir auch kein R. für ein glückliches Leben geben*

re·zept·frei *Adj*; *nicht adv*; ⟨Medikamente: Tabletten, Pillen, Tropfen⟩ so, dass man sie ohne Rezept (1) bekommt ↔ rezeptpflichtig

Re·zep·ti·on[1] [-'tsjo:n] *die*; -, *-en*; die Stelle in e-m Hotel, zu der die Gäste gehen, wenn sie ankommen ≈ Empfang (5): *Bitte geben Sie Ihren Schlüssel an der R. ab!* || -K: ***Hotel-***

Re·zep·ti·on[2] [-'tsjo:n] *die*; -; *nur Sg*; ***die R.*** + *Gen*; ***die R. von etw.*** die Art u. Weise, in der das Publikum auf die Werke e-s Künstlers reagiert (hat): *die R. Shakespeares in Deutschland*

re·zep·tiv [-f] *Adj*; *geschr*; ⟨ein Mensch⟩ so, dass er Ideen anderer übernimmt, ohne selbst kreativ zu sein ≈ passiv ↔ aktiv

re·zept·pflich·tig *Adj*; *nicht adv*; ⟨Medikamente⟩ so, dass man sie nur mit e-m Rezept (1) bekommt ≈ verschreibungspflichtig ↔ rezeptfrei

Re·zes·si·on [-'sjo:n] *die*; -, *-en*; *Ökon*; e-e Situation, in der es *mst* e-m Land wirtschaftlich schlecht geht ≈ Konjunkturrückgang ↔ Aufschwung (1) ⟨e-e krisenhafte, leichte, starke R.⟩: *Die Banken versuchen, die R. mit ihrer Zinspolitik zu stoppen*

re·zes·siv [-f] *Adj*; *Biol*; ⟨Merkmale⟩ so, dass sie durch Gene vererbt werden, aber nur dann zum Vorschein kommen, wenn beide Eltern diese Merkmale hatten ↔ dominant

re·zi·pie·ren; *rezipierte, hat rezipiert*; [Vt] ***etw. r.*** *geschr*; etw. kennen lernen u. geistig verarbeiten ⟨neue Ideen, Gedanken r.; ein Kunstwerk, e-n literarischen Text r.⟩ || *hierzu* **Re·zi·pi·ent** *der*; *-en, -en*

re·zip·rok *Adj*; *geschr* ≈ wechselseitig, gegenseitig || *hierzu* **Re·zip·ro·zi·tät** *die*; -; *nur Sg*

Re·zi·ta·tiv [-f] *das*; *-s, -e* [-və]; *Mus*; ein Sprechgesang, der von e-m Instrument begleitet wird (*z.B.* in e-r Oper od. in e-m Oratorium) ↔ Arie

re·zi·tie·ren; *rezitierte, hat rezitiert*; [Vt] ***etw. r.*** Gedichte vor e-m Publikum sprechen: *Die Schauspielerin rezitierte Balladen* || *hierzu* **Re·zi·ta·ti·on** *die*; -, *-en*; **Re·zi·ta·tor** *der*; *-s, Re·zi·ta·to·ren*; **Re·zi·ta·to·rin** *die*; -, *-nen*

Rha·bar·ber *der*; *-s*; *nur Sg*; e-e Pflanze mit großen Blättern, die im Garten wächst u. deren rötliche, saure Stiele man essen kann || K-: ***Rhabarber-, -kompott, -kuchen***

Rhap·so·die *die*; -, *-n*; *Mus*; e-e Komposition, in der ein Geschehen (wie in e-r Ballade) ziemlich frei musikalisch dargestellt wird: *die „Ungarische R." von Franz Liszt* || *hierzu* **rhap·so·disch** *Adj*

Rhe·sus·fak·tor *der*; *nur Sg*, *Med*; e-e Substanz in den roten Blutkörperchen, deren Fehlen (***Rhesus negativ***) od. Vorhandensein (***Rhesus positiv***) gefährlich werden kann, wenn j-d *z.B.* fremdes Blut bekommt; *Abk* Rh (= positiv), rh (= negativ)

Rhe·to·rik *die*; -; *nur Sg*; **1** die Kunst, so zu sprechen od. zu schreiben, dass es viele Leute überzeugt: *j-s ausgezeichnete, glänzende R. bewundern* **2** die Wissenschaft, die sich mit der R. (1) beschäftigt: *ein Lehrbuch der R.* || *hierzu* **rhe·to·risch** *Adj*; *zu* **1** **Rhe·to·ri·ker** *der*; *-s*, -; **Rhe·to·ri·ke·rin** *die*; -, *-nen*

Rheu·ma *das*; *-s*; *nur Sg*; e-e Krankheit, bei der man Schmerzen in den Gelenken, Muskeln u. Sehnen hat || K-: ***Rheuma-, -bekämpfung, -decke, -forschung, -klinik, -kur, -mittel, -pflaster, -wäsche*** || -K: ***Gelenk-*** || *hierzu* **rheu·ma·tisch** *Adj*

Rheu·ma·ti·ker *der*; *-s*, -; *Med*; j-d, der Rheuma hat || *hierzu* **Rheu·ma·ti·ke·rin** *die*; -, *-nen*

Rheu·ma·tis·mus *der*; -, *Rheu·ma·tis·men*; *mst Sg*, *Med* ≈ Rheuma

Rhi·no·ze·ros *das*; - / *-ses, -se*; **1** ≈ Nashorn **2** *gespr* ≈ Idiot, Dummkopf

Rho·do·dend·ron *der*, *das*; *-s*, *Rho·do·dend·ren*; ein Busch mit großen, *mst* roten, rosa od. violetten Blüten, der seine Blätter auch im Winter nicht ververliert || K-: ***Rhododendron-, -strauch***

Rhom·bus *der*; -, *Rhom·ben*; *Math*; ein Viereck mit jeweils zwei gleich langen parallelen Seiten, das keinen rechten Winkel hat || ↑ *Abb. unter* ***geometrische Figuren***

Rhyth·mik ['rʏtmɪk] *die*; -; *nur Sg*; die Art von Rhythmus, die ein Lied hat

rhyth·misch ['rʏt-] *Adj*; **1** in e-m gewissen Takt[1] (1) ⟨r. in die Hände klatschen, tanzen; e-e Melodie, ein Tanz⟩ **2** *nur attr od adv*; in Bezug auf den Rhythmus (der Musik): *Ihr Sohn zeigt im Musikunterricht ein gutes rhythmisches Gefühl*

Rhyth·mus ['rʏtmʊs] *der*; -, *Rhyth·men*; **1** die (bewusst gestaltete) Gliederung von Elementen e-r Melodie od. e-s Tanzes ≈ Takt[1] (1) ⟨den R. ändern, wechseln, beibehalten; aus dem R. kommen⟩: *e-n R. trommeln*; *nach e-m bestimmten R. tanzen* || -K: ***Herz-, Klopf-, Sprech-, Tanz-*** **2** ***der R. von etw.*** (***u. etw.***) *geschr*; die regelmäßige Folge, in der etw. passiert: *der R. von Tag u. Nacht, von Ebbe u. Flut* || -K: ***Arbeits-, Jahres-, Schlaf-, Tages-***

Ri·bi·sel *die*; -, *-n*; Ⓐ ≈ Johannisbeere

rich·ten[1]; *richtete, hat gerichtet*; Vt **1** ***etw. irgendwohin r.*** etw. in e-e bestimmte Stellung od. Richtung bringen: *die Augen in die Höhe r.*; *den Finger nach oben r.* **2** ***etw. r.*** als Arzt *o.Ä.* *e-n gebrochenen Knochen wieder in die richtige Lage bringen* ⟨*e-n Knochenbruch r.*⟩ **3** ***etw. an j-n / etw. r.*** sich mit e-r Bitte *o.Ä.* schriftlich od. mündlich an j-n wenden ⟨e-e Bitte, e-n Brief, e-e Beschwerde, e-e Frage an j-n r.; das Wort an j-n r. (= j-n ansprechen)⟩: *Die Aufforderung war an dich gerichtet!* **4** ⟨seine Aufmerksamkeit, sein Augenmerk⟩ ***auf j-n / etw. r.*** j-n / etw. zum Mittelpunkt seines Interesses machen: *Sie richtete ihre ganze Aufmerksamkeit auf die Gäste* **5** ***etw.*** (***für j-n / etw.***) ***r.***; (***j-m***) ***etw. r.*** etw. für e-n bestimmten Zweck vorbereiten od. zurechtmachen: *die Koffer für die Reise r., das Abendessen für die Familie r. / der Familie das Abendessen r.* **6** ***j-m / sich etw. r.*** *bes südd* Ⓐ Ⓒⓗ etw. (wieder) in Ordnung bringen: *sich die Haare r.*; *Das wird sich schon r. lassen!* **7** ***etw. r.*** *bes südd* Ⓐ Ⓒⓗ ≈ reparieren: *die Uhr, das Auto, das Fahrrad r.*; Vr **8** ***sich an j-n / etw. r.*** ≈ etw. an j-n / etw. r. (3) **9** ***etw. richtet sich gegen j-n / etw.*** etw. Negatives hat j-n / etw. als Ziel: *Ihre Kritik richtete sich vor allem gegen die älteren Kollegen* **10** ***etw. richtet sich irgendwohin*** etw. wendet sich in e-e bestimmte Richtung: *Alle Blicke richteten sich auf mich* **11** ***etw. richtet sich nach etw.*** etw. hängt von etw. ab: *Die Preise richten sich nach der Nachfrage* **12** ***j-d richtet sich nach j-m / etw.*** j-d verhält sich so, wie es j-d will od. wie es die Situation bestimmt: *„Wann möchtest du fahren?" - „Da richte ich mich ganz nach dir"*; *Wir müssen uns bei unseren Urlaubsplänen* danach *r.*, wann *die Kinder Ferien haben*

rich·ten[2]; *richtete, hat gerichtet*; Vi **1** (***über j-n / etw.***) ***r.*** *geschr*; ein (oft negatives) Urteil über j-n / etw. fällen ≈ über j-n / etw. urteilen; Vr **2** ***sich selbst r.*** *euph*; (nach e-r bösen Tat) Selbstmord begehen

Rich·ter *der*; *-s*, -; **1** j-d (ein Jurist), der im Gericht das Urteil fällt ⟨j-n zum R. ernennen; j-n vor den R. führen; der R. verkündet ein Urteil⟩: *Er ist R. am Landgericht* || K-: ***Richter-, -amt*** || -K: ***Amts-, Bezirks-, Dorf-, Jugend-, Militär-, Straf-, Untersuchungs-, Verkehrs-, Zivil-*** **2** j-d, den man gebeten hat, ein bestimmtes Problem zu entscheiden **3** ***der ewige / himmlische R.*** *geschr* ≈ Gott || ID ***j-n vor den R. bringen / schleppen*** vor Gericht gegen j-n klagen; ***sich zum R. über j-n aufwerfen / machen*** über j-n schlecht urteilen (ohne das Recht dazu zu haben) || *zu* **1 Rich·te·rin** *die*; -, *-nen*; **Rich·ter·schaft** *die*; -; *nur Sg* || ► ***Gericht***

Rich·ter·ska·la *die*; e-e Skala, auf der man die Stärke von Erdbeben messen kann: *Das Erdbeben erreichte die Stärke 5 auf der nach oben offenen R.*

Richt·fest *das*; das Fest, das der Besitzer e-s neuen Hauses (mit den Handwerkern u. Freunden) feiert, wenn das Haus den Dachstuhl bekommen hat

Richt·ge·schwin·dig·keit *die*; Ⓓ die maximale Geschwindigkeit, die man auf Autobahnen fahren sollte

rich·tig *Adj*; **1** ohne (logische) Fehler od. Irrtümer ≈ korrekt ↔ falsch (1) ⟨e-e Lösung, e-e Rechnung; r. rechnen; etw. r. schreiben, übersetzen, messen⟩ **2** so, wie es den Regeln der Moral entspricht ≈ gut (6) ↔ falsch (7) ⟨etw. (nicht) r. finden; etw. für r. halten; nicht wissen, was r. und was falsch ist⟩: *Es war vollkommen r., dass er sich entschuldigt hat* **3** der Situation angemessen ⟨r. reagieren⟩ **4** *nicht adv*; für e-n bestimmten Zweck am besten (geeignet) ≈ passend, angemessen ↔ falsch (7): *zum richtigen Zeitpunkt das Richtige tun*; *Ist das der richtige Weg in die Stadt?* **5** *nur attr od adv* ≈ echt, wirklich: *richtiges Gold, richtiges Holz*; *Ist „Torberg" sein richtiger Name od. nur ein Pseudonym?* **6** *nur attr od adv*; ganz so, wie man es sich vorstellt od. wünscht ≈ ordentlich: *Ein Meter Schnee, das ist endlich mal ein richtiger Winter!*; *Das macht r. Spaß* **7** *nur attr od adv*; verwendet, um e-e Aussage zu verstärken ≈ wirklich: *Er ist ein richtiger Faulpelz*; *Ich war darüber r. erschrocken* **8** *nur adv*; (*bes* in e-r Antwort) verwendet, um auszudrücken, dass man sich plötzlich an etw. erinnert: *„Das haben wir doch neulich erst besprochen" - „R., jetzt fällts mir wieder ein"* || ID *mst* ***nicht ganz r. im Kopf sein*** *gespr*; verrückt sein || ► ***berichtigen***

rich·tig lie·gen; *lag richtig, hat / südd* Ⓐ Ⓒⓗ *ist richtig gelegen*; Vi **1** (***mit etw.***) ***r. l.*** *gespr*; mit etw. Recht haben ⟨mit e-r Vermutung r. l.⟩ **2** (***mit etw.***) ***r. l.*** den Erwartungen entsprechen: *Mit e-m dunklen Anzug liegst du immer richtig*

rich·tig stel·len; *stellte richtig, hat richtig gestellt*; Vt ***etw. r. s.*** etw., das j-d schon gesagt hat, korrigieren ⟨e-n Irrtum, e-e Behauptung r. s.⟩ || *hierzu* **Rich·tig·stel·lung** *die*

rich·tig·ge·hend *Partikel*; *betont u. unbetont, oft iron*; verwendet, um e-e (überraschende) Aussage zu betonen ≈ regelrecht, richtig (7): *Nur zehn Minuten zu spät - das ist ja r. pünktlich für dich!*

Rich·tig·keit *die*; -; *nur Sg*; die korrekte od. ordnungsgemäße Beschaffenheit von etw. ⟨etw. auf seine R. prüfen⟩: *die R. der Rechnung überprüfen*; *die R. von j-s Aussagen bezweifeln / bestätigen / beweisen*; *ein Dokument auf seine R. prüfen* || ID ***mit j-m / etw. hat es schon seine R.*** *gespr*; e-e Person / Sache ist so, wie sie sein soll; ***es muss alles seine R. haben*** *gespr*; alles muss genau u. ordentlich gemacht werden

Richt·li·nie *die*; *mst Pl*; ein Text, in dem genau steht, wie man etw. machen soll ⟨Richtlinien ausgeben, erlassen; sich an die Richtlinien halten; die Richtlinien beachten, einhalten, außer Acht lassen⟩

Richt·preis *der*; der Preis e-r Ware, den der Produzent empfiehlt ⟨ein unverbindlicher R.⟩

Rich·tung *die*; -, *-en*; **1** die (gedachte) Linie e-r Bewegung auf ein bestimmtes Ziel zu, die (gedachte) Linie vom Sprecher zum Punkt, zu dem er hinsieht od. auf den er zeigt ⟨in die falsche, richtige, gleiche, entgegengesetzte, in e-e andere R. gehen; in südliche / südlicher R. fahren; aus südlicher R. kommen; in R. Süden, Äquator fliegen; die R. e-s Flusses; die R. (ein)halten, beibehalten, ändern, wechseln; e-e bestimmte R. einschlagen; j-m die R. zeigen, weisen⟩: *Die Nadel des Kompasses zeigt in R. Norden*; *In welche R. müssen wir gehen?*; *In welcher*

R. liegt der Hafen? || K-: ***Richtungs-, -änderung, -wechsel*** || -K: ***Blick-, Fahrt-, Flug-, Gegen-, Himmels-, Marsch-, Schuss-, Wind-*** **2** die Wendung zu e-m bestimmten Ziel hin ≈ Entwicklung, Verlauf ⟨e-e neue, andere R. einschlagen, nehmen; e-r Sache e-e neue, andere R. geben; etw. in e-e bestimmte R. lenken; etw. bewegt / entwickelt sich in e-e bestimmte R.⟩: *Die Entwicklung der Technik hat in den letzten Jahrzehnten e-e gefährliche R. genommen* **3** die Ansichten u. Meinungen, die *mst* von e-r Gruppe gemeinsam vertreten werden ≈ Schule (5), Bewegung[2] (1) ⟨e-e politische, literarische R.; e-r bestimmten R. angehören; e-e bestimmte R. vertreten⟩: *Der Kubismus ist e-e R. (in) der Malerei des 20. Jahrhunderts* || -K: ***Geistes-, Kunst-, Mode-, Stil-*** **4** ***aus allen Richtungen*** von überall her: *Aus allen Richtungen strömten die Menschen in die Stadt* **5** ***in alle / nach allen Richtungen*** überallhin: *Von Paris aus fahren Züge in alle Richtungen (Frankreichs)* **6** ***(etw.) in der / dieser R.*** (etw.) von dieser Art: *„Ich hätte gern e-e Platte mit indischer Musik" - „In dieser R. haben wir leider nichts"* **7** ***in 'der / dieser R.*** *gespr*; was das betrifft, in Bezug darauf: *Ich kann nicht malen, in der R. bin ich völlig unbegabt* || ID ***die R. stimmt*** *gespr*; verwendet, um auszudrücken, dass etw., das j-d gesagt hat, nicht ganz richtig, aber auch nicht völlig falsch ist; ***etw. ist ein Schritt in die richtige R.*** verwendet, um auszudrücken, dass man e-e Maßnahme *o.Ä.* gut, aber noch nicht ausreichend findet || NB: ↑ ***Orientierung*** || *zu* **1 rich·tungs·los** *Adj*; **Rich·tungs·lo·sig·keit** *die*; *nur Sg*

rich·tung·wei·send *Adj*; ⟨Vorschläge, Forschungen⟩ so, dass sie die weitere Entwicklung bestimmen

Richt·wert *der*; die Zahl od. Menge, die etw. ungefähr erreichen sollte ≈ Richtzahl: *Der R. in der Produktion ist 100 Stück pro Stunde*

Richt·zahl *die* ≈ Richtwert

rieb *Imperfekt, 1. u. 3. Person Sg*; ↑ ***reiben***

rie·chen; *roch, hat gerochen*; [Vt/i] **1** ***(j-n / etw.) r.*** den Geruch von j-m / etw. mit der Nase wahrnehmen: *Riech mal - was für ein Duft!*; *Man riecht, dass du Schnaps getrunken hast*; [Vt] **2** ***etw. r.*** *gespr* ≈ ahnen, vorhersehen ⟨die Gefahr r.⟩: *Ich konnte doch nicht r., dass du so früh kommst!*; *Das kann ich doch nicht r.!* || NB: kein Passiv; [Vi] **3** ***(nach etw.) r.*** e-n bestimmten Geruch haben ⟨gut, schlecht, stark, penetrant, süßlich, widerlich r.; nach etw., wie etw. r.⟩: *Ihre Kleider riechen nach Rauch*; *Die Wohnung riecht nach frischer Farbe / In der Wohnung riecht es nach frischer Farbe* **4** ***(an etw. (Dat)) r.*** versuchen, den Geruch e-r Sache zu erkennen: *an e-r Blume r.* **5** ***etw. riecht nach etw.*** *gespr*; etw. weckt e-n bestimmten Verdacht: *Die Sache riecht nach Korruption* || ID ***etw. nicht r. können*** *gespr*; den Geruch von etw. nicht mögen; ***j-n / etw. nicht r. können*** *gespr*; j-n / etw. nicht mögen || ► ***Geruch***

Rie·cher *der*; *-s, -*; *gespr*; **1** ≈ Nase **2** ***e-n R. (für etw.) haben*** die Fähigkeit haben, bestimmte Möglichkeiten (richtig) zu erkennen ⟨e-n guten, den richtigen, keinen schlechten R. (für etw.) haben⟩: *e-n R. fürs Geschäft haben*

rief *Imperfekt, 1. u. 3. Person Sg*; ↑ ***rufen***

Rie·ge *die*; *-, -n*; *Sport*; e-e Mannschaft beim (Geräte)Turnen || -K: ***Frauen-, Männer-, Turn-***

Rie·gel *der*; *-s, -*; **1** ein Stab aus Metall od. Holz, den man vor etw. schiebt, um es so zu sichern ⟨ein hölzerner, eiserner R.; e-n R. vorschieben; etw. mit e-m R. verschließen⟩: *Wir konnten nicht in den Garten, weil das Tor mit e-m R. verschlossen war* || -K: ***Eisen-, Fenster-, Tür-*** **2** ein schmales, langes Stück Schokolade *o.Ä.* ⟨ein R. Schokolade⟩ || -K: ***Schokoladen-*** || ID ***etw. (Dat) e-n R. vorschieben*** etw. verhindern

Rie·men *der*; *-s, -*; ein langes, schmales Band *mst* aus Leder (mit dem man etw. befestigt od. trägt) || -K: ***Leder-, Trag-*** || ID ***sich (Akk) am R. reißen*** *gespr*; sich anstrengen (um etw. zu erreichen) || NB: ↑ ***Gurt***

Rie·se *der*; *-n, -n*; **1** (in Märchen) ein Wesen, das sehr groß u. stark ist ↔ Zwerg **2** ***ein R. (von j-m / etw.)*** e-e Person od. Sache, die sehr groß ist ↔ Zwerg: *ein R. von e-m Mann* || -K: ***Baum-, Berg-*** **3** Ⓓ *hist*; ein Tausendmarkschein || NB: *der Riese; den, dem, des Riesen* || *zu* **1 Rie·sin** *die*; *-, -nen*; *zu* **2 rie·sen·haft** *Adj*

-rie·se *der*; *im Subst, begrenzt produktiv, gespr*; e-e Firma *o.Ä.*, die durch Besitz u. Größe sehr viel Macht u. Einfluss in ihrer Branche hat; ***Automobilriese, Bauriese, Medienriese, Rüstungsriese***

rie·seln; *rieselte, hat / ist gerieselt*; [Vi] **1** ***etw. rieselt irgendwohin*** *(ist)* kleine Körnchen (*mst* Sand, Salz, Zucker) od. Flocken (Schnee) fallen langsam von oben nach unten: *In seiner Wohnung rieselt der Kalk schon von den Wänden* **2** ***etw. rieselt irgendwohin*** *(ist)* etw. fließt in Tropfen od. in e-m dünnen Strom (*bes* von oben nach unten) ⟨ein Bach, der Regen; Blut⟩ **3** ***etw. rieselt*** *(hat)* etw. fließt langsam od. fällt mit leisen Geräuschen ⟨e-e Quelle, ein Bach⟩: *Zwischen den Felsen rieselt ein Bach*

Rie·sen- *im Subst, sehr produktiv, gespr*; extrem groß ≈ Mords-; der ***Riesenappetit***, das ***Riesenbaby***, das ***Riesendefizit***, die ***Riesendummheit***, der ***Riesendurst***, die ***Riesenenttäuschung***, der ***Riesenerfolg***, der ***Riesenfortschritt***, die ***Riesenfreude***, der ***Riesenhunger***, die ***Riesenportion***, der ***Riesenschreck***, der ***Riesenskandal***, der ***Riesenspaß***, die ***Riesenüberraschung***, die ***Riesenwut***

rie·sen·groß *Adj*; *ohne Steigerung, gespr*; sehr groß

Rie·sen·rad *das*; e-e Art großes Rad (in e-m Vergnügungspark), an dem viele Sitze hängen, in denen man aufrecht sitzen bleibt, während sich das Rad dreht ⟨(mit dem) R. fahren⟩: *das R. im Wiener Prater*

Rie·sen·schlan·ge *die*; e-e sehr große Schlange (in den Tropen), die sich um ihre Beute legt u. diese erdrückt

Rie·sen·sla·lom *der*; *Sport*; ein Skirennen, bei dem die Sportler durch viele weite Tore[1] (3) fahren

Rie·sen|tor·lauf *der* ≈ Riesenslalom

rie·sig *Adj*; **1** sehr groß ↔ winzig ⟨ein Haus, ein Berg, ein Land, e-e Summe, Angst⟩ **2** *mst präd, gespr* ≈ toll, wunderbar, großartig ⟨ein Film, e-e Party⟩: *Die Show war r.* **3** *nur adv, gespr*; verwendet, um Adjektive u. Verben zu verstärken ≈ sehr ⟨sich r. freuen, ärgern; r. nett, freundlich, interessant sein⟩

Ries·ling *der*; *-s*; *nur Sg*; e-e Sorte Wein, die aus kleinen, sehr süßen Beeren gewonnen wird

riet *Imperfekt, 1. u. 3. Person Sg*; ↑ ***raten***

Riff *das*; *-(e)s, -e*; e-e Reihe von Felsen im Meer (*bes* vor der Küste) || -K: ***Fels(en)-, Korallen-***

ri·gid, ri·gi·de *Adj*; *geschr*; sehr streng ⟨Maßnahmen, Verbote⟩ || *hierzu* **Ri·gi·di·tät** *die*; *-*; *nur Sg*

ri·go·ros *Adj*; *geschr*; sehr streng u. hart ⟨Maßnahmen; gegen j-n / etw. r. vorgehen; etw. r. ablehnen, verurteilen⟩ || *hierzu* **Ri·go·ro·si·tät** *die*; *-*; *nur Sg*

Ri·go·ro·sum *das*; *-s, Ri·go·ro·sen / Ri·go·ro·sa*; der mündliche Teil der Prüfungen an der Universität, mit denen man den Doktortitel erwirbt

Rik·scha *die*; *-, -s*; e-e Art kleine Kutsche, die von e-m Radfahrer gezogen wird

Ril·le *die*; *-, -n*; e-e lange, schmale Spur in der Oberfläche e-s harten Materials: *die Rillen e-r Schallplat-*

R

te; Durch das Wasser waren im Laufe der Zeit viele kleine Rillen in den Felsen entstanden || ► **gerillt**

Rịnd *das; -(e)s, -er;* **1** ein großes, schweres Tier mit Hörnern, das Gras frisst. Die weiblichen Tiere (Kühe) geben Milch ⟨Rinder züchten⟩ || K-: ***Rinder-, -herde, -zucht*** || NB: ↑ ***Kuh, Stier, Kalb*** **2** *nur Sg, gespr;* das Fleisch von e-m R. (1), das man isst || K-: ***Rind-, -fleisch, -leder; Rinder-, -braten, -gulasch, -leber, -roulade, -zunge***

Rịn·de *die; -, -n;* **1** die harte u. raue Oberfläche, die den Stamm e-s Baumes umgibt ⟨e-e glatte, raue R.; die R. ablösen, abschälen⟩ || -K: ***Birken-, Eichen-, Tannen-*** *usw* **2** die ziemlich harte Schicht, die Käse u. Brot außen haben ⟨e-e knusprige, harte R.⟩ || -K: ***Brot-, Käse-*** || *hierzu* **rịn·den·los** *Adj*

Rịn·der·wahn, Rịn·der·wahn·sinn *der; nur Sg, Biol;* e-e ansteckende Krankheit bei Rindern, die zum Tod führt u. auf den Menschen übertragbar ist; *Abk* BSE

Rịnd·vieh *das; gespr;* verwendet als Schimpfwort für j-n, den man für dumm hält

Rịng *der; -(e)s, -e;* **1** ein kleiner Gegenstand *mst* aus Gold od. Silber, der die Form e-s Kreises hat u. den man als Schmuck an e-m Finger trägt ⟨j-m, sich e-n R. anstecken / an den Finger stecken; e-n R. (am Finger) tragen; den R. vom Finger ziehen, streifen⟩: *ein goldener, mit Diamanten besetzter R.* || -K: ***Gold-, Silber-; Ehe-, Trau-, Verlobungs-*** **2** etw., das ungefähr die Form e-s Rings (1) hat ⟨die olympischen Ringe⟩ || K-: ***Ring-, -form*** || -K: ***Eisen-, Gummi-, Holz-, Messing-; Baum-, Beiß-, Dichtungs-, Gardinen-, Nasen-, Ohr-, Rettungs-, Servietten-*** **3** e-e Straße, die wie ein R. (1) verläuft ⟨am R. wohnen, über den R. fahren⟩ || K-: ***Ring-, -straße*** || -K: ***Autobahn-*** **4** *Kollekt;* e-e Gruppe von Menschen, die illegale Geschäfte machen: *ein internationaler R. von Waffenschmugglern* || -K: ***Gangster-, Rauschgift-, Schmuggler-, Spionage-, Verbrecher-*** **5** *Sport;* der viereckige Platz, auf dem Boxer *o.Ä.* kämpfen ⟨in den R. klettern, steigen; den R. verlassen⟩ || -K: ***Box-*** || ID ⟨das Brautpaar *o.Ä.*⟩ ***tauscht / wechselt die Ringe*** *geschr;* das Brautpaar heiratet; ***R. frei!*** *Sport;* beim Boxen *o.Ä. verwendet, um die nächste Runde anzukündigen;* ***R. frei für ...!*** verwendet, um j-s Auftritt anzukündigen: *R. frei für unsere nächste Kandidatin!;* ***Ringe unter den Augen haben*** dunkle Schatten unter den Augen haben (*mst* weil man zu wenig geschlafen hat); ***j-d*** (*Kollekt od Pl*) ***bildet e-n R. um j-n / etw.*** viele Leute stellen sich im Kreis um j-n / etw. auf || *zu* **2 rịng·ar·tig** *Adj;* **rịng·för·mig** *Adj*

Rịng·buch *das;* e-e Mappe mit zwei od. vier (Metall)Ringen (2) für die (Papier)Blätter ≈ Ordner

Rịn·gel *der; -s, -;* etw., das die Form e-r Spirale od. e-s Ringes (2) hat: *Socken mit weißen u. roten Ringeln* || K-: ***Ringel-, -locke, -muster, -pullover***

Rịn·gel·blu·me *die;* e-e gelbe od. orange Blume, aus der man Salben u. Tee machen kann || K-: ***Ringelblumen-, -salbe, -tee***

rịn·geln, sich; *ringelte sich, hat sich geringelt;* Vr ***ein Tier / etw. ringelt sich*** etw. formt sich zu Ringeln, rollt sich ein ⟨die Haare, Schlangen⟩

Rịn·gel·nat·ter *die;* e-e Schlange, die am u. im Wasser lebt u. nicht giftig ist

Rịn·gel·rei·gen, Rịn·gel·rei·hen *der; -s, -;* ein Spiel, bei dem Kinder sich an den Händen halten u. im Kreis tanzen ⟨R. spielen, tanzen⟩

Rịn·gel·tau·be *die;* e-e graue (Wild)Taube

rịn·gen; *rang, hat gerungen;* Vi **1** **(*mit j-m*) *r.*** mit j-m kämpfen u. dabei versuchen, ihn zu Boden zu drücken od. zu werfen: *Die beiden rangen miteinander, bis ihnen die Luft ausging* **2** **(*mit j-m*) *r.*** als Sport r. (1) **3** ***um etw. r.*** mit großer Mühe u. Geduld versuchen, etw. zu erreichen ≈ um etw. kämpfen ⟨um Freiheit, Unabhängigkeit, Erfolg, Anerkennung r.⟩ **4** ***mit etw. r.*** sich mit etw. auseinander setzen ⟨mit e-m Problem r.⟩ **5** ***mit sich r.*** (***ob, wie, bevor*** *o.Ä.* ...) versuchen, seine Bedenken *o.Ä.* zu überwinden: *Ich habe lange mit mir gerungen, bevor ich beschloss, die Firma zu verlassen* **6** ***nach Atem, Luft r.*** nur mit Mühe atmen können, weil man zu wenig Luft bekommt **7** ***nach Worten r.*** (mit großer Mühe) die richtigen, passenden Worte suchen **8** ***mit dem Tod r.*** so schwer verletzt od. krank sein, dass man sterben könnte || *zu* **2 Rịn·ger** *der; -s, -*

Rịn·gen *das; -s; nur Sg;* ein sportlicher Kampf, bei dem man mit j-m um den Sieg ringt (2)

Rịng·fin·ger *der;* der Finger zwischen dem kleinen Finger u. dem Mittelfinger: *den Ehering am rechten R. tragen* || ↑ *Abb. unter* ***Hand***

Rịng·kampf *der;* **1** ein Kampf, bei dem zwei Leute miteinander ringen (1) ⟨e-n R. austragen⟩ **2** *nur Sg;* die sportliche Disziplin, bei der man ringt (2) ≈ das Ringen || *zu* **2 Rịng·kämp·fer** *der*

rịngs *Adv;* ***r. um j-n / etw.*** (in e-m Kreis od. Bogen) auf allen Seiten von j-m / etw. ≈ rund um j-n / etw.: *Die Gäste saßen r. um den Tisch*

rịngs·he·rum *Adv;* (in e-m Kreis od. Bogen) auf allen Seiten ≈ rundherum: *Wir wohnen so richtig auf dem Land, r. gibt es nur Wiesen u. Felder*

rịngs·um *Adv* ≈ ringsherum

rịngs·um·hẹr *Adv* ≈ ringsherum

Rịn·ne *die; -, -n;* **1** ein schmaler u. *mst* langer Graben, in dem *mst* Wasser fließt: *Die Wassermassen haben tiefe Rinnen in die Erde gezogen* || -K: ***Wasser-*** **2** ein langer u. schmaler Gegenstand *mst* aus Holz od. Metall, der aussieht wie e-e R.(1) || -K: ***Abfluss-, Dach-*** || *hierzu* **rịn·nen·för·mig** *Adj*

rịn·nen; *rann, hat / ist geronnen;* Vi **1** ***etw. rinnt*** (***irgendwohin***) (*ist*) etw. fließt gleichmäßig mit wenig Druck ⟨das Blut, Tränen, ein Bach, der Schweiß⟩: *Das Regenwasser rinnt vom Dach* **2** ***etw. rinnt*** (***irgendwohin***) (*ist*) kleine Körnchen (*mst* Sand, Salz od. Zucker) fallen irgendwohin: *Wenn du die Sanduhr umdrehst, rinnt der Sand nach unten* **3** ***etw. rinnt*** (*hat*) etw. ist nicht dicht, sodass Flüssigkeit nach außen kommt ⟨die Kanne, die Flasche, die Packung, der Wasserhahn⟩ || ID ***j-m rinnt das Geld durch die Finger*** j-d gibt sein Geld zu schnell aus

Rịnn·sal *das; -(e)s, -e;* ein kleiner, schmaler Strom von e-r Flüssigkeit: *Nach der großen Dürre war der große Fluss zu e-m kleinen R. geworden*

Rịnn·stein *der;* ein kleiner Graben od. Kanal am Rand e-r Straße, in dem das Regenwasser (ab)fließt

Rịpp·chen *das; -s, -;* ein Stück Schweinefleisch mit dem (Rippen)Knochen, das leicht geräuchert ist: *R. mit Sauerkraut*

Rịp·pe *die; -, -n;* **1** einer der 24 Knochen, die in Paaren (von der Wirbelsäule ausgehend) den Brustkorb bilden ⟨(sich (*Dat*)) e-e R. brechen⟩ || ↑ *Abb. unter* ***Skelett*** || K-: ***Rippen-, -bruch*** **2** ein Teil e-s größeren Gegenstandes, der aussieht wie e-e R. (1) (*bes* bei e-m Heizkörper od. Kühlgerät)

Rịp·pen·fell *das;* die Haut, die die Rippen (1) umgibt || K-: ***Rippenfell-, -entzündung***

Ri·si·ko *das; -s, Ri·si·ken / gespr auch -s;* **1 *ein R.*** (***für j-n***) die Gefahr, dass bei e-r Aktion *o.Ä.* etw. Schlimmes od. Unangenehmes passiert ≈ Wagnis ⟨ein finanzielles R.; ein, kein R. auf sich nehmen; ein R. in Kauf nehmen; das R. fürchten, scheuen, lieben; etw. birgt ein R. (in sich (*Dat*))⟩: *Als Geschäftsmann scheut er kein R.* **2 *ein R. eingehen*** etw. tun, das mit e-m R. (1) verbunden ist: *Bei Nebel fahre ich lieber langsam, ich möchte kein R. eingehen* **3 *ein R. übernehmen / tragen*** die (*mst* fi-

R

nanzielle) Verantwortung für etw. übernehmen || *zu* **1 ri·si·ko·frei** *Adj*; **ri·si·ko·los** *Adj*; **ri·si·ko·reich** *Adj*

Ri·si·ko- *im Subst, begrenzt produktiv*; mit e-r Gefahr, e-m Risiko verbunden; die ***Risikogeburt***, das ***Risikogeschäft***, die ***Risikooperation***, die ***Risikoschwangerschaft***

ri·si·ko·be·reit *Adj*; bereit, ein Risiko auf sich zu nehmen || *hierzu* **Ri·si·ko·be·reit·schaft** *die*; *nur Sg*

Ri·si·ko·fak·tor *der*; **1** einer von mehreren Faktoren, die zu e-r (*mst* gefährlichen) Krankheit führen können: *Rauchen u. fette Ernährung sind Risikofaktoren* **2** etw., das e-n Plan *o.Ä.* verhindern od. stören könnte: *Das Wetter ist hier der einzige R.*

ris·kant *Adj*; mit e-m (großen) Risiko (verbunden) ≈ gewagt, gefährlich ⟨ein Plan, ein Geschäft⟩: *Es ist ziemlich r., mit diesem alten Auto so weit zu fahren*

ris·kie·ren; *riskierte, hat riskiert*; [Vt] **1** ***etw. r.*** etw. tun od. sagen, das möglicherweise negative Folgen haben könnte ⟨viel, wenig, nichts r.; sein Leben, seinen Ruf, seine Stellung r.; e-n Unfall, e-n Herzinfarkt, e-n Prozess r.⟩: *Wenn wir ohne Schirm weggehen, riskieren wir,* dass *wir nass werden* / *nass* zu werden **2** ***e-n Blick r.*** sich etw. kurz ansehen, weil es interessant ist od. neugierig macht

Ri·sot·to *der, südd* Ⓐ Ⓒⓗ *das*; *-(s), -s*; gekochter Reis mit Gemüse

riss *Imperfekt, 1. u. 3. Person Sg*; ↑ ***reißen***

Riss *der*; *-es, -e*; e-e lange, dünne Öffnung, die (in der Oberfläche) entsteht, wenn etw. reißt od. bricht: *e-n Riss in der Hose haben*; *Seit dem Erdbeben sind feine Risse an den Wänden* || -K: ***Faser-***, ***Mauer-***, ***Muskel-*** || NB: ↑ ***Spalt***, ***Sprung***[2]

ris·sig *Adj*; mit vielen Rissen, aufgesprungen: *von der Arbeit auf dem Feld rissige Hände bekommen*

Rist *der*; *-es, -e* ≈ Fußrücken || ↑ *Abb. unter* ***Fuß***

ritsch! *Interjektion*; *mst in* ***r., ratsch!*** verwendet, um das Geräusch von Papier od. Stoff nachzumachen, wenn sie zerrissen werden

ritt *Imperfekt, 1. u. 3. Person Sg*; ↑ ***reiten***

Ritt *der*; *-(e)s, -e*; das Reiten auf e-m Pferd || -K: ***Gelände-***, ***Spazier-***, ***Übungs-***

Rit·ter *der*; *-s, -*; **1** *hist*; (im Mittelalter) ein Mann (aus e-r hohen sozialen Schicht), der dazu ausgebildet wurde, *bes* vom Pferd aus zu kämpfen ⟨ein R. u. sein Knappe⟩ || K-: ***Ritter-, -burg, -drama, -rüstung, -saal, -zeit*** **2** ***j-n zum R. schlagen*** j-n zum R. (1) machen, ernennen || K-: ***Ritter-, -schlag*** || *zu* **1 Rit·ter·tum** *das*; *-s*; *nur Sg*

rit·ter·lich *Adj*; **1** *mst attr*; in Bezug auf e-n Ritter (1) **2** *mst hum*; (von Männern) höflich gegenüber Frauen || *hierzu* **Rit·ter·lich·keit** *die*; *nur Sg*

Rit·ter·sporn *der*; *nur Sg*; e-e Blume im Garten, die e-n sehr hohen Stiel u. viele, *bes* blaue Blüten hat

Ri·tu·al *das*; *-s, -e*; **1** e-e (*bes* religiöse) Handlung, die nach festen Regeln in e-r bestimmten Reihenfolge abläuft ≈ Ritus, Zeremonie ⟨ein christliches, heidnisches R.⟩ || -K: ***Begräbnis-*** **2** die Regeln, nach denen Rituale (1) ablaufen ⟨etw. geschieht nach e-m festen, strengen R.⟩ **3** *hum*; ein Vorgang, der immer wieder auf die gleiche Weise ausgeführt wird (u. der so ein Gefühl des Wohlseins od. der Ordnung erzeugt): *Zu unserem abendlichen R. gehört, dass die Kinder e-e Gutenachtgeschichte bekommen* || *zu* **1** u. **3 ri·tu·a·li·sie·ren** (*hat*) *Vt*; **ri·tu·ell** *Adj*

Ri·tus *der*; *-, Ri·ten* ≈ Ritual (1) ⟨ein heidnischer, magischer R.⟩

Ritz *der*; *-es, -e*; **1** e-e schmale, lange u. flache Vertiefung in e-r Oberfläche, die mit e-m harten Gegenstand (*z.B.* e-m Messer) gemacht wurde ⟨ein R. auf der Haut, auf der Tischplatte⟩ **2** ≈ Ritze

Rit·ze *die*; *-, -n*; e-e sehr schmale u. lange Öffnung (Lücke) in e-m Material od. zwischen zwei Dingen ≈ Spalte (1): *Das Licht dringt durch die Ritzen der Fensterläden*

rit·zen; *ritzte, hat geritzt*; [Vt] ***etw.*** (***in etw.*** (*Akk*)) ***r.*** e-e lange, sehr schmale u. flache Vertiefung (e-n Ritz (1)) in etw. machen ≈ kratzen ⟨Glas mit e-m Diamanten r.; sich (*Dat*) die Haut an den Dornen r.; Buchstaben in e-e Bank, in e-n Baum r.⟩

Ri·va·le [-v-] *der*; *-n, -n*; **1** j-d, der sich um die Zuneigung derselben Frau bemüht ⟨e-n Rivalen ausstechen (= übertreffen)⟩ **2** ein Konkurrent im Beruf || NB: *der Rivale*; *den, dem, des Rivalen* || *hierzu* **Ri·va·lin** *die*; *-, -nen*

ri·va·li·sie·ren [-v-]; *rivalisierte, hat rivalisiert*; [Vi] ***mit j-m*** (***um j-n*** / ***etw.***) ***r.*** dasselbe wollen wie j-d anderer u. deswegen versuchen, besser zu sein als er

Ri·zi·nus·öl *das*; *nur Sg*; ein Öl, das man trinkt, um den Darm zu aktivieren (bei Verstopfung)

Roast·beef ['ro:s(t)bi:f] *das*; *-s, -s*; Fleisch vom Rind, das man *mst* so brät, dass es innen rot bleibt ⟨zartes, kaltes R.⟩

Rob·be *die*; *-, -n*; ein Säugetier, das in kalten Meeren lebt u. Flossen u. sehr kurze Haare hat || K-: ***Robben-, -baby, -fang, -fänger, -fell, -jagd, -jäger***

rob·ben; *robbte, ist gerobbt*; [Vi] sich auf dem Bauch liegend mit Armen u. Beinen fortbewegen: *Die Soldaten robbten durch den Schlamm* || NB: ↑ ***kriechen***

Ro·be *die*; *-, -n*; **1** e-e Art weiter schwarzer Mantel ohne Ärmel, den ein Richter od. Priester zu bestimmten Anlässen trägt ≈ Amtstracht, Talar || -K: ***Amts-***, ***Richter-*** **2** *geschr*; ein festliches, langes Kleid ≈ Abendkleid || -K: ***Abend-***, ***Gala-***

Ro·bo·ter *der*; *-s, -*; **1** e-e Maschine, die *mst* in der Industrie gebraucht wird, um komplizierte od. stupide Arbeiten auszuführen: *Teile der Karosserie werden von Robotern zusammengeschweißt* **2** *gespr, oft pej*; j-d, der wie ein R. (1) arbeitet u. handelt, ohne nachzudenken, Gefühle zu zeigen *o.Ä.* || *zu* **2 ro·bo·ter·haft** *Adj*

ro·bust *Adj*; ⟨j-s Gesundheit; ein Material, ein Motor⟩ so, dass sie viel aushalten u. dabei nicht krank werden, kaputtgehen *o.Ä.* ≈ kräftig (1), stabil ↔ empfindlich || *hierzu* **Ro·bust·heit** *die*; *nur Sg*

roch *Imperfekt, 1. u. 3. Person Sg*; ↑ ***riechen***

rö·cheln; *röchelte, hat geröchelt*; [Vi] ein lautes Geräusch machen, weil man Schwierigkeiten beim Atmen hat ⟨ein röchelnder Atem⟩: *Der Sterbende röchelte*

Ro·chen *der*; *-s, -*; ein großer flacher Fisch im Meer (mit der Form e-s Dreiecks) mit e-m langen, spitzen Schwanz

Rock[1] *der*; *-(e)s, Röcke*; **1** ein Kleidungsstück für Frauen, das von der Hüfte frei herunterhängt ⟨ein enger, weiter, langer, kurzer R.; R. u. Bluse tragen; den R. raffen, schürzen⟩: *Sie trägt lieber Röcke als Kleider od. Hosen* || ↑ *Abb. unter* ***Bekleidung*** || K-: ***Rock-, -falte, -länge, -saum, -tasche*** || -K: ***Falten-, Glocken-, Kostüm-, Maxi-, Mini-, Träger-, Wickel-***; ***Karo-, Schotten-*** **2** *veraltend* ≈ Jackett ⟨der grüne R. des Försters⟩ || -K: ***Jäger-***, ***Uniform-*** **3** Ⓒⓗ ≈ Kleid || ID ***Er ist*** / ***läuft hinter jedem R. her*** *gespr*; er ist ein Casanova

Rock[2] *der*; *-(s)*; *nur Sg*; **1** moderne rhythmische Musik, die *mst* mit elektrischen Instrumenten gespielt wird ⟨R. hören, spielen⟩ || K-: ***Rock-, -band, -festival, -gruppe, -konzert, -musik, -musiker, -sänger, -star, -szene*** || NB: ↑ ***Beat***, ***Pop*** **2** *Kurzw* ↑ ***Rock'n'Roll*** || *zu* **1 ro·ckig**; *Adj*

ro·cken; *rockte, hat gerockt*; [Vi] *gespr*; **1** Rockmusik machen **2** zu Rockmusik tanzen

Ro·cker *der*; *-s, -*; ein Mitglied e-r Gruppe von jungen Leuten, die durch ihre Kleidung aus Leder, durch ihre Motorräder u. ihr Verhalten *mst* aggressiv wirken || K-: ***Rocker-, -bande***

Rock'n'Roll [rɔkn̩'roːl] *der; -s; nur Sg;* e-e Tanzmusik, die *bes* in den 50er Jahren sehr beliebt war u. e-n starken Rhythmus hat ≈ Rock[2] (2)

Rock·zip·fel *der; nur in* ***an j-s R. hängen*** **a)** (von Kindern) sich schüchtern od. ängstlich an die Mutter klammern; **b)** sehr unselbstständig sein

Ro·del *der; -s, - od die; -, -n; südd* Ⓐ ≈ Schlitten (1)

ro·deln; *rodelte, ist gerodelt;* Vi *südd* Ⓐ mit e-m flachen Schlitten fahren || K-: ***Rodel-, -bahn, -schlitten*** || -K: ***Renn-***

ro·den; *rodete, hat gerodet;* Vt/i ***(etw.) r.*** Bäume mit den Wurzeln entfernen, damit man etw. anderes pflanzen od. Häuser bauen kann ⟨Bäume, ein Gelände, e-n Wald r.⟩ || *hierzu* **Ro·dung** *die*

Ro·gen *der; -s; nur Sg, Kollekt;* die Eier e-s Fisches: *Der R. vom Stör heißt Kaviar* || -K: ***Fisch-***

Rog·gen *der; -s; nur Sg;* e-e (Getreide)Pflanze, aus deren Körnern man Mehl für dunkles Brot macht || K-: ***Roggen-, -brot, -mehl; -ernte, -feld***

roh *Adj;* **1** nicht gekocht u. nicht gebraten ⟨ein Ei, Fleisch, Gemüse⟩: *Obst wird meistens roh gegessen; Das Steak ist innen noch roh* **2** nicht od. nur wenig bearbeitet ⟨ein Diamant, ein Entwurf, ein Fell, Holz, Marmor⟩: *ein roh behauener Stein; Rohe Bretter sind rau, sie müssen erst noch gehobelt werden* || K-: ***Roh-, -diamant, -eisen, -erz, -material, -metall, -öl, -produkt; -entwurf, -fassung*** **3** *pej;* so, dass sich der Betroffene nicht darum kümmert, ob j-d Schmerzen hat od. ob etw. beschädigt wird ≈ grob (4), brutal, rücksichtslos ↔ sanft, vorsichtig ⟨ein Bursche, ein Spaß, Worte; j-n roh behandeln; roh zu j-m sein⟩: *Er packte sie roh am Arm u. zerrte sie mit sich; Als er das Schloss nicht öffnen konnte, versuchte er es mit roher Gewalt* **4 *das rohe Fleisch*** Fleisch, das nicht mehr mit Haut bedeckt ist: *An der Stelle, an der er sich verbrannt hatte, kam das rohe Fleisch hervor* || *zu* **3 Roh·heit** *die*

Roh·bau *der; mst* ***das Haus ist im R.*** von dem Haus sind erst die Mauern u. das Dach fertig gebaut

Roh·kost *die;* Obst u. Gemüse, das nicht gekocht ist || K-: ***Rohkost-, -diät, -salat***

Roh·ling *der; -s, -e; pej;* j-d, der roh (3) u. ohne Rücksicht auf andere handelt

Rohr *das; -(e)s, -e;* **1** ein langes, rundes Stück Metall, Plastik *o.Ä.*, das innen hohl u. an beiden Enden offen ist ≈ Röhre ⟨ein verkalktes, verstopftes R.; Rohre verlegen⟩ || K-: ***Rohr-, -bruch, -leitung, -netz, -zange*** || -K: ***Abfluss-, Abzugs-, Auspuff-, Entwässerungs-, Saug-; Heizungs-, Leitungs-, Ofen-; Gas-, Wasser-*** **2** *nur Sg;* e-e Pflanze mit e-m langen, festen, hohlen Stängel ⟨Körbe, ein Stock aus R.⟩ || K-: ***Rohr-, -flöte, -geflecht, -kolben, -stock, -zucker*** || -K: ***Bambus-, Schilf-, Zucker-*** **3** *südd* Ⓐ ≈ Backofen ⟨den Kuchen ins R. schieben⟩ || -K: ***Back-, Brat-, Ofen-*** **4** *mst* ***volles R. fahren*** *gespr;* mit höchster Leistung fahren || ID ***wie ein R. im Wind sein / schwanken*** *geschr;* leicht zu beeinflussen sein

Röh·re *die; -, -n;* **1** ein relativ dünnes Rohr (1), durch das etw. strömt od. das am Ende geschlossen sein kann: *Röhren aus Ton* || K-: ***Röhren-, -knochen*** || -K: ***Glas-; Leucht(stoff)-, Neon-; Luft-, Speise-*** **2** e-e geschlossene Röhre (1), in der Elektronen fließen ⟨e-e R. prüfen, auswechseln; e-e R. brennt durch, ist kaputt⟩ || -K: ***Bild-, Elektronen-, Fernseh-, Radio-, Röntgen-*** **3** ≈ Backrohr ⟨e-n Braten, e-n Kuchen in die R. schieben⟩ || -K: ***Back-, Brat-*** **4** *gespr, oft pej* ≈ Fernseher ⟨vor der R. sitzen⟩ || ID ***in die R. gucken*** *gespr;* nichts von dem bekommen, was man gern haben möchte ≈ leer ausgehen: *Ich kenne das schon: Ihr esst wieder alles allein auf u. ich guck in die R.!* || *zu* **1 röh·ren·för·mig** *Adj*

röh·ren; *röhrte, hat geröhrt;* Vi **1 *ein Hirsch*** *o.Ä.* ***röhrt*** ein Hirsch *o.Ä.* gibt laute Töne von sich **2 *etw. röhrt*** etw. macht ein zu lautes Geräusch ⟨ein Motor, ein Motorrad⟩

Rohr·post *die;* e-e Methode, in e-m Gebäude od. e-r Stadt Briefe *o.Ä.* durch Rohre zu transportieren

Rohr·spatz *der; nur in* ***schimpfen wie ein R.*** *gespr;* laut u. wütend schimpfen

Roh·stoff *der;* e-e Substanz (wie *z.B.* Erdöl od. Kohle), die in der Natur vorkommt u. die in der Industrie bearbeitet od. verwendet wird ⟨ein an Rohstoffen armes / reiches Land⟩ || K-: ***Rohstoff-, -mangel, -reserve*** || *hierzu* **roh·stoff·arm** *Adj*

Ro·ko·ko *das; -(s); nur Sg;* **1** ein Stil der (europäischen) Kunst, der sich im 18. Jahrhundert aus dem Barock entwickelt hat u. für den starke Verzierungen typisch sind || K-: ***Rokoko-, -kirche, -möbel, -stil, -zeit*** **2** die Epoche des R. (1) ⟨im R.⟩

Rol·la·den *der;* ↑ ***Rollladen***

Roll·bahn *die;* die Bahn, auf der Flugzeuge starten od. landen

Roll·bra·ten *der;* ein Braten aus e-m flachen Stück Fleisch, das zusammengerollt u. -gebunden wird || -K: ***Kalbs-, Puten-, Schweine-***

Rol·le[1] *die; -, -n;* **1** etw. (*mst* Langes u. Dünnes), das kreisförmig übereinander gewickelt wurde ⟨e-e R. Draht, Garn, Klebeband, Klopapier⟩ || -K: ***Draht-, Film-, Garn-, Kabel-, Papier-, Tapeten-*** **2** e-e Packung, in der kleine runde Gegenstände aufeinander gestapelt sind ⟨e-e R. Drops, Euromünzen⟩ **3** ein breites, kleines Rad ⟨ein Teewagen auf Rollen; etw. läuft auf Rollen⟩: *Das Kabel der Seilbahn läuft über Rollen* || ↑ *Abb. unter* **Flaschenzug** **4** e-e Turnübung, bei der man sich mit dem Körper über den Kopf hinweg nach vorn oder hinten bewegt ⟨e-e R. vorwärts, rückwärts; e-e R. auf dem Boden machen⟩ || -K: ***Hecht-*** || NB: ↑ ***Purzelbaum***

Rol·le[2] *die; -, -n;* **1** die Gestalt (mit Dialogen u. Gesten), die ein Schauspieler in e-m Theaterstück, Film *o.Ä.* spielt ⟨e-e wichtige, unbedeutende, kleine R.; seine R. lernen, gut / schlecht spielen; e-e R. (mit j-m) besetzen; ein Stück mit verteilten Rollen lesen⟩: *Er hat die R. des Hamlet sehr gut gespielt; Sie hat in dem Film e-e R. als Diebin* || K-: ***Rollen-, -besetzung, -verteilung*** || -K: ***Charakter-, Doppel-, Film-, Haupt-, Neben-, Sprech-, Titel-*** **2** die Aufgaben, die j-d / etw. bei e-r Tätigkeit od. im Leben hat: *Er war der R. des Vaters noch nicht gewachsen; Sie fühlte sich in ihrer R. als Lehrerin nicht wohl; Er tauschte mit seiner Frau die Rollen u. versorgte den Haushalt* || K-: ***Rollen-, -konflikt, -tausch, -verhalten, -verteilung*** || -K: ***Beschützer-, Führungs-, Helden-, Mutter-, Vater-*** || ID ***etw. spielt (k)eine R.*** etw. ist in e-r Situation, für e-n Zweck, für j-n (nicht) wichtig, hat (k)eine Bedeutung: *Er ist zwar alt, aber für mich spielt das keine R. - Hauptsache, er kann was; Für diese Aufgaben spielt es e-e große R.*, ob *er Mut hat oder nicht; mst* ***j-d spielt bei etw. e-e*** ⟨große, wichtige, entscheidende⟩ ***R.*** j-d ist bei etw. sehr wichtig; ***aus der R. fallen*** sich nicht so benehmen, wie es erwartet wird

rol·len; *rollte, hat / ist gerollt;* Vi *(hat)* **1 *etw. (irgendwohin) r.*** etw. so bewegen, dass es sich um seine (horizontale) Achse dreht: *e-n Stein zur Seite r.; ein Fass vom Wagen r.* **2 *etw. irgendwohin r.*** etw. auf Rollen[1] (3) od. Rädern irgendwohin bewegen: *ein Bett in den Operationssaal r.* **3 *etw. (zu etw.) r.*** etw. in e-e runde Form bringen, indem man es dreht: *Papier zu e-r Tüte r.; Teig zu e-r Wurst, e-r Kugel r.* **4 *etw. in etw. (Akk) r.*** ≈ etw. in etw. einwickeln od. einrollen: *e-n Fisch in Zeitungspapier*

R

r. **5 das r r.** den Laut *r* so aussprechen, dass der hintere Teil der Zunge dabei mehrmals den Gaumen berührt ⟨ein gerolltes *r*⟩ **6 etw. r.** etw. im Kreis bewegen ⟨*mst* die Augen, den Kopf r.⟩; [Vi] (*ist*) **7 etw. rollt** etw. bewegt sich fort u. dreht sich um die eigene Achse: *Der Ball rollt auf die Straße*; *Der Felsblock kam ins Rollen* **8 etw. rollt** etw. bewegt sich auf Rollen od. Rädern ⟨ein Wagen, ein Zug⟩ **9 mit etw. r.** etw. im Kreis bewegen ⟨mit den Augen, dem Kopf r.⟩ **10 etw. rollt** etw. fließt (*mst* gleichmäßig) ⟨e-e Welle⟩: *Tränen rollten über ihr Gesicht*; [Vr] **11 sich irgendwo / irgendwohin r.** (*hat*) sich im Liegen hin u. her bewegen ≈ sich wälzen: *Der Hund rollte sich im Gras*

Rol·ler *der*; *-s*, *-*; **1** ein Fahrzeug für Kinder, das zwei Räder, e-n Lenker u. ein Brett hat, auf dem man steht ⟨R. fahren⟩ **2** *Kurzw* ↑ **Motorroller**

Roller (1)

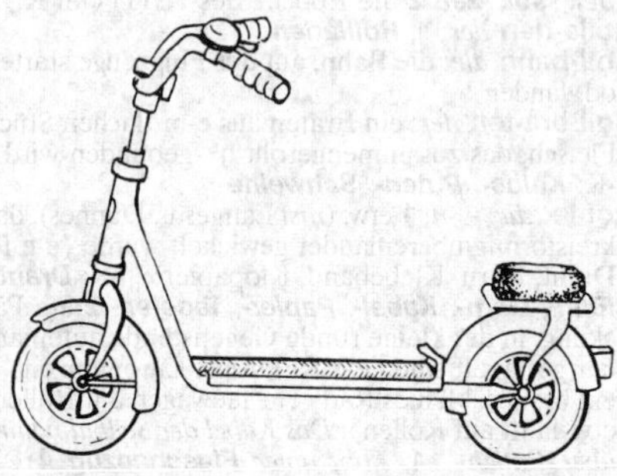

Roll·feld *das*; *Kollekt*; die Start- u. Landebahnen auf e-m Flugplatz

Roll·kom·man·do *das*; *Kollekt*; e-e Gruppe von Personen, die plötzlich an e-n Ort kommen u. dort (mit Gewalt) stören

Roll·kra·gen *der*; (an e-m Pullover) ein *mst* hoher, umgestülpter Kragen || K-: ***Rollkragen-, -pulli, -pullover***

Roll·la·den *der*; *-s*, *- / Roll·lä·den*; **1** e-e Vorrichtung aus schmalen, waagrechten Latten (aus Holz od. Plastik), die man außen vor dem Fenster auf- u. abrollen kann ⟨den R. herunterlassen, hinaufziehen⟩ || ↑ *Abb. unter* **Fenster** **2** e-e Art Tür für Schränke u. Schreibtische, die wie ein R. (1) aussieht u. funktioniert || K-: ***Rollladen-, -schrank, -tisch***

Roll·mops *der*; das Fleisch e-s Herings, das um e-e Gurke od. Zwiebel gerollt ist

Rol·lo, Rol·lo *das*; *-s*, *-s*; e-e Art Vorhang aus festem Material, der sich automatisch nach oben aufrollt, wenn man kurz an e-r Schnur zieht ⟨ein R. herunterziehen, hochziehen⟩ || ↑ *Abb. unter* **Fenster**

Roll·schuh *der*; ein Schuh mit vier kleinen Rädern, auf dem *bes* Kinder fahren ⟨R. fahren, laufen; die Rollschuhe anziehen⟩ || K-: ***Rollschuh-, -bahn, -fahrer, -läufer, -sport*** || *hierzu* **Roll·schuh·lau·fen** *das*; *-s*; *nur Sg*

Roll·splitt *der*; e-e Mischung aus kleinen, spitzen Steinen u. Teer, mit der man *bes* Straßen repariert

Roll·stuhl *der*; **1** ein Stuhl auf Rädern für Menschen, die nicht gehen können ⟨im R. fahren⟩ || ↑ *Abb. unter* **Stühle** **2 an den R. gefesselt sein** nicht mehr gehen können u. deshalb im R. (1) sitzen müssen || K-: ***Rollstuhl-, -fahrer***

Roll·trep·pe *die*; e-e Treppe, deren Stufen sich automatisch nach oben od. unten bewegen ⟨die R. nehmen, (mit der) R. fahren⟩

Ro·ma ↑ **Sinti**

Ro·man *der*; *-s*, *-e*; e-e lange, ausführlich beschriebene Geschichte in Prosa, die *bes* von fiktiven Personen od. Ereignissen erzählt ⟨ein R. in Fortsetzungen⟩: *„Die Buddenbrooks" ist der wohl berühmteste R. von Thomas Mann* || K-: ***Roman-, -autor, -dichtung, -figur, -held, -leser, -schriftsteller*** || -K: ***Abenteuer-, Grusel-, Heimat-, Kriegs-, Kriminal-, Liebes-, Trivial-, Wildwest-, Zukunfts-***; ***Jugend-*** || NB: ↑ **Novelle**, **Epos** || ID *mst* **e-n ganzen R. erzählen** *gespr*; etw. zu ausführlich erzählen

Ro·man·cier [romã'sie:] *der*; *-s*, *-s*; j-d, der Romane schreibt

Ro·ma·nik *die*; *-*; *nur Sg*; **1** ein Stil der (europäischen) Kunst in der Zeit von ungefähr 1000 bis 1250 **2** die Epoche der R. (1) ⟨etw. stammt aus der R.⟩

ro·ma·nisch *Adj*; **1** *Ling*; zu den Sprachen gehörig, die sich aus dem Lateinischen entwickelt haben: *Französisch, Italienisch u. Spanisch sind romanische Sprachen* **2** *Ling*; mit Menschen, die e-e romanische (1) Sprache sprechen ⟨ein Land, ein Volk⟩ **3** in Bezug auf die Romanik: *Romanische Kirchen erkennt man an den runden Bögen u. den Säulen*

Ro·ma·nis·tik *die*; *-*; *nur Sg*; die Wissenschaft, die sich mit den romanischen Sprachen u. deren Literatur beschäftigt || *hierzu* **Ro·ma·nist** *der*; *-en*, *-en*; **Ro·ma·nis·tin** *die*; *-*, *-nen*; **ro·ma·nis·tisch** *Adj*

Ro·man·tik *die*; *-*; *nur Sg*; **1** ein Stil der (europäischen) Kunst in der ersten Hälfte des 19. Jahrhunderts, in dem man Gefühle stark betonte u. die Natur u. die Vergangenheit bewunderte ⟨die Märchen, die Malerei der R.⟩: *Der Maler Caspar David Friedrich ist ein bedeutender Vertreter der R.* **2** die Epoche der R. (1) ⟨in der R.; etw. stammt aus der R.⟩ **3** der romantische (2,3) Charakter, die romantische (2,3) Atmosphäre (von etw.) ⟨keinen Sinn für R. haben⟩: *die R. e-s Sommerabends*

Ro·man·ti·ker *der*; *-s*, *-*; **1** ein Künstler der Romantik (1) **2** *oft pej*; j-d, der die Menschen, die Welt u. die Zukunft für besser hält, als sie sind ≈ Träumer || *hierzu* **Ro·man·ti·ke·rin** *die*; *-*, *-nen*

ro·man·tisch *Adj*; **1** mit den Merkmalen der Romantik (1) ⟨ein Bild, ein Gedicht, ein Künstler, ein Maler⟩: *die romantischen Gedichte von Joseph von Eichendorff* **2** ⟨e-e Burg, e-e Landschaft *o.Ä.*⟩ so, dass sie (durch ihre Atmosphäre, Ausstrahlung *o.Ä.*) an Liebe od. Abenteuer denken lassen: *Der Garten sieht im Mondlicht sehr r. aus* **3** traumhaft schön: *Ein Abendessen im Kerzenlicht - wie r.!* **4** *oft pej*; ⟨ein Mensch; Ideen⟩ so, dass sie die Wirklichkeit für besser halten, als sie ist ≈ unrealistisch

Ro·man·ze *die*; *-*, *-n*; **1** e-e ziemlich kurze Liebesbeziehung ≈ Affäre, Verhältnis (3) ⟨e-e heimliche R.; e-e R. mit j-m haben, erleben⟩ **2** ein Gedicht, das ähnlich wie ein Volkslied ist

Rö·mer[1] *der*; *-s*, *-*; **1** ein Einwohner der Stadt Rom **2** *hist*; ein Bürger des Römischen Reiches || *hierzu* **Rö·me·rin** *die*; *-*, *-nen*; **rö·misch** *Adj*

Rö·mer[2] *der*; *-s*, *-*; ein Weinglas mit e-m Fuß aus braunem od. grünem Glas u. e-m Kelch, der wie e-e halbe Kugel aussieht

Rö·mer·topf® *der*; ein Gefäß aus Ton, in dem man *bes* Fleisch im Backofen brät

rö·misch-ka·tho·lisch *Adj*; *Rel*; in Bezug auf die katholische Kirche, die der Papst in Rom leitet; *Abk* r.-k. ⟨ein Geistlicher, der Glaube, die Kirche⟩

Ron·dell *das*; *-s*, *-e*; **1** ein rundes Beet in e-m Park *o.Ä.* **2** ein runder Platz in e-m Ort

rönt·gen; *röntgte* ['rœŋ(k)tə, 'rœnçtə], *hat geröntgt*; [Vt] **j-n / etw. r.** j-n / etw. mithilfe von Röntgenstrahlen untersuchen (um ein Bild von den Knochen u. inneren Organen des Körpers zu machen): *Beim Röntgen des Beines stellte sich heraus, dass es gebrochen war* || K-: ***Röntgen-, -apparat, -arzt, -aufnah-***

R

me, -bestrahlung, -bild, -diagnose, -gerät, -untersuchung

Rönt·gen·strah·len *die*; *Pl*; unsichtbare Strahlen, die sehr viel Energie haben u. die durch feste Körper dringen können: *Am Flughafen wird das Handgepäck mit R. durchleuchtet*

ro·sa *Adj*; *indeklinabel*; **1** von der hellen roten Farbe vieler Rosen ⟨e-e Nelke, e-e Rose⟩: *das r. Fleisch des Lachses* || K-: ***rosa-, -rot*** **2** ≈ sehr schön ⟨*mst* rosa Zeiten⟩ || NB: in der gesprochenen Sprache wird *r.* oft dekliniert: *ein rosanes Kleid* || *zu* **1 Ro·sa** *das*; *-s, -s*; **ro·sa·far·ben** *Adj*

Ro·se *die*; *-, -n*; e-e Blume mit Dornen u. großen, roten (auch weißen od. gelben) Blüten, die gut riechen || ↑ *Abb. unter* ***Blumen*** || K-: ***Rosen-, -beet, -blatt, -busch, -duft, -garten, -öl, -schere, -stock, -strauch, -strauß, -züchter*** || -K: ***Hecken-, Kletter-*** || ID ***keine R. ohne Dornen*** jede schöne Sache hat auch Nachteile; ***nicht auf Rosen gebettet sein*** *geschr*; kein leichtes, einfaches Leben haben

ro·sé [ro'zeː] *Adj*; *indeklinabel*; von heller rosa Farbe ⟨ein Wein⟩ || *hierzu* **Ro·sé** *das*; *-(s), -(s)*

Ro·sé [ro'zeː] *der*; *-s, -s*; ein Wein, dessen Farbe rosé ist || K-: ***Rosé-, -wein***

Ro·sen·kohl *der*; ein Kohl, der mehrere kleine Köpfe aus Blättern hat, die am Stamm wachsen || ↑ *Abb. unter* ***Gemüse***

Ro·sen·kranz *der*; *kath*; **1** e-e Kette mit e-m Kreuz u. vielen Perlen, mit denen man die Gebete zählt, die man spricht **2** die Gebete, die man mit e-m R. (1) in der Hand betet ⟨e-n R. beten⟩

Ro·sen·mon·tag *der*; der Montag vor Aschermittwoch || K-: ***Rosenmontags-, -ball, -zug***

Ro·set·te *die*; *-, -n*; ein rundes Ornament od. Fenster aus vielen kleinen Teilen, das wie e-e Blüte e-r Rose aussieht || K-: ***Rosetten-, -fenster***

ro·sig *Adj*; **1** mit rosa Farbe ⟨ein Baby, ein Ferkel, ein Gesicht, die Haut, die Wangen⟩ **2** *mst* sehr positiv ⟨etw. in rosigem Licht, in den rosigsten Farben schildern⟩ **3** *mst* ***nicht gerade r.*** *gespr iron*; nicht sehr erfreulich: *Die Zukunft sieht nicht gerade r. aus*

Ro·si·ne *die*; *-, -n*; die getrocknete kleine Frucht des Weins (2) ⟨ein Kuchen mit Rosinen⟩ || K-: ***Rosinen-, -brötchen*** || ID (***große***) ***Rosinen im Kopf haben*** *gespr*; unrealistische Pläne haben; ***sich*** (*Dat*) ***die Rosinen aus etw.*** (*Dat*) ***herauspicken*** *gespr*; das Beste von etw. für sich selbst aussuchen

Ros·ma·rin *der*; *-s*; *nur Sg*; e-e Gewürzpflanze mit schmalen, harten Blättern

Ross *das*; *-es, -e / Rös·ser*; **1** (*Pl Rosse*) *geschr*; ein (wertvolles) *mst* starkes Pferd **2** (*Pl Rösser*) *südd* (A) (CH) *gespr* ≈ Pferd **3** ***hoch zu R.*** *hum*; auf e-m Pferd (reitend) || ID ***auf dem / e-m hohen R. sitzen*** arrogant, überheblich sein; ***sich aufs hohe R. setzen*** sich arrogant benehmen; ***von seinem / vom hohen R. herunterkommen*** aufhören, sich arrogant, überheblich zu benehmen

Ross·haar *das*; *nur Sg*; das Haar (von der Mähne u. vom Schwanz) von Pferden, mit dem man *bes* Matratzen füllt || K-: ***Rosshaar-, -matratze***

Ross·kur *die*; *gespr*; e-e Behandlung, die für den Kranken sehr anstrengend ist ⟨e-e R. machen⟩

Rost[1] *der*; *-(e)s*; *nur Sg*; **1** e-e *mst* rotbraune Substanz, die sich an der Oberfläche von Eisen *o.Ä.* bildet, wenn es lange feucht ist ⟨etw. setzt R. an, wird von R. zerfressen / zersetzt⟩ || K-: ***Rost-, -fleck, -schutzfarbe, -schutzmittel, -stelle***; ***rost-, -braun*** **2** *Bot*; e-e Krankheit, bei der Pflanzen rotbraune Flecken bekommen, die wie R.[1] (1) aussehen || *zu* **1 rost·be·stän·dig** *Adj*; **rost·far·ben** *Adj* || ► ***rosten***

Rost[2] *der*; *-(e)s, -e*; ein Gitter aus Holz od. Metall, auf das man etw. legt od. mit dem man etw. abdeckt: *e-n Kellerschacht mit e-m R. abdecken, damit niemand hineinfällt*; *e-n R. über ein Feuer legen u. darauf Würstchen braten* || K-: ***Rost-, -braten, -bratwurst*** || -K: ***Ofen-*** || ► ***rösten***

ros·ten; *rostete, hat / ist gerostet*; [Vi] ***etw. rostet*** etw. wird von e-r Schicht Rost[1] (1) bedeckt: *Eisen rostet, wenn es feucht gelagert wird* || ► ***verrosten***

rös·ten; *röstete, hat geröstet*; [Vt] **1** ***etw. r.*** etw. so stark erhitzen, dass es braun u. knusprig wird ⟨Kartoffeln, Kastanien in e-m Feuer, Brot / Fisch / Fleisch über e-m Feuer, auf e-m Grill r.; frisch gerösteter Kaffee⟩ || K-: ***Röst-, -kaffee*** **2** ***etw. r.*** ≈ braten ⟨Brot, Kartoffeln in der Pfanne r.⟩ || K-: ***Röst-, -kartoffeln***

rost·frei *Adj*; *nicht adv*; ⟨ein Messer, e-e Spüle, Stahl⟩ so, dass sie nicht rosten, wenn sie feucht werden

Rös·ti *die*; *Pl*; (CH) e-e Art von Bratkartoffeln

ros·tig *Adj*; ⟨Eisen, ein Nagel⟩ mit Rost[1] (1)

rot, *röter / roter, rötest- / rotest-*; *Adj*; **1** von der Farbe des Blutes u. reifer Tomaten: *ein roter Himmel bei Sonnenuntergang*; *die Fehler in e-m Text mit roter Tinte anstreichen*; *sich die Lippen rot anmalen* || K-: ***rot-, -bärtig, -braun***; ***rot gestreift, glühend***; ***Rot-, -färbung*** || -K: ***blut-, feuer-, fuchs-, glut-, kirsch-, korallen-, kupfer-, rost-*** **2** von der ziemlich dunklen Farbe, die ein Körperteil hat, wenn viel Blut darin fließt ↔ blass ⟨Backen; vor Anstrengung, Scham, Wut e-n roten Kopf bekommen; vom Weinen rote Augen bekommen / haben⟩ **3** ⟨Haare⟩ von dunkelgelber u. leicht rötlicher Farbe **4** *gespr*; mit kommunistischen od. sozialistischen Prinzipien u. Ideen ≈ link- ↔ schwarz (5), recht- ⟨die Fahne, e-e Partei, ein Politiker; die Roten wählen⟩ || K-: ***Rot-, -china*** **5** ***r. sein / werden*** ein rotes (2) Gesicht bekommen, weil man sich schämt od. verlegen ist || *zu* **2 rot·äu·gig** *Adj*; **rot·ba·ckig** *Adj*; **rot·wan·gig** *Adj*; *zu* **3 rot·haa·rig** *Adj*

> **rot un·ter·lau·fen** *Adj* ≈ blutunterlaufen ⟨Augen⟩

Rot *das*; *-s, - / gespr -s*; **1** e-e rote (1,2,3) Farbe: *das leuchtende Rot der Mohnblume* **2** das rote Licht e-r Ampel ↔ Grün, Gelb: *Er fuhr bei Rot über die Kreuzung*; *Die Ampel steht auf Rot*

Ro·ta·ti·on [-'tsioːn] *die*; *-, -en*; **1** der Vorgang, bei dem sich etw. um e-n Punkt od. e-e Achse dreht || K-: ***Rotations-, -achse, -bewegung*** **2** *Pol*; das Rotieren (3) || K-: ***Rotations-, -prinzip, -zwang***

Rö·te *die*; *-*; *nur Sg*; **1** der Zustand, rot (1,2,3) zu sein: *die R. des Himmels bei Sonnenuntergang*; *die R. seiner Wangen* **2** ***R. schießt / steigt j-m ins Gesicht*** j-d wird vor Scham od. Verlegenheit rot (2) im Gesicht

Ro·te-Ar·mee-Frak·ti·on *die*; *nur Sg*; e-e terroristische Organisation in Deutschland; *Abk* RAF

Rö·teln *die*; *nur Pl*; e-e Krankheit, bei der man kleine rote Flecken am Körper bekommt ⟨sich gegen R. impfen lassen⟩: *Wenn e-e Frau in der Schwangerschaft R. bekommt, ist das sehr gefährlich für den Embryo* || NB: ↑ ***Masern, Windpocken***

rö·ten; *rötete, hat gerötet*; [Vt] **1** ***etw. rötet etw.*** etw. gibt etw. e-e rötliche Farbe: *Die aufgehende Sonne rötete den Himmel*; *Sein Gesicht ist von der Kälte gerötet*; [Vr] **2** *mst* ⟨j-s Wangen⟩ ***röten sich*** j-s Wangen werden rot || *hierzu* **Rö·tung** *die*

Rot·fuchs *der*; **1** ein Fuchs mit rotbraunem Fell **2** ein Kleidungsstück aus dem Fell e-s Rotfuchses (1) ⟨e-n R. tragen⟩ **3** ein Pferd mit rotbraunem Fell **4** *gespr, oft pej*; j-d, der rote Haare hat

Rot·haut *die*; *gespr hum* ≈ Indianer ↔ Bleichgesicht

Rot·hirsch *der*; ein großer europäischer Hirsch mit rotbraunem Fell
ro·tie·ren; *rotierte, hat rotiert*; [Vi] **1 *etw. rotiert*** etw. dreht sich im Kreis um etw. ⟨ein Plattenteller, ein Propeller⟩: *ein Rasenmäher mit rotierenden Messern* **2** *gespr*; vor e-m wichtigen Ereignis od. unter Zeitdruck allzu aktiv u. nervös werden ⟨ins Rotieren kommen⟩: *Sie fängt vor jeder Prüfung zu r. an* **3** *Pol*; ein Amt im Turnus mit anderen wechseln
Rot·käpp·chen *das*; *-s*; *nur Sg*; das Mädchen, das in dem Märchen „R. u. der böse Wolf" seine Großmutter besuchen will u. vom Wolf gefressen wird
Rot·kehl·chen *das*; *-s*, *-*; ein kleiner (Sing)Vogel mit roter Kehle u. weißem Bauch
Rot·kohl *der*; ein Kohl mit violetten Blättern, die beim Kochen dunkelrot werden ≈ Blaukraut
röt·lich *Adj*; von leicht roter (3) Farbe ⟨ein Blond, ein Braun, ein Farbton⟩
Rot·licht *das*; **1** ein Signal mit rotem Licht (bei dem der Verkehr anhalten muss) ⟨bei R. über e-e Kreuzung fahren⟩ **2** e-e Art Lampe, die warmes rotes Licht ausstrahlt ⟨j-n mit R. bestrahlen⟩
Rot·licht|vier·tel *das*; e-e Gegend in e-r Stadt, in der es viele Bordelle gibt
Ro·tor *der*; *-s*, *Ro·to·ren*; *mst Pl*; die schmalen, flachen u. langen Metallstücke, die sich sehr schnell drehen u. so e-n Hubschrauber bewegen || ↑ *Abb. unter* ***Hubschrauber*** || K-: ***Rotor-, -blatt***
rot·se·hen; *sieht rot, sah rot, hat rotgesehen*; [Vi] *gespr*; wütend werden u. die Beherrschung verlieren
Rot·stift *der*; ein Stift, der rot schreibt || ID ***den R. ansetzen*** etw. nicht mehr od. nur teilweise finanzieren, um Geld zu sparen; ***etw. fällt dem R. zum Opfer*** etw. wird nicht mehr finanziert, *mst* weil der Staat, e-e Behörde *o.Ä.* Geld sparen will
Rot·te *die*; *-*, *-n*; *pej*; e-e kleine Gruppe von Menschen ≈ Horde: *E-e R. Rowdies randalierte auf der Straße*
Rot·wein *der*; Wein, der aus blauen od. roten Trauben gemacht wird ↔ Weißwein, Rosé
Rot·wild *das*; *Kollekt* ≈ Rothirsche
Rotz *der*; *-es*; *nur Sg*, *vulg*; die Flüssigkeit, die sich in der Nase bildet ≈ Nasenschleim || ID ***R. u. Wasser heulen*** *vulg*; sehr stark weinen; ***der ganze R.*** *vulg pej*; alles ≈ das ganze Zeug
Rotz·ben·gel *der*; *gespr! pej* ≈ Rotzjunge
rot·zen; *rotzte, hat gerotzt*; [Vi] *vulg*; die Nase mit lautem Geräusch von Schleim befreien
rotz·frech *Adj*; *ohne Steigerung*, *gespr*; sehr frech
rot·zig *Adj*; **1** *vulg*; voll Rotz ⟨die Nase, ein Taschentuch⟩ **2** *gespr!*, *oft pej*; sehr frech, respektlos
Rotz·jun·ge *der*; *vulg pej*; ein schmutziger od. frecher Junge
Rotz·na·se *die*; *vulg*; **1** e-e Nase, aus der Schleim läuft **2** *pej*; ein schmutziges od. freches Kind || *hierzu* **rotz·nä·sig** *Adj*; *vulg*
Rouge ['ruːʃ] *das*; *-s*, *-s*; ein rosa od. roter Puder *o.Ä. bes* für die Wangen ⟨R. auftragen⟩
Rou·la·de [ru-] *die*; *-*, *-n*; e-e dünne Scheibe Fleisch, die *bes* mit Speck, Zwiebeln, Gurken u. Gewürzen gefüllt, zusammengerollt u. gebraten wird || -K: ***Kalbs-, Rinder-***
Rou·te ['ruːtə] *die*; *-*, *-n*; ein bestimmter Weg von e-m Ort zum anderen ⟨e-e R. nehmen, wählen⟩: *Nur noch wenige Schiffe fahren auf der R. um das Kap der Guten Hoffnung von Europa nach Asien*
Rou·ti·ne [ru-] *die*; *-*; *nur Sg*; **1 *R.* (*in etw.* (*Dat*))** die Fähigkeit, etw. geschickt od. gut zu machen, *bes* weil man schon seit langer Zeit Erfahrung darin hat ≈ Übung (2) ⟨langjährige, große R.; R. haben; j-m fehlt (noch) die R.; zu etw. gehört R.⟩: *Er hat noch keine R. im Autofahren* **2** *mst pej*; etw., das man schon so oft getan hat, dass man es richtig macht, aber kein Interesse mehr daran hat ⟨etw. wird zur R., etw. erstarrt in R.⟩ || K-: ***Routine-, -arbeit***
rou·ti·ne-, Rou·ti·ne- *im Adj u. Subst*, *wenig produktiv*; verwendet, um auszudrücken, dass etw. normal ist od. oft so geschieht; e-e ***Routineangelegenheit***, e-e ***Routinekontrolle***, e-e ***Routineprüfung***, e-e ***Routinesache***, e-e ***Routineuntersuchung***; ***routinemäßig*** ⟨e-e Überprüfung, e-e Untersuchung⟩
Rou·ti·ni·er [ruti'nieː] *der*; *-s*, *-s*; j-d, der etw. mit großer Routine (1) macht
rou·ti·niert [ru-] *Adj*; mit Routine (1) ≈ erfahren ⟨ein Autofahrer, ein Schauspieler; etw. r. tun⟩
Row·dy ['raudi] *der*; *-s*, *-s*; *pej*; ein Jugendlicher, der sich aggressiv u. unhöflich benimmt ⟨ein randalierender R.⟩ || *hierzu* **row·dy·haft** *Adj*; **Row·dy·tum** *das*; *-s*; *nur Sg*
rub·beln; *rubbelte, hat gerubbelt*; [Vt/i] **(*etw.*) *r.*** *gespr*; kräftig an etw. reiben: *das Hemd r., damit ein Fleck herausgeht*
Rü·be *die*; *-*, *-n*; **1** e-e Pflanze mit e-r sehr dicken Wurzel, die man *bes* als Futter für Tiere verwendet ⟨Rüben anbauen, pflanzen⟩ || K-: ***Rüben-, -feld, -sirup, -zucker*** || -K: ***Futter-, Zucker-*** **2 *e-e Rote R.*** e-e R. (1) mit runder, roter Wurzel ≈ rote Beete **3 *e-e Gelbe R.*** *bes südd* Ⓐ ≈ Möhre, Karotte **4** *gespr!* ≈ Kopf ⟨eins auf die R. kriegen, j-m eins auf die R. geben⟩
Ru·bel *der*; *-s*, *-*; die Währung in Russland: *Ein R. hat 100 Kopeken* || ID ***Da rollt der R.*** *gespr*; da wird viel Geld verdient
rü·ber *Adv*; *gespr*; ↑ ***herüber, hinüber***
rü·ber- *im Verb*, *sehr produktiv*, *gespr*; ↑ ***herüber-, hinüber-***
rü·ber·brin·gen (*hat*) [Vt] *gespr*; **1 *j-n / etw. r.*** ≈ herüberbringen, hinüberbringen **2 *etw. r.*** etw. so darstellen, dass es andere verstehen, erkennen *o.Ä.*
rü·ber·kom·men (*ist*) [Vi] *gespr*; **1** ≈ herüberkommen: *Er kam zu mir rüber* **2** ≈ hinüberkommen: *Ist sie über den Fluss rübergekommen?* **3 *mit etw. r.*** etw. nach langem Zögern hergeben ≈ etw. herausrücken: *Jetzt komm mit dem Geld rüber!* **4 *etw. kommt rüber*** etw. wird deutlich od. erkennbar: *Die Angst der Menschen ist in diesem Film gut rübergekommen*
rü·ber·ma·chen (*hat*) [Vi] **(*von drüben*) *r.*** *gespr*, *oft pej*, *hist*; von der DDR in die Bundesrepublik Deutschland umziehen od. umgekehrt
Ru·bi·kon *der*; *nur in* ***den R. überschreiten*** *geschr*; e-e wichtige Entscheidung treffen, die man nicht zurücknehmen kann
Ru·bin *der*; *-s*, *-e*; ein wertvoller roter (Edel)Stein: *ein Ring mit e-m R.* || K-: ***rubin-, -rot***
Rub·rik *die*; *-*, *-en*; **1** ein Teil e-r Zeitung, Liste *o.Ä.*, der e-e besondere Überschrift hat ≈ Spalte ⟨etw. in e-e R. eintragen⟩: *Die Nachricht stand in / unter der R. „Vermischtes"* **2** ≈ Kategorie
Ruch *der*; *-(e)s*; *nur Sg*, *geschr*; ein schlechter Ruf, den j-d / etw. hat: *Er steht in dem R. / ist in den R. geraten, ein Betrüger zu sein*
ruch·bar *Adj*; *mst in* ***es wird r., dass ...*** *geschr*; e-e negative Tatsache wird bekannt: *Es wurde r., dass der Minister in e-n Skandal verwickelt war*
ruch·los *Adj*; *geschr*; ⟨ein Mörder⟩ verbrecherisch u. gewissenlos || *hierzu* **Ruch·lo·sig·keit** *die*
ruck *Adv*; *gespr*; *nur in* ***ruck, zuck*** sehr schnell u. ohne große Mühe: *Das ist doch überhaupt keine Arbeit, das geht doch ruck, zuck!* || NB: ↑ ***hau ruck***
Ruck *der*; *-(e)s*, *-e*; *mst Sg*; **1** e-e plötzliche u. kräftige kurze Bewegung: *sich mit e-m R. losreißen*; *Der Zug fuhr mit e-m R. los* **2 *ein R. nach links / rechts*** e-e plötzliche politische Entwicklung nach links / rechts, *z.B.* ein starker Zuwachs an Wählern für lin-

R

ke / rechte Parteien || *zu* **2 Links·ruck** *der*; **Rechts·ruck** *der*

Rück- *im Subst, sehr produktiv*; **1** verwendet, um Substantive aus Verben mit *zurück-* zu bilden; die ***Rückeroberung*** ⟨e-s besetzten Gebiets⟩, die ***Rückgabe*** ⟨e-s ausgeliehenen Buches⟩, die ***Rückzahlung*** ⟨von Steuern⟩ **2** verwendet, um auszudrücken, dass etw. von e-m Ziel od. Empfänger wieder zurück zum Ausgangsort od. zum Absender geht ↔ Hin-; die ***Rückantwort***, die ***Rückfahrkarte***, die ***Rückfahrt***, der ***Rückflug***, der ***Rücklauf*** ⟨des Wassers⟩, der ***Rückmarsch***, die ***Rückreise***, der ***Rückweg*** **3** verwendet, um auszudrücken, dass etw. im od. am hinteren Teil von etw. ist od. den hinteren Teil von etw. betrifft ↔ Vorder-; die ***Rückansicht*** ⟨e-s Gebäudes⟩, die ***Rückbank*** ⟨e-s Autos⟩, die ***Rückfront*** ⟨e-s Gebäudes⟩, die ***Rücklehne*** ⟨des Stuhls⟩, das ***Rücklicht***, die ***Rückleuchte***, die ***Rückseite*** ⟨e-s Gebäudes, e-s Bildes⟩, der ***Rücksitz*** || *zu* ***Rücklicht*** ↑ *Abb. unter* **Auto**, **Fahrrad**

ruck·ar·tig *Adj*; **1** mit e-m Ruck ≈ plötzlich ⟨r. anfahren, bremsen⟩ **2** ⟨Bewegungen⟩ kurz u. ungleichmäßig

Rück·bil·dung *die*; *Med, Biol*; der Vorgang, durch den ein Körperteil od. e-e Substanz kleiner od. weniger wird

Rück·blen·de *die*; ein Bericht in e-m Film od. Roman, in dem die Ereignisse erzählt werden, die vor dem Anfang des Films od. Romans geschehen sind ⟨etw. in e-r R. zeigen, erzählen⟩

Rück·blick *der*; **1** ***ein R.*** (***auf etw.*** (*Akk*)) ein Bericht über etw. in der Vergangenheit: *ein R. auf das vergangene Geschäftsjahr* **2** ***im R.*** wenn man Vergangenes heute beurteilt ≈ rückblickend: *Im R. scheint mir seine Entscheidung nicht richtig gewesen zu sein*

rück·bli·ckend *Adj* ≈ im Rückblick (2)

rück·da·tie·ren; *hat rückdatiert*; [Vt] ***etw. r.*** (nachträglich) ein früheres Datum auf etw. schreiben ↔ vordatieren ⟨e-n Brief, e-n Scheck⟩ || NB: nur im Infinitiv od. Partizip Perfekt verwendet

ru·cken; *ruckte, hat geruckt*; [Vi] **1** ***an etw.*** (*Dat*) ***r.*** etw. mit einem Ruck (1) od. mehreren Rucken bewegen: *Er ruckte am Schrank, um ihn vor die Tür zu schieben* **2** ***etw. ruckt*** etw. macht e-n Ruck (1): *Der Zug ruckte ein paar Mal u. blieb dann stehen*

rü·cken; *rückte, hat / ist gerückt*; [Vt] (*hat*) **1** ***etw.*** (***irgendwohin***) ***r.*** etw. (*mst* Schweres) mit kurzen, kräftigen Bewegungen ein bisschen verschieben od. ziehen: *e-n Schrank vor die Tür r., damit niemand hereinkann*; *e-n Stuhl näher an den Tisch r.* **2** ***etw. in den Mittelpunkt / Vordergrund r.*** ein Thema *o.Ä.* zum Mittelpunkt der Diskussion machen; [Vi] (*ist*) **3** ***irgendwohin r.*** (im Sitzen) sich irgendwohin bewegen: *Er rückte auf dem Sofa näher zu ihr*; *Wenn Sie ein wenig (zur Seite) r., habe ich auf der Bank auch noch Platz* **4** ***etw. rückt in den Mittelpunkt / Vordergrund*** etw. wird zum Mittelpunkt des Interesses **5** ***ein Ziel rückt in weite Ferne / in greifbare Nähe*** ein Ziel ist kaum mehr zu erreichen / ist fast erreicht **6** ***ein Zeitpunkt rückt näher*** ein Zeitpunkt kommt näher **7** ***ins Feld, ins Manöver r.*** (*Mil*) ins Feld, ins Manöver ziehen

Rü·cken *der*; *-s, -*; **1** die Seite des Körpers (zwischen Hals u. Gesäß), die beim Menschen hinten ist ↔ Bauch, Brust ⟨ein breiter, gebeugter, krummer, steifer R.; e-n runden R. machen; auf dem R. liegen; auf den R. fallen; j-m den R. zudrehen, zuwenden; j-m die Hände auf den R. binden⟩: *Sie stellten sich R. an R., um zu sehen, wer größer war*; *Er setzte sich mit dem R. zur Tür* || ↑ *Abb. unter* **Mensch** || K-: ***Rücken-, -muskel, -schmerzen, -wirbel***; ***-lage***; ***-lehne, -polster*** || -K: ***Pferde-, Reh-*** **2** ***der verlängerte R.*** *hum euph* ≈ Gesäß, Hintern **3** (***mit j-m / etw.***) ***im R.*** mit j-m / etw. hinter einem: *Mit dem Fenster im R. saß er am Tisch* **4** *mst* ***j-n im R. haben*** j-n (*mst* als Verfolger) dicht hinter einem haben: *Die Kidnapper hatten die ganze Zeit die Polizei im R.* **5** die obere Seite von etw. ⟨der R. e-s Berges, e-s Messers⟩ **6** der längliche, dünne Teil e-s Buchs, den man sieht, wenn das Buch auf e-m Regal steht || ID ***e-n breiten R. haben*** viel Unangenehmes ruhig ertragen können; ***j-m in den R. fallen*** etw. tun od. sagen, das j-m schadet, nachdem man ihn vorher unterstützt hat od. mit ihm befreundet war; ***j-m den R. decken / frei halten*** j-n unterstützen; ***sich*** (*Dat*) ***den R. frei halten*** sich gegen Kritik absichern; ***den R. frei haben*** handeln können, ohne behindert zu werden; ***im R.*** als Unterstützung ⟨j-n / etw. im R. haben⟩: *mit der Gewerkschaft im R. gegen den Arbeitgeber prozessieren*; ***hinter j-s R.*** so, dass j-d nichts davon weiß od. bemerkt; ***j-m den R. stärken*** j-m helfen u. ihm Mut machen; ***j-m / etw. den R. kehren / zudrehen*** mit j-m / etw. nichts mehr zu tun haben wollen ≈ sich von j-m / etw. abwenden; ***mit dem R. zur Wand stehen / kämpfen*** sich in e-r sehr schwierigen Situation verzweifelt verteidigen; *mst* ***j-m läuft es eiskalt / heiß u. kalt den R. hinunter***; ***j-m läuft es kalt über den R.*** j-d bekommt sehr große Angst, ist über etw. entsetzt

Rü·cken·de·ckung *die*; **1** der Schutz gegen e-n Angriff von hinten ⟨j-m R. geben⟩ **2** der Schutz, den j-d gegen Angriffe, Kritik u. negative Folgen seiner Taten von j-m bekommt: *In dieser Angelegenheit bekam er von seinem Chef R.*

rü·cken·frei *Adj*; ⟨ein Abendkleid⟩ so, dass es den Rücken nicht bedeckt

Rü·cken·mark *das*; der dicke Strang von Nerven in der Wirbelsäule || K-: ***Rückenmark-, -entzündung, -verletzung***

rü·cken·schwim·men [Vi] *nur im Infinitiv*; so schwimmen, dass der Rücken nach unten u. der Bauch nach oben zeigt || *hierzu* **Rü·cken·schwim·men** *das*; *-s*; *nur Sg*

Rü·cken·stär·kung *die* ≈ moralische Unterstützung, Aufmunterung ⟨sich bei j-m R. holen⟩

Rü·cken·wind *der*; ein Wind, der von hinten kommt ↔ Gegenwind ⟨R. haben⟩

Rück·er·stat·tung *die*; ***die R.*** (+ *Gen* / ***von etw.***) (***an j-n***) das Zahlen von Kosten an j-n, der diese schon bezahlt hatte: *die R. von Fahrkosten* || *hierzu* **rück·er·stat·ten** (*hat*) *Vt nur im Infinitiv u. Partizip Perfekt*

Rück|fahr·kar·te *die*; e-e Fahrkarte, die zur Fahrt zu e-m bestimmten Ziel u. zurück berechtigt

Rück·fahrt *die*; die Fahrt von e-m bestimmten Ort od. Ziel zurück: *Auf der R. hatten wir e-e Panne*

Rück·fall *der*; **1** das nochmalige Krankwerden, nachdem man sich von derselben Krankheit fast erholt hatte ⟨e-n R. befürchten, bekommen, erleiden, vermeiden⟩ **2** ***ein R.*** (***in etw.*** (*Akk*)) das Abgleiten in frühere negative Denk- od. Handlungsweisen (die man schon abgelegt hatte) ⟨ein R. in alte Fehler, in ein altes Verhalten, in alte Gewohnheiten⟩ || K-: ***Rückfall-, -quote, -täter***

rück·fäl·lig *Adj*; ⟨ein Dieb, ein Süchtiger, ein Täter; r. werden⟩ so, dass sie etw. Schlechtes od. Illegales wieder tun || *hierzu* **Rück·fäl·lig·keit** *die*; *nur Sg*

Rück·fra·ge *die*; e-e Frage, die man j-m stellt, um Einzelheiten zu klären, die in e-m früheren Gespräch nicht deutlich geworden sind || *hierzu* **rück·fra·gen** (*hat*) *Vi*; *nur im Infinitiv u. Partizip Perfekt*

Rück·ga·be·recht *das*; das Recht, e-e gekaufte Ware zurückzugeben, wenn sie nicht in Ordnung ist od. wenn sie einem nicht gefällt

Rụck·gang *der*; *mst Sg*; der Prozess, bei dem etw. (wieder) weniger wird ↔ Anstieg (5) ⟨etw. befindet sich im R.⟩: *der R. der Säuglingssterblichkeit*

rụ̈ck·gän·gig *Adj*; **1** so, dass sich die Zahl od. Menge verringert ≈ rückläufig ↔ ansteigend, wachsend: *e-e rückgängige Geburtenzahl* **2** ⟨e-n Beschluss, e-n Vertrag⟩ ***r. machen*** erklären, dass ein Beschluss, ein Vertrag nicht mehr gültig ist ≈ annullieren, widerrufen

Rụck·grat *das*; **1** *mst Sg* ≈ Wirbelsäule ⟨sich das R. brechen, verletzen⟩ || K-: ***Rückgrat-, -verkrümmung*** **2** *nur Sg*; der Mut, bei seinen Überzeugungen zu bleiben u. sie zu vertreten ⟨R. beweisen, haben, zeigen; ein Mensch ohne R.⟩ || ID ***j-m das R. brechen*** *gespr*; **a)** auf j-n so viel Druck ausüben, dass er seine Meinung aufgibt; **b)** j-n ruinieren

Rụck·griff *der*; ***ein R.*** **(*auf j-n / etw.*)** der erneute Einsatz e-r Person, der erneute Gebrauch e-r Sache, die man früher benutzte: *ein R. auf alte Methoden*

Rụck·halt *der*; *nur Sg* ≈ Halt[1] (2) ⟨ein moralischer R.; an j-m e-n festen R. haben⟩

rụ̈ck·halt·los *Adj*; ohne Vorbehalte, ohne Bedenken ⟨e-e Anerkennung, e-e Zustimmung; j-m r. vertrauen⟩ || *hierzu* **Rụ̈ck·halt·lo·sig·keit** *die*; *nur Sg*

Rụck·hand *die*; *nur Sg*; ein Schlag beim Tennis, Tischtennis *o.Ä.*, bei dem der Handrücken zum Ball zeigt ⟨e-e R. spielen; e-e gute, schlechte, gefürchtete R. haben⟩

Rụck·kehr *die*; -; *nur Sg*; **1** das Zurückkommen (nach e-r ziemlich langen Abwesenheit): *Flüchtlingen die R. in die Heimat ermöglichen*; *Nach deiner R. vom Urlaub feiern wir ein Fest* **2** die Wiederaufnahme e-r früheren Tätigkeit *o.Ä.* ⟨die R. zu alten Gewohnheiten⟩: *Frauen die R. in den alten Beruf erleichtern* || *zu* **1 Rụ̈ck·keh·rer** *der*; *-s, -*

Rụck·kopp·lung *die*; **1** das laute Pfeifen im Lautsprecher, das entsteht, wenn ein Teil der Energie des Verstärkers zurückfließt **2** ≈ Feedback

Rụck·kunft *die*; -; *nur Sg*, *geschr* ≈ Rückkehr (1)

Rụck·la·ge *die*; -, *-n*; *mst Pl*; Geld, das j-d / ein Betrieb für schlechte Zeiten spart ⟨Rücklagen bilden⟩

rụ̈ck·läu·fig *Adj* ≈ rückgängig (1)

rụ̈ck·lings *Adv*; **1** mit dem Rücken in die Richtung der Bewegung ↔ vorwärts ⟨r. hinfallen, auf den Boden fallen, auf dem Pferd sitzen⟩ **2** von hinten ↔ von vorn ⟨j-n r. angreifen, erstechen⟩

Rụck·mel·dung *die*; **1** ***die R.*** **(*zu etw.*)** die Mitteilung, dass man wieder da ist: *die R. zur Arbeit* **2** e-e Reaktion aus dem Publikum ≈ Feedback

Rụck·nah·me *die*; -, *-n*; **1** die Erklärung (3), dass e-e Aussage, e-e Behauptung *o.Ä.* nicht mehr gültig ist ⟨die R. e-r Anschuldigung, e-s Einspruchs, e-r Klage, e-s Vorwurfs⟩ **2** das Zurücknehmen e-r gekauften Ware durch den Verkäufer

Rụck·por·to *das*; das Porto, das j-d, der um e-e Antwort bittet, in seinen Brief legt ⟨das R. beilegen⟩

Rụck·rei·se *die*; die Reise von e-m bestimmten Ort od. Ziel zurück

Rụck·rei·se|wel·le *die*; starker Verkehr am Ende von Ferien, Wochenenden *o.Ä.*, der dadurch entsteht, dass viele Menschen nach Hause fahren

Rụck·ruf *der*; **1** ein Telefonanruf als Antwort auf ein Telefongespräch ⟨um R. bitten⟩ **2** e-e Aktion, bei der *bes* e-e Fima dazu aufruft, e-e Ware, ein Modell *o.Ä.* zurückzugeben, damit es auf Mängel *o.Ä.* überprüft werden kann || K-: ***Rückruf-, -aktion***

Rụck·sack *der*; e-e Art große Tasche, die man an Riemen auf dem Rücken trägt ⟨e-n R. packen, umhängen, auf dem Rücken tragen, ablegen; etw. im R. verstauen⟩ || K-: ***Rucksack-, -tourist***

Rụck·schau *die* ≈ Rückblick (1) ↔ Vorschau

rụ̈ck·schau·end *Adj* ≈ rückblickend

Rụck·schlag *der*; **1** e-e plötzliche Wendung zum Negativen hin, *bes* e-e Niederlage od. e-e Enttäuschung ⟨e-n R. erleben, erleiden, hinnehmen müssen⟩ **2** Ⓒⓗ ≈ Defizit

Rụck·schluss *der*; *-es*, *Rück·schlüs·se*; *mst Pl*; ***Rückschlüsse*** **(*auf j-n / etw.*)** e-e logische Folgerung, die man aus etw. ableiten kann u. die über etw. anderes Auskunft gibt ⟨Rückschlüsse aus etw. ziehen; etw. lässt auf j-n / etw. Rückschlüsse zu⟩

Rụck·schritt *der*; *nur Sg*; e-e Entwicklung zu e-m (früheren) schlechteren Zustand hin ↔ Fortschritt ⟨e-e Maßnahme, ein Zustand bedeutet e-n R.⟩

Rụck·sicht *die*; -, *-en*; **1** *mst Sg*; ***R.*** **(*auf j-n / etw.*)** das Bestreben, auch die Gefühle, Bedürfnisse, Wünsche *usw* anderer Menschen zu beachten, od. das Bestreben, e-r Sache nicht zu schaden ⟨(auf j-n / etw.) R. nehmen; keine R. kennen; mit / ohne R. auf j-n / etw.; es an R. fehlen lassen⟩: *Du solltest etwas mehr R. auf deine kleine Schwester nehmen!* **2** *nur Pl* ≈ Gründe ⟨etw. aus familiären, finanziellen, wirtschaftlichen Rücksichten tun⟩ || ID ***ohne R. auf Verluste*** *gespr*; so, dass es j-m egal ist, wenn sein Verhalten ihm selbst od. anderen Nachteile bringt

Rụck·sicht·nah·me *die*; *nur Sg*; ein Verhalten, das sich an den Gefühlen *o.Ä.* anderer orientiert

rụ̈ck·sichts·los *Adj*; ***r.*** **(*gegen j-n / etw.*)** ohne die Gefühle, Bedürfnisse *o.Ä.* von anderen Menschen zu beachten ≈ egoistisch ↔ rücksichtsvoll ⟨ein Mensch; j-s Verhalten; r. handeln; j-n r. behandeln, ausnützen⟩ || *hierzu* **Rụ̈ck·sichts·lo·sig·keit** *die*; *mst Sg*

rụ̈ck·sichts·voll *Adj*; ⟨ein Mensch⟩ so, dass er sein Verhalten an den Gefühlen, Bedürfnissen *o.Ä.* von anderen Menschen orientiert ↔ rücksichtslos, egoistisch: *sich r. benehmen*; *r. handeln*; *Es war sehr r. von ihm, nicht zu rauchen*

Rụck·spie·gel *der*; ein kleiner Spiegel im Auto, in dem man die Straße u. die Autos hinter sich sehen kann || NB: ↑ ***Außenspiegel***

Rụck·spiel *das*; *Sport*; das zweite (von zwei vereinbarten) Spielen zwischen zwei Mannschaften (in e-m Wettbewerb) ↔ Hinspiel

Rụck·spra·che *die*; ***die R.*** **(*mit j-m*)** ein Gespräch, bei dem man versucht, mit e-m anderen (Betroffenen) Fragen u. Probleme zu klären ⟨mit j-m R. nehmen, halten⟩: *Diese Frage kann ich erst nach R. mit dem Chef entscheiden*

Rụck·stand *der*; **1** ein *mst* schädlicher Rest von Stoffen, der nach ihrer Verarbeitung übrig bleibt ⟨ein chemischer R.⟩: *Im Kalbfleisch wurden Rückstände verbotener Medikamente gefunden* || K-: ***rückstands-, -frei*** **2** *mst Pl*; ***Rückstände*** **(*in etw.*** (*Dat*)**)** e-e Summe Geld, die noch nicht bezahlt worden ist ≈ Schulden ⟨Rückstände eintreiben, fordern⟩ **3** das, was noch fehlt, um e-e bestimmte Norm zu erreichen ↔ Vorsprung ⟨e-n R. aufholen; mit etw. im R. sein⟩: *den R. in der Produktion aufholen*; *Er ist mit der Miete im R.* || -K: ***Produktions-*** **4 *der R.*** **(*auf j-n*)** der Abstand (in Punkten, Minuten *o.Ä.*) zu j-m, der in e-m Wettbewerb vor einem liegt ↔ Vorsprung ⟨im R. liegen, sein; e-n R. aufholen, wettmachen⟩: *mit drei Punkten R. verlieren*

rụ̈ck·stän·dig *Adj*; nicht modern ≈ altmodisch ↔ fortschrittlich ⟨j-s Denken, Vorstellungen⟩: *Deine Ansichten sind völlig r.!* || *hierzu* **Rụ̈ck·stän·dig·keit** *die*; *nur Sg*

Rụck·stoß *der*; der Schlag, den ein Gewehr gegen die Schulter des Schützen macht || K-: ***rückstoß-, -frei***

Rụck·strah·ler *der*; ein kleines rotes Glas hinten am Fahrrad od. am Auto, das Licht reflektiert || ↑ *Abb. unter* ***Fahrrad***

R

Rụck·tritt[1] *der*; **1** das Aufgeben e-s Amtes *o.Ä.* ⟨seinen R. anbieten, erklären; j-s R. fordern, annehmen⟩: *Nach dem Skandal bot der Innenminister seinen R. an*; *Er begründete seinen R. vom Ministeramt mit seiner Krankheit* || K-: ***Rücktritts-, -drohung, -erklärung, -gesuch*** **2** das Zurücktreten aus e-m (Kauf)Vertrag || K-: ***Rücktritts-, -gebühr, -recht***

Rụck·tritt[2] *der*; *nur Sg*; e-e Bremse am Fahrrad, die funktioniert, wenn man mit e-m Pedal nach hinten drückt ⟨ein Fahrrad mit / ohne R.⟩ || K-: ***Rücktritt-, -bremse***

Rụck·ver·gü·tung *die*; e-e Summe Geld, die j-d *z.B.* von e-r Versicherung zurückbekommt, wenn diese ein gutes Geschäftsjahr gehabt hat || *hierzu* **rụck·ver·gü·ten** (*hat*) *Vt*; *nur im Infinitiv u. Partizip Perfekt*

rụck·ver·si·chern, sich; *rückversicherte sich, hat sich rückversichert*; [Vr] ***sich r.*** genaue Informationen einholen, bevor man sich entscheidet ≈ sich absichern || NB: *mst* im Infinitiv od. Partizip Perfekt

Rụck·ver·si·che·rung *die*; **1** ≈ Vergewisserung **2** e-e Versicherung, die e-e Versicherungsgesellschaft bei e-r anderen abschließt, um sich gegen Risiken (*z.B.* sehr große Auszahlungen) abzusichern

rụck·wär·ti·g- *Adj*; *nur attr, nicht adv*; nach hinten gerichtet, hinten befindlich ≈ hinter- ↔ vorder-: *der rückwärtige Teil des Gartens*

rụck·wärts *Adv*; **1** so, dass ein Teil, der normalerweise hinten ist, bei e-r Bewegung vorn ist ≈ nach hinten ↔ vorwärts (1) ⟨r. gehen, fahren, einparken; e-e Rolle r. (machen)⟩ || K-: ***Rückwärts-, -bewegung, -drehung*** **2** vom Ende zum Anfang ≈ von hinten nach vorn ↔ vorwärts (1) ⟨ein Wort r. lesen; ein Band, e-n Film r. laufen lassen; das Alphabet r. aufsagen⟩ **3** Ⓐ *gespr* ≈ hinten: *im Auto r. sitzen* || zu **2 rụck·wärts ge·wandt** *Adj*

Rụck·wärts·gang *der*; der Gang im Auto *o.Ä.*, mit dem man rückwärts fahren kann ⟨den R. einlegen⟩

rụck·wei·se *Adv*; mit mehreren kurzen u. kräftigen Bewegungen

rụck·wir·kend *Adj*; von e-m Zeitpunkt an gültig, der in der Vergangenheit liegt: *Ihre Gehaltserhöhung gilt r. seit dem 1. April*

Rụck·wir·kung *die*; ***e-e R.*** (***auf j-n / etw.***) *mst* negative Auswirkungen od. Konsequenzen ≈ Folge[2] (1): *Der Fehler hatte Rückwirkungen auf die ganze Firma*

Rụck·zie·her *der*; *-s, -*; *mst in* ***e-n R. machen*** *gespr*; etw. Geplantes od. Vereinbartes (*mst* im letzten Moment) wieder rückgängig machen: *Er hat kurz vor Vertragsabschluss e-n R. gemacht*

Rụck·zug *der*; **1** das Verlassen e-s Gebiets, in dem gekämpft wird (*bes* während der Gegner angreift) ⟨ein geordneter, überstürzter R.; den R. antreten, befehlen; auf dem R. sein; j-m den R. abschneiden⟩ || K-: ***Rückzugs-, -gefecht*** || -K: ***Truppen-*** **2** ***der R.*** (***aus etw.***) das Verlassen e-s *mst* wichtigen Bereiches, in dem man gearbeitet hat ⟨der R. aus dem politischen, öffentlichen Leben⟩ **3** ⒸⒽ das Abheben von Geld von e-m Konto

rü·de *Adj*; im Benehmen od. Verhalten unfreundlich u. ohne Rücksicht auf andere ≈ grob (4) ↔ sanft, höflich ⟨j-s Benehmen; ein Bursche, ein Kerl; e-n rüden Ton anschlagen⟩

Rü·de *der*; *-n, -n*; ein männlicher Hund, Fuchs od. Wolf || NB: *der Rüde*; *den, dem, des Rüden*

Ru·del *das*; *-s, -*; **1** e-e Gruppe von wilden Tieren, die zusammenleben ⟨ein R. Wölfe, Hirsche, Gämsen; Wölfe *o.Ä.* jagen in Rudeln, leben im R.⟩ || -K: ***Hirsch-, Wolfs-*** **2** *gespr, mst pej*; e-e große u. ungeordnete Gruppe von Personen ≈ Schar || *hierzu* **ru·del·wei·se** *Adj*; *nur attr od adv*

Ru·der *das*; *-s, -*; **1** e-e Stange mit e-m breiten, flachen Teil am Ende, mit der man ein Boot bewegt ⟨die Ruder auslegen, eintauchen, einziehen⟩ || K-: ***Ruder-, -boot*** || NB: Im Gegensatz zum *Paddel* ist ein *R.* am Boot befestigt **2** e-e Vorrichtung aus Holz od. Metall am Ende (Heck) e-s Schiffes, mit der man die Richtung des Schiffes bestimmt ⟨das R. halten, führen; am R. sitzen, stehen⟩ || ↑ *Abb. unter* ***Segelboot*** || -K: ***Steuer-*** || ID ***sich kräftig ins R. legen*** *gespr*; sehr engagiert arbeiten; (***bei etw.***) ***das R. herumwerfen*** *gespr*; etw. vollständig ändern; ***am R. sein, bleiben*** *gespr*; an der Macht sein, bleiben; ***ans R. kommen, gelangen*** *gespr*; an die Macht kommen

Ruder

das Ruder(2)

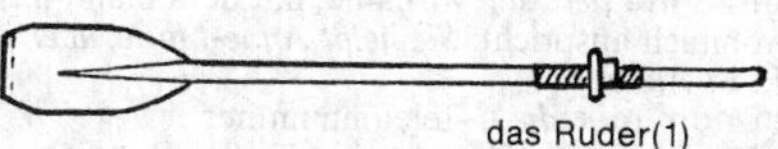

das Ruder(1)

ru·dern; *ruderte, hat / ist gerudert*; [Vt] (*hat*) **1** ***j-n / etw.*** (***irgendwohin***) ***r.*** j-n / etw. mit e-m Boot mithilfe von Rudern (1) an e-e Stelle bringen: *das Vieh u. den Proviant ans andere Ufer r.*; [Vi] **2** (***irgendwohin***) ***r.*** (*ist*) sich in e-m Boot mit Rudern (1) durch das Wasser bewegen ⟨kräftig r.; stromabwärts r.; über den Fluss, über den See r.⟩ **3** (***gegen j-n***) ***r.*** (*hat / ist*) das Rudern als Sport betreiben || K-: ***Ruder-, -klub, -regatta, -sport*** **4** (***mit den Armen***) ***r.*** (*hat*) *gespr*; mit den Armen kreisförmige Bewegungen machen, *bes* um das Gleichgewicht nicht zu verlieren || *zu* **1**, **2** u. **3 Ru·de·rer** *der*; *-s, -*

Ru·dern *das*; *-s*; *nur Sg*; die sportliche Disziplin, bei der man rudert (3)

Ru·di·mẹnt *das*; *-(e)s, -e*; *geschr*; etw., das als Rest aus e-r früheren Zeit noch da ist: *Rudimente e-r mittelalterlichen Stadtmauer*

ru·di·men·tär *Adj*; *geschr*; sehr einfach u. deshalb unvollständig ⟨Kenntnisse⟩

Ruf *der*; *-(e)s, -e*; **1** laute Töne, mit denen ein Mensch od. Tier ein Signal geben will ⟨ein Ruf verhallt⟩: *Niemand hörte die Rufe des Ertrinkenden*; *der Ruf e-r Eule* || -K: ***Balz-, Lock-, Warn-; Buh-, Hurra-, Pfui-; Angst-, Hilfe-*** **2** *nur Sg, geschr*; ***der Ruf*** (***nach etw.***) der Wunsch od. der innere Drang, etw. zu tun od. etw. zu bekommen ⟨dem Ruf seines Gewissens / Herzens folgen; der Ruf nach Freiheit, Frieden⟩ **3** *nur Sg*; das Urteil der Allgemeinheit, die (gute) Meinung, die die Leute von j-m / etw. haben ≈ Name (3), Reputation ⟨e-n guten, schlechten Ruf haben; j-s Ruf als Künstler; auf seinen Ruf achten; etw. schadet j-s Ruf; seinen Ruf gefährden, ruinieren; e-n Ruf zu verlieren haben⟩ **4** *nur Sg*; das Angebot an j-n (*mst* an e-n Professor), e-e Stelle (an e-r Universität) zu bekommen ≈ Berufung ⟨e-n Ruf bekommen, erhalten; e-m Ruf folgen; e-n Ruf abschlagen⟩ || ID ***j-m / etw. geht ein*** *Adj* +

Ruf voraus j-d / etw. hat e-n bestimm- ten Ruf (3); ***j-d / etw. ist besser als sein Ruf*** *gespr hum*; j-d / etw. ist besser als allgemein erwartet

ru·fen; *rief, hat gerufen*; Vi **1** ***j-n / etw. r.*** mit e-m Ruf (1) od. am Telefon j-n bitten zu kommen ⟨den Arzt, die Polizei, die Feuerwehr r.; ein Taxi r.; j-n r. lassen; j-n zu sich r.⟩ **2** ***etw. r.*** etw. mit lauter Stimme sagen ↔ flüstern: *„Bravo" r.; „Hurra" r.; Sie rief „Herein!", als es klopfte* **3** ***j-n*** + *Name* + ***r.*** j-m e-n bestimmten Namen geben ≈ nennen: *Sein richtiger Name ist Georg, aber alle rufen ihn „Schorsch"*; Vui **4** ***etw. ruft*** (***j-n***) etw. macht nötig, dass j-d arbeitet: *Die Arbeit ruft; Dringende Geschäfte riefen ihn in die Firma*; Vi **5** (*mst* laute) Töne od. Wörter von sich geben (mit denen man etw. signalisieren will) ≈ schreien ⟨laut, schrill, aufgeregt, wütend r.; um Hilfe r.⟩ **6** ***nach j-m / etw. r.*** ≈ j-n / etw. r. (1): *nach dem Kellner r.* **7** ***etw. ruft j-m etw. ins Gedächtnis / in Erinnerung*** etw. bewirkt, dass j-d sich an etw. erinnert: *Dieses Foto rief mir meine Kindheit in Erinnerung* || ID *mst* ***Du kommst mir wie gerufen*** *gespr*; du kommst genau zur richtigen Zeit

Rüf·fel *der; -s, -; gespr* ≈ Rüge ⟨j-m e-n R. geben, erteilen⟩: *vom Chef e-n R. bekommen* || *hierzu* **rüf·feln** (*hat*) *Vt*

Ruf·mord *der*; der Versuch, j-s guten Ruf (3) zu zerstören ≈ Verleumdung ⟨R. betreiben⟩

Ruf·nä·he *die*; die Entfernung, in der man j-n noch hört, wenn er ruft ⟨in R. bleiben⟩

Ruf·na·me *der*; der Vorname, mit dem man j-n gewöhnlich anspricht: *Sie heißt Anne-Marie, aber ihr R. ist Anne*

Ruf·num·mer *die* ≈ Telefonnummer

Ruf·wei·te *die* ≈ Rufnähe ⟨in / außer R. sein⟩

Ruf·zei·chen *das* ≈ Freizeichen

Rug·by ['rakbi] *das; -s; nur Sg, Sport*; ein Spiel, bei dem zwei Mannschaften versuchen, mit e-m eiförmigen Ball Punkte zu machen. Man darf den Ball mit der Hand u. mit dem Fuß spielen || K-: ***Rugby-, -mannschaft, -spiel, -spieler***

Rü·ge *die; -, -n*; e-e Äußerung, mit der man j-n scharf kritisiert ≈ Tadel ⟨e-e scharfe, strenge R.; j-m e-e R. erteilen; e-e R. bekommen⟩

rü·gen; *rügte, hat gerügt*; Vt ***j-n*** (***für / wegen etw.***) ***r.***; ***etw. r.*** j-m deutlich sagen, dass man sein Verhalten schlecht findet ≈ tadeln ⟨j-s Verhalten, Leichtsinn, Faulheit r.⟩

Ru·he ['ru:ə] *die; -; nur Sg*; **1** der Zustand, in dem sich j-d / etw. nicht bewegt ↔ Bewegung ⟨in R. sein; sich in R. befinden; zur R. kommen⟩: *ein Körper in R.; Das Pendel der Uhr kommt zur R.* || K-: ***Ruhe-, -lage, -stellung, -zustand*** **2** ein Zustand, in dem *bes* keine Geräusche stören ≈ Stille ↔ Lärm ⟨um R. bitten; seine R. haben wollen; sich nach R. sehnen; sich (*Dat*) R. verschaffen; es herrscht vollkommene R.; die R. genießen⟩: *Ich bitte um R. für den nächsten Redner* || K-: ***Ruhe-, -bedürfnis, -platz, -stätte, -störer, -störung*** || -K: ***Mittags-, Nacht-*** **3** der (innere) Zustand, in dem j-d sich wohl fühlt u. keine Sorgen hat ≈ Entspannung (1) ⟨zur R. kommen; etw. nimmt / raubt j-m die R.; R. ausstrahlen; keine R. finden⟩ **4** ein Zustand, in dem es keine Konflikte u. Gefahren gibt ⟨R. u. Ordnung; R. einkehren lassen⟩ **5** ***R. geben*** *gespr*; sich so verhalten, dass man niemanden stört: *Gib doch endlich einmal R.!* **6** ***in*** (***aller***) ***R.*** ohne sich zu ärgern, sich aufzuregen od. sich zu beeilen ⟨j-m etw. in R. sagen; etw. in R. tun⟩ **7** ***die ewige R.*** *euph, Rel*; der Zustand nach dem Tod **8** (***die***) ***R. bewahren*** (auch in e-r schwierigen Situation) ruhig (5) bleiben || ID ***sich nicht aus der R. bringen lassen*** *mst* trotz Ärger od. Provokationen ruhig (5) bleiben; ***j-n*** (***mit etw.***) ***in R. lassen*** *gespr*; j-n (mit etw.) nicht stören: *Lass mich doch in R. mit deinen Fragen!*; ***etw. in R. lassen*** *gespr*; etw. nicht anfassen; ***etw. lässt j-m keine R.*** *gespr*; j-d muss immer wieder an etw. denken; ***sich zur R. legen / begeben*** *geschr* ≈ schlafen gehen; ***sich zur R. setzen*** ≈ in den Ruhestand, in Pension gehen; ***die R. weghaben*** *gespr*; auch in e-r schwierigen Situation ruhig (5) bleiben; ***die R. vor dem Sturm*** e-e sehr gespannte, aber ruhige Atmosphäre, bevor etwas Entscheidendes geschieht; ***Immer mit der R.!*** *gespr*; verwendet, wenn j-d nicht zu schnell handeln soll; *mst* ***j-n zur letzten R. betten*** *geschr* ≈ beerdigen, begraben

Ru·he·ge·halt *das* ≈ Pension[1] (1)

ru·he·los *Adj*; ohne Ruhe (3) zu finden ≈ rastlos ⟨j-s Leben, ein Mensch⟩

ru·hen; *ruhte, hat geruht*; Vi **1** *geschr* ≈ sich ausruhen: *im Schatten e-s Baumes r.* **2** ***etw. ruht*** etw. ist nicht aktiv, in Bewegung od. in Funktion ≈ etw. steht still ⟨e-e Maschine, ein Betrieb, ein Prozess; die Arbeit, der Verkehr, die Verhandlungen; die Waffen⟩: *Unser Widerstand wird nicht (eher) r., bis wir unser Ziel erreicht haben* **3** ***etw. ruht irgendwo*** etw. liegt auf j-m / etw. u. wird von ihm / davon gestützt od. gehalten: *Ihr Kopf ruhte an seiner Schulter; Die Brücke ruht auf mehreren kräftigen Pfeilern* **4** *mst* ***j-s Blick ruht auf j-m / etw.*** j-d sieht (*mst* längere Zeit) auf j-n / etw. **5** *geschr* ≈ schlafen: *Ich wünsche wohl zu r.!* **6** *euph*; tot u. begraben sein ⟨im Grabe, in fremder Erde r.⟩: *Er ruhe in Frieden!*

Ru·he·pau·se *die*; e-e Pause, in der man sich erholt: *Sie arbeiteten hart, ohne sich e-e R. zu gönnen*

Ru·he·stand *der; nur Sg*; die Zeit im Leben e-s Menschen, in der er nicht mehr (beruflich) arbeiten muss ≈ Pension[1] (2), Rente ⟨in den R. gehen, treten; in den R. versetzt werden; im R. sein⟩ || *hierzu* **Ru·he·ständ·ler** *der; -s, -*; **Ru·he·ständ·le·rin** *die; -, -nen*

Ru·he·stät·te *die*; *geschr*; **1** ***j-s*** (***letzte***) ***R.*** j-s Grab **2** ein Platz zum Ausruhen

Ru·he·tag *der*; ein Tag, an dem ein Restaurant *o.Ä.* geschlossen ist: *Am Mittwoch haben wir R.*

Ru·he·zei·ten *die; Pl*; die Stunden des Tages, während derer man die Nachbarn nicht mit lauter Musik od. anderen lauten Geräuschen stören darf

ru·hig[1] ['ru:ɪç] *Adj*; **1** ⟨ein Mensch, ein Ding⟩ so, dass sie sich wenig od. gar nicht bewegen ↔ unruhig: *r. auf dem Stuhl sitzen u. warten; Das Meer ist heute ganz r.* **2** mit wenig Lärm ↔ laut (2) ⟨ein Zimmer, e-e Wohnung, e-e Lage; r. wohnen; etw. liegt r. / ist r. gelegen⟩: *Die Maschine läuft sehr r.* **3** ⟨ein Kind, ein Mieter, Nachbarn⟩ so, dass sie wenig stören, *bes* weil sie wenig Lärm machen ≈ leise ↔ laut (1): *Sei mal kurz r., ich möchte hören, was das Radio meldet!* **4** so, dass wenig (Aufregendes) geschieht (u. man wenig Arbeit od. Sorgen hat) ≈ ungestört ↔ hektisch ⟨Tage, ein Abend; etw. verläuft r.; irgendwo geht es r. zu; e-e ruhige Zeit / ruhige Zeiten haben, verleben; ein ruhiges Leben führen; e-n ruhigen Posten haben⟩ **5** frei von Aufregung, Nervosität, hektischer Aktivität od. starken Gefühlen ≈ gleichmütig ⟨ein Mensch; etw. r. sagen; r. reagieren, antworten⟩: *Bleib ganz r., es wird dir bestimmt nichts passieren!* **6** frei von starken Effekten ⟨Farben, ein Muster⟩ || NB: ↑ ***Gewissen*** || ID *mst* ***um j-n / etw. ist es r. geworden*** die Medien berichten nicht mehr (viel) von j-m / etw.: *Seit er sich aus der aktiven Politik zurückgezogen hat, ist es sehr r. um ihn geworden*

ru·hig[2] ['ru:ɪç] *Partikel; betont u. unbetont, gespr*; **1** in Aussagesätzen verwendet, um auszudrücken, dass man nichts dagegen hat, wenn j-d etw. tut ≈ meinetwegen: *Der soll sich r. beschweren, das ist*

R

mir egal **2** verwendet, um j-m zu sagen, dass er bei etw. keine Bedenken haben muss ≈ unbesorgt: *Sie können mich r. zu Hause anrufen*; *Du darfst ihm r. vertrauen* **3** verwendet, um Ungeduld darüber auszudrücken, dass j-d etw. bisher nicht getan hat: *Du könntest r. auch einmal die Wäsche waschen!*; *Du könntest dich r. bei mir entschuldigen!*

> **ru·hig stel·len**; *stellte ruhig, hat ruhig gestellt*; Vt ***etw. r. s.*** e-n verletzten Körperteil in e-e Lage bringen, in der er nicht mehr bewegt werden kann: *e-n gebrochenen Arm durch e-n Gipsverband r. s.* || *hierzu* **Ru·hig·stel·lung** *die*; *nur Sg*

Ruhm *der*; *-(e)s*; *nur Sg*; der Zustand, in dem j-d *bes* wegen seiner Leistungen von vielen Leuten geschätzt wird ≈ Ansehen ⟨als Dichter, Sportler R. erlangen, ernten, gewinnen; etw. bringt j-m R.; etw. begründet j-s R.; j-s R. verbreiten; zu R. gelangen; den Gipfel des Ruhmes erreichen⟩ || K-: ***ruhm-, -begierig, -reich*** || ID ***etw. erlangt e-n zweifelhaften R.*** e-e Firma *o.Ä.* wird als nicht sehr seriös bekannt; ***sich nicht gerade mit R. bekleckern*** *gespr, oft hum*; e-e sehr schlechte Leistung bringen || *hierzu* **ruhm·los** *Adj*; **Ruhm·lo·sig·keit** *die*; *nur Sg*

rüh·men; *rühmte, hat gerühmt*; Vt **1** ***j-n / etw. r.*** mit großer Bewunderung über j-n / etw. sprechen ≈ preisen, loben ⟨j-s Leistungen r. / j-n wegen seiner Leistungen r.; j-n als großzügigen Menschen r.; hoch gerühmt werden⟩ || K-: ***rühmens-, -wert***; Vr **2** ***sich*** (***etw.*** (*Gen*)) ***r.*** deutlich zeigen, dass man stolz auf etw. ist: *sich seines Erfolges als Staatsmann r.*; *Er kann sich r., einer der besten Golfspieler der Welt zu sein* || ► ***berühmt, viel gerühmt***

Ruh·mes·blatt *das*; *mst in* ***etw. ist kein / nicht gerade ein R. für j-n*** *gespr hum*; etw. ist so, dass man darauf nicht stolz sein kann

rühm·lich *Adj*; *mst in* **1** ***e-e rühmliche Ausnahme sein*** nicht so sein wie alle anderen **2** ***etw. nimmt kein rühmliches Ende*** etw. endet nicht so, dass man stolz darauf sein kann

Ruhr *die*; *-*; *nur Sg*; e-e Infektion des Darmes, die zu starkem Durchfall führt ⟨die R. haben, bekommen⟩ || K-: ***Ruhr-, -epidemie***

Rühr·ei *das*; e-e Speise aus Eiern, die man kräftig rührt u. dann in der Pfanne brät

rüh·ren[1]; *rührte, hat gerührt*; Vt/i **1** (***etw.***) ***r.*** mit e-m Löffel *o.Ä.* e-e Flüssigkeit, e-n Teig *o.Ä.* im Kreis bewegen u. so mischen ⟨den Brei, die Suppe, den Teig r.⟩: *Milch, Eier u. Mehl in e-e Schüssel geben u. kräftig r.*; *die Soße r., damit sie nicht anbrennt* || K-: ***Rühr-, -kuchen, -löffel, -maschine, -teig***; Vt **2** ***etw. in etw.*** (*Akk*) ***r.*** etw. zu e-r Flüssigkeit hinzufügen u. dabei r.[1] (1) ≈ etw. mit etw. mischen: *Kakaopulver in e-e Creme r.*

rüh·ren[2]; *rührte, hat gerührt*; Vt **1** ***etw. r.*** e-e kleine Bewegung (mit e-m Körperteil) machen: *Meine Finger waren so kalt, dass ich sie nicht mehr r. konnte* || NB: kein Passiv! **2** ***etw. rührt j-n*** etw. ruft bei j-m Mitleid od. Sympathie hervor ⟨zu Tränen gerührt sein; ein rührender Anblick, e-e rührende Szene⟩: *Es ist rührend, wie sie sich um ihren kleinen Bruder kümmert*; *Er war zutiefst gerührt* || NB: *mst* im Zustandspassiv od. Partizip Präsens; Vr **3** ***sich r.*** ≈ sich bewegen ⟨sich nicht von der Stelle, nicht aus dem Bett, nicht aus dem Haus r.⟩: *Er war so erschöpft, dass er sich nicht mehr r. konnte* **4** ***sich*** (***bei j-m***) ***r.*** *gespr*; sich mit j-m in Verbindung setzen ≈ sich bei j-m melden: *Jetzt muss ich mal Franz anrufen, der hat sich schon lange nicht mehr gerührt* **5** ***kein Blatt / nichts rührt sich*** alles ist ruhig || ID *mst* ***Da rührt sich nichts*** *gespr*; es gibt keine Reaktion: *Wir haben das schon mehrere Male beim Amt beantragt - aber da rührt sich nichts!*; ***Rührt euch!*** *Mil*; verwendet als Kommando, bequem zu stehen || *zu* **2** **Rüh·rung** *die*; *nur Sg*

rüh·ren[3]; *rührte, hat gerührt*; Vi ***etw. rührt von etw.***; ***etw. rührt daher, dass ...*** *geschr*; etw. hat etw. als Ursache: *Ihre starken Schmerzen rühren von e-m Unfall*

> **Das Ruhrgebiet**
>
> Das Ruhrgebiet liegt im Bundesland **Nordrhein-Westfalen**. Auf relativ kleinem Raum befinden sich hier mehrere Großstädte wie **Bochum**, **Dortmund**, **Duisburg** und **Essen**. Die Bevölkerungsdichte ist mit 527 Einwohnern pro Quadratkilometer die größte in ganz Deutschland.
>
> Das Ruhrgebiet war einmal das größte Industriegebiet Europas, hier konzentrierten sich vor allem der Steinkohlebergbau und die Stahlindustrie. Die industrielle Umstrukturierung, die in den sechziger Jahren des 20. Jahrhunderts begann, brachte viele soziale Probleme mit sich. Inzwischen sind viele Arbeitsplätze im Dienstleistungs-, Medien- und High-Tech-Bereich geschaffen worden. Es gibt eine große Anzahl an Bildungs- und Forschungseinrichtungen.
>
> Der **Ruhrpott** oder das **Revier**, wie das Ruhrgebiet auch genannt wird, hat sich heute von seinem schlechten Ruf befreit. In alten Fabriken und Gießereien sind inzwischen Freizeit- und Kultureinrichtungen entstanden und es gibt viele bekannte Theater und Museen.

rüh·rig *Adj*; sehr aktiv ≈ eifrig ↔ faul, untätig ⟨ein Geschäftsmann⟩ || *hierzu* **Rüh·rig·keit** *die*; *nur Sg*

rühr·se·lig *Adj*; *oft pej*; **1** ⟨ein Theaterstück, ein Gedicht, ein Film⟩ so, dass sie traurig machen **2** ⟨Menschen⟩ so, dass sie schnell traurig werden (u. weinen) || *hierzu* **Rühr·se·lig·keit** *die*; *nur Sg*

Ru·in *der*; *-s*; *nur Sg*; **1** der Zustand, in dem j-d sein Geld, seine Position, sein Ansehen *usw* verloren hat ⟨j-s finanzieller, wirtschaftlicher R.; kurz vor dem R. stehen; etw. führt zu j-s R.⟩ **2** ***j-s R. sein*** die Ursache für j-s R. (1) sein || *hierzu* **ru·i·nös** *Adj*

Ru·i·ne *die*; *-, -n*; die Reste e-s Gebäudes, nachdem es zerstört worden od. verfallen ist: *die R. e-r alten Burg* || -K: ***Burg-, Kloster-, Schloss-***

ru·i·nie·ren; *ruinierte, hat ruiniert*; Vt ***j-n / etw. r.*** bewirken, dass j-d / etw. großen Schaden hat ≈ vernichten, zerstören: *Rauchen ruiniert die Gesundheit*

rülp·sen; *rülpste, hat gerülpst*; Vi *gespr*; mit e-m lauten Geräusch Luft aus dem Magen durch den Mund pressen

Rülp·ser *der*; *-s, -*; das Geräusch, das entsteht, wenn j-d rülpst

Rum *der*; *-s*; *nur Sg*; ein sehr starkes alkoholisches Getränk, das man aus Zucker(rohr) macht ⟨Tee, Cola mit R.⟩ || K-: ***Rum-, -flasche, -fass***

rum *Adv*; *gespr*; ↑ ***herum***

rum- *im Verb, sehr produktiv, gespr*; ↑ ***herum-***

Rum·ba *die*; *-, -s*; ein Tanz, der aus Kuba kommt

Rum·mel *der*; *-s*; *nur Sg*; **1** viel Bewegung u. Lärm (*bes* weil viele Menschen an e-m Ort sind) ≈ Trubel: *Der R. in der Stadt hat mich geschafft!* || -K: ***Fest-, Jahrmarkts-, Reklame-, Weihnachts-*** **2** *nordd* ≈ Jahrmarkt ⟨auf den R. gehen⟩ || K-: ***Rum-***

mel-, -platz* 3 *der R. um j-n / etw. das große Aufsehen, das um j-n / etw. entsteht (*z.B.* in der Presse): *Die Presse macht viel R. um diesen Skandal*

ru·mo·ren; *rumorte, hat rumort*; [Vi] ***etw. rumort (irgendwo)*** etw. macht dumpfe Geräusche: *Der Magen rumort vor Hunger*

Rum·pel·kam·mer *die*; *gespr*; ein Zimmer, in dem man Dinge aufbewahrt, die man nicht mehr braucht

rum·peln; *rumpelte, hat gerumpelt*; [Vimp] ***es rumpelt*** *gespr*; es gibt ein dumpfes Geräusch, wie es entsteht, wenn etw. umfällt

Rumpf *der*; *-(e)s, Rümp·fe*; **1** der Körper des Menschen ohne Kopf, ohne Arme u. ohne Beine **2** der (Haupt)Teil e-s Flugzeugs, in dem die Passagiere sitzen || ↑ *Abb. unter* ***Flugzeug*** || -K: ***Flugzeug-*** **3** der (Haupt)Teil e-s Schiffs, der im Wasser schwimmt || -K: ***Schiffs-***

rümp·fen; *rümpfte, hat gerümpft*; [Vt] ***(über etw.*** (*Akk*)) ***die Nase r.*** die Nase ein wenig hochziehen u. damit zeigen, dass man etw. nicht gut findet

Rump·steak ['rʊmpsteːk] *das*; ein Stück Fleisch aus der Hüfte des Rindes, das man nur sehr kurze Zeit brät od. grillt

rums! *Interjektion*; verwendet, um das dumpfe Geräusch nachzuahmen, das entsteht, wenn etw. fällt od. rutscht

rum·schwir·ren; *schwirrte rum, ist rumgeschwirrt*; [Vi] **1** ⟨Insekten *o.Ä.*⟩ ***schwirren irgendwo rum*** *gespr*; Insekten *o.Ä.* fliegen (*mst* in größerer Zahl) irgendwo herum **2** ***j-d schwirrt irgendwo rum*** *gespr*; j-d ist irgendwo zu finden: *Ich weiß nicht, wo er ist, aber er muss hier irgendwo r.*

rum·sen; *rumste, hat gerumst*; [Vimp] ***irgendwo hat es gerumst*** irgendwo sind Fahrzeuge zusammengestoßen, hat es e-n Unfall gegeben

Rum·topf *der*; Obst, das man lange in Rum mit Zucker legt

Run [ran] *der*; *-s, -s*; ***ein Run (auf etw.*** (*Akk*)) der (gleichzeitige) Versuch vieler Menschen, etw. Bestimmtes zu kaufen: *Vor der Preiserhöhung gab es noch e-n Run auf Benzin*

rund[1], *runder, rundest-*; *Adj*; **1** von der (*auch* ungefähren) Form e-s Kreises od. e-r Kugel ↔ eckig ⟨ein Tisch, ein Turm, ein Gesicht, ein Fenster; e-n runden Kopf haben⟩ || ↑ *Abb. unter* ***Eigenschaften*** || K-: ***Rund-, -bau, -beet, -bogen, -dorf*** || -K: ***kreis-, kugel-*** **2** von teilweiser runder[1] (1) Form ≈ füllig, rundlich ↔ schlank ⟨j-s Backen, j-s Bauch, Wangen; dick u. r. sein⟩ **3** *nur attr, nicht adv, gespr*; ⟨e-e Summe, e-e Zahl⟩ so, dass man sie durch 10, 100 *o.Ä.* teilen kann: *100 Euro sind e-e runde Summe* **4** *nur attr, nicht adv, gespr* ≈ ungefähr, etwa ↔ genau ⟨e-e Million⟩ **5** *nur adv* ≈ etwa: *Es waren r. 10000 Zuschauer im Stadion*

rund[2] *Adv*; **1** ***r. um j-n / etw.*** in e-m Bogen od. Kreis um j-n / etw. ≈ rings um j-n / etw.: *e-n Spaziergang r. um den Wald machen* **2** ***r. um etw.*** mit etw. als Thema: *e-e Sendung r. um den Garten* || NB: ↑ ***Uhr***

Rund·blick *der*; *mst Sg*; die Aussicht nach allen Seiten: *Vom Gipfel des Berges hat man e-n herrlichen R.*

Run·de *die*; *-, -n*; **1** ein Weg, ein Flug, e-e Fahrt *o.Ä.* bei denen man wieder dorthin kommt, wo man angefangen hat, u. die *mst* ungefähr die Form e-s Kreises haben ⟨e-e R. machen, gehen, fliegen⟩: *Das Flugzeug flog e-e R. über den Platz*; *Das Kind fuhr zehn Runden mit dem Karussell* **2** e-e Strecke in Form e-s Kreises od. Ovals, auf der Lauf- od. Fahrwettbewerbe stattfinden: *Sein Wagen hatte schon nach der zweiten R. e-n Motorschaden* **3** e-e kleine Gruppe von Personen, die sich gut kennen u. die sich oft treffen: *in fröhlicher R. Karten spielen*; *ein neues Mitglied in e-e R. aufnehmen* || -K: ***Bier-, Kaffee-; Stammtisch-, Skat-; Frauen-, Männer-*** **4** die *mst* alkoholischen Getränke, die j-d für alle Personen e-r Gruppe bezahlt ⟨e-e R. (Bier, Schnaps, Wein) ausgeben, spendieren, schmeißen (= zahlen)⟩ **5** einer von mehreren Abschnitten e-s Wettkampfes: *Amateure boxen über drei Runden*; *Unsere Mannschaft schied in der zweiten R. aus* || K-: ***Runden-, -rekord, -zeit*** || ID ***e-e R. drehen*** kurz weggehen od. wegfahren; ***etw. macht die R.*** *gespr*; **a)** etw. wird in e-r Gruppe von Personen von einem zum anderen gegeben: *Die Weinflasche machte am Tisch die R.*; **b)** etw. wird weitererzählt ≈ etw. spricht sich herum; ***irgendwie über die Runden kommen*** *gespr*; seine (*mst* finanziellen) Schwierigkeiten irgendwie lösen können; ***j-m über die Runden helfen*** *gespr*; j-m in e-r schwierigen (finanziellen) Situation helfen; ***etw. über die Runden bringen*** *gespr*; etw. trotz Schwierigkeiten beenden können

run·den; *rundete, hat gerundet*; [Vt] **1** ***etw. r.*** etw. (*Dat*) e-e runde Form geben ⟨die Lippen r.; gerundete Kanten⟩; [Vr] **2** ***etw. rundet sich*** etw. wird rund[1] (2)

rund·er·neu·ert *Adj*; *mst in* ***runderneuerte Reifen*** alte (Auto)Reifen, deren Profil erneuert worden ist || *hierzu* **Rund·er·neu·e·rung** *die*; *nur Sg*

Rund·fahrt *die*; e-e Fahrt, bei der man durch e-e Stadt od. durch ein Land fährt u. die interessanten Dinge betrachtet: *e-e R. durch Andalusien machen* || -K: ***Stadt-; Deutschland-, Italien-*** *usw*

Rund·flug *der*; ein kurzer Flug über ein bestimmtes Gebiet (bei dem man wieder zu dem Ort zurückkommt, von dem man gestartet ist)

Rund·funk *der*; *-s*; *nur Sg*; **1** die Technik, mit der man Wort u. Ton (über elektromagnetische Wellen) über große Entfernungen senden kann ≈ Radio **2** e-e Institution, die Radio- u. Fernsehprogramme sendet ⟨beim R. sein, arbeiten⟩: *der Westdeutsche R.* || K-: ***Rundfunk-, -anstalt, -gebühren, -kommentator, -programm, -sender, -sendung, -sprecher, -station, -technik, -werbung*** **3** das Programm dieser Institution, das man mit dem Radio empfangen kann ⟨etw. im R. bringen, hören⟩

Rund·funk|ap·pa·rat *der* ≈ Rundfunkgerät

Rund·funk|ge·rät *das*; ein Gerät, mit dem man Rundfunk (3) empfangen kann ≈ Radio

Rund·gang *der*; **1** e-e Strecke, auf der man zu Fuß an mehreren Punkten e-s Gebäudes od. Ortes vorbeikommt || -K: ***Stadt-*** **2** das Gehen auf e-r solchen Strecke ⟨e-n R. machen⟩: *Der Hausmeister kontrolliert auf seinem R., ob alles in Ordnung ist*

rund·ge·hen; *ging rund, ist rundgegangen*; [Vi] **1** ***etw. geht rund*** etw. wird schnell bekannt ⟨e-e Nachricht⟩; [Vimp] **2** ***es geht rund*** *gespr*; es gibt viel Aufregung, Lärm u. Bewegung: *Bei uns in der Firma gehts zurzeit richtig rund*

rund·he·rum *Adv*; **1** an allen Seiten: *Jetzt hat man r. e-n Zaun gezogen* **2** ≈ überall: *Die Luft ist nach der Gasexplosion r. verpestet* **3** ≈ völlig, ganz ⟨r. glücklich, zufrieden sein; r. nass werden⟩

rund·lich *Adj*; *gespr*; ein wenig dick ≈ mollig, füllig ↔ schlank ⟨e-e Frau, Formen, Backen, Arme, Schultern⟩ || *hierzu* **Rund·lich·keit** *die*; *nur Sg*

Rund·rei·se *die* ≈ Rundfahrt: *e-e R. durch Marokko*

Rund·schrei·ben *das*; ein Brief, der in der gleichen Form u. mit gleichem Inhalt an mehrere Leute geschickt wird

rund·um *Adv*; ganz, völlig ⟨r. glücklich, zufrieden sein⟩

rund·um·her *Adv* ≈ ringsum

Run·dung *die*; *-, -en*; **1** der runde[1] (2) Teil e-s Gegenstandes od. e-r Form ≈ Wölbung **2** ***die weibli-***

R

chen Rundungen *gespr*; die besonders weibliche Figur (1) e-r Frau

rụnd·weg *Adv*; sehr direkt u. ohne zu zögern ⟨etw. r. ablehnen, leugnen⟩

Ru̲·ne *die*; -, *-n*; *hist*; ein Zeichen, das die Germanen beim Schreiben verwendeten || K-: ***Runen-, -schrift***

rụn·ter *Adv*; *gespr*; ↑ ***herunter, hinunter***

rụn·ter- *im Verb, sehr produktiv, gespr*; ↑ ***herunter-, hinunter-***

rụn·ter·ho·len; *holte runter, hat runtergeholt*; Vt **1** ***j-n / etw. r.*** ≈ herunterholen **2** ***j-m / sich*** (*Dat*) ***einen r.*** *vulg*; e-n Mann / sich mit der Hand sexuell befriedigen

Rụn·zel *die*; -, *-n*; *mst Pl*; eine der ganz kleinen Falten *bes* im Gesicht: *e-e alte Frau mit vielen Runzeln*

rụn·ze·lig *Adj*; ↑ ***runzlig***

rụn·zeln; *runzelte, hat gerunzelt*; Vt *nur in* ***die Stirn r.*** die Haut an der Stirn hochziehen, sodass sie Falten bekommt (*mst* weil man gerade skeptisch wird)

rụnz·lig *Adj*; mit vielen Runzeln ≈ faltig ⟨e-e Haut, ein Gesicht; ein Apfel⟩

Rü̲·pel *der*; *-s*, -; *pej*; ein *mst* junger Mann, der sich sehr schlecht benimmt || *hierzu* **rü̲·pel·haft** *Adj*; **Rü̲·pel·haf·tig·keit** *die*; *nur Sg*

rụp·fen; *rupfte, hat gerupft*; Vt **1** ***etw.*** (***von / aus etw.***) ***r.*** mit e-r kurzen Bewegung etw. von etw. wegreißen od. es aus etw. herausreißen: *Blätter vom Baum r.* **2** ***etw. r.*** die Federn e-s toten Vogels herausreißen, bevor man ihn kocht ⟨ein Huhn, e-e Ente r.⟩ **3** ***j-n r.*** *gespr*; j-m viel Geld wegnehmen: *Das Finanzamt hat mich kräftig gerupft*

Rụp·fen *der*; *-s*; *nur Sg*; ein sehr grober Stoff, aus dem man *z.B.* Säcke macht || K-: ***Rupfen-, -sack***

rụp·pig *Adj*; *pej*; **1** ⟨ein Mensch, ein Charakter⟩ mit e-m groben, schlechten Benehmen **2** ⟨ein Fell⟩ rau u. schlecht gepflegt || *hierzu* **Rụp·pig·keit** *die*; *nur Sg*

Rü̲·sche *die*; -, *-n*; ein Band aus e-m feinen Stoff, das in Falten auf e-n anderen Stoff aufgenäht ist: *ein Kleid mit Rüschen am Kragen u. an den Ärmeln* || K-: ***Rüschen-, -bluse, -hemd, -kleid*** || -K: ***Batist-, Seiden-, Spitzen-, Tüll-***

Rush·hour [ˈraʃ-au̯ɐ] *die*; -, *-s*; die Zeit, in der der Berufsverkehr am stärksten ist

Ru̲ß *der*; *-es*, *-e*; das schwarze, fette Pulver, das entsteht, wenn man etw. (*bes* Kohle) verbrennt: *e-e von Ruß geschwärzte Küche*; *den Ruß aus dem Ofen entfernen* || K-: ***Ruß-, -entwicklung***; ***ruß-, -farben, -geschwärzt, -schwarz*** || -K: ***Kohlen-, Ofen-***

Rụ̈s·sel *der*; *-s*, -; **1** die sehr lange Nase *bes* des Elefanten || ↑ *Abb. unter* ***Elefant*** || K-: ***Rüssel-, -tier*** || -K: ***Elefanten-*** **2** die Nase e-s Schweines **3** der rohrähnliche Teil der Mundpartie, mit dem bestimmte Insekten Nahrung aufnehmen: *der R. e-r Fliege* || -K: ***Saug-*** **4** *gespr pej*; e-e (große) Nase || *zu* **1** **rụ̈s·sel·ar·tig** *Adj*; **rụ̈s·sel·för·mig** *Adj*

ru̲·ßen; *rußte, hat gerußt*; Vi ***etw. rußt*** etw. produziert Ruß ⟨ein Ofen, e-e Lampe⟩

rụ̈s·ten; *rüstete, hat gerüstet*; Vt **1** ***etw. / sich*** (***für etw.***) ***r.*** etw. / sich selbst auf etw. vorbereiten ⟨sich für e-e Reise, e-n Besuch r.; gut gerüstet sein⟩: *Ich bin gut für diese Aufgabe gerüstet* || NB: oft im Zustandspassiv!; Vi **2** *mst* ⟨ein Land⟩ ***rüstet*** (***zum Krieg***) ein Land bereitet sich auf e-n Krieg vor, indem es Waffen produziert u. Soldaten ausbildet

rüs·tig [ˈrʏstɪç] *Adj*; trotz hohen Alters noch sehr aktiv u. körperlich fit ⟨ein Mann, e-e Frau⟩

rus·ti·ka̲l *Adj*; von e-r kräftigen u. einfachen Art, wie sie auf dem Land üblich ist ≈ ländlich ⟨Möbel, Stoffe, Kleidung⟩: *ein r. eingerichtetes Zimmer*

Rụ̈s·tung *die*; -, *-en*; **1** alle Waffen u. Geräte, die für die Armee produziert werden ⟨die atomare, nukleare R.⟩: *viel Geld für die R. ausgeben* || K-: ***Rüstungs-, -ausgaben, -beschränkung, -industrie, -kontrolle, -konzern, -politik, -produktion, -stopp, -wettlauf*** || -K: ***Atom-, Kriegs-*** **2** *hist*; e-e Kleidung aus Metall, die die Ritter im Kampf trugen ⟨die R. anlegen⟩ || -K: ***Ritter-***

Rụ̈st·zeug *das*; *nur Sg*; die Fähigkeiten u. Kenntnisse, die j-d für e-e bestimmte Tätigkeit braucht: *das R. für das Berufsleben haben*

Ru̲·te *die*; -, *-n*; **1** ein langer u. dünner Zweig (*mst* ohne Blätter) || -K: ***Birken-, Weiden-*** **2** mehrere Ruten (1), die zusammengebunden sind (u. mit denen man früher Leute schlug) **3** ein langer, dünner Stab mit e-r Schnur u. e-m Haken, mit dem man Fische fängt || -K: ***Angel-*** **4** *Kurzw* ↑ ***Wünschelrute*** ⟨mit der R. gehen⟩ || K-: ***Ruten-, -gänger***

Rụtsch *der*; *nur in* **1** ***in 'einem R. / auf 'einen R.*** *gespr*; ohne Unterbrechung **2** (***e-n***) ***guten R.*** (***ins neue Jahr***)***!*** *gespr*; verwendet, um j-m alles Gute für das neue Jahr zu wünschen

Rụtsch·bahn *die*; ein Gerät, auf dem Kinder auf e-r glatten, schrägen Fläche nach unten rutschen können || ID ***etw. ist die reinste / e-e R.*** *gespr*; e-e Straße *o.Ä.* ist sehr rutschig

Rutschbahn

Rụt·sche *die*; -, *-n*; **1** ein Rohr *o.Ä.*, in dem man etw. herunterrutschen lässt **2** ≈ Rutschbahn

rụt·schen; *rutschte, ist gerutscht*; Vi **1** aus dem Gleichgewicht kommen u. *mst* hinfallen, weil man auf e-e glatte Stelle getreten ist od. den Halt verloren hat: *auf dem Eis r.*; *auf e-m steilen Abhang ins Rutschen kommen* || K-: ***Rutsch-, -gefahr*** **2** ***etw. rutscht*** *bes* ein Kleidungsstück sitzt (9) nicht richtig, sondern bewegt sich nach unten: *Meine Hose rutscht*; *Die Brille rutschte mir von der Nase* **3** (zum Spaß) e-e Rutschbahn *o.Ä.* benutzen **4** *gespr*; zur Seite rücken (damit noch j-d Platz hat): *Rutsch doch mal, ich möchte mich auch hinsetzen!* **5** ***auf etw.*** (*Dat*) ***hin u. her r.*** sich (*bes* auf e-m Stuhl) unruhig hin u. her bewegen **6** ***etw. rutscht j-m aus der Hand*** etw. ist so glatt, dass j-d es nicht in der Hand halten kann: *Mir ist die wertvolle Vase aus der Hand gerutscht* || NB: ↑ ***gleiten*** || ID ***vor j-m auf den Knien / auf dem Bauch r.*** *pej*; übertrieben demütig sein

rụtsch·fest *Adj*; *nicht adv*; ⟨ein Stoff, ein Teppich, der Boden, ein Material⟩ so (beschaffen), dass man damit od. darauf nicht rutscht (1)

rụt·schig *Adj*; ⟨e-e Straße, der Boden⟩ so (glatt), dass man sehr leicht darauf rutschen (1) u. stürzen kann

rụ̈t·teln; *rüttelte, hat gerüttelt*; Vt **1** ***j-n / etw. r.*** j-n / etw. mit kurzen, kräftigen Bewegungen hin und her bewegen: *j-n (an der Schulter) r., um ihn aufzuwecken*; Vi **2** ***etw. rüttelt*** etw. bewegt sich heftig hin u. her ⟨der Zug⟩ **3** ***an etw.*** (*Dat*) ***r.*** e-n Teil e-r Sache mit kurzen u. kräftigen Bewegungen hin u. her bewegen: *Er rüttelte an der Tür*; *Der Affe rüttelte am Gitter seines Käfigs* || ID *mst* ***Daran ist nicht(s) zu r.*** *gespr*; das ist e-e Tatsache, die man nicht ändern kann

R

S, s

S, s [ɛs] *das*; -, -; **1** der neunzehnte Buchstabe des Alphabets ⟨ein großes S; ein kleines s⟩ **2** ***ein scharfes S*** das Zeichen *ß* in der geschriebenen deutschen Sprache
s. *Abk für* siehe || NB: ↑ *ID unter* **sehen**
S. *Abk für* Seite[1]
SA [ɛs'|aː] *die*; -; *nur Sg*, *hist*; (*Abk für* Sturmabteilung) e-e politische, uniformierte Truppe in der Zeit des Nationalsozialismus
Saal *der*; -(*e*)*s*, *Sä·le*; ein sehr großer Raum *z.B.* für Feste, Versammlungen od. Vorträge || K-: ***Saal-, -miete*** || -K: ***Fest-, Gerichts-, Konferenz-, Kongress-, Sitzungs-, Vortrags-***
Saal·toch·ter *die*; ⒸⒽ ≈ Kellnerin
Saat *die*; -, *-en*; **1** *nur Sg*, *Kollekt*; die (Pflanzen)Samen, die man auf e-r *mst* großen Fläche verteilt ≈ Saatgut ⟨die S. geht auf⟩ || K-: ***Saat-, -beet, -getreide, -kartoffeln, -korn*** || -K: ***Sommer-, Winter-*** **2** das Verteilen von Samen auf e-r großen Fläche ≈ Aussaat ⟨mit der S. beginnen⟩ || K-: ***Saat-, -zeit*** **3** ***die S. der Gewalt, des Hasses*** (***geht auf***) *geschr*; die Folgen od. Auswirkungen von Gewalt, Hass (zeigen sich) || ▸ **säen**
Saat·gut *das*; *nur Sg* ≈ Saat (1)
Sab·bat *der*; *-s*, *-e*; der Tag der Woche, an dem Juden Gottesdienst feiern u. nicht arbeiten sollen
sab·beln; *sabbelte, hat gesabbelt*; Vi *nordd gespr* ≈ sabbern
sab·bern; *sabberte, hat gesabbert*; Vi *gespr*; **1** beim Sprechen od. Essen Speichel aus dem Mund fließen lassen **2** *pej*; viel reden ≈ schwafeln
Sä·bel *der*; *-s*, -; e-e Art leicht gebogenes Schwert (1) || ↑ *Abb. unter* **Waffen** || K-: ***Säbel-, -fechten, -gerassel, -hieb, -klinge*** || -K: ***Krumm-, Offiziers-*** || ID ***mit dem S. rasseln*** schwere Drohungen aussprechen od. versuchen, j-n einzuschüchtern
sä·beln; *säbelte, hat gesäbelt*; Vt/i (***etw. von etw.***) ***s.***; (***etw. in etw.*** (*Akk*)) ***s.*** *gespr*; etw. (*bes* mit e-m großen od. stumpfen Messer) schneiden: *e-e dicke Scheibe vom Brot s.*; *e-e Wurst in Stücke s.*

S

Sa·bo·ta·ge [-'taːʒə] *die*; -; *nur Sg*; die Handlung(en), durch die j-d aus *mst* politischen Gründen etw. Wichtiges behindert, zerstört od. beschädigt ⟨S. ausüben, verüben; j-n wegen S. verurteilen⟩: *Man nimmt an, dass der Brand in der Chemiefabrik auf S. zurückgeht* || K-: ***Sabotage-, -akt, -tätigkeit***
sa·bo·tie·ren; *sabotierte, hat sabotiert*; Vt/i (***etw.***) ***s.*** etw. bewusst stören, be- od. verhindern ⟨e-e geplante Aktion, e-e Wahlversammlung, die Vorstandswahl s.⟩ || *hierzu* **Sa·bo·teur** [-'tøːɐ̯] *der*; -(*e*)*s*, *-e*
Sac·cha·rin [zaxa'riːn] *das*; *-s*; *nur Sg*; e-e künstliche Substanz, die man statt Zucker verwenden kann ≈ Süßstoff
Sach·be·ar·bei·ter *der*; j-d, der (*z.B.* in e-m Betrieb, in e-r Behörde) ein bestimmtes Sachgebiet bearbeitet: *Er ist S. beim Finanzamt* || *hierzu* **Sach·be·ar·bei·te·rin** *die*
Sach·be·schä·di·gung *die*; *Jur*; das absichtliche Zerstören von Dingen, die e-r anderen Person gehören
sach·be·zo·gen *Adj*; ganz an der Sache (5) orientiert ⟨e-e Analyse, ein Hinweis, e-e Kritik⟩
Sach·be·zü·ge *die*; *nur Pl*, *Admin geschr*; etw., das j-d statt Geld als Teil der Bezahlung bekommt: *Zu den Sachbezügen zählen freie Wohnung u. Verpflegung*
Sach·buch *das*; ein Buch, das über ein bestimmtes Thema informiert od. Ratschläge gibt || K-: ***Sachbuch-, -autor, -verlag*** || NB: ein *S.* ist weniger wissenschaftlich als ein *Fachbuch*
sach·dien·lich *Adj*; *nicht adv*, *Admin geschr*; *mst* ***sachdienliche Hinweise*** Hinweise aus der Bevölkerung, die helfen, ein Verbrechen aufzuklären
Sa·che *die*; -, *-n*; **1** *mst Sg*; ein Vorgang, e-e Situation od. ein Ereignis, die nicht genau bezeichnet werden, weil sie bekannt sind ≈ Angelegenheit ⟨e-e ernste, feine, gewagte, gute, hoffnungslose, unangenehme, wichtige S.; e-e S. anpacken, erledigen, entscheiden, prüfen⟩: *Überlege dir die S. gründlich, bevor du dich entscheidest!*; *Unser Fest wird e-e ganz große S.!*; *In dieser S. weiß niemand so richtig Bescheid* || -K: ***Ansichts-, Routine-, Geheim-*** **2** *nur Pl*; nicht näher genannte Gegenstände, *bes* die verschiedenen Dinge, die j-m gehören: *Hast du deine Sachen aufgeräumt?*; *Die Flüchtlinge hatten kaum Zeit, die wichtigsten Sachen einzupacken* || -K: (auch Sg) ***Fund-, Wert-*** **3** etw. nicht Belebtes ≈ Ding (1) **4** *mst* ***e-e gute S.*** etw., das für viele Menschen wertvoll u. wichtig ist ⟨sich für e-e gute S. einsetzen⟩ **5** das Thema e-r Diskussion od. von Verhandlungen ⟨bei der S. bleiben; zur S. kommen; etw. zur S. sagen; e-e Frage zur S. stellen⟩ || K-: ***Sach-, -antrag, -diskussion, -frage***; ***sach-, -fremd*** **6** *nur Pl* ≈ Kleidung ⟨modische, teure Sachen tragen⟩: *Er hat keine warmen Sachen für den Winter* || -K: ***Baby-, Bade-, Kinder-, Sommer-, Winter-*** **7** *mst* ⟨süße, saure, scharfe⟩ ***Sachen*** Lebensmittel, die süß, sauer od. scharf schmecken || -K: ***Ess-*** **8** *nur Pl*; *mst* in Ausrufen verwendet, um Handlungen zu bezeichnen, die ungewöhnlich, unerwartet od. dumm sind: *Mach keine Sachen!* (= Dummheiten); *Du machst Sachen!*; *Was sind das für Sachen!*; *Ich habe schöne* (= interessante) *Sachen von dir gehört!* **9** *nur Pl*, *gespr* ≈ Stundenkilometer: *Auf der neuen Strecke rasen die Züge mit 250 Sachen durch die Gegend* **10** *mst Pl*, *Jur* ≈ Gegenstand ↔ Person (1) ⟨(un)bewegliche Sachen; Beschädigung von Sachen; Gewalt gegen Sachen⟩ || K-: ***Sach-, -beschädigung*** **11** *Jur*; ein Streit od. e-e Angelegenheit, über die vor Gericht entschieden wird ≈ Fall[2] (3) ⟨die S. Maier gegen Müller; zur S. aussagen⟩ || -K: ***Rechts-, Straf-*** **12** ***es ist S.*** + *Gen* + ***zu*** + *Infinitiv* es ist die Aufgabe od. Pflicht e-r bestimmten Person od. Institution, etw. zu tun: *Es ist nicht nur S. des Staates, sich um e-e saubere Umwelt zu bemühen* || -K: ***Frauen-, Männer-*** **13** ***etw. ist j-s S.*** j-d ist selbst für etw. verantwortlich: Es *ist seine S.*, wen *er einlädt* / ob *er sich ein neues Auto kauft* / wie viel *er spendet* || -K: ***Privat-*** **14** ***etw. ist nicht j-s S.*** etw. gefällt j-m nicht: *Krimis sind nicht jedermanns S.*; *Früh aufzustehen ist nicht meine S.* **15** ***die S. mit j-m / etw.*** *gespr*, *oft euph*; verwendet, um etw. zu bezeichnen, das man nicht genau nennen kann od.

will: *Er kann die S. mit dem Überfall nicht vergessen* **16** ***in Sachen*** in dem Fall, der in e-m Gericht verhandelt wird: *in Sachen Schmidt gegen Mayer* || ID ***e-e halbe S.*** etw., das nicht ordentlich u. gründlich gemacht ist; ⟨ein Hinweis *o.Ä.*⟩ ***in eigener S.*** ein Hinweis *o.Ä.* im eigenen, persönlichen Interesse; ***etw. ist beschlossene S.*** ein Plan *o.Ä.* wird nicht mehr geändert; *mst* ***das ist e-e andere S.*** / ***e-e S. für sich*** das ist etw. ganz anderes, das ist e-e ganz andere Frage; ***etw. ist die schönste*** / ***einfachste*** / ***natürlichste*** *usw* ***S.*** (***der Welt***) *gespr*; etw. ist sehr schön, ganz einfach, ganz natürlich *usw*; ***mit j-m gemeinsame S. machen*** *pej*; zusammen mit j-m etw. planen u. tun, das *mst* nicht korrekt ist: *Die Zollbeamten machten mit den Schmugglern gemeinsame S.*; (***nicht*** / ***ganz***) ***bei der S. sein*** sich (nicht / ganz) auf etw. k860onzentrieren; ***etw. tut nichts zur S.*** etw. ist für das Thema, von dem man gerade spricht, nicht wichtig; ***der S. näher kommen*** *gespr*; allmählich die Wahrheit od. den wirklichen Grund für etw. finden; *mst* ***Das kommt der S. schon näher*** *gespr*; das trifft eher zu, etw. geht eher in die richtige Richtung; ***seine S.*** (***nicht***) ***gut machen*** etw. (nicht) so machen, wie es j-d anderer von einem erwartet; ⟨sagen, herausfinden⟩ ***was S. ist*** *gespr*; sagen od. herausfinden, was das wirkliche Problem ist; ***nicht wissen, was S. ist*** *gespr*; nicht wissen, worum es eigentlich geht od. wie etw. wirklich ist; ***sich*** (*Dat*) ***seiner S.*** (***nicht***) ***sicher sein*** (nicht) überzeugt sein, dass es richtig ist, was man tut od. denkt; ***Sachen gibts*** (, ***die gibts gar nicht***)***!*** *gespr*; verwendet, um auszudrücken, dass man sich über etw. sehr wundert; ***seine sieben Sachen*** ⟨packen, nehmen⟩ alles, was j-m gehört || ► ***sachlich***

-sache *die*; *im Subst, begrenzt produktiv*; ***etw. ist -sache*** etw. hängt von dem ab, was im ersten Wortteil genannt wird; ***etw. ist Ansichtssache*** (= es kommt darauf an, wie man den Fall sieht), ***Gefühlssache, Geschmackssache, Glaubenssache, Glückssache, Nervensache, Übungssache, Vertrauenssache***

Sạch·ge·biet *das*; ein Bereich, in dem j-d arbeitet u. für den er ein bestimmtes Wissen braucht ⟨ein S. bearbeiten, für ein S. zuständig sein⟩

sạch·ge·mäß *Adj*; so, wie es in e-m bestimmten Fall, bei dem betreffenden Gegenstand richtig ist ≈ sachgerecht ↔ unsachgemäß ⟨e-e Behandlung, Lagerung, Pflege⟩: *Der Film reißt, wenn der Projektor nicht s. bedient wird*

sạch·ge·recht *Adj* ≈ sachgemäß

Sạch·kennt·nis *die*; gründliche Kenntnisse auf e-m speziellen Gebiet ≈ Sachverstand ⟨S. besitzen; über die nötige S. verfügen⟩

sạch·kun·dig *Adj*; ⟨ein Urteil, e-e Stellungnahme⟩ so, dass gute Kenntnisse u. Erfahrung auf e-m Gebiet deutlich erkennbar sind: *Wir besichtigten die Fabrik unter der sachkundigen Führung des Ingenieurs* || *hierzu* **Sạch·kun·di·ge** *der* / *die*; *-n, -n*

Sạch·la·ge *die*; *mst Sg, geschr*; die Verhältnisse in e-r bestimmten Situation ⟨die S. erörtern, prüfen; ohne Kenntnis der S.⟩: *Die S. ist so kompliziert, dass ich sie nicht beurteilen kann*

sạch·lich *Adj*; **1** auf die Sache bezogen, um die es geht, u. nicht von Gefühlen bestimmt ≈ objektiv ↔ unsachlich, emotional ⟨Berichterstattung, Kritik, e-e Feststellung, ein Kommentar; s. argumentieren; etw. s. beurteilen⟩: *Seine Kritik ist nie s., sondern rein emotional* **2** *nur attr od adv*; in Bezug auf die Tatsachen, um die es geht ⟨ein Unterschied; etw. ist s. falsch / richtig / zutreffend⟩: *Der Antrag wurde nicht aus sachlichen, sondern aus formalen Gründen abgelehnt* **3** ohne überflüssige Formen, elegante Verzierungen od. Formulierungen ≈ schlicht ⟨ein Design, ein Stil⟩ || *hierzu* **Sạch·lich·keit** *die*; *nur Sg*

säch·lich *Adj*; *Ling*; mit dem Artikel *das* verbunden (u. daher mit den entsprechenden Formen) ↔ männlich, weiblich ⟨die Form, die Endung, ein Substantiv⟩

Sạch·scha·den *der*; ein Schaden (1) an Sachen, Gegenständen ↔ Personenschaden ⟨hoher, leichter S.⟩: *Bei dem Einsturz der Brücke entstand großer S.*

Sạch·spen·de *die*; e-e Spende, die (nicht aus Geld, sondern) aus Dingen besteht, die ein anderer brauchen kann

sacht, **sạch·te**, *sachter, sachtest-*; *Adj*; **1** langsam u. vorsichtig ≈ behutsam ⟨etw. s. hinstellen, berühren; sich s. nähern⟩: *S. deckte sie das schlafende Kind zu* **2** leicht u. kaum spürbar ≈ sanft (2) ↔ kräftig ⟨ein Streicheln, ein Windhauch⟩ **3** ***sachte, sachte!*** / ***immer sachte!*** *nur adv*; *gespr*; verwendet, um j-n aufzufordern, nicht zu schnell (u. unüberlegt) zu handeln

Sạch·ver·halt *der*; *-(e)s, -e*; *mst Sg*; die Tatsachen u. ihre Zusammenhänge ⟨der genaue, wahre S.; den S. klären, schildern⟩ || NB: bei e-m Delikt spricht man von e-m *Tatbestand*

Sạch·ver·stand *der* ≈ Sachkenntnis

Sạch·ver·stän·di·ge *der* / *die*; *-n, -n*; j-d, der ein bestimmtes Gebiet so gut kennt, dass er bei Fragen dazu ein sachkundiges Urteil (ab)geben kann u. darf ≈ Experte ⟨e-n Sachverständigen befragen, zu Rate ziehen; das Gutachten e-s Sachverständigen einholen⟩ || K-: ***Sachverständigen-, -gutachten*** || -K: ***Bau-, Kunst-, Musik-*** || NB: *ein Sachverständiger*; *der Sachverständige*; *den, dem, des Sachverständigen*

Sạch·wert *der*; *mst Pl*; Gegenstände, die e-n bestimmten Geldwert haben ≈ Wertobjekte ⟨sein Geld in Sachwerten anlegen⟩

Sạch·wis·sen *das*; *nur Sg*; die Kenntnisse, die j-d in e-m bestimmten Sachgebiet hat

Sạch·zwän·ge *die*; *Pl*; (soziale, wirtschaftliche *o.Ä.*) Umstände, die e-e bestimmte Entscheidung erfordern

Sạck *der*; *-(e)s, Sä·cke*; **1** ein großer, weicher Behälter *bes* aus Stoff od. Plastik ⟨etw. in Säcke abfüllen; e-n S. zubinden, schleppen; e-n S. auf dem Rücken / der Schulter tragen⟩: *e-n S.* (*voll*) *Kartoffeln in den Keller tragen* || K-: ***Sack-, -leinen, -karre*** || -K: ***Jute-, Papier-, Plastik-, Getreide-, Kartoffel-, Mehl-, Müll-, Zement-*** **2** die Menge, die in e-n S. (1) hineinpasst: *zehn Sack* / *Säcke Getreide* / *Zement*; *Drei Sack* / *Säcke Mehl kosten 150 Euro* || NB *zu* **2**: als Maßangabe bleibt *S.* im Pl. oft unverändert **3** *vulg*, *pej*; verwendet als Schimpfwort für Männer ⟨ein dummer, fauler, fetter, alter S.⟩ || -K: ***Dreck-, Fett-, Fress-*** **4** *vulg* ≈ Hodensack **5** ***ein S. voll*** + *Subst gespr*; sehr viel + Subst. ⟨ein S. voll Geld⟩ || ID ***mit S. u. Pack*** mit allem, was einem gehört ⟨mit S. u. Pack ausziehen, fortgehen⟩; ***j-n in den S. stecken*** *gespr*; j-m überlegen sein; ***etw. im S. haben*** *gespr*; e-n Auftrag, e-n Job *o.Ä.* schon mit Sicherheit haben || *zu* **1** **sạck·ar·tig** *Adj*; **sạck·för·mig** *Adj*; **sạck·wei·se** *Adj*; *mst adv* || ► ***einsacken***

Sạck|bahn·hof *der*; ein Bahnhof, in dem die Gleise enden ≈ Kopfbahnhof: *„Victoria Station" u. der Münchener Hauptbahnhof sind Sackbahnhöfe*

Sạ̈·ckel *der*; *-s, -*; **1** *südd* Ⓐ Ⓒⓗ e-e Hosentasche od. ein Geldbeutel **2** *iron*; die Kasse e-r öffentlichen Institution || -K: ***Stadt-, Staats-***

sạ·cken; *sackte, ist gesackt*; Vi ***irgendwohin s.*** langsam u. schwer auf den Boden sinken ≈ zusammenbrechen: *Von e-m Schuss getroffen, sackte er zu Boden*

S

Sạck·gas·se *die*; e-e *mst* kurze Straße, die vor e-m Grundstück, Haus *o.Ä.* endet, sodass man auf ihr nicht weiterfahren kann || ID ***etw. ist in e-e S. geraten*** etw. hat e-n Punkt erreicht, an dem es so viele Probleme gibt, dass man nicht mehr weitermachen kann ⟨politische Gespräche, Verhandlungen⟩

Sạck·hüp·fen *das*; *nur Sg*; ein Spiel für Kinder, bei dem man in e-m Sack (1) steht u. durch Hüpfen möglichst schnell vorwärts kommen muss

Sa·dị̣st *der*; *-en*, *-en*; j-d, der Freude daran hat, Menschen od. Tiere zu quälen, od. sich dadurch sexuell befriedigt || NB: *der Sadist*; *den, dem, des Sadisten* || *hierzu* **Sa·dịs·mus** *der*; *nur Sg*; **sa·dịs·tisch** *Adj*

sä̲·en; *säte, hat gesät*; [Vt/i] **1** (***etw.***) ***s.*** Samen auf e-m Feld od. Beet verteilen ≈ aussäen ↔ ernten ⟨Blumen, Getreide, Hafer, Rasen, Weizen s.; maschinell s.⟩ || K-: ***Sä-, -mann, -maschine***; [Vt] **2** ⟨Hass, Neid, Zwietracht⟩ ***s.*** *geschr*; Hass, Neid, Zwietracht hervorrufen u. verbreiten || ID ⟨Personen / Dinge⟩ ***sind dünn gesät*** von bestimmten Personen / Dingen findet man nur e-e kleine Zahl: *Solche Jobs sind dünn gesät* || ► ***Saat***; ***an-***, ***aussäen***

Sa·fa̲·ri *die*; *-*, *-s*; e-e Reise *bes* in Afrika, bei der man wilde Tiere beobachten od. jagen kann ⟨auf S. gehen⟩ || -K: ***Foto-***

Safe [zeːf, seɪf] *der*; *-s*, *-s*; ein Fach od. e-e Art Schrank aus Stahl zum sicheren Aufbewahren von Geld u. Wertsachen || K-: ***Safe-, -schlüssel*** || -K: ***Bank-, Wand-*** || NB ↑ ***Tresor***

Sạft *der*; *-(e)s*, *Säf·te*; **1** e-e Flüssigkeit, die man aus Obst od. Gemüse gewinnt u. die man trinken kann ⟨gesüßter, gezuckerter, frisch gepresster, reiner S.; S. auspressen, einkochen, in Flaschen abfüllen, trinken⟩ || K-: ***Saft-, -kur, -presse*** || -K: ***Apfel-, Gemüse-, Obst-, Orangen-, Tomaten-, Trauben-, Zitronen-*** **2** e-e Flüssigkeit, die in Pflanzen enthalten ist: *Im Frühjahr steigt der S. in den Bäumen nach oben, u. sie bekommen neue Blätter* **3** die Flüssigkeit, die Fleisch verliert, wenn man es kocht od. brät ⟨etw. im eigenen S. schmoren⟩ || -K: ***Braten-, Fleisch-*** **4** *gespr* ≈ (elektrischer) Strom: *In dieser Batterie ist kein S. mehr* **5** ***der S. der Reben*** *lit* ≈ Wein || -K: ***Reben-*** **6** ***ein Baum*** *o.Ä.* ***steht in vollem S.*** ein Baum *o.Ä.* bekommt (im Frühjahr) neue Triebe u. Blüten || ID ***j-n im eigenen S. schmoren lassen*** *gespr*; j-m, dem es aus eigener Schuld schlecht geht, nicht helfen; ***ohne S. u. Kraft*** *gespr*; völlig kraftlos; ***keinen S. in den Knochen haben*** *gespr*; keine Kraft mehr haben

sạf·tig *Adj*; **1** voll Saft (1,3) ↔ trocken ⟨Obst, Gemüse; Fleisch, Schinken⟩ **2** voll Saft (2) u. deshalb leuchtend grün ↔ dürr ⟨Gras, Laub, Wiesen⟩: *das saftige Grün der Buchen im Mai* **3** *gespr*; sehr hoch ≈ gepfeffert ⟨Preise, e-e Rechnung, e-e Strafe⟩ **4** *gespr* ≈ unanständig ⟨ein Witz⟩

Sạft·la·den *der*; *gespr pej*; ein Geschäft od. Betrieb[1] (1), in dem wegen schlechter Organisation nichts gut funktioniert

Sa̲·ge *die*; *-*, *-n*; e-e sehr alte Erzählung von Helden, Kämpfen od. ungewöhnlichen Ereignissen ⟨deutsche, griechische, klassische, mittelalterliche Sagen; Sagen überliefern⟩: *Der S. nach haben Romulus u. Remus die Stadt Rom gegründet* || K-: ***Sagen-, -buch, -motiv, -sammlung*** || -K: ***Heimat-, Helden-, Volks-*** || NB: ↑ ***Märchen***, ***Legende***

Sä̲·ge *die*; *-*, *-n*; ein Werkzeug, mit dem man *bes* Holz od. Metall schneidet || -K: ***Hand-, Kreis-, Motor-***

Sä̲·ge·blatt *das*; das dünne Stück Metall mit Zacken, mit dem gesägt wird

Sä̲·ge·mehl *das*; *nur Sg*; e-e Art Pulver, das entsteht, wenn man Holz sägt

Sä̲·ge·müh·le *die* ≈ Sägewerk

sa̲·gen; *sagte, hat gesagt*; [Vt] **1** (***j-m***) ***etw. s.***; ***etw.*** (***zu j-m***) ***sagen*** j-m etw. mitteilen, indem man Wörter u. Sätze ausspricht ⟨etw. freundlich, laut, leise, frech, hastig, schüchtern, zögernd s.; Bitte / bitte, Danke / danke, Ja / ja, Nein / nein s.; Guten / guten Morgen, Auf / auf Wiedersehen s.; etw. Dummes, Falsches s.; kein Wort s.; nichts zu s. wissen; etw. in e-r Fremdsprache s.; etw. auf Englisch, Französisch, Deutsch s.⟩: *„Das Kleid ist mir zu teuer", sagte sie (zur Verkäuferin)*; *Wenn es dir zu kalt ist, kannst du es (mir) ruhig s.*; *„Komm mit", sagte er*; *Hast du deinem Chef schon gesagt*, dass *du kündigen willst?*; *Martin sagte, er habe keine Lust mitzukommen* **2** ***etw. zu etw. s.*** e-e Meinung zu e-m Thema mitteilen ≈ meinen (1): *Wir fahren am Sonntag nach Paris - was sagst du dazu?*; *Was sagt deine Freundin* dazu, dass *du dir e-n Bart wachsen lässt?*; *Was sagen Sie zu dem Wahlergebnis?*; *Ich kann zu diesem Problem nichts s.* **3** ***etw. zu j-m*** / ***etw. s.*** e-n bestimmten Namen verwenden, wenn man von od. zu j-m spricht ≈ j-n / etw. irgendwie nennen: *Er sagt immer „Mausi" zu seiner Tochter*; *Früher sagte man zu Tuberkulose „Schwindsucht"* **4** ***etw. s.*** ≈ behaupten: *Er sagt*, dass *er den Fußgänger in der Dunkelheit nicht gesehen habe*; *Das wollte ich damit nicht s.!*; *Wer hat das denn gesagt?*; *Franz sagt, es sei überhaupt nicht teuer, in Schweden Urlaub zu machen* **5** ***etw. sagt etw. nicht*** etw. bedeutet od. impliziert etw. nicht: *Wenn es der Wirtschaft besser geht, sagt das noch nicht*, dass *es weniger Arbeitslose geben wird* || NB: *mst* verneint **6** (***j-m***) ***etw. s.*** *gespr* ≈ j-m etw. verraten: *Los, nun sag (mir) endlich*, wo *du gestern warst!*; *Hast du deinem Vater schon gesagt*, dass *du e-n Unfall mit seinem Auto hattest?* **7** ***j-m etw. s.*** *gespr*; j-m befehlen, etw. zu tun: *Tu, was ich dir sage!*; *Ich habe dir doch schon gesagt*, dass *du früher heimkommen sollst!* **8** (***et***)***was*** / ***nichts zu s. haben*** e-n / keinen Einfluss haben: *Manche Ehemänner haben fast nichts zu s.*; *In unserer Firma hat nur der Chef etwas zu s.* **9** ***etw. hat wenig*** / ***nichts zu s.*** etw. bedeutet nichts Schlimmes od. Besonderes: *E-e kleine Verspätung hat nichts zu s.*; *Es hat nichts zu s., wenn er einmal etwas früher heimgeht* **10** ***etw. sagt*** *mst* ***etwas*** / ***nichts über j-n*** / ***etw.*** etw. lässt ein / kein Urteil über j-n / etw. zu: *Er hat zwar e-n zu hohen Blutdruck, aber das sagt nichts über seine Kondition*; *Damit ist alles über ihn gesagt* **11** (***et***)***was*** / ***nichts von etw. s.*** *gespr*; von etw. sprechen / nicht sprechen: *Ich wollte dir die Kassette leihen, von Schenken habe ich nichts gesagt!* **12** ***etwas von etw. s.*** etw. als Möglichkeit erwähnen: *Er soll etwas von bevorstehenden Neuwahlen gesagt haben* **13** ***man sagt etw.*** es ist üblich, ein bestimmtes Wort zu verwenden: *In Norddeutschland sagt man „Sonnabend" statt „Samstag"* **14** ***man sagt, dass...*** die Leute erzählen, dass...: *Man sagt, dass Knoblauch sehr gesund sei* **15** ***sich*** (*Dat*) ***etw. s.*** etw. denken u. dabei zu e-r Art Entschluss kommen: *Als er mit starken Kopfschmerzen aufwachte, sagte er sich: „Nie mehr trinke ich so viel Alkohol"* || ID ***sag mal, ...***; ***sagen Sie mal, ...*** *gespr*; verwendet, um e-e Frage einzuleiten; ***sag bloß!*** *gespr*; verwendet, um e-e Befürchtung od. Erstaunen auszudrücken: *Sag bloß, du hast deine Fahrkarte verloren!*; ***sagen wir*** (***ein***)***mal*** *gespr*; verwendet, um auszudrücken, dass man etw. als Grundlage für e-e Überlegung nimmt: *Sagen wir mal, der Quadratmeter kostet 150 Euro, wie viel kostet dann das Grundstück?*; *Sagen wir mal, du gewinnst e-e Million im Lotto - was würdest du dann tun?*; ***wie man*** (***so schön***) ***sagt*** *gespr*; verwendet, nachdem man e-n Begriff verwendet hat, der gerade e-e gewisse Beliebtheit genießt: *Sie arbeitet als*

S

„Raumpflegerin", wie man heute sagt; **sage u. schreibe** *gespr*; verwendet, um auszudrücken, dass e-e Menge od. Zahl überraschend groß ist ≈ nicht weniger als: *Er hat im Urlaub sage u. schreibe fünf Kilo abgenommen!*; **Du sagst es!**; **Sie sagen es!** *gespr*; es ist genau so, wie du sagst / wie Sie (es) sagen; **Was sagst du 'nun?**; **Was sagen Sie 'nun?** *gespr*; verwendet, um (mit Schadenfreude) festzuhalten, dass der Gesprächspartner sich getäuscht hat; **'Was du nicht sagst**; **'Was Sie nicht sagen!** *gespr*; verwendet, um auszudrücken, dass man nicht unbedingt glaubt, was j-d gerade erzählt; **Das 'sagst du so einfach!**; **Das 'sagt sich so einfach!** *gespr*; das ist viel schwieriger, als man denkt; **Wem 'sagst du das!**; **Wem 'sagen Sie das!** *gespr*; das ist mir nichts Neues, das weiß ich genau; **Na, wer 'sagts denn?** *gespr*; ich habe es doch von Anfang an gewusst!; **Wenn ich es dir / Ihnen doch 'sage!** *gespr*; verwendet, um zu betonen, dass das, was man gerade gesagt hat, richtig ist; **Ich würde s., (dass)...** *gespr*; meine Meinung ist, dass...: *Also, ich würde s., dass der Staat mehr für die Bildung der Jugendlichen tun sollte*; **man kann s., was man will** *gespr*; verwendet, um auszudrücken, dass etw. trotz aller Gegenargumente zutrifft: *Man kann s. was man will, er war doch ein großer Dichter!*; **etw. sagt j-m (et)was / nichts** etw. ist j-m bekannt / nicht bekannt: *Sagt dir der Name Marie Curie / der Begriff „Symbolismus" was?*; **sich etw. nicht 'zweimal s. lassen** etw. Angenehmes, zu dem man aufgefordert wird, sofort annehmen od. tun; ⟨Personen⟩ **haben sich** (*Dat*) **viel zu s.** *mst* zwei Personen haben einander viel zu erzählen; ⟨Personen⟩ **haben sich** (*Dat*) **nichts (mehr) zu s.** *mst* zwei Personen interessieren sich nicht (mehr) füreinander, sind nicht mehr miteinander befreundet: *Schon seit ein paar Monaten haben wir uns nichts mehr zu s.*; ..., **um nicht zu s. ...** verwendet, um ein noch stärkeres negatives Urteil einzuleiten: *Diese Zeichnung ist ungenau, um nicht zu s. schlampig*; **wie gesagt** wie es schon einmal gesagt wurde: *Er will, wie gesagt, in Berlin e-e Firma gründen*; **Gesagt, getan!** *geschr*; verwendet, um auszudrücken, dass etw. sofort realisiert wird od. wurde; *mst* **Das ist leichter gesagt als getan** das hört sich einfach an, ist aber sehr schwierig; **unter uns gesagt** was ich jetzt sage, sollen andere nicht hören: *Unter uns gesagt, wird er nie ein guter Arzt werden*; **etw. ist (noch) nicht gesagt** *gespr*; etw. ist nicht sicher: *Es ist noch gar nicht gesagt, dass du den Job kriegst*; *mst* **Ich will ja nichts gesagt haben, aber ...** *gespr*; verwendet, wenn man j-m etw. erzählt (oft über j-d anderen), aber nicht als Quelle dieser Information zitiert werden will; *mst* **Lass dir das gesagt sein!** *gespr*; merke dir, was ich dir gesagt habe u. verhalte dich entsprechend!; **sich** (*Dat*) **nichts s. lassen** *gespr*; Ratschläge *o.Ä.* nicht befolgen; *mst* **Ich habs (dir) doch gleich gesagt!** *gespr*; **a)** ich habe (dich) rechtzeitig gewarnt; **b)** ich habe die (negativen) Folgen vorausgesagt || ► **unsäglich**

Sa·gen *das*; *nur in* **irgendwo das S. haben** *gespr*; die Person sein, die in e-r Gruppe *o.Ä.* die Entscheidungen trifft: *Wer hat denn hier das S. - du od. ich?*

sä·gen; *sägte, hat gesägt*; [Vt/i] **1 (etw.) s.** mit e-r Säge Holz *o.Ä.* schneiden: *Äste vom Baum s.*; *ein Brett in Stücke s.* || K-: **Säge-, -mühle, -späne**; [Vt] **2 etw. s.** etw. durch Arbeit mit der Säge herstellen: *Bretter s.*; *ein Loch in die Tür s.*; [Vi] **3** *gespr hum* ≈ schnarchen

sa·gen·haft *Adj*; **1** *nicht adv*; nur aus Erzählungen bekannt (aber nicht wirklich existierend): *Das sagenhafte Ungeheuer von Loch Ness* **2** *gespr* ≈ großartig ⟨s. reich, schön; Wetter⟩: *sagenhaftes Glück haben*; *„Er hat e-e Million im Lotto gewonnen" - „Das ist ja s.!"* **3** *gespr*; verwendet, um etw. Negatives zu verstärken ⟨ein Reinfall; sagenhaftes Pech haben⟩: *Das Team hat s. schlecht gespielt*

Sä·ge·werk *das*; ein Betrieb, in dem man aus Baumstämmen Bretter u. Balken macht ≈ Sägemühle

sah *Imperfekt, 1. u. 3. Person Sg*; ↑ **sehen**

sä·he *Konjunktiv II, 1. u. 3. Person Sg*; ↑ **sehen**

Sah·ne *die*; -; *nur Sg*; **1** die gelbliche Schicht, die sich auf Milch bildet (u. die viel Fett enthält) ⟨die S. abschöpfen⟩ **2** S. (1), die durch e-e Zentrifuge gewonnen wird ⟨saure, süße S.; S. schlagen; S. in den Kaffee nehmen⟩ || K-: **Sahne-, -bonbon, -joghurt, -kännchen, -quark** || -K: **Kaffee- 3** steif geschlagene S. (1) ≈ Schlagsahne, Schlagrahm ⟨e-e Portion S.; Eis, Obsttorte mit S.⟩ || K-: **Sahne-, -torte**

sah·nig *Adj*; **1** mit viel Sahne ⟨Milch, e-e Creme[1] (1)⟩ **2** mit dem Geschmack od. dem Aussehen von Sahne (1) ⟨etw. schmeckt s.⟩

Sai·son [zɛ'zõ:, zɛ'zɔŋ] *die*; -, *-s* / *südd* Ⓐ *auch -en* [zɛ'zo:nən]; *mst Sg*; **1** die Zeit in jedem Jahr, in der die meisten Touristen kommen ⟨e-e lebhafte S.; außerhalb der S.; die S. läuft aus⟩: *Nach der S. sind die Hotelpreise günstiger* || K-: **Saison-, -beginn, -betrieb, -ende, -eröffnung** || -K: **Haupt-, Nach-, Sommer-, Winter- 2** die Zeit im Jahr, in der man e-e bestimmte Mode trägt: *In der kommenden S. trägt man wieder Hüte* || -K: **Herbst-, Sommer-, Winter-**; **Mode- 3 (die) S. (für j-n / etw.)** die Zeit in jedem Jahr, in der etw. Bestimmtes im Vordergrund steht od. oft getan wird ⟨etw. hat S.⟩: *Die Monate Mai u. Juni sind die S. für Liebhaber von Spargelgerichten* || K-: **Saison-, -arbeiter, -artikel, -geschäft** || -K: **Bade-, Jagd-, Spargel- 4** die Zeit im Jahr, in der das Angebot an Konzerten u. Theaterstücken besonders groß ist ≈ Spielzeit: *Zu Beginn der nächsten S. soll das neue Theater fertig sein* || K-: **Saison-, -auftakt** || -K: **Konzert-, Theater- 5** die Zeit, in der regelmäßige Wettkämpfe in e-r Sportart stattfinden ≈ Spielzeit || K-: **Saison-, -auftakt, -beginn, -eröffnung, -start** || -K: **Bundesliga-** || *zu* **1, 3** u. **4 sai·son·ab·hän·gig** *Adj*; **sai·son·be·dingt** *Adj*

sai·so·nal [zɛzo'na:l] *Adj*; *ohne Steigerung*; von der Saison abhängig od. von ihr bedingt: *saisonale Schwankungen in der Zahl der Arbeitslosen*

Sai·te *die*; -, *-n*; e-e Art Faden od. Draht aus Metall, Tierdarm od. Kunststoff, der an e-m Musikinstrument die Töne erzeugt, wenn man ihn streicht od. zupft ⟨die Saiten erklingen; e-e S. ist gerissen, gesprungen; e-e neue S. aufziehen; (über) die Saiten streichen⟩ || ↑ *Abb. unter* **Gitarre** || K-: **Saiten-, -instrument** || -K: **Geigen-, Harfen-, Klavier-, Lauten-**; **Darm-, Nylon-, Stahl-** || ID **andere / strengere Saiten aufziehen** *gespr*; strenger werden (*z.B.* bei der Erziehung)

Sak·ko *der, südd das* / Ⓐ **Sak·ko** *das*; *-s, -s*; e-e (vornehme u. elegante) Jacke für e-n Mann ≈ Jackett

sak·ral *Adj*; für religiöse Zwecke bestimmt ↔ profan ⟨Bauten, ein Gegenstand, ein Gesang, ein Raum, die Kunst⟩ || K-: **Sakral-, -architektur, -bauten** || NB: ↑ **heilig**

Sak·ra·ment *das*; *-(e)s, -e*; **1** *Rel*; e-e wichtige religiöse Zeremonie in der christlichen Kirche ⟨das S. der Taufe, des Abendmahls⟩ **2** *nur Sg, kath* ≈ die Hostie ⟨das S. austeilen, empfangen⟩ **3 S.!** *gespr!* verwendet als Fluch || *zu* **1 sak·ra·men·tal** *Adj*

Sak·ri·leg *das*; *-(e)s, -e*; *geschr*; **1** das Verletzen des heiligen Charakters e-r Person od. Sache ≈ Frevel ⟨ein S. begehen⟩ **2** e-e Handlung, durch die man etw. missachtet, was andere verehren, od. durch die man e-e angesehene Person beleidigt: *Die Entscheidungen des Professors in Frage zu stellen, gilt als S.*

Sak·ris·tei *die*; -, *-en*; ein kleiner Raum in e-r Kirche, in dem der Pfarrer sich für den Gottesdienst vorbereitet

sä·ku·la·ri·sie·ren; *säkularisierte, hat säkularisiert*; [Vt] **1** *mst* ***etw. wird säkularisiert*** etw., das der Kirche gehört, wird in den Besitz des Staates gebracht: *Viele Klöster wurden im 19. Jahrhundert säkularisiert* **2** *mst* ***etw. wird säkularisiert*** *geschr*; etw. wird aus seiner religiösen Bindung gelöst ⟨das Denken, die Kunst, die Philosophie⟩ || *hierzu* **Sä·ku·la·ri·sie·rung** *die*; **Sä·ku·la·ri·sa·ti·on** *die*; -, *-en*

Sa·la·man·der *der*; *-s*, -; e-e Art Lurch

Sa·la·mi *die*; -, *-s*; e-e haltbare, harte, geräucherte Wurst ⟨ein Brot, e-e Pizza mit S.⟩

Sa·lär *das*; *-s*, *-e*; *südd* Ⓐ ⒸⒽ das Gehalt (e-s Angestellten)

Sa·lat *der*; *-(e)s*, *-e*; **1** e-e Speise, die man kalt isst u. die man aus Blattpflanzen, Gemüse, Fisch, Fleisch, Nudeln *o.Ä.* u. e-r Soße *bes* aus Essig u. Öl od. Mayonnaise macht ⟨ein bunter, gemischter S.; e-n S. anmachen, mischen⟩ || K-: ***Salat-, -besteck, -dressing, -gurke, -öl, -schüssel, -soße, -teller*** || -K: ***Bohnen-, Fisch-, Fleisch-, Gurken-, Hühner-, Kartoffel-, Nudel-, Rohkost-, Tomaten-*** **2** ≈ Blattsalat, Kopfsalat || K-: ***Salat-, -beet, -blatt, -kopf, -pflanze*** || ID ***Da / Jetzt haben wir den S.!*** *gespr*; jetzt ist das Unangenehme passiert (vor dem ich gewarnt habe)

Sal·be *die*; -, *-n*; ein Präparat (das viel Fett enthält), das man *z.B.* auf entzündete od. verletzte Stellen der Haut streicht ⟨e-e heilende S.; e-e S. dünn auftragen⟩ || K-: ***Salben-, -dose, -tube, -verband*** || -K: ***Augen-, Brand-, Heil-, Nasen-, Wund-***

Sal·bei *der*; *-s*; *nur Sg*; e-e kleine Pflanze mit rauen Blättern, die man als Gewürz od. zur Zubereitung von Tee verwendet || K-: ***Salbei-, -blätter, -tee***

sal·ben; *salbte, hat gesalbt*; [Vt] **1** ***(j-m) etw. s.***; ***j-n s.*** *geschr*; j-m Salbe auf e-e bestimmte Stelle seines Körpers streichen ⟨j-m die Wunden s.⟩ **2** ***j-n (zu etw.) s.*** j-m in e-r Zeremonie Öl od. Salbe auf die Stirn streichen u. ihn so für ein hohes Amt weihen ⟨e-n Priester s.; j-n zum König s.⟩ || *zu* **2 Sal·bung** *die*; *nur Sg*

sal·bungs·voll *Adj*; *pej*; so, dass es übertrieben feierlich klingt ⟨ein Ton, e-e Predigt; s. predigen, sprechen⟩

Sal·do *der*; *-s*, *-s* / *Sal·di* / *Sal·den*; *Bank*; die Differenz zwischen Einnahmen u. Ausgaben od. Guthaben u. Forderungen (auf e-m Konto)

Sä·le *Pl* ↑ ***Saal***

Sa·li·ne *die*; -, *-n*; ein Betrieb, in dem man Kochsalz gewinnt

Sal·mi·ak [zal'mi̯ak, 'zalmi̯ak] *der*, *das*; *-s*; *nur Sg*; e-e Substanz, die aus Ammoniak u. Salzsäure besteht u. unangenehm scharf riecht; *Chem* NH_4Cl

Sal·mo·nel·le *die*; -, *-n*; *mst Pl*; e-e Bakterienart, die *bes* in (verdorbenen) Lebensmitteln vorkommt u. beim Menschen Krankheiten im Darm verursacht || K-: ***Salmonellen-, -vergiftung***; ***salmonellen-, -verseucht***

sa·lo·mo·nisch *Adj*; sehr klug u. gerecht ⟨ein Urteil, e-e Entscheidung⟩

Sa·lon [za'lõː, za'lɔŋ, za'loːn] *der*; *-s*, *-s*; **1** ein modernes, schönes Geschäft *bes* für Körperpflege || -K: ***Damen-, Frisier-, Herren-, Hunde-, Hut-, Kosmetik-, Mode-, Schönheits-*** **2** *veraltend*; ein schönes, großes Zimmer, in dem man *bes* Gäste empfängt

sa·lon·fä·hig [za'lɔŋ-, za'loːn-] *Adj*; so, wie es die gesellschaftlichen Normen verlangen: *Sein Benehmen / seine Ausdrucksweise / ihr Kleid / sein Anzug ist nicht gerade s.*

sa·lopp *Adj*; **1** bewusst locker ≈ leger, ungezwungen ⟨ein Typ; e-e Ausdrucksweise; sich s. ausdrücken, benehmen, kleiden⟩ **2** bequem u. sportlich ⟨e-e Jacke, e-e Hose⟩ || *hierzu* **Sa·lopp·heit** *die*; *nur Sg*

Sal·pe·ter *der*; *-s*; *nur Sg*; ein salziges Pulver, das *bes* verwendet wird, um Düngemittel u. Sprengstoff herzustellen; *Chem* $NaNO_3$ od. KNO_3 || K-: ***Salpeter-, -säure*** || *hierzu* **sal·pe·ter·hal·tig** *Adj*

Sal·to *der*; *-s*, *-s* / *geschr Sal·ti*; ein Sprung, bei dem die Beine über den Kopf nach vorn od. hinten kommen, bevor man wieder auf dem Boden landet ≈ Überschlag ⟨e-n S. (vorwärts, rückwärts) machen, springen; ein doppelter, dreifacher S.⟩

Sa·lü! *bes* ⒸⒽ *gespr*; verwendet, um j-n zu begrüßen

Sa·lut *der*; *-(e)s*; *nur Sg*; die (militärische) Begrüßung e-r hohen Persönlichkeit durch laute Schüsse ⟨S. schießen⟩ || K-: ***Salut-, -schießen, -kanone, -schuss***

sa·lu·tie·ren; *salutierte, hat salutiert*; [Vi] ***(vor j-m) s.*** e-m Vorgesetzten od. Ehrengast e-n militärischen Gruß erweisen

Sal·ve [-v-] *die*; -, *-n*; e-e bestimmte Anzahl von Schüssen, die auf Kommando gleichzeitig aus mehreren Gewehren kommen ⟨e-e S. abgeben, abfeuern⟩ || -K: ***Gewehr-***

Salz *das*; *-(e)s*, *-e*; **1** *nur Sg*; kleine weiße Kristalle, die ähnlich wie Meerwasser schmecken u. sich leicht in Wasser auflösen. Man verwendet S., um das Essen zu würzen od. um Lebensmittel zu konservieren ⟨Pfeffer u. S.; feines, grobes, klumpiges S.; S. abbauen, gewinnen; S. auf etw. streuen; e-e Prise S.⟩ || K-: ***Salz-, -bergwerk, -gehalt, -gewinnung, -korn, -lösung*** || -K: ***Jod-, Koch-, Meer-, Pökel-, Speise-*** **2** *Chem*; e-e Substanz, die aus der Verbindung e-r Säure mit e-r Lauge od. mit e-m Metall entsteht: *Salpeter ist ein S. der Salpetersäure* || -K: ***Brom-, Kali-, Mineral-*** || ID ***j-m nicht das S. in der Suppe gönnen*** *gespr*; j-m überhaupt nichts gönnen; ***j-m S. auf / in die Wunde streuen*** j-m, der schon in e-r unangenehmen Situation ist, etw. Böses sagen || *hierzu* **salz·hal·tig** *Adj*

Salz- *im Subst*, *wenig produktiv*; **1** mit Salz (1) konserviert; das ***Salzfleisch***, die ***Salzgurke***, der ***Salzhering*** **2** mit Salz (1) gewürzt u. bestreut; die ***Salzbrezel***, das ***Salzgebäck***, die ***Salzmandel*** **3** mit Salz (1) bedeckt; die ***Salzsteppe***, die ***Salzwüste***

salz·arm *Adj*; mit wenig Salz (1) ⟨e-e Diät, e-e Kost; s. kochen⟩

sal·zen; *salzte, hat gesalzt / gesalzen*; [Vt] ***etw. s.*** Salz (1) in Speisen od. Lebensmittel geben: *Die Suppe ist zu stark gesalzen* || NB: *du salzt* || ► ***gesalzen, versalzen***

sal·zig *Adj*; mit dem Geschmack von Salz ⟨ein salziger Geschmack; etw. schmeckt s.⟩: *Meerwasser schmeckt s.*

Salz·kar·tof·feln *die*; *Pl*; Kartoffeln, die geschält u. dann in gesalzenem Wasser gekocht werden

salz·los *Adj*; ohne Salz (1) (im Essen) ⟨e-e Diät; s. essen, leben⟩

Salz·säu·re *die*; e-e sehr scharfe Säure, die aus Wasserstoff u. Chlor besteht; *Chem* HCl

Salz·stan·ge *die*; ein längliches, dünnes, trockenes Gebäck, das mit Salz bestreut ist u. das man *bes* zu Bier od. Wein isst

Salz·streu·er *der*; *-s*, -; ein kleiner Behälter mit Löchern im Deckel, mit dem man Salz ins Essen streut || ↑ *Abb. unter* ***Frühstückstisch***

Salz·was·ser *das*; *nur Sg*; **1** Wasser, in das man Salz getan hat ⟨Nudeln in S. kochen; mit S. gurgeln⟩ **2** ≈ Meerwasser ↔ Süßwasser

-sam *im Adj*, *wenig produktiv*; verwendet, um aus Verben u. Substantiven Adjektive zu machen; ***arbeitsam*** (= fleißig), ***gewaltsam*** (= mit Gewalt), ***mitteilsam*** (= gesprächig), ***ratsam*** (= empfehlenswert), ***schweigsam*** (= wortkarg), ***wirksam*** (= effektiv)

Sa·ma·ri·ter *der*; *-s*, *-*; *geschr*; j-d, der anderen Menschen gern hilft, ohne e-e Belohnung zu erwarten ⟨ein barmherziger S.⟩

Sam·ba *die*; *-*, *-s od der*; *-s*, *-s*; ein Tanz aus Lateinamerika ⟨(e-n / e-e) S. tanzen⟩

Sa·me *der*; *-ns*, *-n*; *geschr* ≈ *Samen* || NB: *der Same*; *den, dem Samen*; *des Samens*

Sa·men *der*; *-s*, *-*; **1** eines von vielen kleinen Körnern, die von Pflanzen produziert werden u. aus denen neue Pflanzen von derselben Art wachsen ⟨Samen aussäen, in die Erde legen / stecken; die Samen keimen, gehen auf⟩: *Die Samen der Sonnenblume enthalten Öl* || K-: ***Samen-, -korn, -kapsel*** || -K: ***Blumen-, Gemüse-, Gras-*** **2** *nur Sg*, *geschr*; ***der S.*** + *Gen*; der Ursprung von etw. ≈ Saat, Keim: *der S. des Bösen* **3** *nur Sg* ≈ Sperma || K-: ***Samen-, -bank, -faden, -flüssigkeit, -übertragung***

Sa·men·er·guss *der*; der Vorgang, bei dem der Samen (3) durch den Penis nach außen kommt (beim Orgasmus des Mannes) ≈ Ejakulation

Sa·men·zel·le *die*; e-e Zelle, die von den männlichen Geschlechtsorganen produziert wird u. die fähig ist, sich mit e-m Ei zu verbinden, damit neues Leben entsteht

Sä·me·rei *die*; *-*, *-en*; *mst Pl* ≈ Saatgut

sä·mig *Adj*; ⟨e-e Soße⟩ nicht völlig flüssig, sondern etwas dick

Säm·ling *der*; *-s*, *-e*; e-e ganz junge Pflanze, die aus e-m Samenkorn herauswächst

Sam·mel- *im Subst*, *begrenzt produktiv*; verwendet für Dinge, die mehrere Personen gemeinsam benutzen od. die sie gemeinsam machen ↔ Einzel-; der ***Sammelauftrag***, die ***Sammelfahrkarte***, das ***Sammellager***, die ***Sammelnummer***, die ***Sammelunterkunft***, der ***Sammeltransport***

Sam·mel·be·griff *der* ≈ Kollektivbegriff

sam·meln; *sammelte*, *hat gesammelt*; [Vt] **1** ***etw.*** (*Kollekt od Pl*) ***s.*** *mst* als Hobby über längere Zeit Dinge derselben Art erwerben, um sie (wegen ihrer Schönheit od. ihres Wertes) aufzubewahren ⟨Briefmarken, Münzen, altes Porzellan, Autogramme, Mineralien, Schmetterlinge s.⟩ || K-: ***Sammel-, -album, -mappe***; ***-eifer, -leidenschaft, -trieb, -wut*** **2** ***etw.*** (*Kollekt od Pl*) ***s.*** im Wald *o.Ä.* herumgehen u. von etw. möglichst viel suchen u. mitnehmen ⟨Beeren, Pilze, Kräuter, Holz, Tannenzapfen s.⟩ **3** ***etw.*** (*Kollekt od Pl*) ***s.*** einzelne Dinge aus einem Material zusammentragen (*mst* damit sie wieder verwertet werden können) ⟨Altpapier, leere Flaschen s.⟩ || K-: ***Sammel-, -aktion, -stelle*** **4** ***etw.*** (*Kollekt od Pl*) ***s.*** etw. zu e-m bestimmten Zweck zusammentragen ⟨Beweise, Informationen s.⟩ **5** ***etw. s.*** etw. in sich aufnehmen ⟨Erfahrungen, neue Eindrücke s.⟩ **6** ⟨Personen⟩ ***um sich s.*** sich mit Leuten, die ähnliche Ansichten u. Ziele haben, umgeben ≈ ⟨Personen⟩ um sich scharen ⟨Anhänger, Fans, Schüler um sich s.⟩; [Vt/i] **7** (***etw.***) ***s.*** die Leute (systematisch) bitten, Geld, Kleider *o.Ä.* für e-n guten Zweck zu geben ⟨Geld, Kleider, Spenden, Unterschriften s.⟩: *für das Rote Kreuz s.* || K-: ***Sammel-, -büchse***; [Vr] **8** ***sich*** (*Pl*) (***irgendwo***) ***s.*** ≈ sich versammeln: *Die Teilnehmer des Umzuges sammeln sich nach der Messe auf dem Kirchplatz* || K-: ***Sammel-, -platz, -punkt*** **9** ***sich s.*** sich konzentrieren || ► ***versammeln***

Sam·mel·su·ri·um *das*; *-s*; *nur Sg*, *gespr*; e-e Menge von vielen verschiedenen ungeordneten Dingen

Samm·ler *der*; *-s*, *-*; j-d, der (als Hobby) Dinge sammelt (1) ⟨ein eifriger, leidenschaftlicher, passionierter S.⟩: *ein S. von alten Münzen* || -K: ***Briefmarken-, Kunst-, Münz-*** || *hierzu* **Samm·le·rin** *die*; *-*, *-nen*

Samm·lung *die*; *-*, *-en*; **1** der Vorgang des Sammelns (3,6) ⟨e-e S. durchführen, organisieren, veranstalten⟩: *Die S. von Spenden für die Flüchtlinge brachte 200000 Euro* || -K: ***Altglas-, Altpapier-, Unterschriften-***; ***Straßen-*** **2** e-e (*mst* relativ große) Menge von Dingen derselben Art, die j-d gesammelt hat ⟨e-e S. anlegen, ergänzen, versteigern; e-e reichhaltige S.; e-e S. von Kunstgegenständen, Münzen, alten Uhren⟩ || -K: ***Antiquitäten-, Bilder-, Briefmarken-, Gedicht-, Gemälde-, Kunst-, Lieder-, Märchen-, Mineralien-, Münz(en)-, Schallplatten-, Schmetterlings-, Waffen-*** **3** das Gebäude od. die Räume, in denen e-e S. (2) aufbewahrt (u. der Öffentlichkeit gezeigt) wird: *Die Sammlungen des Völkerkundemuseums sind montags geschlossen* **4** *nur Sg*; die Beherrschung der Gefühle u. die Konzentration der Gedanken auf ein bestimmtes Problem *o.Ä.* ⟨geistige, innere S.⟩

Sam·ple ['sa:mpl] *das*; *-(s)*, *-s*; **1** ≈ Stichprobe **2** ein (typischer) Teil e-s Produkts, der zeigen soll, wie das ganze Produkt ist ≈ Muster (2)

Sams·tag *der*; *-s*, *-e*; der sechste Tag der Woche ≈ Sonnabend; *Abk* Sa ⟨am S.; letzten, diesen, nächsten S.; S. früh⟩ || K-: ***Samstag-, -abend, -mittag, -morgen, -nacht***; ***samstag-, -abends, -mittags*** *usw*

sams·tags *Adv*; an jedem Samstag ≈ sonnabends: *Die Banken sind s. geschlossen*

samt[1] *Präp*; *mit Dat*; (zusammen) mit ≈ einschließlich: *sein Auto samt Zubehör verkaufen*

samt[2] *Adv*; *nur in* ***s. u. sonders*** ohne Ausnahme ≈ allesamt: *Die Parkhäuser sind s. u. sonders überfüllt*

Samt *der*; *-(e)s*, *-e*; *mst Sg*; ein weicher Stoff, der auf einer Seite viele kleine kurze Fäden hat ⟨sich in S. u. Seide kleiden; ein Vorhang, ein Rock aus S.⟩: *Die Haut e-s reifen Pfirsichs ist weich wie S.* || K-: ***Samt-, -band, -jacke, -kleid, -rock, -vorhang*** || *hierzu* **samt·ar·tig** *Adj*; **samt·weich** *Adj*

sam·ten *Adj*; **1** aus Samt gemacht ⟨e-e Jacke, ein Band⟩ **2** (weich) wie Samt ≈ samtig (1) ⟨ein Fell, ein Pelz⟩

Samt|hand·schu·he *die*; *mst in* ***j-n mit Samthandschuhen anfassen*** j-n, der schnell beleidigt ist, sehr rücksichtsvoll behandeln

sam·tig *Adj*; **1** ≈ samten (2) ⟨e-e Haut⟩ **2** ⟨e-e Stimme⟩ mit e-m dunklen, weichen Klang

sämt·lich *Indefinitpronomen*; **1** *nur attr* + *Subst im Sg* ≈ ganz-, gesamt-: *Er hat sein sämtliches Vermögen verloren* **2** *nur attr* + *Subst im Pl*; alle: *Schillers sämtliche Werke*; *mit sämtlichen zur Verfügung stehenden Mitteln* **3** *Subst im Pl* + ***s.***; alle: *Er schrieb seine Bücher s. im Exil*

Sa·na·to·ri·um *das*; *-s*, *Sa·na·to·ri·en* [-'to:riən]; e-e Art Krankenhaus, in dem man sich *bes* von e-r schweren Krankheit erholen kann || K-: ***Sanatoriums-, -aufenthalt***

Sand *der*; *-(e)s*; *nur Sg*; e-e lockere Masse aus kleinen Körnern, die es *bes* am Ufer von Meeren u. in der Wüste gibt ⟨feiner, grober, lockerer S.; S. streuen; im S. buddeln, spielen, stecken bleiben⟩: *Die Kinder bauen e-e Burg aus S.* || K-: ***Sand-, -boden, -burg, -düne, -haufen, -hügel, -korn, -schaufel, -schicht, -strand, -wüste*** || -K: ***Flug-, Putz-, Quarz-, Streu-, Vogel-, Wüsten-*** || ID ***etw. verläuft im Sande*** etw. bleibt ohne Erfolg u. wird langsam vergessen; ***etw. in den S. setzen*** *gespr*; mit etw. keinen Erfolg haben; ***S. im Getriebe*** *gespr*; etw., das den Ablauf von etw. stört od. ihn schwierig macht; ***j-m S. in die Augen streuen*** bewirken, dass j-d etw. Negatives nicht bemerkt; ***wie S. am Meer*** *gespr*; in großen Mengen od. in großer Zahl: *Dieses*

Jahr gibt es Pilze wie S. am Meer; **auf S. gebaut haben** *geschr*; sich auf etw. eingelassen haben, das sehr unsicher ist || *hierzu* **sand·ar·tig** *Adj* || ► **versanden**
San·da·le *die*; -, *-n*; ein offener Schuh, der nur mit Riemen am Fuß gehalten wird || ↑ *Abb. unter* **Schuhe** || -K: **Bast-, Gummi-, Leder-; Kinder-**
Sand·bahn *die*; *Sport*; e-e Rennbahn, die mit Sand bedeckt ist u. auf der *bes* Motorradrennen stattfinden || K-: **Sandbahn-, -rennen**
Sand·bank *die*; ein Hügel od. e-e Fläche aus Sand, *mst* unter Wasser, in Flüssen od. im Meer: *Der Tanker ist auf e-e S. aufgelaufen*
Sand·dorn *der*; *nur Sg*; ein Strauch mit schmalen Blättern u. orangeroten Beeren, die viel Vitamin C enthalten || K-: **Sanddorn-, -marmelade, -saft**
san·dig *Adj*; **1** voll Sand ⟨Hände, Schuhe, die Kleidung⟩ **2** *nicht adv*; mit e-m hohen Anteil an Sand ⟨ein Acker, ein Boden⟩
Sand·kas·ten *der*; ein niedriger Kasten (mit e-m Rand aus Holz), der Sand enthält, mit dem Kinder spielen können
Sand·kis·te *die* ≈ Sandkasten
Sand·ku·chen *der*; **1** ein relativ trockener Kuchen aus e-m lockeren Teig **2** ein kleiner Kuchen aus Sand, den Kinder formen
Sand·mann *der* ≈ Sandmännchen
Sand·männ·chen *das*; *-s*; *nur Sg*; e-e erfundene Figur, die den Kindern abends Sand in die Augen streut, damit sie müde werden u. einschlafen
Sand·pa·pier *das*; *nur Sg*; ein Papier, das auf e-r Seite mit feinen Sand- od. Glaskörnern bedeckt ist u. das dazu dient, durch Reiben raue Flächen glatter zu machen ≈ Schleifpapier
Sand·sack *der*; ein Sack, der mit Sand gefüllt ist. Mit Sandsäcken baut man (Schutz)Mauern bei Überschwemmungen, in Kriegssituationen *o.Ä.*
Sand·stein *der*; *nur Sg*; ein weicher Stein aus Sand u. Ton od. Kalk ⟨e-e Fassade, e-e Mauer, ein Standbild aus S.⟩ || K-: **Sandstein-, -figur, -plastik, -platte, -quader**
Sand·sturm *der*; ein Sturm in e-m trockenen Gebiet, bei dem viel Sand durch die Luft fliegt
sand·te *Imperfekt, 1. u. 3. Person Sg*; ↑ **senden**
Sand·uhr *die*; e-e Vorrichtung mit zwei übereinander stehenden Gläsern, mit der man die Zeit messen kann. Aus dem oberen Teil rinnt Sand in den unteren Teil: *Ich benutze zum Eierkochen e-e kleine S.*
Sand·wich ['zɛntvɪtʃ] *das*; *-(e)s*, *-(e)s*; zwei Scheiben (Weiß)Brot mit Wurst od. Käse u. Tomaten od. Salat dazwischen || -K: **Käse-, Schinken-**
sanft, *sanfter*, *sanftest-*; *Adj*; **1** ruhig, freundlich u. voller Liebe ≈ gütig ↔ aggressiv, bösartig ⟨ein Mensch, ein Mädchen, ein Gesicht, e-e Stimme, Augen, ein Herz, ein Charakter, ein Wesen; s. lächeln, reden⟩ **2** angenehm, weil nicht zu stark od. intensiv ⟨ein Hauch, ein Wind, Licht, Musik, Töne, Rhythmen, Farben: ein Rot, ein Grün *usw*; j-n s. berühren, streicheln⟩ **3** angenehm zart ⟨e-e Berührung⟩ **4** vorsichtig u. indirekt ⟨e-e Ermahnung, Tadel; Gewalt, Druck, Zwang⟩ **5** friedlich u. ruhig ↔ unruhig ⟨ein Schlaf, ein Tod, ein Ende; s. schlafen, schlummern⟩ **6** ⟨ein Hügel, e-e Steigung, ein Anstieg, Abhänge; etw. steigt s. an⟩ nicht steil, sondern angenehm u. allmählich steigend ≈ leicht **7** in Harmonie mit der Natur u. deshalb nicht schädlich od. gefährlich ⟨e-e Geburt, Energiequellen, Heilmethoden⟩ || *zu* **1 Sanft·heit** *die*; *nur Sg* || ► **besänftigen**
Sänf·te *die*; -, *-n*; *hist*; e-e Art großer Kasten mit e-m Sitz darin, in dem reiche Leute sich früher tragen ließen || K-: **Sänften-, -träger**

S

sanft·mü·tig *Adj*; mit e-m freundlichen u. geduldigen Charakter || *hierzu* **Sanft·mut** *die*; *nur Sg*; **Sanft·mü·tig·keit** *die*; *nur Sg*
sang *Imperfekt, 1. u. 3. Person Sg*; ↑ **singen**
sän·ge *Konjunktiv II, 1. u. 3. Person Sg*; ↑ **singen**
Sän·ger *der*; *-s*, -; j-d, der (auch beruflich) an e-r Oper, in e-m Chor, in e-r Band *o.Ä.* singt ⟨sich als / zum S. ausbilden lassen⟩ || -K: **Chor-, Opern-, Pop-, Schlager-** || *hierzu* **Sän·ge·rin** *die*; -, *-nen*; || ► **singen, Gesang**
san·ges·freu·dig *Adj*; *veraltend, oft hum*; mit großer Begeisterung für das Singen
sang·los *Adv*; *nur in* **sang- u. klanglos** ≈ unbemerkt, unbeachtet: *Das Produkt ist sang- u. klanglos vom Markt verschwunden*; *Die deutsche Mannschaft ist sang- u. klanglos* (= ohne Widerstand) *untergegangen*
sa·nie·ren; *sanierte, hat saniert*; [Vt] **1 etw. s.** ein altes Gebäude od. Teile e-r Stadt in e-n modernen Zustand bringen ⟨alte Wohnungen, e-n Altbau, ein Stadtviertel s.⟩ **2 etw. s.** *Ökon*; etw. wieder rentabel machen ⟨e-n Betrieb, ein Unternehmen s.⟩; [Vr] **3 sich (bei etw.) s.** *gespr pej*; mit oft nicht ganz legalen Methoden bei etw. Geld verdienen || *hierzu* **Sa·nie·rung** *die*
sa·ni·tä·r- *Adj*; *nur attr, nicht adv*; in Bezug auf die Hygiene u. die Körperpflege ⟨Artikel, die Einrichtungen, die Verhältnisse⟩: *In dem alten Haus werden neue sanitäre Anlagen wie z.B. Bad, Dusche u. WC installiert* || K-: **Sanitär-, -anlagen, -einrichtungen**
Sa·ni·tär *der*; *-s*, *-e*; (CH) ≈ Installateur, Klempner
Sa·ni·tä·ter *der*; *-s*, -; j-d, der (beruflich) verletzten Personen am Ort des Unfalls hilft u. sie ins Krankenhaus bringt ⟨ein S. des Roten Kreuzes⟩
Sa·ni·täts- *im Subst*, *wenig produktiv*; zu e-r (Hilfs)Organisation od. zu e-m Teil der Armee gehörig, der Kranken u. Verwundeten hilft; das **Sanitätsauto**, der **Sanitätsdienst**, die **Sanitätskompanie**, der **Sanitätsoffizier**, das **Sanitätspersonal**, der **Sanitätssoldat**, der **Sanitätswagen**
sank *Imperfekt, 1. u. 3. Person Sg*; ↑ **sinken**
Sank·ti·on [-'tsi̯oːn] *die*; -, *-en*; **1** *nur Pl*; **Sanktionen (gegen j-n / etw.)** Maßnahmen, mit denen man versucht, e-e Person, e-n Staat, e-n Betrieb *o.Ä.* zu e-m bestimmten Verhalten zu zwingen ⟨Sanktionen beschließen, gegen ein Land verhängen; mit Sanktionen drohen⟩: *Die wirtschaftlichen Sanktionen gegen das Land waren bisher wenig wirksam* **2** *mst Sg*, *geschr*; die offizielle Zustimmung e-r Behörde od. Institution ≈ Billigung, Erlaubnis
sank·ti·o·nie·ren [-tsi̯o-]; *sanktionierte, hat sanktioniert*; [Vt] **etw. s.** *geschr*; seine Zustimmung zu etw. geben ≈ billigen, gutheißen ⟨Maßnahmen, Pläne s.; etw. behördlich s.⟩ || *hierzu* **Sank·ti·o·nie·rung** *die*; *nur Sg* || NB: ↑ **legitimieren**
sann *Imperfekt, 1. u. 3. Person Sg*; ↑ **sinnen**
Sansk·rit *das*; *-(e)s*; *nur Sg*; e-e altindische Sprache, die heute noch *bes* in der Literatur verwendet wird || K-: **Sanskrit-, -forscher, -grammatik**
Sa·phir ['zaːfiːɐ̯, za'fiːɐ̯] *der*; *-(e)s*, *-e*; ein Edelstein von klarer blauer Farbe
Sar·del·le *die*; -, *-n*; ein kleiner Meeresfisch, der *mst* mit viel Salz konserviert wird ≈ Anschovis: *e-e Pizza mit Sardellen belegen* || K-: **Sardellen-, -butter, -filet, -paste**
Sar·di·ne *die*; -, *-n*; ein kleiner Fisch, der *mst* in Öl eingelegt ist u. in Dosen verkauft wird || K-: **Sardinen-, -büchse** || -K: **Öl-**
Sarg *der*; *-(e)s*, *Sär·ge*; der Kasten (aus Holz), in dem ein Toter ins Grab gelegt wird ⟨e-n Toten in den S. legen, im S. aufbahren⟩ || K-: **Sarg-, -deckel, -schmuck, -träger** || -K: **Blei-, Eichen-; Kinder-**
Sar·kas·mus *der*; -, *Sar·kas·men*; *geschr*; **1** *nur Sg*;

e-e Art starker Spott, mit dem man (oft in beleidigender Form) das Gegenteil von dem sagt, was man wirklich meint ≈ Hohn **2** e-e Äußerung, die voll S. (1) ist || *hierzu* **sar·kạs·tisch** *Adj*

Sar·ko·phag [-f-] *der*; *-(e)s, -e*; *hist*; ein großer Sarg *mst* aus Stein

saß *Imperfekt, 1. u. 3. Person Sg*; ↑ ***sitzen***

sä·ße *Konjunktiv II, 1. u. 3. Person Sg*; ↑ ***sitzen***

Sa·tan *der*; *-s*; *nur Sg*; **1** verwendet als Bezeichnung für den Teufel ≈ Luzifer ⟨das Reich Satans; vom S. besessen sein⟩ **2** *pej*; ein sehr böser Mensch ≈ Teufel || K-: ***Satans-, -weib*** || *hierzu* **sa·ta·nisch** *Adj*

Sa·tel·lit, Sa·tel·lit *der*; *-en, -en*; **1** ein technisches Gerät, das sich im Kreis um die Erde bewegt u. das dazu dient, das Wetter zu beobachten, Nachrichten über weite Entfernungen zu übermitteln *o.Ä.* ⟨ein (un)bemannter S.⟩: *Die Olympischen Spiele werden in alle Welt über / per / via S. übertragen* || K-: ***Satelliten-, -bahn, -bild, -fernsehen, -flug, -foto, -start, -übertragung*** || -K: ***Fernseh-, Nachrichten-, Spionage-, Wetter-*** **2** ein Körper im Weltraum, der sich um e-n Planeten herum bewegt ≈ Mond (3), Trabant: *Der Mond ist ein S. der Erde* **3** *geschr*; ein kleiner Staat, der ganz unter dem Einfluss e-s mächtigen Staates steht || K-: ***Satelliten-, -staat*** || NB: *der Satellit; den, dem, des Satelliten*

Sa·tel·li·ten·schüs·sel *die*; e-e Antenne in Form e-r großen Schüssel, über die man Fernseh- u. Rundfunksignale von Satelliten (1) empfangen kann

Sa·tel·li·ten·stadt *die* ≈ Trabantenstadt

Sa·tin [za'tɛ̃ː] *der*; *-s*; *nur Sg*; ein glatter, feiner Stoff, der wie Seide glänzt ⟨e-e Bluse aus S.⟩

Sa·ti·re *die*; *-, -n*; **1** ***e-e S.*** (***auf j-n / etw.***) *nur Sg*; e-e Art scharfe Kritik, mit der man die Fehler e-r bestimmten Person, der Gesellschaft *o.Ä.* in übertriebener (u. spottender) Form zeigt ⟨e-e politische S.; etw. mit beißender S. darstellen⟩ **2** ***e-e S.*** (***auf j-n / etw.***) ein künstlerisches Werk, in dem S. (1) verwendet wird: *„Gullivers Reisen" ist e-e S. auf die sozialen Zustände der damaligen Zeit* || -K: ***Gesellschafts-, Zeit-*** || *hierzu* **Sa·ti·ri·ker** *der*; *-s, -*; **sa·ti·risch** *Adj*

sạtt, *satter, sattest-*; *Adj*; **1** nicht mehr hungrig, weil man genug gegessen hat ⟨s. sein, werden; sich (an etw.) s. essen⟩: *„Möchtest du noch etwas essen?" - „Nein danke, ich bin schon s."* **2** *nur attr, nicht adv*; kräftig u. leuchtend ⟨e-e Farbe, ein Farbton⟩: *das satte Grün der Wiesen* **3** *mst attr, pej* ≈ saturiert, selbstzufrieden ⟨ein Wohlstandsbürger, ein Gesichtsausdruck⟩ **4** ***j-n / etw. s. haben*** *gespr*; j-n / etw. nicht mehr ertragen können ≈ j-s / e-r Sache überdrüssig sein: *Ich habe deine Angeberei endgültig s.!* || ID ***sich an etw.*** (*Dat*) ***s. gesehen haben*** etw. oft od. schon zu oft gesehen haben; ***sich an etw.*** (*Dat*) ***nicht s. sehen können*** etw. unaufhörlich ansehen wollen, weil es einem so gut gefällt || *zu* **2** u. **3** **Sạtt·heit** *die*; *nur Sg*; || ► ***sättigen, unersättlich***

Sạt·tel *der*; *-s, Sät·tel*; **1** e-e Art Sitz, den man auf den Rücken e-s Pferdes legt, wenn man reitet ⟨den S. auflegen, abnehmen, festschnallen; sich in den S. schwingen; j-m in den / aus dem S. helfen; ein Pferd wirft j-n aus dem S.; ohne S. reiten⟩ || ↑ *Abb. unter* ***Pferd*** || K-: ***Sattel-, -decke, -gurt, -knauf, -tasche*** || -K: ***Reit-, Renn-*** **2** der Teil e-s Fahrrads od. Motorrads, auf dem man sitzt ⟨den S. höher, tiefer stellen⟩ || ↑ *Abb. unter* ***Fahrrad*** || K-: ***Sattel-, -bezug*** || -K: ***Fahrrad-, Motorrad-; Renn-*** **3** e-e flache Stelle im Gebirge, an der man zwischen zwei Gipfeln von einem Berg zum anderen gehen kann ≈ Pass, Joch || -K: ***Berg-*** || ID ***fest im S. sitzen*** *gespr*; e-e sichere Stellung haben, aus der einen niemand verdrängen kann; ***j-n aus dem S. heben*** j-n aus seiner Stellung verdrängen; ***j-n in den S. heben*** j-m helfen, e-e hohe Stellung zu bekommen; ***sich im S. halten*** in e-r hohen Stellung die Macht behalten; ***in allen Sätteln gerecht sein*** alles gut können, was man tun soll

sạt·tel·fest *Adj*; *mst präd*; mit sehr guten Kenntnissen: *In der Grammatik ist er absolut s.*

sạt·teln; *sattelte, hat gesattelt*; [Vt] (***ein Tier***) ***s.*** e-m Tier e-n Sattel (1) zum Reiten auflegen

Sạt·tel·schlep·per *der*; e-e Art kurzer Lastwagen (ohne Ladefläche), auf dessen hinterem Teil ein langer Anhänger aufliegt

Sạt·tel·zug *der*; ein Sattelschlepper mit e-m zusätzlichen Anhänger

sạ̈t·ti·gen; *sättigte, hat gesättigt*; [Vi] **1** ***etw. sättigt*** etw. macht satt: *Weißbrot sättigt nur wenig / ist wenig sättigend*; [Vt] **2** ***etw. s.*** *geschr*; e-n Wunsch befriedigen ≈ stillen (2) ⟨j-s Neugierde, ein Verlangen s.⟩ **3** *mst* ***der Markt*** (***für etw.***) ***ist gesättigt*** es lässt sich nichts mehr (von e-m bestimmten Produkt) verkaufen

Sạ̈t·ti·gung *die*; *-*; *nur Sg*; **1** die Handlungen, durch die j-d od. man selbst satt (1) gemacht wird **2** der Zustand, in dem j-d satt (1) ist || K-: ***Sättigungs-, -gefühl*** **3** *Chem*; der Zustand, in dem e-e chemische Lösung od. ein Gas keine andere Substanz mehr aufnehmen (lösen) kann ⟨die S. der Luft mit Wasserdampf⟩ || K-: ***Sättigungs-, -grad, -punkt*** **4** *Ökon*; der Zustand, in dem so viele Produkte auf dem Markt sind, dass man sie nicht mehr verkaufen kann ⟨die S. des Marktes⟩

Sạtt·ler *der*; *-s, -*; j-d, der beruflich Sättel u. andere Dinge aus stabilem Leder herstellt u. repariert || K-: ***Sattler-, -handwerk, -meister***

Satt·le·rei *die*; *-, -en*; die Werkstatt e-s Sattlers

sạtt·sam *Adv*; *geschr, oft pej, mst in* ***etw. ist s. bekannt*** etw. ist bis zum Überdruss in der Öffentlichkeit debattiert worden

sa·tu·riert *Adj*; *geschr pej*; selbstzufrieden, wirtschaftlich od. materiell übersättigt ⟨Wohlstandsbürger⟩ || *hierzu* **Sa·tu·riert·heit** *die*; *nur Sg*

Sạtz[1] *der*; *-es, Sät·ze*; **1** mehrere Wörter (zu denen *mst* ein Verb gehört), die zusammen e-e Feststellung, e-e Frage, e-n Befehl *o.Ä.* bilden. Ein geschriebener S. fängt mit e-m Großbuchstaben an u. hört mit dem Zeichen . oder ! oder ? auf ⟨e-n S. bilden, konstruieren, umformen, analysieren; in ganzen Sätzen antworten; mitten im S. abbrechen; j-m etw. in kurzen, knappen Sätzen mitteilen; mit wenigen Sätzen die Situation schildern⟩ || K-: ***Satz-, -anfang, -art, -aussage, -ende, -erweiterung, -gefüge, -gegenstand, -teil*** || -K: ***Attribut-, Aussage-, Befehls-, Frage-; Glied-, Haupt-, Neben-; Objekt-, Subjekt-; Kausal-, Temporal-*** **2** *mst Sg* ≈ Lehre (4): *Pythagoras formulierte den S. vom rechtwinkligen Dreieck* **3** *Mus*; ein Teil e-s Musikstücks, für den eigene Motive u. ein eigenes Tempo typisch sind ⟨e-e Sonate in vier Sätzen⟩: *Die Sinfonie begann mit e-m langsamen S.* || -K: ***Anfangs-, Schluss-*** **4** *nur Sg, Mus*; verwendet, um anzugeben, für welche u. für wie viele Instrumente od. Stimmen ein Musikstück komponiert ist ⟨ein mehrstimmiger S.⟩ **5** *Sport*; ein Teil e-s Wettkampfes (*bes* beim Tennis, Volleyball, Badminton u. Tischtennis) ⟨den ersten, zweiten *usw* S. gewinnen, verlieren⟩: *Er gewann das Tennismatch mit 3:1 Sätzen* **6** e-e feste Anzahl von Gegenständen der gleichen Art, die zusammengehören ⟨ein S. Winterreifen, Schüsseln, Schraubenschlüssel⟩: *Von jeder neuen Briefmarkenserie kauft er sich e-n ganzen S.* || -K: ***Schlüssel-, Werkzeug-*** **7** die Summe Geld, die für

S

mehrere regelmäßige Zahlungen festgesetzt ist ≈ Tarif ⟨e-n S. festlegen, vereinbaren; ein hoher, ermäßigter S.⟩ || -K: ***Beitrags-, Pflege-, Steuer-, Tages-, Zins-***; ***Höchst-, Mindest-***

Satz[2] *der*; *-es, Sät·ze*; *mst Sg*; die kleinen festen Teilchen, die in e-r Flüssigkeit nach unten sinken u. sich am Boden e-s Gefäßes sammeln ≈ Bodensatz || -K: ***Kaffee-***

Satz[3] *der*; *-es, Sät·ze*; ein großer Sprung ⟨e-n S. machen⟩

Satz[4] *der*; *-es, Sät·ze*; **1** *nur Sg*; das Erfassen (Setzen (17)) e-s Textes, bevor man ihn druckt ⟨das Manuskript ist im S., geht in (den) S.⟩ **2** die erfasste Form e-s Manuskripts *o.Ä.* als Vorlage für den Druck ≈ Schriftsatz ⟨ein unsauberer S.; den S. korrigieren⟩ || K-: ***Satz-, -spiegel***

Satz·leh·re *die* ≈ Grammatik, Syntax

Sat·zung *die*; *-, -en*; die Regeln, die *bes* für e-n Verein *o.Ä.* formuliert werden u. an die sich alle halten müssen || -K: ***Vereins-***

Satz·zei·chen *das*; ein Zeichen wie *z.B.* ein Komma, ein Punkt *o.Ä.*, das zur Gliederung e-s Satzes verwendet wird

Die Satzzeichen

?	das Fragezeichen
!	das Ausrufezeichen
.	der Punkt
,	das Komma
;	der Strichpunkt
:	der Doppelpunkt
-	der Bindestrich
„ "	die Anführungszeichen

Sau *die*; *-, -en / Säue*; **1** ein weibliches Schwein ↔ Eber ⟨e-e fette, trächtige Sau; e-e Sau mästen, schlachten⟩ || -K: ***Wild-*** **2** *vulg pej*; verwendet als Schimpfwort für j-n, der schmutzig, ordinär *o.Ä.* ist || ID ***j-n zur Sau machen*** *vulg*; j-n sehr scharf kritisieren; ***unter aller Sau*** *vulg*; sehr schlecht; ***keine Sau*** *vulg* ≈ niemand; ***die Sau rauslassen*** *vulg*; sich wild benehmen u. dabei viel trinken u. laut sein

sau- *im Adj, wenig produktiv, gespr!* verwendet, um Adjektive zu verstärken ≈ sehr, extrem; ***saublöd(e), saudumm, saugrob, saukalt, sauwohl*** ⟨sich s. fühlen⟩

Sau- *im Subst, wenig produktiv*; **1** *gespr! pej*; drückt aus, dass das im zweiten Wortteil Genannte sehr unangenehm od. schlecht ist; die ***Sauarbeit***, der ***Saufraß***, das ***Sauwetter*** **2** *gespr!* drückt aus, dass das im zweiten Wortteil Genannte sehr groß od. intensiv ist; das ***Sauglück***, die ***Sauhitze***, die ***Saukälte***, die ***Sauwut***

Sau·bär *der*; *gespr*; j-d, der (oft) schmutzig ist *o.Ä.*

sau·ber *Adj*; **1** ohne Schmutz ↔ schmutzig: *Jetzt ist der Fußboden endlich wieder s.* **2** frisch gewaschen ≈ frisch ↔ benützt ⟨ein Handtuch, die Wäsche⟩: *ein sauberes Hemd anziehen* **3** frei von Schmutz u. schädlichen Stoffen ≈ rein[1] (5) ↔ verschmutzt ⟨Luft, Trinkwasser⟩ **4** sehr sorgfältig u. genau ↔ schlampig ⟨e-e Arbeit, e-e Analyse; j-s Handschrift; etw. s. (ab)schreiben; e-e Zeichnung s. ausführen; etw. s. vernähen⟩: *Er arbeitet s. u. gewissenhaft* **5** ohne Fehler ↔ unsauber ⟨e-e Technik⟩: *Die hohen Töne hat er nicht s. gesungen*; *Sie spielt nicht ganz s.* **6** *nicht adv*; der Moral u. den guten Sitten entsprechend ≈ anständig ⟨Charakter⟩: *Die Geschichte ist nicht ganz s.* (= legal) **7** *nur attr od adv, gespr iron*; verwendet, um auszudrücken, dass man j-n / etw. sehr negativ beurteilt: *Das ist ja e-e saubere Überraschung!*; *Seine sauberen Freunde haben ihn zu dem Diebstahl überredet*; *Das hast du ja wieder s. hingekriegt!* **8** ⟨ein Kind⟩ ***ist s.*** ein Kind braucht keine Windeln mehr **9** ⟨ein junges Haustier⟩ ***ist s.*** ein junges Haustier ist stubenrein || *zu* **1, 2, 3, 4** u. **6** **Sau·ber·keit** *die*; *nur Sg* || ► ***säubern***

> **sau·ber hal·ten**; *hält sauber, hielt sauber, hat sauber gehalten*; [Vt] **1** ***etw. s. h.*** etw. regelmäßig putzen u. aufräumen: *Du musst dein Zimmer selbst s. h.!* **2** ***etw. s. h.*** dafür sorgen, dass etw. nicht verschmutzt wird ⟨die Gewässer, die Luft s. h.⟩: *Haltet den Wald s.!* **3** ***etw. von etw. s. h.*** dafür sorgen, dass etw. frei von etw. ist ⟨den Rasen von Unkraut, das Haus von Ungeziefer s. h.⟩ || *hierzu* **Sau·ber·hal·tung** *die*; *nur Sg*
>
> **sau·ber ma·chen**; *machte sauber, hat sauber gemacht*; [Vt/i] ***(etw.) (mit etw.) s. m.*** den Schmutz (von etw.) entfernen ≈ putzen, säubern ⟨die Badewanne, den Herd, ein Zimmer s. m.; etw. mit Wasser u. Seife s. m.⟩

säu·ber·lich *Adj*; *nur attr od adv*; sehr sorgfältig u. genau ≈ sauber (4) ↔ unordentlich ⟨etw. s. aufstellen, ausschneiden, eintragen, ordnen, trennen, unterscheiden⟩

säu·bern; *säuberte, hat gesäubert*; [Vt] **1** ***etw. s.*** den Schmutz von etw. entfernen ≈ reinigen, sauber machen ⟨den Teppich mit e-m Staubsauger s.⟩ **2** ***etw. (von j-m / etw.) s.*** etw. von Personen od. Dingen frei machen, die nicht erwünscht od. schädlich sind ⟨ein altes Gebäude von Ungeziefer, die Gegend von Unrat s.; e-e Partei s.⟩

Säu·be·rung *die*; *-, -en*; **1** *nur Sg*; die Handlungen, mit denen man etw. sauber macht ≈ Reinigung **2** das Entfernen von unerwünschten Personen aus e-r Partei, aus öffentlichen Ämtern od. e-m Land || K-: ***Säuberungs-, -aktion, -welle***

Sau·ce ['zo:s(ə)] *die*; *-, -n*; ↑ ***Soße***

Sau·ci·e·re [zo'sie:rə] *die*; *-, -n*; ein Gefäß für Soße, das man beim Essen auf den Tisch stellt

sau·er, *saurer, sauerst-*; *Adj*; **1** mit dem Geschmack von Essig od. von Zitronen ↔ süß ⟨Wein, Apfelsaft; etw. schmeckt s.⟩ **2** mit Essig zubereitet od. haltbar gemacht ⟨Bohnen, Gurken⟩ || K-: ***Sauer-, -braten*** **3** (durch Gärung dick geworden u.) mit saurem (1) Geschmack ↔ süß ⟨Sahne⟩: *die Soße mit saurem Rahm anrühren* || K-: ***Sauer-, -milch, -rahm*** **4** verdorben u. mit saurem (1) Geschmack ↔ frisch ⟨Milch⟩: *Im Sommer wird die Milch schnell s.* **5** ***s. (auf j-n)*** *gespr*; über j-n verärgert: *Er ist s., weil er nicht ins Kino darf*; *Bist du jetzt s. auf mich?* **6** mit viel Mühe od. Ärger ≈ mühsam, mühevoll ↔ leicht ⟨s. erspartes, verdientes Geld; j-m das Leben s. machen⟩ **7** *Chem*; mit der Wirkung e-r Säure ↔ basisch, alkalisch ⟨Salze; etw. reagiert s.⟩ **8** mit Säuren verschmutzt, die aus Abgasen *o.Ä.* kommen ⟨der Boden, der Regen⟩ || ID ***j-m Saures geben*** *gespr*; j-n scharf kritisieren od. ihn verprügeln || NB: *sauer* → *saure Milch* || ► ***Säure***

Sau·er·amp·fer *der*; *-s*; *nur Sg*; e-e Pflanze, die auf der Wiese u. im Garten wächst u. deren Blätter sauer schmecken

Sau·e·rei *die*; *-, -en*; *gespr! pej* ≈ Schweinerei

Sau·er·kir·sche *die*; e-e (hellrote) Kirsche, die sauer (1) schmeckt

Sau·er·kohl *der*; *nordd* ≈ Sauerkraut

Sau·er·kraut *das*; *nur Sg*; (Weiß)Kohl, der in Streifen geschnitten u. mit Salz haltbar gemacht wird. S. schmeckt sauer (1) u. wird *mst* warm gegessen

S

säu·er·lich *Adj*; **1** ein wenig sauer (1) ⟨ein Apfel, Wein; etw. schmeckt s.⟩: *Die Sahne riecht, schmeckt s.* **2** ⟨ein Gesicht, e-e Miene⟩ so, dass sie deutlich zeigen, dass der Betroffene unzufrieden ist od. dass er sich ärgert ≈ missmutig: *s. lächeln*
Sau·er·stoff *der*; *-(e)s*; *nur Sg*; ein Gas ohne Geruch u. Geschmack, das in der Luft enthalten ist. Pflanzen produzieren S., Tiere u. Menschen brauchen ihn, um leben zu können; *Chem* O || K-: ***Sauerstoff-, -apparat, -armut, -atom, -flasche, -gerät, -mangel, -molekül, -versorgung, -zufuhr*** || *hierzu* **sau·er·stoff|arm** *Adj*; *nicht adv*; **sau·er·stoff|reich** *Adj*; *nicht adv*
Sau·er·teig *der*; e-e Mischung aus Mehl u. Wasser, die man sauer (3) werden lässt u. dann zum Backen von dunklem Brot verwendet
sau·fen; *säuft, soff, hat gesoffen*; [Vt/i] **1** ***(etw.) s.*** *gespr! pej*; große Mengen von alkoholischen Getränken trinken **2** ⟨ein Pferd, e-e Kuh *o.Ä.*⟩ ***säuft (etw.)*** ein Pferd, e-e Kuh *o.Ä.* trinkt große Mengen: *dem Pferd e-n Eimer Wasser zu s. geben* || ID ***einen s.*** *gespr!* Schnaps od. Bier trinken || *zu* **1 Säu·fer** *der*; *-s, -*; **Säu·fe·rin** *die*; *-, -nen*
sau·gen; *saugte / sog, hat gesaugt / gesogen*; [Vt] **1** ***etw. (aus etw.) s.*** durch sehr enge Öffnungen od. mit den Lippen e-e Flüssigkeit in den Mund ziehen od. aufnehmen: *Saft durch e-n Strohhalm s.*; *Die Baumwurzeln saugen die Feuchtigkeit aus dem Boden*; [Vt/i] **2** ***(etw.) s.*** (*saugte, hat gesaugt*) *gespr*; mit e-m Staubsauger Staub od. Schmutz von etw. entfernen: *Er saugt (den Teppich) jede Woche*; [Vi] **3** ***an etw.*** (*Dat*) ***s.*** die Lippen fest an etw. drücken u. dabei Luft, Rauch od. Flüssigkeit in den Mund ziehen ⟨an e-r Pfeife, Zigarette s.⟩: *Das Baby saugt an der Brust der Mutter*
säu·gen; *säugte, hat gesäugt*; [Vt/i] ***ein Tier säugt (ein Tier)*** ein Tier lässt sein Junges (aus dem Euter od. den Zitzen) Milch trinken: *Das Schaf säugt sein Lamm*
Sau·ger *der*; *-s, -*; ein kleiner Gegenstand aus weichem Gummi, der (auf e-r Babyflasche steckt u.) ein feines Loch hat, durch das das Baby Milch saugen kann
Säu·ger *der*; *-s, -*; ≈ Säugetier
Säu·ge·tier *das*; ein Tier, dessen Junge Milch von der Mutter trinken: *Elefanten sind die größten Säugetiere an Land u. Wale im Wasser*
saug·fä·hig *Adj*; *nicht adv*; ⟨ein Material, ein Papier, Windeln⟩ so, dass sie viel Flüssigkeit in sich aufnehmen können || *hierzu* **Saug·fä·hig·keit** *die*; *nur Sg*
Säug·ling *der*; *-s, -e*; ein kleines Kind, das noch Milch an der Brust der Mutter od. aus der Flasche trinkt ≈ Baby || K-: ***Säuglings-, -alter, -nahrung, -pflege, -sterblichkeit***
Saug·napf *der*; das Organ, mit dem *z.B.* Tintenfische od. Insekten sich an glatten Flächen festhalten können
Sau·hau·fen *der*; *vulg pej*; verwendet, um e-e Gruppe von Menschen ohne Disziplin zu bezeichnen od. zu beschimpfen
säu·isch *Adj* ≈ schweinisch
Sau·kerl *der*; *vulg pej*; ein gemeiner Mensch
Säu·le *die*; *-, -n*; **1** ein starker Pfosten (*mst* aus Stein), der das Dach e-s großen Gebäudes (*bes* e-s Tempels) stützt ⟨dorische, ionische, korinthische Säulen; etw. ruht auf Säulen; der Fuß, der Schaft, das Kapitell e-r S.⟩ || K-: ***Säulen-, -bau, -fuß, -halle, -kapitell, -portal, -tempel*** **2** *gespr*; j-d, der in e-r Gruppe von Menschen e-e sehr wichtige Stellung hat ≈ Stütze (2) ⟨j-d ist e-e S. der Gesellschaft, der Mannschaft⟩ || *zu* **1 säu·len·för·mig** *Adj* || NB: ↑ ***Pfeiler***

Säule (1)

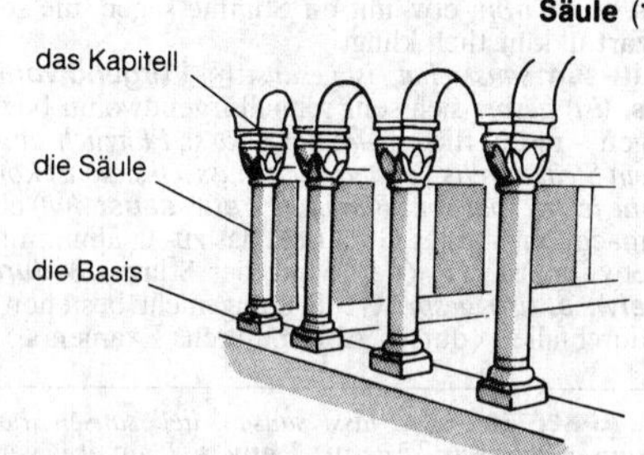

Saum *der*; *-(e)s, Säu·me*; **1** der Rand an e-m Stück Stoff, der gefaltet u. festgenäht ist, damit er schön aussieht u. nicht kaputtgeht ⟨ein breiter, schmaler S.; e-n S. auftrennen, heften, nähen⟩ || K-: ***Saum-, -naht*** || -K: ***Rock-, Mantel-*** **2** *geschr* ≈ Rand ⟨der S. des Feldes, des Waldes, e-s Wegs⟩ || NB: ↑ ***Borte***
sau·mä·ßig *Adj*; *gespr! pej*; **1** sehr schlecht: *Das Essen / der Unterricht / das Wetter war s.* **2** unangenehm intensiv ⟨Hunger, Kälte; s. frieren, sich s. ärgern⟩
säu·men[1]; *säumte, hat gesäumt*; [Vt] **1** ⟨Menschen / Dinge⟩ ***säumen etw.*** viele Menschen / Dinge stehen in Reihen am Rand e-r Fläche od. e-r Straße: *Bäume säumen den Fluss*; *Viele Menschen säumten den Weg des Festzuges* **2** ***etw. s.*** an etw. den Saum (1) nähen ⟨ein Kleid, e-e Decke, e-n Vorhang s.⟩
säu·men[2]; *säumte, hat gesäumt*; *geschr*; [Vi] ≈ zögern, zaudern ⟨lange, nicht länger s.⟩ || NB: *mst* verneint! || ► ***versäumen***
säu·mig *Adj*; *geschr*; ⟨ein Schuldner, ein Zahler⟩ so, dass sie etw. nicht pünktlich zahlen: *bei der Zahlung seines Beitrags s. sein* || *hierzu* **Säu·mig·keit** *die*; *nur Sg*
saum·se·lig *Adj*; *veraltend geschr*; sehr langsam u. ohne Sorgfalt ⟨ein Angestellter, ein Mensch; s. arbeiten⟩ || *hierzu* **Saum·se·lig·keit** *die*; *nur Sg*
Sau·na *die*; *-, -s / Sau·nen*; ein Raum, der mit Holz verkleidet ist u. den man sehr stark heizt. Man geht für kurze Zeit hinein, um kräftig zu schwitzen
Säu·re *die*; *-, -n*; **1** *nur Sg*; der saure (1) Geschmack e-r Sache ⟨e-e erfrischende, milde S.⟩ **2** *Chem*; e-e chemische Verbindung, die Metalle angreift u. e-n sauren Geschmack hat ↔ Base || K-: ***Säure-, -gehalt*** || -K: ***Ameisen-, Kohlen-, Salpeter-, Schwefel-; Essig-, Zitronen-*** || *zu* **2 säu·re·arm** *Adj*; *nicht adv*; **säu·re·frei** *Adj*; *nicht adv* || ► ***sauer***
säu·re·be·stän·dig *Adj*; *nicht adv* ≈ säurefest
säu·re·fest *Adj*; *nicht adv*; ⟨Plastik, Kunststoff⟩ so, dass sie widerstandsfähig gegenüber Säuren (2) sind ≈ säurebeständig
Sau·re-Gur·ken-Zeit *die*; *nur Sg*, *gespr hum*; e-e Zeit (*bes* während der Sommerferien), in der wenig wichtige Ereignisse stattfinden u. es somit *bes* für die Presse wenig zu berichten gibt
säu·re·hal·tig *Adj*; *nicht adv*; so, dass es Säure enthält
Säu·re|schutz·man·tel *der*; *nur Sg*, *Med*; die natürliche säurehaltige Schutzschicht auf der Haut, die beim Waschen zerstört wird
Sau·ri·er [-riɐ] *der*; *-s, -*; ein sehr großes Reptil (mit e-m langen Schwanz u. e-m langen Hals), das vor vielen Millionen Jahren lebte || -K: ***Flug-, Riesen-***
Saus (*der*); *nur in* ***in S. u. Braus leben*** (ostentativ) viel Geld für Vergnügungen u. Luxus ausgeben
säu·seln; *säuselte, hat gesäuselt*; [Vi] **1** ***etw. säuselt*** etw. rauscht sehr leise ⟨die Blätter, das Schilf⟩: *Ein leiser Wind säuselt in den Zweigen*; [Vt/i] **2** ***(etw.)***

S

s. *gespr iron*; etw. mit e-r Stimme sagen, die sehr zart u. künstlich klingt

sau·sen; *sauste, hat / ist gesaust*; Vi **1** (**irgendwohin**) **s.** (*ist*) *gespr*; sich sehr schnell irgendwohin bewegen ≈ rasen, flitzen: *um die Ecke s.*; *Plötzlich sauste ein Stein durchs Fenster*; *Jetzt muss ich s., sonst komme ich zu spät zum Bahnhof!* **2 etw. saust** (*hat*) etw. macht ein starkes Geräusch, das zu- u. abnimmt ≈ etw. braust[1] (1) ⟨der Wind, der Sturm⟩ **3 durch etw. s.** (*ist*) *gespr*; e-e Prüfung nicht bestehen ≈ durchfallen ⟨durchs Abitur, durchs Examen s.⟩

> **sau·sen las·sen**; *lässt sausen, ließ sausen, hat sausen gelassen*; Vt *gespr*; **1 etw. s. l.** auf etw. verzichten ⟨e-n Plan, e-e Einladung s. l.⟩ **2 j-n s. l.** zulassen, dass die Beziehung zu j-m abbricht: *Lass den unzuverlässigen Kerl doch s.!*

Sau·stall *der*; *nur Sg*; **1** *gespr!* e-e schmutzige od. sehr unordentliche Wohnung **2** *gespr!* ein Zustand, über den man sich sehr ärgert

Sa·van·ne [-v-] *die*; -, *-n*; ein offenes Grasland (in tropischen Gebieten) mit Gruppen von Bäumen

Sa·xo·fon, **Sa·xo·phon** [-f-] *das*; *-s, -e*; ein Blasinstrument aus Metall mit e-m kräftigen Klang, das vor allem in der Jazzmusik verwendet wird || ↑ *Abb. unter* **Blasinstrumente** || -K: **Alt-, Bariton-, Tenor-** || *hierzu* **Sa·xo·fo·nist**, **Sa·xo·pho·nist** *der*; *-en, -en*; **Sa·xo·fo·nis·tin**, **Sa·xo·pho·nis·tin** *die*; -, *-nen*

S-Bahn ['ɛs-] *die*; (*Abk für* Schnellbahn) ein schneller elektrischer Zug in e-r Großstadt u. ihrer Umgebung || K-: **S-Bahn-Haltestelle, S-Bahn-Station, S-Bahn-Wagen** || NB: ↑ **U-Bahn**

SBB [ɛs|be'|beː] *die*; -; *nur Sg*, *Abk für* Schweizerische Bundesbahnen

SB-Tank·stel·le [ɛs'beː-] *die*; e-e Tankstelle, an der der Autofahrer selbst das Benzin in den Tank füllt

Scan·ner ['skɛnɐ] *der*; *-s, -*; ein Gerät, das die Informationen auf e-r Vorlage (*z.B.* e-m Strichkode od. e-m geschriebenen Text) abtastet (u. an die Kasse od. e-n Computer weitergibt) || *hierzu* **scan·nen** (*hat*) *Vt / i*

Schachfiguren

der König die Dame

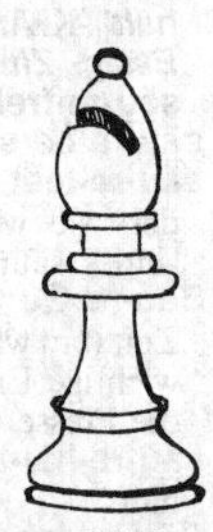

der Läufer

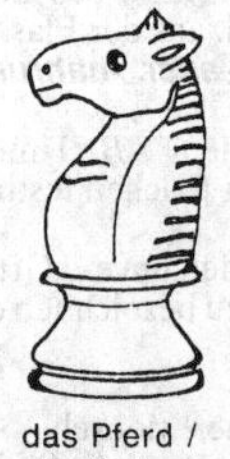

das Pferd / der Springer

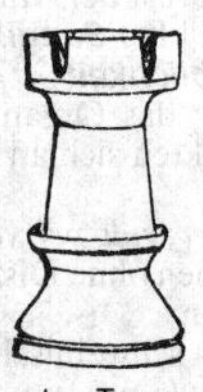

der Turm

der Bauer

sch! [ʃ] *Interjektion*; verwendet, um j-n aufzufordern, leise zu sein

Scha·be *die*; -, *-n*; **1** ein flaches, schwarzes Insekt mit Flügeln, das in Ritzen u. Spalten (*bes* in alten od. schmutzigen Häusern) lebt || -K: **Küchen- 2** *bes* (CH) ≈ Motte

scha·ben; *schabte, hat geschabt*; Vt/i **1** (**etw.**) **s.** die äußerste Schicht von etw. entfernen, indem man e-n scharfen Gegenstand mehrere Male kräftig über die Oberfläche zieht od. schiebt ⟨Möhren, Rüben, Karotten, Leder s.⟩ || K-: **Schab-, -eisen, -messer, -werkzeug 2** (**etw. aus / von etw.**) **s.** ein Material von etw. entfernen, indem man e-n harten Gegenstand kräftig über dessen Oberfläche zieht od. schiebt ≈ kratzen (3): *den Teig aus der Schüssel s.*; *den alten Lack von der Tür s.*

Scha·ber *der*; *-s, -*; ein kleines Gerät zum Schaben || -K: **Eis-, Teig-**

Scha·ber·nack *der*; *-s*; *nur Sg*; *veraltend*; Dinge, die man zum Spaß macht ≈ Scherz ⟨mit j-m (seinen) S. treiben⟩

schä·big *Adj*; **1** alt u. abgenutzt (u. deshalb nicht schön): *e-e schäbige alte Tasche* **2** nicht den Regeln der Moral entsprechend ≈ gemein ↔ edel, vornehm ⟨ein Verhalten, e-e Ausrede; sich s. benehmen; sich richtig s. vorkommen⟩: *Es war ziemlich s. von ihr, ihm nicht die Wahrheit zu sagen / dass sie ihm nicht die Wahrheit sagte* **3** *nicht adv*, *gespr*; sehr klein ≈ kläglich, karg: *ein schäbiges Gehalt haben*; *j-m ein schäbiges Trinkgeld geben* || *hierzu* **Schä·big·keit** *die*; *nur Sg*

Schab·lo·ne *die*; -, *-n*; **1** e-e feste Form (aus Plastik, Pappe od. Metall), mit der man immer wieder die gleiche Figur od. den gleichen Buchstaben zeichnen od. schreiben kann ⟨mit e-r S. arbeiten⟩ || -K: **Blech-, Holz-, Papp-; Schrift-, Zeichen- 2** *mst pej* ≈ Klischee, Schema ⟨in Schablonen denken⟩ || *zu* **2 schab·lo·nen·haft** *Adj*

Schach (*das*); *-s*; *nur Sg*; **1** ein Spiel (für zwei Personen), bei dem jeder Spieler 16 Figuren auf e-m Brett nach bestimmten Regeln bewegt u. versucht, den König des Gegners schachmatt zu setzen ⟨S. spielen; mit j-m e-e Partie S. spielen⟩ || ↑ *Abb. unter* **Brettspiele** || K-: **Schach-, -computer, -figur, -großmeister, -meister, -meisterschaft, -partie, -spiel, -spieler, -turnier, -weltmeister, -weltmeisterschaft** || -K: **Blitz- 2 S.** (**dem König**)**!** verwendet während e-s Schachspiels, um auszudrücken, dass eine der eigenen Figuren in e-r Position ist, in der sie den gegnerischen König bedroht || ID **j-n in S. halten** *gespr*; j-n daran hindern, etw. zu tun, was für andere gefährlich sein könnte

Schach·brett *das*; ein Brett mit 64 (quadratischen) weißen u. schwarzen Feldern, auf dem man Schach spielt || K-: **Schachbrett-, -muster** || *hierzu* **schach·brett|ar·tig** *Adj*

scha·chern; *schacherte, hat geschachert*; Vi (**mit j-m**) (**um etw.**) **s.** *pej*; mit allen Tricks mit j-m handeln u. dabei versuchen, e-n möglichst hohen Gewinn zu machen ≈ feilschen

schach·matt *Adj*; **1** in e-r Lage, in der man beim Schach seinen König nicht mehr retten kann u. damit das Spiel verliert ⟨s. sein; j-n s. setzen⟩ **2** *gespr*; so müde, dass man nichts mehr tun kann || *zu* **1 Schach·matt** *das*; *-s*; *nur Sg*

Schacht *der*; *-(e)s*, *Schäch·te*; **1** e-e *mst* relativ schmale Öffnung, die von oben (senkrecht) in die Erde führt ⟨e-n S. bohren, graben, ausheben; in den S. (ein)steigen⟩: *e-n S. ausheben, um e-n Brunnen zu bauen*; *durch e-n S. in den Kanal steigen* || -K: ***Brunnen-***, ***Lüftungs-*** **2** ein S. (1), durch den man in ein Bergwerk kommt ⟨in den S. (ein)fahren⟩ || K-: ***Schacht-***, ***-anlage*** || -K: ***Förder-***, ***Rettungs-***, ***Schürf-***, ***Kohlen-*** **3** ein sehr hoher, sehr enger, dunkler Raum: *Der Lift ist im S. stecken geblieben* || -K: ***Aufzugs-***, ***Licht-***, ***Lift-***, ***Luft-***, ***U-Bahn-***, ***Treppen-***

Schach·tel *die*; *-*, *-n*; **1** ein ziemlich kleiner (rechteckiger) Behälter (*mst* aus Pappe) mit e-m Deckel: *e-e S. voll alter Rechnungen*; *seine Ersparnisse in e-r S. aufbewahren*; *e-e S. mit Pralinen* || ↑ *Abb. unter* ***Behälter und Gefäße*** || -K: ***Blech-***, ***Papp-***; ***Bonbon-***, ***Bücher-***, ***Hut-***, ***Käse-***, ***Konfekt-***, ***Schuh-***, ***Streichholz-***, ***Zigaretten-*** **2** ***e-e S.*** + *Subst*; e-e S. (1) mit e-r bestimmten Menge e-r Ware, die so verkauft wird ⟨e-e S. Zigaretten, Kekse, Streichhölzer⟩ || NB: ↑ ***Packung*** **3** ***e-e alte S.*** *gespr! pej*; verwendet als unhöfliche Bezeichnung für e-e alte Frau

Schach·tel·halm *der*; e-e kleine Pflanze (e-e Art Farn) mit sehr schmalen, spitzen Blättern

Schach·tel·satz *der*; *mst pej*; ein langer, komplizierter Satz mit vielen Nebensätzen

schäch·ten; *schächtete*, *hat geschächtet*; [Vt] ***ein Tier s.*** ein Tier durch e-n Schnitt in den Hals so töten, dass das ganze Blut aus dem Körper läuft

Schach·zug *der*; e-e (geschickte) Handlung, mit der man ein bestimmtes Ziel erreicht ⟨ein geschickter, raffinierter, genialer, diplomatischer S.⟩ || NB: *mst* mit e-m wertenden Adjektiv verwendet

scha·de *Adj*; *nur präd*, *nicht adv*; **1** so, dass man darüber traurig ist ≈ bedauerlich ⟨etw. ist s.; etw. s. finden⟩: *Es ist wirklich s., dass du jetzt schon gehen musst*; *Es wäre doch zu s., wenn morgen schlechtes Wetter wäre*; *„Ich habe meinen schönen neuen Schirm verloren." - „Oh, wie s.!"* **2** ***um j-n / etw. ist es (nicht) s.*** es ist (nicht) traurig, dass etw. (*mst* Schlimmes) mit j-m / etw. geschieht: *Er trinkt viel zu viel, es ist wirklich s. um ihn*; *Ärgere dich nicht über den Unfall - um das alte Auto ist es doch wirklich nicht s.* **3** ***j-d / etw. ist für j-n / etw. zu s.*** j-d / etw. ist zu gut für j-n / etw.: *Deine neuen Schuhe sind viel zu s. für dieses schlechte Wetter* **4** ***sich*** (*Dat*) ***für etw. zu s. sein*** etw. als unter seiner Würde ansehen: *Er ist sich für nichts zu s.*

Schä·del *der*; *-s*, *-*; **1** das Knochengebilde des Kopfes (also der Kopf ohne Haut u. Fleisch) || K-: ***Schädel-***, ***-decke***, ***-form***, ***-höhle***, ***-knochen*** || -K: ***Toten-***; ***Affen-***, ***Hunde-***, ***Menschen-*** *usw* **2** *gespr* ≈ Kopf **3** ***j-m brummt der S.*** *gespr*; j-d hat Kopfschmerzen

scha·den; *schadete*, *hat geschadet*; [Vi] ***etw. schadet j-m / etw.*** etw. bringt j-m / etw. e-n Nachteil od. Verlust ↔ etw. nutzt j-m / etw. ⟨etw. schadet j-m geschäftlich, gesundheitlich, finanziell; etw. schadet j-s gutem Ruf, j-s Ansehen, j-s Karriere⟩: Es *kann dem Kind s.*, wenn *die Mutter während der Schwangerschaft raucht*; *Die Affäre mit dem schlechten Fleisch hat dem Ruf des Restaurants sehr geschadet* || ID *mst* ***etw. würde ihm / ihr*** *usw* ***nicht(s) s.*** *gespr*; etw. wäre sehr gut für ihn / sie *usw*: *Ein bisschen mehr Bewegung würde dir bestimmt nichts s.*; *mst* ***Das schadet ihm / ihr*** *usw* ***(gar) nichts*** *gespr*; das ist die gerechte Strafe für ihn / sie *usw*; ***etw. kann ihm / ihr*** *usw* ***nicht(s) s.*** *gespr*; etw. ist ganz gut für ihn / sie *usw*: *Ein bisschen Sport kann (dir) nicht s.* || NB: ↑ ***schädigen***

Scha·den *der*; *-s*, *Schä·den*; **1** die negativen Folgen e-s Vorgangs, bei dem etw. zerstört od. kaputtgemacht wird ⟨ein beträchtlicher, empfindlicher, geringfügiger S.; kein nennenswerter S.; ein materieller, finanzieller S.; e-n S. verursachen, feststellen; j-m (e-n) S. zufügen; e-n S. verhüten; (e-n) S. erleiden, davontragen; e-n S. wieder gutmachen, beheben, ausbessern; für e-n S. aufkommen, haften (müssen); ein S. in Höhe von…; der S. beläuft sich auf…⟩: *Das Feuer richtete e-n S. in Höhe von einer Million Euro an*; *Die Schäden, die durch den Sturm entstanden, wurden von der Versicherung nicht in voller Höhe gedeckt* || K-: ***Schadens-***, ***-höhe*** || -K: ***Auto-***, ***Karosserie-***, ***Maschinen-***, ***Motor-***, ***Personen-***, ***Reifen-***, ***Sach-***; ***Blitz-***, ***Bomben-***, ***Feuer-***, ***Hagel-***, ***Hochwasser-***, ***Manöver-***, ***Sturm-***, ***Wald-***, ***Wasser-*** **2** die Folge *bes* e-s Unfalls (*z.B.* in Form e-r Verletzung od. Störung der Körperfunktionen) ⟨organische, innere, bleibende, dauernde Schäden; e-n S. davontragen; sich e-n S. zuziehen⟩: *von e-m Unfall bleibende Schäden davontragen* || -K: ***Bandscheiben-***, ***Gehör-***, ***Leber-***; ***Haltungs-***, ***Körper-*** **3** ≈ Nachteil ↔ Vorteil ⟨j-m erwächst aus etw. kein S.; etw. ist (für j-n) kein S.⟩: *Ein paar Kilo mehr wären für dich kein S.* **4** ***etw. leidet / nimmt*** (*Adj* +) ***S.*** *geschr*; etw. wird zerstört od. beschädigt: *Unsere Umwelt nimmt großen S. durch die starke Verschmutzung der Luft* **5** ***j-d nimmt an etw.*** (*Dat*) ***S.*** *geschr*; j-d wird in e-r bestimmten Hinsicht beeinträchtigt ⟨an seiner Gesundheit S. nehmen⟩ **6** ***zu S. kommen*** verletzt werden: *Die Autos wurden stark beschädigt, aber Personen kamen nicht zu S.* || ID ***etw. ist j-s eigener S.*** *gespr*; etw. ist schlecht für j-n (aber es ist auch seine eigene Schuld): *Es ist sein eigener S., wenn er unserem Rat nicht folgt*; *mst* ***Es soll dein S. nicht sein*** du wirst dafür belohnt werden; ***Wer den S. hat, braucht für den Spott nicht zu sorgen*** verwendet, um e-e Situation zu kommentieren, in der sich j-d durch Pech od. ein Missgeschick lächerlich gemacht hat; ***Durch S. wird man klug*** man kann aus Fehlern lernen || ► ***beschädigen***, ***entschädigen***

Scha·den·er·satz *der*; *nur Sg*; ein *mst* finanzieller Ausgleich für e-n Schaden, der von j-m schuldhaft verursacht wurde ⟨S. fordern; j-n auf S. verklagen; (j-m) S. leisten, zahlen (müssen); Anspruch auf S. haben⟩ || K-: ***Schadenersatz-***, ***-anspruch***, ***-leistung***, ***-pflicht*** || *hierzu* **scha·den·er·satz|pflich·tig** *Adj*; *nicht adv*

Scha·den·freu·de *die*; *nur Sg*; die Freude, die j-d daran hat, dass einem anderen etw. Unangenehmes passiert ⟨S. empfinden; S. ist die schönste Freude⟩

scha·den·froh *Adj*; voll Schadenfreude ⟨s. sein, grinsen, lachen⟩

Scha·dens·er·satz *der*; ↑ ***Schadenersatz***

schad·haft *Adj*; mit Fehlern od. Mängeln ≈ defekt: *die schadhaften Stellen des Daches ausbessern* || *hierzu* **Schad·haf·tig·keit** *die*; *nur Sg*

schä·di·gen; *schädigte*, *hat geschädigt*; [Vt] **1** ***j-d / etw. schädigt etw.*** j-d / etw. beeinflusst etw. negativ ↔ etw. (*Dat*) nützen ⟨j-s Ruf, Ansehen s.⟩: *Seine Aussagen haben das Ansehen der Regierung geschädigt* || NB: *s.* kommt nur mit bestimmten, *mst* abstrakten Substantiven vor wie *z.B.* in *j-s Ruf, Ansehen, Namen, Renommee s.*; *schaden* kommt mit abstrakten u. konkreten Substantiven vor: *etw. schadet j-s Ruf, Ansehen, Gesundheit, der Natur, den Zähnen* **2** *mst* ***etw. wird (um etw.) geschädigt*** etw. erleidet e-n finanziellen Schaden: *Der Staat wird jedes Jahr um viele Millionen geschädigt, weil die Steu-*

S

ern nicht korrekt bezahlt werden || *hierzu* **Schä·di·gung** *die*

schäd·lich *Adj*; **s.** (**für j-n / etw.**) mit negativen Folgen für j-n / etw. ↔ unschädlich ⟨Einflüsse, Stoffe, Wirkungen, ein Zusatz; etw. wirkt sich s. aus⟩: *Alkohol ist s. für die Gesundheit*; *Die schädliche Wirkung von radioaktiven Strahlen zeigt sich oft erst nach vielen Jahren* || -K: **gesundheits-** || *hierzu* **Schäd·lich·keit** *die*; *nur Sg*

Schäd·ling *der*; *-s, -e*; ein Tier od. e-e Pflanze, die anderen Lebewesen schaden od. sie vernichten ⟨Schädlinge bekämpfen, vernichten⟩ || K-: ***Schädlings-, -befall, -bekämpfung, -bekämpfungsmittel*** || -K: ***Garten-, Getreide-, Holz-, Obst-, Pflanzen-*** || NB: ↑ ***Ungeziefer***

schad·los *Adj*; *nur in* **sich** (*Akk*) **an etw.** (*Dat*) **s. halten** *mst hum*; sehr viel von etw. (als Ersatz) nehmen, kräftig zulangen: *Wenn es kein Bier mehr gibt, werde ich mich eben am Wein s. halten*

Schad·stoff *der*; e-e Substanz, die Pflanzen, Tieren u. Menschen schadet ⟨etw. ist mit Schadstoffen angereichert⟩: *die Schadstoffe in den Abgasen der Autos* || K-: ***Schadstoff-, -ausstoß, -belastung, -emission*** || *hierzu* **schad·stoff|arm** *Adj*; **schad·stoff|frei** *Adj*

Schaf *das*; *-(e)s, -e*; **1** ein Tier, aus dessen dichten u. lockigen Haaren man Wolle macht ⟨die Schafe hüten, scheren; Schafe halten, züchten; e-e Herde Schafe⟩ || K-: ***Schaf-, -bock, -fell, -fleisch, -herde, -hirt, -weide, -wolle, -zucht***; ***Schaf(s)-, -milch, -käse, -pelz*** **2** *gespr*; j-d, der sehr viel Geduld hat u. nie böse wird ⟨ein geduldiges, gutmütiges S.⟩ **3** *gespr pej* ≈ Dummkopf **4** ***das schwarze S.*** j-d, der sich von den anderen Mitgliedern e-r Gemeinschaft (*bes* e-r Familie) negativ unterscheidet ⟨das schwarze S. (in) der Familie sein⟩

Schäf·chen *das*; *-s, -*; **1** ein kleines Schaf **2** *nur Pl, hum*; ***j-s Schäfchen*** Menschen, auf die j-d aufpasst u. die er beschützt ⟨seine S. beisammen haben⟩ || ID *mst* ***sein(e) Schäfchen ins Trockene bringen*** *gespr*; für seinen eigenen Profit sorgen

Schäf·chen·wol·ke *die*; *mst Pl*; eine von vielen kleinen, leichten, weißen Wolken

Schä·fer *der*; *-s, -*; j-d, der beruflich Schafe hütet u. züchtet || *hierzu* **Schä·fe·rin** *die*; *-, -nen*

Schä·fer·hund *der*; ein großer Hund, der wie ein Wolf aussieht u. oft als Wachhund od. bei der Polizei eingesetzt wird || ↑ *Abb. unter* **Hunde**

Schä·fer·stünd·chen *das*; *veraltend hum*; ein heimliches Treffen von Verliebten ⟨ein S. haben⟩

Schaff *das*; *-(e)s, -e*; *südd* Ⓐ ≈ Fass, Bottich

S

schaf·fen¹; *schaffte, hat geschafft*; [Vt] **1 etw. s.** e-e schwierige Aufgabe mit Erfolg meistern ↔ an etw. scheitern ⟨e-e Prüfung, sein Pensum s.; die Arbeit allein, ohne fremde Hilfe (nicht) s.; etw. spielend leicht s.⟩: *Die erste Etappe haben wir also geschafft*; *Sie hat* (es) *tatsächlich geschafft, noch e-e Karte für das Konzert* zu *bekommen*; *Meinst du, er schafft* es, *e-n neuen Job* zu *finden?* **2 etw. s.** *gespr*; ein (öffentliches) Verkehrsmittel erreichen ≈ erwischen ↔ versäumen, verpassen ⟨den Bus, die Straßenbahn, den Zug (gerade noch) s.⟩: *Wenn wir laufen, schaffen wir die U-Bahn vielleicht noch* **3 *j-n / etw. irgendwohin s.*** *gespr*; j-n / etw. irgendwohin bringen: *die Briefe zur Post s.*; *das Gepäck aufs Zimmer s.*; *die Verletzten ins Krankenhaus s.* **4 *etw. schafft j-n*** *gespr*; etw. macht j-n sehr müde od. nervös: *Diese Wanderung hat mich völlig geschafft*; *Ich bin total geschafft* **5 *etw. s.*** verwendet zusammen mit e-m Substantiv, um ein Verb zu umschreiben; ***etw. schafft (j-m) Erleichterung*** ≈ etw. erleichtert (j-m) etw.; ***Klarheit s.*** ≈ etw. klären; ***etw. schafft Linderung*** ≈ etw. lindert etw.; ***Ordnung s.*** ≈ etw. ordnen; [Vi] **6** *bes südd* Ⓒⓗ ≈ arbeiten (1) || ID ***j-d / etw. macht j-m zu s.*** j-d / etw. macht j-m viel Arbeit, Sorgen od. Schwierigkeiten; ***sich*** (*Dat*) ***irgendwo zu s. machen*** etw. tun, das verdächtig ist: *Schau mal, da macht sich einer an unserem Auto zu s.!*; ***mit j-m / etw. nichts zu s. haben*** (***wollen***) *gespr*; keinen Kontakt mit j-m / etw. haben (wollen), mit j-m / etw. nichts zu tun haben (wollen)

schaf·fen²; *schuf, hat geschaffen*; [Vt] **1 *etw. s.*** etw. durch (kreative) Arbeit entstehen lassen ⟨ein literarisches Werk s.; Arbeitsplätze, die Grundlagen für etw., die Voraussetzungen für etw. s.⟩: *Für die Entwicklung dieses Gerätes mussten mehrere neue Arbeitsplätze geschaffen werden*; *Mit Mickymaus schuf Walt Disney eine Figur, die auf der ganzen Welt bekannt wurde* **2** *mst* ***Gott schuf j-n / etw.*** *geschr*; Gott erschuf j-n / etw.: *Gott schuf die Menschen u. die Tiere* **3 *sich*** (*Dat*) ***Freunde / Feinde s.*** Menschen zu seinen Freunden / Feinden machen || ID ***für j-n / etw. wie geschaffen sein*** besonders gut für j-n / etw. geeignet sein: *Franz ist für diese Arbeit wie geschaffen*

Schaf·fen *das*; *-s*; *nur Sg*; die Arbeiten, Werke e-s Künstlers: *Ihr künstlerisches S. wurde stark vom Naturalismus beeinflusst* ||K-: ***Schaffens-, -kraft*** || -K: ***Film-, Kunst-, Literatur-, Musik-***

Schaff·ner *der*; *-s, -*; j-d, der beruflich in Zügen, Bussen *o.Ä.* die Fahrkarten (verkauft u.) kontrolliert || K-: ***schaffner-, -los*** || -K: ***Bus-, Eisenbahn-, Zug-*** || *hierzu* **Schaff·ne·rin** *die*; *-, -nen*

Schaf·gar·be *die*; *-*; *nur Sg*; e-e Pflanze mit vielen kleinen, weißen Blüten, die zusammen wie e-e große Blüte aussehen, u. aus der man *bes* Tee macht

Schaf·kopf (*das*); *nur Sg*; **1** ein Kartenspiel für drei od. vier Spieler ⟨S. spielen⟩ **2** ≈ Schafskopf

Scha·fott *das*; *-(e)s, -e*; *hist*; e-e Art Plattform mit e-r Guillotine für Hinrichtungen ⟨das S. besteigen; auf dem S. enden; j-n auf das S. bringen⟩

Schafs·kopf *der*; *gespr* ≈ Dummkopf

Schaft *der*; *-(e)s, Schäf·te*; **1** der lange, gerade u. dünne Teil bestimmter Gegenstände, an dem man sie hält || -K: ***Lanzen-, Ruder-, Speer-*** || NB: ↑ ***Stiel*** **2** der Teil des Stiefels, der Wade u. Knöchel bedeckt || -K: ***Stiefel-*** **3** Ⓒⓗ ≈ Regal, Gestell

-schaft *die*; *-, -en*; *im Subst, sehr produktiv*; **1** *nach Adj od Subst, mst Sg*; verwendet, um e-n Zustand od. e-e Funktion auszudrücken; ***Bereitschaft, Feindschaft, Gefangenschaft, Mitgliedschaft, Mutterschaft, Präsidentschaft, Schwangerschaft, Vaterschaft*** **2** *nach Subst, Kollekt*; verwendet, um die Gesamtheit e-r Gruppe von Personen zu bezeichnen; ***Arbeiterschaft***, j-s ***Dienerschaft, Kundschaft, Nachkommenschaft, Schülerschaft, Verwandtschaft, Wählerschaft*** **3** verwendet, um das Ergebnis e-r bestimmten Handlung zu bezeichnen; ***Erbschaft, Errungenschaft, Hinterlassenschaft***

Schah [ʃa:] *der*; *-s, -s*; *hist*; der Titel des Herrschers in Persien

Scha·kal *der*; *-s, -e*; ein hundeähnliches Raubtier in Asien u. Afrika

schä·kern; *schäkerte, hat geschäkert*; [Vi] **(mit j-m) s.** *gespr hum* ≈ flirten

schal, *schaler, schalst-*; *Adj*; ⟨Getränke⟩ ohne od. mit wenig Geschmack (*bes* weil sie zu lange offen gestanden haben)

Schal *der*; *-s, -s / -e*; ein langes (schmales) Stück aus Stoff od. Wolle, das man um den Hals legt ⟨(e-n) S. tragen, umlegen⟩ || -K: ***Seiden-, Woll-*** || NB: ↑ ***Halstuch***

Scha·le¹ *die*; *-, -n*; **1** die äußere, feste Schicht von Obst, Kartoffeln, Zwiebeln *usw* ⟨e-e dicke, dünne S.; die S. abziehen, mitessen; Kartoffeln mit der S.

kochen⟩ || ↑ *Abb. unter* **Obst** || -K: ***Apfel-, Apfelsinen-, Bananen-, Birnen-, Kartoffel-, Orangen-, Zitronen-, Zwiebel-*** **2** die harte Schicht, in der e-e Nuss steckt ⟨die S. aufknacken, aufbrechen⟩ || -K: ***Nuss-*** **3** e-e Art Gehäuse, das bestimmte kleine (Weich)tiere schützt: *Garnelen u. Krebse sind durch e-e S. geschützt* || K-: ***Schalen-, -tier*** || -K: ***Austern-, Krebs-, Muschel-*** || ID ***in S. sein*** schön u. elegant angezogen sein; ***sich*** (*Akk*) ***in S. werfen / schmeißen*** *gespr*; sich schön u. elegant anziehen; ***e-e raue S. haben*** nach außen hart wirken; *mst* ***In e-r rauen S. steckt oft ein weicher Kern*** manche Menschen sind nicht so hart od. unfreundlich, wie sie wirken

Schalentiere

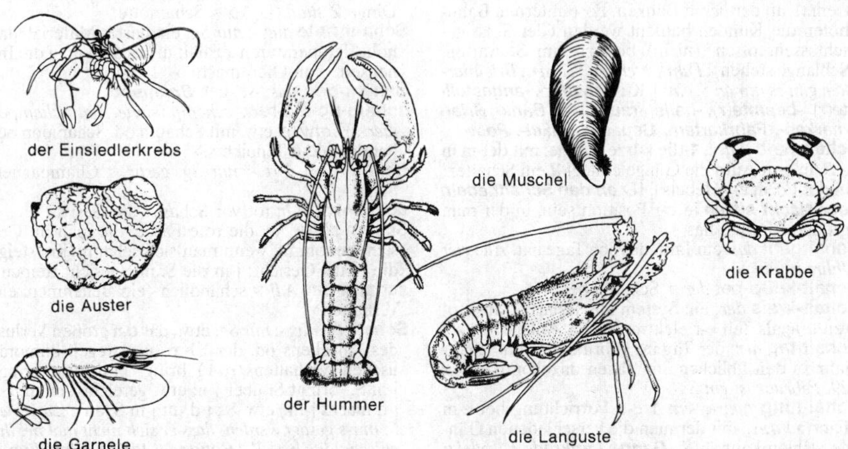

Scha̲·le² *die*; -, *-n*; **1** e-e relativ flache Schüssel: *e-e S. aus Ton*; *e-e S. mit Obst* || -K: ***Glas-, Holz-, Kristall-, Kupfer-, Silber-, Zinn-***; ***Blumen-, Obst-, Zucker-***; ***Opfer-, Trink-*** **2** *bes* Ⓐ ≈ Tasse || *zu* **1 scha̲·len·för·mig** *Adj*

schä̲·len; *schälte, hat geschält*; [Vt] **1 *etw. s.*** die äußere Haut (Schale) von etw. entfernen ⟨Kartoffeln, Äpfel s.⟩ **2 *etw. s.*** die Rinde von e-m Baum entfernen ⟨Baumstämme s.⟩ **3 *etw. aus etw. s.*** ≈ etw. aus etw. (heraus)lösen: *den Knochen aus dem Fleisch s.*; [Vr] **4** *mst* ⟨die Haut⟩ ***schält sich*** die Haut löst sich (*z.B.* nach e-m Sonnenbrand) in kleinen Teilen ab **5** ⟨ein Körperteil⟩ ***schält sich*** die Haut löst sich vom genannten Körperteil ab: *Mein Rücken schält sich*

Schạlk *der*; *mst in* ***j-m schaut der S. aus den Augen***; ***j-m sitzt der S. im Nacken*** j-d macht gern Späße

schạlk·haft *Adj* ≈ schelmisch ⟨s. lächeln⟩

Schạll *der*; *-(e)s*; *nur Sg*; **1** Schwingungen u. Wellen, die vom Ohr wahrgenommen werden: *S. breitet sich langsamer aus als Licht* || K-: ***Schall-, -geschwindigkeit, -welle*** **2** ein lautes, nachhallendes Geräusch: *der S. der Glocken* || ID ***etw. ist S. u. Rauch*** etw. ist nicht wichtig

Schạll·däm·mung *die*; *nur Sg*; Maßnahmen, die verhindern, dass sich Lärm ausbreitet || *hierzu* **schạll·däm·mend** *Adj*; *nicht adv*

Schạll·dämp·fer *der*; *-s*, *-*; ein Gerät, das verhindert, dass e-e Maschine *o.Ä.* großen Lärm macht: *ein Motorrad, ein Gewehr mit S.* || *hierzu* **Schạll·dämp·fung** *die*; *nur Sg*; **schạll·dämp·fend** *Adj*; *nicht adv*

schạll·dicht *Adj*; ⟨e-e Mauer, ein Zimmer⟩ so (isoliert), dass kein Schall herein- od. hinausdringen kann

schạl·len; *schallte, hat geschallt*; [Vi] ***etw. schallt*** etw. klingt so laut, dass man es von weitem hören kann: *Lautes Gelächter schallte durch den Raum*

schạl·lend *Adj*; so, dass es laut klingt ⟨Gelächter; j-m e-e schallende Ohrfeige geben⟩

schạll·iso·liert *Adj* ≈ schalldicht

Schạll·mau·er *die*; *mst in* ⟨ein Flugzeug⟩ ***durchbricht die S.*** ein Flugzeug verursacht e-n lauten Knall, wenn es die Geschwindigkeit des Schalls erreicht

Schạll·plat·te *die*; e-e flache, runde *mst* schwarze Scheibe mit Tonaufnahmen (*mst* Musik), die man mit e-m Plattenspieler hörbar machen kann ≈ Platte ⟨e-e S. auflegen, abspielen, hören, aufnehmen, produzieren; etw. auf S. haben⟩ || K-: ***Schallplatten-, -album, -archiv, -aufnahme, -geschäft, -hülle, -industrie, -produktion, -produzent*** || NB: ↑ ***Kassette, CD***

Schal·mei̲ *die*; -, *-en*; *hist*; ein Blasinstrument, das e-r Oboe ähnlich ist

Scha·lọt·te *die*; -, *-n*; e-e kleine Zwiebel mit e-m relativ milden Geschmack

schạlt *Imperfekt, 1. u. 3. Person Sg*; ↑ ***schelten***

schạl·ten; *schaltete, hat geschaltet*; [Vt/i] **1** (***etw.***) ***irgendwie s.*** ein Gerät (mit e-m Schalter) anders einstellen ≈ stellen (4): *den Herd höher s.*; *aufs zweite Programm s.* || K-: ***Schalt-, -plan, -tafel, -zentrale***; [Vi] **2** (*z.B.* beim Autofahren) e-n anderen Gang wählen: *auf der Autobahn in den fünften Gang s.* || K-: ***schalt-, -faul*** **3 *irgendwohin s.*** (als Moderator od. Ansager e-r Fernseh- od. Rundfunksendung) die Programmleitung j-d anderem übergeben: *Wir schalten zu den Kollegen von der Sportredaktion!* **4** ⟨die Ampel⟩ ***schaltet auf Gelb, Grün, Rot*** die Ampel wechselt zum gelben, grünen, roten Licht: *Obwohl die Ampel schon auf Rot schaltete, fuhr er über die Kreuzung* **5** (***irgendwie***) ***s.*** *gespr*; verstehen u. reagieren ⟨langsam, falsch, rechtzeitig, zu spät s.⟩ || ID ***s. u. walten*** selbst bestimmen können, was man tut ⟨nach Belieben s. u. walten (können); s. u. walten (können), wie man will⟩

Schạl·ter¹ *der*; *-s*, -; e-e Art Knopf od. kleiner Hebel, mit dem man elektrischen Strom fließen lassen od. stoppen kann ⟨ein elektrischer S.; den S. betätigen⟩ || -K: ***Licht-, Strom-***

Schalter[1]

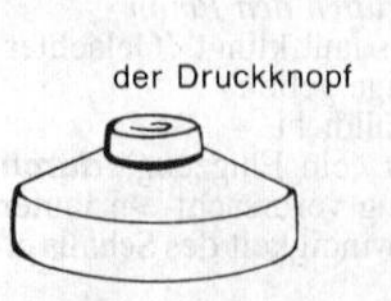

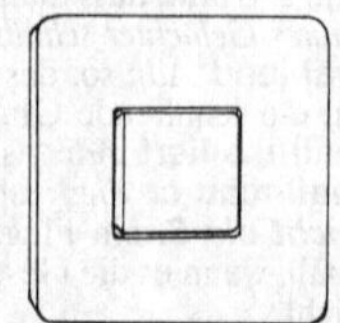

Schal·ter[2] *der*; *-s, -*; die Stelle (oft durch e-e Art Theke mit Fenster vom Rest des Raums abgetrennt), an der *bes* in Banken, Postämtern u. Bahnhöfen die Kunden bedient werden ⟨der S. ist geschlossen, offen, (nicht) besetzt; am S. warten, Schlange stehen⟩: *Fahrkarten am S. lösen*; *Briefmarken gibt es nur an S. eins* || K-: ***Schalter-, -angestellte(r), -beamte(r), -halle, -raum*** || -K: ***Bank-; Briefmarken-, Fahrkarten-, Gepäck-, Paket-, Post-***
Schalt·he·bel *der*; **1** die kurze Stange, mit der man *z.B.* in e-m Auto die Gänge einlegt **2** ein Schalter[1] in der Form e-s Hebels || ID ***an den Schalthebeln der Macht sitzen*** in e-r Position sein, in der man großen Einfluss hat
Schalt·jahr *das*; ein Jahr, das 366 Tage hat: *Alle vier Jahre ist ein S.*
Schalt·knüp·pel *der* ≈ Schalthebel (1)
Schalt·kreis *der*; ein System aus Relais, Transistoren *usw* als Teil e-r elektronischen Anlage
Schalt·tag *der*; der Tag im Februar, der im Schaltjahr zu den üblichen 365 Tagen dazukommt: *Der 29. Februar ist ein S.*
Schal·tung *die*; *-, -en*; **1** e-e Vorrichtung bei e-m Fahrrad *o.Ä.*, mit der man die verschiedenen Gänge wählen kann || -K: ***Gang-, Lenkrad-*** **2** *Kollekt*; die Teile, die in e-m elektrischen Gerät (als Einheit) den Strom fließen lassen u. ihn wieder stoppen
Scham *die*; *-*; *nur Sg*; **1** das unangenehme Gefühl, das man hat, wenn man gegen die Moral od. die Sitten verstoßen hat ⟨tiefe S. empfinden; j-n erfüllt brennende S.; aus / vor S. erröten⟩ **2** *geschr*; der Teil des Körpers, an dem die Geschlechtsorgane sind ⟨die weibliche S.; seine S. bedecken, verhüllen⟩ || K-: ***Scham-, -gegend, -haare, -teile*** || *zu* ***Schamgegend*** ↑ *Abb. unter* **Mensch** || ID ***nur keine falsche S.*** *gespr*; du brauchst dich nicht (aus Bescheidenheit) zurückzuhalten
Scham·bein *das*; der Teil des Beckens, der vorne zwischen den Beinen liegt
schä·men, sich; *schämte sich, hat sich geschämt*; [Vr] **1** ***sich (wegen etw.) s.; sich (für etw.) s.*** ein sehr unangenehmes Gefühl haben, weil man etw. getan hat, das gegen die Moral od. gegen die Sitten verstößt: *Er schämte sich, weil er seine Eltern angelogen hatte*; *Er schämt sich wegen seiner Lügen / für seine Lügen*; *Du solltest dich s.!* **2** ***sich s.*** ein unangenehmes Gefühl haben, wenn man nackt ist od. wenn man über sexuelle Dinge spricht: *Sie duscht nie mit den anderen zusammen, weil sie sich schämt* **3** ***sich j-s / etw. s.*** *geschr*; j-n / etw. als sehr peinlich u. nicht mehr akzeptabel empfinden ⟨sich seiner Vergangenheit s.⟩ **4** ***sich nicht s. + zu*** *+Infinitiv* keine Angst od. Hemmungen haben, etw. (*mst* Negatives) zu tun ≈ sich nicht scheuen + zu + Infinitiv: *Er schämt sich nicht zuzugeben, dass er seine Geschäftspartner betrogen hat*
Scham·ge·fühl *das*; *nur Sg*; die Fähigkeit, sich aus moralischen od. sexuellen Gründen zu schämen ⟨ein / kein S. haben; j-s S. verletzten⟩
scham·haft *Adj*; **1** voller Scham ↔ schamlos ⟨ein junges Mädchen, ein Lächeln; etw. s. verbergen; s. die Augen niederschlagen; s. erröten⟩ **2** ***etw. s. verschweigen*** *iron*; (aus egoistischen Gründen) etw. nicht sagen, um sich dadurch e-n Vorteil zu verschaffen || *zu* **1** **Scham·haf·tig·keit** *die*; *nur Sg*
Scham·lip·pen *die*; *Pl*; die beiden äußeren, weichen Teile an der Scheide der Frau
scham·los *Adj*; **1** unanständig u. ohne Scham ↔ schamhaft ⟨e-e Person, Blicke, Ausdrücke, Reden; sich s. kleiden, anziehen⟩ **2** ≈ unverschämt ⟨e-e Frechheit, e-e Übertreibung; j-n s. ausbeuten, anlügen⟩: *Es ist e-e schamlose Beleidigung, mich als Lügner zu bezeichnen* || *hierzu* **Scham·lo·sig·keit** *die*
Scha·mott *der*; *-(e)s*; *nur Sg*; **1** *gespr pej*; wertlose Dinge **2** *südd* Ⓐ Ⓒⓗ ≈ Schamotte
Scha·mot·te *die*; *-*; *nur Sg*; ein hartes Material, das hohe Temperaturen aushält u. aus dem man die Innenseite von Öfen macht
Scham·pon *das*; *-s, -s*; ↑ ***Shampoo***
scham·po·nie·ren; *schamponierte, hat schamponiert*; [Vt] ***etw. s.*** etw. mit Schaum od. Schampon behandeln ⟨e-n Teppich s.⟩
Scham·pus *der*; *-*; *nur Sg*, *gespr* ≈ Champagner, Sekt
scham·rot *Adj*; rot vor Scham ⟨ein Gesicht⟩
Scham·rö·te *die*; die rote Farbe, die man im Gesicht bekommt, wenn man sich schämt ⟨j-m steigt die S. ins Gesicht; j-m die S. ins Gesicht treiben⟩
schand·bar *Adj* ≈ schändlich ⟨ein Benehmen, ein Verhalten⟩
Schan·de *die*; *-*; *nur Sg*; etw., das e-n großen Verlust des Ansehens od. der Ehre (*mst* wegen unmoralischen Verhaltens *o.Ä.*) bringt ⟨j-d / etw. bringt j-m S., bringt S. über j-n; etw. gereicht j-m zur S.; j-d macht j-m / etw. S.; j-d tut j-m S. an⟩: *Zu seiner S. muss gesagt werden, dass er sich nicht mal bei ihr entschuldigt hat* || K-: ***Schand-, -tat*** || -K: ***Familien-*** || ID ***Es ist e-e S., dass / wie / + zu*** + *Infinitiv gespr*; es ist sehr schlimm, dass ...: *Es ist e-e S., wie viel Essen bei uns verdirbt, während andere hungern!*; *mst* ***Mach mir keine S.!*** *gespr*; benimm dich so, dass es e-n guten Eindruck macht! || NB: ↑ ***Schmach, zuschanden***
schän·den; *schändete, hat geschändet*; [Vt] **1** ***etw. s.*** etw., das (*mst* wegen seines religiösen Charakters) sehr respektiert wird, schmutzig machen od. beschädigen ≈ entweihen ⟨e-n Friedhof, ein Grab, e-e Kirche s.⟩ **2** ***etw. s.*** *geschr*; (durch seine Aussagen *o.Ä.*) bewirken, dass j-s Ruf *o.Ä.* beeinträchtigt wird ⟨j-s Ansehen, j-s Namen, j-s Ruf s.⟩ **3** ***j-n s.*** *veraltend* ≈ vergewaltigen || *hierzu* **Schän·der** *der*; *-s, -*; **Schän·dung** *die*
Schand·fleck *der*; etw., das das Aussehen von etw. stark beeinträchtigt: *Das hässliche Hochhaus ist ein S. in der Altstadt*
schänd·lich *Adj*; **1** ⟨e-e Lüge, e-e Tat; j-n s. behandeln⟩ schlecht u. böse ↔ ehrenhaft **2** *gespr*; so, dass man sich darüber ärgert ≈ unerhört: *das schändliche Ausmaß der Umweltverschmutzung* || *hierzu* **Schänd·lich·keit** *die*; *nur Sg*
Schand·mal *das*; *geschr* ≈ Schandfleck
Schand·tat *die*; e-e böse Tat ⟨e-e S.begehen; j-m e-e S. zutrauen⟩ || ID ***zu jeder S. / allen Schandtaten bereit sein*** *gespr hum*; Lust haben, aktiv zu sein u. bei allem (*bes* bei Späßen) mitzumachen
Schank- *im Subst*, *nicht produktiv*; in Bezug auf das Ausschenken u. Verkaufen von Getränken in e-m Lokal; der ***Schankbetrieb***, die ***Schankerlaubnis***, die ***Schankkonzession***, der ***Schanktisch***
Schänke *die*; ↑ ***Schenke***
Schan·ze *die*; *-, -n*; **1** *Kurzw* ↑ ***Sprungschanze*** ||

K-: ***Schanzen-, -rekord*** **2** *veraltend, Mil*; ein Wall aus Erde, mit dem man e-e militärische Anlage schützt ⟨e-e S. errichten, stürmen⟩ || ► ***verschanzen***

Schar[1] *die*; -, *-en*; **1** ***e-e S.*** (+ *Gen* / ***von*** + *Dat Pl*) e-e Gruppe von Menschen od. Tieren: *e-e S. Neugieriger*; *E-e S. kleiner Kinder spielte im Hof*; *E-e große S. Tauben saß auf dem Platz* || -K: ***Kinder-, Vogel-*** **2** ***Scharen von*** ⟨Personen / Tieren⟩ verwendet, um e-e große Zahl von Menschen od. Tieren zu bezeichnen: *Scharen von Gläubigen kommen zu Ostern nach Rom* **3** ***in*** (***hellen***) ***Scharen*** in großer Zahl ⟨Menschen,Tiere⟩ || *zu* **2** u. **3** **scha·ren·wei·se** *Adj*; *mst adv*

Schar[2] *die*; -, *-en*; *Kurzw* ↑ ***Pflugschar***

Schä·re *die*; -, *-n*; e-e kleine, flache Insel (in Skandinavien)

scha·ren; *scharte, hat geschart*; Vt **1** ⟨Personen⟩ ***um sich s.*** mehrere od. viele Menschen um sich versammeln: *Sie scharte die Kinder um sich*; Vr **2** ***j-d*** (*Kollekt od Pl*) ***schart sich um j-n / etw.*** e-e Gruppe von Menschen versammelt sich um j-n / etw.: *Die Kinder scharten sich / Die Truppe scharte sich ums Feuer*

scharf, *schärfer, schärfst-*; *Adj*; **1** ⟨e-e Axt, e-e Klinge, e-e Kralle, ein Messer, e-e Schneide, ein Zahn⟩ mit solchen Spitzen od. Kanten, dass sie gut schneiden od. stechen ↔ stumpf: *Er hat sich an e-r scharfen Kante geschnitten* || K-: ***scharf-, -kantig*** **2** stark gewürzt od. mit intensivem Geschmack ↔ mild: *Das Gulasch / der Meerrettich / der Paprika / der Pfeffer / der Senf ist sehr s.*; *Die Pepperoni auf der Pizza waren mir zu s.* **3** ⟨e-e Lauge, e-e Säure, ein Putzmittel⟩ so, dass sie die Oberfläche mancher Dinge angreifen ≈ ätzend **4** ≈ stechend, beißend ⟨ein Geruch⟩ **5** grell u. unangenehm ⟨ein Licht⟩ **6** durchdringend u. unangenehm ⟨ein Pfiff⟩ **7** unangenehm intensiv ⟨ein Frost, ein Wind⟩ **8** ⟨Augen; e-e Nase⟩ so, dass sie sehr genau wahrnehmen **9** so, dass man die Konturen sehr gut erkennen kann ≈ klar, deutlich ↔ verschwommen, unscharf ⟨gestochen (= sehr) s.; ein Bild, ein Foto, Umrisse; etw. s. sehen⟩: *Mit diesem Fotoapparat kann ich gestochen scharfe Bilder machen* **10** stark ausgeprägt, markant ⟨Gesichtszüge, ein Kinn, e-e Nase, ein Profil; etw. ist s. geschnitten⟩ **11** ≈ genau ⟨eine Analyse, ein Verstand; s. aufpassen, hinsehen, nachdenken; j-n / etw. s. ansehen, beobachten, prüfen⟩: *Er hat e-n scharfen Blick / ein scharfes Auge für Fehler* (= erkennt Fehler ganz genau) **12** ≈ hart, streng ↔ mild ⟨e-e Kritik, ein Tadel, ein Urteil; j-n s. angreifen, bewachen, kritisieren; s. durchgreifen, vorgehen⟩ **13** ≈ heftig ⟨e-e Auseinandersetzung, ein Kampf, ein Protest; j-m s. widersprechen⟩ **14** sehr schnell ⟨ein Ritt, ein Tempo⟩: *in scharfem Galopp reiten* **15** abrupt u. stark ⟨e-e Wendung, e-e Kurve; s. anfahren, bremsen⟩: *s. in e-e Kurve fahren* (= mit hohem Tempo) **16** mit großer Wucht u. hoher Geschwindigkeit (geschossen, geworfen *o.Ä.*) ⟨ein Ball, ein Schuss, ein Wurf; s. schießen⟩ **17** *mst adv*; sehr nahe, sehr dicht ⟨s. rechts fahren, s. an j-m / etw. vorbeifahren; s. auf ein Auto auffahren⟩ **18** ⟨Hunde⟩ so dressiert, dass sie auf Befehl angreifen u. beißen **19** ***scharfe Sachen*** *gespr*; Getränke mit hohem Alkoholgehalt **20** ***ein scharfes S*** ≈ ß **21** *ohne Steigerung*; ⟨Munition⟩ so, dass sie verletzen, töten od. zerstören kann **22** ⟨ein Film, ein Buch⟩ so, dass sie viel Sex enthalten **23** ***s. schießen*** mit scharfer (21) Munition schießen || K-: ***Scharf-, -schießen*** **24** ***auf etw.*** (*Akk*) ***s. sein*** *gespr*; etw. unbedingt haben od. tun wollen: *Er ist ganz s. auf Erdnüsse*; *Sie ist ganz s.* darauf, *dich endlich mal kennen* zu *lernen* **25** ***auf j-n s. sein*** *gespr*; ein sehr starkes (*mst* sexuelles) Verlangen nach j-m haben: *Ich glaube, er ist s. auf dich* **26** ***aufs / auf das Schärfste / schärfste*** sehr scharf (12): *etw. aufs Schärfste / schärfste verurteilen* **27** ***j-n s. machen*** *gespr*: j-n sexuell erregen || *zu* **1-16** **Schär·fe** *die*; -; *nur Sg*

Scharf·blick *der*; *nur Sg*; die Fähigkeit, Zusammenhänge, j-s Absichten *o.Ä.* zu erkennen od. zu durchschauen ⟨(seinen) S. beweisen⟩

schär·fen; *schärfte, hat geschärft*; Vt **1** ***etw. s.*** etw. scharf (1) machen ≈ schleifen ⟨e-e Axt, ein Messer s.⟩: *Die Katze schärfte ihre Krallen am Baum* **2** ***etw. schärft etw.*** etw. macht etw. genauer, leistungsfähiger ⟨etw. schärft j-s Bewusstsein, Verstand⟩; Vr **3** ***etw. schärft sich*** etw. wird genauer, leistungsfähiger ↔ etw. lässt nach ⟨j-s Bewusstsein, j-s Verstand⟩

scharf·ma·chen; *machte scharf, hat scharfgemacht*; Vt *gespr*; **1** ***j-n s.*** ≈ j-n aufhetzen **2** ***e-n Hund s.*** e-n Hund so dressieren, dass er auf Befehl angreift u. beißt || NB: aber: *das Messer scharf machen* (getrennt geschrieben)

Scharf·rich·ter *der* ≈ Henker

Scharf·schüt·ze *der*; j-d, der (beim Schießen) ein Ziel auch aus großer Entfernung trifft ⟨Scharfschützen postieren⟩

Scharf·sinn *der*; *-(e)s*; *nur Sg*; die Fähigkeit, alles Wichtige sofort mit dem Verstand zu erkennen ⟨S. beweisen; etw. mit S. beurteilen⟩ || *hierzu* **scharf·sin·nig** *Adj*; **Scharf·sin·nig·keit** *die*; *nur Sg*

scharf·zün·gig *Adj*; böse u. verletzend ⟨e-e Bemerkung, ein Kritiker⟩

Schar·lach[1] *der, das*; *-s*; *nur Sg*; e-e leuchtende, helle rote Farbe || K-: ***scharlach-, -rot***

Schar·lach[2] *der*; *-s*; *nur Sg*; e-e ansteckende (Kinder)Krankheit, bei der der Patient e-e rote Haut, hohes Fieber u. Kopf- u. Halsschmerzen bekommt

Schar·la·tan *der*; *-s, -e*; *pej*; j-d, der behauptet, bestimmte Fähigkeiten zu haben, die er in Wirklichkeit nicht hat ≈ Schwindler: *Dieser angebliche Wahrsager ist doch ein S.!*

Schar·nier [-'niːɐ̯] *das*; *-s, -e*; das bewegliche Verbindungsteil zwischen Fenster / Tür u. Rahmen od. zwischen Gefäß u. Deckel ⟨die Scharniere quietschen; die Scharniere ölen⟩

Scharnier

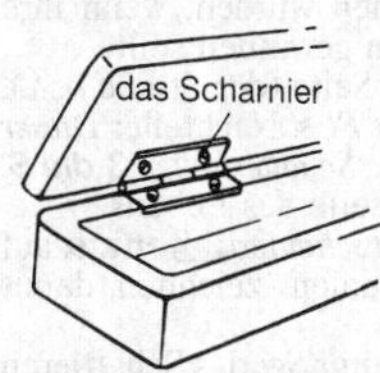

Schär·pe *die*; -, *-n*; ein breites Band aus Stoff, das man als Schmuck um die Hüfte od. über Schulter u. Brust trägt: *Sie trug e-e S., auf der „Miss Germany" stand*

schar·ren; *scharrte, hat gescharrt*; Vi **1** ***ein Tier scharrt*** (***irgendwo***) ein Tier bewegt die Hufe, die Krallen *o.Ä.* so auf dem Boden hin u. her, dass dabei kleine Löcher entstehen: *Die Hühner scharren im Mist / im Stroh* **2** ***ein Tier scharrt irgendwo*** ein Tier verursacht ein (kratzendes) Geräusch durch Scharren (1): *Der Hund winselte u. scharrte an der Tür, um hinausgelassen zu werden*; Vt **3** ***ein Tier scharrt etw.*** ein Tier produziert etw. durch Scharren (1) ⟨e-e Höhle, ein Loch in den Boden s.⟩

Schar·te *die*; -, *-n*; e-e Stelle, an der ein Stück e-s glatten Randes fehlt: *ein Messer mit vielen Scharten* || ID ***e-e S. auswetzen*** e-n Fehler wieder gutmachen || *hierzu* **schar·tig** *Adj* || NB: ↑ ***Kerbe***

schar·wen·zeln; *scharwenzelte, hat scharwenzelt*; Vi *gespr pej*; ***um j-n s.*** oft in der Nähe von j-m sein, um etw. von ihm zu erreichen

S

Schasch·lik *der, das*; *-s, -s*; kleine Stücke Fleisch, die zusammen mit Zwiebeln, Paprika, Speck *usw* auf e-m Spieß gebraten od. gegrillt werden

schas·sen; *schasste, hat geschasst*; ***j-n s.*** *gespr* ≈ entlassen (1) || NB: *mst* im Passiv!

Schat·ten *der*; *-s, -*; **1** *nur Sg*; ein Bereich, den das Licht (der Sonne) nicht erreicht u. der deswegen dunkel (u. kühl) ist ⟨im S. liegen; etw. spendet S.⟩: *Mir ist es zu heiß in der prallen Sonne, ich setze mich jetzt in den S.*; *Heute haben wir 35 Grad im S.* || K-: ***Schatten spendend-*** **2** die dunklere Fläche, die hinter e-r Person / Sache entsteht, wenn diese vom Licht beschienen werden: *Er saß im S. des Baumes*; *Gegen Mittag werden die Schatten kürzer u. gegen Abend wieder länger* **3** e-e Gestalt, die nur in ihren Konturen zu erkennen ist: *Er sah nur e-n S. vorbeihuschen* **4** ein dunkler Fleck, der irgendwo zu sehen ist: *Auf dem Röntgenbild zeigten sich Schatten auf seiner Lunge* **5** *geschr*; etw. sehr Unerfreuliches od. Negatives ⟨die Schatten der Vergangenheit; ein S. fällt auf j-s Glück, Leben, Liebe⟩ || ID ***etw. wirft seine Schatten voraus*** ein wichtiges zukünftiges Ereignis *o.Ä.* ist schon jetzt in einigen Anzeichen zu erkennen; *mst* ***Er / Sie ist nur noch ein S. seiner / ihrer selbst*** **a)** er / sie bringt bei weitem nicht mehr die Leistungen, die er / sie früher gebracht hat; **b)** er / sie sieht sehr schwach u. krank aus; ***j-m wie ein S. folgen*** j-m auf allen Wegen folgen; ***über seinen S. springen*** endlich den Mut haben, etw. zu tun, das einem nicht liegt *o.Ä.*; ***nicht über seinen S. springen können*** nur so handeln können, wie es dem eigenen Charakter entspricht; ***in j-s S. stehen*** weniger beachtet werden als j-d anderer; ***j-d / etw. stellt j-n / etw. in den S.*** j-d macht od. kann etw. viel besser als j-d anderer, etw. ist viel besser als etw. anderes || ▸ ***beschatten***

Schat·ten·da·sein *das*; *mst in* ***ein S. fristen / führen*** ein wenig beachtetes Leben führen, immer im Abseits stehen

schat·ten·haft *Adj*; **1** mit undeutlichen Konturen ≈ schemenhaft ⟨e-e Gestalt, ein Umriss⟩ **2** ≈ ungenau ⟨e-e Erinnerung, e-e Vorstellung⟩

Schat·ten·ka·bi·nett *das*; *Kollekt, Pol*; ein Kabinett (1) aus Politikern der Opposition, die die entsprechenden Ämter übernehmen würden, wenn ihre Partei die nächsten Wahlen gewinnen sollte

Schat·ten·sei·te *die*; **1** die Seite (der Straße *o.Ä.*), die im Schatten liegt **2** *mst Pl* ≈ Nachteile: *Dieser Plan hat natürlich auch seine Schattenseiten* **3** ***die S. des Lebens*** die negative Seite des Lebens

S

schat·tie·ren; *schattierte, hat schattiert*; [Vt] ***etw. s.*** auf e-m Bild dunkle Flächen malen / zeichnen, damit es räumlich wirkt

Schat·tie·rung *die*; *-, -en*; **1** *nur Sg*; das Schattieren **2** ≈ Nuance, Abstufung: *Rot in allen Schattierungen*

schat·tig *Adj*; ⟨ein Ort, ein Plätzchen⟩ so, dass sie im Schatten liegen od. viel Schatten bieten ↔ sonnig: *s. u. kühl*

Scha·tul·le *die*; *-, -n*; ein fester kleiner Behälter, in dem man Schmuck od. Geld aufbewahrt || -K: ***Geld-, Schmuck-***

Schatz *der*; *-es, Schät·ze*; **1** e-e große Menge an wertvollen Münzen, Schmuck *o.Ä.* ⟨e-n S. anhäufen, hüten, suchen, finden⟩: *Die Piraten vergruben ihren S. auf e-r einsamen Insel* || K-: ***Schatz-, -insel, -kammer, -kiste, -suche, -sucher*** || -K: ***Gold-, Piraten-*** **2** ***ein S.*** (***an etw.*** (*Dat*)) e-e große Menge an wertvollen Dingen: *Das Museum besitzt e-n großen S. an alten Gemälden*; *Der Antiquitätenhändler hat wahre Schätze in seinem Lager* || -K: ***Bücher-, Kirchen-, Kunst-, Museums-*** **3** ***ein S. an etw.*** (*Dat Pl*) / ***von etw.*** (*Pl*) ≈ Fülle ⟨ein S. an / von Erfahrungen, Erinnerungen⟩ || -K: ***Erfahrungs-, Märchen-, Sagen-*** **4** etw. (Abstraktes), das sehr wichtig od. wertvoll ist: *Gesundheit ist ein kostbarer S.* **5** *gespr*; verwendet als liebevolle Anrede für den Ehepartner, die eigenen Kinder *o.Ä.* ≈ Liebling **6** *gespr*; j-d, der sehr nett u. hilfsbereit ist: *Du hast viel für mich getan - du bist ein* (*wahrer*) *S.!*

schät·zen[1]; *schätzte, hat geschätzt*; [Vt] **1** ***j-n / etw.*** (***auf etw.*** (*Akk*)) ***s.*** etw. Messbares (*z.B.* j-s Alter, die Länge od. das Gewicht von etw.) nach eigener Meinung aufgrund äußerer Tatsachen ungefähr bestimmen ⟨j-s Alter, die Dauer, das Gewicht, die Höhe, die Länge, den Preis *usw* von etw. s.⟩: *Er schätzte sie auf Mitte zwanzig*; *Sie schätzte*, dass *die Sitzung noch zwei Stunden dauern würde* **2** ***etw.*** (***auf etw.*** (*Akk*)) ***s.*** (als Experte) feststellen, wie viel Geld etw. wert ist od. wie viel etw. kosten darf ≈ taxieren ⟨ein Grundstück, ein Haus, e-n Unfallschaden s.⟩: *Der Händler schätzte das gebrauchte Auto* (*auf zweitausend Euro*) || K-: ***Schätz-, -preis, -wert***; [Vt/i] **3** *mst* ***s.*** (***, dass ...***) *gespr* ≈ vermuten, annehmen: *Ich schätze*, dass *er morgen kommt*; *„Meinst du, es regnet morgen?"* - *„Ich schätze, ja / Ich schätze schon"* || NB: *mst* in der ersten Person verwendet || *zu* **1** u. **2** **Schät·zung** *die*

schät·zen[2]; *schätzte, hat geschätzt*; [Vt] **1** ***j-n / etw. s.*** j-n / etw. sehr gern haben ↔ missachten, gering schätzen: *Er schätzt gutes Essen*; *Sie schätzt sein freundliches Wesen* **2** ***etw. zu s. wissen*** den Wert von etw. Gutem erkennen: *Ich weiß ihre Hilfe sehr zu s.*; *Ich weiß* es *zu s.*, dass *Sie so freundlich zu meiner Familie waren*; [Vr] **3** ***sich glücklich s.,*** (***dass***) ***...*** *geschr*; froh sein, dass ...: *Ich schätze mich glücklich, Sie hier begrüßen* zu *dürfen* || ▸ ***abschätzig***

> **schät·zen ler·nen**; *lernte schätzen, hat schätzen gelernt*; [Vt] ***j-n / etw. s. l.*** mit der Zeit e-e gute Meinung von j-m / etw. bekommen

Schät·zer *der*; *-s, -*; j-d, der beruflich den Wert von Dingen schätzt[1] (2)

Schatz·grä·ber *der*; *-s, -*; j-d, der nach e-m Schatz (1) gräbt ≈ Schatzsucher

Schatz·meis·ter *der*; j-d, der das Geld e-s Vereins, e-r Partei *o.Ä.* verwaltet

schät·zungs·wei·se *Adv*; verwendet, um die Einschätzung des Sprechers (in Bezug auf etw. Messbares) anzugeben ≈ etwa, ungefähr: *Wir werden in s. drei Stunden da sein*

Schau *die*; *-, -en*; **1** e-e Veranstaltung, auf der Tiere, Pflanzen od. Waren gezeigt werden ≈ Ausstellung, Messe ⟨e-e internationale, landwirtschaftliche S.; etw. auf e-r S. ausstellen, vorführen, zeigen⟩ || -K: ***Auto-, Garten-, Moden-, Tier-, Verkaufs-*** **2** *nur Sg*; e-e Veranstaltung, *bes* im Fernsehen od. Theater, bei der Künstler auftreten ≈ Show || K-: ***Schau-, -geschäft*** || -K: ***Bühnen-, Fernseh-*** **3** *gespr pej*; Handlungen, mit denen man versucht, die Aufmerksamkeit der Leute auf sich zu ziehen ≈ Show ⟨e-e große S. (um etw.) machen; etw. ist nur S.⟩: *Ihre ganze Hochzeit war e-e große S.!* **4** ***etw. zur S. stellen*** etw. auf e-r Ausstellung od. S. (1) zeigen ≈ etw. ausstellen **5** ***etw. steht zur S.*** etw. wird auf e-r Ausstellung gezeigt || ID ***etw. / sich zur S. stellen*** *pej*; etw. / sich demonstrativ in den Vordergrund stellen: *Er stellt sein Wissen gern zur S.*; ***etw. zur S. tragen*** *pej*; e-e Meinung *o.Ä.* demonstrativ zum Ausdruck bringen: *Sie trägt ihre Abneigung gegen ihn offen zur S.*; ***e-e*** (***große***) ***/ seine S. abziehen***; (***einen***) ***auf S. machen*** *gespr, mst pej*; sich in Szene zu setzen versuchen, die Aufmerksamkeit auf sich zu lenken versuchen; ***j-m die S. stehlen*** *gespr*; mehr Aufmerksamkeit erregen als j-d anderer, e-e bessere Leistung bringen als j-d anderer; ***j-d / etw. ist e-e S.*** *gespr*; verwendet, um j-n / etw. positiv zu bewerten ≈ j-d / etw. ist toll: *Das Essen war e-e S.!* || ► ***schauen***, ***Zurschaustellung***

Schau·bild *das*; e-e Zeichnung, die e-e ziemlich komplizierte Sache deutlich u. einfach zeigt: *ein S. des menschlichen Körpers, e-r geplanten Siedlung*

Schau·bu·de *die*; e-e Bude (1) auf dem Jahrmarkt, in der etw. gezeigt wird

Schau·der *der*; *-s, -*; **1** ein starkes Gefühl der Angst od. des Ekels ⟨j-d wird von e-m S. ergriffen, überkommen⟩ **2** ein kurzes Zittern des Körpers vor Kälte ≈ Schauer (2) ⟨j-n überläuft ein S.; Schauder laufen j-m den Rücken hinunter⟩

schau·der·haft *Adj*; *pej*; sehr unangenehm ≈ widerlich, grässlich ⟨ein Anblick, ein Geschmack, ein Wetter⟩

schau·dern; *schauderte, hat geschaudert*; [Vi] **1** (vor Angst, Kälte *o.Ä.*) zittern: *Allein der Gedanke ließ / machte sie s.*; [Vimp] **2** ***j-n / j-m schaudert (es)*** j-d zittert vor Angst od. Ekel: *Ihn schauderte beim Anblick des Toten*

schau·en; *schaute, hat geschaut*; [Vi] **1** ***irgendwie s.*** e-n bestimmten Gesichtsausdruck haben ⟨finster, freundlich, müde, spöttisch *usw* s.⟩: *Schau doch nicht so (böse), da kriegt man ja Angst!* **2** ***irgendwohin s.*** *bes südd* Ⓐ irgendwohin sehen (10): *aus dem Fenster s.; j-m in die Augen s.* **3** ***irgendwohin s.*** nachsehen, ob etw. irgendwo ist: *„Ich kann meine Brille nicht finden" - „Schau doch mal auf den Nachttisch / in die Schublade!"* **4** ***auf etw.*** (*Akk*) ***s.*** *gespr*; auf etw. besonders achten: *Er schaut sehr auf Sauberkeit* **5** ***nach etw. s.*** prüfen, ob etw. in e-m bestimmten Zustand ist ≈ nachsehen (2): *Schau mal, ob der Kuchen schon fertig ist!* **6** ***nach j-m / etw. s.*** *südd* Ⓐ; ***zu j-m / etw. s.*** Ⓒⓗ (von Zeit zu Zeit) nach j-m / etw. sehen (11), sich um etw. kümmern: *Im Urlaub schaut unser Nachbar nach unseren Blumen*; *Schaust du mal nach den Kindern, ob sie noch etwas brauchen?* **7** ***s.*** + *Nebensatz südd* Ⓐ sich bemühen, etw. zu erreichen ≈ zusehen (3): *Schau, dass du auch pünktlich bist*; *Du musst selbst s., wie du das schaffst*; *Schau mal, ob du das kannst!* **8** ***schau (mal) / schauen Sie (mal)*** + *Nebensatz südd* Ⓐ verwendet, um e-e Äußerung einzuleiten, bei der man versucht, j-n von etw. zu überzeugen ≈ sehen: *Schau (mal), das musst du doch verstehen!*; *Schau (mal), wenn das jeder machen würde, gäbe es doch ein Chaos. Also sei vernünftig!* || ID ***Schau, schau!*** verwendet, um Überraschung auszudrücken

Schau·er *der*; *-s, -*; ein kurzer (u. *mst* starker) Regen ⟨örtliche, gewittrige, vereinzelte Schauer; in e-n S. geraten; von e-m S. überrascht werden⟩: *am Nachmittag vereinzelt Schauer, ansonsten sonnig u. trocken* || -K: ***Gewitter-, Hagel-, Regen-*** **2** ≈ Schauder (2) || *zu* **1** **schau·er·ar·tig** *Adj*

Schau·er·ge·schich·te *die*; e-e Geschichte, in der etw. Negatives übertrieben (u. *mst* grausam) dargestellt wird ≈ Schauermärchen ⟨Schauergeschichten erzählen⟩

schau·er·lich *Adj* ≈ schaurig || *hierzu* **Schau·er·lich·keit** *die*; *nur Sg*

Schau·fel *die*; *-, -n*; **1** ein Gerät, das aus e-m langen Stiel u. e-m breiten, dünnen Stück Metall, Plastik *o.Ä.* besteht u. dazu dient, Erde, Sand *o.Ä.* hochzuheben u. zu bewegen: *Er nahm die S. u. füllte den Sand in die Schubkarre* || -K: ***Kehricht-, Kohlen-, Müll-, Sand-, Schnee-*** || NB: ↑ ***Spaten*** **2** ***e-e S.*** + *Subst* die Menge, die auf e-e S. (1) passt: *e-e S. Sand aufs Feuer werfen, um es zu löschen* **3** ein Teil e-s Gerätes, der wie e-e S. (1) aussieht || K-: ***Schaufel-, -bagger, -rad*** **4** das breite flache Ende am Geweih e-s Elches *o.Ä.* **5** das breite, flache Ende an e-m Ruder od. Paddel

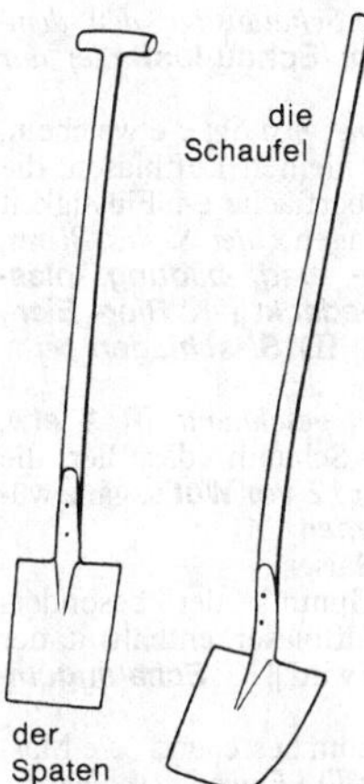

schau·feln; *schaufelte, hat geschaufelt*; [Vt/i] **1** (***etw. irgendwohin***) ***s.*** etw. mit e-r Schaufel, in den hohlen Händen *o.Ä.* irgendwohin bewegen: *Er schaufelte die Erde in e-n Eimer*; *Der Maulwurf schaufelte Erde aus seinem Loch*; [Vt] **2** ***etw. s.*** etw. durch Schaufeln (1) entstehen lassen ⟨ein Grab, e-e Höhle, ein Loch s.⟩ **3** ***Schnee s.*** mit e-r Schaufel Schnee entfernen

Schau·fens·ter *das*; das große Fenster, in dem ein Geschäft seine Waren zeigt ⟨etw. im S. ausstellen; etw. liegt, steht im S.⟩: *Ich habe ein tolles Kleid im S. gesehen* || K-: ***Schaufenster-, -auslage, -bummel, -dekoration, -puppe, -reklame***

Schau·kas·ten *der*; ein Kasten aus Glas an der Wand od. auf e-m Tisch, in dem etw. (*bes* in e-m Museum *o.Ä.*) gezeigt wird ⟨etw. im S. aushängen, auslegen⟩

Schau·kel *die*; *-, -n*; **1** e-e Art Sitz (*bes* für Kinder), der an Seilen od. Ketten hängt u. mit dem man hin- u. herschwingen kann || -K: ***Garten-, Kinder-*** **2** ≈ Wippe

schau·keln; *schaukelte, hat geschaukelt*; [Vt] **1** ***j-n / etw. s.*** j-n / etw. hin- u. herschwingen ⟨ein Kind auf den Armen, in der Wiege s.⟩ **2** ***etw. s.*** *gespr*; etw., das problematisch ist, lösen od. in Ordnung bringen; [Vi] **3** sich mit e-r Schaukel *o.Ä.* hin- u. herbewegen, auf etw. nach oben u. nach unten schwingen ⟨mit der Schaukel, auf dem Schaukelpferd, auf dem Schaukelstuhl, mit der Wippe s.⟩ **4** ***etw. schaukelt*** etw. schwankt (1), etw. bewegt sich auf u. ab ⟨ein Boot, ein Schiff⟩: *Lampions schaukeln im Wind*

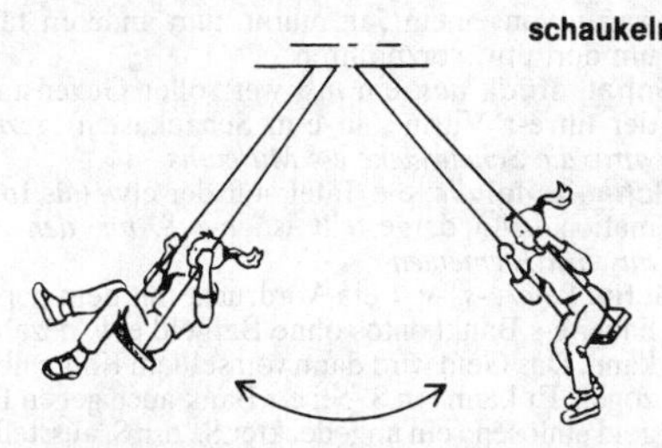

Schau·kel·pferd *das*; ein kleines Pferd aus Holz, auf dem Kinder schaukeln können

Schau·kel·stuhl *der*; ein Stuhl, der unten gebogene Teile hat u. mit dem man schaukeln kann || ↑ *Abb. unter* ***Stühle***

Schau·lau·fen *das*; e-e Vorführung für das Publikum beim Eiskunstlauf

Schau·lus·ti·ge *der / die*; *-n, -n*; *mst pej*; j-d, der bei e-m Unfall, Brand *o.Ä.* zusehen will: *Die Schaulustigen behindern die Arbeit der Polizei am Unfallort* ||

S

NB: *ein Schaulustiger; der Schaulustige; den, dem, des Schaulustigen* || *hierzu* **Schau·lust** *die; nur Sg*

Schaum *der; -(e)s, Schäu·me; mst Sg*; e-e weiche u. leichte Masse aus vielen kleinen Luftblasen, die sich manchmal an der Oberfläche e-r Flüssigkeit bildet ⟨Eiweiß zu S. schlagen⟩: *der S. des Bieres, der Wellen* || K-: ***Schaum-, -bad, -bildung, -bläschen, -löffel; schaum-, -bedeckt*** || -K: ***Bier-, Eier-, Meer-, Seifen-, Wellen-*** || ID ***S. schlagen*** *pej* ≈ prahlen

schäu·men; *schäumte, hat geschäumt*; [Vi] **1** ***etw. schäumt*** etw. entwickelt Schaum ⟨das Bier, die Seife, der Sekt, das Wasser⟩ **2** ***vor Wut s.*** ganz wütend sein || ▶ ***überschäumen***

Schaum·ge·bäck *das* ≈ Baiser

Schaum·gum·mi *der*; Gummi, der besonders weich ist (weil er viele Luftblasen enthält) u. der für Polster *o.Ä.* verwendet wird || K-: ***Schaumgummi-, -kissen, -matratze***

schau·mig *Adj*; **1** aus Schaum bestehend ⟨e-e Masse⟩: *Butter u. Zucker / Eigelb / Eiweiß s. schlagen / rühren* **2** mit Schaum: *Das Meer / Das Wasser war s.*

Schaum·kro·ne *die*; e-e Schicht Schaum oben auf e-r Flüssigkeit, *bes* auf Wellen

Schaum·schlä·ger *der; pej* ≈ Angeber

Schaum·stoff *der*; ein Kunststoff, der leicht u. porös ist, weil er viele Luftblasen enthält

Schaum·wein *der* ≈ Sekt

Schau·platz *der*; der Ort, an dem etw. geschieht od. geschah: *der S. e-s Verbrechens*

Schau·pro·zess *der*; ein öffentlicher Prozess vor Gericht, der dazu dient, e-e bestimmte Wirkung (*z.B.* Abschreckung) bei der Bevölkerung zu erzielen

schau·rig *Adj; geschr*; sehr unangenehm ≈ schauerlich, grässlich ⟨ein Wetter, ein Anblick⟩

Schau·spiel *das*; **1** ein Stück *mst* aus mehreren Akten, das man auf der Bühne spielt ≈ Theaterstück || K-: ***Schauspiel-, -haus, -kunst, -schule, -schüler, -unterricht*** **2** ein beeindruckender Anblick, den ein Ereignis bietet ⟨ein erhabenes, eindrucksvolles, fesselndes S.⟩ || -K: ***Natur-***

Schau·spie·ler *der*; j-d, der (beruflich) in e-m Film, Theaterstück *o.Ä.* Personen darstellt ≈ Darsteller || -K: ***Film-, Volks-*** || ID ***ein guter / schlechter S. sein*** seine Gefühle gut / nicht gut verstellen können || *hierzu* **Schau·spie·le·rin** *die*; **schau·spie·le·risch** *Adj*

Schau·stel·ler *der; -s, -*; j-d, der mit e-m Wohnwagen von einem Jahrmarkt zum anderen fährt, um dort etw. vorzuführen

Schau·stück *das*; ein *mst* wertvoller Gegenstand, der (in e-r Vitrine, in e-m Schaukasten) gezeigt wird: *die Schaustücke e-s Museums*

Schau·ta·fel *die*; e-e Tafel, auf der etw. (als Information *o.Ä.*) dargestellt ist: *e-e S. mit den chemischen Elementen*

Scheck *der; -s, -s*; **1** ein Vordruck, mit dem der Inhaber e-s Bankkontos ohne Bargeld etw. bezahlen kann. Das Geld wird dann von seinem Konto abgezogen. Er kann e-n S. bei e-r Bank auch gegen Bargeld einlösen ⟨ein ungedeckter S.; e-n S. ausstellen, ausfüllen; einlösen; j-m e-n S. ausschreiben⟩: *Zahlen Sie bar od mit S.?; Er gab mir e-n S. über dreihundert Euro* || K-: ***Scheck-, -betrüger, -fälschung, -heft, -verkehr*** || -K: ***Blanko-, Post-*** **2** ≈ Gutschein || -K: ***Bilder-, Urlaubs-***

sche·ckig *Adj*; mit weißen u. braunen od. mit weißen u. schwarzen Flecken auf dem Fell ⟨Pferde, Rinder⟩

Scheck·kar·te *die*; e-e Karte, die der Inhaber e-s Bankkontos bekommt u. die garantiert, dass die Bank seine Schecks bis zu e-r bestimmten Summe deckt (6)

scheel *Adj; gespr*; neidisch od. misstrauisch ⟨ein Blick, j-n s. ansehen⟩

Schef·fel *der; -s, -; hist*; e-e Einheit, mit der man e-e Getreidemenge misst

schef·feln; *scheffelte, hat gescheffelt*; [Vt] ***etw. s.*** *gespr, oft pej*; viel Geld verdienen ⟨Geld, Millionen, ein Vermögen s.⟩

Schei·be *die; -, -n*; **1** ein flacher, runder Gegenstand: *E-e Schallplatte ist e-e schwarze S.; Früher dachte man, die Erde sei e-e S.* || K-: ***Scheiben-, -schießen*** || -K: ***Dreh-, Schieß-, Töpfer-, Wähl-, Ziel-*** **2** ein flaches Stück Glas als Teil e-s Fensters *o.Ä.* ⟨e-e blanke, zerbrochene, zerkratzte S.; die Scheiben putzen⟩ || -K: ***Butzen-, Fenster-, Glas-, Heck-, Milchglas-, Schaufenster-, Windschutz-*** **3** ein *mst* dünnes, flaches (u. rundes) Stück, das von e-m Lebensmittel abgeschnitten ist ⟨Brot, Eier, Wurst, Zitronen in Scheiben schneiden⟩: *Er schnitt sich e-e dicke Scheibe Käse ab* || ↑ *Abb. unter* ***Stück*** || -K: ***Brot-, Wurst-, Zitronen-*** *usw* **4** *gespr* ≈ Schallplatte || ID ***sich*** (*Dat*) ***von j-m e-e S. abschneiden können*** *gespr*; j-n als Vorbild nehmen können || *zu* **1** **schei·ben·för·mig** *Adj*; *zu* **3** **schei·ben·wei·se** *Adj; mst adv*

Schei·ben·ho·nig! *Interjektion; euph*; verwendet, um seine Wut auszudrücken

Schei·ben·kleis·ter! *Interjektion; hum* ≈ Scheibenhonig

Schei·ben|wasch·an·la·ge *die*; der Teil des Autos, der Wasser auf die Windschutzscheibe des Autos spritzt

Schei·ben·wi·scher *der; -s, -*; ein Stab aus Metall u. Gummi, der sich bei Regen über die Windschutzscheibe e-s Autos hin- u. herbewegt u. das (Regen)Wasser zur Seite schiebt || ↑ *Abb. unter* ***Auto***

Scheich *der; -(e)s, -s / -e*; der Titel e-s arabischen Herrschers

Scheich·tum *das; -s, Scheich·tü·mer*; ein Gebiet, das e-n Scheich als Herrscher hat

Schei·de *die; -, -n*; **1** ≈ Vagina || K-: ***Scheiden-, -eingang, -entzündung, -krampf, -öffnung*** **2** e-e schmale Hülle für ein Messer od. Schwert ⟨etw. aus der S. ziehen, in die S. stecken⟩

schei·den; *schied, hat / ist geschieden*; [Vt] (*hat*) **1** *mst* ***sie werden / ihre Ehe wird geschieden*** ihre Ehe wird durch ein Gerichtsurteil aufgelöst: *Ihre Ehe wurde schon nach zwei Jahren geschieden; Sie lassen sich s. / Sie lässt sich von ihm s.* **2** *mst* ***j-d ist geschieden*** j-s Ehe ist durch ein Gerichtsurteil aufgelöst: *Sind Sie ledig, verheiratet, verwitwet od. geschieden?* **3** ⟨Personen / Dinge⟩ (***voneinander***) ***s.***; ***etw. von etw. s.*** *geschr*; mehrere Personen od. Dinge voneinander trennen || K-: ***Scheide-, -linie, -wand*** **4** ***etw. von etw. s.*** (***können***); ⟨Dinge⟩ ***s. können*** *geschr*; mehrere Dinge voneinander unterscheiden können: *Gut u. / von Böse s. können*; [Vi] (*ist*) **5** ***aus etw. s.*** *geschr*; e-e Funktion, e-e Tätigkeit endgültig aufgeben ⟨aus dem Amt, dem Berufsleben s.⟩ **6** ***j-d scheidet von j-m***; ⟨Personen⟩ ***scheiden*** (***voneinander***) zwei od. mehrere Personen gehen auseinander: *Sie schieden als Freunde* || ID ***die / ihre Geister scheiden sich*** (***an / in etw.*** (*Dat*)) die Leute haben über etw. e-e ganz verschiedene Meinung; ***aus dem Leben s.*** *euph* ≈ sterben

Schei·de·weg *der*; *nur in* ***am S. stehen*** vor e-r wichtigen Entscheidung stehen (die Auswirkungen auf das zukünftige Leben haben wird)

Schei·dung *die; -, -en*; **1** die Auflösung e-r Ehe durch ein Gericht ⟨die S. beantragen, aussprechen⟩ || K-: ***Scheidungs-, -anwalt, -grund, -klage, -prozess, -urteil*** || -K: ***Ehe-*** **2** ***in S. leben*** (nachdem die

S. (1) beantragt wurde) getrennt vom Ehepartner leben, bevor das Gericht die Ehe auflöst **3 *die S. einreichen*** e-e S. (1) bei Gericht beantragen

Schein[1] *der*; *-(e)s*; *nur Sg*; **1** das Licht, das von e-r Lampe *o.Ä.* verbreitet wird: *Der Garten war vom matten S. des Mondes erleuchtet*; *Er saß im S. der Lampe u. las* || -K: ***Fackel-, Feuer-, Kerzen-, Lampen-, Licht-, Mond-, Sonnen-*** **2** ≈ Schimmer, Glanz: *der helle S. ihrer Augen*

Schein[2] *der*; *-s*; *nur Sg*; **1** etw., das nicht so ist, wie es aussieht: *Ihre Freundlichkeit war nur S., in Wirklichkeit wollten sie uns nur ausnutzen* **2** der äußere Eindruck ⟨der S. spricht für / gegen j-n / etw.; den (äußeren) S. wahren, aufrechterhalten⟩ **3 *zum S.*** um j-n zu täuschen: *Sie ist zum S. weggegangen u. hat ihn dann heimlich beobachtet* **4 *der S. trügt*** die Realität ist anders als der äußere Eindruck

Schein[3] *der*; *-(e)s*, *-e*; **1** e-e offizielle Bescheinigung (die etw. bestätigt od. die zu etw. berechtigt) || -K: ***Angel-, Erlaubnis-, Entlassungs-, Fahr-, Führer-, Garantie-, Gepäck-, Impf-, Jagd-, Kranken-, Liefer-, Lotto-, Pfand-, Passier-, Schuld-, Toten-, Überweisungs-, Waffen-, Wett-*** **2 *ein* (*kleiner* / *großer*) *S.*** ein Geldschein (mit niedrigem / hohem Wert) ≈ Banknote ⟨e-n großen S. wechseln⟩: *Die Entführer forderten e-e halbe Million Euro in kleinen Scheinen* || -K: ***Zehneuro-, Zwanzigeuro-, Fünfzigeuro-***; ***Hundertfranken-*** *usw* || NB: ↑ ***Münze***

schein-, Schein- *im Adj od Subst, begrenzt produktiv, oft pej*; drückt aus, dass das im zweiten Wortteil Genannte nur scheinbar, aber nicht in Wirklichkeit zutrifft; der ***Scheinangriff***, das ***Scheinargument***, die ***Scheinfirma***, das ***Scheingeschäft, scheinliberal***, die ***Scheinlösung***, das ***Scheinproblem***, die ***Scheinschwangerschaft, scheintot***, der ***Scheintod***, der / die ***Scheintote***, der ***Scheinvertrag***, der ***Scheinwiderstand***

Schein·asy·lant *der*; *pej*; j-d, der für sich in Anspruch nimmt, politischer Flüchtling zu sein (u. deswegen Asyl beantragt), obwohl das nicht zutrifft

schein·bar *Adj*; nur dem äußeren Eindruck nach, aber nicht in Wirklichkeit ⟨ein Gegensatz, ein Widerspruch⟩: *Er nahm die Botschaft s. gelassen hin, aber innerlich war er sehr erregt* || NB: *Er hat nur scheinbar seine Meinung geändert* bedeutet, dass er nur so tat, als hätte er seine Meinung geändert (aber dies in Wirklichkeit nicht getan hat); *Er hat anscheinend seine Meinung geändert* bedeutet, dass es so aussieht, als ob er seine Meinung geändert habe. In der gesprochenen Sprache werden aber *scheinbar* u. *anscheinend* oft synonym gebraucht

schei·nen[1]; *schien, hat geschienen*; Vi **1 *etw. scheint*** etw. verbreitet Licht u. ist am Himmel zu sehen ⟨der Mond, die Sonne⟩ **2 *etw. scheint irgendwohin*** etw. sendet Lichtstrahlen in e-e Richtung: *Die Sonne schien mir ins Gesicht*

schei·nen[2]; *schien, hat geschienen*; Vi **1 *etw. scheint*** (***j-m***) + *Adj*; ***etw. scheint*** (***j-m***) + ***zu*** + *Infinitiv* etw. macht (auf j-n) e-n bestimmten Eindruck: *Die Lage scheint sich zuzuspitzen*; *Seine Erzählung schien* (*mir*) *recht unglaubwürdig* **2 *j-d scheint*** + *Adj* (+ ***zu*** + *Infinitiv*); ***j-d scheint*** + *Subst* + ***zu*** + *Infinitiv* j-d vermittelt den Eindruck, dass er so ist, wie im Adj. od. im Subst. beschrieben: *Er scheint sehr glücklich* (*zu sein*); *Sie scheinen ein Fachmann zu sein* **3 *wie es scheint*** ≈ anscheinend; Vimp **4** *mst* ***es scheint mir*** (*usw*), ***dass ...*** / ***als ob ...*** ich (*usw*) habe den Eindruck, dass ...: *Es scheint mir, als ob ich schon mal hier gewesen wäre*

schein·hei·lig *Adj*; *gespr pej*; so, dass der Betreffende dabei den Eindruck erweckt, er habe positive Eigenschaften (wie *z.B.* Unschuld, Freundlichkeit, Ehrlichkeit) ≈ heuchlerisch ⟨ein Blick, ein Gesichtsausdruck; s. tun (= so tun, als wäre man ganz unschuldig); j-n s. ansehen⟩ || *hierzu* ***Schein·hei·lig·keit*** *die*; *nur Sg*

Schein·wer·fer *der*; *-s*, *-*; e-e sehr helle Lampe, die e-n bestimmten Teil der Umgebung beleuchtet: *Die Bühne wird von Scheinwerfern angestrahlt*; *Der rechte S. an deinem Auto ist kaputt* || ↑ *Abb. unter* ***Auto*** || -K: ***Auto-, Nebel-, Such-***

Schein·wer·fer|licht *das*; das Licht e-s Scheinwerfers || ID ***im S.*** (***der Öffentlichkeit***) ***stehen*** im Mittelpunkt des öffentlichen Interesses stehen ≈ im Rampenlicht stehen

Scheiß *der*; *ohne Genitiv*; *nur Sg*, *gespr! pej*; etw., worüber man sich ärgert od. das man für völlig unwichtig hält ≈ Blödsinn

scheiß- *im Adj, begrenzt produktiv, gespr! pej*; **1** verwendet, um ein Adjektiv zu verstärken; ***scheißfrech, scheißkalt*** **2** verwendet, um auszudrücken, dass man etw. als übertrieben empfindet; ***scheißfreundlich*** (= zu freundlich), ***scheißnormal***

Scheiß- *im Subst, sehr produktiv, gespr! pej*; verwendet, um auszudrücken, dass man sich über j-n / etw. sehr ärgert od. etw. sehr schlecht findet; das ***Scheißbuch***, das ***Scheißding***, der ***Scheißfilm***, der ***Scheißjob***, der ***Scheißkerl***, das ***Scheißwetter***

Scheiß·dreck *der*; *vulg, pej*; verwendet als Verstärkung von Dreck (2): *Das geht dich e-n S. an* (= das ist nicht deine Sache, halt dich da raus)!

Schei·ße *die*; *-*; *nur Sg*; **1** *vulg* ≈ Kot **2** *gespr! pej*; etw., worüber man sich ärgert ≈ Mist (2) ⟨S. bauen (= etw. Dummes machen); etw. ist große S.⟩ **3** *mst* ***S.!*** *gespr!* verwendet, um seinen Ärger auszudrücken: (*So e-e*) *S. - ich hab den Zug verpasst!* || ID ***j-m steht die S. bis zum Hals*** *vulg*; j-d ist in e-r sehr unangenehmen Situation

scheiß·egal *Adj*; *gespr!* völlig egal, ganz gleichgültig ⟨etw. ist j-m s.⟩

schei·ßen; *schiss, hat geschissen*; *vulg*; Vi **1** den Darm entleeren ⟨vor Angst in die Hosen s.⟩ **2 *auf j-n* / *etw. s.*** j-n / etw. nicht für wichtig halten || ID *mst* ***Dem werde ich*** (***et***) ***was s.!*** ich denke nicht daran, seinen Wunsch zu erfüllen

Schei·ßer *der*; *-s*, *-*; ***ein*** (***kleiner***) ***S.*** *vulg pej*; verwendet, um j-n zu bezeichnen, den man für nicht wichtig hält

Schei·ße·rei *die*; *-*; *nur Sg*; *vulg* ≈ Durchfall ⟨(die) S. haben⟩

Scheiß·haus *das*; *vulg* ≈ Toilette, Klo

Scheit *das*; *-(e)s*, *-e* / *südd* Ⓐ Ⓒⓗ *-er*; ein Stück Holz, das man im Ofen verbrennt ⟨ein paar Scheite auflegen, nachlegen⟩ || K-: ***Scheit-, -holz*** || -K: ***Holz-***

Schei·tel *der*; *-s*, *-*; **1** e-e Art Linie auf dem Kopf, die dadurch entsteht, dass man an dieser Stelle die Haare nach links u. nach rechts kämmt ⟨e-n S. ziehen; den S. rechts, links, in der Mitte tragen⟩ || -K: ***Mittel-, Seiten-*** **2** der (höchste) Punkt e-s Bogens, e-r Kurve od. e-s Winkels ⟨der S. e-r Flugbahn, e-s Gewölbes⟩ || ↑ *Abb. unter* ***Winkel*** || ID ***vom S. bis zur Sohle*** völlig ≈ von Kopf bis Fuß, ganz u. gar: *Er ist ein Gentleman vom S. bis zur Sohle* || *zu* **1 *schei·teln*** (*hat*) *Vt*

Schei·ter·hau·fen *der*; *hist*; ein Holzhaufen, auf dem man Menschen, die zum Tode verurteilt wurden, öffentlich verbrannte ⟨e-n S. errichten; Hexen, Ketzer auf dem S. verbrennen; auf dem S. sterben⟩

schei·tern; *scheiterte, ist gescheitert*; Vi **1** (***mit etw.***) (***an j-m*** / ***etw.***) ***s.*** (aus e-m bestimmten Grund) ein Ziel nicht erreichen ↔ Erfolg haben ⟨mit e-m Plan, e-m Projekt, e-m Vorhaben s.⟩: *Sie wollten ein neues Kraftwerk bauen, sind aber mit ihren Plänen am Widerstand der Bevölkerung gescheitert* **2 *etw. scheitert*** (***an j-m*** / ***etw.***) etw. misslingt, etw. wird kein Erfolg: *Ihr Plan, ein eigenes Geschäft zu kaufen, ist an*

S

der Finanzierung gescheitert; Ihre Ehe ist schon nach kurzer Zeit gescheitert || ID ***etw. ist zum Scheitern verurteilt*** etw. kann keinen Erfolg haben ⟨von Anfang an, von vornherein zum Scheitern verurteilt sein⟩

Schel·le[1] *die; -, -n;* **1** e-e kleine Glocke in der Form e-r Kugel: *ein Pferdeschlitten mit Schellen* **2** *ohne Artikel, nur Pl;* e-e Spielfarbe im deutschen Kartenspiel, die als Symbol Schellen[1] (1) hat od. e-e Karte dieser Farbe || ↑ *Abb. unter* **Spielkarten** || NB: ↑ **Herz** (6,7) **3** *südd* ≈ Klingel

Schel·le[2] *die; -, -n;* e-e Art runde Klammer, die man um ein Rohr legt, um es irgendwo zu befestigen

schel·len; *schellte, hat geschellt; südd* Ⓒⓗ [Vi] **1** ≈ läuten ⟨die Klingel schellt; an der Tür s.⟩; [Vimp] **2** ***es schellt*** j-d läutet (an der Tür)

Schell·fisch *der;* ein Fisch, der in kalten Meeren lebt u. viel gegessen wird

Schelm *der; -(e)s, -e;* **1** *veraltet;* j-d, der gern Streiche spielt u. Witze macht || K-: ***Schelmen-, -roman, -streich*** **2** ein Kind (*bes* ein Junge), das gern Späße macht **3** Ⓒⓗ ≈ Dieb || *zu* **1** u. **2** **schel·misch** *Adj*

Schel·te *die; -; nur Sg;* e-e Äußerung, mit der man j-m deutlich sagt, dass man sich über ihn ärgert ≈ Tadel ⟨S. bekommen⟩

schel·ten; *schilt, schalt, hat gescholten; geschr;* [Vt/i] **1** ***(j-n) s.*** j-m deutlich sagen, dass man sich über ihn ärgert ≈ schimpfen, tadeln ↔ loben; [Vt] **2** ***j-n etw.*** (*Akk*) ***s.*** *veraltend;* j-n als etw. Negatives bezeichnen: *j-n e-n Dummkopf s.*

Sche·ma *das; -s, -ta / -s od Sche·men;* **1** e-e Zeichnung, in der die wichtigsten Merkmale e-r Sache dargestellt sind: *das S. e-r Konstruktion, e-r elektrischen Schaltung* || -K: ***Ablauf-, Schalt-, Schaltungs-*** **2** *oft pej;* e-e Vorstellung, die man davon hat, wie etw. geschehen soll u. nach der man immer wieder handelt ≈ Konzept ⟨ein festes, starres S.; etw. läuft nach e-m S. ab; nach e-m bestimmten S. arbeiten, vorgehen⟩ || -K: ***Denk-, Handlungs-*** || ID ***j-d / etw. passt nicht ins / passt in kein S.***; ***j-d / etw. lässt sich in kein S. pressen*** j-d / etw. ist ganz eigenartig, anders als normal; ***nach Schema F*** [ʃeːmaˈ|ɛf] *gespr pej;* ohne die besonderen Merkmale u. Verhältnisse des jeweiligen Einzelfalls zu berücksichtigen || *hierzu* **sche·ma·ti·sie·ren** (*hat*) *Vt;* **Sche·ma·tis·mus** *der; -, Sche·ma·tis·men*

Sche·ma·ta *Pl;* ↑ ***Schema***

sche·ma·tisch *Adj;* **1** in der Form e-s Schemas (1) ⟨e-e Abbildung, e-e Darstellung⟩ **2** *mst pej;* nach e-m Schema (2), ohne Überlegung ≈ mechanisch ⟨e-e Arbeit, e-e Tätigkeit⟩

Sche·mel *der; -s, -;* **1** ein niedriger Stuhl ohne Lehne ≈ Hocker || ↑ *Abb. unter* **Hocker** || -K: ***Küchen-, Melk-, Schuster-*** **2** ein sehr niedriger S. (1), auf den man im Sitzen die Füße legen kann ≈ Fußbank || -K: ***Fuß-***

Sche·men[1] *Pl;* ↑ ***Schema***

Sche·men[2] *die; Pl;* die Umrisse, Konturen e-r Person od. Sache ≈ Schatten (3): *Im Nebel waren die Bäume nur als Schemen zu erkennen* || NB: ↑ ***Schema*** || *hierzu* **sche·men·haft** *Adj*

Schen·ke *die; -, -n;* ein *mst* kleines, einfaches Lokal, in dem man Getränke bekommt || -K: ***Bauern-, Dorf-, Wald-***

Schen·kel *der; -s, -;* **1** der Teil des Beines zwischen Hüfte u. Knie ≈ Oberschenkel ⟨die Schenkel spreizen⟩: *sich vor Lachen auf die Schenkel schlagen* || K-: ***Schenkel-, -bruch, -knochen*** **2** das gebratene od. gekochte Bein e-s Tieres || -K: ***Enten-, Frosch-, Gänse-, Hühner-*** **3** *Math;* eine der beiden Linien, die e-n Winkel bilden || ↑ *Abb. unter* ***geometrische Figuren*** u. unter ***Winkel***

schen·ken; *schenkte, hat geschenkt;* [Vt] **1** ***(j-m) etw. s.*** (als Zeichen der Anerkennung, Freundschaft od. Liebe) j-m etw. geben, das er behalten kann ≈ j-m etw. zum Geschenk machen ⟨j-m etw. als / zum Andenken, zum Geburtstag, zu Weihnachten s.⟩: *Er schenkte ihr zum Abschied e-e Kette; Er bekam zu Weihnachten ein Fahrrad geschenkt* **2** ***etw. schenkt j-m etw.*** etw. bewirkt, dass j-d etw. sehr Positives bekommt ⟨j-m neue Kraft, neuen Lebensmut s.⟩ **3** ***sich*** (*Dat*) ***etw. s.*** *gespr;* etw., was einem Mühe macht, nicht tun: *Diese Arbeit kannst du dir schenken, ich mache sie schon* **4** ***e-m Kind das Leben s.*** ein Kind zur Welt bringen **5** ***j-m / etw. etw. s.*** *geschr;* verwendet zusammen mit e-m Substantiv, um ein Verb zu umschreiben; ***j-m / etw. seine Aufmerksamkeit s.*** ≈ j-n / etw. beachten; ***j-m / etw. Beachtung s.*** ≈ j-n / etw. beachten; ***j-m / e-m Tier die Freiheit s.*** ≈ j-n / ein Tier freilassen; ***j-m / etw. Gehör s.*** ≈ j-m / etw. zuhören; ***j-m / etw. Glauben s.*** ≈ j-m / etw. glauben; ***j-m sein Vertrauen s.*** ≈ j-m vertrauen || ID ***Geschenkt!*** *gespr;* das ist nicht nötig od. wichtig ≈ Vergiss es!, Lass nur!; ***etw. nicht (einmal) geschenkt haben wollen*** *gespr;* etw. nicht haben wollen, weil es einem überhaupt nicht gefällt; ***etw. ist (halb / fast) geschenkt*** *gespr;* etw. ist sehr billig; ***nichts geschenkt bekommen*** hart arbeiten müssen || ► ***Geschenk, beschenken***

Schen·kung *die; -, -en; Jur;* Geld od. etw. Wertvolles, das j-d e-m anderen (als Eigentum) gibt ⟨e-e S. machen⟩ || K-: ***Schenkungs-, -steuer, -urkunde***

schep·pern; *schepperte, hat gescheppert; gespr;* [Vi] **1** ***etw. scheppert*** etw. macht das Geräusch, das entsteht, wenn Dinge aus Metall zu Boden fallen ≈ etw. klappert, klirrt ⟨Büchsen, Eimer, Milchkannen⟩; [Vimp] **2** ***es scheppert*** *gespr;* es gibt e-n Unfall, Autos stoßen zusammen

Scher·be *die; -, -n;* **1** ein Stück e-s gebrochenen Gegenstandes aus Glas od. Porzellan: *Er hat sich an e-r S. geschnitten* || ↑ *Abb. unter* **Stück** || K-: ***Scherben-, -haufen*** || -K: ***Flaschen-, Glas-, Ton-*** **2** ***etw. geht in Scherben*** ≈ etw. zerbricht ⟨ein Fenster, ein Glas, ein Spiegel, e-e Vase *usw*⟩ || ID ***Scherben bringen Glück*** verwendet als formelhafte Redewendung, wenn man etw. aus Glas *o.Ä.* zerbricht

Sche·re *die; -, -n;* **1** ein Gerät, mit dem man *bes* Papier od. Stoff schneidet. Es besteht aus zwei scharfen, flachen Metallstücken, die an einem Ende e-n Griff (*mst* mit e-m Loch für e-n Finger) haben u. die beweglich in der Form e-s *X* miteinander verbunden sind ⟨e-e scharfe, spitze, stumpfe S.; e-e S. schleifen⟩ || ↑ *Abb. unter* **nähen** || -K: ***Blumen-, Draht-, Garten-, Geflügel-, Haut-, Nagel-, Papier-*** **2** der Teil des Körpers, mit dem ein Krebs, Skorpion *o.Ä.* Dinge greifen kann: *die kräftigen Scheren des Hummers* **3** ***die S. (zwischen etw.*** (*Dat*) ***u. etw.*** (*Dat*)) der Abstand zwischen zwei verschiedenen Dingen ⟨die S. zwischen Preisen u. Löhnen, Kosten u. Erträgen, Einnahmen u. Ausgaben⟩ || -K: ***Preis-, Lohn-*** || ID ***etw. fällt der S. zum Opfer*** etw. wird aus e-m geschriebenen Text gestrichen

sche·ren[1]; *schor, hat geschoren;* [Vt] **1** ***j-n / ein Tier / etw. s.*** die Haare sehr kurz schneiden ⟨j-s Kopf, j-s Haare, e-n Pudel, ein Schaf s.⟩ **2** ***etw. s.*** etw. durch Schneiden kürzer machen u. in e-e bestimmte Form bringen ⟨e-e Hecke, Sträucher s.⟩ || ► ***Schur***

sche·ren[2]; *scherte, hat geschert;* [Vt] *gespr;* **1** ***etw. schert j-n*** etw. ist so, dass es j-d beachtet ≈ etw. kümmert j-n ↔ etw. ist j-m gleichgültig: *Es scherte sie nicht, dass das Essen kalt war; Was schert mich das?;* [Vr] **2** ***sich um j-n / etw. s.*** j-n / etw. beachten ≈ sich um j-n / etw. kümmern: *Sie scherte sich nicht um das Verbot* || NB *zu* **1** u. **2**: *mst* verneint od. in e-r Frage || ID ***Scher dich nach Hause!*** *gespr!* geh nach Hause!; ***Scher dich zum Teufel!*** *gespr!* verwendet, um j-m auf unhöfliche Weise zu sagen, dass man ihn nicht mehr sehen will

Sche·ren·schlei·fer *der*; *-s*, *-*; j-d, der beruflich Messer u. Scheren scharf macht (schleift)

Sche·ren·schnitt *der*; e-e Figur *o.Ä.*, die aus e-m Blatt Papier ausgeschnitten wurde

Sche·re·rei *die*; *-*, *-en*; *mst Pl*, *gespr*; Mühe u. Ärger ≈ Unannehmlichkeit ⟨j-m Scherereien machen, ersparen; Scherereien mit j-m / etw. haben⟩

Scherf·lein *das*; *mst in* ***ein / sein S.*** **(*zu etw.*)** ***beitragen / beisteuern*** e-n (kleinen) *mst* finanziellen Beitrag zu etw. geben

Scher·ge *der*; *-n*, *-n*; *geschr pej*; j-d, der im Auftrag e-r Regierung *o.Ä.* Gewalt ausübt: *die Schergen des faschistischen Regimes* || NB: *der Scherge*; *den, dem, des Schergen*

Scherz *der*; *-es*, *-e*; **1** etw., das man sagt od. tut, um j-n zum Lachen zu bringen ≈ Spaß, Witz ⟨ein gelungener, harmloser S.; e-n S. machen; seine Scherze über j-n / etw. machen, mit j-m treiben; sich (*Dat*) e-n S. mit j-m erlauben; etw. aus / im / zum S. sagen, tun⟩ || K-: ***Scherz-, -artikel, -frage*** || -K: ***April-*** **2** ***ein schlechter S.*** etw. Unangenehmes, das j-d j-m antut **3** **(*ganz*)** ***ohne S.*** verwendet, um auszudrücken, dass etw. wahr ist (obwohl es unwahrscheinlich klingt) ≈ im Ernst **4** ***S. beiseite*** verwendet, um auszudrücken, dass man nach einigen scherzhaften Bemerkungen jetzt etw. Ernstes sagen will || ID ***Mach keinen S. / keine Scherze!*** *gespr*; verwendet, um seine Verwunderung über etw. auszudrücken, das j-d gerade gesagt hat; *mst* ***… u. all solche / ähnliche Scherze*** *gespr*; … u. noch mehr solche unwichtigen / lächerlichen Dinge

Scherz·bold *der*; *-(e)s*, *-e*; *gespr*; j-d, der oft Scherze macht ≈ Witzbold

scher·zen; *scherzte, hat gescherzt*; [Vi] *geschr*; **1** **(*über j-n / etw.*)** ***s.*** e-n Scherz, Scherze machen ≈ spaßen, witzeln **2** ***mit j-m s.*** ≈ mit j-m schäkern, flirten || ID ***Sie belieben zu s.!*** *hum*; das kann nicht ernst gemeint sein; ***mit etw. ist nicht zu s.*** man muss etw. (*z.B.* e-e Krankheit) ernst nehmen, damit vorsichtig sein

scherz·haft *Adj*; ⟨e-e Frage, e-e Übertreibung⟩ als Scherz gemeint, nicht (ganz) ernst gemeint ↔ ernsthaft || *hierzu* **Scherz·haf·tig·keit** *die*; *nur Sg*

Scherz·keks *der*; *gespr*; (*bes* von Jugendlichen verwendet) ≈ Scherzbold

scheu *Adj*; **1** (verwendet in Bezug auf Tiere) bereit zu fliehen, wenn Menschen kommen ↔ zutraulich, zahm ⟨ein Reh, ein Vogel *usw*⟩: *Der Lärm hier macht die Pferde s.* **2** *mst* aus Unsicherheit sehr zurückhaltend ≈ schüchtern ↔ selbstbewusst ⟨s. sein, wirken⟩ **3** ⟨ein Blick, ein Lächeln⟩ so, dass sie die ängstliche Zurückhaltung des Betreffenden zeigen

-scheu *im Adj*, *begrenzt produktiv*; drückt aus, dass der Betreffende j-n / etw. meidet od. vor etw. Angst hat; ***arbeitsscheu, ehescheu, männerscheu, menschenscheu, wasserscheu***

Scheu *die*; *-*; *nur Sg*; **1** ***die S.*** **(*vor j-m / etw.*)** die Eigenschaft, scheu (1) zu sein: *Die Rehe ließen sich ohne S. streicheln* **2** ***die S.*** **(*vor j-m / etw.*)** die Angst vor dem Kontakt mit j-m / etw. ⟨seine S. überwinden, ablegen; keine S. zeigen⟩ || -K: ***Menschen-*** **3** ***die S.*** **(*vor j-m / etw.*)** die Abneigung gegen etw. || -K: ***Arbeits-, Wasser-***

scheu·chen; *scheuchte, hat gescheucht*; [Vt] **1** ***ein Tier*** **(*irgendwohin*)** ***s.*** mit lautem Rufen od. kräftigen Bewegungen e-m Tier Angst machen (damit es flieht) ≈ (ver)treiben: *Wespen vom Kuchen s.* **2** ***j-n s.*** j-m befehlen, etw. sehr schnell zu tun ≈ hetzen

scheu·en; *scheute, hat gescheut*; [Vt] **1** ***etw. s.*** versuchen, etw. zu vermeiden ⟨Auseinandersetzungen, Kämpfe s.; keine Arbeit, keine Mühen, keine Kosten s.⟩: *Sie hat den weiten Weg nicht gescheut, um ihn zu besuchen*; [Vi] **2** ⟨*mst* ein Pferd⟩ ***scheut*** **(*vor etw.*** (*Dat*)**)** ein Pferd erschrickt u. versucht zu fliehen: *Das Pferd scheute vor dem Hindernis*; [Vr] **3** ***sich*** **(*vor etw.*** (*Dat*)**)** ***s.*** etw. nicht tun, weil man Bedenken hat: *Sie scheute sich* (davor), *ihn* zu *verraten*

scheu·ern; *scheuerte, hat gescheuert*; [Vt] **1** ***etw. s.*** etw. durch kräftiges Reiben (mit Lappen, Wasser u. Putzmittel) sauber machen ≈ schrubben, putzen ⟨das Bad, den Fußboden, e-n Kochtopf, e-e Pfanne s.⟩ || K-: ***Scheuer-, -lappen, -mittel, -sand, -tuch*** **2** ***etw. scheuert j-n wund***; ***etw. scheuert j-m etw. wund*** etw. reibt so, dass dadurch etw. beschädigt od. j-d verletzt wird: *Die Schuhe haben mir die Fersen wund gescheuert* **3** ***sich*** (*Dat*) ***etw. s.*** sich an e-m Körperteil verletzen, weil dort etw. Raues *o.Ä.* reibt: *sich die Knie wund s.* || ID ***j-m eine s.*** *gespr*; j-m e-e Ohrfeige geben ≈ j-m eine kleben; ***eine gescheuert bekommen / kriegen*** *gespr*; e-e Ohrfeige bekommen

Scheu·klap·pe *die*; *mst Pl*; *mst in* ***Scheuklappen*** **(*vor den Augen*)** ***haben*** die Wirklichkeit nicht sehen wollen od. können

Scheu·ne *die*; *-*, *-n*; ein Gebäude, in dem ein Bauer *bes* Heu u. Stroh aufbewahrt || K-: ***Scheunen-, -tor***

Scheu·nen·dre·scher *der*; *mst in* ***essen / reinhauen wie ein S.*** *gespr*; sehr viel essen

Scheu·sal *das*; *-s*, *-e*; *pej*; **1** ein gemeiner od. brutaler Mensch **2** ein hässliches u. gefährliches Tier ≈ Ungeheuer

scheuß·lich *Adj*; **1** sehr hässlich ≈ abscheulich ⟨ein Anblick; s. aussehen⟩ **2** unangenehm (intensiv) ⟨ein Geschmack, ein Lärm, ein Wetter; etw. riecht, schmeckt s.; s. kalt, heiß, laut⟩ **3** mit großer Brutalität ≈ abscheulich ⟨ein Verbrechen⟩ || *hierzu* **Scheuß·lich·keit** *die*

Schi *usw* ↑ ***Ski*** *usw*

Schicht *die*; *-*, *-en*; **1** e-e Masse (*mst* e-e Substanz) in e-r relativ flachen u. breiten Form, die über od. unter etw. anderem liegt ≈ Lage: *Pflanzensamen mit e-r dünnen S. Erde bedecken*; *Die oberen Schichten der Atmosphäre sind ziemlich kalt* || K-: ***Schicht-, -gestein***; ***-kuchen*** || -K: ***Boden-, Erd-***; ***Dämm-, Isolier-***; ***Dunst-, Eis-, Farb-, Luft-, Öl-, Ozon-, Rost-, Ruß-, Schmutz-, Schnee-, Staub-, Wachs-***; ***Fett-, Speck-***; ***Schutz-*** **2** der Teil der Bevölkerung, der ungefähr gleich viel verdient u. in ähnlichen Verhältnissen lebt ⟨e-e soziale, die besitzende, gebildete S.; die untere, obere S.⟩ || K-: ***schichten-, -spezifisch*** || -K: ***Arbeiter-, Mittel-, Ober-, Unter-***; ***Bevölkerungs-, Führungs-, Gesellschafts-*** || NB: ↑ ***Klasse***[2] (1), ***Stand***[2] (1) **3** der Abschnitt des Arbeitstages in e-m Betrieb *o.Ä.*, in dem durchgehend gearbeitet wird ⟨die S. wechseln⟩: *Die S. dauert von zwei bis zehn Uhr* || K-: ***Schicht-, -arbeit, -arbeiter, -dienst*** || -K: ***Arbeits-, Sonder-***; ***Sonntags-***; ***Früh-, Spät-, Tag-, Nacht-*** **4** die Gruppe von Menschen, die in e-r S. (3) arbeitet ⟨in Schichten arbeiten⟩: *Die erste S. fängt um acht Uhr zu arbeiten an, die zweite um vier u. die dritte um zwölf Uhr nachts* || K-: ***Schicht-, -ablösung, -wechsel***

schich·ten; *schichtete, hat geschichtet*; [Vt] ***etw.*** (*Kollekt od Pl*) ***s.*** etw. in Schichten (1) aufeinander legen ≈ stapeln: *Holz s.*

Schich·tung *die*; *-*, *-en*; der Aufbau in verschiedenen Schichten (1): *die S. e-s Berges untersuchen*

schick *Adj*; **1** elegant u. modern ≈ chic ⟨ein Anzug, ein Kleid; ein Auto, ein Apartment⟩ **2** so, dass es der Mode entspricht ≈ in[2]: *Es gilt gerade als s., Golf zu spielen* || *hierzu* **Schick** *der*; *-(e)s*; *nur Sg*

schị·cken[1]; *schickte, hat geschickt*; [Vt] **1** ***(j-m) etw. s.***; ***etw. (an j-n / irgendwohin) s.*** j-m (per Post *o.Ä.*) etw. bringen lassen, etw. irgendwohin bringen lassen ≈ senden ↔ bekommen, erhalten ⟨j-m e-n Brief / ein Paket s.; j-m Blumen s.; e-n Brief / ein Paket / Blumen an j-n s.⟩: *Mein Großvater hat mir Geld geschickt*; *Zum Geburtstag schickte er mir e-n Strauß Blumen*; *sich e-e Hose von e-m Versandhaus s. lassen* || NB: *senden* gehört e-r gehobeneren Stilebene an als *s.* **2** ***j-n (irgendwohin / zu j-m) s.*** j-n auffordern, bitten *o.Ä.*, irgendwohin zu gehen: *die Kinder ins Bett s.*; *j-n zum Arzt s.*; *Die Firma schickt ihn oft ins Ausland*; [Vt/i] **3** ***(j-n) nach j-m / etw. s.***; ***(j-n) um j-n / etw. s.*** j-n bitten od. beauftragen, j-n / etw. zu holen ≈ j-n / etw. holen lassen: *(den Nachbarn) nach dem Arzt s.*; *nach dem Krankenwagen s.*

schị·cken[2], **sich**; *schickte sich, hat sich geschickt*; [Vr] **1** ***etw. schickt sich*** *geschr* ≈ etw. ist schicklich, gehört sich: Es *schickt sich nicht, beim Essen die Ellenbogen auf dem Tisch* zu *haben* || NB: oft verneint **2** ***sich in etw.*** (*Akk*) ***s.*** *geschr*; sich in etw. fügen, sich mit etw. abfinden **3** ***sich s.*** *südd gespr* ≈ sich beeilen

Schi·cke·ria *die*; -; *nur Sg*, *gespr pej*; e-e Gruppe von wohlhabenden, modisch gekleideten Leuten, die sich bei vielen gesellschaftlichen Anlässen treffen u. sich für sehr wichtig halten

Schị·cki·mị·cki *der*; *-s, -s*; *gespr pej*; j-d, der sehr teure u. elegante Kleidung trägt, *bes* um andere Leute zu beeindrucken

schịck·lich *Adj*; *geschr*; der jeweiligen Situation angemessen ≈ passend (2) ⟨j-s Verhalten, j-s Benehmen, j-s Kleidung; nicht s. sein; etw. nicht s. finden⟩ || *hierzu* **Schịck·lich·keit** *die*; *nur Sg*

Schịck·sal *das*; *-s, -e*; **1** *nur Sg*; e-e (höhere) Macht, von der manche glauben, sie könne das Leben e-s Menschen bestimmen: *Das S. war sehr grausam zu ihr / hat sie hart getroffen*; *Ich wollte immer Schauspieler werden, aber das S. hat es anders entschieden* || K-: ***Schicksals-, -fügung, -göttin, -tragödie, -wende***; ***schicksals-, -bedingt, -gläubig*** **2** die Ereignisse, die das Leben od. das Glück e-r Person bestimmen, ohne dass sie daran etw. ändern kann ≈ Los (3) ⟨ein schweres, trauriges S. haben; sich mit seinem S. abfinden; sich in sein S. ergeben; mit dem S. hadern; sein S. ertragen, meistern⟩ || K-: ***Schicksals-, -gefährte, -genosse, -wende***; ***schicksals-, -voll*** || -K: ***Emigranten-, Flüchtlings-, Lebens-*** **3** ***j-d ist j-s S.*** j-d ist für j-s Leben sehr wichtig u. entscheidend: *Sie wusste sofort, dass dieser Mann ihr S. war* || ID ***j-n seinem S. überlassen*** sich nicht mehr für j-n interessieren (u. ihm nicht mehr helfen); ***S. spielen*** *gespr*; versuchen, etw. nach seinem eigenen Wunsch zu beeinflussen || NB: ↑ ***Zufall, Verhängnis***

Schịck·sals·schlag *der*; ein sehr schlimmes Ereignis, das das Leben e-s Menschen sehr negativ verändert

Schie·be·dach *das*; der Teil des Daches (bei manchen Autos), den man öffnen kann || ↑ *Abb. unter* **Auto**

schie·ben; *schob, hat geschoben*; [Vt/i] **1** ***(etw.) (irgendwohin) s.*** etw. *mst* relativ langsam durch Drücken irgendwohin bewegen, ohne dass der Kontakt zum Boden aufgehoben wird ↔ ziehen (1): *e-n Kinderwagen s.*; *e-n Einkaufswagen (durch den Supermarkt) s.*; *ein Fahrrad (bergauf) s.*; *den Kuchen in den Ofen s.*; *den Stuhl näher an den Tisch s.*; *Sie schoben den schweren Schrank zur Seite* || K-: ***Schiebe-, -fenster, -tür*** **2** ***(j-n (irgendwohin)) s.*** j-n mit der Hand od. der Schulter irgendwohin stoßen od. drängen: *Sie schob die Kinder ins Auto* **3** ***(etw.) s.*** *gespr*; illegale Geschäfte machen ⟨Devisen s.⟩; [Vt] **4** ***etw. auf j-n / etw. s.*** j-n / etw. für etw. Negatives (*z.B.* e-n Fehler) verantwortlich machen (*mst* obwohl er es nicht ist) ⟨die Schuld, die Verantwortung, e-n Verdacht auf j-n s.⟩ **5** ***etw. (weit) von sich s.*** behaupten, dass man mit e-r bestimmten Angelegenheit nichts zu tun habe ⟨e-n Vorwurf von sich s.⟩; [Vr] **6** ***etw. schiebt sich irgendwohin*** etw. bewegt sich langsam irgendwohin: *E-e Wolke schob sich vor die Sonne* **7** ***j-d schiebt sich nach vorn*** j-d wird bei e-m Rennen *o.Ä.* schneller u. kommt in e-e bessere Position

Schie·ber *der*; *-s, -*; j-d, der illegale Geschäfte macht ≈ Schwarzhändler || K-: ***Schieber-, -geschäft*** || -K: ***Devisen-, Waffen-***

Schie·bung *die*; *-, -en*; *mst Sg*, *gespr*; **1** e-e Handlung, durch die j-d begünstigt wird ≈ Manipulation, Schwindel **2** ein illegales Geschäft

schied *Imperfekt, 1. u. 3. Person Sg*; ↑ ***scheiden***

Schieds·ge·richt *das*; **1** *Jur*; e-e Art Gericht, das anstelle e-s staatlichen Gerichts *z.B.* bei internationalen Streitigkeiten eingesetzt wird, *mst* weil beide Parteien darum gebeten haben **2** *Sport* ≈ Jury

Schieds·rich·ter *der*; **1** *Sport*; die Person, die darauf achtet, dass die Spieler sich an die (Spiel)Regeln halten ⟨der S. leitet die Partie, pfeift das Spiel an / ab, verwarnt e-n Spieler, stellt e-n Spieler vom Platz⟩ || K-: ***Schiedsrichter-, -entscheidung, -lehrgang*** || -K: ***Eishockey-, Fußball-, Handball-, Volleyball-*** **2** ein Richter, der Mitglied e-s Schiedsgerichts (1) ist **3** e-e Person, e-e Institution *o.Ä.*, die bei e-m Streit die Entscheidung fällen soll, weil sie neutral ist

Schieds·spruch *der*; *Jur*; die Entscheidung e-s Schiedsgerichts (1)

schief *Adj*; **1** nicht gerade, sondern so, dass es mit e-r senkrechten od. waagrechten Linie od. Fläche e-n (spitzen) Winkel bildet: *e-e schiefe Mauer*; *den Kopf s. halten*; *Er hat e-e schiefe Nase*; *Das Bild hängt s. an der Wand* || ↑ *Abb. unter* **Eigenschaften** || NB: ↑ ***schräg*** **2** ⟨ein Vergleich, e-e Darstellung⟩ so, dass sie die Realität zum Teil od. ganz falsch darstellen ≈ falsch **3** ***ein schiefes Bild von etw. haben*** *gespr*; e-n falschen Eindruck von etw. haben **4** ***j-n s. ansehen*** *gespr*; sich misstrauisch gegenüber j-m verhalten

> **schief ge·hen**; *ging schief, ist schief gegangen*; [Vi] ***etw. geht schief*** *gespr*; etw. hat nicht das Ergebnis, das man erwartet hat ↔ etw. gelingt: *Die Prüfung ist total schief gegangen* || ID *mst* ***Das wird schon s. g.!*** *gespr iron*; es wird sicher keine Probleme geben
>
> **schief ge·wi·ckelt** *Adj*; *mst in* ***Da bist du (aber) s. g.!*** *gespr*; in diesem Fall irrst du dich
>
> **schief la·chen, sich**; *lachte sich schief, hat sich schief gelacht*; [Vr] ***sich (über j-n / etw.) s. l.*** *gespr*; kräftig lachen ≈ sich totlachen
>
> **schief lie·gen**; *lag schief, hat schief gelegen*; [Vi] ***(mit etw.) s. l.*** *gespr*; in seiner Meinung nicht Recht haben ≈ sich irren: *Da liegst du aber ganz schön schief*

Schie·fer *der*; *-s, -*; **1** ein dunkelblaues Gestein mit dünnen, flachen Stücken, mit dem man *bes* Dächer deckt || K-: ***Schiefer-, -bergbau, -dach, -platte, -tafel*** **2** *südd* Ⓐ ein sehr kleines u. spitzes Stück Holz ≈ Splitter || *zu* **1** **schie·fe·rig**, **schief·rig** *Adj*; **schie·fern** *Adj*

schie·len; *schielte, hat geschielt*; [Vi] **1** e-n Sehfehler haben, bei dem die Augen von der normalen, parallelen Lage abweichen **2** ***irgendwohin s.*** *gespr*;

heimlich versuchen, etw. Bestimmtes zu sehen ⟨durch das Schlüsselloch s.; über den Zaun s.; um die Ecke s.⟩ **3** ***nach etw. s.*** etw. unbedingt haben wollen

schien *Imperfekt, 1. u. 3. Person Sg*; ↑ ***scheinen***

Schien·bein *das*; der vordere Knochen des Beines unter dem Knie ⟨j-m gegen das S. treten; sich (*Dat*) das S. brechen⟩ || ↑ *Abb. unter* ***Mensch, Skelett*** || K-: ***Schienbein-, -bruch, -schoner, -schützer***

Schie·ne *die*; -, -*n*; **1** eines der beiden langen u. schmalen Stücke aus Stahl, auf denen Züge od. Straßenbahnen fahren: *Die Straßenbahn ist aus den Schienen gesprungen* || K-: ***Schienen-, -bahn, -fahrzeug, -netz, -verkehr, -weg*** || -K: ***Eisenbahn-, Straßenbahn-; Strom-*** || NB: ↑ ***entgleisen*** **2** e-e Vorrichtung, auf der etw. (*z.B.* ein Wagen, ein Fahrzeug) *mst* auf Rollen bewegt werden kann: *die Schiene in e-r Gardinenstange* || -K: ***Leit-, Rillen-*** **3** e-e Art Stange, die als Stütze dient (um *z.B.* e-n gebrochenen Arm ruhig zu stellen) || -K: ***Arm-, Bein-***

schier[1] [ʃiːɐ] *Adv* ≈ beinahe, fast ⟨etw. ist s. unmöglich⟩

schie·r-[2] [ʃiːɐ] *Adj*; *nur attr, ohne Steigerung, nicht adv*; **1** nicht mit e-m anderen Material vermischt ≈ rein- **2** ⟨e-e Lüge, Dummheit, Frechheit⟩ ≈ eindeutig-

Schieß·be·fehl *der*; der Befehl (*mst* bei der Polizei u. beim Militär), auf j-n zu schießen

Schieß·bu·de *die*; e-e Bude (1) auf dem Jahrmarkt, bei der man auf etw. schießen kann || K-: ***Schießbuden-, -besitzer***

Schieß·bu·den|fi·gur *die*; *gespr pej*; j-d, über den alle lachen u. den niemand ernst nimmt ≈ Witzfigur

Schieß·ei·sen *das*; *gespr hum*; ein Gewehr od. e-e Pistole

schie·ßen[1]; *schoss, hat geschossen*; Vi **1** ***(mit etw.) (auf j-n / etw.) s.*** mit e-r Waffe *bes* e-e Kugel od. e-n Pfeil in die Richtung e-r Person od. Sache fliegen lassen, um diese zu treffen ⟨mit e-r Pistole, mit e-m Gewehr s.⟩: *„Hände hoch, od. ich schieße!"; Die Terroristen schossen auf den Präsidenten* || K-: ***Schieß-, -sport, -übung*** || NB: ↑ ***treffen*** (1) **2** ***etw. schießt irgendwie*** e-e (Schuss)Waffe funktioniert irgendwie: *Dieses Gewehr / diese Flinte schießt gut*; Vt/i **3** ***j-m / sich (etw.) irgendwohin s.*** j-n / sich an e-r bestimmten Körperstelle durch e-n Schuss aus e-r Waffe verletzen: *sich e-e Kugel durch den Kopf s.; e-m Räuber e-e Kugel ins Bein s.* **4** ***(etw. irgendwohin) s.*** in e-m Spiel (*z.B.* beim Fußball) e-n Ball irgendwohin schlagen: *den Ball ins Tor / ins Aus s.*; *Schieß doch endlich!*; Vt **5** ***ein Tier s.*** ein Tier durch e-n Schuss aus e-r Waffe töten: *Auf der Jagd schoss er ein Reh* || NB: ↑ ***erschießen*** **6** ***ein Tor s.*** in e-m Spiel (wie *z.B.* Fußball) den Ball mit e-m Schuss (5) ins Tor bringen **7** ***ein Bild, ein Foto (von j-m / etw.) s.*** *gespr*; ein Bild, ein Foto machen

schie·ßen[2]; *schoss, ist geschossen*; Vi **1** ***irgendwohin s.*** *gespr*; sich mit sehr viel Kraft in e-e bestimmte Richtung bewegen: *Er schoss mit seinem Auto plötzlich um die Kurve*; *Plötzlich kam er in mein Zimmer geschossen* **2** ***etw. schießt irgendwohin*** etw. fließt mit sehr starkem Druck in e-e bestimmte Richtung: *Das Wasser schoss aus dem Rohr* **3** *gespr*; sehr schnell wachsen: *Ihr Sohn ist in die Höhe geschossen*; *Bei diesem Wetter schießt der Salat*

Schie·ßen *das*; -*s*; *nur Sg*; e-e *mst* sportliche Veranstaltung, bei der man schießt[1] (1) || -K: ***Bogen-, Gefechts-, Preis-, Scheiben-, Sport-, Wett-*** || ID ***etw. geht aus wie das Hornberger S.*** *gespr*; etw. bringt trotz vieler Vorbereitungen kein Ergebnis; ***j-d / etw. ist zum S.*** *gespr*; j-d / etw. ist sehr lustig u. komisch: *Die Clowns im Zirkus waren zum S.*

Schie·ße·rei *die*; -, -*en*; e-e Situation, in der zwei od. mehrere Personen aufeinander schießen

Schieß·ge·wehr *das*; (von u. gegenüber Kindern verwendet) ≈ Gewehr

Schieß·pul·ver *das*; ein explosives Material aus verschiedenen Substanzen in der Form e-s Pulvers || ID *mst* ***Er / Sie hat das S. (auch) nicht (gerade) erfunden*** *gespr hum*; er / sie ist nicht besonders intelligent

Schieß·schar·te *die*; *hist*; e-e Lücke in e-r Mauer (*z.B.* bei e-r Burg), durch die man auf den Feind schießen konnte

schieß·wü·tig *Adj*; *pej*; ⟨ein Polizist, ein Soldat, ein Jäger⟩ so, dass sie ohne Grund od. rücksichtslos (u. oft) schießen[1] (1)

Schiff[1] *das*; -*(e)s*, -*e*; ein großes Fahrzeug für das Wasser, auf dem Menschen od. Waren transportiert werden ⟨das S. läuft aus, läuft vom Stapel, legt an, liegt vor Anker, liegt im Hafen; ein S. versenken; ein S. entern, kapern; an Bord e-s Schiffes⟩: *Der vordere Teil e-s Schiffes heißt „Bug", der hintere „Heck"* || K-: ***Schiff(s)-, -bau; Schiffs-, -besatzung, -eigentümer, -flagge, -fracht, -führung, -kapitän, -kiel, -koch, -kollision, -küche, -ladung, -last, -mannschaft, -modell, -name, -papiere, -reise, -rumpf, -tau, -verkehr, -werft*** || -K: ***Expeditions-, Fähr-, Fracht-, Handels-, Kriegs-, Schlacht-; Fang-, Forschungs-, Rettungs-, Versorgungs-; Passagier-, Piraten-, Urlauber-, Wikinger-; Dampf-, Linien-, Segel-*** || NB: ↑ ***Boot***

Schiff[2] *das*; -*(e)s*, -*e*; *Archit*; der lange innere Raum e-r Kirche, der *mst* von Westen nach Osten geht || -K: ***Kirchen-; Haupt-, Mittel-, Neben-, Seiten-***

Schiffahrt *die*; *nur Sg*; ↑ ***Schifffahrt***

Schiff·bruch *der*; das Sinken od. die starke Beschädigung e-s Schiffes, in deren Folge alle Menschen von Bord gehen müssen ⟨S. erleiden⟩ || ID ***(mit etw. / bei etw.) S. erleiden*** (mit etw. / bei etw.) e-n Misserfolg haben || *hierzu* **schiff·brü·chig** *Adj*; **Schiff·brü·chi·ge** *der / die*; -*n*, -*n*

Schiff·chen *das*; -*s*, -; **1** ein kleines Schiff[1] (als Spielzeug *o.Ä.*) **2** *Mil*; e-e (Uniform)Mütze, die der Länge nach gefaltet ist

schif·fen; *schiffte, hat geschifft*; Vi **1** ⟨ein Mann⟩ ***schifft*** *vulg*; ein Mann entleert die Blase; Vimp **2** ***es schifft*** *gespr!* es regnet (stark)

Schif·fer *der*; -*s*, -; j-d, der beruflich ein Schiff führt

Schif·fer·kla·vier *das* ≈ Akkordeon

Schiff·fahrt *die*; *nur Sg*, *Kollekt*; der gesamte Verkehr der Schiffe auf dem Wasser || K-: ***Schifffahrts-, -kanal, -kunde, -linie, -weg*** || -K: ***Binnen-, Handels-, Küsten-, Linien-, See-***

Schiff·schau·kel *die*; e-e große Schaukel auf e-m Jahrmarkt, die aussieht wie ein Boot

Schiffs·jun·ge *der*; ein junger Mann, der auf e-m Schiff e-e Ausbildung zum Matrosen macht

Schiffs·schrau·be *die*; e-e Art Propeller hinten am Schiff unter der Wasseroberfläche

Schi·it [ʃiˈiːt] *der*; -*en*, -*en*; ein Angehöriger e-r islamischen Religion, die *bes* im Iran verbreitet ist || K-: ***Schiiten-, -führer*** || NB: *der Schiit*; *den, dem, des Schiiten* || *hierzu* **schi·i·tisch** *Adj*

Schi·ka·ne *die*; -, -*n*; **1** e-e Handlung (*mst* e-s Vorgesetzten od. e-r Behörde), durch die j-d unnötige Arbeit od. Schwierigkeiten bekommt **2** *Sport*; (beim Autorennen) ein schwieriger Teil der Strecke, bei dem man langsamer fahren muss || ID ***mit allen Schikanen*** *gespr*; mit sehr viel Komfort u. Luxus: *ein Auto mit allen Schikanen* || *zu* **1** **schi·ka·nös** *Adj*

schi·ka·nie·ren; *schikanierte, hat schikaniert*; Vt ***j-n s.*** (*bes* als Vorgesetzter) j-m unnötige Arbeit geben od. ihm Schwierigkeiten machen ≈ drangsalieren: *Der Chef schikaniert die ganze Abteilung*

Schi·ko·ree *der / die*; ***Chicorée***

Schild[1] *das*; *-(e)s, -er*; **1** e-e Tafel od. e-e Platte, auf denen etw. geschrieben od. gezeichnet steht ⟨ein S. anbringen, aufstellen⟩ || -K: ***Holz-, Messing-; Hinweis-, Stopp-, Warn-; Orts-, Straßen-, Verkehrs-; Firmen-, Wirtshaus-; Tür-; Nummern-, Reklame-*** **2** ≈ Etikett: *das S. von e-m neuen Kleid / von e-r Flasche entfernen* || -K: ***Preis-, Waren-***

Schild[2] *der*; *-(e)s, -e*; **1** *hist*; e-e große Platte aus Metall, Holz od. Leder, die (im Altertum u. im Mittelalter) Soldaten trugen, um sich vor Pfeilen, Speeren, Stößen *o.Ä.* zu schützen || -K: ***Schutz-*** **2** *Tech*; e-e äußere Hülle aus Beton, die verhindern soll, dass radioaktive Strahlen aus e-m Reaktorkern nach außen kommen || ID ***etw.*** (***gegen j-n / etw.***) ***im Schilde führen*** etw. heimlich planen (das gegen j-n gerichtet ist); ***j-n auf den S. heben*** *geschr*; j-n zum Anführer machen

Schild·bür·ger|streich *der*; e-e Maßnahme (oft von e-r Behörde *o.Ä.*), bei der in der Planungsphase etw. Wesentliches nicht berücksichtigt wurde u. die sich deswegen als Idiotie herausstellt

Schild·drü·se *die*; ein Organ im Hals, das Hormone produziert, die für das Wachstum u. für die Entwicklung des Körpers sehr wichtig sind. Diese Drüse liegt dicht unter dem Kehlkopf an der Luftröhre || K-: ***Schilddrüsen-, -hormon, -überfunktion, -unterfunktion***

schil·dern; *schilderte, hat geschildert*; [Vt] **1** (***j-m***) ***etw. s.*** etw. so erzählen, dass sich der Leser od. Zuhörer die Situation od. die Atmosphäre gut vorstellen kann ⟨etw. anschaulich, lebhaft s.⟩: *j-m die Eindrücke s., die man auf e-r Reise gewonnen hat* **2** ***j-n s.*** j-s Charakter, Eigenschaften, Verhalten *o.Ä.* genau beschreiben || *hierzu* **Schil·de·rung** *die*

Schil·der·wald *der*; *Kollekt, gespr*; e-e verwirrende Menge von Verkehrsschildern (an einer Stelle)

Schild·krö·te *die*; ein Tier, das im Wasser u. auf dem Land lebt u. dessen Körper mit e-m harten Panzer bedeckt ist. Die S. kann ihre Beine u. ihren Kopf bei Gefahr ganz unter diesen Panzer ziehen || K-: ***Schildkröten-, -suppe*** || -K: ***Land-, Meeres-, Riesen-***

Schild·patt *das*; *-(e)s*; *nur Sg*; e-e harte Platte, die man aus dem Panzer e-r Schildkröte gewinnt: *Kämme aus S.*

Schilf *das*; *-(e)s, -e*; **1** *mst Sg*; e-e Pflanze mit dünnen, langen u. starken Stängeln, die ähnlich wie Gras ist u. die an nassen Stellen wächst: *S. wächst am Ufer e-s Sees* || K-: ***Schilf-, -dach, -gürtel, -matte; schilf-, -bewachsen*** **2** *nur Sg, Kollekt*; e-e Fläche, auf der S. (1) wächst ⟨im S.⟩ || *hierzu* **schil·fig** *Adj*

> **Friedrich von Schiller**
>
> Friedrich von Schiller ist neben Goethe der wichtigste literarische Vertreter der deutschen Klassik.
>
> Der Dramaturg, Dichter und Essayist wurde 1759 in Marbach in der Nähe von Stuttgart geboren. Er studierte Medizin und Jura. 1783 zog er als Hofdichter nach Mannheim, später unterrichtete er an der Universität Jena Geschichte. 1799 zog er nach Weimar um, wo die bereits bestehende tiefe Freundschaft zu Goethe zu einer fruchtbaren Zusammenarbeit der beiden Schriftsteller führte. Nach einer Lungenerkrankung starb er 1805 in Weimar.
>
> Seine berühmtesten Werke sind ***Die Räuber***, ***Kabale und Liebe***, die ***Wallenstein***-Trilogie, ***Maria Stuart*** und ***Wilhelm Tell***.

schil·lern; *schillerte, hat geschillert*; [Vi] ***etw. schillert*** etw. glänzt in verschiedenen Farben ⟨ein Kleid, ein Stoff, Seide; ein Käfer, ein Schmetterling; etw. schillert in allen Farben⟩

schil·lernd 1 *Partizip Präsens*; ↑ ***schillern*** **2** *Adj*; *mst attr*; ⟨ein Charakter, e-e Persönlichkeit⟩ so, dass man ihren wahren Charakter nicht erkennen kann ≈ undurchschaubar

Schil·ling *der*; *-s, -e*; *hist*; die ehemalige österreichische Währungseinheit: *ein S. hat 100 Groschen*

schilt *Präsens, 3. Person Sg*; ↑ ***schelten***

Schi·mä·re *die*; *-, -n*; *geschr*; e-e Hoffnung, e-e Idee, ein Traum *o.Ä.*, die niemals wahr werden können

Schim·mel[1] *der*; *-s, -*; ein weißes Pferd

Schim·mel[2] *der*; *-s*; *nur Sg*; e-e weiche, *mst* weiße od. grüne Schicht, die sich *z.B.* auf Brot u. Obst bildet, wenn diese zu lange in warmer u. feuchter Umgebung waren || K-: ***Schimmel-, -belag, -bildung, -fleck*** || *hierzu* **schim·me·lig**, **schimm·lig** *Adj*

schim·meln; *schimmelte, hat / ist geschimmelt*; [Vi] ***etw. schimmelt*** etw. bekommt Schimmel[2]: *Die Marmelade hat / ist geschimmelt* || ▶ ***verschimmeln***

Schim·mel·pilz *der*; e-e Art Pilz, der auf feuchten od. faulen organischen Stoffen entsteht ⟨etw. ist vom S. befallen⟩

Schim·mer *der*; *-s*; *nur Sg*; **1** der schwache Schein e-s Lichts ⟨ein matter, heller S.⟩: *der S. des Goldes, des Schmucks*; *der S. des Meeres am Abend* || -K: ***Abend-, Morgen-; Kerzen-, Licht-, Silber-, Sternen-*** **2** ***ein S.*** + *Gen* e-e leichte Spur, ein Hauch von etw.: *der S. e-s Lächelns* **3** ***ein S.*** + *Subst*; ***ein S. von etw.*** e-e geringe Menge von etw. ⟨ein S. von Anstand, Hoffnung⟩ || -K: ***Hoffnungs-*** || ID ***keinen*** (***blassen***) ***S.*** (***von etw.***) ***haben / nicht den geringsten S.*** (***von etw.***) ***haben*** *gespr*; von etw. sehr wenig od. nichts verstehen

schim·mern; *schimmerte, hat geschimmert*; [Vi] ***etw. schimmert*** etw. verbreitet ein schwaches Licht ⟨die Lampe, das Licht, die Kerze, das Mondlicht⟩

Schim·pan·se *der*; *-n, -n*; ein afrikanischer (Menschen)Affe mit braunem Fell || NB: *der Schimpanse; den, dem, des Schimpansen*

Schimpf *der*; *-(e)s*; *nur Sg*; *mst in* ***mit S. u. Schande*** so, dass der Betroffene gedemütigt u. verachtet wird: *j-n mit S. u. Schande verjagen*

schimp·fen; *schimpfte, hat geschimpft*; [Vt/i] **1** (***j-n***) ***s.*** seinen Ärger od. seine Wut über j-n od. etw. mit heftigen Worten zum Ausdruck bringen: *Sie hat Peter geschimpft, weil er seine Hausaufgaben nicht gemacht hat*; *Meine Frau schimpft den ganzen Tag*; [Vi] **2** ***mit j-m s.*** j-n mit heftigen Worten kritisieren: *Sie schimpft oft mit ihrer Tochter* **3** ***auf j-n / etw. s.***; ***über j-n / etw. s.*** ≈ s. (1): *auf die rücksichtslose Fahrweise der anderen Autofahrer s.*; *über den Lärm der Nachbarn s.*; [Vr] **4** ***j-d schimpft sich etw.*** *gespr iron*; j-d nennt sich etw. (ohne dabei die entsprechende Leistung zu bringen): *Er schimpft sich Arzt u. hat keine Ahnung von Anatomie*

Schimpf·ka·no·na·de *die*; *gespr*; ein sehr heftiges u. lautes Schimpfen (1) ⟨e-e S. loslassen⟩

schimpf·lich *Adj*; ⟨e-e Tat, ein Verhalten⟩ so, dass sie gegen gutes Benehmen, gegen die Ehre od. die Würde verstoßen ≈ schändlich

Schimpf·na·me *der*; ein beleidigender Name für j-n

Schimpf·wort *das*; *-(e)s, Schimpf·wör·ter*; ein derbes Wort, mit dem man seinen Ärger ausdrückt, j-n beleidigt *o.Ä.* ⟨ein derbes, grobes S.; Schimpfwörter gebrauchen⟩

Schin·del *die*; -, *-n*; ein dünnes, kleines Brett aus Holz. Mit Schindeln deckt man *z.B.* ein Dach || K-: ***Schindel-, -dach***

schin·den; *schindete, hat geschunden*; [Vt] **1** ***j-n / ein Tier s.*** j-n / ein Tier quälen, *bes* indem man sie sehr hart arbeiten lässt **2** ***Zeit s.*** *gespr*; auf unfaire Weise versuchen, Zeit zu gewinnen **3** (***bei j-m***) ***Eindruck s.*** *gespr*; sich mit allen Mitteln bemühen, j-n zu beeindrucken **4** (***bei j-m***) ***Mitleid s.*** *gespr*; mit allen Mitteln versuchen, in j-m ein Gefühl des Mitleids zu erwecken; [Vr] **5** ***sich s.*** sehr hart arbeiten || *zu* **1** **Schin·der** *der*; *-s, -*

Schin·de·rei *die*; -, *-en* ≈ Qual, Mühsal

Schind·lu·der *das*; *nur in* ***mit j-m / etw. S. treiben*** *pej*; j-n / etw. sehr schlecht behandeln: *mit seiner Gesundheit S. treiben* (= sehr ungesund leben)

Schin·ken *der*; *-s, -*; **1** geräuchertes, gekochtes od. getrocknetes Fleisch vom Bein *mst* e-s Schweines ⟨roher, gekochter, geräucherter S.; fetter, magerer, saftiger S.⟩ || K-: ***Schinken-, -brot, -brötchen, -speck, -wurst*** || -K: ***Räucher-, Schweine-*** **2** *gespr iron od pej*; ein sehr großes u. dickes Buch **3** *gespr iron od pej*; ein großes Bild von schlechter Qualität || -K: ***Öl-*** **4** *gespr iron od pej*; ein langes Theaterstück od. ein langer Film von schlechter Qualität

Schip·pe *die*; -, *-n*; *bes nordd* ≈ Schaufel || ID ***j-n auf die S. nehmen*** *gespr*; mit j-m e-n Spaß machen ≈ j-n auf den Arm nehmen

schip·pen; *schippte, hat geschippt*; [Vt/i] (***etw.***) ***s.*** ≈ schaufeln ⟨Schnee, Kohlen s.⟩

schip·pern; *schipperte, ist geschippert*; [Vi] *gespr*; ***irgendwohin s.*** e-e gemütliche Reise od. Fahrt auf e-m Schiff machen

Schi·ri *der*; *-s, -s*; *gespr, Sport* ≈ Schiedsrichter

Schirm[1] *der*; *-(e)s, -e*; **1** e-e Vorrichtung aus e-m großen Stück Stoff, das über e-n *mst* runden Rahmen gespannt ist, u. e-m Schaft (mit Griff). Sie dient als Schutz vor Regen od. Sonne ⟨den S. aufspannen, aufmachen, öffnen, schließen⟩ || K-: ***Schirm-, -griff, -hülle*** || -K: ***Regen-, Sonnen-; Damen-, Herren-; Garten-*** **2** der Teil der Lampe (*mst* aus Stoff od. Kunststoff), der über u. seitlich der Glühbirne ist, damit diese nicht blendet || -K: ***Lampen-*** **3** e-e Art Schild, das vor sehr hellem Licht od. vor starker Hitze schützt || -K: ***Augen-, Ofen-, Schutz-*** **4** der Teil e-r Mütze, der Augen u. Stirn (*mst* gegen die Sonne) schützt || K-: ***Schirm-, -mütze***

Schirm[2] *der*; *-(e)s, -e* ≈ Bildschirm ⟨etw. auf dem S. sehen⟩ || -K: ***Fernseh-, Radar-, Röntgen-***

Schirm·herr *der*; e-e wichtige Persönlichkeit, die e-e Veranstaltung, e-e Institution od. e-e Aktion fördert u. diese (*mst* nur der Form nach) leitet || *hierzu* **Schirm·her·rin** *die*; **Schirm·herr·schaft** *die*

Schirm·stän·der *der*; *mst* e-e Art Gestell, in das man Regenschirme stellen kann

Schi·rok·ko *der*; *-s, -s*; ein heißer Wind, der von der Wüste Nordafrikas in Richtung Südeuropa weht

Schis·ma *das*; *-s, Schis·men / Schis·ma·ta*; *geschr*; die Teilung e-r Gruppe, Institution (*mst* wegen e-s religiösen od. ideologischen Streits) || *hierzu* **schis·ma·tisch** *Adj*

schiss *Imperfekt, 1. u. 3. Person Sg*; ↑ ***scheißen***

Schiss *der*; *gespr!, mst in* ***S. haben*** ≈ Angst haben

Schi·zo·phre·nie [-f-] *die*; -; *nur Sg*; **1** *Med, Psych*; e-e psychische Krankheit, bei der j-d e-e Spaltung der Persönlichkeit erlebt u. die Realität nicht mehr richtig wahrnehmen kann **2** ≈ Absurdität, Widersprüchlichkeit ⟨die S. e-r Situation, j-s Verhaltens⟩ || *hierzu* **schi·zo·phren** *Adj*; **Schi·zo·phre·ne** *der / die*; *-n, -n*

schlab·be·rig ↑ ***schlabbrig***

schlab·bern; *schlabberte, hat geschlabbert*; *gespr*; [Vt/i] **1** ***ein Tier schlabbert*** (***etw.***) ein Tier nimmt Wasser *o.Ä.* mit schnellen Bewegungen der Zunge auf u. macht dabei laute Geräusche; [Vi] **2** ***etw. schlabbert*** ein (schlabbriges) Kleidungsstück bewegt sich locker hin u. her ⟨Röcke, Hosen, Pullover⟩

schlabb·rig *Adj*; *gespr, mst pej*; sehr weich u. locker (u. *mst* nicht sehr ordentlich) ⟨Kleider, Stoffe⟩

Schlacht *die*; -, *-en*; **1** ein schwerer Kampf zwischen militärischen Einheiten (Truppen) im Krieg ⟨e-e blutige, entscheidende S.; e-e S. tobt, wütet; e-e S. gewinnen, schlagen (= an e-r S. teilnehmen), verlieren⟩: *die S. von Verdun im 1. Weltkrieg* || K-: ***Schlacht-, -schiff*** || -K: ***Luft-, See-; Straßen-*** **2** ***e-e S.*** (***um etw.***) *gespr*; das Bemühen verschiedener Leute, etw. Bestimmtes zu bekommen: *e-e S. um die wenigen Eintrittskarten*; *die S. am kalten Büffet* || -K: ***Rede-, Wahl-***

schlach·ten; *schlachtete, hat geschlachtet*; [Vt/i] (***ein Tier***) ***s.*** ein Tier töten, damit dessen Fleisch gegessen werden kann ⟨ein Huhn, ein Kalb, ein Rind, ein Schwein s.⟩ || K-: ***Schlacht-, -messer, -tag, -tier, -vieh*** || *hierzu* **Schlach·tung** *die*

Schlach·ten·bumm·ler *der*; *-s, -*; *gespr*; ein Fan e-r (Sport)Mannschaft, der zu den Wettkämpfen dieser Mannschaft in andere Städte fährt

Schlach·ter *der*; *-s, -*; *nordd* ≈ Fleischer, Metzger || *hierzu* **Schlach·te·rei** *die*; -, *-en*

Schläch·ter *der*; *-s, -*; **1** *nordd* ≈ Schlachter **2** *pej*; j-d, der viele Menschen grausam getötet hat || *hierzu* **Schläch·te·rei** *die*; -, *-en*

Schlacht·feld *das*; ein Gelände, auf dem es e-e Schlacht gegeben hat || ID *mst* ***Hier sieht es aus wie auf e-m S.!*** *gespr*; hier sieht es sehr unordentlich aus

Schlacht·hof *der*; ein Betrieb (in e-r Stadt), in dem große Mengen *bes* von Schweinen u. Kühen geschlachtet werden

Schlacht·plan *der*; *mst in* ***e-n S. aushecken*** *gespr*; sich e-e Strategie überlegen, wie man ein Ziel am besten erreicht

schlacht·reif *Adj*; *nicht adv*; ⟨ein Huhn, ein Kalb⟩ so alt u. gut gefüttert, dass man sie schlachten kann

Schlacht·ruf *der*; *hum*; e-e Parole, die die Fans e-r Sportmannschaft bei e-m Wettkampf rufen (*z.B.* um ihre Mannschaft zu motivieren)

Schla·cke *die*; -, *-n*; e-e harte Masse, die vom Erz übrig bleibt, wenn das Metall geschmolzen ist

schla·ckern; *schlackerte, hat geschlackert*; [Vi] *nordd*; **1** ***mit etw. s.*** etw. lose hin u. her bewegen ⟨mit den Armen, Beinen s.⟩ **2** ***j-m schlackern die Knie*** j-d hat große Angst || ID ↑ ***Ohr***

Schlaf *der*; *-(e)s*; *nur Sg*; **1** der Zustand, in dem ein Mensch od. Tier ruht u. schläft ⟨ein leichter, (un)ruhiger, fester, tiefer, traumloser S.; gegen den S. ankämpfen; vom S. übermannt, überwältigt werden; in (tiefen) S. sinken; in tiefem S. liegen; im S. sprechen; aus dem S. erwachen; j-n in den S. singen, wiegen; j-n aus dem S. reißen; etw. bringt j-n um den S., raubt j-m den S. (= lässt j-n nicht schlafen)⟩ || K-: ***Schlaf-, -bedürfnis, -entzug, -gewohnheiten, -mangel; -tablette*** **2** ***halb im S.*** so, dass man fast schläft || -K: ***Halb-, -schlaf*** **3** ***e-n*** + *Adj* + ***S. haben*** regelmäßig auf bestimmte Weise schlafen ⟨e-n guten, gesunden, tiefen S. haben⟩: *Ich habe e-n leichten S.* (= ich wache bei fast jedem Geräusch auf) **4** ***keinen S. finden*** (***können***) *geschr*; (aus Angst, vor Sorgen *o.Ä.*) nicht (ein)schlafen können **5** ***sich*** (*Dat*) ***den S. aus den Augen reiben*** nach dem Schlafen die Augen reiben || ID ***den S. des Gerechten schlafen*** gut u. fest schlafen; ***etw. im S. können / beherrschen*** etw. so gut können, dass man sich dabei kaum anstrengen od. konzentrieren

S

muss || *zu* **1 schlaf·los** *Adj*; **Schlaf·lo·sig·keit** *die*; *nur Sg*
Schlaf·an·zug *der* ≈ Pyjama || K-: ***Schlafanzug-, -hose, -jacke***
Schläf·chen *das*; *-s*, *-*; *gespr*; ein kurzer Schlaf (*mst* am Nachmittag) ≈ Nickerchen ⟨ein kleines, kurzes S. machen⟩ || -K: ***Mittags-, Nachmittags-***
Schlä·fe *die*; *-*, *-n*; **1** die Stelle am Kopf zwischen Ohr u. Stirn || K-: ***Schläfen-, -bereich, -gegend*** **2** ***graue Schläfen bekommen / haben*** an den Schläfen (1) (schon) graue Haare bekommen / haben
schla·fen; *schläft, schlief, hat geschlafen*; [Vi] **1** in e-m Zustand der Ruhe sein, in dem die Augen geschlossen sind u. in dem man die Umwelt nicht mehr bewusst wahrnimmt ⟨gut, schlecht, fest, tief, (un)ruhig s.⟩ **2** ***s. gehen***; ***sich s. legen*** ins Bett gehen, um zu s. (1) ⟨früh / zeitig, spät s. gehen⟩ **3** ***irgendwo s.*** irgendwo über Nacht bleiben (u. dort s. (1)) ≈ übernachten ⟨im Hotel, bei Freunden s.⟩ **4** *gespr*; nicht konzentriert u. aufmerksam sein ↔ aufpassen ⟨im Unterricht s.⟩ **5** ***mit j-m s.*** mit j-m Geschlechtsverkehr haben; [Vr] **6** *mst* ***sich gesund s.*** (*mst* lange) schlafen u. so wieder gesund werden || *zu* **2 Schla·fen·ge·hen** *das*; *-s*; *nur Sg*
Schla·fens·zeit *die*; *nur Sg*; *mst in* ***Es / Jetzt ist S.*** (jetzt) ist es Zeit, schlafen zu gehen
schlaff, *schlaffer, schlaffst-*; **1** locker nach unten hängend, nicht gespannt ≈ schlapp (3) ↔ straff ⟨ein Seil⟩ **2** nicht mehr straff ≈ welk ⟨Haut⟩ **3** ohne Kraft ≈ matt[1] (1), schlapp (1) ⟨ein Händedruck; sich s. fühlen⟩ **4** ohne feste u. klare Prinzipien ⟨e-e Moral⟩ **5** *gespr pej*; langweilig, ohne Temperament ≈ schlapp (2) || NB: ↑ ***lose***
Schlaf·ge·le·gen·heit *die*; ein Platz (*mst* ein Bett od. e-e Couch) zum Schlafen
Schla·fitt·chen *das*; *nur in* ***j-n am / beim S. packen / kriegen / nehmen*** *gespr*; j-n fassen u. festhalten, *mst* um ihn zu schimpfen
Schlaf·krank·heit *die*; *nur Sg*; e-e tropische Krankheit, bei der man Fieber hat u. sehr müde ist. Die S. wird durch die Tsetse-Fliege übertragen
Schlaf·lied *das*; ein Lied, das man e-m kleinen Kind (am Bett) vorsingt, damit es einschläft
Schlaf·mit·tel *das*; **1** ein Medikament, das man nimmt, um gut zu schlafen **2** *gespr*; etw. sehr Langweiliges (*z.B.* e-e lange Rede)
Schlaf·müt·ze *die*; *gespr*; **1** *hum*; j-d, der gern schläft **2** *pej*; j-d, der kein Temperament hat, langweilig ist u. träge reagiert || *zu* **2 schlaf·müt·zig** *Adj*
schläf·rig *Adj*; **1** so müde, dass man einschlafen könnte ⟨s. werden⟩: *Der Wein hat mich s. gemacht* **2** ⟨j-n mit schläfrigen Augen ansehen, mit schläfriger Stimme sprechen⟩ so, dass der Betreffende den Eindruck macht, dass er sehr müde ist || *hierzu* **Schläf·rig·keit** *die*; *nur Sg*
Schlaf·rock *der*; *veraltend* ≈ Morgenmantel
Schlaf·saal *der*; ein großer Raum mit vielen Betten (*bes* in e-m Internat od. e-r Jugendherberge)
Schlaf·sack *der*; e-e Art Hülle aus e-m dicken, warmen Stoff, in der man beim Camping schläft
schläft *Präsens, 3. Person Sg*; ↑ ***schlafen***
schlaf·trun·ken *Adj*; *geschr*; noch nicht richtig wach ≈ verschlafen ⟨j-n s. ansehen⟩ || *hierzu* **Schlaf·trun·ken·heit** *die*; *nur Sg*
Schlaf·wa·gen *der*; ein Eisenbahnwagen mit Betten || NB: ↑ ***Liegewagen***
schlaf·wan·deln; *schlafwandelte, hat / ist schlafgewandelt*; [Vi] im Schlaf aufstehen u. umhergehen u. verschiedene Dinge tun (ohne sich später daran erinnern zu können) || *hierzu* **Schlaf·wand·ler** *der*; *-s*, *-*; **Schlaf·wand·le·rin** *die*; *-*, *-nen*
schlaf·wand·le·risch *Adj*; *mst in* ***mit schlafwandlerischer Sicherheit*** mit absoluter Sicherheit, ohne jegliche Unsicherheit: *Der Artist bewegte sich mit schlafwandlerischer Sicherheit auf dem Seil*
Schlaf·zim·mer *das*; das Zimmer (in e-m Haus od. e-r Wohnung), in dem man schläft || K-: ***Schlafzimmer-, -einrichtung, -lampe, -kommode, -schrank*** || -K: ***Eltern-, Kinder-***
Schlaf·zim·mer|blick *der*; *mst* ⟨e-e Frau hat⟩ ***e-n S.*** *gespr hum*; e-e Frau deutet durch ihren Blick an, dass sie mit e-r bestimmten Person schlafen (5) möchte
Schlag *der*; *-(e)s*, *Schlä·ge*; **1** e-e *mst* schnelle, heftige Berührung mit der Hand od. mit e-m Gegenstand ⟨ein leichter, heftiger S.; zu e-m S. ausholen; j-m (mit e-m Stock, mit der Faust) e-n S. (ins Gesicht, in den Magen) versetzen; e-n S. abwehren, parieren⟩ || -K: ***Faust-, Handkanten-*** || NB: ↑ ***Stoß, Tritt*** **2** *nur Pl*; Schläge (1), die j-d in e-m Kampf od. zur Strafe bekommt ≈ Prügel ⟨j-m Schläge androhen; Schläge bekommen⟩ **3** ein hartes, dumpfes Geräusch, das durch e-n S. (1) od. e-n heftigen Aufprall hervorgerufen wird ⟨ein dumpfer S.⟩ **4** e-e kurze Bewegung in e-r Reihe einzelner *mst* rhythmischer Stöße (die mit e-m Geräusch verbunden sind): *die Schläge der Ruderer*; *die gleichmäßigen Schläge des Herzens* || -K: ***Herz-, Pendel-, Puls-, Ruder-, Wellen-*** **5** der Stoß, den der Körper bekommt, wenn elektrischer Strom durch ihn fließt ⟨e-n leichten, tödlichen S. bekommen⟩ || -K: ***Strom-*** **6** ein großes persönliches Unglück, das j-n (plötzlich) trifft: *Der Tod seiner Frau war ein harter S. für ihn* || -K: ***Schicksals-*** **7** ein akustisches Signal, mit dem *bes* e-e Uhr bestimmte Zeiten (*z.B.* die volle Stunde) angibt: *der S. der alten Standuhr* || -K: ***Glocken-*** **8** *nur Sg*, *gespr*; ***S.*** + *Zeitangabe* genau zu der genannten Zeit ≈ Punkt + *Zeitangabe*: *Er kam S. sieben* (*Uhr*) **9** *gespr*, *Kurzw* ↑ ***Schlaganfall*** ⟨e-n S. erleiden; j-n hat der S. getroffen⟩ **10** ***ein S.*** + *Subst*; *gespr*; e-e Portion e-r Speise, die in e-n großen (Schöpf)Löffel passt ⟨ein S. Suppe, Püree, Kartoffelsalat⟩ **11** *nur Sg*; e-e Gruppe von Menschen (oft in e-r bestimmten Region), die bestimmte Merkmale gemeinsam haben ⟨j-d ist vom selben S.; j-d ist ein ganz anderer S.⟩: *Die Bayern sind ein eigener S.* || -K: ***Menschen-*** **12** *nur Sg*; der Gesang *mst* der Nachtigall **13** *veraltet*; die Tür e-s Autos od. e-r Kutsche ⟨den S. öffnen⟩ || ID ***S. auf S.*** schnell nacheinander, ohne Pause: *Dann ging es S. auf S.* (= dann passierte sehr viel innerhalb kurzer Zeit); ***mit einem S.*** *gespr* ≈ plötzlich, auf einmal; ***etw. ist*** (***für j-n***) ***ein S. ins Gesicht*** etw. ist e-e schwere Beleidigung (für j-n); ***etw. ist ein S. ins Wasser*** etw. hat ein enttäuschendes Ergebnis, ist ein Misserfolg; *mst* ***Mich trifft der S.!*** *gespr*; verwendet als Ausdruck großer (oft unangenehmer) Überraschung; *mst* ***Er / Sie hat e-n S.*** *gespr*; er / sie ist verrückt; ***ein S. unter die Gürtellinie*** *gespr*; e-e sehr unfaire Handlung, e-e Gemeinheit; ***auf 'einen S.*** *gespr*; **a)** ≈ plötzlich; **b)** alles auf einmal: *die ganze Pizza auf einen S. essen*; ***Er / Sie tut keinen S.*** *gespr*; er / sie tut überhaupt nichts, ist sehr faul
Schlag·ab·tausch *der*; *-(e)s*; *nur Sg*; e-e heftige Diskussion, ein verbaler Streit ⟨ein offener S. (= e-e heftige Debatte)⟩: *ein S. zwischen Regierung u. Opposition*
Schlag·ader *die*; e-e Ader, in der das Blut vom Herzen zu e-m Organ fließt ≈ Arterie || -K: ***Hals-, Haupt-*** || NB: ↑ ***Vene***
Schlag·an·fall *der*; e-e Störung der Tätigkeit des Gehirns (*mst* weil es zu wenig Blut bekommt), die Lähmungen bestimmter Körperteile zur Folge haben kann ≈ Gehirnschlag; *Med* Apoplexie ⟨e-n S. bekommen, erleiden, haben⟩

S

schlag·ar·tig *Adj; nur attr od adv*; sehr schnell, ganz plötzlich: *e-e schlagartige Wetterbesserung; Als er eintrat, verstummte s. das Gespräch*

Schlag·baum *der*; e-e Schranke (*bes* an e-r Grenze) ⟨den S. öffnen, herunterlassen⟩

Schlag·boh·rer *der*; e-e elektrische Bohrmaschine, bei der der Bohrer sich schnell dreht u. sich gleichzeitig vor- u. zurückbewegt

schla·gen; *schlägt, schlug, hat / ist geschlagen*; [Vt] (*hat*) **1** ***j-n (irgendwohin) s.*** j-n mit der Hand od. mit e-m Gegenstand, den man in der Hand hält, (mehrmals) kräftig treffen, um ihm wehzutun ⟨j-n mit der Hand, mit e-m Stock s.; j-n ins Gesicht, auf die Finger s.; j-n k.o., blutig, krankenhausreif s.⟩ **2** ***j-m etw. irgendwohin s.*** j-n mit e-m Gegenstand treffen, den man schnell bewegt: *j-m die Faust ins Gesicht s.* **3** ***j-m etw. aus der Hand s.*** so fest auf j-s Hand od. auf e-n Gegenstand in j-s Hand s. (1), dass er diesen Gegenstand fallen lässt: *j-m den Ball aus der Hand s.* **4** ***etw. irgendwohin s.*** etw. mithilfe e-s Werkzeugs irgendwohin treiben ⟨e-n Nagel in die Wand s.; e-n Pfahl in den Boden s.⟩ **5** ***etw. irgendwohin s.*** etw. durch kräftige Schläge mit e-m Werkzeug entstehen lassen ⟨ein Loch in die Wand s.⟩ **6** ***die Pauke, die Trommel s.*** mit der Hand od. mit e-m Stock rhythmisch auf die Pauke od. Trommel schlagen u. so Töne erzeugen **7** ***den Takt s.*** mit der Hand od. mit e-m Stab den Takt angeben **8** ***etw. s.*** e-e flüssige Masse kräftig rühren, damit sie fest *o.Ä.* wird ⟨*mst* Eiweiß (schaumig, steif) s.; Sahne (steif) s.⟩ **9** ***etw. s.*** ≈ fällen ⟨e-n Baum, e-n Wald s.⟩ **10** ***ein Ei in die Pfanne s.*** ein Ei (an der Kante e-s Gegenstandes) aufbrechen u. den Inhalt in die Pfanne geben **11** ***j-n*** / ⟨e-e Mannschaft *o.Ä.*⟩ ***s.*** in e-m (Wett)Kampf gegen j-n / e-e Mannschaft *o.Ä.* gewinnen: *seinen Konkurrenten vernichtend s.; Inter Mailand schlug Bayern München 3:1* **12** ***etw. zu etw. s.; etw. auf etw.*** (*Akk*) ***s.*** e-e (Geld)Summe zu e-r (bereits vorhandenen) Summe dazurechnen: *die Unkosten auf den Preis s.* **13** ***ein Bein über das andere s.*** im Sitzen od. Liegen ein Bein über das andere legen **14** ***etw. schlägt Wurzeln*** e-e Pflanze bekommt Wurzeln (u. wächst im Boden an): *Der Ableger des Gummibaums hat Wurzeln geschlagen*; [Vi] **15** ***irgendwohin s.*** (*hat*) mit der Hand kräftig auf e-n Gegenstand s. (1): *mit der flachen Hand auf den Tisch s.; mit der Faust gegen die Tür s.* **16** ***j-m irgendwohin s.*** ≈ s. (1): *j-m ins Gesicht / auf die Finger / auf die Schulter s.* **17** (***mit etw.***) ***irgendwohin s.*** (*ist*) mit e-m Körperteil kräftig gegen etw. stoßen: *Er stolperte u. schlug mit dem Kopf gegen den Schrank* **18** ***etw. schlägt*** (+ *Zeitangabe*) *mst* e-e Uhr zeigt durch Töne bestimmte Zeiten (*z.B.* die volle Stunde) an: *Die Turmuhr schlägt (acht)* **19** ***etw. schlägt (irgendwohin)*** (*hat*) etw. wird kräftig bewegt u. prallt (wiederholt) gegen etw. (u. erzeugt ein Geräusch): *Der Fensterladen schlug im Wind; Der Regen schlägt gegen die Scheibe* **20** ***etw. schlägt*** (*hat*) etw. macht rhythmische Bewegungen ⟨*mst* das Herz, der Puls⟩ **21** ***etw. schlägt irgendwoher*** (*hat / ist*) etw. dringt aus etw. hervor ⟨Flammen, Rauch(schwaden)⟩: *Aus den Fenstern schlug Feuer* **22** ***j-d schlägt nach j-m*** j-d wird (im Wesen) j-m sehr ähnlich: *Er schlägt ganz nach dem Vater* **23** ***die Nachtigall schlägt*** (*hat*) die Nachtigall gibt die Laute von sich, die für ihre Art typisch sind **24** ⟨ein Vogel⟩ ***schlägt mit den Flügeln*** (*hat*) ein Vogel macht schnell hintereinander kräftige Bewegungen mit den Flügeln: *Der Hahn schlägt aufgeregt mit den Flügeln*; [Vr] (*hat*) **25** ***j-d schlägt sich mit j-m***; ⟨Personen⟩ ***schlagen sich*** *mst* zwei Personen prügeln sich, kämpfen gegeneinander: *Er schlug sich mit seinem Freund* **26** ***sich irgendwie s.*** (*mst* in e-m sportlichen Wettkampf od. e-r Diskussion) e-e bestimmte Leistung bringen ⟨sich ordentlich, tapfer, wacker s.⟩ **27** ***sich irgendwohin s.*** (*mst* unauffällig) nach rechts od. links (vom Hauptweg) abbiegen: *Er schlug sich seitwärts in die Büsche* **28** ***etw. schlägt sich j-m auf etw.*** (*Akk*) etw. hat e-e negative Auswirkung auf ein Organ: *Der ganze Ärger hat sich mir auf den Magen geschlagen* || ID ***sich geschlagen geben*** in e-m Kampf, Streit *o.Ä.* nachgeben, aufgeben

schla·gend **1** *Partizip Präsens*; ↑ **schlagen** **2** *Adj*; ⟨ein Argument, ein Beweis⟩ so klar u. logisch, dass sie eindeutig richtig sind

Schla·ger *der*; *-s*; *-*; **1** ein Lied mit e-r einfachen Melodie u. e-m einfachen Text, das (oft nur für kurze Zeit) sehr bekannt u. beliebt ist ≈ Hit || K-: ***Schlager-, -festival, -komponist, -musik, -sänger, -star, -text, -wettbewerb*** **2** ein *mst* neues Produkt *o.Ä.*, von dem (e-e bestimmte Zeit lang) sehr viel verkauft wird ≈ Renner

Schlä·ger[1] *der*; *-s, -*; ein (Sport)Gerät, mit dem man *z.B.* beim Tennis den Ball schlägt || -K: ***Badminton-, Eishockey-, Federball-, Tennis-, Tischtennis-***

Schlä·ger[2] *der*; *-s, -*; *pej*; ein brutaler Mensch, der sich gern (ohne besonderen Anlass) mit anderen prügelt ≈ Raufbold || K-: ***Schläger-, -bande, -truppe, -typ***

Schlä·ge·rei *die*; *-, -en*; ein Streit, bei dem sich die Leute prügeln

schlag·fer·tig *Adj*; **1** fähig, schnell u. mit passenden (*mst* witzigen) Worten zu antworten ⟨ein Mensch⟩ **2** treffend u. witzig ⟨e-e Antwort; s. antworten, reagieren, parieren⟩ || *hierzu* **Schlag·fer·tig·keit** *die*; *nur Sg*

Schlag·in·stru·ment *das*; ein Musikinstrument, mit dem man durch Schlagen od. Klopfen Töne er-

Schlaginstrumente

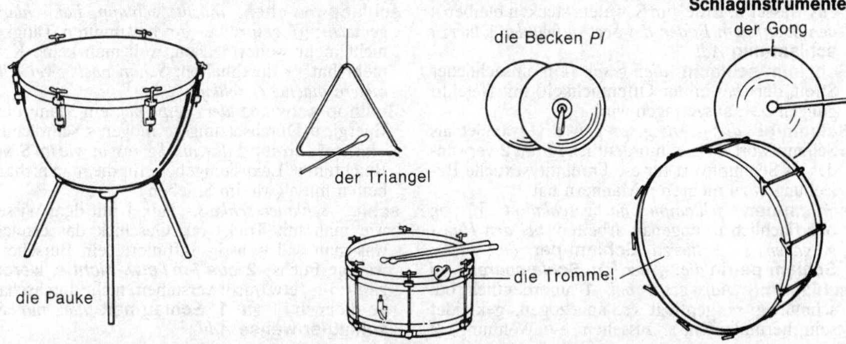

zeugt: *Die Pauke u. die Trommel sind Schlaginstrumente* || NB: ↑ ***Blas-, Streichinstrument***

Schlag·kraft *die; nur Sg;* **1** die Fähigkeit, e-e überzeugende Wirkung zu haben ≈ Wirksamkeit ⟨*mst* die S. e-s Arguments⟩ **2** ≈ Kampfkraft, Kampfstärke ⟨die militärische S.⟩ || *hierzu* **schlag·kräf·tig** *Adj*

Schlag·licht *das; mst in* ***etw. wirft ein S. auf j-n / etw.*** etw. zeigt deutlich, wie j-d / etw. ist ≈ etw. charakterisiert j-n / etw.: *Diese Bemerkung wirft ein S. auf seinen Charakter* || *hierzu* **schlag·licht|ar·tig** *Adj*

Schlag·loch *das;* ein ziemlich großes Loch in der Straße

Schlag·obers *das; -; nur Sg,* Ⓐ ≈ Schlagsahne

Schlag·rahm *der; bes südd* ≈ Schlagsahne

Schlag·sah·ne *die;* **1** flüssige Sahne, die man zu e-r weichen schaumigen Masse schlägt **2** die (gesüßte) weiche Masse, die man aus S. (1) geschlagen hat: *Obstkuchen mit S.*

Schlag·sei·te *die; nur Sg;* die schräge Lage e-s Schiffes zu einer Seite hin ⟨ein Schiff hat schwere, starke S.⟩ || ID ***S. haben*** *gespr hum;* nicht mehr geradeaus gehen können, weil man zu viel getrunken hat

Schlag·stock *der;* ein kurzer Stock aus hartem Gummi (den Polizisten als Waffe verwenden)

schlägt *Präsens, 3. Person Sg;* ↑ ***schlagen***

Schlag·wort *das; -(e)s, Schlag·wör·ter / Schlag·worte;* **1** ein Begriff (*mst* aus dem Wortschatz e-r politischen od. philosophischen Bewegung), der *mst* propagandistischen Zwecken dient: *„Freiheit", „Gleichheit", „Brüderlichkeit" waren die Schlagworte der Französischen Revolution* **2** *mst pej;* ein *mst* politischer Begriff, der meistens so ungenau gebraucht wird, dass seine ursprüngliche Bedeutung verloren gegangen ist **3** ein Wort (in Katalogen von Bibliotheken), das den Inhalt eines Buches od. mehrerer Bücher charakterisiert || K-: ***Schlagwort-, -katalog, -verzeichnis***

Schlag·zei·le *die;* **1** die Überschrift (in großen Buchstaben) in e-r Zeitung über dem Text **2** ***j-d / etw. macht Schlagzeilen, sorgt für Schlagzeilen*** j-d / etw. erregt so viel Aufsehen, dass die Presse viel über sie berichtet

Schlag·zeug *das; -s, -e;* die Schlaginstrumente (wie *z.B.* Trommeln u. Becken), die von e-m Musiker in e-r Band od. in e-m Orchester gespielt werden ⟨S. spielen⟩ || *hierzu* **Schlag·zeu·ger** *der; -s, -*

schlak·sig, **schlak·sig** *Adj;* groß u. schlank u. dabei ein bisschen ungeschickt wirkend ⟨ein Bursche⟩

S

Schla·mas·sel *der / südd* Ⓐ *das; -s; nur Sg; gespr;* e-e ärgerliche, schwierige Lage ⟨im S. sitzen / stecken⟩: *Da haben wir den S.!*

Schlamm *der; -(e)s; nur Sg;* e-e feuchte Masse *mst* aus Wasser u. Erde ⟨im S. waten, stecken bleiben⟩: *den S. auf dem Boden des Sees aufwühlen* || *hierzu* **schlam·mig** *Adj*

Schlamm·schlacht *die; gespr;* ein unsachlicher Streit, der (*bes* in der Öffentlichkeit) mit Beleidigungen *o.Ä.* ausgetragen wird

Schlam·pe *die; -, -n; gespr pej;* **1** verwendet als Schimpfwort für e-e unordentliche Frau **2** verwendet als Schimpfwort für e-e Frau, die sexuelle Beziehungen zu mehreren Männern hat

schlam·pen; *schlampte, hat geschlampt;* Vi *pej;* oberflächlich u. ungenau arbeiten: *bei den Hausaufgaben s.* || *hierzu* **Schlam·per** *der; -s, -;* **Schlam·pe·rin** *die; -, -nen* || *zu* ***Schlamperei*** ↑ ***-ei***

schlam·pig *Adj; gespr pej;* **1** unordentlich od. schmutzig ↔ gepflegt ⟨s. angezogen, gekleidet sein, herumlaufen; s. aussehen; e-e Wohnung⟩ **2** ohne Sorgfalt (gemacht) ≈ nachlässig ⟨e-e Arbeit, e-e Reparatur; s. arbeiten⟩ || *hierzu* **Schlam·pig·keit** *die; nur Sg*

schlang *Imperfekt, 1. u. 3. Person Sg;* ↑ ***schlingen***

Schlan·ge[1] *die; -, -n;* **1** ein Reptil mit langem, schmalem Körper ohne Beine u. mit e-r Zunge, die vorne gespalten ist ⟨die S. schlängelt sich, windet sich durch das Gras, züngelt, zischt⟩: *Die S. gilt oft als Verkörperung des Bösen* || K-: ***Schlangen-, -biss, -ei, -gift, -haut, -leder*** || -K: ***Gift-*** **2** *pej;* e-e Frau, die sich freundlich *o.Ä.* gibt, aber böse Absichten hat || ID ***e-e S. am Busen nähren*** *geschr;* j-m vertrauen, der einem später schadet || *zu* **1** **schlan·gen·ar·tig** *Adj*

Schlan·ge[2] *die; -, -n;* **1** e-e Reihe von Menschen, die dicht hintereinander stehen u. auf etw. warten: *An der Kasse bildete sich e-e lange S.* || -K: ***Warte-*** **2** e-e lange Reihe von Autos || -K: ***Auto-*** **3** ***S. stehen*** in e-r langen Reihe stehen u. warten, bis man an der Reihe ist: *vor der Kinokasse S. stehen*

schlän·geln, sich; *schlängelte sich, hat sich geschlängelt;* Vr **1** ⟨e-e Schlange *o.Ä.*⟩ ***schlängelt sich irgendwohin*** e-e Schlange *o.Ä.* gleitet in Windungen am Boden entlang **2** ***etw. schlängelt sich*** (***irgendwohin***) etw. verläuft in vielen engen Kurven: *Der Pfad schlängelt sich durch den Dschungel* **3** ***sich irgendwohin s.*** sich zwischen Menschen od. Gegenständen, die sehr dicht nebeneinander stehen, geschickt (u. ohne anzustoßen) hindurchbewegen: *Er schlängelte sich durch die Menschenmenge nach vorn*

Schlan·gen·li·nie *die;* e-e Linie, die in vielen Windungen verläuft ⟨etw. verläuft in Schlangenlinien⟩: *Der betrunkene Autofahrer fuhr in S.*

schlank, *schlanker, schlankst-; Adj;* mit e-r schmalen Figur u. schönen Proportionen ↔ dick, fett: *Sie will jetzt weniger essen, damit sie schlanker wird* || *hierzu* **Schlank·heit** *die; nur Sg* || NB: ↑ ***mager***

Schlank·heits·kur *die;* e-e (Fasten)Kur, durch die man schlank(er) wird od. werden soll

Schlank·heits·mit·tel *das;* ein Medikament, das man nimmt, um Gewicht zu verlieren

schlank·weg *Adv; mst in* ***etw. s. behaupten, ablehnen*** *gespr;* etw. behaupten / ablehnen, ohne zu zögern

schlapp, *schlapper, schlappst-; Adj;* **1** ohne Kraft u. Energie, erschöpft ≈ matt[1] (1), schlaff (3) ⟨sich s. fühlen⟩ **2** *gespr pej;* ohne Temperament, langweilig ⟨ein Kerl⟩ **3** locker (hängend), nicht gespannt ≈ schlaff (1) ⟨ein Seil⟩

Schlap·pe *die; -, -n; gespr* ≈ Niederlage, Misserfolg ⟨e-e schwere S. erleiden, einstecken müssen⟩

Schlap·pen *der; -s, -; gespr;* ein weicher u. bequemer Hausschuh od. Pantoffel

Schlapp·hut *der;* ein Hut aus weichem Material (mit e-r breiten, nach unten hängenden Krempe)

schlapp·ma·chen; *machte schlapp, hat schlappgemacht;* Vi *gespr;* bei e-r bestimmten Tätigkeit nicht mehr weitermachen, weil man keine Kraft mehr hat ↔ durchhalten: *Schon nach zwei Kilometern machte er schlapp*

Schlapp·schwanz *der; gespr pej;* ein Mann ohne Energie u. Durchsetzungsvermögen ≈ Schwächling

Schla·raf·fen·land *das; nur Sg; mst in* ***wie im S.*** von Reichtum u. Luxus umgeben, für die man nicht arbeiten muss ⟨wie im S. leben⟩

schlau, *schlauer, schlaust-; Adj;* **1** mit dem Wissen, wie man mit Tricks od. Geschick das erreicht, was man will ≈ listig, raffiniert ⟨ein Bursche; s. wie ein Fuchs⟩ **2** ***aus j-m / etw. nicht s. werden*** *gespr;* j-n / etw. nicht verstehen, nicht durchschauen können || *zu* **1** **Schlau·heit** *die; nur Sg;* **schlau·er·wei·se** *Adv*

Schlau·ber·ger *der; -s, -; gespr hum*; j-d, der schlau, durchtrieben ist

Schlauch *der; -(e)s, Schläu·che*; **1** e-e biegbare Röhre aus Gummi od. Kunststoff, durch die man Flüssigkeiten od. Gas leitet: *der S. am Wasserhahn; Die Feuerwehr rollte die Schläuche aus* || -K: ***Garten-, Wasser-*** **2** ein runder S. (1) aus Gummi (in e-m Auto- od. Fahrradreifen), der mit Luft gefüllt ist ⟨e-n S. aufpumpen, flicken⟩ || K-: ***Schlauch-, -reifen*** **3** *hist*; e-e Art Sack (*mst* aus Leder) für Flüssigkeiten || -K: ***Wasser-, Wein-*** || ID ***etw. ist ein S.*** *gespr*; etw. dauert sehr lange u. ist anstrengend: *Die Prüfung war ein richtiger S.*; ***auf dem S. stehen*** *gespr hum od pej*; etw. nicht sofort verstehen || *zu* **2** **schlauch·los** *Adj* || NB: ↑ ***Rohr***

Schlauch·boot *das*; ein Boot aus Gummi od. Kunststoff, das mit Luft gefüllt ist

schlau·chen; *schlauchte, hat geschlaucht*; [Vt/i] ***etw. schlaucht (j-n)*** *gespr*; etw. ist (körperlich) sehr anstrengend: *Die lange Wanderung in den Bergen hat mich ziemlich geschlaucht*

Schläue *die; -; nur Sg*; das Schlausein

Schlau·fe *die; -, -n*; **1** ein (schmales) Band (*mst* aus Stoff od. Leder) in Form e-s Rings, an dem man sich festhalten od. mit dem man etw. tragen kann: *die S. an e-m Skistock; sich in der Straßenbahn an e-r S. festhalten* || -K: ***Leder-*** || NB: ↑ ***Schlinge*** **2** ein (schmales) Band aus Stoff od. ein dicker Faden, die an e-m Rock od. an e-r Hose angenäht sind u. den Gürtel halten || -K: ***Gürtel-***

Schlau·mei·er *der; -s, -; gespr hum* ≈ Schlauberger

Schla·wi·ner *der; -s, -; südd gespr pej od hum*; j-d, der raffiniert ist u. oft unfaire Tricks anwendet

schlecht, *schlechter, schlechtest-; Adj*; **1** ⟨e-e Arbeit, e-e Leistung; ein Essen, ein Wein; ein Stoff; ein Tänzer⟩ nicht so, wie sie sein sollten, mit Mängeln, von geringer Qualität ↔ gut (1): *Er hat sehr s. geschlafen; Die Wunde heilt s.* **2** *nicht adv*; ⟨Augen, Ohren, Nerven, ein Gedächtnis, ein Gehör⟩ so, dass sie nicht (mehr) richtig funktionieren ≈ schwach ↔ gut (2) **3** *nicht adv*; ⟨ein Schüler, ein Student; ein Anwalt, ein Arzt, ein Lehrer *usw*; Eltern⟩ so, dass sie ihren Aufgaben nicht gewachsen sind ↔ gut (3) **4** ≈ böse ↔ gut (4) ⟨ein Mensch, e-e Tat⟩: *j-n s. behandeln* **5** ⟨ein Benehmen, ein Verhalten⟩ nicht so, wie es *bes* in der Gesellschaft üblich ist od. erwartet wird ↔ gut (6) **6** ⟨ein Freund; ein Christ; ein Demokrat⟩ so, dass sie nur dem Anschein nach das sind, als was sie sich ausgeben ↔ gut (7): *Er ist ein schlechter* (= kein richtiger) *Freund, wenn er dich so behandelt!* **7** ***s.*** (***für j-n / etw.***) so, dass es j-m / etw. schadet, nicht geeignet od. passend ist ≈ ungünstig, unpassend ↔ gut (8): *Er hat e-n schlechten Augenblick gewählt, um mit seinem Chef über e-e Gehaltserhöhung zu sprechen; Das feuchte Klima ist s. für die Gesundheit* **8** unangenehm od. unerfreulich ↔ gut (10) ⟨e-e Nachricht⟩ **9** mit Problemen verbunden ⟨ein Flug, e-e Reise⟩ **10** mit Regen, Schnee *o.Ä.* ⟨Wetter⟩ **11** unangenehm, ungenießbar ⟨etw. riecht, schmeckt s.⟩ **12** mit weniger Ertrag als erwartet od. normal ↔ gut (12) ⟨e-e Ernte, ein Jahr⟩ **13** ***etw. ist / wird s.*** etw. ist / wird ungenießbar, weil es schon zu alt ist ≈ etw. verdirbt ⟨das Fleisch, die Wurst, die Milch⟩ **14** *nur adv*; nur mit großer Mühe ↔ gut (24), leicht[2] (1) ⟨sich (*Dat*) etw. s. merken können⟩ **15** *nur adv*; nicht ohne Probleme ↔ gut (25): *Ich kann hier s. weg* (= Ich bekomme Schwierigkeiten, wenn ich hier weggehe) **16** ***es steht s. um j-n / etw.*** j-d / etw. hat (*mst* finanzielle) Probleme: *Es steht s. um seine Firma* **17** ***j-m ist / wird s.*** j-d hat das Gefühl, sich erbrechen zu müssen ≈ j-m ist / wird übel **18** ***j-d hat es s. / ist s. dran*** *gespr*; j-d hat Probleme || ID ***nicht s.*** *gespr* ≈ sehr: *Ich habe nicht s. gestaunt, als ich sein neues Auto gesehen habe*; ***mehr schlecht als recht*** nicht besonders gut; ***j-d ist auf j-n / etw. s. zu sprechen*** j-d ist gegen j-n / etw. ablehnend eingestellt; ***j-d hat ein schlechtes Gewissen*** *oft hum*; j-d hat Schuldgefühle, weil er etw. Falsches getan hat

> **schlecht ge·hen**; *ging schlecht, ist schlecht gegangen*; [Vimp] **1** ***j-m geht es schlecht*** j-d ist krank **2** ***j-m geht es schlecht*** j-d fühlt sich seelisch nicht wohl: *Nach der Trennung von seiner Freundin ist es ihm lange Zeit ziemlich schlecht gegangen* **3** ***j-m geht es schlecht*** j-d hat kein Geld u. nichts zu essen
>
> **schlecht ge·launt** *Adj*; in schlechter Stimmung ≈ mürrisch
>
> **schlecht ma·chen**; *machte schlecht, hat schlecht gemacht*; [Vt] ***j-n / etw.*** (***bei j-m***) ***s. m.*** *gespr*; etw. Negatives über j-n / etw. sagen, um ihm zu schaden: *Sie hat ihre Kollegin beim Chef schlecht gemacht*

schlech·ter·dings, schlech·ter·dings *Adv; veraltend* ≈ einfach[2] (3): *Es ist s. unmöglich, ihn zufrieden zu stellen*

schlecht·hin[1] *Adv*; in reinster Form: *Van Gogh verkörpert den Künstler s.* || NB: nach e-m Substantiv mit bestimmtem Artikel

schlecht·hin[2] *Adv* ≈ ganz u. gar: *Es war s. unmöglich, den Auftrag rechtzeitig zu erledigen*

Schlech·tig·keit *die; -, -en*; **1** *nur Sg*; das Schlechtsein, die Boshaftigkeit: *So viel S. hätte ich ihm nicht zugetraut* **2** *mst Pl*; e-e schlechte (4) / böse Handlung

Schlecht·wet·ter (*das*); *nur Sg*; schlechtes Wetter mit Regen od. Schnee ↔ Schönwetter || K-: ***Schlechtwetter-, -front, -periode***

Schlecht·wet·ter|geld *das*; Geld, das Bauarbeiter im Winter vom Staat bekommen, wenn sie wegen des schlechten Wetters nicht arbeiten können

schle·cken; *schleckte, hat geschleckt; bes südd* Ⓐ Ⓒⓗ [Vt/i] **1** (***etw.***) ***s.*** ≈ lecken: *Die Kinder schlecken Eis* **2** (***etw.***) ***s.*** ≈ naschen ⟨Bonbons, Pralinen, Schokolade s.⟩; [Vi] **3** ***an etw.*** (*Dat*) ***s.*** ≈ an etw. lecken (4)

Schle·cke·rei *die; -, -en; bes südd* Ⓐ ≈ Leckerei, Süßigkeit

Schle·cker·maul *das; bes südd* Ⓐ *gespr hum*; j-d, der gern Süßigkeiten isst

Schle·gel *der; -s, -*; **1** e-e Art großer Hammer aus Holz **2** e-e Art (Holz)Stock, mit dem man e-e Trommel *o.Ä.* schlägt || -K: ***Trommel-*** **3** *südd* Ⓐ Ⓒⓗ ≈ Keule (3) || -K: ***Kalbs-, Puten-, Reh-***

Schleh·dorn *der; -(e)s, -e; mst Sg* ≈ Schlehe (1)

Schle·he ['ʃleːə] *die; -, -n*; **1** ein Strauch mit vielen Dornen, der weiße Blüten hat u. runde, dunkelblaue, saure Früchte trägt || K-: ***Schlehen-, -blüte*** **2** die Frucht der S. (1) || K-: ***Schlehen-, -likör, -schnaps***

schlei·chen; *schlich, hat / ist geschlichen*; [Vi] (*ist*) **1** (***irgendwohin***) ***s.*** sich leise, langsam u. vorsichtig fortbewegen (damit man nicht bemerkt wird): *Sie schlich lautlos ins Zimmer*; [Vr] (*hat*) **2** ***sich irgendwohin s.*** heimlich u. leise irgendwohin gehen (sodass man nicht bemerkt wird) ⟨sich ins Zimmer s.; sich aus dem Haus s.⟩

schlei·chend **1** *Partizip Präsens*; ↑ ***schleichen*** **2** *Adj; mst attr*; ⟨e-e Krankheit⟩ so, dass sie langsam immer schlimmer wird

Schleich·weg *der*; ein Weg, den nur sehr wenige Leute kennen u. über den man *mst* schneller od. bequemer an sein Ziel kommt

S

Schleich·wer·bung *die*; das indirekte Werben für ein Produkt od. für e-e Firma (*z.B.* indem man im Fernsehen od. in e-m Interview den Namen des Produkts od. der Firma erwähnt) ⟨S. machen, treiben⟩

Schlei·er *der*; *-s, -*; **1** ein dünnes Stück Stoff od. Netz, das e-e Frau vor dem Gesicht od. auf dem Kopf trägt: *Viele Frauen in arabischen Ländern tragen e-n S.* || -K: ***Braut-, Witwen-*** **2** e-e Schicht aus kleinen Tropfen od. Staubkörnern in der Luft, die die Sicht behindert || -K: ***Dunst-, Nebel-, Rauch-, Regen-, Wolken-*** || ID ***den S. lüften*** ein Geheimnis verraten

schlei·er·haft *Adj*; *gespr*; *mst in* ***etw. ist / bleibt j-m s.*** etw. ist so, dass es j-d nicht versteht ≈ etw. ist j-m unerklärlich: Es *ist mir s.*, wie *er diese Strapazen erträgt*

Schlei·fe *die*; *-, -n*; **1** ein Knoten mit zwei Schlingen ⟨e-e S. im Haar, am Kleid tragen⟩: *die Schnürsenkel zu Schleifen binden* || ↑ *Abb. unter* **Adventskranz** || -K: ***Haar-, Kranz-, Samt-, Seiden-*** **2** e-e Linie mit der Form e-r Schlinge: *Der Fluss macht hier e-e S.*; *Er flog mit dem Flugzeug e-e S. am Himmel* || -K: ***Lande-***

schlei·fen[1]; *schliff, hat geschliffen*; [Vt/i] **1** (***etw.***) ***s.*** die Oberfläche von etw. durch Reiben mit e-m harten Gegenstand glatt od. scharf machen ⟨ein Beil, ein Messer, e-e Schere, e-e Sense s.; Diamanten s.⟩ || K-: ***Schleif-, -lack, -maschine, -mittel, -papier, -stein***; [Vt] **2** ***j-n s.*** *gespr*; Soldaten (*bes* Rekruten) sehr hart u. lange üben lassen || *zu* **2 Schlei·fer** *der*; *-s, -* || ► ***Schliff***

schlei·fen[2]; *schleifte, hat / ist geschleift*; [Vt] (*hat*) **1** ***j-n / etw.*** (***irgendwohin***) ***s.*** j-n / etw. *mst* mit viel Mühe auf e-r Fläche (*mst* auf dem Boden) irgendwohin ziehen: *e-n schweren Sack s.* || K-: ***Schleif-, -spur*** **2** ***etw. irgendwohin s.*** *gespr*; etw. irgendwohin mitnehmen, obwohl es schwer od. lästig ist **3** ***j-n irgendwohin s.*** *gespr hum*; j-n dazu überreden, nachdem er sich zuerst dagegen gesträubt hat, doch irgendwohin mitzugehen: *Letzte Woche habe ich meinen Mann ins Theater geschleift*; [Vi] **4** ***etw. schleift*** (***irgendwo***) (*hat / ist*) etw. berührt bei e-r Bewegung etw. anderes (sodass Reibung entsteht): *Das lange Abendkleid schleifte am Boden*; *Der Reifen schleift am Schutzblech* **5** ***etw. s. lassen*** *gespr*; sich nicht so sehr um etw. bemühen wie sonst: *In der letzten Zeit hat er seine Arbeit s. lassen*

Schleim *der*; *-(e)s, -e*; **1** e-e Substanz, die teilweise flüssig ist u. sich klebrig u. unangenehm anfühlt: *Schnecken sondern S. ab* || K-: ***Schleim-, -absonderung, -drüse*** || -K: ***Magen-, Mund-, Nasen-*** **2** ein leichter Brei aus (gekochtem) Getreide || K-: ***Schleim-, -suppe*** || -K: ***Hafer-***

Schleim·haut *die*; die Haut bestimmter Organe des Körpers, die Schleim produziert || -K: ***Magen-, Mund-, Nasen-***

schlei·mig *Adj*; **1** mit Schleim bedeckt ⟨ein Fisch, e-e Schnecke⟩ **2** wie Schleim ⟨ein Ausfluss, e-e Substanz⟩ **3** *gespr pej*; ⟨ein Typ⟩ so, dass er j-m schmeichelt, um Vorteile zu bekommen ≈ heuchlerisch

Schleim·schei·ßer *der*; *vulg pej*; j-d, der j-m schmeichelt, um Vorteile zu bekommen ≈ Kriecher

schlem·men; *schlemmte, hat geschlemmt*; [Vt/i] (***etw.***) ***s.*** etw. sehr Gutes u. *mst* Teures essen u. es genießen: *Gestern Abend schlemmten wir in e-m Dreisternerestaurant* || K-: ***Schlemmer-, -lokal, -mahlzeit*** || *hierzu* **Schlem·mer** *der*; *-s, -*

schlen·dern; *schlenderte, ist geschlendert*; [Vi] gemütlich, mit Zeit u. Ruhe, spazieren gehen

Schlend·ri·an *der*; *-s*; *nur Sg, gespr pej*; e-e nachlässige Art u. Weise zu arbeiten *o.Ä.*

Schlen·ker *der*; *-s, -*; e-e plötzliche, *mst* unerwartete Bewegung in e-e bestimmte Richtung: *Er machte mit dem Auto e-n S. nach links*

schlen·kern; *schlenkerte, hat geschlenkert*; [Vi] **1** ***etw. schlenkert*** etw. hängt lose herab u. bewegt sich hin u. her ⟨e-e schlenkernde Bewegung⟩: *Ihre Arme schlenkerten beim Gehen* **2** (***mit etw.***) ***s.*** mit etw. e-e Bewegung machen, bei der man es hin u. her schwingt ⟨mit den Armen, den Beinen s.⟩: *auf e-m Geländer sitzen u. mit den Beinen s.*; [Vt/i] **3** (***etw.***) ***s.*** ≈ s. (2)

Schlepp *der*; *-s*; *nur in* ***im S.*** ≈ im Schlepptau ⟨j-n / etw. in S. nehmen, im S. haben⟩

Schlep·pe *die*; *-, -n*; der lange, hintere Teil e-s festlichen Kleides, den e-e Frau beim Gehen auf dem Boden nach sich zieht: *die S. e-s Brautkleides* || K-: ***Schleppen-, -träger*** || -K: ***Braut-, Samt-, Seiden-***

schlep·pen; *schleppte, hat geschleppt*; [Vt] **1** ***j-n / etw.*** (***irgendwohin***) ***s.*** e-e Person / etw. Schweres mit viel Mühe (irgendwohin) tragen ⟨Kisten, Kohlen, e-n Sack, Steine s.⟩: *Kartoffelsäcke in den Keller s.* **2** ***etw.*** (***irgendwohin***) ***s.*** ein Fahrzeug mit der Hilfe e-s anderen Fahrzeugs ziehen ≈ abschleppen: *Das kaputte Auto musste zur Werkstatt geschleppt werden*; *Der Tanker wurde in den Hafen geschleppt* **3** ***j-n irgendwohin s.*** *gespr* ≈ j-n irgendwohin schleifen[2] (3): *j-n zum Zahnarzt s.*; [Vr] **4** ***sich irgendwohin s.*** sich mit viel Mühe irgendwohin bewegen: *Er war zwar schwer verletzt, aber er konnte sich noch ans Telefon s.*

schlep·pend **1** *Partizip Präsens*; ↑ ***schleppen*** **2** *Adj*; ⟨e-e Bewegung, Schritte⟩ langsam u. mit viel Mühe (*z.B.* weil der Betroffene krank od. erschöpft ist): *Sein Gang ist sehr s., seitdem er den Unfall hatte* **3** *Adj*; langsam u. mit Schwierigkeiten ↔ zügig: *Die Arbeit geht nur s. voran*

Schlep·per *der*; *-s, -*; **1** ein schweres Fahrzeug (*z.B.* ein Traktor od. ein Schiff), das andere Fahrzeuge od. Anhänger zieht **2** *gespr pej*; j-d, der auf der Straße Leute zu überreden versucht, in ein Bordell, ein Nachtlokal *o.Ä.* zu gehen **3** j-d, der Flüchtlinge, illegale Einwanderer *o.Ä.* gegen hohe Bezahlung heimlich in ein Land / aus e-m Land bringt || K-: ***Schlepper-, -bande***

Schlepp·lift *der*; ein Skilift, der Skifahrer, die auf Skiern stehen, den Berg hinaufzieht

Schlepp·tau *das*; *mst in* **1** ***in j-s S.*** *gespr*; als Begleitung (von j-m): *Der Star hatte viele Fans in seinem S.* **2** ***j-n ins S. nehmen*** *gespr*; j-m bei etw. helfen, ihn unterstützen

Schleu·der *die*; *-, -n*; **1** e-e einfache Waffe, mit der man (mit Hilfe e-s Bandes od. e-r Schnur) Steine *o.Ä.* weit schießen kann || -K: ***Stein-*** **2** e-e Art Behälter, der durch Zentrifugalkraft Flüssigkeit aus den Dingen herausschleudert, die in dem Behälter sind || -K: ***Wäsche-***

schleu·dern; *schleuderte, hat / ist geschleudert*; [Vt] (*hat*) **1** ***j-n / etw.*** (***irgendwohin***) ***s.*** j-n / etw. mit sehr viel Kraft in e-e bestimmte Richtung werfen ⟨etw. in die Ecke s.⟩: *Er schleuderte den Stein weit von sich*; *Bei dem Unfall wurde sie aus dem Auto geschleudert*; [Vt/i] (*hat*) **2** ***etw. schleudert*** (***etw.***) e-e Waschmaschine od. e-e Wäscheschleuder bewegt nasse Wäsche so schnell, dass durch Zentrifugalkraft das Wasser ausgepresst wird ⟨Wäsche s.⟩: *Hat die Maschine schon geschleudert?*; [Vi] (*ist*) **3** ***etw. schleudert*** (***irgendwohin***) ein Fahrzeug kommt aus der Spur u. rutscht nach rechts od. links weg: *Auf der glatten Fahrbahn kamen mehrere Autos ins Schleudern* || K-: ***Schleuder-, -gefahr*** || ID ***ins Schleudern geraten / kommen*** *gespr*; in e-r Situation unsicher werden, *bes* weil man Angst hat od. etw. nicht weiß; ***j-d / etw. bringt j-n ins***

Schleudern *gespr*; j-d / etw. bewirkt, dass j-d in e-r bestimmten Situation unsicher wird

Schleu·der·preis *der*; *mst Pl*; ein extrem niedriger Preis: *Waren zu Schleuderpreisen verkaufen*

Schleu·der·sitz *der*; **1** ein Sitz, mit dem sich der Pilot aus e-m abstürzenden Flugzeug retten kann **2** e-e sehr unsichere Stelle, ein sehr unsicheres Amt *o.Ä.*

schleu·nig *Adj*; *nur attr od adv*; ⟨e-e Antwort, die Erledigung⟩ ≈ schnell

schleu·nigst *Adv*; sehr schnell ⟨etw. s. tun; s. das Weite suchen⟩

Schleu·se *die*; -, *-n*; **1** e-e Vorrichtung an e-m Kanal *o.Ä.*, die *mst* aus zwei Toren besteht, zwischen denen man das Wasser höher u. niedriger machen kann, um somit Schiffen zu helfen, auf e-e höhere od. niedrigere Ebene zu kommen || K-: ***Schleusen-, -tor, -wärter*** || -K: ***Fluss-, Kanal-*** **2** ein kleiner Raum, der dicht abgeschlossen werden kann, damit *z.B.* j-d desinfiziert werden kann, bevor er in e-n anderen Raum gelangt || ID ***Es regnet wie aus Schleusen*** *gespr*; es regnet sehr stark

schleu·sen; *schleuste, hat geschleust*; [Vt] **1** ***etw. irgendwohin s.*** etw. durch e-e Schleuse bringen: *ein Schiff durch den Kanal s.* **2** ***j-n / etw. irgendwohin s.*** j-n / etw. durch ein fremdes Gebiet, durch Hindernisse *o.Ä.* führen: *j-n durch den Großstadtverkehr s.* **3** ***j-n / etw. irgendwohin s.*** j-n / etw. irgendwohin bringen, obwohl es illegal od. gefährlich ist: *Sie wollten mehrere Kilo Rauschgift durch den Zoll s.*

schlich *Imperfekt, 1. u. 3. Person Sg*; ↑ ***schleichen***

Schli·che *die*; *Pl*; *mst in* ***j-m auf die S. kommen / hinter j-s S. kommen / j-s S. durchschauen*** herausfinden, welche heimliche Absicht j-d hat

schlicht *Adj*; **1** einfach u. ohne Schmuck od. viele Details ↔ aufwendig ⟨e-e Feier, Kleidung, e-e Mahlzeit⟩: *Sie trägt nur schlichte Kleider* **2** *nur adv*; ***s. (u. einfach)*** ohne Zweifel ≈ eindeutig, unmissverständlich: *Das ist s. u. einfach gelogen* || *zu* **1** **Schlicht·heit** *die*; *nur Sg*

schlich·ten; *schlichtete, hat geschlichtet*; [Vt/i] **1** ***(etw.) s.*** als Unbeteiligter versuchen, e-n Streit *o.Ä.* zu beenden, indem man zwischen den streitenden Parteien vermittelt (5); [Vt] **2** ***etw. s.*** ≈ aufschichten, stapeln ⟨Holz s.⟩ || *zu* **1** **Schlich·ter** *der*; *-s*, -

Schlich·tung *die*; -, *-en*; der Versuch e-r dritten Person, e-n Streit zwischen zwei Personen od. Parteien zu beenden || K-: ***Schlichtungs-, -ausschuss, -gespräch, -kommission, -verfahren, -versuch***

schlicht·weg *Adv*; einfach, eindeutig: *Das ist s. gelogen!*

Schlick *der*; *-(e)s*; *nur Sg*; Schlamm am Boden e-s Flusses, e-s Sees od. des Meeres || K-: ***Schlick-, -ablagerung*** || *hierzu* **schli·ckig** *Adj*

schlief *Imperfekt, 1. u. 3. Person Sg*; ↑ ***schlafen***

Schlie·re *die*; -, *-n*; ein (Schmutz)Streifen auf e-r Glasscheibe, e-m Spiegel *o.Ä.* || *hierzu* **schlie·rig** *Adj*

schlie·ßen[1]; *schloss, hat geschlossen*; [Vt] **1** ***etw. s.*** etw. so bewegen, dass ein Raum *o.Ä.* nicht mehr offen ist ≈ zumachen ↔ öffnen, aufmachen: *das Fenster, die Tür, das Tor s.* **2** ***etw. s.*** durch Zuklappen, mit e-m Deckel *o.Ä.* bewirken, dass etw. nach außen hin nicht mehr offen ist ≈ zumachen ↔ öffnen, aufmachen: *ein Buch, e-e Flasche, e-e Kiste s.* **3** ***etw.*** (*mst Pl*) ***s.*** beide Teile e-s Körperteils zusammentun: *die Augen, den Mund, die Lippen s.* **4** ***j-n / etw. irgendwohin s.*** j-n / etw. in e-n Raum bringen u. mit e-m Schlüssel zusperren ≈ einsperren: *e-n Häftling in die Zelle s.*; *seinen Schmuck in e-n Tresor s.* **5** ***etw. s.*** aufhören, e-n Betrieb, e-e Firma zu betreiben: *Mehrere Firmen wurden geschlossen, weil sie nicht mehr rentabel waren* **6** ***e-e Lücke s.*** e-e Lücke auffüllen **7** ***j-d schließt e-n Vertrag mit j-m***; ⟨Personen⟩ ***schließen e-n Vertrag*** zwei od. mehrere Personen vereinbaren e-n gültigen Vertrag **8** ***j-d schließt den Bund der Ehe mit j-m***; ⟨zwei Personen⟩ ***schließen den Bund der Ehe*** zwei Personen heiraten **9** ***j-n in die Arme s.*** j-n umarmen; [Vt/i] **10** ***(etw.) s.*** ein Geschäft, ein Gasthaus *o.Ä.* (vorübergehend) nicht mehr geöffnet haben ≈ zumachen ↔ öffnen: *Wir schließen (den Laden) in 10 Minuten* **11** ***(etw.) s.*** e-e Tätigkeit *o.Ä.* beenden ⟨e-e Sitzung s.⟩: *Er schloss (seine Rede) mit e-m Aufruf zu mehr Solidarität*; [Vi] **12** ***etw. schließt irgendwann*** etw. ist ab e-m bestimmten Zeitpunkt nicht mehr offen ≈ etw. macht zu ↔ etw. öffnet, macht auf: *Um Mitternacht schließt das Lokal* **13** ***etw. schließt irgendwie*** etw. lässt sich auf e-e bestimmte Weise zumachen: *Das Fenster schließt nicht richtig*; [Vr] **14** ***etw. schließt sich*** etw. bewegt sich so od. wird so bewegt, dass ein Raum nicht mehr offen ist ↔ etw. öffnet sich ⟨das Fenster, das Tor, die Tür⟩ **15** ***etw. schließt sich irgendwie*** ≈ s. (13): *Die Tür schließt sich automatisch* **16** ***etw. schließt sich*** etw. kommt an einem Punkt zusammen, sodass es nicht mehr offen ist ↔ etw. öffnet sich ⟨e-e Blüte, e-e Wunde⟩: *Wenn es dunkel wird, schließen sich die Blütenblätter* || ► ***Schluss, verschlossen***

schlie·ßen[2]; *schloss, hat geschlossen*; [Vt] **1** ***etw. (aus etw.) s.*** zu e-m bestimmten Ergebnis kommen, nachdem man etw. analysiert hat ≈ ableiten, folgern: *Aus seinen Andeutungen konnten wir s.*, dass *die Firma finanzielle Schwierigkeiten hat*; [Vi] **2** ***von j-m / etw. auf j-n / etw. s.*** annehmen, dass etw., das auf j-n / etw. zutrifft, auch auf e-e andere Person od. Sache zutrifft: *Sei vorsichtig, du darfst nicht von dir auf andere s.!* || ► ***Schluss***

Schließ·fach *das*; ein Fach (*z.B.* am Bahnhof), in das man für e-e bestimmte Zeit Dinge legt u. zusperrt

schließ·lich[1] *Adv*; **1** nach langem Warten, nach e-r umständlichen Prozedur *o.Ä.* ≈ endlich, zuletzt: *Sie diskutierten sehr lange, aber s. fanden sie doch e-e Lösung für ihr Problem* **2** ***s. u. endlich*** *gespr*; verwendet, um s.[1] (1) zu verstärken

schließ·lich[2] *Partikel*; *betont u. unbetont*; **1** verwendet, um e-e Begründung od. Erklärung für etw. anzuführen od. um auszudrücken, dass etw. berücksichtigt werden sollte: *Du musst schon tun, was er sagt, s. ist er dein Chef*; *Ich werde mich nicht entschuldigen, s. habe ich den Streit nicht angefangen* **2** ***s. u. endlich*** *gespr*; verwendet, um s.[2] (1) zu verstärken

schliff *Imperfekt, 1. u. 3. Person Sg*; ↑ ***schleifen***

Schliff *der*; *-(e)s*, *-e*; **1** *nur Sg*; das Schleifen[1] (1) || K-: ***Schliff-, -art, -fläche*** **2** die (*mst* glatte) Oberfläche, die durch Schleifen[1] (1) entsteht ⟨etw. hat e-n schönen S.; der S. der Diamanten, der Edelsteine⟩ || -K: ***Brillant-, Glas-, Facetten-, Spezial-*** **3** *nur Sg*; gutes Benehmen, gute Manieren *o.Ä.* ⟨(keinen) S. haben⟩ || ID *mst* ***etw.*** (*Dat*) ***den letzten S. geben*** abschließende kleine Verbesserungen an etw. machen: *e-r Rede den letzten S. geben* || ► ***geschliffen***

schlimm *Adj*; **1** mit sehr unangenehmen Folgen für j-n ⟨ein Fehler, e-e Nachricht⟩: *Die lange Dürre hatte schlimme Auswirkungen auf die Getreideernte* **2** ⟨ein Verbrechen⟩ so, dass es gegen alle moralischen Prinzipien verstößt **3** *nur attr, nicht adv*; *gespr*; entzündet *o.Ä.* u. schmerzhaft ↔ gesund: *e-n schlimmen Zahn, e-n schlimmen Finger haben*

schlimms·ten·falls *Adv*; wenn man die Sache von der ungünstigsten Seite betrachtet ↔ bestenfalls

Schlin·ge *die*; -, *-n*; die Form, die ein Faden, Draht *o.Ä.* hat, wenn man ihn so biegt, dass ungefähr ein

S

Kreis entsteht ⟨e-e S. knüpfen, machen; die S. zuziehen⟩: *den gebrochenen Arm in e-r S. tragen* || -K: ***Arm-, Draht-, Lasso-, Schnur-, Seil-, Stoff-*** || ID ***j-m in die S. gehen*** von j-m gefangen werden

Schlin·gel *der*; *-s, -*; *gespr* ≈ Bengel

schlin·gen[1]; *schlang, hat geschlungen*; [Vt] ***etw. um etw. s.*** etw. in Form e-r Schlinge um etw. legen: *ein Seil um e-n Ast s.*

schlin·gen[2]; *schlang, hat geschlungen*; [Vt/i] ***(etw.) s.*** etw. sehr schnell essen (ohne richtig zu kauen) || ► ***verschlingen***

schlin·gern; *schlingerte, hat / ist geschlingert*; [Vi] **1** ***ein Schiff schlingert*** ein Schiff bewegt sich beim Fahren stark nach oben u. unten, nach rechts u. nach links ≈ ein Schiff schwankt **2** ***etw. schlingert*** ein Anhänger *o.Ä.* bewegt sich beim Fahren nach links u. rechts

Schling·pflan·ze *die*; e-e Pflanze, die um etw. herum nach oben wächst

Schlips *der*; *-es, -e* ≈ Krawatte || -K: ***Seiden-*** || ID ***j-m auf den S. treten*** *gespr*; j-n beleidigen od. in seinen Gefühlen verletzen ⟨sich auf den S. getreten fühlen⟩

Schlit·ten *der*; *-s, -*; **1** ein Fahrzeug mit zwei Kufen, mit dem man auf Schnee u. Eis fahren kann ⟨(mit dem) S. fahren⟩ || K-: ***Schlitten-, -bahn, -fahrt, -hund, -kufe, -partie, -pfad*** || -K: ***Eskimo-, Kinder-, Rodel-; Hunde-, Pferde-*** **2** *gespr*; ein großes u. teures Auto **3** ein Teil an e-r Maschine (*z.B.* an e-r Schreibmaschine), den man in zwei Richtungen bewegen kann || ID ***mit j-m S. fahren*** *gespr*; j-n autoritär u. grob behandeln

Schlitten (1)

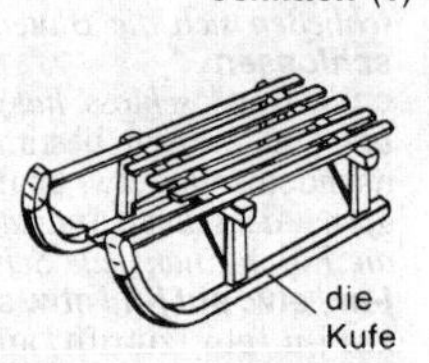

schlit·tern; *schlitterte, ist geschlittert*; [Vi] ***(irgendwohin) s.*** rutschen, ohne die Richtung bestimmen od. die Bewegung stoppen zu können ⟨auf dem Eis s.; ins Schlittern kommen⟩

Schlitt·schuh *der*; ein Schuh mit e-r schmalen Schiene aus Metall, mit dem man über das Eis gleiten kann ⟨S. laufen⟩ || K-: ***Schlittschuh-, -lauf, -laufen, -läufer***

Schlitz *der*; *-es, -e*; **1** e-e sehr schmale Öffnung ≈ Spalt: *Bei Automaten wirft man das Geld in e-n S.* || -K: ***Briefkasten-, Fenster-, Tür-*** **2** ein offener Einschnitt an e-m Kleidungsstück || -K: ***Rock-***

Schlitz·au·ge *das*; *-s, -n*; *mst Pl*; **1** Augen, die e-e schmale u. längliche Form haben **2** *mst pej*; j-d der Schlitzaugen (1) hat || *hierzu* **schlitz·äu·gig** *Adj*

schlit·zen; *schlitzte, hat geschlitzt*; [Vt] ***etw. s.*** (mit e-r Schere, e-m Messer *o.Ä.*) e-n Schlitz in etw. schneiden || ► ***aufschlitzen***

Schlitz·ohr *das*; *gespr*; j-d, der schlau u. listig ist || *hierzu* **schlitz·oh·rig** *Adj*; **Schlitz·oh·rig·keit** *die*; *nur Sg*

schloh·weiß *Adj*; vollkommen weiß ⟨Haare⟩

schloss *Imperfekt, 1. u. 3. Person Sg*; ↑ ***schließen***

Schloss[1] *das*; *-es, Schlös·ser*; **1** e-e Vorrichtung *z.B.* an Türen, Schränken od. Koffern zum Verschließen (mit e-m Schlüssel) ⟨das S. aufschließen, zuschließen⟩ || -K: ***Kasten-, Koffer-, Kombinations-, Lenkrad-, Schnapp-, Schrank-, Sicherheits-, Tür-, Zahlen-*** **2** ***etw. fällt ins S.*** etw. schließt sich ⟨die Tür⟩ **3** ***hinter S. u. Riegel*** *gespr*; ins od. im Gefängnis ⟨j-n hinter S. u. Riegel bringen⟩

Schloss[2] *das*; *-es, Schlös·ser*; ein großes u. sehr wertvolles Haus, in dem Könige u. Fürsten leben od. lebten ⟨ein prunkvolles, verfallenes S.; ein S. besichtigen⟩: *die Schlösser König Ludwigs II.* || K-: ***Schloss-, -brücke, -fassade, -garten, -hof, -kapelle, -park, -ruine, -tor, -turm; -besichtigung, -führung; -verwalter*** || -K: ***Barock-, Renaissance-, Rokoko-; Fürsten-, Königs-; Jagd-; Lust-, Prunk-*** || NB: ↑ ***Palast, Burg***

Schlos·ser *der*; *-s, -*; **1** j-d, der beruflich *bes* aus Metall od. Eisen Produkte herstellt od. der Maschinen repariert || K-: ***Schlosser-, -anzug, -arbeiten, -geselle, -handwerk, -meister*** || -K: ***Auto-, Bau-, Betriebs-, Maschinen-, Schiffs-, Werkzeug-*** **2** (CH) ≈ Installateur, Klempner

Schlos·se·rei *die*; *-, -en*; e-e Werkstatt, in der Schlosser arbeiten

Schloss·hund *der*; *nur in* ***heulen wie ein S.*** *gespr*; sehr heftig u. laut weinen

Schlot *der*; *-(e)s, -e / Schlö·te*; ein sehr hoher Schornstein (*mst* bei e-r Fabrik) || -K: ***Fabrik-*** || ID ***rauchen wie ein S.*** *gespr*; sehr viele Zigaretten *o.Ä.* rauchen

schlot·tern; *schlotterte, hat geschlottert*; [Vi] **1** ***(vor etw. (Dat)) s.*** sehr stark zittern, *z.B.* weil man sehr friert od. große Angst hat ⟨vor Kälte, vor Angst s.; j-m s. die Knie⟩ **2** ***etw. schlottert*** ein Kleidungsstück hängt sehr weit u. lose an e-m Körper: *weite, schlotternde Hosen* || *hierzu* **schlot·te·rig**, **schlott·rig** *Adj*

Schlucht *die*; *-, -en*; ein sehr enges u. tiefes Tal *mst* in den Bergen ⟨e-e tiefe, steile, felsige, dunkle S.⟩ || -K: ***Berg-, Felsen-, Gebirgs-, Tal-, Wald-***

schluch·zen; *schluchzte, hat geschluchzt*; [Vi] wegen starker emotionaler Erregung weinen u. dabei in kurzen Abständen einatmen, sodass dabei ein Geräusch entsteht ⟨bitterlich, heftig, fassungslos s.; mit schluchzender Stimme⟩

Schluch·zer *der*; *-s, -*; ein einmaliges Schluchzen

Schluck *der*; *-(e)s, -e*; **1** die Menge e-r Flüssigkeit, die man auf einmal schluckt ⟨ein S. Wasser, Bier, Kaffee, Milch; e-n kräftigen, tüchtigen S. nehmen⟩: *ein S. kaltes Wasser / (geschr auch) kalten Wassers* || -K: ***Probe-*** **2** das Hinunterschlucken e-r kleinen Menge Flüssigkeit: *in hastigen Schlucken trinken* **3** ***j-n auf e-n S. einladen*** *gespr*; j-n dazu einladen, mit einem etw. (*mst* Alkoholisches) zu trinken

Schluck·auf *der*; *-s*; *nur Sg*; ein unkontrolliertes Zucken des Zwerchfells, das *mst* über e-n bestimmen Zeitraum wiederholt vorkommt, das die Atmung kurz unterbricht u. bei dem *mst* ein kurzes Geräusch aus dem Mund kommt (*z.B.* wenn man etw. sehr schnell getrunken hat) ⟨(e-n) S. bekommen, haben⟩

Schluck·be·schwer·den *die*; *Pl*; Schmerzen beim Schlucken

schlu·cken; *schluckte, hat geschluckt*; [Vt/i] **1** ***(etw.) s.*** durch Zusammenziehen der Muskeln im Hals u. Mund etw. vom Mund in den Magen gelangen lassen ⟨e-n Bissen, ein Medikament, Tabletten s.⟩: *beim Schwimmen Wasser s.*; *Er hatte starke Halsschmerzen u. konnte kaum noch s.*; **2** ***(etw.) s.*** *gespr*; Alkohol trinken; [Vt] **3** ***etw. schluckt etw.*** *gespr*; etw. nimmt etw. in sich auf: *Der Boden hat das Regenwasser geschluckt*; *Die Tür ist schalldicht - sie schluckt jeden Lärm* **4** ***etw. schluckt etw.*** *gespr*; etw. verbraucht e-e bestimmte (*mst* große) Menge von etw.: *Die Reise hat unser ganzes Geld geschluckt*; *Sein neues Auto schluckt 14 Liter Benzin auf 100 Kilometer* **5** *mst* ***etw. s. müssen*** *gespr*; sich nicht gegen etw. wehren können ⟨e-e Beleidigung, e-n Vorwurf s. müssen⟩: *Die Erhöhung der Miete musst du wohl s.*

Schlu·cker *der*; *-s, -*; *mst in* ***ein armer S.*** *gespr*; ein

S

Mensch, mit dem man Mitleid hat (*mst* weil er arm ist)

Schluck·imp·fung *die*; e-e Impfung, bei der man e-e Flüssigkeit schlucken muss: *die S. gegen Kinderlähmung*

Schluck·specht *der*; *gespr hum*; j-d, der oft u. viel Alkohol trinkt

schlu·dern; *schluderte, hat geschludert*; [Vi] *gespr pej*; e-e Arbeit nicht ordentlich u. genau machen ≈ schlampen || *hierzu* **schlu·de·rig, schlud·rig** *Adj*; **Schlud·rig·keit** *die*; *nur Sg*

schlug *Imperfekt, 1. u. 3. Person Sg*; ↑ ***schlagen***

schlü·ge *Konjunktiv II, 1. u. 3. Person Sg*; ↑ ***schlagen***

Schlum·mer *der*; *-s*; *nur Sg*; ein ruhiger (*mst* kurzer) Schlaf

schlum·mern; *schlummerte, hat geschlummert*; [Vi] **1** ruhig schlafen **2** ***etw. schlummert in j-m*** ein Talent ist bei j-m vorhanden, jedoch noch nicht entdeckt od. gefördert worden: *In diesem Jungen schlummert e-e große musikalische Begabung*

Schlund *der*; *-(e)s, Schlün·de*; **1** der Rachen *bes* e-s Tieres **2** *geschr*; e-e sehr tiefe u. *mst* dunkle Öffnung ⟨der S. e-r Höhle, e-s Kraters⟩

schlüp·fen; *schlüpfte, ist geschlüpft*; [Vi] **1** ***irgendwohin s.*** sich leise, schnell u. gewandt irgendwohin bewegen: *aus e-m Versteck s.*; *heimlich durch die Tür s.* **2** ⟨ein Vogel, ein Insekt⟩ ***schlüpft*** ein Vogel od. ein Insekt kriecht aus dem Ei, der Puppe od. der Larve: *Das Küken ist geschlüpft* **3** ***in etw.*** (*Akk*) ***s.*** / ***aus etw. s.*** ein Kleidungsstück schnell anziehen / ausziehen: *in den Pulli s.*; *aus dem Hemd s.*

Schlüp·fer *der*; *-s, -*; e-e Unterhose (*bes* für Frauen)

Schlupf·loch *das*; **1** ein Ort, an dem man sich verstecken kann ≈ Schlupfwinkel **2** ein Loch, durch das man / ein Tier irgendwohin schlüpfen (1) kann

schlüpf·rig *Adj*; **1** (in Bezug auf e-e Oberfläche) glatt u. feucht **2** *pej* ≈ unanständig, obszön ⟨ein Witz, e-e Geschichte *o.Ä.*⟩ || *hierzu* **Schlüpf·rig·keit** *die*; *nur Sg*

Schlupf·win·kel *der* ≈ Schlupfloch (1)

schlur·fen; *schlurfte, ist geschlurft*; [Vi] beim Gehen die Füße so über den Boden schleifen lassen, dass sie ein Geräusch verursachen

schlür·fen; *schlürfte, hat geschlürft*; [Vt/i] ***(etw.) s.*** e-e Flüssigkeit mit lautem Geräusch in den Mund saugen: *heiße Suppe, seinen Tee s.* || NB:↑ ***schmatzen***

Schluss[1] *der*; *-es, Schlüs·se*; **1** *nur Sg*; der Zeitpunkt, an dem etw. aufhört od. die letzte Phase von etw. ≈ Ende (2) ↔ Anfang: *am S. der Vorstellung*; *kurz vor S. der Sitzung*; *Zum S. verbeugte sich der Pianist*; *Damit muss jetzt endlich S. sein!* (= ich dulde das nicht mehr, es muss aufhören) || -K: ***Dienst-, Schul-, Sende-, Spiel-*** **2** *mst Sg*; der letzte Teil von etw. ≈ Ende (1) ↔ Anfang: *ein Roman mit e-m überraschenden S.*; *Ein Konzert bildete den S. der Feier* || K-: ***Schluss-, -akkord, -bericht, -satz, -teil*** **3** ***(mit etw.) S. machen*** aufhören, etw. zu tun: *Machen wir S. für heute, ich bin müde*; *Er hat mit dem Rauchen S. gemacht* **4** ***j-d macht S. mit j-m***; ⟨zwei Personen⟩ ***machen S.*** zwei Personen beenden e-e Liebesbeziehung, trennen sich **5** ***S. machen*** *gespr*; Selbstmord begehen **6** *mst* ***S. jetzt!*** verwendet, um j-n dazu aufzufordern, mit etw. aufzuhören: *S. jetzt - hör endlich auf zu jammern!*

Schluss[2] *der*; *-es, Schlüs·se*; **1** das Ergebnis e-s Denkprozesses ≈ Folgerung ⟨ein falscher, kühner, nahe liegender, voreiliger, zwingender S.; zu e-m S. kommen⟩: *Die Versicherung kam zu dem S., dass das Haus absichtlich in Brand gesteckt wurde* || K-: ***Schluss-, -folgerung*** || -K: ***Fehl-, Rück-, Trug-*** **2** ***e-n S. ziehen*** zu e-m S.[2] (1) kommen

-schluss *der*; *im Subst, wenig produktiv*; der Zeitpunkt, an dem etw. geschlossen wird; ***Büroschluss, Geschäftsschluss, Ladenschluss, Schalterschluss***

Schlüssel¹ (1)

der Bart

Schlüs·sel[1] *der*; *-s, -*; **1** ein Gegenstand aus Metall, mit dem man e-e Tür auf- u. zuschließen kann, mit dem man ein Auto startet *usw* ⟨den S. ins Schloss / Loch stecken; den S. herumdrehen, abziehen; der S. klemmt, passt, steckt (im Schloss, in der Tür)⟩ || K-: ***Schlüssel-, -loch*** || -K: ***Auto-, Haus-, Keller-, Koffer-, Safe-, Schrank-, Tür-; Zünd-*** **2** *Kurzw* ↑ ***Schraubenschlüssel*** **3** *Kurzw* ↑ ***Notenschlüssel*** || -K: ***Bass-, Violin-***

Schlüs·sel[2] *der*; *-s, -*; **1** ***der S.*** (***zu etw.***) das Mittel, durch das etw. erreicht od. etw. verstanden werden kann ⟨der S. zum Erfolg, zu e-m Problem⟩ **2** ***der S.*** (***zu etw.***) ≈ Code: *den S. zu e-r alten ägyptischen Schrift suchen* || -K: ***Chiffrier-, Dechiffrier-, Geheim-, Telegraphen-*** **3** e-e Art festgelegter Plan, nach dem etw. aufgeteilt od. verteilt wird: *der S., nach dem die Gelder e-s Staates verteilt werden* || -K: ***Verteiler-*** **4** der Teil e-s Buches, in dem die Lösungen der Aufgaben stehen, die das Buch enthält || ► ***entschlüsseln, verschlüsseln***

Schlüs·sel- *im Subst, wenig produktiv*; drückt aus, dass j-d / etw. sehr wichtig (innerhalb e-s Systems) ist ≈ Zentral-; die ***Schlüsselfigur*** ⟨e-r Organisation, e-r Bewegung⟩, die ***Schlüsselfrage***, die ***Schlüsselposition*** ⟨innehaben⟩, die ***Schlüsselrolle***, die ***Schlüsselstellung*** ⟨einnehmen⟩, das ***Schlüsselwort***

Schlüs·sel·bein *das*; einer der beiden Knochen, die vorne am Körper vom Hals zur Schulter gehen || ↑ *Abb. unter* ***Skelett***

Schlüs·sel·blu·me *die*; e-e kleine Blume mit gelben Blüten, die im Frühling auf feuchten Wiesen blüht

Schlüs·sel·bund *der od das*; *-(e)s, -e*; mehrere Schlüssel, die an e-m Ring *o.Ä.* zusammengehalten sind

Schlüs·sel·er·leb·nis *das*; ein psychologisch wichtiges Erlebnis im Leben e-s Menschen, das sein Verhalten in ähnlichen Situationen stark beeinflusst

schlüs·sel·fer·tig *Adj*; fertig gebaut, sodass man sofort einziehen kann ⟨ein Haus⟩

Schlüs·sel·kind *das*; ein Kind, dessen Eltern beide arbeiten, sodass niemand zu Hause ist, wenn es aus der Schule kommt

schluss·fol·gern; *schlussfolgerte, hat geschlussfolgert*; [Vi] ***etw. s.*** ≈ folgern: *Sie schlussfolgerte, dass er gelogen hatte* || *hierzu* **Schluss·fol·ge·rung** *die*

schlüs·sig *Adj*; **1** logisch u. überzeugend ≈ folgerichtig ⟨e-e Argumentation, ein Beweis⟩ **2** ***sich*** (*Dat*) (***über etw.*** (*Akk*)) ***s. sein*** sich in Bezug auf etw. entschieden haben: *Bist du dir schon s.* (darüber), was *wir jetzt machen sollen?* **3** ***sich*** (*Dat*) (***über etw.*** (*Akk*)) ***s. werden*** sich über etw. klar werden, sich endgültig zu etw. entscheiden: *Wir sind uns immer noch nicht s.*, wohin *die Reise gehen soll* || *zu* **1** **Schlüs·sig·keit** *die*; *nur Sg*

Schluss·leuch·te *die* ≈ Schlusslicht (1)

Schluss·licht *das*; **1** das Licht am hinteren Teil e-s Autos *o.Ä.* ≈ Rücklicht **2** *Sport*; der Letzte in der Tabelle

S

Schluss·pfiff *der*; der Pfiff, mit dem der Schiedsrichter ein (Ball)Spiel beendet ↔ Anpfiff (1)
Schluss·punkt *der*; etw., das e-e Sache endgültig beendet ↔ Ausgangspunkt ⟨der S. e-r Entwicklung⟩ || ID ***e-n S.*** (***unter / hinter etw.*** (*Akk*)) ***setzen*** etw. Unangenehmes endgültig abschließen
Schluss·strich *der*; *mst in* ***e-n S. unter etw.*** (*Akk*) ***ziehen*** e-n unangenehmen Zustand beenden
Schluss·ver·kauf *der*; der Verkauf von Waren zu besonders niedrigen Preisen am Ende der Sommer- bzw. Wintersaison || -K: ***Sommer-, Winter-***
Schmach *die*; -; *nur Sg, geschr* ≈ Demütigung ⟨S. u. Schande; (e-e) S. erleiden, erdulden müssen; j-m (e-e) S. antun, zufügen⟩: *e-e Strafe als S. empfinden* || *hierzu* **schmach·voll** *Adj*
schmach·ten; *schmachtete, hat geschmachtet*; Vi *geschr*; **1** ***irgendwo s.*** irgendwo *bes* unter Hunger, Durst od. Hitze leiden ⟨im Gefängnis, im Kerker, in der Wüste s.⟩ **2** ***nach j-m / etw. s.*** sich sehr nach j-m / etw. sehnen u. daran leiden: *nach Freiheit, e-m Stück Brot s.* || ID ***j-n s. lassen*** j-n lange auf e-e Entscheidung *o.Ä.* warten lassen
schmach·tend **1** *Partizip Präsens*; ↑ ***schmachten*** **2** *Adj*; *hum*; ⟨ein Blick⟩ voller Sehnsucht
Schmacht·fet·zen *der*; *gespr pej*; ein sentimentales Buch, Lied *o.Ä.*
schmäch·tig *Adj*; dünn u. schwach ⟨e-e Gestalt⟩: *Er ist klein u. s.*
schmack·haft *Adj*; **1** mit gutem Geschmack ≈ wohlschmeckend, lecker ⟨Essen⟩ **2** ***j-m etw. s. machen*** *gespr*; etw. so darstellen, dass j-d es für sehr positiv hält od. Lust darauf bekommt
Schmäh *der*; *-s, -(s)*; Ⓐ e-e witzige Art, etw. zu erzählen od. zu sagen: *der berühmte Wiener S.*
schmä·hen; *schmähte, hat geschmäht*; Vt ***j-n / etw. s.*** *geschr*; mit Verachtung über j-n / etw. sprechen od. schimpfen ↔ preisen || K-: ***Schmäh-, -rede, -schrift, -worte*** || *hierzu* **Schmä·hung** *die* || ► ***verschmähen***
schmäh·lich *Adj*; so, dass man sich dafür schämen muss ≈ schändlich ↔ ehrenhaft ⟨e-e Niederlage, ein Verrat; j-n s. im Stich lassen, behandeln⟩
schmal, *schmäler / schmaler, schmälst- / schmalst-*; *Adj*; **1** von relativ geringer Ausdehnung in seitlicher Richtung od. zwischen zwei Seiten ↔ breit (3) ⟨ein Bett, ein Fluss, e-e Straße; Hüften, Schultern⟩ || ↑ *Abb. unter* **Eigenschaften** **2** *nicht adv, geschr*; nicht ausreichend ⟨ein Einkommen, e-e Kost⟩
schmä·lern; *schmälerte, hat geschmälert*; Vt **1** ***etw. s.*** den Wert von etw. kleiner machen ⟨j-s Erfolg, j-s Verdienste s.⟩ **2** ***etw. s.*** etw. kleiner machen ≈ verringern, einschränken ⟨j-s Einkommen, j-s Rechte, j-s Vergnügen⟩ || *hierzu* **Schmä·le·rung** *die*
Schmal·film *der*; ein ziemlich schmaler Film[1] (1) für e-e Filmkamera, mit der *bes* Amateure bewegte Bilder filmen || K-: ***Schmalfilm-, -kamera***
Schmal·spur- *im Subst, begrenzt produktiv, gespr pej*; verwendet, um auszudrücken, dass j-d keine intensiven Kenntnisse auf e-m bestimmten Gebiet hat; ein ***Schmalspurchemiker***, ein ***Schmalspuringenieur***
Schmal·spur|bahn *die*; ein kleiner Zug, der auf Schienen fährt, die enger nebeneinander liegen als normal
Schmalz[1] *das*; *-es*; *nur Sg*; e-e weiche, weiße Masse, die man aus dem heiß gemachten Fett von Tieren erhält ⟨mit S. kochen; S. auslassen (= herstellen)⟩ || K-: ***Schmalz-, -brot, -gebäck, -topf*** || -K: ***Gänse-, Grieben-, Schweine-*** || ID ***etw. kostet viel S.*** *gespr*; etw. ist körperlich anstrengend
Schmalz[2] *der*; *-es*; *nur Sg, gespr pej*; **1** ≈ Sentimentalität: *ein Film mit viel S.* **2** etw., das sentimental ist || *hierzu* **schmal·zig** *Adj*
Schman·kerl *das*; *-s, -n*; *südd* Ⓐ ≈ Leckerbissen
Schmant *der*; *-(e)s*; *nur Sg, nordd*; die Schicht, die sich auf gekochter Milch bildet, wenn diese kalt wird
schma·rot·zen; *schmarotzte, hat schmarotzt*; Vi **1** *pej*; von der Arbeit od. vom Geld anderer leben **2** ⟨ein Tier, e-e Pflanze⟩ ***schmarotzt*** *Biol*; ein Tier od. e-e Pflanze lebt (als Parasit) auf od. in e-m anderen Tier, e-r anderen Pflanze u. nimmt ihnen Nahrung weg || *hierzu* **Schma·rot·zer** *der*; *-s, -*
Schmar·ren *der*; *-s*; *nur Sg*; *südd* Ⓐ **1** *Kurzw* ↑ ***Kaiserschmarren*** **2** *gespr pej* ≈ Unsinn, Blödsinn: *So ein S.!*
Schmatz *der*; *-es, -e / Schmät·ze*; *mst Sg, gespr*; ein (lauter) Kuss
schmat·zen; *schmatzte, hat geschmatzt*; Vi laut essen: *Hör auf zu s.!*
schmau·chen; *schmauchte, hat geschmaucht*; Vt/i **(*etw.*) *s.*** mit Genuss rauchen ⟨e-e Pfeife, e-e Zigarre s.⟩
Schmaus *der*; *-es*; *nur Sg, veraltend od hum*; gutes Essen in großer Menge ⟨ein köstlicher S.; e-n S. halten⟩ || -K: ***Fest-, Hochzeits-, Leichen-*** || *hierzu* **schmau·sen** (*hat*) *Vi*
schme·cken; *schmeckte, hat geschmeckt*; Vt **1** ***etw. s.*** mit der Zunge den Geschmack von etw. erkennen od. spüren: *Schmeckst du den Wein in der Soße?*; *Ich habe sofort geschmeckt*, dass *die Milch nicht in Ordnung war*; Vt/i **2** **(*etw.*) *s.*** ≈ kosten[2] (1); Vi **3** ***etw. schmeckt irgendwie***; ***etw. schmeckt nach etw.*** etw. ruft ein bestimmtes Gefühl im Mund hervor, hat e-n bestimmten Geschmack ⟨etw. schmeckt gut, salzig, scharf, süß, sauer, bitter, angebrannt⟩: *Das Brot schmeckt wie selbst gebacken*; *Das Eis schmeckt nach Zitrone* **4** ***etw. schmeckt*** (***j-m***) etw. ruft (bei j-m) ein angenehmes Gefühl im Mund hervor: *Der Kaffee schmeckt* **5** ***etw. schmeckt irgendwie / nach etw.*** *südd* Ⓐ *gespr* ≈ etw. riecht irgendwie **6** ***lass es dir s. / lasst es euch s.!*** verwendet, um j-n freundlich zum Essen aufzufordern **7** ***etw. schmeckt j-m nicht*** *gespr*; etw. gefällt j-m nicht: *Die ganze Sache schmeckt mir nicht* || ID *mst* ***Das schmeckt nach mehr!*** *gespr*; davon würde ich gern mehr essen (weil es so gut ist) || ► ***Geschmack***

Hat es Ihnen geschmeckt?

Nach dem Essen in einem Lokal wird man meist vom Kellner gefragt: „**Hat es (Ihnen) geschmeckt?**“. Es ist eine Gelegenheit, die man dem Gast gibt, um sein Lob oder seine Kritik bezüglich des Essens auszusprechen. Gewöhnlich antwortet man „**Ja, danke**“, auch wenn einige Gäste die Möglichkeit nutzen, das Essen oder den Service wirklich zu loben oder zu kritisieren.

schmei·chel·haft *Adj*; **1** so, dass es j-s Selbstbewusstsein hebt, sehr angenehm für ihn ist: *Ihr Angebot ist sehr s. für mich* **2** so, dass es j-n in ein sehr positives Licht stellt ⟨ein Foto⟩
schmei·cheln; *schmeichelte, hat geschmeichelt*; Vi **1** (***j-m***) ***s.*** j-n übertrieben loben, damit er freundlich zu einem ist od. damit er einen mag ≈ j-m schöntun ⟨j-m mit schönen, vielen Worten s.⟩ **2** ***etw. schmeichelt j-m / etw.*** etw. ist für j-n angenehm u. hebt sein Selbstbewusstsein ⟨etw. schmeichelt j-s Eitelkeit; sich geschmeichelt fühlen⟩: Es *schmeichelte*

S

ihm sehr, dass *man ihm die Leitung des Projekts anbot* **3 *etw. schmeichelt j-m / etw.*** etw. betont j-s gute Seiten, stellt j-n / etw. in ein sehr positives Licht: *Das Foto schmeichelt ihm - in Wirklichkeit sieht er viel älter aus* || *zu* **1 Schmei·chler** *der*; *-s*, -; **Schmei·chle·rin** *die*; -, *-nen*; **schmei·chle·risch** *Adj*; *zu* ***Schmeichelei*** ↑ ***-ei***

schmei·ßen; *schmiss, hat geschmissen*; *gespr*; [Vt] **1 *etw. irgendwohin s.*** etw. mit e-r kräftigen Bewegung des Arms irgendwohin fliegen lassen ≈ werfen[1]: *die Schultasche in die Ecke s.* **2 *etw. irgendwohin s.*** etw. plötzlich mit großem Schwung bewegen ≈ werfen[1]: *die Tür ins Schloss s.* **3 *etw. s.*** aufhören, etw. zu tun, weil man damit keinen Erfolg hat od. weil man keine Lust mehr dazu hat ≈ abbrechen (2), aufgeben[2] (1) ⟨e-e Ausbildung, e-n Job, die Lehre, die Schule, das Studium s.⟩ **4 *etw. s.*** e-e Aufgabe gut machen, sodass ein Betrieb *o.Ä.* gut funktioniert ⟨den Haushalt, den Laden s.⟩: *Mach dir keine Sorgen, wir werden die Sache schon s.!* **5 *etw. s.*** etw. bezahlen ⟨e-e Lage / e-e Runde (Bier, Schnaps *usw*) s.⟩ **6 *etw. s.*** etw. organisieren u. veranstalten ⟨e-e Party s.⟩ **7 *j-n s.*** j-n zwingen, e-n Ort zu verlassen od. seine Arbeit aufzugeben ≈ j-n hinauswerfen, feuern ⟨j-n aus dem Haus, aus dem Zimmer, von der Schule s.⟩: *Sie haben ihn geschmissen, weil er etw. gestohlen hat*; [Vi] **8 *mit etw. (nach j-m / auf j-n) s.*** etw. in j-s Richtung fliegen lassen, um ihn zu treffen ≈ werfen[1] ⟨mit Steinen, faulen Eiern (nach j-m) s.⟩ **9 *mit etw. um sich s.*** etw. in großer Zahl od. Menge hergeben ⟨mit Geld, Geschenken um sich s.⟩; [Vr] **10 *sich irgendwohin s.*** sich mit viel Schwung irgendwohin fallen lassen ≈ sich irgendwohin werfen[1] ⟨sich aufs Bett, in den Sessel s.⟩ **11 *sich in etw.*** (*Akk*) ***s.*** elegante Kleidung anziehen ⟨sich in Schale, in ein Abendkleid, in e-n Smoking s.⟩

Schmelz *der*; *-es*; *nur Sg*, *Kurzw* ↑ ***Zahnschmelz***

schmel·zen; *schmilzt, schmolz, hat / ist geschmolzen*; [Vt] (*hat*) **1 *etw. s.*** durch Wärme od. Hitze etw. Festes flüssig machen ⟨Eis, Eisen, Gold, Silber s.⟩; [Vi] (*ist*) **2 *etw. schmilzt*** etw. wird durch Wärme od. Hitze flüssig: *In der Sonne ist der Schnee schnell geschmolzen*

Schmelz·kä·se *der*; gelber, weicher Käse, den man aufs Brot streicht

Schmelz·ofen *der*; ein großer Ofen in e-r Fabrik, in dem Metalle flüssig gemacht werden

Schmelz·punkt *der*; die Temperatur, bei der ein fester Stoff flüssig wird

Schmelz·tie·gel *der*; **1** ein Topf zum Schmelzen von Metallen **2 *ein S.* (*verschiedener Nationalitäten o.Ä.*)** ein Ort, an dem viele Leute aus verschiedenen Ländern zusammen leben u. arbeiten

Schmelz·was·ser *das*; *nur Sg*; Wasser, das aus Schnee od. Eis entsteht: *Das S. aus den Bergen verursachte im Tal Überschwemmungen*

Schmer·bauch *der*; *gespr pej*; ein dicker Bauch (mit viel Fett)

Schmerz *der*; *-es, -en*; **1** *mst Pl*; das unangenehme Gefühl im Körper, wenn man verletzt od. krank ist ⟨ein bohrender, brennender, dumpfer, stechender S.; Schmerzen betäuben, lindern; ein S. durchfährt j-n, lässt nach, klingt ab⟩: *Er hatte heftige Schmerzen im Bauch*; *Die Verbrennungen bereiteten ihr unerträgliche Schmerzen* || K-: ***Schmerz-, -gefühl, -mittel, -schwelle, -tablette***; ***Schmerzens-, -schrei***; ***schmerz-, -empfindlich, -lindernd, -verzerrt*** || -K (*mst Pl*): ***Bauch-, Hals-, Herz-, Kopf-, Kreuz-, Rücken-, Zahn-*** **2 *der S.* (*über etw.*** (*Akk*)) *mst Sg*; das Gefühl, wenn man sehr traurig ist od. psychisch unter etw. leidet ≈ Kummer, Leid: *aus S. über e-n Verlust weinen*; *tiefen S. bei e-r Trennung empfinden* || -K: ***Abschieds-, Seelen-, Trennungs-*** || *hierzu* **schmerz·los** *Adj*; **schmerz·voll** *Adj*; *zu* **1 schmerz·frei** *Adj*

schmer·zen; *schmerzte, hat geschmerzt*; [Vi] **1 *etw. schmerzt*** etw. verursacht bei j-m Schmerzen (1) ≈ etw. tut j-m weh: *Mein gebrochenes Bein schmerzt*; [Vt] **2 *etw. schmerzt j-n*** etw. macht j-n sehr traurig: Es *schmerzt mich, dich so leiden* zu *sehen*

Schmer·zens·geld *das*; *nur Sg*; Geld, das j-d (nach e-m Gerichtsverfahren od. von e-r Versicherung) für Schmerzen bekommt, die ein anderer verursacht hat

schmerz·haft *Adj*; **1** mit großen Schmerzen (1) ⟨e-e Behandlung, e-e Krankheit, e-e Wunde⟩ **2** mit großen Schmerzen (2) ⟨e-e Erfahrung, e-e Trennung⟩

schmerz·lich *Adj*; so, dass j-d dabei Schmerz (2) fühlt ⟨e-e Erfahrung, e-e Erinnerung, ein Verlust; j-n / etw. s. vermissen⟩: *Er hat die schmerzliche Erinnerung an seine Frau einfach nicht verkraftet*

schmerz·stil·lend *Adj*; so, dass es die Schmerzen (1) beseitigt ⟨ein Mittel; etw. wirkt s.⟩

Schmet·ter·ling[1] *der*; *-s, -e*; ein Insekt mit großen, *mst* schönen, bunten Flügeln ⟨ein S. flattert⟩: *Aus dem Ei wird e-e Raupe. Diese verpuppt sich, u. aus der Puppe schlüpft schließlich der S.* || K-: ***Schmetterlings-, -flügel, -netz, -sammlung***

Schmetterling[1]

Schmet·ter·ling[2] *das*, *der*; *-s*; *nur Sg*, *Sport* ≈ Delphinschwimmen || K-: ***Schmetterlings-, -stil***

schmet·tern; *schmetterte, hat geschmettert*; [Vt] **1 *j-n / etw. irgendwohin s.*** j-n / etw. mit großer Kraft irgendwohin stoßen od. werfen: *Der Sturm schmetterte das Schiff gegen die Felsen*; [Vt/i] **2 (*etw.* (*irgendwohin*)) *s.*** (beim Tennis, Volleyball *o.Ä.*) e-n Ball mit großer Kraft (von oben nach unten) über das Netz schlagen ⟨e-n Ball (übers Netz) s.⟩ || K-: ***Schmetter-, -ball, -schlag***; [Vi] **3 *etw. schmettert*** etw. ist sehr laut zu hören ⟨Fanfaren, Posaunen, Trompeten⟩

Schmied *der*; *-(e)s, -e*; j-d, der beruflich Metall, *bes* Eisen, bearbeitet u. formt, nachdem er es stark erhitzt hat: *Der S. steht am Amboss* || -K: ***Dorf-, Gold-, Huf-, Kunst-, Waffen-***

Schmie·de *die*; -, *-n*; das Haus od. der Betrieb, in dem ein Schmied arbeitet || -K: ***Dorf-, Hammer-, Waffen-***

schmie·den; *schmiedete, hat geschmiedet*; [Vt/i] **1 (*etw.*) *s.*** Metall erhitzen u. bearbeiten, formen: *Kupfer* (*zu e-m Kessel*) *s.* || K-: ***Schmiede-, -eisen, -feuer, -hammer, -handwerk, -kunst, -ofen*** **2 (*etw.*) *s.*** etw. aus glühendem Metall formen ⟨ein Hufeisen, e-n Kessel, ein Schwert s.⟩ || K-: ***Schmiede-, -arbeit***; [Vt] **3 *Pläne schmieden*** Pläne machen **4 *ein Komplott, Ränke s.*** *geschr* ≈ intrigieren

schmie·gen; *schmiegte, hat geschmiegt*; [Vt] ***etw. / sich irgendwohin s.*** e-n Körperteil / sich gegen j-n od. etw. Weiches, Warmes drücken, weil man zärtlich sein will od. damit man sich sicher u. wohl fühlt ⟨sich in j-s Arme, eng an j-n, in e-e Decke s.⟩: *Das Mädchen schmiegte seine Wange an das weiche Fell der Katze* || NB: kein Passiv! || ► ***anschmiegsam***

schmieg·sam *Adj*; ⟨Leder, Stiefel⟩ so weich, dass sie sich leicht e-r Form anpassen ≈ geschmeidig || *hierzu* **Schmieg·sam·keit** *die*; *nur Sg*

S

Schmie·re *die*; -, *-n*; *mst Sg*; Fett od. Öl, mit dem man etw. schmiert (1) || ID ***S. stehen*** *gespr*; bei e-m Einbruch *o.Ä.* draußen bleiben, um die anderen warnen zu können, wenn j-d kommt

schmie·ren; *schmierte, hat geschmiert*; [Vt] **1** ***etw. s.*** Fett od. Öl auf Teile e-r Maschine od. e-s Geräts geben, damit diese sich leichter u. schneller bewegen ≈ ölen ⟨e-e Fahrradkette, e-e Maschine, die Räder s.⟩ || K-: ***Schmier-, -mittel, -öl*** **2** ***etw. irgendwohin s.*** *gespr* ≈ streichen (2) ⟨Butter, Honig, Schmalz aufs Brot s.; sich Creme ins Gesicht, Pomade ins Haar s.⟩ **3** ***etw. irgendwohin s.*** *gespr pej*; etw. auf e-n Gegenstand schreiben od. malen, wo es nicht erlaubt ist (u. den Gegenstand dadurch verunstalten) ⟨seinen Namen, e-n Spruch auf die Schulbank, an die Wand s.⟩ **4** ***etw. s.*** *gespr pej*; e-n Text schnell u. ohne Sorgfalt schreiben ⟨e-n Artikel, e-n Aufsatz s.⟩ || K-: ***Schmier-, -heft, -papier, -zettel*** **5** ***j-n s.*** *gespr pej*; j-n bestechen: *Die beiden Polizisten waren geschmiert worden* || K-: ***Schmier-, -geld*** **6** ***j-m eine s.*** *gespr* ≈ j-m e-e Ohrfeige geben; [Vi] **7** so schreiben, dass es schwer zu lesen ist **8** ***etw. schmiert*** *gespr*; etw. gibt Tinte od. Farbe nicht sauber ab: *Mein Kugelschreiber schmiert* || *zu* **3** u. **7** **Schmie·rer** *der*; *-s*, -

Schmier·fink *der*; *gespr*; **1** *mst hum*; ein Kind, das nicht schön schreibt od. das sich oft schmutzig macht **2** *pej*; j-d, der (politische *o.Ä.*) Parolen an Wände schreibt

schmie·rig *Adj*; **1** schmutzig u. feucht od. klebrig ⟨e-e Schmutzschicht⟩: *Von dem verspritzten Fett ist der Herd ganz s.* || K-: ***Schmier-, -film*** **2** *pej*; auf unehrliche u. unangenehme Art freundlich ⟨ein Kerl, ein Typ; s. grinsen⟩ **3** *pej* ≈ unanständig ⟨ein Witz⟩ || *hierzu* **Schmie·rig·keit** *die*; *nur Sg*

schmilzt *Präsens, 3. Person Sg*; ↑ ***schmelzen***

Schmin·ke *die*; -; *nur Sg*; ein Puder od. e-e Creme, die *bes* e-e Frau od. ein Schauspieler auf das Gesicht aufträgt, um besser od. anders auszusehen ≈ Make-up ⟨S. auftragen, benutzen, abmachen⟩ || K-: ***Schmink-, -koffer, -tisch, -topf*** || -K: ***Clowns-, Faschings-, Karnevals-***

schmin·ken; *schminkte, hat geschminkt*; [Vt] ***j-n / (sich (Dat)) etw. / sich s.*** Schminke, Make-up auftragen ⟨(sich) die Augen, die Lippen, das Gesicht s.⟩: *e-n Schauspieler für den Auftritt s.*; *Sie schminkt sich immer sehr stark*

schmir·geln; *schmirgelte, hat geschmirgelt*; [Vt/i] **1** **(*etw.*) *s.*** etw. glatt machen od. Farbe od. Rost davon entfernen, indem man mit e-m rauen festen Papier (Sandpapier) reibt ⟨ein Rohr, e-n Zaun s.⟩ || K-: ***Schmirgel-, -papier*** **2** ***etw. von etw. s.*** Farbe od. Rost von etw. (*mst* vor dem Malen) mit Sandpapier entfernen

schmiss *Imperfekt, 1. u. 3. Person Sg*; ↑ ***schmeißen***

Schmö·ker *der*; *-s*, -; *gespr*; ein dickes, literarisch *mst* nicht wertvolles Buch

schmö·kern; *schmökerte, hat geschmökert*; [Vi] **(*in etw.* (*Dat*)) *s.*** *gespr*; in e-m Buch blättern u. (ab u. zu) Texte lesen: *auf dem Dachboden alte Bücher finden u. darin s.*

schmol·len; *schmollte, hat geschmollt*; [Vi] schweigen u. ein beleidigtes Gesicht machen, weil man sich über j-n ärgert || K-: ***Schmoll-, -mund***

Schmoll·win·kel *der*; *mst in* ***sich in den S. zurückziehen*** *gespr*; sich beleidigt zurückziehen

schmolz *Imperfekt, 1. u. 3. Person Sg*; ↑ ***schmelzen***

schmo·ren; *schmorte, hat geschmort*; [Vt] **1** ***etw. s.*** etw. kurze Zeit braten u. dann zudecken u. mit wenig Flüssigkeit gar werden lassen ⟨e-n Braten, Fleisch im eigenen Saft s.⟩ || K-: ***Schmor-, -braten*** || NB: ↑ ***dünsten***; [Vi] **2** ***etw. schmort*** etw. wird in e-m geschlossenen Gefäß mit wenig Flüssigkeit gar ⟨ein Braten, Rouladen⟩ **3** ***irgendwo s.*** *gespr*; irgendwo sein, wo es sehr heiß ist u. dabei kräftig schwitzen ⟨in der Sauna, in der Sonne s.⟩ || ID ***j-n s. lassen*** *gespr*; j-n in e-r unangenehmen Situation längere Zeit auf e-e Antwort, e-e Entscheidung *o.Ä.* warten lassen

Schmu *der*; *-s*; *nur Sg, gespr*; ein kleiner od. harmloser Betrug ≈ Schwindel

schmuck *Adj* ≈ hübsch ⟨ein Haus, ein Paar, e-e Uniform; s. aussehen⟩

Schmuck *der*; *-(e)s*; *nur Sg*; **1** *Kollekt*; Dinge wie Ketten, Ringe, Armreifen *o.Ä.*, die man am Körper trägt, um schöner auszusehen od. seinen Reichtum deutlich zu zeigen ⟨kostbarer, echter, goldener, silberner S.; S. anlegen, tragen, ablegen⟩ || K-: ***Schmuck-, -kästchen, -nadel, -sachen, -stein, -stück, -waren*** || -K: ***Brillant-, Gold-, Mode-*** **2** alles, was e-e Person od. e-e Sache schöner macht ≈ Zierde: *Ihr einziger S. waren ihre langen schwarzen Haare* || -K: ***Bart-, Blumen-, Fahnen-, Feder-; Altar-, Christbaum-, Fenster-, Fest-, Hochzeits-, Tisch-, Wand-*** || *hierzu* **schmuck·los** *Adj*

schmü·cken; *schmückte, hat geschmückt*; [Vt] **1** ***etw. / sich s.*** etw. / sich schöner machen, indem man schöne Gegenstände hinzufügt bzw. trägt: *e-n Tisch mit Blumen, e-n Weihnachtsbaum mit Kerzen u. Kugeln, sich mit Ketten u. Ringen s.* || NB: ↑ ***verzieren*** **2** ***etw. schmückt etw.*** etw. dient als Schmuck (1,2) für etw.: *Blumen schmückten ihr Haar*

schmud·de·lig, schmudd·lig *Adj*; ⟨Kleider, ein Hemd, ein Restaurant, ein Lokal; s. aussehen⟩ schmutzig u. nicht gepflegt

Schmug·gel *der*; *-s*; *nur Sg*; die Handlungen, durch die j-d Waren illegal über e-e Landesgrenze bringt ⟨(mit etw.) S. (be)treiben; vom S. leben⟩ || -K: ***Devisen-, Drogen-, Rauschgift-, Waffen-***

schmug·geln; *schmuggelte, hat geschmuggelt*; [Vt/i] **1** **(*j-n / etw.*) (*irgendwohin*) *s.*** Personen od. Waren illegal in ein Land bringen od. aus e-m Land ausführen ⟨Drogen, Waffen, Geld, Tabak, Zigaretten s.; etw. über die Grenze s.; j-n beim Schmuggeln erwischen⟩ || K-: ***Schmuggel-, -ware***; [Vt] **2** ***j-n / (j-m) etw. irgendwohin s.*** j-n / etw. heimlich an e-n bestimmten Ort bringen: *dem Gefangenen e-e Waffe in die Zelle s.*; *Er versuchte, ein Mädchen auf sein Zimmer im Internat zu s.* || *zu* ***Schmuggelei*** ↑ ***-ei***

Schmugg·ler *der*; *-s*, -; j-d, der Schmuggel treibt || K-: ***Schmuggler-, -bande, -organisation, -ring, -schiff*** || -K: ***Drogen-, Waffen-*** || *hierzu* **Schmugg·le·rin** *die*; -, *-nen*

schmun·zeln; *schmunzelte, hat geschmunzelt*; [Vi] **(*über j-n / etw.*) *s.*** lächeln, weil man j-n / etw. lustig od. amüsant findet

Schmus *der*; *-es*; *nur Sg, gespr pej*; **1** ≈ Blödsinn **2** Worte, mit denen man j-m schmeichelt

Schmu·se·kat·ze *die*; *gespr*; e-e (*mst* weibliche) Person, die gern zärtlich ist

schmu·sen; *schmuste, hat geschmust*; [Vi] **(*mit j-m*) *s.*** *gespr*; j-n zärtlich streicheln, küssen: *mit seiner Freundin, mit den Kindern s.* || *hierzu* **Schmu·ser** *der*; *-s*, -; **Schmu·se·rin** *die*; -, *-nen*

Schmutz *der*; *-es*; *nur Sg*; Substanzen wie *z.B.* nasse Erde od. Staub, Ruß *usw*, die bewirken, dass j-d / etw. nicht sauber ist ≈ Dreck: *den S. von den Schuhen putzen* || K-: ***Schmutz-, -fleck, -schicht, -spritzer, -wäsche, -wasser***; ***Schmutz abweisend*** || -K: ***Straßen-*** || ID ***j-n / etw. durch / in den S. ziehen*** schlechte Dinge über j-n / etw. sagen

Schmutz·ar·beit *die*; e-e Arbeit, bei der viel Schmutz entsteht u. bei der man *mst* schmutzig wird

schmut·zen; *schmutzte, hat geschmutzt*; [Vi] **etw. schmutzt** etw. wird schnell u. leicht schmutzig od. sieht schmutzig aus: *Weiße Kleidung schmutzt schnell*

Schmutz·fink *der*; *gespr*; j-d, den es nicht stört, wenn er od. etw. schmutzig ist

schmut·zig *Adj*; **1** voller Schmutz ≈ dreckig ↔ sauber ⟨j-n / sich / etw. s. machen; Hände, Kleidung, die Wäsche⟩ **2** so, dass dabei viel Schmutz entsteht ≈ dreckig ↔ sauber ⟨e-e Arbeit⟩ **3** (in Bezug auf Farben) nicht sehr hell u. rein || K-: ***schmutzig blau, grau, grün*** *usw* **4** ⟨Witze, Bemerkungen; s. lachen⟩ so, dass sie auf unangenehme Art mit Sex zu tun haben ≈ dreckig (2): *Du hast e-e schmutzige Fantasie* **5** *nicht adv* ≈ illegal, unehrlich ⟨Geschäfte⟩

Schna·bel *der*; *-s, Schnä·bel*; **1** der Teil des Kopfes, mit dem der Vogel seine Nahrung aufnimmt ⟨ein gekrümmter, breiter S.; ein Vogel reißt, sperrt den S. auf, wetzt den S.⟩ || K-: ***Schnabel-, -hieb*** || -K: ***Enten-, Geier-, Storchen-*** || NB: ↑ ***Maul*** **2** *südd* Ⓐ Ⓒⓗ e-e Vorrichtung bei Gefäßen wie *z.B.* Kannen, durch die die Flüssigkeit nach außen fließt: *der S. e-r Teekanne* || ID ***reden / sprechen, wie einem der S. gewachsen ist*** *gespr*; ganz natürlich reden, so wie es einem gerade einfällt; *mst* ***Halt (endlich) den S.!*** *gespr*; hör auf zu sprechen || *zu* **1 schna·bel·för·mig** *Adj*

schnä·beln; *schnäbelte, hat geschnäbelt*; [Vi] ***ein Vogel schnäbelt mit e-m Vogel***; ⟨zwei Vögel⟩ ***schnäbeln*** zwei Vögel berühren sich immer wieder zärtlich mit dem Schnabel

Schna·bel·tier *das*; ein Säugetier mit e-m Schnabel, das Eier legt u. *bes* in Australien vorkommt

schna·bu·lie·ren; *schnabulierte, hat schnabuliert*; [Vt/i] ***(etw.) s.*** *gespr, oft hum*; etw. mit großem Vergnügen essen ≈ naschen: *Bonbons s.*

Schnack *der*; *-(e)s*; *nur Sg*; *nordd gespr* ≈ Plauderei ⟨e-n S. halten⟩

Schna·ke *die*; *-, -n*; e-e große Mücke mit dünnem Körper u. langen, dünnen Beinen u. Flügeln ≈ Stechmücke || K-: ***Schnaken-, -plage, -stich***

Schnal·le *die*; *-, -n*; **1** e-e Vorrichtung (ein Verschluss) aus Metall od. Plastik, mit der man e-n Riemen, e-n Gürtel *o.Ä.* zusammenzieht ≈ Schließe || ↑ *Abb. unter* ***Knopf*** || K-: ***Schnallen-, -schuh*** || -K: ***Gürtel-, Rucksack-*** **2** *südd* Ⓐ ≈ (Tür)Klinke **3** *vulg, pej*; e-e Frau, die ein unmoralisches Leben führt

schnal·len[1]; *schnallte, hat geschnallt*; [Vt] **1** ***(sich (Dat)) etw. irgendwohin s.*** etw. mit Riemen od. mit Schnüren irgendwo befestigen: *den Koffer aufs Fahrrad s.; sich e-n Gürtel um die Hüfte s.* **2** ***etw. von etw. s.*** etw., das mit Riemen od. Schnüren irgendwo befestigt ist, losmachen: *die Skier vom Autodach s.; den Rucksack vom Rücken s.* **3** ***etw. weiter / enger s.*** e-e Schnalle weiter außen od. weiter innen befestigen u. so etw. weiter od. enger machen: *den Gürtel, die Riemen am Rucksack weiter, enger s.*

schnal·len[2]; *schnallte, hat geschnallt*; [Vt] ***etw. s.*** *gespr* ≈ verstehen, kapieren

schnal·zen; *schnalzte, hat geschnalzt*; [Vi] ***(mit etw.) s.*** ein kurzes lautes Geräusch (wie e-n kleinen Knall) erzeugen ⟨mit der Zunge, mit den Fingern, mit der Peitsche s.⟩ || K-: ***Schnalz-, -laut***

schnapp! *Interjektion*; verwendet, um das Geräusch wiederzugeben, mit dem *z.B.* e-e Tür ins Schloss fällt

Schnäpp·chen *das*; *-s, -*; etw., das man zu e-m sehr günstigen Preis kaufen kann

schnap·pen; *schnappte, hat / ist geschnappt*; [Vt] *(hat)* **1** ***(sich (Dat)) j-n / etw. s.*** j-n / etw. mit e-r schnellen Bewegung nehmen u. behalten ≈ packen: *Der Taschendieb schnappte meine Geldbörse u. rannte davon* **2** ***ein Tier schnappt*** ⟨ein Insekt *o.Ä.*⟩ ein Tier nimmt mit e-r schnellen Bewegung ein Insekt *o.Ä.* mit dem Maul, *mst* um es zu fressen: *Der Frosch schnappte die Fliege* **3** ***j-n s.*** *gespr* ≈ festnehmen, fangen ⟨e-n Dieb, e-n Einbrecher s.⟩ **4** ***(sich (Dat)) etw. s.*** *gespr*; (sich) etw. nehmen: *Los, schnapp dir den Tennisschläger, u. dann fahren wir!*; [Vi] **5** ***ein Tier schnappt nach j-m / etw.*** *(hat)* ein Tier versucht mit e-r schnellen Bewegung, j-n / etw. mit dem Maul zu fangen: *Die Kinder fürchten sich vor dem kleinen Hund, weil er immer nach ihnen schnappt* **6** ***etw. schnappt irgendwohin*** *(ist)* etw. kommt in e-e (*mst* festgelegte) Lage od. Position: *Die Tür ist ins Schloss geschnappt* **7** ***nach Luft s.*** *(hat)* angestrengt versuchen, richtig zu atmen || ID *mst* ***(ein bisschen) frische Luft s.*** nach draußen gehen, um frische Luft zu bekommen

Schnapp·schuss *der*; ein Foto, bei dem die Beteiligten nicht extra posieren, sondern etw. ganz natürlich machen ⟨e-n S. von j-m machen⟩

Schnaps *der*; *-es, Schnäp·se*; ein starkes alkoholisches Getränk (mit mehr als 30% Alkohol), das aus Obst, Kartoffeln od. Getreide gemacht wird ⟨S. brennen⟩ || K-: ***Schnaps-, -brenner, -brennerei, -flasche, -glas*** || -K: ***Anis-, Birnen-, Kräuter-, Wacholder-, Zwetschgen-*** || NB: ↑ ***Branntwein***

Schnaps·bru·der *der*; *gespr pej* ≈ Alkoholiker

Schnaps·idee *die*; *gespr*; e-e unrealistische, verrückte Idee

schnar·chen; *schnarchte, hat geschnarcht*; [Vi] **1** mit e-m (lauten) Geräusch durch die Nase u. durch den Mund atmen, während man schläft **2** *gespr* ≈ schlafen || *zu* **1 Schnar·cher** *der*; *-s, -*; **Schnar·che·rin** *die*; *-, -nen*

schnar·ren; *schnarrte, hat geschnarrt*; [Vt/i] ***(etw.) s.*** etw. mit e-r unangenehmen harten Stimme sagen || NB: Das Objekt ist immer ein Satz

schnat·tern; *schnatterte, hat geschnattert*; [Vi] **1** ⟨Gänse, Enten⟩ ***schnattern*** Gänse od. Enten geben (aufgeregt) die Laute von sich, die typisch für ihre Art sind **2** ⟨*mst* Mädchen⟩ ***schnattern*** *gespr*; mehrere Mädchen unterhalten sich erregt (*mst* über unwichtige Dinge) ≈ schwatzen, plappern

schnau·ben; *schnaubte / veraltet schnob, hat geschnaubt / veraltet geschnoben*; [Vi] **1** ***ein Pferd schnaubt*** ein Pferd macht ein lautes Geräusch, indem es kräftig durch die Nase atmet **2** ***(vor etw. (Dat)) s.*** sich vor Wut *o.Ä.* kaum mehr beherrschen können ⟨vor Wut, Ärger, Entrüstung s.⟩

schnau·fen; *schnaufte, hat geschnauft*; [Vi] schwer u. laut atmen: *Auf dem Weg zum Gipfel kamen wir alle ganz schön ins Schnaufen*

Schnau·ferl *das*; *-s, -(n)*; *bes südd* Ⓐ ein kleines, altes Auto

Schnauz·bart *der* ≈ Schnurrbart || *hierzu* **schnauz·bär·tig** *Adj*

Schnau·ze *die*; *-, -n*; **1** das lange Maul mancher Tiere, das zusammen mit der Nase ein Ganzes bildet: *dem Hund e-n Maulkorb über die S. binden* || -K: ***Hunde-, Schweine-*** **2** *gespr! pej* ≈ Mund || ID ***frei (nach) S.*** *gespr*; ohne Plan od. genaues Konzept; ***(von j-m / etw.) die S. (gestrichen) voll haben*** *gespr!* nichts mehr mit j-m / etw. zu tun haben mögen (da man sich schon lange ärgern musste); ***(mit etw.) auf die S. fallen*** *gespr!* mit etw. keinen Erfolg haben; *mst* ***Ihn / Sie hat es auf die S. gehauen / geschlagen*** *gespr!* er / sie ist zu Boden gefallen, gestürzt || NB: Viele Wendungen, die unter *Mund* u. *Maul* aufgeführt sind, hört man auch mit *S.*

schnau·zen; *schnauzte, hat geschnauzt*; [Vt/i] ***(etw.) s.*** *gespr*; etw. mit lauter Stimme u. voll Ärger sagen ≈

S

schimpfen: *„Das schmeckt ja abscheulich!" schnauzte sie* || NB: Das Objekt ist immer ein Ausruf

schnäu·zen, sich; *schnäuzte sich, hat sich geschnäuzt*; [Vr] ***sich s.*** Luft kräftig durch die Nase pressen, damit die Flüssigkeit aus der Nase kommt ≈ sich die Nase putzen

Schnau·zer *der; -s, -*; **1** ein (rauhaariger) schwarzer od. grauer Hund mit spitzen Ohren u. kurzem Schwanz **2** *gespr* ≈ Schnurrbart

Schnẹ·cke *die; -, -n*; **1** ein kleines Tier mit e-m weichen Körper (ohne Beine), das nur sehr langsam kriecht. Manche Schnecken haben e-e harte, runde Schale auf dem Rücken, in der sie sich verstecken können || -K: ***Gehäuse-, Nackt-, Weg-, Weinberg-*** **2** etw., das die Form e-r Spirale (wie bei e-m Schneckenhaus) hat: *die S. am Hals e-r Geige* **3** ein Gebäck in der Form e-r Spirale || -K: ***Mohn-, Nuss-*** || ID ***j-n zur S. machen*** *gespr*; j-n sehr scharf kritisieren

schnẹ·cken·för·mig *Adj*; in der Form e-r Spirale (wie sie ein Schneckenhaus hat): *das schneckenförmige Gewinde e-r Schraube*

Schnẹ·cken·haus *das*; die harte Schale, die manche Schnecken auf dem Rücken tragen u. die wie e-e Spirale gewunden ist || ID ***sich*** (*Akk*) ***in sein S. zurückziehen*** niemanden sehen u. mit niemandem reden wollen

Schnẹ·cken·tem·po *das; mst in* ***im S.*** sehr langsam

Schnee *der; -s; nur Sg*; **1** die weißen, weichen Flocken, die *bes* im Winter statt Regen auf die Erde fallen ⟨pappiger, pulveriger, trockener, nasser S.; es fällt S.; der S. knirscht, schmilzt, taut, friert, bleibt liegen; S. fegen, kehren, räumen, schippen, schaufeln; weiß wie S.; durch den S. stapfen⟩: *Auf der Zugspitze liegen / liegt bereits zwei Meter S.* || K-: ***Schnee-, -ball, -brille, -fall, -fläche, -flocke, -gestöber, -matsch, -regen, -schauer, -schaufel, -schicht, -schippe, -schmelze, -sturm, -wasser, -wechte, -wehe; schnee-, -bedeckt, -frei, -weiß*** || -K: ***Neu-, Papp-, Pulver-*** || NB: als Plural wird *Schneefälle* verwendet **2** steif geschlagenes Eiweiß ⟨S. schlagen; das Eiweiß zu S. schlagen⟩ || -K: ***Ei(er)-*** **3** *gespr*; Kokain in Form e-s weißen Pulvers ⟨S. schnupfen; mit S. handeln⟩ || ID ***S. von gestern / vorgestern / vom letzten Jahr*** *gespr*; Dinge, die nicht mehr aktuell sind || ► ***schneien***

Schnee·ball|schlạcht *die*; ein Spiel, bei dem *bes* Kinder mit kleinen Bällen aus Schnee aufeinander werfen ⟨e-e S. machen⟩

Schnee·be·sen *der*; ein Gerät mit e-m Stiel u. gebogenen Drähten, mit dem man Eiweiß zu Schnee (2) schlägt

Schnee·brett *das*; e-e Schicht aus hartem, gefrorenem Schnee, die vom Hang e-s Berges abbrechen kann, wenn man darüber geht ⟨ein S. lostreten; ein S. löst sich⟩ || K-: ***Schneebrett-, -gefahr***

Schnee·de·cke *die*; e-e dicke Schicht Schnee

Schnee·frä·se *die*; ein Gerät, das den Schnee von der Straße räumt, indem es ihn wegbläst

Schnee·glät·te *die; nur Sg*; Glätte auf der Straße, die durch fest gefahrenen Schnee verursacht ist || *hierzu* **schnee·glatt** *Adj*

Schnee·glöck·chen *das; -s, -*; e-e kleine Blume mit weißen Blüten in der Form kleiner Glocken, die schon im Winter blüht || ↑ *Abb. unter* ***Blumen***

Schnee·ka·no·ne *die*; ein Gerät, mit dem man künstlich Schnee erzeugt (damit man Ski fahren kann)

Schnee·ket·ten *die; Pl*; e-e Vorrichtung aus Metallketten, die man über die Räder e-s Autos spannt, damit sie bei Schnee nicht rutschen || K-: ***Schneeketten-, -pflicht***

Schnee·kö·nig *der; nur in* ***sich freuen wie ein S.*** *gespr*; sich sehr freuen

Schnee·mann *der*; e-e Figur, die aus Schnee gemacht wird ⟨e-n S. bauen⟩

Schnee·mensch *der* ≈ Yeti

Schnee·pflug *der*; **1** ein Gerät, mit dem man Schnee, der auf der Straße liegt, zur Seite schiebt **2** *nur Sg*; e-e Technik beim Skifahren, bei der man die Skier hinten weit auseinander u. vorn eng zusammen bringt u. so langsam fahren u. bremsen kann ⟨(im) S. fahren⟩

Schnee·schuh *der*; e-e Vorrichtung in Form e-s länglichen Tennisschlägers, die man unter die Schuhe schnallt, damit man bei tiefem Schnee nicht einsinkt

schnee·si·cher *Adj*; mit so viel Schnee im Winter, dass man dort mit Sicherheit Ski fahren kann ⟨ein Ort, e-e Lage, e-e Gegend⟩

Schnee·trei·ben *das; nur Sg*; heftiger Schneefall bei starkem Wind

Schnee·ver·hält·nis·se *die; Pl*; die Menge u. die Qualität des Schnees an e-m Ort: *gute S. zum Skifahren antreffen*

Schnee·ver·we·hung *die; mst Pl*; e-e lockere, aber relativ dicke Schicht Schnee, die der Wind irgendwohin geweht hat

Schnee·wịtt·chen *das; -s; nur Sg*; e-e Märchengestalt, die bei den sieben Zwergen gewohnt hat

Schneid *der; -(e)s; nur Sg, gespr* ≈ Mut ⟨(keinen) S. haben; j-m fehlt der S., etw. zu tun⟩ || ID ***j-m den S. abkaufen*** j-m den Mut nehmen

Schnei·de *die; -, -n*; der dünne, scharfe Teil e-s Messers, e-r Schere *o.Ä.*, der schneidet ⟨e-e scharfe, stumpfe S.; die S. schleifen, schärfen⟩

schnei·den; *schnitt, hat geschnitten*; [Vt] **1** ***etw.*** (***in etw.*** (*Akk*)) ***s.*** etw. mit e-m Messer, e-r Schere *o.Ä.* in (kleine) Teile teilen: *Wurst in Scheiben, in Stücke, in Würfel, in Streifen s.; den Apfel in zwei Hälften s.* **2** ***etw. s.*** etw. mit e-m Messer, e-r Schere *o.Ä.* von etw. trennen ⟨Blumen, Getreide s.⟩: *e-n toten Ast vom Baum s.; e-e Annonce aus der Zeitung s.* **3** ***etw. s.*** etw. mit e-m Messer, e-r Schere od. e-r Säge herstellen ⟨Balken, Bretter, Scherenschnitte s.⟩ **4** ***etw. zu etw. s.*** (durch Schneiden (1)) etw. aus e-m Holzstück herstellen: *Baumstämme zu Brettern s.* **5** ***etw. in etw.*** (*Akk*) ***s.*** etw. s. (1) u. in e-e Speise geben: *Wurst in den Salat s.* **6** ***etw. in etw.*** (*Akk*) ***s.*** mit e-m Messer, e-r Schere *o.Ä.* ein Loch, e-e Öffnung *o.Ä.* in etw. machen: *ein Loch ins Tischtuch s.; ein Herz in den Stamm der Eiche s.* **7** (***j-m / sich***) ***etw. s.*** etw. mit e-m Messer, e-r Schere *o.Ä.* kürzer machen u. in e-e bestimmte Form bringen ⟨(j-m) die Haare, die (Finger)Nägel s.; sich (*Dat*) die Haare s. lassen⟩ **8** (***j-m***) ***etw. s.*** (für j-n) etw. mit der Gartenschere *o.Ä.* kürzer machen ⟨die Hecke, die Sträucher s.⟩ **9** ***j-n / sich*** (***in etw.*** (*Akk*)) ***s.*** j-n / sich mit e-m Messer od. mit e-r Schere verletzen ⟨sich beim Rasieren s.; sich mit e-r Glasscherbe s.; sich in den Finger s.⟩: *Ich habe mich in den Daumen geschnitten* **10** ***etw. s.*** aus Teilen von Filmen od. Tonbändern die Version machen, die das Publikum sehen od. hören soll ≈ cutten **11** ***j-n s.*** *gespr*; j-n absichtlich nicht ansehen u. nicht mit ihm sprechen ≈ ignorieren: *Seit unserem kleinen Streit schneidet sie mich* **12** ***e-e Kurve s.*** auf dem kürzesten Weg durch e-e Kurve fahren **13** ***j-n / etw. s.*** sich *bes* beim Überholen od. beim Wechseln der Spur so knapp vor e-m anderen Fahrzeug wieder einordnen, dass der Fahrer dieses Fahrzeugs bremsen muss **14** *mst* ⟨Grimassen⟩ ***s.*** sein Gesicht so verziehen, dass es lächerlich od. abstoßend aussieht **15** ***etw. schneidet etw.***; ⟨Linien *o.Ä.*⟩ ***schneiden sich*** Linien *o.Ä.* treffen sich in e-m Punkt, Linien *o.Ä.* kreuzen sich: *Dort, wo* *die Bahnlinie die Straße schneidet, wurde e-e Unterführung gebaut; Parallelen sind Geraden, die sich nicht schneiden;* [Vi] **16** *mst* ***etw. schneidet gut / schlecht*** ein Messer, e-e Schere *o.Ä.* ist scharf / ist nicht scharf **17** ***j-m / sich in etw.*** (*Akk*) ***s.*** ≈ s. (9) **18** (***mit etw.***) ***in etw.*** (*Akk*) ***s.*** mit e-r Schere *o.Ä.* unabsichtlich e-n Schnitt in etw. machen: *mit der Schere in den Stoff s.* || ID ***e-e Luft zum Schneiden*** sehr schlechte (verbrauchte od. verrauchte) Luft || ► ***Schnitt***

Schnei·der[1] *der*; *-s*, *-*; j-d, der beruflich aus Stoff Kleider, Mäntel, Jacken *usw* macht || K-: ***Schneider-, -atelier, -geselle, -handwerk, -kreide, -meister, -werkstatt*** || -K: ***Damen-, Herren-; Maß-*** || ID ***frieren wie ein S.*** *gespr*; sehr stark frieren || *hierzu* **Schnei·de·rin** *die*; *-*, *-nen*

Schnei·der[2] *der*; *nur Sg*; ein sehr schlechtes Ergebnis *bes* beim Kartenspielen u. beim Tischtennis ⟨(im) S. sein⟩ || ID ***aus dem S. sein*** in e-r schwierigen Situation das Schlimmste hinter sich haben

Schnei·de·rei *die*; *-*, *-en*; **1** die Werkstatt, in der ein Schneider[1] arbeitet || -K: ***Änderungs-, Damen-, Herren-, Maß-*** **2** *nur Sg*; die Tätigkeit e-s Schneiders[1]

schnei·dern; *schneiderte, hat geschneidert*; [Vt/i] ***(etw.) s.*** (*bes* als Schneider) Kleider, Mäntel *usw* machen ≈ nähen ⟨e-n Anzug, ein Kostüm s.⟩

Schnei·der·sitz *der*; *nur Sg*; e-e Sitzposition (*bes* am Boden), bei der man die Beine wie ein *X* übereinander legt ⟨im S. sitzen⟩

Schnei·de·zahn *der*; *mst Pl*; einer der dünnen, breiten u. scharfen Zähne vorne im Mund ↔ Eckzahn

schnei·dig *Adj*; *südd* Ⓐ *gespr*; mutig u. mit viel Temperament || *hierzu* **Schnei·dig·keit** *die*; *nur Sg*

schnei·en; *schneite, hat geschneit*; [Vimp] ***es schneit*** Schnee fällt ⟨es schneit heftig, stark, dicht, leicht⟩

Schnei·se *die*; *-*, *-n*; ein *mst* langer u. schmaler Streifen (*bes* in e-m Wald), in dem die Bäume u. Büsche entfernt wurden ⟨e-e S. (in den Wald) schlagen, hauen⟩ || -K: ***Wald-***

schnell[1] *Adj*; **1** mit hoher Geschwindigkeit ≈ rasch ↔ langsam ⟨ein Rennen, ein Lauf, e-e Fahrt, ein Ritt; e-e Bewegung, e-e Drehung; s. laufen, rennen, fahren, reiten, gehen, sprechen⟩: *zu s. in e-e Kurve fahren* **2** so, dass es nur wenig Zeit beansprucht ≈ rasch ↔ gemächlich: *e-n schnellen Entschluss fassen; s. auf ein Ereignis reagieren; Die Nachricht breitete sich s. aus; Sie gewöhnten sich s. an das tropische Klima* || -K: ***blitz-, pfeil-*** **3** so (gebaut), dass hohe Geschwindigkeiten möglich sind ↔ langsam ⟨ein Auto, ein Fahrrad; e-e Straße, e-e Strecke⟩ || ID *mst* ***So s. macht mir*** *usw* ***das keiner nach*** *gespr*; das, was ich *usw* getan habe, ist sehr schwierig || *hierzu* **Schnel·lig·keit** *die*; *nur Sg*

schnell[2] *Partikel*; *gespr, unbetont*; verwendet, wenn man *mst* e-n Namen im Moment des Sprechens nicht weiß ≈ gleich[3] (1): *Wie heißt sie noch s.?*

Schnell·bahn *die* ≈ S-Bahn

Schnel·le *die*; *nur in* **1** ***auf die S.*** *gespr*; ohne es genau u. sorgfältig zu machen: *Ich habe den Brief auf die S. getippt u. viele Fehler gemacht* **2** ***auf die S.*** *gespr*; in kurzer Zeit ≈ schnell[1] (2), kurzfristig: *Wo kriege ich auf die S. 5000 Euro her?*

schnel·len; *schnellte, ist geschnellt*; [Vi] **1** ***irgendwohin s.*** sich schnell u. plötzlich irgendwohin (*mst* nach oben) bewegen ≈ springen ⟨in die Höhe, aus dem Wasser, in die Luft, durch die Luft s.⟩: *Ein kleiner Fisch schnellte aus dem Wasser u. schnappte e-e Fliege* **2** ***etw. schnellt in die Höhe, nach oben*** etw. steigt in kurzer Zeit stark in seinem Wert, in seinem Umfang *o.Ä.* ⟨die Preise, die Nachfrage; Aktien⟩: *Der Dollarkurs schnellte innerhalb weniger Tage kräftig in die Höhe*

Schnell·hef·ter *der*; *-s*, *-*; e-e Art Mappe (ein Ordner) aus Karton od. Plastik, in die man (Papier)Blätter legt u. heftet

Schnell·im·biss *der*; e-e Art Restaurant, in dem man sein Essen sofort bekommt

Schnell|koch·topf *der*; ein Kochtopf, in dem Speisen schnell gar werden, weil der Wasserdampf im Topf bleibt u. dadurch hohen Druck entstehen lässt

schnell·le·big *Adj*; *nicht adv*; ⟨e-e Zeit, e-e Epoche⟩ so, dass sich alles schnell verändert u. nichts von Dauer ist || *hierzu* **Schnell·le·big·keit** *die*; *nur Sg*

schnells·tens *Adv*; so schnell[1] (2) wie möglich ≈ schleunigst: *Der Auftrag muss s. erledigt werden*

Schnell·stra·ße *die*; e-e breite Straße (*bes* in e-r Stadt) für Autos u. Motorräder, auf der man relativ schnell fahren darf

Schnell·ver·fah·ren *das*; **1** e-e besonders schnelle Art der Produktion ⟨im S.⟩ **2** *Jur*; ein Prozess, bei dem bestimmte Teile (*mst* die schriftliche Klage) fehlen: *j-n im S. aburteilen*

Schnell·zug *der*; *gespr*; ein Zug, der nur an relativ wichtigen Bahnhöfen hält u. lange Strecken fährt ≈ D-Zug: *der S. München-Rom mit Kurswagen nach Neapel* || K-: ***Schnellzug-, -zuschlag*** || NB: ↑ ***Eilzug, Intercity***

Schnep·fe *die*; *-*, *-n*; **1** ein Vogel mit langen Beinen u. e-m langen Schnabel, der in der Nähe von Wasser lebt || K-: ***Schnepfen-, -jagd*** **2** *gespr pej*; verwendet als Schimpfwort für e-e Frau

schnet·zeln; *schnetzelte, hat geschnetzelt*; [Vt] ***etw. s.*** Fleisch in lange, dünne Streifen schneiden || ► ***Geschnetzeltes***

schneu·zen ↑ ***schnäuzen***

Schnick·schnack *der*; *-s*; *nur Sg*, *gespr*, *mst pej*; **1** überflüssige, wertlose Gegenstände ≈ Krempel, Kram **2** sinnloses Gerede

schnie·ke *Adj*; *nordd gespr* ≈ schick, elegant

schnipp! *Interjektion*; verwendet, um das Geräusch e-r Schere wiederzugeben

Schnipp·chen *das*; *nur in* ***j-m ein S. schlagen*** *gespr*; verhindern, dass j-d etw. tun kann ≈ j-m e-n Strich durch die Rechnung machen

schnip·peln; *schnippelte, hat geschnippelt*; [Vt/i] ***(etw.) s.*** *bes nordd* ≈ schneiden (1,5,6)

schnip·pen; *schnippte, hat geschnippt*; [Vt] **1** ***etw. irgendwohin s.*** etw. mit e-r schnellen Bewegung e-s Fingers irgendwohin befördern: *die Brotkrümel vom Tisch s.; die Asche (von) der Zigarette in den Aschenbecher s.*; [Vi] **2** (***mit den Fingern***) ***s.*** e-n Finger mit e-r schnellen Bewegung am Daumen reiben u. so ein Geräusch erzeugen ≈ schnalzen

schnip·pisch *Adj*; *pej*; ohne Respekt u. ein bisschen frech ⟨e-e Bemerkung, e-e Antwort; s. sein, reagieren, antworten⟩ || NB: *mst* auf Mädchen bezogen

Schnip·sel *der, das*; *-s*, *-*; ein kleines Stück Stoff od. Papier, das j-d abgeschnitten hat od. das abgerissen wurde || ↑ *Abb. unter* ***Stück*** || -K: ***Papier-, Stoff-***

schnip·seln; *schnipselte, hat geschnipselt*; *gespr*; [Vt/i] **1** (***etw.***) ***s.*** etw. in kleine Stücke schneiden: *Gemüse s.*; [Vi] **2** ***an etw.*** (*Dat*) ***s.*** kleine Stücke von etw. wegschneiden ⟨an e-r Zeitung, e-m Foto s.⟩

schnitt *Imperfekt, 1. u. 3. Person Sg*; ↑ ***schneiden***

Schnitt *der*; *-(e)s*, *-e*; **1** die Handlung, bei der man etw. schneidet: *mit einem S. e-n Apfel teilen* **2** e-e Öffnung od. e-e Wunde, die durch Schneiden entstanden ist: *Sie hat e-n tiefen S. im Finger* || K-: ***Schnitt-, -wunde*** **3** die Form e-s Kleidungsstücks od. e-r Frisur ⟨ein flotter, eleganter, modischer S.⟩ || -K: ***Haar-, Bürsten-, Igel-, Pagen-*** **4** ***ein S.*** (***für etw.***) ≈ Schnittmuster ⟨etw. nach e-m S., ohne S. machen⟩ || -K: ***Blusen-, Hosen-, Kleider-*** **5** e-e

Zeichnung, die den inneren Aufbau e-r Figur so zeigt, als hätte man sie in zwei Teile geschnitten || -K: ***Längs-, Quer-*** **6** das Schneiden (10) von Filmmaterial zur Endversion: *Nach den Filmaufnahmen macht die Cutterin den S. für die einzelnen Szenen* **7** *gespr* ≈ Durchschnitt ⟨im S.⟩: *Er hatte (im Zeugnis) e-n S. von 1,3* || ID ***e-n guten / seinen S.*** (***bei etw.***) ***machen*** *gespr*; bei e-m Geschäft e-n guten Gewinn machen

Schnịtt·blu·me *die*; *mst Pl*; e-e (mit dem Stängel abgeschnittene) Blume, die man in e-e Vase stellt ↔ Topfblume

Schnịt·te *die*; -, *-n*; *nordd*; e-e Scheibe Brot || -K: ***Schwarzbrot-, Weißbrot-; Butter-, Wurst-***

schnịtt·fest *Adj*; *nicht adv*; ⟨Tomaten, Käse⟩ so fest, dass man sie gut schneiden kann

Schnịtt·flä·che *die*; die Fläche, die man sieht, wenn man etw. aufgeschnitten hat; *an der S. e-s Baumes die Ringe zählen*

schnịt·tig *Adj*; ⟨ein Auto, ein Boot⟩ gut aussehend u. schnell

Schnịtt·kä·se *der*; Käse, der in Scheiben (geschnitten) verkauft wird ↔ Streichkäse

Schnịtt·lauch *der*; *nur Sg*; e-e Pflanze in der Form von dünnen grünen Röhren, die man klein schneidet, um damit Salate u. Suppen zu würzen

Schnịtt·men·ge *die*; *Math*; alle Elemente, die zwei od. mehrere Mengen gemeinsam haben ↔ Vereinigungsmenge

Schnịtt·mus·ter *das*; ein Stück Papier, das man (als Vorlage) verwendet, wenn man den Stoff für ein Kleidungsstück zuschneidet || K-: ***Schnittmuster-, -bogen***

Schnịtt·punkt *der*; der Punkt, an dem sich zwei od. mehrere Linien schneiden

Schnịtt·stel·le *die*; *EDV*; ein Programm od. technisches Teil, das möglich macht, dass Computer, Programme, Drucker *usw* (auch von verschiedenen Herstellern) zusammen benutzt werden können

Schnịtz *der*; *-es, -e*; *südd*; ein kleines Stück von e-m Apfel, e-r Orange *o.Ä.* || -K: ***Apfel-, Orangen-***

Schnịt·zel[1] *das*; *-s, -*; **1** e-e dünne Scheibe Fleisch ohne Knochen, die man *bes* in heißem Fett brät || -K: ***Hähnchen-, Kalbs-, Puten-, Schweine-*** **2** ***Wiener S.*** e-e dünne, panierte Scheibe Kalbfleisch, die in viel Fett gebraten wird

Schnịt·zel[2] *das, der*; *-s, -*; ≈ Schnipsel || ↑ *Abb. unter* ***Stück*** || -K: ***Papier-***

schnịt·zen; *schnitzte, hat geschnitzt*; Vt/i (***etw.***) ***s.*** durch Schneiden u. Schaben mit speziellen Messern *bes* aus e-m Stück Holz e-n bestimmten Gegenstand machen: *e-n Engel s.*; *ein aus Elfenbein geschnitztes Amulett* || K-: ***Schnitz-, -arbeit, -messer***

Schnịt·zer[1] *der*; *-s, -*; j-d, der beruflich schnitzt || -K: ***Holz-*** || *hierzu* **Schnịt·ze·rin** *die*; -, *-nen*

Schnịt·zer[2] *der*; *-s, -*; *gespr*; ein Fehler, den man macht, weil man nicht aufmerksam ist ⟨ein grober S.; e-n S. machen; sich (*Dat*) e-n S. leisten⟩

Schnit·ze·rei *die*; -, *-en*; e-e Figur, die aus Holz geschnitzt ist ≈ Schnitzarbeit: *afrikanische Schnitzerei* || -K: ***Elfenbein-, Holz-***

schnob *Imperfekt, 1. u. 3. Person Sg*; ↑ ***schnauben***

schnọ·de·rig, schnọdd·rig *Adj*; *bes nordd gespr pej*; ⟨ein Auftreten, ein Benehmen, ein Ton, ein Bursche⟩ frech u. ohne Respekt ≈ arrogant || *hierzu* **Schnọ·de·rig·keit, Schnọdd·rig·keit** *die*; *nur Sg*

schnö·de *Adj*; *mst attr, pej*; **1** abweisend u. verletzend ⟨e-e Antwort⟩ **2** ***der schnöde Mammon*** verwendet als geringschätzige Bezeichnung für Geld

Schnọr·chel *der*; *-s, -*; ein Rohr, durch das ein Taucher unter Wasser Luft bekommt || *hierzu* **schnọr·cheln** (*hat*) *Vi*

Schnọ̈r·kel *der*; *-s, -*; **1** e-e geschwungene Linie, mit der man Gegenstände, Buchstaben *usw* verziert: *mit e-m großen S. unterschreiben* || K-: ***Schnörkel-, -schrift*** **2** ***ohne Schnörkel*** ≈ schlicht (1) || *zu* **2** **schnọ̈r·kel·los** *Adj*

schnọr·ren; *schnorrte, hat geschnorrt*; Vt/i (***etw.***) (***von j-m***) ***s.*** *gespr*; j-n (immer wieder) um kleine Geldsummen, Zigaretten *o.Ä.* bitten, die man ihm nicht zurückbezahlt bzw. ersetzt || *hierzu* **Schnọr·rer** *der*; *-s, -*

Schnö·sel *der*; *-s, -*; *gespr pej*; verwendet, um *bes* e-n jungen Mann zu bezeichnen, den man dumm, frech od. arrogant findet

schnụ·cke·lig, schnụck·lig *Adj*; *gespr hum*; hübsch u. lieb ≈ putzig

schnụ̈f·feln; *schnüffelte, hat geschnüffelt*; Vi **1** ⟨ein Hund *o.Ä.*⟩ ***schnüffelt*** ein Hund *o.Ä.* atmet die Luft mit e-m Geräusch mehrere Male u. kurz hintereinander durch die Nase ein, um etw. zu riechen ≈ ein Hund schnuppert **2** (***in etw.*** (*Dat*)) ***s.*** *gespr pej*; im privaten Bereich von j-m etw. suchen, ohne dass man die Erlaubnis dazu hat ⟨in j-s Zimmer, Taschen, Papieren s.⟩: *Er schnüffelte in alten Briefen seiner Frau*; Vt/i **3** (***etw.***) ***s.*** (als Ersatz für Drogen) an Klebstoff riechen || *zu* **2** u. **3** **Schnụ̈f·fler** *der*; *-s, -*; **Schnụ̈f·fle·rin** *die*; -, *-nen*

Schnụl·ler *der*; *-s, -*; etw., das man Babys in den Mund steckt, damit sie daran saugen können u. ruhig sind

Schnụl·ze *die*; -, *-n*; *gespr pej*; ein *mst* sentimentales Lied od. ein kitschiger Film von *mst* schlechter Qualität || K-: ***Schnulzen-, -sänger*** || -K: ***Film-, Schlager-*** || *hierzu* **schnụl·zig** *Adj*

schnụp·fen; *schnupfte, hat geschnupft*; Vt/i (***etw.***)***s.*** Tabak *o.Ä.* in Form e-s feinen Pulvers in die Nase ziehen ⟨Tabak s.⟩ || K-: ***Schnupf-, -tabak***

Schnụp·fen *der*; *-s*; *nur Sg*; e-e leichte Erkrankung, bei der sich Flüssigkeit, Schleim in der Nase bildet ⟨e-n (leichten, starken, schlimmen) S. haben; sich (*Dat*) e-n S. holen; e-n S. bekommen⟩

schnụp·pe *Adj*; *nur in* ***j-d / etw. ist*** (***j-m***) ***s.*** *gespr*; j-d / etw. interessiert j-n überhaupt nicht, j-d / etw. ist j-m egal: *Das Ergebnis der Wahl war ihm völlig s.*

schnụp·pern; *schnupperte, hat geschnuppert*; Vi **1** ⟨ein Hund *o.Ä.*⟩ ***schnuppert*** (***an j-m / etw.***) ≈ ein Hund *o.Ä.* schnüffelt (1): *Ich wollte der Katze etw. zu essen geben, aber sie schnupperte nur daran*; Vt **2** ***Landluft, Seeluft, Stadtluft, Zirkusluft*** *o.Ä.* ***s.*** für kurze Zeit auf dem Land, auf dem Meer *usw* sein

Schnur [ʃnuːɐ̯] *die*; -, *Schnü·re*; **1** ein ziemlich dicker, fester Faden, mit dem man Dinge festmacht od. Pakete bindet **2** *gespr*; ein elektrisches Kabel an e-m (Haushalts)Gerät || *zu* **2** **schnur·los** *Adj*

Schnür·chen *das*; *mst in* ***etw. läuft wie am S.*** *gespr*; etw. funktioniert ohne Schwierigkeiten u. Unterbrechungen

schnü·ren; *schnürte, hat geschnürt*; Vt ***etw. s.*** etw. mit e-r Schnur so befestigen, dass es nicht aufgeht ≈ binden ⟨die Schuhe, die Stiefel, ein Paket s.⟩

schnur·ge·ra·de *Adj*; *ohne Steigerung, gespr*; ganz gerade: *Die Straßen verlaufen s.*

schnur·los *Adj*; *mst in* ***ein schnurloses Telefon*** ein Telefon, dessen Hörer keine Schnur hat u. das man deshalb in ein anderes Zimmer *o.Ä.* mitnehmen kann, um dort zu telefonieren. Man muss jedoch in der Nähe des Anschlusses bleiben || NB: ↑ ***Handy***

Schnürl·re·gen *der*; *südd* Ⓐ ein leichter Regen, der lange dauert

Schnụrr·bart *der*; ein kleiner Bart zwischen Nase u. Mund || *hierzu* **schnụrr·bär·tig** *Adj*; *mst attr*

Schnụ·re *die*; -, *-n*; *veraltend* ≈ Anekdote

S

schnur·ren; *schnurrte, hat geschnurrt*; [Vi] ***e-e Katze schnurrt*** e-e Katze macht das Geräusch, das für sie typisch ist, wenn sie sich sehr wohl fühlt

Schnür·schuh *der*; ein Schuh, den man oben (mit Schnürsenkeln) zubindet

Schnür·sen·kel *der*; *-s, -*; e-e Art Schnur, mit der man Schuhe zubindet || ↑ *Abb. unter* ***Schnur, Schuhe***

schnur·stracks *Adv*; sofort u. direkt ⟨s. auf j-n / ein Ziel zugehen⟩

schnurz *Adj*; *nur in* ***j-d / etw. ist j-m s.*** *gespr*; j-d / etw. ist j-m egal ≈ j-d / etw. ist j-m schnuppe || K-: ***schnurz-, -(piep)egal***

Schnu·te *die*; *-, -n*; *gespr*; (gegenüber Kindern verwendet) der Mund || ID ***e-e S. ziehen*** die Lippen nach vorn schieben, um zu zeigen, dass man beleidigt ist

schob *Imperfekt, 1. u. 3. Person Sg*; ↑ ***schieben***

Scho·ber *der*; *-s, -*; e-e kleine Hütte auf dem Feld, in der man *bes* Heu u. Stroh aufbewahrt || -K: ***Heu-***

Schock *der*; *-(e)s, -s*; **1** ***ein S.*** (***für j-n***) e-e seelische Erschütterung, die durch ein unerwartetes u. sehr unangenehmes Ereignis ausgelöst wird ⟨ein leichter, schwerer S.; e-n S. erleiden; j-m e-n S. versetzen; sich von e-m S. erholen⟩: *Die Kündigung war ein S. für ihn* **2** der Zustand (*bes* nach e-m Unfall), in dem j-d ganz anders als normalerweise reagiert ⟨e-n S. bekommen; unter S. stehen; etw. löst bei j-m e-n (schweren) S. aus⟩ || -K: ***Nerven-***

schọ·cken; *schockte, hat geschockt*; [Vt/i] ***(j-n) s.*** *gespr* ≈ schockieren

Schọ·cker *der*; *-s, -*; *gespr*; ein Film od. ein Buch mit brutalem, schockierendem Inhalt

scho·ckie·ren; *schockierte, hat schockiert*; [Vt/i] ***j-d / etw. schockiert (j-n)*** j-d / etw. ruft in j-m plötzlich sehr unangenehme Gefühle hervor (*bes* weil er / es die Regeln der Moral verletzt od. weil etw. Schlimmes passiert): *Ihre obszöne Art zu reden hat uns alle schockiert*

scho·ckiert **1** *Partizip Perfekt*; ↑ ***schockieren*** **2** *Adj*; ***s.*** (***über j-n / etw.***) ≈ empört, entsetzt

scho·fel *Adj*; *gespr pej* ≈ schäbig (2), gemein[1] (1) || NB: *Das war ziemlich schofel von ihm → sein schofles Verhalten*

Schöf·fe *der*; *-n, -n*; j-d, der ehrenamtlich zusammen mit anderen u. e-m Richter Fälle bei Gericht entscheidet, ohne Jurist zu sein || K-: ***Schöffen-, -gericht*** || *hierzu* **Schöf·fin** *die*; *-, -nen* || NB: *der Schöffe; den, dem, des Schöffen*

Scho·ko- *im Subst, betont, begrenzt produktiv gespr*; aus Schokolade, mit (dem Geschmack von) Schokolade; das ***Schokoeis***, der ***Schokoguss***, der ***Schokokeks***, der ***Schokoriegel***, der ***Schokopudding***

Scho·ko·la·de *die*; *-*; *nur Sg*; **1** e-e feste, süße, *mst* braune Substanz aus Milch, Kakao u. Zucker ⟨ein Stück, e-e Tafel, ein Riegel S.⟩ || K-: ***Schokoladen-, -ei, -eis, -figur, -glasur, -herz, -keks, -nikolaus, -osterhase, -pudding, -pulver, -riegel, -tafel, -torte, -überzug***; ***schokolade(n)-, -braun*** || -K: ***Bitter-, Mandel-, Milch-, Nuss-, Trüffel-*** **2** ein Getränk aus (heißer) Milch u. Pulver aus S. (1) ⟨heiße S.; e-e Tasse S.⟩ || -K: ***Trink-***

Scho·ko·la·den·sei·te *die*; *gespr*; ***j-s S.*** j-s beste Seite ⟨sich von seiner S. zeigen⟩

Schọl·le[1] *die*; *-, -n*; **1** ein großes Stück Erde, das entsteht, wenn man den Acker pflügt || -K: ***Erd-*** **2** ein Stück Eis, das auf e-m Fluss od. See schwimmt || -K: ***Eis-***

Schọl·le[2] *die*; *-, -n*; ein flacher, essbarer Fisch, der *bes* in der Nordsee u. im Atlantik lebt

schon[1], **schọn** *Adv*; **1** verwendet, um auszudrücken, dass etw. relativ früh od. früher als erwartet geschieht ≈ bereits ↔ erst: *„Achtung, er kommt!" - „Was, jetzt s.?"*; *Er ist erst 32 u. s. Professor*; *Es ist erst 6 Uhr, u. s. ist er bei der Arbeit* **2** verwendet, um auszudrücken, dass e-e Handlung zu e-m bestimmten Zeitpunkt bereits abgeschlossen ist ↔ noch nicht:

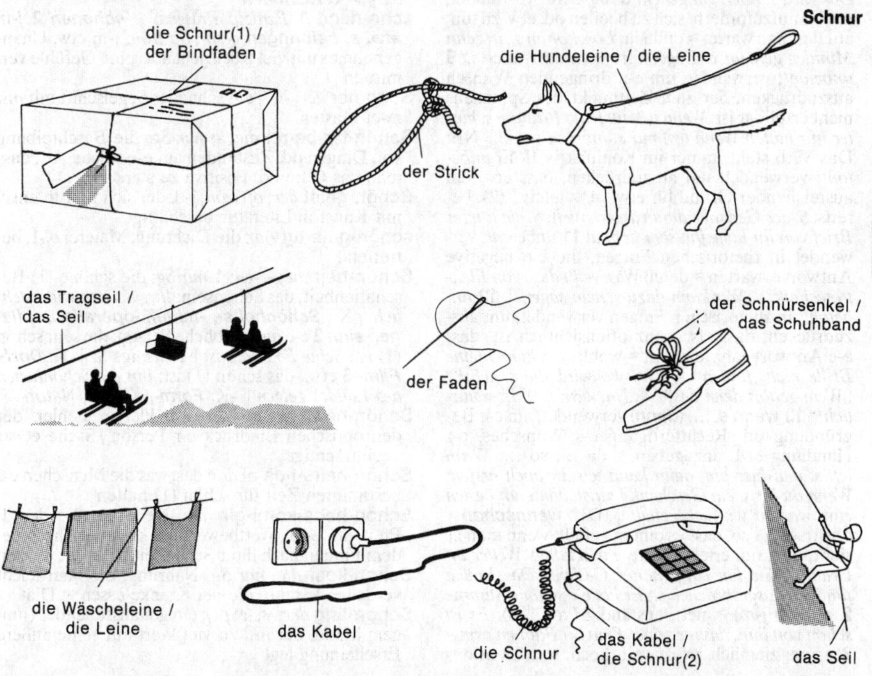

S

Als wir das Auto ansehen wollten, war es s. verkauft **3** in dem Zeitraum von der Vergangenheit bis zum Zeitpunkt des Sprechens ↔ noch nicht: *„Warst du s. (einmal) in Japan?"*; *„Hast du s. gehört, dass unser Nachbar ausziehen will?" - „Ja, das weiß ich s."*

schon², **schon** *Partikel*; **1** *unbetont*; verwendet, um e-e Aussage zu verstärken ≈ wirklich: *Er hat s. Glück gehabt, dass er bei dem Unfall nicht verletzt wurde*; *Von hier oben hat man s. e-n wunderbaren Blick auf den See*; *Du brauchst nicht nachzurechnen, das stimmt s.*; *Es ist s. so lange her!* **2** *betont u. unbetont*; (auch alleinstehend) verwendet, um Zustimmung auszudrücken u. diese Zustimmung gleichzeitig einzuschränken od. um e-e Aussage zu relativieren ≈ an u. für sich, wohl: *Das Haus ist s. schön, aber viel zu groß*; *Ich würde das Buch s. gern lesen, aber ich habe keine Zeit*; *„Gefällt es dir hier nicht?" - „S. (aber nicht so sehr)"* **3** ***schon*** + *Zeitangabe* verwendet, um auszudrücken, dass etw. früher als erwartet geschieht ≈ bereits ↔ erst: *Letztes Jahr schneite es s. im Oktober*; *Wir wollten uns erst um 8 Uhr treffen, aber er war s. um 7 Uhr da*; *Sie hat s. mit 16 Jahren das erste Kind bekommen* **4** ***s.*** + *Zeitangabe* verwendet, um auszudrücken, dass etw. später als erwartet geschieht ≈ bereits: *Es war s. Januar, als es endlich schneite*; *Sie war s. 39, als sie das erste Kind bekam* **5** verwendet, um auszudrücken, dass etw. mehr als normal od. als erwartet ist: *„Wo bleibst du denn? Ich warte s. seit zwei Stunden auf dich!"*; *„Peter hat s. drei Stück Kuchen gehabt"* **6** *betont*; verwendet als Antwort auf negativ formulierte Fragen od. Aussagen, um e-e Einschränkung od. e-n Widerspruch auszudrücken: *„Weiß niemand die Antwort?" - „Doch, ich s.!"*; *Wir machen uns nichts aus solchen Veranstaltungen, die Kinder aber s.* **7** *unbetont*; verwendet, um j-n in Bezug auf etw. Zukünftiges zu beruhigen od. um ihm Selbstvertrauen zu geben: *Keine Angst, das schaffst du s.!*; *Das wird s. noch gut gehen!* **8** *unbetont*; verwendet, um j-n aufzufordern, sich zu beeilen od. etw. zu tun, auf das man wartet ≈ endlich: *Los, komm s., in zehn Minuten geht unser Zug*; *Nun entschuldige dich s.!* **9** *unbetont*; verwendet, um e-n dringenden Wunsch auszudrücken, der zum Zeitpunkt des Sprechens nicht erfüllbar ist: *Wenn ich doch die Prüfung s. hinter mir hätte!*; *Wenn (es) nur s. morgen wäre!* || NB: Das Verb steht immer im Konjunktiv II **10** *unbetont*; verwendet, um auszudrücken, dass etw. ein ausreichender Grund für etw. ist ≈ allein² (2), bereits: *S. der Gedanke daran ärgert mich*; *S. ein kurzer Brief von ihr hätte ihn sehr gefreut* **11** *unbetont*; verwendet in rhetorischen Fragen, die e-e negative Antwort erwarten ≈ denn: *Was weißt du s. von Elektrotechnik?*; *„Wer kann dazu s. nein sagen?"* **12** *unbetont*; in rhetorischen Fragen verwendet, um auszudrücken, dass etw. ganz offensichtlich ist, dass e-e Antwort ganz leicht ist ≈ wohl: *„Ich kann meine Brille nicht finden" - „Na, wo wird die s. sein!"*; *„Wem gehört denn das?" - „Na, wem s.? Mir natürlich!"* **13** ***wenn s. …, (dann)*** verwendet, um e-e Begründung od. Rechtfertigung e-s Wunsches, e-r Handlung *o.Ä.* anzugeben ≈ da …, so …: *Wenn ich s. mal hier bin, dann kann ich dir auch helfen*; *Wenn du ihr s. ein Geschenk kaufst, dann am besten etw., was ihr wirklich gefällt* || ID ↑ ***wennschon***

schön *Adj*; **1** so, dass es einem gefällt, wenn man es sieht, hört od. erlebt: *Hattet ihr schönes Wetter im Urlaub?*; *Sie hat ein schönes Gesicht*; *Das Ballett fand ich ausgesprochen s.*; *Er hat e-e schöne Stimme* **2** ***s. (von j-m)*** ≈ nett, anständig (von j-m): *Es ist schön von ihm, dass er seiner Frau oft Blumen bringt* **3** *gespr*; ziemlich groß, weit, hoch, schwer *usw* ≈ beträchtlich, beachtlich: *ein schönes Stück Arbeit*; *ein schönes Alter haben*; *e-e ganz schöne Strecke gelaufen sein* **4** *gespr iron*; verwendet, um auszudrücken, dass etw. als unerfreulich od. ärgerlich empfunden wird ⟨e-e Bescherung, Geschichten, Aussichten, e-e Pleite⟩: *E-n ganzen Monat ohne Fernseher - das sind ja schöne Aussichten!* **5** *nur adv, gespr*; verwendet, um ein Verb od. Adjektiv zu verstärken: *Der Junge ist ganz s. clever* (= sehr schlau) **6** *nur adv*; verwendet, um e-e Aufforderung zu verstärken: *Immer s. der Reihe nach!*; *Komm, sei jetzt s. artig!* **7** ***(na) s.!*** verwendet, um seine Zustimmung (*mst* gegen seinen Willen) auszudrücken ≈ na gut: *S., dann treffen wir uns um halb acht vor dem Café*; *Na s., wenn es unbedingt sein muss, kannst du das Auto haben* **8** verwendet in formelhaften Wendungen, die e-n Dank od. e-e Bitte ausdrücken ⟨danke s.; bitte s.; schönen Dank⟩ || ID *mst* ***Das ist ja alles s. u. gut, aber…*** *gespr*; verwendet, um e-n Einwand od. e-e Kritik einzuleiten; …, ***wie man so s. sagt***; ***…, wie es so s. heißt*** *gespr, mst iron*; wie man oft (mit e-m Sprichwort) sagt: *Er lebt da wie Gott in Frankreich, wie es so s. heißt*; ***Das wäre ja noch schöner!*** *gespr*; verwendet, um etw. mit Nachdruck abzulehnen; *mst* ***Das wäre zu s., um wahr zu sein*** *gespr*; ich kann kaum glauben, dass das wahr ist (weil es nur Vorteile hat) || ► ***verschönern***

Schö·ne *die*; *-n, -n*; *gespr, oft hum*; verwendet als Bezeichnung für e-e Frau, die man nicht kennt: *Wer war denn die S. an seiner Seite?*

scho·nen; *schonte, hat geschont*; [Vt] **1** ***etw. s.*** etw. so behandeln, dass es möglichst lang in e-m guten Zustand bleibt ↔ strapazieren ⟨das Auto, die Kleider, die Möbel s.⟩ || K-: ***Schon-, -bezug*** **2** ***j-n / sich s.*** von j-m / sich keine Anstrengungen verlangen, j-n rücksichtsvoll behandeln: *sich nach e-r schweren Operation s. müssen*; *Der Verteidiger schonte weder sich noch den Gegner* || *hierzu* **Scho·nung** *die*; *nur Sg* || ► ***verschonen***

scho·nend **1** *Partizip Präsens*; ↑ ***schonen*** **2** ***j-m etw. s. beibringen*** *gespr, oft iron*; j-m etw. Unangenehmes mit viel Rücksicht auf seine Gefühle vermitteln

Scho·ner *der*; *-s, -*; ein schnelles Segelschiff mit *mst* zwei Masten

Schön·fär·be·rei *die*; *-*; *nur Sg*; die Beschreibung von Dingen od. Zuständen auf e-e solche Art, dass man das Gute od. Positive zu stark betont

Schön·geist *der*; *oft iron*; j-d, der sich sehr intensiv mit Kunst u. Literatur beschäftigt

schön·geis·tig *Adj*; die Dichtung, Malerei *o.Ä.* betreffend

Schön·heit *die*; *-, -en*; **1** *nur Sg*; die schöne (1) Beschaffenheit, das Schönsein: *Ihre S. ist unwiderstehlich* || K-: ***Schönheits-, -mittel, -operation, -pflege, -sinn*** **2** e-e *mst* weibliche Person, die sehr schön (1) ist: *Seine Freundin ist e-e richtige S.* || -K: ***Dorf-, Film-*** **3** etw., das schön (1) ist: *j-m die Schönheiten des Landes zeigen* || -K: ***Form-, Klang-, Natur-***

Schön·heits·feh·ler *der*; ein kleiner Fehler, der den optischen Eindruck e-r Person / Sache etwas beeinträchtigt

Schön·heits·i·de·al *das*; das, was die Menschen e-r bestimmten Zeit für schön (1) halten

Schön·heits·kö·ni·gin *die*; e-e Frau, die den 1. Preis in e-m Wettbewerb bekommen hat, bei dem Frauen nach ihrer Schönheit beurteilt werden

Schon·kost *die*; *nur Sg*; Nahrung, die man leicht verdauen kann u. die *bes* Kranke essen ≈ Diät

Schön·ling *der*; *-s, -e*; *pej*; ein gut aussehender (junger) Mann, der *mst* zu viel Wert auf seine äußere Erscheinung legt

schön·ma·chen, sich; *machte sich schön, hat sich schöngemacht*; [Vr] ***sich** (**für j-n** / **etw.**) **s.*** *gespr*; hübsche Kleider anziehen, sich schön frisieren, schminken *usw*, um gut auszusehen ≈ sich fein machen: *sich für ein Rendezvous s.* || NB: *mst* in Bezug auf e-e Frau, nur ironisch in Bezug auf e-n Mann verwendet

Schön·schrei·ben *das*; *-s*; *nur Sg*; das Üben der Buchstaben u. der Schreibschrift in der Schule || K-: ***Schönschreib-, -heft, -übung, -unterricht*** || *hierzu* **Schön·schrift** *die*; *nur Sg*

scho·nungs·los *Adj*; ⟨e-e Kritik, Offenheit⟩ so, dass sie niemanden schonen (2) ≈ unbarmherzig: *e-n Skandal s. aufdecken*

Schon·zeit *die*; **1** ein Zeitraum im Jahr, in dem man bestimmte Tiere nicht jagen darf ⟨e-e Tierart hat S.; für e-e Tierart ist S.⟩ **2** e-e Zeit, in der j-d (*z.B.* ein Berufsanfänger) Fehler machen darf, ohne scharf kritisiert zu werden ⟨j-m e-e S. einräumen⟩

Schopf *der*; *-(e)s*, *Schöp·fe*; **1** die Haare auf j-s Kopf: *e-n dichten S. haben* || -K: ***Haar-*** **2** *bes* Ⓒⓗ ≈ Schuppen (1) || -K: ***Holz-*** || ID ***j-n beim S. fassen** / **packen*** j-n an den Haaren fassen; ***etw. beim S. packen*** e-e günstige Gelegenheit nutzen ⟨das Glück, die Gelegenheit beim S. packen⟩

schöp·fen; *schöpfte, hat geschöpft*; [Vt] **1** ***etw.** (**aus etw.**) (**in etw.** (Akk)) **s.*** mit der hohlen Hand od. mit e-m (tiefen) Gefäß (*z.B.* e-m Eimer) e-e Flüssigkeit irgendwo herausholen: *Wasser aus dem Brunnen s.* || K-: ***Schöpf-, -kelle, -löffel*** **2** *mst* ⟨Wissen, Mut, Kraft, Glauben⟩ ***s.*** *geschr*; e-r bestimmten Situation etw. Positives abgewinnen: *Seit es dieses Medikament gibt, schöpfen viele Kranke wieder neuen Mut* || ID ***(frische) Luft schöpfen*** ins Freie gehen; ↑ ***voll***

Schöp·fer[1] *der*; *-s*, *-*; **1** ***der S.*** (+ *Gen*) j-d, der ein sehr wichtiges Werk gemacht od. etw. Neues erfunden hat ⟨der S. e-s Gemäldes, e-r Sinfonie, e-s Kunstwerks⟩ || -K: ***Mode-, Neu-, Sprach-, Wort-*** **2** *nur Sg, Rel* ≈ Gott als Erschaffer des Himmels u. der Erde

Schöp·fer[2] *der*; *-s*, *-*; ein großer Löffel, mit dem man *bes* Suppe auf den Teller gibt ≈ Schöpflöffel

schöp·fe·risch *Adj*; **1** mit neuen, kreativen Ideen ⟨ein Mensch, e-e Arbeit, e-e Begabung; s. arbeiten, tätig sein⟩ **2** ***e-e schöpferische Pause einlegen*** e-e bestimmte Zeit lang etw. nicht tun, um neue Kraft, neue Ideen *o.Ä.* zu bekommen

Schöp·fung *die*; *-*, *-en*; **1** *geschr*; etw., das durch j-s schöpferische Tätigkeit entstanden ist ≈ Kreation || -K: ***Neu-, Sprach-, Wort-*** **2** *nur mit dem bestimmten Artikel, nur Sg, Rel*; das gesamte Universum (wie es nach christlichem Glauben von Gott geschaffen wurde) || K-: ***Schöpfungs-, -bericht, -geschichte***

Schop·pen *der*; *-s*, *-*; ***ein S.** (**Wein**)* *südd* Ⓐ ein (Glas mit e-m) Viertelliter Wein

schor *Imperfekt, 1. u. 3. Person Sg*; ↑ ***scheren***[1]

Schorf *der*; *-(e)s*; *nur Sg*; e-e Schicht aus getrocknetem Blut od. aus trockener Haut auf e-r Wunde || *hierzu* **schorf·ar·tig** *Adj*; **schor·fig** *Adj*

Schor·le *die*; *-*, *-n od das*; *-s*, *-s*; e-e Mischung aus Wein od. Apfelsaft u. Mineralwasser (= e-e saure S.) od. Zitronenlimonade (= e-e süße S.) || -K: ***Saft-, Wein-***

Schorn·stein *der*; der Teil am Dach e-s Hauses, aus dem der Rauch der Heizung kommt ≈ Kamin ⟨der S. raucht, qualmt; den S. fegen, reinigen⟩ || ID ***etw. in den S. schreiben*** *gespr*; etw. als endgültig verloren betrachten

Schorn·stein|fe·ger *der*; *-s*, *-*; j-d, der beruflich Schornsteine reinigt

schoss *Imperfekt, 1. u. 3. Person Sg*; ↑ ***schießen***

Schoß *der*; *-es*, *Schö·ße*; **1** die Fläche, die die Oberschenkel u. der Unterleib bilden, wenn man auf e-m Stuhl sitzt, u. auf die sich *z.B.* ein Kind setzen kann ⟨sich auf j-s S. setzen / sich j-m auf den S. setzen; die Hände in den S. legen⟩: *Komm, setz dich auf meinen S.!* **2** *nur Sg, geschr*; der Bauch e-r Frau ≈ Mutterleib ⟨ein Kind im S. tragen⟩ **3** ***der S.*** + *Gen*; *geschr*; der Schutz u. die Hilfe, die e-e Gruppe od. Organisation bietet: *in den S. der Familie, der Kirche zurückkehren* || ID ***etw. fällt j-m in den S.*** j-d bekommt etw. ohne Mühe u. Anstrengung

Schoß·hund *der*; ein sehr kleiner Hund, den man häufig auch trägt u. den man sehr verwöhnt

Schöss·ling *der*; *-s*, *-e*; ein Trieb[2], der aus e-r Pflanze wächst u. aus dem man wieder e-e neue Pflanze ziehen (9) kann ⟨Schösslinge ziehen, setzen, pflanzen⟩

Scho·te *die*; *-*, *-n*; die *mst* schmale u. lange Hülle, in der bei bestimmten Pflanzen die Samen sind ≈ Hülle (1) || -K: ***Erbsen-, Paprika-, Pfeffer-, Vanille-***

Schot·ter *der*; *-s*; *nur Sg, Kollekt*; e-e Menge spitzer Steinstücke, die als Unterlage beim Bau von Straßen verwendet werden || K-: ***Schotter-, -straße, -werk*** || -K: ***Gleis-, Straßen-*** || *hierzu* **schot·tern** (*hat*) *Vt*

schraf·fie·ren; *schraffierte, hat schraffiert*; [Vt/i] ***(etw.) s.*** e-e leere Fläche auf e-m Blatt Papier, e-m Plan *o.Ä.* mit dünnen parallelen Strichen füllen || *hierzu* **Schraf·fie·rung** *die*

Schraf·fur [-ˈfuːɐ̯] *die*; *-*, *-en*; die Striche, mit denen e-e Fläche schraffiert ist ≈ Schraffierung ⟨etw. durch S. hervorheben, kennzeichnen⟩

schräg *Adj*; **1** weder senkrecht noch parallel zu e-r (gedachten) Linie od. Fläche ⟨s. neben, über, unter j-m / etw. sein, liegen, stehen; s. gegenüber von j-m / etw.⟩: *Die meisten Häuser haben schräge Dächer*; *Sie wohnt im Haus s. gegenüber*; *Er lief s. über die Wiese* || ↑ *Abb. unter* ***Eigenschaften*** || K-: ***Schräg-, -lage, -schnitt, -streifen, -strich*** || NB: ↑ ***schief*** **2** *gespr* ≈ seltsam ⟨Musik; s. ausschauen; j-n s. anschauen⟩ || *hierzu* **Schräg·heit** *die*; *nur Sg*

Schrä·ge *die*; *-*, *-n*; **1** *nur Sg*; die Eigenschaft, schräg (1) zu sein: *Die Wand hat e-e leichte S.* **2** e-e schräge (1) Wand: *e-e Mansarde mit Schrägen* || -K: ***Dach-***

Schram·me *die*; *-*, *-n*; e-e Stelle, an der e-e glatte (Ober)Fläche durch e-n spitzen od. harten Gegenstand beschädigt (*bes* geritzt) od. verletzt ist ≈ Kratzer: *e-e S. an der Stirn, am Auto haben*

schram·men; *schrammte, hat geschrammt*; [Vt] ***etw. s.*** etw. so berühren od. treffen, dass daran Spuren (Kratzer) zu sehen sind: *beim Einparken ein anderes Auto s.*

Schrank *der*; *-(e)s*, *Schrän·ke*; ein großes Möbelstück (*bes* aus Holz) mit Türen, in dem man Kleider, Geschirr *o.Ä.* aufbewahrt ⟨e-n S. aufstellen, öffnen, schließen, einräumen, ausräumen; etw. in e-n S. tun, legen, hängen; etw. im S. aufbewahren⟩ || K-: ***Schrank-, -fach, -tür*** || -K: ***Akten-, Besen-, Bücher-, Geld-, Geschirr-, Kleider-, Schuh-, Wäsche-; Eichen-, Glas-; Küchen-, Schlafzimmer-, Wohnzimmer-; Wand-*** || ID ***ein S.** (**von e-m Mann**)* *gespr*; ein sehr kräftiger, großer Mann

Schran·ke *die*; *-*, *-n*; **1** e-e (waagrechte) Stange, mit der man e-e Straße *o.Ä.* sperren kann ≈ Barriere ⟨die Schranken an e-m Bahnübergang, Grenzübergang; die S. herunterlassen, schließen, hochziehen, öffnen⟩: *Man muss den Pass vorzeigen, bevor man die S. passieren darf* || K-: ***Schranken-, -wärter*** || -K: ***Bahn-, Zoll-*** **2** *mst Pl*; e-e gesellschaftliche od. moralische Grenze, die j-n daran hindert, etw. zu tun ⟨e-e gesellschaftliche, moralische S.; die Schranken durchbrechen, überwinden⟩ **3** ***etw.** (Dat) **Schranken setzen*** etw. einschränken: *Eurer Fantasie sind keine Schranken gesetzt. Malt, was ihr wollt!* || ID ***j-n***

S

in die / seine Schranken weisen j-m deutlich zeigen, dass er nicht so wichtig od. gut ist, wie er meint; ***etw. in Schranken halten*** verhindern, dass etw. zu wichtig, zu groß od. zu stark wird; ***etw. hält sich in Schranken*** etw. überschreitet ein gewisses Maß nicht || *hierzu* **schrạn·ken·los** *Adj*

Schrạnk·wand *die*; ein sehr breiter, hoher Schrank, der fast e-e ganze Wand bedeckt

Schrau·be *die*; -, *-n*; **1** ein kleiner Stift (aus Metall) mit e-m Gewinde, den man (mit e-m Schraubenzieher) *mst* in Holz od. in Dübel hineindreht, um etw. zu befestigen ⟨e-e S. eindrehen, anziehen, lockern, lösen, herausdrehen⟩: *ein Regal mit Schrauben an der Wand befestigen* || ↑ *Abb. unter* ***Werkzeug*** || K-: ***Schrauben-, -gewinde, -kopf, -mutter*** || -K: ***Kreuzschlitz-*** || NB: ↑ ***Nagel*** **2** e-e Art Propeller, der ein Schiff antreibt || -K: ***Schiffs-*** **3** e-e Drehung um die eigene Längsachse, *bes* beim Turnen, Schlittschuhlaufen od. Kunstfliegen || ID ***die Schrauben fester anziehen*** stärkeren Druck auf j-n ausüben; *mst* ***Bei ihm / ihr ist e-e S. locker*** *gespr*; er / sie benimmt sich nicht normal

schrau·ben; *schraubte, hat geschraubt*; [Vt] **1** ***etw. irgendwohin / von, aus etw. s.*** etw. (das ein Gewinde hat) irgendwo befestigen / entfernen, indem man daran dreht: *e-e Glühbirne in die Lampe s.*; *e-n Deckel vom Glas s.*; *e-n Haken aus der / in die Wand s.* || K-: ***Schraub-, -deckel, -glas, -verschluss*** **2** ***etw. irgendwohin / von, aus etw. s.*** etw. mithilfe von Schrauben (1) irgendwo befestigen / entfernen: *ein Schild an die Tür s.* **3** ***etw. höher / niedriger s.*** etw. so lange drehen, bis es die richtige Höhe od. Lage hat ⟨e-n Bürostuhl, Klavierstuhl höher / niedriger s.⟩ **4** ***etw.*** (*Pl*) ⟨in die Höhe, ständig höher, wieder niedriger⟩ ***s.*** etw. auf das genannte Niveau bringen: *Ansprüche, Erwartungen, Preise in die Höhe s.*

Schrau·ben·dre·her *der*; ↑ ***Schraubenzieher***

Schrau·ben·schlüs·sel *der*; ein einfaches Werkzeug, mit dem man *bes* (Schrauben)Muttern festziehen od. lösen kann || ↑ *Abb. unter* ***Werkzeug***

Schrau·ben·zie·her *der*; *-s*, -; ein Werkzeug aus e-m Griff u. e-m Metallstab, mit dem man Schrauben befestigt od. löst || ↑ *Abb. unter* ***Werkzeug***

Schraub·stock *der*; ein Gerät, in dem man e-n Gegenstand befestigen kann, den man bearbeiten will ⟨etw. in den S. spannen⟩

Schre·ber·gar·ten *der*; ein kleiner Garten, der nicht direkt beim Haus ist, sondern neben vielen anderen kleinen Gärten *z.B.* am Stadtrand liegt

Schrẹck *der*; *-(e)s*; *nur Sg*; **1** ein (oft kurzes) plötzliches starkes Gefühl der Angst (*bes* bei Gefahr) ⟨j-m e-n S. einjagen; sich von e-m S. erholen; j-n durchfährt ein S.; der S. fährt j-m in die Glieder / Knochen; j-d bekommt / kriegt e-n S.⟩: *Er war vor S. wie gelähmt, als das Auto auf ihn zuraste* **2** ***ein freudiger S.*** *gespr*; e-e angenehme Überraschung || ID ***S., lass nach!*** *gespr*; verwendet in e-r unangenehmen Situation, in der man stark überrascht wird; ***Ach, du*** (***mein***) ***S.!*** *gespr*; verwendet, um auszudrücken, dass man unangenehm überrascht ist || *zu* **1** **schrẹck·er·füllt** *Adj* || ► ***erschrecken***

-schreck *der*; *-(e)s, -e*; *im Subst, wenig produktiv*; j-d, vor dem die im ersten Wortteil genannte Gruppe von Menschen Angst hat; ***Bürgerschreck, Frauenschreck, Kinderschreck***

schrẹ·cken[1]; *schreckte, hat geschreckt*; [Vt] ***j-n s.*** *geschr*; j-m Angst machen ≈ erschrecken, ängstigen

schrẹ·cken[2]; *schrickt, schreckte / schrak, ist geschreckt*; [Vi] ***aus dem Schlaf s.*** sehr plötzlich aufwachen (*bes* weil man schlecht geträumt od. ein lautes Geräusch gehört hat) ≈ aufschrecken

Schrẹ·cken *der*; *-s*, -; **1** *nur Sg*; ein starkes Gefühl der Angst ⟨e-n S. bekommen, kriegen; j-m e-n S. einjagen; j-n in Angst u. S. versetzen; (Angst u.) S. verbreiten; etw. erfüllt j-n mit S.⟩: *Als er ins Zimmer kam, sah er zu seinem S. e-e riesige Spinne* || K-: ***Schreckens-, -schrei***; ***schreckens-, -blass, -bleich*** || NB: Ein *Schreck* kann schnell vorbei sein, wenn man entdeckt, dass die Gefahr nicht wirklich besteht - ein *Schrecken* dauert längere Zeit **2** *mst* ***die Schrecken*** + *Gen* die äußerst unangenehmen Auswirkungen von etw. ⟨die Schrecken des Krieges⟩ || K-: ***Schreckens-, -herrschaft, -meldung, -nachricht, -nacht, -tat, -vision, -zeit*** **3** ***der S.*** + *Gen* e-e Person, ein Tier od. e-e Sache, die irgendwo große Unruhe erzeugen: *Der Hund ist der S. der Nachbarschaft* || *zu* **1** u. **2** **schrẹ·ckens·voll** *Adj*

Schrẹck·ge·spenst *das*; ***das S.*** (+ *Gen*) e-e Person od. Sache, die Angst macht ⟨das S. e-s Atomkrieges⟩

schrẹck·haft *Adj*; leicht zu erschrecken || *hierzu* **Schrẹck·haf·tig·keit** *die*; *nur Sg*

schrẹck·lich *Adj*; **1** ⟨e-e Ahnung, e-e Katastrophe, ein Traum, ein Unfall, ein Verbrechen, ein Verdacht⟩ so, dass sie Angst od. Entsetzen verursachen ≈ furchtbar, entsetzlich: *Es ist etwas Schreckliches passiert. - Dein Sohn hat e-n Autounfall gehabt* **2** *gespr*; sehr unangenehm ≈ furchtbar, entsetzlich: *Die Hitze heute ist s.*; *Der kaputte Auspuff macht e-n schrecklichen Lärm* **3** *nur adv, gespr*; verwendet, um Adjektive u. Verben zu verstärken ≈ fürchterlich: *Ich hab ihn s. gern*; *Er war s. müde*; *Das tut s. weh*; *Heute ist es s. kalt*

Schrẹck·nis *das*; *-ses, -se*; *geschr* ≈ Schrecken (2)

Schrẹck·schrau·be *die*; *gespr pej*; e-e hässliche u. unsympathische, *mst* ältere Frau

Schrẹck·schuss *der*; ein Schuss ohne Kugel, mit dem man j-n nur erschrecken will || K-: ***Schreckschuss-, -pistole***

Schrẹck·se·kun·de *die*; e-e kurze Zeit, in der j-d aus Schreck nicht reagieren kann

Schrei *der*; *-(e)s, -e*; **1** ein lautes Geräusch, das ein Mensch od. Tier mit seiner Stimme macht (*bes* aus Angst od. wegen Schmerzen) ⟨ein gellender, markerschütternder, erstickter, wilder S.; e-n S. ausstoßen⟩: *Mit e-m S. des Entsetzens ergriff er die Flucht*; *Die Schreie der Affen waren weithin zu hören* || -K: ***Eulen-, Hahnen-, Möwen-, Vogel-***; ***Empörungs-, Freuden-, Hilfe-, Jubel-, Schmerzens-, Schreckens-, Todes-, Triumph-, Verzweiflungs-, Wut-***; ***Brunft-*** **2** ***der S. nach etw.*** *geschr*; der starke Wunsch, etw. zu bekommen ⟨der S. nach Freiheit, Gerechtigkeit, Rache⟩ **3** ***der letzte S.*** *gespr*; etw., das sehr modern ist || ► ***schreien***

schrei·ben; *schrieb, hat geschrieben*; [Vt/i] **1** (***etw.***) ***s.*** (*bes* mit e-m Bleistift, mit e-m Kugelschreiber *usw* od. mit e-r Maschine) Zeichen auf Papier *o.Ä.* machen, die Zahlen, Buchstaben od. Wörter darstellen ⟨mit Bleistift, mit Kugelschreiber, auf / mit der Maschine, mit Tinte s.; ordentlich, sauber, unleserlich s.⟩: *in der Schule rechnen, s. u. lesen lernen*; *ein Wort an die Tafel s.*; *„Rhythmus" schreibt man mit zwei „h"* || K-: ***Schreib-, -feder, -gerät, -heft, -papier, -pult, -stift, -tafel, -unterlage, -zeug***; ***-fehler***; ***-krampf***; ***-kunst*** **2** (***etw.***) ***s.*** e-n schriftlichen Text verfassen ⟨e-n Aufsatz, e-n Artikel, e-n Bericht, e-n Brief, ein Gedicht s.; anschaulich, lebendig, spannend s.⟩: *Er schreibt regelmäßig für e-e Zeitung*; *Der Krimi ist wirklich spannend geschrieben* **3** (***j-m***) (***etw.***) ***s.*** j-m etw. in e-m Brief *o.Ä.* mitteilen: *j-m e-e Karte zum Geburtstag / e-e Postkarte aus dem Urlaub s.*; *Schreibst du mir mal wieder?*; [Vi] **4** ***etw. s.*** seine Texte in e-m bestimmten Stil verfassen ⟨e-n guten / schlechten Stil, gutes / schlechtes Deutsch s.⟩ **5** ***etw.*** (***über etw.*** (*Akk*)) ***s.*** in e-m schriftlichen

Text etw. zu e-m bestimmten Thema sagen: *Er schreibt (in seinem Brief), dass er krank sei*; *Hat er in dem Artikel auch etwas über die Wahlen geschrieben?* **6 etw. ins Reine s.** die endgültige Fassung e-s Textes s. (1) **7 *etw. s.*** ≈ komponieren ⟨ein Musical, e-e Oper, e-e Sinfonie *usw* s.⟩ **8 *ein Arzt schreibt j-n arbeitsunfähig*** ein Arzt bestätigt (in e-m Attest), dass j-d nicht arbeiten kann, weil er krank ist **9** *mst* **Wir schreiben (heute)** + *Datum*; *veraltend*; verwendet, um das Datum anzugeben: *Heute schreiben wir den zehnten Mai*; Vi **10 *auf*** + *Sprache* **s.** seine Texte in der genannten Sprache verfassen ⟨auf Deutsch, Englisch *usw* s.⟩ **11 *an etw.*** (*Dat*) ***s.*** gerade dabei sein, e-n relativ langen Text zu produzieren: *Er schreibt schon seit Jahren an seiner Doktorarbeit* **12 *etw. schreibt gut / schlecht*** ein Stift *o.Ä.* funktioniert gut / schlecht: *Der Kugelschreiber schreibt schlecht*; Vr **13 *j-d / etw. schreibt sich irgendwie*** j-s Name / ein bestimmtes Wort wird mit bestimmten Buchstaben richtig geschrieben: *„Schreibt sich ‚Foto' mit ‚f' oder mit ‚ph'?"* || -K: ***groß-, klein-*** || ▶ ***Schrift, schriftlich***

Schrei·ben *das*; *-s, -*; *Admin geschr* ≈ Schriftstück, Brief ⟨ein amtliches, vertrauliches S.; ein S. abfassen, an j-n richten⟩: *Wir danken Ihnen für Ihr S. u. teilen Ihnen hiermit mit, dass ...*; *Betrifft: Ihr S. vom 2.März*

Schrei·ber *der*; *-s, -*; **1** j-d, der e-n Text geschrieben (2) hat ≈ Verfasser: *Kennen Sie den S. dieses Briefes?* **2** *veraltend* ≈ Schriftführer, Sekretär ⟨S. bei Gericht sein⟩ || -K: ***Gerichts-, Kanzlei-*** **3** *gespr*; ein Bleistift, Kugelschreiber, technisches Schreibgerät *usw* || *zu* **1** u. **2 Schrei·be·rin** *die*; *-, -nen*

Schrei·ber·ling *der*; *-s, -e*; *pej*; ein schlechter Autor

schreib·faul *Adj*; zu faul, Briefe zu schreiben || *hierzu* **Schreib·faul·heit** *die*; *nur Sg*

schreib·ge·schützt *Adj*; *nicht adv, EDV*; so, dass man die Daten nicht (aus Versehen) verändern, überschreiben kann

Schreib·kraft *die*; j-d, der die Aufgabe hat, Texte mit der Schreibmaschine od. dem Computer abzutippen

Schreib·ma·schi·ne *die*; e-e Maschine, mit der man Buchstaben u. andere Zeichen auf Papier bringt, indem man auf Tasten drückt ⟨S. schreiben; etw. auf der S. schreiben, tippen; ein neues Farbband in die S. einlegen⟩ || K-: ***Schreibmaschinen-, -papier, -schrift*** || ▶ ***maschinengeschrieben***

Schreib·schrift *die*; die Schrift, bei der die einzelnen Buchstaben e-s Wortes miteinander verbunden werden ↔ Druckschrift

Schreib·stu·be *die*; **1** *Mil*; ein Büro in e-r Kaserne **2** *hist* ≈ Büro

Schreib·tisch *der*; e-e Art Tisch (oft mit Schubladen), an dem man sitzt, wenn man schreibt, rechnet *usw* || K-: ***Schreibtisch-, -lampe, -sessel, -stuhl***

Schreib·tisch|tä·ter *der*; **1** *gespr pej*; j-d, der *z.B.* unter e-m totalitären Regime als Beamter indirekt für großes Unrecht mitverantwortlich ist **2** *hum*; j-d, der ein minderwertiges Buch *o.Ä.* geschrieben hat

Schrei·bung *die*; *-, -en* ≈ Schreibweise, Orthographie

Schreib·wei·se *die*; die Art u. Weise, in der man ein Wort schreibt ⟨e-e veraltete, moderne S.⟩: *Für „Delphin" gibt es auch die S. „Delfin"*

schrei·en; *schrie, hat geschrien*; Vt/i **1 (*etw.*) *s.*** etw. mit sehr lauter Stimme rufen ↔ flüstern ⟨Hurra / hurra, um Hilfe s.⟩: *lautes Schreien hören*; *Die Musik war so laut, dass man s. musste, um sich zu verständigen*; Vi **2 (*vor etw.* (*Dat*)) *s.*** ein lautes Geräusch mit der Stimme produzieren ≈ e-n Schrei ausstoßen ⟨vor Angst, Schmerz, Wut s.⟩: *Das Baby schrie vor Hunger* **3 *nach j-m / etw. s.*** mit lauter Stimme fordern, dass j-d zu einem kommt od. dass man etw. bekommt: *Die jungen Vögel schreien nach Futter* **4 *etw. schreit nach etw.*** *gespr*; etw. hat etw. dringend nötig: *Mein Magen schreit nach Essen*; *Dieses Zimmer schreit doch nach e-r neuen Einrichtung*; Vr **4 *sich heiser s.*** so lange schreien, bis man e-e raue Stimme hat || ID ***j-d / etw. ist zum Schreien*** *gespr*; j-d / etw. ist sehr lustig

schrei·end 1 *Partizip Präsens*; ↑ ***schreien*** **2** ≈ grell ↔ gedeckt ⟨e-e Farbe⟩

Schrei·hals *der*; *gespr pej*; *mst* ein kleines Kind, das oft laut schreit

Schrei·krampf *der*; ein langes, lautes Schreien (2), das man nicht beenden kann (*mst* wegen e-r extremen psychischen Belastung) ⟨e-n S. bekommen⟩

Schrein *der*; *-(e)s, -e*; *geschr*; ein verziertes Behältnis aus edlem Holz, Glas *o.Ä.*, in dem *mst* religiöse Dinge aufbewahrt werden || -K: ***Altar-, Reliquien-, Toten-***

Schrei·ner *der*; *-s, -*; ≈ Tischler

Schrei·ne·rei *die*; *-, -en* ≈ Tischlerei

schrei·ten; *schritt, ist geschritten*; Vi **1** aufrecht u. mit langsamen Schritten gehen, *bes* bei feierlichen Anlässen: *Das Brautpaar schritt zum Altar* **2** ⟨ein Flamingo, ein Storch⟩ ***schreitet*** ein Flamingo od. ein Storch geht so, wie es für ihre Art typisch ist **3 *zu etw. s.*** mit e-r Handlung beginnen ⟨zur Abstimmung, zum Angriff, zur Tat s.⟩

schrie *Imperfekt, 1. u. 3. Person Sg*; ↑ ***schreien***

schrieb *Imperfekt, 1. u. 3. Person Sg*; ↑ ***schreiben***

Schrieb *der*; *-s, -e*; *gespr pej* ≈ Brief

Schrift *die*; *-, -en*; **1** das System der Zeichen, mit denen man die Laute u. Wörter e-r Sprache schreibt (1) ⟨die arabische, chinesische, griechische, kyrillische, lateinische S.⟩ || K-: ***Schrift-, -zeichen*** || -K: ***Blinden-, Geheim-*** **2** ein Wort od. mehrere Wörter, die irgendwo geschrieben stehen ≈ Aufschrift: *Die S. auf dem Schild über der Tür war kaum noch lesbar* || -K: ***Leucht-, Neon-*** **3** die Art, wie j-d schreibt (1) ⟨e-e kleine, ungelenke, unleserliche S.; seine S. verstellen⟩: *Ich kann ihre S. einfach nicht lesen / entziffern* || K-: ***Schrift-, -bild, -fälscher, -probe, -sachverständige(r)*** || -K: ***Schön-, Hand-*** **4** eine von vielen möglichen Formen, in denen e-e S. (1) gedruckt werden kann: *Dieses Wort soll in kursiver S. erscheinen* || K-: ***Schrift-, -art, -bild, -setzer, -type*** || -K: ***Block-, Druck-, Gold-, Kursiv-, Maschinen-, Zier-*** **5** ein geschriebener, *mst* gedruckter Text *bes* mit wissenschaftlichem, religiösem od. politischem Inhalt ⟨e-e S. verfassen, herausgeben, veröffentlichen; die gesammelten Schriften e-s Autors⟩ || K-: ***Schriften-, -reihe*** || -K: ***Anklage-, Beschwerde-, Bitt-, Denk-, Hetz-, Kampf-, Schmäh-*** **6 *die* (*Heilige*) *S.*** ≈ die Bibel || K-: ***Schrift-, -gelehrte(r)***

Schrift·form *die*; *mst in* ***etw. bedarf der S.*** *geschr*; etw. muss schriftlich (u. nicht mündlich) gemacht werden ⟨ein Antrag, ein Vertrag⟩

Schrift·füh·rer *der*; j-d, der für e-e Gruppe, e-e Versammlung *o.Ä.* Briefe u. Protokolle schreibt

schrift·lich *Adj*; in geschriebener Form ↔ mündlich ⟨ein Antrag, e-e Prüfung; j-m etw. s. geben; etw. s. bekommen⟩ || -K: ***hand-, maschinen-*** || ID *mst* ***Das kannst du s. haben!*** das kannst du mir glauben! || *hierzu* **Schrift·lich·keit** *die*; *nur Sg*

Schrift·satz *der*; *Jur*; ein geschriebener Antrag od. e-e geschriebene Erklärung e-s Rechtsanwalts in e-m Gerichtsverfahren

Schrift·spra·che *die*; die geschriebene Form e-r Sprache, die e-r bestimmten Norm entspricht u. die man in der Schule lernt ≈ Hochsprache ↔ Umgangssprache || *hierzu* **schrift·sprach·lich** *Adj*

S

Schrift·stel·ler *der*; *-s*, *-*; ≈ Autor ⟨ein freier, zeitgenössischer S.⟩ || -K: ***Jugend-, Nachwuchs-, Prosa-, Roman-*** || *hierzu* **Schrift·stel·le·rin** *die*; *-*, *-nen*; **schrift·stel·le·risch** *Adj*

Schrift·stück *das*; ein offizieller, geschriebener Text ⟨ein amtliches, wichtiges S.; ein S. aufsetzen, unterzeichnen, verlesen⟩

Schrift·ver·kehr *der*; *nur Sg*, *Admin geschr* ≈ Briefwechsel: *der S. mit e-r Behörde*

Schrift·zug *der*; das individuelle Erscheinungsbild e-s geschriebenen Wortes, e-r Unterschrift *o.Ä.* ⟨ein unleserlicher S.⟩

schrill *Adj*; ⟨ein Klingeln, ein Schrei, e-e Stimme, ein Ton⟩ so hoch u. laut, dass sie unangenehm sind || *hierzu* **schril·len** (*hat*) *Vi*; **Schrill·heit** *die*; *nur Sg*

schritt *Imperfekt*, *1. u. 3. Person Sg*; ↑ ***schreiten***

Schritt *der*; *-(e)s*, *-e*; **1** die Bewegung, mit der man beim Gehen od. Laufen e-n Fuß hebt u. *mst* vor den anderen setzt ⟨ein kleiner, langer, schneller S.; e-n S. nach vorn, nach hinten, zur Seite machen; e-n S. zurücktreten⟩: *Er stieg mit schweren, müden Schritten die Treppe hinauf* || K-: ***Schritt-, -länge, -weite*** **2** *nur Sg*; die Art, wie j-d geht ≈ Gang[1] (1) ⟨j-n am S. erkennen⟩ || -K: ***Lauf-, Stech-*** || NB: *Schritt* verwendet man *bes* für den akustischen, *Gang* für den optischen Eindruck **3** *nur Sg*; die langsamste Art e-s Pferdes *o.Ä.* zu gehen ↔ Trab, Galopp ⟨ein Pferd (im) S. gehen lassen⟩ **4** e-e Entfernung, die der Länge e-s normalen Schrittes (1) entspricht: *Es sind nur noch ein paar Schritte bis zum Gipfel*; *Die Straße ist etwa zehn Schritt / Schritte breit* **5** eine von mehreren Handlungen, die zu etw. nötig sind ≈ Maßnahme ⟨die nötigen Schritte einleiten, unternehmen, um …⟩: *rechtliche Schritte gegen e-e Firma einleiten*; *Unser nächster S. muss sehr gut überlegt werden* **6** ***der erste S.*** ≈ der Anfang: *bei e-r Versöhnung den ersten S. tun* **7** *mst Sg*; der Teil der Hose, an dem die Hosenbeine innen zusammentreffen: *Die Hose spannt im S.* **8** ***im S.*** so schnell, wie ein Mensch geht ⟨(im) S. fahren⟩ || K-: ***Schritt-, -geschwindigkeit, -tempo*** **9** *nur Sg* ≈ Gleichschritt ⟨aus dem S. kommen⟩: *Sie gingen / blieben im S.* **10** ***S. für S.*** ≈ allmählich **11** ***S. um / für S.*** langsam u. vorsichtig: *Er bewegte sich mit seinen Krücken S. für S. auf den Ausgang zu* || ID ***mit j-m / etw. S. halten*** **a)** genauso schnell gehen, laufen *o.Ä.*, wie sich j-d / etw. bewegt ↔ hinter j-m / etw. zurückbleiben; **b)** (in Bezug auf Personen) genauso viel leisten wie ein anderer, (in Bezug auf Sachen) sich genauso schnell entwickeln wie etw. anderes; ***j-m auf S. u. Tritt folgen*** j-m überallhin folgen; ***einen S. zu weit gehen*** etw. tun, das verboten ist od. das e-e Norm verletzt; ***den zweiten S. vor dem ersten tun*** bei etw. nicht alles der Reihe nach machen, sondern die Reihenfolge der Schritte (5) durcheinander bringen || *zu* **5** u. **10** **schritt·wei·se** *Adj*; *mst adv*

Schritt·ma·cher *der*; **1** j-d, der in e-m Wettkampf vor den anderen herläuft *o.Ä.* u. dadurch das Tempo bestimmt **2** j-d, der neue Dinge tut u. denkt u. dadurch anderen ein Vorbild ist **3** *Kurzw* ↑ ***Herzschrittmacher***

schroff, *schroffer*, *schroffst-*; *Adj*; **1** sehr unfreundlich ≈ barsch ⟨e-e Antwort, ein Verhalten; etw. s. ablehnen⟩ **2** sehr plötzlich u. ohne Vorwarnung ⟨ein Ende, ein Übergang; sich s. von j-m abwenden⟩ **3** sehr steil ⟨ein Abhang, e-e Felswand; etw. fällt s. ab⟩ || *hierzu* **Schroff·heit** *die*; *nur Sg*

schröp·fen; *schröpfte*, *hat geschröpft*; [Vt] ***j-n s.*** *gespr pej*; viel Geld von j-m verlangen ⟨seine Kunden, seine Klienten s.⟩

Schrot *das*, *der*; *-(e)s*; *nur Sg*, *Kollekt*; **1** grob gemahlene (Getreide)Körner ⟨Getreide zu S. mahlen⟩ || K-: ***Schrot-, -brot, -korn, -mühle*** || -K: ***Roggen-, Weizen-*** **2** kleine (Blei)Kugeln in e-r Patrone ⟨mit S. schießen; e-e Ladung S. abbekommen⟩ || K-: ***Schrot-, -flinte, -kugel*** || ID ***von echtem S. u. Korn*** *veraltend*; anständig u. fleißig || *zu* **1** **schroten** (*hat*) *Vt*

Schrott *der*; *-(e)s*; *nur Sg*; **1** alte Dinge aus Metall, die man nicht mehr gebrauchen kann ⟨S. sammeln; mit S. handeln⟩ || K-: ***Schrott-, -handel, -händler, -haufen, -platz, -presse*** **2** *gespr pej*; etw., das schlecht od. nutzlos ist ≈ Schund **3** ***etw. zu S. fahren*** ein Fahrzeug bei e-m Unfall so beschädigen, dass es nicht mehr repariert werden kann: *Er hat sein neues Auto zu S. gefahren* || NB: ↑ ***Abfall***

schrott·reif *Adj*; so beschädigt od. alt, dass es nur noch als Schrott (1) zu bezeichnen ist ⟨ein Auto⟩

schrub·ben; *schrubbte*, *hat geschrubbt*; [Vt/i] ***(etw.) s.*** *gespr*; den Boden e-s Zimmers reinigen, indem man ihn kräftig mit e-r Bürste, e-m Schrubber reibt ⟨e-n Fußboden, die Küche s.⟩

Schrub·ber *der*; *-s*, *-*; e-e Art Besen mit langem Stil u. kurzen, harten Borsten, mit dem man e-n Fußboden scheuert (1)

Schrul·le *die*; *-*, *-n*; **1** e-e seltsame Angewohnheit od. Idee ≈ Marotte ⟨(den Kopf voller) Schrullen haben⟩: *Er trägt oft zwei verschiedene Socken. Das ist so e-e S. von ihm* **2** *gespr pej*; e-e (alte) Frau mit komischen Angewohnheiten || *hierzu* **schrul·len·haft** *Adj*; **schrul·lig** *Adj*

schrum·pe·lig *Adj*; ↑ ***schrumplig***

schrump·fen; *schrumpfte*, *ist geschrumpft*; [Vi] **1** ***etw. schrumpft*** etw. verliert Feuchtigkeit u. wird dadurch kleiner ⟨ein Apfel, Leder⟩ **2** ***etw. schrumpft*** etw. wird kleiner ↔ etw. wächst ⟨Einkünfte, das Kapital, Vorräte⟩ || *hierzu* **Schrump·fung** *die*

schrump·lig *Adj*; ohne Feuchtigkeit u. mit vielen Falten ≈ runzlig ⟨ein Apfel, e-e Haut⟩

Schrun·de *die*; *-*, *-n*; ein Riss in der Haut ⟨Blasen u. Schrunden haben⟩ || *hierzu* **schrun·dig** *Adj*

Schub *der*; *-(e)s*, *Schü·be*; **1** die Kraft, die etw. antreibt, in Bewegung setzt: *der S., den e-e Rakete beim Start braucht* || K-: ***Schub-, -kraft, -leistung, -wirkung*** **2** *Med* ≈ Anfall ⟨ein depressiver, manischer S.⟩: *e-e Krankheit, die in Schüben auftritt* **3** ***ein S.*** + *Subst* (*Pl*) e-e Gruppe von Personen, Dingen, mit denen etw. gleichzeitig geschieht: *den nächsten S. Besucher ins Museum lassen* **4** ≈ Stoß[1] (1): *alle Kegel auf einen S. umwerfen* || *zu* **2** u. **3** **schub·wei·se** *Adj*; *mst adv*

Schub·fach *das* ≈ Schublade

Schub·kar·re *die*; **Schub·kar·ren** *der*; e-e Art kleiner Wagen mit e-m Rad u. zwei langen Griffen am hinteren Ende, den man vor sich her schiebt

Schub·la·de *die*; *-*, *-n*; ein Kasten, der oben offen ist u. den man aus e-m Schrank, e-r Kommode *o.Ä.* herausziehen kann ≈ Schubfach ⟨die S. klemmt; e-e S. herausziehen, hineinschieben⟩ || -K: ***Kommoden-, Nachttisch-, Schreibtisch-***

Schubs *der*; *-es*, *-e*; *gespr*; ein leichter Stoß ⟨j-m e-n S. geben⟩

schub·sen; *schubste*, *hat geschubst*; [Vt] ***j-n (irgendwohin) s.*** *gespr*; j-n leicht stoßen (u. dadurch irgendwohin bewegen): *j-n von der Bank s.*

schüch·tern *Adj*; **1** mit wenig Selbstvertrauen u. deswegen sehr zurückhaltend im Kontakt mit anderen Menschen ⟨ein Mensch⟩ **2** ⟨ein Blick, ein Annäherungsversuch⟩ so, dass sie die Unsicherheit des Betreffenden zeigen: *j-n s. anlächeln* || *hierzu* **Schüch·tern·heit** *die*; *nur Sg*

schuf *Imperfekt*, *1. u. 3. Person Sg*; ↑ ***schaffen***

schü·fe *Konjunktiv II*, *1. u. 3. Person Sg*; ↑ ***schaffen***

Schuft *der*; *-(e)s*, *-e*; *hum od pej*; j-d, der böse ist ≈ Schurke || *hierzu* **schuf·tig** *Adj*

schụf·ten; *schuftete, hat geschuftet*; [Vi] *gespr*; schwer arbeiten ≈ ackern (2) || *zu* ***Schufterei*** ↑ ***-ei***

Schu̲h *der*; *-s*, *-e*; das Kleidungsstück für den Fuß, das *mst* aus Leder ist ⟨der linke, rechte S.; ein ausgetretener, abgelaufener, bequemer, enger, weiter, leichter, flacher S.; ein S. mit hohem Absatz; ein S. zum Binden / Schnüren; der S. drückt, passt / sitzt; die Schuhe anziehen, binden, schnüren, putzen, neu besohlen lassen⟩ || K-: ***Schuh-, -bürste, -creme, -fabrik, -geschäft, -karton, -macher, -schachtel, -sohle, -spitze, -wichse***; ***-größe, -nummer*** || -K: ***Filz-, Gummi-, Lack-, Leder-, Leinen-, Stoff-***; ***Baby-, Braut-, Damen-, Herren-, Kinder-***; ***Bade-, Berg-, Haus-, Lauf-, Ski-, Sport-, Straßen-, Tennis-, Turn-, Wander-*** || ID ***j-m etw. in die Schuhe schieben*** *gespr*; j-m die Schuld für etw. geben, das er nicht getan hat; ***wissen, wo j-n der S. drückt*** *gespr*; wissen, welche Probleme es gibt; ***Umgekehrt wird ein S. draus*** *gespr*; etw. muss andersherum gemacht od. gesagt werden; *mst* ***Ich möchte nicht in seinen / ihren Schuhen stecken*** *gespr*; ich möchte nicht an seiner / ihrer Stelle sein (weil er / sie Probleme hat) || NB: ↑ ***Stiefel***

Schu̲h·band *das*; *bes südd* Ⓐ ≈ Schnürsenkel || ↑ *Abb. unter* ***Schnur, Schuhe***

Schu̲h·löf·fel *der*; ein langer, flacher Stab, den man an der Ferse in den Schuh steckt, damit man ihn leichter anziehen kann

Schu̲h·platt·ler *der*; *-s*, *-*; **1** ein (Volks)Tanz in Bayern u. Österreich, bei dem die Männer sich mit den Händen auf Schuhsohlen, Knie u. Hintern schlagen **2** j-d, der e-n S. (1) tanzt || *hierzu* **schu̲h·platteln** *Vi nur im Infinitiv*

Schu̲h·put·zer *der*; *-s*, *-*; **1** j-d, der auf der Straße für Geld Schuhe putzt **2** ein Gerät, das automatisch Schuhe putzt

Schu̲h·werk *das*; *nur Sg*, *Kollekt* ≈ Schuhe ⟨festes, gutes, stabiles S.⟩

Schu̲·ko·ste·cker® *der*; (*Abk für* Schutzkontaktstecker) ein Stecker an e-m elektrischen Gerät, der besonderen Schutz vor Stromschlag bietet || ↑ *Abb. unter* ***Stecker***

Schu̲l|ab·gän·ger *der*; *-s*, *-*; ein Schüler, der seine Schulzeit beendet ↔ Schulanfänger

Schu̲l·ar·beit *die*; **1** e-e Aufgabe, die man in der Schule bekommt u. zu Hause machen muss ≈ Hausaufgabe ⟨(die / seine) Schularbeiten machen; Schularbeiten aufhaben⟩ **2** e-e (angekündigte) schriftliche Prüfung in der Schule ≈ Klassenarbeit

Schu̲l·auf·ga·be *die* ≈ Schularbeit (1,2)

Schu̲l·bank *die*; *veraltend*; ein Tisch in der Schule mit e-r Bank für Schüler || ID ***die S. drücken*** *gespr*; zur Schule gehen; ***mit j-m die S. gedrückt haben***

Schuhe

S

gespr; mit j-m in derselben (Schul)Klasse gewesen sein

Schul·bei·spiel *das*; ein typisches, oft verwendetes Beispiel

Schul·bil·dung *die*; die Bildung, die Kinder in der Schule bekommen ⟨e-e abgeschlossene, gute S. haben⟩

Schul·bus *der*; ein Bus, der Kinder in die Schule u. nachher wieder nach Hause bringt

schuld *Adj*; *nur in* ***j-d / etw. ist (an etw.*** (*Dat*)) ***s.*** j-d ist verantwortlich für etw. mit unangenehmen Folgen, etw. ist die Ursache von etw. Unangenehmem: *Du bist s.* daran, dass *wir den Zug verpasst haben*

Schuld *die*; -; *nur Sg*; **1** ***die S.*** (***an etw.*** (*Dat*) / ***für etw.***) die Verantwortung für etw. Böses, Unmoralisches od. Verbotenes ≈ Unschuld ⟨die S. haben, tragen; seine S. bekennen, leugnen; die S. von sich weisen; die S. liegt bei j-m / etw.; j-m / etw. die S. zuschreiben; die S. auf j-n abwälzen, schieben⟩: *Der Staatsanwalt konnte die S. des Angeklagten nicht beweisen*; *Er nahm die S. für den Unfall auf sich* || K-: ***Schuld-, -bekenntnis, -geständnis, -zuweisung*** || NB: ↑ ***schuld* 2 *j-m / etw.* (*an etw.*** (*Dat*)) ***S. geben*** j-n / etw. als Ursache für etw. ansehen **3** das quälende Bewusstsein, dass man für etw. Böses, Unmoralisches od. Verbotenes verantwortlich ist ↔ Unschuld ⟨sich (*Dat*) keiner S. bewusst sein; e-e schwere S. auf sich laden⟩ : *Er wird mit seiner S. einfach nicht fertig* || K-: ***Schuld-, -bewusstsein, -gefühl, -komplex***; ***schuld-, -beladen, -bewusst*** || ID (***tief***) ***in j-s S. sein / stehen*** *geschr*; j-m für etw. (sehr) dankbar sein || *hierzu* **schuld·haft** *Adj*; **schuld·los** *Adj* || NB: ↑ ***zuschulden***

schul·den; *schuldete, hat geschuldet*; [Vt] **1** (***j-m***) ***etw. s.*** j-m noch Geld (zurück)zahlen müssen: *Du schuldest mir noch hundert Euro*; *Wie viel schulde ich Ihnen für die Reparatur?* **2** ***j-m etw. s.*** aus moralischen *o.Ä.* Gründen zu etw. verpflichtet sein ⟨j-m e-e Antwort, Dank, e-e Erklärung, Respekt s.⟩ || NB: kein Passiv!

Schul·den *die*; *Pl*; das Geld, das man j-m noch zahlen muss ⟨Schulden (bei j-m, der Bank, auf der Bank) haben, machen; sich (*Akk*) in Schulden stürzen; j-s Schulden stunden, erlassen; Schulden einklagen, eintreiben; seine Schulden abzahlen, zurückzahlen, begleichen, tilgen⟩: *Um das Haus kaufen zu können, stürzten sie sich in Schulden*; *Ich glaube, ich habe noch Schulden bei dir* || K-: ***Schulden-, -berg, -erlass, -last***; ***Schuld-, -recht, -zins*** || -K: ***Bank-, Kredit-, Spiel-, Steuer-*** || ID ***tief in Schulden / bis über beide Ohren in Schulden stecken*** *gespr*; viele Schulden haben || *hierzu* **schul·den·frei** *Adj*

schuld·fä·hig *Adj*; *Jur*; in e-m (geistigen u. psychischen) Zustand, in dem einem bewusst ist, wenn e-e Handlung nicht richtig ist u. bestraft werden kann ↔ schuldunfähig || *hierzu* **Schuld·fä·hig·keit** *die*; *nur Sg*

Schuld·fra·ge *die*; die Frage, wer od. was die Schuld (1) an etw. hat ⟨die S. klären⟩

Schul·dienst *der*; die Tätigkeit als Lehrer in e-r Schule ⟨in den S. gehen; aus dem S. ausscheiden⟩

schul·dig *Adj*; *ohne Steigerung*; **1** (***etw.*** (*Gen*)) ***s.*** für etw. Böses, Unmoralisches od. für ein Verbrechen verantwortlich ↔ unschuldig ⟨sich (e-s Verbrechens) s. machen; sich s. bekennen, fühlen; j-n (für) s. erklären, befinden⟩: *Wir befinden den Angeklagten des Mordes s.*; *Er hat sich des schweren Betrugs s. gemacht* **2** (***j-m***) ***etw. s. sein / bleiben*** j-m etw. schulden (1,2): *Ich bin ihm noch fünfzig Euro s.*; *Kann ich dir den Rest erst mal s. bleiben?*; *Ich glaube nicht, dass ich dir über mein Verhalten Rechenschaft s. bin* **3** *mst* ⟨der Richter, das Gericht⟩ ***spricht j-n s.*** der Richter, das Gericht erklärt in e-m (Gerichts)Urteil, dass j-d s. (1) ist ≈ j-d / etw. verurteilt j-n ↔ j-d / etw. spricht j-n frei || ID ***j-m nichts s. bleiben*** j-n genauso hart kritisieren, wie er einen selbst kritisiert hat || *zu* **1 Schul·di·ge** *der / die*; *-n, -n*

Schul·dig·keit *die*; *nur in* **1** ***seine*** (***Pflicht u.***) ***S. tun*** das tun, was man tun muss, um seine Pflicht zu erfüllen **2** ***etw. tut seine S.*** etw. erfüllt seinen Zweck || NB: *mst* im Perfekt

Schuld·ner *der*; *-s, -*; j-d, der einem anderen Geld schuldet ↔ Gläubiger || *hierzu* **Schuld·ne·rin** *die*; *-, -nen*

Schuld·schein *der*; e-e schriftliche Bestätigung, in der j-d erklärt, dass er j-m e-e bestimmte Summe Geld schuldet ⟨j-m e-n S. ausstellen⟩

Schuld·spruch *der*; ein (Gerichts)Urteil, in dem der Angeklagte für schuldig befunden wird

Schuld·ver·schrei·bung *die*; *Ökon*; ein Wertpapier mit festem Wert u. festen Zinsen

Schu·le *die*; -, *-n*; **1** e-e Institution, die dazu dient, *bes* Kindern Wissen zu vermitteln u. sie zu erziehen ⟨in die S. kommen; in die / zur S. gehen; die S. be-

Das Schulsystem

Die schulische Ausbildung wird in Deutschland von den Bundesländern festgelegt und ist deshalb von Bundesland zu Bundesland unterschiedlich. Der Schulbesuch ist vom 6. Lebensjahr an zwölf Jahre lang Pflicht, d.h. es gibt 9 Jahre Vollzeit-Schulpflicht und 3 Jahre Teilzeit-Schulpflicht. Obwohl es auch kirchliche und private Schulen gibt, besucht die Mehrzahl der deutschen Kinder staatliche Schulen.

Mit drei Jahren werden die meisten Kinder in einen **Kindergarten** gebracht. Mit sechs Jahren kommen die Kinder dann in die **Grundschule**, die im Allgemeinen eine Dauer von 4 Jahren (in Berlin und Brandenburg 6 Jahren) hat.

Nach dieser Zeit werden die Kinder je nach ihren schulischen Leistungen und Interessen auf die verschiedenen Schultypen aufgeteilt. Ein Teil der Schüler geht auf die **Hauptschule**, wo sie eine grundlegende Allgemeinbildung bekommen. Nachdem sie den **Qualifizierten Hauptschulabschluss** erhalten haben, beginnen die meisten eine Berufsausbildung, die mit dem Besuch einer **Berufsschule** kombiniert ist. Andere gehen auf die **Realschule**, die sie besonders auf wirtschaftliche oder technische Berufe vorbereitet und die sie in der 10. Klasse mit der **mittleren Reife** abschließen. Eine dritte Gruppe besucht das **Gymnasium**, das auf das Studium an einer Hochschule vorbereitet und gewöhnlich im Alter von 18 oder 19 Jahren mit dem **Abitur** abgeschlossen wird.

Ein weiterer Schultyp ist die **Gesamtschule**, die die drei vorher genannten Schultypen in einer Institution vereinigt.

suchen; aus der S. kommen; die S. verlassen; von der S. gewiesen werden, fliegen, abgehen⟩: *Er ist in der S. zweimal sitzen geblieben*; *„Nicht für die S., sondern fürs Leben lernen wir" ist ein bekanntes Sprichwort* || K-: ***Schul-, -abschluss, -amt, -anfänger, -arzt, -(aufsichts)behörde, -chor, -direktor, -klasse, -lehrer, -leiter, -orchester, -pädagogik, -reform, -sprecher, -stufe, -system, -zeugnis***; ***-junge, -kind, -mädchen***; ***-freund, -kamerad*** || -K: ***Abend-, Ganztags-, Tages-***; ***Blinden-, Ingenieur-, Jungen-, Mädchen-***; ***Berufs-, Fach-, Fahr-, Handels-, Haushalts-, Reit-, Ski-, Segel-, Tanz-***; ***Kloster-, Privat-, Staats-*** || NB: ↑ ***Grund-, Haupt-, Hoch-, Mittel-, Real-, Volksschule***; ***Gymnasium*** **2** das Gebäude, in dem e-e S. (1) ist: *Bei uns bauen sie e-e neue S.* || K-: ***Schul-, -gebäude, -glocke, -haus, -hof*** **3** der Unterricht an e-r S. (1) ⟨(die) S. schwänzen⟩: *Die S. fängt um acht Uhr an u. hört um ein Uhr auf*; *Morgen habe ich erst später S.* || K-: ***Schul-, -angst, -atlas, -aufsatz, -beginn, -besuch, -buch, -fach, -ferien, -fernsehen, -funk, -grammatik, -heft, -kenntnisse, -mappe, -pflicht, -ranzen, -reife, -schluss, -stress, -stunde, -tag, -tasche, -wissen, -zeit*** **4** *Kollekt*; die Lehrer u. Schüler e-r S. (1): *Alle Schulen der Stadt beteiligten sich an dem Sportfest* **5** e-e bestimmte Richtung u. Meinung in der Wissenschaft od. in der Kunst, die *bes* von einer Persönlichkeit bestimmt wird: *die Frankfurter S.*; *die S. Leonardo da Vincis* **6** *nur Sg*; e-e bestimmte Ausbildung od. Erziehung, die j-d bekommen hat: *Er ist ein Kavalier der alten S.*; *Man merkt ihnen ihre gute S. an* **7** ***die hohe S.*** schwierige Dressurübungen beim Reiten || ID *mst* ***Sein / Ihr Beispiel macht S.*** sein / ihr Verhalten wird von vielen nachgeahmt; ***aus der S. plaudern*** Außenseitern von den inneren Angelegenheiten des Betriebs *o.Ä.* erzählen, in dem man arbeitet; ***bei j-m in die S. gehen*** etw., *bes* ein Handwerk, von j-m lernen; *mst* ***ein Kavalier der alten S.*** ein (*mst* älterer) Herr mit sehr guten Manieren, viel Charme *usw*

schu̲·len; *schulte, hat geschult*; [Vt] **1** ***j-n s.*** j-n bestimmte Fähigkeiten lehren, die er *bes* beruflich nutzen kann ≈ fortbilden ⟨j-n politisch, psychologisch s.⟩: *Er wurde in Abendkursen geschult, wie man sich in Verhandlungen durchsetzt* **2** ***etw. s.*** durch Übung bewirken, dass etw. besser wird ⟨das Auge, das Gedächtnis, das Gehör s.⟩ **3** ***ein Tier s.*** ≈ dressieren || *hierzu* **Schu̲·lung** *die*; -, *-en*

Schü̲·ler *der*; *-s*, -; **1** ein Kind od. ein Jugendlicher, die zur Schule gehen ⟨ein guter, schlechter, fleißiger S.⟩: *e-e Klasse mit dreißig Schülern* || K-: ***Schüler-, -austausch, -vertreter, -zeitung*** || -K: ***Grund-, Haupt-, Real-***; ***Durchschnitts-, Muster-*** **2** j-d, der e-n Beruf, e-e Kunst *o.Ä. von j-m lernt od. gelernt hat*: *ein S. Einsteins* || -K: ***Meister-*** || *hierzu* **Schü̲·le·rin** *die*; -, *-nen*

Schü̲·ler·lot·se *der*; ein Schüler, der aufpasst, dass jüngere Schüler sicher über die Straße gehen können, indem er Autos anhält *o.Ä.*

Schü̲·ler·schaft *die*; -; *nur Sg*, *Kollekt*; die Schüler e-r Schule

Schu̲l·geld *das*; *nur Sg*; das Geld, das man bezahlen muss, damit man e-e bestimmte Privatschule besuchen kann

schu̲·lisch *Adj*; *nur attr od adv*; in Bezug auf die Schule (1,3) ⟨e-e Frage, ein Problem, j-s Leistungen⟩

Schu̲l·jahr *das*; die Zeit (etwa ein Jahr), in der man in e-r bestimmten Schulklasse ist u. Unterricht hat: *Das neue S. beginnt nach den Sommerferien* || K-: ***Schuljahres-, -beginn, -ende***

Schu̲l·me·di·zin *die*; *nur Sg*; die Art der Medizin, die an der Universität gelehrt wird (im Gegensatz zu weniger anerkannten Methoden)

Schu̲l·meis·ter *der*; *pej*; j-d, der andere gern korrigiert u. belehrt || *hierzu* **schu̲l·meis·ter·lich** *Adj*; **schu̲l·meis·tern** (*hat*) *Vt / i*

Schu̲l·ord·nung *die*; *Kollekt*; die Vorschriften u. Regeln, die für die Schule u. in der Schule gelten

schu̲l·pflich·tig *Adj*; *nicht adv*; ⟨ein Kind⟩ in dem Alter, in dem es zur Schule gehen muss || *hierzu* **Schu̲l·pflicht** *die*; *nur Sg*

Schu̲l·sa·chen *die*; *Pl*; Bücher, Hefte, Stifte *usw*, die ein Kind in der Schule braucht ⟨seine S. einpacken⟩

Schu̲l·schiff *das*; ein Schiff, auf dem Matrosen ausgebildet werden

Schu̲l·spre·cher *der*; der Schüler, der die Interessen aller anderen (gegenüber den Lehrern) vertritt ≈ Schülersprecher || *hierzu* **Schu̲l·spre·che·rin** *die*

Schu̥l·ter *die*; -, *-n*; **1** einer der beiden Teile des Körpers neben dem Hals, mit denen die Arme verbunden sind ⟨breite, schmale, hängende Schultern; die linke / rechte S.; die Schultern anspannen, verkrampfen, hochziehen, hängen lassen; den Kopf an j-s S. legen; j-m die Hand auf die S. legen; den Arm um j-s S. legen; j-m auf die S. klopfen⟩: *Sie schaute ihm über die S. u. fragte*: *„Was liest du denn da?"* || ↑ *Abb. unter* ***Mensch*** || K-: ***Schulter-, -gelenk, -höhe***; ***schulter-, -hoch*** **2** der Teil e-s Kleidungsstückes, der die S. (1) bedeckt ⟨e-e gefütterte, wattierte S.⟩ || K-: ***Schulter-, -polster, -stück, -teil*** **3** ***S. an S.*** sehr dicht nebeneinander, gemeinsam: *Sie standen / kämpften S. an S.* **4** ***mit den Schultern zucken*** die Schultern kurz hochziehen, um auszudrücken, dass man etw. nicht weiß od. dass einem etw. egal ist || ID ***etw. lastet / liegt auf j-s Schultern*** etw. ist e-e schwere Verantwortung, die j-d tragen muss ⟨die Entscheidung, die Verantwortung⟩; ***etw. auf die leichte S. nehmen*** *gespr*; etw. nicht ernst genug nehmen; ***j-m die kalte S. zeigen*** *gespr*; unfreundlich zu j-m sein u. ihn nicht beachten

Schu̥l·ter·blatt *das*; einer der beiden flachen, breiten Knochen am oberen Teil des Rückens || ↑ *Abb. unter* ***Skelett***

schu̥l·ter·frei *Adj*; ⟨ein Kleid, ein Abendkleid⟩ so, dass sie die Schultern nicht bedecken

schu̥l·ter·lang *Adj*; ⟨Haare⟩ so, dass sie bis zu den Schultern reichen

schu̥l·tern; *schulterte, hat geschultert*; [Vt] **1** ***etw. s.*** etw. auf die Schulter legen u. so tragen ⟨ein Gewehr, e-n Rucksack s.⟩ **2** ***j-n s.*** beim Judo od. beim Ringen e-n Gegner so auf den Rücken werfen, dass seine Schultern den Boden berühren

Schu̥l·ter·schluss *der*; das enge Zusammenhalten von Organisationen *o.Ä.* mit ähnlichen Zielen: *der S. der Gewerkschaften*

Schu̲l·tü·te *die*; e-e große spitze Tüte mit Süßigkeiten u. kleinen Geschenken, die ein Kind zum ersten Schultag bekommt

Schu̲l·weis·heit *die*; *pej*; Wissen, das man aus Büchern u. nicht aus Erfahrung hat

Schu̲l·we·sen *das*; *-s*; *nur Sg*, *Kollekt*; die staatlichen Behörden u. die Beamten u. Angestellten, die mit der Schule (1) zu tun haben

schu̥m·meln; *schummelte, hat geschummelt*; [Vi] *gespr*; *bes* bei Spielen mit Tricks versuchen, e-n Vorteil zu bekommen ≈ mogeln

schu̥m·me·rig, **schu̥mm·rig** *Adj*; **1** mit sehr schwachem Licht u. deshalb fast dunkel ≈ dämmrig ⟨e-e Bar, e-e Beleuchtung, ein Hinterhof, ein Licht⟩ **2** *gespr*; so, dass der Betroffene dabei fast ohnmächtig wird ⟨ein Gefühl; j-m wird s. (vor Augen)⟩

S

Schund *der*; *-(e)s*; *nur Sg*, *pej*; etw. (*mst* Geschriebenes), dessen Qualität sehr schlecht ist: *Was liest du denn da für e-n S.?* || K-: ***Schund-, -heft, -literatur***

schun·keln; *schunkelte, hat geschunkelt*; Vi ⟨Personen⟩ ***schunkeln*** mehrere Personen bewegen (*bes* im Bierzelt *o.Ä.*) im Rhythmus der Musik den Oberkörper hin u. her u. hängen sich dabei mit den Armen bei den Nachbarn ein || K-: ***Schunkel-, -lied*** || NB: der Gebrauch mit e-m Subjekt im Singular ist auch möglich: *Ich habe sogar geschunkelt!*

Schu·po *der*; *-s, -s*; *gespr veraltend* ≈ (Schutz)Polizist

Schup·pe *die*; *-, -n*; **1** *mst Pl*; eine der vielen kleinen flachen Platten, die den Körper von Fischen, Reptilien u. Insekten bedecken: *ein Fisch mit bunten Schuppen* || ↑ *Abb. unter* **Hecht** || K-: ***Schuppen-, -panzer*** || -K: ***Fisch-, Haut-*** **2** *nur Pl*; ein kleines Stück Haut, das sich von der Kopfhaut löst u. in den Haaren hängt ⟨Schuppen haben⟩: *ein Shampoo gegen Schuppen benutzen* || K-: ***Schuppen-, -bildung*** **3** *mst Pl*; etw., das wie e-e S. (1) aussieht: *die Schuppen e-s Tannenzapfens* || ID ***j-m fällt es wie Schuppen von den Augen*** j-d erkennt plötzlich, wie j-d / etw. wirklich ist || *zu* **1 schup·pen·ar·tig** *Adj*

schup·pen; *schuppte, hat geschuppt*; Vt **1** ⟨e-n Fisch⟩ ***s.*** die Schuppen (1) e-s Fisches entfernen (damit man ihn kochen kann); Vi **2** ***etw. schuppt*** etw. bildet Schuppen (2) ⟨die Kopfhaut, die Haare⟩; Vr **3** ***die Haut schuppt sich*** die Haut sondert Schuppen (2) ab: *Nach e-m Sonnenbrand schuppt sich die Haut*

Schup·pen *der*; *-s, -*; **1** e-e Art kleines Haus *mst* aus Holz, in dem man Geräte, Fahrzeuge *o.Ä. aufbewahrt*: *den Rasenmäher in den S. stellen* || -K: ***Boots-, Geräte-, Vorrats-; Bretter-, Holz-; Lager-*** **2** *gespr*, *mst pej* ≈ Gebäude ⟨ein hässlicher, vornehmer S.⟩

Schup·pen·flech·te *die*; e-e Krankheit, bei der die Haut rote Flecken bekommt u. Schuppen bildet; *Med* Psoriasis

schup·pig *Adj*; mit Schuppen (2) ⟨e-e Haut, Haar⟩

Schur [ʃuːɐ̯] *die*; *-, -en*; das Scheren von Schafen || K-: ***Schur-, -wolle***

schü·ren; *schürte, hat geschürt*; Vt **1** ***etw. s.*** mit e-m Stock in e-m Feuer rühren, damit die Flammen größer werden ⟨ein Feuer, den Ofen s.⟩ **2** ***etw. s.*** ein *mst* negatives Gefühl verstärken ≈ anstacheln ⟨j-s Hass, Neid, Wut s.⟩

schür·fen; *schürfte, hat geschürft*; Vt **1** ***etw. s.*** ≈ abbauen (1) ⟨Erz, Kohle s.⟩ **2** ***sich*** (*Dat*) ***etw. s.*** die Haut durch Reiben an e-m rauen Gegenstand verletzen ⟨sich die Haut, das Knie s.⟩ || K-: ***Schürf-, -wunde***; Vi **3** (***nach etw.***) ***s.*** in der Erde graben, um etw. zu finden ⟨nach Gold, Silber s.⟩; Vr **4** ***sich s.*** ≈ s. (2)

Schür·ha·ken *der*; ein langer Metallstab mit e-m Haken am Ende, mit dem man das Feuer schürt

Schur·ke *der*; *-n, -n*; *pej*; j-d, der böse Dinge tut ≈ Schuft ⟨ein ausgemachter, gemeiner S.⟩ || K-: ***Schurken-, -streich, -tat*** || NB: *der Schurke; den, dem, des Schurken* || *hierzu* **schur·kisch** *Adj* || *zu* ***Schurkerei*** ↑ ***-ei***

Schurz *der*; *-es, -e*; e-e Art kurzes Tuch, das man sich um die Hüften bindet, damit die eigentliche Kleidung nicht schmutzig wird || -K: ***Leder-; Lenden-*** || NB: Ein S. ist *mst* kürzer als e-e Schürze

Schür·ze *die*; *-, -n*; ein einfaches Kleidungsstück, das man sich vor (die Brust u.) den Bauch bindet, um bei der Arbeit die Kleidung nicht schmutzig zu machen ⟨e-e S. umbinden⟩ || K-: ***Schürzen-, -band, -tasche, -zipfel*** || -K: ***Dirndl-; Küchen-; Servier-; Gummi-, Leder-, Leinen-***

schür·zen; *schürzte, hat geschürzt*; Vt ***etw. s.*** ein langes Kleid od. e-n Rock (raffen u.) in die Höhe halten

Schür·zen·jä·ger *der*; *gespr pej*; ein Mann, der ständig versucht, mit Frauen e-e sexuelle Beziehung aufzunehmen ≈ Frauenheld

Schuss *der*; *-es, Schüs·se*; **1** ***ein S.*** (***auf j-n / etw.***) das Schießen[1] (1) mit e-r Waffe, das Abfeuern e-r Waffe ⟨ein gezielter, scharfer S.; ein S. fällt, löst sich, geht los; e-n S. auf j-n / etw. abgeben, abfeuern; e-n S. auslösen⟩ || K-: ***Schuss-, -verletzung, -wunde*** || -K: ***Flinten-, Gewehr-, Kanonen-, Pistolen-; Schreck-; Warn-; Start-*** **2** ein Geschoss, das abgefeuert wurde ⟨ein S. sitzt, trifft sein Ziel, geht daneben; e-n S. abbekommen; ein S. streckt j-n nieder⟩ **3** e-e Verletzung, die j-d od. ein Tier durch e-n S. (2) bekommt: *an e-m S. ins Herz sterben* || -K: ***Bauch-, Genick-, Kopf-; Streif-*** **4** *Zahl* + ***S.*** (***Munition***) verwendet, um die Menge der Munition auszudrücken, die man für e-n S. (1) hat od. verwendet: *noch drei S.* (*Munition*) *in der Pistole haben* **5** das Schießen[1] (6) e-s Balles: *ein S. aufs Tor* || K-: ***Schuss-, -gelegenheit, -kraft, -winkel*** || -K: ***Fern-, Weit-*** **6** der Ball, den man schießt[1] (6): *Der S. ging ins Aus, ins Tor*; *Der S. ist nicht zu halten* || -K: ***Latten-, Pfosten-, Tor-*** **7** ***ein S.*** + *Subst*; *nur Sg*; e-e kleine Menge (*bes* e-r Flüssigkeit): *e-n S. Essig in den Salat tun*; *e-n S. Fantasie für etw. brauchen* **8** *nur Sg*; die Form des Skifahrens, bei der man sehr schnell (ohne Kurven) den Berg hinunterfährt ⟨(im) S. fahren⟩ || K-: ***Schuss-, -fahrt*** **9** *gespr*; die Injektion e-r Droge (*bes* Heroin) ⟨sich e-n S. geben, setzen⟩ **10** ***der goldene S.*** *gespr*; e-e Überdosis Heroin *o.Ä.*, an der der Betreffende stirbt **11** ***in / im S.*** in gutem Zustand ⟨in S. sein; j-n / etw. in S. bringen, halten⟩: *Unser Auto ist schon zehn Jahre alt u. noch sehr gut in S.* **12** ***weit(ab) vom S.*** *gespr*; weit weg vom Mittelpunkt des Geschehens (*z.B.* von der Stadtmitte) ≈ abseits: *Ich würde dich ja gern öfter besuchen, aber du wohnst so weitab vom S.* || ID ***ein S. in den Ofen*** *gespr*; ein Fehlschlag; ***ein S. ins Schwarze*** *gespr*; ein Volltreffer; ***ein S. vor den Bug*** *gespr*; e-e Warnung; ***e-n S. haben*** *gespr* ≈ verrückt sein; ***zum S. kommen*** *gespr*; die Möglichkeit bekommen, etw. zu tun ≈ zum Zug kommen; ***j-d ist keinen S. Pulver wert*** *gespr*; j-d ist überhaupt nichts wert; *mst* ***Der S. ging nach hinten los*** *gespr*; e-e Maßnahme hatte e-e negative Auswirkung auf denjenigen, der sie veranlasst hat

schuss·be·reit *Adj*; **1** bereit zu schießen ⟨e-e Waffe; ein Schütze⟩ **2** *gespr*; bereit zum Fotografieren ⟨ein Fotograf; ein Reporter; e-e Kamera⟩

Schus·sel *der*; *-s, -*; *gespr*, *mst pej*; j-d, der sich nicht konzentrieren kann u. deswegen Dinge vergisst u. Fehler macht || *hierzu* **schus·se·lig**, **schuss·lig** *Adj*; **schus·seln** (*hat*) *Vi*

Schüs·sel *die*; *-, -n*; **1** ein *mst* tiefes, rundes Gefäß, das oben offen ist u. in dem man *bes* Speisen auf den Tisch stellt: *e-e S. voll Suppe* || -K: ***Kompott-, Salat-, Soßen-, Suppen-; Porzellan-; Spül-*** **2** ***e-e S.*** (+ *Subst*) die Menge, die in e-e S. (1) passt: *e-e S. Salat, Reis* || NB: ↑ ***Schale***

Schüssel

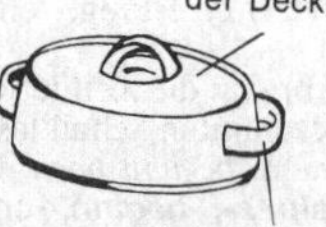

S

Schụss·feld *das*; der Bereich, den man mit e-m Schuss aus e-r Waffe treffen kann ⟨ein freies S. haben⟩ || ID ***ins S. (der Öffentlichkeit) geraten*** (öffentlich) kritisiert werden

schụss·fest *Adj*; ⟨Glas, e-e Weste⟩ so stabil, dass sie durch ein Geschoss nicht kaputtgehen ≈ kugelsicher

Schụss·li·nie *die*; die gedachte Linie von der Waffe zum Ziel ⟨in die S. geraten, aus der S. gehen⟩ || ID ***in die / j-s S. geraten***; ***sich in die S. begeben*** etw. tun, wofür man (öffentlich) kritisiert wird

Schụss·waf·fe *die*; e-e Waffe, mit der man schießen kann

Schusswaffen

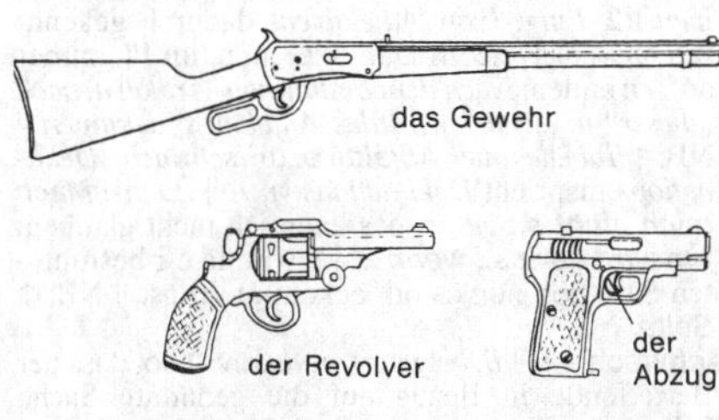

Schụss·wech·sel *der*; e-e Situation, bei der Leute aufeinander schießen: *Die Entführer u. die Polizei lieferten sich e-n S.*

Schu̱s·ter *der*; *-s, -*; j-d, der beruflich Schuhe macht u. repariert ≈ Schuhmacher || K-: ***Schuster-, -handwerk, -lehrling, -werkstatt*** || ID ***auf Schusters Rappen*** *hum*; zu Fuß; ***S., bleib bei deinem Leisten!*** tu nur das, was du kannst u. gelernt hast!

Schụtt *der*; *-(e)s*; *nur Sg*, *Kollekt*; Steine, Reste von Mauern *usw*, die man nicht mehr braucht ⟨ein Haufen S.; S. abladen verboten!⟩: *Nach dem Erdbeben waren die Straßen von S. bedeckt* || K-: ***Schutt-, -(ablade)platz, -halde, -haufen*** || -K: ***Bau-*** || ID ***in S. u. Asche*** völlig zerstört ⟨Häuser, e-e Stadt in S. u. Asche legen (= zertrümmern); etw. liegt in S. u. Asche⟩

Schụ̈t·tel·frost *der*; der Zustand, in dem man stark zittert u. friert, wenn man Fieber hat

schụ̈t·teln; *schüttelte, hat geschüttelt*; [Vt] **1 *j-n / etw. s.*** e-e Person od. Sache kräftig u. schnell hin u. her bewegen, sodass sie schwankt od. zittert ⟨j-m (zur Begrüßung, zum Abschied) die Hand s.; von Angst, vom Fieber, von Weinkrämpfen geschüttelt werden⟩: *e-e Saftflasche vor dem Öffnen s.*; *Er schüttelte den Baum, um die Äpfel zu ernten* **2 *etw. irgendwohin s.*** etw. durch Schütteln (1) von e-m Gegenstand entfernen: *Krümel vom Tischtuch s.*; *Äpfel vom Baum s.*; **3 *den Kopf s.*** den Kopf hin u. her bewegen, *bes* um e-e Frage mit „nein" zu beantworten od. um seine Verwunderung auszudrücken; [Vi] **4 *mit dem Kopf s.*** ≈ s. (3): *Da kann man nur mit dem Kopf s.* (= das ist nicht zu fassen); [Vr] **5 *sich s.*** schnelle u. kurze Bewegungen mit dem (Ober)Körper machen: *Der nasse Hund schüttelte sich*; *Sie schüttelte sich vor Lachen*

Schụ̈t·tel·reim *der*; ein witziger doppelter Reim, bei dem die Anfangsbuchstaben von Wörtern u. Silben vertauscht werden: *„Es klapperten die Klapperschlangen, bis ihre Klappern schlapper klangen" ist ein S.*

schụ̈t·ten; *schüttete, hat geschüttet*; [Vt] **1 *etw. irgendwohin s.*** etw. aus e-m Gefäß entfernen (u. irgendwohin tun), indem man das Gefäß neigt od. (heftig) bewegt: *Kohlen in den Ofen s.*; *e-n Eimer Wasser in / auf ein Feuer s.*; *Zucker in e-e Schüssel s.*; [Vimp] **2 *es schüttet*** *gespr*; es regnet stark || NB: ↑ ***gießen***

schụ̈t·ter *Adj*; ⟨Haar⟩ so, dass es nicht (mehr) dicht wächst

Schụtz *der*; *-es*; *nur Sg*; **1 *ein S. (gegen j-n / etw.; vor j-m / etw.)*** etw., das e-e Gefahr *o.Ä.* abhält od. e-n Schaden abwehrt ≈ Sicherheit ⟨j-m S. bieten, gewähren; unter j-s S. stehen; irgendwo S. suchen, finden⟩: *Seine dünne Kleidung bot kaum S. vor dem Regen*; *Ehe u. Familie genießen den besonderen S. des Staates* (= der Staat sorgt durch besondere Gesetze *o.Ä.* dafür, dass diese Institutionen bestehen bleiben); *Die Stacheln des Igels sind ein S. vor Feinden*; *Fett ist ein natürlicher S. gegen Kälte* || K-: ***Schutz-, -brille, -gitter, -helm, -hülle, -maske, -mauer, -umschlag***; ***-anstrich, -farbe***; ***-gebiet***; ***-maßnahme***; ***-impfung***; ***-bedürfnis*** || -K: ***Brand-, Frost-, Lärm-, Licht-, Regen-, Sonnen-, Wind-***; ***Kündigungs-, Unfall-***; ***Denkmal-, Grenz-***; ***Jugend-, Mutter-, Natur-, Pflanzen-, Tier-, Umwelt-, Urheber-***; ***Impf-***; ***Polizei-***; ***Versicherungs-*** **2 *zum S. (vor etw.*** (*Dat*); ***gegen etw.)*** als Maßnahme, die etw. (Unangenehmes) verhindern soll: *Sie ließ sich zum S. gegen Typhus impfen*; *Zum S. vor Erkältungen geht er jede Woche in die Sauna*; || ID ***j-n vor j-m / etw. in S. nehmen***; ***j-n gegen j-n / etw. in S. nehmen*** j-m helfen, dem Vorwürfe gemacht werden ≈ j-n verteidigen || *hierzu* **schụtz·be·dürf·tig** *Adj*; **schụtz·su·chend** *Adj*

Schụtz·be·foh·le·ne *der / die*; *-n, -n*; *Jur*; j-d, für den ein anderer sorgt u. den ein anderer schützt ≈ Schützling ⟨der Missbrauch, die Misshandlung von Schutzbefohlenen⟩ || NB: *ein Schutzbefohlener*; *der Schutzbefohlene*; *den, dem, des Schutzbefohlenen*

Schụtz·blech *das*; ein gebogenes Blech über dem Rad e-s Fahrrads, das verhindern soll, dass man schmutzig wird || ↑ *Abb. unter* **Fahrrad**

Schụ̈t·ze *der*; *-n, -n*; **1** j-d, der mit e-r Waffe schießt ⟨ein sicherer S.⟩ || -K: ***Bogen-, Pistolen-***; ***Scharf-***; ***Todes-***; ***Meister-*** **2** *nur Sg*; das Sternzeichen für die Zeit vom 23. November bis 21. Dezember || ↑ *Abb. unter* **Sternzeichen** **3** j-d, der in der Zeit vom 23. November bis 21. Dezember geboren ist: *Sie ist (ein) S.* **4** *Mil*; ein Soldat mit dem niedrigsten Rang in der Infanterie **5** *Sport*; j-d, der den Ball ins Tor schießt: *der S. zum 4:3* || -K: ***Tor-*** || NB: *der Schütze*; *den, dem, des Schützen*

schụ̈t·zen; *schützte, hat geschützt*; [Vt] **1 *j-n / sich / etw. (vor j-m / etw.) s.***; ***j-n / sich / etw. (gegen j-n / etw.) s.*** verhindern, dass e-e Person verletzt wird od. in Gefahr kommt bzw. dass e-e Sache beschädigt wird ⟨sich schützend vor j-n stellen⟩: *Er schützt seine Augen mit e-r dunklen Brille gegen die starke Sonne*; *Wölfe sind durch ein dickes Fell gut gegen die Kälte geschützt* **2 *etw. s.*** durch Gesetze bestimmen, dass etw. nicht zerstört, e-e Tier- od. Pflanzenart nicht ausgerottet werden darf ≈ etw. unter Naturschutz stellen ⟨e-e Landschaft, e-e Pflanze, e-e Tierart s.⟩: *Geschützte Blumen darf man nicht pflücken*; *Wenn die Nashörner nicht wirksamer geschützt werden, sterben sie bald aus* **3 *etw. s.*** dafür sorgen, dass ein Autor, Erfinder *o.Ä.* e-n finanziellen Vorteil davon hat, wenn seine Idee verwirklicht wird ⟨etw. ist gesetzlich, urheberrechtlich geschützt⟩: *Erfindungen werden durch Patente geschützt* || NB *zu* **2** u. **3**: *mst* im Passiv! || ▶ ***beschützen***

Schụ̈t·zen·fest *das*; ein Volksfest, bei dem es e-n Wettbewerb im Schießen gibt

Schụtz·en·gel *der*; *mst in* ***Da hat er / sie e-n (guten) S. gehabt!*** er / sie hat Glück gehabt, dass ihm / ihr nichts (Schlimmeres) passiert ist

S

Schüt·zen·gra·ben *der*; ein Graben, in dem *bes* im Krieg Soldaten Schutz suchen ⟨im S. liegen⟩
Schüt·zen·hil·fe *die*; *gespr*; Unterstützung bei e-m Vorhaben, in e-r Diskussion *o.Ä.* ⟨j-m S. geben, leisten; S. von j-m bekommen⟩
Schüt·zen·kö·nig *der*; j-d, der bei e-m Wettbewerb am besten schießt u. e-n Preis bekommt
Schüt·zen·ver·ein *der*; ein Verein, dessen Mitglieder als Sport (mit Gewehr u. Pistolen auf Zielscheiben) schießen
Schutz·ge·bühr *die*; e-e Summe Geld, die man für etw. zahlen muss u. die verhindern soll, dass Leute es nehmen, benutzen *o.Ä.*, obwohl sie es nicht wirklich brauchen: *e-e S. für e-n Katalog, e-n Prospekt erheben*
Schutz·geld *das*; Geld, das e-e Gruppe von Verbrechern (regelmäßig) von e-m Lokal, Geschäft *o.Ä.* verlangt, damit sie u. andere Verbrecher es in Ruhe lassen
Schutz·haft *die*; *nur Sg*; e-e Haft, die j-n vor Verbrechern schützen soll ⟨j-n in S. nehmen⟩
Schutz·hei·li·ge *der / die*; *kath* ≈ Schutzpatron
Schutz·herr·schaft *die*; die Kontrolle der Außenpolitik u. der Verteidigung e-s Landes durch ein anderes Land
Schutz·imp·fung *die*; e-e Impfung, die vor gefährlichen Krankheiten schützt || *hierzu* **schutz·imp·fen** *Vt*
Schutz·leu·te *die*; *Pl*; ↑ ***Schutzmann***
Schütz·ling *der*; *-s, -e*; j-d, für den ein anderer verantwortlich ist u. für den er sorgt
schutz·los *Adj*; ohne Schutz ⟨j-m / etw. s. ausgeliefert sein⟩ || *hierzu* **Schutz·lo·sig·keit** *die*; *nur Sg*
Schutz·mann *der*; (*Pl Schutz·män·ner / Schutz·leute*); *gespr veraltend* ≈ Polizist
Schutz·mar·ke *die*; ein Name od. ein Symbol für ein bestimmtes Produkt, das gesetzlich vor Nachahmung geschützt ist ≈ Warenzeichen ⟨e-e eingetragene S.⟩
Schutz·pat·ron *der*; *kath*; ein Heiliger, von dem man glaubt, dass er bestimmte Personen, Gebäude *o.Ä.* besonders schütze ≈ Schutzheilige(r)
Schutz·zoll *der*; ein Zoll, den man für Waren bezahlen muss, wenn sie in ein bestimmtes Land importiert werden, u. der die Wirtschaft des Landes vor Konkurrenz aus dem Ausland schützen soll
schwab·be·lig, **schwabb·lig** *Adj*; *gespr*; ⟨ein Bauch; ein Gelee, ein Pudding, e-e Qualle⟩ weich, nicht ganz fest, sodass sie leicht zu vibrieren beginnen || *hierzu* **schwab·beln** (*hat*) *Vi*
schwach; *schwächer, schwächst-*; *Adj*; **1** mit wenig körperlicher Kraft ↔ stark, kräftig: *Ich bin noch zu s., um diese schweren Kisten zu tragen* || -K: ***alters-*** **2** nicht fähig, viel zu leisten od. große Belastungen zu ertragen ↔ stark, robust ⟨Augen, ein Gedächtnis, e-e Gesundheit, ein Herz, e-e Konstitution, Nerven; ein Motor⟩: *Das Regal war zu s. für die schweren Bücher u. brach zusammen*; *Sie hat so schwache Nerven, dass sie sich wegen jeder Kleinigkeit aufregt* || -K: ***konditions-, nerven-*** **3** nicht fähig, andere Menschen zu führen od. sich selbst unter Kontrolle zu haben ≈ weich, labil ↔ stark ⟨ein Charakter, ein Wille⟩: *Er ist zu s., um e-e Firma zu führen*; *Bei Kuchen werde ich immer s.* (= kann ich der Versuchung nicht widerstehen) **4** von schlechter Qualität ≈ schlecht ↔ gut: *e-e schwache Theatervorstellung* || -K: ***ausdrucks-, inhalts-*** **5** in den Leistungen unter dem Durchschnitt: *In Biologie ist er recht s., aber in den anderen Fächern kommt er gut mit* **6** ⟨ein Kaffee, ein Tee⟩ nicht sehr intensiv im Geschmack **7** ⟨e-e Lauge, e-e Salzlösung, e-e Säure⟩ mit nur geringer Konzentration **8** nur in geringem Maß (vorhanden) ≈ gering, leicht ↔ stark, intensiv ⟨ein Anzeichen, Beifall, ein Druck, ein Duft, Erinnerungen, e-e Gegenwehr, e-e Hoffnung, ein Wind⟩: *Das ist ein schwacher Trost* (= das hilft nicht viel) **9** *mst adv*; in geringer Zahl ⟨e-e Beteiligung; s. besetzt, besiedelt, besucht, bevölkert⟩: *Er beklagte sich über den schwachen Besuch seiner Konzerte auf der letzten Tournee* **10** *Ling*; (*von Verben*) dadurch gekennzeichnet, dass die Formen des Imperfekts u. des Partizips Perfekt mit dem gleichen (Stamm)Vokal u. mit dem Konsonanten *t* gebildet werden ↔ stark (13) ⟨e-e Form, e-e Konjugation, ein Verb⟩: *Das Verb „glauben" wird s. konjugiert* (*glaubte - geglaubt*) **11** *Ling*; (*von männlichen Substantiven*) dadurch gekennzeichnet, dass sie außer im Nom. Sg. immer auf *-(e)n* enden: *Die Substantive „der Rabe" u. „der Patient" werden s. dekliniert* **12** *Ling*; (*von Adjektiven*) dadurch gekennzeichnet, dass sie im Dat. u. Gen. u. im Pl. immer auf *-en* enden: *Nach dem bestimmten Artikel u. nach „dieser" u. „jener" wird das Adjektiv s. dekliniert* || NB: ↑ *Tabelle unter* **Adjektive**; die *schwache Deklination* entspricht *Deklinationstyp A* || ID *mst* ***Mach mich nicht s.!*** *gespr*; das kann ich nicht glauben; ***j-m wird ganz s., wenn …*** j-d wird in e-r bestimmten Situation nervös od. bekommt Angst || NB: ↑ ***Seite***
-schwach *im Adj, begrenzt produktiv*; **1** so, dass der Betreffende in Bezug auf die genannte Sache Schwächen hat ↔ -stark; ***charakterschwach, nervenschwach, willensschwach*** **2** so, dass der Betreffende Probleme hat mit dem im ersten Wortteil Genannten; ***gedächtnisschwach, konzentrationsschwach, leistungsschwach, lernschwach*** **3** mit e-r geringen Zahl od. Menge der genannten Sache ↔ -stark; ***einkommensschwach*** ⟨Schichten⟩, ***geburtenschwach*** ⟨ein Jahrgang⟩, ***konditionsschwach*** ⟨ein Sportler⟩, ***mitgliederschwach*** ⟨e-e Partei⟩, ***strukturschwach*** ⟨ein Gebiet⟩, ***verkaufsschwach*** ⟨ein Monat⟩ || NB: ↑ ***-arm***
Schwä·che *die*; -, *-n*; **1** *nur Sg*; der Mangel an körperlicher Kraft ↔ Stärke: *Der Kranke konnte vor S. fast nichts essen* || K-: ***Schwäche-, -anfall, -gefühl, -zustand*** || -K: ***Augen-, Gedächtnis-, Herz-, Kreislauf-, Muskel-, Nerven-, Seh-; Alters-; Geistes-; Konzentrations-*** **2** ***e-e S.*** (***in etw.*** (*Dat*)) e-e mangelnde Begabung in etw.: *Seine Schwächen in Chemie u. Physik konnte er durch intensives Lernen ausgleichen* || -K: ***Ausdrucks-*** **3** ein Fehler od. Mangel (*mst* innerhalb e-r bestimmten Struktur): *ein Buch mit Schwächen* || -K: ***Inhalts-*** **4** ein (*mst* kleiner) charakterlicher Fehler ↔ Stärke ⟨e-e charakterliche, entschuldbare, kleine, persönliche, verzeihliche S.; seine Schwächen kennen; j-s Schwächen ausnutzen⟩ || -K: ***Charakter-, Willens-*** **5** ***e-e S.*** (***für j-n / etw.***) *nur Sg* ≈ Vorliebe, Neigung ⟨e-r S. nachgeben⟩: *e-e S. für Süßigkeiten haben*
schwä·chen; *schwächte, hat geschwächt*; [Vt/i] **1** ***etw. schwächt*** (***j-n / etw.***) etw. macht j-n körperlich schwach ↔ etw. kräftigt j-n ⟨j-s Gesundheit, j-s Herz s.⟩: *Das Fieber hat ihn so geschwächt, dass er e-e ganze Woche im Bett liegen muss*; [Vt] **2** ***etw. schwächt etw.*** etw. macht die Wirkung von etw. geringer ≈ etw. mindert etw. ↔ etw. stärkt etw. ⟨etw. schwächt j-s Einfluss, j-s Macht, j-s Position⟩: *Der Skandal hat sein Ansehen sehr geschwächt* || *hierzu* **Schwä·chung** *die*; *nur Sg*
Schwach·heit *die*; -, *-en*; *mst in* ***Bilde dir keine Schwachheiten ein!*** *gespr*; mach dir keine falschen Hoffnungen!
Schwach·kopf *der*; *gespr pej*; verwendet, um j-n zu bezeichnen, den man für sehr dumm hält
schwäch·lich *Adj*; körperlich schwach (1) ⟨ein Bürschchen, ein Kind⟩

S

Schwạ̈ch·ling *der; -s, -e; pej;* j-d, der sehr wenig Kraft hat

Schwạch·punkt *der;* **1** ein Teil e-s Systems, der für Störungen sehr anfällig ist **2** ≈ Schwäche (4) ⟨etw. ist j-s (große) S.⟩

Schwạch·sinn *der; nur Sg;* **1** *gespr pej* ≈ Blödsinn, Unsinn **2** *Med;* ein starker Mangel an Intelligenz ≈ Debilität || *hierzu* **schwạch·sin·nig** *Adj*

Schwạch·stel·le *die* ≈ Schwachpunkt

Schwạch·strom *der;* elektrischer Strom mit e-r Spannung, die geringer ist als normal

Schwa̱·den *der; -s, -; mst Pl;* e-e ziemlich dichte Masse von Rauch, Nebel *o.Ä.* in der Luft ⟨dichte, giftige Schwaden; der Rauch hängt, liegt, steht in Schwaden über etw. (*Dat*), zieht über etw. (*Akk*)⟩ || -K: ***Dunst-, Nebel-, Rauch-, Tabak-***

schwa̱·feln; *schwafelte, hat geschwafelt;* Vi ***(über etw.*** (*Akk*)) ***s.***; ***von etw. s.*** *gespr pej;* viele Dinge erzählen, die unwichtig u. wenig intelligent sind || *hierzu* **Schwa̱f·ler** *der; -s, -* || *zu* ***Geschwafel*** ↑ ***Ge-***

Schwa̱·ger *der; -s, - / Schwä·ger;* der Ehemann von j-s Schwester od. der Bruder von j-s Ehepartner || ► ***verschwägert***

Schwä̱·ge·rin *die; -, -nen;* die Ehefrau von j-s Bruder od. die Schwester von j-s Ehepartner

Schwạl·be *die; -, -n;* ein kleiner Vogel, der sehr schnell fliegen kann u. der schmale, spitze Flügel u. e-n Schwanz mit zwei Spitzen hat: *Die Schwalben haben sich Nester unter dem Dach gebaut* || ID ***Eine S. macht noch keinen Sommer*** ein gutes Anzeichen führt nicht unbedingt zu e-m guten Ergebnis

Schwạl·ben·schwanz *der;* ein großer Schmetterling mit Flügeln, die hinten spitz sind u. die ein weißes, gelbes u. schwarzes Muster haben

Schwạll *der; -(e)s, -e; mst Sg;* ***ein S.*** *+ Gen* / ***von etw.*** e-e ziemlich große Menge *bes* e-r Flüssigkeit od. e-s Gases, die sich plötzlich irgendwohin bewegt: *ein S. heißen Dampfes*

schwạmm *Imperfekt, 1. u. 3. Person Sg;* ↑ ***schwimmen***

Schwạmm *der; -(e)s, Schwäm·me;* **1** ein Lebewesen mit e-m elastischen Körper mit vielen kleinen Öffnungen, das im Meer lebt u. an e-r Stelle festgewachsen ist **2** der Körper e-s toten Schwammes (1) od. etw. Ähnliches aus e-m weichen Material, mit dem man e-e große Menge Wasser aufsaugen u. Oberflächen sauber machen kann: *sich mit e-m S. waschen* || -K: ***Bade-, Tafel-, Wasch-*** **3** ein Pilz, der auf Holz od. feuchten Mauern wächst || -K: ***Baum-, Haus-, Holz-, Keller-*** || ID ***S. drüber!*** *gespr;* wir wollen nicht mehr über diese unangenehme Sache sprechen! || *zu* **1** u. **2** **schwạmm·ar·tig** *Adj*

Schwạm·merl *das; -s, -(n); südd* Ⓐ Ⓒⓗ ≈ Pilz (2)

schwạm·mig *Adj;* **1** dick u. weich ≈ aufgedunsen: *Er ist im Gesicht ziemlich s. geworden* **2** *pej;* ⟨ein Begriff, e-e Formulierung; etw. s. formulieren⟩ so, dass der Inhalt nicht völlig klar ist ≈ vage || *hierzu* **Schwạm·mig·keit** *die; nur Sg*

Schwa̱n *der; -(e)s, Schwä·ne;* ein großer weißer Vogel mit e-m langen Hals, der auf Seen u. Flüssen lebt || ↑ *Abb. unter* ***Gans*** || K-: ***schwanen-, -weiß*** || ID ***Du / Mein lieber S.!*** *gespr;* verwendet, um Erstaunen od. Ärger auszudrücken

schwạnd *Imperfekt, 3. Person Sg;* ↑ ***schwinden***

schwa̱·nen; *schwante, hat geschwant;* Vi ***j-m schwant etw.*** *gespr;* j-d ahnt etw. *mst* Unangenehmes: *Mir schwant, dass es Ärger gibt*

schwạng *Imperfekt, 1. u. 3. Person Sg;* ↑ ***schwingen***

Schwạng *der; nur in* ***etw. ist im Schwang(e)*** *gespr;* e-e Verhaltensweise *o.Ä.* ist in Mode

schwạn·ger [ˈʃvaŋɐ] *Adj;* ⟨e-e Frau⟩ mit e-m Kind im Bauch: *Sie ist im fünften Monat s.* || NB: bei Tieren sagt man *trächtig* oder *tragend* || ID ***mit etw. s. gehen*** *gespr hum;* etw. (schon seit einiger Zeit) als Plan haben ⟨mit e-r Idee, e-m Projekt s. gehen⟩

-schwan·ger *im Adj, wenig produktiv;* **1** voll der genannten Sache; ***bedeutungsschwanger, hoffnungsschwanger, inhaltsschwanger*** **2** drückt aus, dass etw. Schicksalhaftes zu erwarten ist; ***schicksalsschwanger*** ⟨e-e Zeit⟩, ***unheilschwanger*** ⟨e-e Atmosphäre, e-e Situation⟩

Schwạn·ge·re *die; -n, -n;* e-e schwangere Frau || K-: ***Schwangeren-, -beratung, -gymnastik***

schwä̱n·gern; *schwängerte, hat geschwängert;* Vt ***e-e Frau s.*** *oft pej;* e-e Frau schwanger machen

Schwạn·ger·schaft *die; -, -en;* der Zustand, schwanger zu sein ⟨e-e geplante, ungewollte S.; e-e S. feststellen, unterbrechen⟩ || K-: ***Schwangerschafts-, -abbruch, -beschwerden, -erbrechen, -gymnastik, -test, -unterbrechung, -vorsorge***

Schwạnk *der; -(e)s, Schwän·ke;* **1** ein einfaches, lustiges Theaterstück || -K: ***Bauern-*** **2** *gespr;* e-e (oft derbe) lustige Erzählung

schwạn·ken; *schwankte, hat geschwankt;* Vi **1** ***j-d / etw. schwankt*** j-d / etw. bewegt sich auf der Stelle *mst* langsam hin u. her od. auf u. ab: *Die Bäume schwankten im Wind; Auf dem schwankenden Schiff wurde ihr übel; Der Betrunkene schwankte ins Haus* **2** ***etw. schwankt*** (***zwischen etw.*** (*Dat*) ***u. etw.*** (*Dat*)) etw. ändert sich immer wieder in der Qualität od. Quantität ↔ etw. ist stabil ⟨der Druck, die Preise, die Temperatur, e-e Zahl⟩: *Der Dollarkurs schwankt in der letzten Zeit stark; Seine Stimmung schwankte zwischen Hoffen u. Bangen* **3** (***zwischen etw.*** (*Dat*) ***u. etw.*** (*Dat*)) ***s.*** sich nicht zwischen zwei Möglichkeiten entscheiden können: *Ich schwanke noch zwischen e-r Schreibmaschine u. e-m Computer; Er hat e-e Zeit lang geschwankt, bevor / ehe er sich entschied; Bei dieser Frage geriet er ins Schwanken*

Schwạn·kung *die; -, -en; mst Pl;* Änderungen in der Qualität od. Quantität ⟨etw. unterliegt starken Schwankungen⟩ || -K: ***Gefühls-, Stimmungs-; Druck-, Klima-, Konjunktur-, Kurs-, Strom-, Temperatur-, Wert-***

Schwạnz *der; -es, Schwän·ze;* **1** der lange schmale (bewegliche) Teil am Rücken od. Ende des Körpers e-s Tieres ⟨ein buschiger, gestutzter S.⟩: *Als der Hund mich sah, wedelte er mit dem S.; Eidechsen können ihren S. abwerfen* || ↑ *Abb. unter* ***Pferd*** || K-: ***Schwanz-, -borste, -feder, -flosse, -haare, -wirbel*** || -K: ***Fisch-, Fuchs-, Herings-, Krebs-, Kuh-, Mause-, Pferde-*** *usw;* ***Ringel-, Stummel-*** || NB: ↑ ***Schweif*** **2** *gespr;* etw., das so aussieht wie ein S. (1) ⟨der S. e-s Papierdrachens, e-s Flugzeugs, e-s Kometen⟩ || -K: ***Drachen-*** **3** *vulg* ≈ Penis **4** ***ein S. von etw.*** (*Pl*) *nur Sg, gespr;* e-e Reihe von Dingen der gleichen Art ⟨etw. zieht e-n S. von Konsequenzen nach sich⟩: *Der Bericht hatte e-n ganzen S. von Leserbriefen zur Folge* **5** ***kein S.*** *vulg* ≈ niemand || ID ***den S. einziehen*** *gespr;* (*mst* nachdem man seine Meinung laut verkündet hat) kleinlaut nachgeben

schwä̱n·zeln; *schwänzelte, hat geschwänzelt;* Vi ***ein Hund schwänzelt*** *gespr;* ein Hund bewegt den Schwanz schnell hin u. her

schwä̱n·zen; *schwänzte, hat geschwänzt;* Vt/i ***(etw.) s.*** *gespr;* nicht zur Schule gehen, weil man keine Lust hat ⟨die Schule, e-e Stunde s.⟩

schwạp·pen; *schwappte, hat / ist geschwappt;* Vi **1** ***etw. schwappt*** (*hat*) e-e Flüssigkeit bewegt sich hin u. her u. macht dabei ein klatschendes Geräusch: *Er sprang ins Becken, dass das Wasser schwappte* **2** ***etw. schwappt irgendwohin*** (*ist*) e-e Flüssigkeit bewegt sich irgendwohin u. macht

S

dabei ein klatschendes Geräusch: *Er stieß an den Eimer, u. das Wasser schwappte auf den Boden* || *hierzu* **schwapp!** *Interjektion*

schwä·ren; *schwärte, hat geschwärt*; Vi *mst* ⟨e-e Wunde⟩ ***schwärt*** *geschr*; e-e Wunde eitert

Schwarm[1] *der*; *-(e)s, Schwär·me*; **1 *ein S.*** + *Subst* / ***von*** ⟨Tieren, Insekten *o.Ä.*⟩ e-e große Zahl von Fischen, Vögeln od. Insekten, die zusammen leben: *ein S. Krähen*; *Hier gibt es Schwärme von Mücken* || -K: ***Bienen-, Fisch-, Herings-, Heuschrecken-, Mücken-, Vogel-*** **2 *ein S.*** + *Subst* / ***von*** ⟨Menschen⟩ *hum*; viele Menschen: *Schwärme von Touristen*

Schwarm[2] *der*; *-(e)s, Schwär·me*; j-d, den man (*bes* als Jugendliche(r)) sehr attraktiv od. interessant findet: *Der Popstar war der S. aller jungen Mädchen*; *Er traute sich nicht, seinen S. einmal anzusprechen*

schwär·men[1]; *schwärmte, hat / ist geschwärmt*; Vi **1** ⟨Insekten, Vögel, Fische⟩ ***schwärmen irgendwo / irgendwohin*** Insekten, Vögel, Fische *o.Ä.* treten in großer Zahl auf, bewegen sich irgendwo / irgendwohin **2** ⟨Menschen⟩ ***schwärmen irgendwohin*** viele Menschen bewegen sich an e-n Ort / zu e-m Ort hin

schwär·men[2]; *schwärmte, hat geschwärmt*; Vi **1 *für j-n / etw. s.*** j-n sehr attraktiv, etw. sehr gut finden: *Sie schwärmt für ihren Lehrer*; *Er schwärmt für Erdbeerkuchen* **2** (***von j-m / etw.***) ***s.*** begeistert über j-n / etw. sprechen: *Er schwärmt von Irland*

Schwär·mer *der*; *-s, -*; j-d, der nicht realistisch denkt, sondern sehr schnell von etw. begeistert ist ≈ Fantast || *hierzu* **Schwär·me·rin** *die*; *-, -nen*; **schwär·me·risch** *Adj*

Schwar·te *die*; *-, -n*; **1** die dicke, feste Haut mit viel Fett, *bes* beim Schwein ⟨e-e geräucherte, knusprige S.⟩ || -K: ***Speck-*** **2** *gespr pej*; ein (dickes) Buch

schwarz *Adj*; **1** von der Farbe der Nacht, wenn es überhaupt kein Licht gibt ↔ weiß: *schwarze Haare haben*; *sich aus Trauer s. kleiden* || K-: ***schwarz gerändert, geräuchert, gestreift, umrandet***; ***Schwarz-, -bär, -specht, -storch*** || -K: (***kohl***)***raben-, pech-, samt-, tief-*** **2** von sehr dunkler Farbe ↔ blass, hell ⟨Augen, e-e Nacht, Pfeffer, Wolken⟩ || K-: ***schwarz-, -braun*** || -K: ***nacht-*** **3** *nicht adv*; (in Bezug auf Menschen e-r afrikanischen Rasse) mit dunkler Haut ⟨die Hautfarbe⟩ **4** schmutzig u. deswegen dunkel ↔ sauber ⟨Fingernägel, Hände, ein Kragen; schwarze Ränder unter den Fingernägeln⟩: *Er hatte ganz schwarze Hände* **5** *mst präd, nicht adv, gespr*; mit konservativen politischen Prinzipien ↔ rot (4) ⟨s. wählen⟩ **6** *gespr, nur attr od adv*; so, dass es nicht bei den Behörden gemeldet wird, *bes* um ein Verbot zu umgehen od. um Steuern, Gebühren zu vermeiden ≈ illegal ⟨etw. s. machen lassen; s. arbeiten; der schwarze Markt; e-e schwarze Kasse führen; etw. s. kaufen, über die Grenze bringen; s. Schnaps brennen; ein Tier s. schlachten; s. verdientes Geld⟩: *Er hat den Anbau s. machen lassen* || K-: ***Schwarz-, -brenner***(***ei***)***, -geld, -handel, -händler, -schlachtung*** **7** *nur attr, nicht adv*; mit etw. Unangenehmem (verbunden) ≈ unheilvoll, finster ⟨ein Gedanke, ein Tag; für j-n sieht es s. aus⟩ **8** ≈ böse, niederträchtig ⟨Gedanken, Pläne, e-e Seele⟩ **9 *etw. ist s. von*** ⟨Menschen / Tieren⟩ etw. ist so voll mit Menschen od. Tieren, dass es dunkel erscheint: *Die Luft war s. von Heuschrecken* **10 *s. auf weiß*** in geschriebener (u. gedruckter) Form (u. somit gewissermaßen offiziell) ≈ schriftlich ⟨etw. s. auf weiß bekommen, (haben) wollen, besitzen; j-m etw. s. auf weiß geben⟩ **11** *gespr*; ohne Milch: *den Tee, den Kaffee s. trinken* || ID *mst* ***Da kannst du warten, bis du s. wirst!*** *gespr*; es ist sinnlos, darauf zu hoffen || *zu* **1 schwarz·haa·rig** *Adj*; *zu* **2 schwarz·äu·gig** *Adj*

> **schwarz ma·len**; *malte schwarz, hat schwarz gemalt*; Vt *oft pej*; die Zukunft pessimistisch darstellen || *hierzu* **Schwarz·ma·ler** *der*
> **schwarz se·hen**; *sah schwarz, hat schwarz gesehen*; Vi (***für j-n / etw.***) ***s. s.*** die Zukunft für j-n / etw. pessimistisch beurteilen: *Für unseren Ausflug sehe ich schwarz - ich glaube, es gibt Regen*

Schwarz *das*; *-(es)*; *nur Sg*; **1** die schwarze Farbe: *das schillernde S. der Federn e-s Raben* **2** schwarze Kleidung, die man trägt, weil man über j-s Tod trauert ⟨S. tragen; in S. gehen⟩

Schwarz·ar·beit *die*; *nur Sg*; (illegale) Arbeit, für die keine Steuern bezahlt werden (weil sie nicht behördlich angemeldet ist) || *hierzu* **Schwarz·ar·bei·ter** *der*

Schwarz·brot *das*; ein dunkles Brot, das *bes* aus Roggenmehl gemacht wird

Schwar·ze[1] *der / die*; *-n, -n*; **1** j-d mit schwarzer (3) Hautfarbe **2** *gespr*; j-d mit sehr konservativen politischen Ideen ≈ Rechte(r)[2] ↔ Rote(r) (4), Linke(r)[2] || NB: *ein Schwarzer*; *der Schwarze*; *den, dem, des Schwarzen*

Schwar·ze[2] *das*; *-n*; *nur Sg*; der schwarze Teil in der Mitte e-r Zielscheibe ⟨ein Schuss ins S.; das / ins S. treffen⟩ || ID ***ins S. treffen*** *gespr*; genau das Richtige raten, sagen od. tun

Schwär·ze *die*; *-*; *nur Sg*; **1** die schwarze (1) Farbe von etw. **2** die tiefe Dunkelheit: *die S. der Nacht*

schwär·zen; *schwärzte, hat geschwärzt*; Vt ***etw. s.*** etw. schwarz (4) machen: *Das Gesicht des Schornsteinfegers war von Ruß geschwärzt* || NB: *mst* im Zustandspassiv! || *hierzu* **Schwär·zung** *die*

schwarz·fah·ren; *fuhr schwarz, ist schwarzgefahren*; Vi mit Bus od. Bahn fahren, ohne e-e Fahrkarte zu haben || *hierzu* **Schwarz·fah·rer** *der*; **Schwarz·fah·re·rin** *die*

schwarz·hö·ren; *hörte schwarz, hat schwarzgehört*; Vi als Radiobesitzer keine Gebühren an den Rundfunk bezahlen || *hierzu* **Schwarz·hö·rer** *der*

schwärz·lich *Adj*; von leicht schwarzer Farbe: *schwärzliches Wasser*

Schwarz·markt *der*; der illegale Markt für bestimmte Waren ⟨etw. auf dem S. kaufen⟩ || K-: ***Schwarzmarkt-, -preis***

Schwarz·rot·gold, **Schwarz-Rot-Gold** *das*; *nur Sg*; die Farben der deutschen Fahnen von 1919 bis 1933 u. nach 1945 || *hierzu* **schwarz·rot·gol·den, schwarz-rot-gol·den** *Adj*

schwarz·se·hen; *sieht schwarz, sah schwarz, hat schwarzgesehen*; als Fernsehbesitzer keine Gebühren bezahlen || *hierzu* **Schwarz·se·her** *der*; *-s, -*; *zu* ***Schwarzseherei*** ↑ ***-ei***

schwarz·weiß, schwarz-weiß *Adj*; **1** mit schwarzen u. weißen Flecken, Streifen *usw*: *e-e schwarzweiße Kuh, ein s. gestreiftes Hemd* **2** schwarz, weiß u. mit verschiedenen grauen Farben ↔ farbig, bunt ⟨ein Bild, ein Foto; s. fotografieren⟩ || K-: ***Schwarzweiß-, -aufnahme, -fernseher, -film, -foto***(***grafie***)

Schwarz·weiß|ma·le·rei *die*; *nur Sg*; die Darstellung von etw. nach e-m sehr einfachen Schema (ohne Nuancen)

Schwarz·wur·zel *die*; e-e Pflanze mit langer, spitzer schwarzer Wurzel, die man als Gemüse isst

Schwatz *der*; *-es*; *nur Sg*; ein freundliches Gespräch über unwichtige Themen ≈ Plauderei ⟨e-n S. (mit j-m) halten⟩ || NB: oft in der Verkleinerungsform *Schwätzchen*

schwat·zen; *schwatzte, hat geschwatzt*; Vt/i **1** (***etw.***) ***s.*** *pej*; Dinge sagen, die wenig Sinn haben ≈ quasseln ⟨Blödsinn, Unsinn, dummes Zeug s.⟩; Vi **2** (***mit j-m***) ***s.*** freundlich über unwichtige Themen reden ≈

S

plaudern: *Sie standen im Hof u. schwatzten miteinander* **3** (***mit j-m***) ***s.*** während des Unterrichts leise mit e-m Mitschüler reden **4** *pej*; Geheimnisse weitererzählen || *zu* **1** u. **3** **Schwät·zer** *der*; *-s*, *-*; **Schwät·ze·rin** *die*; *-*, *-nen*

schwät·zen; *schwätzte, hat geschwätzt*; *bes südd* Ⓐ [Vt/i] **1** (***etw.***) ***s.*** ≈ schwatzen (1); [Vi] **2** ≈ schwatzen (2,3,4)

schwatz·haft *Adj*; *pej*; so, dass der Betreffende gern schwatzt (2) u. Geheimnisse verrät || *hierzu* **Schwatz·haf·tig·keit** *die*; *nur Sg*

Schwe·be *die*; **1** ***in der S.*** in der Luft (schwebend): *Der Kolibri kann sich durch sehr schnelle Flügelbewegungen in der S. halten* **2** ***in der S.*** noch nicht entschieden: *Das Verfahren ist noch in der S.* || K-: ***Schwebe-, -zustand***

Schwe·be·bal·ken *der*; ein schmaler, langer Balken, auf dem Mädchen u. Frauen turnen

schwe·ben; *schwebte, hat / ist geschwebt*; [Vi] **1** ***etw. schwebt*** (***irgendwo***) (*hat / südd* Ⓐ ⒸⒽ *ist*) etw. steht od. bewegt sich ruhig in der Luft od. im Wasser: *E-e Wolke schwebte am Himmel*; *Ein Drachen schwebt in der Luft* || K-: ***Schwebe-, -zustand***; ***Schweb-, -stoffe*** **2** ***etw. schwebt irgendwohin*** (*ist*) etw. bewegt sich langsam durch die Luft ⟨ein Ballon, e-e Feder⟩ **3** ***irgendwohin s.*** (*ist*) sich ohne Mühe u. ohne Geräusch bewegen u. dabei den Boden kaum berühren: *Die Balletttänzer schwebten über die Bühne* **4** ***in Lebensgefahr s.***; ***zwischen Leben u. Tod s.*** (*hat / südd* Ⓐ ⒸⒽ *ist*) lebensgefährlich krank od. verletzt sein

schwe·bend **1** *Partizip Präsens*; ↑ ***schweben*** **2** *Adj*; *nur attr, nicht adv*; noch nicht entschieden ⟨*mst* ein Verfahren⟩

Schwe·fel *der*; *-s*; *nur Sg*; ein chemisches Element, das gelb ist u. unangenehm riecht, wenn man es verbrennt; *Chem* S || K-: ***Schwefel-, -bad, -dioxid, -quelle, -säure, -wasserstoff***; ***schwefel-, -gelb*** || *hierzu* **schwe·fel·far·ben** *Adj*; **schwe·fel·hal·tig** *Adj*

schwe·feln; *schwefelte, hat geschwefelt*; [Vt] ***etw. s.*** etw. mit Schwefel behandeln, um es haltbar zu machen od. vor Schädlingen zu schützen ⟨Rosinen, Wein, Reben s.⟩ || *hierzu* **Schwe·fe·lung** *die*

Schweif *der*; *-(e)s*, *-e*; *geschr*; **1** der lange, buschige Schwanz e-s Pferdes || ↑ *Abb. unter* ***Pferd*** || -K: ***Ross-*** **2** e-e Schicht aus Gas, die hinter e-m Kometen zu sehen ist || -K: ***Kometen-***

schwei·fen; *schweifte, ist geschweift*; [Vi] **1** ***irgendwohin s.*** *geschr*; ohne festes Ziel irgendwohin wandern ≈ streifen ⟨in die Ferne, durch die Wälder s.⟩ **2** ***etw. schweift irgendwohin*** etw. wechselt ohne bestimmtes Ziel die Richtung *o.Ä.* ⟨seinen Blick, seine Gedanken s. lassen⟩

Schwei·ge·geld *das*; Geld, das j-d einem anderen zahlt, damit er ein Geheimnis (*bes* etw. Illegales) nicht verrät

Schwei·ge·marsch *der*; e-e Demonstration, bei der alle Teilnehmer schweigend zu ihrem Ziel gehen

Schwei·ge·mi·nu·te *die*; e-e kurze Zeit, in der e-e Gruppe von Menschen schweigt, um an ein wichtiges Ereignis od. e-e wichtige Person zu erinnern ≈ Gedenkminute ⟨e-e S. (zum Gedenken an j-n / etw.) einlegen⟩

schwei·gen; *schwieg, hat geschwiegen*; [Vi] **1** kein Wort sagen ≈ still sein ⟨betroffen, ergriffen, ratlos, verlegen s.; beharrlich, eisern s.; schweigend zuhören⟩ **2** (***über etw.*** (*Akk*)) ***s.***; (***zu etw.***) ***s.*** zu e-m bestimmten Thema nichts sagen, ein Geheimnis nicht verraten ⟨zu e-r Anschuldigung, e-m Vorwurf s.⟩: *Ich habe lange über den Vorfall geschwiegen, aber jetzt fühle ich mich verpflichtet, Ihnen die Wahrheit zu sagen* **3** ***etw. schweigt*** *geschr*; etw. macht keine Geräusche mehr ≈ etw. ist verstummt ⟨die Gewehre; die Musik⟩ **4** ***s. wie ein Grab*** unter keinen Umständen ein Geheimnis *o.Ä.* verraten || ID ↑ ***ganz***[2] || ► ***verschweigen, verschwiegen***

Schwei·gen *das*; *-s*; *nur Sg*; **1** e-e Situation, in der niemand etw. sagt ⟨beklommenes, eisiges, tiefes, betretenes S.; das S. brechen (= etw. sagen od. verraten)⟩: *Als er e-e kurze Pause machte, herrschte gespanntes S. im Saal* **2** das bewusste S. (1) zu e-m bestimmten Thema ⟨(über etw.) S. bewahren; zum S. verurteilt sein (= nichts über etw. sagen dürfen)⟩: *Der Komplize bewahrte S. über die Motive des Attentats* **3** ***sich in S. hüllen*** zu e-m Thema nichts sagen, auf Fragen nicht antworten || ID ***j-n zum S. bringen*** *euph*; **a)** j-n töten, *mst* weil er Zeuge e-s Verbrechens ist; **b)** j-n (*z.B.* durch Drohungen) dazu zwingen, über etw. nichts zu sagen

Schwei·ge·pflicht *die*; *nur Sg*; die Pflicht, über bestimmte Dinge, die man in seinem Beruf erfährt, nicht zu sprechen ⟨die ärztliche S.; j-d / etw. unterliegt der S.; die S. verletzen⟩

schweig·sam *Adj*; ⟨ein Mensch⟩ so, dass er nur wenig spricht ≈ wortkarg ↔ gesprächig: *„Warum bist du heute so s.?"* || *hierzu* **Schweig·sam·keit** *die*; *nur Sg*

Schwein *das*; *-(e)s*, *-e*; **1** ein Tier mit kurzen Beinen u. dicker Haut, das man wegen seines Fleisches züchtet ⟨das S. grunzt, quiekt; j-d mästet, schlachtet Schweine⟩ || K-: ***Schweins-, -leder*** || -K: ***Haus-, Mast-***; ***Mutter-***; ***Wild-*** **2** *nur Sg*; das Fleisch e-s Schweins (1), das man isst || K-: ***Schweine-, -braten, -filet, -fleisch, -gulasch, -kotelett, -lende, -schmalz, -schnitzel***; (*südd* Ⓐ ⒸⒽ) ***Schweins-, -braten, -filet, -haxe, -kotelett*** **3** *gespr pej*; verwendet als Bezeichnung für e-n rücksichtslosen, schmutzigen od. (moralisch) unanständigen Menschen **4** *nur Sg*, *gespr*; Glück, das man nicht verdient hat: *Da hast du noch mal S. gehabt, das hätte leicht schief gehen können* **5** ***kein S.*** *gespr! pej* ≈ niemand: *Das glaubt dir doch kein S.!* **6** ***ein armes S.*** *gespr*; j-d, mit dem man Mitleid hat

Schwei·ne·hund *der*; *gespr*; **1** *pej*; verwendet als Bezeichnung für j-n, der rücksichtslos u. böse handelt ≈ Schwein (3) **2** ***der innere S.*** die Bequemlichkeit, die einen daran hindert, das zu tun, was man tun sollte ⟨den inneren S. überwinden⟩

Schwei·ne·rei *die*; *-*, *-en*; *gespr pej*; **1** Schmutz u. Unordnung **2** etw., über das man sich sehr ärgert **3** *mst Pl*; etw., das moralisch anstößig ist (*bes* im sexuellen Bereich)

Schwei·ne·stall *der*; **1** ein Stall für Schweine **2** *gespr pej*; ein Raum, e-e Wohnung *o.Ä.*, in denen es sehr unordentlich od. schmutzig ist

Schwein·igel *der*; *-s*, *-*; *gespr pej od hum*; **1** j-d, der obszöne Dinge sagt **2** j-d, der keinen Wert auf Sauberkeit legt

schwei·nisch *Adj*; *gespr* ≈ unanständig ⟨ein Film, ein Witz⟩

Schweiß *der*; *-es*; *nur Sg*; **1** die salzige Flüssigkeit, die aus der Haut kommt, wenn einem heiß ist ⟨j-m steht der S. auf der Stirn; j-m bricht der S. aus allen Poren; j-m läuft der S. in Strömen herunter⟩: *Er wischte sich mit e-m Taschentuch den S. von der Stirn* || K-: ***Schweiß-, -absonderung, -ausbruch, -bildung***; ***-drüse***; ***-fleck***, ***-geruch, -perle, -tropfen***; ***schweiß-, -bedeckt, -nass, -triefend, -überströmt, -verklebt*** || -K: ***Angst-***; ***Fuß-*** **2** ***in S. gebadet sein*** nass von S. (1) sein || K-: ***schweiß-, -gebadet*** || ID ***etw. kostet*** (***viel***) ***S.*** etw. ist (sehr) anstrengend: *Es hat viel S. gekostet, den Betrieb aufzubauen*; ***im Schweiße seines Angesichts*** mit harter, anstrengender Arbeit || ► ***schwitzen***

Schweiß·bren·ner *der*; ein Gerät, das e-e sehr heiße Flamme erzeugt, mit der man Metalle schweißen kann

schwei·ßen; *schweißte, hat geschweißt*; [Vt/i] **(etw.) s.** Teile aus Metall od. Kunststoff miteinander verbinden, indem man sie an einer Stelle sehr heiß macht u. zusammenpresst ⟨ein Rohr, e-n Riss s.⟩ || K-: ***Schweiß-, -gerät, -naht***

Schwei·ßer *der*; *-s, -*; j-d, der beruflich Metalle schweißt

Schweiß·fuß *der*; *-es, Schweiß·fü·ße*; *mst Pl*; Füße, die stark schwitzen ⟨Schweißfüße haben⟩

schwei·ßig *Adj*; feucht von Schweiß ≈ schwitzig ⟨Füße, Hände⟩

Die Schweiz

Die Schweiz ist eine Republik (offizieller Name: **Confoederatio Helvetica**) und liegt in Mitteleuropa. Sie besteht aus 23 **Kantonen**. Die etwa 7.300.000 Schweizer **Eidgenossen** leben auf einer Fläche von 41.290 km^2.
In der Schweiz gibt es vier Amtssprachen: **Deutsch**, **Französisch**, **Italienisch** und **Rätoromanisch**. Deutsch ist die am meisten gesprochene Sprache (60% der Bevölkerung), gefolgt von Französisch, das in der Westschweiz verbreitet ist. Italienisch wird in dem südlich gelegenen Kanton **Tessin** und in einigen Gegenden des Kantons **Graubünden** gesprochen. Etwa 60.000 Einwohner sprechen Rätoromanisch.
Die Schweiz ist das gebirgigste Land Europas. Sie ist ein bedeutender Finanzplatz und zieht dank ihrer traditionellen politischen Neutralität und ihres strengen Bankgeheimnisses große Mengen ausländischen Kapitals an.
Die Hauptstadt ist **Bern**. Andere wichtige Städte sind **Genf**, das weltweit bekannt ist als Sitz zahlreicher internationaler Organisationen, **Zürich**, **Basel** und **Lausanne**.

Schwei·zer·deutsch *das*; *-*; *nur Sg*; die deutsche Sprache, so wie sie in e-m Teil der Schweiz gesprochen wird || *hierzu* **schwei·zer·deutsch** *Adj*

schwe·len; *schwelte, hat geschwelt*; [Vi] **1 *etw. schwelt*** etw. brennt (ohne sichtbare Flamme) schwach u. entwickelt dabei viel Rauch ⟨ein Feuer⟩ || K-: ***Schwel-, -brand* 2 *etw. schwelt* (*in j-m*)** etw. ist wirksam, ohne sichtbar zu werden ⟨in j-m schwelt der Hass⟩

S

schwel·gen; *schwelgte, hat geschwelgt*; [Vi] **1 *in etw.*** (*Dat*) ***s.*** *geschr*; etw. Angenehmes bewusst u. intensiv genießen ⟨in Erinnerungen, in Gefühlen, in Wonne s.⟩ **2** mit Genuss viel essen u. trinken: *Wir haben auf der Party mal so richtig geschwelgt*

Schwel·le *die*; *-, -n*; **1** der leicht erhöhte Teil des Fußbodens an der Türöffnung ⟨über die S. treten⟩ || -K: ***Tür-, Zimmer-* 2** ein Stück Holz, Beton *o.Ä.*, das quer unter den (Eisenbahn)Schienen liegt u. an dem diese befestigt sind || -K: ***Bahn-* 3 *an der S. zu etw.*** kurz vor etw. (*mst* e-m neuen Lebensabschnitt *o.Ä.*): *an der S. zum Erwachsensein stehen* || -K: ***Bewusstseins-, Reiz-, Schmerz-***

schwel·len[1]; *schwillt, schwoll, ist geschwollen*; [Vi] ***etw. schwillt*** etw. wird größer u. dicker als normal: *Nach dem Unwetter schwoll der Fluss zu e-m reißenden Strom; Sein Arm ist geschwollen, weil ihn e-e Biene gestochen hat*

schwel·len[2]; *schwellt, schwellte, hat geschwellt*; [Vt] ***etw. schwellt etw.*** etw. bewirkt, dass etw. rund wird ≈ etw. bläht, bauscht etw.: *Der Sturm schwellt die Segel*

Schwel·lung *die*; *-, -en*; **1** e-e Stelle am Körper, die wegen e-r Verletzung, e-s Insektenstichs *o.Ä.* dicker als normal ist **2** *nur Sg*; der Zustand, in dem etw. geschwollen ist ⟨die S. klingt ab, geht zurück⟩: *Der Zahn kann erst gezogen werden, wenn die S. der Backe abgeklungen ist*

Schwem·me *die*; *-, -n*; ein Überangebot e-r bestimmten Ware ↔ Knappheit || -K: ***Eier-, Gemüse-, Obst-, Wein-***

-schwem·me *die*; *im Subst, wenig produktiv*; drückt aus, dass es zu viele Menschen in dem Beruf gibt, der im ersten Wortteil genannt wird ↔ -mangel; ***Akademikerschwemme, Ärzteschwemme, Lehrerschwemme***

schwem·men; *schwemmte, hat geschwemmt*; [Vt] ***etw. schwemmt j-n / etw. irgendwohin*** die Strömung des Wassers befördert j-n / etw. irgendwohin ≈ etw. spült j-n / etw. irgendwohin ⟨ans Land, ans Ufer geschwemmt werden⟩: *Viele tote Seehunde wurden an den Strand geschwemmt* || NB: *mst* im Passiv!

Schwemm·sand *der*; Sand, den ein Fluss, das Meer *o.Ä.* ans Ufer geschwemmt hat

Schwen·gel *der*; *-s, -*; **1** einTeil e-r Pumpe in Form e-r Stange, die man hin- u. herbewegt, um Wasser aus dem Boden zu pumpen || -K: ***Pumpen-* 2** ≈ Klöppel (1) || -K: ***Glocken-***

Schwenk *der*; *-(e)s, -s*; **1** e-e (*mst* schnelle) Änderung der Richtung ⟨e-n S. nach links / rechts machen⟩ **2** die Bewegung mit der Kamera beim Filmen

schwen·ken; *schwenkte, hat / ist geschwenkt*; [Vt] (*hat*) **1 *etw. s.*** etw. (in der Hand halten u.) durch die Luft bewegen ≈ schwingen ⟨e-e Fahne, e-n Hut, ein Taschentuch s.⟩: *Sie schwenkte die Arme über dem Kopf, um ihn auf sich aufmerksam zu machen* **2 *etw.* (*irgendwohin*) *s.*** etw. in e-e bestimmte Richtung od. Stellung bewegen ≈ drehen: *Er schwenkte den Wasserhahn nach rechts* || K-: ***Schwenk-, -arm, -hahn, -kran* 3 *etw. in etw.*** (*Dat*) ***s.*** etw. in e-e Flüssigkeit tun u. dort kurze Zeit hin u. her bewegen: *Wäsche im Wasser s.*; *Kartoffeln in heißem Fett s.*; *in Butter geschwenkte Bohnen*; [Vi] (*ist*) **4 *irgendwohin s.*** sich in e-e bestimmte Richtung bewegen: *Das Auto schwenkte nach links in e-e Nebenstraße* || *zu* **2** u. **4 Schwen·kung** *die*

schwer[1] *Adj*; **1** mit relativ hohem Gewicht ↔ leicht ⟨etw. ist s. wie Blei; s. beladen, bepackt sein⟩: *e-n schweren Koffer schleppen; Mit 75 Kilo ist sie viel zu s. für ihre Größe* || ↑ *Abb. unter* **Eigenschaften** || K-: ***Schwer-, -gewicht, -metall***; ***schwer beladen*** || -K: ***blei-***; ***tonnen-, zentner-* 2** in großem Maße, mit großer Intensität ≈ stark, heftig ↔ leicht ⟨ein Gewitter, ein Schneefall, ein Sturm, ein Unwetter; e-e Gehirnerschütterung, Kopfweh, e-e Krankheit, ein Schock, e-e Verletzung; s. bewaffnet, enttäuscht, verletzt sein; etw. lastet s. auf j-s Gewissen; s. an e-r Schuld zu tragen haben⟩: *Er liegt mit e-r schweren Grippe im Bett; Die Hitze macht ihm s. zu schaffen* || K-: ***schwer bewaffnet, krank, verletzt, verwundet* 3** sehr intensiv u. süß ⟨ein Duft, ein Parfüm⟩ **4** *mst attr*; sehr belastend für den Organismus ≈ stark ↔ leicht, bekömmlich ⟨ein Essen, e-e Kost, ein Wein, e-e Zigarre⟩: *Vor dem Schlafengehen solltest du nicht so s. essen* **5 *Gewicht* + *s.*** mit dem genannten Gewicht: *ein zwanzig Tonnen schwerer Lastwagen; Der junge Vogel war nur zehn Gramm s.* **6** mit sehr unangenehmen Folgen ≈ schlimm ⟨e-e

Schuld, ein Verbrechen, ein Vergehen⟩ || K-: ***Schwer-, -verbrecher*** || *zu* **1-4**, **6** **Schwe·re** *die*; -; *nur Sg*

schwer[2] *Adj*; **1** mit viel Arbeit od. Mühe verbunden ≈ schwierig ↔ leicht, einfach ⟨e-e Aufgabe, ein Beruf, ein Leben, e-e Verantwortung⟩: *Der Kranke atmete s.*; *Du musst lauter sprechen, er hört s.* **2** ⟨e-e Arbeit⟩ so, dass man viel Kraft dazu braucht ↔ leicht || K-: ***Schwer-, -arbeit*** **3** *nicht adv* ≈ anspruchsvoll ↔ leicht ⟨Musik, Literatur⟩ **4** ***j-d / etw. ist s. zu*** + *Infinitiv* es ist schwierig, mit j-m / etw. etw. zu tun: *Es ist s. zu beurteilen, ob er Recht hat*; *Sie war nur s. zu überzeugen* || *zu* **1** u. **2** **Schwe·re** *die*; -; *nur Sg*

schwer[3] *Adv*; *gespr*; verwendet, um Adjektive u. Verben zu verstärken ≈ sehr ⟨s. beleidigt, betrunken sein; j-n s. beeindrucken, enttäuschen; etw. s. büßen müssen; sich s. blamieren; sich s. hüten, etw. zu tun⟩: *Unsere neue Lehrerin ist s. in Ordnung* || K-: ***schwer reich*** || ID ***Das will ich s. hoffen!*** *gespr*; das erwarte ich unbedingt

schwer[4] *mit Adj, wenig produktiv*; drückt aus, dass das, was im Adjektiv ausgedrückt wird, nur mit großer Mühe möglich ist: ***schwer erziehbar*** ⟨ein Kind⟩, ***schwer löslich*** ⟨ein Pulver⟩, ***schwer verdaulich*** ⟨ein Essen⟩ ***schwer verkäuflich, schwer verständlich*** ⟨e-e Aussprache⟩, ***schwer verträglich*** ⟨ein Medikament⟩

schwer be·hin·dert *Adj*; *nicht adv*; mit e-r ernsthaften körperlichen Behinderung ⟨s. b. sein⟩ || *hierzu* **Schwer·be·hin·der·te**, **schwer Be·hin·der·te** *der / die*; *-n, -n*

schwer be·schä·digt *Adj*; *nicht adv*; durch e-e Verletzung (körperlich) stark behindert ≈ invalid: *ein schwer beschädigter Kriegsteilnehmer* || *hierzu* **Schwer·be·schä·dig·te**, **schwer Be·schä·dig·te** *der / die*; *-n, -n*

schwer fal·len; *fällt schwer, fiel schwer, ist schwer gefallen*; [Vi] ***etw. fällt j-m schwer*** etw. macht j-m viel Mühe od. Schwierigkeiten ↔ etw. fällt j-m leicht: Es *fiel ihm schwer, sich bei ihr* zu *entschuldigen*

schwer ma·chen; *machte schwer, hat schwer gemacht*; [Vt] ***j-d / etw. macht*** (***j-m***) ***etw. schwer***; ***j-d macht sich*** (*Dat*) ***etw. schwer*** j-d / etw. bereitet j-m auf e-m bestimmten Gebiet Probleme, j-d erschwert die Situation für sich selbst ↔ j-d / etw. macht (j-m) etw. leicht; j-d macht sich (*Dat*) etw. leicht ⟨sich u. anderen das Leben s. m.⟩: *Sie machte es ihm schwer, sich von ihr* zu *trennen*

schwer neh·men; *nimmt schwer, nahm schwer, hat schwer genommen*; [Vt] ***etw. s. n.*** etw. sehr ernst nehmen u. sich viele Sorgen darüber machen ↔ leicht nehmen

schwer tun, sich; *tat sich schwer, hat sich schwer getan*; [Vr] ***sich*** (***bei / mit etw.***) ***s. t.*** Schwierigkeiten bei e-r Tätigkeit haben / mit etw. Probleme haben ↔ sich leicht tun: *Mit solchen Fremdwörtern tue ich mich immer schwer*

schwer wie·gend / schwer·wie·gend; *schwerer wiegend / schwerwiegender, schwerst- wiegend / schwerwiegenst-*; *Adj*; *nicht adv*; **1** mit weit reichenden Auswirkungen ⟨ein Entschluss, e-e Entscheidung⟩ **2** mit sehr unangenehmen Folgen ≈ folgenschwer, ernst (4) ⟨ein Fehler, e-e Erkrankung⟩

-schwer *im Adj, wenig produktiv*; voll von dem, was im ersten Wortteil ausgedrückt wird; ***bedeutungsschwer, folgenschwer*** ⟨e-e Tat⟩, ***gedankenschwer*** ⟨ein Moment⟩, ***inhaltsschwer*** ⟨ein Brief⟩, ***schicksalsschwer*** ⟨ein Tag⟩, ***sorgenschwer, verantwortungsschwer***

Schwer·ath·le·tik *die*; -; *nur Sg*, *Kollekt*; die Sportarten Gewichtheben, Ringen, Boxen *usw* ↔ Leichtathletik ⟨S. betreiben⟩ || *hierzu* **schwer·ath·le·ti·sch-** *Adj*; *nur attr, nicht adv*; **Schwer·ath·let** *der*

schwe·re·los *Adj*; **1** ohne Gewicht: *Die Astronauten im Weltraum befinden sich im schwerelosen Zustand* **2** so, als ob der Betreffende kein Gewicht hätte: *Sie glitt s. über den Boden* || *hierzu* **Schwe·re·lo·sig·keit** *die*; *nur Sg*

schwer·fäl·lig *Adj*; so, dass der Betreffende nicht fähig ist, schnell u. geschickt zu denken od. sich so zu bewegen ≈ unbeholfen ↔ wendig ⟨e-e Bewegung; s. denken, gehen, sprechen; sich s. bewegen⟩ || *hierzu* **Schwer·fäl·lig·keit** *die*; *nur Sg*

schwer·hö·rig *Adj*; ⟨ein Mensch⟩ so, dass er schlecht hört: *Sprich lauter, er ist s.!* || ID *mst* ***Bist du s.?*** *gespr*; verwendet, um Ungeduld auszudrücken, weil j-d nicht sofort das tut, was man ihm sagte || *zu* **1** **Schwer·hö·ri·ge** *der / die*; *-n, -n*; **Schwer·hö·rig·keit** *die*; *nur Sg* || NB: ↑ ***taub***

Schwer·in·dust·rie *die*; *Kollekt*; der Bergbau u. die Industrie, die Eisen erzeugt u. verarbeitet

Schwer·kraft *die*; *nur Sg*; die (Anziehungs)Kraft e-s Planeten *o.Ä.*, die bewirkt, dass alles ein Gewicht hat ≈ Gravitation ⟨j-d / etw. unterliegt der S., ist der S. unterworfen⟩: *Mit dieser Vorrichtung lässt sich die S. aufheben / überwinden*

schwer·lich *Adv*; *geschr*; wahrscheinlich nicht ≈ kaum: *Es wird dir s. helfen, wenn du ihn beleidigst*

Schwer·mut *die*; -; *nur Sg*; ein Zustand, in dem man so traurig ist, dass man nichts mehr tun will ≈ Melancholie ⟨in S. verfallen⟩ || *hierzu* **schwer·mü·tig** *Adj*; **Schwer·mü·tig·keit** *die*; *nur Sg*

Schwer·punkt *der*; **1** der Punkt, der wichtig für das Gleichgewicht e-s Körpers ist. Wenn man e-n Gegenstand auf e-r Spitze balancieren will, muss die Spitze genau unter dem S. sein **2** ***der S.*** (+ *Gen*) etw., das besonders wichtig ist u. viel Zeit, Raum od. Aufmerksamkeit braucht: *Der S. der Ausstellung waren Gemälde von Rembrandt*; *Der S. ihrer Arbeit liegt in der Beratung* || *zu* **2** **schwer·punkt·mä·ßig** *Adj*

Schwert *das*; -*(e)s*, -*er*; **1** e-e Waffe mit e-m langen, geschliffenen Teil (e-r Klinge) aus Metall u. e-m kurzen Griff ⟨das S. ziehen, zücken, in die Scheide stecken⟩: *Der Ritter war mit e-m S. u. e-r Lanze bewaffnet* || ↑ *Abb. unter* ***Waffen*** || K-: ***Schwert-, -klinge, -knauf*** **2** e-e senkrechte Platte, die man unten an Surfbrettern, Segelbooten *o.Ä.* befestigt, damit sie stabil im Wasser bleiben || ↑ *Abb. unter* ***Segelboot*** **3** ***j-d kreuzt mit j-m die Schwerter***; ⟨Personen⟩ ***kreuzen die Schwerter*** *geschr*; *mst* zwei Personen kämpfen od. streiten miteinander || ID ***etw. ist ein zweischneidiges S.*** etw. hat positive u. negative Seiten

Schwert·li·lie *die* ≈ Iris (1)

Schwes·ter *die*; -, -*n*; **1** e-e weibliche Verwandte, die dieselben Eltern hat ↔ Bruder: *„Wie viele Geschwister hast du?“* - *„Zwei Brüder u. eine S.“* || K-: ***Schwester-, -liebe*** **2** *kath*; ein weibliches Mitglied e-s Ordens ≈ Nonne || -K: ***Kloster-, Ordens-*** **3** e-e Frau, die Kranke od. Alte pflegt u. oft e-e Art Uniform trägt: *Sie arbeitet als S. im Krankenhaus* || K-: ***Schwestern-, -haube, -schule, -schülerin, -tracht, -wohnheim*** || -K: ***Alten-, Kinder-, Säuglings-; Kranken-, Operations-, Rotkreuz-, Stations-*** || NB *zu* **2** u. **3**: auch als Anrede verwendet: *S. Josefine, S. Monika*

Schwes·ter·herz *das*; *nur Sg*, *gespr hum*; verwendet als Anrede für die eigene Schwester (1)

S

schwes·ter·lich *Adj*; *nur attr od adv*; wie für e-e (gute) Schwester (1) typisch ⟨Liebe, Verbundenheit⟩
Schwes·tern·schaft *die*; -, *-en*; *Kollekt*; die Krankenschwestern e-s Krankenhauses
schwieg *Imperfekt, 1. u. 3. Person Sg*; ↑ ***schweigen***
Schwie·ger·el·tern *die*; die Eltern des Ehepartners
Schwie·ger·mut·ter *die*; die Mutter des Ehepartners
Schwie·ger·sohn *der*; der Ehemann der Tochter
Schwie·ger·toch·ter *die*; die Ehefrau des Sohnes
Schwie·ger·va·ter *der*; der Vater des Ehepartners
Schwie·le *die*; -, *-n*; e-e dicke, harte Stelle an der Haut (*bes* der Hand), die durch Druck entstanden ist ≈ Hornhaut: *vom Arbeiten Schwielen bekommen* || *hierzu* **schwie·lig** *Adj*
schwie·rig *Adj*; **1** ⟨e-e Aufgabe, e-e Entscheidung, e-e Frage⟩ so, dass man über sie viel nachdenken muss u. viel Energie für sie braucht ≈ schwer[2] (1) **2** ≈ unangenehm, heikel ⟨e-e Lage, e-e Situation⟩ **3** ⟨ein Mensch, ein Charakter⟩ so, dass man mit ihnen vorsichtig sein muss, weil man nicht weiß, wie sie reagieren ↔ umgänglich
Schwie·rig·keit *die*; -, *-en*; **1** *nur Sg*; die Eigenschaft, problematisch zu sein: *die S. e-r Aufgabe, e-r Situation*; *e-e sportliche Übung von großer S.* || K-: ***Schwierigkeits-, -grad*** **2** *mst Pl*; etw., das j-m große Probleme macht ⟨j-d / etw. bereitet (j-m) erhebliche Schwierigkeiten; auf Schwierigkeiten stoßen⟩: *Beim Bau des Tunnels ergaben sich immer neue Schwierigkeiten* || -K: (*nur mit Pl*) ***Geld-, Zahlungs-*** || ID ***(j-m) Schwierigkeiten machen*** j-n in e-e unangenehme Situation bringen: *Die Zollbeamten machten ihm an der Grenze Schwierigkeiten*; ***etw. macht j-m Schwierigkeiten*** etw. bereitet j-m Mühe: *Das Atmen machte ihr Schwierigkeiten*
schwillt *Präsens, 3. Person Sg*; ↑ ***schwellen***
Schwimm·bad *das*; ein großes Gebäude (od. e-e große Fläche) mit Schwimmbecken: *Heute Nachmittag gehen wir ins S.* || NB: ↑ ***Freibad***
Schwimm·be·cken *das*; ein großes Becken, in dem man schwimmen kann || NB: ↑ ***Swimmingpool***
Schwimm·bla·se *die*; der Teil des Körpers e-s Fisches *o.Ä.*, der voll Luft ist u. mit dem sich der Fisch an die Tiefe des Wassers anpassen kann
schwim·men; *schwamm, hat / ist geschwommen*; [Vi] **1** ***s.*** (*hat / südd* Ⓐ Ⓒⓗ *ist*); ***irgendwohin s.*** (*ist*) sich durch Bewegungen des Körpers im Wasser (od. an der Oberfläche) halten u. sich dabei fortbewegen ⟨auf dem Rücken, um die Wette s.⟩: *Enten schwimmen auf dem See*; *Fische schwimmen im Wasser*; *Er kann nicht s. u. wäre deswegen beinahe ertrunken*; *Sie ist ans andere Ufer geschwommen* || K-: ***Schwimm-, -bewegung, -halle, -lehrer, -sport, -stil, -unterricht, -verein, -vogel*** || -K: ***Brust-, Delphin-, Kraul-, Rücken-; Rettungs-, Wett-*** **2** ***etw. schwimmt*** (*hat / südd* Ⓐ Ⓒⓗ *ist*) etw. liegt auf der Oberfläche e-r Flüssigkeit u. geht nicht unter: *Kork ist leichter als Wasser u. schwimmt deswegen*; *Die Kinder ließen Papierschiffe s.*; *Hausboote sind schwimmende Häuser* **3** ***etw. schwimmt*** (*ist*) *gespr*; etw. ist sehr nass ⟨j-s Augen, das Badezimmer, der Fußboden⟩ **4** ***in etw.*** (*Dat*) ***s.*** (*ist*) *gespr*; sehr viel von etw. haben ⟨in Geld s.⟩ **5** ***ins Schwimmen kommen*** *gespr*; etw. nicht gut können u. deswegen unsicher werden: *Als ihn der Prüfer zu diesem Thema Fragen stellte, kam er ins Schwimmen* **6** ***etw. schwimmt j-m vor den Augen / j-m vor Augen*** (*ist*) etw. ist nicht klar zu sehen: *Sie war so müde, dass ihr die Buchstaben vor den Augen schwammen*; [Vt/i] (*ist / hat*) **7** ***(etw.) s.*** in e-m sportlichen Wettkampf s. (1): *Sie ist / hat die 100 Meter Kraul in neuer Bestzeit geschwommen*; *Er schwimmt morgen im Endkampf*

schwim·mend **1** *Partizip Präsens*; ↑ ***schwimmen*** **2** *mst in* ***etw. in schwimmendem Fett backen, braten*** etw. mit sehr viel Fett backen, braten
Schwim·mer *der*; *-s*, -; **1** ein Mensch, der schwimmen kann ↔ Nichtschwimmer **2** j-d, der das Schwimmen als Sport betreibt **3** ein leichter Gegenstand, der im Wasser schwimmt u. dadurch etw. an der Oberfläche hält, ein Ventil regelt od. die Menge der Flüssigkeit in e-m Behälter anzeigt: *die Schwimmer e-s Wasserflugzeugs*; *der S. im Spülkasten der Toilette* || K-: ***Schwimmer-, -ventil*** || *zu* **1** u. **2** **Schwim·me·rin** *die*; -, *-nen*
Schwimm·flos·se *die*; e-e Art Schuh aus Gummi, der vorne sehr lang, breit u. flach ist u. mit dem man gut tauchen u. schwimmen kann
Schwimm·flü·gel *der*; *mst Pl*; einer von zwei Plastikringen (voll Luft), die ein Kind im Wasser an den Armen trägt, wenn es nicht schwimmen kann
Schwimm·haut *die*; -, *Schwimm·häu·te*; *mst Pl*; die Haut zwischen den Zehen e-r Ente, e-s Schwans *o.Ä.*
Schwimm·rei·fen *der*; ein Reifen (voll Luft), den Kinder, die nicht schwimmen können, im Wasser unter den Armen tragen
Schwimm·wes·te *die*; e-e Weste zum Aufblasen od. aus Kork, die einen an der Wasseroberfläche hält ⟨die S. anlegen⟩
Schwin·del[1] *der*; *-s*; *nur Sg*; ein unangenehmes Gefühl, bei dem man meint, alles drehe sich im Kreis: *Nach der Fahrt mit dem Karussell konnte er sich vor S. kaum auf den Beinen halten* || K-: ***Schwindel-, -anfall, -gefühl*** || NB: ↑ ***Taumel***

> **Schwin·del er·re·gend** *Adj*; **1** so, dass der Betreffende dort Schwindel[1] fühlt ⟨in Schwindel erregender Höhe⟩ **2** sehr hoch ⟨Preise, Kosten, Summen⟩ || NB: aber: *äußerst schwindelerregend* (zusammengeschrieben)

Schwin·del[2] *der*; *-s*; *nur Sg*, *gespr pej* ≈ Betrug ⟨etw. ist ausgemachter, unerhörter S.; ein S. fliegt auf, kommt heraus⟩ || *hierzu* **Schwind·ler** *der*; *-s*, -; **Schwind·le·rin** *die*; -, *-nen*
schwin·del·frei *Adj*; so, dass der Betreffende in großer Höhe nie Schwindel[1] spürt: *Als Dachdecker muss man s. sein*
schwin·de·lig *Adj*; ↑ ***schwindlig***
schwin·deln[1]; *schwindelte, hat geschwindelt*; [Vimp] ***j-m / j-n schwindelt (es)*** j-d fühlt Schwindel[1]
schwin·deln[2]; *schwindelte, hat geschwindelt*; [Vi] *gespr*; e-e harmlose Lüge erzählen: *„Ich bin schon fünf Jahre alt" - „Na, hast du da nicht ein bisschen geschwindelt?"*
schwin·den; *schwand, ist geschwunden*; [Vi] **1** ***etw. schwindet*** etw. wird immer weniger: *Als sie zwei Wochen lang nicht anrief, schwand seine Hoffnung auf e-e Versöhnung* **2** ***j-m schwinden die Sinne*** *geschr*; j-d wird ohnmächtig, verliert das Bewusstsein
schwind·lig *Adj*; *nur präd, nicht adv*; so, dass der Betreffende Schwindel[1] fühlt ↔ schwindelfrei ⟨j-m ist, wird s.⟩: *Beim Karussellfahren wird mir immer s.*
Schwind·sucht *die*; *veraltend* ≈ Tuberkulose || *hierzu* **schwind·süch·tig** *Adj*
Schwin·ge *die*; -, *-n*; *geschr*; ein Flügel *bes* e-s großen Vogels ⟨ein Vogel breitet seine Schwingen aus⟩ || -K: ***Adler-***
schwin·gen; *schwang, hat geschwungen*; [Vt] **1** ***etw. s.*** etw. (in e-m großen Bogen od. in mehreren Kreisen) schnell durch die Luft bewegen ⟨e-e Axt, e-n Hammer, e-e Fahne, e-e Keule, e-e Peitsche, die Arme s.⟩ **2** ***e-e Rede s.*** *gespr*; e-e Rede halten;

S

[Vi] **3 *etw. schwingt*** etw. bewegt sich im gleichen Abstand um e-n Punkt (an dem etw. befestigt ist) hin u. her ≈ etw. pendelt ⟨e-e Glocke, ein Pendel, e-e Schaukel⟩: *Das Tor schwingt in den Angeln*; *Lampions schwingen im Wind* **4 *etw. schwingt*** etw. bewegt sich auf der Stelle schnell hin u. her od. auf u. ab ≈ etw. vibriert ⟨e-e Brücke, e-e Saite, e-e Welle⟩: *Die Saiten des Klaviers bringt man zum Schwingen, indem man auf die Tasten drückt*; [Vr] **5 *sich irgendwohin s.*** sich festhalten u. gleichzeitig mit e-r schnellen Bewegung auf od. über etw. springen ⟨sich aufs Pferd, aufs Fahrrad, in den Sattel, über die Mauer s.⟩ **6** ⟨ein Vogel⟩ ***schwingt sich in die Luft / Lüfte*** *geschr*; ein Vogel fängt an zu fliegen || ► ***Schwingung***, ***Schwung***

Schwing·tür *die*; e-e Tür, die man öffnet, indem man dagegen drückt, u. die sich von selbst wieder schließt

Schwin·gung *die*; -, *-en*; e-e Bewegung von einer Seite zur anderen, die sich regelmäßig wiederholt ⟨die Dauer, Frequenz e-r S.⟩: *e-e Gitarrensaite in Schwingungen versetzen*; *die Schwingungen e-s Pendels* || K-: ***Schwingungs-, -dauer, -frequenz***

Schwipp·schwa·ger *der*; *gespr*; der Schwager des Ehepartners || *hierzu* **Schwipp·schwä·ge·rin** *die*

Schwips *der*; *-es, -e*; *gespr*; der Zustand, in dem man ein wenig betrunken ist ⟨e-n leichten, kleinen S. bekommen, haben⟩ || NB: ↑ ***Rausch***

schwir·ren; *schwirrte, hat / ist geschwirrt*; [Vi] **1 *ein Insekt / etw. schwirrt*** (*ist*) ein Insekt / etw. bewegt sich mit e-m leisen, vibrierenden Geräusch durch die Luft: *Mücken schwirrten über dem Wasser*; *Pfeile schwirrten durch die Luft* **2 *j-m schwirrt der Kopf* (*von etw.*)** (*hat*); j-d ist verwirrt u. nervös, weil er sich mit vielen Dingen beschäftigt hat: *Mir schwirrt der Kopf vom Lernen, ich muss mich jetzt ausruhen* **3 *etw. schwirrt j-m durch den Kopf*** (*ist*) etw. wirkt auf j-s Gedanken u. verwirrt ihn dadurch ⟨Ideen, Pläne⟩

Schwit·ze *die*; -, *-n*; Mehl, das in Butter heiß gemacht wird, um daraus e-e Soße zu machen || -K: ***Mehl-***

schwit·zen; *schwitzte, hat geschwitzt*; [Vi] **1** Feuchtigkeit auf der Haut haben, weil man intensiv arbeitet, weil es sehr heiß ist od. weil man Angst hat ⟨am ganzen Körper, unter den Achseln / Armen s.; ins Schwitzen kommen⟩: *Er schwitzte vor Aufregung*; *in die Sauna gehen, um kräftig zu s.* || K-: ***Schwitz-, -bad, -kur***; [Vt] **2 *etw. / sich nass s.*** so s. (1), dass etw. / man selbst nass wird ⟨das Bett, ein Hemd nass s.⟩ || -K: ***nass geschwitzt*** || ► ***Schweiß***, ***verschwitzt***

Schwof *der*; *-(e)s, -e*; *gespr*; ein Tanz od. e-e Tanzveranstaltung || *hierzu* **schwo·fen** (*hat*) *Vi*

schwoll *Imperfekt, 3. Person Sg*; ↑ ***schwellen***

schwor *Imperfekt, 1. u. 3. Person Sg*; ↑ ***schwören***

schwö·ren; *schwor, hat geschworen*; [Vt/i] **1 (*etw.*) *s.*** vor Gericht feierlich erklären, dass man die Wahrheit sagt ⟨e-n Eid s.; e-n Meineid s. (= absichtlich etw. Falsches schwören)⟩: *Der Zeuge musste mit erhobener Hand s.*, dass *er die Wahrheit sagte*; [Vt] **2 (*j-m*) *etw. s.*** j-m versichern, dass das wahr ist, was man sagt od. dass man etw. bestimmt tun wird ⟨j-m Rache s.⟩: *Ich schwöre* (*dir*), dass *ich dich nie betrügen werde*; *Er schwor* (*mir*), *er habe nichts von dem Plan gewusst* **3 *sich* (*Dat*) *etw. s.*** beschließen, etw. zu tun ≈ sich etw. vornehmen: *Nach diesem Unfall habe ich mir geschworen, nie wieder so schnell* zu *fahren* || ID ***Ich könnte s., dass ...*** *gespr*; ich weiß ganz sicher, dass ...: *Ich könnte s., dass ich das Auto abgesperrt habe* || NB: die Imperfektform *schwur* ist veraltet || ► ***Schwur***, ***Verschwörung***

Schwuch·tel *die*; -, *-n*; *vulg*, *pej* ≈ ein Homosexueller

schwul *Adj*; *gespr* ≈ homosexuell || NB: ↑ ***lesbisch*** || *hierzu* **Schwu·le** *der*; *-n*, *-n*

schwül *Adj*; **1** unangenehm heiß u. feucht ≈ drückend ⟨das Klima, die Luft⟩: *Heute ist es so s.*, *es wird sicher ein Gewitter geben* **2** ⟨e-e Atmosphäre, e-e Stimmung⟩ so, dass sie Angst machen ≈ beklemmend **3** ⟨ein Duft, Fantasien, ein Traum⟩ so, dass sie e-e erotische Wirkung haben || *hierzu* **Schwü·le** *die*; -; *nur Sg*

Schwu·li·tä·ten *die*; *Pl*, *gespr* ≈ Schwierigkeiten ⟨in S. kommen, sein; j-n in S. bringen⟩

schwuls·tig *Adj*; dicker u. größer als normal ⟨Lippen⟩

schwüls·tig *Adj*; *pej*; mit zu viel Schmuck od. übertrieben feierlich ↔ nüchtern (4) ⟨ein Stil, ein Gerede⟩ || *hierzu* **Schwulst** *der*; *-es*; *nur Sg*

schwumm·rig *Adj*; **1** ≈ benommen ⟨j-m ist / wird ganz s. (im Kopf, vor Augen)⟩ || NB: ↑ ***schwindlig*** **2** so, dass der Betroffene Angst bekommt ⟨ein Gefühl⟩: *Mir wird ganz s.*, *wenn ich an die Prüfung denke*

Schwund *der*; *-(e)s*; *nur Sg*; **1** der Vorgang, bei dem etw. immer weniger od. schwächer wird || -K: ***Gedächtnis-, Muskel-, Vertrauens-***; ***Zuschauer-*** **2** *Ökon*; ein Verlust an Waren, der e-m Händler durch Beschädigung, Diebstahl *usw* entsteht: *E-n gewissen S. muss ein Geschäft immer einkalkulieren* || ► ***schwinden***

Schwung[1] *der*; *-(e)s*; *nur Sg*; **1** e-e Bewegung mit großer Geschwindigkeit u. Kraft: *Er warf das Fenster mit solchem S. zu, dass das Glas zerbrach*; *Auf dem steilen Berg kam der Schlitten ordentlich in S.* (= wurde der Schlitten immer schneller) **2** ≈ Elan ⟨mit S. an die Arbeit gehen⟩ **3** die Fähigkeit, die eigene Kraft u. Begeisterung auf j-n zu übertragen: *der S. e-r Rede*; *Peter bringt S. in jede Party* **4** ein Zustand, in dem man fit u. aktiv ist ⟨etw. bringt, hält j-n / etw. in S.⟩: *Du wirst sehen, diese Kur bringt dich wieder in S.* **5 *S. holen*** e-e große Bewegung machen, um mehr S. (1) zu bekommen: *Wenn du über diese Mauer springen willst, musst du großen S. holen*; *Er holte S. u. trieb den Nagel mit e-m Schlag ins Brett* **6 *etw. kommt in S.*** etw. entwickelt sich positiv, wird lebhafter od. funktioniert gut: *Die Konjunktur kommt nach der Flaute wieder in S.*; *Jetzt kommt die Party langsam in S.* **7 *j-d kommt in S.*** j-d wird wach, aktiv od. lebhaft: *Morgens brauche ich zwei Tassen Kaffee, damit ich in S. komme* || zu **1-4 schwung·voll** *Adj*

Schwung[2] *der*; *-(e)s*, *Schwün·ge*; e-e schnelle Bewegung des Körpers in e-m Bogen od. im Kreis

Schwung[3] *der*; *-(e)s*; *nur Sg*, *gespr*; ***ein S.*** + *Subst* e-e relativ große Zahl von etw. ≈ e-e Menge + *Subst*: *Er hat e-n ganzen S. Comichefte zu Hause*

schwupp! *Interjektion*; verwendet, um e-e kurze, schnelle Bewegung zu beschreiben: *S.*, *sprang der Frosch ins Wasser*

schwupp·di·wupp! *Interjektion* ≈ schwupp

schwups! *Interjektion* ≈ schwupp

Schwur *der*; *-(e)s*, *Schwü·re*; **1** das feierliche Versprechen, dass e-e Aussage wahr ist ≈ Eid ⟨e-n S. ablegen, leisten⟩: *die Hand zum S. erheben* **2** *geschr*; das, was man j-m feierlich versprochen hat ⟨seinen S. halten, brechen⟩ || -K: ***Liebes-, Treue-***

Schwur·ge·richt *das*; *Jur*; ein Gericht, bei dem neben dem Richter noch Geschworene über die Schuld des Angeklagten (mit)entscheiden

Sci·ence-Fic·tion, **Sci·ence·fic·tion** ['saɪəns 'fɪkʃn] *die*; -; *nur Sg*, *Kollekt*; e-e Gattung der Literatur u. des Films, die sich mit (*mst* unrealistischen, fantastischen) Themen beschäftigt, die in der Zukunft spielen ⟨S. lesen, schreiben⟩ || K-: ***Sciencefictionfilm, Sciencefictionroman***

Sé·an·ce [zeːˈãs] *die*; -, *-n* [-sn̩]; ein Treffen mit e-m Medium (3), bei dem man angeblich Kontakt mit Geistern od. Toten aufnimmt

sechs [zɛks] *Zahladj*; (als Ziffer) 6; ↑ ***Anhang*** (4) || NB: Gebrauch ↑ *Beispiele unter* ***vier***

Sechs [zɛks] *die*; -, *-en*; **1** die Zahl 6 **2** j-d / etw. mit der Ziffer / Nummer 6 **3** Ⓓ die schlechteste Schulnote (auf der Skala von 1-6), mit der man e-e Prüfung nicht bestanden hat ≈ ungenügend **4** ⒸⒽ die beste Note in der Schule ≈ sehr gut

Sechs·eck *das*; *-s, -e*; e-e Fläche mit sechs Seiten

Sech·ser [ˈzɛksɐ] *der*; *-s, -*; *gespr*; **1** ≈ Sechs **2** sechs richtige Zahlen im Lotto (mit denen man die höchste Summe gewinnt)

sechs·hun·dert *Zahladj*; (als Zahl) 600

sechst [zɛkst] *nur in* ***zu s.*** mit insgesamt sechs Personen: *Wir sind zu s.*; *zu s. essen gehen*

sechs·t- [ˈzɛkst-] *Zahladj, nur attr, nicht adv*; **1** in e-r Reihenfolge an der Stelle sechs ≈ 6. || NB: Gebrauch ↑ *Beispiele unter* ***viert-*** **2** ***der sechste Teil*** (***von etw.***) ≈ ⅙

Sechs·ta·ge|ren·nen *das*; ein Radrennen in der Halle, das sechs Tage u. Nächte dauert

sechs·tau·send *Zahladj*; (als Zahl) 6000

sechs·tel *Adj*; *nur attr, indeklinabel, nicht adv*; den sechsten Teil von etw. bildend ≈ ⅙

Sechs·tel *das*; *-s, -*; der 6. Teil von etw., *mst* e-r Menge od. Masse

sechs·tens *Adv*; verwendet bei e-r Aufzählung, um anzuzeigen, dass etw. an 6. Stelle kommt

sech·zehn [ˈzɛçtse(ː)n] *Zahladj*; (als Zahl) 16; ↑ ***Anhang*** (4)

sech·zehn·t- *Zahladj, nur attr, nicht adv*; **1** in e-r Reihenfolge an der Stelle 16 ≈ 16. **2** ***der sechzehnte Teil*** (***von etw.***) ≈ 1/16

sech·zig [ˈzɛçtsɪç] *Zahladj*; **1** (als Zahl) 60; ↑ ***Anhang*** (4) **2** ***Anfang, Mitte, Ende s. sein*** ungefähr 60 bis 63, 64 bis 66, 67 bis 69 Jahre alt sein

Sech·zig *die*; -, *-en*; *mst Sg*; **1** die Zahl 60 **2** j-d / etw. mit der Zahl / Nummer 60

sech·zi·ger *Adj*; *nur attr, indeklinabel, nicht adv*; die zehn Jahre (e-s Jahrhunderts od. Menschenlebens) von 60 bis 69 betreffend: *e-e Frau in den / ihren Sechzigern*; *in den s. Jahren des 18. Jahrhunderts* || K-: ***Sechziger-, -jahre***

Sech·zi·ger *der*; *-s, -*; *gespr*; j-d, der zwischen 60 u. 69 Jahren alt ist || -K: ***End-, Mitt-*** || *hierzu* **Sech·zi·ge·rin** *die*; -, *-nen*

sech·zigs·t- *Zahladj, nur attr, nicht adv*; **1** in e-r Reihenfolge an der Stelle 60 ≈ 60. **2** ***der sechzigste Teil*** (***von etw.***) ≈ 1/60

Se·cond·hand|la·den [ˈsɛkənd'hɛnd-] *der*; ein Laden, in dem man gebrauchte Kleidung kaufen kann

SED [ɛs|eːˈdeː] *die*; -; *nur Sg, hist* (*DDR*); (*Abk für* Sozialistische Einheitspartei Deutschlands) die Partei, die bis 1990 die Regierung der DDR bildete

Se·di·ment *das*; *-(e)s, -e*; *Geol*; Substanzen, die von Wasser od. Eis bewegt u. irgendwo zurückgelassen werden ≈ Ablagerung || K-: ***Sediment-, -gestein***

See[1] *der*; *-s, Seen* [ˈzeː(ə)n]; e-e relativ große Fläche auf dem (Fest)Land, die mit Wasser gefüllt ist ⟨in e-m See baden, schwimmen; auf e-m See segeln, surfen; über den See rudern⟩: *Der Bodensee ist der größte See in Deutschland* || K-: ***See-, -ufer*** || -K: ***Berg-, Binnen-, Stau-; Salz-, Süßwasser-*** || NB: ↑ ***Teich, Weiher, Meer***

See[2] *die*; -; *nur Sg*; **1** ≈ Meer: *Heute haben wir e-e ruhige See*; *Er hat ein Haus an der See* || K-: ***See-, -bad, -fisch, -hafen, -karte, -klima, -krieg, -luft, -möwe, -reise, -schlacht, -streitkräfte, -tang, -vogel, -wasser*** || -K: ***Tief-*** **2** ***die offene See*** das Meer in relativ großer Entfernung vom Festland: *Das Boot trieb auf die offene See hinaus* **3** ***auf See*** an Bord e-s Schiffes auf dem Meer **4** ***auf hoher See*** auf dem Meer, weit vom Festland entfernt **5** ⟨ein Schiff⟩ ***sticht in See*** ein Schiff verlässt den Hafen ≈ ein Schiff läuft aus (3) ⟨ein Schiff⟩ **6** ***zur See fahren*** als Seemann auf e-m Schiff arbeiten

See·ad·ler *der*; ein Adler, der am Wasser lebt u. Fische fängt

See·bär *der*; *gespr hum*; ein alter, erfahrener Seemann

See·be·ben *das*; ein Erdbeben unter dem Meer

See·fahrt *die*; **1** *nur Sg*; die Schifffahrt auf dem Meer: *Die Erfindung des Dampfschiffes machte die S. schneller u. sicherer* || K-: ***Seefahrts-, -amt, -schule*** **2** e-e Fahrt übers Meer ⟨e-e S. machen⟩ || *zu* **1** **See·fah·rer** *der*

see·fest *Adj*; **1** ≈ seetüchtig ⟨ein Schiff⟩ **2** so, dass einem nicht übel wird, wenn man auf e-m Schiff fährt: *Bist du s.?*

See·gang *der*; *nur Sg*; die Wellen, die der Wind auf dem Meer erzeugt ⟨leichten, hohen, starken, schweren S. haben⟩

See·hund *der*; e-e Robbe, die im nördlichen Teil des Atlantiks lebt || K-: ***Seehund-, -baby, -fell, -junges, -sterben***

See·igel *der*; ein kleines Tier, das in warmen Meeren lebt u. e-e harte, runde Schale mit langen Stacheln hat

see·krank *Adj*; mit e-m schlechten Gefühl im Magen, wenn man auf e-m Schiff fährt ⟨s. sein, werden⟩ || *hierzu* **See·krank·heit** *die*; *nur Sg*

See·lachs *der*; *nur Sg*; **1** ein sehr großer Meeresfisch (ein Dorsch) **2** das orangefarbene Fleisch des Seelachses (1), das man in Öl u. Salz legt u. in Form von Scheiben od. kleinen Stücken isst || K-: ***Seelachs-, -filet, -scheiben, -schnitzel***

See·le *die*; -, *-n*; **1** *Rel*; der Teil e-s Menschen, von dem die Mitglieder vieler Religionen glauben, dass er nicht sterbe: *Sie ist überzeugt, dass die S. e-s guten Menschen in den Himmel kommt* || K-: ***Seelen-, -frieden, -heil*** **2** *nur Sg*; die Gefühle u. das moralische Empfinden e-s Menschen ≈ Psyche: *Wenn ich Kinder leiden sehe, tut mir das in der S. weh* || K-: ***Seelen-, -qual, -verwandtschaft*** **3** *nur Pl, veraltend* ≈ Einwohner: *ein Ort mit 300 Seelen* **4** ***e-e arme / gute / treue S.*** ein armer / guter / treuer Mensch **5** ***die*** (***gute***) ***S.*** + *Gen*; j-d, der dafür sorgt, dass etw. gut funktioniert: *Sie ist die gute S. unseres Hauses / des Betriebs* **6** ***e-e S. von e-m Mensch(en)*** ein Mensch, der immer geduldig u. gut zu anderen ist **7** ***aus tiefster S.*** ≈ sehr, intensiv ⟨j-n aus tiefster S. hassen, lieben, verachten⟩ **8** ***mit ganzer S.*** mit Begeisterung ≈ mit ganzem Herzen || ID ***etw. liegt j-m auf der S.*** etw. macht j-m Sorgen; ***etw. brennt j-m auf der S.*** ein Anliegen ist für j-n sehr wichtig u. dringend; ***sich*** (*Dat*) ***etw. von der S. reden / schreiben*** etw., das einem Sorgen macht, sagen od. schreiben, damit man sich danach besser fühlt; ***j-m aus der S. sprechen*** das Gleiche sagen, was j-d empfindet; ***sich*** (*Dat*) ***die S. aus dem Leib schreien*** *gespr*; sehr laut u. lange schreien; ↑ ***Herz***

See·len·ru·he *die*; *nur in* ***in / mit aller S.*** sehr ruhig, ohne nervös zu werden: *Er ließ die Beleidigungen in / mit aller S. über sich ergehen* || *hierzu* **see·len·ru·hig** *Adj*

see·len·voll *Adj*; mit sehr viel Gefühl ≈ gefühlvoll ⟨ein Blick, Worte⟩

See·len·wan·de·rung *die* ≈ Reinkarnation

see·lisch *Adj*; in Bezug auf die Seele (2), Psyche ≈ psychisch ⟨e-e Belastung, das Gleichgewicht⟩

Seel·sor·ge *die*; -; *nur Sg*; die Beratung u. Hilfe, die man von e-m Pfarrer od. von der Kirche bekommt ⟨in der S. tätig sein⟩ || *hierzu* **Seel·sor·ger** *der*; *-s, -*; **seel·sor·ge·risch** *Adj*

See·mann *der*; *-(e)s, See·leu·te*; j-d, der auf e-m Schiff (auf dem Meer) arbeitet || K-: ***Seemanns-, -braut, -heim, -leben, -lied, -sprache, -tod*** || NB: ↑ ***Matrose, Seefahrer***

See·manns|garn *das*; *mst in* ***S. spinnen*** (als Seemann) Geschichten erzählen, die übertrieben od. nicht wahr sind

See·mei·le *die*; die Einheit, mit der Entfernungen auf dem Meer gemessen werden: *Eine S. entspricht 1852 Metern*

See·not *die*; *nur Sg*; e-e Situation, in der ein Schiff in höchster Gefahr ist ⟨ein Schiff gerät in S.; j-n aus S. retten⟩

Seen·plat·te ['ze:(ə)n-] *die*; ein flaches Gebiet mit vielen Seen: *die finnische S.*

See·pferd(·chen) *das*; ein kleiner (Meeres)Fisch, dessen Kopf wie der Kopf e-s Pferdes aussieht

See·räu·ber *der* ≈ Pirat || K-: ***Seeräuber-, -flagge, -schiff***

See·recht *das*; *nur Sg, Kollekt*; die internationalen Gesetze, die die Schifffahrt u. die Fischerei auf dem Meer regeln

See·ro·se *die*; e-e Blume mit großen Blüten u. großen runden Blättern, die im Wasser wächst: *ein Teich mit Seerosen*

See·sack *der*; ein Beutel, in dem *bes* Matrosen ihre Kleidung tragen

See·stern *der*; ein kleines Tier in der Form e-s Sterns, das im Meer lebt

see·tüch·tig *Adj*; in e-m so guten Zustand, dass man damit e-e Reise auf dem Meer machen kann ⟨ein Schiff⟩

see·wärts *Adv*; in Richtung auf das Meer ↔ landwärts ⟨der Wind weht s.⟩

See·weg *der*; *mst* ***auf dem S.*** über das Meer ↔ auf dem Landweg / Luftweg ⟨etw. auf dem S. befördern⟩: *Sie kamen auf dem S. nach China*

See·zun·ge *die*; ein langer, flacher Fisch, der beide Augen auf e-r Seite des Kopfes hat

Se·gel *das*; *-s, -*; **1** ein großes Stück Stoff, das man so an e-m Schiff, Boot od. Surfbrett befestigt, dass der Wind das Schiff *usw* über das Wasser bewegt ⟨der Wind bläht, schwellt die Segel; ein S. hissen, aufziehen, einziehen, reffen, einholen, klarmachen (= einsatzbereit machen)⟩ || K-: ***Segel-, -jacht, -schiff*** **2** (***die***) ***Segel setzen*** die Segel aufrollen u. am Mast hochziehen || ID ***die Segel streichen*** den Kampf / Widerstand aufgeben

Se·gel·boot *das*; ein Boot mit Mast u. Segel, das durch die Kraft des Windes fortbewegt wird

Se·gel·flie·ger *der*; j-d, der ein Segelflugzeug lenkt || *hierzu* **Se·gel·flie·gen** *das*; *nur Sg*

Se·gel|flug·zeug *das*; ein leichtes Flugzeug, das ohne Motor fliegen kann: *Segelflugzeuge gleiten durch die Luft*

se·geln; *segelte, hat / ist gesegelt*; [Vi] **1** ***s.*** (*hat / ist*); ***irgendwohin s.*** (*ist*) mit e-m Boot od. Schiff fahren, das Segel hat: *Er will einmal um die ganze Welt s.*; *Wir gehen morgen s.* || K-: ***Segel-, -fahrt, -regatta, -schule, -sport, -tour*** **2** (*ist*) ⟨ein Vogel⟩ ***segelt*** ein Vogel fliegt ohne Mühe, fast ohne die Flügel zu bewegen ≈ ein Vogel gleitet: *Die Möwen segelten am Himmel* **3** ***j-d*** / ⟨ein Segelflugzeug *o.Ä.*⟩ ***segelt*** j-d fliegt in e-m Segelflugzeug od. als Drachenflieger durch die Luft: *Der Drachenflieger segelte über die Bäume* **3** ***etw. segelt irgendwohin*** (*ist*) *gespr*; etw. wird irgendwohin geworfen od. geschleudert: *Das Auto fuhr zu schnell u. segelte aus der Kurve* **4** ***durch etw. s.*** (*ist*) *gespr*; e-e Prüfung nicht bestehen ⟨durch ein Examen, e-e Prüfung s.⟩ || *zu* **1** **Seg·ler** *der*; *-s, -*

Se·gel·oh·ren *die*; *Pl*; *gespr hum*; weit abstehende Ohren ⟨S. haben⟩

Se·gel·tuch *das*; *nur Sg*; ein fester Stoff (aus Baumwolle *o.Ä.*), aus dem man Segel, Zelte u. Turnschuhe macht || K-: ***Segeltuch-, -schuh***

Se·gen *der*; *-s, -*; **1** *Rel*; die Bitte um göttliche Hilfe od. um göttlichen Schutz für j-n / etw. (*mst* in Form e-s Gebets *o.Ä.* u. oft von Gebärden begleitet) ⟨ein mütterlicher, päpstlicher, väterlicher S.; j-m den / seinen S. erteilen, geben; den S. (vom Pfarrer) bekommen, erhalten⟩: *Der Gottesdienst endet mit dem S.* || K-: ***Segens-, -spruch, -wunsch*** **2** *Rel*; der Schutz, den man von Gott bekommt ⟨der S. Gottes; Gottes S.⟩ **3** ***ein S.*** (***für j-n / etw.***) etw., das gut für j-n / etw. ist ≈ Wohltat ↔ Unheil: *Nach der langen Trockenzeit ist der Regen ein wahrer S. für das Land*; *Es ist ein S., dass du da bist* **4** *gespr, mst iron*; e-e große Menge od. Zahl von etw.: *Unsere Bäume tragen dieses Jahr so viele Früchte, dass wir gar nicht wissen, was wir mit dem (ganzen) S. tun sollen* || -K: ***Ernte-, Kinder-*** **5** ***zu j-s S.*** so, dass / damit es j-m gut geht ≈ zu j-s Wohl(e): *e-e Erfindung zum S. der Menschheit* || ID ***Heile, heile S.!*** verwendet, um kleine Kinder zu trösten, denen etw. wehtut; (***j-m***) (***zu etw.***) ***seinen S. geben*** *gespr*; j-m etw. erlauben: *Meinen S. hast du* (= du darfst es machen, wenn du willst, ich habe nichts dagegen) || *zu* **2** u. **3** **Se·gen brin·gend** *Adj*; *geschr*; **se·gens·reich** *Adj*

Seg·ment *das*; *-s, -e*; *Geometrie*; ein Teil e-s Kreises od. e-r Kugel, den man mit e-r Geraden od. mit e-r Fläche vom Rest abtrennt || -K: ***Kreis-, Kugel-*** || *hierzu* **seg·men·tie·ren** (*hat*) *Vt*

seg·nen; *segnete, hat gesegnet*; [Vt] **1** *Rel*; ***j-n / etw. s.*** für e-e Person od. Sache um den Schutz Gottes bitten u. ihr so seinen Segen (1) geben ⟨die Hände segnend erheben, ausbreiten⟩: *Der Papst segnete die Gläubigen*; *Der Priester segnet Brot u. Wein* **2** *mst* ***Gott segnet j-n mit etw.*** Gott gibt j-m etw. Gutes: *Gott segnete ihre Ehe mit vielen Kindern* **3** ***j-d ist mit etw. gesegnet*** *geschr*; j-d hat etw. Positives: *Er ist mit e-m gesunden Schlaf gesegnet* **4** ***j-d ist nicht mit etw. gesegnet*** *hum*; j-d hat nicht viel von etw.: *Er ist nicht gerade mit Intelligenz gesegnet*

Segelboot

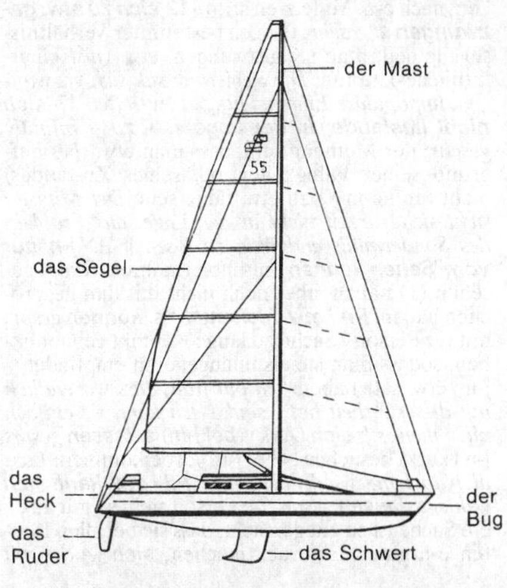

S

seh·be·hin·dert *Adj*; mit e-r Störung der Augen, die bewirkt, dass man schlecht sieht || *hierzu* **Seh·be·hin·de·rung** *die*

se·hen ['ze:ən]; *sieht, sah, hat gesehen*; Vt **1** ***j-n / etw. s.*** mit den Augen erkennen, wo e-e Person od. Sache ist u. wie sie aussieht ≈ erblicken (1): *Der Nebel war so dicht, dass er den Radfahrer nicht rechtzeitig sah*; *Als er sie sah, ging er auf sie zu u. umarmte sie*; *Bei klarem Wetter kann man von hier aus die Berge s.*; *Hast du gesehen*, wie *wütend er war?*; *auf dem linken Auge nichts s.* **2** ***etw. s.*** sich etw. (aus Interesse) ansehen (3) ⟨e-n Film, ein Theaterstück, e-e Oper s.⟩: *Wenn Sie in Nürnberg sind, müssen Sie unbedingt die Burg s.*; *Rolf hat schon fast die ganze Welt gesehen* || NB: kein Passiv! **3** ***j-n s.*** j-n (mit od. ohne Absicht) treffen ≈ j-m begegnen: *„Hast du Werner wieder mal gesehen?“ - „Na klar, den sehe ich doch jeden Morgen im Bus“* || NB: kein Passiv! **4** ***etw. s.*** etw. (*mst* nach langer Zeit u. durch eigene Erfahrungen) richtig beurteilen ≈ erkennen: *Als seine Schulden immer größer wurden, sah er endlich*, dass *er noch zu wenig Kapital hatte, um ein eigenes Geschäft zu führen*; *Siehst du jetzt*, dass *deine Reaktion übertrieben war?* || NB: kein Passiv! **5** ***etw. irgendwie s.*** etw. in der genannten Art u. Weise beurteilen ≈ einschätzen: *Er war der Einzige, der die wirtschaftliche Lage richtig sah*; *Wir müssen diese Gesetzesänderungen in e-m größeren Zusammenhang s.* || K-: ***Seh-, -weise*** **6** ***s., ob / wie...*** versuchen, e-e Lösung zu finden ≈ überlegen: *Dann will ich mal s., ob ich dir helfen kann* **7** ***etw. in j-m s.*** der Meinung sein, dass j-d die genannte Person sei od. die genannte Funktion habe ≈ j-n als etw. betrachten, einschätzen: *Du täuschst dich, wenn du e-n Konkurrenten in ihm siehst* || NB: kein Passiv! **8** ***etw. kommen s.*** *gespr*; ahnen, vorhersehen, dass etw. passiert: *Ich sehe schon kommen*, dass *ihr bei diesem Geschäft viel Geld verliert* || NB: **a**) kein Passiv!; **b**) im Perfekt sagt man: *Das habe ich schon kommen sehen*; Vi **9** (***irgendwie***) ***s.*** die Fähigkeit haben, Personen, Gegenstände *usw* mit den Augen wahrzunehmen: *Sie sieht so schlecht, dass sie ohne Brille fast hilflos ist*; *Nach der Operation kann er wieder s.* || K-: ***Seh-, -fehler, -kraft, -leistung, -organ, -schärfe, -schwäche, -störung, -test*** **10** ***irgendwohin s.*** die Augen auf j-n / etw. richten ≈ irgendwohin schauen ⟨aus dem Fenster s.⟩: *Als er zum Himmel sah, erblickte er e-n Ballon* **11** ***nach j-m s.*** ≈ sich um j-n kümmern ⟨nach den Kindern, nach e-m Kranken, nach e-m Verletzten s.⟩; Vr **12** ***sich zu etw. gezwungen s.*** *geschr*; (wegen bestimmter Verhältnisse) meinen, man sei gezwungen, etw. (*mst* Unerfreuliches) zu tun: *Die Regierung sah sich gezwungen, unpopuläre Entscheidungen zu treffen* **13** ***sich nicht imstande / in der Lage s.*** + ***zu*** + *Infinitiv geschr*; der Meinung sein, dass man etw. (*bes* aufgrund seiner Fähigkeiten od. seines Zustandes) nicht tun kann ↔ zu etw. fähig sein: *Der Minister sieht sich zurzeit nicht in der Lage, das Problem des Sondermülls endgültig zu lösen* || ID ***j-n nur vom 'Sehen kennen*** j-n schon (mehrere Male) gesehen (1) haben, aber noch nicht mit ihm gesprochen haben; ***j-n / etw. nicht mehr s. können*** *gespr*; mit e-r Person / Sache zu lange Kontakt gehabt haben, sodass man sie als unangenehm empfindet ≈ j-n / etw. satt haben: *Ich bin froh, dass wir endlich mit dieser Arbeit fertig sind. - Ich kann sie einfach nicht mehr s.!*; ***sich*** (*Akk*) (***bei j-m***) ***s. lassen*** *gespr*; j-n (kurz) besuchen ≈ bei j-m vorbeikommen: *Lass dich doch mal wieder bei uns s.!*; ***j-d / etw. kann sich*** (*Akk*) ***s. lassen*** *gespr*; e-e Person sieht so gut aus / e-e Sache ist so gut gemacht, dass sie bei allen Leuten e-n guten Eindruck machen; ***sich*** (*Akk*) ***mit j-m / etw. s. lassen können*** *gespr*; mit j-m / etw. bei allen Leuten e-n guten Eindruck machen; ***es nicht gern s., wenn...*** *gespr*; nicht einverstanden sein (dass j-d etw. tut): *Seine Eltern sehen es gar nicht gern, wenn er abends in die Disko geht*; *mst* ***'Den / 'Die / 'Das möchte ich aber s.!*** *gespr*; drückt aus, dass man nicht glauben kann, dass j-d / etw. so ist, wie behauptet wird; ***Siehst du! / Siehste!***; ***Sehen Sie!*** *gespr*; verwendet, um j-n darauf hinzuweisen, dass man mit seiner eigenen Behauptung Recht hatte; ... ***u. siehe da!*** *gespr*; verwendet, um anzuzeigen, dass jetzt e-e überraschende Handlung kommt; ***siehe*** + *Seitenangabe* verwendet in Texten u. Fußnoten, um den Leser auf e-e Stelle auf der genannten Seite hinzuweisen: *Siehe dazu die Tabelle auf Seite ...*; ***Man muss schon sehen, wo man bleibt!*** *gespr*; man muss jeden Vorteil u. jede günstige Chance nützen, um Erfolg zu haben || ► ***Sicht***

se·hens·wert *Adj*; *nicht adv*; ⟨ein Film, e-e Ausstellung⟩ so, dass es sich lohnt, sie anzusehen ≈ sehenswürdig

se·hens·wür·dig *Adj*; *nicht adv* ≈ sehenswert

Se·hens·wür·dig·keit *die*; -, *-en*; ein Gebäude, ein Platz *o.Ä.*, die besonders schön, wertvoll od. interessant sind ⟨Sehenswürdigkeiten besichtigen⟩

Se·her ['ze:ɐ] *der*; *-s*, *-*; j-d, der die Zukunft voraussagen kann ≈ Prophet || K-: ***Seher-, -blick, -gabe*** || *hierzu* **Se·he·rin** *die*; -, *-nen*; **se·he·risch** *Adj*

Seh·hil·fe *die*; *Admin geschr*; e-e Brille od. Kontaktlinsen

Seh·ne *die*; -, *-n*; **1** e-e Art starkes Band im Körper, das e-n Muskel mit e-m Knochen verbindet ⟨sich (*Dat*) e-e S. zerren⟩ || K-: ***Sehnen-, -riss, -zerrung*** || -K: ***Achilles-*** **2** die starke Schnur, mit der man e-n Bogen[1] (4) spannt ⟨die S. straffen, spannen⟩ **3** *Math*; e-e gerade Linie, die zwei Punkte e-s Kreises verbindet || -K: ***Kreis-***

seh·nen, sich; *sehnte sich, hat sich gesehnt*; Vr ***sich nach j-m / etw. s.*** den starken Wunsch haben, dass j-d da ist od. dass man etw. bekommt ≈ nach j-m / etw. Sehnsucht haben: *sich nach e-r Pause s.*; *sich nach seiner Frau s.*; *Nach drei Jahren Exil sehnte er sich* danach, *in sein Land zurückkehren zu können*

Seh·nerv *der*; der Nerv, der das Auge mit dem Gehirn verbindet || ↑ *Abb. unter* ***Auge***

seh·nig *Adj*; **1** voll von Sehnen u. deshalb zäh ⟨Fleisch⟩ **2** schlank u. ohne Fett, aber kräftig: *die sehnigen Beine e-s Läufers*

sehn·lich *Adj*; *nur attr od adv*; mit großer Sehnsucht ≈ sehnsüchtig ⟨j-s sehnlichster Wunsch; j-n sehnlichst erwarten⟩ || NB: *mst* im Superlativ

Sehn·sucht *die*; *mst Sg*; der sehr starke Wunsch, dass j-d da wäre od. dass man etw. bekäme ≈ Verlangen ⟨S. nach j-m / etw. haben, verspüren⟩: *die S. nach Liebe u. Geborgenheit* || *hierzu* **sehn·süch·tig** *Adj*; *nur attr od adv*; **sehn·suchts·voll** *Adj*

sehr [ze:ɐ̯] *Adv*; **1** verwendet, um ein Adjektiv od. ein Adverb zu verstärken ≈ äußerst: *ein s. schönes Bild*; *Ich bin jetzt s. müde* **2** verwendet, um ein Verb zu verstärken: *Er freute sich s. über mein Geschenk* **3** verwendet, um bestimmte Höflichkeitsformeln zu verstärken: *bitte s.!*; *danke s.!* **4** *mst in* ***etw. s. wohl wissen, können*** etw. genau wissen, können, obwohl das Gegenteil der Fall zu sein scheint: *Sie wusste s. wohl, was geschehen war, sie wollte nur nichts sagen*

Seh·ver·mö·gen *das*; die Fähigkeit zu sehen ≈ Sehkraft

seicht *Adj*; **1** so, dass das Wasser nicht tief ist ≈ flach: *an e-r seichten Stelle durch den Bach waten* **2** *pej*; von niedrigem Niveau ≈ banal, oberflächlich ⟨ein Gespräch, ein Theaterstück, ein Roman⟩ || *hierzu* **Seicht·heit** *die*; *nur Sg*

seid *Präsens, 2. Person Pl*; ↑ ***sein***

Sei·de *die*; -, *-n*; ein weicher, glänzender, teurer Stoff, den man aus dem Faden macht, den ein Insekt (die Seidenraupe) produziert: *ein Kleid aus reiner S.* || K-: ***Seiden-, -band, -bluse, -brokat, -damast, -faden, -gewebe, -glanz, -hemd, -kleid, -malerei, -schal, -stickerei, -stoff, -strumpf, -tuch***; ***seiden-, -weich*** || -K: ***Natur-, Roh-, Wasch-*** || *hierzu* **sei·den·ar·tig** *Adj*

Sei·del *das*; *-s*, -; ein Glas od. Krug, aus denen man Bier trinkt || -K: ***Bier-***

sei·den *Adj*; *nicht adv*; aus Seide ⟨ein Kleid, ein Schal, e-e Krawatte, ein Stoff, Strümpfe⟩

Sei·den·pa·pier *das*; ein sehr dünnes u. weiches Papier (in dem *z.B.* Schuhe verpackt sind)

Sei·den·rau·pe *die*; ein Insekt, das Fäden produziert, aus denen man Seide macht || K-: ***Seidenraupen-, -zucht***

sei·dig *Adj*; weich u. glänzend wie Seide ⟨Haare, ein Fell; etw. fühlt sich s. an⟩

Sei·fe *die*; -, *-n*; e-e *mst* feste Substanz od. ein Stück dieser Substanz, die man zusammen mit Wasser benutzt, um sich zu waschen ⟨ein Stück S.⟩: *sich die Hände mit S. waschen* || K-: ***Seifen-, -flocken, -lauge, -schale, -schaum, -wasser*** || -K: ***Bade-, Lavendel-, Schmier-, Wasch-***

Sei·fen·bla·se *die*; e-e kleine Kugel aus Luft, die von e-r dünnen Schicht aus Seife umgeben ist (u. die schnell platzt) || ID ***etw. zerplatzt wie e-e S.*** etw. ist schnell, plötzlich vorbei ⟨Hoffnungen, Träume⟩

Sei·fen·kis·te *die*; ein kleiner Wagen mit vier Rädern ohne Motor, den Kinder selbst bauen, um damit zu fahren || K-: ***Seifenkisten-, -rennen***

Sei·fen·o·per *die*; *TV*, *gespr*; e-e anspruchslose Fernsehserie, die *mst* am frühen Abend gesendet wird

sei·fig *Adj*; **1** voller Seife: *die seifigen Hände im Wasser abspülen* **2** mit e-m unangenehmen Geschmack wie Seife ⟨etw. schmeckt s.⟩

sei·hen ['zai̯ən]; *seihte, hat geseiht*; [Vt] ***etw.*** (***durch etw.***) ***s.*** e-e Flüssigkeit durch e-e Art Filter od. ein Tuch laufen lassen, um feste Teile von ihr zu trennen: *die Milch s.* || K-: ***Seih-, -tuch***

Seil *das*; *-(e)s*, *-e*; **1** e-e sehr starke Schnur, die aus mehreren Drähten od. Fasern gedreht ist u. mit der man schwere Dinge (*z.B.* Autos u. Schiffe) ziehen od. befestigen kann ⟨ein S. festziehen, festzurren, spannen; das S. reißt⟩: *Wir mussten das Auto mit dem S. abschleppen*; *Der Akrobat balancierte in 5 Meter Höhe auf dem S.* || ↑ *Abb. unter* **Schnur** || K-: ***Seil-, -akrobat, -winde*** || -K: ***Abschlepp-, Zug-***; ***Draht-, Hanf-, Stahl-*** **2** ***am S. gehen*** beim Bergsteigen ein S. (1) verwenden, damit man nicht abstürzt

Seil·bahn *die*; e-e technische Anlage mit Kabinen, die von Seilen durch die Luft auf e-n Berg gezogen werden, *bes* um Personen dorthin zu transportieren ⟨mit der S. fahren⟩ || NB: ↑ ***Lift***

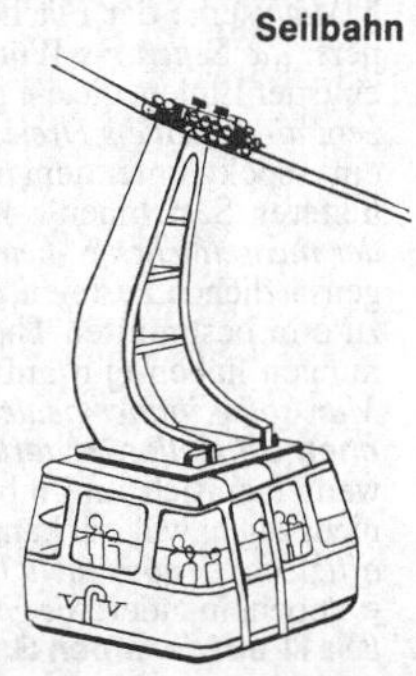
Seilbahn

seil·hüp·fen [Vi] *nur im Infinitiv* ≈ seilspringen

Seil·schaft *die*; -, *-en*; *Kollekt*; **1** e-e Gruppe von Bergsteigern, die bei e-r Bergtour durch ein Seil verbunden sind **2** *pej*; Leute, die sich gegenseitig (auch mit illegalen Mitteln) helfen

seil·sprin·gen [Vi] *nur im Infinitiv*; (*bes* als Kind) über ein Seil springen, das j-d / man selbst immer wieder unter den Füßen weg nach oben schwingt || *hierzu* **Seil·sprin·gen** *das*; *nur Sg*

Seil·tän·zer *der*; j-d, der auf e-m Seil, das in der Luft gespannt ist, geht u. Kunststücke zeigt || *hierzu* **Seil·tanz** *der*; *nur Sg*; **Seil·tän·ze·rin** *die*; **seil·tan·zen** *Vi* (*nur im Infinitiv*)

sein[1]; *ich bin, du bist, er ist, wir sind, ihr seid, sie sind*; *er war, er ist gewesen*; *Konjunktiv I er sei, Konjunktiv II er wäre*; [Vi] **1** ***j-d / etw. ist etw.*** (*Nom*) / ***ist*** + *Adj*; verwendet, um ein Subst. od. ein Adj. auf das Subjekt des Satzes zu beziehen u. dessen Zustand, Eigenschaft(en) *o.Ä.* zu beschreiben: *Das Essen ist gut*; *Sein Vater ist Richter*; *Wale sind Säugetiere*; *Ich bin heute nicht richtig in Form*; *Die Anlage ist außer Betrieb* **2** ***j-d / etw. ist irgendwo*** j-d / etw. kann irgendwo gefunden od. getroffen werden ≈ j-d / etw. befindet sich irgendwo: *Wo warst du denn gestern Abend?*; *Weißt du, wo meine Brille ist?* **3** ***etw. ist irgendwann / irgendwo*** etw. findet zur genannten Zeit od. am genannten Ort statt: *Weißt du noch, wann die erste Mondlandung war?* || NB: *mst* im Imperfekt! **4** ***etw. ist*** + ***zu*** + *Infinitiv* etw. muss od. soll getan werden, man muss od. soll etw. tun: *Die Fenster sind alle fünf Jahre zu streichen*; *Die Rechnung ist innerhalb von 10 Tagen zu überweisen* || NB: Diese Konstruktion wird verwendet, wenn zwischen den beiden (Gesprächs)Partnern ein distanziertes Verhältnis besteht. Besteht ein persönliches Verhältnis, wird *müssen* verwendet: *Du musst das Geld innerhalb von 10 Tagen überweisen* **5** ***etw. ist*** + ***zu*** + *Infinitiv* etw. kann getan werden (wenn man die geistigen, körperlichen od. materiellen Voraussetzungen dazu hat): *Ist unsere Welt noch zu retten?*; *Diese Schachpartie ist noch zu gewinnen* || NB: Diese unpersönliche Konstruktion zieht man oft e-r Passivkonstruktion mit *können* vor: *Trotz aller Bemühungen konnte der Patient nicht mehr gerettet werden* ≈ *Trotz aller Bemühungen war der Patient nicht mehr zu retten* **6** ***j-d ist*** (***gerade***) ***bei etw. / am*** + *substantiviertem Infinitiv* j-d tut od. macht etw. gerade: *Ich bin gerade* dabei, *den Fernseher* zu *reparieren*; *Wir waren* (*gerade*) *am Gehen, als sie ankamen* **7** ***j-d / etw. ist irgendwoher*** j-d / etw. kommt od. stammt aus e-m bestimmten Ort: *Diese Tomaten sind aus Holland*; *Sie ist aus der Schweiz* **8** ***etw. ist von j-m*** etw. kommt von j-m: *Ich weiß nicht, von wem dieser Brief ist* **9** ***für / gegen j-n / etw. sein*** e-e positive / negative Einstellung zu j-m / etw. haben, j-n / etw. (nicht) wollen: *Sie ist gegen Atomkraftwerke*; *Ich bin* dafür, dass *wir heute ins Kino gehen u. nicht ins Theater* **10** ***j-d ist nicht*** (***mehr***) *geschr veraltend*; j-d lebt nicht mehr: *Seitdem seine Frau nicht mehr ist, hat er keinen Halt mehr* **11** ***j-m ist*** ⟨schlecht, übel, schwindlig, mulmig *usw*⟩ j-d fühlt sich schlecht, übel *usw*: *Ich muss mich ein bisschen hinlegen, mir ist furchtbar schlecht* **12** ***j-m ist nicht nach etw.*** *gespr*; j-d will etw. nicht tun od. haben ≈ j-d hat keine Lust auf etw.: *Nach so viel Aufregung war mir nicht mehr nach Feiern* **13** *mst* ***mir ist, als*** (***ob***) + *Konjunktiv II*; ich habe das Gefühl, den Eindruck, dass…: *Mir ist, als ob wir uns schon mal irgendwo gesehen hätten*; *Mir ist, als hätte ich davon schon mal gehört* **14** ***j-d ist es*** j-d ist der Schuldige od. derjenige, den j-d sucht: *Also, wer von euch beiden war es?*; *Keiner will es gewesen sein* (= keiner gibt zu, dass er es getan hat) **15** ***etw. ist es*** *gespr*; etw. ist das, was j-d sucht: *Das ist es! Ich habe die Lösung!* **16** ***es ist*** + *Zeitangabe*; verwendet, um die (Uhr)Zeit anzugeben: *Es ist jetzt genau fünf Minuten nach vier Uhr* || ID ***j-d 'ist wer*** *gespr*; j-d hat in der Gesellschaft hohes Ansehen (*bes* weil er im Beruf Erfolg hat): *Wenn ich erwachsen bin, möchte ich* *auch einmal wer sein*; ***es ist nichts mit etw.*** *gespr*; etw. findet nicht statt, etw. wird nicht so wie geplant: *Mit dem Straßenfest war nichts, wir bekamen keine Genehmigung dafür*; *mst* ***'Sei doch nicht so*** *gespr*; verwendet, um j-m zu sagen, dass er etw. nicht ohne ausreichenden Grund ablehnen sollte: *Nun sei doch nicht so, lass mich doch ausgehen!*; *mst* ***Dem 'ist nicht so*** diese Sache (Angelegenheit) ist nicht so, wie gesagt wird; ***Wie dem auch 'sei*** verwendet, um auszudrücken, dass etw. nicht wichtig ist ≈ gleichgültig, egal wie: *Wie dem auch sei, wir müssen den Termin trotzdem einhalten*; ***es sei denn,*** **(*dass*)...** ≈ außer wenn: *Er hat kaum e-e Chance, den Titel zu gewinnen, es sei denn, er hat sehr viel Glück*; ***sei es ... sei es / oder*** *geschr* ≈ entweder ... oder: *Naturkatastrophen werden die Menschheit immer wieder erschüttern, seien es Erdbeben, seien es Überschwemmungen*; ***Das wars / wärs*** ⟨für heute, für diesmal⟩ *gespr*; verwendet, um auszudrücken, dass man mit seinen Mitteilungen, seiner Arbeit *o.Ä.* zu Ende ist; ***'Ist was?*** *gespr*; verwendet, um j-n in provozierender Weise zu fragen, ob er sich beschweren will od. ob er mit e-r Entscheidung nicht einverstanden ist; ***'Muss das s.?***; ***Das 'muss doch nicht s.!*** *gespr*; verwendet, um seinen Ärger über etw. auszudrücken: *Jetzt ist deine Hose schon wieder dreckig! Muss das denn s.?*; ***Was 's. muss, muss 's.*** *gespr*; verwendet, um e-e Entscheidung od. ein Verhalten zu begründen od. zu rechtfertigen; ***Was nicht 'ist, kann*** **(*ja*)** ***noch 'werden*** *gespr*; man darf die Hoffnung auf etw. nicht aufgeben

sein[2] *Hilfsverb*; **1** verwendet, um das Perfekt u. das Plusquamperfekt von vielen intransitiven Verben u. von Verben zu bilden, die e-e Bewegung in e-e bestimmte Richtung hin angeben: *Die Preise sind gestiegen*; *Als er die Katze fangen wollte, war sie schon über den Zaun gesprungen* || NB: Transitive u. reflexive Verben bilden das Perfekt u. Plusquamperfekt mit *haben*, ebenso die meisten intransitiven Verben, die e-e Dauer ausdrücken: *Ich habe sie beim Einkaufen getroffen*; *Er hatte sich sehr geschämt*; *Die Tulpen haben nicht lange geblüht* **2** *Partizip Perfekt* + ***sein*** verwendet, um die Form des Passivs zu bilden, die e-n Zustand od. das Ergebnis e-r Handlung bezeichnet: *Die Tür ist verschlossen*; *Die Renovierungsarbeiten sind inzwischen beendet* || NB: Das Passiv, das e-n Vorgang bezeichnet, wird mit *werden* gebildet. Man vergleiche: *Heute wird der neue Präsident gewählt* (= Heute wählt die Bevölkerung den neuen Präsidenten: ein Vorgang) mit: *Der neue Präsident ist gewählt* (= Die Wahl ist zu Ende, die Bevölkerung hat e-n neuen Präsidenten: ein Ergebnis, ein Zustand)

S

sein[3] *Possessivpronomen der 3. Person Sg* (*er, es*); ↑ *Tabellen unter* ***Possessivpronomen*** u. unter ***mein***

> **sein las·sen**; *lässt sein, ließ sein, hat sein gelassen*; *Vt* ***etw. s. l.*** *gespr*; etw. nicht tun ≈ unterlassen: *Komm, lass das jetzt sein, das machen wir später*

Sein *das*; *-s*; *nur Sg*, *geschr*; die Existenz von materiellen u. ideellen Dingen: *über das menschliche S. nachdenken*

sei·n- *Possessivpronomen der 3. Person Sg* (*er, es*); ↑ ***mein-***

sei·ner *Personalpronomen der 3. Person Sg* (*er, es*), *Genitiv*; ↑ *Tabelle unter* ***Personalpronomen***

sei·ner·seits *Adv*; was ihn od. es betrifft ≈ von ihm aus: *S. gab es keinen Widerspruch*

sei·ner·zeit *Adv*; zu der (vergangenen) Zeit, über die man gerade spricht ≈ damals

sei·nes·glei·chen *Pronomen*; *indeklinabel*, *oft pej*; Leute wie er: *Ich kenne ihn u. s.* || ID ***etw. sucht s.*** etw. ist so (gut od. schlecht), dass es nichts gibt, mit dem man es vergleichen kann

sei·net·we·gen *Adv*; **1** deshalb, weil es gut für ihn ist≈ ihm zuliebe **2** aus e-m Grund, der ihn betrifft ≈ wegen ihm: *S. kommen wir immer zu spät* **3** mit seiner Erlaubnis od. Zustimmung ≈ von ihm aus: *S. können wir tun, was wir wollen*

sei·net·wil·len ≈ seinetwegen (1,2)

sei·ni·g-, **Sei·ni·g-** *Possessivpronomen*; *veraltend*; wie ein Subst. verwendet für *der, die, das seine, Seine* || ↑ ***mein-***

Seis·mo·graf, **Seis·mo·graph** [-f] *der*; *-en, -en*; ein Gerät, das misst, wie stark die Erde *bes* bei Erdbeben zittert || NB: *der Seismograf, Seismograph*; *den, dem, des Seismografen, Seismographen* || *hierzu* **seis·mo·gra·fisch**, **seis·mo·gra·phisch** *Adj*

seit[1] *Präp*; *mit Dat*; von dem genannten Zeitpunkt in der Vergangenheit bis zur Gegenwart: *s. 1945*; *s. dem letzten / s. letztem Monat*; *„S. wann bist du da?" - „Erst s. zehn Minuten"*; *S. letztem Sonntag haben wir uns nicht mehr gesehen*

seit[2] *Konjunktion*; ab dem genannten Zeitpunkt in der Vergangenheit ≈ seitdem[2]: *S. er nicht mehr raucht, fühlt er sich viel wohler*; *Sie verreist sehr viel, s. sie geschieden ist*

seit·dem[1] *Adv*; von dem genannten Zeitpunkt in der Vergangenheit an ≈ von da an: *Wir hatten letzte Woche e-n Streit, s. hat er mich nicht mehr angerufen / er hat mich s. nicht mehr angerufen*

seit·dem[2] *Konjunktion* ≈ seit[2]: *S. sie diesen Job hat, ist sie ein anderer Mensch*

Sei·te[1] *die*; *-, -n*; eine der beiden Flächen e-s Blattes (in e-m Buch, e-m Heft, e-r Zeitung), auf denen etw. gedruckt, geschrieben od. gezeichnet ist ⟨e-e S. aufschlagen⟩: *ein Roman mit über 300 Seiten*; *auf S. 124* || K-: ***Seiten-, -rand, -zahl, -zählung***; ***seiten-, -lang*** || -K: ***Buch-, Druck-, Manuskript-, Titel-, Zeitungs-***

Sei·te[2] *die*; *-, -n*; **1** eine der Oberflächen, die e-n Körper od. Raum nach rechts, links, nach vorn od. hinten begrenzen: *die vier Seiten e-s Schranks*; *Das Auto überschlug sich u. landete auf der S.* || K-: ***Seiten-, -ansicht, -lage, -wand*** || -K: ***Außen-, Innen-***; ***Vorder-, Rück-*** **2** der rechte od. linke Teil e-r Sache od. e-s Raumes ⟨auf die S. gehen, treten; etw. zur S. stellen⟩: *Hausnummer 64 müsste auf der rechten S. der Straße sein* || K-: ***Seiten-, -ansicht, -flügel, -portal, -trakt*** || *zu* ***Seitenflügel*** ↑ *Abb. unter* ***Flügel*** **3** der gesamte rechte od. linke Teil des menschlichen Körpers od. des Körpers e-s Tieres ⟨auf der S. liegen; sich auf die S. legen⟩: *Er ist auf der linken S. gelähmt* || K-: ***Seiten-, -lage*** **4** eine der beiden Flächen e-s dünnen, flachen Gegenstandes: *die beiden Seiten e-r Münze, e-r Schallplatte* **5** *Math*; eine der Flächen e-s geometrischen Körpers: *die Seiten e-s Würfels, e-r Pyramide* **6** *Math*; eine der Linien, die e-e geometrische Figur begrenzen: *die Seiten e-s Dreiecks, e-s Trapezes* **7** *Adj* + ***S.*** ein Aspekt, unter dem man etw. sieht ⟨etw. von der heiteren S. nehmen⟩: *Wir müssen diesen Fall von der menschlichen S. betrachten* **8** eine von zwei gegensätzlichen Parteien, Personen od. Gruppen, die zu e-m bestimmten Thema unterschiedliche Meinungen haben ⟨j-n auf seine S. bringen, ziehen⟩: *Man sollte immer beide Seiten hören* **9** ***von amtlicher, offizieller, zuverlässiger*** *o.Ä.* ***S.*** verwendet, wenn man sich auf j-n bezieht, dessen Namen man nicht sagen will od. kann: *Das Wahlergebnis ist von offizieller S. noch nicht bestätigt worden* **10** ***S. an S.*** ≈ nebeneinander: *Sie gingen S. an S. durch die Straßen* **11** ***auf der einen S. ..., auf der anderen S.*** verwendet, um bei e-r Argumentation zuerst ein Argument für etw. u. dann ein Argument gegen etw. einzuleiten (od. umgekehrt) ≈ einerseits ..., andererseits, zum einen ..., zum anderen || ID ***j-m zur S. stehen*** j-m in e-r schwierigen Situation helfen ⟨j-m mit Rat u. Tat zur S. stehen⟩; ***j-m nicht von der S. weichen, gehen*** *gespr*; j-n keinen Augenblick allein lassen; ***etw. auf die S. legen*** Geld sparen; ***etw. auf der S. haben*** Geld gespart haben; ***etw. auf die S. schaffen*** *gespr*; etw. heimlich wegnehmen u. für sich selbst benutzen; ***j-n auf die S. schaffen*** *gespr euph* ≈ ermorden; ***sich von seiner besten S. zeigen*** sich sehr bemühen, besonders nett, freundlich, hilfsbereit *o.Ä.* zu sein || NB: ↑ ***aufseiten***, ***vonseiten***, ***zuseiten*** ||► ***beiseite***

Sei·ten·auf·prall·schutz *der, Auto*; verstärkte Seitenteile u. Türen, die die Insassen bei e-m seitlichen Aufprall schützen sollen

Sei·ten·blick *der*; ein kurzer Blick auf j-n, mit dem man versucht, ihm etw. mitzuteilen, ohne dass andere es bemerken ⟨j-m e-n S. zuwerfen⟩

Sei·ten·hieb *der*; ***ein S.*** (***auf j-n***) e-e böse od. kritische Bemerkung ⟨j-m e-n S. versetzen⟩

sei·tens *Präp*; *mit Gen*, *geschr*; von e-r bestimmten Partei, Gruppe, Position aus

Sei·ten·schiff *das*; der lange, schmale Raum in e-r Kirche, der parallel zum Hauptschiff liegt

Sei·ten·sprung *der*; e-e *mst* kurze sexuelle Beziehung, die j-d, der e-n festen Partner hat, mit e-m anderen Partner hat

Sei·ten·ste·chen *das*; *-s*; *nur Sg*; ein stechender Schmerz links od. rechts des Magens, den man manchmal bekommt, wenn man schnell läuft od. geht ⟨S. haben, bekommen⟩

Sei·ten·stra·ße *die* ≈ Nebenstraße ↔ Hauptstraße: *in e-e S. einbiegen*

Sei·ten·strei·fen *der*; der äußere rechte od. linke Streifen entlang e-r Autobahn *o.Ä.*, auf dem man normalerweise nicht fahren, sondern nur bei Pannen anhalten darf

sei·ten·ver·kehrt *Adj*; so, dass das, was normalerweise links ist, rechts erscheint u. umgekehrt (wie in e-m Spiegel) ≈ spiegelbildlich: *ein Dia s. in den Projektor einlegen*

Sei·ten·wech·sel *der*; der Vorgang (*z.B.* beim Fußball od. Tennis), bei dem die Sportler auf die andere Hälfte des Spielfelds wechseln: *Kurz nach dem S. fiel der Ausgleich zum 1:1*

sei·ten·wei·se *Adv*; *gespr*; mehrere Seiten lang: *Jetzt beschreibt er schon s., wie das Haus aussah - wie langweilig!*

Sei·ten·wind *der*; der Wind, der von rechts od. links kommt ⟨S. haben; bei S.⟩ || NB: ↑ ***Rückenwind***, ***Gegenwind***

seit·her [-ˈheːɐ̯] *Adv* ≈ seitdem[1]

-sei·tig *im Adj, begrenzt produktiv*; **1** *nur attr, nicht adv*; mit der genannten Zahl od. Menge von Seiten[1]; ***einseitig, zweiseitig, dreiseitig*** *usw*; ***beidseitig*** ⟨beschriftet⟩, ***halbseitig, ganzseitig, mehrseitig*** *usw*: *ein tausendseitiges Manuskript*, *ein zehnseitiger Brief* **2** auf der genannten Seite[2]; ***sonnenseitig, südseitig, rückseitig, westseitig***

seit·lich[1] *Adj*; *nur attr od adv*; von der rechten od. linken Seite bzw. nach rechts od. nach links: *e-m Hindernis s. ausweichen*; *Er stieß s. mit meinem Auto zusammen*

seit·lich[2] *Präp*; *mit Gen*; an der Seite der genannten Person od. Sache ≈ neben: *Die Kapelle steht s. der Kirche* || NB: in der gesprochenen Sprache verwendet mit *von*: *S. vom Bahnhof befinden sich die Busparkplätze*

-seits *im Adv, begrenzt produktiv*; von j-m / etw. ausgehend; ***meinerseits, deinerseits, seinerseits, ihrerseits, uns(e)rerseits, eurerseits***; ***amtlicherseits, ärztlicherseits, behördlicherseits, staatlicherseits***

seit·wärts *Adv*; **1** in die Richtung zu e-r Seite hin: *sich s. drehen* **2** auf der rechten od. linken Seite: *S. sehen Sie die berühmte Kirche*

Sek·ret *das*; *-s*, *-e*; e-e Flüssigkeit (wie *z.B.* Speichel od. Tränen), die *bes* in Drüsen u. in Wunden entsteht || -K: ***Drüsen-, Nasen-, Wund-***

Sek·re·tär *der*; *-s*, *-e*; *veraltend*; **1** ein Schreibtisch, der wie ein Schrank aussieht || -K: ***Barock-, Rokoko-*** **2** ↑ ***Sekretärin***

-sek·re·tär *der*; *im Subst*, *wenig produktiv*; j-d, der in e-r großen Organisation (*z.B.* e-r Partei) e-e relativ wichtige Funktion hat; der ***Generalsekretär*** ⟨der Vereinten Nationen⟩; der ***Parteisekretär***, der ***Staatssekretär*** || *hierzu* **-sek·re·tä·rin** *die*; *-*, *-nen*

Sek·re·ta·ri·at *das*; *-s*, *-e*; der Raum, in dem e-e Sekretärin arbeitet: *die Briefe zum Tippen ins S. bringen*

Sek·re·tä·rin *die*; *-*, *-nen*; e-e Frau, die für j-n Briefe tippt, Telefonate führt, Treffen arrangiert *usw* || -K: ***Chef-, Privat-*** || *hierzu* **Sek·re·tär** *der*; *-s*, *-e*

Sekt *der*; *-(e)s*, *-e*; e-e Art Wein mit vielen Bläschen (aus Kohlensäure), den man *mst* bei besonderen Gelegenheiten trinkt ⟨der S. perlt, schäumt; den S. kalt stellen⟩: *j-n zu e-m Glas S. einladen* || K-: ***Sekt-, -flasche, -glas, -kelch, -kellerei, -korken, -kübel*** || *zu* ***Sektglas*** ↑ *Abb. unter* ***Gläser***

Sek·te *die*; *-*, *-n*; *oft pej*; e-e Gruppe von Personen mit dem gleichen Glauben, die sich von e-r großen Religion getrennt hat || K-: ***Sekten-, -führer***

sek·tie·re·risch *Adj*; *pej*; (*mst* im religiösen od. politischen Bereich) mit Vorstellungen u. Ideen, die von denen der Hauptreligionen od. -parteien sehr stark abweichen u. die von kleinen Gruppen vertreten werden || *hierzu* **Sek·tie·rer** *der*; *-s*, *-*; **Sek·tie·re·rin** *die*; *-*, *-nen*; **Sek·tie·rer·tum** *das*; *nur Sg*

Sek·ti·on [-ˈtsi̯oːn] *die*; *-*, *-en*; ein (selbstständiger) Teil e-r großen Organisation ≈ Abteilung

Sek·tor *der*; *-s*, *Sek·to·ren*; **1** ein Teil e-s (Sach)Gebiets: *Die Industrie ist einer der wichtigsten Sektoren der Wirtschaft* || -K: ***Handels-, Wirtschafts-*** **2** *Math*; die Fläche in e-m Kreis, die durch zwei Linien eingeschlossen wird, die vom Mittelpunkt zum Kreisrand gehen ≈ Kreisausschnitt

se·kun·där *Adj*; *geschr*; nicht so wichtig wie etw. anderes ≈ zweitrangig ↔ primär ⟨etw. ist von sekundärer Bedeutung⟩ || K-: ***Sekundär-, -tugend***

Se·kun·där·li·te·ra·tur *die*; wissenschaftliche Texte *bes* über literarische Werke

Se·kun·dar·stu·fe *die*; Ⓓ *mst in* **1** ***S. I*** [-ˈai̯ns] die Klassen 5-9 an der Hauptschule u. die Klassen 5-10 an der Realschule u. am Gymnasium **2** ***S. II*** [-ˈtsvai̯] die Klassen 11-13 am Gymnasium

Se·kun·de *die*; *-*, *-n*; **1** einer der 60 Teile e-r Minute (1); *Abk* Sek., *veraltet* sek., sec.: *mit einer S. Vorsprung das Rennen gewinnen*; *Es ist jetzt genau 10 Uhr, 31 Minuten u. 20 Sekunden* || K-: ***Sekunden-, -zeiger***; ***sekunden-, -lang*** || -K: ***Hundertstel-, Zehntel-*** **2** *gespr*; ein sehr kurzer Zeitraum ≈ Augenblick: *Ich bin in einer S. wieder zurück* **3** *Mus*; das Intervall zwischen zwei aufeinander folgenden Tonstufen auf e-r Tonleiter (*z.B.* zwischen *d* u. *e*) **4** *Math*; einer der 60 Teile e-r Minute (5) e-s Winkels: *ein Winkel von 45 Grad, 8 Minuten u. 13 Sekunden* **5** ***auf die S.*** (***genau***) *gespr* ≈ (ganz) pünktlich

Se·kun·den·schlaf *der*; das gefährliche, sehr kurzzeitige Einschlafen am Steuer e-s Autos *o.Ä.*

Se·kun·den·schnel·le *die*; *nur in* ***in S.*** sehr schnell ≈ blitzschnell: *Alles geschah in S.*

selb- *Demonstrativpronomen*; verwendet statt *derselbe* u. *dasselbe*, wenn der Artikel mit e-r Präposition zu einem Wort verbunden ist; *vom selben Mann* (= von demselben Mann); *am selben Platz* (= an demselben Platz); *zum selben Zeitpunkt* (= zu demselben Zeitpunkt); *im selben Zug* (= in demselben Zug); *ans selbe Ziel* (= an dasselbe Ziel) *kommen*

sẹl·ber *Demonstrativpronomen*; *indeklinabel*, *gespr* ≈ selbst[1]: *Diesen Pullover habe ich s. gestrickt*

sẹlbst[1] *Demonstrativpronomen*; *indeklinabel*, *betont*; verwendet, um zu betonen, dass e-e Aussage sich auf die genannte Person od. Sache u. auf niemand anderen / nichts anderes bezieht: *Diesen kleinen Defekt kann ich s. reparieren!*; *Ich möchte nicht irgendeinen Mitarbeiter, sondern den Chef s. sprechen*; *Die Elektronik soll Störungen verhindern, aber was ist, wenn die Elektronik s. gestört ist?* || ID ***j-d ist etw. 's.*** *gespr*; j-d hat etw. in e-m hohen Maß: *Sogar in kritischen Situationen ist Peter die Ruhe s.*

sẹlbst[2] *Partikel*; verwendet, um auszudrücken, dass e-e Aussage auch auf j-n / etw. zutrifft, von dem man es (vielleicht) nicht erwarten würde ≈ sogar, auch[2] (1): *Über diesen gelungenen Witz musste s. unser strenger Lehrer lachen*

sẹlbst[3] *mit Partizip Perfekt*; drückt aus, dass etw. von der betreffenden Person (im Gegensatz zu e-m anderen, e-r Fabrik *o.Ä.*) getan od. hergestellt wurde; ***selbst gebacken*** ⟨der Kuchen⟩, ***selbst gebastelt*** ⟨das Vogelhaus⟩, ***selbst gebrannt*** ⟨der Schnaps⟩, ***selbst gebraut*** ⟨das Bier⟩, ***selbst gedreht*** ⟨die Zigarette⟩, ***selbst gemacht*** ⟨die Marmelade⟩, ***selbst geschneidert*** ⟨das Kleid⟩, ***selbst gestrickt*** ⟨der Pullover⟩, ***selbst gewählt*** ⟨der Name⟩, ***selbst verdient*** ⟨das Geld⟩, ***selbst verfasst*** ⟨das Gedicht⟩, ***selbst verschuldet*** ⟨der Unfall⟩

Sẹlbst *das*; -; *nur Sg*, *geschr*; e-e Person als Ganzes mit ihren Eigenschaften, Wünschen, Fähigkeiten *usw* ≈ Ich: *Man soll sich niemandem so stark unterordnen, dass man dabei sein S. aufgibt*

sẹlbst-, **Sẹlbst-** *im Adj u. Subst*, *sehr produktiv*; **1** auf die eigene Person bezogen; die ***Selbstachtung***, der ***Selbstbetrug***, die ***Selbsteinschätzung***, der ***Selbsthass***, die ***Selbstironie***, die ***Selbstkritik***, das ***Selbstlob***, das ***Selbstmitleid***, das ***Selbstporträt***, die ***Selbsttäuschung***, die ***Selbstverachtung***, die ⟨freiwillige⟩ ***Selbstzensur***, die ***Selbstzerstörung***, der ***Selbstzweifel***; ***selbstkritisch*** ⟨e-e Äußerung⟩, ***selbstzerstörerisch*** ⟨ein Verhalten⟩ **2** drückt aus, dass etw. aus eigener Kraft u. ohne Hilfe von außen geschieht; die ***Selbsthilfe***, die ***Selbstschussanlage***, die ***Selbstverwaltung***; die ***Selbstklebefolie***; ***selbstklebend*** ⟨e-e Folie⟩

sẹlb·stän·dig, **Sẹlb·stän·di·ge** *usw* ↑ ***selbstständig***, ***Selbstständige***

Sẹlbst·auf·op·fe·rung *die*; *nur Sg*; das Einsetzen seiner gesamten Kräfte u. Fähigkeiten, ohne Rücksicht auf die eigene Gesundheit *usw*

Sẹlbst·aus·lö·ser *der*; ein Mechanismus an e-r (Foto)Kamera, der bewirkt, dass das Bild erst einige Sekunden später gemacht wird

Sẹlbst·be·die·nung *die*; *nur Sg*; e-e Form des Verkaufens, bei der die Kunden die Waren selbst aus dem Regal *usw* nehmen: *e-e Tankstelle mit S.*; *Hier gibt es keine S.!* || K-: ***Selbstbedienungs-, -gaststätte, -laden, -restaurant, -tankstelle***

Sẹlbst·be·frie·di·gung *die*; *nur Sg* ≈ Masturbation, Onanie

Sẹlbst·be·herr·schung *die*; *nur Sg*; die Kontrolle über seine Gefühle, Wünsche u. Triebe ⟨keine S. haben; die S. verlieren⟩

Sẹlbst·be·stä·ti·gung *die*; *nur Sg*; e-e Bestätigung des Werts der eigenen Person (*z.B.* wenn man gelobt wird od. ein Erfolgserlebnis hat)

Sẹlbst·be·stim·mung *die*; *nur Sg*; die Möglichkeit e-s Menschen od. e-s Volks, selbst entscheiden zu können, wie man (*bes* in Bezug auf die politische Ordnung) leben will ↔ Fremdbestimmung || K-: ***Selbstbestimmungs-, -recht***

Sẹlbst·be·wusst·sein *das*; *nur Sg*; das Wissen um seine Fähigkeiten u. um seinen Wert in der Gesellschaft ≈ Selbstsicherheit ↔ Minderwertigkeitsgefühl ⟨kein, zu wenig, ein ausgeprägtes S. haben; j-m fehlt es an S.⟩ || *hierzu* **sẹlbst·be·wusst** *Adj*

Sẹlbst·dar·stel·lung *die*; *mst pej*; die Handlungen u. Äußerungen, mit denen man anderen (*bes* der Öffentlichkeit) zeigt, was man alles kann u. geleistet hat

Sẹlbst·dis·zi·plin *die*; *nur Sg*; die Fähigkeit, sich selbst zu beherrschen (u. *z.B.* die eigenen Wünsche e-m wichtigeren Ziel unterzuordnen): *Es erfordert viel S., mit dem Rauchen aufzuhören*

Sẹlbst·er·fah·rung *die*; -; *nur Sg*; der Prozess, bei dem man lernt, die eigenen Wünsche, Probleme *usw* zu verstehen || K-: ***Selbsterfahrungs-, -gruppe***

Sẹlbst·er·hal·tungs|trieb *der*; *nur Sg*; der Trieb von Menschen u. Tieren, der bewirkt, dass sie (bei e-r Bedrohung) alles Mögliche unternehmen, um nicht zu sterben

Sẹlbst·er·kennt·nis *die*; *nur Sg*; die Erkenntnis, dass man (e-n) Fehler gemacht hat || ID ***S. ist der erste Schritt zur Besserung*** nur wenn man erkennt, dass man Fehler macht od. gemacht hat, kann sich etw. verändern u. besser werden

sẹlbst·ge·fäl·lig *Adj*; *pej*; davon überzeugt, dass man schön, intelligent, gut *usw* ist ≈ eitel ↔ bescheiden ⟨ein Mensch; s. nicken, lächeln⟩ || *hierzu* **Sẹlbst·ge·fäl·lig·keit** *die*; *nur Sg*

sẹlbst·ge·nüg·sam *Adj*; mit dem zufrieden, was man ist u. hat ↔ ehrgeizig || *hierzu* **Sẹlbst·ge·nüg·sam·keit** *die*; *nur Sg* || NB: ↑ ***bescheiden***

sẹlbst·ge·recht *Adj*; *pej*; davon überzeugt, dass die eigenen Urteile, Meinungen *usw* immer richtig sind ↔ selbstkritisch || *hierzu* **Sẹlbst·ge·rech·tig·keit** *die*; *nur Sg*

Sẹlbst·ge·spräch *das*; (lautes) Sprechen mit sich selbst ⟨Selbstgespräche führen⟩

sẹlbst·herr·lich *Adj*; *pej*; so, dass man nur die eigenen Interessen u. Ziele verfolgt u. die anderer Menschen nicht respektiert ⟨ein Mensch; sich s. verhalten⟩: *sich s. über alle Bedenken u. Zweifel hinwegsetzen* || *hierzu* **Sẹlbst·herr·lich·keit** *die*; *nur Sg*

Sẹlbst·hil·fe|grup·pe *die*; e-e Gruppe von Personen, die das gleiche Problem haben u. die sich zusammenschließen, um sich gegenseitig zu helfen (*z.B.* Alkoholiker, Süchtige, Eltern mit behinderten Kindern) ⟨e-e S. gründen; sich e-r S. anschließen⟩

Sẹlbst·jus·tiz *die*; *nur Sg*, *Jur*; illegale Handlungen, mit denen Leute j-n für ein Delikt bestrafen, ohne dies dem Gericht zu überlassen ⟨S. üben⟩

Sẹlbst·kos·ten|preis *der*; der Preis, der gerade alle Kosten des Herstellers, Händlers *o.Ä.* deckt (aber keinen Gewinn abgibt) ⟨etw. zum S. abgeben⟩

Sẹlbst·laut *der* ≈ Vokal ↔ Mitlaut

sẹlbst·los *Adj*; so, dass der Betreffende nicht darauf achtet, ob er selbst e-n Gewinn od. Vorteil hat ≈ uneigennützig ↔ egoistisch: *j-m s. helfen* || *hierzu* **Sẹlbst·lo·sig·keit** *die*; *nur Sg*

Sẹlbst·mord *der*; die Handlung, bei der j-d sich selbst tötet ⟨S. begehen; j-n in den / zum S. treiben; (j-m) mit S. drohen⟩ ≈ Suizid, Freitod || K-: ***Selbstmord-, -gedanken, -kandidat, -versuch***; ***selbstmord-, -gefährdet*** || ID *mst* ***Das ist doch glatter / reiner S.!*** *gespr*; das ist sehr gefährlich || *hierzu* **Sẹlbst·mör·der** *der*; **Sẹlbst·mör·de·rin** *die*

sẹlbst·mör·de·risch *Adj*; **1** *nur attr*, *nicht adv*; mit dem Ziel, sich zu töten: *in selbstmörderischer Absicht handeln* **2** so gefährlich, dass es leicht zum Tod führen kann ⟨ein Unternehmen⟩

Selbst·mord|kom·man·do *das*; e-e Gruppe von Soldaten od. Terroristen, die e-e Aktion durchführen u. schon vorher wissen, dass sie dabei sterben werden

selbst·re·dend *Adv*; *geschr veraltend od hum* ≈ selbstverständlich, natürlich[2] (1)

Selbst·si·cher·heit *die*; *nur Sg* ≈ Selbstbewusstsein ⟨j-m seine S. nehmen; seine S. verlieren⟩ || *hierzu* **selbst·si·cher** *Adj*

selbst·stän·dig *Adj*; **1** mithilfe der eigenen Fähigkeiten u. ohne die Hilfe anderer ↔ unselbstständig ⟨ein Mensch; s. arbeiten, urteilen, handeln, entscheiden; an selbstständiges Arbeiten gewöhnt sein⟩: *Unsere Kinder sind schon ganz s. geworden* **2** von keiner Person, Institution *o.Ä.* in den Entscheidungen abhängig ≈ autonom: *Viele Staaten, die heute s. sind, waren lange Zeit Kolonien* **3** ***sich s. machen*** e-n eigenen Betrieb gründen: *Sobald sie die Meisterprüfung bestanden hat, möchte sie sich s. machen* **4** ***sich s. machen*** *gespr hum*; sich von j-m / etw. entfernen ≈ verschwinden: *Zwei von unserer Gruppe haben sich s. gemacht u. sind e-e Abkürzung gegangen* **5** ***etw. macht sich s.*** *gespr*; etw. löst sich (ab): *Das Rad / der Knopf hat sich s. gemacht* || *hierzu* **Selbst·stän·dig·keit** *die*; *nur Sg*

Selbst·stän·di·ge *der / die*; *-n, -n*; j-d, der e-n eigenen Betrieb hat || NB: *ein Selbstständiger*; *der Selbstständige*; *den, dem, des Selbstständigen*

Selbst·stu·di·um *das*; das Lernen aus Büchern (u. nicht an e-r Schule *o.Ä.*) ⟨sich etw. im S. aneignen, erarbeiten⟩

Selbst·sucht *die*; *nur Sg* ≈ Egoismus || *hierzu* **selbst·süch·tig** *Adj*

selbst·tä·tig *Adj*; *Admin geschr* ≈ automatisch: *Vorsicht, die Türen schließen s.!*

Selbst·über·schät·zung *die*; *nur Sg*; *mst in* ***an S. leiden*** *gespr*; die eigenen Fähigkeiten zu hoch einschätzen

selbst·ver·ges·sen *Adj*; so konzentriert auf seine Gedanken od. auf e-e Tätigkeit, dass man nicht merkt, was um einen herum passiert || *hierzu* **Selbst·ver·ges·sen·heit** *die*; *nur Sg*

selbst·ver·ständ·lich *Adj*; **1** so logisch u. natürlich, dass man es nicht erklären u. begründen muss: *E-m Verletzten zu helfen, ist wohl die selbstverständlichste Sache der Welt*; *Ich finde es s., Blumen mitzubringen, wenn man bei j-m zum Essen eingeladen ist* **2** *nur adv*; verwendet in e-r Antwort, um seine Zustimmung zu betonen ≈ natürlich, klar: *„Könntest du mir bitte helfen?" - „Aber s.!"*

Selbst·ver·ständ·lich·keit *die*; *-, -en*; **1** etw., das man nicht erklären od. begründen muss, etw. ganz Natürliches: *„Vielen Dank für Ihre Hilfe" - „Das ist doch e-e S."* **2** *nur Sg*; ein Verhalten, das ausdrückt, dass man etw. für selbstverständlich (1) hält: *Der Junge setzte sich mit e-r solchen S. ans Steuer, als ob er seit Jahren schon Auto fahren würde*

Selbst·ver·tei·di·gung *die*; *nur Sg*; alle Maßnahmen, mit denen man sich gegen e-n Angriff verteidigt

Selbst·ver·trau·en *das*; das Vertrauen in die eigenen Fähigkeiten ⟨ein gesundes, übertriebenes S. haben; j-s S. stärken, heben; voller S. sein⟩: *Jedes Erfolgserlebnis hebt das S.*

Selbst·ver·wirk·li·chung *die*; *nur Sg*; die Entwicklung der eigenen Persönlichkeit, indem man alle Möglichkeiten u. Fähigkeiten nutzt, die man hat

Selbst·wert|ge·fühl *das*; *nur Sg*; das Gefühl, als Mensch an sich wertvoll zu sein ⟨ein mangelndes S. haben⟩

selbst·zu·frie·den *Adj*; *mst pej*; so zufrieden mit dem, was man hat u. ist, dass man seine Fehler nicht mehr sieht || *hierzu* **Selbst·zu·frie·den·heit** *die*; *nur Sg*

Selbst·zweck *der*; *nur Sg*; *mst in* ***etw. wird zum S., etw. ist reiner S.*** etw. dient keinem höheren Ziel, der Sinn e-r Sache liegt in dieser Sache selbst: *Bei ihm ist das Autowaschen zum S. geworden* (= er wäscht das Auto oft, aber nicht weil das Auto schmutzig ist, sondern weil er es gern wäscht)

sel·chen; *selchte, hat geselcht*; [Vt/i] **(*etw.*) *s.*** *südd* Ⓐ ≈ räuchern ⟨Fleisch s.; geselchter Speck⟩

se·lek·tie·ren; *selektierte, hat selektiert*; [Vt] ***etw.*** (*Kollekt od Pl*) ***s.*** *geschr*; *mst* e-e Reihe von ähnlichen Dingen nach bestimmten Kriterien aus e-r größeren Menge auswählen || *hierzu* **Se·lek·tie·rung** *die*; **Se·lek·ti·on** *die*; *-, -en*

se·lek·tiv [-f] *Adj*; *geschr*; so, dass man sich nur auf bestimmte Dinge od. Kriterien konzentriert ⟨s. vorgehen⟩: *e-e selektive Wahrnehmung haben*

se·lig *Adj*; **1** in e-m Zustand, in dem man keine Probleme u. keine Wünsche mehr hat ≈ sehr glücklich: *Die Kinder waren s., als die Ferien begannen* **2** *Rel*; nach dem Tod bei Gott im Paradies **3** *nur attr, nicht adv*; *veraltend*; verwendet, wenn man von j-m spricht, der (schon seit längerer Zeit) gestorben ist: *meine selige Mutter / meine Mutter selig* **4** *kath* ≈ selig gesprochen || *zu* **1** u. **2** **Se·lig·keit** *die*; *nur Sg*; || *zu* **1, 2** u. **4** **Se·li·ge** *der / die*; *-n, -n*

> **se·lig spre·chen**; *spricht selig, sprach selig, hat selig gesprochen*; [Vt] *mst* ***j-d wird selig gesprochen*** *kath*; j-d wird vom Papst für würdig erklärt, bis zu e-m gewissen Grad (religiös) verehrt zu werden || *hierzu* **Se·lig·spre·chung** *die* || NB: ↑ ***heilig sprechen***

Sel·le·rie *der*; *-s*; *nur Sg*; e-e Pflanze mit intensivem Geschmack. Man verwendet die Blätter, ihre dicken Stiele od. die dicke runde Wurzel als Gewürz für Suppen od. als Salat || K-: ***Sellerie-, -knolle, -salat*** || -K: ***Stangen-, Wurzel-***

sel·ten *Adj*; **1** nur in kleiner Zahl, nicht oft vorkommend ≈ rar ↔ oft, häufig: *ein seltenes Mineral*; *ein sehr seltener Schmetterling*; *So freundliche Leute wie sie trifft man s.*; *Wir fahren sehr s. in die Stadt, vielleicht einmal im Monat* **2** *nur adv*; verwendet, um Adjektive zu verstärken ≈ besonders: *ein s. schöner Hund*; *e-e s. dumme Frage*

Sel·ten·heit *die*; *-, -en*; **1** *nur Sg*; die geringe Häufigkeit, das seltene Vorkommen von etw.: *Diese Tierart ist aufgrund ihrer S. geschützt* **2** etw., das selten vorkommt ≈ Rarität: *Solche Störungen sind leider keine S.* (= kommen häufig vor)

Sel·ten·heits·wert *der*; *nur Sg*; der große Wert, den etw. hat, weil es selten ist ⟨etw. hat S.⟩: *Seine Anrufe haben inzwischen S.* (= er ruft sehr selten an)

Sel·ters·was·ser *das*; *nur Sg*, *nordd* ≈ Mineralwasser

selt·sam *Adj*; ungewöhnlich u. nicht leicht zu verstehen od. zu erklären ≈ merkwürdig ⟨ein Mensch, ein Vorfall, ein Ereignis, e-e Begebenheit, e-e Geschichte, e-e Begegnung; j-d sieht s. aus, benimmt sich s.⟩: *Es ist schon s., dass die Tür plötzlich aufgeht, obwohl sie niemand geöffnet hat* || *hierzu* **Selt·sam·keit** *die*; **selt·sa·mer·wei·se** *Adv*

Se·man·tik *die*; *-*; *nur Sg*, *Ling*; die Lehre von der Bedeutung der Wörter u. Sätze || *hierzu* **Se·man·ti·ker** *der*; *-s, -*; **se·man·tisch** *Adj*

Se·mes·ter *das*; *-s, -*; **1** einer der beiden Abschnitte, in die das Jahr für Unterrichtszwecke *bes* an den Universitäten eingeteilt ist: *Ich bin jetzt im dritten*

S.; *Nach dem zehnten S. machte sie ihr Examen* || K-: ***Semester-, -beginn, -schluss*** || -K: ***Sommer-, Winter-*** **2** ***ein jüngeres / älteres S.*** *gespr hum*; e-e relativ junge / alte Person

Se·mes·ter·fe·ri·en *die*; *Pl*; die Zeit zwischen zwei Semestern, in der es keine Vorlesungen (an der Universität) gibt

Se·mi·fi·na·le *das*; *Sport* ≈ Halbfinale

Se·mi·ko·lon *das*; *-s, -s*; *geschr* ≈ Strichpunkt

Se·mi·nar *das*; *-s, -e*; **1** e-e Form des Unterrichts *bes* an Universitäten, bei der die Teilnehmer mit Referaten u. Diskussionen an e-m bestimmten Thema arbeiten ⟨ein S. belegen; an e-m S. teilnehmen; ein S. durchführen, leiten, abhalten⟩ || K-: ***Seminar-, -arbeit, -teilnehmer, -zeugnis*** **2** ein Institut an e-r Universität: *das Germanistische S. der Universität* **3** e-e Institution, an der Priester ausgebildet werden || -K: ***Priester-*** || *zu* **3** **Se·mi·na·rist** *der*; *-en, -en*

Se·mit *der*; *-en, -en*; *mst Pl*; ein Angehöriger e-r Völkergruppe, zu deren heutigen Nachkommen *z.B.* Juden u. Araber gehören || NB: *der Semit*; *den, dem, des Semiten* || *hierzu* **Se·mi·tin** *die*; *-, -nen*; **se·mi·tisch** *Adj*

Sem·mel *die*; *-, -n*; *südd* Ⓐ ≈ Brötchen || ↑ *Abb. unter* ***Brot*** || K-: ***Semmel-, -knödel***; ***semmel-, -blond*** || -K: ***Butter-, Käse-, Schinken-, Wurst-*** || ID ***etw. geht weg wie warme Semmeln*** *gespr*; von etw. wird in kurzer Zeit viel verkauft

Sem·mel·brö·sel *die*; *Pl*, *südd* Ⓐ ≈ Paniermehl

Se·nat *der*; *-s, -e*; *Kollekt*; **1** Ⓓ die Regierung der Bundesländer Bremen, Hamburg u. Berlin **2** einer der beiden Teile des Parlaments in den USA ↔ Kongress **3** *hist*; ein Gremium im antiken Rom, dessen Mitglieder (die Patrizier) die Aufsicht über die Gesetzgebung, die Finanz- u. die Außenpolitik hatten **4** e-e Gruppe (ein Gremium) von Professoren, von Beamten u. Angestellten der Verwaltung *usw*, die an e-r Hochschule Fragen der gesamten Institution entscheiden || K-: ***Senats-, -beschluss, -präsident, -sitzung, -sprecher*** **5** ein Gremium von mehreren Richtern an den höheren Gerichten in Deutschland || K-: ***Senats-, -präsident*** || *zu* **1-4** **Se·na·tor** *der*; *-s, Se·na·to·ren*; *zu* **1, 2** u. **4** **Se·na·to·rin** *die*; *-, -nen*

Sen·de·be·richt *der*; *Telecom*; ein Ausdruck e-s Faxgerätes, auf dem Datum, Uhrzeit, Dauer des abgeschickten Faxes u. die Faxnummer des Empfängers stehen

sen·den; *sendete / sandte, hat gesendet / gesandt*; Vt/i **1** **(*etw.*) *s.*** (*sendete*, Ⓒⓗ *sandte*) e-e Sendung im Fernsehen od. Radio bringen ≈ ausstrahlen: *Wegen e-r Programmänderung senden wir den vorgesehenen Spielfilm erst um 21 Uhr*; *Wir senden rund um die Uhr / in Mono / in Stereo* || K-: ***Sende-, -anlage, -mast, -saal, -station, -termin, -turm***; Vt **2** **(*j-m*) *etw. s.*** (*sandte*) ≈ schicken: *j-m ein Paket s.* **3** ***j-n / etw. irgendwohin s.*** (*sandte*) *geschr* ≈ schicken, entsenden: *Helfer in das Erdbebengebiet s.*

Sen·der *der*; *-s, -*; **1** e-e Station, die Fernseh- u. / od. Radiosendungen macht u. sendet (1) ⟨ein öffentlicher, privater S.; e-n S. gut, schlecht empfangen, hereinbekommen⟩ || -K: ***Fernseh-, Geheim-, Radio-, Regional-, Rundfunk-*** **2** ein Gerät, das elektromagnetische Wellen erzeugt u. sendet ↔ Empfänger

Sen·de·rei·he *die*; e-e Reihe (4) von Sendungen (1) zu e-m bestimmten Thema

Sen·de·schluss *der*; der Zeitpunkt, ab dem (*bes* im Fernsehen) keine Sendung (1) mehr kommt

Sen·de·zeit *die*; die Zeit, die für e-e bestimmte Sendung (1) (od. für e-n bestimmten Sender) vorgesehen ist: *e-e Sportübertragung zur besten S.*

Sen·dung *die*; *-, -en*; **1** ***e-e S.*** (***über etw.*** (*Akk*)) ein bestimmter, abgeschlossener Teil des Programms im Fernsehen u. Radio ⟨(sich (*Dat*)) e-e S. anhören, ansehen; e-e S. hören, sehen; e-e S. machen, ausstrahlen, ankündigen⟩: *e-e S. über das aktuelle Tagesgeschehen* || -K: ***Abend-, Fernseh-, Live-, Nachrichten-, Radio-, Rundfunk-, Sport-, Unterhaltungs-*** **2** der Vorgang, durch den etw. irgendwohin geschickt wird: *Die S. der bestellten Ware wird sich verzögern* **3** ***e-e S.*** (+ *Subst*) etw., das j-m (*bes* mit der Post) geschickt wird ⟨e-e S. in Empfang nehmen, erhalten; den Empfang e-r S. bestätigen⟩: *e-e S. Ersatzteile* || -K: ***Brief-, Geld-; Post-; Auslands-*** **4** *geschr veraltend*; e-e wichtige Aufgabe ≈ Mission (1) || K-: ***Sendungs-, -bewusstsein***

Senf *der*; *-(e)s, -e*; *mst Sg*; **1** e-e gelbbraune; *mst* scharfe (2) Paste, die man in kleinen Mengen *bes* zu Würstchen u. Fleisch isst ⟨milder, scharfer, mittelscharfer, süßer S.; ein Glas, e-e Tube S.⟩: *Frankfurter Würstchen mit S.* || K-: ***Senf-, -glas, -soße, -tube*** **2** e-e gelbe Pflanze, die scharf schmeckende Samen produziert, aus denen man S. (1) macht || K-: ***Senf-, -korn, -pflanze*** || ID *mst* ***seinen S. dazugeben*** (***müssen***) *gespr pej*; zu e-m Thema etw. sagen, obwohl das niemand wünscht || *zu* **1** **senf·far·ben** *Adj*; **senf·far·big** *Adj*

Senf·gur·ke *die*; e-e Gurke, die in e-r Flüssigkeit mit Senfkörnern u. anderen Gewürzen konserviert ist

sen·gend *Adj*; *mst attr*; sehr heiß, intensiv ⟨Hitze, Sonne⟩ || ► ***versengen***

se·nil *Adj*; *pej*; (aufgrund hohen Alters) mit geistigen Schwächen ⟨ein Greis⟩ || *hierzu* **Se·ni·li·tät** *die*; *-*; *nur Sg*

se·ni·or ['zeːnioːɐ̯] *Adj*; *indeklinabel, nicht adv*; *Personenname* + ***s.*** verwendet, um den Vater zu bezeichnen, wenn Vater u. Sohn denselben Vornamen haben; *Abk* sen. ↔ junior: *Kann ich Herrn Robert Wagner s. sprechen?*

Se·ni·or ['zeːnioːɐ̯] *der*; *-s, Se·ni·o·ren*; **1** *mst Pl*; ein alter Mensch, *bes* ein Rentner: *e-e Tanzveranstaltung für die Senioren der Stadt* || K-: ***Senioren-, -heim, -treffen*** **2** *nur Sg*; der Besitzer e-r Firma *o.Ä.* (*bes* wenn sein Sohn auch in der Firma ist u. den gleichen Vornamen hat) ↔ Junior (1) || K-: ***Senior-, -chef*** **3** der älteste Mitarbeiter e-r Abteilung *o.Ä.*: *Herr Brand ist unser S.* **4** *Sport*; ein Sportler, der (je nach Sportart) über 18 bzw. 20, 21 od. 23 Jahre alt ist: *bei den Senioren starten* || K-: ***Senioren-, -klasse, -meister, -meisterschaft*** || *zu* **1** u. **4** **Se·ni·o·rin** *die*; *-, -nen*

Se·ni·o·ren·pass *der*; ein Ausweis, der alten Leuten erlaubt, zu günstigeren Preisen mit dem Zug *o.Ä.* zu fahren

Se·ni·o·ren·tel·ler *der*; (in e-m Gasthaus) e-e Portion Essen für alte Leute, die billiger u. kleiner ist als die normalen Portionen ⟨e-n / den S. bestellen⟩

Sen·ke *die*; *-, -n*; e-e Fläche, die tiefer liegt als die Flächen der Umgebung ↔ Erhebung || -K: ***Boden-, Tal-*** || NB: ↑ ***Grube***

sen·ken; *senkte, hat gesenkt*; Vt **1** ***etw. s.*** bewirken, dass etw. nach unten kommt ↔ heben ⟨den Kopf, die Schultern s.⟩: *den Sarg ins Grab s.* **2** ⟨die Augen, den Blick⟩ ***s.*** auf denBoden blicken **3** ***etw. s.*** bewirken, dass etw. kleiner od. geringer wird ≈ verringern ↔ anheben, erhöhen ⟨die Preise, die Kosten s.⟩ **4** ***etw. s.*** bewirken, dass etw. niedriger wird ⟨das Fieber s.⟩; Vr **5** ***etw. senkt sich*** etw. kommt nach unten ≈ etw. sinkt ↔ etw. hebt sich, steigt: *Beim Ausatmen senkt sich der Brustkorb*; *Der Boden hat sich gesenkt* (= liegt jetzt tiefer als zuvor) || *hierzu* **Sen·kung** *die*

S

Sẹnk·fuß *der*; ein leichter Plattfuß ⟨Senkfüße haben⟩

sẹnk·recht *Adj*; **1** in e-m Winkel von 90° (zu e-r Ebene od. Fläche) ≈ vertikal: *Die beiden Linien stehen s. aufeinander* || ↑ *Abb. unter* **Eigenschaften 2** in e-r geraden Linie nach oben gehend ≈ vertikal ↔ waagrecht: *Die Felswand ist extrem steil, fast s.*; *Wenn kein Wind weht, steigt der Rauch s. in die Höhe* || K-: ***Senkrecht-, -start***

Sẹnk·rech·te *die*; *-n, -n*; e-e senkrechte Linie od. Richtung ↔ Waagrechte

Sẹnk·recht|star·ter *der*; *-s, -*; *gespr*; e-e Person od. Sache, die von Anfang an großen Erfolg hat

Sẹnn *der*; *-s, -e*; *südd* Ⓐ Ⓒⓗ ein Mann, der hoch auf dem Berg (auf e-r Alm) *bes* die Kühe versorgt u. Milch, Butter u. Käse macht

Sẹn·ner *der*; *-s, -*; *südd* Ⓐ ≈ Senn || *hierzu* **Sẹn·ne·rin** *die*; *-, -nen*; **Sen·ne·rei** *die*; *-, -en*

Sen·sa·ti·on [-ˈtsi̯oːn] *die*; *-, -en*; ein ungewöhnliches Ereignis, das in der Öffentlichkeit große Aufregung verursacht ⟨e-e literarische, technische S.⟩: *Der erste Flug zum Mond war e-e echte S.*; *Im Finale kam es zu e-r S.: Der Außenseiter schlug den Favoriten mit 6:1* || K-: ***Sensations-, -meldung, -nachricht, -sieg***; ***sensations-, -hungrig, -lüstern***

sen·sa·ti·o·nẹll [-tsi̯o-] *Adj*; mit der Wirkung e-r Sensation ≈ Aufsehen erregend, spektakulär ⟨e-e Meldung, ein Ereignis, e-e Entdeckung⟩: *e-e s. aufgemachte Story*

Sen·sa·ti·ons·gier *die*; *nur Sg, pej*; der starke Wunsch vieler Menschen, Sensationen zu erleben od. davon zu erfahren

Sen·sa·ti·ons·pres·se *die*; *nur Sg, Kollekt, pej*; die Zeitungen u. Zeitschriften, die über Ereignisse so berichten, als ob sie alle Sensationen wären

Sẹn·se *die*; *-, -n*; ein Gerät mit e-r scharfen, spitzen u. leicht gebogenen Schneide an e-m langen Stiel, mit dem man *bes* Gras mäht ⟨die S. wetzen⟩ || K-: ***Sensen-, -blatt, -griff*** || ID *mst* ***Jetzt ist (bei mir) S.!*** *gespr*; jetzt ist Schluss, das reicht

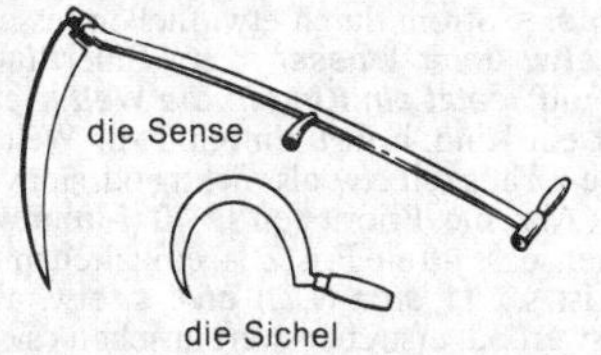

sen·si·bel; *sensibler, sensibelst-*; *Adj*; **1** *oft pej*; ⟨ein Mensch⟩ so, dass er auf Einflüsse stark reagiert u. schnell verletzt (3) ist ≈ feinfühlig ↔ unsensibel: *Sei nicht so grob zu ihm, er ist sehr s.* **2** *Med*; fähig, Reize zu empfangen u. weiterzugeben ≈ empfindlich ⟨Nerven⟩ || NB: *sensibel* → *ein sensibles Kind* || *hierzu* **Sen·si·bi·li·tät** *die*; *-; nur Sg*

Sen·si·bel·chen *das*; *-s, -*; *gespr pej*; j-d, der sehr sensibel (1) ist

sen·si·bi·li·sie·ren; *sensibilisierte, hat sensibilisiert*; Vt ***j-n (für etw.) s.*** bewirken, dass j-d bestimmte Probleme besser versteht u. mehr beachtet: *die Öffentlichkeit für die Probleme der Aidskranken s.* || *hierzu* **Sen·si·bi·li·sie·rung** *die*

Sẹn·sor *der*; *-s, Sen·so·ren*; **1** e-e Art Schalter an elektrischen Geräten, den man nur leicht berühren muss **2** *Tech*; ein Gerät, das geringe Änderungen von Wärme, Licht, Geräuschen *o.Ä.* feststellt u. misst od. das auf solche Änderungen reagiert (u. *z.B.* e-e Tür öffnet od. die Heizung reguliert): *Die Garagentür wird durch Sensoren geöffnet*

sen·so·risch *Adj*; *nur attr od adv, geschr*; in Bezug auf die Sinnesorgane: *sensorische Störungen*

Sen·tẹnz *die*; *-, -en*; *geschr*; ein kurzer Satz mit e-m *mst* klugen Inhalt, der allgemein gültig ist

sen·ti·men·tal *Adj*; *mst pej*; ⟨e-e Geschichte, ein Lied, ein Gedicht⟩ so, dass sie in übertriebener Weise die Gefühle ansprechen ≈ rührselig ↔ unsentimental, nüchtern || *hierzu* **Sen·ti·men·ta·li·tät** *die*; *-, -en*

se·pa·rat *Adj*; vom Rest od. von den anderen getrennt ≈ gesondert ⟨ein Eingang; s. wohnen⟩: *etw. auf e-m separaten Blatt ausrechnen* || *K-*: ***Separat-, -eingang***

Se·pa·ra·tịs·mus *der*; *-; nur Sg, mst pej*; **1** der Wunsch, e-e eigene Gemeinschaft (*bes* in e-m eigenen Staat) zu bilden **2** die Maßnahmen, durch die versucht wird, *mst* e-n eigenen Staat zu bilden || *hierzu* **Se·pa·ra·tịst** *der*; *-en, -en*; **se·pa·ra·tịs·tisch** *Adj*

Sẹp·sis *die*; *-, Sep·sen*; *Med* ≈ Blutvergiftung

Sep·tẹm·ber *der*; *-s, -*; der neunte Monat des Jahres; *Abk* Sept. ⟨im S.; Anfang, Mitte, Ende S.; am 1., 2., 3. *usw* S.⟩

sẹp·tisch *Adj*; *Med*; **1** von e-r Blutvergiftung verursacht ⟨Fieber⟩ **2** voller Bakterien ↔ aseptisch, keimfrei ⟨Verbandsmaterial, e-e Wunde⟩

Se·quẹnz *die*; *-, -en*; *geschr*; **1** ***e-e S.*** (+ *Gen* / ***von etw.*** (*Pl*)) ≈ Folge, Kette: *e-e S. von Tönen* **2** e-e mehr od. weniger abgeschlossene Einheit in e-m Film || -K: ***Film-***

Se·re·na·de *die*; *-, -n*; ein *mst* heiteres Stück Musik in mehreren Teilen, das von e-m kleinen Orchester gespielt wird

Se·rie [-i̯ə] *die*; *-, -n*; **1** ***e-e S.*** (+ *Gen* / ***von etw.*** (*Pl*)) e-e Folge von Ereignissen ähnlicher Art, die nacheinander geschehen ≈ Reihe (2): *e-e S. von Unfällen* || -K: ***Erfolgs-, Gewinn-, Sieges-, Unfall-, Unglücks-, Versuchs-*** **2** ***e-e S.*** (+ *Gen* / ***von etw.*** (*Pl*)) e-e Anzahl von gleichen Dingen aus derselben Produktion ≈ Satz[1] (6), Reihe (2) ⟨e-e S. läuft aus; e-e S. Briefmarken, Fotos⟩ || -K: ***Briefmarken-, Foto-*** **3** ein Text od. e-e Radio- od. Fernsehsendung, die in Teilen zu bestimmten Zeiten erscheinen: *e-e fünfteilige S.* || -K: ***Familien-, Krimi-*** **4** ***etw. in S. herstellen, fertigen*** *usw* von etw. e-e große Zahl gleicher Exemplare industriell produzieren || K-: ***Serien-, -bau, -fertigung, -herstellung, -produktion*** **5** ***etw. geht in S.*** etw. wird in e-r großen Zahl gleicher Exemplare industriell hergestellt

se·ri·en·mä·ßig *Adj*; **1** in Serie (4) (produziert) ⟨etw. s. herstellen⟩ **2** zu e-r Serie (2) gehörig: *Bei diesem Automodell ist die Klimaanlage s.*

se·ri·en·wei·se *Adj*; *mst adv*; **1** in e-r ganzen Serie (2) (nicht in einzelnen Exemplaren) ⟨etw. s. herstellen, produzieren, verkaufen⟩ **2** *gespr*; in großer Menge ≈ massenweise, massenhaft

se·ri·ös, *seriöser, seriösest-*; *Adj*; ⟨ein Herr, e-e Firma, ein Unternehmen, ein Geschäft⟩ so, dass man ihnen glauben u. vertrauen kann ≈ vertrauenswürdig ↔ unseriös: *Er macht nicht gerade e-n seriösen Eindruck* || *hierzu* **Se·ri·o·si·tät** *die*; *-; nur Sg*

Serpentine

Sẹr·mon *der*; *-s, -e*; *gespr pej*; **1** e-e langweilige, sinnlose (u. dumme) Rede **2** ≈ Strafpredigt

Ser·pen·ti·ne *die*; *-, -n*; **1** e-e steile Straße od. ein steiler Weg mit vielen engen Kurven **2** e-e enge Kurve in e-r S. (1) ≈ Haarnadelkurve || K-: ***Serpentinen-, -straße***

Se·rum *das*; *-s, Se-*

S

ren / Se·ra; **1** e-e Flüssigkeit (oft aus dem Blut von Tieren gewonnen), die man Menschen ins Blut spritzt, um sie gegen bestimmte Krankheiten u. Vergiftungen zu schützen: *nach e-m Schlangenbiss sofort ein S. spritzen* || -K: ***Diphterie-***; ***Schlangen-***; ***Test-*** **2** der flüssige Teil des Blutes || -K: ***Blut-***

Ser·ver ['zøːɐvɐ] *der*; *-s, -*; *EDV*; der zentrale Computer, mit dem mehrere Computer verbunden sind u. in dem alle (Anwendungs)Programme gespeichert sind || -K: ***Datenbank-***, ***Netzwerk-***; ***E-Mail-Server***

Ser·vice[1] [zɛr'viːs] *das*; - / *-s*, - [zɛr'viːsə]; *Kollekt*; ein Satz von Tellern, Tassen, Schüsseln *usw* derselben Art: *ein 24teiliges S. aus Porzellan* || -K: ***Porzellan-***, ***Silber-***; ***Kaffee-***, ***Speise-***, ***Tee-*** || NB: ↑ ***Geschirr***

Ser·vice[2] ['zøːɐvɪs] *der*; - / *-s*; *nur Sg*; **1** *Kollekt*; alle Leistungen, die ein Betrieb seinen Kunden bietet ≈ Kundendienst: *Die Firma hat e-n guten, schlechten S.* || -K: ***Reparatur-*** **2** die Art u. Weise, wie Gäste in e-m Restaurant, Hotel *o.Ä.* bedient werden ≈ Bedienung: *Das Essen in diesem Lokal ist gut, aber der S. ist e-e Katastrophe* **3** *Sport*; der Aufschlag im Tennis **4** (CH) ≈ Trinkgeld

ser·vie·ren [-v-]; *servierte, hat serviert*; Vt/i **1** ***(etw.) s.*** Speisen u. Getränke zum Tisch tragen u. anbieten ≈ auftragen ⟨das Essen, die Suppe, die Getränke, das Menü s.⟩: *zum Wein Käse s.*; Vt **2** ***j-m etw. s.*** j-m etw. zu essen od. trinken an den Tisch bringen: *seinen Gästen Kaffee s.* || K-: ***Servier-***, ***-mädchen***; Vi **3** *Sport*; beim Tennis e-n Aufschlag machen

Ser·vie·re·rin *die*; -, *-nen* ≈ Kellnerin

Ser·vier·toch·ter *die*; (CH) ≈ Kellnerin

Ser·vi·et·te [-vi̯-] *die*; -, *-n*; ein Stück Tuch od. Papier, mit dem man sich beim Essen den Mund u. die Hände sauber macht ⟨sich (*Dat*) den Mund, die Hände mit e-r S. abwischen; sich e-e S. umbinden⟩ || K-: ***Servietten-***, ***-ring*** || -K: ***Leinen-***, ***Papier-***, ***Stoff-***

ser·vil [-v-] *Adj*; *gespr pej*; bereit, jedem, der e-n höheren Rang hat, zu schmeicheln u. ihn zu bedienen ≈ unterwürfig, kriecherisch || *hierzu* **Ser·vi·li·tät** *die*; -; *nur Sg*

Ser·vo·len·kung [-v-] *die*; ein System (in Autos), das die Lenkung verstärkt, sodass der Fahrer wenig Kraft zum Lenken u. Rangieren braucht

Ser·vus! [-v-] *Interjektion*; *südd* (A) *gespr*; verwendet zur Begrüßung od. zur Verabschiedung *bes* unter Freunden od. Kollegen: *S.! Wie gehts dir?*; *Bis morgen Renate, S.!*

Se·sam *der*; *-s, -s*; die kleinen, weißen, glatten Samen e-r tropischen Pflanze || K-: ***Sesam-***, ***-brot***, ***-brötchen***, ***-öl***, ***-semmel***

Ses·sel *der*; *-s*, -; **1** ein Möbelstück zum Sitzen für eine Person, das weich gepolstert ist u. *mst* Lehnen für die Arme u. e-e breite Lehne für den Rücken hat ⟨sich in e-n S. setzen; sich aus dem / vom S. erheben; in e-n S. sinken⟩ || K-: ***Sessel-***, ***-lehne*** || -K: ***Büro-***, ***Garten-***; ***Korb-***, ***Leder-***, ***Plüsch-***, ***Polster-***; ***Rohr-*** **2** (A) ≈ Stuhl **3** (CH) ≈ Sitz (2)

Ses·sel·bahn *die* ≈ Sessellift

Ses·sel·lift *der*; e-e Vorrichtung, mit der Leute (auf Sitzen) e-n Berg hinauf- od. hinunterfahren können ⟨mit dem S. fahren⟩

sess·haft *Adj*; drückt aus, dass der Betreffende nicht dazu neigt, von seinem Heimatort wegzuziehen ⟨ein Volk; ein sesshaftes Leben führen; s. werden; j-n / sich s. machen⟩ || *hierzu* **Sess·haf·tig·keit** *die*; *nur Sg*

Set *das*; *-s, -s*; **1** *Kollekt*; ***ein S.*** + *Subst* / ***von*** ⟨Dingen⟩ e-e Gruppe (Serie) von Dingen, die zusammengehören, *bes* gleiche Dinge unterschiedlicher Größe, Farbe *o.Ä.* ≈ Satz[1] (6): *ein S. von verschiedenen Nähnadeln*; *ein S. Kugelschreiber* **2** ein Stück Stoff, Plastik *o.Ä.*, das man auf den Tisch unter den Teller legt

Set·ter *der*; *-s, -*; ein großer, schlanker Hund mit langen Beinen u. rotbraunen langen Haaren

Set·up ['sɛt|ap] *das*; *-(s), -s*; *EDV*; ein Programm, das dazu dient, ein Betriebssystem an die Hardware e-s Computers anzupassen

set·zen; *setzte, hat / ist gesetzt*; Vr (*hat*) **1** ***sich (irgendwohin) s.*** seine (Körper)Haltung so ändern, dass man nicht mehr steht, sondern sitzt ↔ aufstehen, sich erheben ⟨sich aufs Pferd, aufs Rad, auf e-n Stuhl, aufs Sofa, an den Tisch, ins Gras s.⟩: *Setzen Sie sich doch, ich komme gleich*; *Er setzte sich zu mir / neben mich unter den Baum, in den Schatten* || NB: Kommt j-d vom Liegen zum Sitzen, sagt man *sich aufsetzen* **2** ***etw. setzt sich*** ein fester Stoff sinkt in e-r Flüssigkeit zu Boden: *Das Wasser ist trüb, weil du Sand aufgewirbelt hast. Wenn er sich setzt, wird es wieder klar*; Vt (*hat*) **3** ***j-n irgendwohin s.*** j-n irgendwohin bringen, damit er dort sitzt: *ein Baby aufs Töpfchen, auf seinen Schoß s.*; *e-n Gast an den besten Platz s.* **4** ***etw. irgendwohin s.*** etw. so an e-e Stelle bewegen, dass es sie berührt ⟨e-e Flöte, ein Glas, e-e Trompete an den Mund, an die Lippen s.; e-n Hut, e-e Mütze auf den Kopf s.⟩ **5** *mst* ⟨ein Tier⟩ ***irgendwohin s.*** ein Tier irgendwohin bringen, damit es dort bleibt od. etw. tut: *Fische in e-n Teich, Vögel in e-n Käfig s.* **6** *mst* ***einen Fuß / Schritt vor den anderen s.*** gehen od. laufen **7** ***etw. (irgendwohin) s.*** etw. irgendwohin schreiben ⟨ein Fragezeichen, ein Komma, e-n Punkt s.; j-n (= j-s Namen) / etw. auf e-e Liste s.; etw. auf die Rechnung / Tagesordnung, in die Zeitung s.; seinen Namen, seine Unterschrift unter e-n Brief, auf ein Dokument s.⟩ **8** verwendet in bestimmten festen Redewendungen; ***j-d / etw. setzt sich in Bewegung*** ≈ j-d / etw. fängt an, sich zu bewegen ⟨ein Zug, e-e Prozession⟩; ***etw. in, außer Betrieb s.*** ≈ etw. einschalten, ausschalten; ***j-n auf Diät s.*** ≈ j-m e-e Diät verordnen; ***etw. außer Funktion s.*** ≈ bewirken, dass etw. nicht mehr funktioniert; ***etw. in Gang s.*** ≈ bewirken, dass etw. anfängt; ***etw. unter Strom s.*** ≈ Strom durch etw. fließen lassen; ***etw. setzt etw. unter Wasser*** ≈ etw. überflutet etw.; ⟨e-e Frau⟩ ***setzt ein Kind in die Welt*** ≈ e-e Frau gebärt ein Kind, bringt ein Kind zur Welt **9** ***etw. s.*** bei e-r Tätigkeit etw. als wichtig od. sinnvoll festlegen ⟨Akzente, Prioritäten s.⟩ **10** ***(j-m) etw. s.*** bestimmen, dass j-d e-e Frist *o.Ä.* einhalten muss ⟨j-m e-e Frist s.⟩ **11** ***sich*** (*Dat*) ***etw. s.*** etw. als wünschenswert od. erstrebenswert ansehen ⟨sich (*Dat*) ein Ziel s.; sich (*Dat*) etw. zum Ziel s.⟩ **12** ***etw.*** (*Dat*) ***etw. s.*** etw. irgendwie beschränken od. einschränken ⟨etw. (*Dat*) ein Ende, Grenzen, Schranken s.⟩: *Diesen peinlichen Pannen muss ein Ende gesetzt werden!* (= es dürfen keine solchen Pannen mehr passieren) **13** ***j-n über etw.*** (*Akk*) ***s.*** j-n in e-m Boot od. Schiff über e-n Fluss, See *o.Ä.* bringen **14** ***j-n irgendwohin s.*** *gespr*; j-n zwingen, ein Haus, e-e Wohnung *o.Ä.* zu verlassen ⟨j-n an die (frische) Luft, auf die Straße, vor die Tür s.⟩ **15** ***etw. an etw.*** (*Akk*) ***s.*** Zeit u. Arbeit dafür verwenden, um etw. zu erreichen ⟨viel Arbeit / Geld / Mühe / Zeit an etw. s.⟩: *Er setzte viel Energie* daran, *die Wohnung* zu *renovieren* **16** ***die Segel s.*** *Seefahrt*; die Segel hochziehen ↔ die Segel einholen **17** ***etw. s.*** e-e Textvorlage mit e-r besonderen Maschine (e-m Satzrechner) so erfassen, dass sie dann gedruckt werden kann ⟨ein Manuskript s.⟩; Vt/i (*hat*) **18** ***(etw.) (auf j-n / etw.) s.*** um Geld wetten, dass *z.B.* ein bestimmtes Pferd bei e-m Rennen od. e-e bestimmte Zahl bei e-m Roulettespiel gewinnt: *zwanzig Euro im ersten Rennen auf Nummer drei s.*; *Ich setze auf* *die Nummer 36* **19 (etw.) auf j-n / etw. s.** ≈ auf j-n / etw. vertrauen ⟨seine Hoffnung, sein Vertrauen auf j-n / etw. s.⟩: *Ich setze auf ihre Diskretion*; [Vi] **20 über etw.** (*Akk*) **s.** (*ist*) ein Hindernis mit e-m großen Sprung überqueren ⟨über e-n Graben, e-e Mauer, e-n Zaun s.⟩ **21 über etw.** (*Akk*) **s.** (*hat / ist*) über e-n Fluss *o.Ä.* mit dem Boot, Schiff fahren: *über den Ärmelkanal s.*; [Vimp] (*hat*) **22 es setzt etw.** *gespr*; verwendet, um e-m Kind mit Schlägen zu drohen ⟨es setzt Hiebe, Ohrfeigen⟩: *Wenn du nicht brav bist, setzt es was!* || ID *mst* **keinen Fuß mehr vor die Tür s.** nicht mehr nach draußen gehen: *Bei diesem scheußlichen Wetter setze ich heute keinen Fuß mehr vor die Tür!*; **sich an die Spitze s.** in e-m Wettlauf *o.Ä.* die Führung übernehmen; ↑ **Denkmal**

Sẹt·zer *der*; *-s*, *-*; j-d, dessen Beruf es ist, Manuskripte (für den Druck) zu setzen (17)

Seu·che *die*; *-*, *-n*; **1** e-e (ansteckende) Krankheit, die sehr viele Menschen in kurzer Zeit bekommen ≈ Epidemie ⟨e-e S. bricht aus; e-e S. bekämpfen; etw. breitet sich wie e-e S. aus⟩: *Eine der gefürchtetsten Seuchen des Mittelalters war die Pest* || K-: **Seuchen-, -bekämpfung, -gebiet, -schutz** || -K: **Tier-, Vieh-** **2** *gespr pej*; etw., das (im Moment) sehr häufig vorkommt u. das man als unangenehm empfindet: *Diese Werbeprospekte sind doch e-e echte S.!*

Seu·chen·herd *der*; das Gebiet, von dem aus sich e-e Seuche verbreitet

seuf·zen; *seufzte*, *hat geseufzt*; [Vi] so ausatmen, dass ein Geräusch entsteht (*mst* weil man leidet od. weil man erleichtert ist)

Seuf·zer *der*; *-s*, *-*; der Vorgang od. das Geräusch des Seufzens ⟨ein tiefer, schwerer S.; ein S. der Erleichterung; e-n S. tun, ausstoßen⟩

Sẹx *der*; *-(es)*; *nur Sg*; der Geschlechtsverkehr u. die Handlungen, die damit verbunden sind ⟨(mit j-m) S. haben⟩ || K-: **Sex-, -film, -idol, -shop**

Sẹx·bom·be *die*; *gespr*; e-e sexuell attraktive Frau mit sehr weiblicher Figur

Se·xịs·mus *der*; *-*; *nur Sg*; die Einstellung u. Auffassung, dass das männliche Geschlecht größere Fähigkeiten als das weibliche hat (u. die damit begründete Benachteiligung von Frauen u. Mädchen) || *hierzu* **Se·xịst** *der*; *-en*, *-en*; **se·xịs·tisch** *Adj*

Sẹx·tou·ris·mus *der*; *gespr*; das Reisen in bestimmte Länder, weil man erwartet, dort sexuelle Kontakte zu haben

Se·xu·al- *im Subst*, *begrenzt produktiv*; in Bezug auf den Geschlechtsverkehr u. die damit verbundenen Handlungen, Probleme u. (Moral)Vorstellungen; die **Sexualaufklärung**, die **Sexualerziehung**, die **Sexualethik**, der **Sexualforscher**, die **Sexualmoral**, der **Sexualpartner**, das **Sexualverhalten**, die **Sexualwissenschaft**

Se·xu·al·de·likt *das* ≈ Sexualverbrechen

Se·xu·a·li·tät *die*; *-*; *nur Sg*, *Kollekt*; alle Gefühle, Handlungen, Bedürfnisse, Fähigkeiten *usw*, die mit dem Geschlechtsverkehr verbunden sind

Se·xu·al·kun·de *die*; *nur Sg*; ein (Unterrichts)Fach in der Schule, in dem die Kinder lernen, wie sich Menschen fortpflanzen || K-: **Sexualkunde-, -unterricht**

Se·xu·al·le·ben *das*; *nur Sg*, *Kollekt*; alle Handlungen e-s Menschen im Zusammenhang mit dem Geschlechtsverkehr

Se·xu·al·ob·jekt *das*; e-e Person (*bes* e-e Frau), von der j-d glaubt, er könne seine sexuellen Wünsche an ihr befriedigen ⟨j-n zum S. degradieren; j-n nur als S. sehen⟩

Se·xu·al·ver·bre·chen *das*; ein Verbrechen, bei dem j-d e-n anderen Menschen zu sexuellen Handlungen zwingt || *hierzu* **Se·xu·al·ver·bre·cher** *der*

se·xu·ẹll *Adj*; *nur attr od adv*; in Bezug auf den Geschlechtsverkehr u. die damit verbundenen Bedürfnisse u. Handlungen ⟨das Verhalten, Aktivitäten, Kontakte, Tabus; j-s s. missbrauchen; s. erregt sein⟩

sẹ·xy *Adj*; *mst präd*, *indeklinabel*, *gespr*; attraktiv u. sexuell aufregend

se·zie·ren; *sezierte*, *hat seziert*; [Vt/i] **(j-n / etw.) s.** den Körper e-s toten Menschen od. e-s toten Tieres öffnen, *mst* um zu sehen, woran sie gestorben sind ⟨Leichen s.⟩ || K-: **Sezier-, -kurs, -messer**

sFr *Abk für* Schweizer Franken

Sham·poo ['ʃampu] *das*; *-s*; *-s*; ein *mst* flüssiges Mittel, mit dem man sich die Haare wäscht: *ein S. gegen fettige Haare, gegen Schuppen* || -K: **Schuppen-; Trocken-**

Sham·poon ['ʃampoːn] *das*; *-s*, *-s*; ↑ **Shampoo**

Sher·ry ['ʃɛri] *der*; *-s*, *-s*; ein schwerer Wein aus Südspanien

Shit [ʃɪt] *der*, *das*; *-s*; *nur Sg*, *gespr!* ≈ Haschisch ⟨S. rauchen⟩

Shop [ʃɔp] *der*; *-s*, *-s* ≈ Geschäft, Laden

Shorts [ʃoːɐ̯ts] *die*; *Pl*; e-e kurze Hose ⟨S. anziehen, tragen, anhaben⟩

Show [ʃoː, ʃou] *die*; *-*, *-s* ≈ Schau (2) || ID **e-e (große) / seine S. abziehen** ↑ **Schau**; **(einen) auf S. machen** ↑ **Schau**; **j-m die S. stehlen** *gespr*; ↑ **Schau**

Show·busi·ness ['ʃoːbɪznɪs] *das*; *-*; *nur Sg*, *Kollekt*; alle Betriebe, Arbeiten, Aktivitäten, Menschen *usw*, die mit der Produktion von Unterhaltungssendungen u. -veranstaltungen *o.Ä.* zu tun haben ⟨im S. sein, arbeiten⟩

Show·ge·schäft *das*; *nur Sg* ≈ Showbusiness

Show·mas·ter ['ʃoːmaːstɐ] *der*; *-s*, *-*; j-d, der (beruflich) Shows arrangiert u. präsentiert

Shut·tle·ver·kehr ['ʃatl-] *der*; ein Verkehr mit Flugzeugen od. Autobussen zwischen zwei Punkten: *Es gibt e-n S. zwischen dem Flughafen u. dem Hotel*

sịch[1] *Reflexivpronomen der 3. Person Sg u. Pl* (*er*, *sie*[1], *es*; *sie*[2]), *Akkusativ u. Dativ*; **1** verwendet als Akkusativpronomen zu reflexiven Verben: *Er freut s. schon auf die Ferien*; *Sie ärgerte s. über seine Lügen*; *Das Hotel befindet s. außerhalb der Stadt* **2** verwendet als Dativpronomen zu Verben, die ein direktes Objekt (im Akkusativ) haben. Das Dativpronomen *sich* bezieht sich auf das Subjekt des Satzes: *Sie kaufte s. am Kiosk e-e Zeitung*; *Er hat s. in den Finger geschnitten*; *Meine amerikanischen Freunde haben s. Bonn viel größer vorgestellt* || NB: *zu* **1** u. **2**: ↑ *Tabelle unter* **Reflexivpronomen** **3** *gespr*; verwendet in e-r unpersönlichen Konstruktion mit *es* anstatt e-r Konstruktion mit *man*: *In diesem Viertel wohnt es s. recht gut* (= In diesem Viertel wohnt man ziemlich gut) **4 etw. an 's.** verwendet, um auszudrücken, dass man etw. ohne seine Begleitumstände u. Folgen betrachtet: *Die Idee an s. ist nicht schlecht, nur lässt sie sich kaum realisieren* **5 von 's. aus** ohne dass man j-n auffordert, etw. zu tun: *Er hat von sich aus das Geschirr gespült*

sịch[2] *reziprokes Pronomen der 3. Person Pl* (*sie*[2]), *Akkusativ u. Dativ*; verwendet, um auszudrücken, dass jede der genannten Personen die gleiche Verbhandlung auf die andere(n) Person(en) richtet ≈ einander: *Gabi u. Klaus erzählten s. Witze* (= Gabi erzählte Klaus Witze, u. Klaus erzählte Gabi Witze); *Nach fast zwanzig Jahren sahen sie s. wieder* (= Jeder sah den anderen wieder) || NB: **a)** Es gibt Verben, bei denen *sich* theoretisch Reflexivpronomen und reziprokes Pronomen sein kann: *Die beiden Kandidaten stellten sich vor* kann bedeuten: *Jeder Kandidat stellte sich selbst vor* (sich = Reflexivpronomen) oder aber: *Jeder Kandidat stellte den ande-*

S

ren Kandidaten vor (sich = reziprokes Pronomen). Wenn der Kontext nicht eindeutig ist, kann man auf folgende Weise Klarheit schaffen: reflexives Verhältnis: *Jeder Kandidat stellte sich selbst vor*; reziprokes Verhältnis: *Die Kandidaten stellten einander vor*; *Die Kandidaten stellten sich gegenseitig vor*; **b)** ↑ *Tabelle unter* ***Reflexivpronomen***

Si·chel *die*; -, *-n*; **1** ein Gerät mit e-m kleinen Griff aus Holz u. e-m flachen, scharfen u. gebogenen Stück aus Metall. Mit e-r S. schneidet man (kleine Flächen von) Gras || ↑ *Abb. unter* ***Sense*** **2** etw., das die Form e-r S. (1) hat || -K: ***Mond-*** || *zu* **2 si·chel·för·mig** *Adj*

si·cher *Adj*; **1** vor Gefahren od. Risiken geschützt ↔ unsicher ⟨ein Versteck, ein Weg; ein Arbeitsplatz, ein Einkommen; irgendwo s. sein; sich irgendwo s. fühlen; etw. aus sicherer Entfernung beobachten⟩ **2** so, dass Fehler od. Irrtümer fast nie vorkommen: *ein sicheres Urteil, e-n sicheren Geschmack haben*; *sehr s. Auto fahren* **3** mit der versprochenen Wirkung ⟨ein Medikament, e-e Methode, ein Verhütungsmittel⟩ **4** so, dass man keine Zweifel an der Wahrheit (der Äußerung) haben muss ≈ zuverlässig, verlässlich ⟨etw. aus sicherer Quelle wissen, erfahren⟩ **5** so, dass man nicht leicht fällt od. stürzt ⟨s. stehen, gehen; auf sicheren Beinen stehen; etw. hat e-n sicheren Stand⟩ **6** voller Vertrauen in die eigenen Fähigkeiten ≈ selbstsicher, selbstbewusst ↔ unsicher ⟨ein Auftreten; s. wirken⟩ **7** sehr wahrscheinlich ≈ gewiss ⟨das Ende, der Tod, ein Sieg; es ist (so gut wie) s., dass...⟩: *Es ist ziemlich s., dass sie e-e Stelle an der Universität bekommt*; *Sie hat s. den Zug versäumt*; *Er freut sich s., wenn wir ihn besuchen* **8 sich** (*Dat*) **etw.** (*Gen*) **s. sein**; (**sich** (*Dat*)) **s. sein, dass ...** von etw. überzeugt sein: *sich seines Erfolgs s. sein*; *Ich bin mir absolut s., dass sie meine Kassette noch hat* || ID **s. ist s.** verwendet, um auszudrücken, dass es besser ist, sehr vorsichtig zu sein, als ein Risiko einzugehen

-si·cher *im Adj, sehr produktiv*; **1** drückt aus, dass j-d / etw. vor dem im ersten Wortteil Genannten geschützt ist; ***diebessicher, diebstahlsicher, fälschungssicher*** ⟨ein Ausweis⟩, ***kindersicher*** ⟨ein Verschluss⟩, ***kugelsicher*** ⟨e-e Weste, ein Auto⟩, ***lawinensicher*** ⟨e-e Piste⟩, ***mottensicher, störsicher*** **2** drückt aus, dass etw. das im ersten Wortteil Genannte aushält, ohne beschädigt od. zerstört zu werden; ***bruchsicher*** ⟨Geschirr⟩, ***feuersicher*** ⟨Glas⟩, ***frostsicher*** ⟨Pflanzen⟩, ***kochsicher*** ⟨Wäsche⟩, ***krisensicher*** ⟨ein Job⟩ **3** drückt aus, dass man fest mit dem im ersten Worteil Genannten rechnen kann; ***ertragssicher, schneesicher*** ⟨ein Wintersportort⟩, ***sonnensicher, zinssicher*** **4** drückt aus, dass der Betreffende etw. gut kann od. dass etw. (in e-r bestimmten Situation) gut funktioniert; ***funktionssicher, kurvensicher*** ⟨ein Fahrzeug⟩, ***stilsicher*** ⟨ein Geschmack⟩, ***treffsicher, zielsicher***

si·cher·ge·hen; *geht sicher, ging sicher, ist sichergegangen*; [Vi] so handeln, dass man kein Risiko hat: *Sie wollte s. u. fragte deshalb noch e-n Arzt* || NB: *mst* im Infinitiv!

Si·cher·heit *die*; -, *-en*; **1** *nur Sg*; der Zustand, in dem es keine Gefahr für j-n / etw. gibt ↔ Gefährdung, Unsicherheit ⟨die soziale, öffentliche, wirtschaftliche, politische, persönliche S.; die innere S. e-s Staates; in S. sein; j-m S. bieten; j-n / sich / etw. in S. bringen; j-n / sich / etw. in S. glauben, wähnen; j-m ein Gefühl der S. vermitteln⟩: *Wir bewahren unser Geld in e-m Safe auf, damit es in S. ist* || K-: ***Sicherheits-, -denken, -fanatiker, -vorkehrungen*** **2** *nur Sg*; das zuverlässige Funktionieren, die verlässliche Wirkung von etw. ≈ Zuverlässigkeit, Verlässlichkeit: *die S. e-r Methode, e-s Medikaments*; *ein technisches Gerät auf seine S. überprüfen* || K-: ***Sicherheits-, -maßnahmen, -vorkehrungen, -vorschriften*** **3** *mst* ***mit S.*** ohne Zweifel, ganz bestimmt ⟨etw. mit S. wissen, behaupten können; etw. wird mit S. eintreten, geschehen⟩ **4** *nur Sg*; die Fähigkeit, etw. sehr gut zu können ≈ Gewandtheit ⟨etw. mit traumwandlerischer S. machen, können; in etw. (*Dat*) große S. erlangen, erwerben, erreichen, haben⟩: *die S. in der Beherrschung e-r Fremdsprache* || -K: ***Fahr-, Flug-, Treff-, Ziel-*** **5** *nur Sg*; das Vertrauen in die eigenen Fähigkeiten ≈ Selbstsicherheit ↔ Unsicherheit ⟨große S. zeigen, an den Tag legen⟩: *Der Erfolg hat ihr S. gegeben* **6** ≈ Pfand, Bürgschaft ⟨(j-m) Sicherheiten geben, leisten, stellen⟩: *Die Bank verlangte den Wert des Hauses als S. für den Kredit* **7 *j-n / sich in S. wiegen*** j-n davon überzeugen od. selbst glauben, dass es keine Gefahr gibt **8 *mit an S. grenzender Wahrscheinlichkeit*** ≈ höchstwahrscheinlich

Si·cher·heits·ab·stand *der*; die Distanz zwischen zwei Fahrzeugen, die groß genug ist, dass das hintere Fahrzeug noch halten kann, falls das erste plötzlich bremst ⟨den S. einhalten⟩

Si·cher·heits·bin·dung *die*; e-e Bindung an Skiern, die sich automatisch öffnet, wenn man stürzt

Si·cher·heits·dienst *der*; **1** ≈ Geheimdienst **2** e-e Abteilung e-s Betriebes od. ein privates Unternehmen, das im Auftrag e-s Betriebes handelt. Der S. ist für den Schutz vor Einbruch, Diebstahl, Industriespionage *usw* zuständig

Si·cher·heits·grün·de *die*; *mst in* ***aus Sicherheitsgründen*** damit keine Gefahr für die Betroffenen entsteht

Si·cher·heits·gurt *der*; e-e Art Gurt, den man sich im Auto, Flugzeug *usw* umlegt, damit man bei e-m plötzlichen Bremsen *o.Ä.* geschützt ist ⟨den S. anlegen⟩

si·cher·heits·hal·ber *Adv*; um ganz sicher zu sein, dass keine Gefahr entsteht, dass kein Fehler gemacht wird od. dass nichts versäumt wird ≈ vorsichtshalber: *Ich habe s. alle Türen u. Fenster geschlossen*; *e-n Text s. auf zwei Disketten speichern*

Si·cher·heits·na·del *die*; e-e gebogene Nadel, mit der man *bes* Teile aus Stoff aneinander befestigen kann ⟨etw. mit e-r S. befestigen⟩ || ↑ *Abb. unter* ***Nadel***

Si·cher·heits·or·gan *das*; *-s, -e*; *mst Pl*; e-e staatliche Organisation, die für den Schutz e-s Staates (*bes* vor Spionage) arbeitet

Si·cher·heits·ri·si·ko *das*; *nur Sg, gespr*; e-e Person od. Sache, die e-e Gefahr für die Sicherheit (1) e-r Organisation, e-s Staates *o.Ä.* darstellt ⟨j-d ist ein S., stellt ein S. dar⟩

si·cher·lich *Adv*; mit großer Wahrscheinlichkeit ≈ sicher (7), gewiss, bestimmt

si·chern; *sicherte, hat gesichert*; [Vt] **1 *etw.* (*gegen etw.*) *s.*** etw. vor e-r bestimmten Gefahr schützen: *die Tür durch ein doppeltes Schloss gegen Einbruch s.* **2 *etw. s.*** ein Gewehr, e-e Pistole *o.Ä.* blockieren, damit nicht plötzlich ein Schuss losgeht ↔ entsichern **3 *etw. s.*** alles tun, was nötig ist, damit etw. funktionieren od. existieren kann ≈ garantieren, gewährleisten ↔ bedrohen ⟨die Menschenrechte, die Nahrungsmittelversorgung s.; seine Existenz, seine Zukunft s.; ein gesicherter (= sicherer) Arbeitsplatz⟩ **4 *etw. s.*** *EDV*; e-n Text während der Bearbeitung speichern od. Dateien u. Programme kopieren, damit sie bei Stromausfall, Absturz des Computers *o.Ä.* nicht verloren gehen **5 *j-m / sich etw. s.*** alles tun, was nötig ist, damit j-d / man selbst etw. bekommt ⟨sich den Sieg, e-n Erfolg, e-n Vor-

S

sprung s.⟩ **6** *mst* ***Spuren s.*** (als Polizist *o.Ä.*) alles, was als Beweis für ein Verbrechen dienen kann, noch am Tatort untersuchen **7** ***j-n s.*** j-n beim Bergsteigen ans Seil nehmen, damit er nicht abstürzt

si·cher·stel·len; *stellte sicher, hat sichergestellt*; [Vt] **1** ***etw. s.*** dafür sorgen, dass etw. funktioniert od. vorhanden ist ≈ gewährleisten, garantieren ↔ bedrohen: *den reibungslosen Ablauf e-r Veranstaltung s.*; *Wir müssen s.*, dass *nicht noch mehr Vogelarten aussterben* **2** ***etw. s.*** im Auftrag e-r Behörde etw. zu sich nehmen, *bes* um illegale Geschäfte zu verhindern ≈ beschlagnahmen: *die Beute, das gestohlene Auto s.* || *hierzu* **Si·cher·stel·lung** *die*; *nur Sg*

Si·che·rung *die*; -, *-en*; **1** ein kleines Gerät in e-m elektrischen System. Es unterbricht den Strom, wenn zu starker Strom fließt *o.Ä.* ⟨die S. brennt durch; die S. herausdrehen, auswechseln, ausschalten, einschalten⟩ || K-: ***Sicherungs-, -kasten*** **2** *nur Sg*; die Maßnahmen, durch die man etw. vor Gefahr schützt: *die S. der Arbeitsplätze* || -K: ***Friedens-*** **3** *nur Sg*; die Maßnahmen, die das Funktionieren od. die Existenz e-r Sache garantieren: *die S. seiner Existenz* **4** *nur Sg*; die Handlungen, mit denen man Spuren sichert (5) || -K: ***Spuren-*** **5** *EDV*; das Sichern (4) || K-: ***Sicherungs-, -datei, -diskette, -kopie*** || -K: ***Daten-*** || ID *mst* ***Bei j-m ist e-e / die S. durchgebrannt*** *gespr*; j-d hat die Kontrolle über sein Verhalten verloren

Sicht *die*; -; *nur Sg* **1** die Möglichkeit, Menschen u. Dinge zu sehen (die vom Wetter, der Luft, dem eigenen Standort *usw* abhängt) ⟨e-e freie, gute, klare S. haben; j-m die S. verstellen, versperren, nehmen⟩: *Auf der Autobahn herrscht starker Bodennebel, die S. beträgt weniger als 50 Meter* || K-: ***Sicht-, -behinderung, -kontakt, -verhältnisse, -weite*** || -K: ***Fern-*** **2** die Art, wie man j-n / etw. beurteilt ≈ Blickwinkel: *Aus der S. der Opposition war das Ergebnis der Wahl ein voller Erfolg* || K-: ***Sicht-, -weise*** **3** ***in S. sein, kommen*** gesehen werden können **4** ***außer S. sein*** nicht gesehen werden können **5** ***auf lange S.*** für e-e lange Zeit od. e-n späten Zeitpunkt in der Zukunft ⟨etw. auf lange S. planen⟩

sicht·bar *Adj*; **1** so, dass es mit den Augen gesehen werden kann ↔ unsichtbar: *Unter dem Mikroskop werden Bakterien s.* **2** *nur attr od adv*; so, dass es jeder leicht erkennen kann ≈ deutlich, offenkundig: *Ihr Gesundheitszustand hat sich s. gebessert* || *zu* **1** **Sicht·bar·keit** *die*; *nur Sg*

sich·ten; *sichtete, hat gesichtet*; [Vt] **1** ***j-n / etw. s.*** *geschr*; aus großer Entfernung j-n / etw. sehen ⟨Land, ein Schiff, e-n Eisberg s.⟩ **2** ***etw.*** (*Kollekt od Pl*) ***s.*** e-e größere Menge von etw. unter e-m bestimmten Aspekt prüfen ⟨Material, Notizen, Akten, e-n Nachlass s.⟩ || *zu* **2** **Sich·tung** *die*; *nur Sg*

sicht·lich *Adj*; *nur attr od adv*; so, dass es jeder sehen od. bemerken kann ≈ offensichtlich, deutlich ⟨mit sichtlicher Freude, Begeisterung; s. nervös, erschrocken, ärgerlich sein⟩

Sicht·schutz *der*; etw., das einen vor neugierigen Blicken schützt: *e-e Hecke als S. pflanzen*

Sicht·ver·merk *der* ≈ Visum

si·ckern; *sickerte, ist gesickert*; [Vi] **1** ***etw. sickert irgendwohin*** etw. fließt langsam, Tropfen für Tropfen, irgendwohin: *Das Wasser sickert in den Boden*; *Durch den Verband sickert immer noch Blut* **2** ***etw. sickert an die Öffentlichkeit*** etw. wird langsam bekannt: *Die Nachricht von dem neuen Skandal sickerte allmählich an die Öffentlichkeit*

sie[1] *Personalpronomen der 3. Person Sg*; verwendet anstatt e-s Substantivs, um e-e Person od. Sache zu bezeichnen, deren grammatisches Geschlecht feminin ist: *„Hast du Gabi gesehen?“ - „Ja, sie ist im Garten“*; *Pass auf, da ist e-e Schlange, sie kann dich beißen*; *Du kannst die Uhr morgen holen, ich habe sie zum Uhrmacher gebracht*; *„Wo ist die Torte?“ - „Wir haben sie gegessen“*; *Schmids kommen beide, er u. sie* || NB: ↑ *Tabelle unter* ***Personalpronomen***

sie[2] *Personalpronomen der 3. Person Pl*; **1** verwendet anstatt e-s Substantivs, um mehrere Personen od. Sachen zu bezeichnen, von denen man spricht: *Meine Eltern sind da. Sie sind vor e-r Stunde gekommen*; *„Weißt du, wo meine Schuhe sind?“ - „Nein, ich habe sie nirgends gesehen“* **2** *gespr*; verwendet, um Leute zu bezeichnen, die man nicht nennen kann od. will ≈ man: *Jetzt wollen sie schon wieder die Benzinpreise erhöhen*; *Vor der Oper haben sie ein paar Bäume gepflanzt*; *Haben sie dir auch e-e Mahnung geschickt?* **3** *gespr*; irgendein Unbekannter ≈ man, (irgend)jemand, einer: *Mir haben sie gestern das Fahrrad gestohlen* || NB: ↑ *Tabelle unter* ***Personalpronomen***

Sie[1] *Personalpronomen der 2. Person Sg u. Pl, Höflichkeitsform*; **1** verwendet als höfliche Anrede ↔ du: *Guten Tag, Frau Bauer, kommen Sie herein*; *Möchten Sie etw. zu trinken? Meine Damen u. Herren, darf ich Sie ins Nebenzimmer bitten?* **2** ***zu j-m Sie sagen***; ***mit j-m per Sie sein*** j-n mit „Sie“ anreden ≈ siezen || NB: **a)** ↑ Erläuterungen auf Seite 57; **b)** ↑ *Tabelle unter* ***Personalpronomen***

Sie[2] *die*; -, *-s*; *gespr*; ein Mensch od. Tier weiblichen Geschlechts ↔ Er: *Ist euer Hund e-e Sie?*; *Wenn j-d Hosen trägt u. lange Haare hat, weiß man oft nicht, ob es e-e Sie od. ein Er ist*

Sieb *das*; *-(e)s, -e*; **1** e-e Art Korb mit vielen kleinen Löchern, mit dem man Flüssigkeiten u. feste Stoffe od. kleine u. große Körner voneinander trennen kann ⟨ein feines, grobes S.⟩: *die Nudeln ins S. schütten*; *Sand durch ein S. schütten* || -K: ***Draht-***; ***Mehl-***, ***Tee-*** **2** das Netz, das man beim Siebdruck verwendet || *zu* **1** **sieb·ar·tig** *Adj*

Sieb

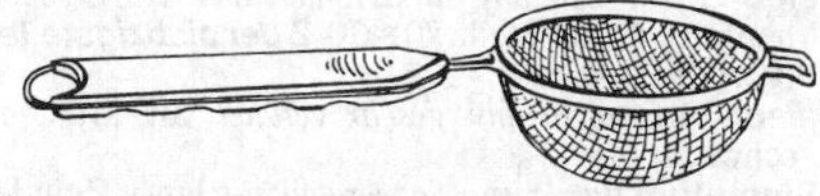

Sieb·druck *der*; **1** *nur Sg*; e-e Methode, mit der man Drucke macht, indem man die Farbe durch ein sehr feines Netz presst || K-: ***Siebdruck-, -verfahren*** **2** ein Bild, das man mit der Technik des Siebdrucks (1) gemacht hat

sie·ben[1]; *siebte, hat gesiebt*; [Vt/i] **1** ***(etw.) s.*** etw. durch ein Sieb schütten u. auf diese Art die festen von den flüssigen od. die großen von den kleinen Teilen trennen ⟨Sand, Mehl s.⟩ **2** ***(j-n / etw.*** (*Kollekt od Pl*)***) s.*** *gespr*; aus e-r Gruppe von Menschen / Sachen einige auswählen ≈ aussieben ⟨die Bewerber, das Material s.⟩

sie·ben[2] *Zahladj*; (als Ziffer) 7; ↑ ***Anhang*** (4) || NB: Gebrauch ↑ *Beispiele unter* ***vier***

Sie·ben *die*; -, - / *-en*; **1** die Zahl 7 **2** j-d / etw. mit der Nummer 7

Sie·be·ner *der*; *-s, -*; *gespr* ≈ Sieben

sie·ben·hun·dert *Zahladj*; (als Zahl) 700

Sie·ben·mei·len|stie·fel *die*; *mst in* ***mit Siebenmeilenstiefeln*** *hum*; sehr schnell

Sie·ben·mo·nats|kind *das*; ein Baby, das schon sieben Monate nach der Zeugung geboren wird

Sie·ben·sa·chen *die*; *Pl, nur in* ***seine*** *usw* ***S.*** *gespr*; alles, was man braucht ⟨seine S. packen⟩: *Hast du deine S.? Dann können wir ja gehen*

Sie·ben·schlä·fer *der*; *-s*, *-*; **1** ein kleines Tier, das wie ein Eichhörnchen aussieht u. e-n langen Winterschlaf macht **2** *nur Sg, ohne Artikel*; der 27. Juni. Das Wetter bleibt angeblich sieben Wochen lang so, wie es an diesem Tag ist

sie·ben·t- *Zahladj* ≈ siebt-

sie·ben·tau·send *Zahladj*; (als Zahl) 7000

sie·ben·tel *Adj*; *nur attr*, *indeklinabel*, *nicht adv* ≈ siebtel

Sie·ben·tel *das*; *-s*, *-*; 1/7 ≈ Siebtel

sie·ben·tens *Adv*; 7. ≈ siebtens

siebt *nur in* ***zu s.*** (mit) insgesamt sieben Personen: *Wir sind zu s.*; *Sie sind zu s. in dem kleinen Wagen gefahren*

sieb·t- *Zahladj*; *nur attr*, *nicht adv*; **1** in e-r Reihenfolge an der Stelle sieben ≈ 7. || NB: Gebrauch ↑ *Beispiele unter* ***viert-*** **2** ***der siebte Teil*** (***von etw.***) ≈ 1/7

Sieb·tel *das*; *-s*, *-*; der 7. Teil von etw., *mst* e-r Menge od. Masse: *ein S. der Strecke hinter sich haben*

sieb·tel *Adj*; *nur attr*, *indeklinabel*, *nicht adv*; den siebten Teil von etw. bildend ≈ 1/7

sieb·tens *Adv*; verwendet bei e-r Aufzählung, um anzuzeigen, dass etw. an 7. Stelle kommt

sieb·zehn *Zahladj*; (als Zahl) 17; ↑ ***Anhang*** (4)

sieb·zehn·t- *Zahladj*, *nur attr*, *nicht adv*; **1** in e-r Reihenfolge an der Stelle 17 ≈ 17. **2** ***der siebzehnte Teil*** (***von etw.***) ≈ 1/17

sieb·zig *Zahladj*; **1** (als Zahl) 70; ↑ ***Anhang*** (4) **2** ***Anfang, Mitte, Ende s. sein*** ungefähr 70 bis 73, 74 bis 76, 77 bis 79 Jahre alt sein

Sieb·zig *die*; *-*, *-en*; *mst Sg*; **1** die Zahl 70 **2** j-d / etw. mit der Zahl / Nummer 70

sieb·zi·ger *Adj*; *nur attr*, *indeklinabel*, *nicht adv*; die zehn Jahre (e-s Jahrhunderts od. Menschenlebens) von 70 bis 79 betreffend: *Ein Mann in den / seinen Siebzigern*; *in den s. Jahren des 18. Jahrhunderts* || K-: ***Siebziger-, -jahre***

Sieb·zi·ger *der*; *-s*, *-*; *gespr*; j-d, der zwischen 70 u. 79 Jahren alt ist || -K: ***End-, Mitt-*** || *hierzu* **Sieb·zi·ge·rin** *die*; *-*, *-nen*

sieb·zigs·t- *Zahladj*; *nur attr*, *nicht adv*; **1** in e-r Reihenfolge an der Stelle 70 ≈ 70. **2** ***der siebzigste Teil*** (***von etw.***) ≈ 1/70

siech *Adj*; *nicht adv*, *geschr veraltet*; alt, krank u. schwach

Siech·tum *das*; *-s*; *nur Sg*, *veraltet*; e-e lange Zeit der Krankheit, *bes* wenn man alt ist

sie·den; *siedeten*, *hat gesiedet*; Vi **1** ***etw. siedet*** etw. hat die Temperatur, bei der Flüssigkeit zu Dampf wird ≈ etw. kocht: *siedend heißes Öl*; *Du kannst den Tee jetzt aufgießen, das Wasser siedet* || K-: ***Siede-, -punkt, -temperatur***; Vi **2** ***etw. s.*** e-e Flüssigkeit zum Kochen bringen ⟨Wasser, Milch s.⟩

sie·dend heiß *Adj*; *mst in* ***etw. fällt j-m s. h. ein*** j-d erinnert sich plötzlich an etw., das er tun soll

Sied·ler *der*; *-s*, *-*; j-d, der in e-r Gegend, in der noch keine Menschen sind, ein Haus baut u. den Boden bebaut || *hierzu* **sie·deln** (*hat*) *Vi*; **Sied·le·rin** *die*; *-*, *-nen*

Sied·lung *die*; *-*, *-en*; **1** ein Ort, an dem Menschen Häuser bauen, um dort wohnen zu können ⟨e-e ländliche, städtische S.; e-e S. anlegen, gründen⟩: *e-e S. mit Dorfcharakter*; *Viele deutsche Städte gehen auf römische Siedlungen zurück* || K-: ***Siedlungs-, -dichte, -form, -gebiet, -geschichte, -politik*** **2** *Kollekt*; e-e Gruppe von (ähnlich aussehenden) (Wohn)Häusern mit Garten, *bes* am Rand e-r Stadt || K-: ***Siedlungs-, -bau, -haus*** || -K: ***Arbeiter-, Baracken-, Neubau-, Wohn-*** **3** *Kollekt*; die Leute, die in e-r S. (2) wohnen: *Die ganze S. ist dafür, dass ein neuer Kindergarten gebaut wird*

Sieg *der*; *-es*, *-e*; ***ein S.*** (***über j-n / etw.***) das Ergebnis e-s erfolgreich geführten Kampfes, Streits *o.Ä.* ↔ Niederlage ⟨ein knapper, deutlicher, haushoher S.; ein diplomatischer, militärischer, politischer, olympischer S.; den S. erringen, davontragen; sich (*Dat*) den S. in etw. (*Dat*) / bei etw. holen, sichern⟩: *Nach dem S. im letzten Rennen war sie Weltmeisterin* || K-: ***Sieges-, -freude, -taumel***; ***sieges-, -froh*** || *hierzu* **sieg·los** *Adj*

Sie·gel *das*; *-s*, *-*; **1** das Muster, das ein Stempel *o.Ä.* in Wachs, Siegellack od. Papier macht, wenn man ihn darauf drückt. Siegel verwendet man *bes* auf Urkunden ⟨ein S. auf etw. (*Dat*) anbringen, etw. mit e-m S. versehen; ein S. aufbrechen, öffnen⟩: *das kaiserliche S.* || -K: ***Amts-, Dienst-, Staats-***; ***Wachs-*** **2** der offizielle Stempel e-r Behörde: *das S. der Universität* **3** ein Streifen, den *z.B.* die Polizei über e-e (Wohnungs)Tür klebt, um anzuzeigen, dass die Wohnung offiziell verschlossen wurde ⟨ein S. anbringen, aufbrechen⟩ **4** ein Stempel *o.Ä.*, mit dem man ein S. (1) macht: *ein S. ins Wachs drücken* || K-: ***Siegel-, -ring, -wachs*** || ID ***unter dem S. der Verschwiegenheit*** *geschr*; unter der Bedingung, dass etw. geheim bleibt ⟨j-m etw. unter dem S. der Verschwiegenheit sagen⟩ || ► ***versiegeln***

Sie·gel·lack *der*; e-e *mst* rote Substanz, die in der Wärme schmilzt u. dann schnell wieder hart wird. Man verwendet sie besonders, um Briefe u. Akten zu verschließen

sie·geln; *siegelte*, *hat gesiegelt*; Vi ***etw. s.*** ≈ versiegeln

sie·gen; *siegte*, *hat gesiegt*; Vi (***gegen, über j-n / etw.***) ***s.*** in e-m Kampf, Streit od. in e-m Wettbewerb stärker od. besser als der Gegner sein ≈ j-n besiegen, etw. gewinnen ↔ verlieren: *Der Außenseiter siegte überraschend über den Favoriten*; *Er hat mit einer Sekunde Vorsprung gesiegt*

Sie·ger *der*; *-s*, *-*; ***ein S.*** (***über j-n***) j-d, der in e-m Kampf, Streit od. in e-m Wettbewerb gewonnen hat ≈ Gewinner ↔ Verlierer ⟨als S. aus e-m Wettkampf hervorgehen⟩: *dem S. e-n Pokal überreichen* || K-: ***Sieger-, -pokal*** || -K: ***Olympia-, Turnier-*** || *hierzu* **Sie·ge·rin** *die*; *-*, *-nen*

Sie·ger·eh·rung *die*; die offizielle Feier, bei der die Besten e-s sportlichen Wettbewerbs ihre Medaillen, Urkunden *o.Ä.* bekommen

Sie·ger·macht *die*; *-*, *Sie·ger·mäch·te*; *mst Pl*; ein Staat, der e-n Krieg gewonnen hat: *die vier Siegermächte des Zweiten Weltkriegs*

Sie·ger·mie·ne *die*; ein Gesicht, das ausdrückt, dass j-d e-n Erfolg gehabt hat od. mit Sicherheit erwartet

sie·ges·be·wusst *Adj* ≈ siegessicher

sie·ges·ge·wiss *Adj*; *geschr* ≈ siegessicher || *hierzu* **Sie·ges·ge·wiss·heit** *die*; *nur Sg*; *geschr*

sie·ges·si·cher *Adj*, fest davon überzeugt, dass man Erfolg haben wird ≈ ⟨ein Auftreten, ein Blick; s. auftreten, blicken, schauen, lächeln⟩

Sie·ges·zug *der*; *nur Sg*; (*mst* in Bezug auf ein Produkt verwendet) e-e Reihe von großen Erfolgen bei vielen Leuten ⟨etw. tritt seinen S. an⟩: *Das Buch wurde ein Bestseller u. begann seinen S. durch den gesamten europäischen Buchmarkt*

sieg·ge·wohnt *Adj*; (in Wettkämpfen *o.Ä.*) immer wieder erfolgreich: *e-e sieggewohnte Läuferin*

sieg·reich *Adj*; **1** (*bes* in e-m Wettbewerb) erfolgreich: *die siegreiche Schwimmerin*; *Sie haben das Turnier s. beendet* **2** so, dass es mit e-m Sieg endet: *e-e siegreiche Schlacht*

siehst *Präsens*, *2. Person Sg*; ↑ ***sehen***

sieht *Präsens*, *3. Person Sg*; ↑ ***sehen***

Si·es·ta ['zi̯ɛsta, 's-] *die*; -, *-s* / *Si·es·ten* ≈ Mittagsruhe, Mittagsschlaf ⟨S. halten⟩
sie·zen; *siezte, hat gesiezt*; [Vt] ***j-n s.*** j-n mit „Sie" anreden ↔ duzen: *Obwohl sie sich schon seit mehreren Jahren kennen, siezen sie sich immer noch* || NB: ↑ Erläuterungen auf Seite 57
Si·gel *das*; *-s*, -; *geschr*; ein Zeichen, das für etw. anderes steht ≈ Kürzel: *Das S. „NB" steht für „Notabene"*
Sig·nal *das*; *-s*, *-e*; **1 *ein S.* (*für etw.*)** etw., das dazu dient, j-m e-e Warnung, e-e Information od. e-n Befehl zu geben, *z.B.* ein bestimmter Ton od. e-e bestimmte Handlung ≈ Zeichen (4) ⟨ein akustisches, optisches S.; j-m ein S. geben; Signale empfangen, aussenden; ein S. beachten, überhören, übersehen; auf ein S. reagieren⟩ || K-: ***Signal-, -fahne, -farbe, -feuer, -flagge, -funktion, -glocke, -horn, -lampe, -licht, -wirkung*** || -K: ***Alarm-, Not-, Warn-; Blink-, Funk-, Horn-, Hup-, Licht-, Morse-, Pfeif-, Rauch-*** **2 *ein S.* (*zu etw.*)** *bes* ein Ton od. e-e Bewegung, auf die hin j-d etw. tut ⟨das S. zum Angriff, zum Aufbruch⟩: *Der Pfiff dient dem Lokführer als S. zur Weiterfahrt* || K-: ***Signal-, -funktion*** || -K: ***Jagd-, Start-*** **3** ein Gerät neben dem Gleis, das e-m Zugführer zeigt, ob er (weiter)fahren kann od. halten muss: *Das S. steht auf „Halt"* || K-: ***Signal-, -anlage*** **4** ⒸⒽ ≈ Verkehrszeichen
sig·na·li·sie·ren; *signalisierte, hat signalisiert*; [Vt] **1 (*j-m*) *etw. s.*** j-m etw. durch ein Signal od. andere Handlungen mitteilen: *Ihr Blick signalisierte ihm, dass sie zur Versöhnung bereit war* **2 *etw. signalisiert etw.*** etw. ist ein klares Zeichen für etw. od. ein Hinweis auf etw. ≈ etw. markiert etw.: *Diese Reform signalisiert e-e Wende in der Wirtschaftspolitik*
Sig·nal·wir·kung *die*; *mst in* ***etw. hat S.*** etw. löst ein bestimmtes Verhalten *mst* unter vielen Menschen aus: *Die Demonstration hatte S.* (= löste viele ähnliche Aktivitäten aus)
Sig·na·tur *die*; -, *-en*; **1** die Unterschrift e-s Künstlers auf seinem Bild **2** e-e Reihe von Buchstaben u. Zahlen, unter denen ein Buch in e-r Bibliothek registriert ist, damit man es leichter findet
sig·nie·ren; *signiert, hat signiert*; [Vt/i] **1 (*etw.*) *s.*** als Künstler seinen Namen auf ein Bild od. in ein Buch schreiben ⟨Bilder, Bücher s.⟩; [Vt] **2 *etw. s.*** *geschr* ≈ unterschreiben, unterzeichnen ⟨e-n Vertrag s.⟩ || *hierzu* **Sig·nie·rung** *die*; *zu* **1 hand·sig·niert** *Adj*
sig·ni·fi·kant *Adj*; *geschr*; ⟨Unterschiede, Merkmale⟩ wichtig u. deutlich zu erkennen ≈ wesentlich || *hierzu* **Sig·ni·fi·kanz** *die*; -; *nur Sg*
Sil·be *die*; -, *-n*; eine von mehreren Einheiten, aus denen längere Wörter bestehen: *die Wörter „Mädchen" u. „staubig" bestehen aus je zwei Silben* (Mädchen, stau-big) || -K: ***End-, Nach-, Vor-; Sprech-*** || NB: Kurze Wörter wie *bald* od. *wenn* bestehen aus nur einer Silbe
Sil·ben·rät·sel *das*; ein Rätsel, bei dem man aus bestimmten Silben Wörter bilden muss
Sil·ben·tren·nung *die*; das Trennen von Wörtern (zwischen den einzelnen Silben) am Ende e-r Zeile
Sil·ber *das*; *-s*; *nur Sg*; **1** ein relativ weiches, wertvolles Metall, das sehr hell glänzt, wenn man es poliert, u. aus dem man *bes* Schmuck, Geld u. Besteck macht; *Chem* Ag ⟨echtes, reines, poliertes S.; Gold u. Silber⟩: *e-e Gabel, ein Ring aus S.* || K-: ***Silber-, -barren, -becher, -besteck, -draht, -erz, -gabel, -geld, -geschirr, -kette, -legierung, -löffel, -messer, -mine, -münze, -pokal, -ring, -schmuck, -schüssel, -teller; silber-, -bestickt, -glänzend, -grau, -weiß*** **2** *Kollekt*; Besteck u. / od. Geschirr aus S. (1) ⟨das S. putzen; von S. speisen, essen⟩ || -K: ***Tafel-*** **3** *ohne Artikel*, *gespr*; e-e Medaille aus S. (1), die der Zweite e-s sehr wichtigen Wettkampfes bekommt ⟨S. gewinnen, holen⟩ || K-: ***Silber-, -medaille*** || *zu* **1 sil·ber·far·ben** *Adj*; **sil·ber·far·big** *Adj*; **sil·ber·hal·tig** *Adj* || ► ***versilbern***
Sil·ber·blick *der*; *mst in* ***j-d hat e-n S.*** *gespr hum*; j-d schielt ein bisschen
sil·bern *Adj*; **1** *nur attr, nicht adv*; aus Silber: *ein silbernes Armband, ein silberner Becher* **2** so hell u. glänzend wie Silber ⟨etw. glänzt, schimmert s.⟩: *das silberne Licht des Mondes* **3** hell u. hoch, aber angenehm zu hören ⟨ein Lachen; etw. klingt s.⟩
Sil·ber·pa·pier *das*; *nur Sg* ≈ Aluminiumfolie, Stanniolpapier: *in S. eingewickelte Bonbons*
Sil·ber·schmied *der*; j-d, der beruflich Schmuck aus Silber macht
Sil·ber·streif, **Sil·ber·strei·fen** *der*; *nur in* ***ein S. am Horizont*** ein Grund zur Hoffnung, dass die (jetzige) schwierige Situation besser wird
Sil·ber·tab·lett *das*; ein Tablett aus Silber || ID ***j-m etw. auf dem S. präsentieren*** *oft pej*; j-m e-e Chance bieten, ohne dass er sich anstrengen muss
-sil·big *im Adj, wenig produktiv, nicht adv*; mit der genannten Zahl od. Menge von Silben; ***einsilbig, zweisilbig, dreisilbig*** *usw*, ***mehrsilbig, vielsilbig***
silb·rig *Adj* ≈ silbern (2)
Sil·hou·et·te [zi'lu̯ɛtə] *die*; -, *-n*; die dunklen Konturen e-s Körpers, die man sieht, wenn das Licht hinter ihm stärker ist als vor ihm ≈ Schatten (3): *Ihre S. hob sich gegen die untergehende Sonne ab*
Si·li·kon *das*; *-s*, *-e*;: ein Stoff, den man aus Silizium macht u. *z.B.* verwendet, um Imprägniermittel, Gummi u. (Computer)Chips herzustellen
Si·li·zi·um *das*; *-s*; *nur Sg*; ein chemisches Element, das in sehr vielen Substanzen, aber nicht allein vorkommt, u. aus dem man Silikon macht; *Chem* Si
Si·lo *der*, *das*; *-s*, *-s*; e-e Art Turm, in dem Bauern Getreide u. *bes* das Futter für ihr Vieh lagern || K-: ***Silo-, -futter*** || -K: ***Futter-, Getreide-***
-si·lo *der*, *das*; *im Subst, wenig produktiv, gespr pej*; ein großes, hässliches Gebäude für e-e große Zahl von Menschen od. Dingen; ***Autosilo, Betonsilo, Hotelsilo, Wohnsilo***
Sil·ves·ter [zɪl'vɛstɐ] (*das*, *der*); *-s*, -; der letzte Tag des Jahres, der 31. Dezember ⟨S. feiern; zu S. / an S.⟩ || K-: ***Silvester-, -abend, -nacht; -ball, -feier***

Silvester

Den Abend des 31. Dezember verbringt man meist gemeinsam mit Freunden oder der Familie.
Ein klassisches Abendessen an Silvester ist der Karpfen. Auch andere Fischgerichte sind beliebt oder es gibt ein Essen wie Fondue oder Raclette, bei dem am Tisch gekocht wird.
Ein traditioneller Zeitvertreib beim Warten auf den Jahreswechsel ist das **Bleigießen**. Hierbei wird eine kleine Menge Blei auf einem Löffel über einer Kerze geschmolzen und schnell in kaltes Wasser geworfen. Die entstandene Figur wird interpretiert, um die Zukunft des nächsten Jahres vorherzusagen. Pünktlich um 12 Uhr stößt man dann mit Sekt an und wünscht sich gegenseitig **„Prosit Neujahr"** oder **„Ein gutes neues Jahr"**. Danach geht man auf die Straße, um Silvesterraketen und Böller abzuschießen oder einfach nur das Feuerwerk zu bewundern.

S

sim·pel; *simpler, simpelst-; Adj; gespr, oft pej*; **1** so, dass es jeder verstehen u. machen kann ≈ einfach[1] (1), leicht ↔ kompliziert, schwierig ⟨e-e Arbeit, e-e Aufgabe, e-e Methode; etw. s. ausdrücken, erklären⟩: *Komm her, ich zeig dir, wie das geht, es ist ganz s.* **2** ohne besondere Merkmale, Qualitäten (u. ohne Luxus) ≈ einfach[1] (2) ↔ besonder- ⟨ein Essen, ein Gasthaus, ein Auto, ein Haus⟩: *e-e simple Angestellte sein; ein ganz simples Fahrrad ohne Gangschaltung* **3** einfach u. allen bekannt ≈ normal, selbstverständlich: *Er kennt die simpelsten Regeln des Anstands nicht, sonst hätte er sich wohl längst entschuldigt* **4** ohne jede Begabung ≈ beschränkt: *j-d macht e-n simplen Eindruck* || NB: *simpel ↔ e-e simple Arbeit* || *zu* **1 Sim·pli·zi·tät** *die*; -; *nur Sg*; *geschr*

Sim·pel *der*; *-s*, -; *südd gespr pej*; ein dummer Mensch

sim·li·fi·zie·ren; *simplifizierte, hat simplifiziert*; [Vt] ***etw. s.*** *geschr, oft pej*; etw. wesentlich einfacher beschreiben, als es in Wirklichkeit ist ≈ vereinfachen ↔ komplizieren: *die simplifizierte Darstellung e-r chemischen Reaktion* || *hierzu* **Sim·pli·fi·ka·ti·on** *die*; -, *-en*; **Sim·pli·fi·zie·rung** *die*

Sims *der, das*; *-es, -e*; der lange, schmale u. waagrechte Teil e-r Mauer *bes* unter dem Fenster || -K: ***Fenster-, Kamin-***

Sim·sa·la·bim! *Interjektion*; verwendet, wenn man e-n einfachen Zaubertrick zeigt ≈ Abrakadabra

Si·mu·lant *der*; *-en, -en*; *pej*; j-d, der so tut, als wäre er krank || NB: *der Simulant; den, dem, des Simulanten* || *hierzu* **Si·mu·lan·tin** *die*; -, *-nen*

Si·mu·la·tor *der*; *-s, Si·mu·la·to·ren*; ein Gerät, mit dem man bestimmte Situationen nachahmen kann || -K: ***Flug-***

si·mu·lie·ren; *simulierte, hat simuliert*; [Vt/i] **1** ***(etw.) s.*** *pej*; so tun, als ob man e-e Krankheit hätte ≈ vortäuschen ⟨e-e Krankheit, Lähmungen, Gedächtnisschwund s.⟩; [Vt] **2** ***etw. s.*** e-n komplizierten Vorgang nachahmen, *bes* um etw. zu üben od. um bestimmte Wirkungen zu testen: *e-n Raumflug s.; auf dem Bildschirm e-n militärischen Angriff s.* || *hierzu* **Si·mu·la·ti·on** *die*; -, *-en*; || ► ***Simulant***

si·mul·tan *Adj*; *nur attr od adv, geschr*; **1** ≈ gleichzeitig: *Der Schachweltmeister spielte s. gegen mehrere Gegner* || K-: ***Simultan-, -schach, -spiel*** **2** ***s. übersetzen, dolmetschen*** übersetzen od. dolmetschen, während der Sprecher spricht (u. nicht auf Pausen warten) || K-: ***Simultan-, -dolmetscher, -übersetzung***

sind *Präsens, 1. u. 3. Person Pl*; ↑ ***sein***

Sin·fo·nie *die*; -, *-n* [-'niːən]; **1** ein Musikstück aus *mst* vier Teilen (Sätzen), das für ein Orchester geschrieben ist ⟨e-e S. schreiben, komponieren, dirigieren⟩: *die neunte S. von Beethoven* || K-: ***Sinfonie-, -konzert, -orchester*** **2** ***e-e S.*** + *Gen* / ***von etw.*** (*Pl*) *geschr*; viele ähnliche Dinge, die gut zusammenpassen: *e-e S. von Farben, Düften* || NB: Statt *Sinfonie* schreibt man auch *Symphonie, bes* in älteren Texten u. in Musiktiteln || *zu* **1 sin·fo·nisch** *Adj*

Sin·fo·ni·ker *der*; *-s*, -; **1** j-d, der Sinfonien schreibt **2** j-d, der in e-m Sinfonieorchester spielt || NB: In den Namen von Sinfonieorchestern wird *mst Symphoniker* verwendet: *die Berliner Symphoniker*

sin·gen; *sang, hat gesungen*; [Vt/i] **1** ***(etw.) s.*** e-e Melodie od. ein Lied mit der Stimme produzieren ⟨ein Lied s.; falsch, richtig, laut, leise, schön, gut s.; nach Noten / vom Blatt s.; solo, Sopran s.⟩: *Weihnachtslieder s.* || K-: ***Sing-, -stimme, -weise***; [Vt] **2** ***j-n in den Schlaf s.*** leise s. (1), bis *bes* ein Kind einschläft; [Vi] **3** beruflich od. als Hobby regelmäßig s. (1): *im Kirchenchor, am Theater s.* **4** *gespr*; *mst* vor der Polizei ein Verbrechen gestehen ⟨j-n zum Singen bringen⟩ **5** ***ein Vogel singt*** ein Vogel produziert melodische Töne|| ► ***Gesang***

Sin·gle[1] [sɪŋgl] *die*; -, *-(s)*; e-e kleine Schallplatte, die auf jeder Seite nur ein Musikstück hat

Sin·gle[2] [sɪŋgl] *der*; *-(s), -s*; j-d, der nicht verheiratet ist u. allein lebt ⟨(ein) S. sein; als S. leben⟩ || K-: ***Single-, -haushalt***; ***Singles-, -bar, -treff***

Sing·sang *der*; *-s*; *nur Sg, pej*; ein einfaches, monotones Lied

Sin·gu·lar ['zɪŋgulaːɐ] *der*; *-s*; *nur Sg*; *Ling*; **1** e-e grammatische Form, die beim Verb zusammen mit den Pronomen *ich, du, er, sie, es* erscheint ↔ Plural **2** e-e grammatische Form, die bei Substantiven, Adjektiven, Artikeln *usw* erscheint u. bei der das folgende Verb im S. (1) steht ↔ Plural: *„der grüne Baum" u. „die junge Frau" stehen im S.* || K-: ***Singular-, -endung, -form***

Sing·vo·gel *der*; ein Vogel, der Melodien hervorbringen kann: *Nachtigall u. Lerche sind Singvögel*

sin·ken; *sank, ist gesunken*; [Vi] **1** ***(irgendwohin) s.*** sich *mst* langsam (aufgrund des eigenen Gewichts) nach unten bewegen ⟨(erschöpft, getroffen) zu Boden / auf den Boden s.; ins Bett s.; den Kopf auf die Schultern s. lassen; in die Knie s.; das Buch, die Arme s. lassen⟩ **2** ***etw. sinkt*** etw. verschwindet unter e-r Oberfläche od. unter e-r (gedachten) Linie ≈ etw. geht unter ⟨das Schiff, das Boot⟩: *Der Sturm war so kräftig, dass das Boot kenterte u. schließlich sank* **3** ***etw. sinkt*** etw. verliert (*mst* langsam) an Höhe, Wert *usw*, etw. wird weniger ↔ etw. steigt ⟨der Wasserspiegel, die Preise, das Fieber, die Temperaturen⟩: *Der Verbrauch von Kalbfleisch ist in den letzten Jahren gesunken* **4** ***tief s.*** nicht mehr nach den Regeln der Moral handeln u. in der Gesellschaft auf e-e niedrige Ebene geraten **5** ***in Bewusstlosigkeit / Ohnmacht s.*** ≈ bewusstlos werden **6** ***in Schlaf s.*** *geschr* ≈ einschlafen || ► ***senken***

Sinn *der*; *-(e)s, -e*; **1** *mst Pl*; die Fähigkeit zu sehen, zu hören, zu riechen, zu schmecken u. zu fühlen (1) u. so die Umwelt wahrzunehmen ⟨die fünf Sinne; etw. mit den Sinnen wahrnehmen⟩ || K-: ***Sinnes-, -eindruck, -erfahrung, -reiz, -schärfe, -störung, -wahrnehmung*** || -K: ***Gehör-, Geruchs-, Geschmacks-, Gesichts-, Gleichgewichts-, Orientierungs-, Tast-*** **2** ***ein S. für etw.*** *nur Sg*; e-e innere Beziehung zu etw. ⟨keinen S. für etw. haben⟩: *e-n starken S. für Gerechtigkeit haben; viel S. fürs Ästhetische haben; Er hat keinen S. für Humor* || -K: ***Familien-, Gemeinschafts-, Gerechtigkeits-, Geschäfts-, Kunst-, Ordnungs-, Realitäts-, Schönheits-, Wirklichkeits-*** **3** *nur Sg* ≈ Bedeutung ⟨der verborgene, tiefere, wahre S. von etw.; den S. e-r Sache erfassen, ahnen, begreifen; etw. dem S. nach wiedergeben; (in etw. (*Dat*)) keinen S. erkennen können; etw. ergibt keinen S.⟩ || K-: ***Sinn-, -gehalt*** || -K: ***Doppel-, Hinter-, Neben-***; ***Wort-*** **4** *nur Sg*; der Zweck, der Wert od. das Ziel von etw. ⟨etw. hat viel, wenig, keinen S.; nach dem S. des Lebens fragen⟩: *Es hat keinen S., ihn zu kritisieren, er wird sich ja doch nicht bessern; Ich kann keinen S. darin sehen, Fenster zu bauen, die man nicht öffnen kann* **5** ***der sechste / ein sechster S.*** ≈ Gespür, Instinkt (2) **6** ***etw. hat / macht S.*** *gespr*; etw. hat e-n Nutzen od. e-n Zweck ≈ etw. ist sinnvoll ↔ etw. ist sinnlos: *Meiner Meinung nach hat es keinen S., schon im Sommer die Kleidung für den Winter zu kaufen* || ID ***seiner Sinne nicht mächtig sein*** *geschr*; die Dinge nicht mehr richtig wahrnehmen, weil man *z.B.* betrunken od. sehr müde ist; ***(nicht) bei Sinnen sein*** (nicht) klar denken können u. entsprechend handeln; ***(wie) von Sinnen sein*** nicht mehr wissen, was man tut u. sagt; ***j-m schwinden die Sinne*** j-d wird ohnmächtig; ***in j-s Sinn(e) handeln*** so handeln, wie es j-d anderer auch getan hätte; ***etw. ist (nicht) nach j-s S.*** etw. ist (nicht) so, wie es j-d will; ***j-m steht der S. (nicht) nach etw.*** j-d hat (keine) Lust auf etw.; ***j-d / etw. geht j-m nicht mehr aus dem S.*** j-d muss immer wieder an j-n / etw. denken; ***etw. im S. haben*** die Absicht haben, etw. zu tun ≈ etw. vorhaben; ***mit j-m / etw. nichts im S. haben*** mit j-m / etw. nichts zu tun haben wollen; ***etw. kommt j-m in den S.*** j-d denkt an etw. (Ungewöhnliches): *Es wäre mir nie in den S. gekommen, den Chef zu fragen, ob er mit uns in die Kneipe mitgeht*; ***ohne S. u. Verstand*** ohne darüber nachzudenken, ob es sinnvoll, nicht übertrieben, nicht schädlich *o.Ä.* ist; ***sich (Dat) j-n / etw. aus dem S. schlagen*** *gespr*; die Hoffnung auf j-n / etw. aufgeben; ***im wahrsten S. / Sinne des Wortes*** genau so, wie es j-d sagt: *Er ist im wahrsten S. des Wortes geflogen* (= man hat ihn buchstäblich rausgeschmissen); ***Das ist nicht im Sinne des Erfinders*** *gespr hum*; das ist nicht so, wie es beabsichtigt od. geplant war; ***In diesem Sinn(e)*** *gespr*; verwendet, um auf höfliche Weise ein Gespräch unter Freunden, guten Bekannten *o.Ä.* abzubrechen || NB: ↑ ***eng***

Sinn·bild *das*; ***ein S.*** + *Gen*; etw., das e-e Idee *o.Ä.* darstellt ≈ Symbol: *welke Blumen als S. der Vergänglichkeit* || *hierzu* **sinn·bild·lich** *Adj*

sin·nen; *sann, hat gesonnen*; [Vi] **1** ***(über etw. (Akk)) s.*** nachdenken, grübeln ⟨ins Sinnen kommen; in düsteres Sinnen verfallen⟩: (darüber) *s.*, *wie man ein Problem lösen könnte* **2** ***auf etw. (Akk) s.*** die Absicht haben, etw. Bestimmtes zu tun ≈ etw. planen ⟨auf Rache, Mord, Vergeltung, j-s Verderben s.⟩

Sin·nen·freu·den *die*; *Pl*; die Lust od. Freude an intensiven (sexuellen) Erlebnissen u. Gefühlen

sinn·ent·stel·lend *Adj*; ⟨ein Druckfehler, e-e Übersetzung⟩ so, dass sie den Sinn, die Bedeutung von etw. verändern

Sin·nes·or·gan *das*; *mst Pl*; ein Teil des Körpers (wie Nase, Auge, Ohr, Haut *usw*), mit dem man die Umwelt wahrnehmen kann

Sin·nes·täu·schung *die*; etw., das man hört od. sieht, das es aber in Wirklichkeit nicht gibt ≈ Halluzination: *E-e Fata Morgana ist e-e S.*

Sin·nes·wan·del *der*; *nur Sg*; e-e *mst* plötzliche Änderung der Meinung ≈ Meinungsänderung ⟨e-n (totalen) S. vollziehen⟩

sinn·fäl·lig *Adj*; so, dass es sofort verstanden wird ≈ anschaulich ⟨etw. s. zum Ausdruck bringen⟩ || *hierzu* **Sinn·fäl·lig·keit** *die*; *nur Sg*

sinn·ge·mäß *Adj*; *nur attr od adv*; so, dass die Bedeutung der Äußerung (u. nicht die Äußerung selbst) wiedergegeben wird ↔ wörtlich ⟨etw. s. wiedergeben, übersetzen⟩

sin·nie·ren; *sinnierte, hat sinniert*; [Vi] ***(über etw. (Akk)) s.*** *gespr*; über etw. nachdenken, grübeln ⟨vor sich hin s.⟩: *über sein Schicksal s.*

sinn·lich *Adj*; **1** in Bezug auf die Sinne (1) od. mit den Sinnen (1) ⟨die Wahrnehmung, die Erfahrung, Reize; etw. s. wahrnehmen⟩ **2** in Bezug auf den Körper (u. nicht auf den Geist) ≈ körperlich ↔ geistig ⟨Genüsse, Freuden, Begierden⟩ **3** an sexuellem Vergnügen interessiert ⟨e-e Frau, ein Mann⟩ **4** so, dass es die Sexualität stark anspricht: *Der Tango ist ein sehr sinnlicher Tanz*; *Sie hat e-n sinnlichen Mund* || *hierzu* **Sinn·lich·keit** *die*; *nur Sg* || ► ***übersinnlich***

sinn·los *Adj*; **1** ohne Zweck od. Bedeutung ≈ unsinnig, zwecklos ↔ sinnvoll ⟨ein Krieg; Opfer; Zerstörung; etw. s. vergeuden⟩: *Es ist doch völlig s., ihm das zu erklären, er versteht das sowieso nicht* **2** *nur attr od adv*; ohne Grund ≈ grundlos ⟨sich s. ärgern, aufregen⟩ **3** ohne Überlegung od. Verstand ⟨Gerede, Zeug; s. drauflosarbeiten⟩ **4** *nur adv*; so, dass man seiner Sinne nicht mehr mächtig ist ⟨sich s. betrinken⟩ || *zu* **1, 2** u. **3 Sinn·lo·sig·keit** *die*; *nur Sg*

sinn·ver·wandt *Adj*; mit ähnlicher Bedeutung ⟨Wörter⟩

sinn·voll *Adj*; **1** so, dass es e-n Nutzen, e-n Zweck hat ≈ nützlich ↔ sinnlos ⟨e-e Erfindung⟩ **2** so, dass es den Betreffenden zufrieden macht ≈ befriedigend ↔ frustrierend ⟨e-e Tätigkeit, e-e Arbeit, ein Leben⟩ **3** ⟨ein Satz⟩ so, dass er e-n Sinn (3), e-e Bedeutung ergibt ↔ sinnlos

sinn·wid·rig *Adj*; so, dass es dem Sinn (4) von etw. widerspricht: *ein Gesetz s. auslegen* || *hierzu* **Sinn·wid·rig·keit** *die*; *nur Sg*

Sinn|zu·sam·men·hang *der*; die Verbindung mehrerer Sätze, aus der man *z.B.* ein Wort od. e-e Äußerung richtig deuten kann ≈ Kontext: *aus dem S. erraten können, was ein unbekanntes Wort bedeutet*

Si·no·lo·gie *die*; *nur Sg*; die Wissenschaft, die sich mit der chinesischen Sprache u. Kultur beschäftigt || *hierzu* **Si·no·lo·ge** *der*; *-n, -n*; **Si·no·lo·gin** *die*; *-, -nen*

Sint·flut *die*; *nur Sg*; **1** *Rel*; (nach biblischer Überlieferung) ein starker Regen, mit dem Gott die Menschen für ihre Sünden bestrafte **2** *gespr*; ein sehr starker Regen: *Das ist ja die reinste S.!* || ID ***Nach mir die S.!*** *gespr*; es ist mir egal, welche Folgen mein Verhalten haben wird || *zu* **2 sint·flut·ar·tig** *Adj*; || ► ***vorsintflutlich***

Sin·ti *die*; *Pl*, *mst in* ***S. u. Roma*** verwendet als Bezeichnung für e-e Volksgruppe, die in mehreren Ländern Europas lebt. Früher waren fast alle *Sinti* u. *Roma* nicht sesshaft u. zogen *mst* in Wohnwagen von Ort zu Ort

Si·phon ['ziːfõ, zi'foːn] *der*; *-s, -s*; **1** e-e Art Flasche, in der das (Soda)Wasser so unter Druck steht, dass man es herausspritzen kann || K-: ***Siphon-, -flasche*** **2** ein gebogenes Rohr *z.B.* unten an e-m Waschbecken. Im Rohr bleibt immer e-e bestimmte Menge Wasser, das verhindert, dass unangenehme Gerüche aus dem Abfluss kommen

Sip·pe *die*; *-, -n*; *Kollekt*; **1** e-e Gruppe von mehreren Familien, die zusammen leben: *Während der Steinzeit lebten unsere Vorfahren in Sippen* || K-: ***Sippen-, -forschung, -verband*** **2** *gespr hum*; die (eigenen) Verwandten

Sip·pen·haf·tung *die*; *nur Sg*; die Praxis, dass die ganze Sippe (1) *o.Ä.* für die Straftaten e-s einzelnen Mitglieds verantwortlich gemacht wird (*bes* bei Blutrache)

Sipp·schaft *die*; *nur Sg*, *Kollekt*, *mst pej*; die (eigenen) Verwandten ≈ Sippe (2)

Si·re·ne *die*; *-, -n*; **1** ein Gerät, das lange, laute Töne erzeugt, *bes* um vor e-r Gefahr zu warnen ⟨die Sirenen heulen⟩ || K-: ***Sirenen-, -geheul*** || -K: ***Auto-, Schiffs-***; ***Fabrik-***; ***Feuerwehr-***, ***Polizei-*** **2** eine der Frauen, die in der griechischen Sage Männer durch ihren schönen Gesang ins Unglück brachten || K-: ***Sirenen-, -gesang*** || *zu* **2 si·re·nen·haft** *Adj*

sir·ren; *sirrte, ist gesirrt*; [Vi] ***ein Insekt sirrt*** ein Insekt fliegt u. erzeugt dabei e-n hohen, hellen Ton ⟨e-e Mücke, e-e Schnake, e-e Libelle⟩

Si·rup *der*; *-s*; *nur Sg*; **1** e-e braune, dicke Flüssigkeit, die entsteht, wenn man Zucker herstellt **2** e-e süße dicke Flüssigkeit, die man mit Wasser mischt u. als Saft trinkt: *den S. mit Wasser verdünnen* || -K: ***Apfel-, Frucht-, Himbeer-, Kirsch-, Zitronen-***

Si·sal *der*; *-s*; *nur Sg*, *Kollekt*; Fasern, aus denen man Seile u. Matten herstellt || K-: ***Sisal-, -faden, -seil, -teppich***

Si·sy·phus·ar·beit ['ziːzyfʊs-] *die*; e-e Arbeit, die

nie zu Ende geht bzw. nie zu e-m Erfolg führt: *Hausarbeit ist die reinste S.*

Sịt·te *die*; -, *-n*; **1** *mst Pl*; die Verhaltensweisen, die e-e bestimmte Gesellschaft traditionell angenommen hat ≈ Bräuche, Gepflogenheiten ⟨die Sitten u. Gebräuche e-s Volkes; irgendwo herrschen wilde, raue, strenge Sitten⟩: *Andere Länder, andere Sitten* (Sprichwort); *Bei uns gibt es die S., ein Fest zu feiern, wenn das Dach e-s Hauses fertig geworden ist* || K-: ***Sitten-, -geschichte*** || -K: ***Landes-, Volks-*** **2** *mst Sg*; die Normen, die in e-r Gesellschaft bestimmen, was gut u. richtig ist ≈ Moral ⟨die gute S.; gegen S. u. Anstand verstoßen; gegen die Sitten verstoßen⟩: *In vielen mohammedanischen Ländern verlangt die S., dass Frauen e-n Schleier tragen* || K-: ***Sitten-, -kodex, -lehre, -verfall*** **3** *Adj* + **Sitten** die Art, wie sich j-d vor anderen verhält ≈ Adj. + Benehmen ⟨eigenartige, sonderbare, komische Sitten haben; ein Mensch mit guten, schlechten Sitten; etw. ist gegen die guten Sitten (= ist unmoralisch)⟩ **4** ***etw. ist S.*** etw. ist üblich: *Bei uns ist* es *S., dass man ein Geschenk mitbringt, wenn man irgendwo zu Gast ist*; *In unserer Familie ist* es *S., nach dem Essen e-n Kaffee* zu *trinken* **5** *Kurzw* ↑ ***Sittenpolizei*** || ID ***Das sind ja ganz neue Sitten!*** *gespr*; verwendet, um seine Überraschung über etw. Neues auszudrücken (das man nicht gut findet) || *zu* **2 sịt·ten·los** *Adj*; **Sịt·ten·lo·sig·keit** *die*; *nur Sg*

Sịt·ten·bild *das*; die Beschreibung der Sitten (1) e-r bestimmten Zeit u. Gesellschaft: *ein S. des Bürgertums im 19. Jahrhundert geben*

Sịt·ten·po·li·zei *die*; *nur Sg*; e-e Abteilung der Polizei, die gegen illegale Prostitution, illegales Glücksspiel *o.Ä.* kämpft

Sịt·ten·rich·ter *der*; *mst pej*; j-d, der die Lebensweise anderer Menschen verurteilt, ohne dass er das Recht dazu hat ⟨j-d spielt den S., spielt sich als S. auf⟩

sịt·ten·streng *Adj*; *veraltend*; ⟨Eltern, ein Vater⟩ so, dass sie sehr genau darauf achten, dass ihre Angehörigen nichts tun, das unmoralisch ist || *hierzu* **Sịt·ten·stren·ge** *die*

Sịt·ten·strolch *der*; *pej*; ein Mann, der in sexueller Absicht Frauen u. Kinder verfolgt (u. belästigt)

sịtt·lich *Adj*; **1** *nur attr od adv*; in Bezug auf die Sitte (2), die Moral ≈ moralisch (1) ⟨die Erziehung, Reife, der Verfall; Bedenken; der sittliche Wert e-s Romans, e-s Films⟩ **2** den Regeln der Sitte (2), der Moral entsprechend, vorbildlich in moralischer Hinsicht ≈ sittsam ↔ unsittlich ⟨ein Mensch, Verhalten, Handeln; sich s. verhalten⟩ || *hierzu* **Sịtt·lich·keit** *die*; *nur Sg*

Sịtt·lich·keits|de·likt *das* ≈ Sexualdelikt

Sịtt·lich·keits|ver·bre·chen *das* ≈ Sexualdelikt || *hierzu* **Sịtt·lich·keits|ver·bre·cher** *der*

sịtt·sam *Adj*; *veraltend od hum*; den Regeln der Sitte (2), der Moral entsprechend ≈ anständig, brav || *hierzu* **Sịtt·sam·keit** *die*; *nur Sg*

Si·tu·a·ti·on [-'tsi̯oːn] *die*; -, *-en*; die Umstände, Bedingungen, Tatsachen, wie sie zu e-r bestimmten Zeit vorhanden sind ≈ Lage (3), Verhältnisse (1) ⟨e-e schwierige, heikle, komplizierte, peinliche, gefährliche, verfahrene, ausweglose S.; j-s familiäre, finanzielle, berufliche S.; die wirtschaftliche, politische S. e-s Landes; e-r S. (nicht) gewachsen sein⟩: *Der Brief hat ihn in e-e schwierige S. gebracht* || -K: ***Konflikt-, Krisen-, Markt-, Verkehrs-*** || *hierzu* **si·tu·a·ti·o̲ns·be·dingt** *Adj*

Si·tu·a·ti·o̲ns·ko·mik *die*; *nur Sg*; Komik, die von e-r bestimmten Situation (*bes* in e-m Film od. im Theater) kommt (u. nicht von dem, was gesagt wird)

si·tu·i̲ert *Adj*; *mst in* ***gut s. sein*** viel Geld u. e-e (gesellschaftlich) hohe Position haben

Sịtz *der*; *-es*, *-e*; **1** etw., auf dem man (*z.B.* im Auto od. im Theater) sitzen kann ⟨bequeme, gepolsterte, weiche, lederne Sitze⟩ || K-: ***Sitz-, -bank, -platz*** || -K: ***Leder-, Plastik-; Auto-; Fahrer-; Fenster-, Rück-, Vorder-; Not-, Schleuder-*** **2** e-e Stelle in e-r (öffentlichen) Institution od. e-m Gremium (mit dem Recht, bei Abstimmungen mitzumachen) ⟨ein S. im Parlament, im Gemeinderat, im Aufsichtsrat, im Parteivorstand *usw*⟩: *Die Partei hat / gewann / verlor 20 Sitze im Parlament* || K-: ***Sitz-, -verteilung*** || -K: ***Abgeordneten-, Parlaments-*** **3** das Gebäude, in dem e-e Institution, ein Betrieb *o.Ä.* arbeitet: *Die Firma hat ihren S. in Frankfurt / hat ihren Sitz nach Berlin verlegt*; *Der Bundespräsident hat seinen S. in der Villa Hammerschmidt* || -K: ***Amts-, Regierungs-; Haupt-; Land-; Wohn-; Bischofs-*** || ID ***auf 'einen S.*** *gespr*; auf einmal, ohne zu unterbrechen ⟨etw. auf einen S. (auf)essen, austrinken⟩

Sịtz·blo·cka·de *die*; e-e Art Demonstration, bei der sich die Demonstranten auf e-e Straße, in e-e Einfahrt *o.Ä.* setzen, um j-m den Weg zu versperren

Sịtz·ecke *die*; *Kollekt*; e-e Gruppe von Möbeln zum Sitzen (u. ein Tisch), die in einer Ecke e-s Zimmers stehen

sịt·zen; *saß*, *hat / ist gesessen*; [Vi] **1** ***irgendwo s.*** (*hat / bes südd* Ⓐ Ⓒⓗ *ist*) in e-r ruhenden Stellung sein, in der der Oberkörper senkrecht bleibt ↔ stehen, liegen ⟨bequem, weich s.; ruhig, still s.⟩: *auf e-r Parkbank s.*; *Im Kino saß ein älterer Herr neben mir* || NB: *s.* bezeichnet e-n Zustand: *Sie saßen im Schatten des Baumes*; *sich setzen* bezeichnet e-n Vorgang: *Nach dem Spaziergang setzten sie sich auf e-e Bank* || K-: ***Sitz-, -badewanne, -bank, -brett, -kissen, -möbel*** **2** (*hat / südd* Ⓐ Ⓒⓗ *ist*) *bes* lange Zeit irgendwo s. (1), sich irgendwo aufhalten (u. sich dabei mit etw. beschäftigen): *den ganzen Tag zu Hause*, *im Wirtshaus s.*; *stundenlang vor dem Fernseher s.* (= fernsehen), *am Schreibtisch s.* (= arbeiten), *über den Büchern s.* (= lernen) **3 *ein Tier sitzt irgendwo*** (*hat / südd* Ⓐ Ⓒⓗ *ist*) ein Tier ist in e-r Art sitzenden (1) Position: *Der Hase sitzt auf den Hinterbeinen*; *Die jungen Vögel sitzen im Nest*; *Die Henne sitzt auf ihren Eiern u. brütet* || K-: ***Sitz-, -stange*** **4** (*Zeitangabe* +) ***s.*** (*hat*) *gespr*; im Gefängnis sein: *Für seinen Banküberfall muss er (5 Jahre) s.* **5 *irgendwo s.*** (*hat / südd* Ⓐ Ⓒⓗ *ist*) Mitglied e-r (öffentlichen) Institution od. e-s Gremiums sein ⟨im Parlament, im Stadtrat, im Aufsichtsrat *usw* s.⟩ **6 *auf etw.*** (*Dat*) ***s.*** (*hat / südd* Ⓐ Ⓒⓗ *ist*) *gespr pej*; etw. besitzen u. nicht hergeben wollen ⟨auf seinem Geld s.⟩ **7 *auf etw.*** (*Dat*) ***s.*** (*hat / südd* Ⓐ Ⓒⓗ *ist*) *gespr pej*; etw. nicht (weiter) bearbeiten: *Er sitzt seit drei Wochen auf meinem Bericht* **8 *etw. sitzt*** (***gut***) (*hat*) etw. hat die richtige Größe u. Form u. passt j-m deshalb: *Die Jacke sitzt gut* **9 *etw. sitzt schlecht*** (*hat*) etw. hat nicht die richtige Größe u. Form u. passt j-m deshalb nicht **10 *etw. sitzt irgendwie*** (*hat / südd* Ⓐ Ⓒⓗ *auch ist*) etw. hängt, liegt, steckt irgendwo auf e-e bestimmte Art: *Deine Brosche sitzt verkehrt* **11 *etw. sitzt*** (*hat*) *gespr*; etw. wird (von j-m) beherrscht: *die Tonleiter so lange üben, bis sie* (*richtig*) *sitzt*; *Bei e-m Meister muss jeder Handgriff s.* **12 *etw. sitzt*** (***tief***) (*hat*) etw. wirkt sehr stark in j-m, ist irgendwie zu spüren ⟨j-s Hass, e-e Beleidigung, e-e Kränkung, e-e Verletzung⟩: *Mir sitzt noch die Angst in den Knochen* **13 *e-e sitzende Tätigkeit, Arbeit*** *usw* e-e Tätigkeit *usw*, bei der man viel sitzt (1) **14 *einen 's. haben*** *gespr*; (ein wenig) betrunken sein **15 *sitz!*** verwendet, um e-m Hund zu sagen, dass er sich setzen soll || ► ***setzen***

sịt·zen blei·ben; *blieb sitzen, ist sitzen geblieben*; [Vi] *gespr*; **1** e-e Klasse in der Schule noch einmal machen müssen, weil die Leistungen zu schlecht waren: *in der fünften Klasse s. b.*; *in der Schule zweimal s. b.* **2** ***auf etw.*** (*Dat*) ***s. b.*** niemanden finden, der e-e Ware kauft: *Er ist auf seinen Waren sitzen geblieben, weil er sie zu teuer angeboten hat* || *zu* **1 Sịt·zen·blei·ber** *der*; *-s, -*; **Sịt·zen·blei·be·rin** *die*; *-, -nen*

sịt·zen las·sen; *lässt sitzen, ließ sitzen, hat sitzen (ge)lassen*; [Vt] *gespr*; **1** ***j-n s. l.*** j-n verlassen: *Nach zehn Jahren Ehe hat ihr Mann sie u. die Kinder sitzen lassen* **2** ***j-n s. l.*** zu e-r Verabredung nicht kommen ≈ versetzen (5): *Wir hatten e-e Verabredung, aber sie hat mich sitzen lassen* **3** *mst* ***etw. nicht auf sich*** (*Dat*) ***s. l.*** sich gegen e-n Vorwurf od. e-e Kritik verteidigen: *E-e solche Anschuldigung kann ich unmöglich auf mir s. l.*

Sịtz·fleisch *das*; *mst in* ***kein S. haben*** *gespr hum*; **a)** nicht lange irgendwo (ruhig) sitzen können; **b)** keine Ausdauer haben

Sịtz·ge·le·gen·heit *die*; etw. (wie *z.B.* ein Stuhl od. ein Hocker), auf dem man sitzen kann

Sịtz·grup·pe *die*; *Kollekt*; mehrere einzelne (Polster) Sessel *o.Ä.*, die als Gruppe in e-m Zimmer stehen: *e-e S. aus Leder im Wohnzimmer haben*

-sit·zig *im Adj, wenig produktiv*; mit der genannten Zahl von Sitzen (1); ***einsitzig, zweisitzig, viersitzig*** *usw*: *ein achtsitziger Kleinbus*

Sịtz·ord·nung *die*; die Verteilung von Personen auf die Plätze in e-m Saal, an e-m Tisch: *Die S. sah vor, dass die Ehrengäste in der ersten Reihe saßen*

Sịtz·platz *der*; ein Platz zum Sitzen (in e-m Bus, Zug, Stadion *o.Ä.*), für den man bezahlt hat ↔ Stehplatz ⟨j-m e-n S. anbieten; sich e-n S. reservieren lassen; keinen S. mehr finden⟩

Sịtz·streik *der*; ein Streik, bei dem die Leute irgendwo sitzen, *bes* um e-n Weg zu blockieren

Sịt·zung *die*; *-, -en*; **1** ein Treffen von mehreren Leuten, um etw. zu besprechen od. zu entscheiden ≈ Konferenz ⟨e-e S. einberufen, anberaumen, abhalten; die S. eröffnen, unterbrechen, schließen; an e-r S. teilnehmen; zu e-r S. gehen; bei / auf / in e-r S. sein⟩ || K-: ***Sitzungs-, -bericht, -protokoll, -saal, -zimmer*** || -K: ***Arbeits-, Fraktions-, Gewerkschafts-, Kommissions-, Parlaments-, Plenar-, Präsidiums-, Rats-, Senats-, Vorstands-*** **2** ein (einzelner) Besuch bei e-m Maler, e-m Therapeuten, e-m Arzt *usw*, während dessen man porträtiert bzw. behandelt wird || -K: ***Therapie-, Zahnarzt-*** **3** ***e-e lange S.*** *gespr hum*; e-e ziemlich lange Zeit, die j-d auf der Toilette sitzt

Skạ·la [sk-] *die*; *-, -s / Ska·len*; **1** e-e grafische Darstellung der Ergebnisse e-r Messung durch ein Instrument (*mst* in Form von Strichen u. Zahlen) ⟨etw. von / auf e-r S. ablesen⟩: *Die S. des Fieberthermometers reicht von 35° bis 42°C* **2** e-e grafische Darstellung verschiedener Werte, Farben *o.Ä.*, mit denen man etw. messen od. vergleichen kann: *e-e S. von Blautönen* || -K: ***Bewertungs-, Duft-, Farb(en)-, Gefühls-, Lohn-, Noten-, Werte-***

Skạlp [sk-] *der*; *-s, -e*; *hist*; e-e Trophäe (die Kopfhaut u. die Haare), die Indianer von ihrem besiegten Feind nahmen || *hierzu* **skal·pie̲·ren** (*hat*) *Vt*

Skal·pẹll [sk-] *das*; *-s, -e*; ein kleines, sehr scharfes Messer, mit dem Chirurgen, Zoologen u. Botaniker arbeiten

Skan·da̲l [sk-] *der*; *-s, -e*; ***ein S.*** (***um j-n / etw.***) ein Ereignis, das viele Leute schockiert (u. ärgert), weil es moralisch nicht akzeptabel ist ⟨e-n S. verursachen, aufdecken; es kommt zu e-m S.; etw. als S. empfinden⟩: *der S. um die Finanzierung des Krankenhauses*; *Diese Verschwendung von Steuergeldern ist ein S.* || -K: ***Bestechungs-, Finanz-***

skan·da·lö̲s [sk-], *skandalöser, skandalösest-*; *Adj*; so, dass es als Skandal empfunden wird ≈ unerhört, empörend ⟨ein Vorfall, ein Benehmen, ein Verhalten, Zustände⟩: *Es ist s., wie sie ihre Kinder behandelt*

skan·da̲l·um·wit·tert *Adj*; *nicht adv*; so, dass es schon oft Skandale um die betreffende Person / Sache gegeben hat: *der skandalumwitterte Filmstar*

Ska̲t [sk-] (*der*); *-(e)s, -e*; **1** *nur Sg*; ein Kartenspiel für drei Personen ⟨(e-e Runde) S. spielen⟩ || K-: ***Skat-, -abend, -karte, -partie, -runde, -spiel, -spieler, -turnier*** **2** die zwei Karten, die beim S. (1) verdeckt liegen ⟨den S. aufnehmen, liegen lassen⟩

Ska̲t·bru·der *der*; *gespr*; j-d, der oft Skat spielt

Skate·board ['skeɪtbɔ:d] *das*; *-s, -s*; ein kurzes Brett mit kleinen Rädern, auf dem man steht u. fährt ⟨S. fahren⟩

Ske·lẹtt [sk-] *das*; *-s, -e*; **1** *Kollekt*; alle Knochen des Körpers e-s Menschen od. Tiers ≈ Gerippe: *das S. e-s Mammuts im Museum* **2** ***j-d ist nur mehr ein S.*** *gespr*; j-d ist sehr abgemagert **3** ***j-d ist das reinste S.*** *gespr*; j-d ist sehr mager

Skelett

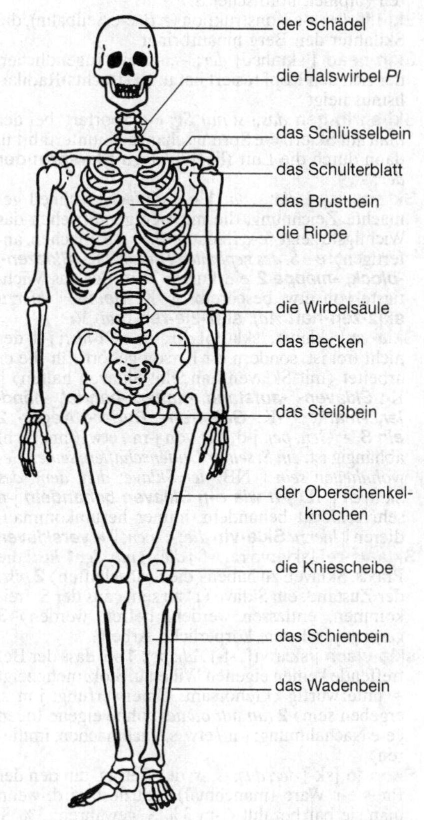

Skẹp·sis [sk-] *die*; *-*; *nur Sg*; ***S.*** (***gegenüber j-m / etw.***) der Glaube od. die Befürchtung, dass etw. nicht stimmen, klappen *o.Ä.* könnte ≈ Zweifel

S

⟨voller S. sein; etw. mit S. betrachten; j-m / etw. mit S. gegenüberstehen, begegnen⟩

skep·tisch [sk-] *Adj*; von dem Glauben geprägt, dass alles in Frage zu stellen ist, was nicht ganz sicher ist ⟨ein Mensch, e-e Haltung; s. sein, klingen, schauen; j-n s. stimmen, machen; j-m / etw. s. gegenüberstehen⟩: *Ich bin ziemlich s., ob das wohl gut gehen wird* || *hierzu* **Skep·ti·ker** *der*; *-s*, *-*; **Skep·ti·ke·rin** *die*; *-*, *-nen*

Sketch [skɛtʃ] *der*; *-es*, *-e* / *-es*; e-e kurze witzige Szene auf der Bühne, im Fernsehen *o.Ä.*

Ski [ʃiː] *der*; *-s*, *-* / *-er* [ˈʃiːɐ]; eines von zwei langen, schmalen Brettern (*mst* aus Kunststoff), mit denen man über Schnee gleiten kann ⟨S. fahren, laufen; die Ski / Skier anschnallen, abschnallen, wachsen⟩ || K-: ***Ski-, -anzug, -belag, -bindung, -brille, -fahren, -fahrer, -gebiet, -gymnastik, -hose, -kleidung, -laufen, -läufer, -lehrer, -piste, -schuh, -schule, -sport, -stiefel, -stock, -unfall, -wachs*** || -K: ***Abfahrts-, Langlauf-, Touren-; Holz-***

Ski·flie·gen *das*; *-s*; *nur Sg*; e-e Art des Skispringens, bei der man sehr weit springt

Ski·kurs *der*; ein Kurs, in dem man lernt, Ski zu fahren

Ski·lang·lauf *der*; *nur Sg* ≈ Langlauf

Ski·lauf *der*; *-s*; *nur Sg*, *Kollekt*; die Sportarten, bei denen die Sportler auf Skiern über den Schnee gleiten ⟨alpiner, nordischer S.⟩

Ski·lift *der*; e-e Konstruktion (*z.B.* e-e Seilbahn), die Skifahrer den Berg hinaufbringt

Skin·head [ˈskɪnhɛd] *der*; *-s*, *-s*; ein Jugendlicher, der sich den Kopf rasiert hat u. zu (Rechts)Radikalismus neigt

Ski·sprin·gen *das*; *-s*; *nur Sg*; e-e Sportart, bei der man auf Skiern e-e Sprungschanze hinunterfährt u. dann durch die Luft fliegt || *hierzu* **Ski·sprin·ger** *der*; *-s*, *-*

Skiz·ze [sk-] *die*; *-*, *-n*; **1** e-e einfache, schnell gemachte Zeichnung, die mit wenigen Strichen das Wichtigste zeigt ⟨e-e flüchtige S.; e-e S. machen, anfertigen⟩: *e-e S. des geplanten Hauses* || K-: ***Skizzen-, -block, -mappe*** **2** ein kurzer Text, der das Wichtigste von etw. beschreibt || -K: ***Reise-*** || *hierzu* **skiz·zen·haft** *Adj*; **skiz·zie·ren** (*hat*) *Vt*

Skla·ve [ˈsklaːvə, ˈsklaːfə] *der*; *-n*, *-n*; **1** *hist*; j-d, der nicht frei ist, sondern e-r Person gehört, für die er arbeitet ⟨mit Sklaven handeln; Sklaven halten⟩ || K-: ***Sklaven-, -aufstand, -halter, -handel, -händler, -markt*** || -K: ***Galeeren-, Ruder-; Neger-*** **2** ***ein S.*** + *Gen*, *pej*; j-d, der von j-m / etw. (innerlich) abhängig ist: *ein S. seiner Leidenschaften, seiner Gewohnheiten sein* || NB: *der Sklave*; *den, dem, des Sklaven* || ID ***j-n wie e-n Sklaven behandeln*** j-n sehr schlecht behandeln, immer herumkommandieren || *hierzu* **Skla·vin** *die*; *-*, *-nen*; || ▸ ***versklaven***

Skla·ve·rei [sklaːvəˈrai, -f-] *die*; *-*; *nur Sg*; **1** *hist*; die Praxis, Sklaven zu haben ⟨die S. abschaffen⟩ **2** *hist*; der Zustand, ein Sklave (1) zu sein ⟨aus der S. freikommen, entlassen werden, befreit werden⟩ **3** *gespr pej*; schwere körperliche Arbeit

skla·visch [ˈsklaːvɪʃ, -f-] *Adj*; *pej*; **1** so, dass der Betreffende keinen eigenen Willen u. Stolz mehr zeigt ≈ unterwürfig ⟨Gehorsam, Unterwerfung; j-m s. ergeben sein⟩ **2** *nur attr od adv*; ohne eigene Ideen ⟨e-e Nachahmung; j-n / etw. s. nachmachen, imitieren⟩

Skon·to [sk-] *der*, *das*; *-s*, *-s*; der Betrag, um den der Preis e-r Ware (manchmal) reduziert wird, wenn man sie bar bezahlt ⟨j-m 3% S. gewähren; 3% S. bekommen⟩ || NB: ↑ ***Rabatt***

Skor·but [sk-] *der*; *-(e)s*; *nur Sg*; e-e Krankheit, die durch e-n Mangel an Vitamin C entsteht

Skor·pi·on [skɔrˈpioːn] *der*; *-s*, *-e*; **1** ein Tier, das mit den Spinnen verwandt ist, in den Tropen lebt u. e-n giftigen Stachel hat ⟨von e-m S. gestochen werden⟩ **2** *nur Sg*; das Sternzeichen für die Zeit vom 24. Oktober bis 22. November || ↑ *Abb. unter* ***Sternzeichen*** **3** j-d, der in der Zeit vom 24. Oktober bis 22. November geboren ist: *Sie ist (ein) S.*

Skript [sk-] *das*; *-(e)s*, *-en* / *-s*; **1** ein geschriebener Text *bes* e-r Vorlesung **2** *Film* ≈ Drehbuch

Skrip·tum [sk-] *das*; *-s*, *Skrip·ten* ≈ Skript (1)

Skru·pel [sk-] *der*; *-s*, *-*; *mst Pl*; die Gedanken u. Gefühle, die einen daran hindern, etw. Böses zu tun ≈ Hemmungen, Gewissensbisse ⟨(keine) Skrupel haben, etw. zu tun; sich (wegen etw.) Skrupel machen; keine Skrupel kennen⟩ || *hierzu* **skru·pel·los** *Adj*; **Skru·pel·lo·sig·keit** *die*

Skulp·tur *die*; *-*, *-en*; e-e Figur (aus Bronze, Gips *usw*), die ein Künstler gemacht hat ≈ Plastik[2] (1) || K-: ***Skulpturen-, -sammlung*** || -K: ***Bronze-, Gips-, Holz-, Marmor-***

skur·ril [sk-] *Adj*; von e-r Art, die als seltsam od. komisch empfunden wird ≈ bizarr, verrückt ⟨ein Mensch, ein Typ; e-e Idee, ein Einfall; j-d sieht s. aus⟩ || *hierzu* **Skur·ri·li·tät** *die*; *-*, *-en*

S-Kur·ve [ˈɛs-] *die*; e-e Strecke mit zwei Kurven direkt hintereinander, wobei die eine Kurve nach links u. die andere nach rechts geht

Sla·lom *der*; *-s*, *-s*; **1** ein Wettkampf (beim Skifahren, Kanufahren), bei dem man zwischen senkrechten Stäben (Toren) hindurch viele Kurven fahren muss ⟨e-n S. fahren⟩ || K-: ***Slalom-, -lauf, -läufer, -wettbewerb*** **2** ***S. fahren*** *gespr*; ein Fahrzeug so steuern, dass man viele Kurven fährt

Slang [slɛŋ] *der*; *-s*, *-s*; *oft pej*; e-e sehr saloppe Form der gesprochenen Sprache (*bes* im Englischen) ⟨der amerikanische S.; S. sprechen⟩ || K-: ***Slang-, -ausdruck, -wort***

Sla·we *der*; *-n*, *-n*; ein Mitglied e-s Volkes, das e-e slawische Sprache spricht || NB: *der Slawe*; *den, dem, des Slawen*

sla·wisch *Adj*; zu den ost-, südost- u. mitteleuropäischen Völkern (*z.B.* den Russen, Polen, Bulgaren) od. ihren Sprachen gehörend

Sla·wis·tik *die*; *-*; *nur Sg*; die Wissenschaft, die sich mit den slawischen Sprachen beschäftigt

Slip *der*; *-s*, *-s*; e-e kleine, enge Unterhose || -K: ***Damen-, Herren-***

Slip·per *der*; *-s*, *-*; ein bequemer (Halb)Schuh ohne Schnürsenkel

Slo·gan [ˈsloːgn̩] *der*; *-s*, *-s*; ein Satz, der in der Werbung verwendet wird u. den man sich gut merken kann || -K: ***Werbe-***

Slum [slam] *der*; *-s*, *-s*; *mst Pl*; der Teil e-r großen Stadt, in dem sehr arme Leute (in schlechten Verhältnissen) wohnen ≈ Elendsviertel || K-: ***Slum-, -bewohner***

Sma·ragd [sm-] *der*; *-(e)s*, *-e*; ein wertvoller, durchsichtiger, grüner (Edel)Stein || K-: ***smaragd-, -grün***

smart [sm-] *Adj*; **1** elegant gekleidet **2** *mst pej*; geschickt im Verhalten mit anderen Menschen ≈ clever ⟨ein Geschäftsmann⟩

Smog [sm-] *der*; *-(s)*; *nur Sg*; e-e dichte Schicht aus Rauch, giftigen Gasen u. oft auch Nebel in der Luft (über e-r Stadt od. Fabrik) || K-: ***Smog-, -alarm***

Smo·king [sm-] *der*; *-s*, *-s*; ein festlicher (*mst* schwarzer) Anzug für Männer || K-: ***Smoking-, -jackett***

Snack [snɛk] *der*; *-s*, *-s* ≈ Imbiss || K-: ***Snack-, -bar***

sna·cken [sn-]; *snackte*, *hat gesnackt*; [Vi] *nordd gespr*; sich mit j-m unterhalten ≈ plaudern

Snob [sn-] *der*; *-s*, *-s*; *pej*; **1** j-d, der sehr stolz darauf ist, dass er zu e-r relativ hohen sozialen Schicht gehört (u. andere daher verachtet) **2** j-d, der viel Wert auf exklusive Dinge (*bes* Kunstgegenstände) legt

Sno·bi̱s·mus [sn-] *der*; -; *nur Sg*; *pej*; die Einstellung e-s Snobs || *hierzu* **sno·bi̱s·tisch** *Adj*

Snow·board ['snoʊbɔːɐ̯t] *das*; *-s*, *-s*; ein flaches Brett aus Kunststoff, das breiter als ein Ski ist u. mit dem man auf Schnee bergab gleitet || *hierzu* **Snow·boar·der** *der*; *-s*, -

so̱[1] *Adv*; **1** *betont u. nicht betont*; verwendet, um die Art u. Weise zu bezeichnen, auf die e-e (*mst* schon bekannte) Handlung abläuft: *Wir machen das so u. nicht anders*; *Das machst du gut so!* **2** *betont*; in diesem Zustand od. in dieser Form: *So kannst du unmöglich zu e-r Hochzeitsfeier gehen!*; *So gefällt mir das Bild schon viel besser*; *Ich glaube nicht, dass man dieses Wort so schreiben kann* **3** *unbetont*; **so** + *Adj* / *Adv* (+ **wie**) in diesem (hohen) Maß, Grad (wie j-d / etw.): *Gestern war das Wetter nicht so schön*; *Ich habe noch nie so viel gegessen*; *Er ist so groß wie sein Bruder*; *so schnell wie möglich* **4** *unbetont*; verwendet, um e-e logische Folge auszudrücken ≈ also, deshalb: *Es regnete, so bin ich zu Hause geblieben*; *Du wolltest, dass ich das koche, so iss es jetzt auch!* **5** *unbetont*; **so** + *Zeitangabe* / *Mengenangabe*; *gespr* ≈ ungefähr, etwa, circa: *So in e-r halben Stunde bin ich fertig, dann können wir fahren*; *Der Taschenrechner hat mich so (um die) 40 Euro gekostet* **6** *unbetont*; **so** + *Substantiv*; verwendet in elliptischen Angaben, die ausdrücken, von wem od. woher e-e Aussage od. ein Zitat stammt ≈ so sagt(e) …, so steht es in …: *„Für das kommende Jahr", so der Wirtschaftsminister, „wird ein Wachstum von 2,5% erwartet"* **7** *unbetont*; ***oder so***; ***und so*** *gespr*; verwendet (nach e-r Aussage), wenn man etw. nicht genau weiß od. wenn man etw. nicht präziser formulieren will: *Ich muss noch ein paar Anrufe machen und so, dann bin ich fertig*; *Sie heißt Koslowski oder so* **8** *betont*; ***'so und*** / ***oder 'so*** auf diese und / oder andere Weise: *Das kann man so und so / so oder so sehen* **9** *betont*; ***'so oder 'so*** *gespr*; egal, wie man es macht od. betrachtet ≈ ohnehin, auf jeden Fall: *Er braucht sich nicht mehr anzustrengen, er wird die Prüfung so oder so bestehen* **10** *betont*; (wie ein Demonstrativpronomen verwendet) von der genannten Art ≈ solch: *Bei so schlechtem Wetter bleibt man besser zu Hause*; *So ein Motorrad wollte ich mir schon lange kaufen*; *So ein Lügner!* **11** *unbetont*; **so** + *Substantiv im Plural*; *gespr*; verwendet, um Personen od. Dinge zu bezeichnen, die man nicht genau nennen od. beschreiben kann: *Das sind so Gräser, die vor allem am Ufer von Seen wachsen* **12** *betont*; ***'so jemand*** / ***'so (et)was*** e-e Person od. Sache dieses Typs od. dieser Art: *Mit so jemandem wollen wir nichts zu tun haben*; *So etwas ist mir doch noch nie passiert!* **13** *betont*; **(*Na*,) *'so was*** *gespr*; verwendet, um Erstaunen od. Empörung auszudrücken: *Na, so was, jetzt finde ich meinen Autoschlüssel nicht mehr!* || NB: ↑ ***nur***[3]

so̱[2] *Konjunktion*; **1** verwendet, um e-e Art Vergleich einzuleiten: *Sie beendete ihr Studium so schnell sie nur konnte* **2** verwendet, um e-n Nebensatz einzuleiten, in dem e-e einräumende Bemerkung gemacht wird: *So Leid es mir tut, ich kann ihnen nicht helfen* **3** **so** + *Adj* / *Adv* …, **so** + *Adj* / *Adv* verwendet, um e-e Art Vergleich einzuleiten: *So nett er ist, so schwierig kann er dann auch sein*

so̱[3] *nur in* **1** **so** (+ *Adj* / *Adv*), **dass…** verwendet, um die Ursache(n) u. deren Folge(n) auszudrücken: *Der Film war so langweilig, dass ich dabei fast eingeschlafen wäre*; *Er ist so schnell gerannt, dass er hingefallen ist*; *Sie lachte so, dass sie Tränen in den Augen hatte* || NB: Folgt auf *so* kein Adj. / Adv., dann wird es betont **2** **so** + *Adj* + *Infinitiv* verwendet, um die Voraussetzung für e-e Handlung anzugeben: *Sie war so freundlich, mir zu helfen*; *Ich bin nicht so dumm, das zu glauben* **3** ***so … wie*** verwendet, um e-n Vergleich auszudrücken: *Das Haus sieht nicht so aus, wie ich es mir vorgestellt habe* || NB: ↑ ***auch***[3], ***je***[2] (1), ***sodass***, ***um***[3] (4)

so̱[4] *Partikel*; **1** *betont*; *mst* elliptisch verwendet, um e-e Geste zu begleiten, die klarmacht, wie j-d / etw. ist od. war: *„Wie groß war denn der Tisch?" - „So groß!"*; *„Wie hat er denn da geguckt?" - „So!"* **2** (***ja***) **so** *betont*; in sehr hohem Maß: *Ich bin ja so froh darüber*; *Das war so lustig!* **3** *unbetont*; verwendet, um e-e Aussage zu verstärken ≈ wirklich: *Das kann ich nicht so recht glauben*; *Das will mir nicht so ganz einleuchten* (= das verstehe ich einfach nicht) **4** *unbetont*; (als Floskel) in Fragen verwendet, um ein Gespräch in Gang zu bringen: *Wie geht es dir so?*; *Was macht ihr denn so?* **5** *unbetont*; verwendet, um auszudrücken, dass man etw. nicht genauer sagen will: *Ich habe so meine Gründe, warum ich das tue* **6** *unbetont*; verwendet am Anfang e-r Aufforderung (oft zusammen mit *doch*), um Ungeduld od. Verärgerung auszudrücken: *So komm jetzt endlich!*; *So unterbrich mich doch nicht immer!* **7** *betont*; allein stehend od. am Anfang e-s Satzes als e-e Art Kommentar verwendet, wenn man etw. gerade getan hat (u. damit zufrieden ist): *So, das hätten wir geschafft!*; *So, dann gehen wir zum nächsten Punkt auf der Tagesordnung über* **8** *betont*; allein stehend verwendet als Reaktion auf e-e Aussage, um zu zeigen, dass man die Aussage registriert hat (dass sie einen jedoch nicht sehr interessiert): *„Unsere Nachbarn haben ein neues Auto gekauft" - „So"* || NB: ↑ ***soso***[2] **9** *betont*; *mst* allein stehend in Form e-r Frage verwendet, um Erstaunen od. Skepsis auszudrücken: *„Sie ist schon mit 34 Jahren Großmutter geworden" - „So?"* **10** *betont*, *gespr*; ohne die Person od. Sache, die schon genannt wurde od. die schon bekannt ist: *„Was hast du dafür bezahlt?" - „Das habe ich einfach so bekommen"* (= ohne Geld zu zahlen); *„Kann ich Ihnen helfen?" - „Nein danke, es geht schon so"* (= ohne Ihre Hilfe); *„Den Brief brauchen Sie nicht zu tippen" - „Ich habe aber auch so genug zu tun"* (= auch ohne den Brief)

---

so ge·nann·t- *Adj*; *nur attr, nicht adv*; **1** verwendet, um auszudrücken, dass j-d / etw. die nachfolgende Bezeichnung nicht verdient: *mein so genannter Freund Klaus* **2** verwendet, um auszudrücken, dass die nachfolgende Bezeichnung neu ist u. von bestimmten Leuten verwendet wird: *der so genannte Treibhauseffekt*

so vi̱el *Indefinitpronomen*; ***so viel wie*** + *Adj* / *Pronomen* / *Subst*; ***so viel*** + *Satz*; verwendet, um auszudrücken, dass etw. im selben hohen Maß od. Umfang zutrifft wie etw. anderes ↔ so wenig: *Er muss so viel wie möglich liegen, damit er gesund wird*; *Sie verdient doppelt so viel wie ich*; *Das bedeutet mir so viel wie ein Versprechen*; *In diesem Restaurant zahlt man 20 Euro, dann kann man essen, so viel man will* || ID ***so viel für heute*** *gespr*; das ist im Moment genug || NB: ↑ ***soviel***

so we̱it[1] *Adj*; **1** ***so weit sein*** bereit sein, etw. zu tun ≈ fertig sein: *Wir können jetzt gehen, ich bin so weit* **2** ***etw. ist so weit*** etw. hat e-n bestimmten (Zeit)Punkt, ein bestimmtes Maß erreicht: *Endlich ist es so weit, das Haus ist fertig*; *Jetzt ist es bald so weit, dass ich die Geduld verliere* || NB: ↑ ***soweit***

so we̱it[2] *Adv*; **1** in e-m bestimmten Rahmen, der nicht näher beschrieben wird ≈ im Großen u. Ganzen, im Allgemeinen: *So weit ist alles in Ordnung*; *Es geht uns so weit ganz gut* **2** *mst* ***so weit das Auge reicht*** bis zum Horizont: *Das ganze*

S

> *Land hier gehört einem Mann, so weit das Auge reicht* || NB: ↑ ***soweit***
> **so we·nig** *Indefinitpronomen*; ***so wenig wie / als** + Adj / Pronomen / Subst*; ***so wenig** + Satz*; verwendet, um auszudrücken, dass etw. im selben niedrigen Maß od. Umfang zutrifft wie etw. anderes ↔ so viel ⟨so wenig wie möglich⟩: *Ruhen Sie sich aus u. arbeiten Sie so wenig wie / als möglich*; *Ich habe so wenig Erfahrung wie er* || NB: ↑ ***sowenig***

so·bald *Konjunktion*; verwendet, um auszudrücken, dass etw. sofort geschehen wird, wenn e-e Voraussetzung erfüllt ist ≈ sowie: *Ich komme, s. ich mit der Arbeit fertig bin*; *S. ich ihn sehe, sage ich ihm Bescheid*

Söck·chen *das*; *-s*, *-*; ein dünner, kurzer Strumpf für Kinder od. Frauen, der bis zum Knöchel reicht

So·cke *die*; *-*, *-n*; ein kurzer Strumpf, der bis über die Knöchel reicht ⟨ein Paar Socken⟩ || -K: ***Frottee-***, ***Woll-***; ***Ringel-*** || ID ***sich auf die Socken machen*** *gespr*; fortgehen od. -fahren ≈ aufbrechen (7); ***von den Socken sein*** *gespr*; überrascht sein

So·ckel *der*; *-s*, *-*; der flache untere Teil, auf dem ein Denkmal, ein Zaun, ein Möbelstück *o.Ä.* steht || -K: ***Marmor-***, ***Stein-***, ***Zement-***

So·cken *der*; *-s*, *-*; *südd* Ⓐ Ⓒⓗ ≈ Socke

So·da *das*; *-s*; *nur Sg*; **1** ein weißes Pulver, das die wichtigste Substanz im Backpulver ist; *Chem* Natriumkarbonat **2** Wasser mit Kohlensäure ⟨ein Whisky (mit) S.⟩ || K-: ***Soda-***, ***-wasser***

so·dann *Adv*; *veraltend*; **1** ≈ danach, dann **2** ≈ außerdem

so·dass, **so dass** *Konjunktion*; verwendet, um die Folge einzuleiten, die sich aus der Handlung des Hauptsatzes ergibt: *Er war völlig verwirrt, s. er nicht mehr wusste, was er sagte* || NB: ↑ ***so***[3] (1)

Sod·bren·nen *das*; *-s*; *nur Sg*; ein unangenehmes, brennendes Gefühl in der Brust u. im Hals, das vom Magen kommt ⟨S. haben⟩

So·de *die*; *-*, *-n*; ein Stück Rasen od. Torf, das man mit dem Spaten *o.Ä.* abgetrennt hat ⟨Soden ausstechen⟩ || -K: ***Gras-***, ***Rasen-***, ***Torf-***

So·dom *das*; *mst in* **Das ist das reinste S. u. Gomorrha** *geschr*; verwendet, um auszudrücken, dass man über die unmoralische Lebensweise an e-m bestimmten Ort schockiert ist

So·do·mie *die*; *-*; *nur Sg*; der Geschlechtsverkehr e-s Menschen mit e-m Tier ⟨S. betreiben⟩

so·eben *Adv*; **1** jetzt, in diesem Augenblick ≈ gerade[2] (1): *S. kommt er zur Tür herein* **2** vor sehr kurzer Zeit ≈ gerade[2] (3): *Sie ist s. aus dem Haus gegangen*

So·fa *das*; *-s*, *-s*; ein weiches, bequemes Möbelstück (mit e-r Rückenlehne u. Armlehnen), auf dem mehrere Personen sitzen können ≈ Couch || K-: ***Sofa-***, ***-kissen*** || -K: ***Wohnzimmer-***, ***Leder-***, ***Plüsch-***

so·fern *Konjunktion*; verwendet, um e-e Voraussetzung zu bezeichnen ≈ wenn (1), vorausgesetzt dass: *Die Fahrt dauert zwei Stunden, s. es keinen Stau gibt*; *S. das Wetter schön bleibt, machen wir morgen e-n Ausflug*

soff *Imperfekt, 1. u. 3. Person Sg*; ↑ ***saufen***

so·fort *Adv*; **1** unmittelbar nach der ersten Handlung ≈ augenblicklich, gleich: *Der Hund fing s. an zu bellen, als es klingelte*; *Ruf mich bitte s. an, wenn du heimkommst* || K-: ***Sofort-***, ***-hilfe***, ***-maßnahme*** **2** ohne zeitliche Verzögerung ≈ unverzüglich ↔ später: *Du sollst s. nach Hause kommen!*; *Der Brief muss s. zur Post!* **3** in sehr kurzer Zeit ≈ gleich: *E-n Moment noch, ich bin s. fertig*; *Wartet auf mich, ich komme s.!*

So·fort·bild|ka·me·ra *die*; e-e Kamera, aus der direkt nach dem Fotografieren ein fertiges Foto herauskommt

so·for·ti·g- *Adj*; *nur attr*, *nicht adv*; ohne dass Zeit zwischen zwei Handlungen od. Zuständen vergeht ⟨mit sofortiger Wirkung⟩: *Lebensmittel, die für den sofortigen Verzehr bestimmt sind*

soft *Adj*; *gespr*, *oft pej*; (verwendet in Bezug auf Männer) so, dass sie ihre Gefühle zeigen u. Fehler zugeben

Soft·eis *das*; sehr weiches (Speise)Eis

Sof·tie ['sɔfti] *der*; *-s*, *-s*; *oft pej*; ein sanfter, nachgiebiger Mann ↔ Macho, Chauvi

Soft·ware ['sɔftvɛːɐ̯] *die*; *-*; *nur Sg*; die Informationen u. Befehle (in Form von Programmen), mit denen ein Computer arbeiten kann ↔ Hardware || -K: ***Lern-***

sog *Imperfekt, 1. u. 3. Person Sg*; ↑ ***saugen***

Sog *der*; *-(e)s*; *nur Sg*; die Kraft, die e-n Körper in die Richtung zieht, in die sich die Luft od. e-e Flüssigkeit bewegt ⟨etw. erzeugt e-n S.⟩: *in den S. e-s Strudels geraten*

so·gar [zo'gaːɐ̯] *Partikel*; *unbetont*; **1** verwendet, um auszudrücken, dass man weniger erwartet hat: *Er war bei dem Rennen nicht nur erfolgreich, er hat s. gewonnen!* **2** verwendet, um auszudrücken, dass etw. ungewöhnlich ist ≈ selbst[2]: *S. Peter hat das kapiert, warum du nicht?*; *Die Sonne scheint im Sommer am Nordpol s. nachts* **3** verwendet, um e-e Steigerung auszudrücken ≈ ja (7): *Er war reich, s. sehr reich*

so·gleich *Adv*; *veraltend* ≈ sofort

Soh·le *die*; *-*, *-n*; **1** die untere Fläche des Fußes || ↑ *Abb. unter* ***Fuß*** || -K: ***Fuß-*** **2** die untere Fläche des Schuhs, des Strumpfes *o.Ä.*: *Die Sohlen meiner Gummistiefel haben ein gutes Profil / sind durchgelaufen* (= haben ein Loch) || ↑ *Abb. unter* ***Schuhe*** || -K: ***Schuh-***; ***Gummi-*** **3** ein flaches Stück aus warmem Material, das man in die Schuhe legt **4** die Fläche am Boden e-s Tals, Grabens *usw* || -K: ***Tal-*** || ID ***auf leisen Sohlen*** leise u. unbemerkt ⟨auf leisen Sohlen gehen, kommen⟩; ***e-e kesse S. aufs Parkett legen*** *gespr*; mit viel Schwung tanzen

Sohn *der*; *-(e)s*, *Söh·ne* **1** j-s männliches Kind ↔ Tochter || -K: ***Adoptiv-***, ***Pflege-***, ***Stief-***; ***Arbeiter-***, ***Bauern-***, ***Königs-*** *usw* **2** j-d, der in e-r bestimmten Umgebung aufgewachsen ist (u. *mst* von ihr geprägt ist): *Bert Brecht, ein berühmter S. Augsburgs*; *die Tuareg, Söhne der Wüste* || -K: ***Wüsten-*** **3** *mst* ***mein S.*** *gespr*; verwendet als Anrede für e-n Jungen (der auch nicht der eigene S. (1) ist): *Na, wie gehts, mein S.?* **4** *mst* ***mein S.*** verwendet von Priestern als Anrede für Männer (*bes* bei der Beichte) **5** ***der S. Gottes*** *Rel*; Jesus Christus: *Gott Vater, S. u. der Heilige Geist* || -K: ***Gottes-*** **6** ***ein verlorener S.*** j-d, der seine Eltern enttäuscht, weil er nicht nach ihren moralischen Prinzipien handelt

Soh·ne·mann *der*; *gespr hum*; verwendet (als zärtliche Anrede) für seinen (kleinen) Sohn

Soi·ree [soa'reː] *die*; *-*, *-n*; e-e festliche Veranstaltung am Abend

So·ja *die*; *-*; *nur Sg* ≈ Sojabohne || K-: ***Soja-***, ***-brot***, ***-mehl***, ***-öl***, ***-soße***, ***-sprossen***

So·ja·boh·ne *die*; e-e Bohne, die *bes* in Asien wächst u. deren Samen *mst* als Gemüse, für Öl u. als Ersatz für Fleisch verwendet werden

so·lang, **so·lan·ge** *Konjunktion*; **1** ***s.*** (***wie***) in / während der Zeit, in der ...: *S.* (*wie*) *sein Auto kaputt ist, fährt er mit dem Fahrrad*; *Ich spreche s. nicht mehr mit ihm, bis er sich entschuldigt hat* **2** *gespr* ≈ vorausgesetzt: *Du darfst zuschauen, s. du mich nicht bei der Arbeit störst*

so·lar [zo'laːɐ̯] *Adj*; *geschr*; von der Sonne ⟨Energie, Strahlung⟩ || K-: ***Solar-***, ***-energie***, ***-heizung***

S

So·la·ri·um *das*; *-s*, *So·la·ri·en* [-i̯ən]; **1** ein Gerät, das Licht erzeugt, von dem die Haut wie in der Sonne rot od. braun wird **2** ein Raum (ein Studio) mit Solarien (1)

So·lar·zel·le *die*; ein technisches Gerät (e-e Fotozelle), das Sonnenlicht in elektrischen Strom verwandelt || K-: ***Solarzellen-, -batterie, -rechner***

solch *Demonstrativpronomen*; *indeklinabel*; verwendet, um ein Adj. zu verstärken ≈ so[1] (10): *Sie trug s. ein schönes Kleid, dass sich alle Leute nach ihr umdrehten*; *Bei s. nassem / s. einem nassen / einem s. nassen Wetter bleibt man besser zu Hause* || NB: *mst* vor dem unbestimmten Artikel

solch- *Demonstrativpronomen*; *nur attr*, *nicht adv*; **1** von der schon genannten od. bekannten Art: *Solche Autos rosten schnell*; *Es gab Kuchen, Plätzchen u. solche Sachen* **2** verwendet, um zu betonen, dass etw. sehr intensiv, groß, stark *o.Ä.* ist: *Sie hatte solchen Hunger, dass sie nicht einschlafen konnte*; *Es ist e-e solche Freude, dich zu sehen* || NB: *zu* **1** u. **2**: nach dem unbestimmten Artikel **3** *Subst* + ***als solche*(*r*, *-s usw*)**; die genannte Sache, so, wie sie ist ≈ *Subst* + an sich: *Der Winter als solcher stört mich nicht, aber er dauert mir einfach zu lange*

sol·cher·art[1] *Demonstrativpronomen*; *indeklinabel*, *geschr*; von der genannten od. bekannten Art ≈ so geartet: *S. Fehler dürfen nicht noch einmal passieren*

sol·cher·art[2] *Adv*; *geschr*; auf solche Art u. Weise: *Er schämte sich s., dass ...*

sol·cher·lei *Demonstrativpronomen*; *indeklinabel*; (nur mit Plural verwendet) von der genannten od. bekannten Art: *S. Ausreden kenne ich!*

sol·cher·ma·ßen *Adv*; *geschr* ≈ solcherart[2]

Sold *der*; *-(e)s*; *nur Sg*; das Geld, das ein Soldat für seinen Dienst bekommt

Sol·dat *der*; *-en*, *-en*; ein Mitglied e-r Armee, *bes* j-d, der kein Offizier ist ⟨ein S. salutiert, zieht in den Krieg, fällt im Krieg; Soldaten werden rekrutiert, eingezogen⟩ || K-: ***Soldaten-, -friedhof, -grab, -lied, -uniform*** || -K: ***Berufs-, Front-, Heeres-, Luftwaffen-, Marine-***; ***Zinn-*** || NB: *der Soldat*; *den, dem, des Soldaten*

Söld·ner *der*; *-s*, *-*; ein Soldat, der für Geld in e-r fremden Armee kämpft ⟨Söldner anwerben⟩ || K-: ***Söldner-, -heer***

So·le *die*; *-*, *-n*; Wasser, das viel Salz enthält || K-: ***Sole-, -bad, -quelle***

So·li *Pl*; ↑ ***Solo***

so·lid *Adj*; ↑ ***solide***

so·li·da·risch *Adj*; ***s.*** (***mit j-m***) drückt aus, dass die Beteiligten gemeinsame Interessen haben u. sich gegenseitig helfen ⟨e-e Gemeinschaft; s. handeln; sich mit j-m s. fühlen, erklären (= erklären, dass man zu ihm hält)⟩ || K-: ***Solidar-, -beitrag, -gemeinschaft***

so·li·da·ri·sie·ren, sich; *solidarisierte sich*, *hat sich solidarisiert*; Vr **1** ***sich mit j-m s.*** zu j-m halten bzw. für j-n eintreten **2** ⟨Personen⟩ ***solidarisieren sich*** mehrere Personen mit gemeinsamen Interessen od. Zielen schließen sich zusammen u. helfen sich gegenseitig || *hierzu* **So·li·da·ri·sie·rung** *die*; *nur Sg*

So·li·da·ri·tät *die*; *-*; *nur Sg*; ***die S.*** (***mit j-m***) das Zusammenhalten von Personen mit ähnlichen Interessen od. Zielen || K-: ***Solidaritäts-, -erklärung, -gefühl, -streik***

So·li·da·ri·täts·zu·schlag *der*; *nur Sg*; e-e (zusätzliche) Steuer in Deutschland, mit der die wirtschaftliche Entwicklung Ostdeutschlands nach der Wiedervereinigung gefördert werden soll

so·li·de *Adj*; **1** sorgfältig u. aus gutem, festem Material hergestellt ≈ stabil: *solide Mauern, solide (gearbeitete) Möbel* **2** so, dass nichts Wichtiges fehlt ≈ fundiert, gründlich ⟨e-e Ausbildung, e-e Grundlage, ein Wissen⟩ **3** ohne moralische Fehler ≈ rechtschaffen, anständig ↔ ausschweifend ⟨ein Lebenswandel; ein Mann⟩ **4** ⟨ein Unternehmen, e-e Firma, ein Betrieb⟩ in guten finanziellen Verhältnissen u. so, dass man sich auf sie verlassen kann ≈ seriös || *hierzu* **So·li·di·tät** *die*; *-*; *nur Sg*

So·list *der*; *-en*, *-en*; ein Musiker, der ein Solo singt od. spielt || NB: *der Solist*; *den, dem, des Solisten* || *hierzu* **So·lis·tin** *die*; *-*, *-nen*

soll *Präsens, 1. u. 3. Person*; ↑ ***sollen***

Soll *das*; *-s*; *nur Sg*; **1** die Arbeit od. Leistung, die j-d (nach e-m Plan) erfüllen muss ≈ Norm ⟨ein S. festlegen; das S. erfüllen⟩: *Ich habe mein S. erfüllt, jetzt kann ich nach Hause gehen* || K-: ***Soll-, -stärke, -wert, -zustand*** **2** *Ökon*; der Schuldbetrag, den man auf e-m bestimmten Bankkonto hat ↔ Haben || K-: ***Soll-, -zinsen***

sol·len[1]; *sollte*, *hat sollen*; *Modalverb*; **1** *Infinitiv* + ***s.*** verwendet, um auszudrücken, dass j-d e-e Verpflichtung od. e-e Aufgabe hat: *Ich soll mich ein bisschen ausruhen (hat der Arzt gesagt)*; *Dein Vater hat angerufen. Du sollst zurückrufen* **2** *Infinitiv* + ***s.*** verwendet, um auszudrücken, dass j-d e-e Vereinbarung hat: *Ich soll ihn um fünf Uhr vom Hotel abholen* **3** ***soll ich / sollen wir*** + *Infinitiv*; verwendet, um e-n Vorschlag in Form e-r Frage zu machen: *Soll ich das Fenster aufmachen?* **4** *mst* ***du sollst nicht*** + *Infinitiv*; verwendet, um j-m etw. zu verbieten: *Du sollst nicht alles anfassen!*; *Das fünfte Gebot lautet: „Du sollst nicht töten"* **5** ***j-d / etw. soll*** + *Infinitiv*; verwendet, um ein Gerücht od. e-e (noch) nicht bestätigte Information auszudrücken: *Er soll ja sehr reich sein*; *Der Anführer der Rebellen soll festgenommen worden sein* **6** ***j-d / etw. soll*** + *Infinitiv*; verwendet, um e-e geplante Handlung od. Maßnahme auszudrücken: *Nächstes Jahr sollen die Steuern erhöht werden* **7** *mst* ***soll ich*** + *Infinitiv*; *gespr*; verwendet in rhetorischen Fragen, um Ärger auszudrücken: *Soll ichs denn alleine machen?*; *Wie oft soll ich dir das noch sagen?* **8** ***j-d soll*** + *Infinitiv*; *gespr*; verwendet, um e-e Herausforderung auszudrücken: *Soll er doch selbst versuchen, so ein Buch zu schreiben!* **9** *Infinitiv* + ***s.*** verwendet, um die feste Absicht od. die Entschlossenheit des Sprechers auszudrücken: *Du sollst alles bekommen, was du brauchst - dafür sorge ich* **10** ***j-d soll*** + *Infinitiv*; *gespr*; verwendet, um die Einwilligung des Sprechers auszudrücken: *„Er will noch 50 Euro haben" - „Dann soll ers (von mir aus) haben!"* **11** *Infinitiv* + ***s.*** verwendet, um e-e Frage zu stellen, auf die man keine Antwort weiß: *Was soll ich nur tun?*; *Wie sollte das denn funktionieren?* **12** *Infinitiv* + ***sollte*(*n*)** *usw* verwendet, um e-n Wunsch auszusprechen (von dem man nicht erwartet, dass er immer erfüllt wird): *So sollte das Wetter immer sein!* **13** ***j-d hätte*** + *Infinitiv* + ***s.*** verwendet, um auszudrücken, dass es gut od. schön gewesen wäre, wenn j-d etw. gemacht hätte: *Du hättest sein Gesicht sehen s.!*; *Wir hätten nicht kommen s.* **14** *Infinitiv* + ***sollte*(*n*)** *usw* verwendet, um e-e höfliche od. bestimmte Aufforderung auszudrücken: *Du solltest ihn nicht immer ärgern* (= es wäre besser, wenn du ihn nicht immer ärgern würdest) **15** ***hätte*(*n*)** + *Infinitiv* + ***s.*** verwendet, um auszudrücken, dass etw. besser od. richtiger gewesen wäre: *Das hättest du nicht sagen s.* (= es wäre besser gewesen, wenn du das nicht gesagt hättest) **16** ***j-d / etw. sollte*** + *Infinitiv*; verwendet, um ein Ereignis *o.Ä.*, das inzwischen eingetreten ist, vorwegzunehmen: *Es sollte aber anders kommen, als er es sich vorgestellt hatte*; *Damals wusste sie noch nicht, dass sie ihn nie wiedersehen sollte* **17** ***wenn / falls j-d / etw.*** + *Infinitiv* + ***sollte*** verwendet, um e-n theoretischen Fall zu konstruieren:

Falls / Wenn meine Frau anrufen sollte, sagen Sie ihr, dass ich später heimkomme **18** *Infinitiv* + ***sollte(n)*** *usw* verwendet, um e-e Möglichkeit in Erwägung zu ziehen: *Sollte sie damit Recht haben?* (= es ist denkbar, dass sie Recht hat) **19** *mst* ***Woher soll ich das wissen?*** *gespr*; verwendet, um (auf ziemlich unhöfliche Weise) auszudrücken, dass man etw. nicht weiß || ID ***Es hat nicht s. sein / sein s.*** das Schicksal wollte nicht, dass es so sein würde

sọl·len[2]; *sollte, hat gesollt*; [Vi] **1** ***irgendwohin s.*** *gespr*; den Auftrag od. die Verpflichtung haben, irgendwohin zu gehen od. zu fahren: *Der Chef rief an u. sagte, du sollst sofort in sein Büro* **2** ***etw. soll irgendwohin*** es ist vereinbart od. vorgesehen, dass etw. irgendwohin gebracht wird: *Der Schrank soll neben das Fenster* || ID ***Was solls?*** *gespr*; verwendet, um auszudrücken, dass man sich mit etw. abgefunden hat, *bes* weil man nichts daran ändern kann; *mst* ***Soll er / sie (doch, ruhig)!*** *gespr*; verwendet, um auszudrücken, dass einem j-s Verhalten egal ist: *„Sie hat ziemlich über dich geschimpft" - „Soll sie doch, das ist mir egal!"*; ***Was soll das / Was soll der Quatsch / Was soll der Unsinn?*** *gespr*; verwendet um auszudrücken, dass man sich über etw. ärgert || NB: **a)** *sollen*[2] wird als Vollverb verwendet; zusammen mit e-m Infinitiv wird *sollen* als Modalverb verwendet; ↑ ***sollen***[1]; **b)** das Partizip Perfekt wird selten verwendet

so·lo *Adj*; **1** *nur präd od adv, gespr*; ohne Partner, ohne Begleiter ≈ allein ⟨s. sein, gehen, kommen⟩ **2** *nur adv*; in der Form e-s Solos (1) ⟨s. singen, spielen⟩

So·lo *das*; *-s, -s / geschr So·li*; **1** ein Teil e-s Musikstückes od. Balletts, bei dem ein einzelner Künstler singt, spielt od. tanzt ⟨ein S. singen, spielen, tanzen⟩ || K-: ***Solo-, -gesang, -instrument, -part, -tanz*** || -K: ***Gitarren-, Schlagzeug-, Violin-*** *usw* **2** ein Spiel bei manchen Kartenspielen (wie Schafkopf u. Skat), bei dem j-d allein gegen alle spielt || K-: ***Solo-, -spiel, -spieler*** || -K: ***Herz-, Karo-, Kreuz-, Pik-*** || ► ***Solist***

sol·vẹnt [-v-], *solventer, solventest-*; *Adj*; *geschr*; ⟨ein Mieter, e-e Firma⟩ mit genug Geld ≈ zahlungsfähig, zahlungskräftig || *hierzu* **Sol·vẹnz** *die*; -, *-en*

so·mịt, so·mit *Adv*; **1** verwendet, um auszudrücken, dass etw. e-e logische Folge von etw. ist ≈ also, folglich: *Das Erdöl wird teurer, u. s. steigen die Preise* **2** (*nur somit*) ≈ hiermit, damit: *U. s. kommen wir zum Ende unserer Veranstaltung*

Sọm·mer *der*; *-s, -*; **1** die Jahreszeit nach dem Frühling, in der die Tage warm u. lang sind ↔ Winter ⟨ein heißer, verregneter S.; der S. kommt; es wird S.⟩ || K-: ***Sommer-, -anfang, -blume, -fahrplan, -ferien, -fest, -hitze, -kleid, -monat, -reifen, -schlussverkauf, -schuh, -semester, -sonnenwende, -tag, -urlaub***; ***Sommers-, -zeit*** || -K: ***Früh-, Hoch-, Spät-*** **2** ***S. u. / wie Winter*** während des ganzen Jahres

Sọm·mer·fri·sche *die*; -; *nur Sg, veraltend*; **1** die Ferien im Sommer, die man *bes* auf dem Land verbringt: *zur S. aufs Land fahren* || NB: ↑ ***Urlaub*** **2** ein Ort, wo man die Sommerferien verbringt

Sọm·mer·frisch·ler *der*; *-s, -*; *veraltend*; j-d, der seine Ferien im Sommer auf dem Land verbringt

sọm·mer·lich *Adj*; so, wie es im Sommer typisch ist od. sein sollte ⟨Kleidung, Wetter; s. warm⟩

Sọm·mer·loch *das*; die Zeit im Sommer, während der wenig geschieht, weil die meisten Leute im Urlaub sind

sọm·mers *Adv*; *geschr*; **1** im Sommer **2** ***s. wie winters*** während des ganzen Jahres: *Er geht s. wie winters täglich spazieren*

Sọm·mer·spie·le *die*; *Pl*; **1** die Olympischen Spiele, die im Sommer stattfinden ⟨die Olympischen S.⟩ ↔ Winterspiele **2** e-e Reihe von Theatervorstellungen *o.Ä.* im Sommer

Sọm·mer·spros·se *die*; -, *-n*; *mst Pl*; einer von mehreren kleinen braunen Flecken auf der Haut, die *bes* Menschen mit roten Haaren haben, od. die die Leute bekommen, wenn die Sonne scheint || *hierzu* **sọm·mer·spros·sig** *Adj*

Sọm·mer·zeit *die*; **1** ***zur S.*** im Sommer **2** der Zeitraum im Sommer, in dem die Uhren um eine Stunde vorgestellt sind ↔ Winterzeit ⟨(die Uhren) auf S. (um)stellen; mitteleuropäische S.⟩: *Ab nächsten Sonntag gilt die S., da bleibt es länger hell*

So·na·te *die*; -, *-n*; ein Musikstück in drei od. vier Teilen, das *mst* für ein bestimmtes Instrument geschrieben ist || K-: ***Sonaten-, -form*** || -K: ***Klavier-, Violin-***

Sọn·de *die*; -, *-n*; **1** ein sehr dünnes, bewegliches Rohr, das man j-m *z.B.* durch den Mund in den Magen führt, um diesen zu untersuchen ⟨e-e S. einführen⟩ || -K: ***Blasen-, Magen-*** **2** *Kurzw* ↑ ***Raumsonde*** || -K: ***Mars-, Mond-, Venus-, Weltraum-***

Sọn·der- *im Subst, sehr produktiv*; **1** zusätzlich zum Normalen u. Gewohnten ≈ Extra-; die ***Sonderfahrt***, der ***Sonderflug***, die ***Sondermaschine*** ⟨mit e-r S. fliegen⟩, die ***Sonderration*** ⟨e-e S. Zigaretten⟩, die ***Sondersendung***, die ***Sondersitzung*** ⟨e-e S. einberufen⟩, der ***Sonderurlaub***, der ***Sonderzug*** **2** nur für e-e bestimmte Person od. Gruppe gültig od. sie betreffend ≈ Spezial-; die ***Sondererlaubnis***, die ***Sondergenehmigung***, die ***Sonderinteressen***, die ***Sonderregelung*** **3** mit e-r speziellen Aufgabe od. Funktion; der ***Sonderauftrag***, der ***Sonderbeauftragte***, der ***Sonderberichterstatter***, die ***Sonderdeponie***, das ***Sonderkommando***, die ***Sonderkommission***

Sọn·der·an·fer·ti·gung *die*; ein Produkt, das außerhalb e-r Serie als Einzelstück hergestellt wird

Sọn·der·an·ge·bot *das*; **1** das Angebot e-r Ware für e-e bestimmte Zeit unter dem normalen Preis ⟨etw. im S. kaufen⟩ **2** e-e Ware, die im S. (1) zu kaufen ist ⟨ein S. kaufen⟩

Sọn·der·aus·ga·be *die*; **1** die Ausgabe e-s Buches *o.Ä.*, die *mst* nur einmal, aus e-m bestimmten Anlass, gemacht wird ⟨e-e S. herausbringen⟩ **2** *mst Pl*; Geldbeträge, die man für spezielle Zwecke (nicht regelmäßig) ausgibt ⟨Sonderausgaben haben⟩

sọn·der·bar *Adj*; nicht so, wie man es gewöhnt ist, u. deshalb überraschend u. verwirrend ≈ merkwürdig, eigenartig ⟨ein Mensch; ein Vorfall, e-e Erklärung; sich s. benehmen⟩: *Ich finde es s., dass sie plötzlich nicht mehr mit mir spricht* || *hierzu* **sọn·der·ba·rer·wei·se** *Adv*; **Sọn·der·bar·keit** *die*; *nur Sg*

Sọn·der·be·hand·lung *die*; e-e besondere (*mst* bessere) Behandlung ⟨j-m e-e S. angedeihen lassen, zuteil werden lassen⟩

Sọn·der|brief·mar·ke *die*; e-e Briefmarke, die zu e-m speziellen Anlass herausgegeben wird: *e-e S. zu den Olympischen Spielen*

Sọn·der·fall *der*; etw., das in kein Schema, keine Regel *usw* passt u. als einzelner Fall behandelt werden muss ≈ Ausnahmefall: *Führungen durch die Ausstellung nur in Sonderfällen!*

son·der·glei·chen *Adj*; *nur nach dem Subst, indeklinabel*; ⟨e-e Frechheit, e-e Unverschämtheit, e-e Rücksichtslosigkeit s.⟩ von solcher Art, dass man sie mit nichts vergleichen kann ≈ ohnegleichen

Sọn·der·heft *das*; ein Heft e-r Zeitschrift, das außerhalb der Reihe erscheint u. ein bestimmtes Thema hat: *ein S. zum Thema Erziehung*

sọn·der·lich *Adj*; *nur attr od adv*; besonders groß, stark *o.Ä.*: *etw. ohne sonderliche Anstrengung schaf-*

fen; *kein sonderliches Interesse an j-m / etw. zeigen*; *nicht s. schön sein* || NB: nur in Verbindung mit e-r Verneinung *o.Ä.*

Sọn·der·ling *der*; *pej*; j-d, der sich anders als die Mehrheit verhält u. etwas merkwürdig wirkt

Sọn·der·mar·ke *die*; *gespr* ≈ Sonderbriefmarke

Sọn·der·müll *der*; Müll, der auf besondere Art gelagert u. vernichtet werden muss || K-: ***Sondermüll-, -beseitigung, -deponie***

sọn·dern[1]; *sonderte, hat gesondert*; [Vt] ***j-n / etw.*** **(*von j-m / etw.*) *s.*** *geschr* ≈ trennen, entfernen

sọn·dern[2] *Konjunktion*; verwendet, um nach e-r verneinten Aussage das Zutreffende einzuleiten ≈ vielmehr: *Wir sind im Sommer nicht wie geplant nach Italien, s. nach Frankreich gefahren*; *Ich bin nicht mit dem Auto gefahren, s. zu Fuß gegangen* || NB: ↑ ***nur***[2] (1)

Sọn·der·num·mer *die* ≈ Sonderheft

Sọn·der·preis *der*; ein besonders billiger Preis: *Socken zum S. von drei Euro*

sọn·ders ↑ ***samt***[2]

Sọn·der·schu·le *die*; e-e Schule, in der *bes* Kinder unterrichtet werden, die Schwierigkeiten beim Lernen haben || K-: ***Sonderschul-, -lehrer, -pädagogik*** || *hierzu* **Sọn·der·schü·ler** *der*; **Sọn·der·schü·le·rin** *die*

Sọn·der·stel·lung *die*; *nur Sg*; e-e Stellung (3), in der man anders (u. besser) behandelt wird als die anderen ⟨e-e S. haben, einnehmen; j-m e-e S. einräumen⟩

Sọn·der·wunsch *der*; *mst Pl*; ein spezieller Wunsch e-r einzelnen Person: *keine Sonderwünsche berücksichtigen können*

Sọn·der·zei·chen *das*; ein Zeichen (wie *z.B.* ein Lautschriftzeichen), das in e-m Zeichensystem normalerweise nicht vorhanden ist

son·die·ren; *sondierte, hat sondiert*; [Vt/i] **(*etw.*) *s.*** *geschr* ≈ erkunden, erforschen ⟨das Terrain, die Lage s.⟩ || *hierzu* **Son·die·rung** *die*; *nur Sg*

Son·die·rungs·ge·spräch *das*; ein Gespräch, das dazu dient, j-s Meinung zu e-m bestimmten Thema zu erfahren

So·nẹtt *das*; *-(e)s, -e*; ein Gedicht mit 14 Zeilen, das *mst* aus zwei Strophen mit vier Zeilen u. aus zwei Strophen mit drei Zeilen besteht

Sọng *der*; *-s, -s*; **1** ein Lied aus der Popmusik **2** ein Lied mit e-m satirischen od. kritischen Inhalt

Sọnn·abend *der*; *nordd* ≈ Samstag || *hierzu* **sọnn·abends** *Adv*

Sọn·ne *die*; *-, -n*; **1** *nur Sg*; der große Stern am Himmel, den man am Tag sieht u. von dem die Erde Wärme u. Licht bekommt ⟨die S. scheint, glüht, sticht, die S. geht (im Osten) auf u. (im Westen) unter; die Erde dreht sich um die S.; die S. steht hoch, niedrig / tief (am Himmel)⟩ || K-: ***Sonnen-, -aufgang, -energie, -licht, -strahl, -untergang, -wärme*** || -K: ***Januar-, Februar-*** *usw*; ***Frühlings-, Sommer-*** *usw*; ***Abend-, Mittags-, Morgen-*** **2** *nur Sg*; das Licht u. die Wärme der S. (1) ⟨keine S. vertragen; sich von der S. bräunen lassen⟩: *In meinem Zimmer habe ich den ganzen Tag S.*; *e-e Pflanze, die viel S. braucht* || K-: ***sonnen-, -durchflutet, -gebräunt, -gereift, -verbrannt*** **3** *nur Sg*; ein Platz mit dem Licht der S. (2) ↔ Schatten ⟨in die S. gehen; in der S. liegen, sitzen; etw. glänzt, glitzert in der S.⟩: *Hier bleiben wir, hier ist noch S.* **4** ein Stern, um den Planeten kreisen **5 *die S. lacht*** die S. (1) scheint

sọn·nen, sich; *sonnte sich, hat sich gesonnt*; [Vr] **1 *sich s.*** (für längere Zeit) irgendwo sitzen od. liegen, wo man das Licht u. die Wärme der Sonne am Körper spürt: *sich am Strand s.* **2 *sich in etw.*** (*Dat*) ***s.*** etw. genießen u. sehr stolz darauf sein ⟨sich in seinem Glück, Ruhm, Erfolg s.⟩

Sọn·nen·an·be·ter *der*; *-s, -*; *hum*; j-d, der sich gern u. oft sonnt, *bes* um braun zu werden || *hierzu* **Sọn·nen·an·be·te·rin** *die*; *-, -nen*

Sọn·nen·bad *das*; das Liegen in der Sonne ⟨ein S. nehmen⟩ || *hierzu* **sọn·nen·ba·den** *Vi*; *nur im Infinitiv*

Sọn·nen·blu·me *die*; e-e Blume mit großen, gelben Blüten auf sehr hohen Stängeln, die flache Samen produziert, aus denen man Öl macht || K-: ***Sonnenblumen-, -kern, -öl***

Sọn·nen·brand *der*; rote, schmerzhafte Haut, die davon kommt, dass man zu lange in der Sonne gewesen ist ⟨e-n S. haben, bekommen⟩

Sọn·nen·bril·le *die*; e-e Brille mit dunklen Gläsern, die die Augen vor starkem (Sonnen)Licht schützt ⟨e-e S. tragen, aufsetzen⟩

Sọn·nen·cre·me *die*; e-e Creme, die die Haut davor schützt, von der Sonne verbrannt zu werden

Sọn·nen·fins·ter·nis *die*; der Vorgang, bei dem sich der Mond (von der Erde aus gesehen) vor die Sonne schiebt ↔ Mondfinsternis ⟨e-e totale, partielle S.; e-e S. beobachten⟩

sọn·nen·hung·rig *Adj*; mit großem Bedürfnis nach dem Licht u. der Wärme der Sonne ⟨s. sein⟩

Sọn·nen·hut *der*; ein leichter Hut (*mst* aus Stroh) mit e-m breiten Rand, der den Kopf u. das Gesicht vor der Sonne schützt

Sọn·nen·jahr *das*; *Astron*; der Zeitraum von ca. 365 Tagen, in dem die Erde einmal um die Sonne kreist

sọn·nen·klar *Adj*; *gespr*; eindeutig, völlig klar ⟨etw. ist j-m s.⟩

Sọn·nen·kol·lek·tor *der*; *-s, Sọn·nen·kol·lek·to·ren*; ein Gerät, das aus Sonnenenergie elektrischen Strom produziert

Sọn·nen·öl *das*; ein Öl, das die Haut davor schützt, von der Sonne verbrannt zu werden ⟨sich mit S. einreiben⟩

Sọn·nen·schein *der*; *nur Sg*; **1** das Licht der Sonne, wenn sie auf die Erde scheint: *bei strahlendem S. spazieren gehen* **2** *gespr veraltend*; j-d (*bes* ein Kind), der einem viel Freude macht ⟨j-s S. sein⟩

Sọn·nen·schirm *der*; ein großer Schirm, der vor der Sonne schützt

Sọn·nen·schutz|mit·tel *das*; e-e Creme od. ein Öl, die die Haut vor Sonnenbrand schützen

Sọn·nen·sei·te *die*; *mst Sg*; **1** die Seite e-s Hauses, e-r Straße *o.Ä.*, auf die die Sonne scheint ↔ Schattenseite **2 *die S.*** + *Gen* die angenehmen Aspekte von etw. ↔ Schattenseite ⟨die S. des Lebens⟩ || *zu* **1 sọn·nen·sei·tig** *Adj*

Sọn·nen·stich *der*; *nur Sg*; Kopfschmerzen, Übelkeit *usw*, die man bekommt, wenn man zu lange in der Sonne war ⟨e-n S. bekommen, haben⟩ || ID ***e-n S. haben*** *gespr*; verrückte Dinge tun u. sagen

Sọn·nen·sys·tem *das*; **1** *nur Sg*; die Sonne (1) u. die Planeten, die um sie kreisen **2** e-e Sonne (4) u. die Planeten, die um sie kreisen

Sọn·nen·tag *der*; ein Tag, an dem die Sonne scheint ↔ Regentag: *Die Gegend hat 150 Sonnentage im Jahr*

Sọn·nen·uhr *die*; e-e Vorrichtung, die aus e-m Stab u. e-r Skala besteht. Der Schatten des Stabes zeigt (wenn die Sonne scheint) auf der Skala an, wie viel Uhr es ist

Sọn·nen·wen·de *die*; der Zeitpunkt (in e-m Jahr), an dem die Sonne am längsten od. am kürzesten scheint || -K: ***Sommer-, Winter-***

sọn·nig *Adj*; **1** im Licht der Sonne ↔ schattig: *sich auf e-e sonnige Bank setzen* **2** mit viel Sonnenschein ⟨Wetter⟩: *in e-m sonnigen Land Urlaub machen* **3** immer fröhlich u. optimistisch ⟨ein Gemüt, ein Wesen⟩

Sọnn·tag *der*; *-s, -e*; der siebte Tag der Woche, an

dem die meisten Leute nicht arbeiten; *Abk* So ↔ Werktag ⟨am S.; letzten, diesen, nächsten S.; S. früh⟩: *Der Zug fährt täglich außer an Sonn- u. Feiertagen* || K-: ***Sonntag-, -abend, -mittag, -morgen, -nacht***; ***Sonntags-, -anzug, -arbeit, -ausflug, -braten, -dienst, -gottesdienst, -kleid, -ruhe, -spaziergang, -vergnügen***; ***sonntag-, -abends, -mittags*** *usw* || -K: ***Advent-, Oster-, Pfingst-***

sonn·täg·lich *Adj*; **1** wie es dem üblichen Verhalten am Sonntag entspricht ⟨s. angezogen sein⟩: *die sonntägliche Ruhe* **2** *nur attr od adv*; ⟨der Kirchgang, der Spaziergang⟩ so, dass sie regelmäßig am Sonntag stattfinden

Sonn·tags·fah·rer *der*; *mst pej*; j-d, der schlecht Auto fährt, weil er es selten tut

so·nor *Adj*; *geschr*; mit e-m angenehmen, vollen Klang ⟨e-e Stimme⟩

sonst[1] *Adv*; **1** bei anderen Gelegenheiten, in den meisten anderen Fällen ≈ gewöhnlich, üblicherweise: *Sag doch endlich was, s. redest du ja auch immer*; *Die s. so laute Straße war plötzlich ganz ruhig* **2** zusätzlich zu dem, was schon gesagt worden ist ≈ darüber hinaus ⟨s. nichts / nichts s.; s. niemand / niemand s.⟩: *Hast du s. noch Fragen?*; *Nur wir sind eingeladen, s. niemand* **3** abgesehen von dem, was gesagt worden ist: *Die Nudeln waren etwas fad, aber s. war das Essen ausgezeichnet* || ID ***S. noch was?*** *gespr, oft iron*; *bes* verwendet, um j-n zu fragen, ob er noch Wünsche hat; ***'S. gehts dir 'gut?***; ***S. hast du 'keine Probleme?*** *gespr*; verwendet, um auszudrücken, dass man sich über j-n ärgert

sonst[2] *Konjunktion* ≈ andernfalls, ansonsten: *Es ist besser, du gehst gleich, s. kommst du zu spät*; *Gib mir sofort das Geld, s. werde ich böse*

sonst[3] *mit Indefinitpronomen, nicht produktiv*; drückt aus, dass irgendeine andere Person od. Sache, irgendein anderer Ort *o.Ä.* gemeint werden kann; ***sonst jemand*** (= irgendjemand anders), ***sonst was*** (= irgendetwas anders), ***sonst wer, sonst wie, sonst wo, sonst wohin***

sons·ti·g- *Adj*; *nur attr, nicht adv*; zusätzlich noch vorhanden ≈ anderweitig-, ander-: *Rauchen, Trinken u. sonstige schlechte Gewohnheiten*; *Die Anzeige erschien in der Rubrik „Sonstiges"*

so·oft [zo'|ɔft] *Konjunktion* ≈ immer wenn, jedes Mal wenn: *Er geht ins Kino, s. er kann*; *S. ich sie sehe, freue ich mich* || NB: ↑ ***auch***[3] (2)

so·phis·tisch *Adj*; *geschr*; haarspalterisch, spitzfindig (in der Argumentation)

Sop·ran *der*; *-s, -e*; *Mus*; **1** *nur Sg*; die höchste Singstimme bei Frauen u. Jungen ⟨S. singen⟩ || K-: ***Sopran-, -stimme*** **2** *nur Sg*; alle hohen Stimmen im Chor: *Der S. setzte zu spät ein* **3** e-e Frau od. ein Junge mit e-r Sopranstimme || *zu* **1 Sop·ra·nis·tin** *die*; *-, -nen*

Sop·ran- *im Subst, begrenzt produktiv*; verwendet, um auszudrücken, dass das im zweiten Wortteil genannte Instrument relativ hohe Töne produziert; die ***Sopranflöte***, das ***Sopransaxophon***

Sor·ge *die*; *-, -n*; **1** *mst Pl*; die unangenehmen Gedanken u. Gefühle, die man hat, wenn man Probleme mit j-m / etw. od. vor etw. Angst hat ⟨große, berufliche, finanzielle Sorgen; (mit j-m / etw.) Sorgen haben; voller / ohne Sorgen sein; etw. erfüllt j-n mit S.; mit S. an etw. denken; j-d / etw. gibt j-m Anlass zur S., vertreibt j-m die Sorgen; seine Sorgen vergessen; Kummer u. Sorgen⟩: *vor Sorgen graue Haare bekommen*; *Wegen seiner hohen Schulden macht er sich so viele Sorgen, dass er nachts nicht schlafen kann* || -K: ***Alltags-, Existenz-, Geld-, Kleider-, Nahrungs-, Wohnungs-*** **2 *Sorgen* (*um j-n / etw.*)** die Angst, dass mit j-m / etw. etw. Unangenehmes geschehen könnte ⟨sich (*Dat*) (um j-n / etw.) Sorgen machen⟩: *die Sorgen um j-s Zukunft*; *Ich mache mir immer Sorgen um dich, wenn du allein mit dem Auto unterwegs bist* **3 *die S.* (*für j-n*)** *nur Sg*; alle Handlungen, mit denen man erreichen will, dass es j-m gut geht ≈ Fürsorge: *die elterliche S. für die Kinder* **4 *j-d / etw. macht j-m Sorgen*** j-s Verhalten / etw. bewirkt, dass j-d Angst hat od. unruhig wird: *Das Examen macht mir große Sorgen* **5 *für etw. S. tragen*** *geschr*; das tun, was nötig ist, damit e-e bestimmte Aufgabe erfüllt wird: *dafür S. tragen, dass die Termine eingehalten werden* || ID ***Keine S.!*** *gespr*; verwendet, um j-m Mut zu machen ≈ keine Angst!: *Keine S., das wird schon klappen!*; *mst* ***Lass das (nur) 'meine S. sein!*** *gespr iron*; ich werde mich um dieses Problem kümmern; *mst* ***'Du hast Sorgen! / 'Deine Sorgen möchte ich haben!*** *gespr*; verwendet, um auszudrücken, dass man j-s Problem nicht schlimm findet || *zu* **1 sor·gen·frei** *Adj*; **sor·gen·los** *Adj*; **sor·gen·voll** *Adj*

sor·gen; *sorgte, hat gesorgt*; [Vi] **1 *für j-n s.*** alles tun, was j-d braucht, damit es ihm gut geht ≈ sich um j-n kümmern ⟨für die Kinder, den Ehepartner s.⟩ **2 *für etw. s.*** alles tun, was nötig ist, damit etw. geschieht, entsteht od. da ist ≈ für etw. Sorge tragen ⟨für Unterhaltung, Heiterkeit, Musik s.; für das Essen, die Getränke s.⟩: *Sorgst du* dafür, dass *wir genügend Getränke für die Party haben?*; [Vr] **3 *sich* (*um j-n / etw.*) *s.*** sich um j-n / etw. Sorgen machen, besorgt sein: *Ich sorge mich um seine Gesundheit* || ► ***besorgt***

Sor·gen·fal·te *die*; *mst Pl*; e-e Falte im Gesicht (*bes* auf der Stirn), die man bekommt, wenn man viele Sorgen hat

Sor·gen·kind *das*; ein Kind, mit dem die Eltern viele Probleme u. Sorgen haben

Sor·ge·pflicht *die*; *nur Sg*; die Pflicht *bes* der Eltern, sich darum zu kümmern, dass die (eigenen) Kinder Essen u. Kleidung haben u. e-e (gute) Ausbildung bekommen

Sor·ge·recht *das*; *nur Sg*; das Recht (*mst* der Eltern od. eines Elternteils), ein Kind bei sich zu haben u. zu erziehen ⟨j-m wird das S. entzogen⟩: *Nach der Scheidung wurde ihr das S. für ihre beiden Töchter zugesprochen*

Sorg·falt *die*; *-*; *nur Sg*; die gewissenhafte u. sehr genaue Ausführung e-r Aufgabe *o.Ä.* ≈ Gewissenhaftigkeit ⟨große S. auf etw. (*Akk*) verwenden; bei etw. die nötige S. walten lassen, etw. mit (großer) S. tun⟩: *Er zeichnete den Plan mit größter S.* || *hierzu* **sorg·fäl·tig** *Adj*; **Sorg·fäl·tig·keit** *die*; *nur Sg*

sorg·lich *Adj*; *veraltend* **1** ≈ sorgfältig **2** ≈ sorgsam (1)

sorg·los *Adj*; **1** frei von Problemen u. Sorgen ≈ unbekümmert ↔ sorgenvoll ⟨ein Dasein, ein Leben; s. in den Tag hineinleben⟩ **2** ohne die nötige Sorgfalt u. Aufmerksamkeit ≈ leichtfertig, unachtsam ⟨mit etw. s. umgehen⟩: *Es ist erschreckend, wie s. mit der Umwelt umgegangen wird* || *hierzu* **Sorg·lo·sig·keit** *die*; *nur Sg*

sorg·sam *Adj*; **1** liebevoll u. mit großer Aufmerksamkeit u. Vorsicht: *die Verletzte s. in e-e Decke wickeln* **2** ≈ sorgfältig || *hierzu* **Sorg·sam·keit** *die*; *nur Sg*

Sor·te *die*; *-, -n*; **1 *e-e S.*** (+ *Subst*) e-e Gruppe von Pflanzen od. Dingen, die sich durch bestimmte Eigenschaften von anderen Pflanzen od. Dingen der gleichen Art unterscheiden ⟨etw. ist von e-r bestimmten S.⟩: *e-e billige S. Tee*; *e-e S. Trauben ohne Kerne*; *Er raucht nur e-e ganz bestimmte S. Zigarren* || -K: ***Apfel-, Birnen-, Getreide-, Käse-, Obst-, Tabak-, Tee-, Zigaretten-*** *usw* **2** *gespr, pej*; ein Typ von Menschen mit bestimmten Eigenschaften: *Er ist von der S. Mensch, die ich nicht leiden kann*

sor·tie·ren; *sortierte, hat sortiert*; [Vt] **etw.** (*Kollekt od Pl*) (**nach etw.**) **s.** Dinge mit ähnlichen Eigenschaften zu Gruppen mit gleichen Eigenschaften ordnen ⟨etw. nach der Größe, Farbe *usw* s.; etw. alphabetisch s.⟩: *Die Äpfel werden nach der Größe sortiert* || K-: ***Sortier-, -maschine*** || *hierzu* **Sor·tie·rung** *die*; *nur Sg*; **Sor·tie·rer** *der*; *-s, -*; **Sor·tie·re·rin** *die*; *-, -nen*

Sor·ti·ment *das*; *-(e)s, -e*; *Kollekt*; **ein S.** (**an etw.** (*Dat*) (*Kollekt od Pl*)) alle Waren, die ein Geschäft anbietet ≈ Warenangebot ⟨ein gutes, breites, reichhaltiges, reiches S. anbieten; das S. erweitern, vervollständigen, vergrößern; etw. (nicht) im S. haben⟩: *ein breites S. an T-Shirts* || -K: ***Waren-***

SOS [ɛsloːˈlɛs] *das*; *-*; *nur Sg*; ein internationales Zeichen, mit dem der Kapitän um Hilfe ruft, wenn sein Schiff in Not ist ⟨SOS funken⟩ || K-: ***SOS-Ruf, SOS-Signal***

so·sehr *Konjunktion*; so sehr auch immer: *S. wir uns auch anstrengten, wir hatten nie Erfolg*; *Ich kann die Situation nicht ändern, s. es mir (auch) Leid tut* (= obwohl es mir sehr Leid tut) || NB: ↑ ***auch***[3] (2)

so·so[1] *Adv*; *gespr*; weder gut noch schlecht: *„Wie geht es dir heute?" - „Naja, s."*

so·so[2] *Partikel*; *betont, gespr*; **1** als nichts sagende Antwort verwendet. Drückt aus, dass man die Äußerung nicht sehr wichtig findet: *„Ich war gestern beim Friseur" - „S."* **2** verwendet, um auszudrücken, dass man etw. nicht gut findet od. es nicht ganz glaubt: *Im Kino bist du gewesen, s. - Dürfen da kleine Kinder überhaupt hinein?*

So·ße *die*; *-, -n*; **1** e-e *mst* relativ dicke (gekochte) Flüssigkeit, die man zu Fleisch, Gemüse *o.Ä.* isst: *Willst du noch etwas S. über den Braten?* || K-: ***Soßen-, -koch, -löffel*** || -K: ***Braten-, Salat-; Dill-, Rahm-, Sahne-, Senf-, Tomaten-*** || NB: Besonders auf Speisekarten wird *Soße* auch *Sauce* geschrieben **2** e-e dicke, süße Flüssigkeit, die man zur Nachspeise isst || -K: ***Schokoladen-, Vanille-***

sott *Imperfekt, 3. Person Sg*; ↑ ***sieden***

Soub·ret·te [zub-] *die*; *-, -n*; e-e Frau (mit e-r Sopranstimme), die in Operetten *o.Ä.* lustige Rollen singt

Souff·lé, Souff·lee [zuˈfleː] *das*; *-s, -s*; e-e Speise (ein Auflauf) mit geschlagenem u. gebackenem Eiweiß

Souff·leur [zuˈfløːɐ̯] *der*; *-s, -e*; j-d, der (beruflich) im Theater den Schauspielern den Text zuflüstert, wenn sie ihn vergessen haben || *hierzu* **Souff·leu·se** [zuˈfløːzə] *die*; *-, -n*

souff·lie·ren; *soufflierte, hat souffliert*; [Vti] **1** ***j-m*** (***etw.***) ***s.*** j-m e-e Antwort *o.Ä.* zuflüstern: *seinem Freund während der Prüfung die Antworten s.*; [Vi] **2** als Souffleur od. Souffleuse arbeiten

Soul [soul] *der*; *-s*; *nur Sg*; e-e Form von Musik, die *bes* von Schwarzen gemacht wird u. viel Gefühl ausdrückt || K-: ***Soul-, -musik***

Sound [saunt] *der*; *-s, -s*; der charakteristische Klang der Musik (*bes* e-r Rockgruppe *o.Ä.*) ⟨ein guter, harter S.⟩

Sound·kar·te [ˈsaund-] *die*; *EDV*; ein elektronisches Bauteil, das die Wiedergabe von Musik, gesprochenem Text *usw* durch e-n Computer möglich macht

so·und·so[1] *Adv*; *gespr*; verwendet, um e-e Angabe zu e-r Menge, e-m Maß, e-r Art *o.Ä.* zu machen, die man nicht näher beschreiben kann od. will: *Er meinte, das würde s. viel kosten*

so·und·so[2] *Adj*; nach dem Subst. verwendet, um e-e bestimmte Person od. Sache zu bezeichnen, die man nicht näher beschreibt: *Nach Paragraph s. kann man Schadensersatz fordern*

so·und·so·viel·t- *Zahladj*; verwendet, um e-e Zahl zu bezeichnen, die man nicht genau nennt: *der soundsovielte Kunde*

Sound·track [ˈsaundtrɛk] *der*; *-s, -s*; *gespr*; Musik, die in e-m Kinofilm zu hören ist *bzw.* e-e CD, Kassette *o.Ä.* mit dieser Musik

Sou·ta·ne [zuˈtaːnə] *die*; *-, -n*; e-e Art langes Kleid, das katholische Priester *bes* früher trugen

Sou·ter·rain [zutɛˈrɛ̃ː] *das*; *-s, -s*; die Etage e-s Hauses, die (teilweise) tiefer liegt als das Niveau der Straße ≈ Untergeschoss, Tiefgeschoss ⟨im S. wohnen⟩ || K-: ***Souterrain-, -wohnung*** || NB: ↑ ***Keller***

Sou·ve·nir [zuvəˈniːɐ̯] *das*; *-s, -s*; ein *mst* kleiner Gegenstand, den man von e-r Reise mitbringt u. der einen an die Reise erinnern soll ≈ Andenken || K-: ***Souvenir-, -laden***

sou·ve·rän [zuvəˈrɛːn] *Adj*; **1** so, dass man die Situation bzw. den Gegner deutlich unter Kontrolle hat ≈ überlegen ↔ unsicher ⟨s. sein, wirken, lächeln; (ein Spiel) s. gewinnen; s. siegen; etw. s. beherrschen⟩: *Obwohl sie von allen Seiten angegriffen wurde, trug sie ganz s. ihre Argumente vor* **2** von keinem anderen Staat regiert od. verwaltet ≈ unabhängig ⟨ein Staat⟩ **3** *hist*; mit unbegrenzter Macht ≈ unumschränkt, uneingeschränkt ⟨ein Herrscher⟩ || *hierzu* **Sou·ve·rä·ni·tät** *die*; *-*; *nur Sg*

Sou·ve·rän [zuvəˈrɛːn] *der*; *-s, -e*; **1** *mst hist*; ein Herrscher mit unbegrenzter Macht **2** (CH) *Kollekt*; alle Bürger, die bei Parlaments-, Kantons- od. Kommunalwahlen wählen dürfen

so·viel *Konjunktion*; verwendet, um *mst* den eigenen Informationsstand einzuleiten ≈ soweit: *S. ich weiß, sind die Geschäfte morgen geschlossen*; *S. mir bekannt ist, fällt der Unterricht heute aus* || NB: ↑ ***auch***[3] (2), ***so viel***

so·weit *Konjunktion*; **1** ≈ soviel **2** in dem Maße, wie: *S. ich dazu in der Lage bin, werde ich es auch machen* || NB: ↑ ***so weit***

so·we·nig *Konjunktion*; **s. … auch** obwohl … wenig: *S. Erfahrung er auch hat* (= obwohl er nur sehr wenig Erfahrung hat), *er will immer alles besser wissen* || NB: ↑ ***so wenig***

so·wie *Konjunktion*; **1** (bei Aufzählungen verwendet) und auch: *Wir sahen Boston, New York u. Washington s. einige Städte im Süden* **2** *gespr* ≈ sobald: *S. die Ferien anfangen, fahren wir weg*; *Ich komme, s. ich mit der Arbeit fertig bin*

so·wie·so, so·wie·so *Partikel*; *betont u. unbetont, gespr*; unabhängig von allem ≈ ohnehin: *Es ist nicht schlimm, dass du das Buch vergessen hast, ich habe jetzt s. keine Zeit zum Lesen*

Sow·jet [zɔˈvjɛt, ˈzɔvjɛt] *der*; *-s, -s*; *hist*; e-e Behörde, ein Organ der Selbstverwaltung in der ehemaligen Sowjetunion ⟨der Oberste S.; die städtischen, ländlichen Sowjets⟩

so·wohl *nur in* **s.… als / wie** (**auch**) das eine wie das andere ≈ nicht nur …, sondern auch: *Sie ist s. Sängerin als auch Schauspielerin*; *Ich mag beides, s. die Berge als auch das Meer* || NB: Bei zwei Subjekten kann das Verb auch im Singular stehen: *S. er als auch sie hört gern Musik.* Häufiger ist jedoch Plural: *S. er als auch sie hören gern Musik*

So·zi *der*; *-s, -s*; *gespr pej*; **1** ≈ Sozialdemokrat **2** (A) ≈ Sozialist

so·zi·al *Adj*; **1** *nur attr, nicht adv*; in Bezug auf die Art u. Weise, in der die Menschen in der Gesellschaft zusammenleben ≈ gesellschaftlich ⟨die Ordnung, der Fortschritt, die Verhältnisse, die Entwicklung; soziale Fragen diskutieren; Konflikte, Spannungen⟩ || K-: ***Sozial-, -geschichte, -pädagogik, -psychologie*** **2** *nur attr od adv*; in Bezug auf die Tatsache, dass Menschen zu verschiedenen Gruppen, Klassen od. Schichten gehören ⟨Unterschiede, Schichten; das Gefälle; Gerechtigkeit; s. aufsteigen, absteigen, sinken⟩: *Dieses Steuersystem fördert die sozialen Gegensätze: Die Armen werden ärmer, die Reichen reicher* || K-: ***Sozial-, -prestige*** **3** *nur attr od adv*; in Bezug auf die finanzielle Situation der Menschen ⟨das Elend, die Sicherheit⟩ **4** ⟨die Errungenschaften, die Einrichtungen, die Leistungen⟩ so, dass sie dem Wohl der Gesellschaft, *bes* der armen u. schwachen Menschen dienen: *e-n sozialen Beruf haben*; *s. denken, handeln, empfinden*; *s. eingestellt sein* || K-: ***Sozial-, -politik***

So·zi·al·ab·bau *der*; *nur Sg*; *pej*; die Kürzung der Sozialleistungen durch den Staat, wovon *bes* sozial schwache Menschen betroffen sind

So·zi·al·ab·ga·ben *die*; *Pl*; das Geld, das man als Arbeitnehmer dem Staat zahlen muss, damit man bei Krankheit, Arbeitslosigkeit u. im Alter finanziell gesichert ist

So·zi·al·amt *das*; die Behörde, bei der man die Sozialhilfe bekommt

So·zi·al·ar·beit *die*; *nur Sg*, *Kollekt*; die Arbeit, mit der staatliche od. private Institutionen versuchen, schlechte soziale Bedingungen besser zu machen u. Menschen zu helfen, die in Not sind ⟨S. machen⟩ || *hierzu* **So·zi·al·ar·bei·ter** *der*; **So·zi·al·ar·bei·te·rin** *die*

So·zi·al·de·mo·kra·tie *die*; *nur Sg*; **1** e-e politische Richtung, die versucht, die Prinzipien des Sozialismus in e-r freien Demokratie zu verwirklichen **2** die sozialdemokratischen Gruppen, Parteien (wie *z.B.* die SPD in Deutschland) u. deren Ziele || *hierzu* **So·zi·al·de·mo·krat** *der*; **so·zi·al·de·mo·kra·tisch** *Adj*

So·zi·al·fall *der*; j-d, der staatliche Unterstützung braucht, um leben zu können ⟨ein S. sein⟩

So·zi·al·hil·fe *die*; *nur Sg*; Geld, das der Staat Menschen gibt, die in Not sind, damit sie das bezahlen können, was sie unbedingt zum Leben brauchen (wie Wohnung, Kleidung u. Nahrung) || K-: ***Sozialhilfe-, -empfänger***

So·zi·a·li·sa·ti·on [-'t͜si̯oːn] *die*; -; *nur Sg*; die Integration des Individuums in die Gesellschaft || *hierzu* **so·zi·a·li·sie·ren** (*hat*) *Vt*

So·zi·a·lịs·mus *der*; -; *nur Sg*; **1** (in den Theorien von Marx u. Engels) die Entwicklungsstufe der Gesellschaft, die dem Kommunismus vorausgeht (u. in der es *z.B.* kein Privateigentum an den wichtigsten Produktionsmitteln mehr gibt, die Ausbeutung beseitigt ist, die Arbeiterklasse die Macht hat, die Menschen nach ihren Fähigkeiten eingesetzt u. nach ihren Leistungen bezahlt werden) **2** die tatsächliche Form des Sozialismus (1), die *bes* in den Ländern des ehemaligen Ostblocks herrschte ≈ Kommunismus ↔ Kapitalismus ⟨der real existierende S.; der S. in der DDR, in Polen, in der Sowjetunion; der S. in China *usw*⟩ || *hierzu* **So·zi·a·lịst** *der*; *-en*, *-en*; || *hierzu* **so·zi·a·lịs·tisch** *Adj*

So·zi·al·kri·tik *die*; *nur Sg*; die Kritik an den schlechten Zuständen in e-r Gesellschaft ≈ Gesellschaftskritik ⟨S. üben⟩ || *hierzu* **so·zi·al·kri·tisch** *Adj*

So·zi·al·kun·de *die*; *nur Sg*, Ⓓ ein Fach in der Schule, in dem die Kinder politische u. gesellschaftliche Zusammenhänge lernen || K-: ***Sozialkunde-, -arbeit, -buch, -lehrer, -note, -stunde***

So·zi·al·leis·tun·gen *die*; *Pl*; alle Leistungen des Staates u. des Arbeitgebers, die der Gesundheit, der Bildung u. dem Wohlstand der Bevölkerung dienen

So·zi·al·plan *der*; ein Plan bei Massenentlassungen in e-m Betrieb, der soziale Härten vermeiden helfen soll (u. in dem *z.B.* festgelegt ist, dass allein verdienende Familienväter nicht entlassen werden)

So·zi·al·staat *der*; ein Staat mit e-m komplexen System von Sozialleistungen, das garantieren soll, dass niemand Not u. Armut leidet (auch wenn er krank od. arbeitslos ist)

So·zi·al·uni·on *die*; *Pol*; der Teil des Vertrags zwischen der BRD u. der DDR (im Jahre 1990), der die soziale u. politische Grundlage nach der Wiedervereinigung für die Umwandlung der Planwirtschaft in der DDR in e-e soziale Marktwirtschaft war

So·zi·al·ver·si·che·rung *die*; ein System von (staatlichen) Versicherungen, die Arbeitgeber u. Arbeitnehmer finanzieren u. die Not u. Armut im Fall von Krankheit, Arbeitslosigkeit od. im Rentenalter verhindern sollen || K-: ***Sozialversicherungs-, -beitrag***

so·zi·al·ver·träg·lich *Adj*; ⟨e-e Maßnahme⟩ so, dass sie keine sozialen Ungerechtigkeiten mit sich bringt

So·zi·al·woh·nung *die*; e-e relativ billige Wohnung, die der Staat solchen Leuten zur Verfügung stellt, die wenig Geld verdienen

So·zi·o·lo·gie *die*; -; *nur Sg*; die Wissenschaft, die sich mit dem Verhalten des Menschen in e-r Gruppe u. in der Gesellschaft beschäftigt || *hierzu* **So·zi·o·lo·ge** *der*; *-n*, *-n*; **So·zi·o·lo·gin** *die*; *-*, *-nen*; **so·zi·o·lo·gisch** *Adj*

So·zi·us *der*; -, *-se*; **1** ein Sitz auf e-m Motorrad *o.Ä.*, auf dem e-e zweite Person mitfahren kann || K-: ***Sozius-, -sitz*** **2** j-d, der auf dem S. (1) sitzt || K-: ***Sozius-, -fahrer*** **3** *Ökon*; j-d, dem ein Teil e-s Geschäfts od. e-r Firma gehört

so·zu·sa·gen *Adv*; wie man sagen könnte ≈ gewissermaßen: *Paul ist in seiner Firma s. Mädchen für alles*

Spạch·tel *der*; *-s*, *-*; *bes südd* Ⓐ *auch die*; *-*, *-n*; ein einfaches Werkzeug aus e-m Griff u. e-m flachen Stück Metall, mit dem man Mörtel, Putz *usw* auf Flächen verteilt u. glatt macht || K-: ***Spachtel-, -masse*** || *hierzu* **spạch·teln** (*hat*) *Vt / i*

Spachtel

Spa·gat[1] *der*; *-(e)s*, *-e*; e-e Übung (beim Ballett od. Turnen), bei der man (auf dem Boden) ein Bein waagrecht nach vorne u. das andere waagrecht nach hinten streckt ⟨e-n S. machen; in den S. gehen⟩

Spa·gat[2] *der*; *-(e)s*, *-e*; *südd* Ⓐ ≈ Schnur

Spa·get·ti, Spa·ghet·ti [ʃpa'geti] *die*; *Pl*; lange dünne Nudeln

spä·hen ['ʃpɛːən]; *spähte*, *hat gespäht*; [Vi] **1** ***(irgendwohin) s.*** heimlich u. genau nach j-m / etw. sehen ⟨aus dem Fenster, durchs Schlüsselloch, durch e-n Spalt s.⟩ **2** ***nach j-m / etw. s.*** j-n / etw. mit den Augen suchen ≈ nach j-m / etw. Ausschau halten **3** heimlich e-n Feind beobachten || K-: ***Späh-, -patrouille, -trupp*** || *zu* **3** **Spä·her** *der*; *-s*, *-*

Spa·lier[1] [-'liːɐ̯] *das*; *-s*, *-e*; e-e Art Gasse zwischen zwei Reihen von Personen (*mst* zur Ehrung e-r wichtigen Person): *Die Mitglieder des Schützenvereins standen S. / bildeten ein S.* || -K: ***Ehren-***

Spa·lier[2] [-'liːɐ̯] *das*; *-s*, *-e*; ein Gitter, *mst* aus Holz, *bes* an e-r Hauswand, an dem Pflanzen (wie *z.B.* Wein, Efeu) nach oben wachsen || K-: ***Spalier-, -baum, -obst*** || -K: ***Obst-, Rosen-, Wein-***

Spạlt *der*; *-(e)s*, *-e*; e-e schmale, lange Öffnung ≈ Spalte, Schlitz: *Bitte lassen Sie die Tür e-n S. (breit) offen*; *ein S. in der Erde, im Holz, in e-m Gletscher* || K-: ***spalt-, -breit*** || -K: ***Gletscher-, Tür-***

Spal·te *die*; -, *-n*; **1** e-e lange Öffnung ⟨e-e breite, schmale, tiefe S.⟩: *e-e S. in e-r Mauer, in e-m Felsen* || -K: ***Eis-, Fels(en)-, Gletscher-, Tür-*** **2** einer der schmalen Streifen mit gedrucktem Text auf derselben Seite (e-s Buches od. e-r Zeitung): *Dieses Wörterbuch hat zwei Spalten pro Seite* || -K: ***Druck-, Text-*** || *zu* **2 spal·ten·wei·se** *Adj*; *mst adv*

spal·ten; *spaltete, hat gespalten / gespaltet*; [Vt] **1** ***etw. s.*** etw. der Länge nach (*mst* mit e-m Werkzeug) in zwei od. mehrere Teile trennen: *ein Stück Holz mit e-m Beil s.*; *Der Baumstamm wurde vom Blitz gespalten* **2** ***Atomkerne s.*** um Energie zu gewinnen, Atome in kleinere Partikel teilen **3** ***j-d / etw. spaltet etw.*** j-s Handlungen *o.Ä.* / etw. trennt e-e Einheit in (gegensätzliche) Gruppen *o.Ä.*: *Mit seiner Politik hat er die gesamte Partei gespalten*; [Vr] **4** ***etw. spaltet sich*** etw. teilt sich (der Länge nach) ⟨Haare, Fingernägel⟩ **5** ***etw. spaltet sich*** etw. Einheitliches trennt sich in verschiedene Gruppen ⟨e-e Partei⟩ || *hierzu* **Spal·tung** *die*; *zu* **1** u. **2 spalt·bar** *Adj*

-spal·tig *im Adj*, *wenig produktiv*; mit der genannten Zahl od. Menge von Spalten (2); ***einspaltig, zweispaltig, dreispaltig*** *usw*; ***mehrspaltig***: *e-e zweispaltige Seite*

Span *der*; *-(e)s, Spä·ne*; *mst Pl*; kleine, dünne Streifen, die entstehen, wenn man Holz od. Metall verarbeitet ⟨feine, grobe Späne⟩ || -K: ***Eisen-, Holz-*** || ID ***Wo gehobelt wird, da fallen Späne*** jede gute Sache hat auch e-n Nachteil

Span·fer·kel *das*; **1** ein sehr junges Schwein **2** das Fleisch e-s sehr jungen Schweins, das als Delikatesse serviert wird

Span·ge *die*; -, *-n*; **1** ein kleines gebogenes Stück Metall od. Kunststoff (*mst* ein Schmuckstück), mit dem man *bes* die Haare od. ein Kleidungsstück befestigt: *Sie trug e-e S. im Haar* || -K: ***Haar-*** **2** ≈ Schnalle || K-: ***Spangen-, -schuh*** **3** e-e Konstruktion aus Metall, die man (*bes* im Kindesalter) über schiefen Zähnen trägt, damit sie wieder gerade werden || -K: ***Zahn-***

spa·nisch *Adj*; in Bezug auf das Land Spanien || ID ***etw. kommt j-m s. vor*** *gespr*; j-d findet etw. sehr seltsam u. verdächtig

spann *Imperfekt, 1. u. 3. Person Sg*; ↑ ***spinnen***[1], ***spinnen***[2]

Spann *der*; *-(e)s, -e*; der schmale, obere Teil des Fußes ≈ Rist

Span·ne *die*; -, *-n*; **1** der Gewinn beim Verkauf e-r Ware (also der Unterschied zwischen dem Preis, den ein Händler selbst für e-e Ware bezahlt, u. dem, den er dafür verlangt) || -K: ***Gewinn-, Handels-*** **2** ≈ Zeitraum || -K: ***Zeit-*** **3** *veraltend*; ein Längenmaß von etwa 20 cm (dem Abstand zwischen den Spitzen des gestreckten Zeigefingers u. des gestreckten Daumens) || -K: ***Hand-***

span·nen; *spannte, hat gespannt*; [Vt] **1** ***etw. s.*** an den Enden od. Rändern von etw. ziehen (u. diese irgendwo befestigen), sodass es fest u. straff wird ⟨etw. straff s.; ein Netz, ein Seil s.⟩: *die Saiten e-r Gitarre s.* **2** ***etw. in etw.*** (*Akk*) ***s.*** etw. so zwischen zwei Teilen e-s Geräts befestigen, dass es dort festgehalten wird ≈ etw. in etw. einklemmen, einspannen: *ein Blatt Papier in die Schreibmaschine, ein Stück Holz in den Schraubstock s.* || K-: ***Spann-, -rahmen, -vorrichtung*** **3** ⟨e-e Waffe⟩ ***s.*** e-e Vorrichtung an e-r Waffe so umstellen, dass man sofort damit schießen kann: *den Hahn e-s Gewehrs s.* **4** ⟨den Bogen⟩ ***s.*** die Schnur e-s Bogens[1] (4) ganz fest zu sich heranziehen, sodass man dann damit e-n Pfeil abschießen kann **5** ***ein Tier an / vor etw.*** (*Akk*) ***s.*** ein Tier an e-n Wagen *o.Ä.* binden, damit es ihn zieht **6** *mst* ***es s.*** *bes südd* Ⓐ *gespr*; etw. merken, kapieren: *Jetzt hat ers endlich gespannt*; [Vi] **7** ***etw. spannt*** ein Kleidungsstück ist unangenehm eng: *Das Hemd spannt über dem Bauch*; [Vr] **8** ***etw. spannt sich*** etw. wird straff ↔ etw. lockert sich ⟨etw. spannt sich zum Zerreißen⟩: *Als das Auto losfuhr, spannte sich das Abschleppseil* **9** ***etw. spannt sich über etw.*** (*Akk*); etw. wölbt sich über etw.: *E-e Brücke spannt sich über das Tal*

span·nend **1** *Partizip Präsens*; ↑ ***spannen*** **2** *Adj*; ⟨ein Film, ein Krimi, ein Thriller, ein Roman⟩ so, dass sie einen neugierig machen, wie sich die Situation weiterentwickelt ≈ aufregend ↔ langweilig

Span·ner *der*; *-s*, -; **1** *gespr pej* ≈ Voyeur **2** e-e Schmetterlingsart

-spän·nig *im Adj*, *wenig produktiv*; drückt aus, dass die genannte Zahl von Tieren vor e-n Wagen *o.Ä.* gespannt ist; ***einspännig, zweispännig, vierspännig, sechsspännig, achtspännig***

Span·nung[1] *die*; -, *-en*; **1** der (*mst* nervöse) Zustand, in dem man ist, wenn man *z.B.* auf e-e wichtige Entscheidung wartet od. e-e gefährliche Situation überstehen muss ⟨die S. steigt, wächst; j-n / etw. mit (großer) S. erwarten; voller S. sein; e-e mit S. erwartete Begegnung⟩: *Mit S. warteten wir auf ihren Anruf* || K-: ***Spannungs-, -moment, -zustand*** **2** *mst Pl*; der Zustand, in dem ein Streit od. e-e problematische, gefährliche Situation droht ≈ Krise ⟨soziale, politische, wirtschaftliche Spannungen; innere, psychische Spannungen⟩: *Schon längere Zeit gab es Spannungen in ihrer Ehe. Jetzt lassen sie sich scheiden* || K-: ***Spannungs-, -verhältnis, -zustand*** **3** das Straffsein *mst* e-r Leine, e-r Schnur od. e-s Seils

Span·nung[2] *die*; -, *-en*; **1** die Stärke der elektrischen Kraft ⟨die S. (in Volt) messen; etw. steht unter hoher, niedriger S.⟩: *Starkstrom hat e-e S. von 380 Volt* || K-: ***Spannungs-, -abfall, -ausgleich, -feld, -gefälle, -messer, -prüfer, -regler*** || -K: ***Hoch-*** **2** *Phys*; die Kraft in e-m Körper, die bewirkt, dass seine Form stabil bleibt: *die S. e-r Brücke, e-s Gewölbes*

span·nungs·ge·la·den *Adj*; voller Spannungen[1] (2) ⟨e-e Atmosphäre⟩

Spann·wei·te *die*; **1** die Entfernung zwischen den äußersten Enden der gestreckten Flügel e-s Vogels bzw. der Tragflächen e-s Flugzeugs || -K: ***Flügel-*** **2** die Entfernung zwischen einem Pfeiler u. e-m anderen (*z.B.* bei e-r Brücke)

Spannweite

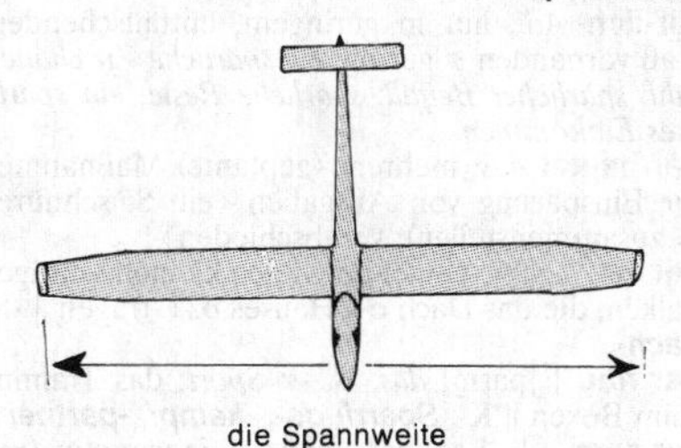

die Spannweite

Span·plat·te *die*; e-e Platte, die aus (Holz)Spänen zusammengepresst u. geklebt worden ist

Spar·buch *das*; e-e Art Heft, in dem notiert wird, wie viel Geld man auf e-e bestimmte Art von Konto (ein Sparkonto) legt, wie viel Zinsen man dafür bekommt *usw* ⟨ein S. anlegen; etw. auf ein S. einzahlen, vom S. abheben⟩

Spar·büch·se *die*; e-e Art Dose (mit e-m Schlitz), in der *mst* Kinder das Geld sammeln, das sie sparen wollen

S

Spar·do·se *die* ≈ Sparbüchse

spa·ren; *sparte, hat gespart*; [Vt] **1** **(etw.) s.** Geld nicht ausgeben, sondern sammeln u. es für e-n späteren Zweck (bei e-r Bank, in e-r Sparbüchse *o.Ä.*) aufheben: *Ich habe schon 1000 Euro gespart*; *Wir müssen s., wenn wir in Urlaub fahren wollen* || K-: ***Spar-, -guthaben, -konto, -prämie, -vertrag, -zins*** **2** **(etw.) s.** weniger von etw. verbrauchen od. ausgeben als bisher: *Wir alle müssen Energie s.* || K-: ***Spar-, -maßnahme, -programm***; [Vi] **3** ***etw. spart etw.*** etw. verursacht weniger Kosten *o.Ä.*: *Die neue Methode wird sicherlich Kosten s.* **4** ***etw. an etw.*** (*Dat*) ***s.*** weniger Geld als früher od. als erwartet für e-n bestimmten Zweck ausgeben: *Ich habe 100 Euro an der Reparatur gespart, weil ich sie selbst gemacht habe* **5** ***j-m / sich etw. s.*** etw. Unangenehmes für j-n / sich vermeiden ⟨j-m / sich Ärger, (die) Mühe, viel Arbeit s.⟩ **6** ***etw. spart j-m etw.*** etw. macht etw. Unangenehmes nicht nötig: *Das spart uns viel Zeit*; [Vi] **7** ***auf etw.*** (*Akk*) ***/ für etw. s.*** Geld s. (1), um sich etw. zu kaufen: *auf ein neues Auto, für ein Haus s.* **8** ***an etw.*** (*Dat*) ***/ mit etw. s.*** ≈ s. (3): *Wir sollten mit der Energie s.*; *Wir könnten an Benzin s.* || ID *mst* ***Das kannst du dir s.!*** *gespr*; das interessiert mich nicht, ändert meine (negative) Meinung nicht: *Deine Entschuldigungen, Erklärungen, guten Ratschläge, schönen Worte kannst du dir s.!* || *zu* **1** **Spa·rer** *der*; *-s, -*; **Spa·re·rin** *die*; *-, -nen*

Spar·flam·me *die*; *mst in* ***(etw.) auf S. kochen*** *gespr hum*; etw. ohne Kraft u. Mühe tun

Spar·gel *der*; *-s, -*; **1** e-e Pflanze mit *mst* weißen Stängeln, die unter der Erde wachsen u. die man als Gemüse isst ⟨e-e Stange S.; ein Bund S.⟩ || K-: ***Spargel-, -beet, -gemüse, -spitze, -stange, -suppe*** || -K: ***Stangen-*** **2** ***S. stechen*** S. (1) ernten

Spargel

Spar·heft *das*; (CH) ≈ Sparbuch

Spar·kas·se *die*; e-e Bank, die von e-r Stadt od. von e-r Gemeinde betrieben wird || K-: ***Sparkassen-, -angestellte(r), -filiale*** || -K: ***Kreis-, Stadt-***

spär·lich *Adj*; nur in geringem, enttäuschendem Maß vorhanden ≈ gering: *e-e spärliche Zuschauerzahl*; *spärlicher Beifall*; *spärliche Reste*; *ein spärliches Einkommen*

Spar·pa·ket *das*; mehrere (geplante) Maßnahmen zur Einsparung von Ausgaben ⟨ein S. schnüren (= zusammenstellen), verabschieden⟩

Spar·ren *der*; *-s, -*; einer der vielen kleinen schrägen Balken, die das Dach e-s Hauses *o.Ä.* tragen || -K: ***Dach-***

Spar·ring [ˈʃparɪŋ] *das*; *-s, -s*; *Sport*; das Training beim Boxen || K-: ***Sparrings-, -kampf, -partner***

spar·sam *Adj*; **1** so, dass man wenig von etw. (*mst* Geld) verbraucht ⟨s. leben, sein, wirtschaften; s. mit etw. umgehen; s. von etw. Gebrauch machen⟩: *Sind die Schotten wirklich so s.?* **2** ⟨ein Auto, ein Motor, e-e Maschine⟩ so, dass sie sehr wenig Benzin, Energie *o.Ä.* brauchen, um zu funktionieren **3** *mst adv*; nur auf das Nötigste beschränkt ≈ spärlich: *e-e s. eingerichtete Wohnung* || *hierzu* **Spar·sam·keit** *die*; *nur Sg*

Spar·schwein *das*; e-e Art Spardose (in der Form e-s kleinen Schweins) || ID ***das S. schlachten*** *gespr*; gespartes Geld für etw. verwenden

Spar·strumpf *der*; *mst in* ***etw. in den S. tun*** *hum*; Geld sparen (1)

spar·ta·nisch *Adj*; **1** ohne Luxus, sehr einfach ⟨e-e Einrichtung; s. leben⟩ **2** sehr streng ⟨e-e Erziehung⟩

Spar·te *die*; *-, -n*; **1** der Teil e-r Zeitung, der für ein bestimmtes Thema reserviert ist **2** ein bestimmter Teil od. Bereich innerhalb e-s größeren Ganzen ≈ Abteilung: *In unserem Sportverein ist die S. Leichtathletik am erfolgreichsten*

Spaß *der*; *-es, Spä·ße*; **1** etw., das man sagt od. tut, damit andere darüber lachen können ≈ Scherz ⟨ein alberner, gelungener, schlechter S.; e-n S. machen⟩: *über die Späße des Clowns lachen* **2** ***S.*** (***an etw.*** (*Dat*)) *nur Sg*; das Gefühl der Freude, das man bei etw. Angenehmem empfindet ≈ Vergnügen ⟨großen, viel S. an etw. haben; etw. macht j-m S.; S. an etw. finden; j-d / etw. verdirbt j-m den S.; j-m vergeht der S.⟩: *Kinder haben viel S.* daran, *die Kleider anderer anzuziehen* || -K: ***Riesen-*** **3** ***zum S.*** weil es einem Freude macht: *Ich lerne Italienisch nur so zum S.* **4** ***keinen S. verstehen*** sehr ernst u. ohne Humor sein **5** ***S. beiseite*** *gespr*; verwendet, um auszudrücken, dass das, was man sagt, ernst gemeint ist **6** ***etw. nur aus / im / zum S. sagen*** etw. nicht ernst meinen || ID ***Da hört der S. auf!*** *gespr*; das geht (aber) zu weit; ***ein teurer S.*** etw., das sehr viel Geld kostet; ***S. muss sein!*** verwendet, um auszudrücken, dass man etw. nicht ernst gemeint hat

spa·ßen; *spaßte, hat gespaßt*; [Vi] ***(mit j-m / etw.) s.*** Späße machen ≈ scherzen || ID ***mit j-m / etw. ist nicht zu s.*** j-n / etw. muss man sehr ernst nehmen (weil es Probleme geben könnte)

spa·ßes·hal·ber *Adv*; um Spaß u. Freude zu haben ⟨s. auf etw. (*Akk*) eingehen⟩: *Er machte den Wettkampf nur s. mit*

spaß·haft *Adj*; so, dass man darüber lachen kann ≈ lustig ⟨e-e Bemerkung⟩

spa·ßig *Adj* ≈ lustig, spaßhaft ⟨ein Erlebnis, e-e Geschichte; ein Mensch; etw. s. erklären⟩

Spaß·ma·cher *der*; j-d, der Späße (1) macht

Spaß·vo·gel *der*; j-d, der gern Späße u. Witze macht

Spas·ti·ker *der*; *-s, -*; j-d, der manche Teile des Körpers nicht kontrolliert bewegen kann, weil die Muskeln zusammengezogen sind || *hierzu* **Spas·ti·ke·rin** *die*; *-, -nen*; **spas·tisch** *Adj*

spät, *später, spätest-*; *Adj*; **1** am Ende e-s Zeitabschnitts ↔ früh ⟨am späten Abend; s. am Abend⟩: *Es ist schon s., ich muss ins Bett*; *In den späten Sechzigerjahren kam es zu großen Demonstrationen der Studenten* || K-: ***Spät-, -gotik, -stadium, -werk***; ***-herbst, -nachmittag, -sommer, -winter***; ***-dienst, -schicht***; ***-vorstellung***; ***spät-, -gotisch*** **2** nach der erwarteten od. üblichen Zeit ↔ früh ⟨s. aufstehen; s. ins Bett gehen; ein Sommer, ein Winter, ein Glück, e-e Reue; es ist zu etw. zu s.; zu s. kommen⟩: *e-n späteren Zug nehmen* || K-: ***Spät-, -folgen, -schaden***; ***-kartoffel*** || ID ***Wie s. ist es?*** wie viel Uhr ist es?; ***Wie s. haben wir?*** *gespr*; wie viel Uhr ist es? ***s. dran sein*** *gespr*; in Eile sein: *Beeil dich, wir sind s. dran!*

Spät|aus·sied·ler *der*; (D) ein Einwohner Polens, Rumäniens, Russlands *o.Ä.*, der deutsche Vorfahren hat u. alle Rechte e-s Deutschen bekommt, wenn er in die Bundesrepublik Deutschland zieht || K-: ***Spätaussiedler-, -kind, -politik, -unterricht, -zustrom*** || *hierzu* **Spät·aus·sied·le·rin** *die*

Spa·ten *der*; *-s, -*; e-e Art Schaufel mit e-m langen Stiel u. e-m flachen Teil aus Metall, mit der man die Erde im Boden umgräbt || ↑ *Abb. unter* ***Schaufel*** || K-: ***Spaten-, -stich***

Spät·ent·wick·ler *der*; *-s*, *-*; ein Kind od. ein Jugendlicher, die später als andere in e-n bestimmten Zustand der Reife kommen

spä·ter **1** *Komparativ*; ↑ **spät** **2** *Adj*; *nur attr, nicht adv*; in der Zukunft ≈ kommend, zukünftig: *E-e spätere Einigung ist nicht ausgeschlossen* **3** *Adj*; *nur attr, nicht adv*; von e-m bestimmten Zeitpunkt der Vergangenheit aus gesehen in der Zukunft: *Auf e-r Party lernte er seine spätere Frau kennen* **4** *nur adv*; nach Ablauf e-r gewissen Zeit: *Erst s. verstand ich, was er mir sagen wollte*; *Zuerst haben wir uns gestritten, u. s. wurden wir Freunde* **5** ***bis s.!*** *gespr*; verwendet, wenn man sich von j-m verabschiedet, den man schon bald wiedersehen wird

spä·tes·tens *Adv*; ***s.*** + *Zeitangabe* nicht später als + Zeitangabe: *Ich gebe Ihnen die Manuskripte s. nächste Woche*; *S. in fünf Tagen ist er zurück*

Spät·le·se *die*; **1** die Ernte des letzten Weines am Ende des Herbstes **2** der süße, schwere Wein aus den Trauben der S. (1)

Spatz *der*; *-en* / *-es*, *-en*; **1** ein kleiner u. häufiger Vogel mit braunen u. grauen Federn ≈ Sperling **2** verwendet als Kosewort für ein Kind od. für e-n Erwachsenen, den man liebt ≈ Liebling || ID *mst* ***Das pfeifen die Spatzen von den / allen Dächern*** *gespr*; das weiß schon jeder; ***Besser den S. in der Hand als die Taube auf dem Dach*** *gespr*; verwendet, um auszudrücken, dass man mit dem zufrieden sein soll, was man hat || NB: *der Spatz*; *den, dem Spatz / Spatzen*; *des Spatzen / Spatzes*

Spat·zen·hirn *das*; *gespr pej*; *mst in* ***j-d hat ein S.*** j-d ist dumm

Spätz·le *die*; *Pl*, *bes südd*; kleine rundliche Nudeln

Spät·zün·der *der*; *-s*, *-*; *gespr hum*; **1** j-d, der etw. (*z.B.* e-n Witz, e-n Zusammenhang) nicht so schnell versteht wie die anderen **2** ≈ Spätentwickler

spa·zie·ren; *spazierte*, *ist spaziert*; [Vi] ***(irgendwohin) s.*** langsam (durch e-n Park, e-n Wald, bestimmte Straßen) gehen, ohne ein Ziel zu haben ≈ schlendern || K-: ***Spazier-, -weg***

> **spa·zie·ren fah·ren**; *fuhr spazieren, hat / ist spazieren gefahren*; [Vi] *(ist)* **1** ***(mit j-m) s. f.*** (mit j-m) im Auto *o.Ä.* zum Vergnügen (ohne bestimmtes Ziel) fahren; [Vt] *(hat)* **2** ***j-n / etw. s. f.*** mit j-m / etw. ohne bestimmtes Ziel fahren || *hierzu* **Spa·zier·fahrt** *die*
>
> **spa·zie·ren füh·ren**; *führte spazieren, hat spazieren geführt*; [Vt] *mst* ***e-n Hund s. f.*** mit dem Hund e-n Spaziergang machen, damit er Bewegung hat
>
> **spa·zie·ren ge·hen**; *ging spazieren, ist spazieren gegangen*; [Vi] ***(mit j-m / e-m Tier) s. g.*** in seiner freien Zeit langsam im Freien herumgehen, um Bewegung zu haben: *im Park, im Wald s. g.*

Spa·zier·gang *der*; *mst in* ***e-n S. machen*** ≈ spazieren gehen || *hierzu* **Spa·zier·gän·ger** *der*; *-s*, *-*; **Spa·zier·gän·ge·rin** *die*; *-*, *-nen*

Spa·zier·stock *der*; ein Stock mit e-m gebogenen Griff, den *mst* alte Menschen beim Gehen benutzen

SPD [ɛspeːˈdeː] *die*; *-*; *nur Sg*; (*Abk für* Sozialdemokratische Partei Deutschlands) e-e politische Partei in Deutschland || K-: ***SPD-nah, SPD-Mitglied***

Specht *der*; *-(e)s*, *-e*; ein Vogel mit e-m langen Schnabel, mit dem er Löcher in Bäume macht, um so Insekten zu fangen ⟨der S. klopft, pocht⟩ || -K: ***Blau-, Bunt-, Gold-, Grün-, Schwarz-***

Speck *der*; *-(e)s*; *nur Sg*; **1** ein (gesalzenes u. geräuchertes) Stück Schweinefleisch mit sehr viel Fett ⟨fetter, geräucherter S.; S. braten, räuchern⟩ || K-: ***Speck-, -scheibe, -schwarte*** || -K: ***Schinken-*** **2** das Fett (bei Tieren u. *hum* auch bei Menschen) direkt unter der Haut || K-: ***Speck-, -bauch, -nacken, -schwarte*** || ID ***Ran an den S.!*** *gespr* ≈ los, fangt an!

spe·ckig *Adj*; glänzend vor Fett od. Schmutz ⟨ein Kragen, ein Hut, ein Sessel⟩

Spe·di·ti·on [ʃpediˈt͡si̯oːn] *die*; *-*, *-en*; e-e Firma, die (in Lastwagen) Waren für andere transportiert || K-: ***Speditions-, -firma, -geschäft, -kaufmann*** || *hierzu* **Spe·di·teur** [-ˈtøːɐ̯] *der*; *-s*, *-e*

Speer [ʃpeːɐ̯] *der*; *-(e)s*, *-e*; **1** ein langer Stab mit e-r Spitze, der früher als Waffe verwendet wurde || ↑ *Abb. unter* ***Waffen*** || K-: ***Speer-, -spitze*** || NB: ↑ ***Lanze, Spieß*** **2** *Sport*; e-e Art S. (1), der möglichst weit geworfen werden soll || K-: ***Speer-, -werfen, -werfer, -wurf***

Spei·che *die*; *-*, *-n*; **1** eine von mehreren dünnen Stangen, die die Felge e-s Rades mit der Nabe verbinden: *E-e S. an meinem Fahrrad ist verbogen* || ↑ *Abb. unter* ***Fahrrad*** **2** (im Unterarm) derjenige Knochen, der auf der Seite des Daumens ist || NB: ↑ ***Elle***

Spei·chel *der*; *-s*; *nur Sg*; die Flüssigkeit, die sich im Mund bildet ≈ Spucke || K-: ***Speichel-, -absonderung, -drüse, -fluss*** || *hierzu* **spei·cheln** *(hat) Vi*

Spei·chel·le·cker *der*; *-s*, *-*; *pej*; j-d, der sich Vorgesetzten gegenüber besonders unterwürfig verhält, um so Vorteile zu bekommen

Spei·cher *der*; *-s*, *-*; **1** ein Gebäude, in dem man Vorräte aufbewahrt ≈ Lager (1) || -K: ***Getreide-, Korn-*** **2** ein großer Behälter, in dem etw. gesammelt wird || K-: ***Speicher-, -becken, -kapazität*** || -K: ***Wärme-, Wasser-*** **3** ≈ Dachboden **4** der Teil des Computers, der die Informationen trägt ⟨der S. ist voll⟩ || K-: ***Speicher-, -element, -funktion, -kapazität, -platz*** || -K: ***Arbeits-, Informations-***

spei·chern; *speicherte*, *hat gespeichert*; [Vt] **1** ***etw. s.*** e-n Vorrat irgendwo für lange Zeit aufbewahren ≈ lagern ⟨Vorräte, Getreide, Futter s.⟩ **2** ***etw. s.*** Informationen, Daten *o.Ä.* in e-n Computer geben, damit sie dort aufbewahrt werden u. wieder verwendet werden können: *Daten auf Magnetband s.* **3** ***etw. speichert etw.*** ein Computer *o.Ä.* sichert Daten u. bewahrt sie auf: *Ein Computer speichert Daten* || *hierzu* **Spei·che·rung** *die*; *nur Sg*

spei·en; *spie*, *hat gespien*; [Vt/i] **1** ***(etw.) s.*** Flüssigkeit u. Essen aus dem Magen durch den Mund herausbringen, wenn man sich sehr schlecht fühlt ≈ sich erbrechen **2** ***etw. speit (etw.)*** etw. wirft flüssiges u. heißes Material nach oben ⟨Vulkane speien Feuer u. Lava⟩

Speis *die*; *nur in* ***S. u. Trank*** *geschr od hum*; das Essen u. die Getränke: *Vielen Dank für S. u. Trank*

Spei·se *die*; *-*, *-n*; ein (einzelnes) Gericht[2] ⟨e-e köstliche S.; kalte / warme Speisen; e-e S. anrichten⟩ || K-: ***Speise-, -raum, -rest, -restaurant, -saal, -salz***; ***Speisen-, -folge*** || -K: ***Eier-, Fleisch-, Mehl-, Milch-, Reis-***; ***Haupt-***; ***Lieblings-***; ***Süß-***

Spei·se·eis *das*; e-e süße, gefrorene Mischung *mst* aus Milchprodukten u. Früchten, die man zur Erfrischung kalt isst

Spei·se·kam·mer *die*; ein kleiner u. kühler Raum (*mst* neben der Küche), in dem man Essen u. Vorräte aufbewahrt

Spei·se·kar·te *die*; e-e Liste mit den Gerichten, die man in e-m Restaurant essen kann

Spei·se·lo·kal *das* ≈ Restaurant

spei·sen; *speiste*, *hat gespeist*; [Vt/i] **1** ***(etw.) s.*** *geschr* ≈ essen ⟨gut, teuer, exklusiv s.⟩: *Sie speisten Hummer*; [Vt] **2** ***j-n s.*** *geschr*; j-m, der arm ist, etw. zu essen geben ⟨die Armen s.⟩ **3** *mst* ***etw. wird mit / aus etw. gespeist*** etw. wird mit etw. versorgt: *Das Radiogerät wird mit Strom aus 6 Batterien gespeist* || *zu* **2** u. **3** **Spei·sung** *die*; *nur Sg*

S

Spei·se·röh·re *die*; e-e Art Röhre (der Schlund), durch die das Essen vom Mund zum Magen kommt; *Med* Ösophagus

Spei·se·wa·gen *der*; ein Wagen im Zug[1] mit e-r Art Restaurant, in dem man etw. essen kann

spei·übel *Adj*; *mst in* ***j-m ist s.*** *gespr*; j-m ist so schlecht, dass er sich wahrscheinlich erbrechen muss

Spek·ta·kel[1] *das*; *-s, -*; ein Ereignis, das sehr interessant od. spannend ist ≈ Schauspiel (2) || *hierzu* **spek·ta·ku·lär** *Adj*

Spek·ta·kel[2] *der*; *-s, -*; *mst Sg* ≈ Lärm, Krach

Spekt·rum *das*; *-s, Spekt·ren / Spekt·ra*; *Kollekt*; **1** ***das S.*** + *Genitiv* / ***ein S. von etw.*** (*Pl*) *geschr*; e-e große Vielfalt von einzelnen Phänomenen, Dingen u. Möglichkeiten ≈ Palette (2): *das breite S. der klassischen Dichtung* **2** *Phys*; die verschiedenen Farben, aus denen das weiße Licht gebildet ist || -K: ***Farb-*** || *zu* **2 spekt·ral** *Adj*

Spe·ku·lant *der*; *-en, -en*; j-d, der *bes* mit Aktien od. Immobilien spekuliert (2) || NB: *der Spekulant*; *den, dem, des Spekulanten*

Spe·ku·la·ti·on [-ˈt͡sioːn] *die*; *-, -en*; **1** *mst* ***Spekulationen*** (***über etw.*** (*Akk*)) die Gedanken über etw., was man nicht (genau) kennt u. weiß ≈ Mutmaßungen ⟨Spekulationen anstellen; sich in Spekulationen ergehen, verlieren⟩ || -K: ***Fehl-*** **2** ***e-e S.*** (***mit etw.***) ein Geschäft[1] (1), bei dem man hofft, durch die Veränderung von Preisen viel Geld zu verdienen: *die S. mit Aktien* || K-: ***Spekulations-, -geschäft, -gewinn, -objekt*** || -K: ***Boden-, Börsen-, Grundstücks-, Währungs-***

Spe·ku·la·ti·us [-ˈlaːt͡sius] *der*; *-, -*; ein dünner, flacher, würziger Keks, der häufig e-e Figur darstellt

spe·ku·la·tiv [-f] *Adj*; **1** ⟨Gewinne, Verluste; Geschäfte⟩ so, dass sie durch Spekulation (2) zustande gekommen sind **2** ⟨Ideen⟩ so, dass sie auf Vermutungen beruhen

spe·ku·lie·ren; *spekulierte, hat spekuliert*; [Vi] **1** (***über etw.*** (*Akk*)) ***s.*** über die weitere Entwicklung bzw. den Ausgang von etw. nachdenken od. sprechen, von dem man wenig weiß ≈ mutmaßen **2** (***mit etw.***) ***s.*** Häuser, Grundstücke, Waren od. Wertpapiere kaufen u. hoffen, dass ihr Wert steigt, damit man sie dann teuer verkaufen kann ⟨an der Börse s.; mit Aktien, Grundstücken s.⟩ **3** ***auf etw.*** (*Akk*) ***s.*** *gespr*; hoffen, dass man etw. bekommt: *auf e-e freie Wohnung s.*

Spe·lun·ke *die*; *-, -n*; *gespr pej*; ein *mst* schmutziges Lokal, das e-n schlechten Ruf hat

spen·da·bel, *spendabler, spendabelst-*; *Adj*; *gespr*; gern bereit, Geschenke zu machen od. j-n (zum Essen) einzuladen ≈ großzügig, freigebig ↔ geizig ⟨s. aufgelegt sein, sich s. zeigen⟩ || NB: *spendabel* → *ein spendabler Mensch*

Spen·de *die*; *-, -n*; etw. (*mst* Geld), das man *bes* e-r Organisation gibt, um damit anderen Menschen zu helfen ≈ Gabe (4) ⟨um e-e S. bitten; viele Spenden gehen ein⟩: *um e-e kleine S. für das Rote Kreuz bitten*; *Spenden für die Flüchtlinge sammeln* || K-: ***Spenden-, -aktion, -aufruf, -konto, -sammlung*** || -K: ***Geld-, Lebensmittel-, Medikamenten-, Sach-***

spen·den; *spendete, hat gespendet*; [Vt/i] **1** (***etw.***) (***für j-n / etw.***) ***s.*** *bes* e-r Organisation etw. geben, um anderen zu helfen ⟨Geld, Lebensmittel, Medikamente s.⟩: *für die Erdbebenopfer s.*; [Vt] **2** ***etw. spendet etw.*** *geschr*; etw. (produziert u.) gibt etw. ⟨etw. spendet Licht, Wärme, Schatten⟩: *Der große Baum spendet im Sommer viel Schatten* **3** ***etw. s.*** etw. abgeben od. sich nehmen lassen, damit so anderen Menschen geholfen wird ⟨Blut, Organe, e-e Niere, Samen s.⟩ **4** *geschr*; verwendet zusammen mit e-m Subst., um ein Verb zu umschreiben; (***j-m***) ***Beifall s.*** ≈ applaudieren; (***j-m***) ***ein Lob s.*** ≈ j-n loben; (***j-m***) ***den Segen s.*** ≈ j-n segnen; (***j-m***) ***Trost s.*** ≈ j-n trösten

Spen·der *der*; *-s, -*; **1** j-d, der (e-r Organisation) e-e Spende gibt od. gegeben hat **2** j-d, der ein Organ od. Blut spendet (3) od. gespendet (3) hat || K-: ***Spender-, -herz, -niere*** || -K: ***Blut-, Organ-, Samen-*** || ID ***Wer war der edle S.?*** *hum*; von wem ist dieses Geschenk? || *hierzu* **Spen·de·rin** *die*; *-, -nen*

-spen·der *der*; *-s, -*; *wenig produktiv*; **1** ein Gerät, aus dem man etw. nehmen kann; der ***Handtuchspender***, der ***Papierspender***, der ***Seifenspender*** **2** e-e Person od. Sache, die etw. gibt od. spendet (2); der ***Trostspender***, der ***Energiespender***, der ***Feuchtigkeitsspender***, der ***Vitaminspender***, der ***Wärmespender***

spen·die·ren; *spendierte, hat spendiert*; [Vt] (***j-m***) ***etw. s.*** *gespr*; *mst* ein Getränk od. ein Essen für j-n bezahlen ≈ ausgeben (3): *seinen Mitarbeitern ein Abendessen s.* || *hierzu* **spen·dier·freu·dig** *Adj*

Speng·ler *der*; *-s, -*; *südd* Ⓐ Ⓒⓗ j-d, der beruflich Dinge aus Metall (*bes* Blech) herstellt, repariert u. einbaut ≈ Klempner || -K: ***Auto-, Karosserie-*** || *hierzu* **Speng·le·rei** *die*; *-, -en* || NB: ↑ ***Mechaniker, Installateur***

Sper·ber *der*; *-s, -*; ein mittelgroßer (Raub)Vogel, der *bes* kleine Vögel frisst

Sper·ling *der*; *-s, -e* ≈ Spatz (1)

Sper·ma *das*; *-s, Sper·men / Sper·ma·ta*; *geschr*; die Flüssigkeit mit Samenzellen, die von männlichen Geschlechtsorganen produziert wird ≈ Samen (3)

sperr·an·gel|weit *Adv*; *nur in* ***s. offen / auf*** *gespr*; so weit offen wie nur möglich: *Die Tür / sein Mund stand s. offen*

Sper·re *die*; *-, -n*; **1** etw. (*z.B.* e-e Schranke od. e-e Art Zaun), das andere auf e-m Weg od. auf der Straße daran hindert, weiterzukommen ⟨e-e S. errichten; durch die S. gehen⟩ || -K: ***Straßen-*** **2** ***e-e S.*** (***von*** + *Zeitangabe*) *Sport*; das Verbot, (e-e bestimmte Zeit lang) an Wettkämpfen teilzunehmen ⟨über j-n e-e S. (von vier Wochen) verhängen; e-e S. wieder aufheben⟩ **3** ***e-e S. haben*** *gespr*; aus psychischen Gründen etw. nicht tun können

-sper·re *die*; *im Subst, begrenzt produktiv*; e-e Maßnahme, die verhindert, dass etw. Bestimmtes geschieht od. getan wird; die ***Ausfuhrsperre***, die ***Einfuhrsperre***, die ***Exportsperre***, die ***Importsperre***, e-e ***Nachrichtensperre*** ⟨verhängen⟩, die ***Urlaubssperre***, die ***Zahlungssperre***

sper·ren; *sperrte, hat gesperrt*; [Vt] **1** ***etw. s.*** verhindern, dass man weitergehen od. -fahren kann ⟨die Polizei *o.Ä.* sperrt e-e Straße, ein Tal, e-n Pass⟩: *Wegen e-s Unfalls ist die Autobahn für den gesamten Verkehr gesperrt* || K-: ***Sperr-, -bezirk, -gebiet, -mauer*** **2** ***etw. s.*** verhindern, dass j-d etw. benutzen kann ⟨ein Konto, das Sparbuch, das Telefon s.⟩: *Ihm wurde der Strom gesperrt, weil er seine Rechnung nicht bezahlt hat* **3** ***j-n*** (***für*** + *Zeitangabe*) ***s.*** *Sport*; j-m verbieten, e-e bestimmte Zeit lang an Wettkämpfen teilzunehmen: *e-n Spieler für acht Wochen s.* **4** ***j-n / ein Tier irgendwohin s.*** j-n / ein Tier in e-n Raum bringen, aus dem er / es nicht herauskann ≈ einsperren: *den Löwen in e-n Käfig s.* **5** ***etw. s.*** Wörter so drucken od. tippen, dass zwischen den einzelnen Buchstaben mehr Platz ist als normal ⟨etw. gesperrt drucken⟩ || NB: *mst* im Zustandspassiv; [Vi] **6** ***etw. sperrt*** *südd* Ⓐ etw. kann weder geöffnet noch geschlossen werden ≈ etw. klemmt ⟨das Fenster, die Tür, die Schublade⟩; [Vr] **7** ***sich gegen etw. s.*** sich weigern, etw. zu tun ⟨sich gegen e-e

Vorschrift, e-e Bestimmung, e-n Vorschlag, e-n Plan s.⟩

Sperr·frist *die*; *Jur*; die Zeit, in der j-d bestimmte Dinge nicht machen darf ⟨e-e S. verlängern, aufheben⟩

Sperr·holz *das*; *nur Sg*; e-e Art Brett, das aus mehreren dünnen Schichten Holz besteht, die zusammengeklebt sind || K-: ***Sperrholz-, -platte***

sperr·rig *Adj*; von / mit e-r Form, die viel Platz erfordert ↔ handlich: *Die Kiste ist so s., dass wir sie in unserem Auto nicht transportieren können*

Sperr·müll *der*; *nur Sg*, *Kollekt*; Dinge, die so groß od. schwer sind, dass man sie nicht zum normalen Müll tun kann || K-: ***Sperrmüll-, -abholung, -aktion, -sammlung***

Sperr·stun·de *die* ≈ Polizeistunde

Spe·sen *die*; *Pl*; die Unkosten, die j-d auf e-r Dienstreise für Hotels, Essen, Fahrkarten *usw* hat u. die er vom Arbeitgeber wiederbekommt ⟨(hohe) S. haben, machen; j-m die S. erstatten⟩ || K-: ***Spesen-, -rechnung*** || -K: ***Reise-, Tages-*** || ID ***Außer S. nichts gewesen*** *gespr hum*; verwendet, um auszudrücken, dass man keinen Erfolg hatte

Spe·zi®[1] *das*; *-s*, *-*; ein Getränk aus (Orangen)Limonade u. Cola

Spe·zi[2] *der*; *-s*, *-(s)*; *südd* Ⓐ *gespr* ≈ Kumpel (2), Freund (1)

Spe·zi·al- *im Subst*, *begrenzt produktiv*; **1** in Bezug auf ein bestimmtes (Teil)Gebiet e-s Fachs ≈ Fach-; die ***Spezialausbildung***, die ***Spezialdisziplin***, das ***Spezialgebiet***, die ***Spezialkenntnisse***, die ***Spezialliteratur***, das ***Spezialwissen*** **2** mit e-r besonderen Aufgabe od. Funktion u. deshalb von ganz bestimmter Art ≈ Sonder-; die ***Spezialanfertigung***, die ***Spezialausführung***, das ***Spezialfahrzeug***, die ***Spezialkamera***, das ***Spezialtraining***

spe·zi·a·li·sie·ren, sich; *spezialisierte sich*, *hat sich spezialisiert*; Vr ***sich*** (***auf etw.*** (*Akk*)) ***s.*** sich intensiv mit e-m bestimmten (Teil)Gebiet e-s Fachs beschäftigen: *sich nach dem Studium der Medizin auf Chirurgie s.* || *hierzu* **Spe·zi·a·li·sie·rung** *die*; *nur Sg*

Spe·zi·a·list *der*; *-en*, *-en*; **1** ***ein S.*** (***für etw.***) j-d, der über e-n relativ kleinen Teil e-s (Fach)Gebiets sehr viel weiß ≈ Experte: *ein S. für alte Handschriften*; *ein S. in Sachen Außenpolitik sein* **2** ***ein S.*** (***für etw.***) ≈ Facharzt ↔ praktischer Arzt ⟨e-n Spezialisten aufsuchen, konsultieren⟩: *ein S. auf dem Gebiet der Neurochirurgie* || NB: *der Spezialist*; *den, dem, des Spezialisten* || *hierzu* **Spe·zi·a·lis·tin** *die*; *-*, *-nen*; *zu* **1** **Spe·zi·a·lis·ten·tum** *das*; *-s*; *nur Sg*

Spe·zi·a·li·tät *die*; *-*, *-en*; **1** e-e besonders gute Speise, die für ein Gebiet od. für ein Land typisch ist ⟨e-e S. des Hauses⟩: *Spaghetti sind e-e italienische S.* || K-: ***Spezialitäten-, -restaurant*** **2** *nur Sg*; etw., das j-d besonders gut kann od. besonders gern mag ⟨etw. ist j-s S.⟩: *Griechische Vasen sind seine S.*

spe·zi·ell *Adj*; **1** *nur attr*, *nicht adv*; von e-r ganz bestimmten Art u. deshalb von den anderen verschieden ≈ besonder- (2) ↔ allgemein, generell ⟨ein Fall, e-e Bedeutung, ein Wunsch⟩ **2** *nur adv*; in besonders hohem Maß ≈ besonders: *Er liebt Italien, s. die Toskana* **3** *nur präd od adv*; ***s. für j-n / etw.*** ≈ besonders, vor allem: *Den Spargel habe ich s. für dich gekauft*

Spe·zi·es ['ʃpeːtsi̯ɛs, 'sp-] *die*; *-*, *-* [-eːs]; *geschr* ≈ Art, Sorte

Spe·zi·fi·kum *das*; *-s*, *Spe·zi·fi·ka*; e-e Eigenschaft od. ein Merkmal, durch das j-d / etw. sich von anderen unterscheidet ≈ Besonderheit

spe·zi·fisch *Adj*; von e-r ganz bestimmten Art, die die betreffende Person / Sache von anderen unterscheidet ≈ besonder- (2) ⟨ein Problem, ein Merkmal⟩: *E-e spezifische Eigenschaft des Menschen ist seine Fantasie* || NB: ↑ ***Gewicht***

-spe·zi·fisch *im Adj*, *begrenzt produktiv*; typisch für j-n / etw.; ***altersspezifisch, geschlechtsspezifisch*** ⟨Merkmale, ein Verhalten⟩, ***rollenspezifisch, systemspezifisch***

spe·zi·fi·zie·ren; *spezifizierte*, *hat spezifiziert*; Vt ***etw. s.*** *geschr*; etw. sehr genau u. mit vielen Details beschreiben || *hierzu* **Spe·zi·fi·zie·rung** *die*

Sphä·re ['sfɛːrə] *die*; *-*, *-n*; ein Bereich, der j-n interessiert od. in dem j-d aktiv ist ⟨j-s private, berufliche S.⟩ || -K: ***Einfluss-, Interessen-, Intim-, Privat-*** || ID *mst* ***Er / Sie schwebt in höheren Sphären*** *mst hum*; **a)** er / sie ist geistig od. künstlerisch tätig u. hat wenig Interessen für die Probleme des täglichen Lebens; **b)** er / sie denkt an etw. anderes als an das, worüber gerade gesprochen wird

Sphinx [sfɪŋks] *die*; *-*; *nur Sg*; die Figur e-s liegenden Löwen, der den Kopf e-s Menschen hat || ID ***wie e-e S. lächeln*** geheimnisvoll lächeln

spi·cken[1]; *spickte*, *hat gespickt*; Vt **1** ***etw. s.*** kleine Stücke Speck in ein Stück Fleisch stecken, bevor man es brät ⟨Fleisch, den Braten s.⟩: *gespickter Hasenbraten* **2** ***etw. mit etw. s.*** *gespr*; etw. so gestalten, dass e-e bestimmte Erscheinung in großer Menge vorkommt: *e-e Rede mit witzigen Bemerkungen s.*; *Der Aufsatz war mit Fehlern gespickt* || NB: *mst* im Zustandspassiv!

spi·cken[2]; *spickte*, *hat gespickt*; Vt/i (***etw.***) (***bei j-m***) ***s.*** *gespr*; in der Schule bei e-r Prüfung (vom Nachbarn) abschreiben || K-: ***Spick-, -zettel***

spie *Imperfekt*, *1. u. 3. Person Sg*; ↑ ***speien***

Spie·gel *der*; *-s*, *-*; **1** ein flacher Gegenstand aus Glas, in dem man alles sieht, was vor diesem Glas ist ⟨sich im S. betrachten, sehen; vor dem S. stehen⟩ || K-: ***Spiegel-, -glas, -schrank*** || -K: ***Ankleide-, Garderobe(n)-, Probier-, Rasier-, Toiletten-, Wand-*** **2** ***ein blinder S.*** ein S. (1), der so viele Flecken hat, dass man in ihm nur noch wenig sieht || ID ***j-m e-n S. vorhalten*** j-m zeigen, welche schlechten Eigenschaften od. Fehler er hat

-spie·gel *der*; *im Subst*, *wenig produktiv*; **1** die Menge der genannten Substanz im Körper ≈ -pegel; der ***Alkoholspiegel***, der ***Cholesterinspiegel***, der ***Hormonspiegel***, der ***Penizillinspiegel***, der ***Zuckerspiegel*** **2** die Höhe der Oberfläche von etw.; der ***Grundwasserspiegel***, der ***Meeresspiegel***, der ***Wasserspiegel***

Spie·gel·bild *das*; **1** das Bild, das man von sich / j-m / etw. in e-m Spiegel sieht (od. in e-m Gegenstand, der wie ein Spiegel wirkt): *sein S. auf der Oberfläche e-s Sees betrachten* **2** e-e Person od. Sache, die e-r anderen sehr ähnlich ist ≈ Abbild: *Sie ist das vollkommene S. ihrer Mutter* || *hierzu* **spie·gel·bild·lich** *Adj*

spie·gel·blank *Adj*; *ohne Steigerung*; sehr sauber: *das Fenster s. putzen*

Spie·gel·ei *das*; ein gebratenes Ei, bei dem das Eigelb in der Mitte liegt u. außen herum das Eiweiß ist

spie·gel·frei *Adj*; ⟨e-e Brille, Gläser⟩ so, dass sie keine Spiegelbilder (1) verursachen

spie·gel·glatt *Adj*; *ohne Steigerung*; sehr glatt: *spiegelglatte Fahrbahnen im Winter*

spie·geln; *spiegelte*, *hat gespiegelt*; Vt **1** ***etw. spiegelt etw.*** *geschr*; etw. ist ein Abbild von etw., zeigt etw. anderes auf ≈ etw. reflektiert (2) etw.: *Seine Romane spiegeln die gesellschaftlichen Zustände* **2** ***etw. s.*** (als Arzt *o.Ä.*) ein Organ mit e-r Art Spiegel untersuchen ⟨den Magen, den Darm, den Kehlkopf s.⟩; Vi **3** ***etw. spiegelt*** etw. glänzt sehr: *das*

S

Parkett polieren, bis es vor Sauberkeit spiegelt; [Vr] **4** ***etw. spiegelt sich in etw.*** (*Dat*) etw. ist in etw. deutlich (wie ein Spiegelbild) zu sehen: *Die Wolken spiegeln sich im Wasser* **5** ***etw. spiegelt sich in etw.*** (*Dat*) etw. ist irgendwo deutlich zu erkennen: *Der Hass spiegelte sich in seinem Gesicht* || *hierzu* **Spie·ge·lung** *die*; || ► ***entspiegeln***

Spie·gel·re·flex|ka·me·ra *die*; e-e Kamera, in der ein kleiner Spiegel bewirkt, dass man das, was man fotografieren will, genau so sieht, wie es später auf dem Bild ist

spie·gel·ver·kehrt *Adj*; so, dass das, was normalerweise rechts ist, links ist (u. umgekehrt) ≈ seitenverkehrt

Spiel *das*; *-(e)s, -e*; **1** *nur Sg*; etw. (e-e Aktivität), das man freiwillig ohne Zweck u. zum Vergnügen macht (wie es *bes* Kinder tun): *das S. mit den Puppen* || K-: ***Spiel-, -gefährte, -kamerad, -trieb, -wiese, -zimmer*** **2** etw., womit man sich (*mst* mit anderen) nach bestimmten Regeln, aber zum Spaß beschäftigt (unterhält) ⟨ein S. machen, spielen, gewinnen, verlieren⟩ || K-: ***Spiel-, -brett, -figur, -karte, -stein*** || -K: ***Brett-, Fang-, Geschicklichkeits-, Karten-, Puzzle-, Rate-, Schach-, Versteck-; Frage-und-Antwort-Spiel*** **3** ein sportlicher Wettkampf zwischen zwei Menschen od. Mannschaften (*z.B.* beim Tennis od. Fußball) ≈ Match ⟨ein S. machen, austragen, gewinnen, verlieren⟩: *Der Schiedsrichter pfeift ein S. an / ab, bricht das S. ab*; *Das S. steht 1:0*; *Das S. endete unentschieden / ging unentschieden aus* || K-: ***Spiel-, -abbruch, -abschnitt, -anfang, -beginn, -ende, -schluss, -stand, -unterbrechung*** || -K: ***Ball-, Basketball-, Billard-, Federball-, Fußball-, (Tisch)Tennis-, Volleyball-; Ausscheidungs-, Auswahl-, Entscheidungs-, Ersatz-, Freundschafts-, Meisterschafts-, Qualifikations-; Auswärts-, Heim-; Mannschafts-*** **4** ***die Olympischen Spiele*** ≈ Olympiade **5** der Versuch, durch Glück (viel) Geld zu gewinnen ⟨viel Geld im S. gewinnen, verlieren; dem S. ergeben, verfallen sein⟩ || K-: ***Spiel-, -automat, -kasino, -leidenschaft*** || -K: ***Glücks-, Lotterie-, Lotto-, Roulette-, Vabanque-*** **6** einer der Teile (Abschnitte), aus denen ein ganzes S. (3) besteht (*z.B.* beim Tennis od. Skat): *Beim gestrigen Tennisturnier gewann die Favoritin alle Spiele des ersten Satzes* **7** *Kollekt*; alle Gegenstände (Figuren, Brett, Würfel od. Karten *usw*), die man für ein S. (2) braucht ⟨das S. aufstellen⟩ || K-: ***Spiele-, -sammlung*** || -K: ***Dame-, Domino-, Mühle-, Schach-; Mensch-ärgere-dich-nicht-Spiel*** **8** *nur Sg*; die Art u. Weise, in der *bes* ein Musiker, Schauspieler, Sportler od. e-e Mannschaft spielt ⟨ein raffiniertes, technisch perfektes, offensives, defensives S.⟩ **9** *nur Sg*; e-e Handlungsweise, bei der man nicht an die Folgen denkt ⟨ein gefährliches, gewagtes, frivoles, verwerfliches S.; das S. mit der Liebe; das S. zu weit treiben, sein S. mit j-m / etw. treiben⟩ || -K: ***Intrigen-, Ränke-*** **10** *nur Sg*; Bewegungen, die keinen bestimmten Zweck erkennen lassen ⟨das S. der Wellen; das S. von Licht u. Schatten, das S. der Augen, der Muskeln⟩ || -K: ***Farben-, Mienen-*** **11** *nur Sg*; der kleine Bereich, in dem sich ein (Maschinen)Teil frei bewegen kann, ohne e-e Wirkung zu haben: *die Bremsen nachstellen lassen, weil sie zu viel S. haben* **12** ***ein abgekartetes S.*** e-e Situation, in der Leute so tun, als ob sie etw. entscheiden würden, dieses aber schon vorher entschieden haben || ID ***etw. aufs S. setzen*** riskieren, dass man etw. verliert ⟨sein Leben, seine Gesundheit aufs S. setzen⟩; ***etw. steht auf dem S.*** etw. könnte verloren, zerstört *o.Ä.* werden: *Sei vorsichtig, es steht e-e große Menge Geld auf dem S.*; **(*mit j-m*) *leichtes S. haben*** keine Mühe haben, besser, klüger *o.Ä.* zu sein als ein anderer; ***j-n / etw. aus dem S. lassen*** über j-n / etw. *bes* in e-m Streit nicht sprechen; ***j-n / etw. ins S. bringen*** über j-n / etw. in e-m Streit, in e-r Diskussion zu sprechen beginnen; ***ein S. mit dem Feuer*** ein gefährliches, gewagtes Verhalten

-spiel *das*; *im Subst, begrenzt produktiv*; etw. (ein Stück), das e-m Publikum *bes* im Theater gezeigt wird; das ***Fastnachtsspiel***, das ***Fernsehspiel***, das ***Mysterienspiel***, das ***Passionsspiel***, das ***Puppenspiel***, das ***Weihnachtsspiel***

Spiel·art *die*; eine von mehreren Varianten, in denen etw. vorkommt: *Rockmusik in all ihren Spielarten*

Spiel·ball *der*; **1** e-e Person od. e-e Sache, die von anderen völlig abhängig ist: *zum S. der Mafia werden* **2** der Ball, der in e-m Spiel benutzt wird

Spiel·bank *die*; ein Unternehmen, in dem man Roulette od. andere Glücksspiele spielen kann, um Geld zu gewinnen

spie·len; *spielte, hat gespielt*; [Vt/i] **1** **(*etw.*) *s.*** ein (bestimmtes) Spiel (1,2,3) machen ⟨Fangen, Verstecken, Räuber u. Gendarm s.; Mühle, Dame, Mikado, Karten, Skat, Schafkopf, Schach *usw* s.; beim Spielen schwindeln⟩: *mit Puppen s.*; *mit den Kindern im Garten Federball s.* **2** **(*etw.*) *s.*** etw. (regelmäßig) als Sport od. Hobby tun ⟨Fußball, (Tisch)Tennis, Volleyball, Minigolf s.⟩: *Der Stürmer ist verletzt u. kann heute nicht s.* **3** **(*etw.*) *s.*** Musik machen ⟨ein Instrument s.; Klavier, Geige, Flöte s.; ein Musikstück s.; e-e Sinfonie, ein Lied, e-n Marsch s.⟩ **4** **(*etw.*) *s.*** (beim Roulette, an Automaten *usw*) versuchen, Geld zu gewinnen ⟨Roulette, Lotto, Toto s.; mit hohen Einsätzen s.⟩ || K-: ***spiel-, -süchtig*** **5** **(*j-n / etw.*) *s.*** (als Schauspieler) e-e Person / Rolle in e-m Film od. Theaterstück darstellen ⟨die Hauptrolle, e-e Nebenrolle s.⟩: *in Goethes „Faust" den Mephisto s.*; *Spielt er in diesem Film?*; [Vt] **6** ⟨e-e Theatergruppe *o.Ä.*⟩ ***spielt etw.*** e-e Theatergruppe *o.Ä.* zeigt e-e künstlerische Produktion dem Publikum, führt etw. auf ⟨ein Theaterstück, e-e Oper, ein Musical, e-n Film *usw* s.⟩: *Das Stadttheater spielt diesen Winter „Die Räuber" von Schiller* **7** ***etw. s.*** *oft pej*; so tun, als ob man etw. wäre, was man in Wirklichkeit nicht ist ⟨den Clown, den Boss, die Starke, die Überlegene s.⟩ **8** ***j-n s.*** *gespr*; (für kurze Zeit) e-e bestimmte Aufgabe übernehmen: *die Gastgeberin s.* **9** ***etw. s.*** e-e Schallplatte, Kassette *o.Ä.* laufen lassen, um die Musik zu hören ⟨e-e Platte, e-e Kassette, ein Lied s.⟩ **10** ***etw. s. lassen*** etw. verwenden, um ein Ziel zu erreichen ≈ einsetzen (2) ⟨seine Beziehungen, seinen ganzen Charme s. lassen⟩: *Er ließ alle seine Beziehungen s., um seinem Sohn e-e gute Stellung zu verschaffen*; [Vi] **11** **(*gegen j-n / e-e Mannschaft*)** (+ *Resultat*) ***s.*** ein Match od. ein Spiel (3) machen (u. ein bestimmtes Resultat erreichen): *Stuttgart hat gegen Bremen nur unentschieden gespielt* **12** ***etw. spielt irgendwann / irgendwo*** die Handlung e-s Romans *o.Ä.* findet zu e-r bestimmten Zeit an e-m bestimmten Ort statt: *Schnitzlers Drama „Der Reigen" spielt in Wien / um 1900* **13** ***mit j-m / etw. s.*** j-n / etw. ohne (den nötigen) Respekt behandeln od. benutzen ⟨mit dem Leben, mit j-s Gefühlen s.⟩ **14** ***um etw. s.*** versuchen, in e-m Spiel (2,5) etw. (*bes* Geld) zu gewinnen ⟨um Geld s.; um die Ehre s.⟩ || ID ↑ ***Rolle***[2]

spie·lend **1** *Partizip Präsens*; ↑ ***spielen*** **2** *nur adv*; ohne Mühe ≈ mühelos ↔ schwer ⟨etw. s. (er)lernen, bewältigen, schaffen⟩

Spie·ler *der*; *-s, -*; **1** j-d, der bei e-m Spiel (2,3,5) mitmacht: *E-e Fußballmannschaft besteht aus elf Spie-*

lern || -K: ***Billard-, Fußball-, Karten-, Schach-, Tennis-***; ***National-***; ***Ersatz-, Nachwuchs-*** **2** j-d, der (aus Gewohnheit) spielt (5), um Geld zu gewinnen || -K: ***Gewohnheits-, Lotto-, Glücks-, Roulette-, Toto-*** **3** j-d, der gern Risiken eingeht || *hierzu* **Spie·le·rin** *die*; -, *-nen*

Spie·le·rei *die*; -, *-en*; **1** etw., das man leicht, ohne große Mühe tun kann: *E-n Reifen wechseln. - Das ist doch e-e S.!* **2** *mst pej*; e-e Tätigkeit od. Sache, die man für sinnlos od. überflüssig hält: *E-e Uhr, die auch den Stand des Mondes anzeigt, ist doch reine S.!*

spie·le·risch *Adj*; *nur attr od adv*; **1** wie im Spiel (1) ≈ verspielt: *Der Hund schnappte s. nach meiner Hand* **2** in Bezug auf j-s Spiel (3,8) ⟨j-s Leistung⟩

Spie·ler·na·tur *die* ≈ Spieler (2,5)

Spiel·far·be *die*; eine der vier Serien von Karten beim Kartenspiel. Die Spielfarben sind beim internationalen Kartenspiel *Herz*, *Pik*, *Karo* u. *Kreuz* (*geschr Treff*) u. beim deutschen Kartenspiel *Herz*, *Blatt*, *Eichel u. Schellen*

Spiel·feld *das*; die (genau begrenzte) Fläche, auf der ein sportliches Spiel (3) stattfindet ≈ Spielfläche || NB: ↑ ***Sportplatz***

Spiel·film *der*; ein Film, dessen Handlung erfunden ist u. der zur Unterhaltung dient

Spiel·geld *das*; imitiertes Geld, das in bestimmten Spielen verwendet wird

Spiel·hal·le *die*; ein Raum mit vielen (Spiel)Automaten, an denen man *z.B.* Geld gewinnen kann

Spiel·höl·le *die*; *gespr pej*; ein Ort, an dem *mst* illegal um Geld gespielt wird

bei e-m Spiel (2,3,5) halten muss ⟨die Spielregeln beachten, verletzen⟩ **2** die Regeln für ein Verhalten, das zu e-r bestimmten Situation passt ⟨sich an die Spielregeln halten; gegen die Spielregeln verstoßen⟩: *die S. der internationalen Diplomatie*

Spiel·sa·chen *die*; *Pl* ≈ Spielzeug

Spiel·schul·den *die*; *Pl*; Schulden, die j-d hat, weil er beim Spiel (5) verloren hat

Spiel·stra·ße *die*; e-e Straße, auf der Autos langsam fahren müssen, weil Kinder dort spielen dürfen

Spiel·ver·der·ber *der*; *-s*, -; j-d, der anderen die Freude an etw. nimmt, *bes* weil er nicht mitmacht

Spiel·wa·ren *die*; *Pl*; das Spielzeug, das man im Geschäft kaufen kann || K-: ***Spielwaren-, -geschäft, -händler, -handlung***

Spiel·zeit *die*; *nur Sg*; **1** die Zeit, während der ein Theaterstück, e-e Oper, ein Film *usw* im Programm ist **2** *Sport*; die Zeit, die ein Spiel (3) (normalerweise) dauert

Spiel·zeug *das*; *Kollekt*; Spiele (7), (Stoff)Tiere u. andere Dinge, mit denen Kinder spielen || K-: ***Spielzeug-, -auto, -eisenbahn*** || -K: ***Kinder-***

Spieß[1] *der*; *-es*, *-e*; **1** e-e Stange mit e-m spitzen Ende, auf der man Fleisch (*bes* über e-m Feuer) brät: *e-n Ochsen am S. braten* || -K: ***Brat-*** **2** *hist*; e-e lange Stange mit e-m spitzen Ende, die man als Waffe verwendete || ↑ *Abb. unter* ***Waffen*** || NB: ↑ ***Lanze*** || ID ***den S. umdrehen / umkehren*** *gespr*; dieselben (unangenehmen) Mittel gegen j-n verwenden, die er vorher gegen einen selbst verwendet hat; ***wie am S.*** ⟨brüllen, schreien⟩ *gespr*; sehr laut brüllen, schreien *o.Ä.*

Spielkarten

Spiel·kar·te *die*; e-e Art Karte mit Bildern u. Symbolen, die im Kartenspiel verwendet wird

Spiel·ka·si·no *das* ≈ Spielbank

Spiel·mar·ke *die*; e-e Art Münze aus Plastik, die man *z.B.* beim Roulette statt echten Geldes verwendet ≈ Jeton

Spie·lo·thek *die*; -, *-n* ≈ Spielhalle

Spiel·plan *der*; das Programm (1) e-s Theaters ⟨etw. auf den S. setzen; etw. in den S. aufnehmen⟩

Spiel·platz *der*; ein Platz (*bes* in der Stadt) mit verschiedenen Geräten, auf denen Kinder spielen können || -K: ***Abenteuer-***; ***Kinder-***

Spiel·raum *der*; die Möglichkeit, sich frei zu bewegen, kreativ zu sein od. frei zu entscheiden ⟨genug, wenig, keinen S. haben⟩: *Mein Terminkalender ist so voll, dass ich überhaupt keinen S. mehr habe*

Spiel·re·geln *die*; *Pl*; **1** die Regeln, an die man sich

Spieß[2] *der*; *-es*, *-e*; *Mil gespr*; der Feldwebel (*mst* ein Hauptfeldwebel) in e-r Kompanie, der viele organisatorische Aufgaben hat

Spieß·bür·ger *der*; *pej*; j-d, der ein ruhiges u. sicheres Leben führen möchte, *bes* keine (politischen) Veränderungen will u. immer das tut, was die Gesellschaft für richtig hält || *hierzu* **spieß·bür·ger·lich** *Adj*; **Spieß·bür·ger·lich·keit** *die*; *nur Sg*; **Spieß·bür·ger·tum** *das*; *nur Sg*

spie·ßen; *spießte*, *hat gespießt*; [Vt] ***etw. auf etw.*** (*Akk*) ***s.*** etw. mit e-m spitzen Gegenstand durchbohren u. auf diese Weise festhalten od. befestigen: *ein Fleischstückchen auf die Gabel s.*

Spie·ßer *der*; *-s*, -; *gespr pej* ≈ Spießbürger || K-: ***Spießer-, -moral***

Spieß·ge·sel·le *der*; *pej*; j-d, der e-m anderen bei e-m Delikt hilft ≈ Komplize, Helfershelfer

S

spie·ßig *Adj*; *gespr pej*; wie ein Spießbürger ≈ spießbürgerlich || *hierzu* **Spie·ßig·keit** *die*; *nur Sg*
Spieß·ru·te *die*; *mst in* ***Spießruten laufen*** an vielen Menschen vorbeigehen (müssen), die einen beleidigen, bedrohen *o.Ä.* || *hierzu* **Spieß·ru·ten|lau·fen** *das*; *nur Sg*
Spikes [ʃpaiks, sp-] *die*; *Pl*; die Nägel an Autoreifen od. Schuhen (von Läufern), die verhindern, dass man rutscht || K-: ***Spike(s)-, -reifen***
spil·le·rig *Adj*; *nordd gespr*; dünn u. mit wenig Muskeln ≈ schmächtig
Spi·nat *der*; *-(e)s*; *nur Sg*; ein Gemüse aus breiten grünen Blättern
Spind *der*; *-(e)s, -e*; ein schmaler Schrank für die Kleidung, *bes* in Kasernen
Spin·del *die*; *-, -n*; ein Stab, auf den der Faden gewickelt wird, wenn man aus Wolle Fäden spinnt[1] (1)
spin·del·dürr *Adj*; *ohne Steigerung, gespr* ≈ sehr mager: *spindeldürre Arme*
Spi·nett *das*; *-(e)s, -e*; e-e Art Klavier, das *bes* im 16. u. 17. Jahrhundert verwendet wurde
Spin·ne *die*; *-, -n*; ein kleines Tier mit acht Beinen, das oft Netze macht, um Insekten *o.Ä.* zu fangen ⟨die S. spinnt, webt ihr Netz; die S. lauert, sitzt im Netz⟩ || K-: ***Spinnen-, -netz, -tier***
Spin·ne·feind *nur in* ***j-m S. sein*** *gespr*; j-n überhaupt nicht mögen u. sehr böse auf ihn sein
spin·nen[1]; *spann, hat gesponnen*; Vt/i **1** ***(etw.) s.*** Wolle *o.Ä.* drehen u. so Fäden machen ⟨Wolle, Flachs s.; Garn s.; am Spinnrad s.⟩ || K-: ***Spinn-, -maschine*** **2** ***ein Tier spinnt (etw.)*** *bes* e-e Spinne produziert Fäden u. macht daraus ein Netz ⟨e-e Spinne spinnt ein Netz⟩ || *zu* **1 Spin·ne·rin** *die*; *-, -nen*
spin·nen[2]; *spann, hat gesponnen*; Vi ***j-d spinnt*** *gespr*; j-d tut od. sagt verrückte Dinge: *Du willst auf diesen Berg steigen? Du spinnst wohl!* || *hierzu* **Spin·ner** *der*; *-s, -*; **Spin·ne·rin** *die*; *-, -nen*
Spin·ne·rei[1] *die*; *-, -en*; ein Betrieb, in dem man Wolle *o.Ä.* herstellt || -K: ***Baumwoll-, Flachs-***
Spin·ne·rei[2] *die*; *-, -en*; *gespr pej*; e-e Idee od. Sache, die man für sinnlos u. unvernünftig hält
Spinn·rad *das*; ein Gerät mit e-r Art Rad (2), mit dem man aus Wolle Fäden macht
Spinn·we·be *die*; *-, -n*; ein Spinnennetz od. ein einzelner Faden davon
spin·ti·sie·ren; *spintisierte, hat spintisiert*; Vi ***(über etw. (Akk)) s.*** *gespr pej*; seltsame Gedanken u. Fantasien haben || *hierzu* **Spin·ti·sie·rer** *der*; *-s, -*
Spi·on *der*; *-s, -e*; **1** j-d, der versucht, geheime Informationen (*bes* über e-n Feind od. neue Produkte e-r Firma) zu bekommen ≈ Agent (1) ⟨e-n S. irgendwo einschleusen; e-n S. entlarven, enttarnen⟩ **2** ein Loch in der Wohnungstür, durch das man sieht, wer draußen ist || -K: ***Tür-*** || *zu* **1 Spi·o·nin** *die*; *-, -nen*
Spi·o·na·ge [-ˈnaːʒə] *die*; *-*; *nur Sg*; die Handlungen e-s Spions (1) ⟨S. (be)treiben⟩ || K-: ***Spionage-, -abwehr, -affäre*** || -K: ***Betriebs-, Militär-, Werk-***
Spi·o·na·ge·ring *der*; *Kollekt*; e-e Gruppe von Spionen, die zusammenarbeiten
spi·o·nie·ren; *spionierte, hat spioniert*; Vi **1** als Spion (1) arbeiten **2** ***irgendwo s.*** *pej*; heimlich versuchen, etw. *mst* Neues zu erfahren ≈ schnüffeln: *neugierig in j-s Koffern, in fremden Schubladen s.*
Spi·ra·le *die*; *-, -n*; **1** e-e Linie, die um e-n Punkt herum in immer größer werdenden Kreisen verläuft od. die um e-e Achse herum in immer gleich großen Kreisen in e-e bestimmte Richtung verläuft ⟨etw. verläuft in e-r S.⟩ || K-: ***Spiral-, -windung*** **2** etw. (*z.B.* e-e Feder[3] od. Drähte) mit der Form e-r S. (1): *die S. e-s Tauchsieders, e-s elektrischen Heizofens* || K-: ***Spiral-, -bohrer, -feder*** || -K: ***Heiz-, Kupfer-*** **3** *gespr*; ein Gegenstand, den e-e Frau benutzt, um nicht schwanger zu werden ⟨sich (*Dat*) e-e S. einsetzen lassen⟩ **4** e-e Entwicklung, bei der sich zwei Faktoren, die voneinander abhängen, in die gleiche Richtung bewegen || -K: ***Preis-Lohn-Spirale*** || *zu* **1 spi·ral·för·mig** *Adj*; **spi·ra·lig** *Adj*
Spi·ri·tis·mus *der*; *-*; *nur Sg*; der Glaube an Geister (von Toten) u. daran, dass man mit ihnen Kontakt bekommen kann || *hierzu* **Spi·ri·tist** *der*; *-en, -en*; **spi·ri·tis·tisch** *Adj*
spi·ri·tu·ell *Adj*; *geschr*; **1** ≈ geistig ⟨e-e Entwicklung, das Leben⟩ **2** ≈ religiös, geistlich ⟨ein Lied⟩
Spi·ri·tu·o·se *die*; *-, -n*; *mst Pl*; Getränke, die viel Alkohol enthalten, wie *z.B.* Schnaps, Whisky, Rum (*nicht* Bier u. Wein)
Spi·ri·tus, **Spi·ri·tus** *der*; *-*; *nur Sg*; e-e Flüssigkeit mit 70 - 90 % Alkohol, mit der man *bes* Feuer macht || K-: ***Spiritus-, -kocher*** || -K: ***Brenn-***
Spi·tal *das*; *-s, Spi·tä·ler*; Ⓐ Ⓒⓗ ≈ Krankenhaus
spitz *Adj*; **1** ⟨e-e Ecke, ein Ende, ein Hut, ein Kragen⟩ so (geformt), dass die Seiten an einem Ende immer schmaler werden u. sich in e-m Punkt treffen ↔ rund || ↑ *Abb. unter* ***Winkel*** || K-: ***Spitz-, -bart, -bogen*** **2** so, dass man sich leicht daran verletzen kann ↔ stumpf ⟨ein Bleistift, ein Messer, e-e Nadel, ein Nagel⟩ || ↑ *Abb. unter* ***Eigenschaften*** || -K: ***nadel-*** **3** ⟨e-e Bemerkung⟩ so, dass sie j-n ärgern, treffen soll ≈ bissig **4** *gespr*; mager u. schmal ⟨ein Gesicht⟩
Spitz[1] *der*; *-es, -e*; ein kleiner, *mst* weißer od. schwarzer Hund mit langen Haaren u. spitzer (1) Schnauze || ID ***Du / Mein lieber S.!*** *gespr*; verwendet, um seine (*mst* ärgerliche) Überraschung auszudrücken
Spitz[2] *nur in* ***etw. steht S. auf Knopf*** etw. ist kurz vor e-r Entscheidung, die (mit gleicher Wahrscheinlichkeit) positiv od. negativ sein kann ≈ etw. steht auf des Messers Schneide
spitz·be·kom·men; *bekam spitz, hat spitzbekommen*; Vt ***etw. s.*** *gespr* ≈ erfahren: *Wenn meine Eltern spitzbekommen, dass ich hier bin, dann gibt es Ärger*
Spitz·bu·be *der*; *pej* ≈ Gauner
spitz·bü·bisch *Adj* ≈ verschmitzt ⟨ein Lächeln⟩
spit·ze *Adj*; *indeklinabel, gespr*; sehr gut ≈ klasse, toll: *Sie ist e-e s. Frau*; *Das hast du s. gemacht!* || NB: ↑ ***Spitze***[1] (11)
Spit·ze[1] *die*; *-, -n*; **1** ein spitzes (2) Ende: *ein Messer mit e-r scharfen S.*; *ein Bleistift mit e-r abgebrochenen S.* || -K: ***Bleistift-, Nadel-, Pfeil-, Speer-*** **2** der höchste Punkt von etw., das hoch (u. oft spitz (1)) ist: *die S. des Kirchturms* || -K: ***Baum-, Berg-, Kirchturm-*** || NB: ↑ ***Gipfel, Wipfel, Kuppe*** **3** der äußerste, schmale Teil, an dem etw. aufhört ≈ Ende (4): *Die Blätter der Pflanze sind an den Spitzen ganz braun* || -K: ***Finger-, Nasen-, Zehen-; Schuh-; Land-; Schwanz-; Spargel-*** **4** der vorderste Teil in e-r Reihe: *An der S. des Zuges befinden sich die Wagen der 1. Klasse* **5** der erste u. beste Platz in e-r Reihenfolge (in Bezug auf Erfolg, Leistung, Macht od. Qualität) ≈ Führung (4) ⟨an die S. kommen; an der S. des Feldes, der Läufer liegen; an der S. des Staates, e-s Unternehmens stehen⟩: *Er setzte sich an die S. u. gewann das Rennen*; *An der S. des Konzerns steht ein Generaldirektor* || K-: ***Spitzen-, -position*** || -K: ***Konzern-, Partei-, Tabellen-; Welt-*** **6** ≈ Mundstück || -K: ***Zigaretten-*** **7** der höchste Punkt auf e-r Skala, den etw. (innerhalb e-s bestimmten Zeitraums) erreicht ≈ Gipfel (2): *Die Verkehrsdichte erreicht ihre S. zu Anfang u. Ende der Sommerferien* || K-: ***Spitzen-, -belastung, -geschwindigkeit, -leistung, -wert, -zeit*** || -K: ***Bedarfs-, Belastungs-, Temperatur-, Verbrauchs-, Verkehrs-; Jahres-, Monats-, Wochen-, Tages-*** **8** *gespr* ≈ Höchstgeschwindigkeit: *Sein Auto fährt fast zweihundert (Stundenkilometer) S.* **9** *Sport*;

S

der Spieler (beim Fußball *o.Ä.*), der im Angriff vorn spielt: *Wir spielen heute mit drei Spitzen* || -K: ***Sturm-*** **10** ***e-e S.*** **(*gegen j-n / etw.*)** e-e Bemerkung, mit der man j-n ärgern will ≈ Seitenhieb **11** ***j-d / etw. ist*** **(*einsame, absolute*)** ***S.*** *gespr*; j-d / etw. ist sehr gut || NB: ↑ ***spitze*** || ID *mst* ***Das ist nur die S. des Eisbergs*** das ist nur ein kleiner Teil e-r großen, unangenehmen Sache; ***etw.*** (*Dat*) ***die S. nehmen*** bewirken, dass etw. (*bes* e-e Maßnahme) in seiner Wirkung schwächer od. weniger gefährlich wird; ***etw. auf die S. treiben*** etw. so lange tun, bis es zu e-r negativen Reaktion kommt || NB: ↑ ***Spitzen-***

Spi̤t·ze[2] *die*; -, *-n*; *mst Pl*; ein feines Netz (Gewebe) mit Ornamenten, das *bes* Tischdecken, Kleider u. Blusen als Schmuck ziert ⟨Spitzen häkeln, klöppeln⟩ || K-: ***Spitzen-, -bluse, -deckchen, -häubchen, -klöpplerin, -taschentuch*** || -K: ***Häkel-, Klöppel-, Seiden-***

Spi̤t·zel *der*; *-s*, *-*; *pej*; j-d, der heimlich Informationen zu bekommen versucht, die er an andere weitergibt ⟨als S. für die Polizei tätig sein, arbeiten⟩ || -K: ***Polizei-, Stasi-*** || *hierzu* **spi̤t·zeln** (*hat*) *Vi*

spi̤t·zen; *spitzte, hat gespitzt*; [Vt] **1** ***etw. s.*** etw. (mit e-m Messer *o.Ä.*) spitz (2) machen ≈ anspitzen ⟨e-n Bleistift s.⟩ **2** ***etw. s.*** die Lippen vorschieben u. rund machen, *bes* um zu pfeifen od. um j-n zu küssen ⟨die Lippen, den Mund s.⟩; [Vi] **3** ***irgendwohin s.*** *gespr*; *bes* durch e-e Öffnung blicken ≈ lugen: *durchs Schlüsselloch s.* **4** ***auf etw.*** (*Akk*) ***s.*** *gespr*; hoffen, dass man etw. bekommt: *auf ein Stück Kuchen s.*

Spi̤t·zen- *im Subst, sehr produktiv, gespr*; verwendet, um e-e gute Qualität od. Leistung zu bezeichnen ≈ Super-; das ***Spitzenangebot***, das ***Spitzenauto***, das ***Spitzenessen***, ⟨etw. ist⟩ ***Spitzenklasse***, die ***Spitzenleistung***, die ***Spitzenmannschaft***, die ***Spitzenqualität***, das ***Spitzenprodukt***, das ***Spitzenwetter***, e-e ***Spitzenzeit*** ⟨fahren, laufen⟩

Spi̤t·zen·kraft *die*; j-d, der als Angestellter sehr viel leistet

Spi̤t·zen·rei·ter *der*; der Beste in e-r Tabelle ↔ Schlusslicht (2): *der S. der Fußball-Bundesliga*

Spi̤t·zen·tanz *der*; ein Tanz (beim Ballett), bei dem die Tänzer sich auf Zehenspitzen bewegen

Spi̤t·zer *der*; *-s*, *-*; ein kleines Gerät, mit dem man Bleistifte spitz (2) macht || -K: ***Bleistift-***

spi̤tz·fin·dig *Adj*; *pej*; so (genau), dass unwichtige Details zu stark betont werden ⟨e-e Unterscheidung, e-e Erklärung⟩ || *hierzu* **Spi̤tz·fin·dig·keit** *die*

Spitz·ha·cke *die* ≈ Pickel[2] || ID ***etw. fällt der S. zum Opfer*** ein Haus *o.Ä.* wird abgerissen

spi̤t·zig *Adj*; *veraltend* ≈ spitz (1,2,3)

spi̤tz·krie·gen; *kriegte spitz, hat spitzgekriegt*; [Vt] ***etw. s.*** *gespr* ≈ herausfinden, erfahren

Spi̤tz·maus *die*; ein kleines Tier (ähnlich e-r Maus) mit spitzer Schnauze, das von Insekten lebt

Spi̤tz·na·me *der*; ein Name, den man zum Spaß od. aus Spott bekommt

spi̤tz·win·ke·lig, spi̤tz·wink·lig *Adj*; so, dass alle Winkel kleiner als 90° sind ⟨ein Dreieck⟩

spi̤tz·zün·gig *Adj* ≈ boshaft ⟨e-e Bemerkung⟩ || *hierzu* **Spi̤tz·zün·gig·keit** *die*; *nur Sg*

Spleen [ʃpliːn, sp-] *der*; *-s*, *-s*; e-e seltsame Angewohnheit, Idee *o.Ä.* ≈ Marotte, Schrulle: *Der hat e-n S.!* || *hierzu* **splee̲·nig** *Adj*

Spli̤tt *der*; *-s*; *nur Sg*, *Kollekt*; spitze kleine Steine, die man beim Bauen von Straßen verwendet || -K: ***Roll-***

Spli̤t·ter *der*; *-s*, *-*; ein sehr kleines, spitzes Stück, das von Holz, Metall, Glas *o.Ä.* abgebrochen ist || ↑ *Abb. unter* ***Stück*** || -K: ***Bomben-, Glas-, Granat-, Holz-, Knochen-, Stein-*** || NB: ↑ ***Span***

spli̤t·ter·fa̲·ser|na̤ckt *Adj*; *gespr*; völlig nackt

Spli̤t·ter·grup·pe *die*; e-e kleine Gruppe, die sich von e-r großen (*mst* politischen) Gruppe getrennt hat ⟨e-e radikale S.⟩

spli̤t·tern; *splitterte, ist gesplittert*; [Vi] ***etw. splittert*** etw. bricht auseinander u. bildet dabei Splitter

spli̤t·ter·na̤ckt *Adj*; *ohne Steigerung*, *gespr*; völlig nackt

Spli̤t·ter·par·tei *die*; e-e kleine politische Partei (*mst* eine, die sich von e-r großen getrennt hat)

SPÖ [ɛspeː'|øː] *die*; -; *nur Sg*; (*Abk für* Sozialistische Partei Österreichs) e-e politische Partei in Österreich

Spoi·ler ['ʃpɔylɐ, 'sp-] *der*; *-s*, *-*; e-e Vorrichtung *bes* am Heck e-s Autos, die es beim schnellen Fahren besser zum Boden hin drücken soll || -K: ***Front-, Heck-***

Spon·sor ['ʃpɔnzɐ, 'sp-] *der*; *-s*, *Spon·so̲·ren*; e-e Firma *o.Ä.*, die e-n Sportler, e-e Veranstaltung *usw* mit Geld unterstützt || *hierzu* **spo̤n·sern** (*hat*) *Vt*

Spo̤n·so·ring *das*; *-s*; *nur Sg*; die Unterstützung durch e-n Sponsor || -K: ***Kultur-, Sport-***

spon·ta̲n *Adj*; schnell u. e-m plötzlichen inneren Antrie̲b folgend ≈ impulsiv ⟨ein Entschluss, e-e Reaktion⟩: *j-m s. Hilfe anbieten*; *Er ist nicht s. genug* || *hierzu* **Spon·ta·n(e·)i·tät** [-n(e)i'tɛːt] *die*; -; *nur Sg*

Spo̤n·ti *der*; *-s*, *-s*; *Pol gespr*; ein Mitglied od. Anhänger einer von vielen kleinen politisch linken Gruppen

spo·ra̲·disch *Adj*; *mst adv*; nur manchmal od. an manchen Stellen ≈ selten ⟨etw. tritt (nur) s. auf, kommt (nur) s. vor⟩

Spo̲·re *die*; -, *-n*; *Biol*; **1** der Samen von Pilzen, Algen u. Farnen **2** ≈ Keim[2]: *etw. desinfizieren, um Sporen abzutöten*

Spo̲·ren *Pl*; ↑ ***Spore, Sporn***

Spo̤rn *der*; *-(e)s*, *Spo·ren*; **1** ein Stachel od. ein kleines Rad mit scharfen Spitzen aus Metall am Stiefel e-s Reiters, mit denen er das Pferd antreiben kann **2** der spitze Teil hinten am Fuß e-s Hahns *o.Ä.* || -K: ***Hahnen-*** **3** ***e-m Pferd die Sporen geben*** ein Pferd mit den Sporen (1) stoßen, um es anzutreiben || ID ***seine*** (***ersten***) ***Sporen verdienen*** die ersten Erfolge (*bes* im Beruf) haben

Spo̤rt *der*; *-(e)s*; *nur Sg*; **1** *Kollekt*; Tätigkeiten, die *mst* Kraft u. Geschicklichkeit voraussetzen (wie *z.B.* Turnen, Fußball, Skifahren) u. bei denen man sich oft in Wettkämpfen mit anderen vergleicht ⟨Sport treiben⟩ || K-: ***Sport-, -angler, -art, -artikel, -arzt, -ausrüstung, -berichterstattung, -boot, -dress, -ereignis, -fischer, -flieger, -flugzeug, -gerät, -geschäft, -gewehr, -halle, -hemd, -hose, -journalist, -kamerad, -kleidung, -klub, -meldung, -nachrichten, -reporter, -schuh, -sendung, -stadion, -taucher, -unfall, -veranstaltung, -verletzung, -zentrum***; ***sport-, -begeistert***; ***Sports-, -freund*** || -K: ***Ausgleichs-, Freizeit-, Hochleistungs-, Leistungs-, Wettkampf-*** **2** ein Spiel od. e-e Disziplin, die man als S. (1) betreibt ≈ Sportart: *Fußball ist ein sehr beliebter S.* || -K: ***Massen-, Mode-, Volks-***; ***Ball-, Berg-, Eis-, Kampf-, Kraft-, Motor-, Rad-, Rasen-, Reit-, Schwimm-, Ski-, Wasser-***; ***Winter-*** || NB: Als Plural verwendet man *Sportarten* **3** ein Fach in der Schule, in dem die Kinder Sportarten lernen u. betreiben || K-: ***Sport-, -lehrer, -note, -stunde, -unterricht*** || -K: ***Schul-*** || ID ***sich*** (*Dat*) ***e-n S. daraus machen, etw. zu tun*** *gespr*; etw. (*mst* Negatives) mit viel Spaß u. Ehrgeiz tun: *Er macht sich e-n S. daraus, den Staat um Steuern zu betrügen*

Spo̤rt·ab·zei·chen *das*; ein Abzeichen, das man bekommt, wenn man in verschiedenen Sportarten bestimmte Leistungen erreicht ⟨das S. machen⟩

spọr·teln; *sportelte, hat gesportelt*; [Vi] *gespr*; (zum Vergnügen) Sport treiben

Spọrt·fest *das*; e-e Veranstaltung mit Wettkämpfen in verschiedenen Sportarten (*bes* der Leichtathletik)

Spọrt·geist *der*; *nur Sg*, *veraltend* ≈ Fairness

spor·ti̲v [-f] *Adj* ≈ sportlich (2) ⟨ein Typ⟩

Spọrt·ler *der*; *-s*, *-*; j-d, der regelmäßig Sport treibt ⟨ein S. trainiert⟩ || -K: ***Amateur-, Berufs-, Freizeit-, Profi-*** || *hierzu* **Spọrt·le·rin** *die*; *-*, *-nen*

spọrt·lich *Adj*; **1** *nur attr od adv*; in Bezug auf den Sport (2) ⟨Leistungen, ein Wettkampf; sich s. betätigen⟩ **2** schlank u. gesund ⟨e-e Erscheinung, e-e Figur, ein Typ; s. aussehen⟩ **3** ≈ fair ↔ unsportlich ⟨ein Benehmen, ein Verhalten⟩ **4** einfach u. praktisch, aber trotzdem elegant ≈ flott ⟨Kleidung, e-e Frisur⟩ || K-: ***sportlich-elegant*** || *zu* **2**, **3** u. **4** **Spọrt·lich·keit** *die*; *nur Sg*

Spọrt·platz *der*; ein Platz (der *mst* e-m Sportverein od. zu e-r Schule gehört), auf dem man im Freien Ball spielen u. Leichtathletik treiben kann || NB: ↑ ***Stadion***

Spọrt·stät·te *die*; ein Ort, an dem man Sport treiben kann, *bes* ein Stadion, e-e Sporthalle od. ein Sportplatz

Spọrt·ver·ein *der*; ein Verein für eine od. mehrere Sportarten

Spọrt·wa·gen *der*; **1** ein schnelles Auto (in dem *mst* nur zwei Personen Platz haben) **2** ein Kinderwagen, in dem das Kind sitzt (u. nicht liegt) || ↑ *Abb. unter* ***Kinderwagen***

Spot [spɔt] *der*; *-s*, *-s*; **1** e-e kurze Sendung im Radio od. ein kurzer Film im Fernsehen od. Kino, in denen für ein Produkt Werbung gemacht wird || -K: ***Fernseh-, Rundfunk-, Werbe-*** **2** e-e Lampe, deren Licht auf einen Punkt konzentriert wird || ↑ *Abb. unter* ***Lampe***

Spọtt *der*; *-(e)s*; *nur Sg*; **S.** (***über j-n / etw.***) Worte od. Handlungen, die die Absicht haben, j-s Gefühle zu verletzen, sich über ihn lustig zu machen ≈ Hohn ⟨seinen S. mit j-m treiben; für etw. (Hohn u.) S. ernten⟩ || K-: ***Spott-, -gedicht, -lied*** || ► ***verspotten***, ***Gespött***

spọtt·bịl·lig *Adj*; *ohne Steigerung*, *gespr*; sehr billig ⟨Waren⟩

spọ̈t·teln; *spöttelte, hat gespöttelt*; [Vi] (***über j-n / etw.***) ***s.*** auf subtile Art u. Weise spotten

spọt·ten; *spottete, hat gespottet*; [Vi] (***über j-n / etw.***) ***s.*** j-n (oft vor anderen) bloßstellen, indem man sich *z.B.* über seine Fehler *o.Ä.* lustig macht: *Er spottete über ihre neue Frisur* || *hierzu* **Spọ̈t·ter** *der*; *-s*, *-*

spọ̈t·tisch *Adj*; so, dass damit Spott ausgedrückt wird ⟨e-e Bemerkung, ein Lächeln; j-n s. ansehen⟩

Spọtt·preis *der*; *gespr*; ein sehr niedriger Preis

spra̲ch *Imperfekt, 1. u. 3. Person Sg*; ↑ ***sprechen***

Spra̲·che *die*; *-*, *-n*; **1** ein System von Lauten, von Wörtern u. von Regeln für die Bildung von Sätzen, das man benutzt, um sich mit anderen zu verständigen ⟨e-e afrikanische, germanische, romanische, slawische S.; die deutsche, englische, französische *usw* S.; die geschriebene, gesprochene S.; e-e S. (er)lernen, beherrschen, (fließend) sprechen, verstehen; e-r S. (*Gen*) mächtig sein; etw. aus einer S. in e-e andere übersetzen⟩: *„Wie viele Sprachen sprichst du?“ - „Zwei: Deutsch u. Spanisch“* || K-: ***Sprach-, -beherrschung, -didaktik, -forscher, -genie, -geographie, -geschichte, -grenze, -kenntnisse, -kurs(us), -lehrer, -norm, -studium, -system, -unterricht***; ***sprach-, -begabt***; ***Sprachen-, -institut, -schule, -studium*** || -K: ***Fremd-, Landes-, Mutter-, Zweit-***; ***Hilfs-, Kunst-, Standard-, Umgangs-, Verkehrs-, Vulgär-, Welt-*** **2** *nur Sg*; die Fähigkeit zu sprechen ⟨die menschliche S.⟩: *durch e-n Schock die S. verlieren*; *herausfinden, ob Affen zur S. fähig sind* || K-: ***Sprach-, -fähigkeit, -handlung, -probleme, -störung*** **3** die Variante e-r S. (1), die e-e Gruppe von Menschen spricht ≈ Jargon: *die S. der Diebe, der Jugendlichen, der Juristen* || -K: ***Ganoven-, Gauner-, Jäger-, Kaufmanns-, Rechts-, Soldaten-***; ***Sonder-*** || NB: ↑ ***Dialekt***, ***Mundart*** **4** die spezielle Art, sich auszudrücken ≈ Ausdrucksweise, Stil ⟨e-e gekünstelte, geschraubte, gestelzte, gewählte, gezierte, lebendige, klare, natürliche, schlichte S.⟩ || K-: ***Sprach-, -ebene, -kunst, -register, -schicht, -stil***; ***sprach-, -gewandt*** || -K: ***Bibel-, Dichter-***, **5** ein System von Symbolen, Bewegungen *o.Ä.*, mit dem bestimmte Bedeutungen od. Gefühle ausgedrückt werden ⟨die S. der Kunst, der Musik, der Malerei⟩: *In der S. der Blumen bedeuten rote Rosen „ich liebe dich“* || -K: ***Computer-, Gebärden-, Körper-, Programmier-, Taubstummen-, Tier-, Zeichen-*** **6** ***e-e lebende / tote S.*** e-e S. (1), die heute noch / nicht mehr gesprochen wird: *Latein ist e-e tote S.* || ID ***e-e andere S. sprechen*** e-e andere Einstellung als j-d haben u. sich deshalb schlecht mit ihm verstehen; ***die gleiche / j-s S. sprechen*** die gleiche Einstellung wie j-d haben u. sich deshalb gut mit ihm verstehen; ***etw. spricht e-e andere S.*** etw. drückt etw. völlig anders aus als j-d anderer / etw. anderes: *Die Regierung sagt zwar, der Bevölkerung gehe es gut, aber die Statistik spricht e-e andere S.*; ***etw. spricht e-e eigene S.*** etw. lässt ganz bestimmte Schlüsse, Interpretationen zu; ***etw. spricht e-e deutliche S.*** etw. lässt etw. Negatives deutlich erkennen: *Die neuen Arbeitslosenzahlen sprechen e-e deutliche S.*; ***j-m verschlägt es die S.*** j-d ist so überrascht, dass er nicht mehr weiß, was er sagen soll; ***etw. kommt zur S.*** etw. wird besprochen; ***die S. auf etw.*** (*Akk*) ***bringen***; ***etw. zur S. bringen*** auf ein bestimmtes Thema kommen; ***mit der S. nicht herausrücken / herauswollen*** *gespr*; über etw. nicht sprechen wollen; *mst* ***Raus mit der S.!*** *gespr*; verwendet, um j-n ungeduldig aufzufordern, e-e unangenehme Frage zu beantworten || ► ***sprechen***

spra̲·che *Konjunktiv II, 1. u. 3. Person Sg*; ↑ ***sprechen***

Spra̲ch·er·werb *der*; das Lernen e-r Sprache || -K: ***Erst-, Zweit-***

Spra̲ch·fa·mi·lie *die*; e-e Gruppe von Sprachen, die sich ursprünglich aus einer Sprache entwickelt haben ⟨die indoeuropäische S.⟩

Spra̲ch·feh·ler *der*; *mst in* ***e-n S. haben*** bestimmte Laute nicht od. nur falsch produzieren können

Spra̲ch·füh·rer *der*; ein kleines Buch mit Wörtern u. Sätzen e-r Fremdsprache, die für verschiedene Situationen (*z.B.* im Hotel) wichtig sind

Spra̲ch·ge·brauch *der*; *mst in* ***nach allgemeinem S.*** so, wie man das Wort od. den Ausdruck meistens verwendet

Spra̲ch·ge·fühl *das*; die Fähigkeit zu erkennen, was in e-r Sprache richtig u. angemessen ist

spra̲ch·ge·wal·tig *Adj*; fähig, Texte auf wirkungsvolle Art zu schreiben ⟨ein Dichter, ein Schriftsteller⟩

-spra·chig *im Adj*, *wenig produktiv*; mit / von der genannten Art od. Zahl von Sprachen; ***anderssprachig, fremdsprachig*** ⟨ein Ausdruck, ein Einfluss⟩ ***mehrsprachig*** ⟨ein Buch, e-e Konferenz⟩, ***einsprachig, zweisprachig*** ⟨aufwachsen, erzogen werden⟩ || NB: ↑ ***sprachlich***

Spra̲ch·la·bor *das*; ein Raum, in dem man e-e Sprache mit technischen Geräten (Tonband, Kopfhörern *usw*) lernen kann

Sprach·leh·re *die* ≈ Grammatik (1)
sprach·lich *Adj*; in Bezug auf die Sprache (1,4): *ein Aufsatz mit vielen sprachlichen Fehlern*
sprach·los *Adj*; so schockiert od. beeindruckt, dass man nichts mehr sagen kann ⟨Erstaunen; vor Freude, Schreck, Überraschung s. sein⟩ || *hierzu* **Sprach·lo·sig·keit** *die*; *nur Sg*
Sprach·pfle·ge *die*; der Versuch, bestimmte Normen in e-r Sprache aufrechtzuerhalten || *hierzu* **sprach·pfle·ge·risch** *Adj*
Sprach·raum *der*; das Gebiet, in dem e-e bestimmte Sprache gesprochen wird: *der deutsche S.*
Sprach·rei·se *die*; e-e Reise in ein fremdes Land, die man macht, um dort e-e fremde Sprache zu lernen
Sprach·rohr *das*; *mst in* ***j-s S. sein*** die Meinungen u. Wünsche e-r Person od. Gruppe ausdrücken
Sprach·wis·sen·schaft *die*; die Wissenschaft, die sich mit der Entstehung, dem Aufbau, dem Funktionieren der Sprachen beschäftigt ≈ Linguistik || *hierzu* **Sprach·wis·sen·schaft·ler** *der*; **sprach·wis·sen·schaft·lich** *Adj*
Sprach·zent·rum *das*; der Teil des Gehirns, der bewirkt, dass wir sprechen u. Sprache verstehen können
sprang *Imperfekt, 1. u. 3. Person Sg*; ↑ ***springen***
Spray [ʃpreː, spreː, spreɪ] *das, der*; *-s, -s*; e-e Flüssigkeit in e-r Dose, die in sehr feinen Tropfen in der Luft verteilt wird, wenn man auf e-n Knopf drückt ⟨ein S. versprühen, irgendwohin sprühen⟩ || K-: ***Spray-, -dose*** || -K: ***Deo-, Farb-, Haar-, Insekten-, Lack-*** || *hierzu* **spray·en** *(hat) Vt / i*
Spray·er [ˈʃpreːɐ, ˈsp-] *der*; *-s, -*; j-d, der mit der Spraydose Zeichen, Sprüche od. Bilder *bes* auf Wände u. Mauern malt
Sprech·an·la·ge *die*; ein elektrisches Gerät, durch das man von innerhalb e-s Gebäudes mit j-m sprechen kann, der vor dem Eingang des Hauses steht (u. hereingelassen werden möchte)
Sprech·bla·se *die*; e-e gezeichnete Blase in e-m Comic *o.Ä.*, in der der Text steht, den e-e Figur spricht od. denkt
Sprech·chor *der*; *mst in* ***in Sprechchören*** so, dass mehrere Menschen gleichzeitig das Gleiche rufen u. rhythmisch wiederholen: *Die Demonstranten protestierten in Sprechchören*
spre·chen; *spricht, sprach, hat gesprochen*; [Vi] **1** die Fähigkeit haben, aus einzelnen Lauten Wörter od. Sätze zu bilden ⟨noch nicht, nicht richtig s. (können); s. lernen⟩ || K-: ***Sprech-, -alter, -störung, -übung*** **2** sich sprachlich artikulieren: *Ich konnte vor Aufregung kaum s.* **3** ***irgendwie s.*** sich auf die genannte Art u. Weise artikulieren (können) ⟨(un)deutlich, gestelzt, gewählt, leise, laut s.⟩. *Sie sprach mit hoher / zitternder Stimme*; *Er spricht fast akzentfrei* || K-: ***Sprech-, -stimme, -technik -weise*** **4** ⟨deutsch, englisch *usw*⟩ ***s.*** Worte u. Sätze der genannten Sprache artikulieren: *Hörst du, die Leute am Nebentisch sprechen portugiesisch* || NB: ↑ ***s.*** (18) **5** ***von j-m / etw. s.*** bei e-r Unterhaltung *o.Ä.* j-n / etw. erwähnen: *Wir haben neulich erst von dir gesprochen*; *Er sprach* davon, *wie erfolgreich das vergangene Jahr gewesen sei* **6** ***über j-n / etw. s.*** über j-n / etw. diskutieren: *Sie sprechen nur noch über ihre Arbeit* **7** ***mit j-m*** (***über j-n / etw.***) ***s.*** sich mit j-m (über ein bestimmtes Thema) unterhalten: *Ich habe mit ihm über Ihr Anliegen gesprochen*; *Sie haben schon lange nicht miteinander gesprochen* **8** ***zu j-m*** (***über j-n / etw.*** / *seltener* ***von j-m / etw.***) ***s.*** *mst* vor e-m Publikum *o.Ä.* seine Meinung zu e-m Thema vortragen: *Der Direktor sprach zu den Schülern* darüber, wie *wichtig Disziplin in der Schule sei*; *Er sprach zu ihnen von Glück u. Leid* **9** ***zum Thema ... s.*** über ein bestimmtes Thema e-e Rede halten: *Der Papst sprach zum Thema „Hunger in der Welt"* **10** ***gut / schlecht über j-n / etw. s.*** etw. Positives / Negatives über j-n / etw. sagen **11** ***j-d spricht für j-n*** (*mst Pl*) / ***im Namen*** + *Gen* j-d sagt stellvertretend für andere Leute etw.: *Ich spreche wohl im Namen aller Anwesenden, wenn ich Ihnen für diesen wunderschönen Abend danke* **12** ***etw. spricht für / gegen j-n / etw.*** etw. zeigt j-n / etw. in e-m positiven / negativen Licht: Es *spricht zumindest für ihn*, dass *er sich entschuldigt hat* **13** ***etw. spricht für / gegen j-n / etw.*** etw. deutet auf die Wahrscheinlichkeit / Unwahrscheinlichkeit, dass j-d an etw. teilgenommen hat, dass etw. stimmt *o.Ä.*: *Die Indizien sprechen gegen ihn als Täter*; *Alles spricht* dafür, dass *Thomas Recht hat* **14** ***aus etw. spricht etw.*** an etw. ist etw. (*mst* e-e Emotion) erkennbar: *Aus ihren Augen sprach Verzweiflung* **15** ***etw. spricht für sich*** (***selbst***) etw. lässt nur eine mögliche Interpretation zu: *Es war ein erfolgreiches Jahr. - Die Zahlen sprechen für sich selbst* **16** ***auf j-n / etw. schlecht / nicht gut zu s. sein*** (zurzeit gerade) keine hohe Meinung von j-m / etw. haben **17** ***j-d spricht*** (***zu j-m***) *geschr*; e-e Autoritätsperson *o.Ä.* gibt (j-m) Anweisungen *o.Ä.*: *U. Gott sprach, „Es werde Licht!"*; [Vt] **18** ***etw.*** (***irgendwie***) ***s.*** e-e Sprache verstehen u. in dieser Sprache seine Gedanken in Wörtern u. Sätzen ausdrücken können ⟨Deutsch, Hochdeutsch, Dialekt s.; (fließend, gebrochen, gut, passabel, perfekt) Englisch, Italienisch, Griechisch *usw* s.⟩: *Sie spricht akzentfrei Deutschn* || NB: ↑ ***s.*** (4) **19** ***etw. s.*** Worte, Sätze *o.Ä.* formulieren können: *Das Baby kann schon ein paar Wörter / ganze Sätze s.* **20** ***etw. s.*** ≈ sagen: *Er sprach den ganzen Abend kein Wort* **21** ***j-n s.*** sich mit j-m unterhalten (*mst* über ein Problem *o.Ä.*): *Ich muss Sie unbedingt s.!* **22** ⟨*mst* den Kommentar⟩ ***s.*** seine Meinung zu e-m aktuellen Thema (*mst* im Fernsehen *o.Ä.*) geben **23** ***den Segen s.*** als Priester od. Pfarrer j-n segnen **24** ***ein Urteil s.*** als Richter das Urteil öffentlich verkünden **25** ⟨Personen⟩ ***sprechen sich*** *mst* zwei Personen unterhalten sich über etw.: *Wir haben uns lange nicht mehr gesprochen*; [Vt/i] **26** ***zu j-m*** (***etw.***) ***s.*** j-m etw. sagen: *Der Priester sprach Worte des Trostes zu den Hinterbliebenen* || ID *mst* ***Ich spreche aus Erfahrung*** ich habe das Gleiche schon mal erlebt u. weiß, wovon ich rede; *mst* ***ich bin für niemanden zu s.*** ich möchte nicht gestört werden || ID ↑ ***Band***[2] || ► ***Sprache, gesprächig***
spre·chend **1** *Partizip Präsens*; ↑ ***sprechen*** **2** *Adj*; *nur attr, nicht adv*; ⟨Augen, Blicke, Hände, j-s Mimik⟩ so, dass sie j-s Gedanken, Gefühle *o.Ä.* deutlich zeigen ≈ ausdrucksvoll
Spre·cher *der*; *-s, -*; **1** j-d, der von e-r Gruppe gewählt wurde, um deren Interessen zu vertreten || -K: ***Klassen-, Schüler-*** **2** j-d, der beruflich im Radio od. Fernsehen die Nachrichten liest, Sendungen ansagt *usw* || -K: ***Fernseh-, Nachrichten-, Radio-, Rundfunk-*** **3** j-d, der offizielle Mitteilungen e-r Partei od. Regierung an die Öffentlichkeit weitergibt || -K: ***Fraktions-, Regierungs-*** **4** j-d, der e-e bestimmte Sprache spricht (18) ⟨ein fremdsprachlicher, muttersprachlicher S.⟩ || *hierzu* **Spre·che·rin** *die*; *-, -nen*
Sprech·funk *der*; ein Gerät, mit dem man (ohne Kabel) über e-e bestimmte Entfernung mit anderen sprechen kann || K-: ***Sprechfunk-, -gerät***
Sprech·mu·schel *die*; der Teil des (Telefon)Hörers, den man an den Mund hält ↔ Hörmuschel
Sprech·stun·de *die*; e-e bestimmte Zeit, in der man *z.B.* zu e-m Arzt, zu e-m Lehrer *o.Ä.* gehen kann, um sich e-n Rat zu holen od. um Fragen zu stellen ⟨S. haben; e-e S. abhalten; zu j-m in

die S. gehen⟩ ‖ -K: ***Eltern-***; ***Vormittags-, Nachmittags-***

Sprech·stun·den|hil·fe *die*; e-e Frau, die beruflich e-m Arzt (*bes* in der Sprechstunde) hilft

Sprech·zim·mer *das*; ein Zimmer, in dem ein Arzt seine Sprechstunde hat

Sprei·ßel *der*; *-s, -; südd* Ⓐ *gespr* ≈ Splitter, Span

sprei·zen; *spreizte, hat gespreizt*; [Vt] ⟨die Arme, die Beine *o.Ä.*⟩ ***s.*** die Arme, Beine *o.Ä.* (so weit wie möglich) auseinander strecken: *Ein Vogel spreizt die Flügel*

Spreiz·fuß *der*; *-es, Spreiz·fü·ße*; *mst Pl*; ein Fuß, bei dem die großen Zehen nach außen zeigen

Spren·gel *der*; *-s, -*; ein Gebiet, das ein Pfarrer betreut ‖ -K: ***Pfarr-***

spren·gen[1]; *sprengte, hat gesprengt*; [Vt/i] **1** ***(etw.) s.*** etw. durch e-e Explosion zerstören ⟨e-e Brücke, e-n Felsen, ein Haus s.⟩ ‖ K-: ***Spreng-, -kapsel, -kommando, -körper, -kraft, -ladung, -satz, -trupp***; [Vt] **2** ***etw. durch, in etw.*** (*Akk*) ***s.*** durch gezielte Explosionen Teile von etw. zerstören, um Platz für etw. zu schaffen: *e-n Tunnel durch e-n Berg s.* **3** ***etw. sprengt etw.*** etw. zerstört etw. durch starken Druck von innen, lässt es platzen: *Das Bier ist in der Flasche gefroren u. hat sie gesprengt* **4** ***e-e Versammlung, e-e Veranstaltung s.*** e-e Veranstaltung so stören, dass sie abgebrochen werden muss **5** ***etw. sprengt den Rahmen*** etw. ist zu umfangreich, etw. geht zu weit für den vorgesehenen Rahmen (e-s Aufsatzes, e-r Rede *o.Ä.*) ‖ *zu* **1 Spren·gung** *die*

spren·gen[2]; *sprengte, hat gesprengt*; [Vt] **1** ***etw. irgendwohin s.*** Wasser in kleinen Tropfen verteilen: *Wasser auf die Wäsche, den Rasen s.* **2** ***etw. s.*** etw. nass machen, indem man Wasser darauf sprengt[2] (1) ⟨den Garten, den Rasen s.⟩

spren·gen[3]; *sprengte, ist gesprengt*; [Vi] ***j-d sprengt irgendwohin*** j-d reitet sehr schnell irgendwohin

Spreng·stoff *der*; e-e Substanz (*z.B.* Dynamit, Nitroglyzerin), mit der man e-e Explosion machen kann ‖ K-: ***Sprengstoff-, -anschlag***

Spren·kel *der*; *-s, -*; ein kleiner (Farb)Fleck ‖ *hierzu* **spren·ke·lig** *Adj* ‖ ► ***gesprenkelt***

Spreu *die*; *-*; *nur Sg*; die Halme, Hüllen, Abfälle vom Getreide ‖ ID ***die S. vom Weizen trennen*** Schlechtes vom Guten trennen

sprich *Adv*; verwendet, um e-e genauere od. einfachere Formulierung anzuschließen ≈ nämlich: *die Risikofaktoren des Herzinfarkts, s. falsche Ernährung, Stress u. Übergewicht*

spricht *Präsens, 3. Person Sg*; ↑ ***sprechen***

S

Sprich·wort *das*; *-(e)s, Sprich·wör·ter*; ein bekannter Satz, den man gern als Rat od. allgemeine Erfahrung zitiert, wie *z.B.* „*Man soll den Tag nicht vor dem Abend loben*" ‖ NB: ↑ ***Redewendung***

sprich·wört·lich *Adj*; **1** *nur attr, nicht adv*; wie ein Sprichwort verwendet ⟨e-e Redensart, e-e Wendung⟩ **2** *nur attr, nicht adv*; wie es im Sprichwort vorkommt: *Das war der sprichwörtliche Wink mit dem Zaunpfahl* **3** *nicht adv*; allgemein bekannt: *Ihr Glück, Pech, Geiz ist (fast) schon s.*

sprie·ßen; *spross, ist gesprossen*; [Vi] ***etw. sprießt*** etw. fängt an zu wachsen ⟨ein Bart; die Saat, das Gras, Blumen⟩ ‖ NB: ↑ ***keimen***

Spring·brun·nen *der*; ein Brunnen (der als Schmuck dient), bei dem das Wasser in die Höhe gespritzt wird

sprin·gen[1]; *sprang, ist / hat gesprungen*; [Vi] *(ist)* **1** sich mit einem od. mit beiden Beinen kräftig vom Boden abstoßen, sodass man sich durch die Luft bewegt ⟨hoch, weit s. können; mit Anlauf, aus dem Stand s.; in die Höhe, in die Luft, zur Seite s.⟩: *aus e-m fahrenden Zug s.*; *Das Pferd sprang mühelos über den Graben* **2** ***irgendwohin s.*** sich fortbewegen, indem man springt[1] (1): *Der Hund sprang aufgeregt durch den Garten* **3** ⟨aus dem Bett, auf die Beine / Füße⟩ ***s.*** mit Schwung aufstehen **4** ***etw. springt irgendwohin*** etw. wird mit Schwung durch die Luft geschleudert: *Der Ball springt in die Luft, gegen die Wand* **5** ***(von etw.) zu etw. s.*** schnell u. plötzlich das Thema wechseln: *von einem Thema zum nächsten s.*; **6** ***etw. springt (von etw.) auf etw.*** (*Akk*) etw. wechselt schnell u. plötzlich seine Position, seinen Zustand *o.Ä.*: *Die Ampel springt (von Grün) auf Gelb*; *Der Zeiger springt auf die nächste Zahl* **7** ***(irgendwohin) s.*** *südd* Ⓐ Ⓒⓗ schnell irgendwohin gehen, sich beeilen: *noch schnell zum Metzger s.* **8** (bei Brettspielen) e-e Figur über ein od. mehrere Felder hinweg auf ein Feld setzen; [Vt] *(hat / ist)* **9** ***etw. s.*** e-e Übung ausführen, indem man springt[1] (1) ⟨e-n Salto, e-e Schraube s.⟩ ‖ ID ***etw. s. lassen*** *gespr* ≈ spendieren ‖ ► ***Sprung***[1]

sprin·gen[2]; *sprang, ist gesprungen*; [Vi] ***etw. springt*** etw. zerfällt (durch Einwirkung von außen, *z.B.* starken Druck, Stöße, Hitze, Kälte) in zwei od. mehrere Teile od. bekommt Risse ⟨Glas, das Eis; j-s Lippen, e-e Saite⟩: *Die Vase ist gesprungen*; *Bei starken Temperaturänderungen springt der Straßenbelag* ‖ ► ***Sprung***[2]

Sprin·ger *der*; *-s, -*; **1** ein Sportler, dessen Sprünge den Regeln e-r bestimmten Disziplin folgen ‖ -K: ***Hoch-, Weit-***; ***Fallschirm-, Kunst-, Ski-*** **2** e-e Schachfigur, die ein Feld in gerader u. anschließend ein Feld in schräger Richtung bewegt werden kann ≈ Pferd (3) ‖ ↑ *Abb. unter* ***Schachfiguren*** **3** j-d, der in e-r Firma an ganz verschiedenen Arbeitsplätzen eingesetzt wird ⟨als S. arbeiten⟩ ‖ *zu* **1** u. **3 Sprin·ge·rin** *die*; *-, -nen*

Spring·flut *die*; das schnelle u. starke Steigen des Meeres bei Vollmond od. Neumond

Spring·rei·ten *das*; *-s*; *nur Sg*, *Sport*; ein Wettkampf, bei dem man mit dem Pferd über Hindernisse springt ‖ *hierzu* **Spring·rei·ter** *der*; **Spring·rei·te·rin** *die*

Spring·seil *das*; ein Seil mit Griffen an beiden Enden zum Seilspringen

Sprint *der*; *-s, -s*; *Sport*; **1** ein schnelles Rennen über e-e ziemlich kurze Strecke **2** das Beschleunigen u. Laufen mit sehr hoher Geschwindigkeit, *mst* kurz vor dem Ziel ⟨e-n S. einlegen⟩ ‖ *hierzu* **sprin·ten** *(ist) Vi*; **Sprin·ter** *der*; *-s, -*; **Sprin·te·rin** *die*; *-, -nen*

Sprit *der*; *-s*; *nur Sg*, *gespr* ≈ Benzin, Treibstoff

Sprit·ze *die*; *-, -n*; **1** ein kleines Instrument, dessen Röhre man *mst* mit e-m flüssigen Medikament füllt, das durch e-e dünne, hohle Nadel in den Körper gedrückt wird ⟨e-e S. aufziehen (= mit e-m Medikament füllen)⟩ ‖ -K: ***Injektions-*** **2** das Zuführen e-s Medikaments durch e-e S. (1) in j-s Körper ≈ Injektion ⟨j-m e-e S. (in den Arm, in die Vene) geben, verabreichen; e-e S. bekommen⟩ ‖ -K: ***Beruhigungs-, Betäubungs-, Penizillin-, Tetanus-*** **3** ein Gerät, mit dem man Flüssigkeiten *o.Ä.* irgendwohin spritzen[1] (2) kann ‖ -K: ***Blumen-, Garnier-, Teig-, Torten-, Wasser-*** **4** ein Gerät mit e-m langen Schlauch, mit dem die Feuerwehr Wasser ins Feuer spritzt ⟨an der S. stehen; die S. auf etw. richten⟩ ‖ K-: ***Spritzen-, -haus, -wagen*** ‖

Spritze

-K: ***Feuer-*** || ID ***an der S. hängen*** *gespr*; von Heroin abhängig sein

sprịt·zen[1]; *spritzte, hat / ist gespritzt*; [Vt/i] *(hat)* **1** ***(etw.) irgendwohin s.*** Flüssigkeit in Tropfen durch die Luft bewegen: *j-m / sich Wasser ins Gesicht s.*; *sich beim Malen Farbe aufs Hemd s.* || NB: ↑ ***sprengen***[2] **2** ***(etw.) (irgendwohin) s.*** e-e Flüssigkeit *o.Ä.* so durch e-e enge Öffnung pressen, dass sie ihr Ziel schnell u. in Form e-s Strahls erreicht: *Wasser ins Feuer s.* || NB: ↑ ***sprühen*** (1) || K-: ***Spritz-, -beutel, -flasche, -gerät, -pistole*** **3** ***(etw.) (gegen etw.) s.*** Gift (*z.B.* gegen Ungeziefer) auf Pflanzen sprühen ⟨Felder, Obstbäume, Rosen s.; mit Pflanzenschutzmitteln, Insektenvertilgungsmitteln s.; gegen Schädlinge, Unkraut s.⟩: *Die Äpfel sind nicht gespritzt. - Die Schale kann man ruhig mitessen*; [Vt] *(hat)* **4** ***j-n nass s.*** j-n nass machen: *durch e-e Pfütze fahren u. Fußgänger nass s.* **5** ***etw.*** (+ *Adj* +) ***s.*** etw. mit Farbe, Lack bedecken, indem man spritzt[1] (2) ⟨ein Auto, die Heizkörper s.⟩: *das Auto grün s.* || K-: ***Spritz-, -lack, -lackierung***; [Vi] **6** ***(mit etw.) s.*** *(hat)* aus Unachtsamkeit Flüssigkeit in Tropfen durch die Luft bewegen, sodass etw. verschmutzt wird ⟨mit Wasser, Farbe s.⟩ **7** ***etw. spritzt*** *(hat)*; ***etw. spritzt irgendwohin*** *(ist)* etw. fliegt in vielen kleinen Tropfen durch die Luft ⟨Wasser, heißes Fett⟩ || NB: ↑ ***sprühen*** (3); [Vimp] *(hat)* **8** ***es spritzt*** e-e Flüssigkeit spritzt[1] (7): *Es spritzte, als er das Steak in die Pfanne legte*

sprịt·zen[2]; *spritzte, hat gespritzt*; [Vt/i] **1** ***((j-m) etw.) (irgendwohin) s.*** ein Medikament *o.Ä.* mit e-r Spritze (1) in j-s Körper bringen ≈ etw. injizieren ⟨(j-m) ein Beruhigungsmittel, Betäubungsmittel, Schmerzmittel (in den Arm, das Gesäß, die Vene) s.; sich (*Dat*) Heroin, Insulin s.⟩: *Der Zuckerkranke spritzt täglich (Insulin)*; [Vt] **2** ***j-n / sich s.*** *gespr*; j-m / sich etw. s.[2] (1): *Er ist zuckerkrank u. muss sich täglich s.*

Sprịt·zer *der*; *-s, -*; etwas Flüssigkeit, die irgendwohin spritzt[1] (7) od. gespritzt wird: *ein paar Spritzer Parfüm, Spülmittel, Wasser*; *Nach der Fahrt durch den Matsch war das Auto voller Spritzer* || -K: ***Blut-, Parfüm-, Wasser-***

Sprịtz·ge·bäck *das*; Gebäck, dessen Teig durch e-e Spritze (3) gepresst wird u. dadurch e-e bestimmte Form bekommt

sprịt·zig *Adj*; **1** schwungvoll u. unterhaltsam ≈ flott ⟨e-e Komödie, e-e Rede⟩ **2** leicht u. erfrischend ⟨ein Wein⟩ || *hierzu* **Sprịt·zig·keit** *die*; *nur Sg*

Sprịtz·tour *die*; *gespr*; ein kurzer Ausflug *mst* mit dem Auto, den man zum Vergnügen macht

sprö̲·de *Adj*; **1** ⟨ein Kunststoff, ein Material⟩ so (unbiegsam), dass sie leicht zerbrechen ↔ biegsam, geschmeidig **2** trocken u. voller Risse ⟨Haut⟩ **3** ≈ rau ⟨e-e Stimme⟩ **4** nicht bereit, mit Männern in Kontakt zu kommen ≈ abweisend ⟨ein Mädchen⟩ || *hierzu* **Sprö̲·dig·keit** *die*; *nur Sg*

spross *Imperfekt, 3. Person Sg*; ↑ ***sprießen***

Sprọss *der*; *-es, -e*; **1** ein neuer Teil (Trieb), der aus e-r Pflanze od. aus e-m Samen wächst ⟨etw. treibt e-n S.⟩ **2** *nur Sg*; ***der letzte S.*** das letzte, einzige Kind *mst* e-r adligen Familie

Sprọs·se *die*; *-, -n*; eine der waagrechten Stangen e-r Leiter || ↑ *Abb. unter* ***Leiter*** || -K: ***Leiter-***

Sprọs·sen·wand *die*; e-e Art breite Leiter, die senkrecht an e-r Wand befestigt ist u. an der man gymnastische Übungen macht

Sprọ̈ss·ling *der*; *-s, -e*; *gespr hum*; j-s Sohn

Sprọt·te *die*; *-, -n*; ein kleiner (Meeres)Fisch, den man geräuchert isst

Sprụch *der*; *-(e)s, Sprü·che*; **1** ein Satz (oft mit e-m Reim), den man sich gut merken kann u. der e-e allgemeine Regel, e-n Wunsch od. e-e Erfahrung ausdrückt ⟨ein alter, weiser S.; e-n S. lernen, aufsagen, beherzigen⟩: *„Aus Schaden wird man klug" ist ein weiser S.* || K-: ***Spruch-, -weisheit*** || -K: ***Leit-, Merk-, Trink-, Werbe-***; ***Bauern-, Bibel-, Grab-, Kalender-, Tisch-, Zauber-*** **2** das Urteil, das ein Richter *o.Ä.* spricht || -K: ***Frei-, Schuld-***; ***Rechts-, Urteils-***; ***Richter-, Schieds-*** || ID ***Sprüche machen / klopfen*** *gespr pej* ≈ prahlen; *mst* ***Das sind doch nur Sprüche!*** *gespr pej*; was j-d sagt, hat nichts zu bedeuten; ***seinen S. / sein Sprüchlein aufsagen, herunterleiern, herbeten*** *gespr*; etw. in ähnlichen Situationen immer wieder mit den gleichen Worten sagen

Sprụch·band *das*; ein Band aus Papier od. Stoff mit e-r Parole ≈ Transparent

sprụch·reif *Adj*; *mst präd, nicht adv*; so (geplant), dass bald darüber entschieden werden kann ⟨e-e Angelegenheit, e-e Sache⟩

Spru̲·del *der*; *-s, -*; Mineralwasser (Ⓐ auch Limonade) mit Kohlensäure ⟨saurer, süßer S.; S. mit / ohne Geschmack⟩ || K-: ***Sprudel-, -wasser***

spru̲·deln; *sprudelte, hat / ist gesprudelt*; [Vi] **1** ***etw. sprudelt*** *(hat)*; ***etw. sprudelt irgendwohin*** *(ist)* e-e Flüssigkeit bewegt sich so, dass es Bläschen od. Schaum gibt ⟨ein Bach, e-e Quelle; Limonade, Sekt, kochendes Wasser⟩: *Frisches Wasser ist aus dem Felsspalt gesprudelt* **2** ***etw. sprudelt über j-s Lippen*** (*Akk*) j-d spricht vor Aufregung, Begeisterung *o.Ä.* sehr schnell u. viel

spru̲·delnd **1** *Partizip Präsens*; ↑ ***sprudeln*** **2** *Adj* ≈ lebhaft ⟨e-e Fantasie, j-s Gedanken⟩

sprü·hen [ˈʃpryːən]; *sprühte, hat / ist gesprüht*; [Vt] *(hat)* **1** ***etw. irgendwohin s.*** e-e Flüssigkeit durch e-e enge Öffnung pressen, sodass sie sich in sehr kleine Tropfen verteilt ≈ sprayen: *Lack auf ein Auto s.*; *Wasser, Gift auf die Blätter e-r Pflanze s.* || NB: spritzen[1] (2) || K-: ***Sprüh-, -dose, -flasche*** **2** ***etw. sprüht Funken*** etw. wirft Funken durch die Luft ⟨ein Feuer⟩; [Vi] **3** ***etw. sprüht*** *(hat)*; ***etw. sprüht irgendwohin*** *(ist)* etw. fliegt in sehr kleinen Tropfen od. als Funken durch die Luft ⟨die Gischt, das Wasser; Funken⟩ || K-: ***Sprüh-, -regen*** || NB: ↑ ***spritzen***[1] (7) **4** ***vor etw. s.*** *(hat)* in guter Stimmung u. deswegen lebhaft, witzig *usw* sein ⟨vor Geist, Ideen, Temperament, Witz (nur so) s.⟩

Sprụng[1] *der*; *-(e)s, Sprün·ge*; **1** e-e Bewegung, bei der j-d springt[1] (1,2) ⟨ein hoher, weiter S.; e-n S. machen, tun; ein Hindernis mit e-m / im S. nehmen; zum S. ansetzen⟩: *ein S. in die Luft, zur Seite*; *ein S. aus zwei Metern Höhe, von fünf Meter Weite*; *ein S. aus dem Fenster, vom Dach, ins Wasser, über den Graben* || K-: ***Sprung-, -höhe, -weite*** || -K: ***Freuden-, Hecht-, Luft-, Start-, Todes-*** **2** ein plötzlicher Wechsel: *Er wäre gerne Musiker geworden, aber er hat den S. nie gewagt* || -K: ***Entwicklungs-, Gedanken-*** || ID ***keine großen Sprünge machen können*** *gespr*; wenig Geld haben; ***ein S. ins kalte Wasser*** ein neuer Anfang, auf den man sich nicht vorbereitet hat u. zu dem man Mut braucht; ***nur e-n S.*** *gespr*; nicht weit ⟨etw. ist nur e-n S. von irgendwo entfernt⟩; ***auf e-n S.*** *gespr*; für kurze Zeit ⟨auf e-n S. irgendwohin gehen, bei j-m vorbeikommen / -schauen⟩; ***auf dem S. sein*** *gespr*; in Eile sein, keine Zeit haben; ***j-m auf die Sprünge helfen*** *gespr*; j-m e-n Hinweis, e-n Tipp geben, damit er dann allein weitermachen kann; *mst* ***Dir werde ich auf die Sprünge helfen!*** *gespr*; verwendet, um j-m zu drohen, damit er tut, was man von ihm will

Sprụng[2] *der*; *-(e)s, Sprün·ge*; ein sehr dünner Riss in e-m harten Material, wie Holz, Glas od. Porzellan ⟨etw. bekommt, hat e-n S.⟩ || ID *mst* ***Der / Die hat ja e-n S. in der Schüssel!*** *gespr*; verwendet, um aus-

S

zudrücken, dass j-d verrückt ist ≈ er / sie spinnt wohl!

-sprung *der; im Subst, nur Sg, nicht produktiv;* verwendet, um Disziplinen der Leichtathletik zu bezeichnen, bei denen man springt; ***Dreisprung, Hochsprung, Stabhochsprung, Weitsprung***

Sprung·be·cken *das;* ein (tiefes) Becken in e-m Schwimmbad, in das man von e-m Sprungturm springt

Sprung·bein *das; nur Sg, Sport;* das Bein, mit dem man sich beim Springen abstößt

Sprung·brett *das;* **1** ein biegsames Brett, von dem man mit viel Schwung ins Wasser od. über ein Turngerät springen kann **2** ***ein S. für etw.*** e-e günstige Position, um in Zukunft etw. zu erreichen: *e-e Tätigkeit als S. für die Karriere ansehen*

Sprung·fe·der *die;* e-e Feder in der Form e-r Spirale (in Sesseln, Sofas u. Matratzen) || K-: ***Sprungfeder-, -matratze***

Sprung·ge·lenk *das;* das Gelenk zwischen Bein u. Fuß

sprung·haft *Adj;* **1** unfähig, sich lange mit etw. zu beschäftigen, e-n Gedanken logisch zu Ende zu denken *o.Ä.* ⟨ein Mensch, ein Charakter, ein Wesen⟩ **2** plötzlich u. schnell ⟨ein Anstieg, e-e Entwicklung⟩ || *hierzu* **Sprung·haf·tig·keit** *die; nur Sg*

Sprung·schan·ze *die;* e-e Art von künstlichem steilem Hügel, von dem aus Skispringer (nach e-m Anlauf) durch die Luft gleiten

Sprung·seil *das* ≈ Springseil

Sprung·tuch *das;* ein festes Tuch, das Feuerwehrleute festhalten, u. in das man aus e-m brennenden Haus springen kann, ohne sich zu verletzen

Sprung·turm *der;* e-e Konstruktion aus mehreren Sprungbrettern übereinander in e-m Schwimmbad

SPS [ɛspeː'|ɛs] *die; -; nur Sg;* (*Abk für* Sozialdemokratische Partei der Schweiz) e-e politische Partei in der Schweiz

Spu·cke *die; -; nur Sg; gespr* ≈ Speichel || ID ***j-m bleibt die S. weg*** *gespr;* j-d kann vor Überraschung nichts sagen

spu·cken; *spuckte, hat gespuckt;* [Vt/i] **1** **(*etw.*) (*irgendwohin*) *s.*** etw. (*bes* Speichel) mit Druck durch fast geschlossene Lippen irgendwohin fliegen lassen ⟨sich (*Dat*) in die Hände s.; j-m ins Gesicht s.⟩: *Kirschkerne auf den Boden s.* || K-: ***Spuck-, -napf*** **2** **(*etw.*) *s.*** *gespr* ≈ erbrechen, speien (1) ⟨Blut, Galle s.; s. müssen⟩; [Vi] **3** ***nach j-m / etw. s.*** s. (1) u. dabei versuchen, j-n / etw. zu treffen **4** ⟨der Motor⟩ ***spuckt*** *gespr;* der Motor *mst* e-s Autos funktioniert nicht richtig, nur ruckartig

Spuk *der; -(e)s; nur Sg;* das Erscheinen e-s Geistes od. Gespenstes ⟨ein geheimnisvoller, mitternächtlicher S.⟩: *Gespenster treiben ihren S.* || K-: ***Spuk-, -geschichte, -gestalt, -schloss*** || *hierzu* **spuk·haft** *Adj*

spu·ken; *spukte, hat gespukt;* [Vimp] **1** ***irgendwo spukt es*** an e-m Ort erscheinen Geister, Gespenster; [Vi] **2** ***j-d spukt irgendwo*** der Geist e-s Verstorbenen geht nachts irgendwo umher **3** ⟨e-e Idee, ein Gedanke *o.Ä.*⟩ ***spukt in j-s Kopf*** (*Dat*) *gespr;* j-d muss immer wieder an etw. denken: *Diese absurde Hoffnung spukt immer noch in seinem Kopf*

Spu·le *die; -, -n;* **1** e-e Art Rad od. Rolle, um die man e-n Faden, e-n Draht, ein Tonband od. e-n Film *o.Ä.* wickelt ⟨etw. auf e-e / von e-r S. wickeln⟩: *e-e neue S. in den Filmprojektor einlegen* || -K: ***Draht-, Film-, Garn-, Tonband-*** **2** *Elektr;* ein langer, dünner (Kupfer)Draht, der in vielen Windungen um e-e S. (1) gewickelt ist u. durch den elektrischer Strom fließt || -K: ***Magnet-***

Spü·le *die; -, -n;* ein Möbelstück für die Küche mit einem od. zwei Becken, in denen man Geschirr spült

spu·len; *spulte, hat gespult;* [Vt] **1** ***etw. auf etw.*** (*Akk*) ***s.*** etw. auf e-e Spule (1) wickeln **2** ***etw. von etw. s.*** etw. von e-r Spule (1) wickeln

spü·len; *spülte, hat gespült;* [Vt/i] **1** **(*etw.*) *s.*** Teller, Töpfe, Besteck *usw* sauber machen ≈ abwaschen ⟨Geschirr, Gläser s.⟩: *Wir teilen uns die Arbeit. - Ich spüle, u. du trocknest ab* || K-: ***Spül-, -becken, -bürste, -maschine, -mittel, -tuch, -wasser*** **2** **(*etw.*) *s.*** etw. nach dem Waschen in Wasser bewegen, um die Seife od. das Waschmittel davon zu entfernen: *e-n Pullover in / mit klarem Wasser s.; Die Waschmaschine ist bald fertig, sie spült schon* || K-: ***Spül-, -gang*** **3** **(*etw.*) *s.*** etw. mit Wasser *o.Ä.* von Schmutz, Blut *usw* befreien ≈ auswaschen ⟨die Augen, e-e eitrige Wunde s.⟩: *beim Zahnarzt den Mund s.; nach dem Bohren (das Blut aus dem Mund) s.;* [Vt] **4** ***etw. spült j-n / etw. irgendwohin*** Wassermassen bewegen j-n / etw. irgendwohin: *Die Strömung spülte das Holz ans Ufer;* [Vi] **5** e-n Hebel bewegen *o.Ä.*, damit Wasser die Toilette reinigt

Spü·lung *die; -, en;* **1** das Spülen (3) **2** e-e Art Reinigung (mit e-r Flüssigkeit) *mst* von Organen des Körpers || -K: ***Darm-, Magen-, Nasen-, Scheiden-*** **3** ein Gerät mit e-m Behälter voll Wasser, mit dem man e-e Toilette nach dem Benutzen reinigt || -K: ***Klo-, Toiletten-, Wasser-***

Spul·wurm *der;* ein Wurm, der im Darm von Menschen u. Tieren als Parasit lebt

Spund[1] *der; -(e)s, -e / Spün·de;* ein kleiner Stab aus Holz od. Metall, mit dem man das Loch an e-m Bierfass, Weinfass *o.Ä.* verschließt ⟨e-n S. einschlagen⟩ || K-: ***Spund-, -hahn, -loch***

Spund[2] *der; -(e)s, Spun·de; mst in* ***ein junger S.*** *gespr;* ein junger, unerfahrener Mann

Spur[1] *die; -, -en;* **1** das, was man *bes* auf weichem Boden sieht, wenn j-d darauf geht od. fährt ⟨Spuren im Schnee, im Sand; Spuren hinterlassen, suchen; e-r S. folgen; der Wind verweht die Spuren⟩: *Der Jäger verfolgte die S., die der Hase im Schnee hinterlassen hatte* || K-: ***Spuren-, -suche*** || -K: ***Fuß-, Reifen-; Schleif-; Fuchs-, Hasen-, Reh-, Tier-*** **2** die Zeichen (*z.B.* Schmutz od. Bluttropfen), an denen man erkennen kann, dass j-d irgendwo war od. dass etw. Besonderes geschehen ist ⟨deutliche Spuren hinterlassen; Spuren sichern, verwischen⟩: *Der Einbrecher zog Handschuhe an, um keine Spuren zu hinterlassen* || K-: ***Spuren-, -sicherung*** || -K: ***Blut-, Brems-, Kratz-, Öl-, Schmutz-*** **3** die Zeichen, die helfen, *bes* e-n Verbrecher od. etw. Verschwundenes zu finden ⟨j-s S. führt irgendwohin; j-s S. irgendwohin verfolgen; e-m Verbrecher, e-m Betrug, e-m Verbrechen auf die S. kommen (= ermitteln); e-m Verbrecher auf der S. sein / bleiben (= hinter ihm her sein / bleiben); von j-m / etw. fehlt jede S. (= er / es ist verschwunden)⟩: *Die S. der Juwelendiebe führt nach Italien* **4** *nur Pl;* die Folgen, die ein Ereignis *o.Ä.* für das spätere Verhalten od. die Entwicklung e-s Menschen hat: *Ihre schwere Kindheit hat Spuren in ihrem Charakter hinterlassen* **5** e-e S.[1] (1) im Schnee, die j-d (ein Langläufer) mit seinen Skiern macht u. der andere Skifahrer folgen ⟨e-e S. legen; in der S. gehen⟩ || -K: ***Langlauf-, Ski-*** **6** ein Streifen e-r Straße, auf dem Fahrzeuge in dieselbe Richtung fahren ⟨die linke, rechte, mittlere S.; die S. wechseln; auf / in e-r S. fahren⟩ || K-: ***Spur-, -wechsel*** || -K: ***Fahr-, Stand-; Abbiege-, Linksabbieger-, Rechtsabbieger-, Überhol-*** **7** der Abstand zwischen den beiden nebeneinander liegenden Rädern e-s Autos od. Zuges ⟨etw. hat e-e breite, schmale S.⟩ || K-: ***Spur-, -breite, -weite*** || -K: ***Breit-,***

Normal-, Schmal- **8** e-e Art (unsichtbare) Linie, auf der sich ein Auto bewegt, wenn es geradeaus fährt ⟨das Auto hält die S. (gut) / nicht, bricht aus der S. aus, gerät aus der S.⟩ **9** einer von mehreren Streifen auf e-m Tonband. Auf jeder S. kann man Musik *o.Ä.* aufnehmen ⟨auf e-e andere S. umschalten⟩ || -K: ***Tonband-*** **10** *EDV*; einer von vielen Teilbereichen auf e-r Diskette od. Festplatte, auf denen man Informationen speichert **11** ***e-e heiße S.*** wichtige Zeichen, die bei der Aufklärung e-s Verbrechens helfen || ID ***auf j-s Spuren wandeln*** *gespr*; das tun, was ein anderer vor einem getan hat

Spur² *die*; -, *-en*; ***e-e S.*** (+ *Gen* / ***von etw.***) e-e sehr kleine Menge von etw. ≈ Idee, Hauch: *nicht die leiseste S. e-s Zweifels haben / von Furcht empfinden*; *An der Soße fehlt noch e-e S. Pfeffer*; *Der Tee ist* (*um*) *e-e S.* (ein bisschen) *zu stark*; *Im Magen des Toten fanden sich Spuren e-s Schlafmittels* || ID ***nicht die / keine S.*** *gespr*; überhaupt nicht: *„Bist du müde?" - „Nicht die S.!"*

spür·bar *Adj*; so, dass man es fühlen od. bemerken kann ≈ fühlbar, merklich ⟨e-e Abkühlung, e-e Erwärmung; e-e Erleichterung, e-e Verschlechterung; (es wird) s. kälter, wärmer⟩

spu·ren¹; *spurte, hat gespurt*; [Vi] *gespr* ≈ gehorchen

spu·ren²; *spurte, hat gespurt*; [Vt/i] **(etw.) s.** e-e Spur¹ (5) in den Schnee machen: *e-e Loipe s.*

spü·ren; *spürte, hat gespürt*; [Vt] **1** ***etw. s.*** *bes* mithilfe des Tastsinns u. der Nerven wahrnehmen, dass etw. vorhanden ist ≈ fühlen (1): *e-n Schmerz, die Wärme der Sonne auf der Haut s.*; *Ich habe gar nicht gespürt,* dass *mich die Mücke gestochen hat* **2** ***etw. s.*** *gespr*; in e-m Teil des Körpers Schmerzen haben: *Wenn er im Garten arbeitet, spürt er immer seinen Rücken* **3** ***etw. s.*** etw. empfinden, fühlen (2): *Durst, Hunger, Mitleid s.*; *Ich spürte,* dass *er traurig war*

Spu·ren·ele·ment *das*; *Biol*; e-e Substanz, die der Körper in sehr kleinen Mengen braucht, um nicht krank zu werden

Spür·hund *der*; ein Hund, der so dressiert ist, dass er Drogen *o.Ä.* (*z.B.* für die Polizei) aufspüren kann

-spu·rig [-ʃpuːrɪç] *im Adj, wenig produktiv*; mit der genannten Zahl od. Menge von Spuren; ***sechsspurig*** ⟨e-e Autobahn⟩, ***vielspurig*** ⟨e-e Autobahn⟩, ***vierspurig*** ⟨ein Tonband(gerät), e-e Autobahn⟩, ***zweispurig*** ⟨e-e Autobahn, e-e Straße⟩

spur·los *Adj*; *mst adv*; ohne Spuren zu hinterlassen ⟨s. verschwinden; etw. geht s. (= ohne dass er es merkt) an j-m vorüber⟩

Spür·na·se *die*; *mst in* ***e-e S. für etw. haben*** *gespr*; bestimmte Situationen gut einschätzen, voraussehen können

Spur·ril·le *die*; -, *-n*; *mst Pl*; tiefe Stellen (Rinnen) in e-r Straße, die dadurch entstanden sind, dass sehr viele Fahrzeuge die Straße benutzen: *Achtung Spurrillen!*

Spür·sinn *der*; *nur Sg*; **1** die Fähigkeit e-s Hundes *o.Ä.*, gut riechen zu können **2** die Fähigkeit, etw. zu ahnen ≈ Instinkt, Intuition

Spurt *der*; *-(e)s, -s*; das Spurten ⟨e-n S. einlegen, zum S. ansetzen⟩ || -K: ***End-, Zwischen-***

spur·ten; *spurtete, ist gespurtet*; [Vi] **1** *Sport*; *bes* auf dem letzten Teil e-r Strecke so schnell wie möglich laufen: *die letzten fünfzig Meter, die letzte Runde s.* **2** *gespr*; schnell laufen: *Wir mussten ganz schön s., um den Zug noch zu erwischen*

spu·ten, sich; *sputete sich, hat sich gesputet*; [Vr] ***sich s.*** *veraltend* ≈ sich beeilen

Squash [skvɔʃ] *das*; -; *nur Sg*, *Sport*; ein Spiel, bei dem zwei Spieler in e-m geschlossenen Raum abwechselnd e-n kleinen Ball gegen e-e Wand schlagen: *Er spielt jeden Donnerstag S.* || K-: ***Squash-, -center, -court***

Squaw [skvɔː] *die*; -, *-s*; **1** e-e Indianerin **2** die Ehefrau e-s Indianers

SRG [ɛs|ɛr'geː] *die*; -; *nur Sg*; (*Abk für* Schweizerische Radio- u. Fernsehgesellschaft) die offizielle Radio- u. Fernsehgesellschaft der Schweiz

ß [ɛs'tsɛt] *das*; -, -; ein Zeichen, das man im Deutschen unter bestimmten Bedingungen statt *ss* verwendet ≈ scharfes S: *„aß" schreibt man mit „ß"*, *„muss" mit zwei „s"*

Wann verwendet man ss und wann ß?

ss schreibt man:

– nach einem kurzen Vokal:
lassen, müssen, wissen,
Busse (Pl von *Bus*), *Fluss*

– Ausnahme: *Litfaßsäule* (der Personenname Litfaß wird nicht geändert)

ß wird verwendet:

– nach einem langen Vokal:
fließen, gießt, sie ließen, Muße, Straße

– nach einem Diphthong:
beißen, reißt, weißen, außen, draußen

Bei unterschiedlicher (regionaler) Aussprache gibt es entsprechende unterschiedliche Schreibungen:
Geschoss, Ⓐ *Geschoß*; *Löss*/*Löß*

Komposita behandelt man so, als ob die einzelnen Wortteile selbstständige Wörter wären:
Kreissparkasse, Missstimmung

NB: In der Schweiz wird immer *ss*, nie *ß* geschrieben!

SS [ɛs'|ɛs] *die*; -; *nur Sg*, *hist*; e-e Art militärisch organisierte Polizei in der Zeit des Nationalsozialismus || K-: ***SS-Mann, SS-Verbrechen***

Staat *der*; *-(e)s, -en*; **1** ein Land als politisches System (mit seinen Institutionen, Bürgern *usw*) ⟨ein demokratischer, feudaler, kapitalistischer, kommunistischer, totalitärer S.; die Regierung, ein Repräsentant, die Verfassung, die Verwaltung e-s Staates; e-n S. gründen; ein S. erkennt e-n S. an⟩ || K-: ***Staats-, -bürger, -chef, -flagge, -führung, -gebiet, -grenze, -gründung, -hoheit, -kirche, -macht, -notstand, -oberhaupt, -ordnung, -organ, -präsident, -recht, -regierung, -religion, -sprache, -wesen*** || -K: ***Agrar-, Industrie-, Kultur-***; ***Feudal-, Kasten-, Klassen-, Stände-***; ***Klein-, Zwerg-*** **2** die Regierung u. Verwaltung e-s Landes ⟨beim S. arbeiten, beschäftigt sein; vom S. gelenkt⟩: *Dieses Theater wird vom S. subventioniert* || K-: ***Staats-, -amt, -angelegenheit, -angestellte(r), -apparat, -archiv, -aufsicht, -ausgaben, -bahn, -bank, -bankrott, -beamte(r), -bibliothek, -eigentum, -einnahmen, -etat, -finanzen, -form, -forst, -gelder, -haushalt, -kasse, -monopol, -oper, -schulden, -steuer, -theater, -vermögen, -verschuldung, -wald*** **3** eines der Länder² (2) e-s Bundesstaats ↔ Bund || K-: ***Staats-, -minister, -ministerium, -straße*** **4** ***die Vereinigten Staaten*** ≈ Amerika (= die USA) || ID ***in vollem S.*** in festlicher, offizieller Kleidung; ***mit etw. S. machen können*** mit etw. großen Eindruck machen, imponieren können

Staa·ten·bund *der*; *Kollekt*, *Pol*; e-e Union zwischen gleichberechtigten, unabhängigen Staaten, die bestimmte Institutionen gemeinsam haben ≈ Konföderation: *der deutsche S. von 1815-1866* || NB: ↑ ***Bundesstaat***

staa·ten·los *Adj*; ohne bestimmte Staatsangehörigkeit || *hierzu* **Staa·ten·lo·se** *der / die*; *-n*, *-n*; **Staa·ten·lo·sig·keit** *die*; *nur Sg*

staat·lich *Adj*; **1** *mst attr*; in Bezug auf den Staat (1) ≈ national ⟨die Souveränität, die Unabhängigkeit⟩ **2** *nur attr od adv*; in Bezug auf den Staat (2) ≈ öffentlich ⟨Gelder, Institutionen, Maßnahmen⟩: *ein s. gefördertes Projekt* **3** *nicht adv*; im Besitz des Staates (1) u. von ihm verwaltet ↔ privat ⟨ein Betrieb, ein Unternehmen⟩

Staats·af·fä·re *die*; *mst in* ***e-e S. aus etw. machen*** *gespr*; etw. viel zu wichtig nehmen od. übertreiben: *Sie macht aus allem e-e S.*

Staats·akt *der*; e-e feierliche Veranstaltung der Regierung e-s Staates (1)

Staats·an·ge·hö·ri·ge *der / die*; ein Bürger e-s Staates (1) ≈ Staatsbürger: *deutscher, österreichischer, Schweizer Staatsangehöriger sein*

Staats·an·ge·hö·rig·keit *die*; *Jur*; die Tatsache, dass j-d Bürger e-s Staates (mit all seinen Rechten u. Pflichten) ist ≈ Staatsbürgerschaft, Nationalität ⟨die deutsche, britische, österreichische, Schweizer *usw* S. annehmen, besitzen, haben⟩

Staats·an·walt *der*; j-d, der im Auftrag des Staates Verbrechen untersucht u. vor Gericht die Anklage vertritt || *hierzu* **Staats·an·wäl·tin** *die*

Staats·an·walt·schaft *die*; *-,-en*; **1** die Behörde e-s Staatsanwalts **2** *nur Sg*, *Kollekt*; alle Staatsanwälte e-r Behörde od. e-s Staates: *In der Korruptionsaffäre ermittelt bereits die S.*

Staats·be·gräb·nis *das*; ein feierliches Begräbnis, das der Staat für j-n veranstaltet, der sehr viel für den Staat getan hat: *Der verstorbene Dichter erhielt ein S.*

Staats·be·such *der*; ein offizieller Besuch e-s Mitglieds der Regierung e-s Staates bei der Regierung e-s anderen Staates

Staats·bür·ger *der* ≈ Staatsangehörige(r)

Staats·bür·ger·schaft *die* ≈ Staatsangehörigkeit

Staats·die·ner *der*; *mst hum* ≈ Beamte(r)

Staats·dienst *der*; die berufliche Tätigkeit als Beamter od. Angestellter des Staates (2) ⟨in den S. gehen; im S. sein⟩

staats·ei·ge·n- *Adj*; *nur attr, nicht adv* ≈ staatlich (3) ↔ privat ⟨ein Betrieb⟩

Staats·emp·fang *der*; e-e feierliche Veranstaltung der Regierung e-s Staates (1), bei der *z.B.* wichtige Persönlichkeiten des öffentlichen Lebens zusammenkommen

Staats·exa·men *das*; ein Examen, das man an e-r Universität macht u. mit dem man *bes* als Jurist od. Lehrer in den Staatsdienst gehen kann

Staats·feind *der*; *pej*; j-d, der das System e-s Staates ablehnt u. die Sicherheit des Staates gefährdet || *hierzu* **staats·feind·lich** *Adj*

Staats·ge·heim·nis *das*; ein Geheimnis, das die Sicherheit od. die Verteidigung e-s Staates betrifft || ID ***Das ist kein S.*** *gespr*; das ist nicht geheim, das darf jeder wissen

Staats·mann *der*; *geschr*; ein Politiker mit internationalem Ansehen ⟨ein großer S. sein⟩

staats·män·nisch *Adj*; wie es zu e-m guten, klugen Staatsmann gehört ⟨ein Auftreten, e-e Gewandtheit; s. handeln⟩

Staats|ober·haupt *das*; e-e Person, die an der Spitze e-s Staates steht u. ihn repräsentiert, wie *z.B.* der Bundespräsident der Bundesrepublik Deutschland od. der Präsident der USA

Staats·par·tei *die*; e-e Partei, die in e-m Staat die Macht allein ausübt

Staats·prü·fung *die*; e-e Prüfung, die vor e-r staatlichen Kommission abgelegt wird u. die öffentlich anerkannt ist

Staats·rä·son *die*; die Einstellung, dass die Rechte e-s Staates in bestimmten Situationen wichtiger sind als die des einzelnen Bürgers

Staats·rat *der*; **1** *Kollekt*, *hist* (*DDR*); e-e Gruppe von Politikern in der DDR, die das Amt des Staatsoberhauptes ausübten || K-: ***Staatsrats-***, ***-vorsitzende(r)*** **2** *Kollekt* (CH) die Regierung in manchen Schweizer Kantonen **3** (CH) ein Mitglied des Staatsrates (2)

Staats·sek·re·tär *der*; (D) **1** der höchste Beamte in e-m Ministerium der Bundesrepublik Deutschland || NB: der Minister selbst ist kein Beamter **2** ***ein parlamentarischer S.*** ein Mitglied des Bundestags, dessen Aufgabe es ist, dem Bundeskanzler od. e-m Minister zu helfen

Staats·si·cher·heit *die*; *gespr hist* (*DDR*) ≈ Staatssicherheitsdienst

Staats·si·cher·heits|dienst *der*; *hist* (*DDR*); die geheime, politische Polizei der DDR bis 1989; *Abk* SSD, *gespr auch* Stasi

Staats·streich *der*; e-e Aktion, bei der ein Politiker, e-e Gruppe *o.Ä.* (ohne demokratischen Auftrag) die Macht in e-m Staat (gewaltsam) übernimmt ≈ Umsturz

Stab[1] *der*; *-(e)s*, *Stä·be*; **1** ein langer, dünner, runder Gegenstand aus e-m harten Material: *die Stäbe e-s Käfigs* || -K: ***Eisen-***, ***Gitter-***, ***Holz-*** || NB: ↑ ***Stange*** **2** ein langer, dicker Stock, wie man ihn bei manchen Berufen (als Symbol) u. bei manchen Tätigkeiten verwendet || -K: ***Bischofs-***, ***Hirten-***, ***Pilger-*** || ID ***den S. über j-n brechen*** *geschr*; j-n nicht mehr akzeptieren, j-n verurteilen

Stab[2] *der*; *-(e)s*, *Stä·be*; *Kollekt*; **1** *Mil*; e-e Gruppe von Offizieren beim Militär, die den Kommandeur e-r großen Einheit[2] (2) unterstützen || K-: ***Stabs-***, ***-arzt***, ***-offizier*** || -K: ***Bataillons-***, ***Kommando-***, ***Regiments-*** **2** e-e Gruppe von Personen (*mst* Experten), die zusammen wichtige Entscheidungen (*bes* für ein Projekt) treffen || -K: ***Krisen-***

Stäb·chen *das*; *-s*, *-*; **1** ein kleiner Stab[1] (1) **2** *nur Pl*; zwei dünne Stäbchen (1), mit denen man *bes* in China u. Japan isst ⟨mit Stäbchen essen⟩

Stab|hoch·sprin·gen *das*; e-e Sportart, bei der der Sportler mithilfe e-s langen Stabes über e-e Latte springt || *hierzu* **Stab|hoch·sprin·ger** *der*; **Stab·hoch·sprung** *der*; *nur Sg*

sta·bil *Adj*; **1** so, dass es große Belastungen aushält u. nicht leicht kaputtgeht ≈ robust: *ein stabiler Stahlbau* **2** ⟨die Wirtschaft, die Wetterlage, die Regierung, die Preise⟩ so, dass sich ihr Zustand wahrscheinlich nicht stark ändert ≈ verlässlich **3** *nicht adv*; fähig, große (psychische u. physische) Belastungen zu ertragen ↔ anfällig, labil ⟨j-s Gesundheit, j-s Psyche, j-s Konstitution ist s.; ein Kreislauf⟩ || *hierzu* **Sta·bi·li·tät** *die*; *nur Sg*

sta·bi·li·sie·ren; *stabilisierte*, *hat stabilisiert*; [Vt] **1** ***etw. s.*** etw. stützen od. befestigen, damit es nicht umfällt: *ein Gerüst s.*; *ein Zelt mit Seilen s.* **2** ***etw. s.*** dafür sorgen, dass etw. in e-m sicheren Zustand bleibt ≈ konsolidieren: *Die Regierung versucht, die Wirtschaft, die Preise zu s.* **3** ***etw. stabilisiert etw.*** etw. trägt dazu bei, dass man bestimmte (physische od. psychische) Belastungen ertragen kann ⟨etw. stabilisiert den Kreislauf, den Gesundheitszustand⟩: *Knoblauch stabilisiert den Blutdruck*; [Vr] **4** ***etw. stabilisiert sich*** etw. kommt in e-n Zustand, in dem keine starken Änderungen mehr auftreten ≈ etw. konsolidiert sich ⟨die Preise, die wirtschaftliche Lage, die Aktienkurse⟩ **5 *etw. stabilisiert sich*** etw. kommt in e-n Zustand, in dem man bestimmte (physische u. psychische) Belastungen wieder ertragen kann: *Nach der schweren Herzoperation hat sich sein Kreislauf wieder stabilisiert* || NB: *mst* im Perfekt

Stab·reim *der* ≈ Alliteration

stach *Imperfekt, 1. u. 3. Person Sg*; ↑ ***stechen***

Sta·chel *der*; *-s, -n*; **1** einer von vielen spitzen u. scharfen länglichen Teilen an e-r Pflanze od. an e-m Tier: *die Stacheln e-s Kaktus, e-s Igels* || ↑ *Abb. unter* **Igel** **2** der spitze Körperteil von bestimmten Tieren, mit denen sie andere Tiere u. Menschen stechen u. verletzen können ⟨der S. e-r Biene, e-s Skorpions⟩ || -K: ***Gift-*** **3** ein spitzes u. scharfes Stück Metall an e-m Gegenstand || K-: ***Stachel-, -halsband*** **4** *geschr*; ***der S.*** + *Gen* ≈ Qual, Pein ⟨der S. der Eifersucht, des Misstrauens⟩ **5** *geschr*; ***der S.*** + *Gen*; ein starker Trieb, der j-n dazu bringt, etw. zu tun ⟨der S. des Ehrgeizes, der Neugier⟩ || ID ***j-d / etw. ist j-m ein S. im Fleische*** *geschr*; j-d / etw. ist für j-n die Ursache für ständigen Ärger; ***etw. nimmt etw.*** (*Dat*) ***den S.*** etw. macht etw. weniger unangenehm || NB: ↑ ***Dorn***

Sta·chel·bee·re *die*; e-e kleine runde, grüne Frucht (*mst* mit Haaren auf der Haut), die an e-m stachligen Strauch wächst u. sauer schmeckt || K-: ***Stachelbeer-, -strauch***

Sta·chel·draht *der*; ein Draht mit Stacheln (3), den man als Zaun verwendet: *sich die Hose am S. zerreißen* || K-: ***Stacheldraht-, -zaun***

Stacheldraht

sta·che·lig *Adj*; ↑ ***stachlig***

Sta·chel·schwein *das*; ein Tier mit kurzen Beinen u. langen, scharfen, schwarzweißen Stacheln (1) auf dem Rücken, das *mst* in Afrika u. Asien lebt

stach·lig *Adj*; **1** mit vielen Stacheln (1) ⟨ein Kaktus⟩ **2** mit relativ harten Haaren ⟨ein Bart⟩ || *hierzu* **Stach·lig·keit** *die*; *nur Sg*

Sta·del *der*; *-s, -*; *südd* Ⓐ Ⓒⓗ ≈ Scheune || -K: ***Heu-***

Sta·di·on [ˈʃtaːdi̯ɔn] *das*; *-s*, *Sta·di·en* [ˈʃtaːdi̯ən]; e-e große Anlage für sportliche Veranstaltungen mit Tribünen für die Zuschauer. Manche Stadien sind ganz od. teilweise mit e-m Dach bedeckt || K-: ***Stadion-, -ansager, -lautsprecher*** || -K: ***Fußball-, Olympia-, Sport-***

Sta·di·um [ˈʃtaːdi̯ʊm] *das*; *-s*, *Sta·di·en* [ˈʃtaːdi̯ən]; ein bestimmter Zustand in e-r Entwicklung ≈ Phase: *Krebs im vorgerückten S.* || -K: ***Anfangs-, End-, Früh-, Spät-, Verfalls-, Vorbereitungs-, Zwischen-***

Stadt [ʃtat] *die*; *-*, *Städ·te* [ˈʃtɛ(ː)tə]; **1** e-e große Menge von Häusern u. anderen Gebäuden, in denen Leute wohnen u. arbeiten, mit e-r eigenen Verwaltung ↔ Dorf ⟨e-e S. gründen, erobern, verteidigen, zerstören; in die S. fahren, ziehen; im Zentrum, am Rande e-r S.⟩: *Die Städte Bonn, Koblenz u. Köln liegen am Rhein* || K-: ***Stadt-, -archiv, -bevölkerung, -bewohner, -bezirk, -bibliothek, -bücherei, -chronik, -gärtnerei, -gebiet, -grenze, -kern, -klima, -mitte, -park, -rand, -wappen, -wohnung, -zentrum*** || -K: ***Küsten-, Provinz-; Hafen-, Handels-, Industrie-, Messe-, Universitäts-; Groß-, Klein-, Millionen-, Welt-*** **2** das Zentrum e-r S. (1) mit den Geschäften, Banken, *usw* ≈ City ↔ Vorort: *zum Einkaufen in die S. fahren* || -K: ***Innen-*** **3** *nur Sg*, *Kollekt*; die Personen, die in e-r S. (1) wohnen: *Die ganze S. hat über den Skandal geredet* **4** *nur Sg*; die Verwaltung e-r S. (3) ⟨bei der S. angestellt sein, bei der S. arbeiten⟩ **5 *die Ewige S.*** ≈ Rom **6 *die Heilige S.*** ≈ Jerusalem **7 *die Goldene S.*** ≈ Prag

stadt·aus·wärts *Adv*; in der Richtung vom Zentrum e-r Stadt nach außen ↔ stadteinwärts

Stadt|au·to·bahn *die*; e-e Autobahn innerhalb e-r Stadt

Stadt·bahn *die*; e-e S-Bahn im Gebiet e-r großen Stadt

stadt·be·kannt *Adj*; *nicht adv*; aufgrund bestimmter negativer Eigenschaften in der ganzen Stadt (3) bekannt

Stadt·bum·mel *der*; *gespr*; ein Spaziergang durch die (Innen)Stadt ⟨e-n S. machen⟩

Städ·te·bau *der*; *nur Sg*; das Planen u. Bauen von Städten u. Siedlungen || *hierzu* **städ·te·bau·lich** *Adj*

Städ·te·bund *der*; *Kollekt*, *hist*; (im Mittelalter) ein Bündnis zwischen Städten

stadt·ein·wärts *Adv*; zum Zentrum e-r Stadt hin

Städ·te·part·ner·schaft *die*; ein freundschaftlicher Vertrag zwischen zwei Städten *mst* in verschiedenen Ländern, der dazu dient, den kulturellen Austausch u. persönliche Kontakte zwischen den Einwohnern zu fördern: *die S. zwischen Augsburg u. Nagasaki*

Städ·ter *der*; *-s, -*; j-d, der in der Stadt wohnt || -K: ***Groß-, Klein-*** || *hierzu* **Städ·te·rin** *die*; *-, -nen*

Stadt·ex·press *der*; Ⓓ ein Nahverkehrszug für den Transport zu und von e-r größeren Stadt

Stadt·flucht *die*; das Phänomen, dass viele Leute von der Stadt auf das Land ziehen ↔ Landflucht

Stadt·füh·rer *der*; ein kleines Buch (*mst* für Touristen) mit e-r Karte u. Informationen über e-e Stadt

Stadt·ge·spräch *das*; ein Thema, über das alle Bewohner e-r Stadt sprechen ⟨j-d / etw. ist S.; j-d / etw. wird (zum) S.⟩

städ·tisch *Adj*; **1** im Eigentum e-r Stadt od. von e-r Stadt verwaltet ⟨e-e Organisation, e-e Schule, ein Altersheim⟩ **2** so, wie es in der Stadt normal u. üblich ist ↔ ländlich

Stadt·mau·er *die*; e-e Mauer (*mst* aus dem Mittelalter) um e-e Stadt, die früher die Bewohner vor Feinden schützte

Stadt·mensch *der*; **1** j-d, der lieber in e-r Stadt wohnt als auf dem Land **2** j-d, der in allem, was er sagt u. tut, als Stadtbewohner zu erkennen ist

Stadt·plan *der*; ein Plan mit allen wichtigen Straßen u. Plätzen e-r Stadt

Stadt·rand *der*; das Gebiet in e-r Stadt, das am weitesten weg vom Zentrum liegt u. an das Umland grenzt ↔ Stadtmitte ⟨am S. wohnen; ein Haus am S. haben⟩ || K-: ***Stadtrand-, -siedlung***

Stadt·rat *der*; **1** *Kollekt*; e-e Art Parlament in e-r Stadt, das über Verwaltung, Planung *usw* entscheidet || K-: ***Stadtrats-, -fraktion*** **2** ein Mitglied des Stadtrats (1) || *zu* **2 Stadt·rä·tin** *die*

Stadt|rund·fahrt *die*; e-e Fahrt durch e-e Stadt, bei der man *bes* Touristen die interessanten Gebäude u. Plätze zeigt ⟨e-e S. machen⟩

Stadt·staat *der*; e-e Stadt mit den gleichen Rechten u. Pflichten wie ein Bundesland od. ein Staat: *Die Stadtstaaten Bremen u. Hamburg*; *Florenz u. Venedig waren früher Stadtstaaten*

Stadt·strei·cher *der*; *-s, -*; e-e *mst* arme Person ohne Wohnung, die sich in Städten aufhält || *hierzu* **Stadt·strei·che·rin** *die*; *-, -nen*

Stadt·teil *der*; ein bestimmtes Gebiet in e-r Stadt mit oft typischen Straßen, Gebäuden *o.Ä.* ≈ Bezirk, Viertel

Stadt·the·a·ter *das*; das repräsentative Theater e-r Stadt, die es zum großen Teil auch selbst finanziert

Stadt·vä·ter *die*; *Pl*, *gespr hum*; die Mitglieder des Stadtrats (1) ≈ Stadträte

S

Stạdt·vier·tel *das* ≈ Stadtteil

Stạdt·wer·ke *die*; *Pl*; e-e Firma, die e-r Stadt gehört u. diese mit Strom u. Gas versorgt

Sta·fẹt·te *die*; -, -*n*; *Kollekt*, *veraltet*; e-e Reihe von Personen, bei der eine Person der jeweils nächsten etw. (*mst* e-e Nachricht) übergibt, damit es über e-e weite Strecke an e-n bestimmten Ort gebracht wird || K-: ***Stafetten-, -lauf***

Staf·fa·ge [ʃta'faːʒə] *die*; -; *nur Sg*, *mst pej*; etw., das dazu dient, (nach außen) e-n guten Eindruck zu machen ⟨etw. ist nur S.⟩

Stạf·fel *die*; -, -*n*; **1** *Kollekt*, *Sport*; e-e Gruppe von *mst* vier Sportlern, die in e-m Wettkampf (als Mannschaft) nacheinander e-e bestimmte Strecke schwimmen, laufen od. fahren || K-: ***Staffel-, -lauf, -läufer, -schwimmen, -stab*** || -K: ***Lauf-, Schwimm-*** **2** ein Wettkampf, der zwischen mehreren Staffeln (1) stattfindet **3** *Kollekt*, *Mil*; e-e militärische Einheit bei der Luftwaffe || -K: ***Flieger-***

Staf·fe·lei *die*; -, -*en*; ein Rahmen aus Holz, der das Bild hält, das man gerade malt

Staffelei

stạf·feln; *staffelte*, *hat gestaffelt*; [Vt] ***etw.*** (*Kollekt od Pl*) ***(nach etw.) s.*** etw. nach bestimmten Kategorien einteilen ⟨die Gebühren, die Beiträge s.⟩: *Die Zuschüsse werden nach dem Einkommen, die Gehälter nach Leistung gestaffelt* || K-: ***Staffel-, -miete, -tarif*** || *hierzu* **Stạf·fe·lung** *die*

stag·nie·ren; *stagnierte*, *hat stagniert*; [Vi] *geschr*; ***etw. stagniert*** etw. bleibt in seiner Entwicklung stehen ≈ etw. steht still, etw. stockt ⟨die Wirtschaft, e-e Entwicklung⟩ || *hierzu* **Stag·na·ti·on** *die*; -, -*en*; *mst Sg*

stahl *Imperfekt*, *1. u. 3. Person Sg*; ↑ ***stehlen***

Stahl *der*; -*s*; *nur Sg*; Eisen, das man hart gemacht hat u. aus dem man *bes* Werkzeuge u. wichtige Teile für Bauwerke herstellt ⟨rostfreier, veredelter S.; etw. ist hart wie S.⟩ || K-: ***Stahl-, -band, -bau, -blech, -draht, -erzeugung, -feder, -helm, -industrie, -nagel, -rohr, -saite, -schrank, -träger, -waren, -werk*; *stahl-, -grau, -hart***

Stahl·be·ton *der*; ein Material aus Stahlstäben u. Beton, aus dem man *bes* Häuser u. Brücken baut || K-: ***Stahlbeton-, -bau, -konstruktion***

stahl·blau *Adj*; von kräftiger u. leuchtend blauer Farbe ⟨Augen⟩

stäh·len; *stählte*, *hat gestählt*; [Vt] ***etw. / sich s.*** etw. / sich sehr stark machen ⟨die Muskeln, den Willen s.⟩

stäh·lern *Adj*; **1** *nur attr*, *nicht adv*; aus Stahl: *ein stählernes Gerüst* **2** *nicht adv*; voller Kraft ⟨Muskeln, ein Wille⟩

Stahl·ross *das*; *gespr hum* ≈ Fahrrad

stak *Imperfekt*, *1. u. 3. Person Sg*; ↑ ***stecken***

sta·ken; *stakte*, *hat gestakt*; [Vt/i] ***(etw.) (irgendwohin) s.*** ein Boot in flachem Wasser mit e-r langen Stange fortbewegen: *Sie stakte den Kahn durch das Schilf*

stak·sen; *stakste*, *ist gestakst*; [Vi] *gespr*; ***j-d / ein Tier stakst*** j-d / ein Tier geht steif u. ungeschickt (*bes* wenn er / es lange, dünne Beine hat) || *hierzu* **stak·sig** *Adj*

Stạll *der*; -*(e)s*, *Stäl·le*; **1** ein Raum od. Gebäude, in dem man Kühe, Schafe *usw* hält u. füttert ⟨den S. ausmisten⟩ || K-: ***Stall-, -bursche, -gebäude, -geruch, -knecht, -magd, -mist*** || -K: ***Hühner-, Kaninchen-, Kuh-, Pferde-, Schweine-*** **2** *Kollekt*; alle Pferde, die für e-n Besitzer in Wettrennen starten || -K: ***Renn-*** || ID *mst* ***ein ganzer S. voll Kinder*** *gespr*; sehr viele Kinder

Stạl·lung *die*; -, -*en*; *mst Pl*; ein großer Stall

Stạmm *der*; -*(e)s*, *Stäm·me*; **1** der dicke Teil e-s Baumes, aus dem die Äste kommen ⟨ein dicker, dünner, schlanker, knorriger, morscher S.⟩ || K-: ***Stamm-, -holz*** || -K: ***Baum-*; *Buchen-, Fichten-, Weiden-*** *usw* **2** *Kollekt*; e-e Gruppe von Personen von derselben Art, Sprache, demselben Glauben u. denselben Sitten, die in e-m bestimmten Gebiet *mst* unter der Leitung e-s Häuptlings leben: *die germanischen Stämme*; *der S. der Hopi-Indianer* || K-: ***Stammes-, -bewusstsein, -entwicklung, -führer, -fürst, -geschichte, -häuptling, -kunde, -name, -sage, -sprache, -zugehörigkeit*** || -K: ***Indianer-*; *Hirten-*** **3** *Kollekt*; e-e Gruppe von Personen, die für bestimmte Aufgaben sehr wichtig sind: *ein S. von Mitarbeitern*, *von guten Spielern im Team* || K-: ***Stamm-, -belegschaft, -mannschaft, -personal, -publikum, -spieler*** || -K: ***Besucher-, Kunden-*** **4** *Ling*; der zentrale Teil e-s Wortes ohne Vorsilbe, Nachsilbe u. Endung: *„fahr" ist der S. von „gefahren"* || K-: ***Stamm-, -form, -silbe, -vokal*** **5** *Biol*; die höchste Kategorie im Reich (= System) der Tiere: *Zum S. „Wirbeltiere" gehört die Klasse „Säugetiere"* || ID ***vom Stamme Nimm sein*** *gespr hum*; immer alles nehmen, was man bekommen kann

Stạmm·baum *der*; **1** e-e Darstellung der verwandtschaftlichen Beziehungen zwischen den Mitgliedern e-r Familie (*bes* über e-n langen Zeitraum) ⟨e-n S. aufstellen⟩: *seinen S. bis ins Mittelalter zurückverfolgen können* || -K: ***Familien-*** **2** e-e Information des Züchters über die Vorfahren e-s Tieres: *der S. e-s Hundes*, *e-s Pferdes*

stạm·meln; *stammelte*, *hat gestammelt*; [Vt/i] ***(etw.) s.*** mit Pausen (stockend) u. sehr undeutlich sprechen, *mst* weil man Angst hat od. aufgeregt ist ⟨e-e Entschuldigung s.⟩ || NB: ↑ ***stottern***

stạm·men; *stammte*, *hat gestammt*; [Vi] **1** ***etw. stammt von j-m / etw.*** etw. ist von j-m / etw. gemacht: *Das Bild stammt von Salvador Dali* **2** ***etw. stammt aus etw.*** etw. ist aus e-m Text od. aus e-m Buch genommen: *Dieser Satz stammt aus e-m Roman von Thomas Mann* **3** ***j-d stammt aus etw.*** j-d kommt aus e-m bestimmten Ort od. Land bzw. aus e-r bestimmten Familie: *Er stammt aus Ungarn*; *Sie stammt aus e-r Arbeiterfamilie* **4** ***etw. stammt aus*** + *Sprache*; ein Wort *o.Ä.* wurde aus e-r anderen Sprache übernommen: *Das Wort „Chance" stammt aus dem Französischen* **5** ***etw. stammt aus etw.*** etw. ist in e-r bestimmten Zeit entstanden: *Das Bauwerk stammt aus der Antike*, *aus dem Mittelalter*, *aus dem Barock* || NB: selten im Partizip Perfekt

Stạmm·gast *der*; j-d, der sehr oft in dasselbe Lokal geht u. der dort bekannt ist

Stạmm·hal·ter *der*; *hum*; j-s erster Sohn

stạ̈m·mig *Adj*; mit viel Kraft (u. fast etwas zu muskulös) ⟨ein Junge; Beine⟩

Stạmm·knei·pe *die*; *gespr* ≈ Stammlokal

Stạmm·kun·de *der*; j-d, der sehr oft in demselben Geschäft einkauft || *hierzu* **Stạmm·kun·din** *die*; **Stạmm·kund·schaft** *die*

Stạmm·lo·kal *das*; ein Lokal, in das j-d sehr oft u. gern geht

Stạmm·platz *der*; der Platz, auf dem j-d (in e-m Lokal, im Theater) meistens sitzt

S

Stạmm·tisch *der*; **1** der Tisch in e-m Lokal, der für die Stammgäste reserviert ist **2** *Kollekt*; e-e Gruppe von Personen, die sich regelmäßig (*mst* in e-m Lokal) trifft: *Unser S. trifft sich jeden Samstag* || K-: ***Stammtisch-, -runde***

Der Stammtisch

Wörtlich verstanden ist der Stammtisch derjenige Tisch in einem Lokal, an dem sich regelmäßig die **Stammgäste** treffen. Die Institution Stammtisch hat viel mit Tradition zu tun. Für *Stammtischbrüder* (und zunehmend auch *Stammtischschwestern*) ist der Stammtisch der Ort, wo man zu bestimmten Zeiten immer Freunde trifft, mit denen man sich gemütlich unterhält, seine Sorgen und Nöte bespricht, mit denen man aber auch ausgelassen feiern kann.

Für die **Stammtischrunde** ist kein Thema tabu – erst recht nicht die Politik. Hier wird die weltpolitische Lage analysiert und es werden (meist bei erhöhtem Alkoholspiegel) Lösungsvorschläge formuliert, die so genannten **Stammtischparolen**. Einen Politiker öffentlich als **Stammtischpolitiker** zu bezeichnen, ist daher wenig schmeichelhaft. Dass jedoch die Politiker die Stammtische ernst nehmen, zeigen ihre Anstrengungen, besonders vor Wahlen, an den Stammtischen auf Zustimmung zu treffen.

Stạmm·tisch|po·li·tik *die*; *nur Sg*, *pej*; e-e politische Diskussion am Stammtisch, die *mst* nicht sehr sachlich ist

Stạmm·wäh·ler *der*; j-d, der immer dieselbe Partei wählt ↔ Wechselwähler || *hierzu* **Stạmm·wäh·le·rin** *die*

stạmp·fen; *stampfte, hat / ist gestampft*; [Vt] (*hat*) **1** ***etw. s.*** etw. (*mst* mit e-m Gerät) fest nach unten drücken u. es auf diese Weise klein u. flach machen ≈ zerdrücken: *Kartoffeln, Sauerkraut s.*; *Gemüse zu Brei s.* **2** ***etw. irgendwohin s.*** etw. kräftig mit dem Fuß nach unten treten ⟨etw. in die Erde s.⟩; [Vi] **3** ***irgendwohin s.*** (*hat*) e-n Fuß laut u. kräftig aufsetzen: *aus Wut auf den Boden s.* **4** (*ist*) mit lauten u. kräftigen Schritten gehen: *Er stampfte durch die Eingangshalle* **5** ***etw. stampft*** (*hat*) etw. bewegt sich mit lauten Geräuschen in e-m bestimmten Rhythmus ⟨e-e Maschine, ein Motor⟩ || ID ↑ ***Boden***

stạnd *Imperfekt, 1. u. 3. Person Sg*; ↑ ***stehen***

Stạnd[1] *der*; *-(e)s, Stän·de*; **1 *der S.*** (+ *Gen* / ***von etw.***) *nur Sg*; e-e bestimmte Stufe innerhalb e-r Entwicklung *o.Ä.* ⟨etw. auf den neuesten S. bringen⟩: *der gegenwärtige S. der Verhandlungen*; *Das Spiel wurde beim S.* (= Ergebnis) *von 1:2 abgebrochen* || -K: ***End-, Schluss-, Spiel-, Zwischen-*** **2** *nur Sg*; das ruhige Stehen (*mst* nach e-r Bewegung): *nach dem Sprung vom Barren im sicheren S. landen* **3** ein kleines Geschäft (e-e Art Bude), oft nur ein großer Tisch || -K: ***Imbiss-, Jahrmarkts-, Markt-, Verkaufs-, Zeitungs-*** **4** ein Ort für e-n bestimmten Zweck || -K: ***Beobachtungs-, Schieß-, Übungs-, Taxi-*** **5** e-e bestimmte Angabe, Größe od. Position, die man messen kann: *der S. des Wassers, des Barometers, des Kilometerzählers*; *der S. der Sonne* || -K: ***Barometer-, Öl-, Sonnen-, Wasser-, Zähler-*** **6 *aus dem S.*** ohne Anlauf ⟨aus dem S. weitspringen, werfen⟩ **7 *aus dem S.*** ohne sich darauf vorzubereiten **8 *etw. hat e-n festen / sicheren S.*** etw. steht stabil, wackelt nicht || ID ***bei j-m e-n schlechten S. haben*** *gespr*; j-m nicht sympathisch sein; ***e-n schweren S. haben*** *gespr*; in e-r bestimmten Situation hart arbeiten od. kämpfen müssen || NB: ↑ ***außerstande, imstande, instand, zustande***

Stạnd[2] *der*; *-(e)s, Stän·de*; **1** *Kollekt, hist*; die gesellschaftliche Gruppe, zu der j-d gehörte ≈ Schicht (2): *Im Mittelalter konnte man die verschiedenen Stände an ihrer Kleidung erkennen* || K-: ***Stände-, -ordnung, -recht, -staat, -versammlung, -wesen***; ***Standes-, -dünkel, -ehre, -organisation, -person, -sprache, -unterschied, -würde, -zugehörigkeit*** || -K: ***Adels-, Bauern-, Bürger-*** **2** (CH) ≈ Kanton || ID ***in den (heiligen) S. der Ehe treten*** *geschr* ≈ heiraten || *hierzu* **stạ̈n·di·sch-** *Adj*; *nur attr, nicht adv*

Stạn·dard *der*; *-s, -s*; **1** e-e Qualität auf e-m bestimmten Niveau ⟨ein hoher, niedriger S.⟩ || -K: ***Lebens-*** **2** das, was die meisten Leute als normal betrachten u. woran man sich halten muss od. sollte ≈ Maßstab, Norm || K-: ***Standard-, -abweichung, -ausführung, -ausrüstung, -brief, -form, -klasse, -kosten, -lösung, -modell, -preis, -sprache***

stan·dar·di·si̲e̲·ren; *standardisierte, hat standardisiert*; [Vt] ***etw. s.*** ≈ etw. normen, vereinheitlichen || *hierzu* **Stan·dar·di·si̲e̲·rung** *die*; *nur Sg*

Stạn·dard·werk *das*; ein Buch, das für ein bestimmtes (Fach)Gebiet sehr wichtig ist

Stan·dạr·te *die*; *-, -n*; die kleine Fahne e-r militärischen Truppe

Stạnd·bein *das*; **1** *Sport*; das Bein, auf dem man steht **2** das Bein, das die Last des Körpers in e-r Statue *o.Ä.* trägt || ID ***ein zweites S.*** e-e zweite, abgesicherte Möglichkeit (im Beruf *o.Ä.*)

Stạnd·bild *das*; *veraltend* ≈ Statue || -K: ***Reiter-***

Stand-by ['stεnt'bai̯] *das*; *-(s), -s*; **1** *Transp*; e-e billige Flugreise, die man nicht vorher gebucht hat, sondern auf die man am Flughafen wartet u. die nur möglich ist, wenn noch Plätze im Flugzeug frei sind || K-: ***Stand-by-Flug*** **2** *Elektr*; der Zustand, wenn *z.B.* ein Fernseher *bzw.* ein Handy nicht in Betrieb sind, aber auf die Signale der Fernbedienung *bzw.* e-n Anruf reagieren || K-: ***Stand-by-Betrieb***

Stạ̈nd·chen *das*; *-s, -*; Musik, die man (als Überraschung) für j-n macht, *mst* um ihm zu gratulieren ⟨j-m ein S. spielen, singen⟩ || -K: ***Geburtstags-***

stạ̈n·de *Konjunktiv II, 1. u. 3. Person Sg*; ↑ ***stehen***

Stạ̈n·der *der*; *-s, -*; **1** e-e Konstruktion aus Stangen, Latten od. Rohren, auf die man etw. stellt od. legt od. an die man etw. hängt: *ein S. für Mäntel, Schirme, Fahrräder*; *die Wäsche auf e-n S. hängen* || -K: ***Eisen-, Holz-***; ***Bilder-, Fahrrad-, Garderoben-, Gepäck-, Kleider-, Noten-, Schirm-*** || NB: ↑ ***Gestell*** **2** *vulg*; ein Penis im Zustand der Erektion

Stạ̈n·de·rat *der*; **1** *nur Sg*, *Kollekt*; e-e Art Parlament in der Schweiz, das nicht direkt gewählt wird, sondern sich aus Vertretern der einzelnen Kantone zusammensetzt. Der S. wirkt auch bei Aufgaben des Nationalrats mit **2** ein Mitglied des Ständerats (1)

Stạn·des·amt *das*; die Behörde, vor der man die Ehe schließt u. bei der man Geburten u. Todesfälle meldet || *hierzu* **Stạn·des·be·am·te** *der*

stạn·des·amt·lich *Adj*; ⟨e-e Trauung⟩ so, dass sie durch das Standesamt durchgeführt wird: *s. heiraten*

Stạn·des·be·wusst·sein *das*; die Einstellung, dass man sich so benehmen soll, wie es den Normen der (sozialen) Schicht entspricht, zu der man gehört || *hierzu* **stạn·des·be·wusst** *Adj*

stạn·des·ge·mäß *Adj*; so, wie es den Normen der (sozialen) Schicht entspricht, zu der man gehört ⟨s. heiraten; sich s. benehmen⟩

S

stạnd·fest *Adj*; **1** so, dass es sicher u. fest steht: *e-e standfeste Leiter* **2** ⟨ein Mensch⟩ so, dass er sich nicht leicht beeinflussen lässt ≈ standhaft, stabil ↔ schwach, labil || *hierzu* **Stạnd·fes·tig·keit** *die*; *nur Sg*

Stạnd·ge·richt *das*; ein (*mst* militärisches) Gericht, das während e-s Krieges sehr schnell Urteile fällt

stạnd·haft *Adj*; so, dass einen nichts dazu bringen kann, seine Meinung *o.Ä.* zu ändern (u. nachzugeben) ≈ beharrlich ⟨s. sein; s. bleiben; sich s. weigern⟩ || *hierzu* **Stạnd·haf·tig·keit** *die*; *nur Sg*

stạnd·hal·ten; *hält stand, hielt stand, hat standgehalten*; [Vi] **1** ***j-m / etw. s.*** sich von j-m / etw. nicht beeinflussen lassen, nicht nachgeben ≈ j-m / etw. widerstehen ⟨e-m Gegner, e-m Angriff, der Kritik, e-r Versuchung s.⟩ **2** ***etw. hält etw.*** (*Dat*) ***stand*** etw. hält e-e Belastung *o.Ä.* aus (u. geht nicht kaputt) **3** ***etw. hält*** ⟨e-r Überprüfung *o.Ä.* (*Dat*)⟩ ***stand*** etw. zeigt sich als richtig *o.Ä.*: *Sein Alibi konnte e-r genauen Überprüfung nicht s.*

stän·dig *Adj*; *nur attr od adv*; **1** ⟨ein Begleiter; Lärm; Kritik⟩ so, dass sie immer od. meistens da sind **2** *mst adv*; sehr oft, häufig ≈ andauernd ⟨Unterbrechungen, Wiederholungen⟩: *Sie vergisst s. etw.*; *S. hat er an anderen etw. auszusetzen*

Stạnd·licht *das*; *nur Sg*; das schwache Licht e-s Autos, das man einschaltet, wenn man im Dunkeln kurz stehen bleibt

Stạnd·ort *der*; **1** ein Ort, an dem sich j-d gerade befindet **2** ein Ort, an dem sich e-e Firma befindet od. an dem ein *mst* großes Gebäude steht bzw. stehen könnte: *An Flüssen gibt es meistens günstige Standorte für Fabriken* || K-: ***Standort-, -verlegung, -wahl, -wechsel*** **3** *Mil*; der Ort, an dem e-e militärische Truppe stationiert ist || K-: ***Standort-, -kommandant*** **4** *nur Sg*, *Pol*; die Position, das Konzept u. die Prinzipien e-r politischen Partei || K-: ***Standort-, -bestimmung***

Stạnd·pau·ke *die*; *mst in* ***j-m e-e S. halten*** *gespr*; j-m laut sagen, dass er etw. falsch gemacht hat

Stạnd·punkt *der*; die Art, wie man ein Problem od. e-e Situation beurteilt ≈ Auffassung, Anschauung ⟨ein klarer S.; e-n bestimmten S. vertreten; j-s S. teilen; sich auf e-n bestimmten S. stellen; j-m seinen S. klarmachen, darlegen, auseinander setzen⟩: *vom S. der Wissenschaft aus*; *Sie steht auf dem S., dass der Staat die Wirtschaft lenken sollte*

stạnd·recht·lich *Adj*; entsprechend dem Urteil u. den Gesetzen e-s Standgerichts ⟨j-n s. erschießen⟩ || *hierzu* **Stạnd·recht** *das*; *nur Sg*

Stạnd·spur *die*; der schmale Streifen am Rand der Autobahn, auf dem man nur halten darf, wenn man e-e Panne hat

Stạn·ge *die*; -, *-n*; **1** ein langer, dünner, runder Gegenstand aus Holz od. Metall: *Die Bohnen wachsen an Stangen in die Höhe*; *mit e-r S. das Boot vom Ufer abstoßen* || NB: e-e *S.* ist *mst* länger als ein *Stab*. E-e *Latte* ist nicht rund, sie hat Kanten || K-: ***Stangen-, -bohne*** || -K: ***Bambus-, Eisen-, Holz-, Messing-; Bohnen-, Hopfen-, Teppich-*** **2** ***e-e S.*** + *Subst*; ein ganzes, längliches Stück von etw. ⟨e-e S. Vanille, Zimt⟩ || K-: ***Stangen-, -brot, -weißbrot*** || -K: ***Vanille-, Zimt-*** **3** ***e-e S. Zigaretten*** zehn Schachteln Zigaretten, die zusammen verpackt sind || ↑ *Abb. unter* ***Behälter und Gefäße*** **4** ***e-e S. Geld*** *gespr*; viel Geld **5** ***von der S.*** in der Fabrik in Serien mit üblichen Größen (nicht nach Maß) gemacht: *ein Anzug von der S.* || ID ***j-m die S. halten*** j-m (in e-m Streit) helfen; ***j-n bei der S. halten*** bewirken, dass j-d bei e-r gemeinsamen Arbeit weitermacht; ***bei der S. bleiben*** an e-r gemeinsamen Arbeit weitermachen ↔ abspringen || ► ***Gestänge***

Stän·gel *der*; *-s*, -; der lange, dünne Teil e-r Pflanze, auf dem die Blüte ist ≈ Stiel || ↑ *Abb. unter* ***Blumen***

stạnk *Imperfekt, 1. u. 3. Person Sg*; ↑ ***stinken***

stän·kern; *stänkerte, hat gestänkert*; [Vi] ***(gegen j-n) s.*** *gespr pej*; versuchen, mit j-m e-n Streit anzufangen (*mst* indem man ihn ständig kritisiert) || *hierzu* **Stän·ke·rer** *der*; *-s*, -

Stan·ni·o̲l *das*; *-s*; *nur Sg*; e-e Art Papier aus sehr dünnem Metall (Zinn), mit dem man *bes* Schokolade einwickelt || K-: ***Stanniol-, -papier***

stạn·zen; *stanzte, hat gestanzt*; [Vt] **1** ***etw.*** (***in / auf etw.*** (*Akk*)) ***s.*** (mit e-r Maschine) ein Muster auf etw. machen ≈ etw. in etw. prägen: *ein Wappen ins Leder s.* || K-: ***Stanz-, -maschine*** **2** ***etw. aus etw. s.*** aus e-m dünnen Material Stücke mit der gleichen Form mit e-r Maschine schneiden

Sta̲·pel[1] *der*; *-s*, -; ***ein S.*** + *Subst*; mehrere gleiche Dinge, die (ordentlich) aufeinander gelegt wurden ≈ Stoß ⟨ein S. Bücher, Briefe, Wäsche, etw. zu e-m S. schichten⟩ || -K: ***Bretter-, Bücher-, Holz-, Wäsche-***

Stapel[1]

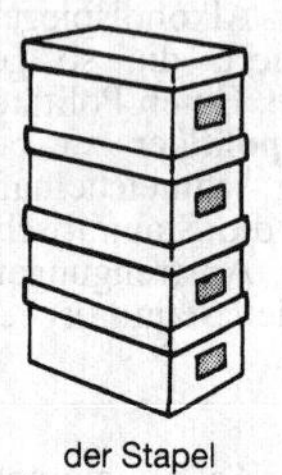
der Stapel

der Stapel/der Stoß

der Haufen

Sta̲·pel[2] *der*; *-s*, -; *nur in* **1** ***ein Schiff läuft vom S.*** ein neu gebautes Schiff wird ins Wasser gelassen **2** ***etw. vom S. lassen*** *gespr*; etw. sagen, das in der betreffenden Situation überrascht u. auf Ablehnung stößt || *zu* **1** **Sta̲·pel·lauf** *der*; *nur Sg*

sta̲·peln; *stapelte, hat gestapelt*; [Vt/i] **1** (***etw.*** (*Kollekt od Pl*)) ***s.*** mehrere gleiche Dinge so aufeinander legen, dass ein Stapel[1] entsteht ≈ aufschichten ⟨Holz, Wäsche, Geschirr, Zeitungen s.⟩; [Vr] **2** ***etw.*** (*Kollekt od Pl*) ***stapelt sich*** e-e große Menge von etw. ist irgendwo (u. liegt aufeinander) ⟨Zeitungen, Briefe, das Geschirr⟩: *In seinem Zimmer stapeln sich die Schallplatten*

sta̲·pel·wei·se *Adv*; in großen Mengen: *Bei uns liegen s. alte Zeitungen im Keller*

stap·fen; *stapfte, ist gestapft*; [Vi] (***irgendwohin / durch etw.***) ***s.*** mit großen Schritten auf e-m weichen Boden gehen, in den man immer wieder einsinkt ⟨durch den Schnee, Schlamm s.⟩

Sta̲r[1] *der*; *-s*, *-e*; ein mittelgroßer, dunkler Singvogel mit hellen Punkten

Sta̲r[2] *der*; *-(e)s*; *nur Sg*; e-e Krankheit der Augen, bei der entweder die Linse des Auges trüb wird (= *grauer S.*) od. bei der die Netzhaut u. der Sehnerv schwach werden (= *grüner S.*) ⟨den S. haben, bekommen; j-n am S. operieren⟩

S

Star[3] [ʃt-, st-] *der*; *-s, -s*; j-d, der (*bes* in der Kunst, im Sport) sehr berühmt ist || K-: ***Star-, -anwalt, -autor, -besetzung, -dirigent, -journalist, -kult, -mannequin*** || -K: ***Bühnen-, Fernseh-, Film-, Fußball-, Operetten-, Opern-, Pop-, Revue-, Rock-, Schlager-***

Star·al·lü·ren *die*; *Pl*, *pej*; ein *mst* arrogantes Verhalten, das j-d zeigt, der sich für viel wichtiger hält, als er ist ⟨S. haben, zeigen, annehmen⟩

starb *Imperfekt, 3. Person Sg*; ↑ ***sterben***

Star·gast *der*; ein Star[3], der in j-s Show *o.Ä.* auftritt

stark, *stärker, stärkst-*; *Adj*; **1** mit großer körperlicher Kraft ≈ kräftig ↔ schwach ⟨ein Mann, Arme; groß u. s. sein; s. wie ein Bär, Löwe sein⟩: *Er ist so s., dass er die schwere Kiste allein tragen kann* || -K: ***bären-, löwen-*** **2** so, dass sich der Betreffende gut durchsetzen kann u. in schwierigen Situationen nicht den Mut u. die Kontrolle über sich selbst verliert ↔ schwach ⟨ein Charakter, ein Wille, ein Glaube; s. bleiben⟩: *Sie ist s. genug, um die Einsamkeit zu ertragen* **3** belastbar ⟨Nerven; ein Herz⟩ **4** ⟨ein Motor; e-e Glühbirne⟩ so, dass sie e-e große Leistung bringen können ≈ leistungsstark **5** ≈ massiv, stabil ⟨e-e Mauer⟩ **6** ⟨e-e Brille⟩ mit dicken Gläsern **7** ⟨Zigaretten; ein Kaffee, ein Tee, ein Schnaps; ein Medikament⟩ mit e-r großen Wirkung, *bes* weil sie sehr konzentriert sind ↔ schwach, leicht || K-: ***Stark-, -bier*** **8** in hohem Maß (vorhanden) ≈ intensiv ↔ schwach, leicht ⟨Regenfälle, Verkehr, Frost, Wind, Schmerzen, Zweifel; etw. s. betonen; s. erkältet, beschäftigt sein; etw. ist s. ausgeprägt, entwickelt⟩: *Die Wunde blutete so s., dass man e-n Verband anlegen musste*; *Er ist ein starker Raucher* (= er raucht viel) || K-: ***Stark-, -strom*** **9** *mst adv*; in großer Zahl ≈ rege ↔ schwach ⟨etw. ist s. besetzt, besiedelt, besucht, bevölkert⟩: *e-e stark bevölkerte Gegend* **10** *Maßangabe +* **s.** verwendet, um anzugeben, wie dick etw. ist: *ein 5mm starker Karton*; *Das Seil ist 4cm s.* **11** *mst im Komparativ*, *gespr euph* ≈ dick, mollig ⟨e-e Figur⟩: *Mode für stärkere Damen* **12** *gespr*; (*bes* von Jugendlichen) verwendet, um großes Lob auszudrücken ≈ toll: *Deine Frisur ist echt s.!*; *Das war ein starker Film* **13** *Ling*; (*von Verben*) dadurch gekennzeichnet, dass die Formen des Imperfekts u. des Partizips Perfekt mit e-m anderen (Stamm)Vokal gebildet werden ↔ schwach (10) ⟨e-e Form, e-e Konjugation, ein Verb⟩: *Das Verb „finden" wird s. konjugiert* **14** *Ling*; (*von männlichen u. sächlichen Substantiven*) dadurch gekennzeichnet, dass der Genitiv mit *-(e)s* gebildet wird ↔ schwach (11): *Das Substantiv „der Ball" wird s. dekliniert* **15** *Ling*; (*von Adjektiven*) in der Form, die Adjektive haben, wenn *z.B.* der unbestimmte Artikel davor steht ↔ schwach (12) ⟨die Deklination⟩: *Das Adjektiv „groß" in „ein großer Hund" ist s. dekliniert* || NB: ↑ *Tabelle unter* ***Adjektive***; die *starke Deklination* entspricht *Deklinationstyp B* || ID ***sich für j-n / etw. s. machen*** j-n / etw. mit viel Energie unterstützen; *mst* ***Das ist s.!*** *gespr*; verwendet, um Empörung auszudrücken || NB: ↑ ***Stück, Tobak***

-stark *im Adj, begrenzt produktiv*; **1** so, dass sich der Betreffende in Bezug auf die genannte Sache gut unter Kontrolle hat ↔ -schwach; ***charakterstark, nervenstark, seelenstark, willensstark*** **2** so, dass die betreffende Person / Sache die genannte Sache gut kann ↔ -schwach; ***gedächtnisstark, kampfstark*** ⟨e-e Mannschaft⟩, ***konzentrationsstark, leistungsstark*** **3** mit e-r großen Zahl od. Menge der genannten Sache ↔ -schwach; ***geburtenstark*** ⟨ein Jahrgang⟩, ***konditionsstark*** ⟨ein Sportler⟩, ***mitgliederstark*** ⟨e-e Partei⟩, ***PS-stark*** ⟨ein Auto⟩

Stär·ke[1] *die*; *-, -n*; **1** *nur Sg*; große körperliche Kraft **2** *nur Sg*; die Fähigkeit, auch in schwierigen Situationen die Kontrolle über sich selbst zu behalten ↔ Schwäche || -K: ***Charakter-, Nerven-, Willens-*** **3** *mst Sg* ≈ Intensität: *ein Erdbeben der S. 6,5 auf der Richterskala* || -K: ***Beben-, Druck-, Strom-, Wind-*** **4** ***j-s S.*** das, was j-d besonders gut kann, bzw. ein Gebiet, auf dem sich j-d sehr gut auskennt: *Chemie war noch nie seine S.*; *Seine Stärken liegen in der Technik u. in der Ausdauer* **5** ≈ Dicke: *die S. e-s Bretts, e-r Mauer* || -K: ***Brett-, Wand-***

Stär·ke[2] *die*; *-*; *nur Sg*; **1** e-e Substanz, die ein wichtiger (Bestand)Teil von Lebensmitteln wie Getreide, Reis u. Kartoffeln ist || K-: ***Stärke-, -gehalt, -mehl*** || -K: ***Kartoffel-, Mais-, Reis-, Weizen-*** **2** ein weißes Pulver aus S.[2] (1), mit dem man Wäsche steif macht || -K: ***Wäsche-*** **3** e-e Art Mehl aus S.[2] (1), mit dem man Soßen, Cremes *usw* fester macht || -K: ***Speise-***

stär·ken[1]; *stärkte, hat gestärkt*; [Vt] **1** ***etw. stärkt j-n / etw.*** etw. macht j-s (körperliche) Kräfte größer ↔ etw. schwächt j-n / etw.: *Schlaf stärkt die Nerven* **2** ***j-n / etw. s.*** j-m / etw. neue Kraft geben, unterstützen ⟨j-s Mut, Glauben, Willen, Position s.; j-n in seiner Entschlossenheit, in seinem Vertrauen s.⟩; [Vr] **3** ***sich (mit etw.) s.*** etw. essen od. trinken

stär·ken[2]; *stärkte, hat gestärkt*; [Vt] ***etw. s.*** Wäsche mit Stärke[2] (2) steif machen ⟨den Hemdkragen, die Tischtücher s.⟩

Stär·kung *die*; *-, -en*; **1** der Vorgang, bei dem j-d / etw. stärker u. kräftiger gemacht wird || K-: ***Stärkungs-, -mittel*** **2** Essen u. Trinken (*bes* wenn man etw. Anstrengendes tut): *nach dem Rennen e-e S. zu sich nehmen*

starr, *starrer, starrst-*; *Adj*; **1** so, dass man die einzelnen Teile nicht unabhängig voneinander bewegen kann ≈ steif (2) ↔ beweglich ⟨Finger, Glieder, ein Körper⟩: *Vom langen Warten in der Kälte waren meine Hände s. geworden* **2** ≈ regungslos, bewegungslos ⟨ein Blick, e-e Miene, ein Lächeln; s. geradeaus blicken; s. vor Schreck sein⟩: *Sie waren so erschrocken, dass sie ganz s. stehen blieben* **3** so, dass e-e Veränderung u. Anpassung an e-e neue Situation nicht möglich ist ≈ streng ⟨j-s Charakter, j-s Haltung; Prinzipien, Gesetze, Regeln; s. an etw. (*Dat*) festhalten⟩ || *hierzu* **Starr·heit** *die*; *nur Sg*; *zu* **1** u. **2** **Star·re** *die*; *-*; *nur Sg*

star·ren; *starrte, hat gestarrt*; [Vi] ***(irgendwohin / auf j-n / etw.) s.*** den Blick lange auf j-n / etw. richten, ohne die Augen davon abzuwenden: *geistesabwesend ins Leere s.*; *unhöflich auf j-n s.*

starr·köp·fig *Adj* ≈ stur, starrsinnig

Starr·sinn *der*; *nur Sg*, *pej* ≈ Sturheit, Eigensinn || *hierzu* **starr·sin·nig** *Adj*

Start *der*; *-s, -s*; **1** der Vorgang, bei dem *bes* ein Flugzeug od. e-e Rakete den Boden verlässt u. in die Luft steigt ↔ Landung || K-: ***Start-, -erlaubnis, -rampe, -verbot***; ***start-, -bereit*** || -K: ***Raketen-, Senkrecht-*** **2** der Beginn e-s Rennens ⟨das Zeichen zum S. geben; e-n guten, schlechten S. erwischen; den S. wiederholen (müssen)⟩ || K-: ***Start-, -flagge, -pistole, -signal, -verbot***; ***start-, -bereit*** || -K: ***Fehl-*** **3** die Stelle, an der die Läufer od. Fahrer den Lauf od. das Rennen beginnen ↔ Ziel || K-: ***Start-, -block, -linie, -platz*** **4** der Beginn e-r *mst* geschäftlichen Tätigkeit: *der S. ins Berufsleben* || K-: ***Start-, -kapital*** || -K: ***Berufs-, Tournee-*** **5** ***an den S. gehen***; ***am S. sein*** an e-m Lauf od. Rennen teilnehmen ≈ starten (2) **6** ***den S. freigeben*** erlauben, dass ein Flugzeug od. ein Sportler startet **7** ***ein fliegender S.*** *Sport*; ein S. (2), bei dem die Läufer / Fahrer das Rennen nicht stehend, sondern schon mit e-r bestimmten Geschwindigkeit beginnen

Start·bahn *die*; e-e Art breite Straße (auf e-m Flugplatz), auf der die Flugzeuge starten

star·ten; *startete, hat / ist gestartet*; [Vi] *(ist)* **1** ***j-d / etw. startet*** ein Flugzeug, e-e Rakete bzw. deren Besatzung verlässt den Boden u. steigt in die Luft ↔ j-d / etw. landet **2** (***für etw.***) ***s.*** an e-m Rennen teilnehmen: *für Frankreich s.* **3** ***etw. startet*** (***irgendwie***) der Motor e-s Fahrzeugs springt an: *Sein Auto startet selbst bei eisiger Kälte sehr gut* **4** e-e Reise od. ein Rennen beginnen ↔ beenden; [Vt] *(hat)* **5** (***etw.***) ***s.*** etw. beginnen od. stattfinden lassen ⟨ein Rennen, den Film, ein Geschäft, e-e Aktion s.⟩ **6** (***etw.***) ***s.*** den Motor einschalten ≈ anlassen ⟨das Auto, das Moped *usw* s.; den Motor s.⟩: *Der Wagen lässt sich schlecht s.* || K-: ***Start-, -automatik***

Star·ter *der*; *-s, -*; **1** *Sport*; j-d, der das Zeichen gibt, dass ein Rennen beginnt: *Der S. gab den Startschuss ab* **2** ein Gerät *z.B.* im Auto, das e-n (Benzin)Motor startet (5) ≈ Anlasser ⟨den S. betätigen⟩

Start·hil·fe *die*; *nur Sg*; **1** e-e Verbindung durch Kabel von e-r vollen (Auto)Batterie zu e-r leeren Batterie, um so den Motor des Autos mit der leeren Batterie zu starten (6) ⟨j-m S. geben⟩ || K-: ***Starthilfe-, -kabel*** **2** Geld, das man j-m gibt, damit er *z.B.* ein Geschäft eröffnen od. e-e Familie gründen kann

start·klar *Adj*; fertig für e-n Start ≈ startbereit

Start·num·mer *die*; die Nummer, die ein Teilnehmer in e-m Rennen hat

Start·schuss *der*; **1** der Schuss, der zeigt, dass ein Rennen beginnt: *den S. zum Hürdenlauf (ab)geben* **2** etw., das deutlich zeigt, dass e-e Tätigkeit beginnt od. beginnen kann ⟨den S. für etw. geben⟩: *Dieser Beschluss war der S. für den Bau des Kraftwerks*

Sta·si *der*; *-s od die*; *-*; *nur Sg*, *gespr hist* ≈ Staatssicherheitsdienst (in der ehemaligen DDR)

State·ment [ˈsteɪtmənt] *das*; *-s, -s*; *geschr*; e-e (öffentliche) Erklärung (3) ⟨ein S. abgeben⟩

Sta·tik *die*; *-*; *nur Sg*; **1** die Kräfte, die bewirken, dass ein Gebäude fest steht u. nicht einstürzt: *die S. e-r Brücke berechnen* **2** die Lehre von der S. (1) **3** *geschr*; der statische (2) Zustand von etw. ↔ Dynamik || *zu* **2 Sta·ti·ker** *der*; *-s, -* || ▶ ***statisch***

Sta·ti·on [-ˈtsi̯oːn] *die*; *-, -en*; **1** ein Platz, an dem Züge u. andere öffentliche Verkehrsmittel regelmäßig halten, damit die Leute ein- u. aussteigen können ⟨bei der nächsten S. aussteigen, umsteigen; drei Stationen (weit) fahren; ein Zug hält (nicht) an jeder S.⟩ || K-: ***Stations-, -vorsteher*** || -K: ***Bahn-, Berg-, Gipfel-, Tal-; End-, Zwischen-*** || NB: **a)** *S.* verwendet man vor allem bei Zügen, Seilbahnen, Sesselliften *u.Ä.*; bei Bussen u. Straßenbahnen verwendet man meistens *Haltestelle*; **b)** Das Gebäude, in dem man Fahrkarten für Züge kauft, heißt *Bahnhof* **2** *(Adj +)* ***S.*** e-e Abteilung in e-m Krankenhaus ⟨die neurologische, chirurgische, gynäkologische S.; auf der psychiatrischen S. sein, liegen, arbeiten; j-n auf die urologische S. bringen⟩ || K-: ***Stations-, -arzt, -schwester*** || -K: ***Frauen-, Kinder-, Männer-; Seuchen-*** **3** Gebäude u. technische Anlagen, die als Basis für bestimmte (*bes* wissenschaftliche) Tätigkeiten dienen ⟨e-e meteorologische S.; e-e S. einrichten, errichten⟩ || -K: ***Beobachtungs-, Empfangs-, Fernseh-, Forschungs-, Missions-, Radio-, Radar-, Versuchs-, Wetter-; Boden-, Unterwasser-, Weltraum-*** **4** ein Punkt in e-r Entwicklung: *die verschiedenen Stationen seiner Karriere* **5** ***auf S. sein*** *Med gespr*; als Arzt od. Krankenschwester in e-r S. (2) Dienst haben **6** (***irgendwo***) ***S. machen*** e-e Fahrt od. Reise unterbrechen

sta·ti·o·när [ʃtatsi̯oˈnɛːɐ̯] *Adj*; im Krankenhaus ↔ ambulant ⟨e-e Behandlung; j-n s. behandeln⟩

sta·ti·o·nie·ren [-tsi̯o-]; *stationierte, hat stationiert*; [Vt] *mst* ***j-d / etw. ist / wird irgendwo stationiert*** Soldaten / Waffen *o.Ä.* werden an e-n Ort gebracht / sind an e-m Ort, um dort (über längere Zeit) e-n bestimmten Zweck zu erfüllen: *die auf Zypern stationierten UN-Soldaten* || *hierzu* **Sta·ti·o·nie·rung** *die*; *nur Sg*

sta·tisch *Adj*; **1** *nur attr od adv*; in Bezug auf die Statik (1,2) ⟨die Gesetze, Berechnungen⟩ **2** *geschr*; ohne Bewegung u. Veränderung ↔ dynamisch (1), flexibel ⟨ein Zustand⟩

Sta·tist *der*; *-en, -en*; **1** ein Schauspieler, der e-e kleine Rolle hat, bei der er nichts sagen muss: *Für diese Massenszenen brauchen wir 500 Statisten* **2** *pej*; j-d, den man für unwichtig hält || NB: *der Statist; den, dem, des Statisten* || *hierzu* **Sta·tis·tin** *die*; *-, -nen*

Sta·tis·tik *die*; *-, -en*; **1** *mst* e-e Tabelle mit Zahlen, die zeigen, wie häufig bestimmte Dinge irgendwo vorkommen ⟨e-e amtliche S.; e-e S. erstellen, interpretieren, auswerten; etw. aus e-r S. ablesen, folgern⟩: *Laut S. fahren Frauen vorsichtiger Auto als Männer* || -K: ***Bevölkerungs-, Unfall-, Verkehrs-*** **2** *nur Sg*; die Wissenschaft, die sich mit dem Herstellen u. Interpretieren von Statistiken (1) beschäftigt || *zu* **2 Sta·tis·ti·ker** *der*; *-s, -* || *hierzu* **sta·tis·tisch** *Adj*

Sta·tiv [-f] *das*; *-s, -e*; ein Gerät mit drei Beinen, auf dem man e-e Kamera befestigt, damit diese beim Fotografieren nicht wackelt ⟨das S. aufstellen⟩

statt[1] *Konjunktion* ≈ anstatt[1]: *Sie drehte die Heizung auf, s. sich wärmer anzuziehen*; *S. dass wir hier herumsitzen, sollten wir lieber spazieren gehen*

statt[2] *Präp*; *mit Gen / gespr auch Dat* ≈ anstatt[2]: *Nimm doch das frische Brot s. des alten* || NB: Gebrauch ↑ *Tabelle unter* ***Präpositionen***

statt[3] *veraltend*; *nur in* **1 *an j-s s.*** stellvertretend für j-n: *Weil ihr Bruder krank war, ging sie an seiner s. zum Fest* **2 *j-n an Kindes s. annehmen*** ≈ adoptieren || NB: ↑ ***Eid***

statt·des·sen *Adv*: *Sie hat das Joggen aufgegeben, s. geht sie jetzt schwimmen* || NB: aber: *Der Star, statt dessen seine Frau erschienen war, war erkrankt* (getrennt geschrieben)

Stät·te *die*; *-, -n*; *geschr*; ***die S.*** *(+ Gen)* ein Ort, e-e Stelle, wo etw. *mst* Wichtiges passiert (ist) ⟨e-e historische S.⟩: *die S. seines Wirkens, seines Todes*; *die Stätten seiner Kindheit wiedersehen wollen* || -K: ***Arbeits-, Brand-, Fund-, Gedenk-, Grab-, Heim-, Rast-, Unglücks-, Zufluchts-***

statt·fin·den; *findet statt, fand statt, hat stattgefunden*; [Vi] ***etw. findet statt*** etw. geschieht (als geplantes Ereignis): *Die Trauung findet im Dom statt*; *Das Konzert hat bereits gestern stattgefunden*; *Die Gerichtsverhandlung wird unter Ausschluss der Öffentlichkeit s.*

statt·ge·ben; *gibt statt, gab statt, hat stattgegeben*; [Vi] ***etw.*** *(Dat)* ***s.*** *Admin geschr*; e-e Bitte *o.Ä.* erfüllen ≈ etw. *(Dat)* nachkommen (3) ↔ etw. ablehnen ⟨e-m Antrag, e-r Bitte, e-r Forderung s.⟩

statt·haft *Adj*; *nur präd, nicht adv, Admin geschr* ≈ erlaubt, zulässig

Statt·hal·ter *der*; *hist*; j-d, der die Aufgaben e-s Kaisers, Fürsten *usw* übernahm, wenn dieser nicht da war ⟨der kaiserliche, päpstliche S.⟩

statt·lich *Adj*; **1** groß, kräftig u. elegant: *Er ist e-e stattliche Erscheinung* **2** ziemlich hoch ⟨e-e Summe, ein Gewinn, ein Vermögen⟩ **3** groß u. eindrucksvoll ⟨ein Haus⟩

Sta·tue [-tuə] *die*; *-, -n*; e-e Figur (aus e-m harten Material wie *z.B.* Metall od. Stein), die die Form e-s ganzen Menschen od. e-s Tieres hat ≈ Standbild: *e-e S. von König Ludwig aufstellen* || -K: ***Bronze-, Gips-, Marmor-; Reiter-*** || NB: ↑ ***Skulptur, Plastik***[2] || (1) *hierzu* **sta·tu·en·haft** *Adj*

Sta·tur *die*; *-*; *nur Sg*; die Art, wie j-s Körper gebaut, gewachsen ist ≈ Körperbau ⟨von kräftiger S. sein⟩

Sta·tus *der*; -; *nur Sg*; die gesellschaftliche od. rechtliche Stellung e-r Person, e-r Firma, e-s Landes *usw* ⟨j-s gesellschaftlicher, sozialer S.; der politische S. e-s Landes⟩ || -K: ***Neutralitäts-, Rechts-***

Sta·tus quo *der*; -; *nur Sg*; der Zustand, wie er zurzeit ist ⟨den Status quo aufrechterhalten⟩

Sta·tus·sym·bol *das*; etw., mit dem man anderen Leuten zeigen will, welche (hohe) Stellung man in der Gesellschaft hat od. wie viel Geld man hat: *ein Swimmingpool als S.*

Sta·tus·zei·le *die*; *EDV*; e-e Zeile unten am Bildschirm, die einem *z.B.* Informationen darüber gibt, auf welcher Seite u. in welcher Zeile e-s Textes man sich gerade befindet

Sta·tut *das*; -*(e)s*, -*en*; eine der Regeln, die bestimmen, welche Aufgaben, Rechte u. Pflichten *bes* ein Verein hat ≈ Satzung ⟨Statuten aufstellen⟩ || K-: ***Statuten-, -änderung*** || -K: ***Partei-, Vereins-***

Stau *der*; -*(e)s*, -*s* / -*e*; **1** *Pl Staus*; e-e lange Reihe von Autos, die auf der Straße stehen u. nicht weiterfahren können ⟨ein S. bildet sich, löst sich auf; im S. stecken; in e-n S. kommen, geraten⟩ || K-: ***Stau-, -länge, -meldung, -warnung*** || -K: ***Verkehrs-*** **2** *mst Sg*; e-e Ansammlung e-r großen Menge *mst* von Wasser, das nicht weiterfließen kann: *Durch quer liegende Bäume kam es zu e-m gefährlichen S. des Baches* || K-: ***Stau-, -becken, -mauer*** || -K: ***Blut-, Wärme-, Wasser-***

Staub *der*; -*(e)s*; *nur Sg*; **1** die vielen kleinen Teilchen von verschiedenen Substanzen, die immer in der Luft sind u. sich *bes* auf ebenen Flächen in Häusern u. Wohnungen sammeln ⟨feiner S.; etw. wirbelt S. auf⟩: *Als ich das Buch vom Regal nahm, war es mit e-r Schicht S. bedeckt / überzogen* || K-: ***Staub-, -korn, -schicht, -teilchen***; ***staub-, -bedeckt, -frei*** || -K: ***Gold-, Kohlen-, Mehl-, Ziegel-*** **2** ***S. wischen*** mit e-m Tuch den S. (1) von den Möbeln entfernen **3** ***S. saugen*** ≈ staubsaugen || ID ***j-d / etw. wirbelt viel S. auf*** *gespr*; j-d / etw. verursacht große Aufregung in der Öffentlichkeit; ***sich*** (*Akk*) ***aus dem S. machen*** *gespr*; sich schnell u. heimlich entfernen

stau·ben; *staubte, hat gestaubt*; [Vi] **1** ***etw. staubt*** etw. produziert Staub u. / od. gibt Staub von sich: *Die Decken staubten sehr, als wir sie ausschüttelten*; [Vimp] **2** ***es staubt*** irgendwo entsteht viel Staub

Staub·fän·ger *der*; -*s*, -; *gespr pej*; ein Gegenstand, der ohne Zweck in der Wohnung (herum)steht

Staub·ge·fäß *das*; -*es*, -*e*; *mst Pl*; die Teile e-r Blüte, die den Blütenstaub enthalten

stau·big *Adj*; voller Staub

Staub·lap·pen *der* ≈ Staubtuch

staub·sau·gen; *staubsaugte, hat gestaubsaugt*; [Vt/i] (***etw.***) ***s.*** etw. mit e-m Staubsauger reinigen ≈ saugen (2)

Staub·sau·ger *der*; -*s*, -; ein elektrisches Gerät, das den Staub einsaugt u. so den (Fuß)Boden reinigt

Staub·tuch *das*; ein weiches Tuch, mit dem man Staub von Möbeln entfernt

Staub·wol·ke *die*; e-e große Menge Staub in der Luft ⟨etw. wirbelt e-e S. auf, hinterlässt e-e S.⟩

Stau·damm *der*; e-e große Mauer quer über ein ganzes Tal, hinter der man das Wasser e-s Flusses od. e-s Bachs sammelt (staut), *bes* um elektrischen Strom od. Wasservorräte zu gewinnen ≈ Talsperre ⟨e-n S. bauen⟩

Stau·de *die*; -, -*n*; **1** e-e Pflanze, deren Wurzeln im Winter in der Erde überleben, während der obere Teil abstirbt || K-: ***Stauden-, -gewächs*** || -K: ***Rhabarber-*** **2** *südd* Ⓐ ⒸⒽ ≈ Strauch || *zu* **1** **stau·den·ar·tig** *Adj*

stau·en; *staute, hat gestaut*; [Vt] **1** ***etw. s.*** *mst* Wasser sammeln, indem man durch e-e Mauer *o.Ä.* verhindert, dass es weiterfließt ⟨e-n Bach s.⟩; [Vr] **2** ***etw. staut sich*** e-e große Menge von etw. (*bes* e-r Flüssigkeit) bildet sich irgendwo u. kann nicht od. kaum weiterfließen ≈ etw. sammelt sich an: *Das Blut staut sich, weil die Arterien verkalkt sind* **3** ***etw. staut sich*** ein Gefühl wird sehr stark, *bes* weil man es unterdrückt ⟨der Ärger, die Wut, der Zorn⟩ || *zu* **1** u. **2** **Stau·ung** *die*

stau·nen; *staunte, hat gestaunt*; [Vi] (***über j-n / etw.***) ***s.*** Überraschung, Verwunderung u. Respekt empfinden: *Da staunst du, wie gut ich das kann, was?*; darüber *s.*, dass *j-d etw. kann* || ► ***Erstaunen***

Stau·nen *das*; -*s*; *nur Sg*; ein Gefühl der Überraschung u. Bewunderung ⟨etw. versetzt j-n in S.; aus dem S. nicht mehr herauskommen⟩ || *hierzu* **Stau·nen er·re·gend** *Adj*

Stau·pe *die*; -, -*n*; e-e Krankheit bei Hunden u. Katzen, bei der sich verschiedene Organe entzünden

Stau·see *der*; der künstliche See hinter e-m Staudamm

Steak [ʃteːk, st-] *das*; -*s*, -*s*; ein Stück (Rind)Fleisch, das man relativ kurz brät: *Möchten Sie Ihr S. englisch, medium od durchgebraten?* || -K: ***Rinder-, Schweine-, Filet-, Hüft-***

ste·chen; *sticht, stach, hat gestochen*; [Vt/i] **1** (***etw.***) ***irgendwohin s.*** e-n spitzen Gegenstand in e-e Oberfläche drücken: *e-e Nadel in den Stoff s.*; *in den Kuchen s., um zu sehen, ob er gar ist* **2** ***j-m / sich*** (***etw.***) ***irgendwohin s.*** j-n / sich verletzen od. ihm / sich wehtun, indem man irgendwohin sticht (1): *j-m ein Messer ins Herz s.*; *Ich habe mir in den Finger gestochen* **3** (***etw.***) ***s.*** beim Kartenspiel e-e Karte hinlegen, die e-n höheren Wert hat als die, die bereits dort liegt **4** ***etw. sticht*** (***etw.***) e-e Karte hat bei e-m Kartenspiel e-n höheren Wert als e-e andere: *Das Ass sticht (den König)*; [Vt] **5** ***j-n / sich*** (***irgendwohin***) ***s.*** ≈ s. (2): *Ich habe mich in den Finger gestochen*; *Pass doch auf, jetzt hast du mich gestochen!* **6** ***ein Tier sticht j-n / ein Tier*** ein Tier verletzt j-n / ein Tier mit seinem Stachel **7** ***etw. s.*** mit e-m spitzen Gerät e-e Pflanze aus der Erde holen od. etw. vom Boden trennen ⟨Feldsalat, Löwenzahn, Spargel s.; Rasen, Torf s.⟩; [Vi] **8** ***ein Tier sticht*** ein Tier hat die Möglichkeit, j-n / ein Tier mit seinem Stachel zu verletzen ⟨Bienen, Wespen, Mücken *usw*⟩ || K-: ***Stech-, -fliege, -mücke, -rüssel*** **9** ***etw. sticht*** etw. ist spitz u. verursacht deshalb Schmerzen, wenn man es berührt ⟨Dornen, Disteln, Rosen *usw*⟩ **10** ***etw. sticht*** etw. schmerzt (in kurzen Abständen) für kurze Zeit so, als ob man gestochen (9) würde: *Mein Herz sticht wieder einmal*; *stechende Schmerzen haben* **11** ***die Sonne sticht*** die Sonne ist unangenehm heiß; [Vr] **12** ***sich an etw.*** (*Dat*) ***s.*** e-e Pflanze so berühren, dass man sich wehtut: *Ich habe mich an den Rosen gestochen*

Ste·chen *das*; -*s*, -; **1** *nur Sg*; kurze Schmerzen, die sich wiederholen u. die man wie (kleine) Stiche empfindet: *ein S. im Rücken haben* **2** *Sport*; (beim Reiten) der letzte Teil e-s Wettkampfes, an dem nur noch die Besten teilnehmen, die die gleiche Zahl von (Fehler)Punkten haben

ste·chend *Adj*; **1** *Partizip Präsens*; ↑ ***stechen*** **2** unangenehm u. intensiv ⟨ein Geruch; etw. riecht s.⟩

Stech·kar·te *die*; e-e Karte, die man in e-e Stechuhr steckt

Stech·pal·me *die*; ein kleiner Baum mit Stacheln an den Blättern

Stech·uhr *die*; ein Gerät, das auf e-r Karte registriert, wann man zur Arbeit kommt u. wann man geht

Steck·brief *der*; e-e kurze Beschreibung, die die Polizei von e-m Verbrecher gibt, um ihn zu finden

stęck·brief·lich *Adj*; *mst adv*; mithilfe e-s Steckbriefs ⟨j-n s. suchen; s. gesucht⟩

Stęck·do·se *die*; ein kleiner Gegenstand mit zwei Öffnungen, der an e-e elektrische Leitung angeschlossen ist. Mit e-m Stecker kann man von e-r S. Strom abnehmen: *den Stecker in die S. stecken* || ↑ *Abb. unter* **Stecker**

stę·cken; *steckte, hat / ist gesteckt*; [Vi] (*hat*) **1 etw. irgendwohin s.** etw. durch e-e Öffnung (*z.B.* ein Loch od. e-n Spalt) in etw. hineintun: *den Brief in das Kuvert s.*; *das Hemd in die Hose s.*; *Samen in die Erde s.*; *die Hände in die Manteltaschen s.* **2** (**j-m / sich**) **etw. irgendwohin s.** etw. an e-m bestimmten Platz befestigen: *e-e Brosche aufs Kleid s.*; *j-m e-n Ring an den Finger s.*; *sich e-n Kamm in die Haare s.* **3 j-n irgendwohin s.** *gespr*; j-n an e-n bestimmten Platz bringen, an dem er bleiben muss ⟨j-n ins Gefängnis, ins Bett s.⟩ **4 etw. in etw.** (*Akk*) **s.** *gespr*; Geld od. Arbeit in etw. investieren: *sein Geld in ein Geschäft s.*; *seine gesamte Kraft in die Arbeit s.* **5 j-m etw. s.** *gespr*; j-m etw. verraten, das für ihn unangenehm ist **6 etw. in Brand s.** ≈ etw. anzünden: *ein Haus in Brand s.* **7 etw. s.** *gespr*; mit etw. aufhören, *bes* weil man keinen Erfolg hat: *Ich glaub, ich stecks!*; [Vi] **8 j-d / etw. steckt irgendwo** (*hat / südd* Ⓐ Ⓒⓗ *auch ist*) j-d / etw. ist an e-m bestimmten Ort u. kommt nicht weg: *Die Wurzeln stecken fest in der Erde* || NB: *geschr veraltend* heißt die Form des Imperfekts *stak* **9 der Schlüssel steckt** (*hat*) der Schlüssel ist im Schloss **10 j-d / etw. steckt irgendwo** (*hat*) *gespr*; j-d / etw. ist irgendwo: *Weißt du, wo die Kinder stecken?* || NB: *mst* mit *wo* **11 etw. steckt in j-m** (*hat*) *gespr*; j-d hat bestimmte Fähigkeiten: *In ihr stecken musikalische Talente!* **12 etw. steckt in etw.** (*Dat*) (*hat*) *gespr*; etw. wurde für etw. gebraucht, investiert: *In dem Geschäft steckt e-e Menge Geld* **13 j-d / etw. steckt hinter etw.** (*Dat*) *gespr*; j-d ist für etw. verantwortlich, etw. ist die eigentliche Ursache von etw.: *Dahinter steckt bestimmt die Mafia* **14 in Schwierigkeiten s.** (*hat*) *gespr*; *mst* finanzielle Schwierigkeiten haben

> **stę·cken blei·ben**; *blieb stecken, ist stecken geblieben*; [Vi] **1** sich nicht mehr weiterbewegen können, irgendwo stecken (8): *im Schnee s. b.*; *j-m bleibt das Essen im Hals stecken* **2 etw. bleibt irgendwo stecken** etw. kann sich nicht weiterentwickeln od. nicht fortgesetzt werden: *Das Projekt blieb im Anfangsstadium stecken* **3** *gespr*; nicht mehr weitersprechen können (weil man vergessen hat, was man sagen wollte): *Der Schauspieler blieb mitten im Satz stecken*
>
> **stę·cken las·sen**; *lässt stecken, ließ stecken, hat stecken (ge)lassen*; [Vi] **etw.** (**irgendwo**) **s. l.** etw. an dem Platz lassen, wo es fest ist ⟨den Schlüssel im Schloss, in der Tür s. l.⟩

S

Stę·cken *der*; *-s, -*; *südd* Ⓒⓗ ≈ Stock[1] (1), Stab

Stę·cken·pferd *das*; **1** e-e Tätigkeit, mit der sich j-d zum Vergnügen (regelmäßig) beschäftigt, bzw. ein Thema, das j-d immer wieder anspricht: *Der Garten ist ihr S., sie verbringt dort fast jede freie Minute* **2** ein Stab (aus Holz) mit e-m Pferdekopf, den Kinder als Spielzeug verwenden

Stę·cker *der*; *-s, -*; ein kleiner Gegenstand (aus Plastik) mit Stiften[1] (1), mit dem man ein elektrisches Gerät (über e-e Steckdose) an das Stromnetz anschließt

Stęck·na·del *die*; e-e Nadel, die man *bes* verwendet, um Stoffstücke aneinander zu befestigen, wenn man Kleider näht: *den Saum mit Stecknadeln abstecken* || ↑ *Abb. unter* **Nadel** || K-: **Stecknadel-, -kopf** || ID **j-n / etw. wie e-e S.** (**im Heuhaufen**) **suchen** *gespr*; j-n / etw. mit großer Mühe (u. wenig Aussicht auf Erfolg) suchen; **Es ist so still, dass man e-e S. fallen hören kann** es ist sehr still

Steg *der*; *-(e)s, -e*; **1** e-e schmale, einfache Brücke (*mst* aus Holz), auf der man über e-n Bach od. von e-m Boot od. Schiff an Land gehen kann || -K: **Lande- 2** e-e Art Brücke aus Holz, die in e-n See *o.Ä.* gebaut ist u. an der man *bes* Boote festbindet ⟨j-d / ein Boot legt am S. an⟩ || -K: **Boots- 3** ein kleines Brett am oberen Ende e-r Gitarre, Geige *o.Ä.*, auf dem die Saiten liegen **4** der Teil der Brille (zwischen den Gläsern), der auf der Nase sitzt

Steg·reif *der*; *nur in* **aus dem S.** spontan (u. ohne Vorbereitung) ≈ improvisiert ⟨e-e Rede aus dem S. halten⟩ || K-: **Stegreif-, -rede**

Steh·auf·männ·chen *das*; **1** j-d, der auch nach vielen Enttäuschungen immer optimistisch bleibt **2** ein Spielzeug für Kinder, das aussieht wie ein kleiner dicker Mann, der immer wieder aufsteht, wenn man ihn umwirft

Steh|aus·schank *der*; ein kleines u. einfaches Lokal, in dem man im Stehen Bier trinken kann

Steh·emp·fang *der*; ein Besuch, bei dem man sich nicht setzt, sondern im Stehen isst u. trinkt

ste·hen[1] [ˈʃteːən]; *stand, hat / südd* Ⓐ Ⓒⓗ *ist gestanden*; [Vi] **1** (**irgendwo**) **s.** in aufrechter Haltung auf e-r Stelle bleiben ↔ liegen, sitzen ⟨auf einem Bein s.; Personen stehen in e-r Reihe; hinter, vor, neben j-m s.; in der Tür, am Fenster, im Regen, unter der Dusche s.; j-m auf dem Fuß s.⟩: *Am Eingang zum Palast stehen zwei Wachsoldaten*; *Der Zug war so voll, dass wir von Köln bis Stuttgart s. mussten* **2 etw. steht irgendwo** etw. ist an der Stelle, an der es gebaut od. aufgestellt wurde od. an der es gewachsen ist ≈ etw. befindet sich irgendwo: *Auf dem Rathausplatz steht jetzt ein Denkmal*; *Unser Nachbar hat drei große Tannen im Garten s.* **3 etw. steht irgendwo** etw. wurde an e-e Stelle in e-m Raum od. Gebäude gestellt: *Die Gläser stehen schon auf dem Tisch* **4** ⟨Wasser⟩ **steht irgendwo** Wasser ist an der genannten Stelle (u. erreicht e-e bestimmte Höhe): *Nach den starken Regenfällen stand überall das Wasser auf den Wiesen* **5 etw. steht** etw. ist nicht mehr in Bewegung od. in Funktion ↔ etw. läuft (7) ⟨e-e Maschine, ein Motor, e-e Uhr⟩ **6 etw. steht irgendwo** etw. ist an e-r bestimmten Stelle des Himmels sichtbar ⟨Sterne; die Sonne, der Mond⟩: *Die Sonne steht im Zenit* **7 j-d / etw. steht irgendwo** j-s Name / etw. ist irgendwo (*bes* auf Papier) gedruckt od. geschrieben: *Kannst du lesen, was auf dem Wegweiser steht?*; *Steht etw. Interessantes in der Zeitung?* **8 etw. steht auf etw.** (*Dat*) etw. zeigt durch seine Position e-e Zeit od. e-n Wert an: *Der Zeiger steht auf vier Uhr*; *Das Barometer steht auf „Regen"* **9 vor etw.** (*Dat*) **s.** mit etw. Schwierigem zu tun haben ≈ mit etw. konfrontiert sein ⟨vor Problemen, Schwierigkeiten s.; vor dem Ruin, dem Bankrott, dem Nichts, der Pleite s.⟩: *Länder, die vor enormen wirtschaftlichen Schwierigkeiten stehen* **10 über j-m s.** e-n höheren Rang haben als ein anderer: *Der Oberst steht über dem Hauptmann* **11 über etw.** (*Dat*) **s.** so viel Erfahrung u. Intelligenz haben, dass man sich nicht über kleine Probleme ärgert: *Man muss über den Dingen s.* **12 etw. steht u. fällt mit**

Stecker

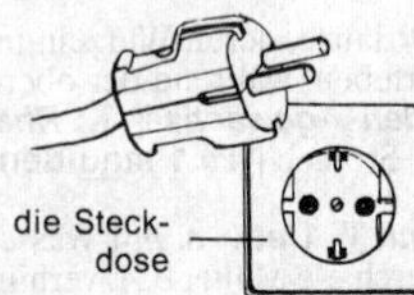

j-m / etw. etw. hängt von j-m / etw. ab: *Diese Firma steht u. fällt mit Jürgens technischem Können* **13 *etw. steht*** *gespr*; etw. ist fertig (gebaut, geschrieben *usw*): *Bis nächsten Montag muss der Bericht s.* **14 *etw. steht irgendwie*** etw. ist zu e-m bestimmten Zeitpunkt in e-m bestimmten Zustand der Entwicklung: *Die Chancen für e-n Erfolg stehen gut; Wie steht die Sache? - Werden wir bald ein Ergebnis bekommen?* **15 *etw. 'steht vor Dreck*** *gespr*; etw. ist sehr schmutzig **16 *j-d / etw. steht unter etw.*** (*Dat*) j-d ist in e-r bestimmten Situation, j-d / etw. ist in e-m bestimmten Zustand ⟨j-d steht unter Arrest; etw. steht unter Spannung / Strom⟩ **17** verwendet zusammen mit e-m Subst., um ein Verb zu umschreiben; ***unter Anklage s.*** ≈ angeklagt sein; ***unter Aufsicht s.*** ≈ beaufsichtigt werden; ***etw. steht unter Beschuss*** ≈ etw. wird beschossen; ***etw. steht in Blüte*** ≈ etw. blüht; ***etw. steht zur Debatte, Diskussion*** ≈ etw. muss debattiert, diskutiert werden; ***im Einsatz s.*** ≈ eingesetzt werden; ***etw. steht in Flammen*** ≈ etw. brennt; ***unter Verdacht s.*** ≈ verdächtigt werden; ***j-d / etw. steht j-m zur Verfügung*** ≈ j-d kann über j-n / etw. verfügen; ***in Verhandlungen (mit j-m) s.*** ≈ mit j-m verhandeln; ***etw. steht im Widerspruch zu etw.*** ≈ etw. widerspricht etw. (*Dat*); [Vimp] **18 *es steht irgendwie*** ein bestimmter Punkt e-r Entwicklung ist erreicht: *Wie steht es (mit ihm)? - Wird er überleben?* **19 *es steht irgendwie*** verwendet, um den momentanen Spielstand e-s Spiels anzugeben: *Nach der ersten Halbzeit steht es 2:1 (zwei zu eins); „Wie steht es denn?" - „68:47 für Heidelberg"* **20 *um j-s Gesundheit / j-n steht es schlecht*** j-d ist sehr krank, in e-m schlechten Zustand || ID *mst* ***Na, wie stehts?*** *gespr*; verwendet, um j-n zu fragen, wie es ihm geht || ► ***Stand, Ständer***

ste·hen² ['ʃteːən]; *stand, hat / südd* Ⓐ Ⓒⓗ *ist gestanden*; [Vi] **1 *etw. steht j-m*** etw. passt gut zu j-s Figur u. Aussehen ⟨ein Kleidungsstück, e-e Farbe, e-e Frisur; e-e Brille⟩: *Steht mir diese Bluse?; Ich glaube, helle Farbtöne stehen mir nicht* **2 *zu etw. s.*** die Verantwortung für etw. übernehmen, das man getan od. versprochen hat ≈ etw. verantworten ⟨zu e-r Tat, e-r Entscheidung, e-m Versprechen s.⟩: *Der Umweltminister steht weiterhin zu seinem Beschluss* **3 *zu j-m s.*** j-m, der Schwierigkeiten hat, helfen (*bes* weil man ihn mag od. weil man von seinen Leistungen überzeugt ist) ≈ zu j-m halten: *Trotz der Niederlage steht der Trainer zu seinen Spielern* **4 *(voll) hinter j-m s.*** j-m helfen, seine *mst* politischen Ziele zu erreichen: *Die Partei steht voll hinter ihrem Vorsitzenden* **5 *irgendwie zu j-m / etw. s.*** e-e bestimmte Meinung od. Einstellung zu j-m / etw. haben ≈ j-n / etw. irgendwie beurteilen: *Wie stehen Sie zu den neuen Sparmaßnahmen der Regierung?* || NB: *mst* in e-r Frage **6 *etw. steht auf etw.*** (*Akk*) für ein Verbrechen gibt es die genannte Strafe ≈ etw. wird mit etw. bestraft: *Auf Steuerhinterziehung stehen hohe Geldstrafen* **7 *etw. steht bei j-m*** etw. wird von j-m entschieden ≈ etw. liegt bei j-m: *„Sollen wir heute Abend ins Theater gehen?" - „Das steht ganz bei dir"*; Es *steht bei dir*, ob *wir wieder nach England fahren* **8 *j-d / etw. steht für etw.*** j-d / etw. vertritt etw., ist ein typisches Beispiel für viele andere Menschen od. Dinge ≈ j-d / etw. ist stellvertretend für etw.: *Seine Worte stehen für die Meinung vieler Arbeitsloser* **9 *auf j-n / etw. s.*** *gespr*; j-n / etw. sehr gut finden (u. deshalb haben wollen) ≈ auf j-n / etw. fliegen, abfahren: *Sie steht auf große, schlanke Männer / auf französische Chansons* **10 *etw. steht zu erwarten, befürchten, hoffen*** *geschr*; man hat Gründe, etw. zu erwarten *usw*: *E-e Verschlechterung steht nicht mehr zu befürchten*; Es *steht zu erwarten*, dass *der Dollarkurs in den nächsten Wochen steigen wird* || NB: *zu* **10**: nur im Präsens u. im Imperfekt

> **ste·hen blei·ben**; *blieb stehen, ist stehen geblieben*; [Vi] **1** nicht weitergehen od. -fahren ≈ anhalten: *Wir blieben stehen, um auf dem Stadtplan nachzusehen* **2 *etw. bleibt stehen*** etw. funktioniert nicht mehr: *Meine Uhr ist stehen geblieben* **3 *Fehler bleiben stehen*** Fehler werden (in e-m Text) nicht ausgebessert **4 *etw. bleibt stehen*** etw. bleibt erhalten, wird nicht zerstört, beseitigt *o.Ä.*: *Diese Hausfassaden müssen bei der Sanierung unbedingt s. b.!* || ID ***Wo sind wir stehen geblieben?*** an welchem Punkt unseres Gesprächs waren wir zuletzt?
>
> **ste·hen las·sen**; *lässt stehen, ließ stehen, hat stehen (ge)lassen*; [Vt] **1 *etw. s. l.*** etw. dort lassen, wo es steht: *Bitte lass doch das Geschirr stehen, ich spüle selbst ab* **2 *etw. s. l.*** etw. nicht (ganz) essen: *Wenn Ihnen der Kuchen nicht schmeckt, können Sie ihn ruhig s. l.* **3 *etw. irgendwo s. l.*** etw. irgendwo vergessen u. nicht mitnehmen: *Ich habe meinen Schirm im Geschäft s. l.* **4 *j-n s. l.*** (*mst* aus Verärgerung) j-n nicht (länger) beachten (u. von ihm weggehen)

Steh·im·biss *der*; ein einfaches Lokal, in dem man im Stehen essen kann

Steh·kra·gen *der*; ein *mst* steifer, enger Kragen an e-m Hemd od. Kleid, der nach oben steht

Steh·lam·pe *die*; e-e Lampe, die auf dem Boden od. e-m Tisch steht (u. nicht an der Decke hängt) || ↑ *Abb. unter* ***Lampe***

Steh·lei·ter *die*; e-e Leiter aus zwei Teilen, die frei steht u. nicht an die Wand gelehnt wird

steh·len; *stiehlt, stahl, hat gestohlen*; [Vt/i] **1 ((*j-m*) *etw.*) *s.*** unbemerkt etw. nehmen, das einem anderen gehört, u. es behalten: *j-m das Fahrrad s.; Ich glaube, er stiehlt*; [Vt] **2 *j-m etw. s.*** verhindern, dass j-d etw. hat od. bekommt ≈ rauben ⟨j-d / etw. stiehlt j-m die Ruhe, den Schlaf, die Zeit⟩; [Vr] **3 *sich irgendwohin s.*** leise u. heimlich irgendwohin gehen || ID *mst* ***Der / Das kann mir gestohlen bleiben!*** *gespr pej*; mit dem / damit will ich nichts zu tun haben || ► ***Diebstahl***

Steh·platz *der*; ein Platz (*z.B.* im Bus od. in e-m Stadion) ohne Sitz ↔ Sitzplatz

Steh·ver·mö·gen *das*; *nur Sg*; die Fähigkeit, e-e große (körperliche od. geistige) Belastung über relativ lange Zeit auszuhalten ⟨S. zeigen⟩

steif *Adj*; **1** ziemlich hart, sodass man die Form nur schwer verändern kann ↔ weich, biegsam ⟨ein Kragen, Pappe; etw. ist s. gefroren; etw. ist s. wie ein Brett⟩ **2** so, dass man es nicht od. nur schwer od. unter Schmerzen bewegen kann: *Seit dem Unfall hat er ein steifes Bein* **3** angespannt u. verkrampft u. nicht sehr schön anzusehen ≈ ungelenk ↔ anmutig, geschmeidig ⟨ein Gang, e-e Haltung, Bewegungen⟩ **4** sehr streng den gesellschaftlichen Regeln entsprechend ≈ förmlich, gezwungen ↔ locker (6) ⟨e-e Atmosphäre; sich s. benehmen⟩: *Bei dem Empfang ging es sehr vornehm u. s. zu* **5** *mst* ***etw. steif schlagen*** Eiweiß, Sahne *o.Ä.* mit e-m Kochlöffel od. e-m Mixer so schlagen, dass sie zu Schaum od. fest werden **6** *nicht adv*, *Seefahrt*; ziemlich stark ⟨e-e Brise, ein Wind⟩ **7** durch sexuelle Erregung groß u. hart ≈ erigiert ⟨das Glied, der Penis⟩ || ID ***etw. s. u. fest behaupten / glauben*** *gespr*; etw. behaupten / glauben, ohne daran zu zweifeln || *hierzu* **Steif·heit** *die*; *nur Sg*

Steig *der*; *-(e)s, -e*; ein steiler, schmaler Weg || -K: ***Fuß-, Kletter-*** || NB: ↑ ***Pfad***

Steig·bü·gel *der*; einer der zwei Bögen aus Metall, in die man die Füße steckt, wenn man auf e-m Pferd sitzt || ↑ *Abb. unter* **Pferd**

Steig·bü·gel|hal·ter *der*; *pej*; j-d, der e-r anderen Person hilft, Karriere zu machen

Stei·ge *die*; -, -*n*; *südd* Ⓐ **1** e-e flache, offene Kiste, in der man Obst od. Gemüse transportiert u. (auf dem Markt) verkauft || -K: ***Obst-*** **2** ***e-e S.*** + *Subst* die Menge Obst od. Gemüse, die in e-e S. (1) passt: *e-e S. Äpfel kaufen* **3** e-e steile Straße, ein steiler Weg

stei·gen; *stieg, ist gestiegen*; [Vi] **1** ***irgendwohin s.*** an e-n Ort gehen (*bes* klettern), der höher od. tiefer liegt ⟨auf e-n Berg, e-n Turm, aufs Dach s.; von e-m Berg ins Tal, vom Dach s.⟩: *vom zweiten Stock hinunter in den ersten Stock s.* **2** ***irgendwohin s.*** sich mit e-r Bewegung an / auf e-n bestimmten Platz bringen: *aufs / vom Fahrrad, Pferd s.; ins / aus dem Auto s.; in den / aus dem Zug s.; über e-n Zaun s.; in die / aus der Badewanne s.; auf e-n Stuhl s.* **3** ***j-d / etw. steigt*** j-d bewegt sich (in e-m Flugzeug *o.Ä.*) / etw. bewegt sich (*mst* durch die Luft) nach oben ⟨ein Flugzeug, der Nebel; der Rauch steigt in die Luft; Drachen s. lassen⟩: *Das Blut steigt ihm ins Gesicht*; *Der Duft der angebratenen Zwiebeln stieg ihr in die Nase* || K-: ***Steig-, -flug*** **4** ***etw. steigt*** etw. wird (im Niveau, Umfang od. Wert) höher od. größer ≈ etw. steigt an ↔ etw. sinkt ⟨das Wasser; die Leistung; die Aktien, die Preise⟩ **5** ***(j-m) auf etw.*** (*Akk*) ***s.*** *gespr*; auf etw. treten: *auf die Bremse, aufs Gas s.; j-m auf den Fuß s.* **6** ***etw. steigt*** *gespr* ≈ etw. findet statt ⟨e-e Party⟩ **7** ***in etw.*** (*Akk*) ***s.*** *gespr*; etw. anziehen, indem man bei den Füßen beginnt ⟨in die Hose, in die Kleider s.⟩

stei·gern; *steigerte, hat gesteigert*; [Vt] **1** ***etw. s.*** bewirken, dass etw. besser, größer, intensiver wird ≈ erhöhen ↔ senken ⟨die Leistung, die Produktion s.⟩: *Kleine Fehler steigern oft den Wert von Briefmarken* **2** ***etw. s.*** die Formen e-s Adjektivs od. Adverbs bilden, mit denen man e-n Vergleich ausdrückt ⟨ein Adjektiv s.⟩: *„Gut" steigert man mit den Formen „besser" u. „am besten"*; [Vr] **3** ***etw. steigert sich*** etw. wird besser od. intensiver ⟨etw. steigert sich im Tempo⟩: *Die Spannung steigerte sich bis ins Unerträgliche* **4** ***j-d steigert sich*** j-d verbessert seine Leistungen ⟨j-d steigert sich notenmäßig, in der Leistung⟩

Stei·ge·rung *die*; -, -*en*; **1** ein Vorgang, durch den etw. besser, größer od. intensiver wird: *e-e S. des Umsatzes anstreben* || K-: ***Steigerungs-, -rate*** || -K: ***Leistungs-, Umsatz-, Wert-*** **2** das Steigern (2) ⟨die S. e-s Adjektivs⟩ ≈ Komparation || K-: ***Steigerungs-, -form, -stufe*** **3** (CH) ≈ Versteigerung || *zu* **1** u. **2** **stei·ge·rungs·fä·hig** *Adj*

Stei·gung *die*; -, -*en*; **1** der Grad, in dem etw. (*z.B.* ein Weg) höher od. steiler wird ↔ Gefälle: *Die Straße zum Pass hat e-e S. von 14%* || K-: ***Steigungs-, -winkel*** **2** e-e Strecke, bei der der Weg nach oben geht: *an der S. in e-n niedrigeren Gang schalten*

steil *Adj*; ⟨ein Berg, ein Weg⟩ so, dass sie mit e-r starken Steigung (1) (od. fast senkrecht) nach oben hin ansteigen bzw. e-m starken Gefälle nach unten hin abfallen: *e-e Straße, ein Hang steigt s. an, fällt s. ab* || ↑ *Abb. unter* **Eigenschaften** || K-: ***Steil-, -abfahrt, -dach, -hang, -küste, -pass, -ufer, -wand*** || *hierzu* **Steil·heit** *die*; *nur Sg* || NB: ↑ ***schroff, schräg***

Steil·kur·ve *die*; e-e Kurve (auf e-r Rennbahn), bei der der äußere Rand viel höher ist als der innere

Stein *der*; -*(e)s*, -*e*; **1** *nur Sg*; die harte Substanz, aus der Berge bestehen ⟨hart wie S.; etw. in S. hauen, meißeln⟩ || K-: ***Stein-, -bank, -block, -boden, -bohrer, -brocken*** || -K: ***Kalk-, Quarz-, Sand-, Tuff-; Natur-*** || NB: ↑ ***Fels*** **2** ein relativ kleines Stück S. (1): *Auf dem Acker liegen viele Steine* || K-: ***Stein-, -hagel, -haufen, -lawine, -schleuder, -wall, -wüste*** || -K: ***Kiesel-, Mosaik-, Pflaster-; Grab-, Mühl-, Schleif-, Schmuck-*** **3** ein Naturstein od. Backstein (Ziegel), der zum Bau von Häusern, Mauern *o.Ä.* verwendet wird || K-: ***Stein-, -haus*** || -K: ***Klinker-, Ziegel-*** **4** ein einzelner, großer, harter Kern in e-r Frucht: *der S. in e-m Pfirsich, in e-r Pflaume* || K-: ***Stein-, -obst*** **5** *Kurzw*; ↑ ***Edelstein*** **6** e-e Art kleiner S. (2), der sich aus Ablagerungen bestimmter Stoffe in manchen Organen bildet || K-: ***Stein-, -leiden, -operation*** || -K: ***Gallen-, Harn-, Nieren-*** **7** ein kleiner, *mst* runder Gegenstand, mit dem man bei Brettspielen spielt ⟨e-n S. legen, ziehen⟩ || ↑ *Abb. unter* **Brettspiele** || -K: ***Brett-, Dame-, Domino-, Mühle-, Spiel-*** || ID ***der S. der Weisen*** *geschr*; die ideale Lösung für ein wichtiges Problem ⟨den S. der Weisen finden⟩; ***der S. des Anstoßes*** *geschr*; die Ursache dafür, dass e-e unangenehme Situation od. ein Problem entstanden ist; ***j-m fällt ein S. vom Herzen*** j-d ist sehr erleichtert; ***e-n S. ins Rollen bringen*** *gespr*; mit e-r Handlung bewirken, dass es für viele Personen (*mst* negative) Folgen gibt; ***j-m Steine in den Weg legen*** j-n daran hindern od. es j-m erschweren, sein Ziel zu erreichen; ***j-d hat bei j-m e-n S. im Brett*** *gespr*; j-d ist so, dass ein anderer ihn besonders gern mag; ***S. u. Bein schwören*** *gespr*; etw. ganz fest behaupten, versprechen od. glauben; ***keinen S. auf dem anderen lassen*** *gespr*; etw. völlig zerstören

Stein·ad·ler *der*; ein großer, brauner Adler, der in den Bergen lebt

stein·alt *Adj*; *ohne Steigerung, gespr*; sehr alt

Stein·bock *der*; **1** ein Tier mit langen, nach hinten gebogenen Hörnern, das auf hohen Bergen lebt **2** das Sternzeichen für die Zeit vom 23. Dezember bis 20. Januar || ↑ *Abb. unter* **Sternzeichen** **3** j-d, der in der Zeit vom 23. Dezember bis 20. Januar geboren ist: *Sie ist (ein) S.*

Stein·bruch *der*; e-e Stelle, an der man Steine von den Felsen bricht (um Baumaterial zu gewinnen)

Stein·butt *der*; ein runder, flacher Meeresfisch, der gern gegessen wird

stei·nern *Adj*; **1** *nur attr, nicht adv*; aus Stein ⟨ein Boden⟩ **2** *nicht adv*; ohne Gefühl ⟨j-s Herz, j-s Miene⟩

Stein|er·wei·chen *nur in* ***zum S.*** ⟨weinen⟩ so (sehr weinen), dass andere Mitleid bekommen

Stein·gut *das*; **1** ein Material aus Ton, das dem Porzellan ähnlich ist u. aus dem man Geschirr machen kann **2** *Kollekt*; Geschirr aus S. (1)

stein·hart *Adj*; *ohne Steigerung, gespr, oft pej*; sehr hart ⟨Brot⟩

stei·nig *Adj*; **1** mit vielen Steinen ⟨ein Weg, ein Gelände, ein Acker⟩ **2** mit vielen Schwierigkeiten: *Bis zum Abitur hast du noch e-n steinigen Weg vor dir*

stei·ni·gen; *steinigte, hat gesteinigt*; [Vt] ***j-n s.*** j-n töten, indem man Steine auf ihn wirft || *hierzu* **Stei·ni·gung** *die*

Stein·koh·le *die*; e-e sehr harte schwarze Kohle, mit der man heizt ↔ Braunkohle || K-: ***Steinkohlen-, -bergbau, -bergwerk, -förderung, -lager, -teer, -zeche***

Stein·metz *der*; -*en*, -*en*; j-d, der beruflich Steine (*bes* für Gräber) bearbeitet || NB: *der Steinmetz; den, dem, des Steinmetzen*

Stein·pilz *der*; ein Pilz mit hellbrauner Kappe u. dickem Stiel

stein·reich *Adj*; *ohne Steigerung, gespr*; sehr reich

Stein·schlag *der*; *nur Sg*; das Abstürzen von Steinen, die sich von großen Felsen lösen u. den Berg hinabrollen || K-: ***Steinschlag-, -gefahr***

Stein·wurf *der*; *mst in* ***nur e-n S. weit*** ⟨entfernt⟩ nicht sehr weit (weg)

Stein·zeit *die*; *nur Sg*; die (lange vergangene) Zeit, während der die Menschen Waffen u. Werkzeuge aus Steinen machten || K-: ***Steinzeit-, -mensch*** || *hierzu* **stein·zeit·lich** *Adj*

Steiß *der*; *-es, -e*; **1** *Kurzw* ↑ ***Steißbein*** **2** *gespr* ≈ Hintern

Steiß·bein *das*; *nur Sg*; der Knochen am unteren Ende der Wirbelsäule || ↑ *Abb. unter* ***Skelett***

Stel·la·ge [ʃtɛˈlaːʒə] *die*; *-, -n* ≈ Gestell (1)

Stell·dich·ein *das*; *-(s), -(s)*; *veraltend*; **1** ≈ Rendezvous ⟨mit j-m ein S. haben⟩ **2** ⟨Personen⟩ ***geben sich*** (*Dat*) ***ein S.*** *mst* zwei Personen treffen sich

Stel·le *die*; *-, -n*; **1** ein Ort, Punkt od. Platz, an dem j-d / etw. ist od. an dem etw. geschieht: *sich an der vereinbarten S. treffen*; *Das muss die S. sein, an der der Unfall geschah* || -K: ***Feuer-, Gefahren-, Kontroll-, Unfall-, Unglücks-***; ***Ansatz-, Bruch-, Druck-, Naht-, Schnitt-*** **2** die Position in e-r Firma od. in e-r Institution, in der man arbeitet ⟨e-e freie, offene S.; sich um e-e S. bewerben; e-e S. antreten; die S. wechseln; e-e S. besetzen; e-e S. ausschreiben, suchen, finden, bekommen⟩: *Er hat e-e S. als Verkäufer in e-m Kaufhaus* || K-: ***Stellen-, -angebot, -besetzung, -gesuch, -markt, -nachweis, -plan, -streichungen, -vermittlung, -wechsel*** || -K: ***Assistenten-, Bürgermeister-, Pfarr-, Plan-, Regierungs-*** **3** j-s Position in e-r Rangordnung: *an erster / letzter S. kommen / stehen / liegen*; *(im Wettkampf) an erster S. sein* **4** ***e-e S.*** (***für etw.***) e-e Institution, die bestimmte Aufgaben hat, bzw. ihr Büro ⟨e-e staatliche, kirchliche S.⟩: *sich bei der S. für Personalangelegenheiten melden* || -K: ***Annahme-, Ausgabe-, Auskunfts-, Außen-, Beratungs-, Dienst-, Geschäfts-, Pass-, Presse-*** **5** e-e kleine Fläche am Körper od. an e-m Gegenstand mit bestimmten Kennzeichen od. Eigenschaften: *e-e entzündete, geschwollene, gerötete S. auf der Haut*; *e-e abgenutzte S. am Teppich*; *e-e schadhafte S. am Auto* || -K: ***Druck-, Rost-*** **6** ein relativ kurzer Teil in e-m Text od. e-m musikalischen Werk: *e-e S. aus e-m Buch zitieren*; *Diese S. des Gedichtes gefällt mir besonders gut* || -K: ***Beleg-, Bibel-, Brief-, Text-*** **7** *Math*; *mst in* ***die erste / zweite / dritte*** *usw* ***S.*** (***nach dem Komma***) der Platz (hinter / nach dem Komma), an dem e-e Ziffer steht: *etw. bis auf zwei Stellen hinter / nach dem Komma ausrechnen* || -K: ***Dezimal-*** **8** ***an j-s S. / an der S. von j-m / etw.*** (stellvertretend) für e-e Person od. Sache, um deren Funktion zu übernehmen ≈ anstelle von j-m / etw. **9** ***an j-s S.*** in j-s Lage, Situation: *An deiner S. wäre ich vorsichtig!*; *Ich an seiner S. würde das nicht tun* **10** ***auf der S.*** ≈ sofort: *Du kommst jetzt auf der S. her!*; *Er war auf der S. tot* **11** ***zur S. sein*** da sein, um j-m (bei der Arbeit / bei e-m Problem) zu helfen: *Sie ist immer pünktlich zur S.* **12** ***nicht von der S. weichen*** genau an dem Ort bleiben, an dem man ist || ID ***nicht von der S. kommen / auf der S. treten*** *gespr*; bei e-r Arbeit od. in e-r Entwicklung keine Fortschritte machen; ***j-n an seiner empfindlichen / verwundbaren / wunden S. treffen*** etw. tun od. sagen, das j-s Gefühle an e-m Punkt verletzt, mit dem er besondere Probleme hat; ***sich zur S. melden*** *mst Mil*; melden, dass man angekommen ist

stel·len; *stellte, hat gestellt*; [Vt] **1** ***etw. irgendwohin s.*** etw. so an e-e Stelle bringen, dass es dort steht od. ist: *e-e Leiter an die Mauer s.*; *die Blumen in e-e Vase s.*; *den Staubsauger in die Ecke s.*; *In manchen Ländern stellen die Kinder ihre Stiefel zu Weihnachten vor den Kamin* **2** ***etw. s.*** ein (technisches) Gerät in die Position bringen, in der es seine Funktion erfüllt ⟨die Weichen, das Signal s.; Fallen s.⟩ **3** ***etw.*** + *Adj* + ***s.*** etw. an e-e Stelle bringen, an der es e-e bestimmte Temperatur behält od. bekommt: *Hast du den Sekt schon kalt gestellt?*; *Das Essen warm s., bis die Kinder aus der Schule kommen* **4** ***etw.*** + *Adj* + ***s.*** die Funktion e-s (technischen) Gerätes verändern: *Wenns dir zu kalt ist, kann ich die Heizung höher s.*; *Kannst du das Radio nicht etwas leiser s.?* **5** ***e-e Uhr s.*** die Zeit, die e-e Uhr anzeigt, ändern u. so korrigieren **6** ***den Wecker*** (***auf*** + *Uhrzeit*) ***s.*** den Wecker so einstellen, dass er zu e-m bestimmten Zeitpunkt läutet: *Er stellte den Wecker auf sieben Uhr* **7** ***j-n s.*** j-n, der flieht, dazu zwingen, stehen zu bleiben (*bes* damit man ihn festnehmen kann): *Nach kurzer Flucht wurde der Bankräuber von der Polizei gestellt u. festgenommen* **8** (***j-m***) ***j-n / etw. s.*** j-m Leute, Geräte, Kleider *o.Ä.* für e-e bestimmte Zeit (*mst* kostenlos) geben: *Das Stadttheater stellte den Laienschauspielern die Kostüme*; *In seiner Position bekommt er e-n Fahrer u. e-n Wagen gestellt* **9** ***j-n vor e-e Entscheidung s.*** j-m sagen, dass er sich für eine von *mst* zwei Möglichkeiten entscheiden muss **10** ***etw. s.*** zusammen mit e-m Subst. verwendet, um ein Verb zu umschreiben; ***e-n Antrag auf etw. s.*** ≈ etw. beantragen; ***j-m e-e Aufgabe s.*** ≈ j-m etw. aufgeben; ***j-m etw. in Aussicht s.*** ≈ sagen, dass man für j-n etw. tun will od. dass er etw. bekommt; ***e-e Diagnose s.*** ≈ etw. diagnostizieren; ***etw. zur Diskussion s.*** ≈ etw. diskutieren lassen; ***e-e Forderung s.*** ≈ etw. fordern; ***j-m e-e Frage s.*** ≈ j-n etw. fragen; ***etw. infrage s.*** ≈ etw. bezweifeln; ***j-n vor Gericht s.*** ≈ j-n anklagen; ***j-m etw. zur Verfügung s.*** ≈ j-n über etw. verfügen lassen **11** ***j-m ein Ultimatum s.*** j-m sagen, dass e-e Forderung bis zu e-m bestimmten Zeitpunkt erfüllt werden muss; [Vr] **12** ***sich irgendwohin s.*** an e-e Stelle gehen u. dort stehen (bleiben): *sich in die Tür, ans Fenster s.*; *Sie stellte sich auf e-n Stuhl, um die Lampe aufzuhängen* **13** ***sich j-m / etw. s.*** bereit sein, sich mit j-m auseinander zu setzen bzw. e-e Herausforderung anzunehmen ↔ sich j-m / etw. entziehen: *Nach der Gerichtsverhandlung stellte sich der Schauspieler den wartenden Journalisten*; *Der Minister war bereit, sich der Diskussion zu s.* **14** ***sich*** (***der Polizei***) ***s.*** zur Polizei gehen u. sagen, dass man ein Verbrechen begangen hat **15** ***sich hinter j-n s.*** j-m helfen, der von anderen beschuldigt wird ≈ zu j-m stehen: *Der Kanzler stellte sich voll hinter seinen Minister, als die Opposition dessen Rücktritt forderte* **16** ***sich*** + *Adj* + ***s.*** so tun, als hätte man die genannte Eigenschaft ⟨sich blind, taub, stumm, tot, dumm s.⟩ || NB: ↑ ***Falle*** || ► ***gestellt, Stellung***

Stel·len·ab·bau *der*; *nur Sg*; das Verringern der Zahl von Arbeitsplätzen: *gegen den geplanten S. demonstrieren*

stel·len·wei·se *Adj*; *mst adv*; an manchen Stellen (1,5,6): *Das Auto ist s. rostig*

Stel·len·wert *der*; die Bedeutung, die j-d / etw. innerhalb e-s Systems *o.Ä.* hat ⟨j-d / etw. hat, besitzt e-n hohen, niedrigen S., j-d / etw. nimmt e-n hohen S. ein⟩

-stel·lig *im Adj, begrenzt produktiv, nicht adv*; mit der genannten Zahl od. Menge von Ziffern; ***einstellig, zweistellig, dreistellig, vierstellig*** *usw*; ***mehrstellig*** ⟨e-e Zahl, e-e Summe⟩

Stell·platz *der*; ein Platz, den man mieten kann, um dort ein Fahrzeug hinzustellen || -K: ***Tiefgaragen-***

Stel·lung *die*; *-, -en*; **1** die Art u. Weise, wie man den Körper hält ≈ (Körper)Haltung ⟨e-e S. einnehmen⟩ || -K: ***Schlaf-, Spreiz-, Sprung-***; ***Lippen-*** **2** die Lage e-r Sache in Bezug auf ihre Umgebung ≈ Stand, Position: *Wenn der Schalter in dieser S. ist,* *fließt Strom* || -K: ***Schalter-, Signal-, Stern-, Weichen-, Wort-*** **3** die Position, in der j-d in e-r Firma / Institution arbeitet ≈ Posten, Stelle (2): *e-e S. als Chauffeur* || -K: ***Dauer-, Lebens-, Vertrauens-*** **4** *Mil*; ein Platz, der für die Verteidigung besonders geeignet ist od. der dafür gebaut wurde ⟨Truppen *o.Ä.* beziehen, halten, stürmen e-e S.⟩ || K-: ***Stellungs-, -kampf, -krieg, -wechsel*** **5** (***für / gegen j-n / etw.***) ***S. nehmen, beziehen*** in Bezug auf j-n / etw. seine (positive / negative) Meinung sagen

Stẹl·lung·nah·me *die*; die Meinung, die j-d zu e-m Thema hat u. (*mst* öffentlich) sagt ⟨e-e S. abgeben⟩

Stẹl·lungs·su·che *die*; die Suche nach e-r Arbeitsstelle || *hierzu* **Stẹl·lungs·su·chen·de** *der / die*; *-n, -n*

stẹll·ver·tre·tend *Adj*; *nur attr od adv*; in / mit der Funktion e-s Stellvertreters ⟨etw. s. für j-n tun⟩

Stẹll·ver·tre·ter *der*; j-d, der für e-e kurze Zeit die Aufgabe e-s anderen (*mst* seines Chefs) übernimmt || *hierzu* **Stẹll·ver·tre·te·rin** *die*

Stẹll·ver·tre·tung *die*; **1** die Position e-s Stellvertreters **2** *nur Sg*; die Handlungen u. Aufgaben e-s Stellvertreters || NB: ↑ ***Vize-***

Stẹll·werk *das*; ein Gebäude, von dem aus die Signale u. die Weichen für die Züge gestellt (2) werden

Stẹl·ze *die*; -, *-n*; *mst Pl*; **1** eine von zwei Stangen, an denen Teile (Stützen) befestigt sind, auf denen man gehen kann ⟨auf Stelzen gehen, laufen⟩ **2** *nur Pl*, *gespr hum*; lange u. dünne Beine || *zu* **1 stẹl·zen** (*ist*) *Vi*

Stẹmm·bo·gen *der*; e-e Art Kurve beim Skifahren

Stẹmm·ei·sen *das*; *-s*, -; ein Werkzeug aus Eisen, das vorn e-e scharfe Kante hat u. mit dem man Holz bearbeiten kann, indem man mit e-m Hammer auf das hintere Ende schlägt

stẹm·men; *stemmte, hat gestemmt*; [Vt] **1** ***etw. s.*** etw. mit viel Kraft über den Kopf nach oben drücken ⟨Gewichte s.⟩ **2** ***etw. / sich irgendwohin s.*** etw. / sich (*mst* mit viel Kraft) gegen etw. drücken: *sich gegen die Tür s.*; *die Arme in die Seiten s.* (= die Hände über die Hüften legen, mit den Ellbogen nach außen) **3** ***ein Loch*** (***in etw.*** (*Akk*)) ***s.*** mit e-m Stemmeisen ein Loch machen **4** ***ein Bier s.*** *gespr*; ein Bier trinken; [Vr] **5** ***sich gegen etw. s.*** mit viel Energie versuchen, etw. zu verhindern: *sich gegen e-e bestimmte Entwicklung s.*

Stẹm·pel *der*; *-s*, -; **1** ein kleiner Gegenstand, mit dem man e-e Schrift od. Zeichen auf Papier druckt || K-: ***Stempel-, -abdruck, -farbe*** || -K: ***Gummi-***;

Stempel

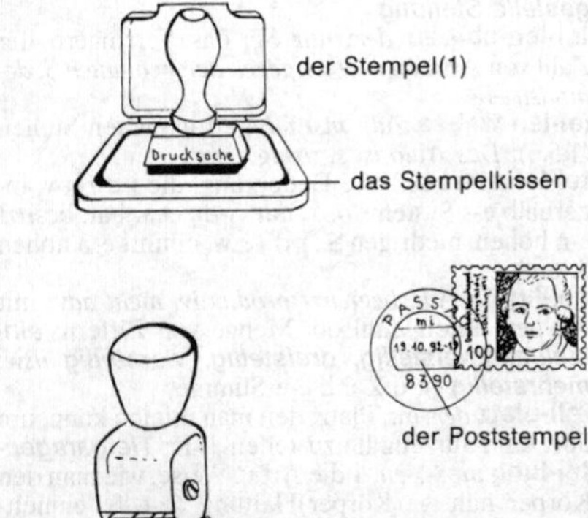

Präge-, Roll-; ***Bibliotheks-, Datums-, Dienst-, Firmen-, Namen-, Sonder-*** **2** der Text, die Symbole *o.Ä.*, die mit e-m S. (1) auf Papier gedruckt werden: *ein S. im Pass, auf e-m Brief, auf e-m Dokument* || K-: ***Stempel-, -aufdruck*** || -K: ***Post-*** **3** *Biol*; der mittlere Teil e-r Blüte (der die weiblichen Samen produziert): *Der S. besteht aus dem Fruchtknoten, dem Griffel u. der Narbe* || ID ***j-d / etw. drückt j-m / etw. seinen S. auf*** j-d / etw. beeinflusst den Charakter e-r Person od. Sache stark ≈ j-d / etw. prägt j-n / etw.; ***etw. trägt j-s S. / den S. von j-m / etw.*** etw. zeigt deutlich den Einfluss von j-m / etw.

Stẹm·pel·geld *das*; *nur Sg*, *gespr*; das Geld, das ein Arbeitsloser vom Staat bekommt

Stẹm·pel·kis·sen *das*; ein Stück Filz mit feuchter Farbe in e-m kleinen Kästchen, in das man e-n Stempel (1) drückt, damit er Farbe bekommt || ↑ *Abb. unter* ***Stempel***

stẹm·peln; *stempelte, hat gestempelt*; [Vt] **1** ***etw. s.*** mit e-m Stempel (1) Zeichen auf etw. drucken: *e-e Urkunde, ein Formular, e-n Brief, e-e Postkarte s.* **2** ***j-n zu etw. s.*** j-n als etw. *mst* Negatives bezeichnen: *j-n zum Dieb, Lügner, Versager s.*; [Vi] **3** ***s.*** (***gehen***) *gespr*; arbeitslos sein **4** beim Beginn u. beim Ende der Arbeit e-e Karte in die Stechuhr stecken; [Vt/i] **5** (***etw.***) ***s.*** *gespr*; seine Fahrkarte entwerten

Stẹn·gel *der*; ↑ ***Stängel***

Ste·no (*die*); -; *nur Sg*, *gespr*, *Kurzw* ↑ ***Stenografie***: *Kannst du S.?* || K-: ***Steno-, -kurs***

Ste·no·grạmm *das*; *-s*, *-e*; ein Text, der in Stenografie geschrieben ist || K-: ***Stenogramm-, -block***

Ste·no·gra·fie *die*; -; *nur Sg*; e-e Schrift mit besonderen Zeichen u. Abkürzungen von Silben od. Wörtern, mit der man viel schneller schreiben kann als mit der Normalschrift ≈ Kurzschrift || *hierzu* **ste·no·gra·fie·ren** (*hat*) *Vt / i*; **Ste·no·graf** *der*; *-en*, *-en*; **Ste·no·gra·fin** *die*; -, *-nen*; **ste·no·gra·fisch** *Adj*

Ste·no·graph [-f-], **Ste·no·gra·phie** [-f-] *usw* ↑ ***Stenograf***, ***Stenografie*** *usw*

Ste·no·ty·pịs·tin *die*; -, *-nen*; e-e Frau, die beruflich stenografiert u. auf der Schreibmaschine schreibt

Stẹnz *der*; *-es*, *-e*; *gespr*, *mst pej*; ein junger Mann, der sehr eitel ist

Stẹpp·de·cke *die*; e-e warme Decke, die mit e-m weichen Material gefüllt ist u. die durch mehrere Nähte unterteilt ist

Stẹp·pe *die*; -, *-n*; ein großes, flaches Gebiet (in trockenem Klima), auf dem fast nur Gras wächst (*z.B.* die Prärie in Nordamerika) || K-: ***Steppen-, -bewohner, -brand, -fuchs, -gras, -landschaft*** || -K: ***Gras-, Salz-***

stẹp·pen[1]; *steppte, hat gesteppt*; [Vt] ***etw. s.*** e-e stabile Naht so nähen, dass auf beiden Seiten des Stoffes keine Lücken zwischen den Stichen sind ↔ heften ⟨e-e Naht, e-n Saum s.⟩ || K-: ***Stepp-, -naht, -stich***

stẹp·pen[2]; *steppte, hat gesteppt*; [Vi] Stepptanz tanzen

Stẹpp·ke *der*; *-(s)*, *-s*; *nordd gespr*; ein kleiner Junge

Stẹpp·tanz *der*; ein Tanz, bei dem man viele schnelle u. kleine Schritte macht u. mit den Schuhen im Rhythmus auf den Boden schlägt || *hierzu* **Stẹpp·tän·zer** *der*

Stẹr·be·bett *das*; *mst in* ***auf dem S. liegen*** so krank sein, dass man bald sterben muss

Stẹr·be·hil·fe *die*; **1** ***aktive S.*** das Einleiten von Maßnahmen, durch die j-d, der todkrank ist u. sterben will, schnell stirbt **2** ***passive S.*** das Unterlassen von Maßnahmen, die bei e-m Menschen, der sehr krank ist u. sterben will, das Leben künstlich verlängern

stẹr·ben; *stirbt, starb, ist gestorben*; [Vi] **1** aufhören zu leben ⟨nach langem Leiden, durch e-n Unfall, durch e-n Mord s.; e-s (un)natürlichen Todes s.;

den Hungertod s.〉: *Goethe starb 1832 in Weimar im Alter von 83 Jahren* **2 an etw.** (*Dat*) **s.** aus e-m bestimmten Grund s. (1) 〈an Krebs, an Malaria, an e-m Herzinfarkt, an Altersschwäche s.; an den Folgen e-s Unfalls, e-r Verletzung s.〉 **3 für j-n / etw. s.** wegen e-r Person / Sache (*z.B.* e-r Idee, e-r Überzeugung) getötet werden 〈für sein Vaterland, für die Freiheit s.〉 **4 vor etw.** (*Dat*) **s.** *gespr*; etw. in hohem Maße empfinden 〈vor Angst, Hunger, Durst, Sehnsucht *o.Ä.* s.; vor Neugier, Ungeduld, Langeweile *o.Ä.* (*fast*) *s.*〉 || *ID* **im Sterben liegen** kurz vor dem Tod sein; **zum Sterben** *gespr* ≈ sehr: *Ich bin zum Sterben müde*; *Der Film war zum Sterben langweilig*; *mst* **Er / Sie / Es ist für mich gestorben** *gespr*; mit ihm / ihr / damit will ich nichts mehr zu tun haben; **etw. ist gestorben** *gespr*; etw. wird nicht mehr realisiert, weil es Probleme gibt 〈ein Plan〉; *mst* **Daran wirst du schon nicht** (**gleich**) **s.!** *gespr*; das ist nicht so unangenehm / schlimm für dich, wie du tust

-ster·ben *das*; *-s*; *nur Sg*, *im Subst*, *begrenzt produktiv*; **1** bezeichnet e-e Situation, in der innerhalb relativ kurzer Zeit viele Tiere sterben od. Pflanzen absterben; **Baumsterben, Fischsterben, Robbensterben, Ulmensterben, Waldsterben 2** verwendet, um den (allmählichen) Untergang *mst* e-s bestimmten Berufs od. e-r bestimmten Branche zu bezeichnen (die durch e-e neue Entwicklung verdrängt werden); **Bauernsterben, Einzelhandelssterben, Kinosterben, Zechensterben**

ster·bens- *im Adj*, *nicht produktiv*; verwendet, um ein Adj. (emotional) zu verstärken ≈ sehr: **sterbenselend, sterbenskrank, sterbenslangweilig**

Ster·bens·see·le *die*; *nur in* **keine / nicht eine S.** *gespr* ≈ niemand

Ster·bens·wort *das*; *nur in* **kein / nicht ein S.** / **Sterbenswörtchen** *gespr*; kein einziges Wort 〈kein S. sagen (dürfen), verraten〉

sterb·lich *Adj*; *nur in* **1 s. sein** einmal sterben müssen, nicht ewig leben können **2 j-s sterbliche Überreste** *geschr euph*; der Körper e-s Toten: *j-s sterbliche Überreste der Erde anvertrauen*

Sterb·lich·keit *die*; -; *nur Sg*; **1** die Tatsache, dass j-d / etw. sterben muss ↔ Unsterblichkeit **2** die (durchschnittliche) Zahl der Toten ≈ Mortalität || K-: **Sterblichkeits-, -rate, -ziffer** || -K: **Kinder-**

Ste·reo [ˈʃteːreo, ˈst-] *das*; *-s*; *nur Sg*; e-e Technik, Musik *o.Ä. so* (*aufzunehmen u.*) *wiederzugeben, dass der Klang aus zwei verschiedenen Richtungen kommt u. so sehr voll u. räumlich wirkt* ↔ *Mono* 〈*etw. in S. aufnehmen, senden*〉 || *K-*: **Stereo-, -empfang, -fernseher, -kassettenrekorder, -konzert, -lautsprecher, -platte, -rundfunkgerät, -sendung, -tonbandgerät**

Ste·re·o·an·la·ge *die*; e-e Anlage aus e-m Verstärker, e-m Radio (e-m Kassettenrekorder), e-m Plattenspieler / CD-Player u. e-m Lautsprecher, mit denen man Musik in Stereo hören kann

Ste·re·o·fo·nie, **Ste·re·o·pho·nie** *die*; -; *nur Sg* ≈ Stereo

ste·re·o·typ *Adj*; *geschr*; immer wieder in derselben Form (u. daher nicht originell) 〈Antworten, Phrasen; s. dieselben Worte wiederholen〉

ste·ril *Adj*; **1** frei von gefährlichen Bakterien u. anderen kleinen Lebewesen ≈ keimfrei 〈Instrumente, Tücher, ein Verband〉 **2** ohne besondere persönliche, individuelle od. künstlerische Eigenschaften (u. daher uninteressant) 〈e-e Umgebung, e-e Atmosphäre; etw. wirkt s.〉 **3** *nicht adv*; nicht fähig, Kinder / Junge zu bekommen od. zu zeugen ≈ unfruchtbar || *hierzu* **Ste·ri·li·tät** *die*; -; *nur Sg*

ste·ri·li·sie·ren; *sterilisierte*, *hat sterilisiert*; [Vt] **1 j-n / ein Tier s.** e-e Person od. ein Tier durch e-e Operation steril (3) machen: *die Katze s. lassen* || NB: ↑ **kastrieren 2 etw. s.** etw. steril (1) machen: *die Instrumente für die Operation s.*; *sterilisierte Milch* || *hierzu* **Ste·ri·li·sa·ti·on** *die*; -, *-en*; **Ste·ri·li·sie·rung** *die*

Stern *der*; *-(e)s*; *-e*; **1** einer der kleinen hellen Punkte, die man nachts am Himmel sehen kann 〈ein funkelnder, heller S.; die Sterne stehen am Himmel; die Sterne leuchten, strahlen, glänzen; die Sterne gehen auf, unter; Sonne, Mond u. Sterne〉: *In e-r klaren Nacht ist der Himmel mit Sternen übersät* || K-: **Sternen-, -himmel, -licht, -schein** || -K: **Abend-, Morgen-**; **Polar- 2** ein S. (1), der selbst leuchtet, wie *z.B.* die Sonne od. die Fixsterne **3** e-e Figur mit *mst* fünf Zacken, die e-n S. (1) darstellt: *Kekse in Form von Sternen*; *die Sterne auf der Flagge der USA* || -K: **Stroh-, Weihnachts- 4** ein S. (3), der ein Symbol für hohe Qualität ist: *ein Hotel mit fünf Sternen* || K-: **Dreisterne-, Fünfsterne-, Viersterne-, -hotel, -lokal 5** ein Planet od. ein Sternzeichen, von denen manche Leute glauben, dass sie Einfluss auf unser Schicksal haben 〈die Sterne deuten, befragen〉: *Sie liest in jeder Zeitung die Rubrik „Was sagen die Sterne?"* || K-: **Stern-, -deuter 6 j-s / ein guter S.** ein angenehmer Zufall: *Ein guter S. hat dich hierhergeführt* || ID **Sterne sehen** *gespr*; ein flimmerndes Licht vor den Augen sehen, *bes* nach e-m Schlag auf den Kopf; **nach den Sternen greifen** etw. erreichen od. bekommen wollen, was unmöglich ist; **etw. steht unter e-m guten S.** etw. (*bes* e-e Unternehmung, ein Projekt) funktioniert gut u. ohne Probleme; *mst* **Das steht** (**noch**) **in den Sternen** (**geschrieben**) das ist noch nicht sicher, das weiß man noch nicht; **j-m / für j-n die Sterne vom Himmel holen** (**wollen**) aus großer Liebe alles für j-n tun (wollen) || *zu* **3 stern·för·mig** *Adj*

Stern·bild *das*; e-e Gruppe von Sternen am Himmel, in denen man e-e Figur erkennen kann: *Das S. des Großen Wagens*

Stern·chen *das*; *-s*, -; ein kleiner Stern (3), der *bes* dazu dient, in e-m Text auf e-e Fußnote hinzuweisen

Ster·nen·ban·ner *das*; die Fahne der USA

stern·ha·gel|voll *Adj*; *ohne Steigerung*, *gespr hum*; völlig betrunken

stern·klar, **ster·nen·klar** *Adj*; *ohne Steigerung*, *nicht adv*; (ohne Wolken u. deshalb) so, dass man die Sterne gut sehen kann ↔ sternlos 〈e-e Nacht; ein Himmel〉

Stern·schnup·pe *die*; -, *-n*; ein kurzes, helles Licht am (nächtlichen) Himmel, das entsteht, wenn Material aus dem Weltall (ein Meteor) in der Luft der Erde verbrennt || NB: ↑ **Komet**

Stern·sin·gen *das*; *-s*; *nur Sg*; ein Brauch, bei dem Kinder in der Zeit um den 6. Januar (Dreikönigsfest) von Haus zu Haus gehen u. singen, um Geld für e-n guten Zweck zu sammeln || *hierzu* **Stern·sin·ger** *der*; *mst Pl*

Stern·stun·de *die*; *geschr*; ein Zeitpunkt, zu dem etw. geschieht, das für die weitere Entwicklung sehr positiv ist: *Die Erfindung des Buchdrucks war eine der Sternstunden der Menschheit*

Stern·war·te *die*; -, *-n*; ein Gebäude, von dem aus Wissenschaftler *bes* die Sterne beobachten ≈ Observatorium

Stern·zei·chen *das*; eines der zwölf Symbole, die ihren Namen von Gruppen von Sternen haben, von denen manche Leute glauben, dass sie Einfluss auf das Schicksal der Menschen hätten ≈ Tierkreiszeichen: *im S. des Stiers geboren sein*; *„Welches S. hast du?" - „Ich bin Wassermann"* || NB: Die zwölf

Sternzeichen/Tierkreiszeichen

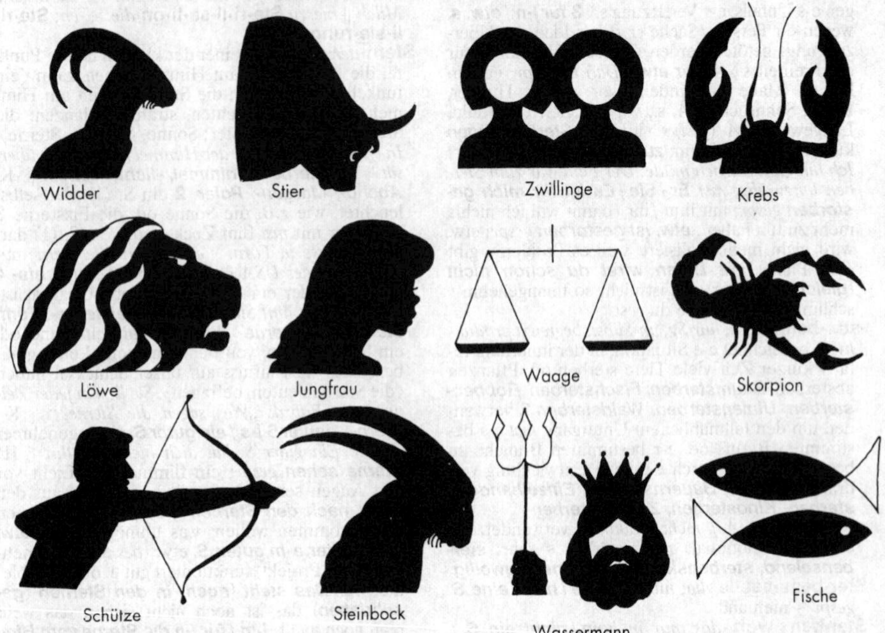

Sternzeichen sind: *Wassermann*, *Fische*, *Widder*, *Stier*, *Zwillinge*, *Krebs*, *Löwe*, *Jungfrau*, *Waage*, *Skorpion*, *Schütze* u. *Steinbock*

ste·t- *Adj*; *nur attr, nicht adv, geschr* ≈ ständig, dauernd ⟨ein Wandel, ein Wechsel⟩: *Sein Leben ist e-m steten Wandel unterworfen*

Ste·tho·skop *das*; *-s, -e*; ein Gerät, mit dem ein Arzt die Töne von Herz u. Lunge e-s Patienten hören kann

ste·tig *Adj*; *nur attr od adv*; gleichmäßig u. ohne Unterbrechung ⟨etw. steigt, wächst, sinkt s.; etw. nimmt s. ab⟩ || *hierzu* **Ste·tig·keit** *die*; *nur Sg*

stets *Adv*; *geschr* ≈ immer, jedes Mal: *Die Opposition hat s. mehr Geld für den staatlichen Wohnungsbau gefordert*

Steu·er[1] *das*; *-s, -*; **1** der (bei Autos runde) Teil e-s Fahrzeugs, mit dem man die Richtung bestimmt, in die das Fahrzeug sich bewegt ⟨am S. sitzen; das S. herumreißen; das S. übernehmen⟩ || K-: ***Steuer-, -knüppel, -rad, -ruder*** || NB: ↑ ***Lenkrad***, ↑ ***Ruder*** **2** ***am / hinter dem S. sitzen*** *gespr*; Auto fahren || ID ***das S.*** (***fest***) ***in der Hand haben*** die Kontrolle über e-e Entwicklung od. e-n Zustand haben || ► ***steuern***

Steu·er[2] *die*; *-, -n*; der Teil des Einkommens, Vermögens, des Werts von (gekauften) Waren *usw*, den man an den Staat zahlen muss ⟨hohe, niedrige Steuern; Steuern zahlen, abführen, hinterziehen (= nicht zahlen); Steuern erheben, eintreiben; die Steuern senken, erhöhen; j-n von der S. befreien; etw. mit e-r S. belegen; etw. von der S. absetzen⟩: *Er kann sein Arbeitszimmer von der S. absetzen* (= für die Summe Geld, die er an Miete für sein Arbeitszimmer bezahlt, braucht er keine Steuern zu zahlen) || K-: ***Steuer-, -einnahmen, -erhöhung, -erleichterung, -gesetz, -hinterziehung, -last, -politik, -progression, -recht, -reform, -schuld, -senkung, -system*** || -K: ***Einkommen(s)-, Erbschaft(s)-, Getränke-, Gewerbe-, Hunde-, Kraftfahrzeug-, Lohn-, Mehrwert-, Umsatz-, Vermögen(s)-, Vergnügung(s)-; Gemeinde-, Kirchen-*** || ► ***besteuern, versteuern***

steu·er·be·güns·tigt *Adj*; *ohne Steigerung*; so, dass man relativ wenig Steuern dafür zahlen muss ⟨Wertpapiere, Aktien⟩

Steu·er·be·ra·ter *der*; j-d, der beruflich für Geschäfte, Firmen u. Privatpersonen ausrechnet, wie viel Steuern sie zahlen müssen u. wie sie Steuern sparen können || *hierzu* **Steu·er·be·ra·te·rin** *die*

Steu·er·be·scheid *der*; ein Schreiben, mit dem das Finanzamt mitteilt, wie viel Steuern man zahlen muss || -K: ***Einkommen(s)-***

Steu·er·bord (*das*); *mst ohne Artikel, nur Sg*; die rechte Seite e-s Schiffs od. Flugzeugs, wenn man nach vorne blickt ↔ Backbord

Steu·er·er·klä·rung *die*; Angaben für das Finanzamt über sein Gehalt, seine Ausgaben *usw* im abgelaufenen Jahr (zur genauen Festlegung der Steuern) ⟨die S. machen, abgeben⟩: *Die S. ist bald wieder fällig!* || -K: ***Einkommen(s)-***

Steu·er·fahn·der *der*; j-d, der (beruflich) prüft, ob die Leute genügend Steuern gezahlt haben || *hierzu* **Steu·er·fahn·dung** *die*; *nur Sg*

steu·er·frei *Adj*; so, dass man keine Steuern dafür zahlen muss ↔ steuerpflichtig ⟨Beträge⟩: *Niedrige Einkommen bis zu e-r bestimmten Höhe sind s.*

Steu·er|frei·be·trag *der*; ein bestimmter Teil des Verdiensts, für den man keine Steuern zahlen muss

Steu·er·gel·der *die*; *Pl*; das gesamte Geld, das ein Staat an Steuern einnimmt

S

Steu·er·klas·se *die*; eine von mehreren Stufen, nach denen bestimmt wird, wie viel Steuer j-d zahlen muss. Die S. richtet sich *z.B.* danach, ob der Betreffende verheiratet ist u. ob er Kinder hat

steu·er·lich *Adj*; *nur attr od adv*; in Bezug auf die Steuer[2] ⟨Vergünstigungen⟩

Steu·er·mann *der*; j-d, der ein Boot od. ein Schiff steuert

steu·ern; *steuerte, hat / ist gesteuert*; [Vt/i] *(hat)* **1** *(etw.)* **s.** bewirken, dass ein Fahrzeug sich in e-e bestimmte Richtung bewegt ≈ lenken ⟨ein Auto, ein Flugzeug, ein Schiff s.; nach links, nach rechts s.⟩; [Vt] *(hat)* **2** *etw.* **s.** bestimmen, wie sich etw. entwickelt od. wie es verläuft ⟨e-e Entwicklung, ein Gespräch, e-e Unterhaltung, e-n Prozess s.⟩ **3** *etw.* ***steuert etw.*** etw. bewirkt, dass in e-m System od. in e-r Maschine bestimmte Prozesse regelmäßig ablaufen: *e-e elektronisch gesteuerte Rechenanlage*; *Die Tätigkeit des Sprechens wird vom Gehirn gesteuert* || K-: ***Steuer-, -befehl, -gerät, -programm, -system***; [Vi] *(ist)* **4** ***irgendwohin s.*** e-e bestimmte Richtung wählen, in die man sich bewegen will: *Das Flugzeug steuerte nach Süden* || *zu* **1, 2** u. **3** **steu·er·bar** *Adj*; **Steu·e·rung** *die*; *mst Sg* || ► ***ansteuern***

Steu·er·pa·ra·dies *das*; *gespr*; ein Land, in dem man wenig Steuern zahlen muss

steu·er·pflich·tig *Adj*; *nicht adv*; so, dass man (dafür) Steuern zahlen muss ↔ steuerfrei ⟨ein Einkommen, ein Gewinn⟩

Steu·er·zah·ler *der*; *-s, -*; **1** j-d, der Steuern zahlen muss **2** ***der S.*** der normale Bürger

Ste·ward ['stjuːɐt, 'ʃt-] *der*; *-s, -s*; ein Mann, der sich beruflich *bes* auf Schiffen (u. in Flugzeugen) um die Passagiere kümmert

Ste·war·dess ['stjuːɐdɛs, 'ʃt-, -'dɛs] *die*; *-, Ste·war·des·sen*; e-e Frau, die sich beruflich *bes* in Flugzeugen um die Passagiere kümmert

StGB [ɛs|te|ge'|beː] *das*; *-*; *nur Sg*, *Jur*, *Abk für* Strafgesetzbuch

sti·bit·zen; *stibitzte, hat stibitzt*; [Vt] ***(j-m) etw. s.*** *gespr hum*; j-m etw. (von *mst* geringem Wert) wegnehmen, ohne dass der andere es bemerkt ≈ klauen, stehlen

Stich[1] *der*; *-(e)s, -e*; **1** die Verletzung, die man bekommt, wenn man mit e-m spitzen Gegenstand od. von e-m Insekt gestochen wird || K-: ***Stich-, -verletzung, -wunde*** || -K: ***Dolch-, Lanzen-, Messer-, Nadel-***; ***Bienen-, Insekten-, Mücken-, Wespen-*** **2** ein kurzer, starker Schmerz: *vom schnellen Laufen Stiche in der Seite bekommen* **3** das Stück Faden, das beim Nähen zwischen zwei Löchern (im Stoff) bleibt ⟨mit großen Stichen nähen⟩ || -K: ***Heft-, Stepp-, Zier-*** **4** die Karten, die derjenige Spieler beim Kartenspielen bekommt, der die Karte mit dem höchsten Wert auf den Tisch gelegt hat ⟨e-n S. machen, bekommen⟩: *mit dem König e-n S. machen* **5** ***ein S. ins*** + *Farbe*; drückt aus, dass e-e Farbe in e-e andere Farbe übergeht: *blau mit e-m S. ins Violette* || ID ***j-d hat e-n S.*** j-d ist ein bisschen verrückt; ***etw. hat e-n S.*** etw. ist leicht verdorben u. schmeckt deshalb nicht mehr gut ⟨die Suppe, die Milch, die Sahne⟩; ***etw. gibt j-m e-n S.*** etw. erzeugt in j-m für kurze Zeit ein sehr unangenehmes Gefühl, *bes* des Verlustes od. des Neids; ***j-n im S. lassen*** j-m, den man gut kennt, in e-r schwierigen Situation nicht helfen; ***etw. im S. lassen*** ≈ zurücklassen, aufgeben[2] (2); ***keinen S. (gegen j-n) machen*** *gespr*; in e-m Wettbewerb ohne Chancen gegen j-n sein

Stich[2] *der*; *-(e)s, -e*; ein Bild, das entsteht, wenn man Linien in e-e (Metall)Platte ritzt, diese dann mit Farbe bestreicht u. auf Papier presst || -K: ***Kupfer-***

sti·cheln; *stichelte, hat gestichelt*; [Vi] ***(gegen j-n) s.*** *pej*; kleine böse Bemerkungen über j-n machen, um ihn zu ärgern

stich·fest *Adj*; ↑ ***hiebfest***

Stich·flam·me *die*; e-e helle Flamme, die kurz in die Höhe schießt (*z.B.* wenn etw. explodiert)

Stich·fra·ge *die*; die Frage, die (*bes* bei e-m Quiz) entscheidet, welcher Kandidat gewinnt, wenn alle gleich viele Punkte haben

stich·hal·tig *Adj*; ⟨ein Argument, e-e Begründung⟩ so gut, dass sie nicht durch andere Argumente widerlegt werden können ≈ unwiderlegbar, überzeugend || *hierzu* **Stich·hal·tig·keit** *die*; *nur Sg*

Stich·pro·be *die*; ein Test, den man an e-r kleinen repräsentativen (Teil)Menge macht, um so Informationen über das Ganze zu gewinnen ⟨Stichproben machen, vornehmen⟩ || *hierzu* **stich·pro·ben·wei·se** *Adv*

Stich·punkt *der* ≈ Stichwort[2] (3)

sticht *Präsens, 3. Person Sg*; ↑ ***stechen***

Stich·tag *der*; ein bestimmter Tag, den man als Grundlage für e-e Berechnung *o.Ä.* nimmt: *S. der Volkszählung war der 10. Oktober 1992*

Stich·waf·fe *die*; e-e spitze Waffe, wie *z.B.* ein Dolch

Stich·wahl *die*; e-e Wahl, bei der zwischen den zwei Kandidaten entschieden wird, die vorher die meisten Stimmen (aber nicht die absolute Mehrheit) hatten

Stich·wort[1] *das*; *-(e)s, Stich·wör·ter*; ein Wort, das in e-m Lexikon od. Wörterbuch erklärt wird: *ein Wörterbuch mit 20000 Stichwörtern*

Stich·wort[2] *das*; *-(e)s, Stich·wor·te*; **1** e-e Bemerkung, die e-e spontane Reaktion hervorruft **2** ein Wort, das für e-n Schauspieler das Signal ist, auf die Bühne zu gehen od. etw. zu sagen ⟨j-m das S. (für seinen Einsatz) geben; das S. für j-s Auftritt⟩ **3** *mst Pl*; einzelne Wörter (u. unvollständige Sätze), mit denen man die wichtigsten Punkte *z.B.* e-s Vortrags notiert od. beschreibt ≈ Stichpunkt(e) ⟨etw. in ein paar Stichworten aufzeichnen, festhalten, wiedergeben; sich *(Dat)* (zu e-m Vortrag) Stichworte machen⟩ || *zu* **3** **stich·wort·ar·tig** *Adj*

Stich·wort|re·gis·ter *das*; e-e Liste von Wörtern (am Ende e-s Buchs), die zeigt, auf welcher Seite das genannte Thema behandelt wird

sti·cken; *stickte, hat gestickt*; [Vt/i] ***(etw.) s.*** mit e-r Nadel u. mit e-m Faden Muster auf ein Stück Stoff machen ⟨ein Monogramm, e-e Blume (auf e-e Serviette) s.; ein Bild s.⟩ || K-: ***Stick-, -arbeit, -garn, -muster, -nadel*** || *hierzu* **Sti·cke·rin** *die*; *-, -nen* || ► ***besticken***

Sti·cker ['ʃtɪkɐ, 'st-] *der*; *-s, -*; ein Zettel mit e-m Text od. e-m Bild darauf, den man irgendwohin kleben kann ≈ Aufkleber

Sti·cke·rei *die*; *-, -en*; ein gesticktes Muster od. Bild: *alte Tischtücher mit schönen Stickereien* || -K: ***Seiden-***; ***Gold-, Silber-***

sti·ckig *Adj*; *nicht adv*; **1** ⟨Luft⟩ verbraucht u. mit schlechtem Geruch **2** ⟨ein Raum, ein Zimmer⟩ voll warmer u. verbrauchter Luft

Stick·stoff *der*; *nur Sg*; ein Gas ohne Farbe u. Geruch, das in großen Mengen in der Luft vorkommt; *Chem* N

stie·ben; *stob, ist gestoben*; [Vi] **1** ***etw. stiebt*** etw. fliegt in vielen kleinen Teilchen durch die Luft ⟨Funken⟩ **2** ⟨Menschen, Tiere⟩ ***stieben irgendwohin*** Menschen od. Tiere laufen bzw. fliegen (wie) in Panik in verschiedene Richtungen: *Aufgeschreckt stoben plötzlich Dutzende kleiner Vögel aus dem Gebüsch*

Stief- *im Subst, nicht produktiv*; nicht durch die Geburt mit j-m bzw. miteinander verwandt, sondern dadurch, dass die Mutter od. der Vater nach dem

Tod des Ehepartners od. nach e-r Scheidung noch einmal geheiratet hat; die ***Stiefmutter***, der ***Stiefbruder***, die ***Stiefgeschwister***, das ***Stiefkind***, die ***Stiefschwester***, der ***Stiefsohn***, die ***Stieftochter***, der ***Stiefvater***

Stie·fel *der*; *-s, -*; **1** ein Schuh, der den ganzen Fuß u. e-n Teil des Beines bedeckt ⟨hohe, gefütterte Stiefel; ein Paar S.⟩: *für den Spaziergang im Regen die Stiefel anziehen* || K-: ***Stiefel-, -absatz, -schaft, -spitze*** || -K: ***Gummi-, Leder-, Pelz-; Damen-, Herren-, Kinder-; Militär-, Reit-, Schnür-, Winter-*** **2** ein Bierglas, das die Form e-s Stiefels (1) hat || ID ***j-m die S. lecken*** *gespr*; sich j-m gegenüber sehr unterwürfig verhalten; ***e-n S.*** ⟨fahren, schreiben *usw*⟩ *gespr pej*; schlecht fahren, Unsinn schreiben *usw* || NB: ↑ ***Paar***

Stie·fe·lẹt·te *die*; *-, -n*; ein *mst* kurzer, eleganter Stiefel, der den Fuß u. die Knöchel bedeckt

stie·feln; *stiefelte, ist gestiefelt*; [Vi] ***irgendwohin s.*** *gespr*; mit großen, schweren Schritten gehen

Stief·kind *das*; **1** ein Kind des Ehepartners, das dieser aus e-r früheren Ehe hat **2** ***etw. ist das S.*** + *Gen* etw. bekommt wenig Aufmerksamkeit, wird vernachlässigt: *Die Kultur ist häufig das S. der Finanzpolitik*

Stief·müt·ter·chen *das*; *-s, -*; e-e kleine Blume, die *bes* in Gärten wächst u. Blüten in allen Farben hat. Die Blüten haben Muster, die an Gesichter erinnern

stief·müt·ter·lich *Adj*; mit weniger Aufmerksamkeit, als es die betreffende Person / Sache verdient hätte ⟨j-n / etw. s. behandeln⟩

stieg *Imperfekt, 1. u. 3. Person Sg*; ↑ ***steigen***

Stie·ge *die*; *-, -n*; **1** e-e enge, steile Treppe aus Holz **2** *südd* Ⓐ ≈ Treppe || K-: ***Stiegen-, -geländer, -haus***

Stieg·litz *der*; *-es, -e*; ein kleiner (Sing)Vogel mit gelben Flecken auf den Flügeln ≈ Distelfink

stiehlt *Präsens, 3. Person Sg*; ↑ ***stehlen***

Stiel *der*; *-(e)s, -e*; **1** der lange, feste, *mst* gerade Teil *bes* von Werkzeugen u. Pfannen, an dem man sie hält: *Der S. des Hammers ist abgebrochen* || ↑ *Abb. unter* ***Besen*** || K-: ***Stiel-, -bürste, -kamm*** || -K: ***Besen-, Hammer-, Löffel-, Pfannen-; Holz-*** || NB: Ein *Griff* ist meistens kürzer als ein *S.* Ein *Henkel* ist rund od. gebogen (wie *z.B.* an e-m Eimer) **2** der lange, dünne Teil *bes* von Blumen, an dem die Blätter u. Blüten wachsen ≈ Stängel: *rote Rosen mit langen Stielen* || -K: ***Blumen-*** **3** das kleine Stück Holz, an dem e-e Frucht am Baum od. am Strauch hängt: *Er aß den Apfel mitsamt S.* || -K: ***Apfel-, Birnen-, Pflaumen-*** **4** der dünne, lange Teil, der *bes* bei Wein- u. Sektgläsern den oberen Teil mit dem unteren (auf dem das Glas steht) verbindet: *das Weinglas am S. halten* || K-: ***Stiel-, -glas*** || *zu* **2** u. **4** **lạng·stie·lig** *Adj*

Stiel·au·gen *die*; *nur in* ***S. machen / bekommen / kriegen*** *gespr hum*; deutlich zeigen, dass man sehr erstaunt (u. neidisch) ist: *Die Nachbarn werden S. kriegen, wenn sie mein neues Auto sehen*

stier *Adj*; ohne Ausdruck u. Bewegung der Augen ≈ starr ⟨ein Blick; s. blicken; s. vor sich hin schauen⟩

Stier *der*; *-(e)s, -e*; **1** das erwachsene männliche Rind, das fähig ist, Junge zu zeugen ≈ Bulle || K-: ***Stier-, -kalb*** || -K: ***Zucht-*** **2** *nur Sg*; das Sternzeichen für die Zeit vom 21. April bis 20. Mai || ↑ *Abb. unter* ***Sternzeichen*** **3** j-d, der in der Zeit vom 21. April bis 20. Mai geboren ist: *Sie ist (ein) S.* || ID ***brüllen wie ein S.*** *gespr*; sehr laut brüllen; ***den S. bei den Hörnern packen / fassen*** e-e schwierige Aufgabe sofort mit Mut u. Energie angehen

stie·ren; *stierte, hat gestiert*; [Vi] ***irgendwohin s.*** *mst pej*; ohne Ausdruck u. Bewegung der Augen schauen ≈ starren ⟨vor sich hin s.; auf j-n / etw. s.⟩

Stier·kampf *der*; e-e öffentliche Veranstaltung *bes* in Spanien, bei der Männer nach bestimmten Regeln mit Stieren kämpfen || K-: ***Stierkampf-, -arena*** || *hierzu* **Stier·kämp·fer** *der*

stieß *Imperfekt, 1. u. 3. Person Sg*; ↑ ***stoßen***

Stift[1] *der*; *-(e)s, -e*; **1** ein kleiner, länglicher (zylinderförmiger) Gegenstand aus e-m harten Material, den man *bes* in Bretter steckt, um sie so miteinander zu verbinden: *die Seitenwände des Schrankes mit Stiften an der Bodenplatte befestigen* || -K: ***Holz-, Metall-*** **2** ein langer, dünner Stab (*bes* aus Holz) mit e-r Spitze, mit dem man schreibt od. zeichnet ⟨die Stifte spitzen⟩ || -K: ***Bunt-, Farb-, Mal-, Schreib-, Zeichen-; Blau-, Rot-*** *usw* || NB: ↑ ***Bleistift***, ***Filzstift***

Stift[2] *das*; *-(e)s, -e*; **1** e-e kirchliche Institution, die Land u. Gebäude (geschenkt) bekommen hat, damit sie e-e bestimmte Aufgabe erfüllt (*z.B.* Kranke pflegt) || K-: ***Stifts-, -kirche*** **2** Ⓐ ein (großes) Kloster: *das S. Melk*

Stift[3] *der*; *-(e)s, -e*; *gespr* ≈ Lehrling || NB: ↑ ***Azubi***

stif·ten; *stiftete, hat gestiftet*; [Vt] **1** ***etw. s.*** etw. gründen u. das nötige Geld dafür geben ⟨ein Kloster, ein Krankenhaus, ein Forschungszentrum s.⟩ **2** ***etw.*** (***für etw.***) ***s.*** Geld od. Dinge für e-n *mst* wohltätigen Zweck geben ≈ spenden: *Für das Rennen hatte der Bürgermeister mehrere Preise gestiftet* **3** ***j-d / etw. stiftet etw.*** j-d / etw. verursacht e-n bestimmten Zustand ⟨Unruhe, Verwirrung, Chaos, Frieden s.⟩ || *zu* **1** u. **2** **Stif·ter** *der*; *-s, -*; **Stif·te·rin** *die*; *-, -nen*

> **stif·ten ge·hen**; *ging stiften, ist stiften gegangen*; [Vi] *gespr*; schnell u. heimlich weggehen (*mst* weil man etw. Verbotenes getan hat)

-stif·ter *der*; *im Subst, begrenzt produktiv*; **1** j-d, der e-e Religion gegründet hat: der ***Glaubensstifter***, der ***Religionsstifter*** **2** j-d, der bewirkt, dass ein bestimmter Zustand entsteht: der ***Brandstifter***, der ***Ehestifter***, der ***Friedensstifter***, der ***Unruhestifter*** || *hierzu* **-stif·te·rin** *die*

Stif·tung *die*; *-, -en*; **1** e-e Organisation, die mit dem Geld, das ihr j-d gegeben hat, soziale Aufgaben erfüllt ⟨e-e private, öffentliche, wohltätige S.⟩ **2** e-e sehr hohe Summe Geld, die j-d für e-n guten Zweck gegeben hat u. aus der andere Menschen regelmäßig unterstützt werden: *ein Stipendium aus e-r S. erhalten* **3** *nur Sg*; die Gründung (e-s Vereins *o.Ä.*) || K-: ***Stiftungs-, -fest, -urkunde***

Stift·zahn *der*; ein künstlicher Zahn, der mit e-m Stift[1] (1) in der Zahnwurzel befestigt ist

Stig·ma [ˈʃt-, ˈst-] *das*; *-s, Stig·men / Stig·ma·ta*; *geschr*; ein Merkmal, das j-n in seiner besonderen (negativen) Art kennzeichnet: *mit dem S. des Verräters behaftet sein* || *hierzu* **stig·ma·ti·sie·ren** (*hat*) *Vt*; **Stig·ma·ti·sie·rung** *die*; *-, -en*

stig·ma·ti·siert *Adj*; **1** mit Wunden, wie sie Jesus bei der Kreuzigung hatte **2** ***durch etw. s. sein*** *geschr*; durch etw. auf negative Art gekennzeichnet sein: *durch seine Sprache als Ungebildeter s. sein*

Stil [ʃtiːl, stiːl] *der*; *-(e)s, -e*; **1** die Art u. Weise, in der j-d spricht od. schreibt ⟨ein flüssiger, holpriger, schlechter S.; e-n eleganten, lebendigen, eigenwilligen, gepflegten S. haben⟩: *Sie verwendet sehr viele Fremdwörter, das gehört zu ihrem S.* || K-: ***Stil-, -analyse, -art, -ebene, -kunde, -lehre, -übung, -untersuchung*** || -K: ***Feuilleton-, Telegramm-, Vortrags-; Darstellungs-, Sprach-, Schreib-*** **2** die Art, in der ein Kunstwerk *o.Ä.* gemacht ist, *bes* wenn sie typisch für den Künstler od. für e-e bestimmte Epoche ist ⟨e-n neuen, eigenen, persönlichen S. entwickeln⟩: *der viktorianische, gotische, klassizistische, impressionistische S.*; *den S. Mozarts imitieren*; *Mode im S. der 20er Jahre* || K-: **Stil-, -element, -epoche, -mittel, -richtung** || -K: **Barock-, Biedermeier-, Empire-, Renaissance-, Rokoko-**; **Wohn- 3** die (typische) Art u. Weise, wie sich j-d (im Sport) bewegt ⟨seinen S. verbessern; e-n guten, eleganten, schlechten S. fahren, laufen, schwimmen⟩ || -K: **Lauf-, Schwimm- 4** *nur Sg*; die Art u. Weise, wie sich j-d verhält od. wie er handelt ⟨j-s politischer S.; (etw.) im gleichen S. weitermachen⟩: *Er ist ein Kavalier alten Stils*: *Er hilft den Damen in den Mantel* || -K: **Arbeits-, Lebens- 5 *j-d hat S.*** j-d versteht es, sich gut zu benehmen, sich geschmackvoll zu kleiden *o.Ä.* **6 *etw. hat Stil*** etw. sieht gut u. elegant aus: *Das Haus hat S.* || ID ***im großen S.* / *großen Stils*** in hohem Maße: *ein Betrug großen Stils*; *mst* ***in 'dem S. geht es weiter*** es geht so weiter, wie es vorher beschrieben wurde; ***Das ist nicht mein 'S.*** das ist nicht meine Art (Probleme zu lösen)

Stil·blü·te *die*; e-e Äußerung, die durch die ungeschickte od. falsche Verbindung von Wörtern komisch wirkt

Stil·bruch *der*; e-e Mischung aus (zwei) verschiedenen Stilen (2), die nicht zueinander passen

stil·echt *Adj*; genau e-m bestimmten Stil (2) entsprechend: *stilechte Möbel*

Sti·lett [ʃt-, st-] *das*; *-s, -e*; e-e Art Messer (ein Dolch) mit e-r kurzen Klinge, die drei Kanten hat || ↑ *Abb. unter* **Waffen**

Stil·ge·fühl *das*; *nur Sg*; die Fähigkeit, den Stil (1,4) zu finden, der zu e-r Situation passt ⟨(kein) S. haben⟩ ≈ Stilempfinden

sti·li·sie·ren; *stilisierte, hat stilisiert*; [Vt] *geschr*; **1 *j-n / etw. s.*** j-n / etw. ohne Details, nur mit seinen wichtigsten Merkmalen darstellen: *stilisierte Blumen zeichnen* **2 *j-n / etw. s.*** *oft pej*; j-n / etw. nur mit seinen positiven Eigenschaften beschreiben: *Er gab e-e recht stilisierte Darstellung seiner Pläne. - Die Probleme verschwieg er* || *hierzu* **Sti·li·sie·rung** *die*

Sti·lis·tik *die*; *-*; *nur Sg*; **1** die Lehre davon, wie man gut schreibt u. spricht **2** die Wissenschaft, die den Stil (1) von Schriftstellern untersucht

sti·lis·tisch *Adj*; *nur attr od adv*; in Bezug auf den Stil (1,3) ⟨ein Fehler, Schwächen⟩: *Sein Aufsatz ist s. schlecht*

still *Adj*; **1** frei von Geräuschen ≈ ruhig ↔ laut: *Je weiter wir uns von der Stadt entfernten, desto stiller wurde es* **2** so, dass man keine Geräusche verursacht ≈ leise, ruhig ↔ laut ⟨s. bleiben, sein⟩: *Sei bitte s., ich möchte schlafen*; *Wir müssen uns ganz s. verhalten, damit uns niemand hört* **3** mit wenig od. keiner Bewegung ≈ ruhig ↔ unruhig ⟨s. (da)liegen, halten, sitzen, stehen; etw. s. halten; die Luft, ein See, ein Wasser⟩: *Du musst schon s. halten / stehen, wenn ich dich kämmen soll*; *Ihr sollt doch beim Essen s. sitzen* || -K: **wind- 4** mit wenig Aktivität u. Lust zum Sprechen ≈ ruhig, zurückgezogen ↔ lebhaft, gesprächig ⟨ein Kind; j-d hat e-e stille Art; ein stilles Leben führen; still u. bescheiden⟩ **5** zwar nicht deutlich ausgesprochen, aber doch bemerkbar ⟨ein Vorwurf; s. leiden⟩ **6** so, dass andere davon nichts wissen ≈ heimlich ⟨e-e Hoffnung; in stillem Einvernehmen⟩ || ID ***im Stillen*** **a)** ohne dass es die anderen merken ≈ heimlich ⟨etw. im Stillen vorbereiten⟩; **b)** ohne es nach außen zu zeigen: *Äußerlich war sie ganz ruhig, aber im Stillen ärgerte sie sich*

Stil·le *die*; *-*; *nur Sg*; **1** der Zustand, in dem es still (1,2) ist ≈ Ruhe ↔ Lärm ⟨(e-e) sonntägliche, feierliche, unheimliche, gespenstische S.; es herrscht tiefe, völlige S.; die S. der Nacht⟩ **2 *in aller S.*** ohne viel Aufhebens, im engen Familienkreis: *in aller S. heiraten*; *Die Beerdigung fand in aller S. statt*

stil·len; *stillte, hat gestillt*; [Vt/i] **1 *(ein Baby) s.*** als Mutter ein Baby an der Brust Milch trinken lassen ⟨ein Kind, den Säugling, das Baby s.⟩: *Sie kann nicht s.* || K-: **Still-, -zeit**; [Vt] **2 *etw. s.*** bewirken, dass man / j-d das bekommt, was man / er haben möchte od. braucht ≈ befriedigen ⟨seinen Hunger, seinen Durst, seine Wünsche, seinen Ehrgeiz, seine / j-s Neugier, seine Bedürfnisse s.⟩: *Er hat e-n Preis bekommen. Ich glaube, sein Bedürfnis nach Anerkennung ist jetzt gestillt* **3 *etw. s.*** bewirken, dass etw. aufhört (zu fließen) ⟨das Blut, die Tränen s.⟩ **4 *etw. stillt etw.*** etw. schwächt etw. ab ⟨etw. stillt den Schmerz, j-s Zorn⟩ || *zu* **1 Stil·len** *das*; *-s*; *nur Sg* || *zu* **2, 3** u. **4 Stil·lung** *die*; *nur Sg*

still·hal·ten; *hält still, hielt still, hat stillgehalten*; [Vi] nicht protestieren, sich nicht wehren

Still·le·ben *das*; ein Bild, das Gegenstände, *bes* Früchte u. Blumen zeigt

still·le·gen; *legte still, hat stillgelegt*; [Vt] ***etw. s.*** e-e Firma, e-n Betrieb schließen[1] (5) u. so mit der Produktion (für immer) aufhören || *hierzu* **Still·le·gung** *die*

still·lie·gen; *lag still, hat / südd* Ⓐ Ⓒⓗ *ist stillgelegen*; [Vi] ***etw. liegt still*** etw. ist nicht (mehr) in Funktion, in Betrieb ⟨e-e Maschine, e-e Fabrik⟩

stil·los *Adj*; **1** ohne e-n bestimmten Stil (2) ⟨ein Gebäude, ein Bild⟩ **2** so, dass es nicht der Vorstellung von gutem Benehmen entspricht ≈ geschmacklos: *Sekt in Biergläsern zu servieren, halte ich für s.* || *hierzu* **Stil·lo·sig·keit** *die*; *nur Sg*

Still·schwei·gen *das*; *-s*; *nur Sg*; **S. (*über etw.* (*Akk*))** das Verhalten, über bestimmte (*bes* geheime od. unangenehme) Dinge nicht zu sprechen ≈ Diskretion ⟨S. bewahren, vereinbaren; j-m S. auferlegen; über etw. mit S. hinwegsehen⟩

still·schwei·gend *Adj*; *nur attr od adv*; so, dass über etw. Bestimmtes nicht gesprochen wird ⟨ein Übereinkommen, e-e Voraussetzung; sich s. entfernen; etw. s. hinnehmen, übersehen, verschwinden lassen⟩

still·sit·zen; *saß still, hat / südd* Ⓐ Ⓒⓗ *ist stillgesessen*; [Vi] irgendwo sitzen, ohne zu arbeiten, herumzulaufen *o.Ä.*: *Sie kann keine fünf Minuten s.*

Still·stand *der*; *nur Sg*; ein Zustand ohne Bewegung, Aktivität u. (Weiter)Entwicklung: *die Blutung zum S. bringen*; *Die Proteste sind zum S. gekommen*; *In der Forschung ist ein S. eingetreten*

still·ste·hen; *stand still, hat / südd* Ⓐ Ⓒⓗ *ist stillgestanden*; [Vi] **1 *etw. steht still*** etw. ist ohne Bewegung, Aktivität od. Entwicklung ⟨die Maschinen, der Betrieb; der Verkehr; j-s Herz⟩ **2** *Mil*; steif u. ohne Bewegung stehen: *Kompanie, stillgestanden!*

Stil·mö·bel *die*; *Pl*; Möbel im Stil e-r vergangenen Epoche

stil·voll *Adj* ≈ geschmackvoll ⟨e-e Einrichtung; e-e s. eingerichtete Wohnung⟩

Stimm·band *das*; *-(e)s, Stimm·bän·der*; *mst Pl*; eines der beiden dünnen, elastischen Bänder im Hals (im Kehlkopf), die mit ihren Schwingungen stimmhafte Laute erzeugen u. die Höhe der Stimme[1] (1) bestimmen || K-: **Stimmband-, -entzündung**

stimm·be·rech·tigt *Adj*; mit dem Recht, bei e-r Wahl od. Abstimmung zu wählen ⟨ein Bürger, ein Mitglied⟩ || *hierzu* **Stimm·be·rech·tig·te** *der / die*; *-n, -n*

Stimm·bruch *der*; *nur Sg*; die Phase in der Entwicklung e-s jungen Mannes, in der seine Stimme[1] (1) tief wird ⟨im S. sein; sich im S. befinden⟩

Stim·me[1] *die*; *-, -n*; **1** die Töne, die j-d produziert, wenn er spricht od. singt ⟨e-e hohe, tiefe, laute, leise, volle, sonore, kräftige, piepsige, belegte, heise-

S

re, raue, männliche, weibliche S.; e-e schöne S. haben; mit bebender, zitternder S. sprechen, schreien; j-s S. überschlägt sich (vor Wut); j-n an der S. erkennen; j-s S. nachahmen, nachmachen〉: *j-s S. klingt ängstlich, ungeduldig* || K-: ***Stimmen-, -gewirr*** || -K: ***Frauen-, Jungen-, Kinder-, Knaben-, Mädchen-, Männer-; Menschen-, Tier-, Vogel-*** **2** die Fähigkeit, zu sprechen od. zu singen 〈die S. verlieren〉: *Sie hat heute keine S., weil sie erkältet ist* **3** die Fähigkeit, gut zu singen 〈e-e gute, schlechte S. haben; keine S. haben (= schlecht singen); seine S. ausbilden lassen, schulen〉 || -K: ***Sing-, Sprech-*** **4** einer der Teile e-r Komposition, die gleichzeitig gespielt od. gesungen werden 〈die erste, zweite S. (e-s Liedes) singen; die Stimmen setzen gleichzeitig, nacheinander ein〉 || -K: ***Flöten-, Geigen-, Orgel-; Alt-, Bariton-, Bass-, Sopran-, Tenor-; Chor-, Einzel-, Solo-*** **5** ***die S. des Herzens / des Gewissens / der Vernunft*** *geschr*; das, was man aufgrund seiner Gefühle / seines Gewissens / der Vernunft denkt 〈der S. des Herzens *usw* folgen〉 **6** ***e-e innere S.*** ein unbestimmtes Gefühl: *E-e innere S. hielt ihn von seinem Plan ab* **7** ***die S. heben / senken*** lauter / leiser sprechen **8** ***seine S. erheben*** *geschr*; anfangen zu sprechen **9** ***mit erhobener S.*** lauter als gewöhnlich **10** ***seine S. verstellen*** so sprechen, als ob man j-d anderer wäre **11** ***j-m versagt die S.*** j-d wird von e-m starken Gefühl daran gehindert weiterzusprechen: *j-m versagt vor Schmerz, Trauer, Freude die S.*

Stim·me[2] *die*; -, *-n*; **1** das Recht, mit anderen zusammen etw. zu entscheiden od. e-e Person zu wählen, indem man *z.B.* die Hand hebt od. e-n (Wahl)Zettel ausfüllt: *e-e S. in e-m Gremium haben* **2** j-s Entscheidung für j-n / etw. (bei e-r Wahl od. Abstimmung) 〈e-e gültige, ungültige S.; j-m seine S. geben; (viele) Stimmen erhalten, bekommen, auf sich vereinigen, gewinnen, verlieren; die (abgegebenen) Stimmen auszählen〉: *Der Antrag wurde mit 107 zu 100 Stimmen angenommen* || K-: ***Stimmen-, -auszählung, -gewinn, -gleichheit, -mehrheit, -verhältnis, -verlust*** || -K: ***Gegen-, Ja-, Nein-, Wähler-*** **3** *mst Pl*; j-s Meinung, wie sie *bes* in der Öffentlichkeit zu hören ist 〈kritische, warnende Stimmen; Stimmen (des Protests) werden laut, erheben sich; j-s S. gilt viel, wiegt schwer〉: *Es werden immer mehr Stimmen für e-n besseren Schutz der Umwelt laut* || -K: ***Hörer-, Leser-, Presse-*** **4** ***seine S. abgeben*** (*bes* in e-r geheimen Wahl) wählen || K-: ***Stimm-, -abgabe*** **5** ***sich der S. enthalten*** *geschr*; (bei e-r Wahl) sich für keinen der Kandidaten, keine der Möglichkeiten entscheiden || K-: ***Stimm-, -enthaltung***

stim·men[1]; *stimmte, hat gestimmt*; Vi ***etw. stimmt*** etw. ist richtig od. wahr 〈das Ergebnis, e-e Rechnung, e-e Äußerung〉: *Stimmt es, dass Monika krank ist?; Sie behauptet, sie sei gestern zu Hause gewesen, aber das stimmt nicht* || ID ***Stimmt!*** das ist richtig!; ***Stimmts, od. hab ich Recht?*** *gespr hum*; verwendet nach e-r Aussage, wenn man die Zustimmung des Gesprächspartners erwartet; ***Mit j-m stimmt etw. nicht*** j-d macht den Eindruck, krank zu sein; ***Mit etw. stimmt etw. nicht / Da stimmt (doch) etw. nicht*** etw. macht den Eindruck, dass es nicht in Ordnung ist od. dass es gegen die Gesetze verstößt; ***Stimmt so / schon!*** *gespr*; (*bes* zu Kellnerinnen u. Kellnern) den Rest können Sie (als Trinkgeld) behalten!

stim·men[2]; *stimmte, hat gestimmt*; Vt **1** *mst* ***etw. stimmt j-n irgendwie*** etw. erzeugt in j-m ein bestimmtes Gefühl (e-e Stimmung) 〈etw. stimmt j-n heiter, traurig, optimistisch, hoffnungsvoll〉; Vt/i **2** ***(etw.) s.*** ein Musikinstrument (*z.B.* durch Spannen u. Verlängern der Saiten) so einstellen, dass die Töne die richtige Höhe haben 〈die Gitarre, das Klavier (tiefer, höher) s.〉: *Die Musiker stimmen noch*

stim·men[3]; *stimmte, hat gestimmt*; Vi ***(für / gegen j-n / etw.) s.*** sich bei e-r Wahl od. Abstimmung für od. gegen j-n / etw. entscheiden 〈mit Ja, Nein s.〉

Stim·men·fang *der*; *mst in* ***auf S. gehen*** *pej*; *bes* als Politiker versuchen, (durch Versprechungen *usw*) viele Wähler für sich zu gewinnen

Stimm·ga·bel *die*; ein kleines Gerät, das e-n bestimmten Ton (das *a*) erzeugt, wenn man es kurz auf etw. schlägt

stimm·ge·wal·tig *Adj*; mit e-r sehr lauten u. kräftigen Stimme[1] (1) 〈ein Sänger, ein Tenor〉

stimm·haft *Adj*; so (weich) gesprochen, dass die Stimmbänder schwingen ↔ stimmlos 〈ein Laut, ein Konsonant〉: *B, d u. g sind im Deutschen stimmhafte Laute* || *hierzu* **Stimm·haf·tig·keit** *die*; *nur Sg*

stim·mig *Adj*; so, dass alles harmonisch zueinander passt: *Dieses System ist (in sich) völlig s.* || *hierzu* **Stim·mig·keit** *die*; *nur Sg*

-stim·mig *im Adj, begrenzt produktiv*; **1** mit der genannten Zahl od. Menge von Stimmen[1] (4); ***einstimmig, zweistimmig, dreistimmig*** *usw*, ***mehrstimmig***: *ein Lied fünfstimmig singen* **2** von vielen Menschen (produziert); ***tausendstimmig, vielstimmig*** 〈Geschrei, Protest〉

Stimm·la·ge *die*; e-e bestimmte Höhe (od. Tiefe) der menschlichen Stimme

stimm·lich *Adj*; *nur attr od adv*; in Bezug auf den Zustand der Stimme[1] (1): *Er war s. in bester Form*

stimm·los *Adj*; so (hart) gesprochen, dass die Stimmbänder nicht schwingen ↔ stimmhaft 〈ein Laut, ein Konsonant〉: *P, t u. k sind im Deutschen stimmlose Laute* || *hierzu* **Stimm·lo·sig·keit** *die*; *nur Sg*

Stim·mung *die*; -, *-en*; **1** der seelische Zustand e-s Menschen zu e-m bestimmten Zeitpunkt ≈ Laune 〈(in) fröhlicher, ausgelassener, gedrückter, gereizter S. sein〉 || K-: ***Stimmungs-, -umschwung, -wechsel*** || -K: ***Abschieds-, Aufbruchs-, Festtags-, Weihnachts-*** **2** *nur Sg*; die fröhliche S. (1) ≈ gute Laune 〈in S. sein, kommen; j-m die S. verderben〉 **3** *nur Sg*; die vorherrschende S. (1), Atmosphäre in e-r Gruppe: *Bei uns im Büro ist die S. zurzeit sehr schlecht* **4** *nur Sg*; die (vorherrschende) Meinung von bestimmten Gruppen zu e-m Thema: *die S. unter den Wählern* || K-: ***Stimmungs-, -umschwung, -wechsel*** **5** die Wirkung auf j-s Gefühle ≈ Atmosphäre (2,3): *Der Maler stellt in seinem Bild die S. des Sonnenuntergangs dar* **6** ***für / gegen j-n / etw. S. machen*** *mst pej*; versuchen, die allgemeine Meinung für / gegen j-n / etw. zu beeinflussen || *zu* **6** **Stim·mungs·ma·che** *die*; -; *nur Sg*

Stim·mungs·ba·ro·me·ter *das*; *mst in* ***das S. steht auf null*** *gespr*; die Stimmung (3) ist sehr schlecht

Stim·mungs·ka·no·ne *die*; *gespr hum*; j-d, der lustige Geschichten od. Witze erzählt, sodass andere fröhlich sind u. sich amüsieren

stim·mungs·voll *Adj*; so schön u. angenehm, dass es die Menschen froh (aber auch ein bisschen nachdenklich) macht 〈e-e Atmosphäre, ein Gedicht; etw. s. vortragen〉

Stimm·wech·sel *der*; *nur Sg* ≈ Stimmbruch

Stimm·zet·tel *der*; ein Formular, mit dem man bei e-r Wahl od. bei e-r Abstimmung e-n Kandidaten od. e-e Partei wählt

Sti·mu·lans ['ʃtiː-, 'stiː-] *das*; -, *Sti·mu·lan·zi·en* [-'lant͜si̯ən]; *geschr*; ein Mittel, das j-n wach u. munter macht (indem es *z.B.* den Kreislauf anregt): *Koffein u. Nikotin sind Stimulanzien*

sti·mu·lie·ren; *stimulierte, hat stimuliert*; [Vt] *geschr*; **1** ***j-d / etw. stimuliert j-n*** (***zu etw.***) j-d / etw. wirkt so positiv auf j-n ein, dass seine Leistungen noch besser werden ≈ j-d / etw. spornt j-n an: *Der Erfolg hat sie zu e-m noch intensiveren Training stimuliert* **2** ***etw. stimuliert etw.*** etw. regt etw. an (3): *Das Medikament stimuliert den Haarwuchs* || *hierzu* **Sti·mu·lie·rung** *die*; *nur Sg*

stink- *im Adj, begrenzt produktiv, gespr pej*; verwendet, um bestimmte Adjektive zu verstärken ≈ sehr; ***stinkfaul, stinkfein*** (= übertrieben vornehm), ***stinklangweilig, stinknormal, stinkreich, stinkvornehm, stinkwütend***

Stink·bom·be *die*; ein kleiner Behälter mit e-r stinkenden Flüssigkeit. *Bes* Kinder werfen die Stinkbomben auf den Boden, damit die Flüssigkeit herausläuft u. es irgendwo stinkt

stin·ken; *stank, hat gestunken*; [Vi] **1** ***j-d / etw. stinkt*** j-d / etw. hat od. verbreitet e-n sehr unangenehmen Geruch: *Faule Eier stinken* **2** ***j-d / etw. stinkt nach etw.*** j-d / etw. hat denselben od. e-n sehr ähnlichen unangenehmen Geruch wie etw.: *Das Gas stinkt nach faulen Eiern* **3** ***etw. stinkt j-m*** *gespr*; etw. ist so, dass sich j-d darüber ärgert: Es *stinkt mir*, dass *er mir nicht hilft*

Stin·ker *der*; *-s, -*; *gespr pej*; **1** j-d, der stinkt (1) **2** verwendet als Schimpfwort für e-n Mann

stin·kig *Adj*; *gespr*; mit e-m sehr unangenehmen Geruch ≈ stinkend: *ein stinkiger Mülleimer*

Stink·lau·ne, Stink·lau·ne *die*; *nur Sg*; *mst in* ***e-e S. haben*** *gespr pej*; e-e sehr schlechte Laune haben

stink·sau·er *Adj*; ***s.*** (***auf j-n / etw.***) *gespr*; sehr wütend, sehr ärgerlich (auf j-n / etw.)

Stink·tier *das*; ein (Nage)Tier, das in Amerika lebt u. bei Gefahr e-e stinkende Flüssigkeit auf seinen Angreifer spritzt ≈ Skunk

Stink·wut *die*; ***e-e S.*** (***auf j-n / etw.***) *gespr*; e-e sehr große Wut (auf j-n / etw.) ⟨e-e S. haben⟩

Sti·pen·di·at [ʃtipɛnˈdiaːt] *der*; *-en, -en*; j-d, der ein Stipendium bekommt || NB: *der Stipendiat*; *den, dem, des Stipendiaten*

Sti·pen·di·um [ʃtiˈpɛndium] *das*; *-s, Sti·pen·di·en* [-diən]; Geld *o.Ä.*, das Schüler, Studenten, Wissenschaftler od. Künstler *mst* von Stiftungen od. Universitäten bekommen, damit sie ohne finanzielle Probleme arbeiten können

Stip·pe *die*; *-, -n*; *nordd*; e-e Art dicke Soße: *Kartoffeln mit S.*

stip·pen; *stippte, hat gestippt*; [Vt] ***etw. in etw.*** (*Akk*) ***s.*** *nordd*; etw. kurz in etw. tauchen: *Kartoffeln in die Soße s.*

Stipp·vi·si·te *die*; *gespr*; ein kurzer Besuch bei j-m ⟨(bei j-m) e-e S. machen⟩

stirbt *Präsens, 3. Person Sg*; ↑ ***sterben***

Stirn *die*; *-, -en*; *mst Sg*; der Teil des Kopfes zwischen den Augen u. den Haaren ⟨e-e hohe, niedrige, flache, gewölbte, fliehende S.; die S. runzeln, in Falten legen / ziehen⟩: *sich den Schweiß von der S. wischen* || ↑ *Abb. unter* ***Kopf*** || K-: ***Stirn-, -band, -falte, -haar, -locke, -wunde*** || *zu* ***Stirnfalte*** ↑ *Abb. unter* ***Falten*** || ID ***über j-n / etw. die S. runzeln*** j-s Verhalten / etw. nicht gut finden ≈ etw. missbilligen; ***j-m / etw. die S. bieten*** keine Angst vor j-m / etw. haben u. Widerstand leisten: *seinem Gegner, dem Schicksal, e-r schweren Krankheit die S. bieten*; ***die S. haben*** + ***zu*** + *Infinitiv*; *pej*; so unverschämt u. frech sein, etw. (Schlimmes) zu tun: *Er hatte tatsächlich die S., mich zu belügen!*

Stirn·glat·ze *die*; das Fehlen der Haare oben am vorderen Teil des Kopfes ⟨e-e S. haben⟩

Stirn·höh·le *die*; ein Hohlraum im Innern der Stirn über der Nase || K-: ***Stirnhöhlen-, -entzündung, -vereiterung***

Stirn·run·zeln *das*; *-s*; *nur Sg*; die Reaktion, bei der sich Falten auf der Stirn bilden (*bes* wenn man nachdenkt od. mit etw. nicht einverstanden ist) ⟨etw. ruft S. hervor⟩

Stirn·sei·te *die*; die vordere Seite *mst* e-s Gebäudes od. Möbelstücks ≈ Vorderseite, Front(seite)

stob *Imperfekt, 1. u. 3. Person Sg*; ↑ ***stieben***

stö·bern; *stöberte, hat gestöbert*; [Vi] ***irgendwo*** (***nach etw.***) ***s.*** *gespr*; *mst* dort, wo alte od. gebrauchte Sachen gelagert werden, längere Zeit nach etw. suchen: *auf dem Dachboden* (*nach alten Fotos*) *s.*

sto·chern; *stocherte, hat gestochert*; [Vi] ***in etw.*** (*Dat*) ***s.*** mit e-m langen, spitzen Gegenstand mehrere Male in etw. stechen: *mit dem Feuerhaken in der Glut s.*

Stock[1] *der*; *-(e)s, Stö·cke*; **1** ein langer, relativ dünner u. harter Gegenstand aus Holz *o.Ä.*, den man *z.B.* als Stütze (beim Gehen) verwendet od. um j-n zu schlagen ⟨am S. gehen⟩ || -K: ***Spazier-*** || NB: ↑ ***Stab*** **2** einer von zwei Stöcken[1] (1) beim Skifahren || K-: ***Stock-, -einsatz*** || -K: ***Ski-*** || ID ***am S. gehen*** **a)** *gespr*; sehr krank sein; **b)** *gespr*; kein Geld mehr haben

Stock[2] *der*; *-(e)s, Stö·cke*; **1** e-e Art kleiner Strauch, den man in ein Beet od. in e-n Topf pflanzt || -K: ***Blumen-, Rosen-*** **2** ≈ Baumstumpf || ID ***über S. u. Stein*** ⟨rennen⟩ nicht auf e-m Weg, sondern quer über Felder u. Wiesen (rennen)

Stock[3] *der*; *-(e)s, -*; der Teil e-s Gebäudes, der alle Räume umfasst, die auf gleicher Höhe liegen ≈ Etage, Geschoss[2], Stockwerk: *Sie wohnt im dritten S.* || ► ***-stöckig***

stock- *im Adj, wenig produktiv, gespr, oft pej*; verwendet, um bestimmte (oft negative) Adjektive zu verstärken ≈ sehr (stark); ***stockbetrunken, stockdumm, stockdunkel, stockduster, stockfinster, stockkonservativ, stocknüchtern, stocktaub***

Stock·bett *das*; ein Gestell mit zwei Betten übereinander

Stö·ckel·schuh *der*; ein (Damen)Schuh mit e-m sehr hohen u. sehr schmalen Absatz

sto·cken[1]; *stockte, hat gestockt*; [Vi] **1** ***etw. stockt*** etw. ist in der Bewegung od. im normalen Ablauf für kurze Zeit unterbrochen ⟨die Arbeit; das Gespräch; der Verkehr; etw. kommt / gerät ins Stocken; e-e stockende Unterhaltung, stockender Verkehr⟩: *Als sie plötzlich die Tür öffnete, stockte die Unterhaltung im Zimmer* **2** (***bei / in etw.*** (*Dat*)) ***s.*** während e-r Bewegung od. e-r Tätigkeit plötzlich e-e kurze Pause machen ≈ innehalten: *Mitten im Schreiben stockte er u. sah sie an*; *Sie stockte in ihrer Rede* **3** *mst* ***j-m stockt der Atem, das Herz*** j-d hat das Gefühl, dass er (*mst* aus Angst) nicht mehr atmen kann od. dass sein Herz nicht mehr schlägt

sto·cken[2]; *stockte, hat / ist gestockt*; [Vi] *bes südd* Ⓐ Ⓒⓗ ***etw. stockt*** ≈ etw. gerinnt ⟨die Milch⟩

-stö·ckig *im Adj, begrenzt produktiv*; **1** mit der genannten Zahl von Stockwerken; ***einstöckig, zweistöckig, dreistöckig*** *usw*: *ein zwanzigstöckiges Hochhaus* **2** mit der genannten Zahl von Schichten, Lagen übereinander: *e-e dreistöckige Torte, ein vierstöckiges Sandwich*

stock·sau·er *Adj*; ***s.*** (***auf j-n / etw.***) *gespr*; sehr verärgert (über j-n / etw.)

stock·steif *Adj*; *gespr*; mit e-r sehr geraden, steifen Haltung ⟨ein Gang, s. dasitzen⟩

Stock·werk *das* ≈ Stock[3], Etage || NB: Bei der Zählung der Stockwerke wird das Erdgeschoss mitgezählt: *Das Haus hat vier Stockwerke* (= Erdgeschoss + 3 obere Stockwerke)

Stock·zahn *der*; *südd* Ⓐ Ⓒⓗ ≈ Backenzahn

Stoff[1] *der*; *-(e)s, -e*; **1** ein Gas, e-e Flüssigkeit od. e-e

S

feste Masse in e-r bestimmten Form mit bestimmten Eigenschaften ≈ Substanz (1) ⟨ein pflanzlicher, chemischer, synthetischer, wasserlöslicher, radioaktiver S.⟩ || -K: ***Bau-, Brenn-, Heiz-, Impf-, Kleb-, Leucht-, Nähr-, Reiz-, Riech-, Spreng-, Treib-, Wirk-; Abfall-, Ballast-, Duft-, Ersatz-, Farb-, Fest-, Geruchs-, Geschmacks-, Grund-, Kraft-, Schaum-, Süß-*** **2** *nur Sg, gespr*; Rauschgift od. Alkohol ⟨sich (*Dat*) S. besorgen⟩ || *zu* **1 stoff·lich** *Adj; nur attr od adv*

Stoff[2] *der; -(e)s, -e*; das (gewebte) Material, aus dem *z.B.* Kleidung, Tischdecken u. Tücher bestehen ⟨ein dünner, leichter, dicker, schwerer, gemusterter, knitterfreier, seidener, wollener S.; e-n S. zuschneiden⟩ || K-: ***Stoff-, -bahn, -ballen, -muster*** || -K: ***Kleider-, Mantel-, Vorhang-; Baumwoll-, Leinen-, Seiden-, Woll-***

Stoff[3] *der; -(e)s; nur Sg*; e-e Geschichte od. e-e Idee, die das Thema u. den Inhalt für e-n Roman, e-n Film, e-e wissenschaftliche Arbeit *usw* bieten ⟨e-n S. bearbeiten, verfilmen⟩: *Der Putsch bot den S. für e-n Dokumentarfilm; Seine Worte gaben ihr S. zum Nachdenken* || -K: ***Diskussions-, Gesprächs-, Lese-, Roman-*** || *hierzu* **stoff·lich** *Adj; nur attr od adv*

Stof·fel *der; -s, -; gespr pej*; ein ungeschickter, unhöflicher Mensch || *hierzu* **stof·fe·lig, stoff·lig** *Adj*

Stoff·samm·lung *die*; e-e Sammlung von Ideen u. Material zu e-m Thema

Stoff·wech·sel *der; mst Sg*; alle chemischen Umwandlungen von (Nähr)Stoffen im Körper (der Lebewesen); *Biol* Metabolismus || K-: ***Stoffwechsel-, -krankheit, -produkt, -störung***

stöh·nen; *stöhnte, hat gestöhnt*; [Vi] **1** (vor Schmerz od. Erregung) beim Ausatmen e-n tiefen, langen Laut von sich geben: *Der Verletzte stöhnte vor Schmerz* **2 *über etw.*** (*Akk*) ***s.*** sich über etw. beklagen: *Sie stöhnt über die schwere Arbeit*

sto·isch *Adj; mst in* ***mit stoischer Ruhe*** *geschr*; ohne sich zu ärgern u. ohne die Ruhe zu verlieren ≈ gelassen, gleichmütig

Sto·la [ʃt-, st-] *die; -, Sto·len*; e-e Art breiter Schal, den Frauen (über e-m Kleid) um die Schultern tragen

Stol·len[1] *der; -s, -*; ein waagrechter Gang unter der Erde, *z.B.* in e-m Bergwerk ⟨e-n S. in den Fels treiben⟩ || NB: Ein senkrechter Gang in e-m Bergwerk heißt *Schacht*

Stol·len[2] *der; -s, -*; einer der (zylinderförmigen) Teile an der Sohle von Fußballschuhen *o.Ä.*, die beim Laufen mehr Halt[1] (1) geben || K-: ***Stollen-, -schuh***

S

Stol·len[3] *der; -s, -; bes südd* Ⓐ Ⓒⓗ ein länglicher Kuchen mit Rosinen, Mandeln *usw*, den man *bes* zu Weihnachten isst

stol·pern; *stolperte, ist gestolpert*; [Vi] **1** (***über etw.*** (*Akk*)) ***s.*** beim Gehen mit dem Fuß gegen ein Hindernis stoßen u. das Gleichgewicht verlieren: *Sie stolperte (über e-e Baumwurzel) u. fiel hin* **2 *über j-n / etw. s.*** *mst* wegen e-s Skandals (an dem man selbst schuld ist) seine berufliche Stellung od. sein Amt verlieren: *Der Minister stolperte über die Bestechungsaffäre* **3 *über etw.*** (*Akk*) ***s.*** etw. nicht genau verstehen u. sich deshalb wundern bzw. mit etw. nicht ganz einverstanden sein: *beim Lesen über e-n Fachausdruck s.; über j-s Bemerkung s.*

Stol·per·stein *der*; ein Problem, an dem j-d scheitert / scheitern kann: *Der Skandal war ein S. auf seinem Weg zum Erfolg*

stolz *Adj*; **1** ⟨ein Mensch⟩ von sich, *bes* seinen eigenen Leistungen überzeugt ≈ selbstbewusst: *Sie war zu s., um ihn um Hilfe zu bitten* **2 *s.*** (***auf j-n / etw.***) voll Freude über etw., das man selbst od. j-d anderer geleistet hat od. über etw., das man besitzt ⟨ein stolzer Vater; s. auf seine Kinder, seinen Erfolg sein⟩: *Er war sehr s.* darauf, dass *er die Prüfung bestanden hatte* **3** *pej* ≈ hochmütig, überheblich ↔ bescheiden: *Er ist wohl zu s., (um) uns zu grüßen!* **4** *nur attr, nicht adv*; ⟨ein Schiff; ein Bauwerk⟩ groß u. schön u. deshalb beeindruckend ≈ imposant, stattlich **5** *nur attr, nicht adv, gespr*; sehr hoch, zu teuer ≈ beträchtlich ⟨e-e (Geld)Summe, ein Preis⟩

Stolz *der; -es; nur Sg*; **1** das Gefühl e-s Menschen, wichtig u. viel wert zu sein, das sich auch in seiner Haltung zeigt ⟨j-s S. verletzen; keinen S. haben⟩ **2 *der S.*** (***auf j-n / etw.***) die große Freude u. Zufriedenheit über etw., das man selbst od. j-d anderer geleistet hat, od. über etw., das man besitzt ⟨etw. erfüllt j-n mit S.⟩: *Man sah ihm den S. auf seine Tochter an* || -K: ***Vater-*** **3** *pej*; das Gefühl e-s Menschen, besser zu sein als andere u. sie deshalb verachten zu können ≈ Hochmut, Überheblichkeit ↔ Bescheidenheit

stolz·ge·schwellt *Adj; mst in* ***mit stolzgeschwellter Brust*** in e-r Haltung, die zeigt, dass j-d sehr stolz (2) ist

stol·zie·ren; *stolzierte, ist stolziert*; [Vi] ***irgendwo(hin) s.*** langsam, steif u. mit erhobenem Kopf gehen, um anderen Leuten zu zeigen, wie wichtig man zu sein glaubt: *Er stolzierte durch den Saal*

stop! [ʃt-, st-] auf Verkehrsschildern verwendet, um anzuzeigen, dass man halten muss ≈ halt!

stop·fen; *stopfte, hat gestopft*; [Vt/i] **1** (***etw.***) ***s.*** ein Loch in e-m Kleidungsstück mit Nadel u. Faden schließen ⟨Socken, Strümpfe, e-n Pullover an den Ellbogen s.⟩ || K-: ***Stopf-, -garn, -nadel, -wolle***; [Vt] **2 *etw. s.*** e-e Öffnung *o.Ä.* verschließen, indem man sie mit etw. füllt ≈ abdichten: *ein Leck im Öltank s.* **3 *etw. in etw.*** (*Akk*) ***s.*** etw. (ohne besondere Sorgfalt) kräftig irgendwohin drücken: *das Hemd in die Hose s.; die Hemden in den Koffer s.* **4** (***sich*** (*Dat*)) ***e-e Pfeife s.*** Tabak in e-e Pfeife füllen; [Vi] **5 *etw. stopft*** *gespr*; etw. macht schnell satt: *Nudeln stopfen* **6 *etw. stopft*** etw. verhindert, dass man den Darm entleeren kann ↔ etw. führt ab: *Schokolade stopft*

Stop·fen *der; -s, -* ≈ Stöpsel || NB: ↑ ***Pfropfen***

stopp! *Interjektion*; **1** ≈ halt! **2** moment (mal)!

Stopp [ʃtɔp, stɔp] *der; -s, -s*; **1** das Anhalten, das Stoppen e-s Fahrzeugs: *ohne S. an der Ampel weiterfahren können* **2** e-e Pause, e-e Unterbrechung während der Fahrt ⟨e-n kurzen S. einlegen⟩ **3** e-e (kurze) Unterbrechung e-r Handlung, e-s Vorgangs || -K: ***Export-, Import-, Lieferungs-***

Stop·pel *die; -, -n; mst Pl*; **1** der Rest e-s Getreidehalms, der nach dem Mähen stehen geblieben ist || K-: ***Stoppel-, -feld*** **2** *gespr*; ein kurzes Barthaar || K-: ***Stoppel-, -bart*** || -K: ***Bart-*** || *hierzu* **stop·pe·lig** *Adj*

stop·pen[1]; *stoppte, hat gestoppt*; [Vt] **1 *j-n / etw. s.*** bewirken, dass e-e Person od. Sache, die in Bewegung ist, hält ≈ anhalten (1): *Der Polizist stoppte den Motorradfahrer* **2 *j-n / etw. s.*** bewirken, dass j-d aufhört, etw. zu tun, od. dass etw. aufhört: *die Produktion s.; e-e Entwicklung nicht mehr s. können* || K-: ***Stopp-, -taste***; [Vi] **3** (aus der Bewegung heraus) zum Stehen kommen ≈ anhalten (4): *Der Autofahrer stoppte kurz vor der Ampel*

stop·pen[2]; *stoppte, hat gestoppt*; [Vt/i] (***j-n / etw.***) ***s.*** mit e-r (Stopp)Uhr die Zeit messen, die j-d für e-e Strecke braucht ⟨e-n Rennfahrer, e-n Lauf s.⟩

Stopp·schild *das*; ein Verkehrsschild, auf dem „STOP" steht u. an dem jedes Fahrzeug halten muss

Stopp·uhr *die*; e-e Uhr, die man beim Sport (*z.B.* beim Wettlauf) verwendet, um Zeiten genau zu messen

Stöp·sel *der*; *-s, -*; ein *mst* kleiner, runder Gegenstand, mit dem man e-e Öffnung verschließt: *den S. aus der Badewanne ziehen*

Stör [ʃtøːɐ̯] *der*; *-s, -e*; ein Fisch, dessen Eier man als Kaviar isst

stör·an·fäl·lig *Adj*; ⟨ein Radio, die Elektronik e-s Autos⟩ so, dass sie schon bei leichten äußeren Störungen od. wegen schlechter Qualität häufig nicht mehr funktionieren || *hierzu* **Stör·an·fäl·lig·keit** *die*; *nur Sg*

Storch *der*; *-(e)s, Stör·che*; ein großer Vogel mit schwarzen u. weißen Federn, langen Beinen u. einem langen, roten Schnabel. Der Storch baut sein Nest auf Dächern ⟨der S. klappert (mit dem Schnabel)⟩ || K-: ***Storchen-, -nest, -schnabel*** || ID ***wie der S. im Salat*** ⟨herumgehen⟩ *gespr hum*; mit steifen Beinen (herumgehen) ≈ ungelenk; ***Da 'brat mir einer e-n S.!*** *gespr*; verwendet als Ausdruck der Überraschung

Store [ʃtoːɐ̯, st-] *der*; *-s, -s*; e-e Gardine aus fast durchsichtigem Stoff

stö·ren; *störte, hat gestört*; [Vt/i] **1** ***(j-n) (bei etw.) s.*** j-n bei e-r Tätigkeit unterbrechen (u. ihn dadurch ärgern) ⟨j-n bei der Arbeit, beim Lesen s.⟩: *Entschuldigen Sie bitte, wenn ich Sie störe!*; *Störe ich (dich) gerade?* **2** ***(etw.) s.*** sich mit Absicht so verhalten, dass etw. nicht normal verlaufen kann: *Die Schüler unterhielten sich u. störten dadurch den Unterricht* **3** ***etw. stört (etw.)*** etw. hat e-e negative Wirkung auf etw. u. verhindert den normalen Ablauf ≈ etw. beeinträchtigt etw.: *Elektromagnetische Wellen störten den Radioempfang* || K-: ***Stör-, -geräusch*** **4** ***etw. stört (j-n)*** etw. gefällt j-m überhaupt nicht ≈ etw. missfällt j-m: *Mich stören seine schmutzigen Fingernägel*; [Vr] **5** ***sich an etw.*** (*Dat*) ***s.*** *gespr*; etw. als schlecht od. unangenehm empfinden

Stö·ren·fried *der*; *-(e)s, -e*; *gespr*; j-d, der andere Leute dauernd mit Absicht stört (2)

Stör·fak·tor *der*; ein Faktor, der den normalen (geplanten) Ablauf von etw. stört (3)

Stör·fall *der*; ein Defekt, e-e Störung in e-r technischen Anlage (*bes* e-m Atomkraftwerk)

Stör·ma·nö·ver *das*; e-e Aktion, mit der der Ablauf e-r Handlung gestört (2) wird

stor·nie·ren; *stornierte, hat storniert*; [Vt] ***etw. s.*** e-n Auftrag od. e-e Buchung wieder rückgängig machen ⟨e-e Gutschrift, e-n Betrag s.; e-n Flug, e-e Buchung s.⟩ || *hierzu* **Stor·nie·rung** *die*

Stor·no *der / das*; *-s, Stor·ni*; das Stornieren || K-: ***Storno-, -gebühren, -kosten***

stör·risch *Adj*; nicht bereit, das zu tun, was andere wünschen ≈ starrsinnig

Stö·rung *die*; *-, -en*; **1** Handlungen od. Dinge, die stören (1) ⟨e-e lästige, unliebsame, nächtliche S.⟩: *Entschuldigen Sie bitte die S.!* || -K: ***Ruhe-*** **2** Handlungen od. Dinge, die stören (2): *Ich werde e-e S. des Unterrichts nicht dulden!* **3** ein Fehler in der Funktion od. dem Ablauf von etw.: *Die Störungen im Radio wurden durch ein Gewitter ausgelöst* || -K: ***Durchblutungs-, Empfangs-, Entwicklungs-, Gleichgewichts-, Verdauungs-, Wachstums-*** **4** *Meteorologie*; ein Gebiet mit niedrigem Luftdruck ≈ Tiefdruckgebiet || K-: ***Störungs-, -front***

Sto·ry ['stɔ(ː)ri, 'ʃtɔ(ː)ri] *die*; *-, -s*; *gespr*; **1** der Inhalt, die Handlung *z.B.* e-s Films od. e-s Romans: *e-e sentimentale S.* **2** ≈ Bericht, Report

Stoß[1] *der*; *-es, Stö·ße*; **1** e-e schnelle Bewegung, mit der etw. kurz u. kräftig auf j-n / etw. trifft ⟨j-m e-n S. (in die Seite, in die Rippen) geben, versetzen⟩ || -K: ***Rippen-*** **2** ein schneller Schlag od. Stich mit e-r Waffe ⟨e-n S. auffangen, parieren; j-m e-n S. versetzen⟩ || -K: ***Degen-, Dolch-, Messer-*** **3** *mst Pl*; die einzelne, schnelle u. kräftige Bewegung, mit der man sich beim Schwimmen od. Rudern fortbewegt ⟨mit kräftigen Stößen schwimmen, rudern⟩ **4** *mst Pl*; die kurzen, kräftigen Bewegungen bei e-m Erdbeben ≈ Erdstoß: *Die Stöße erreichten die Stärke 7 auf der Richterskala*

Stoß[2] *der*; *-es, Stö·ße*; *Kollekt*; e-e Menge von gleichen Dingen, die übereinander gelegt wurden ≈ Stapel: *Brennholz zu Stößen aufschichten*; *ein S. Bücher, Wäsche*; *Stöße von Akten, Zeitschriften* || -K: ***Holz-***

Stoß·dämp·fer *der*; *-s, -*; e-e Konstruktion an Autos, die verhindert, dass sie zu stark auf u. ab schwingen

Stö·ßel *der*; *-s, -*; e-e Art kurzer Stab (aus Keramik, Eisen od. Stein), der am unteren Ende dick ist u. mit dem man Substanzen kleiner macht od. zerreibt: *Mörser u. S.*

sto·ßen; *stößt, stieß, hat / ist gestoßen*; [Vt] *(hat)* **1** ***j-n (irgendwohin) s.*** j-m an e-r Stelle seines Körpers e-n Stoß[1] (1) geben: *Er hat mich mit dem Ellbogen in die Rippen gestoßen* **2** ***(j-m) etw. in etw.*** (*Akk*) ***s.*** mit e-m kurzen, kräftigen Stoß[1] (1,2) bewirken, dass etw. in etw. eindringt: *e-n Pfahl in die Erde s.*; *Der Verbrecher stieß ihm ein Messer in den Arm* **3** ***j-n / etw. irgendwohin s.*** j-n / etw. mit e-m kurzen u. kräftigen Stoß[1] (1) an e-e andere Stelle bewegen: *j-n ins Wasser, zur Seite, von der Treppe s.*; *Er stieß den Ball ins Tor*; [Vt/i] *(hat)* **4** ***(etw.) s.*** (CH) ≈ drücken, schieben; [Vi] **5** ***gegen / an etw.*** (*Akk*) ***s.*** *(hat)* etw. e-n kurzen u.kräftigen Stoß[1] (1) geben: *Voller Wut stieß er mit dem Fuß gegen die Tür* **6** ***an / gegen j-n / etw. s.*** *(ist)* in e-r schnellen Bewegung j-n / etw. ohne Absicht kurz u. kräftig berühren (u. sich selbst dabei wehtun od. verletzen): *Ich bin im Gedränge gegen ihn gestoßen*; *Er ist mit dem Kopf an die Decke gestoßen* **7** ***auf j-n s.*** *(ist)* j-m zufällig begegnen: *Im Wald stießen wir auf e-n Jäger* **8** ***auf etw.*** (*Akk*) ***s.*** *(ist)* etw. zufällig finden, entdecken ⟨auf Erdöl s.⟩ **9** ***(irgendwo) auf etw.*** (*Akk*) ***s.*** *(ist)* überraschend auf etw. Unangenehmes treffen ⟨auf Schwierigkeiten, bei j-m auf Widerstand, Ablehnung s.⟩ **10** ***zu j-m*** (*Kollekt od Pl*) ***s.*** *(ist)* zu e-r Gruppe, die unterwegs ist, hinzukommen u. mit ihr e-e Einheit bilden ≈ sich j-m anschließen: *zu den Partisanen s.* **11** ***etw. stößt an etw.*** (*Akk*) *(hat)* etw. hat mit etw. anderem e-e gemeinsame Linie, Fläche od. e-n Punkt, wo sie sich berühren ≈ etw. grenzt an etw. (*Akk*): *Das Grundstück stößt auf einer Seite an e-n Wald* **12** ***ins Horn s.*** *veraltend*; auf e-m Horn (3) blasen; [Vr] *(hat)* **13** ***sich (an etw.*** (*Dat*)***) s.*** in e-r schnellen Bewegung ohne Absicht etw. kurz u. heftig berühren u. sich dabei *mst* wehtun od. verletzen: *sie hat sich an der Tischkante gestoßen* **14** ***sich an etw.*** (*Dat*) ***s.*** etw. nicht gut od. angemessen finden u. sich darüber ärgern ≈ an etw. Anstoß nehmen: *sich an den schlechten Manieren anderer s.*

stoß·fest *Adj*; ⟨e-e Uhr⟩ so, dass sie durch Stöße nicht beschädigt wird ≈ stoßsicher ↔ stoßempfindlich

Stoß·ge·bet *das*; ein kurzes Gebet, das man bei e-r plötzlichen Gefahr schnell u. spontan spricht

Stoß·kraft *die*; *nur Sg*; die Kraft od. Wirkung von etw. ⟨die S. e-r Idee, e-s Gedankens, e-r Erfindung⟩ || *hierzu* **stoß·kräf·tig** *Adj*

Stoß·rich·tung *die*; die Richtung, in die ein gegnerischer Angriff *o.Ä.* geht

Stoß·seuf·zer *der*; ein kurzer, starker, spontaner Seufzer, mit dem man *mst* ausdrückt, dass einem etw. unangenehm ist ⟨e-n S. von sich geben⟩

Stoß·stan·ge *die*; e-e Art Stange aus e-m harten Material am vorderen u. hinteren Ende e-s Autos, die es bei e-m leichten Zusammenstoß schützen soll || ↑ *Abb. unter* **Auto**

stößt *Präsens, 3. Person Sg*; ↑ **stoßen**

Stoß·trupp *der*; *Kollekt, Mil*; e-e kleine Gruppe von Soldaten, die e-e spezielle Aufgabe *mst* im feindlichen Gebiet hat

Stoß·ver·kehr *der*; sehr starker Verkehr (zu e-r bestimmten Tageszeit)

Stoß·waf·fe *die*; e-e Waffe mit e-r langen Klinge, wie *z.B.* ein Degen

stoß·wei·se[1] *Adj*; *mst adv*; kurz u. ruckartig: *Der Atem des Kranken ging s.*

stoß·wei·se[2] *Adv*; in der Form von Stößen[2]: *auf dem Schreibtisch liegen s. Akten*

Stoß·zahn *der*; einer der beiden langen Zähne *bes* des Elefanten || ↑ *Abb. unter* **Elefant**

Stoß·zeit *die*; **1** die Zeit, in der der Verkehr (in der Stadt) am stärksten ist ≈ Hauptverkehrszeit **2** die Zeit, in der es in Betrieben die meiste Arbeit gibt: *die S. vor Weihnachten*

stot·tern; *stotterte, hat gestottert*; [Vi] **1** (als Folge e-r Sprachstörung) so sprechen, dass man oft einzelne Laute od. Silben wiederholt; [Vt] **2** ***etw. s.*** (*mst* aus Verlegenheit od. vor Aufregung) einzelne, nicht zusammenhängende Worte sprechen: *Sie stotterte e-e Entschuldigung* || ID ***auf Stottern*** *gespr*; auf Raten: *Ich habe mir das Auto auf Stottern gekauft* || *zu* **1 Stot·te·rer** *der*; *-s, -*; **Stot·te·rin** *die*; *-, -nen*

Stöv·chen [-f-] *das*; *-s, -*; ein kleines Gestell mit e-r Kerze, auf dem man *mst* Kaffee od. Tee warm hält

Str. *Abk für* Straße

stracks *Adv*; *veraltend*; ohne zu zögern ≈ sofort, schnurstracks

Straf·an·stalt *die*; *Admin geschr* ≈ Gefängnis

Straf·an·trag *der*; *Jur*; **1** *mst* **S. (*gegen j-n*) *stellen*** (als Staatsanwalt) schriftlich fordern, dass ein Verbrecher vor Gericht gestellt wird **2** der Antrag des Staatsanwalts, in dem er e-e bestimmte Strafe für e-n Verbrecher fordert

Straf·an·zei·ge *die*; *mst in* **S. (*gegen j-n*) *erstatten*** *Admin geschr*; der Polizei od. dem Staatsanwalt melden, dass ein Delikt begangen wurde

Straf·ar·beit *die*; *mst* e-e zusätzliche Hausaufgabe *o.Ä.*, die ein Schüler als Strafe von seinem Lehrer bekommt

straf·bar *Adj*; **1** so, dass es gegen ein Gesetz ist u. durch ein Gericht bestraft werden kann ⟨e-e strafbare Handlung begehen⟩ **2** ***sich s. machen*** *Admin geschr*; etw. tun, das gegen ein Gesetz ist u. durch ein Gericht bestraft werden kann: *Wer e-m Verletzten nicht erste Hilfe leistet, macht sich s.* || *zu* **1 Straf·bar·keit** *die*; *nur Sg*

Straf·be·fehl *der*; *Jur*; e-e Strafe für geringe Delikte, die ein Gericht auf Antrag des Staatsanwaltes ohne Verhandlung ausspricht

Straf·be·scheid *der*; *veraltend* ≈ Bußgeldbescheid

Stra·fe *die*; *-, -n*; **1** e-e Maßnahme, durch die j-d bestraft wird, *z.B.* indem man ihn einsperrt, ihn schlägt, ihm etw. verbietet od. ihn Geld zahlen lässt ⟨e-e harte, schwere, strenge, drakonische, abschreckende, empfindliche, leichte, milde S.; j-m e-e S. androhen, auferlegen, erlassen; e-e S. (über j-n) verhängen; e-e S. absitzen, verbüßen; seine (gerechte) S. bekommen; etw. unter S. stellen (= strafbar machen); etw. steht unter S.; e-e S. fällt glimpflich aus⟩: *Zur S. durfte er nicht ins Kino gehen*; *Auf Raub stehen hohe Strafen* || K-: ***Straf-, -aktion, -erlass, -verbüßung***; ***straf-, -mildernd, -mindernd, -verschärfend*** || -K: ***Gefängnis-, Geld-, Haft-*** **2** die unangenehme Folge, die ein falsches Verhalten für einen selbst hat: *Das ist die S. für deinen Leichtsinn!* **3** *mst* ***e-e S. (be)zahlen müssen*** *gespr*; e-e Geldbuße (*z.B.* für Falschparken) zahlen müssen || ID ***die S. folgt auf dem Fuß*** verwendet, um auszudrücken, dass j-d, der etw. Falsches od. Böses getan hat, sofort bestraft wird || *zu* **1 straf·los** *Adj*

stra·fen; *strafte, hat gestraft*; [Vt] ***j-n (für / wegen etw.) s.*** ≈ bestrafen ⟨j-n hart, schwer, unnachsichtig s.; j-n strafend ansehen⟩ || ID ***mit j-m / etw. gestraft sein*** *oft hum*; ständig Sorgen od. Ärger mit j-m / etw. haben: *Mit diesen frechen Kindern bin ich wirklich gestraft!*

Straf·ent·las·se·ne *der / die*; *-n, -n*; j-d, der aus dem Gefängnis entlassen wurde, nachdem er seine Strafe verbüßt hatte || NB: *ein Strafentlassener*; *der Strafentlassene*; *den, dem, des Strafentlassenen*

straff, *straffer, straffst-*; *Adj*; **1** ⟨ein Seil, e-e Leine, e-e Saite⟩ fest gespannt u. glatt, weil sie stark gezogen werden ↔ locker, schlaff: *die Zügel s. anziehen* **2** ohne Falten ↔ schlaff ⟨die Haut⟩ **3** streng u. effektiv u. mit dem Ziel, dass alle Arbeiten schnell, aber auch gut gemacht werden ⟨e-e Leitung, e-e Organisation⟩: *Die Firma ist s. organisiert* || *zu* **2 Straff·heit** *die*; *nur Sg*

straf·fäl·lig *Adj*; *mst in* **s. *werden*** *Admin geschr*; etw. Kriminelles tun (u. dafür von e-m Gericht bestraft werden)

straf·fen; *straffte, hat gestrafft*; [Vt] **1** ***etw. s.*** etw. straff (1) machen ≈ spannen ⟨das Seil, die Zügel s.⟩ **2** ***etw. s.*** etw. sehr gut organisieren u. alles Unwichtige weglassen ⟨e-n Betrieb, e-e Organisation s.; e-n Lehrplan, das Drehbuch e-s Films s.⟩ **3** ***etw. strafft*** ⟨die Haut⟩ e-e Creme *o.Ä.* macht die Haut straff (2); [Vr] **4** ***etw. strafft sich*** etw. wird straff (1) ≈ etw. spannt sich: *Die Leinen des Segelboots straffen sich* **5** ⟨*mst* j-s Körper, j-s Gestalt⟩ ***strafft sich*** j-d nimmt e-e gerade, aufrechte Haltung an

straf·frei *Adj*; ohne Strafe ⟨j-d / etw. bleibt s., j-d geht s. aus (= wird nicht bestraft)⟩ || *hierzu* **Straf·frei·heit** *die*; *nur Sg*

Straf·ge·fan·ge·ne *der*; *Jur*; j-d, der verurteilt wurde u. im Gefängnis ist ≈ Sträfling

Straf·ge·richt *das*; **1** *Jur*; ein Gericht, das über die Bestrafung von Straftätern entscheidet **2** *geschr*; die Bestrafung *mst* durch e-e höhere Macht ⟨ein S. Gottes; ein S. (über j-n) abhalten⟩

Straf·ge·setz *das*; ein Gesetz, das die Strafen für Verbrechen regelt

Straf·ge·setz|buch *das*; *Jur*; die Sammlung von Gesetzen, die bestimmte Handlungen für strafbar erklären u. die die Strafen dafür regeln; *Abk* StGB

sträf·lich *Adj*; so, dass es schlimme Folgen haben könnte ≈ unverzeihlich ⟨Leichtsinn, e-e Nachlässigkeit; j-n / etw. s. vernachlässigen⟩

Sträf·ling *der*; *-s, -e* ≈ Strafgefangene(r) || K-: ***Sträflings-, -anzug, -kleidung***

Straf·man·dat *das*; **1** e-e Strafe, die man bezahlen muss, wenn man *z.B.* falsch geparkt hat od. zu schnell gefahren ist ⟨ein S. bekommen⟩ **2** ein Zettel, auf dem steht, dass man ein S. (1) bekommen hat

Straf·maß *das*; *nur Sg*; die Art u. die Höhe e-r Strafe für e-e Straftat ⟨das S. festsetzen⟩

straf·mün·dig *Adj*; *Jur*; alt genug, um wegen e-s Verbrechens bestraft zu werden

Straf·pre·digt *die*; *gespr*; e-e lange, ermahnende Rede, mit der *bes* Eltern ihre Kinder stark kritisieren, weil sie etw. falsch gemacht haben

Straf·pro·zess *der*; *Jur*; ein Prozess, in dem über die Strafe für ein Delikt entschieden wird

Straf·raum *der*; *Sport*; (beim Fußball) die rechteckige Fläche, in der das Tor steht u. in der ein Foul e-s Verteidigers *mst* mit e-m Elfmeter bestraft wird || ↑ *Abb. unter* **Fußball**

S

Straf·recht *das*; *Kollekt*; die Gesetze, die die Strafen für Verbrechen bestimmen ↔ Zivilrecht || *hierzu* **straf·recht·lich** *Adj*

Straf·stoß *der*; *Sport*; (beim Fußball) ein Schuss aus 11 Metern Entfernung auf das Tor, bei dem nur der Torwart des Gegners es verteidigen darf ≈ Elfmeter ⟨der Schiedsrichter verhängt e-n S., spricht j-m e-n S. zu⟩

Straf·tat *die*; *Jur* ≈ Delikt ⟨e-e S. begehen⟩ || *hierzu* **Straf·tä·ter** *der*

Straf·ver·fah·ren *das* ≈ Strafprozess

straf·ver·set·zen; -, *hat strafversetzt*; [Vt] *mst* ***j-d wird strafversetzt*** j-d wird zur Strafe an e-n anderen Ort, auf e-n anderen Posten versetzt || NB: kein Imperfekt! || *hierzu* **Straf·ver·set·zung** *die*

Straf·voll·zug *der*; *Admin geschr*; der Teil des rechtlichen Apparats, der mit der Ausführung von (Gerichts)Urteilen, mit dem Aufenthalt von Sträflingen in Gefängnissen *usw* zu tun hat

Straf·voll·zugs|an·stalt *die*; *Admin geschr* ≈ Gefängnis

straf·wür·dig *Adj*; *Jur*; ⟨ein Verhalten, e-e Tat⟩ so, dass sie e-e Strafe verdienen

Straf·zeit *die*; *Sport*; der Zeitraum, für den ein Spieler (beim Eishockey, Handball) das Spielfeld verlassen muss, weil er gegen die Regeln verstoßen hat

Straf·zet·tel *der*; *gespr* ≈ Strafmandat (2) ⟨e-n S. bekommen⟩

Strahl *der*; *-(e)s*, *-en*; **1** e-e Art schmaler Streifen Licht, *bes* einer von vielen, die von einem Punkt ausgehen: *der Strahl e-r Taschenlampe*; *die warmen Strahlen der Sonne* || -K: ***Blitz-, Laser-, Licht-, Sonnen-*** **2** *nur Sg*; ein schneller, schmaler Strom e-r Flüssigkeit od. e-s Gases, der durch e-e enge Öffnung gedrückt wird ⟨ein dünner, kräftiger, starker S.⟩: *Ein S. Wasser schoss aus dem Loch im Rohr* || -K: ***Blut-, Dampf-, Wasser-***; ***Düsen-*** **3** *mst Pl*, *Phys*; Energie (wie Licht, Elektrizität, Radioaktivität), die sich in der Form von Wellen irgendwohin bewegt ⟨ionisierende, kosmische, radioaktive, ultraviolette Strahlen; etw. sendet Strahlen aus, gibt Strahlen ab, reflektiert, absorbiert Strahlen, schirmt Strahlen ab⟩ || K-: ***Strahlen-, -brechung, -bündel, -quelle*** || -K: ***Alpha-, Beta-, Elektronen-, Energie-, Gamma-, Infrarot-, Ionen-, Kathoden-, Neutronen-, Radar-, Radio-, Röntgen-, Wärme-***; ***UV-Strahlen*** || *zu* **1 strah·len·för·mig** *Adj*

Strah·le·mann *der*; *gespr hum*; j-d, der immer lächelt u. Optimismus verbreitet

strah·len; *strahlte*, *hat gestrahlt*; [Vi] **1** ***etw. strahlt*** etw. sendet (helles) Licht aus ≈ etw. leuchtet ⟨die Sonne, ein Scheinwerfer⟩ **2** (***vor etw.*** (*Dat*)) ***s.*** sehr froh u. glücklich aussehen ⟨vor Begeisterung, Freude, Glück, Stolz s.⟩: *Sie strahlte vor Glück, als sie ihn sah* **3** ***etw. strahlt*** etw. sendet radioaktive Strahlen (3) aus: *Uran strahlt* || ID ***über das ganze Gesicht / über beide Backen / von einem Ohr zum anderen s.*** ≈ s. (2)

strah·len-, **Strah·len-** *im Adj u. Subst, begrenzt produktiv*; durch od. gegen radioaktive Strahlen od. Röntgenstrahlen; die ***Strahlenbehandlung***, die ***Strahlenbelastung***, die ***Strahlendosis, strahlenkrank***, der ***Strahlenschutz, strahlensicher***, die ***Strahlentherapie***, der ***Strahlentod, strahlenverseucht***

Strah·ler *der*; *-s*, -; **1** e-e Lampe || -K: ***Tief-*** **2** ein Gerät, das Wärme ausstrahlt || -K: ***Heiz-*** **3** e-e Fläche *mst* aus Plexiglas an Autos, Fahrrädern *o.Ä.*, die Licht reflektiert ≈ Reflektor || -K: ***Rück-***

Strah·lung *die*; -, *-en*; die Ausbreitung von Strahlen (3) ⟨kosmische, radioaktive, ultraviolette S.; die S. messen⟩ || K-: ***Strahlungs-, -belastung, -bereich, -energie, -intensität, -wärme***; ***strahlungs-, -arm*** || -K: ***Atom-, Höhen-, Kern-, Radio-, Röntgen-, Sonnen-***

Sträh·ne *die*; -, *-n*; *Kollekt*; e-e größere Menge langer u. glatter Haare, die zusammen sind ⟨graue Strähnen im Haar haben; j-m Strähnen ins Haar färben; j-m fällt e-e Strähne in die Stirn, ins Gesicht⟩ || *hierzu* **sträh·nig** *Adj*

stramm, *strammer*, *strammst-*; *Adj*; **1** ⟨ein Gummiband; e-e Hose sitzt s.⟩ so fest gespannt, dass sie eng anliegen **2** kräftig ↔ schwächlich ⟨Beine, Waden; ein Junge⟩ **3** (*bes* als Soldat) sehr gerade, mit angespannten Muskeln ⟨in strammer Haltung⟩ **4** *gespr pej*; sehr überzeugt ≈ strenggläubig ⟨ein Katholik, ein Protestant⟩ || *hierzu* **Stramm·heit** *die*; *nur Sg*

> **stramm zie·hen**; *zog stramm*, *hat stramm gezogen*; [Vt] ***etw. s. z.*** etw. stark spannen, sodass es fest u. straff ist ⟨e-n Gürtel, e-e Leine s. z.⟩

stramm·ste·hen; *stand stramm*, *hat / südd* Ⓐ Ⓒⓗ *ist strammgestanden*; [Vi] (*bes* als Soldat) in gerader (Körper)Haltung stehen: *die Kompanie s. lassen*

Stram·pel·ho·se *die*; e-e Hose für Babys, die auch die Füße bedeckt u. über der Schulter befestigt wird

stram·peln; *strampelte*, *hat / ist gestrampelt*; [Vi] **1** (*hat*) die Beine kräftig u. schnell hin u. her od. auf u. ab bewegen: *das Baby strampelte vor Vergnügen* **2** ***irgendwohin s.*** (*ist*) *gespr*; mit dem Fahrrad irgendwohin fahren

Strand *der*; *-(e)s*, *Strän·de*; ein flaches Stück Ufer *bes* am Meer ⟨ein breiter, schmaler, steiniger, felsiger, sandiger, weißer S.; am S. liegen u. sich sonnen; an den / zum S. gehen⟩: *Das Hotel liegt direkt am S., hat e-n eigenen S.* || K-: ***Strand-, -bad, -café, -hotel, -promenade*** || -K: ***Bade-, Kies-, Meeres-, Nacktbade-, Palmen-, Sand-, See-***; ***FKK-Strand***

Strand·burg *die*; e-e Art kleiner (Schutz)Wall aus Sand, die ein Urlauber am Strand baut

stran·den; *strandete*, *ist gestrandet*; [Vi] **1** *mst* ***ein Schiff strandet*** ein Schiff wird ans Ufer getrieben u. kommt von dort nicht mehr weg **2** ***j-d strandet*** j-d scheitert im Beruf od. im Leben

Strand·gut *das*; *nur Sg*, *Kollekt*; die Dinge (*bes* Teile von Schiffen u. deren Ausrüstung), die das Meer an den Strand trägt

Strand·korb *der*; e-e Art (großer, vorne offener) Korb mit e-r Bank, in den man sich setzt, damit man am Strand vor dem Wind od. der Sonne geschützt ist

Strang *der*; *-(e)s*, *Strän·ge*; **1** *Kollekt*; ***ein S.*** + *Subst* ein Bündel von Fäden *o.Ä.* ⟨ein S. Stickgarn, Wolle⟩ **2** *Kollekt*; e-e zusammengehörige Einheit aus Muskeln, Nerven *o.Ä.* || -K: ***Muskel-, Nerven-, Sehnen-*** **3** ≈ Gleis || ID ***j-n zum Tod durch den S. verurteilen*** *geschr*; j-n dazu verurteilen, dass er erhängt wird; *mst* ***Wir ziehen*** (***alle***) ***an 'einem / am 'gleichen / am 'selben S.*** wir kämpfen für das gleiche Ziel; ***über die Stränge schlagen*** *gespr*; (aus Übermut) etw. leichtfertig tun

stran·gu·lie·ren [ʃtraŋgu'liːrən]; *strangulierte*, *hat stranguliert*; [Vt] ***j-n / sich s.*** *geschr* ≈ erdrosseln, erwürgen || *hierzu* **Stran·gu·la·ti·on** *die*; -, *-en*

Stra·pa·ze *die*; -, *-n*; etw. (*z.B.* e-e Arbeit od. e-e Reise), das den Körper sehr stark belastet ≈ Anstrengung ⟨Strapazen aushalten, durchmachen, überstehen; etw. ist mit Strapazen verbunden; sich von den Strapazen erholen⟩: *Er war den Strapazen der Wanderung nicht gewachsen u. musste umkehren*

stra·pa·zie·ren; *strapazierte*, *hat strapaziert*; [Vt] **1** ***etw. s.*** etw. so oft benutzen, dass man Spuren

S

der Abnutzung sieht ↔ schonen: *ein strapazierter Teppichboden* **2** ***j-n / etw. s.*** e-e Person od. Sache so belasten, dass sie krank, schwach od. müde wird ↔ schonen ⟨j-s Geduld, Nerven s.⟩ || *zu* **1 stra·pa·zier·fä·hig** *Adj*; *nicht adv*

stra·pa·zi·ös *Adj* ≈ anstrengend, beschwerlich ⟨e-e Arbeit, e-e Reise, e-e Wanderung⟩

Straps *der*; *-es, -e*; *mst Pl* ≈ Strumpfhalter

Strass *der*; *-es*; *nur Sg*; ein kleines Stück Glas, das so geschliffen ist, dass es wie ein Edelstein aussieht: *e-e mit S. besetzte Bluse*

Stra·ße *die*; *-, -n*; **1** e-e Art breiter Weg für Fahrzeuge mit Rädern, der *mst* eine glatte, harte Oberfläche hat; *Abk* Str. ⟨e-e enge, schmale, breite, holprige, kurvenreiche, gut ausgebaute, vierspurige, frisch geteerte, gepflasterte, ruhige, belebte, verkehrsreiche, viel befahrene S.; e-e S. überqueren; ein Haus, ein Grundstück *o.Ä.* liegt (direkt) an e-r S.; in e-r S. wohnen; auf der S. spielen, stehen; durch die Straßen fahren, gehen, schlendern, bummeln; e-e S. sperren; ein Fenster, ein Zimmer auf die / zur S.⟩ || K-: ***Straßen-, -arbeiten, -belag, -ecke, -fest, -karte, -kehrer, -kreuzung, -lampe, -lärm, -laterne, -musikant, -name, -netz, -pflaster, -rand, -raub, -räuber, -reinigung, -rennen, -sänger, -schuh, -seite, -sperre, -theater, -verkehr*** || -K: ***Asphalt-, Beton-, Schotter-, Teer-; Berg-, Dorf-; Fern-, Geschäfts-, Karawanen-, Land-, Pass-, Schnell-, Ufer-; Haupt-, Neben-, Seiten-*** **2** *Kollekt*; die Menschen, die an e-r S. (1) wohnen: *Die ganze S. beteiligte sich an dem Fest* **3** verwendet als Teil von geographischen Namen ≈ Meerenge: *die S. von Dover, Gibraltar* **4** ***ein Mädchen von der S.*** e-e Prostituierte || K-: ***Straßen-, -mädchen*** **5** ***ein Kind, Junge von der S.*** ein Kind, um das sich niemand kümmert, das sich viel auf der S. (1) aufhält || K-: ***Straßen-, -junge*** || ID ***j-n von der S. holen*** j-n (*z.B.* e-n Arbeitslosen, Jugendlichen, e-e Prostituierte) beschäftigen (damit sie sich nicht mehr auf der S. (1) aufhalten); ***j-n auf die S. setzen*** *gespr*; e-m Angestellten od. Mieter kündigen; ***auf der S. sitzen / stehen*** *gespr*; keine Arbeit / keine Wohnung (mehr) haben; ***(für / gegen j-n / etw.) auf die S. gehen*** *gespr* ≈ demonstrieren

Stra·ßen·bahn *die*; e-e elektrische Bahn, die auf Schienen durch die Straßen e-r (großen) Stadt fährt ⟨mit der S. fahren⟩ || K-: ***Straßenbahn-, -fahrer, -haltestelle, -wagen*** || NB: ↑ ***Eisenbahn, S-Bahn***

Stra·ßen·bau *der*; *-s*; *nur Sg*; **1** *Kollekt*; die Firmen u. die Leute, die Straßen bauen ⟨beim / im S. arbeiten⟩ **2** das Bauen von Straßen || K-: ***Straßenbau-, -amt, -ingenieur***

Stra·ßen·be·nut·zungs|ge·bühr *die*; Geld, das man für das Benutzen bestimmter Straßen (*z.B.* Autobahnen, Tunnel) in manchen Ländern zahlen muss ≈ Maut || NB: ↑ ***Vignette***

Stra·ßen·bord *das*; (CH) ≈ Straßenrand

Stra·ßen·ca·fé *das*; ein Café mit Stühlen u. Tischen im Freien, direkt neben e-r Straße

Stra·ßen·de·cke *die*; die harte Oberfläche e-r Straße

Stra·ßen·fe·ger *der*; *-s, -*; **1** j-d, der beruflich die Straßen reinigt **2** *gespr*; e-e Fernsehsendung, die von sehr vielen Leuten gesehen wird

Stra·ßen·glät·te *die*; *nur Sg*; die Glätte auf den Straßen (*mst* im Winter), die durch Eis od. Schnee verursacht wird: *erhöhte Gefahr von S.*

Stra·ßen·gra·ben *der*; ein Graben neben e-r (Land)Straße ⟨in den S. fahren, rutschen⟩

Stra·ßen·kreu·zer *der*; *gespr*; ein sehr großes, breites Auto: *ein amerikanischer S.*

Stra·ßen·schild *das*; ein Schild mit dem Namen e-r Straße

Stra·ßen·schlacht *die*; ein Kampf zwischen verschiedenen Gruppen von Personen (*z.B.* zwischen Demonstranten) in den Straßen e-r Stadt: *Die Demonstranten lieferten sich e-e S. mit der Polizei*

Stra·ßen·sig·nal *das*; (CH) ≈ Verkehrszeichen

Stra·ßen·ver·kehrs|ord·nung *die*; *Kollekt*; die Gesetze, die den Verkehr auf der Straße regeln; *Abk* StVO

Stra·ßen·wacht *die*; *-*; *nur Sg*; ein Verein od. Hilfsdienst, die ihren Mitgliedern helfen, wenn sie mit dem Auto e-e Panne haben

Stra·te·ge *der*; *-n, -n*; j-d, der sich Pläne od. (militärische) Strategien ausdenkt || NB: *der Stratege*; *den, dem, des Strategen* || *hierzu* **Stra·te·gin** *die*; *-, -nen*

Stra·te·gie *die*; *-, -n* [-'giːən]; ein genauer Plan für die Handlungen, mit denen man *bes* ein politisches, militärisches od. wirtschaftliches Ziel erreichen will ⟨e-e S. ausarbeiten, anwenden; sich auf e-e S. festlegen; sich (*Pl*) auf e-e S. einigen; nach e-r S. vorgehen⟩ || *hierzu* **stra·te·gisch** *Adj*; *nur attr od adv*

Stra·to·sphä·re [-f-] *die*; *-*; *nur Sg*, *Meteorologie*; die Schicht der Atmosphäre der Erde, die zwischen 12 u. 50 Kilometer über der Erdoberfläche liegt

sträu·ben; *sträubte, hat gesträubt*; [Vr] **1** ***etw. sträubt sich*** etw. richtet sich auf u. steht vom Körper weg ⟨das Fell, das Gefieder; die Federn; j-m sträuben sich vor Angst, Entsetzen die Haare⟩ **2** ***sich (gegen etw.) s.*** etw. nicht wollen, sich dagegen wehren ⟨sich mit Händen u. Füßen s.⟩: *Er sträubte sich* (dagegen), *sein Zimmer aufzuräumen*; [Vt] **3** *mst* ***ein Tier sträubt das Fell*** bei e-m Tier richtet sich das Fell auf u. steht vom Körper weg (*z.B.* weil das Tier Angst hat) || ID ***in j-m sträubt sich alles gegen etw.*** j-d fühlt e-e starke Abneigung, e-n starken Widerwillen gegen etw.

Strauch *der*; *-(e)s, Sträu·cher* ≈ Busch (1) ⟨Sträucher pflanzen, beschneiden, abernten⟩ || -K: ***Beeren-, Brombeer-, Hasel(nuss)-, Himbeer-, Holunder-, Johannisbeer-, Rosen-; Zier-***

Strauch·dieb *der*; *mst in* ***wie ein S.*** in alten, kaputten Kleidern ⟨wie ein S. aussehen, herumlaufen⟩

strau·cheln; *strauchelte, ist gestrauchelt*; [Vi] **1** *geschr* ≈ stolpern **2** straffällig werden (*mst* mit e-m kleinen Delikt): *Die Spielsucht ließ ihn immer wieder s.*

Strauß[1] *der*; *-es, Sträu·ße*; *Kollekt*; mehrere Blumen, die man zusammen in der Hand hält od. die man in e-e Vase stellt ⟨ein frischer, verwelkter, bunter S.; e-n S. pflücken; j-m e-n S. Blumen überreichen, schenken⟩ || -K: ***Blumen-, Rosen-, Veilchen-; Braut-, Geburtstags-, Hochzeits-, Willkommens-***

Strauß[2] *der*; *-es, -e*; ein sehr großer Vogel *bes* in Afrika (aber auch in Südamerika u. Australien), der sehr schnell laufen, aber nicht fliegen kann ⟨der Vogel S.⟩ || K-: ***Straußen-, -ei, -feder***

Strauß[3] *der*; *-es, Sträu·ße*; *veraltet* ≈ Streit ⟨e-n S. mit j-m haben, austragen⟩

Stre·be *die*; *-, -n*; e-e schräge Stange od. ein schräger Balken, die etw. stützen: *e-e Wand, ein Dach mit Streben (ab)stützen*; *die Streben e-s Gerüstes* || K-: ***Strebe-, -balken, -pfeiler***

stre·ben; *strebte, hat / ist gestrebt*; [Vi] **1** ***nach etw. s.*** (*hat*) mit großer Energie versuchen, etw. zu erreichen ⟨nach Erfolg, Glück, Macht, Ruhm s.⟩ **2** ***irgendwohin s.*** (*ist*) sich mit fester Absicht in Richtung auf ein Ziel bewegen: *mit schnellen Schritten ins Büro s.* **3** (*hat*) *gespr*, *oft pej*; fleißig lernen ≈ büffeln, pauken

Stre·ber *der*; *-s, -*; *pej*; j-d, der fleißig lernt u. über-

S

mäßig ehrgeizig ist || K-: ***Streber-, -natur*** || *hierzu* **stre·ber·haft** *Adj*; **stre·be·risch** *Adj*

streb·sam *Adj* ≈ fleißig ⟨ein Schüler⟩ || *hierzu* **Streb·sam·keit** *die; nur Sg*

Stre·cke *die; -, -n;* **1** der Weg (mit e-r bestimmten Länge) zwischen zwei Punkten od. Orten ⟨e-e kurze, kleine, große, lange, weite S. fahren, gehen, laufen, zurücklegen⟩: *die S. Frankfurt - New York fliegen; Mitten auf der S. hatten wir e-e Panne; Für e-e / Auf e-r S. von hundert Kilometern braucht mein Auto nur sechs Liter Benzin* || K-: ***Strecken-, -abschnitt, -rekord*** || -K: ***Autobahn-, Brems-, Fahr-, Fahrt-, Flug-, Test-, Transit-, Weg-*** **2** e-e S. (1) mit Eisenbahnschienen ≈ Linie ⟨e-e S. abgehen, kontrollieren, ausbessern⟩: *Wenn Sie von München nach Frankfurt fahren, können Sie die S. über Stuttgart od. die über Würzburg nehmen* || K-: ***Strecken-, -arbeiter, -aufseher, -führung, -netz, -signal, -wärter*** || -K: ***Anschluss-; Bahn-, Gleis-; Haupt-, Neben-*** **3** die S. (1), die man bei e-m Rennen läuft, fährt *usw*: *Zuschauer säumten die S.; Mir liegen die langen Strecken mehr als die kurzen* || -K: ***Abfahrts-, Hindernis-, Marathon-, Regatta-, Renn-, Slalom-, Sprint-; Kurz-, Lang-, Mittel-*** **4** *Geometrie*; die kürzeste Verbindung zwischen zwei Punkten **5** ***auf offener / freier S.*** außerhalb des Bahnhofs: *Der Zug hielt auf offener S. / blieb auf offener S. stehen* **6** ***über weite Strecken (hin)*** zu e-m großen Teil: *Der Film war über weite Strecken langweilig; Nordafrika ist über weite Strecken hin Wüste* || ID ***auf der S. bleiben*** *gespr*; aufgeben müssen, keinen Erfolg haben; ***etw. bleibt auf der S.*** etw. muss aufgegeben werden: *Im Alltag blieben seine guten Vorsätze auf der S.*; ***ein Tier zur S. bringen*** ein Tier auf der Jagd töten ≈ erlegen; ***j-n zur S. bringen*** *gespr*; (als Polizist) e-n Verbrecher verhaften

stre·cken; *streckte, hat gestreckt;* Vt **1** ***etw. s.*** e-n Körperteil so bewegen, dass er gerade wird ↔ beugen ⟨e-n Arm, ein Bein, ein Knie, den Rücken s.⟩: *Du musst das Bein s., dann vergeht der Krampf* || K-: ***Streck-, -muskel, -verband*** **2** ***etw. / sich s.*** e-n Körperteil / sich dehnen u. s. (1), sodass der Körperteil od. man selbst seine volle Länge erreicht ≈ recken ⟨seine Glieder, Arme u. Beine s.⟩: *sich nach dem Aufwachen recken u. s.; Sie streckte sich, um e-n Apfel vom Baum zu pflücken* **3** ***etw. irgendwohin s.*** e-n Körperteil in e-e bestimmte Richtung s. (1) ≈ recken ⟨den Kopf aus dem Fenster, die Arme in die Höhe, die Füße unter den Tisch s.⟩ **4** ***etw. s.*** etw. mit e-r Substanz mischen, damit es mehr wird ≈ verdünnen ⟨die Soße, Suppe (mit Wasser), Rauschgift s.⟩ || K-: ***Streck-, -mittel;*** Vr **5** ***sich irgendwohin s.*** sich irgendwo auf den Rücken legen ⟨sich aufs Bett, ins Gras, aufs Sofa s.⟩

stre·cken·wei·se *Adv*; an mehreren Stellen ≈ teilweise, stellenweise: *Der Damm ist s. reparaturbedürftig; Sein Vortrag war s. sehr interessant*

Street·wor·ker ['striːtwøːɐ̯kɐ] *der; -s, -;* ein Sozialarbeiter, der auf der Straße tätig wird, um Drogenabhängige, Jugendliche, Prostituierte *usw* zu betreuen

Streich *der; -(e)s, -e;* **1** e-e Handlung, mit der *bes* ein Kind j-n zum Spaß ärgert, täuscht *usw* ⟨ein frecher, lustiger, übermütiger S.; Streiche aushecken, machen⟩: *Kennst du Wilhelm Buschs Geschichte über die Streiche von Max u. Moritz?* || -K: ***Jungen-, Kinder-*** **2** *geschr* ≈ Schlag, Hieb **3** ***j-m e-n S. spielen*** j-n mit e-m S. (1) ärgern, täuschen **4** ***etw. spielt j-m e-n S.*** etw. ist / funktioniert nicht so, wie j-d erwartet hat ⟨j-s Augen, j-s Gedächtnis⟩: *Wir wollten e-e Radtour machen, aber das Wetter hat uns e-n S. gespielt* || ID ***auf 'einen S.*** gleichzeitig, auf einmal: *mehrere Probleme auf einen S. lösen*

Strei·chel·ein·hei·ten *die; Pl, gespr hum*; nette Worte, Zärtlichkeit, Lob *usw*, die j-d braucht, um sich wohl zu fühlen ⟨seine S. bekommen; sich (*Dat*) seine S. holen⟩

strei·cheln; *streichelte, hat gestreichelt;* Vt **1** ***j-n / ein Tier / etw. s.*** sanft u. liebevoll die Hand auf e-m Körperteil e-r Person od. e-s Tieres hin u. her bewegen ⟨das Fell e-s Tieres, j-s Haar, j-s Hände, j-s Wangen s.⟩; Vi **2** ***(j-m) über etw.*** (*Akk*) ***s.*** ≈ s. (1) ⟨j-m übers Haar, über den Kopf s.⟩

strei·chen; *strich, hat / ist gestrichen;* Vt/i (*hat*) **1** ***(etw.) s.*** mit e-m Pinsel *o.Ä.* Farbe auf etw. verteilen ≈ anstreichen: *e-n Zaun (braun) s.; Vorsicht, die Tür ist frisch gestrichen!*; Vt (*hat*) **2** ***etw. irgendwohin s.*** e-e weiche Masse mit e-m Messer *o.Ä.* irgendwo verteilen ≈ etw. irgendwohin schmieren / bringen ⟨Butter, Margarine, Marmelade, Honig aufs Brot s.; Salbe auf e-e Wunde s.; Mörtel in die Fugen s.; Soße durch ein Sieb s.⟩ || K-: ***Streich-, -käse, -wurst*** **3** ***etw. s.*** etw. mit e-r dünnen Schicht Butter, Marmelade *o.Ä.* bedecken ≈ schmieren ⟨ein Brot, ein Brötchen, e-e Stulle s.⟩ **4** ***(sich*** (*Dat*)***) etw. irgendwohin s.*** mit e-r leichten Bewegung der Hand etw. irgendwohin bewegen: *sich die Haare aus der Stirn, aus dem Gesicht s.; Krümel vom Tisch s.* **5** ***etw. s.*** e-n Teil e-s geschriebenen Textes durch e-n Strich ungültig machen ≈ ausstreichen ⟨ein Wort, e-n Satz, e-n Absatz s.⟩: *Nicht Zutreffendes streichen!* **6** ***j-n / j-s Namen aus e-r Liste s.*** e-n Strich durch j-s Namen auf e-r Liste machen (*z.B.* weil er an etw. nicht mehr teilnehmen will) **7** ***etw. (aus etw.) s.*** bewirken, dass etw. nicht mehr gültig ist bzw. dass etw., das geplant war, nicht (mehr) ausgeführt wird ⟨e-n Auftrag, e-n Programmpunkt, ein Rennen s.⟩: *Mein Vater hat mir das Taschengeld für zwei Wochen gestrichen; Er hat den Autokauf vorerst gestrichen* **8** ⟨die Flagge, die Segel⟩ ***s.*** *Seefahrt*; die Flagge / die Segel einholen, einziehen; Vi **9** ***durch / über etw.*** (*Akk*) ***s.*** (*hat*) etw. leicht mit der Hand berühren u. die Hand dabei in e-e bestimmte Richtung bewegen ≈ durch / über etw. (*Akk*) fahren (13): *j-m zärtlich durchs / übers Haar s.; über die Tischdecke s., um sie zu glätten* **10** ***durch etw. s.*** (*ist*) ohne festes Ziel herumgehen ≈ streifen (6) ⟨durch den Wald, die Felder, die Wiesen s.⟩ **11** ***ein Tier streicht um etw.*** (*ist*) ein Tier geht (heimlich, leise) um etw. herum u. wartet od. hofft dabei auf etw.: *j-m streicht e-e Katze um die Beine; Ein Fuchs streicht um den Hühnerstall* **12** ***etw. streicht über etw.*** (*Akk*) (*ist*) etw. bewegt sich dicht über e-r Fläche: *Der Wind streicht über die Felder* || ID ***j-n / etw. aus seinem Gedächtnis s.*** nicht mehr an j-n / etw. denken

Strei·cher *der; -s, -;* j-d, der in e-m Orchester ein Streichinstrument (*z.B.* e-e Geige) spielt

streich·fä·hig *Adj; nicht adv*; ⟨Butter, Käse⟩ so, dass man sie gut aufs Brot streichen kann || *hierzu* **Streich·fä·hig·keit** *die; nur Sg*

Streich·holz *das; -es, Streich·höl·zer;* e-e Art kleiner Stab aus Holz (mit e-m entzündbaren Kopf), den man an e-r rauen Fläche reibt, um e-e Flamme zu bekommen ≈ Zündholz ⟨ein S. anzünden⟩ || K-: ***Streichholz-, -heftchen, -schachtel***

Streichholz

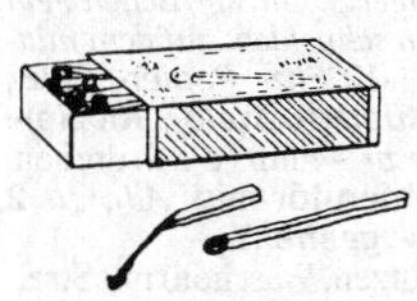

Streich·in·stru·ment *das;* ein Musikinstrument mit Saiten, über die man mit e-m Bogen streicht, um Töne zu erzeugen, *z.B.* e-e Geige od. ein Cello || ↑ Abb. Seite 990

S

Streichinstrumente

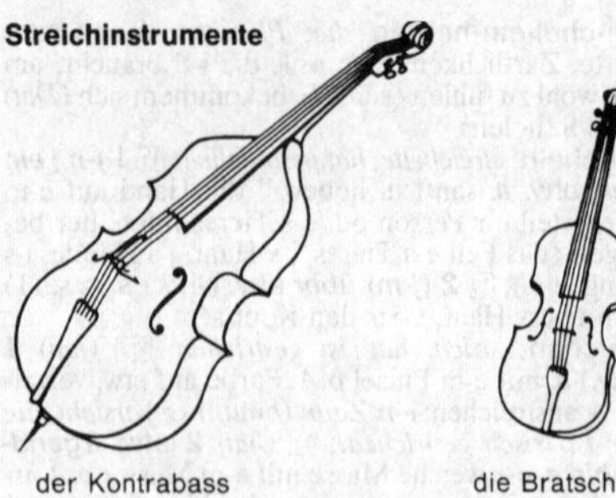

der Kontrabass die Bratsche

das Cello

die Geige

Strei̱ch·quar·tett *das*; **1** *Kollekt*; vier Musiker (ein Quartett) mit zwei Geigen, Bratsche u. Cello **2** ein Musikstück für ein S. (1)

Strei̱·chung *die*; -, *-en*; **1** die Handlung, mit der man ein Stück aus e-m Text od. e-n Namen od. e-e Zahl aus e-r Liste entfernt ⟨Streichungen in e-m Text vornehmen⟩ **2** das Kürzen e-r Summe Geld *o.Ä.*, die j-m zur Verfügung steht: *Streichungen am Etat vornehmen*

Strei̱f *der*; *-(e)s*, *-e*; *geschr* ≈ Streifen ⟨ein S. am Horizont⟩ || -K: ***Silber-***

Strei̱f·band *das*; ein Band aus Papier (*z.B.* um ein neues Buch od. ein Bündel Geldscheine) || K-: ***Streifband-, -zeitung***

Strei̱·fe *die*; -, *-n*; **1** *Kollekt*; *mst* zwei Polizisten, die durch ein Gebiet fahren, um zu prüfen, ob alles in Ordnung ist || K-: ***Streifen-, -dienst, -gang, -wagen*** || -K: ***Funk-***; ***Polizei-*** **2** e-e Fahrt, die die S. (1) macht ⟨auf S. gehen, müssen, sein⟩

strei̱·fen; *streifte*, *hat* / *ist gestreift*; 🅅 (*hat*) **1** ***j-d / etw. streift j-n / etw.*** j-d / etw. geht bzw. fährt so nahe an e-r Person / Sache vorbei, dass er / es sie leicht berührt: *Beim Einparken habe ich ein anderes Auto gestreift*; *Der Schuss hat das Tier nur an der Schulter gestreift* || K-: ***Streif-, -schuss*** **2** ***etw. von etw. s.*** etw. mit leichtem Druck über etw. ziehen, von etw. entfernen: *Beeren, Blätter vom Stiel s.*; *den Schnee vom Fensterbrett s.*; *Farbe vom Pinsel s.*; *den Ring vom Finger s.* **3** ***etw. auf / über etw.*** (*Akk*) ***s.*** ein enges Kleidungsstück *o.Ä.* anziehen, indem man daran zieht od. schiebt ⟨e-n Ring auf den Finger s.; ein Hemd, ein Kleid über den Kopf s.; sich (*Dat*) die Kapuze über den Kopf s.⟩ **4** ***etw. s.*** sich nur kurz mit etw. beschäftigen ⟨ein Problem, ein Thema in e-m Vortrag, e-r Diskussion s.⟩ **5** ***j-n / etw. mit e-m Blick s.*** j-n / etw. kurz ansehen; 🅅 (*ist*) **6** ***durch etw. s.*** ohne festes Ziel herumgehen ⟨durchs Land, durch die Felder, Wälder, Wiesen s.⟩

S

Strei̱·fen *der*; *-s*, -; **1** ein langer, schmaler Teil e-r Fläche, der sich *bes* durch seine Farbe vom Rest unterscheidet ⟨ein Stoff mit feinen, schmalen, breiten, bunten, gelben, weißen *usw* Streifen⟩ || K-: ***Streifen-, -muster*** || -K: ***Längs-, Quer-, Schräg-***; ***Farb-, Schmutz-, Silber-, Zebra-*** **2** ein langes, schmales Stück: *ein schmaler S. Gras zwischen Feld u. Straße*; *Papier in Streifen schneiden*; *auf dem mittleren S. der Straße fahren* || -K: ***Filz-, Papier-, Pelz-, Stoff-***; ***Acker-, Gras-, Küsten-, Wald-***; ***Kleb(e)-***; ***Licht-***; ***Mittel-, Rand-*** **3** *gespr* ≈ Film ⟨e-n S. drehen, vorführen⟩ || zu **1** **strei̱·fen·för·mig** *Adj*; *zu* **2** **strei̱·fen·wei·se** *Adv* || ► ***gestreift***

strei̱·fig *Adj*; (nach dem Putzen, Waschen) mit Streifen (1) von Schmutz ⟨ein Fenster, Wäsche⟩

Strei̱f·zug *der*; **1** ein Ausflug, e-e Fahrt ohne bestimmtes Ziel: *Streifzüge in die nähere Umgebung unternehmen* **2** *Mil*; ein Gang, e-e Fahrt e-r kleinen Gruppe von Soldaten, die Informationen über das Gelände od. über den Feind sammeln

Strei̱k *der*; *-(e)s*, *-s*; ***ein S.*** (***für etw.***) e-e organisierte Handlung von Arbeitern od. Angestellten, die für e-e bestimmte Zeit(dauer) nicht arbeiten, damit ihre Forderungen (*z.B.* höhere Löhne, bessere Arbeitsbedingungen) erfüllt werden ≈ Ausstand ⟨e-n S. ausrufen, durchführen, erfolgreich / friedlich beenden, niederschlagen, abbrechen; in (den) S. treten; sich e-m S. anschließen⟩: *ein S. für kürzere Arbeitszeit*; *Die Gewerkschaft drohte mit (e-m) S., falls ihre Forderungen nicht erfüllt würden* || K-: ***Streik-, -aufruf, -drohung, -recht, -welle*** || -K: ***Bummel-, General-, Hunger-, Sitz-, Solidaritäts-, Warn-***

Strei̱k·bre·cher *der*; j-d, der während e-s Streiks arbeitet u. so den Erfolg des Streiks in Gefahr bringt

strei̱·ken; *streikte*, *hat gestreikt*; 🅅 **1** (***für etw.***) ***s.*** e-n Streik durchführen, bei e-m Streik mitmachen: *für höhere Löhne s.* **2** *gespr*; etw. nicht mehr tun wollen: *Ich habe keine Lust mehr zu kochen. - Ich streike!* **3** ***etw. streikt*** *gespr*; etw. funktioniert plötzlich nicht mehr: *Bei dieser Kälte streikt mein Auto oft*

Strei̱k·geld *das*; das Geld, das streikende Arbeiter anstelle des Lohns (von der Gewerkschaft) bekommen

Strei̱k·pos·ten *der*; j-d, der während e-s Streiks vor e-m Betrieb steht, um zu verhindern, dass j-d hineingeht u. arbeitet

Strei̱t *der*; *-(e)s*; *nur Sg*; **1** ***ein S.*** (***mit j-m***) (***um / über etw.*** (*Akk*)) ein Vorgang, bei dem man voller Ärger mit j-m spricht, weil man e-e andere Meinung hat ≈ Zank, Zwist ⟨ein erbitterter, heftiger S.; S. suchen, bekommen; e-n S. beilegen, schlichten; sich in e-n S. einmischen, sich aus e-m S. heraushalten⟩: *Es gab e-n heftigen S.* darüber, ob *man in Streik treten sollte*; *Wir haben* (*mit den Nachbarn*) *S.* || NB: als Plural wird *Streitigkeiten* verwendet || -K: ***Gelehrten-, Glaubens-, Grenz-, Meinungs-, Rechts-, Religions-*** **2** ***ein S. um des Kaisers Bart*** ein S. (1) um etw., das nicht wichtig ist **3** ***e-n S. vom Zaun brechen*** e-n S. (1) provozieren

strei̱t·bar *Adj*; *nicht adv*; bereit zu kämpfen u. sich zu verteidigen || *hierzu* **Strei̱t·bar·keit** *die*; *nur Sg*

strei̱·ten; *stritt*, *hat gestritten*; 🅅 **1** (***mit j-m***) (***um / über etw.*** (*Akk*)) ***s.*** voller Ärger mit j-m sprechen (u. ihn aggressiv behandeln), weil man e-e andere Meinung *o.Ä.* hat: *Er stritt mit seinem Bruder um das Spielzeug*; *Sie streiten immer wieder* darüber, wer *aufräumen muss*; *Hört auf zu s. u. vertragt euch wieder!* **2** ***j-d streitet mit j-m über etw.*** (*Akk*); ⟨Personen⟩ ***streiten über etw.*** (*Akk*) Personen diskutieren über etw. (heftig), haben verschiedene Meinungen: *Wir wollen nicht* darüber *s.*, ob *es klug war - jedenfalls wurde der Plan ausgeführt*; *Sie stritten über die Gefahren der Atomkraft* || K-: ***Streit-, -fall, -frage, -gespräch, -punkt*** **3** ***für / gegen etw. s.*** *geschr*; sich für / gegen etw. einsetzen ≈ kämp-

fen: *für Gerechtigkeit s.* **4** *veraltet*; (in e-m Krieg) mit Waffen kämpfen || K-: ***Streit-, -axt, -ross, -wagen***; Vr **5 *sich mit j-m*** (***über etw.*** (*Akk*)) ***s.*** ≈ mit j-m über etw. s. (1) || *zu* **3** u. **4 Strei·ter** *der*; *-s*, -
Streit·ham·mel *der*; *gespr pej*; j-d, der oft u. gern mit anderen streitet (1)
strei·tig *Adj*; *mst in **j-m etw. s. machen*** sagen, dass j-d kein Recht auf etw. hat
Strei·tig·kei·ten *die*; *Pl*; die Handlungen, bei denen Personen miteinander streiten (1)
Streit·kräf·te *die*; *Pl*, *Kollekt*; alle militärischen Organisationen u. Soldaten e-s Landes
streit·lus·tig *Adj*; bereit, sich mit j-m zu streiten (1): *j-n s. anschauen* || *hierzu* **Streit·lust** *die*; *nur Sg*
Streit·macht *die*; *nur Sg* ≈ Truppen, Streitkräfte
Streit·sa·che *die*; *Jur* ≈ Rechtsstreit ⟨in e-r S. tätig werden⟩
Streit·schrift *die* ≈ Pamphlet
streit·süch·tig *Adj*; ⟨ein Mensch⟩ so, dass er gern od. oft mit anderen streitet || *hierzu* **Streit·sucht** *die*; *nur Sg*
Streit·wert *der*; *Jur*; die Summe Geld, die für e-e Sache festgesetzt wird, wegen der man vor Gericht geht: *Die Gebühren von Anwalt u. Gericht richten sich nach dem S.*
streng *Adj*; **1** ohne Mitleid, freundliche Gefühle od. Rücksicht ≈ hart, unerbittlich ↔ mild, nachsichtig ⟨ein Blick, e-e Strafe, ein Urteil, Worte; j-n s. ansehen; s. gegen j-n / sich sein⟩ **2** ⟨Eltern, ein Lehrer; e-e Erziehung⟩ so, dass sie Ordnung, Disziplin u. Gehorsam verlangen ≈ unnachgiebig, strikt: *s. mit / zu j-m sein* **3** *nur attr od adv*; so, dass es genau bestimmten Forderungen od. Regeln entspricht ≈ strikt ⟨e-e Diät, e-e Ordnung, e-e Prüfung, e-e Untersuchung; j-n s. bewachen; etw. s. befolgen, einhalten; sich s. an etw. halten⟩: *strengstes Stillschweigen bewahren; j-m strengste Diskretion zusichern; Das ist s. verboten* || -K: ***sitten-*** **4 *aufs Strengste / strengste*** sehr hart u. ohne Mitleid ⟨j-n aufs Strengste bestrafen⟩ **5 *aufs Strengste / strengste*** sehr genau: *die Vorschrift aufs Strengste befolgen* **6** ≈ deutlich, klar ⟨e-e Trennung, e-e Unterscheidung⟩ **7** intensiv u. *mst* unangenehm ⟨ein Geruch, ein Geschmack⟩ **8** *nicht adv*; mit sehr niedrigen Temperaturen ⟨Frost, Kälte, ein Winter⟩ **9** einfach, ohne Ornamente od. Schmuck ⟨ein Aufbau, eine Schönheit, ein Stil⟩ || *zu* **1-3** u. **6-9 Stren·ge** *die*; -; *nur Sg*

> **streng ge·nom·men** *Adv* ≈ eigentlich, genau genommen: *S. g. ist das verboten, aber ausnahmsweise lasse ich es mal zu*
> **streng neh·men**; *nimmt streng, nahm streng, hat streng genommen*; Vt ***etw. s. n.*** etw. genau befolgen ≈ etw. genau nehmen ⟨Vorschriften, Regeln s. n.⟩

streng·gläu·big *Adj*; sehr fromm ≈ orthodox ⟨ein Christ, ein Jude, ein Moslem⟩
strengs·tens *Adv*; sehr streng (1,2,3), absolut ⟨etw. ist s. verboten, untersagt; sich s. an die Regeln halten⟩
Stress *der*; *-es*; *nur Sg*; **1** e-e unangenehme, starke Belastung durch Probleme, zu viel Arbeit, Lärm *usw* ⟨unter S. stehen; S. haben⟩: *Von all dem S. hat er e-n Herzinfarkt bekommen* || K-: ***Stress, -situation*** **2 *im S. sein*** *gespr*; viel Arbeit u. wenig Zeit haben || *hierzu* **stress·frei** *Adj*
stres·sen; *stresste, hat gestresst*; Vt **1 *j-n*** (***mit etw.***) ***s.*** bewirken, dass j-d Stress hat: *Er hat sie mit seinen Problemen gestresst*; Vi **2 *etw. stresst*** (***j-n***) etw. verursacht Stress bei j-m: *Diese Art von Arbeit stresst (mich) ziemlich*
stress·ge·plagt *Adj*; mit viel Stress belastet ⟨e-e Hausfrau, ein Manager⟩
stres·sig *Adj*; *gespr*; ⟨e-e Arbeit, ein Tag⟩ so, dass sie j-m Stress verursachen
Streu *die*; -; *nur Sg*; Stroh *o.Ä.*, mit dem man den Boden in e-m Stall bedeckt
streu·en; *streute, hat gestreut*; Vt **1 *etw.*** (*Kollekt od Pl*) (***irgendwohin***) ***s.*** mehrere kleine Dinge so werfen od. fallen lassen, dass sie sich über e-r Fläche verteilen: *den Vögeln Futter aufs Fensterbrett s.; Salz in die Suppe s.; Die Kinder streuten bei der Hochzeit Blumen* || K-: ***Streu-, -dose***; ***-zucker***; Vt/i **2** (***etw.*** (*Kollekt*)) ***s.*** im Winter Salz, Sand *o.Ä.* auf e-e Straße, e-n Weg s. (1), damit diese nicht so glatt sind: *Dieser Fußweg wird im Winter nicht geräumt od. gestreut. - Benutzung auf eigene Gefahr!* || K-: ***Streu-, -gut, -salz, -sand***
Streu·er *der*; *-s*, -; ein kleines Gefäß mit mehreren Löchern im Deckel, mit dem man *bes* Gewürze streuen (1) kann || -K: ***Pfeffer-, Salz-***
streu·nen; *streunte, hat / ist gestreunt*; Vi (***irgendwo***) ***s.*** (*hat*); (***irgendwohin***) ***s.*** (*ist*) *oft pej*; viel Zeit auf der Straße verbringen u. dort ohne Ziel herumlaufen ≈ sich herumtreiben: *streunende Hunde*; *durch die Straßen s.* || *hierzu* **Streu·ner** *der*; *-s*, -
Streu·sel *die*; *Pl*; kleine Stücke aus Butter, Zucker u. Mehl, die man auf Kuchen streut || K-: ***Streusel-, -kuchen***
Streu·ung *die*; -, *-en*; der Vorgang, bei dem etw. (*mst* proportional) verteilt od. verbreitet wird ⟨die S. von Licht⟩ || -K: ***Licht-***
strich *Imperfekt, 1. u. 3. Person Sg*; ↑ ***streichen***
Strich *der*; *-(e)s*, *-e*; **1** e-e *mst* gerade Linie, die man malt od. zeichnet ⟨ein dicker, dünner, feiner S.; e-n S. (durch, unter etw.) machen, (mit dem Lineal) ziehen⟩: *etw. in groben Strichen zeichnen*; *etw. mit dicken roten Strichen durchstreichen* || -K: ***Bleistift-, Feder-, Kreide-, Pinsel-***; ***Längs-, Quer-*** **2** e-e kurze Linie als (gedrucktes od. geschriebenes) Zeichen: *ein S. auf dieser Waage bedeutet zehn Gramm* || -K: ***Anführungs-, Binde-, Bruch-, Eich-, Gedanken-, Schräg-, Trennungs-*** **3** *nur Sg*; die Richtung, in der Haare od. die Fäden e-s Stoffes liegen ⟨Haare, ein Fell gegen den S. bürsten, ein Tier gegen den S. streicheln⟩ **4** ≈ Streichung (1) ⟨Striche in e-m Manuskript, Text vornehmen⟩ **5** die Art u. Weise, wie j-d den Pinsel führt || -K: ***Pinsel-*** **6** e-e Bewegung mit der Hand, mit der man etw. glatt macht **7** *gespr*; e-e Gegend (*bes* e-e Straße), in der Prostituierte auf Kunden warten || -K: ***Bahnhofs-, Straßen-*** **8** *gespr* ≈ Prostitution || K-: ***Strich-, -junge, -mädchen*** || ID ***keinen S. tun*** *gespr*; nicht arbeiten; ***j-m e-n S. durch die Rechnung machen*** *gespr*; verhindern, dass etw. so abläuft, wie es geplant war ≈ j-s Pläne durchkreuzen; ***unter dem S.*** wenn man alles berücksichtigt: *Unter dem S. hat der Streik wenig eingebracht*; ***nur ein 'S. (in der Landschaft) sein*** *gespr*; sehr mager, dünn sein; *mst* ***Das geht mir gegen den 'S.!*** *gespr*; verwendet, um seine Abneigung gegen etw. auszudrücken; ***nach S. u. Faden*** *gespr*; intensiv ≈ gehörig, gründlich ⟨j-n nach S. u. Faden verprügeln, verwöhnen⟩; ***auf den S. gehen*** *gespr*; als Prostituierte(r) (auf der Straße) arbeiten; ***j-n auf den S. schicken*** *gespr*; (als Zuhälter) *mst* e-e Frau dazu bringen, dass sie (auf der Straße) als Prostituierte arbeitet
stri·cheln; *strichelte, hat gestrichelt*; Vt/i (***etw.***) ***s.*** e-e Fläche mit kleinen parallelen Strichen (1) bedecken ≈ schraffieren
Stri·cher *der*; *-s*, -; *gespr*; ein (junger) Mann, der als Prostituierter arbeitet ≈ Strichjunge
Strich·kode *der*; e-e Art Kode aus e-r Reihe von senkrechten Strichen nebeneinander an e-r Ware.

S

Der S. enthält Angaben über die Ware (*z.B.* Preis, Beschreibung), die an der Kasse (von e-m Scanner) entschlüsselt werden

Strich·punkt *der*; das Zeichen ;

strich·wei·se *Adv*; in manchen Gegenden: *Es gibt s. Regen*

Strick *der*; *-(e)s, Stri·cke*; **1** e-e dicke Schnur od. ein Seil, mit der / dem man j-n / etw. irgendwo festbindet ⟨der S. hält, reißt; e-n S. um etw. binden⟩: *j-m mit e-m S. die Hände fesseln* || ↑ *Abb. unter* ***Schnur*** **2** ***der Tod durch den S.*** der Tod durch Erhängen || ID ***j-m aus etw. e-n S. drehen*** j-m wegen e-s kleinen Fehlers, den er gemacht hat, schaden; ***wenn alle Stricke reißen*** *gespr*; wenn es keine andere Möglichkeit mehr gibt ≈ im Notfall, zur Not

stri·cken; *strickte, hat gestrickt*; [Vt/i] ***(etw.) s.*** mit zwei langen Nadeln u. e-m (Woll)Faden Schlingen (Maschen) machen u. daraus *mst* ein Kleidungsstück (wie *z.B.* e-n Pullover) herstellen ⟨linke, rechte Maschen s.; e-n Pullover, e-n Schal, Strümpfe s.⟩: *zwei rechts, zwei links s.* (= abwechselnd zwei rechte u. zwei linke Maschen s.); *Ich stricke gern* || K-: ***Strick-, -bündchen, -garn, -kleid, -mode, -nadel, -waren, -weste*** || NB: ↑ ***häkeln*** || *hierzu* **Stri·cke·rin** *die*; -, *-nen*

Strick·ja·cke *die*; e-e Art Jacke, die aus Wolle *o.Ä.* gestrickt ist u. vorne e-n Reißverschluss od. Knöpfe hat

Strick·lei·ter *die*; e-e Leiter aus Stricken, wie man sie *z.B.* auf e-m Schiff benutzt: *j-m e-e S. zum Wasser hinunterlassen*

Strick·ma·schi·ne *die*; e-e Maschine, mit der Strickwaren hergestellt werden

Strick·mus·ter *das*; **1** ein Muster (1), das man strickt **2** e-e Zeichnung (e-e Vorlage), nach der man etw. strickt || ID ***nach dem gleichen / demselben S.*** *gespr*; nach derselben Methode

Strick·zeug *das*; **1** etw., das man gerade strickt **2** *Kollekt*; die Sachen, die man zum Stricken braucht

strie·geln; *striegelte, hat gestriegelt*; [Vt] ***ein Tier / etw. s.*** das Fell e-s Pferdes *o.Ä.* mit e-r Bürste reinigen ⟨ein Pferd, das Fell s.⟩

Strie·me *die*; -, *-n*; **Strie·men** *der*; *-s*, -; ein dunkler, relativ langer Streifen auf der Haut, der durch e-n Schlag entstanden ist

strikt *Adj*; *nur attr od adv*; so, dass keine Ausnahme od. Abweichung, kein Widerspruch geduldet wird ≈ streng ⟨e-e Anordnung, ein Befehl, Gehorsam; etw. s. befolgen⟩

strin·gent [ʃtrɪŋ'gent, str-] *Adj*; *geschr*; logisch u. überzeugend ⟨e-e Beweisführung, ein Schluss⟩ || *hierzu* **Strin·genz** *die*; -; *nur Sg*

S

Strip [ʃtrɪp, str-] *der*; *-s, -s*; *Kurzw* ↑ ***Striptease***

Strip·pe *die*; -, *-n*; *nordd gespr*; **1** ≈ Schnur, Kabel **2** ≈ Telefon ⟨an der S. sein; j-n an die S. kriegen⟩

strip·pen ['ʃtrɪpn̩, 'str-]; *strippte, hat gestrippt*; [Vi] *gespr*; e-n Striptease machen || *hierzu* **Strip·per** *der*; *-s*, -; **Strip·pe·rin** *die*; -, *-nen*

Strip·tease ['ʃtrɪptiːs, 'str-] *der*; -; *nur Sg*; e-e Vorführung (*mst* in e-m Lokal), bei der j-d tanzt od. erotische Bewegungen macht u. sich dabei auszieht ⟨e-n S. hinlegen, machen, tanzen⟩ || K-: ***Striptease-, -tänzer, -tänzerin, -vorführung***

stritt *Imperfekt, 1. u. 3. Person Sg*; ↑ ***streiten***

strit·tig *Adj*; ⟨e-e Frage, ein Problem, ein Punkt⟩ so, dass es darüber verschiedene Meinungen gibt

Stroh *das*; *-(e)s*; *nur Sg, Kollekt*; die trockenen, gelben Halme des Getreides, nachdem die Körner entfernt wurden ⟨S. binden, pressen; ein Ballen S.; ein Dach mit S. decken; im Stall S. streuen; etw. mit S. polstern⟩ || K-: ***Stroh-, -ballen, -dach, -haufen, -hut, -matte, -presse, -puppe***; ***stroh-, -blond, -gelb*** || ID ***etw. brennt wie S.*** etw. brennt mit heller Flamme od. fängt leicht zu brennen an; ***etw. schmeckt wie S.*** *gespr*; etw. ist trocken u. hat wenig Geschmack; ***j-d hat nur S. im Kopf*** *gespr*; j-d ist dumm; ***j-d drischt leeres S.*** *gespr*; j-d sagt unwichtige Dinge

stroh·dumm *Adj*; *ohne Steigerung, gespr*; sehr dumm

Stroh·feu·er *das*; *mst in* ***ein kurzes S.*** *gespr*; ein starkes Gefühl der Begeisterung od. Liebe, das nicht lange bleibt

Stroh·halm *der*; ein kleines Rohr aus Plastik (früher aus Stroh), durch das man Getränke in den Mund saugt || ID *mst* ⟨ein Sturm, ein Hurrikan *o.Ä.*⟩ ***knickt etw. wie e-n S.*** ein Sturm, ein Hurrikan *o.Ä.* knickt durch seine Stärke mühelos e-n Baum od. etw. Großes: *Der Sturm knickte den Mast des Schiffes wie e-n S.*; ***nach dem rettenden S. greifen*** e-e letzte kleine Chance nutzen, um vielleicht doch noch aus e-r unangenehmen Lage herauszukommen; ***sich (wie ein Ertrinkender) an e-n S. klammern*** auf e-e unwahrscheinliche Möglichkeit hoffen u. nicht aufgeben

stro·hig ['ʃtroːɪç] *Adj*; **1** hart u. ohne Glanz (wie Stroh) ⟨Haare⟩ **2** trocken u. fade ⟨ein Geschmack; etw. schmeckt s.⟩

Stroh·mann *der*; *pej*; j-d, der im Auftrag e-r anderen Person, die anonym bleiben will, etw. kauft od. tut

Stroh·sack *der*; ein Sack od. e-e Matratze, die mit Stroh gefüllt sind ⟨auf Strohsäcken schlafen⟩ || ID ***(Ach du) heiliger S.!*** *gespr*; verwendet, um auszudrücken, dass man unangenehm überrascht ist

stroh·tro·cken *Adj*; *ohne Steigerung, gespr*; sehr trocken: *Die Erde ist s.*

Stroh·wit·we *die*; e-e Frau, deren Mann verreist *o.Ä.* ist

Stroh·wit·wer *der*; ein Mann, dessen Frau verreist *o.Ä.* ist

Strolch *der*; *-(e)s, -e*; **1** *pej*; ein Mann, der sich viel auf der Straße aufhält, ungepflegt wirkt od. Gewalt anwendet ⟨von e-m S. angefallen, belästigt, überfallen werden⟩ **2** *hum* ≈ Schlingel

strol·chen; *strolchte, ist gestrolcht*; [Vi] ***j-d*** / ⟨ein Hund *o.Ä.*⟩ ***strolcht (irgendwo, irgendwohin)*** j-d / ein Hund *o.Ä.* wandert ohne bestimmtes Ziel herum ≈ j-d / ein Hund *o.Ä.* streunt

Strom[1] *der*; *-(e)s, Strö·me*; **1** ein großer Fluss, der in ein Meer mündet ⟨ein breiter, mächtiger S.; ein Fluss schwillt zu e-m reißenden Strom an⟩ **2** Wasser, das sich im Meer (wie ein Fluss) in e-e bestimmte Richtung bewegt ≈ Strömung (2) ⟨ein kalter, warmer S.⟩ || -K: ***Golf-, Meeres-*** **3** e-e große Menge e-r Flüssigkeit od. e-s Gases, die sich in e-e Richtung bewegt ⟨es regnet in Strömen; Wasser fließt, Tränen fließen / rinnen in Strömen⟩: *Ein S. von Tränen lief über sein Gesicht* || -K: ***Blut-, Lava-, Luft-, Tränen-*** **4** *Kollekt*; e-e große Menge von Menschen od. Fahrzeugen, die sich in e-e Richtung bewegen ⟨ein S. von Autos, Besuchern, Touristen *usw* wälzt sich irgendwohin, ergießt sich irgendwohin⟩ || -K: ***Besucher-*** **5** ***mit dem / gegen den S.*** in die / entgegen der Richtung e-s Flusses *o.Ä.* || ID ***mit dem S. schwimmen*** sich der Meinung der Mehrheit anschließen; ***gegen / wider den S. schwimmen*** e-e andere Meinung als die Mehrheit vertreten, sich nicht anpassen

Strom[2] *der*; *-(e)s*; *nur Sg*; **1** e-e fließende elektrische Ladung ≈ Elektrizität ⟨elektrischer, schwacher, starker S.; den S. einschalten, abschalten, ausschalten; etw. (ver)braucht viel S.; S. sparen; S. aus e-r Batterie, e-r Leitung, e-r Steckdose entnehmen⟩ || K-: ***Strom-, -abnehmer, -ausfall, -erzeuger, -erzeugung, -kabel, -leitung, -netz, -preis, -quelle,***

-rechnung, -schiene, -schlag, -stoß, -verbrauch, -zähler || -K: **Atom-, Batterie-, Netz-; Gleich-, Wechsel-; Hochspannungs-, Schwach-, Stark- 2 etw. steht unter S.** S.[2] (1) fließt durch ein Kabel, e-e Leitung *o.Ä.*: *Als er den Fernseher reparierte, bekam er e-n Schlag, weil die Rückwand unter S. stand*

strom·ab·wärts *Adv*; in die Richtung, in die der Strom[1] (1) od. der Fluss fließt

strom·auf·wärts *Adv*; in die Richtung, aus der der Strom[1] (1) od. der Fluss kommt

strö·men; *strömte, ist geströmt*; Vi **1 etw. strömt irgendwohin** ein Gas od. e-e Flüssigkeit bewegt sich (*mst* in großen Mengen) in e-e bestimmte Richtung: *Gas strömt aus der Leitung*; *Blut strömt aus der Wunde*; *Tränen strömten über ihr Gesicht* **2** *mst* ⟨Menschen⟩ **strömen irgendwohin** Menschen bewegen sich in großer Zahl in e-e bestimmte Richtung: *Die Kinder strömten aus der Schule*

strö·mend 1 *Partizip Präsens*; ↑ **strömen 2** *Adj*; *nur attr, nicht adv* ≈ stark, heftig ⟨Regen⟩

Stro·mer *der*; *-s, -* ≈ Streuner, Landstreicher

stro·mern; *stromerte, ist gestromert*; Vi *gespr*; ohne Ziel herumwandern ≈ strolchen, sich herumtreiben

Strom·kreis *der*; ein System von Drähten od. Leitungen, die so miteinander verbunden sind, dass elektrischer Strom fließen kann ⟨e-n S. unterbrechen, schließen⟩

Strom·li·ni·en|form *die*; e-e möglichst günstige Form *mst* e-s Fahrzeuges, die bewirkt, dass der Widerstand der Luft beim Fahren sehr gering ist || *hierzu* **strom·li·ni·en·för·mig** *Adj*

Strom·schnel·le *die*; *-, -n*; ein Teil e-s Flusses, an dem das Wasser schnell über Felsen fließt

Strom·stär·ke *die*; die Menge des elektrischen Stroms, die sich in e-r bestimmten Zeit durch e-e Leitung bewegt: *Die S. wird in Ampere gemessen*

Strö·mung *die*; *-, -en*; **1** die Bewegung, mit der das Wasser e-s Flusses od. des Meeres *o.Ä.* fließt ⟨e-e gefährliche, starke, reißende S.; in e-e S. geraten; von e-r S. erfasst, mitgerissen werden⟩: *Er kämpfte verzweifelt gegen die S. an, wurde aber immer weiter vom Ufer abgetrieben* **2** Wasser, Luft od. Gas, das sich in e-e bestimmte Richtung bewegt ⟨e-e kalte, warme S. im Meer⟩ **3** *mst Pl*; eine der verschiedenen Meinungen innerhalb e-r großen Gruppe ≈ Bewegung[2] (1) ⟨geistige, politische, kulturelle Strömungen⟩

Stro·phe [-fə] *die*; *-, -n*; ein abgeschlossener Teil des Textes in e-m Lied od. in e-m Gedicht: *ein Lied mit fünf Strophen*; *die erste S. e-s Liedes singen*; *nach jeder S. den Refrain singen* || -K: **Anfangs-, Schluss-**

-stro·phig [-f-] *im Adj, begrenzt produktiv*; mit der genannten Zahl od. Menge von Strophen; **einstrophig, zweistrophig, dreistrophig** *usw*, **mehrstrophig**

strot·zen; *strotzte, hat gestrotzt*; Vi **j-d / etw. strotzt vor etw.** (*Dat*) *gespr*; j-d / etw. hat sehr viel von etw. ⟨j-d strotzt vor Gesundheit; etw. strotzt vor Fehlern⟩

strub·be·lig, **strubb·lig** *Adj*; *gespr* ≈ zerzaust, struppig ⟨ein Fell, Haare; s. aussehen⟩

Stru·del[1] *der*; *-s, -*; e-e Stelle in e-m Fluss *o.Ä.*, an der das Wasser e-e kreisförmige Bewegung macht u. nach unten gezogen wird ≈ Wirbel (1) ⟨in e-n S. geraten; von e-m S. ergriffen, in die Tiefe gesogen werden⟩ || -K: **Wasser-**

Stru·del[2] *der*; *-s, -*; *südd* Ⓐ e-e dünne Schicht Teig, die mit Obst *o.Ä.* belegt u. dann zusammengerollt u. gebacken wird || -K: **Apfel-, Mohn-, Quark-, Topfen-**

Struk·tur [ʃtr-, str-] *die*; *-, -en*; **1** die Art, wie verschiedene Teile zusammen zu e-m System geordnet sind ≈ Aufbau, Gliederung ⟨etw. hat e-e einfache, komplizierte S.; etw. in seiner S. verändern⟩: *die soziale, wirtschaftliche S. e-s Landes*; *die S. e-r Sprache erforschen*; *die S. e-s Moleküls untersuchen* || K-: **Struktur-, -analyse, -änderung, -element, -formel, -reform, -wandel** || -K: **Bevölkerungs-, Boden-, Gesellschafts-, Organisations-, Satz-, Sprach-, Verkehrs-, Verwaltungs-, Wirtschafts-; Fein-, Makro- 2** die Oberfläche e-s Stoffes *o.Ä.* mit e-m Muster aus hohen u. tiefen Stellen || K-: **Struktur-, -gewebe, -tapete** || -K: **Oberflächen-, Relief-**

struk·tu·rell [ʃtr-, str-] *Adj*; *nur attr od adv*; in Bezug auf die Struktur (1) ⟨e-e Veränderung, e-e Verbesserung⟩

struk·tu·rie·ren; [ʃtr-, str-] *strukturierte, hat strukturiert*; Vt **etw. s.** *geschr*; etw. (*Dat*) e-e bestimmte Struktur (1) geben ≈ gliedern, aufbauen: *die Wirtschaft neu s.*; *ein gut strukturierter Aufsatz* || *hierzu* **Struk·tu·rie·rung** *die* || ► **umstrukturieren**

struk·tur·schwach *Adj*; *Ökon*; mit wenig Arbeitsplätzen, wenig Industrie ⟨ein Gebiet, e-e Region⟩

Strumpf *der*; *-(e)s, Strümp·fe*; ein Kleidungsstück, das den Fuß u. e-n Teil des Beines (bei Frauen auch das ganze Bein) bedeckt ⟨Strümpfe stricken, stopfen; e-e Laufmasche, ein Loch im S. haben⟩: *Er zog die Schuhe aus u. ging auf Strümpfen ins Zimmer*; *zwei Paar Strümpfe* || -K: **Nylon-, Perlon-, Seiden-, Woll-; Damen-, Herren-, Kinder-; Netz-, Strick-; Sport-** || NB: ↑ **Kniestrumpf**, **Socke**

Strumpf·band *das*; *-(e)s, Strumpf·bän·der*; ein Band, das verhindert, dass ein Strumpf herunterrutscht

Strumpf·hal·ter *der*; **1** ≈ Strumpfband **2** ≈ Hüfthalter

Strumpf·ho·se *die*; ein enges Kleidungsstück (*bes* für Frauen u. Kinder), das den Unterleib, die Beine u. die Füße bedeckt || ↑ *Abb. unter* **Bekleidung** || -K: **Nylon-, Perlon-, Seiden-, Woll-; Damen-, Kinder-**

Strumpf·mas·ke *die*; ein dünner Strumpf, den j-d *bes* bei e-m Überfall über den Kopf zieht, damit er nicht erkannt wird

Strunk *der*; *-(e)s, Strün·ke*; **1** der dicke, harte Teil e-r Pflanze dicht über der Erde || -K: **Kohl-, Salat- 2** der Rest des Stammes e-s abgestorbenen Baumes || -K: **Baum-**

strup·pig *Adj*; so, dass die Haare relativ hart sind u. in alle Richtungen durcheinander vom Kopf od. vom Körper abstehen ≈ zerzaust ⟨Haare; ein Hund, ein Fell⟩ || *hierzu* **Strup·pig·keit** *die*; *nur Sg*

Struw·wel·pe·ter *der*; ein Junge, der sich nicht kämmt u. die Fingernägel nicht schneidet u. deswegen wild u. struppig aussieht. (Ursprünglich e-e Figur aus e-m bekannten Kinderbuch)

Strych·nin [ʃtryç'niːn, str-] *das*; *-s*; *nur Sg*; ein Gift, das auf die Nerven, den Kreislauf u. auf die Atmung wirkt

Stu·be *die*; *-, -n*; **1** *südd* Ⓐ ≈ Wohnzimmer **2** ein Zimmer in e-r Kaserne, in dem mehrere Soldaten schlafen || K-: **Stuben-, -älteste(r), -appell, -dienst, -kamerad** || -K: **Kranken-, Mannschafts-** || ID (**Immer**) **rein in die gute S.!** *gespr hum*; komm(t) nur herein!

-stu·be *die*; *-, -n*; **1** verwendet als Bezeichnung für ein einfaches Lokal, Restaurant *o.Ä.*; **Bauernstube, Imbisstube, Kaffeestube, Teestube, Weinstube 2** *südd* Ⓐ Ⓒⓗ ≈ Raum, Zimmer; **Backstube, Dachstube, Mansardenstube, Nähstube, Schlafstube, Schreibstube, Studierstube, Wohnstube**

Stu·ben·ar·rest *der*; *gespr*; (als Strafe) das Verbot für ein Kind, sein Zimmer zu verlassen (um draußen zu spielen *o.Ä.*) ⟨S. haben, bekommen⟩

Stu·ben·ho·cker *der*; *gespr pej*; j-d, der am liebsten im Haus bleibt u. nicht gern nach draußen geht

stu·ben·rein *Adj*; *nicht adv*; ⟨ein Hund, e-e Katze⟩ so erzogen, dass sie Darm u. Blase nicht auf dem Teppich *o.Ä.* entleeren

Stu·ben·wa·gen *der*; ein Kinderwagen, in dem ein Baby tagsüber im Haus schlafen kann

Stuck *der*; *-(e)s*; *nur Sg*; Ornamente aus Gips *o.Ä.* an den Decken u. Wänden e-s Zimmers (*bes* in alten, vornehmen Häusern) ⟨etw. ist mit S. bedeckt, verziert⟩ || K-: ***Stuck-, -arbeiten, -decke*** || ► ***Stuckateur***

Stück[1] *das*; *-(e)s*, *- / -e*; **1** (*Pl Stücke*) ein Teil e-s größeren Ganzen: *e-n Balken in Stücke sägen*; *ein großes S. (vom) Kuchen abschneiden*, *(von der) Schokolade abbrechen*, *(von der) Wurst abbeißen*; *ein S. Papier abreißen*; *Die Fensterscheibe zersprang in tausend Stücke*; *Sie kauften sich ein S. Land* || -K: ***Braten-, Brot-, Fleisch-, Haut-, Knochen-, Kuchen-, Land-, Torten-, Wurst-*** **2** (*Pl Stücke*) *mst Sg*; ein Teil e-s Textes, den man für e-n bestimmten Zweck als Einheit behandelt ≈ Abschnitt: *ein kurzes S. aus e-m Buch vorlesen*; *das erste S. e-s Gedichtes aufsagen* **3** (*Pl Stück / Stücke*) ***ein S.*** + *Subst* ein einzelner Gegenstand od. ein Teil e-r bestimmten Substanz *o.Ä.* ⟨ein S. Butter, Kohle, Seife, Zucker⟩: *drei Stück Zucker im Tee nehmen* || K-: ***Stück-, -gut, -zahl*** || -K: ***Beweis-, Fracht-, Fund-, Gepäck-, Kleidungs-, Möbel-, Schmuck-, Schrift-, Seifen-, Wäsche-, Zucker-*** **4** (*Zahlwort + Stück*) die genannte Zahl von etw. / Tieren: *fünf Stück Vieh*; *drei Stück Kuchen essen*; *Die Eier kosten zwanzig Cent das / pro S.*; *„Wie viele Zigaretten hast du?" - „Zehn Stück"*; *Ich hätte gern sechs Stück von den Äpfeln da drüben* **5** (*Pl Stücke*) ein einzelner Gegenstand, der für j-n e-n besonderen Wert hat (*bes* als Teil e-r Sammlung) ≈ Exemplar: *In seiner Briefmarkensammlung hat er ein paar seltene Stücke*; *Diese Vase ist mein schönstes S.* || -K: ***Ausstellungs-, Erb-, Museums-, Pracht-, Prunk-*** **6** ***S. für S.*** eins / einen Teil nach dem anderen: *Pralinen S. für S. aufessen*; *ein Gedicht S. für S. auswendig lernen* **7** ***in 'einem S.*** ganz u. nicht in Teilen ⟨etw. in einem S. lassen, herunterschlucken⟩ **8** ***am / im S.*** ganz u. nicht in dünne Scheiben geschnitten ⟨Käse, Wurst am / im S. kaufen⟩ **9** ***ein dummes / faules S.*** *gespr!* verwendet als Schimpfwort für j-n, der dumm / faul ist **10** ***ein ganzes / gutes S.*** ziemlich viel, weit *o.Ä.* ⟨ein ganzes / gutes S. älter, größer, kleiner, jünger, klüger *usw* als j-d sein; ein ganzes / gutes S. wachsen; ein ganzes / gutes S. (weit) fahren, gehen müssen⟩ **11** ***ein (kleines / kurzes) S.*** e-e relativ kurze Entfernung: *Ich werde dich noch ein S. begleiten* || ID ***ein gutes / schönes S.*** ⟨Arbeit, Geld, Glück⟩ *gespr*; ziemlich viel Arbeit, Geld, Glück; ***ein hartes S. 'Arbeit*** *gespr*; viel schwere Arbeit; *mst* (***Das ist***) ***ein starkes 'S.*** *gespr*; das ist e-e Unverschämtheit; ***etw. aus freien Stücken tun*** etw. freiwillig tun; ***große 'Stücke auf j-n halten*** e-e sehr gute Meinung von j-m haben; *mst* ***Das ist nur ein S. 'Papier*** das ist zwar schriftlich festgelegt, aber es kann trotzdem falsch od. ungültig sein; *mst* ***Du bist doch mein / unser bestes 'S.!*** *gespr hum*; verwendet, *bes* um ein Mitglied der Familie zu trösten u. um auszudrücken, dass man es sehr gern hat; *mst* ***Da 'hast du dir aber ein S. geleistet!*** *gespr*; verwendet, um j-m zu sagen, dass er e-n großen Fehler gemacht hat || *zu* **1, 2** u. **3** **stück·wei·se** *Adv*

Stück[1]

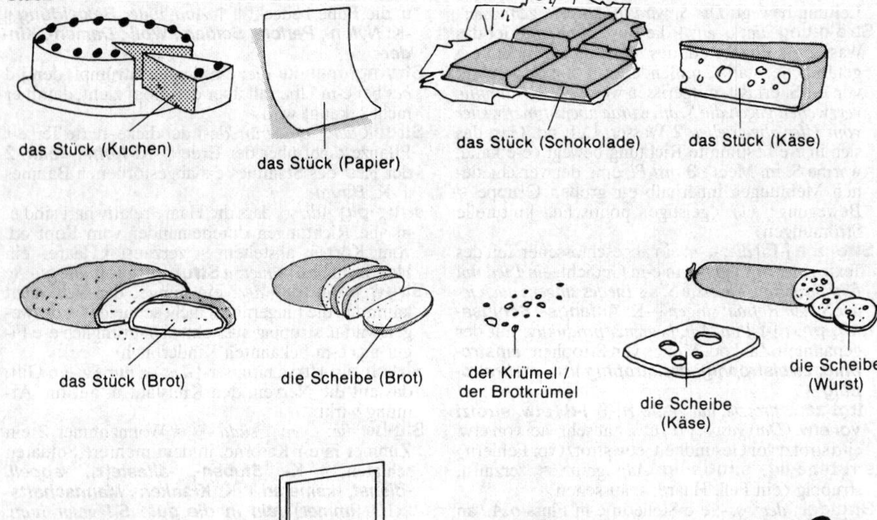

S

Stück[2] *das*; *-(e)s*, *-e*; **1** ein literarisches Werk, das *mst* im Theater gezeigt (aufgeführt) wird ≈ Theaterstück, Drama ⟨ein S. schreiben, inszenieren, proben, aufführen⟩ || K-: ***Stücke-, -schreiber*** || -K: ***Bühnen-, Fernseh-; Erfolgs-; Lehr-; Volks-*** **2** ein musikalisches Werk ≈ Musikstück: *ein S. von Chopin spielen*; *Das Orchester studiert Stücke von Mozart u. Vivaldi ein* || -K: ***Gesangs-, Klavier-, Orchester-; Übungs-***

-stück *das*; ein Geldstück mit der genannten Währungseinheit od. aus dem genannten Material ≈ Münze; ***Goldstück, Kupferstück, Messingstück, Silberstück; Pfennigstück, Markstück, Schillingstück, Frankenstück, Pfundstück*** *usw*

Stu·cka·teur [-ˈtøːɐ] *der*; *-s*, *-e*; j-d, der beruflich Verzierungen aus Stuck herstellt

stü·ckeln; *stückelte, hat gestückelt*; [Vt/i] **(*etw.*) *s.*** etw. aus kleinen Stücken[1] (1) zusammensetzen: *s. müssen, weil der Stoff nicht reicht*

Stü·cke·lung *die*; *-*, *-en*; **1** *nur Sg*; das Stückeln **2** *Ökon*; die Verteilung von Geld od. Wertpapieren auf Stücke mit unterschiedlichem Wert

Stück·werk *das*; *mst in* ***etw. ist, bleibt S.*** etw. ist nicht einheitlich u. daher unbefriedigend: *Die Steuerreform blieb S.*

Stu·dent *der*; *-en*, *-en*; j-d, der an e-r Universität od. Hochschule studiert ≈ Studierende(r): *ein S. der Mathematik*; *S. im siebten Semester sein* || K-: ***Studenten-, -ausweis, -bewegung, -revolte, -unruhen, -vertretung, -wohnheim*** || -K: ***Fachhochschul-, Universitäts-; Chemie-, Jura-, Medizin-, Sprachen-*** *usw* || NB: *der Student*; *den, dem, des Studenten* || *hierzu* **Stu·den·tin** *die*; *-*, *-nen*; **stu·den·tisch** *Adj* || ► ***studieren, Studium***

Stu·den·ten·bu·de *die*; *gespr*; ein (möbliertes) Zimmer, in dem ein Student wohnt

Stu·den·ten·fut·ter *das*; *Kollekt*; e-e Mischung aus (verschiedenen) Nüssen u. Rosinen

Stu·den·ten·schaft *die*; *-*, *-en*; *Kollekt*; alle Studenten e-r Hochschule od. e-s Landes

Stu·die [-diə] *die*; *-*, *-n*; **1 *e-e S.* (*zu etw., über etw.* (*Akk*))** e-e schriftliche wissenschaftliche Arbeit ≈ Untersuchung (2): *e-e S. über die Ursachen des Waldsterbens* **2** e-e einfache Zeichnung, mit der ein Maler ausprobiert, wie etw. aus e-r bestimmten Perspektive *o.Ä.* aussieht ⟨Studien anfertigen⟩

Stu·di·en [-iən] *Pl*; ↑ ***Studium, Studie***

Stu·di·en- [-iən-] *im Subst, begrenzt produktiv*; in Bezug auf das Studium an e-r Universität *o.Ä.*; die ***Studienberatung***, der ***Studienbewerber***, das ***Studienfach***, der ***Studienfreund***, die ***Studiengebühren***, der ***Studienkollege***, der ***Studienplatz***, die ***Studienreform***, die ***Studienzeit***

Stu·di·en·gang *der*; die Ausbildung, die man an der Universität *o.Ä.* für bestimmte Fächer macht || -K: ***Aufbau-, Diplom-, Fachhochschul-, Lehramts-; Kurz-***

stu·di·en·hal·ber *Adv*; im Rahmen e-s Studiums (1) ⟨sich s. irgendwo aufhalten⟩

Stu·di·en·rat *der*; Ⓓ ein Titel für e-n Lehrer am Gymnasium *o.Ä.* || -K: ***Ober-*** || *hierzu* **Stu·di·en·rä·tin** *die*

Stu·di·en·re·fe·ren·dar *der*; Ⓓ ein Lehrer, der (nach dem 1. Staatsexamen) seine praktische Ausbildung an der Schule macht (an deren Ende er das 2. Staatsexamen macht)

stu·die·ren; *studierte, hat studiert*; [Vt/i] **1 (*etw.*) *s.*** e-e Universität od. Hochschule besuchen u. dort etw. lernen ⟨Mathematik, Medizin, Sprachen *usw* s.; an e-r Universität, Fachhochschule s.⟩: *Sie studiert im dritten Semester Biologie*; *Nach dem Abitur will sie s.*; [Vt] **2 *etw. s.*** etw. genau beobachten u. untersuchen, um viele Informationen zu bekommen: *das Verhalten der Bienen s.*; *die Sitten u. Gebräuche der Eskimos s.* **3 *etw. s.*** *gespr*; etw. genau lesen ⟨die Akten, den Fahrplan, die Speisekarte s.⟩; [Vi] **4 *auf etw.* (*Akk*) *s.*** *gespr*; s. (1), um e-n bestimmten Abschluss zu machen od. e-n bestimmten Beruf zu erlernen ⟨auf das Diplom, auf das Lehramt s.⟩ || *zu* **1 Stu·die·ren·de** *der / die*; *-n*, *-n*

stu·diert 1 *Partizip Perfekt*; ↑ ***studieren*** **2** *Adj*; *nicht adv*, *gespr*; ⟨e-e Frau, ein Mann⟩ mit e-m abgeschlossenen Studium || *hierzu* **Stu·dier·te** *der / die*; *-n*, *-n*

Stu·dio *das*; *-s*, *-s*; **1** ein Raum, in dem Sendungen (für Radio u. Fernsehen) od. Filme (für das Kino) aufgenommen werden || -K: ***Fernseh-, Film-, Rundfunk-*** **2** ein Raum, in dem ein Künstler, *bes* ein Maler, arbeitet ≈ Atelier **3** ein kleines Kino od. Theater, in dem oft Filme od. Stücke gezeigt werden, die man in großen Kinos od. Theatern nicht sieht || K-: ***Studio-, -bühne, -kino***

Stu·di·o·sus *der*; *-*, *Stu·di·o·si*; *hum* ≈ Student

Stu·di·um *das*; *-s*, *Stu·di·en* [-diən]; **1** *nur Sg*; e-e Ausbildung an e-r Universität *o.Ä.* ⟨zum S. zugelassen werden; ein S. aufnehmen, abschließen⟩: *das S. der Biologie* || -K: ***Fachhochschul-, Universitäts-; Kurz-; Aufbau-, Zweit-; Diplom-, Doktor-, Magister-, Promotions-; Chemie-, Jura-, Lehramts-, Medizin-, Sprachen-*** *usw* **2 *das S.*** (*+ Gen*) die in-

Wie bekomme ich einen Studienplatz?

Die Voraussetzung, einen Studienplatz an einer deutschen Universität zu erhalten, ist die „allgemeine **Hochschulreife**“, das so genannte **Abitur**. Zum **Studium** an einer der **Fachhochschulen** benötigt man die „fachgebundene Hochschulreife“, das so genannte **Fachabitur**.

Potenzielle Studenten aus dem Ausland, die nicht an einer deutschen Schule die Hochschulreife erlangt haben, sollten sich rechtzeitig (etwa ein Jahr vor dem geplanten Studienbeginn) darüber informieren, ob ihr Schulabschluss ausreicht, um ein Studium in Deutschland aufzunehmen. Auskünfte darüber geben die Akademischen Auslandsämter der jeweiligen Hochschulen bzw. die ZVS, die Zentralstelle für die Vergabe von Studienplätzen, in Dortmund.
Genaueres erfährt man beim Deutschen Akademischen Austauschdienst, dem DAAD, unter der Internetadresse **www.daad.de** oder bei der ZVS unter **www.zvs.de.**

Seit etwa 30 Jahren müssen angehende Studenten, die ein Fach studieren möchten, bei dem die Zulassungszahlen für Studienanfänger bundesweit begrenzt sind (das sind die „harten **Numerus-Clausus**-Fächer“ wie Medizin, Jura oder Betriebswirtschaft), ihren Antrag auf Zuteilung eines Studienplatzes an die ZVS richten. Man kann zwar seine Wünsche hinsichtlich des Studienortes äußern, hat jedoch keine Garantie, einen Studienplatz an der gewünschten Universität zu erhalten.

tensive u. wissenschaftliche Beschäftigung mit etw.: *das S. alter Kulturen; das S. der sozialen Verhältnisse e-s Landes* || K-: ***Studien-, -aufenthalt, -reise*** **3 das S.** + *Gen*; das genaue Lesen e-s Textes ⟨das S. der Akten, des Fahrplans⟩: *Er war so in das S. seiner Zeitung vertieft, dass er uns nicht bemerkte*

Stu·fe *die*; -, *-n*; **1** eine von mehreren waagrechten, schmalen Flächen e-r Treppe: *auf der untersten, obersten S. stehen; zwei Stufen auf einmal nehmen; die Stufen zum Aussichtsturm hinaufgehen* || ↑ *Abb. unter* **Treppenhaus** || K-: ***Stufen-, -leiter*** || -K: ***Altar-, Treppen-*** **2** e-e Art S. (1) in e-r großen Fläche: *Der Meeresboden fällt in Stufen ab* || K-: ***Stufen-, -dach, -pyramide*** **3** der Zustand zu e-m bestimmten Zeitpunkt e-r Entwicklung ≈ Stadium ⟨e-e niedrige, hohe S.; etw. steht auf e-r S., bleibt auf e-r S. stehen; etw. erreicht e-e S.⟩ || -K: ***Alters-, Bildungs-, Entwicklungs-, Intelligenz-, Kultur-; Anfangs-, Grund-, Übergangs-, Vor-, Zwischen-*** **4** ein bestimmter Punkt auf e-r Skala ⟨etw. rückt in die nächste S. auf⟩ || K-: ***Stufen-, -folge, -plan*** || -K: ***Besoldungs-, Gehalts-, Preis-, Rang-, Schwierigkeits-*** **5** der Teil e-r Rakete, der diese zu e-r bestimmten Zeit mit e-r bestimmten Kraft antreibt ⟨die erste, zweite, dritte S. zünden⟩ || -K: ***Antriebs-, Raketen-*** || ID ***sich mit j-m auf die gleiche S. / auf eine S. stellen*** **a)** etw. tun, das einen auf j-s niedriges Niveau bringt; **b)** sich für gleich gut wie j-d anderer halten || *zu* **1** u. **2** **stu·fen·ar·tig** *Adj*; **stu·fen·för·mig** *Adj*; *zu* **2** **stu·fen·los** *Adj*; *zu* **3** u. **4** **stu·fen·wei·se** *Adj*; *mst adv*

Stu·fen·bar·ren *der*; ein Turngerät für Frauen, dessen zwei waagrechte Stangen verschieden hoch sind

stu·fig *Adj*; so, dass die Haare mehrere unterschiedliche Längen haben ⟨e-e Frisur, ein Haarschnitt; das Haar / die Haare s. schneiden⟩

Stuhl[1] *der*; *-(e)s, Stüh·le*; **1** ein Möbelstück, auf dem e-e Person sitzen kann u. das aus *mst* vier Beinen, e-r Sitzfläche u. e-r Rückenlehne besteht ⟨sich auf e-n S. setzen; auf e-m S. sitzen; vom S. aufstehen, aufspringen; j-m e-n S. anbieten; ein S. ist besetzt, frei⟩ || K-: ***Stuhl-, -bein, -kissen, -lehne*** || -K: ***Camping-, Garten-, Kinder-, Klavier-, Küchen-, Lehn-; Dreh-, Klapp-, Roll-, Schaukel-; Holz-, Korb-, Metall-, Rohr-*** **2 der elektrische S.** e-e Art S.[1] (1), auf dem j-d (als Strafe für ein Verbrechen) mit elektrischem Strom getötet wird || ID ***zwischen zwei Stühlen sitzen*** in der unangenehmen Lage sein, dass man Nachteile hat, egal was man macht od. wie man sich entscheidet; ***sich zwischen zwei / alle Stühle setzen*** sich durch e-e Handlung od. Entscheidung in e-e Lage bringen, in der man nur Nachteile od. Feinde hat; **(*fast*) *vom S. fallen*** ⟨vor Erstaunen, Entsetzen⟩ *gespr*; sehr überrascht sein, entsetzt sein; ***etw. reißt / haut j-n vom S.*** *gespr*; etw. überrascht od. begeistert j-n sehr

Stühle

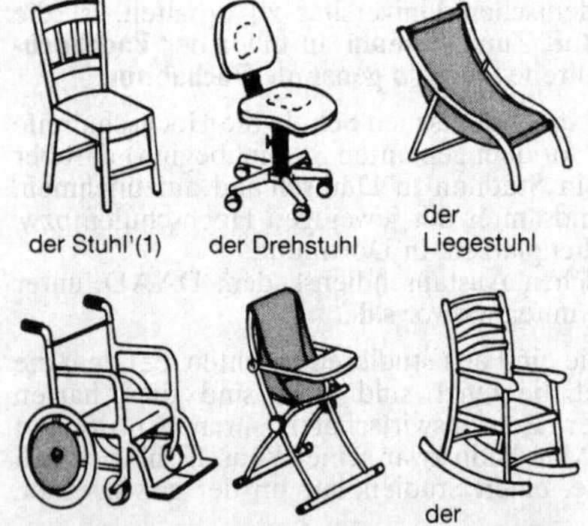

Stuhl[2] *der*; *-(e)s*; *nur Sg*, *Med*; der Kot des Menschen || K-: ***Stuhl-, -untersuchung***

Stuhl·gang *der*; *nur Sg*; *mst in* **S. haben** den Darm entleeren

Stuk·ka·teur ↑ ***Stuckateur***

Stul·le *die*; -, *-n*; *nordd*; e-e Scheibe Brot (mit Butter u. Käse, Wurst *o.Ä.*) || -K: ***Butter-, Käse-, Wurst-***

Stul·pe *die*; -, *-n*; ein weiter Teil am Ende e-s Ärmels, Handschuhs od. Stiefels, der (nach außen) umgebogen ist || K-: ***Stulpen-, -handschuh, -stiefel***

stül·pen; *stülpte, hat gestülpt*; Vt **1 *etw. auf / über etw.*** (*Akk*) **s.** e-n Behälter *o.Ä.* mit der Öffnung nach unten drehen u. über etw. anderes ziehen od. stellen: *dem Schneemann e-n Eimer auf den Kopf s.; ein Glas über e-e Fliege s., um sie zu fangen* **2 *etw. nach außen s.*** die innere Seite e-r Tasche *o.Ä.* nach außen wenden

stumm *Adj*; **1** nicht fähig zu sprechen, weil man die Laute nicht produzieren kann: *von Geburt s. sein* || -K: ***taub-*** **2** so voller Angst *o.Ä.*, dass man nichts sagen kann ⟨s. vor Angst, Schreck, Wut sein⟩ **3** ⟨ein Zuhörer, Zuschauer⟩ so, dass sie kein Wort sagen **4** so, dass dabei kein Wort gesagt wird ⟨ein Abschied, e-e Begrüßung; s. zuhören, zuschauen, sein, bleiben⟩ **5 *etw. bleibt s.*** etw. macht kein Geräusch, weil es nicht funktioniert od. nicht benutzt wird ⟨der Fernseher, das Radio, das Telefon⟩ || *zu* **1** **Stum·me** *der / die*; *-n, -n*; *zu* **1** u. **3** **Stumm·heit** *die*; *nur Sg*

Stum·mel *der*; *-s*, -; ein kurzes Stück, das von etw. übrig geblieben ist ≈ Stumpf || K-: ***Stummel-, -schwanz*** || -K: ***Bleistift-, Kerzen-, Zigaretten-***

Stumm·film *der*; *hist*; ein (Kino)Film ohne Ton ↔ Tonfilm

Stum·pen *der*; *-s*, -; *bes* (CH) ≈ Stumpf || -K: ***Baum-***

Stüm·per *der*; *-s*, -; *pej*; j-d, der etw. nicht gut kann u. deswegen viele Fehler macht ≈ Pfuscher || *hierzu* **stüm·per·haft** *Adj*; **stüm·pern** (*hat*) *Vi*

Stüm·pe·rei *die*; -, *-en*; *gespr*; die Arbeit e-s Stümpers ≈ Pfusch

stumpf, *stumpfer, stumpfst-*; *Adj*; **1** ⟨ein Bleistift, e-e Nadel, e-e Spitze⟩ am Ende rund od. nicht so spitz, wie sie sein sollten ↔ spitz || ↑ *Abb. unter* ***Eigenschaften*** **2** ⟨ein Messer, e-e Schere⟩ so, dass man damit nicht gut schneiden kann ↔ scharf **3** ohne Glanz ⟨Augen, ein Fell, Haare⟩ **4** ohne Interesse u. Gefühle ≈ abgestumpft, teilnahmslos ⟨ein Blick; s. vor sich hin starren; s. dahinleben⟩ || NB: ↑ ***Winkel*** || *hierzu* **Stumpf·heit** *die*; *nur Sg*

Stumpf *der*; *-(e)s, Stümp·fe*; ein kurzes Stück, das als Rest bleibt, nachdem etw. abgetrennt wurde *o.Ä.* ≈ *Stummel* || -K: ***Arm-, Baum-, Bein-, Kegel-, Kerzen-, Zahn-*** || ID ***mit S. u. Stiel*** völlig, ohne Rest ⟨etw. mit S. u. Stiel ausrotten, vernichten⟩

Stumpf·sinn *der*; *nur Sg*; **1** ein Zustand, in dem man sich für nichts interessiert ≈ Teilnahmslosigkeit ⟨in S. verfallen, versinken⟩ **2** die Eigenschaft e-r Sache od. Tätigkeit, langweilig od. monoton zu sein ≈ Stupidität: *Diese Arbeit ist doch (der reine) S.!* || *hierzu* **stumpf·sin·nig** *Adj*

stumpf·win·ke·lig, stumpf·wink·lig *Adj*; *Math*; mit e-m Winkel über 90° ⟨ein Dreieck⟩

Stünd·chen *das*; *-s*, -; *gespr*; ungefähr eine Stunde (1): *Du kannst ruhig mal ein S. bei mir bleiben*

Stun·de *die*; -, *-n*; **1** einer der 24 Teile, in die der Tag eingeteilt wird; *Abk* Std. ⟨e-e viertel, halbe, ganze, knappe, volle S.⟩: *e-e geschlagene* (= ganze) *S. warten müssen*; *Er wollte in einer S. hier sein*; *Sie verdient fünfzehn Euro die S. / pro S. / in der S.* || NB: *in drei viertel Stunden*, aber *eine Dreiviertelstunde* (zusammengeschrieben) || K-: ***Stunden-, -geschwindigkeit, -lohn, -zeiger*** || -K: ***Dreiviertel-, Viertel-*** **2** die Zeit, zu der etw. Bestimmtes geschieht: *in der S. der Not zu j-m halten*; *j-m in der S. seines Todes beistehen*; *schöne Stunden mit j-m verbringen*; *zur gewohnten S. kommen* || -K: ***Abschieds-, Feier-, Geburts-, Muße-, Ruhe-, Sterbe-, Todes-***; (*mit Pl*:) ***Arbeits-, Bank-, Büro-, Dienst-, Geschäfts-*** **3** der Unterricht in e-m Fach *o.Ä.*, der ungefähr e-e S. (1) dauert ⟨j-m Stunden geben, erteilen; Stunden in etw. (*Dat*) nehmen; e-e S. schwänzen⟩: *privat Stunden im Gitarrespielen nehmen*; *In der ersten S. haben wir Mathe* || K-: ***Stunden-, -soll, -zahl*** || -K: ***Deutsch-, Englisch-, Geschichts-, Mathe-, Physik-, Turn-, Zeichen-*** *usw*; ***Geigen-, Klavier-, Reit-, Tanz-***; ***Doppel-***; ***Nachhilfe-, Privat-, Schul-, Unterrichts-, Vertretungs-*** **4** ***zur S.*** *geschr*; jetzt, in diesem Augenblick **5** ***zu später / vorgerückter S.*** *geschr*; spät am Abend **6** ***in e-r stillen S.*** wenn man Zeit (zum Nachdenken) hat **7** ***j-s große S.*** der Zeitpunkt, an dem j-d Gelegenheit hat zu zeigen, was er kann **8** ***die S. der Wahrheit*** der Zeitpunkt, an dem sich zeigt, was j-d kann od. wie gut etw. ist **9** ***die S. null*** der Zeitpunkt, an dem etw. sehr Wichtiges geschieht u. e-e neue Epoche anfängt **10** ***die S. X*** ['ɪks] der Zeitpunkt in der Zukunft, an dem etw. Wichtiges geschehen soll **11** ***von Stund an*** *geschr veraltend*; von jetzt / da an || ID ***j-s letzte S. hat geschlagen / ist gekommen*** j-s Tod ist nahe; ***wissen, was die S. geschlagen hat*** die Situation richtig einschätzen u. wissen, was man tun muss; ⟨ein Mann, e-e Frau, ein Kämpfer, ein Revolutionär *usw*⟩ ***der ersten S.*** j-d, der von Anfang an bei e-r Sache dabei war || *zu* **1** u. **3 stun·den·wei·se** *Adj*; *mst adv*

stün·de *Konjunktiv II, 1. u. 3. Person Sg*; ↑ ***stehen***

stun·den; *stundete, hat gestundet*; [Vt] ***(j-m) etw. s.*** die Frist für etw. verlängern ≈ j-m Aufschub gewähren ⟨j-m e-n Kredit, e-e Rate, seine Schulden s.⟩ || *hierzu* **Stun·dung** *die*

Stun·den·ho·tel *das*; *euph*; e-e Art Hotel, in das j-d geht, um *bes* mit e-r Prostituierten Sex zu haben

Stun·den·ki·lo·me·ter *der*; *mst Pl*; Kilometer pro Stunde (als Maß für die Geschwindigkeit e-s Fahrzeugs)

stun·den·lang *Adj*; *nur attr od adv*; **1** mehrere Stunden (1) lang **2** sehr lange: *s. mit j-m telefonieren*

Stun·den·plan *der*; e-e Liste mit den Zeiten, zu denen j-d etw. Bestimmtes tun muss, *bes* zu denen Schüler Unterricht haben ⟨e-n gedrängten, vollen S. haben⟩

-Stun·den-Wo·che *die*; *begrenzt produktiv*; verwendet, um auszudrücken, wie viele Stunden j-d pro Woche arbeitet; die ***60-Stunden-Woche***, die ***40-Stunden-Woche***, die ***35-Stunden-Woche***

-stün·dig *im Adj*, *begrenzt produktiv*; so, dass es die genannte Zahl od. Menge von Stunden dauert; ***einstündig, zweistündig, dreistündig*** *usw*; ***mehrstündig***

stünd·lich 1 *Adj*; *nur attr od adv*; jede Stunde (1) einmal ⟨im stündlichen Wechsel; etw. fährt, verkehrt s.⟩ **2** *nur adv*; sehr bald ≈ jeden Augenblick ⟨etw. kann s. eintreten, geschehen; etw. wird s. erwartet⟩

-stünd·lich *im Adj*, *wenig produktiv*, *selten*; mit Abständen der genannten Zahl von Stunden; ***zweistündlich, dreistündlich, vierstündlich*** *usw*

Stunk *der*; *-s*; *nur Sg*, *gespr*, *mst pej* ≈ Streit, Ärger ⟨mit j-m S. haben; (j-m) S. machen; es gibt S.⟩

Stunt [stant] *der*; *-s*, *-s*; *Film*, *TV*; ein gefährliches Kunststück, das ein Stuntman macht

Stunt·man ['stantmɛn] *der*; *-s*, *Stunt·men*; *Film*, *TV*; ein Mann, der in Filmen gefährliche Szenen für e-n Schauspieler spielt

stu·pid, **stu·pi·de** *Adj*; *geschr pej*; **1** ≈ dumm, beschränkt ⟨Menschen⟩ **2** ≈ langweilig, stumpfsinnig ⟨e-e Arbeit⟩ || *hierzu* **Stu·pi·di·tät** *die*; -; *nur Sg*

Stups *der*; *-es*, *-e*; *gespr*; ein leichter Stoß ⟨j-m e-n S. geben⟩ || *hierzu* **stup·sen** (*hat*) *Vt*

Stups·na·se *die*; e-e kleine Nase, deren Spitze flach ist u. nach oben zeigt

stur, *sturer*, *sturst-*; *Adj*; *pej*; nicht bereit, seine Meinung zu ändern u. neue Argumente zu hören od. neue Verhältnisse zu berücksichtigen ⟨s. an etw. festhalten, auf etw. bestehen; s. nach Vorschrift handeln⟩: *Markus ist nicht zu überzeugen, er bleibt s. bei seiner Meinung* || *hierzu* **Stur·heit** *die*; *nur Sg*

stür·be *Konjunktiv II, 1. u. 3. Person Sg*; ↑ ***sterben***

Sturm *der*; *-(e)s*, *Stür·me*; **1** ein sehr starker Wind ⟨ein S. kommt auf, bricht los, wütet, flaut ab, legt sich; in e-n S. geraten⟩: *Der heftige S. hat zahlreiche Bäume entwurzelt u. Dächer abgedeckt* || K-: ***Sturm-, -bö, -glocke, -nacht, -schaden, -signal, -tief, -warnung*** || -K: ***Sand-, Schnee-*** **2** ***ein S.*** + *Gen*; e-e starke u. oft unkontrollierte Reaktion ⟨ein S. der Begeisterung, der Entrüstung⟩: *Die Entscheidung der Regierung löste e-n S. der Entrüstung aus* || -K: ***Beifalls-, Protest-*** **3** ***der S.*** (***auf etw.*** (*Akk*)) *Mil*; ein schneller Angriff, mit dem man den Gegner überraschen will: *Die Truppen nahmen / eroberten die Stadt im S.* || K-: ***Sturm-, -angriff, -gepäck, -leiter*** **4** *nur Sg*; *Sport*; die Spieler e-r Mannschaft, die angreifen sollen ⟨im S. spielen⟩ **5** ***S. u. Drang*** *Lit*; e-e Richtung der deutschen Literatur (in der zweiten Hälfte des 18. Jahrhunderts), die *bes* im Drama starke Gefühle u. den Wunsch nach Freiheit ausdrückte: *Die frühen Dramen von Schiller werden zum S. u. Drang gerechnet* || ID ***ein S. im Wasserglas*** große Aufregung wegen e-r unwichtigen Sache; ***S. läuten / klingeln*** ungeduldig mehrere Male kurz hintereinander an j-s Tür klingeln; ***gegen etw. S. laufen*** heftig gegen etw. protestieren, das j-d plant

stür·men; *stürmte, hat / ist gestürmt*; [Vt] (*hat*) **1** ⟨Truppen *o.Ä.*⟩ ***stürmen etw.*** *Mil*; Truppen *o.Ä.* *erobern etw. durch e-n schnellen Angriff* ⟨*Truppen stürmen e-e Brücke*, *e-e Festung*, *e-e Stellung*⟩ **2** ⟨Personen⟩ ***stürmen etw.*** viele Menschen drängen plötzlich irgendwohin: *Die Zuschauer stürmten die Bühne*; *Am ersten Tag des Schlussverkaufs stürmten die Käufer die Geschäfte*; [Vi] **3** ***irgendwohin s.*** (*ist*) schnell irgendwohin laufen, gehen (u. sich dabei nicht aufhalten lassen): *Voller Wut stürmte er aus dem Zimmer*; *Die Kinder stürmten aus der Schule* **4** (*hat*) ⟨e-e Mannschaft⟩ ***stürmt*** *Sport*; e-e Mannschaft greift (beim Fußball *o.Ä.*) *immer wieder an*; [Vimp] (*hat*) **5** ***es stürmt*** es herrscht starker Wind, Sturm: *In den Bergen stürmt u. schneit es*

Stür·mer *der*; *-s*, *-*; *Sport*; ein Spieler *bes* beim Fußball, dessen Aufgabe es ist, Tore zu schießen ↔ Verteidiger

Sturm·flut *die*; e-e sehr hohe Flut bei Sturm, die oft große Schäden verursacht

sturm·frei *Adj*; *nicht adv*; *nur in* ***e-e sturmfreie Bude haben*** allein in e-m Raum (*bes* im Haus der Eltern) sein u. machen können, was man will

stür·misch *Adj*; **1** mit (viel) Sturm ↔ windstill ⟨ein Monat, ein Tag, e-e Überfahrt; Wetter⟩ **2** voller Leidenschaft ≈ ungestüm ⟨e-e Begrüßung, e-e Umarmung; ein Liebhaber⟩ **3** ≈ heftig, vehement ⟨Applaus, Beifall⟩ **4** sehr schnell ⟨e-e Entwicklung⟩

S

Sturm·schritt *der*; *nur in* **im S.** mit schnellen Schritten

Sturz *der*; *-es*, *Stür·ze*; **1** der Vorgang, bei dem j-d zu Boden fällt: *sich (Dat) bei e-m S. wehtun, das Bein brechen*; *ein S. in die Tiefe, vom Fahrrad, mit dem Fahrrad, beim Skifahren* || -K: ***Fenster-, Todes-*** **2** der Rücktritt vom Amt (der *mst* durch e-n Skandal, e-e gewaltsame Machtübernahme *o.Ä. erzwungen wird*) ⟨*j-s S. herbeiführen*; *etw. führt zu j-s S.*⟩ **3 der S.** (+ *Gen*) das plötzliche starke Sinken: *der S. der Kurse an der Börse* || -K: ***Kurs-, Preis-, Temperatur-*** **4** ***e-n S. bauen*** *gespr*; beim Skifahren, Motorradfahren *o.Ä. zu Boden fallen*

Sturz·bach *der*; ein schmaler Bach im Gebirge mit viel Wasser, das sehr schnell fließt

stür·zen; *stürzte, hat / ist gestürzt*; Vt (*hat*) **1** ***etw. s.*** ein Gefäß mit der Öffnung so nach unten drehen, dass der Inhalt herausfällt ⟨e-e Kuchenform, e-n Topf s.; den Kuchen, den Pudding (aus der Form, auf e-n Teller) s.⟩ **2** ***j-n irgendwohin s.*** j-n so stoßen, dass er in die Tiefe fällt: *j-n aus dem Fenster, von der Brücke s.* **3** ***j-n s.*** j-m sein wichtiges Amt nehmen ⟨e-n König, e-e Regierung s.⟩ **4** ***j-n / sich in etw.*** (*Akk*) ***s.*** j-n / sich in e-e sehr unangenehme Situation bringen ⟨j-n / sich in den Ruin, ins Unglück, ins Verderben s.⟩; Vi (*ist*) **5** ***j-d / etw. stürzt irgendwohin*** j-d / etw. fällt (1) (aufgrund seines Gewichts) nach unten: *aus dem Fenster, vom Dach, in die Tiefe s.*; *Das Wasser stürzt über die Felswand zu Tal* **6** (*bes* wenn man steht od. geht) das Gleichgewicht verlieren u. dadurch zu Boden fallen ≈ hinfallen: *bewusstlos zu Boden s.*; *ausrutschen u. schwer s.*; *s. u. sich ein Bein brechen* **7** ***etw. stürzt*** etw. sinkt plötzlich stark ⟨die Temperaturen, der Wasserspiegel; die Preise, die Kurse, Wertpapiere⟩ **8** ***irgendwohin s.*** plötzlich schnell irgendwohin gehen, laufen: *wütend aus dem Haus s.*; *aufgeregt zum Fenster s.*; Vr (*hat*) **9** ***sich irgendwohin s.*** von e-r hohen Stelle aus in die Tiefe springen, um Selbstmord zu begehen: *sich aus dem Fenster, von e-r Brücke s.* **10** ***sich auf j-n s.*** plötzlich schnell zu j-m hinlaufen u. ihn angreifen, festhalten, verhaften *o.Ä.*: *Er stürzte sich auf sie u. warf sie zu Boden* **11** ***ein Tier stürzt sich auf j-n / ein Tier*** ein Tier greift j-n / ein Tier plötzlich u. schnell an, fällt j-n / ein Tier an: *Die Hunde stürzten sich aufeinander* **12** ***sich auf j-n / etw. s.*** *gespr*; sich mit Begeisterung j-m / etw. widmen: *sich auf e-e Neuigkeit s.*; *Die Fans stürzten sich auf den Star* **13** ***sich in etw.*** (*Akk*) ***s.*** anfangen, etw. intensiv u. mit viel Freude zu tun ⟨sich in die Arbeit, ins Nachtleben, ins Vergnügen s.⟩

Sturz·flug *der*; ein Flug (mit dem Flugzeug) fast senkrecht nach unten ⟨zum S. ansetzen; im S. nach unten gehen⟩

Sturz·flut *die*; e-e große Menge Wasser, die mit großer Kraft nach unten strömt ⟨e-e S. ergießt sich irgendwohin⟩

Sturz·helm *der*; ein Helm, mit dem man *bes* beim Motorradfahren den Kopf schützt

Sturzhelm

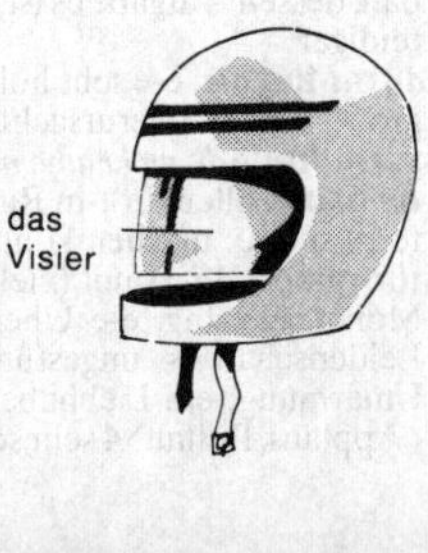

das Visier

Stuss *der*; *-es*; *nur Sg*, *gespr pej* ≈ Unsinn ⟨S. reden⟩

Stu·te *die*; *-*, *-n*; das weibliche Tier beim Pferd, Esel, Kamel *o.Ä.* ↔ *Hengst* || *K-*: ***Stuten-, -milch***; ***Stut-, -fohlen*** || -K: ***Esel-, Kamel-, Zebra-; Zucht-***

Stütz *der*; *-es*, *-e*; *mst Sg*, *Sport*; die Haltung beim Geräteturnen, bei der das Gewicht des Körpers von oben auf den gestreckten Armen lastet: *in den S. springen* || K-: ***Stütz-, -sprung***

Stüt·ze *die*; *-*, *-n*; **1** ein Gegenstand, der verhindert, dass etw. schief steht, umfällt od. nach unten sinkt: *Pfähle als Stützen für e-n jungen Baum verwenden*; *e-m Verletzten e-e Jacke als S. unter den Kopf legen* || -K: ***Arm-, Buch-, Bücher-, Fuß-, Kopf-, Rücken-*** **2** j-d, der e-m anderen hilft u. für ihn sorgt ⟨für j-n e-e S. sein; an j-m e-e S. haben⟩ **3** *gespr* ≈ Arbeitslosengeld, Arbeitslosenhilfe

stut·zen[1]; *stutzte, hat gestutzt*; Vt ***etw. s.*** etw. kürzer machen ⟨den Bart, j-s Haare, e-e Hecke s.⟩

stut·zen[2]; *stutzte, hat gestutzt*; Vi e-e Handlung plötzlich unterbrechen u. (erstaunt od. misstrauisch) horchen od. kurz nachdenken: *Er stutzte, als er plötzlich e-n Knall hörte* || ► ***stutzig***

Stut·zen *der*; *-s*, *-*; **1** ein kurzes Gewehr **2** ein kurzes Rohr **3** e-e Art Strumpf aus Wolle, der nur den Unterschenkel u. nicht den Fuß bedeckt

stüt·zen; *stützte, hat gestützt*; Vt **1** ***j-d / etw. stützt j-n / etw.*** j-d / etw. gibt j-m / etw. Halt[1] (1), bewirkt, dass sie ihre Lage, Form *o.Ä. halten können*: *die Äste e-s Baumes mit Stangen s.*; *e-n Kranken s., damit er nicht zusammenbricht*; *Die Brücke wird von acht Pfeilern gestützt* || K-: ***Stütz-, -korsett, -mauer, -pfeiler, -strumpf, -verband*** **2** ***etw. auf / in etw.*** (*Akk*) ***s.*** *bes* e-n Körperteil auf etw. legen od. gegen etw. drücken u. ihn somit s. (1) ⟨das Kinn, das Gesicht auf / in die Hände s.; die Arme, die Hände in die Hüften, in die Seiten, auf den Tisch s.⟩ **3** ***etw. auf etw.*** (*Akk*) ***/ durch etw. s.*** mithilfe von etw. zeigen, dass etw. richtig od. wahr ist ↔ widerlegen ⟨e-e Behauptung, e-n Verdacht auf Beobachtungen, auf / durch Beweise s.⟩ **4** ***etw. stützt etw.*** etw. ist ein Beleg, ein Indiz dafür, dass etw. richtig od. wahr ist: *Die Versuchsergebnisse stützen seine These* **5** ⟨e-e Bank *o.Ä.*⟩ ***stützt etw.*** *Ökon*; e-e Bank *o.Ä.* verhindert, dass der Wert von etw. sinkt: *Die Bundesbank versuchte, den Dollar zu s., indem sie große Mengen kaufte* **6** ***etw. / sich auf j-n / etw. s.*** das Gewicht e-s Körperteils auf j-m / etw. ruhen lassen: *sich auf e-n Stock s.*; *sich auf e-e Krankenschwester s.*; *die Hände, die Ellbogen auf den Tisch s.* **7** ***etw. stützt sich auf etw.*** (*Akk*) etw. hat etw. als Grundlage: *Ein Urteil, ein Verdacht stützt sich auf Indizien, Fakten* **8** ***sich auf etw.*** (*Akk*) ***s.*** etw. als wichtige Hilfe nehmen: *sich auf seine Erfahrung s. können* || *zu* **1** u. **5 Stüt·zung** *die*; *nur Sg*

Stut·zer *der*; *-s*, *-*; *veraltend pej*; ein übertrieben eleganter, eitler Mann || *hierzu* **stut·zer·haft** *Adj*

stut·zig *Adj*; *mst in* **1** ***s. werden*** misstrauisch werden **2** ***etw. macht j-n s.*** etw. bewirkt, dass j-d misstrauisch od. nachdenklich wird: Es *macht mich s.*, dass *die Lieferung immer noch nicht angekommen ist*

Stütz·punkt *der*; ein Ort, von dem aus man *bes* militärische Aktionen startet ≈ Basis (3) ⟨Truppen *o.Ä.* beziehen, errichten e-n S.⟩ || -K: ***Flotten-, Militär-, Truppen-***

StVO [ɛsteːfau̯ˈ|oː] *die*; *-*; *nur Sg*, Ⓓ *Abk*; ↑ ***Straßenverkehrsordnung***

Sty·ling [ˈstailɪŋ] *das*; *-s*; *nur Sg*; die Art, wie etw. gestaltet u. geformt ist ≈ Design: *das moderne S. e-s Autos* || *hierzu* **sty·len** (*hat*) *Vt*; **Sty·list** *der*; *-en*, *-en*

Sty·ro·por® [ʃtyroˈpoːɐ̯] *das*; *-s*; *nur Sg*; ein leichtes, weißes Material, das aus vielen kleinen, weichen Kugeln besteht. S. wird als Material zum Verpacken u. zum Isolieren verwendet

sub- *im Adjektiv*, *wenig produktiv*; verwendet, um e-e geographische Lage direkt neben e-r bestimmten Klimazone auszudrücken; ***subarktisch, subpolar, subtropisch*** ⟨Verhältnisse, ein Klima⟩

Sụb- *im Substantiv, begrenzt produktiv*; **1** verwendet, um auszudrücken, dass etw. ein Teil von etw. ist, der deutlich abgegrenzt ist u. eigene Eigenschaften hat; die ***Subkategorie***, der ⟨indische, nordamerikanische, südamerikanische⟩ ***Subkontinent***, die ***Subkultur***, die ***Subspezies***, das ***Subsystem*** **2** verwendet, um auszudrücken, dass j-d e-e untergeordnete od. abhängige Position hat; der ***Subdirigent***, der ***Subunternehmer***

Sub·bọt·nik *der*; *-(s), -s*; *hist* (*DDR*); e-e Arbeit, die man ohne Bezahlung in seiner Freizeit, *mst* an Samstagen, leistete: *sich am S. beteiligen*

Sub·jẹkt *das*; *-(e)s, -e*; **1** *Ling*; der Teil e-s Satzes, der bestimmt, ob das Verb e-e Singularform oder eine Pluralform hat. Der Kasus für das Subjekt ist der Nominativ: *In dem Satz „Mein Onkel kaufte sich ein Motorrad" ist „mein Onkel" das S.* **2** *pej*; ein Mensch, der moralisch schlecht handelt ⟨ein kriminelles, übles, verkommenes S.⟩

sụb·jek·tiv, sub·jek·ti̱v [-f] *Adj*; von der eigenen, persönlichen Meinung od. Erfahrung bestimmt ↔ objektiv ⟨e-e Ansicht, ein Standpunkt⟩ || *hierzu* **Sub·jek·ti·vi·tä̱t** [-v-] *die*; *-*; *nur Sg*

sub·ku·ta̱n *Adj*; *Med*; unter der od. unter die Haut ⟨ein Gewebe, e-e Infektion, e-e Injektion⟩

Sub·skrip·ti·on [-'tsi̯oːn] *die*; *-, -en*; *geschr*; die Verpflichtung, die j-d übernimmt, ein Buch (*z.B.* e-n Band e-s Lexikons) od. e-e Aktie zu kaufen, sobald es sie gibt || K-: ***Subskriptions-, -preis*** || *hierzu* **sub·skri·bi̱e·ren** (*hat*) *Vt*; **Sub·skri·bẹnt** *der*; *-en, -en*

sub·stan·ti·ell, sub·stan·zi·ell [-'tsi̯ɛl] *Adj*; *geschr*; **1** in Bezug auf die Substanz (2) ≈ wesentlich ⟨ein Unterschied, e-e Veränderung, e-e Verbesserung⟩ **2** *nicht adv, veraltend* ≈ nahrhaft ⟨e-e Mahlzeit⟩

Sụb·stan·tiv [-tiːf] *das*; *-s, -e* [-tiːvə]; *Ling*; ein Wort, das ein Ding, e-n Menschen, ein Tier, e-n Begriff *o.Ä.* bezeichnet. Substantive werden im Deutschen mit einem großen Buchstaben am Wortanfang geschrieben. Die meisten Substantive haben e-e Singular- u. e-e Pluralform u. können mit einem Artikel (*der, die, das*) verbunden werden, der auch das Genus anzeigt || *hierzu* **sụb·stan·ti·visch** [-v-] *Adj*

sub·stan·ti·vi̱ert [-v-] *Adj*; *nicht adv*; als od. wie ein Substantiv gebraucht ⟨ein Adjektiv, ein Infinitiv⟩: *„Das Sehen" ist ein substantivierter Infinitiv* || *hierzu* **Sub·stan·ti·vi̱e·rung** *die*

Substantivierte Adjektive und Partizipien					
bestimmter Artikel			*unbestimmter Artikel*		
Nominativ			*Nominativ*		
Sg	*m* *f*	der alte Bekannte die alte Bekannte	*Sg*	*m* *f*	ein alter Bekannter eine alte Bekannte
Pl		die alten Bekannten	*Pl*		alte Bekannte
Akkusativ			*Akkusativ*		
Sg	*m* *f*	den alten Bekannten die alte Bekannte	*Sg*	*m* *f*	einen alten Bekannten eine alte Bekannte
Pl		die alten Bekannten	*Pl*		alte Bekannte
Dativ			*Dativ*		
Sg	*m* *f*	dem alten Bekannten der alten Bekannten	*Sg*	*m* *f*	einem alten Bekannten einer alten Bekannten
Pl		den alten Bekannten	*Pl*		alten Bekannten
Genitiv			*Genitiv*		
Sg	*m* *f*	des alten Bekannten der alten Bekannten	*Sg*	*m* *f*	eines alten Bekannten einer alten Bekannten
Pl		der alten Bekannten	*Pl*		alter Bekannter

Substantivierte Adjektive oder Partizipien im Neutrum bezeichnen meist abstrakte Begriffe (*das Schöne, das Richtige, das Ganze, das Gesagte*). In Verbindung mit Indefinitpronomen gibt es zwei Möglichkeiten, je nachdem, ob das Indefinitpronomen selbst flektiert wird oder nicht:

Nom	alles / einiges *usw* Wichtige	etwas / nichts *usw* Wichtiges
Akk	alles / einiges *usw* Wichtige	etwas / nichts *usw* Wichtiges
Dat	allem / einigem *usw* Wichtigen	etwas / nichts *usw* Wichtigem

Für den Genitiv verwendet man meist eine Konstruktion mit *von*: *von etwas Wichtigem*; *von allem Wichtigen*

S

Sub·stanz [zʊp'stant̮s] *die*; -, *-en*; **1** e-e Flüssigkeit, ein Gas od. etwas Festes ≈ Stoff[1] (1) ⟨e-e feste, flüssige, gasförmige, organische, anorganische S.⟩ **2** der wichtige Teil, der Inhalt *bes* an Gedanken, Ideen ≈ Gehalt[2] (2) ⟨die geistige, finanzielle, inhaltliche S.; etw. (*Dat*) fehlt es an S.⟩ || K-: ***Substanz-, -verlust*** || ID ***etw. geht*** (***j-m***) ***an die S.***; ***etw. zehrt an der S.*** etw. kostet j-n so viel Geld od. Kraft, dass es gefährlich für ihn ist

sub·sti·tu·ie·ren; *substituierte, hat substituiert*; Vt ***j-n / etw.*** (***durch j-n / etw.***) ***s.*** *geschr* ≈ ersetzen || *hierzu* **Sub·sti·tu·ti·on** *die*; -, *-en*

Sub·sti·tut [zʊpsti'tuːt] *der*; *-en*, *-en*; j-d, der e-e Ausbildung in e-m großen Geschäft gemacht hat u. als Vertreter des Abteilungsleiters angestellt ist || NB: *der Substitut*; *den, dem, des Substituten*

Sub·strat [zʊp'straːt] *das*; *-(e)s*, *-e*; *Biol* ≈ Nährboden

sub·su·mie·ren; *subsumierte, hat subsumiert*; Vt ***etw.*** (***unter etw.*** (*Akk / Dat*)) ***s.*** *geschr*; etw. in e-e Kategorie einordnen ⟨etw. unter e-m / e-n Begriff s.⟩

sub·til *Adj*; **1** so, dass (viele) kleine Nuancen beachtet werden (müssen) ⟨e-e Unterscheidung, ein Unterschied⟩ **2** gut durchdacht u. immer wieder verbessert ≈ verfeinert ⟨Methoden⟩ **3** sehr zurückhaltend u. mit viel Feingefühl ⟨Andeutungen, ein Hinweis, e-e Vorgehensweise⟩ || *hierzu* **Sub·ti·li·tät** *die*; -, *-en*

Sub·tra·hend *der*; *-en*, *-en*; *Math*; e-e Zahl, die man von e-r anderen Zahl subtrahiert || NB: *der Subtrahend*; *den, dem, des Subtrahenden*

sub·tra·hie·ren [zʊptra'hiːrən]; *subtrahierte, hat subtrahiert*; Vt/i (***etw.*** (***von etw.***)) ***s.*** e-e Zahl um e-e andere verringern ≈ abziehen (5) ↔ addieren || *hierzu* **Sub·trak·ti·on** *die*; -, *-en*

Sub·ven·ti·on [zʊpvɛn'tsioːn] *die*; -, *-en*; *Ökon*; Geld, das ein Betrieb *o.Ä.* vom Staat bekommt, damit er etw. billiger herstellen od. verkaufen kann: *ohne staatliche Subventionen nicht mehr konkurrenzfähig sein* || *hierzu* **sub·ven·ti·o·nie·ren** (*hat*) *Vt*

sub·ver·siv [zʊpvɛr'ziːf] *Adj*; *geschr*; mit dem Ziel, durch geheime Tätigkeiten e-e politische Ordnung allmählich zu ändern ⟨Elemente, Ideen, Kräfte, e-e Tätigkeit⟩ || *hierzu* **Sub·ver·si·on** *die*; -, *-en*

Such·ak·ti·on *die*; e-e organisierte Suche ⟨e-e polizeiliche S.; e-e S. durchführen, abbrechen⟩

Such·dienst *der*; e-e Organisation, die Menschen sucht, die nach e-m Krieg, e-r Naturkatastrophe *usw* vermisst werden

S

Su·che *die*; -; *nur Sg*; **1** ***die S.*** (***nach j-m / etw.***) das Suchen (1) ⟨auf die S. gehen; auf der S. sein; j-n / etw. nach langer S. finden; die S. nach Vermissten aufgeben, ergebnislos abbrechen⟩ **2** ***sich auf die S. machen*** anfangen, j-n / etw. zu suchen

su·chen; *suchte, hat gesucht*; Vt/i **1** (***j-n / etw.***) ***s.*** an verschiedenen Orten nachsehen, ob dort j-d / etw. ist ↔ finden (1) ⟨sich suchend umsehen; fieberhaft s.⟩: *e-n Verbrecher, e-n Vermissten, den richtigen Weg, im Wald Pilze s.*; *den verlorenen Schlüssel s.* || K-: ***Such-, -scheinwerfer, -trupp***; Vt **2** ***etw. s.*** versuchen, etw. durch Nachdenken zu erfahren od. herauszufinden ↔ finden (3): *die Antwort auf e-e Frage s.*; *e-e Lösung für ein Problem s.*; *den Fehler in e-r Rechnung s.* **3** ***j-n / etw. s.*** sich bemühen, j-n für sich zu gewinnen od. etw. zu bekommen ↔ finden (2) ⟨e-e neue Arbeitsstelle, e-e Wohnung s.; Kontakt, j-s Gesellschaft, j-s Nähe s.; e-n Freund, e-e Frau s.; bei j-m Rat, Schutz, Trost, Zuflucht s.⟩: *Sie suchen noch e-n neuen Mechaniker. - Wäre das nichts für dich?* **4** ***s.* + *zu*** + *Infinitiv*; *geschr* ≈ versuchen: *Er suchte, sie zu überzeugen* || NB *zu* **4**: kein Passiv!; Vi **5** ***nach j-m / etw. s.*** j-n / etw. zu finden versuchen: *nach e-m Vorwand, nach den richtigen Worten s.* || ID ***j-d hat irgendwo nichts zu 's.*** *gespr*; j-d gehört irgendwo nicht hin, ist nicht erwünscht; *mst* ***Was suchst 'du denn hier?*** *gespr*; verwendet, um auszudrücken, dass man über j-s Anwesenheit überrascht ist; *mst* ***Da kannst du 'lange s.!*** *gespr*; so j-n / etw. findet man nicht leicht; ***j-d / etw. sucht seinesgleichen*** *oft iron*; j-d / etw. ist nicht zu übertreffen; ***Wer sucht / suchet, der findet*** wenn man sich viel Mühe gibt, findet man das, was man sucht; *mst* ***Die beiden haben sich gesucht u. gefunden*** *gespr, mst iron od hum*; diese beiden passen sehr gut zueinander || ► ***gesucht***

Su·cher *der*; *-s*, -; der Teil e-r Kamera, in dem man das, was man fotografieren od. filmen will, als kleines Bild sieht

-su·cher *der*; *im Subst, wenig produktiv*; j-d, der etw. sucht; ***Fährtensucher, Goldsucher, Schatzsucher***

Such·funk·ti·on *die*; *mst Sg*, *EDV*; e-e Funktion e-s Computerprogramms, mit der man bestimmte Wörter od. Zeichen in e-r Datei finden kann

Such·hund *der*; ein Hund, der so dressiert ist, dass er *z.B.* Verletzte in e-r Lawine od. Rauschgift in j-s Gepäck finden kann || -K: ***Lawinen-, Polizei-***

Such·lauf *der*; ein Teil e-s Radio- od. Fernsehgerätes *o.Ä.*, das automatisch *z.B.* e-n Sender sucht u. einstellt || -K: ***Sender-***

Such·mel·dung *die*; e-e Nachricht im Radio od. Fernsehen, dass *z.B.* die Polizei j-n sucht (1)

Sucht *die*; -, *Süch·te*; **1** ***die S.*** (***nach etw.***) der Zustand, in dem man bestimmte schädliche Gewohnheiten nicht mehr ändern kann (vor allem das Rauchen, das Trinken von Alkohol, die Einnahme von Drogen) ≈ Abhängigkeit ⟨an e-r S. leiden; von e-r S. nicht loskommen; j-n von e-r S. befreien, heilen; etw. wird bei j-m zur S.⟩ || K-: ***Sucht-, -gefahr, -kranke(r), -mittel*** || -K: ***Drogen-, Rauschgift-, Tabletten-, Trunk-*** **2** ***die S.*** (***nach etw.***) das übertriebene Verlangen, etw. zu tun ≈ Manie: *die S. nach Abwechslung, nach Vergnügen* || -K: ***Abenteuer-, Fress, Genuss-, Gewinn-, Herrsch-, Nasch-, Prunk-, Putz-, Rach-, Schlaf-, Schwatz-, Streit-, Vergnügungs-***

süch·tig *Adj*; **1** ***s.*** (***nach etw.***) so, dass man e-e Sucht (1) hat ≈ von etw. abhängig ⟨s. werden, sein⟩: *Nimm keine Schlaftabletten, davon kann man s. werden* || -K: ***alkohol-, heroin-, nikotin-, rauschgift-, tabletten-*** **2** ***s.*** (***nach etw.***) mit e-m übertrieben starken Wunsch nach etw. ⟨s. nach Erfolg, Glück, Vergnügen⟩ || -K: ***genuss-, gewinn-, herrsch-, profit-, rach-, streit-, vergnügungs-*** || *zu* **1** **Süch·ti·ge** *der / die*; *-n*, *-n*; || *hierzu* **Süch·tig·keit** *die*; *nur Sg*

Sud *der*; *-(e)s*, *-e*; **1** die Flüssigkeit, die entsteht, wenn man Fleisch od. Fisch brät od. kocht, u. aus der man *mst* Soßen macht || -K: ***Braten-*** **2** e-e Flüssigkeit, die durch Kochen entsteht || -K: ***Bier-, Kräuter-***

Süd[1] *ohne Artikel, indeklinabel, Seefahrt, Meteorologie* ≈ Süden (1) ↔ Nord ⟨Wind aus / von S.; ein Kurs Richtung S.⟩

Süd[2] *der*; *-s*; *nur Sg*, *Seefahrt* ≈ Südwind

süd·deutsch *Adj*; in Bezug auf den südlichen Teil der Bundesrepublik Deutschland u. seine Sprache ⟨ein Ausdruck, ein Dialekt⟩ || *hierzu* **Süd·deut·sche** *der / die*; **Süd·deutsch·land** (*das*); *nur Sg*

Sü·den *der*; *-s*; *nur Sg*; **1** die Richtung, die auf der Landkarte nach unten zeigt ↔ Norden ⟨der Wind weht aus / von S.; aus, in Richtung S.; etw. zeigt nach S.⟩: *Mittags steht die Sonne im S.* || K-: ***Süd-, -fenster, -hang, -küste, -rand, -seite, -teil*** **2** der

Teil e-s Gebietes, der im S. (1) liegt ≈ Südteil ↔ Norden: *Er wohnt im S. des Landes, der Stadt* || K-: ***Süd-, -afrika, -amerika, -europa*** *usw*
Süd·frucht *die*; *mst Pl*; Obst wie *z.B.* Bananen, Ananas, Orangen, das in warmen Ländern wächst
Süd·län·der *der*; *-s, -*; *gespr*; j-d, der zu einem der Völker gehört, die am Mittelmeer leben
süd·län·disch *Adj*; in Bezug auf die Länder am Mittelmeer od. ihre Bewohner ⟨ein Aussehen, ein Charakter, ein Klima⟩ ≈ südlich[1] (4)
süd·lich[1] *Adj*; **1** *nur attr, nicht adv*; nach Süden (gerichtet) ↔ nördlich ⟨ein Kurs; in südliche Richtung fahren⟩ **2** *nur attr, nicht adv*; von Süden nach Norden ↔ nördlich ⟨ein Wind; der Wind kommt, weht aus südlicher Richtung⟩ **3** *mst attr*; im Süden (1, 2) (befindlich) ↔ nördlich ⟨ein Land, die Seite, der Teil⟩: *Wir befinden uns auf zehn Grad südlicher Breite* **4** *mst attr*; in Bezug auf die Länder am Mittelmeer u. die Menschen, die dort leben ≈ südländisch: *ein Dorf mit südlichem Charakter*
süd·lich[2] *Präp*; *mst in* ***etw. ist / liegt*** *(1 Kilometer o.Ä.)* ***s. etw.*** (*Gen*); etw. liegt (1 Kilometer *o.Ä.*) tiefer im Süden als etw.: *Das Gebiet s. der Stadt ist hügelig* || NB: Folgt ein Wort ohne Artikel, verwendet man *s. von*: *s. von Europa*
Süd·ost *ohne Artikel, indeklinabel, Seefahrt, Meteorologie* ≈ Südosten (1); *Abk* SO
Süd·os·ten *der*; **1** die Richtung zwischen Süden u. Osten; *Abk* SO ⟨der Wind weht aus / von S.; aus, in Richtung S.; etw. zeigt nach S.⟩ **2** der Teil e-s Gebietes, der im S. (1) ist ≈ Südostteil: *Er wohnt im S. des Landes* || K-: ***Südost-, -asien, -europa***
süd·öst·lich[1] *Adj*; **1** *nur attr od adv*; nach Südosten (gerichtet) od. von Südosten (kommend) ⟨in südöstliche Richtung, aus südöstlicher Richtung⟩ **2** *mst attr*; im Südosten (befindlich) ⟨die Seite, der Teil⟩
süd·öst·lich[2] *Präp*; *mst in* ***etw. ist / liegt*** *(1 Kilometer o.Ä.)* ***s. etw.*** (*Gen*); etw. liegt (1 Kilometer *o.Ä.*) weiter im Südosten als etw.: *e-e Straße s. der Stadt* || NB: Folgt ein Wort ohne Artikel, verwendet man *s. von*: *s. von Italien*
Süd·pol *der*; *nur Sg*; der südlichste Punkt auf der Erde ↔ Nordpol
süd·wärts *Adv*; nach Süden
Süd·west *ohne Artikel, indeklinabel, Seefahrt, Meteorologie* ≈ Südwesten (1); *Abk* SW
Süd·wes·ten *der*; **1** die Richtung zwischen Süden u. Westen ⟨der Wind weht aus S.; aus / in Richtung S.; etw. zeigt nach S.⟩ **2** der Teil e-s Gebietes, der im S. (1) ist || K-: ***Südwest-, -afrika; -teil***
süd·west·lich[1] *Adj*; **1** *nur attr od adv*; nach Südwesten (gerichtet) od. von Südwesten (kommend) ⟨in südwestliche Richtung, aus südwestlicher Richtung⟩ **2** *mst attr*; im Südwesten (befindlich) ⟨die Seite, der Teil⟩
süd·west·lich[2] *Präp*; *mst in* ***etw. ist / liegt*** *(1 Kilometer o.Ä.)* ***s. etw.*** (*Gen*) etw. liegt (1 Kilometer *o.Ä.*) weiter im Südwesten als etw.: *e-e Straße s. der Stadt* || NB: Folgt ein Wort ohne Artikel, verwendet man *s. von*: *s. von Griechenland*
Süd·west·wind *der*; ein Wind, der aus Südwesten kommt
Suff *der*; *-(e)s*; *nur Sg, gespr*; **1** ≈ Trunksucht ⟨dem S. verfallen⟩ **2** ***im S.*** in betrunkenem Zustand
süf·feln; *süffelte, hat gesüffelt*; [Vt/i] **(*etw.*) *s.*** *gespr*; etw. mit Genuss u. *mst* in kleinen Schlucken trinken
süf·fig *Adj*; *gespr*; mit angenehmem Geschmack ⟨ein Bier, ein Wein⟩
süf·fi·sant *Adj*; *geschr pej*; ⟨ein Lächeln, e-e Miene⟩ so (spöttisch), dass sie zeigen, dass der Betreffende sich für überlegen hält: *s. lächeln* || *hierzu* **Süf·fi·sanz** *die*; *-*; *nur Sg*

Suf·fix *das*; *-es, -e*; *Ling*; ein Wortteil, der hinter ein Wort gesetzt wird ≈ Nachsilbe ↔ Präfix: *das S. „-heit" in „Schönheit"* || *hierzu* **suf·fi·gie·ren** (*hat*) *Vt*
sug·ge·rie·ren; *suggerierte, hat suggeriert*; [Vt] *geschr*; **1** ***etw. suggeriert (j-m) etw.*** etw. beeinflusst j-n geschickt so, dass er e-e bestimmte Meinung, e-n Wunsch *o.Ä.* bekommt: *Diese Werbung suggeriert, dass ‚richtige Männer' rauchen* **2** ***etw. suggeriert etw.*** etw. bewirkt, dass bei j-m ein bestimmter Eindruck entsteht: *Die leuchtenden Farben suggerieren Wärme* **3** ***j-d suggeriert etw. mit etw.*** j-d bringt etw. indirekt zum Ausdruck: *Mit seiner Bemerkung suggerierte er, dass er mit dem Plan nicht einverstanden war* || *hierzu* **Sug·ges·ti·on** *die*; *-, -en*
sug·ges·tiv [-f] *Adj*; *geschr*; ⟨e-e Frage⟩ so, dass sie e-e bestimmte Antwort als natürlich erscheinen lässt || K-: ***Suggestiv-, -frage***
suh·len, sich; *suhlte sich, hat sich gesuhlt*; [Vr] ***ein Tier suhlt sich (irgendwo)*** ein Tier wälzt sich im Dreck ⟨Schweine⟩
Süh·ne *die*; *-*; *nur Sg, geschr* ≈ Buße ⟨für etw. S. leisten; j-m etw. zur S. auferlegen, abverlangen⟩ || K-: ***Sühne-, -versuch***
süh·nen; *sühnte, hat gesühnt*; *geschr*; [Vt] **1 *etw. s.*** ≈ büßen ⟨e-e Schuld, ein Verbrechen (mit dem Leben, dem Tod) s.⟩ **2 *etw. s.*** ein Unrecht wieder gutmachen, indem man den Schuldigen bestraft; [Vi] **3 *für etw. s.*** ≈ für etw. büßen
Sui·te ['svi:t(ə)] *die*; *-, -n*; **1** mehrere Zimmer in e-m Hotel, die man zusammen mieten kann ⟨e-e S. bewohnen, mieten⟩ || -K: ***Präsidenten-*** **2** *Mus*; ein Musikstück, das aus mehreren Tänzen *o.Ä.* besteht
Su·i·zid *der*; *-(e)s, -e*; *geschr* ≈ Selbstmord || K-: ***suizid-, -gefährdet***
Su·jet [zy'ʒe:] *das*; *-s, -s*; *geschr*; ein Thema od. Motiv, das in e-m künstlerischen Werk dargestellt wird
suk·zes·siv [-f] *Adj*; *geschr* ≈ schrittweise ⟨e-e Veränderung⟩ || *hierzu* **suk·zes·si·ve** *Adv*
Sul·fat *das*; *-(e)s, -e*; *Chem*; ein Salz der Schwefelsäure
Sul·tan *der*; *-s, -e*; ein Fürst od. Herrscher in e-m islamischen Land (*mst* in früherer Zeit)
Sul·ta·nat *das*; *-(e)s, -e*; das Gebiet, über das ein Sultan herrscht(e)
Sul·ta·ni·ne *die*; *-, -n*; e-e große, helle Rosine
Sül·ze *die*; *-, -n*; e-e Speise aus kleinen Stücken von gekochtem Fleisch, Möhren, Essiggurken *o.Ä.*, die in Gelee gelegt sind
sum·ma·risch *Adj*; so, dass nur das Wichtige genannt wird ↔ detailliert ⟨ein Überblick, e-e Zusammenfassung⟩
sum·ma sum·ma·rum *gespr* ≈ insgesamt, alles in allem: *Das macht summa summarum fünfzig Euro*
Sümm·chen *das*; *mst in* ***ein hübsches / erkleckliches S.*** *gespr*; ziemlich viel Geld
Sum·me *die*; *-, -n*; **1** das Ergebnis, das man erhält, wenn man Zahlen zusammenzählt, addiert ↔ Differenz: *Die S. von drei u. / plus vier ist sieben* (3 + 4 = 7) || -K: ***End-, Gesamt-, Zwischen-*** **2** e-e bestimmte Menge Geld ≈ Betrag ⟨e-e kleine, große, beträchtliche, erhebliche, hübsche S. (Geld) haben, zahlen; etw. kostet e-e hübsche, beträchtliche, ganz schöne S. Geld⟩: *Die Reparatur beläuft sich auf e-e S. von € 250* || -K: ***Darlehens-, Garantie-, Geld-, Höchst-, Millionen-, Rest-***
sum·men; *summte, hat gesummt*; [Vt/i] **1 (*etw.*) *s.*** mit geschlossenen Lippen e-n Laut machen wie ein langes *m* u. dabei e-e Melodie hervorbringen ⟨ein Lied s.; leise vor sich hin s.⟩; [Vi] **2 *ein Tier / etw. summt*** ein Tier / etw. produziert e-n gleichmäßigen, langen u. leisen Laut ⟨e-e Biene, e-e Mücke;

S

e-e Stromleitung⟩: *Die Drähte der Hochspannungsleitung summen* || K-: ***Summ-, -ton***

Sụm·mer *der; -s, -;* **1** e-e Art Klingel, die summt (2) || -K: ***Telefon-*** **2** ein Schalter, mit dem man von der Wohnung aus die Haustür öffnen kann || -K: ***Tür-***

sum·mie·ren, sich; *summierte sich, hat sich summiert;* Vr ***Das / Es summiert sich***; ⟨Dinge⟩ ***summieren sich (zu etw. / auf etw.*** *(Akk)*) verschiedene Dinge kommen zusammen u. bilden insgesamt e-e relativ große Menge ⟨Kosten, Probleme⟩: *Der Kaufpreis des Hauses ist gar nicht so hoch, aber die Kosten für Makler, Notar u. Reparaturen summieren sich auf / zu über 150000 Euro*

Sụmpf *der; -(e)s, Sümp·fe;* **1** ein Gelände mit sehr feuchtem, weichem Boden, der oft mit Wasser bedeckt ist ⟨e-n S. entwässern, trockenlegen, austrocknen; im S. stecken bleiben, einsinken⟩: *Die Everglades in Florida sind ein riesiger S., in dem Alligatoren u. viele Wasservögel leben* || K-: ***Sumpf-, -boden, -gebiet, -loch, -niederung, -pflanze*** **2** *pej;* ein Ort, an dem moralische Prinzipien ignoriert werden ⟨ein moralischer S.; ein S. des Lasters, der Korruption⟩ || -K: ***Großstadt-*** || *zu* **1 sụmp·fig** *Adj*

Sụmpf|dot·ter·blu·me *die;* e-e leuchtend gelbe Blume, die auf feuchten Wiesen wächst

Sụnd *der; -(e)s, -e* ≈ Meerenge

Sụ̈n·de *die; -, -n;* **1** e-e Handlung, die gegen die Gesetze der Religion verstößt ⟨e-e schwere, große S.; e-e S. begehen; seine Sünden beichten; für seine Sünden büßen; j-m werden seine Sünden vergeben⟩ || NB: ↑ ***Todsünde*** **2** e-e Handlung, die schlecht, unmoralisch od. nicht vernünftig ist ⟨e-e lässliche, unverzeihliche S.; e-e S. wider die Vernunft; e-e S. begehen⟩: *die Sünden der Städteplaner* || *hierzu* **sụ̈n·dig** *Adj;* **Sụ̈n·der** *der; -s, -;* **Sụ̈n·de·rin** *die; -, -nen*

Sụ̈n·den·bock *der;* j-d, dem man die Schuld an etw. gibt (obwohl er unschuldig ist) ≈ Prügelknabe ⟨j-n zum S. machen⟩

Sụ̈n·den·pfuhl *der; -s; nur Sg, pej;* ein Ort, an dem die Menschen wenig Moral haben

Sụ̈n·den·re·gis·ter *das; mst in* ***ein langes S. haben*** *hum;* viel verschuldet haben

sụ̈nd·haft *Adj;* **1** ⟨ein Gedanke, ein Leben⟩ so, dass sie unmoralisch sind **2** *nur adv, gespr;* verwendet, um Adjektive zu verstärken ≈ sehr ⟨s. teuer, schön, faul⟩ || *hierzu* **Sụ̈nd·haf·tig·keit** *die; nur Sg*

sụ̈n·di·gen; *sündigte, hat gesündigt;* Vi **1** Sünden (1) begehen ⟨in Gedanken, mit Worten, mit Taten s.⟩ **2** *hum;* viele gute Dinge essen od. Alkohol trinken: *Über Weihnachten habe ich schwer gesündigt*

S

sụ̈nd·teu·er *Adj; ohne Steigerung, gespr;* sehr teuer

su̲·per *Adj; indeklinabel, gespr;* (*bes* von Jugendlichen verwendet) ≈ toll, prima: *Er singt s.; Der Film war einfach s.!; e-e s. Disco*

Su̲·per *das; -s; nur Sg* ≈ Superbenzin ⟨S. tanken⟩ || NB: *mst* ohne Artikel!

su̲·per- *im Adj, sehr produktiv, gespr, oft hum od iron;* verwendet, um auszudrücken, dass etw. das normale Maß weit übersteigt; ***superbillig, superfein, superfleißig, superleicht, supermodern, superreich, superschlau, supersparsam***

Su̲·per- *im Subst, sehr produktiv, gespr;* verwendet, um auszudrücken, dass man j-n / etw. für sehr gut hält ≈ Klasse-, Spitzen-; ein ***Superauto***, ein ***Superbuch***, ein ***Superding***, ein ***Superfilm***, e-e ***Superfrau***, ein ***Superpreis***, ein ***Superrennen***, ein ***Superspiel***

Su̲·per·ben·zin *das; nur Sg;* das teure Benzin (mit hoher Oktanzahl), das e-e sehr gute Qualität hat ⟨S. tanken⟩ || NB: ↑ ***Normalbenzin, Diesel***

Su̲·per-GAU *der; -(s), -s;* **1** *Tech;* der denkbar größte GAU in e-m Kernkraftwerk **2** *hum gespr;* e-e große Panne: *Wir haben wieder einmal e-n S. in unserem Computernetz!*

Su̲·per·la·tiv [-f] *der; -s, -e;* **1** *Ling;* die Form e-s Adjektivs od. Adverbs, die das höchste Maß ausdrückt: *Der S. von „reich" ist „am reichsten"* || NB: ↑ ***Komparativ*** **2** *mst Pl, geschr;* ein Ding, ein Ereignis *o.Ä.*, die zu den besten, größten *o.Ä.* gehören: *ein Fest, ein Land der Superlative* || *zu* **1 su·per·la·ti̲·visch** [-v-] *Adj*

Su̲·per·macht *die;* ein Staat mit sehr großer militärischer u. wirtschaftlicher Macht (wie die USA)

Su̲·per·mann *der; gespr;* **1** ein Mann mit besonders männlicher Ausstrahlung **2** *oft iron;* ein Mann, der schwierige Probleme lösen kann od. soll

Su̲·per·markt *der;* ein großes Geschäft *bes* für Lebensmittel, in dem man die Waren selbst aus dem Regal holt u. zur Kasse bringt

Su̲·per·star *der; gespr;* ein sehr bekannter u. beliebter Star

Sụ̈pp·chen *das; -s, -; mst in* ***sein eigenes S. kochen*** *gespr pej;* für seinen eigenen Vorteil sorgen u. nicht mit anderen zusammenarbeiten

Sụp·pe *die; -, -n;* **1** ein flüssiges, gekochtes Essen, oft mit kleinen Stücken Fleisch, Gemüse *usw* ⟨e-e klare, dicke, dünne S.; e-e S. kochen, würzen, abschmecken, essen, löffeln⟩ || K-: ***Suppen-, -einlage, -extrakt, -fleisch, -gemüse, -huhn, -kelle, -löffel, -nudeln, -schüssel, -tasse, -teller, -terrine, -würze*** || -K: ***Bohnen-, Champignon-, Creme-, Erbsen-, Fisch-, Gemüse-, Gulasch-, Hühner-, Kartoffel-, Kräuter-, Ochsenschwanz-, Spargel-, Tomaten-, Zwiebel-*** **2** *gespr hum;* dichter Nebel || ID ***j-m die S. versalzen***; ***j-m in die S. spucken*** *gespr;* j-s Pläne verhindern u. ihm die Freude an etw. nehmen; ***die S. auslöffeln (müssen), die man sich*** *(Dat)* ***eingebrockt hat*** *gespr;* die Folgen seines Verhaltens ertragen (müssen); ***j-m / sich e-e schöne S. eingebrockt haben*** *gespr;* j-n / sich in e-e unangenehme Situation gebracht haben

Sụp·pen·grün *das; nur Sg, Kollekt;* Petersilie, Lauch, Sellerie u. Karotten, die man zum Würzen in e-e Suppe gibt

Sụp·pen·kas·per *der; gespr;* ein Kind, das keine Suppe essen will

Sụp·pen·wür·fel *der* ≈ Brühwürfel

Sup·ple·mẹnt *das; -(e)s, -e;* ein zusätzlicher Band *bes* zu e-m Lexikon || K-: ***Supplement-, -band, -lieferung***

Su̲·re *die; -, -n;* ein Abschnitt im Koran

Surf·brett *das* ['sœːɐf-]; ein langes, flaches Brett aus Holz od. Kunststoff (mit e-m Segel), mit dem man über das Wasser gleitet

sur·fen ['sœːɐfn̩]; *surfte, hat gesurft;* Vi **1** auf e-m (Surf)Brett stehend über e-n See od. das Meer segeln ≈ windsurfen **2** auf e-m (Surf)Brett stehend über Wellen reiten **3** ***(im Internet) s.*** *EDV;* ohne bestimmtes Ziel Informationen im Internet abrufen || *hierzu* **Sur·fer** *der; -s, -;* **Sur·fing** *das; -s; nur Sg*

Sur·re·a·lịs·mus *der; -; nur Sg;* e-e Richtung in der modernen Kunst u. Literatur, die ihre künstlerischen Aussagen auf e-e Art u. Weise macht, die an Träume erinnert || *hierzu* **Sur·re·a·lịst** *der; -en, -en;* **sur·re·a·lịs·tisch** *Adj*

sụr·ren; *surrte, hat / ist gesurrt;* Vi **1** ***etw. surrt*** *(hat)* etw. macht ein leises, gleichmäßiges Geräusch ⟨e-e Filmkamera, ein Projektor, e-e Nähmaschine⟩ **2** ***etw. /*** ⟨ein Insekt⟩ ***surrt (irgendwo(hin))*** *(ist)* etw. / ein Insekt bewegt sich mit e-m surrenden (1) Geräusch durch die Luft: *Die Fliegen surren um die Lampe*

Sur·ro·gat *das*; *-(e)s, -e*; ***ein S.*** (***für etw.***) *geschr*; ein *mst* billiger, qualitativ schlechter Ersatz für etw.: *das Fernsehen als S. für die Wirklichkeit*

sus·pekt, *suspekter, suspektest-*; *Adj*; ⟨e-e Angelegenheit, j-s Benehmen, e-e Sache ist (j-m) s., kommt j-m s. vor⟩ so, dass sie Verdacht erregen ≈ verdächtig: *Sein merkwürdiges Verhalten kommt mir s. vor*

sus·pen·die·ren; *suspendierte, hat suspendiert*; [Vt] **1** ***j-n*** (***von etw.***) ***s.*** erlauben, dass j-d an etw. nicht teilzunehmen braucht ⟨j-n vom Unterricht, vom Training s.⟩ **2** ***j-n*** (***von etw.***) ***s.*** bestimmen, dass j-d seine Arbeit so lange nicht mehr machen darf, bis eventuelle Vorwürfe gegen ihn geklärt sind: *Beamte wegen Verdachts auf Bestechlichkeit vom Dienst s.* **3** ***etw. s.*** etw. für e-e bestimmte Zeit für ungültig erklären ⟨diplomatische Beziehungen s.⟩ || *hierzu* **Sus·pen·si·on** *die*; *-, -en*; **Sus·pen·die·rung** *die*

süß, *süßer, süßest-*; *Adj*; **1** mit dem Geschmack von Zucker od. Honig ↔ sauer, salzig, bitter: *Der Kaffee ist zu süß; der süße Geschmack reifer Trauben* || -K: ***honig-, zucker-*** **2** mit dem Geruch von etw., das süß (1) ist ↔ herb ⟨ein Duft, ein Parfüm; etw. duftet s.⟩ **3** ⟨e-e Stimme, ein Klang; ein Kind; e-e Wohnung, ein Kleid⟩ so, dass man sie als sehr angenehm empfindet: *Sie hat e-e süße kleine Wohnung in der Altstadt* **4** *pej*; übertrieben freundlich ⟨ein Lächeln, e-e Miene, Reden⟩

Sü·ße *die*; *-*; *nur Sg, geschr*; der süße Geschmack od. Geruch von etw.: *die S. des Weins, e-r Frucht*

sü·ßen; *süßte, hat gesüßt*; [Vt/i] (***etw.***) ***s.*** etw. mit Zucker *o.Ä.* süß (1) machen ⟨etw. schwach, stark s.⟩: *Süßt du mit Zucker od. Honig?*

Süß·holz *das*; *mst in* ***S. raspeln*** *gespr pej*; j-m (auf übertriebene Art) schmeicheln

Sü·ßig·keit *die*; *-, -en*; *mst Pl*; e-e kleine süße Sache zum Essen, die *bes* aus Zucker od. Schokolade gemacht wird (*z.B.* Bonbons od. Pralinen)

süß·lich *Adj*; **1** mit e-m (*mst* unangenehmen) leicht süßen Geschmack od. Geruch ⟨ein Geschmack, ein Geruch; etw. schmeckt, riecht s.⟩ **2** *pej*; übertrieben freundlich ≈ süß (4) ⟨e-e Stimme; s. lächeln⟩ || *hierzu* **Süß·lich·keit** *die*; *nur Sg*

süß·sau·er *Adj*; **1** süß (1) u. gleichzeitig sauer (1) im Geschmack ⟨Bonbons, e-e Speise, ein Gericht; s. eingelegte Gurken; etw. schmeckt s.⟩ **2** *oft pej*; halb freundlich, halb mürrisch ⟨ein Lächeln, e-e Miene, ein Gesicht⟩

Süß·spei·se *die*; e-e süße Speise, die man *bes* als Dessert isst

Süß·stoff *der*; e-e *mst* künstliche Substanz, die man statt Zucker verwendet, um Tee *usw* süß zu machen

Süß·wa·ren *die*; *Pl*, *geschr*; Lebensmittel, die viel Zucker enthalten || K-: ***Süßwaren-, -geschäft, -industrie***

Süß·was·ser *das*; *nur Sg*; das Wasser in Flüssen u. Seen ↔ Meerwasser, Salzwasser || K-: ***Süßwasser-, -fisch, -krebs, -muschel, -perle***

SV [ɛs'fau] *der*; *Kurzw* ↑ ***Sportverein***

SVP [ɛsfau'peː] *die*; *-*; *nur Sg*; **1** (*Abk für* Schweizerische Volkspartei) e-e politische Partei in der Schweiz **2** (*Abk für* Südtiroler Volkspartei) e-e politische Partei in Südtirol

Sweat·shirt ['svɛtʃøːɐt] *das*; *-s, -s*; ein bequemer Pullover *mst* aus Baumwolle

Swim·ming·pool [-puːl] *der*; *-s, -s*; ein Schwimmbecken, *bes* in e-m privaten Garten od. in e-m Hotel

Syl·lo·gis·mus *der*; *-, Syl·lo·gis·men*; e-e Schlussfolgerung in der Logik, bei der man vom Allgemeinen auf das Besondere schließt || *hierzu* **syl·lo·gis·tisch** *Adj*; **Syl·lo·gis·tik** *die*; *nur Sg*

Sym·bi·o·se *die*; *-, -n*; e-e Form des Zusammenlebens, bei der *mst* zwei Lebewesen voneinander abhängig sind u. sich gegenseitig Vorteile bringen: *Pflanzen leben in S.; Der Dichter lebte in enger S. mit seiner Lebensgefährtin* || *hierzu* **sym·bi·o·tisch** *Adj*

Sym·bol *das*; *-s, -e*; **1** ***ein S.*** (***für etw.***) ein Ding od. Zeichen, das für etw. anderes (*z.B.* e-e Idee) steht od. auf etw. hinweist ≈ Sinnbild ⟨christliche, magische Symbole; ein S. des Friedens, der Hoffnung, der Macht⟩: *Die fünf Ringe sind das S. für die Olympischen Spiele; Der Löwe gilt als ein S. der Stärke* || K-: ***Symbol-, -deutung, -kraft*** || -K: ***Farb-, Friedens-; Status-*** **2** ein Buchstabe, ein Zeichen od. e-e Figur, die e-e Zahl, ein chemisches Element, e-n (Rechen)Vorgang *o.Ä.* ausdrücken ≈ Zeichen ⟨ein mathematisches, chemisches, sprachliches S.⟩: *Das S. der Addition ist ein +*

sym·bol·haft *Adj*; ⟨e-e Darstellung⟩ so, dass sie wie ein Symbol wirkt: *etw. ist s. gemeint* || *hierzu* **Sym·bol·haf·tig·keit** *die*; *nur Sg*

Sym·bo·lik *die*; *-*; *nur Sg*; **1** die tiefere (symbolische) Bedeutung von etw. ⟨die S. e-s Ritus, e-r Geste, e-s Bildes; e-e Handlung von tiefer S.⟩ **2** *Kollekt*; alle Symbole (1) e-s bestimmten Bereiches u. die Art ihrer Verwendung u. Bedeutung ⟨die christliche, mittelalterliche S.; die S. e-s Gedichts, e-s Bildes, e-s Autors, e-s Kulturkreises, der Träume⟩

sym·bo·lisch *Adj*; **1** ⟨ein Ausdruck, e-e Farbe, e-e Geste⟩ so, dass sie ein Symbol darstellen od. wie ein Symbol wirken ≈ sinnbildlich, symbolhaft: *etw. hat symbolische Bedeutung; etw. ist s. zu verstehen; Die Schlange hier hat symbolischen Charakter: Sie steht für das Böse* **2** mithilfe von Symbolen ⟨etw. s. darstellen⟩

sym·bo·li·sie·ren; *symbolisierte, hat symbolisiert*; [Vt] ***j-d / etw. symbolisiert etw.*** j-d / etw. ist das Symbol (1) für etw.: *Die Farbe Schwarz symbolisiert Trauer* || *hierzu* **Sym·bo·li·sie·rung** *die*; *nur Sg*

Sym·bol·leis·te *die*; *EDV*; e-e Zeile mit Symbolen auf dem Bildschirm, die für verschiedene Optionen stehen, die man mit der Maus (2) aufrufen kann

Sym·met·rie *die*; *-, -n* [-'triːən]; die Eigenschaft von etw., symmetrisch zu sein ↔ Asymmetrie || K-: ***Symmetrie-, -achse, -ebene***

sym·met·risch *Adj*; so, dass etw. auf beiden Seiten e-r (gedachten) Linie genau gleich aussieht ↔ asymmetrisch: *der symmetrische Aufbau des Quadrats; Das menschliche Gesicht ist mehr od. weniger s.*

Sym·pa·thie *die*; *-, -n* [-'tiːən]; **1** ***die S.*** (***für j-n***) das Gefühl, dass man j-n gern hat od. dass einem j-d angenehm ist ≈ Wohlwollen ↔ Antipathie ⟨S. für j-n empfinden; wenig, volle S. für j-n haben; j-m seine S. bekunden; sich (*Dat*) alle Sympathien bei j-m verscherzen⟩ || K-: ***Sympathie-, -bekundung, -bezeigung, -erklärung, -kundgebung, -streik*** **2** ***etw. hat / findet j-s*** (***volle***) ***S.*** *gespr*; j-d findet etw. gut, gibt etw. seine Zustimmung ⟨ein Plan, ein Projekt, ein Vorschlag⟩

Sym·pa·thie·trä·ger *der*; j-d (*z.B.* ein Mitglied e-r politischen Partei), der bei vielen anderen e-n positiven Eindruck macht

Sym·pa·thi·sant *der*; *-en, -en*; j-d, der die Ziele e-r *mst* politischen Gruppe gut findet, sie jedoch nicht aktiv unterstützt || NB: *der Sympathisant; den, dem, des Sympathisanten* || *hierzu* **Sym·pa·thi·san·tin** *die*; *-, -nen*; **Sym·pa·thi·san·ten·tum** *das*; *nur Sg*

sym·pa·thisch *Adj*; (***j-m***) ***s.*** mit e-r angenehmen Wirkung (auf (andere) Menschen) ↔ unsympathisch ⟨ein Mensch, e-e Stimme, ein Wesen; s. aussehen, wirken⟩: *Unser neuer Nachbar ist mir nicht s.*

sym·pa·thi·sie·ren; *sympathisierte, hat sympathisiert*; [Vi] ***mit j-m / etw. s.*** *bes* e-n Politiker, e-e politische Gruppe od. Ideologie gut finden, aber nicht aktiv unterstützen

Sym·pho·nie, Sym·pho·ni·ker [-f-] *usw* ↑ ***Sinfonie, Sinfoniker*** *usw*

Sym·po·si·um *das*; *-s, Sym·po·si·en* [-ziən]; ***ein S.*** (***über etw.*** (*Akk*)) *geschr*; e-e Versammlung von Fachleuten, die über ein spezielles Thema diskutieren ≈ Tagung, Kongress ⟨ein S. abhalten, veranstalten, durchführen; ein S. findet statt; an e-m S. teilnehmen⟩

Symp·tom *das*; *-s, -e*; **1** ***ein S.*** (***für / von etw.***) e-e Veränderung im Zustand od. in der Funktion e-s Organs od. im Aussehen e-s Menschen od. anderen Lebewesens, die für e-e bestimmte Krankheit typisch ist ≈ Anzeichen: *ein S. für Krebs*; *Symptome von Unterernährung zeigen* || K-: ***Symptom-, -behandlung*** || -K: ***Krankheits-***; ***Malaria-, Vergiftungs-*** **2** ***ein S.*** (***für etw.***) *geschr*; etw., das für e-e *mst* negative Entwicklung typisch ist ≈ Anzeichen: *Ist die hohe Scheidungsrate ein S. für den Verfall unserer Gesellschaft?*

symp·to·ma·tisch *Adj*; *geschr*; ***s.*** (***für etw.***) ≈ typisch, charakteristisch: *Diese Aussage ist s. für seine Denkweise*

Sy·na·go·ge *die*; *-, -n*; der Raum od. das Gebäude, in dem Juden beten u. den Gottesdienst feiern

syn·chron [zʏn'kroːn] *Adj*; *Tech*; so, dass zwei od. mehrere Vorgänge zur gleichen Zeit u. / od. mit gleicher Geschwindigkeit ablaufen ≈ gleichzeitig ⟨Bewegungen, Vorgänge; zwei (od. mehr) Prozesse verlaufen s., laufen s. ab; etw. s. schalten⟩ || K-: ***Synchron-, -getriebe*** || *hierzu* **Syn·chro·nie** *die*; *-*; *nur Sg*

syn·chro·nisch [-'kroː-] *Adj* ≈ synchron

syn·chro·ni·sie·ren [-kro-]; *synchronisierte, hat synchronisiert*; [Vt/i] (***etw.***) ***s.*** e-n Film *o.Ä.* mit e-m (neuen) Ton (in e-r anderen Sprache) versehen u. den Text so sprechen lassen, dass er zeitlich mit den Bewegungen übereinstimmt, die die Schauspieler mit ihren Lippen machen ⟨e-n Film s.; e-n Film in e-r synchronisierten Fassung zeigen⟩ || *hierzu* **Syn·chro·ni·sa·ti·on** *die*; *-, -en*

Syn·di·kat *das*; *-(e)s, -e*; *Kollekt, Ökon*; e-e Gruppe von Firmen, die gemeinsam über die Preise u. den Verkauf ihrer Produkte bestimmen ≈ Kartell ⟨Firmen schließen sich zu e-m S. zusammen⟩

Syn·di·kus *der*; *-, -se / Syn·di·zi*; *Admin*; ein Jurist, der e-r großen Firma bei juristischen Problemen hilft

Syn·drom *das*; *-(e)s, -e*; *Med*; e-e Gruppe von Symptomen, die typisch für e-e Krankheit sind

Sy·ner·gie *die*; *-*; *nur Sg*; das Phänomen, dass sich die Wirkung od. Energie einzelner Substanzen, Faktoren *usw* noch verstärkt, wenn sie gemeinsam auftreten || K-: ***Synergie-, -effekt***

Syn·ko·pe *die*; *-, -n*; *Mus*; die Betonung e-s normalerweise unbetonten Teiles e-s Taktes || *hierzu* **syn·ko·pie·ren** (*hat*) *Vt*; **syn·ko·pisch** *Adj*

Sy·no·de *die*; *-, -n*; **1** e-e Versammlung von Vertretern der evangelischen Kirche, die über Fragen der Lehre u. der Verwaltung entscheiden **2** e-e Versammlung von katholischen Bischöfen ≈ Konzil

sy·no·nym *Adj*; ***s.*** (***zu etw.***) *Ling*; mit (fast) der gleichen Bedeutung wie ein anderes Wort ↔ anto·nym: *„Samstag" ist s. zu „Sonnabend"*

Sy·no·nym, Sy·no·nym *das*; *-s, -e / Sy·no·ny·ma*; ***ein S.*** (***für, von, zu etw.***) *Ling*; ein Wort, das (fast) die gleiche Bedeutung hat wie ein anderes Wort ↔ Antonym: *„Streichholz" u. „Zündholz" sind Synonyme* || K-: ***Synonymen-, -wörterbuch***

syn·tak·tisch *Adj*; *nur attr od adv, Ling*; in Bezug auf die Syntax ⟨Konstruktionen, Regeln⟩

Syn·tax *die*; *-*; *nur Sg, Ling*; die Regeln, mit denen man in e-r Sprache aus Wörtern Sätze bilden kann: *die S. des Deutschen* || K-: ***Syntax-, -fehler, -regeln***

Syn·the·se *die*; *-, -n*; **1** *geschr*; ***e-e S.*** (***aus etw. u. etw. / von etw.*** (*Pl*)) die Verbindung verschiedener Elemente zu e-r neuen Einheit: *Sein Glaube ist e-e S. aus westlichen u. östlichen Ideen* **2** *Chem*; der Aufbau e-r (komplizierten) chemischen Verbindung aus mehreren einfachen Substanzen ↔ Analyse: *die S. des Chlorophylls* || K-: ***Synthese-, -produkt*** || -K: ***Photo-*** || *zu* **2 syn·the·ti·sie·ren** (*hat*) *Vt*

Syn·the·si·zer ['zʏntəsaizɐ] *der*; *-s, -*; ein elektronisches Gerät, mit dem man verschiedene Klänge, *bes* den Klang bestimmter Musikinstrumente erzeugen kann

Syn·the·tik (*das*); *-s, -s*; ein synthetischer Stoff od. Kleidung *o.Ä.* daraus: *Das Kleid ist S.*

syn·the·tisch *Adj*; chemisch hergestellt, aber natürlichen Stoffen sehr ähnlich ≈ künstlich ↔ natürlich ⟨ein Aroma, ein Edelstein, Fasern, Kautschuk, ein Material, ein Stoff, ein Treibstoff, e-e Verbindung; etw. s. herstellen, gewinnen⟩

Sy·phi·lis ['zyːfilɪs] *die*; *-*; *nur Sg*; e-e gefährliche Geschlechtskrankheit, bei der sich die Haut, die Knochen u. das Gehirn verändern können || K-: ***syphilis-, -krank***

Sys·tem *das*; *-s, -e*; **1** etw., das man als e-e Einheit sehen kann u. das aus verschiedenen Teilen besteht, die miteinander zusammenhängen ⟨ein biologisches, ökologisches, kompliziertes S.⟩ || -K: ***Nerven-, Öko-, Planeten-, Sonnen-, Verdauungs-, Währungs-*** **2** die Gliederung u. der Aufbau e-r Regierung od. Gesellschaft ≈ Staatsform, Gesellschaftsordnung ⟨ein parlamentarisches, sozialistisches, demokratisches, totalitäres, korruptes S.; ein S. befürworten, bekämpfen, verändern⟩ || K-: ***System-, -kritik, -kritiker, -veränderung***; ***system-, -feindlich, -konform*** || -K: ***Gesellschafts-, Regierungs-, Herrschafts-*** **3** ein Bereich mit e-r eigenen Ordnung u. Organisation (*mst* als Teil e-s größeren Systems (2)) || -K: ***Erziehungs-, Finanz-, Kommunikations-, Schul-, Wirtschafts-*** **4** ***das S.*** *nur Sg, pej*; ein S. (2), das man negativ beurteilt ⟨gegen das S. kämpfen⟩ **5** die Prinzipien, nach enen etw. geordnet ist, damit man etw. finden kann ≈ Ordnung ⟨ein übersichtliches, brauchbares, raffiniertes S.⟩: *Nach welchem S. sind die Bücher in dieser Bibliothek geordnet?*; *Du musst mit mehr S.* (= systematischer) *arbeiten!* || -K: ***Dezimal-, Ordnungs-*** || ID ***hinter etw.*** (*Dat*) ***steckt S.*** etw. geschieht nicht zufällig, sondern mit Absicht; ***mit S.*** nach e-m genauen Plan

Sys·te·ma·tik *die*; *-, -en*; *mst Sg, geschr*; die Gliederung e-s Stoffes[3] od. Sachbereiches nach sachlichen u. logischen Kriterien || *hierzu* **Sys·te·ma·ti·ker** *der*; *-s, -*

sys·te·ma·tisch *Adj*; sorgfältig nach e-m genauen Plan organisiert ≈ planvoll ↔ unsystematisch ⟨die Schulung, der Unterricht, das Training; s. arbeiten; etw. s. aufbauen, erfassen⟩

sys·te·ma·ti·sie·ren; *systematisierte, hat systematisiert*; [Vt] ***etw. s.*** *geschr*; etw. mithilfe e-s bestimmten Systems (1,5) ordnen: *die Arbeitsabläufe s.* || *hierzu* **Sys·te·ma·ti·sie·rung** *die*

Sys·tem|bau·wei·se *die*; e-e schnelle Art, Häuser *o.Ä.* zu bauen, bei der man Teile zusammensetzt, die vorher in e-r Fabrik hergestellt wurden ≈ Fertigbauweise

Sys·tem·zwang *der*; der Einfluss *bes* e-s politischen od. gesellschaftlichen Systems, durch den j-d nicht immer das tun kann, was er möchte u. was er für richtig hält ⟨e-m S. ausgesetzt sein⟩

Sze·ne ['stse:nə] *die*; -, *-n*; **1** einer der kurzen Abschnitte (e-s Aktes) in e-m Film od. Theaterstück ⟨e-e S. aufnehmen, drehen, proben, spielen⟩: *Die letzte S. des dritten Aktes spielt im Schlosspark* || K-: ***Szenen-, -folge, -wechsel*** || -K: ***Massen-, Schluss-; Abschieds-, Kampf-, Liebes-, Sterbe-, Verwandlungs-; Film-, Opern-*** **2** der Ort, an dem die Handlung e-r S. (1) stattfindet ≈ Schauplatz: *Die S. stellt e-e Bauernstube dar* || K-: ***Szenen-, -bild*** **3** ≈ Ereignis, Vorfall ⟨e-e ergreifende, erschütternde, komische, lustige S.; e-e S. spielt sich ab⟩ **4** *mst Sg*; heftige Vorwürfe od. Streit ⟨e-e hässliche, heftige, turbulente S.⟩ || -K: ***Familien-*** **5** ***die*** (+ *Adj*) ***S.*** *nur Sg*; ein Bereich mit bestimmten (oft künstlerischen) Aktivitäten (u. e-m bestimmten Lebensstil) ⟨die literarische, politische S. (e-r Stadt); sich in der S. auskennen; in der S. bekannt sein; Verbindungen zur S. haben⟩ || -K: ***Jazz-, Kunst-, Musik-, Pop-, Theater-, Untergrund-; Drogen-, Rauschgift-*** || ID ***sich in S. setzen*** sich so verhalten, dass man von allen anderen beachtet wird; ***etw. in S. setzen*** etw. veranstalten od. arrangieren; ***j-m e-e S. machen*** j-m (in der Öffentlichkeit) laut Vorwürfe machen

Sze·ne·rie *die*; -; *-n* [-'ri:ən]; **1** die Szene (2) **2** *geschr*; e-e eindrucksvolle Landschaft, *z.B.* als Hintergrund e-s Gemäldes

sze·nisch *Adj*; *nur attr od adv*; in Bezug auf e-e Szene (1,2) ⟨die Gestaltung; die Darstellung⟩

Szep·ter ['stsɛptɐ] *das*; *-s*, -; *veraltend*; ↑ ***Zepter***

S

T, t

T, t [teː] *das*; -, - / *gespr auch -s*; der zwanzigste Buchstabe des Alphabets ⟨ein großes T; ein kleines t⟩ || *hierzu* **T-för·mig** *Adj*

Ta̲·bak, Tạ·bak *der*; *-s, -e*; *mst Sg*; **1** bestimmte Pflanzen, die Nikotin enthalten || K-: ***Tabak-, -anbau, -blatt, -ernte, -pflanze, -pflanzer, -pflanzung, -plantage*** **2** die (getrockneten u. klein geschnittenen) Blätter des Tabaks (1), die man *bes* in Zigaretten od. Pfeifen raucht ⟨leichter, milder, starker T.; T. rauchen, kauen, schnupfen⟩ || K-: ***Tabak-, -fabrik, -geschäft, -laden, -mischung, -qualm, -rauch, -steuer***; ***Tabaks-, -beutel, -dose, -pfeife*** || -K: ***Pfeifen-, Zigaretten-***; ***Kau-, Schnupf-***

Ta̲·bak·wa·ren *die*; *Pl*; Zigaretten, (Pfeifen)Tabak, Zigarren *o.Ä.*: *ein Kiosk mit T.*

ta·bel·la̲·risch *Adj*; in Form von Tabellen (1) ⟨e-e Aufstellung, e-e Übersicht⟩

Ta·bẹl·le *die*; -, *-n*; **1** e-e Art Liste von Zahlen od. Fakten (*mst* mit mehreren Spalten) ⟨e-e T. anfertigen, aufstellen; etw. in e-e T. eintragen; etw. steht in e-r T.⟩ || -K: ***Lohn-, Steuer-*** **2** *Sport*; e-e Liste *mst* der Mannschaften in e-r Liga *o.Ä.* mit der Zahl der Spiele, den Punkten *usw.* Die beste Mannschaft steht oben u. die schlechteste unten || K-: ***Tabellen-, -ende, -erste(r), -führer, -führung, -letzte(r), -platz, -spitze, -stand*** || *zu* **1 ta·bẹl·len·för·mig** *Adj*

Ta·ber·na̲·kel *das* / *der*; *-s, -*; e-e Art kleiner Schrank in e-r (*mst* katholischen) Kirche, in dem die geweihten Hostien aufbewahrt werden

Tab·lẹtt *das*; *-s, -s*; e-e Art kleine Platte (*mst* mit Rand), auf der man Geschirr trägt u. Speisen serviert ⟨etw. auf e-m T. servieren⟩ || -K: ***Holz-, Silber-*** || ID ***j-m etw. auf e-m silbernen T. servieren*** *pej*, *oft iron*; **a)** j-m etw. übertrieben feierlich (über)geben; **b)** j-m etw. anbieten od. geben, ohne dass er sich dafür anstrengen muss

Tab·lẹt·te *die*; -, *-n*; ein Medikament von kleiner, runder, relativ flacher Form ⟨e-e T. einnehmen, schlucken, in Wasser auflösen⟩ || K-: ***Tabletten-, -röhrchen, -sucht***; ***tabletten-, -abhängig, -süchtig*** || -K: ***Abführ-, Kopfweh-, Schlaf-, Schmerz-***

ta·bu̲ *Adj*; *nur präd od adv*, *ohne Steigerung*; **1 *etw. ist t.*** (***für j-n***) etw. ist so, dass man nicht darüber spricht od. es nicht tut, weil es die Gesellschaft[1] (1) ablehnt ⟨ein Bereich, ein Thema⟩ **2 *etw. ist für j-n t.*** *gespr*; j-d spricht nicht gern über etw.

Ta·bu̲ *das*; *-s, -s*; *geschr*; die Sitte od. die Regel in e-r Gesellschaft[1] (1), über etw. Bestimmtes nicht zu sprechen od. etw. Bestimmtes nicht zu tun ⟨ein T. errichten, brechen, verletzen; gegen ein T. verstoßen⟩ || K-: ***Tabu-, -bereich, -thema, -wort***

ta·bu·i·si̲e·ren [-bui-]; *tabuisierte, hat tabuisiert*; Vt ***etw. t.*** *geschr*; etw. zu e-m Tabu machen ⟨ein Thema t.⟩ || *hierzu* **Ta·bu·i·si̲e·rung** *die*; *nur Sg*

Ta̲·bu·la ra̲·sa *mst in* (***mit etw.***) ***Tabula rasa machen*** *geschr*; in e-r Angelegenheit rücksichtslos Ordnung od. Klarheit schaffen ≈ reinen Tisch machen

Ta·bu·la̲·tor *der*; *-s, Ta·bu·la·to̲·ren*; e-e Funktion e-r Schreibmaschine, e-s Computers *o.Ä.*, die den Wagen (3), den Cursor *o.Ä.* nach Drücken e-r Taste auf e-e bestimmte, vorher eingestellte Stelle bringt ⟨den T. einstellen⟩ || K-: ***Tabulator-, -taste***

Tạ·che·les *nur in* (***mit j-m***) ***T. reden*** *gespr*; über e-e Sache reden, ohne auf Höflichkeit zu achten

Tạ·cho *der*; *-s, -s*; *gespr*; *Kurzw* ↑ ***Tachometer***

Ta·cho·me̲·ter *der*, *auch das*; *-s, -*; ein technisches Gerät, in / an einem Fahrzeug, das die Geschwindigkeit misst u. anzeigt: *Der T. zeigt 120 km / h an* || K-: ***Tachometer-, -nadel, -stand***

Ta̲·del *der*; *-s, -*; e-e (harte) Kritik an j-s Verhalten, die deutlich zum Ausdruck bringt, dass er Fehler gemacht hat ↔ Lob ⟨ein gerechtfertigter, ein scharfer T.; e-n T. aussprechen, verdienen; j-m e-n T. erteilen⟩ || ID ***über jeden T. erhaben sein*** keinerlei Kritik verdienen; ***j-d ist ohne*** (***Fehl u.***) ***T.*** *veraltend*; j-d ist ohne Fehler, vollkommen || *hierzu* **ta̲·delns·wert** *Adj*

ta̲·del·los *Adj*; ohne Fehler, sehr gut ⟨e-e Arbeit, ein Benehmen⟩: *Der neue Anzug sitzt t.*

ta̲·deln; *tadelte, hat getadelt*; Vt ***j-n*** (***wegen etw.***) ***t.***; ***etw. t.*** j-s Aktionen od. Verhalten negativ beurteilen, scharf kritisieren ↔ loben

Ta̲·fel *die*; -, *-n*; **1** e-e Art große Platte (*mst* in e-r Schule), auf die man schreiben u. malen kann ⟨die T. abwischen, löschen⟩: *Der Lehrer schrieb das Wort an die T.* || K-: ***Tafel-, -kreide, -lappen, -schwamm*** || -K: ***Schreib-, Wand-*** **2** e-e kleine T. (1), die *bes* Kinder früher in der Schule benutzt haben || -K: ***Holz-, Schiefer-***; ***Schul-*** **3** ein großer, langer Tisch, der für ein festliches Essen gedeckt ist ⟨die T. decken, schmücken, abräumen; sich an die T. setzen⟩ || K-: ***Tafel-, -besteck, -geschirr, -service, -silber, -tuch*** **4 *die T. aufheben*** das Festessen für beendet erklären **5 *e-e T. Schokolade*** Schokolade in Form e-s Rechtecks || -K: ***Schokoladen-*** **6** e-e Übersicht aus Bildern od. Tabellen, *mst* auf e-r ganzen Seite e-s Buches || -K: ***Übersichts-***

ta̲·feln; *tafelte, hat getafelt*; Vi *geschr*; an e-r (*mst* festlichen) Tafel (3) essen u. trinken

tä̲·feln; *täfelte, hat getäfelt*; Vt ***etw. t.*** *mst* Wände od. Decken mit dünnen Brettchen, Platten aus Holz bedecken ⟨ein Zimmer t.⟩

Ta̲·fel·obst *das*; Obst von sehr guter Qualität

Ta̲·fel·run·de *die*; *geschr*; Menschen, die an e-r Tafel (3) sitzen, um gemeinsam zu essen u. zu trinken

Ta̲·fel·spitz (*der*); *mst ohne Artikel u. unflektiert*, *bes südd* Ⓐ; gekochtes Rindfleisch (als spezielle Speise) ⟨T. mit Kren / Meerrettich⟩

Tä̲·fe·lung *die*; -, *-en*; **1** *nur Sg*; das Täfeln **2** *Kollekt*; die Brettchen aus Holz, die die Wände od. die Decke e-s Zimmers bedecken

Ta̲·fel·was·ser *das*; *-s, Ta·fel·wäs·ser*; Mineralwasser (in Flaschen)

Tạft *der*; *-(e)s, -e*; ein glänzender Stoff aus echter od. künstlicher Seide *bes* für festliche Kleider: *ein Abendkleid aus T.* || K-: ***Taft-, -bluse, -kleid***

Ta̲g *der*; *-(e)s, -e*; **1** der Zeitraum von 24 Stunden (zwischen 0^{00} u. 24^{00} Uhr): *Die Woche hat sieben Tage*; *„Welchen Tag haben wir heute? / Was ist heute für ein Tag?"*; *Es geht mir von Tag zu Tag besser, bald bin ich wieder gesund* || K-: ***Tages-, -ablauf, -hälfte, -mitte, -stunde*** || -K: ***Arbeits-, Ferien-, Urlaubs-***;

Regen-, Sonnen-; Frühlings-, Herbst-, Sommer-, Winter- || NB: ↑ ***Wochentag*** **2** die Zeit zwischen Sonnenaufgang u. Sonnenuntergang, in der es hell ist ↔ Nacht ⟨ein bewölkter, regnerischer, sonniger, heißer, kühler, windiger, windstiller Tag; es wird Tag; der Tag bricht an, graut⟩: *Im Winter sind die Tage kurz, im Frühling werden sie wieder länger; Kommen wir noch bei Tag(e) / am Tag an?* || K-: ***Tages-, -anbruch, -anfang, -dienst, -ende, -temperatur; Tag-, -schicht*** **3** *nur Pl* ≈ Zeiten: *Der alte Mann hatte schon bessere Tage gesehen* (= erlebt); *Dieser Brauch war bis in unsere Tage hinein* (= bis vor kurzem) *verbreitet* **4** ***der Tag des Herrn*** *geschr veraltet* ≈ Sonntag **5** ***der Jüngste Tag*** der Tag, an dem (nach christlichem Glauben) die Welt aufhört zu existieren **6** ***Tag der offenen Tür*** ein Tag, an dem man e-n Betrieb, e-e Schule *o.Ä.* besichtigen kann **7** ***der Tag der (Deutschen) Einheit*** der Nationalfeiertag der Bundesrepublik Deutschland am 3. Oktober (seit 1991; vorher am 17. Juni) **8** ***der Tag der Republik*** *hist* (*DDR*); der Nationalfeiertag der früheren DDR am 7. Oktober **9** ***Guten Tag!*** verwendet als Gruß, wenn man j-n trifft (u. seltener auch beim Abschied) **10** ***Tag!*** *gespr* ≈ Guten Tag (9) **11** ***Tag für Tag*** jeden Tag **12** ***des Tags; unter Tags*** am Tag (2) ↔ nachts **13** ***Tag u. Nacht*** ohne Unterbrechung ≈ immer, ständig: *Das Lokal hat Tag u. Nacht geöffnet* **14** ***über / unter Tage*** (beim Bergbau) über / unter der Erde: *Kohle über / unter Tage abbauen* || ID ***eines (schönen) Tages*** an irgendeinem Tag (*bes* in der Zukunft): *Das wirst du eines Tages bereuen!*; ***am helllichten Tag*** verwendet, um Erstaunen od. Entsetzen darüber auszudrücken, dass etw. bei Tag (2) geschieht: *Er wurde am helllichten Tag auf der Straße überfallen*; ***heute*** *usw* ***in acht / vierzehn Tagen*** am gleichen Wochentag wie heute *usw* in einer Woche / in zwei Wochen; ***heute*** *usw* ***vor acht / vierzehn Tagen*** heute *usw* vor einer Woche / zwei Wochen; ***(bei) j-m (kurz) Guten / guten Tag sagen*** *gespr*; j-n kurz besuchen, um mit ihm zu reden; ***bei Tage besehen*** wenn man genau darüber nachdenkt; ***j-s (großer) Tag*** ein wichtiger Tag für j-n; ***jeden Tag*** ≈ bald ⟨j-d / etw. muss jeden Tag kommen; j-n / etw. jeden Tag erwarten⟩; ***e-e Frau hat die / ihre Tage*** *gespr euph*; e-e Frau hat ihre Menstruation; ***die kritischen Tage (e-r Frau)*** die Tage, an denen e-e Frau schwanger werden kann; ***j-s Tage sind gezählt*** **a)** j-d wird bald sterben; **b)** j-d wird bald seine Stellung verlieren *o.Ä.*; ***die Tage*** + *Gen* ***/ von etw. sind gezählt*** etw. wird bald nicht mehr existieren; ***ein Unterschied wie Tag u. Nacht*** *gespr*; ein sehr großer Unterschied; ***auf meine, deine*** (*usw*) ***alten Tage*** *gespr, mst hum*; in meinem (*usw*) (hohen) Alter; ***den lieben langen Tag*** den ganzen Tag; ***von e-m Tag auf den anderen*** plötzlich, unerwartet; ***keinen guten Tag haben*** nicht in Form sein, kein Glück haben; *mst* ***er / sie hat e-n schlechten Tag heute*** er / sie ist schlecht gelaunt od. nicht in Form heute; ***etw. an den Tag bringen*** etw. aufdecken od. bekannt machen; ***etw. kommt an den Tag*** etw. wird bekannt; ***etw. an den Tag legen*** e-e Eigenschaft unerwartet zeigen; ***in den Tag hinein leben*** sich keine Sorgen um die Zukunft machen; ***j-n von einem Tag auf den anderen vertrösten*** j-n immer wieder auf etw. warten lassen; ***ewig u. drei Tage*** *gespr*; sehr lange ⟨etw. dauert, hält, reicht ewig u. drei Tage; ewig u. drei Tage für etw. brauchen, auf j-n / etw. warten müssen⟩; ***Morgen ist auch noch ein Tag!*** das kann bis morgen warten; ***Man soll den Tag nicht vor dem Abend loben*** man muss erst auf das Ende warten, bevor man weiß, ob etw. gut war; ***Noch ist nicht aller Tage Abend*** *geschr*; es gibt noch Hoffnung || NB: ↑ ***zutage***

tag·aus *Adv*; *nur in* ***t., tagein*** jeden Tag ≈ immer, ständig: *t., tagein dasselbe tun müssen*

Ta·ge·bau *der*; *nur Sg*; der Bergbau an der Oberfläche der Erde: *Kohle im T. abbauen*

Ta·ge·buch *das*; ein Heft od. Buch, in das man (täglich) seine Erlebnisse u. Gedanken schreibt ⟨ein T. führen⟩ || K-: ***Tagebuch-, -schreiber***

Ta·ge·dieb *der*; *veraltend pej*; ein sehr fauler Mensch

Ta·ge·geld *das*; **1** e-e (Geld)Summe, die e-e Firma od. Behörde e-m Angestellten bei (Dienst)Reisen pro Tag für Essen u. Getränke zahlt **2** e-e (Geld)Summe, die e-e Versicherung j-m für jeden Tag seines Aufenthalts im Krankenhaus zahlt

tag·ein *Adv*; ↑ ***tagaus***

ta·ge·lang *Adj*; *nur attr od adv*; mehrere Tage dauernd ⟨das Warten⟩: *Ich habe t. auf deinen Anruf gewartet*

Ta·ge·löh·ner *der*; *-s, -*; *hist*; ein Arbeiter (*mst* in der Landwirtschaft), der nur für einige Tage eingestellt u. täglich bezahlt wird ⟨als T. arbeiten⟩ || *hierzu* **Ta·ge·lohn** *der*

ta·gen; *tagte, hat getagt*; [Vi] ⟨Personen⟩ ***tagen / etw. tagt*** die Mitglieder e-r Organisation *o.Ä.* halten e-e wichtige u. *mst* lange Sitzung, Versammlung od. e-n Kongress ab ⟨das Gericht, das Parlament⟩

Ta·ges- *im Subst, begrenzt produktiv*; **1** in Bezug auf e-n einzelnen od. bestimmten Tag (1); der ***Tagesbedarf***, der ***Tagesbefehl*** ⟨an e-e Truppe⟩, der ***Tagesbericht***, die ***Tageseinnahmen*** ⟨e-s Lokals⟩, die ***Tagesform*** ⟨e-s Sportlers⟩, das ***Tagesgeschehen***, der ***Tageskurs*** ⟨an der Börse⟩, die ***Tagesleistung***, der ***Tagespreis*** ⟨von Fleisch, Obst, Gemüse⟩, die ***Tagesproduktion*** ⟨e-s Betriebs⟩, die ***Tagessuppe*** ⟨in e-m Restaurant⟩, der ***Tagesumsatz***, der ***Tagesverbrauch***, der ***Tagesverdienst*** **2** nur einen Tag (1) dauernd, gültig; der ***Tagesausflug***, die ***Tagesfahrt***, die ***Tagesreise***, die ***Tagesrückfahrkarte***, die ***Tagestour*** **3** für den Tag (2) im Gegensatz zur Nacht od. zum Abend; der ***Tagesanzug***, die ***Tagescreme***, die ***Tagesdecke*** (für das Bett), der ***Tagesraum***

Ta·ges·ge·spräch *das*; *nur in* ***etw. ist (das) T.*** etw. ist e-e Sensation, Neuigkeit, über die alle sprechen: *Die spektakuläre Flugzeugentführung war (das) T.*

Ta·ges·heim|schu·le *die*; e-e Schule, in der die Schüler den ganzen Tag bleiben (auch essen u. Hausaufgaben machen)

Ta·ges·kar·te *die*; **1** e-e Speisekarte, die in Restaurants für einen bestimmten Tag gilt: *Darf ich Ihnen die T. vorlesen?* **2** e-e Fahrkarte od. Eintrittskarte, die einen Tag lang gültig ist ⟨e-e T. kaufen, lösen⟩

Ta·ges·licht *das*; *nur Sg*; das natürliche Licht am Tag (2): *Diese Farbe will ich bei T. ansehen* || ID ***j-d scheut das T.*** *mst pej*; j-d meidet die Öffentlichkeit, weil er etw. (*z.B.* ein Verbrechen) verbergen muss; ***etw. ans T. bringen / holen*** etw., das geheim war, öffentlich bekannt machen

Ta·ges·licht|pro·jek·tor *der* ≈ Overheadprojektor

Ta·ges·mut·ter *die*; e-e Frau, die während des Tages auf Kinder von berufstätigen Frauen aufpasst

Ta·ges·ord·nung *die*; *mst Sg*; e-e Art Liste mit den Themen in der Reihenfolge, wie sie bei e-r Sitzung od. Versammlung besprochen werden sollen ⟨die T. aufstellen, etw. auf die T. setzen; das steht auf der T.⟩ || K-: ***Tagesordnungs-, -punkt*** || ID ***etw. ist an der T.*** *mst pej*; etw. kommt immer wieder vor: *Nächtliche Überfälle sind hier an der T.*; ***zur T. übergehen*** ein Thema nicht weiter behandeln u. sich anderen Dingen zuwenden

Ta·ges|rück·fahr·kar·te *die*; e-e Rückfahrkarte, die nur an e-m bestimmten Tag gültig ist

T

Ta·ges·satz *der*; **1** *Jur*; ein (variabler) Geldbetrag, der sich am Einkommen des Betroffenen orientiert u. der als Einheit[2] (1) bei der Festsetzung von Geldstrafen dient: *Er wurde zu zwanzig Tagessätzen verurteilt* **2** der Geldbetrag, der für die Behandlung u. Unterbringung e-s Patienten in e-m Krankenhaus, Altersheim *o.Ä.* pro Tag berechnet wird

Ta·ges·schau *die*; *nur Sg*; **1** e-e tägliche Nachrichtensendung im Ersten Deutschen Fernsehen **2** *gespr*; verwendet als allgemeine Bezeichnung für Nachrichtensendungen im Fernsehen

Ta·ges·zeit *die*; **1** ein bestimmter Abschnitt des Tages, *z.B.* der Morgen: *Um diese T. ist wenig / viel Betrieb* **2** ***zu jeder Tages- u. Nachtzeit*** 24 Stunden hindurch, immer: *Das Restaurant am Bahnhof hat zu jeder Tages- u. Nachtzeit geöffnet*

Ta·ges·zei·tung *die*; e-e Zeitung, die an jedem Werktag der Woche erscheint ↔ Sonntagszeitung, Wochenzeitung: *Wir haben e-e T. abonniert*

tag·hell *Adj*; sehr hell (wie am Tag (2)): *Der Saal war t. erleuchtet*

-tä·gig *im Adj, begrenzt produktiv*; mit e-r Dauer von der genannten Zahl von Tagen, dem genannten Teil e-s Tages *o.Ä.*; ***eintägig, zweitägig, dreitägig, viertägig*** *usw*; ***halbtägig, ganztägig, mehrtägig***

täg·lich *Adj*; so, dass es jeden Tag (1) geschieht: *Er arbeitet t. acht Stunden / acht Stunden t.*; *Der Zug verkehrt t. außer sonn- u. feiertags*

-täg·lich *im Adj, wenig produktiv, selten*; mit Abständen der genannten Zahl von Tagen; ***zweitäglich, dreitäglich*** *usw*, ***vierzehntäglich***

tags *Adv*; **1** am Tag (2) ≈ tagsüber ↔ nachts: *Sie arbeitet tags im Büro u. nachts in e-r Bar* **2** ***tags zuvor / davor*** am vorhergehenden Tag **3** ***tags darauf*** am darauf folgenden Tag

tags·über *Adv*; bei Tag (2), während des Tags (2) ↔ nachts: *Sie ist t. nicht zu Hause*

tag·täg·lich *Adj*; jeden Tag (ohne Ausnahme) geschehend ≈ täglich, Tag für Tag: *Die Arbeit in der Küche ist t. dieselbe*

Tag·träu·mer *der*; j-d, der in der Welt seiner Fantasie lebt u. ohne Sinn für die Realität ist

Ta·gung *die*; -, *-en*; ein Treffen von Fachleuten, Mitgliedern e-r Institution *o.Ä.*, bei dem man sich informiert u. diskutiert u. das *mst* mehrere Tage dauert ⟨e-e T. findet statt; e-e T. abhalten, veranstalten, auf e-r T. sprechen, an e-r T. teilnehmen⟩ || K-: ***Tagungs-, -ort, -raum, -teilnehmer***

Tag·werk *das*; -*(e)s*, -; *veraltend*; **1** *nur Sg*; die Arbeit während e-s Tages ⟨sein T. vollbringen⟩ **2** *südd* Ⓐ ein Flächenmaß (ca. 3000 m²): *fünf Tagwerk Land besitzen*

Tai·fun *der*; *-s, -e*; ein (Wirbel)Sturm in den Tropen

Tail·le ['taljə] *die*; -, *-n*; die schmalste Stelle in der Mitte des (menschlichen) Körpers: *Ein enges Kleid betont die T., ist auf T. gearbeitet* || ↑ *Abb. unter* ***Mensch***

tail·liert [ta'jiːɐt] *Adj*; ⟨ein Hemd, ein Kleid⟩ so, dass sie an der Taille eng sind

Ta·ke·la·ge [-ʒə] *die*; -, *-n*; alle Teile, die die Segel e-s Schiffes tragen (*z.B.* die Masten) ⟨das Schiff mit T. versehen⟩

Takt[1] *der*; -*(e)s, -e*; **1** *nur Sg*; das Maß[1] (1), das ein Musikstück rhythmisch in gleiche Einheiten teilt ⟨nach dem T. spielen; aus dem T. kommen; im T. bleiben; den T. wechseln⟩ || K-: ***Takt-, -art, -wechsel*** || -K: ***Dreiviertel-, Viervierteł-, Walzer-*** **2** ein kurzer Abschnitt e-s Musikstücks, der durch den T. (1) bestimmt wird **3** ***ein paar Takte spielen*** *gespr*; e-n kurzen Teil e-s Musikstücks spielen: *Sie hat ein paar Takte des Walzers auf dem Klavier gespielt* || ID ***j-n aus dem T. bringen*** *gespr*; j-n verwirren

Takt[2] *der*; -*(e)s*; *nur Sg*; das Gefühl für höfliches, rücksichtsvolles u. anständiges Benehmen; ⟨viel, wenig, keinen T. haben; etw. mit großem T. behandeln; T. zeigen⟩ || *hierzu* **takt·los** *Adj*; **Takt·lo·sig·keit** *die*; **takt·voll** *Adj*

Takt·ge·fühl *das*; *nur Sg* ≈ Takt[2] ⟨(kein) T. haben⟩

tak·tie·ren; *taktierte, hat taktiert*; Vi ***irgendwie t.*** *geschr*; taktisch (klug) handeln ⟨geschickt, klug, vorsichtig t.⟩

Tak·tik *die*; -, *-en*; ein überlegtes Handeln nach e-m Plan, mit dem man ein bestimmtes Ziel zu erreichen versucht ⟨e-e erfolgreiche T.; e-e T. verfolgen, aufgeben; nach e-r bestimmten T. vorgehen⟩ || -K: ***Verzögerungs-***

Tak·ti·ker *der*; *-s*, -; j-d, der nach e-r Taktik (überlegt) handelt ⟨ein geschickter, kluger T.⟩

tak·tisch *Adj*; *nur attr od adv*; **1** in Bezug auf die Taktik ⟨ein Fehler; aus taktischen Gründen⟩ **2** ≈ planvoll, überlegt ⟨t. vorgehen⟩

Takt·stock *der*; ein dünner, kurzer Stock, mit dem der Dirigent e-m Orchester den Takt[1] (1) anzeigt

Takt·strich *der*; ein senkrechter Strich zwischen zwei Takten[1] (2) auf e-m Blatt mit (Musik)Noten

Tal *das*; -*(e)s*, *Tä·ler*; **1** das tief liegende Gelände, das zwischen Hügeln od. Bergen liegt, *mst* mit e-m Fluss ⟨ein breites, enges, tiefes, weites Tal; durch ein Tal wandern⟩ || K-: ***Tal-, -enge*** || -K: ***Fluss-, Gebirgs-, Seiten-*** **2** ***zu Tal*** *geschr*; (in) das Tal hinunter ⟨etw. fließt zu Tal; j-n zu Tal bringen⟩

tal·ab·wärts *Adv*; das Tal hinunter ↔ talaufwärts

Ta·lar *der*; *-s, -e*; ein langes Gewand, das *bes* Geistliche u. Richter tragen ⟨den T. anlegen, tragen⟩

tal·auf·wärts *Adv*; das Tal hinauf ↔ talabwärts

Ta·lent *das*; *-s, -e*; **1** ***T.*** (***für / zu etw.***) die (angeborene) Fähigkeit zu guten od. sehr guten Leistungen, *bes* im künstlerischen Bereich ⟨kein, viel, wenig T. haben; großes T. zum Malen, Musizieren besitzen; ein T. fördern, verkümmern lassen⟩ ≈ Begabung: *Er hat T. für Musik, für alte Sprachen* **2** e-e Person, die viel T. (1) hat ⟨ein viel versprechendes T.⟩ || K-: ***Talent-, -suche*** || -K: ***Musik-, Sprach-*** **3** ***ein ewiges T.*** j-d, der trotz seines Talents nie den großen Erfolg hat

ta·len·tiert *Adj*; mit Talent (1) ≈ begabt ↔ untalentiert: *ein talentierter junger Künstler*

Ta·ler *der*; *-s*, -; *hist*; e-e alte deutsche Münze

Tal·fahrt *die*; **1** e-e Fahrt von e-m Berg in das Tal hinunter: *e-e T. mit der Seilbahn* **2** e-e negative wirtschaftliche Entwicklung (oft auch der Sturz von Kursen an der Börse): *Die T. der deutschen Automobilindustrie ist gebremst*; *die T. des Dollars*

Talg *der*; -*(e)s*; *nur Sg*; **1** ein tierisches Fett, das *z.B.* zur Produktion von Kerzen u. Seifen verwendet wird || -K: ***Rinder-*** **2** das Fett auf der (Kopf)Haut || *hierzu* **tal·gig** *Adj*

Talg·drü·se *die*; e-e Drüse in der Haut, die e-e Art Fett produziert

Ta·lis·man *der*; *-s, -e*; ein kleiner Gegenstand, von dem man glaubt, dass er Glück bringt od. vor Unglück schützt

Talk·show ['tɔːkʃoː] *die*; -, *-s*; e-e (Fernseh)Sendung, in der j-d das Publikum durch Gespräche *mst* mit bekannten Persönlichkeiten unterhält

Tal·mud *der*; *-s*; *nur Sg*; das wichtigste religiöse Buch der Juden

Tal·soh·le *die*; **1** *Geogr*; der Boden e-s Tals, also die tiefste Stelle in e-m Tal **2** der tiefste Punkt in e-r negativen wirtschaftlichen Entwicklung

Tal·sper·re *die*; e-e hohe Mauer (ein Damm) in e-m engen Flusstal, die das Wasser zu e-m See staut

Tal·sta·ti·on *die*; die Station (1) e-r Bergbahn od. e-s Skilifts im Tal ↔ Bergstation

tal·wärts *Adv*; den Berg hinunter

T

Tam·bu·rin [-riːn] *das*; *-s, -e*; e-e kleine, leichte, unten offene Trommel mit kleinen Glocken am Rand ⟨das T. schlagen⟩

Tam·pon ['tampɔn, tam'poːn] *der*; *-s, -s*; e-e Art kleiner Stab aus dichter Watte, der Flüssigkeiten (*bes* Blut od. Speichel) aufsaugen soll

Tam·tam *das*; *-s*; *nur Sg*; *mst* ***viel T. um j-n / etw. machen*** *gespr pej*; j-m / etw. übertrieben viel Aufmerksamkeit schenken

Tand *der*; *-s*; *nur Sg*, *veraltend*; wertlose Dinge ≈ Kram ⟨billiger T.⟩

tän·deln; *tändelte, hat getändelt*; [Vi] **1** etw. spielerisch, nicht ernsthaft tun: *Statt wie bisher mit dem Problem nur zu t., sollte die Regierung endlich handeln!* **2** ***mit j-m t.*** *veraltend*; mit j-m flirten

Tan·dem *das*; *-s, -s*; ein Fahrrad für zwei Personen mit zwei Sätteln u. zwei Paaren von Pedalen ⟨(auf e-m) T. fahren⟩

Tang *der*; *-s*; *nur Sg*; *mst* rote od. braune Pflanzen (Algen), die im Meer schwimmen u. dicht wachsen

Tan·gen·te [taŋ'gɛntə] *die*; *-, -n*; **1** *Math*; e-e Gerade, die e-e Kurve in e-m Punkt berührt ⟨e-e T. ziehen⟩ || ↑ *Abb. unter* ***geometrische Figuren*** **2** e-e Straße, die am Rande e-s Orts od. e-s Gebiets vorbeigeht || *zu* **1** **tan·gen·ti·al** [-'tsi̯aːl] *Adj*

tan·gie·ren [taŋ'giːrən]; *tangierte, hat tangiert*; [Vt] **1** ***etw. tangiert etw.*** *Math*; etw. berührt e-e Kurve od. Fläche in e-m Punkt **2** ***etw. tangiert j-n*** *geschr*; etw. beeinflusst j-n in seinem Denken u. Tun: *Das tangiert mich nicht* **3** ***etw. tangiert etw.*** *geschr*; etw. betrifft etw. (nur am Rande): *Dieser Diskussionspunkt tangiert das zentrale Thema nur*

Tan·go ['taŋgo] *der*; *-s, -s*; ein Tanz, der in Argentinien entstanden ist ⟨e-n T. spielen, tanzen⟩

Tank *der*; *-s, -s*; ein großer Behälter zum Lagern od. zum Transportieren von Flüssigkeiten (*z.B.* Heizöl) ⟨ein leerer / voller T.; den T. füllen⟩ || K-: ***Tank-, -deckel, -füllung, -inhalt, -lager, -lastzug, -wagen, -zug*** || -K: ***Benzin-, Öl-, Trinkwasser-***

tan·ken; *tankte, hat getankt*; [Vt/i] **1** ***(etw.) t.*** Benzin od. andere Flüssigkeiten in e-n Tank füllen ⟨Benzin, Öl t.⟩: *Ich muss noch (30 Liter) t.*; [Vt] **2** *mst* ***Sonne, frische Luft t.*** *gespr*; sich (lange) sonnen, frische Luft tief einatmen; [Vi] **3** *gespr*; alkoholische Getränke trinken: *Er hat zu viel getankt*

Tan·ker *der*; *-s, -*; ein großes Schiff, das Erdöl transportiert || K-: ***Tanker-, -flotte***

Tank·säu·le *die* ≈ Zapfsäule

Tank·stel·le *die*; ein Geschäft, in dem Benzin u. Öl für (Kraft)Fahrzeuge verkauft werden || K-: ***Tankstellen-, -besitzer, -überfall***

Tank·uhr *die*; ein technisches Gerät in (Kraft)Fahrzeugen, das anzeigt, wie viel Benzin *o.Ä.* noch im Tank ist ≈ Benzinuhr

Tank·wart *der*; *-s, -e*; j-d, der beruflich an e-r Tankstelle Benzin *usw* verkauft

Tan·ne *die*; *-, -n*; ein Nadelbaum mit Nadeln von blaugrüner Farbe, dessen Zapfen aufrecht stehen || ↑ *Abb. unter* ***Nadelbäume*** || K-: ***Tannen-, -holz, -nadel, -wald, -zapfen, -zweig***

Tan·nen·baum *der*; **1** ≈ Tanne **2** *bes nordd* ≈ Weihnachtsbaum

Tan·ta·lus·qua·len *die*; *Pl*; *geschr*; seelische Qualen, die dadurch entstehen, dass man ein Ziel nie ganz erreicht ⟨T. ausstehen, erleiden⟩

Tan·te *die*; *-, -n*; **1** die Schwester der Mutter od. des Vaters od. die Ehefrau des Onkels **2** (von u. gegenüber Kindern verwendet) e-e (bekannte, befreundete) Frau **3** *gespr, oft pej*; verwendet als leicht abschätzige Bezeichnung für ein Mädchen, e-e Frau: *Was wollte die T. von dir?*

Tan·te-Em·ma-La·den *der*; ein kleines Lebensmittelgeschäft ↔ Supermarkt

Tan·ti·e·me [tan'ti̯eːmə] *die*; *-, -n*; das Geld, das *bes* Künstler bekommen, wenn ihre Lieder, Schallplatten im Radio *o.Ä.* gespielt werden, wenn ihre Werke im Theater aufgeführt werden *usw*

Tanz *der*; *-es, Tän·ze*; **1** e-e Folge von rhythmischen Bewegungen des Körpers (oft in der Gruppe u. als Teil e-s Rituals *o.Ä.*) || -K: ***Fruchtbarkeits-, Kriegs-, Tempel-*** **2** e-e Art des rhythmischen Tanzes (1) mit festgelegten Bewegungen *mst* zu Musik u. mit Partner ⟨ein moderner, traditioneller T.; j-n zum T. auffordern, bitten⟩: *Der Tango war früher ein beliebter T. in Europa* || -K: ***Gesellschafts-, Volks-*** **3** *nur Sg*; e-e Veranstaltung, auf der getanzt wird ⟨zum T. gehen⟩ || ID ***e-n T. aufführen / machen*** *gespr*; sehr schimpfen, weil man wütend ist; *mst* ***e-n T. ums Goldene Kalb aufführen*** materielle Dinge (*mst* Geld) zum zentralen Inhalt seines Tuns machen

Tanz·bein *das*; *nur in* ***das T. schwingen*** *gespr hum* ≈ tanzen

tän·zeln; *tänzelte, hat / ist getänzelt*; [Vi] **1** *mst* ***ein Pferd tänzelt*** (*hat*) ein Pferd bewegt sich in kleinen, leichten Schritten: *Am Start wurde das Pferd nervös u. tänzelte unruhig* **2** ***irgendwohin t.*** (*ist*) sich mit tänzerischen Schritten irgendwohin bewegen

tan·zen; *tanzte, hat getanzt*; [Vt/i] ***(etw.) (mit j-m) t.*** (mit j-m) e-n Tanz machen: *(e-n) Tango, (e-n) Walzer t.*; *Sie tanzt nicht gern mit Anfängern* || K-: ***Tanz-, -bar, -café, -fläche, -kapelle, -kurs, -lehrer, -lokal, -musik, -partner, -saal, -salon, -schritt, -turnier, -veranstaltung*** || ID ↑ ***Reihe***

Tän·zer *der*; *-s, -*; j-d, der (auch beruflich) tanzt ⟨ein geschmeidiger, berühmter T.⟩ || -K: ***Ballett-*** || *hierzu* **Tän·ze·rin** *die*; *-, -nen*

tän·ze·risch *Adj*; *nur attr od adv*; **1** nach Art e-s Tänzers ⟨Bewegungen⟩ **2** in Bezug auf das Tanzen: *Das Paar bot e-e tänzerische Bestleistung*

Tanz·schu·le *die*; e-e private Institution, bei der man tanzen lernen kann || *hierzu* **Tanz·schü·ler** *der*; **Tanz·schü·le·rin** *die*

Tanz·stun·de *die*; *mst* ***zur T. gehen*** Unterricht im Tanzen nehmen

Ta·pet *das*; *nur in* ***etw. aufs T. bringen*** ein (*mst* unangenehmes) Thema zur Sprache bringen

Ta·pe·te *die*; *-, -n*; ein festes Papier *mst* mit Mustern, das auf Wände geklebt wird ⟨e-e gemusterte, abwaschbare T., e-e Rolle Tapeten⟩ || K-: ***Tapeten-, -bahn, -muster, -rolle*** || -K: ***Kork-, Seiden-, Textil-*** || NB: *mst* im Plural verwendet: *neue Tapeten fürs Wohnzimmer*

Ta·pe·ten·wech·sel *der*; *mst* ***(dringend e-n) T. brauchen*** *gespr*; e-n Urlaub *o.Ä.* nötig haben, weil die gewohnte Umgebung monoton, langweilig wirkt

ta·pe·zie·ren; *tapezierte, hat tapeziert*; [Vt/i] ***(etw.) t.*** Tapeten an e-e Wand kleben ⟨die Wand, das Zimmer (neu) t.⟩ || K-: ***Tapezier-, -arbeit, -tisch*** || *hierzu* **Ta·pe·zie·rer** *der*; *-s, -*

tap·fer *Adj*; **1** ohne Angst, Furcht u. bereit, gegen Gefahren u. Schwierigkeiten mutig zu kämpfen ↔ ängstlich, feige ⟨ein tapferer Kämpfer; sich t. verteidigen, wehren⟩ **2** *mst präd od adv*; mit großer Selbstbeherrschung, ohne zu klagen ⟨(die) Schmerzen t. ertragen⟩ || *hierzu* **Tap·fer·keit** *die*; *nur Sg*

tapp! *Interjektion*; ***t., t.*** verwendet, um das Geräusch zu imitieren, das Füße auf e-m Fußboden machen

tap·pen; *tappte, ist getappt*; [Vi] ***irgendwohin t.*** sich langsam, vorsichtig u. unsicher fortbewegen: *Sie tappte durch die dunkle Wohnung* || ID ↑ ***dunkel***

täp·pisch *Adj*; *pej*; ungeschickt ↔ gewandt ⟨sich t. benehmen⟩

tap·sig *Adj*; (von jungen Tieren) ungeschickt in den Bewegungen, aber so, dass es dabei nett wirkt

Ta·ra *die*; -, *Ta·ren*; *Ökon*; das Gewicht der Verpackung e-r Ware

Ta·ran·tel *die*; -, *-n*; e-e große, giftige Spinne, die in den Tropen u. Subtropen vorkommt ⟨die T. sticht⟩ || ID ***wie von e-r / der T. gestochen / gebissen*** *gespr*; in plötzlicher Erregung od. Wut

Ta·rif *der*; *-s*, *-e*; **1** der festgesetzte Preis für etw., das e-e staatliche od. offizielle Institution (als Leistung) anbietet (*z.B.* e-e Fahrt mit der Eisenbahn) ⟨ein amtlicher T.; e-n T. aufstellen⟩: *Die Post hat ihre Tarife erhöht* || K-: ***Tarif-, -erhöhung*** || -K: ***Bahn-, Post-, Sonder-, Steuer-, Strom-, Versicherungs-, Zoll-*** **2** die Höhe (u. Abstufung) der Löhne u. Gehälter, über die die Arbeitgeber u. Gewerkschaften verhandeln ⟨neue Tarife aushandeln; nach T. bezahlt werden⟩ || K-: ***Tarif-, -abschluss, -gespräch, -gruppe, -lohn, -recht, -verhandlungen, -vertrag*** || -K: ***Lohn-*** || *hierzu* **ta·rif·lich** *Adj*

Ta·rif·au·to·no·mie *die*; das Recht von Arbeitgebern u. Arbeitnehmern / Gewerkschaften, über Tarife (2) zu verhandeln u. sie festzusetzen, ohne dass der Staat dabei entscheidet

Ta·rif·kon·flikt *der*; ein Konflikt zwischen Arbeitgebern u. Arbeitnehmern / Gewerkschaften, die sich nicht über die Tarife (2) einigen können

Ta·rif·part·ner *der*; *mst Pl*; die Arbeitgeber bzw. die Gewerkschaften, die über die Tarife (2) verhandeln

Ta·rif·run·de *die*; alle Verhandlungen über die neuen Tarife (2) in allen Branchen ⟨die diesjährige T.⟩

Ta·rif·ver·trag *der*; der Vertrag zwischen Arbeitgebern u. Gewerkschaften, in dem die Tarife (2) festgelegt sind || *hierzu* **ta·rif·ver·trag·lich** *Adj*

tar·nen; *tarnte*, *hat getarnt*; Vt **1** ***j-n / sich / etw. t.*** j-n / sich / etw. mit bestimmter Kleidung, bestimmten Farben *o.Ä.* so der Umgebung angleichen, dass er / man / es kaum (aus der Entfernung, von oben *o.Ä.*) sichtbar ist: *Die Polizei hatte die Radarfalle geschickt getarnt*; *Die Kanone war im Gebüsch gut getarnt* || K-: ***Tarn-, -anstrich, -anzug, -farbe*** **2** ***etw. als etw. t.*** etw. so gestalten, dass der wirkliche Zweck nicht zu erkennen ist: *Das Rauschgiftlabor war als Fotowerkstatt getarnt* || K-: ***Tarn-, -organisation***; Vr **3** ***sich als etw. t.*** e-e neue Identität, e-e andere Stellung *o.Ä.* annehmen: *Der Spion tarnte sich als Fotograf* || K-: ***Tarn-, -name*** || *hierzu* **Tar·nung** *die*

Tarn·kap·pe *die*; (in Sagen) e-e Art Mütze, die denjenigen unsichtbar macht, der sie aufsetzt

Ta·sche *die*; -, *-n*; **1** ein Behälter *mst* aus Leder od. Stoff mit e-m Griff (od. e-m Riemen zum Umhängen), in dem man Dinge bei sich trägt od. transportiert: *Er trug seiner Mutter die schwere T. nach Hause* || -K: ***Einkaufs-, Sport-; Leder-*** **2** e-e Art kleiner Sack aus e-m Stück Stoff in der Kleidung, in dem man kleine Dinge aufbewahren kann ⟨e-e aufgesetzte, eingesetzte T.; etw. aus der T. ziehen⟩: *die Hände in die Taschen stecken* || K-: ***Taschen-, -inhalt*** || -K: ***Brust-; Hosen-, Jacken-, Mantel-*** || ID ***j-m auf der T. liegen*** *gespr*, *oft pej*; von j-s Geld leben u. ihn dadurch belasten; ***j-m etw. aus der T. ziehen*** *gespr*; j-n durch Tricks, Schmeicheleien *o.Ä.* dazu bewegen, dass er einem Geld *o.Ä.* gibt; ***etw. aus der eigenen T. bezahlen / finanzieren*** *o.Ä.* etw. vom eigenen Geld bezahlen *o.Ä.*; ***(für etw.) tief in die T. greifen müssen*** *gespr*; viel Geld für etw. zahlen müssen; ***etw. fließt / wandert in j-s Taschen*** *gespr*, *oft pej*; j-d bekommt (*bes* auf unehrliche Weise) viel Geld; ***etw. schon in der T. haben*** *gespr*; etw. sicher bald bekommen od. erreichen ⟨e-n Sieg, e-n Vertrag schon in der T. haben⟩; *mst* ***Er / Sie steckt ihn / sie in die T.*** *gespr*; er / sie kann viel mehr als j-d anderer, ist ihm / ihr überlegen; ***sich in die eigene T. lügen*** *gespr*; (in bestimmter Hinsicht) nicht ehrlich gegenüber sich selbst sein, sich etw. vormachen

Ta·schen- *im Subst*, *begrenzt produktiv*; verwendet, um auszudrücken, dass etw. relativ klein ist u. für den Zweck produziert wurde, dass man es bequem (*bes* in der Tasche (2)) bei sich tragen kann; der ***Taschenfahrplan***, das ***Taschenformat***, der ***Taschenkalender***, der ***Taschenkamm***, der ***Taschenrechner***, der ***Taschenschirm***, der ***Taschenspiegel***, die ***Taschenuhr***, das ***Taschenwörterbuch***

Ta·schen·buch *das*; ein relativ billiges Buch in e-m kleinen Format u. ohne festen Einband || K-: ***Taschenbuch-, -verlag***

Ta·schen·dieb *der*; j-d, der anderen Geld *usw* aus der Tasche (1,2) stiehlt: *Vor Taschendieben wird gewarnt!*

Ta·schen·geld *das*; *nur Sg*; ein *mst* kleiner Geldbetrag, den j-d (der selbst kein Geld verdient) für persönliche Ausgaben regelmäßig bekommt: *Ich gebe meinem Sohn dreißig Euro T. im Monat*

Ta·schen·lam·pe *die*; e-e kleine Lampe mit Batterie

Ta·schen·mes·ser *das*; ein kleines Messer *mst* mit mehreren Klingen, das man zusammenklappen u. so in der Tasche (2) tragen kann

Ta·schen·tuch *das*; ein kleines, viereckiges Stück Stoff *o.Ä.*, das man zum Naseputzen *o.Ä.* in der Tasche bei sich trägt

Tas·se *die*; -, *-n*; **1** ein kleines Gefäß mit Henkel, *mst* aus Porzellan od. Keramik, aus dem man *mst* warme Getränke trinkt ⟨etw. in e-e T. gießen; aus e-r T. trinken⟩ || ↑ *Abb. unter* ***Frühstückstisch*** || K-: ***Tassen-, -rand*** || -K: ***Kaffee-, Tee-*** **2** der Inhalt e-r T. (1) ⟨e-e T. Tee, Kaffee, Schokolade trinken⟩ **3** ***e-e trübe T.*** *gespr*; verwendet als Bezeichnung für e-n langweiligen, temperamentlosen Menschen || ID *mst* ***Er / Sie hat nicht alle Tassen im Schrank*** *gespr iron*; er / sie ist verrückt

Tas·ta·tur *die*; -, *-en*; die Tasten e-s Klaviers, e-r Schreibmaschine, e-s Computers *o.Ä.* || ↑ *Abb. unter* ***Computer***

Tas·te *die*; -, *-n*; einer der kleinen Teile e-s Musikinstruments od. e-r Maschine, die man mit den Fingern (herunter)drückt, um Töne, Signale *o.Ä.* zu produzieren: *e-e T. auf der Schreibmaschine, auf dem Klavier anschlagen, drücken* || ↑ *Abb. unter* ***Akkordeon*** || K-: ***Tasten-, -instrument, -telefon*** || -K: ***Notruf-***

tas·ten; *tastete*, *hat getastet*; Vi **1** ***(nach etw.) t.*** vorsichtig od. suchend nach etw. mit den Händen greifen: *Ich tastete im Dunkeln nach dem Lichtschalter*; Vr **2** ***sich irgendwohin t.*** sich vorsichtig, suchend in e-e bestimmte Richtung bewegen: *Ich tastete mich langsam zur Tür*

Tast·sinn *der*; *nur Sg*; die Fähigkeit, etw. durch Berühren wahrzunehmen: *Blinde haben e-n stark entwickelten T.*

tat *Imperfekt*, *1. u. 3. Person Sg*; ↑ ***tun***

Tat *die*; -, *-en*; **1** e-e einzelne Handlung, mit der man etw. bewirkt ⟨e-e böse Tat begehen; e-e gute Tat vollbringen⟩: *Den Worten müssen jetzt Taten folgen!* **2** *Kurzw*; ↑ ***Straftat*** ⟨e-e Tat gestehen⟩ || K-: ***Tat-, -bericht, -beteiligung, -hergang, -motiv, -ort, -umstand, -waffe, -zeit, -zeuge*** || -K: ***Mord-*** **3** ***etw. in die Tat umsetzen*** e-e Idee realisieren **4** ***ein Mann der Tat*** j-d, der nicht lange zögert, sondern gleich energisch handelt **5** ***j-n auf frischer Tat ertappen*** j-n ertappen, wenn er gerade dabei ist, ein Verbrechen zu begehen od. etw. Verbotenes zu tun **6** ***in der Tat*** ≈ wirklich || ► ***betätigen***

Ta·tar *das*; *-s*; *nur Sg*; e-e Speise, die aus rohem gehacktem Rindfleisch (mit e-m rohen Ei und verschiedenen Zutaten) besteht

Tat·be·stand *der*; **1** alle Fakten, die bei etw. relevant sind ≈ Sachverhalt ⟨den T. feststellen⟩: *An dem T. lässt sich nichts ändern* **2** *Jur*; die Kriterien, die e-e Handlung als Verbrechen kennzeichnen: *Der T. der Körperverletzung ist erfüllt*

tä·te *Konjunktiv II, 1. u. 3. Person Sg*; ↑ ***tun***

Tat·ein·heit *die*; *mst in* ***etw. in T. mit etw.*** *Jur*; drückt aus, dass zwei Delikte gleichzeitig begangen wurden: *j-n wegen Nötigung in T. mit schwerer Körperverletzung verurteilen*

Ta·ten·drang *der*; *nur Sg*; die Energie, die einen antreibt, etw. zu tun ≈ Dynamik ↔ Passivität: *Er war voller T.*

Ta·ten·durst *der*; *geschr* ≈ Tatendrang || *hierzu* **ta·ten·durs·tig** *Adj*

ta·ten·los *Adj*; *nur präd od adv*; so, dass man in e-r *mst* kritischen Situation nicht handelt u. unbeteiligt bleibt ≈ passiv ⟨t. (bei etw.) zusehen⟩ || *hierzu* **Ta·ten·lo·sig·keit** *die*; *nur Sg*

Tä·ter *der*; *-s, -*; j-d, der e-e Straftat begangen hat ⟨den T. fassen, finden⟩: *Wer war der T.?* || K-: ***Täter-, -beschreibung*** || -K: ***Mehrfach-, Nachahmungs-, Wiederholungs-*** || *hierzu* **Tä·te·rin** *die*; *-, -nen*; **Tä·ter·schaft** *die*; *-*; *nur Sg*

Tä·ter·kreis *der*; alle Personen, die in dem Verdacht stehen, ein Verbrechen begangen zu haben

tä·tig *Adj*; *nicht adv*; **1** *mst präd*; ***j-d ist als etw. / irgendwo t.*** j-d arbeitet in e-m bestimmten Beruf / ist irgendwo aktiv: *Sie ist als Juristin im Staatsdienst t.* **2** *nur attr*; aktiv od. intensiv ⟨Anteilnahme, Hilfe, Reue⟩ **3** ⟨ein Vulkan⟩ so, dass er noch ausbricht, nicht erloschen ist

Tä·tig·keit *die*; *-, -en*; **1** die Arbeit in e-m Beruf ⟨e-e gut / schlecht bezahlte, j-s berufliche T; e-e T. aufnehmen, ausüben, aufgeben⟩: *Er nimmt seine T. als Lehrer wieder auf*; *Sie sucht e-e interessante T. in der Industrie* || K-: ***Tätigkeits-, -beschreibung, -merkmal*** || -K: ***Erwerbs-, Berufs-; Agenten-, Büro-, Forschungs-, Lehr-, Verwaltungs-; Neben-*** **2** *mst Sg*; das Aktivsein, das Sichbeschäftigen mit etw. ≈ Aktivität ⟨Tätigkeiten entfalten⟩ || -K: ***Aufklärungs-, Ermittlungs-, Kampf-, Sabotage-, Spionage-; Denk-, Hilfs-, Stör-***

Tä·tig·keits·be·richt *der*; der Bericht *mst* e-r Organisation über die Arbeit, die sie gemacht hat ⟨e-n T. liefern⟩: *der T. des Datenschutzbeauftragten*

Tä·tig·keits·wort *das* ≈ Verb

Tat·kraft *die*; *nur Sg*; die Energie, die einen zum Handeln antreibt ⟨T. entfalten, entwickeln, beweisen⟩ || *hierzu* **tat·kräf·tig** *Adj*

tät·lich *Adj*; mit körperlicher Gewalt gegen andere Menschen ⟨j-n t. angreifen; gegen j-n t. werden⟩

Tät·lich·keit *die*; *-, -en*; *mst Pl*, *Admin geschr*; die Anwendung von körperlicher Gewalt gegen andere Menschen: *Wenn er provoziert wird, lässt er sich leicht zu Tätlichkeiten hinreißen*

Tat·ort *der*; der Ort, an dem ein Verbrechen begangen wurde

tä·to·wie·ren; *tätowierte, hat tätowiert*; [Vt] ***j-n / etw. t.; j-m etw. irgendwohin t.*** j-m mit e-r Nadel u. Farben (dauerhafte) Zeichnungen auf die Haut machen: *j-n am ganzen Körper t.; j-s Arm t.; j-m e-n Adler auf die Brust t.* || *hierzu* **Tä·to·wie·rung** *die*

Tat·sa·che *die*; *-, -n*; etw., das sich wirklich ereignet hat, das objektiv festgestellt wurde ≈ Faktum ⟨etw. beruht auf Tatsachen, entspricht den Tatsachen; es ist e-e T., dass⟩: *Du musst dich mit den Tatsachen abfinden* || K-: ***Tatsachen-, -bericht*** || ID ***die Tatsachen verdrehen*** die wahren Ereignisse falsch darstellen; ***j-n vor vollendete Tatsachen stellen*** j-n mit e-r Situation konfrontieren, an der er nichts mehr ändern kann

tat·säch·lich, tat·säch·lich *Adj*; **1** *nur attr, nicht adv*; der Wirklichkeit entsprechend ≈ wahr (1), wirklich (1) ⟨der Grund, die Ursache⟩ **2** *nur adv*; in Wirklichkeit (u. nicht nur in der Fantasie) ≈ wirklich (1): *Gibt es t. Hexen?* **3** ***T.?*** *gespr, oft iron*; ist das auch wahr? **4** verwendet, um Erstaunen über etw. auszudrücken: *Du bist ja t. pünktlich gekommen!*; *Jetzt hat er t. noch gewonnen, obwohl er erst so weit zurücklag!*

tät·scheln; *tätschelte, hat getätschelt*; [Vt] ***j-n / (j-m) etw. t.*** mehrmals mit der Hand leicht u. zärtlich auf j-s Haut / auf das Fell e-s Tieres *o.Ä.* schlagen: *Er tätschelte den Hals des Pferdes*

Tat·ter·greis *der*; *gespr pej*; ein schwacher, alter, zittriger Mann

Tat·ver·dacht *der*; der Verdacht, dass j-d ein Verbrechen begangen hat ⟨unter T. stehen; gegen j-n besteht T.⟩

tat·te·rig, tatt·rig *Adj*; *gespr* ≈ zittrig: *ein tattriger alter Mann*

ta·tü·ta·ta! *Interjektion*; verwendet, um den Klang des Warnsignals von Polizei-, Feuerwehr- u. Krankenwagen zu imitieren

Tat·ze *die*; *-, -n*; der Fuß (die Pfote) großer Raubtiere, *bes* von Bären || NB: Löwen, Tiger *usw* haben *Pranken*

Tau[1] *der*; *-s*; *nur Sg*; kleine Wassertropfen, die am frühen Morgen auf der Erde, auf den Pflanzen liegen (ohne dass es geregnet hat) || K-: ***Tau-, -tropfen***

Tau[2] *das*; *-(e)s, -e*; ein dickes, starkes Seil (*bes* auf Schiffen) ⟨ein T. auswerfen, kappen⟩

taub *Adj*; **1** nicht fähig zu hören ≈ gehörlos ⟨auf dem linken / rechten Ohr t. sein⟩ **2** *nicht adv*; ohne Gefühl (1), wie abgestorben: *Meine Füße waren t. vor Kälte* **3** *nicht adv*; ohne Inhalt, ohne Kern ⟨*mst* e-e Ähre, e-e Nuss⟩ **4** ***sich t. stellen*** so tun, als ob man nichts hören könnte || *zu* **1 Tau·be** *der / die*; *-n, -n*; *zu* **1** u. **2 Taub·heit** *die*; *nur Sg*

Tau·be *die*; *-, -n*; ein mittelgroßer, *mst* grauer Vogel mit kleinem Kopf u. kurzen Beinen (der auch als Haustier gehalten wird) ⟨die T. girrt, gurrt⟩: *Die weiße T. gilt als Symbol des Friedens* || K-: ***Tauben-, -art, -ei, -zucht*** || -K: ***Brief-, Haus-, Wild-***

Tau·ben·schlag *der*; e-e Art kleines Häuschen (oft auf e-m hohen Pfahl) od. ein Stall, in dem Tauben gehalten werden || ID *mst* ***Hier geht es zu wie in e-m T.!*** *mst pej*; hier kommen u. gehen viele Leute

taub·stumm *Adj*; unfähig zu hören u. zu sprechen || *hierzu* **Taub·stum·me** *der / die*; **Taub·stumm·heit** *die*; *nur Sg*

tau·chen; *tauchte, hat / ist getaucht*; [Vi] **1** ***t.*** *(hat / ist)*; ***irgendwohin t.*** *(ist)*; mit dem Körper unter die Wasseroberfläche gehen, ganz im Wasser verschwinden (u. e-e bestimmte Zeit od. Strecke irgendwohin schwimmen): *Die Ente taucht u. sucht unter Wasser nach Futter*; *zum Grund des Schwimmbeckens t.*; *Das U-Boot taucht* || K-: ***Tauch-, -boot, -sport, -tiefe*** **2** ***nach etw. t.*** *(hat / ist)* unter die Wasseroberfläche gehen u. nach etw. suchen ⟨nach Perlen, Schwämmen t.⟩ **3** ***in etw.*** *(Akk)* ***t.*** *(ist) geschr*; in etw. verschwinden: *Sie tauchten in die Finsternis*; [Vt] *(hat)* **4** ***j-n (in etw.*** *(Akk)*) ***t.*** j-s Kopf mit Gewalt unter Wasser drücken **5** ***etw. in etw.*** *(Akk)* ***t.*** etw. in e-e Flüssigkeit hineinhalten: *den Pinsel in die Farbe t.* || *zu* **1 Tau·chen** *das*

Tau·cher *der*; j-d, der (als Sport od. beruflich) *mst* mit e-r Ausrüstung taucht: *Der T. fand Perlen* || K-: ***Taucher-, -anzug, -ausrüstung, -brille*** || -K: ***Perlen-, Sport-, Tiefsee-***

Tauch·sie·der *der*; *-s, -*; ein elektrisches Gerät in Form e-r Spirale, mit dem man Wasser heiß macht

Tauch·sta·ti·on *die*; *mst in* ***auf T. gehen*** *gespr*; sich an e-n Ort begeben, an dem man allein sein kann u. für andere nicht zu erreichen ist

T

tau·en; *taute, hat / ist getaut*; [Vi] (*ist*) **1 *etw. taut*** etw. wird zu Wasser ≈ etw. schmilzt ↔ etw. gefriert; [Vimp] (*hat*) **2 *es taut*** die Temperatur im Freien liegt wieder über 0°C, wobei Eis u. Schnee schmelzen ↔ es friert

Tauf·be·cken *das*; ein Becken aus Stein od. Metall für das Wasser, das bei der Taufe verwendet wird

Tau·fe *die*; -, *-n*; ein christliches Ritual, mit dem j-d in die Kirche aufgenommen wird. Dabei wird die Stirn mit Wasser befeuchtet. Wenn Neugeborene getauft werden, erhalten sie auch ihren Namen ⟨die Taufe empfangen, erhalten⟩ || K-: ***Tauf-, -gelübde, -kleid, -pate, -zeuge*** || ID ***etw. aus der T. heben*** etw. gründen

tau·fen; *taufte, hat getauft*; [Vt] **1 *j-n* (*auf den Namen ...*) *t.*** j-m die Taufe (u. dabei e-n Namen) geben: *Der Pfarrer taufte das Baby auf den Namen Michael; Er ließ sich t.* **2 *etw.* (*auf den Namen ...*) *t.*** etw. (im Rahmen e-r Feier) e-n Namen geben: *Sie taufte das Schiff (auf den Namen Phoenix)*

Tauf·na·me *der* ≈ Vorname

tau·frisch *Adj*; *mst hum*; **1** sehr frisch ⟨Blumen, Gemüse⟩ **2** sehr neu: *Sein Führerschein ist noch t.* **3 *sich* (*noch*) *t. fühlen*** sich sehr fit, dynamisch fühlen

Tauf·schein *der*; ein Dokument, das von der Kirche ausgestellt wird als Beweis, dass man getauft wurde

tau·gen; *taugte, hat getaugt*; [Vi] **1 *t.* (*für / zu etw.*)** geeignet, nützlich sein: *Er taugt nicht zu dieser / für diese Arbeit; Dieses Buch taugt nicht für Kinder* || NB: *mst* verneint gebraucht **2 *etw. taugt j-m*** *bes südd* Ⓐ *gespr*; etw. gefällt j-m gut **3 *j-d / etw. taugt nichts*** *gespr pej*; j-d / etw. ist (für etw.) unbrauchbar, j-d hat e-n schlechten Charakter

Tau·ge·nichts *der*; *-(es)*, *-e*; *pej*; ein fauler, nutzloser Mensch

taug·lich *Adj*; **1 *zu / für etw. t.*** zu / für etw. geeignet od. brauchbar ↔ ungeeignet, unbrauchbar **2** für den Militärdienst geeignet ↔ untauglich ⟨ein junger Mann⟩: *Er wurde bei der Musterung für t. erklärt* || *hierzu* **Taug·lich·keit** *die*; *nur Sg*

-taug·lich *im Adj, wenig produktiv*; in der Lage, etw. zu tun, geeignet für etw.; ***diensttauglich*** ⟨ein Soldat⟩, ***fahrtauglich*** ⟨ein Wagen⟩, ***flugtauglich*** ⟨ein Flugzeug⟩, ***wehrtauglich*** ⟨ein Mann⟩, ***wintertauglich*** ⟨ein Autoreifen⟩, ***zuchttauglich*** ⟨Tiere⟩

Tau·mel *der*; *-s*; *nur Sg*; **1** das Schwanken (als Folge e-s Schwindelgefühls) **2 *ein T.*** + *Gen* e-e große Begeisterung (die wie ein Rausch (2) ist) ⟨in e-n T. der Freude, des Glücks geraten⟩: *Ein T. der Begeisterung ergriff die Menschen* || -K: ***Freuden-*** || *zu* **1 tau·me·lig** *Adj*

tau·meln; *taumelte, ist / hat getaumelt*; [Vi] **1** (*hat / ist*) sich im Stehen von e-r Seite zur anderen bewegen (u. dabei fast umfallen) ≈ schwanken, torkeln **2 *irgendwohin t.*** (*ist*) schwankend irgendwohin gehen ≈ wanken

Tausch *der*; *-(e)s*; *nur Sg*; **1** das Tauschen (1) ⟨e-n (guten, schlechten) T. machen; etw. zum T. anbieten⟩ || K-: ***Tausch-, -angebot, -geschäft, -handel, -objekt, -wert*** || -K: ***Waren-*** **2 *im T. für / gegen etw.*** als Gegenleistung für etw.: *Im T. für / gegen das Buch gebe ich dir e-e Schallplatte*

tau·schen; *tauschte, hat getauscht*; [Vt/i] **1 (*mit j-m*) (*etw.*) *t.*** j-m etw. geben, um dafür etw. anderes zu bekommen, das ungefähr den gleichen Wert hat ⟨Briefmarken, die Plätze t.⟩: *„Ich habe das Asterix-Heft Nr. 2 u. du hast Nummer 8 - wollen wir t.?“* || K-: ***Tausch-, -börse; -waren***; [Vi] **2 *etw. gegen etw. t.*** ≈ t. (1) **3** ⟨Personen⟩ ***tauschen etw.***; ***j-d tauscht mit j-m etw.*** zwei od. mehrere Personen machen das Gleiche: *Sie tauschten Blicke* (= sahen sich kurz an) || ID ***nicht mit j-m t. mögen*** nicht an j-s Stelle sein wollen (weil das unangenehm wäre)

täu·schen; *täuschte, hat getäuscht*; [Vt] **1 *j-n* (*durch etw.*) *t.*** (mit etw.) absichtlich e-n falschen Eindruck bei j-m erwecken ≈ irreführen: *Er täuscht sie durch seinen Charme*; [Vi] **2 *etw. täuscht*** etw. vermittelt e-n falschen Eindruck: *Der erste Eindruck täuscht oft*; [Vr] **3 *sich t.*** ≈ irren: *Du täuschst dich, er war es nicht* **4 *sich in j-m t.*** von j-m einen falschen Eindruck haben || ID *mst* ***Wenn mich nicht alles täuscht,* (*dann*) ...** ich bin ziemlich sicher, dass

täu·schend **1** *Partizip Präsens*; ↑ ***täuschen*** **2** *Adj*; sehr stark, sehr ⟨e-e Ähnlichkeit; j-m / etw. t. ähnlich sehen⟩

Täu·schung *die*;-, *-en*; **1** das Täuschen (1) ⟨e-e plumpe, geschickte, raffinierte T.; auf e-e T. hereinfallen⟩ || K-: ***Täuschungs-, -absicht, -manöver*** **2** e-e falsche Vorstellung, die man von etw. hat ≈ Irrtum ⟨sich e-r T. hingeben⟩ **3 *e-e optische T.*** e-e falsche Wahrnehmung, die durch die Perspektive des Sehens entsteht

tau·send *Zahladj*; (als Zahl) 1000 || NB: ↑ ***Tausend***[3]

Tau·send[1] *die*; -, *-en*; die Zahl 1000

Tau·send[2] *das*; *-s*; -; e-e Menge von tausend Personen od. Dingen ⟨das erste, zweite *usw* T.; j-d / etw. macht das T. voll⟩

Tau·send[3], **tau·send** *Zahlwort*; *indeklinabel, gespr* ≈ Tausende ⟨einige, ein paar, viele T.⟩: *Den Film hab ich schon T. Mal gesehn* (= sehr oft) || NB: wie ein Adj. od. Subst. verwendet

Tau·sen·de, tau·sen·de Zahlwort; **1 *T.*** (+ *Gen* (*Pl*)); ***T.* (*von j-m / etw.* (*Pl*))** e-e sehr große Menge von Personen od. Dingen: *Das kann nur einer von / unter Tausenden; Sie waren zu Tausenden gekommen; T. kleiner Insekten / von kleinen Insekten* || NB: verwendet wie ein Adj. od. Subst. **2 *etw. geht in die T.*** etw. beträgt deutlich mehr als 1000 (Personen, Dinge, Euro *usw*): *Die Kosten gingen in die T.; Die Zahl der Todesopfer ging in die T.*

Tau·sen·der *der*; *-s*, -; *gespr*; **1** tausend Mark, Schilling *usw* **2** ein Geldschein im Wert von tausend Euro, Mark, Schilling *usw*

tau·send·fach *Adj*; **1** 1000 Mal so viel, so oft *o.Ä.*: *die tausendfache Menge der üblichen radioaktiven Strahlung* **2** *mst adv, gespr*; sehr viele Male: *e-e t. angewandte Technik* || *zu* **1 Tau·send·fa·che** *das*; *-n*; *nur Sg*

Tau·send·füß·ler *der*; *-s*, -; ein kleines Tier, das aussieht wie ein Wurm mit sehr vielen Beinen

tau·send·mal *Adv*; **1** 1000 Mal **2** *gespr* ≈ sehr oft: *Das hab ich dir schon t. erklärt!* || *hierzu* **tau·send·ma·li·g-** *Adj*; *nur attr, nicht adv*

Tau·send·sas·sa *der*; *-s*, *-s*; *gespr hum od iron*; j-d, der sehr viel kann u. den man deswegen bewundert

tau·sends·t- *Zahladj, nur attr, nicht adv*; **1** in e-r Reihenfolge an der Stelle 1000 ≈ 1000. **2 *der tausendste Teil* (*von etw.*)** ≈ 1/1000

tau·sends·tel *Adj*; *nur attr, indeklinabel, nicht adv*; den 1000. Teil von etw. bildend: *e-e t. Sekunde*

Tau·sends·tel *das*; *-s*, -; der 1000. Teil von etw. || K-: ***Tausendstel-, -sekunde***

Tau·wet·ter *das*; *nur Sg*; **1** relativ mildes Wetter, das auf Kälte folgt u. Schnee u. Eis schmelzen lässt **2** e-e Phase, in der sich die politische Atmosphäre entspannt, in der die politischen Beziehungen besser werden ⟨T. setzt ein⟩

Tau·zie·hen *das*; *-s*; *nur Sg*; **1** ein Wettkampf, bei dem zwei Mannschaften an den beiden Enden e-s Taus[2] ziehen u. versuchen, den Gegner auf die eigene Seite zu ziehen **2 *ein T.* (*um etw.*)** ein lange dauernder Kampf od. Streit um etw. ≈ Hin u. Her: *das T. zwischen Regierung u. Opposition um Reformen*

Ta·ver·ne [-v-] *die*; -, *-n*; ein italienisches Gasthaus
Ta·xe[1] *die*; -, *-n*; *nordd* ≈ Taxi
Ta·xe[2] *die*; -, *-n*; *bes* CH ≈ Gebühr || -K: ***Kur-, Fahr-, Post-, Spital-, Telefon-***
Ta·xi *das*, CH *der*; *-s*, *-s*; ein Auto, dessen Fahrer gegen Bezahlung Personen fährt ⟨ein T. bestellen⟩ || K-: ***Taxi-, -chauffeur, -fahrer, -fahrt, -unternehmen*** || -K: ***Funk-***
ta·xie·ren; *taxierte, hat taxiert*; Vt **1** ***j-n / etw. t.*** j-n / etw. kritisch betrachten, um ihn / es beurteilen zu können: *Lange taxierte er sein Gegenüber* **2** ***etw.*** **(*auf etw.*** (*Akk*)) ***t.*** als Experte den Wert, den Preis von etw. bestimmen ≈ schätzen: *Der Diamant wurde auf 5000 Euro taxiert* || *hierzu* **Ta·xie·rung** *die*
Ta·xi·stand *der*; e-e Stelle, an der Taxis auf Kunden warten
Tbc [teːbeːˈtseː] *die*; -; *nur Sg*; *Kurzw* ↑ ***Tuberkulose***
Teak [tiːk] *das*; *-s*; *nur Sg*; das sehr harte Holz e-s tropischen Baums, das *bes* bei der Produktion von teuren Möbeln u. Schiffen verwendet wird || K-: ***Teak-, -holz, -möbel***
Team [tiːm] *das*; *-s*, *-s*; e-e Gruppe von Personen, die gemeinsam etw. macht, an etw. arbeitet ≈ Mannschaft ⟨ein T. von Fachleuten; in e-m T. arbeiten, (mit)spielen⟩ || K-: ***Team-, -arbeit, -chef*** || -K: ***Ärzte-, Experten-***
Team·geist *der*; *nur Sg*; das Gefühl bei allen Mitgliedern e-s Teams, dass man zusammengehört: *Es herrscht ein guter, sportlicher T.*
Team·work [ˈtiːmvøɐ̯k] *das*; *-s*; *nur Sg*; die Zusammenarbeit in der Gruppe ⟨in T. arbeiten⟩
Tech·nik[1] *die*; -; *nur Sg*; **1** alle Mittel u. Methoden, mit denen der Mensch die Kräfte der Natur u. die Erkenntnisse der Naturwissenschaften für sich praktisch (aus)nutzt ⟨der neueste Stand der T.; ein Wunder der T.⟩ **2** die Maschinen u. Geräte (e-s Betriebs): *e-e Firma mit modernster T.* **3** die technische (1) Beschaffenheit e-s Geräts *o.Ä.*: *Ich komme mit der T. dieser Maschine einfach nicht klar*
Tech·nik[2] *die*; -, *-en*; e-e bestimmte Methode, etw. zu tun ⟨handwerkliche, künstlerische, sportliche Techniken; e-e (neue) T. anwenden, beherrschen; sich e-r T. bedienen⟩ || -K: ***Arbeits-, Mal-, Spreng-***
Tech·ni·ker *der*; *-s*, -; **1** ein Experte od. Handwerker auf e-m Gebiet der Technik[1], *bes* im mechanischen, elektrischen od. elektronischen Bereich **2** j-d, der e-e Technik[2] beherrscht: *Dieser Pianist ist ein hervorragender T.* || *hierzu* **Tech·ni·ke·rin** *die*; -, *-nen*
tech·nisch *Adj*; **1** die Technik[1] betreffend ⟨ein Beruf, Daten, e-e Errungenschaft, e-e Neuerung, Probleme, e-e Störung; t. begabt sein⟩ **2** die Technik[2] betreffend ⟨j-s Können; t. einwandfrei⟩ **3** *mst* ***aus technischen Gründen*** aus Gründen, die mit dem Ablauf von etw. od. mit den äußeren Umständen von etw. zu tun haben: *Aus technischen Gründen fällt das Konzert aus*
-tech·nisch *im Adj*, *begrenzt produktiv*, *ohne Steigerung*, *geschr*; in Bezug auf die praktische Durchführung, *bes* die Organisation und den Ablauf des genannten Prozesses; ***drucktechnisch*** ⟨e-e gute, schlechte Reproduktion⟩, ***fertigungstechnisch*** ⟨Mängel, Verbesserungen⟩, ***finanztechnisch*** ⟨Bedenken, Schwierigkeiten⟩, ***steuertechnisch*** ⟨e-e Umbuchung⟩, ***verkehrstechnisch*** ⟨ein Problem⟩ ***verwaltungstechnisch*** ⟨ein Verfahren⟩
tech·ni·siert *Adj*; mit technischen Geräten ⟨ein Betrieb, e-e Produktion⟩ || *hierzu* **Tech·ni·sie·rung** *die*; *nur Sg*
Tech·no [ˈtɛkno] *das*, *der*; *-s*; *nur Sg*; moderne elektronische Tanzmusik mit schnellem, intensivem Rhythmus || K-: ***Techno-, -fan, -musik***
Tech·no·kra·tie *die*; -; *nur Sg*, *oft pej*; die Beherrschung u. Kontrolle von Politik u. Wirtschaft durch Technik[1] u. Verwaltung || *hierzu* **tech·no·kra·tisch** *Adj*; **Tech·no·krat** *der*; *-en*, *-en*
Tech·no·lo·gie *die*; -, *-n* [-ˈgiːən] **1** die Lehre, wie naturwissenschaftliche Erkenntnisse in der Produktion genutzt werden **2** alle technischen Kenntnisse || *hierzu* **tech·no·lo·gisch** *Adj*; **Tech·no·lo·ge** *der*; *-n*, *-n*; **Tech·no·lo·gin** *die*; -, *-nen*
Tech·tel·mech·tel *das*; *-s*, -; *gespr*; ein Flirt, e-e kurze, kleine Liebesaffäre ⟨ein T. mit j-m haben⟩
Ted·dy [-i] *der*; *-s*, *-s*; ein kleiner Bär aus Plüsch od. Stoff als Spielzeug für Kinder || K-: ***Teddy-, -bär***
TEE [teː|eː|eː] *der*; *-(s)*, *-(s)*; (*Abk für* Trans-Europ-Express) ein schneller Zug, der nur Wagen der 1. Klasse hat u. nur in großen Städten hält
Tee *der*; *-s*, *-s*; **1** e-e (asiatische) Pflanze, aus deren Blättern man ein heißes Getränk macht || K-: ***Tee-, -blatt, -plantage, -strauch*** **2** die getrockneten Blätter des Tees (1) ⟨schwarzer Tee⟩ || K-: ***Tee-, -büchse, -dose, -mischung, -sieb*** **3** ein anregendes, heißes Getränk aus Tee (2) ↔ Kaffee ⟨schwacher, starker Tee; Tee aufbrühen, kochen, machen, ziehen lassen, trinken; Tee mit Milch, mit Zitrone, mit Rum⟩ || K-: ***Tee-, -glas, -kanne, -service, -tasse, -wasser***; ***-trinker*** **4** ein heißes Getränk aus getrockneten Blättern, Blüten od. Früchten von (Heil)Pflanzen || -K: ***Fenchel-, Früchte-, Hagebutten-, Kamillen-, Malven-, Pfefferminz-*** || NB: **a)** *zu* **1-4**: der Plural wird nur in der Bedeutung „Teesorten" verwendet; **b)** *zu* **3** u. **4**: um Tee (3) u. Tee (4) zu unterscheiden, wird Tee (3) oft *schwarzer Tee* u. Tee (4) *Kräutertee* od. *Früchtetee* genannt **5** ein Treffen (von Freunden) am Nachmittag, bei dem man Tee trinkt u. Kuchen *o.Ä.* isst ⟨e-n Tee geben; j-n zum Tee bitten⟩ || K-: ***Tee-, -gebäck, -gesellschaft*** || -K: ***Tanz-*** || ID ↑ ***abwarten***
Tee·beu·tel *der*; ein kleiner Beutel aus Papier, in dem e-e bestimmte Menge Tee (2) ist (u. den man in heißes Wasser hängt, um Tee (3,4) zu machen)
Tee-Ei, Tee·ei [ˈteː|ai] *das*; ein kleiner Behälter aus Metall mit Löchern, den man mit Tee (2) füllt u. in e-e Kanne mit heißem Wasser hängt, um Tee (3,4) zu machen
Tee·haus *das*; ein Lokal *bes* in China od. Japan, in dem man Tee trinkt
Tee·kes·sel *der*; ein Topf aus Metall, der wie e-e Kanne aussieht u. in dem man Wasser heiß macht ≈ Wasserkessel
Tee·kü·che *die*; e-e kleine Küche *mst* in der Firma (zum Kochen von Kaffee, Tee *usw*)
Tee·licht *das*; *-s*, *-e* / *-er*; e-e kleine Kerze in e-m (Aluminium)Behälter für ein Stövchen
Tee·löf·fel *der*; **1** ein kleiner Löffel, mit dem man Getränke umrührt **2** die Menge von etw., die auf e-n T. (1) passt ⟨ein gestrichener, gehäufter T. Backpulver, Salz, Zucker *usw*⟩ || *zu* **2** **tee·löf·fel·wei·se** *Adj*; *mst adv*
Tee·na·ger [ˈtiːneːdʒɐ] *der*; *-s*, -; ein Junge od. ein Mädchen im Alter von ungefähr 13 bis 19 Jahren
Teer [teːɐ] *der*; *-(e)s*; *nur Sg*; e-e schwarze, zähe od. flüssige Masse, die beim Bau von Straßen verwendet wird || K-: ***Teer-, -straße*** || *hierzu* **teer·hal·tig** *Adj*; **tee·rig** *Adj*
tee·ren; *teerte, hat geteert*; Vt/i **(*etw.*) *t.*** etw. mit Teer bedecken ⟨e-e Straße t.⟩ || *hierzu* **Tee·rung** *die*
Tee·stu·be *die*; ein Lokal od. ein Raum in e-m öffentlichen Gebäude, in dem man Tee trinkt
Tee·wa·gen *der*; ein kleiner Tisch auf Rädern zum Servieren von Speisen *o.Ä.* ≈ Servierwagen
Teich *der*; *-(e)s*, *-e*; ein relativ kleines, nicht sehr tiefes, stehendes Gewässer || K-: ***Teich-, -pflanze*** || -K: ***Fisch-, Garten-, Karpfen-, Zier-*** || ID ***über den***

T

großen T. fahren *gespr hum*; nach Amerika fahren

Teig *der*; *-(e)s, -e*; e-e weiche Masse hauptsächlich aus Mehl, Fett u. Wasser od. Milch, aus der *z.B.* Brot od. Kuchen gebacken wird ⟨den T. kneten, rühren, gehen lassen, formen, backen⟩ || K-: ***Teig-, -schüssel*** || -K: ***Brot-, Kuchen-, Plätzchen-***

tei·gig *Adj*; **1** wie Teig ⟨e-e Masse⟩ **2** nicht fertig gebacken: *Die Brötchen sind innen noch t.*

Teig·wa·ren *die*; *Pl*; alle Arten von Nudeln

Teil[1] *der*; *-(e)s, -e*; **1** e-e kleinere Menge od. ein Stück aus e-m Ganzen: *ein Brot in zwei Teile schneiden*; *Der erste T. des Buches war langweilig*; *der nördliche T. Italiens*; *Der Fernsehfilm wird in zwei Teilen gesendet*; *Einen T. des Geldes habe ich schon ausgegeben* || K-: ***Teil-, -abschnitt, -aspekt, -bereich, -erfolg, -stück*** **2** ***zum T.*** nicht ganz, aber ein bisschen; nicht immer, aber in einigen Fällen; *Abk* z. T. ≈ teilweise: *Zum T. war es meine Schuld* **3** ***zu e-m / zum großen, zum größten T.*** fast ganz / fast alle / fast alles: *Ich habe das Buch schon zum größten T. gelesen*; *Die Anwesenden waren zum größten T. für den Antrag*; *Das Gebiet ist zu e-m großen T. sumpfig*

Teil[2] *das*; *-(e)s, -e*; ein einzelnes Stück *mst* e-r Maschine od. e-s Apparats, das ersetzt werden kann, wenn es nicht funktioniert ⟨ein defektes T. austauschen, ersetzen⟩: *Er hat das Fahrrad in seine Teile zerlegt* || -K: ***Ersatz-***

Teil[3] *der, das*;*-(e)s, -e*; **1** etw., das j-d von e-m Ganzen hat ≈ Anteil ⟨sein(en)T. bekommen⟩: *Sie erbten das Vermögen ihrer Eltern zu gleichen Teilen* **2** ***sein(en) T. zu etw. beisteuern / beitragen / tun*** bei e-m Unternehmen *o.Ä.* seinen Beitrag leisten || ID ***ich für mein(en) T. ...*** was mich betrifft, ...; ***sich*** (*Dat*) ***sein(en) T. denken*** in e-r bestimmten Situation seine Meinung für sich behalten (müssen)

Teil·chen *das*; *-s, -*; ein sehr kleiner Teil, Körper (e-r Materie) ≈ Partikel

tei·len; *teilte, hat geteilt*; [Vt] **1** ***etw.*** (***in etw.*** (*Akk*)) ***t.*** ein Ganzes in (gleiche) Teile zerlegen: *e-n Kuchen in zwölf Stücke t.* **2** ***sich*** (*Dat*) ***etw. mit j-m t.*** sich selbst u. j-d anderem den gleichen Teil von etw. geben: *Wir haben uns den Gewinn, die Arbeit geteilt* **3** (***sich*** (*Dat*)) ***etw. mit j-m t.*** etw. gemeinsam benutzen ⟨(sich) e-e Wohnung mit j-m t.⟩ **4** *mst* ***j-s Ansicht, Meinung t.*** derselben Ansicht, Meinung sein wie ein anderer **5** *mst* ***j-s Freude / Trauer t.*** sich mit j-m freuen / mit j-m trauern; [Vt/i] **6** (***e-e Zahl durch e-e Zahl***) ***t.*** e-e Zahl durch e-e andere dividieren: *9 geteilt durch 3 ist 3 (9:3 = 3)*; [Vr] **7** ***etw. teilt sich*** etw. geht in verschiedene Richtungen auseinander ≈ etw. gabelt sich ⟨ein Fluss, e-e Straße, ein Weg⟩ **8** ***etw. teilt sich*** etw. spaltet sich ⟨e-e Zelle⟩

Tei·ler *der*; *-s, -*; *Math*; e-e Zahl, durch die e-e andere geteilt wird ≈ Divisor: *Der größte gemeinsame T. von 12 u. 18 ist 6*

-tei·ler *der*; *im Subst, begrenzt produktiv*; etw. (*z.B.* e-e Fernsehserie od. ein Kleidungsstück) mit der genannten Anzahl od. Menge von Teilen; ***Einteiler, Zweiteiler, Dreiteiler*** *usw*; ***Mehrteiler***

Teil·ge·biet *das*; ein Bereich od. e-e Richtung (2) innerhalb e-s wissenschaftlichen Faches

teil·ha·ben; *hatte teil, hat teilgehabt*; [Vi] ***an etw.*** (*Dat*) ***t.*** *geschr*; an etw. beteiligt sein, etw. mit j-m teilen (*z.B.* sich mit ihm freuen): *an der Macht t.*; *an j-s Freude t.* || NB: aber: *an etw. keinen Teil haben* (großgeschrieben)

Teil·ha·ber *der*; *-s, -*; j-d, der an e-r Firma finanziell beteiligt ist || *hierzu* **Teil·ha·be·rin** *die*; *-, -nen*

teil·haf·tig *Adj*; *mst in* ***etw.*** (*Gen*) ***t. werden*** *veraltend*; etw. erleben, erfahren: *e-r Freude t. werden*

-tei·lig *im Adj, begrenzt produktiv*; mit der genannten Anzahl od. Menge von Teilen; ***einteilig, zweiteilig*** ⟨ein Badeanzug⟩, ***dreiteilig*** ⟨ein Fernsehfilm⟩, ***vierteilig*** ⟨e-e Serie⟩ *usw*; ***mehrteilig, vielteilig***

Teil·nah·me[1] *die*; *-*; *nur Sg*; das Mitmachen, Mitwirken: *Die T. an diesem Kurs ist Pflicht* || K-: ***Teilnahme-, -bedingung, -voraussetzung***; ***teilnahme-, -berechtigt***

Teil·nah·me[2] *die*; *-*; *nur Sg* ≈ Anteilnahme, Mitgefühl || *hierzu* **teil·nahms·voll** *Adj*

teil·nahms·los *Adj*; ohne Interesse od. Reaktion ≈ apathisch ↔ interessiert: *t. alles mit sich geschehen lassen* || *hierzu* **Teil·nahms·lo·sig·keit** *die*; *nur Sg*

teil·neh·men; *nimmt teil, nahm teil, hat teilgenommen*; [Vi] (***an etw.*** (*Dat*.)) ***t.*** bei etw. mitmachen, sich an etw. beteiligen: *An der Sitzung nahmen 20 Personen teil*

Teil·neh·mer *der*; *-s, -*; ***ein T.*** (***an etw.*** (*Dat*)) j-d, der bei etw. mitmacht, an etw. teilnimmt: *ein T. an e-r Reise, e-m Kurs, e-m Preisausschreiben* || K-: ***Teilnehmer-, -zahl*** || -K: ***Kurs-, Sitzungs-*** || *hierzu* **Teil·neh·me·rin** *die*; *-, -nen*

teils *Konjunktion*; ***t. ..., t. ...*** verwendet, um auszudrücken, dass zwei verschiedene Aussagen zutreffen: *Wir hatten t. schönes, t. schlechtes Wetter im Urlaub*; *T. hatte ich Glück, teils Pech* || NB: in Anfangsstellung mit Inversion von Subjekt u. Prädikat || ID ***t., t.*** *gespr*; weder gut noch schlecht: *„Wie hat dir das Konzert gefallen?" - „Naja, t., t."*

Tei·lung *die*; *-, -en*; **1** das Teilen **2** das Geteiltsein: *die T. der Welt in Arm u. Reich*

Die Teilung Deutschlands

Nach dem Zweiten Weltkrieg wurde Deutschland in vier Besatzungszonen aufgeteilt. Die amerikanische, britische und französische Zone schlossen sich am 23. Mai 1949 zur **Bundesrepublik Deutschland** (**BRD**) zusammen, in der sowjetischen Zone wurde am 7. Oktober 1949 die **Deutsche Demokratische Republik** (**DDR**) gegründet. Die DDR war ein totalitäres kommunistisches Regime unter der Führung der **Sozialistischen Einheitspartei Deutschlands** (**SED**). In den folgenden Jahren verschärften sich weltweit die Spannungen zwischen dem kapitalistischen Westen und dem kommunistischen Osten. In diesem Klima des **Kalten Krieges** und um die weitere Auswanderung der eigenen Bevölkerung zu verhindern, errichtete die DDR ab dem 13. August 1961 die Mauer in Berlin. Die Grenze zwischen den beiden Staaten wurde mit Zäunen und Minen abgesichert und scharf bewacht. Der Kontakt zwischen der Bevölkerung aus beiden Teilen Deutschlands wurde stark eingeschränkt. Erst am 9. November 1989 wurden die Grenzen wieder allgemein geöffnet.

teil·wei·se *Adj*; *nur attr od adv*; einzelne Teile betreffend: *e-e teilweise Erneuerung des Motors*; *Die Stadt wurde im Krieg t. zerstört*; *Das stimmt nur t.*

Teil·zah·lung *die*; e-e Zahlungsform, bei der e-e *mst* relativ große Geldsumme in mehreren Teilen nacheinander gezahlt wird ≈ Ratenzahlung ⟨e-e T. leisten⟩ || K-: ***Teilzahlungs-, -kredit***

Teil·zeit *die*; *nur Sg*; e-e geringere als die übliche Arbeitszeit ⟨T. arbeiten⟩ || K-: ***Teilzeit-, -arbeit, -beschäftigte(r), -beschäftigung*** || -K: ***Alters-***

Teil·zeit·ar·beit *die*; *nur Sg*; die Arbeit in e-m Beruf mit weniger Stunden pro Tag bzw. an weniger Tagen der Woche, als es normal ist ↔ Ganztagsbeschäftigung

Teil·zeit·be·schäf·ti·gung *die* ≈ Teilzeitarbeit || *hierzu* **teil·zeit·be·schäf·tigt** *Adj*; **Teil·zeit·be·schäf·tig·te** *der* / *die*

Teint [tɛ̃ː] *der*; *-s,-s*; die Farbe u. der Zustand der Haut im Gesicht ⟨ein blasser, gesunder, zarter T.⟩

-tel *im Zahladj, sehr produktiv*; verwendet, um Brüche[1] (6) zu formen; ***drittel*** (= ⅓), ***viertel, fünftel, sechstel, siebtel, achtel, neuntel, zehntel, elftel, zwölftel, dreizehntel*** (= 1/13) *usw*, ***zwanzigstel, einundzwanzigstel*** (= 1/21) *usw*, ***hundertstel, tausendstel***: *ein viertel Pfund, drei achtel Liter, elf Zwanzigstel*

Te·le·ar·beit *die*; *nur Sg*; e-e Arbeit als Angestellte(r) zu Hause am Computer (der mit e-m Computer in der Firma verbunden ist) || *hierzu* **Te·le·ar·beit·neh·mer** *der*; **Te·le·ar·beit·neh·me·rin** *die*; **Te·le·ar·beits·platz** *der*

Te·le·fax *das*; -, *-(e)*; **1** *nur Sg*; ein System, mit dem man über Telefonleitungen genaue Kopien von Briefen, Dokumenten *o.Ä.* senden u. empfangen kann || K-: ***Telefax-, -anschluss, -gerät*** **2** ein Gerät für T. (1) **3** e-e Kopie, die mit T. (1) empfangen wird || *hierzu* **te·le·fa·xen** (*hat*) *Vt / i*

Te·le·fon ['teːlefoːn, tele'foːn] *das*; *-s, -e*; ein Apparat (mit Mikrofon u. Hörer), mit dem man mit anderen Personen sprechen kann, auch wenn diese sehr weit weg sind; *Abk* Tel. ⟨ein T. einrichten, benutzen, ans T. gehen; das T. läutet; ein öffentliches T.⟩ || K-: ***Telefon-, -anruf, -anschluss, -gebühr, -gespräch, -hörer, -kabel, -leitung, -netz, -rechnung, -schnur*** || -K: ***Funk-, Mobil-***

Am Telefon

Wenn man einen Anruf erhält, ist es üblich, sich gleich mit seinem Namen zu melden. Der Anrufer seinerseits gibt sich ebenfalls durch seinen Vornamen oder Familiennamen zu erkennen, je nachdem, wie vertraut er mit dem Gesprächspartner ist.
Bei förmlicheren Anlässen verabschiedet man sich am Ende des Gesprächs mit „**Auf Wiederhören!**"

Hier noch einige Ausdrücke, die häufig am Telefon verwendet werden:

Wenn man die falsche Nummer gewählt hat:
„Entschuldigung, ich habe mich verwählt."
Wenn man mit jemand anderem in einem Büro o. Ä. sprechen möchte:
„Könnten Sie mich bitte mit … verbinden?"
Wenn man am Telefon warten soll:
„Bleiben Sie bitte am Apparat."
Wenn der gewünschte Ansprechpartner nicht da ist:
„Könnten Sie bitte … etwas ausrichten?" oder **„Kann ich für … eine Nachricht hinterlassen?"**
Wenn man im Augenblick keine Zeit für ein Gespräch hat:
„Kann ich später zurückrufen?"

Te·le·fon·abon·nent *der*; Ⓒⓗ j-d, der ein Telefon hat ≈ Fernsprechteilnehmer

Te·le·fo·nat *das*; *-(e)s, -e*; ein Gespräch am Telefon ⟨ein T. führen⟩

Te·le·fon-Ban·king, **Te·le·fon·ban·king** [-bɛŋkɪŋ] *das*; *-(s)*; *nur Sg*; das Abwickeln von Geschäften mit e-r Bank am Telefon

te·le·fo·nie·ren; *telefonierte, hat telefoniert*; [Vi] **1** ***(mit j-m) t.*** (mit j-m) am Telefon sprechen **2** ***irgendwohin t.*** *gespr* ≈ anrufen (1): *Ich telefoniere mal schnell nach Hamburg*

te·le·fo·nisch *Adj*; *nur attr od adv*; mithilfe des Telefons: *Sind Sie t. erreichbar?*

Te·le·fo·nist *der*; *-en, en*; j-d, der beruflich Telefone bedient u. Telefongespräche vermittelt || NB: *der Telefonist*; *den, dem, des Telefonisten* || *hierzu* **Te·le·fo·nis·tin** *die*; *-, -nen*

Te·le·fon·kar·te *die*; e-e kleine Plastikkarte, die man statt Münzen in ein öffentliches Telefon steckt u. von der die Gebühren für das Gespräch abgebucht werden || NB: ↑ ***Kartentelefon***

Te·le·fon·num·mer *die*; die Nummer, die man wählen muss, um j-n am Telefon zu erreichen

Te·le·fon·seel·sor·ge *die*; e-e Institution, bei der Menschen, die in Not sind, anrufen können, um über ihre Probleme zu sprechen

Te·le·fon·ver·bin·dung *die*; die technische Leitung, die zwei Personen verbindet, die miteinander telefonieren ⟨die T. wurde unterbrochen, ist gestört⟩

Te·le·fon·zel·le *die*; e-e Kabine, in der sich ein öffentliches Telefon befindet ⟨von e-r T. aus anrufen⟩

Te·le·fon·zent·ra·le *die*; e-e technische Anlage, in der die Telefonleitungen (*z.B.* e-s großen Büros, e-r Firma) zusammenkommen u. in der man die Teilnehmer miteinander telefonisch verbinden kann

te·le·gen *Adj*; ⟨ein Gesicht; e-e Person⟩ so, dass sie im Fernsehen gut wirken

Te·le·graf *der*; *-en, -en*; ein Gerät, mit dem man Nachrichten in Form von elektrischen Impulsen schnell über große Entfernungen schicken kann || NB: *der Telegraf*; *den, dem, des Telegrafen* || K-: ***Telegrafen-, -amt, -mast, -stange*** || *hierzu* **Te·le·gra·fie** *die*; -; *nur Sg*

te·le·gra·fie·ren; *telegrafierte, hat telegrafiert*; [Vt/i] ***(j-m) (etw.) t.*** e-e Nachricht (ein Telegramm) mithilfe des Telegrafen schicken: *Sie hat mir telegrafiert*, dass *sie morgen kommt*

te·le·gra·fisch *Adj*; per Telegramm ⟨e-e Mitteilung; j-m t. Geld anweisen (lassen)⟩

Te·le·gramm *das*; *-s, -e*; e-e Nachricht, die mithilfe e-s Telegrafen übermittelt wird u. die der Empfänger in Form e-s Briefs bekommt ⟨ein T. aufgeben, telefonisch durchgeben⟩ || K-: ***Telegramm-, -formular, -gebühr***

Te·le·gramm·stil *der*; *nur Sg*; die knappe Ausdrucksweise, die man *z.B.* in e-m Telegramm verwendet (*z.B.* „Alles in Ordnung, komme morgen") ⟨im T. schreiben⟩

Te·le·graph [-f], **te·le·gra·phie·ren** [-f-] *usw* ↑ ***Telegraf, telegrafieren*** *usw*

Te·le·kom *die*; -; *nur Sg*, Ⓓ (*Kurzw für* Deutsche Telekom AG) das deutsche Unternehmen, das das Telefonnetz betreibt

Te·le·kom·mu·ni·ka·ti·on *die*; *nur Sg*; die Kommunikation über große Entfernungen durch Computer, Fax, Fernsehen, Radio, Telefon *usw*

Te·le·ob·jek·tiv *das*; ein Objektiv, mit dem man Dinge fotografieren kann, die sehr weit weg sind

Te·le·pa·thie *die*; -; *nur Sg*; die Fähigkeit, j-s Gedanken u. Gefühle zu wissen, ohne die normalen Sinne (Sehen, Hören *usw*) zu benutzen ≈ Gedankenlesen || *hierzu* **Te·le·path** *der*; *-en, -en*; **Te·le·pa·thin** *die*; *-, -nen*; **te·le·pa·thisch** *Adj*

Te·le·phon, **te·le·pho·nie·ren** [-f-] *usw* ↑ ***Telefon, telefonieren*** *usw*

T

Te·le·shop·ping [-ʃɔpɪŋ] *das*; -; *nur Sg, gespr*; das Bestellen u. Kaufen von Waren, die im Fernsehen angeboten werden, per Telefon

Te·le·skop *das*; *-s, -e*; ein optisches Gerät, mit dem man die Sterne betrachten kann ≈ Fernrohr

Te·le·text *der*; *nur Sg, TV*; Informationen, die ein Sender zusätzlich zu seinem Fernsehprogramm auf dem Bildschirm anbietet u. die man nur empfangen kann, wenn ein zusätzliches Bauteil im Fernseher eingebaut ist

Te·lex *das*; -, *-e*; **1** *nur Sg*; ein System, mit dem man auf e-r Art Schreibmaschine Texte schreibt u. sie über e-e Telefonleitung zu e-m gleichen Gerät sendet || K-: ***Telex-, -anschluss, -gerät, -nummer*** **2** ein Text, der per T. (1) übermittelt wird ≈ Fernschreiben

Tel·ler *der*; *-s*, -; **1** e-e flache, *mst* runde Platte (*bes* aus Porzellan), auf die man das legt, was man essen will ⟨die Teller spülen; seinen T. voll laden, leer essen; sich (*Dat*) etw. auf den T. tun⟩ || ↑ *Abb. unter* ***Frühstückstisch*** || -K: ***Blech-, Holz-, Porzellan-; Frühstücks-*** **2** ***ein tiefer T.*** ein T. (1), aus dem man Suppe isst **3** die Menge Essen, die auf e-m T. (1) ist: *e-n T. Suppe essen* **4** der flache, runde Teil unten am Skistock

Tem·pel *der*; *-s*, -; ein Gebäude, in dem manche Religionen ihren Gott / ihre Götter verehren: *der T. von Jerusalem*; *ein buddhistischer T.* || K-: ***Tempel-, -schändung, -tanz***

Tem·pe·ra·ment *das*; *-(e)s, -e*; **1** die typische Art, wie sich j-d verhält, als Folge seines (individuellen) Charakters ⟨ein feuriges, lebhaftes, cholerisches, melancholisches, phlegmatisches T.⟩ **2** *nur Sg*; ein lebhaftes, dynamisches Wesen: *Sie hat kein / wenig T.* || ID ***j-s T. geht mit ihm durch*** j-d verliert die Kontrolle über sich u. wird wütend *o.Ä.* || *zu* **2** **tem·pe·ra·ment·los** *Adj*; **tem·pe·ra·ment·voll** *Adj*

Tem·pe·ra·tur *die*; -, *-en*; die Wärme (*z.B.* der Luft, des Wassers, e-s Körpers), die man in Graden messen kann ⟨die T. fällt, sinkt, steigt, bleibt gleich; die T. ermitteln, messen⟩: *Die T. beträgt 25 °C*; *Bei Temperaturen um 20 ° kann man schon im See baden* || K-: ***Temperatur-, -anstieg, -ausgleich, -kurve, -messung, -rückgang, -schwankung, -unterschied*** || -K: ***Körper-, Luft-, Wasser-, Zimmer-; Außen-, Innen-***

Tem·pe·ra·tur·sturz *der*; ein plötzliches, starkes Sinken der Lufttemperatur

tem·pe·rie·ren; *temperierte, hat temperiert*; [Vt] ***etw. t.*** etw. auf e-e angenehm warme Temperatur bringen ⟨ein temperiertes Zimmer, ein temperierter Wein⟩ || NB: *mst* im Partizip Perfekt

Tem·po[1] *das*; *-s, -s*; *mst Sg*; **1** die Geschwindigkeit e-r Bewegung ⟨ein zügiges, rasendes T.; das T. erhöhen; mit hohem / niedrigem T. fahren⟩ || K-: ***Tempo-, -limit*** **2** die Geschwindigkeit e-r Handlung ⟨ein hohes, scharfes T. vorlegen, anschlagen⟩: *das T. der Produktion verringern* || -K: ***Arbeits-*** **3** ***T.*** (, ***T.***)***!*** *gespr*; verwendet, um j-m zu sagen, dass er etw. schnell(er) machen soll

Tem·po[2] *das*; *-s, Tem·pi*; ein musikalisches Zeitmaß, die Geschwindigkeit, mit der e-e Musikpassage gespielt wird

Tem·po®[3] *das*; *-s, -s*; *Kurzw* ↑ ***Tempotaschentuch***

tem·po·rär *Adj*; *ohne Steigerung*; für e-e gewisse Zeit ≈ vorübergehend

Tem·po·sün·der *der*; j-d, der zu schnell (Auto, Motorrad) fährt (u. deshalb bestraft wird)

Tem·po·ta·schen·tuch® *das*; *gespr* ≈ Papiertaschentuch

Tem·pus *das*; -, *Tem·po·ra*; *Ling*; e-e Form des Verbs, die anzeigt, in welcher Zeit (Gegenwart, Vergangenheit od. Zukunft) die Handlung abläuft

Ten·denz *die*; -, *-en*; *geschr*; **1** ***e-e T.*** (***zu etw.***) e-e Entwicklung in e-e bestimmte Richtung ⟨e-e steigende, fallende T.; e-e T. hält an, zeichnet sich ab⟩: *Die T. geht dahin, mehr Teilzeitkräfte einzustellen* || K-: ***Tendenz-, -wende*** **2** ***e-e T.*** (***zu etw.***) ≈ Hang[2], Neigung (3): *Er hat die T., alles zu kritisieren*; *Sie hat e-e T. zum Fanatismus* **3** *mst Pl* ≈ Richtung (2), Strömung (3): *neue Tendenzen in der bildenden Kunst*

ten·den·zi·ell [-'tsi̯ɛl] *Adj*; e-r Tendenz (1) folgend

ten·den·zi·ös [-'tsi̯øːs] *Adj*; einseitig politisch od. ideologisch orientiert: *ein tendenziöser Bericht*

ten·die·ren; *tendierte, hat tendiert*; *geschr*; [Vi] **1** ***irgendwohin t.*** e-e (*mst* politische od. ideologische) Richtung haben od. zeigen: *Die Zeitung tendierte nach links* **2** ***zu etw. t.*** zu etw. neigen (2): *Er tendiert zu überstürzten Entschlüssen*

Ten·nis *das*; -; *nur Sg*; ein Ballspiel, bei dem zwei (od. vier) Spieler auf e-m relativ großen Platz e-n kleinen Ball mit Schlägern über ein Netz schlagen ⟨T. spielen⟩ || K-: ***Tennis-, -ball, -klub, -platz, -schläger, -lehrer, -match, -spiel, -spieler, -turnier*** || -K: ***Hallen-, Rasen-***

Te·nor[1] *der*; *-s, Te·nö·re*; **1** *nur Sg*; die höchste Singstimme bei Männern: *Er singt T.*; *Er hat e-n kräftigen T.* **2** ein Sänger, der T. (1) singt: *Er ist (ein) T.*

Te·nor[2] *der*; *-s*; *nur Sg, geschr*; die allgemeine Einstellung, die in etw. zum Ausdruck kommt ⟨der T. e-r Rede, e-r Diskussion, e-s Kommentars⟩

Ten·sid *das*; *-(e)s, -e*; *mst Pl, Chem*; ein wichtiger Bestandteil von Wasch- u. Putzmitteln

Tep·pich *der*; *-s, -e*; ein (*mst* viereckiges) Stück aus gewebtem od. geknüpftem (weichem) Material, das man auf Fußböden legt ⟨e-n T. knüpfen, weben; den T. klopfen, saugen⟩: *den T. mit dem Staubsauger reinigen* || K-: ***Teppich-, -bürste, -fliese, -händler, -knüpfer, -weber*** || -K: ***Orient-, Perser-; Wand-*** || ID ***etw. unter den T. kehren*** *gespr*; etw. nicht öffentlich bekannt werden lassen; *mst* ***Bleib auf dem T.!*** *gespr*; bleib realistisch

-tep·pich *der*; *im Subst, wenig produktiv*; verwendet, um e-e Fläche zu bezeichnen, die mit der genannten Sache bedeckt ist; ***Algenteppich, Blumenteppich, Ölteppich*** ⟨auf dem Meer⟩

Tep·pich·bo·den *der*; e-e Art Teppich, der den ganzen Boden e-s Zimmers bedeckt u. der *mst* festgeklebt wird ⟨e-n T. verlegen; ein Zimmer mit T. auslegen⟩

Tep·pich·klop·fer *der*; *-s*, -; ein Gerät aus geflochtenem Rohr (2), mit dem man den Staub aus e-m Teppich klopft

Tep·pich·stan·ge *die*; e-e Stange im Hof od. im Garten, über die man Teppiche legt, um den Staub herauszuklopfen

Ter·min *der*; *-s, -e*; **1** der Zeitpunkt, bis zu dem etw. fertig sein soll ⟨e-n T. festsetzen, vereinbaren, einhalten, überschreiten, verlegen, verschieben; an e-n T. gebunden sein⟩ || K-: ***Termin-, -druck, -plan*** || -K: ***Abgabe-, Einsende-*** **2** der Zeitpunkt, an dem etw. stattfinden soll ⟨etw. auf e-n anderen, späteren T. verschieben⟩: *Was ist der früheste T., an dem Sie liefern können?* || K-: ***Termin-, -gründe*** || -K: ***Hochzeits-, Kündigungs-, Liefer-, Melde-, Prüfungs-, Scheidungs-, Umzugs-, Urlaubs-, Zahlungs-*** **3** e-e Vereinbarung für ein Gespräch, e-e Behandlung *o.Ä.* ⟨e-n T. (beim Arzt *usw*) haben; sich (*Dat*) e-n T. (beim Arzt *usw*) geben lassen⟩ || -K: ***Anwalts-, Arzt-*** || *zu* **1** u. **2** **ter·min·ge·mäß** *Adj*; **ter·min·ge·recht** *Adj*; **ter·min·lich** *Adj*; *nur attr od adv*

Ter·mi·nal[1] ['tøːɐ̯minl] *der, das*; *-s, -s*; das Gebäude in e-m Flughafen, in dem man eincheckt, auf das Flugzeug wartet *usw*

Ter·mi·nal[2] ['tøːɐ̯minəl] *das*; *-s*, *-s*; ein Gerät mit e-m Bildschirm, das mit e-m Computer verbunden ist: *ein Computer mit vier Terminals*

Tẹr·mi·ni *Pl*; ↑ ***Terminus***

Ter·min·ka·len·der *der*; ein Heft od. kleines Buch, in das man sich seine Termine notiert ⟨etw. im T. notieren, eintragen⟩

Ter·mi·no·lo·gie *die*; *-*, *-n* [-'giːən]; *Kollekt*, *geschr*; alle Fachausdrücke e-s bestimmten wissenschaftlichen od. technischen Gebiets ≈ Fachwortschatz || *hierzu* **ter·mi·no·lo·gisch** *Adj*

Tẹr·mi·nus *der*; *-*, *Ter·mi·ni*; *geschr* ≈ Fachausdruck

Ter·mi·te *die*; *-*, *-n*; ein Insekt (wie e-e große Ameise) in den Tropen, das *bes* Holz frisst || K-: ***Termiten-, -bau, -hügel, -staat, -volk***

Ter·pen·tin *das*; *-s*, *-e*; e-e Art dünnes Öl, mit dem man Farben mischt od. Farbflecke von Gegenständen entfernt

Ter·rain [tɛ'rɛ̃ː] *das*; *-s*, *-s*; **1** ein Gebiet mit seinen topographischen Eigenschaften ≈ Gelände ⟨ein sumpfiges, unwegsames, waldiges T.; das T. erkunden, sondieren⟩ **2** ≈ Grundstück || ID ***das T. sondieren*** *geschr*; vorsichtig prüfen, wie es um e-e Sache steht; ***sich auf / in unbekanntem T. bewegen*** sich mit e-r neuen Sache beschäftigen (u. deswegen noch unsicher sein)

Ter·ra·ri·um *das*; *-s*, *Terrarien* [-riːən]; ein Behälter od. ein Gebäude (im Zoo), in dem Reptilien u. Amphibien gehalten werden

Ter·rạs·se *die*; *-*, *-n*; **1** e-e *mst* leicht erhöhte Fläche mit Platten (1) darauf, die neben e-m Haus ist u. auf der man sich sonnt *o.Ä.*: *Wir frühstücken im Sommer auf der T.* || K-: ***Terrassen-, -café*** || NB: ↑ ***Balkon*** **2** e-e horizontale Stufe an e-m Hang: *Terrassen für den Weinbau anlegen* || -K: ***Reis-, Wein-***

Terrasse (1)

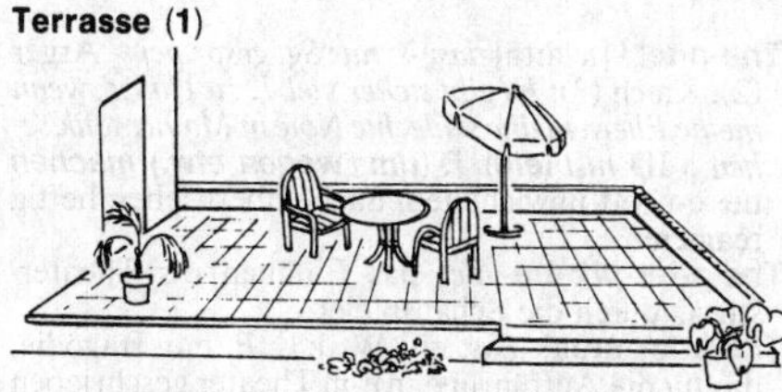

Tẹr·ri·er [-riɐ] *der*; *-s*, *-*; ein *mst* relativ kleiner Hund mit kurzem, rauem Fell

Ter·ri·ne *die*; *-*, *-n*; e-e Schüssel aus Porzellan *o.Ä.* in der *bes* Suppe serviert wird || -K: ***Suppen-***

ter·ri·to·ri·al [-'riaːl] *Adj*; in Bezug auf ein Territorium ⟨Streitigkeiten⟩ || K-: ***Territorial-, -hoheit, -verteidigung***

Ter·ri·to·ri·um *das*; *-s*, *Ter·ri·to·ri·en* [-'toːri̯ən]; **1** das (Hoheits)Gebiet e-s Staates: *Wir befinden uns auf deutschem T.* **2** ein Gebiet, das ein Tier als sein eigenes betrachtet u. das es gegen andere Tiere der gleichen Art verteidigt

Tẹr·ror *der*; *-s*; *nur Sg*; die (systematische) Verbreitung von Angst u. Schrecken durch brutale Handlungen, *mst* um politische Ziele zu erreichen ⟨T. ausüben; sich durch T. an der Macht halten; unter dem T. leiden⟩ || K-: ***Terror-, -akt, -anschlag, -herrschaft, -methoden, -regime*** || ID ***T. machen*** *gespr*; j-n ärgern od. schikanieren

ter·ro·ri·sie·ren; *terrorisierte*, *hat terrorisiert*; [Vt] **1** ***j-n (Pl) / etw. t.*** j-n (*Pl*) / die Bewohner e-s Landes *o.Ä.* durch Terror u. Gewalt unterdrücken ⟨das Land t.⟩ **2** ***j-n / etw. t.*** j-m / den Mitgliedern e-r Familie *o.Ä.* (durch seine Aktionen, Drohungen *o.Ä.*) Angst machen ⟨die Familie t.⟩ || *hierzu* **Ter·ro·ri·sie·rung** *die*; *nur Sg*

Ter·ro·rịs·mus *der*; *-*; *nur Sg*; die Anwendung von Gewalt u. Terror, *bes* um politische Ziele durchzusetzen

Ter·ro·rịst *der*; *-en*, *-en*; j-d, der versucht, durch Terror sein (politisches) Ziel zu erreichen || K-: ***Terroristen-, -bekämpfung, -gruppe*** || NB: *der Terrorist*; *den, dem, des Terroristen* || *hierzu* **Ter·ro·rịs·tin** *die*; *-*, *-nen*; **ter·ro·rịs·tisch** *Adj*

Ter·zẹtt *das*; *-(e)s*, *-e*; e-e Gruppe von drei Musikern od. Sängern

Tẹ·sa·film® *der*; *nur Sg*; ein durchsichtiges Klebeband

Tẹst *der*; *-s*, *-s / -e*; **1** die Überprüfung u. Bewertung bestimmter Leistungen e-r Person ⟨ein psychologischer T.; j-n e-m T. unterziehen; e-n T. bestehen⟩ **2** die Überprüfung od. Messung bestimmter Funktionen e-r Maschine *o.Ä.* || K-: ***Test-, -ergebnis, -fahrt, -flug, -gelände, -pilot, -reihe, -serie, -stopp, -strecke, -verfahren***

Tes·ta·mẹnt *das*; *-(e)s*, *-e*; **1** e-e schriftliche Erklärung, in der j-d bestimmt, wer sein Vermögen nach seinem Tode bekommen soll ⟨sein T. machen; ein T. anfechten⟩ || K-: ***Testaments-, -eröffnung, -vollstreckung*** **2** ***das Alte u. das Neue T.*** die Bibel || ID *mst* ***Dann kannst du gleich dein T. machen!*** *gespr hum*; verwendet, um auszudrücken, dass j-d große Nachteile haben wird, wenn er etw. macht

tes·ta·men·ta·risch *Adj*; durch ein Testament (1) belegt ⟨etw. t. festlegen, verfügen⟩

tẹs·ten; *testete*, *hat getestet*; [Vt] ***j-n / etw. (auf etw.*** (*Akk*)) ***t.*** j-n / etw. in e-m Test prüfen: *ein Boot auf seine Wasserfestigkeit t.*; *j-n auf seine Intelligenz t.* || *hierzu* **Tẹs·ter** *der*; *-s*, *-*; **Tẹs·te·rin** *die*; *-*, *-nen*

Tẹst·lauf *der* ≈ Probelauf

Tẹst·per·son *die*; j-d, an dem od. mit dem etw. wissenschaftlich geprüft, getestet wird

Te·ta·nus, **Tẹ·ta·nus** *der*; *-*; *nur Sg* ≈ Wundstarrkrampf || K-: ***Tetanus-, -impfung, -schutzimpfung, -spritze***

Tete-a-tete, **Tête-à-tête** [tɛta'tɛːt] *das*; *-*, *-s*; *veraltend hum*; ein Treffen von Verliebten ⟨ein T. (mit j-m) haben⟩

teu·er, *teurer*, *teuerst-*; *Adj*; **1** so, dass es viel Geld kostet ↔ billig: *ein teures Auto*, *ein teurer Abend* **2** so, dass es schlimme (finanzielle) Folgen hat: *ein teurer Unfall*, *ein teurer Fehler* **3** *nur adv*; so, dass einem dadurch Nachteile entstehen ⟨ein t. erkaufter Sieg; seinen Leichtsinn t. bezahlen (müssen); sich (*Dat*) seine Freiheit, seine Unabhängigkeit t. erkaufen (müssen)⟩ **4** *nicht adv*, *veraltend od iron*; wichtig u. wertvoll für j-n u. deshalb von ihm geschätzt, geehrt ⟨j-m (lieb u.) t. sein⟩: (in Anreden) *Mein teurer Freund!* || ID ***etw. kommt j-n t. zu stehen*** j-d muss viel für etw. bezahlen od. für etw. büßen || NB: *teuer* → *ein teures Auto*

Teu·e·rung *die*; *-*, *-en*; ein (allgemeines) Steigen der Preise || K-: ***Teuerungs-, -rate***

Teu·fel *der*; *-s*, *-*; **1** *nur Sg*; e-e Gestalt (in der christlichen Religion), die das Böse verkörpert ≈ Satan ⟨etw. ist ein Werk des Teufels; j-d ist vom T. besessen⟩: *Der T. herrscht über die Hölle* || K-: ***Teufels-, -austreibung, -werk*** **2** ein böser Geist ≈ Dämon **3** ein böser Mensch ⟨ein T. in Menschengestalt⟩ **4** *gespr*; ein sehr temperamentvolles, wildes Kind: *ein richtiger kleiner T.!* **5** ***ein armer T.*** ein armer, bedauernswerter Mensch **6** *gespr*; in Flüchen verwendet, um auszudrücken, dass man sich über j-n / etw. ärgert ⟨Hols der T.!; zum T. (nochmal)!; Der T. soll dich holen!; Geh doch zum T.!⟩ || ID ***Pfui T.!*** *gespr*; verwendet, um Ekel od. Abscheu auszudrücken; ***Den T. werde ich*** (***tun***)***!*** *gespr*; ver-

T

wendet, um e-e Aufforderung unhöflich abzulehnen; ***in drei Teufels Namen*** *gespr veraltend*; wenn es unbedingt sein muss ≈ meinetwegen; ***Weiß der T., wo / wann / wer*** *usw gespr*; verwendet, um Ärger darüber auszudrücken, dass man etw. nicht weiß: *Weiß der T., wo sie wieder ist!*; ***wer / wo / was*** *usw* ***zum T.*** *gespr*; in Fragen verwendet, um Ärger auszudrücken: *Wen zum T. interessiert das schon?*; *Was zum T. ist das?*; ***Bist du des Teufels?*** *gespr veraltet*; bist du verrückt?; ***j-n reitet der T.*** *gespr*; j-d hat verrückte Ideen; ***etw. ist beim / zum T.*** *gespr*; etw. ist kaputt, verloren; ***wie der T.*** *gespr*; wie wild: *Sie reitet wie der T.*; ***auf T. komm raus*** *gespr*; mit allen Kräften: *Wir arbeiteten auf T. komm raus*; ***irgendwo ist der T. los*** *gespr*; irgendwo gibt es viel Lärm od. große Aufregung; ***der T. ist los, wenn ...*** *gespr*; es gibt Ärger od. Streit, wenn ...: *Wenn ich zu spät zum Essen komme, ist (zu Hause) der T. los*; ***sich den T. um etw. kümmern / scheren*** *gespr*; sich von etw. nicht beeinflussen, stören lassen; ***Mal den T. nicht an die Wand!*** du sollst nicht von solchen unangenehmen Dingen sprechen (weil du sie vielleicht heraufbeschwörst); ***in Teufels Küche geraten / kommen*** *gespr*; in e-e sehr unangenehme Situation geraten; ***Es müsste schon mit dem T. zugehen, wenn ...*** *gespr*; es ist sehr unwahrscheinlich, dass etw. (*mst* Negatives) passiert; ***Wenn man vom T. spricht (, dann kommt er)*** *gespr*; verwendet, um auszudrücken, dass j-d kommt, von dem man gerade spricht; ***den T. mit dem Beelzebub austreiben*** *gespr*; versuchen, ein Problem zu lösen u. dabei neue Probleme schaffen; ***Der T. steckt im Detail*** es sind die Kleinigkeiten, die bei der Durchführung e-s Plans *o.Ä.* *mst* die größten Probleme bereiten || *zu* **2** u. **3** **Teu·fe·lin** *die*; -, *-nen*

Teu·fels·kerl *der*; *gespr*; verwendet als Bezeichnung für e-n Mann, dessen Mut man bewundert

Teu·fels·kreis *der*; *nur Sg*; e-e ausweglose Situation, die durch e-e Folge von negativen Faktoren od. Ereignissen entsteht, wobei immer eines die Ursache des anderen ist: *Wir müssen diesen T. durchbrechen*

Teu·fels·weib *das*; *gespr*; verwendet als Bezeichnung für e-e Frau, deren Temperament u. Mut man bewundert

Teu·fels·zeug *das*; *-s*; *nur Sg*, *gespr*; Dinge, die (*bes* für die Gesundheit) schädlich sind

teuf·lisch *Adj*; **1** sehr böse, grausam ⟨ein Plan, ein Verbrechen⟩ **2** *mst adv*; verwendet, um *bes* Adjektive u. Verben mit negativem Inhalt zu verstärken ≈ höllisch: *Es ist t. kalt, schwer*; *Die Wunde tut t. weh*

Text *der*; *-(e)s*, *-e*; **1** e-e Folge von Sätzen, die miteinander in Zusammenhang stehen || K-: ***Text-, -ausgabe, -buch, -stelle, -teil, -vergleich, -vorlage*** **2** die Worte, die zu e-m Musikstück gehören ⟨der T. e-s Liedes⟩ || ID ***Weiter im T.!*** mach weiter!

T

Text·auf·ga·be *die*; **1** e-e Rechenaufgabe in Form e-s Textes **2** e-e Prüfung (in der Schule), die aus verschiedenen Fragen u. Aufgaben zu e-m Text besteht

tex·ten; *textete*, *hat getextet*; Vt/i ***(etw.) t.*** e-n Text *bes* für Lieder od. für Reklame schreiben || *hierzu* **Tex·ter** *der*; *-s*, *-*; **Tex·te·rin** *die*; -, *-nen*

tex·til·frei *Adj*; *gespr hum*; ohne Kleidung, nackt

Tex·ti·li·en [-ˈtiːli̯ən] *die*; *Pl*; alle Dinge, die (maschinell) gewebt od. gestrickt werden, also Kleidungsstücke, Wäsche, Stoffe *usw*

Tex·til·in·dust·rie *die*; ein Zweig der Industrie, der Textilien herstellt

Tex·til·wa·ren *die*; *Pl* ≈ Textilien

Text·ver·ar·bei·tung *die*; das Bearbeiten e-s Textes (*bes* am Computer) || K-: ***Textverarbeitungs-, -gerät, -programm, -system***

TH [teˈhaː] *die*; -, *-s*; *Abk für* Technische Hochschule

The·a·ter[1] [teˈaːtɐ] *das*; *-s*, *-*; **1** ein Gebäude, in dem Schauspiele, Opern *o.Ä.* aufgeführt werden || K-: ***Theater-, -bühne, -kasse*** **2** *nur Sg*; e-e Institution, die Schauspiele, Opern *usw* organisiert ⟨am / beim T. (beschäftigt) sein⟩ || K-: ***Theater-, -direktor, -regisseur*** **3** *nur Sg*; e-e Aufführung im T.[1] (1): *Das T. beginnt heute um 20*00 *Uhr* || K-: ***Theater-, -abend, -abonnement, -aufführung, -besuch, -besucher, -karte, -kritiker, -saal, -vorstellung*** **4** ***zum T. gehen (wollen)*** Schauspieler(in) (beim T.[1] (2)) werden (wollen) || ID *mst* ***(Das ist) alles nur T.*** *gespr*; das ist alles nicht echt, er / sie spielt alles nur vor

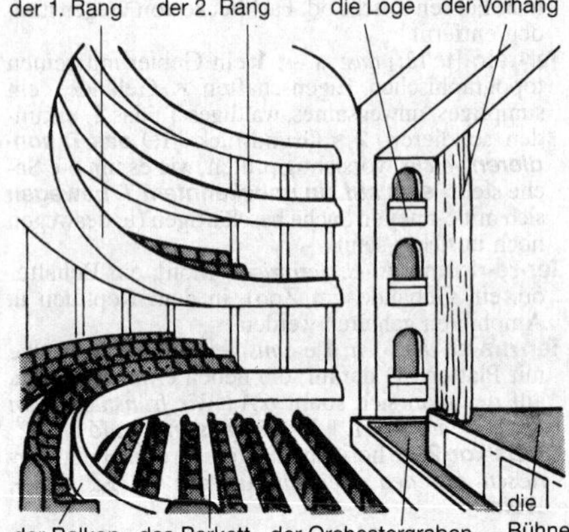

The·a·ter[2] [teˈaːtɐ] *das*; *-s*; *nur Sg*, *gespr pej* ≈ Ärger (2), Krach (3): *Es gibt sicher viel T. zu Hause, wenn meine Eltern meine schlechte Note in Mathematik sehen* || ID *mst* ***(ein) T. (um / wegen etw.) machen*** bei e-r (oft unwichtigen) Sache übertrieben heftig reagieren

The·a·ter·pro·be *die*; das Einüben e-s Theaterstücks durch die Schauspieler

The·a·ter·stück *das*; ein Werk, *z.B.* e-e Tragödie, das für die Aufführung in e-m Theater geschrieben wurde ⟨ein T. schreiben, verfassen, inszenieren, aufführen, vorführen⟩

the·at·ra·lisch *Adj*; *geschr pej*; stark übertrieben (*bes* in den Gesten) ⟨Gebärden, Bewegungen⟩

The·ke *die*; -, *-n*; **1** ein hoher, schmaler Tisch in e-m Gasthaus, e-r Bar *o.Ä.*, an dem die Getränke ausgeschenkt werden u. wo auch Gäste sitzen können: *ein Glas Wein an der T. trinken* **2** e-e Art Tisch, an dem Kunden in e-m Geschäft bedient werden || -K: ***Laden-***

The·ma *das*; *-s*, *The·men*; **1** der zentrale Gedanke, über den man spricht od. schreibt ⟨ein aktuelles, heikles, unerschöpfliches T.; ein T. anschneiden, abhandeln, behandeln; das T. wechseln; vom T., abkommen⟩ || K-: ***Themen-, -bereich, -kreis, -stellung, -wahl*** **2** e-e Folge von Tönen in e-r Komposition, die sich (in Variationen) wiederholt ⟨ein T. variieren⟩ || *hierzu* **the·ma·tisch** *Adj*

The·ma·tik *die*; -, *-en*; *geschr* ≈ Thema (1): *Was war die eigentliche T. dieses Films?*

the·ma·ti·sie·ren; *thematisierte*, *hat thematisiert*; Vt ***etw. t.*** *geschr*; etw. zum Thema (1) von etw. machen || *hierzu* **The·ma·ti·sie·rung** *die*

The·o·lo·ge *der*; *-n*, *-n*; j-d, der Theologie studiert hat (od. auf diesem Gebiet beruflich tätig ist) ⟨ein evangelischer, katholischer T.⟩ || NB: *der Theologe; den, dem, des Theologen* || *hierzu* **The·o·lo·gin** *die; -, -nen*

The·o·lo·gie *die; -, -n* [-'giːən]; *mst Sg*; die Wissenschaft, die sich *bes* mit den Schriften e-r Religion u. deren Interpretation beschäftigt: *die evangelische, jüdische, katholische T.* || *hierzu* **the·o·lo·gisch** *Adj*

The·o·re·ti·ker *der; -s, -*; **1** j-d, der an der Theorie (1) e-s Faches arbeitet ⟨ein anerkannter T.⟩ **2** *oft pej*; j-d, der viel über e-e Sache spricht, aber keine praktische Erfahrung darin hat ↔ Praktiker: *Der ist ja bloß ein T.!*

the·o·re·tisch *Adj*; **1** die Theorie (1) betreffend ⟨Kenntnisse, Grundlagen, Voraussetzungen⟩ **2** mithilfe e-r Theorie ⟨etw. t. erklären, begründen⟩ **3** nur in Gedanken (vorhanden), aber nicht in der Praxis, Wirklichkeit ⟨e-e Möglichkeit⟩: *T. ginge es, aber praktisch ist es zu schwierig*

the·o·re·ti·sie·ren; *theoretisierte, hat theoretisiert*; [Vi] *geschr, oft pej*; auf der theoretischen Ebene über etw. nachdenken od. sprechen

The·o·rie *die; -, -n* [-'riːən]; **1** ***e-e T. (über etw. (Akk) / zu etw.)*** e-e wissenschaftliche Erklärung von Zusammenhängen u. Tatsachen (in Bezug auf ein *z.B.* naturwissenschaftliches Phänomen), bei der von bestimmten Voraussetzungen / Hypothesen ausgegangen wird, die man als richtig erkennt u. systematisiert ⟨e-e anerkannte, klassische T.; e-e T. aufstellen, beweisen, verwerfen⟩: *e-e T. der / über die / zur Entstehung der Erde* || -K: ***Dramen-, Entstehungs-, Roman-*** **2** *nur Sg*; e-e Betrachtensweise, die nur theoretische (u. keine praktischen) Überlegungen berücksichtigt ↔ Praxis[1] (1) ⟨etw. ist bloße, reine T.⟩: *Das stimmt nur in der T.; die Gegensätzlichkeit von T. u. Praxis* || ID *mst* ***Grau ist alle T.!*** *geschr*; in der T. (2) ist alles einfach, in der Praxis[1] (1) aber schwer

The·ra·peut *der; -en, -en*; j-d, dessen Beruf es ist, andere durch e-e Therapie zu heilen || NB: *der Therapeut; den, dem, des Therapeuten* || *hierzu* **The·ra·peu·tin** *die; -, -nen*

The·ra·pie *die; -, -n* [-'piːən]; die Maßnahmen, die angewendet werden, um e-e Krankheit zu heilen ⟨e-e gezielte, erfolgreiche T.; e-e T. absetzen, anwenden⟩ || *hierzu* **the·ra·peu·tisch** *Adj*

Ther·mal·bad *das*; **1** e-e Stadt *o.Ä.*, in der es Quellen mit warmem, heilendem Wasser gibt **2** ein Schwimmbad mit warmem, heilendem Wasser

Ther·mal·quel·le *die*; e-e Quelle mit warmem (heilendem) Wasser

Ther·mik *die; -; nur Sg, Meteorologie*; die Luft, die nach oben aufsteigt, wenn sich der Boden erwärmt: *e-e günstige T. für den Segelflug*

Ther·mo- *im Subst, nicht produktiv*; aus warmem, aber leichtem, gefüttertem Material; die ***Thermohose***, der ***Thermomantel***

Ther·mo·dy·na·mik *die*; ein Gebiet der Physik, das sich mit der Wirkung von Wärme beschäftigt || *hierzu* **ther·mo·dy·na·misch** *Adj*

Ther·mo·me·ter *das, südd* Ⓐ Ⓒⓗ *auch der; -s, -*; ein Gerät, mit dem man Temperaturen misst: *Das T. ist auf 17 °C gestiegen, gefallen* || -K: ***Außen-, Innen-, Zimmer-; Bade-, Fieber-***

Ther·mos·fla·sche® *die*; ein (isolierter) Behälter, in dem man Getränke längere Zeit warm od. kalt halten kann

Ther·mos·kan·ne® *die* ≈ Thermosflasche

Ther·mos·tat *der; -s / -en, -e(n)*; ein Instrument, das die Temperatur bei Geräten regelt, die Wärme produzieren || K-: ***Thermostat-, -ventil*** || -K: ***Heizungs-*** || NB: *der Thermostat; den, dem Thermostat / Thermostaten; des Thermostats / Thermostaten*

The·se *die; -, -n*; **1** e-e Behauptung als Teil e-r (*mst* wissenschaftlichen) Theorie **2** ≈ Annahme, Behauptung ⟨e-e kühne, fragwürdige T.; e-e T. aufstellen, verteidigen, verfechten, verwerfen⟩

Thril·ler ['θrɪlɐ] *der; -s, -*; ein spannender u. aufregender (Kriminal)Roman od. Film

Throm·bo·se *die; -, -n*; verwendet als Bezeichnung für ein Krankheitsbild, bei dem das Blut an e-r Stelle e-r Ader nicht mehr fließen kann (weil sich ein Pfropf aus Blut gebildet hat)

Thron *der; -(e)s, -e*; **1** ein besonderer Sessel e-r mächtigen Persönlichkeit, *z.B.* e-s Königs od. Bischofs, der deren Würde u. Macht symbolisiert ⟨auf dem T. Platz nehmen; sich vom T. erheben⟩ || K-: ***Thron-, -saal*** || -K: ***Bischofs-, Kaiser-, Königs-, Papst-*** **2** ***den T. besteigen*** als Monarch die Herrschaft übernehmen || K-: ***Thron-, -besteigung*** **3** ***auf den T. verzichten*** als Monarch die Herrschaft nicht übernehmen || K-: ***Thron-, -verzicht*** **4** *mst* ***auf dem Thron sitzen*** *gespr hum*; auf der Toilette[1] (1) sein || ID ***j-s T. wackelt*** *gespr*; j-s mächtige Stellung ist in Gefahr

thro·nen; *thronte, hat gethront*; [Vi] **1** ***etw. thront irgendwo*** etw. steht auf e-m erhöhten Platz: *Die Burg thront auf einem hohen Felsen* **2** ***j-d thront irgendwo*** j-d hat e-n bevorzugten Platz

Thron·fol·ge *die; nur Sg*; **1** die Reihenfolge der Personen, die Anspruch auf den Thron haben, wenn der Monarch stirbt od. abdankt ⟨die T. regeln⟩ **2** ***die T. antreten*** als Monarch die Herrschaft übernehmen

Thron·fol·ger *der; -s, -*; der König, der die Regierung übernimmt, wenn der alte stirbt od. abdankt || *hierzu* **Thron·fol·ge·rin** *die; -, -nen*

Thu·ja *die; -, Thu·jen*; ein relativ kleiner, immergrüner Baum, der zu den Zypressen gehört u. oft für (Garten)Hecken verwendet wird

Thun·fisch *der*; ein großer essbarer Meeresfisch. T. wird oft in Stücken in Dosen mit Öl verkauft

Thy·mi·an *der; -s; nur Sg*; e-e kleine Pflanze, deren Blätter man als Gewürz verwendet

Tic, Tick *der; -s, -s; Med*; schnelle kleine Bewegungen von Muskeln aufgrund nervöser Störungen ⟨e-n nervösen T. haben⟩

Tick *der; -s, -s*; **1** *gespr, mst pej*; e-e seltsame, oft unangenehme Angewohnheit, die j-d hat **2** ≈ Nuance: *Sie ist e-n T. besser als ihre Schwester*

ti·cken; *tickte, hat getickt*; [Vi] ***etw. tickt*** etw. produziert in regelmäßigen Abständen kurze, helle Töne ⟨e-e Uhr, ein Wecker, e-e Zeitbombe⟩ || ID ***Bei ihm / ihr*** *usw* ***tickt es nicht richtig***; ***Er / Sie*** *usw* ***tickt nicht mehr richtig*** *gespr*; er / sie *usw* ist verrückt

Ti·cket *das; -s, -s*; e-e Fahrkarte für e-e Reise mit dem Flugzeug od. Schiff || -K: ***Flug-***

tick·tack! *Interjektion*; verwendet, um das Geräusch e-r Uhr zu imitieren

Ti·de *die; -, -n; nordd*; **1** das Steigen u. Fallen der Gezeiten **2** *nur Pl* ≈ Gezeiten

tief *Adj*; **1** verwendet, um die relativ große Ausdehnung e-s Raumes, e-r Schicht *o.Ä.* nach unten zu bezeichnen ↔ flach, niedrig ⟨ein Brunnen, ein Graben, e-e Schüssel, ein See; Schnee, Wasser; t. bohren, graben, tauchen⟩: *t. in den Schnee einsinken; sich nicht ins tiefe Wasser trauen* || ↑ *Abb. unter* ***Eigenschaften*** || K-: ***Tief-, -schnee***; ***tief verschneit*** **2** *Maßangabe* + **t.** verwendet, um die Ausdehnung nach unten zu bezeichnen ↔ hoch: *ein zehn Meter tiefer See; Das Wasser ist nur fünfzig Zentimeter t.* **3** in relativ geringer Entfernung über dem Meeresspiegel, dem Boden *o.Ä.* ≈ niedrig ↔ hoch ⟨ein Ort liegt t.; t. fliegen⟩: *Die Sonne steht schon t., es wird Abend* || K-: ***Tief-, -ebene, -land***;

tief gelegen, liegend **4** (relativ zu e-m Bezugspunkt) weiter nach unten gelegen ⟨ein Tal⟩ **5** *mst präd im Komparativ*; weiter nach unten: *Er wohnt ein Stockwerk tiefer* **6** weit nach unten (in Richtung zum Erdboden) ⟨e-e Verbeugung, ein Fall; t. fallen; sich t. bücken, verneigen⟩ **7** ⟨ein Ausschnitt⟩ so, dass er weit nach unten geht (u. *mst* viel vom Busen zeigt) **8** auf e-r Skala weit unten, im Vergleich zum Durchschnitt sehr gering, niedrig ↔ hoch ⟨Temperaturen; das Barometer steht t. (= zeigt niedrigen Luftdruck an)⟩: *Die Zahl der Arbeitslosen hat ihren tiefsten Stand erreicht* || K-: ***Tiefst-, -kurs, -preis, -stand, -temperatur, -wert*** **9** weit nach hinten reichend ↔ hoch, breit ⟨ein Schrank, ein Regal⟩ **10** weit nach innen reichend: *Die Höhle reicht t. in den Berg* **11** ⟨e-e Wunde⟩ so, dass die Verletzung weit ins Innere reicht **12** *Maßangabe +* ***t.*** verwendet, um (bei Möbeln) die Ausdehnung nach hinten od. (bei Wunden) nach innen zu bezeichnen: *Der Schrank ist sechzig Zentimeter t.*; *e-e zwei Zentimeter tiefe Wunde* **13** ***im tiefsten ...*** verwendet, um etw. in seiner schlimmsten Form zu bezeichnen ⟨im tiefsten Mittelalter, Winter⟩ **14** ***bis t. in ...*** verwendet, um auszudrücken, dass etw. weit in den genannten Zeitraum andauert: *bis t. in die Nacht*; *bis t. ins 18. Jahrhundert* **15** *nur attr od adv*; verwendet, um auszudrücken, dass etw. weit in das genannte Gebiet hineinreicht ⟨im tiefsten Urwald; t. im Gebirge, Tal, Wald⟩: *t. ins Landesinnere vordringen* **16** intensiv (*bes* in Bezug auf Gefühle) ≈ stark (8) ⟨Glaube, Liebe, Trauer, Reue; Einsamkeit; etw. t. bedauern, bereuen; etw. t. empfinden; j-n t. beeindrucken, t. beleidigt sein; t. betroffen von etw. sein⟩ || K-: ***tief beleidigt, betrübt, bewegt, erschüttert, religiös***; ***tief-, -ernst, -traurig*** **17** ≈ kräftig (2) ⟨t. (durch)atmen⟩ **18** so, dass man nicht so leicht geweckt od. abgelenkt werden kann ↔ leicht ⟨ein Schlaf; t. schlafen; t. in Gedanken versunken sein⟩ || K-: ***Tief-, -schlaf*** **19** *nur attr, nicht adv*; nicht oberflächlich erkennbar, sondern geistig weitreichend ⟨e-e Einsicht⟩: *der tiefere Sinn e-s Films* **20** von dunkler, intensiver Farbe: *ein tiefes Grün* || K-: ***tief-, -blau, -rot, -schwarz*** **21** (relativ) dunkel klingend ↔ hoch ⟨ein Ton; e-e Stimme⟩ || ID *mst* ***Das lässt t. blicken*** das zeigt etw. sehr deutlich (*mst* wie j-d wirklich ist); *mst* ***Er / Sie ist t. gesunken*** er / sie ist auf ein niedriges moralisches Niveau gekommen

> **tief ge·hend**, *tiefer gehend, am tiefsten gehend / tiefstgehend*; *Adj*; ⟨ein Wandel, ein Wechsel, ein Unterschied⟩ so, dass sie das Wichtige, Wesentliche betreffen ↔ oberflächlich
>
> **tief grei·fend**, *tiefer greifend, am tiefsten greifend / tiefstgreifend*; *Adj* ≈ tief gehend ⟨e-e Änderung⟩
>
> **tief schür·fend**, *tiefer schürfend, am tiefsten schürfend / tiefstschürfend*; *Adj* ≈ tiefgründig ⟨e-e Analyse⟩
>
> **tief ste·hend**, *tiefer stehend, am tiefsten stehend / tiefststehend*; *Adj*; *nicht adv*; **1** innerhalb e-r Skala od. Hierarchie auf niedriger Stufe stehend: *Nach der zoologischen Einteilung sind Reptilien relativ tief stehende Tiere* **2** ⟨die Sonne⟩ so, dass sie kurz vor dem Untergang ist

Tief *das*; *-s, -s*; **1** *Meteorologie*; e-e Zone mit niedrigem Luftdruck ↔ Hoch ⟨ein ausgedehntes, umfangreiches T.; das T. verlagert sich, schwächt sich ab⟩ || K-: ***Tief-, -ausläufer*** **2** ***ein*** (***seelisches***) ***T. haben*** in sehr schlechter (gedrückter) Stimmung sein || -K: ***Stimmungs-***

Tief·bau *der*; *nur Sg*; die Bauarbeiten am u. unter dem Erdboden (*z.B.* bei Straßen, Kanälen) ↔ Hochbau || K-: ***Tiefbau-, -unternehmen***

Tief·druck *der*; *nur Sg*, *Meteorologie*; niedriger Luftdruck || K-: ***Tiefdruck-, -gebiet, -zone***

Tie·fe *die*; *-, -n*; **1** *mst Sg*; die Ausdehnung e-s Raumes, e-r Schicht *o.Ä.* nach unten: *die T. e-s Abgrundes*; *ein See von dreißig Meter T.*; *Das Meer hat hier e-e T. von tausend Metern* || K-: ***Tiefen-, -messung, -unterschied***; ***tiefen-, -gleich*** || -K: ***Brunnen-, Meeres-, Schnee-, Wasser-*** *usw* **2** die Entfernung, die etw. von e-m bestimmten Punkt (*mst* der Erd- od. Wasseroberfläche) hat, der darüber liegt: *Wir haben das Wrack des Schiffes in neunzig Meter T. gefunden*; *Der Bohrer dringt in große Tiefen vor* **3** ***in die T.*** (weit) nach unten ⟨in die T. blicken, fallen, stürzen⟩ **4** die Ausdehnung *bes* von Möbeln nach hinten ↔ Höhe, Breite: *ein Schrank mit e-r T. von fünfzig Zentimetern / mit fünfzig Zentimeter T.* **5** die Ausdehnung nach Innen ⟨die T. e-r Höhle, Wunde⟩ **6** ein Gebiet, das weit im Inneren von etw. liegt ⟨in der T. / den Tiefen des Waldes, des Gebirges, der Erde⟩ **7** ***die T.*** *+ Gen* ≈ Intensität ⟨die T. des Glaubens, der Liebe, der Reue, der Trauer, der Einsamkeit, des Schlafes, e-r Farbe⟩ **8** *nur Sg*; verwendet, um die tiefe (21), dunkle Beschaffenheit e-s Tons od. e-r Stimme zu bezeichnen **9** ein tiefer (21) Ton ↔ Höhe ⟨die Tiefen aussteuern⟩ || K-: ***Tiefen-, -regler*** **10** ≈ Tiefpunkt ↔ Höhe ⟨ein Leben ohne Höhen u. Tiefen⟩

Tie·fen·psy·cho·lo·gie *die*; *nur Sg*; die Wissenschaft, die unbewusste seelische Erlebnisse des Menschen untersucht || *hierzu* **tie·fen·psy·cho·lo·gisch** *Adj*

Tie·fen·wir·kung *die*; **1** e-e Wirkung, die bis ins Innere von etw. (*z.B.* der Haut) geht: *e-e Nachtcreme mit T.* **2** der Eindruck, dass ein Bild *o.Ä.* weit nach hinten geht

Tief·flie·ger *der*; ein Flugzeug, das sehr niedrig fliegt (*bes* für militärische Zwecke)

Tief·flug *der*; der Flug in geringer Höhe (*bes* für militärische Zwecke) ⟨in den T. gehen⟩

Tief·gang *der*; *nur Sg*; **1** die Entfernung vom Wasserspiegel bis zur unteren Kante des Kiels e-s Schiffes: *Das Schiff hat geringen / großen T.* **2** *gespr*; tiefe, ernste Gedanken: *e-e Rede ohne T.*

Tief·ga·ra·ge *die*; e-e Garage unter der Erde (*mst* für viele Autos)

tief·ge·frie·ren; -, *hat tiefgefroren*; [Vt/i] (***etw.***) ***t.*** Lebensmittel konservieren, indem man sie (bei ungefähr -15°C) gefrieren lässt: *tiefgefrorenes Gemüse* || NB: nur im Infinitiv u. Partizip Perfekt, *mst* im Partizip Perfekt

tief·grün·dig, *tiefgründiger, tiefgründigst-*; *Adj*; ⟨e-e Darstellung, e-e Analyse⟩ so, dass sie sehr ins Detail gehen

tief·küh·len; -, *hat tiefgekühlt*; [Vt/i] (***etw.***) ***t.*** ≈ tiefgefrieren || K-: ***Tiefkühl-, -truhe, -schrank***

Tief·kühl|fach *das*; ein Fach im Kühlschrank, in dem man gefrorene Lebensmittel aufbewahren kann od. in dem man etw. tiefgefrieren kann

Tief·la·der *der*; *-s, -*; ein Lastwagen mit niedriger Ladefläche zum Transport sehr schwerer Lasten

Tief·punkt *der*; **1** der schlechteste, negativste Punkt[1] (5) e-r Entwicklung: *Die deutsche Exportwirtschaft ist auf ihrem absoluten T. angelangt*; *Unsere Beziehung ist zurzeit auf e-m T.* **2** ***ein seelischer T.*** e-e Zeit, in der es einem psychisch sehr schlecht geht

Tief·schlag *der*; **1** *Sport*; (beim Boxen) ein verbotener Schlag unterhalb der Taille **2** ein Ereignis, ein Vorfall *o.Ä.*, die j-m e-n (*mst* seelischen) Schaden zufügen ⟨e-n T. bekommen; j-m e-n T. versetzen⟩

Tief·see *die*; *nur Sg*; der Bereich e-s Ozeans, der tiefer als 4000m unter dem Meeresspiegel liegt || K-: ***Tiefsee-, -forscher***

Tief·sinn *der*; *nur Sg*; **1** tiefes, grüblerisches Nachdenken **2** die tiefe (19) Bedeutung von etw. || *hierzu* **tief·sin·nig** *Adj*

Tief·stand *der*; *nur Sg*; der Tiefpunkt (1) e-r Entwicklung: *Der T. des Dollarkurses*

tief·sta·peln; *stapelte tief, hat tiefgestapelt*; Vi etw. bewusst als weniger wichtig darstellen, als es wirklich ist ≈ untertreiben ↔ hochstapeln || *hierzu* **Tief·stap·ler** *der*; *-s, -*; *zu* ***Tiefstapelei*** ↑ ***-ei***

Tie·gel *der*; *-s, -*; ein flacher Topf mit Stiel

Tier *das*; *-(e)s, -e*; ein Lebewesen, das Sinnesorgane hat, sich (normalerweise) fortbewegen kann, wenn es will, u. das nach seinen Instinkten handelt ⟨ein zahmes, wildes, heimisches T.; ein T. züchten, halten, dressieren⟩: *Die Haltung von Tieren ist in diesem Haus verboten* || K-: ***Tier-, -art***; ***-arzt, -bild, -buch, -gehege, -geschichte, -halter, -haltung, -heilkunde, -klinik, -medizin, -zucht*** || ID ***ein großes / hohes T.*** *gespr hum*; j-d, der e-e hohe öffentliche Position hat: *Er ist ein hohes T. in der Politik*

Tier·freund *der*; j-d, der Tiere gern hat u. sich für ihren Schutz einsetzt

Tier·gar·ten *der* ≈ Zoo

tier·haft *Adj*; *mst attr* ≈ tierisch[1] (1)

Tier·hand·lung *die*; ein Geschäft, in dem Tiere verkauft werden

Tier·heim *das*; ein Gebäude, in dem (Haus)Tiere ohne Besitzer aufgenommen u. gepflegt werden

tie·risch[1] *Adj*; *mst attr*; **1** charakteristisch für Tiere **2** von Tieren stammend: *tierische u. pflanzliche Fette* **3** *pej*; mit Eigenschaften, die ein Mensch nicht haben sollte (*mst* brutal, roh od. triebhaft) ⟨Gewalt, Rohheit⟩

tie·risch[2] *Adj*; *gespr*; (*bes* von Jugendlichen verwendet) **1** sehr groß, sehr schwer, sehr intensiv ⟨e-e Arbeit, Schmerzen, ein Vergnügen⟩ **2** *nur adv*; verwendet, um Adjektive, Adverbien od. Verben zu verstärken ≈ verdammt ⟨t. ernst, hart, schwer; t. schuften müssen⟩

Tier·kreis *der*; *nur Sg*, *Astron*; e-e Folge von zwölf Sternbildern auf e-m Kreis um die Erde

Tier·kreis|zei·chen *das* ≈ Sternzeichen || ↑ *Abb. unter* ***Sternzeichen***

Tier·kun·de *die*; *nur Sg* ≈ Zoologie

tier·lieb *Adj*; voll Verständnis u. Liebe für Tiere || *hierzu* **Tier·lie·be** *die*; *nur Sg*

Tier·park *der*; **1** ein Gelände, in dem Tiere in e-r natürlichen Umgebung (ohne Käfig u. oft ohne Zäune) gehalten werden **2** *gespr* ≈ Zoo

Tier·pfle·ger *der*; *-s, -*; j-d, der (*mst* im Zoo) beruflich für Tiere sorgt || *hierzu* **Tier·pfle·ge·rin** *die*; *-, -nen*

Tier·quä·le·rei *die*; *nur Sg*; das *mst* absichtliche Quälen von Tieren || *hierzu* **Tier·quä·ler** *der*; *-s, -*

Tier·reich *das*; *nur Sg*; alle Tiere (Tierarten), die es auf der Erde gibt ↔ Pflanzenreich

Tier·schutz *der*; *nur Sg*; alle gesetzlichen u. privaten Maßnahmen, um Tiere vor Misshandlungen, Tötung od. Ausrottung zu bewahren || K-: ***Tierschutz-, -bestimmung, -gebiet, -verein*** || *hierzu* **Tier·schüt·zer** *der*; *-s, -*; **Tier·schüt·ze·rin** *die*; *-, -nen*

Tier·ver·such *der*; ein (*mst* medizinisches) Experiment an lebenden Tieren || K-: ***Tierversuchs-, -gegner***

Tier·welt *die*; *nur Sg*; alle Tiere (*bes* in e-m bestimmten Gebiet) ≈ Fauna ↔ Pflanzenwelt, Flora: *die reiche T. Afrikas*

Ti·ger *der*; *-s, -*; die größte Raubkatze Asiens || ↑ *Abb. unter* ***Raubkatzen*** || K-: ***Tiger-, -fell***; ***-jagd***

ti·gern; *tigerte, ist getigert*; Vi ***irgendwohin t.*** *gespr*; (*bes* von Jugendlichen verwendet) oft ohne festes Ziel irgendwo herumgehen: *unruhig durch die Wohnung, Stadt t.*

Til·de *die*; *-, -n*; **1** das Zeichen ~ in Wörterbüchern, das man verwendet, um Wörter od. Wortteile nicht wiederholen zu müssen **2** das Zeichen ~, das im Spanischen über n (ñ), im Portugiesischen über Vokalen stehen kann

til·gen; *tilgte, hat getilgt*; Vt **1** ***etw. t.*** Geld, das man sich geliehen hat, zurückzahlen ⟨e-n Kredit, seine Schulden t.⟩ **2** ***etw.*** (***aus etw.***) ***t.*** etw. *mst* aus e-r Liste od. e-m Dokument entfernen: *Sein Name wurde aus der Kartei getilgt* **3** *mst* ***j-n / etw. aus seinem Gedächtnis t.*** *geschr*; bewusst versuchen, j-n / etw. zu vergessen || *zu* **1** **tilg·bar** *Adj*; *hierzu* **Til·gung** *die*

Ti·ming ['taimɪŋ] *das*; *-s*; *nur Sg*; die Koordination mehrerer Handlungen nach e-m Zeitplan: *Beim Kochen ist das T. das Wichtigste* || *hierzu* **ti·men** ['tai-] (*hat*) *Vt / i gespr*

tin·geln; *tingelte, ist getingelt*; Vi ***irgendwohin t.*** *gespr pej*; (als Schauspieler, Musiker) in verschiedene kleine Städte u. Dörfer kommen u. etw. vorführen

Tin·gel·tan·gel *der, das*; *-s, -*; *veraltend pej*; **1** e-e Musik- od. Theatergruppe (*bes* eine, die von Ort zu Ort zieht) **2** ein Lokal für Aufführungen solcher Gruppen **3** Unterhaltung, wie sie ein T. (1) bietet

Tink·tur *die*; *-, -en*; e-e Flüssigkeit, die *mst* aus Pflanzen gemacht wird u. für medizinische Zwecke verwendet wird

Tin·nef *der*; *-s*; *nur Sg*, *gespr pej*; wertlose Dinge ≈ Plunder

Tin·te *die*; *-, -n*; e-e gefärbte Flüssigkeit zum Schreiben od. Zeichnen || K-: ***Tinten-, -fleck, -klecks, -patrone***; ***tinten-, -blau*** || ID ***in der T. sitzen*** *gespr*; in e-r unangenehmen Lage sein

Tin·ten·fass *das*; ein kleines Gefäß, das Tinte enthält

Tin·ten·fisch *der*; ein Tier, das im Meer lebt, acht Arme hat u. bei Gefahr e-e dunkle Flüssigkeit ausspritzt

Tin·ten·Killer® *der*; ein Stift, mit dem man etw. mit Tinte Geschriebenes entfernen kann

Tipp *der*; *-s, -s*; **1** ein nützlicher Rat, ein guter Hinweis ⟨von j-m e-n T. bekommen; j-m e-n T. geben⟩: *Tipps für den Anfänger, für den Garten* **2** der Versuch, bei Wetten u. Gewinnspielen den Gewinner bzw. die Gewinnzahlen im Voraus zu erraten: *der richtige T. im Toto / Lotto, beim Pferderennen*

Tip·pel·bru·der *der*; *gespr pej*; ein Mann ohne Wohnung, der *mst* auch Alkoholiker ist ≈ Obdachloser

tip·pen[1]; *tippte, hat getippt*; Vt/i (***etw.***) ***t.*** *gespr*; etw. auf der Schreibmaschine schreiben ⟨e-n Brief t.⟩ || K-: ***Tipp-, -fehler***

tip·pen[2]; *tippte, hat getippt*; Vi (***j-m***) ***irgendwohin t.*** j-n / etw. (*bes* mit der Finger- od. Fußspitze) kurz u. leicht berühren: *j-m auf die Schulter t.*; *kurz auf die Bremse t.*

tip·pen[3]; *tippte, hat getippt*; Vi **1** ***auf j-n / etw. t.*** *gespr*; e-e Vermutung *o.Ä.* zum Ausdruck bringen: *Ich tippe* darauf, dass *deine Lieblingsfarbe Rot ist*; *Ich tippe auf ihn als Sieger* **2** am Lotto, Toto teilnehmen: *Sie tippt jede Woche* (*im Lotto*) || K-: ***Tipp-, -schein, -zettel***

Tipp·se *die*; *-, -n*; *gespr pej*; e-e Angestellte, die nur auf der Schreibmaschine schreibt u. sonst keine andere Arbeit macht

tipp, tapp! *Interjektion*; verwendet, um das Geräusch von leichten, leisen Schritten zu imitieren

tipp·topp *Adj*; *nur präd od adv*, *ohne Steigerung*,

gespr; sehr gut, ordentlich: *Sie ist t. angezogen*; *Das Zimmer ist t. aufgeräumt*

Ti·ra·de *die*; -, *-n*; *pej*; **1** e-e lange Rede, die nichts Wichtiges enthält **2** e-e Rede od. ein Artikel mit aggressivem Inhalt || -K: ***Hetz-, Schimpf-***

Tisch *der*; *-(e)s, -e*; **1** ein Möbelstück aus e-r waagrechten Platte u. *mst* vier Stützen (Beinen), auf das man Dinge legt, an dem man isst *usw* ⟨ein runder, ausziehbarer, zusammenklappbarer T.; sich an den T. setzen; am T. sitzen; vom T. aufstehen; den T. decken, abräumen⟩: *die Ellbogen auf den T. stützen*; *im Restaurant e-n T. für vier Personen bestellen*; *Fünf Leute saßen um den T. (herum)* || K-: ***Tisch-, -bein, -kante, -platte, -schublade*** || -K: ***Arbeits-, Ess-, Näh-, Schreib-, Spiel-***; ***Auszieh-, Klapp-***; ***Camping-, Garten-, Küchen-, Wohnzimmer-***; ***Laden-, Verkaufs-***; ***Eichen-, Holz-, Marmor-*** *usw* **2** *Kollekt*; die Leute, die an e-m T. (1) sitzen: *Das muss doch nicht der ganze T. hören!* **3 *zu T.*** *geschr*; zum / beim Essen an e-m T. (1) ⟨zu T. gehen, sitzen; zu T. sein (= beim Mittagessen sein); sich zu T. setzen; j-n zu T. bitten⟩: *Bitte zu T., das Essen ist fertig* **4 *vor / bei / nach T.*** *geschr*; vor / bei / nach dem Essen: *sich vor T. die Hände waschen*; *sich bei T. anständig benehmen* **5 *am runden T.*** bei e-r Verhandlung, Sitzung *o.Ä.*, bei der alle Personen gleichberechtigt sind **6 *am grünen T.***; ***vom grünen T. aus*** auf der theoretischen Ebene, ohne die konkrete Situation zu beachten || ID ***(mit etw.) reinen T. machen*** klare Verhältnisse schaffen; ***etw. unter den T. fallen lassen*** *gespr*; etw. nicht (mehr) berücksichtigen; ***etw. ist vom T.*** *gespr*; etw. ist abgeschlossen, erledigt; ***etw. muss / soll vom T.*** *gespr*; etw. muss / soll entschieden, abgeschlossen *o.Ä.* werden; ***(bar) auf den T. (des Hauses)*** *gespr*; so, dass etw. sofort bar bezahlt wird: *Tausend Euro bar auf den T., u. das Auto gehört dir!*; ***j-n unter den T. trinken*** *gespr*; mehr Alkohol trinken können als j-d anderer

Tisch·da·me *die*; e-e Frau, die bei e-m festlichen Essen rechts von e-m Mann sitzt

Tisch·de·cke *die* ≈ Tischtuch

tisch·fer·tig *Adj*; zum Essen fertig zubereitet ⟨ein Gericht⟩

Tisch·ge·bet *das*; ein Gebet vor od. nach dem Essen

Tisch·ge·spräch *das*; ein Gespräch während des Essens

Tisch·lein|deck·dich *das*; (im Märchen) ein Tisch, der sich von selbst mit Speisen u. Getränken deckt

Tisch·ler *der*; *-s, -*; *bes nordd* Ⓐ j-d, der beruflich *z.B.* Möbel u. Fenster aus Holz herstellt ≈ Schreiner || K-: ***Tischler-, -werkstatt*** || *hierzu* **Tisch·le·rin** *die*; -, *-nen*

Tisch·le·rei *die*; -, *-en*; *bes nordd* Ⓐ **1** die Werkstatt e-s Tischlers ≈ Schreinerei **2** *nur Sg*; das Handwerk des Tischlers

Tisch·ma·nie·ren *die*; *Pl*; das Benehmen beim Essen ⟨gute, schlechte T. haben⟩

Tisch·nach·bar *der*; die Person, die beim Essen neben einem sitzt || *hierzu* **Tisch·nach·ba·rin** *die*

Tisch·ord·nung *die*; e-e Regelung, die besagt, wer bei e-m festlichen Essen wo sitzen soll

Tisch·re·de *die*; e-e Rede, die während e-s festlichen Essens gehalten wird

Tisch·ten·nis *das*; ein Sport, bei dem zwei od. vier Spieler e-n kleinen weißen Plastikball mit Schlägern auf e-m Tisch mit Netz hin- u. herschlagen || K-: ***Tischtennis-, -ball, -klub, -match, -platte, -schläger, -spiel, -spieler, -turnier***

Tisch·tuch *das*; ein großes Tuch, das (*bes* beim Essen) den ganzen Tisch bedeckt ≈ Tischdecke

Tisch·wä·sche *die*; *nur Sg*; alle Tücher (Tischtücher, Servietten), die bei Mahlzeiten verwendet werden

Ti·tan[1] *der*; *-en, -en*; **1** ein Riese in der griechischen Mythologie **2** *geschr*; j-d, der auf e-m bestimmten Gebiet Außergewöhnliches leistet || NB: *der Titan*; *den, dem, des Titanen* || *zu* **2 ti·ta·nen·haft** *Adj*; **ti·ta·nisch** *Adj*

Ti·tan[2] *das*; *-s*; *nur Sg*; ein chemisches Element; *Chem* Ti

Ti·tel[1] *der*; *-s, -*; **1** e-e Bezeichnung, die j-d als Ehrung bekommt od. die seine berufliche Stellung anzeigt: *Er führt den T. e-s Amtsarztes*; *Ihr wurde der akademische T. e-s Dr. med. verliehen* || -K: ***Doktor-*** **2** ≈ Meisterschaft (1) || K-: ***Titel-, -anwärter, -aspirant, -gewinn, -kampf, -träger, -verteidiger(in)*** || -K: ***Weltmeister-***

Die akademischen Titel

In den deutschsprachigen Ländern beschränkt sich die Verwendung der akademischen Titel nicht nur auf den reinen Arbeitsbereich. Die Titel **Doktor (Dr.)** oder **Professor Doktor (Prof. Dr.)** werden oft auch bei förmlichen Gelegenheiten außerhalb des beruflichen oder akademischen Umfelds verwendet, d. h. sie gehören zum Namen einer Person.

Beispiel: **Der Bürgermeister hat Herrn Dr. Salzberger in der Oper getroffen.**

Auch auf Visitenkarten und manchmal auf Namensschildern an der privaten Haus- oder Wohnungstür kann man diese akademischen Titel finden.

In Österreich ist die Verwendung der Titel noch weiter verbreitet, hier wird bei förmlichen Anlässen auch die Bezeichnung für den einfachen Studienabschluss als Titel zum Namen hinzugefügt. Beispiel: **Herr/ Frau Magister (Mag.)**

Ti·tel[2] *der*; *-s, -*; **1** der Name *z.B.* e-s Buches, e-r Zeitschrift od. e-s Liedes ⟨etw. trägt, hat den T. „…"⟩ || -K: ***Buch-*** **2** ein Buch: *Diesen T. haben wir nicht* **3** die Überschrift e-s *mst* relativ langen (Zeitungs)Artikels, die den Inhalt zusammenfasst **4** die erste Seite e-r Zeitung od. Zeitschrift || K-: ***Titel-, -bild, -blatt, -geschichte, -seite***

Ti·tel[3] *der*; *-s, -*; *Admin geschr*; die Ausgaben für e-n bestimmten Zweck: *Die Personalkosten sind der größte T.*

Ti·tel·held *der*; die zentrale Gestalt e-s literarischen Werkes, deren Name im Titel[2] (1) steht || *hierzu* **Ti·tel·hel·din** *die*

Ti·tel·me·lo·die *die*; das Lied, das zu Anfang (u. Ende) e-s (Kino)Films gespielt wird

Ti·tel·rol·le *die*; die Hauptrolle e-r Person in e-m Film *o.Ä.*, deren Name im Titel[2] (1) steht

Ti·tel·song *der*; das Lied, das e-r Schallplatte ihren Namen gibt

ti·tel·süch·tig *Adj*; sehr daran interessiert, Titel[1] zu erringen

Tit·ten *die*; *Pl, vulg*; die weiblichen Brüste

tja!, tja! *Interjektion*; verwendet als Floskel am Anfang des Satzes (ohne eigentliche Bedeutung): *Tja, was sollen wir jetzt tun?*

TNT [teːɛnˈteː] *das*; -; *nur Sg*; (*Abk für* Trinitrotoluol) ein sehr starker Sprengstoff

Toast[1] [toːst] *der*; *-(e)s*, *-s*; e-e Scheibe geröstetes Weißbrot || K-: ***Toast-, -brot***

Toast[2] [toːst] *der*; *-(e)s*, *-s*; **1** ≈ Trinkspruch **2** ***e-n T. auf j-n ausbringen*** j-m mit e-m T.[2] (1) danken, ihn ehren *o.Ä.*

toas·ten ['toːstn̩]; *toastete*, *hat getoastet*; [Vt] ***etw. t.*** *bes* Scheiben von Weißbrot (in e-m Toaster) rösten

Toas·ter ['toː-] *der*; *-s*, *-*; ein elektrisches Gerät, in dem Scheiben von Weißbrot geröstet werden

To·bak *der*; *nur in* ***etw. ist starker T.*** *gespr*; etw. ist empörend, unverschämt

To·bel *der*, (CH) *mst das*; *-s*, *-*; *südd* (A) (CH) ein tiefes, enges Tal im Wald

to·ben; *tobte*, *hat / ist getobt*; [Vi] **1** (*hat*) (vor Wut *o.Ä.*) schreien u. heftige Bewegungen machen: *Der Betrunkene tobte die halbe Nacht* **2** (*hat*) (vor Begeisterung *o.Ä.*) schreien, sich ausgelassen benehmen: *Bei dem Rockkonzert tobten die Fans* **3** (*hat / ist*) (beim Spielen) sehr viel Lärm machen u. sich lebhaft bewegen: *Die Kinder sind durch die Straßen getobt* **4** ***etw. tobt*** (*hat*) etw. ist in starker Bewegung (u. richtet dabei großen Schaden an) 〈*mst* das Meer, ein Gewitter, ein Brand〉

Tob·sucht *die*; *nur Sg*; e-e starke, oft krankhafte Wut || K-: ***Tobsuchts-, -anfall*** || *hierzu* **tob·süch·tig** *Adj*

Toch·ter *die*; *-*, *Töch·ter*; **1** j-s weibliches Kind ↔ Sohn || -K: ***Adoptiv-, Pflege-, Stief-; Arbeiter-, Bauern-, Königs-*** *usw* **2** ***e-e T.*** + *Gen* e-e Frau, die in der genannten Umgebung aufgewachsen od. geboren ist: *Marie Curie, e-e berühmte T. Warschaus* **3** ***e-e höhere T.*** *veraltend* ein Mädchen od. e-e Frau mit relativ reichen, gebildeten Eltern **4** *Kurzw* ↑ ***Tochtergesellschaft***

-toch·ter *die*; (CH) e-e junge Frau, die in e-m Beruf, als Verkäuferin od. Kellnerin arbeitet; ***Büfetttochter, Ladentochter, Saaltochter, Serviertochter***

Toch·ter·fir·ma *die* ≈ Tochtergesellschaft

Toch·ter·ge·sell·schaft *die*; ein Betrieb od. e-e Firma, die zu e-r größeren (Mutter)Gesellschaft gehören u. von ihr abhängig sind

Tod *der*; *-es*; *nur Sg*; **1** das Sterben, das Ende des Lebens 〈ein sanfter, qualvoller, früher Tod; Tod durch Ersticken, Ertrinken, Herzversagen *usw*; j-d hat e-n leichten, schönen Tod; j-d stirbt e-s natürlichen, gewaltsamen Todes; dem Tod(e) nahe sein; den Tod kommen / nahen fühlen; den Tod fürchten; bis zum / in den Tod; j-n vor dem Tod(e) (er)retten, bewahren; j-n / ein Tier zu Tode hetzen, prügeln, schinden; etw. wird mit dem Tod(e) bestraft; j-n zum Tode verurteilen; etw. mit dem Tod(e) büßen, bezahlen (müssen); j-d stürzt sich zu Tode (= stürzt u. stirbt dadurch)〉: *Der Arzt stellte fest, dass der Tod zwischen zwei u. vier Uhr eingetreten war*; *Aids ist e-e Krankheit, die meist zum Tod führt* || K-: ***Todes-, -ahnung, -art, -datum, -gefahr, -jahr, -nachricht, -pein, -qual, -schrei, -strafe, -ursache, -zeit*** || NB: als Plural wird *Todesfälle* verwendet **2** der Tod (1), den man sich als Person vorstellt 〈dem Tod entfliehen, entkommen, ein Schnippchen schlagen (= nicht sterben); dem Tod ins Auge blicken; der Tod klopft (bei j-m) an, holt j-n, hält reiche Ernte (= viele Leute sterben)〉 **3** das Ende *mst* e-s Plans od. e-r Institution: *Die hohen Zinsen bedeuten den Tod für die Firma* **4** ***der schwarze Tod*** die Pest **5** ***der weiße Tod*** der Tod (1) durch Lawinen, im Schnee **6** ***der nasse Tod*** der Tod (1) durch Ertrinken **7** ***j-d kommt (bei etw.) zu Tode*** j-d stirbt durch e-n Unfall **8** ***j-d findet / erleidet den Tod*** *geschr*; j-d stirbt || ID ***j-d ist des Todes***; ***j-d ist dem Tod(e) geweiht*** *geschr*; j-d muss bald sterben; ***etw. ist j-s Tod*** etw. führt zu j-s Tod; ***j-d / etw. treibt j-n in den Tod*** j-d / etw. bewirkt, dass j-d Selbstmord begeht; ***für j-n / etw. in den Tod gehen*** sterben, um j-m zu helfen od. um etw. zu erreichen; ***mit dem Tod(e) ringen*** lebensgefährlich krank od. verletzt sein; ***über den Tod hinaus*** auch nachdem j-d schon tot ist: *j-m über den Tod hinaus die Treue halten*; ***bis dass der Tod euch scheide*** verwendet (vom Priester bei der Hochzeit), um auszudrücken, dass e-e Ehe bis zum Tod eines der Partner dauern soll; *mst* ***Du wirst dir (noch) den Tod holen*** *gespr*; du wirst dich schwer erkälten; ***dem Tod von der Schippe springen*** *gespr hum*; in höchster (Todes)Gefahr sein u. noch einmal gerettet werden; ***aussehen wie der (leibhaftige) Tod*** sehr blass u. krank aussehen; ***weder Tod noch Teufel fürchten*** sich vor nichts fürchten; ***Tod u. Teufel!*** verwendet als Fluch; *mst* ***Ich bin tausend Tode gestorben, als ...*** *gespr*; ich hatte e-e panische Angst, als ...; ***j-n / etw. auf den Tod nicht ausstehen / leiden können*** *gespr*; j-n / etw. überhaupt nicht mögen; ***zu Tode*** *gespr* ≈ sehr 〈sich zu Tode erschrecken, langweilen, schämen; zu Tode erschöpft, erschrocken sein〉; ***Umsonst ist nur der Tod!*** *gespr*; man muss für alles im Leben bezahlen || ▸ ***tot, Tote, töten***

tod- *im Adj*, *betont*, *wenig produktiv*, *gespr* ≈ äußerst, sehr; ***todernst*** 〈ein Gesicht〉, ***todhungrig, todkrank, todlangweilig*** 〈ein Film〉, ***todmüde*** 〈ins Bett fallen〉, ***todschick*** 〈Kleidung〉, ***todsicher*** 〈etw. t. wissen〉, ***todtraurig, todunglücklich***

tod·brin·gend *Adj*; *nicht adv*; so, dass man (daran) sterben wird ≈ tödlich 〈e-e Krankheit, e-e Verletzung〉

To·des·angst *die*; **1** die Angst vor dem Sterben **2** e-e sehr große Angst 〈Todesängste ausstehen; e-e T. vor j-m / etw. haben〉

To·des·an·zei·ge *die*; e-e Anzeige in der Zeitung, die mitteilt, dass j-d gestorben ist

To·des·er·klä·rung *die*; ein amtliches Dokument, in dem j-d offiziell für tot erklärt wird, der seit mindestens zehn Jahren vermisst ist

To·des·fall *der*; der Tod e-s Menschen: *ein T. in der Familie*

To·des·fol·ge *die*; *nur in* ***mit T.*** *Jur*; so, dass infolge *mst* e-s Verbrechens j-d stirbt 〈Körperverletzung, ein Unfall mit T.〉

To·des·kampf *der*; das Ringen mit dem Tod ≈ Agonie

To·des·kan·di·dat *der*; **1** j-d, der zum Tode verurteilt ist **2** j-d, der sich in sehr große Gefahr begibt

To·des·mut *der*; sehr große Tapferkeit in e-r sehr gefährlichen Situation || *hierzu* **to·des·mu·tig** *Adj*

To·des·op·fer *das*; j-d, der bei e-m Unfall od. e-r Katastrophe gestorben ist: *Der Brand forderte mehrere Todesopfer*

To·des·schuss *der*; ein (gezielter) Schuss, mit dem man e-n Menschen tötet

To·des·schüt·ze *der*; j-d, der j-n durch e-n Schuss tötet

To·des·stoß *der*; **1** der (beabsichtigte u. gezielte) Stoß *z.B.* mit e-m Messer od. e-m Dolch, mit dem man e-n Menschen od. ein Tier tötet 〈j-m / e-m Tier den T. versetzen; den T. erhalten〉 **2** ein Ereignis, das zum Ende, Untergang von etw. führt

To·des·tag *der*; der Tag, an dem j-d gestorben ist (u. das entsprechende Datum in den folgenden Jahren): *der zweihundertste T. e-s Dichters*

To·des·ur·teil *das*; **1** ein Urteil, das als Strafe j-s Tod vorsieht 〈das T. verhängen, vollstrecken〉 **2** der Grund für das Ende e-s Vorhabens, e-s Unternehmens *o.Ä.*: *Für viele Betriebe war die Inflation das T.*

To·des·ver·ach·tung *die*; *nur Sg*; *mst in* ***mit T.*** *mst hum*; ohne sich seine Angst, seinen Ekel *o.Ä.* anmerken zu lassen

T

Tod·feind *der*; ein Feind od. Gegner, der voller Hass ist || *hierzu* **Tod·feind·schaft** *die*; *nur Sg*
tod·ge·weiht *Adj*; *nicht adv*, *geschr*; ⟨ein Mensch, ein Tier⟩ so, dass sie bald sterben werden
tod·krank *Adj*; **1** ⟨ein Mensch⟩ so krank, dass er sterben wird **2** *gespr* ≈ sehr krank
töd·lich *Adj*; **1** so, dass man (daran od. dabei) stirbt ⟨e-e Krankheit, e-e Verletzung, ein Gift; mit tödlichen Folgen; t. verunglücken; j-n t. verletzen, treffen; etw. wirkt t.; etw. verläuft t., geht t. aus⟩: *Bei dem Unfall wurde er t. verletzt* **2** *nur attr*, *nicht adv*, *gespr*; sehr groß od. intensiv ⟨e-e Beleidigung, Ernst, Hass; mit tödlicher Sicherheit⟩ **3** *nur adv*, *gespr*; verwendet, um Adjektive od. Verben mit negativer Bedeutung zu verstärken ⟨t. beleidigt, erschrocken sein; j-n / sich t. langweilen⟩
Tod·sün·de *die*; **1** *kath*; e-e sehr schwere Sünde: *die sieben Todsünden* **2** *gespr*; e-e große Dummheit
Töff·töff *das*; *-s*, *-s*; (von u. gegenüber Kindern verwendet) ein Auto od. Motorrad
To·fu *der*; *-(s)*; *nur Sg*; e-e Art Quark, den man aus Sojabohnen macht
To·hu·wa·bo·hu *das*; *-(s)*, *-s*; *gespr* ≈ Durcheinander, Chaos
toi *Interjektion*; *nur in* **toi, toi, toi!** verwendet, um j-m / sich (weiterhin) Glück u. Erfolg zu wünschen
Toi·let·te[1] [toa'lɛtə] *die*; *-*, *-n*; **1** e-e Art Becken, auf das man sich setzen kann, um Blase u. Darm zu entleeren. Die T. ist am Fußboden befestigt u. endet in e-m Rohr ≈ WC, Klo(sett) ⟨e-e T. mit Wasserspülung; sich auf die T. setzen; etw. in die T. werfen; die T. ist verstopft⟩ || K-: ***Toiletten-, -becken, -spülung*** **2** ein Raum mit einer T.[1] (1) od. mehreren Toiletten[1] (1) ≈ WC, Klo(sett) ⟨e-e öffentliche T.; auf die / zur T. gehen, müssen⟩: *e-e Wohnung mit Bad u. separater T.* || K-: ***Toiletten-, -fenster, -tür*** || -K: ***Damen-, Herren-***
Toi·let·te[2] [toa'lɛtə] *die*; *-*, *-n*; *nur Sg*, *geschr*; das Waschen, Frisieren u. Ankleiden: *die morgendliche T.* || K-: ***Toiletten-, -tisch***
Toi·let·ten·ar·ti·kel *der*; *mst Pl*; etw. (*z.B.* Seife, Creme, Zahnbürste), das man für die Pflege des Körpers braucht
Toi·let·ten·frau *die*; e-e Putzfrau, die öffentliche Toiletten[1] reinigt
Toi·let·ten·pa·pier *das*; Papier, mit dem man sich wischt, nachdem man Blase u. Darm entleert hat
Toi·let·ten·was·ser *das* ≈ Parfüm
to·le·rant, *toleranter*, *tolerantest-*; *Adj*; ***t.* (*gegenüber j-m / etw.*)**; ***t.* (*gegen j-n / etw.*)** *geschr*; so, dass man andere (religiöse, politische od. weltanschauliche) Meinungen, Haltungen od. Sitten respektiert od. duldet ↔ intolerant: *t. gegenüber der Jugend*
To·le·ranz *die*; *-*; *nur Sg*; ***T.* (*gegenüber j-m / etw.*) (*gegen j-n / etw.*)** *geschr*; e-e Einstellung, bei der man andere Meinungen *o.Ä.* respektiert od. duldet ⟨T. üben, zeigen⟩ || K-: ***Toleranz-, -grenze***
to·le·rie·ren; *tolerierte*, *hat toleriert*; [Vt] ***j-n / etw. t.*** j-n / etw. akzeptieren od. respektieren || *hierzu* **To·le·rie·rung** *die*; **to·le·rier·bar** *Adj*
toll, *toller*, *tollst-*; **1** *gespr*; *bes* in Ausrufen verwendet, um Bewunderung auszudrücken ≈ prima, super: *Das ist e-e tolle Idee!*; *Sie singt wirklich t.!* **2** *nur adv*, *gespr*; verwendet, um Adjektive u. Verben zu verstärken: *Es regnet ganz t.*; *Sie ist t. verliebt* **3** *veraltend* ≈ verrückt, geistesgestört ⟨sich wie t. gebärden⟩ **4** ***es zu t. treiben*** *gespr*; etw. übertreiben
Tol·le *die*; *-*, *-n*; e-e große Welle im Haar (über der Stirn): *die T. von Elvis Presley*
tol·len; *tollte*, *hat getollt*; [Vi] ≈ springen, toben (3)
Toll·heit *die*; *-*, *-en*; e-e Handlung, die sehr gefährlich, (fast) verrückt ist
Toll·kir·sche *die*; **1** ein Strauch mit sehr giftigen schwarzen Beeren **2** e-e Beere der T. (1)
toll·kühn *Adj*; *oft pej*; sehr mutig, aber ohne Gefühl für das Risiko (u. daher leichtsinnig): *ein tollkühner Bergsteiger* || *hierzu* **Toll·kühn·heit** *die*; *nur Sg*
Toll·patsch *der*; *-s*, *-e*; ein ungeschickter Mensch || *hierzu* **toll·pat·schig** *Adj*
Toll·wut *die*; e-e *mst* tödliche (Virus)Krankheit bei Tieren, die durch den Biss e-s erkrankten Tieres auf Menschen übertragen werden kann || *hierzu* **toll·wü·tig** *Adj*
Töl·pel *der*; *-s*, *-*; *pej*; ein dummer, ungeschickter Mensch || *hierzu* **töl·pel·haft** *Adj* || *zu* ***Tölpelei*** ↑ ***-ei***
To·ma·te *die*; *-*, *-n*; **1** e-e rote, runde, fleischige (Gemüse)Frucht, die man *z.B.* als Salat isst || ↑ *Abb.* *unter* ***Gemüse*** || K-: ***Tomaten-, -ketschup, -mark, -saft, -salat, -soße, -suppe*** **2** die Pflanze, an der Tomaten (1) wachsen ⟨Tomaten anbauen, anpflanzen⟩ || ID ***e-e treulose T.*** *gespr hum*; ein Mensch, auf den man sich nicht verlassen kann; *mst* ***Er / Sie hat Tomaten auf den Augen*** *gespr*; er / sie sieht etw. nicht, was andere deutlich u. klar erkennen
Tom·bo·la *die*; *-*, *-s* / *Tom·bo·len*; e-e Art Verlosung, bei der man Gegenstände gewinnen kann, die gestiftet worden sind: *e-e T. zugunsten des Roten Kreuzes*
To·mo·gra·phie [-f-] *die*; *-*, *-n* [-'fiːən]; *Med*; **1** ein Verfahren zur Untersuchung mit Röntgenstrahlen, bei dem ein Teil des Körpers mit mehreren Aufnahmen schichtweise abgebildet wird || -K: ***Computer-*** **2** e-e Untersuchung mittels T. (1)
Ton[1] *der*; *-(e)s*, *Tö·ne*; **1** etw., das man hören kann, e-e kleine akustische Einheit ⟨ein hoher, tiefer, leiser, lauter, schriller Ton⟩ || K-: ***Ton-, -frequenz, -höhe*** **2** ein genau festgelegter Ton[1] (1), der in e-m musikalischen System (Tonleiter) e-e bestimmte Stelle hat u. durch e-n Buchstaben bezeichnet wird ⟨ein ganzer, halber Ton⟩ || K-: ***Ton-, -folge*** **3** die Qualität des Klangs e-r Stimme od. e-s Musikinstruments ⟨ein heller, dunkler, voller, weicher Ton⟩ **4** die Sprache, die Musik u. Geräusche in Film, Fernsehen od. Radio ↔ Bild (4): *Plötzlich sind Ton u. Bild ausgefallen* || K-: ***Ton-, -ausfall, -störung*** **5** *Ling* ≈ Betonung: *Der Ton liegt auf der ersten Silbe* || ID ***keinen Ton herausbringen / von sich geben*** *gespr*; (*z.B.* aus Angst od. Aufregung) kein Wort sagen; ***(bei etw.) den Ton angeben*** bestimmen, was getan wird; ***j-n / etw. in den höchsten Tönen loben*** j-n / etw. sehr loben; ***große / dicke Töne schwingen / spucken*** *gespr pej*; sehr angeben, prahlen; ***Hast du Töne?*** *gespr*; verwendet, um Überraschung auszudrücken
Ton[2] *der*; *-s*; *nur Sg*; **1** die Art u. Weise, wie j-d mit anderen Menschen spricht ⟨j-m etw. in e-m angemessenen, freundlichen, ruhigen T. sagen; e-n aggressiven, scharfen T. anschlagen⟩ **2** ≈ Umgangston: *Hier herrscht ein freundlicher, rauer, ungezwungener Ton* **3** ***etw. gehört zum guten Ton*** etw. (ein bestimmtes Verhalten) ist nötig, wenn man höflich sein will || ID ***e-n anderen / schärferen T. anschlagen*** (von jetzt ab) strenger sein
Ton[3] *der*; *-s*, *Tö·ne*; **1** *Kurzw* ↑ ***Farbton*** **2** ***Ton in Ton*** in verschiedenen, farblichen Nuancen, die nur wenig voneinander unterschieden sind
Ton[4] *der*; *-s*, *-e*; e-e schwere Erde, aus der man Keramiken (Töpferwaren) formen kann ⟨Ton formen, brennen; etw. in Ton modellieren⟩ || K-: ***Ton-, -gefäß, -geschirr, -krug, -pfeife, -tafel, -vase, -waren, -ziegel***
ton·an·ge·bend *Adj*; von großem Einfluss auf das Benehmen u. Handeln anderer Menschen

T

Ton·arm *der*; ein bewegliches Teil am Plattenspieler, das man auf die Schallplatte aufsetzt

Ton·art *die*; **1** *Mus*; e-e bestimmte Tonleiter als System von Tönen[1] (2), auf die ein Musikstück aufbaut: *die T. D-Dur* || -K: ***Dur-, Moll-*** **2** ≈ Ton[2] (1)

Ton·band *das*; **1** ein (Kunststoff)Band, auf dem man Musik, Sprache u. Geräusche speichern kann ⟨ein T. abhören, abspielen, besprechen, überspielen; etw. auf T. aufnehmen⟩ || K-: ***Tonband-, -aufnahme, -aufzeichnung, -gerät*** **2** ein Gerät, mit dem man Tonbänder (1) bespielt od. abspielt

Ton·dich·tung *die*; ein Musikstück, das konkrete Vorgänge (*z.B.* e-n Sonnenaufgang *o.Ä.*) mit Tönen beschreibt

tö·nen[1]; *tönte, hat getönt*; [Vi] **1** ***etw. tönt irgendwie / irgendwoher*** etw. ist in e-r bestimmten Qualität, von irgendwoher zu hören: *Aus dem Lautsprecher tönte ein Lied* **2** (***von etw.***) ***t.*** *gespr*; mit etw. angeben, prahlen **3** ***irgendwie t.*** Ⓐ ⒸⒽ ≈ klingen (3)

tö·nen[2]; *tönte, hat getönt*; [Vt] ***etw.*** (***irgendwie***) ***t.*** etw. leicht färben: *Ich will mir die Haare (blond) t.*

To·ner *der*; *-s, -*; *Tech*; die Druckfarbe in Fotokopiergeräten, Computerdruckern *o.Ä.*

tö·nern *Adj*; *nicht adv*; aus Ton[4]

Ton·fall *der*; *nur Sg*; **1** ≈ Ton[2] (1) **2** ≈ Ton[2] (2) **3** die Art zu sprechen (*bes* in Bezug auf die Sprachmelodie)

Ton·film *der*; ein (Kino)Film, der mit dem Bild auch Sprache, Musik *o.Ä.* wiedergibt ↔ Stummfilm

Ton·ge·schlecht *das*; eine der beiden Tonarten (*Dur* u. *Moll*)

To·ni·kum *das*; *-s, To·ni·ka*; ein medizinisches Mittel, das das Herz od. die Nerven stärken soll || -K: ***Herz-, Nerven-***

Ton·in·ge·ni·eur *der*; ein Ingenieur, der bei Aufnahmen von Musik auf die technische Qualität achtet

Ton·kunst *die*; *nur Sg*, *geschr* ≈ Musik

Ton·künst·ler *der*; *geschr*; **1** ein Musiker, der sehr gut spielt ≈ Virtuose **2** ≈ Komponist

Ton·lei·ter *die*; e-e Folge von acht Tönen[1] (2), die mit e-m bestimmten Anfangston beginnt || -K: ***C-DurTonleiter, D-Dur-Tonleiter*** *usw*

Tonleiter

ton·los *Adj*; ohne Ausdruck u. Betonung in der Stimme

Ton·na·ge [tɔˈnaːʒə] *die*; *-, -n*; der Rauminhalt e-s Schiffes: *e-e T. von 150000 BRT* (Bruttoregistertonnen)

Ton·ne[1] *die*; *-, -n*; **1** ein relativ großer Behälter in Form e-s Zylinders (1) ≈ Fass: *e-e T. voll / voller / voll mit Benzin* || ↑ *Abb. unter* **Behälter und Gefäße** || -K: ***Müll-, Regen-, Wasser-*** **2** die Menge von etw., die in e-e T.[1] (1) passt

Ton·ne[2] *die*; *-, -n*; e-e Maßeinheit, die 1000kg bezeichnet; *Abk* t

ton·nen·wei·se *Adv*; **1** in Mengen von einer Tonne od. mehreren Tonnen **2** *gespr*; in großen Mengen

-ton·ner *der*; *-s, -*; *im Subst, begrenzt produktiv*; ein Lastwagen, auf den man Gegenstände bis zu e-m Gewicht der genannten Zahl von Tonnen[2] laden kann; ***Dreitonner, Fünftonner, Achttonner*** *usw*

Ton·schöp·fung *die*; *geschr*; e-e wichtige, berühmte musikalische Komposition

Ton·stu·dio *das*; ein Raum, in dem Musik, Geräusche u. Texte auf Tonband aufgenommen werden

Ton·sur *die*; *-, -en*; e-e Stelle am Kopf, an der (bei Mönchen) die Haare weggeschnitten sind

Ton·tau·ben·schie·ßen *das*; *nur Sg*; ein Sport, bei dem man auf e-e kleine Scheibe aus Ton[4], die in die Luft geworfen wird, schießt

Ton·tech·ni·ker *der*; j-d, der bei Aufnahmen von Musik auf die technische Qualität der Töne[1] (1) achtet

Ton·trä·ger *der*; *Radio,TV*; verwendet als allgemeine Bezeichnung für Schallplatte, Tonband u. Kassette

Tö·nung *die*; *-, -en*; **1** *nur Sg*; das Tönen[2] **2** e-e farbliche Nuance ≈ Schattierung

Top *das*; *-s, -s*; e-e Art Hemd für Frauen (ohne Ärmel u. mit dünnen Trägern)

top- *im Adj, wenig produktiv, gespr*; verwendet, um ein Adjektiv zu intensivieren ≈ hoch-; ***topaktuell, topfit, topmodern, topmodisch***

Top- *im Subst, begrenzt produktiv*; verwendet, um auszudrücken, dass die genannte Person / Sache sehr gut ist, zu den Besten gehört ≈ Spitzen-; der ***Topagent***, das ***Topangebot***, der ***Topathlet***, die ***Topform*** ⟨e-s Sportlers⟩, der ***Topmanager***, das ***Topmodell***, der ***Topstar***

To·pas *der*; *-(es), -e*; ein heller, *mst* gelblicher Halbedelstein

Topf *der*; *-(e)s, Töp·fe*; **1** ein rundes, relativ tiefes Gefäß mit Griffen u. Deckel, in dem man etw. kochen kann: *ein T. aus Edelstahl*; *ein T. voll Suppe* || K-: ***Topf-, -deckel*** **2** ein Gefäß (*bes* aus Keramik), zum Aufbewahren von Nahrungsmitteln: *ein T. mit Honig* || -K: ***Ton-*** **3** die Menge von etw., die in e-n T. (1, 2) passt: *ein T. Suppe, ein T. Honig* **4** *Kurzw* ↑ ***Blumentopf*** || K-: ***Topf-, -blume, -pflanze*** **5** *Kurzw* ↑ ***Nachttopf*** ⟨auf den T. müssen, gehen⟩ || ID ***alles in e-n T. werfen*** *pej*; ganz verschiedene Dinge gleich beurteilen

Topf (1)

Töpf·chen *das*; *-s, -*; *gespr*; (von u. gegenüber Kindern verwendet) ≈ Topf (5)

Top·fen *der*; *-s*; *nur Sg, südd* Ⓐ ≈ Quark

Töp·fer *der*; *-s, -*; j-d, der beruflich Gegenstände (*mst* Geschirr) aus Ton[4] herstellt || K-: ***Töpfer-, -handwerk, -ware, -werkstatt***

Töp·fe·rei *die*; *-, -en*; die Werkstatt e-s Töpfers

töp·fern; *töpferte, hat getöpfert*; [Vt/i] (***etw.***) ***t.*** etw. aus Ton[4] herstellen: *Krüge, Teller t.*; *Sie töpfert gern*

Töp·fer·schei·be *die*; e-e runde Scheibe, die man drehen kann u. auf der der Töpfer Gegenstände aus Ton[4] formt

Topf|hand·schuh *der*; ein Handschuh, mit dem man heiße Töpfe anfassen kann

Topf·krat·zer *der*; *-s, -*; e-e Art kleiner, harter Schwamm, mit dem man Töpfe reinigt

Topf·lap·pen *der*; ein dicker Lappen, mit dem man heiße Töpfe (an den Griffen) anfassen kann

To·po·gra·fie, To·po·gra·phie [-ˈfiː] *die*; *-, -n* [-ˈfiːən]; *Geogr*; die Beschreibung od. Darstellung e-s geographischen Raumes: *die T. von Nordeuropa* || *hierzu* **to·po·gra·fisch, to·po·gra·phisch** *Adj*

topp! *Interjektion*; verwendet, um e-e Vereinbarung od. Wette zu bekräftigen: *T., die Wette gilt!*

Tor[1] *das*; *-(e)s, -e*; **1** e-e Art breite Öffnung in e-m Gebäude, e-m Zaun od. e-r Mauer: *die Tore der alten Stadtmauer* || K-: ***Tor-, -bogen, -einfahrt,***

-wächter, -weg 2 e-e Art breite Tür (die oft aus zwei Flügeln[1] (3) besteht), mit der das Tor[1] (1) geschlossen wird ⟨das Tor schließen; ans Tor klopfen⟩ || -K: ***Burg-, Scheunen-, Stadt-*** **3** *Sport*; zwei Stangen, zwischen denen man *z.B.* beim Kanufahren, Skifahren hindurchfahren muss || K-: ***Tor-, -lauf***

Tor[2] *das*; *-(e)s, -e*; **1** e-e Konstruktion aus (Holz)Balken u. e-m Netz, in die man *z.B.* beim Fußball mit dem Ball treffen soll ⟨ins / das T. treffen; am T. vorbeischießen⟩ || ↑ *Abb. unter* ***Fußball*** || K-: ***Tor-, -latte, -linie, -mann, -netz, -pfosten, -raum, -schuss*** || *zu* ***Tormann*** ↑ *Abb. unter* ***Fußball*** **2** der gelungene Versuch, den Ball ins Tor[2] (1) zu schießen || K-: ***Tor-, -chance, -differenz, -gelegenheit, -stand, -verhältnis*** **3 *ein Tor schießen*** mit dem Ball ins Tor[2] (1) treffen

Tor[3] *der*; *-en, -en*; *veraltend* ≈ Narr (1) || NB: *der Tor*; *den, dem, des Toren*

To·re·ro *der*; *-s, -s* ≈ Stierkämpfer

To·res·schluss *der*; *mst* in ***bei / kurz vor T.*** gerade noch zur rechten Zeit, in letzter Minute

Torf *der*; *-(e)s*; *nur Sg*; e-e sehr leichte dunkle Erde (im Moor), die aus Pflanzenteilen entstanden ist ⟨T. stechen (= abbauen); den T. trocknen, pressen⟩ || K-: ***Torf-, -ballen, -gewinnung, -moor***

Torf·mull *der*; getrockneter Torf, mit dem man im Garten die Erde verbessert

Tor·heit *die*; *-, -en*; *geschr*; **1** *nur Sg* ≈ Dummheit, Unvernunft **2** e-e unvernünftige, dumme Handlung ⟨e-e T. begehen⟩

Tor·hü·ter *der* ≈ Torwart || ↑ *Abb. unter* ***Fußball***

tö·richt *Adj*; *geschr* ≈ dumm, unvernünftig

Tor·jä·ger *der*; *Sport*; ein Spieler, der viele Tore[2] (2) schießt

tor·keln; *torkelte, hat / ist getorkelt*; [Vi] **1** (*hat / ist*) sich schwankend hin u. her bewegen (*bes* weil man betrunken ist) **2 *irgendwohin / irgendwoher t.*** (*ist*) schwankend irgendwohin gehen od. irgendwoher kommen: *Sie torkelten aus dem Wirtshaus*

Törn *der*; *-s, -s*; e-e Fahrt mit e-m Segelboot || -K: ***Segel-***

Tor·na·do *der*; *-s, -s*; ein heftiger (Wirbel)Sturm (in Nordamerika)

Tor·nis·ter *der*; *-s*; *-*; **1** ein flaches Gepäckstück, das *mst* Soldaten auf dem Rücken tragen **2** *nordd* ≈ Schulranzen

tor·pe·die·ren; *torpedierte, hat torpediert*; [Vt] **1 *etw. t.*** etw. mit e-m Torpedo beschießen **2 *etw. t.*** sich gegen etw. engagieren u. es verhindern ⟨Pläne, ein Vorhaben t.⟩: *Der Gesetzesentwurf wurde von der Opposition torpediert* || *hierzu* **Tor·pe·die·rung** *die*

Tor·pe·do *der*; *-s, -s*; ein sehr starkes, schnelles Geschoss, das unter Wasser auf feindliche Schiffe gelenkt wird || K-: ***Torpedo-, -boot***

T

Tor·schluss|pa·nik *die*; *nur Sg*; die Angst, etw. zu versäumen (*mst* etw., das für das Leben wichtig ist): *aus T. heiraten*

Tor·schüt·ze *der*; ein Spieler, der ein Tor[2] (2) geschossen hat

Tor·so *der*; *-s, -s / Tor·si*; e-e Statue, deren Arme, Beine od. Kopf fehlen

Tört·chen *das*; *-s, -*; ein kleines rundes Gebäck, das mit Obst belegt od. mit Creme gefüllt ist

Tor·te *die*; *-, -n*; e-e Art Kuchen, der *mst* aus mehreren Schichten mit Sahne od. Creme besteht || K-: ***Torten-, -platte, -stück*** || -K: ***Creme-, Obst-, Sahne-, Schokoladen-***

Tor·ten·bo·den *der*; ein flacher (Biskuit)Kuchen, auf den man Obst *o.Ä.* legt

Tor·ten·guss *der*; e-e Art Gelee, das man bei Obstkuchen über die Früchte gießt u. das dann fest wird

Tor·ten·he·ber *der*; *-s, -*; e-e Art kleine flache dreieckige Schaufel, mit der man ein Stück Torte auf den Teller legt

Tor·tur *die*; *-, -en*; ein sehr unangenehmes, anstrengendes Erlebnis ≈ Strapaze: *Die Reise in der Postkutsche war früher oft e-e T.*

Tor·wart *der*; *-s, -e*; der Spieler (*z.B.* beim Fußball od. Hockey), der im Tor[2] (1) steht u. verhindern soll, dass ein Gegner den Ball hineinschießt || ↑ *Abb. unter* ***Fußball***

to·sen; *toste, hat getost*; [Vi] ***etw. tost*** etw. ist sehr stark u. laut ⟨tosender Beifall, ein tosender Wasserfall⟩ || NB: *mst* im Partizip Präsens

tot *Adj*; **1** gestorben, nicht mehr am Leben ⟨tot umfallen, zusammenbrechen⟩: *Sie wurde von e-m Auto überfahren u. war sofort tot*; *Nachdem er zehn Jahre vermisst war, wurde er für tot erklärt* **2** ≈ abgestorben ⟨ein Ast, ein Baum⟩ **3** ohne Menschen od. Tiere ≈ leer ⟨e-e Stadt, e-e Landschaft⟩ **4** ohne Glanz u. Lebendigkeit ≈ stumpf ⟨Augen, e-e Farbe⟩ **5** so, dass man keinen Ton hört, weil die Leitung unterbrochen ist ⟨die Leitung, das Telefon ist tot⟩ **6** ⟨ein Gleis, ein Flußssarm, e-e Strecke⟩ so, dass sie nirgendwo hinführen, vom Verkehr nicht genutzt werden können **7** ≈ anorganisch ⟨Materie⟩ **8 *ein totes Wissen*** Kenntnisse, die man nicht nutzt od. anwenden kann **9 *e-e tote Zeit*** e-e Zeit, die man nicht nutzt od. (kommerziell) nutzen kann: *Für Skigeschäfte ist der Sommer e-e tote Zeit* || ID ***mehr tot als lebendig*** völlig erschöpft; ***halb tot*** *gespr*; sehr mitgenommen: *Sie war vor Angst / Kälte / Schmerzen halb tot*; ***etw. ist (schon längst) tot u. begraben*** *gespr*; etw. ist schon lange vorbei u. vergessen || NB: **a)** ↑ ***Hose, Kapital, Punkt, Sprache, Winkel***; **b**) scherzhaft kann *tot* auch gesteigert werden: *toter / töter, totest-* || ► ***Tod***

tot ge·bo·ren *Adj*; *nicht adv*; bei der Geburt nicht mehr lebend ⟨ein Kind⟩

tot stel·len, sich (*hat*) [Vr] ***sich t. s.*** so tun, als ob man tot sei: *Manche Tiere stellen sich tot, wenn sie bedroht sind*

tot- *im Verb, betont u. trennbar, wenig produktiv, mst gespr*; Die Verben mit *tot-* werden nach folgendem Muster gebildet: *totschießen - schoss tot - totgeschossen*;

1 *tot-* drückt aus, dass j-d / ein Tier durch die genannte Handlung stirbt;

j-n / ein Tier totfahren: *Er fuhr e-e Katze tot* ≈ Er fuhr Auto u. tötete dabei e-e Katze, weil er sie zu spät sah

ebenso: ***j-n / ein Tier tothetzen, j-n / ein Tier totschießen, j-n / ein Tier totstechen, j-n / ein Tier tottrampeln, j-n / ein Tier tottreten***

2 *tot-* hebt die Intensität e-r Handlung, e-s Vorgangs hervor;

sich (über j-n / etw.) totärgern: *Ich könnte mich* (darüber) *totärgern*, dass *ich das Haus nicht gekauft habe* ≈ Ich ärgere mich sehr darüber, dass ...

ebenso: ***sich totarbeiten, sich (über j-n / etw.) totlachen***

to·tal *Adj*; *mst attr od adv*; **1** ≈ gänzlich, völlig, ausnahmslos ⟨ein Chaos, ein Misserfolg, e-e Niederlage, ein Reinfall; t. ausgehungert, erschöpft sein⟩ **2** *bes* (CH) *Admin geschr* ≈ (ins)gesamt || K-: ***Total-, -betrag, -ergebnis, -zahl*** || *hierzu* **To·ta·li·tät** *die*; *-*; *nur Sg*

To·tal|aus·ver·kauf *der*; der vollständige Verkauf aller Waren zu *mst* billigen Preisen

to·ta·li·tär *Adj*; auf diktatorische Weise (wobei das gesamte gesellschaftliche Leben staatlich reglementiert u. jede Opposition gegen die Regierung unterdrückt wird) ⟨ein Regime; e-n Staat t. regieren⟩ || *hierzu* **To·ta·li·ta·ris·mus** *der*; -; *nur Sg*

To·tal·ope·ra·ti·on *die*; die vollständige chirurgische Entfernung e-s Organs (*z.B.* der Gebärmutter) ⟨sich e-r T. unterziehen⟩

To·tal·scha·den *der*; ein so schwerer Schaden (an e-m Auto *o.Ä.*), dass sich e-e Reparatur nicht mehr lohnt ⟨T. haben⟩: *An seinem Wagen entstand T.*

tot·ar·bei·ten, sich (*hat*) [Vr] ***sich t.*** *gespr*; zu schwer arbeiten (müssen), sodass man auf Dauer viel Kraft verliert

To·te *der / die*; *-n, -n*; j-d, der nicht mehr lebt ≈ Leiche ⟨e-n Toten / e-e Tote identifizieren, begraben, bestatten, beerdigen, beisetzen, einäschern, verbrennen⟩: *Bei dem Unfall gab es drei Tote* || K-: ***Toten-, -bahre, -bett, -blässe, -ehrung, -feier, -hemd, -klage, -kult, -maske, -messe***; ***toten-, -blass, -bleich*** || -K: ***Krebs-, Kriegs-, Unfall-, Verkehrs-*** || ID ***wie ein Toter schlafen*** *gespr*; sehr fest schlafen; ***das / etw. weckt Tote auf*** *gespr*; etw. (*z.B.* ein Lärm, ein Geschmack, ein Schnaps) ist sehr stark od. intensiv; *mst* ***Bist du von den Toten auferstanden?*** *gespr*; bist du endlich wieder da, gesund *o.Ä.?* || NB: **a)** meint man die Person, spricht man von e-m *Toten*, meint man den Körper, spricht man von e-r *Leiche*; **b)** *ein Toter*; *der Tote*; *den, dem, des Toten*

To·tem *das*; *-s, -s*; ein Tier od. ein Objekt, das manche (Natur)Völker als Symbol, Zeichen ihres Stammes verehren || K-: ***Totem-, -figur, -pfahl***

tö·ten; *tötete, hat getötet*; [Vt/i] ***(j-n / ein Tier) t.*** bewirken, dass ein Mensch od. ein Tier stirbt ⟨j-n fahrlässig, vorsätzlich, mit e-m Dolch, mit Gift t.⟩ || ID ↑ ***Nerv***

To·ten·glo·cke *die*; e-e Glocke, die bei Beerdigungen geläutet wird

To·ten·grä·ber *der*; *-s, -*; j-d, der beruflich auf dem Friedhof die Gräber gräbt

To·ten·kopf *der*; **1** der Schädel e-s Toten ohne Haut u. Fleisch **2** ein T. (1) als Zeichen, um vor e-r Gefahr zu warnen (*z.B.* auf e-r Flasche mit Gift)

To·ten·schein *der*; ein Dokument mit Angaben e-s Arztes darüber, wann u. woran j-d gestorben ist ⟨e-n T. ausstellen⟩

To·ten·sonn·tag *der*; der Sonntag vor dem ersten Advent, an dem man sich *bes* an die Verstorbenen erinnert (in der evangelischen Kirche)

To·ten·star·re *die*; der Zustand des Körpers e-s Menschen einige Stunden nach dem Tod, in dem alle Muskeln starr geworden sind ⟨die T. tritt ein⟩

To·ten·wa·che *die*; die Wache von einer Person od. mehreren Personen bei e-m toten Menschen bis zur Beerdigung

Tot·ge·burt *die*; ein Kind od. Tier, das bei seiner Geburt nicht mehr lebt

Tot·ge·glaub·te *der / die*; *-n, -n*; j-d, von dem man irrtümlich glaubt, er sei tot || NB: *ein Totgeglaubter*; *der Totgeglaubte*; *den, dem, des Totgeglaubten*

Tot·ge·sag·te *der / die*; *-n, -n*; j-d, von dem behauptet wird, er sei tot || NB: *ein Totgesagter*; *der Totgesagte*; *den, dem, des Totgesagten*

tot·krie·gen *nur in* **nicht totzukriegen sein** *gespr hum*; so kräftig u. so voller Energie sein, dass man nicht müde wird od. aufgibt

tot·lau·fen, sich (*hat*) [Vr] **1** ***etw. läuft sich tot*** etw. wird immer schwächer od. seltener u. hört schließlich ganz auf ⟨ein Gerücht, e-e Mode⟩ **2** ***etw. läuft sich tot*** etw. endet ohne konkretes Ergebnis od. kommt zu e-m Punkt, an dem nichts mehr weitergeht: *Die Verhandlungen über e-e Steuererhöhung haben sich totgelaufen*

tot·ma·chen (*hat*) [Vt] ***ein Tier t.*** *gespr*; ein kleineres Tier (*bes* ein Insekt) töten

To·to *das*; *-s*; *nur Sg*; ein Wettspiel, bei dem man versucht, die Ergebnisse von Fußballspielen (Sieg, Niederlage, Unentschieden) od. Pferderennen vorauszusagen ⟨(im) T. spielen; im T. gewinnen⟩ || K-: ***Toto-, -gewinn, -schein, -zettel*** || -K: ***Fußball-, Pferde-***

tot·re·den (*hat*) [Vt] **1** ***j-n t.*** so lange u. intensiv mit j-m diskutieren, bis er nicht mehr antworten kann od. will **2** ***etw. t.*** *gespr*; ↑ ***etw. totreiten*** (2)

tot·rei·ten (*hat*) [Vt] **1** ***ein Pferd t.*** ein Pferd so lange ohne Pause reiten, bis es stirbt **2** ***etw. t.*** *gespr*; viel zu lange über etw. diskutieren, sprechen ⟨ein Thema, e-e Sache t.⟩

tot·sa·gen (*hat*) [Vt] ***j-n / etw. t.*** zu Unrecht behaupten, j-d sei tot / etw. sei vorbei

Tot·schlag *der*; *nur Sg*, *Jur*; das Töten e-s Menschen (*mst* aus Wut od. Angst u. ohne die Absicht des Raubes *usw*) || NB: ↑ ***Mord***

tot·schla·gen (*hat*) [Vt] ***j-n / ein Tier t.*** j-n / ein Tier durch Schläge töten: *Die jungen Robben wurden totgeschlagen* || ID *mst* ***Du kannst mich t., aber ...*** *gespr*; du kannst machen, was du willst (es ist nicht zu ändern): *Du kannst mich t., aber ich weiß es nicht / aber ich tue das nicht*; ***sich eher / lieber t. lassen, als*** + ***zu*** + *Infinitiv* / ***als dass man ...*** *gespr*; etw. unter keinen Umständen tun wollen / werden || NB: ↑ ***Zeit***

Tot·schlä·ger *der*; *-s, -*; e-e kurze Waffe zum Schlagen

tot·schwei·gen (*hat*) [Vt] ***j-n / etw. t.*** über j-n / etw. nichts sagen (damit die Person od. Sache vergessen wird)

Tö·tung *die*; *-*; *nur Sg*, *bes Jur*; das Töten ⟨fahrlässige, versuchte, vorsätzliche T.; die T. auf Verlangen (= auf Wunsch des Menschen, den man tötet)⟩ || K-: ***Tötungs-, -absicht, -versuch, -vorsatz***

Touch [tatʃ] *der*; *-s, -s*; *gespr*; verwendet, um auszudrücken, dass etw. nur andeutungsweise vorhanden ist: *ein Film mit e-m philosophischen T.*; *Er gibt sich gern e-n intellektuellen T.*

Touch·screen [ˈtatʃskriːn] *der*; *-s, -s*; *EDV*; ein Bildschirm, auf dem man durch Berührung mit e-m Finger Befehle an e-n Computer eingeben kann

Tou·pet [tuˈpeː] *das*; *-s, -s*; ein Teil, das aus Haaren gemacht ist u. das manche Männer tragen, wenn sie nur wenige oder keine Haare haben

tou·pie·ren [tu-]; *toupierte, hat toupiert*; [Vt] ***(j-m / sich) die Haare t.*** mit e-m Kamm die Haare in kleinen Strähnen so zum Kopf hin kämmen, dass sie dichter aussehen

Tour[1] [tuːɐ̯] *die*; *-, -en*; **1** ≈ Ausflug ⟨e-e T. machen, unternehmen⟩ || K-: ***Touren-, -rad, -ski*** || -K: ***Auto-, Fahrrad-, Rad-***; ***Tages-*** **2** e-e relativ lange Fahrt od. Reise, bei der man wieder dahin zurückkommt, wo man angefangen hat: *e-e T. durch Europa machen* **3** ein bestimmter Weg, den man zurücklegt ≈ Route || K-: ***Touren-, -karte*** || ID ***auf T. gehen / sein*** *gespr*; zu e-r beruflichen Reise als Künstler, Vertreter, Lastwagenfahrer *o.Ä.* aufbrechen / auf e-r solchen Reise sein

Tour[2] [tuːɐ̯] *die*; *-, -en*; *gespr pej*; e-e bestimmte (*mst* unangenehme) Vorgehensweise, mit der j-d etw. erreichen will ⟨e-e fiese, krumme (= unehrliche), miese T.⟩: *Diesmal versucht er es auf die sanfte T.*; *Komm mir bloß nicht mit dieser T.!* || ID ***j-m die T. vermasseln*** *gespr*; j-s Pläne *o.Ä.* durchkreuzen

Tour[3] [tuːɐ̯] *die*; *-, -en*; *mst Pl*, *Tech*; die Umdrehungen e-s Motors ⟨der Motor läuft auf vollen / höchsten Touren, kommt schnell auf Touren (= beschleunigt sehr gut)⟩: *Der Motor läuft mit 4000 Touren pro Minute* || ID ***in ˈeiner T.*** *gespr* ≈ immer, andauernd; ***auf Touren kommen*** *gespr*; in Stimmung kommen od. aktiv werden; ⟨die Arbeiten, die Vorbereitungen *o.Ä.*⟩ ***laufen auf vollen / höchsten Touren*** *gespr*; die Arbeiten, die Vorbereitungen *o.Ä.* sind schon voll im Gange, werden intensiv betrieben

Tou·ris·mus [tu-] *der*; -; *nur Sg*; das (organisierte) Reisen, um sich zu erholen od. um andere Länder kennen zu lernen: *Viele Gebiete leben vom T.* || K-: ***Tourismus-, -branche, -geschäft*** || -K: ***Massen-*** **-tou·ris·mus** *im Subst*; *produktiv*; **1** bezeichnet das organisierte Reisen zu e-m bestimmten Ziel; ***Alpentourismus*** **2** *mst pej*; bezeichnet das Reisen vieler Leute zu e-m bestimmten (auch illegalen *o.Ä.*) Zweck; ***Kulturtourismus***; ***Sextourismus, Abtreibungstourismus***; ***Katastrophentourismus*** **3** *pej*; das verbotene Transportieren von etw. (*bes* Müll) in andere Länder; ***Mülltourismus***

Tou·rist [tu-] *der*; *-en, -en*; j-d der reist, um andere Länder kennen zu lernen od. um dort Urlaub zu machen || NB: *der Tourist*; *den, dem, des Touristen* || *hierzu* **tou·ris·tisch** *Adj*

Tou·ris·ten·klas·se *die*; *nur Sg*; e-e einfachere, billigere Kategorie von Reisen (mit weniger Komfort) mit dem Schiff od. Flugzeug

Tou·ris·tik [tu-] *die*; -; *nur Sg*; **1** *Kollekt*; die Firmen, die im Bereich des Tourismus tätig sind **2** ≈ Tourismus

Tour·nee [tʊrˈneː] *die*; -, *-n* [-ˈneːən]; e-e Folge von Konzerten, Theateraufführungen *o.Ä.* in verschiedenen Orten: *Die Berliner Philharmoniker gehen / sind auf T.*

Tow·er [ˈtauə] *der*; *-s*, -; ≈ Kontrollturm

To·xi·ko·lo·gie *die*; *nur Sg*; die Wissenschaft, die sich mit Giften u. deren Wirkung beschäftigt || *hierzu* **To·xi·ko·lo·ge** *der*; *-n, -n*; **to·xi·ko·lo·gisch** *Adj*

to·xisch *Adj*; *geschr* ≈ giftig

Trab *der*; *-s*; *nur Sg*; eine der drei Arten, in denen ein Pferd *o.Ä.* geht. Der T. liegt im Tempo zwischen *Schritt* u. *Galopp* ⟨ein leichter, scharfer T.; ein Pferd fällt in T.⟩ || K-: ***Trab-, -rennen*** || ID ***j-n auf T. bringen*** *gespr*; j-n veranlassen, etw. schneller zu tun; ***j-n auf / in T. halten*** *gespr*; j-n nicht zur Ruhe kommen lassen: *Meine Kinder halten mich auf T.!*; ***immer auf T. sein*** *gespr*; immer in Eile sein, nie ausruhen

Tra·bant *der*; *-en, -en*; *Astron* ≈ Mond (3), Satellit: *Der Mond ist der T. der Erde* || NB: *der Trabant*; *den, dem, des Trabanten*

Tra·ban·ten·stadt *die*; e-e neu gebaute Stadt od. e-e Siedlung neben e-r Großstadt ≈ Satellitenstadt

tra·ben; *trabte, hat / ist getrabt*; [Vi] **1** ***ein Pferd trabt*** (*hat / ist*) ein Pferd bewegt sich im Trab fort **2** ***irgendwohin t.*** (*ist*) *gespr*; mit schnellen / mit gleichmäßigen Schritten irgendwohin laufen

Tra·ber *der*; *-s*, -; ein Pferd, das bei Trabrennen läuft || K-: ***Traber-, -sport***

Tracht[1] *die*; -, *-en*; e-e Kleidung, die für e-e bestimmte regionale (Volks)Gruppe od. e-e Berufsgruppe typisch ist: *in bayrischer, Schwarzwälder T.* || K-: ***Trachten-, -anzug, -dirndl, -hut, -rock***

Tracht[2] (*die*); *gespr nur in* **1** ***e-e T. Prügel bekommen / kriegen*** (*mst* als Strafe) geschlagen werden **2** ***j-m e-e T. Prügel erteilen / verabreichen*** j-n (zur Strafe) mehrmals schlagen

trach·ten; *trachtete, hat getrachtet*; [Vi] ***nach etw. t.*** sich bemühen, etw. zu erreichen ⟨nach Ruhm, Gewinn t.⟩: *Er trachtete* danach, *den Plan* zu *verhindern* || ID ↑ ***Leben***

Trach·ten·ka·pel·le *die*; e-e Gruppe von Musikern, die e-e einheitliche Tracht tragen u. *mst* Volksmusik spielen

Trach·ten·ver·ein *der*; ein Verein, dessen Ziel es ist, alte regionale Bräuche zu pflegen

träch·tig *Adj*; (von weiblichen Säugetieren) mit e-m noch nicht geborenen jungen Tier im Körper ⟨e-e Hündin, e-e Katze, e-e Stute *usw*⟩ || *hierzu* **Träch·tig·keit** *die*; *nur Sg*

-träch·tig *im Adj*, *begrenzt produktiv*; drückt aus, dass das im ersten Wortteil Genannte wahrscheinlich eintritt; ***erfolgsträchtig*** ⟨ein Geschäft⟩, ***gewinnträchtig*** ⟨ein Unternehmen⟩, ***konfliktträchtig*** ⟨e-e Situation⟩, ***skandalträchtig*** ⟨ein Foto⟩, ***unfallträchtig*** ⟨e-e Straße⟩

Tra·di·ti·on [-ˈt͜si̯oːn] *die*; -, *-en*; Verhaltensweisen u. Handlungen, die es seit langer Zeit in e-m Volk od. in e-r Gruppe gibt u. die bewahrt werden ⟨e-e alte, lebendige, kirchliche T.; e-e T. pflegen; mit e-r T. brechen; etw. ist (irgendwo) T.⟩: *Nach alter T. wird bei uns an Weihnachten ein Baum festlich geschmückt* || K-: ***Traditions-, -pflege*** || *hierzu* **tra·di·ti·ons·ge·mäß** *Adj*; **tra·di·ti·ons·reich** *Adj*

Tra·di·ti·o·na·lis·mus *der*; -; *nur Sg*, *geschr*; das bewusste Bewahren u. Pflegen alter Traditionen

tra·di·ti·o·nell *Adj*; gemäß e-r Tradition, seit langem üblich

tra·di·ti·ons·be·wusst *Adj*; alte Traditionen (streng) bewahrend

traf *Imperfekt, 1. u. 3. Person Sg*; ↑ ***treffen***

trä·fe *Konjunktiv II, 1. u. 3. Person Sg*; ↑ ***treffen***

Tra·fo *der*; *-s, -s*; *Kurzw*; ↑ ***Transformator***

träg ↑ ***träge***

Trag·bah·re *die*; ein Gestell, auf dem man Kranke, Verletzte od. Tote (liegend) transportiert

trag·bar[1] *Adj*; **1** so, dass man es (leicht) tragen (1) kann: *ein tragbarer Fernseher* **2** *nicht adv* ≈ kleidsam ⟨e-e Mode⟩

trag·bar[2] *Adj*; *nicht adv*; **1** so, dass die betroffene Person / Sache noch toleriert werden kann : *Nach der Bestechungsaffäre ist der Vorsitzende für seine Partei nicht mehr t.* **2** *mst* ***finanziell, wirtschaftlich t.*** so, dass man es bezahlen, es sich (finanziell) leisten kann: *Das Projekt ist finanziell nicht mehr t.* || NB: *mst* verneint

Tra·ge *die*; -, *-n* ≈ Tragbahre

trä·ge *Adj*; **1** langsam in der Bewegung u. ohne Lust, aktiv zu werden ⟨geistig t.⟩: *t. in der Sonne liegen*; *Er ist zu t., sich darüber zu informieren* **2** *Phys*; mit der Eigenschaft der Trägheit (2) ⟨e-e Masse⟩

tra·gen; *trägt, trug, hat getragen*; [Vt] **1** ***j-n / etw. (irgendwohin) t.*** j-n / etw. *z.B.* auf dem Arm, am Rücken, in der Hand transportieren, irgendwohin bringen ⟨etw. in der Hand, unter dem Arm, auf dem Rücken t.; j-n huckepack (= auf dem Rücken) t.⟩: *Sie trug ihr Kind auf dem / am Arm*; *Trägst du die Briefe zur Post?* || K-: ***Trage-, -gestell, -gurt, -tasche*** **2** ***etw. t.*** etw. (*bes* Kleidung) am Körper haben: *e-n Rock, e-n Hut, Schmuck, Waffen, e-e Perücke, e-e Brille, e-n Bart, e-e Blume im Haar, e-e Maske t.* **3** ***etw. (irgendwie) t.*** e-e bestimmte Frisur haben ⟨e-n Mittelscheitel, e-n Pferdeschwanz, Zöpfe t.; das Haar / die Haare kurz, lang, offen, zu e-m Pferdeschwanz gebunden t.⟩ **4** ***etw. bei sich t.*** etw. dabei haben, wenn man irgendwohin geht: *Sie trägt immer e-e Waffe bei sich*; *Er trägt seinen Ausweis stets bei sich* || NB: kein Passiv! **5** ***etw. irgendwie t.*** e-n Körperteil in e-r bestimmten Haltung haben ⟨den Arm in e-r Schlinge, Schiene t.; den Kopf hoch, schief, senkrecht t.⟩: *Der Hund trug den Schwanz hoch erhoben / zwischen die Beine geklemmt* **6** ***etw. t.*** etw. haben ⟨j-d / etw. trägt e-n Titel, etw. trägt e-e Aufschrift, e-e Inschrift⟩: *Das Buch trägt den Titel „Das Urteil"*; *Er trägt e-n berühmten Namen* **7** ***etw. (irgendwie) t.*** etw. Unangenehmes akzeptieren ≈ ertragen ⟨etw. mit Fassung, Geduld, Gelassenheit, Würde t.⟩ **8** ***etw. t.*** die Verantwortung für etw. haben od. übernehmen ⟨die

T

Folgen, die Kosten, das Risiko, die Schuld an etw. (*Dat*), die Verantwortung t.⟩; Vi **9 nicht schwer t. dürfen / sollen** (aus gesundheitlichen Gründen) keine schweren Gegenstände t. (1) dürfen / sollen **10 j-m t. helfen** j-m dabei helfen, etw. zu t. (1) **11 etw. trägt weit** etw. hat e-e große Reichweite ⟨ein Gewehr, e-e Stimme⟩; Vt/i **12 etw. trägt (etw.)** etw. bewirkt, dass etw. oben bleibt, etw. stützt etw. von unten ⟨tragende Balken, Wände⟩: *Das Dach des Tempels wird von Säulen getragen* **13 etw. trägt (j-n / etw.)** etw. hält ein bestimmtes Gewicht aus: *Die Brücke trägt (Lasten bis zu) 12 Tonnen*; *Das Eis trägt schon* || NB: kein Passiv! **14 etw. trägt (j-n / etw.)** etw. trägt (12) j-n / etw. u. hält od. bewegt ihn / es dabei irgendwohin: *sich von den Wellen t. lassen*; *Er lief, so schnell die Füße (ihn) trugen*; *Sie war so erschöpft, dass ihre Füße sie nicht mehr t. wollten* **15 ein Tier trägt (ein Junges / Junge)** ein weibliches Tier hat ein ungeborenes Tier / ungeborene Tiere im Körper ≈ ein Tier ist trächtig: *e-e tragende Kuh*; *Die Stute trägt (ein Fohlen)* || K-: **Trag(e)-, -zeit 16 etw. trägt (etw.)** etw. bringt etw. als Ertrag ⟨etw. trägt Früchte, Samen, Zinsen⟩: *Der Kirschbaum trägt dieses Jahr nicht* || NB: kein Passiv!; Vr **17 sich mit etw. t.** *geschr*; etw. als Plan, Vorstellung haben ⟨sich mit e-r Absicht, e-m Gedanken, e-r Hoffnung, Heiratsabsichten t.⟩: *Er trägt sich mit dem Gedanken, ein Haus zu bauen* **18 etw. trägt sich (selbst)** etw. braucht keine finanzielle Hilfe mehr ⟨ein Geschäft, ein Verein, ein Projekt⟩ **19 etw. trägt sich irgendwie** etw. zeigt e-e bestimmte Eigenschaft, wenn es getragen (2) wird: *Mein neuer Mantel trägt sich angenehm* **20 etw. trägt sich irgendwie** etw. ist auf die genannte Art u. Weise am bequemsten zu tragen (1): *Solche Lasten tragen sich am besten auf dem Rücken* || ID **etw. kommt zum Tragen** etw. wird wirksam: *Bei dieser Aufgabe kommt ihre Erfahrung voll zum Tragen*; **(schwer) an etw. (*Dat*) zu t. haben** etw. als schwere Last empfinden, unter etw. leiden; **ein schweres Los zu tragen haben** (*z.B.* wegen e-s Schicksalsschlages) es nicht leicht im Leben haben || ► **getragen**

tra·gend 1 *Partizip Präsens*; ↑ **tragen 2** *Adj*; *nur attr, nicht adv, geschr* ≈ grundlegend, wichtig ⟨ein Gedanke, ein Motiv, e-e Rolle⟩

Trä·ger *der*; *-s*, *-*; **1** j-d, der (beruflich) j-n od. etw. (Schweres) trägt (1) || -K: **Gepäck-, Kohlen-, Lasten-, Möbel-, Sarg- 2** ein längliches (Bau)Teil, das e-e technische Konstruktion trägt (12) || -K: **Beton-, Stahl-; Bau-, Brücken- 3** e-e Konstruktion, die man auf dem Dach e-s Autos befestigt, um darauf Dinge zu transportieren || -K: **Boots-, Gepäck-, Ski-; Dach- 4** ein Band aus Stoff, das an e-m Kleidungsstück befestigt ist u. über den Schultern liegt || K-: **Träger-, -kleid, -rock, -schürze** || -K: **Hosen-, Schürzen- 5** *Admin geschr*; e-e (öffentliche) Institution, die für etw. (*bes* die Kosten von etw.) verantwortlich ist || -K: **Kosten-, Krankenhaus-, Schul- 6** *bes südd*; ein Behälter zum Transportieren von Flaschen ≈ Kasten ⟨ein T. Bier, Limo, Wasser⟩ || *zu* **1** u. **5 Trä·ge·rin** *die*; *-, -nen*; *zu* **4 trä·ger·los** *Adj*; *nicht adv*

-trä·ger *der*; *im Subst, begrenzt produktiv*; **1** e-e Person, die die genannte Sache am Körper hat, trägt (2); **Bartträger, Brillenträger, Gebissträger, Prothesenträger, Toupetträger, Uniformträger 2** j-d, der die genannte Sache im od. am Körper hat u. sie auf andere übertragen kann; **Bakterienträger, Bazillenträger, Keimträger, Virusträger 3** e-e Person, die die genannte Sache (bekommen, gewonnen *o.Ä.*) hat; **Preisträger, Titelträger 4** e-e Sache, die dazu dient, die im ersten Wortteil genannte Sache zu speichern, zu verbreiten *o.Ä.*; **Datenträger, Energieträger, Informationsträger, Werbeträger**

Trä·ger·ra·ke·te *die*; e-e Rakete, die *z.B.* Satelliten ins All transportiert

Trä·ger·schaft *die*; *-*; *nur Sg*, *Admin geschr*; die (*mst* finanzielle) Verantwortung für etw. ⟨die T. übernehmen⟩: *Die Klinik steht unter öffentlicher T.*

Tra·ge·ta·sche *die*; e-e relativ große Tasche (*mst* zum Einkaufen)

trag·fä·hig *Adj*; *nicht adv*; **1** stark genug, um ein größeres Gewicht tragen zu können ⟨e-e Brücke, ein Fundament⟩ **2** ≈ akzeptabel ⟨ein Kompromiss⟩ || *hierzu* **Trag·fä·hig·keit** *die*; *nur Sg*

Trag·flä·che *die*; e-r der beiden Flügel e-s Flugzeugs || ↑ *Abb. unter* **Flugzeug**

Träg·heit *die*; *-*; *nur Sg*; **1** das Trägesein **2** *Phys*; **die T. der Masse** die Eigenschaft jedes Körpers, sich nicht zu bewegen bzw. in seiner momentanen Bewegung zu bleiben, solange keine Kräfte auf ihn wirken

Tra·gik *die*; *-*; *nur Sg*; **1** sehr großes Leid (das durch ein Unglück, e-n Schicksalsschlag *o.Ä.* hervorgerufen wird): *die T. e-s Unfalls* **2** *Lit*; die unabänderliche Notwendigkeit, so zu handeln, dass etw. Fatales geschehen muss: *die T. Wallensteins*

Tra·gi·ko·mö·die *die*; ein Schauspiel, das zugleich lustig u. traurig ist || *hierzu* **tra·gi·ko·misch** *Adj*

tra·gisch *Adj*; voller Tragik (1,2) ⟨ein Schicksal, ein Unglücksfall⟩: *Die Erzählung endet t.* || ID *mst* **Nimm es nicht so t.** *gespr*; nimm es nicht so ernst, es ist nicht so schlimm; **Das ist nicht so t.!** *gespr*; das ist nicht so schlimm

Tra·gö·die [-di̯ə] *die*; *-, -n*; **1** ein Schauspiel mit unglücklichem, tragischem Ende ≈ Trauerspiel ↔ Komödie **2** ein schreckliches Ereignis: *Er wurde Zeuge e-r T.*

trägt *Präsens, 3. Person Sg*; ↑ **tragen**

Trag·wei·te *die*; *-*; *nur Sg*, *geschr*; der Grad, in dem sich e-e Entscheidung *o.Ä.* auswirkt: *Er war sich der T. seines Handelns nicht bewusst*; *Der Beschluss ist von großer T.*

Trai·ler ['treɪlɐ] *der*; *-s*, *-*; **1** ≈ Wohnwagen(anhänger) **2** *Film*; e-e Folge von Filmausschnitten als Werbung für diesen Film

Trai·ner ['trɛːnɐ] *der*; *-s*, *-*; j-d, der Sportler auf Wettkämpfe vorbereitet

trai·nie·ren [trɛ'niːrən]; *trainierte, hat trainiert*; Vt/i **1 (etw.) t.** ein Programm mit gezielten körperlichen Übungen ausführen, um (bei e-r Sportart) bessere Leistungen zu erreichen: *Er trainiert täglich (Hochsprung)*; Vt **2 j-n / ein Tier (in etw. (*Dat*)) t.** e-n Sportler od. ein Tier auf Wettkämpfe vorbereiten u. mit ihnen üben: *Sie trainiert ihn im Eiskunstlauf* **3 etw. t.** mit bestimmten Teilen od. Funktionen des Körpers gezielte Übungen machen, um diese zu höherer Leistung zu bringen: *Man kann auch das Gedächtnis t.*; Vi **4 für / auf etw. (*Akk*) t.** sich auf (sportliche) Wettkämpfe vorbereiten: *Er trainierte für die Meisterschaft*

Trai·ning ['trɛːnɪŋ] *das*; *-s*; *nur Sg*; **1** das systematische Ausführen e-s Programms zur Verbesserung der Leistungsfähigkeit bei e-r Sportart ⟨ein hartes, regelmäßiges T.⟩ || K-: **Trainings-, -bedingungen, -lager, -methode** || -K: **Fußball-, Tennis-; Gedächtnis- 2 nicht mehr im T. sein** (bei e-r sportlichen Tätigkeit) nicht mehr in Übung sein

Trai·nings·an·zug *der* ≈ Jogginganzug

Trakt *der*; *-(e)s*, *-e*; ein relativ großer Teil e-s (*mst* öffentlichen) großen Gebäudes: *Im südlichen T. der Universität befindet sich die Bibliothek* || -K: **Gebäude-** || NB: ↑ **Flügel**[1] (5)

Trak·tat *das*; *-(e)s*, *-e*; *geschr veraltend*; e-e relativ kurze (*mst* wissenschaftliche od. religiöse) Schrift ≈ Abhandlung

trak·tie·ren; *traktierte, hat traktiert*; Vt **1 *j-n mit etw. t.*** j-n immer wieder mit etw. Unangenehmem stören: *j-n mit Vorwürfen t.* **2 *j-n mit etw. t.*** j-n mit etw. misshandeln ⟨j-n mit Schlägen, mit dem Stock t.⟩

Trak·tor *der*; *-s, Trak·to·ren*; ein schweres Fahrzeug in der Landwirtschaft, mit dem man *z.B.* den Pflug zieht

tral·la·la! *Interjektion*; verwendet beim (fröhlichen) Singen, wenn man *z.B.* den Text nicht kennt

träl·lern; *trällerte, hat geträllert*; Vt/i **1 (*etw.*) *t.*** e-e Melodie (*mst* ohne Text) fröhlich singen **2** ⟨die Lerche, die Nachtigall⟩ ***trällert* (*etw.*)** die Lerche, die Nachtigall gibt die Laute von sich, die für die Art typisch sind

Tram *die*; *-, -s*; *südd* (A) (CH) *gespr* ≈ Straßenbahn

Tram·bahn *die*; *südd* (A) (CH) ≈ Straßenbahn

Tram·pel *der*; *-s, -*; *gespr pej*; ein ungeschickter Mensch

tram·peln; *trampelte, hat / ist getrampelt*; Vi **1** (*hat*) (*mst* aus Wut od. Begeisterung) mit beiden Füßen abwechselnd kurz u. fest stampfen **2 *irgendwohin t.*** (*ist*) laut, rücksichtslos od. ungeschickt irgendwohin gehen

Tram·pel·pfad *der*; ein schmaler Weg, der dadurch entstanden ist, dass viele Leute dort entlanggegangen sind: *ein T. im Dschungel*

Tram·pel·tier *das*; **1** ein Kamel mit zwei Höckern **2** *gespr pej*; ein ungeschickter u. lauter Mensch

tram·pen ['trɛmpn̩]; *trampte, ist getrampt*; Vi **(*irgendwohin*) *t.*** reisen, indem man (durch Handzeichen) die Autofahrer bittet, einen kostenlos mitzunehmen ≈ per Anhalter reisen || *hierzu* **Tram·per** *der*; *-s, -*; **Tram·pe·rin** *die*; *-, -nen*

Tram·po·lin [-li:n] *das*; *-s, -e*; e-e Art Matratze, die mit Federn in e-n Rahmen gehängt ist u. auf der man hohe Sprünge machen kann

Tran *der*; *-(e)s*; *nur Sg*; e-e Art Öl, das aus dem Fett von Walen od. Robben gewonnen wird

Tran·ce [trã:s(ə)] *die*; *-, -n*; ein Zustand (ähnlich wie der Schlaf), in dem man keinen eigenen Willen hat ⟨in T. fallen, geraten; j-n in T. versetzen⟩ || K-: ***Trance-, -zustand***

tran·chie·ren ↑ ***transchieren***

Trä·ne[1] *die*; *-, -n*; *mst Pl*; **1** ein Tropfen der klaren salzigen Flüssigkeit, die aus den Augen kommt, wenn man *z.B.* sehr traurig ist od. Schmerzen hat ⟨bittere Tränen, Tränen der Freude vergießen, weinen; in Tränen ausbrechen⟩: *Der Rauch trieb uns die Tränen in die Augen* || K-: ***Tränen-, -drüse, -fluss***; ***tränen-, -blind, -feucht, -nass, -überströmt, -voll*** || *zu* ***Tränendrüse*** ↑ *Abb. unter* ***Auge* 2 *Tränen lachen*** so sehr lachen, dass einem die Tränen (1) in die Augen kommen || ID ***j-m / etw. keine T. nachweinen*** nicht traurig sein, dass einen j-d verlassen hat od. dass man etw. verloren hat; ***j-d / etw. ist keine T. wert*** *gespr*; j-d / etw. ist kein großer Verlust für j-n; ***Mir kommen die Tränen*** *gespr iron*; verwendet, um j-m zu sagen, dass er nicht so viel jammern soll, dass es ihm nicht so schlecht geht, wie er meint

Trä·ne[2] *die*; *-, -n*; *gespr pej*; ein sehr langweiliger Mensch

trä·nen; *tränte, hat getränt*; Vi ***ein Auge tränt***; ***j-m tränen die Augen*** j-d hat Tränen in einem od. beiden Augen (nicht weil er traurig ist, sondern weil Wind, Rauch *o.Ä.* die Augen reizt)

Trä·nen·gas *das*; *nur Sg*; ein Gas, das die Augen stark tränen lässt: *Die Polizei setzte gegen die Demonstranten T. ein*

Trä·nen·sack *der*; schlaffe, erweiterte Haut unter dem Auge ⟨Tränensäcke haben⟩

tra·nig *Adj*; **1** wie Tran **2** *gespr pej*; (von Menschen) langweilig, träge

trank *Imperfekt, 1. u. 3. Person Sg*; ↑ ***trinken***

Trank *der*; *-(e)s, Trän·ke*; *mst Sg*, *geschr* ≈ Getränk || -K: ***Zauber-***

Trän·ke *die*; *-, -n*; **1** e-e Stelle an e-m Fluss, an der Tiere trinken können **2** ein Behälter, aus dem Tiere trinken können || -K: ***Pferde-, Vieh-, Vogel-***

trän·ken; *tränkte, hat getränkt*; Vt **1 *ein Tier t.*** e-m Tier (*bes* e-r Kuh, e-m Pferd) zu trinken geben **2 *etw. mit etw. t.*** etw. mit Flüssigkeit vollsaugen lassen: *die Watte mit Öl, die Torte mit Rum t.*

Trans·ak·ti·on [-'tsi̯o:n] *die*; *-, -en*; *Ökon*; e-e *mst* große finanzielle (oft riskante) Unternehmung

tran·schie·ren [trã'ʃi:rən]; *transchierte, hat transchiert*; Vt/i **(*etw.*) *t.*** e-n Braten, Geflügel *o.Ä.* in Scheiben, kleinere Teile schneiden ≈ zerlegen ⟨Geflügel t.⟩

Trans·fer *der*; *-s, -s*; **1** *geschr*; die Weitergabe, der Austausch von etw.: *der technologische T. zwischen den führenden Industriestaaten* || -K: ***Informations-, Technologie-, Wissens-* 2** *Ökon*; die Zahlung *mst* größerer (Geld)Summen ins Ausland || -K: ***Geld-* 3** der Weitertransport von Reisenden (*z.B.* vom Flughafen zum Hotel) **4** *Sport*; der Wechsel e-s Spielers von einem Verein zum anderen, für den der erste Verein Geld bekommt || K-: ***Transfer-, -summe*** || *zu* **2** u. **4 trans·fe·rie·ren** (*hat*) *Vt*

Trans·for·ma·ti·on [-'tsi̯o:n] *die*; *-, -en*; **1** *geschr* ≈ Umformung, Umwandlung **2** *Phys*; die Änderung der Spannung e-s elektrischen Stroms || *hierzu* **trans·for·mie·ren** (*hat*) *Vt*

Trans·for·ma·tor *der*; *-s, Trans·for·ma·to·ren*; *Phys*; ein Gerät, mit dem man die Spannung u. Stärke des elektrischen Stroms stärker od. schwächer machen kann

Trans·fu·si·on [-'zi̯o:n] *die*; *-, -en*; die Übertragung von Blut e-s Spenders auf e-n Menschen, der (*z.B.* bei e-m Unfall) viel Blut verloren hat || -K: ***Blut-***

Tran·sis·tor *der*; *-s, Tran·sis·to·ren*; *Phys*; ein elektrisches Bauelement zur Regulierung von Strom || K-: ***Transistor-, -gerät, -radio***

Tran·sit, Tran·sit *der*; *-s*; *nur Sg*; die Reise od. der Transport von einem Land zu e-m anderen durch ein drittes Land || K-: ***Transit-, -abkommen, -handel, -reisende(r), -verkehr, -visum***

tran·si·tiv [-f] *Adj*; *Ling*; (von e-m Verb) dadurch gekennzeichnet, dass es ein Objekt im Akkusativ haben muss (u. ins Passiv gesetzt werden kann) ↔ intransitiv, reflexiv ⟨ein Verb; ein Verb t. verwenden⟩

tran·skri·bie·ren; *transkribierte, hat transkribiert*; Vt/i **(*etw.*) *t.*** etw. in e-e andere Schrift übertragen: *e-n Text aus der griechischen in die lateinische Schrift t.* || *hierzu* **Tran·skrip·ti·on** *die*; *-, -en*

trans·pa·rent *Adj*; **1** das Licht durchlassend ≈ durchsichtig ⟨Papier, Farbe⟩ **2** gut zu verstehen u. sinnvoll ↔ undurchsichtig: *e-e transparente Politik machen* || *hierzu* **Trans·pa·renz** *die*; *-*; *nur Sg*

Trans·pa·rent *das*; *-s, -e*; **1** ein breites Stück Papier od. Stoff, auf dem (politische) Parolen stehen u. das man *z.B.* bei Demonstrationen trägt **2** ein Bild auf e-m durchsichtigen Papier, Stoff od. auf Glas

tran·spi·rie·ren; *transpirierte, hat transpiriert*; Vi *geschr* ≈ schwitzen || *hierzu* **Tran·spi·ra·ti·on** *die*; *-*; *nur Sg*

Trans·plan·ta·ti·on [-'tsi̯o:n] *die*; *-, -en*; die Übertragung e-s Gewebes od. Organs auf e-n anderen Körperteil od. e-n anderen Menschen ≈ Verpflanzung ⟨e-e T. vornehmen, durchführen⟩ || -K: ***Herz-, Nieren-*** || *hierzu* **trans·plan·tie·ren** (*hat*) *Vt*; **Trans·plan·tat** *das*; *-s, -e*

Trans·port *der*; *-s, -e*; **1** das Transportieren (1) ≈ Beförderung: *der T. von Waren ins Ausland*; *der T. des Verletzten ins Krankenhaus* || K-: ***Transport-, -behälter, -firma, -kosten, -schaden, -unternehmen*** || -K: ***Güter-, Kranken-, Tier-, Waren-*** **2** das, was in e-r Ladung *o.Ä.* transportiert (1) werden soll ⟨e-n T. zusammenstellen⟩

trans·por·ta·bel *Adj*; *nicht adv*; so, dass man etw. (leicht) transportieren (1) kann || NB: *transportabel* → *ein transportabler Bohrturm*

Trans·por·ter *der*; *-s*, *-*; ein Lastwagen, Schiff od. Flugzeug, mit denen man große Mengen von Waren *usw* transportieren kann

trans·port·fä·hig *Adj*; *nicht adv*; in e-m Zustand, der e-n Transport erlaubt: *Ist der Verletzte t.?*

trans·por·tie·ren; *transportierte, hat transportiert*; [Vt] **1** ***j-n / etw.*** (***irgendwohin***) ***t.*** j-n / etw. (mit e-m Fahrzeug) an e-n anderen Ort bringen ≈ befördern (1) ⟨Kranke, Verletzte, Vieh, Gepäck, Güter, Material, Waren t.⟩; [Vt/i] **2** ***etw. transportiert*** (***etw.***) etw. bewegt etw. (mechanisch) weiter: *Die Kamera transportiert* (*den Film*) *automatisch*

Trans·port·mit·tel *das*; ein Fahrzeug, das zum Transport (1) dient

trans·se·xu·ell *Adj*; so, dass sich ein Mann wie e-e Frau fühlt od. e-e Frau als Mann ⟨t. veranlagt sein⟩

Tran·su·se *die*; *-*, *-n*; *gespr pej*; ein langweiliger, träger Mensch (*bes* ein Mädchen)

Trans·ves·tit [-v-] *der*; *-en*, *-en*; ein Mann, der sich wie e-e Frau kleidet u. verhält || NB: *der Transvestit*; *den, dem, des Transvestiten*

Tran·tü·te *die*; *gespr* ≈ Transuse

Tra·pez *das*; *-es*,*-e*; **1** e-e Konstruktion aus e-r waagrechten Stange, die an zwei Seilen hängt, die *mst* für akrobatische Übungen verwendet wird || K-: ***Trapez-, -akt, -künstler*** **2** *Geometrie*; ein Viereck mit zwei parallelen, aber verschieden langen Seiten || ↑ *Abb. unter* **geometrische Figuren**

trap·peln; *trappelte, hat / ist getrappelt*; [Vi] mit kurzen, schnellen Schritten laufen ⟨Pferde, Kinder⟩

Tra·ra *das*; *mst in* ***viel T. um j-n / etw. machen*** *gespr pej*; j-m / etw. mehr Aufmerksamkeit schenken, als er / es verdient

Tras·se *die*; *-*, *-n*; der (geplante) Verlauf e-r Straße, Bahnlinie *usw* ⟨e-e T. abstecken⟩

trat *Imperfekt, 1. u. 3. Person Sg*; ↑ ***treten***

trä·te *Konjunktiv II, 1. u. 3. Person Sg*; ↑ ***treten***

Tratsch *der*; *-(e)s*; *nur Sg*, *gespr*, *mst pej*; das Reden über andere Menschen *o.Ä.* ≈ Klatsch

trat·schen; *tratschte, hat getratscht*; [Vi] (***über j-n / etw.***) ***t.*** *gespr*, *mst pej*; über andere Menschen reden, Dinge weitererzählen, die man nicht weitererzählen soll *o.Ä.* ≈ klatschen[2]: *Er tratscht viel zu viel*

trat·zen, trät·zen; *tratzte / trätzte, hat getratzt / geträtzt*; [Vt] ***j-n t.*** *südd* Ⓐ ≈ necken

Trau·al·tar *der*; *geschr veraltend*; *mst in* **1** ***e-e Frau zum T. führen*** (als Mann) e-e Frau heiraten **2** (***mit j-m***) ***vor den T. treten*** sich (mit j-m) kirchlich trauen[3] lassen

Trau·be *die*; *-*, *-n*; **1** eine einzelne kleine runde Frucht des Weinstocks ≈ Weintraube ⟨weiße / grüne / rote / blaue, kernlose Trauben⟩ || ↑ *Abb. unter* **Obst** || K-: ***Trauben-, -lese, -most, -saft, -sorte*** **2** mehrere Trauben (1) an e-m Stiel, die zusammen ungefähr die Form e-r Pyramide bilden **3** mehrere Blüten an e-m Stiel, die zusammen ungefähr die Form e-r T. (2) haben **4** ***e-e T. von Menschen*** viele Menschen, die dicht beieinander stehen || ID ***j-m sind die Trauben zu sauer / hängen die Trauben zu hoch*** j-d tut so, als wolle er etw. Positives gar nicht haben, damit er nicht zugeben muss, dass er es nicht bekommen od. erreichen konnte

Trau·ben·zu·cker *der*; natürlicher Zucker, der *z.B.* in Obst u. Honig vorkommt; *Chem* Glukose

trau·en[1]; *traute, hat getraut*; [Vi] ***j-m / etw. t.*** sicher sein, dass j-d nichts Falsches, Böses tut od. dass etw. keinen Nachteil enthält: *Ich traue seinen Versprechungen nicht* || ID ***seinen Augen / Ohren nicht t.*** *gespr*; kaum glauben können, was man sieht od. hört

trau·en[2], **sich**; *traute sich, hat sich getraut*; [Vr] **1** ***sich t.*** (+ ***zu*** + *Infinitiv*) den Mut zu etw. haben ≈ etw. wagen (1): *Ich traue mich nicht, nachts allein spazieren zu gehen*; *Du traust dich ja doch nicht!* || NB: *mst* verneint od. in Fragen **2** ***sich irgendwohin t.*** den Mut haben, irgendwohin zu gehen: *Er traute sich nicht in die dunkle Höhle*; *Sie traut sich nicht ins Wasser*

trau·en[3]; *traute, hat getraut*; [Vt] ⟨ein Brautpaar⟩ ***t.*** als Priester od. Standesbeamter die Zeremonie durchführen, mit der e-e Ehe geschlossen wird ⟨sich kirchlich / standesamtlich t. lassen⟩

Trau·er *die*; *-*; *nur Sg*; **1** ***T.*** (***um j-n / über etw.***) ein tiefer seelischer Schmerz, den man *z.B.* empfindet, wenn ein geliebter Mensch stirbt od. wenn man von j-m schwer enttäuscht wurde ⟨tiefe T.; T. empfinden⟩ || K-: ***Trauer-, -anzeige, -brief, -feier, -gottesdienst, -karte, -kleidung, -marsch, -musik*** **2** der (durch Tradition festgelegte) Zeitraum, in dem man über den Tod e-s Menschen trauert **3** ***T. tragen*** schwarze Kleidung tragen, um die T. (1) um e-n Verstorbenen zu zeigen || ID ***in stiller / tiefer T.*** verwendet in Todesanzeigen *mst* vor den Namen der Angehörigen des Toten

Trau·er·fall *der*; ein Todesfall (in der Familie) ⟨e-n T. (in der Familie) haben⟩

Trau·er·ge·mein·de *die*; *Kollekt*; alle Teilnehmer bei e-m Begräbnis, e-r Trauerfeier

Trau·er·jahr *das*; das erste Jahr nach dem Tod e-s nahen Verwandten (in dem man *bes* früher Trauer (3) trug)

Trau·er·kloß *der*; *gespr pej*; j-d, der langweilig ist u. selten Freude empfindet

Trau·er·mie·ne *die*; *mst in* ***e-e T. aufsetzen*** *gespr*; ein trauriges (sorgenvolles) Gesicht machen

trau·ern; *trauerte, hat getrauert*; [Vi] (***um j-n / über etw.*** (*Akk*)) ***t.*** tiefen seelischen Schmerz empfinden, *z.B.* weil ein geliebter Mensch gestorben ist: *Er trauerte um seine verstorbene Frau*

Trau·er·spiel *das*; ein ernstes Theaterstück mit tragischem Ausgang ≈ Tragödie (1) || ID ***Das ist das reinste T.!*** *gespr pej*; das ist sehr schlecht od. schlimm

Trau·er·wei·de *die*; ein Laubbaum (e-e Weide) mit hängenden Zweigen

Trau·er·zug *der*; die Personen, die bei e-r Beerdigung den Sarg des Toten zum Grab begleiten

Trau·fe *die*; *-*, *-n*; *veraltend* ≈ Dachrinne || ID ↑ ***Regen***

träu·feln; *träufelte, hat geträufelt*; [Vt] ***etw. irgendwohin t.*** e-e Flüssigkeit in kleinen Tropfen in od. auf etw. geben: *j-m Tropfen ins Ohr t.*

trau·lich *Adj*; *veraltend*; in e-r gemütlichen, freundlichen u. ruhigen Atmosphäre || *hierzu* **Trau·lich·keit** *die*; *nur Sg*

Traum *der*; *-(e)s*, *Träu·me*; **1** Bilder, Gedanken, Gefühle, die man während des Schlafes hat: *Ich hatte heute Nacht e-n seltsamen, bösen, wirren T.*; *Meine Großmutter ist mir im T. erschienen* || K-: ***Traum-, -bild, -deutung, -inhalt, -symbolik*** **2** ein großer Wunsch ⟨ein T. geht in Erfüllung, erfüllt sich, wird wahr⟩: *der T. vom eigenen Haus*; *Es ist sein T., Diplomat zu werden* || ID ***etw. fällt j-m im 'T. nicht ein***; ***j-d denkt nicht im 'T. daran*** + ***zu*** + *Infinitiv gespr*; verwendet, um auszudrücken, dass j-d etw. überhaupt nicht tun will: *Ich denk ja nicht im T. daran, deine Arbeit zu machen*; **'Aus der T.!** *gespr*; als Ausruf verwendet, um auszudrücken, dass ein Wunsch nicht mehr in Erfüllung geht; ***ein T. von*** ⟨e-m Auto, e-m Haus, e-m Kleid, e-r Frau, e-m Mann *usw*⟩ *gespr*; verwendet, um auszudrücken, dass j-d / etw. sehr schön, attraktiv od. wünschenswert erscheint; ***im T. versunken*** geistesabwesend; ***Träume sind Schäume!*** Träume bedeuten nichts

Traum- *im Subst*; *begrenzt produktiv*, *gespr*; verwendet, um auszudrücken, dass etw. ideal ist ≈ Super-; das ***Traumauto***, der ***Traumberuf***, die ***Traumfrau***, das ***Traumhaus***, der ***Traummann***, die ***Traumnote***, die ***Traumreise***, die ***Traumvilla***

Trau·ma *das*; *-s*, *-ta*; *geschr*; ein schwerer seelischer Schock, der lange nachwirkt || *hierzu* **trau·ma·tisch** *Adj*

träu·men; *träumte*, *hat geträumt*; [Vi] **1** ***(von j-m / etw.) t.*** e-n Traum (1) haben (in dem j-d / etw. vorkommt): *Er hat von seiner Prüfung geträumt* **2** ***von etw. t.*** den großen Wunsch haben, etw. zu haben, zu erleben *o.Ä.*: *Er träumt von e-r Weltreise* **3** unkonzentriert sein, nicht aufpassen: *Er träumt bei den Hausaufgaben* || ID ***Das hätte ich mir nicht / nie t. lassen!*** das hätte ich nie geglaubt || *zu* **3** **Träu·mer** *der*; *-s*, *-*; **Träu·me·rin** *die*; *-*, *-nen*

träu·me·risch Adj; so wie j-d, der träumt (3) u. in Gedanken ist ≈ gedankenverloren

traum·haft *Adj*; *gespr*; **1** sehr groß, stark, schön *usw* ⟨ein Wetter, e-e Reise, ein Glück, ein Kleid⟩ **2** *nur adv*; verwendet, um positive Adjektive u. Verben zu verstärken ⟨t. schön; j-d spielt, singt t.⟩

Traum·tän·zer *der*; *gespr pej*; j-d, der zwar große Pläne hat, aber nicht viel erreicht

Traum·welt *die*; *mst in* ***Er / Sie lebt in e-r T.*** er / sie beurteilt die Welt nicht realistisch, hat große Illusionen

trau·rig *Adj*; **1** ***t.*** ***(über etw.*** *(Akk)*) voll Kummer u. Schmerz od.Trauer (1) ↔ froh, fröhlich: *ein trauriges Gesicht machen*; *Bist du t.* darüber, dass *wir ihn nicht wiedersehen werden?* **2** *nicht adv*; ⟨ein Ereignis, ein Film, ein Lied, e-e Nachricht⟩ so, dass sie den Betroffenen voll Kummer od. Schmerz machen ↔ lustig **3** so, dass der Betreffende es sehr schade od. beklagenswert findet: *Es ist t., aber wahr!*; *Es ist t., dass du das nicht einsiehst*; *Ich finde es sehr t., wenn ihr euch immer streitet*; *Das Traurige daran ist, dass …* **4** *nicht adv* ≈ schlecht, armselig ⟨e-e Gegend, Verhältnisse, ein Zustand⟩ **5** *nicht adv*; so, dass man sich darüber schämen sollte ⟨bei etw. e-e traurige Rolle spielen; e-e traurige Figur machen⟩ || *zu* **1** u. **2** **Trau·rig·keit** *die*; *nur Sg* || ID ↑ ***Berühmtheit***

Trau·ring *der* ≈ Ehering

Trau·schein *der*; ein (amtliches) Dokument, auf dem steht, dass man geheiratet hat ≈ Heiratsurkunde

traut *Adj*; *geschr veraltend*; **1** ≈ traulich **2** *mst* ***im trauten Kreis der Familie*** im engsten Familienkreis

Trau·ung *die*; *-*, *-en*; e-e Zeremonie, mit der Mann u. Frau zu e-m Ehepaar werden ≈ Eheschließung ⟨die standesamtliche, kirchliche T.⟩

Trau·zeu·ge *der*; j-d, der bei der Trauung als Zeuge anwesend sein muss || *hierzu* **Trau·zeu·gin** *die*

Treck *der*; *-s*, *-s*; ein Zug[2] (4) von Menschen (*mst* Flüchtlingen od. Siedlern), die mit ihrem Besitz auf Wagen ihre Heimat verlassen || -K: ***Flüchtlings-, Siedler-***

Tre·cker *der*; *-s*, *-*; *bes nordd* ≈ Traktor

Treff[1] *der*; *-s*, *-s*; *gespr*; **1** ≈ Treffen ⟨e-n T. vereinbaren⟩ **2** *Kurzw*; ↑ ***Treffpunkt***

Treff[2] *das*; *-s*, *-s* ≈ Kreuz (7)

tref·fen; *trifft*, *traf*, *hat / ist getroffen*; [Vt/i] *(hat)* **1** ***(j-n / etw.) t.*** j-n / etw. mit e-m Schuss, Schlag, Wurf *o.Ä.* erreichen (u. verletzen, beschädigen *o.Ä.*) ↔ verfehlen: *Er traf sie mit dem Schneeball mitten ins Gesicht*; *Er sank tödlich getroffen zu Boden* **2** ***(etw.) t.*** genau das herausfinden, was (am besten) passt ⟨j-s Geschmack, den richtigen Ton, die richtigen Worte t.⟩: *Mit diesem Geschenk hast du genau das Richtige getroffen*; *Getroffen!* (= stimmt, genau richtig!); [Vt] *(hat)* **3** ***j-n t.*** mit j-m (zufällig od. aufgrund e-r Verabredung) zusammenkommen: *Ich habe sie beim Einkaufen getroffen*; *Wir treffen uns morgen um neun Uhr* || NB: kein Passiv! **4** ***etw. t.*** etw. beschließen u. durchführen ⟨Maßnahmen, Vorkehrungen, Vorsichtsmaßnahmen t.⟩ **5** ***ein Abkommen t.*** ein Abkommen beschließen **6** ***j-d / etw. trifft j-n / etw.*** ***(irgendwie / irgendwo)*** j-d / etw. macht j-n traurig, verletzt seine Gefühle od. schadet e-r Sache ⟨j-n an seiner empfindlichsten Stelle, j-s wunden Punkt t.; etw. trifft j-n hart, schwer, tief, zutiefst⟩: *Ihr Tod hat ihn schwer getroffen*; *Mit dieser Beleidigung hast du ihn zutiefst getroffen* **7** ***j-n trifft keine / die Schuld*** ***(an etw.*** *(Dat)*) j-d ist nicht schuld / ist schuld an etw. **8** ***etw. t.*** *geschr*; verwendet zusammen mit e-m Subst., um ein Verb zu umschreiben; ***e-e Abmachung (mit j-m) t.*** ≈ etw. (mit j-m) abmachen (= vereinbaren); ***e-e Absprache (mit j-m) t.*** ≈ etw. (mit j-m) absprechen; ***e-e Anordnung t.*** ≈ etw. anordnen (= befehlen); ***e-e Entscheidung (über j-n / etw.) t.*** ≈ etw. (über j-n / etw.) entscheiden; ***e-e Verabredung t.*** ≈ etw. verabreden; ***e-e Vereinbarung (mit j-m) t.*** ≈ etw. (mit j-m) vereinbaren; ***Verfügungen t.*** ≈ etw. verfügen; ***Vorbereitungen (für / zu etw.) t.*** ≈ etw. vorbereiten; ***e-e Wahl t.*** ≈ j-n / etw. (aus)wählen; [Vi] *(ist)* **9** ***auf etw.*** *(Akk)* ***t.*** irgendwo etw. finden (*mst* ohne dies zu erwarten) ≈ auf j-n / etw. stoßen: *auf Spuren t.* **10** ***auf j-n t.*** j-n als Gegner in e-m Wettkampf bekommen: *Im Finale traf die englische Mannschaft auf die italienische* **11** ***auf etw.*** *(Akk)* ***t.*** *geschr*; etw. *mst* Unangenehmes u. Unerwartetes erleben ≈ auf etw. stoßen ⟨auf Ablehnung, Schwierigkeiten, Widerstand t.⟩; [Vr] *(hat)* **12** ***j-d trifft sich mit j-m***; ⟨Personen⟩ ***treffen sich*** zwei od. mehrere Personen kommen (wie vereinbart) zusammen: *Er trifft sich mit seiner Freundin / sie treffen sich um fünf Uhr im Park*; [Vimp] *(hat)* **13** ***es trifft j-n / etw.*** j-d / etw. ist an der Reihe (etw. Unangenehmes zu tun *o.Ä.*): *Wen trifft es heute mit dem Aufräumen?* || ID ***j-d ist gut / schlecht getroffen*** j-d sieht auf e-m Bild, Foto so / nicht so aus wie in Wirklichkeit; ***es gut / schlecht (mit j-m / etw.) getroffen haben*** Glück / Pech bei der Wahl von j-m / etw. gehabt haben: *Sie hat es mit ihrem neuen Freund gut getroffen*; ***es trifft sich gut / bestens*** *usw*, ***dass …*** es ist ein schöner Zufall, dass …, es passt gut, dass …; ***wie es sich so trifft!*** das war ein Zufall

Tref·fen *das*; *-s*, *-*; e-e (verabredete) Begegnung, ein Zusammenkommen von zwei od. mehreren Personen: *Sie vereinbarten regelmäßige Treffen* || -K: ***Abiturienten-, Klassen-, Schüler-***

tref·fend *Adj*; so, dass es genau passt ⟨ein Vergleich⟩: *Sie hat ihn t. beschrieben*

Tref·fer *der*; *-s*, *-*; **1** ein Schuss, Schlag, Wurf od. Stoß (im Sport od. Kampf), der sein Ziel erreicht **2** ein Los, das gewinnt ↔ Niete **3** ***e-n T. erzielen*** ein Tor[2] (2) schießen **4** ***e-n T. landen*** j-n / etw. treffen (1)

treff·lich *Adj*; *geschr*, *veraltend*; sehr gut ≈ ausgezeichnet || *hierzu* **Treff·lich·keit** *die*; *nur Sg*

Treff·nis *das*; *-ses*,*-se*; (CH) der Anteil, den j-d von etw. bekommt

Treff·punkt *der*; ein Ort, an dem zwei od. mehrere Personen zusammenkommen ⟨e-n T. vereinbaren⟩

T

treff·si·cher *Adj*; **1** ⟨ein Schütze⟩ so, dass er das Ziel genau trifft (1) **2** genau passend für etw., e-e Sache genau charakterisierend ⟨e-e Bemerkung, e-e Formulierung⟩ **3** *mst* ***t. in seinem Urteil sein*** fähig sein, etw. ganz richtig zu beurteilen

trei·ben; *trieb, hat / ist getrieben*; [Vt] (*hat*) **1** ***j-n / ein Tier*** (***irgendwohin***) ***t.*** j-n / etw. (durch Rufe, Schläge *o.Ä.* u. *mst* indem man hinter ihnen hergeht, herläuft *o.Ä.*) dazu bringen, sich in e-e bestimmte Richtung zu bewegen: *das Vieh auf die Weide t.* **2** ***etw. durch / in etw.*** (*Akk*) ***t.*** etw. *bes* durch Bohrungen *o.Ä.* irgendwo entstehen lassen: *e-n Schacht / Stollen in den Fels, in die Erde t.*; *e-n Tunnel durch den Berg t.* **3** ***etw. in etw.*** (*Akk*) ***t.*** etw. (*bes* durch Schläge od. Stöße mit e-m Werkzeug) in etw. hineingelangen lassen: *e-n Haken in die Wand t.* **4** ***etw. treibt j-n / etw. irgendwohin*** etw. bewegt j-n / etw. irgendwohin: *Die Strömung trieb ihn ans Ufer*; *Das Boot wurde vom Wind an Land getrieben* **5** ***etw. treibt etw.*** etw. bewirkt, dass sich e-e Maschine bewegt ≈ etw. treibt etw. an: *Diese Turbinen werden durch Wasserkraft getrieben* **6** ***j-d / etw. treibt j-n zu etw. / in etw.*** (*Akk*) j-d / etw. bringt j-n (*z.B.* durch Drohungen, Qualen *o.Ä.*) in e-n unangenehmen Zustand od. bewegt ihn dazu, etw. Unangenehmes zu tun ⟨j-n zum Äußersten, in den Tod, in den / bis zum Selbstmord, in die Flucht, in den Wahnsinn, zur Verzweiflung t.⟩: *Der Hunger trieb ihn zum Diebstahl* **7** ***j-n zu etw. t.*** j-n ungeduldig zu etw. auffordern ≈ drängen ⟨j-n zur Eile, zum Aufbruch t.⟩ **8** ***etw. treibt etw. irgendwohin*** etw. bewirkt, dass etw. irgendwohin gelangt ⟨etw. treibt j-m Schweiß ins Gesicht, auf die Stirn; etw. treibt j-m Tränen in die Augen⟩ **9** ***j-d / etw. treibt die Preise in die Höhe / in den Keller*** j-d / etw. bewirkt, dass die Preise drastisch steigen / sinken **10** ***etw.*** (***aus etw.***) ***t.*** ein Stück Metall mit e-m Hammer in e-e bestimmte Form bringen: *e-n Becher aus Kupfer t.*; *e-e Schale aus getriebenem Gold* **11** ***etw. t.*** sich mit etw. beschäftigen, etw. machen ⟨Sport, Ackerbau u. Viehzucht t.⟩: *Na, was treibst du denn so?* **12** ***Unsinn t.*** unvernünftige Dinge tun **13** ***j-d treibt es irgendwie*** j-d übertreibt etw. so, dass es den Sprecher stört ⟨j-d treibt es arg, bunt, toll, wild; j-d treibt es zu weit⟩: *Er treibt es noch so weit, dass er seinen Job verliert!* **14** ***j-d treibt es mit j-m***; *mst* ***sie treiben es*** *gespr!* zwei Personen haben (regelmäßig) Geschlechtsverkehr **15** ***etw. t.*** verwendet zusammen mit e-m Subst., um ein Verb zu umschreiben; ***Handel*** (***mit etw.***) ***t.*** ≈ mit etw. handeln; ***Missbrauch*** (***mit j-m / etw.***) ***t.*** ≈ j-n / etw. missbrauchen; ***Spionage t.*** ≈ spionieren; ***seinen Spott mit j-m t.*** ≈ über j-n spotten; [Vt/i] (*hat*) **16** ***etw. treibt*** (***etw.***) etw. entwickelt Blätter, Blüten od. Knospen: *Der Kirschbaum treibt weiße Blüten*; *Die Keimlinge treiben schon*; [Vi] **17** (***irgendwo***) ***t.*** (*hat / ist*); ***irgendwohin t.*** (*ist*) auf dem / im Wasser (od. in der Luft) vom Wind od. der Strömung bewegt werden ⟨an Land, ans Ufer, aufs offene Meer, durch die Luft t.; im / auf dem Wasser, auf dem Fluss, auf dem Meer, in der Luft t.⟩: *Das Boot trieb an den Strand* || K-: ***Treib-, -eis, -holz*** || ID ***sich t. lassen*** sich passiv verhalten, kein Ziel im Leben verfolgen || NB: ↑ ***Enge, Spitze***

Trei·ben *das*; *-s*; *nur Sg*; **1** die lebhaften Aktivitäten von vielen Menschen, die zu gleicher Zeit etw. tun, sich hin u. her bewegen *o.Ä.*: *Auf den Straßen herrscht reges T.* || -K: ***Faschings-*** **2** *pej*; nicht ganz legale Handlungen ≈ Machenschaften ⟨j-s schändliches T.⟩

Trei·ber *der*; *-s, -*; **1** j-d, der bei der Treibjagd die Tiere zu den Jägern treibt **2** *pej*; j-d, der andere Menschen zwingt, sehr viel zu arbeiten

Treib·gas *das*; **1** ein Gas, das den Inhalt von Spraydosen unter Druck setzt **2** ein Gas als Treibstoff

Treib·haus *das*; e-e Art Haus aus Glas, in dem Pflanzen feucht u. warm gehalten werden, damit sie schneller wachsen ≈ Gewächshaus

Treib·haus|ef·fekt *der*; *nur Sg*; bezeichnet das Phänomen, bei dem die Atmosphäre der Erde wärmer wird (durch Schäden in der Umwelt)

Treib·jagd *die*; e-e Art der Jagd, bei der die Tiere durch Lärm zu den Jägern getrieben werden

Treib·mit·tel *das*; **1** ein Mittel wie Backpulver od. Hefe, das bewirkt, dass der Teig locker wird **2** *Chem* ≈ Treibgas

Treib·rie·men *der*; e-e Art starkes Band, das e-e Drehbewegung in e-m Motor *o.Ä.* überträgt

Treib·sand *der*; Schichten von lockerem Sand, in dem man leicht versinkt

Treib·stoff *der*; *mst* Flüssigkeiten od. Gase, durch deren Verbrennung Energie für Motoren entsteht

Trek·king *das*; *-s*, *nur Sg*; längere Wanderungen, *bes* im Gebirge

Tre·mo·lo *das*; *-, -s*; *Mus*; e-e Art Zittern des gesungenen od. gespielten Tones, das dadurch entsteht, dass derselbe Ton schnell wiederholt wird

Trench·coat ['trɛnʃkoːt] *der*; *-s, -s*; ein leichter, knielanger sportlicher Mantel

Trend *der*; *-s, -s*; ***der T.*** (***zu etw.***) e-e (allgemeine) Entwicklung in e-e bestimmte Richtung ≈ Tendenz (1): *Der (modische) T. geht wieder zu kurzen Röcken* || K-: ***Trend-, -wende***

tren·nen; *trennte, hat getrennt*; [Vt] **1** ***j-n / etw.*** (***von j-m / etw.***) ***t.*** Personen od. Dinge aus e-r Verbindung lösen, (räumlich) auseinander bringen: *Sie trennte den Ärmel vom Mantel*; *zwei raufende Jungen (voneinander) t.* **2** ***etw. von etw. t.*** verschiedene Dinge einzeln tun od. beurteilen, nicht miteinander verbinden: *Er trennt stets das Private vom Beruflichen*; *Ursache u. Wirkung kann man nicht getrennt sehen* **3** ***etw. trennt j-n / etw. von j-m / etw.*** etw. bildet e-e Grenze, ein Hindernis zwischen zwei Personen, Dingen: *Die Straße von Messina trennt Sizilien von Italien*; *Unsere politischen Ansichten trennen uns* **4** ***etw. trennt j-n / etw von j-m / etw.*** etw. stellt e-n zeitlichen od. örtlichen Abstand (*mst* zu e-r bestimmten Person od. zu e-m bestimmten Ereignis) dar: *Nur noch zwei Wochen trennten sie vom Urlaub* **5** ***etw. t.*** ein Wort in seine Silben zerlegen; [Vr] **6** ***sich von etw. t.*** etw. weggeben, weglegen, auf etw. verzichten: *sich von e-m spannenden Buch nicht t. können* **7** ***j-d trennt sich von j-m***; ⟨Personen⟩ ***trennen***

Trennbare Verben

Im Deutschen gibt es Verben, bei denen in den konjugierten Formen die Vorsilbe abgetrennt wird, wenn das Verb an erster oder zweiter Stelle im Satz steht.

Beispiel:
ankommen – Ich komme morgen um 10 Uhr an.

In Infinitivsätzen wird die Partikel **zu** zwischen die Vorsilbe und den Verbstamm eingeschoben:
Ich werde versuchen, pünktlich anzukommen.

Beim Partizip Perfekt steht die Silbe **ge** zwischen der Vorsilbe und dem Verbstamm:
Der Zug ist pünktlich angekommen.

T

sich zwei od. mehrere Personen gehen in unterschiedliche Richtungen auseinander: *Am Bahnhof trennte er sich von seinen Freunden; Hier trennen sich unsere Wege* **8** ***j-d trennt sich von j-m***; ⟨Personen⟩ ***trennen sich*** ein Partner verlässt (endgültig) den anderen, beide Partner beenden (endgültig) ihre Beziehung: *Nach drei Jahren trennte er sich von seiner Freundin* **9** ***e-e Mannschaft trennt sich irgendwie von e-r Mannschaft***; ⟨Mannschaften⟩ ***trennen sich irgendwie*** *Sport*; zwei Mannschaften beenden e-n Wettkampf mit dem genannten Ergebnis: *Die Mannschaften trennten sich unentschieden* || *zu* **5 trẹnn·bar** *Adj*

Trẹn·nung *die*; -, *-en*; **1** das Nicht-mehr-Zusammensein (*mst* mit j-m, den man gern hat): *Die T. schmerzt heute noch* || K-: ***Trennungs-, -angst, -schmerz*** **2** die Auflösung e-r Beziehung: *die T. von der Freundin* **3** das Trennen (2): *Die T. von Staat u. Kirche* **4** das Trennen (5) e-s Wortes || K-: ***Trennungs-, -strich*** || -K: ***Silben-*** **5** ⟨zwei Personen⟩ ***leben in T.*** zwei Personen leben nicht mehr (als Ehepaar) zusammen || ID ***die T. von Tisch u. Bett*** das Aufgeben des gemeinsamen Haushaltes u. der sexuellen Beziehung von Eheleuten

Trẹn·nungs·geld *das*; *nur Sg*; zusätzliches Geld, das man vom Arbeitgeber erhält, wenn man aus beruflichen Gründen von der Familie getrennt leben muss

Trẹnn·wand *die*; e-e Wand, mit der man e-n *mst* großen Raum in kleinere Flächen / Räume teilt

Trẹn·se *die*; -, *-n*; e-e Art Gebiss aus Eisenteilen, das man e-m Pferd ins Maul steckt, um die Zügel daran zu befestigen

trepp·ab *Adv*; die Treppe hinunter

trepp·auf *Adv*; die Treppe hinauf

Trẹp·pe *die*; -, *-n*; **1** mehrere Stufen, die aufeinander folgen u. die *z.B.* die verschiedenen Etagen e-s Hauses miteinander verbinden || ↑ *Abb. unter* ***Treppenhaus*** || K-: ***Treppen-, -absatz, -geländer, -stufe*** || -K: ***Holz-, Marmor-, Stein-*** || *zu* ***Treppenabsatz*** ↑ *Abb. unter* ***Treppenhaus*** **2** ***e-e T. höher / tiefer*** ein Stockwerk höher / tiefer || ID ***die T. hinauffallen*** *gespr hum*; e-n Fortschritt in der beruflichen Karriere machen (*mst* ohne große Anstrengung)

Trẹp·pen·haus *das*; der Teil e-s Hauses, in dem sich die Treppe (1) befindet

Treppenhaus

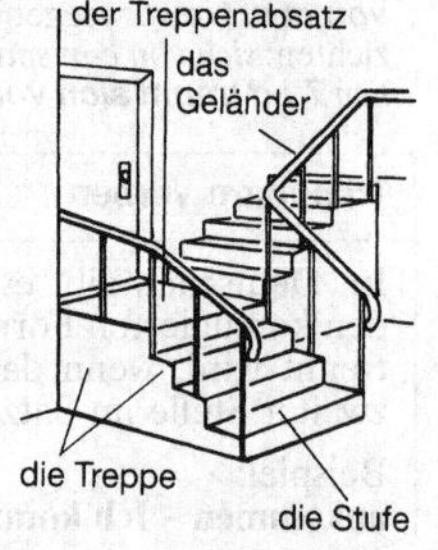

Tre·sen *der*; *-s*, -; *nordd* ≈ Theke

Tre·sor *der*; *-s*, *-e* ≈ Safe ⟨e-n T. aufbrechen, knacken⟩ || K-: ***Tresor-, -raum, -schlüssel*** || -K: ***Bank-***

Trẹs·se *die*; -, *-n*; ein schmales Stoffband zur Verzierung an Kleidungsstücken, *bes* bei Uniformen

Tret·au·to *das*; e-e Art (Spielzeug)Auto für Kinder, das mit Pedalen fortbewegt wird

Tret·boot *das*; ein Boot, das mit Pedalen fortbewegt wird

Tret·ei·mer *der*; ein Mülleimer, dessen Deckel man mit e-m Fußhebel öffnet

tre·ten; *tritt, trat, hat / ist getreten*; [Vt] (*hat*) **1** (***j-n / ein Tier irgendwohin***) ***t.*** j-m / e-m Tier e-n Stoß mit dem Fuß geben: *Er trat ihn in den Rücken*; [Vi] (*hat*) **2** ***etw. t.*** etw. in Bewegung od. Funktion setzen, indem man mit dem Fuß darauf drückt ⟨die Kupplung, die Bremse, die Pedale t.⟩ **3** ***etw. in etw.*** (*Akk*) ***t.*** durch e-n Fußtritt e-n Schaden in etw. verursachen ⟨e-e Beule ins Auto t.⟩ **4** ***etw.*** (***irgendwohin***) ***t.*** etw. entstehen lassen, indem man (immer wieder) dort geht ⟨e-n Pfad in den Schnee t.⟩ **5** ***etw. irgendwie t.*** etw. mit dem Fuß in e-e bestimmte Form, in e-n bestimmten Zustand drücken ⟨etw. flach, platt t.⟩ **6** ***sich*** (*Dat*) ***etw. irgendwohin t.*** sich am Fuß verletzen, indem man versehentlich mit dem Fuß auf etw. kommt ⟨sich e-n Dorn in den Fuß t.⟩ **7** ⟨e-e Ecke, e-n Elfmeter⟩ ***t.*** *Sport*; e-e Ecke, e-n Elfmeter ausführen; [Vi] (*ist*) **8** ***irgendwohin t.*** beim Gehen den Fuß irgendwohin setzen ⟨in e-e Pfütze t.⟩ **9** ***irgendwohin t.*** einige Schritte in e-e bestimmte Richtung machen ⟨ins Zimmer, auf die Bühne, vor das Publikum t.⟩: *Bitte zur Seite t.!* **10** ***j-m / e-m Tier irgendwohin t.*** j-n / ein Tier mit dem Fuß stoßen *o.Ä.*, u. *mst* dadurch verletzen ⟨j-m auf die Zehen t., e-m Hund auf den Schwanz t.⟩ **11** ***nach j-m / etw. t.*** versuchen, j-m / etw. e-n Stoß mit dem Fuß zu geben: *nach der Katze t.* **12** ***etw. tritt irgendwohin*** etw. wird irgendwo sichtbar ⟨der Schweiß tritt j-m auf die Stirn⟩ **13** ***etw. tritt in j-s Bewusstsein*** j-d wird sich e-r Sache bewußt **14** ⟨ein Fluss *o.Ä.*⟩ ***tritt über die Ufer*** ein Fluss *o.Ä.* führt so viel Wasser mit sich, dass er breiter wird, als er sonst ist **15** ***j-d tritt in etw.*** (*Akk*) j-d beginnt mit e-r Handlung, j-d übernimmt e-e bestimmte Rolle *o.Ä.* ⟨in Aktion, in Erscheinung, in (den) Streik, in j-s Dienste, in den Staatsdienst, in den Ruhestand t.; mit j-m in Kontakt, in Verbindung, in Verhandlungen t.⟩ **16** ***etw. tritt in etw.*** (*Akk*) etw. erreicht ein bestimmtes Stadium ⟨ein Gesetz, e-e Regelung tritt in / außer Kraft (= wird wirksam / unwirksam)⟩: *Die Verhandlungen treten in die entscheidende Phase* || ► ***Tritt***

Tret·mi·ne *die*; **1** e-e Mine, die explodiert, wenn man auf sie tritt **2** *gespr hum*; ein Haufen Kot (*mst* von e-m Hund)

Tret·müh·le *die*; *gespr pej*; e-e Tätigkeit (*bes* im Beruf), die sich immer wiederholt

treu, *treuer, treu(e)st-*; *Adj*; **1** ⟨ein Freund⟩ so, dass er e-e freundschaftliche Beziehung zu einem hat, die voll Vertrauen ist u. lange dauert **2** ohne sexuelle Beziehungen außerhalb der Ehe bzw. der festen Partnerschaft ↔ untreu ⟨j-m t. sein, bleiben⟩ **3** ⟨ein Anhänger, ein Fan, ein Kunde, ein Mitarbeiter⟩ so, dass sie über lange Zeit mit j-m / etw. verbunden bleiben **4** ***seinen Grundsätzen, Prinzipien*** *usw* ***t. bleiben*** sich immer fest an seine Grundsätze *usw* halten || ID ***t. u. brav*** genau so, wie es andere wollen, ohne Proteste od. eigene Wünsche

Treu *mst in* ***auf T. u. Glauben*** im Vertrauen darauf, dass alles richtig od. wahr ist

-treu *im Adj, wenig produktiv*; **1** drückt aus, dass sich j-d an dem im ersten Wortteil Genannten genau festhält; ***gesetzestreu, königstreu, linientreu*** ⟨ein Parteipolitiker⟩, ***prinzipientreu, regierungstreu, verfassungstreu*** **2** dem im ersten Wortteil Genannten genau entsprechend; ***plantreu, winkeltreu*** ⟨e-e Zeichnung⟩

Treue *die*; -; *nur Sg*; das Treusein ⟨j-m die T. halten, bewahren; die T. brechen⟩: *seine T. beweisen* || K-: ***Treue-, -bruch, -schwur, -versprechen***

Treu·e·pflicht *die*; die Pflicht, seine Vorgesetzten, den Staat, seine Partner im Beruf od. Geschäft *o.Ä.* zu unterstützen u. nicht zu betrügen

Treu·e·prä·mie *die*; e-e besondere Belohnung für e-n treuen (3) Kunden od. Mitarbeiter

Treu·hand *die*; Ⓓ *hist*; e-e Behörde, die die Aufgabe hatte, die staatlichen Betriebe der ehemaligen DDR zu privatisieren

Treu·hand|an·stalt *die* ≈ Treuhand

Treu·hän·der *der*; *-s*, *-*; *Jur*; j-d, der das Vermögen für e-n anderen verwaltet || *hierzu* **treu·hän·de·risch** *Adj*

treu·her·zig *Adj*; voll naiven Vertrauens ⟨ein Blick; j-n t. ansehen⟩ || *hierzu* **Treu·her·zig·keit** *die*; *nur Sg*

treu·los *Adj*; nicht treu (1,3) || *hierzu* **Treu·lo·sig·keit** *die*; *nur Sg*

Tri·an·gel *der* / *das*; *-s*, *-*; **1** ein Musikinstrument aus Metall in Form e-s Dreiecks || ↑ *Abb. unter* ***Schlaginstrumente*** **2** *gespr*; ein Riss in der Kleidung in Form e-s Dreiecks

Tri·ath·lon *das*; *-s*, *-s*; *Sport*; **1** ein Wettkampf, bei dem die Teilnehmer ohne Pause nacheinander lange Strecken schwimmen, Rad fahren u. laufen **2** ein Wettkampf, der aus Skilanglauf, Scheibenschießen u. Riesenslalom besteht

Tri·bu·nal *das*; *-s*, *-e*; *mst in* ***j-n vor ein T. stellen / bringen*** j-m in der Öffentlichkeit Fragen stellen, als sei er vor Gericht angeklagt

Tri·bü·ne *die*; *-*, *-n*; die Sitzreihen für Zuschauer, die in Stufen angeordnet sind, *z.B.* in e-m Stadion || K-: ***Tribünen-, -platz, -reihe*** || -K: ***Zuschauer-***

Tri·but *der*; *-(e)s*, *-e*; *hist*; e-e Art Steuer, die der Besiegte nach e-m Krieg dem Sieger zahlen musste ⟨T. erheben; T. an j-n entrichten / zahlen⟩ || ID ***j-m / etw. T. zollen*** *geschr*; j-n / etw. anerkennen; *mst* ***etw. fordert e-n hohen T.*** (***an Menschenleben***) *geschr*; ein Unfall, ein tragisches Ereignis verursacht viele Tote || *hierzu* **tri·but·pflich·tig** *Adj*

Tri·chi·ne *die*; *-*, *-n*; ein kleiner Wurm, der *bes* in Schweinen lebt u. der für Menschen gefährlich ist

Trich·ter *der*; *-s*, *-*; **1** e-e Art Rohr, das oben weit und unten eng ist u. mit dem man Flüssigkeiten in Flaschen od. enge Gläser füllt: *den Wein mit e-m T. in Flaschen abfüllen* || K-: ***Trichter-, -rohr*** **2** ein großes Loch im Erdboden, das durch die Explosion e-r Bombe entstanden ist || -K: ***Bomben-*** || ID ***auf den*** (***richtigen***) ***T. kommen*** *gespr*; allmählich verstehen, wie etw. ist, wie etw. funktioniert

Trick *der*; *-s*, *-s*; **1** *pej*; ein geschicktes Vorgehen, mit dem man j-n betrügt ⟨ein billiger (= primitiver), raffinierter T.⟩: *auf die üblen Tricks von Betrügern hereinfallen* || K-: ***Trick-, -betrug, -betrüger, -dieb*** **2** ein Kunststück, mit dem ein Zauberer sein Publikum unterhält ⟨e-n T. vorführen⟩ || -K: ***Karten-, Zauber-*** **3** ein einfacher Handgriff *o.Ä.*, mit dem man ein Problem löst ≈ Kniff: *Wie schafft er das nur? Ist da ein T. dabei?* || *hierzu* **trick·reich** *Adj*

Trick·film *der*; ein Film, der aus e-r langen Serie fotografierter Zeichnungen besteht || -K: ***Zeichen-***

Trick·kis·te *die*; *mst in* ***tief in seine T. greifen*** *gespr*; alle Tricks (2) anwenden, die man kann

trick·sen; *trickste*, *hat getrickst*; [Vi] **1** e-n Trick anwenden; [Vt] **2** *mst in* ***Die Sache / Das werden wir schon t.*** *gespr*; das Problem werden wir (mithilfe e-s Tricks (3) *o.Ä.*) lösen

trieb *Imperfekt*, *1. u. 3. Person Sg*; ↑ ***treiben***

Trieb[1] *der*; *-(e)s*, *-e*; ein starker (vom Instinkt gesteuerter) Drang bei Menschen u. Tieren, der darauf zielt, *mst* lebenswichtige Bedürfnisse (*z.B.* Essen od. Trinken) zu befriedigen ⟨seine Triebe befriedigen, zügeln, zähmen, beherrschen⟩ || K-: ***Trieb-, -handlung, -leben*** || -K: ***Geschlechts-, Spiel-, Sexual-, Selbsterhaltungs-***

Trieb[2] *der*; *-(e)s*, *-e*; ein neu gewachsener Teil e-r Pflanze ≈ Spross ⟨e-n T. stutzen⟩

Trieb·fe·der *die*; der Grund, warum man etw. tut: *Eifersucht war die T. des Mordes*

trieb·haft *Adj*; von Trieben[1] bestimmt od. beherrscht ⟨ein Mensch, ein Verhalten⟩ || *hierzu* **Trieb·haf·tig·keit** *die*; *nur Sg*

Trieb·kraft *die*; der (charakterliche) Grund für ein Verhalten: *Ehrgeiz als T. des Handelns*

Trieb·tä·ter *der*; j-d, der ein Verbrechen begeht, um e-n Trieb (*bes* den Geschlechtstrieb) zu befriedigen

Trieb·ver·bre·cher *der* ≈ Triebtäter

Trieb·wa·gen *der*; ein Eisenbahn-, Straßenbahn- od. U-Bahnwagen mit e-m eigenen Motor

Trieb·werk *das*; e-e Maschine, die *z.B.* ein Flugzeug od. e-e Rakete antreibt || ↑ *Abb. unter* ***Flugzeug***

trie·fen; *triefte* / *geschr troff*, *hat* / *ist getrieft*; [Vi] **1** ***etw. trieft*** (*ist*) etw. fällt in großen Tropfen herunter od. fließt in e-m Rinnsal von etw. weg: *Das Blut triefte aus der Wunde* **2** ***j-d trieft*** (***von / vor etw.*** (*Dat*)) (*hat*) j-d ist so nass, dass die Flüssigkeit heruntertropft od. -fließt: *Du triefst ja vor Nässe!* **3** ***j-d / etw. trieft*** (***von / vor etw.*** (*Dat*)) *mst pej*; j-d / etw. zeigt etw. in übertriebenem Maße: *Er trieft vor Mitleid*; *Ihre Worte triefen vor Spott*

trief·nass *Adj*; *gespr*; sehr nass

trifft *Präsens*, *3. Person Sg*; ↑ ***treffen***

trif·tig *Adj*; gut begründet u. überzeugend ≈ stichhaltig, zwingend ⟨e-e Erklärung, ein Beweis⟩: *triftige Gründe als Entschuldigung anführen*

Tri·kot [tri'koː] *das*; *-s*, *-s*; **1** ein Sporthemd || -K: ***Sport-*** **2** ein Kleidungsstück, das sehr eng am Körper anliegt u. das *z.B.* Balletttänzer tragen

Tril·ler *der*; *-s*, *-*; ein Klang, der durch die schnelle Wiederholung von zwei (hohen) Tönen entsteht (*bes* beim Gesang der Lerche od. Nachtigall) || K-: ***Triller-, -pfeife*** || *zu* ***Trillerpfeife*** ↑ *Abb. unter* ***Pfeife***

tril·lern; *trillerte*, *hat getrillert*; [Vt/i] ⟨die Lerche⟩ ***trillert*** (***etw.***) die Lerche gibt die Laute von sich, die für ihre Art typisch sind

Tri·lo·gie *die*; *-*, *-n* ['giːən]; e-e Folge von drei Büchern, Filmen od. Musikstücken, die zwar selbstständig sind, aber thematisch zusammengehören

Tri·mes·ter *das*; *-s*, *-*; einer von drei Abschnitten e-s Schul- od. Studienjahres

Trimm-dich-Pfad *der*; e-e Strecke (*z.B.* im Wald), auf der man läuft, an Sportgeräten Übungen macht *usw*

trim·men; *trimmte*, *hat getrimmt*; [Vt] **1** ***j-n auf etw.*** (*Akk*) / ***zu etw. t.*** *gespr pej*; j-n *mst* zu e-m Verhalten zwingen (*bes* durch Worte) ≈ drillen (1,2): *Sie wurden auf / zur Höflichkeit getrimmt* || NB: *mst* im Passiv! **2** ***etw. auf etw.*** (*Akk*) ***t.*** *gespr*, *oft pej*; etw. so (stark) verändern, dass es so aussieht od. so ist, wie man es wünscht: *Er hat sein Restaurant ganz auf rustikal getrimmt* **3** *mst* ***e-n Hund t.*** die Haare e-s Hundes in e-r bestimmten Form schneiden ⟨e-n Pudel t.⟩; [Vr] **4** ***sich t.*** regelmäßig Sport treiben (*bes* um gesund u. fit zu bleiben) || K-: ***Trimm-, -aktion, -sport***

trink·bar *Adj*; so, dass man es trinken kann (ohne schädliche Wirkungen für die Gesundheit): *Das Wasser vieler Flüsse ist nicht mehr t.*

trin·ken; *trank*, *hat getrunken*; [Vt/i] **1** (***etw.***) ***t.*** e-e Flüssigkeit, ein Getränk durch den Mund zu sich nehmen: *Er trank sein Glas* (*in einem Zug*) *leer* || K-: ***Trink-, -gefäß, -glas*** || *zu* ***Trinkglas*** ↑ *Abb. unter* ***Gläser*** **2** (***etw.***) ***t.*** alkoholische Getränke (regelmäßig u. in großen Mengen) zu sich nehmen; [Vi] **3** ***auf j-n / etw. t.*** beim Trinken von *mst* Sekt od. Wein die Gläser heben, um j-n zu ehren, etw. zu feiern *usw*: (*Wir trinken*) *auf die Gastgeber / auf ein gutes neues Jahr!* || *zu* **1** **trink·fer·tig** *Adj* || ► ***Trank, Trunk***

Trin·ker *der*; *-s*, *-*; j-d, der regelmäßig u. aus Gewohnheit viel Alkhol trinkt ≈ Alkoholiker

trink·fest *Adj*; fähig, viel Alkohol zu trinken, ohne betrunken zu werden || *hierzu* **Trink·fes·tig·keit** *die*; *nur Sg*

T

trink·freu·dig *Adj*; ⟨ein Mensch⟩ so, dass er gern u. oft alkoholische Getränke trinkt

Trink·geld *das*; e-e relativ kleine (Geld)Summe, die man *z.B.* e-m Kellner od. e-m Taxifahrer zusätzlich gibt ⟨(ein) T. geben⟩

Das Trinkgeld

In Deutschland, Österreich und der Schweiz ist es üblich, beim Bezahlen der Rechnung in einem Lokal ein Trinkgeld zu geben. Beträgt die Rechnung zum Beispiel 36,50 Euro, so rundet man auf 40 Euro auf, indem man sagt: „**Machen Sie vierzig!**" oder indem man dem Kellner 40 Euro gibt und sagt: „**(Das) Stimmt so!**" Das Trinkgeld wird dem Kellner direkt beim Bezahlen gegeben, man lässt es nicht auf dem Tisch.

Trink·spruch *der*; ein kurzer (oft formelhafter) Spruch *mst* bei e-m Fest, mit dem ein Redner die Gäste auffordert, gemeinsam (auf j-n / etw.) zu trinken ≈ Toast

Trink·was·ser *das*; trinkbares Wasser || K-: ***Trinkwasser-, -aufbereitung, -versorgung***

Trio *das*; *-s, -s*; **1** e-e Gruppe von drei Musikern **2** ein Musikstück für drei Instrumente: *ein T. für Violine, Viola u. Cello* **3** drei Menschen, die oft zusammen sind u. gemeinsam etw. tun

Trip *der*; *-s, -s*; **1** *gespr*; e-e kurze Reise ≈ Ausflug **2** ein Rauschzustand nachdem man Drogen genommen hat, in dem man Halluzinationen hat ⟨auf e-m T. sein⟩ **3** die Menge Haschisch, die man für e-n T. (2) braucht || ID ***auf dem*** + *Adj* + ***T. sein***; *mst pej od iron*; sich seit einiger Zeit sehr intensiv für etw. interessieren: *auf dem ökologischen, religiösen T. sein*

trip·peln; *trippelte, ist getrippelt*; [Vi] mit kurzen, schnellen Schritten laufen: *Das kleine Kind trippelte durch das Zimmer*

Trip·per *der*; *-s*; *nur Sg*; e-e Geschlechtskrankheit; *Med* Gonorrhö ⟨(den) T. haben⟩

trist, *trister, tristest-*; *Adj*; *geschr*; **1** ≈ traurig (1) ⟨e-e Miene⟩ **2** ≈ traurig (3) ⟨ein Leben; in tristen Verhältnissen leben⟩ **3** ≈ öde (1) ⟨e-e Gegend, e-e Landschaft⟩

tritt *Präsens, 3. Person Sg*; ↑ ***treten***

Tritt *der*; *-(e)s, -e*; **1** das Aufsetzen des (einzelnen) Fußes auf den Boden beim Gehen ≈ Schritt (1): *Man hörte Tritte auf der Treppe* **2** *nur Sg*; die Art, wie j-d geht ≈ Gangart ⟨e-n leichten, schweren T. haben⟩ **3** ein Stoß mit dem Fuß ≈ Fußtritt ⟨j-m e-n T. versetzen⟩ || ID ***(irgendwo) T. fassen*** sich (wieder) in die Gesellschaft integrieren od. wieder seine früheren Leistungen bringen || ► ***treten***

Tritt·brett *das*; e-e Stufe zum Ein- und Aussteigen bei Bussen, Zügen *o.Ä.*

Tritt·brett|fah·rer *der*; *pej*; j-d, der Ideen anderer ausnutzt, um (ohne viel Arbeit) davon zu profitieren

tritt·fest *Adj*; so, dass man ohne Gefahr darauf treten od. steigen kann ⟨ein Untergrund, e-e Leiter⟩

Tritt·lei·ter *die*; e-e Leiter, die frei stehen kann u. wie e-e Treppe aussieht

Tri·umph [tri'ʊmf] *der*; *-(e)s, -e*; **1** ein großer Erfolg od. Sieg: *Die Theatergruppe feierte auf ihrer Tournee viele Triumphe* **2** *nur Sg*; die Freude über e-n Erfolg od. Sieg: *Er genoss seinen T.* || K-: ***Triumph-, -gefühl, -geschrei***

tri·um·phal [triʊm'fa:l] *Adj*; **1** von großem Jubel, großer Begeisterung begleitet ⟨ein Erfolg; j-m e-n triumphalen Empfang bereiten⟩ **2** überall bewundert u. anerkannt: *ein triumphaler Erfolg der medizinischen Forschung*

Tri·umph·bo·gen *der*; e-e Art Tor, das *mst* zur Erinnerung an e-n Sieg im Krieg gebaut wurde

tri·um·phie·ren [triʊm'fi:rən]; *triumphierte, hat triumphiert*; [Vi] **1** ***(über j-n / etw.) t.*** j-n besiegen, in e-r Sache Erfolg haben ≈ siegen ⟨über seinen Feind, Rivalen t.⟩: *Sein Mut triumphierte über die Angst; Am Ende triumphierte die Gerechtigkeit* **2** Stolz, Freude od. Hochmut über e-n Sieg od. e-n Erfolg deutlich zeigen ⟨ein triumphierendes Lächeln; triumphierend grinsen, lächeln⟩ || NB: *mst* im Partizip Präsens

Tri·umph·zug *der*; **1** ein festlicher Umzug, mit dem ein Sieg gefeiert wird ≈ Siegeszug **2** *mst* ***e-n T. antreten*** überall Erfolg haben: *Der Film trat seinen T. durch Europa an*

tri·vi·al [tri'via:l] *Adj*; *geschr*, *mst pej*; **1** nicht wichtig ⟨e-e Bemerkung, e-e Angelegenheit⟩ **2** von niedrigem (künstlerischem) Niveau || K-: ***Trivial-, -literatur, -roman*** || *hierzu* **Tri·vi·a·li·tät** *die*; *-, -en*

tro·cken, *trock(e)ner, trockenst-*; *Adj*; **1** ohne Feuchtigkeit, nicht nass: *Der Boden / Die Straße war t.*; *Ist die Wäsche schon t.?* || K-: ***Trocken-, -futter, -gewicht*** **2** so, dass es wenig regnet ⟨ein Klima, die Jahreszeit, Wetter⟩ || K-: ***Trocken-, -gebiet, -periode*** **3** *nicht adv* ≈ abgestorben, tot (2) ⟨ein Ast, Holz, Blätter, Laub⟩ **4** ***im Trockenen*** nicht im Regen (sondern in e-m Haus *usw*) **5** mit nur wenig Fett ⟨Haut⟩ **6** *nicht adv*; mit e-m elektrischen Rasierapparat ⟨e-e Rasur; sich t. rasieren⟩ || K-: ***Trocken-, -rasierer, -rasur*** **7** *nicht adv*; ohne Butter, Wurst *usw*: *trockenes / (gespr auch) trocken Brot essen* **8** *nicht adv*; nicht süß ≈ herb ⟨ein Wein, ein Sekt, ein Sherry⟩ **9** sachlich u. daher oft langweilig u. ohne Fantasie: *Das Buch / Sein Unterricht ist mir zu t.* **10** witzig u. ironisch ⟨ein Humor, e-e Bemerkung⟩ || ID ***auf dem Trock(e)nen sitzen*** *gespr*; kein Geld haben; ***j-d ist trocken*** *gespr*; j-d trinkt (als früherer Alkoholiker) nichts Alkoholisches mehr || *hierzu* **Tro·cken·heit** *die*

Tro·cken- *im Subst, begrenzt produktiv*; **1** bezeichnet ein Gerät, e-n Raum *o.Ä.*, mit od. in dem etw. getrocknet wird; der ***Trockenautomat***, der ***Trockenboden*** (ein Raum unter dem Dach e-s Hauses), das ***Trockengestell***, die ***Trockenhaube*** (beim Friseur), die ***Trockenkammer*** **2** (zum Trocknen geeignet od. bereits) getrocknet; die ***Trockenblume***, das ***Trockenfleisch***, das ***Trockenfutter***, das ***Trockengemüse***, das ***Trockenobst***

Tro·cken·bat·te·rie *die*; e-e Batterie ohne Flüssigkeit (wie *z.B.* in e-r Taschenlampe)

tro·cken·le·gen; *legte trocken, hat trockengelegt*; [Vt] **1** ***j-n t.*** e-m Baby die nassen Windeln entfernen u. es in frische wickeln ⟨ein Baby, ein Kleinkind t.⟩ **2** ***etw. t.*** aus e-m sehr feuchten (Erd)Boden das Wasser durch Kanäle ableiten ⟨ein Moor, e-n Sumpf t.⟩

Tro·cken·milch *die*; Milch in Form von weißem Pulver ≈ Milchpulver

tro·cken·rei·ben; *rieb trocken, hat trockengerieben*; [Vt] ***j-n / etw. t.*** j-n / etw. so lange (mit e-m Tuch *o.Ä.*) reiben, bis er / es trocken ist ⟨sich (*Dat*) die Haare t.⟩

Tro·cken·zeit *die*; die Jahreszeit (in den Tropen u. Subtropen), in der es nicht regnet ↔ Regenzeit

trock·nen; *trocknete, hat / ist getrocknet*; [Vt] (*hat*) **1** ***etw. t.*** etw. Nasses od. Feuchtes trocken machen, indem man es reibt *o.Ä.*: *Sie trocknet ihre Haare* **2** ***etw. t.*** etw. trocken werden lassen: *Ich trockne die Wäsche auf dem Balkon* **3** ***etw. t.*** etw. aufwischen, abtupfen *o.Ä.*; [Vi] (*ist*) **4** ***etw. trocknet*** etw. wird allmählich trocken: *Die Wäsche trocknet im Wind*

T

Trọck·ner *der*; *-s*, *-*; e-e Maschine, mit der man etw. trocknet || -K: ***Haar-, Hände-, Wäsche-; Heißluft-***
Trö̱·del *der*; *-s*; *nur Sg*, *pej*; alte, gebrauchte, wertlose Dinge ≈ Plunder || K-: ***Trödel-, -laden, -markt***
trö̱·deln; *trödelte, hat getrödelt*; Vi *mst pej*; sich bei e-r Arbeit, Tätigkeit viel Zeit lassen ↔ sich beeilen: *Sie trödelt bei den Hausaufgaben* || *zu* ***Trödelei*** ↑ ***-ei***
Trö̱d·ler *der*; *-s*, *-*; **1** j-d, der mit Trödel handelt **2** *pej*; j-d, der trödelt || *hierzu* **Trö̱d·le·rin** *die*; *-*, *-nen*
trọff *Imperfekt, 1. u. 3. Person Sg*; ↑ ***triefen***
tro̱g *Imperfekt, 3. Person Sg*; ↑ ***trügen***
Tro̱g *der*; *-(e)s*, *Trö̱·ge*; ein großes, längliches Gefäß (*mst* aus Holz od. Stein), in das man das Futter od. Wasser *z.B.* für Schweine od. Pferde gibt || -K: ***Futter-, Wasser-; Holz-***
trọl·len, sich; *trollte sich, hat sich getrollt*; Vr ***sich irgendwohin t.*** *gespr*; langsam von j-m weggehen (*mst* weil man beleidigt ist od. sich schämt)
Trọm·mel *die*; *-*, *-n*; **1** ein rundes, hohles (Musik)Instrument, über das e-e Tierhaut gespannt ist u. auf das man mit der Hand od. e-m Stock schlägt ⟨die T. schlagen⟩ || ↑ *Abb. unter* ***Schlaginstrumente*** || K-: ***Trommel-, -schlag*** **2** ein runder Behälter, der sich dreht (*z.B.* bei e-r Waschmaschine od. e-m Revolver) || K-: ***Trommel-, -revolver*** || -K: ***Wäsche-***
Trọm·mel·fell *das*; e-e dünne Haut (Membrane) im Ohr, die die Schallwellen überträgt ⟨j-m platzt das T.⟩
trọm·meln; *trommelte, hat getrommelt*; Vt/i **1** ***(etw.) t.*** den Rhythmus (zu e-r Melodie) auf der Trommel (1) spielen: *e-n Marsch t.*; Vi **2** ***(mit etw.) irgendwohin t.*** mit den Fäusten od. e-m Gegenstand fest u. immer wieder auf od. gegen etw. schlagen: *Er trommelte mit geballten Fäusten an / gegen die Tür* || *zu* **1** **Trọmm·ler** *der*; *-s*, *-*; **Trọmm·le·rin** *die*; *-*, *-nen*
Trọm·mel·wir·bel *der*; e-e sehr schnelle Folge von Schlägen auf der Trommel
Trom·pe̱·te *die*; *-*, *-n*; ein (Musik)Instrument aus Blech, auf dem man bläst || ↑ *Abb. unter* ***Blasinstrumente*** || K-: ***Trompeten-, -solo, -stück*** || -K: ***Bass-, Jazz-*** || *hierzu* **Trom·pe̱·ter** *der*; *-s*, *-*; **Trom·pe̱·te·rin** *die*; *-*, *-nen*
trom·pe̱·ten; *trompetete, hat trompetet*; Vi **1** ***ein Elefant trompetet*** ein Elefant gibt die Laute von sich, die für seine Art typisch sind **2** ***j-d trompetet*** *gespr*; j-d spielt auf der Trompete
Trom·pe̱·ten·stoß *der*; ein kurzes Signal, das auf der Trompete geblasen wird
Tro̱·pen *die*; *Pl*; die heißen Gebiete um den Äquator (zwischen dem nördlichen u. dem südlichen Wendekreis) || K-: ***Tropen-, -institut, -klima, -medizin, -pflanze, -wald***
Tro̱·pen·krank·heit *die*; e-e Krankheit, die *bes* in den Tropen verbreitet ist (*z.B.* die Malaria)
tro̱·pen·taug·lich *Adj*; (*bes* als Europäer) körperlich dafür geeignet, in den Tropen zu leben
Trọpf[1] *der*; *-(e)s*, *-e*; ein Gerät, das flüssige Nahrung u. Medikamente in die Adern e-s Patienten leitet ⟨am T. hängen⟩ || K-: ***Tropf-, -infusion***
Trọpf[2] *der*; *-(e)s*, *Trö̱p·fe*; *veraltend*; *mst in* ***ein armer T.*** ein bedauernswerter Mensch

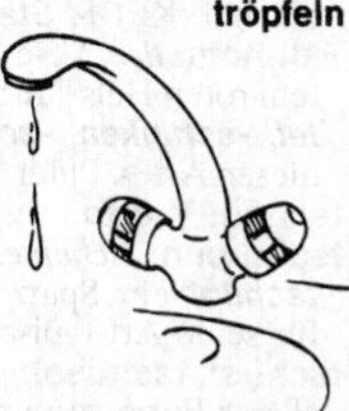
tröpfeln

trö̱pf·chen·wei·se *Adj*; *mst adv*; in einzelnen Tropfen od. in sehr kleinen Mengen
trö̱p·feln; *tröpfelte, hat / ist getröpfelt*; Vt *(hat)* **1** ***etw. irgendwohin t.*** e-e Flüssigkeit in kleinen Tropfen langsam irgendwohin fallen lassen ≈ träufeln: *Medizin in ein Glas Wasser t.*; Vi **2** ***etw. tröpfelt*** (*hat*) ein Wasserhahn *o.Ä.* ist undicht **3** ***j-s Nase tröpfelt*** (*hat*) j-d ist erkältet *o.Ä.* u. seine Nase läuft **4** ***etw. tröpfelt irgendwoher / irgendwohin*** (*ist*) etw. fällt in kleinen Tropfen (langsam u. in kleinen Abständen) herunter: *Aus deinem Tank tröpfelt Benzin*; Vimp (*hat*) **5** ***es tröpfelt*** es regnet schwach
tro̱p·fen; *tropfte, hat / ist getropft*; Vt **1** ***etw. irgendwohin t.*** (*hat*) e-e Flüssigkeit in einzelnen Tropfen (in (regelmäßigen) Abständen) irgendwohin fallen lassen: *Der Arzt tropfte ihr e-e Tinktur in die Augen*; Vi **2** ***etw. tropft*** (*hat*) etw. lässt einzelne Tropfen (in regelmäßigen Abständen) fallen ⟨j-s Nase, der Wasserhahn⟩ **3** ***etw. tropft irgendwoher / irgendwohin*** (*ist*) etw. fällt in einzelnen Tropfen (in regelmäßigen Abständen) herunter: *Tau tropft von den Blättern*
Tro̱p·fen *der*; *-s*, *-*; **1** e-e sehr kleine Menge e-r Flüssigkeit (in runder od. ovaler Form) || -K: ***Bluts-, Regen-, Wasser-*** **2** *nur Pl*; ein Medikament, das in einzelnen Tropfen (1) genommen wird || -K: ***Augen-, Nasen-*** || ID ***ein guter T.*** ein guter Wein; ***etw. ist (nur) ein T. auf den heißen Stein*** etw. ist viel zu wenig, um e-e (große) Wirkung zu haben; ***Steter T. höhlt den Stein*** obwohl es zunächst unmöglich erscheint, führt etw. doch zum Ziel, wenn es immer wieder wiederholt wird || *zu* **1** **tro̱p·fen·wei·se** *Adj*; *mst adv*; **tro̱p·fen·för·mig** *Adj*
trọpf·nass *Adj*; *gespr*; sehr nass
Trọpf·stein|höh·le *die*; e-e Höhle mit Zapfen aus Kalk, die am Boden stehen oder von der Decke herabhängen
Tro·phä̱e [tro'fɛːə] *die*; *-*, *-n*; **1** ein Pokal *o.Ä.* für den Sieger e-s sportlichen Wettbewerbs **2** ein Teil e-s getöteten Tieres (*z.B.* das Geweih, das Fell)
tro̱·pisch *Adj*; charakteristisch für die Tropen ⟨ein Klima, e-e Pflanze⟩
Trọss *der*; *-es*, *-e*; *hist od hum*; **1** ≈ Gefolge **2** die Fahrzeuge e-r militärischen Truppe, die Essen u. Munition transportieren
Tro̱st *der*; *-(e)s*; *nur Sg*; etw., das Kummer, Trauer u. Leid leichter macht u. wieder neuen Mut gibt ≈ Zuspruch ⟨T. (in etw. (*Dat*)) suchen, finden; j-m T. spenden⟩ || ID ***ein schwacher T.*** etw., das eigentlich positiv od. erfreulich wäre, das aber in der jetzigen Situation wenig nutzt; *mst* ***Bist du nicht ganz / recht bei T.?*** *gespr*; bist du verrückt?
trö̱s·ten; *tröstete, hat getröstet*; Vt **1** ***j-n t.*** j-s Leid, Kummer od. Trauer leichter machen (indem man mit ihm spricht, ihm hilft *o.Ä.*): *Sie tröstete das weinende Kind*; Vr **2** ***sich mit j-m / etw. t.*** bei j-m / in etw. (*z.B.* nach e-m Verlust od. e-r Enttäuschung) Trost finden: *Er tröstete sich mit Alkohol*
trö̱st·lich *Adj*; Trost gebend ⟨Gedanken, Worte, ein Gespräch⟩
tro̱st·los *Adj*; **1** ohne Trost u. Hoffnung ≈ verzweifelt: *Ihnen war t. zumute* **2** deprimierend (schlecht) ⟨Wetter⟩ **3** hässlich u. langweilig ≈ trist ⟨e-e Gegend⟩ || *hierzu* **Tro̱st·lo·sig·keit** *die*; *nur Sg*
Tro̱st·pflas·ter *das*; *mst hum*; ein kleines Geschenk *o.Ä.* für j-n, der etw. Unangenehmes erlebt hat
Tro̱st·preis *der*; ein nicht sehr wertvoller Preis für den Verlierer bei e-m Wettbewerb
Trö̱s·tung *die*; *-*, *-en*; *geschr* ≈ Trost ⟨j-m wird T. zuteil⟩
Trọtt *der*; *-(e)s*; *nur Sg*; **1** e-e langsame Art zu gehen (bei Pferden) **2** *gespr pej*; Arbeit, die immer wieder gemacht werden muss: *der tägliche, ewig gleiche T.* || ID ***in den alten T. verfallen, zurückfallen*** alte Gewohnheiten wieder aufnehmen || *zu* **1** **trọt·ten** (*ist*) *Vi*
Trọt·tel *der*; *-s*, *-*; *gespr pej*; ein dummer, ungeschickter Mensch ≈ Dummkopf || *hierzu* **trọt·te·lig** *Adj*

Trot·toir [trɔ'to̯aːɐ̯] *das*; *-s*, *-e* / *-s*; *bes südd* [CH] ≈ Bürgersteig

trotz *Präp*; *mit Gen* / *gespr auch Dat*; verwendet, um auszudrücken, dass etw. geschieht od. etw. irgendwie ist, obwohl es Umstände gibt, die e-e andere Wirkung od. Folge als wahrscheinlich erscheinen lassen: *T. des Regens gingen wir spazieren* || NB: Gebrauch ↑ *Tabelle unter* ***Präpositionen***

Trotz *der*; *-es*; *nur Sg*; dauernder u. fester Widerstand gegen etw., weil man selbst etw. anderes will ⟨etw. aus T. (nicht) tun⟩ || K-: ***Trotz-, -phase, -reaktion***

Trotz·al·ter *das*; e-e Phase (*bes* zwischen dem 3. u. 4. Lebensjahr), in der ein Kind immer seinen eigenen Willen durchzusetzen versucht

trotz·dem[1] *Adv*; trotz der genannten Umstände ≈ dennoch: *Die Sonne schien, aber t. war es kalt*

trotz·dem[2] *Konjunktion*; *gespr* ≈ obwohl, auch wenn: *Er ist zufrieden, t. er nicht viel Geld hat*

trot·zen; *trotzte*, *hat getrotzt*; [Vi] **1** seinen Trotz zeigen ≈ schmollen **2** ***j-m / etw. t.*** j-m / etw. Widerstand leisten ⟨dem Feind, der Gefahr t.⟩

trot·zig *Adj*; voller Trotz ⟨ein Kind, e-e Antwort⟩

Trotz·kopf *der*; ein trotziger Mensch (*bes* ein Kind) || *hierzu* **trotz·köp·fig** *Adj*

Trou·ble ['trabl] *der*; *-s*; *nur Sg*, *gespr*; (*bes* von Jugendlichen verwendet) ≈ Ärger, Streit ⟨T. (mit j-m) bekommen, haben; T. machen; es gibt T.⟩

trüb, **trü·be**, *trüber*, *trübst-*; *Adj*; **1** nicht durchsichtig, nicht klar ⟨Wasser⟩: *Der Wein ist t.* **2** nicht hell (leuchtend): *das trübe Licht e-s nebligen Morgens im November* **3** mit (grauen) Wolken, so, als ob es bald regnen würde ≈ regnerisch ⟨ein Himmel, Wetter⟩: *Heute ist es t.* **4** ***trübe Augen*** Augen (ohne Glanz), die darauf deuten, dass j-d krank od. traurig ist **5** ≈ traurig (1) ⟨in trüber Stimmung sein; trüben Gedanken nachhängen⟩ || ID ***im Trüben fischen*** *gespr*; (mit Erfolg) versuchen, e-e unklare Situation zu seinem Vorteil auszunutzen (oft mit nicht ganz legalen Mitteln) || *zu* **1** u. **2** **Trü·be** *die*; *-*; *nur Sg*

Tru·bel *der*; *-s*; *nur Sg*; ein lebhaftes, *mst* lautes Durcheinander vieler Menschen: *der T. auf e-r Tanzfläche* || -K: ***Faschings-, Weihnachts-***

trü·ben; *trübte*, *hat getrübt*; [Vt] **1** ***etw. trübt etw.*** etw. macht etw. trübe (1,2): *Der aufgewühlte Sand trübt das Wasser* **2** ***etw. trübt etw.*** etw. bewirkt, dass ein Gefühl, e-e Beziehung zwischen Menschen nicht mehr so gut ist ≈ etw. beeinträchtigt etw.: *Nichts kann meine gute Laune t.* **3** ***etw. trübt etw.*** etw. macht etw. trübe (3): *Keine Wolke trübt den Himmel* **4** ***etw. trübt j-s Urteil(skraft)*** *geschr*; etw. bewirkt, dass j-d etw. nicht mehr (so gut, gerecht) beurteilen kann; [Vr] **5** ***etw. trübt sich*** *geschr*; etw. wird schlechter: *Unsere gute Beziehung / Freundschaft hat sich getrübt* || *hierzu* **Trü·bung** *die*; *nur Sg*

Trüb·sal *die*; *-*; *nur Sg*; *geschr*; e-e tiefe Traurigkeit, e-e melancholische Stimmung || ID ***T. blasen*** *gespr*; *mst* aus Langeweile missmutig, deprimiert sein u. nichts aktiv dagegen tun

trüb·se·lig *Adj*; ⟨e-e Gegend, e-e Stimmung, ein Wetter⟩ so, dass sie traurig od. pessimistisch machen

Trüb·sinn *der*; *nur Sg*; ein Gemütszustand, in dem man lange Zeit traurig u. apathisch ist ≈ Schwermut || *hierzu* **trüb·sin·nig** *Adj*

tru·deln; *trudelte*, *ist getrudelt*; [Vi] ***etw. trudelt (irgendwohin)*** etw. fällt unkontrolliert u. dreht sich dabei um die eigene Achse ⟨Blätter, ein Flugzeug⟩

Trüf·fel *die* / *gespr auch der*; *-*, *-n*; ein essbarer Pilz, der unter der Erde wächst

trug *Imperfekt*, *1. u. 3. Person Sg*; ↑ ***tragen***

Trug ↑ ***Lug***

Trug·bild *das*; ein Bild, das nur in der Fantasie von j-m, aber nicht in der Wirklichkeit existiert (*z.B.* e-e Fata Morgana)

trü·ge *Konjunktiv II*, *1. u. 3. Person Sg*; ↑ ***tragen***

trü·gen; *trog*, *hat getrogen*; [Vt/i] ***etw. trügt (j-n)*** etw. lässt e-n falschen Eindruck entstehen ≈ etw. täuscht (j-n) ⟨der Schein trügt (oft)⟩: *Wenn mich mein Gedächtnis nicht trügt, habe ich den Film schon einmal gesehen*

trü·ge·risch *Adj*; auf Illusionen beruhend (u. daher gefährlich) ≈ irreführend ⟨ein trügerisches Gefühl; sich trügerischen Hoffnungen hingeben⟩

Trug·schluss *der*; e-e falsche Folgerung (die *mst* auf den ersten Blick als richtig erscheint) ⟨e-m T. verfallen, unterliegen⟩

Tru·he ['truːə] *die*; *-*, *-n*; e-e Art großer Kasten mit e-m Deckel (den man aufklappen kann), in dem man früher *bes* Kleidung od. Geld aufbewahrt hat || -K: ***Schatz-, Wäsche-***

Trüm·mer *die*; *Pl*; **1** die Reste, die einzelnen Teile e-s zerstörten Ganzen: *Er wurde aus den Trümmern des abgestürzten Flugzeugs geborgen*; *Nach dem Bombenangriff waren von dem Haus nur noch T. übrig* || K-: ***Trümmer-, -feld, -haufen*** **2** ***etw. geht in T.*** etw. geht kaputt, zerbricht **3** ***etw. in T. legen*** etw. (*mst* durch e-n Bombenangriff) ganz zerstören ⟨e-e Stadt in T. legen⟩

Trumpf *der*; *-(e)s*, *Trümp·fe*; **1** (beim Kartenspiel) jeweils die Farbe, die den höchsten Wert (von den vier Farben) hat ⟨T. (aus)spielen⟩: *Herz ist T.* || K-: ***Trumpf-, -ass, -könig*** *usw*; ***-karte, -stich*** **2** e-e Karte der Farbe, die T. (1) ist ⟨e-n T. ausspielen; mit e-m T. stechen⟩ || ID ***seine Trümpfe ausspielen*** etw. (*z.B.* e-e Information, e-e Kenntnis), das man bisher für sich behielt, nun (gezielt) zu seinem Vorteil einsetzen; ***alle Trümpfe in der Hand haben*** selbst alle Vorteile haben; ***etw. ist T.*** etw. ist das Wichtigste

Trunk *der*; *-(e)s*; *nur Sg*; **1** *geschr* ≈ Getränk || -K: ***Schlaf-, Willkommens-*** **2** das (regelmäßige, krankhafte) Trinken von Alkohol: *Er hat sich dem T. ergeben*

trun·ken *Adj*; *mst in* ***t. vor Glück*** *geschr*; von e-m sehr starken Glücksgefühl erfüllt

Trun·ken·bold *der*; *-(e)s*, *-e*; *gespr pej* ≈ Trinker

Trun·ken·heit *die*; *-*; *nur Sg*; *mst in* ***T. am Steuer*** *Admin*; verwendet als Bezeichnung für das Autofahren, nachdem man Alkohol getrunken hat: *Er verlor den Führerschein wegen T. am Steuer*

Trunk·sucht *die*; *nur Sg*; der krankhafte Zwang, Alkohol zu trinken ≈ Alkoholismus || *hierzu* **trunk·süch·tig** *Adj*

Trupp *der*; *-s*, *-s*; e-e relativ kleine Gruppe *bes* von Soldaten od. Arbeitern, die zusammengehören, gemeinsam arbeiten *o.Ä.* || -K: ***Bauarbeiter-, Such-***

Trup·pe *die*; *-*, *-n*; **1** e-e Gruppe *bes* von Schauspielern od. Artisten, die gemeinsam auftreten || -K: ***Ballett-, Theater-*** **2** ein Teil e-s Heeres, e-r Armee ⟨Truppen stationieren⟩ || K-: ***Truppen-, -abbau, -abzug, -einheit, -führer, -parade*** || -K: ***Kampf-***

Trust [trast] *der*; *-s*, *-s*; ein Zusammenschluss von Firmen der gleichen Branche (mit dem Ziel, e-e beherrschende Stellung in dieser Branche zu erreichen) || -K: ***Öl-, Stahl-***

Trut·hahn *der*; **1** e-e Art sehr großes Huhn mit nacktem roten Hals || K-: ***Truthahn-, -braten, -brust, -filet, -schinken, -schnitzel*** **2** das männliche Tier dieser Art ≈ Puter || *zu* **2** **Trut·hen·ne** *die*

tschau! ↑ ***ciao***

tschil·pen; *tschilpte*, *hat getschilpt*; [Vi] ⟨ein Spatz⟩ ***tschilpt*** ein Spatz gibt die Laute von sich, die für seine Art typisch sind

tschüs!, **tschüss!** *gespr*; verwendet, um sich in lockerer Form von j-m zu verabschieden

T-Shirt ['ti:ʃøɐ̯t] *das*; *-s, -s*; ein Hemd aus e-m leichten (Baumwoll)Stoff, mit *mst* kurzen Ärmeln u. ohne Kragen

TSV [te:|ɛs'fau̯] *der*; *-, -s*; (*Abk für* Turn- u. Sportverein) verwendet als Teil des Namens von Vereinen

TU [te'|u:] *die*; *-, -s*; *Abk für* Technische Universität

Tu·ba *die*; *-, Tu·ben*; ein großes (Blas)Instrument aus Blech, das sehr tiefe Töne erzeugt || ↑ *Abb. unter* ***Blasinstrumente***

Tu·be *die*; *-, -n*; ein kleiner länglicher Behälter (*mst* aus weichem Metall) *z.B.* für Zahnpasta, Senf, Klebstoff od. Salbe || ID ***auf die T. drücken*** *gespr*; mit dem Auto schnell(er) fahren

Tube

Tu·ber·ku·lo·se *die*; *-*; *nur Sg*; e-e schwere chronische (Infektions)Krankheit, die *bes* die Lunge angreift u. das Gewebe schwinden lässt; *Abk* Tb, Tbc || -K: ***Lungen-, Knochen-*** || *hierzu* **tu·ber·ku·lös** *Adj*; *nicht adv*

Tuch *das*; *-(e)s, -e / Tü·cher*; **1** (*Pl Tücher*) ein Stück Stoff, mit dem man etw. bedeckt od. sauber macht || -K: ***Dreiecks-; Kopf-, Schulter-; Staub-, Wisch-*** **2** (*Pl Tuche*) ein Stoff, aus dem *bes* Anzüge u. Kostüme hergestellt werden || ID ***j-d / etw. ist ein rotes T. für j-n*** j-d / etw. macht j-n wütend

Tuch·füh·lung *die*; *-*; *nur Sg, hum*; *mst in* **1** ***T. mit j-m haben / auf T. mit j-m sein*** so nahe bei j-m sein, dass man ihn leicht spürt **2** ***auf T. (mit j-m) gehen*** eng an j-n heranrücken

tüch·tig *Adj*; **1** *nicht adv*; fähig, seine Aufgaben sehr gut zu erfüllen, fleißig u. geschickt ⟨t. im Beruf sein⟩ **2** *nur attr od adv, gespr*; verwendet, um e-e große Menge, ein großes Ausmaß zu bezeichnen ⟨e-e Mahlzeit, e-e Portion, ein Stück; e-e tüchtige Tracht Prügel⟩: *j-m e-n tüchtigen Stoß versetzen*; *sich t.* (= sehr) *ärgern*; *Greift nur t. zu - es ist genug Kuchen für alle da!* || *zu* **1 Tüch·tig·keit** *die*; *nur Sg*

-tüch·tig *im Adj, begrenzt produktiv*; für das im ersten Wortteil Genannte geeignet od. fähig, es zu tun; ***fahrtüchtig*** ⟨ein Auto⟩, ***funktionstüchtig*** ⟨e-e Maschine⟩, ***geschäftstüchtig, lebenstüchtig*** ⟨ein Mensch⟩, ***seetüchtig*** ⟨ein Schiff⟩, ***verkehrstüchtig*** ⟨ein Auto⟩

Tü·cke *die*; *-, -n*; **1** ein böser (hinterlistiger) Trick **2** Bosheit, Arglist: *Sie ist voller T.* **3** ***etw. hat seine Tücken*** etw. hat Fehler u. Mängel u. funktioniert nicht immer gut ⟨e-e Maschine, ein Gerät⟩ **4** ***die T. des Objekts*** e-e (versteckte) Schwierigkeit, die sich erst beim Gebrauch e-s Gegenstandes zeigt

tu·ckern; *tuckerte, hat / ist getuckert*; [Vi] **1** ***etw. tuckert*** (*hat*) etw. macht ein gleichmäßig klopfendes Geräusch **2** ***j-d tuckert irgendwohin*** (*ist*) j-d bewegt sich mit e-m Fahrzeug, dessen Motor tuckert (1), langsam fort **3** ***ein Fahrzeug tuckert irgendwohin*** (*ist*) ein Boot, ein Auto *o.Ä.* bewegt sich langsam mit tuckerndem (1) Motor irgendwohin

tü·ckisch *Adj*; **1** voller Tücke (2) ≈ arglistig, hinterhältig **2** voll von versteckten Gefahren od. Problemen ⟨ein Sumpf, e-e Krankheit⟩

tüf·teln; *tüftelte, hat getüftelt*; [Vi] ***(an etw.*** (*Dat*)***) t.*** *gespr*; mit viel Geduld daran arbeiten od. darüber nachdenken, wie man ein schwieriges Problem lösen kann: *Er tüftelt ewig am Motor seines Autos* || K-: ***Tüftel-, -arbeit*** || *hierzu* **Tüft·ler** *der*; *-s, -*; **Tüft·le·rin** *die*; *-, -nen*

Tu·gend *die*; *-, -en*; **1** *nur Sg*; ein vorbildliches moralisches Verhalten **2** e-e gute moralische Eigenschaft ↔ Laster, Untugend: *Ehrlichkeit ist eine T.*

tu·gend·haft *Adj*; moralisch vorbildlich ⟨ein Mensch, ein Lebenswandel⟩

Tüll *der*; *-s*; *nur Sg*; ein Stoff in der Art e-s feinen Netzes, aus dem *z.B.* Gardinen od. Schleier gemacht werden || K-: ***Tüll-, -gardine***

Tül·le *die*; *-, -n*; *bes nordd*; e-e Art kleine, kurze Röhre (*z.B.* an e-r Kanne), aus deren Öffnung man die Flüssigkeit gießt

Tul·pe *die*; *-, -n*; e-e (Garten)Blume mit e-r Blüte in der Form e-s Kelches: *Tulpen aus Holland* || ↑ *Abb. unter* ***Blumen*** || K-: ***Tulpen-, -beet, -feld, -zwiebel***

-tum *das*; *-s, -tü·mer*; *im Subst, sehr produktiv*; **1** *nur Sg*; verwendet, um e-n Zustand zu bezeichnen; ***Analphabetentum, Außenseitertum, Draufgängertum, Heldentum*** **2** *nur Sg, Kollekt*; verwendet als Sammelbegriff für die im ersten Wortteil genannten Personen; ***Bauerntum, Bürgertum, Christentum, Judentum, Rittertum*** **3** verwendet als Bezeichnung für das Reich des im ersten Wortteil Genannten; ***Fürstentum, Herzogtum, Scheichtum***

tum·meln, sich; *tummelte sich, hat sich getummelt*; [Vr] **1** ⟨Personen, Tiere⟩ ***tummeln sich irgendwo*** *mst* mehrere Personen / Tiere bewegen sich lebhaft (u. fröhlich) hin u. her: *Die Kinder tummelten sich am Strand* **2** ***sich t.*** *nordd gespr* ≈ sich beeilen

Tum·mel·platz *der*; *mst* ***ein T.*** + *Gen*; ***ein T. für j-n / etw.*** *oft pej*; ein Ort, an dem e-e bestimmte Art von Personen / Tieren *o.Ä.* häufig anzutreffen sind: *St. Tropez ist ein T. der High Society*

Tu·mor, Tu·mor *der*; *-s, -e* [-'mo:rə]; e-e krankhafte Vergrößerung e-s Organs od. im Organ ≈ Geschwulst ⟨ein gutartiger, bösartiger T.⟩ || -K: ***Gehirn-***

Tüm·pel *der*; *-s, -*; ein kleiner Teich, der *mst* sumpfig u. von Wasserpflanzen bedeckt ist ⟨ein schlammiger, trüber T.⟩ || -K: ***Frosch-***

Tu·mult *der*; *-(e)s, -e*; ein Durcheinander von Protestaktionen vieler Menschen: *Nach dem Putsch kam es zu schweren Tumulten* || *hierzu* **tu·mult·ar·tig** *Adj*

tun[1]; *tut, tat, hat getan*; [Vt] **1** ***etw. tun*** e-e Handlung ausführen, etw. machen ⟨e-n Blick irgendwohin, e-n Schritt, e-e gute Tat, ein Wunder, j-m e-n Gefallen tun⟩: *„Was tust du da?" - „Ich schreibe e-n Brief"*; *„Das habe ich doch gern getan"*; *Er wollte sie besuchen, tat es dann aber doch nicht* **2** ***etw. tun*** e-e bestimmte Arbeit verrichten: *Im Garten gibt es viel zu tun*; *Im Büro konnte ich heute gar nichts tun, weil ich dauernd gestört wurde* **3** ***etw. (für / gegen j-n / etw.) tun*** aktiv werden, um j-m zu helfen, etw. zu bewirken, zu verhindern od. zu beseitigen ⟨alles erdenkliche, sein Möglichstes tun; tun, was man kann⟩: *Der Minister versprach, etwas gegen die Arbeitslosigkeit zu tun*; *Hier wird viel zu wenig für Behinderte getan*; *Der Verkäufer sagte: „Was kann ich für Sie tun?"* **4** ***etw. irgendwohin tun*** *gespr*; etw. irgendwohin legen, stellen *o.Ä.*: *Kleider in e-n Koffer tun*; *Tu deine Spielsachen dahin, wo sie hingehören!* **5** ***j-n irgendwohin tun*** j-n e-r Institution übergeben ≈ j-n irgendwohin stecken (3) ⟨j-n in ein Heim, ein Altersheim t.⟩ **6** ***(j-m / sich) etw. tun*** j-n / sich verletzen, zu j-m böse sein ⟨j-m ein Leid tun⟩: *Bitte, tu mir nichts!*; *Hast du dir bei dem Sturz was getan?*; *Keine Angst, der Hund tut nichts!* **7** ⟨Personen⟩ ***tun es*** *gespr euph*; zwei Personen haben Geschlechtsverkehr **8** ***etw. tun*** verwendet zusammen mit e-m Subst., um ein Verb zu umschreiben; ***e-e Äußerung tun*** ≈ etw. äußern, ***e-n Fall tun*** ≈ fallen, ***e-e Frage tun*** ≈ etw. fragen,

etw. tut e-n Knall ≈ etw. knallt, ***e-n Schrei tun*** ≈ schreien, ***e-n Sprung tun*** ≈ springen, ***etw. tut (seine) Wirkung*** ≈ etw. wirkt; [Vi] **9** ***irgendwie tun*** e-e Eigenschaft od. e-n Zustand vortäuschen, sich so benehmen, als wäre etw. der Fall ⟨freundlich, interessiert, geheimnisvoll, vornehm tun⟩: *Er tut sehr selbstsicher, aber eigentlich ist er eher schüchtern; Tun Sie, als ob Sie zu Hause wären; Sie tat so, als wäre nichts geschehen;* [Vimp] **10** ***es tut sich (et)was / viel / wenig / nichts*** *gespr*; es geschieht etwas / viel / wenig / nichts: *Hier tut sich abends einfach nichts!* (= hier ist nichts los); *Hat sich in diesem Fall schon etwas getan?* || ID ***etw. tuts*** *gespr*; **a**) etw. funktioniert: *Tuts das alte Radio noch?*; **b**) etw. ist gut genug für j-n / etw.: *Für die Gartenarbeit tuts diese alte Jacke*; *mst* ***Das tut nichts*** *gespr*; das ist nicht schlimm, schadet nicht, ist nicht wichtig; ***j-d tut gut daran*** + ***zu*** + *Infinitiv* es ist gut, dass j-d etw. tut; ***j-d täte gut daran*** + ***zu*** + *Infinitiv* j-d sollte etw. machen: *Du tätest besser daran zu lernen, statt hier herumzusitzen*; ***j-m ist es um etw. zu tun*** j-d will etw. erreichen, findet etw. wichtig: *Mir ist es nicht* darum *zu tun, den Schuldigen* zu *bestrafen, sondern* darum, *dem Opfer* zu *helfen*; ***(etw.) mit j-m / etw. zu tun haben*** **a**) im Zusammenhang, in Beziehung mit j-m / etw. stehen: *Haben die Stürme etw. mit dem Treibhauseffekt zu tun?*; *Ich habe mit dem Überfall nichts zu tun!*; **b**) mit j-m / etw. Kontakt haben, sich (beruflich) mit etw. beschäftigen: *Sie hat in der Arbeit viel mit Computern zu tun; Ich will mit dir nichts mehr zu tun haben!; Hast du schon einmal mit der Polizei zu tun gehabt?*; ***es mit j-m / etw. zu tun haben*** j-n / etw. vor sich haben: *Wir haben es hier mit e-m interessanten Problem zu tun; Du weißt wohl nicht, mit wem du es zu tun hast, sonst wärst du nicht so frech!*; ***es mit etw. zu tun haben*** *gespr*; Schmerzen, Beschwerden an e-m Körperteil haben ⟨es mit dem Herz, dem Magen, den Nieren, den Ohren zu tun haben⟩; ***es mit j-m zu tun bekommen / kriegen*** *gespr*; Ärger mit j-m bekommen, von j-m bestraft werden; ***j-d kann tun u. lassen, was er will*** j-d kann alles machen, was er will; *mst* ***ich kann tun, was ich will, ...*** egal, was ich tue, ich kann etw. nicht erreichen, ändern, verhindern *o.Ä.*; ***j-d weiß, was er zu tun u. zu lassen hat*** j-d verhält sich genau richtig, j-d weiß, was von ihm erwartet wird; *mst* ***Was tust 'du hier?*** *gespr*; warum bist du hier?; *mst* ***Das 'tut man nicht!*** *gespr*; hör auf damit, das ist schlechtes Benehmen; *mst* ***'Tu (doch) nicht so!*** *gespr*; verwendet, um auszudrücken, dass man j-s Reaktion für vorgetäuscht hält; *mst* ***Darunter tu ichs nicht!*** *gespr*; das ist das Mindeste, was ich verlange; *mst* ***Damit ist es nicht getan*** das reicht nicht, ist nicht genug; ***Man tut, was man kann*** verwendet als Antwort, wenn man gerade ein Lob für e-e gute Leistung *o.Ä.* erhalten hat || NB: ↑ ***gut, Leid, wohl*** || ► ***Tat, wehtun***

tun[2] *Hilfsverb*; *gespr*; **1** *mst* im Präsens od. im Imperfekt verwendet, um das Vollverb zu betonen: *Lügen tu ich nie!; Er wusste die Antwort, aber sagen tat er sie nicht* **2** *bes südd*; verwendet, um den Konjunktiv II von Verben zu bilden: *Ich tät dir schon helfen, aber ich hab leider keine Zeit* **3** *mst* von Kindern verwendet, um das Präsens von Verben zu bilden: *Tust du mir jetzt helfen?*

Tun *das*; *-s*; *nur Sg*, *geschr*; das, was j-d tut, seine Handlungen ⟨j-s T. missbilligen⟩

Tün·che *die*; *-*, *-n*; e-e helle Farbe aus Kalk, mit der man Wände streicht || *hierzu* **tün·chen** (*hat*) *Vt*

tu·nen ['tju:nən]; *tunte, hat getunt*; [Vt] ***etw. t.*** (*mst* den Motor e-s Autos) so verändern, dass das Fahrzeug mehr Leistung bringt ≈ frisieren (4)

Tu·ner ['tju:nɐ] *der*; *-s*, *-*; ein Radio (als Teil e-r Stereoanlage)

Tun·fisch *der*; ↑ ***Thunfisch***

Tu·nicht·gut *der*; *-(e)s*, *-e*; j-d, der Unfug macht ≈ Taugenichts

Tun·ke *die*; *-*, *-n* ≈ *nordd* Soße

tun·ken; *tunkte, hat getunkt*; [Vt] ***etw. in etw.*** (*Akk*) ***t.*** *nordd* ≈ (ein)tauchen: *den Pinsel in die Farbe t.*

tun·lich *Adj*; *mst präd*, *geschr* ≈ ratsam, zweckmäßig: *Er hielt es für t., Lärm zu machen*

tun·lichst *Adv*; *geschr*; auf jeden Fall, unbedingt ⟨etw. t. vermeiden⟩: *Er sollte t. keinen Alkohol mehr trinken*

Tun·nel *der*; *-s*, *-*; ein Verkehrsweg (*bes* e-e Straße od. Geleise), der unter der Erde ist, *mst* durch e-n Berg führt || -K: ***Straßen-, Eisenbahn-***

Tun·te *die*; *-*, *-n*; *gespr! pej*; **1** verwendet als negative Bezeichnung für e-e (*mst* langweilige, unattraktive) Frau **2** verwendet als negative Bezeichnung für e-n Homosexuellen, der sich wie e-e Frau benimmt || *zu* **2** **tun·ten·haft** *Adj*

Tüp·fel·chen *das*; *-s*, *-*; *mst in* ***das T. auf dem i*** *oft iron*; das kleine Detail, das e-e Sache perfekt macht

tup·fen; *tupfte, hat getupft*; [Vt] **1** ***etw. auf etw.*** (*Akk*) ***t.*** *mst* e-e Flüssigkeit auf e-e Stelle bringen, indem man diese mehrmals leicht berührt: *Jod auf die Wunde t.* **2** ***(j-m / sich) etw. von etw. t.*** etw. von e-r Stelle entfernen, indem man diese Stelle (*z.B.* mit e-m Tuch) mehrmals berührt: *Er tupfte sich den Schweiß von der Stirn*; [Vi] **3** ***(j-m) auf / an etw.*** (*Akk*) ***t.*** (j-m) irgendwohin tippen[2]

Tup·fen *der*; *-s*, *-*; ein kleiner runder Punkt (als Teil e-s Musters *o.Ä.*): *ein weißer Rock mit blauen Tupfen*

Tup·fer *der*; *-s*, *-*; **1** *mst* ein Stück Watte od. ein kleines Stück Stoff, mit dem man e-e Flüssigkeit entfernen kann || -K: ***Watte-*** **2** *gespr* ≈ Tupfen

Tür *die*; *-*, *-en*; die Platte, mit der man e-n Eingang öffnen od. schließen kann, e-e Öffnung schließen kann ⟨die Tür öffnen, schließen; die Tür schließt nicht / schlecht⟩ || ↑ *Abb. unter* ***Flugzeug*** || K-: ***Tür-, -flügel, -klingel, -pfosten, -rahmen, -schild, -schloss, -schwelle*** || -K: ***Auto-, Garten-, Haus-, Ofen-, Schrank-, Wohnungs-, Zimmer-*** || *zu* ***Türflügel*** ↑ *Abb. unter* ***Flügel*** || *zu* ***Türklinke*** ↑ *Abb. unter* ***Griff*** || ID *mst* ***etw. zwischen Tür u. Angel besprechen*** etw. kurz, in Eile besprechen; ***etw.*** (*Dat*) ***Tür u. Tor öffnen*** e-e negative Entwicklung ermöglichen; *mst* ***Du rennst offene Türen ein*** du brauchst nichts mehr zu sagen, ich bin sowieso deiner Meinung; ***mit der Tür ins Haus fallen*** sich mit e-m Problem, *mst* e-r Bitte, sehr direkt an j-n wenden; ***j-m die Tür weisen*** j-n auffordern, das Haus, das Zimmer zu verlassen (weil man ihn nicht mehr sehen will); ***j-n vor die Tür setzen*** **a**) *gespr*; j-m kündigen; **b**) j-n (mit Gewalt) aus e-m Raum entfernen; ***etw. steht vor der T.*** etw. wird bald da sein: *Weihnachten steht vor der T.*

Tür·an·gel *die*; e-e Art Scharnier, an dem die Tür befestigt ist

Tur·ban *der*; *-s*, *-e*; e-e Art langer Schal, den sich Männer (*z.B.* in Indien) um den Kopf winden

Tur·bi·ne *die*; *-*, *-n*; e-e Maschine, mit der man aus strömendem Wasser, Dampf od. Gas Energie gewinnt || K-: ***Turbinen-, -antrieb***

Tur·bo *der*; *-s*, *-s*; *gespr*; ein Turbomotor od. ein Auto mit Turbomotor ⟨den T. einschalten⟩

Tur·bo·mo·tor *der*; ein Motor e-s Autos od. Flugzeugs, dessen Kraft durch e-e Düse verstärkt wird

tur·bu·lent *Adj*; ⟨Szenen⟩ dadurch gekennzeichnet, dass viele (aufgeregte, schreiende *o.Ä.*) Menschen daran beteiligt sind

Tur·bu·len·zen *die*; *Pl*; **1** starke Strömungen in der Luft **2** turbulente Ereignisse

-tü·rig *im Adj, wenig produktiv, nicht adv*; mit der genannten Zahl von Türen; ***eintürig*** ⟨ein Eingang⟩, ***zweitürig, doppeltürig, viertürig, fünftürig*** ⟨ein Auto⟩

Türken in Deutschland

Während der sechziger und siebziger Jahre kam eine große Anzahl **Gastarbeiter** nach Deutschland, der größte Teil aus der Türkei. Viele Arbeiter brachten ihre Familienangehörigen mit oder gründeten eigene Familien. So bildete sich mit der Zeit eine Gemeinschaft türkischen Ursprungs, in der die Kultur des Heimatlandes weiterhin bewahrt wurde. Heute leben etwa 2 Millionen Türken in Deutschland. In einigen Städten Deutschlands kann man ganze Stadtteile mit überwiegend türkischer Bevölkerung finden, wie zum Beispiel **Kreuzberg** in Berlin.
In Deutschland kauft man häufig Obst und Gemüse **beim Türken**, da viele Obst- und Gemüseläden türkische Besitzer haben. Ebenso typisch sind die kleinen Lokale oder Kioske, an denen man türkische Spezialitäten essen kann, wie zum Beispiel **Döner Kebab**, ein Fladenbrot, das mit gebratenem Lamm- oder Rindfleisch, Salat und einer typischen (Joghurt)Soße gefüllt ist.

tür·ken; *türkte, hat getürkt*; Vt ***etw. t.*** *gespr* ≈ fälschen, fingieren

Tür·kis *der*; *-es, -e*; **1** ein (Halb)Edelstein mit e-r hellen, blaugrünen Farbe **2** *nur Sg*; die Farbe, die ein T. (1) hat || *zu* **2 tür·kis** *Adj*; **tür·kis·far·ben** *Adj*

Tür·klin·ke *die*; ein beweglicher Griff, mit dem e-e Tür geöffnet u. geschlossen werden kann

Turm *der*; *-(e)s, Tür·me*; **1** ein hohes, aber schmales Bauwerk, das *bes* zu e-r Kirche, e-r Burg od. e-m Schloss gehört || K-: ***Turm-, -bau, -uhr, -zimmer*** || -K: ***Kirch-*** || *zu* ***Kirchturm*** ↑ *Abb. unter* ***Kirche*** **2** eine der beiden Figuren beim Schachspiel, die bei der Aufstellung in der hinteren Reihe ganz rechts u. links stehen || ↑ *Abb. unter* ***Schachfiguren*** **3** *Kurzw*; ↑ ***Sprungturm***

tür·men[1], **sich**; *türmte sich, hat sich getürmt*; Vr ***etw.*** (*Kollekt od Pl*) ***türmt sich*** (***irgendwo***) Akten, Briefe, Bücher *o.Ä.* bilden irgendwo e-n hohen Stapel

tür·men[2]; *türmte, ist getürmt*; Vi *gespr* ≈ fliehen, ausreißen: *Er ist aus dem Gefängnis getürmt*

turm·hoch *Adj*; **1** sehr hoch ⟨Brecher, Wellen⟩ **2** *mst adv, gespr*; mit großem Abstand, Unterschied ≈ haushoch ⟨t. gewinnen; j-m t. überlegen sein⟩ || NB: *turmhoch* → *ein turmhoher Brecher*

Turn·an·zug *der*; ein einteiliges Kleidungsstück, das Frauen beim Turnen tragen

tur·nen; *turnte, hat / ist geturnt*; Vt/i (*hat*) **1** (***etw.***) (***an etw.*** (*Dat*)) ***t.*** gymnastische Übungen an bestimmten Geräten (*z.B.* Barren, Ringe) od. am Boden machen ⟨e-e Übung t.; am Barren, an den Ringen t.⟩; Vi (*ist*) **2** ***irgendwohin t.*** *gespr*; geschickt u. schnell irgendwohin klettern: *Die Kinder turnten über die Mauer*; *Die Affen turnen durch die Bäume*

Tur·nen *das*; *-s*; *nur Sg*; **1** ein Sport, bei dem an bestimmten Geräten u. am Boden gymnastische Übungen gemacht werden || K-: ***Turn-, -gerät, -halle, -hemd*** || -K: ***Boden-, Geräte-*** **2** das T. (1) als Unterrichtsfach in der Schule || K-: ***Turn-, -lehrer, -note, -stunde*** || *zu* **1 Tur·ner** *der*; *-s, -*; **Tur·ne·rin** *die*; *-, -nen*; **tur·ne·risch** *Adj*

Tur·nier *das*; *-s, -e*; **1** ein sportlicher Wettbewerb mit mehreren Wettkämpfen (*mst* in mehreren Runden (4)) || K-: ***Turnier-, -pferd, -reiter, -schach, -spiel, -sieg, -sieger, -teilnehmer*** || -K: ***Reit-, Schach-, Skat-*** **2** *hist*; ein Wettkampf zwischen Rittern

Turn·schuh *der*; ein leichter Schuh aus Stoff od. Leder mit e-r Gummisohle, den man *z.B.* beim Sport od. beim Turnen trägt || ↑ *Abb. unter* ***Schuhe***

Tur·nus *der*; *-, -se*; der festgelegte Zeitraum, nach dem bestimmte Vorgänge wieder geschehen (müssen): *Die Abgeordneten werden im T. von vier Jahren in das Parlament gewählt* || K-: ***Turnus-, -regelung***; ***turnus-, -gemäß, -mäßig***

Turn·ver·ein *der*; *veraltend* ≈ Sportverein; *Abk* TV

Turn·zeug *das*; *gespr*; die Kleidung, die man beim Sport od. beim Turnen trägt

Tür·öff·ner *der*; ein Knopf, auf den man drückt, damit sich e-e Tür öffnet od. öffnen lässt. Man hört an der Tür ein Summen, wenn j-d den T. betätigt

Tür·stock *der*; *südd* Ⓐ der (Holz)Rahmen e-r Tür

tur·teln; *turtelte, hat geturtelt*; Vi ***j-d turtelt mit j-m***; ⟨Personen⟩ ***turteln*** *veraltend*; zwei Personen verhalten sich zärtlich od. auffallend verliebt

Tusch *der*; *-(e)s, -e*; ein kurzer, lauter Akkord, mit dem e-e Musikkapelle die Zuhörer auf etw. aufmerksam macht ⟨e-n kräftigen T. spielen⟩

Tu·sche *die*; *-, -n*; e-e besondere, *mst* schwarze Tinte, die zum Schreiben u. Zeichnen verwendet wird || K-: ***Tusch-, -farbe, -zeichnung***; ***Tusche-, -füller***

tu·scheln; *tuschelte, hat getuschelt*; Vi ⟨Personen⟩ ***tuscheln*** (***über j-n / etw.***) *mst pej*; zwei od. mehrere Personen unterhalten sich heimlich u. flüsternd miteinander || *zu* ***Tuschelei*** ↑ ***-ei***

tu·schen; *tuschte, hat getuscht*; Vt **1 *etw. t.*** etw. mit Tusche zeichnen od. schreiben **2 *sich*** (*Dat*) ***die Wimpern t.*** sich mit Wimperntusche die Wimpern färben

Tus·si *die*; *-, -s*; *gespr, mst pej*; (*bes* von Jugendlichen) verwendet als Bezeichnung für e-e junge Frau

tut! *Interjektion*; verwendet, um das Geräusch e-r Hupe zu bezeichnen

Tü·te *die*; *-, -n*; **1** e-e Art kleiner Sack (*mst* aus Papier u. oft in Form e-s Dreiecks), in den man einzelne Dinge (beim Einkauf) hineinsteckt || ↑ *Abb. unter* ***Behälter und Gefäße*** || -K: ***Bonbon-, Obst-***; ***Papier-*** **2** e-e Art Einkaufstasche aus dünnem Plastik || -K: ***Plastik-*** || ID ***Das kommt nicht in die T.!*** *gespr*; das erlaube ich auf gar keinen Fall

tu·ten; *tutete, hat getutet*; Vi *gespr* ≈ hupen || ID *mst* ***er / sie hat von Tuten u. Blasen keine Ahnung!*** *gespr*; er / sie versteht von etw. überhaupt nichts

TÜV [tyf] *der*; *-*; *nur Sg*; (*Abk für* Technischer Überwachungsverein) e-e Institution in Deutschland, die die Sicherheit von technischen Geräten, *bes* von Fahrzeugen überprüft ⟨durch den TÜV kommen (= mit dem Auto die Sicherheitsprüfung bestehen); zum TÜV müssen⟩: *das Auto beim TÜV vorführen*; *Bei mir ist der TÜV wieder fällig*

TV[1] [teːˈfau] *der*; *-*; *nur Sg*; (*Abk für* Turnverein) verwendet als Teil des Namens von Sportvereinen

TV[2] [teːˈfau, tiːˈviː] *das*; *-*; *nur Sg*; (*Abk für* Television) das Fernsehen || K-: ***TV-Gerät***

Twen *der*; *-(s), -s*; j-d im Alter von 20 bis 29 Jahren: *Teens u. Twens*

Typ *der*; *-s, -en*; **1** e-e Art von Menschen od. Dingen, die bestimmte charakteristische Merkmale od. Eigenschaften gemeinsam haben: *Er ist der T. von Mann, in den sich die Frauen gleich verlieben* **2** e-e Art von (*mst* technischen) Gegenständen, die durch charakteristische Merkmale von ähn-

T

lichen Arten unterschieden sind ≈ Modell (4): *Unsere Techniker entwickeln e-n ganz neuen T.* || K-: ***Typen-, -bezeichnung*** **3** *gespr*; (*bes* von Jugendlichen) verwendet als Bezeichnung für e-n Mann ⟨ein mieser, blöder, toller, irrer Typ⟩ || ID *mst* ***Ich bin nicht der Typ dazu / dafür*** das liegt mir nicht, das mache ich nicht gern; ***j-d ist j-s Typ*** *gespr*; j-d gefällt j-m; ***Dein Typ wird verlangt*** *gespr*; j-d möchte dich sprechen; ***ein kaputter Typ*** *mst* ein Mann, der in der Gesellschaft nicht zurechtkommt u. Alkoholiker *o.Ä.*

Ty·pe *die*; -, *-n*; **1** ein kleines Teil e-r Schreibmaschine, das den jeweiligen Buchstaben auf das Papier druckt **2** e-e Form mit e-m (spiegelverkehrten) Buchstaben, Symbol *o.Ä.* darauf, die beim Druck e-s Buches, e-r Zeitung *o.Ä.* verwendet wird **3** *gespr*; verwendet als Bezeichnung für j-n, der sich seltsam verhält ⟨e-e komische T.⟩ **4** *bes* Ⓐ ≈ Typ (2)

Ty·phus ['ty:fʊs] *der*; -; *nur Sg*; e-e schwere (Infektions)Krankheit, bei der man Flecken auf der Haut, Fieber u. Durchfall bekommt

ty·pisch *Adj*; ***t.*** (***für j-n / etw.***) so, wie man es von j-m / etw. erwartet ≈ charakteristisch, bezeichnend ⟨ein Beispiel, ein Verhalten⟩: *Er ist ein typischer Lehrer*; *T. Monika, sie kommt mal wieder zu spät!*; *Nadelbäume sind t. für diese Gegend*

ty·pi·sie·ren; *typisierte, hat typisiert*; ***j-n / etw. t.*** Menschen / Dinge nach gemeinsamen Merkmalen in Gruppen ordnen

Ty·po·lo·gie *die*; -, *-n* [-'gi:ən]; die Einteilung von Menschen, Tieren od. Gegenständen nach bestimmten Eigenschaften || *hierzu* **ty·po·lo·gisch** *Adj*

Ty·pus *der*; -, *Ty·pen*; *geschr* ≈ Typ (1)

Ty·rann *der*; *-en, -en*; **1** *pej*; ein autoritärer Mensch, der andere zwingt, das zu tun, was er will **2** *hist*; ein (*mst* grausamer) Herrscher, der nur nach seinem Willen regiert || K-: ***Tyrannen-, -herrschaft*** || NB: *der Tyrann*; *den, dem, des Tyrannen* || *hierzu* **ty·ran·nisch** *Adj*

Ty·ran·nei *die*; -; *nur Sg*; **1** autoritäres, tyrannisches Verhalten: *j-s T. nicht mehr ertragen können* **2** die Herrschaft durch e-n Tyrannen (2) ⟨ein Land, ein Volk aus der T. befreien, führen⟩

ty·ran·ni·sie·ren; *tyrannisierte, hat tyrannisiert*; Vt ***j-n t.*** *pej*; j-n quälen, indem man ihn immer wieder dazu zwingt, das zu tun, was man will

T

U, u

U, u [uː] *das*; -, - / *gespr auch -s*; der einundzwanzigste Buchstabe des Alphabets ⟨ein großes U; ein kleines u⟩ || ID ↑ ***x***

Ü, ü [yː] *das*; -, - / *gespr auch -s*; der Umlaut des u ⟨ein großes Ü; ein kleines ü⟩

u. a. *Abk für* und andere(s), unter anderem / anderen

U-Bahn *die*; *gespr*; ein Fahrzeug für den öffentlichen Verkehr in Großstädten, das unter der Erde auf Schienen fährt ≈ Untergrundbahn ⟨mit der U. fahren, die U. nehmen⟩ || K-: ***U-Bahn-, -netz, -station***

ü·bel, *übler, übelst-*; *Adj*; **1** unangenehm (für die Sinnesorgane) ≈ widerlich (2) ↔ angenehm ⟨ein Geruch, ein Geschmack, ein Beigeschmack; etw. riecht, schmeckt ü.⟩ || K-: ***übel riechend*** **2** ohne Moral, gefährlich für andere ≈ schlecht (6) ⟨ein Bursche; in üble Gesellschaft geraten (= mit zwielichtigen Charakteren verkehren)⟩ **3** so, dass es Nachteile für j-n bringt ≈ unerfreulich, unangenehm ⟨e-e Lage, e-e Situation; etw. geht ü. aus⟩ **4** böse und gemein ≈ schlimm ⟨Schimpfwörter; j-m ü. mitspielen, j-n auf übelste Weise beschimpfen⟩ **5** ***j-m ist ü.*** j-d hat das Gefühl, er müsse sich übergeben ≈ j-m ist schlecht || ID ***ü. dran sein*** *gespr*; in e-r schlimmen Situation sein ↔ gut dran sein; ***nicht ü. Lust haben*** + ***zu*** + *Infinitiv gespr*; etw. sehr gern tun wollen (was man eigentlich nicht darf od. kann): *Ich hätte nicht ü. Lust, dem frechen Kerl e-e Ohrfeige zu geben*; ***nicht ü.!*** *gespr*; verwendet, um auszudrücken, dass etw. gut ist || NB: *übel* → *e-e üble Lage*

> **ü·bel ge·launt** *Adj*; in e-r sehr schlechten Stimmung, nervös, reizbar ≈ schlecht gelaunt ↔ gut gelaunt
>
> **ü·bel neh·men**; *nimmt übel, nahm übel, hat übel genommen*; [Vt] ***(j-m) etw. ü. n.*** nicht verzeihen können, dass j-d einem etw. Böses getan hat ≈ (j-m) etw. nachtragen: *Sie nahm* (es) *ihm übel, dass er sie belogen hatte*

Ü·bel *das*; *-s*, -; **1** etw., das unangenehm od. schlimm ist ≈ Misere: *das Ü. der Arbeitslosigkeit beseitigen* **2** *geschr* ≈ Krankheit, Leiden: *an e-m unerträglichen Ü. leiden* **3** ***das kleinere Ü.*** ⟨wählen⟩ die bessere von zwei schlechten Möglichkeiten (wählen) **4** ***etw. ist ein notwendiges Ü.*** etw. muss man ertragen, obwohl man eigentlich nicht will

Ü·bel·keit *die*; -, *-en*; *mst Sg*; das Gefühl, dass es einem körperlich schlecht geht, dass man sich übergeben muss

Ü·bel·tä·ter *der*; *oft hum*; j-d, der etw. Schlechtes getan hat ≈ Missetäter

ü·ben; *übte, hat geübt*; [Vt/i] **1** ***(etw.) ü.*** etw. immer wieder tun, um es zu lernen, damit man es dann gut kann: *Sie übt jeden Tag (zwei Stunden Klavier)*; *Handstand ü.*; [Vt] **2** ***etw. ü.*** *geschr*; verwendet zusammen mit e-m Subst., um ein Verb zu umschreiben; ***(an j-m / etw.) Kritik ü.*** ≈ j-n / etw. kritisieren; ***(an j-m) Rache ü.*** ≈ sich an j-m rächen **3** *mst* ***Gerechtigkeit, Nachsicht, Rücksicht (gegen j-n) ü.*** *geschr*; gerecht, nachsichtig, rücksichtsvoll gegenüber j-m sein; [Vr] **4** ***sich in Geduld ü.*** *geschr*; geduldig sein

ü·ber¹ *Präp*; **1** *mit Dat*; bezeichnet die Lage von j-m / etw., die höher ist als j-d / etw. (mit od. ohne Abstand) ↔ unter: *Das Bild hängt ü. dem Schreibtisch*; *Ü. der Blüte schwebt ein Schmetterling*; *Er wohnt in der Etage ü. uns* || ↑ *Abb. unter* ***Präpositionen*** **2** *mit Akk*; drückt aus, dass j-d / etw. in Richtung e-r höher gelegenen Stelle bewegt wird od. sich dorthin bewegt ↔ unter: *Er hängte ein Bild ü. die Couch* **3** *mit Akk*; bezeichnet e-n Ort, e-e Stelle *o.Ä.*, die von j-m durchschritten, überquert *o.Ä.* wird: *Er ging ü. den Hof* **4** *mit Dat*; verwendet, um auszudrücken, dass sich etw. unmittelbar auf j-m / etw. befindet und ihn / es ganz od. teilweise bedeckt ↔ unter: *Er trägt e-n Pullover ü. dem Hemd*; *Schnee lag ü. den Feldern* **5** *mit Akk*; verwendet, um auszudrücken, dass etw. auf j-n / etw. gelegt wird, dass j-d / etw. mit etw. ganz od. teilweise bedeckt wird ↔ unter: *Sie breitete ein Tuch ü. den Tisch* **6** *mit Akk*; verwendet, um auszudrücken, dass e-e Bewegung von e-m Punkt e-r Oberfläche zu e-m anderen hin verläuft: *Sie strich ihm ü. den Rücken*; *Tränen liefen ihr ü. die Wangen*; *Sie liefen barfuß ü. die Wiese* **7** *mit Akk*; verwendet, um auszudrücken, dass j-d / etw. den obersten Punkt von etw. überschreitet: *Sie sprang ü. den Zaun*; *Der Baum ragt weit ü. das Haus hinaus* || ↑ *Abb. unter* ***Präpositionen*** **8** *mit Akk*; verwendet, um auszudrücken, dass j-d / etw. e-e bestimmte Grenze, Strecke, Länge *o.Ä.* überschreitet: *Er lief einige Meter ü. das Ziel hinaus*; *Der Fluss trat ü. die Ufer*; *Der Rock geht bis ü. das Knie* **9** *mit Akk*; **ü.** + *Ortsname* verwendet, um auszudrücken, dass auf dem Weg zu e-m bestimmten Ziel die Bewegung durch e-n Ort hindurchgeht: *Der Zug fährt ü. Augsburg nach München* **10** *mit Akk*; verwendet, um e-n bestimmten Zeitraum zu bezeichnen: *ü. Ostern verreisen*; *Kann ich heute ü. Nacht bei euch bleiben?* **11** *mit Akk*; verwendet, um auszudrücken, dass e-e zeitliche Grenze überschritten wird: *Sie ist ü. das Alter hinaus, in dem man mit Puppen spielt* **12** *mit Dat*; verwendet, um auszudrücken, dass etw. während e-s anderen Vorgangs erfolgt ≈ bei (13): *Ü. ihrer Häkelarbeit schlief sie ein* **13** *mit Dat*; verwendet, um auszudrücken, dass j-d / etw. in e-r Reihenfolge od. Hierarchie höher steht als j-d anderer / etw. anderes ↔ unter: *Der Abteilungsleiter steht ü. dem Gruppenleiter* **14** *mit Dat*; verwendet, um auszudrücken, dass e-e Zahl, ein Wert überschritten wird, dass etw. größer od. höher ist als etw. anderes ↔ unter ⟨etw. liegt ü. dem Durchschnitt⟩: *Die Temperatur liegt ü. dem Gefrierpunkt* **15** *mit Akk*; verwendet, um das Thema, den Inhalt von etw. anzugeben ⟨ü. j-n / etw. diskutieren, reden, sprechen, schreiben⟩: *Die Kinder mussten e-n Aufsatz ü. ihr schönstes Ferienerlebnis schreiben* **16** *mit Akk*; verwendet, um auf ein Mittel, e-e Mittelsperson hinzuweisen: *etw. ü. Satellit empfangen*; *Schicken Sie mir das Ticket bitte ü. meine Sekretärin* **17** *mit Akk* ≈ in Höhe von, im Wert von: *e-e Rechnung ü. zweihundert Euro ausstellen* **18** *mit*

Akk; verwendet, um auszudrücken, dass e-e Grenze überschritten wird ⟨etw. geht ü. j-s Kraft, Verstand, Vorstellungsvermögen⟩ **19** *Subst* + **über** + *Subst* (*Akk*); verwendet, um auszudrücken, dass etw. in großer Menge vorkommt: *Sie bekam Geschenke ü. Geschenke zu ihrem Geburtstag*; *Er fand Fehler ü. Fehler in dem Diktat* **20** *mit Akk*; verwendet, um den Grund für etw. anzugeben: *sich ü. j-n / etw. ärgern*; *ü. e-n Erfolg glücklich sein*; *die Trauer ü. j-s Tod* **21** *mit Akk*; verwendet mit bestimmten Verben, Substantiven und Adjektiven, um e-e Ergänzung anzuschließen: *ü. j-n / etw. herrschen*; *die Macht, die Kontrolle ü. j-n / etw.*

ü·ber[2] *Adv*; **1** verwendet, um auszudrücken, dass ein Wert, e-e Zahl *o.Ä.* überschritten wird ≈ mehr als ↔ unter[2]: *Das Grundstück ist ü. 1000 Quadratmeter groß*; *Sie ist schon ü. achtzig Jahre alt*; *Ich warte seit ü. einer Stunde auf dich* **2** *Zeitangabe* + **ü.** verwendet, um e-n Zeitraum zu bezeichnen, von dessen Anfang bis zu dessen Ende etw. dauert od. getan wird ≈ durch[1] (7), hindurch (3): *Es regnete den ganzen Tag ü.*; *Er musste das ganze Wochenende ü. arbeiten* **3 über und über** ≈ völlig, ganz und gar: *Ihr Gesicht war über und über mit Sommersprossen bedeckt*

ü·ber[3] *Adj*; *gespr*; *mst in* **1 etw. ü. haben** etw. übrig haben **2 j-n / etw. ü. haben** j-n / etw. nicht mehr mögen ≈ j-s / etw. überdrüssig sein

ü·ber-[1] *im Verb, unbetont und nicht trennbar, sehr produktiv*; Die Verben mit *über-* werden nach folgendem Muster gebildet: *überspringen - übersprang - übersprungen*

1 *über-* drückt aus, dass e-e Bewegung von einem Punkt zum anderen führt, indem man über etw. fährt, fliegt, springt *usw*;
etw. überfliegen: *Charles Lindbergh überflog den Atlantik* ≈ Er flog von New York nach Paris über den Atlantik
ebenso: **etw. überqueren, etw. überschreiten, etw. überspringen**

2 *über-* drückt aus, dass etw. e-e Fläche bedeckt;
etw. überschwemmt etw.: *Als die Leitung platzte, war der Keller innerhalb weniger Minuten überschwemmt* ≈ Der Keller stand nach wenigen Minuten unter Wasser
ebenso: **etw. überdecken, etw. überflutet etw., etw. überkleben, etw. überwuchert etw., etw. überziehen / etw. überzieht sich**

3 *über-* drückt aus, dass e-e Person od. Sache größer, länger, stärker *o.Ä.* als e-e andere ist;
j-n / etw. übertönen: *Der Jubel der Fans übertönte die Ansage des Stadionsprechers* ≈ Der Jubel der Fans war lauter als die Stimme des Stadionsprechers
ebenso: **j-n / etw. überbieten, etw. überdauert etw., j-n / etw. überleben, j-n / etw. überragen, j-n / etw. überstimmen**

4 *über-* drückt aus, dass e-e Handlung in übertriebenem od. extremem Maße abläuft;
etw. überladen: *Er überlud sein Auto* ≈ Er lud mehr Dinge in sein Auto, als es transportieren kann od. darf
ebenso: **j-n / sich / etw. überanstrengen, sich überarbeiten, j-n / sich überfordern, j-n / ein Tier überfüttern, sich / etw. übersteigern**

5 *über-* drückt aus, dass man j-n / etw. (ohne Absicht) nicht sieht od. hört;
etw. überlesen: *Diese Stelle muss ich wohl überlesen haben* ≈ Ich glaube, ich habe diese Stelle nicht gesehen, als ich die Zeitung las
ebenso: **etw. überhören, j-n / etw. übersehen**

6 *über-* drückt aus, dass man etw. prüft, *bes* um es dann besser zu machen;
etw. überarbeiten: *Er wollte den zweiten Teil seines Vortrags noch einmal überarbeiten* ≈ Er wollte diesen Teil prüfen, korrigieren *o.Ä.*
ebenso: **etw. überdenken, etw. überprüfen**

ü·ber-[2] *im Verb, betont und trennbar, begrenzt produktiv*; Die Verben mit *über-* werden nach folgendem Muster gebildet: *überhängen - hing über - übergehangen*

1 *über-* drückt aus, dass etw. über e-e Grenze od. über e-n Rand hinausgeht;
etw. kocht über: *Die Milch kochte über* ≈ Die kochende Milch lief über den Rand des Topfes
ebenso: **etw. hängt über, etw. quillt über, etw. schäumt über, etw. schwappt über, etw. sprudelt über**

2 *über-* drückt aus, dass e-e Handlung od. Bewegung von einer Seite zur anderen geht;
(**irgendwohin**) **überwechseln**: *Er wechselte von der rechten auf die linke Fahrspur über* ≈ Er verließ die rechte Fahrspur, dann fuhr er auf der linken weiter
ebenso: (**irgendwohin**) **überlaufen,** (**irgendwohin**) **übertreten**

ü·ber-[3] *im Adj, betont, begrenzt produktiv*; verwendet, um auszudrücken, dass etw. übertrieben od. extrem ist; **überängstlich, übereifrig, überempfindlich, überkorrekt, überpünktlich**

Ü·ber- *im Subst, betont, begrenzt produktiv*; verwendet, um auszudrücken, dass die Zahl od. Menge von etw. zu groß ist; das **Überangebot** ⟨an Waren⟩, die **Überbevölkerung**, der **Übereifer**

ü·ber·all, ü·ber·all *Adv*; **1** an jedem Ort: *Der laute Knall war ü. zu hören* **2** in jeder Situation: *Du musst dich auch ü. einmischen* **3** bei allen Leuten

ü·ber·all·her, ü·ber·all·her *Adv*; *nur in* **von ü.** von allen Orten, aus allen Richtungen

ü·ber·all·hin *Adv*; zu allen Orten, in alle Richtungen

ü·ber·al·tert *Adj*; *nicht adv*; **1** mit e-m zu hohen Anteil alter Menschen (im Verhältnis zu den jungen) ⟨e-e Bevölkerung⟩ **2** nicht mehr modern ≈ veraltet: *Die technischen Anlagen in unserem Betrieb sind ü.* || *hierzu* **Ü·ber·al·te·rung** *die*; *nur Sg*

ü·ber·an·stren·gen; *überanstrengte, hat überanstrengt*; [Vt] **j-d überanstrengt sich / etw.**; **etw. überanstrengt j-n** j-d macht etw., das ihn zu sehr anstrengt (und ihm gesundheitlich schadet), j-d mutet sich zu viel zu ⟨seine Augen, seine Gelenke, sein Herz *usw* ü.⟩: *Er hat sich beim Joggen überanstrengt* || *hierzu* **Ü·ber·an·stren·gung** *die*

ü·ber·ant·wor·ten; *überantwortete, hat überantwortet*; [Vt] *geschr*; **1 j-n j-m ü.** ≈ j-n an j-n ausliefern ⟨j-n dem Gericht ü.⟩ **2 j-n / etw. j-m ü.** j-m die Verantwortung für j-n / etw. (über)geben ≈ j-n / etw. j-m anvertrauen: *ein Kind den Pflegeeltern ü.* || *hierzu* **Ü·ber·ant·wor·tung** *die*; *nur Sg*

ü·ber·ar·bei·ten; *überarbeitete, hat überarbeitet*; [Vt] **1 etw. ü.** noch einmal an etw. arbeiten, um es besser zu machen ⟨e-n Aufsatz, e-n Text ü.⟩; [Vr] **2 sich ü.** so viel arbeiten, bis man erschöpft ist, die Gesundheit in Gefahr ist *o.Ä.* ≈ sich überanstrengen || *hierzu* **Ü·ber·ar·bei·tung** *die*

ü·ber·ar·bei·tet 1 *Partizip Perfekt*; ↑ **überarbeiten 2** *Adj*; von zu viel Arbeit sehr erschöpft und anfällig für Krankheiten: *Er ist total ü.*

ü·ber·aus, ü·ber·aus *Adv*; *geschr* ≈ sehr: *ü. glücklich sein*

ü·ber·ba·cken *überbäckt / überbackt, überbackte, hat überbacken*; [Vt] **etw.** (**mit etw.**) **ü.** e-e Speise mit e-r Schicht Käse versehen und das Ganze dann im Ofen kurz backen: *den Auflauf mit Käse ü.*

ü·ber·be·an·spru·chen; *überbeanspruchte, hat überbeansprucht*; [Vt] **etw.** / *seltener* **j-n ü.** e-e Ma-

U

schine *o.Ä.* / j-n zu stark belasten ≈ überstrapazieren || *hierzu* **Ü·ber·be·an·spru·chung** *die*

Ü·ber·bein *das*; ein (harter) Knoten unter der Haut (*bes* an der Hand od. am Fuß)

ü·ber·be·kom·men; *bekam über, hat überbekommen*; Vt **j-n / etw. ü.** *gespr*; j-n / etw. (allmählich) nicht mehr mögen ≈ genug von j-m / etw. haben

ü·ber·be·las·ten; *überbelastete, hat überbelastet*; Vt **1 etw. ü.** etw. mit e-r zu schweren Last beladen ⟨ein Auto, e-n Anhänger ü.⟩ **2 j-n ü.** j-n zu sehr anstrengen ≈ überfordern || *hierzu* **Ü·ber·be·las·tung** *die*

ü·ber·be·lich·ten; *überbelichtete, hat überbelichtet*; Vt **etw. ü.** die Kamera so einstellen, dass der Film zu viel Licht bekommt ↔ unterbelichten ⟨e-n Film ü.⟩ || *hierzu* **Ü·ber·be·lich·tung** *die*

ü·ber·be·to·nen; *überbetonte, hat überbetont*; Vt **etw. ü.** etw. zu wichtig nehmen: *Wir sollten die Probleme nicht so ü.* || *hierzu* **Ü·ber·be·to·nung** *die*

ü·ber·be·trieb·lich *Adj*; so, dass es nicht nur einen einzelnen Betrieb betrifft, sondern auch noch viele andere ↔ innerbetrieblich ⟨Tarifvereinbarungen⟩

Ü·ber·be·völ·ke·rung *die*; *nur Sg*; e-e zu hohe Anzahl von Menschen für ein bestimmtes Gebiet: *die Ü. in der Dritten Welt*

ü·ber·be·wer·ten; *überbewertete, hat überbewertet*; Vt **j-n / etw. ü.** j-n / etw. für besser od. wichtiger nehmen, als er / es ist || *hierzu* **Ü·ber·be·wer·tung** *die*

ü·ber·be·zahlt *Adj*; *nicht adv*; **1** mit zu hohem Lohn ⟨ein Manager, e-e Stelle⟩ **2** *gespr*; zu teuer: *Mit 8000 Euro ist der Gebrauchtwagen ü.*

ü·ber·bie·ten; *überbot, hat überboten*; Vt **1 j-n ü.** (*bes* auf e-r Auktion) mehr Geld für etw. bieten als ein anderer **2 j-n / etw.** (**an etw.** (*Dat*)) **ü.** besser sein, mehr von etw. bieten als ein anderer ≈ j-n / etw. in / an etw. übertreffen ⟨e-n Rekord ü.⟩: *An Frechheit ist er kaum zu ü.!*

Ü·ber·bleib·sel *das*; *-s, -*; *gespr* ≈ Rest

Ü·ber·blick *der*; **1 ein Ü.** (**über etw.** (*Akk*)) die gute Aussicht von e-r Stelle aus, die höher liegt als ihre Umgebung: *Von hier aus hat man e-n guten Ü. über die ganze Stadt* **2 ein Ü.** (**über etw.** (*Akk*)) e-e kurze Zusammenfassung von etw. ≈ Abriss: *Dieses Buch gibt e-n Ü. über die deutsche Geschichte* **3** *nur Sg*; die Fähigkeit, bestimmte Zusammenhänge zu erkennen ≈ Übersicht (1) ⟨j-m fehlt der Ü.⟩

ü·ber·bli·cken *überblickte, hat überblickt*; Vt **1 etw. ü.** gut über e-e *mst* große Fläche sehen können ≈ übersehen (3): *vom Turm aus die ganze Stadt ü. können* **2 etw. ü.** fähig sein, die Zusammenhänge von etw. zu erkennen: *sein Fachgebiet ü.*

ü·ber·breit *Adj*; breiter als normal ⟨Reifen⟩ || *hierzu* **Ü·ber·brei·te** *die*

ü·ber·brin·gen; *überbrachte, hat überbracht*; Vt **j-m etw. ü.** *geschr*; (als Bote) j-m etw. sagen od. geben ⟨j-m e-e Nachricht, j-s Glückwünsche, e-n Brief, ein Geschenk ü.⟩ || *hierzu* **Ü·ber·brin·ger** *der*; *-s, -*; **Ü·ber·brin·ge·rin** *die*; *-, -nen*; **Ü·ber·brin·gung** *die*; *nur Sg*

ü·ber·brü·cken *überbrückte, hat überbrückt*; Vt **1 etw.** (**mit etw.**) **ü.** e-e Zeit, in der man auf etw. wartet, füllen, indem man etw. tut: *Sie überbrückte die Zeit bis zum Abflug mit Lesen* **2 etw.** (**mit etw.**) **ü.** sich e-e schwierige Zeit *o.Ä.* dadurch leichter machen, indem man sich (kurzfristig) e-n bestimmten Betrag leiht || K-: **Überbrückungs-, -hilfe, -kredit** || *hierzu* **Ü·ber·brü·ckung** *die*

Ü·ber·bu·chung *die*; *Transp*; das Verfahren, mehr Plätze für e-n Flug zu verkaufen als das Flugzeug hat, sodass manchmal nicht alle Personen mitfliegen können, die gebucht haben

ü·ber·da·chen; *überdachte, hat überdacht*; Vt **etw. ü.** zum Schutz ein Dach über etw. bauen: *e-e überdachte Terrasse* || NB: *mst* im Zustandspassiv! || *hierzu* **Ü·ber·da·chung** *die*

ü·ber·dau·ern; *überdauerte, hat überdauert*; Vt **etw. überdauert etw.** etw. hält trotz etw., etw. bleibt über etw. hinaus erhalten ≈ etw. übersteht etw.: *Der Turm hat alle Stürme überdauert*

ü·ber·de·cken; *überdeckte, hat überdeckt*; Vt **1 etw. überdeckt etw.** etw. liegt wie e-e Decke auf etw. ≈ etw. bedeckt etw.: *Schnee überdeckte das ganze Gebirge* **2 etw. ü.** ≈ verbergen, verdecken: *die gelbe Farbe durch die braune ü.* || *hierzu* **Ü·ber·de·ckung** *die*

ü·ber·deh·nen; *überdehnte, hat überdehnt*; Vt **etw. ü.** etw. zu sehr dehnen ⟨e-n Muskel, die Bänder ü.⟩ || *hierzu* **Ü·ber·deh·nung** *die*

ü·ber·den·ken; *überdachte, hat überdacht*; Vt **etw. ü.** sehr genau über etw. nachdenken ⟨etw. noch einmal ü.⟩

ü·ber·deut·lich *Adj*; sehr, übertrieben deutlich

ü·ber·dies, **ü·ber·dies** *Adv*; *geschr* ≈ außerdem (2), im Übrigen

ü·ber·di·men·si·o·nal *Adj*; viel größer als normal: *ein überdimensionales Rad* || ▶ **Dimension** (1)

Ü·ber·do·sis *die*; e-e zu große Menge *mst* von e-m Medikament od. von Drogen: *e-e Ü.* (*von / an*) *Heroin* || *hierzu* **ü·ber·do·sie·ren** (*hat*) *Vt / i*

ü·ber·dre·hen; *überdrehte, hat überdreht*; Vt **etw. ü.** durch zu starkes Drehen etw. kaputtmachen: *die Feder e-r Uhr ü.* || *hierzu* **Ü·ber·dre·hung** *die*; *nur Sg*

ü·ber·dreht *Adj*; *gespr*; **1** *Partizip Perfekt*; ↑ **überdrehen 2** auf unnatürliche Art munter und lebhaft

Ü·ber·druck *der*; *-(e)s, Über·drü·cke*; *mst Sg*; ein zu starker (Luft)Druck ↔ Unterdruck: *ein Reifen mit Ü.* || K-: **Überdruck-, -kabine, -ventil**

Ü·ber·druss *der*; *-es*; *nur Sg*; **Ü.** (**an etw.** (*Dat*)) das Gefühl, etw. nicht mehr zu mögen, das man zu lange machen musste (od. mit dem man sich zu lange beschäftigen musste) ⟨Ü. an der Arbeit, am Leben⟩: *Ich musste mir ihre Vorwürfe bis zum Ü. anhören* || -K: **Lebens-**

ü·ber·drüs·sig *Adj*; *nur in* **1 j-s / etw. ü. sein** *geschr*; j-n / etw. nicht mehr mögen, als lästig empfinden **2 j-s / etw. ü. werden** j-n / etw. allmählich als lästig empfinden: *Er wurde ihrer ü.*; *Sie wurde des Alleinseins ü.*

ü·ber·dün·gen; *überdüngte, hat überdüngt*; Vt **etw. ü.** zu viel Dünger auf etw. geben: *ein Feld ü.* || *hierzu* **Ü·ber·dün·gung** *die*; *nur Sg*

ü·ber·durch·schnitt·lich *Adj*; besser als normal: *überdurchschnittliche Leistungen in der Schule*

ü·ber·eck *Adv*; quer vor e-r Ecke ⟨etw. steht ü.; etw. ü. legen, stellen⟩: *Die Bank steht ü.*

Ü·ber·ei·fer *der*; *mst pej*; zu großer Eifer: *etw. im Ü. tun* || *hierzu* **ü·ber·eif·rig** *Adj*

ü·ber·eig·nen; *übereignete, hat übereignet*; Vt **j-m etw. ü.** *geschr*; j-m etw. zum Eigentum geben (*z.B.* durch ein Testament) || *hierzu* **Ü·ber·eig·nung** *die*

ü·ber·ei·len; *übereilte, hat übereilt*; Vt **etw. ü.** etw. zu schnell tun, ohne an die Konsequenzen zu denken ≈ überstürzen: *e-n Entschluss ü.*; *e-e übereilte Entscheidung*

ü·ber·ei·nan·der[1] *Adv*; e-e Person / Sache über die andere od. über der anderen: *zwei Paar Socken ü. anziehen*

ü·ber·ei·nan·der[2] *mit Verb, wenig produktiv*; Die Verben mit *übereinander* werden nach folgendem Muster gebildet: *übereinander stapeln - stapelte übereinander - übereinander gestapelt*;
übereinander drückt aus, dass sich e-e Person / Sache auf od. über der anderen befindet, sich dorthin bewegt od. dorthin bewegt wird ≈ aufeinander; ⟨Dinge⟩

U

übereinander stapeln: *Sie stapelte die Kisten übereinander* ≈ Sie legte e-e Kiste auf die andere, sodass ein Stapel entstand
ebenso: ⟨Dinge⟩ ***übereinander legen***, ⟨Dinge⟩ ***übereinander schichten***, ⟨Dinge⟩ ***übereinander stellen***; ⟨Dinge⟩ ***liegen übereinander***, ⟨Dinge⟩ ***stehen übereinander***

> **ü·ber·ei·nan·der schla·gen** *(hat)* Vt ***die Beine ü. s.*** beim Sitzen ein Bein über das andere legen

ü·ber·ein·kom·men; *kam überein, ist übereingekommen*; Vi ***mit j-m ü.*** + ***zu*** + *Infinitiv*; *geschr*; sich mit j-m einigen, etw. Bestimmtes zu tun: *Sie kamen überein, e-n neuen Vertrag zu schließen*
Ü·ber·ein·kunft *die*; -, *Über·ein·künf·te*; *geschr* ≈ Einigung, Vereinbarung ⟨e-e Ü. treffen, zu e-r Ü. (mit j-m) kommen⟩
ü·ber·ein·stim·men; *stimmte überein, hat übereingestimmt*; Vi **1 *mit j-m*** (***in etw.*** (*Dat*)) ***ü.*** dieselbe Meinung haben wie ein anderer: *Wir stimmen in allen wesentlichen Punkten überein* **2** ⟨Aussagen *o.Ä.*⟩ ***stimmen überein***; ***etw. stimmt mit etw. überein*** zwei Aussagen *o.Ä.* haben denselben Inhalt: *Die Aussagen der Zeugen stimmten völlig überein* || *hierzu* **Ü·ber·ein·stim·mung** *die*
ü·ber·emp·find·lich *Adj*; zu empfindlich, zu sensibel: *Sie reagiert ü. auf Kritik* || *hierzu* **Ü·ber·emp·find·lich·keit** *die*; *nur Sg*
ü·ber·es·sen, sich; *überisst sich, überaß sich, hat sich übergessen*; Vr ***sich*** (***an etw.*** (*Dat*)) ***ü.*** so viel von etw. essen, dass einem übel wird od. dass man diese Speise nicht mehr mag
ü·ber·fah·ren; *überfährt, überfuhr, hat überfahren*; Vt **1 *j-n / ein Tier ü.*** (*bes* mit e-m Auto) über e-n Menschen / ein Tier fahren und ihn / es dabei verletzen od. töten **2 *etw. ü.*** beim (Auto)Fahren ein Verkehrszeichen nicht beachten, nicht stehen bleiben *o.Ä.* ⟨e-e rote Ampel, ein Haltesignal, ein Vorfahrtsschild *usw* ü.⟩ **3 *j-n ü.*** *gespr*; j-n (*mst* durch e-n überraschenden Vorschlag *o.Ä.*) dazu bringen, e-e schnelle Entscheidung zu treffen *o.Ä.*, bei der er selbst e-n Schaden hat ≈ j-n überrumpeln ⟨j-n bei Verhandlungen ü.⟩
Ü·ber·fahrt *die*; e-e Fahrt auf e-m Schiff von einer Seite e-s Gewässers zur anderen ⟨e-e ruhige, stürmische Ü.⟩: *die Ü. von Calais nach Dover*
Ü·ber·fall *der*; **1 *ein Ü.*** (***auf j-n / etw.***) ein plötzlicher Angriff mit Waffen || -K: ***Bank-, Raub-*** **2** *gespr hum*; ein Besuch, bei dem sich der Besucher vorher nicht angemeldet hat
ü·ber·fal·len; *überfällt, überfiel, hat überfallen*; Vt **1 *j-n / etw. ü.*** j-n / etw. plötzlich angreifen und mit Waffen bedrohen (*mst* um etw. zu rauben) ⟨e-e Bank, ein Land ü.⟩: *Sie ist nachts überfallen worden* **2 *j-n ü.*** *gespr hum*; j-n besuchen, ohne sich vorher anzumelden **3 *j-n mit etw. ü.*** *gespr*; j-n mit e-r Bitte, e-m Wunsch *o.Ä.* so überraschen, dass er nicht darüber nachdenken kann ⟨j-n mit e-r Bitte, e-r Frage, e-m Vorschlag ü.⟩ **4 *etw. überfällt j-n*** ein Gefühl *o.Ä.* entsteht plötzlich in j-m ≈ etw. überkommt j-n ⟨Angst, Müdigkeit überfällt j-n⟩
ü·ber·fäl·lig *Adj*; *nicht adv*; **1 *etw. ist ü.*** etw. ist nicht zum erwarteten (fahrplanmäßigen) Zeitpunkt angekommen ⟨ein Flugzeug, ein Schiff ist ü.⟩ **2** zur richtigen Zeit noch nicht bezahlt *o.Ä.* ⟨e-e Rechnung, ein Wechsel⟩ **3** längst fällig: *„Ich habe ihm endlich meine Meinung gesagt" - „Das war ü."*
ü·ber·fi·schen; *überfischte, hat überfischt*; Vt ***etw. ü.*** in e-m Gewässer zu viele Fische fangen, sodass dort zu wenig Fische übrig bleiben || *hierzu* **Ü·ber·fi·schung** *die*
ü·ber·flie·gen; *überflog, hat überflogen*; Vt **1 *etw. ü.*** über ein bestimmtes Gebiet fliegen: *den Atlantik ü.* **2 *etw. ü.*** etw. schnell und nicht genau lesen: *Sie hat den Bericht nur überflogen*
Ü·ber·flie·ger *der*; *gespr*; j-d, der begabter, intelligenter *o.Ä.* ist als andere Menschen
ü·ber·flie·ßen; *floss über, ist übergeflossen*; Vi ***etw. fließt über*** etw. fließt über den Rand e-s Gefäßes ≈ etw. läuft über: *Das Wasser ist aus der Badewanne übergeflossen*
ü·ber·flü·geln; *überflügelte, hat überflügelt*; Vt ***j-n ü.*** in e-m bestimmten Bereich wesentlich besser werden als ein anderer ≈ übertreffen || *hierzu* **Ü·ber·flü·ge·lung** *die*; *nur Sg*
Ü·ber·fluss *der*; *nur Sg*; **1** der Zustand, in dem man mehr von etw. hat, als man braucht ↔ Mangel ⟨etw. ist im Ü. vorhanden; etw. im Ü. haben; im Ü. leben⟩ || K-: ***Überfluss-, -gesellschaft*** **2 *zu allem Ü.*** ≈ obendrein
ü·ber·flüs·sig *Adj*; nicht nötig ≈ entbehrlich, unnötig ↔ notwendig: *Es ist ganz ü., mich an mein Versprechen zu erinnern - Ich habe es nicht vergessen* || *hierzu* **ü·ber·flüs·si·ger·wei·se** *Adv*; **Ü·ber·flüs·sig·keit** *die*; *nur Sg*
ü·ber·flu·ten; *überflutete, hat überflutet*; Vt ***etw. überflutet etw.*** etw. fließt über das Ufer und bedeckt ein Gebiet mit Wasser ≈ etw. überschwemmt etw.: *Der Fluss überflutete die Wiesen* || *hierzu* **Ü·ber·flu·tung** *die*
ü·ber·for·dern; *überforderte, hat überfordert*; Vt ***j-n ü.*** mehr von j-m erwarten od. verlangen, als er leisten kann ⟨überfordert sein, sich überfordert fühlen⟩: *Schüler mit e-r zu schwierigen Prüfung ü.* || NB: *mst* im Partizip Perfekt! || *hierzu* **Ü·ber·for·de·rung** *die*
ü·ber·frach·tet *Adj*; *nicht adv*; ***mit etw. ü.*** *mst pej*; mit zu vielen Ideen *o.Ä.* beladen: *Das Gedicht ist mit Symbolen ü.*
ü·ber·fragt *Adj*; *nur präd, nicht adv*; *mst in* ***ü. sein***; ***sich ü. fühlen*** e-e Frage nicht beantworten können, weil man nicht genug Wissen hat: *Da bin ich ü.*
Ü·ber·frem·dung *die*; *pej*; der Zustand, starken Einflüssen fremder Kulturen, Sprachen *o.Ä.* ausgesetzt zu sein ⟨die Ü. e-r Gesellschaft, Kultur, Sprache befürchten⟩
ü·ber·fres·sen, sich; *überfrisst sich, überfraß sich, hat sich überfressen*; Vr ***sich*** (***an etw.*** (*Dat*)) ***ü.*** *gespr* ≈ sich überessen
ü·ber·füh·ren[1]; *führte über, hat übergeführt*; Vt ***etw. in etw.*** (*Akk*) ***ü.*** etw. in e-n anderen Zustand bringen: *Wasser in den gasförmigen Zustand ü.*
ü·ber·füh·ren[2]; *überführte, hat überführt*; Vt **1 *j-n*** (***etw.*** (*Gen*)) ***ü.*** beweisen, dass j-d etw. (*bes* ein Verbrechen) getan hat: *j-n des Mordes ü.* **2 *j-n / etw.*** (***irgendwohin***) ***ü.*** ≈ j-n / etw. (irgendwohin) transportieren ⟨e-n Kranken, e-n Sarg, ein Auto ü.⟩
Ü·ber·füh·rung *die*; -, *-en*; **1** der Transport von j-m / etw. von e-m Ort an e-n anderen: *die Ü. des Sarges von Leipzig nach Hamburg* **2** der Vorgang, bei dem etw. in e-n anderen Zustand gebracht wird: *die Ü. der Firma in e-e Aktiengesellschaft* **3** das Beweisen, dass j-d etw. (*bes* ein Verbrechen) getan hat: *die Ü. des Täters* **4** e-e Brücke, die über e-e Straße *o.Ä.* führt ↔ Unterführung || -K: ***Bahn-, Straßenbahn-***
ü·ber·füllt *Adj*; (gefüllt) mit zu vielen Personen od. Dingen ⟨ein Bus, ein Zug, ein Regal⟩ || *hierzu* **Ü·ber·fül·lung** *die*; *nur Sg*
Ü·ber·funk·ti·on *die*; *Med*; e-e Krankheit, bei der

ein Organ zu intensiv arbeitet: *die Ü. der Schilddrüse*

ü·ber·fụt·tern; *überfütterte, hat überfüttert*; [Vt] **1 ein Tier ü.** e-m Tier zu viel Futter geben **2 j-n (mit etw.) ü.** *mst pej*; j-m mehr von etw. geben, als er braucht: *ein Kind mit Spielsachen ü.* || *hierzu* **Ü·ber·fụt·te·rung** *die*; *nur Sg*

Ü·ber·ga·be *die*; **1 die Ü. (von etw. an j-n)** das Übergeben[1] (1): *die Ü. der Wohnungsschlüssel an die Nachmieter* **2 die Ü. (von etw. an j-n)** das Übergeben[1] (5): *die Ü. der Stadt an den Feind*

Ü·ber·gang *der*; **1 der Ü. (über etw.** (*Akk*)) das Hinübergehen über etw., das Überqueren von etw. **2 ein Ü. (über etw.** (*Akk*)) ein Weg, auf dem man etw. überquert: *ein Ü. über die Bahn* || -K: **Bahn-, Grenz-; Fußgänger- 3 der Ü. (von etw. zu etw. / in etw.** (*Akk*)) die Entwicklung zu e-m neuen Zustand ⟨etw. befindet sich im Ü.⟩: *der Ü. vom Studium in den Beruf* || K-: **Übergangs-, -periode, -phase, -stadium, -zeit** || *zu* **3 ü·ber·gangs·los** *Adj*

Ü·ber·gangs·lö·sung *die*; e-e Lösung e-s Problems, die nur für kurze Zeit gilt

Ü·ber·gangs·re·ge·lung *die*; e-e Regelung, die nur für kurze Zeit gilt (bis e-e endgültige Regelung kommt)

ü·ber·ge·ben[1]; *übergibt, übergab, hat übergeben*; [Vt] **1 j-m etw. ü.** j-m etw. geben, das von diesem Zeitpunkt an ihm gehört ≈ j-m etw. aushändigen, überreichen: *j-m e-n Brief ü.* **2 j-m etw. ü.** j-m den Auftrag geben, ein Amt, e-e Aufgabe *o.Ä.* zu erfüllen: *Er übergab die Angelegenheit seinem Anwalt* **3 j-n j-m ü.** e-n Verbrecher *o.Ä.* zu der zuständigen Behörde bringen ⟨j-n den Behörden, der Justiz, der Polizei ü.⟩ **4 etw. (j-m / etw.) ü.** etw. offiziell eröffnen, damit die Öffentlichkeit es nutzen kann: *e-n Tunnel dem Verkehr ü.* **5 etw. j-m / an j-n ü.** (im Krieg) nach der Kapitulation dem Feind e-e Stadt *o.Ä.* überlassen

ü·ber·ge·ben, sich[2]; *übergibt sich, übergab sich, hat sich übergeben*; [Vr] **sich ü.** ≈ (sich) erbrechen

ü·ber·ge·hen[1]; *ging über, ist übergegangen*; [Vi] **1 zu etw. ü.** mit etw. aufhören und zu e-m anderen Punkt *o.Ä.* kommen: *zu e-m anderen Thema ü.*; *zur Tagesordnung ü.* **2 etw. geht in etw.** (*Akk*) **über** etw. ändert allmählich seinen Zustand (und kommt in e-n anderen): *Beim Erhitzen geht Wasser in Dampf über* **3 etw. geht in etw.** (*Akk*) **über** etw. vermischt sich allmählich mit etw., sodass es keine Grenze mehr gibt: *Das Gelb geht in ein Orange über* **4 etw. geht in j-s Besitz über** *geschr*; etw. wird j-s Eigentum: *Als der Vater starb, ging das Haus in den Besitz seines Sohnes über*

ü·ber·ge·hen[2]; *überging, hat übergangen*; [Vt] **1 j-n ü.** j-n (mit Absicht) nicht beachten ≈ unbeachtet lassen, ignorieren: *Er hat mich auf der Party völlig übergangen, weil er immer noch beleidigt war* **2 j-n ü.** j-n bei etw. nicht berücksichtigen ⟨j-n bei e-r Gehaltserhöhung, im Testament ü.; sich übergangen fühlen⟩ **3 etw. ü.** etw. absichtlich nicht beachten ≈ über etw. hinweggehen ⟨etw. mit Stillschweigen ü.⟩: *j-s Einwände, Kritik einfach ü.*

ü·ber·ge·ord·net 1 *Partizip Perfekt*; ↑ **überordnen 2** *Adj*; *nicht adv*; wichtiger als etw. anderes ↔ untergeordnet ⟨e-e Aufgabe, ein Problem⟩: *e-e Sache von übergeordneter Bedeutung* **3** *Adj*; *nicht adv*; **(j-m / etw.) ü.** mit dem Recht, (j-m) Befehle zu geben ⟨e-e Behörde, e-e Instanz⟩

Ü·ber·ge·päck *das*; Gepäck, das über die Menge hinausgeht, die man *bes* auf e-n Flug kostenlos mitnehmen darf

Ü·ber·ge·wicht *das*; *nur Sg*; **1** *mst in* (*Gewichtsangabe +*) **Ü. haben** (um das genannte Gewicht) zu dick sein ↔ Untergewicht haben: *Er hat 10 Kilogramm Ü.* **2** *mst in* **etw. hat Ü.** etw. ist zu schwer (für e-e bestimmte Kategorie *o.Ä.*) ⟨der Brief, das Päckchen, das Paket hat Ü.⟩ **3** *mst in* **etw. hat / bekommt das** ⟨militärische, wirtschaftliche⟩ **Ü.** etw. ist / wird militärisch, wirtschaftlich *o.Ä.* stärker als etw. anderes **4 (das) Ü. bekommen** beim Vor- od. Zurückbeugen das Gleichgewicht verlieren und umfallen || *zu* **1 ü·ber·ge·wich·tig** *Adj*

ü·ber·gie·ßen; *übergoss, hat übergossen*; [Vt] **j-n / sich / etw. (mit etw.) ü.** etw. auf, über j-n / sich / etw. gießen: *den gemahlenen Kaffee mit kochendem Wasser ü.*

ü·ber·glück·lich *Adj*; sehr glücklich

ü·ber·grei·fen (*hat*) [Vi] **etw. greift auf etw.** (*Akk*) **über** etw. erfasst auch etw. anderes ≈ etw. dehnt sich auf etw. aus: *Das Feuer griff auf die benachbarten Häuser über*

Ü·ber·griff *der*; **Ü. (auf etw.** (*Akk*)) e-e Handlung, mit der sich j-d ohne Erlaubnis in den Bereich od. die Angelegenheiten e-s anderen einmischt

ü·ber·groß *Adj*; viel größer als normal

Ü·ber·grö·ße *die*; ein Maß, ein Format (*bes* bei der Kleidung), das größer als die Norm ist: *Hemden in Übergrößen*

ü·ber·ha·ben; *hat über, hatte über, hat übergehabt*; [Vt] *gespr*; **1 etw. ü.** ein Kleidungsstück über der anderen Kleidung tragen: *Er hatte nur e-n dicken Pullover über* **2 j-n / etw. ü.** j-n / etw. nicht mehr mögen ≈ j-s / etw. überdrüssig sein: *Dein ewiges Genörgel hab ich schon längst über!*

> **ü·ber·hand neh·men**; *nimmt überhand, nahm überhand, hat überhand genommen*; [Vi] **etw. nimmt überhand** etw. wird so häufig, dass man es nicht mehr ertragen kann

Ü·ber·hand|nah·me *die*; -; *nur Sg*, *geschr*; das Überhandnehmen

ü·ber·hän·gen[1]; *hing über, hat übergehangen*; [Vi] **etw. hängt über** etw. ragt (als Teil) über etw. hinaus: *überhängende Felsen, Äste* || NB: *mst* im Partizip Präsens!

ü·ber·hän·gen[2]; *hängte über, hat übergehängt*; [Vt] **(j-m / sich) etw. ü.** j-m / sich etw. um die Schultern legen: *sich e-e Jacke ü.*; *dem Kind e-e Decke ü.*

ü·ber·häu·fen; *überhäufte, hat überhäuft*; [Vt] **j-n mit etw. ü.** j-m von etw. sehr viel od. zu viel geben ⟨j-n mit Geschenken, mit Ehrungen, mit Arbeit ü.⟩ || *hierzu* **Ü·ber·häu·fung** *die*; *nur Sg*

ü·ber·haupt *Partikel*; *betont und unbetont*; **1** verwendet, um auszudrücken, dass etw. nicht nur jetzt od. für diesen Fall zutrifft, sondern allgemein gültig ist: *Sie ist ü. sehr sympathisch*; *Er hat das Regal selbst gebaut - Er ist ja ü. handwerklich sehr geschickt* **2** verwendet in Fragen, auf die man mit ja od. nein antwortet, um sich auf e-e vorhergehende Äußerung zu beziehen. Man drückt damit Zweifel daran aus, dass die Voraussetzungen für die enthaltene Aussage erfüllt sind: *„Ich tippe dir schnell den Brief" - „Kannst du ü. tippen?"*; *„Und dann haben sie mir gekündigt." - „Dürfen die das ü.?"* **3** verwendet in scheinbar beiläufigen Fragen, bei denen aber doch etw. Grundsätzliches od. ein neues Thema angesprochen wird ≈ denn, eigentlich: *Wo warst du ü. so lange?*; *Was will er denn ü. von dir?* **4** verwendet, um e-e Verneinung zu verstärken ≈ gar[2] (1), absolut: *Das interessiert mich ü. nicht*; *Ich habe ü. keine Zeit*; *Ich kenne hier ü. niemanden* **5 (und) ü.** *gespr* ≈ abgesehen davon, außerdem: *(Und) ü., hab ich dir eigentlich schon erzählt, was mir gestern passiert ist?*; *Das Wetter war schön, und ü. hatten wir viel Spaß im*

Urlaub **6 *Und ü.!*** drückt aus, dass man grundsätzlich mit etw. unzufrieden ist

ü·ber·heb·lich *Adj* ≈ anmaßend, arrogant || *hierzu* **Ü·ber·heb·lich·keit** *die*; *nur Sg*

ü·ber·hei·zen; *überheizte, hat überheizt*; [Vt] ***etw. ü.*** etw. zu stark heizen ⟨ein überheiztes Zimmer, ein überheiztes Haus, e-e überheizte Wohnung⟩ || NB: *mst* im Zustandspassiv!

ü·ber·hitzt *Adj*; zu heiß gemacht, zu heiß geworden: *ein überhitzter Motor* || *hierzu* **Ü·ber·hit·zung** *die*

ü·ber·höht *Adj*; höher als normal od. erlaubt ⟨Preise; mit überhöhter Geschwindigkeit fahren⟩

ü·ber·ho·len; *überholte, hat überholt*; [Vt/i] **1 *(j-n / etw.) ü.*** e-e andere Person od. ein anderes Fahrzeug einholen und an ihr / ihm vorbeigehen, vorbeifahren: *Er hat versucht, mich in der Kurve zu ü.*; [Vt] **2 *j-n ü.*** (in der Leistung) besser sein als ein anderer ≈ übertreffen: *Er hat mich im Studium längst überholt* **3 *etw. ü.*** *bes* e-e Maschine prüfen und reparieren, damit sie wieder gut funktioniert ⟨ein Auto, e-n Motor ü.⟩ || *zu* **3 Ü·ber·ho·lung** *die*

Ü·ber·hol·ma·nö·ver *das*; der Vorgang, bei dem man ein anderes Fahrzeug überholt (1)

Ü·ber·hol·spur *die*; der Teil (die Spur) e-r Straße, den man benutzen darf, um andere Fahrzeuge zu überholen (1)

ü·ber·holt 1 *Partizip Perfekt*; ↑ **überholen 2** *Adj*; nicht mehr modern ≈ veraltet ↔ zeitgemäß ⟨Anschauungen, Ansichten, e-e Methode, e-e Theorie⟩

Ü·ber·hol·ver·bot *das*; die (Verkehrs)Regel, nach der man an e-r Stelle ein anderes Fahrzeug nicht überholen (1) darf: *Hier herrscht Ü.*

ü·ber·hö·ren; *überhörte, hat überhört*; [Vt] **1 *etw. ü.*** etw. nicht hören können: *Das Radio lief so laut, dass sie das Klingeln des Telefons überhörte* **2 *etw. ü.*** so tun, als ob man etw. nicht hörte (und deshalb nicht reagieren): *Er überhörte einfach die Kritik seiner Freunde*

ü·ber·ir·disch *Adj*; so (seltsam od. schön), wie aus e-r anderen Welt (und nicht von der Erde) ⟨e-e Erscheinung, ein Wesen, ein Glanz, e-e Schönheit⟩ || NB: ≠ außerirdisch

ü·ber·kan·di·delt *Adj*; *gespr* ≈ überspannt (2)

ü·ber·kip·pen *(ist)* [Vi] **1** auf einer Seite zu schwer werden od. sich zu weit nach einer Seite neigen und deshalb (um)stürzen ≈ umkippen ⟨nach hinten, nach vorne ü.⟩ **2 *j-s Stimme kippt über*** j-s Stimme wird plötzlich hoch und schrill ≈ j-s Stimme überschlägt sich

ü·ber·kle·ben; *überklebte, hat überklebt*; [Vt] ***etw. ü.*** etw. verdecken, indem man etw. anderes darauf klebt: *alte Plakate ü.*

ü·ber·ko·chen *(ist)* [Vi] **1 *etw. kocht über*** etw. kocht so stark, dass es über den Rand des Topfes *o.Ä.* läuft ⟨die Milch, die Suppe⟩ **2** *gespr*; *mst* ***vor Wut ü.*** sehr wütend sein

ü·ber·kom·men[1]; *überkam, hat überkommen*; [Vt] ***etw. überkommt j-n*** etw. entsteht plötzlich und intensiv in j-m ⟨j-n überkommt Angst, Mitleid, Zorn⟩

ü·ber·kom·men[2] **1** *Partizip Perfekt*; ↑ **überkommen**[1] **2** *Adj*; *nicht adv*, *geschr*; durch die Tradition lange weitergegeben ≈ traditionell, überliefert ⟨Bräuche, Sitten⟩: *nach überkommenen Vorstellungen leben*

ü·ber·kon·fes·si·o·nell *Adj*; für Mitglieder verschiedener Konfessionen ⟨ein Gottesdienst⟩

ü·ber·kreu·zen; *überkreuzte, hat überkreuzt*; [Vt] **1 *etw. (Pl) ü.*** Dinge so legen, dass e-e Art Kreuz entsteht: *Bänder ü.*; [Vr] **2** ⟨Linien, Wege *usw*⟩ ***überkreuzen sich*** zwei Linien, Wege *o.Ä.* verlaufen in verschiedene Richtungen und treffen sich an e-m Punkt, sodass sie e-e Art Kreuz bilden

ü·ber·krie·gen *(hat)* [Vt] ***etw. ü.*** *gespr* ≈ überbekommen

ü·ber·la·den[1]; *überlädt, überlud, hat überladen*; [Vt] ***etw. ü.*** mehr Last auf etw. laden, als es tragen od. transportieren kann od. darf ≈ überlasten: *e-n Lkw ü.* || *hierzu* **Ü·ber·la·dung** *die*; *nur Sg*

ü·ber·la·den[2] **1** *Partizip Perfekt*; ↑ **überladen**[1] **2** *Adj*; *pej*; mit zu viel Schmuck (sodass das ästhetische Empfinden des Betrachters gestört wird) ↔ schlicht ⟨ein Stil, e-e Fassade⟩

ü·ber·la·gern, sich; *überlagerten sich, haben sich überlagert*; [Vr] **1** ⟨Gesteinsschichten⟩ ***überlagern sich*** Gesteinsschichten liegen übereinander **2** ⟨Sender⟩ ***überlagern sich*** Sender sind auf der gleichen Welle **3** ⟨Interessen⟩ ***überlagern sich*** Interessen sind teilweise gleich || *hierzu* **Ü·ber·la·ge·rung** *die*

Ü·ber·land|lei·tung *die*; e-e Leitung, die Elektrizität über weite Entfernungen bringt

ü·ber·lang *Adj*; viel länger als normal

Ü·ber·län·ge *die*; **1** e-e Länge (2), die über das normale Maß hinausgeht **2** *mst in* ***etw. hat Ü.*** etw. dauert länger als normal: *Dieser Film hat Ü.*

ü·ber·lap·pen; *überlappte, hat überlappt*; [Vr] ***etw. überlappt sich mit etw.***; ⟨Dinge⟩ ***überlappen sich*** zwei od. mehrere Dinge liegen so, dass sich Teile des einen auf dem anderen befinden || *hierzu* **Ü·ber·lap·pung** *die*

ü·ber·las·sen; *überlässt, überließ, hat überlassen*; [Vt] **1 *j-m etw. ü.*** j-m etw. geben, damit er es behalten od. benutzen kann ⟨j-m etw. freiwillig, kostenlos, leihweise ü.⟩: *Er überließ ihr für das Wochenende seine Wohnung* **2 *j-m j-n / ein Tier ü.*** j-m (für kurze Zeit) *mst* ein Kind od. Tier geben, damit er für es sorgt ≈ j-m j-n / ein Tier anvertrauen, j-n / ein Tier in j-s Obhut geben: *den Großeltern das Enkelkind ü.* **3 *j-m etw. ü.*** j-n etw. entscheiden lassen (ohne ihn zu beeinflussen) ≈ j-m etw. freistellen: *Wir überlassen Ihnen die Entscheidung, wie Sie in diesem Fall verfahren wollen*; *Überlass das ruhig mir!* **4 *j-n sich selbst ü.*** j-n allein lassen (und ihm nicht helfen od. nicht auf ihn aufpassen): *Wenn sie fortgehen, überlassen sie die Kinder sich selbst* **5 *etw. dem Zufall ü.*** (in e-r bestimmten Situation) nicht handeln, sondern abwarten, was geschieht; [Vr] **6 *sich etw.*** *(Dat)* ***ü.*** ein Gefühl bewusst und intensiv erleben ≈ sich etw. hingeben ⟨*mst* sich seinem Schmerz, seiner Trauer ü.⟩

ü·ber·las·tet *Adj*; *nicht adv*; **1 *etw. ist ü.*** etw. ist mit zu viel Last beladen: *Der Lkw war völlig ü.* **2 *etw. ist ü.*** etw. ist zu sehr beansprucht und funktioniert deshalb nicht mehr gut ⟨j-s Herz, j-s Kreislauf, das Verkehrsnetz ist ü.⟩ **3 *j-d ist ü.*** j-d hat zu viel Arbeit od. Sorgen: *Sie ist beruflich ü.* || *hierzu* **Ü·ber·las·tung** *die*

Ü·ber·lauf *der*; das Loch oben in e-m Waschbecken od. e-r Badewanne, aus dem das Wasser abfließen kann, damit es nicht über den Rand läuft

ü·ber·lau·fen[1]; *läuft über, lief über, ist übergelaufen*; [Vi] **1 *etw. läuft über*** e-e Flüssigkeit fließt über den Rand e-s Gefäßes: *Das Wasser ist übergelaufen* **2 *etw. läuft über*** ein Gefäß ist mit zu viel Flüssigkeit gefüllt, sodass diese über dessen Rand fließt: *die Badewanne läuft über* **3 *j-d läuft über*** j-d wechselt (*z.B.* im Krieg) auf die Seite des Gegners ⟨zum Feind ü.⟩ || *zu* **3 Ü·ber·läu·fer** *der*

ü·ber·lau·fen[2] *Adj*; *nicht adv*; so, dass dort zu viele Menschen sind ↔ menschenleer: *Die Strände waren völlig ü.*

ü·ber·le·ben; *überlebte, hat überlebt*; [Vt/i] **1 *(etw.) ü.*** in e-r sehr gefährlichen Situation am Leben bleiben (obwohl man hätte sterben können) ⟨ein Unglück, e-n Autounfall, ein Erdbeben, e-n Flugzeugabsturz *usw* ü.⟩: *Er hat als Einziger überlebt* || K-: **Überlebens-, -chance, -kampf, -training**; [Vi] **2 j-n (um etw.) ü.** länger als ein anderer leben: *Sie hat ihren Mann (um zwei Jahre) überlebt*; [Vr] **3 etw. überlebt sich** etw. wird unmodern ≈ etw. veraltet: *Diese Ansichten haben sich überlebt* || NB *zu* **3**: oft im Partizip Perfekt! || *zu* **1 Ü·ber·le·ben·de** *der / die; -n, -n*

ü·ber·le·bens·groß *Adj*; größer, als ein Mensch normalerweise ist ⟨*mst* e-e Statue⟩ || *hierzu* **Ü·ber·le·bens·grö·ße** *die; nur Sg*

ü·ber·le·gen[1]; *legte über, hat übergelegt*; [Vt] **j-m / sich etw. ü.** etw. über j-n / sich legen: *j-m e-e Decke ü.*

ü·ber·le·gen[2]; *überlegte, hat überlegt*; [Vt/i] **(etw.) ü.**; **(sich** *(Dat)* **etw.) ü.** seinen Verstand benutzen, um zu e-r Entscheidung od. e-r Erkenntnis zu kommen ≈ (über etw.) nachdenken ⟨(lange) hin und her ü.⟩: *Er hat lange überlegt, bevor er sich entschieden hat*; *Sie hat sich e-e kluge Antwort überlegt*; *Sie überlegte (sich), wie sie ihm helfen könnte*

ü·ber·le·gen[3] *Adj*; *mst präd*; **(j-m) (an / in etw.** *(Dat)***) ü. sein** (in bestimmter Hinsicht / auf e-m bestimmten Gebiet) besser als ein anderer sein ⟨j-m haushoch ü. sein⟩: *Sie ist ihm an Intelligenz / im Rechnen weit ü.* || *hierzu* **Ü·ber·le·gen·heit** *die; nur Sg*

ü·ber·legt 1 *Partizip Perfekt*; ↑ **überlegen**[2] **2** *Adj* ≈ besonnen, durchdacht, klug ⟨ü. handeln⟩

Ü·ber·le·gung *die; -, -en*; **1** *mst Sg*; das Überlegen[2]: *nach reiflicher Ü.* **2 Überlegungen anstellen** *geschr* ≈ sich etw. überlegen[2] **3 etw. in seine Überlegungen (mit) einbeziehen** *geschr*; e-n Aspekt mit berücksichtigen, wenn man über etw. nachdenkt

ü·ber·lei·ten *(hat)* [Vi] **etw. leitet zu etw. über** etw. führt zu etw. Neuem (hin): *Der kurze Kommentar leitet zum nächsten Kapitel über* || *hierzu* **Ü·ber·lei·tung** *die*

ü·ber·le·sen; *überliest, überlas, hat überlesen*; [Vt] **1 etw. ü.** etw. beim Lesen nicht sehen: *Er hat bei der Korrektur des Aufsatzes zwei Fehler überlesen* **2 etw. ü.** ≈ überfliegen (2)

ü·ber·lie·fern; *überlieferte, hat überliefert*; [Vt] *mst* **etw. ist überliefert** etw., das e-n kulturellen Wert hat, ist an die folgenden Generationen weitergegeben worden ⟨überlieferte Bräuche; überliefertes Wissen⟩ || *hierzu* **Ü·ber·lie·fe·rung** *die*

ü·ber·lis·ten; *überlistete, hat überlistet*; [Vt] **j-n ü.** j-n mit e-m Trick täuschen || *hierzu* **Ü·ber·lis·tung** *die; nur Sg*

ü·berm *Präp mit Artikel*; *gespr* ≈ über dem

Ü·ber·macht *die; nur Sg*; die große Überlegenheit in Bezug auf Zahl od. Stärke ⟨in der Ü. sein, gegen e-e Ü. ankämpfen⟩ || *hierzu* **ü·ber·mäch·tig** *Adj*

ü·ber·ma·len; *übermalte, hat übermalt*; [Vt] **etw. ü.** (nochmals) über etw. malen und es dadurch verdecken ⟨ein Bild, Fresken ü.⟩ || *hierzu* **Ü·ber·ma·lung** *die*

ü·ber·man·nen; *übermannte, hat übermannt*; [Vt] **etw. übermannt j-n** etw. ist so stark und intensiv, dass j-d nichts dagegen tun kann ≈ etw. überwältigt j-n ⟨der Schlaf, der Schmerz, die Verzweiflung übermannt j-n⟩: *Die Kinder wollten lange aufbleiben, doch um elf Uhr wurden sie vom Schlaf übermannt*

Ü·ber·maß *das; nur Sg*; **ein Ü. (an etw.** *(Dat)***)** e-e Menge von etw., die größer od. stärker ist als normal (od. angemessen): *Die Europäische Union produziert ein Ü. an Fleisch*

ü·ber·mä·ßig *Adj*; **1** größer od. intensiver als normal (od. angemessen) ≈ extrem[1] (1): *ein übermäßiger Alkoholkonsum*; *übermäßige Anstrengungen* **2** *nur adv*; verwendet, um Adjektive, Adverbien od. Verben zu verstärken ≈ extrem[2]: *ü. hohe Gebühren verlangen*

ü·ber·mensch·lich *Adj*; größer, stärker od. intensiver als es für e-n Menschen normal ist ⟨e-e Anstrengung, e-e Leistung⟩

ü·ber·mit·teln; *übermittelte, hat übermittelt*; [Vt] **j-m etw. ü.** *geschr*; dafür sorgen, dass j-d (durch e-n Boten od. durch technische Mittel) e-e Nachricht *o.Ä.* bekommt ⟨j-m e-e Botschaft, e-e Nachricht, (seine) Glückwünsche, (seine) Grüße (telefonisch, per Post) ü.⟩ || *hierzu* **Ü·ber·mitt·lung** *die; nur Sg*

ü·ber·mor·gen *Adv*; an dem Tag, der auf morgen folgt

ü·ber·mü·det *Adj*; sehr müde ⟨völlig ü. sein⟩

Ü·ber·mü·dung *die; -; nur Sg*; der Zustand, in dem man sehr müde ist: *Vor Ü. schlief er beim Autofahren ein*

Ü·ber·mut *der*; ein Verhalten, bei dem man so ausgelassen od. fröhlich ist, dass man Dinge tut, die gefährlich sind od. die anderen schaden ⟨etw. im Ü. tun⟩: *Aus / Vor lauter Ü. sprangen die Jungen von der Brücke ins Wasser* || *hierzu* **ü·ber·mü·tig** *Adj*

ü·bern *Präp mit Artikel*; *gespr* ≈ über den

ü·ber·nächs·t- *Adj*; *nur attr, nicht adv*; in der Reihenfolge nach dem / der nächsten: *Das Fest findet nicht nächste, sondern erst übernächste Woche statt*

ü·ber·nach·ten; *übernachtete, hat übernachtet*; [Vi] **irgendwo / bei j-m ü.** nachts nicht bei sich zu Hause, sondern anderswo schlafen: *im Freien ü.*; *nach e-r Party bei e-m Freund ü.* || *hierzu* **Ü·ber·nach·tung** *die*

ü·ber·näch·tigt *Adj*; sehr müde, weil man in der Nacht nicht od. nur wenig geschlafen hat ⟨ü. sein, aussehen⟩

Ü·ber·nah·me *die, -; nur Sg*; das Übernehmen (1-6): *die Ü. des Betriebs durch e-n Konzern*; *die Ü. der Amtsgeschäfte*; *Er erklärte sich zur Ü. der Kosten bereit* || -K: **Auto-**; **Geschäfts-**; **Kosten-**

ü·ber·na·tür·lich *Adj*; ⟨Erscheinungen, Fähigkeiten, Kräfte⟩ so, dass man sie mit den Gesetzen der Natur nicht erklären kann

ü·ber·neh·men; *übernimmt, übernahm, hat übernommen*; [Vt] **1 etw. ü.** etw. als Nachfolger von j-m annehmen und weiterführen: *Mein Sohn wird die Autowerkstätte bald übernehmen* **2 etw. ü.** e-e Firma *o.Ä.* kaufen und weiterführen: *Der Konzern übernahm drei kleine Firmen* **3** *mst* ⟨e-e Firma⟩ **übernimmt j-n** e-e Firma nimmt j-n nach dem Kauf *o.Ä.* e-r anderen Firma in die eigene Firma auf ⟨die Belegschaft ü.⟩ **4 etw. ü.** etw. verwenden, das ein anderer geschaffen od. sich ausgedacht hat ⟨j-s Ideen ü., e-e Textstelle wörtlich ü.⟩: *Wir übernehmen heute e-e Sendung des österreichischen Rundfunks* **5 etw. ü.** e-e Aufgabe *o.Ä.* annehmen und erfüllen ⟨ein Amt, e-e Funktion, e-e Aufgabe ü.; die Verteidigung e-s Angeklagten ü.⟩: *Da der Schauspieler krank wurde, musste ein Kollege dessen Rolle ü.*; *den Vorsitz e-r Partei ü.* **6 etw. ü.** für etw. aufkommen, etw. bezahlen ⟨die Kosten, Schulden ü.⟩ **7 etw. ü.** verwendet zusammen mit e-m Subst., um ein Verb zu umschreiben; **die Bürgschaft für j-n / etw. ü.** ≈ für j-n / etw. bürgen; **die Garantie für etw. ü.** ≈ für etw. garantieren; **die Haftung für etw. ü.** ≈ für etw. haften; [Vr] **8 sich ü.** versuchen, mehr zu schaffen od. zu erreichen, als man (*z.B.* aufgrund seiner Kraft) schaffen / erreichen kann ≈ sich zu viel zumuten ⟨sich finanziell ü.⟩: *Übernimm dich nicht (beim Joggen)!*

ü·ber·ord·nen *(hat)* [Vt] **j-n / etw. j-m / etw. ü.** j-n /

U

etw. für wichtiger halten als j-d anderen / etw. anderes ↔ j-n / etw. j-m / etw. unterordnen: *die berufliche Karriere der Familie ü.* || *hierzu* **Ü·ber·ord·nung** *die; nur Sg*

ü·ber·par·tei·lich *Adj; nicht adv;* unabhängig von e-r einzelnen Partei (1): *Unsere Zeitung ist ü.*

ü·ber·prü·fen; *überprüfte, hat überprüft;* Vt **1** ***etw. ü.*** (nochmals) genau prüfen, ob etw. richtig ist od. richtig funktioniert ≈ kontrollieren (1) ⟨e-e Rechnung ü.⟩: *Er überprüfte, ob alles richtig war* **2** ⟨ein Polizist⟩ ***überprüft j-n / etw.*** ein Polizist stellt fest, wer j-d ist (*z.B.* indem er dessen Pass ansieht) ≈ kontrollieren (1) ⟨j-s Identität, j-s Personalien ü.⟩ || *hierzu* **Ü·ber·prü·fung** *die;* **ü·ber·prüf·bar** *Adj*

ü·ber·quel·len (*ist*) Vi **1** ***etw. quillt über*** etw. nimmt so an Volumen zu, dass es über den Rand des Gefäßes od. Behälters hinübergeht: *Der Hefeteig quillt über* **2** ***etw. quillt über*** etw. ist so voll, dass der Inhalt über den Rand hinübergeht: *ein überquellender Papierkorb*

ü·ber·que·ren; *überquerte, hat überquert;* Vt ***etw. ü.*** von einer Seite von etw. zur anderen Seite gehen, fahren *o.Ä.* ⟨e-e Straße, die Schienen, den Fluss, den Atlantik ü.⟩: *Charles Lindbergh überquerte als Erster mit dem Flugzeug den Atlantik* || *hierzu* **Ü·ber·que·rung** *die* || ► ***quer*** (1,3)

ü·ber·ra·gen; *überragte, hat überragt;* Vt **1** ***j-d / etw. überragt j-n / etw.*** j-d ist viel größer als j-d anderer, etw. ist viel höher als etw. anderes ⟨j-n um Haupteslänge ü. (= einen Kopf größer sein als j-d anderer)⟩: *Der Kirchturm überragt selbst die höchsten Häuser des Ortes* **2** ***j-n an etw.*** (*Dat*) ***ü.*** (in Bezug auf e-e bestimmte Fähigkeit) viel besser sein als j-d anderer ≈ j-n an etw. übertreffen (2): *Karl überragt seinen älteren Bruder an Ausdauer*

ü·ber·ra·gend **1** *Partizip Präsens;* ↑ ***überragen*** **2** *Adj;* viel besser als j-d anderer / etw. anderes ≈ hervorragend ⟨e-e Leistung⟩: *Der Torwart war der überragende Mann auf dem Platz*

ü·ber·ra·schen; *überraschte, hat überrascht;* Vt/i **1** ***etw. überrascht*** (***j-n***) etw. ist od. passiert unerwartet: *Das Angebot hat mich sehr überrascht;* Es *hat uns alle angenehm überrascht,* dass *Marion die Prüfung bestanden hat; überraschend Besuch bekommen; e-e überraschende Nachricht;* Vt **2** ***j-d überrascht j-n*** j-d macht od. sagt etw. Unerwartetes: *Er überraschte uns mit seinen extremen politischen Ansichten* **3** ***j-n*** (***mit etw.***) ***ü.*** j-n besuchen od. ihm ein Geschenk machen, ohne dass er davon weiß: *seine Frau mit e-m Blumenstrauß ü.* **4** ***j-n*** (***bei etw.***) ***ü.*** in dem Moment kommen, in dem j-d etw. tut, was verboten ist ≈ j-n (bei etw.) ertappen: *Der Einbrecher wurde von e-m Nachbarn überrascht und flüchtete zu Fuß* **5** ***etw. überrascht j-n*** etw. *mst* Unangenehmes geschieht, ohne dass j-d darauf vorbereitet ist: *Während unserer Bergtour wurden wir von e-m Gewitter überrascht* || NB: *mst* im Passiv! || ID *mst* ***Ich lass mich ü.* / *Lassen wir uns ü.*** *gespr;* ich werde abwarten / wir werden abwarten, was noch geschehen wird || *zu* **1** und **2** **ü·ber·ra·schen·der·wei·se** *Adv*

ü·ber·rascht *Adj;* **1** *Partizip Perfekt;* ↑ ***überraschen*** **2** *Adj;* (***über j-n / etw.***) ***ü.*** nicht auf j-n / etw. vorbereitet ≈ verwundert ↔ auf j-n / etw. gefasst: *Wir waren über seine Abwesenheit sehr ü.; Er war ü., als sie ihn zur Party einlud; Ich bin ü.* (darüber), dass *du das noch nicht weißt* **3** *Adj;* ***angenehm*** (***über etw.***) ***ü. sein*** voller Freude über etw. sein: *Sie war angenehm ü. über die vielen Geburtstagsgeschenke* **4** *Adj;* ***von j-m / etw. angenehm ü. sein*** e-n unerwartet positiven Eindruck von j-m / etw. haben: *Ich war von ihrem neuen Freund angenehm ü.*

Ü·ber·ra·schung *die; -, -en;* **1** ein Ereignis, das unerwartet ist ⟨etw. ist e-e (un)angenehme, freudige, böse Ü.⟩: *Der Sieg des Außenseiters war e-e große Ü.* || K-: ***Überraschungs-, -effekt, -erfolg, -sieg*** **2** ein Geschenk (das man nicht erwartet hat): *Ich habe e-e kleine Ü. für dich* **3** *nur Sg;* ***die Ü.*** (***über j-n / etw.***) das Überraschtsein, die Verwunderung ⟨j-d / etw. sorgt für (e-e) Ü.⟩: *Vor lauter Ü. wusste sie nicht, was sie sagen sollte; Zu meiner Ü. regnete es*

ü·ber·re·den; *überredete, hat überredet;* Vt ***j-n*** (***zu etw.***) ***ü.*** durch Zureden j-n dazu bringen, etw. zu tun, das er eigentlich nicht tun wollte: *j-n zum Kauf e-s Autos ü.; Sie überredete ihren Freund* (dazu), *in Norwegen Urlaub* zu *machen* || NB: ≠ überzeugen || *hierzu* **Ü·ber·re·dung** *die; nur Sg*

Ü·ber·re·dungs·kunst *die;* die Fähigkeit, j-n zu etw. zu überreden: *Er musste all seine Überredungskünste aufbieten, um seinen Sohn davon abzuhalten, sich ein Motorrad zu kaufen*

ü·ber·re·gi·o·nal *Adj;* nicht auf eine Region beschränkt ⟨ein Sender, e-e Zeitung⟩

ü·ber·rei·chen; *überreichte, hat überreicht;* Vt (***j-m***) ***etw. ü.*** auf feierliche Weise j-m etw. geben ⟨j-m ein Geschenk, ein Präsent, e-n Preis, e-e Urkunde ü.⟩ || *hierzu* **Ü·ber·rei·chung** *die; nur Sg*

ü·ber·reif *Adj;* zu reif ⟨Obst⟩

ü·ber·reizt *Adj;* wegen zu starker Belastung erregt od. nervös: *Meine Nerven sind ü.* || *hierzu* **Ü·ber·reizt·heit** *die; nur Sg*

Ü·ber·rest *der; -(e)s, -e; mst Pl;* **1** das, was von e-m Ganzen noch übrig ist: *die Überreste e-r alten Burg* **2** ***j-s sterbliche Überreste*** *geschr euph;* j-s Leiche

ü·ber·rol·len; *überrollte, hat überrollt;* Vt **1** ***j-n / etw. ü.*** mit e-m *mst* schweren Fahrzeug über j-n / etw. fahren ≈ überfahren: *Der Igel wurde von e-m Auto überrollt* **2** ***j-n ü.*** *gespr* ≈ überrumpeln

ü·ber·rum·peln; *überrumpelte, hat überrumpelt;* Vt ***j-n ü.*** j-n mit etw. überraschen, sodass er nicht reagieren kann, wie er will ⟨j-n mit e-r Frage, e-m Angebot ü.⟩ || *hierzu* **Ü·ber·rum·pe·lung**, **Ü·ber·rump·lung** *die*

ü·ber·run·den; *überrundete, hat überrundet;* Vt **1** ***j-n / etw. ü.*** in e-m Wettkampf um eine ganze Runde weiter sein als ein anderer und diesen überholen: *Er lief so langsam, dass er von mehreren Läufern überrundet wurde* **2** ***j-n ü.*** (plötzlich) bessere Leistungen bringen als ein anderer ≈ überflügeln, übertreffen || *hierzu* **Ü·ber·run·dung** *die*

ü·bers *Präp mit Artikel; bes gespr* ≈ über das || NB: *übers* kann nicht durch *über das* ersetzt werden in Wendungen wie: *j-n übers Ohr hauen; j-n übers Knie legen*

ü·ber·sät *Adj; nicht adv;* ***mit / von etw. ü.*** auf der ganzen Fläche mit etw. bedeckt: *Der Strand war mit Dosen ü.*

ü·ber·sät·tigt *Adj; nicht adv;* (***von etw.***) ***ü.*** nicht mehr in der Lage, etw. zu genießen (weil man zu viel davon hat od. gehabt hat) || *hierzu* **Ü·ber·sät·ti·gung** *die; nur Sg* || ► ***satt***

ü·ber·säu·ert *Adj;* mit zu viel Säure ⟨ein Boden; j-s Magen ist ü.⟩

Ü·ber·schall|ge·schwin·dig·keit die; e-e Geschwindigkeit, die höher ist als die Geschwindigkeit des Schalls: *mit Ü. fliegen*

ü·ber·schat·ten; *überschattete, hat überschattet;* Vt *mst* ***etw. wird von etw. überschattet*** ein an sich positives Ereignis wird durch ein Unglück *o.Ä.* stark beeinträchtigt: *Die Olympischen Spiele wurden von e-m Attentat überschattet*

ü·ber·schät·zen; *überschätzte, hat überschätzt;* Vt ***j-n / sich / etw. ü.*** j-n / sich selbst / etw. für besser

U

halten als er / man / es in Wirklichkeit ist ↔ j-n / sich / etw. unterschätzen ⟨seine Kräfte ü.⟩: *Sie ist zwar sehr intelligent, du darfst aber ihre Fähigkeiten nicht ü.* || *hierzu* **Ü·ber·schät·zung** *die*; *nur Sg*

ü·ber·schau·bar *Adj*; **1** ≈ übersichtlich: *Mit den vielen Korrekturen war der Text nicht mehr ü.* **2** so klar od. begrenzt, dass man den Umfang od. die Konsequenzen sehen kann ≈ abschätzbar, kalkulierbar ⟨ein Risiko⟩: *Die Folgen dieses Beschlusses waren kaum ü.* || *hierzu* **Ü·ber·schau·bar·keit** *die*; *nur Sg*

ü·ber·schäu·men (*ist*) [Vi] **1** ***etw. schäumt über*** e-e Flüssigkeit bildet sehr viel Schaum und fließt über den Rand e-s Gefäßes: *Das Bier ist übergeschäumt* **2** ***etw. schäumt über*** etw. ist od. wird sehr intensiv ⟨j-s Begeisterung, die Stimmung, j-s Temperament⟩: *j-s überschäumende Freude über e-n Erfolg* || NB: oft im Partizip Präsens!

ü·ber·schla·fen; *überschläft, überschlief, hat überschlafen*; [Vt] ***etw. ü.*** etw. nicht sofort, sondern erst am nächsten Tag od. später entscheiden: *Ich muss deinen Vorschlag erst mal ü.*

Ü·ber·schlag *der*; **1** e-e körperliche Übung, bei der sich j-d ganz um seine eigene horizontale (Körper)Achse dreht ⟨e-n Ü. machen⟩ **2** e-e schnelle, nicht so genaue Berechnung

ü·ber·schla·gen[1]; *überschlägt, überschlug, hat überschlagen*; [Vt] **1** ***etw. ü.*** etw. schnell und ungefähr ausrechnen ⟨etw. kurz, rasch, im Kopf ü.⟩: *die Zahl der Gäste ü.*; *Er überschlug, wie viel Liter Benzin sein Auto durchschnittlich verbrauchte* **2** ***etw. ü.*** etw. in e-r Reihenfolge nicht beachten: *in e-m Buch ein paar Seiten ü.*; [Vr] **3** ***j-d / etw. überschlägt sich*** j-d / etw. dreht sich *mst* ohne Absicht um die eigene horizontale (Körper)Achse: *Er stürzte vom Fahrrad und überschlug sich dabei*; *Das Auto kam von der Fahrbahn ab und überschlug sich mehrere Male* **4** ***j-s Stimme überschlägt sich*** j-s Stimme wird plötzlich sehr hoch und schrill **5** ***die Ereignisse überschlagen sich*** innerhalb kurzer Zeit passieren viele ungewöhnliche od. aufregende Dinge **6** ***j-d überschlägt sich*** (***vor etw.*** (*Dat*)) *gespr*; j-d macht etw. auf übertriebene Weise: *Der Vertreter überschlug sich fast vor Höflichkeit* (= war fast zu höflich)

ü·ber·schla·gen[2]; *schlägt über, schlug über, ist übergeschlagen*; [Vi] ***etw. schlägt in etw.*** (*Akk*) ***über*** etw. kommt in e-e andere (extreme) Form: *Die Begeisterung der Fans schlug in Wut über, als das Konzert abgebrochen wurde*

ü·ber·schnap·pen (*ist*) [Vi] *gespr*; plötzlich verrückte Dinge tun ≈ durchdrehen: *Du bist wohl völlig übergeschnappt!*

ü·ber·schnei·den, sich; *überschnitt sich, hat sich überschnitten*; [Vr] **1** ⟨Linien, Kurven, Kreise *usw*⟩ ***überschneiden sich*** Linien, Kurven, Kreise *usw* haben e-n Punkt bzw. e-e Fläche gemeinsam: *Die beiden Linien überschneiden sich in einem Punkt* **2** ⟨Themen, Interessen *o.Ä.*⟩ ***überschneiden sich*** Themen, Interessen *o.Ä.* sind teilweise gleich **3** ***etw. überschneidet sich mit etw.*** etw. findet (zu e-m Teil) zur gleichen Zeit wie etw. anderes statt: *Wir versäumten den Anfang des Films, da er sich mit dem Ende der Sendung im anderen Programm überschnitt* || *hierzu* **Ü·ber·schnei·dung** *die*

ü·ber·schrei·ben; *überschrieb, hat überschrieben*; [Vt] (***j-m***) ***etw. ü.*** durch ein Dokument festlegen, dass man j-m etw. schenkt, als Eigentum gibt: *Meine Eltern haben mir ein Grundstück überschrieben* || *hierzu* **Ü·ber·schrei·bung** *die*

ü·ber·schrei·en; *überschrie, hat überschrien*; [Vt] ***j-n / etw. ü.*** so laut schreien, dass man lauter als j-d / etw. ist: *e-n Redner ü.*

ü·ber·schrei·ten; *überschritt, hat überschritten*; [Vt] **1** ***etw. ü.*** über e-e Linie od. Grenze gehen od. fahren ≈ passieren: *Die feindlichen Truppen hatten bereits die Grenze überschritten* **2** ⟨seine Befugnisse, Kompetenzen, Rechte⟩ ***ü.*** sich Rechte nehmen, die man gar nicht hat **3** ***die Geschwindigkeit ü.*** schneller fahren, als erlaubt ist **4** ***etw. überschreitet etw.*** etw. geht über ein bestimmtes Maß, e-e bestimmte Grenze hinaus: *Seine Faulheit überschreitet das erträgliche Maß* **5** *mst* ***j-d hat*** ⟨die zwanzig, dreißig, vierzig *usw*⟩ ***überschritten*** j-d ist älter als zwanzig, dreißig, vierzig *usw* Jahre || *zu* **1-4 Ü·ber·schrei·tung** *die*

Ü·ber·schrift *die*; die Worte, die über e-m Text stehen und *mst* das Thema des Textes angeben ≈ Titel || -K: ***Kapitel-***

ü·ber·schul·det *Adj*; *nicht adv*; mit sehr hohen Schulden (belastet) ⟨ein Betrieb, ein Hof, ein Unternehmen, ein Staat⟩ || *hierzu* **Ü·ber·schul·dung** *die*

Ü·ber·schuss *der*; **1** das Geld, das übrig bleibt, wenn man die Ausgaben von den Einnahmen abgezogen hat ≈ Gewinn (1), Plus (1) ⟨Überschüsse erzielen⟩ **2** *mst Sg*; ***ein Ü.*** (***an etw.*** (*Dat*)) mehr von etw., als man braucht ↔ Mangel: *e-n Ü. an Getreide und Gemüse erzielen* || *zu* **2 ü·ber·schüs·sig** *Adj*; *nicht adv*

ü·ber·schüt·ten; *überschüttete, hat überschüttet*; [Vt] ***j-n mit etw. ü.*** j-m sehr viel von etw. geben ≈ j-n mit etw. überhäufen ⟨j-n mit Geschenken, mit Lob, mit Kritik, mit Vorwürfen ü.⟩ || *hierzu* **Ü·ber·schüt·tung** *die*; *nur Sg*

Ü·ber·schwang *der*; *-(e)s*; *nur Sg*; übertriebene Begeisterung ⟨jugendlicher Ü.; im Ü. der Gefühle⟩

ü·ber·schwäng·lich *Adj*; voller (übertriebener) Freude und Begeisterung: *e-e überschwängliche Begrüßung* || *hierzu* **Ü·ber·schwäng·lich·keit** *die*; *nur Sg*

ü·ber·schwap·pen (*ist*) [Vi] **1** ***etw. schwappt über*** *gespr*; e-e Flüssigkeit fließt mit e-m Schwung über den Rand e-s Gefäßes: *Er setzte den Krug so heftig auf, dass das Bier überschwappte* **2** ⟨ein Gefäß, Glas *o.Ä.*⟩ ***schwappt über*** der Inhalt e-s Gefäßes, Glases *o.Ä.* fließt zum Teil mit einem Schwung über den Rand: *Der Eimer schwappte über*

ü·ber·schwem·men; *überschwemmte, hat überschwemmt*; [Vt] **1** ⟨*mst* ein Fluss⟩ ***überschwemmt etw.*** Wasser aus e-m Fluss bedeckt das umliegende Land ≈ etw. überflutet etw.: *Der reißende Fluss überschwemmte die Felder* **2** *mst* ***der Markt wird mit etw. überschwemmt*** ein Produkt ist in zu großer Zahl auf dem Markt: *Der Markt wurde mit elektronischen Geräten geradezu überschwemmt*

Ü·ber·schwem·mung *die*; der Vorgang, bei dem große Mengen Wasser (*bes* aus e-m Fluss od. wegen starken Regens) über e-e Fläche fließen und *mst* Schaden anrichten || K-: ***Überschwemmungs-, -gebiet, -katastrophe***

ü·ber·schweng·lich ↑ ***überschwänglich***

Ü·ber·see *ohne Artikel*; *mst in* **aus / in / nach Ü.** aus / in e-m Land / in ein Land auf der anderen Seite des Ozeans, *bes* Amerika: *Erdnüsse aus Ü.* || K-: ***Übersee-, -dampfer, -hafen, -handel, -verkehr*** || *hierzu* **ü·ber·see·isch** *Adj*; *nur attr, nicht adv*

ü·ber·seh·bar *Adj* ≈ überschaubar

ü·ber·se·hen; *übersieht, übersah, hat übersehen*; [Vt] **1** ***j-n / etw. ü.*** j-n / etw. ohne Absicht nicht sehen: *beim Korrigieren e-s Diktats ein paar Fehler ü.*; *j-n in e-r Menschenmenge ü.* **2** ***j-n / etw. ü.*** j-n / etw. ignorieren, nicht beachten ⟨j-n geflissentlich ü.⟩ **3** ***etw. ü.*** gut über ein *mst* großes Gebiet sehen können ≈ überblicken (1): *Von dem Leuchtturm aus konnten wir die ganze Küste ü.* **4** ***etw. ü.*** die

U

Konsequenzen e-s Ereignisses abschätzen: *Die Folgen der Unwetterkatastrophe lassen sich noch nicht ü.*

ü·ber·sen·den; *übersandte / übersendete, hat übersandt / übersendet*; Vt **j-m etw. ü.** *geschr*; j-m etw. *bes* mit der Post schicken ≈ j-m etw. zusenden: *In der Anlage übersende ich Ihnen e-e Aufstellung der entstandenen Kosten* || *hierzu* **Ü·ber·sen·dung** *die*

ü·ber·set·zen[1]; *übersetzte, hat übersetzt*; Vt/i **(etw.) ü.** e-n Text mündlich od. schriftlich in e-r anderen Sprache wiedergeben ⟨etw. frei, sinngemäß, wörtlich ü.⟩: *e-n Roman vom Deutschen ins Englische ü.* || NB: ↑ ***dolmetschen***

ü·ber·set·zen[2]; *setzte über, hat / ist übergesetzt*; Vi *(hat)* **1 *j-n ü.*** j-n mit e-m Boot od. e-r Fähre von e-m Ufer ans andere bringen: *Ein Fischer setzte uns ans andere Ufer über*; Vi *(hat / ist)* **2** mit e-m Boot od. e-r Fähre ans andere Ufer fahren

ü·ber·setzt 1 *Partizip Perfekt*; ↑ ***übersetzen***[1] **2** *Adj*; (CH) übertrieben hoch ⟨e-e Geschwindigkeit, ein Preis⟩

Ü·ber·set·zer *der*; j-d, der (beruflich) übersetzt[1] || -K: ***Fach-, Literatur-*** || *hierzu* **Ü·ber·set·ze·rin** *die*

Ü·ber·set·zung[1] *die*; -, *-en*; **1** ein übersetzter[1] Text: *e-e Kurzgeschichte von Edgar Allan Poe in e-r deutschen Ü. lesen*; *e-n Roman in e-r neuen Ü. herausgeben* **2** *nur Sg*; das Übersetzen[1]: *Die Ü. von Redensarten ist oft sehr schwierig* || K-: ***Übersetzungs-, -arbeit, -büro, -fehler, -problem***

Ü·ber·set·zung[2] *die*; -, *-en*; *Tech*; das Verhältnis, in dem die Kraft *z.B.* von den Pedalen e-s Fahrrads od. e-m Motor auf die Räder übertragen wird ⟨e-e große, kleine Ü.⟩

Ü·ber·sicht *die*; -, *-en*; **1** *nur Sg*; die Fähigkeit, bestimmte Zusammenhänge zu erkennen ≈ Überblick (3) ⟨die Ü. verlieren, sich e-e Ü. über etw. (*Akk*) verschaffen⟩ **2 *e-e Ü.* (*über etw.* (*Akk*))** e-e Art kurze Zusammenfassung von etw. (oft in Form e-r Tabelle): *Die Ansagerin gab e-e Ü. über das Abendprogramm* || K-: ***Übersichts-, -karte, -tafel***

ü·ber·sicht·lich *Adj*; **1** so, dass man es gut überblicken (1) kann ⟨ein Gelände⟩ **2** so geordnet od. gegliedert, dass man es gut und schnell lesen od. verstehen kann ⟨e-e Darstellung⟩ || *hierzu* **Ü·ber·sicht·lich·keit** *die*; *nur Sg*

ü·ber·sie·deln[1]; *siedelte über, ist übergesiedelt*; Vi ***irgendwohin ü.*** an e-n anderen Ort gehen (ziehen), um dort zu wohnen: *Sie ist von Düsseldorf nach Berlin übergesiedelt* || *hierzu* **Ü·ber·sie·de·lung, Ü·ber·sied·lung** *die*

ü·ber·sie·deln[2]; *übersiedelte, ist übersiedelt*; Vi ≈ übersiedeln[1]

ü·ber·sinn·lich *Adj*; so, dass man es mit den normalen Sinnen nicht verstehen kann ⟨Kräfte⟩

ü·ber·spannt *Adj*; **1** *pej*; nicht vernünftig, nicht realistisch ≈ übertrieben ⟨Ansichten, Vorstellungen, Ideen, Pläne⟩ **2** (auf harmlose Weise) ein bisschen verrückt (3) ⟨ü. sein⟩ || *hierzu* **Ü·ber·spannt·heit** *die*

ü·ber·spie·len; *überspielte, hat überspielt*; Vt **1 *etw. ü.*** durch sein geschicktes Verhalten verhindern, dass andere etw. Unangenehmes od. Peinliches bemerken ⟨seine Unsicherheit ü.⟩ **2 *etw.* (*auf etw.* (*Akk*)) *ü.*** etw. (*z.B.* e-n Spielfilm, Musik) von einem Band *o.Ä.* auf ein anderes bringen: *e-e Schallplatte auf (e-e) Kassette ü.* || *zu* **2 Ü·ber·spie·lung** *die*

ü·ber·spitzt *Adj*; **1** ⟨e-e Formulierung; etw. ü. formulieren⟩ übertrieben, aber so anschaulich, dass jeder versteht, was gemeint ist **2 *überspitzte Forderungen*** zu hohe, überzogene Forderungen

ü·ber·sprin·gen[1]; *sprang über, ist übergesprungen*; Vi ***etw. springt über*** etw. bewegt sich schnell von seinem Ort zu e-m anderen ⟨*mst* Funken⟩: *Vom Feuer sprang ein Funke über und setzte die Gardine in Brand*

ü·ber·sprin·gen[2]; *übersprang, hat übersprungen*; Vt **1 *etw. ü.*** über etw. springen ⟨ein Hindernis ü.⟩: *Er übersprang den Graben mit einem Satz* **2 *etw. ü.*** ≈ auslassen: *Er hat beim Lesen einige Seiten übersprungen*

ü·ber·spru·deln *(ist)* Vi **1 *etw. sprudelt über*** e-e Flüssigkeit sprudelt und läuft über den Rand e-s Gefäßes: *Das kochende Wasser ist übergesprudelt* **2 *etw. sprudelt über*** etw. zeigt sich sehr deutlich ⟨ein übersprudelndes Temperament⟩

ü·ber·sprü·hen *(ist)* Vi *mst in* ***vor Begeisterung, Freude ü.*** seine Begeisterung, Freude deutlich zeigen, indem man viel redet, lebhaft ist *o.Ä.*

ü·ber·ste·hen[1]; *überstand, hat überstanden*; Vt ***etw.* (*irgendwie*) *ü.*** e-e unangenehme od. gefährliche Situation hinter sich bringen: *Sie hat die Operation gut überstanden*; *Heute war die letzte Prüfung - Das Schlimmste wäre damit überstanden*

ü·ber·ste·hen[2]; *stand über, hat übergestanden*; Vi ***etw. steht über*** etw. ragt über e-n Rand hinaus ≈ etw. springt vor ⟨ein Dach, ein Vorsprung steht über⟩: *Der Felsen stand einen Meter über*

ü·ber·stei·gen; *überstieg, hat überstiegen*; Vt **1 *etw. ü.*** über etw. (hinüber)steigen ⟨e-e Absperrung, e-n Zaun ü.⟩ **2 *etw. übersteigt etw.*** etw. geht über etw. hinaus ⟨etw. übersteigt j-s Fähigkeiten, j-s finanzielle Möglichkeiten⟩: *E-e Bergtour würde meine Kräfte ü.*; *Der Erfolg überstieg unsere Erwartungen bei weitem* **3 *etw. übersteigt etw.*** etw. ist größer als etw.: *Die Kosten werden tausend Euro nicht ü.*

ü·ber·stei·gert *Adj*; übertrieben (stark) ⟨ein Geltungsbedürfnis, ein Selbstvertrauen; Erwartungen, Forderungen, Hoffnungen⟩

ü·ber·steu·ert *Adj*; *mst präd, nicht adv*; mit zu hoher elektrischer Spannung, sodass die Töne schlecht wiedergegeben werden ⟨e-e Anlage, ein Mikrofon, ein Verstärker⟩

ü·ber·stim·men; *überstimmte, hat überstimmt*; Vt ⟨Personen⟩ ***überstimmen j-n / etw.*** e-e Gruppe von Personen stimmt in e-r Abstimmung mehrheitlich gegen j-n / etw.: *Die Regierung überstimmte den Antrag*; *Die Gegner des Projekts wurden überstimmt*

ü·ber·stra·pa·zie·ren; -, *hat überstrapaziert*; Vt ***etw. ü.*** etw. zu stark beanspruchen ⟨j-s Geduld, j-s Nerven ü.⟩ || NB: nur im Infinitiv od. im Partizip Perfekt verwendet

ü·ber·strei·chen; *überstrich, hat überstrichen*; Vt ***etw. ü.*** etw. mit e-r Schicht Farbe bedecken: *Flecken an der Wand ü.*

ü·ber·strei·fen *(hat)* Vt ***etw. ü.*** etw. schnell anziehen ⟨ein Kleid, e-n Pullover, Sandalen *usw* ü.⟩

ü·ber·strö·mend *Adj*; *nicht adv*; ⟨*mst* Freude, Herzlichkeit⟩ so groß, dass man sie nicht verbergen kann ≈ überschäumend

ü·ber·strömt *Adj*; *nicht adv*; ***von etw. ü.*** von etw. bedeckt ⟨von Blut, Schweiß, Tränen ü.⟩ || -K: ***blut-, schweiß-, tränen-***

ü·ber·stül·pen *(hat)* Vt ***j-m / sich / etw. etw. ü.*** etw. über j-n / sich / etw. stülpen: *dem Schneemann e-n Blumentopf als Hut ü.*

Ü·ber·stun·de *die*; *mst Pl*; (e-e Stunde) Arbeit, die man zusätzlich zur normalen Arbeitszeit macht ⟨Überstunden machen; Überstunden bezahlt / vergütet bekommen⟩

ü·ber·stür·zen; *überstürzte, hat überstürzt*; Vt **1 *etw. ü.*** etw. zu früh od. zu schnell tun, ohne genügend darüber nachzudenken od. es genügend vorzubereiten ≈ übereilen: *e-e Entscheidung ü.*; *Ihre über-*

U

stürzte Abreise schockierte uns alle; Vr **2 sich ü.** + **zu** + *Infinitiv* sich übertrieben beeilen, etw. zu tun: *Er überstürzte sich, ihr die Nachricht zu überbringen* **3 die Ereignisse überstürzen sich** es passieren in kurzer Zeit viele unerwartete od. aufregende Dinge

ü·ber·ta·rif·lich *Adj*; besser, höher als im Tarif, Vertrag festgelegt ⟨ein Gehalt, e-e Leistung, ein Lohn; ü. bezahlt werden⟩

ü·ber·teu·ert *Adj*; teurer, als es angemessen wäre ⟨Waren; etw. ü. verkaufen⟩

ü·ber·töl·peln; *übertölpelte, hat übertölpelt*; Vt **j-n ü.** j-n, der nicht genügend aufpasst od. vorsichtig ist, betrügen: *j-n mit e-m plumpen Trick ü.* || *hierzu* **Ü·ber·töl·pe·lung, Ü·ber·tölp·lung** *die* || ► **Tölpel**

ü·ber·tö·nen; *übertönte, hat übertönt*; Vt **j-d / etw. übertönt j-n / etw.** j-d / etw. ist lauter als j-d anderer / etw. anderes: *Der Straßenlärm übertönte die Musik*

Ü·ber·topf *der*; ein Topf *bes* aus Porzellan od. Plastik (als Schmuck), in den man e-n einfachen Blumentopf stellt

Ü·ber·trag *der*; *-(e)s, Ü·ber·trä·ge*; e-e Zahl, die man als Ergebnis e-r Rechnung am Ende e-r Seite bekommt und die man oben auf die nächste Seite schreibt, um damit weiterzurechnen

ü·ber·tra·gen[1]; *überträgt, übertrug, hat übertragen*; Vt **1 etw. auf / in etw.** (*Akk*) **ü.** etw. an e-r anderen Stelle noch einmal zeichnen od. schreiben: *Ergebnisse e-r Untersuchung in ein Diagramm ü.*; *e-e Zwischensumme auf die nächste Seite ü.* **2 etw. in etw.** (*Akk*) **ü.** etw. Geschriebenes in e-e andere Form od. Sprache bringen: *Lyrik in Prosa ü.*; *e-n Roman aus dem Französischen ins Spanische ü.* **3 etw. ü.** etw., das irgendwo geschieht, dort aufnehmen und (*bes* gleichzeitig) im Radio od. Fernsehen senden ⟨etw. direkt, live, in Ausschnitten ü.⟩: *ein Tennisspiel aus Wimbledon ü.*; *die Debatte im Parlament live im Fernsehen ü.* **4 etw. auf etw.** (*Akk*) **ü.** etw. in e-r anderen Situation anwenden, wo es ebenso gültig od. passend ist: *Die Ergebnisse von Tierversuchen lassen sich nicht immer auf den Menschen ü.* **5 etw. überträgt Kraft / Energie** (**auf etw.** (*Akk*)) ein Teil e-r Maschine gibt Kraft / Energie an e-n anderen Teil weiter: *Die Kardanwelle überträgt die Kraft des Motors auf die Vorder- bzw. Hinterachse* **6 etw.** (**auf j-n**) **ü.** e-e Krankheit *o.Ä.* an j-n weitergeben ⟨Bazillen, Krankheiten, Ungeziefer ü.⟩: *Malaria wird durch Insekten(stiche) übertragen* || NB: *mst* im Passiv! **7 etw. auf j-n ü.** ein Amt, Recht *o.Ä.* an j-n weitergeben: *seine Fahrkarte auf j-n ü.*; *Der König übertrug seinen Titel auf seinen ältesten Sohn* **8 j-m etw. ü.** j-m e-e Aufgabe geben: *j-m die Leitung e-s Projekts ü.*; *Die Verantwortung für die Finanzen wurde ihr übertragen* **9 etw.** (**auf etw.** (*Akk*)) **ü.** ≈ etw. (auf etw.) überspielen (2): *e-e Schallplatte auf Band ü.* **10 Blut ü.** Blut e-r Person in den Körper e-r anderen bringen; Vr **11 etw. überträgt sich** (**auf j-n**) etw. beeinflusst auch andere Personen: *Ihre Begeisterung übertrug sich auf ihre Kollegen* **12 etw. überträgt sich** (**auf j-n**) ein Krankheitserreger gelangt von einem Lebewesen zu e-m anderen: *Die Tollwut kann sich auch auf Menschen ü.* || *hierzu* **Ü·ber·tra·gung** *die*; *zu* **6 Ü·ber·trä·ger** *der*; *-s, -*

ü·ber·tra·gen[2] **1** *Partizip Perfekt*; ↑ **übertragen**[1] **2** *Adj*; *mst in* **in übertragener Bedeutung / im übertragenen Sinn** nicht im konkreten, sondern e-m neuen (metaphorischen) Sinn (bei dem man aber an die konkrete Bedeutung noch erinnert wird)

Ü·ber·tra·gungs·feh·ler *der*; **1** ein Fehler beim Übertragen (1, 2) **2** *Telecom, EDV*; ein Fehler beim Senden von Daten von e-m Faxgerät / Computer zum anderen

Ü·ber·tra·gungs·wa·gen *der*; ein Auto mit speziellen technischen Geräten, um *z.B.* ein Fußballspiel vom Stadion aus im Fernsehen od. Rundfunk zu übertragen (3); *Abk* Ü-Wagen

ü·ber·tref·fen; *übertrifft, übertraf, hat übertroffen*; Vt **1 j-n / etw. ü.** in der Leistung od. Qualität besser sein als j-d anderer / etw. anderes: *Im Tennis ist sie nicht zu ü.*; *Das neue Verfahren übertrifft das alte bei weitem* **2 j-n / etw. an etw.** (*Dat*) **ü.** e-e Eigenschaft in höherem Maße als j-d anderer / etw. anderes haben: *j-n an Ausdauer, Fleiß ü.*; *Diese Brücke übertrifft alle anderen an Größe* **3 etw. übertrifft etw.** etw. ist größer als etw., geht über etw. hinaus ≈ etw. übersteigt (3) etw.: *Das übertrifft meine Erwartungen / meine schlimmsten Befürchtungen / meine kühnsten Hoffnungen* || ID **sich selbst übertroffen haben** ungewöhnlich viel geleistet haben

ü·ber·trei·ben; *übertrieb, hat übertrieben*; Vt/i **1** (**etw.**) **ü.** etw. als größer, wichtiger, besser, schlechter *usw* darstellen, als es ist ⟨maßlos, schamlos ü.⟩: *Er übertreibt immer - du kannst ihm nichts glauben!*; *Sie hat nicht übertrieben, als sie sagte, dass wir von dem Buch begeistert sein würden*; Vt **2 etw. ü.** etw., das eigentlich positiv ist, zu oft, zu intensiv, zu lange *o.Ä.* tun: *Er übertreibt das Joggen*; Vi **3 mit etw. ü.** ≈ ü. (2): *Sie übertreibt mit ihrer Sparsamkeit* || ID **Man kanns auch ü.!** *gespr*; verwendet, um j-n zu kritisieren, der in bestimmter Hinsicht zu weit geht || *hierzu* **Ü·ber·trei·bung** *die*

ü·ber·tre·ten[1]; *übertritt, übertrat, hat übertreten*; Vt **etw. ü.** gegen etw. verstoßen, sich nicht an etw. halten ↔ befolgen, beachten ⟨ein Gebot, ein Gesetz, ein Verbot ü.⟩ || *hierzu* **Ü·ber·tre·tung** *die*

ü·ber·tre·ten[2]; *tritt über, trat über, hat / ist übergetreten*; Vi **1 ein Fluss tritt über** (*ist*) ein Fluss breitet sich über die Ufer aus (*bes* wegen starker Regenfälle *o.Ä.*) ≈ ein Fluss tritt über die Ufer **2 zu etw. ü.** (*ist*) von einer Organisation od. Religionsgemeinschaft zu e-r anderen wechseln: *zum Islam ü.*; *von der FDP zur CDU ü.* **3 in etw.** (*Akk*) **ü.** (*ist*) in e-e andere Schule wechseln: *von der Realschule ins Gymnasium ü.* **4** (*hat / ist*) *Sport*; beim Weitsprung über die Markierung treten, sodass der Sprung ungültig ist

ü·ber·trie·ben 1 *Partizip Perfekt*; ↑ **übertreiben 2** *Adj*; zu groß, zu stark *o.Ä.*: *j-s übertriebene Sparsamkeit*; *Deine Ängste sind ü.* **3** *Adv*; zu (sehr): *Sie ist ü. ängstlich*

Ü·ber·tritt *der*; **1 der Ü. zu etw.** das Wechseln zu e-r anderen Partei, Religion *o.Ä.*: *der Ü. zum Protestantismus* || -K: **Kirchen-, Partei- 2 der Ü. in etw.** (*Akk*) das Wechseln zu e-r anderen Art von Schule: *der Ü. ins Gymnasium*

ü·ber·trump·fen; *übertrumpfte, hat übertrumpft*; Vt **j-n / etw. ü.** ≈ übertreffen (1): *Sie versuchten, sich gegenseitig mit ihren beruflichen Erfolgen zu ü.*

ü·ber·völ·kert *Adj*; *nicht adv*; mit zu vielen Menschen ⟨ein Land⟩

ü·ber·voll *Adj*; **ü.** (**mit / von etw.** (*Kollekt od Pl*)) sehr voll, zu voll ≈ überfüllt: *Die Straßenbahn war ü.*; *Die Regale sind ü. mit / von Lebensmitteln*

ü·ber·vor·sich·tig *Adj*; vorsichtiger, als es nötig ist

ü·ber·vor·tei·len; *übervorteilte, hat übervorteilt*; Vt **j-n ü.** j-n bei e-m Geschäft, e-m Vertrag *o.Ä.* (aufgrund seiner Unwissenheit *o.Ä.*) benachteiligen ⟨sich übervorteilt fühlen⟩ || *hierzu* **Ü·ber·vor·tei·lung** *die* || ► **Vorteil** (1)

ü·ber·wa·chen; *überwachte, hat überwacht*; Vt **1 j-n ü.** j-n längere Zeit beobachten, um festzustellen, ob er etw. Verbotenes tut: *Er wurde von der Polizei überwacht* **2 etw. ü.** beobachten, ob etw. richtig abläuft ≈ kontrollieren ⟨den Verkehr ü.⟩: *Der Supermarkt wird mit Videokameras überwacht* || *hierzu* **Ü·ber·wa·chung** *die*

ü·ber·wäl·ti·gen; *überwältigte, hat überwältigt*; Vt **1** ***j-n ü.*** bewirken, dass j-d sich nicht mehr wehren od. flüchten kann ≈ bezwingen: *Die Hausbewohner konnten den Einbrecher ü.* **2** ***etw. überwältigt j-n*** ein Gefühl *o.Ä.* ist so stark, dass sich j-d nicht dagegen wehren kann ⟨von Angst, vom Schlaf überwältigt werden⟩: *Trauer überwältigte ihn* || *hierzu* **Ü·ber·wäl·ti·gung** *die*

ü·ber·wäl·ti·gend **1** *Partizip Präsens*; ↑ ***überwältigen*** **2** *Adj*; ungewöhnlich groß od. stark ⟨e-e Zahl, e-e Menge⟩: *e-n Antrag mit überwältigender Mehrheit annehmen* **3** *Adj*; ungewöhnlich intensiv, mit sehr starker Wirkung ⟨ein Anblick, ein Eindruck, ein Erlebnis⟩

ü·ber·wech·seln *(ist)* Vi **1** ***irgendwohin ü.*** von einer Seite auf die andere gehen, fahren *usw*: *von einer Fahrspur auf die andere ü.* **2** ***irgendwohin ü.*** e-e bestimmte Gruppe, zu der man gehört, verlassen, um sich e-r anderen anzuschließen ⟨ins feindliche Lager ü.⟩: *von der sozialistischen zur kommunistischen Partei ü.*

ü·ber·wei·sen; *überwies, hat überwiesen*; Vt **1** ***etw. ü.*** Geld von einem Bankkonto auf ein anderes transferieren lassen ⟨j-m / an j-n Geld ü.⟩ **2** ***j-n (an j-n / etw. / zu j-m / etw.) ü.*** (als Arzt) e-n Patienten zu e-m anderen Arzt od. in e-e Klinik schicken: *Mein Hausarzt hat mich an e-n / zum Orthopäden überwiesen*

Ü·ber·wei·sung *die*; **1** das Überweisen (1) ⟨Überweisungen vornehmen⟩ || K-: ***Überweisungs-, -auftrag, -formular*** **2** ***e-e Ü.*** (***über*** + *Zahlenangabe*) e-e Geldsumme, die man überwiesen (1) hat: *Hast du meine Ü. schon bekommen?*; *e-e Ü. über 350 Euro* **3** ein Formular, mit dem man Geld überweist (1) **4** das Überweisen (2) e-s Patienten || K-: ***Überweisungs-, -schein***

ü·ber·weit *Adj*; weiter als normal ⟨Kleidungsstücke⟩ || *hierzu* **Ü·ber·wei·te** *die*

ü·ber·wer·fen[1]; *wirft über, warf über, hat übergeworfen*; Vt ***j-m / sich etw. ü.*** j-m / sich etw. schnell über die Schultern legen: *Wirf dir rasch e-n Mantel über!* || ► ***Überwurf***

ü·ber·wer·fen, sich[2]; *überwirft sich, überwarf sich, hat sich überworfen*; Vr ***j-d überwirft sich mit j-m***; ⟨Personen⟩ ***überwerfen sich*** zwei od. mehrere Personen streiten sich und versöhnen sich nicht mehr: *Er hat sich wegen seiner Heirat mit der ganzen Familie überworfen*; *Die beiden haben sich überworfen*

ü·ber·wie·gen; *überwog, hat überwogen*; Vt/i **1** ***etw. überwiegt (etw.)*** etw. ist wichtiger, stärker *o.Ä.* als etw. anderes: *Zurzeit überwiegt bei mir ein Gefühl der Unzufriedenheit*; *Die Neugier überwog seine Schüchternheit*; Vi **2** ⟨Personen / Dinge⟩ ***überwiegen*** bestimmte Personen / Dinge sind in größerer Zahl od. Menge vorhanden als andere: *Bei den Arbeitslosen überwiegen die Frauen*

U

ü·ber·wie·gend **1** *Partizip Präsens*; ↑ ***überwiegen*** **2** (*auch* **ü·ber·wie·gend**) *Adj*; *nur attr od adv*; den größeren Teil von etw. bildend: *die überwiegende* (= große) *Mehrheit der Bevölkerung* **3** (*auch* **ü·ber·wie·gend**) *Adj*; *nur adv* ≈ hauptsächlich, vorwiegend, vor allem: *Es sind ü. Jugendliche, die das Lokal besuchen*

ü·ber·win·den; *überwand, hat überwunden*; Vt **1** ***etw. ü.*** mit etw. Schwierigem (körperlich) fertig werden ≈ bewältigen, meistern ⟨ein Hindernis, e-e Steigung ü.⟩: *e-e große Entfernung zu Fuß ü.* **2** ***etw. ü.*** es schaffen, ein unangenehmes Gefühl od. e-e schlechte Eigenschaft verschwinden zu lassen ≈ bewältigen, meistern ⟨seine Abneigung gegen j-n / etw., seine Angst, seinen Ärger, seinen Ekel, seine Faulheit, seine Schüchternheit *usw* ü.⟩ **3** ***etw. ü.*** e-n sehr schlimmen Zustand *o.Ä.* beseitigen, e-e Krankheit besiegen: *den Hunger in der Welt, den Krebs ü. wollen* **4** ***j-n ü.*** *geschr* ≈ besiegen ⟨e-n Feind, e-n Gegner ü.⟩; Vr **5** ***sich (zu etw.) ü.*** sich dazu bringen, etw. zu tun od. zu sagen, das man eigentlich nicht tun od. sagen wollte: *Er überwand sich, ihr* zu *helfen*, *obwohl sie ihm sehr unsympathisch war* || *hierzu* **Ü·ber·win·dung** *die*; *nur Sg*; *zu* **1** und **2** **ü·ber·wind·bar** *Adj*

ü·ber·win·tern; *überwinterte, hat überwintert*; Vi **1** ⟨Tiere / Vögel⟩ ***überwintern irgendwo*** Tiere / Vögel halten sich irgendwo während des Winters auf: *Igel überwintern unter Haufen von Blättern und Zweigen*; Vt **2** ***etw. irgendwo ü.*** e-e Pflanze während des Winters irgendwo aufbewahren: *Geranien im Keller ü.* || *hierzu* **Ü·ber·win·te·rung** *die*; *nur Sg*

ü·ber·wu·chern; *überwucherte, hat überwuchert*; Vt ***etw. überwuchert etw.*** Pflanzen wachsen sehr schnell und bedecken etw.: *Unkraut überwucherte die Beete* || *hierzu* **Ü·ber·wu·che·rung** *die*

Ü·ber·wurf *der*; ein weites Kleidungsstück ohne Ärmel, das man locker über seiner Kleidung trägt ≈ Umhang ⟨e-n Ü. tragen⟩ || ► ***überwerfen***

Ü·ber·zahl *die*; *nur Sg*; *mst in* ⟨Personen⟩ ***sind in der Ü.*** bestimmte Personen bilden die Mehrheit: *Bei der Versammlung waren die Männer in der Ü.*

ü·ber·zäh·lig *Adj*; *nicht adv*; in größerer Anzahl vorhanden als notwendig ≈ überschüssig

ü·ber·zeich·nen; *überzeichnete, hat überzeichnet*; Vt ***j-n / etw. ü.*** j-s Charakter / e-e Eigenschaft übertrieben darstellen: *Die Personen in dem Drama waren stark überzeichnet* || *hierzu* **Ü·ber·zeich·nung** *die*

Ü·ber·zeit *die*; *Kollekt* (CH) ≈ Überstunden

ü·ber·zeit·lich *Adj*; *nicht adv*; nicht an e-e bestimmte Zeit od. Mode gebunden, sondern immer gültig: *ein Kunstwerk von überzeitlicher Bedeutung*

ü·ber·zeu·gen; *überzeugte, hat überzeugt*; Vt **1** ***j-n (von etw.) ü.*** durch Argumente bewirken, dass j-d etw. glaubt od. als richtig anerkennt ⟨j-n von der Notwendigkeit / der Richtigkeit e-r Sache ü.⟩: *Er lässt sich einfach nicht* (davon) *ü., dass Rauchen schädlich ist*; *Sie hatte ihn überzeugt mitzukommen* || NB: ≠ überreden; Vt/i **2** ***j-d / etw. überzeugt (j-n)*** j-d / etw. vermittelt e-n positiven Eindruck: *Die Leistungen des Schülers überzeugen nicht*; Vr **3** ***sich von etw. ü.*** etw. genau prüfen, um festzustellen, ob es wirklich wahr od. richtig ist: *Er hatte sich von der Richtigkeit ihrer Behauptungen persönlich überzeugt*

ü·ber·zeu·gend **1** *Partizip Präsens*; ↑ ***überzeugen*** **2** *Adj*; so, dass es j-n überzeugt (1): *e-e überzeugende Geschichte*; *ü. argumentieren*

ü·ber·zeugt **1** *Partizip Perfekt*; ↑ ***überzeugen*** **2** *Adj*; *nicht adv*; ***von etw. ü. sein*** keine Zweifel über etw. haben: *Wir sind von seiner Ehrlichkeit ü.*; *Er ist ü.* (davon), *das Richtige zu tun* / dass *er das Richtige tut* **3** *Adj*; *nur attr, nicht adv*; ganz sicher, dass etw. richtig od. gültig ist ⟨ein Christ, ein Demokrat, ein Pazifist, ein Marxist *usw*⟩ **4** ***von sich (selbst) ü.*** *oft pej*; sehr selbstbewusst (und *mst* ein bisschen arrogant)

Ü·ber·zeu·gung *die*; -, *-en*; e-e feste Meinung, die man sich gebildet hat ⟨der Ü. sein, dass…; die Ü. gewinnen, dass…; zu der Ü. gelangen / kommen, dass…; gegen seine Ü. handeln; etw. aus (innerer) Ü. tun⟩ || K-: ***Überzeugungs-, -kraft***

ü·ber·zie·hen[1]; *zog über, hat übergezogen*; Vt ***(j-m / sich) etw. ü.*** j-m / sich ein Kleidungsstück (über ein anderes) anziehen: *Sie zog sich e-n Mantel über*

ü·ber·zie·hen[2]; *überzog, hat überzogen*; Vt **1 etw. ü.** etw. gleichmäßig mit etw. bedecken: *e-e Torte mit Zuckerguss, Möbel mit Lack ü.* **2 etw.** (**mit etw.**) **ü.** ≈ etw. (mit etw.) beziehen[1] (1,2): *Das Sofa muss neu überzogen werden*; *die Betten frisch / mit frischer Bettwäsche ü.* **3 etw. ü.** ≈ übertreiben: *seine Kritik ü.*; Vt/i **4** (**sein Konto**) **ü.** mehr Geld von seinem Konto abheben od. überweisen, als dort vorhanden ist **5** (**etw.**) **ü.** (bei e-m Auftritt, e-r Rede *o.Ä.*) mehr Zeit brauchen, als einem zusteht ⟨die Sendezeit ü.⟩: *Der Redner hat schon 5 Minuten überzogen*; Vr **6** *mst* **der Himmel überzieht sich** (**mit Wolken**) der Himmel wird allmählich mit Wolken bedeckt || zu **4 Ü·ber·zie·hung** *die* || ► **Überzug**

ü·ber·zo·gen 1 *Partizip Perfekt*; ↑ **überziehen**[2] **2** *Adj* ≈ übertrieben (groß, stark *usw*) ⟨Erwartungen, Forderungen, Kritik⟩

ü·ber·züch·tet *Adj*; *nicht adv*; durch viele und übertriebene Züchtungen entstanden und deshalb nicht mehr gesund od. robust ⟨e-e Hunderasse⟩

Ü·ber·zug 1 e-e (dünne) Schicht, die e-n Gegenstand gleichmäßig bedeckt ⟨ein Ü. aus Schokolade, Zuckerguss, Kunststoff, Lack *usw*⟩ **2** e-e Hülle aus Stoff ≈ Bezug || -K: **Bett-, Kissen-** || ► **überziehen**[2]

üb·lich *Adj*; *nicht adv*; so, wie es meistens, normalerweise ist ≈ gewöhnlich, gebräuchlich: *Es ist ü., dass die ganze Familie zur Hochzeit eingeladen wird*; *Wir treffen uns wie ü. an der Haltestelle*; *Der Bus hat die übliche Verspätung* || *hierzu* **üb·li·cher·wei·se** *Adv*

U-Boot *das*; (*Abk für* Unterseeboot) ein Schiff, das tauchen und längere Zeit unter Wasser fahren kann || K-: **U-Boot-Besatzung, U-Boot-Hafen, U-Boot-Kommandant, U-Boot-Krieg** || -K: **Atom-U-Boot**

üb·rig *Adj*; *nicht adv*; **1** noch (als Rest) vorhanden ≈ restlich, verbleibend: *Sind noch Brötchen vom Frühstück ü.?*; *Hast du e-e Zigarette für mich ü.?*; *Alles Übrige besprechen wir morgen* **2 im Übrigen** ≈ außerdem, darüber hinaus: *Damit wäre der Fall erledigt. Im Übrigen würde ich Sie bitten, mich in Zukunft über so etwas früher zu informieren* **3 etw. tut ein Übriges** etw. bewirkt (zusätzlich zu anderen Faktoren), dass ein *mst* negatives Ergebnis erreicht wird: *Ich glaube, ich habe mich erkältet. Ich habe schon den ganzen Tag gefroren, und der Regen hat dann ein Übriges getan* || ID **viel / wenig / nichts für j-n / etw. 'ü. haben** viel, wenig, kein Interesse für j-n / etw. haben

üb·rig be·hal·ten; *behält übrig, behielt übrig, hat übrig behalten*; Vt **etw. ü. b.** etw. als Rest noch haben: *Bei unserer Grillparty gestern behielten wir e-n ganzen Kasten Bier übrig*

üb·rig blei·ben; *blieb übrig, ist übrig geblieben*; Vi **1 etw. bleibt** (**j-m**) **übrig** etw. bleibt (j-m) als Rest: *Nach seinem Besuch beim Oktoberfest sind ihm nur noch zehn Euro übrig geblieben* **2 j-m bleibt nichts** (**anderes / weiter**) **ü., als** + **zu** + *Infinitiv* j-d hat keine andere Wahl, als etw. zu tun: *Wenn du die Prüfung bestehen willst, wird dir nichts anderes ü. b., als fleißig zu lernen*

üb·rig las·sen; *lässt übrig, ließ übrig, hat übrig gelassen*; Vt (**j-m**) **etw. ü. l.** j-m etw. als Rest lassen: *Lass mir bitte etw. vom Kuchen übrig!* || ID **j-d / etw. lässt** (**viel / sehr**) **zu wünschen übrig** j-d / etw. ist (überhaupt) nicht so, wie man es sich wünscht: *Das Wetter lässt viel zu wünschen übrig*; **etw. lässt nicht zu wünschen übrig** etw. ist ideal

üb·ri·gens *Partikel*; *unbetont*; verwendet, um e-e beiläufige Bemerkung einzuleiten. Man drückt damit aus, dass das neue Thema nicht sehr wichtig ist und dass man auch wieder zum alten Thema zurückkommen will: *Ü., da fällt mir ein, du schuldest mir noch zwanzig Euro*; *Das Buch, das du mir geliehen hast, war ü. sehr gut*

Ü·bung *die*; -, *-en*; **1** *nur Sg*; das Wiederholen gleicher od. ähnlicher Handlungen, damit man sie besser kann ⟨etw. zur Ü. tun; etw. erfordert viel Ü.⟩ || K-: **Übungs-, -arbeit, -aufgabe, -flug, -stück, -stunde 2 Ü.** (**in etw.** (*Dat*)) die Fertigkeit in e-r bestimmten Sache, die man aufgrund der Ü. (1) hat ⟨j-m fehlt die Ü.; j-m fehlt es an (der) Ü.; Ü. in etw. erlangen, haben; in Ü. kommen, sein; in (der) Ü. bleiben (= etw. oft üben); aus der Ü. kommen, sein⟩: *Um e-e Fremdsprache fließend zu sprechen, muss man ständig in (der) Ü. bleiben*; *Er hat wenig Ü. im Skifahren* **3** ein Stück, das man (immer wieder) spielt, ein Text, den man (immer wieder) sagt, um darin besser zu werden: *Übungen auf der Gitarre spielen* || K-: **Übungs-, -buch** || -K: **Finger-, Geschicklichkeits-, Sprech-, Stimm- 4** e-e Aufgabe zur Festigung des Lernstoffs: *Heute machen wir Ü. 7 auf Seite 40* **5** *Sport*; e-e (*mst* festgelegte) Reihenfolge von Bewegungen, *bes* beim Turnen ⟨e-e gymnastische Ü.; e-e Ü. turnen⟩: *e-e Ü. am Reck, e-e Ü. im Bodenturnen* || -K: **Barren-, Boden-, Gymnastik-, Reck-, Turn-; Kür-, Pflicht-; Entspannungs-, Kraft-, Lockerungs- 6** Handlungen, mit denen *bes* e-e Armee, die Polizei od. die Feuerwehr ihre Aufgaben trainieren ⟨e-e militärische Ü.; zu e-r Ü. ausrücken⟩ || K-: **Übungs-, -gelände, -munition, -platz, -schießen** || -K: **Feuerwehr-, Gelände-, Polizei-, Schieß-, Truppen-, Waffen-, Wehr- 7** e-e Lehrveranstaltung an der Universität, in der praktische Dinge gemacht werden (wie *z.B.* Versuche od. Übersetzungen) || ID **Ü. macht den Meister** wenn man etw. oft tut, lernt man, es gut zu tun

Ü·bungs·sa·che *die*; *mst in* **etw. ist** (**reine**) **Ü.** etw. kann nur durch Üben gelernt werden

U·fer *das*; *-s*, *-*; **1** das Land am Rand e-s Flusses, Sees, Meeres *o.Ä.* ⟨ein flaches, steiles, befestigtes U.⟩: *ans U. geschwemmt werden*; *das sichere U. erreichen* || K-: **Ufer-, -böschung, -promenade, -straße** || -K: **Fluss-, Meeres-, See- 2 ein Fluss tritt über die Ufer** ein Fluss hat mehr Wasser als normal und breitet sich über die Ufer (1) aus || ID *mst* **Er ist vom anderen U.** *gespr euph*; er ist homosexuell

u·fer·los *Adj*; **1** ≈ endlos ⟨e-e Diskussion⟩ **2 etw. führt / geht ins Uferlose** etw. geht über ein vernünftiges Maß weit hinaus: *Es würde ins Uferlose führen, jedes Detail einzeln zu besprechen*

uff! *Interjektion*; verwendet, wenn man etw. anstrengend findet od. wenn man erleichtert ist

U·fo, UFO ['u:fo] *das*; *-s*, *-s*; (*Abk für* unbekanntes Flugobjekt) ein unbekannter, fliegender Gegenstand, von dem manche Leute glauben, dass er von e-m anderen Stern komme

u-för·mig, U-för·mig *Adj*; mit der Form des Buchstabens U

uh! *Interjektion*; verwendet, um Schreck, Ekel *o.Ä.* auszudrücken

U-Haft *die*; *Kurzw* ↑ **Untersuchungshaft**

Uhr [u:ɐ̯] *die*; -, *-en*; **1** ein Gerät, mit dem man die Zeit misst ⟨e-e wasserdichte Uhr; das Zifferblatt, die Zeiger e-r Uhr; die Uhr tickt, geht vor / nach / genau / richtig; die Uhr bleibt stehen, ist abgelaufen; e-e Uhr aufziehen, (vor- / zurück)stellen⟩: *Auf / Nach meiner Uhr ist es jetzt fünf nach vier*; *Meine Uhr geht jeden Tag zehn Minuten vor* || K-: **Uhr-, -(arm)band, -zeiger** || -K: **Armband-, Stand-, Taschen-; Bahnhofs-, Kirchen-, Turm-; Digital-, Kuckucks-, Pendel-, Quarz-; Schach-; Eier-; Sand-, Sonnen-; Stopp- 2** *Zahl der Stunden* + **Uhr** (+ *Zahl der Minuten*) verwendet, um die Zeit

U

Uhrzeit

Wie spät ist es?

	gesprochen:	im Radio oder geschrieben auch:		
 	acht (Uhr) / (Es ist) acht.	8^{00} / 8.00 (Uhr) acht Uhr	bzw.	20^{00} / 20.00 (Uhr) zwanzig Uhr
 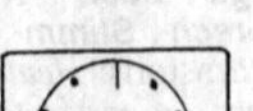	halb (neun) / (Es ist) halb (neun).	8^{30} / 8.30 (Uhr) acht Uhr dreißig	bzw.	20^{30} / 20.30 (Uhr) zwanzig Uhr dreißig
	Viertel nach (acht) / (Es ist) Viertel nach (acht) / *auch* (Es ist) viertel neun.	8^{15} / 8.15 (Uhr) acht Uhr fünfzehn	bzw.	20^{15} / 20.15 (Uhr) zwanzig Uhr fünfzehn
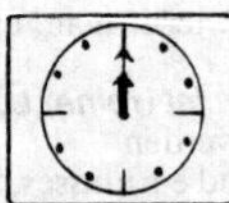	Viertel vor (acht) / drei viertel acht / drei Viertel / (Es ist) Viertel vor / drei viertel acht.	7^{45} / 7.45 (Uhr) sieben Uhr fünfundvierzig	bzw.	19^{45} / 19.45 (Uhr) neunzehn Uhr fünfundvierzig
	(Es ist) Mitternacht / zwölf Uhr (nachts). / (Es ist) Mittag / zwölf Uhr (mittags).	0^{00} / 0.00 (Uhr) null Uhr 12^{00} / 12.00 (Uhr)	bzw.	24^{00} / 24.00 (Uhr) vierundzwanzig Uhr
	fünf vor halb (neun) / (Es ist) fünf vor halb (neun).	8^{25} / 8.25 (Uhr) acht Uhr fünfundzwanzig	bzw.	20^{25} / 20.25 (Uhr) zwanzig Uhr fünfundzwanzig
	fünf nach halb (neun) / (Es ist) fünf nach halb (neun).	8^{35} / 8.35 (Uhr) acht Uhr fünfunddreißig	bzw.	20^{35} / 20.35 (Uhr) zwanzig Uhr fünfunddreißig

U

Geht die Uhr richtig?

Es ist acht (Uhr):

Die Uhr geht vor.	Die Uhr geht genau / richtig.	Die Uhr geht nach.

anzugeben: *Es ist jetzt genau / Punkt zwölf Uhr; Beim Gongschlag war es vierzehn Uhr; „Wann geht unser Zug?" - „Um 18²⁴" (= achtzehn Uhr vierundzwanzig); Wir treffen uns gegen elf Uhr* **3 Wie viel Uhr ist es?** verwendet, um nach der Uhrzeit zu fragen ≈ wie spät ist es? **4 rund um die Uhr** *gespr*; während des ganzen Tages und der ganzen Nacht ⟨rund um die Uhr arbeiten, geöffnet haben⟩ || ID **e-e innere Uhr haben** gut schätzen können, wie spät es ist; **j-s Uhr ist abgelaufen** *geschr*; j-d wird bald sterben

Uhr·ma·cher *der*; j-d, der beruflich Uhren verkauft und repariert

Uhr·werk *das*; *Kollekt*; alle Teile im Innern e-r Uhr, die bewirken, dass sie funktioniert

Uhr·zei·ger|sinn *der*; *nur Sg*; die Richtung, in die sich die Zeiger e-r Uhr drehen: *etw. im U. / gegen den U. / entgegen dem U. drehen*

Uhr·zeit *die*; die Zeit des Tages, die e-e Uhr anzeigt: *„Haben Sie die genaue U.?" - „Ja, es ist jetzt genau acht Uhr fünfzehn"*

U·hu ['u:hu] *der*; *-s, -s*; e-e große europäische Eule

ui! *Interjektion*; verwendet, um Überraschung auszudrücken

UKW [u:ka:'ve:] *ohne Artikel, indeklinabel*; (*Abk für* Ultrakurzwelle) der Bereich der sehr kurzen Wellen, über die ein (Rundfunk)Sender sendet ↔ Kurzwelle, Mittelwelle, Langwelle: *e-n Sender auf UKW empfangen* || K-: **UKW-Sender**

Ulk *der*; *-(e)s*; *nur Sg* ≈ Spaß (1), Jux ⟨e-n Ulk machen⟩ || *hierzu* **ul·ken** *(hat) Vi*

ul·kig *Adj*; *gespr* ≈ komisch, lustig: *e-e ulkige Grimasse schneiden*

Ul·me *die*; *-, -n*; ein großer (Laub)Baum mit ovalen Blättern

ul·ti·ma·tiv [-f] *Adj*; in der Form e-s Ultimatums ⟨e-e Forderung⟩

Ul·ti·ma·tum *das*; *-s, Ul·ti·ma·ten*; **1** e-e letzte Forderung unter Androhung schlimmer Konsequenzen, falls diese Forderung nicht rechtzeitig erfüllt wird ⟨j-m ein U. stellen⟩ **2** der Zeitpunkt, bis zu dem ein U. erfüllt sein muss ⟨ein U. läuft ab⟩: *Als das U. abgelaufen war, sprengten die Terroristen das entführte Flugzeug*

Ul·ti·mo *der*; *-s, -s*; *Ökon*; der letzte Tag des Monats: *etw. bis U. bezahlen*

ul·tra- *im Adj, betont, wenig produktiv*; in extrem hohem Maß; **ultramodern, ultrarechts**

Ul·tra|kurz·wel·le *die*; *nur Sg*; ↑ **UKW**

ul·tra·ma·rin *Adj*; *nur präd, indeklinabel*; leuchtend blau || K-: **ultramarin-, -blau**

Ul·tra·schall *der*; *nur Sg, Phys*; Töne von so hoher Frequenz, dass der Mensch sie nicht hören kann: *e-e Schwangere mit U. untersuchen, um die Entwicklung des Kindes zu beobachten* || K-: **Ultraschall-, -behandlung, -bild, -gerät, -untersuchung**

ul·tra·vi·o·lett *Adj*; *Phys*; zum Bereich der Lichtstrahlen gehörig, die (im Farbspektrum) neben dem Violett liegen und nicht als Farbe sichtbar sind: *Die ultravioletten Strahlen bewirken, dass sich unsere Haut in der Sonne verfärbt* || *hierzu* **Ul·tra·vi·o·lett** *das*; *-s*; *nur Sg* || NB: ↑ **UV**

um[1] *Präp*; *mit Akk*; **1 um etw.** (+ **herum**) verwendet zur Bezeichnung e-r Bewegung od. e-r Lage in der Form e-s Kreises od. e-s Bogens: *sich e-n Schal um den Hals binden; einmal um das Haus (herum)laufen; Das Schilf wächst rund um den See; Ein Auto bog um die Ecke* **2 'um sich** + *Verb*; verwendet zur Bezeichnung e-r Bewegung, Wirkung *o.Ä.* von e-m Punkt aus in alle Richtungen: *nervös um sich schauen; wild um sich schlagen; e-n unangenehmen Geruch um sich verbreiten; Das Feuer griff rasch um sich* **3 um** + *Zahl* (+ *Uhr*) verwendet zur Angabe der (Uhr)Zeit, zu der etw. geschieht: *um zehn (Uhr) ins Bett gehen* **4 um** + *Zeitangabe* (+ **herum**) verwendet zur Angabe e-r ungefähren Zeit : *Die Sitzung wird so um elf Uhr herum vorbei sein; Um Neujahr (herum) schneite es das erste Mal* **5** verwendet zur Angabe e-s bestimmten Betrags od. Werts (oft im Vergleich mit e-m anderen): *sich um drei Euro verrechnen; Sie ist um zwei Jahre jünger als ich; Er kam um zehn Minuten zu spät* **6** verwendet, um den Preis von etw. anzugeben ≈ für: *Sie können es um 100 Euro haben* **7** *Subst* + **um** + *Subst* verwendet zur Bezeichnung e-r ununterbrochenen Reihenfolge od. e-r großen Zahl von etw. ≈ einer / eins / eine nach dem / der anderen: *einen Fehler um den anderen machen; Stunde um Stunde verging - aber sie rief nicht an* **8** verwendet mit bestimmten Verben, Substantiven und Adjektiven, um e-e Ergänzung anzuschließen: *sich Sorgen um j-n machen; j-n um seinen Rat bitten; j-n um seinen beruflichen Erfolg beneiden*

um[2] *Adv*; **um (die)** + *Zahl* + *Subst*; verwendet, um e-e ungefähre Zahl anzugeben: *Die Reparatur wird um die 250 Euro kosten; Es waren um die 500 Leute da*

um[3] *Konjunktion*; **1 um zu** + *Infinitiv*; verwendet, wenn man e-e Absicht od. e-n Zweck bezeichnen will: *Sie kam, um sich zu entschuldigen; Er öffnete die Tür, um sie hereinzulassen* **2** *Adj* + **genug, um zu** + *Infinitiv*; verwendet, wenn man den Grund angeben will, warum etw. möglich ist od. sein müsste: *Er ist dumm genug, um so e-n Fehler zu machen* **3 zu** + *Adj*, **um zu** + *Infinitiv*; verwendet, wenn man den Grund angeben will, warum etw. nicht möglich ist: *Er ist zu krank, um zu arbeiten* || NB: ↑ **als**[3] (5), **umso**

um[4] *nur in* **um j-s / etw. willen** *geschr*; bezeichnet den Grund für etw. ≈ j-m / etw. zuliebe: *um der Wahrheit willen ein Geständnis machen* || ID ↑ **Gott, Himmel** (7)

um-[1] *im Verb, betont, trennbar, sehr produktiv*; Die Verben mit *um-* werden nach folgendem Muster gebildet: *umwerfen - warf um - umgeworfen*

1 *um-* drückt aus, dass die Stellung od. Lage e-r Person od. Sache *z.B.* von vorn nach hinten, von innen nach außen od. vom Stehen zum Liegen verändert wird;

etw. umknicken: *Der Sturm knickte die Bäume um* ≈ Der Sturm knickte die Bäume, sodass ihre Spitzen nicht mehr nach oben, sondern zum Boden gerichtet waren

ebenso: **(etw.) umbiegen, etw. bläst j-n / etw. um, (j-n / sich / etw.) umdrehen, j-n / etw. umfahren, j-n / etw. umhauen, (etw.) umkippen, etw. umklappen, j-n / etw. umstoßen, etw. umstülpen; umfallen**

2 *um-* drückt aus, dass e-e Bewegung von e-m Ort an e-n anderen, von e-m Behälter in e-n anderen führt;

(etw.) umpflanzen: *Er pflanzte die Rosen in ein anderes Beet um* ≈ Er nahm die Rosen aus dem einen Beet heraus und pflanzte sie in ein anderes

ebenso: **j-n umbetten, etw. umfüllen, etw. umgießen, (etw.) umladen, etw. umschütten, j-n / etw. umsetzen, (j-n) umsiedeln; umziehen**

3 *um-* drückt aus, dass e-e Handlung in neuer, anderer Weise wiederholt wird, um e-n Zustand zu ändern;

(etw.) umbauen: *Die Schule wurde in ein Museum umgebaut* ≈ Die Schule wurde so verändert, dass daraus ein Museum wurde

ebenso: **etw. umbenennen, (etw.) umbestellen, (etw.) umbuchen, j-n umerziehen, j-n / sich umkleiden, etw. umstellen; umdisponieren**

um-[2] *im Verb, unbetont und nicht trennbar, begrenzt*

U

produktiv; Die Verben mit *um-* werden nach folgendem Muster gebildet: *umfließen - umfloss - umflossen*; *um-* drückt e-e Bewegung od. Lage in der Form e-s Kreises od. e-s Bogens aus; **etw. umfahren**: *Sie beschlossen, wegen der Staus die Innenstadt zu umfahren* ≈ Sie fuhren nicht durch das Zentrum, sondern außen herum
ebenso: ***j-n / etw.* umfassen, *etw.* umfliegen, *j-n / etw.* umgehen, *j-n / etw.* umlagern**

ụm·än·dern *(hat)* [Vt] ***etw. u.*** ≈ umarbeiten || *hierzu* **Ụm·än·de·rung** *die*

ụm·ar·bei·ten *(hat)* [Vt] ***etw. u.*** etw. so verändern, dass es e-e andere Form od. ein anderes Aussehen bekommt ⟨Kleidung u.; e-n Text u.⟩: *e-n Ring u. lassen* || *hierzu* **Ụm·ar·bei·tung** *die*

um·ạr·men; *umarmte, hat umarmt*; [Vt] ***j-n / etw. u.*** seine Arme (aus Freude od. in Liebe) um j-n / etw. legen || *hierzu* **Um·ạr·mung** *die*

Ụm·bau *der*; *-(e)s, -ten*; *mst Sg*; das Umbauen: *Der U. des Museums wird vier bis fünf Monate dauern*

ụm·bau·en *(hat)* [Vt/i] ***(etw.) u.*** etw. durch Bauen verändern: *e-e Mühle in ein / zu e-m Wohnhaus u.*; *Wir bauen um! Wir bitten um Ihr Verständnis*

ụm·be·nen·nen; *benannte um, hat umbenannt*; [Vt] ***etw. u.*** e-r Sache e-n neuen Namen geben: *Ostpakistan wurde 1971 in Bangladesch umbenannt* || *hierzu* **Ụm·be·nen·nung** *die*

ụm·bet·ten *(hat)* [Vt] ***j-n u.*** e-n Kranken in ein anderes Bett, e-n Toten in ein anderes Grab legen

ụm·bie·gen [Vt] *(hat)* **1 *etw. u.*** etw. so biegen, dass es e-e andere Lage od. Form bekommt: *e-n Nagel, der aus e-m Brett ragt, u., damit man sich nicht daran verletzt*; [Vi] *(ist)* **2** *gespr* ≈ umkehren (1)

ụm·bil·den *(hat)* [Vt] ***etw. u.*** etw. in der Form od. in der Besetzung ändern ⟨das Kabinett, die Regierung u.⟩ || *hierzu* **Ụm·bil·dung** *die*

ụm·bin·den *(hat)* [Vt] ***(j-m / sich) etw. u.*** etw. um e-n Körperteil (herum)binden ⟨sich e-n Schal, ein Kopftuch, e-e Schürze u.⟩

ụm·blät·tern *(hat)* [Vi] ein Blatt in e-m Buch *o.Ä.* nach links legen, damit man zur nächsten Seite kommt

ụm·bli·cken, sich *(hat)* [Vr] ***sich u.*** ≈ sich umsehen

Ụmb·ra *die*; *-*; *nur Sg*; ein (dunkel)brauner Farbstoff

ụm·brin·gen *(hat)* [Vt] *gespr*; **1 *j-n / sich u.*** ≈ töten **2 *nicht umzubringen sein*** große Belastungen ertragen können || ID *mst* ***Das bringt mich noch um!*** *gespr*; ich leide sehr darunter

Ụm·bruch *der*; **1** e-e große Änderung, *mst* im Bereich der Politik: *Die Gesellschaft befindet sich im U.* **2** das Einteilen e-s geschriebenen Textes in Seiten und Spalten, bevor er gedruckt wird ⟨den U. machen⟩ || -K: ***Klebe-***; ***Seiten-***

ụm·bu·chen *(hat)* [Vt/i] **1 *(j-n / etw.) u.*** j-s Buchung ändern: *e-e Reise u.*; *j-n auf e-n anderen Flug u.* **2 *(etw.) u.*** e-n Geldbetrag auf ein anderes Konto buchen || *hierzu* **Ụm·bu·chung** *die*

ụm·den·ken *(hat)* [Vi] (aufgrund e-r veränderten Situation) über etw. nachdenken und seine Meinung ändern: *Wir dürfen keine Abwässer mehr in die Flüsse leiten - wir müssen u.!*

ụm·dis·po·nie·ren; *disponierte um, hat umdisponiert*; [Vi] anders entscheiden od. planen: *kurzfristig u. müssen*

ụm·dre·hen [Vt] *(hat)* **1 *j-n / etw. u.*** j-n / etw. im Bogen od. im Kreis von einer Seite auf die andere Seite bewegen: *den Schlüssel zweimal (im Schloss) u.*; *Er drehte die Leiche um*; *Sie drehte das Schild um, sodass die Schrift zur Wand zeigte* **2 *j-m den Arm u.*** j-s Arm so drehen, dass Schmerzen entstehen: *Er drehte ihm den Arm um, bis er das Messer fallen ließ*; [Vi] *(hat / ist)* **3** *gespr*; sich wieder in die Richtung bewegen, aus der man gekommen ist ≈ umkehren (1): *Als der Weg plötzlich aufhörte, mussten wir u.*; [Vr] *(hat)* **4 *sich (nach j-m / etw.) u.*** den Kopf und den Körper nach hinten drehen (um j-m / etw. mit den Augen zu folgen): *sich nach e-r hübschen Frau u.*

Um·dre·hung *die*; e-e Bewegung um die eigene Achse, durch die ein vollständiger Kreis entsteht ⟨e-e halbe, volle U.; etw. macht e-e U.⟩: *Langspielplatten spielt man mit 33 Umdrehungen pro Minute ab* || K-: ***Umdrehungs-, -geschwindigkeit, -zahl***

um·ei·nạn·der *Adv*; e-e Person / Sache um die andere (drückt e-e Gegenseitigkeit aus): *Ute und Martin kümmern sich u.* (= Ute kümmert sich um Martin, und Martin kümmert sich um Ute)

ụm·er·zie·hen; *erzog um, hat umerzogen*; [Vt] ***j-n u.*** (oft durch Zwang) j-n dazu bringen, seine Meinungen od. sein Verhalten zu ändern || *hierzu* **Ụm·er·zie·hung** *die*; *nur Sg*

ụm·fah·ren[1]; *fährt um, fuhr um, hat umgefahren*; [Vt] ***j-n / etw. u.*** beim Fahren so gegen j-n / etw. stoßen, dass er / es umfällt: *ein Straßenschild u.*

um·fah·ren[2]; *umfuhr, hat umfahren*; [Vt] ***etw. u.*** in e-m Bogen um ein Hindernis *o.Ä.* fahren: *e-e große Stadt u., um nicht im Berufsverkehr stecken zu bleiben*

Um·fah·rung *die*; *-, -en*; **1** *nur Sg*; das Umfahren[2] **2** *südd* Ⓐ Ⓒⓗ ≈ Umgehungsstraße

ụm·fal·len *(ist)* [Vi] **1** aus e-r stehenden, vertikalen Lage plötzlich in e-e liegende, horizontale Lage fallen ≈ umkippen: *Er fiel tot um*; *an ein Glas stoßen, sodass es umfällt* **2** *gespr pej*; (unter psychischem Druck) nachgeben und das tun, was ein anderer von einem will ⟨ein Zeuge fällt um⟩: *Der Angeklagte fiel kurz darauf um und legte ein Geständnis ab* || ID ***zum Umfallen müde sein*** sehr müde sein

Ụm·fang *der*; **1** die Länge e-r Linie, die um die äußerste Begrenzung e-s Gegenstandes herum läuft: *den U. e-s Kreises berechnen*; *Seine Oberarme haben e-n U. von dreißig Zentimetern* || -K: ***Bauch-, Brust-, Leibes-***; ***Erd-***; ***Kreis-*** **2** ≈ Größe ⟨etw. ist von beträchtlichem U.⟩ **3** die Dimensionen od. die Reichweite von etw. (*mst* Negativem) ≈ Ausmaß: *ein Problem in seinem vollen U. erkennen*

um·fạn·gen; *umfängt, umfing, hat umfangen*; [Vt] *geschr*; **1 *j-n / etw. u.*** seine Arme um j-n / etw. legen ≈ umfassen (2) **2 *etw. umfängt j-n / etw.*** etw. umgibt j-n / etw.: *Tiefe Dunkelheit umfing sie*

ụm·fang·reich *Adj*; *nicht adv*; mit großem Umfang (2): *umfangreiche Nachforschungen anstellen*; *ein umfangreicher Bericht*

um·fạs·sen; *umfasste, hat umfasst*; [Vt] **1 *etw. umfasst etw.*** etw. enthält etw. in der genannten Menge od. Zahl: *Das Buch umfasst dreihundert Seiten* **2 *j-n / etw. u.*** seine Finger, Hände od. Arme um j-n / etw. legen und ihn / es festhalten: *j-s Handgelenk u.* **3 *etw. (mit etw.) u.*** ≈ einfassen: *e-n Hof mit e-r Mauer u.* || *zu* **3 Um·fạs·sung** *die*; *nur Sg*

um·fạs·send **1** *Partizip Präsens*; ↑ **umfassen** **2** *Adj*; fast vollständig ⟨ein Geständnis⟩ **3** *Adj* ≈ umfangreich, weit reichend ⟨Kenntnisse, Maßnahmen⟩

Ụm·feld *das*; *nur Sg*, *Kollekt*; die Gesamtheit der gesellschaftlichen, politischen und wirtschaftlichen Einflüsse, die auf j-n einwirken: *das soziale U. e-s Verbrechers*; *das politische U. e-r terroristischen Vereinigung*

um·flie·gen[1]; *umflog, hat umflogen*; [Vt] ***j-n / etw. u.*** im Kreis od. im Bogen um j-n / etw. (herum) fliegen

ụm·flie·gen[2]; *flog um, ist umgeflogen*; [Vi] *gespr* ≈ umfallen (1)

ụm·for·men *(hat)* [Vt] ***etw. u.*** die Form von etw. verändern: *e-n Satz (vom Aktiv ins Passiv) u.* || *hierzu* **Ụm·for·mung** *die*

U

um·for·mu·lie·ren; *formulierte um, hat umformuliert*; [Vt] ***etw. u.*** etw. anders formulieren: *e-n Satz u.*

Um·fra·ge *die* ≈ Meinungsumfrage: *E-e U. unter Schülern hat ergeben, dass viele auch außerhalb der Schule Sport treiben*

um·frie·den; *umfriedete, hat umfriedet*; [Vt] ***etw.* (*mit etw.*) *u.*** *geschr*; etw. mit e-r Mauer, e-m Zaun *o.Ä.* umgeben || *hierzu* **Um·frie·dung** *die*

um·fül·len (*hat*) [Vt] ***etw.* (*in etw.*** (*Akk*)) ***u.*** etw. von einem Gefäß in ein anderes füllen: *Zucker aus der Tüte in ein Glas u.*

um·funk·ti·o·nie·ren; *funktionierte um, hat umfunktioniert*; [Vt] ***etw.* (*in etw.*** (*Akk*) / ***zu etw.*) *u.*** etw. für e-n neuen, anderen Zweck verwenden: *e-e alte Fabrik zu e-r / in e-e Diskothek u.*

Um·gang *der*; *nur Sg*; **1** ***der U.* (*mit j-m*)** die regelmäßigen (freundschaftlichen) Kontakte zu j-m ⟨mit j-m U. haben, pflegen⟩ **2** die Art von Menschen, zu denen man regelmäßig Kontakt hat ⟨guten, schlechten U. haben⟩ **3** ***j-d ist kein U. für j-n*** j-d hat e-n schlechten Einfluss auf j-n **4** ***der U. mit j-m / etw.*** das Behandeln von j-m / die Handhabung von etw. ⟨Erfahrung im U. mit j-m / etw. haben⟩: *geschickt im U. mit Werkzeugen sein*; *den U. mit Wörterbüchern lernen*

um·gäng·lich *Adj*; *nicht adv*; ⟨ein Mensch, ein Charakter⟩ freundlich, sodass man keine Schwierigkeiten mit ihnen hat ↔ schwierig (3) || *hierzu* **Um·gäng·lich·keit** *die*; *nur Sg*

Um·gangs·for·men *die*; *Pl* ≈ Benehmen, Manieren ⟨gute Umgangsformen haben⟩

Um·gangs·spra·che *die*; die Sprache, die man *z.B.* zu Hause und im Umgang mit Freunden verwendet ↔ Schriftsprache: *Verkürzte Formen wie „Ich glaub" od. „Ich habs kapiert" sind typisch für die U.* || *hierzu* **um·gangs·sprach·lich** *Adj*

um·gar·nen; *umgarnte, hat umgarnt*; [Vt] ***j-n u.*** *geschr*; zu j-m sehr freundlich sein, um ihn für sich zu gewinnen: *j-n mit Schmeicheleien u.*

um·ge·ben; *umgibt, umgab, hat umgeben*; [Vt] **1** ***etw. umgibt j-n / etw.*** etw. ist auf allen Seiten rund um j-n / etw. herum: *Hohe Mauern umgeben das Gefängnis*; *Das Haus war von e-r Rauchwolke umgeben* **2** ***etw. mit etw. u.*** etw. mit e-r Mauer, e-m Zaun *o.Ä.* an der gesamten äußeren Begrenzung versehen: *e-n Garten mit e-r Hecke, mit e-m Zaun u.*

Um·ge·bung *die*; *-, -en*; **1** das Gebiet, das direkt um e-n Ort od. um e-e Stelle herum liegt ⟨die nächste, unmittelbare, nähere, weitere U.⟩: *Die Stadt liegt in e-r reizvollen U.*; *Möwen halten sich gern in der U. von Schiffen und Häfen auf* **2** der Ort, an dem man lebt, und die Menschen, mit denen man Kontakt hat ≈ Umwelt (2) ⟨die gewohnte, vertraute U.; e-e fremde U.; sich an e-e U. gewöhnen, anpassen; sich in e-e U. einleben; sich in e-r U. wohl fühlen⟩

um·ge·hen[1]; *ging um, ist umgegangen*; [Vi] **1** ***mit j-m / etw. irgendwie u.*** ≈ j-n / etw. irgendwie behandeln: *mit j-m streng u.*; *mit seinen Sachen sorgfältig u.*; *Er weiß mit Kindern (richtig) umzugehen* **2** ***ein Gerücht geht um*** ein Gerücht verbreitet sich **3** ***j-d / etw. geht irgendwo um*** j-d / etw. spukt irgendwo: *Im alten Schloss gehen Gespenster um*

um·ge·hen[2]; *umging, hat umgangen*; [Vt] **1** ***j-n / etw. u.*** im Kreis od. Bogen um j-n / etw. herum gehen od. fahren: *ein Hindernis u.* **2** ***etw. u.*** etw. Unangenehmes vermeiden ⟨Schwierigkeiten⟩: Es *lässt sich nicht u.*, dass *du dich bei ihm entschuldigst* **3** ***j-n / etw. u.*** etw. tun, ohne j-n zu fragen od. ohne sich an e-e Regel zu halten ⟨ein Gesetz, ein Verbot, e-n Vorgesetzten u.⟩ || *hierzu* **Um·ge·hung** *die*; *nur Sg*

um·ge·hend **1** *Partizip Präsens*; ↑ ***umgehen*[1]** **2** *Adj*; *nur attr od adv*; so schnell wie möglich ≈ sofortig: *Wir bitten um e-e umgehende Antwort*

Um·ge·hungs|stra·ße *die*; e-e Straße, die um e-n Ort herumführt: *e-e U. bauen, um e-e Stadt vom Durchgangsverkehr zu entlasten*

um·ge·kehrt **1** *Partizip Perfekt*; ↑ **umkehren** **2** *Adj*; so, dass das Gegenteil der Fall ist (dass *z.B.* der Anfang das Ende ist) ≈ entgegengesetzt, gegenteilig: *Es war alles genau u.!* (= genau das Gegenteil war der Fall); *das Alphabet in umgekehrter Reihenfolge aufsagen* (= von Z bis A)

um·ge·stal·ten (*hat*) [Vt] ***etw. u.*** e-r Sache e-e neue Form od. ein anderes Aussehen geben ⟨e-n Platz, e-n Park u.⟩ || *hierzu* **Um·ge·stal·tung** *die*

um·gie·ßen; *goss um, hat umgegossen*; [Vt] ***etw.* (*in etw.*** (*Akk*)) ***u.*** e-e Flüssigkeit in e-n anderen Behälter füllen ≈ umfüllen: *den Saft in e-e Kanne u.*

um·gra·ben (*hat*) [Vt/i] **(*etw.*) *u.*** (mit e-m Spaten) die oberste Schicht der Erde nach unten bringen und dabei die Erde locker machen ⟨ein Beet, den Boden, den Garten u.⟩

um·grup·pie·ren; *gruppierte um, hat umgruppiert*; [Vt] **1** ***j-n / etw.*** (*Kollekt od Pl*) ***u.*** Personen / Dinge in andere Einheiten od. Gruppen ordnen: *e-e Sitzgruppe u.* **2** ***j-n u.*** j-n in e-e andere (Gehalts)Gruppe einteilen || *hierzu* **Um·grup·pie·rung** *die*

um·gu·cken, sich (*hat*) [Vr] ***sich u.*** *gespr* ≈ sich umsehen

um·ha·ben (*hat*) [Vt] ***etw. u.*** *gespr*; etw. um e-n Teil des Körpers herum tragen: *e-n Schal u.*

Um·hang *der*; e-e Art weiter Mantel ohne Ärmel ≈ Cape

um·hän·gen; *hängte um, hat umgehängt*; [Vt] **1** ***etw. u.*** etw. an e-e andere Stelle hängen: *ein Bild u.* **2** (***j-m / sich***) ***etw. u.*** j-m / sich etw. über die Schultern legen, sodass es um den Körper herum hängt ⟨j-m e-e Decke, sich e-n Mantel, ein Cape u.⟩

Um·hän·ge|ta·sche *die*; e-e Tasche, die man an e-m langen Riemen über der Schulter trägt

um·hau·en (*hat*) [Vt] *gespr*; **1** ***j-n u.*** j-m e-n kräftigen Schlag geben, sodass er zu Boden fällt ≈ niederschlagen **2** ***etw. haut j-n um*** etw. hat e-e starke Wirkung auf j-n ≈ etw. wirft j-n um: *Ein Glas Bier wird dich doch nicht gleich u.!*; *Es hat mich fast umgehauen, als ich von seinem Lottogewinn hörte* **3** ***e-n Baum u.*** ≈ e-n Baum fällen

um·her *Adv*; in allen Richtungen ≈ ringsum: *Weit u. war alles leer*

um·her- *im Verb, betont und trennbar, begrenzt produktiv*; Die Verben mit *umher-* werden nach folgendem Muster gebildet: *umherlaufen - lief umher - umhergelaufen*

umher- drückt aus, dass e-e Bewegung ohne festes Ziel in alle Richtungen verläuft ≈ herum- (3);

umherblicken: *Er stand auf dem Berg und blickte umher* ≈ Er blickte in alle Richtungen, ohne etw. Bestimmtes zu suchen

ebenso: ***umherfahren, umherfliegen, umhergehen, umherirren, umherlaufen, umherreisen, umherschleichen, umherschlendern, umherschweifen, umherschwirren, umherspringen, umherstreifen, umherziehen***; ***etw. umhertragen***

um·hin·kön·nen; *konnte umhin, hat umhingekonnt*; [Vi] ***nicht u.*** + ***zu*** + *Infinitiv geschr*; keine andere Wahl haben, als etw. zu tun ≈ etw. nicht umgehen, vermeiden können: *Obwohl er Mitleid mit der jungen Frau hatte, konnte der Polizist nicht umhin, ihr den Führerschein abzunehmen*

um·hö·ren, sich (*hat*) [Vr] ***sich* (*nach etw.*) *u.*** verschiedenen Leuten Fragen stellen, um etw. über ein bestimmtes Thema zu erfahren ≈ sich nach etw. erkundigen: *sich nach e-m neuen Job u.*; *sich u.*, ob *irgendwo e-e Wohnung frei ist*

um·hül·len; *umhüllte, hat umhüllt*; [Vt] **1** ***etw. umhüllt j-n / etw.*** etw. umgibt etw.: *Rauch umhüllte*

U

das Haus **2** ***j-n / sich / etw. mit etw. u.*** j-n / sich / etw. mit etw. bedecken od. umgeben: *sich mit e-m Schleier u.*

Um·hụ̈l·lung *die*; -, *-en* ≈ Hülle

Ụm·kehr *die*; -; *nur Sg*; das Umkehren (1) ⟨j-n zur U. bewegen, zwingen⟩

ụm·keh·ren Vi (*ist*) **1** sich wieder in die Richtung bewegen, aus der man gekommen ist ≈ umdrehen (4): *auf halbem Weg, kurz vor dem Ziel u.*; Vt (*hat*) **2** ***etw. u.*** etw. in sein Gegenteil verändern ⟨e-e Entwicklung, e-e Reihenfolge u.⟩ **3** ***etw. u.*** die innere Seite von etw. nach außen od. die obere Seite nach unten bewegen: *seine Taschen u. und ausleeren* || *zu* **2 ụm·kehr·bar** *Adj*

ụm·kip·pen (*hat / ist*) Vi (*ist*) **1** ≈ umfallen (1): *mit dem Stuhl nach hinten u.* **2** *gespr*; ohnmächtig werden: *Als sie das Blut sah, kippte sie um* **3** ***die Stimmung kippt um*** die Stimmung verändert sich plötzlich stark ≈ die Stimmung schlägt um **4** ⟨ein See, ein Teich⟩ ***kippt um*** ein See, ein Teich wird so schmutzig od. verseucht, dass Pflanzen und Tiere darin nicht mehr leben können; Vt (*hat*) **5** ***etw. u.*** bewirken, dass etw. umfällt (1): *mit dem Arm ein Glas u.*

um·klạm·mern; *umklammerte, hat umklammert*; Vt ***j-n / etw. u.*** die Finger, Hände od. Arme um j-n / etw. legen und ihn / es sehr fest halten: *Das weinende Kind umklammerte seine Puppe* || *hierzu* **Um·klạm·me·rung** *die*; *nur Sg*

ụm·klap·pen (*hat*) Vt ***etw. u.*** etw. nach oben od. unten od. zur Seite klappen: *e-n Autositz nach vorne u., um e-e größere Ladefläche zu haben* || *hierzu* **ụm·klapp·bar** *Adj*

ụm·klei·den (*hat*) Vt ***j-n / sich u.*** j-m / sich andere Kleider anziehen ≈ j-n / sich umziehen² || K-: ***Umkleide-, -kabine, -raum***

ụm·kni·cken Vt (*hat*) **1** ***etw. u.*** etw. so stark biegen, dass es an e-r Stelle bricht: *Der Sturm hat die Telefonmasten umgeknickt*; Vi (*ist*) **2** ***etw. knickt um*** etw. wird umgeknickt (1): *Die Blumen knickten im Wind um* **3** (***mit dem Fuß***) ***u.*** mit dem Fuß aus Versehen so auf den Boden treten, dass sich das Fußgelenk stark zur Seite biegt und es wehtut

ụm·kom·men (*ist*) Vi **1** durch e-n Unfall od. im Krieg sterben ↔ überleben: *Bei der Überschwemmung sind mehr als hundert Menschen umgekommen* **2** ***vor etw.*** (*Dat*) ***u.*** *gespr*; etw. nicht mehr ertragen können: *Auf der Party bin ich vor Langeweile fast umgekommen*

Ụm·kreis *der*; *nur Sg*; **1** das Gebiet um etw. herum ≈ Umgebung: *im U. e-r Stadt leben*; *Nachdem der Tanker auf ein Riff gelaufen war, war das Meer im U. von zwanzig Kilometern mit Öl verseucht* **2** ***im U.*** + *Gen* bei od. unter den Personen, die mit j-m eng zusammenarbeiten; *im U. des Kanzlers*

um·krei̲·sen; *umkreiste, hat umkreist*; Vt ***j-d / etw. umkreist etw.*** j-d / etw. bewegt sich im Kreis um etw. herum: *Die Erde umkreist die Sonne* || *hierzu* **Um·krei̲·sung** *die*

ụm·krem·peln (*hat*) Vt **1** ***etw. u.*** den Rand e-s Kleidungsstücks (mehrere Male) nach oben falten: *die Ärmel u., damit sie beim Händewaschen nicht nass werden* **2** ***etw. u.*** ≈ umkehren (3) ⟨die Strümpfe, die Taschen u.⟩ **3** ***j-n / etw. u.*** *gespr*; j-n / etw. völlig ändern

ụm·la·den (*hat*) Vt ***etw. u.*** etw. in e-n anderen Behälter od. in ein anderes Fahrzeug laden: *die Fracht vom Lastwagen in den Zug u.*

Ụm·la·ge *die*; der Teil e-r großen Summe Geld, den e-e einzelne Person od. ein einzelner Haushalt zahlen muss: *Die U. für Müllabfuhr und Hausmeister beträgt dreißig Euro pro Monat*

um·la̲·gern; *umlagerte, hat umlagert*; Vt ⟨Personen⟩ ***umlagern j-n / etw.*** viele Menschen drängen sich um j-n / etw.: *Nach dem Schlusspfiff waren die Sieger von ihren Fans umlagert*

Ụm·land *das*; *nur Sg*; das Gebiet um e-e Stadt herum, das wirtschaftlich und kulturell von ihr abhängig ist

Ụm·lauf *der*; **1** *nur Sg*; die Weitergabe von Geld, Neuigkeiten *o.Ä.* von einer Person od. einem Ort zur / zum anderen ⟨etw. in U. bringen; etw. kommt in U., ist in / im U.⟩: *alte Geldscheine aus dem U. ziehen* **2** ≈ Umkreisung: *der erste U. e-s Satelliten um die Erde* || K-: ***Umlauf-, -bahn, -zeit*** **3** *nur Sg*; ein Text, der von einem Kollegen zum anderen gereicht wird, bis alle ihn gelesen haben

Ụm·laut *der*; **1** *nur Sg*; die (sprachgeschichtliche) Veränderung e-s Vokals *bes* durch e-n Vokal in der nachfolgenden Silbe: *Das „ü" in „Füße" ist der U. des Vokals „u" in „Fuß"* **2** ein Vokal, den man mit zwei Punkten schreibt, wie *ä, ö, ü* und *äu* || *zu* **1 ụm·lau·ten** (*hat*) *Vt*

ụm·le·gen (*hat*) Vt **1** ***etw. u.*** etw. aus der senkrechten in die waagrechte Lage bringen: *e-n Mast, e-n Zaun u.*; *Der Hagel hat die Blumen umgelegt* **2** ***etw. u.*** die Lage von etw. verändern, indem man es auf die andere Seite dreht, kippt od. klappt ⟨e-n Hebel, e-n Kragen, e-n Schalter u.⟩: *die Lehnen der Rücksitze im Auto nach vorne u.* **3** ***j-n u.*** j-n in e-e andere Lage od. an e-n anderen Ort legen: *e-n Kranken in ein anderes Zimmer u.*; *Der Patient wurde umgelegt* **4** ***etw. u.*** etw. auf e-n anderen Zeitpunkt legen ≈ verlegen ⟨e-n Termin u.⟩ **5** (***j-m / sich***) ***etw. u.*** j-m / sich etw. um die Schultern od. den Hals herum legen: *sich ein Cape, e-n Schal u.* **6** ***etw. auf j-n*** (*Kollekt od Pl*) ***u.*** die Kosten für etw. so teilen, dass mehrere Personen e-n gleichen Anteil bezahlen: *die Wasserkosten auf die einzelnen Mieter u.* **7** ***j-n u.*** *gespr* ≈ erschießen

ụm·lei·ten (*hat*) Vt ***j-n / etw. u.*** j-n / etw. in e-e andere Richtung leiten ⟨e-n Bach, e-n Fluss, den Verkehr u.⟩: *Die Bundesstraße 2 ist nach e-m Unfall gesperrt. Die Polizei leitet den Verkehr um*; *Wir wurden auf e-e Nebenstrecke umgeleitet*

Ụm·lei·tung *die*; **1** e-e Strecke, über die der Verkehr geleitet wird, weil e-e andere Straße gesperrt ist ⟨e-e / auf e-r U. fahren⟩ || K-: ***Umleitungs-, -schild, -strecke*** **2** *nur Sg*; das Umleiten: *die U. e-s Baches*

ụm·ler·nen (*hat*) Vi **1** e-n neuen Beruf lernen ≈ umschulen **2** ≈ umdenken

ụm·lie·gen·d- *Adj*; *nur attr, nicht adv*; in der Umgebung von etw. befindlich ≈ benachbart ⟨die Dörfer, die Ortschaften⟩

ụm·mel·den (*hat*) Vt ***j-n / sich / etw. u.*** j-n / sich / etw. irgendwo abmelden und an e-r anderen Stelle wieder anmelden: *Wenn du umziehst, musst du dich u.*

ụm·mo·deln; *modelte um, hat umgemodelt*; Vt ***etw. u.*** *gespr* ≈ ändern, umgestalten

ụm·mün·zen (*hat*) Vt ***etw.*** (***in etw.*** (*Akk*)) ***u.*** *mst pej*; etw. mit Absicht anders deuten, als es der Wirklichkeit entspricht: *versuchen, seine Pingeligkeit in Gewissenhaftigkeit umzumünzen*

um·nạch·tet *Adj*; *nicht adv*; *mst in* ***j-d ist geistig u.*** j-d ist so (wirr), dass er nicht mehr weiß, was er tut

ụm·nie·ten; *nietete um, hat umgenietet*; Vt ***j-n u.*** *gespr!* j-n niederschießen

ụm·or·ga·ni·sie·ren; *organisierte um, hat umorganisiert*; Vt ***etw. u.*** e-e Firma *o.Ä.* anders organisieren als bisher: *e-n Betrieb u.*

ụm·pflan·zen (*hat*) Vt ***etw. u.*** e-e Pflanze an e-n anderen Ort pflanzen

ụm·pflü·gen (*hat*) Vt ***etw. u.*** etw. mit dem Pflug bearbeiten ⟨ein Feld u.⟩

um·rah·men; *umrahmte, hat umrahmt*; [Vt] **1 etw. umrahmt etw.** etw. bildet e-e Art Rahmen um etw. herum: *ein von Locken umrahmtes Gesicht* **2 etw. irgendwie u.** etw. mit e-m (unterhaltsamen) Rahmenprogramm (*z.B.* mit Musik) versehen: *e-e Preisverleihung musikalisch u.* || *hierzu* **Um·rah·mung** *die; nur Sg*

um·ran·den; *umrandete, hat umrandet*; [Vt] **etw. u.** e-n Rand od. Kreis um etw. herum malen od. gestalten: *e-n Tag im Kalender rot u.*; *ein mit Steinen umrandetes Beet* || *hierzu* **Um·ran·dung** *die*

um·räu·men *(hat)* [Vt/i] **1** (**etw.** (*Kollekt od Pl*)) **u.** Dinge aus einem Raum, Schrank *o.Ä.* an e-n anderen bringen: *das Geschirr in e-n neuen Schrank u.* **2** (**etw.**) **u.** den Inhalt von etw. anders ordnen: *den Keller u.*

um·rech·nen *(hat)* [Vt] **etw.** (**in etw.** (*Akk*)) **u.** ausrechnen, wie viel etw. in e-m anderen (Maß- od. Währungs)System ist: *Zoll in Zentimeter u.*; *D-Mark in Euro u.*

Um·rech·nung *die; nur Sg*; das Umrechnen || K-: ***Umrechnungs-, -kurs, -tabelle***

um·rei·ßen[1]; *riss um, hat umgerissen*; [Vt] **j-n / etw. u.** j-n / etw. durch e-e plötzliche, kräftige Bewegung zu Boden reißen: *Der Sturm hat die Telefonmasten umgerissen*

um·rei·ßen[2]; *umriss, hat umrissen*; [Vt] **etw. u.** die wichtigsten Aspekte von etw. kurz beschreiben: *e-n Plan u.*

um·ren·nen *(hat)* [Vt] **j-n / etw. u.** beim Rennen so gegen e-e Person od. Sache stoßen, dass sie zu Boden fällt

um·rin·gen; *umringte, hat umringt*; [Vt] ⟨Personen⟩ **umringen j-n / etw.** Personen stehen in e-m kleinen, engen Kreis um j-n / etw. herum ≈ umlagern: *Die Schar der Fans umringte den Star*

Um·riss *der*; **1** der Rand od. die Linie, die die äußere Form e-r Person od. Sache gegen e-n Hintergrund zeigen ≈ Konturen: *den U. / die Umrisse e-s Tieres zeichnen*; *im Licht der Scheinwerfer die Umrisse e-s Baumes erkennen* || NB: der Plural wird oft in der Bedeutung des Singulars verwendet **2 in** (**groben**) **Umrissen** ohne Details: *e-e Situation in groben Umrissen beschreiben* **3 etw. nimmt feste Umrisse an** etw. bekommt allmählich seine endgültige Form ⟨e-e Idee, ein Plan; ein Haus⟩

um·ris·sen 1 *Partizip Perfekt*; ↑ **umreißen**[2] **2** *Adj*; **fest u.** deutlich, klar ⟨Gedanken, Pläne, Ideen⟩

um·rüh·ren *(hat)* [Vt/i] (**etw.**) **u.** in etw. rühren, um es gut zu mischen: *die Suppe von Zeit zu Zeit u., damit sie nicht anbrennt*

um·run·den; *umrundete, hat umrundet*; [Vt] **etw. u.** im Kreis einmal ganz um etw. herum gehen od. fahren: *den Starnberger See mit dem Fahrrad u.* || *hierzu* **Um·run·dung** *die* || ► ***rund***

ums *Präp mit Artikel* ≈ um das || NB: *ums* kann nicht durch *um das* ersetzt werden in Wendungen wie: *ums Leben kommen*

um·sat·teln *(hat)* [Vi] (**auf etw.** (*Akk*)) **u.** *gespr*; ein neues Studium, e-n neuen Beruf anfangen: *auf EDV-Berater u.*; *das Chemiestudium aufgeben und auf Physik u.*

Um·satz *der*; der Gesamtwert der Waren, die in e-m bestimmten Zeitraum verkauft werden ⟨der U. steigt, sinkt, stagniert⟩: *Das Lokal macht e-n U. von durchschnittlich tausend Euro pro Abend*; *Der U. an / von Computerspielen ist in den letzten Jahren stark zurückgegangen* || K-: ***Umsatz-, -anstieg, -beteiligung, -rekord, -rückgang, -steigerung, -steuer*** || -K: ***Jahres-, Tages-*** || NB: ↑ ***Absatz***

um·schal·ten *(hat)* [Vt] **1 etw.** ((**von etw.**) **auf etw.** (*Akk*)) **u.** mit e-m Schalter od. Hebel die Einstellung *o.Ä.* e-s Gerätes ändern: *den Herd (auf e-e höhere Stufe) u.* || K-: ***Umschalt-, -hebel***; [Vi] **2** ((**von etw.**) **auf / in etw.** (*Akk*)) **u.** ein anderes Programm wählen: *vom ersten aufs dritte Programm u.*; *Schalt mal um - das ist doch Quatsch!* **3 etw. schaltet** ((**von etw.**) **auf etw.** (*Akk*)) **um** etw. ändert (automatisch) seine Einstellung: *Die Ampel schaltet von Grün auf Gelb um*

um·schau·en, sich *(hat)* [Vr] **sich u.** *südd* Ⓐ ≈ sich umsehen

um·schif·fen; *umschiffte, hat umschifft*; *geschr*; [Vt] **etw. u.** mit e-m Schiff um etw. (herum)fahren ⟨Klippen, e-n Felsen, e-n Eisberg, ein Kap u.⟩ || *hierzu* **Um·schif·fung** *die*

Um·schlag[1] *der*; **1** e-e Hülle, in die man e-n Brief steckt, um ihn mit der Post zu schicken ⟨e-n Brief, ein Schreiben in e-n U. stecken⟩ || -K: ***Brief-*** **2** e-e Art Hülle, *z.B.* ein dickes Blatt Papier, die ein Buch umgibt und es vor Schmutz *o.Ä.* schützen soll: *Der U. des Buches ist eingerissen* || -K: ***Buch-, Heft-; Papier-, Plastik-; Schutz-*** **3** *mst Pl*; ein (warmes od. kaltes) feuchtes Tuch, das man e-m Kranken um e-n Körperteil legt (*bes* um Fieber od. Schmerzen zu bekämpfen) ≈ Wickel ⟨j-m (heiße, warme, kalte, feuchte) Umschläge machen⟩

Um·schlag[2] *der*; **1 ein U.** (**in etw.** (*Akk*)) e-e plötzliche, starke Veränderung des Wetters od. der Stimmung ≈ Umschwung: *der U. seiner Stimmung in Melancholie* || -K: ***Stimmungs-, Wetter-*** **2** *nur Sg, Ökon*; das Laden von Waren von e-m Fahrzeug auf ein anderes (*bes* von e-m Schiff auf die Bahn) || K-: ***Umschlag-, -bahnhof, -hafen, -platz*** || -K: ***Güter-, Waren-***

um·schla·gen [Vt] *(hat)* **1 etw. u.** den Rand *bes* e-s Kleidungsstücks auf seine andere Seite falten ⟨den Kragen, die Manschetten u.⟩ **2 etw. u.** ≈ umblättern ⟨e-e Seite u.⟩ **3 e-n Baum u.** e-n Baum mit der Axt fällen **4 j-m / sich etw. u.** j-m / sich e-e Decke *o.Ä.* um die Schultern legen ≈ j-m / sich etw. umlegen || K-: ***Umschlag-, -tuch*** **5 etw. u.** *Ökon*; Waren von einem Fahrzeug auf ein anderes laden ⟨*mst* Waren, Güter u.⟩; [Vi] *(ist)* **6 die Stimmung / das Wetter schlägt um** die Stimmung / das Wetter ändert sich plötzlich völlig: *Die ausgelassene Stimmung schlug plötzlich in Aggression um*

um·schlie·ßen; *umschloss, hat umschlossen*; [Vt] **1 etw. umschließt etw.** etw. bildet e-e Grenze, e-e Hülle *o.Ä.* um etw. herum ≈ etw. umgibt etw.: *Ein hoher Zaun umschließt sein Grundstück* **2 etw. u.** etw. mit einer Hand od. mit beiden Händen so nehmen, dass man es (fest) darin hat ≈ umfassen: *etw. fest umschlossen (in der Hand) halten* **3 j-n irgendwie u.** beide Arme um j-s Körper legen und ihn fest an sich drücken ≈ umarmen ⟨j-n mit beiden Armen, fest, innig u.⟩

um·schlin·gen; *umschlang, hat umschlungen*; [Vt] **1 j-n / etw. u.** die Arme ganz um j-s Körper od. um e-n Körperteil legen ⟨j-s Körper, j-s Nacken, j-s Taille u.⟩: *Eng umschlungen* (= jeder mit dem Arm um den Partner gelegt) *spazierte das Pärchen durch die Straßen* **2 etw. umschlingt etw.** etw. liegt wie e-e Schlinge um etw. herum: *Ein seidener Schal umschlang ihren Hals* || *hierzu* **Um·schlin·gung** *die*

um·schmei·ßen *(hat)* [Vt] **j-n / etw. u.** *gespr* ≈ umwerfen (1,3,4)

um·schnal·len *(hat)* [Vt] (**j-m / sich**) **etw. u.** etw. (mit Schnallen) an j-s / seinem eigenen Körper festmachen ↔ abschnallen ⟨sich (*Dat*) e-n Gürtel, den Rucksack, den Schulranzen u.⟩

um·schrei·ben[1]; *umschrieb, hat umschrieben*; [Vt] **1 etw. u.** etw. mit anderen Worten sagen ≈ paraphrasieren: *e-n schwierigen Begriff zu u. versuchen* **2 etw. u.** die wichtigsten Merkmale von etw. (kurz)

U

beschreiben ≈ umreißen: *j-s zukünftige Aufgaben, Tätigkeitsbereiche (kurz) u.* || *hierzu* **Um·schrei·bung** *die*

um·schrei·ben²; *schrieb um, hat umgeschrieben*; [Vt] **etw. u.** e-n Text ändern und noch einmal schreiben ≈ umgestalten: *Auf Wunsch des Verlags schrieb er das erste Kapitel des Romans um*

Um·schrift *die*; **1** *nur Sg*; das Schreiben e-s Wortes in Symbolen, die anzeigen, wie es ausgesprochen wird ≈ Transkription: [ˈʃtɛçn̩] *ist die phonetische U. des Wortes „stechen"* **2** die Übertragung e-r alphabetischen Schrift in e-e andere alphabetische Schrift: *die U. e-s Textes in das kyrillische Alphabet*

um·schu·len (*hat*) [Vt] **1 j-n (zu etw.) u.** j-n, der bereits e-n Beruf hat (aber keine Arbeitsstelle findet), in e-m neuen Beruf ausbilden ⟨sich u. lassen⟩: *j-n zum Krankenpfleger u.* **2** *mst* **j-d wird umgeschult** ein Schüler wird in e-e andere Schule geschickt; [Vi] **3** e-e Ausbildung in e-m anderen Beruf machen: *Aus gesundheitlichen Gründen kann er nicht mehr als Koch arbeiten - jetzt will er u.* || *hierzu* **Um·schu·lung** *die*; *nur Sg*; **Um·schü·ler** *der*; **Um·schü·le·rin** *die*

um·schüt·ten (*hat*) [Vt] **etw. u.** so gegen etw. stoßen, dass der Inhalt herausfließt: *e-e Tasse Tee u.*

um·schwär·men; *umschwärmten, haben umschwärmt*; [Vt] **1** ⟨Insekten, Vögel *o.Ä.*⟩ **umschwärmen j-n / etw.** Insekten, Vögel *o.Ä.* fliegen in großer Zahl um j-n / etw. (herum): *Fledermäuse umschwärmten den alten Turm* **2** *mst* **j-d wird von j-m** (*Kollekt od Pl*) **umschwärmt** j-d wird von e-r Gruppe von Menschen, die ihn bewundern und verehren, umgeben: *Der Schlagersänger wird von vielen weiblichen Fans umschwärmt*

Um·schwei·fe (*die*); *nur Pl*; *mst in* **ohne U.** ohne zu zögern: *ohne U. sagen, was man denkt*

um·schwen·ken (*ist*) [Vi] **1 etw. schwenkt (nach etw.) um** etw. kommt plötzlich aus e-r anderen Richtung ⟨der Wind⟩: *Plötzlich schwenkte der Wind nach Westen um* **2** *oft pej*; plötzlich und unerwartet seine Meinung od. Haltung ändern

um·schwir·ren; *umschwirrte, hat umschwirrt*; [Vt] ⟨Insekten, Vögel *o.Ä.*⟩ **umschwirren j-n / etw.** ≈ umschwärmen (1)

Um·schwung *der*; e-e plötzliche, sehr starke Änderung ⟨ein politischer, wirtschaftlicher, klimatischer U.; ein U. findet statt, tritt ein⟩ || -K: **Stimmungs-, Wetter-, Wirtschafts-**

um·se·geln; *umsegelte, hat umsegelt*; [Vt] **etw. u.** um etw. (herum) segeln: *Er hat das Kap Horn umsegelt* || *hierzu* **Um·se·ge·lung** *die*

um·se·hen, sich (*hat*) [Vr] **1 sich (irgendwo) u.** nach allen Seiten blicken und die nähere Umgebung genau betrachten ⟨sich neugierig (in e-r fremden Umgebung) u.⟩: *Sieh dich ruhig in meinem Zimmer um* **2 sich (nach j-m / etw.) u.** den Kopf nach hinten drehen, um j-n / etw. zu sehen: *Er hat sich noch mehrmals nach der Frau umgesehen* **3 sich (nach etw.) u.** etw. suchen: *sich nach e-m neuen Arbeitsplatz, nach e-m Geburtstagsgeschenk für j-n u.* **4 sich nach j-m u.** *gespr*; versuchen, e-n neuen Partner, Mitarbeiter *o.Ä.* zu finden || ID *mst* **Du wirst dich noch 'u.!** *gespr*; es wird mehr Probleme geben, schwieriger sein, als du glaubst

um·sei·tig *Adj*; *nur attr od adv, geschr*; auf der anderen, nächsten Seite (*mst* e-s Blattes): *Siehe die umseitige Tabelle*

um·set·zen (*hat*) [Vt] **1 etw. u.** etw. an e-e andere Stelle setzen ⟨die Pflöcke, die Stützen, die Träger, die Pfeiler u.⟩ **2 j-n u.** j-m e-n anderen Platz zuteilen: *e-n Schüler u., weil er sich dauernd mit seinem Nachbarn unterhält* **3 etw. u.** ≈ umpflanzen **4 etw. in etw.** (*Akk*) **u.** etw. in etw. verwandeln od. umwandeln: *Sonnenenergie in Strom u.; seine Gefühle in ein Gedicht u.* **5 etw. in etw.** (*Akk*) **u.** *gespr*; etw. gegen etw. tauschen: *Er hat seine Comichefte in bare Münze umgesetzt* (= Er hat für seine Comichefte Geld bekommen); *Sie setzt ihr ganzes Geld in Kleider um* **6 etw. (in die Praxis) u.** etw. anwenden od. verwirklichen ⟨e-n Plan, e-n Vorschlag u.⟩ **7 etw. u.** *Ökon*; Waren verkaufen ≈ absetzen (9): *Die Firma hat in diesem Jahr Maschinen im Wert von 10 Millionen Euro umgesetzt* || *hierzu* **um·setz·bar** *Adj*; *zu* **1-6 Um·set·zung** *die*; *nur Sg* || ► **Umsatz**

Um·sicht *die*; -; *nur Sg*; das ruhige, vorsichtige Beachten der gegebenen Situation, bei dem man an alle Konsequenzen seiner Aktionen denkt ≈ Besonnenheit ↔ Leichtsinn ⟨bei etw. große U. zeigen; mit U. zu Werke gehen⟩ || *hierzu* **um·sich·tig** *Adj*

um·sie·deln [Vt] (*hat*) **1 j-n u.** j-n dazu zwingen, an e-m anderen Ort zu wohnen: *Die Bevölkerung musste umgesiedelt werden, weil das Gebiet nach dem Unfall radioaktiv verseucht war* || NB: *mst* im Passiv!; [Vi] (*ist*) **2 (irgendwohin) u.** in ein anderes Land, Gebiet, e-e andere Stadt *usw* (um)ziehen: *von Münster nach Berlin u.* **3** Ⓓ als Angehöriger der deutschen Minderheit *bes* in Polen, Rumänien od. in der ehemaligen Sowjetunion in die Bundesrepublik Deutschland (um)ziehen ≈ aussiedeln || *hierzu* **Um·sied·lung** *die*; *mst Sg*; **Um·sied·ler** *der*; **Um·sied·le·rin** *die*

umso *Konjunktion*; **u.** + *Komparativ*; verwendet, wenn man ausdrücken will, dass e-e bereits vorhandene Eigenschaft od. ein Zustand noch verstärkt werden ≈ desto: *Das Haus gefällt mir. Wenn der Preis noch reduziert wird - u. besser!*; *Je länger sie das Bild ansah, u. schöner fand sie es*; *Nach dem Skandal ist es jetzt u. wichtiger, das Vertrauen der Wähler zurückzugewinnen* || NB: ↑ **als³** (5)

um·sonst *Adv*; *gespr*; **1** ohne dass es Geld kostet ≈ gratis, kostenlos ⟨etw. ist u.; etw. gibt es u.⟩ **2** ohne Geld od. ein Geschenk dafür zu bekommen ≈ unentgeltlich, freiwillig: *In seiner Freizeit arbeitet er u. in e-m Altersheim* **3** ohne Erfolg ≈ vergeblich, erfolglos ↔ erfolgreich ⟨j-s Anstrengungen, Bemühungen, alle Versuche sind u.⟩ **4 nicht u.** nicht ohne Grund od. Absicht ≈ zu Recht ↔ grundlos: *Ich habe euch nicht u. davor gewarnt, so lange in der Sonne zu liegen - Jetzt habt ihr e-n Sonnenbrand!*

um·span·nen; *umspannte, hat umspannt*; [Vt] **etw. umspannt etw.** etw. dauert die genannte Zeit ≈ etw. erstreckt sich über etw.: *Die Handlung des Romans umspannt die Zeit vom Ersten bis zum Zweiten Weltkrieg*

um·spie·len; *umspielte, hat umspielt*; [Vt] *geschr*; **1 etw. umspielt etw.** etw. bewegt sich leicht und locker um etw. (herum): *Die Wellen umspielten ihre Füße* **2** *mst in* **ein Lächeln umspielt j-s Gesicht / Lippen / Mund** in j-s Gesicht kann man ein leichtes Lächeln sehen

um·sprin·gen (*ist*) [Vi] **1 etw. springt ((von etw.) auf etw.** (*Akk*)**) um** etw. wechselt plötzlich die Stellung *o.Ä.*: *Die Ampel ist von Gelb auf Rot umgesprungen* **2 mit j-m irgendwie u.** *gespr pej*; j-n *mst* sehr unfreundlich behandeln ≈ irgendwie mit j-m umgehen ⟨mit j-m grob, unfreundlich, unhöflich u.⟩: *So lass ich nicht mit mir u., merk dir das!*

um·spu·len (*hat*) [Vt/i] **(etw.) (auf etw.** (*Akk*)**) u.** etw. von einer Spule auf e-e andere bringen ⟨Garn, e-n Film, ein Tonband u.⟩

um·spü·len; *umspülte, hat umspült*; [Vt] **etw. umspült etw.** etw. fließt um etw. (herum): *Das Wasser umspült den Felsen*

Um·stand *der*; **1** e-e Tatsache od. ein Detail, die ein Geschehen od. e-e Situation (mit) bestimmen ⟨ein

U

entscheidender, wichtiger, günstiger, glücklicher U.; die näheren Umstände von etw. schildern⟩: *Aufgrund besonderer Umstände, die ich jetzt nicht näher erklären kann, wird die Konferenz unterbrochen; Den Patienten geht es den Umständen entsprechend* (*gut*) (= geht es so gut, wie es einem gehen kann, der e-e solche Krankheit bzw. Verletzung hat) **2** ***mildernde Umstände*** bestimmte Faktoren (*z.B.* das soziale Umfeld des Angeklagten od. ein Geständnis, das der Angeklagte abgegeben hat), die bewirken, dass die Strafe milder ausfällt ⟨j-m mildernde Umstände zubilligen⟩ **3** ***unter Umständen*** ≈ vielleicht, möglicherweise **4** ***unter diesen Umständen*** angesichts der gegebenen Situation **5** ***unter (gar) keinen Umständen*** ≈ auf (gar) keinen Fall **6** ***unter allen Umständen*** ≈ unbedingt, auf jeden Fall **7** *nur Pl*; zusätzliche Arbeit, unnötiger Aufwand ⟨(nicht) viele Umstände mit j-m / etw. machen⟩: *Mach dir meinetwegen keine großen Umstände* (= Mach dir nicht viel Arbeit wegen mir) **8** ***e-e Frau ist in anderen Umständen*** *veraltend euph*; e-e Frau ist schwanger

um·stän·de·hal·ber *Adv*; weil es die Situation nötig macht: *u. sein Auto verkaufen müssen*

um·ständ·lich *Adj*; **1** *pej*; ziemlich langsam und ungeschickt ↔ geschickt: *Komm, sei doch nicht so u.!* **2** ⟨e-e Methode, ein Verfahren⟩ so, dass es viel Mühe macht und viel Zeit kostet ≈ aufwändig, zeitraubend || *hierzu* **Um·ständ·lich·keit** *die*; *nur Sg*

Um·stands- *im Subst, wenig produktiv*; für die Schwangerschaft geeignet (weil weit od. groß); das ***Umstandskleid***, die ***Umstandsmode***

Um·stands·an·ga·be *die*; e-e adverbiale Bestimmung

Um·stands·wort *das*; -(e)s, *Um·stands·wör·ter* ≈ Adverb

um·ste·cken (*hat*) [Vt] ***etw. u.*** etw. an e-e andere Stelle stecken ⟨e-n Stecker, e-n Pfahl u.⟩

um·stei·gen (*ist*) [Vi] **1** ***((von etw.) in etw.*** (*Akk*)) ***u.*** von einem (öffentlichen) Fahrzeug in ein anderes steigen, um damit weiterzufahren: *vom Zug in ein Taxi u.; Geht dieser Zug bis Dortmund durch, od. muss ich u.?* || K-: ***Umsteige-, -bahnhof, -möglichkeit*** **2** ***((von etw.) auf etw.*** (*Akk*)) ***u.*** *gespr*; von etw. zu etw. anderem od. etw. Neuem (über)wechseln: *vom Auto aufs Fahrrad u.; auf vegetarische Ernährung u.* || zu **2** **Um·stieg** *der*; -(e)s; *nur Sg*

um·stel·len[1]; *stellte um, hat umgestellt*; [Vt] **1** ***(etw.) u.*** etw. von einem Platz an e-n anderen stellen ≈ verrücken: *Möbel u.; die Wörter in e-m Satz u.* **2** ***(etw.) u.*** e-n Hebel *o.Ä.* anders stellen ⟨die Weichen u.⟩ **3** ***(j-n / etw.) ((von etw.) auf etw.*** (*Akk*)) ***u.*** etw. (für j-n) (in bestimmter Hinsicht) ändern: *ein Baby von Muttermilch auf feste Nahrung u.; seine Ernährung völlig u.;* (*den Betrieb*) *auf Computer u.;* [Vr] **4** ***sich ((von etw.) auf etw.*** (*Akk*)) ***u.*** sich veränderten Umständen od. Situationen anpassen ⟨sich u. müssen⟩: *sich rasch auf das tropische Klima u.* || *hierzu* **Um·stel·lung** *die*; *zu* **1-3** **um·stell·bar** *Adj*

um·stel·len[2]; *umstellte, hat umstellt*; [Vt] ⟨Personen⟩ ***umstellen j-n / etw.*** Personen bilden e-n Kreis um j-n / etw. (herum), damit er / es nicht entkommen kann: *Die Polizei umstellte das Haus, in dem sich der Dieb aufhielt* || *hierzu* **Um·stel·lung** *die*; *nur Sg*

um·stim·men (*hat*) [Vt] ***j-n u.*** durch Argumente od. Bitten bewirken, dass j-d seine Meinung ändert: *Robert will unbedingt Rennfahrer werden - er lässt sich von niemandem u.* || *hierzu* **Um·stim·mung** *die*; *nur Sg*

um·sto·ßen (*hat*) [Vt] **1** ***j-n / etw. u.*** so kräftig gegen e-e Person od. Sache stoßen, dass sie umfällt ≈ umwerfen (1): *e-e Leiter u.; j-n versehentlich u.* **2** ***etw. u.*** etw. radikal ändern ⟨e-n Plan, ein Vorhaben u.⟩ || ► ***unumstößlich***

um·strit·ten *Adj*; *nicht adv*; so, dass es Stimmen dafür, aber auch Stimmen dagegen gibt ↔ allgemein anerkannt ⟨e-e Methode, e-e Theorie; ein Autor, ein Gelehrter; etw. ist in der Fachwelt u.⟩

um·struk·tu·rie·ren; *strukturierte um, hat umstrukturiert*; [Vt] ***etw. u.*** e-r Sache e-e neue Struktur geben ⟨e-n Betrieb, e-e Abteilung, e-n Wirtschaftszweig u.⟩ || *hierzu* **Um·struk·tu·rie·rung** *die*

um·stül·pen (*hat*) [Vt] **1** ***etw. u.*** etw. von innen nach außen wenden ⟨die Taschen u.⟩ **2** ***etw. u.*** *mst* e-n Behälter so drehen, dass die Öffnung nach unten kommt ≈ umdrehen: *e-n Eimer u., um sich darauf zu setzen*

Um·sturz *der*; das Stürzen (3) e-r Regierung (*mst* durch Gewalt) und die Einführung e-s neuen politischen Systems ≈ Putsch ⟨e-n U. planen, vorbereiten; an e-m U. beteiligt sein⟩ || K-: ***Umsturz-, -bewegung, -pläne, -versuch*** || -K: ***Regierungs-***

um·stür·zen [Vi] (*ist*) **1** ***etw. stürzt um*** etw. fällt aus e-r aufrechten Position (mit Wucht) zu Boden: *Bei dem Sturm sind mehrere Bäume umgestürzt;* [Vt] (*hat*) **2** ***etw. u.*** ≈ umwerfen (1)

um·tau·fen (*hat*) [Vt] ***etw. u.*** *gespr*; e-r Sache e-n anderen Namen geben ≈ umbenennen

um·tau·schen (*hat*) [Vt] **1** ***etw. (gegen / in etw.*** (*Akk*)) ***u.*** etw., das man gekauft od. geschenkt bekommen hat, wieder in das Geschäft zurückbringen und etw. anderes dafür bekommen: *ein Geschenk u.* || K-: ***Umtausch-, -möglichkeit, -recht*** **2** ***etw. (in etw.*** (*Akk*)) ***u.*** Geld gegen Geld e-r anderen Währung tauschen ≈ wechseln: *vor der Reise Geld u.; Euro in Dollar u.* || *hierzu* **Um·tausch** *der*; -(e)s; *nur Sg*

um·top·fen; *topfte um, hat umgetopft*; [Vt] ***e-e Pflanze u.*** e-e (Topf)Pflanze in e-n neuen Topf mit frischer Erde setzen

um·trei·ben (*hat*) [Vt] ***etw. treibt j-n um*** etw. lässt j-m keine Ruhe ⟨*mst* (die) Angst, das schlechte Gewissen⟩

Um·trie·be *die*; *Pl*, *pej*; geheime Aktivitäten von Leuten, die das politische System ändern wollen ⟨staatsfeindliche U.⟩

Um·trunk *der*; ein Treffen von mehreren Personen, bei dem man *bes* Bier od. Wein trinkt und sich dabei unterhält ⟨e-n U. halten⟩

um·tun (*hat*) [Vt] **1** ***(j-m / sich) etw. u.*** *gespr* ≈ umbinden, umhängen: *sich e-e Schürze u.;* [Vr] **2** ***sich (nach etw.) u.*** *gespr*; sich um etw. bemühen: *sich nach e-r Arbeit u.*

Um·ver·pa·ckung *die*; e-e Verpackung, die e-n bereits verpackten Inhalt enthält, u. die deshalb nicht unbedingt notwendig wäre

um·wäl·zen (*hat*) [Vt] **1** ***etw. u.*** etw. Schweres auf die andere Seite rollen: *e-n großen Stein u.* **2** ***etw. wälzt*** *mst* ***Luft / Wasser um*** etw. bewegt Luft / Wasser (in e-m geschlossenen Raum) und bereitet sie so auf, dass sie wieder frisch werden || K-: ***Umwälz-, -anlage, -pumpe***

um·wäl·zend **1** *Partizip Präsens*; ↑ ***umwälzen*** **2** *Adj*; ⟨Ereignisse, Erfindungen, Ideen, Neuerungen⟩ so, dass sie radikale Veränderungen (*z.B.* der Gesellschaft) bewirken

Um·wäl·zung *die*; -, *-en*; e-e völlige Änderung *bes* der politischen od. gesellschaftlichen Verhältnisse

um·wan·deln (*hat*) [Vt] ***etw. (in etw.*** (*Akk*) ***/ zu etw.) u.*** etw. zu etw. anderem machen ≈ umgestalten: *die alte Mühle in ein Restaurant u.* || ID ***j-d ist wie umgewandelt*** j-d hat sich in seinem Charakter od. seinem Verhalten völlig verändert: *Seitdem wir die Missverständnisse geklärt haben, ist er wie umgewandelt* || *hierzu* **Um·wand·lung** *die*

U

ụm·wech·seln (*hat*) Vt **(j-m) etw. (in etw.** (*Akk*)**) u.** ≈ wechseln², umtauschen (2): *Schweizer Franken in Englische Pfund u. lassen* || *hierzu* **Ụm·wechs·lung** *die*; *nur Sg*

Ụm·weg *der*; ein Weg zu e-m Ziel, der länger ist als der direkte Weg dorthin ⟨e-n U. machen, fahren; sein Ziel auf Umwegen erreichen⟩: *Auf der Heimfahrt haben wir e-n U. über Dresden gemacht, um Susi zu besuchen* || ID *mst* **etw. auf Umwegen erfahren** e-e Nachricht nicht direkt, sondern durch e-e dritte Person bekommen

ụm·we·hen (*hat*) Vt **etw. weht j-n / etw. um** ein Wind *o.Ä.* weht so stark, dass j-d / etw. umfällt

Ụm·welt *die*; *nur Sg*, *Kollekt*; **1** die Erde, die Luft, das Wasser und die Pflanzen als Lebensraum für die Menschen und Tiere: *gegen die Verschmutzung der U. kämpfen* || K-: **Umwelt-, -bedingungen, -belastung, -einflüsse, -forschung, -gift, -katastrophe, -kriminalität, -schäden, -verschmutzung, -zerstörung**; **umwelt-, -belastend, -schädigend, -schädlich, -verträglich 2** die gesellschaftlichen Verhältnisse, in denen ein Mensch lebt und die seine Entwicklung beeinflussen ≈ Umgebung (2) || K-: **Umwelt-, -bedingungen, -einflüsse 3** die Menschen, zu denen man Kontakt hat: *sich von seiner U. missverstanden fühlen* || *hierzu* **ụm·welt|be·dingt** *Adj*

ụm·welt|be·wusst *Adj*; bemüht, der Umwelt (1) nicht zu schaden || *hierzu* **Ụm·welt|be·wusst·sein** *das*

ụm·welt|feind·lich *Adj*; so, dass es die Umwelt (1) schädigt ↔ umweltfreundlich

ụm·welt|freund·lich *Adj*; so, dass es die Umwelt nicht schädigt ↔ umweltfeindlich: *ein umweltfreundliches Waschpulver*; *Der Katalysator ist u.*

Ụm·welt|gip·fel *der*; Verhandlungen über Umweltprobleme, an denen Regierungen mehrerer Staaten aus der ganzen Welt teilnehmen

Ụm·welt|pa·pier *das*; Papier, das (aus Abfallholz, aus Altpapier, ohne Einsatz von Chlor *o.Ä.*) umweltfreundlich hergestellt wird

Ụm·welt|schutz *der*; *nur Sg*, *Kollekt*; alle Maßnahmen, durch die man versucht zu verhindern, dass die Umwelt (1) verschmutzt od. zerstört wird: *Er setzt sich in seiner Freizeit für den U. ein* || K-: **Umweltschutz-, -gesetz, -organisation** || *hierzu* **Ụm·welt|schüt·zer** *der*; *-s*, *-*; **Ụm·welt|schüt·ze·rin** *die*; *-*, *-nen*

Ụm·welt·schutz·pa·pier *das* ≈ Umweltpapier

Ụm·welt|sün·der *der*; *gespr*; j-d, der die Umwelt (1) verschmutzt od. zerstört

ụm·welt·ver·träg·lich *Adj*; so, dass es der Natur nicht schadet ⟨ein Verfahren; etw. u. entsorgen⟩

um·wẹr·ben; *umwirbt*, *umwarb*, *hat umworben*; Vt **j-n u.** *veraltend*; *bes* mit Geschenken und mit höflichem Verhalten versuchen, j-s Liebe od. Gunst zu gewinnen

ụm·wer·fen (*hat*) Vt **1 j-n / etw. u.** kurz und kräftig (mit od. ohne Absicht) gegen e-e Person od. Sache stoßen, sodass diese zu Boden fällt ≈ umstoßen: *ein volles Glas Wein u.*; *Er hat seinen Freund beim Spielen umgeworfen* **2 sich** (*Dat*) **etw. u.** sich ein Kleidungsstück mit e-r schnellen Bewegung *mst* um den Hals od. um die Schultern legen ⟨sich e-n Schal, e-e Jacke, e-n Mantel u.⟩ **3 etw. wirft j-n um** *gespr*; etw. überrascht j-n sehr: *Die Erkenntnis, dass so etw. überhaupt möglich ist, warf sie um* || NB: Wenn es sich um ein schlimmes Ereignis handelt, verwendet man *schockieren* od. *erschüttern* **4 etw. u.** *gespr*; etw. ganz anders machen, als es vorher geplant war ⟨seine Pläne wieder u.⟩

ụm·wer·fend 1 *Partizip Präsens*; ↑ **umwerfen 2** *Adj*; *gespr*; sehr beeindruckend: *Du siehst u. aus!* **3** *Adv*; **u. komisch** sehr komisch

um·wị·ckeln *umwickelte*, *hat umwickelt*; Vt **etw. u.** ein Band, e-e Schnur *o.Ä.* mehrere Male um etw. wickeln: *Der Sanitäter umwickelte den Arm des Verletzten mit e-r Binde*

ụm·zie·hen¹ (*ist*) Vi **(irgendwohin) u.** die Wohnung (und den Wohnort) wechseln: *in e-e größere Wohnung u.*; *von Wien nach Graz u.*

ụm·zie·hen² (*hat*) Vt **j-n / sich u.** j-m / sich andere Kleidung anziehen

um·zịn·geln; *umzingelte*, *hat umzingelt*; Vt ⟨Personen⟩ **umzingeln j-n / etw.** viele Personen stellen sich um j-n / etw. herum (*bes* um j-n zu fangen od. um etw. zu erobern): *Die Burg war von Feinden umzingelt* || NB: oft im Passiv! || *hierzu* **Um·zịn·ge·lung** *die*; *nur Sg*

Ụm·zug *der*; **1** das Wechseln der Wohnung (und des Wohnortes): *der U. in die neue Wohnung*; *der U. nach Berlin* || K-: **Umzugs-, -kosten, -tag 2** das Ziehen (1) vieler Menschen durch die Straßen (*bes* im Karneval) ⟨e-n U. machen / veranstalten⟩

UN [uːˈ|ɛn] *die*; *Pl*; *Kurzw* ↑ **UNO**

ụn- *im Adj*, *mst betont*, *sehr produktiv*; *un-* drückt das Gegenteil des Adjektivs aus, dem es vorangestellt ist; **echt** ↔ **unecht** ⟨Schmuck⟩; **sicher** ↔ **unsicher** ⟨e-e Sache⟩; **abhängig** ↔ **unabhängig** ⟨ein Staat⟩; **annehmbar** ↔ **unannehmbar** ⟨e-e Forderung⟩; **appetitlich** ↔ **unappetitlich** ⟨e-e Speise⟩; **fair** ↔ **unfair** ⟨ein Spieler⟩; **populär** ↔ **unpopulär** ⟨e-e Maßnahme⟩; **bedeutend** ↔ **unbedeutend** ⟨ein Schriftsteller⟩

un·ab·ạ̈n·der·lich, **ụn·ab·än·der·lich** *Adj*; so, dass man es nicht mehr ändern kann ⟨ein Entschluss, e-e Tatsache; etw. steht u. fest.⟩

un·ab·dịng·bar, **ụn·ab·ding·bar** *Adj*; *nicht adv*, *geschr*; unbedingt notwendig ⟨e-e Voraussetzung, e-e Forderung⟩ || *hierzu* **Un·ab·dịng·bar·keit**, **Ụn·ab·ding·bar·keit** *die*; *nur Sg*

ụn·ab·hän·gig *Adj*; **1 (von j-m / etw.) u.** nicht auf j-n / etw. angewiesen: *von seinen Eltern finanziell u. sein*; *im Urlaub vom Wetter u. sein* **2 von j-m / etw. u.** nicht von j-m beeinflusst: *Die Wissenschaftler haben zur gleichen Zeit u. voneinander das Virus entdeckt* **3** ≈ autonom, souverän ⟨ein Staat⟩ **4 u. davon, ob…** gleichgültig, ob…, egal, ob … || *zu* **1** und **3 Ụn·ab·hän·gig·keit** *die*; *nur Sg*

Ụn·ab·hän·gig·keits·er·klä·rung *die*; der Text, in dem ein Staat (*z.B.* e-e Kolonie) erklärt, dass er von jetzt an selbstständig ist

un·ab·kọ̈mm·lich, **ụn·ab·kömm·lich** *Adj*; *nicht adv*, *geschr*; **(irgendwo) u. sein** (irgendwo) unbedingt gebraucht werden, nicht weggehen können

ụn·ab·läs·sig, **un·ab·lạ̈s·sig** *Adj*; *nur attr od adv*; ohne Unterbrechung ≈ ständig, ununterbrochen: *Sie redet u.*

un·ab·seh·bar *Adj*; ⟨Auswirkungen, Folgen⟩ so, dass man sie vorher nicht einschätzen od. beurteilen kann

ụn·ab·sicht·lich *Adj*; ohne Absicht ≈ versehentlich ⟨j-n u. beleidigen, kränken, verletzen⟩

un·ab·wẹnd·bar, **ụn·ab·wend·bar** *Adj*; *geschr*; so, dass man es nicht verhindern kann ≈ unvermeidlich ⟨ein Geschick, ein Schicksal⟩ || *hierzu* **Un·ab·wẹnd·bar·keit**, **Ụn·ab·wend·bar·keit** *die*; *nur Sg*

ụn·acht·sam *Adj*; **1** ohne die nötige Konzentration: *u. sein und e-n Unfall verursachen* **2** ohne Sorgfalt ↔ behutsam, sorgsam ⟨etw. u. behandeln⟩ || *hierzu* **Ụn·acht·sam·keit** *die*; *nur Sg*

un·an·fẹcht·bar, **ụn·an·fecht·bar** *Adj*; *geschr*; ⟨ein Urteil, ein Beweis⟩ so gesichert od. fundiert, dass man sie nicht bezweifeln kann || *hierzu* **Un·an·fẹcht·bar·keit**, **Ụn·an·fecht·bar·keit** *die*; *nur Sg*

ụn·an·ge·bracht *Adj*; *nicht adv*; in der gegebenen

U

Situation nicht passend ≈ deplaziert ⟨e-e Bemerkung; etw. für u. halten⟩
un·an·ge·foch·ten *Adj*; *geschr*; **1** von niemandem bezweifelt ≈ unbestritten: *Seine These ist u.* **2** *mst adv*; von niemandem (daran) gehindert: *Er passierte u. die Grenze*
un·an·ge·mel·det *Adj*; ohne, dass es vorher j-d angekündigt hat ≈ überraschend ⟨ein Besuch; u. irgendwohin kommen⟩
un·an·ge·mes·sen *Adj*; *geschr*; nicht zu den Verhältnissen od. Umständen passend ⟨e-e Forderung; etw. für u. halten⟩ || *hierzu* **Un·an·ge·mes·sen·heit** *die*; *nur Sg*
un·an·ge·nehm *Adj*; **1** für j-n schwierig od. ungünstig ⟨in e-r unangenehmen Lage sein⟩ **2** so, dass man sich dabei körperlich unwohl fühlt ≈ übel (1) ⟨ein Geruch⟩ **3** ≈ unsympathisch ⟨ein Mensch⟩ **4** ***etw. ist j-m u.*** ≈ etw. ist j-m peinlich **5** ***u. auffallen*** durch sein Verhalten andere Leute stören
un·an·ge·tas·tet *Adj*; *geschr*; *mst in* **1** ***etw. bleibt u.*** etw. wird nicht aufgebraucht ⟨seine Ersparnisse, sein Vermögen, seine Vorräte⟩ **2** ***etw. u. lassen*** etw. nicht aufbrauchen ⟨seine Ersparnisse, sein Vermögen, seine Vorräte u. lassen⟩
Un·an·nehm·lich·keit *die*; -, *-en*; *mst Pl*, *geschr*; Probleme, die einem Schwierigkeiten od. Ärger machen ⟨mit etw. Unannehmlichkeiten bekommen, haben; j-m Unannehmlichkeiten machen / bereiten⟩
un·an·sehn·lich *Adj*; nicht schön || *hierzu* **Un·an·sehn·lich·keit** *die*; *nur Sg*
un·an·stän·dig *Adj*; ⟨ein Mensch; ein Witz⟩ so, dass sie gegen die guten Sitten od. gegen die Moral verstoßen ≈ anstößig || *hierzu* **Un·an·stän·dig·keit** *die*; *nur Sg*
un·an·tast·bar, **un·an·tast·bar** *Adj*; *nicht adv*, *geschr*; ⟨Rechte⟩ so, dass man sie nicht in Frage stellen darf: *Die Würde des Menschen ist u.* || *hierzu* **Un·an·tast·bar·keit**, **Un·an·tast·bar·keit** *die*; *nur Sg*
un·ap·pe·tit·lich *Adj*; **1** nicht appetitlich ≈ Ekel erregend ⟨e-e Speise sieht u. aus, riecht u.⟩ **2** schmutzig und ohne Pflege ≈ unästhetisch: *Seine schmutzigen Fingernägel sehen u. aus* || *hierzu* **Un·ap·pe·tit·lich·keit** *die*; *nur Sg*
Un·art *die*; ein Verhalten, das andere Menschen stört ⟨e-e U. annehmen, haben⟩ ≈ Unsitte: *Diese U. musst du dir abgewöhnen!*
un·ar·tig *Adj*; ohne das Verhalten, das Erwachsene von Kindern erwarten ≈ ungehorsam ↔ brav
un·ar·ti·ku·liert *Adj*; ⟨Laute⟩ so, dass man sie nicht verstehen kann: *Er spricht u.*
un·äs·the·tisch *Adj*; nicht ästhetisch ≈ abstoßend
un·auf·fäl·lig *Adj*; **1** nicht auffällig ≈ dezent ⟨e-e Farbe, e-e Kleidung; u. gekleidet sein⟩ **2** *mst adv*; ohne von j-m bemerkt zu werden ⟨j-n u. beobachten⟩: *Er verließ u. den Saal* || *hierzu* **Un·auf·fäl·lig·keit** *die*; *nur Sg*
un·auf·find·bar, **un·auf·find·bar** *Adj*; so (versteckt), dass man es nicht (mehr) finden kann
un·auf·ge·for·dert *Adj*; *mst adv*; ohne dazu aufgefordert worden zu sein: *entliehene Bücher u. zurückgeben*
un·auf·ge·klärt *Adj*; ⟨ein Verbrechen⟩ so, dass man die Umstände od. den Hintergrund davon (noch) nicht feststellen konnte: *Der Mord blieb u.*
un·auf·halt·sam, **un·auf·halt·sam** *Adj*; so, dass man es nicht stoppen kann ⟨der Verfall e-s Bauwerkes⟩: *Die Zeit geht u. weiter* || *hierzu* **Un·auf·halt·sam·keit**, **Un·auf·halt·sam·keit** *die*; *nur Sg*
un·auf·hör·lich, **un·auf·hör·lich** *Adj*; *nur attr od adv*; andauernd, ohne Unterbrechung ≈ ununterbrochen: *Das Telefon klingelt u.*
un·auf·merk·sam *Adj*; **1** ⟨ein Schüler⟩ so, dass er sich nicht gut konzentriert, nicht zuhört: *im Unterricht u. sein* **2** ⟨ein Gastgeber⟩ so, dass er sich nicht freundlich um seine Gäste kümmert || *hierzu* **Un·auf·merk·sam·keit** *die*; *nur Sg*
un·auf·rich·tig *Adj*; nicht ehrlich ≈ verlogen || *hierzu* **Un·auf·rich·tig·keit** *die*; *nur Sg*
un·aus·denk·bar, **un·aus·denk·bar** *Adj*; *geschr*; so schlimm, dass man es sich kaum vorstellen kann ≈ unvorstellbar: *Die Folgen e-s Atomkrieges sind u.*
un·aus·ge·füllt *Adj*; **1** ≈ leer ⟨ein Formular⟩ **2** *mst* ***sich u. fühlen***; ***u. sein*** sich sinnvollere und befriedigendere Aufgaben im Leben wünschen
un·aus·ge·gli·chen *Adj*; *nicht adv*; in e-m (körperlichen und seelischen) Zustand, in dem man nicht mit sich selbst zufrieden ist: *Wenn ich keinen Sport treibe, fühle ich mich völlig u.* || *hierzu* **Un·aus·ge·gli·chen·heit** *die*; *nur Sg*
un·aus·lösch·lich, **un·aus·lösch·lich** *Adj*; *geschr*; so, dass man es nie mehr vergisst ≈ unvergesslich ⟨ein Erlebnis, ein Eindruck; etw. prägt sich j-m u. ein⟩
un·aus·sprech·lich, **un·aus·sprech·lich** *Adj*; *geschr*; so groß, so intensiv *o.Ä.*, dass man es kaum beschreiben kann ≈ unbeschreiblich: *u. glücklich sein*
un·aus·steh·lich, **un·aus·steh·lich** *Adj*; sehr unfreundlich, sehr schlecht gelaunt ≈ unerträglich: *Du bist heute mal wieder u.!* || *hierzu* **Un·aus·steh·lich·keit**, **Un·aus·steh·lich·keit** *die*; *nur Sg*
un·bän·dig *Adj*; **1** sehr lebhaft ≈ stürmisch, wild (5) ⟨ein unbändiges Temperament haben⟩: *Die Kinder tobten u. umher* **2** sehr groß, sehr intensiv ⟨Freude, Wut, Zorn, Neugierde, Sehnsucht, Hunger, Durst⟩ **3** *nur adv*; verwendet, um Adjektive od. Verben zu verstärken: *Sie freute sich u. über das Geschenk*
un·barm·her·zig *Adj*; ohne Mitleid ≈ gnadenlos ⟨j-n u. bestrafen⟩ || *hierzu* **Un·barm·her·zig·keit** *die*; *nur Sg*
un·be·ab·sich·tigt; *Adj*; ohne Absicht ≈ unabsichtlich, versehentlich
un·be·ach·tet *Adj*; von niemandem beachtet
un·be·dacht *Adj*; ⟨e-e Äußerung⟩ so, dass man dabei nicht an die Konsequenzen denkt ≈ unklug, unüberlegt || *hierzu* **Un·be·dacht·heit** *die*; *nur Sg*; **un·be·dach·ter·wei·se** *Adv*
un·be·darft *Adj*; *pej* ≈ naiv ⟨völlig u. sein⟩ || *hierzu* **Un·be·darft·heit** *die*; *nur Sg*
un·be·denk·lich *Adj*; **1** so, dass man sich keine Sorgen darüber machen muss ≈ ungefährlich: *Die Therapie soll völlig u. sein* **2** *mst adv*; ohne Bedenken (zu haben) ≈ bedenkenlos, uneingeschränkt ⟨etw. u. tun können; j-m u. zustimmen können⟩ || *hierzu* **Un·be·denk·lich·keit** *die*; *nur Sg*
un·be·deu·tend *Adj*; **1** von geringem Wert od. von geringer Wichtigkeit ≈ bedeutungslos, unwichtig: *ein unbedeutendes Detail* **2** ≈ geringfügig ↔ gravierend, schwer wiegend ⟨ein Fehler, e-e Änderung, e-e Verbesserung, e-e Verschlechterung⟩
un·be·dingt, **un·be·dingt** *Adv*; auf jeden Fall, unter allen Umständen: *etw. u. wissen wollen*; *Ich muss dir u. mein neues Kleid zeigen!*
un·be·ding·t-, **un·be·ding·t-** *Adj*; *nur attr*, *nicht adv*, *geschr* ≈ uneingeschränkt, grenzenlos ⟨Treue; unbedingtes Vertrauen zu j-m haben⟩
un·be·ein·druckt, **un·be·ein·druckt** *Adj*; ohne erkennbare Reaktion, nicht beeindruckt ⟨etw. lässt j-n u.⟩: *Er zeigte sich von unseren Ideen völlig u.*
un·be·fahr·bar, **un·be·fahr·bar** *Adj*; *nicht adv*; in e-m solchen Zustand, dass man darauf nicht fahren kann ⟨e-e Straße, ein Weg⟩
un·be·fan·gen *Adj*; **1** ohne Hemmungen ⟨u. lachen, mit j-m sprechen⟩ **2** objektiv und ohne Vor-

urteile ≈ unvoreingenommen ⟨ein Richter, ein Zeuge; j-m / etw. u. gegenüberstehen⟩ || *hierzu* **Ụn·be·fan·gen·heit** *die*; *nur Sg*

ụn·be·frie·di·gend *Adj*; nicht zufrieden stellend ⟨ein Ergebnis⟩

ụn·be·frie·digt *Adj*; **1** (***über etw.*** (*Akk*)) ***u.*** mit etw. nicht zufrieden **2** (sexuell) nicht befriedigt (1)

ụn·be·fris·tet *Adj*; ohne zeitliche Begrenzung ⟨ein Arbeitsvertrag⟩

ụn·be·fugt *Adj*; *geschr*; (***zu etw.***) ***u.*** ohne das Recht zu etw. ≈ unberechtigt || *hierzu* **Ụn·be·fug·te** *der / die*; *-n, -n*

ụn·be·gabt *Adj*; *nicht adv*; ***u.*** (***für etw.***) ohne die nötigen Fähigkeiten für etw.

un·be·greif·lich, **ụn·be·greif·lich** *Adj*; (***j-m / für j-n***) ***u.*** nicht erklärbar od. verständlich ≈ unverständlich: *Dein Verhalten ist mir u.*; *Es ist u. für mich, wie das passieren konnte!* || *hierzu* **ụn·be·greif·li·cher·wei·se** *Adv*

ụn·be·grenzt, **un·be·grẹnzt** *Adj*; ohne zeitliche Begrenzung ⟨auf unbegrenzte Dauer, etw. gilt zeitlich u., etw. ist u. gültig⟩: *Konserven sind nicht u. haltbar* || *hierzu* **Ụn·be·grenzt·heit**, **Un·be·grẹnzt·heit** *die*; *nur Sg*

ụn·be·grün·det *Adj*; ohne Begründung od. ohne Grund ⟨ein Verdacht⟩: *Ihr Misstrauen war u.*

Ụn·be·ha·gen *das*; *-s*; *nur Sg*; ein unbestimmtes unangenehmes Gefühl (körperlicher od. seelischer Art) ≈ Unwohlsein ⟨ein körperliches U.; j-n befällt ein leises, gewisses U.; etw. bereitet j-m U.; j-d (ver)spürt ein U.⟩

ụn·be·hag·lich *Adj*; **1** so, dass man sich dort nicht wohl fühlt ≈ ungemütlich ⟨ein Zimmer⟩: *Draußen war es recht u.* **2** mit e-m unangenehmen Gefühl ⟨sich u. fühlen; j-m ist u. zumute⟩ || *hierzu* **Ụn·be·hag·lich·keit** *die*; *nur Sg*

ụn·be·han·delt *Adj*; **1** ⟨e-e Krankheit, e-e Wunde⟩ so, dass sie nicht von e-m Arzt *o.Ä.* versorgt wurden **2** ohne chemische Mittel od. Verfahren zur Verfeinerung, Konservierung *o.Ä.* ⟨Obst, Gemüse *usw*⟩

un·be·hẹl·ligt, **ụn·be·hel·ligt** *Adj*; so, dass man nicht gestört od. gehindert wird ⟨u. bleiben; j-n u. passieren (= vorbei- od. durchgehen) lassen⟩

ụn·be·herrscht *Adj*; ohne Kontrolle über seine Emotionen ⟨ein Mensch; u. sein, reagieren⟩ || *hierzu* **Ụn·be·herrscht·heit** *die*; *nur Sg*

ụn·be·hol·fen *Adj*; (*bes* in den Bewegungen) ungeschickt ↔ geschickt ⟨sich u. bewegen; u. sein⟩ || *hierzu* **Ụn·be·hol·fen·heit** *die*; *nur Sg*

ụn·be·irr·bar, **un·be·ịrr·bar** *Adj*; *mst adv*; ohne sich von j-m / etw. beeinflussen zu lassen: *u. seine Ziele verfolgen* || *hierzu* **Ụn·be·irr·bar·keit**, **Un·be·ịrr·bar·keit** *die*; *nur Sg*

ụn·be·kannt *Adj*; *nicht adv*; **1** nicht bekannt od. nicht erkannt: *Ein unbekannter Mann hat die Bank ausgeraubt* **2** nicht berühmt ↔ bekannt: *Nur relativ unbekannte Künstler waren bei der Ausstellung vertreten* **3** ***etw. ist j-m u.*** j-d weiß, kennt etw. nicht: *Dieser Umstand war mir bis heute u.* **4** ***j-d ist j-m u.*** j-d kennt j-n nicht: *E-e Frau Wilkens ist mir völlig u.*

Ụn·be·kann·te[1] *der / die*; *-n, -n*; j-d, den man nicht kennt || NB: *ein Unbekannter*; *der Unbekannte*; *den, dem, des Unbekannten*

Ụn·be·kann·te[2] *die*; *-n, -n*; *Math*; e-e mathematische Größe, die man nicht kennt, aber berechnen kann ⟨e-e Gleichung mit zwei Unbekannten⟩ || NB: *e-e Unbekannte*; *die Unbekannte*; *der Unbekannten*

ụn·be·küm·mert, **un·be·kụm·mert** *Adj*; *mst adv*; ohne sich Sorgen zu machen ≈ unbeschwert ⟨u. (dahin)leben, lachen⟩ || *hierzu* **Ụn·be·küm·mert·heit**, **Un·be·kụm·mert·heit** *die*; *nur Sg*

ụn·be·lebt *Adj*; *mst attr*; **1** leer od. nur mit wenigen Menschen ≈ einsam, verlassen ⟨e-e Straße, e-e Gegend⟩ **2** ***die unbelebte Natur*** die Teile der Natur, die nicht leben, *bes* die Steine und die Mineralien

un·be·lehr·bar, **ụn·be·lehr·bar** *Adj*; nicht bereit, aus seinen Fehlern zu lernen od. auf die Ratschläge anderer zu hören ≈ dickköpfig || *hierzu* **Un·be·lehr·bar·keit**, **Ụn·be·lehr·bar·keit** *die*; *nur Sg*

ụn·be·leuch·tet *Adj*; ohne Licht ⟨e-e Straße⟩

ụn·be·liebt *Adj*; (***bei j-m***) ***u.*** (bei j-m) nicht beliebt (2) ↔ gern gesehen || ID ***sich*** (***bei j-m***) ***u. machen*** durch sein Verhalten bewirken, dass j-d einen nicht mag: *Wenn du ständig Fragen an den Chef richtest, machst du dich bei ihm u.* || *hierzu* **Ụn·be·liebt·heit** *die*; *nur Sg*

ụn·be·mannt *Adj*; *nicht adv*; ohne Menschen ⟨ein Raumschiff, die Raumfahrt⟩

ụn·be·merkt *Adj*; *nur attr od adv*; von niemandem bemerkt[1] (1) ≈ heimlich: *Er verließ u. den Raum*

ụn·be·nom·men *Adj*; *geschr*; *nur in* ***etw. ist / bleibt j-m u.*** j-d kann etw. tun, wenn er es für richtig hält: Es *bleibt Ihnen u., sich* zu *beschweren*

ụn·be·nutzt *Adj*; (noch) nicht benutzt (1) ≈ sauber, frisch ↔ gebraucht: *ein unbenutztes Handtuch*

ụn·be·obach·tet *Adj*; so, dass man von niemandem beobachtet od. gesehen wird ⟨sich u. fühlen, glauben⟩

ụn·be·quem *Adj*; **1** nicht bequem ≈ ungemütlich: *Auf diesem Sessel sitzt man sehr u.* **2** ⟨ein Kritiker, ein Politiker⟩ so, dass sie sich nicht anpassen, sondern kritisch bleiben **3** ⟨Fragen⟩ so, dass sie dem Betroffenen Schwierigkeiten bereiten || *zu* **1** **Ụn·be·quem·lich·keit** *die*; *nur Sg*

ụn·be·re·chen·bar, **un·be·rẹ·chen·bar** *Adj*; **1** *pej*; ⟨ein Mensch⟩ so, dass man nie genau weiß, wie er sich verhalten od. reagieren wird: *Wenn er Alkohol trinkt, ist er u.* **2** ≈ unvorhersehbar ⟨ein Zufall⟩ || *hierzu* **Ụn·be·re·chen·bar·keit**, **Un·be·rẹ·chen·bar·keit** *die*; *nur Sg*

ụn·be·rech·tigt *Adj*; so, dass es keinen Grund dafür gibt ≈ ungerechtfertigt: *Die Kritik war völlig u.* || *hierzu* **ụn·be·rech·tig·ter·wei·se** *Adv*

ụn·be·rück·sich·tigt *Adj*; *mst in* **1** ***etw. u. lassen*** etw. nicht berücksichtigen **2** ***etw. bleibt u.*** etw. wird nicht berücksichtigt

ụn·be·rührt *Adj*; **1** noch nicht benutzt: *Das Bett war noch u., als ich zurückkam* **2** (***von etw.***) ***u.*** nicht von etw. beeinflusst ⟨von j-s Leid / Schmerz u. sein, bleiben⟩ **3** *mst* ***die unberührte Natur*** die Natur in dem Zustand, bevor der Mensch sie verändert hat || *zu* **3** **Ụn·be·rührt·heit** *die*; *nur Sg*

ụn·be·scha·det, **un·be·scha·det** *Präp*; *mit Gen*, *geschr od Jur*; verwendet, um auszudrücken, dass etw. nicht berücksichtigt wird ≈ trotz: *u. der Bestimmungen von §17*

ụn·be·schol·ten *Adj*; mit e-m guten Ruf ≈ integer, rechtschaffen ⟨ein Bürger; ein Leben⟩ || *hierzu* **Ụn·be·schol·ten·heit** *die*; *nur Sg*

ụn·be·schrankt *Adj*; *nicht adv*; *mst in* ***ein unbeschrankter Bahnübergang*** ein Bahnübergang ohne Schranken

ụn·be·schränkt, **un·be·schrạnkt** *Adj* ≈ unbegrenzt, uneingeschränkt

un·be·schreib·lich, **ụn·be·schreib·lich** *Adj*; so groß, so intensiv *o.Ä.*, dass man es nicht od. kaum beschreiben kann ≈ unaussprechlich: *Bei seinem Unfall hat er unbeschreibliches Glück gehabt*; *Der Vortrag war u. langweilig*

ụn·be·schrie·ben *Adj* ≈ leer ⟨Blätter, Seiten⟩ || ID ↑ ***Blatt***

ụn·be·schwert *Adj*; ohne Sorgen und Probleme und deshalb fröhlich und glücklich ≈ sorgenfrei ⟨e-e Kindheit; u. leben können; etw. u. genießen⟩ || *hierzu* **Ụn·be·schwert·heit** *die*; *nur Sg*

U

un·be·se·hen, un·be·se·hen *Adv*; *mst* ***j-m etw. u. glauben*** j-m etw. glauben, ohne es zu prüfen

un·be·sieg·bar, un·be·sieg·bar *Adj*; ⟨ein Feind, ein Gegner, e-e Armee⟩ so, dass man sie nicht besiegen kann || *hierzu* **Un·be·sieg·bar·keit, Un·be·sieg·bar·keit** *die*; *nur Sg*

un·be·son·nen *Adj*; nicht vorher überlegt ≈ unüberlegt ⟨e-e Tat⟩ || *hierzu* **Un·be·son·nen·heit** *die*; *nur Sg*

un·be·sorgt *Adj*; *nur präd od adv*; *mst in* ***Seien Sie / Sei u.!*** machen Sie sich / mach dir keine Sorgen (darüber)

un·be·stän·dig *Adj*; **1** ⟨ein Mensch⟩ so, dass er oft seine Meinungen, Haltungen, Pläne *o.Ä.* ändert ≈ wankelmütig **2** ⟨das Wetter⟩ so, dass es weder lange regnerisch noch lange sonnig *o.Ä.* bleibt ≈ wechselhaft || *hierzu* **Un·be·stän·dig·keit** *die*; *nur Sg*

un·be·stä·tigt, un·be·stä·tigt *Adj*; *nicht adv*; *mst in* ***unbestätigten Meldungen zufolge...*** *geschr*; nach Meldungen, die von offizieller Seite (noch) nicht bestätigt worden sind

un·be·stech·lich, un·be·stech·lich *Adj*; *nicht adv*; **1** ⟨ein Beamter, ein Polizist *usw*⟩ so, dass man sie mit Geld nicht beeinflussen kann ↔ korrupt **2** ⟨ein Beobachter, ein Kritiker⟩ (in ihrem Urteil) durch nichts zu beeinflussen || *hierzu* **Un·be·stech·lich·keit, Un·be·stech·lich·keit** *die*; *nur Sg*

un·be·stimmt *Adj*; *nicht adv*; **1** ⟨Ängste, e-n unbestimmten Verdacht hegen⟩ so, dass man sie nicht genau bestimmen od. identifizieren kann **2** ≈ vage, ungenau ↔ konkret: *Der Zeuge machte unbestimmte Angaben zum Ablauf des Verbrechens* **3** so, dass es noch nicht feststeht: *Es ist noch u., wann wir in Urlaub fahren* || zu **1 Un·be·stimmt·heit** *die*; *nur Sg*

un·be·streit·bar, un·be·streit·bar *Adj*; so (gesichert), dass man nicht daran zweifeln kann ≈ gesichert, feststehend ⟨e-e Tatsache, ein Erfolg, ein Fortschritt⟩

un·be·strit·ten, un·be·strit·ten *Adj*; von niemandem bezweifelt ≈ anerkannt ⟨e-e Tatsache; etw. bleibt u.⟩: *Unter den Experten ist u., dass der Unfall durch e-n technischen Defekt verursacht wurde*

un·be·tei·ligt, un·be·tei·ligt *Adj*; **1** so, dass man kein Interesse an etw. zeigt ≈ teilnahmslos: *Er stand u. dabei, während alle anderen zu helfen versuchten* **2** *nicht adv*; (***an etw.*** (*Dat*)) ***u.*** so, dass man an etw. nicht teilnimmt: *Bei der Demonstration wurden auch völlig unbeteiligte Passanten verhaftet*; *Er war an dem Raubüberfall u.*

un·be·tont *Adj*; nicht betont ⟨e-e Silbe⟩

un·beug·sam, un·beug·sam *Adj*; ⟨ein Volk, ein Menschenschlag⟩ so, dass sie niemandem nachgeben ≈ standhaft

un·be·waff·net *Adj*; ohne Waffe

un·be·wäl·tigt, un·be·wäl·tigt *Adj*; ⟨ein Problem, Konflikte, j-s Vergangenheit⟩ so, dass sie Schwierigkeiten od. Probleme beinhalten, die noch gelöst werden müssen

un·be·weg·lich, un·be·weg·lich *Adj*; **1** *mst adv*; ohne sich zu bewegen ≈ regungslos ⟨u. dastehen, in seiner Stellung verharren⟩ **2** so, dass es sich nicht (mehr) bewegen lässt ≈ steif (2), starr (1): *Seit dem Unfall ist sein Handgelenk u.* **3** so, dass es sich nicht verändert (und keine Gefühle od. Gedanken widerspiegelt) ≈ ausdruckslos, starr (2): *Sein Gesichtsausdruck / Seine Miene blieb u.* **4** ***geistig u.*** nicht fähig, sich schnell auf veränderte Situationen einzustellen || *hierzu* **Un·be·weg·lich·keit, Un·be·weg·lich·keit** *die*; *nur Sg*

un·be·wegt *Adj*; (***von etw.***) ***u.*** von etw. nicht beeindruckt, ohne erkennbare emotionale Reaktion: *Mit unbewegter Miene hörte der Angeklagte sich das Urteil an*

un·be·wohnt *Adj*; ohne Menschen, die darin wohnen ≈ leer stehend ⟨ein Haus⟩

un·be·wusst *Adj*; **1** nicht bewusst (1) ≈ instinktiv ⟨Ängste, Sehnsüchte, Abneigungen⟩ **2** *mst adv*; ohne sich darauf zu konzentrieren ≈ am Rande, nebenbei ⟨etw. u. wahrnehmen⟩ **3** ohne Absicht ≈ unabsichtlich, versehentlich: *j-n u. kränken, beleidigen*

un·be·zahl·bar, un·be·zahl·bar *Adj*; *nicht adv*; **1** so teuer, dass man es nicht od. kaum bezahlen kann ⟨ein Preis⟩: *Die Mieten in den Großstädten sind u.* **2** so wichtig od. wertvoll, dass selbst sehr viel Geld kein Ersatz dafür ist: *Gesundheit ist u.* || ID *mst* ***du bist / Das ist*** (***einfach***) ***u.!*** *gespr hum*; du bist / das ist sehr lustig

un·be·zahlt *Adj*; *nicht adv*; **1** (noch) nicht bezahlt ≈ unbeglichen ⟨Rechnungen⟩ **2** so, dass man kein Geld dafür bekommt ⟨Überstunden, Urlaub⟩

un·be·zähm·bar, un·be·zähm·bar *Adj*; *nicht adv*; ⟨j-s Neugier(de), ein Verlangen⟩ so groß, dass man sie nicht unterdrücken kann || *hierzu* **Un·be·zähm·bar·keit, Un·be·zähm·bar·keit** *die*; *nur Sg*

Un·bil·den *die*; *Pl*, *mst in* ***die U. der Witterung, des Winters*** *geschr*; die unangenehmen Seiten des Wetters od. des Winters (wie *z.B.* Kälte, Glatteis)

Un·bill *die*; -; *nur Sg*, *geschr od veraltend*; ***die U.*** + *Gen* / ***von etw.*** die schlimmen Folgen von etw., die man ertragen muss ⟨die U. des Krieges, e-r Herrschaft, der Tyrannei⟩

un·blu·tig *Adj*; ohne, dass Menschen dabei verletzt od. getötet werden ≈ ohne Blutvergießen ⟨ein Aufstand; etw. verläuft, endet u.⟩: *das unblutige Ende des Geiseldramas*

un·brauch·bar *Adj*; *nicht adv*; **1** nicht mehr zu gebrauchen ≈ wertlos: *Das alte Fahrrad ist u.* **2** (***für etw.***) ***u.*** für e-e Tätigkeit nicht geeignet: *Er ist fürs Holzhacken u., weil er so ungeschickt ist*

un·bü·ro·kra·tisch *Adj*; nicht auf dem normalen Weg der Bürokratie, sondern schnell und unkompliziert ⟨unbürokratische Hilfe leisten; u. vorgehen⟩

und *Konjunktion*; **1** verwendet, um (in e-r Art Aufzählung) einzelne Wörter, Satzteile od. Sätze miteinander zu verbinden: *Susanne und Monika*; *ein Kleid mit roten und schwarzen Streifen*; *Ich habe Klavier gespielt, und er hat gelesen* **2** verwendet, um gleiche Verben miteinander zu verbinden. Dadurch wird e-e Intensivierung und e-e Fortdauer ausgedrückt: *Es schneite und schneite*; *Der Regen wollte und wollte nicht aufhören*; *Er überlegte und überlegte, bis er den Fehler fand* **3** verwendet, um gleiche Adjektive od. Adverbien miteinander bzw. um ein Adjektiv mit seiner gesteigerten Form zu verbinden. Dadurch wird e-e Intensivierung od. e-e Steigerung ausgedrückt: *Das Flugzeug stieg hoch und höher / höher und höher*; *Der Lärm wurde stärker und stärker* (= immer stärker) **4** verwendet, um gleiche Wörter miteinander zu verbinden. Dadurch wird die Unbestimmtheit der Aussage ausgedrückt: *Er wollte um die und die Zeit kommen*; *Sie sagte, es sei so und so gewesen*; *aus dem und dem Grund* **5** verwendet, um e-n Teilsatz einzuleiten, der e-n Gegensatz od. e-n Widerspruch zum Vorausgegangenen beinhaltet: *Ich werde die Prüfung bestehen, und wenn sie noch so schwer ist!* **6** verwendet, um e-n Teilsatz einzuleiten, der durch e-n Satz mit Infinitiv + *zu* ersetzt werden könnte: *Sei doch bitte so nett und reiche mir den Zucker herüber*; *Er ist imstande und macht das auch* **7** verwendet, um e-n Teilsatz einzuleiten, der durch e-n Teilsatz mit *dass* ersetzt werden könnte: *Es fehlte nicht viel, und ich hätte e-n Unfall verursacht* **8** *Subst* /

Pronomen + **und** + *Adj / Adv / Infinitiv*; verwendet, um Zweifel, Ironie *o.Ä.* auszudrücken: *Ich und e-e Rede halten - Niemals!*; *Die und schön?* (= diese Frau ist doch nicht schön) **9** verwendet, um bei der Addition Zahlen miteinander zu verbinden ≈ plus ↔ weniger, minus: *zwei und zwei ist vier* **10** ***und so weiter*** *mst* als Abkürzung verwendet, um auszudrücken, dass man e-e Aufzählung um ähnliche Dinge erweitern könnte; *Abk* usw. **11** ***und Ähnliche(s)*** ≈ und so weiter; *Abk* u.Ä. **12** ***und dergleichen*** und ähnliche Dinge, die man nicht nennen kann od. will; *Abk* u. dgl.: *Er besitzt viele Aktien und dergleichen* **13** ***und anderes mehr*** und andere Dinge kommen noch dazu (werden aber nicht genannt); *Abk* u.a.m. **14** ***und, und, und*** *gespr*; verwendet, um anzudeuten, dass man noch viel mehr Personen od. Dinge aufzählen könnte

Ụn·dank *der*; *mst in* ***(von j-m) nur U. ernten*** *geschr*; für seine Hilfe *o.Ä.* nicht den erwarteten Dank bekommen || ID ***U. ist der Welt(en) Lohn*** wenn man hilft od. etw. Gutes tut, wird das oft nicht anerkannt

ụn·dank·bar *Adj*; **1** nicht dankbar ⟨ein Mensch; u. sein⟩ **2** *nicht adv*; so schwierig od. kompliziert, dass die Mühe sich nicht lohnt ≈ unbefriedigend ↔ lohnend ⟨e-e Aufgabe⟩ || *hierzu* **Ụn·dank·bar·keit** *die*; *nur Sg*

un·de·fi·nier·bar, **ụn·de·fi·nier·bar** *Adj*; ⟨Laute, Geräusche, Gerüche, ein Farbton⟩ so, dass man sie nicht genau bestimmen od. identifizieren kann ≈ unbestimmt (1)

un·de·mo·kra·tisch, **ụn·de·mo·kra·tisch** *Adj*; gegen die Prinzipien der Demokratie ⟨e-e Haltung; u. vorgehen⟩

un·dẹnk·bar, **ụn·denk·bar** *Adj*; *mst präd*; so schlimm, dass man es nicht für möglich hält ≈ unvorstellbar (1) ↔ wahrscheinlich ⟨etw. für u. halten; etw. ist, erscheint u.⟩

un·dẹnk·lich *Adj*; *nur in* ***seit / vor undenklichen Zeiten*** *geschr*; seit / vor sehr langer Zeit

Un·der·state·ment [andəˈsteɪtmənt] *das*; *-s*, *-s*; e-e Äußerung, bei der man etw. bewusst als weniger wichtig darstellt, als es in Wirklichkeit ist ≈ Untertreibung

ụn·deut·lich *Adj*; **1** schlecht zu erkennen ≈ unklar, unscharf ⟨ein Foto; etw. nur u. erkennen können⟩ **2** ohne klare Formen ≈ schlecht, schwer lesbar / leserlich ⟨e-e Schrift; u. schreiben⟩ **3** so gesprochen, dass man es schlecht versteht ⟨e-e Aussprache⟩ || *hierzu* **Ụn·deut·lich·keit** *die*; *nur Sg*

ụn·dicht *Adj*; so, dass *bes* Wasser od. Luft hindurch kommen können ≈ durchlässig ⟨e-e Leitung, ein Ventil, ein Dach, ein Fenster⟩

ụn·dif·fe·ren·ziert *Adj*; *geschr* ≈ pauschal ⟨e-e Kritik, ein Urteil, e-e Äußerung; sich u. über etw. äußern⟩ || *hierzu* **Ụn·dif·fe·ren·ziert·heit** *die*; *nur Sg*

Ụn·ding *(das)*; *nur in* ***es ist ein U., …*** *gespr*; es ist dumm, unpassend od. falsch, …

ụn·dip·lo·ma·tisch *Adj*; ungeschickt, ohne Takt[2] ⟨sich u. verhalten⟩

ụn·dis·zip·li·niert *Adj*; *geschr*; ohne Disziplin ⟨ein Schüler, e-e Klasse, ein Verhalten; sich u. verhalten⟩ || *hierzu* **Ụn·dis·zip·li·niert·heit** *die*; *nur Sg*

un·durch·drịng·lich, **ụn·durch·dring·lich** *Adj*; so dicht, dass man nicht hindurchkommt ⟨Dickicht, Gestrüpp, e-e Hecke⟩

ụn·durch·läs·sig *Adj*; ***(für / gegen etw.) u.*** so (beschaffen), dass Wasser, Luft *o.Ä.* nicht hindurchkommt || -K: ***luft-, wasser-*** || *hierzu* **Ụn·durch·läs·sig·keit** *die*; *nur Sg*

un·durch·schau·bar, **ụn·durch·schau·bar** *Adj*; so, dass man es nicht erkennen kann: *Seine Pläne / Absichten sind u.* || *hierzu* **Un·durch·schau·bar·keit**, **Ụn·durch·schau·bar·keit** *die*; *nur Sg*

ụn·durch·sich·tig *Adj*; **1** so (beschaffen), dass man nicht hindurchsehen kann ↔ transparent ⟨Glas, ein Stoff⟩ **2** *mst pej* ≈ undurchschaubar, dubios ⟨Geschäfte; e-e undurchsichtige Rolle bei etw. spielen⟩ || *hierzu* **Ụn·durch·sich·tig·keit** *die*; *nur Sg*

ụn·eben *Adj*; nicht eben ≈ holperig ⟨Gelände, e-e Straße, ein Weg⟩

Ụn·eben·heit *die*; *-*, *-en*; **1** *nur Sg*; die unebene Beschaffenheit (von etw.) **2** e-e Stelle (am Boden), die höher od. tiefer als ihre Umgebung ist

ụn·echt *Adj*; **1** nicht echt ≈ nachgemacht, imitiert, künstlich (1) ⟨Schmuck, Haare⟩ **2** nicht ehrlich ≈ falsch (2), künstlich (3) ↔ aufrichtig, wahr (1): *Ihre Freundlichkeit / ihr Mitgefühl / ihr Lächeln war u.*

ụn·ehe·lich *Adj*; nicht in e-r Ehe geboren ⟨ein Kind; u. (geboren) sein⟩ || *hierzu* **Ụn·ehe·lich·keit** *die*; *nur Sg*

Ụn·eh·re *die*; *mst in* ***etw. macht j-m U. / gereicht j-m zur U.*** *geschr*; etw. macht j-m Schande

ụn·ehr·lich *Adj*; **1** nicht ehrlich ≈ verlogen, unaufrichtig **2** mit schlechten (od. kriminellen) Absichten ≈ betrügerisch ↔ zuverlässig: *Geld u. erwerben* || *hierzu* **Ụn·ehr·lich·keit** *die*; *nur Sg*

ụn·ei·gen·nüt·zig *Adj*; mit der Absicht, anderen zu helfen (ohne selbst e-n Nutzen davon zu haben) ≈ selbstlos ↔ egoistisch ⟨Hilfe; u. denken, handeln, helfen⟩ || *hierzu* **Ụn·ei·gen·nüt·zig·keit** *die*; *nur Sg*

ụn·ein·ge·schränkt, **un·ein·ge·schrạ̈nkt** *Adj*; ohne Einschränkung (gültig, vorhanden) ≈ unbeschränkt, vorbehaltlos ⟨e-e Vollmacht; j-s uneingeschränktes Vertrauen besitzen / genießen; etw. verdient uneingeschränktes Lob; j-m u. zustimmen⟩

ụn·ei·nig *Adj*; *mst präd*; ***(in etw.*** *(Dat)**)** **u.*** verschiedener Meinung: *In diesem Punkt sind wir beide uns noch u. / bin ich mit ihr u.* || *hierzu* **Ụn·ei·nig·keit** *die*; *nur Sg*

un·ein·nehm·bar, **ụn·ein·nehm·bar** *Adj*; ⟨e-e Festung, e-e Burg, e-e Stadt⟩ so, dass man sie nicht erobern kann

ụn·eins *Adj*; *nur präd od adv*, *indeklinabel*, *geschr*; **1** ⟨Personen⟩ ***sind (in etw.*** *(Dat)**) u.***; ***j-d ist mit j-m (in etw.*** *(Dat)**) u.*** zwei od. mehrere Personen haben (in e-r Sache) unterschiedliche Meinungen **2** ***mit sich (selbst) u. sein*** mit sich selbst nicht zufrieden sein, nicht wissen, was man will

ụn·ein·sich·tig *Adj*; nicht bereit, auf den guten Rat e-s anderen zu hören od. eigene Fehler zu erkennen || *hierzu* **Ụn·ein·sich·tig·keit** *die*; *nur Sg*

ụn·emp·find·lich *Adj*; **1** ***(gegen etw.) u.*** gegen etw. nicht empfindlich ≈ widerstandsfähig ⟨gegen Hitze, Kälte u. sein⟩ **2** ***(gegen etw.) u. sein*** sich von etw. Unangenehmem nicht irritieren lassen ⟨gegen Beleidigungen, Tadel, persönliche Angriffe u. sein⟩ **3** aus so gutem Material, dass es nicht leicht beschädigt wird ≈ strapazierfähig: *Der Teppichboden / das Sofa ist relativ u.* || *hierzu* **Ụn·emp·find·lich·keit** *die*; *nur Sg*

un·ẹnd·lich *Adj*; **1** (scheinbar) ohne räumliche Grenzen ≈ grenzenlos: *die unendliche Weite des Ozeans* **2** (scheinbar) ohne zeitliches Ende ≈ endlos: *Die Zeit des Wartens schien ihm u.* **3** *nicht adv*; sehr groß, stark, intensiv, viel: *unendliche Geduld mit j-m haben* **4** *nur adv*; verwendet, um Adjektive und Verben zu verstärken ≈ sehr: *u. traurig, glücklich über etw. sein*; *Sie hat sich u. auf das Wiedersehen mit ihm gefreut* **5** *Math*; größer als jede beliebige Zahl / Größe; *Zeichen* ∞ ⟨e-e Größe, Reihe, Zahl; e-e Reihe geht gegen u. (= hat kein Ende)⟩

Un·ẹnd·lich·keit *die*; *-*; *nur Sg*; **1** *geschr*; ein Phänomen, das weder räumliche Grenzen noch ein zeitliches Ende hat ≈ Ewigkeit (1) **2** die (scheinbar) grenzenlose räumliche Ausdehnung: *die U. des Meeres* **3** *gespr*; e-e viel zu lange Zeit ≈ Ewigkeit (2): *Ich habe fast e-e U. auf dich gewartet!*

un·ent·beh̲r·lich, ụn·ent·behr·lich *Adj*; unbedingt notwendig ⟨ein Werkzeug, ein Mitarbeiter; j-d / etw. ist (j-m / für j-n) u.; sich für u. halten; sich (durch seine Leistungen) u. machen⟩ || *hierzu* **Un·ent·beh̲r·lich·keit, Ụn·ent·behr·lich·keit** *die*; *nur Sg*

un·ent·gẹlt·lich, ụn·ent·gelt·lich *Adj*; ohne, dass man Geld dafür bezahlen muss bzw. Geld dafür bekommt ≈ kostenlos, gratis ⟨etw. u. tun⟩: *e-e unentgeltliche Reparatur*

ụn·ent·schie·den *Adj*; **1** noch nicht entschieden ⟨e-e Frage, etw. ist noch u.⟩ **2** so, dass beide Spieler od. Mannschaften (noch) die gleiche Zahl von Punkten, Toren *o.Ä.* haben ⟨ein Spiel steht, endet u.⟩: *Die beiden Mannschaften trennten sich (2:2) u.* || *zu* **2 Ụn·ent·schie·den** *das*; *-s, -*

ụn·ent·schlos·sen *Adj*; noch nicht zu e-m Entschluss, e-r Entscheidung gekommen ≈ unschlüssig ⟨ein Mensch; u. sein, scheinen, wirken⟩: *Er war noch u., ob er das Auto kaufen sollte od. nicht* || *hierzu* **Ụn·ent·schlos·sen·heit** *die*; *nur Sg*

ụn·ent·schul·digt *Adj*; ohne Entschuldigung (4) ⟨u. fehlen, u. dem Unterricht fernbleiben⟩

un·ent·we̲gt, ụn·ent·wegt *Adj*; *nur attr od adv*; **1** so, dass der Betreffende e-e Tätigkeit od. sein Ziel nie aufgibt ≈ beharrlich, unermüdlich: *ein unentwegter Kämpfer für den Naturschutz* **2** ohne Pause, ohne Unterbrechung ≈ ununterbrochen, ständig, pausenlos: *Sie redet u.*

un·er·bịtt·lich, ụn·er·bitt·lich *Adj*; **1** durch Bitten, Vorschläge *o.Ä.* anderer nicht zu beeinflussen ⟨ein Richter; u. sein, bleiben⟩ **2** hart, heftig und durch nichts mehr zu verhindern: *Der Kampf tobte u.* || *hierzu* **Un·er·bịtt·lich·keit, Ụn·er·bitt·lich·keit** *die*; *nur Sg*

ụn·er·fah·ren *Adj*; **1** (***in etw.*** (*Dat*)) ***u.*** ohne Erfahrung: *Mich hat ein junger, noch unerfahrener Arzt behandelt* **2** ***jung und u.*** ohne Lebenserfahrung || *hierzu* **Ụn·er·fah·ren·heit** *die*; *nur Sg*

un·er·fịnd·lich, ụn·er·find·lich *Adj*; *nicht adv*; *mst in* ***aus unerfindlichen Gründen*** aus Gründen, die man nicht kennt od. die man nicht versteht

ụn·er·freu·lich *Adj*; ⟨e-e Nachricht; ein Zwischenfall⟩ so, dass sie einen traurig machen od. ärgern: *j-m e-e unerfreuliche Mitteilung machen müssen*

ụn·er·füllt *Adj*; **1** (noch) nicht erfüllt, noch nicht Wirklichkeit geworden: *Ihre Wünsche / Bitten / Hoffnungen blieben u.* **2** ohne e-e wichtige (Lebens)Aufgabe ≈ unausgefüllt ⟨ein Leben⟩

ụn·er·gie·big *Adj*; so, dass man nichts od. nur wenig Nutzen davon hat ⟨ein Boden, e-e Ölquelle⟩: *Das Gespräch war u.* || *hierzu* **Ụn·er·gie·big·keit** *die*; *nur Sg*

un·er·grụ̈nd·lich, ụn·er·gründ·lich *Adj*; so, dass man den Sinn od. den Grund nicht erkennen kann ≈ unerklärlich, geheimnisvoll, rätselhaft ⟨ein Geheimnis, ein Rätsel; ein Motiv; ein Blick, ein Lächeln⟩ || *hierzu* **Un·er·grụ̈nd·lich·keit, Ụn·er·gründ·lich·keit** *die*; *nur Sg*

ụn·er·heb·lich *Adj*; **1** *mst präd*, *gespr*; nicht wichtig: *Es ist u., ob Sie es tippen od. ich - Hauptsache, es wird getippt* **2** ≈ klein, geringfügig ⟨ein (Sach)Schaden, e-e Änderung, ein Unterschied⟩ || *hierzu* **Ụn·er·heb·lich·keit** *die*; *nur Sg*

ụn·er·hört *Adj*; **1** *pej* ≈ empörend, skandalös: *Du erlaubst Dir ja unerhörte Sachen!*; *Es ist wirklich u., dass er sich für das Geschenk nicht einmal bedankt hat!* **2** *nicht adv* ≈ sehr groß, stark, intensiv *o.Ä.*: *Bei dem Unfall hatte er unerhörtes Glück* **3** *nur adv*; verwendet, um ein Adjektiv od. ein Adverb zu verstärken ≈ sehr: *e-e u. wichtige Angelegenheit*

ụn·er·kannt *Adj*; nicht bekannt od. nicht erkannt: *Der Täter blieb / entkam u.*

un·er·klä̲r·lich, ụn·er·klär·lich *Adj*; (***j-m***) ***u.*** so, dass man keine Gründe dafür finden kann ⟨aus unerklärlichen Gründen⟩: *Eine unerklärliche Angst befiel sie*; *Es ist mir u., wie das Unglück passieren konnte*

un·er·lạ̈ss·lich, ụn·er·läss·lich *Adj*; *geschr*; (***für etw.***) ***u.*** unbedingt notwendig ≈ unverzichtbar ⟨e-e Voraussetzung, e-e Bedingung; etw. für u. halten⟩

ụn·er·laubt *Adj*; so, dass j-d keine (gesetzliche) Erlaubnis für etw. hat: *unerlaubter Waffenbesitz*; *ein Grundstück u. betreten*; *dem Unterricht u. fernbleiben*

un·er·mẹss·lich, ụn·er·mess·lich *Adj*; *geschr*; so (groß), dass man es sich nicht od. kaum vorstellen kann ⟨Schätze, Reichtümer; Schmerzen; Trauer, Liebe; j-d / etw. richtet unermesslichen Schaden an; etw. ist von unermesslicher Bedeutung⟩: *die unermessliche Weite des arktischen Eises* || ID (***bis***) ***ins Unermessliche*** *geschr* ≈ endlos, unaufhörlich || *hierzu* **Un·er·mẹss·lich·keit, Ụn·er·mess·lich·keit** *die*; *nur Sg*

un·er·mü̲d·lich, ụn·er·müd·lich *Adj*; mit großer Geduld und mit viel Ehrgeiz ≈ ausdauernd ⟨ein Helfer; mit unermüdlichem Fleiß; u. üben⟩ || *hierzu* **Un·er·mü̲d·lich·keit, Ụn·er·müd·lich·keit** *die*; *nur Sg*

un·er·re̲ich·bar, ụn·er·reich·bar *Adj*; **1** (***für j-n***) ***u.*** so, dass es (mit der Hand *o.Ä.*) nicht erreicht (1) werden kann: *ein Medikament für Kinder u. aufbewahren*; *Der Schuss war für den Torwart u.* **2** ⟨ein Ziel⟩ so, dass es nicht erreicht (4) werden kann **3** *gespr*; nicht per Telefon *o.Ä.* zu erreichen: *Herr Krämer ist im Moment u.* **4** ***in unerreichbarer Ferne*** in sehr großer Entfernung || *zu* **1** und **2 Un·er·re̲ich·bar·keit, Ụn·er·reich·bar·keit** *die*; *nur Sg*

un·er·re̲icht, ụn·er·reicht *Adj*; bisher von niemandem od. von niemand anderem erreicht: *Seine Leistung / sein Rekord ist bisher u.*

un·er·sạ̈tt·lich, ụn·er·sätt·lich *Adj*; *nicht adv*; ⟨ein Verlangen, e-e Begierde, Neugier, Habgier, ein Wissensdurst⟩ so, dass man sie nicht od. kaum befriedigen kann || *hierzu* **Un·er·sạ̈tt·lich·keit, Ụn·er·sätt·lich·keit** *die*; *nur Sg*

ụn·er·schlos·sen *Adj*; *nicht adv*; (***für etw.***) ***u.*** noch nicht für bestimmte Zwecke vorbereitet: *für den Tourismus noch unerschlossene Gebiete*

un·er·schọ̈pf·lich, ụn·er·schöpf·lich *Adj*; **1** ⟨Vorräte, Reserven, j-s (finanzielle) Mittel⟩ in so großer Menge vorhanden, dass sie (scheinbar) niemals ganz verbraucht werden **2** so, dass man immer wieder darüber sprechen kann ⟨*mst* ein Thema⟩ || *hierzu* **Un·er·schọ̈pf·lich·keit, Ụn·er·schöpf·lich·keit** *die*; *nur Sg*

ụn·er·schro·cken *Adj*; mutig und entschlossen: *ein unerschrockener Kämpfer für Frieden und Freiheit* || *hierzu* **Ụn·er·schro·cken·heit** *die*; *nur Sg*

un·er·schụ̈t·ter·lich, ụn·er·schüt·ter·lich *Adj*; durch nichts zu erschüttern ≈ stark ⟨(ein) Optimismus; u. an etw. festhalten⟩: *Sein Vertrauen / sein Wille ist u.* || *hierzu* **Un·er·schụ̈t·ter·lich·keit, Ụn·er·schüt·ter·lich·keit** *die*; *nur Sg*

un·er·schwịng·lich, un·er·schwing·lich *Adj*; *nicht adv*; (***für j-n***) ***u.*** so teuer, dass man es nicht kaufen kann: *ein unerschwinglicher Sportwagen*

un·er·sprie̲ß·lich, ụn·er·sprieß·lich *Adj*; *nicht adv*, *geschr*; so, dass es keine Freude macht und kein Ergebnis bringt ≈ unergiebig, nutzlos ↔ fruchtbar ⟨ein Gespräch, e-e Diskussion⟩

un·er·trä̲g·lich, ụn·er·träg·lich *Adj*; **1** so unange-

U

nehm od. schlimm, dass man es kaum ertragen kann ⟨e-e Hitze, Schmerzen, ein Lärm; u. heiß, kalt; etw. ist j-m u.⟩: *Unsere Lage ist u.* **2** ≈ widerlich, unausstehlich: *Er ist heute mal wieder u.!* || *hierzu* **Un·er·träg·lich·keit**, **Ụn·er·träg·lich·keit** *die*; *nur Sg*

ụn·er·war·tet, **un·er·wạr·tet** *Adj*; so, dass niemand daran gedacht hat od. darauf vorbereitet war ≈ überraschend, unvorhergesehen ⟨ein Besuch, ein Wiedersehen, e-e Nachricht, etw. kommt (für j-n) u.; etw. nimmt e-e unerwartete Wende⟩

ụn·er·wünscht *Adj*; nicht erwünscht ≈ unwillkommen ⟨ein Besuch, Gäste; irgendwo u. sein⟩

UNESCO *die*; -; *nur Sg*; (*Abk für* United Nations Educational, Scientific and Cultural Organization) e-e Organisation der UNO zur Förderung von Kultur, Wissenschaft u. Bildung

ụn·fä·hig *Adj*; *nicht adv*; **1** (*zu etw.*) *u.* nicht in der Lage, etw. Bestimmtes zu tun: *Er ist u., e-e Entscheidung zu treffen*; *Sie ist zu e-m Mord u.* **2** für seine Aufgaben nicht geeignet ⟨ein Mitarbeiter⟩ || *hierzu* **Ụn·fä·hig·keit** *die*; *nur Sg*

ụn·fair *Adj*; **1** nicht fair (1) ≈ unlauter, ungerecht ⟨ein Verhalten; zu unfairen Mitteln greifen; j-n u. beurteilen⟩ **2** nicht den Regeln des Sports entsprechend ⟨ein Spieler; u. kämpfen⟩: *Das Spiel war hart, aber nicht u.*

Ụn·fall *der*; ein Ereignis, bei dem Menschen verletzt od. getötet werden und / od. Dinge beschädigt od. zerstört werden ≈ Unglück (1) ⟨ein leichter, schwerer, tödlicher U.; e-n U. haben, verursachen, verschulden; in e-n U. verwickelt sein; bei e-m U. ums Leben kommen, bei e-m U. tödlich verunglücken; ein U. ereignet sich⟩ || K-: ***Unfall-, -bericht, -chirurgie, -fahrer, -folgen, -geschädigte(r), -hergang, -opfer, -ort, -quote, -risiko, -schaden, -skizze, -statistik, -stelle, -tod, -tote(r), -ursache, -verhütung, -verletzte(r), -versicherung, -verursacher, -zeuge*** || -K: ***Arbeits-, Auto-, Betriebs-, Freizeit-, Sport-***

Ụn·fall·flucht *die* ≈ Fahrerflucht ⟨U. begehen⟩

ụn·fall·frei *Adj*; *nur attr od adv*; *mst* ***u. fahren*** *mst* mit dem Auto, Motorrad in e-m bestimmten Zeitraum keinen Unfall gehabt haben: *Ich fahre schon seit zehn Jahren u.*

ụn·fall·träch·tig *Adj*; ⟨e-e Stelle, e-e Kreuzung⟩ so, dass dort immer wieder (Auto)Unfälle geschehen

Ụn·fall·wa·gen *der*; ein Auto, das bei e-m Unfall beschädigt wurde

un·fạss·bar, **ụn·fass·bar** *Adj*; (***j-m / für j-n***) ***u.*** so, dass man es weder rational noch emotional verarbeiten kann ⟨etw. ist, scheint j-m u.⟩: *Es ist u., wie das Unglück geschehen konnte! Der Tod seiner Frau war für ihn u.*

un·fehl·bar, **ụn·fehl·bar** *Adj*; *nicht adv*; **1** in seinen Entscheidungen so sicher, dass man keinen Fehler macht ⟨sich für u. halten⟩: *Kein Mensch ist u.* **2** *mst* ***e-n unfehlbaren Geschmack / Instinkt besitzen*** sich in Bezug auf seinen Geschmack / auf instinktive Entscheidungen niemals täuschen || *hierzu* **Un·fehl·bar·keit**, **Ụn·fehl·bar·keit** *die*; *nur Sg*

ụn·fein *Adj*; nicht den guten Manieren entsprechend ↔ vornehm ⟨sich u. benehmen; etw. ist, gilt als u.⟩

ụn·fern *Präp*; *mit Gen* ≈ unweit || NB: auch adverbiell verwendet mit *von*: *u. vom Marktplatz*

ụn·fer·tig *Adj*; **1** angefangen, aber noch nicht fertig: *e-e unfertige Arbeit* **2** ⟨Personen⟩ mit wenig Erfahrung ≈ unreif

ụn·flä·tig *Adj*; *geschr pej*; so, dass es gegen die guten Sitten verstößt ⟨Worte, Reden, Lieder; j-n in unflätiger Weise beschimpfen⟩ || *hierzu* **Ụn·flä·tig·keit** *die*

ụn·folg·sam *Adj*; ⟨*mst* ein Kind⟩ so, dass es den Eltern nicht gehorcht ≈ ungehorsam ↔ brav || *hierzu* **Ụn·folg·sam·keit** *die*; *nur Sg*

ụn·för·mig *Adj*; dick, breit und ohne schöne Proportionen ≈ plump, ungestalt ↔ wohlgeformt, zierlich ⟨e-e Gestalt; e-e Nase⟩ || *hierzu* **Ụn·för·mig·keit** *die*; *nur Sg*

ụn·fran·kiert *Adj*; ohne Briefmarke ⟨ein Brief⟩

ụn·frei *Adj*; **1** ohne persönliche Freiheiten ≈ abhängig ⟨ein Volk⟩ **2** *nicht adv*; ***in etw.*** (*Dat*) ***u.*** wegen bestimmter Einschränkungen nicht frei (3) ⟨in seinen Entscheidungen, in seinen Wahlmöglichkeiten u. sein⟩ **3** ≈ unfrankiert || *zu* **1** und **2** **Ụn·frei·heit** *die*; *nur Sg*

ụn·frei·wil·lig *Adj*; **1** gegen den eigenen Willen, nicht freiwillig ≈ gezwungen ⟨ein Aufenthalt⟩: *Sie musste u. mitgehen* **2** ≈ unbeabsichtigt, versehentlich ⟨Komik, ein Witz⟩

ụn·freund·lich *Adj*; **1** nicht freundlich ≈ unhöflich ↔ liebenswürdig, entgegenkommend ⟨j-n u. behandeln, j-m u. antworten⟩ **2** regnerisch und kalt ⟨ein Klima⟩: *Das Wetter war recht u.* || *hierzu* **Ụn·freund·lich·keit** *die*; *nur Sg*

Ụn·frie·de *der* ≈ Unfrieden

Ụn·frie·den *der*; ein Zustand, der entsteht, wenn sich Menschen oft streiten ≈ Uneinigkeit, Zwietracht ↔ Harmonie, Eintracht ⟨mit j-m in U. leben; U. stiften⟩

ụn·frucht·bar *Adj*; *nicht adv*; **1** nicht fähig, Kinder zu zeugen od. zu bekommen ≈ zeugungsunfähig: *Ihr Mann / Seine Frau ist u.* **2** so, dass dort wenig wächst ↔ ertragreich ⟨ein Boden, ein Land, ein Acker⟩ **3** ohne konkrete Ergebnisse ≈ unergiebig ⟨ein Gespräch, e-e Diskussion⟩ || *zu* **1** und **2** **Ụn·frucht·bar·keit** *die*; *nur Sg*

Ụn·fug *der*; -(*e*)*s*; *nur Sg*; **1** ≈ Unsinn: *Das ist doch U., was du da sagst!* **2** unpassendes od. übermütiges Benehmen, durch das andere Leute gestört werden ⟨U. machen, treiben⟩ **3** ***grober U.*** *Jur*; ein Benehmen, bei dem man aus Leichtsinn andere Leute in Gefahr bringt od. Sachen beschädigt ⟨j-n wegen groben Unfugs verurteilen⟩

ụn·ge·ach·tet, **un·ge·ạch·tet** *Präp*; *mit Gen*, *geschr* ≈ trotz ⟨u. der Tatsache, dass…⟩: *U. meiner Aufforderung / Meiner Aufforderung u. nahm sie zu diesem Problem nicht Stellung* || NB: *ungeachtet* kann vor od. nach dem Subst. stehen

ụn·ge·ahn·t-, **un·ge·ahn·t-** *Adj*; *nur attr*, *nicht adv*; ⟨Möglichkeiten, Probleme, Schwierigkeiten, Fähigkeiten, Kräfte⟩ so beschaffen, dass man ihr Ausmaß, ihre Intensität *o.Ä.* nicht voraussehen konnte

ụn·ge·be·ten *Adj*; nicht eingeladen (und nicht erwünscht) ⟨ein Gast; irgendwo u. erscheinen⟩

ụn·ge·bil·det *Adj*; *mst pej*; ohne Bildung[2] (1) ⟨ein Mensch⟩ || *hierzu* **Ụn·ge·bil·det·heit** *die*; *nur Sg*

ụn·ge·bo·ren *Adj*; *mst* ***das ungeborene Kind*** das Kind im Mutterleib

ụn·ge·bräuch·lich *Adj*; *nicht adv*; selten verwendet ≈ unüblich ⟨ein Wort, ein Ausdruck; e-e Methode⟩

ụn·ge·braucht *Adj*; noch nicht gebraucht ≈ unbenutzt: *ein ungebrauchtes Taschentuch*

ụn·ge·bro·chen *Adj*; trotz großer Leiden, Probleme, Schicksalsschläge *o.Ä.* nicht geschwächt ⟨j-s Mut, Lebenswille ist u.; mit ungebrochener Energie, Kraft⟩

ụn·ge·bühr·lich, **un·ge·bühr·lich** *Adj*; *geschr*; **1** so, dass es gegen die Regeln der Höflichkeit verstößt ≈ ungehörig ⟨ein Benehmen, ein Ton; sich u. benehmen⟩ **2** weit über das Akzeptable hinausgehend ⟨e-e Forderung; ein u. hoher Preis⟩ || *hierzu* **Ụn·ge·bühr·lich·keit**, **Un·ge·bühr·lich·keit** *die*; *nur Sg*

ụn·ge·bun·den *Adj*; **1** frei, das zu tun, was man will, weil man nicht verheiratet ist od. keine Familie hat ⟨frei und u. leben⟩: *als Junggeselle ein ungebundenes Leben führen* **2** ohne Einband ⟨ein Buch⟩ || *zu* **1** **Un·ge·bun·den·heit** *die*; *nur Sg*

un·ge·deckt *Adj*; *nicht adv*; ⟨ein Scheck⟩ so, dass die (Scheck)Summe nicht gezahlt werden kann (weil auf dem Konto des Scheckinhabers nicht genug Geld ist)

Un·ge·duld *die*; **1** die Unfähigkeit, ruhig zu bleiben, wenn man auf j-n / etw. wartet ⟨voll(er) U. sein, (auf j-n / etw.) warten; j-n befällt e-e große U.; j-s U. wächst; vor U. (fast) vergehen⟩ **2** ***U.*** **(*über j-n / etw.*)** die Unfähigkeit, *z.B.* Fehler und Schwächen anderer Menschen od. Schwierigkeiten zu akzeptieren: *Er konnte seine U. über ihre Unaufmerksamkeit nicht verbergen* || *hierzu* **un·ge·dul·dig** *Adj*

un·ge·eig·net *Adj*; *nicht adv*; **(*für / zu etw.*) *u.*** für etw. nicht geeignet: *Er ist für den Beruf des Schauspielers denkbar u.*; *Diese Methode ist dazu völlig u.*

un·ge·fähr, un·ge·fähr[1] *Partikel*; *betont und unbetont*; ***u.*** + *Angabe der Länge, der Menge, der Zeit o.Ä.* drückt aus, dass die Angabe nicht genau zutrifft und dass es vielleicht ein bisschen mehr od. ein bisschen weniger sein kann ≈ etwa, zirka ↔ genau, exakt: *Die Strecke ist u. 10 Kilometer lang*; *Im Zimmer waren u. 20 Personen*; *Er kommt so u. um Mitternacht zurück*

un·ge·fähr, un·ge·fähr[2] *Adj*; *nur attr od adv*; nicht ganz genau: *e-e ungefähre Vorstellung von etw. haben*; *Bei dem Nebel konnten wir nur die ungefähren Umrisse der Berge erkennen* || ID ***nicht von u.*** nicht ohne Grund

un·ge·fähr·det, un·ge·fähr·det *Adj*; *mst adv*; ohne in Gefahr zu kommen: *Auf dem Spielplatz können Kinder u. spielen*

un·ge·fähr·lich *Adj*; *mst präd*; so, dass keine Gefahr entsteht: *Ein Feuer zu machen ist nicht ganz u.* || *hierzu* **Un·ge·fähr·lich·keit** *die*; *nur Sg*

un·ge·hal·ten *Adj*; **(*über j-n / etw.*) *u.*** *geschr*; voller Ärger über j-n / etw. ≈ aufgebracht ⟨u. auf etw. reagieren⟩: *Er war sehr u. über den Vorfall* || *hierzu* **Un·ge·hal·ten·heit** *die*; *nur Sg*

un·ge·heizt *Adj*; nicht geheizt ⟨ein Raum, ein Zimmer⟩

un·ge·hemmt *Adj*; **1** ohne Hemmungen od. Komplexe ⟨u. über etw. (*Akk*) reden können⟩ **2** ≈ hemmungslos, zügellos ⟨Wut⟩: *Sie fing u. zu weinen an*

un·ge·heu·er, un·ge·heu·er *Adj*; **1** *nicht adv*; ≈ sehr groß, sehr stark od. sehr intensiv ≈ gewaltig, riesig: *e-e ungeheure Menge Geld*; *die ungeheure Entfernung zwischen der Erde u. der Sonne* **2** *nur adv*; verwendet, um Adjektive, Adverbien od. Verben zu verstärken ≈ sehr: *e-e u. wichtige Nachricht bekommen*; *Ich habe mich u. über deinen Besuch gefreut*

Un·ge·heu·er *das*; *-s, -*; **1** ein großes und *mst* böses Tier, wie es in Märchen, Sagen und Mythen vorkommt: *das U. von Loch Ness* **2** ein böser, grausamer Mensch ≈ Scheusal, Unmensch

un·ge·heu·er·lich, un·ge·heu·er·lich *Adj*; *pej* ≈ empörend, skandalös, unerhört (1) ⟨e-e Behauptung, e-e Beschuldigung⟩: *Das ist ja u.!* || *hierzu* **Un·ge·heu·er·lich·keit, Un·ge·heu·er·lich·keit** *die*

un·ge·hin·dert *Adj*; *mst adv*; ohne dass es j-d zu verhindern versucht: *u. die Grenze passieren*

un·ge·ho·belt, un·ge·ho·belt *Adj*; *pej*; mit schlechten Manieren ≈ ungeschliffen ↔ fein (8) ⟨*mst* ein Bursche, ein Kerl, ein Benehmen⟩

un·ge·hö·rig *Adj*; nicht den guten Sitten entsprechend ⟨ein Benehmen, ein Betragen, e-e Antwort; sich u. benehmen, betragen⟩ || *hierzu* **Un·ge·hö·rig·keit** *die*; *nur Sg*

un·ge·hor·sam *Adj*; nicht bereit, das zu tun, was *bes* die Eltern wollen ≈ unfolgsam, widerspenstig ⟨ein Kind⟩ || *hierzu* **Un·ge·hor·sam** *der*; *-s*; *nur Sg*

un·ge·kämmt *Adj*; (noch) nicht gekämmt ⟨mit ungekämmten Haaren; (noch) u. sein; u. herumlaufen⟩

un·ge·klärt *Adj*; (noch) nicht geklärt ⟨e-e Frage, ein (Kriminal)Fall; aus (noch) ungeklärter Ursache⟩

un·ge·kün·digt *Adj*; mit e-r Arbeitsstelle, die nicht gekündigt wurde ⟨in e-m ungekündigten Arbeitsverhältnis stehen; in ungekündigter Stellung⟩

un·ge·kürzt *Adj*; in vollem Umfang ⟨die ungekürzte Ausgabe e-s Romans *usw*; die ungekürzte Fassung e-s Films, e-r Rede, e-s Protokolls *usw*⟩

un·ge·le·gen *Adj*; **1** ***zu ungelegener Stunde*** zu e-m ungünstigen Zeitpunkt **2** ***j-d / etw. kommt einem u.*** j-d / etw. kommt od. erscheint zu e-m Zeitpunkt, zu dem man schon andere Pläne, Termine od. Probleme hat: *Sie / Ihr Besuch kommt mir sehr u.*; *Die Rechnung kommt mir jetzt ziemlich u.*

un·ge·lenk *Adj*; *geschr*; **1** unbeholfen, ungeschickt (*bes* in den Bewegungen) **2** ⟨*mst* e-e (Hand)Schrift⟩ so, dass sie zeigt, dass der Betroffene wenig Übung im Schreiben hat

un·ge·len·kig *Adj*; in seinen Bewegungen nicht geschickt ≈ steif (3) || *hierzu* **Un·ge·len·kig·keit** *die*; *nur Sg*

un·ge·lernt *Adj*; *mst in* ***ein ungelernter Arbeiter*** ein (Hilfs)Arbeiter ohne Ausbildung

un·ge·liebt *Adj*; *nicht adv*; von j-m nicht geliebt, nicht gemocht ⟨ein Kind; ein Beruf⟩

un·ge·lo·gen *Partikel*; *betont*, *gespr*; verwendet, um e-e Aussage zu bekräftigen ≈ wirklich (3): *Und dann hat er mir e-e Ohrfeige gegeben - U., so war es!*

un·ge·löst *Adj*; nicht gelöst ⟨ein Rätsel, ein Problem⟩

Un·ge·mach *das*; *-(e)s*; *nur Sg*, *geschr veraltend* ≈ Unannehmlichkeiten, Schwierigkeiten ⟨großes, schweres U. erleiden (müssen)⟩

un·ge·macht *Adj*; *nicht adv*; ⟨*nur* Betten⟩ so, dass sie noch nicht in Ordnung gebracht sind (nachdem man darin geschlafen hat)

un·ge·mein, un·ge·mein *Adj*; **1** *nicht adv*; sehr groß, stark, intensiv *o.Ä.* ⟨Freude, Wut⟩: *Er besitzt ungemeines Ansehen bei der Bevölkerung* **2** *nur adv*; verwendet, um Adjektive, Adverbien od. Verben zu verstärken ≈ sehr: *sich u. über etw. freuen*; *Das war u. wichtig*

un·ge·müt·lich *Adj*; **1** so, dass man sich dort nicht wohl fühlt ↔ behaglich ⟨ein Zimmer⟩ **2** ohne Wärme ≈ steif (4), gezwungen ⟨e-e Atmosphäre⟩ || ID ***j-d wird u.*** *gespr*; j-d wird ärgerlich, j-d reagiert grob: *Mach schon, od. muss ich erst u. werden?* || *hierzu* **Un·ge·müt·lich·keit** *die*; *nur Sg*

un·ge·nannt *Adj*; nicht mit seinem Namen bekannt ≈ anonym: *Der Spender wollte u. bleiben*

un·ge·nau *Adj*; **1** nicht genau (1) ↔ exakt, präzise ⟨e-e Angabe, e-e Messung⟩ **2** nicht gewissenhaft, nicht sorgfältig ≈ schlampig ⟨u. arbeiten⟩ || *hierzu* **Un·ge·nau·ig·keit** *die*

U

un·ge·niert ['ʊnʒeniːɐt, ʊnʒe'niːɐt] *Adj*; ohne Hemmungen ≈ unbefangen, ungehemmt: *j-n u. nach seinem Privatleben fragen*; *Sie gähnte u.* || *hierzu* **Un·ge·niert·heit, Un·ge·niert·heit** *die*; *nur Sg*

un·ge·nieß·bar, un·ge·nieß·bar *Adj*; **1** so, dass es sehr schlecht schmeckt (und daher nicht gegessen wird): *Diese Beeren / Pilze sind u.* (= sollten nicht gegessen werden) **2** *gespr*; mit schlechtem Geschmack und schlecht zubereitet: *Das Essen in der Kantine ist heute mal wieder u.!* **3** *gespr pej od hum* ≈ unausstehlich, unerträglich: *Der Chef ist zurzeit u.* || *zu* **1** und **2** **Un·ge·nieß·bar·keit, Un·ge·nieß·bar·keit** *die*; *nur Sg*

un·ge·nü·gend *Adj*; **1** nicht gut genug ≈ unzureichend: *Die Räume sind u. belüftet* **2** Ⓓ verwendet als Bezeichnung für die schlechteste (Schul)Note 6 (auf der Skala von 1-6 bzw. *sehr gut* bis *u.*) ⟨„u." in etw. (*Dat*) haben, bekommen⟩

un·ge·nutzt *Adj*; *mst* ***e-e Chance / e-e Gelegenheit u.*** (***vorübergehen***) ***lassen*** e-e Chance / e-e Gelegenheit nicht nutzen

un·ge·ord·net *Adj*; ohne Ordnung: *Akten u. auf dem Schreibtisch liegen lassen*

un·ge·pflegt *Adj*; **1** nicht gepflegt ≈ schmuddelig ⟨e-e Erscheinung, j-s Haar; u. sein, wirken⟩ **2** ⟨ein Garten, ein Park⟩ so, dass der Rasen nicht gemäht, das Unkraut nicht gejätet ist *usw*

un·ge·ra·de *Adj*; *nicht adv*; ***e-e ungerade Zahl*** *Math*; e-e Zahl wie 1, 3, 5, 7 *usw* (die man nicht ohne Rest durch 2 teilen kann)

un·ge·recht *Adj*; nicht gerecht ⟨ein Richter; ein Urteil, e-e Strafe, e-e Benotung, e-e Bewertung, e-e Zensur; j-n u. beurteilen, behandeln; u. gegen j-n sein⟩ || *hierzu* **un·ge·rech·ter·wei·se** *Adv*

un·ge·recht·fer·tigt *Adj*; ohne, dass es e-n Grund dafür gibt ↔ berechtigt ⟨ein Verdacht; j-n u. beschuldigen, verdächtigen⟩: *Mein Misstrauen war u.*

Un·ge·rech·tig·keit *die*; **1** *nur Sg*; ungerechtes Verhalten: *j-s U. kritisieren* **2** *nur Sg*; die ungerechte Beschaffenheit: *Was mich am meisten ärgert, ist die U. der ganzen Sache* **3** *mst Pl*; ungerechte Zustände ≈ Unrecht: *soziale Ungerechtigkeiten abschaffen* **4** e-e ungerechte Tat od. Behauptung: *sich j-s Ungerechtigkeiten nicht gefallen lassen*

un·ge·reimt *Adj*; ohne Sinn und ohne logischen Zusammenhang ≈ verworren ⟨ungereimtes Zeug erzählen; etw. klingt u.⟩ || *hierzu* **Un·ge·reimt·heit** *die*

un·gern *Adv*; nicht gern ≈ widerwillig ⟨etw. (nur) u. tun⟩

un·ge·rührt *Adj*; *nur präd od adv*; so, dass man kein Gefühl (der Rührung, des Mitempfindens) zeigt ⟨u. bleiben⟩

un·ge·sal·zen *Adj*; ohne Salz ⟨Speisen⟩

un·ge·sät·tigt *Adj*; *geschr*; *mst in* ***ungesättigte Fettsäuren*** Fettsäuren, die in bestimmten Ölen und in Margarine enthalten sind, die der Körper gut verdauen kann und die sehr gesund sind ⟨mehrfach / einfach ungesättigte Fettsäuren⟩

un·ge·sche·hen *Adj*; *nur in* ***etw. u. machen*** etw. Unangenehmes, das geschehen ist, wieder rückgängig machen: *Ich wünschte, ich könnte alles wieder u. machen!*

Un·ge·schick *das*; *nur Sg* ≈ Ungeschicklichkeit

Un·ge·schick·lich·keit *die*; -, *-en*; **1** *nur Sg*; ungeschicktes Verhalten ⟨etw. geschieht, passiert durch j-s U.⟩ **2** e-e ungeschickte Handlung

un·ge·schickt *Adj*; **1** nicht fähig, praktische Probleme schnell und einfach zu lösen ⟨ein Mensch⟩ **2** nicht klug, nicht diplomatisch: *Es war u. von dir, sie nicht einzuladen* **3** nicht geschickt ≈ unbeholfen ⟨e-e Bewegung; sich (bei etw.) u. anstellen⟩ **4** nicht elegant, nicht gewandt ⟨e-e Formulierung; sich u. ausdrücken⟩ || *hierzu* **Un·ge·schickt·heit** *die*; *nur Sg*

un·ge·schlacht *Adj*; *mst attr*, *pej*; **1** von großem, plumpem und nicht ästhetischem (Körper)Bau ⟨ein Mann, ein Kerl⟩: *Er hat ungeschlachte Hände* **2** ≈ unhöflich, derb (1) ⟨ein Benehmen⟩

un·ge·schla·gen *Adj*; ohne e-e einzige Niederlage ≈ unbesiegt ⟨e-e Mannschaft; u. sein, bleiben⟩

un·ge·schlif·fen *Adj*; *mst attr*; **1** *pej*; mit schlechten Manieren ≈ taktlos ⟨ein Kerl, ein Benehmen⟩ **2** nicht geschliffen ⟨ein Edelstein⟩ || *zu* **1 Un·ge·schlif·fen·heit** *die*; *nur Sg*

un·ge·schminkt *Adj*; **1** ohne Lippenstift *o.Ä.* ⟨ein Gesicht⟩ **2** *mst* ***die ungeschminkte Wahrheit*** die volle Wahrheit ohne Beschönigung ⟨j-m die ungeschminkte Wahrheit (ins Gesicht) sagen⟩

un·ge·scho·ren *Adj*; *mst in* ***u. bleiben***; (***noch einmal***) ***u. davonkommen*** bei etw. Glück haben und ohne Schaden od. Strafe bleiben

un·ge·schrie·ben *Adj*; *mst in* ***ein ungeschriebenes Gesetz*** e-e (*mst* sittliche, moralische) Norm, die allgemein akzeptiert, aber nicht schriftlich formuliert ist

un·ge·schult *Adj*; ohne spezielle Ausbildung ⟨Personal⟩

un·ge·setz·lich *Adj*; vom Gesetz nicht erlaubt ⟨e-e Handlung; u. handeln; etw. Ungesetzliches tun⟩ || *hierzu* **Un·ge·setz·lich·keit** *die*; *nur Sg*

un·ge·sit·tet *Adj*; so, dass es gegen die Regeln der Höflichkeit verstößt ⟨ein Benehmen; sich u. benehmen⟩

un·ge·stillt *Adj*; *geschr*; nicht befriedigt: *Ihre Neugier / Sehnsucht war noch u.*

un·ge·stört *Adj*; durch niemanden, durch nichts gestört ⟨u. arbeiten; u. sein wollen⟩: *Komm mit in mein Zimmer, dort können wir uns u. unterhalten*

un·ge·straft *Adj*; ohne Strafe ⟨(noch einmal) u. davonkommen⟩

un·ge·stüm *Adj*; *geschr*; sehr lebhaft und temperamentvoll ≈ stürmisch (2) ⟨ein Wesen; j-n u. umarmen⟩

Un·ge·stüm *das*; *-s*; *nur Sg*, *geschr*; ein ungestümes Verhalten ⟨jugendliches U.⟩

un·ge·sühnt *Adj*; *geschr*; ohne Strafe: *Das Verbrechen darf nicht u. bleiben*

un·ge·sund *Adj*; **1** schlecht für die Gesundheit ≈ schädlich ⟨ein Klima⟩: *Rauchen ist u.* **2** ⟨e-e Gesichtsfarbe, e-e Blässe; u. aussehen⟩ so, dass sie darauf hindeuten, dass der Betroffene krank ist: *Du siehst u. aus* **3** negativ und nicht normal ⟨ein Ehrgeiz, e-e Entwicklung⟩

un·ge·süßt *Adj*; ohne Zucker ⟨Tee, Kaffee⟩

un·ge·teilt *Adj*; *nicht adv* ≈ vollständig, ganz ⟨etw. findet ungeteilte Beachtung, Zustimmung; j-s ungeteilte Aufmerksamkeit haben⟩

un·ge·trübt *Adj*; durch nichts Negatives eingeschränkt ⟨Freude, Glück⟩ || *hierzu* **Un·ge·trübt·heit** *die*; *nur Sg*

Un·ge·tüm *das*; *-s*, *-e*; **1** ein großes und hässliches (Fabel)Tier ≈ Monster, Ungeheuer **2** *gespr*; etw., das (relativ) groß und hässlich ist ≈ Monstrum: *Was hat er da für ein U.* (*von e-m Hut*) *auf dem Kopf?*

un·ge·wiss *Adj*; **1** so, dass man nicht weiß, wie es sich entwickeln wird ≈ unsicher (1), fraglich ⟨ein Schicksal, e-e Zukunft; etw. im Ungewissen (= offen) lassen⟩: *Es bleibt weiterhin u., ob das Angebot angenommen wird*; *Es ist noch u., wie das Spiel ausgeht* **2** ***j-n über etw.*** (*Akk*) ***im Ungewissen lassen*** j-m nichts Genaues über etw. sagen **3** ***sich*** (*Dat*) ***über etw.*** (*Akk*) ***im Ungewissen sein*** etw. (noch) nicht entschieden haben **4** *geschr* ≈ unbestimmt (2) ↔ konkret: *Ungewisse Ängste befielen ihn* || *zu* **1 Un·ge·wiss·heit** *die*; *nur Sg*

un·ge·wöhn·lich *Adj*; **1** anders als sonst, anders als erwartet: *„Er ist noch nicht im Büro." - „Das ist aber u.!"* **2** *nur adv* ≈ besonders: *Dieser Winter ist u. mild*

un·ge·wohnt *Adj*; *nicht adv*; für j-n fremd ⟨ein Anblick, e-e Umgebung; etw. mit ungewohnter Schärfe sagen; etw. ist für j-n noch u.⟩

un·ge·wollt *Adj*; ohne Absicht ≈ unabsichtlich, unbeabsichtigt ⟨e-e Schwangerschaft; u. schwanger werden; etw. u. verraten; j-n u. beleidigen⟩

un·ge·zähl·t- *Adj*; *nur attr*, *nicht adv*; in sehr großer Zahl ⟨etw. ungezählte Male (= sehr oft) tun⟩

Un·ge·zie·fer *das*; *-s*; *nur Sg*, *Kollekt*; *mst* bestimmte Insekten (wie *z.B.* Läuse, Flöhe), die man für schädlich hält (und deshalb tötet) ≈ Schädlinge ⟨U. vernichten⟩ || K-: ***Ungeziefer-, -bekämpfung, -vernichtung***

ụn·ge·zie·mend *Adj*; *geschr*; nicht zur Situation passend ⟨ein Verhalten⟩

ụn·ge·zo·gen *Adj*; **1** in seinem Verhalten nicht so, wie es die Erwachsenen od. die Eltern wünschen ≈ unartig ⟨ein Kind⟩ **2** ≈ frech ⟨e-e Antwort⟩ || *hierzu* **Ụn·ge·zo·gen·heit** *die*

ụn·ge·zü·gelt *Adj*; *mst in* ***ein ungezügeltes Temperament besitzen / haben*** so lebhaft sein, dass man leicht die Kontrolle über sich verliert

ụn·ge·zwun·gen *Adj*; (im Verhalten) natürlich und ohne Hemmungen ⟨ein Benehmen; sich u. benehmen, bewegen, (mit j-m) unterhalten; frei und u. reden⟩ || *hierzu* **Ụn·ge·zwun·gen·heit** *die*; *nur Sg*

ụn·gif·tig *Adj*; ohne Gift ⟨Beeren, Pilze⟩

Ụn·glau·be *der*; der Zweifel daran, dass etw. richtig od. wahr ist

ụn·glaub·haft *Adj*; so (unwahrscheinlich), dass man es nicht glauben kann: *Die Handlung des Films war völlig u.*

ụn·gläu·big *Adj*; **1** *nur attr od adv*; ⟨ein Blick, ein Gesicht⟩ so, dass sie die Zweifel der Betroffenen erkennen lassen ≈ zweifelnd: *j-n / etw. u. betrachten* **2** *nicht adv*, *veraltend*; so, dass der Betroffene nicht an (den christlichen) Gott glaubt || *hierzu* **Ụn·gläu·big·keit** *die*; *nur Sg*; *zu* **2 Ụn·gläu·bi·ge** *der / die*

un·glaub·lich, **ụn·glaub·lich** *Adj*; **1** *pej* ≈ empörend, skandalös, unerhört (1): *Das ist ja u., welche Frechheiten er sich erlaubt!* **2** *nicht adv*, *gespr*; sehr groß, stark, intensiv *o.Ä.* ⟨e-e Menge, ein Tempo⟩: *Bei dem Unfall hat er unglaubliches Glück gehabt!* **3** *nur adv*, *gespr*; verwendet, um Adjektive, Adverbien od. Verben zu verstärken ≈ sehr: *u. schnell*; *sich u. verändern*

ụn·glaub·wür·dig *Adj*; ⟨e-e Aussage; ein Zeuge⟩ so, dass man ihnen nicht glauben kann ↔ überzeugend: *Seine Darstellung ist / klingt u.* || *hierzu* **Ụn·glaub·wür·dig·keit** *die*; *nur Sg*

ụn·gleich[1] *Adj*; **1** in bestimmter Hinsicht unterschiedlich ≈ verschieden(artig): *Er hat zwei ungleiche Socken an*; *Die beiden Brüder sind ein ungleiches Paar*; *Die Bretter sind u. lang* **2** ***ein ungleicher Kampf*** ein Kampf, bei dem einer der Gegner wesentlich stärker ist als der andere || *hierzu* **Ụn·gleich·heit** *die*; *nur Sg*

ụn·gleich[2] *Adv*; **u.** + *Komparativ* verwendet, um ein Adjektiv zu verstärken ≈ bei weitem, weitaus: *Sie hat das Problem u. besser gelöst als er*

Ụn·gleich·ge·wicht *das*; ein nicht ausgewogenes Verhältnis ↔ Ausgewogenheit: *Es besteht ein U. zwischen Einnahmen und Ausgaben*

ụn·gleich·mä·ßig *Adj*; **1** nicht gleichmäßig (1) ≈ unregelmäßig: *Sein Puls geht u.* **2** nicht zu gleichen Teilen ⟨etw. u. verteilen⟩ || *hierzu* **Ụn·gleich·mä·ßig·keit** *die*; *nur Sg*

Ụn·glück *das*; *-(e)s*, *-e*; **1** ein plötzliches Ereignis, bei dem Menschen verletzt od. getötet und / od. Sachen schwer beschädigt od. zerstört werden (wie *z.B.* ein Erdbeben) ⟨ein (schweres) U. geschieht, passiert, ereignet sich; ein U. verursachen, verschulden; ein U. verhindern, verhüten (können)⟩: *Das U. hat mehrere Tote und Verletzte gefordert* || K-: ***Unglücks-, -fall, -nachricht, -ort, -stelle*** || -K: ***Bergwerks-, Erdbeben-, Zug-*** || NB: Anstelle des Plurals *Unglücke* verwendet man meistens *Unglücksfälle* **2** *nur Sg*; ein Zustand, in dem Menschen (als Folge e-s schlimmen Ereignisses) großen Kummer, Armut od. Krankheit ertragen müssen ≈ Unheil ⟨j-n / sich ins U. bringen / stürzen⟩: *Der Krieg hat U. über das Land gebracht* **3** *nur Sg* ≈ Pech[1] (1): *„Sie hat den Spiegel kaputtgemacht." - „Das bringt U.!"* || ID ***zu allem U.*** was die Sache noch schlimmer macht ≈ obendrein: *Nachdem mein Auto nicht angesprungen war, bekam ich zu allem U. noch e-n Strafzettel dazu*; ***in sein U. rennen*** *gespr*; sich (ungewollt) in e-e schlimme, ungünstige Lage bringen; ***Ein U. kommt selten allein*** wenn man einmal Pech gehabt hat, passieren einem oft in kurzer Zeit noch mehrere unangenehme Dinge || ID ↑ ***Glück***

ụn·glück·lich *Adj*; **1** traurig und deprimiert ≈ niedergeschlagen ⟨e-n unglücklichen Eindruck, ein unglückliches Gesicht machen; zutiefst u. sein⟩ **2** (in der gegebenen Situation) nicht günstig ≈ ungünstig ⟨ein Zufall, ein Zeitpunkt, ein Zusammentreffen; etw. endet u., geht u. aus⟩ **3** mit negativen Konsequenzen ⟨e-e Bewegung, ein Sturz; u. fallen, stürzen⟩ **4** undiplomatisch, sodass es falsch interpretiert werden kann ⟨e-e Formulierung; sich u. ausdrücken⟩ **5** *mst in* ***u. verliebt sein*** in j-n verliebt sein, ohne dass dieser in einen selbst verliebt ist

ụn·glück·li·cher·wei·se *Adv*; verwendet, um auszudrücken, dass man etw. bedauert ≈ bedauerlicherweise, leider ↔ zum Glück: *U. haben wir uns nicht mehr gesehen*

Ụn·glücks·bo·te *der*; j-d, der e-e schlechte Nachricht bringt

ụn·glück·se·lig *Adj*; *mst attr*; mit e-r negativen od. unangenehmen Wirkung ≈ verhängnisvoll ⟨ein Zufall, ein Zusammentreffen⟩ **2** von großem Unglück betroffen (und deshalb zu bedauern) ≈ bedauernswert ⟨ein Mensch⟩ || *hierzu* **ụn·glück·se·li·ger·wei·se** *Adv*

Ụn·glücks·ra·be *der*; *gespr*; j-d, der (oft) Pech hat ≈ Pechvogel

Ụn·gna·de *die*; *nur Sg*, *oft iron*; *mst in* ***(bei j-m) in U. fallen*** durch sein Verhalten bewirken, dass j-d unzufrieden mit einem wird und einen nicht mehr mag

ụn·gnä·dig *Adj*; (wegen schlechter Laune) unfreundlich ⟨j-m e-n ungnädigen Blick zuwerfen; etw. u. aufnehmen; j-n u. empfangen⟩ || *hierzu* **Ụn·gnä·dig·keit** *die*; *nur Sg*

ụn·gül·tig *Adj*; **1** nicht (mehr) gültig ⟨e-e Banknote, e-e Fahrkarte, ein (Reise)Pass; e-e Wahlstimme⟩ **2** ***etw. für u. erklären*** etw. annullieren || *zu* **1 Ụn·gül·tig·keit** *die*; *nur Sg*

Ụn·guns·ten *nur in* ***zu j-s U.*** zu j-s Nachteil ↔ zu j-s Gunsten: *sich zu seinen U. verrechnen*

ụn·güns·tig *Adj*; **u.** ***(für j-n / etw.)*** (in der gegebenen Situation od. für e-n bestimmten Zweck) schlecht, mit Nachteilen verbunden: *zu e-m ungünstigen Zeitpunkt*; *im ungünstigsten Fall*; *Die Bergleute mussten unter ungünstigen Bedingungen arbeiten* || *hierzu* **Ụn·güns·tig·keit** *die*; *nur Sg*

ụn·gut *Adj*; *mst attr*; **1** *mst* ***ein ungutes Gefühl (bei etw.) haben*** instinktiv fühlen, dass etw. kein gutes Ende haben wird **2** *euph* ≈ schlecht: *Vater und Sohn haben ein ungutes Verhältnis* || ID ***Nichts für u.!*** ich habe es nicht böse gemeint

ụn·halt·bar, **un·hạlt·bar** *Adj*; *nicht adv*; **1** ⟨*mst* Zustände⟩ so (schlecht, ungünstig), dass sie unbedingt geändert werden müssen ≈ unerträglich **2** ⟨*mst* e-e These, e-e Theorie⟩ so falsch od. schlecht, dass man sie nicht akzeptieren kann **3** ⟨ein Schuss⟩ so gut gezielt, dass der Torwart ihn nicht fangen kann || *zu* **1** und **2 Ụn·halt·bar·keit**, **Un·hạlt·bar·keit** *die*; *nur Sg*

ụn·hand·lich *Adj*; groß und schwer und deshalb schwierig zu verwenden ≈ unpraktisch: *Die Bohrmaschine / der Staubsauger / der Koffer ist sehr u.* || *hierzu* **Ụn·hand·lich·keit** *die*; *nur Sg*

Ụn·heil *das*; *-s*; *nur Sg*, *geschr*; ein Ereignis, das großen Kummer und großen Schaden bringt ≈ Unglück (2) ⟨j-d / etw. richtet U. an, stiftet U.; ein U. bricht (über j-n) herein; das U. kommen sehen⟩: *Der Krieg hat großes U. über das Land gebracht* || K-: ***Unheil bringend, verkündend***

un·heil·bar, **un·heil·bar** *Adj*; ohne Aussicht auf Heilung ⟨e-e Krankheit; u. krank sein⟩ || *hierzu* **Un·heil·bar·keit**, **Un·heil·bar·keit** *die*; *nur Sg*

un·heil·voll *Adj*; *nicht adv*; ⟨e-e Entwicklung, e-e Wirkung⟩ so (bedrohlich), dass sie ein Unglück erwarten lassen

un·heim·lich, **un·heim·lich** *Adj*; **1** ⟨e-e Erscheinung, e-e Gestalt⟩ so, dass sie den Menschen Angst machen: *Mir ist u.* (*zumute*) (= ich habe Angst); *Er ist mir ein bisschen u.* (= ich habe irgendwie Angst vor ihm); *e-e unheimliche, dunkle Straße* **2** *nur attr, nicht adv, gespr*; sehr groß, stark, intensiv *o.Ä.*: *e-n unheimlichen Hunger, Durst haben*; *Ich hab e-e unheimliche Angst vor der Prüfung* **3** *nur adv, gespr*; verwendet, um Adjektive, Adverbien od. Verben zu verstärken ≈ sehr: *u. groß, u. alt*; *Ich habe mich u. über das Geschenk gefreut* || *zu* **1 Un·heim·lich·keit**, **Un·heim·lich·keit** *die*; *nur Sg*

un·höf·lich *Adj*; nicht höflich ⟨ein Kerl, e-e Antwort; u. zu / gegenüber j-m sein⟩ || *hierzu* **Un·höf·lich·keit** *die*; *nur Sg*

Un·hold *der*; *-(e)s, -e*; **1** ein böser Mensch in Fabeln und Märchen **2** *pej*; j-d, der andere quält und verletzt ≈ Ungeheuer

u·ni ['yni, y'ni:] *Adj*; *nur präd od adv, indeklinabel* ≈ einfarbig ↔ bunt ⟨Stoffe⟩

U·ni *die*; *-, -s*; *gespr, Kurzw* ↑ ***Universität***

u·ni·form *Adj*; *geschr*; **1** in gleicher äußerer Form ≈ einheitlich: *e-e Siedlung mit uniformen Häusern* **2** *pej*; ohne individuelle Merkmale ⟨ein Aussehen⟩ || *hierzu* **U·ni·for·mi·tät** *die*; *-*; *nur Sg*

U·ni·form, **U·ni·form** *die*; *-, -en*; Kleidung, die in Stoff, Farbe und Form einheitlich gestaltet ist und die *z.B.* Polizisten od. Soldaten tragen ⟨(e-e) U. tragen; in U. sein, kommen⟩ || K-: ***Uniform-, -jacke, -zwang*** || -K: ***Polizei-, Soldaten-; Schul-***

Uniform

u·ni·for·miert *Adj*; in Uniform ⟨u. sein, erscheinen⟩ || *hierzu* **U·ni·for·mier·te** *der / die*; *-n, -n*

U·ni·kum *das*; *-s, U·ni·ka / gespr -s*; **1** (*Pl Unikums*) *mst Sg, gespr*; j-d, der (auf sympathische Art) ein bisschen seltsam und lustig ist ≈ Original (3) **2** (*Pl Unika*) ein Gegenstand, den es nur einmal gibt

un·in·ter·es·sant *Adj*; langweilig, irrelevant ⟨etw. ist für j-n (völlig) u.⟩: *Die Idee ist nicht u.* (= ist überlegenswert)

un·in·ter·es·siert *Adj*; **u.** (***an j-m / etw.***) ohne Interesse an j-m / etw. ≈ desinteressiert ⟨sich u. zeigen⟩

U·ni·on [u'nio:n] *die*; *-, -en*; **1** ein Zusammenschluss von mehreren Institutionen od. Staaten zu e-r Organisation, die ihre gemeinsamen Interessen verfolgt ≈ Vereinigung ⟨die Europäische U.; die Staaten schlossen sich zu e-r U. zusammen⟩ **2** ***die U.*** *nur Sg*, Ⓓ die beiden Parteien CDU und CSU || K-: ***Unions-, -parteien*** **3** ***die Junge U.*** *nur Sg*, Ⓓ die Nachwuchsorganisation der beiden Parteien CDU und CSU

u·ni·so·no *Adv*; **1** *Mus* ≈ einstimmig (2) **2** *geschr*; so, dass alle derselben Meinung sind ≈ einstimmig (1), einmütig: *Sie stimmten dem Antrag u. zu*

u·ni·ver·sal [-v-] *Adj*; *geschr*; alle Bereiche umfassend ≈ universell (1): *Heute besitzt keiner ein universales Wissen*; *Die Lösung der Umweltprobleme ist von universalem Interesse* || K-: ***Universal-, -bildung, -mittel***

U·ni·ver·sal·ge·nie *das*; j-d, der auf sehr vielen (Wissens)Gebieten große Fähigkeiten, ein großes Wissen hat

u·ni·ver·sell [-v-] *Adj*; **1** ≈ universal **2** ≈ vielseitig ⟨ein u. anwendbares Mittel, ein u. einsetzbares Gerät⟩

U·ni·ver·si·tät [-v-] *die*; *-, -en*; **1** e-e Institution, an der verschiedene Wissenschaften gelehrt werden und an der Forschungen in diesen Wissenschaften gemacht werden ⟨an der U. studieren, auf die / zur U. gehen; an der U. lehren, Dozent an der U. sein⟩: *Er studiert Medizin an der U. Heidelberg*; *Sie ist als Studentin der Rechtswissenschaften an der U. Münster immatrikuliert* || K-: ***Universitäts-, -ausbildung, -bibliothek, -buchhandlung, -gelände, -klinik, -laufbahn, -professor, -stadt, -studium*** **2** das Haus od. die Gebäude, in dem / denen e-e U. (1) ist || *zu* **1 u·ni·ver·si·tär** *Adj*

U·ni·ver·sum [-v-] *das*; *-s*; *nur Sg* ≈ (Welt)All

un·ka·me·rad·schaft·lich *Adj*; nicht fair od. nicht hilfsbereit den eigenen Kameraden gegenüber ⟨ein Verhalten; u. sein⟩ || *hierzu* **Un·ka·me·rad·schaft·lich·keit** *die*; *nur Sg*

un·ken; *unkte, hat geunkt*; [Vi] **u.** (*+ Satz*) *gespr*; etw. Negatives voraussagen (weil man Pessimist ist): *„Da werden wir aber große Probleme haben", unkte er* || NB: Das Objekt ist immer ein Satz od. Satzteil

un·kennt·lich *Adj*; so (verändert), dass es nicht mehr zu erkennen ist

Un·kennt·lich·keit *die*; *-*; *nur Sg*; *mst in* ***e-e bis zur U. entstellte / verstümmelte Leiche*** e-e Leiche mit so schweren Verletzungen, dass man nicht mehr erkennen kann, wer es ist

Un·kennt·nis *die*; *-*; *nur Sg*, *geschr*; **U.** (***über etw.*** (*Akk*)) die mangelnde Kenntnis von etw., das Nichtwissen ⟨in U. der Sachlage, Situation; j-n in U. lassen⟩: *etw. aus U. falsch machen*; *seine U. auf diesem Gebiet war ihm peinlich*

Un·ken·ruf *der*; *mst in* ***allen Unkenrufen zum Trotz*** trotz aller pessimistischen Vorhersagen: *Allen Unkenrufen zum Trotz verlief die Demonstration völlig friedlich*

un·klar *Adj*; **1** nicht so deutlich, dass man es gut verstehen könnte ≈ unverständlich (1) ⟨sich u. ausdrücken⟩ **2** nicht geklärt, nicht gewiss: *Es ist noch u., wie es dazu kommen konnte*; *Mir ist / bleibt noch u., wer das alles machen soll* (= ich weiß noch nicht, wer ...) **3** ohne deutliche Konturen ≈ undeutlich, unscharf, verschwommen ⟨ein Bild⟩ **4** ≈ ungewiss (1): *Der Ausgang der Sache ist noch völlig u.* **5** ***sich*** (*Dat*) ***über etw.*** (*Akk*) ***im Unklaren sein*** etw. noch nicht wissen, über etw. (noch) Zweifel haben **6** ***j-n über etw.*** (*Akk*) ***im Unklaren lassen*** j-n über etw. nicht genau od. richtig informieren || *zu* **1-4 Un·klar·heit** *die*

un·klug *Adj*; (taktisch, psychologisch) nicht gut durchdacht ≈ undiplomatisch ⟨ein Vorgehen, ein Verhalten, sich u. verhalten⟩: *Es wäre u. von dir, ihm in diesem Fall zu widersprechen*

un·kol·le·gi·al *Adj*; nicht fair od. nicht hilfsbereit den eigenen Kollegen gegenüber ⟨ein Verhalten⟩

un·kom·pli·ziert *Adj*; **1** nicht kompliziert ≈ einfach[1] (1) ⟨ein Apparat⟩ **2** angenehm im Umgang mit anderen Menschen ↔ schwierig ⟨ein Mensch⟩ **3** ⟨ein Bruch⟩ so, dass er relativ leicht verheilt

ụn·kon·ven·ti·o·nell *Adj*; *geschr*; nicht so, wie es bei den meisten anderen Leuten üblich ist ⟨ein Geschmack, e-e Meinung, Ansichten⟩: *Die Wohnung war u. eingerichtet*

ụn·kon·zent·riert *Adj*; ohne die nötige Konzentration: *u. arbeiten* || *hierzu* **Ụn·kon·zent·riert·heit** *die*; *nur Sg*

Ụn·kos·ten *die*; *Pl*; Kosten, die man zusätzlich zu den normalen (laufenden) Kosten hat ⟨etw. ist mit (großen, hohen) U. verbunden; j-m entstehen U.; die U. für etw. tragen⟩ || ID ***sich (für j-n / etw.) in U. stürzen*** *gespr*; viel Geld für j-n / etw. ausgeben

Ụn·kos·ten·bei·trag *der*; e-e (Geld)Summe, die man (als Anteil) für Unkosten zahlt, die bei etw. entstanden sind

Ụn·kraut *das*; **1** *nur Sg*; Pflanzen, die (wild) neben den Pflanzen wachsen, die der Mensch angebaut hat ⟨das U. wuchert, (das) U. jäten, das U. vertilgen, mit Herbiziden bekämpfen⟩ || K-: ***Unkraut-, -bekämpfung, -vertilgung*** **2** e-e bestimmte Art von U. (1): *Brennnesseln sind ein U.* || ID ***U. vergeht nicht*** *hum*; mich, ihn *usw* kann nichts umbringen, so j-d (wie ich, er *usw*) übersteht alles

ụn·kri·tisch *Adj*; ***(j-m / etw. gegenüber) u.*** j-m / etw. gegenüber nicht kritisch ≈ kritiklos ⟨ein Zeitgenosse, ein Zeitungsleser; e-e Meinung u. übernehmen⟩

ụn·künd·bar, un·kụ̈nd·bar *Adj*; nicht kündbar ⟨ein Vertrag⟩: *Er ist schon so lange bei dieser Firma, dass er praktisch u. ist* || *hierzu* **Ụn·künd·bar·keit, Un·kụ̈nd·bar·keit** *die*; *nur Sg*

ụn·kun·dig *Adj*; *mst* ***etw.*** *(Gen)* ***u. sein*** *geschr*; etw. nicht gelernt haben: *des Lesens u. sein*

ụn·längst *Adv*; vor kurzer Zeit ≈ (erst) kürzlich: *Er hat mich u. besucht*

ụn·lau·ter *Adj*; *mst attr, geschr*; **1** nicht ehrlich ≈ betrügerisch ⟨Absichten, e-e Gesinnung⟩ **2** nicht legitim ⟨Wettbewerb⟩

ụn·leid·lich *Adj*; unfreundlich u. schlecht gelaunt ≈ unausstehlich

ụn·le·ser·lich *Adj*; so geschrieben, dass man es sehr schlecht od. kaum lesen kann ⟨e-e Handschrift, e-e Unterschrift; u. schreiben⟩ || *hierzu* **Ụn·le·ser·lich·keit** *die*; *nur Sg*

ụn·lieb·sam *Adj*; **1** ≈ unangenehm ⟨etw. hat unliebsame Folgen (für j-n)⟩ **2** nicht gern gesehen, nicht willkommen ↔ gern gesehen ⟨Besuch, Gäste⟩

ụn·lo·gisch *Adj*; nicht logisch ↔ folgerichtig ⟨e-e Schlussfolgerung; etw. ist u.⟩ || *hierzu* **Ụn·lo·gik** *die*; -; *nur Sg*

un·lös·bar, ụn·lös·bar *Adj*; so (beschaffen), dass es dafür keine Lösung gibt ⟨ein Problem, ein Rätsel, e-e Aufgabe⟩ || *hierzu* **Un·lös·bar·keit, Ụn·lös·bar·keit** *die*; *nur Sg*

Ụn·lust *die*; *nur Sg*; der Mangel an Motivation ≈ Lustlosigkeit ⟨U. verspüren, seine U. überwinden⟩: *mit U. an die Arbeit gehen* || K-: ***Unlust-, -gefühl*** || *hierzu* **ụn·lus·tig** *Adj*

ụn·mä·ßig *Adj*; **1** so (exzessiv), dass ein gesundes Maß überschritten wird ≈ maßlos ↔ maßvoll: *u. im Essen sein* **2** *nicht adv, gespr*; sehr groß, stark, intensiv *o.Ä.*: *unmäßigen Hunger haben* **3** *nur adv, gespr*; verwendet, um Adjektive, Adverbien od. Verben negativ zu verstärken ≈ sehr: *u. dick sein* || *zu* **1 Ụn·mä·ßig·keit** *die*; *nur Sg*

Ụn·men·ge *die*; **1** *gespr*; ***e-e U. (von / an etw.*** *(Dat)*); ***e-e U.*** + *Subst* sehr viel(e) (von / an etw.): *Im Urlaub haben wir e-e U. (an / von) Geld verbraucht* **2** ***in Unmengen*** *gespr*; in sehr großer Zahl

Ụn·mensch *der*; *pej*; j-d, der grausam gegenüber Menschen od. Tieren ist || ID *mst* ***Ich bin / Man ist ja / doch kein U.*** *gespr*; verwendet, um auszudrücken, dass man bereit ist nachzugeben, dass man Verständnis hat *o.Ä.*

ụn·mensch·lich, un·mẹnsch·lich *Adj*; **1** brutal, grausam, ohne Mitgefühl gegenüber Menschen od. Tieren ⟨e-e Grausamkeit, e-e Tat; j-n / ein Tier u. behandeln, quälen⟩ **2** ≈ menschenunwürdig ⟨unter unmenschlichen Bedingungen leben (müssen)⟩ **3** *gespr* ≈ sehr groß, stark, intensiv *o.Ä.* ⟨e-e Hitze, e-e Kälte; e-e Quälerei⟩ || *zu* **1** und **2 Ụn·mensch·lich·keit, Un·mẹnsch·lich·keit** *die*; *nur Sg*

un·mẹrk·lich, ụn·merk·lich *Adj*; so, dass man es nicht od. kaum merkt ⟨e-e Veränderung⟩

ụn·miss·ver·ständ·lich, un·miss·ver·stạ̈nd·lich *Adj*; **1** so deutlich, dass es jeder verstehen muss ≈ eindeutig, klar ⟨e-e Formulierung, sich u. ausdrücken⟩ **2** sehr energisch ⟨j-m u. die Meinung sagen, j-m etw. u. zu verstehen geben⟩

ụn·mit·tel·bar *Adj*; **1** so, dass in e-r Reihenfolge od. Hierarchie keine andere Person / Sache dazwischenkommt ≈ direkt ⟨j-s Nachkomme, j-s Nachfolger; e-e Folge (von etw.), etw. folgt u. auf etw. *(Akk)*⟩: *Die Behörde untersteht u. dem Ministerium* **2** auf dem kürzesten Weg ≈ direkt: *Die Straße führt u. zum Zoo* **3** *nur attr od adv*; ganz nahe (bei j-m / etw.) ≈ direkt: *In unmittelbarer Nähe der Kirche hat es gebrannt*; *Er stand u. neben ihr* **4** *nur adv*; kurze Zeit nach e-m anderen Ereignis ⟨u. danach, darauf; etw. steht u. bevor (= wird sehr bald eintreten)⟩

ụn·möb·liert *Adj*; *mst attr*; ohne Möbel ⟨ein Zimmer, e-e Wohnung⟩

ụn·mo·dern *Adj*; nicht so, wie es gerade üblich, beliebt od. Mode ist ≈ altmodisch, veraltet

ụn·mög·lich, un·mög·lich *Adj*; **1** *nur präd od adv*; so, dass man es nicht verwirklichen kann ↔ machbar, realisierbar ⟨etw. ist technisch u.⟩: *Was du von mir verlangst, ist völlig u.!*; *Nach dem Bau des Hauses können wir doch u.* (= unter keinen Umständen) *in Urlaub fahren!* **2** *gespr pej*; (in seiner Art, seinem Benehmen) vom Normalen, *bes* von den gesellschaftlichen Konventionen, abweichend ⟨ein Mensch; u. gekleidet sein, aussehen, sich u. benehmen⟩ || ID ***sich (vor j-m) u. machen*** sich vor anderen lächerlich benehmen || *zu* **1 Un·mög·lich·keit, Ụn·mög·lich·keit** *die*; *nur Sg*

ụn·mo·ra·lisch *Adj*; nicht so, wie es Sitte und Moral fordern ↔ anständig ⟨ein Verhalten, ein Lebenswandel⟩

ụn·mo·ti·viert *Adj*; ohne (erkennbaren) vernünftigen Grund ≈ grundlos: *u. lachen*

ụn·mün·dig *Adj*; **1** *nicht adv*; ⟨ein Kind⟩ so, dass es vor dem Gesetz noch nicht als erwachsen gilt **2** nicht fähig, selbstständig Entscheidungen zu treffen **3** ***j-n für u. erklären*** ≈ j-n entmündigen

ụn·mu·si·ka·lisch *Adj*; ohne Gefühl für Musik: *Ich bin völlig u.*

Ụn·mut *der*; *geschr*; ein Gefühl des Ärgers und der Unzufriedenheit ≈ Missmut, Verdruss ⟨U. steigt in j-m auf; seinem U. Luft machen⟩

ụn·nach·ahm·lich, un·nach·ahm·lich *Adj*; *mst* auf positive Weise so, dass niemand es nachahmen kann ≈ einzigartig, unübertrefflich ⟨j-s Mimik; j-s unnachahmliche Art, etw. zu tun⟩

ụn·nach·gie·big *Adj*; ***(j-m gegenüber) u.*** so, dass der Betroffene nicht bereit ist, seine Meinung zu ändern od. Kompromisse zu schließen ≈ kompromisslos ⟨e-e Haltung; sich (in etw.) u. zeigen⟩ || *hierzu* **Ụn·nach·gie·big·keit** *die*; *nur Sg*

ụn·nach·sich·tig *Adj*; ***(j-m gegenüber) u.*** nicht bereit, j-m zu verzeihen || *hierzu* **Ụn·nach·sich·tig·keit** *die*; *nur Sg*

un·nah·bar, ụn·nah·bar *Adj*; nicht bereit, andere

U

Leute mit einem in persönlichen Kontakt treten zu lassen ≈ abweisend, unzugänglich ⟨u. sein, wirken, erscheinen⟩ || *hierzu* **Un·nah·bar·keit**, **Un·nah·bar·keit** *die*; *nur Sg*

un·na·tür·lich *Adj*; **1** nicht so wie in der Natur ≈ künstlich ⟨e-e Lebensweise⟩ **2** nicht normal ⟨e-e Blässe, e-e Röte; j-s Stimme klingt u.; j-d verhält sich u.⟩ **3** *pej* ≈ affektiert, gekünstelt ⟨ein Getue⟩ || *hierzu* **Un·na·tür·lich·keit** *die*; *nur Sg*

un·nor·mal *Adj*; nicht normal ≈ außergewöhnlich ⟨e-e Reaktion⟩: *Diese Hitze ist für März u.*

un·nö·tig *Adj*; **1** nicht (unbedingt) notwendig ≈ überflüssig ↔ notwendig ⟨e-e Maßnahme für u. halten, sich unnötige Sorgen, Gedanken (um j-n) machen⟩: *sich u. in Gefahr bringen*; *Es ist wohl u. zu sagen, dass du bei uns jederzeit herzlich willkommen bist* **2** ≈ vermeidbar ↔ unvermeidlich ⟨ein Fehler, ein Missverständnis⟩ || *hierzu* **un·nö·ti·ger·wei·se** *Adv*

un·nütz *Adj*; **1** ohne Nutzen ≈ nutzlos ↔ nützlich ⟨Anstrengungen⟩ **2** ≈ unnötig (1), überflüssig: *Was hast du denn da wieder für unnützes Zeug gekauft?* || *hierzu* **un·nüt·zer·wei·se** *Adv*

UNO, **U·no** ['u:no] *die*; -; *nur Sg*; (*Abk für* United Nations Organization) e-e internationale Organisation, deren Ziel es ist, Frieden in der Welt zu schaffen und internationale Probleme zu lösen ≈ Vereinte Nationen, UN

un·or·dent·lich *Adj*; **1** ⟨ein Mensch⟩ so, dass er nicht auf Ordnung achtet ≈ nachlässig, schlampig ↔ sorgfältig: *u. sein, arbeiten* **2** ohne Ordnung (und Sauberkeit) ≈ unaufgeräumt ⟨ein Zimmer, e-e Wohnung⟩: *Auf meinem Schreibtisch sieht es immer so u. aus!* || *hierzu* **Un·or·dent·lich·keit** *die*; *nur Sg*

Un·ord·nung *die*; *nur Sg*; der Zustand, in dem keine Ordnung (1) herrscht ≈ Durcheinander ⟨etw. in U. bringen, irgendwo herrscht (e-e große, schreckliche) U.⟩

un·par·tei·isch *Adj*; nicht für od. gegen einen der Gegner in e-m Streit *o.Ä.*, sondern neutral (1) ⟨ein Dritter, e-e Haltung; u. sein, urteilen⟩

Un·par·tei·i·sche *der*; *-n*, *-n*; *Sport* ≈ Schiedsrichter || NB: *ein Unparteiischer*; *der Unparteiische*; *den, dem, des Unparteiischen*

un·pas·send *Adj*; **1** ⟨*mst* e-e Bemerkung⟩ so, dass sie nicht zur gegebenen Situation passt ≈ unangebracht, deplatziert **2** *nicht adv* ≈ ungünstig, ungelegen ⟨im unpassend(st)en Augenblick kommen⟩ **3** ***für etw. u.*** ≈ für etw. nicht geeignet: *Dein elegantes Kleid ist völlig u. für e-e Gartenparty*

un·päss·lich *Adj*; *mst in* ***u. sein***; ***sich u. fühlen*** *veraltend*; sich nicht wohl fühlen || *hierzu* **Un·päss·lich·keit** *die*

un·per·sön·lich *Adj*; **1** in seinem Verhalten kühl und höflich, aber nicht freundlich ≈ förmlich ⟨ein Gespräch, e-e Unterhaltung; sich (j-m gegenüber) u. verhalten⟩ **2** *nur präd od adv*; ohne die persönliche, individuelle Note[4] von j-m: *Das Schreiben war sehr u.* **3** *nur attr, nicht adv*, *Ling*; (von Verben) dadurch gekennzeichnet, dass sie nur das Pronomen *es* als Subjekt haben können: *„regnen", „schneien" od. „hageln" sind unpersönliche Verben* || *zu* **1** und **2** **Un·per·sön·lich·keit** *die*; *nur Sg*

un·po·pu·lär *Adj*; bei den meisten Leuten nicht beliebt: *Die Regierung ergriff unpopuläre Maßnahmen* || *hierzu* **Un·po·pu·la·ri·tät** *die*; *nur Sg*

un·prak·tisch *Adj*; **1** mit wenig od. keinem praktischen Nutzen ↔ zweckdienlich, zweckmäßig ⟨ein Gerät⟩ **2** bei der praktischen Arbeit od. beim Planen, Organisieren ohne Geschick ≈ ungeschickt (1)

un·prob·le·ma·tisch *Adj*; ohne Probleme ≈ problemlos: *Die Umstellung Ihres Büros auf EDV dürfte völlig u. sein*

un·pünkt·lich *Adj*; nicht pünktlich ⟨u. sein, kommen⟩ || *hierzu* **Un·pünkt·lich·keit** *die*; *nur Sg*

un·qua·li·fi·ziert *Adj*; **1** *pej*; ⟨e-e Bemerkung, Geschwätz⟩ so, dass sie von Dummheit od. Unwissen zeugen **2** ohne spezielle Ausbildung ⟨Arbeit; ein Hilfsarbeiter⟩

Un·rast *die*; *nur Sg*; *geschr* ≈ Rastlosigkeit

Un·rat *der*; *nur Sg*, *geschr* ≈ Abfall, Müll

un·ra·ti·o·nell *Adj*; mit mehr Aufwand (verbunden) als nötig, weil die Arbeit nicht gut organisiert ist ⟨ein Betrieb, e-e Methode; u. arbeiten⟩

un·re·a·lis·tisch *Adj*; **1** nicht der Wirklichkeit entsprechend ⟨e-e Darstellung, e-e Einschätzung (der Gegebenheiten)⟩ **2** ⟨Forderungen, Ansprüche, Wünsche⟩ so, dass man sie nicht verwirklichen kann ↔ realisierbar

un·recht *Adj*; **1** *geschr*; moralisch und sittlich schlecht ≈ verwerflich ⟨e-e Tat; u. handeln; etw. Unrechtes tun⟩ **2** nicht günstig ⟨zu unrechter Zeit, im unrechten Augenblick kommen⟩ **3** ***j-m u. tun*** j-n ungerecht beurteilen od. behandeln || ID ↑ ***Gut***[1]

Un·recht *das*; *nur Sg*; **1** e-e (oft böse) Handlung, durch die man anderen schadet ⟨j-m ein U. antun, zufügen; ein U. begehen, wieder gutmachen; j-m widerfährt (ein großes) U.⟩ **2** ***zu U.*** ≈ unberechtigt, fälschlich(erweise) ⟨j-n zu U. beschuldigen, verdächtigen, anklagen⟩ **3** ***im U. sein***; ***U. haben*** bei e-m Streit *o.Ä.* nicht das Recht auf seiner Seite haben **4** ***U. haben*** sich irren, etw. Falsches glauben: *mit e-r Vermutung U. haben* **5** ***sich*** (***durch / mit etw.***) ***ins U. setzen*** *geschr*; (oft als Reaktion auf e-e böse Tat selbst) etw. Unmoralisches od. Böses tun

un·recht·mä·ßig *Adj*; ⟨Besitz; sich etw. u. aneignen⟩ so, dass man kein Recht darauf hat || *hierzu* **Un·recht·mä·ßig·keit** *die*; *nur Sg*; **un·recht·mä·ßi·ger·wei·se** *Adv*

un·re·gel·mä·ßig *Adj*; **1** nicht regelmäßig (3) ↔ ebenmäßig, gleichmäßig ⟨etw. ist u. geformt⟩ **2** in unterschiedlichen Abständen od. Intervallen ↔ gleichmäßig ⟨j-s Puls(schlag), Atmung ist u.; u. atmen⟩ **3** *Ling*; (von Verben) dadurch gekennzeichnet, dass sie nicht nach der üblichen Art gebildet werden: *„Schreiben" ist ein unregelmäßiges Verb / wird u. flektiert*

Un·re·gel·mä·ßig·keit *die*; **1** e-e Stelle, die anders ist als ihre Umgebung **2** e-e kurze Abweichung vom normalen Rhythmus **3** *mst Pl*, *euph* ≈ Betrug: *Unregelmäßigkeiten in der Buchführung*

un·reif *Adj*; *nicht adv*; **1** (noch) nicht reif ⟨Obst⟩ **2** *mst pej*; ohne viel Erfahrung, nicht so vernünftig wie andere (mit mehr Erfahrung) ⟨ein Mensch, ein Verhalten⟩: *Der neue Kollege wirkt noch etwas u.* || *hierzu* **Un·rei·fe** *die*; *nur Sg*

un·rein *Adj*; **1** ≈ unsauber, schmutzig, verschmutzt ⟨Luft, Wasser⟩ **2** nicht rein ≈ unsauber ⟨Töne⟩ **3** ***unreine Haut*** Haut mit Pickeln (und Mitessern) || *hierzu* **Un·rein·heit** *die*; *nur Sg*

un·ren·ta·bel *Adj*; ⟨ein Betrieb, ein Geschäft⟩ so, dass sie keinen Gewinn bringen || NB: *unrentabel* → *ein unrentabler Betrieb* || *hierzu* **Un·ren·ta·bi·li·tät** *die*; *nur Sg*

un·rich·tig *Adj*; nicht richtig, nicht korrekt ⟨e-e Behauptung, e-e Angabe⟩

Un·ru·he *die*; -, *-n*; **1** *nur Sg*; ein Zustand, in dem man nervös ist, Sorgen hat *o.Ä.* ⟨j-n in U. versetzen⟩: *Voll U. blickte sie immer wieder auf die Uhr* **2** *nur Sg*; störende Geräusche, die dadurch entstehen, dass sich viele Menschen bewegen od. miteinander reden ↔ Stille: *Ich kann mich bei dieser U. nicht konzentrieren* **3** *nur Sg*; allgemeine Unzufriedenheit, Unmut: *Das neue Gesetz sorgte für U.*

im Land || K-: **Unruhe-, -stifter** **4** *nur Pl*; Kämpfe auf der Straße aus Protest *o.Ä.* ≈ Aufruhr, Krawalle || -K: **Rassen-, Studenten-**

Un·ru·he·herd *der*; ein Land od. Gebiet, in dem es immer wieder zu Kämpfen kommt

un·ru·hig *Adj*; **1** nervös (und besorgt): *Sie wurde u., als das Kind nicht aus der Schule heimkam*; *Er sah u. aus dem Fenster* **2** durch ständige Störungen gekennzeichnet: *e-n unruhigen Schlaf haben*; *e-e unruhige Nacht verbringen* **3** ständig in Bewegung, laut *usw* ⟨ein Kind⟩ **4** mit viel Verkehr, viel Lärm *o.Ä.* ⟨e-e Gegend, e-e Straße⟩ **5** nicht gleichmäßig ⟨ein Rhythmus, ein Verlauf⟩ **6** mit vielen, kleinen Details, die (für den Betrachter) unangenehm wirken ⟨ein Bild, ein Muster⟩ **7** mit großen (politischen) Veränderungen, vielen Aktivitäten *usw* ⟨e-e Zeit⟩ **8** mit relativ hohen Wellen ⟨das Meer, die See ist u.⟩

un·rühm·lich *Adj*; *mst attr*; so, dass man nicht stolz darauf sein kann ⟨ein Ende; bei etw. e-e unrühmliche Rolle spielen⟩

uns[1] *Reflexivpronomen der 1. Person Pl (wir), Akkusativ und Dativ*; ↑ *Tabelle unter* **Reflexivpronomen**

uns[2] *reziprokes Pronomen der 1. Person Pl (wir), Akkusativ und Dativ*; ↑ *Tabelle unter* **Reflexivpronomen**

uns[3] *Personalpronomen der 1. Person Pl (wir), Akkusativ und Dativ*; ↑ *Tabelle unter* **Personalpronomen**

un·sach·ge·mäß *Adj*; nicht so, wie es die Sache erfordert od. wie es richtig ist ⟨e-e Reparatur⟩: *die unsachgemäße Handhabung e-r Maschine*

un·sach·lich *Adj*; von persönlichen Gefühlen od. Vorurteilen beeinflusst ↔ nüchtern, objektiv ⟨e-e Kritik; u. werden⟩ || *hierzu* **Un·sach·lich·keit** *die*; *nur Sg*

un·sag·bar, un·sag·bar *Adj*; **1** *nicht adv*; sehr groß, sehr intensiv ≈ unbeschreiblich ⟨Angst, Freude, Schmerzen⟩ **2** *nur adv*; verwendet, um Adjektive, Adverbien od. Verben zu verstärken ≈ sehr: *u. frieren*; *Es war u. kalt*

un·säg·lich, un·säg·lich *Adj*; *geschr* ≈ unsagbar

un·sanft *Adj*; grob und ohne Rücksicht ⟨ein Stoß; j-n u. wecken⟩

un·sau·ber *Adj*; **1** nicht ordentlich ≈ nachlässig ⟨e-e Arbeit⟩ **2** leicht schmutzig: *etw. mit unsauberen Fingern anfassen* **3** *nicht adv*; nicht ganz legal ↔ anständig ⟨unsaubere Geschäfte machen⟩ **4** nicht genau, nicht präzise ⟨e-e Definition⟩: *Der Geiger spielte u.* **5** *nicht adv*; nicht auf Sauberkeit bedacht || *hierzu* **Un·sau·ber·keit** *die*

un·schäd·lich *Adj*; **1** nicht gefährlich od. giftig ≈ harmlos: *Dieses Mittel ist für Menschen absolut u.* **2** ***j-n / etw. u. machen*** *gespr*; dafür sorgen, dass j-d / etw. keinen Schaden mehr anrichten kann, *z.B.* e-n Verbrecher verhaften || *zu* **1** **Un·schäd·lich·keit** *die*; *nur Sg*

un·scharf *Adj*; **1** so, dass man die Dinge nicht klar erkennen kann ≈ verschwommen ⟨ein Foto⟩: *das Fernglas ist u. eingestellt* **2** nicht präzise ↔ klar ⟨e-e Formulierung⟩

un·schätz·bar, un·schätz·bar *Adj*; sehr groß ⟨j-m unschätzbare Dienste / Hilfe erweisen; etw. ist für j-n / etw. von unschätzbarem Wert⟩

un·schein·bar *Adj*; (nicht besonders schön und daher) unauffällig ⟨ein Aussehen⟩: *Die Nachtigall sieht u. aus, singt aber sehr schön* || *hierzu* **Un·schein·bar·keit** *die*; *nur Sg*

un·schick·lich *Adj*; nicht höflich, nicht den Regeln der Gesellschaft entsprechend ⟨ein Benehmen, ein Verhalten⟩

un·schlag·bar *Adj*; so, dass andere (*bes* in e-m Wettkampf) nicht besser sein od. siegen können ⟨e-e Leistung, e-e Mannschaft⟩: *Im Geschichtenerzählen ist sie u.*

un·schlüs·sig *Adj*; noch zu keiner Entscheidung gekommen ⟨sich (*Dat*) über etw. (*Akk*) u. sein; u. dastehen⟩: *Ich bin mir noch u., ob ich das Bild kaufen soll oder nicht*; *Er war sich u., was zu tun sei* || *hierzu* **Un·schlüs·sig·keit** *die*; *nur Sg*

un·schön *Adj*; ⟨ein Anblick, Szenen; ein Verhalten, ein Vorfall, Wetter⟩ so, dass man sie als unangenehm empfindet

Un·schuld *die*; *nur Sg*; **1** das Unschuldigsein ⟨seine U. beteuern; j-s U. beweisen⟩: *Der Richter zweifelte an seiner U., musste ihn jedoch aus Mangel an Beweisen freisprechen* || K-: **Unschulds-, -beteuerung** **2** die Reinheit od. Naivität (aus Mangel an Erfahrung): *die U. e-s kleinen Kindes* **3** *veraltend*; der Zustand, noch keine sexuellen Erfahrungen zu haben ≈ Unberührtheit, Jungfräulichkeit ⟨die / seine U. verlieren; e-m Mädchen die / seine U. nehmen, rauben⟩ **4** ***in aller U.*** ohne böse Absicht **5** ***e-e U. vom Lande*** *iron od pej*; ein unerfahrenes, naives Mädchen (vom Land)

un·schul·dig *Adj*; **1** ohne Schuld (1) ⟨u. im Gefängnis sitzen; u. verurteilt werden⟩: *Der Angeklagte war u.* **2** **u.** (**an etw.** (*Dat*)) an etw. nicht beteiligt: *Sie war nicht ganz u. an dem Missverständnis*; *Bei dem Attentat wurden auch viele Unschuldige verletzt* **3** noch nicht fähig, Böses zu erkennen ⟨ein Kind⟩ **4** so, als wäre man ohne Schuld (2) ⟨ein unschuldiges Gesicht machen; j-n u. ansehen⟩ **5** ohne böse Absicht od. Folgen ≈ harmlos ⟨e-e Bemerkung, e-e Frage, ein Vergnügen⟩ **6** noch ohne sexuelle Erfahrungen ≈ unberührt, jungfräulich ⟨ein Mädchen⟩

Un·schulds·en·gel *der*; *hum od iron*; **1** j-d, der so tut, als könnte er nichts Böses tun **2** verwendet als Bezeichnung für e-n naiven, gutgläubigen Menschen

Un·schulds·lamm *das*; *hum od iron* ≈ Unschuldsengel

Un·schulds·mie·ne *die*; ein Gesichtsausdruck, der zeigen soll, dass j-d ohne Schuld (2) ist

un·schulds·voll *Adj* ≈ unschuldig (4), treuherzig ⟨ein Blick⟩

un·schwer *Adv*; *geschr*; ohne Mühe ≈ leicht ⟨etw. u. erkennen, feststellen können⟩

un·selb·stän·dig, un·selbst·stän·dig *Adj*; **1** finanziell od. in seinen Meinungen *o.Ä.* (zu sehr) von j-m abhängig: *Sie ist sehr u. - sie trifft nie eigene Entscheidungen* **2** *mst attr*; *mst in* ***unselb(st)ständige Arbeit*** Arbeit als Arbeitnehmer (Angestellter od. Arbeiter) || *zu* **1** **Un·selb·stän·dig·keit, Un·selbst·stän·dig·keit** *die*; *nur Sg*

un·se·lig *Adj*; *mst attr*; mit schlimmen Folgen ≈ verhängnisvoll ⟨e-e Leidenschaft, ein Vorfall⟩ || *hierzu* **un·se·li·ger·wei·se** *Adv*

un·ser *Possessivpronomen der 1. Person Pl (wir)*; ↑ *Tabelle unter* **Possessivpronomen** u. unter **mein**

un·se·r- *Possessivpronomen der 1. Person Pl (wir)*; ↑ **mein-**

U

un·ser·ei·ner *Pronomen*; *indeklinabel*, *gespr*; j-d wie ich / Leute wie wir: *Das ist ein ganz vornehmes Lokal. Da wird u. gar nicht reingelassen*

un·ser·eins *Indefinitpronomen*; *indeklinabel*, *gespr* ≈ unsereiner

un·se·rer·seits *Adv*; was uns betrifft ≈ von uns aus: *U. gibt es keine Bedenken*

un·se·res·glei·chen *Pronomen*; *indeklinabel*; Leute wie wir

un·se·ret·we·gen *Adv*; **1** deshalb, weil es gut für uns ist ≈ uns zuliebe **2** aus e-m Grund, der uns betrifft ≈ wegen uns: *Das Treffen musste u. verschoben werden* **3** von uns aus: *U. dürfen Sie ruhig rauchen* (= wir haben nichts dagegen)

un·se·ret·wil·len *Adv*; *veraltend*; *nur in* **um u.** ≈ unseretwegen
un·se·ri·g-, **Un·se·ri·g-** ↑ ***unsrig-***
un·sert·we·gen ↑ ***unseretwegen***
un·sert·wil·len ↑ ***unseretwillen***
un·si·cher *Adj*; **1** *nicht adv*; so, dass noch nicht feststeht, wie es enden od. sein wird ≈ ungewiss ⟨ein Ausgang, e-e Zukunft; e-e Angelegenheit⟩: *Es ist noch u., ob sie kommen wird* **2** *nicht adv*; so, dass man sich darauf nicht verlassen kann ⟨ein Ergebnis, e-e Methode⟩ **3** so, dass man etw. nicht genau weiß, sich e-r Sache nicht (mehr) sicher ist ⟨(sich (*Dat*)) u. sein; j-n u. machen⟩: *j-n mit vielen Fragen u. machen*; *Jetzt bin ich (mir) doch u., ob ich die Tür wirklich abgeschlossen habe* **4** von mangelndem Selbstbewusstsein zeugend ≈ gehemmt, schüchtern ↔ selbstsicher ⟨ein Auftreten, ein Blick; u. lächeln⟩ **5** so, dass man etw. (noch) nicht gut kann od. (noch) nicht lange tut, nicht genug Übung in e-r Tätigkeit hat ⟨ein Autofahrer; u. auf den Beinen sein; mit unsicheren Schritten⟩: *Sie ist im Umgang mit kleinen Kindern noch ziemlich u.* **6** ≈ gefährlich ⟨e-e Gegend, e-e Straße, Straßenverhältnisse⟩ || ID *mst* ***die Gegend u. machen*** *gespr hum*; (*mst* in e-r Gruppe) sich irgendwo aufhalten, um sich zu amüsieren || *hierzu* **Un·si·cher·heit** *die*
un·sicht·bar *Adj*; mit den Augen nicht zu erkennen: *e-e geheime Botschaft mit unsichtbarer Tinte schreiben*; *Luft ist u.* || *hierzu* **Un·sicht·bar·keit** *die*; *nur Sg*
un·sink·bar *Adj*; so, dass es nicht sinken, untergehen kann ⟨ein Schiff⟩: *Die Titanic galt als u.*
Un·sinn *der*; *nur Sg*; **1** e-e Aussage, e-e Handlung *o.Ä.*, die nicht klug od. vernünftig ist ≈ Blödsinn ⟨blanker, glatter, kompletter, purer, schierer U.; U. reden⟩: *Es war U., bei diesem schlechten Wetter zum Baden zu gehen*; *Du glaubst doch jeden U., den man dir erzählt!*; *Ich habe e-n großen U. gemacht*: *Ich habe mein ganzes Geld verspielt* **2** etw., das man aus Übermut tut ≈ Unfug ⟨nichts als U. im Kopf haben⟩: *zusammen mit Freunden viel U. machen / treiben*; *Lass den U., das kitzelt!* **3** ***U.!*** *gespr*; verwendet, um e-e Vermutung od. Behauptung entschieden zurückzuweisen: *„Ich bin so hässlich!" - „U., das stimmt doch gar nicht!"*
un·sin·nig *Adj*; **1** ohne Sinn ⟨ein Gerede, ein Verhalten⟩ **2** viel zu hoch ⟨*mst* Forderungen⟩ **3** *nicht adv*, *gespr*; sehr groß, sehr intensiv ⟨Angst⟩ **4** *nur adv*, *gespr*; verwendet, um Adjektive, Adverbien od. Verben zu verstärken ≈ sehr: *u. hohe Mieten*; *sich u. freuen*
Un·sit·te *die*; e-e schlechte Angewohnheit: *Es ist e-e gefährliche U., Alkohol zu trinken, wenn man mit dem Auto unterwegs ist*
un·sitt·lich *Adj*; so, dass es gegen die (sexuelle) Moral verstößt ≈ unanständig ⟨ein Antrag, ein Verhalten; sich j-m u. nähern⟩ || *hierzu* **Un·sitt·lich·keit** *die*
un·so·li·de *Adj*; **1** nicht maßvoll, nicht solide (3) ≈ haltlos ⟨ein Mensch, ein Lebenswandel⟩ **2** mit Fehlern (Mängeln) und daher nicht zuverlässig: *Das Gerät ist u. gearbeitet*
un·so·zi·al *Adj*; ohne Rücksicht auf andere, *bes* Schwächere ⟨ein Verhalten⟩
un·sport·lich *Adj*; **1** ohne Interesse od. Begabung für Sport: *Ich bin total u.* **2** ≈ unfair ⟨ein Verhalten⟩ || *hierzu* **Un·sport·lich·keit** *die*; *nur Sg*
uns·re *gespr* ≈ unsere
uns·rer·seits ↑ ***unsererseits***
uns·res·glei·chen ↑ ***unseresgleichen***
uns·ri·g-, **Uns·ri·g-** *Possessivpronomen*; *veraltend*; wie ein Subst. verwendet für *der, die, das unsere / Unsere*: *Euer Hund hat den unsrigen gebissen*; *Wir haben das unsrige dazu getan, den Streit zu schlichten* || ↑ ***mein-***
un·sterb·lich *Adj*; **1** ⟨die Götter, die Seele⟩ so, dass sie ewig leben **2** ⟨ein Künstler, ein Meisterwerk⟩ so, dass sie immer bekannt und berühmt sein werden ≈ unvergänglich **3** *nur adv*, *gespr*; verwendet, um Adjektive od. Verben zu verstärken ≈ sehr ⟨*mst* sich u. blamieren, sich u. in j-n verlieben⟩ || *zu* **1** und **2** **Un·sterb·lich·keit** *die*; *nur Sg*
un·stet *Adj*; ohne Ruhe, von e-r inneren Unruhe zeugend ≈ ruhelos ⟨ein Blick, ein Mensch; ein unstetes Leben führen⟩
un·still·bar, **un·still·bar** *Adj*; *nicht adv*; ⟨e-e Sehnsucht, ein Verlangen⟩ so, dass sie nicht erfüllt, gestillt werden können
Un·stim·mig·keit *die*; -, *-en*; *mst Pl*; **1** Details (*bes* bei e-r Rechnung *o.Ä.*), die nicht übereinstimmen ≈ Diskrepanz: *Die Steuerprüfer stießen auf Unstimmigkeiten bei der Abrechnung von Spesen* **2** ein leichter Streit (weil zwei Personen unterschiedliche Meinungen haben) ≈ Differenzen (4), Meinungsverschiedenheiten ⟨es kommt zu Unstimmigkeiten⟩
Un·sum·me *die*; -, *-n*; *mst Pl*; e-e sehr große Summe Geld ⟨etw. kostet, verschlingt Unsummen⟩
Un·sym·path *der*; *-en*, *-en*; *gespr pej*; ein unsympathischer Mensch || NB: *der Unsympath*; *den, dem, des Unsympathen*
un·sym·pa·thisch *Adj*; **1** ***(j-m) u.*** nicht nett und angenehm ⟨ein Mensch⟩ **2** ***etw. ist j-m u.*** etw. gefällt j-m nicht: *Das heiße Wetter in Florida ist mir u.*
un·ta·de·lig, **un·ta·de·lig**, **un·tad·lig**, **un·tad·lig** *Adj*; so, dass man es nicht kritisieren kann ≈ einwandfrei ⟨ein Benehmen⟩
Un·tat *die*; e-e böse und grausame Tat: *für seine Untaten büßen müssen*
un·tä·tig *Adj*; *mst präd*; ohne etw. zu tun ≈ müßig ↔ aktiv ⟨u. herumstehen, zusehen müssen⟩ || *hierzu* **Un·tä·tig·keit** *die*; *nur Sg*
un·taug·lich *Adj*; *nicht adv*; **u.** (***für etw.***) nicht für etw. geeignet, nicht zu etw. fähig ⟨ein Mittel⟩: *Sie ist u. für schwere körperliche Arbeit* || -K: ***arbeits-, dienst-***
un·teil·bar, **un·teil·bar** *Adj*; **1** so, dass es nicht zerteilt werden kann od. darf ⟨ein Ganzes, ein Besitz⟩ **2** *Math*; ⟨e-e Zahl⟩ so, dass man sie nur durch eins od. sich selbst dividieren kann || *hierzu* **Un·teil·bar·keit**, **Un·teil·bar·keit** *die*; *nur Sg*
un·ten *Adv*; **1** an e-r Stelle, die (*mst* vom Sprecher od. vom Handelnden aus gesehen) tiefer als e-e andere Stelle liegt: *Auf den Bergen liegt noch viel Schnee, aber u. im Tal blühen schon die Bäume*; *Er ging nach u. in den Keller*; *Die Katze sah von u. zu dem Spatz hinauf* **2** an dem Teil, der näher zum Boden hin liegt, an der Unterseite: *Die Tasche hat u. ein Loch*; *Die Papiere liegen ganz u. in meinem Schreibtisch* **3** auf e-m Blatt Papier od. in e-m geschriebenen Text an e-r Stelle, die tiefer liegt od. zu der man beim Lesen erst später kommt: *Die Unterschrift steht links u., am Ende des Briefes*; *Die Auflösung des Rätsels steht auf Seite zwanzig u.*; *Auf der Landkarte ist Norden oben und Süden u.* **4** weiter im Süden: *Er wohnt jetzt u. in Italien* **5** von niedrigem sozialen Status, e-r niedrigen Position in e-r Hierarchie ⟨sich von u. hocharbeiten, hochdienen, hochkämpfen⟩ || ID ***bei j-m u. durch sein*** *gespr*; j-s Sympathie verloren haben ≈ es sich mit j-m verscherzt haben
un·ten·drun·ter *Adv*; *gespr*; unter etw. anderem ↔ obendrauf: *Er lag am Boden, das Fahrrad u.*
un·ten·durch *Adv*; *gespr*; unter etw. hindurch: *Er schob den Zettel (unter der Tür) u.*

U

un·ten·he·rum *Adv; gespr;* am, im unteren Teil von etw., *bes* des Körpers

un·ten·hin *Adv;* nach unten: *Stelle die Töpfe u. in den Schrank*

un·ten·rum *Adv; gespr* ≈ untenherum

un·ter[1] *Präp;* **1** *mit Dat;* bezeichnet die Lage von j-m / etw., die tiefer ist als j-d / etw. (mit od. ohne Abstand) ↔ auf, über: *u. der Bettdecke liegen; Kartoffeln wachsen u. der Erde; Die Katze sitzt den ganzen Tag u. dem Fenster* || ↑ *Abb. unter* **Präpositionen** **2** *mit Akk;* drückt aus, dass j-d / etw. sich in Richtung e-r tiefer gelegenen Stelle bewegt od. bewegt wird ↔ auf, über: *e-n Eimer u. den Wasserhahn halten* **3** *mit Dat;* drückt aus, dass j-d / etw. von etw. bedeckt ist od. umgeben ist ↔ über: *ein Hemd u. dem Pullover tragen; Nach dem Wasserrohrbruch stand der ganze Keller u. Wasser* (= war voll Wasser, war überflutet) **4** *mit Akk;* drückt aus, dass j-d / etw. von etw. bedeckt wird od. umgeben wird ↔ über (5): *Sie legte den Brief u. e-n Stoß Papiere* || ↑ *Abb. unter* **Präpositionen** **5** *mit Dat;* in e-r Gruppe, Menge zusammen mit anderen Personen / Dingen: *Ist einer u. euch, der die Antwort kennt?; U. den Eiern waren zwei faule* **6** *mit Dat;* verwendet, um auszudrücken, dass an e-r Handlung nur e-e bestimmte Gruppe von Menschen beteiligt ist ≈ zwischen (3): *Es gab Streit u. den Schülern; Teilt die Schokolade u. euch auf* **7** *mit Akk;* verwendet, um auszudrücken, dass j-d / etw. zu e-m Teil e-r Gruppe, Menge wird: *sich u. das Volk, das Publikum mischen; Zucker u. die Eier rühren* **8** *mit Dat;* verwendet, um auszudrücken, dass j-d / etw. j-m / etw. zugeordnet ist: *ein Bericht u. der Überschrift „Künstler der Gegenwart"; j-n u. e-r Anschrift, Telefonnummer erreichen; Ich kenne das Tier nur u. seinem lateinischen Namen* **9** *mit Akk;* verwendet, um auszudrücken, dass j-d / etw. j-m / etw. zugeordnet wird: *etw. u. ein Motto, e-e Überschrift stellen; Sind Viren u. die Tiere zu rechnen?* **10** *mit Dat;* verwendet, um auszudrücken, dass e-e Zahl, ein Wert, ein Niveau *o.Ä.* nicht erreicht wird, dass etw. niedriger, weniger, kleiner als etw. anderes ist ↔ über[1] (14): *etw. u. (seinem) Preis verkaufen müssen; Eintritt frei für Kinder u. sechs Jahren; Seine Leistungen liegen weit u. dem Durchschnitt* **11** *mit Akk;* verwendet, um auszudrücken, dass e-e Zahl, ein Wert, ein Niveau *o.Ä.* geringer, kleiner, niedriger wird ↔ über: *Die Temperaturen sinken nachts u. den Gefrierpunkt* **12** *mit Dat;* verwendet, um auszudrücken, dass j-d / etw. von j-m / etw. abhängig ist, zu j-m / ew. gehört: *u. j-s Kommando stehen; ein Projekt u. der Leitung e-s erfahrenen Wissenschaftlers* **13** *mit Akk;* verwendet, um auszudrücken, dass j-d / etw. von j-m / etw. abhängig gemacht wird: *e-n Betrieb u. staatliche Aufsicht stellen* **14** *mit Dat;* verwendet, um e-n Umstand zu bezeichnen, der e-e Handlung begleitet: *u. Tränen gestehen; u. Schmerzen ein Kind gebären; Der Star betrat u. dem Beifall der Zuschauer die Bühne* **15** *mit Dat;* verwendet, um die Art und Weise zu bezeichnen, wie etw. geschieht: *j-n u. Gefahr für das eigene Leben aus e-m brennenden Haus retten; Es gelang ihm, u. e-m Vorwand Zutritt zum Haus zu bekommen* **16** *mit Dat;* verwendet, um e-e Voraussetzung für e-e Handlung zu bezeichnen ⟨u. der Bedingung / Voraussetzung, dass...⟩ **17** *mit Dat;* verwendet, um den Zustand zu bezeichnen, in dem sich j-d / etw. befindet: *Der Kessel steht u. Druck; Er steht u. starker innerer Spannung* **18** *mit Akk;* verwendet, um den Zustand zu bezeichnen, in den j-d / etw. kommt: *e-e Pflanze u. Naturschutz stellen; j-n psychisch u. Druck setzen* **19** *mit Dat;* verwendet, um die Ursache für e-n Zustand zu bezeichnen: *u. der Last der Schulden fast zusammenbrechen* || ID ***u. der Woche*** *gespr;* während der Woche (nicht am Wochenende): *U. der Woche habe ich keine Zeit, aber am Sonntag gehts; mst* ***Wir wollen u. 'uns*** (*Dat*) ***sein*** wir wollen keine anderen Leute dabei haben; *mst in* ***u. 'uns gesagt*** verwendet, wenn man j-m etw. Vertrauliches od. Persönliches sagen will; ***Das bleibt u. 'uns*** das darf niemand anderer erfahren; (***nur***) ***einer u. vielen sein*** keine besondere Bedeutung od. Stellung haben; ***j-n / etw. 'u. sich*** (*Dat*) ***haben*** j-n / etw. leiten: *e-e große Abteilung, viele Angestellte u. sich haben*

un·ter[2] *Adv;* weniger als ↔ über[2] (1): *Ich bin noch u. 40* (= bin noch nicht 40 Jahre alt); *Es waren u. 100 Leute beim Konzert*

> **un·ter der Hand** *Adv;* nicht öffentlich od. offiziell ≈ heimlich ⟨etw. u. d. H. kaufen, verkaufen, erfahren, weitergeben⟩

un·te·r-[1] *Adj; nur attr, nicht adv;* **1** tiefer als etw. anderes gelegen ↔ ober-: *die unteren Hautschichten; ein Buch in die unterste Reihe des Regals stellen; den untersten Knopf der Bluse öffnen* **2** näher an der Mündung e-s Flusses gelegen ↔ ober-: *Der untere Teil des Rheins fließt durch die Niederlande* **3** an e-r niedrigen Stelle in e-r Skala, e-r Hierarchie *o.Ä.* ↔ ober-, höher-: *Temperaturen im unteren Bereich; die unteren Dienstgrade in der Armee; die unterste Schicht der Gesellschaft* || ID ***das Unterste zuoberst kehren*** *gespr;* bei der Suche nach etw. alles durcheinander bringen

un·ter-[2] *im Verb, betont und trennbar, begrenzt produktiv;* Die Verben mit *unter-* werden nach folgendem Muster gebildet: *unterlegen - legte unter - untergelegt*

1 *unter-* drückt aus, dass e-e Bewegung so verläuft, dass j-d / etw. nach unten (tiefer als etw.) kommt;
etw. unterlegen: *Er legte beim Malen Zeitungspapier unter, um die Tischdecke nicht schmutzig zu machen* ≈ Er legte Zeitungspapier unter das Bild, das er malte;
ebenso: ***etw. unterhalten, etw. unterschieben,*** (***j-n / etw.***) ***untertauchen***

2 *unter-* drückt aus, dass etw. mit etw. gemischt wird;
etw. untergraben: *Im Herbst gräbt sie Mist unter, um den Boden zu düngen* ≈ Sie mischt die Erde mit Mist, indem sie gräbt
ebenso: ***etw. untermischen, etw. unterpflügen, etw. unterrühren***

3 *unter-* drückt aus, dass etw. zu wenig (intensiv), zu niedrig ist;
j-n unterbezahlen: *Wir werden alle unterbezahlt* ≈ Wir bekommen alle zu wenig Geld
ebenso: ***etw. unterbelegen,*** (***etw.***) ***unterbelichten, j-n / etw. unterbewerten*** || NB: Diese Verben erscheinen nur im Infinitiv und im Partizip Perfekt

un·ter-[3] *im Verb, unbetont und nicht trennbar, wenig produktiv;* Die Verben mit *unter-* werden nach folgendem Muster gebildet: *unterführen - unterführte - unterführt*
unter- drückt aus, dass e-e Bewegung unter etw. hindurch verläuft;
etw. unterführen: *Beim Bau der neuen Straße musste e-e Eisenbahnlinie unterführt werden* ≈ Die Straße musste unter der Eisenbahnlinie hindurchgeführt / -gebaut werden
ebenso: ***etw. unterfahren, etw. unterqueren***

Un·ter *der; -s, -;* e-e Karte im deutschen Kartenspiel || ↑ *Abb. unter* **Kartenspiel**

Un·ter- *im Subst, betont, begrenzt produktiv;* **1** verwendet, um die Partie e-s Körperteils zu bezeich-

U

nen, die tiefer liegt ↔ Ober-; der ***Unterarm***, der ***Unterkiefer***, die ***Unterlippe***, der ***Unterschenkel*** **2** verwendet, um etw. zu bezeichnen, das unten ist od. nach unten gerichtet ist; der ***Unterbau***, der ***Untergrund***, die ***Unterseite***, das ***Unterteil*** **3** verwendet, um ein Kleidungsstück zu bezeichnen, das unter etw. anderem (*mst* direkt auf der Haut) getragen wird ↔ Ober-, Über-; das ***Unterhemd***, die ***Unterhose***, der ***Unterrock***, die ***Unterwäsche*** **4** verwendet, um auszudrücken, dass etw. ein Teil von etw. ist (zu dem es gehört und dem es untergeordnet ist); die ***Unterabteilung***, der ***Unterpunkt*** ⟨auf e-r Tagesordnung⟩, der ***Untertitel*** ⟨e-s Buches⟩ **5** verwendet, um auszudrücken, dass etw. zu gering od. zu niedrig ist ↔ Über-; die ***Unterbeschäftigung***, die ***Unterbezahlung***, die ***Unterfunktion*** ⟨der Schilddrüse⟩, das ***Untergewicht***, die ***Unterversorgung***

Un·ter·ab·tei·lung *die*; e-e kleinere Abteilung, die zu e-r Abteilung gehört und ihr untergeordnet ist

Un·ter·arm *der*; der Teil des Armes zwischen Hand und Ellenbogen ↔ Oberarm

Un·ter·bau *der*; **1** der untere, stützende Teil, auf dem Häuser, Straßen, Denkmäler od. Maschinen stehen **2** *nur Sg* ≈ Basis, Grundlage ⟨der theoretische U.⟩ || *hierzu* **un·ter·bau·en** *(hat) Vt*

un·ter·be·legt *Adj*; *nicht adv*; mit weniger Gästen / Patienten als möglich ↔ überbelegt ⟨ein Hotel, ein Krankenhaus⟩ || *hierzu* **Un·ter·be·le·gung** *die*

un·ter·be·lich·tet *Adj*; *nicht adv*; zu kurz belichtet ↔ überbelichtet ⟨ein Film⟩ || ID *mst* ***Er / Sie ist ein bisschen / ein wenig u.*** *gespr*; er / sie ist nicht sehr intelligent

un·ter·be·schäf·tigt *Adj*; *nicht adv*; mit weniger Arbeit, als man haben möchte od. könnte ↔ ausgelastet ⟨u. sein⟩ || *hierzu* **Un·ter·be·schäf·ti·gung** *die*

un·ter·be·setzt *Adj*; *nicht adv*; mit weniger Personal, als normal ist und nötig wäre: *Das Büro / Die Firma ist u.*

un·ter·be·wer·ten; -, *hat unterbewertet*; [Vt] ***j-n / etw. u.*** j-n / etw. zu gering, zu schlecht bewerten ↔ j-n / etw. überbewerten: *j-s Leistungen u.* || NB: nur im Infinitiv od. im Partizip Perfekt verwendet! || *hierzu* **Un·ter·be·wer·tung** *die*

un·ter·be·wusst *Adj*; *Psych*; im Unterbewusstsein (vorhanden)

Un·ter·be·wusst·sein *das*; *nur Sg*, *Psych*; die Gedanken und Gefühle, die man hat, ohne davon zu wissen ↔ Bewusstsein

un·ter·be·zah·len; -, *hat unterbezahlt*; [Vt] *mst* ***j-d wird / ist unterbezahlt*** j-d bekommt für seine Arbeit nicht genug Geld || NB: **a)** nur im Infinitiv od. im Partizip Perfekt verwendet; **b)** *mst* im Passiv || *hierzu* **Un·ter·be·zah·lung** *die*

un·ter·bie·ten; *unterbot*, *hat unterboten*; [Vt] **1** ***j-n / etw. u.*** für etw. e-n geringeren Preis als j-d anderer verlangen ↔ j-n / etw. überbieten ⟨ein Angebot, j-s Preis u.⟩ **2** ***etw. u.*** *Sport*; in e-m Wettkampf für e-n Lauf *o.Ä.* weniger Zeit brauchen als andere ⟨e-n Rekord, die Bestzeit u.⟩ || ID ***etw. ist kaum noch zu u.*** *gespr pej*; etw. ist so schlecht, dass es kaum etw. Schlechteres geben kann || *hierzu* **Un·ter·bie·tung** *die*; *nur Sg*

un·ter·bin·den; *unterband*, *hat unterbunden*; [Vt] ***etw. u.*** Maßnahmen ergreifen, damit j-d seine Absicht nicht ausführen kann od. aufhören muss, etw. zu tun: *den Missbrauch e-s Gesetzes u.* || *hierzu* **Un·ter·bin·dung** *die*; *nur Sg*

un·ter·blei·ben; *unterblieb*, *ist unterblieben*; [Vi] ***etw. unterbleibt*** etw. tritt nicht ein, wird nicht gemacht: *E-e rechtzeitige Versorgung des Kranken ist leider unterblieben*

Un·ter·bo·den *der*; die (äußere) untere Seite des Bodens an e-m Auto || K-: ***Unterboden-, -schutz, -wäsche***

un·ter·bre·chen; *unterbricht*, *unterbrach*, *hat unterbrochen*; [Vt] **1** ***etw. u.*** mit e-r Handlung für kurze Zeit aufhören ↔ etw. fortsetzen: *seine Arbeit u., um kurz zu telefonieren* **2** ***e-e Schwangerschaft u.*** e-e Schwangerschaft beenden, indem man den Fötus tötet; [Vt/i] **3** (***j-n / etw.***) ***u.*** bewirken, dass j-d aufhören muss zu sprechen (*bes* indem man selbst zu sprechen anfängt) ⟨ein Gespräch, e-e Unterhaltung u.; j-n mitten im Satz u.⟩: *j-n mit e-r Zwischenfrage u.*; *Wo war ich stehen geblieben, als ich vorhin unterbrochen wurde?*; *Darf ich mal kurz u.?* **4** (***etw.***) ***u.*** bewirken, dass etw. für kurze Zeit aufhört, nicht gleichmäßig weiterverläuft: *Am Montag war die Stromversorgung für kurze Zeit unterbrochen*; *Wir unterbrechen (die Sendung) für e-e Verkehrsdurchsage* || *hierzu* **Un·ter·bre·chung** *die*

un·ter·brei·ten; *unterbreitete*, *hat unterbreitet*; [Vt] ***j-m etw. u.*** j-m etw. erläutern *o.Ä.*, damit er darüber entscheiden kann ≈ j-m etw. vorlegen ⟨j-m e-n Plan, e-n Vorschlag u.⟩ || *hierzu* **Un·ter·brei·tung** *die*; *nur Sg*

un·ter·brin·gen *(hat)* [Vt] **1** ***j-n / etw.*** (***irgendwo***) ***u.*** e-n Platz für j-n / etw. finden: *Bringst du die Bücher noch im Koffer unter, od. ist er schon zu voll?*; *Sie konnte ihre Tochter nicht im Kindergarten u.* **2** ***j-n irgendwo u.*** j-n e-e Zeit lang irgendwo wohnen lassen od. ihm e-n Arbeitsplatz verschaffen: *Flüchtlinge in Lagern u.* **3** ***etw. irgendwo u.*** etw. e-n bestimmten Platz geben: *Die Schlafsäle sind im ersten Stock untergebracht* || NB: *mst* im Zustandspassiv! || *zu* **2** **Un·ter·brin·gung** *die*

Un·ter·bruch *der*; (CH) ≈ Unterbrechung

un·ter·but·tern; *butterte unter*, *hat untergebuttert*; [Vt] **1** ***j-n u.*** *gespr*; j-n nicht zur Geltung kommen lassen: *In so e-m Riesenbetrieb muss man aufpassen, dass man nicht untergebuttert wird* **2** ***j-m etw. u.*** ≈ j-m etw. unterjubeln

un·ter·des·sen *Adv* ≈ inzwischen

Un·ter·druck *der*; -(e)s, *Un·ter·drü·cke*; Luftdruck, der niedriger als der normale Druck ist ↔ Überdruck || K-: ***Unterdruck-, -kammer***

un·ter·drü·cken; *unterdrückte*, *hat unterdrückt*; [Vt] **1** ***j-n u.*** j-n ungerecht behandeln (unter Anwendung von Gewalt *o.Ä.*), sodass er sich nicht frei entwickeln kann: *e-e Minderheit im Land u.*; *seine Ehefrau u.*; *unterdrückte Völker* **2** ***etw. u.*** etw. mit Gewalt verhindern ⟨e-n Aufstand, Unruhen u.⟩ **3** ***etw. u.*** durch Selbstbeherrschung erreichen, dass man etw. nicht sagt od. zeigt ⟨e-n Schrei, ein Wort, e-e Bemerkung, ein Gähnen, seine Wut u.⟩ **4** ***etw. u.*** verhindern, dass etw. bekannt wird: *Die Regierung unterdrückte Informationen über den Unfall im Atomreaktor* || *hierzu* **Un·ter·drü·ckung** *die*; *zu* **1** **Un·ter·drü·cker** *der*; *-s*, -

un·ter·durch·schnitt·lich *Adj*; weniger od. schlechter als der Durchschnitt ↔ überdurchschnittlich ⟨e-e Begabung, e-e Leistung, e-e Bezahlung⟩

un·ter·ei·nan·der[1] *Adv*; **1** e-e Person / Sache unter die andere od. unter der anderen ↔ übereinander: *mehrere Nägel u.* (= von oben nach unten) *in das Brett schlagen* **2** ≈ miteinander (drückt e-e Gegenseitigkeit aus): *sich u. gut verstehen*; *die Plätze u. tauschen*

un·ter·ei·nan·der[2] *mit Verb*, *wenig produktiv*; Die Verben mit *untereinander* werden nach folgendem Muster gebildet: *untereinander stehen - standen untereinander - untereinander gestanden*
untereinander drückt aus, dass mehrere Personen, Dinge *o.Ä.* so angeordnet sind od. werden, dass ei-

ne / eines unter der / dem anderen ist ↔ übereinander;
⟨Dinge⟩ ***stehen untereinander***: *Die Namen stehen in der Liste untereinander* ≈ Ein Name steht in der Liste, darunter noch ein Name und darunter noch ein Name *usw*
ebenso: ⟨Dinge⟩ ***untereinander hängen***, ⟨Dinge⟩ ***hängen untereinander***, ⟨Dinge⟩ ***untereinander legen, untereinander liegen, untereinander stehen***, ⟨Dinge⟩ ***untereinander stellen***

un·ter·ent·wi·ckelt *Adj*; *nicht adv*; **1** (***geistig / körperlich***) ***u.*** geistig / körperlich nicht so weit entwickelt, wie es normal ist ≈ zurückgeblieben **2** mit wenig Industrie *usw* ⟨ein Gebiet, ein Land⟩ || *hierzu* **Un·ter·ent·wick·lung** *die*

un·ter·er·nährt *Adj*; wegen schlechter Ernährung dünn, schwach || *hierzu* **Un·ter·er·näh·rung** *die*; *nur Sg*

Un·ter·fan·gen *das*; *-s, -*; *mst Sg*; e-e (geplante) Handlung, die gefährlich werden kann ≈ Unternehmen ⟨ein gewagtes, schwieriges, sinnloses U.⟩

un·ter·fas·sen; *fasste unter, hat untergefasst*; [Vt] ***j-n u.*** seinen Arm unter j-s Arm schieben od. j-s Arm von unten ergreifen (um ihn zu stützen): *mit der Freundin untergefasst spazieren gehen*; *e-n alten Mann u., damit man ihn über die Straße führen kann*

un·ter·for·dern; *unterforderte, hat unterfordert*; [Vt] ***j-n u.*** j-m weniger od. leichtere Aufgaben stellen, als er bewältigen könnte: *sich in der Schule unterfordert fühlen*

Un·ter·füh·rung *die*; ein Weg od. e-e Straße, die unter e-r anderen Straße *o.Ä.* hindurchführen ↔ Überführung || -K: ***Autobahn-, Eisenbahn-; Fußgänger-***

Un·ter·gang *der*; **1** das Verschwinden hinter dem Horizont ↔ Aufgang || -K: ***Mond-, Sonnen-*** **2** *mst Sg*; das Verschwinden unter der Oberfläche des Wassers: *der U. der Titanic* **3** *nur Sg*; das Zugrundegehen (1) ⟨etw. vor dem U. bewahren, retten; etw. ist dem U. geweiht, fällt dem U. anheim⟩: *der U. des Römischen Reiches* **4** *nur Sg* ≈ Ruin, Verderben: *Das Glücksspiel war sein U.*

un·ter·ge·ben *Adj*; ***j-m u. sein*** j-n zum Vorgesetzten haben ≈ j-m unterstellt sein || *hierzu* **Un·ter·ge·be·ne** *der / die*; *-n, -n*

un·ter·ge·hen (*ist*) [Vi] **1** ***etw. geht unter*** etw. verschwindet hinter dem Horizont ↔ etw. geht auf ⟨die Sonne, der Mond⟩ **2** ***j-d / etw. geht unter*** j-d / etw. verschwindet unter der Oberfläche des Wassers ⟨ein Schiff⟩: *Er schrie noch um Hilfe, dann ging er unter* **3** ***j-d*** (*Kollekt od Pl*) ***/ etw. geht unter*** etw. hört auf zu existieren, j-d / etw. wird vernichtet ⟨e-e Kultur, ein Reich, die Welt⟩: *Wenn wir so weitermachen, gehen wir alle unter!* **4** ***j-d / etw. geht*** (***in etw.*** (*Dat*)) ***unter*** j-d / etw. wird nicht mehr wahrgenommen, bemerkt *o.Ä.*, weil etw. anderes die Aufmerksamkeit beansprucht: *Ihre leise Stimme ging in dem Lärm völlig unter*; *Ich kann ihn nicht sehen, er ist in der Menge untergegangen*

un·ter·ge·ord·net **1** *Partizip Perfekt*; ↑ ***unterordnen*** **2** *Adj*; weniger wichtig als etw. anderes ≈ zweitrangig ↔ übergeordnet ⟨von untergeordneter Bedeutung sein, e-e untergeordnete Funktion, Stellung haben⟩ **3** *Ling*; von e-m anderen Satz abhängig ↔ nebengeordnet ⟨ein (Neben)Satz⟩

Un·ter·ge·schoss, Ⓐ **Un·ter·ge·schoß** *das*; (in großen Gebäuden) e-e Ebene, die unter der Erde (dem Erdgeschoss) liegt ≈ Souterrain ⟨das erste, zweite, dritte U.; etw. liegt im U.⟩

Un·ter·ge·wicht *das*; zu geringes Gewicht ↔ Übergewicht: *Martin hat zehn Kilo U.* || *hierzu* **un·ter·ge·wich·tig** *Adj*; *nicht adv*

un·ter·glie·dern; *untergliederte, hat untergliedert*; [Vt] ***etw.*** (***in etw.*** (*Akk*)) ***u.*** ≈ etw. (in etw.) gliedern: *e-n Text in Absätze u.* || *hierzu* **Un·ter·glie·de·rung** *die*

un·ter·gra·ben[1]; *gräbt unter, grub unter, hat untergegraben*; [Vt] ***etw. u.*** etw. beim Graben mit der Erde mischen ⟨Dünger, Mist, Torf u.⟩

un·ter·gra·ben[2]; *untergräbt, untergrub, hat untergraben*; [Vt] ***etw. u.*** etw. allmählich zerstören ⟨j-s Autorität u.⟩ || *hierzu* **Un·ter·gra·bung** *die*; *nur Sg*

Un·ter·gren·ze *die*; der tiefste Wert *o.Ä.* (der nicht unterschritten werden darf od. kann) ↔ Obergrenze: *Sein Einkommen liegt an der U. dessen, wovon man leben kann*

Un·ter·grund *der*; **1** die oberste Schicht der Erde, auf / in der etw. wächst od. auf der man etw. baut: *Spargel braucht sandigen U.*; *ein Haus auf festen U. bauen* **2** die Fläche, auf der j-d / etw. steht, auf der sich j-d / etw. bewegt ≈ Fundament: *Die Maschine muss auf vollkommen ebenem U. aufgestellt werden* **3** e-e (Ober)Fläche, auf die man e-e Farbe streicht, etw. klebt *o.Ä.*: *Lack auf trockenem, staubfreiem U. auftragen* **4** ≈ Hintergrund (1): *ein blaues Muster auf gelbem U.* **5** *nur Sg*; der Bereich, in dem Menschen heimlich illegale Dinge tun, *bes* um der Regierung od. dem Staat zu schaden ⟨*mst* im U. arbeiten, leben; in den U. gehen⟩ || K-: ***Untergrund-, -bewegung, -kämpfer, -organisation***

Un·ter·grund·bahn *die*; *bes Admin geschr* ≈ U-Bahn

un·ter·ha·ken (*hat*) [Vt] ***j-n u. / sich*** (***bei j-m***) ***u.*** *gespr* ≈ sich bei j-m einhaken: *untergehakt spazieren gehen*

un·ter·halb *Präp*; *mit Gen*; tiefer als das Genannte ≈ unter[1] (1): *Schläge u. der Gürtellinie sind beim Boxen verboten*; *Die meisten Vitamine liegen direkt u. der Schale des Apfels* || NB: auch adverbiell verwendet mit *von*: *u. vom Gipfel*

Un·ter·halt *der*; *nur Sg*; **1** ≈ Lebensunterhalt ⟨zu j-s U. beitragen; für j-s U. aufkommen, sorgen⟩ || K-: ***Unterhalts-, -kosten*** **2** das Geld, das j-d an einen anderen für dessen U. (1) zahlen muss (*mst* an den geschiedenen Ehepartner od. die Kinder) ⟨j-m U. zahlen; Anspruch auf U. haben; j-n auf U. verklagen⟩ || K-: ***Unterhalts-, -anspruch, -klage, -pflicht, -zahlung*** **3** das Pflegen und Instandhalten von etw.: *der U. e-s Gebäudes* || K-: ***Unterhalts-, -kosten*** || *zu* **2** **un·ter·halts·be·rech·tigt** *Adj*; **un·ter·halts·pflich·tig** *Adj*

un·ter·hal·ten[1]; *unterhält, unterhielt, hat unterhalten*; [Vr] **1** ***j-d unterhält sich mit j-m*** (***über j-n / etw.***) / ⟨Personen⟩ ***unterhalten sich*** (***über j-n / etw.***) zwei od. mehrere Personen sprechen miteinander (*bes* zum Vergnügen) über j-n / etw. ⟨sich angeregt mit j-m u.⟩: *sich stundenlang mit e-m Freund am Telefon u.*; *Können wir uns irgendwo ungestört* darüber *u.*, wie *wir das Geschäft abwickeln wollen?*; [Vt] **2** ***j-n / sich irgendwie u.*** j-n / sich so beschäftigen, dass die Zeit angenehm schnell vergeht: *Ich habe mich auf dem Fest sehr gut unterhalten*; *In den Pausen wurde das Publikum mit Musik unterhalten* **3** ***etw. u.*** ein Unternehmen, e-n Betrieb *o.Ä.* finanzieren, organisieren *o.Ä.* ≈ betreiben: *ein Geschäft, e-n Kindergarten, e-e Omnibuslinie u.* **4** ***etw. u.*** dafür sorgen, dass etw. in gutem Zustand bleibt (*mst* durch Finanzierung der Kosten dafür) ≈ instand halten ⟨e-e Anlage, ein Gebäude, e-e Straße u.⟩ **5** ***j-n u.*** Geld für j-s Kleidung, Nahrung und Wohnung zahlen: *e-e große Familie zu u. haben* **6** ***etw. u.*** dafür sorgen, dass etw. auch weiterhin existiert od. sich positiv entwickelt ⟨Beziehungen, Kontakte zu j-m u.; e-n Briefwechsel mit j-m u.; ein Feuer u. (= nicht ausgehen lassen)⟩ || *zu* **2** **Un·ter·hal·ter** *der*; *-s, -*

un·ter·hal·ten[2]; *hält unter, hielt unter, hat untergehalten*; [Vt] ***etw. u.*** etw. unter etw. halten: *beim Essen e-n Teller u., damit keine Krümel auf den Boden fallen*

un·ter·halt·sam *Adj*; so, dass die Zeit dabei angenehm (schnell) vergeht ≈ kurzweilig ⟨ein Abend, ein Buch, ein Film⟩ || *hierzu* **Un·ter·halt·sam·keit** *die*; *nur Sg*

Un·ter·hal·tung *die*; **1** das Unterhalten[1] (1) ≈ Gespräch: *e-e vertrauliche U. mit j-m haben* || -K: ***Privat-*** **2** *nur Sg*; das Unterhalten[1] (2), der Zeitvertreib ⟨j-m gute, angenehme U. wünschen⟩: *zu j-s U. Witze und Geschichten erzählen* || K-: ***Unterhaltungs-, -elektronik, -industrie, -programm, -sendung, -teil*** **3** *nur Sg*; das Finanzieren und Organisieren: *die U. e-r Schule übernehmen* **4** *nur Sg*; das Pflegen, die Aufrechterhaltung von etw.: *die U. diplomatischer Beziehungen*

Un·ter·hal·tungs·mu·sik *die*; Musik wie Volksmusik, Schlager, Rock *usw* ≈ leichte Musik ↔ klassische, ernste Musik; *Abk* U-Musik

Un·ter·händ·ler *der*; j-d, der *z.B.* als Vertreter e-s Staates od. e-r Gruppe mit deren Gegnern darüber spricht, wie man e-n Krieg beenden od. e-n Konflikt lösen kann ⟨e-n U. entsenden⟩

Un·ter·hemd *das*; ein Hemd (*mst* ohne Ärmel), das man (*bes* unter e-m anderen Hemd) direkt auf der Haut trägt || NB: ↑ ***Oberhemd***

un·ter·höh·len; *unterhöhlte, hat unterhöhlt*; [Vt] **1** ***etw. unterhöhlt etw.*** etw. lässt ein großes Loch od. e-e Höhle unter etw. entstehen: *Der Fluss hat das Ufer unterhöhlt* **2** ***etw. u.*** ≈ untergraben[2]

Un·ter·holz *das*; *nur Sg*; die Büsche, die jungen, kleinen Bäume *usw*, die in e-m Wald wachsen: *sich im U. verkriechen*

Un·ter·ho·se *die*; e-e *mst* kurze Hose, die man unter e-r anderen Hose, e-m Rock *o.Ä.* direkt auf der Haut trägt ⟨kurze, lange Unterhosen tragen⟩

un·ter·ir·disch *Adj*; unter der Erde ⟨ein Gang, ein Kanal⟩

un·ter·jo·chen; *unterjochte, hat unterjocht*; [Vt] *mst* ***ein Volk u.*** die Herrschaft über ein Volk ergreifen, das Volk unterdrücken: *ein fremdes Volk u.* || *hierzu* **Un·ter·jo·chung** *die*; *nur Sg*

un·ter·ju·beln (*hat*) [Vt] ***j-m etw. u.*** *gespr*; dafür sorgen, dass j-d (ohne es zu bemerken) etw. bekommt, das er nicht haben will: *Stell dir vor, was der Chef mir für e-e Arbeit untergejubelt hat*

un·ter·kel·lern; *unterkellerte, hat unterkellert*; [Vt] ***etw. u.*** e-n Keller unter etw. bauen: *Ist das Haus unterkellert?* || *hierzu* **Un·ter·kel·le·rung** *die*

Un·ter·kie·fer *der*; der untere, bewegliche Teil des Kiefers ↔ Oberkiefer || ↑ *Abb. unter* ***Kopf***

Un·ter·kleid *das* ≈ Unterrock

un·ter·kom·men (*ist*) [Vi] **1** ***irgendwo u.*** e-n Platz finden, wo man schlafen od. wohnen kann, von j-m aufgenommen werden: *Alle Hotels waren belegt, aber wir sind bei Bekannten untergekommen* **2** ***irgendwo u.*** *gespr*; irgendwo e-e Arbeit finden, angestellt werden: *Wenn es mit dem Schuldienst nicht klappt, versuche ich, bei e-r Zeitung unterzukommen* || ID *mst* ***So (et)was ist mir noch nicht untergekommen!*** *gespr*; verwendet, um Erstaunen, Entrüstung *o.Ä.* auszudrücken || ► ***Unterkunft***

Un·ter·kör·per *der*; der untere Teil des Körpers (ab der Taille) ≈ Unterleib ↔ Oberkörper

un·ter·krie·chen (*ist*) [Vi] ***irgendwo u.*** *gespr*; irgendwo Schutz suchen, sich irgendwo verstecken

un·ter·krie·gen (*hat*) [Vt] ***j-d / etw. kriegt j-n unter*** *gespr*; j-d / etw. bewirkt, dass j-d den Mut verliert, aufgibt *o.Ä.*: *Lass dich von ihm nicht u.!* || NB: *mst* verneint

un·ter·küh·len; *unterkühlte, hat unterkühlt*; [Vt] *mst* ***j-d ist unterkühlt*** j-s (Körper)Temperatur ist niedriger als normal || NB: *mst* im Zustandspassiv! || *hierzu* **Un·ter·küh·lung** *die*

un·ter·kühlt **1** *Partizip Perfekt*; ↑ ***unterkühlen*** **2** *Adj*; *nicht adv* ≈ distanziert, reserviert

Un·ter·kunft *die*; -, *Un·ter·künf·te*; ein Zimmer, e-e Wohnung *o.Ä.*, in denen man für kurze Zeit *bes* als Gast wohnt ≈ Quartier: *Bei dieser Arbeit wird e-e U. kostenlos zur Verfügung gestellt* || -K: ***Not-***

Un·ter·la·ge *die*; **1** etw., das *bes* zum Schutz unter j-n / etw. gelegt wird: *e-e schalldämpfende U. für die Schreibmaschine*; *e-n Verletzten auf e-e weiche U. legen* || -K: ***Filz-, Gummi-, Schreib-*** **2** *mst Pl*; geschriebene Texte (Akten, Dokumente *usw*), die man zum Arbeiten od. als Beweis braucht: *Unterlagen für e-e Sitzung zusammenstellen*; *Haben Sie alle erforderlichen Unterlagen für Ihre Bewerbung dabei?* || -K: ***Arbeits-, Bewerbungs-, Sitzungs-, Versicherungs-***

Un·ter·lass *der*; *nur in* ***ohne U.*** *geschr*; (verwendet in Bezug auf unangenehme Erscheinungen) ohne Pause, ohne Ende ≈ ununterbrochen: *Es regnete ohne U.*

un·ter·las·sen; *unterlässt, unterließ, hat unterlassen*; [Vt] **1** ***etw. u.*** etw. absichtlich nicht (mehr) tun: *Unterlassen sie bitte Ihre dummen Bemerkungen!* || NB: *mst* im Imperativ! **2** ***etw. u.*** etw., das nötig wäre, nicht tun ≈ versäumen: *Er hat es den Dieben leicht gemacht, weil er es unterließ, sein Auto abzuschließen* || *hierzu* **Un·ter·las·sung** *die*

Un·ter·las·sungs·sün·de *die*; *gespr*; ein Fehler, der darin besteht, dass man in e-r bestimmten Situation etw. (Wichtiges) nicht getan hat ≈ Versäumnis

Un·ter·lauf *der*; der Teil e-s Flusses in der Nähe seiner Mündung

un·ter·lau·fen[1]; *unterläuft, unterlief, ist / hat unterlaufen*; [Vi] (*ist*) **1** ***etw. unterläuft j-m*** etw. passiert j-m (unabsichtlich) bei e-r Tätigkeit ⟨j-m unterläuft ein Fehler, ein Irrtum, ein Versehen⟩; [Vt] (*hat*) **2** ***etw. u.*** (*bes* durch e-n Trick) bewirken, dass etw. keinen Erfolg od. keine (Aus)Wirkungen hat: *ein Verbot u.*

un·ter·lau·fen[2] **1** *Partizip Perfekt*; ↑ ***unterlaufen***[1] **2** *Adj*; *mst präd*; *mst* ⟨ein Körperteil⟩ ***ist irgendwie u.*** die Haut an e-r Stelle des Körpers ist dunkel, *mst* weil die Adern darunter verletzt sind ⟨ein Auge ist blutig, rot u.⟩ || -K: ***blut-***

un·ter·le·gen[1]; *legte unter, hat untergelegt*; [Vt] ***etw. u.*** etw. unter j-n / etw. legen

un·ter·le·gen[2]; *unterlegte, hat unterlegt*; [Vt] ***etw. mit etw. u.*** etw. mit Musik od. e-m Text (als Begleitung) ergänzen: *e-e Szene mit dramatischer Musik u.*; *ein Lied mit e-m neuen Text u.*

un·ter·le·gen[3] **1** *Partizip Perfekt*; ↑ ***unterliegen*** **2** *Adj*; *mst präd*; ***(j-m / etw.) u.*** schwächer als e-e andere Person od. Sache ↔ j-m / etw. überlegen ⟨j-m geistig, körperlich u. sein; dem Gegner zahlenmäßig u. sein⟩: *Das alte Modell ist dem neuen hinsichtlich der Leistung klar u.* || *zu* **2** **Un·ter·le·gen·heit** *die*; *nur Sg*

Un·ter·leib *der*; der untere Teil des menschlichen Körpers (*bes* der Teil um die Geschlechtsorgane) || K-: ***Unterleibs-, -operation, -schmerzen***

un·ter·lie·gen; *unterlag, ist unterlegen*; [Vi] **1** ***(j-m) u.*** in e-m (Wett)Kampf (von j-m) besiegt werden ≈ (gegen j-n) verlieren: *dem Feind u.* **2** ***j-d / etw. unterliegt etw.*** (*Dat*) j-d / etw. wird von etw. bestimmt: *Das Wetter im April unterliegt starken Schwankungen*; *Sie unterliegt starken Gemütsschwankungen* **3** ***etw.*** (*Dat*) ***u.*** ≈ etw. erliegen ⟨e-m Irrtum, e-r Täuschung, e-r Versuchung u.⟩

Un·ter·lip·pe *die*; die untere Lippe des Mundes ↔ Oberlippe: *sich auf die U. beißen*

U

un·term *Präp mit Artikel*; *gespr* ≈ unter dem

un·ter·ma·len; *untermalte, hat untermalt*; [Vt] *mst in* ***etw. musikalisch / mit Musik u.*** etw. mit Musik ergänzen od. begleiten: *e-n Film musikalisch u.* || *hierzu* **Un·ter·ma·lung** *die*

un·ter·mau·ern; *untermauerte, hat untermauert*; [Vt] ***etw. irgendwie u.*** etw. (mit Argumenten) stützen, sodass es überzeugender wirkt: *e-e These mit e-r Statistik u.* || *hierzu* **Un·ter·mau·e·rung** *die*; *nur Sg*

Un·ter·mie·te *die*; *nur Sg*; *mst* ***(irgendwo) in / zur U. wohnen*** *mst* ein Zimmer in e-r Wohnung von j-m gemietet haben, der die Wohnung selbst gemietet hat || *hierzu* **Un·ter·mie·ter** *der*; **Un·ter·mie·te·rin** *die*

un·ter·mi·nie·ren; *unterminierte, hat unterminiert*; [Vt] ***etw. u.*** *geschr* ≈ untergraben[2] ⟨j-s Ansehen, j-s Autorität, j-s Position u.⟩

un·ter·mi·schen *(hat)* [Vt] ***etw. (etw. (Dat)) u.*** etw. mit etw. (ver)mischen: *die gemahlenen Nüsse (dem Teig) u.*

un·tern *Präp mit Artikel*; *gespr* ≈ unter den

un·ter·neh·men; *unternimmt, unternahm, hat unternommen*; [Vt] **1** ***etw. u.*** irgendwohin gehen od. fahren, um sich zu vergnügen ⟨etwas, nichts, e-n Ausflug, e-e Reise u.⟩: *Ich habe Lust, heute Abend etwas mit dir zu u.* **2** ***(et)was / nichts (gegen j-n / etw.) u.*** etwas / nichts tun, um etw. zu verhindern od. j-n daran zu hindern, etw. (Negatives) zu tun: *Er hat in dieser Angelegenheit nichts unternommen*; *etwas gegen die Luftverschmutzung u.* **3** ***e-n Versuch u.*** (+ ***zu*** + *Infinitiv*) etw. versuchen **4** ***Schritte (gegen j-n / etw.) u.*** Maßnahmen (gegen j-n / etw.) ergreifen || *zu* **1** **Un·ter·neh·mung** *die*

Un·ter·neh·men[1] *das*; *-s, -*; e-e (komplexe) Aktion, mit der man ein bestimmtes Ziel erreichen will ≈ Vorhaben ⟨ein gewagtes, schwieriges U.; ein U. gelingt, scheitert⟩

Un·ter·neh·men[2] *das*; *-s, -*; e-e Firma, ein Betrieb (*bes* in der Industrie und im Handel) ⟨ein privates, staatliches U.; ein U. gründen, aufbauen, führen, leiten⟩ || K-: ***Unternehmens-, -führung, -leitung***

Un·ter·neh·mens·be·ra·ter *der*; *Ökon*; j-d, der beruflich den Leitern e-s Unternehmens[2] sagt, wie sie ihren Betrieb am besten führen können || *hierzu* **Un·ter·neh·mens·be·ra·tung** *die*

Un·ter·neh·mer *der*; *-s, -*; der Besitzer (und Leiter) e-r Firma, e-s Unternehmens[2] || K-: ***Unternehmer-, -organisation, -verband*** || *hierzu* **Un·ter·neh·me·rin** *die*; *-, -nen*; **un·ter·neh·me·risch** *Adj*

Un·ter·neh·mer·schaft *die*; *-*; *nur Sg, Kollekt*; alle Unternehmer (e-s Landes)

Un·ter·neh·mungs·geist *der*; *nur Sg*; die Lust, etw. zu organisieren, zu unternehmen (1) *o.Ä.* ⟨U. haben, voll U. sein⟩

Un·ter·neh·mungs·lust *die*; *nur Sg*; die Lust, etw. (zu seinem Vergnügen) zu tun || *hierzu* **un·ter·neh·mungs·lus·tig** *Adj*

Un·ter·of·fi·zier *der*; *Mil*; ein Soldat, der e-e kleine Gruppe von Soldaten ausbildet und leitet; *Abk* Uffz. || K-: ***Unteroffiziers-, -anwärter, -lehrgang***

un·ter·ord·nen *(hat)* [Vr] **1** ***sich (j-m) u.*** j-n als Anführer od. Leiter akzeptieren und das tun, was er will ⟨sich nicht u. können⟩; [Vt] **2** ***j-n / etw. j-m / etw. u.*** j-n / etw. unter die Leitung von j-m / etw. stellen: *Die Behörde wurde dem Außenministerium untergeordnet* || NB: oft im Passiv! **3** ***etw. etw. (Dat) u.*** etw. zugunsten e-r (wichtigeren) Sache (vorläufig) als zweitrangig betrachten od. behandeln: *als Politiker seine persönlichen Interessen der Partei u.*

Un·ter·ord·nung *die*; ***die U. (unter j-n / etw.)*** ein Verhalten, bei dem man das tut, was ein anderer verlangt, fordert *o.Ä.*: *die U. unter die Autorität des Vaters*

Un·ter·pfand *das*; *geschr*; ***ein U.*** (+ *Gen*) etw., das als Beweis od. Garantie von etw. gilt: *ein goldener Ring als U. der Liebe*

un·ter·pri·vi·le·giert *Adj*; *geschr*; ohne die (sozialen, wirtschaftlichen *o.Ä.*) Vorteile anderer ≈ benachteiligt ↔ privilegiert ⟨*mst* Schichten, Völker⟩ || *hierzu* **Un·ter·pri·vi·le·gier·te** *der / die*; *-n, -n*

Un·ter·re·dung *die*; *-, -en*; ein *mst* förmliches Gespräch zwischen wenigen Personen (um ein Problem zu klären) ⟨j-n um e-e U. bitten; mit j-m e-e (lange) U. führen / haben⟩

un·ter·re·prä·sen·tiert *Adj*; *nicht adv*, *geschr*; in kleinerer Zahl vorhanden / vertreten, als es (in Relation zur Gesamtzahl) sein sollte od. müsste ↔ überrepräsentiert: *Die Frauen sind im Parlament u.*

Un·ter·richt *der*; *-(e)s*; *nur Sg*; ***U. (in etw. (Dat))*** das regelmäßige Weitergeben von Wissen und Informationen durch e-n Lehrer an e-n Schüler ⟨j-m U. geben / erteilen; U. nehmen, erhalten; den U. besuchen, am U. teilnehmen; dem U. fernbleiben, den U. schwänzen; der U. fällt aus⟩: *j-m U. in Englisch geben*; *U. im Geigespielen nehmen* || K-: ***Unterrichts-, -fach, -gegenstand, -material, -methode, -ziel*** || -K: ***Chemie-, Deutsch-, Englisch-, Französisch-, Geigen-, Geschichts-, Klavier-, Musik-, Religions-, Sport-, Turn-*** *usw* || *hierzu* **un·ter·richts·frei** *Adj*

un·ter·rich·ten; *unterrichtete, hat unterrichtet*; [Vt/i] **1** ***(etw.) (an etw. (Dat)) u.*** (irgendwo) ein bestimmtes Fach lehren: *Er unterrichtet (Musik) an der Volksschule*; [Vt] **2** ***j-n (in etw. (Dat)) u.*** j-m das nötige Wissen e-s Faches vermitteln: *Sie unterrichtet die 11. Klasse (in Englisch)* **3** ***j-n (über etw. (Akk) / von etw.) u.*** *geschr*; j-m sagen, dass etw. Bestimmtes passiert ist ≈ j-n (von etw.) benachrichtigen, j-n (über etw.) informieren: *Hast du ihn vom Tod seines Vaters unterrichtet?*; *Sind Sie bereits u.?*; [Vr] **4** ***sich (über etw. (Akk)) u.*** sich Informationen über etw. holen ≈ sich (über etw.) informieren / orientieren || *zu* **3** **Un·ter·rich·tung** *die*; *nur Sg*

Un·ter·richts·stoff *der* ≈ Lehrstoff

Un·ter·richts·stun·de *die*; e-e Zeiteinheit (*mst* 45 bis 60 Minuten), in die der Unterricht in den verschiedenen Fächern an der Schule eingeteilt ist

Un·ter·rock *der*; e-e Art Kleid (ohne Ärmel) od. Rock aus sehr dünnem Stoff, die Frauen unter e-m Kleid od. Rock tragen

un·ters *Präp mit Artikel*; *gespr* ≈ unter das

un·ter·sa·gen; *untersagte, hat untersagt*; [Vt] ***(j-m) etw. u.*** j-m etw. (offiziell) verbieten ↔ j-m etw. erlauben, genehmigen: *Mein Arzt hat mir strengstens untersagt* zu *rauchen* || NB: oft im Zustandspassiv!

Un·ter·satz *der*; **1** etw. (*bes* e-e kleine Platte), auf das etw. gestellt wird ≈ Untersetzer: *die Kanne mit dem heißen Kaffee auf e-n U. stellen* **2** ***ein fahrbarer U.*** *gespr hum* ≈ Auto

un·ter·schät·zen; *unterschätzte, hat unterschätzt*; [Vt] **1** ***j-n / sich u.*** j-n / sich falsch beurteilen, weil man glaubt, dass er / man weniger kann od. weiß, als es der Fall ist ↔ überschätzen **2** ***etw. u.*** etw. falsch beurteilen, weil man glaubt, dass es leichter, weniger wichtig, geringer *o.Ä.* ist, als es der Fall ist ↔ überschätzen ⟨e-e Entfernung, e-e Geschwindigkeit, e-e Gefahr u.⟩ || *hierzu* **Un·ter·schät·zung** *die*; *nur Sg*

un·ter·schei·den; *unterschied, hat unterschieden*; [Vt] **1** ⟨Personen / Dinge⟩ ***u.***; ***j-n / etw. von j-m / etw. u.***; ***etw. und etw. u.*** erkennen, dass zwei od. mehrere Personen od. Dinge in bestimmten Merkmalen nicht gleich sind: *Die Zwillinge sind sich so ähnlich, dass man den einen nicht vom anderen / sie nicht u. kann*; *Er ist farbenblind - er kann Rot von / und Grün nicht u.*; *Er kann Gut und Böse nicht u.* **2**

U

⟨Dinge⟩ ***u.*** Dinge, die in bestimmten Merkmalen nicht (od. nur zum Teil) gleich sind, in mehrere Gruppen einteilen: *Wir können hier drei Sorten von Getreide u.: Weizen, Gerste, Hafer* **3** ***etw. unterscheidet j-n / etw. von j-m / etw.*** etw. ist das spezielle Merkmal, worin e-e Person od. Sache anders ist als e-e andere Person od. Sache: *Seine Direktheit unterscheidet ihn von den meisten anderen Kollegen* **4** ⟨Personen / Dinge⟩ ***u.*** (***können***) Personen / Dinge (*mst* anhand der Konturen) in e-r Gruppe, vor e-m Hintergrund *o.Ä.* erkennen können: *Er konnte in der Dunkelheit zwei Personen u., die miteinander sprachen*; [Vi] **5** ***zwischen*** ⟨Personen / Dingen⟩ ***u.*** (***können***) die eine Person / Sache von der anderen genau trennen (und dabei bewerten) ≈ zwischen Personen / Dingen e-n Unterschied machen, differenzieren: *zwischen Gut und Böse u. können*; *Er kann nicht zwischen Wichtigem und Unwichtigem u.*; [Vr] **6** ***j-d / etw. unterscheidet sich*** (***durch etw. / in etw.*** (*Dat*)) ***von j-m / etw.***; ⟨Personen / Dinge⟩ ***unterscheiden sich*** e-e Person / Sache ist in bestimmter Hinsicht anders als e-e andere : *Er unterscheidet sich von seinem Bruder durch seinen Fleiß*; *Worin unterscheiden sich die beiden Bilder?* || *zu* **1, 2** und **5 Un·ter·schei·dung** *die*

Un·ter·schen·kel *der*; der Teil des Beines zwischen Knie und Fuß ≈ Wade ↔ (Ober)Schenkel || ↑ *Abb. unter* ***Mensch***

Un·ter·schicht *die*; die Gruppe von Menschen in der Gesellschaft, die arm sind, weniger gelernt haben als andere *o.Ä.* ↔ Mittelschicht, Oberschicht

un·ter·schie·ben[1]; *schob unter, hat untergeschoben*; [Vt] ***j-m etw. u.*** etw. unter j-n schieben: *e-m Kranken ein Kissen u.*

un·ter·schie·ben[2]; *unterschob, hat unterschoben*; [Vt] ***j-m etw. u.*** (in böser Absicht, um j-m zu schaden) behaupten, dass j-d etw. Negatives gesagt od. getan hat ≈ j-m etw. unterstellen: *j-m e-e Äußerung, e-e falsche Aussage u.* || *hierzu* **Un·ter·schie·bung** *die*

Un·ter·schied *der*; *-(e)s, -e*; **1** ***der U.*** (***zwischen Personen / Sachen*** (*Dat*)) das (Merkmal), worin zwei od. mehrere Personen od. Sachen nicht gleich sind ⟨ein kleiner, feiner, großer, gravierender U.⟩: *Worin liegt / besteht der U. zwischen dir und mir / uns beiden?* **2** ***e-n U. machen*** (***zwischen j-m / etw.*** (*Pl*)) verschiedene Personen / Sachen unterschiedlich bewerten **3** ***im U. zu j-m / etw.***; ***zum U. von j-m / etw.*** anders als j-d / etw.: *Im U. zu mir geht sie gern ins Theater*; *Zum U. von gestern ist es heute sehr warm* **4** ***ohne U.*** ohne Ausnahme ≈ ausnahmslos: *alle ohne U.* || ID ***ein U. wie Tag und Nacht*** ein sehr großer Unterschied (1); ***der kleine U.*** *gespr hum*; das Geschlechtsorgan des Mannes als Symbol des Unterschieds zwischen Mann und Frau

un·ter·schied·lich *Adj*; in Bezug auf bestimmte Merkmale anders (als e-e andere Person od. Sache) ≈ verschieden ↔ gleich: *unterschiedliche Ansichten über etw. haben*; *Er behandelt seine Kinder u.* || *hierzu* **Un·ter·schied·lich·keit** *die*; *nur Sg*

un·ter·schla·gen; *unterschlägt, unterschlug, hat unterschlagen*; [Vt] **1** ***etw. u.*** *mst* Geld od. wertvolle Dinge, die anderen gehören (*bes* solche, die man aufbewahren od. verwalten soll), stehlen ≈ veruntreuen ⟨Geld, e-n Brief, Dokumente u.⟩ **2** (***j-m***) ***etw. u.*** j-m etw. Wichtiges mit Absicht nicht sagen, obwohl man es müsste ≈ (j-m) etw. verschweigen || *hierzu* **Un·ter·schla·gung** *die*

Un·ter·schlupf *der*; *-(e)s, -e*; *mst Sg*; **1** ***U.*** (***vor j-m / etw.***) ein Ort, an dem man (für kurze Zeit) Schutz findet (*mst* vor Regen, e-m Sturm, e-r Gefahr) ⟨U. suchen; j-m U. gewähren⟩ **2** ***U.*** (***vor j-m / etw.***) ein Ort, an dem man sich für kurze Zeit verstecken kann ≈ Zuflucht ⟨bei j-m U. suchen, finden⟩: *j-m U. vor der Polizei gewähren* || *hierzu* **un·ter·schlüp·fen** (*ist*) *Vi*

un·ter·schrei·ben; *unterschrieb, hat unterschrieben*; [Vt/i] (***etw.***) ***u.*** seinen Namen unter e-n Brief, ein Dokument *o.Ä.* schreiben (*z.B.* um damit etw. zu bestätigen) ≈ unterzeichnen ⟨mit vollem Namen u.; e-n Brief, e-n Scheck, e-n Vertrag u.⟩

un·ter·schrei·ten; *unterschritt, hat unterschritten*; [Vt] ***etw. u.*** unter e-r bestimmten Grenze bleiben ↔ überschreiten: *Er hat durch sein geschicktes Haushalten die veranschlagten Kosten unterschritten* || *hierzu* **Un·ter·schrei·tung** *die*

Un·ter·schrift *die*; der eigene Name, den man unter e-n Brief, ein Dokument *o.Ä.* schreibt ⟨j-s eigenhändige U.; e-e U. leisten, seine U. unter etw. setzen, e-e U. fälschen, j-m etw. zur U. vorlegen, etw. trägt j-s U.⟩ || K-: ***Unterschrifts-, -fälschung***

Un·ter·schrif·ten·ak·ti·on *die*; e-e Aktion, bei der Unterschriften von Personen gesammelt werden, die damit *mst* ihren Unmut über etw. zum Ausdruck bringen ⟨e-e U. starten, durchführen⟩: *e-e U. gegen e-e neue Straße*

Un·ter·schrif·ten·kam·pag·ne *die* ≈ Unterschriftenaktion

Un·ter·schrif·ten·samm·lung *die* ≈ Unterschriftenaktion

un·ter·schwel·lig *Adj*; nicht bewusst vorhanden ⟨Ängste, Hassgefühle⟩

Un·ter·see·boot *das*; *geschr* ≈ U-Boot

Un·ter·sei·te *die*; die Seite von etw., die nach unten zeigt od. gerichtet ist ↔ Oberseite

Un·ter·set·zer *der*; *-s, -*; ein kleiner, flacher (oft runder) Gegenstand, auf den man *mst* Gläser od. Blumentöpfe stellt (*z.B.* um den Tisch zu schonen) || -K: ***Bast-, Glas-, Messing-, Plastik-; Blumentopf-***

un·ter·setzt *Adj*; nicht sehr groß, aber kräftig ≈ stämmig ⟨Männer⟩

un·ter·spü·len; *unterspülte, hat unterspült*; [Vt] ***etw. unterspült etw.*** ≈ etw. unterhöhlt (1) etw. || *hierzu* **Un·ter·spü·lung** *die*; *nur Sg*

Un·ter·stand *der*; e-e Stelle, wo man sich (zum Schutz vor Regen, Schnee od. Gefahr) unterstellen kann

un·ter·ste·hen; *unterstand, hat unterstanden*; [Vi] **1** ***j-m / etw. u.*** j-n zum Chef haben / von e-r bestimmten Institution seine Anweisungen od. Befehle bekommen ≈ j-m / etw. untergeordnet, unterstellt sein: *Dieses Amt untersteht unmittelbar dem Ministerium*; [Vr] **2** ***sich u.*** + ***zu*** + *Infinitiv*; so mutig od. unverschämt sein, etw. zu tun, das verboten ist od. anderen nicht gefällt: *Untersteh dich ja nicht, das noch einmal zu tun!*

un·ter·stel·len[1]; *stellte unter, hat untergestellt*; [Vt] **1** ***etw.*** (***irgendwo***) ***u.*** etw. in e-n Raum stellen, um es dort aufzubewahren: *die Fahrräder im Keller u.*; [Vr] **2** ***sich*** (***irgendwo***) ***u.*** sich zum Schutz gegen Regen, Schnee *o.Ä.* für kurze Zeit unter ein Dach *o.Ä.* stellen

un·ter·stel·len[2]; *unterstellte, hat unterstellt*; [Vt] **1** ***j-n / etw. j-m / etw. u.*** j-m / e-r Institution die Leitung von etw. / die Weisungsbefugnis über j-n geben ≈ j-n / etw. j-m / etw. unterordnen (2): *Die Werbeabteilung wird jetzt dem Verkaufsleiter unterstellt* || NB: oft im Passiv! **2** ***j-m etw. u.*** von j-m etw. Negatives glauben od. behaupten, obwohl man es nicht beweisen kann ⟨j-m Egoismus, Eigennutz, böse Absichten u.⟩: *Du willst mir doch wohl nicht u., dass ich das absichtlich getan habe!* **3** ***etw. u.*** etw. (als Hypothese) annehmen: *Unterstellen wir einmal, er hätte Recht, dann wäre Ihre These falsch*

Un·ter·stel·lung *die*; e-e ungerechtfertigte Behauptung über j-n ⟨böswillige Unterstellungen⟩

un·ter·strei·chen; *unterstrich, hat unterstrichen*; [Vt]

U

1 ***etw. u.*** e-n Strich unter etw. Geschriebenes ziehen (um es so zu markieren) **2** ***etw. u.*** etw. Wichtiges durch Wiederholung *o.Ä.* betonen ≈ hervorheben ⟨seine Worte durch (lebhafte) Gesten u.⟩: *Der Redner unterstrich die Bedeutung des Umweltschutzes* || *zu* **1 Un·ter·strei·chung** *die*

Un·ter·stu·fe *die*; die (drei) untersten Klassen *bes* e-r Realschule od. e-s Gymnasiums

un·ter·stüt·zen; *unterstützte, hat unterstützt*; [Vt] **1** ***j-n u.*** j-m helfen, indem man ihm etw. gibt, das er braucht ⟨j-n finanziell, materiell, mit Rat und Tat u.⟩ **2** ***j-n*** (***bei etw.***) ***u.*** j-m bei etw. helfen: *j-n beim Bau seines Hauses u.* **3** ***j-n / etw. u.*** sich für e-e Person od. Sache engagieren, damit sie Erfolg haben: *Er will unseren Plan u.* **4** ***etw. unterstützt etw.*** ≈ etw. fördert etw.: *Dieses Mittel unterstützt den Heilungsprozess*

Un·ter·stüt·zung *die*; -, *-en*; **1** *mst Sg* ≈ Hilfe ⟨j-m seine U. anbieten, zusagen, bei j-m keine U. finden⟩ **2** *mst Sg*; das Unterstützen (4) ≈ Förderung: *ein Mittel zur U. der Abwehrkräfte* **3** e-e finanzielle Hilfe (*mst* vom Staat) ⟨(e-e) U. beantragen, bekommen, beziehen⟩ || -K: ***Arbeitslosen-*** || *zu* **3 un·ter·stüt·zungs·be·dürf·tig** *Adj*

Un·ter·such *der*; *-(e)s, -e*; Ⓒⓗ *geschr* ≈ Untersuchung

un·ter·su·chen; *untersuchte, hat untersucht*; [Vt] **1** ***etw. u.*** etw. genau prüfen, um herauszufinden, wie es funktioniert, wirkt *o.Ä.* ≈ analysieren, erforschen ⟨etw. gründlich, eingehend u.⟩: *Er untersuchte, wie sich ein Reaktorunfall auswirken würde* **2** ***etw. u.*** versuchen, etw. aufzuklären: *Die Polizei untersucht den Mordfall* **3** ***etw.*** (***auf etw.*** (*Akk*) (***hin***)) ***u.*** etw. genau prüfen, um etw. Bestimmtes zu finden: *die Luft auf Schadstoffe (hin) u.*; *Die Polizei untersuchte das Glas auf Fingerabdrücke (hin)* **4** ***j-n / etw. u.*** als Arzt e-n Patienten / e-n Körperteil genau betrachten und anfassen od. prüfen, um festzustellen, was ihm fehlt: *e-e Wunde, j-s Lunge genau u.*

Un·ter·su·chung *die*; -, *-en*; **1** die Überprüfung, wie etw. funktioniert, ob etw. in Ordnung ist, wie etw. passiert ist *o.Ä.* ≈ Analyse, Prüfung ⟨e-e ärztliche, e-e polizeiliche U.; sich e-r U. unterziehen; e-e U. einleiten, anstellen, durchführen, einstellen⟩: *e-e genaue U. der Unglücksursache*; *die U. des Bluts auf Cholesterin (hin)* || K-: ***Untersuchungs-, -ausschuss, -befund, -bericht, -ergebnis, -methode, -resultat, -verfahren, -zimmer*** || -K: ***Blut-***; ***Augen-, Herz-, Magen-, Nieren-*** *usw*; ***Labor-*** **2** e-e wissenschaftliche Arbeit über ein Thema auf der Basis der Ergebnisse e-r Analyse *o.Ä.* ⟨e-e U. schreiben, lesen⟩

Un·ter·su·chungs·ge·fan·ge·ne *der / die*; *-n, -n*; j-d, der im Gefängnis auf seinen (Straf)Prozess wartet ≈ Untersuchungshäftling

Un·ter·su·chungs·ge·fäng·nis *das*; ein Gefängnis für Untersuchungsgefangene

Un·ter·su·chungs·haft *die*; die (vorläufige) Haft e-s Beschuldigten bis zu Beginn des Prozesses; *Abk* U-Haft ⟨j-n in U. nehmen; in U. sein, sitzen; j-n aus der U. entlassen⟩ || *hierzu* **Un·ter·su·chungs·häft·ling** *der*

Un·ter·su·chungs·rich·ter *der*; der Richter, der den (Straf)Prozess gegen j-n vorbereitet

Un·ter·ta·ge·bau *der*; *nur Sg*; die Arbeit unter der Erde, durch die Kohle, Erze *o.Ä.* gewonnen werden ↔ Tagebau

un·ter·tags *Adv*; *südd* Ⓐ Ⓒⓗ während des Tages ≈ tagsüber

un·ter·tan *Adj*; *nur in* **1** ***sich*** (*Dat*) ***etw. u. machen*** *geschr*; erreichen, dass man etw. beherrscht ≈ sich etw. dienstbar machen: *sich die Natur u. machen* **2** ***j-m u. sein*** *hist*; von e-m Herrscher (*bes* im absolutistisch regierten Staat) ganz abhängig sein

Un·ter·tan *der*; *-s / -en, -en*; *hist*; der Bürger e-s absolutistisch regierten Staates: *die Untertanen des Königs*; *Wir sind doch keine Untertanen!* (= wir haben doch bestimmte Rechte) || NB: *der Untertan; den, dem Untertan / Untertanen; des Untertans / Untertanen*

un·ter·tä·nig *Adj*; *pej*; so, dass man durch sein Verhalten zeigt, dass man sich ganz nach j-s Willen richtet ≈ devot ⟨e-e Verbeugung; j-n u. um etw. bitten⟩ || *hierzu* **Un·ter·tä·nig·keit** *die*; *nur Sg*

Un·ter·tas·se *die*; **1** ein kleiner, flacher Teller, auf den die Tasse gestellt wird || ↑ *Abb. unter* ***Frühstückstisch*** **2** ***e-e fliegende U.*** *hum* ≈ Ufo

un·ter·tau·chen [Vi] (*hat*) **1** ***j-n u.*** j-n mit dem Kopf unter die Wasseroberfläche drücken; [Vi] (*ist*) **2** unter die Wasseroberfläche tauchen ↔ auftauchen **3** (***in etw.*** (*Dat*)) ***u.*** ≈ irgendwo verschwinden: *in der Menschenmenge u.* **4** (***irgendwo***) ***u.*** an e-n fremden Ort gehen, um dort unter falschem Namen *o.Ä.* zu leben: *Er ist nach dem Skandal im Ausland untergetaucht*

Un·ter·teil *das*; das untere Stück od. Teil von etw. ↔ Oberteil: *das U. e-s Schrankes, e-s Bikinis*

un·ter·tei·len; *unterteilte, hat unterteilt*; [Vt] ***etw.*** (***in etw.*** (*Akk*)) ***u.*** ein Ganzes in mehrere Teile (ein)teilen ≈ etw. (in etw.) gliedern: *Die Strecke ist in drei Etappen unterteilt* || NB: oft im Zustandspassiv! || *hierzu* **Un·ter·tei·lung** *die*

Un·ter·tel·ler *der*; *südd* Ⓐ Ⓒⓗ ≈ Untertasse (1)

Un·ter·ti·tel *der*; **1** der (kleiner gedruckte) zweite Teil des Titels e-s Buches, der *mst* genauere Informationen über den Inhalt angibt **2** *mst Pl*; Texte mit der Übersetzung der Gespräche in e-m (fremdsprachigen) Film, die am unteren Rand der Leinwand bzw. des Bildschirms als Schrift erscheinen: *ein Film in englischer Originalfassung mit deutschen Untertiteln*

Un·ter·ton *der*; ***ein U.*** (***von etw.***) etw., das beim Reden mitklingt und dem Zuhörer die tieferen Gefühle des Sprechers andeutet ≈ Anflug, Beiklang ⟨etw. mit e-m U. von Furcht, Ironie, Spott sagen; in j-s Stimme ist, liegt ein banger, drohender U.⟩

un·ter·trei·ben; *untertrieb, hat untertrieben*; [Vt/i] (***etw.***) ***u.*** etw. als kleiner, unwichtiger *o.Ä.* darstellen, als es wirklich ist ↔ übertreiben: *Komm, untertreib nicht schon wieder - du kannst es doch sehr gut!* || *hierzu* **Un·ter·trei·bung** *die*

un·ter·ver·mie·ten; -, *hat untervermietet*; [Vt] ***etw. u.*** ein Zimmer seiner (Miet)Wohnung an j-n (weiter)vermieten || NB: *mst* im Infinitiv od. im Partizip Perfekt verwendet! || *hierzu* **Un·ter·ver·mie·tung** *die* || ► ***Untermiete, Untermieter***

un·ter·ver·sorgt *Adj*; (***mit etw.***) ***u.*** mit etw. Wichtigem in nicht ausreichendem Maße versorgt: *Das Herz des Kranken ist mit Sauerstoff u.* || *hierzu* **Un·ter·ver·sor·gung** *die*

un·ter·wan·dern; *unterwanderten, haben unterwandert*; [Vt] ⟨Personen⟩ ***unterwandern e-e Institution*** *o.Ä.* Mitglieder e-r extremen politischen Organisation *o.Ä.* nehmen über längere Zeit Stellen in e-r Institution *o.Ä.* an, um die Arbeit dort für ihre Ziele zu missbrauchen: *Staatsfeinde haben die Behörde unterwandert* || *hierzu* **Un·ter·wan·de·rung** *die*

Un·ter·wä·sche *die*; *nur Sg*; das, was man unter der Kleidung trägt (Unterhose, Unterhemd, Büstenhalter, Unterrock)

Un·ter·was·ser|ka·me·ra *die*; e-e Kamera, mit der man unter Wasser filmen od. fotografieren kann

Un·ter·was·ser|mas·sa·ge *die*; e-e Massage des Körpers unter Wasser (mit e-m Wasserstrahl)

un·ter·wegs *Adv*; **1** auf dem Weg zu e-m bestimmten Ziel: *U. traf sie ihren Bruder* **2 u. sein** ≈ auf Reisen sein: *Er ist geschäftlich viel u.* || ID ***Bei ihr ist ein Baby / Kind u.*** *gespr euph*; sie ist schwanger

un·ter·wei·sen; *unterwies, hat unterwiesen*; [Vt] ***j-n*** **(*in etw.*** *(Dat)*) ***u.*** *geschr* ≈ j-n etw. lehren || *hierzu* **Un·ter·wei·sung** *die*

Un·ter·welt *die*; *nur Sg*; **1** *Kollekt*; die Verbrecher e-r Stadt **2** (in der griechischen Mythologie) das Reich der Toten || NB: nur mit dem bestimmten Artikel verwendet

un·ter·wer·fen; *unterwirft, unterwarf, hat unterworfen*; [Vt] **1** ***j-n*** *(Kollekt od Pl)* / ***etw. u.*** ein Volk / ein Land *o.Ä.* im Krieg besiegen und dann über es herrschen ⟨ein Volk, die Aufständischen, ein Land, ein Gebiet u.⟩; [Vr] **2** ***sich*** **(*j-m*)** ***u.*** im Krieg aufhören zu kämpfen und den Feind als Herrscher akzeptieren ⟨sich den Eindringlingen, den Eroberern, den Siegern u.⟩ **3** ***sich etw.*** *(Dat)* ***u.*** das akzeptieren od. tun, was ein anderer verlangt ≈ sich etw. fügen[2] (1) ⟨sich j-s Anordnung, Befehl, Willen u.⟩

Un·ter·wer·fung *die*; *-, -en*; *mst Sg*; **1** das Unterwerfen (1) **2** ***die U.*** **(*unter j-n / etw.*)** ein Verhalten, bei dem man alles tut, was ein anderer von einem verlangt *o.Ä.*: *die U. unter j-s Befehl*

un·ter·wor·fen 1 *Partizip Perfekt*; ↑ **unterwerfen 2** *Adj*; ***etw.*** *(Dat)* ***u.*** von etw. abhängig: *j-s Launen u. sein*; *Die Kleidung ist dem Diktat der Mode u.*

un·ter·wür·fig, un·ter·wür·fig *Adj*; *pej*; von e-r Art, die in übertriebener Weise zeigt, dass man bemüht ist, j-m zu dienen ≈ servil, sklavisch ⟨e-e Haltung; sich u. verhalten⟩ || *hierzu* **Un·ter·wür·fig·keit, Un·ter·wür·fig·keit** *die*; *nur Sg*

un·ter·zeich·nen; *unterzeichnete, hat unterzeichnet*; [Vt/i] **(*etw.*)** ***u.*** *geschr* ≈ (etw.) unterschreiben || *hierzu* **Un·ter·zeich·nung** *die*

Un·ter·zeich·ner *der*; *-s, -*; j-d, der etw. unterzeichnet (hat)

un·ter·zie·hen[1]; *zog unter, hat untergezogen*; [Vt] **1** ***etw. u.*** ein zusätzliches Kleidungsstück unter e-m anderen (*mst* als Schutz vor Kälte) anziehen: *noch e-n Pullover u.* **2** ***etw.*** **(*unter etw.*** *(Akk)*) ***u.*** e-e Masse vorsichtig unter e-e andere geben (ohne zu rühren): *Eischnee (unter den Teig) u.*

un·ter·zie·hen[2]; *unterzog, hat unterzogen*; *geschr*; [Vr] **1** ***sich etw.*** *(Dat)* ***u.*** etw. tun, das unangenehm od. mit Mühen verbunden ist ≈ etw. auf sich nehmen: *sich e-r Operation u.*; [Vt] **2** ***j-n e-m Verhör u.*** j-n verhören **3** ***j-n / etw. e-r Prüfung u.*** j-n / etw. prüfen

Un·tie·fe *die*; e-e flache (seichte) Stelle im Wasser (*bes* in e-m Fluss od. im Meer)

Un·tier *das*; *pej*; verwendet, um ein gefährliches, *mst* großes und hässliches Tier zu bezeichnen: *Vor der Haustür lag ein großer Hund - So ein U. habe ich noch nie gesehen!*

un·tilg·bar, un·tilg·bar *Adj*; *geschr*; **1** ⟨e-e Schuld, e-e Schmach⟩ so, dass man sie nicht wieder gutmachen kann **2** ⟨Schulden⟩ so, dass man sie (in e-r bestimmten Zeit) nicht abzahlen kann

un·trag·bar, un·trag·bar *Adj*; *nicht adv*; **1** nicht mehr akzeptabel, nicht mehr zu ertragen ⟨Zustände⟩: *Wegen des Bestechungsskandals ist er für seine Partei u. geworden* **2** so, dass es nicht mehr finanziert werden kann ⟨etw. ist finanziell u.⟩: *Die Kosten des Projekts sind u.*

un·trenn·bar, un·trenn·bar *Adj*; **1** so, dass die einzelnen Personen od. Dinge nicht voneinander getrennt werden können ⟨etw. bildet e-e untrennbare Einheit, ein untrennbares Ganzes; mit j-m u. verbunden sein⟩ **2** (in Bezug auf Verben) dadurch gekennzeichnet, dass das Präfix nicht vom Wortstamm getrennt werden kann

un·treu *Adj*; **1** nicht treu (2) ≈ treulos ⟨ein Ehemann, e-e Ehefrau; j-m u. sein, werden⟩ **2** ***etw.*** *(Dat)* ***u. werden*** nicht mehr länger für etw. eintreten, das man bisher für gut od. richtig gehalten hat ≈ etw. verleugnen ⟨seinen Grundsätzen, Idealen, Überzeugungen u. werden⟩ || *zu* **1 Un·treue** *die*

un·tröst·lich, un·tröst·lich *Adj*; *nicht adv*; ***u.*** **(*über etw.*** *(Akk)*) sehr traurig (1)

un·trüg·lich, un·trüg·lich *Adj*; *mst attr*; ⟨ein Beweis, ein Zeichen⟩ so, dass man sich darauf verlassen kann, ganz deutlich

Un·tu·gend *die*; *geschr*; e-e schlechte Eigenschaft od. Angewohnheit ≈ Unart

un·ty·pisch *Adj*; nicht charakteristisch, nicht typisch

un·über·brück·bar, un·über·brück·bar *Adj*; *nicht adv*; ⟨*mst* Gegensätze⟩ so, dass man sie nicht ausgleichen od. überbrücken kann

un·über·hör·bar, un·über·hör·bar *Adj*; so, dass man es zur Kenntnis nehmen muss: *In ihren Worten war ein unüberhörbarer Vorwurf*

un·über·legt *Adj*; nicht (vorher) überlegt ≈ leichtsinnig ⟨e-e Handlungsweise; u. handeln; etw. Unüberlegtes tun⟩ || *hierzu* **Un·über·legt·heit** *die*

un·über·schau·bar, un·über·schau·bar *Adj* ≈ unübersehbar (1,3)

un·über·seh·bar, un·über·seh·bar *Adj*; **1** so groß, komplex *o.Ä.*, dass man es nicht mit einem Blick umfassen kann ≈ unüberschaubar: *Auf dem Platz hatte sich e-e unübersehbare Menschenmenge versammelt* **2** ⟨*mst* Fehler, Mängel⟩ so (gravierend), dass man sie einfach sehen muss **3** in den Folgen noch nicht abzuschätzen ≈ unüberschaubar ↔ abschätzbar: *Die Auswirkungen des Unglücks sind derzeit noch u.*

un·über·sicht·lich *Adj*; so verborgen, verdeckt *o.Ä.*, dass man nicht alles (richtig) sehen kann ⟨e-e Kurve⟩: *Der Unfall passierte auf e-m unübersichtlichen Abschnitt der Straße* || *hierzu* **Un·über·sicht·lich·keit** *die*; *nur Sg*

un·über·treff·lich, un·über·treff·lich *Adj*; so gut, dass niemand etw. Besseres leisten kann

un·über·trof·fen, un·über·trof·fen *Adj*; *nicht adv*; so gut, dass bisher noch niemand / noch nichts besser war ⟨e-e Leistung⟩

un·über·wind·bar, un·über·wind·bar *Adj* ≈ unüberwindlich

un·über·wind·lich, un·über·wind·lich *Adj*; *nicht adv*; **1** ⟨Ängste⟩ so, dass man sie nicht besiegen, nicht überwinden kann ↔ bezwingbar: *e-e unüberwindliche Abneigung gegen j-n / etw. verspüren* **2** ⟨Hindernisse, Probleme, Schwierigkeiten⟩ so groß, dass man sie nicht lösen, nicht überwinden kann **3** ⟨*mst* Gegensätze⟩ so, dass man sie nicht ausgleichen kann ≈ unversöhnlich **4** ⟨*mst* ein Gegner⟩ so, dass er nicht zu besiegen ist

un·üb·lich *Adj*; *mst präd*; nicht üblich ≈ ungewöhnlich ⟨ein Verfahren, ein Vorgehen⟩

un·um·gäng·lich, un·um·gäng·lich *Adj*; so, dass man es nicht vermeiden kann ≈ erforderlich, notwendig ↔ vermeidbar ⟨etw. für u. halten⟩: *Die strengen Maßnahmen waren u.* || *hierzu* **Un·um·gäng·lich·keit, Un·um·gäng·lich·keit** *die*; *nur Sg*

un·um·schränkt, un·um·schränkt *Adj*; ohne Einschränkung(en) ≈ uneingeschränkt ⟨e-e Vollmacht; u. herrschen⟩

un·um·stöß·lich, un·um·stöß·lich *Adj*; so, dass man es nicht mehr ändern kann ≈ endgültig, definitiv ⟨e-e Tatsache⟩: *j-s Entschluss steht u. fest*

un·um·strit·ten, un·um·strit·ten *Adj*; *nicht adv*; von allen anerkannt ⟨e-e Tatsache⟩

un·um·wun·den, un·um·wun·den *Adj*; *nur attr od adv*; ohne Umschweife, offen (heraus), frei (heraus) ⟨etw. u. eingestehen, zugeben⟩: *u. sagen, was man denkt*

U

un·un·ter·bro·chen, **un·un·ter·bro·chen** *Adj*; *nur attr od adv*; ohne e-e Pause od. Störung ≈ dauernd, ständig: *in ununterbrochener Reihenfolge*; *Es regnete u.*; *Sie redet u.*; *u. im Einsatz sein*

un·ver·än·der·lich, **un·ver·än·der·lich** *Adj*; so, dass man es nicht ändern kann ≈ gleich bleibend || *hierzu* **Un·ver·än·der·lich·keit**, **Un·ver·än·der·lich·keit** *die*; *nur Sg*

un·ver·än·dert, **un·ver·än·dert** *Adj*; ohne Änderung ≈ gleich, gleich bleibend ⟨etw. u. lassen⟩: *Ihr gesundheitlicher Zustand ist seit Tagen u.*

un·ver·ant·wort·lich, **un·ver·ant·wort·lich** *Adj*; so, dass man es nicht rechtfertigen od. verantworten kann ⟨Leichtsinn; j-s Verhalten ist u.⟩ || *hierzu* **Un·ver·ant·wort·lich·keit**, **Un·ver·ant·wort·lich·keit** *die*; *nur Sg*

un·ver·äu·ßer·lich, **un·ver·äu·ßer·lich** *Adj*; *nicht adv*, *mst in* ***die unveräußerlichen Rechte*** ⟨des Menschen⟩ *geschr*; die Rechte des Menschen (auf Freiheit, Unversehrtheit *usw*)

un·ver·bes·ser·lich, **un·ver·bes·ser·lich** *Adj*; *nicht adv*; ⟨ein Optimist, ein Pessimist, ein Dickkopf, ein Nörgler⟩ so stark durch e-e bestimmte Eigenschaft geprägt, dass man sie nicht ändern kann

un·ver·bind·lich, **un·ver·bind·lich** *Adj*; **1** ⟨e-e Auskunft, e-e Zusage⟩ so, dass sie niemanden zu etw. verpflichten ↔ bindend **2** auf distanzierte Art korrekt und höflich ⟨Worte⟩ || *hierzu* **Un·ver·bind·lich·keit**, **Un·ver·bind·lich·keit** *die*

un·ver·bleit *Adj*; ohne Blei ⟨Benzin⟩

un·ver·blümt, **un·ver·blümt** *Adj*; nicht vorsichtig od. schonend, sondern ganz deutlich, ganz ehrlich ≈ direkt[1] (7), offen (9) ⟨Worte; j-m u. seine Meinung sagen⟩

un·ver·braucht *Adj*; **1** noch vorhanden ⟨Kräfte, Energien⟩ **2** ≈ frisch (8) ⟨Luft⟩

un·ver·brüch·lich, **un·ver·brüch·lich** *Adj*; *geschr*; ganz fest (6) ⟨*mst* Treue⟩

un·ver·dau·lich, **un·ver·dau·lich** *Adj*; *nicht adv*; **1** ⟨Reste, Bestandteile (der Nahrung)⟩ so, dass sie nicht verdaut (1) werden **2** *gespr*; schwer zu verstehen od. zu lesen ≈ unverständlich ⟨e-e Abhandlung, e-e Theorie⟩ || *hierzu* **Un·ver·dau·lich·keit**, **Un·ver·dau·lich·keit** *die*; *nur Sg*

un·ver·dient, **un·ver·dient** *Adj*; nicht (durch die Leistung od. das Verhalten des Betroffenen) verdient, nicht begründet ≈ ungerechtfertigt ↔ berechtigt ⟨ein Lob, e-e Belohnung, Glück; ein Tadel, e-e Strafe, Vorwürfe⟩ || *hierzu* **un·ver·dien·ter·ma·ßen** *Adv*; **un·ver·dien·ter·wei·se** *Adv*

un·ver·dor·ben *Adj*; **1** ⟨Speisen⟩ noch frisch, sodass man sie essen kann **2** ≈ unschuldig (3,6) ⟨Kinder⟩ || *zu* **2 Un·ver·dor·ben·heit** *die*; *nur Sg*

un·ver·dros·sen, **un·ver·dros·sen** *Adj*; *mst adv*; ohne die Lust zu verlieren ⟨u. weiterarbeiten⟩

un·ver·ein·bar, **un·ver·ein·bar** *Adj*; **(*mit etw.*) *u.*** nicht miteinander zu vereinbaren ⟨Gegensätze⟩: *Seine Anschauungen sind mit meinen u.* || *hierzu* **Un·ver·ein·bar·keit**, **Un·ver·ein·bar·keit** *die*

un·ver·fälscht, **un·ver·fälscht** *Adj*; so, wie es früher (ursprünglich) war ≈ unverändert: *die unverfälschte Natur*

un·ver·fäng·lich, **un·ver·fäng·lich** *Adj* ≈ harmlos ⟨e-e Frage, e-e Antwort; e-e Situation⟩

un·ver·fro·ren, **un·ver·fro·ren** *Adj*; frech, unverschämt || *hierzu* **Un·ver·fro·ren·heit**, **Un·ver·fro·ren·heit** *die*

un·ver·gäng·lich, **un·ver·gäng·lich** *Adj*; *nicht adv*; so, dass es immer seinen Wert behält ≈ unsterblich (2): *die unvergänglichen Werke der Weltliteratur* || *hierzu* **Un·ver·gäng·lich·keit**, **Un·ver·gäng·lich·keit** *die*; *nur Sg*

un·ver·ges·sen *Adj*; *nicht adv*; **(*j-m*) *u.*** (nach langer Zeit) noch in j-s Erinnerung: *die unvergessene Greta Garbo*

un·ver·gess·lich, **un·ver·gess·lich** *Adj*; **(*j-m*) *u.*** ⟨ein Abend, ein Augenblick, ein Erlebnis⟩ so (schön, gut *o.Ä.*), dass man sie nicht vergisst

un·ver·gleich·lich, **un·ver·gleich·lich** *Adj*; so (ungewöhnlich), dass man es mit nichts vergleichen kann: *ihr unvergleichlicher Humor*; *Es war u. schön*

un·ver·hält·nis·mä·ßig, **un·ver·hält·nis·mä·ßig** *Adv*; über das normale Maß stark hinausgehend: *Das Kind ist für sein Alter u. groß*

un·ver·hei·ra·tet *Adj*; nicht verheiratet ≈ ledig

un·ver·hofft, **un·ver·hofft** *Adj*; nicht erwartet ≈ überraschend ⟨ein Besuch, ein Wiedersehen⟩ || ID ***U. kommt oft*** man erlebt immer wieder Überraschungen

un·ver·hoh·len, **un·ver·hoh·len** *Adj*; ganz deutlich ≈ direkt[1] (7), offen (9) ⟨Schadenfreude; j-n mit unverhohlener Neugier mustern, anstarren⟩: *j-m u. sagen, was man denkt*

un·ver·hüllt *Adj*; **1** ohne Kleidung ≈ nackt, unbekleidet **2** ≈ unverhohlen

un·ver·käuf·lich, **un·ver·käuf·lich** *Adj*; *nicht adv*; nicht für den Verkauf bestimmt: *Dieses Bild ist u.*

un·ver·kenn·bar, **un·ver·kenn·bar** *Adj*; so deutlich (zu erkennen), dass es keine Zweifel gibt ≈ eindeutig: *Das ist u. ein Picasso*

un·ver·letz·lich, **un·ver·letz·lich** *Adj*; *nicht adv*; so (wichtig), dass man nichts davon nehmen od. daran ändern darf ≈ unantastbar ⟨Gesetze, Rechte⟩: *die unverletzliche Würde des Menschen* || *hierzu* **Un·ver·letz·lich·keit**, **Un·ver·letz·lich·keit** *die*; *nur Sg*

un·ver·letzt *Adj*; ohne e-e Wunde, ohne Verletzung: *Der Verunglückte konnte u. geborgen werden*

un·ver·meid·bar, **un·ver·meid·bar** *Adj*; *nicht adv* ≈ unvermeidlich

un·ver·meid·lich, **un·ver·meid·lich** *Adj*; *nicht adv*; nicht zu vermeiden (*z.B.* weil es die Folge von etw. ist) ↔ vermeidbar ⟨ein Fehler, ein Unglück⟩ || ID ***sich ins Unvermeidliche fügen*** sein Schicksal akzeptieren, weil man es sowieso nicht ändern kann

un·ver·min·dert *Adj*; mit gleich bleibender Intensität: *Der Sturm tobt noch mit unverminderter Stärke*

un·ver·mit·telt *Adj*; ganz plötzlich ≈ abrupt, überraschend: *U. fing er an zu schreien*

Un·ver·mö·gen *das*; *nur Sg*, *geschr*; der Mangel an Können ≈ Unfähigkeit

un·ver·mu·tet *Adj* ≈ unerwartet, unverhofft

Un·ver·nunft *die*; der Mangel an Verantwortungsgefühl od. Vernunft, e-e Handlungsweise ohne Vernunft ⟨etw. ist (die) reine, reinste U.⟩ ≈ Leichtsinn || *hierzu* **un·ver·nünf·tig** *Adj*

un·ver·öf·fent·licht *Adj*; (noch) nicht veröffentlicht ⟨ein Manuskript⟩

U

> **un·ver·rich·te·ter Din·ge** *Adv*; ohne Erfolg od. ohne Ergebnis ⟨u. D. umkehren, heimkehren (müssen)⟩

un·ver·rück·bar, **un·ver·rück·bar** *Adj*; so (fest od. sicher), dass es durch nichts mehr geändert werden kann ≈ felsenfest ⟨ein Entschluss, e-e Entscheidung; etw. steht (für j-n) u. fest⟩

un·ver·schämt *Adj*; **1** so frech, dass andere Menschen provoziert od. beleidigt werden ≈ unverfroren ⟨e-e Person; u. grinsen⟩: *Werd bloß nicht u.!* **2** *nicht adv*, *gespr*; sehr groß, sehr intensiv: *unverschämtes Glück haben* **3** *nur adv*, *gespr*; verwendet, um Adjektive, Adverbien od. Verben zu verstärken

≈ sehr: *Das Kleid war u. teuer*; *Sie sieht u. gut aus* || *zu* **1 Un·ver·schämt·heit** *die*

un·ver·schlos·sen, un·ver·schlos·sen *Adj*; nicht verschlossen ≈ offen ⟨ein Safe, e-e Tür⟩

un·ver·schul·det, un·ver·schul·det *Adj*; so, dass die betroffene Person nicht selbst daran schuld od. dafür verantwortlich ist ⟨Armut; u. in Not geraten⟩

un·ver·se·hens, un·ver·se·hens *Adv*; ganz plötzlich, ohne dass j-d vorher etw. bemerkt hatte ≈ unvermutet

un·ver·sehrt *Adj*; **1** ohne e-e Wunde, ohne Verletzung ≈ unverletzt, unverwundet ⟨u. geborgen werden⟩ **2** ohne Schaden ≈ unbeschädigt: *Das Dach blieb bei dem Sturm u.* **3** nicht geöffnet ⟨ein Siegel, e-e Packung⟩ || *hierzu* **Un·ver·sehrt·heit** *die*

un·ver·söhn·lich, un·ver·söhn·lich *Adj*; **1** nicht bereit, sich zu versöhnen, nachzugeben ⟨Feinde, Gegner; u. bleiben⟩ **2** ⟨Gegensätze⟩ so groß, dass sie nicht überbrückt werden können ≈ unüberwindlich || *hierzu* **Un·ver·söhn·lich·keit, Un·ver·söhn·lich·keit** *die*; *nur Sg*

un·ver·stan·den *Adj*; *mst in* ***sich (von j-m) u. fühlen*** meinen, dass ein anderer die Probleme, die man hat, nicht versteht: *Er fühlte sich von seiner Frau u.*

un·ver·ständ·lich *Adj*; **1** nicht deutlich zu hören od. zu verstehen: *unverständliche Worte vor sich hin murmeln* **2** so, dass man es nicht begreifen, sich es nicht erklären kann ≈ unbegreiflich: *Es ist mir u., wie er e-n so wichtigen Termin vergessen konnte* || *hierzu* **Un·ver·ständ·lich·keit** *die*

Un·ver·ständ·nis *das*; *nur Sg*; das Fehlen von Verständnis für j-n, für j-s Probleme ⟨(bei j-m) (mit etw.) auf U. stoßen⟩

un·ver·sucht, un·ver·sucht *Adj*; *nur in* ***nichts u. lassen (,um…)*** alles tun, was möglich ist, um ein bestimmtes Ziel zu erreichen: *Sie ließ nichts u., um ihn zu erreichen*

un·ver·träg·lich, un·ver·träg·lich *Adj*; *nicht adv*; **1** (in Bezug auf Speisen) so, dass man sie nicht essen kann, ohne dass sie einem schaden ≈ unbekömmlich, unverdaulich **2** nicht fähig, mit anderen Menschen in Harmonie zu leben ≈ streitsüchtig ↔ friedliebend ⟨ein Mensch⟩ || *zu* **1 Un·ver·träg·lich·keit, Un·ver·träg·lich·keit** *die*; *nur Sg*

un·ver·wandt *Adv*; lange Zeit, ohne Unterbrechung ⟨*mst* j-n / etw. u. ansehen, anstarren⟩

un·ver·wech·sel·bar, un·ver·wech·sel·bar *Adj*; so typisch, dass man es mit nichts verwechseln kann ≈ charakteristisch, typisch: *Ihr Gang / Ihr Parfum / Ihre Stimme ist u.*; *Das ist u. barocker Stil*

un·ver·wund·bar, un·ver·wund·bar *Adj*; *nicht adv*; (in Bezug auf Menschen) so, dass sie nicht verletzt werden können || *hierzu* **Un·ver·wund·bar·keit, Un·ver·wund·bar·keit** *die*; *nur Sg*

un·ver·wüst·lich, un·ver·wüst·lich *Adj*; *nicht adv*; **1** ⟨ein Material, ein Stoff⟩ so, dass sie nicht od. nur sehr schwer beschädigt od. zerstört werden können **2** ⟨*mst* e-e Gesundheit, ein Humor⟩ so, dass sie durch nichts gestört od. kaputtgemacht werden: *Er ist einfach u.* || *hierzu* **Un·ver·wüst·lich·keit, Un·ver·wüst·lich·keit** *die*; *nur Sg*

un·ver·zagt *Adj*; *mst adv*, *veraltend*; ohne Angst ≈ mutig || *hierzu* **Un·ver·zagt·heit** *die*; *nur Sg*

un·ver·zeih·lich, un·ver·zeih·lich *Adj*; *nicht adv*; ⟨ein Fehler, ein Irrtum; Leichtsinn, Leichtfertigkeit, Fahrlässigkeit⟩ so (groß), dass sie durch nichts entschuldigt werden können

un·ver·zicht·bar, un·ver·zicht·bar *Adj*; *nicht adv*; so, dass man nicht darauf verzichten kann

un·ver·züg·lich, un·ver·züg·lich *Adj*; *mst adv*, *geschr* ≈ sofort (2)

un·voll·en·det, un·voll·en·det *Adj*; nicht ganz fertig ↔ abgeschlossen ⟨etw. bleibt u.⟩

un·voll·kom·men, un·voll·kom·men *Adj*; **1** nicht so gut, wie es sein sollte od. könnte ⟨etw. nur u. beherrschen⟩ **2** *nur attr od adv*, *gespr*; nicht komplett ≈ unvollständig ⟨e-e Darstellung⟩ || *hierzu* **Un·voll·kom·men·heit, Un·voll·kom·men·heit** *die*; *nur Sg*

un·voll·stän·dig, un·voll·stän·dig *Adj*; nicht mit allen Teilen, die dazugehören ↔ komplett: *ein unvollständiges Teeservice*; *Die Liste ist noch u.* || *hierzu* **Un·voll·stän·dig·keit, Un·voll·stän·dig·keit** *die*; *nur Sg*

un·vor·be·rei·tet *Adj*; nicht vorbereitet ⟨e-e Rede, ein Vortrag; etw. trifft j-n u.; u. in e-e Prüfung gehen⟩

un·vor·ein·ge·nom·men *Adj*; objektiv, ohne Vorurteile ⟨etw. u. beurteilen⟩ || *hierzu* **Un·vor·ein·ge·nom·men·heit** *die*; *nur Sg*

un·vor·her·ge·se·hen *Adj*; nicht erwartet, nicht vorausgesehen ⟨Schwierigkeiten, Probleme, ein Zwischenfall⟩

un·vor·sich·tig *Adj*; ohne die nötige Vorsicht, ohne Bedenken der Folgen ≈ unbedacht ↔ besonnen ⟨e-e Bemerkung⟩ || *hierzu* **Un·vor·sich·tig·keit** *die*; **un·vor·sich·ti·ger·wei·se** *Adv*

un·vor·stell·bar, un·vor·stell·bar *Adj*; **1** ***(j-m) u.*** so, dass man es sich (trotz aller Fantasie) nicht richtig vorstellen kann ≈ unglaublich, (j-m) unbegreiflich: *Es ist (mir) u., wie das passieren konnte* **2** *nicht adv*; sehr groß, sehr intensiv: *Sie musste unvorstellbare Schmerzen ertragen* **3** *nur adv*; verwendet, um Adjektive od. Adverbien zu verstärken ≈ sehr: *ein u. schönes Erlebnis*; *Er ist u. schnell gelaufen*

un·vor·teil·haft *Adj*; nicht günstig in Bezug auf j-s Aussehen ⟨e-e Frisur, ein Kleid, ein Mantel *usw*; sich u. kleiden⟩

un·wäg·bar, un·wäg·bar *Adj*; ⟨*mst* Risiken⟩ so, dass sie nicht berechnet od. abgeschätzt werden können || *hierzu* **Un·wäg·bar·keit, Un·wäg·bar·keit** *die*

un·wahr *Adj*; *nicht adv*; nicht wahr ≈ falsch (2), gelogen ⟨e-e Behauptung, e-e Geschichte⟩: *Was du sagst, ist u.*

Un·wahr·heit *die*; **1** ≈ Lüge ⟨j-m Unwahrheiten erzählen; die U. sagen⟩ **2** *nur Sg*; das Unwahrsein: *die U. e-r Behauptung beweisen*

un·wahr·schein·lich *Adj*; **1** so, dass es mit ziemlicher Sicherheit nicht passieren, eintreten, zutreffen *o.Ä.* wird ≈ fraglich ⟨etw. für u. halten⟩: *Es ist u., dass er heute noch anruft*; *Ihre Geschichte klingt sehr u.* **2** *nicht adv*, *gespr*; sehr groß, sehr intensiv: *Bei dem Unfall hat er unwahrscheinliches Glück gehabt* **3** *nur adv*, *gespr*; verwendet, um Adjektive, Adverbien od. Verben zu verstärken ≈ sehr: *ein u. hübsches Mädchen*; *Ich hab mich u. gefreut, dass du mich besucht hast* || *zu* **1** und **2 Un·wahr·schein·lich·keit** *die*

un·weg·sam *Adj*; *nicht adv*; ⟨*mst* ein Gelände⟩ so, dass man dort nicht od. nur schwer gehen od. fahren kann

un·weib·lich *Adj*; *pej*; ohne die Eigenschaften, die (nach allgemeiner Ansicht) e-e Frau haben sollte

un·wei·ger·lich, un·wei·ger·lich *Adj*; *nur attr od adv*; so, dass es sich als logische Konsequenz von etw. notwendigerweise ergibt ≈ unvermeidlich

un·weit *Präp*; *mit Gen*; nicht weit weg von: *Das Dorf liegt u. e-r großen Stadt* || NB: auch adverbiell verwendet mit *von*: *u. von unserem Hotel*

Un·we·sen *das*; *nur Sg*, *mst in* ***j-d / etw. treibt irgendwo sein U.*** j-d / etw. tut etw. Böses (und stört die Ordnung): *In dieser Gegend treibt e-e Gaunerbande ihr U.*

ụn·we·sent·lich *Adj*; **1** ≈ unwichtig ⟨e-e Änderung, ein Unterschied; etw. ist von unwesentlicher Bedeutung⟩ **2** ***(nur) u.*** + *Komparativ* (nur) wenig, (nur) ein bisschen: *Er ist nur u. größer als sie*

Ụn·wet·ter *das*; *-s*, *-*; ganz schlechtes Wetter mit Sturm, starkem Regen, Hagel *usw*, das Schäden verursacht ⟨ein schweres, verheerendes U.; ein U. bricht los, richtet große Schäden an⟩

ụn·wich·tig *Adj*; nicht wichtig ⟨ein Detail, e-e Kleinigkeit⟩: *Es ist vorerst u., ob du e-e gute Note bekommst - Hauptsache, du bestehst die Prüfung* || *hierzu* **Ụn·wich·tig·keit** *die*

un·wi·der·leg·bar, **ụn·wi·der·leg·bar** *Adj*; ⟨ein Beweis, Fakten⟩ so eindeutig, dass man das Gegenteil nicht beweisen kann

un·wi·der·ruf·lich, **ụn·wi·der·ruf·lich** *Adj* ≈ endgültig, definitiv ↔ vorläufig ⟨e-e Entscheidung, ein Entschluss; etw. steht u. fest⟩

un·wi·der·sprọ·chen, **ụn·wi·der·spro·chen** *Adj*; *mst in* ⟨j-s Behauptung, Argumentation, Theorie⟩ ***bleibt u.*** *geschr*; niemand stellt j-s Behauptung, Argumentation od. Theorie in Frage

un·wi·der·steh·lich, **ụn·wi·der·steh·lich** *Adj*; **1** so stark, dass sich j-d nicht dagegen wehren kann ⟨ein Verlangen, e-e Begierde (nach etw.), Lust (auf etw.)⟩ **2** so (charmant od. attraktiv), dass niemand widerstehen kann ⟨ein Lächeln; sich für u. halten⟩: *Sein Charme ist u.* || *hierzu* **Un·wi·der·steh·lich·keit**, **Ụn·wi·der·steh·lich·keit** *die*; *nur Sg*

un·wie·der·brịng·lich, **ụn·wie·der·bring·lich** *Adj*; *geschr*; ⟨ein Augenblick, e-e Zeit⟩ so, dass sie nicht wiederholt werden können; vergangen od. verloren: *etw. ist u. dahin, vorbei*; *unwiederbringliche Stunden des Glücks* || *hierzu* **Un·wie·der·brịng·lich·keit**, **Ụn·wie·der·bring·lich·keit** *die*; *nur Sg*

Ụn·wil·le *der*; *geschr* ≈ Ärger (1), Missfallen ⟨j-s Unwillen erregen, hervorrufen, seinen Unwillen (über j-n / etw.) äußern⟩

Ụn·wil·len *der* ≈ Unwille

ụn·wil·lig *Adj*; **1** *nur attr od adv*; ***u. (über etw.*** *(Akk)*) von Ärger, Unwillen bestimmt ≈ verärgert: *j-n u. ansehen* **2** *mst adv*; nicht gern (bereit zu etw.) ≈ widerwillig, widerstrebend ↔ bereitwillig: *e-n Befehl nur u. ausführen*

ụn·will·kom·men *Adj*; *nicht adv*; ***(j-m) u.*** nicht gern gesehen bei j-m ⟨ein Besucher, ein Gast; irgendwo u. sein⟩

ụn·will·kür·lich, **un·will·kür·lich** *Adj*; nicht gewollt, nicht bewusst ⟨e-e Reaktion; u. zusammenzucken; u. lächeln, lachen müssen⟩

ụn·wirk·lich *Adj*; *geschr*; so, als ob es gar nicht wirklich existieren würde ≈ fantastisch ⟨e-e Situation, e-e Szene; etw. kommt j-m u. vor⟩ || *hierzu* **Ụn·wirk·lich·keit** *die*; *nur Sg*

ụn·wirk·sam *Adj*; ohne Wirkung ≈ wirkungslos ⟨e-e Methode, ein Mittel; etw. erweist sich als u.⟩ || *hierzu* **Ụn·wirk·sam·keit** *die*; *nur Sg*

ụn·wirsch *Adj*; unfreundlich (*mst* weil man schlecht gelaunt od. nervös ist) ⟨e-e Antwort; j-m u. antworten; u. sein, reagieren⟩

ụn·wirt·lich *Adj*; *geschr*; **1** ≈ rau (2) ↔ mild ⟨ein Klima⟩ **2** nicht so (gemütlich), dass man dort gern ist ⟨ein Zimmer; e-e Gegend⟩ || *hierzu* **Ụn·wirt·lich·keit** *die*

ụn·wirt·schaft·lich *Adj*; ohne od. mit nur wenig Gewinn ↔ rentabel ⟨e-e Betriebsführung⟩ || *hierzu* **Ụn·wirt·schaft·lich·keit** *die*; *nur Sg*

ụn·wis·send *Adj*; **1** ohne das nötige Wissen, die nötige Erfahrung (auf e-m bestimmten Gebiet) ⟨ein Kind; dumm und u. sein⟩ **2** über e-e Tatsache, ein Ereignis *o.Ä.* nicht informiert ⟨sich u. geben, stellen⟩

Ụn·wis·sen·heit *die*; *-*; *nur Sg*; **1** der Mangel an Informationen über etw. ≈ Unkenntnis ⟨etw. aus U. falsch machen⟩ **2** der Mangel an Kenntnissen auf e-m bestimmten Gebiet

ụn·wis·sen·schaft·lich *Adj*; ⟨e-e Behauptung, e-e Methode, e-e Untersuchung⟩ so, dass sie nicht den Prinzipien od. den Anforderungen der Wissenschaft entsprechen || *hierzu* **Ụn·wis·sen·schaft·lich·keit** *die*; *nur Sg*

ụn·wis·sent·lich *Adj*; *nur attr od adv*, *geschr*; ohne Absicht, ohne es zu wissen ≈ unabsichtlich, ungewollt

ụn·wohl *Adv*; **1** nicht ganz gesund ⟨sich u. fühlen⟩ **2** ***j-m ist u.*** j-d hat das Gefühl, sich erbrechen zu müssen ≈ j-m ist schlecht (17), übel (5) **3** ***sich irgendwo / bei j-m / etw. u. fühlen*** in j-s Gegenwart nicht entspannt sein, e-e Situation als unangenehm empfinden ⟨sich bei dem Gedanken u. fühlen, dass…⟩: *Er fühlte sich in ihrer Gesellschaft u.*

Ụn·wohl·sein *das*; *nur Sg*, *geschr*, *sonst veraltend*; e-e leichte Störung der Gesundheit ⟨j-n überfällt, überkommt ein U.⟩

ụn·wür·dig *Adj*; **1** ohne die angemessene Würde, nicht menschenwürdig ≈ verächtlich ⟨j-n u. behandeln⟩ **2** *geschr*; ***(j-s / etw.) u.*** so, dass die betroffene Person etw. (aufgrund ihrer schlechten Eigenschaften, Leistungen *o.Ä.*) nicht verdient ⟨sich j-s Liebe, Vertrauen, Wohlwollen u. erweisen; e-r Auszeichnung, e-s Preises u. sein⟩ **3** ***etw. ist j-s u.*** *geschr*; etw. ist e-e Schande für j-n ⟨ein Verhalten⟩ || *zu* **1 Ụn·wür·dig·keit** *die*; *nur Sg*

Ụn·zahl *die*; *nur Sg*; ***e-e U.*** + *Gen* / ***von etw.*** *(Pl)* e-e sehr große Zahl od. Menge von Menschen od. Dingen ≈ Unmenge: *Er besitzt e-e U. von Büchern / alter Bücher*; *E-e U. von Menschen hatte sich auf dem Platz versammelt*

un·zäh·lig, **ụn·zäh·lig** *Adj*; *nur attr od adv*; so viele, dass man sie nicht od. kaum zählen kann ≈ zahllos: *etw. unzählige Male versuchen*

Ụn·ze *die*; *-*, *-n*; ein (altes) Maß, nach dem man etw. wiegt (ca. 28 Gramm): *e-e U. Gold*

Ụn·zeit *(die)*; *nur in* ***zur U.*** *geschr*; zu e-m falschen od. ungünstigen Zeitpunkt ⟨zur U. kommen⟩

ụn·zeit·ge·mäß *Adj*; ⟨Ansichten, e-e Haltung⟩ so, dass sie nicht zur heutigen (modernen) Zeit passen ≈ überholt, veraltet ↔ modern

un·zer·brẹch·lich, **ụn·zer·brech·lich** *Adj*; *nicht adv*; so, dass es nicht od. nicht leicht bricht ⟨ein Material⟩

ụn·zer·kaut *Adj*; *mst adv*; ohne zu kauen: *e-e Tablette u. herunterschlucken*

un·zer·trẹnn·lich, **ụn·zer·trenn·lich** *Adj*; ⟨Freunde, ein Paar⟩ so, dass sie alles gemeinsam machen: *Die beiden sind u.*

ụn·ziem·lich *Adj*; *geschr* ≈ unanständig, ungehörig ↔ geziemend || *hierzu* **Ụn·ziem·lich·keit** *die*; *nur Sg*

Ụn·zucht *die*; *nur Sg*, *Jur*; sexuelle Handlungen, die gegen die sexuelle Moral verstoßen ⟨U. treiben⟩: *U. mit Minderjährigen*

ụn·züch·tig *Adj*; *veraltend*; ⟨Gedichte, Lieder; Blicke, Handlungen⟩ so, dass sie gegen die sexuelle Moral verstoßen ≈ unanständig, unsittlich || *hierzu* **Ụn·züch·tig·keit** *die*; *nur Sg*

ụn·zu·frie·den *Adj*; ***u. (mit j-m / sich / etw.)*** (von j-m / sich selbst / etw.) enttäuscht, nicht glücklich über e-n bestimmten Zustand *o.Ä.* ⟨u. sein, aussehen; ein unzufriedenes Gesicht machen⟩ || *hierzu* **Ụn·zu·frie·den·heit** *die*; *nur Sg*

ụn·zu·gäng·lich *Adj*; **1** so, dass man nur schwer dorthin kommen kann ≈ unwegsam ⟨ein Gelände, ein Gebirge⟩ **2** anderen Menschen gegenüber sehr reserviert, nicht kontaktfreudig ≈ verschlossen, zurückhaltend ⟨ein Mensch, ein Typ⟩ **3** ***etw.*** (*Dat*) ***gegenüber u.*** *geschr*; nicht gern bereit, etw. zu tun od. zu akzeptieren ⟨j-s Bitten, Forderungen, Mahnungen, Warnungen gegenüber u. sein⟩ || *zu* **1** und **2** **Un·zu·gäng·lich·keit** *die*; *nur Sg*

un·zu·läng·lich *Adj*; *geschr*; nicht so gut, wie es sein sollte ≈ mangelhaft, unzureichend: *nur unzulängliche Kenntnisse in Geographie besitzen* || *hierzu* **Un·zu·läng·lich·keit** *die*

un·zu·läs·sig *Adj*; *geschr*; nicht erlaubt ≈ verboten || *hierzu* **Un·zu·läs·sig·keit** *die*; *nur Sg*

un·zu·mut·bar *Adj*; *geschr*; ⟨Bedingungen, Forderungen; ein Lärm, ein Preis; etw. als u. empfinden⟩ so extrem, so schlimm *o.Ä.*, dass man von niemandem erwarten darf, dass er sie akzeptiert od. toleriert ≈ inakzeptabel || *hierzu* **Un·zu·mut·bar·keit** *die*

un·zu·rech·nungs·fä·hig *Adj*; *nicht adv*, *Jur*; nicht verantwortlich für sein Tun (weil geistig verwirrt *o.Ä.*) || *hierzu* **Un·zu·rech·nungs·fä·hig·keit** *die*; *nur Sg*

un·zu·rei·chend *Adj*; *geschr*; nicht so gut, wie es sein sollte ≈ mangelhaft, unzulänglich: *Die Bevölkerung wurde nur u. mit Lebensmitteln versorgt*

un·zu·sam·men·hän·gend *Adj*; ohne logischen Zusammenhang, ohne Sinn ⟨Worte, Sätze⟩

un·zu·tref·fend *Adj*; *geschr*; nicht richtig ≈ falsch (1): *unzutreffende Behauptungen aufstellen*

un·zu·ver·läs·sig *Adj*; ⟨ein Mensch⟩ so, dass man sich nicht auf ihn verlassen kann: *Von Karl darfst du nichts erwarten, er ist ziemlich u.* || *hierzu* **Un·zu·ver·läs·sig·keit** *die*

un·zweck·mä·ßig *Adj*; nicht so (beschaffen), dass es seinen Zweck erfüllt ≈ ungeeignet || *hierzu* **Un·zweck·mä·ßig·keit** *die*; *nur Sg*

un·zwei·deu·tig *Adj*; so, dass man die Bedeutung, den Sinn davon nicht falsch verstehen kann ≈ eindeutig, unmissverständlich, klar ⟨e-e Absage⟩

un·zwei·fel·haft, **un·zwei·fel·haft** *Adj* ≈ gewiss, sicher, zweifellos ⟨ein Erfolg, ein Sieg⟩: *Sie ist u. sehr begabt*

Up·date [ˈapdeɪt] *das*; *-s*, *-s*; *EDV*; e-e neue, verbesserte Version e-s Computerprogramms

üp·pig *Adj*; **1** in großer Menge od. Fülle (vorhanden) ↔ kümmerlich ⟨e-e Vegetation, e-e Blütenpracht; etw. blüht ü.⟩ **2** aus vielen Speisen (bestehend) ⟨*mst* ein Mahl⟩ **3** *euph*; (in Bezug auf den Körper od. Körperteile *bes* von Frauen) dick ⟨ein Busen; Formen⟩ || *hierzu* **Üp·pig·keit** *die*; *nur Sg*

ur- [uːɐ̯-] *im Adj*, *betont*, *nicht produktiv*; verwendet, um e-n hohen Grad auszudrücken ≈ sehr; ***uralt, urgemütlich, urgesund, urkomisch, urplötzlich***

Ur- [ˈuːɐ̯-] *im Subst*; *wenig produktiv*; weist auf den Anfang, den ersten, ursprünglichen Zustand von j-m / etw. hin; der ***Urbeginn*** ⟨der Entwicklung des Homo sapiens⟩, die ***Urbevölkerung*** ⟨Australiens⟩, der ***Urmensch***

U

Ur·ab·stim·mung *die*; e-e Art Wahl, bei der die Mitglieder e-r Gewerkschaft bestimmen, ob es e-n Streik geben soll od. nicht

Ur·ahn *der*; j-s ältester od. sehr früher Vorfahr || *hierzu* **Ur·ah·ne** *die*; -, *-n*

ur·alt *Adj*; *ohne Steigerung*; *nicht adv*; sehr alt

U·ran *das*; *-s*; *nur Sg*; ein radioaktives Metall, das in Atomkraftwerken, für Atombomben *o.Ä.* verwendet wird; *Chem* U || K-: ***Uran-, -aufbereitung, -bergwerk, -brennstab, -erz, -vorkommen***

Ur·angst *die*; e-e Angst, die der Mensch von Geburt an hat: *die U. des Menschen vor der Dunkelheit*

ur·auf·füh·ren; -, *hat uraufgeführt*; [Vt] *mst* ***etw. wird uraufgeführt*** ein Theaterstück, ein Film *o.Ä.* wird zum ersten Mal aufgeführt || NB: nur im Infinitiv od. im Partizip Perfekt verwendet || *hierzu* **Ur·auf·füh·rung** *die*

ur·ban *Adj*; *geschr* ≈ städtisch (2)

ur·bar *Adj*; *nur in* ***etw. u. machen*** e-e Fläche mit Bäumen, Pflanzen *usw* so bearbeiten, dass man dort Getreide od. Gemüse anbauen kann ⟨Land, den Boden u. machen⟩ || *hierzu* **Ur·bar·ma·chung** *die*

Ur·be·völ·ke·rung *die*; die erste, ursprüngliche Bevölkerung e-s bestimmten Gebietes od. Landes

Ur·bild *das*; **1** e-e wirklich existierende Person od. Sache, nach deren Vorbild *z.B.* ein Bild, e-e Skulptur od. die Figur e-s Romans gestaltet ist **2** *geschr*; e-e Person od. Sache, die alle typischen Merkmale ihrer Art hat ≈ Inbegriff

ur·ei·ge·n- *Adj*; *nur attr*, *nicht adv*; j-n ganz allein betreffend ≈ persönlich, privat: *Ob ich heirate od. nicht, ist meine ureigenste Angelegenheit!* || NB: oft im Superlativ zur besonderen Betonung verwendet

Ur·ein·woh·ner *der*; ein Mitglied der Urbevölkerung

Ur·en·kel *der*; der Sohn von j-s Enkel od. Enkelin || *hierzu* **Ur·en·ke·lin** *die*

Ur·fas·sung *die*; die erste, ursprüngliche Fassung *z.B.* e-s Romans, e-s Dramas od. e-r Oper

Ur·ge·schich·te *die*; *nur Sg*; die erste Phase in der Geschichte der Menschheit || *hierzu* **ur·ge·schicht·lich** *Adj*

Ur·ge·walt *die*; *geschr*; die sehr große (elementare) Kraft *bes* des Meeres od. des Windes ⟨die entfesselten Urgewalten⟩

Ur|groß·el·tern *die*; *Pl*; die Eltern des Großvaters od. der Großmutter

Ur|groß·mut·ter *die*; die Mutter des Großvaters od. der Großmutter

Ur|groß·va·ter *der*; der Vater des Großvaters od. der Großmutter

Ur·he·ber *der*; *-s*, -; **1** ***der U.*** (+ *Gen* / ***von etw.***) j-d, der bewirkt, dass etw. geschieht ≈ Initiator: *Er war der U. der Revolte* **2** *bes* ein Künstler (*z.B.* ein Dichter od. Komponist), der ein Werk geschaffen hat || *hierzu* **Ur·he·be·rin** *die*; -, *-nen*

Ur·he·ber·recht *das*; *nur Sg*, *Jur*; alle Rechte, die e-m Künstler sichern, dass er allein über sein Werk bestimmen darf || *hierzu* **ur·he·ber·recht·lich** *Adj*

Ur·he·ber·schaft *die*; -; *nur Sg*, *geschr*; das Urhebersein (2): *die Frage nach der U.* (= Autorenschaft) *des anonymen Romans*

u·rig *Adj*; *mst attr*; **1** in seinem Wesen od. Verhalten (auf sympathische Weise) ein bisschen seltsam ⟨ein Kauz, ein Typ⟩ **2** ≈ urtümlich, urwüchsig

U·rin *der*; *-s*; *nur Sg* ≈ Harn || K-: ***Urin-, -probe, -untersuchung*** || *hierzu* **u·ri·nie·ren** (*hat*) *Vi*

Urkunde

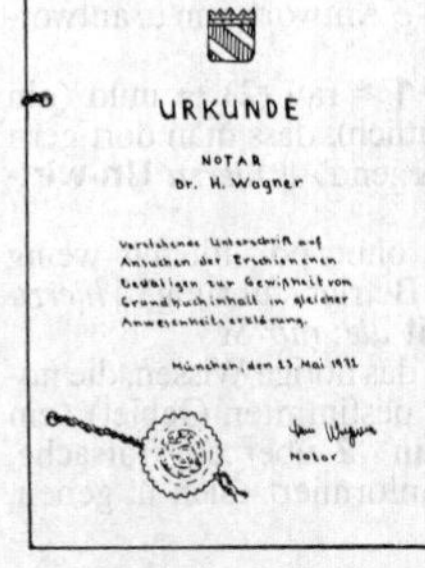

Ur·ins·tinkt *der*; ein wichtiger Instinkt, den ein Mensch od. Tier von Geburt an hat

ur·ko·misch *Adj*; *gespr*; sehr komisch

Ur·kraft *die*; die sehr große (elementare) Kraft *bes* des Wassers, des Windes, der Sonne, des Feuers

Ur·kun·de *die*; -, *-n*; ein (amtliches) Dokument, durch das etw. offiziell bestätigt wird ⟨e-e notariell beglaubigte U.; e-e U. (über etw. (*Akk*)) ausstellen, ausfertigen; e-e U. fälschen⟩ || K-: ***Urkunden-, -fälschung, -fälscher*** || -K: ***Besitz-, Ernennungs-, Geburts-, Heirats-***

ur·kund·lich *Adj*; *nur attr od adv*; in e-r Urkunde ⟨e-e Erwähnung; etw. ist u. belegt, bezeugt⟩: *Berlin wird 1244 erstmals u. erwähnt*

Ur·laub *der*; *-(e)s, -e*; **1** die Zeit, in der man in seinem Beruf nicht arbeiten muss (damit man sich erholen kann) ⟨(un)bezahlter, ein mehrwöchiger U.; U. beantragen, bekommen; (sich (*Dat*)) U. nehmen; in U. gehen; seinen U. antreten; U. haben, machen; in / im U. sein⟩: *im U. ans Meer, in die Berge fahren*; *Sie ist gestern gut erholt aus dem U. zurückgekommen* || K-: ***Urlaubs-, -anspruch, -antrag, -dauer, -gesuch, -plan, -reise, -saison, -tag***; ***Erziehungs-*** **2** ein (Erholungs)Aufenthalt weg von der Arbeit und weg von zu Hause ≈ Ferien ⟨in U. fahren; irgendwo U. machen, auf / in U. sein⟩: *ein kurzer U. am Meer* || K-: ***Urlaubs-, -adresse, -anschrift, -land, -ort, -ziel*** || -K: ***Abenteuer-, Bildungs-, Erholungs-, Kurz-*** **3** ***U. von j-m / etw. machen*** e-e Zeit nicht mit j-m / etw. verbringen, um sich zu erholen

Ur·lau·ber *der*; *-s, -*; j-d, der gerade seinen Urlaub irgendwo verbringt ≈ Tourist: *Viele Urlauber gehen nach Spanien*

Ur·laubs·geld *das*; e-e bestimmte (Geld)Summe, die der Arbeitgeber dem Arbeitnehmer für den Urlaub zusätzlich zum Lohn / Gehalt zahlt

ur·laubs·reif *Adj*; *mst präd, gespr*; in e-m Zustand, in dem man Urlaub braucht, um sich zu erholen

Ur·laubs·zeit *die*; **1** die Zeit, in der j-d Urlaub hat od. macht **2** die Zeit, in der sehr viele Leute Urlaub machen ≈ Hauptreisezeit, Saison

Ur·mensch *der*; e-e frühe Form des Menschen, aus der sich die Menschheit entwickelt hat

Ur·ne *die*; *-, -n*; **1** e-e Art Vase od. Krug (mit Deckel), in der die Asche e-s Toten aufbewahrt (und beigesetzt) wird || K-: ***Urnen-, -beisetzung, -friedhof, -grab*** **2** *Kurzw* ↑ ***Wahlurne***: *der Gang zu den Urnen* || K-: ***Urnen-, -gang***

U·ro·lo·ge *der*; *-n, -n*; ein Arzt mit e-r (Spezial)Ausbildung in Urologie || NB: *der Urologe*; *den, dem, des Urologen*

U·ro·lo·gie *die*; *-*; *nur Sg*; das Gebiet der Medizin, das sich mit den Erkrankungen der Niere, der Harnblase *usw* beschäftigt || *hierzu* **u·ro·lo·gisch** *Adj*

ur·plötz·lich *Adj*; *nur attr od adv*; ganz plötzlich

Ur·sa·che *die*; ***die U.*** (+ *Gen* / ***für etw.***) der Vorgang, der Sachverhalt *o.Ä.*, der bewirkt, dass etw. geschieht ≈ Grund ↔ Folge ⟨die unmittelbare U. (für etw.); innere, äußere Ursachen; aus ungeklärter U.; U. und Wirkung⟩: *die Ursachen für das Unglück / des Unglücks ermitteln* || -K: ***Todes-, Unfall-, Unglücks-*** || ID ***Keine U.!*** verwendet als floskelhafte Antwort, nachdem sich j-d bei einem bedankt hat ≈ Gern geschehen!, Nichts zu danken!

ur·säch·lich *Adj*; **1** *nur attr od adv*; die Ursache betreffend **2** die Ursache für etw. bildend ≈ kausal: *Zwischen diesen beiden Phänomenen besteht ein ursächlicher Zusammenhang*

Ur·schrift *die*; das Original e-s Textes (*mst* e-r Urkunde *o.Ä.*) ↔ Abschrift, Kopie

Ur·sprung *der*; *mst* der Zeitpunkt od. der Ort, an dem etw. (*bes* e-e Entwicklung) angefangen hat ≈ Anfang, Ausgangspunkt ↔ Ende, Endpunkt: *Die Ursprünge des Tangos liegen in Argentinien*; *Das Wort ist griechischen Ursprungs* (= kommt aus dem Griechischen) || K-: ***Ursprungs-, -gebiet, -land, -nachweis***

ur·sprüng·lich, **ur·sprüng·lich** *Adj*; **1** so, wie es zuerst, ganz am Anfang war ≈ anfänglich: *seinen ursprünglichen Plan ändern*; *Ihr ursprüngliches Misstrauen schwand*; *Er lehnte es u.* (= am Anfang) *ab, aber dann änderte er seine Meinung* **2** nicht (vom Menschen) verändert ≈ natürlich[1] (1), urwüchsig (1) ↔ kultiviert ⟨e-e Landschaft⟩ || *zu* **2** **Ur·sprüng·lich·keit** *die*; *nur Sg*

Ur·ständ (*die*); *nur in* ***etw. feiert fröhliche U.*** etw. Negatives, das schon lange vergangen ist, kommt wieder ≈ etw. lebt wieder auf: *Der Rechtsextremismus feiert fröhliche U.*

Ur·teil *das*; **1** ***ein U.*** (***über j-n / etw.***) die Entscheidung e-s Richters (am Ende e-s Prozesses) ⟨ein hartes, mildes, gerechtes U.; ein U. fällen, sprechen, vollstrecken, aufheben; ein U. anfechten; gegen ein U. Berufung einlegen; ein U. ist rechtskräftig⟩: *Das U. lautete auf zehn Jahre Haft* || K-: ***Urteils-, -begründung, -verkündung, -vollstreckung*** || -K: ***Gerichts-, Todes-*** **2** ***ein U.*** (***über j-n / etw.***) e-e Aussage, mit der man e-e Person od. Sache bewertet, nachdem man sie genau geprüft hat ≈ Bewertung ⟨ein fachmännisches U.; sich (*Dat*) ein U. bilden, anmaßen; ein U. (über j-n / etw.) abgeben; ein (vernichtendes, vorschnelles) U. fällen⟩ || *zu* **2** **ur·teils·los** *Adj*

ur·tei·len; *urteilte, hat geurteilt*; [Vi] (***irgendwie***) (***über j-n / etw.***) ***u.*** nach e-r genauen Prüfung seine Meinung über j-n / etw. sagen ≈ j-n / etw. beurteilen, etw. bewerten ⟨(un)gerecht, (un)parteiisch, sachlich, abfällig, hart, vorschnell u.⟩

ur·teils·fä·hig *Adj*; *nicht adv*; fähig, über j-n / etw. gerecht zu urteilen || *hierzu* **Ur·teils·fä·hig·keit** *die*; *nur Sg*

Ur·teils·fin·dung *die*; *-, -en*; *Jur*; die Bewertung der Fakten, um daraus ein Urteil (1) zu bilden

Ur·teils·spruch *der*; *Jur*; der Teil des Urteils (1) mit der schriftlichen Formulierung der Entscheidung

Ur·teils·ver·mö·gen *das*; *nur Sg*; die Fähigkeit, über j-n / etw. gerecht zu urteilen ≈ Urteilsfähigkeit ⟨ein eingeschränktes U.⟩

Ur·trieb *der*; ein sehr starkes Bedürfnis, das ein Mensch od. ein Tier von Geburt an haben (*z.B.* Hunger, Durst)

ur·tüm·lich *Adj*; noch nicht (von Menschen) verändert ≈ ursprünglich (2) ⟨e-e Landschaft⟩ || *hierzu* **Ur·tüm·lich·keit** *die*; *nur Sg*

Ur·wald *der*; ein dichter Wald (*bes* in den Tropen), den die Menschen nicht (landwirtschaftlich) nutzen ≈ Dschungel || K-: ***Urwald-, -gebiet***

ur·wüch·sig *Adj*; **1** noch nicht (vom Menschen) verändert ≈ ursprünglich (2) ⟨e-e Landschaft⟩ **2** nicht durch äußere Einflüsse verändert, sondern ganz durch die eigene Natur bestimmt ↔ gekünstelt ⟨ein Mensch, e-e Sprache, ein Humor⟩ || *hierzu* **Ur·wüch·sig·keit** *die*; *nur Sg*

Ur·zeit *die*; **1** die älteste Zeit in der Entwicklung der Erde od. Menschheit **2** ***seit Urzeiten*** seit sehr langer Zeit ≈ schon immer || *zu* **1** **ur·zeit·lich** *Adj*

Ur·zu·stand *der*; der ursprüngliche, nicht veränderte Zustand ⟨etw. in seinem U. belassen⟩

US- [uːˈ|ɛs-] *im Subst, wenig produktiv*; verwendet, um auszudrücken, dass j-d / etw. aus den Vereinigten Staaten (von Amerika) ist; der ***US-Amerikaner***, der ***US-Dollar***, die ***US-Streitkräfte***

USA [uː|ɛsˈ|aː] *die*; *Pl*; die Vereinigten Staaten von Amerika || NB: in Komposita *mst* ***US-***

U·ser [ˈjuːzɐ] *der*; *-s, -*; *EDV* ≈ Anwender, Benutzer

u·sur·pie·ren; *usurpierte, hat usupiert*; [Vt] ***etw. u.***

U

geschr; mit Gewalt die Macht in e-m Staat an sich reißen || *hierzu* **U·sur·pa·ti·o̲n** *die*; -, *-en*; **U·sur·pa̲·tor** *der*; *-s*, *Usur·pa·to̲·ren*

U̲·sus *der*; -; *nur Sg*; *mst in* ***etw. ist*** (***so***) ***U.*** *gespr*; etw. ist so üblich, Brauch

usw. *Abk für* und so weiter || NB: ↑ ***und*** (10)

U·ten·si̲l *das*; *-s*, *-ien* [-iən]; *mst Pl*; Dinge, die man für e-n bestimmten Zweck braucht || -K: ***Bade-, Mal-, Reise-, Schmink-, Schreib-***

U·te·rus *der*; -, *U·te·ri*; *Med* ≈ Gebärmutter

U̲·to·pie̲ *die*; -, *-n* [-'piːən]; **1** e-e Idee od. ein Plan, die so fantastisch sind, dass man sie nicht verwirklichen kann (weil die notwendigen Voraussetzungen od. Grundlagen dafür fehlen): *die U. e-s Weltfriedens* **2** ein Roman, in dem von e-r U. (1) erzählt wird || *hierzu* **U·to·pi̲st** *der*; *-en*, *-en*

u·to̲·pisch *Adj*; nur als Idee, aber nicht in der Wirklichkeit möglich ↔ realisierbar ⟨Erwartungen, Forderungen, Hoffnungen; etw. ist, erscheint u.⟩

UV- [uː'fa̲u-] *im Subst*, *wenig produktiv*; in Bezug auf ultraviolette Strahlen; der ***UV-Filter***, die ***UV-Lampe***, das ***UV-Licht***, die ***UV-Strahlen***, die ***UV-Strahlung***

Ü-Wa·gen *der*; ↑ ***Übertragungswagen***

U̲z *der*; *-es*, *-e*; *mst Sg*, *nordd* ≈ Neckerei || *hierzu* **u̲·zen** (*hat*) *Vt*

V, v

V, **v** [fau̯] *das*; -, - / *gespr -s*; der zweiundzwanzigste Buchstabe des Alphabets ⟨ein großes V; ein kleines v⟩ || *hierzu* **v-för·mig**, **V-för·mig** ['fau̯-] *Adj*

Va·banque, **va banque** [va'bãːk, va'baŋk] *mst in* ***Vabanque spielen, va banque spielen*** etw. mit sehr hohem Risiko tun || K-: ***Vabanque-, -spiel***

vag [v-] *Adj*; ↑ ***vage***

Va·ga·bund [v-] *der*; *-en, -en*; *veraltend* ≈ Landstreicher || NB: *der Vagabund*; *den, dem, des Vagabunden*

va·ga·bun·die·ren [v-]; *vagabundierte*, *hat vagabundiert*; [Vi] wie ein Landstreicher ohne Ziel durch das Land ziehen

va·ge [v-] *Adj* ≈ ungenau, undeutlich ⟨e-e Andeutung, e-e Beschreibung, e-e Erinnerung, e-e Vorstellung⟩ || *hierzu* **Vag·heit** *die*

Va·gi·na, **Va·gi·na** [v-] *die*; -, *Va·gi·nen*; *Med* ≈ Scheide (1) || *hierzu* **va·gi·nal** *Adj*

va·kant [v-] *Adj*; *nicht adv*, *geschr*; nicht besetzt ≈ frei, offen ⟨ein Lehrstuhl, e-e Stelle⟩

Va·kanz [v-] *die*; -, *-en*; *geschr*; **1** das Fehlen, das Vakantsein **2** e-e freie Stelle ⟨e-e V. auffüllen⟩

Va·ku·um ['vaːkuʊm] *das*; *-s*, *Va·ku·en* / *Va·kua*; **1** *Phys*; ein Raum(inhalt), in dem (fast) keine Luft ist u. ein sehr niedriger Druck herrscht ⟨ein V. erzeugen⟩: *Der Weltraum ist ein V.* || K-: ***Vakuum-, -verpackung***; ***vakuum-, -verpackt*** **2** *geschr*; e-e Leere, *bes* in Bezug auf Geistiges, Gefühle *o.Ä.*

Va·len·tins·tag [v-] *der*; der 14. Februar. An diesem Tag ist es für viele Leute Sitte, der Freundin, der Mutter od. der Ehefrau Blumen zu schenken

Va·lenz [v-] *die*; -, *-en*; **1** *Chem*; die Eigenschaft e-s Atoms, sich mit anderen Atomen (zu Molekülen) zu verbinden ≈ Wertigkeit **2** *Ling*; die Eigenschaft e-s Wortes (*bes* e-s Verbs), andere Wörter an sich zu binden ≈ Wertigkeit || K-: ***Valenz-, -theorie, -wörterbuch***

Vamp [vɛmp] *der*; *-s*, *-s*; e-e Frau, die erotisch wirkt u. dadurch für Männer besonders attraktiv ist

Vam·pir [vam'piːɐ̯] *der*; *-s*, *-e*; **1** ein böser Geist, von dem man glaubt, dass er in e-m toten Körper lebe u. Menschen in der Nacht das Blut aussauge **2** e-e große Fledermaus, die vom Blut von Tieren lebt **3** *gespr pej* ≈ Wucherer

Van·da·le [v-] *der*; *-n*, *-n*; *pej*; j-d, der Dinge mit Absicht beschädigt od. zerstört || ID *mst* ***sie hausten wie die Vandalen*** *gespr*; sie haben (in ihrer Wohnung, bei ihrem Besuch, Fest *o.Ä.*) viel Dreck od. Unordnung gemacht|| NB: *der Vandale*; *den, dem, des Vandalen* || *hierzu* **Van·da·lis·mus** *der*; -; *nur Sg*

Va·nil·le [va'nɪlə, va'nɪljə] *die*; -; *nur Sg*; ein Gewürz für süße Speisen, das aus den Früchten e-r tropischen Pflanze gewonnen wird ⟨echte, künstliche V.⟩ || K-: ***Vanille-, -eis, -geschmack, -pudding, -soße, -zucker***

va·ri·a·bel [v-], *variabler*, *variabelst-*; *Adj*; *geschr* ≈ veränderlich ↔ konstant ⟨e-e Größe, e-e Kombination, ein Wert⟩ || NB: *variabel* → *variable Größen* || *hierzu* **Va·ri·a·bi·li·tät** *die*; -; *nur Sg*

Va·ri·ab·le [v-] *die*; *-n*, *-n*; *Math*, *Phys*; e-e veränderliche Größe ↔ Konstante: *die Variablen „x" und „y" e-r Gleichung*

Va·ri·an·te [v-] *die*; -, *-n*; eine von mehreren Möglichkeiten od. e-e leicht abweichende Form von etw.: *regionale Varianten in der Aussprache*

Va·ri·a·ti·on [vari̯a'tsi̯oːn] *die*; -, *-en*; *mst Pl*; **1** *geschr*; e-e geringe Veränderung ≈ Abwandlung ⟨etw. erfährt mehrere, einige Variationen⟩ || K-: ***Variations-, -möglichkeit*** **2** ≈ Variante ⟨etw. existiert in mehreren Variationen⟩ **3** *Mus*; ***Variationen*** (***über etw.*** (*Akk*) / ***zu etw.***) Veränderungen e-s Themas (aber so, dass die Melodie erkennbar bleibt)

Va·ri·e·té, **Va·ri·e·tee** [vari̯e'teː] *das*; *-s*, *-s*; **1** ein Theater, in dem Tänzer, Sänger, Akrobaten *usw* auftreten **2** e-e Vorstellung in e-m V. (1)

va·ri·ie·ren [vari'iːrən]; *variierte*, *hat variiert*; [Vi] **1** ***etw. v.*** etw. (*mst* nur wenig) verändern ≈ abwandeln: *ein musikalisches Thema v.*; *Er variiert sein Programm immer wieder, je nachdem, vor welchem Publikum er spielt*; [Vi] **2** ***etw. variiert*** etw. verändert sich, unterscheidet sich ein wenig: *Die Zahl unserer Mitarbeiter bleibt im Wesentlichen gleich, variiert aber je nach Jahreszeit*

Va·sall [v-] *der*; *-en*, *-en*; **1** *hist* ≈ Lehnsmann **2** *pej*; j-d, der von e-m anderen abhängig ist u. diesem immer gehorcht || NB: *der Vasall*; *den, dem, des Vasallen*

Va·se [v-] *die*; -, *-n*; ein Gefäß (*bes* aus Glas od. Porzellan), in das man Wasser füllt u. Blumen stellt: *e-e V. mit Tulpen* || -K: ***Blumen-***

Va·se·li·ne® [v-] *die*; -; *nur Sg*; e-e weiche, fettige Masse, die man verwendet, um der Haut Fett zu geben od. um Salben *o.Ä.* zu machen

Va·ter [f-] *der*; *-s*, *Vä·ter*; **1** ein Mann, der ein Kind gezeugt hat ⟨ein guter, schlechter, liebevoller, strenger V.; j-s leiblicher V. (im Gegensatz zu V. (2))⟩: *Er ist V. von drei Kindern* **2** ein Mann, der Kinder so versorgt, als ob er der V. (1) wäre: *Sie bekamen e-n neuen V., als ihre Mutter wieder heiratete* || -K: ***Heim-, Pflege-, Stief-*** **3** ein männliches Tier, das Junge gezeugt hat: *Bei manchen Fischen übernimmt der V. die Brutpflege* || K-: ***Vater-, -tier*** **4** ***der*** (***geistige***) ***V.*** + *Gen* ≈ Urheber, Schöpfer ⟨der geistige V. e-r Idee, e-s Plans; die Väter des Grundgesetzes, der Verfassung⟩ **5** *nur Pl* ≈ Vorfahren ⟨das Land der Väter⟩ **6** *nur Sg*, *kath*; verwendet als Anrede für e-n Priester **7** *nur Sg*, *Rel* ≈ Gott ⟨der V. im Himmel; Im Namen des Vaters u. des Sohnes u. des Heiligen Geistes⟩ **8** ***der Heilige V.*** *kath* ≈ der Papst **9** ***V. Staat*** *hum*; der Staat, *bes* unter dem Aspekt, dass er finanzielle Hilfe gibt || *zu* **1** u. **2** **va·ter·los** *Adj*

Vä·ter·chen *das*; *-s*, -; **1** ein alter Mann **2** ***V. Frost*** *hum*; große Kälte

Va·ter·freu·den *die*; *Pl*; *mst in* ***V. entgegensehen*** *hum*; bald Vater e-s Kindes werden

Va·ter·haus *das*; das Haus, in dem man aufgewachsen ist u. in dem die Eltern wohnen ≈ Elternhaus

Va·ter·land *das*; verwendet als (emotional verstärkende) Bezeichnung für das Land, in dem man geboren u. *mst* auch aufgewachsen ist (*bes* für Deutschland) || K-: ***Vaterlands-, -liebe, -verräter***

va·ter·län·disch *Adj*; *mst attr*; *veraltend*; mit e-r sehr positiven Einstellung zum Vaterland ≈ patriotisch ⟨e-e Gesinnung, ein Lied⟩

vä·ter·lich *Adj*; **1** *nur attr, nicht adv*; vonseiten des Vaters (1) ⟨die Erziehung, die Liebe, die Pflichten⟩ **2** ähnlich wie ein guter Vater (1) ⟨ein Freund; j-n v. ermahnen, lieben⟩ || *zu* **2 Vä·ter·lich·keit** *die*; *nur Sg*

vä·ter·li·cher·seits *Adv*; (verwendet nach e-r Verwandtschaftsbezeichnung) aus der Familie des Vaters (1) ↔ mütterlicherseits: *mein Großvater, ein Onkel v.*

Va·ter·schaft *die*; -, *-en*; *mst Sg*; die Tatsache, dass j-d Vater (1) ist || K-: ***Vaterschafts-, -nachweis***

Va·ter·schafts·kla·ge *die*; e-e Klage vor Gericht, mit der e-e Frau feststellen lassen will, dass ein Mann der Vater ihres Kindes ist u. deswegen Geld für das Kind zahlen muss

Va·ter·stadt *die*; die Stadt, in der man geboren od. aufgewachsen ist ≈ Heimatstadt

Va·ter·un·ser *das*; *-s*, -; ein Gebet, das mit den Worten „Vater unser" beginnt u. von Christen gesprochen wird ⟨ein / das V. aufsagen, beten, sprechen⟩

Va·ti [f-] *der*; *-s*, *-s*; *gespr* ≈ Papa, Papi

Va·ti·kan [v-] *der*; *-s*; *nur Sg*; **1** die Residenz des Papstes in Rom || K-: ***Vatikan-, -stadt, -staat*** **2** die oberste Behörde der römisch-katholischen Kirche

V-Aus·schnitt ['fau-] *der*; ein Ausschnitt vorne an e-m Kleid, Pullover *o.Ä.* in der Form des Buchstabens V

v. Chr. ↑ ***Christus*** (2)

Ve·ge·ta·ri·er [vege'ta:riɐ] *der*; *-s*, -; j-d, der kein Fleisch isst || *hierzu* **ve·ge·ta·risch** *Adj*

Ve·ge·ta·ti·on [vegeta'tsio:n] *die*; -, *-en*; *mst Sg*; **1** *Kollekt*; die Pflanzen, die in e-m bestimmten Gebiet wachsen ≈ Pflanzenwelt: *die V. des Hochgebirges* || K-: ***Vegetations-, -zone*** **2** das Wachstum der Pflanzen ≈ Pflanzenwuchs ⟨üppige, spärliche V.⟩ || K-: ***Vegetations-, -periode, -zeit***

ve·ge·ta·tiv [vegeta'ti:f] *Adj*; *mst in* **das vegetative Nervensystem** *Med, Biol*; der Teil des Nervensystems, der die Funktion der inneren Organe steuert u. nicht mit dem Bewusstsein verbunden ist

ve·ge·tie·ren [v-]; *vegetierte, hat vegetiert*; [Vi] *mst pej*; unter sehr schlechten Bedingungen leben ⟨im Slum v.⟩

ve·he·ment [vehe'mɛnt] *Adj*; *geschr* ≈ heftig ⟨Proteste; etw. v. bekämpfen, fordern, kritisieren⟩ || *hierzu* **Ve·he·menz** *die*; -; *nur Sg*

Ve·hi·kel [ve'hi:kl̩] *das*; *-s*, -; **1** *oft pej*; ein altes od. schlecht funktionierendes Fahrzeug ⟨ein altmodisches, klappriges V.⟩ **2** *geschr*; etw., das als Mittel für e-n bestimmten Zweck dient ⟨ein untaugliches V.⟩: *die Schrift als V. der Überlieferung von Wissen*

Veil·chen [f-] *das*; *-s*, -; **1** e-e kleine, violette Blume, die im Frühling blüht u. intensiv duftet || K-: ***Veilchen-, -duft, -strauß; veilchen-, -blau*** **2** *gespr*; ein Bluterguss um ein Auge herum, in der Farbe ähnlich wie ein V. (1)

Vek·tor ['vɛkto:ɐ] *der*; *-s*, *Vek·to·ren*; *Math, Phys*; e-e Größe, die e-n Betrag u. e-e Richtung hat (u. als Pfeil dargestellt wird) || K-: ***Vektor-, -rechnung***

Ve·lo [v-] *das*; *-s*, *-s*; (CH) ≈ Fahrrad

Ve·lours[1] [ve'lu:ɐ] *der*; -, -; ein Stoff mit e-r rauen, aber weichen Oberfläche || K-: ***Velours-, -teppich***

Ve·lours[2] [ve'lu:ɐ] *das*; -, -; ein weiches Leder || K-: ***Velours-, -leder***

Ve·ne [v-] *die*; -, *-n*; e-e Ader, in der das Blut zum Herzen hin fließt ↔ Arterie || K-: ***Venen-, -entzündung*** || *hierzu* **ve·nös** *Adj*

ve·ne·risch [v-] *Adj*; *mst in* ***e-e venerische Krankheit*** *Med* ≈ Geschlechtskrankheit

Ven·til [v-] *das*; *-s*, *-e*; **1** der besondere Teil e-s Rohrs od. Schlauches, den man öffnen u. schließen kann, um das Fließen od. Strömen e-r Flüssigkeit od. e-s Gases zu regeln: *das V. e-s Fahrradreifens öffnen, um die Luft herauszulassen* || ↑ *Abb. unter* ***Fahrrad*** || -K: ***Reifen-, Sicherheits-*** **2** der Teil e-s Musikinstruments, *z.B.* e-r Trompete od. e-r Orgel, der den Ton verändert **3** ***ein V.*** (***für etw.***) *mst* e-e Handlung, mit der man sich von negativen Emotionen u. von Aggression befreit

Ven·ti·la·ti·on [vɛntila'tsio:n] *die*; -; *nur Sg*; das Bewegen von Luft, damit frische, kühle Luft irgendwohin kommt ≈ Belüftung || K-: ***Ventilations-, -anlage***

Ven·ti·la·tor [vɛnti'la:to:ɐ] *der*; *-s*, *Ven·ti·la·to·ren*; ein Gerät mit e-m kleinen Propeller, der die Luft so bewegt, dass frische, kühle Luft irgendwohin gelangt

Ve·nus [v-] *die*; -; *nur Sg*; der zweite Planet des Sonnensystems (zwischen Merkur u. Erde)

ver- [f-] *im Verb, unbetont u. nicht trennbar, sehr produktiv*; Die Verben mit *ver-* werden nach folgendem Muster gebildet: *verhungern - verhungerte - verhungert*

1 verwendet, um aus e-m Adj. ein Verb zu machen; *ver-* drückt aus, dass j-d etw. in den Zustand bringt, der vom Adj. bezeichnet wird, od. dass j-d / etw. allmählich von selbst in diesen Zustand kommt; ***etw. vergrößern***: *Der Fotograf vergrößerte das Foto* ≈ Er machte das Foto größer;

ebenso: ***etw. verbilligen, etw. verdeutlichen, (j-n) verdummen, vereinsamen, etw. verflüssigen / etw. verflüssigt sich, j-n / etw. verschönern, j-n / sich / etw. vervollkommnen***

2 verwendet, um aus e-m Subst. ein Verb zu machen; *ver-* drückt aus, dass j-d j-n / etw. zu dem macht, was das Subst. bezeichnet, od. dass j-d / etw. von selbst dazu wird;

etw. verfilmen: *Er beabsichtigt, e-n Roman zu verfilmen* ≈ Er will aus e-m Roman e-n Film machen;

ebenso: ***etw. verdunstet, verkarstet, j-n versklaven, etw. versteppt***

3 *ver-* macht aus e-m intransitiven Verb ein transitives Verb;

verspotten: *Karl verspottet oft seine Nachbarn* ≈ Karl spottet oft über seine Nachbarn;

ebenso: ***verplaudern, etw. versaufen, j-n / etw. verschweigen***

4 *ver-* drückt aus, dass j-d auf die genannte Art stirbt;

verhungern: *Jeden Tag verhungern Tausende von Menschen* ≈ Jeden Tag sterben Tausende von Menschen vor Hunger;

ebenso: ***verdursten***

5 *ver-* drückt aus, dass das Resultat e-r Verbhandlung negativ od. unerwünscht ist;

etw. verrutscht: *Mir verrutscht die Hose dauernd* ≈ Meine Hose rutscht immer wieder nach unten;

ebenso: ***etw. verkochen / etw. verkocht, (etw.) verschlafen, sich verfahren***

6 *ver-* drückt aus, dass man bei etw. e-n Fehler macht;

sich verrechnen: *Der Verkäufer hat sich verrechnet* ≈ Der Verkäufer hat beim Rechnen e-n Fehler gemacht

ebenso: ***sich verhören, sich vertippen***

7 *ver-* drückt aus, dass j-d / etw. von e-m Ort entfernt wird od. e-n Ort verlässt ≈ fort-, weg-;

j-n / etw. vertreiben: *Durch den Krieg wurden viele Menschen aus ihrer Heimat vertrieben* ≈ Viele Menschen waren durch den Krieg gezwungen, ihre Heimat zu verlassen;

ebenso: ***j-n / etw. verjagen, verreisen, etw. verschieben / etw. verschiebt sich, sich verkriechen***

8 *ver-* drückt aus, dass e-e Verbhandlung zu Ende geht ≈ aus-;
etw. verklingt: *Als die letzten Töne der Orgel verklangen, war die Kirche bereits leer* ≈ Die Kirche war bereits leer, als die letzten Töne aufhörten zu klingen;
ebenso: ***etw. verblüht, verbrennt, verglimmt, verhallt***

9 *ver-* drückt aus, dass etw. mit etw. ausgerüstet wird od. etw. bekommt;
etw. versiegeln: *Er versiegelte den Brief* ≈ Er machte ein Siegel auf den Brief;
ebenso: ***etw. verchromen, etw. verminen, etw. verriegeln***

ver·ạb·re·den; *verabredete, hat verabredet*; [Vt] **1** (***mit j-m***) ***etw. v.*** mit j-m etw. beschließen ≈ vereinbaren, ausmachen ⟨ein Treffen, e-n Treffpunkt, e-n Termin v.⟩: *sich zur verabredeten Zeit treffen*; *Ich habe mit ihm verabredet*, dass *wir uns um zwei Uhr im Café treffen*; *Sie verabredeten, ihn gemeinsam* zu *besuchen*; [Vr] **2** ***sich*** (***mit j-m***) ***v.*** mit j-m beschließen, dass man sich trifft u. etw. gemeinsam tut: *sich mit der Freundin zum Radfahren, im Restaurant, auf e-n Kaffee v.*; *Für heute Abend habe ich mich schon verabredet*

Ver·ạb·re·dung *die*; -, *-en*; **1** ***e-e V.*** (***mit j-m***) ein Treffen, das man mit j-m beschlossen hat ⟨e-e geschäftliche V.; e-e V. haben, absagen; zu e-r V. zu spät kommen⟩ **2** ≈ Vereinbarung, Abmachung ⟨e-e V. einhalten; sich an e-e V. halten⟩

ver·ạb·rei·chen; *verabreichte, hat verabreicht*; [Vt] *geschr*; **1** ***j-m etw. v.*** j-m ein Medikament *o.Ä.* in den Mund od. Körper geben ⟨j-m e-e Spritze, ein Zäpfchen v.⟩ **2** ***j-m e-e Tracht Prügel v.*** ≈ j-n verprügeln || *zu* **1 Ver·ạb·rei·chung** *die*; *mst Sg*

ver·ạb·scheu·en; *verabscheute, hat verabscheut*; [Vt] ***j-n / etw. v.*** Abscheu gegen j-n / etw. empfinden || *hierzu* **ver·ạb·scheu·ens·wert** *Adj*; **Ver·ạb·scheu·ung** *die*; *nur Sg*; **ver·ạb·scheu·ungs·wür·dig** *Adj*

ver·ạb·schie·den; *verabschiedete, hat verabschiedet*; [Vr] **1** ***sich*** (***von j-m***) ***v.*** sich mit e-m Gruß von j-m trennen ⟨sich mit e-m Kuss, mit e-m Händedruck v.⟩; [Vt] **2** ***j-n v.*** sich mit e-m Gruß von j-m trennen, der weggeht ⟨e-n Besucher, e-n Gast v.⟩ **3** ***j-n v.*** j-n in den Ruhestand versetzen ⟨e-n Offizier, e-n Beamten v.⟩ **4** ***etw. v.*** (nach e-r Debatte) etw. offiziell beschließen ↔ ablehnen ⟨ein Gesetz, e-n Haushaltsplan v.⟩ || *zu* **3** u. **4 Ver·ạb·schie·dung** *die*

ver·ab·so·lu·tie·ren; *verabsolutierte, hat verabsolutiert*; [Vt] ***etw. v.*** *geschr*; etw. (e-e Erscheinung, e-e Erkenntnis *o.Ä.*) so überbewerten, dass man zu sehr verallgemeinert u. dabei andere Dinge zu wenig berücksichtigt || *hierzu* **Ver·ab·so·lu·tie·rung** *die*

ver·ạch·ten; *verachtete, hat verachtet*; [Vt] ***j-n / etw. v.*** j-n / etw. für wertlos od. schlecht halten u. deshalb stark ablehnen: *j-n wegen seiner Feigheit v.* || ID *mst* ***etw. wäre nicht zu v.*** *gespr*; etw. wäre sehr gut od. angenehm: *Ein kühles Bier wäre jetzt nicht zu v.* || *hierzu* **ver·ạch·tens·wert** *Adj*; **Ver·ạch·tung** *die*; *nur Sg*; **ver·ạch·tungs·voll** *Adj*; **ver·ạch·tungs·wür·dig** *Adj*

ver·ạ̈cht·lich *Adj*; **1** voller Verachtung ≈ abfällig ⟨ein Blick, ein Lächeln, Worte; j-n v. ansehen⟩ **2** so, dass es Verachtung verdient || *hierzu* **Ver·ạ̈cht·lich·keit** *die*; *nur Sg*

ver·ạl·bern; *veralberte, hat veralbert*; [Vt] ***j-n v.*** *gespr*; j-m zum Spaß unwahre Dinge erzählen, damit er sie glaubt u. man über ihn lachen kann || *hierzu* **Ver·ạl·be·rung** *die* || ► ***albern*** (1)

ver·all·ge·mei·nern; *verallgemeinerte, hat verallgemeinert*; [Vt/i] (***etw.***) ***v.*** von e-r kleinen Zahl von Fällen od. Tatsachen ausgehend ein allgemeines Prinzip formulieren ≈ generalisieren ⟨e-e Aussage, e-e Beobachtung, ein Ergebnis, e-e Feststellung v.; vorschnell v.⟩ || *hierzu* **Ver·all·ge·mei·ne·rung** *die*

ver·ạl·ten; *veraltete, ist veraltet*; [Vi] *mst* ***etw. ist veraltet*** etw. ist nicht mehr auf dem neuesten Stand der Technik: *Aufgrund der schnellen Entwicklung war mein Computer schon nach kurzer Zeit veraltet*

Ve·rạn·da [v-] *die*; -, *Ve·ran·den*; ein Platz mit Dach (u. Glaswänden) an e-m Haus, an dem man *bes* vor Wind geschützt im Freien sitzen kann ⟨sich auf die V. setzen⟩

ver·ạ̈n·der·lich *Adj*; **1** so, dass es sich oft ändert ≈ unbeständig ⟨das Wetter ist / bleibt v.⟩ **2** ≈ variabel || *hierzu* **Ver·ạ̈n·der·lich·keit** *die*; *mst Sg*

ver·ạ̈n·dern; *veränderte, hat verändert*; [Vt] **1** ***j-n / etw. v.*** bewirken, dass j-d / etw. anders wird ⟨die Welt v. wollen⟩: *Das Kind hat unser Leben sehr verändert*; [Vr] **2** ***sich v.*** anders werden ≈ sich ändern ⟨sich zu seinem Vorteil / Nachteil, seinen Gunsten / Ungunsten v.⟩ **3** ***sich*** (***beruflich***) ***v.*** den Arbeitsplatz wechseln

Ver·ạ̈n·de·rung *die*; **1** e-e Handlung, durch die etw. anders wird ⟨e-e V. vornehmen⟩ **2** der Vorgang, der Prozess, durch den etw. anders wird ⟨e-e V. tritt ein, geht in j-m / etw. vor⟩ **3** das Ergebnis e-r V. (1,2): *Es sind keine Veränderungen sichtbar*

ver·ạ̈ngs·tigt *Adj*; voller Angst ⟨ein Kind, ein Tier⟩

ver·ạn·kern; *verankerte, hat verankert*; [Vt] **1** ⟨ein Schiff, ein Floß *o.Ä.*⟩ ***v.*** ein Schiff, ein Floß *o.Ä.* mit e-m Anker an seinem Platz festmachen **2** ***etw.*** (***irgendwo***) ***v.*** etw. so (im Boden *o.Ä.*) befestigen, dass es e-n festen Halt hat: *Masten, Pfosten fest im Boden v.* **3** ***etw. in etw.*** (*Dat*) ***v.*** ⟨ein Recht, e-e Pflicht *o.Ä.*⟩ zum festen Bestandteil e-s Dokuments machen: *die in der Verfassung verankerte Religionsfreiheit* || *hierzu* **Ver·ạn·ke·rung** *die*

ver·ạn·la·gen; *veranlagte, hat veranlagt*; [Vt] ***j-n*** (***zu etw.***) ***v.*** j-n dazu verpflichten, Steuern zu zahlen: *Das Ehepaar wurde gemeinsam zur Einkommenssteuer veranlagt*

ver·ạn·lagt 1 *Partizip Perfekt*; ↑ ***veranlagen*** **2** *Adj*; *nicht adv*; ***irgendwie v.*** mit e-r bestimmten körperlichen od. psychischen Eigenschaft od. Neigung geboren ⟨krankhaft, praktisch, künstlerisch, musisch *usw* v. sein⟩ || ► ***Anlage*** (3)

Ver·ạn·la·gung *die*; -, *-en*; **1** e-e angeborene Eigenschaft, Neigung, Fähigkeit *o.Ä.*: *e-e künstlerische V. haben* **2** *nur Sg*; das Bestimmen der Steuern, die j-d zahlen muss: *die gemeinsame steuerliche V. von Ehepaaren* || ► ***Anlage*** (3)

ver·ạn·las·sen; *veranlasste, hat veranlasst*; [Vt] **1** ***j-n zu etw. v.*** bewirken, dass j-d etw. tut ≈ j-n zu etw. bewegen: *Was hat dich veranlasst, die Firma zu verlassen?* **2** ***etw. v.*** j-m den Auftrag geben, etw. zu tun ≈ anordnen: *die Räumung des Saales v.*; *Ich werde v.*, dass *Sie Ihre Papiere umgehend bekommen* **3** ***sich*** (*Akk*) ***zu etw. veranlasst fühlen / sehen*** glauben, dass man e-n wichtigen Grund hat, etw. zu tun: *Die Behörden sehen sich* (dazu) *veranlasst, das Schwimmbad vorübergehend* zu *schließen* || ► ***Anlass***

Ver·ạn·las·sung *die*; -; *nur Sg*; **1** ein wichtiger Grund für e-e Handlung ⟨es gibt, es besteht V.; j-d hat keine V. für etw. / etw. zu tun⟩: *j-n ohne jede V. beschuldigen*; *Er hat keine V., e-n solchen Schritt zu unternehmen* **2** ***auf j-s V.*** (***hin***) weil es j-d so will, so festgelegt hat

ver·ạn·schau·li·chen; *veranschaulichte, hat veranschaulicht*; [Vt] (***j-m***) ***etw. v.*** j-m eine schwierige Sache erklären, indem man einfache od. konkrete Beispiele gibt, Zeichnungen zeigt *o.Ä.* || *hierzu* **Ver·ạn·schau·li·chung** *die*; *mst Sg* || ► ***anschaulich***

ver·ạn·schla·gen; *veranschlagt, veranschlagte, hat veranschlagt*; [Vt] ***etw.*** **(*****mit etw.*****)** ***v.*** die Kosten *o.Ä.* von etw. ungefähr berechnen: *Die Kosten wurden mit € 10000 veranschlagt* || *hierzu* **Ver·ạn·schla·gung** *die; mst Sg*

ver·ạn·stal·ten; *veranstaltete, hat veranstaltet*; [Vt] **1** ***etw. v.*** etw., das für viele Menschen bestimmt ist od. bei dem viele Personen mitmachen, organisieren u. durchführen: *e-e Demonstration, ein Fest, ein Preisausschreiben, e-n Basar v.* **2** ***e-n Rummel, ein Theater, e-n Zirkus v.*** *gespr*; mit übertriebenen Maßnahmen auf etw. reagieren || *zu* **1** **Ver·ạn·stal·ter** *der; -s, -*

Ver·ạn·stal·tung *die; -, -en*; **1** *nur Sg*; das Organisieren u. Durchführen von etw. ⟨die V. e-r Tagung, e-s Kongresses, e-s Konzerts⟩ **2** etw., das veranstaltet (1) wird, *z.B.* ein Kongress ⟨e-e geschlossene, öffentliche V.⟩ || K-: ***Veranstaltungs-, -kalender***

ver·ạnt·wor·ten; *verantwortete, hat verantwortet*; [Vt] **1** ***etw. v.*** e-e Entscheidung *o.Ä.* vertreten u. notfalls auch bereit sein, mögliche negative Folgen zu tragen ⟨etw. zu v. haben; etw. nicht v. können⟩: *Kann die Firma e-e solche Maßnahme v.?*; [Vr] **2** ***sich*** **(*****für etw.*****) (*****vor j-m*****)** ***v.*** sein Verhalten erklären, *bes* wenn es negative Folgen hat ≈ sich rechtfertigen: *sich für e-e Tat vor dem Gericht, vor den Eltern v. müssen*

ver·ạnt·wort·lich *Adj*; **1** ***für j-n / etw. v.*** mit der Pflicht, dafür zu sorgen, dass mit j-m / etw. nichts Unangenehmes geschieht od. dass etw. (richtig) gemacht wird: *sich für den kleinen Bruder v. fühlen*; dafür *v. sein*, dass *e-e Maschine gut funktioniert*; dafür *v. sein* zu *prüfen, ob etw. richtig ist* **2** **(*****j-m*** **(*****gegenüber*****)) (*****für j-n / etw.*****)** ***v.*** so, dass man die negativen Folgen tragen muss, wenn etw. Unangenehmes geschieht, weil man für j-n / etw. v. (1) ist ⟨der Leiter, der Redakteur; v. zeichnen (= unterschreiben)⟩: *Sie sind mir (gegenüber)* dafür *v.*, dass *die Lieferung pünktlich erfolgt* **3** *mst* ***j-d / etw. ist für etw. v.*** j-d / etw. ist schuld an etw., etw. ist die Ursache von etw. Negativem: *Das kalte Wetter ist für die schlechte Ernte v.; Die Verantwortlichen zur Rechenschaft ziehen* **4** ***j-n / etw. für etw. v. machen*** sagen, dass j-d / etw. schuld an etw. Negativem ist ≈ j-m / etw. die Schuld an etw. geben **5** ***j-n für etw. v. machen*** von j-m fordern, dass er die negativen Folgen von etw. trägt ≈ j-n zur Rechenschaft / Verantwortung ziehen **6** mit wichtigen Entscheidungen verbunden ≈ leitend, verantwortungsvoll ⟨ein Posten, e-e Stellung, e-e Tätigkeit⟩ || *hierzu* **Ver·ạnt·wort·lich·keit** *die*

Ver·ạnt·wor·tung *die; -; nur Sg*; **1** ***die V.*** **(*****für j-n / etw.*****)** die Pflicht, dafür zu sorgen, dass j-m nichts passiert od. dass etw. in Ordnung ist, zustande kommt, verwirklicht wird *o.Ä.* ⟨e-e große, schwere V.; e-e V. übernehmen, haben, tragen, ablehnen; e-r V. nicht gewachsen sein; j-m e-e V. übertragen; die V. auf j-n abwälzen⟩ || K-: ***Verantwortungs-, -bewusstsein, -gefühl***; ***verantwortungs-, -bewusst*** **2** das Bewusstsein, V. (1) zu haben, u. die Bereitschaft, die Konsequenzen seines Handelns zu tragen ⟨ohne V. handeln⟩ **3** ***in eigener V.*** so, dass man selbst die V. (1) übernimmt **4** ***j-n zur V. ziehen*** j-n die negativen Folgen von etw. tragen lassen (weil er dafür verantwortlich war) ≈ j-n zur Rechenschaft ziehen || *zu* **2** **ver·ạnt·wor·tungs·voll** *Adj*; **ver·ạnt·wor·tungs·los** *Adj*; **Ver·ạnt·wor·tungs·lo·sig·keit** *die*

ver·ạr·bei·ten; *verarbeitete, hat verarbeitet*; [Vt] **1** ***etw.*** **(*****zu etw.*****)** ***v.*** etw. als Material verwenden u. daraus etw. herstellen ⟨gut, schlecht verarbeitet sein⟩: *Holz zu e-m Schrank v.; In e-r Schmiede wird Metall verarbeitet* **2** ***etw. v.*** etw. zu e-m bestimmten Zweck abwandeln u. verwenden: *in e-m Roman Märchenmotive v.* **3** ***etw. v.*** etw. psychisch od. rational bewältigen ⟨e-n Eindruck, e-e Enttäuschung, ein Erlebnis, e-e Information v.⟩ || *zu* **1** **Ver·ạr·bei·tung** *die; mst Sg*

ver·ạr·gen; *verargte, hat verargt*; [Vt] ***j-m etw. v.*** *geschr* ≈ j-m etw. übel nehmen

ver·ạ̈r·gern; *verärgerte, hat verärgert*; [Vt] ***j-n v.*** bewirken, dass sich j-d ärgert: *Sie war über seine Bemerkungen sehr verärgert* || NB: oft im Zustandspassiv!

Ver·ạ̈r·ge·rung *die; -; nur Sg*; ***die V.*** **(*****über j-n / etw.*****)** ein (starkes) Gefühl von Ärger: *Er ließ sich seine V. über den Misserfolg nicht anmerken*

ver·ạr·men; *verarmte, ist verarmt*; [Vi] **1** arm (1) werden **2** ***etw. verarmt*** etw. verliert an Wert: *Der Boden verarmt, wenn er nicht gedüngt wird* **3** ***geistig v.*** seine geistigen u. intellektuellen Fähigkeiten allmählich verlieren || *hierzu* **Ver·ạr·mung** *die; mst Sg*

ver·ạr·schen; *verarschte, hat verarscht*; [Vt] ***j-n v.*** *gespr!* ≈ veralbern

ver·ạrz·ten; *verarztete, hat verarztet*; [Vt] ***j-n / etw. v.*** *gespr*; e-n Verletzten od. e-n Kranken / e-n verletzten Körperteil behandeln

ver·ạ̈s·teln, sich; *verästelte sich, hat sich verästelt*; [Vr] ***etw. verästelt sich*** etw. teilt sich in viele kleine Äste, Wege *o.Ä.* ⟨ein Baum, ein Fluss; e-e Ader, ein Nerv⟩ || *hierzu* **Ver·ạ̈s·te·lung** *die*

ver·ạ̈t·zen; *verätzte, hat verätzt*; [Vt] ***j-n / etw. v.*** j-n durch Säure *o.Ä.* verletzen od. etw. durch Säure *o.Ä.* beschädigen: *Die Säure verätzte ihm die Hände* || *hierzu* **Ver·ạ̈t·zung** *die*

ver·au̲s·ga·ben, sich; *verausgabte sich, hat sich verausgabt*; [Vr] ***sich v.*** sich so sehr anstrengen, dass man völlig erschöpft ist || *hierzu* **Ver·au̲s·ga·bung** *die; mst Sg*

ver·äu̲·ßern; *veräußerte, hat veräußert*; [Vt] ***etw. v.*** *bes Jur* ≈ verkaufen || *hierzu* **Ver·äu̲·ße·rung** *die; mst Sg*

Vẹrb [v-] *das; -s, -en*; e-e Wortart, die e-e Tätigkeit, e-n Vorgang od. e-n Zustand in Bezug auf e-n Zeitpunkt od. e-e Zeitspanne ausdrückt. Die Form des Verbs richtet sich nach Person, Numerus, Tempus *usw* ≈ Zeitwort ⟨ein intransitives, transitives, reflexives, unpersönliches, starkes, schwaches, unregelmäßiges V.; ein V. im Aktiv, Passiv gebrauchen; ein V. konjugieren⟩: *„Gebraucht" ist das Partizip Perfekt des Verbs „brauchen"* || K-: ***Verb-, -form*** || -K: ***Funktions-, Hilfs-, Modal-, Voll-***

ver·ba̲l [v-] *Adj*; **1** *Ling*; wie ein Verb, von e-m Verb abgeleitet || K-: ***Verbal-, -adjektiv, -substantiv*** **2** mit Worten, mithilfe der Sprache ⟨e-n Streit v. austragen⟩

ver·ba·li·si̲e·ren; *verbalisierte, hat verbalisiert*; [Vt] **1** ***etw. v.*** *Ling*; etw. in ein Verb umformen ⟨ein Adjektiv v.⟩ **2** ***etw. v.*** *geschr*; etw. mit Worten sagen ≈ in Worte fassen ⟨e-e Beschwerde, ein Gefühl, ein Problem v.⟩

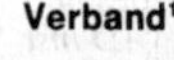

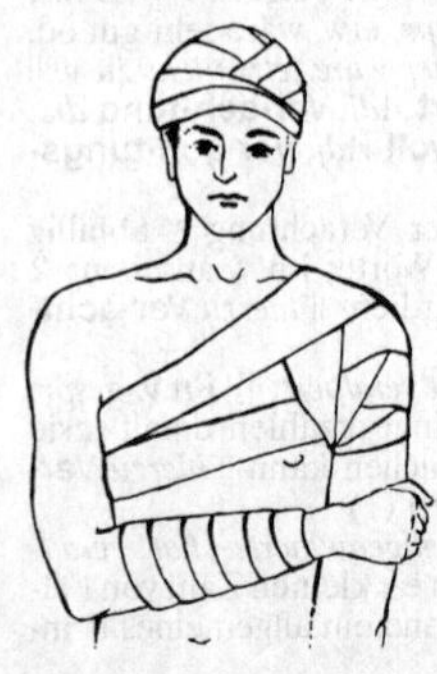

ver·bạll·hor·nen; *verballhornte, hat verballhornt*; [Vt] ***etw. v.*** die Schreibung od. die Aussprache e-s Wortes (aus Unkenntnis od. zum Spaß) so ändern, dass sie falsch werden ⟨ein Fremdwort, e-n Namen v.⟩ || *hierzu* **Ver·bạll·hor·nung** *die*

Ver·bạnd[1] *der; -(e)s, Ver·bän·de*; ein Stück Stoff *o.Ä.*, das man um den verletzten Teil des Körpers legt ⟨e-n V. anlegen, umbinden, abnehmen, wechseln, erneuern⟩ || K-: ***Verbands-, -kasten, -material, -mull, -watte, -zeug*** || -K: ***Gips-, Schnell-, Streck-, Stütz-; Kopf-, Wund-*** || ► ***verbinden***

Ver·band[2] *der*; *-(e)s, Ver·bän·de*; **1** e-e relativ große Organisation, die sich *mst* aus vielen kleineren Vereinigungen u. Organisationen zusammensetzt ⟨e-m V. beitreten, angehören⟩ || K-: ***Verbands-, -leiter, -leitung, -vorsitzende(r), -vorstand*** || -K: ***Journalisten-, Schriftsteller-; Sport-, Wohlfahrts-*** **2** *Mil*; ein Teil e-r Armee, der aus verschiedenen Einheiten besteht, die gemeinsam kämpfen ⟨militärische, motorisierte Verbände⟩ || -K: ***Flieger-, Flotten-, Truppen-*** **3** ***im V.*** *Mil, Zool*; in e-r großen (geordneten) Gruppe ⟨im V. fliegen, kämpfen, leben⟩

ver·ban·nen; *verbannte, hat verbannt*; [Vt] **1** ***j-n (irgendwohin) v.*** zur Strafe j-n zwingen, ein Land zu verlassen u. an e-m fremden Ort zu leben: *Napoleon wurde auf die Insel St. Helena verbannt* **2** ***etw. irgendwohin v.*** etw. irgendwohin (ab)legen || *zu* **1 Ver·bann·te** *der*; *-n, -n*

Ver·ban·nung *die*; *-, -en*; **1** *nur Sg*; das Verbannen **2** ein Ort weit weg von der Heimat, an dem j-d gezwungen wird zu leben, sowie das Leben, die Umstände an diesem Ort ⟨j-n in die V. schicken; in der V. leben; aus der V. zurückkehren⟩ || K-: ***Verbannungs-, -ort***

ver·bar·ri·ka·die·ren; *verbarrikadierte, hat verbarrikadiert*; [Vt] **1** ***etw. v.*** etw. durch Barrikaden verschließen od. versperren ⟨Fenster, Straßen, Türen v.⟩; [Vr] **2** ***sich (irgendwo) v.*** Barrikaden bauen, um sich vor j-m zu schützen

ver·bau·en; *verbaute, hat verbaut*; [Vt] **1** ***etw. v.*** etw. beim Bauen verbrauchen: *viel Geld, zehn Sack Zement v.* **2** ***etw. v.*** *pej*; e-e Gegend hässlich machen, indem man dort etw. baut, was nicht dahin passt ⟨e-e Landschaft, ein Tal v.⟩ **3** ***(j-m) etw. v.*** etw. so bauen, dass ein anderer dadurch gestört wird ⟨j-m die Aussicht, e-n Weg, e-n Zugang v.⟩ **4** ***j-m / sich etw. v.*** *gespr*; j-m / sich e-e gute Möglichkeit od. Chance nehmen: *sich durch e-n Fehler die Zukunft v.*

ver·be·am·ten; *verbeamtete, hat verbeamtet*; [Vt] ***j-n v.*** j-n zum Beamten machen: *Er wurde als Staatsanwalt verbeamtet* || *hierzu* **Ver·be·am·tung** *die*; *nur Sg*

ver·bei·ßen; *verbiss, hat verbissen*; [Vt] **1** ***sich*** (*Dat*) ***etw. v.*** sich so beherrschen, dass man etw. nicht tut od. sagt ≈ etw. unterdrücken ⟨sich e-e Bemerkung, das Lachen, e-n Schrei v.⟩ **2** ⟨*mst* Rehe, Hirsche⟩ ***verbeißen etw.*** Rehe, Hirsche *o.Ä.* beschädigen *bes* Bäume durch Beißen; [Vr] **3** ⟨ein Tier⟩ ***verbeißt sich in j-n / etw.*** ein Tier beißt j-n od. beißt in etw. u. lässt nicht mehr los || *zu* **2 Ver·biss** *der*; *-es*; *nur Sg*

ver·ber·gen; *verbirgt, verbarg, hat verborgen*; [Vt] **1** ***j-n / etw. (vor j-m / etw.) v.*** j-n / etw. irgendwohin bringen, stecken, tun *o.Ä.*, wo ein anderer ihn / es nicht sehen od. finden kann ≈ verstecken: *ein Messer im Mantel v.* **2** ***(j-m) etw. v.; etw. vor j-m v.*** etw. nicht zu erkennen geben ≈ verheimlichen, verschweigen: *seine wahren Gefühle hinter e-m falschen Lächeln v.; Fragen Sie nur - ich habe nichts zu v.; Er hat (vor) seiner Frau verborgen*, dass *er schwer krank war*; [Vr] **3** ***sich irgendwo v.*** ≈ sich verstecken: *Der Mond verbirgt sich hinter Wolken*

ver·bes·sern; *verbesserte, hat verbessert*; [Vt] **1** ***etw. v.*** etw. so ändern, dass es besser wird: *durch fleißiges Lernen seine Leistungen v.* **2** ***etw. v.*** die Fehler suchen u. ändern, die *z.B.* in e-m Text sind ≈ korrigieren ⟨Fehler v.; e-n Aufsatz, die Hausaufgaben, e-e Schulaufgabe v.⟩ **3** ***j-n v.*** j-m sagen, welche Fehler er beim Sprechen od. Schreiben gemacht hat: *Hör endlich auf, mich ständig zu v.!*; [Vr] **4** ***sich v.*** sofort das richtige Wort od. die richtige Form sagen, nachdem man beim Sprechen e-n Fehler gemacht hat **5** ***sich v.*** in e-e bessere soziale od. finanzielle Situation kommen ⟨sich beruflich, durch Heirat v.⟩ **6** ***sich v.*** besser werden: *Er hat sich in Latein sehr verbessert*

Ver·bes·se·rung, Ver·bess·rung *die*; *-, -en*; **1** das Korrigieren, die Berichtigung: *die V. e-s Fehlers* || K-: ***Verbesserungs-, -vorschlag*** **2** das Bessermachen: *die V. der Arbeitsbedingungen* **3** etw., womit man sich / etw. verbessert: *Das neue Herstellungsverfahren stellt e-e entscheidende V. gegenüber der alten Methode dar* || *zu* **2 ver·bes·se·rungs·be·dürf·tig** *Adj*; **ver·bes·se·rungs·fä·hig** *Adj*

ver·beu·gen, sich; *verbeugte sich, hat sich verbeugt*; [Vr] ***sich (vor j-m) v.*** den Kopf u. Oberkörper nach vorne beugen, *bes* um höflich zu grüßen od. zu danken ≈ sich verneigen ⟨sich vor dem Publikum v.⟩ || hierzu **Ver·beu·gung** *die*

ver·beu·len; *verbeulte, hat verbeult*; [Vt] ***etw. v.*** etw. so drücken, dass es Beulen bekommt u. dadurch beschädigt wird: *e-e verbeulte Stoßstange am Auto*

ver·bie·gen; *verbog, hat verbogen*; [Vt] **1** ***etw. v.*** die Form von etw. verändern, indem man es biegt ⟨ein Blech, e-n Draht, e-n Nagel, e-e Stoßstange *usw* v.⟩; [Vr] **2** ***etw. verbiegt sich*** etw. verliert die (gerade) Form: *Die Bretter des Regals haben sich verbogen*

ver·bies·tert *Adj*; *gespr*; voller Ärger, mit schlechter Laune u. sehr gereizt ⟨ein Aussehen, ein Gesicht; v. aussehen, sein, reagieren⟩

ver·bie·ten; *verbot, hat verboten*; [Vt] **1** ***(j-m) etw. v.*** bestimmen, dass j-d etw. nicht tun darf od. dass es etw. nicht mehr geben darf ≈ untersagen ↔ erlauben ⟨Betreten, Durchfahrt, Fotografieren, Rauchen, Zutritt verboten!; etw. ist gesetzlich, polizeilich verboten⟩: *Mein Vater wird mir v., mit dem Moped nach Italien* zu *fahren*; *Der Film ist für Jugendliche unter sechzehn Jahren verboten* **2** ***etw. verbietet (j-m) etw.*** etw. bewirkt, dass j-d etw. nicht tut ↔ etw. gebietet (j-m) etw.: *Sein Glaube verbietet ihm, Schweinefleisch* zu *essen* **3** ***j-m den Mund v.*** j-n ausdrücklich daran hindern, dass er sich zu e-r Angelegenheit äußert ⟨sich von j-m nicht den Mund v. lassen⟩; [Vr] **4** ***etw. verbietet sich (von selbst)*** es ist ganz klar, dass etw. nicht getan werden darf: *In unserer Situation verbietet es sich von selbst, den Forderungen nachzugeben* || ► ***Verbot, verboten***

ver·bil·ligt *Adj*; billiger als normal ≈ ermäßigt, reduziert ⟨ein Eintritt, ein Preis⟩

ver·bin·den[1]; *verband, hat verbunden*; [Vt] **1** ***(j-m / sich) etw. v.; j-n (an etw.*** (*Dat*)***) v.*** j-m / sich e-n Verband anlegen / e-n Körperteil mit e-m Verband versehen: *j-m den Arm v.; e-e eiternde Wunde frisch v.; e-n Verletzten (am Kopf) v.* **2** ***j-m die Augen v.*** j-m ein Stück Stoff so vor die Augen binden, dass er nichts mehr sehen kann || ► ***Verband***[1]

ver·bin·den[2]; *verband, hat verbunden*; [Vt] **1** ***etw.*** (*Pl*) ***(zu etw.) v.; etw. mit / durch etw. (zu etw.) v.*** zwei od. mehrere Gegenstände *o.Ä.* so zusammenbringen od. (aneinander) befestigen, dass sie e-e Einheit bilden ↔ trennen: *zwei Schnüre durch e-n Knoten v.* **2** ***etw.*** (*Pl*) ***(zu etw.) v.; etw. mit / durch etw. (zu etw.) v.*** zwei od. mehrere Orte, Dinge *o.Ä.* in Kontakt miteinander bringen ↔ trennen: *zwei Punkte mit / durch e-n Strich (miteinander) v.; Diese Eisenbahnlinie verbindet Hannover mit Bremen; Seit 1869 sind Mittelmeer u. Rotes Meer durch den Suezkanal (miteinander) verbunden* **3** ***etw. mit etw. v.*** die Gelegenheit nutzen u. zusammen mit e-r Sache auch e-e andere tun: *e-e Fahrt nach Köln mit e-r Be-*

sichtigung des Doms v. **4 *j-n / etw. mit j-m / etw. v.*** zwei od. mehrere Personen od. Dinge als zusammenhängend od. zusammengehörig ansehen ≈ assoziieren: *Womit verbindest du das Wort „Urlaub"?; ein Lied mit schönen Erinnerungen v.*; Vt/i **5** (***j-n / etw.*** (***mit j-m / etw.***)) ***v.*** bestimmte Telefonleitungen zusammenbringen, sodass j-d mit j-d anderem am Telefon sprechen kann: *„Ich hätte gern die Verkaufsabteilung gesprochen" - „Moment bitte, ich verbinde"* **6 *etw. verbindet*** (***j-n mit j-m / etw.***) etw. stellt e-e (gefühlsmäßige) Beziehung zwischen einem Menschen u. j-d / etw. anderem her ↔ etw. trennt j-n von j-m / etw.: *„Was verbindet dich mit dieser Stadt?" - „Ich bin hier aufgewachsen"; Die beiden verband e-e herzliche Zuneigung*; Vr **7 *sich mit j-m v.*** *geschr* ≈ j-n heiraten **8** ⟨Substanzen *o.Ä.*⟩ ***verbinden sich*** (***zu etw.***); ***etw. verbindet sich mit etw.*** (***zu etw.***) zwei od. mehrere Substanzen *o.Ä.* kommen so (mit etw.) zusammen, dass etw. Neues entsteht: *Wasserstoff verbindet sich mit Sauerstoff zu Wasser* || ► ***Verbindung***, ***Verbund***

ver·bịnd·lich *Adj*; **1** höflich u. freundlich ⟨ein Lächeln, Worte⟩: *Der Verkäufer lächelte v. u. entschuldigte sich dafür, dass wir hatten warten müssen* **2** so, dass man sich daran halten muss ≈ bindend ⟨e-e Anordnung, e-e Norm, e-e Regel, e-e Zusage⟩ || *hierzu* **Ver·bịnd·lich·keit** *die*; *mst Sg*

Ver·bịnd·lich·kei·ten *die*; *Pl*, *geschr* ≈ Schulden ⟨V. haben; seine V. erfüllen, regeln; seinen V. nicht nachkommen⟩

Ver·bịn·dung *die*; **1 *e-e V.*** (***mit j-m / etw.***; ***mit etw.*** (***zu etw.***); ***zwischen Personen / Sachen*** (*Dat*)) *nur Sg*; der Vorgang, *mst* zwei Dinge zusammenzubringen, zu verbinden[2] (1): *Die V. der beiden Aspekte ist ihm nicht gelungen; Die V. der Insel mit dem Festland ist für 1999 vorgesehen* || K-: ***Verbindungs-***, ***-stelle*** **2** etw. (*z.B.* ein Weg, ein Fahrzeug), das zwei Orte / Personen miteinander in Kontakt bringt: *Das Telefon ist ihre einzige V. zur Außenwelt; Die Autobahn ist unsere kürzeste V. zur Grenze, in die Stadt, aufs Land; Die Fähre ist die einzige V. zur Insel* || K-: ***Verbindungs-***, ***-gang***, ***-glied***, ***-linie***, ***-schnur***, ***-straße***, ***-stück***, ***-tür***, ***-weg*** || -K: ***Bahn-***, ***Bus-***, ***Verkehrs-***, ***Zug-***; ***Fernsprech-***, ***Flug-***, ***Funk-***, ***Nachrichten-***, ***Post-***, ***Telefon-*** **3 *e-e V.*** (***mit j-m / nach*** + *Ort*) der Kontakt über das Telefon, den Funk *o.Ä.* ⟨e-e telefonische V. bekommen, herstellen, stören, unterbrechen; die V. ist abgeschnitten, unterbrochen⟩: *Die V. war sehr schlecht - ich konnte kaum verstehen, was er sagte* **4 *e-e V.*** (***aus etw. u. etw. / von etw. mit etw.***) e-e Substanz, die entsteht, wenn verschiedene Substanzen miteinander reagieren ⟨e-e chemische, flüchtige, anorganische, organische V.⟩: *Kochsalz ist e-e V. aus Chlor u. Natrium / von Chlor mit Natrium* || -K: ***Sauerstoff-***, ***Schwefel-***, ***Stickstoff-*** *usw* **5 *e-e V.*** (***mit / zu j-m / etw.***; ***zwischen Personen / Sachen*** (*Dat*)) ≈ Zusammenhang, Beziehung ⟨mit etw. in V. stehen; j-n / etw. mit j-m / etw. in V. bringen, setzen⟩: *Besteht e-e V. zwischen den beiden Verbrechen?; Es lässt sich e-e deutliche V. zwischen Stress u. Magengeschwüren feststellen* **6 *e-e V.*** (***mit / zu j-m***; ***zwischen Personen***) e-e Beziehung zwischen Menschen, die sich treffen, Briefe schreiben *o.Ä.* ≈ Kontakt (1) ⟨V. mit j-m aufnehmen, haben, halten; mit j-m in V. treten, stehen, bleiben; die V. mit j-m abbrechen, verlieren; sich mit j-m in V. setzen⟩ **7** e-e traditionelle Organisation von Studenten, die bestimmte Kleidung tragen u. oft noch mit Degen kämpfen, um ihren Mut zu beweisen ⟨e-e schlagende (= mit Degen kämpfende) V.⟩ || -K: ***Studenten-*** **8 *in V. mit*** im Zusammenhang mit: *In V. mit ihrer Tätigkeit als Dolmetscherin kommt sie oft nach Brüssel* **9 *in V. mit*** zusammen mit: *Der Studentenausweis ist nur in V. mit dem Personalausweis gültig*

V

ver·bịs·sen 1 *Partizip Perfekt*; ↑ ***verbeißen*** **2** *Adj*; hartnäckig, überhaupt nicht bereit aufzugeben ⟨mit verbissenem Fleiß; v. kämpfen⟩ **3** *Adj*; voll Ärger u. innerer Spannung ⟨ein verbissenes Gesicht machen; v. dreinschauen⟩ || *hierzu* **Ver·bịs·sen·heit** *die*; *nur Sg*

ver·bị·ten; *verbat, hat verbeten*; Vt ***sich*** (*Dat*) ***etw. v.*** mit Nachdruck verlangen, dass j-d aufhört, etw. Lästiges od. Ärgerliches zu tun: *Ich verbitte mir diesen unverschämten Ton!; Der Redner verbat sich die Zwischenrufe* || NB: ↑ ***verbieten***

ver·bịt·tert *Adj*; wegen vieler Enttäuschungen unzufrieden u. unfreundlich ⟨ein Mann, e-e Frau⟩

ver·blạs·sen; *verblasste, ist verblasst*; Vi **1 *etw. verblasst*** die Farben von etw. werden heller, weniger intensiv ⟨ein Bild, ein Foto, e-e Tapete⟩ **2 *e-e Erinnerung verblasst*** sie wird schwächer

Ver·bleib *der*; *-(e)s*; *nur Sg*, *geschr*; **1** der Ort, an dem e-e Person od. Sache ist, die man sucht: *Über den V. des gestohlenen Schmucks sind noch keine näheren Einzelheiten bekannt* **2** das Bleiben an e-m Ort: *Akten zum V. ins Archiv bringen*

ver·blei·ben; *verblieb, ist verblieben*; Vi **1 *etw. verbleibt*** (***j-m***) etw. bleibt als Rest (für j-n) übrig: *Nach Abzug der Steuern verbleiben Ihnen € 10000* **2** (***mit j-m***) ***irgendwie v.*** e-e Diskussion, ein Gespräch mit e-r Vereinbarung beenden ≈ etw. vereinbaren: *„Wie seid ihr gestern verblieben?" - „Wir sind so verblieben, dass wir uns heute Abend noch einmal treffen"* || ID ⟨In Erwartung ihrer Antwort, Mit freundlichen Grüßen⟩ ***verbleibe ich Ihr / Ihre*** + *Name*; *veraltend*; verwendet als sehr höfliche Schlussformel am Ende e-s Briefes

ver·blei·chen; *verblich, ist verblichen*; Vi ***etw. verbleicht*** etw. wird blass od. weniger intensiv ≈ etw. verblasst ⟨Farben, Fotos⟩ || NB: *mst* im Partizip Perfekt!

ver·bleit *Adj*; mit Blei ↔ bleifrei ⟨Benzin⟩

ver·blẹn·den; *verblendete, hat verblendet*; Vt *mst* ***etw. verblendet j-n*** etw. wirkt so stark auf j-n, dass er nicht mehr vernünftig urteilen kann: *vom plötzlichen Erfolg, vom Hass völlig verblendet sein* || NB: *mst* im Zustandspassiv! || *hierzu* **Ver·blẹn·dung** *die*; *mst Sg*

ver·blö·den; *verblödete, hat / ist verblödet*; *gespr*; Vt (*hat*) **1 *etw. verblödet j-n*** etw. macht j-n dumm ≈ etw. verdummt j-n; Vi (*ist*) **2** dumm werden ≈ verdummen || *hierzu* **Ver·blö·dung** *die*; *nur Sg*

ver·blụf·fen; *verblüffte, hat verblüfft*; Vt/i (***j-n***) ***v.*** j-n mit etw. überraschen, womit er überhaupt nicht gerechnet hat: *(j-n) durch seine Ehrlichkeit v.; zu e-m verblüffenden Ergebnis kommen; über j-s Verhalten verblüfft sein* || *hierzu* **Ver·blụf·fung** *die*; *nur Sg*

ver·blü·hen; *verblühte, ist verblüht*; Vi ***etw. verblüht*** etw. hört auf zu blühen od. fängt an zu welken ⟨Blumen, Blüten, Bäume⟩

ver·blu·ten; *verblutete, ist verblutet*; Vi ***ein Mensch / ein Tier verblutet*** ein Mensch / ein Tier verliert so viel Blut, dass er / es stirbt

ver·bohrt *Adj*; *gespr pej*; von seiner Meinung nicht abzubringen ≈ starrsinnig, stur || *hierzu* **Ver·bohrt·heit** *die*; *nur Sg*

ver·bọr·gen 1 *Partizip Perfekt*; ↑ ***verbergen*** (1) **2** *Adj*; weit abgelegen, nicht leicht auffindbar ⟨e-e Landschaft, ein Dorf⟩ **3** nicht leicht wahrzunehmen, nicht sofort sichtbar ⟨e-e Gefahr, ein Hinweis; ein Schatz; Talente⟩ **4 *im Verborgenen*** ≈ geheim **5 *etw. bleibt j-m / für j-n verborgen*** j-d wird von e-r Sache nicht erfahren || *zu* **2** u. **3** **Ver·bọr·gen·heit** *die*; *nur Sg*

Ver·bot *das*; *-(e)s, -e*; e-e Vorschrift, ein Befehl, etw. nicht od. nicht länger zu tun ⟨ein V. aussprechen, befolgen, beachten, einhalten, übertreten; j-m ein V. erteilen; gegen ein V. verstoßen⟩ || K-: ***Verbots-, -schild, -tafel, -zeichen*** || -K: ***Ausfuhr-, Ausgeh-, Einfuhr-, Einreise-, Park-, Rauch-, Spiel-, Überhol-*** || *zu* **1 ver·bots·wid·rig** *Adj*

ver·bo·ten 1 *Partizip Perfekt*; ↑ ***verbieten* 2** *Adj*; *gespr*; hässlich, lächerlich: *Er / Sie sieht v. aus* || *zu* **1 ver·bo·te·ner·wei·se** *Adv*

ver·brä·men; *verbrämte, hat verbrämt*; Vt ***etw.*** (***mit / durch etw.***) ***v.*** den negativen Teil e-r Sache durch positive Aspekte verschleiern od. überdecken: *Unannehmlichkeiten durch schöne Worte v.*

Ver·brauch *der*; *-(e)s*; *nur Sg*; **1 *der V.*** (***von / an etw.*** (*Dat*)) die Menge, die verbraucht wird ⟨e-n hohen V. an etw. haben⟩: *den V. (an / von Energie) reduzieren* || -K: ***Benzin-, Energie-, Strom-, Wasser-*** || NB: zwischen *von / an* u. der genannten Sache steht kein Artikel **2 *etw. ist sparsam im V.*** etw. verbraucht nur wenig Strom, Benzin *usw*

ver·brau·chen; *verbrauchte, hat verbraucht*; Vt ***etw. v.*** e-e bestimmte Menge von etw. für e-n bestimmten Zweck (regelmäßig) verwenden (bis nichts mehr da ist): *im Urlaub zweitausend Euro v.*; *bei e-r Arbeit viel Kraft v.*

Ver·brau·cher *der*; *-s, -*; j-d, der Waren kauft u. verbraucht ≈ Konsument ↔ Erzeuger || K-: ***Verbraucher-, -aufklärung, -beratung, -schutz***

Ver·brau·cher·zent·ra·le *die*; Ⓓ e-e Beratungsstelle (des Verbraucherverbandes) für Verbraucher, d. h. die Bürger als Käufer u. Konsumenten

ver·braucht 1 *Partizip Perfekt*; ↑ ***verbrauchen* 2** *Adj*; mit wenig Sauerstoff ≈ stickig ↔ frisch ⟨Luft⟩ **3** *Adj*; durch ein langes, anstrengendes Leben schwach u. müde ⟨ein Mensch; alt u. v.⟩

ver·bre·chen; *verbricht, verbrach, hat verbrochen*; Vt ***etw. v.*** *gespr*; etw. Böses od. Schlechtes tun: *Warum bist du so wütend? Was habe ich denn (Schlimmes) verbrochen?* || NB: *mst* im Perfekt od. Plusquamperfekt!

Ver·bre·chen *das*; *-s, -*; **1** e-e (böse) Tat, die gegen das Gesetz verstößt u. die vom Staat bestraft wird ⟨ein gemeines, brutales, schweres V.; ein V. begehen, verüben; ein V. aufdecken, aufklären, ahnden⟩: *Mord u. andere schwere Verbrechen wurden früher mit dem Tod bestraft* || K-: ***Verbrechens-, -bekämpfung, -verhütung*** || -K: ***Gewalt-, Kriegs-, Sexual-*** **2** *pej*; verwendet als Bezeichnung für e-e Handlung, die man als sehr negativ für die Menschheit od. für die Natur hält: *Es ist ein V., dass man in diesem schönen Tal e-e Autobahn baut* || ID *mst* ***Das ist doch kein V.!*** *gespr*; verwendet, um e-e Handlung *o.Ä.* zu rechtfertigen

Ver·bre·cher *der*; *-s, -*; j-d, der (regelmäßig) Verbrechen begeht || K-: ***Verbrecher-, -bande, -jagd, -kartei*** || -K: ***Berufs-, Gewohnheits-, Kriegs-, Schwer-*** || *hierzu* **Ver·bre·che·rin** *die*; *-, -nen*

ver·bre·che·risch *Adj*; **1** ⟨e-e Absicht, e-e Handlung, ein Verhalten⟩ so, dass sie wie ein Verbrechen (1) zu beurteilen sind **2** sehr schlimm ⟨Fahrlässigkeit, Leichtsinn⟩ **3** ⟨e-e Organisation, ein Regime⟩ so, dass sie auch Verbrechen (1) nicht scheuen

ver·brei·ten; *verbreitete, hat verbreitet*; Vt **1 *etw. v.*** bewirken, dass es etw. in e-m größeren Gebiet gibt als vorher: *e-e ansteckende Krankheit v.*; *Die Pollen der Blumen werden meist durch Bienen verbreitet* **2 *etw. v.*** etw. in seiner Umgebung wirksam werden lassen ⟨e-n Geruch, Kälte, Licht, Wärme v.⟩: *Dein Parfüm verbreitet e-n wunderbaren Duft* **3 *etw. v.*** etw. viele Menschen wissen lassen: *e-e Suchmeldung über den Rundfunk v.*; *(die Nachricht) v., dass die Firma geschlossen wird* **4 *etw.*** (***um sich***) ***v.*** ein Gefühl *o.Ä.*, das man selbst hat, in anderen wirken lassen ≈ ausstrahlen ⟨Gelassenheit, Heiterkeit, Ruhe, Zuversicht *usw* (um sich) v.⟩ **5 *etw.*** (***irgendwo***) ***v.*** ein bestimmtes Gefühl *o.Ä.* in anderen Menschen entstehen lassen ⟨Entsetzen, Angst u. Schrecken v.; (gute) Stimmung v.⟩; Vr **6 *etw. verbreitet sich irgendwo / über etw.*** (*Akk*) etw. gelangt an alle Stellen e-r Fläche, e-s Gebietes, e-s Raumes *o.Ä.* u. wird überall wirksam ⟨ein Geruch, e-e Krankheit, Qualm⟩: *Die Seuche verbreitete sich schnell im ganzen / über das ganze Land* **7 *etw. verbreitet sich*** (***irgendwo***) etw. wird vielen Menschen bekannt ⟨e-e Nachricht, e-e Neuigkeit, ein Gerücht verbreitet sich wie ein Lauffeuer (= sehr schnell)⟩ **8 *sich über etw.*** (*Akk*) ***v.*** *geschr*; (zu) ausführlich auf ein Thema eingehen || *hierzu* **Ver·brei·tung** *die*; *nur Sg*

Die Verbreitung der deutschen Sprache

Deutsch gehört zur Gruppe der germanischen Sprachen.
Auch außerhalb Deutschlands ist Deutsch in einigen Ländern Muttersprache: so in **Österreich**, einem großen Teil der **Schweiz**, **Südtirol**, **Liechtenstein** und in einigen Gebieten Frankreichs, Belgiens, der Niederlande und Luxemburgs, die an Deutschland angrenzen. Es wird von mehr als 100 Millionen Menschen gesprochen.

ver·brei·tern; *verbreiterte, hat verbreitert*; Vt **1 *etw. v.*** etw. breiter machen: *e-e Durchfahrt v.*; Vr **2 *etw. verbreitert sich*** etw. wird breiter: *An der Mündung verbreitert sich der Fluss* || *hierzu* **Ver·brei·te·rung** *die*; *nur Sg*

ver·brei·tet 1 *Partizip Perfekt*; ↑ ***verbreiten* 2** *Adj*; so, dass es in e-m großen Gebiet od. bei vielen Menschen vorkommt: *Diese Ansicht ist sehr v.*

ver·bren·nen; *verbrannte, hat / ist verbrannt*; Vi (*ist*) **1 *j-d / etw. verbrennt*** j-d / etw. wird durch Feuer getötet od. zerstört: *Das Auto fing nach dem Unfall Feuer u. verbrannte* **2 *j-d / etw. verbrennt*** j-d / etw. nimmt durch zu lange Hitze od. Sonneneinstrahlung Schaden: *Ich habe den Braten vergessen, jetzt ist er verbrannt u. ungenießbar*; *aufpassen, dass man in der Sonne nicht verbrennt* **3 *etw. verbrennt*** (***zu etw.***) e-e Substanz wird durch Einwirkung von Sauerstoff (in andere Substanzen) umgewandelt: *Kohlenhydrate verbrennen im menschlichen Körper zu Kohlensäure u. Wasser*; Vt (*hat*) **4 *j-n / sich / etw. v.*** mithilfe von Feuer bewirken, dass j-s / sein eigener Körper od. etw. zerstört wird: *Gartenabfälle v.*; *Die Römer verbrannten ihre Toten*; *Er hat sich mit Benzin übergossen u. verbrannt*; *Holz zu Asche v.* **5 *sich*** (*Dat*) ***etw.*** (***an etw.*** (*Dat*)) ***v.*** sich verletzen od. wehtun, indem ein Körperteil mit etw. Heißem in Berührung kommt od. man zu lange in der Sonne liegt: *Ich habe mir (am Ofen) die Finger verbrannt*; *Sie hat sich (beim Sonnen) den Rücken verbrannt*; Vr (*hat*) **6 *sich*** (***an etw.*** (*Dat*) ***/ irgendwo***) ***v.*** ≈ v. (5) || ID ***sich*** (*Dat*) ***die Finger / die Pfoten v.*** (*hat*) *gespr*; etw. Unvorsichtiges tun u. dadurch Schaden erleiden; ***sich*** (*Dat*) ***den Mund v.*** (*hat*) *gespr*; unüberlegt od. unbedacht etw. sagen, das unangenehme Folgen haben kann

Ver·bren·nung *die*; *-, -en*; **1** die Handlung, durch die j-d / etw. verbrannt (4) wird || -K: ***Bücher-, Hexen-, Müll-, Toten-*** **2** *nur Sg*; der chemische Vorgang des Verbrennens (3): *die V. von Treibstoff*

zu Energie || K-: ***Verbrennungs-, -maschine, -motor*** **3** e-e Wunde, die man durch Feuer od. große Hitze bekommen hat ≈ Brandwunde: *schwere Verbrennungen davontragen*

ver·brieft *Adj*; *nicht adv*; schriftlich bestätigt ≈ garantiert ⟨ein Recht⟩

ver·brin·gen; *verbrachte, hat verbracht*; [Vt] **1** ***etw. irgendwo v.*** e-e bestimmte Zeit lang an e-m Ort sein: *den Sonntagvormittag im Bett v.*; *e-n freien Tag am Meer v.* **2** ***etw.*** (***irgendwie, irgendwo, mit etw.***) ***v.*** während e-r bestimmten Zeit etw. tun: *mit Freunden e-n schönen Abend v.*; *Wie hast du das Wochenende verbracht?*; *Sie verbrachten den ganzen Tag mit Faulenzen*

ver·brü·dern, sich; *verbrüderte sich, hat sich verbrüdert*; [Vr] ⟨Personen⟩ ***verbrüdern sich***; ***j-d verbrüdert sich mit j-m*** *mst* zwei Personen (oft Feinde od. Gegner) schließen Freundschaft || *hierzu* **Ver·brü·de·rung** *die* || ► ***Brüderschaft***

ver·brü·hen; *verbrühte, hat verbrüht*; [Vt] ***j-m / sich etw. v.***; ***j-n / sich v.*** j-n / sich mit e-r heißen Flüssigkeit od. Dampf verletzen: *Ich habe mir mit dem kochenden Wasser die Hand verbrüht*

ver·bu·chen; *verbuchte, hat verbucht*; [Vt] **1** ***etw.*** (***irgendwo***) ***v.*** etw. in e-m Geschäftsbuch od. auf e-m Konto eintragen: *e-e Einzahlung auf e-m Konto v.* **2** ***etw. als etw. v.*** etw. als etw. beurteilen, werten ⟨*mst* etw. als Erfolg, Sieg v.⟩ || *zu* **1 Ver·bu·chung** *die*; *mst Sg*

Ver·bum [v-] *das*; *-s, Ver·ben / Ver·ba* ≈ Verb

ver·bum·meln; *verbummelte, hat verbummelt*; *gespr*; [Vt] **1** ***etw. v.*** *oft pej*; e-e bestimmte Zeit ohne sinnvolle Beschäftigung verbringen: *den ganzen Vormittag v.* **2** ***etw. v.*** nicht rechtzeitig an etw. denken, weil man sich nicht darauf konzentriert hat ⟨e-n Termin, e-e Verabredung v.⟩

Ver·bund *der*; *-(e)s, -e*; **1** e-e feste Verbindung von Bauteilen *o.Ä.* || K-: ***Verbund-, -bauweise, -glas, -stahl*** **2** ***im V.*** *Ökon*; als e-e Art Einheit: *Verkehrsbetriebe, die im V. arbeiten* || -K: ***Verkehrs-***

ver·bun·den 1 *Partizip Perfekt*; ↑ ***verbinden***[1], ***verbinden***[2] **2** *Adj*; ***etw. ist mit etw. v.*** etw. hängt mit etw. zusammen, tritt mit etw. zusammen auf: *Der Aufbruch war mit großer Hektik verbunden* **3** *Adj*; ***falsch v. sein*** die falsche Telefonnummer gewählt haben **4** *Adj*; ***j-m irgendwie v.*** mit der genannten Beziehung zu j-m ⟨j-m freundschaftlich, in Liebe v. sein; sich j-m v. fühlen (= j-n gern mögen)⟩ **5** *Adj*; ***j-m sehr v. sein*** *geschr veraltend*; j-m Dank schulden || *zu* **4 Ver·bun·den·heit** *die*; *nur Sg*

ver·bün·den, sich; *verbündete sich, hat sich verbündet*; [Vr] ⟨Personen, Staaten *o.Ä.*⟩ ***verbünden sich*** (***gegen j-n / etw.***); ***j-d / etw. verbündet sich mit j-m / etw.*** (***gegen j-n***) zwei od. mehrere Personen, Staaten *o.Ä.* schließen ein Bündnis: *sich in e-m Krieg mit e-m Land gegen ein anderes v.* || NB: oft im Zustandspassiv verwendet: *Frankreich u. Deutschland sind (miteinander) verbündet* || *hierzu* **Ver·bün·de·te** *der / die*; *-n, -n*

ver·bür·gen; *verbürgte, hat verbürgt*; [Vt] **1** (***j-m***) ***etw. v.*** ≈ garantieren: *in der Verfassung verbürgte Grundrechte*; [Vr] **2** ***sich für j-n / etw. v.*** ≈ für j-n / etw. garantieren: *Ich verbürge mich* dafür, dass *er die Wahrheit sagt* || ► ***Bürge***

ver·bürgt 1 *Partizip Perfekt*; ↑ ***verbürgen*** **2** *Adj*; *nicht adv*; als richtig bestätigt ≈ authentisch ⟨e-e Nachricht, e-e Tatsache⟩

ver·bü·ßen; *verbüßte, hat verbüßt*; [Vt] ***etw. v.*** e-e Zeit lang zur Strafe im Gefängnis sein ⟨e-e Haftstrafe v.⟩ || *hierzu* **Ver·bü·ßung** *die*; *nur Sg*

ver·chro·men [-k-]; *verchromte, hat verchromt*; [Vt] ***etw. v.*** etw. aus Eisen *o.Ä.* mit e-r dünnen Schicht Chrom bedecken || *hierzu* **Ver·chro·mung** *die*

Ver·dacht *der*; *-(e)s*; *nur Sg*; **1** ***ein V.*** (***gegen j-n / etw.***) die Annahme, dass j-d etw. Verbotenes od. Illegales getan hat ⟨ein (un)begründeter V.; der dringende, nicht der leiseste V.; V. (gegen j-n) schöpfen, hegen; etw. erregt, erweckt (j-s) V.; über jeden V. erhaben sein; der V. fällt auf / richtet sich gegen / trifft j-n⟩: *j-n wegen des Verdachts auf Drogenhandel verhaften* **2** ***ein V.*** (***auf etw.*** (*Akk*)) die Annahme, dass etw. (wahrscheinlich) der Fall ist: *Es besteht der V.*, dass *sie ermordet wurde*; *Man weiß noch nicht, was sie hat, aber es besteht V. auf Krebs* **3** die Situation, in der sich j-d befindet, der verdächtigt wird ⟨in V. geraten, kommen; in / unter V. stehen; j-n in (falschen) V. bringen; j-n in / im V. haben⟩: *Er steht in / im V., den Schmuck gestohlen zu haben* **4** ***auf V.*** *gespr*; im Glauben od. in der Annahme, dass es so richtig ist

ver·däch·tig *Adj*; **1** so, dass es Anlass zu Verdacht gibt ⟨ein Verhalten; v. aussehen; etw. kommt j-m v. vor⟩: *Wenn Sie etw. Verdächtiges hören od. sehen, rufen Sie bitte die Polizei*; *sich durch Flucht v. machen* **2** so, dass es befürchten lässt, dass etw. nicht in Ordnung sei ⟨ein Geräusch⟩: *e-n verdächtigen Knoten unter der Haut fühlen* || -K: ***krebs-*** **3** (***etw.*** (*Gen*)) ***v.*** *nicht adv*; in Verdacht (1), ein Verbrechen begangen zu haben: *e-s Mordes v. sein* || -K: ***mord-, tat-*** || *zu* **3 Ver·däch·ti·ge** *der / die*; *-n, -n*

-ver·däch·tig *im Adj*, *wenig produktiv*; mit guten Aussichten, etw. zu werden od. zu bekommen; ***hitverdächtig, medaillenverdächtig, nobelpreisverdächtig, rekordverdächtig***

ver·däch·ti·gen; *verdächtigte, hat verdächtigt*; [Vt] ***j-n*** (***etw.*** (*Gen*)) ***v.*** glauben, dass j-d an etw. schuld sein könnte: *j-n des Diebstahls, des Mordes v.*; *Sie verdächtigte ihn, gelogen zu haben* || *hierzu* **Ver·däch·ti·gung** *die*

ver·dam·men; *verdammte, hat verdammt*; [Vt] **1** ***j-n / etw. v.*** j-n / etw. für sehr unmoralisch halten u. deswegen ein sehr negatives Urteil über ihn / darüber sprechen ≈ verurteilen (2) **2** *mst* ***j-d ist verdammt*** j-d wird nach seinem Tod von Gott für immer bestraft **3** ***j-n zu etw. v.*** j-n zwingen, etw. Unangenehmes zu tun od. zu ertragen **4** ***j-d / etw. ist zu etw. verdammt*** j-d muss etw. Unangenehmes tun od. ertragen, etw. Unangenehmes wird mit etw. geschehen ⟨j-d ist zum Nichtstun verdammt; etw. ist zum Scheitern verdammt⟩ || *hierzu* **Ver·dam·mung** *die*; *nur Sg*; *zu* **1 ver·dam·mens·wert** *Adj*; *zu* **2 Ver·damm·te** *der / die*; *-n, -n*; **Ver·damm·nis** *die*; *nur Sg*

ver·dammt 1 *Partizip Perfekt*; ↑ ***verdammen*** **2** *Adj*; *nur attr, nicht adv, gespr pej*; sehr unangenehm ≈ verflucht: *So ein verdammter Mist!*; *Er ist ein verdammter Idiot* **3** *Adj*; *nur attr od adv, gespr*; verwendet, um Adjektive, Adverbien od. Substantive zu verstärken ≈ wahnsinnig (3): *verdammtes Glück haben*; *Es ist v. kalt hier* **4** *Interjektion*; *gespr*; *mst in* ***v.*** (***nochmal***)***!*** verwendet, um großen Ärger auszudrücken

ver·damp·fen; *verdampfte, hat / ist verdampft*; [Vi] (*ist*) **1** ***etw. verdampft*** e-e Flüssigkeit wird zu Dampf: *Beim Kochen verdampft ein Teil des Wassers*; [Vt] (*hat*) **2** ***etw. v.*** bewirken, dass etw. zu Dampf wird

ver·dan·ken; *verdankte, hat verdankt*; [Vt] ***j-d verdankt etw. j-m / etw.***; ***etw. ist j-m / etw. zu v.***; ***j-d hat j-m / etw. etw. zu verdanken*** *oft iron*; etw. ist so, weil es durch j-d anderen / etw. anderes verursacht wurde: *Ihm haben wir zu v.*, dass *wir jetzt so viel Arbeit haben!*; *Er verdankt sein Leben e-m glücklichen Zufall*; *Du hast mir zu v.*, dass *du mit ins Kino darfst*; *Das relativ milde Klima in Irland ist dem Golfstrom zu v.*

ver·darb *Imperfekt, 1. u. 3. Person Sg*; ↑ **verderben**
ver·dat·tert *Adj*; *gespr*; sehr überrascht
ver·dau·en; *verdaute, hat verdaut*; [Vt/i] **1** (**etw.**) **v.** die Nahrung im Magen u. im Darm auflösen, sodass der Körper sie aufnehmen kann; [Vt] **2 etw. v.** *gespr*; etw. psychisch od. geistig bewältigen ⟨ein Erlebnis, e-n Schock v.; e-e Lektüre v.⟩
ver·dau·lich *Adj*; *nicht adv*; so, dass man es verdauen kann: *Das Essen ist leicht / schwer v.*; *ein schwer verdauliches, fettes Essen* **2 leicht v.** *gespr*; leicht zu verstehen ≈ einfach: *e-e leicht verdauliche Lektüre für den Urlaub* || *hierzu* **Ver·dau·lich·keit** *die*; *nur Sg*
Ver·dau·ung *die*; -; *nur Sg*; das Verdauen der Nahrung || K-: **Verdauungs-, -apparat, -organ, -störung, -trakt**
Ver·deck *das*; -*(e)s*, -*e*; ein bewegliches Dach für ein Auto, e-n Kinderwagen *o.Ä.*
ver·de·cken; *verdeckte, hat verdeckt*; [Vt] **1 j-d / etw. verdeckt j-n / etw.** j-d / etw. steht so vor e-r Person od. Sache, dass man diese nicht sehen kann: *Die Wolken verdecken die Sonne* **2 j-n / etw.** (**mit etw.**) **v.** e-e Person od. Sache mit etw. bedecken, damit man jene nicht mehr sehen kann: *Sie verdeckte das Loch in der Wand mit e-m Bild*
ver·deckt 1 *Partizip Perfekt*; ↑ **verdecken 2** verwendet, um auszudrücken, dass sich Polizisten bei der Untersuchung e-s Verbrechens nicht als Polizisten zu erkennen geben ⟨ein Ermittler, Ermittlungen⟩
ver·den·ken; *verdachte, hat verdacht*; [Vt] *mst in* **j-m etw. nicht v. können** *geschr*; Verständnis haben dafür, dass j-d etw. getan hat
Ver·derb ↑ **Gedeih**
ver·der·ben; *verdirbt, verdarb, hat / ist verdorben*; [Vi] *(ist)* **1 etw. verdirbt** etw. wird so schlecht, dass man es nicht mehr essen od. trinken kann: *Die Milch verdirbt, wenn sie nicht gekühlt wird*; [Vt] *(hat)* **2** (**j-m**) **etw. v.** etw. Positives od. etw., das als etw. Positives geplant war, zerstören: *e-n schönen Tag durch e-n Streit v.*; *Der Regen hat uns den Ausflug verdorben* **3 sich** *(Dat)* **etw. v.** durch sein Verhalten bewirken, dass ein Körperteil beschädigt wird: *sich bei schlechtem Licht die Augen v.* **4 j-m / sich etw. v.** j-m / sich ein angenehmes, positives Gefühl *o.Ä.* nehmen ⟨j-m den Appetit, die Freude, die (gute) Laune / Stimmung, den Spaß v.⟩: *Bitte sag mir nicht, wie der Film ausgeht, sonst ist mir die Freude daran verdorben* **5 j-n / etw. v.** durch seinen eigenen schlechten Charakter j-n / j-s Charakter *o.Ä.* (*bes* in Bezug auf Sexualität) sehr negativ beeinflussen ⟨j-s Charakter v.⟩ **6 sich** *(Dat)* (**mit etw.**) **den Magen v.** etw. essen, wovon einem übel wird **7 die Preise v.** *gespr*; als Händler seine Waren billiger verkaufen als die Konkurrenz bzw. als Arbeitnehmer für weniger Geld arbeiten, als üblich ist **8 es** (**sich** *(Dat)*) **mit j-m v.** j-s Freundschaft od. Sympathie durch eigene Schuld verlieren ≈ sich etw. verscherzen: *Du gibst immer allen Recht, weil du es (dir) mit niemandem v. willst* || *zu* **1 ver·derb·lich** *Adj*; *nicht adv*; **Ver·derb·lich·keit** *die*; *nur Sg*
Ver·der·ben *das*; -*s*; *nur Sg*, *geschr* ≈ Untergang (4), Ruin ⟨j-n ins V. stürzen; (offenen Auges) in sein / ins V. rennen⟩: *Krieg bringt Tod u. V.* || *hierzu* **Ver·der·ben brin·gend** *Adj*
ver·derbt *Adj*; *veraltend*; moralisch schlecht ⟨ein Mensch⟩ || *hierzu* **Ver·derbt·heit** *die*; *nur Sg*
ver·deut·li·chen; *verdeutlichte, hat verdeutlicht*; [Vt] (**j-m / sich**) **etw. v.** j-m / sich etw. deutlich(er) od. verständlicher machen: *j-m ein Problem v.* || *hierzu* **Ver·deut·li·chung** *die*; *mst Sg*
ver·dich·ten; *verdichtete, hat verdichtet*; [Vr] **1 etw. verdichtet sich** etw. wird dichter od. stärker ⟨der Nebel, die Wolken; die Gerüchte⟩; [Vt] **2 etw. v.** etw. mithilfe von Druck dichter machen ⟨Dampf, Gase, Flüssigkeiten v.⟩
ver·die·nen; *verdiente, hat verdient*; [Vt/i] **1** ((**sich** *(Dat)*) **etw.**) **v.** als Lohn für seine Arbeit Geld bekommen ⟨ehrlich verdientes Geld⟩: *zwölf Euro in der Stunde / pro Stunde / die Stunde v.*; *sich das Geld für e-n Urlaub v.*; *sich mit Nachhilfestunden ein paar Euro nebenbei v.*; *(sich) seinen Lebensunterhalt als Musiker v.*; *Obwohl beide verdienen, kommen sie kaum über die Runden, weil die Miete so hoch ist* **2** (**etw.**) (**bei / an / mit etw.** *(Dat)*) **v.** durch ein Geschäft *o.Ä.* Geld bekommen: *Das Reisebüro verdient an jeder Reise 10%*; [Vt] **3 j-d / etw. verdient etw.** j-d / etw. bekommt etw. (aufgrund seines Handelns / seiner Beschaffenheit) zu Recht od. sollte es bekommen: *Er hat ein Lob, e-e Strafe verdient*; *Nach dieser Anstrengung habe ich e-e Pause verdient*; *Du hast es eigentlich nicht verdient,* dass *ich dich mitnehme*; *Seine Beschwerden verdienen nicht, ernst genommen* zu *werden* || ID **Womit habe ich das nur / bloß verdient?** *gespr*; verwendet, um darüber zu klagen, dass einem etw. Unangenehmes passiert ist || *zu* **3 ver·dien·ter·ma·ßen** *Adv*
Ver·dienst[1] *der*; -*(e)s*, -*e*; *mst Sg*; **1** das Geld, das man für seine Arbeit bekommt || K-: **Verdienst-, -ausfall, -bescheinigung, -grenze, -möglichkeit 2** das Geld, das man durch den Verkauf von Waren verdient ≈ Gewinn || K-: **Verdienst-, -spanne**
Ver·dienst[2] *das*; -*(e)s*, -*e*; e-e Tat od. e-e Leistung, die die Anerkennung anderer findet ⟨j-m etw. als / zum V. anrechnen⟩: *Es ist sein V., dass das Museum gebaut werden konnte* || K-: **Verdienst-, -orden** || *hierzu* **ver·dienst·voll** *Adj*
ver·dient 1 *Partizip Perfekt*; ↑ **verdienen 2** *Adj*; *nur attr, nicht adv*; ⟨ein Forscher, ein Politiker⟩ so, dass sie besondere Verdienste[2] vorweisen können ≈ verdienstvoll **3** *Adj*; **sich um etw. v. machen** für e-e wichtige Sache viel u. gute Arbeit leisten
ver·dirbt *Präsens, 3. Person Sg*; ↑ **verderben**
ver·don·nern; *verdonnerte, hat verdonnert*; [Vt] **j-n zu etw. v.** *gespr*; j-m e-e Strafe od. eine unangenehme Arbeit geben: *j-n zu e-r hohen Geldstrafe v.*
ver·dop·peln; *verdoppelte, hat verdoppelt*; [Vt] **1 etw. v.** die Menge, Zahl, Größe *o.Ä.* von etw. zweimal so groß machen ↔ halbieren: *die Milchproduktion v.*; *seine Anstrengungen v.*; [Vr] **2 etw. verdoppelt sich** etw. wird doppelt so viel, so groß *o.Ä.* || *hierzu* **Ver·dop·pe·lung, Ver·dopp·lung** *die*
ver·dor·ben *Partizip Perfekt*; ↑ **verderben** || *hierzu* **Ver·dor·ben·heit** *die*; *nur Sg*
ver·dor·ren; *verdorrte, ist verdorrt*; [Vi] **etw. verdorrt** etw. wird trocken u. dürr ⟨e-e Pflanze; e-e Wiese, ein Zweig⟩
ver·drän·gen; *verdrängte, hat verdrängt*; [Vt] **1 j-d verdrängt j-n / etw.** (**von / aus etw.**) j-d nimmt den Platz od. die Stelle von j-m ein ⟨j-n aus seiner Position, von seinem Platz v.⟩ **2 etw. verdrängt etw.** (**von / aus etw.**) etw. nimmt allmählich die Stelle od. die Funktion von etw. ein: *Die großen Segelschiffe wurden von Dampfschiffen verdrängt* **3 etw. v.** etw. psychisch Unangenehmes aus seinem Bewusstsein verschwinden lassen: *Sie hat (die Erinnerung an) das schreckliche Erlebnis verdrängt* || *hierzu* **Ver·drän·gung** *die*; *mst Sg*
ver·dre·cken; *verdreckte, hat / ist verdreckt*; *gespr pej*; [Vt] *(hat)* **1 etw. v.** etw. sehr schmutzig machen; [Vi] *(ist)* **2 etw. verdreckt** etw. wird sehr schmutzig: *Nach dem Sturm war das Auto völlig verdreckt* || NB: *mst* im Zustandspassiv!
ver·dre·hen; *verdrehte, hat verdreht*; [Vt] **1 etw. v.** etw. sehr stark od. zu stark drehen ⟨j-m den Arm v.⟩: *den Hals v., um zu sehen, was hinter einem ist* **2 die Au-**

V

gen v. die Augen (im Kreis) bewegen, *bes* weil man sehr verärgert ist od. sehr viel Angst hat **3 *etw. v.*** etw. absichtlich falsch darstellen ⟨die Tatsachen, die Wahrheit v.⟩ **4 *j-m den Kopf v.*** *gespr*; bewirken, dass sich j-d in einen verliebt **5 *das Recht v.*** *pej*; die Gesetze so interpretieren, dass aus dem Recht Unrecht wird (u. umgekehrt)

ver·dreht 1 *Partizip Perfekt*; ↑ ***verdrehen*** **2** *Adj*; *mst präd, gespr*; unkonzentriert u. nicht in der Lage, vernünftig zu denken: *Ich bin heute ganz v.* || *hierzu* **Ver·dreht·heit** *die*; *nur Sg*

ver·dre·schen; *verdrischt, verdrosch, hat verdroschen*; Vt ***j-n v.*** *gespr* ≈ verprügeln

ver·drie·ßen; *verdross, hat verdrossen*; Vt *geschr*; **1 *etw. verdrießt j-n*** etw. bewirkt, dass j-d sich ärgert **2 *sich*** (*Dat*) ***etw. nicht v. lassen*** sich nicht die Freude an etw. nehmen lassen || ► ***Verdruss***

ver·drieß·lich *Adj*; **1** voller Unzufriedenheit ≈ missmutig ⟨ein verdrießliches Gesicht machen; v. dreinschauen⟩ **2** *geschr veraltend* ≈ unangenehm ⟨e-e Angelegenheit, e-e Sache⟩ || *hierzu* **Ver·drieß·lich·keit** *die*; *mst Sg*

ver·dross *Imperfekt, 3. Person Sg*; ↑ ***verdrießen***

ver·dros·sen 1 *Partizip Perfekt*; ↑ ***verdrießen*** **2** *Adj* ≈ verdrießlich (1), missmutig ⟨ein Gesicht; v. aussehen⟩ || *hierzu* **Ver·dros·sen·heit** *die*; *mst Sg*

ver·drü·cken; *verdrückte, hat verdrückt*; *gespr*; Vt **1 *etw. v.*** e-e große Menge von etw. essen; Vr **2 *sich*** (***irgendwohin***) ***v.*** weggehen (ohne dass es andere merken), *bes* um nicht arbeiten zu müssen

Ver·druss *der*; *-es*; *nur Sg* ≈ Ärger ⟨(j-m) V. bereiten; zu j-s V.⟩

ver·duf·ten; *verduftete, ist verduftet*; Vi *gespr*; heimlich e-n Ort verlassen: *v., wenn die Polizei kommt*

ver·dum·men; *verdummte, hat / ist verdummt*; Vt/i (*hat*) **1 *etw. verdummt*** (***j-n*** (*mst Pl*)) etw. bewirkt, dass die Leute dumm werden: *Zu viel Fernsehen verdummt (die Leute)*; Vi (*ist*) **2** dumm werden ≈ verblöden || *hierzu* **Ver·dum·mung** *die*; *nur Sg*

ver·dun·keln; *verdunkelte, hat verdunkelt*; Vt **1 *etw. v.*** etw. dunkel machen ⟨e-n Raum v.⟩: *Die Wolken verdunkelten den Himmel*; Vt/i **2** (***etw.***) ***v.*** in e-m Zimmer, e-m Haus od. Gebiet die Lampen ausmachen od. bedecken: *Im Krieg verdunkelte man die Stadt*; Vr **3 *etw. verdunkelt sich*** etw. wird dunkel: *Der Himmel verdunkelt sich. Bald gibts ein Gewitter* || *hierzu* **Ver·dun·ke·lung** *die*; *mst Sg*

ver·dün·nen; *verdünnte, hat verdünnt*; Vt ***etw.*** (***mit etw.***) ***v.*** e-e Flüssigkeit *o.Ä. bes* mit Wasser mischen, damit sie nicht mehr so konzentriert ist: *Farbe mit Wasser, Lack mit e-m Lösungsmittel v.* || *hierzu* **Ver·dün·nung** *die*; *mst Sg*

ver·dün·ni·sie·ren, sich; *verdünnisierte sich, hat sich verdünnisiert*; Vr ***sich v.*** *gespr hum* ≈ verduften

ver·duns·ten; *verdunstete, ist verdunstet*; Vi ***etw. verdunstet*** e-e Flüssigkeit wird allmählich zu Gas (aber ohne zu kochen) ↔ etw. kondensiert || *hierzu* **Ver·duns·tung** *die*; *nur Sg* || ► ***Dunst*** (1)

ver·durs·ten; *verdurstete, ist verdurstet*; Vi sterben, weil man nichts zu trinken hat: *in der Wüste v.*

ver·dutzt *Adj*; überrascht u. verwirrt

ver·eb·ben; *verebbte, ist verebbt*; Vi ***etw. verebbt*** etw. wird allmählich schwächer u. hört auf ⟨der Beifall, der Lärm; j-s Begeisterung⟩

ver·edeln; *veredelte, hat veredelt*; Vt **1 *etw. v.*** etw. besonders bearbeiten od. es mit wertvollen Stoffen mischen, damit die Qualität besser wird ⟨Gewebe, Kohle, Metalle v.⟩ **2 *etw. v.*** e-e Pflanze dadurch qualitativ besser machen, dass man e-n Zweig e-r anderen Pflanze in sie pflanzt ⟨Obstbäume, Rosen, Weinstöcke v.⟩ || *hierzu* **Ver·ede·lung** *die*; *mst Sg*

ver·eh·ren; *verehrte, hat verehrt*; Vt **1 *j-n v.*** j-n ehren u. bewundern ≈ hoch schätzen: *j-n als großen Künstler v.* **2 *j-n v.*** j-n als ein höheres Wesen *o.Ä.* ansehen u. zu ihm beten ⟨Heilige v.; j-n als (e-n) Gott v.⟩ **3 *j-n v.*** *veraltend*; in j-n verliebt sein **4 *j-m etw. v.*** *hum*; j-m etw. schenken || *zu* **1** u. **3 Ver·eh·rer** *der*; *-s, -*; **Ver·eh·re·rin** *die*; *-, -nen*; *zu* **1** u. **2 Ver·eh·rung** *die*; *nur Sg*

ver·ehrt 1 *Partizip Perfekt*; ↑ ***verehren*** **2** *Adj*; verwendet als Teil e-r höflichen Anrede: *Meine sehr verehrten Damen u. Herren*

ver·ei·di·gen; *vereidigte, hat vereidigt*; Vt ***j-n v.*** j-n e-n Eid sprechen lassen ⟨Rekruten, Soldaten, Zeugen v.⟩: *ein vereidigter Sachverständiger* || *hierzu* **Ver·ei·di·gung** *die*; *mst Sg*

Ver·ein *der*; *-(e)s, -e*; e-e Organisation von Leuten mit ähnlichen Interessen od. Zielen ≈ Klub ⟨ein eingetragener, gemeinnütziger, wohltätiger V.; e-m V. beitreten; in e-n V. eintreten; aus e-m V. austreten; sich zu e-m V. zusammenschließen; e-n V. gründen⟩: *Mitglied in e-m V. zum Schutz der Vögel sein* || K-: ***Vereins-, -haus, -lokal, -mitglied, -satzung, -vorstand*** || -K: ***Alpen-, Fußball-, Gesang(s)-, Kegel-, Schützen-, Sport-, Tierschutz-, Turn-***

Die Vereine

In Deutschland gibt es etwa 300.000 Vereine. Etwa jeder vierte Deutsche ist Mitglied in einem Sportverein. Andere Vereine widmen sich zum Beispiel der Erhaltung und Pflege von Traditionen, dem Gartenbau oder der Tierzucht. Es gibt Gesangsvereine, Trachtenvereine, Wandervereine, Schrebergarten- und Hundezüchtervereinigungen und unzählige andere Arten von Vereinen. Für alle Interessen ist etwas dabei. Viele Deutsche verbringen einen großen Teil ihrer Freizeit in den Vereinen und haben dort ihre Freunde.

ver·ein·bar *Adj*; *nur präd, nicht adv*; ***etw. ist mit etw. v.***; ⟨Dinge⟩ ***sind miteinander v.*** zwei od. mehrere Dinge passen zueinander, können miteinander in Einklang gebracht werden

ver·ein·ba·ren; *vereinbarte, hat vereinbart*; Vt **1 *j-d vereinbart etw. mit j-m***; ⟨Personen⟩ ***vereinbaren etw.*** zwei od. mehrere Personen beschließen, etw. Bestimmtes zu tun: *e-n Treffpunkt v.*; *mit j-m v., ihn anzurufen* **2** *mst* ***etw. mit etw. v. können*** etw. so betrachten, dass es zu den moralischen Prinzipien *o.Ä.*, die man hat, passt ≈ etw. mit etw. in Einklang bringen: *So e-e Lüge kann ich mit meinem Gewissen nicht v.*

Ver·ein·ba·rung *die*; *-, -en*; ***e-e V.*** (***mit j-m***) etw., das man vereinbart (1) ≈ Abmachung ⟨e-e V. treffen; sich an e-e V. halten⟩ || *hierzu* **ver·ein·ba·rungs·ge·mäß** *Adv*

ver·ei·nen; *vereinte, hat vereint*; Vt ***j-n / etw. mit j-m / etw.*** (***zu etw.***) ***v.***; ⟨Personen / Dinge⟩ (***zu etw.***) ***v.*** *geschr*; zwei od. mehrere Personen / Dinge zusammenbringen u. zu e-r Einheit machen: *mit vereinten Kräften* (= gemeinsam) *für etw. kämpfen*; Vr **2 *sich mit j-m*** (***zu etw.***) ***v.***; ***sich*** (*Pl*) (***zu etw.***) ***v.*** *geschr*; sich zu e-m einheitlichen Ganzen zusammenschließen

ver·ein·fa·chen; *vereinfachte, hat vereinfacht*; Vt **1 *etw. v.*** etw. einfacher machen ↔ verkomplizieren: *ein Verfahren v.*; Vr **2 *etw. vereinfacht sich*** etw. wird einfacher || *hierzu* **Ver·ein·fa·chung** *die*

ver·ein·heit·li·chen; *vereinheitlichte, hat vereinheitlicht*; [Vt] **etw.** (*Kollekt od Pl*) **v.** Dinge so ändern, dass sie die gleichen Merkmale haben: *Maße v.* || *hierzu* **Ver·ein·heit·li·chung** *die*; *mst Sg*
ver·ei·ni·gen; *vereinigte, hat vereinigt*; [Vt] **1 etw. mit etw. v.**; 〈Dinge〉 **v.** zwei od. mehrere Dinge zu e-m Ganzen, zu e-r Einheit werden lassen: *Firmen zu e-m Konzern v.* **2 etw. in j-m / auf j-n v.** verschiedene Dinge irgendwo zusammenkommen od. gleichzeitig sein lassen: *zwei Ämter in e-r / auf e-e Person v.*; *die Mehrheit der Stimmen auf sich v.*; [Vr] **3 sich mit j-m / etw.** (**zu etw.**) **v.**; **sich** (*Pl*) (**zu etw.**) **v.** sich zu e-m einheitlichen Ganzen zusammenschließen
Ver·ei·ni·gung *die*; *-, -en*; **1** e-e Organisation mit e-m bestimmten Ziel **2** das Zusammenkommen od. Zusammenbringen von verschiedenen Dingen
ver·ein·nah·men; *vereinnahmte, hat vereinnahmt*; [Vt] **j-n / etw.** (**für sich**) **v.** *gespr*; j-n / etw. völlig für sich beanspruchen
ver·ein·sa·men; *vereinsamte, ist vereinsamt*; [Vi] einsam werden: *in der Großstadt völlig v.* || *hierzu* **Ver·ein·sa·mung** *die*; *nur Sg*
Ver·eins·mei·er *der*; *-s, -*; *gespr pej*; j-d, der in Vereinen übertrieben aktiv ist u. sich dort wohl fühlt
ver·eint 1 *Partizip Perfekt*; ↑ **vereinen 2** *Adj*; *mst in* **die Vereinten Nationen** e-e Organisation, der die meisten Staaten der Erde angehören u. deren Ziel es ist, Frieden auf der Welt zu schaffen u. zu erhalten; *Abk* UNO, UN
ver·ein·zelt *Adj*; *nur attr od adv*; nur gelegentlich vorkommend ↔ oft, häufig 〈das Auftreten, e-e Erscheinung; in vereinzelten Fällen; v. vorkommen〉: *Das Wetter morgen: v. Niederschläge*
ver·ei·sen; *vereiste, hat / ist vereist*; [Vi] (*ist*) **1 etw. vereist** etw. wird mit Eis bedeckt: *e-e vereiste Straße* || NB: *mst* im Zustandspassiv!; [Vt] (*hat*) **2 etw. v.** e-e sehr kalte Flüssigkeit auf e-n verletzten Körperteil sprühen, damit die Schmerzen nicht mehr zu spüren sind || *hierzu* **Ver·ei·sung** *die*; *mst Sg*
ver·ei·teln; *vereitelte, hat vereitelt*; [Vt] **etw. v.** verhindern, dass etw. Erfolg hat 〈ein Attentat, e-n Fluchtversuch, e-n Plan v.〉 || *hierzu* **Ver·ei·te·lung** *die*; *nur Sg*
ver·ei·tert *Adj*; *nicht adv*; voll Eiter 〈e-e Wunde〉
ver·en·den; *verendete, ist verendet*; [Vi] **ein Tier verendet** ein Tier stirbt
ver·en·gen, sich; *verengte sich, hat sich verengt*; [Vr] **etw. verengt sich** etw. wird (an e-r Stelle) enger: *E-e Flasche verengt sich am Flaschenhals* || *hierzu* **Ver·en·gung** *die*; *mst Sg*
ver·er·ben; *vererbte, hat vererbt*; [Vt] **1 j-m / etw. etw. v.**; **etw. an j-n / etw. v.** bestimmen, dass j-d / e-e Institution *o.Ä.* etw. bekommt, wenn man stirbt ≈ j-m / etw. etw. vermachen: *seiner Frau sein Vermögen v.*; *alles Geld an ein Waisenhaus v.* **2 j-m etw. v.**; **etw. an / auf j-n v.** durch seine Gene e-e Eigenschaft an seine Nachkommen weitergeben: *e-m Kind e-e Krankheit v.* || *zu* **2 Ver·er·bung** *die*; *mst Sg* || *zu* **2 ver·erb·bar** *Adj* || ► **Erbe, erblich**
ver·fah·ren[1]; *verfährt, verfuhr, ist verfahren*; [Vi] **1 irgendwie v.** auf bestimmte Art u. Weise handeln ≈ vorgehen: *nach e-m bestimmten Schema v.* **2 mit j-m / etw. irgendwie v.** j-n / etw. auf bestimmte Art u. Weise behandeln: *mit e-m Ladendieb milde v.*
ver·fah·ren[2]; *verfährt, verfuhr, hat verfahren*; [Vr] **1 sich** (**irgendwo**) **v.** aus Versehen in die falsche Richtung fahren: *sich in der Großstadt v.*; [Vt] **2 etw. v.** beim Fahren die genannte Menge Benzin *o.Ä.* verbrauchen: *zehn Liter Benzin v.*
ver·fah·ren[3] **1** *Partizip Perfekt*; ↑ **verfahren**[1], **verfahren**[2] **2** *Adj*; *nicht adv*; *mst* **e-e verfahrene Situation** e-e Situation mit vielen Problemen, die nur schwer zu lösen sind
Ver·fah·ren *das*; *-s, -*; **1** die Art u. Weise, wie *bes* in der Industrie etw. gemacht wird ≈ Methode 〈ein chemisches, technisches V.; ein V. entwickeln, anwenden, erproben, vereinfachen〉: *ein neues V. zur Reinigung von Abwässern* || K-: **verfahrens-, -technisch** || -K: **Herstellungs-, Produktions-, Verarbeitungs- 2 ein V.** (**gegen j-n / etw.**) die Untersuchungen, mit denen ein Rechtsfall vor Gericht geklärt wird ≈ Prozess 〈ein arbeits-, familien-, straf-, zivilrechtliches V.; ein V. anstrengen, einleiten, eröffnen, aussetzen, abschließen, einstellen, wieder aufnehmen, niederschlagen; ein V. läuft; in ein (schwebendes) V. eingreifen〉: *Der Angeklagte hat die Kosten des Verfahrens zu tragen* || -K: **Berufungs-, Disziplinar-, Gerichts-, Straf- 3** die Methode, nach der man an etw. arbeitet ≈ Handlungsweise, Vorgehen || K-: **Verfahrens-, -frage, -weise**
ver·fal·len; *verfällt, verfiel, ist verfallen*; [Vi] **1 etw. verfällt** ein altes Gebäude, das nicht mehr gepflegt od. benutzt wird, fällt allmählich zusammen: *e-e stillgelegte Fabrik v. lassen* **2 etw. verfällt** etw. kommt in e-n schlechten Zustand 〈die Kunst, die Kultur; die Moral, die Sitten〉 **3 etw. verfällt** etw. verschwindet allmählich 〈j-s Kraft, j-s Macht, j-s Gesundheit〉 **4** *mst* **j-d verfällt zusehends** j-s gesundheitlicher Zustand wird von Tag zu Tag schlechter **5 etw. verfällt** etw. verliert seine Macht u. seinen Zusammenhalt 〈ein Imperium, ein Reich〉 **6 etw. verfällt** etw. wird zu e-m bestimmten Zeitpunkt ungültig od. wertlos 〈ein Anspruch; e-e Briefmarke, e-e Fahrkarte, ein Gutschein; ein Pfand, ein Wechsel〉 || NB: aber: *ein Reisepass läuft ab* **7 in etw.** (*Akk*) **v.** ohne es zu wollen (u. ohne es zu bemerken) in e-n bestimmten Zustand kommen od. etw. anderes tun, als geplant war: *Vor Aufregung verfiel er mitten in der Rede in seinen Dialekt* **8 j-m / etw. v.** nicht ohne j-n / etw. leben können, auch wenn man sich selbst dadurch schadet ≈ von j-m / etw. abhängig werden 〈dem Alkohol, dem Laster, der Sünde, der Trunksucht v.〉 **9 dem Wahnsinn v.** wahnsinnig werden || ID **dem Tode verfallen sein** *geschr*; bald sterben müssen || *zu* **1-6 Ver·fall** *der*; *-(e)s*; *nur Sg*
Ver·falls·da·tum *das*; das Datum, bis zu dem der Hersteller garantiert, dass Lebensmittel genießbar sind 〈das V. ist überschritten; auf das V. achten〉
ver·fäl·schen; *verfälschte, hat verfälscht*; [Vt] **etw. v.** etw. falsch darstellen 〈e-e Geschichte, die Wahrheit v.〉 || *hierzu* **Ver·fäl·schung** *die*; *mst Sg*
ver·fan·gen, sich; *verfängt sich, verfing sich, hat sich verfangen*; [Vr] **1 sich in etw.** (*Dat*) **v.** in etw. hängen bleiben: *Viele Fische verfingen sich im Netz* **2 sich in Widersprüchen v.** etw. erzählen, woran die anderen merken, dass man gelogen hat
ver·fäng·lich *Adj*; *nicht adv*; 〈e-e Frage, e-e Situation〉 so, dass sie für j-n peinlich werden könnte || *hierzu* **Ver·fäng·lich·keit** *die*; *mst Sg*
ver·fär·ben; *verfärbte, hat verfärbt*; [Vr] **1 etw. verfärbt sich** (**irgendwie**) etw. bekommt e-e andere Farbe: *Der Himmel verfärbte sich* (*rot*); [Vt] **2 j-d / etw. verfärbt etw.** j-s Nachlässigkeit / etw. bewirkt, dass etw. e-e andere Farbe bekommt: *Die Blue Jeans haben die ganze Wäsche verfärbt* || *hierzu* **Ver·fär·bung** *die*
ver·fas·sen; *verfasste, hat verfasst*; [Vt] **etw. v.** sich e-n Text ausdenken u. ihn aufschreiben ≈ schreiben (2) 〈e-n Aufsatz, e-n Brief, ein Buch, e-n Roman *usw* v.〉 || *hierzu* **Ver·fas·ser** *der*; *-s, -*; **Ver·fas·se·rin** *die*; *-, -nen*
Ver·fas·sung[1] *die*; die (*mst* schriftlich festgelegten) Regeln in e-m Staat, die die Form der Regierung u.

V

die Rechte u. Pflichten der Bürger bestimmen || K-: **Verfassungs-, -änderung, -feind, -gericht, -recht, -reform** || *hierzu* **ver·fas·sungs·wid·rig** *Adj*

Ver·fas·sung[2] *die*; -; *nur Sg*; der allgemeine (Gesundheits)Zustand: *sich in schlechter körperlicher V. befinden*

Ver·fas·sungs·schutz *der*; *nur Sg*; **1** das Schützen der Verfassung e-s Staates ⟨das Bundesamt für V.⟩ **2** Ⓓ *gespr*; e-e Behörde, die die Aufgabe hat, den Staat vor extremen politischen Gruppen u. vor Terroristen zu schützen || *zu* **2 Ver·fas·sungs·schüt·zer** *der*; *-s, -*

ver·fau·len; *verfaulte, ist verfault*; Vi **etw. verfault** etw. wird faul u. schließlich verdorben: *Wenn es zu viel regnet, verfaulen die Kartoffeln in der Erde*

ver·fech·ten; *verficht, verfocht, hat verfochten*; Vt **etw. v.** etw. energisch verteidigen ⟨e-e Lehre, e-e Theorie v.⟩ || *hierzu* **Ver·fech·ter** *der*; **Ver·fech·te·rin** *die*

ver·feh·len; *verfehlte, hat verfehlt*; Vt **1 j-n / etw. v.** ein Ziel nicht treffen: *Die Kugel hat ihn knapp verfehlt; mit e-m Schuss das Tor v.; Der Schuss verfehlte das Tor* **2 j-n v.** j-n nicht treffen, weil man zu e-m anderen Zeitpunkt als er an e-m bestimmten Ort ist: *Wir wollten uns beim Rathaus treffen, haben uns aber verfehlt* **3 etw. verfehlt etw.** etw. hat nicht den gewünschten Erfolg: *Die Sitzung hat ihren Zweck verfehlt. Wir sind zu keinem Ergebnis gekommen* **4 das Thema v.** das Thema *bes* e-s Aufsatzes nicht richtig auffassen, das vorgegebene Thema nicht behandeln **5 j-d hat den Beruf verfehlt** j-d hat den falschen Beruf gewählt **6 etw. ist verfehlt** etw. ist falsch, kann nicht zum Ziel führen: *Die Maßnahmen der Regierung sind vollkommen verfehlt; Ich halte es für verfehlt, jetzt überstürzt* zu *handeln* || ID *mst* **Du hast den Beruf verfehlt** *gespr hum*; verwendet, um j-n zu loben, der gerade etw. geschickt gemacht hat, das er nicht beruflich gelernt hat

Ver·feh·lung *die*; -, *-en*; e-e Handlung, mit der man e-e moralische Regel verletzt

ver·fein·det *Adj*; *nicht adv*; ⟨Gruppen, Lager, Parteien⟩ einander gegenüber feindlich eingestellt ↔ befreundet: *Sie sind miteinander v.*

ver·fei·nern; *verfeinerte, hat verfeinert*; Vt **1 etw. v.** etw. feiner, besser machen ⟨etw. verfeinert den Geschmack; e-e Methode, e-n Stil v.⟩: *e-e Soße mit Sahne v.*; Vr **2 sich v.** feiner, besser werden || *hierzu* **Ver·fei·ne·rung** *die*

ver·femt *Adj*; *nicht adv*, *geschr*; mit dem Ruf, schlecht od. unmoralisch zu sein ≈ geächtet

ver·fil·men; *verfilmte, hat verfilmt*; Vt **etw. v.** ein Buch, ein Drama *o.Ä.* zu e-m Film machen ⟨e-n Roman v.⟩ || *hierzu* **Ver·fil·mung** *die*

ver·fil·zen; *verfilzte, ist verfilzt*; Vi **etw. verfilzt** etw. wird durch Gebrauch od. Schmutz verwickelt ↔ locker ⟨Haare, Wolle; ein Pullover⟩ || ► **Filz** (2)

ver·fins·tern, sich; *verfinsterte sich, hat sich verfinstert*; Vr **etw. verfinstert sich** etw. wird finster ⟨der Himmel; j-s Miene, j-s Gesicht⟩

ver·flech·ten; *verflicht, verflocht, hat verflochten*; Vt **1 etw. mit etw. v.** Dinge durch Flechten miteinander verbinden: *Bänder miteinander zu e-m Zopf v.*; Vr **2 etw. verflicht sich mit etw.** etw. wird eng mit etw. verbunden: *Wirtschaftszweige, die sich miteinander verflechten* || *zu* **2 Ver·flech·tung** *die*

ver·flie·gen[1]; *verflog, ist verflogen*; Vi **1 etw. verfliegt** etw. vergeht schnell ⟨die Zeit; e-e Laune, e-e Stimmung⟩: *Seine Begeisterung für schnelle Autos war schon bald wieder verflogen* **2 etw. verfliegt** etw. verschwindet aus der Luft ⟨der Nebel, der Rauch⟩

ver·flie·gen[2], **sich**; *verflog sich, hat sich verflogen*; Vr **sich v.** aus Versehen in die falsche Richtung fliegen

ver·flie·ßen; *verfloss, ist verflossen*; Vi **1 etw. verfließt mit etw.** etw. geht in etw. über u. wird dabei undeutlich ⟨Farben, Konturen, Umrisse⟩ **2 etw. verfließt** *geschr*; etw. vergeht[1] (1): *j-n aus verflossenen Tagen kennen*

ver·flixt 1 *Adj*; *gespr euph* ≈ verdammt (2,3) **2** *Interjektion*; *gespr* ≈ verdammt (4)

ver·flos·sen 1 *Partizip Perfekt*; ↑ **verfließen 2** *Adj*; *nur attr, nicht adv, gespr* ≈ ehemalig, früher ⟨*mst* ein Freund, e-e Freundin⟩ || *zu* **2 Ver·flos·se·ne**; *der / die*; *-n, -n*

ver·flu·chen; *verfluchte, hat verflucht*; Vt **j-n / etw. v.** sich sehr über e-e Person od. Sache ärgern u. ihr Böses wünschen ≈ verwünschen (1) || ► **Fluch** (1)

ver·flucht 1 *Partizip Perfekt*; ↑ **verfluchen 2** *Adj*; *gespr* ≈ verdammt (1) **3** *Interjektion*; *gespr!* ≈ verdammt (4)

ver·flüch·ti·gen, sich; *verflüchtigte sich, hat sich verflüchtigt*; Vr **1 etw. verflüchtigt sich** etw. verschwindet aus der Luft ⟨der Nebel, der Rauch; ein Geruch⟩ **2 etw. verflüchtigt sich** etw. wird zu Gas ≈ etw. verdunstet: *Alkohol verflüchtigt sich leicht*

ver·fol·gen; *verfolgte, hat verfolgt*; Vt **1 j-n / ein Tier / etw. v.** j-m / e-m Tier bzw. deren Spuren folgen od. sie suchen, um den Menschen / das Tier zu fangen ⟨e-n Verbrecher, e-e heiße Spur, Wild v.⟩ **2 j-n / etw. v.** hinter j-m hergehen, herfahren *o.Ä.*, *bes* um ihn zu beobachten od. weil man etw. von ihm will: *Die Touristen wurden von bettelnden Kindern verfolgt* **3 j-n v.** j-n schlecht behandeln u. ihn leiden lassen, *bes* weil er e-e andere Rasse, Religion od. politische Überzeugung hat ⟨j-n mit seinem Hass v.; sich verfolgt fühlen⟩: *politisch Verfolgten Asyl gewähren; von e-m totalitären Regime verfolgt werden* **4 j-n / etw.** (**mit Blicken / den Augen**) **v.** j-n / etw. aufmerksam beobachten: *Aufmerksam verfolgte er jede ihrer Bewegungen* **5 etw. v.** bei etw. interessiert zusehen *o.Ä.*, den Verlauf von etw. interessiert beobachten: *gespannt die Nachrichten v.; e-n Prozess von Anfang bis Ende v.* **6 etw.** (**mit etw.**) **v.** versuchen, etw. zu verwirklichen: *e-e bestimmte Absicht, ein Ziel, e-n Zweck (mit seinen Aktionen) v.* **7 e-e Politik / e-e Taktik** (+ *Gen*) **v.** e-e bestimmte Politik / e-e Taktik anwenden **8 j-d / etw. verfolgt j-n** j-d / etw. verschwindet nicht aus j-s Kopf ≈ j-d / etw. lässt j-n nicht los ⟨ein Gedanke, e-e Vorstellung verfolgt j-n⟩ **9 vom Pech / Unglück verfolgt sein** viel Pech haben **10** *mst* **etw. wird** (**irgendwie**) **verfolgt** etw. wird durch ein Gericht od. die Polizei untersucht ⟨ein Verbrechen, ein Vergehen gerichtlich, polizeilich, strafrechtlich v.⟩

Ver·fol·ger *der*; *-s, -*; j-d, der j-n / ein Tier verfolgt (1,2) ⟨e-n V. abschütteln⟩

Ver·fol·gung *die*; -, *-en*; **1** das Verfolgen (1,2) ⟨die V. aufnehmen⟩ || K-: **Verfolgungs-, -jagd 2** das Verfolgen (3): *die V. von Minderheiten* || -K: **Christen-, Juden-**

Ver·fol·gungs·wahn *der*; e-e geistige Krankheit, bei der man glaubt, man werde ständig verfolgt u. / od. ungerecht behandelt ⟨unter / an V. leiden⟩

ver·for·men; *verformte, hat verformt*; Vr **1 etw. verformt sich** etw. bekommt e-e andere Form: *Plastik verformt sich, wenn es großer Hitze ausgesetzt wird*; Vt **2 etw. v.** bewirken, dass etw. e-e andere Form bekommt || *hierzu* **Ver·for·mung** *die*; *zu* **2 Ver·form·bar·keit** *die*; *nur Sg*; **ver·form·bar** *Adj*

ver·frach·ten; *verfrachtete, hat verfrachtet*; Vt **1 etw.** (**irgendwohin**) **v.** etw. als Fracht in ein Fahrzeug laden od. irgendwohin schicken: *Güter in ein*

V

Schiff / nach Übersee v. **2** ***j-n irgendwohin v.*** *gespr*; j-n irgendwohin bringen: *e-n Kranken ins Bett v.* || *zu* **1 Ver·frach·tung** *die; mst Sg*

ver·frem·den; *verfremdete, hat verfremdet*; [Vt] ***etw. v.*** ein bekanntes Motiv *o.Ä.* auf außergewöhnliche Weise darstellen, um das Publikum zum Nachdenken anzuregen || *hierzu* **Ver·frem·dung** *die; mst Sg* || ► ***fremd*** (3)

Ver·frem·dungs·ef·fekt *der; geschr, Thea*; das Ergebnis der Verfremdung e-s Themas od. Motivs

ver·fres·sen *Adj; nicht adv, gespr pej*; mit der Neigung, oft u. sehr viel zu essen || *hierzu* **Ver·fres·sen·heit** *die; nur Sg*

ver·früht *Adj*; zu früh (geschehend): *verfrühte Freude*

ver·füg·bar *Adj; nicht adv*; vorhanden od. frei (u. einsetzbar): *mit allen verfügbaren Mitteln für etw. kämpfen; Bitte halten Sie sich für uns v.* || *hierzu* **Ver·füg·bar·keit** *die; nur Sg*

ver·fü·gen; *verfügte, hat verfügt*; [Vt] **1** ***etw. v.*** den offiziellen Befehl zu etw. geben ≈ anordnen: *den Bau e-r Straße v.; Das Gericht verfügte,* dass…; [Vi] **2** ***über j-n / etw. v.*** das Recht od. die Möglichkeit haben, über j-n / etw. zu bestimmen od. etw. für seine Zwecke zu benutzen: *über seine Zeit frei v. können; Sie dürfen jederzeit über mein Auto v.* **3** ***über etw.*** (*Akk*) ***v.*** *geschr* ≈ etw. besitzen, haben: *über ein großes Vermögen v.*

Ver·fü·gung *die*; **1** e-e Anordnung e-r Behörde ⟨e-e einstweilige, gerichtliche V.; e-e V. erlassen⟩ **2** das Recht od. die Möglichkeit, über j-n / etw. zu bestimmen, etw. für seine Zwecke zu benutzen ⟨etw. zur V. haben; j-m zur V. stehen; (j-m) etw. zur V. stellen; sich (j-m) zur V. halten, sich zu j-s V. halten⟩: *die freie V. über das Vermögen des Vaters haben; Halten Sie sich bitte für weitere Auskünfte (der Polizei) zur V.* **3** ***sein Amt zur V. stellen*** von seinem Amt zurücktreten

ver·füh·ren; *verführte, hat verführt*; [Vt] **1** ***j-n v.*** j-n dazu bringen, sexuellen Kontakt mit einem zu haben **2** ***j-n zu etw. v.*** j-n dazu bringen, etw. zu tun, das nicht vernünftig ist od. das er eigentlich nicht tun wollte: *j-n* dazu *v., ins Casino zu gehen* || *hierzu* **Ver·füh·rer** *der; -s, -*; **Ver·füh·rung** *die*

ver·füh·re·risch *Adj*; sehr attraktiv od. reizvoll ⟨ein Aussehen, ein Duft, ein Lächeln⟩

ver·füt·tern; *verfütterte, hat verfüttert*; [Vt] ***etw.*** (***an ein Tier***) ***v.*** etw. e-m Tier als Futter geben: *Hafer an die Pferde v.*

Ver·ga·be *die; -; nur Sg*; das Geben ⟨e-s Auftrags, e-s Preises, e-s Stipendiums⟩ || -K: ***Stellen-***

ver·gaf·fen, sich; *vergaffte sich, hat sich vergafft*; [Vr] ***sich in j-n v.*** *gespr* ≈ sich in j-n verlieben

ver·gäl·len; *vergällte, hat vergällt*; [Vt] ***j-m etw. v.*** j-m die Freude an etw. nehmen ⟨j-m das Leben v.⟩

ver·ga·lop·pie·ren, sich; *vergaloppierte sich, hat sich vergaloppiert*; [Vr] ***sich v.*** *gespr*; nicht genug nachdenken, bevor man etw. tut od. sagt (u. dadurch Fehler machen)

ver·gam·meln; *vergammelte, ist vergammelt*; [Vi] *gespr*; **1** ***etw. vergammelt*** etw. wird durch zu lange Lagerung schlecht od. unbrauchbar ⟨Lebensmittel⟩ **2** ***etw. v. lassen*** etw. nicht pflegen ≈ etw. verwahrlosen lassen

ver·gam·melt 1 *Partizip Perfekt*; ↑ ***vergammeln*** **2** *Adj; gespr* ≈ ungepflegt, verwahrlost ⟨v. sein, aussehen⟩

ver·gan·gen 1 *Partizip Perfekt*; ↑ ***vergehen***[1], ***vergehen***[2] **2** *Adj; nur attr, nicht adv* ≈ letzt-: *vergangene Woche, vergangenes Jahr*

Ver·gan·gen·heit *die; -; nur Sg*; **1** die Zeit, die schon vorbei ist ↔ Gegenwart, Zukunft ⟨die jüngste, weit zurückliegende V.; etw. liegt in der V.; aus (den Fehlern) der V. lernen⟩ || K-: ***Vergangenheits-, -bewältigung*** **2** j-s Leben od. die Existenz von etw. in der V. (1) ⟨j-d / etw. hat e-e bewegte, dunkle, ruhmreiche, unbewältigte V.; sich seiner V. schämen; stolz auf seine V. sein⟩ **3** die Form e-s Verbs, die zeigt, dass e-e Handlung od. ein Zustand in der V. (1) war ⟨ein Verb in die V. setzen; die Formen der V.⟩: *die erste V.* (= Imperfekt), *die zweite V.* (= Perfekt), *die dritte V.* (= Plusquamperfekt) || K-: ***Vergangenheits-, -form*** **4** ***etw. gehört der V. an*** etw. existiert nicht mehr od. ist nicht mehr üblich

Die Vergangenheit

Im Deutschen gibt es zwei verschiedene Verbformen, die eine Handlung in der einfachen Vergangenheit ausdrücken können: das **Imperfekt** oder **Präteritum** und das **Perfekt**. Zwischen den beiden Formen gibt es im Allgemeinen keinen Bedeutungsunterschied. Das Imperfekt wird eher im schriftlichen Bereich, das Perfekt eher im Alltagsgespräch verwendet. Es gibt auch regionale Unterschiede; so wird im Norden Deutschlands das Imperfekt bevorzugt, im Süden dagegen die Perfektform.

ver·gäng·lich *Adj; nicht adv*; so, dass es nur relativ kurze Zeit existiert: *Schönheit ist v.* || *hierzu* **Ver·gäng·lich·keit** *die; nur Sg*

ver·ga·sen; *vergaste, hat vergast*; [Vt] ***j-n v.*** j-n durch giftige Gase töten || *hierzu* **Ver·ga·sung** *die*

Ver·ga·ser *der; -s, -*; der Teil des Motors e-s Autos, der das Benzin mit Luft mischt

ver·gaß *Imperfekt, 1. u. 3. Person Sg*; ↑ ***vergessen***

ver·gä·ße *Konjunktiv II, 1. u. 3. Person Sg*; ↑ ***vergessen***

ver·ge·ben; *vergibt, vergab, hat vergeben*; [Vt/i] **1** (***j-m***) (***etw.*** (*Akk*)) ***v.*** j-m wegen e-r Handlung (durch die er einem geschadet hat) nicht mehr böse sein ≈ j-m etw. verzeihen: *Du brauchst dich nicht zu entschuldigen, das ist bereits vergeben u. vergessen*; [Vt] **2** ***etw.*** (***an j-n***) ***v.*** j-m etw. geben, worum er sich beworben hat ⟨e-n Auftrag (an e-e Firma), e-n Preis, ein Stipendium, e-e Stelle, e-e Wohnung, ein Zimmer v.⟩: *Die Wohnung, die ich haben wollte, ist bereits vergeben* **3** ***etw. v.*** e-e günstige Gelegenheit nicht nutzen ⟨e-e Chance v.⟩ **4** ***sich*** (*Dat*) ***nichts vergeben, wenn …*** seinem Ansehen, seiner Ehre nicht schaden, wenn (man etw. tut) || ID ***j-d ist bereits / schon vergeben*** *gespr*; j-d ist schon mit j-m verlobt od. verheiratet || *zu* **1 Ver·ge·bung** *die; mst Sg* || ► ***Vergabe***

ver·ge·bens *Adv* ≈ vergeblich

ver·geb·lich *Adj*; ohne Erfolg ⟨Mühe, ein Versuch⟩ || *hierzu* **Ver·geb·lich·keit** *die; nur Sg*

ver·ge·gen·wär·ti·gen; *vergegenwärtigte, hat vergegenwärtigt*; [Vr] ***sich*** (*Dat*) ***etw. v.*** sich e-r Sache bewusst werden ≈ sich etw. klarmachen: *Vergegenwärtigen Sie sich doch einmal, wie gefährlich die Lage ist*

ver·ge·hen[1]; *verging, ist vergangen*; [Vi] **1** ***etw. vergeht*** etw. geht vorbei, etw. wird zur Vergangenheit: *Wie die Zeit vergeht! - Ich muss jetzt wirklich gehen!* **2** ***etw. vergeht*** etw. hört (allmählich) auf ⟨Schmerzen, e-e Wirkung⟩ **3** ***j-m vergeht etw.*** j-d verliert ein gutes, positives Gefühl ⟨j-m vergeht der Appetit; j-m vergeht die Freude an etw., die Lust auf etw.⟩ **4** ***vor etw.*** (***fast***) ***v.*** etw. sehr intensiv

V

fühlen ⟨vor Angst, Hunger, Sehnsucht, Ungeduld *usw* (fast) v.⟩ **5 *etw. vergeht wie im Fluge*** etw. geht sehr schnell vorbei ⟨die Zeit, die Tage, der Urlaub⟩

ver·ge·hen², sich; *verging sich, hat sich vergangen*; [Vr] **1 *sich an j-m v.*** an j-m ein Verbrechen (*bes* ein sexuelles) begehen **2 *sich an etw.*** (*Dat*) ***v.*** *mst* etw. stehlen od. etw. zerstören, das einem nicht gehört ≈ sich an etw. vergreifen

Ver·ge·hen *das*; *-s*, *-*; e-e Handlung, die gegen ein Gesetz *o.Ä.* verstößt ⟨ein leichtes, schweres V.⟩

ver·gel·ten; *vergilt, vergalt, hat vergolten*; [Vt] ***(j-m) etw. (mit etw.) v.*** auf eine (*mst* schlechte) Tat mit e-r ähnlichen Tat reagieren

Ver·gel·tung *die*; *-*; *nur Sg* ≈ Rache ⟨V. üben⟩ || K-: ***Vergeltungs-, -angriff, -schlag***

ver·ges·sen; *vergisst, vergaß, hat vergessen*; [Vt/i] **1** ***(j-n / etw.) v.*** j-n / etw. aus dem Gedächtnis verlieren, sich nicht mehr an j-n / etw. erinnern können: *Ich habe ganz vergessen, wie man das macht*; *Ich habe vergessen, wer es haben wollte*; *Mein Vater vergisst leicht* **2** ***(j-n / etw.) v.*** nicht mehr an j-n / etw. denken: *Leider habe ich vergessen, dass Bernd gestern Geburtstag hatte*; *Und vergiss nicht, die Blumen zu gießen!*; *Ich glaube, der Kellner hat uns vergessen!*; *Du musst versuchen zu v.* (*was passiert ist*); [Vt] **3 *etw. (irgendwo) v.*** nicht daran denken, etw. mitzunehmen, wenn man weggeht, aussteigt *o.Ä.* ≈ liegen lassen: *seinen Schirm im Zug v.*; *seine Schlüssel zu Hause v.*; [Vr] **4 *sich v.*** die Kontrolle über sich selbst verlieren: *Als er zum vierten Mal gefoult wurde, vergaß er sich u. schlug seinen Gegenspieler* || ID ***Vergiss es!*** *gespr*; **a)** das hat keinen Sinn; **b)** das ist nicht so wichtig; ***Das kannst du v.!*** *gespr*; das hat keinen Sinn; *mst* ***Den / Die / Das kannst du v.!*** *gespr*; er / sie / es ist nichts wert, taugt nichts

Ver·ges·sen·heit *die*; *-*; *nur Sg*; *mst* ***j-d / etw. gerät / kommt in V.*** an j-n / etw. denkt niemand mehr, erinnert sich niemand mehr

ver·gess·lich *Adj*; *nicht adv*; ⟨ein Mensch⟩ so, dass er leicht u. oft etw. vergisst (2,3) || *hierzu* **Ver·gess·lich·keit** *die*; *nur Sg*

ver·geu·den; *vergeudete, hat vergeudet*; [Vt] ***etw. v.*** ≈ verschwenden ⟨Energie, Geld, Zeit v.⟩ || *hierzu* **Ver·geu·dung** *die*; *mst Sg*

ver·ge·wal·ti·gen; *vergewaltigte, hat vergewaltigt*; [Vt] ***j-n v.*** j-n (*mst* e-e Frau) zum Sex zwingen || *hierzu* **Ver·ge·wal·ti·gung** *die*; **Ver·ge·wal·ti·ger** *der*; *-s, -*

ver·ge·wis·sern, sich; *vergewisserte sich, hat sich vergewissert*; [Vr] ***sich (etw.*** (*Gen*)) ***v.*** (noch einmal) prüfen, um sicher zu sein, dass etw. zutrifft, richtig ist *o.Ä.*: *sich v.*, dass *die Tür abgeschlossen ist*

ver·gie·ßen; *vergoss, hat vergossen*; [Vt] **1 *etw. v.*** (ohne Absicht) e-e Flüssigkeit irgendwohin od. an die falsche Stelle gießen ≈ verschütten **2 *Tränen v.*** ≈ weinen || ID *mst* ***Es wurde viel Blut vergossen*** es wurden viele Leute getötet

ver·gif·ten; *vergiftete, hat vergiftet*; [Vt] **1 *j-d vergiftet etw.*** j-d tut absichtlich Gift in od. an etw.: *J-d hatte den Sherry vergiftet* **2 *j-d / etw. vergiftet etw.*** j-d / etw. macht etw. giftig: *Mit unseren Autos vergiften wir die Luft* **3 *j-n / ein Tier / sich v.*** j-n / ein Tier / sich selbst mit Gift töten od. krank machen **4 *j-d / etw. vergiftet etw.*** j-d / etw. hat e-n negativen, zerstörerischen Einfluss auf etw.: *Mit seinen Intrigen vergiftet er die Atmosphäre in unserer Gruppe*

Ver·gif·tung *die*; *-, -en*; **1** *nur Sg*; das Vergiften (1,2) e-r Person od. Sache **2** der Zustand, durch Gift krank zu sein ⟨an e-r V. leiden, sterben⟩ || K-: ***Vergiftungs-, -erscheinung, -symptom, -tod*** || -K: ***Alkohol-, Arsen-, Blei-, Fisch-, Fleisch-, Lebensmittel-, Pilz-, Quecksilber-, Rauch-***

ver·gil·ben; *vergilbte, ist vergilbt*; [Vi] ***etw. vergilbt*** etw. verliert die helle, weiße Farbe u. wird gelb ⟨ein Foto, Papier, Vorhänge⟩

V

Ver·giss·mein·nicht *das*; *-(e)s, -(e)*; e-e kleine Blume mit kleinen, hellblauen Blüten, die im Frühling blüht

ver·gisst *Präsens, 2. u. 3. Person Sg*; ↑ ***vergessen***

ver·git·tern; *vergitterte, hat vergittert*; [Vt] ***etw. v.*** etw. (zum Schutz *o.Ä.*) mit e-m Gitter versehen: *ein Fenster v.*

ver·gla·sen; *verglaste, hat verglast*; [Vt] ***etw. v.*** etw. mit e-r Glasscheibe versehen ⟨ein Fenster v.⟩

Ver·gleich *der*; *-(e)s, -e*; **1 *ein V. (mit j-m / etw.; zwischen*** ⟨Personen / Sachen⟩ (*Dat*)) das Betrachten von zwei od. mehreren Personen od. Dingen, um Ähnlichkeiten u. Unterschiede herauszufinden ⟨ein passender, treffender, gewagter, schiefer V.; e-n V. anstellen, ziehen; ein V. hinkt (= ist nicht treffend)⟩: *Im V. zum Vorjahr ist es dieses Jahr trocken u. warm* || K-: ***Vergleichs-, -maßstab, -möglichkeit*** **2** ein (feststehender) sprachlicher Ausdruck (wie *z.B. schwarz wie die Nacht*), der e-e Eigenschaft anschaulicher macht **3** *Jur*; die Einigung mit der gegnerischen Partei, damit ein Prozess nicht zu Ende geführt werden muss ⟨e-n V. herbeiführen, vorschlagen; sich auf e-n V. einigen⟩ || K-: ***Vergleichs-, -vorschlag*** || ID *mst* ***Das ist kein V.!*** *gespr*; das ist viel besser, schlechter *o.Ä.* als …; ***Das hält e-m V. nicht stand*** das ist viel schlechter als … || *zu* **1 ver·gleich·bar** *Adj*

ver·glei·chen; *verglich, hat verglichen*; [Vt] **1 *j-n / sich / etw.*** (*Kollekt od Pl*) ***v.***; ***j-n / sich / etw. mit j-m / etw. v.*** die Eigenschaften von zwei od. mehreren Personen od. Dingen betrachten, um Ähnlichkeiten u. Unterschiede herauszufinden: *die Preise* (*miteinander*) *v., bevor man etw. kauft* **2 *j-n / sich / etw. mit j-m / etw. v.*** sagen od. denken, dass j-d / man selbst / etw. (unter e-m bestimmten Aspekt) ähnlich wie j-d / etw. ist: *Er vergleicht sich gern mit großen Philosophen*; [Vr] **3** ⟨Personen⟩ ***vergleichen sich***; ***j-d vergleicht sich mit j-m*** *Jur*; zwei od. mehrere Personen einigen sich, sodass ein Prozess nicht weitergeführt werden muss || ID *mst* ***Das ist nicht zu v.!*** das ist etw. ganz anderes; ***j-d / etw. ist mit j-m / etw. nicht zu v.*** j-d / etw. ist sehr anders als j-d / etw. (*z.B.* sehr viel besser, schlechter *o.Ä.*)

ver·gleichs·wei·se *Adv*; im Vergleich mit j-d / etw. anderem: *Mit zehn Jahren ist ein Hund v. alt*

ver·glich *Imperfekt, 1. u. 3. Person Sg*; ↑ ***vergleichen***

ver·glü·hen; *verglühte, ist verglüht*; [Vi] ***etw. verglüht*** etw. löst sich durch starke Hitze auf: *Der Satellit verglühte beim Eintritt in die Erdatmosphäre*

ver·gnü·gen, sich; *vergnügte sich, hat sich vergnügt*; [Vr] ***sich (mit etw.) v.*** auf angenehme Weise (fröhlich) die Zeit verbringen ≈ sich amüsieren ↔ sich langweilen: *sich mit lustigen Spielen v.*

Ver·gnü·gen *das*; *-s, -*; **1** *nur Sg*; das Gefühl der Freude u. Zufriedenheit, das man empfindet, wenn man etw. Angenehmes tut od. erlebt ↔ Langeweile ⟨ein seltenes, kindliches V.; j-m V. bereiten; etw. aus / zum V. tun; etw. mit V. tun; kein, sein V. an j-m / etw. haben; V. an etw. (*Dat*) finden, bei etw. empfinden⟩: *Das Baby quietschte vor V.*; *Es machte ihm V., mit dem Kind zu spielen*; *Viel V. im Urlaub!* **2 *ein teures V.*** *iron*; e-e (unnötig) teure Sache: *Der Urlaub war ein teures V. - Man hat mir das ganze Auto ausgeraubt!* || ID ***sich*** (*Dat*) ***ein V. daraus machen, etw. zu tun*** Spaß daran haben, etw. Besonderes zu machen od. Ärger zu verursachen: *Er macht sich ein V. daraus, uns zu schikanieren*

ver·gnüg·lich *Adj*; **1** *nicht adv*; so, dass man dabei sein Vergnügen hat ↔ langweilig ⟨ein Abend, ein Spiel⟩ **2** *nur attr od adv, veraltend* ≈ vergnügt

ver·gnügt 1 *Partizip Perfekt*; ↑ **vergnügen 2** *Adj*; voll Vergnügen (1) ≈ heiter: *e-n vergnügten Tag zusammen verbringen*; *v. miteinander spielen* || *hierzu* **Ver·gnügt·heit** *die*; *mst Sg*

Ver·gnü·gun·gen *die*; *Pl*; Dinge, die man zum Vergnügen tut ⟨seinen V. nachgehen⟩ || K-: ***Vergnügungs-, -fahrt, -reise, -sucht***

Ver·gnü·gungs·park *der*; e-e große Fläche mit Karussells, Achterbahnen u. anderen Möglichkeiten zur Unterhaltung

ver·gol·den; *vergoldete, hat vergoldet*; [Vt] ***etw. v.*** etw. mit e-r sehr dünnen Schicht von Gold bedecken: *Die Medaille ist nicht aus massivem Gold, sondern nur vergoldet* || *hierzu* **Ver·gol·dung** *die*

ver·gönnt *Adj*; *mst in* ***etw. ist j-m (nicht) vergönnt*** *geschr*; j-d hat etw. (nicht) bekommen, das er brauchte od. sich wünschte: Es *war ihr nicht vergönnt, ein hohes Alter* zu *erreichen* || NB: *mst* verneint

ver·göt·tern; *vergötterte, hat vergöttert*; [Vt] ***j-n v.*** j-n (zu) sehr lieben od. verehren (u. deshalb seine Fehler od. Schwächen nicht erkennen): *Sie vergöttert ihre Kinder* || *hierzu* **Ver·göt·te·rung** *die*; *nur Sg*

ver·gra·ben; *vergräbt, vergrub, hat vergraben*; [Vt] **1** ***etw. v.*** ein Loch in die Erde graben, etw. dort hineintun u. dann wieder zuschütten: *Die Räuber haben den Schmuck unter e-m Baum vergraben* **2** ***sein Gesicht in den Händen v.*** *geschr*; (vor Scham, Verzweiflung od. Angst) sein Gesicht mit den Händen bedecken; [Vr] **3** ***ein Tier vergräbt sich*** ein Tier gräbt e-n Gang in die Erde u. versteckt sich dort ⟨der Hamster, der Maulwurf, die Wühlmaus *usw*⟩ **4** ***sich in etw.*** (*Dat* / *Akk*) ***v.*** sich sehr intensiv mit e-r bestimmten Arbeit beschäftigen, sodass man für etw. anderes kaum noch Zeit hat

ver·grä·men; *vergrämte, hat vergrämt*; [Vt] ***j-n v.*** j-n durch sein Verhalten ärgern ↔ erfreuen: *durch e-e Steuererhöhung die Wähler v.*

ver·grämt 1 *Partizip Perfekt*; ↑ **vergrämen 2** *Adj*; von großem Kummer erfüllt ≈ verhärmt ⟨ein Gesicht; v. aussehen⟩

ver·grau·len; *vergraulte, hat vergrault*; [Vt] *gespr*; **1** ***j-n (mit / durch etw.) v.*** unfreundlich sein u. dadurch bewirken, dass andere nichts mehr mit einem zu tun haben wollen: *Mit seinem Zynismus hat er allmählich alle Freunde vergrault* **2** ***j-m etw. v.*** durch sein Verhalten j-m die Freude an etw. nehmen

ver·grei·fen, sich; *vergriff sich, hat sich vergriffen*; [Vr] **1** ***sich an etw.*** (*Dat*) ***v.*** *euph*; etw. stehlen ⟨sich an fremdem Eigentum v.⟩ **2** ***sich an j-m v.*** *euph*; j-n verprügeln: *Er hat sich an seiner Frau vergriffen* **3** ***sich an j-m v.*** *euph*; j-n sexuell missbrauchen **4** ***sich im Ton v.*** etw. Unpassendes sagen

ver·grif·fen 1 *Partizip Perfekt*; ↑ **vergreifen 2** *Adj*; *nicht adv*; ⟨ein Buch, e-e Ware⟩ so, dass alles verkauft ist, auch der Hersteller nichts mehr davon hat ≈ ausverkauft ↔ lieferbar

ver·grö·ßern; *vergrößerte, hat vergrößert*; [Vt] **1** ***etw. v.*** etw. größer machen: *ein Zimmer v., indem man die Wand zum Nebenzimmer herausreißt* **2** ***etw. v.*** etw. beim Drucken, Kopieren *o.Ä.* größer machen ⟨ein Foto v.⟩; [Vi] **3** ***etw. vergrößert (irgendwie)*** etw. lässt etw. optisch größer erscheinen, als es in Wirklichkeit ist: *Dieses Fernglas vergrößert sehr stark*; [Vr] **4** ***etw. vergrößert sich*** etw. wird größer ↔ etw. verkleinert sich: *Die Geschwulst hat sich vergrößert* || *hierzu* **Ver·grö·ße·rung** *die*

Ver·grö·ße·rungs·glas *das* ≈ Lupe

Ver·güns·ti·gung *die*; -, *-en*; ein *mst* finanzieller Vorteil (aufgrund e-r offiziellen Regelung *o.Ä.*) ⟨j-m (soziale, steuerliche) Vergünstigungen gewähren; Vergünstigungen haben⟩ || ► ***günstig*** (1)

ver·gü·ten; *vergütete, hat vergütet*; [Vt] **1** ***j-m etw. v.*** j-m Geld zahlen, *bes* weil dieser e-n Schaden od. e-n finanziellen Nachteil gehabt hat ≈ j-n für etw. entschädigen ⟨j-m seine Unkosten v.⟩ **2** ***(j-m) etw. v.*** *bes Admin*; j-n für e-e bestimmte Arbeit bezahlen ⟨j-s Arbeit, Leistung v.⟩: *Die Stelle wird mit € 3400 vergütet* || *hierzu* **Ver·gü·tung** *die*

ver·haf·ten; *verhaftete, hat verhaftet*; [Vt] ***j-n v.*** j-n ins Gefängnis bringen (weil er verdächtigt wird, ein Verbrechen begangen zu haben): *Die Polizei verhaftete ihn noch am Tatort* || *hierzu* **Ver·haf·tung** *die*

ver·haf·tet 1 *Partizip Perfekt*; ↑ **verhaften 2** *Adj*; ***etw.*** (*Dat*) ***v.*** **(*sein*)** *geschr*; sehr stark von etw. beeinflusst (sein) ⟨der Tradition v. (sein)⟩

ver·hal·len; *verhallte, ist verhallt*; [Vi] ***etw. verhallt*** etw. wird immer leiser, bis man es nicht mehr hört ⟨j-s Rufe, Schritte, das Geläut der Glocken⟩

ver·hal·ten, sich[1]; *verhält sich, verhielt sich, hat sich verhalten*; [Vr] ***sich irgendwie v.*** in bestimmter Art u. Weise in e-r Situation handeln od. reagieren ⟨sich ruhig, still, abwartend, distanziert, reserviert v., sich j-m gegenüber korrekt v.⟩

ver·hal·ten, sich[2]; *verhält sich, verhielt sich, hat sich verhalten*; [Vr] **1** ***etw. verhält sich irgendwie*** etw. ist in e-r bestimmten Weise beschaffen: *Die Sache verhält sich ganz anders, als du denkst* **2** ***etw. verhält sich zu etw. wie ...*** etw. steht in e-m bestimmten Verhältnis zu etw.: *3 verhält sich zu 1 wie 6 zu 2*

ver·hal·ten[3]; *verhält, verhielt, hat verhalten*; *geschr*; [Vt] ***etw. v.*** ≈ zurückhalten, unterdrücken ⟨das Lachen, seine Tränen, seinen Zorn nicht mehr v. können⟩

ver·hal·ten[4] **1** *Partizip Perfekt*; ↑ ***verhalten***[1], ***verhalten***[2], ***verhalten***[3] **2** *Adj*; ⟨Hass, Wut, Freude, Schadenfreude; Ironie, Spott⟩ so (unterdrückt), dass ein anderer sie kaum bemerkt **3** *Adj*; sehr leise ⟨mit verhaltener Stimme sprechen⟩ **4** *Adj* ≈ defensiv, vorsichtig ⟨e-e Fahrweise, e-e Spielweise⟩

Ver·hal·ten *das*; *-s*; *nur Sg*; die Art u. Weise, wie ein Mensch od. Tier in verschiedenen Situationen handelt od. reagiert ⟨ein kluges, mutiges, seltsames V. zeigen; sein V. (gegenüber j-m) ändern⟩ || K-: ***Verhaltens-, -forscher, -forschung, -maßregel, -muster, -regel, -störung, -therapie, -weise*** || -K: ***Fahr-, Freizeit-, Rollen-, Sexual-; Verbraucher-, Wähler-***

ver·hal·tens·ge·stört *Adj*; *Psych*; in seinem Verhalten nicht so, wie es bei Menschen normal od. üblich ist ⟨ein Kind⟩

Ver·hält·nis *das*; *-ses, -se*; **1** ***das V. (von etw. zu etw.; zwischen etw.*** (*Dat*) ***u. etw.*** (*Dat*)) die Beziehung zwischen zwei od. mehreren Dingen, die man messen od. vergleichen kann ≈ Relation: *Saft u. Wasser im V. zwei zu eins (2:1) mischen*; *das V. zwischen Aufwand u. Ergebnis* || -K: ***Größen-, Mischungs-*** **2** ***ein V. (zu j-m / etw.)*** die Art der persönlichen Beziehung, die j-d zu j-m / etw. hat ⟨ein gutes, schlechtes, persönliches, gespanntes, gestörtes, freundschaftliches V. zu j-m haben⟩: *kein V. zur modernen Kunst haben* (= nichts damit anfangen können) || -K: ***Abhängigkeits-, Freundschafts-, Vertrauens-*** **3** ***ein V. (mit j-m)*** *gespr*; sexuelle Kontakte zu j-m, mit dem man nicht verheiratet ist ⟨ein V. mit j-m anfangen, haben⟩

ver·hält·nis·mä·ßig *Adv*; im Vergleich zu etw. anderem ≈ relativ: *Der Sommer in diesem Jahr war v. warm u. trocken*

Ver·hält·nis·mä·ßig·keit *die*; -; *nur Sg*, *geschr* ≈ Angemessenheit: *die V. der Mittel beachten*

Ver·hält·nis·se *die*; *Pl*; **1** die allgemeine Lage, die äußeren Umstände, die das Leben bestimmen ⟨die klimatischen, politischen V.⟩ **2** die sozialen Bedingungen, unter denen j-d lebt ⟨in bescheidenen, gesicherten, geordneten Verhältnissen leben⟩ **3** ***über***

seine V. leben mehr Geld ausgeben, als man hat || -K: ***Besitz-, Vermögens-***

Ver·hält·nis·wort *das*; *Pl Ver·hält·nis·wör·ter* ≈ Präposition

ver·han·deln; *verhandelte, hat verhandelt*; [Vi] **1** (***mit j-m / e-r Firma*** *o.Ä.*) (***über etw.*** (*Akk*)) ***v.*** mit j-m / e-m Vertreter e-r Firma *o.Ä.* (*mst* relativ lange) über etw. sprechen, um ein Problem zu lösen od. um sich mit ihm zu einigen: *Die beiden Staaten verhandeln über neue Möglichkeiten der kulturellen Zusammenarbeit* **2** *mst* ***das Gericht verhandelt gegen j-n*** *Jur*; ein Gerichtsprozess wird gegen j-n geführt: *Das Gericht verhandelt gegen sie wegen Diebstahls*; [Vt] **3** ***etw. wird*** (***vor Gericht***) ***verhandelt*** *Jur*; ein Fall wird in e-m Prozess vor Gericht behandelt: *Der Mordfall wurde in zweiter Instanz verhandelt*

Ver·hand·lung *die*; **1** *nur Pl*; die Diskussionen zu e-m bestimmten Thema (mit dem Ziel, ein bestimmtes Ergebnis zu erreichen): *Die Verhandlungen verliefen ergebnislos* || K-: ***Verhandlungs-, -basis, -bereitschaft, -gegenstand, -grundlage, -ort, -partner, -taktik*** || -K: ***Abrüstungs-, Friedens-, Koalitions-, Tarif-*** **2** ein Prozess vor Gericht: *Die V. musste kurz unterbrochen werden* || -K: ***Gerichts-*** || *zu* **1 ver·hand·lungs·be·reit** *Adj*

ver·han·gen *Adj*; *nicht adv*; mit großen grauen Wolken bedeckt ⟨der Himmel ist v.⟩ || -K: ***nebel-, wolken-***

ver·hän·gen[1]; *verhängte, hat verhängt*; [Vt] ***etw.*** (***mit etw.***) ***v.*** etw. durch etw. bedecken: *ein Fenster mit Decken v.*

ver·hän·gen[2]; *verhängte, hat verhängt*; [Vt] ***etw.*** (***über j-n / etw.***) ***v.*** *geschr*; e-e Strafe od. e-e ähnliche Maßnahme aussprechen ⟨e-e schwere Strafe (über j-n) v.; nächtliches Ausgehverbot, den Ausnahmezustand (über ein Land) v.; e-n Strafstoß v.⟩ || *hierzu* **Ver·hän·gung** *die*; *mst Sg*

Ver·häng·nis *das*; *-ses, -se*; *geschr*; ein großes (persönliches) Unglück: *Seine Spielleidenschaft wurde ihm zum Verhängnis*

ver·häng·nis·voll *Adj*; so, dass es für j-n zu e-m tragischen Unglück wird ≈ fatal, unheilvoll ⟨ein Fehler, ein Irrtum; etw. erweist sich als v.⟩

ver·harm·lo·sen; *verharmloste, hat verharmlost*; [Vt] ***etw. v.*** etw. Schlimmes so darstellen, dass es nicht so gefährlich erscheint ≈ bagatellisieren: *die Auswirkungen der Luftverschmutzung v.* || ► ***harmlos***

ver·härmt *Adj*; von Leiden u. Sorgen gezeichnet ≈ vergrämt ⟨e-e Frau; ein Gesicht; v. aussehen⟩

ver·har·ren; *verharrte, hat verharrt*; [Vi] *geschr*; **1** ***irgendwo / irgendwie v.*** mit e-r Bewegung aufhören u. kurze Zeit ganz ruhig bleiben od. seinen Platz nicht verlassen **2** ***in etw.*** (*Dat*) ***v.*** *geschr*; in e-m bestimmten seelischen Zustand bleiben: *in Hoffnungslosigkeit, Resignation, Trauer, Hoffnung, Optimismus v.*

ver·här·ten; *verhärtete, hat / ist verhärtet*; [Vi] (*ist*) **1** ***etw. verhärtet*** etw. wird hart ⟨Gips, Ton; der Boden; das Gewebe⟩; [Vr] (*hat*) **2** ***etw. verhärtet sich*** etw. wird hart: *Die Geschwulst hat sich verhärtet* **3** ***ein Verdacht verhärtet sich*** ein Verdacht scheint sich zu bestätigen || ID ↑ ***Front***

Ver·här·tung *die*; *-, -en*; **1** *nur Sg*; der Vorgang, bei dem ein Material hart wird **2** e-e Stelle unter der Haut, die hart geworden ist

ver·has·peln, sich; *verhaspelte sich, hat sich verhaspelt*; [Vr] ***sich v.*** *gespr*; sich (mehrere Male) versprechen: *sich vor Aufregung v.*

ver·hasst *Adj*; *nicht adv*; von vielen sehr gehasst ⟨ein Diktator, ein Regime⟩

ver·hät·scheln; *verhätschelte, hat verhätschelt*; [Vt] ***j-n v.*** *gespr pej*; ein Kind sehr verwöhnen ⟨ein Kind v.⟩

Ver·hau *der / das*; *-(e)s, -e*; **1** e-e Barriere aus Ästen u. Draht *usw* ⟨ein(en) V. errichten⟩ || -K: ***Draht-*** **2** *nur Sg*, *gespr* ≈ Unordnung

ver·hau·en; *verhaute, hat verhauen*; [Vt] *gespr*; **1** ***j-n v.*** ≈ verprügeln **2** ***etw. v.*** *gespr*; (*bes* von Jugendlichen verwendet) e-e (schriftliche) Prüfung sehr schlecht machen: *den Aufsatz, den Test v.*; [Vr] **3** ***sich*** (***bei etw.***) ***v.*** *gespr*; etw. völlig falsch einschätzen ≈ sich verkalkulieren, sich verrechnen

ver·hed·dern, sich; *verhedderte sich, hat sich verheddert*; *gespr*; [Vr] **1** ***etw. verheddert sich*** etw. bleibt irgendwo hängen, *mst* weil sich Fäden *o.Ä.* verwickelt haben: *Der Fallschirm hat sich an e-m Ast verheddert* **2** ***sich v.*** sich mehrere Male versprechen (u. nicht mehr wissen, wie man weitersprechen soll)

ver·hee·ren; *verheerte, hat verheert*; [Vt] ***etw. verheert etw.*** etw. zerstört ein großes Gebiet ≈ etw. verwüstet etw.: *Das Erdbeben hat weite Gebiete des Landes verheert* || *hierzu* **Ver·hee·rung** *die*

ver·hee·rend *Adj*; **1** mit schlimmen Folgen ≈ furchtbar, katastrophal ⟨ein Brand, ein Feuer, ein Erdbeben, ein Flugzeugabsturz; etw. wirkt sich v. (auf j-n / etw.) aus⟩ **2** *gespr* ≈ sehr schlecht: *Mit seiner neuen Frisur sieht er v. aus!*; *Seine Leistungen in der Schule sind v.*

ver·heh·len; *verhehlte, hat verhehlt*; [Vt] (***j-m***) ***etw. v.*** *geschr*; j-m *mst* seine Gedanken od. Gefühle nicht sagen bzw. nicht zeigen ≈ verheimlichen: *j-m seine geheimsten Wünsche v.*; *seine Schadenfreude nicht v. können*

ver·hei·len; *verheilte, ist verheilt*; [Vi] ***etw. verheilt*** etw. heilt ganz ⟨e-e Wunde, ein Knochenbruch⟩

ver·heim·li·chen; *verheimlichte, hat verheimlicht*; [Vt] (***j-m***) ***etw. v.*** j-m etw. nicht sagen (das er aber wissen sollte) ≈ verschweigen: *Er hat uns seine schwere Krankheit verheimlicht* || *hierzu* **Ver·heim·li·chung** *die*

ver·hei·ra·tet *Adj*; *nicht adv*; **1** in e-r Ehe lebend ↔ ledig; *Abk* verh. ⟨e-e Frau, ein Mann; glücklich, gut, jung v. sein⟩ **2** ***mit etw. v. sein*** *gespr hum*; etw. zum Mittelpunkt seines Lebens gemacht haben: *Ich bin mit dieser Firma nicht v.!*

ver·hei·ßen; *verhieß, hat verheißen*; [Vt] **1** ***j-m etw. v.*** *geschr*; j-m etw. prophezeien, voraussagen **2** ***etw. verheißt etw.*** *geschr*; etw. ist ein Zeichen dafür, dass etw. Bestimmtes geschehen wird: *Diese Entwicklung verheißt nichts Gutes*

Ver·hei·ßung *die*; *-, -en*; **1** *nur Sg*; das Verheißen (1) **2** das, was j-m verheißen (1) od. versprochen wurde: *Die Verheißungen erfüllten sich nicht*

ver·hei·ßungs·voll *Adj*; so, dass es Glück u. Erfolg zu bringen scheint ≈ Erfolg versprechend ⟨ein Anfang, ein Morgen; etw. beginnt v.⟩

ver·hei·zen; *verheizte, hat verheizt*; [Vt] **1** ***etw. v.*** etw. zum Heizen verwenden ⟨Holz, Briketts v.⟩ **2** ***j-n v.*** *gespr pej*; j-n rücksichtslos ausnutzen u. dadurch seine Kräfte erschöpfen

ver·hel·fen; *verhilft, verhalf, hat verholfen*; [Vi] ***j-m zu etw. v.*** helfen, dass j-d etw. bekommt: *j-m zu seinem Recht, zu e-r neuen Arbeitsstelle v.*

ver·herr·li·chen; *verherrlichte, hat verherrlicht*; [Vt] ***j-n / etw. v.*** j-n / etw. übertrieben positiv darstellen ≈ rühmen ⟨den Krieg v.⟩ || *hierzu* **Ver·herr·li·chung** *die*; *mst Sg* || ► ***herrlich***

ver·het·zen; *verhetzte, hat verhetzt*; [Vt] ***j-n*** (*Kollekt od Pl*) ***v.*** *pej*; durch böse Worte bewirken, dass e-e Gruppe von Personen Hass gegen andere empfindet ≈ aufwiegeln: *das Volk v.* || *hierzu* **Ver·het·zung** *die*

ver·heult *Adj*; *gespr*; rot u. geschwollen, weil man gerade geweint, geheult (4) hat ⟨Augen, ein Gesicht; v. aussehen⟩

ver·he·xen; *verhexte, hat verhext*; [Vt] ***j-n / etw.*** (***in***

etw. (*Akk*)) **v.** j-n / etw. durch Magie (in etw.) verwandeln || ID **Das ist ja wie verhext!** *gespr*; verwendet, um seinen Ärger darüber auszudrücken, dass einem etw. nicht gelingt

ver·hin·dern; *verhinderte, hat verhindert*; Vt **etw. v.** bewirken, dass etw. nicht geschieht od. dass j-d etw. nicht tun kann ≈ vermeiden: *ein Unglück, e-n Krieg, e-n Unfall v.*; *Ich konnte nicht v.*, dass *sie wegfuhr* || *hierzu* **Ver·hin·de·rung** *die*

ver·hin·dert 1 *Partizip Perfekt*; ↑ **verhindern 2** *Adj*; *nicht adv*; (**irgendwie**) **v.** (aus den angegebenen Gründen) nicht in der Lage, etw. zu tun od. an etw. teilzunehmen ⟨beruflich, dienstlich, wegen Krankheit v. sein⟩ **3** *Adj*; *nur attr, nicht adv*; *gespr, oft hum*; so, dass man Begabung od. Begeisterung für e-n Beruf *o.Ä.* zeigt, ihn aber nicht ausübt: *ein verhinderter Künstler*

ver·höh·nen; *verhöhnte, hat verhöhnt*; Vt **j-n v.** j-n beleidigen u. sich über seine Fehler u. Schwächen freuen ≈ verspotten || *hierzu* **Ver·höh·nung** *die*

ver·hoh·ne·pi·peln; *verhohnepipelte, hat verhohnepipelt*; Vt **j-n / etw. v.** *gespr* ≈ j-n / etw. verspotten, sich über j-n / etw. lustig machen

ver·hö·kern; *verhökerte, hat verhökert*; Vt **etw. v.** *gespr pej* ≈ verkaufen

Ver·hör *das*; *-(e)s, -e*; **1** das (intensive, gezielte) Fragen durch die Polizei (um e-n Sachverhalt zu klären) ⟨j-n e-m V. unterwerfen / unterziehen⟩ **2 j-n ins V. nehmen** *geschr* ≈ j-n verhören[1] || NB: Man spricht von dem *Verhör* e-s Angeklagten, jedoch von der *Vernehmung* e-s Zeugen

ver·hö·ren[1]; *verhörte, hat verhört*; Vt **j-n v.** als Polizist e-m Verdächtigen Fragen stellen, *bes* um ein Verbrechen zu klären || NB: aber: e-n Zeugen *vernehmen*

ver·hö·ren, sich[2]; *verhörte sich, hat sich verhört*; Vr **sich v.** etw. falsch hören: *Da haben Sie sich wohl verhört!*

ver·hül·len; *verhüllte, hat verhüllt*; Vt **1 j-n / etw.** (**mit etw.**) **v.** Stoff, Tücher *o.Ä.* um j-n / etw. legen: *das Gesicht mit e-m Schleier v.* **2 etw. verhüllt etw.** etw. bedeckt etw. ganz: *Wolken verhüllten den Gipfel des Berges*

ver·hun·gern; *verhungerte, ist verhungert*; Vi sterben, weil man nicht genug zu essen hat

ver·hun·zen; *verhunzte, hat verhunzt*; Vt **etw. v.** *gespr pej*; e-e Arbeit *o.Ä.* so nachlässig ausführen, dass das Ergebnis schlecht, hässlich *o.Ä.* ist

ver·hü·ten; *verhütete, hat verhütet*; Vt **etw. v.** verhindern, dass etw. geschieht, das man nicht wünscht ⟨ein Unglück, e-n Brand, e-n Krieg v.⟩

Ver·hü·tung *die*; *nur Sg*; **1** die Maßnahmen, die verhindern, dass etw. geschieht, was man nicht wünscht || -K: **Brand-, Unfall- 2** die Handlungen u. Maßnahmen, durch die man verhindert, dass e-e Frau schwanger wird || -K: **Empfängnis-**

Ver·hü·tungs·mit·tel *das*; ein Mittel (*z.B.* Kondome od. die Antibabypille), das man verwendet, um zu verhindern, dass e-e Frau schwanger wird

ve·ri·fi·zie·ren [v-]; *verifizierte, hat verifiziert*; Vt **etw. v.** *geschr*; etw. prüfen, um zu sehen, ob es richtig ist ⟨e-e Hypothese v.⟩ || *hierzu* **Ve·ri·fi·ka·ti·on** *die*; **ve·ri·fi·zier·bar** *Adj*; **Ve·ri·fi·zie·rung** *die*

ver·in·ner·li·chen; *verinnerlichte, hat verinnerlicht*; Vt **etw. v.** *geschr*; bestimmte Werte od. Überzeugungen übernehmen u. fest daran glauben

ver·ir·ren, sich; *verirrte sich, hat sich verirrt*; Vr **1 sich** (**irgendwo**) **v.** nicht den richtigen Weg finden u. somit nicht ans Ziel kommen ≈ sich verlaufen: *sich im Wald v.* **2 sich irgendwohin v.** irgendwohin kommen, wohin man eigentlich gar nicht wollte: *sich in e-n einsamen Stadtteil v.*

ver·ja·gen; *verjagte, hat verjagt*; Vt **j-n / ein Tier v.** j-n / ein Tier zwingen, wegzulaufen ≈ fortjagen, vertreiben: *den Fuchs (aus dem Hühnerstall) v.*

ver·jäh·ren; *verjährte, ist verjährt*; Vi **etw. verjährt** etw. kann nach e-r bestimmten Zeit nicht mehr strafrechtlich verfolgt werden od. etw. geht (als Recht) verloren ⟨ein Verbrechen; Schulden; j-s Ansprüche⟩ || *hierzu* **Ver·jäh·rung** *die*

ver·ju·beln; *verjubelte, hat verjubelt*; Vt **etw. v.** *gespr* ≈ verschwenden, verprassen ⟨sein Geld v.⟩

ver·jün·gen[1], **sich**; *verjüngte sich, hat sich verjüngt*; Vr **etw. verjüngt sich** etw. wird (nach oben hin) immer schmaler od. enger || *hierzu* **Ver·jün·gung** *die*

ver·jün·gen[2]; *verjüngte, hat verjüngt*; Vt **etw. v.** etw. mit jüngeren Leuten als bisher besetzen: *e-n Betrieb, die Vorstandschaft e-s Vereins v.* || *hierzu* **Verjün·gung** *die*; *mst Sg*

ver·ka·belt *Adj*; *mst in* **v. sein** *gespr*; Kabelfernsehen empfangen können || *hierzu* **ver·ka·beln** (*hat*) *Vt*

ver·kal·ken; *verkalkte, ist verkalkt*; Vi **1 etw. verkalkt** etw. funktioniert nicht mehr richtig, weil sich Kalk darin angesammelt hat ⟨Leitungen, Rohre; die Waschmaschine, die Kaffeemaschine⟩ **2 etw. verkalkt** *mst* Arterien verhärten sich durch Ablagerungen von zu viel Kristallen aus Kalk **3 j-d verkalkt** *gespr pej*; j-d wird älter u. verliert dabei die Fähigkeit, sich zu konzentrieren, sich Dinge zu merken *usw* || *hierzu* **Ver·kal·kung** *die*; *mst Sg*

ver·kal·ku·lie·ren, sich; *verkalkulierte sich, hat sich verkalkuliert*; Vr **1 sich v.** bei der Kalkulation e-n Fehler machen **2 sich v.** *gespr*; e-e Situation nicht richtig beurteilen

ver·kannt 1 *Partizip Perfekt*; ↑ **verkennen 2** *Adj*; *mst in* **ein verkanntes Genie a)** j-d, dessen Genialität keine Anerkennung gefunden hat; **b)** *hum*; j-d, der glaubt, ein Genie zu sein, es in Wirklichkeit aber nicht ist

ver·kappt *Adj*; *nur attr, nicht adv, mst pej*; nicht offensichtlich, aber doch zu erkennen: *Er ist ein verkappter Nationalist*

ver·ka·tert *Adj*; *gespr*; in e-m schlechten körperlichen u. seelischen Zustand, weil man am Tag vorher zu viel Alkohol getrunken hat ⟨v. sein, aussehen⟩ || ▶ **Kater**[2]

Ver·kauf *der*; **1** das Verkaufen (1) von Waren ⟨(j-m) etw. zum V. anbieten⟩ || K-: **Verkaufs-, -artikel, -preis, -stand 2** *nur Sg*; die Abteilung e-s Unternehmens, die Produkte verkauft ↔ Einkauf: *im V. tätig sein* || K-: **Verkaufs-, -abteilung, -direktor**

ver·kau·fen; *verkaufte, hat verkauft*; Vt/i **1** ((**j-m**) **etw.**) **v.**; (**etw.** (**an j-n**)) **v.** j-m e-e Ware, die er haben will, geben u. dafür von ihm Geld bekommen ↔ kaufen, einkaufen: *j-m sein Auto billig v.*; *Er verkauft an seinem Kiosk Zeitungen u. Zigaretten*; *Ich wollte das Grundstück unbedingt haben, aber sie will nicht v.*; Vt **2 j-m etw. als etw. v.** *gespr*; etw. als gut darstellen u. dafür sorgen, dass j-d sich dafür interessiert od. es auch gut findet: *Die Regierung will den Bürgern das neue Gesetz als großen Erfolg v.*; Vr **3 sich irgendwie v.** *gespr*; sich so verhalten, dass man e-n bestimmten Eindruck macht: *Bei seinem Vorstellungsgespräch hat er sich gut verkauft* **4 etw. verkauft sich irgendwie** etw. findet den genannten Absatz (3): *Warme Kleidung verkauft sich in diesem milden Winter nicht gut*

Ver·käu·fer *der*; *-s, -*; **1** j-d, der (beruflich) Waren verkauft: *Er arbeitet als V. in e-m Möbelgeschäft* || -K: **Auto-, Möbel-, Zeitungs- 2** *Jur*; j-d, der e-e Sache verkauft ↔ Käufer || *zu* **1 Ver·käu·fe·rin** *die*; *-, -nen*

ver·käuf·lich *Adj*; *nicht adv*; **1** zum Verkauf angeboten ↔ unverkäuflich: *Dieses Bild ist nicht v.* **2** *mst*

gut / schlecht / schwer v. so, dass es gerne / nur selten / kaum von Kunden gekauft wird

ver·kaufs·of·fe·n- *Adj; nur attr, nicht adv; früher mst* ***der verkaufsoffene Samstag*** ein Samstag, an dem die Geschäfte länger geöffnet haben als an anderen Samstagen

Ver·kaufs·schla·ger *der*; ein Produkt, das sehr oft u. gern gekauft wird

Ver·kehr *der*; *-(e)s*; *nur Sg*; **1** die Bewegung *bes* der Fahrzeuge auf den Straßen ⟨flüssiger, zähflüssiger, stockender V.; es herrscht starker, reger, wenig V.; der V. bricht zusammen, kommt zum Erliegen; e-e Straße für den V. freigeben, sperren⟩: *Ein Polizist regelt den V.* || K-: ***Verkehrs-, -ampel, -behinderung, -dichte, -durchsage, -fluss, -funk, -hindernis, -knotenpunkt, -lärm, -meldung, -minister, -ministerium, -stau, -stockung, -störung, -teilnehmer, -unfall, -unterricht*** || -K: ***Flug-, Schienen-, Stadt-, Straßen-*** **2** der Kontakt u. die Beziehungen, die man zu j-m hat ⟨den V. mit j-m abbrechen, wieder aufnehmen⟩ **3** *Kurzw* ↑ ***Geschlechtsverkehr*** ⟨mit j-m V. haben⟩ **4** ***etw. aus dem V. ziehen*** nicht mehr erlauben, dass etw. weiter verwendet wird: *alte Geldscheine aus dem V. ziehen* **5** ***j-n aus dem V. ziehen*** *gespr hum*; j-n auf e-m Gebiet nicht mehr aktiv sein lassen (*mst* weil er zu viel Schaden angerichtet hat)

ver·keh·ren[1]; *verkehrte, hat / ist verkehrt*; [Vi] **1** ***etw. verkehrt*** (***irgendwann***) (*hat / ist*) etw. fährt (regelmäßig) auf e-r Strecke ⟨Busse, Straßenbahnen, Züge⟩: *Die Straßenbahn zwischen dem Hauptbahnhof u. dem Zoo verkehrt alle zehn Minuten; Der Zug verkehrt nur an Wochentagen* **2** ***mit j-m*** (***irgendwie***) ***v.*** (*hat*) mit j-m Kontakt haben ⟨mit j-m freundschaftlich, brieflich, nur geschäftlich v.⟩ **3** ***irgendwo v.*** (*hat*) irgendwo od. bei j-m oft zu Gast sein: *In diesem Lokal verkehren hauptsächlich Studenten*

ver·keh·ren[2]; *verkehrte, hat verkehrt*; [Vt] **1** ***etw. v.*** etw. (absichtlich) falsch darstellen, völlig verändern ⟨etw. ins Gegenteil v.⟩: *Seine Worte wurden völlig verkehrt*; [Vr] **2** ***etw. verkehrt sich*** etw. verändert sich so stark, dass es das Gegenteil ausdrückt || *zu* **1 Ver·keh·rung** *die*

Ver·kehrs- *im Subst, wenig produktiv*; in Bezug auf den Fremdenverkehr; das ***Verkehrsamt***, das ***Verkehrsbüro***, der ***Verkehrsverein***

Ver·kehrs·auf·kom·men *das*; die Anzahl der Fahrzeuge in e-m bestimmten Bereich ⟨ein hohes / starkes V.⟩

ver·kehrs·be·ru·higt *Adj*; *mst in* ***e-e verkehrsberuhigte Zone*** ein Bereich (in der Stadt), in dem die Autos nur langsam fahren dürfen

Ver·kehrs·cha·os *das*; e-e Situation, in der so viele Fahrzeuge auf den Straßen sind, dass der Verkehr nicht mehr fließen kann

Ver·kehrs·de·likt *das*; ein Verstoß gegen die Regeln im Straßenverkehr

Ver·kehrs·er·zie·hung *die*; e-e Art Unterricht, in dem *bes* Kindern gezeigt wird, wie sie sich im Straßenverkehr richtig verhalten

ver·kehrs·güns·tig *Adj*; nahe an Haltestellen von Zügen od. Bussen gelegen ⟨e-e Lage⟩

Ver·kehrs·la·ge *die*; **1** die Lage e-r Wohnung, e-s Büros *o.Ä.* in Bezug auf die Verkehrsverbindungen **2** die Situation auf den Straßen zu bestimmten Zeiten: *Gegen Mittag war die V. wieder normal*

Ver·kehrs·leit·sys·tem *das*; *Transp*; *mst* elektronische Anzeigetafeln, die bei Bedarf in Betrieb sind u. dann *z.B.* vor e-m Stau warnen, e-e bestimmte Geschwindigkeit vorschreiben *o.Ä.*

Ver·kehrs·mit·tel *das*; *bes Admin*; ein Fahrzeug ⟨ein öffentliches V.⟩

Ver·kehrs·netz *das*; alle Straßen in e-m bestimmten Gebiet, die miteinander verbunden sind

Ver·kehrs·op·fer *das*; j-d, der bei e-m Unfall im (Straßen)Verkehr verunglückt (u. gestorben) ist

Ver·kehrs·re·gel *die*; *mst Pl*; eine von vielen gesetzlichen Vorschriften, wie man sich im Straßenverkehr verhalten muss

ver·kehrs·reich *Adj*; *nicht adv*; mit viel Verkehr ⟨e-e Straße⟩

Ver·kehrs·schild *das*; *-(e)s, -er* ≈ Verkehrszeichen

ver·kehrs·si·cher *Adj*; in e-m technisch so guten Zustand, dass es den Verkehr nicht gefährdet ⟨ein Fahrzeug⟩ || *hierzu* **Ver·kehrs·si·cher·heit** *die*; *nur Sg*

Ver·kehrs·sün·der *der*; *gespr*; j-d, der e-e Vorschrift im Straßenverkehr verletzt hat || K-: ***Verkehrssünder-, -kartei***

Ver·kehrs·ver·hält·nis·se *die*; *Pl* ≈ Verkehrslage

ver·kehrs·wid·rig *Adj*; so, dass es gegen die Regeln des Straßenverkehrs verstößt ⟨ein Verhalten⟩

Ver·kehrs·zei·chen *das*; ein Schild mit e-m Symbol, das den Verkehr regelt

ver·kehrt 1 *Partizip Perfekt*; ↑ ***verkehren***[1], ***verkehren***[2] **2** *Adj* ≈ falsch (5) ⟨etw. v. machen; etw. Verkehrtes tun⟩: *Ich bin aus Versehen in den verkehrten Zug eingestiegen; Deine Uhr geht v.* **3** *Adj*; der richtigen Stelle entgegengesetzt ⟨auf der verkehrten Seite gehen⟩: *Du hast die Zigarette am verkehrten Ende angezündet* **4** ***etw. v. herum anziehen*** etw. so anziehen, dass die Innenseite nach außen zeigt: *Du hast den Pullover v. herum angezogen* || *zu* **2 Ver·kehrt·heit** *die*; *nur Sg*

ver·kei·len, sich; *verkeilte sich, hat sich verkeilt*; [Vr] ***etw. verkeilt sich*** (***in etw.*** (*Akk*)) etw. schiebt sich so fest in etw., dass es nur schwer wieder davon getrennt werden kann: *Bei dem Aufprall haben sich zwei Waggons ineinander verkeilt*

ver·ken·nen; *verkannte, hat verkannt*; [Vt] ***j-n / etw. v.*** j-n / etw. falsch beurteilen ⟨den Ernst der Lage v.⟩: *Ich habe die Bedeutung seiner Worte völlig verkannt* || *hierzu* **Ver·ken·nung** *die*; *mst Sg*

Ver·ket·tung *die*; *mst* ***e-e V. unglücklicher Umstände*** *geschr*; e-e Reihe ungünstiger Ereignisse, die gleichzeitig od. kurz nacheinander passieren (u. e-e Katastrophe verursachen)

ver·kla·gen; *verklagte, hat verklagt*; [Vt] ***j-n*** (***auf etw.*** (*Akk*)) ***v.*** gegen j-n vor Gericht (in e-m Zivilprozess) klagen: *e-e Firma auf Schadenersatz v.*

ver·klap·pen; *verklappte, hat verklappt*; [Vt] ***etw. v.*** *mst* flüssige chemische Abfälle von e-m Schiff aus auf dem Meer ins Wasser schütten: *Dünnsäure v.* || *hierzu* **Ver·klap·pung** *die*; *nur Sg*

ver·klä·ren; *verklärte, hat verklärt*; [Vt] **1** ***etw. verklärt etw.*** etw. gibt j-s Gesicht e-n glücklichen Ausdruck ⟨ein verklärter Blick⟩; [Vr] **2** ***etw. verklärt sich*** etw. bekommt e-n glücklichen Ausdruck ⟨j-s Blick, Gesicht⟩ || *hierzu* **Ver·klä·rung** *die*

ver·klau·su·liert *Adj*; *oft pej*; sehr kompliziert ⟨ein Text, ein Satz⟩ || *hierzu* **ver·klau·su·lie·ren** (*hat*) [Vt]; **Ver·klau·su·lie·rung** *die* || ► ***Klausel***

ver·kle·ben; *verklebte, hat verklebt*; [Vt] **1** ***etw. v.*** etw. mit e-m Klebstreifen *o.Ä.* bedecken ≈ zukleben: *e-e Wunde mit Heftpflaster v.* **2** *mst* ***etw. ist verklebt*** etw. ist ganz klebrig: *Sie hatte verklebte Haare*

ver·kle·ckern; *verkleckerte, hat verkleckert*; [Vt] ***etw. v.*** *gespr*; (beim Essen) von der Nahrung etw. verschütten, sodass es Flecke auf dem Tisch gibt

ver·klei·den; *verkleidete, hat verkleidet*; [Vt] **1** ***j-n / sich*** (***als etw.***) ***v.*** j-m / sich etw. anziehen, um anders auszusehen od. um nicht erkannt zu werden: *sich im Karneval als Indianer v.* **2** ***etw.*** (***mit etw.***) ***v.*** etw. mit e-m bestimmten Material bedecken (*mst* als Schmuck od. Schutz): *Wände mit Holz v.*

Ver·klei·dung *die*; -, *-en*; **1** *mst Sg*; das Verkleiden (1) **2** die Kleidung *usw*, mit der man sich verkleidet (1): *j-n in seiner V. nicht erkennen* **3** *mst Sg*; das Verkleiden (2) **4** das Material, mit dem man etw. verkleidet (2): *e-e V. aus Holz* || -K: ***Holz-, Marmor-, Metall-***

ver·klei·nern; *verkleinerte, hat verkleinert*; Vt **1** ***etw. v.*** etw. kleiner machen ↔ vergrößern: *ein Zimmer v., indem man e-e Wand einzieht; die Belegschaft in e-m Betrieb v.* **2** ***etw. v.*** etw. beim Drucken, Kopieren *o.Ä.* kleiner machen ↔ vergrößern ⟨ein Foto v.⟩; Vr **3** ***etw. verkleinert sich*** etw. wird kleiner: *Die Geschwulst hat sich verkleinert* || *hierzu* **Ver·klei·ne·rung** *die*

ver·klem·men, sich; *verklemmte sich, hat sich verklemmt*; Vr ***etw. verklemmt sich*** etw. kommt in e-e Position, in der man ein (bewegliches) Teil nicht mehr bewegen kann: *Das Fenster hat sich verklemmt* || NB: *mst* im Perfekt!

ver·klemmt 1 *Partizip Perfekt*; ↑ **verklemmen 2** *Adj*; in seinem Verhalten nicht natürlich u. selbstbewusst, sondern schüchtern u. ängstlich ≈ gehemmt, verkrampft ⟨(sexuell) v. sein⟩ || *hierzu* **Ver·klemmt·heit** *die*; *mst Sg*

ver·kli·ckern; *verklickerte, hat verklickert*; Vt ***j-m etw. v.*** *gespr*; (*bes* von Jugendlichen verwendet) j-m etw. erklären od. klarmachen

ver·klin·gen; *verklang, ist verklungen*; Vi ***etw. verklingt*** etw. wird leiser, bis man es nicht mehr hört ⟨ein Lied, der Beifall⟩

ver·kna·cken; *verknackte, hat verknackt*; Vt ***j-n (zu etw.) v.*** *gespr*; (als Richter) j-n zu e-r (*mst* hohen) Strafe verurteilen

ver·knack·sen; *verknackste, hat verknackst*; Vt ***(sich** (Dat)**) etw. v.*** *gespr* ≈ (sich) etw. verstauchen ⟨sich den Fuß, das Handgelenk v.⟩

ver·knal·len, sich; *verknallte sich, hat sich verknallt*; Vr ***sich (in j-n) v.*** *gespr* ≈ sich (in j-n) verlieben

ver·knap·pen; *verknappte, hat verknappt*; Vt **1** ***etw. v.*** bewirken, dass etw. knapp wird: *das Angebot an Luxusgütern v.*; Vr **2** ***etw. verknappt sich*** etw. wird knapp: *Wegen des Boykotts verknappt sich der Vorrat an Öl* || *hierzu* **Ver·knap·pung** *die*; *mst Sg*

ver·knei·fen; *verkniff, hat verkniffen*; Vt ***sich** (Dat) **etw. v.*** e-e Bemerkung, e-e Reaktion *o.Ä.* unterdrücken: *Ich konnte mir ein Lachen kaum v.*

ver·knif·fen 1 *Partizip Perfekt*; ↑ **verkneifen 2** *Adj*; *pej*; durch ständige Verärgerung streng u. scharf geworden ⟨ein Gesicht; ein Mund⟩

ver·knö·chert *Adj*; *gespr pej*; (*mst* wegen seines Alters) nicht mehr fähig, seine Meinung u. sein Verhalten zu ändern

ver·kno·ten; *verknotete, hat verknotet*; Vt **1** ***etw.** (Pl) **v.**; **etw. mit etw. v.*** *bes* Fäden, Stricke, Bänder *o.Ä.* durch e-n Knoten miteinander verbinden ≈ verknüpfen (1); Vr **2** ***etw. verknotet sich*** etw. bildet von selbst e-n Knoten: *Der Strick hat sich verknotet*

ver·knüp·fen; *verknüpfte, hat verknüpft*; Vt **1** ***etw.** (Pl) **v.**; **etw. mit etw. v.*** *bes* Fäden, Stricke, Bänder durch e-n Knoten miteinander verbinden: *die Enden e-r Schnur (miteinander) v.* **2** ***etw.** (Pl) **v.**; **etw. mit etw. v.*** etw. zugleich mit etw. anderem tun ≈ etw. mit etw. verbinden[2] (3): *die Geschäftsreise mit e-m kurzen Urlaub v.*

ver·knu·sen *nordd*; *mst in **j-n / etw. nicht v. können*** *gespr*; j-n / etw. nicht ausstehen, nicht leiden können

ver·ko·chen; *verkochte, hat / ist verkocht*; Vt *(hat)* **1** ***etw. zu etw. v.*** etw. so lange kochen, bis daraus etw. anderes entsteht: *Früchte zu Marmelade v.*; Vi *(ist)* **2** ***etw. verkocht*** etw. kocht zu lange

ver·koh·len; *verkohlte, hat / ist verkohlt*; Vi *(ist)* **1** ***etw. verkohlt*** etw. wird durch Verbrennen hart u. schwarz ⟨das Holz⟩; Vt *(hat)* **2** ***j-n v.*** *gespr*; j-m aus Spaß etw. Falsches erzählen (u. sich über ihn lustig machen)

ver·kom·men; *verkam, ist verkommen*; Vi **1** ***(zu etw.) v.*** *pej*; in der Gesellschaft weit nach unten kommen u. schließlich körperlich u. moralisch verwahrlosen: *zum Säufer, Vagabunden v.* **2** ***Lebensmittel verkommen*** Lebensmittel werden schlecht u. sind daher nicht mehr essbar **3** ***etw. verkommt*** etw. wird nicht gepflegt u. kommt deshalb in e-n schlechten Zustand: *Das alte Haus ist völlig verkommen*

ver·kom·men 1 *Partizip Perfekt*; ↑ **verkommen 2** *Adj*; *pej*; schmutzig u. schlecht gekleidet u. nicht nach moralischen Prinzipien lebend ⟨ein Typ⟩ **3** nicht gepflegt u. deshalb in e-m schlechten Zustand ⟨ein Haus, ein Grundstück⟩ || *hierzu* **Ver·kom·men·heit** *die*; *nur Sg*

ver·kom·pli·zie·ren; *verkomplizierte, hat verkompliziert*; Vt ***etw. v.*** etw. komplizierter machen, als es in Wirklichkeit ist

ver·kor·ken; *verkorkte, hat verkorkt*; Vt ***etw. v.*** *mst* e-e Flasche mit e-m Korken schließen

ver·kork·sen; *verkorkste, hat verkorkst*; Vt *gespr*; **1** ***(j-m / sich) etw. v.*** ≈ verderben, vermiesen: *j-m den Tag, die Stimmung v.* **2** *mst **j-d ist verkorkst** mst* ein Kind ist falsch erzogen

ver·kör·pern; *verkörperte, hat verkörpert*; Vt **1** ***j-d / etw. verkörpert etw.*** j-d / etw. dient od. gilt als Symbol für etw.: *Die Eule verkörpert die Weisheit* **2** ***j-n / etw. v.*** in e-m Theaterstück od. Film e-e Rolle spielen ≈ darstellen: *den Bösewicht, die Rolle des Helden v.* || *hierzu* **Ver·kör·pe·rung** *die*

ver·kös·ti·gen; *verköstigte, hat verköstigt*; Vt ***j-n v.*** *geschr*; j-m etw. zu essen geben: *zahlreiche Gäste v. müssen* || ► ***Kost***

ver·kra·chen, sich; *verkrachte sich, hat sich verkracht*; Vr ⟨Personen⟩ ***verkrachen sich; j-d verkracht sich mit j-m*** *gespr*; zwei od. mehrere Personen haben miteinander Streit, Krach (3) ≈ sich (mit j-m) zerstreiten

ver·kracht 1 *Partizip Perfekt*; ↑ **verkrachen 2** *Adj*; *nicht adv*, *gespr*; ohne Erfolg im Beruf ≈ gescheitert ⟨e-e Existenz; ein Politiker, ein Schauspieler *o.Ä.*⟩

ver·kraf·ten; *verkraftete, hat verkraftet*; Vt ***etw. v.*** die geistige Stärke besitzen, mit etw. (sehr) Negativem zurechtzukommen: *Diese Enttäuschung hat er nur schwer verkraftet*

ver·kramp·fen, sich; *verkrampfte sich, hat sich verkrampft*; Vr **1** ***etw. verkrampft sich*** die Muskeln e-s Körperteils ziehen sich sehr stark zusammen wie in e-m Krampf **2** ***j-d verkrampft sich*** j-d verhält sich nicht mehr natürlich, *bes* weil er Angst hat od. unsicher ist || *hierzu* **Ver·kramp·fung** *die*

ver·krampft 1 *Partizip Perfekt*; ↑ **verkrampfen 2** *Adj* ≈ unnatürlich, gehemmt ↔ ungezwungen, locker ⟨ein Lächeln; v. lächeln⟩

ver·krat·zen; *verkratzte, hat verkratzt*; Vt ***etw. v.*** Kratzer in etw. machen: *den Lack am Auto v.*

ver·krie·chen, sich; *verkroch sich, hat sich verkrochen*; Vr **1** ***sich (irgendwo(hin)) v.*** irgendwohin kriechen, um sich dort zu verstecken **2** ***sich (irgendwo(hin)) v.*** *gespr*; irgendwohin gehen, damit man dort etw. allein tun kann ⟨sich im Haus, ins / im Bett, hinter seinen Büchern / Akten v.⟩

ver·krü·meln, sich; *verkrümelte sich, hat sich verkrümelt*; Vr ***sich (irgendwohin) v.*** *gespr*; heimlich von irgendwo verschwinden

ver·krümmt *Adj*; durch Krankheit krumm ⟨ein Finger, ein Rücken, e-e Wirbelsäule⟩

ver·krüp·pelt *Adj*; *nicht adv*; **1** ⟨ein Arm, ein Bein;

V

ein Mensch⟩ so, dass sie nicht normal gewachsen od. durch e-n Unfall schwer beschädigt sind **2** ⟨Bäume⟩ schlecht u. krumm gewachsen

ver·krus·tet *Adj*; *nicht adv*; **1** von e-r Kruste bedeckt ⟨e-e Wunde⟩ **2** ≈ starr (3) ⟨Strukturen⟩

ver·küh·len, sich; *verkühlte sich, hat sich verkühlt*; [Vr] ***sich v.*** *südd* Ⓐ Ⓒⓗ ≈ sich erkälten || *hierzu* **Ver·küh·lung** *die*

ver·küm·mern; *verkümmerte, ist verkümmert*; [Vi] **1** ***etw. verkümmert*** e-e Pflanze wird unter schlechten Bedingungen schwach u. krank ↔ etw. gedeiht: *Ohne frische Erde u. Dünger verkümmern deine Zimmerpflanzen* **2** ***j-d verkümmert*** (***irgendwo***) j-d fristet ein kümmerliches Dasein **3** ***etw. verkümmert*** etw. wird schwächer, weil es nicht benutzt wird ⟨ein Muskel; ein Talent⟩

ver·kün·den; *verkündete, hat verkündet*; [Vt] **1** ***etw. v.*** etw. öffentlich sagen ≈ bekannt machen ⟨ein Urteil, das Wahlergebnis v.⟩: *Auf der anschließenden Feier verkündete er*, dass *er heiraten wolle* **2** ***etw. v.*** e-n (religiösen) Glauben lehren u. verbreiten ⟨das Wort Gottes, das Evangelium v.⟩ || *hierzu* **Ver·kün·dung** *die*

ver·kün·di·gen; *verkündigte, hat verkündigt*; [Vt] ***etw. v.*** ≈ verkünden (2) || *hierzu* **Ver·kün·di·gung** *die*

ver·kup·peln; *verkuppelte, hat verkuppelt*; [Vt] ***j-n*** (***mit j-m / an j-n***) ***v.*** *oft pej*; e-n Mann u. e-e Frau zusammenbringen, sodass sie sich kennen lernen (u. heiraten)

ver·kür·zen; *verkürzte, hat verkürzt*; [Vt] **1** ***etw. v.*** etw. kürzer machen ↔ verlängern: *ein Brett, ein Kleid v.*; *„Bus" ist die verkürzte Form von „Omnibus"*; *Die Arbeitszeit um zwei Stunden auf achtunddreißig Stunden v.* **2** ***j-m / sich*** ⟨die Zeit *o.Ä.*⟩ (***irgendwie***) ***v.*** j-n / sich so beschäftigen, dass die Zeit schneller vorbeizugehen scheint: *j-m / sich mit e-m Spiel, mit e-r Geschichte die Wartezeit v.*; [Vi] **3** ***auf etw.*** (*Akk*) ***v.*** *Sport*; den Abstand zum Gegner kleiner machen: *das dritte Tor schießen u. dadurch auf drei zu fünf v.*; [Vr] **4** ***etw. verkürzt sich*** etw. wird kürzer: *Durch die neue Straße hat sich mein Weg zur Arbeit erheblich verkürzt* || *hierzu* **Ver·kür·zung** *die*

ver·la·chen; *verlachte, hat verlacht*; [Vt] ***j-n v.*** *geschr* ≈ auslachen

ver·la·den; *verlädt / gespr verladet, verlud, hat verladen*; [Vt] **1** ***j-n*** (*Kollekt od Pl*) ***/ Tiere / etw. v.*** Menschen, Tiere od. Waren in großer Zahl in / auf ein Fahrzeug laden, um sie zu transportieren: *Truppen, Kohlen, Gepäck v.* || K-: ***Verlade-, -bahnhof, -kran, -rampe*** **2** ***j-n v.*** *gespr* ≈ betrügen, hereinlegen || *zu* **1** **Ver·la·dung** *die*

Ver·lag *der*; *-(e)s, -e*; ein Betrieb, der Bücher, Zeitungen *o.Ä.* macht u. über Buchhändler verkaufen lässt ⟨ein belletristischer, naturwissenschaftlicher V.; etw. erscheint bei / in e-m V., wird von e-m V. herausgegeben, verlegt; als Lektor, Redakteur bei / in e-m V. arbeiten⟩ || K-: ***Verlags-, -buchhandlung, -katalog, -programm, -prospekt, -redakteur*** || -K: ***Kunst-, Lexikon-, Musik-, Schulbuch-, Wörterbuch-, Zeitungs-***

ver·la·gern; *verlagerte, hat verlagert*; [Vt] **1** ***etw.*** (***irgendwohin***) ***v.*** seine Körperhaltung so ändern, dass das Gewicht auf e-m anderen Punkt liegt ⟨sein (Körper)Gewicht, den Schwerpunkt (nach vorn, auf das andere Bein) v.⟩; [Vr] **2** ***etw. verlagert sich*** (***irgendwohin***) etw. verändert seine Lage ⟨ein Hoch(druckgebiet), ein Tief(druckgebiet)⟩ || *hierzu* **Ver·la·ge·rung** *die*

ver·lan·gen; *verlangte, hat verlangt*; [Vt] **1** ***etw.*** (***von j-m***) ***v.*** j-m deutlich sagen, dass man etw. von ihm (haben) will od. dass man bestimmte Leistungen von ihm erwartet ≈ fordern (1): *Früher verlangten die Lehrer von ihren Schülern unbedingten Gehorsam*; *Sie verlangte, zu ihm gelassen* zu *werden*; *Ich verlange*, dass *du sofort mein Haus verlässt!* || NB: Man *verlangt* od. *fordert*, was man für sein Recht hält **2** ***etw.*** (***für etw.***) ***v.*** etw. als Preis für e-e Ware od. Leistung haben wollen ≈ nehmen (4): *Er verlangt 2000 Euro für das Boot* **3** ***etw. v.*** (als Polizist *o.Ä.*) j-m sagen, dass er einem etw. zeigen soll ⟨j-s Ausweis, j-s Führerschein, j-s Papiere v.⟩ **4** ***j-n v.*** sagen, dass man mit e-r bestimmten Person sprechen will ⟨j-n am Telefon v.⟩: *Er beschwerte sich beim Kellner über das schlechte Essen u. verlangte den Geschäftsführer* **5** ***etw. verlangt etw.*** etw. macht etw. nötig ≈ etw. erfordert etw.: *Sein Beruf verlangt große Geschicklichkeit*; *Diese Aufgabe verlangt äußerste Konzentration* **6** ***etw. v.*** *gespr*; e-n Verkäufer, Kellner *o.Ä.* um etw. bitten: *die Rechnung, ein Glas Wasser, ein Kilo Hackfleisch v.*; [Vi] **7** ***nach j-m v.*** sagen, dass j-d zu einem kommen soll, dass man mit j-m sprechen will ⟨nach e-m Arzt, nach dem Geschäftsführer v.⟩ **8** ***nach etw. v.*** sagen, dass man etw. haben will: *Der Kranke verlangte nach e-m Glas Wasser*; [Vimp] **9** ***j-n verlangt es nach j-m / etw.*** *geschr*; j-d hat Sehnsucht nach j-m / etw. ≈ j-d sehnt sich nach j-m / etw. || ID *mst* ***Das ist doch nicht zu viel verlangt!*** *gespr*; das ist keine große Sache, diesen Wunsch kann man doch ohne weiteres erfüllen; ***Das ist zu viel verlangt!*** *gespr*; das geht zu weit

Ver·lan·gen *das*; *-s*; *nur Sg*; **1** ***ein V.*** (***nach etw.***) ein starkes Bedürfnis, ein starker Wunsch ≈ Sehnsucht ⟨j-s V. erregen, wecken; das V. haben, etw. zu tun⟩ **2** ***ein V.*** (***nach j-m***) starke sexuelle Wünsche ≈ Begierde: *j-n voller V. ansehen* **3** *geschr* ≈ Forderung ⟨j-s V. nachgeben; auf j-s V. eingehen⟩ **4** ***auf V.*** wenn j-d es verlangt (1) od. fordert: *auf V. die Fahrkarte vorzeigen* **5** ***auf j-s V.*** (***hin***) auf Wunsch der genannten Person: *Er hat diesen Beruf nur auf das V. seines Vaters* (*hin*) *erlernt*

ver·lan·gend **1** *Partizip Präsens*; ↑ **verlangen** **2** *Adj*; so, dass j-d ein Verlangen (1,2) damit ausdrückt ⟨ein Blick; j-n / etw. v. ansehen; v. die Hand, die Arme nach j-m / etw. ausstrecken⟩

ver·län·gern; *verlängerte, hat verlängert*; [Vt] **1** ***etw.*** (***um etw.***) ***v.*** etw. länger dauern lassen, als es vorgesehen war ↔ verkürzen, abkürzen ⟨e-e Frist, den Urlaub, den Aufenthalt v.⟩: *Als das Spiel unentschieden endete, wurde es um zweimal 15 Minuten verlängert*; *Nächste Woche haben wir ein verlängertes Wochenende - Montag ist Feiertag* **2** ***etw.*** (***um etw.***) ***v.*** (als Beamter) ein Dokument länger gültig sein lassen als ursprünglich vorgesehen ⟨e-n Ausweis, e-n Pass v.⟩ **3** ***etw.*** (***um etw.***) ***v.*** etw. länger machen ↔ verkürzen: *e-e Hose um zwei Zentimeter v.* **4** ***etw. v.*** *gespr*; die Menge e-r Flüssigkeit od. e-r Speise größer machen, indem man sie mit etw. vermischt ≈ strecken (4) ⟨die Soße, die Suppe v.⟩

Ver·län·ge·rung *die*; *-, -en*; **1** das Verlängern: *die V. e-s Passes beantragen* **2** der Zeitraum, um den etw. verlängert (1,2) wird: *in der V. ein Tor schießen* || K-: ***Verlängerungs-, -frist, -stück, -teil, -woche, -zeit***

Ver·län·ge·rungs·schnur *die*; ein zusätzliches elektrisches Kabel, mit dem man ein anderes Kabel länger macht

ver·lang·sa·men; *verlangsamte, hat verlangsamt*; [Vt] **1** ***etw. v.*** bewirken, dass etw. langsamer wird ↔ beschleunigen ⟨die Fahrt, den Lauf, den Schritt, das Tempo v.; e-n Ablauf, e-n Prozess, e-n Rhythmus v.⟩; [Vr] **2** ***etw. verlangsamt sich*** etw. wird langsamer ↔ etw. beschleunigt sich || *hierzu* **Ver·lang·sa·mung** *die*; *mst Sg*

Ver·lass *der*; *mst in* ***auf j-n / etw. ist*** (***kein***) ***V.*** auf j-n / etw. kann man sich (nicht) verlassen[2]

ver·las·sen[1]; *verlässt, verließ, hat verlassen*; [Vt] **1** ***etw.***

v. sich von e-m Ort wegbewegen: *das Haus durch den Hinterausgang v.; An der nächsten Ampel verlassen wir die Hauptstraße u. biegen nach rechts ab* **2 *etw. v.*** aufhören, an e-m bestimmten Ort zu leben: *Im Jahr 1896 verließ er seine Heimat u. wanderte aus; Die jungen Vögel verlassen schon bald das Nest u. werden flügge* **3 *j-n v.*** seine Familie, seinen Ehepartner *o.Ä.* allein lassen u. nicht mehr für sie sorgen ≈ sich von j-m trennen: *Er hat sie wegen e-r anderen Frau verlassen* **4 *etw. verlässt j-n*** etw. wird schwächer, verschwindet ≈ j-d verliert etw. ⟨die Hoffnung, die Kraft, der Mut verlässt j-n⟩ || ID *mst* ***Er / Sie hat uns für immer verlassen*** *euph*; er / sie ist gestorben

ver·las·sen[2], **sich**; *verlässt sich, verließ sich, hat sich verlassen*; [Vr] ***sich auf j-n / etw. v.*** j-m / etw. vertrauen, seine Hoffnungen in j-n / etw. setzen: *Du kannst dich auf mich v., ich bin immer für dich da; Ich verlasse mich* darauf, dass *Sie alles vorbereiten* || ID ***Verlass dich drauf!***; ***Worauf du dich v. kannst!*** *gespr*; das ist ganz bestimmt so, das wird ganz bestimmt so sein

ver·las·sen[3] **1** *Partizip Perfekt*; ↑ ***verlassen***[1], ***verlassen***[2] **2** *Adj*; ohne Menschen ≈ menschenleer ⟨leer u. v.; still u. v.; ein Haus, ein Strand, e-e Straße⟩ **3** *Adj* ≈ abgelegen, einsam ⟨e-e Gegend⟩ **4** *Adj*; allein od. einsam u. hilflos ⟨v. sein; sich v. fühlen, vorkommen⟩ || *hierzu* **Ver·las·sen·heit** *die*; *nur Sg*

Ver·las·sen·schaft *die*; -, *-en*; Ⓐ ⒸⒽ ≈ Nachlass[1], Erbschaft

ver·läss·lich *Adj*; ⟨ein Freund, e-e Information, ein Zeuge⟩ so, dass man sich auf sie verlassen[2] kann ≈ zuverlässig || *hierzu* **Ver·läss·lich·keit** *die*; *nur Sg*

Ver·laub *der*; *nur in* **1 *mit V. gesagt*** *geschr*; verwendet, bevor man etw. sagt, das schockieren kann, das aber gesagt werden muss **2 *mit V.*** *veraltend*; wenn es erlaubt ist, wenn Sie gestatten

Ver·lauf *der*; *-(e)s*; *nur Sg*; **1** die Richtung, in der etw. geht: *den V. e-r Grenze festlegen* **2** die Entwicklung e-r Situation, e-r Krankheit *o.Ä.* ≈ Ablauf (1) ⟨etw. nimmt e-n ungünstigen, unglücklichen, unerwarteten V.; den V. stören; den weiteren V. abwarten⟩: *Zum typischen V. dieser Krankheit gehört hohes Fieber* **3 *im V.*** + *Gen* während des genannten Zeitraums, der genannten Handlung *o.Ä.*: *im V. der Sitzung*

ver·lau·fen; *verläuft, verlief, hat / ist verlaufen*; [Vi] *(ist)* **1 *etw. verläuft (irgendwie / irgendwohin)*** etw. (*z.B.* ein Weg) nimmt e-e bestimmte Richtung ein, erstreckt sich in e-e bestimmte Richtung: *Der Weg verläuft entlang des Waldrandes; Die Grenze verläuft mitten durch den Ort; Die Linie verläuft parallel zur Achse* **2 *etw. verläuft irgendwie*** etw. geschieht auf e-e bestimmte Art u. Weise ⟨etw. verläuft ergebnislos, ohne Zwischenfälle, glatt, störungsfrei, nach Wunsch; e-e tödlich verlaufende Krankheit⟩: *Die Demonstration verlief ohne Zwischenfälle* **3 *etw. verläuft*** etw. nimmt undeutliche Konturen an (weil es auseinander fließt) ⟨Tinte, Farbe, Schrift⟩ **4 *etw. verläuft*** etw. schmilzt u. verteilt sich ⟨Butter, Margarine, Käse⟩; [Vr] *(hat)* **5 *j-d verläuft sich*** j-d nimmt den falschen Weg od. geht in die falsche Richtung u. weiß nicht mehr, wo er ist ≈ sich verirren ⟨sich im Wald v.⟩ **6 *etw. verläuft sich irgendwo*** etw. führt irgendwohin u. verschwindet dort ⟨e-e Spur, ein Weg verläuft sich im Sand, im Gebüsch⟩ **7** ⟨e-e Menschenmenge *o.Ä.*⟩ ***verläuft sich*** e-e große Anzahl von Menschen geht in verschiedene Richtungen auseinander

ver·laust *Adj*; mit vielen Läusen ⟨ein Hund, ein Kind; Haare, Kleidung⟩

ver·laut·ba·ren; *verlautbarte, hat / ist verlautbart*; *geschr*; [Vt] *(hat)* **1 *etw. v.*** ≈ bekannt geben, bekannt machen: *nichts von seinen / über seine Absichten v.; Aus Regierungskreisen wird verlautbart*, dass...; [Vimp] *(ist)* **2 *es verlautbart*** j-d gibt öffentlich bekannt: *Es verlautbarte, der Minister könne erst in e-r Woche seine Arbeit wieder aufnehmen* || *hierzu* **Ver·laut·ba·rung** *die*

ver·lau·ten; *verlautete, ist verlautet*; [Vi] **1 *etw. (über etw. (Akk)) v. lassen*** ≈ bekannt geben, bekannt machen: *Hat die Führung des Konzerns etw. über ihre Rationalisierungspläne v. lassen?*; [Vimp] **2 *es verlautet*** ≈ es wird bekannt: *Wie aus offiziellen Kreisen verlautete, wird es noch in diesem Jahr zu e-m Gipfeltreffen kommen*

ver·le·ben; *verlebte, hat verlebt*; [Vt] ***etw. v.*** e-e bestimmte Zeit irgendwo od. irgendwie verbringen: *schöne Stunden mit j-m v.*

ver·lebt 1 *Partizip Perfekt*; ↑ ***verleben* 2** *Adj*; (durch unmäßigen Lebenswandel) alt u. verbraucht aussehend ⟨ein Gesicht; v. aussehen⟩

ver·le·gen[1]; *verlegte, hat verlegt*; [Vt] **1 *etw. (irgendwohin) v.*** den Standort von etw. wechseln: *seinen Wohnsitz in e-e andere Stadt v.; Die Haltestelle wurde verlegt* **2 *j-n (irgendwohin) v.*** j-n (*bes* e-n Kranken) an e-n anderen Ort bringen: *e-n Kranken in / auf die Intensivstation v.*; **3 *etw. (auf etw. (Akk)) v.*** den vorgesehenen Zeitpunkt od. Termin für etw. ändern: *Das Rennen wurde wegen des schlechten Wetters auf übermorgen verlegt* || NB: Wenn etw. *verlegt* wird, kann es früher od. später stattfinden als geplant. Wenn etw. früher stattfindet, sagt man auch *vorverlegen*; wenn etw. später stattfindet, sagt man auch *verschieben* **4 *etw. v.*** etw. an e-r bestimmten Stelle befestigen ⟨Fliesen, Gleise, Kabel, Leitungen, ein Parkett, Rohre, e-n Teppichboden v.⟩ **5 *etw. v.*** etw. an e-n bestimmten Ort legen u. es nicht mehr finden: *Oma hat ihre Brille verlegt. Hilf ihr bitte suchen!* **6 *j-d / ein Verlag verlegt etw.*** der Besitzer e-s Verlags / ein Verlag lässt etw. gedruckt erscheinen ≈ herausbringen ⟨Bücher, Zeitschriften v.⟩; [Vr] **7 *sich auf etw. (Akk) v.*** mit e-r neuen Taktik versuchen, sein Ziel zu erreichen: *Als seine Überredungskünste nicht wirkten, verlegte er sich aufs Bitten* || *zu* **1-4 Ver·le·gung** *die*; *mst Sg*

ver·le·gen[2] *Adj*; (in e-r bestimmten Situation) ängstlich u. unsicher ⟨ein Blick, ein Lächeln; e-e Pause, ein Schweigen; v. sein, werden⟩: *Ihre Blicke machten ihn v.* || ID ***nicht / nie um etw. v. sein*** etw. immer bereit haben ⟨nicht / nie um e-e Antwort, Ausrede v. sein⟩

Ver·le·gen·heit *die*; -, *-en*; **1** *nur Sg*; der Zustand, verlegen[2] zu sein ⟨j-n (mit etw.) in V. bringen⟩: *Er brachte vor lauter V. kein Wort heraus* || K-: ***Verlegenheits-, -geste, -pause*** **2** e-e unangenehme Situation ⟨in V. sein; in die V. kommen, etw. tun zu müssen; j-m aus e-r V. helfen⟩

Ver·le·gen·heits·lö·sung *die* ≈ Notlösung

Ver·le·ger *der*; *-s*, -; ein Verlag od. der Besitzer e-s Verlags || *hierzu* **ver·le·ge·risch** *Adj*

ver·lei·den; *verleidete, hat verleidet*; [Vt] ***j-m etw. v.*** j-m den Spaß, die Freude an etw. nehmen

Ver·leih *der*; *-s*, *-e*; **1** *nur Sg*; das Verleihen (1): *Der V. von Videos erfolgt nur an Erwachsene* **2** ein Betrieb, der etw. verleiht (1) || -K: ***Auto-, Boots-, Fahrrad-, Film-, Kostüm-, Masken-, Video-***

ver·lei·hen; *verlieh, hat verliehen*; [Vt] **1 *etw. (an j-n) v.*** j-m etw. für e-e bestimmte Zeit geben (u. *mst* Geld dafür verlangen) ≈ j-m etw. leihen: *Da drüben in dem Geschäft verleihen sie Fahrräder; Ich verleihe meine Bücher nur noch an Leute, die sorgfältig mit ihnen umgehen* **2 *j-m etw. v.*** j-m e-n Preis geben, um ihn zu ehren ⟨j-m e-n Preis, e-n Orden, e-n Titel v.⟩ **3 *etw. verleiht j-m etw.*** etw. gibt j-m etw. Positives ⟨etw. verleiht j-m neue Kraft, neuen Mut⟩ **4**

seinen Worten Nachdruck v. etw. (durch Gesten *o.Ä.*) besonders betonen || *zu* **1 Ver·lei·her** *der; -s, -;* || *hierzu* **Ver·lei·hung** *die*

ver·lei·men; *verleimte, hat verleimt;* [Vt] ***etw.*** (*Kollekt od Pl*) ***v.*** mit Leim zusammenkleben: *zwei Bretter miteinander v.* || *hierzu* **Ver·lei·mung** *die*

ver·lei·ten; *verleitete, hat verleitet;* [Vt] ***j-n zu etw. v.*** j-n dazu bringen, dass er etw. Dummes od. Verbotenes tut ≈ j-n zu etw. verführen: *Seine Freunde u. die gute Stimmung verleiteten ihn* dazu, *viel Alkohol* zu *trinken* || *hierzu* **Ver·lei·tung** *die; mst Sg*

ver·ler·nen; *verlernte, hat verlernt;* [Vt] ***etw. v.*** etw., das man eigentlich kann, allmählich vergessen, weil man es so selten tut

ver·le·sen[1]; *verliest, verlas, hat verlesen;* [Vt] **1** ***etw. v.*** etw. laut lesen u. dadurch bekannt machen: *die Namen der Gewinner v.;* [Vr] **2** ***sich v.*** beim Lesen e-n Fehler machen || *zu* **1 Ver·le·sung** *die*

ver·le·sen[2]; *verliest, verlas, hat verlesen;* [Vt] ***etw.*** (*Kollekt od Pl*) ***v.*** einzelne Früchte *o.Ä.* prüfen u. die schlechten von den guten trennen ⟨Erbsen, Früchte, Salat, Spinat v.⟩

ver·letz·bar *Adj; nicht adv;* schnell beleidigt ≈ empfindlich, verletzlich: *Er ist sehr v.* || *hierzu* **Ver·letz·bar·keit** *die; nur Sg*

ver·let·zen; *verletzte, hat verletzt;* [Vt] **1** ***j-n v.*** dem Körper e-s anderen Schaden zufügen ≈ verwunden ⟨j-n leicht, schwer, lebensgefährlich, tödlich v.⟩: *j-n durch e-n Schuss ins Bein v.* **2** ***sich*** (*Dat*) ***etw. v.*** (*mst* unabsichtlich) dem eigenen Körper (durch e-e Wunde *o.Ä.*) schaden: *sich den Fuß v.* **3** ***j-n / etw. v.*** bewirken, dass j-d traurig wird, weil er meint, dass man ihn nicht möge od. dass man schlecht von ihm denke ≈ kränken, beleidigen ⟨j-n tief, zutiefst v.; j-s Ehre, j-s Eitelkeit, j-s Gefühle, j-s Stolz v.; sich in seiner Ehre *usw* verletzt fühlen⟩: *verletzende Worte sagen; Sein Schweigen verletzte sie; Es hat ihn sehr verletzt,* dass *du ihn ignoriert hast* **4** ***etw. v.*** sich nicht an bestimmte Regeln, Pflichten od. Konventionen halten ≈ gegen etw. verstoßen ⟨ein Gesetz, das Recht, e-n Vertrag, e-e Vorschrift v.; den Anstand, seine Pflicht v.⟩ **5** ***etw. v.*** ohne Erlaubnis in ein Gebiet gehen, fahren od. fliegen ⟨die Grenzen, das Hoheitsgebiet, den Luftraum e-s Landes v.⟩; [Vr] **6** ***sich*** (***an etw.*** (*Dat*)) ***v.*** e-m eigenen Körperteil (*mst* unabsichtlich) durch e-e Wunde *o.Ä.* schaden: *Sie hat sich am Kopf verletzt* || *zu* **3 Ver·letzt·heit** *die; nur Sg*

ver·letz·lich *Adj; nicht adv* ≈ verletzbar, empfindlich || *hierzu* **Ver·letz·lich·keit** *die; nur Sg*

Ver·letz·te *der / die; -n, -n;* j-d, der verletzt (1) ist ⟨ein tödlich Verletzter⟩: *Der Unfall forderte drei Verletzte u. e-n Toten* || -K: ***Leicht-, Schwer-*** || NB: *ein Verletzter; der Verletzte; den, dem, des Verletzten* || NB: Soldaten, die im Krieg verletzt werden, nennt man *Verwundete*

Ver·let·zung *die; -, -en;* **1** e-e Wunde *o.Ä.*, e-e Stelle am / im Körper, die verletzt (1) ist ⟨leichte, schwere, tödliche Verletzungen davontragen, erleiden; j-m / sich e-e V. zufügen; seinen Verletzungen erliegen⟩: *mit lebensgefährlichen Verletzungen ins Krankenhaus eingeliefert werden* || K-: ***verletzungs-, -anfällig*** || -K: ***Arm-, Bein-, Knie-, Kopf-*** *usw*; ***Schuss-; Kriegs-*** **2** e-e Handlung, durch die man gegen e-e Regel od. Norm verstößt || -K: ***Pflicht-*** **3** *nur Sg;* das Gehen, Fahren od. Fliegen ohne Erlaubnis im Gebiet e-s anderen Staates: *die V. des Luftraumes e-s fremden Staates*

ver·leug·nen; *verleugnete, hat verleugnet;* [Vt] **1** ***j-n / etw. v.*** behaupten, dass man j-n / etw. nicht habe od. kenne ↔ sich zu j-m / etw. bekennen ⟨e-n Freund, seine Gesinnung, seinen Gott, seine Ideale v.⟩ **2** ***etw. nicht v. können*** nicht ändern können, dass etw. bekannt wird ⟨seine Herkunft nicht v. können⟩; [Vr] **3** ***etw. lässt sich nicht v.*** etw. kann nicht verborgen werden ⟨j-s Erziehung, j-s Herkunft⟩ **4** ***sich*** (***selbst***) ***v.*** nicht nach den eigenen Gefühlen od. nach der eigenen Überzeugung handeln || *hierzu* **Ver·leug·nung** *die; mst Sg*

ver·leum·den; *verleumdete, hat verleumdet;* [Vt] ***j-n v.*** absichtlich falsche od. schlechte Dinge über j-n sagen, damit er e-n schlechten Ruf bekommt ≈ diffamieren ⟨j-n in übler Weise, böswillig v.⟩ || *hierzu* **Ver·leum·der** *der; -s, -;* **ver·leum·de·risch** *Adj*

Ver·leum·dung *die; -, -en;* **1** *nur Sg;* das Verleumden **2** e-e Äußerung, mit der man j-n verleumdet || K-: ***Verleumdungs-, -kampagne, -klage***

ver·lie·ben, sich; *verliebte sich, hat sich verliebt;* [Vr] **1** ***sich*** (***in j-n***) ***v.*** Liebesgefühle für j-n bekommen ⟨hoffnungslos, unsterblich, unglücklich, bis über beide Ohren verliebt sein; j-n verliebt ansehen; j-m verliebte Blicke zuwerfen⟩ **2** ⟨zwei Personen⟩ ***verlieben sich*** zwei Personen werden von Liebe füreinander ergriffen **3** ***sich in etw.*** (*Akk*) ***v.*** anfangen, etw. sehr gut zu finden || *zu* **1 Ver·lieb·te** *der / die; -n, -n;* **Ver·liebt·heit** *die; nur Sg*

ver·lie·ren[1]; *verlor, hat verloren;* [Vt] **1** ***etw. v.*** etw. irgendwo liegen od. fallen lassen u. es nicht mehr finden: *Hier hast du den Schlüssel - verlier ihn nicht!; Ich habe beim Skifahren meine Handschuhe verloren* **2** ***j-n v.*** j-n nicht mehr haben, weil er stirbt: *Frau u. Kinder durch e-n tragischen Unfall v.* **3** ***j-n v.*** den Kontakt zu j-m nicht mehr haben (*mst* aufgrund e-s Ereignisses): *durch e-n Skandal viele Freunde v.* **4** ***etw. v.*** durch das eigene Verhalten od. durch negative Umstände etw. Positives nicht mehr haben ⟨j-s Vertrauen, seinen Arbeitsplatz v.⟩ **5** ***etw. verliert etw.*** etw. lässt (*mst* durch ein Loch) e-e Flüssigkeit od. ein Gas nach außen kommen: *Das Auto verliert Öl; Der Reifen verliert Luft* **6** ***j-d verliert Blut*** j-d blutet stark: *Er hat viel Blut verloren u. braucht dringend e-e Transfusion* **7** ***j-n v.*** j-n (*bes* in e-r Menschenmenge) nicht mehr sehen od. finden können: *j-n im Gewühl im Kaufhaus v.* **8** ***etw. verliert etw.*** e-e Pflanze od. ein Baum wirft Blätter *o.Ä.* ab **9** ***j-d verliert etw.*** ein Körperteil wird von j-s Körper abgetrennt ⟨e-n Arm, ein Auge, ein Bein v.⟩ **10** ***die Freude an etw.*** (*Dat*) ***v.*** keinen Spaß mehr an etw. haben **11** ***die Beherrschung / Kontrolle v.*** sich nicht mehr beherrschen können **12** ***die Geduld*** (***mit j-m / etw.***) ***v.*** (mit j-m / etw.) ungeduldig werden **13** ***die Hoffnung*** (***auf etw.*** (*Akk*)) ***v.*** nicht mehr glauben, dass etw. möglich ist **14** ***das Interesse*** (***an j-m / etw.***) ***v.*** sich nicht mehr für j-n / etw. interessieren **15** ***das Vertrauen*** (***in j-n / etw.***) ***v.*** kein Vertrauen mehr zu j-m / etw. haben **16** *mst* ***keine Zeit / keine Minute v.*** etw. so schnell wie möglich machen: *keine Minute zu v. haben* (= es sehr eilig haben); *Wenn wir noch rechtzeitig zum Bahnhof kommen wollen, dürfen wir keine Zeit mehr v.* **17** ***die Sprache v.*** vor Schreck, Überraschung *o.Ä.* nichts mehr sagen können **18** ***den Kopf v.*** in Panik geraten **19** ***kein Wort*** (***über j-n / etw.***) ***v.*** zu e-m bestimmten Thema nichts sagen **20** ***j-n / etw. aus dem Auge / den Augen v.*** j-n / etw. lange Zeit nicht mehr gesehen haben u. deshalb nichts über ihn / es wissen; [Vi] **21** ***etw. verliert*** (***etw.***) etw. wird qualitativ schlechter: *Wein verliert, wenn er nicht gut gelagert wird;* [Vi] **22** ***j-d / etw. verliert*** (***an etw.*** (*Dat*)) j-d hat allmählich weniger von etw., etw. wird kleiner, schlechter: *j-d verliert an Macht, Einfluss; Der Kaffee hat* (*an Aroma*) *verloren;* [Vr] **23** ***sich*** (*Pl*) (***irgendwo***) ***v.*** sich (*bes* in e-r Menschenmenge) nicht mehr sehen od. finden können: *Sollten wir uns verlieren, treffen wir uns um zwei Uhr hier wieder* **24** ***etw. verliert sich irgend-***

wo etw. wird irgendwo nicht mehr sichtbar bzw. hört ganz auf ⟨etw. verliert sich im Nebel⟩: *Der Pfad verlor sich im Wald* **25** ***etw. verliert sich*** etw. wird schwächer, etw. verschwindet allmählich ≈ etw. schwindet: *Der unangenehme Geruch des neuen Teppichs verliert sich nach ein paar Wochen* **26** ***sich in etw.*** (*Dat*) ***v.*** sich intensiv mit etw. beschäftigen u. anderes nicht beachten, nicht mehr wahrnehmen ⟨sich in Erinnerungen, Träumen v.; sich (zu sehr) in Details, Einzelheiten, Nebensächlichkeiten v.; in Gedanken verloren sein⟩ **27** ⟨Personen⟩ ***verlieren sich irgendwo*** mehrere Personen fallen in e-m Raum, e-r Arena *o.Ä.* nicht auf, weil der Raum *o.Ä.* so groß ist: *Die wenigen Besucher verloren sich in der riesigen Halle* || ID *mst* ***Du hast hier nichts verloren*** *gespr*; du bist hier nicht erwünscht || ► ***Verlust***

ver·lie·ren[2]; *verlor, hat verloren*; [Vt/i] **1** (***etw.***) ***v.*** in e-m Spiel, Kampf *o.Ä.* e-e schlechtere Leistung erbringen bzw. weniger Punkte *o.Ä.* bekommen als der Gegner ↔ gewinnen (1) ⟨ein Spiel v.⟩: *im Tennismatch den ersten Satz v.; im Boxkampf nach Punkten, durch K.o. v.* **2** (⟨e-e Wette⟩) ***v.*** bei e-r Wette unrecht haben **3** (⟨e-n Prozess⟩) ***v.*** bei e-r Gerichtsverhandlung keinen Erfolg haben **4** (⟨e-n Krieg⟩) ***v.*** in e-m Krieg vom Feind besiegt werden **5** (***etw.***) ***v.*** Geld zahlen müssen, weil man bei e-m Spiel Pech hatte od. schlechter war als der Gegner ≈ verspielen ↔ gewinnen ⟨(viel) Geld, Haus u. Hof v.⟩: *beim Pokern hundert Euro v.* || ID ***nichts*** (***mehr***) ***zu v. haben*** in e-r Situation sein, die nicht mehr schlechter werden kann; ***Es ist noch nicht alles verloren*** *gespr*; es gibt noch Hoffnung, dass e-e positive Lösung gefunden wird || *hierzu* **Ver·lie·rer** *der*; *-s, -*; **Ver·lie·re·rin** *die*; *-, -nen*

Ver·lies *das*; *-es, -e*; ein Raum (in e-m Schloss od. in e-r Burg) unter der Erde, in den man früher Gefangene sperrte ≈ Kerker || -K: ***Burg-, Keller-***

ver·lischt *Präsens, 3. Person Sg*; ↑ ***verlöschen***

ver·lo·ben, sich; *verlobte sich, hat sich verlobt*; [Vr] **1** ***sich*** (***mit j-m***) ***v.*** j-m die Ehe versprechen (u. dies auch bekannt machen) **2** ⟨zwei Personen⟩ ***verloben sich*** zwei Personen versprechen, dass sie sich heiraten werden (u. geben dies bekannt)

Ver·löb·nis *das*; *-ses, -se*; *geschr* ≈ Verlobung

ver·lobt 1 *Partizip Perfekt*; ↑ ***verloben* 2** *Adj*; *nicht adv*; (***mit j-m***) ***v.*** so, dass man j-m versprochen hat, ihn zu heiraten: *Nachdem sie ein Jahr miteinander verlobt waren, heirateten sie* || *hierzu* **Ver·lob·te** *der / die*; *-n, -n*

Ver·lo·bung *die*; *-, -en*; ***e-e V.*** (***mit j-m***) das offizielle Versprechen, dass man j-n heiraten wird ⟨e-e V. bekannt geben, (auf)lösen; V. feiern⟩ || K-: ***Verlobungs-, -anzeige, -feier, -ring***

ver·lo·cken; *verlockte, hat verlockt*; [Vt/i] ***etw. verlockt*** (***j-n***) (***zu etw.***) etw. wirkt so auf j-n, dass er es gern haben od. tun möchte ≈ etw. reizt j-n ⟨ein verlockendes Angebot, e-e verlockende Idee; etw. sieht verlockend aus, klingt verlockend⟩: *Das schöne Wetter verlockt zum Spazierengehen* || *hierzu* **Ver·lo·ckung** *die*

ver·lo·gen *Adj*; *pej*; **1** so, dass der Betreffende oft lügt ↔ ehrlich **2** nicht echt, voller Lügen ↔ aufrichtig ⟨Moral⟩ || *hierzu* **Ver·lo·gen·heit** *die*; *mst Sg*

ver·lor *Imperfekt, 1. u. 3. Person Sg*; ↑ ***verlieren***

ver·lö·re *Konjunktiv II, 1. u. 3. Person Sg*; ↑ ***verlieren***

ver·lo·ren 1 *Partizip Perfekt*; ↑ ***verlieren* 2** *Adj*; *nur präd*; einsam u. allein ≈ verlassen ⟨v. aussehen; sich v. fühlen⟩ **3** ⟨hoffnungslos, rettungslos⟩ ***v. sein*** völlig hilflos sein, keine Chance haben, gerettet zu werden **4** ***j-n / sich / etw. v. geben*** die Hoffnung aufgeben, dass j-d / man selbst / etw. noch gerettet werden kann **5** ***für j-n / etw. v. sein*** j-m / etw. nicht mehr zur Verfügung stehen: *Er ist für unsere Zeitung v. - er will jetzt nur noch Bücher schreiben* **6** ***etw. ist bei j-m v.*** etw. hat auf j-n keine Wirkung: *Bei ihr ist alle Mühe v., du kannst sie nicht überzeugen* || *zu* **1 Ver·lo·ren·heit** *die*; *nur Sg*

> **ver·lo·ren ge·hen**; *ging verloren, ist verloren gegangen*; [Vi] ***j-d / etw. geht verloren*** j-d / etw. ist nicht mehr zu finden ⟨ein Kind⟩: *Mein Ausweis ist verloren gegangen* || ID *mst* ***An ihm / ihr ist ein***(***e***) + *Berufsbezeichnung* ***verloren gegangen*** *gespr*; er / sie wäre im genannten Beruf sehr erfolgreich gewesen: *An ihm ist ein guter Musiker verloren gegangen*

ver·losch *Imperfekt, 3. Person Sg*; ↑ ***verlöschen***

ver·lo·schen *Partizip Perfekt*; ↑ ***verlöschen***

ver·lö·schen; *verlischt, verlosch / verlöschte, ist verloschen / verlöscht*; [Vi] ***etw. verlischt*** etw. erlischt, geht aus (3) ⟨ein Feuer, e-e Kerze, ein Licht⟩

ver·lo·sen; *verloste, hat verlost*; [Vt] ***etw. v.*** etw. als Preis aussetzen u. durch Lose bestimmen, wer es bekommt: *e-e Weltreise v.* || *hierzu* **Ver·lo·sung** *die*

ver·lot·tern; *verlotterte, ist verlottert*; [Vi] ***j-d / etw. verlottert*** *pej*; j-d / etw. kommt in e-n schlechten, unordentlichen Zustand, weil er sich nicht pflegt / es nicht gepflegt wird ≈ verwahrlosen

Ver·lust *der*; *-(e)s, -e*; **1** *nur Sg*; der Vorgang, bei dem man etw. verliert[1] (1) ⟨ein empfindlicher, schmerzlicher V.⟩: *den V. seiner Geldbörse melden* || K-: ***Verlust-, -anzeige, -meldung* 2** *nur Sg*; das Verlieren[1] (9): *der V. e-s Beines* **3** *nur Sg*; das Verlieren[1] (2) ⟨ein schmerzlicher, unersetzlicher V.⟩: *der V. e-s geliebten Menschen* **4** *nur Sg*; das Verlieren[1] (4): *der V. von j-s Vertrauen* || -K: ***Ehr-, Vertrauens-* 5** *nur Sg*; ***ein V.*** (***an etw.*** (*Dat*) / ***von etw.***) der Wegfall von etw. Positivem od. Nützlichem: *den V. an / von Energie* (= die Menge der unnötig verbrauchten Energie) *verringern* || -K: ***Energie-, Gewichts-, Kraft-, Prestige-, Spannungs-, Stimmen-, Substanz-, Wärme-* 6** *nur Sg*; das Verlieren[1] (5,6) || -K: ***Blut-, Wasser-* 7** *nur Sg*; das Verlieren[1] (16) || -K: ***Zeit-* 8** ein finanzieller Schaden, e-e finanzielle Einbuße ↔ Gewinn ⟨ein empfindlicher, finanzieller, hoher, materieller V.; Verlust(e) machen⟩ || K-: ***Verlust-, -geschäft* 9** *mst Pl*; die Soldaten e-r Armee, die in e-m Krieg, Kampf sterben ⟨hohe Verluste erleiden⟩ || K-: ***Verlust-, -liste, -meldung* 10** ***mit V.*** so, dass man dabei Geld verliert ⟨mit V. arbeiten; etw. mit V. verkaufen⟩

ver·ma·chen; *vermachte, hat vermacht*; [Vt] ***j-m etw. v.*** ≈ vererben

Ver·mächt·nis *das*; *-ses, -se*; **1** ein Dokument, in dem steht, was man an wen vererben will ≈ Testament **2** das, was man j-m vererbt ≈ Erbe **3** ***das V.*** + *Gen* die Wirkung u. der Einfluss e-r großen Persönlichkeit nach deren Tod: *das V. Goethes, Picassos*

ver·mäh·len, sich; *vermählte sich, hat sich vermählt*; [Vr] ***sich v.*** *geschr* ≈ heiraten || *hierzu* **Ver·mäh·lung** *die*

ver·ma·le·dei·t- *Adj*; *nur attr, nicht adv, gespr veraltend* ≈ verdammt (2)

ver·mark·ten; *vermarktete, hat vermarktet*; [Vt] ***j-n / etw. v.*** j-n / etw. (durch Werbung *o.Ä.*) so bekannt od. beliebt machen, dass man dabei Geld verdient || *hierzu* **Ver·mark·tung** *die*; *nur Sg* || ► ***Markt*** (4)

ver·mas·seln; *vermasselte, hat vermasselt*; [Vt] (***j-m / sich***) ***etw. v.*** *gespr*; sich so ungeschickt verhalten, dass etw. nicht gelingt ⟨(j-m / sich) ein Geschäft, e-n Plan, e-e Prüfung, e-e Chance v.⟩

ver·meh·ren; *vermehrte, hat vermehrt*; [Vt] **1 etw. v.** die Zahl od. den Umfang von etw. größer machen ≈ vergrößern ↔ verringern: *sein Vermögen v.*; [Vr] **2** ⟨Tiere⟩ **vermehren sich** Tiere pflanzen sich fort: *Wie vermehren sich Schlangen?* **3 etw. vermehrt sich** etw. wird mehr: *Die Zahl der Aids-Kranken vermehrt sich ständig* || *hierzu* **Ver·meh·rung** *die*; *nur Sg*

ver·mei·den; *vermied, hat vermieden*; [Vt] **etw. v.** es zu etw. *mst* Negativem nicht kommen lassen ≈ umgehen: *Die Operation hätte sich v. lassen / hätte vermieden werden können, wenn er früher zum Arzt gegangen wäre* || *hierzu* **ver·meid·bar** *Adj*; **Ver·mei·dung** *die*; *mst Sg*

ver·meint·li·ch- *Adj*; *nur attr, nicht adv*; (fälschlicherweise) für ein solches gehalten: *sich vor e-r vermeintlichen Gefahr fürchten*

ver·mel·den; *vermeldete, hat vermeldet*; [Vt] **etw. v.** *veraltend od hum* ≈ melden (1) || ID **nichts zu v. haben** *gespr*; nichts (mit)entscheiden dürfen

ver·men·gen; *vermengte, hat vermengt*; [Vt] **etw.** (*Pl*) (**zu etw.**) **v.**; **etw. mit etw.** (**zu etw.**) **v.** Verschiedenes zusammenrühren od. -kneten u. dadurch mischen: *alle Zutaten (miteinander) zu e-m Teig v.*

Ver·merk *der*; *-(e)s, -e*; e-e kurze, schriftliche Bemerkung auf e-m Dokument

ver·mer·ken; *vermerkte, hat vermerkt*; [Vt] **etw. irgendwo v.** e-e kurze Bemerkung irgendwohin schreiben ≈ notieren: *am Rand e-s Manuskripts v., dass etw. geändert werden muss*

ver·mes·sen[1]; *vermisst, vermaß, hat vermessen*; [Vt] **1 etw. v.** genau messen, wie groß etw. (*bes* ein Stück Land) ist: *ein Grundstück v.*; [Vr] **2 sich** (**um etw.**) **v.** beim Messen e-n Fehler machen: *sich um zwei Zentimeter v.* || zu **1 Ver·mes·ser** *der*; *-s, -*

ver·mes·sen[2] *Adj* ≈ überheblich, anmaßend ⟨e-e Behauptung⟩ || *hierzu* **Ver·mes·sen·heit** *die*; *nur Sg*

Ver·mes·sung *die*; *-, -en*; das Messen e-s Grundstücks *o.Ä.* || K-: **Vermessungs-, -amt, -ingenieur**

ver·mie·sen; *vermieste, hat vermiest*; [Vt] **j-m etw. v.** *gespr*; j-m die Freude an etw. nehmen

ver·mie·ten; *vermietete, hat vermietet*; [Vt/i] (**j-m**) (**etw.**) **v.**; (**etw.**) (**an j-n**) **v.** j-m *bes* ein Haus, e-e Wohnung od. ein Fahrzeug zum Benutzen überlassen u. dafür e-e bestimmte Summe Geld nehmen ↔ mieten ⟨ein Haus, ein Zimmer, e-e Wohnung v.; Boote, Autos v.⟩ || *hierzu* **Ver·mie·ter** *der*; *-s, -*; **Ver·mie·te·rin** *die*; *-, -nen*; **Ver·mie·tung** *die*

ver·min·dern; *verminderte, hat vermindert*; [Vt] **1 etw. v.** etw. in der Zahl, Menge, Intensität geringer werden lassen ≈ verringern ↔ verstärken: *mit e-m Schalldämpfer die Lautstärke v.*; [Vr] **2 sich v.** in der Zahl, Menge od. Intensität geringer werden ≈ sich verringern || *hierzu* **Ver·min·de·rung** *die*; *nur Sg*

ver·mi·nen; *verminte, hat vermint*; [Vt] **etw. v.** ein Gebiet mit Minen versehen: *ein Gelände, das Grenzgebiet v.* || *hierzu* **Ver·mi·nung** *die*; *mst Sg*

ver·mi·schen; *vermischte, hat vermischt*; [Vt] **1 etw.** (*Pl*) (**zu etw.**) **v.**; **etw. mit etw.** (**zu etw.**) **v.** ≈ mischen ↔ trennen: *Wenn man Gelb u. Blau (miteinander) vermischt, erhält man Grün*; [Vr] **2 sich** (**mit j-m / etw.**) **v.** ≈ sich mischen: *Seine Freude vermischte sich mit Ungeduld* || *hierzu* **Ver·mi·schung** *die*; *mst Sg*

ver·mis·sen; *vermisste, hat vermisst*; [Vt] **1 j-n / etw. v.** bedauern, dass j-d / etw. nicht da ist ≈ sich nach j-m / etw. sehnen: *Ich habe dich sehr vermisst!* **2 j-n / etw. v.** feststellen, dass j-d / etw. nicht da ist u. dass man nicht weiß, wo er / es ist: *Ich vermisse meinen Regenschirm - hast du ihn vielleicht gesehen?*

ver·misst 1 *Partizip Perfekt*; ↑ **vermissen 2** *Adj*; (seit längerer Zeit) nicht mehr auffindbar (*mst* weil der Betroffene sich verirrt hat od. tot ist) ≈ verschollen ⟨als v. gelten; j-n als v. melden⟩ || *hierzu* **Ver·miss·te** *der / die*; *-n, -n*

ver·mit·teln; *vermittelte, hat vermittelt*; [Vt] **1** (**j-m**) **j-n / etw. v.**; **j-n an j-n v.** j-m helfen, e-e Person od. Sache zu bekommen, die er zu e-m bestimmten Zweck sucht: *j-m e-e neue Wohnung, e-e Arbeitsstelle, e-n Babysitter v.*; *e-n Arbeitssuchenden an e-e Firma v.* **2 etw. v.** bewirken, dass etw., an dem verschiedene Leute teilnehmen, zustande kommt ⟨ein Gespräch, ein Geschäft, ein Treffen v.; e-e Ehe v.⟩ **3** (**j-m**) **etw. v.** etw. so darstellen, dass es j-d versteht, lernt *o.Ä.* ≈ etw. an j-n weitergeben ⟨Kenntnisse, Wissen v.⟩: *Dieses Buch vermittelt* (= gibt) *uns e-n guten Eindruck vom Leben des Künstlers* **4 ein Gespräch v.** die Leitungen so verbinden, dass ein Telefonat zustande kommt; [Vi] **5** (**zwischen** ⟨Personen / Parteien *o.Ä.* (*Dat*)⟩) **v.** mit den Gegnern in e-m Streit *o.Ä.* sprechen, damit sie zu e-r Lösung des Streits kommen ≈ etw. schlichten ⟨zwischen den Gegnern, den Kontrahenten, den streitenden Parteien v.; bei / in e-m Streit v.⟩ || *hierzu* **Ver·mitt·ler** *der*; *-s, -*

ver·mit·tels(**t**) *Präp*; *mit Gen / Dat, Admin geschr* ≈ mithilfe von, mittels || NB: Gebrauch ↑ *Tabelle unter* **Präpositionen**

Ver·mitt·lung *die*; *-, -en*; **1** *nur Sg*; das Vermitteln (1): *die V. von Arbeitskräften*; *durch j-s V. mit j-m zusammenkommen* || K-: **Vermittlungs-, -dienst, -gebühr, -provision, -stelle** || -K: **Stellen- 2** der Versuch, durch Gespräche u. Verhandlungen e-n Streit zwischen zwei Gruppen *o.Ä.* zu beenden: *die V. zwischen Streitenden* || K-: **Vermittlungs-, -versuch, -vorschlag 3** *nur Sg*; die Weitergabe bestimmter Informationen *o.Ä.* ⟨die V. von Kenntnissen⟩ || -K: **Wissens- 4** e-e Telefonzentrale, die man anruft, um e-e telefonische Verbindung zu bekommen ⟨die V. anrufen; bei der V. arbeiten⟩

ver·mö·beln; *vermöbelte, hat vermöbelt*; [Vt] **j-n v.** *gespr, oft hum* ≈ verprügeln

ver·mo·dern; *vermoderte, ist vermodert*; [Vi] **etw. vermodert** etw. wird faul u. zerfällt ≈ etw. verfault ⟨Laub, Holz⟩ || ► **Moder**

ver·mö·ge *Präp*; *mit Gen / Dat, geschr* ≈ mithilfe von || NB: Gebrauch ↑ *Tabelle unter* **Präpositionen**

ver·mö·gen; *vermag, vermochte, hat vermocht*; [Vt] **etw. v.** *geschr*; in der Lage sein, etw. zu tun: *Niemand vermochte ihn zu retten*; *Ich werde tun, was ich vermag* || NB: *mst* verneint

Ver·mö·gen *das*; *-s, -*; **1 ein V.** (**an etw.** (*Dat*)) der gesamte Besitz (als materieller Wert) ⟨ein V. anhäufen; ein V. an Grundstücken, Briefmarken, Aktien *usw* haben; V. haben; mit seinem ganzen V. für etw. haften⟩ || K-: **Vermögens-, -berater, -bildung, -lage, -steuer, -verhältnisse, -werte, -zuwachs 2 ein V.** *gespr*; viel Geld: *Der Unfall kostet mich ein V.*

-ver·mö·gen *das*; *-s*; *nur Sg*; bezeichnet die Fähigkeit, etw. Bestimmtes zu tun; **Denkvermögen, Durchhaltevermögen, Erinnerungsvermögen, Reaktionsvermögen, Unterscheidungsvermögen, Urteilsvermögen**

ver·mö·gend *Adj*; *nicht adv*; mit e-m großen Vermögen (1) ≈ reich

ver·mum·men, sich; *vermummte sich, hat sich vermummt*; [Vr] **1 sich v.** dicke, warme Kleidung anziehen **2 sich v.** Kopf u. Gesicht bedecken, damit man nicht erkannt wird || NB: *mst* im Partizip Perfekt: *Die Demonstranten waren v.* || *hierzu* **Ver·mum·mung** *die*

ver·mur·ksen; *vermurkste, hat vermurkst*; [Vt] **etw. v.** *gespr*; etw. völlig falsch machen ≈ verpfuschen

ver·mu·ten; *vermutete, hat vermutet*; [Vt/i] **1** (**etw.**) **v.** denken, dass etw. möglich od. wahrscheinlich ist: *Ich habe ihn schon lange nicht mehr gesehen - ich vermute,* dass *er viel zu tun hat | ich vermute, er ist sehr beschäftigt; Die Polizei vermutet ein Verbrechen; Er vermutete, das Problem lösen* zu *können „Ob er wohl noch kommt?" - „Ich vermute: ja"* || NB: ↑ Erläuterungen auf Seite 55; [Vt] **2 j-n / etw. irgendwo v.** glauben, dass j-d / etw. irgendwo ist: *j-n im Keller v.* **3 es ist / steht zu v., dass ...** etw. ist wahrscheinlich: *Es steht zu v., dass das Auto gestohlen ist*

ver·mut·lich *Adj*; *nur attr od adv*; wie anzunehmen ist ≈ wahrscheinlich ⟨der Aufenthaltsort, der Täter⟩: *Sie ist jetzt v. schon zu Hause*

Ver·mu·tung *die*; -, *-en*; das, was j-d für möglich od. wahrscheinlich hält ≈ Annahme (4) ⟨e-e V. haben, aussprechen, äußern; auf Vermutungen angewiesen sein; e-e V. liegt nahe⟩: *Die V., dass er der Täter ist, hat sich bestätigt*

ver·nach·läs·si·gen; *vernachlässigte, hat vernachlässigt*; [Vt] **1 j-n / etw. v.** sich nicht genügend um j-n / etw. kümmern: *seinem Beruf zuliebe die Familie v.; Der Garten sieht sehr ungepflegt u. vernachlässigt aus* **2 etw. v. können** etw. nicht beachten müssen, weil es (für e-n bestimmten Zweck) nicht wichtig ist ⟨Abweichungen, Ausnahmen v. können⟩ || *hierzu* **ver·nach·läs·sig·bar** *Adj*; *nicht adv*; **Ver·nach·läs·si·gung** *die*; *mst Sg*

ver·na·gelt *Adj*; *gespr pej* ≈ dumm, uneinsichtig: *Er ist total v.!*

ver·nä·hen; *vernähte, hat vernäht*; [Vt] **1 etw. v.** etw. mit Nadel u. Faden verschließen ⟨e-n Riss, e-e Wunde, ein Loch v.⟩ **2 etw. v.** am Ende e-r Naht den Faden festnähen

ver·nar·ben; *vernarbte, ist vernarbt*; [Vi] **etw. vernarbt** etw. heilt so, dass nur noch e-e Narbe bleibt ⟨e-e Verletzung, e-e Wunde⟩: *die Wunde ist gut vernarbt* || *hierzu* **Ver·nar·bung** *die*

ver·narbt 1 *Partizip Perfekt*; ↑ **vernarben 2** *Adj*; mit Narben ⟨ein Gesicht, Hände *usw*⟩

ver·nar·ren, sich; *vernarrte sich, hat sich vernarrt*; [Vr] **sich in j-n / etw. v.** *gespr*; e-e starke (oft übertriebene) Vorliebe für j-n / etw. entwickeln: *sich in e-e Idee v.; Er ist ganz in seine kleine Nichte vernarrt* || NB: *mst* im Partizip Perfekt || *hierzu* **Ver·narrt·heit** *die*; *mst Sg*

ver·na·schen; *vernaschte, hat vernascht*; [Vt] **1 j-n v.** *gespr hum*; mit j-m Sex haben **2 etw. v.** Geld für Süßigkeiten ausgeben ⟨sein Taschengeld v.⟩

ver·neh·men; *vernimmt, vernahm, hat vernommen*; [Vt] **1 j-n v.** (als Polizist od. vor Gericht) e-m Zeugen Fragen stellen ⟨e-n Zeugen v.; j-n als Zeugen, zur Sache v.⟩ **2 etw. v.** *geschr*; etw. mit den Ohren wahrnehmen ≈ hören: *ein schwaches Geräusch v.* **3 etw. v.** *geschr*; etw. erfahren ≈ hören: *Wir haben vernommen,* dass *Sie Ihren Lagerraum erweitern wollen* || *zu* **2 ver·nehm·bar** *Adj*; **ver·nehm·lich** *Adj*

Ver·neh·men *das*; *nur in* **dem V. nach** *geschr*; wie (aus sicherer Quelle) zu erfahren war

Ver·nehm·las·sung *die*; -, *-en*; (CH) ≈ Stellungnahme

Ver·neh·mung *die*; -, *-en*; die Befragung e-s Zeugen (durch die Polizei od. vor Gericht) || K-: **Vernehmungs-, -protokoll, -richter** || *hierzu* **ver·neh·mungs·fä·hig** *Adj*; **ver·neh·mungs·un·fä·hig** *Adj*

ver·nei·gen, sich; *verneigte sich, hat sich verneigt*; [Vr] **sich** (**vor j-m**) **v.** ≈ sich verbeugen || *hierzu* **Ver·nei·gung** *die*

ver·nei·nen; *verneinte, hat verneint*; [Vt] **1 etw. v.** etw. mit „nein" beantworten ↔ bejahen ⟨e-e Frage v.; verneinend den Kopf schütteln; e-e verneinende Antwort⟩ **2 etw. v.** ≈ ablehnen ↔ akzeptieren ⟨e-n Vorschlag v.⟩ || *hierzu* **Ver·nei·nung** *die*

ver·net·zen; *vernetzte, hat vernetzt*; [Vt] **etw.** (**mit etw.**) **v.**; **etw.** (*Pl*) **v.** *bes EDV*; Computer miteinander verbinden, sodass sie Daten austauschen können || *hierzu* **Ver·net·zung** *die*

ver·nich·ten; *vernichtete, hat vernichtet*; [Vt] **j-n / etw. v.** bewirken, dass es j-n / etw. nicht mehr gibt ≈ zerstören: *Das Feuer hat alle Vorräte vernichtet*

ver·nich·tend 1 *Partizip Präsens*; ↑ **vernichten 2** *Adj*; besonders deutlich (u. *mst* mit hohen Verlusten verbunden) ⟨e-e Niederlage; den Feind v. schlagen⟩ **3** voller Vorwurf u. Wut ⟨ein Blick⟩ **4** sehr negativ ⟨e-e Kritik⟩

Ver·nich·tung *die*; -, *-en*; die Handlung, durch die j-d / etw. vernichtet wird || K-: **Vernichtungs-, -feldzug, -werk, -wut** || -K: **Schädlings-, Unkraut-**

ver·ni·ckelt *Adj*; *nicht adv*; mit Nickel gegen Rost *o.Ä.* geschützt ⟨e-e Brille, ein Fahrrad⟩

ver·nied·li·chen; *verniedlichte, hat verniedlicht*; [Vt] **etw. v.** ≈ verharmlosen || *hierzu* **Ver·nied·li·chung** *die*

Ver·nis·sa·ge [vɛrnɪˈsaːʒ(ə)] *die*; -, *-n*; *geschr*; die (feierliche) Eröffnung e-r Ausstellung von Bildern od. Skulpturen

Ver·nunft *die*; -; *nur Sg*; **1** die Fähigkeit des Menschen, etw. mit dem Verstand zu beurteilen u. sich danach zu richten (auch wenn seine Gefühle, Wünsche in e-e andere Richtung gehen) ⟨V. walten lassen; etw. gegen die Regeln der V., gegen / wider alle V. tun; ohne V. handeln⟩ || K-: **Vernunft-, -ehe, -heirat, -mensch 2 V. annehmen,** (**wieder**) **zur V. kommen** wieder so handeln, wie es der V. (1) entspricht: *Zuerst wollte er trotz seiner schweren Krankheit an der Prüfung teilnehmen, aber dann hat er doch noch V. angenommen* **3 j-n zur V. bringen** bewirken, dass j-d wieder so handelt, wie es der V. (1) entspricht || *zu* **1 ver·nunft·ge·mäß** *Adj*; **ver·nunft·wid·rig** *Adj*

ver·nünf·tig *Adj*; **1** klug u. gut überlegt ↔ unvernünftig: *e-e vernünftige Entscheidung treffen; Ich weiß nicht, warum er seinen Lehrer so provoziert - Er ist sonst eigentlich ganz v.* **2** *gespr*; so, wie es j-s Erwartungen, Wünschen entspricht ≈ ordentlich: *zu e-m vernünftigen Preis; Ich will endlich mal wieder etw. Vernünftiges essen!* || *zu* **1 ver·nünf·ti·ger·wei·se** *Adv*

ver·öden; *verödete, ist / hat verödet*; [Vi] (*ist*) **1 etw. verödet** etw. wird unfruchtbar ⟨ein Boden, e-e Landschaft⟩ **2 etw. verödet** etw. wird leer von Menschen ⟨die Stadt, die Straßen⟩; [Vt] (*hat*) **3 etw. v.** *Med*; e-e Ader so behandeln, dass kein Blut mehr durch sie fließt ⟨ein Gefäß, Krampfadern v.⟩ || *hierzu* **Ver·ödung** *die*; *mst Sg* || ► **öde** (1,2)

ver·öf·fent·li·chen; *veröffentlichte, hat veröffentlicht*; [Vt] **etw. v.** etw. (*bes* in e-m Buch, in e-r Zeitschrift *o.Ä.*) der Öffentlichkeit bekannt machen ≈ publizieren: *Forschungsergebnisse, e-n Artikel v.* || *hierzu* **Ver·öf·fent·li·chung** *die*

ver·ord·nen; *verordnete, hat verordnet*; [Vt] **1** (**j-m**) **etw. v.** als Arzt bestimmen, dass ein Patient etw. Bestimmtes tun, tragen, einnehmen *o.Ä.* soll ≈ j-m etw. verschreiben ⟨j-m Bettruhe, e-e Brille, e-e Diät, e-e Kur, ein Medikament v.⟩ **2 etw. v.** ≈ anordnen[1]

Ver·ord·nung *die*; -, *-en*; e-e Norm od. Maßnahme, die *bes* der Staat festgelegt hat

ver·pach·ten; *verpachtete, hat verpachtet*; [Vt/i] (**j-m**) (**etw.**) **v.**; (**etw.**) (**an j-n**) **v.** j-m erlauben, ein Stück Land od. e-n Raum (mit allen Rechten) zu nutzen, u. dafür Geld von ihm nehmen ↔ pachten ⟨e-n Garten, ein Grundstück, e-n Hof, ein Lokal v.⟩ || NB: ↑ **vermieten** || *hierzu* **Ver·pach·tung** *die*

ver·pa·cken; *verpackte, hat verpackt*; [Vt] **etw.** (**in etw.** (*Akk*)) **v.** etw. in e-e (feste) Hülle tun, *bes* um es so zu verkaufen od. zu transportieren: *Elektrogeräte in Kartons v.*

verpacken

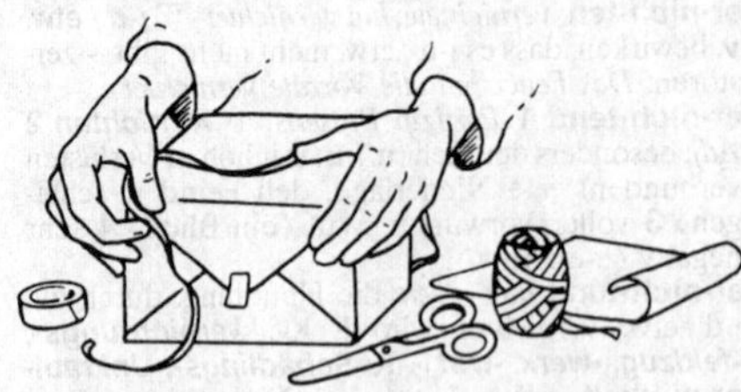

Ver·pa·ckung *die*; -, *-en*; **1** *nur Sg*; der Prozess, bei dem etw. verpackt wird: *Die Uhr ist bei der V. beschädigt worden* **2** die Hülle, in die man etw. verpackt: *e-e V. aus Plastik* || K-: **Verpackungs-, -kosten, -material** || -K: **Original-, Vakuum-**

ver·pas·sen[1]; *verpasste, hat verpasst*; [Vt] **1 j-n / etw. v.** nicht zur richtigen Zeit an e-m Ort sein u. deswegen j-n nicht treffen od. etw. nicht erreichen ≈ versäumen (1): *zu spät ins Kino gehen u. den Anfang des Films v.*; *Du hast ihn verpasst - er war vor fünf Minuten noch hier* **2 etw. v.** den richtigen Zeitpunkt für etw. nicht nutzen ≈ versäumen (4) ⟨e-e Chance, e-e Gelegenheit v.⟩: *den Anschluss an die moderne Technik nicht v. wollen*; *als Musiker seinen Einsatz v.*

ver·pas·sen[2]; *verpasste, hat verpasst*; [Vt] *gespr*; **1 j-m etw. v.** j-m etw. Unangenehmes geben (*bes* um ihn zu bestrafen) ⟨j-m e-e Abreibung, e-e Ohrfeige, e-e Tracht Prügel v.; j-m e-n Denkzettel v. (= e-e Strafe als Warnung geben)⟩: *Der Richter hat ihm fünf Jahre Gefängnis verpasst* **2 j-m eins / eine v.** j-m e-n Schlag geben

ver·pat·zen; *verpatzte, hat verpatzt*; [Vt] **etw. v.** *gespr*; bei etw. *mst* mehrere Fehler machen u. deshalb keinen Erfolg haben ⟨die Prüfung v.⟩

ver·pen·nen; *verpennte, hat verpennt*; [Vt/i] (**etw.**) **v.** *gespr* ≈ (etw.) verschlafen

ver·pes·ten; *verpestete, hat verpestet*; [Vt] **j-d / etw. verpestet etw.** *pej*; j-d / etw. füllt die Luft mit e-m unangenehmen Geruch od. mit schädlichen Stoffen ⟨die Luft, ein Zimmer v.⟩: *Die Fabrik verpestet (mit ihren Abgasen) die Luft*; *Du verpestest das ganze Haus mit deinen Zigarren!*

ver·pet·zen; *verpetzte, hat verpetzt*; [Vt] **j-n** (**bei j-m**) **v.** *gespr pej*; (*bes* von Schülern verwendet) *bes* dem Lehrer od. den Eltern sagen, dass ein Kind etw. getan hat, was nicht erlaubt ist ≈ verraten

ver·pfän·den; *verpfändete, hat verpfändet*; [Vt] (**j-m**) **etw. v.** j-m etw. als Pfand geben: *Er musste sein Haus v., um e-n Kredit zu bekommen*

ver·pfei·fen; *verpfiff, hat verpfiffen*; [Vt] **j-n** (**bei j-m**) **v.** *gespr pej*; der Polizei *o.Ä.* verraten, dass ein Freund, ein Bekannter *o.Ä.* etw. Verbotenes getan hat

ver·pflan·zen; *verpflanzte, hat verpflanzt*; [Vt] **1 etw. v.** e-e Pflanze an e-n anderen Ort pflanzen **2 etw. v.** als Arzt Gewebe od. ein Organ auf e-n anderen Körperteil bzw. auf e-n anderen Menschen übertragen ≈ transplantieren ⟨ein Herz, e-e Niere, Haut v.⟩ || *hierzu* **Ver·pflan·zung** *die*

ver·pfle·gen; *verpflegte, hat verpflegt*; [Vt] **j-n / sich v.** j-n / sich mit Essen versorgen

Ver·pfle·gung *die*; -; *nur Sg*; **1** die Versorgung mit Essen: *für die V. der Soldaten sorgen* **2** das Essen, das man *bes* in e-m Hotel bekommt: *Unterkunft u. V. waren sehr gut*

ver·pflich·ten; *verpflichtete, hat verpflichtet*; [Vt/i] **1 etw. verpflichtet** (**j-n**) **zu etw.** etw. bewirkt, dass j-d die Pflicht hat, etw. zu tun ⟨zu etw. verpflichtet sein⟩: *Das Öffnen der Packung verpflichtet zum Kauf / verpflichtet Sie zum Kauf der Ware*; [Vt] **2 j-n** (**zu etw.**) **v.** j-n dazu bringen, dass er e-e bindende Zusage abgibt: *e-n Kunden* dazu *v.*, *e-e Rechnung innerhalb von 14 Tagen zu zahlen* **3 j-n v.** e-n Vertrag mit e-m Sänger, Musiker, Schauspieler, Spieler *o.Ä.* schließen u. ihn so für e-e bestimmte Tätigkeit gewinnen ≈ engagieren: *Der neue Stürmer wurde für zwei Jahre verpflichtet*; [Vr] **4 sich** (**zu etw.**) **v.** fest versprechen, etw. zu tun ⟨sich vertraglich v.⟩ **5 sich v.** in e-m Vertrag versprechen, e-e Aufgabe *bes* als Künstler od. Soldat zu übernehmen: *sich auf / für zwei Jahre bei der Bundeswehr v.*

ver·pflich·tet 1 *Partizip Perfekt*; ↑ **verpflichten 2** ((**j-m**) **zu etw.**) **v.** aus moralischen Gründen od. weil man j-m etw. schuldet, mehr od. weniger gezwungen, etw. zu tun ⟨sich zu etw. v. fühlen⟩: *v. sein, j-m zu helfen*; *j-m zu Dank v. sein* (= j-m sehr dankbar sein); *Er fühlte sich* (dazu) *v., ihr zu helfen* **3 sich j-m** (**gegenüber**) **v. fühlen** j-m für etw. dankbar sein u. deshalb glauben, dass man ihm auch helfen müsse **4 j-m / etw. v. sein** *geschr*; stark von j-m / etw. beeinflusst sein

Ver·pflich·tung *die*; -, *-en*; **1** etw., das man *bes* aus moralischen Gründen tun muss ⟨berufliche, gesellschaftliche, vertragliche Verpflichtungen; e-e V. eingehen, übernehmen, haben, erfüllen; e-r V. nachkommen⟩: *aus terminlichen Schwierigkeiten seinen Verpflichtungen nicht mehr nachkommen können* **2** *nur Pl, geschr* ≈ Schulden **3** *nur Sg*; das Verpflichten (3), das Engagieren (*mst* e-s Künstlers, Spielers *o.Ä.*) **4** *nur Sg*; die Handlung, bei der man j-n dazu bringt, etw. fest zu versprechen

ver·pfu·schen; *verpfuschte, hat verpfuscht*; [Vt] **etw. v.** *gespr*; etw. durch schlechte Leistungen od. durch Fehler verderben od. kaputtmachen ⟨e-e Arbeit, seine Karriere, sein Leben v.⟩

ver·pis·sen, sich; *verpisste sich, hat sich verpisst*; [Vr] *mst in* **Verpiss dich!** *vulg*; verwendet, um auf grobe Weise j-n zum Weggehen aufzufordern

ver·plant *Adj*; *mst präd, nicht adv*; durch Pläne festgelegt (die nicht mehr zu ändern sind): *Mein Geld / mein Gehalt / der Tag ist schon v.*

ver·plap·pern, sich; *verplapperte sich, hat sich verplappert*; [Vr] **sich v.** *gespr*; ohne Absicht etw. sagen, das geheim bleiben sollte ≈ etw. ausplaudern

ver·plau·dern; *verplauderte, hat verplaudert*; [Vt] **etw. v.** e-e bestimmte Zeit mit Plaudern verbringen: *den ganzen Nachmittag mit der Freundin v.*

ver·plem·pern; *verplemperte, hat verplempert*; [Vt] **etw. v.** *gespr* ≈ verschwenden, vergeuden

ver·plom·ben; *verplombte, hat verplombt*; [Vt] **etw. v.** etw. mit e-r Plombe (1) verschließen

ver·pönt *Adj*; *nicht adv*; *mst* **etw. ist v.** etw. gilt als unmoralisch u. wird deswegen abgelehnt

ver·pras·sen; *verprasste, hat verprasst*; [Vt] **etw. v.** *gespr* ≈ verschwenden, vergeuden ⟨das Erbe, seinen Lohn, sein Geld v.⟩

ver·prel·len; *verprellte, hat verprellt*; [Vt] **j-n v.** so unfreundlich zu j-m sein, dass er beleidigt ist

ver·prü·geln; *verprügelte, hat verprügelt*; [Vt] **j-n v.** j-n mehrmals sehr stark schlagen

ver·puf·fen; *verpuffte, ist verpufft*; [Vi] **1 etw. verpufft** etw. explodiert mit e-m dumpfen Geräusch ⟨Gas, e-e Flamme⟩ **2 etw. verpufft** etw. hat nicht die gewünschte Wirkung ⟨die Aktion⟩

ver·pul·vern; *verpulverte, hat verpulvert*; [Vt] **etw. v.** *gespr* ≈ verprassen

ver·pup·pen, sich; *verpuppte sich, hat sich ver-*

puppt; [Vi] ⟨e-e Raupe, e-e Larve⟩ ***verpuppt sich*** e-e Raupe / e-e Larve verwandelt sich in e-e Puppe[2] || *hierzu* **Ver·pup·pung** *die*

Ver·putz *der*; *-es, -e*; die dünne Schicht aus Sand u. Zement über den Wänden e-s Hauses od. e-r Mauer: *den V. auftragen*

ver·put·zen; *verputzte, hat verputzt*; [Vt] **1** ***etw. v.*** die Wände e-s Hauses od. e-r Mauer mit e-r dünnen Schicht aus Sand u. Zement bedecken ⟨e-e Decke, e-e Fassade, ein Haus, e-e Wand v.⟩ **2** ***etw. v.*** *gespr*; e-e große Menge von etw. schnell essen

ver·qualmt *Adj*; voller Rauch u. Qualm ⟨ein Zimmer, die Luft⟩ || *hierzu* **ver·qual·men** *(hat) Vt*

ver·quer [fɛɐ̯ˈkveːɐ̯] *Adj*; *gespr pej* ≈ seltsam, merkwürdig ⟨e-e Ansicht, e-e Idee, e-e Vorstellung⟩

ver·quol·len *Adj*; stark geschwollen ⟨Augen⟩

ver·ram·meln; *verrammelte, hat verrammelt*; [Vt] ***etw. v.*** *gespr*; etw. fest (*bes* mit großen, schweren Gegenständen) verschließen ⟨die Tür, das Tor v.⟩

ver·ram·schen; *verramschte, hat verramscht*; [Vt] ***etw. v.*** *gespr pej*; etw., das man nicht mehr haben will, sehr billig verkaufen ⟨Bücher v.⟩

ver·rannt *Partizip Perfekt*; ↑ ***verrennen***

Ver·rat *der*; *-(e)s*; *nur Sg*; ***der V.*** **(*an j-m / etw.*)** die Weitergabe von Geheimnissen über j-n / etw. ⟨V. begehen, üben; auf V. aus sein, sinnen⟩: *V. am Vaterland* || -K: ***Landes-*** || NB: ↑ ***Hochverrat***

ver·ra·ten; *verrät, verriet, hat verraten*; [Vt] **1** **(*j-m*) *etw. v.*** *gespr*; j-m etw. sagen od. zeigen, das geheim bleiben sollte ⟨ein Geheimnis, e-n Plan, ein Versteck v.⟩: *Soll ich dir v.,* was *du zu Weihnachten bekommst?*; *Du darfst Mutter nicht v.,* dass *ich in der Disko war* **2** ***j-n / etw.*** **(*an j-n*) *v.*** durch das Weitergeben von Informationen (*mst* absichtlich) j-m / etw. schaden ⟨e-n Freund, das Vaterland, e-n Plan v.⟩ **3** **(*j-m*) *etw. v.*** *gespr hum od iron*; j-m etw. sagen: *Willst du mir nicht v.,* wie *ich hier rauskommen soll?* **4** ***etw. verrät etw.*** etw. lässt etw. erkennen: *Sein Blick verriet große Angst*; [Vr] **5** ***sich durch etw. v.*** ohne Absicht seinen wahren Charakter, seine wahren Pläne *o.Ä.* erkennen lassen: *Der Täter verriet sich durch seine Nervosität* || ID ***verraten u. verkauft*** in e-r sehr schwierigen Situation u. hilflos || *zu* **1** **Ver·rä·ter** *der*; *-s, -*; **Ver·rä·te·rin** *die*; *-, -nen*

ver·rä·te·risch *Adj*; **1** ⟨Blicke, Gesten, e-e Miene⟩ so, dass man etw. (Negatives) erkennen kann **2** mit Verrat verbunden ⟨ein Plan, e-e Tat⟩

ver·ratzt *Adj*; *nur präd, nicht adv*; *nur in* ***v. sein*** *gespr*; in e-r aussichtslosen Lage sein ≈ verloren sein

ver·rau·chen; *verrauchte, ist verraucht*; [Vi] ***etw. verraucht*** etw. verschwindet allmählich ⟨*mst* Ärger, j-s Wut, j-s Zorn⟩

ver·räu·chert *Adj*; *nicht adv, gespr* ≈ verraucht (2) ⟨e-e Bude⟩

ver·raucht **1** *Partizip Perfekt*; ↑ ***verrauchen*** **2** *Adj*; *nicht adv*; voll Rauch ≈ rauchig ⟨ein Lokal, ein Zimmer⟩

ver·rech·nen; *verrechnete, hat verrechnet*; [Vr] **1** ***sich v.*** beim Rechnen e-n Fehler machen: *Die Rechnung stimmt nicht - da muss ich mich wohl verrechnet haben* **2** ***sich*** **(*mit etw.*)** ***v.*** etw. falsch einschätzen u. deswegen keinen Erfolg haben; [Vt] **3** ***etw.*** **(*mit etw.*)** ***v.*** etw. in e-e Rechnung mit einbeziehen: *e-n Gutschein mit dem Kaufpreis v.* || *zu* **3** **Ver·rech·nung** *die*; *mst Sg*

Ver·rech·nungs·scheck *der*; ein Scheck, für den man bei der Bank kein Bargeld, sondern Geld auf sein Konto bekommt ↔ Barscheck

ver·re·cken; *verreckte, ist verreckt*; [Vi] **1** *vulg* ≈ sterben ⟨Menschen, Tiere⟩ **2** *gespr*; plötzlich nicht mehr funktionieren ⟨ein Auto, ein Motor *usw*⟩ || ID ***nicht ums Verrecken*** *gespr*; überhaupt nicht

ver·reg·net *Adj*; *nicht adv*; mit viel Regen u. deshalb nicht schön ⟨ein Ausflug, ein Tag, ein Sommer⟩

ver·rei·ben; *verrieb, hat verrieben*; [Vt] ***etw.*** **(*irgendwo*)** ***v.*** etw. durch Reiben irgendwo verteilen: *e-e Salbe auf der Haut v.*

ver·rei·sen; *verreiste, ist verreist*; [Vi] e-e Reise machen ⟨geschäftlich v.; verreist sein⟩: *Sie ist vor zwei Wochen überraschend verreist*

ver·rei·ßen; *verriss, hat verrissen*; [Vt] ***j-n / etw. v.*** e-e sehr negative Kritik über j-n / etw. schreiben ⟨e-n Auftritt, e-n Film, ein Konzert, ein Buch, e-e Inszenierung *usw* v.⟩ || ► ***Verriss***

ver·ren·ken; *verrenkte, hat verrenkt*; [Vt] **1** ***j-m / sich etw. v.*** etw. so bewegen od. drehen, dass es gedehnt u. verletzt wird ≈ verzerren ⟨j-m / sich den Arm, den Hals, den Kiefer, den Fuß v.⟩; [Vr] **2** ***sich v.*** den Körper ganz unnatürlich drehen, strecken *o.Ä.*: *sich beim Tanzen v.* || *hierzu* **Ver·ren·kung** *die*

ver·ren·nen, sich; *verrannte sich, hat sich verrannt*; [Vr] ***sich*** **(*in etw.*** *(Akk)*) ***v.*** an etw. festhalten, obwohl es schon klar ist, dass es nicht sinnvoll ist ⟨sich in e-e Idee, e-n Plan v.; sich mit etw. verrannt haben⟩

ver·rich·ten; *verrichtete, hat verrichtet*; [Vt] ***etw. v.*** *geschr* ≈ tun, machen ⟨*mst* e-e Arbeit, seinen Dienst v.; seine Notdurft v. (= die Blase bzw. den Darm entleeren)⟩ || *hierzu* **Ver·rich·tung** *die*

ver·rie·geln; *verriegelte, hat verriegelt*; [Vt] ***etw. v.*** etw. mit e-m Riegel schließen ⟨ein Fenster, e-e Tür, ein Schloss v.⟩

ver·rin·gern; *verringerte, hat verringert*; [Vt] **1** ***etw. v.*** etw. kleiner machen ≈ reduzieren, vermindern ↔ vergrößern: *durch ein Tempolimit die Zahl der Unfälle v. wollen*; [Vr] **2** ***etw. verringert sich*** etw. wird geringer ↔ etw. vergrößert sich || *hierzu* **Ver·rin·ge·rung** *die*

ver·rin·nen; *verrann, ist verronnen*; [Vi] ***etw. verrinnt*** *geschr*; etw. geht (zu schnell) vorbei, vergeht (zu schnell) ⟨die Stunden, die Tage, die Zeit *usw*⟩

Ver·riss *der*; *-es, -e*; e-e sehr negative Kritik an e-r künstlerischen Leistung od. an e-r wissenschaftlichen Arbeit || ► ***verreißen***

ver·ro·hen; *verrohte, ist verroht*; [Vi] ***j-d / etw. verroht*** j-d / etw. wird roh (3), brutal ⟨die Sitten verrohen⟩ || *hierzu* **Ver·ro·hung** *die*; *mst Sg*

ver·ros·ten; *verrostete, ist verrostet*; [Vi] ***etw. verrostet*** etw. wird rostig u. dadurch beschädigt

ver·rot·ten; *verrottete, ist verrottet*; [Vi] ***etw. verrottet*** etw. (Pflanzliches) verwandelt sich in fruchtbare Erde ⟨Laub, Mist⟩ || *hierzu* **Ver·rot·tung** *die*; *nur Sg*

ver·rucht *Adj*; (moralisch) böse, schlecht ⟨Menschen, Taten⟩ || *hierzu* **Ver·rucht·heit** *die*; *nur Sg*

ver·rü·cken; *verrückte, hat verrückt*; [Vt] ***etw. v.*** etw. an e-n anderen Ort bewegen od. schieben

ver·rückt *Adj*; *gespr*; **1** nicht fähig, klar zu denken od. vernünftig zu handeln ≈ geistesgestört, wahnsinnig **2** nervlich so stark belastet, dass man ganz nervös *o.Ä.* wird ≈ wahnsinnig ⟨v. vor Angst, Schmerzen, Sorgen; etw. (*z.B.* j-s Fragen, der Lärm, die Ungewissheit, die Unsicherheit) macht j-n (ganz) v.⟩: *Von dem ewigen Warten im Stau kann man wirklich v. werden* **3** ungewöhnlich u. *mst* nicht vernünftig ⟨ein Einfall, ein Gedanke, e-e Idee⟩: *sich e-n verrückten Hut kaufen*; *etw. ganz Verrücktes tun wollen* **4** ***wie v.*** sehr heftig od. intensiv: *Es regnete wie v.*; *Ich hab geschuftet wie v.* **5** ***auf etw.*** *(Akk)* ***/ nach etw. v. sein*** etw. sehr gern haben od. genießen wollen ≈ auf etw. *(Akk)* versessen sein: *ganz v. nach Cowboyfilmen sein* **6** ***auf j-n / nach j-m v. sein*** *gespr*; sehr verliebt in j-n sein **7** ***v. spielen*** sich nicht vernünftig u. normal benehmen **8** ***etw. spielt v.*** etw. funktioniert nicht mehr normal ⟨ein Auto, e-e Uhr⟩ || ID ***Ich 'werd v.!*** *gespr*; verwendet, um starke Überraschung auszudrücken || *zu* **1** u. **3 Ver·rụ̈ckt·heit** *die*

Ver·rụ̈ck·te *der / die*; *-n, -n*; *gespr*; **1** j-d, der geistig gestört ist ≈ Geistesgestörte(r), Geisteskranke(r) **2** *pej*; j-d, der sich nicht normal benimmt **3** ***wie ein Verrückter / e-e Verrückte*** sehr heftig od. intensiv ⟨wie ein Verrückter büffeln, lachen, schreien, schuften *usw*⟩ || NB: *ein Verrückter*; *der Verrückte*; *den, dem, des Verrückten*

Ver·rụ̈ckt·wer·den *das*; *mst in* ***Das ist zum V.*** *gespr*; das ist so schlimm, dass man verzweifeln könnte

Ver·ruf *der*; *nur in* **1** ***in V. geraten / kommen*** e-n schlechten Ruf bekommen **2** ***j-n / etw. in V. bringen*** bewirken, dass j-d / etw. e-n schlechten Ruf bekommt

ver·ru·fen *Adj*; *nicht adv*; mit schlechtem Ruf ⟨e-e Gegend, ein Lokal⟩

ver·rüh·ren; *verrührte, hat verrührt*; [Vt] ***etw.*** (***mit etw.***) (***zu etw.***) ***v.*** etw. durch Rühren mit etw. mischen: *Eigelb mit Zucker zu e-r schaumigen Masse v.*

ver·rụt·schen; *verrutschte, ist verrutscht*; [Vi] ***etw. verrutscht*** etw. bewegt sich von der richtigen an die falsche Stelle ⟨der Träger an e-m Kleid⟩

Vẹrs [f-] *der*; *-es, -e*; **1** e-e Zeile mit e-m bestimmten Rhythmus, Reim *usw* in e-m Gedicht, e-m Theaterstück *o.Ä.* ⟨etw. in Verse bringen, fassen⟩: *e-e Strophe aus / mit sechs Versen* || K-: ***Vers-, -dichtung, -drama, -form*** **2** *gespr*; e-e Strophe e-s Liedes od. e-s Gedichtes **3** der kleinste Abschnitt e-s Textes der Bibel

ver·sa·gen[1]; *versagte, hat versagt*; [Vi] **1** die erwartete Leistung nicht bringen: *in der Schule, am Arbeitsplatz v.* **2** ***etw. versagt*** etw. bringt die normale Leistung nicht mehr ⟨die Augen, das Herz; die Bremsen⟩

ver·sa·gen[2]; *versagte, hat versagt*; *geschr*; [Vt] **1** ***j-m etw. v.*** die Bitte, den Wunsch *o.Ä.* e-s anderen nicht erfüllen ≈ verweigern ⟨j-m e-e Bitte, den Gehorsam, seine Hilfe, e-n Wunsch, die Zustimmung v.⟩ **2** ***sich*** (*Dat*) ***etw. v.*** *geschr* ≈ auf etw. verzichten; [Vr] **3** ***sich j-m v.*** *geschr*; nicht bereit sein, j-m zu e-m bestimmten Zweck zur Verfügung zu stehen || *zu* **1** **Ver·sa·gung** *die*; *mst Sg*

Ver·sa·gen *das*; *-s*; *nur Sg*; ein Fehler in der Handhabung von etw. od. in e-m technischen Ablauf ⟨menschliches, technisches V.⟩: *Der Unfall kam durch menschliches V. zustande* || -K: ***Herz-, Kreislauf-***

Ver·sa·ger *der*; *-s, -*; *pej*; j-d, der oft od. in wichtigen Dingen nicht die erwartete Leistung bringt

ver·sạl·zen; *versalzte, hat versalzen / versalzt*; [Vt] **1** ***etw. v.*** zu viel Salz in etw. geben ⟨die Suppe v.⟩ **2** ***j-m etw. v.*** *gespr* ≈ j-m etw. verderben ⟨j-m die Freude, e-n Plan v.⟩

ver·sạm·meln; *versammelte, hat versammelt*; [Vr] **1** ***sich*** (*Kollekt od Pl*) ***v.*** sich in e-r Gruppe treffen, *bes* um über etw. zu sprechen: *sich in e-m Saal zu e-r Sitzung v.*; [Vt] **2** ***j-n*** (*Kollekt od Pl*) ***irgendwo v.*** veranlassen, dass sich Menschen irgendwo treffen: *Der Lehrer versammelte die Schüler um sich / in der Aula*

Ver·sạmm·lung *die*; *-, -en*; **1** ein Treffen *mst* e-r großen Menge von Menschen, die *mst* über etw. sprechen wollen ⟨e-e V. einberufen, eröffnen, abhalten, leiten, auflösen, stören, verbieten; e-r V. beiwohnen; auf e-r V. sprechen⟩: *zur V. des Sportvereins gehen* || K-: ***Versammlungs-, -ort*** || -K: ***Mitglieder-, Partei-, Vereins-*** **2** die Personen, die an e-r V. (1) teilnehmen

Ver·sạmm·lungs·frei·heit *die*; *nur Sg*; das Recht der Bürger e-s Staates, sich (zu politischen Zwecken) zu versammeln

Ver·sạnd *der*; *-(e)s*; *nur Sg*; **1** das Schicken von Waren an die Leute, die die Waren bestellt haben: *Waren zum V. verpacken* || K-: ***Versand-, -abteilung, -handel, -kosten*** || -K: ***Bahn-, Post-***; ***Waren-*** **2** e-e Abteilung in e-m Betrieb, die die Waren versendet ⟨im V. arbeiten, tätig sein⟩ || *zu* **1** **ver·sạnd·be·reit** *Adj*; **ver·sạnd·fer·tig** *Adj*; *nicht adv* || ► ***versenden***

ver·sạn·den; *versandete, ist versandet*; [Vi] **1** ***etw. versandet*** etw. füllt sich mit Sand ⟨ein Hafen, ein Flussbett, ein See⟩ **2** ***etw. versandet*** etw. wird allmählich schwächer (u. hört ganz auf) ⟨e-e Beziehung, ein Gespräch⟩ || *zu* **1** **Ver·sạn·dung** *die*; *mst Sg*

Ver·sạnd·haus *das*; ein Betrieb, der Waren in e-m Katalog anbietet u. diese mit der Post *o.Ä.* an die Leute schickt, die diese Waren bestellen || K-: ***Versandhaus-, -katalog***

ver·sạndt *Partizip Perfekt*; ↑ ***versenden***

ver·sau·en; *versaute, hat versaut*; [Vt] *gespr!* **1** ***etw. v.*** etw. schmutzig machen **2** ***j-m etw. v.*** j-m etw. verderben ⟨j-m e-n Plan, den Abend, den Tag v.⟩ **3** ***etw. v.*** etw. sehr schlecht machen ⟨e-e Prüfung v.⟩

ver·sau·ern; *versauerte, ist versauert*; [Vi] ***irgendwo v.*** *gespr*; an e-m bestimmten Ort ein langweiliges, unerfülltes Leben führen (u. darunter leiden)

ver·sau·fen; *versäuft, versoff, hat versoffen*; [Vt] *mst* ⟨sein Geld⟩ ***v.*** *gespr!* sein Geld für Alkohol ausgeben

ver·säu·men; *versäumte, hat versäumt*; [Vt] **1** ***etw. v.*** nicht rechtzeitig an e-m Ort sein, um etw. zu erreichen ≈ verpassen[1] (1): *den Bus v.* **2** ***etw. v.*** an etw. nicht teilnehmen: *wegen Krankheit den Unterricht v.* **3** ***etw. v.*** etw. nicht tun ≈ unterlassen: *seine Pflicht v.*; *Sie versäumte, die Bremsen reparieren zu lassen* **4** ***etw. v.*** etw. nicht nutzen ≈ verpassen[1] (2) ⟨e-e Chance, e-e Gelegenheit v.⟩ **5** *mst* ***viel / nichts versäumt haben*** (wegen seiner Abwesenheit *o.Ä.*) etw. / nichts Interessantes verpasst haben: *Schade, dass du nicht dabei warst - du hast viel versäumt!*

Ver·säum·nis *das*; *-ses, -se*; etw., das man nicht getan hat (aber hätte tun sollen) ≈ Unterlassung

ver·schạ·chern; *verschacherte, hat verschachert*; [Vt] ***etw.*** (***an j-n***) ***v.*** *gespr pej*; etw. *mst* zu e-m zu hohen Preis verkaufen

ver·schạch·telt *Adj*; lang u. kompliziert ⟨ein Satz⟩

ver·schạf·fen; *verschaffte, hat verschafft*; [Vt] **1** ***j-m / sich etw. v.*** dafür sorgen, dass j-d / man selbst etw. bekommt ≈ j-m / sich etw. besorgen: *j-m e-n Job v.*; *sich durch Arbeit Geld v.* **2** ***sich*** (*Dat*) ***etw. v.*** dafür sorgen, dass andere Leute einem etw. entgegenbringen ⟨sich Gehör, Respekt v.⟩ **3** ***sich*** (*Dat*) ***Gewissheit*** (***über etw.*** (*Akk*)) ***v.*** dafür sorgen, dass man e-n Sachverhalt mit Sicherheit richtig einschätzt || ID ***Was verschafft mir die Ehre / das Vergnügen*** (***deines / Ihres Besuches***)? *mst hum*; verwendet, um j-n nach dem Grund seines Besuches zu fragen

ver·schämt *Adj* ≈ schüchtern ⟨ein Blick, ein Lächeln; j-n v. ansehen⟩ || *hierzu* **Ver·schämt·heit** *die*; *nur Sg*

ver·schạn·deln; *verschandelte, hat verschandelt*; [Vt] ***etw. v.*** *gespr*; bewirken, dass etw. hässlich aussieht || *hierzu* **Ver·schạn·de·lung** *die*; *nur Sg*

ver·schär·fen; *verschärfte, hat verschärft*; [Vt] **1** ***etw. v.*** etw. strenger machen ⟨die Bestimmungen, die Kontrollen, e-e Strafe, die Zensur v.⟩ **2** ***etw. verschärft etw.*** etw. macht etw. unangenehmer od. schlimmer, als es schon war ⟨etw. verschärft die Lage, e-e Krise⟩; [Vr] **3** ***etw. verschärft sich*** etw. wird unangenehmer od. bedrohlicher: *Die politische La-*

ge im Nahen Osten hat sich verschärft || hierzu **Ver·schär·fung** *die; nur Sg*

ver·schät·zen, sich; *verschätzte sich, hat sich verschätzt*; [Vr] **sich v.** bei der (Ein)Schätzung von etw. e-n Fehler machen: *sich in der Breite des Schrankes um fünfzehn Zentimeter v.*

ver·schau·keln; *verschaukelte, hat verschaukelt*; [Vt] ***j-n v.*** *gespr*; j-n täuschen u. ihn so in e-e Situation bringen, die Nachteile für ihn hat ≈ hereinlegen

ver·schei·den; *verschied, ist verschieden*; [Vi] *geschr* ≈ sterben || *hierzu* **Ver·schie·de·ne** *der / die; -n, -n*

ver·schen·ken; *verschenkte, hat verschenkt*; [Vt] **1 *etw.* (*an j-n*) *v.*** j-m etw. als Geschenk geben: *sein ganzes Geld an die Armen v.* **2 *etw. v.*** durch e-n (unnötigen) Fehler etw. abgeben od. verlieren: *beim Start zögern u. dadurch Zeit v.*

ver·scher·beln; *verscherbelte, hat verscherbelt*; [Vt] ***etw. v.*** *gespr*; etw. billig verkaufen

ver·scher·zen; *verscherzte, hat verscherzt*; [Vt] **1 *sich*** (*Dat*) ***etw. v.*** etw. durch eigene Schuld verlieren ⟨sich e-e Gelegenheit, j-s Gunst, j-s Wohlwollen v.⟩ **2 *es sich*** (*Dat*) ***bei j-m v.*** *gespr*; j-s Freundschaft verlieren

ver·scheu·chen; *verscheuchte, hat verscheucht*; [Vt] **1 *j-n / ein Tier v.*** j-n / ein Tier fortjagen: *die Fliegen, Vögel v.* **2 *etw. verscheucht etw.*** etw. lässt etw. Unangenehmes schnell verschwinden ⟨etw. verscheucht die Müdigkeit, die Sorgen⟩

ver·schi·cken; *verschickte, hat verschickt*; [Vt] **1 *etw.*** (*mst Kollekt od Pl*) ***v.*** etw. (*mst* in großer Zahl) irgendwohin schicken ⟨Briefe, Einladungen, Waren v.⟩ **2** *mst* ***j-d wird verschickt*** j-d wird zur Erholung irgendwohin geschickt ⟨Kinder, Kranke⟩ || *hierzu* **Ver·schi·ckung** *die; mst Sg*

ver·schie·ben; *verschob, hat verschoben*; [Vt] **1 *etw. v.*** etw. an e-n anderen Ort schieben: *e-n Tisch v.* **2 *etw. v.*** etw. auf e-n späteren Zeitpunkt festlegen ⟨etw. auf später v.⟩: *e-n Test um zwei Tage v.* **3 *etw. v.*** *gespr*; etw. illegal transportieren u. verkaufen: *Waffen über die Grenze v.* **4 *etw. v.*** *EDV*; Daten, Dateien innerhalb des Computers in e-m anderen Verzeichnis, Laufwerk *o.Ä.* ablegen; [Vr] **5 *etw. verschiebt sich*** etw. findet an e-m späteren Zeitpunkt statt als geplant: *Seine Abreise verschiebt sich um e-e Woche* **6 *etw. verschiebt sich*** etw. bekommt e-n neuen Schwerpunkt ⟨das Gleichgewicht, das Kräfteverhältnis⟩ || *hierzu* **Ver·schie·bung** *die*

ver·schie·den *Adj*; **1 *v.* (*von j-m / etw.*)** so, dass die eine Person od. Sache nicht so ist wie e-e andere Person od. Sache ≈ anders ↔ gleich: *Wir waren verschiedener Meinung: Ich fand den Film schlecht, sie fand ihn gut; Obwohl sie Geschwister sind, sind sie im Charakter sehr voneinander v. / voneinander sehr v.; Die Schuhe sind v. groß; „Wann kommst du abends nach Hause?" - „Das ist von Tag zu Tag v., mal um fünf, mal um sechs, mal erst um sieben"* **2 *verschiedene*** + *Subst im Pl* ≈ mehrere, einige: *verschiedene kleine Einwände gegen e-n Vorschlag haben* **3 *verschiedenste*** + *Subst im Pl*; viele verschiedene (1): *ein Angebot aus den verschiedensten Gründen ablehnen; Diese Küche bekommen Sie in den verschiedensten Ausführungen u. Farben* **4 *Verschiedenes*** ≈ manches: *Mir ist noch Verschiedenes unklar; An diesem Vorschlag stört mich Verschiedenes* || *zu* **1 ver·schie·den·ar·tig** *Adj*; **ver·schie·den·far·big** *Adj*; **Ver·schie·den·heit** *die*

ver·schie·de·ner·lei *Adj*; *indeklinabel* ≈ mancherlei, allerlei

Ver·schie·de·nes *ohne Artikel, nur Sg*; verschiedene (1) Dinge ⟨Gleiches u. V.; Ähnliches u. V.⟩

ver·schie·dent·lich *Adv* ≈ mehrmals, öfter(s)

ver·schie·ßen[1]; *verschoss, hat verschossen*; [Vt] **1 *etw. v.*** etw. beim Schießen verbrauchen ⟨seine Munition v.⟩ **2 *etw. v.*** *Sport*; den Ball so schießen, dass er am Tor vorbeigeht od. dass der Torwart ihn fängt ⟨e-n Elfmeter, e-n Freistoß v.⟩

ver·schie·ßen[2]; *verschoss, ist verschossen*; [Vi] ***etw. verschießt*** etw. verliert durch Einwirkung von Licht an Farbe ≈ etw. verblasst ⟨ein Vorhang⟩

ver·schif·fen; *verschiffte, hat verschifft*; [Vt] ***j-n / etw.*** (*Kollekt od Pl*) ***v.*** Menschen, Tiere od. Waren (*mst* in großer Zahl) mit e-m Schiff transportieren ⟨Waren, Truppen, Flüchtlinge v.⟩ || *hierzu* **Ver·schif·fung** *die; mst Sg*

ver·schim·meln; *verschimmelte, ist verschimmelt*; [Vi] ***etw. verschimmelt*** etw. schimmelt u. wird dadurch schlecht

ver·schis·sen *Adj*; *nur in* **(*es*) *bei / mit j-m v. haben*** *gespr!* durch sein Verhalten j-n so geärgert haben, dass er einen nicht mehr mag, einem nicht mehr helfen wird *o.Ä.*

ver·schla·fen[1]; *verschläft, verschlief, hat verschlafen*; [Vi] **1** nicht rechtzeitig aufwachen: *zu spät zur Arbeit kommen, weil man verschlafen hat*; [Vt] **2 *etw. v.*** e-e Zeit verbringen, indem man schläft, träge ist od. nichts tut: *den ganzen Nachmittag v.* **3 *etw. v.*** *gespr*; an etw. nicht rechtzeitig denken ≈ versäumen ⟨e-n Termin v.⟩: *als Musiker seinen Einsatz v.*

ver·schla·fen[2] **1** *Partizip Perfekt*; ↑ ***verschlafen***[1] **2** *Adj*; nach dem Schlafen noch müde ≈ schlaftrunken **3** *Adj*; mit wenig Menschen od. Verkehr auf der Straße ≈ ruhig: *ein verschlafenes kleines Dorf* || *zu* **2** u. **3 Ver·schla·fen·heit** *die; nur Sg*

Ver·schlag *der*; ein einfacher kleiner Raum aus Brettern: *die Kohlen in e-m V. im Keller lagern* || -K: ***Bretter-***

ver·schla·gen[1]; *verschlägt, verschlug, hat verschlagen*; [Vt] **1 *etw. v.*** *Sport*; e-n Ball (*bes* beim Tennis, Tischtennis od. Volleyball) nicht richtig treffen, ins Aus schlagen **2 *etw. verschlägt j-m den Appetit*** etw. nimmt j-m den Appetit ⟨ein Anblick, ein Erlebnis⟩; [Vimp] **3 *es verschlägt j-m die Sprache*** j-d ist so überrascht, dass er nichts mehr sagen kann **4 *es verschlägt j-n irgendwohin*** j-d kommt durch äußere Umstände irgendwohin: *Nach dem Studium in Stuttgart hat es ihn nach Hamburg verschlagen*

ver·schla·gen[2] **1** *Partizip Perfekt*; ↑ ***verschlagen***[1] **2** *Adj*; *pej*; böse u. schlau ≈ hinterhältig ⟨ein Blick⟩

ver·schlam·pen; *verschlampte, hat verschlampt*; [Vt] *gespr pej*; **1 *etw. v.*** etw. irgendwohin legen u. später nicht mehr finden ≈ verlegen; [Vt] **2 *etw. v. lassen*** ≈ etw. vernachlässigen

ver·schlech·tern; *verschlechterte, hat verschlechtert*; [Vt] **1 *durch etw. etw. v.*** durch sein Verhalten *o.Ä.* bewirken, dass etw. schlechter wird ↔ verbessern ⟨e-e Lage, e-n Zustand v.⟩; [Vr] **2 *etw. verschlechtert sich*** etw. wird schlechter ↔ etw. bessert sich: *Das Wetter hat sich verschlechtert* **3 *j-d verschlechtert sich*** j-d bringt e-e schlechtere Leistung *o.Ä.* als früher || *hierzu* **Ver·schlech·te·rung** *die*

ver·schlei·ern; *verschleierte, hat verschleiert*; [Vt] **1 *etw. v.*** etw. mit e-m Schleier bedecken ⟨das Gesicht v.⟩ **2 *etw. v.*** verhindern, dass bestimmte Tatsachen bekannt werden ⟨e-n Skandal, seine wahren Absichten v.⟩; [Vr] **3 *sich v.*** das Gesicht mit e-m Schleier bedecken || *hierzu* **Ver·schlei·e·rung** *die; mst Sg*

ver·schleimt *Adj*; voll Schleim ⟨Bronchien, Lungen⟩

Ver·schleiß *der*; *-es*; *nur Sg*; **1** die Verschlechterung der Qualität, weil etw. schon lange u. schon sehr oft benutzt wurde: *Die Maschine zeigt schon erste Zeichen von V.; der V. der Gelenke bei alten Menschen* || K-: ***Verschleiß-, -erscheinung*** || -K: ***Kräfte-, Material-*** **2 *e-n großen V. an*** ⟨Personen / Dingen⟩ ***haben*** *gespr*; schon nach kurzer Zeit immer wieder

V

j-d Neuen, etw. Neues brauchen: *e-n großen V. an Freundinnen, Autos haben*
ver·schlei·ßen; *verschliss, hat / ist verschlissen*; Vi (*ist*) **1 etw. verschleißt** etw. wird durch langen u. häufigen Gebrauch od. starke Belastung beschädigt; Vt (*hat*) **2 etw. v.** etw. mit so wenig Sorgfalt benutzen, dass es immer schlechter wird
ver·schlep·pen; *verschleppte, hat verschleppt*; Vt **1 j-n** (**irgendwohin**) **v.** j-n mit Gewalt irgendwohin bringen: *im Krieg verschleppt werden* **2 etw. v.** e-e Krankheit nicht richtig behandeln u. deswegen nicht richtig gesund werden: *e-e verschleppte Lungenentzündung* **3 etw. v.** etw. Unangenehmes weiter verbreiten ⟨Bazillen, e-e Seuche, Viren v.⟩ || *hierzu* **Ver·schlep·pung** *die*
ver·schleu·dern; *verschleuderte, hat verschleudert*; Vt **1 etw.** (*mst Kollekt od Pl*) **v.** etw. sehr billig (in großer Zahl) verkaufen: *Möbel zu Billigpreisen v.* **2 etw.** (*Kollekt od Pl*) **v.** viel Geld für nutzlose Dinge ausgeben ⟨seine Ersparnisse, Steuergelder, ein Vermögen v.⟩ || *hierzu* **Ver·schleu·de·rung** *die; mst Sg*
ver·schlie·ßen; *verschloss, hat verschlossen*; Vt **1 etw. v.** etw. mit e-m Schlüssel *o.Ä.* schließen ⟨das Haus, die Haustür, das Auto v.⟩ **2 etw. v.** etw. fest schließen, sodass es nicht von selbst aufgehen kann: *ein Marmeladenglas mit e-m Schraubdeckel v.*; *e-e Sektflasche mit e-m Korken v.* **3 die Augen / Ohren vor etw.** (*Dat*) **v.** so tun, als sehe / höre man etw. nicht: *die Augen vor j-s Elend v., um nicht helfen zu müssen*; Vr **4 sich j-m v.** keinen Kontakt mit j-m haben wollen u. ihm nicht zeigen, was man fühlt od. denkt **5 sich etw.** (*Dat*) **v.** etw. nicht sehen od. hören wollen, nicht darauf reagieren wollen: *sich j-s Leid, j-s Bitten v.* || *zu* **1** u. **2 ver·schließ·bar** *Adj*; *nicht adv*
ver·schlimm·bes·sern; *verschlimmbesserte, hat verschlimmbessert*; Vt **etw. v.** *gespr hum od pej*; etw. verbessern wollen, dabei aber noch mehr Fehler machen ⟨ein Manuskript, e-n Fehler v.⟩
ver·schlim·mern; *verschlimmerte, hat verschlimmert*; Vt **1 etw. durch etw. v.** durch sein Verhalten *o.Ä.* etw. schlimmer machen, als es schon ist: *Durch deine Lügen hast du die ganze Sache nur noch verschlimmert*; Vr **2 etw. verschlimmert sich** etw. wird noch schlimmer || *hierzu* **Ver·schlim·me·rung** *die; mst Sg*
ver·schlin·gen; *verschlang, hat verschlungen*; Vt **1 etw. v.** etw. in großen Stücken hinunterschlucken, ohne richtig zu kauen **2 etw. verschlingt etw.** (*Kollekt od Pl*) etw. kostet viel Geld: *Der Bau der Autobahn verschlang Millionen* **3 etw. v.** *gespr*; ein Buch sehr schnell lesen, weil es spannend ist
ver·schlos·sen 1 *Partizip Perfekt*; ↑ **verschließen 2** *Adj*; ⟨Menschen⟩ so, dass sie ihre Gedanken nicht mitteilen u. ihre Gefühle nicht zeigen **3 etw. bleibt j-m v.** etw. wird von j-m nicht genutzt od. erkannt ↔ etw. steht j-m offen ⟨e-e Einsicht, e-e Erkenntnis, e-e Möglichkeit⟩ || *zu* **2 Ver·schlos·sen·heit** *die; nur Sg*
ver·schlu·cken; *verschluckte, hat verschluckt*; Vt **1 etw. v.** etw. (*mst* aus Versehen) schlucken, ohne es zu zerbeißen: *Das Baby hatte e-n Knopf verschluckt* **2 etw. v.** etw. nicht (deutlich) aussprechen ⟨e-n Buchstaben, e-e Silbe, ein Wort v.⟩ **3 etw. verschluckt j-n / etw.** etw. lässt j-n / etw. verschwinden ⟨die Dunkelheit, die Nacht, der Nebel verschluckt j-n / etw.⟩; Vr **4 sich** (**an etw.** (*Dat*)) **v.** beim Schlucken etw. in die Luftröhre kommen lassen (u. husten müssen): *Er verschluckte sich beim Essen u. bekam keine Luft mehr*
Ver·schluss *der*; **1** ein Gegenstand (wie *z.B.* ein Deckel, e-e Schnalle od. ein Haken), mit dem man etw. verschließen (2) kann ⟨ein kindersicherer V.⟩: *den V. e-r Halskette öffnen* || ↑ *Abb. unter* **Deckel** || -K: **Flaschen-, Ketten-, Tür-**; **Magnet-, Reiß-, Schraub-, Ventil- 2 unter V.** in e-m fest verschlossenen Raum od. Behälter ⟨etw. ist unter V.; etw. unter V. aufbewahren, halten⟩
ver·schlüs·seln; *verschlüsselte, hat verschlüsselt*; Vt **etw. v.** e-e Nachricht (durch die Verwendung bestimmter Worte od. e-s Kodes) so ändern, dass sie nur von bestimmten Leuten verstanden werden kann ≈ kodieren: *e-e geheime Botschaft v.* || *hierzu* **Ver·schlüs·se·lung** *die* || ► **Schlüssel**[2] (2)
Ver·schluss·sa·che *die*; etw., das geheim bleiben soll u. deshalb besonders sorgfältig aufbewahrt wird
ver·schmach·ten; *verschmachtete, ist verschmachtet*; Vi **1** vor Hunger u. Durst sterben ⟨in der Wüste, in e-m Verlies v.⟩ **2** *hum*; sehr großen Durst haben
ver·schmä·hen; *verschmähte, hat verschmäht*; Vt **etw. v.** etw. Gutes, das einem angeboten wird *o.Ä.*, nicht annehmen ⟨j-s Liebe, ein Angebot v.⟩
ver·schmä·lern; *verschmälerte, hat verschmälert*; Vt **1 etw. v.** etw. schmaler machen ↔ verbreitern ⟨e-n Durchgang, e-e Straße v.⟩; Vr **2 etw. verschmälert sich** etw. wird schmaler || *hierzu* **Ver·schmä·le·rung** *die*
ver·schmau·sen; *verschmauste, hat verschmaust*; Vt **etw. v.** *oft hum*; etw. mit Genuss aufessen: *e-n Kuchen v.*
ver·schmel·zen; *verschmilzt, verschmolz, hat / ist verschmolzen*; Vt (*hat*) **1 etw. mit etw.** (**zu etw.**) **v.**; ⟨Dinge⟩ **v.** zwei od. mehrere Materialien schmelzen, damit sie sich miteinander verbinden ⟨Metalle zu e-r Legierung (miteinander) v.⟩; Vi (*ist*) **2 etw. verschmilzt mit etw.** (**zu etw.**); ⟨Dinge⟩ **verschmelzen** zwei od. mehrere Materialien schmelzen u. bilden so e-e Einheit
ver·schmer·zen; *verschmerzte, hat verschmerzt*; Vt **etw. v. können** *oft iron*; sich mit etw. abfinden können
ver·schmie·ren; *verschmierte, hat verschmiert*; Vt **1 etw. v.** etw. mit e-r weichen Masse füllen u. die Oberfläche glatt machen ⟨Fugen, Löcher, Risse, Spalten mit Gips, Mörtel, Kitt v.⟩ **2 etw. v.** e-e weiche Masse, ein Öl *o.Ä.* auf e-r Oberfläche verteilen ⟨die Salbe, das Sonnenöl (auf der Haut) v.⟩ **3 etw. v.** (aus Versehen) über e-e feuchte Farbe *o.Ä.* wischen, sodass es Flecken gibt ≈ verwischen ⟨die Farbe, den Lippenstift, die Schrift v.⟩ **4 etw. v.** etw. schmutzig machen, indem man *bes* mit seinen Fingern Schmutz, etw. Klebriges *o.Ä.* darauf bringt: *ein Kind, dessen Gesicht mit Schokolade verschmiert ist* **5 etw. v.** *pej*; das Aussehen von etw. verderben, indem man (unordentlich) darauf malt od. schreibt ⟨ein Blatt Papier, die Wände v.⟩
ver·schmitzt *Adj*; auf lustige Weise schlau ≈ pfiffig ⟨Menschen; ein Blick, ein Lächeln⟩ || *hierzu* **Ver·schmitzt·heit** *die; nur Sg*
ver·schmo·ren; *verschmorte, ist verschmort*; Vi **1 etw. verschmort** etw. schmort so lange, bis man es nicht mehr essen kann ⟨ein Braten⟩ **2 etw. verschmort** etw. wird so heiß, dass man es nicht mehr verwenden kann ⟨ein Kabel, e-e Leitung⟩
ver·schmust *Adj*; *nicht adv*, *gespr*; ⟨ein Kind, e-e Katze⟩ so, dass sie gern schmusen
ver·schmut·zen; *verschmutzte, hat / ist verschmutzt*; Vt (*hat*) **1 etw. v.** etw. schmutzig machen: *beim Spielen die Kleidung v.*; Vi (*ist*) **2 etw. verschmutzt** etw. wird schmutzig: *Bei Regen verschmutzt das Auto schnell*
Ver·schmut·zung *die*; -, *-en*; **1** *nur Sg*; e-e Handlung, durch die man etw. schmutzig macht **2** etw., das etw. schmutzig macht ≈ Verunreinigung: *e-e*

Schallplatte von Verschmutzungen befreien **3** die Belastung der Umwelt durch schädliche Stoffe || -K: ***Umwelt-***

ver·schnau·fen; *verschnaufte, hat verschnauft*; [Vi] *gespr*; e-e Pause machen, um sich ein bisschen auszuruhen || K-: ***Verschnauf-, -pause***

ver·schnei·den; *verschnitt, hat verschnitten*; [Vt] **1** ⟨Büsche, Sträucher, e-e Hecke *o.Ä.*⟩ ***v.*** Büsche, Sträucher *usw* beschneiden (1) **2 *etw. v.*** etw. so falsch zuschneiden, dass man es nicht mehr verwenden kann ⟨ein Kleid, e-n Stoff v.⟩

ver·schneit *Adj*; *nicht adv*; mit e-r dicken Schicht Schnee bedeckt ⟨e-e Landschaft⟩

Ver·schnitt *der*; *-(e)s, -e*; **1** die Reste, die beim Zuschneiden von Stoff, Brettern *usw* übrig bleiben **2** ein alkoholisches Getränk, das mit billigem Alkohol gemischt ist || -K: ***Rum-, Weinbrand-***

-ver·schnitt *der*; *im Subst, begrenzt produktiv, pej*; verwendet, um auszudrücken, dass j-d / etw. e-e schlechte Imitation der genannten Person / Sache ist; ein ***James-Dean-Verschnitt***

ver·schnör·kelt *Adj*; mit vielen runden Linien (Schnörkeln) ⟨e-e Schrift⟩

ver·schnupft *Adj*; *mst präd, gespr*; **1** mit e-m Schnupfen ⟨v. sein⟩ **2** ≈ verärgert, beleidigt

ver·schol·len *Adj*; *nicht adv*; ⟨ein Flugzeug, ein Schiff, Menschen⟩ so, dass man sie nicht mehr findet: *im Krieg v. sein*; *Dieses Kunstwerk gilt schon seit vielen Jahren als v.*

ver·scho·nen; *verschonte, hat verschont*; [Vt] **1 *j-d / etw. verschont j-n / etw.*** j-d / etw. tut j-m nichts Böses / etw. zerstört etw. nicht: *Das schwere Erdbeben hat nur wenige Häuser verschont* **2 *j-d / etw. bleibt (von etw.) verschont*** j-d wird von etw. nicht betroffen / etw. wird nicht geschädigt od. zerstört: *Unser Haus ist von dem Sturm verschont geblieben* **3 *j-n mit etw. v.*** j-n mit etw. Unangenehmem nicht stören: *Verschone mich bitte mit deinen langweiligen Geschichten!* || *zu* **1 Ver·scho·nung** *die*; *mst Sg*

ver·schö·nen; *verschönte, hat verschönt*; [Vt] ***j-m / sich etw. (mit etw.) v.*** j-m / sich etw. angenehmer machen (indem man etw. tut, das Freude macht): *sich den Tag mit e-m Besuch bei Freunden v.*

ver·schö·nern; *verschönerte, hat verschönert*; [Vt] ***etw. (mit etw.) v.*** etw. schmücken u. es dadurch schöner machen || hierzu **Ver·schö·ne·rung** *die*

ver·schos·sen 1 *Partizip Perfekt* ↑ ***verschießen***[1], ***verschießen***[2] **2** *Adj*; ***in j-n v. sein*** *gespr*; in j-n sehr verliebt sein

ver·schrän·ken; *verschränkte, hat verschränkt*; [Vt] ⟨die Arme, die Hände, die Beine⟩ ***v.*** die Arme, die Hände od. die Beine in der Form e-s „X" übereinander legen: *die Arme vor der Brust, die Hände hinter dem Rücken v.* || *hierzu* **Ver·schrän·kung** *die*

ver·schre·cken; *verschreckte, hat verschreckt*; [Vt] ***j-n / ein Tier v.*** j-n / ein Tier so erschrecken, dass sie Angst bekommen u. scheu werden ≈ verstören: *ein verschrecktes Kind*

ver·schrei·ben; *verschrieb, hat verschrieben*; [Vt] **1 *(j-m) etw. v.*** (als Arzt) bestimmen, welche Behandlung od. welche Medikamente der Patient bekommen soll: *Mein Arzt hat mir e-n Hustensaft verschrieben* **2 *etw. v.*** sehr viel schreiben u. etw. dadurch verbrauchen: *e-n Kugelschreiber, e-n ganzen Block Papier v.* **3 *j-m etw. v.*** *Jur* ≈ j-m etw. übereignen, j-m etw. vermachen; [Vr] **4 *sich v.*** beim Schreiben (aus Versehen) e-n Fehler machen **5 *sich etw.*** (*Dat*) ***v.*** *geschr*; etw. mit großer Leidenschaft u. Begeisterung betreiben ≈ sich etw. widmen: *sich der Astronomie v.* || *zu* **1 Ver·schrei·bung** *die*

ver·schrei·bungs·pflich·tig *Adj*; *nicht adv*; nur mit e-m Rezept vom Arzt zu bekommen ≈ rezeptpflichtig ⟨Medikamente⟩

ver·schrien *Adj*; *nicht adv*; ***als etw. / irgendwie v.*** *pej*; bekannt für seine schlechte(n) Eigenschaft(en) ≈ verrufen: *Er ist als Choleriker / als jähzornig v.*

ver·schro·ben *Adj*; *mst pej*; im Wesen u. Verhalten nicht normal ⟨e-e Alte, ein Alter; verschrobene Ansichten haben⟩ || *hierzu* **Ver·schro·ben·heit** *die*

ver·schrot·ten; *verschrottete, hat verschrottet*; [Vt] ***etw. v.*** e-n alten od. kaputten Gegenstand aus Metall zu Schrott machen ⟨sein Auto v. lassen; Raketen v.⟩ || *hierzu* **Ver·schrot·tung** *die*; *nur Sg*

ver·schüch·tert *Adj*; schüchtern u. ängstlich gemacht ≈ eingeschüchtert ⟨Kinder⟩

ver·schul·den[1]; *verschuldete, hat verschuldet*; [Vt] ***etw. v.*** an e-m Unglück *o.Ä.* schuld sein: *Er hat den Unfall selbst verschuldet*

ver·schul·den, sich[2]; *verschuldete sich, hat sich verschuldet*; [Vr] ***sich v.*** Schulden machen: *sich v., um ein Haus zu kaufen* || *hierzu* **Ver·schul·dung** *die*

ver·schul·det 1 *Partizip Perfekt*; ↑ ***verschulden***[1], ***verschulden***[2] **2** *Adj*; mit Schulden ⟨hoch v. sein; e-e hoch verschuldete Firma⟩

ver·schus·seln; *verschusselte, hat verschusselt*; *gespr*; [Vt] **1 *etw. v.*** ≈ verlieren **2 *etw. v.*** ≈ vergessen

> **ver·schütt ge·hen**; *ging verschütt, ist verschütt gegangen*; [Vi] *gespr*; ***etw. geht (j-m) verschütt*** etw. wird von j-m verloren, ist verschwunden

ver·schüt·ten; *verschüttete, hat verschüttet*; [Vt] **1 *etw. v.*** e-e Flüssigkeit, ein Pulver *o.Ä.* ohne Absicht aus e-m Gefäß fließen lassen: *Kaffee, Zucker, Mehl v.* **2 *etw. verschüttet j-n / etw.*** große Massen von Sand, Erde *o.Ä.* bedecken j-n / etw.: *Bei der Explosion wurden mehrere Bergleute verschüttet* || NB: *mst* im Passiv! || *zu* **2 Ver·schüt·tung** *die*; *mst Sg*; **Ver·schüt·te·te** *der / die*; *-n, -n*

ver·schwä·gert *Adj*; *nicht adv*; durch Heirat verwandt: *Ich bin mit ihm v. / Wir sind v.* || ► ***Schwager***

ver·schwei·gen; *verschwieg, hat verschwiegen*; [Vt] ***(j-m) etw. v.*** j-m etw. mit Absicht nicht sagen: *j-m die Wahrheit v.* || ► ***verschwiegen***

ver·schwen·den; *verschwendete, hat verschwendet*; [Vt] **1 *etw. v.*** viel Geld für unnötige Dinge ausgeben ≈ vergeuden **2 *etw. v.*** viel von etw. verbrauchen, ohne dass es e-n Nutzen od. Erfolg hat ≈ vergeuden ⟨Zeit, Energie v.⟩ || *hierzu* **Ver·schwen·dung** *die*; *mst Sg*; *zu* **1 Ver·schwen·der** *der*; *-s, -*

ver·schwen·de·risch *Adj*; **1** ⟨ein Mensch⟩ so, dass er viel Geld für unnötige Dinge ausgibt **2** ⟨ein Stil *o.Ä.*⟩ übertrieben reich verziert

ver·schwie·gen *Adj*; *nicht adv*; **1** ⟨ein Mensch⟩ so, dass er ein Geheimnis bewahren kann ↔ geschwätzig **2** ⟨e-e Bucht, ein Plätzchen⟩ nur von wenigen Menschen besucht u. deshalb einsam u. ruhig || *hierzu* **Ver·schwie·gen·heit** *die*; *nur Sg*

ver·schwim·men; *verschwamm, ist verschwommen*; [Vi] *mst* ***etw. verschwimmt vor j-s Augen*** (*Dat*) j-d sieht etw. nur noch undeutlich

ver·schwin·den; *verschwand, ist verschwunden*; [Vi] **1** weggehen, wegfahren *o.Ä.* u. nicht mehr zu sehen sein: *Das Reh verschwand im Wald / in den Wald*; *Die Sonne verschwand hinter den Wolken* **2** für j-n nicht zu finden sein ⟨auf geheimnisvolle Weise, spurlos v.⟩: *Ich weiß, dass der Ausweis in der Tasche war - aber jetzt ist er verschwunden*; *Die Polizei versucht, das rätselhafte Verschwinden der Frau aufzuklären* || NB: *mst* im Perfekt **3 *etw. verschwindet*** etw. hört auf zu existieren ⟨ein Brauch⟩: *Viele Tierarten, die heute schon selten geworden sind, werden* *bis zum Jahr 2000 verschwunden sein* **4 *mal v.*** (***müssen***) *gespr euph*; auf die Toilette gehen (müssen) **5 *Verschwinde!*** *gespr*; geh weg! **6 *etw. v. lassen*** *gespr*; etw. stehlen **7 *j-n / etw. v. lassen*** *gespr*; bewirken, dass e-e lästige Person od. Sache nicht mehr da ist, *bes* indem man sie tötet od. zerstört ⟨Beweismittel, Zeugen v. lassen⟩

ver·schwin·dend 1 *Partizip Präsens*; ↑ ***verschwinden*** **2** *Adv*; *mst in* ***v. gering / wenig*** sehr gering / wenig: *e-e v. geringe Menge Gift*

ver·schwis·tert *Adj*; *nur präd, nicht adv*; ***j-d ist mit j-m v.***; ⟨Personen⟩ ***sind v.*** zwei od. mehrere Personen sind Geschwister

ver·schwit·zen; *verschwitzte, hat verschwitzt*; [Vt] **1 *etw. v.*** etw. durch Schweiß feucht machen: *das Hemd v.; Die Jacke ist völlig verschwitzt* **2 *etw. v.*** *gespr* ≈ vergessen: *den Termin beim Zahnarzt v.*

ver·schwol·len *Adj*; *nicht adv*; stark geschwollen ⟨ein Gesicht; die Augen⟩

ver·schwom·men 1 *Partizip Perfekt*; ↑ ***verschwimmen*** **2** *Adj* ≈ unklar ↔ deutlich, klar ⟨ein Bild, e-e Vorstellung⟩

ver·schwö·ren, sich; *verschwor sich, hat sich verschworen*; [Vr] ***j-d verschwört sich mit j-m gegen j-n / etw.***; ⟨Personen⟩ ***verschwören sich gegen j-n / etw.*** zwei od. mehrere Personen planen gemeinsam, j-m / etw. zu schaden || *hierzu* **Ver·schwö·rer** *der*; *-s, -*

Ver·schwö·rung *die*; *-, -en*; ***e-e V.*** (***gegen j-n / etw.***) ein geheimer Plan, mit dem mehrere Leute *bes* e-m politischen Gegner schaden wollen ≈ Konspiration: *die V. gegen den König*

ver·schwun·den *Partizip Perfekt*; ↑ ***verschwinden***

ver·se·hen[1]; *versieht, versah, hat versehen*; [Vt] **1 *j-n mit etw. v.*** j-m etw. geben, das er braucht ≈ versorgen **2 *etw. mit etw. v.*** dafür sorgen, dass etw. irgendwo vorhanden ist ≈ etw. irgendwo anbringen: *e-n Schrank mit Schnitzereien v.*; [Vr] **3 *sich mit etw. v.*** sich das nehmen, was man braucht ≈ versorgen: *sich für die Reise mit Schecks u. Devisen v.*

ver·se·hen[2]; *versieht, versah, hat versehen*; [Vt] ***etw. v.*** *geschr*; e-e (berufliche) Aufgabe erfüllen: *seine Pflichten, seinen Dienst gewissenhaft v.*

ver·se·hen, sich[3]; *versieht sich, versah sich, hat sich versehen*; *gespr*; [Vr] ***sich v.*** (beim Hinsehen) e-n Fehler machen || ID ***eh man sichs versieht*** *gespr veraltend*; ganz plötzlich

Ver·se·hen *das*; *-s, -*; **1** ein *mst* kleiner Fehler (*bes* weil man nicht gut aufgepasst hat) ≈ Irrtum **2 *aus V.*** ohne Absicht ≈ versehentlich, unabsichtlich: *j-n aus V. stoßen*; *etw. aus V. wegwerfen*

ver·se·hent·lich *Adj*; ohne Absicht ≈ irrtümlich, aus Versehen: *v. in den falschen Bus einsteigen*

Ver·sehr·te *der / die*; *-n, -n*; *Admin geschr*; j-d, der durch e-e Verletzung *o.Ä.* körperlich behindert ist || K-: ***Versehrten-, -sport*** || -K: ***Kriegs-*** || NB: *ein Versehrter*; *der Versehrte*; *den, dem, des Versehrten*

ver·selb·stän·di·gen, ver·selbst·stän·di·gen, sich; *verselb(st)ständigte sich, hat sich verselb(st)ständigt*; [Vr] ***etw. verselbstständigt sich*** etw. löst sich aus e-m Zusammenhang u. wird unabhängig u. selbstständig || *hierzu* **Ver·selb·stän·di·gung, Ver·selbst·stän·di·gung** *die*; *mst Sg*

ver·sen·den; *versandte / versendete, hat versandt / versendet*; [Vt] ***etw.*** (*mst Kollekt od Pl*) (***an j-n*** (*mst Pl*)) ***v.*** etw. (*mst* in großer Zahl, Menge) durch Post od. Bahn an j-n schicken: *Prospekte v.* || *hierzu* **Ver·sen·dung** *die*; *mst Sg*

ver·sen·gen; *versengte, hat versengt*; [Vt] (***j-m / sich***) ***etw. v.*** etw. durch Hitze od. Feuer leicht beschädigen: *Wäsche beim Bügeln v.; sich die Haare an e-r Kerze v.*

ver·sen·ken; *versenkte, hat versenkt*; [Vt] **1 *etw. v.*** bewirken, dass *mst* ein Schiff nach unten sinkt: *Ein Schiff der gegnerischen Flotte wurde bei dem Gefecht versenkt* || NB: Das intransitive Verb ist (*ver*)*sinken*: *das Schiff* (*ver*)*sinkt* **2 *etw. v.*** bewirken, dass etw. in e-e Art Grube unter der Oberfläche von etw. verschwindet: *Betonpfeiler in die Erde v.*; [Vr] **3 *sich in etw.*** (*Akk*) ***v.*** sich ganz auf etw. konzentrieren ≈ sich in etw. (*Akk*) vertiefen: *sich in ein Buch v.*

Ver·sen·kung *die*; *-, -en*; der Teil des Bodens *bes* e-r Bühne, der nach unten gesenkt werden kann || ID ***j-d verschwindet in der V.*** *gespr*; j-d erscheint nicht mehr in der Öffentlichkeit (u. wird vergessen); ***j-d taucht aus der V. auf*** *gespr*; j-d erscheint plötzlich wieder in der Öffentlichkeit

ver·ses·sen *Adj*; *nicht adv*; ***auf j-n / etw. v.*** so, dass man j-n / etw. unbedingt haben will: *auf Schokolade v. sein*; darauf *v. sein, mit j-m tanzen zu gehen* || *hierzu* **Ver·ses·sen·heit** *die*; *mst Sg*

ver·set·zen; *versetzte, hat versetzt*; [Vt] **1 *etw. v.*** etw. von einer Stelle an e-e andere bringen: *e-e Mauer* (*um drei Meter*) *v.*; *die Knöpfe an e-r Jacke v.*; *e-n Baum v.* **2** *mst* ***j-d wird*** (***irgendwohin***) ***versetzt*** j-d wird an e-n anderen Ort geschickt, an dem er seinen Beruf ausüben kann: *j-n in die Zweigstelle nach Dresden, ins Ausland v.*; *Wenn er Hauptmann werden will, muss er sich v. lassen* **3 *j-n v.*** (als Lehrer) e-m Schüler (am Ende e-s Schuljahres) erlauben, die höhere Klasse zu besuchen ⟨(nicht) versetzt werden⟩ **4 *etw. v.*** etw. als Pfand geben, damit man Geld dafür bekommt: *seinen Schmuck v.* **5 *j-n v.*** *gespr*; zu e-m Treffen mit j-m nicht kommen, obwohl man es ihm versprochen hat **6** verwendet zusammen mit e-m Substantiv, um e-e Verbhandlung zu umschreiben; ***j-m e-n Schlag v.*** ≈ j-n schlagen; ***j-m e-n Tritt v.*** ≈ j-n treten **7** verwendet mit e-r Präposition u. e-m Substantiv, um auszudrücken, dass j-d / etw. in den Zustand kommt, den das Substantiv bezeichnet; ***etw. versetzt etw. in Bewegung, Schwingung*** etw. bewirkt, dass etw. sich bewegt, schwingt; ***etw. versetzt j-n in Aufregung, Begeisterung, Erstaunen, Unruhe*** etw. bewirkt, dass j-d sich aufregt, begeistert ist, staunt, unruhig wird **8 *j-n in die Lage v., etw. zu tun*** *geschr*; es j-m möglich machen, etw. zu tun **9 *etw. mit etw. v.*** e-e Flüssigkeit mit etw. vermischen: *Wein mit Wasser v.*; [Vr] **10 *sich in j-n / etw. v.*** sich vorstellen, an j-s Stelle, in e-r bestimmten Situation zu sein ⟨sich in j-s Lage / Situation v.⟩: *Versuch doch mal, dich in meine Lage zu v.!* || *zu* **1-4 Ver·set·zung** *die*

ver·seu·chen; *verseuchte, hat verseucht*; [Vt] *mst* ***etw. verseucht etw.*** (***mit etw.***) giftige Stoffe od. Bakterien bewirken, dass etw. für die Gesundheit gefährlich ist: *Die Chemiefabrik hat das Grundwasser verseucht* || *hierzu* **Ver·seu·chung** *die*; *mst Sg*

Vers·fuß *der*; die kleinste rhythmische Einheit e-s Verses

ver·si·chern[1]; *versicherte, hat versichert*; [Vt] **1** (***j-m***) ***etw. v.*** j-m erklären, dass etw. ganz sicher so ist, wie man es gesagt hat ≈ beteuern ⟨(j-m) hoch u. heilig v., dass ...⟩: *Er versicherte mir, dass er ein Spezialist auf diesem Gebiet sei*; [Vr] **2 *sich etw.*** (*Gen*) ***v.*** prüfen, ob es ganz sicher ist, dass man etw. bekommt ⟨sich j-s Freundschaft, j-s Hilfe, j-s Schutzes v.⟩ || *zu* **1 Ver·si·che·rung** *die*

ver·si·chern[2]; *versicherte, hat versichert*; [Vt] **1 *j-n / sich / etw.*** (***gegen etw.***) ***v.*** mit e-r Versicherung (2) e-n Vertrag machen. Man zahlt regelmäßig Geld (Beiträge) an die Firma, die dann als Gegenleistung die Kosten trägt, die bei e-m Schaden od. Unfall entstehen: *sich gegen Unfall, sein Haus gegen Feuer v.* **2** ⟨e-e Firma⟩ ***versichert j-n / etw.*** (***gegen etw.***) e-e Versicherungsfirma macht mit j-m e-n

Vertrag u. trägt die Kosten bei e-m Schaden od. Unfall

Ver·si·che·rung *die*; -, *-en*; **1** ***e-e V.*** (***gegen etw.***) ein Vertrag mit e-r (Versicherungs)Firma, der man regelmäßig Geld zahlt, damit die Firma die Kosten übernimmt, die bei e-m Schaden od. Unfall entstehen ⟨e-e V. abschließen, eingehen, kündigen⟩: *e-e V. gegen Feuer u. Glasschäden* || K-: ***Versicherungs-, -beitrag, -betrag, -nummer, -police, -schutz, -summe*** || -K: ***Haftpflicht-, Hausrat-, Kraftfahrzeug-, Kranken-, Lebens-, Unfall-*** **2** e-e Firma, bei der man sich *bes* gegen Unfälle u. andere Schäden versichern kann || K-: ***Versicherungs-, -gesellschaft, -kaufmann, -vertreter***

Ver·si·che·rungs·fall *der*; ein Schadensfall *o.Ä.*, bei dem die Versicherungsfirma die Kosten übernehmen muss

Ver·si·che·rungs·pflicht *die*; die gesetzliche Pflicht, sich gegen etw. zu versichern: *Für Autofahrer besteht V.* || *hierzu* **ver·si·che·rungs·pflich·tig** *Adj*; *nicht adv*

ver·si·ckern; *versickerte, ist versickert*; [Vi] ***etw. versickert*** etw. fließt langsam in die Erde ⟨das Wasser, der Regen⟩

ver·sie·ben; *versiebte, hat versiebt*; [Vt] *gespr*; **1** ***etw. v.*** ≈ vergessen ⟨e-n Termin v.⟩ **2** ***etw. v.*** etw. ohne Erfolg beenden: *e-e Prüfung v.*

ver·sie·geln; *versiegelte, hat versiegelt*; [Vt] **1** ***etw. v.*** etw. mit e-m Siegel verschließen ⟨e-n Brief, e-e Tür v.⟩ **2** ***etw. v.*** e-e (Holz)Fläche mit e-r Schicht Lack bedecken u. sie so haltbar machen ⟨den Boden, das Parkett v.⟩ || *hierzu* **Ver·sie·ge·lung** *die*

ver·sie·gen; *versiegte, ist versiegt*; [Vi] ***etw. versiegt*** *geschr*; etw. hört auf zu fließen ⟨*mst* e-e Quelle⟩

ver·siert [v-] *Adj*; *nicht adv*; mit viel Erfahrung u. Geschick ≈ routiniert: *ein versierter Verkäufer* || *hierzu* **Ver·siert·heit** *die*; *nur Sg*

ver·sil·bern; *versilberte, hat versilbert*; [Vt] **1** ***etw. v.*** etw. mit e-r dünnen Schicht Silber bedecken ⟨Bestecke, Schmuck v.⟩ **2** ***etw. v.*** *gespr*; etw. verkaufen, um dafür Geld zu bekommen: *sein Radio v.* || *zu* **1 Ver·sil·be·rung** *die*; *mst Sg*

ver·sin·ken; *versank, ist versunken*; [Vi] **1** ***j-d*** / ⟨ein Boot *o.Ä.*⟩ ***versinkt*** (***in etw.*** (*Dat*)) ein Boot (bzw. die Personen darin) kommt (kommen) unter die Oberfläche u. verschwindet (verschwinden) allmählich ≈ j-d / ein Boot *o.Ä.* geht unter: *Das Boot ist im See versunken* **2** ***j-d / ein Tier / etw. versinkt*** (***in etw.*** (*Dat*)) j-d / ein Tier / etw. sinkt in e-r weichen Masse ein ⟨bis zu den Knöcheln, Knien im Schnee, Schlamm, Sand, Moor v.⟩ **3** ***etw. versinkt*** (***irgendwo***) etw. geht unter: *Die Sonne versinkt am Horizont* **4** ***in etw.*** (*Akk*) ***v.*** sich immer mehr auf ein Gefühl od. e-e Tätigkeit konzentrieren u. nichts anders mehr denken ⟨in Trauer, Schwermut, Nachdenken, Grübeln, Schweigen v.⟩

ver·sinn·bild·li·chen; *versinnbildlichte, hat versinnbildlicht*; [Vt] ***etw. versinnbildlicht etw.*** *geschr*; etw. ist ein Symbol für etw. || *hierzu* **Ver·sinn·bild·li·chung** *die*; *mst Sg* || ► ***Sinnbild***

Ver·si·on [vɛrˈzi̯oːn] *die*; -, *-en*; ***e-e V.*** (***von etw.*** / + *Gen*) **1** eine von mehreren Möglichkeiten, ein Ereignis darzustellen u. zu deuten: *Die Zeugen lieferten unterschiedliche Versionen vom Überfall* **2** eine von mehreren möglichen sprachlichen Varianten e-s Textes ≈ Fassung[2]: *die populäre V. e-r wissenschaftlichen Untersuchung* **3** e-e leicht veränderte Variante e-s Produkts: *die neue V. e-s Automodells*

ver·skla·ven [-vn̩, -fn̩]; *versklavte, hat versklavt*; [Vt] ***j-n v.*** j-n zum Sklaven machen || *hierzu* **Ver·skla·vung** *die*; *mst Sg*

Vers·maß *das*; *Ling*; das rhythmische Schema e-s Verses ≈ Metrum

ver·snobt *Adj*; *pej*; mit den Eigenschaften e-s Snobs ≈ snobistisch

ver·sof·fen 1 *Partizip Perfekt*; ↑ ***versaufen*** **2** *Adj*; *gespr! pej*; so, dass der Betreffende oft u. viel Alkohol trinkt

ver·soh·len; *versohlte, hat versohlt*; [Vt] ***j-n v.***; ***j-m den Hintern v.*** *gespr*; j-n verhauen

ver·söh·nen; *versöhnte, hat versöhnt*; [Vr] **1** ***j-d versöhnt sich mit j-m***; ⟨Personen⟩ ***versöhnen sich*** zwei od. mehrere Personen leben nach e-m Streit wieder in Frieden miteinander ≈ sich mit j-m (wieder) vertragen: *sich mit seinem Gegner v.*; [Vt] **2** ***j-n mit j-m v.*** bewirken, dass zwei Personen od. Gruppen, die Streit hatten, wieder in Frieden miteinander leben || *hierzu* **Ver·söh·nung** *die*

ver·söhn·lich *Adj*; so, dass der Betreffende bereit ist, sich zu versöhnen ⟨versöhnliche Worte finden; v. gestimmt sein⟩

ver·son·nen *Adj*; so, dass man intensiv an etw. denkt u. alles andere nicht bemerkt

ver·sor·gen; *versorgte, hat versorgt*; [Vt] **1** ***j-n / sich / etw.*** (***mit etw.***) ***v.*** bewirken, dass j-d / man selbst / etw. das bekommt, das er / man / es braucht: *j-n mit Nahrung u. Kleidung v.*; *ein Stadtviertel mit Trinkwasser v.* **2** ***j-n / etw. v.*** dafür sorgen, dass j-d / etw. die nötige Pflege bekommt ≈ sich um j-n / etw. kümmern ⟨ein Kind, e-n Kranken, e-n Pflegebedürftigen v.; ein Haus, e-n Garten v.; e-e Wunde v.⟩ || *hierzu* **Ver·sor·gung** *die*; *nur Sg*

ver·spannt *Adj*; so, dass Muskeln ständig gespannt sind u. man dadurch Schmerzen *o.Ä.* hat ≈ verkrampft ↔ locker ⟨Muskeln; ein Nacken⟩ || *hierzu* **sich ver·span·nen** (*hat*) *Vr*; **Ver·span·nung** *die*

ver·spä·ten, sich; *verspätete sich, hat sich verspätet*; [Vr] ***j-d / etw. verspätet sich*** j-d / etw. kommt später als geplant: *Er hat sich um zehn Minuten verspätet*; *j-d / etw. erscheint verspätet, trifft verspätet ein*

Ver·spä·tung *die*; -, *-en*; **1** die Zeit, um die man zu spät kommt: *Entschuldigen Sie bitte meine V.!* **2** ⟨ein Zug, ein Bus, ein Flugzeug *o.Ä.*⟩ ***hat V.*** ein Zug *usw* fährt später ab bzw. kommt später an, als es (nach dem Fahrplan) sein sollte

ver·spei·sen; *verspeiste, hat verspeist*; [Vt] ***etw. v.*** *geschr*; etw. (mit Appetit u. Vergnügen) essen

ver·spe·ku·lie·ren, sich; *verspekulierte sich, hat sich verspekuliert*; [Vr] *mst* ***j-d hat sich*** (***bei etw.***) ***verspekuliert*** j-d hat e-e Situation falsch beurteilt (u. *mst* viel Geld verloren)

ver·sper·ren; *versperrte, hat versperrt*; [Vt] **1** ***etw. v.*** bewirken, dass man an e-r Stelle nicht weitergehen od. -fahren kann, weil dort ein Hindernis ist: *Demonstranten versperrten die Zufahrt mit Barrikaden*; *Nach dem Sturm versperrten umgestürzte Bäume die Straße* **2** *mst* ***j-d / etw. versperrt j-m den Blick / die Sicht*** (***auf j-n / etw.***) j-d / etw. bewirkt (durch seine Größe), dass j-d j-n / etw. nicht sehen kann

ver·spie·len; *verspielte, hat verspielt*; [Vt] **1** ***etw. v.*** beim Roulette, Poker *o.Ä.* Geld verlieren ⟨sein Vermögen, viel Geld v.⟩ **2** ***etw. v.*** durch sein (leichtsinniges) Verhalten etw. verlieren ⟨sein Glück, seine Chancen v.⟩ || ID ***bei j-m verspielt haben*** *gespr*; j-s Sympathie, Freundschaft od. Vertrauen nicht mehr haben

ver·spielt 1 *Partizip Perfekt*; ↑ ***verspielen*** **2** *Adj*; ⟨ein Kätzchen, ein junger Hund; ein Kind⟩ so, dass sie immer nur spielen wollen || *zu* **2 Ver·spielt·heit** *die*; *nur Sg*

ver·spon·nen *Adj* ≈ seltsam, wunderlich ⟨Menschen⟩

ver·spot·ten; *verspottete, hat verspottet*; [Vt] ***j-n / etw. v.*** über j-n / etw. spotten || *hierzu* **Ver·spot·tung** *die*; *mst Sg*

ver·spre·chen[1]; *verspricht, versprach, hat verspro-*

chen; [Vt] **1 (j-m) etw. v.** j-m sagen, dass man etw. ganz sicher tun wird ⟨j-m etw. fest, hoch u. heilig v.; j-m Hilfe v.⟩: *seinem Sohn ein Fahrrad v.; j-m v., ihm zu helfen; Ich habe ihm versprochen,* dass *ich ihn besuchen werde; „Kommst du wirklich?" - „Ja, ich verspreche es dir"* **2 etw. verspricht etw.** etw. lässt erwarten, dass e-e bestimmte Entwicklung *o.Ä.* eintritt: *Das verspricht, ein schöner Abend zu werden* **3 sich** (*Dat*) **etw. von j-m / etw. v.** glauben, dass e-e bestimmte Entwicklung stattfinden wird: *sich von der neuen Regierung viel, nur wenig, nichts v.*

ver·spre·chen², **sich**; *verspricht sich, versprach sich, hat sich versprochen;* [Vr] **sich v.** ohne Absicht etw. falsch, anders sagen od. aussprechen, als man wollte: *Er war so nervös, dass er sich ständig versprach*

Ver·spre·chen *das; -s, -;* Worte, mit denen j-d j-m etw. verspricht¹ (1) ⟨ein leeres V. (= ein V., das nicht eingehalten wird); j-m ein V. geben; ein V. abgeben; sein V. erfüllen, halten, brechen⟩

Ver·spre·cher *der; -s, -;* ein Fehler beim Sprechen od. bei der Aussprache e-s Wortes ⟨j-m unterläuft ein V.⟩

Ver·spre·chung *die; -, -en; mst Pl; mst in* **j-m große / leere Versprechungen machen** j-m viel versprechen¹ (1), aber dann das Versprechen nicht halten

ver·sprengt *Adj; nicht adv;* in verschiedene Richtungen auseinander getrieben ⟨(ein Trupp) versprengte(r) Soldaten; (e-e Herde) versprengte(r)Tiere⟩

ver·sprit·zen; *verspritzte, hat verspritzt;* [Vt] **etw. v.** Flüssigkeit in Tropfen in verschiedene Richtungen spritzen ⟨Wasser v.⟩

ver·sprü·hen; *versprühte, hat versprüht;* [Vt] **etw. v.** e-e Flüssigkeit in sehr kleinen Tropfen verteilen ⟨ein Pflanzenschutzmittel v.⟩

ver·spü·ren; *verspürte, hat verspürt;* [Vt] **etw. v.** etw. körperlich od. seelisch fühlen ≈ empfinden ⟨Hunger, Durst, Schmerz, Müdigkeit v.; Angst, Reue v.⟩

ver·staat·li·chen; *verstaatlichte, hat verstaatlicht;* [Vt] *mst* ⟨die Regierung⟩ **verstaatlicht etw.** die Regierung macht e-e private Firma zum Eigentum des Staates ↔ die Regierung privatisiert etw.: *Die Eisenbahn wird verstaatlicht* || *hierzu* **Ver·staat·li·chung** *die*

Ver·städ·te·rung *die; nur Sg;* die Entwicklung, durch die kleine Orte immer größer u. e-r Stadt ähnlich werden || *hierzu* **ver·städ·tern** *(ist) Vi*

Ver·stand *der; -(e)s; nur Sg;* die Fähigkeit des Menschen, zu denken u. zu urteilen ≈ Intellekt ⟨e-n klaren, scharfen, keinen (Funken) V. haben; seinen V. gebrauchen; j-s V. reicht zu etw. nicht aus⟩: *Du solltest genug V. haben, nicht solche gefährlichen Sachen zu machen* || K-: **Verstandes-, -kraft, -schärfe** || ID **den V. verlieren** *mst* wegen e-s schrecklichen Ereignisses geistig verwirrt, wahnsinnig werden; **etw. bringt j-n um den V.** etw. bewirkt, dass j-d geistig verwirrt od. wahnsinnig wird; **j-d / etw. bringt j-n um den V.** *gespr;* j-d / etw. belastet j-n so stark, dass er nervös u. wütend wird: *Dieser Lärm bringt mich noch um den V.!; mst* **Du bist wohl nicht (ganz / recht) bei V.?** *gespr;* was du tust, vorschlägst *o.Ä.*, ist Unsinn

V

ver·stan·des·mä·ßig *Adj; nur attr od adv, geschr;* mit dem Verstand (u. nicht mit dem Gefühl) ⟨etw. v. begreifen, erfassen⟩

ver·stan·dig *Adj;* fähig, Situationen vernünftig zu beurteilen ≈ vernünftig ↔ unverständig: *Max ist mit seinen 10 Jahren schon sehr v.* || *hierzu* **Ver·stän·dig·keit** *die; nur Sg*

ver·stän·di·gen; *verständigte, hat verständigt;* [Vt] **1 j-n (über etw.** (*Akk*) **/ von etw.) v.** j-m mitteilen, dass etw. geschehen ist ≈ j-n benachrichtigen ⟨die Polizei v.⟩: *Die Ärzte verständigten die Angehörigen vom Tod des Patienten;* [Vr] **2 sich (mit j-m) (irgendwie) v.** sich auf irgendeine Weise verständlich (4) machen ⟨sich in e-r Fremdsprache, sich durch Zeichen v.⟩ **3 j-d verständigt sich mit j-m (über etw.** (*Akk*)); ⟨Personen⟩ **verständigen sich (über etw.** (*Akk*)) *geschr;* zwei od. mehrere Personen einigen sich über etw.: *sich mit seinem Verhandlungspartner über e-n strittigen Punkt v.*

Ver·stän·di·gung *die; -; nur Sg;* **1** *geschr;* die Mitteilung, dass etw. geschehen ist: *die V. der Angehörigen* **2** das Sprechen mit j-m, bei dem jeder versteht, was der andere sagen will: *Die V. mit dem Gast aus Japan war schwierig* || K-: **Verständigungs-, -mittel, -möglichkeit, -schwierigkeit, -versuch 3** *geschr* ≈ Einigung ⟨es kommt zu e-r V. über etw.⟩ || *zu* **3 ver·stän·di·gungs·be·reit** *Adj; nicht adv*

ver·ständ·lich *Adj;* **1** deutlich u. gut zu hören ⟨e-e Aussprache; klar u. v. sprechen⟩: *Bei dem Lärm waren ihre Worte für mich kaum v.* **2** so, dass man den Sinn davon gut verstehen (1) kann ↔ unverständlich ⟨etw. ist leicht, kaum, schwer v.; etw. v. darstellen, formulieren⟩ **3 j-m etw. v. machen** j-m etw. so erklären, dass er es gut verstehen kann **4 sich (irgendwie) v. machen** so sprechen od. sich so verhalten, dass ein anderer versteht (1), was man meint ⟨sich durch Zeichen, mit Gesten v. machen⟩ **5** *nicht adv;* so, dass man den Grund dafür erkennt u. akzeptiert ≈ begreiflich, einsichtig ⟨e-e Forderung, ein Wunsch, e-e Sorge, e-e Reaktion; etw. ist (j-m) durchaus v.⟩ || *zu* **1** u. **2 Ver·ständ·lich·keit** *die; nur Sg;* *zu* **5 ver·ständ·li·cher·wei·se** *Adv*

Ver·ständ·nis *das; -ses; nur Sg;* **1 V. (für j-n / etw.)** die Fähigkeit, j-n / etw. zu verstehen (3), zu akzeptieren, was ein anderer denkt, fühlt od. tut ⟨viel, volles, wenig, kaum, kein V. für j-n / etw. haben / aufbringen; j-m / etw. V. entgegenbringen⟩: *Ich habe durchaus V. für deine Situation; Meine Eltern haben kein V.* dafür, dass *ich mit dem Motorrad nach Sizilien fahren will* **2** *geschr;* das Verstehen (1) ⟨j-m das V. e-s Textes erleichtern⟩ || *zu* **1 ver·ständ·nis·los** *Adj;* **ver·ständ·nis·voll** *Adj;* **Ver·ständ·nis·lo·sig·keit** *die*

ver·stär·ken; *verstärkte, hat verstärkt;* [Vt] **1 etw. v.** etw. kräftiger u. stabiler machen ⟨e-e Mauer v.⟩ **2 etw. (um j-n / etw.) v.** etw. in der Anzahl größer machen ≈ vergrößern (1), vermehren: *e-e Mannschaft (um einen Spieler) v.; die Truppen (um tausend Mann) v.* **3 etw. v.** etw. stärker, intensiver machen ≈ intensivieren ⟨den Druck, die Spannung v.; den Ton (durch / über Lautsprecher) v.; verstärkte Anstrengungen; sich verstärkt um j-n / etw. bemühen⟩; [Vr] **4 etw. verstärkt sich** etw. wird stärker, intensiver ⟨der Lärm, der Sturm, der Druck (auf j-n / etw.); j-s Zweifel (an j-m / etw.)⟩ || *hierzu* **Ver·stär·kung** *die; mst Sg*

Ver·stär·ker *der; -s, -;* ein Gerät, das elektrische Impulse stärker macht: *der V. der Stereoanlage*

ver·stau·ben; *verstaubte, ist verstaubt;* [Vi] **etw. verstaubt** etw. wird von Staub bedeckt: *verstaubte Bilderrahmen*

ver·staubt 1 *Partizip Perfekt;* ↑ **verstauben 2** *Adj; nicht adv, pej* ≈ altmodisch, veraltet, überholt ⟨*mst* verstaubte Ansichten (über etw.) haben⟩

ver·stau·chen; *verstauchte, hat verstaucht;* [Vt] **sich** (*Dat*) **etw. v.** durch e-e plötzliche, starke Belastung ein Gelenk od. die Bänder beschädigen ⟨sich den Fuß, den Knöchel v.⟩ || *hierzu* **Ver·stau·chung** *die*

ver·stau·en; *verstaute, hat verstaut*; [Vt] **etw.** (*mst Kollekt od Pl*) (**irgendwo**) **v.** Dinge in e-n Behälter *o.Ä.* legen (*mst* sorgfältig, weil wenig Platz ist): *die Bücher in e-r Kiste, das Gepäck im Kofferraum v.*

Ver·steck *das*; *-(e)s, -e*; ein Ort, an dem j-d / etw. versteckt ist od. an dem j-d / etw. versteckt werden kann ⟨ein gutes, sicheres V. kennen⟩ || ID ***mit j-m V. spielen*** j-n irreführen, täuschen

ver·ste·cken; *versteckte, hat versteckt*; [Vt] **1 *j-n / etw.*** (***vor j-m***) ***v.*** j-n / etw. an e-n Ort bringen, an dem andere ihn / es nicht finden können; [Vr] **2 *sich*** (***vor j-m***) ***v.*** irgendwohin gehen, wo andere einen nicht finden können: *sich hinter e-m Busch v.* || ID *mst* ***sich*** (***mit etw.***) (***vor j-m***) ***nicht v. müssen / nicht zu v. brauchen*** *gespr*; (in etw.) ebenso gut sein wie ein anderer

Ver·ste·cken (*das*); *-s*; *nur Sg*; ein Kinderspiel, bei dem ein Kind die anderen suchen muss ⟨V. spielen⟩

Ver·steck·spiel *das*; *mst Sg*; ein Verhalten, bei dem j-d versucht, j-n zu täuschen od. j-m etw. zu verheimlichen ≈ Heimlichtuerei

ver·steckt 1 *Partizip Perfekt*; ↑ ***verstecken*** **2** *Adj*; nicht ganz deutlich, aber so, dass man es erkennen kann ⟨ein Vorwurf, e-e Drohung, ein Hinweis⟩

ver·ste·hen; *verstand, hat verstanden*; [Vt] **1 *j-n / etw. v.*** erkennen, was j-d mit seinen Worten sagen will od. welchen Sinn ein Text hat ⟨j-s Worte, Ausführungen v.; e-n Sachverhalt, die Bedeutung von etw. v.⟩: *Ich habe schon verstanden,* was *du meinst*; *Ich glaube, Sie haben mich falsch verstanden* **2 *j-n / etw. v.*** j-n / etw. gut hören können ⟨j-n / etw. gut, deutlich, schlecht, schwer v.⟩: *Bei dem Lärm konnte ich nicht v.*, was *er sagte* **3 *j-n / etw. v.*** die Gründe für j-s Verhalten erkennen u. das Verhalten akzeptieren ⟨j-s Probleme, Sorgen, Angst, Freude, Reaktion (gut) v. (können)⟩ **4 *etw. v.*** etw. gut können, beherrschen ⟨sein Fach, seinen Beruf, sein Handwerk v.⟩ **5 *etwas / viel*** *usw* ***von etw. v.*** auf e-m bestimmten Gebiet viel Wissen u. Erfahrung haben ≈ sich mit etw. gut auskennen: *Sie versteht viel von moderner Kunst*; [Vr] **6 *j-d versteht sich*** (***irgendwie***) ***mit j-m***; ⟨Personen⟩ ***verstehen sich*** (***irgendwie***) zwei od. mehrere Personen haben e-e gute, freundschaftliche Beziehung zueinander ⟨sich (*Pl*) gut, glänzend, ausgezeichnet, prima, nicht (besonders) v.⟩ **7 *sich auf etw.*** (*Akk*) ***v.*** etw. gut können: *Er versteht sich aufs Argumentieren* || ID ***j-m etw. zu v. geben*** j-n etw. indirekt, durch e-n Hinweis wissen lassen ≈ j-m etw. andeuten; *mst* ***Das versteht sich von selbst*** das ist selbstverständlich

ver·stei·fen; *versteifte, hat / ist versteift*; [Vt] (*hat*) **1 *etw. v.*** etw. so verändern, dass es steifer, härter od. belastbarer wird; [Vi] (*ist*) **2 *etw. versteift*** etw. wird steif ⟨j-s Gelenke⟩; [Vr] (*hat*) **3 *sich auf etw.*** (*Akk*) ***v.*** etw. unbedingt so haben wollen, wie man es geplant hat ≈ auf etw. beharren ⟨sich auf e-n Wunsch, e-n Plan, e-n Gedanken v.⟩ || *zu* **1** u. **2 Ver·stei·fung** *die*

ver·stei·gen, sich; *verstieg sich, hat sich verstiegen*; [Vr] *mst in* ***sich zu der Behauptung v., dass ...*** *geschr pej*; in arroganter u. übertriebener Weise etw. behaupten

ver·stei·gern; *versteigerte, hat versteigert*; [Vt] ***etw. v.*** etw. öffentlich anbieten u. an denjenigen verkaufen, der am meisten Geld dafür zahlt ⟨etw. meistbietend v.⟩

Ver·stei·ge·rung *die*; *-, -en*; **1** e-e Veranstaltung, bei der Dinge versteigert werden || -K: ***Zwangs-*** **2** *nur Sg*; das Versteigern, das Versteigertwerden: *die V. e-s Gemäldes von Picasso*

ver·stei·nert *Adj*; *nicht adv*; **1** zu Stein geworden: *versteinerte Schnecken* **2** so, dass sich kein Muskel bewegt (*mst* als Zeichen von Hass od. Enttäuschung) ⟨e-e Miene, ein Gesicht⟩

Ver·stei·ne·rung *die*; *-, -en*; ein versteinertes Tier od. e-e versteinerte Pflanze ≈ Fossil

ver·stel·len[1]; *verstellte, hat verstellt*; [Vt] **1 *etw. v.*** die Stellung, Position von etw. ändern ⟨den Rückspiegel, die Kopfstütze, die Rückenlehne v.⟩: *Diesen Schreibtischstuhl kann man in der Höhe v.* **2 *etw. v.*** ein technisches Gerät *o.Ä.* anders od. falsch einstellen: *Unser Sohn hat wieder mal den Wecker verstellt* **3 *etw.*** (***mit etw.***) ***v.*** Gegenstände irgendwo hinstellen u. dadurch bewirken, dass e-e Art Sperre entsteht ≈ versperren (1) ⟨den Eingang, den Ausgang, e-n Durchgang, ein Tor, e-e Tür v.⟩ || *zu* **1** u. **2 Ver·stel·lung** *die*; *mst Sg*; *zu* **1 ver·stell·bar** *Adj*; *nicht adv*

ver·stel·len[2]; *verstellte, hat verstellt*; [Vt] **1 *etw. v.*** etw., das typisch für einen ist, mit Absicht so ändern, dass ein anderer es nicht erkennt ⟨seine Stimme, seine Handschrift v.⟩; [Vr] **2 *sich v.*** sich anders verhalten, als man eigentlich ist, *bes* um j-n zu täuschen || *hierzu* **Ver·stel·lung** *die*; *nur Sg*

ver·ster·ben; *verstirbt, verstarb, ist verstorben*; [Vi] *geschr* ≈ sterben || NB: *mst* im Partizip Perfekt

ver·steu·ern; *versteuerte, hat versteuert*; [Vt] ***etw. v.*** für etw. Steuern zahlen ⟨sein Einkommen, e-e Erbschaft v.⟩ || *hierzu* **Ver·steu·e·rung** *die*; *mst Sg*

ver·stie·gen *Adj* ≈ unrealistisch, überspannt ⟨e-e Idee, ein Plan⟩ || *hierzu* **Ver·stie·gen·heit** *die*

ver·stim·men; *verstimmte, hat verstimmt*; [Vt] ***j-n v.*** j-n ärgern, sodass er schlechte Laune bekommt ≈ verärgern ↔ aufheitern

ver·stimmt *Adj*; **1** *Partizip Perfekt*; ↑ ***verstimmen*** **2** ⟨die Gitarre, der Flügel, das Klavier *usw*⟩ so, dass sie falsch klingen: *etw. ist / klingt v.* **3** ≈ verärgert, schlecht gelaunt || *zu* **2** u. **3 Ver·stim·mung** *die*

ver·stockt *Adj*; *pej*; (aus Trotz) nicht bereit, e-n Irrtum od. Fehler zuzugeben u. zu korrigieren ⟨ein Kind; sich v. zeigen⟩ || *hierzu* **Ver·stockt·heit** *die*; *nur Sg*

ver·stoh·len *Adj*; *nur attr od adv*; so, dass es andere nicht bemerken ≈ heimlich, unauffällig ⟨j-m verstohlene Blicke zuwerfen; j-n v. ansehen⟩

ver·stop·fen; *verstopfte, hat verstopft*; [Vt] **1 *etw. v.*** etw. in ein Loch *o.Ä.* stopfen u. es dadurch verschließen: *ein Schlüsselloch mit Papier, ein Wasserrohr mit Lumpen v.* **2 *etw. verstopft etw.*** etw. bewirkt, dass in e-m Rohr *o.Ä.* e-e Art Sperre entsteht (u. e-e Flüssigkeit nicht mehr fließen kann): *Der Kalk hat die Düse verstopft*; *e-e verstopfte Nase haben*

Ver·stop·fung *die*; *-, -en*; *mst in* ***V. haben / an V. leiden*** *gespr*; den Darm nicht entleeren können; *Med* Obstipation ↔ Durchfall

ver·stor·ben *Partizip Perfekt*; ↑ ***versterben***

Ver·stor·be·ne *der / die*; *-n, -n*; *geschr*; j-d, der (vor kurzer Zeit) gestorben ist || NB: *ein Verstorbener*; *der Verstorbene*; *den, dem, des Verstorbenen*

ver·stört *Adj*; seelisch u. geistig verwirrt ⟨j-d macht e-n verstörten Eindruck; j-n v. ansehen⟩ || *hierzu* **Ver·stört·heit** *die*; *nur Sg*

Ver·stoß *der*; ***ein V.*** (***gegen etw.***) e-e Handlung, mit der man ein Gesetz od. e-e Regel verletzt ⟨ein (schwerer) V. gegen den Anstand, das Gesetz, den guten Geschmack, die Regeln⟩ || -K: ***Regel-***

ver·sto·ßen; *verstößt, verstieß, hat verstoßen*; [Vi] ***gegen etw. v.*** nicht so handeln, wie es e-e Regel, ein Gesetz *o.Ä.* verlangt ≈ etw. verletzen (4) ⟨gegen e-e Vorschrift, e-e Regel, ein Gesetz, die Spielregeln, den Anstand, die guten Sitten v.⟩; [Vt] **2 *j-n v.*** j-n aus e-r Gruppe od. aus der Familie ausschließen

ver·strah·len; *verstrahlte, hat verstrahlt*; [Vt] *mst in*

V

etw. ist verstrahlt etw. ist radioaktiv verseucht || *hierzu* **Ver·strah·lung** *die*

ver·strei·chen[1]; *verstrich, hat verstrichen*; [Vt] ***etw. v.*** etw. auf e-e Oberfläche streichen u. dabei gleichmäßig verteilen: *die Farbe mit e-m Pinsel auf dem Brett v.*

ver·strei·chen[2]; *verstrich, ist verstrichen*; [Vi] ***etw. verstreicht*** *geschr* ≈ etw. vergeht[1] (1) ⟨die Zeit; e-e Frist v. lassen⟩

ver·streu·en; *verstreute, hat verstreut*; [Vt] **1** ***etw.*** (*Kollekt od Pl*) ***v.*** *mst* Pulver, Körner *o.Ä.* auf e-e Fläche streuen **2** ***etw.*** (*Kollekt od Pl*) ***v.*** Dinge (der gleichen Art) ohne Ordnung hinlegen u. liegen lassen: *Sie hat ihre Kleider im ganzen Zimmer verstreut*

ver·streut **1** *Partizip Perfekt*; ↑ ***verstreuen*** **2** *Adj*; einzeln u. (in e-m bestimmten Gebiet) weit voneinander entfernt ⟨Gehöfte, Höfe⟩: *Die Höfe liegen v.*

ver·stri·cken; *verstrickte, hat verstrickt*; [Vt] **1** ***j-n in etw.*** (*Akk*) ***v.*** etw. tun, was j-d anderen in e-e *mst* unangenehme Situation bringt ⟨j-n in e-e Angelegenheit v.⟩ ≈ j-n in etw. verwickeln; [Vr] **2** ***sich in etw.*** (*Akk*) ***v.*** sich durch sein eigenes Verhalten in e-e unangenehme Lage bringen ⟨sich in Lügen, Widersprüche v.⟩ || *hierzu* **Ver·stri·ckung** *die*

ver·stüm·meln; *verstümmelte, hat verstümmelt*; [Vt] **1** ***j-n / sich v.*** j-n / sich selbst verletzen, indem man Teile des Körpers (*z.B.* e-n Arm, e-e Hand) abtrennt **2** ***etw. v.*** wichtige Teile e-s Textes weglassen: *Die Nachricht kam vollkommen verstümmelt an* || *hierzu* **Ver·stüm·me·lung** *die*

ver·stum·men; *verstummte, ist verstummt*; [Vi] *geschr*; **1** aufhören zu sprechen od. zu singen ⟨abrupt, jäh, plötzlich v.⟩ **2** ***etw. verstummt*** Geräusche hören auf ⟨das Gespräch, der Gesang, die Musik, das Geräusch, der Lärm⟩ || ► ***stumm***

Ver·such *der*; *-(e)s, -e*; **1** e-e Handlung, mit der man etw. versucht (1) ⟨ein geglückter, aussichtsloser, vergeblicher, verzweifelter V.; e-n V. machen / wagen; ein V. glückt (j-m), scheitert, misslingt (j-m), schlägt fehl; etw. ist e-n V. wert⟩: *der V. der Polizei, die Demonstration aufzulösen* || -K: ***Flucht-, Mord-, Selbstmord-*** **2** ***ein V.*** (***an / mit j-m / etw.***) eine od. mehrere Handlungen, mit denen man etw. (wissenschaftlich) prüfen, feststellen od. beweisen will ≈ Experiment, Test ⟨ein physikalischer, wissenschaftlicher V.; e-n V. vorbereiten, durchführen, abbrechen, auswerten; e-n V. mit j-m / etw. anstellen⟩: *Versuche an / mit Tieren machen, um die Wirkung e-s Medikaments zu testen* || K-: ***Versuchs-, -abteilung, -anlage, -gelände, -leiter, -reihe, -serie*** || -K: ***Menschen-, Tier-, Labor-*** **3** *Sport*; e-e sportliche Aktion, durch die man e-e bestimmte Höhe od. Weite erreichen will: *drei Versuche haben*; *Im dritten V. überquerte er 2,36m*

ver·su·chen; *versuchte, hat versucht*; [Vt] **1** ***etw. v.*** sich Mühe geben, etw. (Schwieriges) mit Erfolg zu tun: *Sie versuchte, ihm zu helfen*; *Der Gefangene versuchte zu fliehen* **2** ***etw. v.*** etw. tun, um festzustellen, ob etw. möglich ist ≈ (aus)probieren: *v., ob der Schlüssel in das Schloss passt*; *„Ich weiß nicht, ob ich das kann!" - „Versuch es doch einfach mal!"* **3** ***es mit etw. v.*** etw. verwenden, um festzustellen, ob es für e-n bestimmten Zweck geeignet ist ≈ etw. ausprobieren: *Versuchs doch mal mit der Zange statt mit der Schere!* **4** ***j-n v.*** *geschr veraltend* ≈ j-n in Versuchung führen **5** ***es*** (***noch einmal***) ***mit j-m v.*** j-m (noch einmal) die Chance geben, etw. gutzumachen u. sich zu bewähren; [Vti] **6** (***etw.***) ***v.*** den Geschmack von etw. prüfen (bevor man mehr davon isst od. trinkt) ≈ kosten[2], probieren (2): *e-n Salat v.*; *Hier, versuch mal! - Schmeckts?*; [Vr] **7** ***sich in / an etw.*** (*Dat*) ***v.*** etw. e-e kurze Zeit tun, um festzustellen, ob man dafür geeignet ist od. Talent dazu hat: *sich in der Malerei, im Kochen, an e-m Gedicht v.* || *zu* **4** **Ver·su·cher** *der*; *-s, -*

Ver·suchs·ka·nin·chen *das*; *gespr pej*; j-d, an dem man etw. (*bes* Medikamente) testet

Ver·suchs·per·son *die*; j-d, mit / an dem man e-n wissenschaftlichen Versuch macht

Ver·suchs·sta·di·um *das*; *mst* ***etw. befindet sich / ist*** (***erst, noch***) ***im V.*** *geschr*; etw. ist in e-m Stadium, in dem man noch damit experimentiert (u. noch keine sicheren Ergebnisse od. Beweise hat)

ver·sucht **1** *Partizip Perfekt*; ↑ ***versuchen*** **2** *Adj*; *nur in* ***v. sein / sich v. fühlen*** + *zu* + *Infinitiv*; *geschr*; den starken Wunsch haben, etw. zu tun

Ver·su·chung *die*; *-, -en*; der starke Wunsch, etw. zu tun, das man *mst* aus moralischen Gründen nicht tun will od. nicht tun sollte ≈ Verlockung ⟨e-e große, starke V.; in V. geraten / kommen + zu + *Infinitiv*; e-r V. erliegen, widerstehen; j-n in V. bringen / führen + zu + *Infinitiv*⟩

ver·sün·di·gen, sich; *versündigte sich, hat sich versündigt*; [Vr] ***sich*** (***an j-m / etw.***) ***v.*** *geschr veraltend*; moralisch schlecht handeln u. j-m / etw. schaden: *sich an der Natur v.* || *hierzu* **Ver·sün·di·gung** *die*; *mst Sg*

ver·sun·ken **1** *Partizip Perfekt*; ↑ ***versinken*** **2** *Adj*; *mst in* ***in Gedanken v.*** mit den Gedanken so bei e-m Thema, dass man nichts anderes mehr bemerkt || *zu* **2** **Ver·sun·ken·heit** *die*; *nur Sg*

ver·sü·ßen; *versüßte, hat versüßt*; [Vt] ***j-m / sich etw. v.*** etw. tun, das j-m / einem Freude macht, u. so etw. schöner, angenehmer machen ⟨sich das Leben v.⟩

ver·ta·gen; *vertagte, hat vertagt*; [Vt] *geschr*; **1** ***etw.*** (***auf etw.*** (*Akk*)) ***v.*** bestimmen, dass e-e Sitzung *o.Ä.* zu e-m späteren Zeitpunkt stattfindet ≈ verschieben ⟨e-e Sitzung, e-e Verhandlung v.⟩: *Die Debatte wurde auf nächste Woche vertagt*; [Vr] **2** ⟨ein Gremium, ein Gericht *o.Ä.*⟩ ***vertagt sich*** ein Gremium, ein Gericht *o.Ä.* beschließt, dass e-e Sitzung *o.Ä.* zu e-m späteren Zeitpunkt fortgeführt wird || *hierzu* **Ver·ta·gung** *die*; *mst Sg*

ver·tau·schen; *vertauschte, hat vertauscht*; [Vt] **1** ***etw.*** (***mit etw.***) ***v.*** etw., das einem anderen gehört, (aus Versehen) nehmen u. dafür etw. anderes, das sehr ähnlich ist, dalassen: *Er hat unsere Hüte vertauscht*; *Sie hat ihren Mantel mit meinem vertauscht* **2** ***etw. mit etw. v.*** etw. (*mst* e-e Tätigkeit) beenden od. aufgeben u. dafür mit etw. Neuem beginnen: *Er vertauschte seine Arbeitsstelle beim Staat mit einer in der Industrie* || *hierzu* **Ver·tau·schung** *die*; *nur Sg*

ver·tei·di·gen; *verteidigte, hat verteidigt*; [Vt] **1** ***j-n / sich / etw.*** (***gegen j-n / etw.***) ***v.*** j-n / sich / etw. gegen e-n (feindlichen) Angriff schützen, indem man zu kämpfen beginnt ↔ j-n / etw. angreifen ⟨sein (Vater)Land, e-e Stadt (gegen den Feind, e-n Angreifer) v.⟩ **2** ***j-n / sich / etw.*** (***gegen j-n / etw.***) ***v.*** (mit viel Energie) argumentieren, dass ein Verhalten od. e-e Meinung richtig war: *j-n gegen e-e Anschuldigung v.*; *seine Thesen v.* **3** ***j-n v.*** als Rechtsanwalt e-n Angeklagten vor Gericht vertreten **4** ⟨seinen Titel⟩ ***v.*** in e-m Wettkampf versuchen, e-n neuen Gegner zu besiegen u. somit weiterhin e-n Titel[1] (2) zu behalten **5** *mst* ⟨e-e Mannschaft⟩ ***verteidigt*** ⟨den Vorsprung, das Unentschieden⟩ *Sport*; e-e Mannschaft versucht, den Spielstand zu halten || *zu* **1** **ver·tei·di·gungs·be·reit** *Adj*

Ver·tei·di·ger *der*; *-s, -*; **1** j-d, der sich u. andere gegen e-n Angriff schützt ↔ Angreifer **2** j-d, der e-n Angeklagten (im Strafprozess) vor Gericht vertritt ≈ Rechtsanwalt **3** *Sport*; ein Spieler, der den Gegner daran hindert, ein Tor zu schießen ↔ Stürmer ||

↑ *Abb. unter* **Fußball** || *hierzu* **Ver·tei·di·ge·rin** *die*; -, *-nen*

Ver·tei·di·gung *die*; -; *nur Sg*; **1** die Handlungen, mit denen man j-n / etw. verteidigt (1) || K-: ***Verteidigungs-, -bereitschaft, -zustand*** || -K: ***Landes-*** **2** *Kollekt*; das Militär (in Zeiten des Friedens): *immense Summen für die V. ausgeben* || K-: ***Verteidigungs-, -ausgaben, -bündnis, -etat, -haushalt, -minister, -ministerium*** **3** das Verteidigen (2), Sichverteidigen (2) ⟨etw. zu j-s / seiner V. sagen, vorbringen⟩ || K-: ***Verteidigungs-, -schrift*** **4** die Vertretung (durch e-n Rechtsanwalt) vor Gericht ⟨das Recht auf V.; j-s V. (vor Gericht) übernehmen; mit j-s V. beauftragt sein⟩ **5** ein od. mehrere Rechtsanwälte, die e-n Angeklagten vor Gericht verteidigen ↔ Anklage: *Die V. hat das Wort* **6** *Kollekt*; die Spieler e-r Mannschaft, die den Gegner daran hindern wollen, ein Tor zu erzielen ≈ Abwehr ↔ Sturm

ver·tei·len; *verteilte, hat verteilt*; [Vt] **1** ***etw.*** (*Kollekt od Pl*) (***an j-n*** (*Pl*)) ***v.*** mehreren Personen bestimmte Dinge (derselben Art) geben ≈ austeilen (1): *Flugblätter (an Passanten) v.; Der Nikolaus verteilte Süßigkeiten an die Kinder* **2** ***etw. v.*** e-e Menge, Masse *o.Ä.* in einzelne Teile teilen u. *mst* gleichmäßig an verschiedene Stellen bringen, legen *o.Ä.*: *die Kisten gleichmäßig auf dem Lastwagen v.*; [Vr] **3** ***sich*** (*Kollekt od Pl*) (***irgendwo(hin)***) ***v.*** einzeln od. in kleinen Gruppen an verschiedene Stellen, Plätze *o.Ä.* gehen: *Die Gäste verteilten sich im ganzen Haus* **4** ***etw. verteilt sich*** (***irgendwo(hin)***) etw. kommt (von e-m bestimmten Punkt aus in ungefähr gleicher Menge od. Zahl) an verschiedene Stellen e-r Fläche od. e-s Raumes: *Das Wasser verteilte sich auf dem ganzen Boden* || *zu* **1** u. **2 Ver·tei·lung** *die*; *mst Sg*

Ver·tei·ler *der*; *-s*, -; **1** j-d, der etw. an j-n verteilt (1) || -K: ***Prospekt-*** **2** ein kleines Gerät, das den elektrischen Strom an e-r Stelle in verschiedene Richtungen verteilt || K-: ***Verteiler-, -dose, -kasten*** || -K: ***Zünd-*** **3** *Admin*; e-e Liste von Personen, an die ein Brief od. ein Dokument geschickt wird || *zu* **1 Ver·tei·le·rin** *die*; -, *-nen*

ver·teilt 1 *Partizip Perfekt*; ↑ **verteilen 2** *Adj*; an verschiedenen Stellen in e-m Gebiet, Raum *o.Ä.*: *Die Bäume standen ungleichmäßig in der Ebene v.*

ver·te·le·fo·nie·ren; *vertelefonierte, hat vertelefoniert*; [Vt] ***etw. v.*** *gespr*; e-e bestimmte Geldsumme für das Telefonieren ausgeben: *30 Euro v.*

ver·teu·ern; *verteuerte, hat verteuert*; [Vt] **1** ***etw. verteuert etw.*** etw. macht etw. teurer: *Der hohe Ölpreis verteuert die Herstellung von Plastikprodukten*; [Vr] **2** ***etw. verteuert sich*** etw. wird teurer: *Das Benzin hat sich verteuert* || *hierzu* **Ver·teu·e·rung** *die*; *mst Sg*

ver·teu·feln; *verteufelte, hat verteufelt*; [Vt] ***j-n / etw. v.*** *pej*; behaupten, dass j-d / etw. sehr böse, gefährlich od. sehr schlecht sei || *hierzu* **Ver·teu·fe·lung** *die*; *mst Sg*

ver·teu·felt 1 *Partizip Perfekt*; ↑ **verteufeln 2** *Adj*; *mst attr, nicht adv, gespr* ≈ schwierig, unangenehm ⟨e-e Situation, e-e Angelegenheit, e-e Sache⟩ **3** *nur adv*; verwendet, um negative Adjektive zu verstärken ≈ sehr: *Ich bin in e-r v. schwierigen Lage*

ver·tie·fen; *vertiefte, hat vertieft*; [Vt] **1** ***etw. v.*** etw. tiefer machen: *e-n Graben, e-n Kanal v.* **2** ***etw. v.*** durch Information, durch Lernen od. Üben mehr Wissen bekommen ≈ etw. erweitern ⟨seine Kenntnisse, sein Wissen (über j-n / etw.) v.; den Lehrstoff, den Unterrichtsstoff v.⟩; [Vr] **3** ***etw. vertieft sich*** etw. wird tiefer ⟨der Graben, das Loch⟩ **4** ***sich in etw.*** (*Akk*) ***v.*** sich ganz auf etw. konzentrieren ⟨sich in sein Buch, seine Zeitung, seine Arbeit v.⟩

ver·tieft 1 *Partizip Perfekt*; ↑ **vertiefen 2** *Adj*; *nicht adv*; ***in etw.*** (*Akk*) ***v.*** ganz auf etw. konzentriert (so dass man seine Umgebung nicht bemerkt) ⟨in Gedanken, in sein Spiel, in die Zeitung v. sein⟩

Ver·tie·fung *die*; -, *-en*; **1** e-e Stelle in e-r (Ober)Fläche, die tiefer liegt als ihre Umgebung ↔ Erhebung **2** *mst Sg*; das Vertiefen (1,2)

ver·ti·kal [v-] *Adj*; *geschr* ≈ senkrecht ↔ horizontal, waagerecht

Ver·ti·ka·le [v-] *die*; -, *-n*; *geschr*; die senkrechte gedachte Linie ↔ Horizontale: *etw. in die V. bringen*

ver·til·gen; *vertilgte, hat vertilgt*; [Vt] **1** ***etw. v.*** schädliche Insekten od. nutzlose Pflanzen *mst* mit Gift töten ≈ vernichten ⟨Ungeziefer, Unkraut v.⟩ **2** ***etw. v.*** *gespr hum*; etw. (auf)essen: *fünf Stück Kuchen v.* || *zu* **1 Ver·til·gung** *die*; *mst Sg*

ver·tip·pen, sich; *vertippte sich, hat sich vertippt*; [Vr] ***sich v.*** *gespr*; beim Schreiben mit der Schreibmaschine, dem Computer *o.Ä.* e-n Fehler machen

ver·to·nen; *vertonte, hat vertont*; [Vt] ***etw. v.*** zu e-m Text od. zu e-m Film e-e Melodie machen ⟨ein Gedicht v.⟩ || *hierzu* **Ver·to·nung** *die*

ver·trackt *Adj*; *nicht adv*, *gespr* ≈ schwierig u. kompliziert ⟨e-e Geschichte, e-e Situation⟩

Ver·trag *der*; *-(e)s*, *Ver·trä·ge*; **1** e-e Vereinbarung zwischen zwei od. mehreren Partnern, die für beide Partner (gesetzlich) gültig ist ≈ Kontrakt, Abkommen ⟨ein fester, bindender, langfristiger V.; e-n V. mit j-m (ab)schließen; e-n V. machen, erfüllen, verletzen, brechen, lösen, kündigen; von e-m V. zurücktreten⟩ || K-: ***Vertrags-, -abschluss, -partner, -recht, -schluss, -text*** || -K: ***Arbeits-, Ausbildungs-, Ehe-, Friedens-, Handels-, Kauf-, Miet-, Versicherungs-*** **2** ein Dokument, in dem steht, was durch e-n V. (1) festgelegt wurde ⟨e-n V. unterschreiben, unterzeichnen⟩ **3** ***j-n unter V. nehmen*** *mst* e-n Künstler engagieren **4** ***unter V. sein / stehen*** *mst* als Künstler irgendwo (befristet) angestellt sein || *zu* **1 ver·trags·ge·mäß** *Adj*; **ver·trags·ge·recht** *Adj*; **ver·trags·wid·rig** *Adj*

ver·tra·gen[1]; *verträgt, vertrug, hat vertragen*; [Vt] **1** ***etw. v.*** bestimmte äußere Einflüsse (wie *z.B.* Hitze od. Lärm) aushalten (1), ohne Schaden zu nehmen ⟨keine Hitze, keine Sonne, keinen Rauch, keine Hektik, keine Aufregung v. (können)⟩: *Er konnte das tropische Klima nicht v.* || NB: *mst* verneint **2** ***etw. v.*** etw. essen od. trinken können, ohne dass es der Gesundheit schadet ⟨keinen Kaffee, keinen Alkohol, kein fettes Essen v. (können)⟩: *Er hat die Tabletten nicht vertragen*; *Er verträgt ziemlich viel* (= er kann viel Alkohol trinken, ohne betrunken zu werden) **3** ***etw. v.*** *gespr*; etw. akzeptieren können, ohne wütend od. beleidigt zu sein ≈ ertragen (1) ⟨(keine) Kritik, (keinen) Widerspruch v. (können)⟩: *Du verträgst wohl die Wahrheit nicht!*

ver·tra·gen, sich[2]; *verträgt sich, vertrug sich, hat sich vertragen*; [Vr] **1** ***j-d verträgt sich mit j-m***; ⟨Personen⟩ ***vertragen sich*** zwei od. mehrere Personen leben in Frieden u. Harmonie **2** ***j-d verträgt sich wieder mit j-m***; ⟨Personen⟩ ***vertragen sich wieder*** *gespr*; zwei od. mehrere Personen beenden e-n Streit, versöhnen sich **3** ***etw. verträgt sich mit etw.***; ⟨Dinge⟩ ***vertragen sich*** *gespr*; zwei od. mehrere Dinge passen gut zueinander: *Die beiden Farben vertragen sich nicht* || NB: *mst* verneint

ver·trag·lich *Adj*; *nur attr od adv*; durch e-n Vertrag (1) (festgelegt) ⟨e-e Vereinbarung; vertragliche Verpflichtungen eingehen; etw. v. festlegen, regeln, vereinbaren; v. gebunden sein⟩

ver·träg·lich *Adj*; **1** *nicht adv*; so, dass man es gut vertragen[1] (2) kann ≈ bekömmlich: *Das Medikament ist gut v.* **2** ⟨ein Mensch⟩ so, dass er Harmonie u. keinen Streit will ≈ friedfertig, umgänglich: *Er ist sehr v.* || *zu* **1 Ver·träg·lich·keit** *die*; *mst Sg*

ver·trags·brü·chig *Adj*; *nicht adv*; ***v. werden*** *Admin geschr*; e-n Vertrag (1), den man mit j-m geschlossen hat, nicht erfüllen || *hierzu* **Ver·trags·bruch** *der*

ver·trau·en; *vertraute, hat vertraut*; [Vi] **1** ***j-m v.***; ***auf j-n / etw. v.*** fest davon überzeugt sein, dass j-d zuverlässig ist, dass etw. stimmt *o.Ä.* ⟨j-m fest, voll, blind, bedingungslos v.; auf Gott v.⟩: *darauf v., dass j-d die Wahrheit sagt* **2** ***etw.*** (*Dat*) ***v.***; ***auf etw.*** (*Akk*) ***v.*** glauben, dass etw. erfolgreich sein u. sich gut für einen entwickeln wird ≈ an etw. glauben ⟨seinen Fähigkeiten, seiner Kraft, seinem Schicksal v.; auf die Zukunft v.⟩

Ver·trau·en *das*; *-s*; *nur Sg*; **1** ***das V.*** (***zu j-m / in j-n***) der feste Glaube daran, dass j-d zuverlässig ist, dass er einen nicht belügt *o.Ä.* ⟨blindes, grenzenloses, unerschütterliches V. haben; j-m V. einflößen; V. (bei j-m) erwecken; j-m sein V. schenken; j-s V. gewinnen, besitzen, genießen, rechtfertigen, enttäuschen, missbrauchen; j-m das / sein V. entziehen; im V. auf j-n / etw.; sein V. in j-n / etw. setzen⟩: *Warum liest du heimlich meine Briefe? - Hast du denn kein V. zu mir?* || K-: ***Vertrauen erweckend***; ***Vertrauens-***, ***-beweis***, ***-bruch***, ***-missbrauch***, ***-person***, ***-verhältnis*** || -K: ***Gott-*** **2** ***das V.*** (***in etw.*** (*Akk*)) der feste Glaube daran, dass etw. Erfolg haben u. gut für j-n sein wird: *das V. in die moderne Technik*; *der Raumfahrt größtes V. entgegenbringen* **3** ***j-m etw. im V. sagen*** j-m etw. sagen, das er anderen nicht sagen darf **4** ***j-n ins V. ziehen*** j-m von e-m schwierigen persönlichen Problem erzählen (u. ihn um Rat bitten) **5** ⟨das Parlament *o.Ä.*⟩ ***spricht j-m das V. aus*** *Pol*; das Parlament *o.Ä.* stimmt (als Reaktion auf e-n Misstrauensantrag der Opposition) in der Mehrheit dafür, dass e-e Regierung im Amt bleiben soll ⟨dem Bundeskanzler, dem Regierungschef das V. aussprechen⟩ || ID ***V. ist gut, Kontrolle ist besser*** *hum*; es ist oft besser, ein bisschen misstrauisch zu sein || *zu* **1 ver·trau·ens·wür·dig** *Adj*

Ver·trau·ens·arzt *der*; Ⓓ ein Arzt, der prüft u. entscheidet, ob *z.B.* j-d so krank ist, dass er nicht mehr arbeiten kann || *hierzu* **ver·trau·ens·ärzt·lich** *Adj*; *nur attr od adv*

Ver·trau·ens·mann *der*; *-(e)s*, *Ver·trau·ens·män·ner / Ver·trau·ens·leu·te*; j-d, der die Interessen e-r Gruppe gegenüber höheren Instanzen vertritt

Ver·trau·ens·sa·che *die*; *mst in* **1** ***etw. ist V.*** etw. ist e-e Frage des Vertrauens **2** ***etw. ist V.*** etw. muss vertraulich (1) behandelt werden

ver·trau·ens·se·lig *Adj*; *pej*; naiv u. deshalb schnell bereit, anderen zu vertrauen ⟨ein Mensch⟩ || *hierzu* **Ver·trau·ens·se·lig·keit** *die*; *nur Sg*

ver·trau·ens·voll *Adj*; **1** voll Vertrauen zu j-m ↔ misstrauisch ⟨sich v. an j-n wenden⟩ **2** voller Hoffnung, dass alles gut wird ≈ hoffnungsvoll, zuversichtlich ⟨v. in die Zukunft blicken⟩

ver·trau·lich *Adj*; **1** nicht dafür bestimmt, dass es andere erfahren ≈ geheim ⟨Informationen, e-e Unterredung; etw. v. behandeln; etw. ist streng v.⟩ **2** wie unter Freunden ≈ freundschaftlich, vertraut ⟨in vertraulichem Ton miteinander reden⟩

Ver·trau·lich·keit *die*; *-*; *nur Sg*; die Eigenschaft von etw., vertraulich (1) zu sein: *die V. e-r Information*

ver·träumt *Adj*; **1** in seinen Gedanken so bei j-d / etw. anderem, dass man die Umgebung nicht mehr bemerkt ⟨v. lächelnd in die Ferne blicken⟩ **2** einsam od. ruhig u. deswegen schön ⟨ein Dorf, ein Städtchen; ein See⟩ || *hierzu* **Ver·träumt·heit** *die*; *nur Sg*

ver·traut 1 *Partizip Perfekt*; ↑ ***vertrauen*** **2** *Adj*; sehr gut bekannt u. befreundet: *Ich bin mit ihr sehr v.* / *Wir sind sehr v.* (*miteinander*) **3** *Adj*; (***j-m***) ***v.*** j-m so gut bekannt, dass er es nicht als fremd empfindet ⟨ein Gesicht, e-e Gestalt; e-e Umgebung⟩: *Plötzlich hörte ich e-e mir vertraute Stimme* **4** *Adj*; ***mit etw. v. sein*** etw. gut kennen od. können: *Er ist mit der Maschine v.*; *Sie war mit der Arbeit am Computer v.* **5** *Adj*; ***j-n mit etw. v. machen*** j-m genau sagen u. zeigen, wie etw. ist od. funktioniert **6** *Adj*; ***sich mit etw. v. machen*** etw. (*mst* Technisches) erlernen: *sich mit den technischen Details v. machen* || *hierzu* **Ver·traut·heit** *die*; *mst Sg*

Ver·trau·te *der / die*; *-n*, *-n*; ein sehr enger Freund, e-e sehr enge Freundin von j-m || NB: *ein Vertrauter*; *der Vertraute*; *den, dem, des Vertrauten*

ver·trei·ben; *vertrieb, hat vertrieben*; [Vt] **1** ***j-n / ein Tier v.*** j-n / ein Tier zwingen, seinen Platz zu verlassen ⟨j-n von seinem (Sitz)Platz v.⟩: *Menschen aus ihrer Heimat v.* **2** ***j-d / etw. vertreibt etw.*** j-d / etw. bewirkt, dass etw. nicht mehr da ist, dass sich etw. von irgendwo entfernt: *Der Wind vertrieb die Wolken*; *Er erzählte lustige Geschichten, um die schlechte Laune zu v.* **3** ***etw. v.*** (als Händler) e-e bestimmte Ware verkaufen: *Er vertreibt Bücher* **4** ***sich*** (*Dat*) ***die Zeit*** (***mit etw.***) ***v.*** etw. tun, damit die Zeit schneller vergeht: *Ich vertreibe mir die Zeit mit Lesen* || *zu* **1 Ver·trei·bung** *die*; *nur Sg* || ▶ ***Vertrieb***

ver·tre·ten[1]; *vertritt, vertrat, hat vertreten*; [Vt] **1** ***j-n v.*** für e-e gewisse Zeit für j-n die Arbeit machen ⟨j-n während seines Urlaubs v.⟩: *e-e erkrankte Kollegin v.* **2** ***j-n / etw. v.*** sich darum kümmern, dass die Interessen e-r Person od. e-r Gruppe berücksichtigt werden: *Die Gewerkschaften vertreten die Interessen der Arbeitnehmer*; *Er wird vor Gericht von seinem Anwalt vertreten* **3** ***etw. v.*** als Vertreter (1) für e-e Firma arbeiten **4** ***etw.*** (***vor j-m***) ***v.*** e-e Meinung, Entscheidung, Tat *o.Ä.* für richtig halten u. sie (anderen gegenüber) verteidigen ⟨die Überzeugung, den Standpunkt, die Haltung, den Grundsatz v., dass…; e-e These v.⟩

ver·tre·ten[2], **sich**; *vertritt sich, vertrat sich, hat sich vertreten*; [Vr] **1** ***sich*** (*Dat*) ***den Fuß v.*** stolpern u. sich das (Fuß)Gelenk verletzen **2** ***sich*** (*Dat*) ***die Beine v.*** aufstehen u. ein bisschen umherlaufen, *bes* nachdem man lange gesessen hat

ver·tre·ten[3] **1** *Partizip Perfekt*; ↑ ***vertreten***[1], ***vertreten***[2] **2** *Adj*; *nur präd, nicht adv*; (***irgendwo***) ***v.*** (neben anderen Personen) irgendwo anwesend: *Bei dem internationalen Kongress war auch e-e englische Delegation v.*

Ver·tre·ter *der*; *-s*, *-*; **1** ***ein V.*** (***für etw.***) j-d, der zu den Kunden kommt, um dort für e-e Firma Waren zu verkaufen: *ein V. für Staubsauger* || K-: ***Vertreter-***, ***-besuch*** || -K: ***Staubsauger-***, ***Versicherungs-***, ***Zeitschriften-*** **2** j-d, der sich um die Interessen anderer kümmert ≈ Repräsentant: *Die Abgeordneten sind Vertreter des Volkes*; *führende Vertreter aus Wirtschaft u. Industrie* **3** j-d, der die Arbeit für e-n anderen macht, der gerade krank od. in Urlaub ist ≈ Stellvertreter **4** j-d, der typisch ist für e-n Stil, e-e Bewegung *o.Ä.*: *Claude Monet als typischer V. des Impressionismus* || *hierzu* **Ver·tre·te·rin** *die*; *-*, *-nen*

Ver·tre·tung *die*; *-*, *-en*; **1** *mst Sg*; die Handlungen, durch die man für j-d anderen die Arbeit macht: *die V. für e-e erkrankte Kollegin übernehmen* **2** ***j-s V.***; ***die V.*** (***von j-m / für j-n***) j-d, der j-n vertritt[1] (1): *Hat Herr Dr. Müller e-e V., wenn er im Urlaub ist?* **3** eine od. mehrere Personen od. e-e Institution, die e-e Gruppe von Personen od. e-n Staat repräsentieren ≈ Delegation: *die Vertretungen der einzelnen Nationen bei der UNO* **4** ***in*** (***j-s***) ***V.*** als Vertreter (3) von j-m; *Abk* i.V. **5** ***die V. für etw. haben*** als Vertreter (1) für e-e Firma arbeiten

Ver·trieb *der*; *-(e)s*; *nur Sg*; **1** das regelmäßige Verkaufen von Waren ≈ Verkauf (1): *der V. von Zeitschriften u. Büchern* || K-: **Vertriebs-, -abteilung, -kosten, -netz** || -K: **Buch-, Zeitschriften- 2** *Kollekt*; die Abteilung in e-r Firma, die für den Verkauf der Produkte verantwortlich ist ⟨im V. arbeiten⟩ || K-: **Vertriebs-, -leiter** || ► **vertreiben** (3)

Ver·trie·be·ne *der / die*; *-n, -n*; j-d, der wegen e-s Krieges *o.Ä.* gezwungen wurde, seine Heimat zu verlassen (*bes* Deutsche, die nach 1945 *bes* Gebiete östlich der Flüsse Oder bzw. Neiße verlassen mussten) || NB: *ein Vertriebener*; *der Vertriebene*; *den, dem, des Vertriebenen*

ver·trim·men; *vertrimmte, hat vertrimmt*; Vt **j-n v.** *gespr* ≈ verprügeln

ver·trock·nen; *vertrocknete, ist vertrocknet*; Vi **etw. vertrocknet** etw. wird ganz trocken u. stirbt ab ⟨das Gras, der Baum, der Strauch; Beeren, Blätter⟩

ver·trö·deln; *vertrödelte, hat vertrödelt*; Vt **etw. v.** *gespr pej*; Zeit verbringen, ohne etw. Nützliches od. Vernünftiges zu tun ⟨viel Zeit, den ganzen Tag v.⟩

ver·trös·ten; *vertröstete, hat vertröstet*; Vt **j-n (auf etw.** (*Akk*)) **v.** j-s Wünsche, Hoffnungen nicht sofort erfüllen, ihm aber versprechen, sie später zu erfüllen ≈ j-n hinhalten ⟨j-n auf e-n anderen Tag v.⟩ || *hierzu* **Ver·trös·tung** *die* || ► ***Trost***

ver·trot·telt *Adj*; *nicht adv, gespr pej* ≈ trottelig

ver·tun; *vertat, hat vertan*; Vt **1 etw. v.** Zeit u. Geld verbrauchen, ohne e-n Nutzen davon zu haben ≈ vergeuden, verschwenden; Vr **2 sich v.** *gespr* ≈ sich irren: *sich beim Dividieren / Teilen v.*; *Entschuldigung, ich habe mich in der Tür vertan* (= an die falsche Tür geklopft)

ver·tu·schen; *vertuschte, hat vertuscht*; Vt **etw. v.** *pej*; etw. tun, damit etw. Negatives nicht öffentlich bekannt wird ⟨e-e Affäre, e-n Skandal, e-n Betrug, e-e Manipulation, e-n Fehler v.⟩ || *hierzu* **Ver·tu·schung** *die*; *mst Sg*

ver·übeln; *verübelte, hat verübelt*; Vt **j-m etw. v.** j-m wegen etw. böse sein: *Er verübelt mir, dass ich ihm die Freundin weggenommen habe*

ver·üben; *verübte, hat verübt*; Vt **etw. v.** etw. Böses, Negatives tun ⟨ein Attentat, e-n Einbruch, e-n Überfall, ein Verbrechen v.; Selbstmord v.⟩

ver·ul·ken; *verulkte, hat verulkt*; Vt **j-n / etw. v.** *gespr*; über j-n / etw. spotten, sich über j-n / etw. lustig machen || *hierzu* **Ver·ul·kung** *die*

ver·un·fal·len; *verunfallte, ist verunfallt*; Vi *Admin*, CH ≈ verunglücken || ► ***Unfall***

ver·un·glimp·fen; *verunglimpfte, hat verunglimpft*; Vt **j-n / etw. v.** *geschr*; Schlechtes über j-n / etw. erzählen (in der Absicht zu schaden)

ver·un·glü·cken; *verunglückte, ist verunglückt*; Vi **1** e-n Unfall haben u. dabei verletzt od. getötet werden ⟨mit dem Auto (schwer, tödlich) v.⟩ **2 etw. verunglückt j-m** *gespr hum* ≈ etw. misslingt j-m ⟨e-e verunglückte Rede, Feier⟩: *Das Essen ist mir heute verunglückt* || NB: oft im Partizip Perfekt || *zu* **1 Ver·un·glück·te** *der / die*; *-n, -n*

ver·un·rei·ni·gen; *verunreinigte, hat verunreinigt*; Vt **1 j-d / etw. verunreinigt etw.** j-d / etw. macht die Qualität von etw. (*bes* durch giftige chemische Stoffe) schlechter ≈ j-d / etw. verschmutzt (1) etw. ⟨Gewässer v.⟩: *Abgase verunreinigen die Luft* **2 j-d / ein Tier verunreinigt etw.** *geschr*; j-d / ein Tier macht etw. schmutzig (*z.B.* den Teppichboden) ≈ j-d / ein Tier verschmutzt etw. || *hierzu* **Ver·un·rei·ni·gung** *die* || ► **rein** (5)

ver·un·si·chern; *verunsicherte, hat verunsichert*; Vt **j-d / etw. verunsichert j-n (in etw.** (*Dat*)) j-d / etw. bewirkt, dass j-d ein bisschen Angst bekommt od. dass er nicht mehr weiß, was er glauben soll ⟨j-n (in seiner Überzeugung) v.⟩: *die Bevölkerung durch Katastrophenmeldungen v.*; *den Gegner v.* || *hierzu* **Ver·un·si·che·rung** *die*; *mst Sg*

ver·un·stal·ten; *verunstaltete, hat verunstaltet*; Vt **etw. verunstaltet j-n / etw.** etw. macht j-n / etw. hässlich ≈ etw. entstellt j-n / etw.: *Die Wunden verunstalteten ihr Gesicht* || *hierzu* **Ver·un·stal·tung** *die*

ver·un·treu·en; *veruntreute, hat veruntreut*; Vt **etw. v.** *geschr*; etw. für sich selbst nehmen, das man für j-n verwalten sollte ≈ unterschlagen ⟨*mst* Gelder v.⟩ || *hierzu* **Ver·un·treu·ung** *die*

ver·ur·sa·chen; *verursachte, hat verursacht*; Vt **j-d / etw. verursacht etw.** j-d / etw. ist die Ursache von etw. (*mst* Negativem) ≈ j-d / etw. bewirkt etw.: *Die Bauarbeiten verursachen viel Lärm*; *Er hat e-n schweren Autounfall verursacht* || *hierzu* **Ver·ur·sa·cher** *der*; *-s, -*; **Ver·ur·sa·che·rin** *die*; *-, -nen*; **Ver·ur·sa·chung** *die*; *nur Sg*

ver·ur·tei·len; *verurteilte, hat verurteilt*; Vt **1 j-n (zu etw.) v.** als Richter bestimmen, dass j-d für seine Tat e-e bestimmte Strafe bekommt ↔ freisprechen: *j-n zu e-r Geldstrafe, zu zehn Jahren Haft, zum Tode v.* **2 j-n / etw. v.** j-n / etw. sehr scharf kritisieren ≈ missbilligen ⟨j-s Verhalten aufs Schärfste v.⟩ **3 zu etw. verurteilt sein** gegen seinen Willen etw. tun müssen ⟨j-d ist zum Schweigen, zum Warten, zur Zurückhaltung, zum Müßiggang verurteilt⟩ **4 j-d / etw. ist** ⟨zum Scheitern, zum Untergang⟩ **verurteilt** j-d / etw. wird ganz sicher scheitern, untergehen || *hierzu* **Ver·ur·tei·lung** *die*

ver·viel·fa·chen; *vervielfachte, hat vervielfacht*; Vt **1 etw. v.** etw. um ein Vielfaches größer machen: *das Angebot an Waren v.*; Vr **2 etw. vervielfacht sich** etw. wird um ein Vielfaches größer: *Die Zahl der Beschwerden hat sich vervielfacht* || *hierzu* **Ver·viel·fa·chung** *die*

ver·viel·fäl·ti·gen; *vervielfältigte, hat vervielfältigt*; Vt **etw. v.** Kopien von e-m Text machen ⟨e-n Text, e-e Zeichnung v.⟩ || *hierzu* **Ver·viel·fäl·ti·gung** *die*

ver·voll·komm·nen; *vervollkommnete, hat vervollkommnet*; Vt **etw. v.** etw. noch besser machen, als es schon ist ≈ perfektionieren ⟨seine (Sprach)Kenntnisse, sein Wissen, seine Fähigkeiten v.; e-e Technik v.⟩ || *hierzu* **Ver·voll·komm·nung** *die*; *mst Sg*

ver·voll·stän·di·gen; *vervollständigte, hat vervollständigt*; Vt **1 etw. v.** etw. vollständig machen ≈ ergänzen, komplettieren: *seine Briefmarkensammlung v.*; Vr **2 etw. vervollständigt sich** etw. wird (allmählich) vollständig ⟨e-e Sammlung; e-e Gruppe⟩ || *zu* **1 Ver·voll·stän·di·gung** *die*; *mst Sg*

ver·wach·sen[1]; *verwächst, verwuchs, ist verwachsen*; Vi **1 etw. verwächst** etw. heilt u. ist allmählich nicht mehr zu sehen ⟨die Wunde, die Narbe⟩ **2** *mst* **j-d ist mit j-m / etw. verwachsen** j-d hat e-e sehr enge Beziehung zu j-m / etw. entwickelt: *Sie ist mit der Firma allmählich verwachsen*

ver·wach·sen[2] **1** *Partizip Perfekt*; ↑ **verwachsen 2** *Adj*; *mst präd, nicht adv*; (in Bezug auf Menschen, Bäume) so, dass sie nicht in der richtigen Form gewachsen sind ≈ verkrüppelt

ver·wa·ckeln; *verwackelte, hat verwackelt*; Vt **etw. v.** *gespr*; beim Fotografieren die Kamera nicht richtig halten, sodass das Bild nicht gut wird ⟨e-e Aufnahme, ein Bild, ein Foto v.⟩

ver·wäh·len, sich; *verwählte sich, hat sich verwählt*; Vr **sich v.** beim Telefonieren aus Versehen e-e falsche Nummer wählen

ver·wah·ren[1]; *verwahrte, hat verwahrt*; Vt **etw. v.** etw. an e-n Ort legen od. stellen, wo es geschützt u. sicher ist: *Geld im Safe (sicher) v.*; *die Dokumente in der Schublade v.*

ver·wah·ren[2], **sich**; *verwahrte sich, hat sich ver-*

V

wahrt; Vr **sich gegen etw. v.** *geschr*; scharf *bes* gegen e-n Vorwurf protestieren ≈ etw. zurückweisen ⟨sich energisch, entschieden, mit Nachdruck gegen e-e Anschuldigung, e-e Verdächtigung, e-n Vorwurf v.⟩

ver·wahr·lo·sen; *verwahrloste, ist verwahrlost*; Vi **1** ***j-d verwahrlost*** j-d wäscht u. pflegt sich nicht u. kommt deshalb in e-n schlechten, unordentlichen Zustand ≈ j-d verkommt **2** ***etw. verwahrlost*** etw. wird nicht gepflegt u. kommt deshalb in e-n schlechten Zustand ⟨ein Haus, e-n Garten v. lassen⟩ **3** ***j-d verwahrlost*** j-d kommt in e-n schlechten moralischen Zustand, weil er nicht gut erzogen wurde ⟨Jugendliche⟩ || *hierzu* **Ver·wahr·lo·sung** *die*; *nur Sg*

Ver·wah·rung *die*; -; *nur Sg, geschr*; *mst in* **1** ***j-m etw. in V. geben*** j-m etw. geben, damit er es verwahrt[1] **2** ***etw. in V. nehmen*** etw. für j-n verwahren[1]

ver·waist *Adj*; *nicht adv*; **1** ⟨ein Kind⟩ so, dass seine Eltern tot sind **2** ⟨ein Haus, ein Platz, ein Posten⟩ so, dass niemand mehr dort ist

ver·wal·ten; *verwaltete, hat verwaltet*; Vt ***etw. v.*** (im Auftrag von j-m) dafür sorgen u. verantwortlich sein, dass in e-m bestimmten Bereich alles in Ordnung ist ⟨e-n Besitz, ein Vermögen, e-n Nachlass, ein Haus, e-e Kasse, Gelder, ein Gut (treulich) v.⟩

Ver·wal·ter *der*; *-s, -*; j-d, der etw. verwaltet || -K: ***Guts-, Haus-, Nachlass-, Vermögens-***

Ver·wal·tung *die*; -, *-en*; **1** *Kollekt*; alle Ämter u. Behörden in e-r Gemeinde, e-m Staat ⟨die öffentliche, staatliche, kommunale V.⟩ || K-: ***Verwaltungs-, -akt, -beamte(r), -bezirk, -reform, -vorschrift*** || -K: ***Gemeinde-, Schul-, Zentral-*** **2** *nur Sg*; das Verwalten ⟨mit der V. e-r Sache betraut sein, werden; etw. steht unter staatlicher V.⟩ **3** *Kollekt*; die Abteilung in e-r Firma, die für die Bilanzen u. für das Personal verantwortlich ist ⟨in der V. arbeiten⟩ || K-: ***Verwaltungs-, -angestellte(r), -aufgaben, -gebäude*** || -K: ***Personal-*** **4** das Gebäude od. die Räume, in denen die V. (3) ist

Ver·wal·tungs·ap·pa·rat *der*; *nur Sg, oft pej* ≈ Verwaltung (1) ⟨ein aufgeblähter V.⟩

ver·wan·deln; *verwandelte, hat verwandelt*; Vt **1** ***etw. verwandelt j-n / etw.*** etw. lässt j-n / etw. (in seinem Wesen, Aussehen) ganz anders werden ≈ etw. verändert j-n / etw.: *Das Unglück hat sie völlig verwandelt*; *Die neue Tapete hat den Raum verwandelt* **2** ***j-d / etw. verwandelt j-n / etw. in etw.*** (*Akk*) j-d / etw. bewirkt, dass j-d / etw. zu etw. ganz anderem wird: *Durch Erhitzen wird Wasser in Dampf verwandelt*; *Die Fans verwandelten das Stadion in e-n Hexenkessel* **3** *mst* ***e-n Elfmeter v.*** *Sport*; vom Elfmeterpunkt aus ein Tor schießen; Vr **4** ***sich in etw.*** (*Akk*) ***v.*** sich (in seinem Wesen, Aussehen) so stark ändern, dass man fast e-e ganz andere Person wird: *Er hat sich von e-m gutmütigen Menschen in e-e Bestie verwandelt* **5** ***etw. verwandelt sich in etw.*** (*Akk*) etw. wird zu etw. ganz anderem: *Nach den starken Regenfällen verwandelte sich der Bach in e-n reißenden Strom* || *hierzu* **Ver·wand·lung** *die*

ver·wandt[1] *Partizip Perfekt*; ↑ ***verwenden***

ver·wandt[2] *Adj*; *nicht adv*; **1** zur gleichen Familie gehörig, mit gleicher Herkunft: *Ich bin mit ihr / Wir sind eng, nahe, entfernt, weitläufig v.*; *Wir sind weder v. noch verschwägert* **2** zur gleichen Gattung, Familie *o.Ä.* gehörig ⟨Tiere, Pflanzen⟩ **3** von ähnlicher Art, mit ähnlichen Merkmalen ⟨Formen; Anschauungen⟩

Ver·wand·te *der / die*; *-n, -n*; j-d, der mit j-d anderem verwandt[2] (1) ist ⟨ein enger, naher, entfernter, weitläufiger Verwandter (von j-m); Verwandte besuchen⟩ || K-: ***Verwandten-, -besuch, -kreis*** || NB: *ein Verwandter*; *der Verwandte*; *den, dem, des Verwandten*

Ver·wandt·schaft *die*; -, *-en*; **1** *nur Sg, Kollekt*; alle Verwandten, die j-d hat ⟨e-e große V. haben; zur V. gehören⟩ || K-: ***Verwandtschafts-, -grad*** **2** ***die V.*** (***mit etw.***); ***die V.*** (***zwischen j-m u. j-m / etw. u. etw.***; ***zwischen*** ⟨Personen, Dingen⟩) *mst Sg*; die Ähnlichkeit zwischen zwei od. mehreren Personen / Dingen

ver·wandt·schaft·lich *Adj*; in Bezug auf die Verwandtschaft (1) ⟨ein Verhältnis⟩

ver·war·nen; *verwarnte, hat verwarnt*; Vt ***j-n v.*** (als Richter, Polizist *usw*) j-n offiziell wegen e-s falschen Verhaltens tadeln u. ihm mit e-r Strafe drohen ⟨j-n eindringlich, streng, polizeilich v.⟩

Ver·war·nung *die*; -, *-en*; **1** ein Zettel, mit dem *mst* ein Polizist j-n schriftlich verwarnt (*z.B.* weil er falsch geparkt hat) ⟨e-e gebührenpflichtige V.⟩ **2** ***j-m e-e V. erteilen*** ≈ j-n verwarnen

ver·wa·schen *Adj*; **1** durch häufiges Waschen blass geworden ≈ ausgeblichen: *verwaschene Jeans* **2** durch den Einfluss von (Regen)Wasser verwischt u. undeutlich ⟨e-e Inschrift⟩ **3** ≈ blass, hell ↔ intensiv, leuchtend ⟨Farben⟩ **4** *gespr*; nicht klar verständlich u. ungenau ⟨Formulierungen⟩

ver·wäs·sern; *verwässerte, hat verwässert*; Vt **1** ***etw. v.*** (zu viel) Wasser zu etw. hinzufügen: *den Wein v.* **2** ***etw. v.*** e-e Aussage weniger deutlich, weniger aggressiv *o.Ä.* machen als vorher ⟨e-n Text v.⟩ || *hierzu* **Ver·wäs·se·rung** *die*; *mst Sg*

ver·wech·seln; *verwechselte, hat verwechselt*; Vt **1** ***j-n / etw. mit j-m / etw. v.***; ⟨Personen / Dinge⟩ (***miteinander***) ***v.*** *mst* zwei Personen od. Dinge, die einander ähnlich sind, nicht unterscheiden können u. deshalb den einen für den anderen, das eine für das andere halten ⟨sich (*Dat Pl*) zum Verwechseln ähnlich sein, sehen⟩: *Ich verwechsle die beiden Zwillingsbrüder immer*; *Ich habe sie mit ihrer Schwester verwechselt* **2** ***etw. mit etw. v.***; ⟨Dinge⟩ ***v.*** (aus Verwirrung od. Vergesslichkeit) etw. anstelle von etw. anderem nehmen od. benutzen ≈ etw. mit etw. vertauschen ⟨Namen, Begriffe v.⟩: *In der Eile verwechselten sie ihre Mäntel*; *Er hat das Salz mit dem Zucker verwechselt* || *hierzu* **Ver·wech·slung** *die* || ► ***unverwechselbar***

ver·we·gen *Adj*; so mutig, dass man zu hohem Risiko bereit ist ≈ draufgängerisch ⟨ein Bursche; ein Plan⟩ || *hierzu* **Ver·we·gen·heit** *die*; *mst Sg*

ver·we·hen; *verwehte, hat / ist verweht*; Vt (*hat*) **1** ⟨der Wind⟩ ***verweht etw.*** der Wind bewegt etw. weg, lässt etw. verschwinden: *Der Wind verweht die Spur, die Blätter, den Rauch*; Vi (*ist*) **2** ***etw. verweht*** etw. wird vom Wind zugedeckt od. weggeweht: *Die Spuren verwehen im Wind*

ver·weh·ren; *verwehrte, hat verwehrt*; Vt ***j-m etw. v.*** *geschr* ≈ j-m etw. verbieten, verweigern ↔ j-m etw. erlauben: *j-m den Zutritt zum Haus v.*; *Der Arzt wollte ihm v., seinen Vater zu besuchen*

ver·weich·li·chen; *verweichlichte, hat / ist verweichlicht*; Vi (*ist*) **1** sich so verändern, dass man körperliche od. psychische Belastungen weniger gut verträgt[1] (1): *durch ein bequemes Leben v.*; Vt (*hat*) **2** ***etw. verweichlicht j-n*** etw. bewirkt, dass j-d verweichlicht (1) || *hierzu* **Ver·weich·li·chung** *die*; *nur Sg*

ver·wei·gern; *verweigerte, hat verweigert*; Vt **1** (***j-m***) ***etw. v.*** nicht tun od. nicht geben, was j-d will od. fordert ↔ gewähren ⟨die Annahme (e-s Briefes *o.Ä.*), den Befehl, den Gehorsam, die Zustimmung, die Erlaubnis v.⟩ **2** ***j-m etw. v.*** nicht zulassen, dass j-d etw. tut ↔ erlauben: *An der Grenze wurde ihm die Einreise verweigert* **3** ***etw. verweigert*** (***j-m***) ***den Dienst*** *geschr*; etw. funktioniert nicht so, wie es j-d

V

braucht od. will ⟨Maschinen; j-s Beine⟩ **4** ***die Nahrung v.*** nichts essen, *bes* weil man krank ist od. gegen etw. protestieren will; [Vt/i] **5** (***den Kriegsdienst / Wehrdienst***) ***v.*** nicht Soldat werden wollen, wenn man vom Staat dazu aufgefordert wird; [Vr] **6** *mst* ⟨e-e Frau⟩ ***verweigert sich*** (***j-m***) *mst* e-e Frau erfüllt e-m Mann die sexuellen Wünsche nicht; [Vi] **7** ***ein Pferd verweigert*** ein Pferd springt nicht über ein Hindernis || *hierzu* **Ver·wei·ge·rung** *die; mst Sg*

ver·wei·len; *verweilte, hat verweilt*; [Vi] (***irgendwo***) ***v.*** *geschr*; e-e bestimmte Zeit irgendwo bleiben || K-: ***Verweil-, -dauer***

ver·weint *Adj*; rot vom Weinen ⟨Augen, ein Gesicht⟩

Ver·weis[1] *der; -es, -e* ≈ Rüge, Tadel ⟨j-m e-n V. erteilen; e-n V. aussprechen; e-n V. erhalten⟩

Ver·weis[2] *der; -es, -e*; ***ein V.*** (***auf etw.*** (*Akk*)) ein kurzer Kommentar in e-m Buch (wie *z.B.* „siehe…“, „vergleiche…“), der dem Leser sagt, wo er weitere Informationen zu e-m Thema *o.Ä.* findet

ver·wei·sen; *verwies, hat verwiesen*; [Vt/i] **1** (***j-n***) ***auf etw.*** (*Akk*) ***v.*** j-n auf etw. aufmerksam machen ≈ hinweisen: *den Leser auf e-e Abbildung, auf ein anderes Buch v.*; [Vt] **2** ***j-n an j-n / etw. v.*** j-m e-e andere Person od. Stelle nennen, an die er sich wenden soll: *j-n an die zuständige Abteilung, Behörde v.* **3** ***j-n irgendwohin v.*** j-m verbieten, irgendwo zu bleiben ⟨j-n des Landes, von der Schule v.⟩: *Der Spieler wurde nach dem schweren Foul des Feldes verwiesen* **4** ***j-n in die / seine Grenzen / Schranken v.*** j-n energisch darauf aufmerksam machen, dass er sich nicht alles erlauben kann

ver·wel·ken; *verwelkte, ist verwelkt*; [Vi] ⟨Blumen, Blüten⟩ ***verwelken*** Blumen, Blüten werden welk

ver·wend·bar *Adj; nicht adv*; (***für / zu etw.***) ***v.*** so, dass es zu e-m bestimmten Zweck verwendet werden kann ≈ benutzbar, brauchbar (1) ⟨mehrfach, vielseitig v.⟩ || *hierzu* **Ver·wend·bar·keit** *die; nur Sg*

ver·wen·den; *verwendete / verwandte, hat verwendet / verwandt*; [Vt] **1** ***etw.*** (***für / zu etw.***) ***v.***; ***etw. bei / in etw.*** (*Dat*) ***v.*** etw. zu e-m bestimmten Zweck nehmen ≈ benutzen, gebrauchen: *für den / beim Bau e-s Hauses nur gute Materialien v.*; *ein Motiv in e-m Roman v.*; *Die Milch ist schlecht geworden, sie ist nicht mehr zu v.* **2** ***etw. für / zu etw. v.***; ***etw. auf etw.*** (*Akk*) ***v.*** etw. für e-n bestimmten Zweck verbrauchen: *Den Lottogewinn habe ich* dafür *verwendet, e-e schöne Reise* zu *machen*; *Er hat viel Zeit* darauf *verwendet, Arabisch* zu *lernen* **3** ***j-n / etw. als etw. v.***; ***j-n für / zu etw. v.*** j-m / etw. e-e Aufgabe geben, j-n e-e Funktion erfüllen lassen ≈ benutzen, gebrauchen, einsetzen: *e-e Zeitung als Unterlage v.*; [Vr] **4** ***sich für j-n / etw. v.*** *geschr*; sich um j-s Interessen kümmern ≈ sich für j-n / etw. einsetzen: *Ich werde mich* dafür *v.*, dass *Sie den Posten bekommen*

Ver·wen·dung *die; -; nur Sg*; **1** ***die V.*** (***für / zu etw.***); ***die V. bei / in etw.*** (*Dat*) das Benutzen e-r Sache, damit diese e-e bestimmte Aufgabe od. Funktion erfüllt: *Diese Grammatik ist zur V. im Unterricht gedacht*; *Bei regelmäßiger V. verhindert diese Zahncreme Parodontose* || K-: ***Verwendungs-, -möglichkeit, -weise, -zweck*** **2** (***e-e***) ***V. für j-n / etw. finden*** e-e Aufgabe, Funktion finden, die man j-m / etw. geben kann **3** (***keine***) ***V. für j-n / etw. haben*** j-n / etw. zu e-m Zweck (nicht) brauchen können **4** ***etw. findet irgendwo V.*** etw. wird irgendwo verwendet (1,3)

ver·wer·fen; *verwirft, verwarf, hat verworfen*; [Vt] **1** ***etw. v.*** etw. nicht akzeptieren, weil man es schlecht findet ↔ annehmen ⟨e-n Gedanken, e-n Plan, e-n Vorschlag v.⟩

ver·werf·lich *Adj*; *geschr*; moralisch schlecht ⟨Taten, Ansichten⟩ || *hierzu* **Ver·werf·lich·keit** *die; nur Sg*

ver·wer·ten; *verwertete, hat verwertet*; [Vt] ***etw. v.*** etw. zu e-m bestimmten Zweck als Material nehmen: *e-e Idee in e-m Buch v.*; *Altpapier beim Herstellen von Kartons v.* || *hierzu* **ver·wert·bar** *Adj; nicht adv*; **Ver·wert·bar·keit** *die; nur Sg*; **Ver·wer·tung** *die*

ver·we·sen; *verweste, ist verwest*; [Vi] ***etw. verwest*** etw. wird faul u. zerfällt ⟨Fleisch, Leichen, Kadaver⟩ || NB: Pflanzen, Früchte *usw verfaulen!*

Ver·we·sung *die; -; nur Sg*; der Zustand des Verwesens ⟨etw. geht in V. über⟩ || K-: ***Verwesungs-, -geruch***

ver·wi·ckeln; *verwickelte, hat verwickelt*; [Vr] **1** ***etw. verwickelt sich*** etw. kommt durcheinander u. ist nur noch schwer zu trennen ⟨ein Faden, e-e Schnur, Seile⟩ **2** ***etw. verwickelt sich in etw.*** (*Dat*) etw. wickelt sich um etw. u. bleibt dort hängen: *Die Drachenschnur hat sich in den Zweigen verwickelt* **3** ***sich in Widersprüche v.*** etw. sagen, das e-r früheren Äußerung od. Einstellung widerspricht; [Vt] **4** ***j-n in etw.*** (*Akk*) ***v.*** j-n in e-e unangenehme Situation bringen ≈ j-n in etw. hineinziehen ⟨in e-n Skandal, in e-e Affäre, in e-n Unfall verwickelt werden, sein⟩ || NB: *mst* im Passiv! **5** ***j-n in etw.*** (*Akk*) ***v.*** e-e Handlung (gegen j-s Willen) mit j-m beginnen ⟨j-n in ein Gespräch, in Kämpfe v.⟩

ver·wi·ckelt **1** *Partizip Perfekt*; ↑ ***verwickeln*** **2** *Adj*; ⟨ein Fall, e-e Geschichte⟩ ≈ kompliziert, verzwickt

Ver·wick·lung *die; -, -en; mst Pl*; e-e komplizierte, unangenehme Situation, an der mehrere Menschen, Institutionen, Länder *o.Ä.* beteiligt sind ⟨diplomatische, internationale Verwicklungen⟩

ver·wil·dern; *verwilderte, ist verwildert*; [Vi] **1** ***etw. verwildert*** etw. wird nicht gepflegt u. wird deshalb von wild wachsenden Pflanzen bedeckt ⟨ein Garten, ein Park⟩ **2** ***ein Tier verwildert*** ein Haustier lebt wieder wie ein wildes Tier: *verwilderte Katzen im Wald*

ver·win·den; *verwand, hat verwunden*; [Vt] *mst in* ***etw. nicht v. können*** *geschr*; etw. nicht verkraften, über etw. nicht hinwegkommen ⟨e-e Enttäuschung, e-n Verlust, e-e Kränkung, e-n Kummer nicht v. können⟩

ver·win·kelt *Adj; nicht adv*; eng u. mit vielen Ecken u. Kurven ⟨Gassen⟩ || ▶ ***Winkel*** (6)

ver·wir·ken; *verwirkte, hat verwirkt*; [Vt] *geschr*; **1** ***ein Recht*** (***auf etw.*** (*Akk*)) ***v.*** ein Recht durch eigene Schuld verlieren **2** ***sein Leben v.*** zur Strafe sterben müssen || *hierzu* **Ver·wir·kung** *die; nur Sg*

ver·wirk·li·chen; *verwirklichte, hat verwirklicht*; [Vt] **1** ***etw. v.*** etw. Wirklichkeit werden lassen ≈ realisieren, ausführen ⟨e-e Idee, e-n Plan, e-n Traum v.⟩; [Vr] **2** ***etw. verwirklicht sich*** etw. wird Wirklichkeit, geschieht tatsächlich ⟨e-e Befürchtung, e-e Hoffnung, ein Traum, ein Wunsch⟩ **3** ***sich v.*** alle seine Fähigkeiten entwickeln u. zeigen können ≈ sich entfalten: *sich im Beruf v., sich als Künstler v.* || *hierzu* **Ver·wirk·li·chung** *die; mst Sg*

ver·wir·ren; *verwirrte, hat verwirrt*; [Vt] **1** ***j-n v.*** bewirken, dass j-d nicht mehr klar denken kann: *j-n mit zu vielen Informationen v.*; *j-m verwirrende Fragen stellen*; *j-n verwirrt ansehen* **2** ***etw. v.*** Fäden *o.Ä.* in Unordnung bringen ⟨Fäden, Haare, Garn v.⟩ || *zu* **1** **Ver·wirrt·heit** *die; nur Sg*

Ver·wir·rung *die; -, -en*; **1** e-e Situation, in der mehrere Menschen verwirrt u. aufgeregt sind ⟨allgemeine V.; irgendwo herrscht V.; j-d / etw. stiftet V., richtet V. an⟩ **2** *nur Sg*; der Zustand, in dem man verwirrt (1) ist: *j-n mit e-r Frage in V. bringen* **3** ***geistige V.*** ≈ Geistesgestörtheit

ver·wi·schen; *verwischte, hat verwischt*; [Vt] **1** ***etw. v.***

bes mit e-m Stück Stoff über etw. streichen u. es dadurch undeutlich werden lassen: *mit dem Ärmel die Farbe, die Schrift v.* **2 Spuren v.** etw. tun, damit Spuren nicht mehr zu sehen sind; [Vr] **3 etw. verwischt sich** etw. wird undeutlich ⟨Eindrücke, Spuren, Konturen, Unterschiede⟩

ver·wit·tern; *verwitterte, ist verwittert*; [Vi] **etw. verwittert** etw. ändert durch den Einfluss des Wetters seinen Zustand u. zerfällt allmählich ⟨Bauten, Gestein, Mauern⟩ || *hierzu* **Ver·wit·te·rung** *die*; *mst Sg*

ver·wit·wet *Adj*; *nicht adv*; in dem Zustand, Witwe od. Witwer zu sein || *hierzu* **Ver·wit·we·te** *der / die*; *-n, -n*

ver·wöh·nen; *verwöhnte, hat verwöhnt*; [Vt] **1 j-n v.** j-s Wünsche öfter erfüllen, als es gut für seine Erziehung od. seinen Charakter ist ≈ verziehen ⟨ein Kind v.⟩: *Du bist egoistisch wie ein verwöhntes Kind!* **2 j-n v.** sehr nett zu j-m sein u. seine Wünsche erfüllen, damit er sich wohl fühlt: *sich in e-m Luxushotel v. lassen*; *j-n an seinem Geburtstag mit e-m gutem Essen v.* || *hierzu* **Ver·wöh·nung** *die*; *nur Sg*

ver·wöhnt 1 *Partizip Perfekt*; ↑ **verwöhnen 2** *Adj* ≈ anspruchsvoll ⟨ein Gast; ein Gaumen, ein Geschmack⟩ || *hierzu* **Ver·wöhnt·heit** *die*; *nur Sg*

ver·wor·fen 1 *Partizip Perfekt*; ↑ **verwerfen 2** *Adj*; *nicht adv*; moralisch schlecht ≈ lasterhaft ⟨ein Mensch⟩

ver·wor·ren *Adj*; in e-m Zustand, der keine Ordnung, keine Übersichtlichkeit hat ≈ unübersichtlich ⟨e-e Lage; Gedanken, Verhältnisse, Worte⟩ || *hierzu* **Ver·wor·ren·heit** *die*; *nur Sg*

ver·wund·bar *Adj*; *nicht adv* ≈ verletzbar, verletzlich

ver·wun·den[1]; *verwundete, hat verwundet*; [Vt] **j-n / sich / ein Tier v.** j-n / sich / ein Tier (*bes* mit e-r Waffe) verletzen: *j-n am Kopf v.*; *im Krieg verwundet werden* || *hierzu* **Ver·wun·de·te** *der / die*; *-n, -n*; **Ver·wun·dung** *die* || NB: ↑ **verletzen**

ver·wun·den[2] *Partizip Perfekt*; ↑ **verwinden**

ver·wun·der·lich *Adj*; *nicht adv*; so, dass man sich darüber wundert ≈ seltsam, erstaunlich

ver·wun·dern; *verwunderte, hat verwundert*; [Vt] **etw. verwundert j-n** etw. bewirkt, dass sich j-d wundert ≈ etw. erstaunt j-n: *Die Nachricht verwunderte ihn*; Es *verwundert mich nicht*, dass *er krank ist*

Ver·wun·de·rung *die*; -; *nur Sg*; der Zustand, in dem man sich über j-n / etw. wundert ⟨etw. mit V. feststellen; etw. geschieht zu j-s V.; j-n voller V. ansehen⟩

Ver·wun·dung *die*; -, *-en*; **1** die Handlung, j-n / sich zu verwunden[1] **2** ≈ Wunde, Verletzung: *e-e lebensgefährliche V. haben*

ver·wun·schen *Adj*; *nicht adv* ≈ verzaubert (1): *Der Frosch war ein verwunschener Prinz*; *ein verwunschenes Schloss*

ver·wün·schen; *verwünschte, hat verwünscht*; [Vt] **1 j-n / etw. v.** ≈ verfluchen **2 j-n / etw. v.** ≈ verhexen, verzaubern || *hierzu* **Ver·wün·schung** *die*

ver·wur·zelt *Adj*; *nicht adv*; **1 irgendwo v.** irgendwo mit Wurzeln festgewachsen: *Die Bäume sind fest in der Erde v.* **2 in etw.** (*Dat*) **/ irgendwo v.** mit e-r festen, inneren Bindung an etw. ⟨in der Familie, in der Heimat, in Traditionen v. sein⟩

V

ver·wüs·ten; *verwüstete, hat verwüstet*; [Vt] **j-d / etw. verwüstet etw.** j-d / etw. zerstört irgendwo viel: *Das Erdbeben, der Krieg hat das Land verwüstet* || *hierzu* **Ver·wüs·tung** *die*

ver·za·gen; *verzagte, hat verzagt*; [Vi] den Mut verlieren || *hierzu* **Ver·zagt·heit** *die*; *nur Sg*

ver·zäh·len, sich; *verzählte sich, hat sich verzählt*; [Vr] **sich v.** beim Zählen e-n Fehler machen

ver·zahnt *Adj*; **1 mit etw. v.** in e-m engen Zusammenhang mit etw. **2** durch Zahnräder verbunden || *hierzu* **ver·zah·nen** (*hat*) *Vt*; **Ver·zah·nung** *die*

ver·zau·bern; *verzauberte, hat verzaubert*; [Vt] **1** ⟨e-e Hexe *o.Ä.*⟩ **verzaubert j-n / etw.** (**in j-n / etw.**) e-e Hexe *o.Ä.* zaubert u. macht dadurch j-n / etw. zu j-d / etw. anderem: *e-n Prinzen in e-n Frosch v.* **2 j-d / etw. verzaubert j-n** j-d / etw. ist so schön *o.Ä.*, dass j-d voller Bewunderung ist ≈ j-d / etw. bezaubert j-n || *hierzu* **Ver·zau·be·rung** *die*; *mst Sg*

Ver·zehr *der*; *-s*; *nur Sg*, *geschr*; die Handlung des Essens: *zum sofortigen V. bestimmt* || K-: **Verzehr-, -bon, -gutschein**

ver·zeh·ren; *verzehrte, hat verzehrt*; [Vt] **1 etw. v.** etw. essen (u. dazu etw. trinken) **2 etw. verzehrt j-n / etw.** etw. nimmt j-m allmählich die Kraft ⟨die Leidenschaft, der Kummer, e-e Krankheit verzehrt j-n / j-s Kräfte⟩ **3 das Feuer verzehrt / die Flammen verzehren etw.** *geschr*; ein Feuer zerstört, vernichtet etw.; [Vr] **sich vor etw.** (*Dat*) **v.** ein so starkes Gefühl haben, dass man darunter leidet ⟨sich vor Liebe, Sehnsucht v.⟩

ver·zeich·nen; *verzeichnete, hat verzeichnet*; [Vt] **1 j-n / etw. irgendwo v.** j-n / etw. in e-e Liste *o.Ä.* schreiben: *In diesem Buch sind alle bisherigen Nobelpreisträger verzeichnet* || NB: *mst* im Zustandspassiv! **2 etw. v.** ≈ feststellen: *Wir konnten e-e Umsatzsteigerung v.*; *Es waren keine Fortschritte zu v.*

Ver·zeich·nis *das*; *-ses, -se*; e-e Liste mit den Namen von Personen od. Dingen ⟨ein alphabetisches, chronologisches, amtliches V.; ein V. aufstellen, anfertigen, anlegen; j-n / etw. in ein V. aufnehmen / eintragen, in e-m V. aufführen⟩ || -K: **Adressen-, Hotel-, Literatur-, Orts-, Straßen-, Teilnehmer-, Vorlesungs-**

ver·zei·hen; *verzieh, hat verziehen*; [Vti] **(j-m) (etw.) v.** ≈ j-m (etw.) vergeben (1): *j-m e-e Beleidigung v.*; *Ich werde ihm nie v.*, dass *er mich mit e-r anderen Frau betrogen hat*; *Man muss auch mal v. können!* || ID **Verzeihen Sie bitte** ⟨die Störung *o.Ä.*⟩*!* verwendet als höfliche Floskel, wenn man j-n stören muss, um etw. zu fragen *o.Ä.*; **Verzeihen Sie bitte a)** verwendet, um j-n höflich anzusprechen u. e-e Frage einzuleiten ≈ Entschuldigen Sie bitte: *Verzeihen Sie bitte*: *Können Sie mir sagen, wie ich am besten zum Bahnhof komme?*; **b)** verwendet, um j-n zu bitten, zur Seite zu gehen od. aufzustehen, damit man vorbeigehen kann || NB: ↑ **entschuldigen**

ver·zeih·lich *Adj*; *nicht adv*; so, dass man j-m dafür verzeihen kann ≈ entschuldbar ⟨ein Fehler, ein Irrtum⟩

Ver·zei·hung *die*; -; *nur Sg*; **1** die Handlung, mit der man j-m etw. verzeiht ≈ Entschuldigung, Vergebung ⟨j-n um V. für etw. bitten⟩ **2 V.!** verwendet, um auszudrücken, dass es einem Leid tut, dass man j-n aus Versehen gestört, gestoßen *o.Ä.* hat ≈ Entschuldigung! **3 V.?** verwendet, wenn man etw. nicht verstanden hat, um den Gesprächspartner zu bitten, etw. noch einmal zu sagen ≈ wie bitte?

ver·zer·ren; *verzerrte, hat verzerrt*; [Vt/i] **1 etw. verzerrt** (**etw.**) etw. gibt die Form od. den Klang von etw. falsch wieder: *Der Lautsprecher verzerrte ihre Stimme*; *Der Spiegel ist gebogen u. verzerrt* **2** (**etw.**) **v.** etw. subjektiv darstellen, sodass es nicht so erscheint, wie es wirklich ist ≈ entstellen: *ein verzerrter Bericht* || NB: *mst* im Zustandspassiv!; [Vt] **3 sich** (*Dat*) **etw. v.** ≈ sich etw. zerren ⟨sich e-n Muskel, e-e Sehne v.⟩ **4** *mst* ⟨j-s Gesicht⟩ **ist verzerrt** die Muskeln in j-s Gesicht sind so angespannt, dass er anders aussieht als normal: *ein vom Schmerz verzerrtes Gesicht* || NB: *mst* im Zustandspassiv! || -K: **schmerz-, wut-, -verzerrt**; [Vr] **5** *mst* ⟨j-s Gesicht⟩ **verzerrt sich** ≈ j-s Gesicht ist verzerrt (4): *Sein Ge-*

sicht verzerrte sich vor Angst, Schmerz, Wut || *hierzu* **Ver·zer·rung** *die*

ver·zet·teln, sich; *verzettelte sich, hat sich verzettelt*; [Vr] ***sich v.*** zu viele Dinge gleichzeitig tun u. deshalb keines davon richtig tun können

Ver·zicht *der*; *-(e)s*; *nur Sg*; ***der V.*** (***auf j-n / etw.***) das Verzichten ⟨V. leisten; seinen V. erklären⟩ || K-: ***Verzicht(s)-, -erklärung***

ver·zich·ten; *verzichtete, hat verzichtet*; [Vi] (***auf j-n / etw.***) ***v.*** freiwillig ohne j-s Hilfe, Anwesenheit *o.Ä.* bleiben bzw. etw. freiwillig nicht (mehr) benutzen, nehmen, tun *o.Ä.*: *zugunsten anderer auf e-n Anspruch v.*; *auf e-e Antwort v.*; *Weil das Wasser knapp wurde, musste sie auf ein Bad v.*; *Aus Geldmangel* darauf *v. müssen, in Urlaub* zu *fahren*

ver·zie·hen[1]; *verzog, hat verzogen*; [Vt] **1** ***etw. v.*** die Muskeln im Gesicht so anspannen, dass man anders aussieht als normal ⟨das Gesicht zu e-r Grimasse, Fratze v.; keine Miene v. (= den Gesichtsausdruck nicht ändern)⟩: *den Mund zu e-m Grinsen v.*; *sich Beleidigungen anhören, ohne e-e Miene zu v.*; [Vr] **2** ***etw. verzieht sich*** (***zu etw.***) etw. bekommt durch Anspannen der Muskeln e-e Form, die anders aussieht als normal ⟨j-s Gesicht, j-s Miene, j-s Mund⟩: *Seine Miene verzog sich zu e-m spöttischen Grinsen*; *Ihr Mund verzog sich vor Schmerz* **3** ***etw. verzieht sich*** *gespr*; etw. bewegt sich an e-n anderen Ort ⟨ein Gewitter, der Nebel, der Rauch, die Wolken⟩ **4** ***sich*** (***irgendwohin***) ***v.*** *gespr* ≈ weggehen, verschwinden: *sich in sein Zimmer v.*

ver·zie·hen[2]; *verzog, hat verzogen*; [Vt] ⟨ein Kind⟩ ***v.*** *pej*; e-m Kind zu viele Wünsche erfüllen u. es dadurch egoistisch werden lassen ≈ verwöhnen

ver·zie·hen[3] *Partizip Perfekt*; ↑ ***verzeihen***

ver·zie·ren; *verzierte, hat verziert*; [Vt] ***etw.*** (***mit etw.***) ***v.*** etw. durch Ornamente *o.Ä.* schöner machen ⟨e-e Torte v.⟩: *e-e mit Ornamenten verzierte Bibel*

Ver·zie·rung *die*; *-, -en*; etw., mit dem etw. verziert ist ≈ Ornament, Schmuck: *Verzierungen anbringen*

ver·zin·sen; *verzinste, hat verzinst*; [Vt] **1** *mst* ⟨die Bank⟩ ***verzinst etw.*** die Bank zahlt Zinsen für etw.: *Die Bank verzinst Sparguthaben mit 3%*; [Vr] **2** ***etw. verzinst sich*** etw. bringt j-m Zinsen || *hierzu* **Ver·zin·sung** *die*; *mst Sg* || *zu* **2 ver·zins·lich** *Adj*

ver·zo·gen 1 *Partizip Perfekt*; ↑ ***verziehen***[1], ***verziehen***[2] **2** *Adj*; *nicht adv*; (***irgendwohin***) ***v.*** ≈ umgezogen[1]: *in e-e andere Stadt v. sein*; *Empfänger unbekannt v. - zurück an Absender*

ver·zö·gern; *verzögerte, hat verzögert*; [Vt] **1** ***etw. v.*** bewirken, dass etw. später geschieht als es geplant ist od. erwartet wird ≈ hinauszögern: *Technische Schwierigkeiten verzögerten den Start der Rakete* **2** ***etw. v.*** bewirken, dass etw. langsamer abläuft, als es geplant ist od. erwartet wird: *Verständigungsschwierigkeiten verzögerten die Verhandlungen*; [Vr] **3** ***etw. verzögert sich*** etw. geschieht später od. dauert länger als geplant: *Die Ankunft des Zuges wird sich voraussichtlich um 10 Minuten v.* || *hierzu* **Ver·zö·ge·rung** *die*

ver·zol·len; *verzollte, hat verzollt*; [Vt] ***etw. v.*** Zoll für etw. bezahlen: *Haben Sie etwas zu v.?*

ver·zückt *Adj*; voller Begeisterung ≈ entzückt ⟨ein Lächeln; v. lauschen, zuhören⟩ || *hierzu* **Ver·zü·ckung** *die*; *mst Sg*

Ver·zug *der*; *-(e)s*; *nur Sg*; *mst in* **1** (***mit etw.***) ***in V. geraten / kommen*** etw. nicht rechtzeitig tun, bezahlen (können) *o.Ä.* **2** (***mit etw.***) ***im V. sein*** etw. noch nicht getan, bezahlt *o.Ä.* haben: *mit seinen Schulden, den Steuern, mit der Bezahlung im V. sein* || K-: ***Verzugs-, -zinsen*** || -K: ***Lieferungs-, Zahlungs-*** || ► ***unverzüglich***

ver·zwei·feln; *verzweifelte, ist verzweifelt*; [Vi] (***an j-m / etw.***) ***v.*** die Hoffnung völlig verlieren, dass j-d / etw. besser wird ⟨an den Menschen, am Leben v.⟩: *Sie war ganz verzweifelt, weil sie ihre Schulden nicht bezahlen konnte*; *Ich bin am Verzweifeln!*

ver·zwei·felt 1 *Partizip Perfekt*; ↑ ***verzweifeln*** **2** *Adj*; ⟨ein Kampf, e-e Tat⟩ so, dass sich der Betreffende um e-e Gefahr nicht kümmert, weil er keine Hoffnung mehr hat **3** *Adj*; *nicht adv* ≈ aussichtslos, hoffnungslos ⟨e-e Lage, e-e Situation⟩

Ver·zweif·lung *die*; *-*; *nur Sg*; der Zustand, in dem j-d keine Hoffnung mehr hat ⟨von V. gepackt werden; j-d / etw. bringt / treibt j-n zur V.⟩: *sich aus / vor V. das Leben nehmen* || K-: ***Verzweiflungs-, -tat***

ver·zwei·gen, sich; *verzweigte sich, hat sich verzweigt*; [Vr] ***etw. verzweigt sich*** etw. teilt sich in mehrere Zweige od. Richtungen: *An dieser Stelle verzweigen sich die Rohre*

ver·zwickt *Adj*; *nicht adv*, *gespr* ≈ kompliziert ⟨e-e Angelegenheit, e-e Situation⟩

Ves·per [f-] *die*; *-, -n*; **1** ein (katholischer) Gottesdienst *mst* am Abend || K-: ***Vesper-, -glocke, -läuten*** **2** e-e kleine Mahlzeit || K-: ***Vesper-, -brot, -zeit***

Ves·ti·bül [v-] *das*; *-s, -e*; *geschr*; ein großer Vorraum *bes* im Theater, im Hotel

Ve·te·ran [v-] *der*; *-en, -en*; **1** j-d, der lange Zeit Soldat war od. der in e-m Krieg gekämpft hat: *ein Veteran des Vietnamkrieges* || -K: ***Kriegs-*** **2** *oft hum*; j-d, der lange Zeit Mitglied in e-r Organisation war || NB: *der Veteran*; *den, dem, des Veteranen*

Ve·te·ri·när [v-] *der*; *-s, -e*; *geschr* ≈ Tierarzt || K-: ***Veterinär-, -medizin*** || *hierzu* **ve·te·ri·när** *Adj*

Ve·to [v-] *das*; *-s, -s*; ***ein V.*** (***gegen etw.***) der offizielle Einspruch e-s Mitglieds e-r Organisation gegen e-e Entscheidung, durch den die Durchführung des Beschlusses verhindert od. verzögert wird ⟨ein / sein V. einlegen⟩ || K-: ***Veto-, -recht***

Vet·ter ['fɛtɐ] *der*; *-s, -n* ≈ Cousin

Vet·tern·wirt·schaft *die*; *nur Sg*, *pej*; das Bevorzugen von Verwandten u. Freunden, wenn Posten od. Vorteile vergeben werden

vgl. *Abk für* vergleiche

VHS [fauha'|ɛs] *die*; *-, -*; *Abk*; ↑ ***Volkshochschule***

via [v-] *Präp*; *mit Akk*, *veraltend od geschr* ≈ über[1] (9): *ein Flug von Paris nach New York via London*

Vi·a·dukt [v-] *der / das*; *-(e)s, -e*; e-e Brücke (*bes* für Züge) mit mehreren Bogen, die über ein tiefes Tal führt

vib·rie·ren [v-]; *vibrierte, hat vibriert*; [Vi] **1** ***etw. vibriert*** etw. schwingt mit kleinen (hörbaren) Bewegungen: *e-e vibrierende Saite*; *Der Fußboden vibrierte, als der Zug vorbeifuhr* **2** ***e-e Stimme vibriert*** e-e Stimme zittert || *hierzu* **Vib·ra·ti·on** *die*; *-, -en*; *zu* **1** **Vib·ra·tor** *der*; *-s, Vi·bra·to·ren*

Vi·deo [v-] *das*; *-s, -s*; **1** *mst ohne Artikel*; ein System, mit dem man e-n Film auf ein (Magnet)Band aufnimmt. Das Band wird auf e-m Gerät (Videorekorder) abgespielt, das am Fernsehgerät angeschlossen ist ⟨etw. auf / mit V. aufnehmen⟩ || K-: ***Video-, -aufnahme, -band, -film, -gerät, -kamera, -kassette, -rekorder, -spiel, -technik, -überwachung*** **2** *gespr*; ein (Magnet)Band, auf das man etw. aufnehmen kann ⟨ein leeres, volles, (un)bespieltes V.; ein V. aufnehmen, abspielen, löschen⟩ **3** *gespr*; ein Film *o.Ä.*, der mithilfe von V. (1) aufgenommen wurde

Vi·de·o·clip [v-] *der*; ein kurzer Videofilm, *bes* zu e-m Lied der Popmusik

Vi·de·o·thek [v-] *die*; *-, -en*; ein Geschäft, in dem man Filme ausleihen kann, die auf Videobänder aufgenommen sind

Vieh [fiː] *das*; *-(e)s*; *nur Sg*; **1** *Kollekt*; alle (Nutz)Tiere, die in der Landwirtschaft gehalten werden: *zehn Stück V.* || K-: ***Vieh-, -bestand, -futter, -halter, -haltung, -handel, -händler, -markt, -stall, -tränke,***

-zucht, -züchter || -K: ***Feder-, Klein-; Jung-, Mast-, Milch-, Schlacht-, Zucht-*** **2 das V.** *Kollekt*; die Rinder: *das V. auf die Weide treiben* || K-: ***Vieh-, -herde, -weide*** **3** *gespr, oft pej* ≈ Tier, Insekt || NB: *zu* **3**: In der gesprochenen Sprache verwendet man oft *Viecher* als Pluralform || ID *mst in* ***j-n wie ein Stück V. behandeln*** j-n schlecht u. rücksichtslos behandeln

Vieh·zeug *das*; *Kollekt*; *gespr pej*; Tiere, die man lästig findet (*bes* Fliegen u. Mücken)

viel[1] [f-], *mehr, meist-*; *Indefinitpronomen*; **1 v.** + *nicht zählbares Subst im Sg*; e-e relativ große Menge ↔ wenig: *das viele Geld*; *Er trinkt v. Bier*; *Das nimmt v. Zeit in Anspruch*; *Das kostet zu viel (Geld)* || NB: *zu* ***so viel*** ↑ *Kasten nach* ***so*** [4], *zu* ***zu viel*** ↑ *Kasten nach* ***zu*** [3] **2 v.** + *Subst im Pl*; e-e relativ große Zahl ↔ wenig: *Er hat viel(e) Freunde, Schulden*; *Sie freute sich über die vielen Geschenke*; *Heinz u. Rudi haben gleich viele Fehler im Diktat*; *viele Millionen Menschen* || NB: *viel* wird auch wie ein Substantiv verwendet: *Ich kenne viele* (= viele Leute), *die Schulden haben* **3 ein bisschen v.** *gespr*; ein bisschen zu viel: *Verlangst du nicht ein bisschen v. von ihr?* **4** verwendet bei formelhaften höflichen Redewendungen: *V. Glück!*; *V. Spaß!*; *Vielen Dank!*

viel[2] [f-] *Adv*; *gespr*; **1** ≈ oft, häufig ↔ selten, wenig: *v. ins Theater gehen*; *v. in Urlaub fahren*; *v. krank sein*; *ein altes, viel gebrauchtes Handtuch* || K-: ***viel benutzt, bewundert, diskutiert, erörtert, gebraucht, gelesen, genannt, gerühmt*** **2** von e-r großen Zahl von Menschen, Tieren *o.Ä.*: *Die Ausstellung wurde v. besucht*; *Die Straße wird v. befahren*; *ein viel gelesener Autor* || K-: ***viel befahren, begangen, begehrt, benutzt, besucht, bewundert, diskutiert, gebraucht, gelesen, geliebt, gepriesen, gerühmt, geschmäht, umstritten, umworben, zitiert*** **3 v.** + *Komparativ* (+ **als**) verwendet, um e-n großen Unterschied auszudrücken ≈ wesentlich: *Er ist v. fleißiger als du*; *Es geht ihr jetzt wieder v. besser* **4** in großem Maße: *Sie sorgt sich v. um ihre Zukunft*; *Das ist bei uns nicht v. anders*; *Hier ist es v. zu kalt* || K-: ***viel beschäftigt***

viel[3] [f-] *Partikel*; *unbetont*, *gespr*; verwendet, um e-e rhetorische Frage zu verstärken ≈ groß (20): *Was soll ich noch v. erzählen, gleich wirst du es selbst erleben*; *Was gibt es da noch v. zu fragen? Tu lieber, was ich sage!*

> **viel sa·gend** *Adj*; so, dass etw. ohne Worte deutlich ausgedrückt wird ⟨ein Blick, e-e Geste; v. s. lächeln, schweigen⟩
> **viel ver·spre·chend** *Adj*; so, dass man etw. sehr Gutes, Positives erwarten kann ↔ enttäuschend: *ein viel versprechendes Zeichen*; *Der Tag fing mit schönem Wetter u. e-m guten Frühstück sehr v. v. an*

viel·deu·tig *Adj*; so, dass mehrere Interpretationen möglich sind ↔ eindeutig ⟨e-e Bemerkung, ein Begriff⟩ || *hierzu* **Viel·deu·tig·keit** *die*; *nur Sg*

vie·le ↑ ***viel***[1]

Viel·eck *das*; *-(e)s, -e*; e-e geometrische Figur mit vielen Ecken ≈ Polygon || *hierzu* **viel·eckig** *Adj*

vie·len·orts *Adv*; an vielen Orten

vie·ler·lei *Indefinitpronomen*; *indeklinabel*; **1** *nur attr*; von vielen verschiedenen Arten: *Es gibt v. Arten von Vögeln*; *Ich kenne v. Menschen* **2** viele verschiedene (einzelne) Dinge: *v. wissen*

vie·ler·orts *Adv*; ↑ ***vielenorts***

viel·fach *Adj*; *nur attr od adv, ohne Steigerung*; drückt aus, dass etw. sich viele Male wiederholt od. dass etw. in gleicher Form sehr oft vorhanden ist: *ein vielfacher Preisträger*; *ein v. ausgezeichneter Film*; *e-e Sendung auf vielfachen Wunsch wiederholen*; *ein vielfacher Millionär* (= mit vielen Millionen)

Viel·fa·che *das*; *-n, -n*; **1** e-e Zahl, die e-e kleinere Zahl mehrere Male enthält: *4 x 6 = 24 - also ist 24 ein Vielfaches von 6* **2 um ein Vielfaches** + *Komparativ* ≈ viel + Komparativ: *um ein Vielfaches größer, älter, schwerer usw sein als …* || NB: *ein Vielfaches, das Vielfache*; *dem, des Vielfachen*

Viel·falt *die*; *-*; *nur Sg*; die Fülle von vielen verschiedenen Dingen, Arten, Sorten *usw*: *die V. der Blumen*; *ein Bild mit e-r V. an / von Farben* || *hierzu* **viel·fäl·tig** *Adj*; **Viel·fäl·tig·keit** *die*; *nur Sg*

viel·far·big *Adj*; mit vielen Farben: *vielfarbige Blumen*

Viel·fraß *der*; *-es, -e*; **1** *pej*; j-d, der zu viel isst **2** ein großer Marder, der in kalten Ländern lebt

viel·leicht[1] [fi'laiçt] *Adv*; **1** verwendet, um auszudrücken, dass etw. möglich ist ≈ möglicherweise, eventuell: *V. regnet es morgen*; *Er hat v. Recht* **2** ≈ ungefähr, etwa[1] (1): *Der Baum ist v. zwölf Meter hoch*; *Ich habe v. noch zehn Euro übrig*

viel·leicht[2] [fi'laiçt] *Partikel*; *unbetont*; **1** *gespr*; verwendet in rhetorischen Fragen, um auszudrücken, dass man e-e negative Antwort erwartet ≈ etwa[2] (1): *Gefällt dir ihre schreckliche Frisur v.?*; *Glaubst du v., ich habe Angst vor dir?* **2** verwendet in der Form e-r Frage, um e-e höfliche Bitte auszudrücken ≈ bitte: *Können Sie mir v. sagen, wie spät es ist?*; *Wären Sie v. so nett, mir zu helfen?* **3** verwendet in Fragen od. Feststellungen, um auszudrücken, dass man keine Geduld mehr hat: *Würdest du v. endlich mal still sein?*; *V. ist jetzt bald Schluss!* **4** *gespr*; verwendet in Ausrufesätzen, um die Aussage zu intensivieren ≈ aber[3] (1): *Das ist v. kalt hier!*; *Gestern war v. ein (hektischer) Tag!*; *Der hat v. (dumm) geschaut!*

viel·mals *Adv*; verwendet, um höfliche Grüße, Entschuldigungen *o.Ä.* zu verstärken: *Ich danke Ihnen v.*; *Entschuldigen Sie bitte v.!*

viel·mehr, viel·mehr *Adv*; verwendet nach e-r verneinten Aussage, um diese zu korrigieren od. um e-n Gegensatz auszudrücken ≈ im Gegenteil: *Sie ist nicht nur fleißig, sie hat v. auch eigene Ideen*

viel·schich·tig *Adj*; mit vielen verschiedenen Aspekten ≈ komplex ⟨ein Problem⟩ || *hierzu* **Viel·schich·tig·keit** *die*; *nur Sg*

viel·sei·tig *Adj*; **1** in Bezug auf viele verschiedene Dinge ⟨Anregungen, Erfahrungen, Interessen; ein Angebot, e-e Auswahl; v. interessiert sein⟩ **2** fähig od. geeignet, viele verschiedene Dinge zu tun od. viele Aufgaben zu erfüllen ⟨e-e Begabung, ein Mensch; j-d ist v. begabt, etw. ist v. verwendbar⟩: *Dieses Gerät können sie v. verwenden* || *hierzu* **Viel·sei·tig·keit** *die*; *nur Sg*

Viel·völ·ker|staat *der*; ein Staat, in dem viele Völker (mit verschiedenen Sprachen u. Sitten) leben: *Die Sowjetunion war ein V.*

Viel·wei·be·rei *die*; *-*; *nur Sg*, *oft pej* ≈ Polygamie

Viel·zahl *die*; *nur Sg*; e-e große Zahl verschiedener Dinge / Personen: *e-e V. von Büchern / ungelöster Probleme haben*

vier [fiːɐ̯] *Zahladj*; **1** (als Ziffer) 4; ↑ ***Anhang*** (4): *zwei plus / u. zwei ist / macht / gibt v.* (2+2=4) **2 um v.** *gespr*; um 4 od. um 16 Uhr: *Wir treffen uns heute um v.* **3 v. (Jahre alt) sein** 4 Lebensjahre haben: *Mein kleiner Bruder ist erst v.* **4** *Sport*; verwendet, um die Zahl der Punkte od. Tore anzugeben: *den Gegner mit v. zu zwei* (4:2) *schlagen*; *Das Spiel endet v. zu v.* (4:4) *unentschieden* || ID ***alle viere von sich strecken*** *gespr*; sich ausruhen; ***auf allen vieren*** ⟨gehen / krabbeln / kriechen⟩ sich (wie ein kleines Kind) auf Händen u. Füßen bewegen

Vier [fiːɐ̯] *die*; -, *-en*; **1** die Zahl 4 **2** j-d / etw. mit der Ziffer / Nummer 4: *Die V. hat das Rennen gewonnen*; *Zum Bahnhof fährst du zuerst mit der V. u. steigst dann in die Acht um* **3** e-e Schulnote, mit der man (auf der Skala von 1 bis 6) e-e Prüfung gerade noch bestanden hat ≈ ausreichend: *Er hat in Mathematik e-e V.*

Vier·bei·ner *der*; *-s*, -; *gespr hum*; ein (Haus)Tier mit vier Beinen, *mst* ein Hund

Vier·eck *das*; *-s*, *-e*; e-e Fläche, die von vier geraden Linien begrenzt ist: *Quadrate, Rechtecke u. Trapeze sind Vierecke* || ↑ *Abb. unter* ***geometrische Figuren*** || *hierzu* **vier·eckig** *Adj*

Vie·rer *der*; *-s*, -; **1** *gespr*; die Ziffer 4 **2** *gespr*; etw., das mit der Zahl 4 bezeichnet wird, *mst* ein Bus od. e-e Straßenbahn: *Mit dem V. nach Hause fahren* **3** *gespr* ≈ Vier **4** *gespr*; vier richtige Zahlen im Lotto **5** *Sport*; ein Boot für vier Ruderer

vier·hän·dig *Adj*; *nur attr od adv*; zu zweit ⟨*mst* v. Klavier spielen⟩

vier·hun·dert *Zahladj*; (als Zahl) 400

Vier·kant|schlüs·sel *der*; ein Werkzeug (mit e-r quadratischen Öffnung an einem Ende), mit dem man *z.B.* die Räder e-s Autos abmontieren kann

viert *nur in* ***zu v.*** (mit) insgesamt 4 Personen: *Heute Abend sind wir zu v.*

vier·t- *Zahladj*; *nur attr, nicht adv*; **1** in e-r Reihenfolge an der Stelle vier ≈ 4.: *der vierte Januar*; *Heinrich der Vierte* (Heinrich IV.); *Er beendete das Rennen als Vierter* **2** ***der vierte Teil (von etw.)*** ≈ ¼

Vier·takt|mo·tor *der*; ein Verbrennungsmotor, der in vier Phasen arbeitet (Ansaugen, Verdichten, Zünden, Ausstoßen)

vier·tau·send *Zahladj*; (als Zahl) 4000

vier·tel [ˈfɪrtl̩] *Adj*; *nur attr, indeklinabel, nicht adv*; **1** den vierten Teil e-s Ganzen bildend ≈ ¼: *ein v. Liter, Zentner* || NB: Bei gebräuchlichen Maßangaben ist auch die Schreibung *Viertelliter, Viertelzentner o.Ä.* üblich **2** ***v.*** + *Uhrzeit*; *gespr*; verwendet, um auszudrücken, dass es 45 Minuten vor der genannten Uhrzeit ist: *v. sieben* (= 6^{15} od. 18^{15} Uhr) **3** ***drei v.*** + *Uhrzeit* verwendet, um auszudrücken, dass es 15 Minuten vor der genannten Uhrzeit ist: *drei v. sieben* (= 6^{45} od. 18^{45} Uhr)

Vier·tel [ˈfɪrtl̩] *das*; *-s*, -; **1** der vierte Teil (¼) von etw., *mst* e-r Menge od. Masse: *ein V. der Strecke hinter sich haben* || K-: ***Viertel-, -jahr, -liter, -pfund, -stunde, -zentner*** **2** ein Gebiet in e-r Stadt ≈ Stadtviertel || -K: ***Bahnhofs-, Geschäfts-, Hafen-, Neubau-, Villen-*** **3** ***V. nach*** + *Uhrzeit*; *gespr*; verwendet, um auszudrücken, dass es 15 Minuten nach der genannten Stunde ist: *V. nach sieben* (= 7^{15} od. 19^{15} Uhr) **4** ***V. vor*** + *Uhrzeit*; *gespr*; verwendet, um auszudrücken, dass es 15 Minuten vor der genannten Stunde ist: *V. vor sieben* (= 6^{45} od. 18^{45} Uhr) **5** ¼ Liter Wein: ⟨ein V. (Wein) bestellen, trinken⟩ **6** *Mus* ≈ Viertelnote

Vier·tel·fi·na·le [ˈfɪrtl̩-] *das*; *Sport*; der Teil e-s Wettbewerbs, in dem die letzten acht Spieler od. Mannschaften um den Einzug in die nächste Runde (das Halbfinale) kämpfen ⟨ins V. einziehen; im V. ausscheiden⟩

vier·teln [ˈfɪrtl̩n]; *viertelte, hat geviertelt*; [Vt] ***etw. v.*** etw. in vier gleiche Stücke teilen: *e-n Apfel v.*

Vier·tel·no·te [ˈfɪrtl̩-] *die*; *Mus*; die Note ♩, die den vierten Teil des Wertes e-r ganzen Note hat

Vier·tel·stun·de *die*; ein Zeitraum von 15 Minuten || NB: aber: *e-e halbe Stunde*

vier·tens *Adv*; verwendet bei e-r Aufzählung, um anzuzeigen, dass etw. an 4. Stelle kommt

Vier·vier·tel|takt [fiːɐ̯ˈfɪrtl̩-] *der*; *Mus*; ein Takt, der (wie *z.B.* beim Foxtrott) aus den Werten von vier Viertelnoten besteht

vier·zehn [ˈfɪr-] *Zahladj*; (als Zahl) 14; ↑ ***Anhang*** (4)

vier·zehn·t- [ˈfɪr-] *Zahladj*; **1** in e-r Reihenfolge an der Stelle 14 ≈ 14. **2** ***der vierzehnte Teil (von etw.)*** ≈ 1/14

vier·zig [ˈfɪr-] *Zahladj*; **1** (als Zahl) 40; ↑ ***Anhang*** (4) **2** ***Anfang, Mitte, Ende v. sein*** ungefähr 40 bis 43, 44 bis 46, 47 bis 49 Jahre alt sein

Vier·zig [ˈfɪr-] *die*; -, *-en*; *mst Sg*; **1** die Zahl 40 **2** j-d / etw. mit der Zahl / Nummer 40

vier·zi·ger [ˈfɪr-] *Adj*; *nur attr, indeklinabel, nicht adv*; die zehn Jahre (e-s Jahrhunderts od e-s Menschenlebens) von 40 bis 49 betreffend: *in den v. Jahren des 18. Jahrhunderts*; *er ist in den / seinen Vierzigern* || K-: ***Vierziger-, -jahre***

Vier·zi·ger [ˈfɪr-] *der*; *-s*, -; *gespr*; j-d, der zwischen 40 u. 49 Jahren alt ist || -K: ***End-, Mitt-*** || *hierzu* **Vier·zi·ge·rin** [ˈfɪr-] *die*; -, *-nen*

Vier·zig·stun·den|wo·che *die*; e-e Arbeitszeit von 40 Stunden pro Woche

vif [v-] *Adj*; *veraltend* ≈ schlau, clever

Vig·net·te [vɪnˈjɛtə] *die*; -, *-n*; (CH) ein Aufkleber als Nachweis dafür, dass man die Gebühr für die Benutzung der Autobahn, e-s Tunnels *usw* gezahlt hat

Vi·kar [viˈkaːɐ̯] *der*; *-s*, *-e*; **1** ein evangelischer Theologe nach dem ersten Examen, der e-m Pfarrer hilft, bevor er selbst Pfarrer wird **2** der Stellvertreter e-s katholischen Pfarrers || *zu* **1 Vi·ka·rin** *die*; -, *-nen*

Vil·la [v-] *die*; -, *Vil·len*; ein großes, sehr teures Haus mit e-m großen Garten || K-: ***Villen-, -gegend, -viertel*** || -K: ***Luxus-***

Vi·o·la [v-] *die*; -, *Vi·o·len* ≈ Bratsche

vi·o·lett [v-] *Adj*; von der Farbe, die aus e-r Mischung von Blau u. Rot entsteht ≈ veilchenfarben || *hierzu* **Vi·o·lett** *das*; -(*s*); *nur Sg*

Vi·o·li·ne [v-] *die*; -, *-n*; *Mus* ≈ Geige || K-: ***Violin-, -konzert, -sonate***

Vi·o·lin·schlüs·sel [v-] *der*; *Mus*; der Notenschlüssel 𝄞, der auf der Linie der Note g steht ↔ Bassschlüssel || ↑ *Abb. unter* ***Tonleiter***

Vi·o·lon·cel·lo [violɔnˈtʃɛlo] *das*; *-s*, *Vi·o·lon·cel·li*; *Mus* ≈ Cello

Vi·per [ˈviːpɐ] *die*; -, *-n*; e-e giftige Schlange

Vi·ren [v-] *die*; *Pl*; ↑ ***Virus***

vir·tu·ell *Adj*; *EDV*; vom Computer so dargestellt, dass es fast echt erscheint

Vir·tu·el·le Re·a·li·tät *die*; *EDV*; Bezeichnung für e-n dreidimensionalen Raum, der vom Computer simuliert wird, aber echt wirkt ≈ Cyberspace

vir·tu·os [v-] *Adj*; so, dass der Betreffende etw. (*bes* e-e musikalische Technik) sehr gut beherrscht ⟨ein Geiger, ein Pianist; ein Spiel, e-e Leistung; v. spielen⟩ || *hierzu* **Vir·tu·o·si·tät** *die*; -; *nur Sg*; **Vir·tu·o·se** *der*; *-n*, *-n*; **Vir·tu·o·sin** *die*; -, *-nen*

vi·ru·lent [v-] *Adj*; *Med*; fähig, Krankheiten zu verursachen ⟨Bakterien, Viren⟩ || *hierzu* **Vi·ru·lenz** *die*; -; *nur Sg*

Vi·rus [v-] *das, der*; -, *Vi·ren*; **1** ein sehr kleiner Organismus, der in die Zellen von Menschen, Tieren u. Pflanzen eindringt u. dort (Infektions)Krankheiten verursachen kann || K-: ***Virus-, -erkrankung, -grippe, -infektion*** || -K: ***Aids-, Grippe-*** **2** *EDV*; ein verstecktes Programm, das zur teilweisen od. völligen Zerstörung der vorhandenen Daten führt

Vi·sa [v-] *Pl*; ↑ ***Visum***

Vi·sa·ge [viˈzaːʒə] *die*; -, *-n*; *gespr pej* ≈ Gesicht

vis-a-vis, vis-à-vis [vizaˈviː] *Adv*; *veraltend* ≈ gegenüber

Vi·sier [viˈziːɐ̯] *das*; *-s*, *-e*; **1** e-e Vorrichtung am hinteren Ende des Laufs e-s Gewehrs (Kimme u. Korn), die man beim Zielen in e-e Linie bringen muss ⟨ein Tier ins V. bekommen, im V. haben⟩

2 der Teil e-s Helms (*z.B.* bei Motorradfahrern u. bei der (Ritter)Rüstung), der direkt vor dem Gesicht ist || ↑ *Abb. unter* **Sturzhelm** || ID ***j-n / etw. ins V. nehmen*** **a)** seine Aufmerksamkeit auf j-n / etw. lenken; **b)** j-n / etw. kritisieren

Vi·si·on [vi'zio:n] *die*; -, *-en*; *geschr*; **1** *mst Pl*; ein Bild, das nur in der Phantasie existiert ≈ Halluzination, Traumbild ⟨(religiöse) Visionen haben⟩ **2** e-e Idee od. Vorstellung von etw. in der Zukunft: *die V. e-r friedlichen Welt* || *hierzu* **vi·si·o·när** *Adj*

Vi·si·te [v-] *die*; -, *-n*; der (regelmäßige) Besuch des Arztes bei den Patienten in e-r Klinik ⟨zur V. kommen, V. machen⟩

Vi·si·ten·kar·te [v-] *die*; e-e kleine Karte, auf die *mst* j-s Name, Titel u. Adresse gedruckt sind ⟨j-m seine V. überreichen⟩

vi·su·ell [vi'zuɛl] *Adj*; *nur attr od adv*; *geschr*; mit den Augen ⟨Eindrücke; Wahrnehmungen⟩

Vi·sum [v-] *das*; *-s*, *Vi·sa / Vi·sen*; ein Eintrag (*mst* ein Stempel) im Reisepass, mit dem j-m erlaubt wird, in e-n Staat zu reisen ⟨ein V. beantragen; j-m ein V. ausstellen, erteilen; ein V. läuft ab⟩ || K-: ***Visum(s)-, -antrag, -pflicht, -zwang***

vi·tal [v-] *Adj*; **1** gesund u. voller Kraft u. Energie ⟨ein Mensch⟩ **2** *nur attr, nicht adv, geschr*; sehr wichtig für das Leben ≈ lebenswichtig ⟨j-s Bedürfnisse, Interessen; e-e Frage von vitaler Bedeutung⟩ || *zu* **1 Vi·ta·li·tät** *die*; -; *nur Sg*

Vi·ta·min [v-] *das*; *-s*, *-e*; **1** *oft Pl*; einer der Wirkstoffe, die *bes* in Obst u. Gemüse vorkommen u. die für die Gesundheit von Menschen u. Tieren sehr wichtig sind: *die Vitamine B u. C* || K-: ***Vitamin-, -gehalt, -mangel, -präparat, -spritze, -tablette*** **2** ***Vitamin B*** [be:] *gespr hum* ≈ gute Beziehungen || zu **1 vi·ta·min·arm** *Adj*; **vi·ta·min·reich** *Adj*

Vit·ri·ne [v-] *die*; -, *-n*; **1** e-e Art Kasten aus Glas, in dem *mst* wertvolle Dinge gezeigt (ausgestellt) werden ≈ Schaukasten: *Im Museum stehen Vitrinen mit römischen Münzen* **2** ein Schrank, dessen Tür aus Glas ist: *kostbare Gläser in der V. aufbewahren*

Vi·ze ['fi:tsə] *der*; *-s*, *-s*; *gespr* ≈ Stellvertreter

Vi·ze- ['fi:tsə-] *im Subst*, *wenig produktiv*; **1** verwendet, um auszudrücken, dass j-d der Stellvertreter e-r wichtigen Person ist; der ***Vizekanzler***, der ***Vizekonsul***, der ***Vizepräsident*** **2** verwendet, um auszudrücken, dass j-d im Sport an zweiter Stelle kommt; der ***Vizemeister***, der ***Vizeweltmeister***

Vlies [f-] *das*; *-es*, *-e*; **1** das Fell e-s Schafes **2** die zusammenhängende Wolle e-s Schafes, nachdem es geschoren wurde ⟨ein dichtes V.⟩ **3** e-e Schicht von Fäden, die dicht zusammenhängen || K-: ***Vlies-, -tuch***

V-Mann ['fau-] *der*; *-(e)s*, *V-Män·ner / V-Leu·te*; j-d, der als Informant für die Polizei od. für den Geheimdienst arbeitet

Vo·gel [f-] *der*; *-s*, *Vö·gel*; **1** ein Tier mit Federn, Flügeln u. e-m Schnabel, das Eier legt u. *mst* fliegen kann ⟨der V. fliegt, flattert, schlägt mit den Flügeln, singt, zwitschert, nistet, brütet, mausert sich, wird flügge⟩ || K-: ***Vogel-, -art, -ei, -fänger, -flug, -futter, -gesang, -gezwitscher, -käfig, -kunde, -mist, -nest, -ruf, -schar, -schutzgebiet, -schwarm, -schwinge, -stimme, -züchter, -zug*** || -K: ***Greif-, Sing-, Zug-*** **2** *mst* ***ein lustiger / komischer / seltsamer / schräger V.*** *gespr*, *mst hum*; j-d, der lustig / komisch / seltsam / nicht sehr vertrauenswürdig ist || ID ***(j-m) den / e-n V. zeigen*** mit dem Zeigefinger an die Stirn tippen, um einem anderen zu zeigen, dass man ihn für dumm, verrückt hält; *mst* ***Er / Sie hat e-n V.*** *gespr pej*; er / sie hat seltsame, verrückte Ideen; ***(mit etw.) den V. abschießen*** *gespr*; mit e-m Vorschlag od. e-r Idee (*mst* auf negative Weise) die Vorschläge od. Ideen der anderen übertreffen

Vo·gel·bau·er *das*, *der*; *veraltend*; ein Käfig für Vögel

Vo·gel·bee·re *die*; die runde, rote Frucht der Eberesche

vo·gel·frei *Adj*; *nicht adv*; **1** ⟨Menschen⟩ so, dass manche glauben, man dürfe sie belästigen u. beleidigen: *Manche Männer halten Frauen für v.* **2** *hist*; ohne den Schutz des Gesetzes ≈ geächtet: *Robin Hood wurde für v. erklärt*

Vo·gel·häus·chen *das*; e-e Art sehr kleines Haus (*mst* aus Holz) im Freien, in das man im Winter Futter für die Vögel gibt

vö·geln; *vögelte*, *hat gevögelt*; *vulg*; [Vt/i] **1** ***(j-n) v.*** mit j-m Sex haben; [Vi] **2** ***(mit j-m) v.*** ≈ v. (1)

Vo·gel·per·spek·ti·ve *die*; *mst in* ***aus der V.*** von oben ↔ aus der Froschperspektive ⟨etw. aus der V. sehen, betrachten⟩

Vo·gel·scheu·che *die*; e-e Stange mit alten Kleidern, die man auf ein Feld stellt, um die Vögel zu erschrecken, damit sie die Saat nicht fressen

Vo·gel·schutz *der*; das Beobachten u. das Schützen von Vögeln

Vo·gel-Strauß-Po·li·tik *die*; *nur Sg*; *mst in* ***j-d betreibt (e-e) Vogel-Strauß-Politik*** j-d ignoriert vorhandene Gefahren od. Probleme

Vogt [f-] *der*; *-(e)s*, *Vög·te*; **1** *hist*; (im Mittelalter) e-e Art Beamter für die Verwaltung || -K: ***Reichs-*** **2** (CH) ≈ Vormund

Vo·ka·bel [v-] *die*; -, *-n*; ein einzelnes Wort (*mst* e-r Fremdsprache) ⟨Vokabeln lernen; j-n / j-m die Vokabeln abfragen⟩ || K-: ***Vokabel-, -heft***

Vo·ka·bu·lar [vokabu'la:ɐ] *das*; *-s*, *-e*; *geschr* ≈ Wortschatz

Vo·kal [v-] *der*; *-s*, *-e*; ein Laut, der so gebildet wird, dass der Atem ohne Hindernisse aus Kehle u. Mund kommen kann, also [a, e, i, o, u] ≈ Selbstlaut ↔ Konsonant || *hierzu* **vo·ka·lisch** *Adj*

Vo·lant [vo'lã:] *der*; *-s*, *-s*; ein langer, relativ schmaler Streifen Stoff, der zusammengezogen wird u. *mst* auf den Saum von Röcken genäht wird

Vo·li·e·re [vo'lie:rə] *die*; -, *-n*; ein sehr großer Vogelkäfig (*mst* im Freien), in dem die Vögel fliegen können

Volk [f-] *das*; *-(e)s*, *Völ·ker*; *Kollekt*; **1** alle Menschen, die dieselbe Sprache, Kultur u. Geschichte haben (u. *mst* in e-m Staat zusammenleben) ⟨ein freies, unterdrücktes V.⟩: *das deutsche, italienische, polnische V.*; *die Völker Afrikas* || K-: ***Völker-, -gemisch, -mord*** || -K: ***Berg-, Insel-, Kultur-*** **2** *nur Sg*; alle Einwohner, Bürger e-s Landes od. Staates ≈ Bevölkerung ⟨das V. aufwiegeln; das V. erhebt sich⟩ || K-: ***Völker-, -freundschaft, -verständigung***; ***Volks-, -aufstand, -bewegung, -charakter, -erhebung, -geist, -gesundheit, -schicht, -souveränität*** **3** *nur Sg*; die unteren sozialen Schichten der Bevölkerung ⟨das einfache V.; ein Mann aus dem Volke⟩ **4** *nur Sg*, *gespr*; viele Menschen an e-m Ort ≈ Menschenmenge, die Leute ⟨sich unters V. mischen⟩: *Das V. hat sich auf dem Platz versammelt* || K-: ***Volks-, -auflauf, -masse, -meinung, -menge*** **5** *pej*; verwendet, um e-e Gruppe von Menschen zu bezeichnen, deren Verhalten od. Tätigkeiten man tadelt od. verurteilt ⟨ein blödes, dummes, faules, schmutziges, liederliches V.⟩ || NB: *mst* in Verbindung mit negativen Adjektiven **6** ***junges V.*** *gespr* ≈ junge Leute, Jugendliche **7** ***das auserwählte V.*** *Rel*; die Juden **8** ***fahrendes V.*** *veraltet* ≈ Artisten (e-s Zirkus *o.Ä.*), Schausteller

Völ·ker·ball *der*; *nur Sg*; ein Ballspiel (*mst* von Kindern gespielt), bei dem zwei Mannschaften, die in

V

zwei Feldern stehen, versuchen, möglichst viele gegnerische Spieler mit dem Ball zu treffen

Völ·ker·kun·de *die*; *nur Sg*; die Wissenschaft, die die Kulturen von (Natur)Völkern beschreibt u. vergleicht ≈ Ethnologie || *hierzu* **Völ·ker·kund·ler** *der*; *-s, -*; **Völ·ker·kund·le·rin** *die*; *-, -nen*; **völ·ker·kund·lich** *Adj*; *nur attr od adv*

Völ·ker·recht *das*; *nur Sg*; das internationale Recht, das die Beziehungen zwischen einzelnen Staaten regelt || *hierzu* **Völ·ker·recht·ler** *der*; *-s, -*; **völ·ker·recht·lich** *Adj*; *nur attr od adv*

Völ·ker·wan·de·rung *die*; *hist*; die Wanderung der germanischen Stämme nach Süden u. Westen im 4. bis 6. Jahrhundert nach Christus || ID *mst* ***Das ist ja e-e richtige V.!*** *gespr hum*; da bewegt sich e-e Menge Menschen in e-e bestimmte Richtung

völ·kisch *Adj*; *veraltet* ≈ national || NB: in diesem Sinne *bes* in nationalsozialistischen Schriften verwendet, oft zusätzlich in der Bedeutung von *rassisch*

Volks·ab·stim·mung *die*; die direkte Abstimmung der Bürger über e-e wichtige politische Frage ≈ Plebiszit

Volks·be·geh·ren *das*; *Pol*; der Antrag e-s Teils der Bevölkerung, dass über e-e wichtige politische Frage in e-r Volksabstimmung entschieden werden sollte

Volks·de·mo·kra·tie *die*; **1** *nur Sg*, *veraltend*; verwendet in kommunistischen Ländern, um auszudrücken, dass dort die Macht (angeblich) vom Volk ausgeht **2** ein Land mit e-r V. (1) || *hierzu* **volks·de·mo·kra·tisch** *Adj*

volks·ei·gen *Adj*; *nicht adv*; *bes* in kommunistischen Ländern verwendet, um etw. zu bezeichnen, das dem Staat gehört ⟨ein Betrieb⟩ || *hierzu* **Volks·ei·gen·tum** *das*; *nur Sg*

Volks·emp·fin·den *das*; *mst in* ***das gesunde V.*** die Art u. Weise, wie ein normaler, durchschnittlicher Bürger etw. beurteilt

Volks·ent·scheid *der*; die Entscheidung über e-e wichtige politische Frage durch das Volk

Volks·fest *das*; e-e öffentliche Veranstaltung (im Freien), bei der es Karussells, Bierzelte *o.Ä.* gibt ≈ Jahrmarkt: *Das Oktoberfest in München ist ein V.*

Volks·front *die*; *Pol*; ein Bündnis zwischen linken (*bes* sozialistischen u. kommunistischen) Organisationen u. Parteien

Volks|ge·richts·hof *der*; *hist*; ein besonderes Gericht während der Zeit des Nationalsozialismus in Deutschland, das wegen seiner unmenschlichen Urteile gefürchtet war

Volks|hoch·schu·le *die*; e-e Institution, in der Erwachsene (neben ihrer beruflichen Arbeit) Vorträge über verschiedene Themen hören u. Kurse (*z.B.* in Fremdsprachen) besuchen können, um sich weiterzubilden; *Abk* VHS

Volks·kam·mer *die*; *nur Sg*; *hist* (*DDR*); das Parlament der ehemaligen DDR

Volks·krank·heit *die*; e-e Krankheit, die in der Bevölkerung sehr verbreitet ist: *Rheuma ist e-e V.*

Volks·kun·de *die*; *nur Sg*; die Wissenschaft, die sich mit der Kultur u. dem Leben e-s Volkes (*bes* auch bestimmter sozialer Schichten) beschäftigt || *hierzu* **Volks·kund·ler** *der*; *-s, -*; **Volks·kund·le·rin** *die*; *-, -nen*; **volks·kund·lich** *Adj*; *nur attr od adv*

Volks·lauf *der*; ein Wettbewerb, bei dem jeder mitmachen kann u. bei dem man e-e bestimmte Strecke laufen od. gehen muss

Volks·lied *das*; ein altes, *mst* relativ einfaches Lied, das im Volk überliefert wurde

Volks·mund *der*; *nur Sg*; **1** ***im V.*** wie es mündlich überliefert ist **2** ***im V.*** in der typischen Sprache (dem Sprachgebrauch) des Volkes

Volks·mu·sik *die*; e-e Musik (*mst* mit einfachen Liedern), die *bes* für e-e Gegend typisch ist

volks·nah *Adj*; ⟨*mst* Politiker⟩ so, dass sie oft in der Öffentlichkeit auftreten u. mit den Bürgern über (deren) Probleme sprechen

Volks·po·li·zei *die*; *hist*; ***die*** (***Deutsche***) ***V.*** die Polizei der ehemaligen DDR; *Abk* VP, *gespr* Vopo || *hierzu* **Volks·po·li·zist** *der*

Volks·re·de *die*; *nur in* ***Volksreden halten*** *gespr pej*; lange (u. belehrend) über etw. sprechen

Volks·re·pu·blik *die*; verwendet als Bezeichnung für *mst* sozialistische Staaten; *Abk* VR: *die V. China*

Volks·schu·le *die*; *veraltend*; die Grund- u. Hauptschule || K-: ***Volksschul-, -bildung, -lehrer*** || *hierzu* **Volks·schü·ler** *der*; **Volks·schü·le·rin** *die*

Volks·stamm *der*; ein kleines (Natur)Volk od. e-e ethnische Gruppe, die von e-m größeren Volk abstammt: *die indianischen Volksstämme Südamerikas*

Volks·stück *das*; ein Theaterstück, *mst* mit e-m lustigen, einfachen Inhalt (in dem oft Dialekt gesprochen wird)

Volks·tanz *der*; ein (traditioneller) Tanz, der *bes* für e-e Gegend typisch ist: *böhmische Volkstänze*

Volks|trau·er·tag *der*; Ⓓ der Sonntag vor dem 1. Advent, an dem man *bes* an die Toten beider Weltkriege u. die Opfer des Nationalsozialismus denkt

Volks·tum *das*; *-s*; *nur Sg*; die typischen Sitten u. Bräuche e-s Volkes od. der Menschen e-r Gegend

volks·tüm·lich *Adj*; **1** beim Volk (2) beliebt ⟨ein Lied, ein Schauspieler⟩ **2** leicht zu verstehen ⟨ein Vortrag⟩ || *hierzu* **Volks·tüm·lich·keit** *die*; *nur Sg*

Volks·ver·dum·mung *die*; *nur Sg*; *mst in* ***V. betreiben*** *gespr pej*; (als Politiker) die Bürger beeinflussen, indem man Probleme einfacher u. falsch darstellt

Volks·ver·het·zung *die*; *nur Sg*; *mst in* ***V. betreiben*** *pej*; (durch Reden *o.Ä.*) Feindschaft u. Gefühle von Hass bei den Bürgern *mst* gegen e-e bestimmte Gruppe von Menschen erzeugen

Volks·ver·tre·ter *der* ≈ Abgeordnete(r), Parlamentarier

Volks·ver·tre·tung *die*; *Kollekt* ≈ Parlament

Volks·wei·se *die*; die Melodie e-s Volksliedes

Volks·wirt *der*; j-d, der Volkswirtschaftslehre studiert hat

Volks·wirt·schaft *die*; **1** die gesamte Wirtschaft e-s Staates **2** *nur Sg* ≈ Volkswirtschaftslehre || *hierzu* **volks·wirt·schaft·lich** *Adj*; *nur attr od adv*; *zu* **2**

Die Volkshochschulen

An den Volkshochschulen wird eine große Auswahl an Kursen, Vorträgen und Exkursionen angeboten, die der Weiterbildung von Erwachsenen dienen. Die Veranstaltungen finden meist abends statt und sind relativ preiswert, um so möglichst vielen Leuten den Zugang zu ermöglichen. Die Volkshochschulen werden meist von den Gemeinden geführt und finanziell von den Bundesländern unterstützt.
Das Angebot reicht von Vorträgen über Kunst, Geschichte und Politik über Informatik- und Sprachkurse bis zu Kursen für verschiedene kreative Tätigkeiten. Es ist auch möglich, sich an einer Volkshochschule beruflich weiterzubilden. Ebenso kann man an ihr einen Schulabschluss nachholen oder eine Berufsausbildung machen.

Vo̩lks·wirt·schaft·ler *der*; *-s*, *-*; **Vo̩lks·wirt·schaft·le·rin** *die*; *-*, *-nen*
Vo̩lks·wirt·schafts|leh·re *die*; *nur Sg*; die Wissenschaft, die untersucht, wie die Wirtschaft e-s Staates funktioniert ↔ Betriebswirtschaftslehre
Vo̩lks·zäh·lung *die*; die offizielle Zählung der Einwohner e-s Staates
vo̩ll[1] [f-], *voller*, *vollst-*; *Adj*; **1** in e-m solchen Zustand, dass nichts od. niemand mehr darin Platz hat ↔ leer ⟨ein Glas, ein Krug, e-e Tasse, ein Topf *usw*; e-e Kiste, ein Koffer, e-e Tasche, e-e Tüte *usw*; ein Bus, e-e Straßenbahn *usw*; ein Saal, ein Stadion *usw*; den Mund, die Hände v. haben⟩ || ↑ *Abb. unter* ***Eigenschaften*** **2** ***v.*** + *Subst*; ***voller*** + *Subst*; verwendet, um auszudrücken, dass sich viele Personen / Dinge irgendwo befinden: *ein Korb v. / voller Äpfel*; *e-e Kiste v. Bücher(n) / voller Bücher*; *Der Gehsteig war v. / voller Laub*; *Das Diktat war v. / voller Fehler*; *Das Stadion war v. / voller Menschen*; *Ihr Herz war v. / voller / v. von Freude*; *Sie aß e-n ganzen Teller v. Nudeln* || NB: bei Substantiven ohne Artikel kann auch *voller* stehen; in bestimmten Wendungen steht nur *voll*: *ein Glas voll Wein*; *e-e Tasse voll Kaffee* **3** ≈ vollständig, komplett ⟨ein Dutzend; v. entwickelt; j-m die volle Wahrheit sagen; für etw. den vollen Preis zahlen müssen; für etw. die volle Verantwortung tragen, übernehmen; für etw. vollstes Verständnis haben; ein voller Erfolg⟩: *Ich habe e-e volle Stunde auf dich gewartet*; *Die Turbinen arbeiteten mit voller Kraft* **4** ***v. sein*** *gespr* ≈ satt sein **5** ***v. sein*** *gespr*; völlig betrunken sein **6** *euph* ≈ dick ⟨ein Gesicht; voller werden⟩ **7** *nicht adv* ≈ dicht (gewachsen) ⟨*mst* volles Haar haben⟩ **8** kräftig u. laut (tönend) ⟨ein Klang, Töne; etw. tönt v.⟩ **9** *nur adv*, *gespr* ≈ vollkommen, sehr: *Das Lied bringts v.!* (= ist sehr gut) **10** ***voll u. ganz*** ≈ völlig, uneingeschränkt: *Ich kann dich v. u. ganz verstehen* || ID ***aus dem 'Vollen schöpfen*** (***können***) etw., das in großer Menge da ist, verwenden können, ohne damit sparen zu müssen; ***j-n / etw. nicht für 'v. nehmen*** (***können***) *gespr* ≈ j-n / etw. nicht ernst nehmen (können)
vo̩ll[2] [f-] *mit Verb*, *wenig produktiv*; Die Verben mit *voll-* werden nach folgendem Muster gebildet: *voll stopfen - stopfte voll - voll gestopft*
voll- drückt aus, dass etw. mit etw. ganz gefüllt wird; ***etw. voll pumpen***: *Er pumpte das Becken voll* ≈ Er pumpte so viel Wasser in das Becken, bis dieses mit Wasser gefüllt war
ebenso: ***etw. voll füllen, etw. voll gießen, etw. voll packen, etw. voll stellen, etw. voll stopfen,*** (***etw.***) ***voll tanken***

vo̩ll be·setzt *Adj*; *nur attr*, *nicht adv*; so, dass auf jedem Platz j-d sitzt ⟨ein Bus, e-e Straßenbahn *usw*⟩
vo̩ll es·sen, sich (*hat*) [Vr] ***sich v. e.*** *gespr*; so viel essen, bis man ganz satt ist
vo̩ll fres·sen, sich (*hat*) [Vr] ***sich v. f.*** *gespr pej*; sehr viel essen
vo̩ll hau·en (*hat*) [Vt] ***sich*** (*Dat*) ***den Bauch v. h.*** *gespr pej*; sehr viel essen
vo̩ll krie·gen (*hat*) [Vt] **1** ***etw. v. k.*** *gespr*; etw. mit etw. ganz füllen können: *das Körbchen mit Heidelbeeren v. k.* **2** ***den Hals nicht v. k.*** *gespr*; nie zufrieden sein mit dem, was man bekommt
vo̩ll lau·fen (*ist*) [Vi] **1** ***etw. läuft voll*** ein Behälter füllt sich mit Flüssigkeit, die *mst* aus e-r Leitung kommt ⟨die Badewanne, das Becken⟩ **2** ***sich v. l. lassen*** *gespr* ≈ sich betrinken
vo̩ll ma·chen (*hat*) [Vt] *gespr*; **1** ***etw. v. m.*** etw. ganz füllen: *die Gießkanne v. m.* **2** ***j-n / sich / etw. v. m.*** j-n / sich / etw. mit etw. schmutzig machen: *Du hast dich mit Marmelade voll gemacht!* **3** *mst* ⟨ein Baby, ein Kind⟩ ***macht die Hosen voll*** ein Baby od. ein kleines Kind lässt Kot, Urin in die Hose, die Windeln kommen
vo̩ll ma·len (*hat*) [Vt] ***etw. v. m.*** malen u. damit *mst* ein Papier (ganz) bedecken ⟨ein Blatt v. m.⟩
vo̩ll qual·men (*hat*) [Vt] *mst in* ***j-m die Bude v. q.*** *gespr pej*; so viel rauchen, dass j-s Zimmer ganz mit Tabakrauch gefüllt ist
vo̩ll sau·gen, sich (*hat*) [Vr] ***etw. saugt sich*** (***mit etw.***) ***voll*** etw. nimmt sehr viel Flüssigkeit in sich auf: *Der Schwamm saugt sich mit Wasser voll*
vo̩ll schmie·ren (*hat*) *gespr*; [Vt] **1** ***etw. v. s.*** (auf unordentliche Weise) sehr viel auf etw. schreiben od. malen ⟨ein Blatt v. s.⟩; [Vr] **2** ***sich v. s.*** sich mit etw. schmutzig machen, das flüssig od. klebrig ist
vo̩ll schrei·ben (*hat*) [Vt] ***etw. v. s.*** *mst* Papier ganz mit Buchstaben, Text bedecken ⟨ein Blatt, ein Heft v. s.⟩
vo̩ll sprit·zen (*hat*) [Vt] ***j-n / etw. v. s.*** *gespr*; e-e Flüssigkeit über j-n / etw. spritzen u. ihn / es damit (überall) nass machen

vo̩ll- [f-] *im Adj*, *betont*, *begrenzt produktiv*, *ohne Steigerung*; ganz od. in sehr hohem Maße; ***vollautomatisch, vollelastisch*** ⟨ein Material⟩, ***vollklimatisiert*** ⟨ein Hotelzimmer⟩, ***vollmechanisiert*** ⟨Landwirtschaft⟩
-voll [f-] *im Adj*, *nach Subst*, *begrenzt produktiv*; so, dass das Genannte (oft in großer Zahl, in hohem Maße) vorhanden ist ↔ -los; ***angstvoll, charaktervoll, demutsvoll*** ⟨e-e Haltung⟩, ***effektvoll, ehrfurchtsvoll, liebevoll, mitleidsvoll, qualvoll*** ⟨ein Tod⟩, ***respektvoll, rücksichtsvoll*** ⟨ein Mensch; ein Verhalten⟩, ***schmerzvoll*** ⟨e-e Krankheit⟩, ***sehnsuchtsvoll, taktvoll, temperamentvoll, vertrauensvoll***
vo̩ll·auf, **voll·auf** *Adv* ≈ völlig, ganz u. gar ⟨v. mit etw. beschäftigt, zufrieden sein⟩
Vo̩ll·bart *der*; ein Bart, der das Kinn, die Oberlippe u. die Wangen bedeckt || *hierzu* **vo̩ll·bär·tig** *Adj*
vo̩ll·be·schäf·tigt *Adj*; *mst in* ***v. sein*** den ganzen Tag (u. nicht nur halbtags) im Beruf arbeiten
Vo̩ll·be·schäf·ti·gung *die*; *nur Sg*; der Zustand der Wirtschaft, in dem (fast) alle Arbeit haben od. finden ⟨es herrscht V.⟩
Vo̩ll·be·sitz *der*; *mst in* ***im V. seiner*** (***geistigen***) ***Kräfte*** *geschr*; in e-m Zustand, in dem man logisch u. klar denken kann
vo̩ll·blü·tig *Adj*; *nicht adv*; ⟨ein Pferd⟩ so gezüchtet, dass es als Rennpferd verwendet werden kann || *hierzu* **Vo̩ll·blut(·pferd)** *das*
Vo̩ll·brem·sung *die*; e-e Art des Bremsens, bei der ein Auto *o.Ä.* so schnell wie möglich zum Halten kommt ⟨e-e V. machen⟩
voll·bri̩n·gen; *vollbrachte*, *hat vollbracht*; [Vt] ***etw. v.*** *geschr*; etw. (Wichtiges, Außergewöhnliches) tun ⟨e-e Meisterleistung, ein gutes Werk v.⟩
vo̩ll·bu·sig *Adj*; *nicht adv*; mit e-m großen Busen
Vo̩ll·dampf (*der*); *nur Sg*; *mst in* ***mit V.*** *gespr* ≈ mit höchster Geschwindigkeit, mit aller Energie ⟨mit V. voraus⟩
Vö̩l·le·ge·fühl *das*; *nur Sg*; das Gefühl, dass der Magen (unangenehm) voll ist ⟨(ein) V. haben⟩
voll·e̩n·den; *vollendete*, *hat vollendet*; [Vt] ***etw. v.*** *geschr*; etw., das man angefangen hat, erfolgreich abschließen ⟨e-n Bau, ein Werk v.⟩ || *hierzu* **Voll·e̩n·dung** *die*; *mst Sg*
voll·e̩n·det **1** *Partizip Perfekt*; ↑ ***vollenden*** **2** *Adj* ≈ perfekt, vollkommen ⟨ein Gastgeber, ein Gentleman, e-e Dame⟩ || *hierzu* **Voll·e̩n·dung** *die*; *nur Sg*

V

vọll·ends *Adv*; völlig, ganz u. gar: *Jetzt hast du mich v. aufgeweckt!*; *Jetzt ist sie v. beleidigt*
vọl·ler 1 *Komparativ*; ↑ **voll**[1], **voll**[2] **2** *Adj*; *nur attr, indeklinabel* ≈ voll (2)
Völ·le·rei *die*; -; *nur Sg, pej geschr*; übermäßiges Essen u. Trinken
Vol·ley·ball ['vɔli-] *das*; **1** *ohne Artikel, nur Sg*; ein Ballspiel, bei dem zwei Mannschaften versuchen, e-n Ball mit den Händen über ein Netz zu spielen ⟨V. spielen⟩ || K-: ***Volleyball-, -feld, -mannschaft* 2** der Ball, der beim V. (1) verwendet wird
voll·füh·ren; *vollführte, hat vollführt*; Vt ***etw. v.*** etw. (*bes* e-e schwierige körperliche Bewegung) ausführen ⟨e-n Sprung, Freudentänze, ein Kunststück v.⟩
Vọll·gas (*das*); *nur Sg, mst in* **1** ***V. geben*** so auf das Gaspedal treten, dass ein Fahrzeug so schnell wie möglich fährt **2** (***mit***) ***V. fahren*** so schnell fahren wie möglich
Voll·idi·ot *der*; *gespr! pej* ≈ Dummkopf, Trottel
vọ̈l·lig *Adj*; *nur attr od adv*; im höchsten möglichen Maß, Grad ≈ ganz, vollständig: *Es herrschte völlige Stille*; *Das habe ich v. vergessen!*; *Es ist mir v. egal, ob du das glaubst od. nicht*; *Er war v. betrunken*
vọll·jäh·rig *Adj*; *nicht adv, Jur*; in dem Alter, ab dem man *z.B.* wählen u. ohne die Erlaubnis der Eltern heiraten darf ↔ minderjährig ⟨v. sein⟩ || *hierzu* **Vọll·jäh·rig·keit** *die*; *nur Sg*
Vọll·kas·ko (*die*); -; *nur Sg, gespr*; *Kurzw* ↑ ***Vollkaskoversicherung***
Vọll·kas·ko·ver·si·che·rung *die*; e-e Form der Versicherung für Autos *o.Ä.*, bei der das Auto gegen alle Schäden (auch gegen diejenigen, die der Fahrer selbst verursacht) versichert ist || *hierzu* **vọll·kas·ko|ver·si·chern** (*hat*) *Vt*; *nur im Infinitiv od Partizip Perfekt*
voll·kọm·men[1] *Adj*; ohne Fehler od. Schwächen ≈ perfekt, fehlerlos ⟨ein Kunstwerk⟩: *Kein Mensch ist v.* || *hierzu* **Voll·kọm·men·heit** *die*; *nur Sg*
vọll·kom·men[2] *Adj*; *nur attr od adv* ≈ völlig, vollständig ⟨vollkommener Unsinn⟩: *Ich bin v. anderer Meinung als du*
Vọll·korn- *im Subst, betont, begrenzt produktiv*; aus Vollkornmehl; das ***Vollkornbrot***, das ***Vollkorngebäck***, der ***Vollkornkuchen***, die ***Vollkornnudeln***
Vọll·korn|mehl *das*; dunkles Mehl, das aus grob gemahlenen ganzen (Getreide)Körnern besteht
Vọll·macht *die*; -, *-en*; **1 *die V.* (*für* / *zu etw.*)** e-e Erlaubnis, die e-e Person e-r anderen gibt. Mit e-r V. darf man Dinge tun, die sonst nur die betreffende Person selbst tun darf (wie *z.B.* über e-e Summe Geld verfügen) ≈ Bevollmächtigung, Ermächtigung ⟨j-m (die) V. für / zu etw. geben, erteilen, übertragen; j-n mit (weit reichenden) Vollmachten ausstatten; (die) V. für / zu etw. haben; seine V. missbrauchen, überschreiten⟩ || -K: ***Handlungs-*** **2** ein Dokument, mit dem j-d j-m e-e V. (1) gibt ⟨j-m e-e schriftliche V. ausstellen⟩ || ► ***bevollmächtigen***
Vọll·milch *die*; Milch, die ca. 3,5% Fett hat || K-: ***Vollmilch-, -schokolade***
Vọll·mond *der*; *nur Sg*; der Mond, wenn man ihn als runde Scheibe sieht ↔ Neumond ⟨es ist V.⟩: *Heute haben wir V.*
Vọll·nar·ko·se *die*; e-e Narkose, bei der j-d bewusstlos ist ↔ örtliche Betäubung
Vọll·pen·si·on *die*; *nur Sg*; Unterkunft, Frühstück, Mittag- u. Abendessen in e-m Hotel *o.Ä.* ↔ Halbpension ⟨ein Zimmer mit V.; V. buchen⟩
Vọll·rausch *der*; der Zustand, in dem j-d völlig betrunken ist
vọll·schlank *Adj*; *euph* ≈ dick, füllig, rundlich ⟨e-e Frau, e-e Figur⟩ || NB: *mst* für Frauen verwendet
vọll·stän·dig *Adj*; **1** so, dass kein Teil fehlt ≈ komplett ↔ lückenhaft ⟨ein Register, ein Verzeichnis; Angaben⟩: *e-e vollständige Ausgabe der Werke Goethes* **2** ≈ völlig, total: *Die Stadt wurde durch das Erdbeben fast v. zerstört* || *zu* **1 Vọll·stän·dig·keit** *die*; *nur Sg*
voll·strẹ·cken; *vollstreckte, hat vollstreckt*; Vt *mst* ***ein Urteil, e-e Strafe wird*** (***an j-m***) ***vollstreckt*** das Urteil e-s Gerichts wird in die Tat umgesetzt || *hierzu* **Voll·strẹ·ckung** *die*
Vọll·tref·fer *der*; *-s*, -; **1** ein Schlag od. Schuss mitten ins Ziel: *Der Boxer landete e-n V.* **2** *gespr*; etw., das sehr viel Erfolg hat ≈ Hit (1,2), Renner, Schlager (2): *Seine neue Schallplatte ist ein V.*
vọll·trun·ken *Adj*; völlig betrunken || *hierzu* **Vọll·trun·ken·heit** *die*; *nur Sg*
Vọll·verb *das*; *Ling*; ein Verb, das allein das Prädikat bilden kann ↔ Hilfsverb
Vọll·ver·samm·lung *die*; e-e Versammlung, an der alle Mitglieder e-r Organisation *o.Ä.* teilnehmen können ⟨e-e V. einberufen⟩
Vọll·wai·se *die*; ein Kind, dessen Vater u. Mutter tot sind ⟨V. sein⟩
Vọll|wasch·mit·tel *das*; ein Waschmittel, mit dem man jede Art von Wäsche bei jeder Temperatur waschen kann ↔ Feinwaschmittel
Vọll·wert- *im Subst, begrenzt produktiv*; drückt aus, dass die Nahrungsmittel (*z.B.* Vollkornbrot, rohes Obst u. Gemüse), die dabei verwendet werden, möglichst wenig bearbeitet u. verfeinert sind / werden u. daher sehr gesund sind; die ***Vollwerternährung***, das ***Vollwertgericht***, das ***Vollwertkochbuch***, die ***Vollwertkost***, die ***Vollwertküche***, das ***Vollwertmenü***, das ***Vollwertprodukt***
vọll·wer·tig *Adj*; *mst attr*; mit dem gleichen Wert od. mit der gleichen Bedeutung wie e-e andere Person od. Sache ≈ gleichwertig ⟨ein Ersatz⟩
vọll·zäh·lig *Adj*; *mst präd* ≈ komplett: *Die Mannschaft war v. versammelt*
voll·zie·hen; *vollzog, hat vollzogen*; Vt **1 *etw. v.*** (*mst* als Beamter *o.Ä.*) e-e *mst* formelle, offizielle Handlung ausführen ⟨e-e (Amts)Handlung, die Trauung v.⟩; Vr **2 *etw. vollzieht sich*** etw. geschieht in e-m bestimmten Zeitraum ⟨ein Wandel, e-e Entwicklung, ein Prozess⟩ || *zu* **1 Voll·zug** *der*; *mst Sg*
Vo·lon·tär [v-] *der*; *-s, -e*; *mst* j-d, der (für wenig Geld) als e-e Art Praktikant arbeitet, um praktische Erfahrung in e-m Beruf zu bekommen || *hierzu* **Vo·lon·tä·rin** *die*; -, *-nen*; **vo·lon·tie·ren** (*hat*) *Vi*
Vo·lon·ta·ri·at [v-] *das*; *-(e)s, -e*; **1** die Zeit, in der j-d als Volontär arbeitet **2** die Stelle e-s Volontärs
Vọlt [v-] *das*; *-(e)s*, -; die (Maß)Einheit der elektrischen Spannung; *Abk* V: *Die Spannung beträgt 220 Volt* || NB: ↑ ***Ampère***, ***Watt***
Vo·lu·men [v-] *das*; *-s*, - / *Vo·lu·mi·na*; **1** der Inhalt e-s Körpers (3) (der in Kubikzentimetern, Kubikmetern *usw* gemessen wird) ≈ Rauminhalt: *das V. e-s Würfels berechnen* **2** die (Gesamt)Menge von etw. innerhalb e-s bestimmten Zeitraums ≈ Umfang (2) || -K: ***Export-, Handels-, Kredit-***
vo·lu·mi·nös [v-] *Adj*; *geschr* ≈ groß, umfangreich ⟨e-e Abhandlung, ein Buch⟩
vọm [f-] *Präp mit Artikel*; von dem || NB: *vom* kann nicht durch *von dem* ersetzt werden in Wendungen wie: *vom Lande stammen*, *vom Fach sein*; *Der Wind weht vom Meer*
vọn [f-] *Präp*; *mit Dat*; **1** verwendet, um den räumlichen (Ausgangs)Punkt anzugeben, von dem aus j-d / etw. zum Sprecher (hin) kommt ⟨von links, von rechts, von hinten, von vorn, von der Seite, von oben, von unten⟩ **2** verwendet, um den Vorgang zu bezeichnen, bei dem etw. getrennt, weggenommen *usw* wird: *ein Stück von der Wurst abschneiden*; *e-n Topf vom Herd nehmen*; *sich den*

Schweiß von der Stirn abwischen **3** verwendet, um den Urheber e-r Handlung anzugeben: *ein Brief von meiner Schwester* **4** verwendet mit Präpositionen wie *nach, bis* od. *zu*, um den Anfangs- u. den Endpunkt zu bezeichnen: ***von … nach***: *von München nach Stuttgart fahren*; ***von … bis***: *ein Buch von Anfang bis Ende lesen*; *Der Wald erstreckt sich von hier bis zum Fluss*; *Das Festival dauerte von Freitag bis Sonntag*; ***von … zu***: *von einer Seite zur anderen springen* **5** verwendet zusammen mit bestimmten Präpositionen od. Adverbien, um e-n räumlichen (Bezugs)Punkt anzugeben, *z.B.*: ***von … an***: *von hier an sind es nur noch 100 Meter bis zum Bahnhof*; ***von … aus***: *von Genua aus mit dem Schiff weiterreisen*; ***von … ab***: *Lies den Text von hier ab bitte noch einmal!*; ***von … her***: *Von der Straße her hörte man lautes Lachen* **6** verwendet mit bestimmten Präpositionen od. Adverbien, um e-n zeitlichen (Bezugs)Punkt anzugeben: ***von … an***: *Er musste von Jugend an schwer arbeiten*; ***von … ab***: *Von morgen ab rauche ich nicht mehr*; ***von … her***: *Er kennt sie von der Schulzeit her* **7** verwendet, um Maße, Größen *o.Ä.* anzugeben: *ein Schrank von drei Meter Länge*; *e-e Reise von zwei Tagen*; *ein Kind im Alter von acht Jahren* **8** verwendet, um e-e Eigenschaft od. Eigenart anzugeben: *e-e Frau von besonderer Klugheit*; *ein Mann von kräftiger Statur*; *e-e Nachricht von großer Wichtigkeit* **9** verwendet, um ein Ganzes zu bezeichnen, zu dem der genannte Teil gehört: *Jeder von uns hat seine Fehler*; *10 Prozent (%) von 200 sind 20* **10** verwendet, um den Grund für etw. anzugeben ≈ aufgrund, wegen: *müde von der Arbeit sein*; *Sie erwachte vom Gezwitscher der Vögel* **11** verwendet in Passivkonstruktionen, um denjenigen zu nennen, der die Handlung ausführt: *Der Schüler wurde vom Lehrer getadelt*; *Das Baby wird von der Mutter gefüttert* **12** verwendet, um ein Attribut einzuleiten, durch das ein Besitzverhältnis (od. allgemein ein Verhältnis der Zusammengehörigkeit) ausgedrückt wird: *Sie ist e-e Schulkameradin von Susanne*; *Er ist ein Freund von mir*; *Sie ist Mutter von drei Söhnen*; *Das ist ein Drama von Shakespeare*; *Ich habe nur die Hälfte von dem Film* (= des Films) *gesehen* || NB: Die Verbindung mit *von* anstatt des Genitivs ist (*bes* bei Eigennamen u. bei Pluralformen) in der gesprochenen Sprache sehr geläufig: *das Auto von meinem Bruder* = *das Auto meines Bruders* **13** verwendet, um e-e typische Eigenschaft *o.Ä.* e-r Person od. Sache zuzuordnen: *Er ist ein Koloss von e-m Mann*; *Das ist ein Kunstwerk von e-m Kleid* **14** verwendet, um an ein Verb, ein Substantiv od. an ein Adjektiv die Ergänzung anzuschließen: *Er hängt finanziell stark von seinen Eltern ab*; *die finanzielle Abhängigkeit von den Eltern*; *finanziell von seinen Eltern abhängig sein*

von·ei·nan·der *Adv*; eine Person / Sache von der anderen (drückt e-e Gegenseitigkeit aus): *Wir hatten lange nichts mehr v. gehört*; *Wir mussten uns bald wieder v. verabschieden*; *die Teile vorsichtig v. lösen*

von·nö·ten *nur in* ***etw. ist v.*** *geschr*; etw. wird dringend gebraucht, ist nötig: *Eile ist hier v.*

V

von·sei·ten, **von Sei·ten** *Präp*; *mit Gen* ≈ aufseiten, seitens

von·stat·ten *Adv*; *nur in* ***etw. geht irgendwie v.*** *geschr*; etw. läuft irgendwie ab: *Die Bauarbeiten gehen zügig v.*

Vo·po[1] [f-] *die*; -; *nur Sg*, *Kollekt*; *hist* (*DDR*), *gespr* ≈ Volkspolizei

Vo·po[2] [f-] *der*; *-s, -s*; *hist* (*DDR*), *gespr* ≈ Volkspolizist

vor[1] [foːɐ̯] *Präp*; **1** *mit Dat*; drückt aus, dass j-d / etw. der Vorderseite von etw. zugewandt ist bzw. von e-m bestimmten Punkt aus gesehen zwischen diesem Punkt u. j-m / etw. ist ↔ hinter: *Er stand vor dem Fernseher*; *Im Kino saß ein großer Mann vor mir*; *vor dem Spiegel stehen* || ↑ *Abb. unter* ***Präpositionen*** **2** *mit Akk*; drückt aus, dass j-d / etw. zur Vorderseite von etw. kommt bzw. von e-m bestimmten Punkt aus gesehen zwischen diesen Punkt u. j-n / etw. kommt: *Er setzte sich vor den Fernseher*; *Sie stellte die Blumen vors* (= *vor das*) *Fenster*; *sich vor den Spiegel stellen* || ↑ *Abb. unter* ***Präpositionen*** **3** *mit Dat*; verwendet, um auszudrücken, dass etw. zeitlich früher als etw. anderes geschieht, stattfindet *o.Ä.* ↔ nach: *sich vor dem Essen die Hände waschen*; *vor langer Zeit*; *vor zwei Wochen*; *Es ist zehn* (*Minuten*) *vor elf* (*Uhr*) (= 10^{50} Uhr) **4** *mit Dat*; verwendet, um auszudrücken, dass j-d / etw. in e-r Reihenfolge früher kommt als andere ↔ nach: *Er erreichte das Ziel vor seinem Konkurrenten*; *Halt, ich komme vor dir dran!* **5** *mit Dat*; in Gegenwart, in Anwesenheit von (j-m): *Der Lehrer tadelte Robert vor allen Mitschülern* **6** *mit Dat*, *ohne Artikel*; verwendet, um den Grund für e-e Verbhandlung anzugeben: *vor Angst, Kälte zittern*; *vor Freude strahlen*; *vor Schmerzen stöhnen*; *starr vor Schreck sein* **7** *mit Dat*; verwendet, um an ein Verb od. an ein Substantiv e-e Ergänzung anzuschließen: *sich vor e-m bissigen Hund fürchten*; *die Angst vor dem bissigen Hund*

vor[2] [foːɐ̯] *Adv*; nach vorn, vorwärts: *Freiwillige vor!*; *einen Schritt vor machen*

vor- [foːɐ̯-] *im Verb*, *betont u. trennbar*, *wenig produktiv*; die Verben mit *vor* werden nach folgendem Muster gebildet: *vortreten - trat vor - vorgetreten*;

1 *vor-* drückt aus, dass j-d / etw. zur Vorderseite von etw. kommt bzw. von e-m bestimmten Punkt aus gesehen zwischen diesen Punkt u. j-n / etw. kommt;

vortreten: *Der Hauptmann ließ die Soldaten einzeln v.* ≈ Die Soldaten mussten einzeln aus der Reihe nach vorn, hin zum Hauptmann treten;

ebenso: ***vorfahren, vorgehen, vorlaufen, vorrennen***

2 *vor-* drückt aus, dass e-e Handlung schon früher stattfindet als geplant od. als die eigentliche Haupthandlung;

(etw.) vorkochen: *Für das Fest morgen habe ich schon vorgekocht* ≈ das Essen für morgen habe ich schon heute gekocht, sodass ich es morgen nur noch warm zu machen brauche;

ebenso: ***vorarbeiten, (etw.) vorheizen***; ***etw. vorverlegen, etw. vorziehen***

3 *vor-* drückt aus, dass etw. so gemacht wird, wie es von anderen wiederholt werden soll ↔ nach- (3);

etw. vorsprechen: *Er sprach den Text vor* ≈ er sprach den Text so, wie es nachgeahmt werden soll;

ebenso: ***etw. vorsingen, etw. vorturnen***

Vor- ['foːɐ̯-] *im Subst*, *betont*, *produktiv*; **1** verwendet, um auszudrücken, dass e-e Handlung als Vorbereitung auf etw. dient; die ***Vorarbeit***, der ***Vorentwurf***, die ***Vorrede***, die ***Voruntersuchung***, die ***Vorverhandlung*** **2** verwendet, um auszudrücken, dass etw. räumlich vor etw. anderem (*bes* e-m Platz, Gebäude) liegt, zu dem es gehört; der ***Vorbau***, das ***Vordach***, der ***Vorgarten***, das ***Vorgebirge***, die ***Vorhalle***, das ***Vorhaus***, der ***Vorhof***, der ***Vorraum***, die ***Vorstadt*** **3** verwendet, um auszudrücken, dass etw. zeitlich vor etw. anderem liegt; der ***Vorabend***, die ***Voranmeldung***, das ***Vorleben***, der ***Vorfilm***, der ***Vormonat***, das ***Vorjahr***, der ***Vortag***, die ***Vorwoche***

vor·ab *Adv* ≈ im Voraus: *die Presse v. informieren*

Vor·abend *der*; **1 der V.** (+ *Gen*) der Abend vor e-m Tag, an dem ein besonderes (festliches) Ereignis stattfindet: *am V. ihrer Hochzeit* **2 der V.** + *Gen*;

die Zeit kurz vor e-m wichtigen historischen Ereignis: *am V. der Französischen Revolution*

Vor·abend- *im Subst, wenig produktiv, TV*; am Abend zwischen sechs u. acht Uhr im Fernsehen gezeigt; das ***Vorabendprogramm***, die ***Vorabendsendung***, die ***Vorabendserie***

Vor·ah·nung *die*; das Gefühl, dass etw. (*mst* Unangenehmes) passieren wird ⟨Vorahnungen haben; j-n befällt e-e (böse) V.⟩

vo·ran *Adv*; an der Spitze (e-r Gruppe) ≈ vor j-m / etw. her

vo·ran|ge·hen; *ging voran, ist vorangegangen*; [Vi] **1** ***etw. geht voran*** etw. macht Fortschritte ≈ etw. entwickelt sich positiv: *Die Arbeiten am Bau gehen gut voran* **2** ***etw. geht etw.*** (*Dat*) ***voran*** etw. liegt zeitlich vor etw.: *Dem Sieg ging ein hartes Training voran*; *an den vorangegangenen Tagen* || NB: *mst* im Partizip Perfekt **3** (***j-m / etw.***) ***v.*** an der Spitze (e-r Gruppe) gehen: *e-r Prozession v.*

vo·ran|kom·men; *kam voran, ist vorangekommen*; [Vi] **1** e-m Ziel näher kommen: *Wir sind mit dem Auto gut vorangekommen* **2** ***j-d / etw. kommt voran*** j-d / etw. macht Fortschritte ⟨j-d / etw. kommt gut, schlecht, mühsam voran⟩

Vor|an·kün·di·gung *die*; die Ankündigung von etw., *mst* lange bevor es stattfindet: *die V. e-s Gastspiels*

vo·ran|schrei·ten; *schritt voran, ist vorangeschritten*; [Vi] *geschr* ≈ vorangehen (1,3)

vo·ran|stel·len; *stellte voran, hat vorangestellt*; [Vt] ***etw. etw.*** (*Dat*) ***v.*** etw. an den Anfang von etw. stellen: *e-m Vortrag einige Bemerkungen v.*

vo·ran|trei·ben; *trieb voran, hat vorangetrieben*; [Vt] ***etw. v.*** bewirken, dass sich etw. schnell entwickelt ≈ beschleunigen, forcieren ⟨e-e Entwicklung, e-n Prozess v.⟩

Vor|an·zei·ge *die*; *mst* e-e Anzeige, ein Plakat od. ein kurzer Film, in denen *z.B.* ein Buch od. ein Film, die bald erscheinen werden, kurz vorgestellt werden

Vor·ar·beit *die*; e-e Arbeit, durch die e-e größere Arbeit vorbereitet wird ⟨gute V. leisten⟩

vor·ar·bei·ten (*hat*) [Vi] **1** e-e Zeit lang an etw. länger arbeiten, damit man später mehr Zeit für etw. anderes hat ⟨e-n Tag v.⟩; [Vr] **2** ***sich v.*** sich sehr anstrengen, um e-n Ort od. e-e bessere Position zu erreichen: *Der Rennfahrer hat sich vom sechsten auf den vierten Platz vorgearbeitet*

Vor·ar·bei·ter *der*; der Leiter e-r Gruppe von Arbeitern

vo·raus[1] [fo'raus] *Adv*; **1** (***j-m / etw.***) ***v.*** an der Spitze (e-r Gruppe) ≈ vor j-m / etw. her **2** ***j-d / etw. ist j-m / etw. v.*** j-d / etw. ist viel klüger, schneller, fortschrittlicher *o.Ä.* als j-d / etw.: *Einstein war in seinem Denken seiner Zeit weit v.*

vo·raus[2] ['fo:raus] *Adv*; *mst in* **1** ***im V.*** früher als es sein müsste ⟨etw. im V. bezahlen⟩ **2** ⟨vielen Dank *usw*⟩ ***im V.*** verwendet als formelhafte Wendung in Briefen *o.Ä.*, um sich schon vorher bei j-m zu bedanken, den man um etw. bittet

vo·raus- *im Verb, betont u. trennbar, begrenzt produktiv*; Die Verben mit *voraus-* werden nach folgendem Muster gebildet: *vorausgehen - ging voraus - vorausgegangen*;

1 *voraus-* drückt in Verbindung mit Verben der Bewegung aus, dass sich j-d / etw. vor j-m / etw. herbewegt;

vorauslaufen: *Das Kind lief voraus, die Eltern kamen langsam nach* ≈ Das Kind lief vor den Eltern her;

ebenso: ***vorauseilen, vorausfahren, vorausreiten***

2 *voraus-* drückt aus, dass etw. früher getan wird, als es sein müsste;

etw. vorausbezahlen: *Er hat die Miete für Februar schon im Januar vorausbezahlt* ≈ Er hat die Miete für Februar schon vorher bezahlt

ebenso: ***etw. vorausberechnen, (etw.) vorausplanen, etw. vorauszahlen***

vo·raus·ah·nen (*hat*) [Vt] ***etw. v.*** fühlen, dass etw. (*mst* Unangenehmes) passieren wird ⟨ein Unglück v.⟩

vo·raus·be·rech·nen (*hat*) [Vt] ***etw. v.*** berechnen, wie etw. sein od. verlaufen wird: *die Bahn e-s Satelliten v.* || *hierzu* **Vo·raus·be·rech·nung** *die*; **vo·raus·be·re·chen·bar** *Adj*

vo·raus·bli·ckend *Adj* ≈ vorausschauend

vo·raus·ge·hen (*ist*) [Vi] **1** (***j-m***) ***v.*** (als Erster) vor dem / den anderen irgendwohin gehen: *Ihr könnt ja noch bleiben. - Ich geh schon mal voraus* **2** ***etw. geht etw.*** (*Dat*) ***voraus*** etw. ereignet sich früher als etw. anderes **3** (***j-m / etw.***) ***v.*** ≈ vorangehen (3)

vo·raus·ge·setzt **1** *Partizip Perfekt*; ↑ ***voraussetzen*** **2** *Konjunktion*; *nur in* ***v.*** (**, *dass...***) verwendet, um e-n Nebensatz einzuleiten, der e-e Bedingung enthält ≈ unter der Bedingung, dass...: *Morgen fahren wir zum Baden, v., dass es nicht regnet / v., es regnet nicht*

vo·raus·ha·ben (*hat*) [Vt] ***j-m / etw. etw. v.*** in Bezug auf etw. Bestimmtes besser sein als andere: *Er hat seinem Konkurrenten die Erfahrung voraus*

Vo·raus·sa·ge *die*; -, *-n*; ***e-e V.*** (***über etw.*** (*Akk*)) e-e Aussage über ein Ereignis in der Zukunft ⟨Voraussagen machen; e-e V. erfüllt sich, tritt ein⟩

vo·raus·sa·gen (*hat*) [Vt] (***j-m***) ***etw. v.*** sagen, wie etw. in der Zukunft sein wird ⟨j-m e-e große Zukunft v.⟩ || *hierzu* **vo·raus·sag·bar** *Adj*

vo·raus·schau·end *Adj*; so, dass dabei mögliche zukünftige Ereignisse berücksichtigt werden ⟨e-e Planung, e-e Politik; v. handeln⟩

vo·raus·schi·cken (*hat*) [Vt] **1** ***etw. v.*** etw. sagen, bevor man zum eigentlichen Thema kommt: *„Ich muss v., dass..."* **2** ***etw. v.*** etw. schicken, sodass es vor j-m / etw. ein Ziel erreicht ⟨seine Koffer v.⟩

vo·raus·se·hen (*hat*) [Vt] ***etw. v.*** ahnen od. sehen können, wie etw. werden od. sich entwickeln wird ≈ abschätzen ⟨e-e Entwicklung v.⟩: Es *war vorauszusehen*, dass *dieses Projekt scheitern würde* || *hierzu* **vo·raus·seh·bar** *Adj*

vo·raus·set·zen (*hat*) [Vt] **1** ***etw. v.*** glauben, dass etw. sicher od. vorhanden ist ⟨etw. stillschweigend, als bekannt, als selbstverständlich v.⟩: *Ich setze voraus*, dass *Sie Englisch können* **2** ***etw. v.*** etw. als notwendige Bedingung für etw. verlangen: *Diese Tätigkeit setzt gründliche EDV-Kenntnisse voraus*

Vo·raus·set·zung *die*; -, *-en*; **1** etw., das man als Grundlage für sein weiteres Tun, für seine Überlegungen *usw* nimmt ≈ Annahme ⟨von falschen Voraussetzungen ausgehen⟩ **2** ***die V.*** (***für etw.***) etw., das unbedingt vorhanden sein muss, um etw. anderes möglich zu machen ≈ Vorbedingung ⟨die Voraussetzungen (für etw.) sind erfüllt, gegeben; unter der V., dass...⟩

Vo·raus·sicht *die*; -; *nur Sg*; *mst in* **1** ***aller V. nach*** ≈ wahrscheinlich **2** ***in weiser V.*** *gespr hum*; weil man das Gefühl hat, dass sich etw. in bestimmter Weise entwickeln werde: *In weiser V. habe ich meinen Regenschirm mitgenommen*

vo·raus·sicht·lich *Adj*; *nur attr od adv*; sehr wahrscheinlich: *Der Zug hat v. fünf Minuten Verspätung*

Vor|aus·wahl *die*; *nur Sg*; die erste Auswahl aus e-r Gruppe, bevor die eigentliche (endgültige) Auswahl stattfindet ⟨e-e V. treffen⟩

vo·raus·zah·len (*hat*) [Vt] ***etw. v.*** etw. vorher bezahlen || *hierzu* **Vo·raus·zah·lung** *die*

Vor·bau *der*; -(*e*)*s*, *-ten*; ein Teil e-s Hauses, der weiter vorn liegt als der Rest des Hauses

vo̱r·bau·en; Vi (**etw.** (*Dat*)) **v.** so handeln, dass man vor möglichen Gefahren od. Schäden sicher ist || ID ***Der kluge Mann baut vor*** wer klug ist, überlegt vorher die Konsequenzen seines Tuns

Vo̱r·be·dacht *der*; *geschr*; *mst in* ***mit V.*** nachdem man es sich genau überlegt hat ⟨etw. mit V. sagen⟩

vo̱r·be·den·ken; *bedachte vor, hat vorbedacht*; Vt ***etw. v.*** sich etw. vorher genau überlegen u. an alle Konsequenzen denken ⟨alle Möglichkeiten, Folgen v.⟩

Vo̱r·be·din·gung *die* ≈ Voraussetzung (2)

Vo̱r·be·halt *der*; *-(e)s, -e*; ***ein V.*** (***gegen j-n / etw.***) e-e Einschränkung, die e-e sonst positive Einstellung zu j-m / etw. abschwächt ≈ Bedenken ⟨e-n inneren, stillen V. gegen j-n / etw. haben; etw. mit, ohne V. tun⟩ || *hierzu* **vo̱r·be·halt·los** *Adj*

vo̱r·be·hal·ten[1]; *behält vor, behielt vor, hat vorbehalten*; Vt ***sich*** (*Dat*) ***etw. v.*** sich das Recht nehmen, etw. Bestimmtes noch zu tun, weil man mit etw. nicht völlig einverstanden ist ⟨sich gerichtliche Schritte (gegen j-n) v.⟩

vo̱r·be·hal·ten[2] *Adj*; *nur in* ***etw. ist / bleibt j-m v.*** *geschr*; etw. ist das Recht e-r Person: Es *bleibt Ihnen v.*, ob *Sie dem Vorschlag zustimmen*

vo̱r·be·halt·lich[1] *Präp*; *mit Gen*, *geschr*; mit dem genannten Vorbehalt

vo̱r·be·halt·lich[2] *Adj*; *geschr*; mit e-m Vorbehalt ⟨e-e Genehmigung; etw. v. genehmigen⟩

vor·bei̱ *Adv*; **1** (***an j-m / etw.***) ***v.*** verwendet, um auszudrücken, dass j-d / etw. von der Seite kommt, kurz neben j-m / etw. ist u. sich dann weiterbewegt: *Bevor wir winken konnten, war der Bus schon wieder an uns v.* **2** zu Ende ≈ vorüber: *Der Sommer, der Sturm, die Gefahr ist v.*

vor·bei- *im Verb, betont u. trennbar, begrenzt produktiv*; Die Verben mit *vorbei-* werden nach folgendem Muster gebildet: *vorbeifahren - fuhr vorbei - vorbeigefahren*;

vorbei- drückt (in Verbindung mit Verben der Bewegung) aus, dass j-d / etw. von der Seite kommt, kurz neben j-m / etw. ist u. sich dann wieder entfernt;

(***an j-m / etw.***) ***vorbeifahren***: *Er fuhr an mir vorbei ohne anzuhalten* ≈ Er kam von der Seite, fuhr zu mir heran, hielt aber nicht an, sondern fuhr weiter; ebenso: (***an j-m / etw.***) ***vorbeieilen, j-n / etw. an j-m / etw. vorbeiführen***; ***etw. führt an etw.*** (*Dat*) ***vorbei***, (***an j-m / etw.***) ***vorbeigehen***, (***an j-m / etw.***) ***vorbeikönnen, j-n / etw. vorbeilassen***, (***an j-m / etw.***) ***vorbeilaufen***, (***an j-m / etw.***) ***vorbeimarschieren***, (***an j-m / etw.***) ***vorbeireiten***, (***an j-m / etw.***) ***vorbeirennen***, (***an j-m / etw.***) ***vorbeiziehen***

vor·bei̱·brin·gen (*hat*) Vt ***j-m etw. v.*** *gespr*; zu j-m gehen u. ihm etw. bringen

vor·bei̱·dür·fen (*hat*) Vi (***an j-m / etw.***) ***v.*** *gespr*; an j-m / etw. vorbeigehen od. vorbeifahren dürfen

vor·bei̱·ge·hen (*ist*) Vi **1** ↑ ***vorbei-*** **2** ***etw. geht vorbei*** etw. geht zu Ende ≈ etw. geht vorüber ⟨die Schmerzen, das Leid, der (Liebes)Kummer⟩

vor·bei̱·kom·men (*ist*) Vi **1** (***an j-m / etw.***) ***v.*** an e-e bestimmte Stelle kommen u. weitergehen od. weiterfahren: *Auf der Fahrt bin ich an e-m Unfall vorbeigekommen* **2** (***an j-m / etw.***) ***v.*** an e-r engen Stelle, an e-m Hindernis weitergehen od. weiterfahren können: *Stell das Auto nicht in die Einfahrt, sonst kommt keiner mehr vorbei!* **3** (***bei j-m***) ***v.*** *gespr*; e-n kurzen Besuch (bei j-m) machen

vor·bei̱·re·den (*hat*) Vi **1** ***an etw.*** (*Dat*) ***v.*** über etw. reden, ohne über das Wichtigste zu sprechen ⟨am eigentlichen Problem v.⟩ **2** ⟨Personen⟩ ***reden aneinander vorbei*** *mst* zwei Personen sprechen über etw. u. missverstehen sich, weil jeder etw. anderes meint

vor·bei̱·schau·en (*hat*) Vi (***bei j-m***) ***v.*** *gespr*; j-n kurz besuchen: *Ich schaue morgen früh mal kurz bei dir vorbei, bevor ich zur Arbeit gehe*

vor·bei̱·schie·ßen (*hat*) Vi (***an j-m / etw.***) ***v.*** schießen u. das Ziel nicht treffen ≈ das Ziel verfehlen

vo̱r·be·las·tet *Adj*; *nicht adv*; von Anfang an durch etw. Negatives belastet ⟨e-e Beziehung; erblich v. sein⟩

Vo̱r·be·mer·kung *die*; *mst* einige (einleitende) Sätze am Anfang e-s Buches od. e-s Vortrags

vo̱r·be·rei·ten; *bereitete vor, hat vorbereitet*; Vt **1** ***etw. v.*** die notwendigen Arbeiten im Voraus machen, damit später etw. schneller u. ohne Probleme abläuft ⟨das Essen, ein Fest, e-e Feier, e-e Reise v., seine Rede gut v.⟩ **2** ***j-n / sich*** (***auf etw.*** (*Akk*)) ***v.*** (vor e-r Prüfung, e-m Wettkampf *o.Ä.*) die notwendigen Arbeiten machen, damit j-d / man selbst sein Bestes leisten kann: *sich auf e-e Prüfung v.*; *e-n Sportler intensiv auf e-n Wettkampf v.*

vo̱r·be·rei·tet **1** *Partizip Perfekt*; ↑ ***vorbereiten*** **2** *Adj*; *nicht adv*; (***auf j-n / etw.***) ***v.*** so, dass man j-n / etw. erwartet u. deshalb nicht überrascht ist: *Er war* (*auf alle Fragen*) *gut v.*

Vo̱r·be·rei·tung *die*; *-*, *-en*; die Maßnahme(n), Arbeit(en), mit denen man etw. vorbereitet (1) od. j-n / sich auf etw. vorbereitet ⟨Vorbereitungen (für etw.) treffen; die Vorbereitungen sind in vollem Gange⟩ || K-: ***Vorbereitungs-, -kurs, -phase, -zeit*** || -K: ***Reise-, Unterrichts-, Wettkampf-***

Vo̱r·be·spre·chung *die*; e-e Besprechung zur Vorbereitung auf etw. od. auf die eigentliche Besprechung: *e-e kurze V. mit seinem Chef haben*

vo̱r·be·stel·len; *bestellte vor, hat vorbestellt*; Vt ***etw. v.*** ≈ bestellen (1,2) || *hierzu* **Vo̱r·be·stel·lung** *die*

vo̱r·be·straft *Adj*; *nicht adv*; bereits früher wegen e-r Straftat verurteilt ⟨(mehrfach) v. sein⟩ || *hierzu* **Vo̱r·be·straf·te** *der / die*; *-n, -n*

vo̱r·beu·gen[1] (*hat*) Vi ***etw.*** (*Dat*) ***v.*** durch bestimmte Maßnahmen od. durch ein bestimmtes Verhalten verhindern, dass etw. Negatives geschieht ⟨e-r Krankheit, e-r Gefahr, e-m Streit v.⟩: *vorbeugende Maßnahmen ergreifen* || K-: ***Vorbeuge-, -maßnahme***

vo̱r·beu·gen[2] (*hat*) Vt ***etw. / sich v.*** e-n Körperteil, sich nach vorn beugen ⟨den Kopf, den Oberkörper, sich (weit) v.⟩

Vo̱r·beu·gung *die*; *-*; *nur Sg*; ***die V.*** (***gegen etw.***) Maßnahmen, die verhindern sollen, dass etw. Negatives geschieht: *die V. gegen Grippe*

Vo̱r·bild *das*; ***ein V.*** (***für j-n***) j-d, den man (wegen seiner guten Eigenschaften od. Fähigkeiten) so bewundert, sodass man so werden will wie er ≈ Ideal ⟨j-m / für j-n ein glänzendes, leuchtendes, schlechtes V. sein; j-m als V. dienen; in j-m ein V. sehen; sich j-n zum V. nehmen; e-m / j-s V. nacheifern⟩ || *hierzu* **vo̱r·bild·haft** *Adj*

vo̱r·bild·lich *Adj*; mit so guten Eigenschaften od. Fähigkeiten, dass andere diese nachahmen könnten ≈ mustergültig, nachahmenswert ⟨e-e Mutter, ein Vater, ein Ehemann, ein Lehrer; e-e Erziehung, e-e Ordnung; sich v. verhalten⟩

Vo̱r·bil·dung *die*; *nur Sg*; Wissen u. Fähigkeiten, die man schon hat, bevor man *mst* e-n Beruf od. e-e Ausbildung beginnt ≈ Vorkenntnisse, Vorwissen

Vo̱r·bo·te *der*; etw., das anzeigt, dass etw. geschehen wird ≈ Anzeichen ⟨ein V. des Todes, des Winters, des Krieges⟩

vo̱r·brin·gen (*hat*) Vt ***etw. v.*** etw. (mit Nachdruck, gezielt) sagen, äußern ⟨e-e Frage, e-e Anschuldigung (gegen j-n), ein Anliegen v.⟩

Vor·dach *das*; ein Dach *mst* über (Eingangs)Türen, das nach vorn ragt

vor·da·tie·ren; *datierte vor, hat vordatiert*; [Vt] ***etw. v.*** ein zukünftiges Datum auf etw. schreiben ⟨e-n Brief v.⟩

vor·de·r- [f-] *Adj*; *nur attr, nicht adv*; vorn befindlich od. befestigt ↔ hinter-: *die vorderen Räder des Autos*; *e-n Platz in der vordersten Reihe haben* || K-: ***Vorder-, -achse, -ausgang, -eingang, -front, -haus, -rad, -reifen, -teil, -tür*** || *zu* ***Vorderrad*** ↑ *Abb. unter* ***Fahrrad*** || *hierzu* **Vor·de·re** *der / die*; *-n, -n*

Vor·der·an·sicht *die*; die Ansicht von vorn ↔ Rückansicht: *die V. e-s Hauses*

Vor·der·bein *das*; eines der beiden vorderen Beine von Tieren mit vier Beinen ↔ Hinterbein

Vor·der·grund *der*; *nur Sg*; der Teil e-s Raumes od. Bildes, der näher beim Betrachter liegt ↔ Hintergrund || ID ***j-d / etw. steht im V.*** j-d / etw. ist sehr wichtig u. wird von allen beachtet; ***j-n / sich in den V. stellen / rücken / spielen / drängen*** *pej*; bewirken, dass j-d / man selbst von allen beachtet wird (*mst* indem man andere verdrängt); ***etw. in den V. stellen / rücken*** etw. als besonders wichtig darstellen ⟨e-e Frage, e-n Diskussionspunkt, ein Problem in den V. stellen / rücken⟩; ***j-d / etw. tritt in den V.*** j-d / etw. wird sehr wichtig ≈ j-d / etw. gewinnt an Bedeutung

vor·der·grün·dig *Adj*; **1** ohne e-n tieferen Sinn ≈ oberflächlich (1) ↔ anspruchsvoll, tiefsinnig ⟨e-e Geschichte, ein Film⟩ **2** so, dass man die eigentliche Absicht sofort erkennt ≈ leicht durchschaubar ⟨ein Argument, e-e Frage, ein Verhalten⟩

Vor·der·mann *der*; *-(e)s, Vor·der·män·ner*; j-d, der in e-r Reihe od. Gruppe direkt vor e-m anderen steht, sitzt *o.Ä.* ↔ Hintermann || ID ***etw. auf V. bringen*** *gespr*; etw. in Ordnung bringen, putzen *o.Ä.*: *sein Zimmer wieder auf V. bringen*; ***j-n auf V. bringen*** *gespr*; j-n dazu bringen, Disziplin zu halten

Vor·der·schin·ken *der*; Schinken aus der Schulter des Schweins ↔ Hinterschinken

Vor·der·sei·te *die*; die Seite von etw., die vorne ist ⟨die V. e-s Gebäudes⟩

Vor·der·sitz *der*; einer der vorderen Sitze in e-m Auto *o.Ä.* ↔ Rücksitz

vor·drän·geln, sich *(hat)* [Vr] ***sich v.*** *gespr* ≈ sich vordrängen (1)

vor·drän·gen, sich *(hat)* [Vr] **1** ***sich v.*** sich in e-r (Menschen)Menge nach vorn, vor andere schieben **2** ***sich v.*** *gespr pej*; sich so verhalten, dass man sehr wichtig erscheint ⟨sich gern, immer v.⟩

vor·drin·gen *(ist)* [Vi] **1** ***in etw.*** *(Akk)* ***v.*** Hindernisse u. Widerstände überwinden u. irgendwohin kommen ≈ in etw. vorstoßen: *in den Weltraum, in unerforschte Gebiete v.* **2** ***(irgendwie) v.*** sich langsam u. mit großer Mühe (*z.B.* durch dichtes Gebüsch od. hohen Schnee) nach vorne bewegen: *Die Forscher drangen nur langsam durch den Urwald vor* **3** ***etw. dringt vor*** ≈ etw. breitet sich aus (6)

vor·dring·lich *Adj*; *geschr*; sehr wichtig u. deshalb als Erstes zu behandeln ⟨e-e Angelegenheit, ein Problem, e-e Aufgabe; etw. v. behandeln⟩

Vor·druck *der*; *-(e)s, -e* ≈ Formular

vor·ehe·lich *Adj*; *mst attr, nicht adv*; vor der Ehe ⟨Beziehungen, Geschlechtsverkehr⟩

vor·ei·lig *Adj*; zu schnell u. ohne gründliche Überlegung ⟨ein Entschluss, ein Schritt; etw. v. entscheiden; v. handeln⟩

vor·ei·nan·der *Adv*; einer dem anderen gegenüber ≈ wechselseitig ⟨Personen haben Angst, Hochachtung, Respekt v.⟩: *Sie verbargen ihre wahren Gefühle v.*

vor·ein·ge·nom·men *Adj*; *geschr*; ***(gegen j-n / etw.) v.***; ***(j-m / etw. gegenüber) v.*** mit Vorurteilen u. deshalb nicht objektiv, fair || *hierzu* **Vor·ein·ge·nom·men·heit** *die*; *nur Sg*

vor·ent·hal·ten; *enthält vor, enthielt vor, hat vorenthalten*; [Vt] ***j-m etw. v.*** j-m etw. nicht geben od. sagen, das ihm aber gehört od. das er wissen müsste: *j-m Informationen v.* || *hierzu* **Vor·ent·hal·tung** *die*

Vor·ent·schei·dung *die*; ein (Zwischen)Ergebnis (*mst* während e-s sportlichen Wettkampfes), das erkennen lässt, wie die endgültige Entscheidung sein wird ⟨die V. ist gefallen⟩

Vor·ent·wurf *der*; ein erster Entwurf (zur Probe)

vor·erst *Adv*; erst einmal ≈ vorläufig, zunächst (einmal): *v. ändert sich nichts*

vor·exer·zie·ren; *exerzierte vor, hat vorexerziert*; [Vt] ***(j-m) etw. v.*** *gespr*; j-m genau u. mehrere Male zeigen, wie etw. gemacht wird

Vor·fahr *der*; *-en, -en*; j-d, von dem man abstammt (u. der vor langer Zeit gelebt hat): *Viele seiner Vorfahren waren Musiker* || NB: *der Vorfahr*; *den, dem, des Vorfahren*

Vor·fah·re *der*; *-n, -n*; ↑ ***Vorfahr***

vor·fah·ren *(ist)* [Vi] **1** ***j-d*** / ⟨ein Auto *o.Ä.*⟩ ***fährt (irgendwo) vor*** j-d fährt mit seinem Auto *o.Ä. mst* vor den Eingang e-s Gebäudes u. hält dort, um j-n ein- od. aussteigen zu lassen **2** ***bis zu etw. v.*** bis zu e-r bestimmten Stelle geradeaus fahren: *Sie müssen bis zum Stoppschild v. u. dann links abbiegen* **3** ≈ vorausfahren

Vor·fahrt *die*; *-*; *nur Sg*; das Recht (*z.B.* e-s Autofahrers), als Erster fahren zu dürfen ⟨die V. beachten, verletzen; j-m die V. lassen, nehmen; sich (*Dat*) die V. erzwingen⟩: *Wer von rechts kommt, hat V.* || K-: ***Vorfahrts-, -recht, -regelung, -schild, -zeichen***; ***vorfahrt(s)-, -berechtigt***

Vor·fahrts|stra·ße *die*; e-e Straße, auf der man Vorfahrt hat

Vor·fall *der*; ein Ereignis, das *mst* als negativ empfunden wird ⟨ein Aufsehen erregender, merkwürdiger, peinlicher, unangenehmer V.⟩

vor·fal·len *(ist)* [Vi] **1** nach vorne fallen **2** ***etw. fällt vor*** etw. *mst* Unangenehmes, Peinliches od. Trauriges geschieht plötzlich ≈ etw. passiert: *Ihr seht alle so erschrocken aus, was ist denn vorgefallen?* || NB: *mst* im Partizip Perfekt

Vor·feld *das*; *-(e)s*; *nur Sg*; *mst in* ***im V. (von etw.)*** während etw. Wichtiges vorbereitet wird: *Im V. der Wahlen kam es zu Unruhen*

vor·fer·ti·gen *(hat)* [Vt] ***etw. v.*** etw. (*z.B.* Teile e-s Gebäudes, e-s Fahrzeugs) einzeln herstellen (u. dann zusammenbauen): *Baracken aus vorgefertigten Bauteilen* || *hierzu* **Vor·fer·ti·gung** *die*; *mst Sg*

Vor·film *der*; ein kurzer Film, der im Kino vor dem eigentlichen Film gezeigt wird

vor·fin·den *(hat)* [Vt] **1** ***j-n / etw. v.*** *mst* wenn man irgendwohin kommt, feststellen, dass j-d / etw. da ist (u. in e-m bestimmten Zustand ist): *viel Arbeit v.*; *etw. so v., wie man es erwartet hatte*

vor·flun·kern *(hat)* [Vt] ***j-m etw. v.*** *gespr*; j-m etw. erzählen, das nicht ganz wahr ist ≈ vorschwindeln

Vor·freu·de *die*; *nur Sg*; ***die V. (auf etw.*** *(Akk)***)*** die Freude, die man hat, wenn man etw. Angenehmes erwartet ⟨die V. auf Weihnachten, auf die Ferien⟩

vor·füh·len *(hat)* [Vi] ***bei j-m (wegen etw.) v.*** *gespr*; vorsichtig versuchen, j-s Meinung zu erfahren, bevor man ihn um etw. bittet: *Hast du schon bei deinen Eltern wegen deiner Heiratspläne vorgefühlt?*

vor·füh·ren *(hat)* [Vt] **1** ***(j-m) etw. v.*** e-m Publikum etw. zeigen ⟨e-n Film, Kunststücke, ein Theaterstück, neue Modelle v.⟩ **2** ***(j-m) etw. v.*** j-m zeigen, wie man etw. macht od. wie etw. funktioniert: *dem Kunden v., wie man den Computer bedient* || K-: ***Vorführ-, -modell*** || *hierzu* **Vor·füh·rung** *die*

V

Vor·ga·be *die*; e-e Bestimmung, e-e Richtlinie *o.Ä.*, die Maße, Mengen, Grenzen *o.Ä.* von vornherein festlegt ⟨die V. beachten; sich an die Vorgaben halten⟩ || -K: ***Gesetzes-, Ziel-***

Vor·gang *der*; **1** etw., das geschieht od. geschehen ist ≈ Geschehnis ⟨ein einfacher, komplizierter V.; ein V. spielt sich (folgendermaßen) ab; e-n V. beobachten, beschreiben, schildern⟩ **2** ≈ Entwicklung, Prozess ⟨ein betrieblicher, biologischer, historischer, interner, natürlicher, seelischer V.⟩: *Er erforscht die chemischen Vorgänge bei der Photosynthese* || -K: ***Arbeits-, Denk-, Entwicklungs-, Verbrennungs-, Verdauungs-*** **3** *Kollekt, Admin geschr*; alle Akten, die e-n bestimmten Fall betreffen ⟨e-n V. bearbeiten⟩ || ► ***vorgehen***

Vor·gän·ger *der*; *-s, -*; ***j-s V.*** j-d, der e-e Stellung, ein Amt *o.Ä.* direkt vor j-d anderem hatte ↔ Nachfolger ⟨sein V. im Amt⟩ || *hierzu* **Vor·gän·ge·rin** *die*; *-, -nen*

vor·gau·keln; *gaukelte vor, hat vorgegaukelt*; [Vt] ***j-m etw. v.*** j-m etw. absichtlich so schildern, dass er angenehme (aber falsche) Hoffnungen *o.Ä.* bekommt: *j-m e-e glückliche Zukunft, große Gewinnchancen v.*

vor·ge·ben (*hat*) [Vt] **1** ***etw. v.*** etw. behaupten, das nicht wahr ist (um sich zu entschuldigen od. um sein Verhalten zu erklären): *Er gibt vor, den Zeugen noch nie gesehen* zu *haben* **2** (***j-m***) ***etw. v.*** etw. als Richtlinie, Vorgabe bestimmen ⟨sich an die vorgegebenen Normen halten⟩ **3** (***j-m***) ***etw. v.*** *gespr*; etw. j-m geben, der vor einem sitzt *o.Ä.* || ► ***Vorgabe***

Vor·ge·bir·ge *das*; *Kollekt*; ein Gebirge, das vor e-m höheren Gebirge liegt

vor·geb·lich *Adj*; *nur attr od adv* ≈ angeblich

vor·ge·fass·t- *Adj*; *nur attr, nicht adv*; so, dass es schon feststeht, bevor man genauer darüber nachdenkt ⟨ein Plan, ein Urteil, e-e Meinung⟩

Vor·ge·fühl *das*; *mst Sg*; ***ein V.*** (***von etw.***) e-e Ahnung od. ein Gefühl, dass etw. (Bestimmtes) geschehen wird ⟨ein banges, unheimliches V.; im V. seines Glücks, seines Triumphs⟩: *Er hatte das V.*, dass *etw. Schreckliches passieren würde*

vor·ge·la·gert *Adj*; *nicht adv*; ***etw.*** (*Dat*) ***v.*** ⟨Inseln⟩ so, dass sie vor e-r Küste liegen: *die der deutschen Küste vorgelagerten Inseln*

vor·ge·hen (*ist*) [Vi] **1** ***e-e Uhr geht vor*** e-e Uhr geht zu schnell u. zeigt e-e Zeit an, die später ist als die richtige Zeit: *Mein Wecker geht etwa 5 Minuten vor* **2** ***etw. geht vor*** etw. geschieht in e-m bestimmten Augenblick: *Was geht hier eigentlich vor?*; *Keiner weiß, was in e-m Kind vorgeht* (= was das Kind denkt); *Niemand wird erfahren, was hier vorgegangen ist* **3** ***irgendwie v.*** in e-r bestimmten Art u. Weise etw. tun od. bestimmte Mittel anwenden ⟨brutal, energisch, geschickt, schlau, zögernd, raffiniert v.⟩: *Um das Problem zu lösen, muss man schrittweise v.* || K-: ***Vorgehens-, -weise*** **4** ***gegen j-n / etw. v.*** gegen j-n / etw. einschreiten, kämpfen ⟨gerichtlich gegen j-n v.⟩: *gegen die Mückenplage mit Insektenspray v.*; *Die Polizisten gingen mit Tränengas gegen die Demonstranten vor* **5** ***j-d / etw. geht vor*** j-d / etw. ist wichtiger als j-d / etw. anderes ≈ j-d / etw. hat Vorrang: *Sicherheit geht vor!* **6** (***irgendwohin***) ***v.*** *gespr*; nach vorne gehen ⟨bis zur vordersten Reihe v.⟩ **7** *gespr* ≈ vorausgehen: *Er hielt ihr die Türe auf u. sagte: „Bitte, gehen Sie vor!"* || *zu* **3** u. **4** **Vor·ge·hen** *das*; *-s*; *nur Sg* || ► ***Vorgang***

Vor·ge·schich·te *die*; *nur Sg*; **1** der früheste Zeitraum in der Geschichte der Menschen, von dem es keine schriftlichen Dokumente gibt **2** alles, was in e-r bestimmten Angelegenheit vor dem jetzigen Zeitpunkt geschehen ist ⟨die V. e-r Krankheit, e-s Ereignisses, e-r Entscheidung; etw. hat e-e lange V.⟩ || *zu* **1** **vor·ge·schicht·lich** *Adj*

Vor·ge·schmack *der*; *nur Sg*; ***ein V.*** (***von etw.***) ein Eindruck von etw., der zeigt, wie das Ganze einmal sein wird ⟨e-n V. von etw. bekommen; j-d / etw. gibt j-m e-n kleinen V. von etw.⟩

Vor·ge·setz·te *der*; *-n, -n*; j-d, der in e-r Firma, beim Militär, in e-m Amt *o.Ä.* e-n höheren Rang hat u. so bestimmt, was andere Personen machen müssen ⟨j-s unmittelbarer Vorgesetzter⟩ || NB: *ein Vorgesetzter*; *der Vorgesetzte*; *den, dem, des Vorgesetzten*

vor·ges·tern *Adv*; an dem Tag, der vor gestern war ≈ vor zwei Tagen: *die Zeitung von v.* || ID ***von v. sein*** *gespr*; nicht über die neueste Entwicklung informiert sein || *hierzu* **vor·gest·rig** *Adj*

vor·grei·fen (*hat*) [Vi] **1** (***j-m***) ***v.*** *geschr*; schneller od. früher als j-d anderer etw. sagen od. tun ≈ j-m zuvorkommen: *Ich möchte Ihnen nicht v., aber wir sollten zunächst vielleicht doch über die Finanzierung des Projekts sprechen* **2** ***etw.*** (*Dat*) ***v.*** *geschr*; zu schnell handeln, ohne etw. Bestimmtes abzuwarten (auf das man hätte warten sollen) ⟨e-m Beschluss, e-r Entscheidung, e-r Stellungnahme v.⟩ **3** bei e-m Bericht od. e-r Erzählung von etw. sprechen, das erst später kommen sollte ≈ etw. vorwegnehmen || *zu* **2** u. **3** **Vor·griff** *der*

vor·ha·ben; *hat vor, hatte vor, hat vorgehabt*; [Vt] ***etw. v.*** die Absicht haben, etw. zu tun ≈ beabsichtigen ⟨viel, nichts, Großes v.⟩: *Was hast du am Sonntag vor?*; *Er hat vor, sein Haus* zu *verkaufen*

Vor·ha·ben *das*; *-s, -*; *geschr*; etw., das man tun will ≈ Plan, Absicht ⟨ein schwieriges, umfangreiches V.; ein V. ausführen, verwirklichen; j-m von seinem V. abraten⟩ || -K: ***Bau-, Forschungs-***

vor·hal·ten (*hat*) [Vt] **1** (***j-m / sich***) ***etw. v.*** etw. vor j-n / sich halten ⟨sich (*Dat*) beim Gähnen die Hand v.; j-m e-n Spiegel v.⟩ **2** ***j-m etw. v.*** j-m sehr direkt sagen, was er falsch gemacht hat ≈ j-m etw. vorwerfen; [Vi] **3** ***etw. hält*** + *Zeitangabe* ***vor*** etw. reicht für e-e bestimmte Zeit: *Das Essen hielt nicht lange vor* (= wir bekamen bald wieder Hunger) || NB: *mst* verneint

Vor·hal·tung *die*; *-, -en*; *mst* ***j-m*** (***wegen etw.***) ***Vorhaltungen machen*** ≈ j-m Vorwürfe machen

vor·han·den *Adj*; *nicht adv*; so, dass es da ist, existiert: *Die vorhandenen Freikarten waren schnell vergeben*; *Vom Vermögen seines Vaters ist nichts mehr v.* || *hierzu* **Vor·han·den·sein** *das*; *-s*; *nur Sg*

Vor·hang *der*; *-(e)s, Vor·hän·ge*; **1** ein langes Stück Stoff, das *mst* neben e-m Fenster hängt u. das man vor das Fenster ziehen kann ≈ Gardine ⟨e-n V. aufziehen, zuziehen; die Vorhänge öffnen, schließen, aufhängen, abnehmen⟩ || K-: ***Vorhang-, -ring, -stange, -stoff*** || -K: ***Plüsch-, Samt-*** **2** der V. (1) vor der Bühne e-s Theaters ⟨der V. fällt, geht auf, hebt sich, senkt sich, öffnet sich⟩ || ↑ *Abb. unter* ***Theater*** **3** ***der Eiserne V.*** *hist*; verwendet als Bezeichnung für die (ideologische) Grenze zwischen den Ländern des kapitalistischen Westens u. des sozialistischen Ostens nach dem 2. Weltkrieg

Vor·hän·ge|schloss *das*; ein Schloss[1], das nicht in e-r Tür eingebaut ist, sondern das davor gehängt wird

Vor·haut *die*; die Haut, die den vorderen Teil des Penis (die Eichel) bedeckt

vor·hei·zen (*hat*) [Vt] ***etw. v.*** *mst* den Backofen, das Backrohr vor dem Backen warm werden lassen

vor·her, vor·her *Adv*; vor e-m bestimmten Zeitpunkt ≈ zuvor ↔ nachher, danach ⟨kurz v.; am Tag v.; zwei Wochen v.; etw. v. sagen, wissen⟩:

Das hättest du v. sagen müssen!; *Konntest du dir das nicht v. überlegen?* || NB: *etw. vorher sagen* (getrennt geschrieben) = etw. vor e-m bestimmten Zeitpunkt sagen, aber: *etw. vorhersagen* (zusammengeschrieben) = sagen, was in der Zukunft geschehen wird

vor·her·be·stimmt *Adj*; *mst in* ***es ist*** **(*j-m*)** ***v., dass*** **...** etw. ist j-s Schicksal

vor·he·ri·g- *Adj*; *nur attr, nicht adv*; vor e-m bestimmten Zeitpunkt od. vor der eigentlichen Handlung ⟨ohne vorherige Warnung; nur nach vorheriger Anmeldung, Absprache⟩

Vor·herr·schaft *die*; *nur Sg*, *geschr*; die Macht *bes* in der Politik, in der Wirtschaft od. in der Kultur (von der andere abhängig sind) ≈ Vormachtstellung ⟨die V. anstreben, ausüben, erlangen; um die V. kämpfen, streiten⟩

vor·herr·schen (*hat*) [Vi] ***etw. herrscht vor*** etw. ist stärker od. weiter verbreitet als etw. Ähnliches ≈ etw. dominiert, überwiegt ⟨e-e Ansicht, ein Geschmack, e-e Meinung, e-e Mode, ein Klima⟩

Vor·her·sa·ge *die*; *-, -n*; ***die V.*** **(*über etw.*** (*Akk*)**)** e-e Aussage über zukünftige Entwicklungen *o.Ä.* ⟨e-e langfristige V.; e-e V. erfüllt sich⟩: *Die V. über den Ausgang der Wahlen hat sich bestätigt* || -K: ***Wetter-***

vor·her·sa·gen; *sagte vorher, hat vorhergesagt*; [Vt] **(*j-m*)** ***etw. v.*** (j-m) sagen, dass etw. später geschehen wird ⟨ein Gewitter, e-e Katastrophe, e-n Schneesturm v.⟩ || *hierzu* **vor·her·sag·bar** *Adj*

vor·her·se·hen; *sieht vorher, sah vorher, hat vorhergesehen*; [Vt] ***etw. v.*** wissen, was in der Zukunft geschieht ≈ voraussehen: *Er konnte nicht v., welche Folgen die Erfindung haben würde* / dass *er so großen Erfolg haben würde* || *hierzu* **vor·her·seh·bar** *Adj*

vor·hin, vor·hin *Adv*; vor wenigen Minuten, gerade (eben): *V. schien noch die Sonne, u. jetzt regnet es schon wieder*

Vor·hi·nein *Adv*; *nur in* ***im V.*** schon vorher ≈ von vornherein ⟨etw. im V. ablehnen, verurteilen⟩

Vor·hof *der*; **1** ein kleiner Hof vor e-m großen Gebäude ⟨der V. e-s Tempels, e-r Burg⟩ **2** *Med*; eine der beiden Kammern des Herzens, in die das Blut fließt, das vom Körper zum Herzen kommt

Vor·hut *die*; *-*; *nur Sg*, *Kollekt*, *Mil*; e-e Gruppe von Soldaten, die der Truppe vorausmarschiert od. vorausfährt (um den Weg zu erkunden u. zu sichern) ↔ Nachhut

vo·ri·g- *Adj*; *nur attr, nicht adv*; direkt vor dem jetzigen Zeitpunkt *o.Ä.* ≈ letzt- ↔ nächst-: *vorige Woche, vorigen Januar, Februar usw*; *voriges Mal*; *die vorige Ausgabe der Zeitung*; *der vorige Präsident*; *im Dezember vorigen Jahres*

Vor·jahr *das*; das vorige, vergangene Jahr || K-: ***Vorjahres-, -ernte, -sieger*** || *hierzu* **vor·jäh·ri·g-** *Adj*; *nur attr, nicht adv*

vor·jam·mern (*hat*) [Vt] ***j-m etw. v.*** *gespr*; sich bei j-m laut u. lange über etw. beklagen

vor·kämp·fen, sich (*hat*) [Vr] ***sich irgendwohin v.*** unter großen Schwierigkeiten zu e-r Stelle kommen: *Die Feuerwehr kämpfte sich zum Zentrum des Brandes vor*

Vor·kämp·fer *der*; j-d, der viel dafür tut, dass e-e Idee od. e-e Lehre bekannt wird ≈ Wegbereiter

vor·kau·en (*hat*) [Vt] ***j-m etw. v.*** *gespr*; j-m etw. sehr lange u. mit vielen Details erzählen od. erklären

Vor·keh·rung *die*; *-, -en*; *mst Pl*; eine der Maßnahmen, die vor etw. schützen sollen ≈ Vorsorgemaßnahme ⟨Vorkehrungen treffen⟩

Vor·kennt·nis *die*; *mst Pl*; Kenntnisse auf e-m bestimmten Gebiet, die man bereits erworben hat: *Dieser Sprachkurs ist für Teilnehmer mit Vorkenntnissen*

vor·knöp·fen (*hat*) [Vt] **1** ***sich*** (*Dat*) ***j-n v.*** *gespr*; j-n für e-n Fehler od. für sein schlechtes Verhalten tadeln **2** ***sich*** (*Dat*) ***etw. v.*** *gespr hum*; sich mit etw. beschäftigen: *Jetzt werde ich mir das Kreuzworträtsel v.*

vor·ko·chen (*hat*) [Vt/i] **(*etw.*)** ***v.*** die Speisen für e-e Mahlzeit vorher kochen, sodass man sie später nur warm zu machen braucht

vor·kom·men (*ist*) [Vi] **1** ***etw. kommt irgendwo vor*** etw. existiert irgendwo od. ist vorhanden: *Koalabären kommen nur in Australien vor* **2** ***etw. kommt*** **(*j-m*)** ***vor*** etw. passiert, geschieht (j-m): *So etwas* / *So e-e Unverschämtheit ist mir noch nie vorgekommen!*; Es *kann schon mal v.*, dass *man keine Lust zum Arbeiten hat* **3** ***j-d / etw. kommt j-m irgendwie vor*** j-d / etw. macht e-n bestimmten Eindruck auf j-n ⟨j-d / etw. kommt j-m bekannt, eigenartig, komisch, merkwürdig, seltsam vor⟩: Es *kam mir verdächtig vor*, dass *er seinen Namen nicht nennen wollte*; Es *kam mir* (*so*) *vor*, als ob *er das alles so geplant hätte* **4** ***j-d kommt sich*** (*Dat*) ***irgendwie vor*** j-d hat das Gefühl, irgendwie zu sein: *Ich kam mir wie ein König vor* **5** *gespr*; nach vorne kommen || ID ***Wie kommst 'du mir eigentlich vor?*** *gespr*; verwendet, um j-m zu sagen, dass man sein Verhalten unverschämt findet

Vor·kom·men *das*; *-s, -*; **1** das Vorhandensein von Bodenschätzen (*mst* in großer Menge) || -K: ***Erz-, Gold-, Kohle-, Kupfer-*** **2** *nur Sg*; das Vorhandensein von etw.: *Das V. von Schlangen in diesem Gebiet ist normal*

Vor·komm·nis *das*; *-ses, -se*; *geschr*; etw. *mst* Unangenehmes od. Ärgerliches, das geschieht ≈ Vorfall: *Die Kundgebung verlief ruhig u. ohne besondere Vorkommnisse*

Vor·kriegs- *im Subst*, *wenig produkiv*; verwendet, um auszudrücken, dass das Genannte in die Zeit vor einem der beiden Weltkriege fiel; die ***Vorkriegszeit***, die ***Vorkriegsverhältnisse***

vor·la·den (*hat*) [Vt] *mst* ***j-d wird vorgeladen*** j-d wird offiziell aufgefordert, *bes* vor e-m Gericht od. der Polizei zu erscheinen ⟨j-d wird als Zeuge, zur Verhandlung vorgeladen⟩ || *hierzu* **Vor·la·dung** *die*

Vor·la·ge *die*; **1** *nur Sg*; das Vorlegen (1) e-s Dokuments: *etw. zur V. beim Standesamt benötigen*; *etw. nur gegen V. der Quittung erhalten* **2** e-e Art Plan od. ein Muster, nach dem man etw. (*mst* in Handarbeit) herstellt: *Halte dich genau an die V.!*; *Ich habe den Pullover zu eng gestrickt, weil ich keine V. hatte* || -K: ***Bastel-, Mal-, Stick-, Zeichen-*** **3** *Admin*; der Entwurf für ein neues Gesetz || -K: ***Gesetzes-***

vor·las·sen (*hat*) [Vt] ***j-n v.*** *gespr*; (*bes* in e-m Geschäft od. an e-m Schalter) erlauben, dass j-d früher als man selbst bedient *o.Ä.* wird: *j-n an der Kasse im Supermarkt v.*

Vor·lauf *der*; **1** *Sport*; ein Lauf in der ersten Runde e-s Wettlaufs, bei dem man sich für die weitere Teilnahme am Wettlauf qualifiziert ⟨schon im V. ausscheiden⟩ **2** *nur Sg*; e-e Schaltung e-s Kassetten- od. Videogeräts *usw*, bei der das Band sich sehr schnell vorwärts bewegt ↔ Rücklauf

vor·lau·fen (*ist*) [Vi] *gespr*; **1** nach vorne laufen **2** ≈ vorauslaufen

Vor·läu·fer *der*; **1** ***ein V.*** (+ *Gen*) j-d, der als Erster e-e Idee, e-n Stil, e-e Weltanschauung *o.Ä.* hat, die erst später allgemein bekannt wird: *ein V. der abstrakten Malerei* **2** ***ein V.*** (+ *Gen*) e-e frühe, noch wenig entwickelte, einfache Form e-s Geräts *o.Ä.*:

der Phonograph von Edison als V. des Plattenspielers

vor·läu·fig *Adj*; nur vorübergehend gültig, nicht endgültig ≈ provisorisch ↔ endgültig ⟨e-e Genehmigung, ein Ergebnis, e-e Regelung⟩: *Er wohnt v. bei seinem Freund, bis er e-e eigene Wohnung findet* || hierzu **Vor·läu·fig·keit** *die; nur Sg*

vor·laut *Adj*; so, dass man überall seine Meinung sagt, auch wenn man nicht danach gefragt wurde ↔ schüchtern ⟨ein Kind, ein Schüler; v. fragen⟩

vor·le·gen (*hat*) [Vt] **1** (***j-m*** / ⟨e-r Behörde *o.Ä.*⟩) ***etw. v.*** ein Dokument zu e-r Behörde *o.Ä.* bringen (*bes* wenn man e-n Antrag stellen will) ⟨(j-m) ein Attest, Beweismaterial, e-e Bescheinigung, seine Papiere, seine Zeugnisse v.⟩ **2** ***j-m etw.*** (***zu etw.***) ***v.*** *geschr*; j-m etw. geben, damit er es bearbeiten kann: *j-m e-e Anfrage (zur Beantwortung), e-n Brief (zur Unterschrift), ein Gutachten (zur Prüfung) v.* **3** (***j-m***) ***etw. v.*** etw. der Öffentlichkeit bekannt machen ⟨ein Buch, wichtige Ergebnisse v.⟩: *Der Autor legt seinen zweiten Roman vor* **4** *mst* ***ein scharfes Tempo v.*** *gespr*; (zu Beginn e-s Wettkampfs *o.Ä.*) ganz schnell sein || ► ***Vorlage***

Vor·leis·tung *die; geschr*; e-e Leistung od. Arbeit, bevor *bes* ein Vertrag geschlossen wird: *Keiner der Verhandlungspartner war zu Vorleistungen bereit*

vor·le·sen (*hat*) [Vt/i] (***j-m***) (***etw.***) ***v.*** etw. laut lesen, damit andere es hören: *den Kindern Märchen v.* || K-: ***Vorlese-, -wettbewerb***

Vor·le·sung *die*; ***e-e V.*** (***über etw.*** (*Akk*)) ein Vortrag od. e-e Reihe von Vorträgen über ein bestimmtes Thema, die ein Professor od. Dozent regelmäßig für die Studenten seiner Universität hält ⟨e-e V. halten; in die V. gehen; e-e V. besuchen⟩ || K-: ***Vorlesungs-, -beginn, -verzeichnis***

vor·le·sungs·frei *Adj*; ⟨die Zeit⟩ so, dass während dieser Zeit an den Universitäten keine Vorlesungen *o.Ä* stattfinden

vor·letz·t- *Adj; nur attr, nicht adv*; **1** direkt vor dem Letzten e-r bestimmten Reihe od. Gruppe: *auf der vorletzten Seite der Zeitung; Der Letzte u. der Vorletzte der Tabelle steigen ab* **2** zeitlich direkt vor dem letzten: *vorletzte Woche* (= nicht letzte Woche, sondern die Woche davor); *vorletzten Mittwoch*

> **vor·lieb neh·men**; *nimmt vorlieb, nahm vorlieb, hat vorlieb genommen*; [Vi] ***mit j-m / etw. v. n.*** *geschr*; mit j-m / etw. zufrieden sein, obwohl man j-d anderen / etw. anderes erwartet od. gewollt hat: *mit e-r kleinen, lauten Wohnung v. n. müssen*

Vor·lie·be *die; mst Sg*; ***e-e V.*** (***für j-n / etw.*** (*mst Pl*)) ein besonderes Interesse für ≈ Neigung: *Er hat e-e V. für Blondinen / schnelle Autos; Sie trägt mit V.* (= am liebsten) *kurze Röcke*

vor·lie·gen (*hat*) [Vi] **1** ***etw. liegt*** (***j-m***) ***vor*** etw. ist zu j-m gebracht worden, um geprüft od. bearbeitet zu werden ⟨ein Antrag, e-e Anfrage, ein Gutachten, Pläne⟩: *Uns liegen so viele Bestellungen vor, dass sich die Lieferung etwas verzögern wird* **2** ***etw. liegt vor*** etw. ist fertig gedruckt, veröffentlicht ⟨ein Buch⟩: *Die neueste Ausgabe des Wörterbuchs liegt jetzt vor* **3** ***etw. liegt*** (***gegen j-n***) ***vor*** etw., das für die Beurteilung von etw. relevant ist, ist vorhanden od. bekannt ⟨Anhaltspunkte, Gründe, der Verdacht⟩: *Er wurde freigelassen, da gegen ihn nichts vorlag* **4** ***etw. liegt vor*** es handelt sich um etw. ⟨Brandstiftung, ein Irrtum, ein Missverständnis⟩: *Ein Verschulden des Taxifahrers liegt nicht vor*

vor·lü·gen (*hat*) [Vi] ***j-m etw. v.*** *gespr*; j-m Lügen erzählen

vorm *Präp mit Artikel; gespr*; vor dem

vor·ma·chen (*hat*) [Vt] **1** (***j-m***) ***etw. v.*** j-m zeigen, wie etw. gemacht wird, damit er es dann auch selbst kann ≈ vorführen: *(j-m) e-n Handstand v.; j-m v., wie man ein Rad wechselt* **2** ***j-m etw. v.*** *gespr*; j-n mit Lügen od. mit e-m Trick täuschen: *Ich lasse mir nichts v.!; Mir kann keiner was v.!* **3** ***sich*** (*Dat*) ***etw. v.*** von etw. (*mst* Positivem) überzeugt sein, das nicht der Wirklichkeit entspricht: *Mach dir doch nichts vor, du hast doch keine Chance, die Stelle zu bekommen!; Wir wollen uns doch nichts v.* (= Lasst uns doch offen miteinander reden)

Vor·macht *die; nur Sg* ≈ Vorherrschaft, Hegemonie || K-: ***Vormacht-, -stellung***

vor·ma·li·g- *Adj; nur attr, nicht adv, geschr* ≈ ehemalig

vor·mals *Adv; geschr* ≈ früher, ehemals

Vor·marsch *der*; **1** die Bewegung der Truppe in die Richtung des Feindes ↔ Rückzug ⟨Truppen *o.Ä.* sind auf dem V.⟩ **2** ***etw. ist auf dem V., etw. befindet sich auf dem V.*** etw. breitet sich aus, etw. wird überall bekannt ⟨e-e Idee, e-e Mode, e-e Seuche⟩

vor·mer·ken (*hat*) [Vt] **1** ***sich*** (*Dat*) ***etw. v.*** etw. aufschreiben, damit man später daran denkt ⟨e-n Termin, e-e Bestellung v.⟩ **2** ***j-n*** (***als / für etw.***) ***v.*** aufschreiben, dass j-d an etw. Interesse hat od. an etw. teilnehmen möchte ⟨sich als Teilnehmer v. lassen; j-n für e-n Kurs v.⟩ || K-: ***Vormerk-, -buch*** || *hierzu* **Vor·mer·kung** *die*

Vor·mie·ter *der*; der Mieter, der direkt vor j-d anderem in e-r Wohnung wohnte ↔ Nachmieter

Vor·mit·tag *der*; **1** die Zeit zwischen dem Morgen u. 12 Uhr ⟨am V.⟩ || -K: ***Sommer-, Winter-; Sonntag-, Montag-*** *usw* **2** am V. (1) ↔ Nachmittag ⟨gestern, heute, morgen V.⟩ || NB: Mit den Namen von Wochentagen zusammengeschrieben: *Er kam Sonntagvormittag*

vor·mit·tags *Adv*; am Vormittag ↔ nachmittags

Vor·mund *der; -(e)s, -e / Vor·mün·der*; j-d, der für ein Kind die Eltern vertritt od. für e-n geistig kranken Menschen Entscheidungen trifft (u. für ihn *z.B.* Verträge unterschreibt) ⟨j-n zum V. bestellen⟩

Vor·mund·schaft *die; -, -en*; das rechtliche Verhältnis zu e-m Kind ohne Eltern od. zu e-m geistig kranken Menschen, für die man Entscheidungen trifft ⟨j-m die V. übertragen, entziehen; j-n unter V. stellen; unter V. stehen⟩: *Als seine Eltern starben, übernahm sein Onkel die V. für ihn* || K-: ***Vormundschafts-, -gericht***

vorn *Adv*; **1** ***nach / von v.*** in die / aus der Richtung, in die j-d blickt ↔ nach / von hinten ⟨nach v. sehen, gehen⟩: *Der Wind kam von v.* **2** auf der vorderen Seite ↔ hinten: *Der Rock ist v. länger als hinten* **3** im vorderen Teil od. am vorderen Rand ↔ hinten: *Der kleine Junge steht am liebsten v. neben dem Busfahrer; weiter v. im Buch* **4** ***j-d ist / liegt v.***; ⟨Personen⟩ ***sind / liegen v.*** j-d ist auf dem ersten Platz / Personen sind auf einem der ersten Plätze (bei e-m Rennen *o.Ä.*) **5** ***von v.*** von neuem ⟨wieder von v. (mit etw.) anfangen (müssen)⟩ **6** ***von v. bis hinten*** *gespr* ≈ ganz, vollständig: *Was er sagt, ist von v. bis hinten erlogen!*

Vor·na·me *der*; der Name, den man zusätzlich zum Familiennamen bekommt u. mit dem man in der Familie u. von Freunden angeredet wird: *Sein V. ist Hans; Mit Vornamen heißt er Hans*

vor·ne *Adv*; ↑ ***vorn***

vor·nehm *Adj*; **1** sehr gepflegt u. sehr teuer ≈ elegant ↔ ärmlich ⟨e-e Einrichtung, ein Geschäft, ein Hotel, e-e Straße, ein Stadtviertel; v. wohnen; v. gekleidet⟩ **2** mit gutem u. großzügigem Charakter ≈ edel (1), nobel ↔ gemein ⟨ein Mensch, e-e Gesinnung, e-e Haltung⟩ **3** ⟨e-e Familie, die Gesellschaft⟩ so, dass sie zur Oberschicht gehören **4** ***v. tun*** *gespr pej*; sich so verhalten, als wäre man v. (3) || *hierzu* **Vor·nehm·heit** *die*; *nur Sg*

vor·neh·men *(hat)* [Vt] **1** ***etw. v.*** *geschr*; (als Beamter *o.Ä.*) etw. Wichtiges od. Offizielles tun ⟨e-e Amtshandlung, Kontrollen, e-e Untersuchung, die Trauung v.⟩ **2** ***sich*** *(Dat)* ***j-n v.*** *gespr*; j-n streng tadeln ≈ sich j-n vorknöpfen: *Er nahm sich seinen Sohn gründlich vor, als dieser sich geprügelt hatte* **3** ***sich*** *(Dat)* ***etw. v.*** etw. planen od. beschließen: *Nimm dir nicht zu viel vor!*; *Für das neue Jahr hat er sich vorgenommen, mit dem Rauchen aufzuhören* **4** ***sich*** *(Dat)* ***etw. v.*** sich mit etw. (gründlich) beschäftigen || *zu* **1 Vor·nah·me** *die*; -; *nur Sg*

vor·nehm·lich *Adv*; *geschr* ≈ hauptsächlich, insbesondere

vor·ne·weg *Adv* ≈ vorweg

vorn·he·rein *Adv*; *mst in* ***von v.*** von Anfang an ⟨etw. von v. ablehnen, sagen, wissen⟩

vorn·über *Adv*; nach vorne

vorn·über|beu·gen, sich; *beugte sich vornüber, hat sich vornübergebeugt*; [Vr] ***sich v.*** sich nach vorne beugen

vorn·weg, vorn·weg *Adv* ≈ vorweg

Vor·ort *der*; ein (*mst* kleiner) Ort am Rande e-r großen Stadt ↔ Zentrum: *Wohnst du im Zentrum von Köln od. in e-m V.?* || K-: ***Vorort-, -bahn, -straße, -verkehr, -zug*** || -K: ***Arbeiter-, Villen-***

Vor·platz *der*; ein freier Platz (1) vor e-m großen Gebäude || -K: ***Bahnhofs-***

vor·pre·schen *(ist) gespr*; [Vi] **1** sich mit hoher Geschwindigkeit nach vorne bewegen ⟨ein Angreifer, ein Läufer, ein Sprinter⟩ **2** in e-r Verhandlung, Besprechung *o.Ä.* etw. voreilig sagen

vor·pro·gram·miert *Adj*, *nicht adv*; so, dass es mit Sicherheit geschieht, eintritt *o.Ä.* ⟨ein Erfolg, ein Konflikt, e-e Niederlage⟩

Vor·rang *der*; *nur Sg*; ***V.*** ***(vor j-m / etw.)*** die größere Bedeutung als e-e andere Person od. Sache ⟨V. gegenüber, vor j-m / etw. haben; j-m den V. streitig machen⟩ || K-: ***Vorrang-, -stellung***

vor·ran·gig *Adj*; **1** *nicht adv*; so, dass es wichtiger als etw. anderes ist ⟨ein Anliegen, e-e Aufgabe⟩ **2** *nur adv*; zuerst, als Erstes ⟨etw. v. behandeln, erledigen⟩ || *hierzu* **Vor·ran·gig·keit** *die*; *nur Sg*

Vor·rat *der*; *-(e)s, Vor·rä·te*; *Kollekt*; e-e Menge von etw., die man aufbewahrt, damit man immer genug davon hat ≈ Reserve ⟨ein begrenzter, unerschöpflicher V.; ein V. an / von Getreide, Lebensmitteln, Kohlen; der V. geht zu Ende, ist aufgebraucht; e-n V. anlegen⟩ || K-: ***Vorrats-, -kammer, -keller, -raum, -wirtschaft*** || -K: ***Getreide-, Lebensmittel-, Waren-, Winter-***

vor·rä·tig *Adj*; *mst präd*, *nicht Adv*; im Lager vorhanden ⟨Waren, Produkte sind v.; etw. v. haben⟩

Vor·raum *der*; ein kleiner Raum vor e-r Wohnung, e-m Amts- od. Dienstzimmer: *Bitte warten Sie im V.!*

vor·rech·nen *(hat)* [Vt] **1** ***(j-m) etw. v.*** etw. langsam rechnen, um j-m zu zeigen, wie man es machen muss: *Wer kann die Aufgabe an der Tafel v.?* **2** ***j-m etw. v.*** ganz genau aufzählen, was man j-m vorzuwerfen hat: *Sein Chef rechnete ihm vor, was er in letzter Zeit alles versäumt hatte*

Vor·recht *das*; ein besonderes Recht, das nur wenige haben ≈ Privileg ⟨ein V. genießen; j-m ein V. einräumen⟩

Vor·re·de *die*; **1** *gespr*; einleitende Sätze, die j-n auf e-e Mitteilung vorbereiten sollen: *Erzähl, was los war u. halte keine langen Vorreden!* **2** *veraltend* ≈ Vorwort

Vor·rich·tung *die*; -, *-en*; e-e Konstruktion an e-m größeren Gegenstand, die e-e bestimmte Hilfsfunktion hat: *Der Lastwagen hat e-e V. zum Kippen* || -K: ***Brems-, Dreh-, Halte-***

vor·rü·cken *(hat / ist)* [Vt] *(hat)* **1** ***etw. v.*** etw. nach vorne schieben: *Bevor die Maler kommen, müssen wir die Möbel v.*; [Vi] *(ist)* **2** ***etw. rückt vor*** etw. bewegt sich langsam voran ⟨der Uhrzeiger, die Stunden, die Zeit⟩ **3** ⟨Personen⟩ ***rücken vor*** mehrere Personen bewegen sich mit kleinen Schritten nach vorne **4** ***j-d*** / ⟨e-e Mannschaft *o.Ä.*⟩ ***rückt vor*** j-d / e-e Mannschaft *o.Ä.* kommt auf e-n höheren Rang: *Unsere Mannschaft ist auf den ersten Platz vorgerückt* **5** ⟨Truppen, Soldaten⟩ ***rücken vor*** Truppen, Soldaten marschieren in die Richtung des Feindes || ID ***in vorgerücktem Alter*** *geschr*; in e-m ziemlich hohen Alter; ***zu / in vorgerückter Stunde*** *geschr*; ziemlich spät

Vor·ru·he·stand *der*; ein freiwilliger (nicht durch Krankheit bedingter) Ruhestand vor dem normalen Rentenalter ⟨in den V. gehen⟩

Vor·run·de *die*; *Kollekt*, *Sport*; **1** die Spiele der ersten Hälfte der Meisterschaft ↔ Rückrunde **2** die Spiele der ersten Runde e-s Turniers || K-: ***Vorrunden-, -spiel***

vors *Präp mit Artikel*; *gespr*; vor das

vor·sa·gen *(hat)* [Vt/i] **1** ***(j-m) (etw.) v.*** e-m Mitschüler heimlich e-e Antwort (auf e-e Frage des Lehrers) sagen; [Vt] **2** ***(j-m) etw. v.*** etw. sagen, das andere wiederholen sollen: *Der Lehrer sagt den englischen Satz langsam vor, die Schüler sprechen ihn nach* **3** ***sich*** *(Dat)* ***etw. v.*** etw. leise vor sich hin sagen, um es nicht zu vergessen ⟨sich e-e Adresse, e-e Telefonnummer, Vokabeln v.⟩

Vor·sai·son *die*; die Zeit (direkt vor der Hauptsaison), in der es noch ziemlich wenig Tourismus gibt ↔ Nachsaison || K-: ***Vorsaison(s)-, -preis***

Vor·satz *der*; ein Prinzip od. e-e Idee, an die man sich in Zukunft halten will ≈ Entschluss ⟨e-n V. fassen; viele gute Vorsätze haben; bei seinem V. bleiben⟩: *Er hat den festen V., weniger zu arbeiten*

vor·sätz·lich *Adj*; *nur attr od adv*, *geschr*; mit voller Absicht ≈ absichtlich ↔ versehentlich ⟨j-n v. beleidigen, etw. v. beschädigen⟩ || *hierzu* **Vor·sätz·lich·keit** *die*; *nur Sg*

Vor·schau *die*; ***e-e V.*** ***(auf etw.*** *(Akk)*) e-e Ankündigung von (Fernseh)Sendungen od. Veranstaltungen: *e-e V. auf das heutige Abendprogramm* || -K: ***Programm-***

Vor·schein *der*; *geschr*, *mst in* **1** ***etw. kommt zum V.*** etw. wird sichtbar: *Die Sonne kam kurz hinter den Wolken zum V.* **2** ***etw. zum V. bringen*** etw. irgendwo herausholen, sodass man es sehen kann

vor·schi·cken *(hat)* [Vt] **1** ***j-n v.*** j-n beauftragen, etw. zu tun, was man selbst nicht tun möchte: *Sie schicken immer ihren kleinen Bruder vor, wenn sie vom Opa Süßigkeiten wollen* **2** ***etw. v.*** *gespr*; etw. im Voraus irgendwohin schicken

vor·schie·ben *(hat)* [Vt] **1** ***etw. v.*** etw. nach vorne schieben ⟨den Hut, die Mütze, die Unterlippe v.⟩ **2** ***etw. v.*** *mst* e-n Riegel vor e-e Tür od. ein Tor schieben, damit sie fest verschlossen sind **3** ***etw. v.*** *geschr*; etw. als Ausrede verwenden, wenn man den wahren Grund für etw. nicht nennen will ≈ vorschützen ⟨Kopfschmerzen, e-e Verabredung, e-e dringende Besorgung v.⟩ **4** ***j-n v.*** *geschr*; j-n für sich handeln lassen, damit es so aussieht, als habe man selbst nichts damit zu tun ⟨e-n Strohmann v.⟩ || ► ***Vorschub***

vor·schie·ßen [Vt] *(hat)* **1** ***j-m etw. v.*** *gespr*; j-m e-n

Teil e-r Geldsumme geben, die ihm erst später gegeben werden soll ≈ j-m etw. vorstrecken: *Kannst du mir zehn Euro (von meinem Taschengeld) v.?*; Vi (*ist*) **2 *j-d / etw. schießt irgendwo vor*** *gespr*; j-d / etw. bewegt sich sehr rasch nach vorn || ► ***Vorschuss***

Vor·schlag *der*; der Rat od. die Empfehlung an j-n, etw. Bestimmtes zu tun ⟨ein annehmbarer, diskutabler, guter, konkreter, konstruktiver V.; e-n V. ablehnen, annehmen; j-m e-n V. machen; auf e-n V. eingehen⟩: *Auf V. des Chefs findet der Betriebsausflug im Juli statt* || -K: ***Abrüstungs-, Kompromiss-, Verbesserungs-, Wahl-*** || ID ***ein V. zur Güte*** ein V., wie man sich ohne Streit einigen könnte

vor·schla·gen (*hat*) Vt **1 (*j-m*) *etw. v.*** j-m e-n Rat od. e-e Empfehlung geben: *Er schlug e-n Kompromiss vor*; *Er schlägt vor, das Spiel abzubrechen*; *Ich schlage vor*, dass *wir umkehren* **2 *j-n* (*für / als etw.*) *v.*** j-n für e-e Aufgabe, als Kandidaten *o.Ä.* empfehlen: *Sie hat Herrn Müller für den Posten des Kassenprüfers vorgeschlagen*; *Er wurde als neuer Trainer vorgeschlagen* || K-: ***Vorschlags-, -recht***

vor·schnell *Adj*; zu schnell u. ohne genug Überlegung ≈ voreilig, übereilt ⟨e-e Antwort, ein Entschluss; v. handeln, urteilen, entscheiden⟩

vor·schrei·ben (*hat*) Vt **1 *j-m etw. v.*** j-m zeigen, wie man etw. schreiben muss: *den Schülern ein schwieriges Wort v.* **2 (*j-m*) *etw. v.*** j-m sagen od. befehlen, was er tun muss ≈ anordnen, bestimmen: *j-m v.*, wie *er sich verhalten soll*, was *er zu tun hat*; *j-m die Route v., die er fahren muss*; *sich von j-m nichts v. lassen*; *Das Gesetz, das Protokoll, die Verfassung schreibt vor*, dass…

Vor·schrift *die*; e-e Bestimmung, die besagt, was man in e-m bestimmten Fall tun muss ≈ Anordnung ⟨e-e strenge, genaue, dienstliche V.; e-e V. beachten, befolgen, erlassen, verletzen; j-m Vorschriften machen; gegen die Vorschrift verstoßen; sich an die Vorschriften halten; etw. genau nach V. tun⟩ || NB: ↑ ***Dienst*** (10)

vor·schrifts·ge·mäß *Adj* ≈ vorschriftsmäßig

vor·schrifts·mä·ßig *Adj*; so, wie es in den Vorschriften steht ⟨j-d ist v. abgesichert, gekleidet, angegurtet; etw. ist v. verpackt; etw. v. ausfüllen, bedienen, lagern, melden⟩

vor·schrifts·wid·rig *Adj*; nicht so, wie es in der Vorschrift steht ↔ vorschriftsmäßig ⟨Überholen, ein Verhalten; v. parken⟩

Vor·schub *der*; *mst in* ***j-d / etw. leistet j-m / etw. V.*** *geschr*; j-d / etw. hilft, dass j-d / etw. sich (negativ) entwickelt, dass etw. Negatives Erfolg hat ≈ j-d / etw. begünstigt j-n / etw.: *Wer sein Auto nicht abschließt, leistet den Dieben V.*

Vor·schul·al·ter *das*; *nur Sg*; das Alter e-s Kindes, kurz bevor es in die Schule kommt (also 5-6 Jahre) ⟨ein Kind erreicht das V.; ein Kind im V.⟩

Vor·schu·le *die*; *nur Sg*; e-e Art Schule für Kinder von 5-6 Jahren nach dem Kindergarten u. bevor sie in die (Grund)Schule kommen || K-: ***Vorschul-, -erziehung, -kind***

V

Vor·schuss *der*; e-e Summe Geld, die man als Teil *z.B.* e-s Honorars im Voraus erhält ⟨sich (*Dat*) e-n V. geben lassen; um e-n V. von hundert Euro *o.Ä.* bitten⟩ || K-: ***Vorschuss-, -zahlung*** || *hierzu* **vor·schuss·wei·se** *Adv*

Vor·schuss|lor·bee·ren *die*; *Pl*, *hum*; Lob, das man im Voraus gibt od. erhält ⟨V. ernten⟩: *Der mit viel V. bedachte junge Pianist brachte nicht die Leistung, die man von ihm erwartete*

vor·schüt·zen (*hat*) Vt ***etw. v.*** *geschr*; etw. Falsches als Ausrede angeben ≈ vorgeben

vor·schwär·men (*hat*) Vi ***j-m (von j-m / etw.) v.*** (j-m) begeistert von j-m / etw. erzählen: *Sie hat uns von ihrem neuen Freund vorgeschwärmt*; *Er schwärmt mir immer vor*, wie *schön es im Urlaub war*

vor·schwe·ben (*hat*) Vi ***etw. schwebt j-m vor*** etw. ist in j-s Vorstellung als Ziel od. als Ideal vorhanden

vor·schwin·deln (*hat*) Vt ***j-m etw. v.*** *gespr*; j-m etw. erzählen, das nicht wahr ist ≈ vorlügen

vor·se·hen (*hat*) Vt **1 *etw. v.*** *geschr* ≈ planen, beabsichtigen: *Für morgen ist e-e Bootsfahrt vorgesehen*; Es *war vorgesehen*, dass *uns der Bus am Hotel abholt* || NB: *mst* im Zustandspassiv! **2 *j-n für etw. v.*** planen, j-m e-e bestimmte Funktion zu geben: *Man hat ihn für die Stelle des Inspektors vorgesehen*; Vr **3 *sich* (*vor j-m / etw.*) *v.*** *geschr*; in Bezug auf j-n / etw. vorsichtig sein || ► ***Vorsicht, vorsichtig***

Vor·se·hung *die*; -; *nur Sg*, *geschr*; e-e höhere Macht, von der man glaubt, dass sie das Schicksal der Menschen u. der ganzen Welt lenke ⟨die göttliche V.⟩

vor·set·zen (*hat*) Vt **1 *e-n Fuß v.*** mit e-m Fuß einen Schritt nach vorn machen **2 *j-m etw. v.*** j-m etw. zum Essen od. Trinken anbieten ⟨j-m ein Essen, ein Getränk v.⟩ **3 *j-m etw. v.*** *gespr pej*; etw. Schlechtes liefern, zeigen od. anbieten: *So ein miserables Programm haben wir noch nirgends vorgesetzt bekommen!*

Vor·sicht *die*; *nur Sg*; **1** ein Verhalten, bei dem man sehr darauf achtet, dass kein Unfall u. kein Schaden entsteht ⟨größte, äußerste V.; V. üben, V. walten lassen; zur V. mahnen; etw. mit der gebotenen, nötigen V. tun⟩ || K-: ***Vorsichts-, -maßnahme, -maßregel*** **2 *V.!*** verwendet, um j-n vor e-r Gefahr zu warnen: *V., bissiger Hund!*; *V., Stufe!*; *V., der Zug fährt ab!* || ID ***V. ist die Mutter der Porzellankiste!*** *gespr hum*; man sollte immer vorsichtig sein; ***V. ist besser als Nachsicht*** man soll von Anfang an vorsichtig sein; ***j-d / etw. ist (nur) mit V. zu genießen*** *gespr*; man muss j-m / e-r Sache gegenüber misstrauisch sein

vor·sich·tig *Adj*; darauf bedacht, dass kein Unfall u. kein Schaden entsteht ⟨ein Mensch, e-e Andeutung, e-e Frage; etw. v. anfassen, öffnen; v. fahren, bremsen⟩: *Du solltest auf diesen glatten Straßen etwas vorsichtiger fahren!* || *hierzu* **Vor·sich·tig·keit** *die*; *nur Sg*

vor·sichts·hal·ber *Adv*; aus Vorsicht, um ganz sicher zu sein ≈ sicherheitshalber: *Du solltest v. e-n Sitzplatz in dem Zug reservieren lassen*

Vor·sil·be *die* ≈ Präfix ↔ Nachsilbe: *„Vor-", „ent-" u. „ab-" sind häufige Vorsilben im Deutschen*

vor·sin·gen (*hat*) Vt **1 (*j-m*) *etw. v.*** etw. für j-n singen ⟨j-m ein Lied, e-e Melodie v.⟩ **2 (*j-m*) *etw. v.*** etw. singen, damit andere es lernen ↔ nachsingen; Vi **3 *irgendwo v.*** irgendwo singen, um sein Können überprüfen zu lassen: *Er muss heute in der Oper v.*

vor·sint·flut·lich *Adj*; *gespr hum*; sehr altmodisch ⟨ein Hut, e-e Methode, Ansichten, ein Modell⟩

Vor·sitz *der*; *nur Sg*; das Leiten e-r Konferenz, e-r Versammlung *o.Ä.* ⟨den V. haben, führen, abgeben, niederlegen⟩: *Der Ausschuss tagte unter (dem) V. von Frau Dr. Weber*

Vor·sit·zen·de *der / die*; *-n, -n*; j-d, der e-e Konferenz od. Versammlung leitet || NB: *ein Vorsitzender*; *der Vorsitzende*; *den, dem, des Vorsitzenden*

Vor·sor·ge *die*; *nur Sg*; **1** alle Maßnahmen, durch die man verhindern will, dass e-e Gefahr od. e-e schlimme Situation entsteht ⟨V. für etw. treffen⟩ || K-: ***Vorsorge-, -maßnahme*** **2** alle Maßnahmen, die e-e schwere Krankheit verhindern sollen || K-: ***Vorsorge-, -untersuchung*** || -K: ***Krebs-***

vor·sor·gen (*hat*) [Vi] ***(für etw.) v.*** Maßnahmen für (spätere) schwierige Situationen od. für Gefahren treffen: *Er hat für das Alter vorgesorgt*

vor·sorg·lich *Adj*; *nur attr od adv*; als Vorsichtsmaßnahme: *Nach dem Unfall hat die Polizei die Straße v. gesperrt*

Vor·spann *der*; *-(e)s, -e*; der erste Teil e-s Films, in dem alle Schauspieler, der Regisseur, der Produzent, die Bühnenbildner *usw* genannt werden

Vor·spei·se *die*; ein kleines Essen, das man vor dem Hauptgericht isst ↔ Nachspeise

vor·spie·geln (*hat*) [Vt] ***j-m etw. v.*** *geschr* ≈ vortäuschen

Vor·spie·ge·lung *die*; *mst in* ***unter V. falscher Tatsachen*** *geschr*; indem der Betreffende gelogen od. etw. vorgetäuscht hat

Vor·spiel *das*; **1** das Vorspielen (1): *beim V. viele Fehler machen* **2 *das V.* (*zu etw.*)** ein kurzes Musikstück, das *z.B.* e-e Oper einleitet ≈ Ouvertüre: *das V. zu „Lohengrin"* **3** e-e Szene auf der Bühne, die ein Theaterstück einleitet ≈ Prolog ↔ Epilog **4** Küsse u. gegenseitiges Streicheln vor dem Sex **5** ein Spiel, das vor dem eigentlichen Spiel stattfindet

vor·spie·len (*hat*) [Vt/i] **1 *(j-m) (etw.) v.*; *(etw.) vor j-m v.*** vor Zuhörern auf e-m Musikinstrument etw. spielen: *Kannst du (uns) ein Stück auf dem Akkordeon v.?*; [Vt] **2 *(j-m) etw. v.*; *etw. vor j-m v.*** vor Zuschauern Theater spielen ≈ aufführen: *Die Schüler wollen e-n Sketch v.* **3 *j-m etw. v.*** sich absichtlich so verhalten, dass andere etw. glauben, das nicht wahr ist: *Er ist gar nicht so mutig, er spielt uns das nur vor*; [Vi] **4 *irgendwo v.*** irgendwo ein Instrument spielen, um sein Können überprüfen zu lassen: *bei den Philharmonikern v.*

vor·spre·chen (*hat*) [Vt] **1 *(j-m) etw. v.*** etw. sprechen, das andere lernen od. wiederholen sollen ≈ vorsagen (2) ↔ nachsprechen: *Sein Papagei spricht alles nach, was man ihm vorspricht*; [Vt/i] **2 *(j-m) (etw.) v.*** bei e-r Bewerbung od. Prüfung e-n Text vor j-m sprechen: *Bei der Abschlussprüfung musste er (dem Prüfer) (den Monolog des Hamlet) v.*; [Vi] **3 *(bei j-m / irgendwo) (wegen etw.) v.*** *geschr*; mit e-m Anliegen *bes* zu e-r Behörde od. zu seinem Chef gehen: *Er hat beim Personalchef wegen e-r Anstellung vorgesprochen* || *zu* **3 Vor·spra·che** *die*

vor·sprin·gen (*ist*) [Vi] ***etw. springt vor*** etw. steht aus e-r senkrechten Fläche heraus ≈ etw. steht vor ⟨ein Erker, ein Dach, ein Felsen; ein vorspringendes Kinn⟩

Vor·sprung *der*; **1** der Abstand, den j-d vor anderen hat ⟨ein knapper V.; den V. ausbauen, vergrößern⟩: *Im Ziel hatte er e-n V. von 20 Sekunden* || -K: ***Zeit-*** **2** ein höherer Stand der Entwicklung (als andere) ⟨ein wissenschaftlicher, technischer V.⟩ || -K: ***Entwicklungs-, Informations-, Wissens-*** **3** ein Teil von etw., der aus e-r senkrechten Fläche heraussteht || -K: ***Berg-, Dach-, Fels-, Mauer-***

vor·spu·len (*hat*) [Vt/i] ***(etw.) v.*** durch Drücken auf e-e Taste an e-m Kassettenrekorder, Videorekorder *o.Ä.* das Band zu e-r Stelle bringen, die weiter vorne liegt ↔ zurückspulen ⟨e-e Kassette, ein Band v.⟩

Vor·stadt *die* ≈ Vorort || K-: ***Vorstadt-, -theater, -kino*** || *hierzu* **Vor·städ·ter** *der*; **vor·städ·tisch** *Adj*

Vor·stand *der*; *Kollekt*; e-e Gruppe von Personen, die gemeinsam ein Unternehmen, e-n Verein *o.Ä.* leiten ⟨in den V. gewählt werden; dem V. angehören; im V. sitzen⟩: *Die Mitglieder des Vereins wählten e-n neuen V.* || K-: ***Vorstands-, -etage, -mitglied, -sitzung, -vorsitzende(r), -wahl*** || -K: ***Betriebs-, Gemeinde-, Partei-, Vereins-***

vor·ste·hen [Vi] **1 *etw. steht vor*** (*nordd hat / südd* Ⓐ Ⓒⓗ *ist*) etw. steht aus e-r Fläche od. Reihe heraus ≈ etw. springt vor ⟨e-e Mauer, ein Gebäude; vorstehende Zähne⟩: *Ich habe mir an e-m vorstehenden Nagel den Strumpf zerrissen* **2 *j-d steht etw.*** (*Dat*) ***vor*** (*hat*) *geschr*; j-d leitet etw. ⟨e-m Institut, e-r Gesellschaft, e-r Gemeinde v.⟩ || *zu* **2 Vor·ste·her** *der*; *-s, -*; **Vor·ste·he·rin** *die*; *-, -nen*

vor·stel·len (*hat*) [Vt] **1 *j-n / sich (j-m) v.*** j-m sagen, wer j-d / man selbst ist u. wie er / man heißt: *Darf ich Ihnen Herrn Scholz v.?*; *Er stellte sich (den Wählern) als Kandidat für die Bürgermeisterwahl vor* **2 *(j-m) etw. v.*** etw. e-m Kunden, e-m Publikum *o.Ä.* zeigen, damit es bekannt wird ≈ vorführen ⟨ein Kunstwerk, ein Modell, ein Produkt⟩: *Der Autor stellte bei dieser Lesung seinen neuen Roman vor* **3 *sich*** (*Dat*) ***j-n / etw. (irgendwie) v.*** ein bestimmtes Bild, e-e Vorstellung (2) von e-r Person od. Sache haben, die man noch nicht kennt ⟨sich etw. lebhaft, kaum, nur schwer v. können⟩: *Wie stellst du dir unseren gemeinsamen Urlaub eigentlich vor?*; *Unseren neuen Skilehrer hatten wir uns ganz anders vorgestellt* **4 *sich*** (*Dat*) ***etw. unter etw.*** (*Dat*) ***v.*** *gespr*; bestimmte Assoziationen mit e-m Wort od. Begriff verbinden: *Kannst du dir unter „Quasar" etw. v.?* **5 *etw. v.*** *mst* ein Bein od. den Fuß nach vorne bewegen **6 *etw. v.*** die Zeiger e-r Uhr weiterdrehen, sodass sie e-e spätere Zeit anzeigen ↔ zurückstellen: *Wenn die Sommerzeit beginnt, müssen alle Uhren (um) eine Stunde vorgestellt werden*; [Vr] **7 *sich (bei j-m / irgendwo) v.*** zu e-r Firma *o.Ä.* gehen, bei der man sich um e-e Stelle beworben hat, um sich persönlich bekannt zu machen: *Bitte stellen Sie sich mit Ihren Zeugnissen beim Personalchef vor!* || ID *mst* ***Stell dir vor, ...*** verwendet, um auszudrücken, dass man gleich etw. Überraschendes erzählen wird || *zu* **3 vor·stell·bar** *Adj*; **Vor·stell·bar·keit** *die*; *nur Sg*

vor·stel·lig *Adj*; *mst in* ***bei j-m v. werden*** *geschr veraltend*; sich (in e-r Angelegenheit) persönlich an j-n od. an e-e Behörde wenden

Vor·stel·lung *die*; **1** e-e persönliche Bewerbung um e-e Stelle: *Ich habe e-e Einladung zur persönlichen V. bei dem neuen Verlag bekommen* || K-: ***Vorstellungs-, -gespräch*** **2** *oft Pl*; das Bild, das man sich in Gedanken von j-m / etw. macht ⟨e-e deutliche, falsche, genaue, klare, vage V.; sich (*Dat*) e-e V. von j-m / etw. machen; seine Vorstellungen verwirklichen⟩: *Das Stadion entspricht genau den Vorstellungen des Architekten*; *Nach seiner V. sollten seine Mitarbeiter mindestens eine Fremdsprache sprechen* || -K: ***Gehalts-, Glücks-, Ideal-, Preis-*** **3** *nur Sg*; etw., das man sich wünscht od. das man nur in Gedanken sieht ≈ Einbildung, Fantasie ⟨etw. existiert nur in j-s V.⟩ || K-: ***Vorstellungs-, -gabe, -kraft, -vermögen***; ***-welt*** || -K: ***Wahn-, Wunsch-, Zukunfts-*** **4** die Aufführung e-s Theaterstücks *o.Ä.* ⟨e-e V. ankündigen, absagen, besuchen, geben; die V. findet statt, fällt aus, ist ausverkauft⟩ || K-: ***Vorstellungs-, -beginn, -ende*** || -K: ***Abend-, Nachmittags-; Gala-, Wohltätigkeits-; Theater-, Zirkus-*** || ID ***nur e-e kurze V. geben*** *gespr hum*; nur kurze Zeit irgendwo arbeiten; ***e-e starke / schwache V. geben*** *gespr*; e-e gute / schlechte Leistung bringen

Vor·stop·per *der*; *-s, -*; *Sport*; (beim Fußball) ein Verteidiger, der *mst* gegen den Mittelstürmer des Gegners spielt u. der die Angriffe des Gegners stören soll || ↑ *Abb. unter* ***Fußball***

Vor·stoß *der*; **1** das Vorstoßen (2,3) ⟨e-n V. abwehren, unternehmen, wagen, zurückschlagen; ein V. in feindliches Gebiet⟩ **2** ***(bei j-m) e-n V. unternehmen*** *gespr*; versuchen zu erreichen, dass j-d e-r Bitte *o.Ä.* zustimmt: *Er will bei seinem Vater e-n V. wegen e-s eigenen Autos machen*

vor·sto·ßen [Vt] (*hat*) **1** ***j-n / etw. v.*** j-n / etw. nach vorn stoßen; [Vi] (*ist*) **2** ***irgendwohin v.*** sich (unter oft gefährlichen Bedingungen) in ein unbekanntes Gebiet bewegen ≈ vordringen: *tief in das Innere des Dschungels v.; Amundsen gelang es, bis zum Südpol vorzustoßen* **3** ***irgendwohin v.*** sich in das Gebiet des Feindes begeben

Vor·stra·fe *die*; e-e (gerichtliche) Strafe, die j-d vor e-m bestimmten Zeitpunkt bekommen hat || K-: ***Vorstrafen-, -register*** || ► ***vorbestraft***

vor·stre·cken (*hat*) [Vt] **1** ***etw. / sich v.*** *mst* e-n Körperteil / den ganzen Körper nach vorn strecken: *Er musste sich / die Arme weit v., um den Ball zu fangen* **2** ***j-m etw. v.*** j-m e-e Summe Geld leihen, damit dieser etw. bezahlen kann ≈ auslegen (5)

Vor·stu·fe *die*; ***e-e V.*** (+ *Gen*) (innerhalb e-r Entwicklung) e-e Stufe od. ein Stadium, die direkt vor e-r anderen Stufe od. e-m anderen Stadium liegen: *e-e frühe V. des heutigen Menschen*

vor·stür·men (*ist*) [Vi] nach vorn stürmen (4)

Vor·tag *der*; der Tag vor e-m bestimmten, oft besonderen Tag ⟨am V. von Weihnachten; am V. der Hochzeit⟩

vor·tas·ten, sich (*hat*) [Vr] ***sich (irgendwohin) v.*** sich tastend vorwärts bewegen

vor·täu·schen (*hat*) [Vt] ***(j-m) etw. v.*** bewirken, dass j-d etw. glaubt, das nicht wahr ist ≈ j-m etw. vorspiegeln: *Er hat den Unfall nur vorgetäuscht; Er täuschte vor, e-n Unfall gehabt* zu *haben* || *hierzu* **Vor·täu·schung** *die; mst Sg*

Vor·teil *der*; **1** etw. (*z.B.* ein Umstand, e-e Eigenschaft), das für j-n günstig ist, ihm etw. erleichtert *o.Ä.* ≈ Nutzen ↔ Nachteil ⟨ein finanzieller, materieller V.; seinen V. aus etw. ziehen; nur den eigenen V. im Sinn haben; nur auf den eigenen V. bedacht sein; gegenüber j-m im V. sein⟩: *Es ist für ihn / seinen Beruf von V., dass er zwei Fremdsprachen spricht* **2** die Eigenschaft(en) e-r Sache, durch die sie besser ist als andere ↔ Nachteil ⟨die Vor- u. Nachteile e-r Sache abwägen; etw. bietet viele Vorteile⟩: *Das neue Auto hat den großen V., weniger Benzin zu verbrauchen* **3** *mst* ***j-d hat sich zu seinem V. verändert*** j-d hat sich so entwickelt, dass andere Leute ihn mehr schätzen als früher

vor·teil·haft *Adj*, **1** so, dass es e-n Nutzen bringt od. für j-n gut ist ↔ nachteilig ⟨ein Geschäft, ein Angebot, ein Kauf; etw. v. kaufen, verkaufen; etw. wirkt sich v. aus⟩: *Es kann nur v. (für dich) sein, frühzeitig mit demTraining anzufangen* **2** ***sich v. kleiden*** Kleidungsstücke anziehen, die für seine Figur günstig sind

Vor·trag *der*; *-(e)s, Vor·trä·ge*; **1** ***ein V. (über j-n / etw.)*** e-e ziemlich lange Rede vor e-m Publikum über ein bestimmtes Thema ⟨ein V. über ein Thema; e-n V. besuchen⟩: *Er hat e-n interessanten V. über seine Reise nach Indien gehalten* || K-: ***Vortrags-, -abend, -raum, -reihe, -reise, -saal, -zyklus*** || -K: ***Dia-, Lichtbild-*** **2** *nur Sg*; die Art u. Weise, wie man bei e-m V. (1) spricht, ein Lied singt od. ein Musikstück spielt ⟨ein ausdrucksvoller, flüssiger, gekonnter, klarer, stockender V.⟩: *Die Sängerin überzeugte durch ihren meisterhaften V.* || K-: ***Vortrags-, -anweisung, -kunst, -technik, -weise***

vor·tra·gen (*hat*) [Vt] **1** ***(j-m) etw. v.*** vor j-m etw. sprechen, singen od. spielen ≈ darbieten ⟨ein Gedicht, e-e Klaviersonate, ein Lied, Verse v.⟩: *ein Stück auf der Gitarre v.* **2** ***(j-m) etw. v.*** *geschr*; j-m offiziell od. öffentlich über etw. berichten ⟨j-m seine Ansicht, seine Bedenken, seine Forderung, seine Wünsche v.⟩: *Auf dem Kongress wird er die Ergebnisse seiner Forschungen v.* **3** ***etw. v.*** etw. nach vorn tragen

vor·treff·lich *Adj*; *geschr*; sehr gut ≈ hervorragend: *ein vortrefflicher Tänzer* || *hierzu* **Vor·treff·lich·keit** *die; nur Sg*

vor·tre·ten (*ist*) [Vi] **1** nach vorn treten: *Er trat e-n Schritt vor* **2** aus e-r Reihe hervortreten: *Wer aufgerufen wird, soll v.!*

Vor·tritt *der*; *nur Sg*; *mst in* **1** ***j-m den V. lassen*** aus Höflichkeit j-n als Ersten irgendwo eintreten lassen **2** ***j-m den V. lassen*** *gespr*; j-m erlauben, etw. als Erster zu tun

vo·rü·ber *Adv*; *geschr* ≈ vorbei

vo·rü·ber|fah·ren; *fährt vorüber, fuhr vorüber, ist vorübergefahren*; [Vi] ***irgendwo v.*** ≈ vorbeifahren

vo·rü·ber|ge·hen; *ging vorüber, ist vorübergegangen*; [Vi] **1** ***an j-m / etw. v.*** ≈ vorbeigehen (1) **2** ***etw. geht vorüber*** ≈ etw. geht vorbei (2), hört auf ⟨e-e Gefahr, der Kummer, die Schmerzen⟩

vo·rü·ber|ge·hend *Adj*; nur für kurze Zeit ⟨v. geschlossen; e-e Abwesenheit, e-e Wetterbesserung⟩: *Die Flüchtlinge sind v. in e-m Lager untergebracht*

vo·rü·ber|zie·hen; *zog vorüber, ist vorübergezogen*; [Vi] ***(an, vor j-m) v.*** ≈ vorbeiziehen

Vor·ur·teil *das*; ***ein V. (gegen j-n / etw.)*** e-e feste, *mst* negative Meinung über Menschen od. Dinge, von denen man nicht viel weiß od. versteht ⟨Vorurteile gegen Fremde, gegen Ausländer; Vorurteile abbauen, hegen; j-d ist / steckt voller Vorurteile⟩ || *hierzu* **vor·ur·teils·frei** *Adj*; **vor·ur·teils·los** *Adj*; **Vor·ur·teils·lo·sig·keit** *die; nur Sg*

Vor·vä·ter *die*; -; *Pl*, *geschr* ≈ die Ahnen, die Vorfahren

Vor·ver·gan·gen·heit *die*; *nur Sg*, *Ling* ≈ Plusquamperfekt

Vor·ver·kauf *der*; *nur Sg*; der Verkauf von Eintrittskarten in den Tagen od. Wochen vor der Veranstaltung: *Im V. waren die Karten 10% teurer* || K-: ***Vorverkaufs-, -kasse, -preis*** || -K: ***Karten-***

vor·ver·le·gen; *verlegte vor, hat vorverlegt*; [Vt] **1** ***etw. v.*** etw. weiter nach vorn legen: *Bei dem Umbau der Straße wird die Haltestelle um 10 Meter vorverlegt* **2** ***etw. v.*** etw. auf e-n früheren Zeitpunkt legen ≈ vorziehen: *Dieses Jahr wird der Anfang der Ferien um e-e Woche vorverlegt* || *hierzu* **Vor·ver·le·gung** *die*

vor|vor·ges·tern *Adv*; *gespr*; am Tag vor vorgestern ≈ vor drei Tagen

vor|vor·letz·t- *Adj*; *nur attr, nicht adv, gespr*; **1** in e-r Position vor dem Vorletzten e-r Reihe od. Gruppe: *die vorvorletzte Seite* **2** so, dass es vor drei Wochen, Monaten, Jahren *o.Ä.* stattfand: *vorvorletztes Jahr, vorvorletzten Montag*

vor·wa·gen, sich (*hat*) [Vr] ***sich irgendwohin v.*** den Mut haben, irgendwohin (*mst* nach vorn) zu gehen, j-n anzusprechen *o.Ä.*

Vor·wahl *die*; **1** e-e Wahl, in der bestimmt wird, welche Kandidaten an den eigentlichen Wahlen teilnehmen **2** die Telefonnummer, die man wählt, um j-n in e-r anderen Stadt *o.Ä.* od. in e-m anderen Land zu erreichen: *Die V. von München ist 089, die von Frankfurt ist 069* || K-: ***Vorwahl-, -nummer***

vor·wäh·len (*hat*) [Vt] ***etw. v.*** (beim Telefonieren) e-e bestimmte Nummer für e-n Ort wählen: *Für Stuttgart musst du 0711 v.*

Vor·wand *der*; *-(e)s, Vor·wän·de*; e-e Begründung für

V

ein Verhalten, die nicht der Wahrheit entspricht ≈ Ausrede ⟨etw. zum V. nehmen; etw. als V. benutzen⟩: *Unter dem V., krank zu sein, blieb er zu Hause*

vor·wär·men (*hat*) Vt **etw. v.** etw. warm machen, bevor es benutzt wird ⟨die Teekanne, das Bett v.⟩

vor·war·nen (*hat*) Vt **j-n v.** j-n über etw. im Voraus warnen || *hierzu* **Vor·war·nung** *die*

vor·wärts, vor·wärts *Adv*; **1** in die Richtung nach vorn ↔ rückwärts ⟨v. blicken, schreiten; e-n Salto, e-n Sprung, e-n Schritt v. machen⟩ **2** weiter in Richtung auf ein Ziel ≈ voran: *Die Meisterprüfung ist ein wichtiger Schritt v. auf dem Weg zur beruflichen Selbstständigkeit*

vor·wärts brin·gen; *brachte vorwärts, hat vorwärts gebracht*; Vt **j-n / etw. v. b.** bewirken, dass sich j-d / etw. positiv entwickelt
vor·wärts ge·hen (*ist*) Vi **etw. geht vorwärts** etw. entwickelt sich gut, macht gute Fortschritte ⟨etw. geht gut, schlecht, nicht vorwärts⟩
vor·wärts kom·men; *kam vorwärts, ist vorwärts gekommen*; Vi ≈ vorankommen

Vor·wärts·gang *der*; einer der Gänge e-s Fahrzeuges, den man einlegt, um vorwärts zu fahren ↔ Rückwärtsgang: *Sein Auto hat fünf Vorwärtsgänge*

vor·weg *Adv*; **1** bevor man etw. anderes tut ⟨etw. v. feststellen, klären⟩ **2** vorn, voraus, als Erster ⟨v. marschieren⟩: *Der Festzug zog durch die Stadt, die Blaskapelle v.*

vor·weg|neh·men; *nimmt vorweg, nahm vorweg, hat vorweggenommen*; Vt **etw. v.** etw., das eigentlich erst später gesagt od. getan werden soll, schon tun od. sagen ⟨den Ausgang, den Schluss e-r Geschichte v.; das Ergebnis v.⟩ || *hierzu* **Vor·weg·nah·me** *die*; *nur Sg*

vor·weg|schi·cken; *schickte vorweg, hat vorweggeschickt*; Vt **etw. v.** ≈ etw. vorausschicken (1)

vor|weih·nacht·lich *Adj*; typisch für die Zeit vor Weihnachten ⟨e-e Beschäftigung, der Reiseverkehr, e-e Stimmung⟩

Vor|weih·nachts·zeit *die*; *nur Sg*; die Zeit vor Weihnachten ≈ Adventszeit

vor·wei·sen (*hat*) Vt **1 etw. v.** *geschr* ≈ vorzeigen ⟨e-n Pass, e-e Vollmacht⟩ **2 etw. v.** (**können**) bestimmte Kenntnisse *o.Ä.* auf e-m Gebiet haben ⟨Kenntnisse, Fähigkeiten v. (können); etwas v. können (= bestimmte Fähigkeiten haben)⟩

vor·wer·fen (*hat*) Vt **1 j-m etw. v.** j-m deutlich sagen, welche Fehler er gemacht hat ≈ j-m etw. vorhalten ⟨j-m Faulheit, Feigheit, Leichtsinn, Untreue, Verrat v.⟩: *Er wirft dir vor, nicht die Wahrheit zu sagen; Ich lasse mir nicht v., ich sei an allem schuld* / dass *ich an allem schuld sei* **2 etw. e-m Tier v.** etw. e-m Tier zum Fressen hinwerfen **3** *mst* ***Ich habe mir nichts vorzuwerfen*** ich habe nichts Falsches getan || ▶ ***Vorwurf***

vor·wie·gend *Adv*; *geschr* ≈ hauptsächlich, überwiegend: *Er hat v. Jugendbücher geschrieben*; *Auf den Bergen wird es morgen v. sonnig sein*

vor·wit·zig *Adj*; *geschr*; ⟨ein Kind, ein Schüler⟩ frech u. vorlaut || *hierzu* **Vor·wit·zig·keit** *die*; *nur Sg*

Vor·wo·che *die*; die Woche vor der jetzigen Woche

Vor·wort *das*; *-(e)s, -e*; ein *mst* kurzer Text am Anfang e-s Buches, in dem das Buch kurz vorgestellt wird

Vor·wurf *der*; ***der V.*** (***gegen j-n***) e-e Äußerung, mit der man j-m deutlich sagt, welche Fehler er gemacht hat ≈ Vorhaltung, Tadel ⟨ein ernster, schwer wiegender, versteckter V.; der V. der Untreue; e-n V. entkräften, zurückweisen; Vorwürfe gegen j-n erheben; j-m / sich etw. zum V. machen; j-m / sich bittere Vorwürfe machen⟩: *Er musste sich gegen den V. verteidigen, seine Firma betrogen zu haben* || *hierzu* **vor·wurfs·voll** *Adj*

Vor·zei·chen *das*; **1** etw., das anzeigt od. andeutet, dass etw. Bestimmtes geschehen wird ≈ Omen ⟨ein böses, gutes, günstiges, untrügliches V.⟩: *Das Erscheinen e-s Kometen galt früher als ein schlimmes V.* **2** *nur Pl*, *geschr*; die äußeren Bedingungen ⟨etw. findet unter negativen, veränderten Vorzeichen statt⟩ **3** *Math*; die Zeichen + u. -, mit denen man positive u. negative Zahlen unterscheidet ⟨ein negatives, positives V.⟩ **4** *Mus*; die Zeichen ♯ od. ♭ auf e-r Notenlinie, die die nachfolgenden Noten (auf dieser Linie) um e-n halben Ton höher bzw. tiefer machen

vor·zeich·nen (*hat*) Vt **1 etw. v.** etw. als Skizze zeichnen ≈ skizzieren **2 j-m etw. v.** etw. zeichnen, um j-m zu zeigen, wie man es macht ↔ nachzeichnen || *hierzu* **Vor·zeich·nung** *die*

vor·zeig·bar *Adj*; *gespr*; ⟨ein Ergebnis; (*hum auch*) Kinder⟩ so, dass man sie anderen mit Stolz zeigen kann

vor·zei·gen (*hat*) Vt (**j-m**) **etw. v.** j-m etw. zum Prüfen od. Beurteilen zeigen ⟨den Ausweis, die Fahrkarte, den Führerschein, den Pass v.; etw. auf Verlangen, unaufgefordert v.⟩

Vor·zeit *die*; *nur Sg*; die früheste Zeit in der Entwicklung des Menschen ≈ Urzeit ⟨in grauer, ferner V.⟩ || K-: ***Vorzeit-, -mensch*** || *hierzu* **vor·zeit·lich** *Adj*; *nicht adv*

vor·zei·ten *Adv*; *geschr*; vor langer Zeit

vor·zei·tig *Adj*; *nur attr od adv*; vor der geplanten od. erwarteten Zeit ⟨die Abreise, die Entlassung; v. altern, aus dem Dienst ausscheiden, in Rente gehen, pensioniert werden⟩

vor·zie·hen (*hat*) Vt **1 j-n / etw.** (**j-m / etw.**) **v.** e-e bestimmte Person od. Sache lieber mögen od. für besser halten als e-e andere ≈ bevorzugen ↔ benachteiligen: *das Tennisturnier dem Spielfilm v.*; *Er hat es vorgezogen, wegen seiner Erkältung zu Hause* zu *bleiben* **2 etw. v.** etw. früher stattfinden lassen als geplant ≈ vorverlegen: *Wir ziehen die Wettervorhersage vor u. bringen den Bericht aus China nachher* **3 j-n / etw. v.** j-n / etw. nach vorn ziehen ↔ zurückziehen: *Kannst du deinen Sitz ein wenig v.?* || ▶ ***Vorzug***

Vor·zim·mer *das*; der Raum vor dem Büro des Chefs, in dem *mst* die Sekretärin arbeitet ⟨im V. warten⟩

Vor·zim·mer|da·me *die*; *veraltend*; die Sekretärin, die in e-m Vorzimmer arbeitet

Vor·zug *der*; **1** *nur Sg*; die größere Bedeutung, die man j-m / etw. gibt ≈ Vorrang ⟨den V. gegenüber anderen verdienen; e-n V. genießen; j-m / etw. den V. einräumen⟩: *einem von mehreren Bewerbern den V. geben* **2** ≈ Vorteil: *Diese Route hat den V., dass sie viel kürzer ist als die andere*

vor·züg·lich *Adj*; *geschr* ≈ hervorragend, ausgezeichnet ⟨ein Tänzer, ein Wein; v. kochen; etw. schmeckt v.⟩ || *hierzu* **Vor·züg·lich·keit** *die*; *mst Sg*

vor·zugs·wei·se *Adv*; *geschr* ≈ hauptsächlich, vor allem: *Er sammelt v. ausländische Briefmarken*

vo·tie·ren [v-]; *votierte, hat votiert*; Vi **für / gegen j-n / etw. v.** *bes* Ⓐ Ⓒⓗ, *sonst geschr*; sich für od. gegen j-n / etw. entscheiden ≈ für / gegen j-n / etw. stimmen

Vo·tum [v-] *das*; *-s, Vo·ten / Vo·ta*; **1 ein V.** (**für / gegen j-n / etw.**) *geschr*; e-e Entscheidung für / gegen j-n / etw.: *Das Ergebnis der Umfrage ist ein eindeutiges V. für die Regierung* **2 sein V.** (**für / gegen**

V

j-n / etw.) ***abgeben*** ≈ für / gegen j-n / etw. stimmen

vul·gär [vʊl'gɛːɐ] *Adj*; *geschr*; ⟨ein Ausdruck, ein Fluch, ein Mensch, e-e Person, ein Wort⟩ so, dass sie gegen die guten Sitten u. gegen den guten Geschmack verstoßen ≈ ordinär || *hierzu* **Vul·ga·ri·tät** *die*; *nur Sg*

Vul·kan [v-] *der*; *-(e)s*, *-e*; ein Berg, aus dem e-e heiße Flüssigkeit (Lava) u. heiße Gase kommen können ⟨ein aktiver, tätiger, erloschener V.; ein V. bricht aus⟩ || K-: ***Vulkan-, -ausbruch, -insel, -krater***

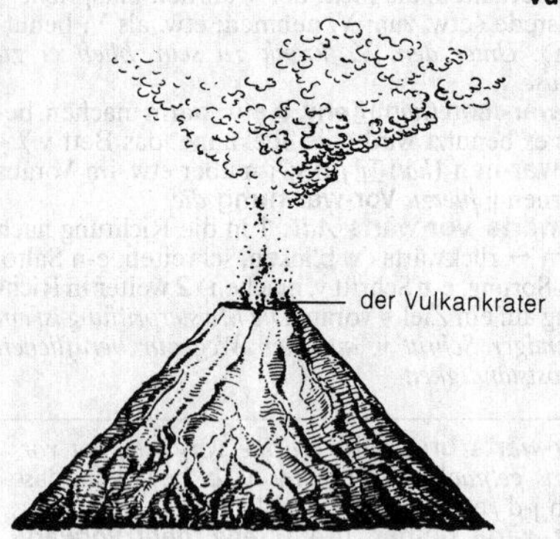

vul·ka·nisch [v-] *Adj*; **1** durch den Ausbruch e-s Vulkans entstanden ⟨Ablagerungen, Gestein⟩ **2** mit Vulkanausbrüchen verbunden ⟨Aktivitäten⟩

vul·ka·ni·sie·ren [v-]; *vulkanisierte, hat vulkanisiert*; [Vt] ***etw. v.*** e-n Reifen *o.Ä.* reparieren, indem man zwei Flächen aus Gummi miteinander fest verbindet || *hierzu* **Vul·ka·ni·sa·ti·on** *die*; *mst Sg*

V

W, w

W, w [veː] *das*; -, - / *gespr auch -s*; der dreiundzwanzigste Buchstabe des Alphabets ⟨ein großes W; ein kleines w⟩

Waa·ge *die*; -, *-n*; **1** ein Gerät, mit dem man das Gewicht von Gegenständen od. Personen bestimmt ⟨e-e genaue, zuverlässige, elektronische W.; e-e W. eichen, einstellen; sich auf die W. stellen⟩: *Die W. zeigt 30kg an* || K-: ***Waage-, -balken*** || -K: ***Brief-, Haushalts-*** **2** *nur Sg*; das Sternzeichen für die Zeit vom 23. September bis 22. Oktober || ↑ *Abb. unter* ***Sternzeichen*** **3** j-d, der in der Zeit vom 23. September bis 22. Oktober geboren ist: *Er ist (eine) W.* || ID *mst* ***Die Vor- u. Nachteile halten sich / einander die W.*** es gibt (bei e-m Vorhaben *o.Ä.*) genauso viele Vorteile wie Nachteile || ► ***wiegen***

waa·ge·recht, **waag·recht** *Adj*; parallel zum Boden ≈ horizontal ↔ senkrecht: *Weinflaschen sollen w. gelagert werden* || ↑ *Abb. unter* ***Eigenschaften*** || *hierzu* **Waa·ge·rech·te**, **Waag·rech·te** *die*; *-n, -n*

Waag·scha·le *die*; die Schale an e-r Waage zum Auflegen der Gewichte od. der Last || ID ***etw. in die W. werfen*** in Bezug auf e-e Entscheidung etw. Wichtiges tun, sagen; ***etw. fällt in die W.*** etw. ist wichtig (für e-e Entscheidung)

wab·be·lig, **wabb·lig** *Adj*; ⟨Pudding, Gelee, Fett⟩ weich u. so, dass sie sich leicht hin u. her bewegen || *hierzu* **wab·beln** *(hat) Vi*

Wa·be *die*; -, *-n*; e-e sechseckige Zelle aus Wachs, in der die Bienen den Honig speichern || *hierzu* **wa·ben·för·mig** *Adj*

wach, *wacher, wachst-*; *Adj*; **1** *mst präd*; nicht (mehr) schlafend ⟨w. sein, werden, bleiben; sich w. halten; j-n w. halten⟩: *Sie lag die ganze Nacht w.* ⟨etw. w. halten⟩: *Er hielt die Erinnerung w.* **2** geistig rege, intelligent u. interessiert ⟨etw. w. verfolgen⟩ || ► ***wachen, aufwachen, erwachen***

Wach·ab·lö·sung *die*; **1** die Ablösung der Wache (2) **2** der Wechsel an der Spitze, *bes* e-r Regierung, Partei

Wa·che *die*; -, *-n*; **1** *nur Sg*; das Beobachten von Gebäuden od. Personen, um mögliche Gefahren zu erkennen u. zu verhindern ⟨W. haben, halten, stehen; die W. übernehmen, übergeben; auf W. sein⟩: *Vor dem Kasernentor stehen Soldaten (auf) W.* || K-: ***Wach-, -dienst, -hund, -posten*** **2** e-e Person od. eine Gruppe von Personen, die auf W. (1) ist || K-: ***Wach-, -mann, -mannschaft*** **3** e-e Dienststelle der Polizei ⟨j-n auf die W. bringen⟩

wa·chen; *wachte, hat gewacht*; Vi **1** *geschr*; wach (1) sein od. bleiben **2** ***bei j-m / an j-s Bett w.*** auf e-n Kranken aufpassen **3** ***über j-n / etw. w.*** auf j-n / etw. gut aufpassen u. so auch schützen **4** ***über etw.*** *(Akk)* ***w.*** kontrollieren, ob Regeln *usw* befolgt werden ⟨über die Einhaltung von Regeln, Gesetzen, Vorschriften w.⟩

wach·ha·ben·d- *Adj*; *nur attr, nicht adv*; ⟨der Offizier *o.Ä.*⟩ so, dass er gerade Wache (1) hat || *hierzu* **Wach·ha·ben·de** *der / die*; *-n, -n*

Wa·chol·der *der*; *-s*, -; ein (Nadel)Baum od. Strauch, dessen Beeren als Gewürz od. zur Herstellung von Schnaps verwendet werden || K-: ***Wacholder-, -beeren, -strauch, -schnaps***

wach·ru·fen; *rief wach, hat wachgerufen*; Vt ***etw. ruft etw. (in j-m) wach*** etw. bewirkt, dass j-d wieder an etw. denkt, etw. fühlt ⟨etw. ruft Gefühle, (alte) Erinnerungen wach⟩

wach·rüt·teln; *rüttelte wach, hat wachgerüttelt*; Vt **1** ***j-n w.*** ≈ aufrütteln **2** ***j-n w.*** j-n rütteln, damit er aufwacht

Wachs [vaks] *das*; *-es, -e*; **1** *nur Sg*; e-e Masse (von Bienen gebildet), aus der vor allem Kerzen gemacht werden || K-: ***Wachs-, -abdruck, -figur*** || -K: ***Bienen-, Kerzen-*** **2** e-e weiche Masse, ähnlich dem W. (1), mit der man den Fußboden, die Möbel *usw* pflegt || ID ***weich wie W. sein*** leicht zu beeinflussen sein

wach·sam ['vax-] *Adj*; aufmerksam, *bes* mit dem Ziel, Gefahren zu erkennen ⟨etw. w. beobachten, verfolgen⟩ || *hierzu* **Wach·sam·keit** *die*; *nur Sg*

wach·sen[1] ['vaksn̩]; *wächst, wuchs, ist gewachsen*; Vi **1** ***j-d / ein Tier / etw. wächst*** ein Kind, ein (junges) Tier od. e-e Pflanze wird größer (u. stärker): *Unser Sohn wächst u. wächst*; *Sie ist fünf Zentimeter gewachsen* **2** ***etw. wächst*** etw. wird länger ⟨der Bart, die Fingernägel⟩ **3** ***irgendwie w.*** beim Größerwerden e-e bestimmte Form annehmen ⟨j-d ist schön, schlank gewachsen⟩: *Der Baum ist krumm gewachsen* **4** ***etw. wächst irgendwo*** etw. kommt an der genannten Stelle, im genannten Gebiet *o.Ä.* vor ⟨e-e Pflanze⟩: *Unkraut wächst überall* **5** ***etw. wächst*** etw. vermehrt sich, etw. wird größer ⟨das Vermögen, e-e Familie, Stadt⟩ **6** ***etw. wächst*** etw. nimmt an Intensität zu ≈ etw. steigert sich ⟨Lärm, Schmerz, Begeisterung, Interesse, Hass⟩ || ID ***an e-r Aufgabe w.*** beim Ausführen e-r (schwierigen) Aufgabe dazulernen od. besser werden; *mst* ***j-m nicht gewachsen sein*** nicht in der Lage sein, j-m Widerstand zu leisten; ***etw.*** *(Dat)* ***gewachsen sein*** in der Lage sein, etw. Schwieriges zu tun || ID ↑ ***Kopf*** || ► ***Wachstum, Wuchs, aufwachsen***

wach·sen[2] ['vaksn̩]; *wachste, hat gewachst*; Vt ***etw. w.*** etw. zur Pflege mit Wachs (2) einreiben

wäch·sern ['vɛks-] *Adj*; *ohne Steigerung*; **1** *nicht adv*; aus Wachs gemacht **2** gelblich wie Wachs ≈ bleich: *ein wächsernes Gesicht*

wächst [vɛkst] *Präsens, 2. u. 3. Person Sg*; ↑ ***wachsen***[1]

Wach·stu·be *die*; **1** der Aufenthaltsraum e-r wachhabenden militärischen Mannschaft **2** die Wache (3)

Wachs·tuch *das*; ein (Textil)Stoff, der auf einer Seite mit e-r wasserdichten Schicht überzogen ist

Wachs·tum ['vakstuːm] *das*; *-s*; *nur Sg*; der Prozess des Größerwerdens, des Wachsens[1] ⟨im W. begriffen sein, zurückgeblieben sein; etw. fördert, beschleunigt, hemmt das W.⟩ || K-: ***Wachstums-, -hormon, -störung***; ***wachstums-, -fördernd, -hemmend***

Wachs·tums·ra·te *die*; *Ökon*; der Grad, in dem die Produktion e-r Volkswirtschaft in e-r bestimmten Periode zunimmt, in Prozenten ausgedrückt: *e-e W. von 3%*

Wäch·te *die*; ↑ ***Wechte***
Wach·tel *die*; -, *-n*; ein kleiner (Hühner)Vogel, der auf Wiesen u. Feldern lebt
Wäch·ter *der*; *-s*, -; **1** e-e Person, die j-n / etw. bewacht || -K: ***Nacht-***, ***Park-*** **2 *ein W.*** + *Gen* verwendet, um auszudrücken, dass die genannte Person, Institution *o.Ä.* sich für die genannten Werte einsetzt: *die Presse als W. der Demokratie*
Wacht·meis·ter *der*; **1** *gespr* ≈ Polizist **2** *Admin*; ein Polizist des untersten Dienstgrades
wa·cke·lig ↑ ***wacklig***
Wa·ckel·kon·takt *der*; e-e schadhafte Verbindung in e-m Stromkreis, die verursacht, dass der Strom(fluss) immer wieder unterbrochen wird
wa·ckeln; *wackelte, hat / ist gewackelt*; [Vi] **1 *etw. wackelt*** (*hat*) etw. ist nicht stabil od. fest ⟨ein Stuhl, e-e Leiter, ein Zahn⟩: *Setz dich nicht auf den Stuhl, er wackelt!* **2 *etw. wackelt*** (*hat*) etw. bewegt sich leicht wegen e-r Erschütterung (2) ⟨das Haus, die Wände⟩ **3 *mit etw.*** (*Dat*) ***w.*** (*hat*) etw. leicht hin u. her bewegen ⟨mit dem Kopf w.⟩: *Der Hund wackelte mit dem Schwanz* **4 *irgendwohin w.*** (*ist*) *gespr*; mit unsicheren Schritten gehen **5 *etw. wackelt*** (*hat*) *gespr*; etw. ist in der Gefahr, erfolglos zu werden od. verloren zu gehen ⟨ein Plan, e-e Firma, ein Arbeitsplatz, eine Stellung⟩ || ▸ ***wackelig***, ***wacklig***
wa·cker *Adj*; **1** *veraltend* ≈ ehrbar, rechtschaffen: *ein wackerer Bürger* **2** tüchtig, tapfer ⟨sich w. verteidigen, halten⟩
wack·lig *Adj*; **1** nicht fest stehend, nicht stabil ⟨ein Tisch, e-e Leiter, ein Zahn⟩ **2** *gespr*; schwach, *mst* wegen Krankheit od. im Alter ⟨w. auf den Beinen sein⟩ **3** nicht glaubwürdig od. überzeugend ⟨ein Argument, e-e Begründung⟩
Wa·de *die*; -, *-n*; die hintere Seite des Unterschenkels beim Menschen ⟨e-e stramme, muskulöse W.⟩ || ↑ *Abb. unter* **Mensch** || K-: ***Waden-***, ***-krampf***; ***-strumpf***, ***-wickel***
Wa·den·bein *das*; der dünnere der beiden Unterschenkelknochen || ↑ *Abb. unter* **Skelett**
Waf·fe *die*; -, *-n*; ein Instrument od. Gerät zum Kämpfen, *z.B.* ein Schwert, ein Gewehr ⟨konventionelle, atomare, nukleare, chemische, taktische, strategische Waffen; e-e W. (bei sich) tragen; Waffen führen, einsetzen; zu den Waffen greifen; e-e W. auf / gegen j-n richten⟩ || K-: ***Waffen-***, ***-abkommen***, ***-besitz***, ***-depot***, ***-handel***, ***-händler***, ***-lager*** || -K: ***Atom-***, ***Feuer-***, ***Schuss-*** || ID ***die Waffen niederlegen*** aufhören zu kämpfen; ***die Waffen strecken*** sich geschlagen geben; ***mit geistigen Waffen kämpfen*** Überzeugungskraft u. Argumente anwenden; ***j-m selbst die Waffen liefern*** e-m Gegner die Argumente gegen sich selbst liefern; ***j-n mit seinen eigenen Waffen schlagen*** j-n mit dessen eigenen Mitteln schlagen; ***die Waffen ruhen*** die Kämpfe sind unterbrochen || ▸ ***bewaffnen***, ***entwaffnen***, ***waffenlos***
Waf·fel *die*; -, *-n*; ein flaches, süßes Gebäck aus e-m leichten Teig und *mst* e-r cremigen Füllung
Waf·fen·ge·walt *die*; die Anwendung von Waffen ⟨etw. mit W. erzwingen, verteidigen⟩
waf·fen·los *Adj*; ohne Waffen
Waf·fen·ru·he *die*; e-e zeitlich begrenzte Unterbrechung der Kämpfe ⟨die W. einhalten, stören, brechen⟩
Waf·fen·schein *der*; e-e Genehmigung zum Besitz von Schusswaffen
Waf·fen·still·stand *der*; die vereinbarte Einstellung (3) der Kämpfe, *mst* mit dem Ziel, e-n Krieg ganz zu beenden ⟨e-n W. (ab)schließen, unterzeichnen; den W. einhalten, brechen⟩ || K-: ***Waffenstillstands-***, ***-abkommen***, ***-verhandlungen***
wa·ge·hal·sig ↑ ***waghalsig***
wa·ge·mu·tig *Adj*; mit dem Mut zum Risiko || *hierzu* **Wa·ge·mut** *der*
wa·gen; *wagte, hat gewagt*; [Vt] **1 *etw. w.*** den Mut für etw. aufbringen ⟨e-n Blick, e-n Versuch, e-e Wette, e-n Sprung, ein Spiel w.⟩: *Sie wagte nicht, ihm zu widersprechen* **2 (*für j-n / etw.*) *etw. w.*** etw. riskieren, um etw. zu erreichen: *Für die Rettung der Opfer hat er sein Leben gewagt*; [Vr] **3 *sich irgendwohin w.*** den Mut haben, irgendwohin zu gehen: *sich nachts nicht mehr auf die Straße w.* **4 *sich an etw.*** (*Akk*) ***w.*** den Mut haben, e-e schwierige Aufgabe zu übernehmen || ID ***Wer nichts wagt, der nichts gewinnt!*** verwendet als Ermunterung zu e-m riskanten, aber auch Erfolg versprechenden Unternehmen; ***Frisch gewagt ist halb gewonnen!*** verwendet als Ermutigung, e-e Arbeit mit Zuversicht zu beginnen || ▸ ***Wagnis***, ***wagemutig***, ***waghalsig***
Wa·gen *der*; *-s*, - / *südd* Ⓐ *Wä·gen*; **1** ein Fahrzeug auf Rädern zum Transport von Personen od. Lasten || -K: ***Eisenbahn-***, ***Straßenbahn-***; ***U-Bahn-Wagen*** **2** *gespr* ≈ Auto: *Er ist mit dem W. da* **3** *Tech*; ein Teil e-r Maschine, das sich *mst* waagerecht hin- u. herbewegt: *der W. der Schreibmaschine* **4 *der Große W.*** ein Sternbild (aus sieben Sternen) am nördlichen Himmel **5 *der Kleine W.*** ein Sternbild (aus sieben Sternen), nahe dem Polarstern || ID ***j-m an den W. fahren*** *gespr*; j-n mit Worten angreifen; ***sich nicht vor j-s W. spannen lassen*** *gespr*; sich nicht für die Ziele e-s anderen benutzen lassen
wä·gen; *wog / wägte, hat gewogen*; [Vt] ***etw. w.*** *geschr*; *mst* j-s Worte *o.Ä.* genau prüfen u. abschätzen || ID ***Erst wägen, dann wagen!*** verwendet als Aufforderung, vor e-r Handlung erst nachzudenken

Waffen

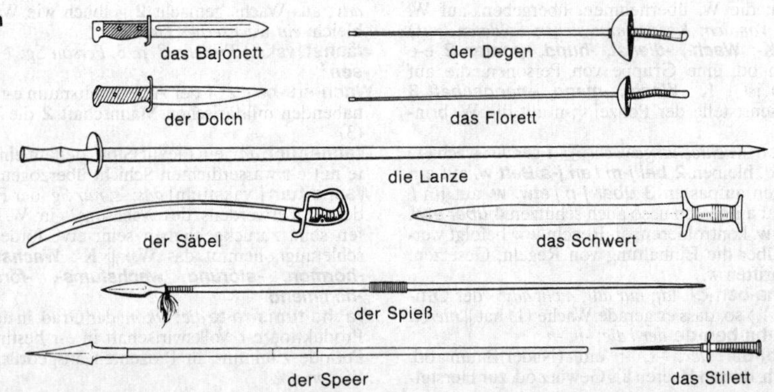

Wa·gen·he·ber *der*; *-s*, *-*; ein Gerät, mit dem man *bes* ein Auto heben kann (*z.B.* um ein Rad zu wechseln)
Wa·gen·pa·pie·re *die*; *Pl*; Fahrzeugschein u. Fahrzeugbrief e-s Autos
Wa·gen·park *der*; *Kollekt*; alle Fahrzeuge, die e-r Firma, e-r Behörde *o.Ä.* gehören
Wag·gon [va'gɔŋ, va'gõ:, va'go:n] *der*; *-s*, *-s*; ein Eisenbahnwagen ⟨e-n W. anhängen, abkuppeln⟩ || -K: ***Eisenbahn-, Güter-***
wag·hal·sig *Adj*; sehr mutig, aber dabei auch leichtsinnig: *in waghalsiger Fahrt* || *hierzu* **Wag·hal·sig·keit** *die*; **Wa·ge·hals** *der*; *-es*, *Wa·ge·häl·se*
Wag·nis *das*; *-ses*, *-se*; e-e Handlung, die riskant u. gefährlich ist
Wa·gon *der*; ↑ ***Waggon***
Wahl[1] *die*; *-*; *nur Sg*; **1** die Entscheidung zwischen verschiedenen Möglichkeiten ⟨e-e W. treffen; die W. haben zwischen verschiedenen Dingen; vor der W. stehen; j-n vor die W. stellen, ob ...; die W. fällt j-m schwer⟩: *Er stand vor der W. zu bleiben od. zu gehen* || K-: ***Wahl-, -freiheit, -möglichkeit*** **2** ***erste / zweite / dritte Wahl*** sehr gute / mittlere / schlechte Qualität: *Dieses Obst ist erste W.*; *Äpfel erster W.* || ID ***Wer die W. hat, hat die Qual*** verwendet, um auszudrücken, dass niemand einem e-e Entscheidung abnehmen kann; ***die Qual der W. haben*** *oft hum*; unter verschiedenen Möglichkeiten eine wählen müssen; ***keine andere W. haben*** etw. machen müssen; ***j-n / etw. in die engere W. ziehen*** j-n / etw. für e-e endgültige Auswahl in Betracht ziehen
Wahl[2] *die*; *-*, *-en*; **1** *mst Pl*; das Verfahren, bei dem die Vertreter *z.B.* für ein politisches Amt (per Stimmabgabe) gewählt[2] (1) werden ⟨die Wahlen zum Parlament⟩ || K-: ***Wahl-, -anzeige, -ausgang, -beteiligung, -betrug, -ergebnis, -liste, -manipulation, -niederlage, -prognose, -propaganda, -sieg, -sieger*** || -K: ***Mehrheits-, Stich-, Verhältnis-, Landtags-*** **2** *mst Sg*; das Abgeben der Stimme[2] (2) für e-e Person, Partei *o.Ä.*: *Ich muss noch zur W.* **3** *mst Sg*; die Berufung zu e-m Amt *o.Ä.* durch e-e W.[2] (1) ⟨die W. des Präsidenten; die W. annehmen⟩
Wahl·al·ter *das*; das Alter, das j-d mindestens haben muss, um wählen[2] (2) zu dürfen
wähl·bar *Adj*; *nicht adv*; dazu berechtigt, gewählt[2] (1) zu werden || *hierzu* **Wähl·bar·keit** *die*; *nur Sg*
wahl·be·rech·tigt *Adj*; *nicht adv*; mit dem Recht zu wählen[2] (2) || *hierzu* **Wahl·be·rech·ti·gung** *die*
wäh·len[1]; *wählte*, *hat gewählt*; [Vt/i] **1** ***(etw.) w.*** sich für eine von mehreren Möglichkeiten entscheiden ≈ auswählen: *Er hat den falschen Beruf gewählt* **2** ***(etw.) w.*** auf der Speisekarte ein Essen aussuchen: *Haben Sie schon gewählt?*; [Vt] **3** ***(sich (Dat)) j-n zu etw. w.*** j-n für e-n bestimmten Zweck aussuchen || ► ***Wahl***[1], ***wählerisch***
wäh·len[2]; *wählte*, *hat gewählt*; [Vt] **1** ***j-n / etw. (zu etw.) w.*** bei e-r Wahl[2] seine Stimme[2] (2) für j-n / e-e Partei *o.Ä.* abgeben: *Die Partei hat ihn zum Vorsitzenden gewählt*; [Vi] **2** bei e-r Wahl[2] seine Stimme[2] (2) abgeben: *Wir gehen morgen w.* || ► ***Wahl***[2]
wäh·len[3]; *wählte*, *hat gewählt*; [Vt/i] *nur in* ***(e-e Nummer) w.*** am Telefon die Ziffern e-r Telefonnummer drehen bzw. drücken
Wäh·ler *der*; *-s*, *-*; e-e Person, die bei e-r Wahl[2] ihre Stimme abgibt od. abgegeben hat || *hierzu* **Wäh·le·rin** *die*; *-*, *-nen*
wäh·le·risch *Adj*; *mst präd*; anspruchsvoll, nicht leicht zufrieden zu stellen
Wäh·ler·schaft *die*; *-*; *mst Sg*, *Kollekt*; die Gesamtheit der Wähler
Wahl·fach *das*; ein Unterrichtsfach, an dem Schüler od. Studenten freiwillig teilnehmen können ↔ Pflichtfach
Wahl·gang *der*; e-e Abstimmung (*mst* als eine von mehreren Etappen e-r Wahl[2]): *Er wurde erst im zweiten W. gewählt*
Wahl·ge·heim·nis *das*; *nur Sg*; die Regelung, nach der man anonym wählen[2] darf ⟨das W. bewahren, brechen⟩
Wahl·kampf *der*; der Kampf der Parteien od. Kandidaten bei e-r Wahl[2] um die Stimmen[2] (2) der Wähler ⟨e-n W. führen⟩
wahl·los *Adj*; *mst adv*; ohne zu überlegen u. auszuwählen: *Er schaut w. alles im Fernsehen an*
Wahl·pa·ro·le *die*; e-e kurze Aussage von Parteien, die sich im Wahlkampf befinden
Wahl·recht *das*; **1** das Recht zu wählen **2** die rechtlichen Vorschriften, die Wahlen[2] betreffen **3** ***aktives W.*** das Recht, j-n zu wählen **4** ***passives W.*** das Recht, gewählt zu werden
Wähl·schei·be *die*; der Teil des Telefons, den man dreht, um e-e Nummer zu wählen
Wahl·spruch *der*; e-e kurze u. gut formulierte Aussage, nach der sich j-d richtet ≈ Motto
Wahl·ur·ne *die*; ein geschlossener Behälter mit e-m schmalen Schlitz oben, in den die Stimmzettel bei Wahlen eingeworfen werden
wahl·wei·se *Adj*; *mst adv*; je nach Wunsch: *Das Auto wird w. mit drei od. fünf Türen geliefert*
Wahn *der*; *-(e)s*; *nur Sg*; e-e unrealistische, oft krankhafte Vorstellung od. Hoffnung ⟨ein religiöser W.⟩: *Er lebt in dem W., ständig beobachtet zu werden* || K-: ***Wahn-, -vorstellung***
wäh·nen; *wähnte*, *hat gewähnt*; *geschr*; [Vt] **1** ***j-n irgendwo w.*** glauben, dass j-d irgendwo ist; [Vr] **2** ***sich irgendwie w.*** glauben, dass etw. auf einen zutrifft (u. dabei Unrecht haben) ⟨sich im Recht, in Sicherheit w.⟩
Wahn·sinn *der*; *nur Sg*; **1** *gespr*; etw., das völlig unsinnig, unvernünftig od. unverständlich ist ⟨heller, reiner, purer W.⟩ || K-: ***Wahnsinns-, -idee, -tat*** **2** *veraltend* ≈ Geisteskrankheit
wahn·sin·nig *Adj*; **1** *nicht adv*; geisteskrank: *Er ist w. geworden* **2** unvernünftig od. gefährlich ⟨ein Plan, ein Unternehmen⟩ **3** *nur attr*, *nicht adv*, *gespr*; sehr groß ⟨Schmerzen, Angst, Glück⟩: *Ich habe e-n wahnsinnigen Hunger* **4** *nur adv*, *gespr*; sehr: *sich w. freuen*; *w. verliebt sein* || ID *mst* ***Das macht mich w.!*** *gespr*; ich halte das nicht mehr aus!
Wahn·sinns- *im Subst*, *betont*, *sehr produktiv*, *gespr*; verwendet, um auszudrücken, dass j-d / etw. besonders gut od. dass etw. besonders intensiv ist; e-e ***Wahnsinnsfrau***, e-e ***Wahnsinnshitze***, e-e ***Wahnsinnsmusik***, ein ***Wahnsinnspreis***, e-e ***Wahnsinnsstimmung***
Wahn·witz *der*; *-es*; *nur Sg*; völliger Unsinn || *hierzu* **wahn·wit·zig** *Adj*
wahr *Adj*; *nicht adv*; **1** so, wie es in Wirklichkeit ist od. war ↔ falsch, gelogen, erfunden: *e-e wahre Geschichte*; *An diesem Bericht ist kein Wort w.*; *der wahre Grund von etw.* **2** *nur attr*; so, wie man es sich nur wünschen kann ⟨ein Freund, die Liebe, das Glück⟩ **3** *nur attr*, *nicht adv* ≈ richtig (5), regelrecht ⟨etw. ist ein wahres Glück, ein wahres Wunder, e-e wahre Wohltat⟩: *e-e wahre Flut von Briefen*; *ein wahrer Sturm der Begeisterung* **4** ***..., nicht w.?*** verwendet am Ende e-s Satzes, wenn der Sprecher Zustimmung erwartet od. sich erhofft: *Du kommst doch morgen, nicht w.?* || ID ***Das ist das einzig Wahre!*** *gespr*; das ist das Richtige; ***etw. w. werden lassen / etw. w. machen*** etw. in die Tat umsetzen; ***So w. ich lebe / hier stehe!*** *gespr*; verwendet zur Bekräftigung e-r Aussage; ***Das ist schon / bald***

nicht mehr w. *gespr*; das ist schon sehr lange her; ***Das ist nicht wahr!***; ***Das kann / darf doch nicht w. sein!*** *gespr*; verwendet, um Bestürzung od. Erstaunen auszudrücken

wa̱h·ren; *wahrte, hat gewahrt*; [Vt] **1** ***etw. w.*** so handeln, dass etw. erhalten bleibt ⟨seine Autorität, den Anstand, seinen Ruf, ein Geheimnis w.⟩ **2** ***etw. w.*** ≈ verteidigen, schützen ⟨seine Interessen / Rechte, seinen Vorteil w.⟩ || *hierzu* **Wa̱h·rung** *die*; *nur Sg*

wä̱h·ren; *währte, hat gewährt*; [Vi] *geschr*; ***etw. währt*** + *Zeitangabe* etw. dauert e-e bestimmte Zeit

wä̱h·rend[1] *Präp*; *mit Gen / gespr auch Dat*; im Laufe der genannten Zeit, im Verlauf der genannten Tätigkeit *o.Ä.*: *w. des Sommers, w. der Ferien, w. der letzten Jahre, w. des Essens* || NB: Gebrauch ↑ *Tabelle unter* ***Präpositionen***

wä̱h·rend[2] *Konjunktion*; **1** drückt e-e Gleichzeitigkeit aus: *W. ich koche, kannst du den Tisch decken*; *W. wir beim Essen saßen, läutete das Telefon* **2** drückt e-e Gegensätzlichkeit aus: *W. sie sehr sparsam ist, kauft er sich teure Bücher*

wäh·rend·de̱m *Adv*; *gespr* ≈ währenddessen

wäh·rend·de̱s·sen *Adv*; in dieser Zeit: *Ich muss noch den Salat machen. W. kannst du ja den Tisch decken*

wa̱hr·ha·ben [Vt] *nur in* ***etw. nicht w. wollen*** etw. nicht zugeben wollen, od. nicht verstehen wollen, dass etw. so ist: *Er will seine Schuld nicht w.*; *Er wollte nicht w.*, dass *seine Kinder erwachsen waren*

wa̱hr·haft *Adj*; **1** *nur attr od adv* ≈ wahr (2) **2** ***w.*** + *Adj* verwendet, um zu betonen, dass e-e bestimmte Eigenschaft wirklich vorhanden ist: *ein w. gelungenes Fest*; *Er ist w. fleißig*

wahr·ha̱f·tig[1] *Adj*; *nicht adv, geschr*; ⟨ein Mensch⟩ so, dass er immer die Wahrheit sagt u. aufrichtig ist || *hierzu* **Wahr·ha̱f·tig·keit** *die*; *nur Sg*

wahr·ha̱f·tig[2] *Adv*; verwendet zur Bekräftigung e-r Aussage ≈ wirklich: *Dazu ist es jetzt w. zu spät!*

Wa̱hr·heit *die*; -, *-en*; **1** *nur Sg*; das, was wirklich geschehen ist **2** e-e Aussage, die etw. so darstellt, wie es wirklich ist ⟨die W. sagen, verschweigen, herausfinden; e-e traurige, bittere W.⟩ || K-: ***Wahrheits-, -gehalt, -suche*** **3** e-e Aussage, die allgemein als richtig angesehen wird: *Es ist e-e anerkannte W., dass Intelligenz gefördert werden kann* || ID ***in W.*** in Wirklichkeit; ***bei der W. bleiben*** nicht lügen; ***hinter die W. kommen*** *gespr*; die W. (1) herausfinden; ***etw. ist e-e alte W.*** *gespr*; etw. ist allgemein bekannt; ***j-m die W. ins Gesicht sagen / schleudern*** *gespr*; j-m etw. Unangenehmes (über ihn selbst) sagen; ***j-d nimmt es mit der W. nicht so genau*** j-d schwindelt od. lügt oft; ***um die W. zu sagen*** verwendet als Einleitung e-r Aussage, die (angeblich) die W. (1) enthält

wa̱hr·heits·ge·mäß *Adj*; der Wahrheit entsprechend

wa̱hr·heits·ge·treu *Adj* ≈ wahrheitsgemäß

Wa̱hr·heits·lie·be *die*; -; *nur Sg*; die Eigenschaft, dass man immer versucht, die Wahrheit zu sagen || *hierzu* **wa̱hr·heits·lie·bend** *Adj*

wa̱hr·lich *Adv* ≈ wirklich: *Das ist w. kein Vergnügen!*

wa̱hr·nehm·bar *Adj*; ⟨ein Geräusch; ein Unterschied; kaum, deutlich w.⟩ so beschaffen, dass man sie wahrnehmen (1) kann

wa̱hr·neh·men (*hat*) [Vt] **1** ***etw. w.*** etw. mit den Sinnen (also durch Hören, Sehen *usw*) zur Kenntnis nehmen ⟨e-n Geruch, ein Geräusch, e-n Lichtschein w.⟩ **2** ***j-n w.*** j-n beachten: *Niemand nahm den Besucher wahr* **3** ***etw. w.*** ≈ nutzen ⟨e-e Chance, seinen Vorteil, ein Recht w.⟩ **4** ***etw. w.*** *geschr* ≈ vertreten ⟨j-s Interessen, Angelegenheiten, Geschäfte w.⟩ **5** ***etw. w.*** ≈ übernehmen ⟨seine Pflicht, seine Verantwortung w.⟩ **6** ***e-n Termin w.*** von e-m Termin (3) Gebrauch machen

Wa̱hr·neh·mung *die*; -, *-en*; **1** das Erfassen mit den Sinnen, das Wahrnehmen (1) || K-: ***Wahrnehmungs-, -fähigkeit, -vermögen*** || -K: ***Sinnes-*** **2** das, was man wahrnimmt (1) ≈ Beobachtung **3** *nur Sg*; ***die W.*** + *Gen* / ***von etw.*** die Übernahme von etw. ⟨die W. von Verantwortung, die W. e-r Pflicht⟩ **4** *nur Sg*; das Nutzen, Einhalten (1) von etw. ⟨die W. e-s Termins⟩

Wa̱hr·sa·ge·kunst *die*; die (angebliche) Fähigkeit wahrzusagen

wa̱hr·sa·gen; *wahrsagte / sagte wahr, hat wahrgesagt / gewahrsagt*; [Vi] ***(j-m) (etw.) w.*** Aussagen über die Zukunft machen (*z.B.* aufgrund von j-s Handlinien, aufgrund von Spielkarten *usw*) || *hierzu* **Wa̱hr·sa·ger** *der*; *-s*, -; **Wa̱hr·sa·ge·rin** *die*; -, *-nen*

Wa̱hr·sa·gung *die*; -, *-en*; **1** *nur Sg*; das Wahrsagen **2** e-e Aussage über die Zukunft

wahr·sche̱in·lich *Adj*; so, dass etw. mit ziemlicher Sicherheit der Fall ist, war od. sein wird ⟨e-e Ursache⟩: *Es ist sehr w., dass er Recht hat*; *W. ist sie krank*

Wahr·sche̱in·lich·keit *die*; -, *-en*; *mst Sg*; der Grad der Möglichkeit, dass etw. der Fall ist (war od. sein wird) ⟨e-e hohe, geringe W.; mit großer, größter, an Sicherheit grenzender W.; etw. mit großer W. annehmen; es besteht die W., dass ...⟩ || K-: ***Wahrscheinlichkeits-, -grad*** || NB: Plural nur in Fachsprachen

Wä̱h·rung *die*; -, *-en*; **1** die Münzen u. Banknoten, die in e-m Staat als Geld verwendet werden: *in deutscher W. bezahlen* **2** das System, mit dem das Geldwesen in e-m Staat geordnet wird || K-: ***Währungs-, -politik, -reform*** **3** ***e-e harte W.*** e-e Währung, deren Wert über lange Zeit stabil und hoch ist

Wä̱h·rungs·ein·heit *die* ≈ Währung (1)

Wä̱h·rungs·fonds *der*; *mst in* ***der Internationale W.*** ein Fonds, der zur Stabilisierung verschiedener Währungen u. Wechselkurse dient

Wä̱h·rungs·sys·tem *das*; das System, das das Geldwesen e-s Landes od. mehrerer Länder regelt

Wä̱h·rungs·uni·on *die*; *mst Sg*; **1** die Einführung e-r gemeinsamen Währung für mehrere Länder ⟨die europäische W.⟩ **2** e-e Gemeinschaft von Ländern, die durch e-e W. (1) entstanden ist

Wa̱hr·zei·chen *das*; ein Gegenstand, der für e-e Stadt, e-e Landschaft, e-e Firma *usw* als e-e Art Symbol gilt: *Der Eiffelturm ist das W. von Paris*

Wa̱i·se *die*; -, *-n*; ein Kind, dessen Eltern gestorben sind ⟨W. sein; (zur) W. werden⟩ || K-: ***Waisen-, -heim, -kind, -rente***

Wa̱i·sen·kna·be *der*; *veraltend*; ein Junge, dessen Eltern gestorben sind || ID ***gegen j-n ein / der reinste W. sein*** *gespr*; bei weitem nicht so schlimm sein wie j-d anders

Wa̱l *der*; *-(e)s, -e*; ein sehr großes, fischähnliches Säugetier, das im Ozean lebt || K-: ***Wal-, -fang, -jagd*** || NB: in der gesprochenen Sprache sagt man oft *Walfisch*

Wa̱ld *der*; *-(e)s, Wä̱l·der*; ein relativ großes Gebiet, das (dicht) mit Bäumen bewachsen ist ⟨ein dichter W.; e-n W. abholzen, roden, anpflanzen⟩ || K-: ***Wald-, -ameise, -brand, -gebiet, -rand, -schäden, -weg*** || -K: ***Fichten-, Laub-, Misch-, Nadel-, Tannen-*** || ID ***ein W. von etw.*** e-e große, kaum übersehbare Menge von etw. ⟨ein W. von Antennen, Fahnen, Masten⟩; ***den W. vor (lauter) Bäumen nicht sehen*** *gespr*; vor (unwichtigen) Einzelheiten das Wichtigste nicht sehen

Wa̱ld·horn *das*; ein Blasinstrument (aus Metall), dessen Rohr rund gebogen ist

Wa̱ld·lauf *der*; ein sportlicher Lauf im Wald od. freien Gelände ⟨e-n W. machen⟩

Wạld·meis·ter *der*; e-e kleine Pflanze, die im Wald wächst u. als Aroma verwendet wird

Wạld·ster·ben *das*; *nur Sg*; das Absterben von Bäumen in Wäldern wegen starker Luftverschmutzung

wạl·ken; *walkte, hat gewalkt*; [Vt] **1** ***etw. w.*** etw. *mst* durch Kneten weich u. geschmeidig machen ⟨Leder, Wäsche, Teig w.⟩ **2** ***etw. w.*** Metall durch Walzen laufen lassen u. dabei glätten ⟨Blech⟩ **3** ***j-n w.*** *gespr* ≈ verprügeln

Wal·kie-Tal·kie ['wɔːkɪ'tɔːkɪ] *das*; *-(s), -s*; ein kleines, tragbares (Funk)Gerät, durch das man über e-e längere Entfernung mit j-m sprechen kann

Walk·man® ['wɔːkmɛn] *der*; *-s, Walk·men*; ein kleiner, tragbarer Kassettenrekorder mit Kopfhörern

Wạll *der*; *-(e)s, Wäl·le*; e-e Art Mauer, die man aus Steinen od. Erde errichtet, *mst* zum Schutz vor Gefahren ⟨e-n W. errichten⟩

wạl·len·d- *Adj*; *nur attr, nicht adv*; **1** ⟨Haare, Kleider⟩ so, dass sie in Locken od. in langen Falten herabfallen **2** ⟨ein Gewässer⟩ in starker Bewegung, mit Wellen an der Oberfläche

Wạll·fah·rer *der*; j-d, der an e-r Wallfahrt teilnimmt || *hierzu* **Wạll·fah·re·rin** *die*; **wạll·fah·ren** *(ist) Vi*

Wạll·fahrt *die*; e-e Wanderung od. Fahrt zu e-m heiligen Ort ≈ Pilgerfahrt ⟨auf W. gehen⟩: *e-e W. nach Lourdes* || K-: ***Wallfahrts-, -kirche, -ort, -stätte***

Wạl·lung *die*; *-, -en*; **1** e-e starke Bewegung e-r Flüssigkeit, die an der Oberfläche sichtbar wird **2** ≈ Erregung, Aufregung

Wạl·nuss *die*; e-e essbare Nuss, die an e-m Baum wächst || K-: ***Walnuss-, -baum, -kern***

Wal·pụr·gis·nacht *die*; die Nacht zum 1. Mai, in der sich (nach altem Volksglauben) die Hexen zum Tanz treffen

Wạl·ross *das*; e-e sehr große Robbe mit langen Stoßzähnen

wạl·ten; *waltete, hat gewaltet*; [Vi] **1** ⟨Gerechtigkeit, Gnade, Milde⟩ ***w. lassen*** gerecht sein od. keine (harte) Strafe erteilen **2** ***seines Amtes w.*** die Aufgaben e-s Amtes ausführen

Wạl·ze *die*; *-, -n*; **1** ein Teil e-s Gerätes od. e-r Maschine, das die Form e-s Zylinders hat und mit dem man etw. pressen, glätten, transportieren *o.Ä.* kann ⟨die W. einer Druckmaschine, e-r Schreibmaschine⟩ **2** ein Fahrzeug mit e-r schweren W. (1) || -K: ***Dampf-, Straßen-***

wạl·zen; *walzte, hat gewalzt*; [Vt/i] ***(etw.) w.*** etw. mit e-r Walze (1) bearbeiten od. glätten ⟨e-n Acker, e-e Straße w.⟩ || NB: Die 2. Person Sg. Präsens lautet: *du walzt* || K-: ***Walz-, -blech, -eisen, -stahl***

wạ̈l·zen; *wälzte, hat gewälzt*; [Vt] **1** ***etw. (irgendwohin) w.*** etw. Schweres bewegen, indem man es (mit großer Mühe) rollt ⟨ein Fass, e-n großen Stein w.⟩ **2** ***etw. in etw.*** *(Dat)* ***w.*** flache Stücke *mst* von Fleisch od. Teig auf Mehl od. Zucker *usw* legen u. darin wenden: *das Fleisch in Paniermehl w.* **3** ***etw. auf j-n w.*** j-d anderen etw. Negatives, Unangenehmes tragen lassen ⟨die Verantwortung, die Kosten auf j-n w.⟩ **4** ***etw. w.*** *gespr*; sich intensiv mit etw. beschäftigen ⟨einen Plan, ein Problem w.⟩ **5** ⟨Bücher, Akten *o.Ä.*⟩ ***w.*** (*mst* bei der Suche nach etw.) Bücher, Akten *o.Ä.* eifrig durchblättern; [Vr] **6** ***sich w.*** sich im Liegen hin und her drehen ⟨sich vor Schmerzen am Boden w.⟩ **7** ***etw. wälzt sich irgendwohin*** etw. bewegt sich in großer Menge und *mst* mit großer Kraft irgendwohin ⟨e-e Lawine, e-e Menschenmenge, Wassermassen⟩ || NB: Die 2. Person Sg. Präsens lautet: *du wälzt*

Wạl·zer *der*; *-s, -*; ein Tanz im Dreivierteltakt (bei dem man sich mit dem Partner *mst* drehend bewegt): *e-n Wiener W. tanzen* || K-: ***Walzer-, -takt***

Wạ̈l·zer *der*; *-s, -*; *gespr*; ein sehr dickes Buch ⟨e-n dicken W. lesen⟩

Wạm·pe *die*; *-, -n*; *gespr pej*; ein dicker Bauch

wạnd *Imperfekt, 1. u. 3. Person Sg*; ↑ ***winden***

Wạnd *die*; *-, Wän·de*; **1** e-e senkrecht stehende Fläche, die ein Haus od. e-n Raum in e-m Haus begrenzt || K-: ***Wand-, -farbe*** || -K: ***Außen-, Haus-, Trenn-, Zimmer-*** **2** ***e-e spanische W.*** e-e Art W. (1), die man zusammenfalten kann **3** *Kurzw* ↑ ***Felswand*** || ID ***gegen e-e W. reden*** reden, ohne das Interesse des Zuhörers zu finden; *mst* ***Hier haben die Wände Ohren*** hier wird man belauscht; ***die W. / die Wände hochgehen*** ⟨vor Zorn, Ärger⟩ sich sehr ärgern, sehr wütend sein; ***die eigenen vier Wände*** ein eigenes Haus, e-e eigene Wohnung; ***j-n an die W. stellen*** j-n erschießen u. so hinrichten; *mst* ***lachen / schreien, dass die Wände wackeln*** sehr laut lachen / schreien

Wạn·del *der*; *-s*; *nur Sg*; der Übergang von e-m Zustand in e-n anderen ≈ Veränderung ⟨ein allmählicher, plötzlicher, rascher, tief greifender, sozialer W.; ein W. tritt ein; e-n W. herbeiführen; etw. unterliegt dem W., ist dem W. unterworfen⟩ || ID ***im W. der Zeit(en)*** im Verlauf der Geschichte mit ihren vielen Veränderungen

wạn·deln[1]; *wandelte, hat gewandelt*; [Vt] **1** ***etw. w.*** *geschr* ≈ ändern; [Vr] **2** ***etw. wandelt sich*** etw. ändert sich ⟨der Geschmack, die Mode⟩ || *hierzu* **wạn·del·bar** *Adj*

wạn·deln[2]; *wandelte, ist gewandelt*; *geschr*; [Vi] langsam, *mst* ohne bestimmtes Ziel herumgehen

Wạn·de·rer *der*; *-s, -*; j-d, der wandert (1) || *hierzu* **Wạn·d(·r)e·rin** *die*; *-, -nen*

wạn·der·lus·tig *Adj*; mit viel Freude am Wandern (1) || *hierzu* **Wạn·der·lust** *die*; *nur Sg*

wạn·dern; *wanderte, ist gewandert*; [Vi] **1** e-e relativ lange Strecke zu Fuß gehen (*mst* außerhalb der Stadt u. weil man sich erholen will) || K-: ***Wander-, -karte, -kleidung, -urlaub, -weg***; ***Wanders-, -mann*** **2** regelmäßig von einem Ort zu einem anderen ziehen ⟨Nomaden, ein Zirkus⟩ || K-: ***Wander-, -vogel, -zirkus*** **3** ***j-d / etw. wandert irgendwohin*** *gespr*; j-d / etw. wird irgendwohin gebracht ⟨j-d wandert ins Gefängnis; etw. wandert in den Müll / Abfall⟩

Das Wandern

Das Wandern ist eine beliebte Freizeitbeschäftigung in den deutschsprachigen Ländern. Häufig unternimmt man am Wochenende oder an Feiertagen einen Ausflug aufs Land oder in die Berge, um einen Spaziergang an einem See, im Wald oder einfach in der Natur zu machen. Es gibt hierfür ein gut ausgebautes und beschildertes Netz an Wanderwegen. In den Pausen genießt man einen selbst mitgebrachten Imbiss im Grünen oder man kehrt in einer der traditionellen Gastwirtschaften ein, die sich am Weg befinden. In Deutschland gibt es an allen Schulen zweimal im Jahr einen **Wandertag** für alle Klassen. Der wird allerdings heute kaum noch zu einer Wanderung genutzt, bei der der Lehrer die Tiere und Pflanzen der Heimat erklärt. Viel beliebter sind Stadtbesichtigungen oder etwa der Besuch eines Museums.

Wạn·der·po·kal *der*; *Sport*; ein Pokal, der *mst* jedes Jahr an den jeweils neuen Sieger des Turniers weitergegeben wird

Wạn·der·schaft *die*; -, *-en*; *mst Sg*, *hist*; das Umherziehen der jungen Handwerker, um an anderen Orten ihren Beruf zu erlernen || ID ***auf W. sein*** *gespr*; unterwegs sein

Wạn·de·rung *die*; -, *-en*; **1** das Wandern (1) ⟨e-e W. machen⟩ **2** die Strecke, die manche Tiere zu bestimmten Zwecken laufen, schwimmen *usw*: *die W. der Lachse*

Wạnd·lung *die*; -, *-en*; **1** *geschr* ≈ Veränderung, Wandel ⟨e-e W. zum Guten, zum Bösen⟩ **2** *Rel*; (nach katholischem Glauben) die Verwandlung von Brot u. Wein während des Abendmahls in Leib u. Blut von Jesus Christus

Wạnd·ma·le·rei *die*; ein Gemälde, das direkt auf e-e Wand gemalt wird

Wạnd·schrank *der*; ein Schrank, der in die Wand eingebaut ist

wạnd·te *Imperfekt, 1. u. 3. Person Sg*; ↑ ***wenden***

Wạnd·tep·pich *der*; e-e Art Teppich, der zum Schmuck an der Wand hängt

Wạnd·uhr *die*; e-e besondere Art von Uhr, die an der Wand hängt

Wạn·ge *die*; -, *-n*; *geschr* ≈ Backe: *ein Kuss auf die W.* || ID ***j-s Wangen brennen / glühen*** j-s Gesicht ist rot angelaufen

wạn·kel·mü·tig *Adj*; ⟨ein Mensch⟩ so, dass er seine Meinung oft ändert u. sich nicht entscheiden kann || *hierzu* **Wạn·kel·mut** *der*; **Wạn·kel·mü·tig·keit** *die*; *nur Sg*

wạn·ken; *wankte, hat / ist gewankt*; [Vi] **1** (*hat*) (von Menschen) sich hin u. her bewegen, als ob man umfallen könnte, (von Sachen) sich neigen u. umzustürzen drohen ⟨ins W. kommen, geraten⟩: *Der Mast des Schiffes wankte im Sturm* **2** (*ist*) unsicher, taumelnd gehen **3** (*hat*) unsicher werden ⟨in seiner Meinung wankend werden; nicht wanken; ins Wanken geraten⟩ **4** ***etw. wankt*** (*hat*) etw. ist in Gefahr ⟨j-s Position, j-s Stellung⟩

wạnn *Adv*; **1** (*in direkten u. indirekten Fragesätzen*) zu welcher Zeit?, zu welchem Zeitpunkt?: *W. fährt der Zug ab?*; *Ich weiß nicht, w. er kommt* **2** (*in direkten u. indirekten Fragesätzen*) ***seit w.*** seit welcher Zeit?, seit welchem Zeitpunkt?: *Seit w. kennst du ihn?* **3** (*in direkten u. indirekten Fragesätzen*) unter welchen Bedingungen?: *W. setzt man ein Komma?* **4** ***dann u. w.*** ≈ manchmal

Wạn·ne *die*; -, *-n*; ein offenes Gefäß (*bes* zum Baden), das relativ lang u. groß ist || K-: ***Wannen-, -bad*** || -K: ***Bade-, Öl-, Plastik-***

Wạnst *der*; *-(e)s, Wạ̈ns·te*; *gespr! pej*; ein dicker Bauch

Wạn·ze *die*; -, *-n*; **1** ein flaches Insekt, das Pflanzensäfte od. das Blut von Menschen u. Tieren saugt || K-: ***Wanzen-, -plage*** || -K: ***Bett-, Haus-*** **2** ein kleines Mikrofon, das *z.B.* in e-m Zimmer versteckt wird, wenn man dort Gespräche abhören will

Wạp·pen *das*; *-s*, -; ein Zeichen, *mst* in der Form e-s Schildes[2] (1), das als e-e Art Symbol für e-e Familie, e-n Staat *usw* dient: *e-n Adler im W. führen* || K-: ***Wappen-, -kunde, -spruch*** || -K: ***Familien-, Stadt-, Zunft-***

wạpp·nen, sich; *wappnete sich, hat sich gewappnet*; [Vr] ***sich (mit etw.) gegen / für etw. w.*** sich für etw. rüsten, sich gut auf etw. vorbereiten ⟨sich für / gegen e-e Gefahr, e-n Sturm, e-n Angriff w.; sich gegen Kritik w.⟩

wa̲r *Imperfekt, 1. u. 3. Person Sg*; ↑ ***sein***

wa̲rb *Imperfekt, 1. u. 3. Person Sg*; ↑ ***werben***

Wa̲·re *die*; -, *-n*; **1** ein Gegenstand, der zum Verkauf bestimmt ist ⟨Waren herstellen, verkaufen, liefern, bestellen, im Preis herabsetzen⟩: *Reduzierte W. ist vom Umtausch ausgeschlossen* || K-: ***Waren-, -angebot, -bestand, -gutschein, -muster, -probe, -sortiment, -test*** || -K: ***Schmuggel-***; (*mit Pl*) ***Back-, Eisen-, Export-, Gebraucht-*** **2** *nur Sg*; e-e bestimmte Sorte od. Menge von Waren (1) ⟨e-e W. führen, anbieten, auf Lager haben⟩: *Die Ware* (*z.B.* 200kg Äpfel) *ist verdorben*; *Diese W. verkauft sich gut* **3** *nur Sg*; ***heiße W.*** Waren, die geschmuggelt, gestohlen *o.Ä.* wurden

wä̲·re *Konjunktiv II, 1. u. 3. Person Sg*; ↑ ***sein***

Wa̲·ren·ab·kom·men *das*; ein Abkommen zwischen Staaten über den gegenseitigen Austausch von Waren (1)

Wa̲·ren·aus·tausch *der*; der Handel mit Waren (1) *bes* zwischen Staaten

Wa̲·ren·haus *das* ≈ Kaufhaus

Wa̲·ren·korb *der*; *Ökon*; ausgewählte Waren, deren durchschnittlicher Preis zu e-m bestimmten Zeitpunkt dazu hergenommen wird, die allgemeine Preisentwicklung, die Inflation zu bestimmen

Wa̲·ren·la·ger *das*; ein (großes) Gebäude, in dem Waren gelagert werden

Wa̲·ren·zei·chen *das* ≈ Markenzeichen: *das eingetragene W.*

wạrf *Imperfekt, 1. u. 3. Person Sg*; ↑ ***werfen***

wạrm, *wärmer, wärmst-*; *Adj*; **1** mit / von relativ hoher Temperatur, aber nicht richtig heiß ↔ kühl: *ein warmes Bad nehmen*; *die ersten warmen Tage nach dem Winter genießen* || -K: ***hand-, körper-*** **2** gegen Kälte schützend ⟨Kleidung, e-e Decke; sich w. anziehen⟩ **3** so, dass in der Miete die Heizkosten schon enthalten sind: *„Die Wohnung kostet 800 Euro Miete“* - *„W. od. kalt?“* || K-: ***Warm-, -miete*** **4** so, dass das Essen gekocht u. noch w. (1) ist ↔ kalt ⟨e-e Mahlzeit, e-e Speise; w. essen⟩ **5** ≈ herzlich, freundlich ↔ kalt, kühl ⟨e-e Begrüßung, Worte⟩ **6** ⟨Farben⟩ relativ kräftig u. ohne Mischung mit Weiß od. Grau: *ein warmes Gelb, Rot* **7** (*mst* im Superlativ) voll Eifer u. Interesse ⟨wärmstes Interesse für etw. zeigen⟩ **8** *mst* ***mir ist w.*** verwendet, um auszudrücken, dass man es w. (1) od. ein bisschen zu w. (1) findet ↔ mir ist kalt **9** ***etw. w. stellen*** Speisen od. Getränke an e-n Ort stellen, wo sie w. (1) bleiben ↔ etw. kalt stellen **10** ***sich w. laufen / machen*** *bes* vor e-m Wettbewerb Gymnastik machen u. langsam laufen, bis die Muskeln locker sind || ID *mst* ***Mit ihm / ihr kann ich nicht w. werden*** *gespr*; ich finde ihn / sie einfach nicht sympathisch

> **wạrm hal·ten**; *hält warm, hielt warm, hat warm gehalten*; [Vt] **1** ***sich*** (*Dat*) ***j-n w. h.*** *gespr*; freundlich zu j-m sein, damit er einem später hilft od. Unterstützung gibt **2** ***etw. w. h.*** dafür sorgen, dass *bes* das Essen warm bleibt

Wạrm·blü·ter *der*; *-s*, -; *Zool*; ein Tier, dessen Körpertemperatur immer fast gleich bleibt (*z.B.* Vögel, Säugetiere) || *hierzu* **wạrm·blü·tig** *Adj*; *ohne Steigerung*

Wạ̈r·me *die*; -; *nur Sg*; **1** e-e mäßig hohe, *mst* als angenehm empfundene Temperatur ↔ Kälte || K-: ***Wärme-, -gewitter, -periode***; ***wärme-, -bedürftig*** || -K: ***Körper-*** **2** *Phys*; die Energie, die durch die Bewegung von Atomen u. Molekülen entsteht ⟨W. entwickelt sich, wird freigesetzt⟩ || K-: ***Wärme-, -kraftwerk, -pumpe, -technik*** **3** Herzlichkeit, Freundlichkeit ⟨menschliche W.; j-d strahlt W. aus⟩

Wạ̈r·me·lei·ter *der*; e-e Substanz, die die Wärme gut weitertransportiert || *hierzu* **Wạ̈r·me·leit·fä·hig·keit** *die*

wạ̈r·men; *wärmte, hat gewärmt*; [Vt/i] **1** ***etw. wärmt***

(*j-n* / *etw.*) etw. bewirkt, dass j-d / etw. warm (1) wird: *Der Ofen wärmt das Zimmer / wärmt gut*; [Vt] **2 sich** (*Dat*) **etw. w.** etw. warm machen: *sich ein Glas Milch w.*; [Vr] **3 sich irgendwo w.** sich *z.B.* an e-n Heizkörper *o.Ä.* stellen, damit einem wärmer wird: *Er wärmte sich am Feuer*

Wạrm·fla·sche *die*; ein Behälter (*mst* aus Gummi), der mit heißem Wasser gefüllt wird, um das Bett zu wärmen

Wạrm·front *die*; *Meteorologie*; warme Luftmassen, die in ein Gebiet mit kälterer Luft dringen

wạrm·her· zig *Adj*; sehr freundlich u. mitfühlend || *hierzu* **Wạrm·her·zig·keit** *die*; *nur Sg*

Wạrm·luft *die*; *nur Sg* ≈ warme Luft

wärms·tens *Adv* ≈ ausdrücklich, sehr ⟨*mst* (j-m) j-n / etw. w. empfehlen⟩

Warm·wạs·ser *das*; *nur Sg*; Wasser, das (von e-r Heizung *o.Ä.*) warm gemacht wurde

Wạrn·an·la·ge *die*; e-e Vorrichtung, die bei Gefahren, Einbrüchen *o.Ä.* akustische u. optische Signale gibt

Wạrn·blink|an·la·ge *die*; e-e Vorrichtung, mit der man (*z.B.* bei e-r Panne od. nach e-m Unfall) alle Blinker am Auto gleichzeitig einschalten kann

Wạrn·drei·eck *das*; ein dreieckiges Schild (weiß mit rotem Rand), das man im Auto mitnehmen muss (u. *z.B.* bei e-r Panne od. e-m Unfall hinter dem Auto aufstellt)

Warndreieck

wạr·nen; *warnte, hat gewarnt*; [Vt/i] **1** (*j-n*) (**vor j-m / etw.**) **w.** j-n auf e-e Gefahr hinweisen: *Vor Taschendieben wird gewarnt!*; *Jugendliche vor Drogen w.*; *Er warnte uns* davor, *bei dem schlechten Wetter e-e Bergtour* zu *machen* || K-: **Warn-, -ruf, -signal**; [Vt] **2 j-n w.** ≈ j-m drohen: *Ich warne dich: lass das!*

Wạrn·schild *das*; ein Schild[1] (1), das vor e-r Gefahr warnt: *Der Autofahrer missachtete das W.*

Wạrn·schuss *der*; ein Schuss in die Luft als Signal dafür (*z.B.* an e-n Fliehenden), dass man bereit ist, auf ihn zu schießen ⟨e-n W. abgeben⟩

Wạrn·streik *der*; e-e relativ kurze Unterbrechung der Arbeit als Drohung, dass man auch zu e-m längeren Streik bereit wäre

Wạr·nung *die*; -, -*en*; **1 e-e W.** (**vor j-m / etw.**) ein Hinweis auf e-e Gefahr ⟨e-e W. vor dem Sturm, dem Hochwasser; W. vor dem Hunde!⟩ || -K: **Hochwasser-, Lawinen-, Sturm- 2** e-e dringende Aufforderung od. Drohung, etw. nicht zu tun ⟨e-e nachdrückliche, eindringliche W.⟩: *Das ist meine letzte W.!*

Wạrn·zei·chen *das*; **1** ein Verkehrszeichen, das vor e-r Gefahr warnt **2** ein optisches od. akustisches Signal, das vor e-r Gefahr warnt: *mit der Hupe ein W. geben*

Wạr·te *die*; -, -*n*; *mst in* **von meiner** (*usw*) **W. aus** von meinem (*usw*) Standpunkt aus gesehen

Wạr·te·lis·te *die*; e-e Liste von Personen, die auf etw. warten, *z.B.* auf e-e Genehmigung, e-n Arbeitsplatz, e-e Wohnung *usw*

wạr·ten[1]; *wartete, hat gewartet*; [Vi] **1** (**auf j-n / etw.**) **w.** nichts tun, nicht weggehen *o.Ä.*, bis j-d kommt od. etw. eintritt ⟨auf den Zug w.; w., bis man abgeholt wird⟩: *Ich warte schon seit zwei Stunden auf dich!*; *Wir haben zwei Stunden auf ihn gewartet* || K-: **Warte-, -halle, -raum, -saal, -zeit 2 mit etw.** (**auf j-n**) **w.** etw. noch nicht tun od. erst dann tun, wenn j-d anders kommt: *Wir warten mit dem Essen auf dich* **3 etw. wartet** (**auf j-n**) etw. ist schon bereit: *Beeil dich, das Essen wartet!* **4 etw. wartet** (**auf j-n**) etw. muss (noch) getan werden ⟨e-e Arbeit, e-e Pflicht⟩ || ID *mst* **Darauf habe ich schon** (**lange**) **gewartet** das habe ich kommen sehen; **etw. lässt lange auf sich w.** es wird nicht schnell realisiert; *mst* **Da kannst du lange w.!** *gespr*; das tritt wahrscheinlich nie ein; **Na warte / Warte nur!** *gespr*; verwendet als e-e Art Drohung (aber nicht sehr ernst gemeint); **Worauf wartest du noch?** *gespr*; tu doch endlich etwas! **Warte mal!** *gespr*; einen Augenblick! **Darauf habe ich gerade noch gewartet!** *gespr*; das passt mir gar nicht!

wạr·ten[2]; *wartete, hat gewartet*; [Vt] **etw. w.** etw. pflegen u. kontrollieren, damit es funktioniert ⟨e-e Maschine, ein Auto, e-e technische Anlage w.⟩

Wär·ter *der*; -*s*, -; j-d, der etw. pflegt od. j-n / etw. bewacht || -K: **Gefängnis-, Leuchtturm-, Museums-, Zoo-** || *hierzu* **Wär·te·rin** *die*; -, -*nen*

Wạr·te·saal *der*; ein Raum in e-m Bahnhof *o.Ä.*, in dem Reisende warten können

Wạr·te·zim·mer *das*; ein Raum (in der Praxis e-s Arztes), in dem die Patienten darauf warten, dass der Arzt sie behandelt

Wạr·tung *die*; -, -*en*; das Warten[2] || K-: **Wartungs-, -arbeit, -personal**; **wartungs-, -frei, -freundlich**

wa·rum [va'rʊm] *Adv*; **1** (*in direkten u. indirekten Fragen*) verwendet, um nach dem Grund für etw. zu fragen ≈ aus welchem Grund, weshalb?: *W. muss ich immer alles machen?*; *Ich weiß nicht, w. sie nicht gekommen ist* **2 der Grund, w.** ≈ der Grund, aus dem || ID **W. nicht gleich** (**so**)**?** *gespr*; das hätte man doch sofort so machen können! **W.** (**auch / denn**) **nicht?** *gespr*; es spricht doch nichts dagegen!

Wạr·ze *die*; -, -*n*; e-e kleine runde Wucherung auf der Haut, *bes* an Händen u. im Gesicht (oft mit rauer Oberfläche)

wạs[1] *Interrogativpronomen*; **1** (*in direkten u. indirekten Fragesätzen*) verwendet, um nach e-r Sache od. e-m Sachverhalt zu fragen: *Was möchtest du trinken?*; *Was soll ich anziehen?*; *Weißt du, was sie zu mir gesagt hat? Was bedeutet dieses Wort?*; *Was verstehen Sie unter „Demokratie"?* || NB: ↑ *Tabelle unter* **Interrogativpronomen 2 was kostet ...?** *gespr* ≈ wie viel kostet ...? **3 was ist etw.?** welche Bedeutung hat etw., wie wird etw. definiert?: *Was ist Literatur?* **4 was ist j-d?** welchen Beruf hat j-d?: *Was ist dein Vater?*; *Was willst du werden?* **5 was?** *gespr* ≈ wie bitte? || NB: gilt als unhöflich **6** *gespr*; verwendet, um e-n Tadel auszudrücken ≈ warum: *„Was musst du dich denn nachts so rumtreiben?"* **7 ..., was?** *gespr*; verwendet am Ende e-s Satzes, wenn der Sprecher Zustimmung erwartet od. sich erhofft ≈ nicht wahr?: *Das macht Spaß, was?* **8** *Präp* + **was** *gespr* ≈ wo- / wor- + Präposition: *Um was* (= worum) *handelt es sich denn?*; *Auf was* (= worauf) *wartest du?*; *An was* (= woran) *denkst du gerade?* **9 was für ein / eine** *usw* + *Subst? gespr*; verwendet, um nach der Art od. den Eigenschaften e-r Person / Sache zu fragen: *Was für ein Mensch könnte so etwas machen?*; *Was für Preise gibt es zu gewinnen?*; *Was für einen Wein möchtest du?* || ID **Was ist los?** was ist passiert?; **Was dann?** was sollen wir dann tun, was wird dann sein?; **Was nun?** was sollen wir jetzt tun?; **'Was du nicht sagst!** das kann ich kaum glauben; **Was macht ...?** wie geht es ...?

wạs![2] *Interjektion*; *gespr*; **1** verwendet, um Erstaunen auszudrücken: *Was, das weißt du noch nicht?*; *Was, du rauchst nicht mehr?* **2 ach was!** das glaube ich nicht, so ein Unsinn

wạs[3] *Relativpronomen*; **1** verwendet, um die (gesamte) Aussage e-s vorausgegangenen Hauptsatzes wieder aufzugreifen: *Ich will Schauspieler werden, was meine Eltern aber gar nicht gut finden* **2** verwendet, um e-n Relativsatz nach *nichts* und Indefinitpronomen wie *alles, manches, einiges, vieles, etwas* einzuleiten: *Das ist alles, was ich weiß; Einiges, was er gesagt hat, war ganz interessant* **3** verwendet, um e-n Relativsatz nach e-m substantivischen Superlativ einzuleiten: *das Beste, was ich je gesehen habe; Das ist das Schlimmste, was passieren konnte*

was[4] *gespr* ≈ etwas: *Ich will euch mal was erzählen; Das ist was anderes; So was von Dummheit!*

Wasch·an·la·ge *die*; e-e große Anlage, in der Autos gewaschen werden

wasch·bar *Adj; nicht adv*; so, dass es gewaschen werden kann, ohne beschädigt zu werden ⟨ein Stoff⟩

Wasch·bär *der*; ein kleiner Bär, der *bes* in Nordamerika lebt u. e-n langen, buschigen Schwanz hat

Wasch·be·cken *das*; ein Becken mit Wasserhahn, das *mst* an der Wand befestigt ist u. in dem man sich *mst* die Hände (u. das Gesicht) wäscht

Waschbecken

der Wasserhahn

Wä·sche *die*; -, *-n*; **1** *nur Sg*; das Bettzeug, die Tücher, die Tischdecken *usw*, die im Haushalt verwendet werden || -K: ***Bett-, Tisch-*** **2** *nur Sg*; alle Textilien, die gewaschen werden od. gewaschen worden sind ⟨frische, saubere, schmutzige W.; die W. waschen, spülen, schleudern, aufhängen, stärken, bügeln⟩ || K-: ***Wäsche-, -korb, -leine*** || -K: ***Bunt-, Fein-, Koch-*** || *zu* ***Wäscheleine*** ↑ *Abb. unter* ***Schnur*** **3** *nur Sg, Kurzw* ↑ ***Unterwäsche*** **4** die schmutzige W. (1), die noch gewaschen werden muss: *Das Kleid ist in der W.* **5** das Waschen (1) e-r Person od. e-s Autos || ID *mst* ***Da wird viel schmutzige W. gewaschen*** *gespr pej*; es werden unangenehme persönliche Angelegenheiten vor anderen erzählt; ***dumm aus der W. gucken / schauen*** *gespr*; völlig verdutzt, verwirrt aussehen

wasch·echt *Adj; nicht adv*; **1** ⟨ein Kleidungsstück, Farbe⟩ so, dass sie sich beim Waschen nicht verändern **2** *nur attr, gespr*; richtig (5), echt: *ein waschechter Berliner*

Wä·sche·klam·mer *die*; e-e Klammer aus Holz od. Plastik zum Befestigen der nassen Wäsche an der Wäscheleine || ↑ *Abb. unter* ***Klammer***

wa·schen; *wäscht, wusch, hat gewaschen*; Vt/i **1** ***(etw.) w.*** etw. mit Waschmittel u. Wasser sauber machen ⟨die Wäsche, das Auto w.⟩ || K-: ***Wasch-, -pulver, -tag***; Vt **2** ***j-n / sich w.***; ***(j-m / sich) etw. w.*** j-n / sich / etw. mit Wasser und Seife sauber machen ⟨j-m / sich die Haare, die Füße w.⟩ **3** ***etw. w.*** ⟨Kohle, Erz, Gold⟩ mit Wasser od. Flüssigkeit von anderen Bestandteilen befreien **4** ***Geld w.*** illegal erworbenes Geld *mst* durch geschickte Banktransfers *o.Ä.* zu scheinbar legal verdientem Geld machen || ID ***etw. hat sich gewaschen*** *gespr*; etw. ist besonders streng ⟨e-e Strafe, e-e Prüfung⟩

Wä·sche·rei *die*; -, *-en*; ein Betrieb, in dem Wäsche gegen Bezahlung gewaschen wird

Wä·sche·schleu·der *die*; e-e Maschine (im Haushalt), die durch schnelle Drehung aus der nassen Wäsche das Wasser herausschleudert

Wä·sche·trock·ner *der*; **1** e-e Maschine (im Haushalt), die nasse Wäsche trocknet **2** ein Gestell, an das man nasse Wäsche zum Trocknen hängt

Wasch·kü·che *die*; **1** ein Raum, der für das Waschen von Wäsche vorgesehen ist **2** *gespr*; dichter Nebel

Wasch·lap·pen *der*; **1** ein Lappen *mst* aus Frottee, mit dem man sich wäscht **2** *gespr pej*; ein feiger od. schwacher Mann ≈ Weichling

Wasch·ma·schi·ne *die*; e-e Maschine (im Haushalt), mit der man die Wäsche wäscht

Wasch·mit·tel *das*; ein Pulver od. e-e Flüssigkeit, mit denen man Wäsche wäscht || -K: ***Fein-, Voll-***

Wasch·sa·lon *der*; ein Laden, in dem man gegen Bezahlung Waschmaschinen benutzen kann

Wasch·stra·ße *die*; e-e Anlage, durch die Autos langsam hindurchgerollt u. automatisch gewaschen werden

wäscht *Präsens, 3. Person Sg*; ↑ ***waschen***

Wa·schung *die*; -, *-en*; das rituelle, medizinische *o.Ä.* Waschen des Körpers || -K: ***Fuß-***

Wasch·weib *das; gespr pej*; j-d, der viel über die Angelegenheiten anderer Leute erzählt

Was·ser[1] *das*; *-s*; *nur Sg*; **1** die durchsichtige Flüssigkeit, die *z.B.* als Regen vom Himmel fällt ⟨W. verdunstet, verdampft, gefriert, kocht, siedet, tropft, rinnt, fließt⟩ || K-: ***Wasser-, -dampf, -flasche, -gewinnung, -glas, -kessel, -mangel; wasser-, -dicht*** || -K: ***Grund-, Leitungs-, Regen-, Trink-*** **2** Tränen: *Ihm schoss das W. in die Augen* **3** *gespr*; Schweiß: *Das W. tropfte ihm von der Stirn* **4** ***W. lassen*** *euph*; die Blase entleeren **5** ***W. in den Beinen haben*** *gespr*; e-e krankhafte Ansammlung von Gewebeflüssigkeit in den Beinen haben **6** ***hartes / weiches W.*** W.[1] (1), das viel / wenig Kalk enthält **7** ***etw. ist / steht unter W.*** etw. ist überschwemmt **8** *mst* ***etw. wird unter W. gesetzt*** *mst* ein Raum wird überschwemmt **9** ⟨ein Haus, ein Zimmer⟩ ***mit fließendem W.*** ein Haus, ein Zimmer mit W.[1] (1) direkt aus dem Wasserhahn || ID ***j-d kocht auch nur mit W.*** j-d macht etw. auch nicht besser als andere; ***j-m das W. nicht reichen können*** *gespr*; bei weitem nicht so gut sein wie ein anderer; ***j-m steht / geht das W. bis zum Hals*** *gespr*; j-d hat enorme (*mst* finanzielle) Probleme; *mst* ***sich*** ⟨mühsam, gerade, kaum noch⟩ ***über W. halten können*** gerade noch genug Geld haben, um leben zu können; ***etw. ist W. auf j-s Mühle*** *gespr*; etw. fördert j-s Sache; ***etw. fällt ins W.*** *gespr*; etw. Geplantes kann nicht ausgeführt werden; ***bei Brot u. W. sitzen*** *gespr, veraltet*; im Gefängnis sein; ***Bis dahin läuft / fließt noch viel W. den Berg / Rhein*** *o.Ä.* ***hinunter / hinab*** *gespr*; bis dahin vergeht noch viel Zeit; ***j-m läuft das W. im Mund zusammen*** *gespr*; j-d bekommt großen Appetit auf etw.

Was·ser[2] *das*; *-s*, *-* (*selten auch Wäs·ser*); **1** der Inhalt von Flüssen, Seen u. Meeren ≈ Gewässer || K-: ***Wasser-, -pflanze, -verschmutzung*** **2** *nur Pl, geschr*; Wassermassen: *die W. des Meeres* **3** ***ein stehendes W.*** ein Teich od. See **4** ***fließendes W.*** ein Fluss, Bach *o.Ä.* || ID ***ein stilles W.*** *gespr hum*; eine ruhige Person (mit verborgenen Fähigkeiten *o.Ä.*); ***Stille Wasser sind / gründen tief*** gerade bei zurückhaltenden Personen findet man überraschende Fähigkeiten; ***mit allen Wassern gewaschen sein*** *gespr*; aufgrund von Erfahrungen viele Tricks kennen

Was·ser ab·sto·ßend *Adj*; ⟨ein Regenmantel *o.Ä.*⟩ so, dass er kein Wasser aufnimmt

Was·ser[3] *das*; *-s*, *Wäs·ser*; **1** e-e farblose, parfümierte Flüssigkeit: *Kölnisch W.* || -K: ***Haar-, Rasier-, Rosen-*** **2** ≈ Mineralwasser

was·ser·arm *Adj*; *nicht adv*; ⟨e-e Gegend, Landschaft⟩ so, dass sie wenig Wasser haben || *hierzu* **Was·ser·ar·mut** *die*; *nur Sg*

Was·ser·auf·be·rei·tung *die*; die Reinigung von Wasser, um es (*z.B.* als Trinkwasser) wieder zu verwenden || K-: ***Wasseraufbereitungs-, -anlage***

Was·ser·ball *der*; **1** ein großer Ball aus Gummi, der für Ballspiele im Wasser geeignet ist **2** *nur Sg*; ein Ballspiel zwischen zwei Mannschaften im Wasser ⟨W. spielen⟩

Wäs·ser·chen *nur in* ***aussehen, als ob man kein W. trüben könnte*** *gespr*; sehr harmlos aussehen

was·ser·dicht *Adj*; *nicht adv*; ⟨e-e Uhr⟩ so beschaffen, dass in sie kein Wasser eindringen kann

Was·ser·fall *der*; fließendes Wasser[2], das steil über Felsen herabfällt || ID ***wie ein W. reden*** *gespr*; ununterbrochen erzählen

Was·ser·far·be *die*; e-e Farbe zum Malen auf Papier, die mit wenig Wasser gemischt wird

was·ser·fest *Adj*; *ohne Steigerung*, *nicht adv*; ⟨ein Stoff, ein Material⟩ so beschaffen, dass die Einwirkung von Wasser sie nicht verändert

Was·ser·hahn *der*; e-e Vorrichtung an e-r Wasserleitung, mit der das Fließen des Wassers reguliert wird || ↑ *Abb. unter* ***Waschbecken***

wäs·se·rig ↑ ***wässrig***

Was·ser·klo·sett *das*; ein Klosett mit Wasserspülung; *Abk* WC

Was·ser·kopf *der*; **1** *Med*; e-e krankhafte Ansammlung von Flüssigkeit im Hirn (die zu e-r Vergrößerung des Kopfes führen kann) **2** etw., das zu schnell unnatürlich groß geworden ist (*z.B.* die Verwaltung e-s Betriebs)

Was·ser·kraft *die*; *nur Sg*; die Energie, die in fließendem Wasser ist

Was·ser·lauf *der*; **1** ein fließendes Gewässer **2** der Verlauf e-s Baches od. Flusses

Was·ser·lei·che *die*; die Leiche e-s Ertrunkenen, die schon längere Zeit im Wasser liegt

Was·ser·lei·tung *die*; ein Rohr od. Rohrsystem, in dem (Trink)Wasser fließt

was·ser·lös·lich *Adj*; *nicht adv*; ⟨e-e Tablette⟩ so, dass sie sich in Wasser auflöst

Was·ser·mann *der*; *-(e)s*, *Was·ser·män·ner*; **1** *nur Sg*; das Sternzeichen für die Zeit vom 21. Januar bis 19. Februar || ↑ *Abb. unter* ***Sternzeichen*** **2** j-d, der in der Zeit vom 21. Januar bis 19. Februar geboren ist: *Sie ist (ein) W.*

wäs·sern; *wässerte*, *hat gewässert*; [Vt] **1** ***etw. w.*** etw. in Wasser legen, damit es weich od. sauber wird **2** ***etw. w.*** etw. sehr stark gießen ⟨Pflanzen⟩

Was·ser·rat·te *die*; *gespr*; j-d, der sehr gern u. viel schwimmt

Was·ser·scha·den *der*; ein Schaden, der durch (aus)fließendes Wasser, *bes* in e-m Haus, entstanden ist

was·ser·scheu *Adj*; *nicht adv*; *mst* ***w. sein*** nicht gern schwimmen od. sich nicht gern waschen || *hierzu* **Was·ser·scheu** *die*; *nur Sg*

Was·ser·ski[1] *der*; ein breiter Ski, auf dem man sich über das Wasser ziehen lassen kann

Was·ser·ski[2] *(das)*; *nur Sg*; e-e Sportart, bei der man sich auf Wasserskiern *mst* von e-m Boot ziehen lässt ⟨W. fahren⟩

Was·ser·spie·gel *der*; **1** die glatte Oberfläche e-s Gewässers **2** ≈ Wasserstand

Was·ser·sport *der*; ein Sport, der im od. auf dem Wasser ausgeübt wird

Was·ser·spü·lung *die*; e-e Vorrichtung, durch die das Toilettenbecken mit Wasser gespült wird

Was·ser·stand *der*; die Höhe e-r Wasseroberfläche

Was·ser·stoff *der*; *nur Sg*; ein Gas, das sich zusammen mit Sauerstoff zu Wasser verbindet; *Chem* H

Was·ser·stoff·bom·be *die*; e-e Bombe, deren Sprengkraft auf der Fusion von Atomkernen des Wasserstoffs beruht; *Abk* H-Bombe

Was·ser·stra·ße *die*; ein Fluss, der von vielen Schiffen befahren wird: *Der Rhein ist e-e wichtige W.*

Was·ser·sucht *die*; e-e krankhafte Ansammlung von Flüssigkeit im Körper; *Med* Hydropsie

Was·ser·ver·schmut·zung *die*; die Verschmutzung von Meeres-, Fluss-, See- u. Grundwasser

Was·ser·ver·sor·gung *die*; die Versorgung der Bevölkerung u. Industrie mit Wasser

Was·ser·waa·ge *die*; ein Gerät, mit dem man feststellen kann, ob e-e Fläche genau waagrecht bzw. senkrecht ist. E-e kleine Luftblase zeigt die Lage an

Was·ser·wer·fer *der*; ein Fahrzeug der Polizei, das mit starken Wasserstrahlen die Leute bei Krawallen vertreibt

Was·ser·werk *das*; *mst Pl*; e-e Einrichtung in e-m Ort, die die Häuser mit Wasser versorgt

Was·ser·zei·chen *das*; e-e Markierung in e-m Papier, e-r Banknote *o.Ä.*, die gesehen werden kann, wenn man das Papier *usw* gegen das Licht hält

wäss·rig *Adj*; *nicht adv*; ⟨e-e Suppe⟩ so, dass sie zu viel Wasser enthält u. daher fade schmeckt

Wat·sche *die*; *-*, *-n*; *südd* Ⓐ *gespr* ≈ Ohrfeige

wat·scheln; *watschelte*, *ist gewatschelt*; [Vi] ***j-d*** / ⟨e-e Ente⟩ ***watschelt*** j-d / e-e Ente bewegt sich schwerfällig fort, sodass der ganze Körper hin u. her wackelt || NB: bei Menschen sehr negativ

Watt[1] *das*; *-(e)s*, *-en*; ein Teil der Küste, der mit Schlamm bedeckt u. bei Ebbe nicht überflutet ist

Watt[2] *das*; *-s*, *-*; *Elektr*; e-e physikalische Einheit, mit der man die Leistung misst; *Abk* W: *e-e Glühbirne mit 60 Watt* || -K: ***Kilo-***, ***Mega-***

Wat·te *die*; *-*; *nur Sg*; e-e weiche u. lockere Masse aus vielen Fasern (*mst* von Baumwolle): *e-e Wunde mit W. abtupfen*; *Puder mit W. auftragen*; *die Schultern e-s Mantels mit W. füttern* || K-: ***Watte-***, ***-bausch***

wat·tie·ren; *wattierte*, *hat wattiert*; [Vt] ***etw. w.*** ein Kleidungsstück mit Watte füttern[2] od. polstern || *hierzu* **Wat·tie·rung** *die*

wau, wau! *Interjektion*; verwendet, um das Bellen e-s Hundes nachzuahmen

Wau·wau *der*; *-s*, *-s*; *gespr*; von u. gegenüber Kindern verwendet als Bezeichnung für e-n Hund

WC [veː'tseː] *das*; *-(s)*, *-(s)*; *Abk* ↑ ***Wasserklosett***

Web *das*; *-(s)*; *nur Sg*; (*Kurzw für* World Wide Web) e-e Anwendungsmöglichkeit des Internet. Über das Web kann man sich Informationen holen, sich mit anderen Teilnehmern unterhalten *usw*; *Abk* WWW ⟨im Web surfen⟩ || K-: ***Web-***, ***-adresse***, ***-seite***

we·ben; *webte* / *wob*, *hat gewebt* / *gewoben*; [Vt/i] **1** ***(etw.) w.*** e-n Stoff, e-n Teppich *o.Ä.* machen, indem man mit e-r Vorrichtung od. e-r Maschine Fäden miteinander kreuzt ⟨e-n Teppich w., Tuch w.⟩ || K-: ***Web-***, ***-garn***, ***-waren***; [Vt] **2** ***e-e Spinne webt ein Netz*** e-e Spinne macht ein Netz; [Vi] **3** ***(an etw.*** *(Dat)*) ***w.*** an der Herstellung e-s Stoffs *usw* arbeiten ⟨an e-m Teppich w.⟩

We·ber *der*; *-s*, *-*; ein Handwerker, der Stoffe u. Teppiche webt (1) || *hierzu* **We·be·rin** *die*; *-*, *-nen*

We·be·rei *die*; *-*, *-en*; e-e Fabrik od. Werkstatt, in der Stoffe od. Teppiche hergestellt werden

We·ber·knecht *der*; e-e Art Spinne mit sehr langen, dünnen Beinen

Web·stuhl *der*; e-e Vorrichtung od. e-e Maschine, mit der man weben (1) kann ⟨ein mechanischer, elektrischer W.⟩

Wech·sel[1] [-ks-] *der*; *-s*, *-*; **1** e-e (*mst* relativ schnelle) Veränderung e-s bestimmten Zustands ⟨ein plötzlicher, jäher W.; ein W. tritt ein⟩: *der plötzliche W. (in) seiner Laune* || -K: ***Temperatur-***, ***Wetter-*** **2** die (regelmäßige) Abfolge od. Aufeinanderfolge verschiedener Phasen e-r Entwicklung: *der W. der Jahreszeiten* **3** das Wechseln[1] (2) (*mst* des Berufs): *sein W. (vom Finanzministerium) ins Außenministerium* || -K: ***Berufs-***, ***Orts-***, ***Schul-***, ***Wohnungs-*** **4** das Ersetzen e-s Gegenstands / e-r Person ⟨der W. e-s Autoreifens, ein W. im Kabinett; e-n W. vornehmen⟩

Wẹch·sel[2] [-ks-] *der*; *-s*, *-*; ein Dokument, mit dem j-d verspricht, e-r anderen Person innerhalb einer angegebenen Zeit e-e bestimmte Summe Geld zu zahlen ⟨e-n W. ausstellen⟩: *Der W. wird am 1. Juni fällig* (= muss bezahlt werden)

Wẹch·sel·bad *das*; **1** *mst Pl*; Bäder in abwechselnd heißem u. kaltem Wasser ⟨Wechselbäder machen⟩ **2** *mst* ***im W. der Gefühle*** im ständigen Auf u. Ab zwischen sehr positiven u. sehr negativen Gefühlen

Wẹch·sel·be·zie·hung *die*; e-e gegenseitige Beziehung ⟨Themen, Erscheinungen stehen in W. miteinander / zueinander⟩

Wẹch·sel·fäl·le *die*; *Pl*; *nur in* ***die W. des Lebens*** unerwartete Ereignisse, die in j-s Leben auftreten

Wẹch·sel·geld *das*; *nur Sg*; Geld, das man zurückbekommt, wenn man mit e-m Geldschein od. Geldstück bezahlt, dessen Wert über dem geforderten Preis liegt

wẹch·sel·haft *Adj*; ⟨Launen, das Wetter⟩ so, dass sie sich häufig verändern || *hierzu* **Wẹch·sel·haf·tig·keit** *die*; *nur Sg*

Wẹch·sel·jah·re *die*; *Pl*; der Zeitraum um das 50. Lebensjahr der Frau, ab dem sie kein Kind mehr bekommen kann; *Med* Klimakterium, Menopause ⟨in die W. kommen, in den Wechseljahren sein⟩

Wẹch·sel·kurs *der*; der Preis, der jeweils für den Kauf od. Verkauf e-r fremden Währung gültig ist

wẹch·seln[1] [-ks-]; *wechselte, hat / ist gewechselt*; [Vt] (*hat*) **1** ***etw. w.*** etw. durch etw. anderes (mit derselben Funktion) ersetzen ⟨e-n Reifen, den Film, die Kassette, das Hemd w.⟩ **2** ***etw. w.*** e-e neue Arbeit aufnehmen, mit e-m anderen Studienfach beginnen, e-e neue Wohnung nehmen *o.Ä.* ⟨den Beruf, das Studienfach, die Wohnung w.⟩ **3** ***den Glauben w.*** zu e-m anderen Glauben (3) übertreten **4** ***das Thema w.*** ein neues Thema diskutieren **5** ⟨den Partner, den Arzt, den Freund *usw*⟩ ***w.*** e-n neuen Partner, Arzt, Freund *usw* finden; [Vi] **6** ***etw. wechselt*** (*hat*) ≈ etw. ändert sich ⟨das Wetter, die Temperatur, die Mode⟩ **7** (***irgendwohin***) ***w.*** (*ist*) e-e neue Arbeit *o.Ä.* aufnehmen: *Er wechselte ins Außenministerium* || ID ***mit j-m Briefe w.*** mit j-m korrespondieren; ***mit j-m e-n Blick w.*** j-n kurz anschauen; ***mit j-m einige Worte w.*** mit j-m kurz sprechen || ID ↑ ***Ring***

wech·seln[2] [-ks-]; *wechselte, hat gewechselt*; [Vt] **1** ***etw.*** (***in etw.*** (*Akk*)) ***w.*** Geld e-r Währung gegen Geld e-r anderen Währung tauschen ≈ umtauschen: *Schweizer Franken in Euro w.* || K-: ***Wechsel-, -kurs*** **2** (***j-m***) ***etw.*** (***in etw.*** (*Akk*)) ***w.*** j-m für e-e Münze od. e-n Geldschein Münzen *o.Ä.* in kleineren Einheiten, aber im gleichen Wert geben: *Kannst du mir fünfzig Euro w.?* || K-: ***Wechsel-, -automat***

wẹch·seln·d- *Adj*; *nur attr, ohne Steigerung, nicht adv*; einmal so u. einmal anders ≈ unterschiedlich: *mit wechselndem Erfolg*

wẹch·sel·sei·tig *Adj*; so, dass bei e-r Beziehung die Dinge od. Partner gegenseitig aufeinander wirken || *hierzu* **Wẹch·sel·sei·tig·keit** *die*; *nur Sg*

Wẹch·sel·strom *der*; elektrischer Strom, dessen Stärke u. Richtung sich periodisch ändert u. der gewöhnlich im Haushalt verwendet wird ↔ Gleichstrom

Wẹch·sel·stu·be *die*; e-e Art Büro *o.Ä.*, *bes* an Bahnhöfen u. Grenzübergängen, in dem man Geld wechseln kann

Wẹch·sel·ver·hält·nis *das*; ⟨Dinge⟩ ***stehen im W. zueinander*** Dinge beeinflussen sich gegenseitig

wẹch·sel·voll *Adj*; ⟨die Geschichte e-r Stadt⟩ so, dass sie häufig zwischen gut u. schlecht abwechselt

Wẹch·sel·wäh·ler *der*; j-d, der nicht immer dieselbe Partei wählt ↔ Stammwähler

wẹch·sel·wei·se *Adv*; abwechselnd od. aufeinander folgend: *Er arbeitet w. für Film u. Theater*

Wẹch·sel·wir·kung *die*; die gegenseitige Beeinflussung: *die W. zwischen Mensch u. Umwelt*

Wẹch·te *die*; -, *-n*; e-e große Menge Schnee am Rand von Hängen, die leicht abrutschen kann ≈ Wehe[2]

Wẹck·dienst *der*; ein Service e-r Telefongesellschaft, j-n telefonisch zu wecken, der den Auftrag dazu erteilt hat

wẹ·cken; *weckte, hat geweckt*; [Vt] **1** ***j-n w.*** j-n, der schläft, wach machen: *Wecke mich bitte um sieben Uhr* **2** ***etw.*** (***in / bei j-m***) ***w.*** bewirken, dass j-d etw. (*mst* e-e emotionale Reaktion) spürt ⟨j-s Neugier, Leidenschaft w.; in / bei j-m den Wunsch nach etw. w.⟩

Wẹ·cker *der*; *-s*, *-*; e-e Uhr, die zu e-r bestimmten, vorher eingestellten Zeit läutet u. den Schlafenden weckt ⟨der W. rasselt, klingelt⟩: *den W. auf acht Uhr stellen* || ID *mst* ***Er / Sie geht / fällt mir auf den W.*** *gespr*; er / sie ist mir sehr lästig

We̱·del *der*; *-s*, *-*; ein Büschel aus Federn *o.Ä.*, das an e-m Stiel befestigt ist

we̱·deln; *wedelte, hat / ist gewedelt*; [Vi] (*hat*) **1** ***etw. von etw. w.*** etw. von etw. durch schnelles Hin- u. Herbewegen e-s Tuches *o.Ä.* entfernen: *den Staub vom Regal w.*; [Vi] **2** ***ein Hund wedelt mit dem Schwanz*** (*hat*) ein Hund bewegt seinen Schwanz hin u. her **3** (*ist*) beim Skifahren kurze Schwünge mit den parallel geführten Skiern machen

we̱·der *Konjunktion*; *nur in* ***weder ... noch*** (***... noch***) verwendet, um auszudrücken, dass das eine nicht der Fall ist und das andere (u. das dritte) auch nicht: *Er wollte weder essen noch* (*wollte er*) *trinken*; *Ich habe dafür weder Zeit noch Geld* (*noch Lust*)

We̱g *der*; -(*e*)*s*, *-e*; **1** ein relativ schmaler Streifen (*mst* nicht asphaltiert), der so durch ein Gelände führt, dass man darauf fahren od. gehen kann ⟨ein steiniger, schmaler, befahrbarer Weg⟩ || K-: ***Weg-, -kreuzung*** || -K: ***Feld-, Fußgänger-, Privat-, Rad-, Spazier-, Wald-, Wander-*** **2** die Entfernung, die man gehen od. fahren muss, um e-n bestimmten Ort zu erreichen ⟨ein langer, weiter Weg⟩ **3** die Richtung u. der Verlauf e-r Strecke, die zu e-m bestimmten Ort führt ⟨j-m den Weg zeigen, beschreiben; nach dem Weg fragen⟩: *der Weg in die Stadt, nach Hause, zum Bahnhof* **4** ***auf dem Weg*** (+ *Richtung*) während man irgendwohin geht, fährt od. reist: *auf dem Weg* (*zur Schule, zur Arbeit, nach Berlin*) *sein* || -K: ***Heim-, Rück-, Schul-*** **5** die Art u. Weise, in der man vorgeht, um e-e Angelegenheit zu regeln od. ein Problem zu lösen ⟨auf friedlichem, gerichtlichem, schriftlichem, diplomatischem Weg; e-n Weg suchen, finden⟩ || -K: ***Rechts-, Verhandlungs-*** **6** ***der Weg zu etw.*** das, was man machen muss, um ein bestimmtes Ziel zu erreichen ⟨der Weg zum Erfolg / zum Glück⟩ || ID ***sich auf den Weg machen*** zu e-m Gang od. e-r Reise aufbrechen; ***sich e-n Weg*** ⟨durch das Gestrüpp, e-e Menschenmenge⟩ ***bahnen*** sich den Platz verschaffen, um durch etw. sehr Dichtes zu gelangen; ***seines Weges gehen*** *geschr*; weitergehen, ohne auf das Geschehen um einen herum zu achten; *mst* ***j-d ist mir über den Weg gelaufen*** *gespr*; ich bin j-m zufällig begegnet; ***etw.*** (*Dat*) ***aus dem Weg gehen*** etw. Unangenehmes vermeiden; ***j-m aus dem Weg gehen*** vermeiden, j-m zu begegnen; ***j-m nicht über den Weg trauen*** *gespr*; zu j-m kein Vertrauen haben; ***seine eigenen Wege gehen*** sich von j-m lösen od. trennen (*z.B.* dem Partner, den Eltern), unabhängig von j-d anderem handeln; ***etw. in die Wege leiten*** etw. vorbereiten

u. beginnen, daran zu arbeiten; ***den Weg des geringsten Widerstandes gehen*** das tun, was die wenigsten Schwierigkeiten bereitet, aber *mst* nicht das Beste ist; ***sich auf dem Weg der Besserung befinden***; ***auf dem Weg der Besserung sein*** wieder gesund werden; ***j-d ist auf dem besten Weg(e) + zu*** + *Infinitiv* j-d gerät (*mst* durch sein Verhalten) fast unaufhaltsam in e-e sehr negative Lage *o.Ä.*: *Er ist auf dem besten Weg, zum Alkoholiker zu werden*; ***j-d steht / ist j-m im Weg*** *gespr*; j-d ist j-m ein Hindernis; ***etw. aus dem Weg räumen*** *gespr*; ein Hindernis beseitigen; ***j-n aus dem Weg räumen*** *gespr!* j-n ermorden; ***Da führt kein Weg dran vorbei*** *gespr*; das muss man machen, es gibt keine Alternative; ***j-m / etw. den Weg bereiten / ebnen*** die Voraussetzungen für j-s Vorhaben / die erfolgreiche Entwicklung e-r Sache *o.Ä.* schaffen; *mst* ***Er / Sie wird seinen / ihren Weg (schon) machen*** *gespr*; er / sie wird im Leben vorankommen; ***j-s letzter Weg*** j-s Beerdigung; ***Wo ein Wille (ist), da (ist auch) ein Weg*** wenn man etw. wirklich tun will, findet man dazu auch e-e Möglichkeit || NB: ↑ ***zuwege***

wẹg *Adv*; **1** nicht mehr da: *Der Zug ist schon weg!*; *Meine Schmerzen sind weg* **2 *weg von j-m / etw.*** in e-r Richtung, die sich von j-m / etw. entfernt ≈ fort: *Nichts wie weg von hier!* (= lass uns schnell weggehen) **3** verwendet, um j-n aufzufordern, wegzugehen od. etw. zu entfernen: *Hände weg!*; *Weg mit der Pistole!* **4 *weit weg*** in e-r relativ großen Entfernung ≈ weit entfernt: *Ist das Theater weit weg?* || ID ***weg sein*** *gespr*; nicht bei Bewusstsein sein; ***(ganz) weg sein von etw.*** *gespr*; (sehr) begeistert von etw. sein; *mst* ***etw. war schnell weg*** etw. wurde schnell verkauft od. gegessen

wẹg- *im Verb, betont u. trennbar, sehr produktiv*; Die Verben mit *weg-* werden nach folgendem Muster gebildet: *weggehen - ging weg - weggegangen*

1 *weg-* drückt aus, dass man j-n / etw. von e-m Ort od. e-r bestimmten Stelle entfernt ≈ fort- ↔ hin-;

j-n / etw. wegbringen: *Die Gefangene wurde aus dem Gefängnis weggebracht* ≈ Die Gefangene wurde aus dem Gefängnis geholt u. an e-n anderen Ort gebracht

ebenso: ***etw. wegblasen, j-n wegdrängen, j-n / etw. wegfahren, j-n wegführen, etw. weggeben, j-n / etw. wegjagen, etw. weglegen, etw. wegnehmen, etw. wegoperieren, etw. wegräumen, j-n / etw. wegschaffen, j-n / etw. wegschieben, etw. wegschneiden, etw. wegspülen, etw. wegstellen, etw. wegstreichen, j-n / etw. wegtragen, j-n / etw. wegtreiben, etw. wegtun, etw. wegwischen, j-n / etw. wegziehen***

2 *weg-* drückt aus, dass sich j-d / etw. von e-m Ort entfernt od. entfernen will ≈ fort- ↔ hin-;

wegrutschen: *Das Auto rutschte auf dem Glatteis einfach weg* ≈ Das Auto rutschte zur Seite, von der Straße

ebenso: ***sich wegbewegen, wegdürfen, wegfahren, wegfliegen, weggehen, weglaufen, wegrennen, (sich) wegschleichen, wegspringen, wegwollen***

3 *weg-* drückt e-e Bewegung in e-e andere Richtung aus ↔ hin-;

sich wegwenden: *Er wandte sich von ihr weg* ≈ Er drehte sich zur Seite u. sah sie nicht mehr an

ebenso: ***sich wegdrehen***; ***wegsehen***

4 *weg-* drückt aus, dass j-d so handelt, dass etw. immer weniger wird, bis gar nichts mehr (für andere) übrig ist;

(j-m) etw. wegessen: *Paul hat (seinen Schwestern) den ganzen Kuchen weggegessen* ≈ Paul hat den ganzen Kuchen allein gegessen

ebenso: ***(j-m) etw. wegfressen, (j-m) etw. wegsaufen, (j-m) etw. wegtrinken***

5 *weg-* drückt aus, dass j-d / etw. nicht mehr benötigt wird (u. man sich deshalb davon trennt);

etw. weghängen: *Den Wintermantel kannst du jetzt w.!* ≈ Den Wintermantel brauchst du jetzt nicht mehr (u. kannst ihn in den Schrank hängen)

ebenso: ***etw. weglegen, etw. wegrationalisieren, etw. wegschmeißen, etw. wegschütten, etw. wegtun, etw. wegwerfen***

wẹg·be·kom·men *(hat)* [Vt] ≈ wegkriegen

We̲g·be·rei·ter *der*; *-s, -*; j-d, der es durch bestimmte Handlungen od. Ideen möglich macht, dass sich etw. Neues durchsetzt: *ein W. der Demokratie*

wẹg·blei·ben *(ist)* [Vi] nicht (mehr) kommen od. nicht (mehr) an etw. teilnehmen || ID *mst* ***Mir blieb die Sprache weg!*** *gespr*; ich war sehr überrascht od. erschrocken

We̲·ge·la·ge·rer *der*; *-s, -*; *hist* ≈ Straßenräuber

we̲·gen *Präp*; *mit Gen / gespr auch Dat*; **1** verwendet, um den Grund für etw. anzugeben: *W. des schlechten Wetters wurde der Start verschoben*; *W. seiner Verletzung konnte er nur sehr langsam gehen*; *W. Umbau(s) geschlossen*; *W. Peter mussten wir e-e Stunde warten* || NB: Gebrauch ↑ *Tabelle unter* ***Präpositionen*** **2 *w. mir / dir / ihm*** *usw* *gespr* ≈ meinet- / deinet- / seinetwegen *usw* **3 *von w.!*** verwendet, um Widerspruch od. Ablehnung auszudrücken **4 *von* ⟨Amts / Staats⟩ *w.*** im Auftrag des Amtes / Staates

Wẹg·fahr·sper·re *die*; *Auto*; ein Zubehör für Autos, das bewirken soll, dass ein Dieb nicht mit dem Auto wegfahren kann

wẹg·fal·len *(ist)* [Vi] *mst* ***etw. kann wegfallen*** etw. kann aus e-m Text *o.Ä.* entfernt werden

wẹg·ge·ben *(hat)* [Vt] ***etw. w.*** etw. j-d anderem geben

wẹg·ge·hen *(ist)* [Vi] **1** sich von irgendwo entfernen **2 *(von j-m) w.*** j-n verlassen[1] (3) **3 *etw. geht weg*** *gespr*; etw. verschwindet wieder: *Das Fieber ging bald wieder weg* **4 *etw. geht weg*** *gespr*; etw. verkauft sich gut || ID *mst* ***Geh mir (bloß) weg mit …!*** *gespr*; lass mich in Ruhe mit …

wẹg·ha·ben *(hat)* [Vt] ***etw. w.*** etw. entfernt haben || ID ***einen (Schlag) w.*** *gespr*; irgendwie verrückt sein; ⟨in Geographie *o.Ä.*⟩ ***hat er / sie ganz schön was weg*** *gespr*; in Geographie *o.Ä.* kennt er / sie sich sehr gut aus

wẹg·hal·ten *(hat)* [Vt] **1 *etw. von j-m / sich w.*** etw. in e-m gewissen Abstand zu j-m / sich (mit der Hand) halten; [Vr] **2 *sich von j-m / etw. w.*** keinen Kontakt zu j-m suchen, e-r Sache nicht zu nahe kommen

wẹg·kom·men *(ist)* [Vi] **1** e-n Ort verlassen können: *Ich bin erst nachts aus dem Büro weggekommen* **2 *j-d kommt von j-m / etw. weg*** *gespr*; j-d löst sich od. befreit sich von j-m / etw. **3 *etw. kommt weg*** *gespr*; etw. wird gestohlen *o.Ä.*: *In unserer Firma kommt dauernd Geld weg* **4 *j-d kommt*** ⟨gut, schlecht *o.Ä.*⟩ ***bei etw. weg*** *gespr*; j-d wird bei etw. gut, schlecht *o.Ä.* behandelt **5 *j-d kommt über etw. nicht weg*** *gespr*; j-d muss ständig an e-n großen Verlust *o.Ä.* denken || ID ***Mach, dass du wegkommst!*** *gespr* ≈ verschwinde!

wẹg·kön·nen *(hat)* [Vi] *gespr*; **1** ein Gebäude *o.Ä.* verlassen können: *Ich kann jetzt nicht weg, weil noch viel zu tun ist!* **2 *etw. kann weg*** etw. kann beseitigt *o.Ä. werden*

wẹg·krie·gen *(hat)* [Vt] *gespr*; **1 *j-n / etw. (aus / von etw.) w.*** j-n / etw. (von etw.) entfernen können **2** ⟨Schläge *o.Ä.*⟩ ***w.*** *gespr*; Schläge *o.Ä.* bekommen

wẹg·las·sen *(hat)* [Vt] **1 *j-n w.*** *gespr*; j-n irgendwohin gehen lassen **2 *etw. w.*** etw. nicht erwähnen, verwenden *o.Ä.*

wẹg·lau·fen *(ist)* [Vi] **1** ↑ ***weg-*** (2) **2 *j-m w.*** *gespr*; j-n

W

verlassen[1] (3): *Ihm ist die Frau weggelaufen* || ID *mst* ***Das läuft dir nicht weg!*** *gespr*; das kannst du auch später tun

weg·leug·nen (*hat*) [Vt] ***etw. w.*** so tun, als ob es etw. nicht gäbe

weg·ma·chen (*hat*) [Vt] *gespr*; **1** ***etw. w.*** ≈ entfernen **2** ***sich*** (*Dat*) ***ein Kind w. lassen*** ein Kind abtreiben lassen

weg·müs·sen (*hat*) [Vi] *gespr*; **1** weggehen, wegfahren *o.Ä.* müssen **2** ***etw. muss weg*** etw. muss irgendwohin gebracht werden: *Die Ware muss heute noch weg* **3** ***etw. muss weg*** etw. muss entfernt werden

weg·neh·men (*hat*) [Vt] **1** ***etw. w.*** ↑ ***weg-*** (1) **2** ***j-m etw. w.*** j-n etw. nicht länger haben lassen u. es an sich nehmen **3** ***etw. nimmt viel Platz weg*** etw. benötigt viel Platz: *Das Bett nimmt viel Platz in dem kleinen Zimmer weg* **4** ***das Gas w.*** den Fuß vom Gaspedal nehmen od. weniger Gas geben

weg·rei·ßen (*hat*) [Vt] **1** ***etw. w.*** etw. zerstören ≈ abreißen (2) **2** ***j-m etw. w.*** j-m etw. schnell u. plötzlich wegnehmen **3** ⟨die Strömung *o.Ä.*⟩ ***reißt j-n / etw. weg*** die Strömung *o.Ä.* trägt j-n / etw. sehr schnell mit sich fort

weg·schi·cken (*hat*) [Vt] **1** ***j-n w.*** j-m sagen, dass er gehen soll **2** ***etw. w.*** etw. durch die Post *o.Ä.* irgendwohin bringen lassen

weg·schlie·ßen (*hat*) [Vt] ***etw. w.*** etw. in e-n Schrank *o.Ä.* tun, den man abschließen kann

weg·schnap·pen (*hat*) [Vt] ***j-m etw. w.*** *gespr*; etw. schnell an sich nehmen, sodass es andere nicht mehr haben können: *j-m ein gutes Geschäft / e-n Posten w.*

weg·schwem·men (*hat*) [Vt] ⟨der Regen, ein Fluss *o.Ä.*⟩ ***schwemmt etw. weg*** Regenwasser, ein Fluss *o.Ä.* trägt etw. mit sich fort

weg·sol·len (*hat*) [Vi] *gespr*; **1** weggehen *o.Ä.* sollen **2** ***etw. soll weg*** etw. soll entfernt, abgerissen werden

weg·ste·cken (*hat*) [Vt] *gespr*; **1** ***etw. w.*** etw. schnell irgendwohin stecken **2** ***j-d kann / muss e-e Menge / (et)was / viel w.*** j-d kann / muss viel Unangenehmes ertragen: *Der kann aber e-e Menge w.!*

weg·steh·len, sich (*hat*) [Vr] ***sich w.*** sich heimlich u. leise von irgendwo entfernen

weg·ster·ben (*ist*) [Vi] *gespr*; **1** ***j-d / etw.*** (*mst Pl od Kollekt*) ***stirbt weg***; Personen sterben der Reihe nach: *Fast das ganze Dorf ist schon weggestorben* **2** ***j-m w.*** durch seinen Tod j-n allein zurücklassen: *Ihr ist vor kurzem der Mann weggestorben*

Weg·stre·cke *die*; der Teil e-s Weges, den man zurücklegen muss: *e-e W. von drei Kilometern*

weg·tre·ten (*hat / ist*) [Vt] (*hat*) **1** ⟨e-n Ball *o.Ä.*⟩ ***w.*** e-m Ball *o.Ä.* e-n Stoß mit dem Fuß geben; [Vi] (*ist*) **2** (***von etw.***) ***w.*** ≈ zurücktreten (2) **3** *Mil*; auf ein Kommando hin e-e Formation von Soldaten verlassen u. sich wieder normal bewegen: *W.!* **4** (***geistig***) ***weggetreten sein*** für kurze Zeit j-d anderem nicht mehr zuhören u. an gar nichts denken

weg·wei·send *Adj*; *ohne Steigerung*; ***w.*** (***für j-n / etw.***) wichtig, weil dadurch zukünftige Entscheidungen od. Entwicklungen bestimmt werden ⟨e-e Rede, ein Urteil⟩

Weg·wei·ser *der*; *-s, -*; ein Schild, das die Richtung u. Entfernung zu e-r Stadt od. zu e-m Ziel anzeigt

weg·wer·fen (*hat*) [Vt] **1** ***etw. w.*** etw. von sich weg irgendwohin werfen **2** ***etw. w.*** etw., das man nicht mehr haben will, in e-n Abfalleimer *o.Ä.* tun: *Abfälle, kaputtes Spielzeug w.* || ID ***sein Geld w.*** sein Geld sinnlos ausgeben; ***sein Leben w.*** **a**) Selbstmord begehen; **b**) sein Leben für e-e sinnlose Sache opfern

Weg·werf|ge·sell·schaft *die*; *pej*; e-e Gesellschaft mit e-r Wirtschaftsform, in der viele Waren nur für kurzen u. einmaligen Gebrauch produziert werden

Weg·werf|men·ta·li·tät *die*; *pej*; die Einstellung, ältere Sachen wegzuwerfen u. neue zu kaufen, bevor es nötig od. sinnvoll ist

Weg·werf|wa·re *die*; Ware, die nach einmaligem Gebrauch weggeworfen wird (*z.B.* Plastikbecher)

weg·zie·hen (*hat / ist*) [Vt] (*hat*) **1** ↑ ***weg-*** (1); [Vi] (*ist*) **2** die Wohnung verlassen u. an e-n anderen Ort ziehen ≈ fortziehen

weh[1] [veː] *Adj*; *nur attr*, *nicht adv*; ⟨ein Arm, ein Bein, ein Finger, ein Zahn *usw*⟩ so, dass sie j-m wehtun (2) ≈ schmerzend: *e-n wehen Zeh haben* || ID ***j-m ist weh ums Herz*** j-d ist traurig

weh![2] *Interjektion*; *mst in* ***o weh! / ach weh!*** verwendet zum Ausdruck e-s seelischen Schmerzes od. e-r Klage

-weh (*das*); *im Subst*, *begrenzt produktiv*; Schmerzen an dem genannten Körperteil; ***Bauchweh, Halsweh, Kopfweh*** ⟨haben⟩

we·he! [ˈveːə] *Interjektion*; *auch mit Substantiv od Pronomen im Dat*; verwendet als Drohung: *W.* (*dir*), *wenn du gelogen hast!*

We·he[1] [ˈveːə] *die*; *-*, *-n*; *mst Pl*; das schmerzhafte Zusammenziehen der Muskeln in der Gebärmutter, kurz vor u. während der Geburt des Kindes ⟨die Wehen setzen ein; Wehen bekommen, haben⟩

We·he[2] [ˈveːə] *die*; *-*, *-n*; Schnee od. Sand, den der Wind zu e-m großen Haufen geweht hat || -K: ***Schnee-***

we·hen [ˈveːən]; *wehte*, *hat geweht*; [Vt] **1** ⟨der Wind, der Sturm *o.Ä.*⟩ ***weht etw. irgendwohin*** der Wind od. der Sturm bewegt etw. irgendwohin: *Der Wind wehte die welken Blätter auf den Rasen*; [Vi] **2** ⟨der Wind, der Sturm *o.Ä.*⟩ ***weht*** (***irgendwoher***) der Wind od. der Sturm bläst (aus e-r bestimmten Richtung): *Heute weht ein starker Wind* (*aus Osten*) **3** ***etw. weht im Wind*** etw. bewegt sich im Wind: *Die Fahnen wehten im Wind*

Weh·ge·schrei *das*; lautes Klagen wegen seelischer od. körperlicher Schmerzen

Weh·kla·ge *die*; *geschr* ≈ Wehgeschrei

weh·kla·gen; *wehklagte*, *hat gewehklagt*; [Vi] *geschr*; (***über etw.*** (*Akk*)) ***w.*** *bes* wegen e-s seelischen Schmerzes laut jammern

weh·lei·dig *Adj*; *pej*; **1** ⟨ein Mensch, ein Kind⟩ zu empfindlich u. so, dass sie auch über kleine Schmerzen klagen **2** jammernd, um Mitleid zu erregen ⟨e-e Stimme⟩ || *hierzu* **Weh·lei·dig·keit** *die*; *nur Sg*

Weh·mut *die*; *nur Sg*; e-e leichte Trauer od. ein stiller Schmerz bei der Erinnerung an etw. Vergangenes ⟨W. erfasst, ergreift j-n; voll W. an etw. denken⟩

weh·mü·tig *Adj*; voller Wehmut: *w. lächeln* || *hierzu* **Weh·mü·tig·keit** *die*; *nur Sg*

Wehr[1] *die*; *mst in* ***sich zur W. setzen*** sich verteidigen: *sich gegen e-n Räuber zur W. setzen*

Wehr[2] *das*; *-(e)s*, *-e*; e-e Art Mauer, mit der das Wasser in e-m Bach od. Fluss gestaut wird (*bes* um den Wasserstand zu regeln)

Wehr·be·auf·trag·te *der*; *-n*, *-n*; Ⓓ ein Beauftragter des Bundestages mit der Aufgabe, die Einhaltung der Grundrechte in der Bundeswehr zu überwachen || NB: *ein Wehrbeauftragter*; *der Wehrbeauftragte*; *den, dem, des Wehrbeauftragten*

Wehr·dienst *der*; *nur Sg*; die militärische Ausbildung, die j-d aufgrund der Wehrpflicht machen muss ⟨den W. leisten⟩

Wehr·dienst|ver·wei·ge·rung *die*; die Weigerung, den Wehrdienst zu leisten, *mst* weil man den Dienst mit der Waffe nicht mit seinem Gewissen vereinbaren kann || *hierzu* **Wehr·dienst|ver·wei·ge·rer** *der*; *-s*, *-*

weh·ren; *wehrte*, *hat gewehrt*; [Vr] **1** ***sich*** (***gegen j-n / etw.***) ***w.*** ≈ sich verteidigen ⟨sich heftig, tapfer, vergeblich w.⟩ **2** ***sich gegen etw. w.*** etw. gegen etw. unternehmen ⟨sich gegen Vorwürfe, Verdächtigungen w.⟩; [Vt] **3** ***j-m etw. w.*** *veraltend* ≈ j-m etw. verbieten || ID ***Wehret den Anfängen!*** verwendet als Aufforderung, e-e negative Entwicklung schon am Anfang aufzuhalten

Wehr|er·satz·dienst *der* ≈ Zivildienst

wehr·fä·hig *Adj*; für fähig erklärt, den Wehrdienst zu leisten ≈ tauglich

wehr·haft *Adj*; *veraltend*; **1** fähig, sich zu verteidigen ↔ wehrlos ⟨ein Mensch, ein Tier⟩ **2** gut befestigt ⟨e-e Burg⟩

wehr·los *Adj*; unfähig, sich zu verteidigen od. etw. gegen e-e Gefahr zu tun ⟨gegen j-n / etw. w. sein; etw. w. über sich ergehen lassen⟩ || *hierzu* **Wehr·lo·sig·keit** *die*; *nur Sg*

Wehr·macht *die*; *nur Sg*, *hist*; die deutschen Streitkräfte in der Zeit von 1935-1945

Wehr·pflicht *die*; die gesetzliche Verpflichtung aller männlichen Bürger zum Wehrdienst || *hierzu* **wehr·pflich·tig** *Adj*; **Wehr·pflich·ti·ge** *der*; *-n, -n*

Wehr·sold *der*; *nur Sg*; der monatliche Lohn e-s Soldaten

weh·tun; *tut weh, tat weh, hat wehgetan*; [Vi] **1** ***j-m w.*** j-m e-n körperlichen od. seelischen Schmerz zufügen ≈ j-n verletzen: *Deine Bemerkung hat mir wehgetan*; *Lass das, du tust mir weh!* **2** ***etw. tut (j-m) weh*** etw. ist in e-m Zustand, in dem j-d Schmerzen spürt ≈ etw. schmerzt: *Mein rechter Fuß tut weh*; *Mir tut der Kopf weh*; *Wo tut es weh?*

Weh·weh·chen [veˈveːçən] *das*; *-s, -*; *gespr iron*; nicht sehr schlimme Schmerzen, über die der Betroffene aber ständig klagt: *Der mit seinen Wehwehchen!*

Weib *das*; *-(e)s, -er*; **1** *gespr pej* ≈ Frau **2** *veraltet*; e-e Frau od. Ehefrau

Weib·chen *das*; *-s, -*; ein weibliches Tier ↔ Männchen: *Ist dein Hase ein Männchen od. ein W.?*

Wei·ber·feind *der*; *pej*; ein Mann, der Frauen hasst od. verachtet u. sie daher meidet

Wei·ber·held *der*; *pej*; ein Mann, der mit vielen Frauen (auch sexuellen) Kontakt hat u. damit prahlt

wei·bisch *Adj*; *pej*; ⟨ein Mann⟩ so, dass er nicht diejenigen Eigenschaften hat, die als typisch männlich gelten

weib·lich *Adj*; **1** *nicht adv*; (bei Menschen) von dem Geschlecht, das ein Kind gebären kann **2** *nicht adv*; (bei Tieren) von dem Geschlecht, das Junge gebären kann od. Eier legt **3** *nicht adv*, *Bot*; die Frucht bildend **4** zu e-r Frau gehörend ⟨e-e Stimme, ein Vorname⟩ **5** typisch od. üblich für Frauen ⟨e-e Eigenschaft⟩ **6** von dem grammatischen Geschlecht, das für Substantive im Nominativ Singular den Artikel „die" verlangt ≈ feminin ⟨ein Substantiv, ein Artikel⟩ || *zu* **4** **Weib·lich·keit** *die*; *nur Sg*

Weibs·bild *das*; *gespr!* ≈ Frau

weich *Adj*; **1** ⟨ein Teig, e-e Masse⟩ so, dass sie leicht geformt werden können und e-m Druck nachgeben ↔ hart **2** sich sanft u. glatt anfühlend ↔ rau ⟨Wolle, das Fell, Samt⟩ || -K: ***samt-, seiden-*** **3** ⟨ein Bett, e-e Matratze, ein Sessel⟩ elastisch u. so, dass man gut darauf sitzen od. liegen kann **4** sehr reif ⟨e-e Birne, e-e Tomate *o.Ä.*⟩ **5** fertig gekocht ⟨w. gedünstet, gekocht⟩: *Das Gemüse ist noch nicht w.* **6** ≈ empfindsam, mitfühlend ⟨ein weiches Herz / Gemüt haben⟩ **7** unentschlossen u. leicht zu überreden: *Für diese Verhandlungen ist er zu w.* **8** mit runden, nicht eckigen Formen ⟨ein Gesicht⟩ **9** ⟨e-e Stimme, ein Klang⟩ so, dass sie angenehm klingen ↔ schrill **10** angenehm für die Augen ↔ grell, blendend ⟨e-e Farbe, das Licht⟩ **11** ***j-d wird w.*** *gespr*; j-d gibt nach || *zu* **2** u. **6-10** **Weich·heit** *die*; *nur Sg*

Wei·che[1] *die*; *-, -n*; e-e Vorrichtung an Schienen, mit der Züge auf ein anderes Gleis geleitet werden ⟨die Weichen stellen⟩ || K-: ***Weichen-, -steller, -wärter*** || ID ***die Weichen für etw. stellen*** etw. tun od. entscheiden, um e-m Plan *o.Ä.* e-e bestimmte Richtung zu geben

Wei·che[2] *die*; *-, -n*; *mst Pl* ≈ Flanke (1)

wei·chen; *wich, ist gewichen*; [Vi] **1** ***(vor) j-m / etw. w.*** (*mst* gegenüber e-m stärkeren Gegner) kapitulieren, das Feld räumen ⟨(vor) dem Gegner, e-r Übermacht w., der Gewalt w. müssen⟩ **2** ***nicht von irgendwo w.*** *geschr*; an e-r bestimmten Stelle bleiben: *Sie wich nicht von seiner Seite* **3** ***etw. weicht (von j-m)*** etw. verliert (langsam) seine Wirkung: *Allmählich wich die Angst* **4** ***etw. weicht etw.*** (*Dat*) *geschr*; etw. macht Platz für etw. anderes, etw. wird durch etw. anderes ersetzt: *Der Winter wich dem Frühling* **5** ***etw. weicht*** *geschr*; etw. verschwindet ⟨die Nacht, der Nebel⟩

weich·her·zig *Adj*; *nicht adv* ≈ mitleidig || *hierzu* **Weich·her·zig·keit** *die*; *nur Sg*

weich·lich *Adj*; *pej*; **1** *nicht adv*; charakterlich nicht stark **2** *nicht adv*; körperlich schwach **3** nicht streng genug ⟨Erziehung⟩ || *hierzu* **Weich·lich·keit** *die*

Weich·ling *der*; *-s, -e*; *pej*; ein weichlicher (1,2) Mann

Weich·sel [-ks-] *die*; *bes südd* ≈ Sauerkirsche || K-: ***Weichsel-, -baum, -kirsche***

Weich·spü·ler *der*; ein flüssiges Mittel, das man in das Wasser gibt, damit die Wäsche weicher wird

Weich·tei·le *die*; *Pl*; die weichen, knochenlosen Körperteile, *bes* im Unterleib

Weich·tier *das*; ein Tier ohne Wirbel (4) u. ohne Skelett; *Zool* Molluske

Wei·de[1] *die*; *-, -n*; ein Stück Land, das mit Gras bewachsen ist u. auf dem Kühe, Pferde, Schafe *o.Ä.* weiden (1) ⟨die Tiere auf die W. treiben⟩ || K-: ***Weide-, -fläche, -land***

Wei·de[2] *die*; *-, -n*; ein Baum mit langen, biegsamen Zweigen, *mst* in der Nähe von Gewässern || K-: ***Weiden-, -baum***

wei·den; *weidete, hat geweidet*; [Vi] **1** ***ein Tier weidet*** ein Tier ist auf der Weide[1] u. frisst Gras ⟨Kühe, Schafe, Pferde⟩; [Vr] **2** ***sich an etw.*** (*Dat*) ***w.*** *geschr*, *oft pej*; sich an etw. freuen, *mst* weil es anderen schlecht geht: *Er weidete sich an ihrer Angst*

Wei·den·kätz·chen *das*; die weiche, pelzähnliche Blütenknospe der Weide[2]

weid·ge·recht *Adj*; den Regeln u. Prinzipien der Jagd entsprechend

weid·lich *Adv*; *veraltend*; in vollem Maße, gründlich

Weid·mann *der*; *-(e)s, Weid·män·ner*; von Jägern verwendet als Bezeichnung für e-n Jäger || *hierzu* **weid·män·nisch** *Adj*

Weid·manns·heil! *Interjektion*; von Jägern verwendet als Gruß bei der Jagd

wei·gern, sich; *weigerte sich, hat sich geweigert*; [Vr] ***sich w.*** (+ ***zu*** + *Infinitiv*) erklären, dass man nicht bereit ist, etw. zu tun: *Er weigert sich zu gehorchen* || *hierzu* **Wei·ge·rung** *die*

Wei·he [ˈvaiə] *die*; *-, -n*; e-e feierliche Zeremonie, um den Segen Gottes für j-n / etw. zu erbitten || -K: ***Priester-, Altar-***

wei·hen; *weihte, hat geweiht*; [Vt] **1** ***etw. w.*** e-m Gegenstand die Weihe geben **2** ***j-n (zu etw.) w.*** j-m die Weihe geben ⟨j-n zum Priester, zum Bischof w.⟩ **3** ***j-m j-n / etw. w.*** e-e Person, ein Gebäude *o.Ä.* in den Dienst Gottes od. e-r Gottheit stellen: *Dieser Tempel war dem Jupiter geweiht* **4** ***j-m / etw. etw. w.*** ≈ j-m / etw. etw. widmen (2): *Er hatte sein Leben der Forschung geweiht*; [Vi] **5** ***j-d ist dem Tod geweiht*** / ⟨ein Volk, ein Reich *o.Ä.*⟩ ***ist dem Untergang geweiht*** j-d muss sterben / ein Volk, ein

Reich *o.Ä.* muss untergehen (3); [Vr] **6** ***sich j-m / etw. w.*** alle Kraft für j-n / etw. geben od. opfern

Wei·her ['vaiɐ] *der*; *-s*, *-*; *bes südd*; ein *mst* natürlicher, kleiner See ≈ Teich || -K: ***Dorf-, Fisch-***

wei·he·voll *Adj*; *geschr*; sehr feierlich

Weih·nacht *die*; *-*; *nur Sg* ≈ Weihnachten: *j-m e-e gesegnete W. wünschen* || K-: ***Weihnachts-, -einkäufe, -feier, -fest, -geschenk, -lied, -plätzchen*** || *hierzu* **weih·nacht·lich** *Adj*

Weih·nach·ten (*das*); -, -; *mst Sg*; **1** der 25. Dezember, an dem die christliche Kirche die Geburt von Jesus Christus feiert **2** die Zeit vom Heiligen Abend (24. Dezember) bis zum zweiten Weihnachtsfeiertag (26. Dezember) ⟨zu / an, nach, vor, über W.; sich (*Dat*) etw. zu W. wünschen; j-m etw. zu W. schenken⟩: *Frohe W. u. ein glückliches neues Jahr!* **3** ***grüne / weiße W.*** W. (2) ohne / mit Schnee

Weihnachten

Der Abend des 24. Dezember heißt **Heiligabend** oder **Weihnachtsabend**. Es ist Brauch, an diesem Tag den **Weihnachtsbaum** mit Kerzen, bunten Glaskugeln, Figuren und Lametta zu schmücken. In einigen Familien wird eine **Weihnachtskrippe** aufgestellt. Abends findet dann die Bescherung statt: Die Kinder erhalten die Geschenke, die ihnen in Süddeutschland das **Christkind**, im Norden Deutschlands der **Weihnachtsmann** bringt. Es werden **Weihnachtslieder** gesungen, einige der bekanntesten sind zum Beispiel ***O Tannenbaum*** oder ***Stille Nacht, Heilige Nacht***. Viele Menschen gehen abends zur **Christmette** oder zu einem anderen Gottesdienst in die Kirche.
Die beiden **Weihnachtsfeiertage**, den 25. und 26. Dezember, verbringt man meist besinnlich im Kreis der Familie. Mittags gibt es ein besonderes Festessen. Nachmittags wird zum Kaffee das in der Adventszeit vorbereitete typische Weihnachtsgebäck wie **Stollen**, **Lebkuchen** und **Weihnachtsplätzchen** angeboten.

weih·nach·ten [Vimp] *mst* ***es weihnachtet*** es wird bald Weihnachten sein

Weih·nachts·abend *der*; der Abend des 24. Dezember ≈ Heilige(r) Abend

Weih·nachts·bä·cke·rei *die*; das Backen von besonderem Gebäck für Weihnachten

Weih·nachts·baum *der*; e-e Fichte, Tanne *o.Ä.*, die während der Weihnachtszeit aufgestellt wird u. mit Kerzen, Figuren *o.Ä.* geschmückt ist

Weih·nachts·fei·er·tag *der*; ***der erste / zweite W.*** der 25. / 26. Dezember

Weih·nachts·geld *das*; *mst Sg* ≈ Weihnachtsgratifikation

Weih·nachts·ge·schäft *das*; der Verkauf von Waren für Weihnachten: *Das W. läuft gut*

Weih·nachts·gra·ti·fi·ka·ti·on *die*; zusätzliches Geld, das Arbeitnehmer zu Weihnachten erhalten

Weih·nachts·krip·pe *die*; e-e Darstellung (mit Figuren) der Geburt von Jesus Christus

Weih·nachts·mann *der*; e-e Gestalt, ähnlich wie der Nikolaus, die (im Glauben der Kinder) zu Weihnachten Geschenke bringt: *Wir warten auf den W.!*

Weih·nachts·markt *der*; ein Markt in der Zeit vor Weihnachten, auf dem *bes* Süßigkeiten, Spielzeug *usw* verkauft werden

Weihnachtsmärkte

In der Adventszeit gibt es in fast allen Städten Weihnachtsmärkte. Auf ihnen werden vor allem Weihnachtsdekoration, Spielzeug und Süßigkeiten verkauft. Da es im Dezember oft sehr kalt sein kann, trinkt man bei einem Besuch auf dem Weihnachtsmarkt auch gerne einen Becher **Glühwein**, einen heißen Rotwein mit verschiedenen Gewürzen (zum Beispiel Gewürznelken, Zimt) und Zucker.

Weih·nachts·pa·pier *das*; bunt bedrucktes Papier zum Einwickeln von Weihnachtsgeschenken

Weih·nachts·stern *der*; **1** ein sehr heller Stern, der bei der Geburt von Jesus Christus leuchtete **2** ein sternförmiger Schmuck für den Weihnachtsbaum **3** e-e Pflanze mit roten sternförmigen Blüten im Winter ≈ Christstern

Weih·nachts·stol·len *der* ≈ Christstollen

Weih·nachts·tisch *der*; der Tisch, auf dem die Weihnachtsgeschenke liegen ≈ Gabentisch

Weih·nachts·zeit *die*; Weihnachten u. die Tage davor (ab 1. Advent) und danach (bis 6. Januar)

Weih·rauch *der*; *nur Sg*; **1** ein Harz, das e-n aromatischen Duft entwickelt, wenn es brennt. W. wird vor allem bei religiösen Handlungen verwendet **2** der aromatische Rauch des Weihrauchs (1)

Weih·was·ser *das*; Wasser, das von e-m Priester gesegnet wurde ⟨etw. mit W. besprengen⟩ || K-: ***Weihwasser-, -becken, -kessel***

weil *Konjunktion*; verwendet, um e-e Begründung einzuleiten: *Er kann nicht kommen, w. er krank ist*; *„Warum gehst du schon?“ - „W. ich noch einkaufen muss“* || NB: in der gesprochenen Sprache wird das Verb oft nicht an das Ende des Satzteils gestellt

Weil·chen *das*; *-s*; *nur Sg*; e-e relativ kurze Zeit: *Es wird noch ein W. dauern*

Wei·le *die*; *-*; *nur Sg*; e-e Zeit von unbestimmter Dauer ⟨e-e kleine, ganze, geraume W.⟩: *Er kam nach e-r W. zurück*

wei·len; *weilte, hat geweilt*; [Vi] *geschr*; ***irgendwo w.*** sich irgendwo aufhalten: *Der Dichter weilte drei Jahre in Italien* || ID ***j-d weilt nicht mehr unter uns / den Lebenden*** j-d ist tot

Wei·ler *der*; *-s*, *-*; ein kleines Dorf mit nur wenigen Häusern: *ein einsamer W.*

Wein *der*; *-(e)s*, *-e*; **1** ein alkoholisches Getränk, das aus Weintrauben hergestellt wird ⟨ein lieblicher, leichter, herber, trockener, schwerer W.; W. kosten, probieren, panschen⟩ || K-: ***Wein-, -becher, -fass, -flasche, -glas, -handlung, -händler, -kenner, -krug, -lokal, -sorte*** || -K: ***Rot-, Tisch-, Weiß-*** || *zu* ***Weinglas*** ↑ *Abb. unter* ***Gläser*** || NB: der Plural wird nur im Sinne von „Weinsorten“ gebraucht **2** *nur Sg*; ein rankender Strauch, dessen *mst* grüne od. blaue Beeren Trauben bilden ≈ Weinrebe ⟨W. anbauen⟩ || K-: ***Wein-, -blatt, -laub, -ranke*** **3** *nur Sg*; die Beeren bzw. Trauben der Weinrebe || ID *mst* ***Im W. ist Wahrheit*** wer Wein *o.Ä.* getrunken hat, erzählt einiges, was er sonst nicht erzählen würde; ***j-m reinen W. einschenken*** j-m die für ihn unangenehme Wahrheit sagen; ***junger W. in alten Schläuchen*** etw., das neu zu sein scheint, aber nicht viel Veränderung bringt

Wein·bau *der*; *nur Sg*; das Anpflanzen u. Pflegen

von Weinreben ⟨W. betreiben⟩ || K-: ***Weinbau-, -gebiet***

Wein·bau·er *der* ≈ Winzer

Wein·berg *der*; ein Stück Land, das mit Weinreben bepflanzt ist

Wein·berg·schne·cke *die*; e-e essbare Schnecke

Wein·brand *der*; Branntwein, der aus Wein (1) gewonnen wird

wei·nen; *weinte, hat geweint*; Vi **1** Tränen in den Augen haben (u. schluchzen), weil man traurig ist od. Schmerzen hat **2** ***um j-n / über etw.*** (*Akk*) ***w.*** wegen j-s Tod *o.Ä.* w. (1); Vt **3** *mst* ***bittere Tränen w.*** heftig w. (1) || ID *mst* ***Das ist zum W.!*** *gespr*; das ist sehr schlecht od. sehr enttäuschend

wei·ner·lich *Adj*; dem Weinen nahe ⟨e-e Stimme, ein Tonfall, ein Gesicht⟩

Wein·es·sig *der*; Essig, der aus Wein (1) hergestellt ist

Wein·geist *der*; Alkohol, der aus Wein (1) hergestellt ist

Wein·jahr *das*; *mst* ***ein gutes / schlechtes W.*** ein Jahr mit guter / schlechter Weinlese

Wein·kar·te *die*; e-e Liste der Weine (1) in e-r Gaststätte

Wein·kel·ler *der*; ein Keller, in dem Wein (1) gelagert wird

Wein·krampf *der*; sehr heftiges Weinen: *von e-m W. geschüttelt werden*

Wein·le·se *die*; die Ernte der Weintrauben

Wein·pro·be *die*; das Probieren verschiedener Weine (1) ⟨e-e W. machen⟩

Wein·re·be *die*; e-e rankende Pflanze, aus deren Beeren Wein (1) hergestellt wird

wein·rot *Adj*; *nicht adv*; dunkelrot

wein·se·lig *Adj*; in heiterer Stimmung, nachdem man viel Wein (1) getrunken hat

Wein·stein *der*; *nur Sg*; e-e harte Substanz, die manchmal im Wein entsteht

Wein·stock *der*; die einzelne Pflanze der Weinrebe

Wein·stra·ße *die*; e-e Straße, die durch ein bekanntes Weinbaugebiet führt ⟨die Badische, Steirische W.⟩

Wein·stu·be *die*; ein Lokal, in dem man *bes* Wein trinkt

Wein·trau·be *die*; *mst Pl*; die Beeren des Weinstocks, die an einem Stiel wachsen || ↑ *Abb. unter* ***Obst***

Wei·se[1] *die*; -; *nur Sg*; **1** verwendet, um auszudrücken, wie etw. geschieht od. gemacht wird ⟨auf andere, diese, geheimnisvolle W.; auf diese Art u. Weise; in gewohnter W.; in der Weise, dass⟩ **2** ***in gewisser W.*** von e-m bestimmten Standpunkt aus betrachtet

Wei·se[2] *die*; -, *-n*; e-e *mst* einfache Melodie

Wei·se[3] *der*; *-n, -n*; ein gelehrter u. erfahrener Mensch || ID *mst* ***die Drei Weisen aus dem Morgenland*** die Heiligen Drei Könige (in der Bibel) || NB: *ein Weiser*; *der Weise*; *den, dem, des Weisen*

wei·se *Adj*; **1** klug u. erfahren ⟨ein weiser alter Mann; w. handeln, urteilen⟩ **2** ⟨ein Rat, ein Spruch⟩ so, dass sie Weisheit u. Erfahrung enthalten

-wei·se *im Adj*; *mst adv*, *sehr produktiv*; **1** drückt aus, auf welche Art u. Weise etw. geschieht od. gemacht wird; ***aushilfsweise*** *irgendwo arbeiten*, *etw.* ***ausnahmsweise*** *tun dürfen*, *etw.* ***auszugsweise*** *zitieren*, *etw.* ***gerüchteweise*** *hören*, *j-m etw.* ***leihweise*** *geben*, *etw.* ***probeweise*** *abonnieren*, *etw.* ***versuchsweise*** *einführen*, *etw.* ***zwangsweise*** *erwirken* **2** *oft iron od hum*; drückt e-e Mengen- od. Maßangabe aus; *etw.* ***dutzendweise / stückweise / zentnerweise*** *verkaufen*, *etw.* ***eimerweise / literweise*** *trinken*, *etw. kommt* ***haufenweise / massenweise*** *vor*, *etw.* ***kiloweise / pfundweise*** *essen*, *etw.* ***portionsweise*** *servieren*, ***schrittweise / zentimeterweise*** *vorankommen*, *etw. steigt* ***stufenweise*** *an*, ***stundenweise*** *irgendwo arbeiten* **3** verwendet als Satzadverb, das e-e Wertung, e-e Beurteilung od. e-e Einschätzung e-r Sachlage ausdrückt; ***bedauerlicherweise*** *nicht kommen können*, ***bezeichnenderweise*** *schon weg sein*, *etw.* ***dummerweise / törichterweise*** *vergessen*, ***erfreulicherweise / glücklicherweise*** *nicht verletzt sein*, ***seltsamerweise / merkwürdigerweise*** *verschwunden sein*, *etw.* ***möglicherweise*** *vergessen haben*, *etw.* ***notwendigerweise*** *reparieren*, *etw.* ***unbegreiflicherweise*** *behaupten*, *etw.* ***überflüssigerweise*** *hinzufügen*, ***vernünftigerweise*** *nachgeben*

wei·sen; *wies, hat gewiesen*; Vt **1** ***(j-m) etw. w.*** *geschr*; j-m etw. zeigen ⟨den Weg, die Richtung w.⟩ **2** ***j-n von / aus etw. w.*** befehlen, dass j-d e-n Ort od. e-e Institution verlässt: *Er wurde von / aus der Schule gewiesen* **3** ***etw. (weit) von sich w.*** ⟨e-n Verdacht, e-e Vermutung⟩ entschieden ablehnen; Vi **4** ***irgendwohin w.*** *geschr*; irgendwohin zeigen: *Die Magnetnadel weist nach Norden*; *Alle wiesen mit dem Finger auf ihn*

Weis·heit *die*; -, *-en*; **1** *nur Sg*; großes Wissen u. Klugheit, *bes* aufgrund von langer Erfahrung **2** e-e Aussage, die W. (1) enthält || ID *mst* ***Behalte deine W. für dich!*** *gespr iron*; deine Ratschläge werden nicht gebraucht; *mst* ***Er / Sie hat die W. nicht (gerade) mit Löffeln gegessen*** *gespr iron*; er / sie ist nicht sehr klug; ***(nicht) der W. letzter Schluss*** *gespr*; (nicht) die ideale Lösung; ***mit seiner W. am Ende sein*** *gespr*; nicht mehr wissen, was man tun soll

Weis·heits·zahn *der*; einer der vier hinteren Backenzähne des Menschen, die man *mst* erst als Erwachsener bekommt

weis·ma·chen; *machte weis, hat weisgemacht*; Vt ***j-m etw. w. (wollen)*** j-n dahin bringen (wollen), etw. zu glauben, was nicht der Wirklichkeit entspricht

weiß[1] *Präsens, 1. u. 3. Person Sg*; ↑ ***wissen***

weiß[2] *Adj*; *nicht adv*; **1** von der Farbe von Schnee, Milch *usw* ↔ schwarz ⟨w. wie die Wolken, wie der Schnee; blendend, strahlend w.⟩ **2** von e-r relativ hellen Farbe ⟨Hautfarbe, die Rasse⟩ **3** ***weiße Blutkörperchen*** *Pl*, *Med*; die Bestandteile des Blutes, die *z.B.* dazu dienen, Krankheitserreger zu zerstören || ID ***w. wie die Wand*** sehr blass || NB: ↑ ***Maus, Tod***

Weiß *das*; *-(es)*, -; *mst Sg*; **1** die Farbe von frisch gefallenem Schnee **2** *ohne Artikel*; der Spieler bei e-m Brettspiel, der mit den hellen Figuren bzw. auf den hellen Feldern spielt: *W. ist am Zug* **3** ***in W.*** in weißer Kleidung: *Sie heiratet in W.* (= mit weißem Brautkleid)

weis·sa·gen; *weissagte, hat geweissagt*; Vt ***(j-m) etw. w.*** j-m etw. vorhersagen ≈ prophezeien ⟨ein Ereignis, die Zukunft w.⟩ || *hierzu* **Weis·sa·ger** *der*; *-s, -*; **Weis·sa·ge·rin** *die*; -, *-nen*; **Weis·sa·gung** *die*

Weiß·bier *das*; helles Bier, das aus Weizen gebraut ist ≈ Weizenbier

weiß·blond *Adj*; *nicht adv*; sehr hellblond ⟨Haar⟩

Weiß·brot *das*; ein helles Brot, das aus Weizenmehl gemacht wird

Wei·ße *der / die*; *-n, -n*; ein Mensch mit der hellen Hautfarbe, die *z.B.* für Europäer typisch ist || NB: *ein Weißer*; *der Weiße*; *dem, den, des Weißen*

Weiß·glut *die*; *nur Sg*; das sehr helle Glühen von stark erhitztem Metall || ID ***j-n zur W. bringen / treiben*** j-n zur größten Wut reizen

Weiß·gold *das*; ein silbriges Metall, das aus e-r Verbindung von Gold mit Silber u. Platin besteht

Weiß·kohl *der*; *nur Sg*, *nordd*; ein weißlicher od. hellgrüner Kohl
Weiß·kraut *das*; *nur Sg*, *südd* Ⓐ ≈ Weißkohl
weiß·lich *Adj*; fast weiß
Weiß·ma·cher *der*; *-s*, *-*; e-e Substanz im Waschpulver, die die Wäsche weiß erscheinen lässt
weiß·wa·schen; *wäscht weiß*, *wusch weiß*, *hat weißgewaschen*; [Vt] ***j-n / sich* (*von etw.*) *w.*** j-n / sich von e-m Verdacht befreien || NB: *mst* im Infinitiv od. im Perfekt
Weiß·wurst *die*; *südd* Ⓐ e-e aus Kalbfleisch hergestellte Wurst, die in Wasser heiß gemacht wird
Wei·sung *die*; *-*, *-en*; (*Admin*) *geschr* ≈ Befehl, Anweisung || K-: ***Weisungs-, -befugnis***; ***weisungs-, -befugt, -berechtigt***
weit[1], *weiter*, *weitest-*; *Adj*; **1** ⟨ein Weg, e-e Reise⟩ so, dass sie sich über e-e große Entfernung erstrecken ≈ lang: *etw. reicht w.*, *ist w. entfernt / weg*; *etw. w. werfen*; *Wie w. ist es noch bis zum Bahnhof?* **2** verwendet mit e-r Maßangabe, um e-e Distanz anzugeben: *Er springt sechs Meter w.* **3** nicht eng am Körper anliegend ⟨Kleidungsstücke⟩: *ein zu weites Kleid enger machen* || ↑ *Abb. unter* **Eigenschaften** **4** räumlich (sehr) ausgedehnt ⟨ein Tal, die Wälder⟩ **5** *mst adv*; zeitlich lange: *w. nach Mitternacht* **6** *mst adv*; an e-m fortgeschrittenen Punkt e-r Entwicklung angelangt: *Die Verhandlungen sind schon w. fortgeschritten* **7** ***die* (*große,*) *weite Welt*** die Welt (weit weg von zu Hause), wo man viel erleben kann **8** ***das weite Meer*** das Meer in seiner vollen Erstreckung (u. mit all seinen Abenteuern) ⟨aufs weite Meer fahren⟩ || ID ***von weitem*** aus großer Entfernung; ***bei weitem*** mit Abstand: *Er ist bei weitem der Beste gewesen*; ***weit u. breit*** in der ganzen Umgebung; ***w. hergeholt*** nicht zum Thema gehörend ⟨Argumente, ein Beispiel⟩; ***das Weite suchen*** *gespr*; davonlaufen; ***j-d / etw. ist viel weiter als j-d / etw.*** j-d / etw. hat mehr Fortschritte (in e-r Entwicklung) gemacht als j-d / etw.; ***j-d hat es w. gebracht*** j-d hat im Leben od. im Beruf viel geleistet od. erreicht; *mst* ***Das geht zu w.!*** das ist nicht mehr akzeptabel; ***Da ist er / sie zu w. gegangen!*** *gespr*; das hätte er / sie nicht tun od. sagen dürfen; ***von w. her*** aus großer Entfernung; ***mit etw. ist es nicht w. her*** etw. ist nicht besonders gut; *mst* ***so w., so gut*** bis hierher ist alles in Ordnung; *mst* ***Das führt zu w.*** das ist zu umständlich, das gehört nicht zum Thema || ► ***Weite***, ***erweitern***, ***weiten***, ***weiter***
weit[2] *Adv*; ***w.*** + *Komparativ* verwendet, um auszudrücken, dass ein Unterschied groß ist ≈ wesentlich, viel, weitaus: *Er ist w. älter als ich*; *Sie singt w. besser als er*

> **weit be·kannt**, *weiter bekannt*, *am weitesten bekannt*; *Adj*; *nicht adv*; sehr vielen Menschen bekannt
> **weit ge·rei·st**, *weiter gereist*, *am weitesten gereist*; *Adj*; *nicht adv*; in vielen Ländern gewesen: *ein weit gereister Mann*
> **weit grei·fend**, **weit·grei·fend**, *weiter greifend / weitgreifender*, *weitestgreifend- / weitgreifendst-*; *Adj*; *nicht adv*; umfangreich, weitgehend (1) ⟨Pläne, Ideen⟩
> **weit rei·chend**, **weit·rei·chend**, *weiter reichend / weitreichender*, *weitestreichend- / weitreichendst-*; *Adj*; *nicht adv*; ⟨Konsequenzen, Maßnahmen⟩ so, dass sie für e-n großen Bereich von Bedeutung sind
> **weit schau·end**, **weit·schau·end**, *weiter schauend / weitschauender*, *weitestschauend- / weitschauendst-*; *Adj*; mit der Fähigkeit, kommende Entwicklungen richtig zu beurteilen ≈ weit blickend
> **weit sprin·gen**; *sprang weit*, *ist weit gesprungen*; [Vi] *Sport*; Weitsprung betreiben || NB: *mst* im Infinitiv verwendet || *hierzu* **Weit·sprin·gen** *das*; **Weit·sprin·ger** *der*; **Weit·sprin·ge·rin** *die*
> **weit tra·gend**, **weit·tra·gend** *weiter tragend / weittragender*, *weitesttragend- / weittragendst-*; *Adj*; *mst attr*, *nicht adv* ≈ weit reichend
> **weit ver·brei·tet**, **weit·ver·brei·te·t-**, *weiter verbreitet / weitverbreiteter-*, *weitestverbreitet- / weitverbreitetst- u. am meisten verbreitet*; *Adj*; *nicht adv*; **1** an vielen Orten vorhanden od. erhältlich ⟨Pflanzen, e-e Tierart; e-e Zeitung⟩ **2** bei vielen Menschen anzutreffen ⟨e-e Ansicht, e-e Meinung⟩: *ein weit verbreiteter Irrtum* || NB: Zusammenschreibung nur attr. möglich
> **weit ver·zweigt**, **weit·ver·zweig·t-**, *weiter verzweigt / weitverzweigter*, *weitestverzweigt- / weitverzweigtest- u. am weitesten verzweigt*; *Adj*; *nicht adv*; mit vielen Verbindungen nach allen Seiten ⟨ein Straßennetz; Handelsbeziehungen⟩: *ein weit verzweigtes Eisenbahnnetz* || NB: Zusammenschreibung nur attr. möglich

-weit *im Adj*, *begrenzt produktiv*; drückt die räumliche Ausdehnung von etw. aus; ***bundesweit, europaweit, weltweit***
weit·ab *Adv*; ***w. von*** in relativ großer Entfernung von ⟨w. von der Stadt, vom Lärm⟩
weit·är·me·lig *Adj*; mit weiten Ärmeln
weit·aus *Adv*; verwendet, um e-n Vergleich zu verstärken ≈ mit Abstand ⟨w. besser, schneller; w. das Sicherste⟩
Weit·blick *der*; *nur Sg*; die Fähigkeit, kommende Entwicklungen richtig zu beurteilen: *ein Politiker mit großem W.* || *hierzu* **weit bli·ckend**, **weit·bli·ckend** *Adj*
Wei·te *die*; *-*, *-n*; **1** e-e große Ausdehnung in der Fläche ↔ Enge ⟨die W. des Meeres; die endlose W. der Sahara⟩ **2** ≈ Ferne (1): *in die W. schauen* **3** e-e gemessene Entfernung: *Beim Diskuswerfen wurden Weiten bis zu 70m erzielt* **4** die Größe e-s Kleidungsstücks *bes* in Bezug auf den Umfang: *ein Rock mit verstellbarer W.* **5** die Öffnung, der Durchmesser ⟨die W. e-s Gefäßes, e-s Rohrs⟩ **6** ***die lichte W.*** die Entfernung von Innenrand zu Innenrand e-r Öffnung
wei·ten; *weitete*, *hat geweitet*; [Vt] **1** ***etw. w.*** etw. weiter[1] (3) od. größer machen ⟨Kleidungsstück⟩; [Vr] **2** ***etw. weitet sich*** etw. wird weit[1] (4): *Seine Augen weiteten sich vor Entsetzen*
wei·ter *Adv*; **1** verwendet, um die Fortsetzung e-r Handlung zu bezeichnen: *Bitte w.!*; *Halt, nicht w.!* **2** ≈ außerdem, sonst: *Was (geschah) w.? Es war w. niemand hier* **3** *mst* ***nichts w.* (*als*)** ≈ nur, nicht mehr als: *Das ist nichts w. als ein Versehen*; *Er ist ein Lügner, nichts w.* **4** ≈ weiterhin (1): *Wenn es w. so stark schneit …* **5** ***und so weiter*** ↑ ***und*** (10) || ID ***Das ist nicht w. schlimm*** das macht nichts; ***Wenn es w. nichts ist*** *oft iron*; das ist gar kein Problem

> **wei·ter be·ste·hen**; *bestand weiter*, *hat weiter bestanden*; [Vi] ***etw. besteht weiter*** etw. hört nicht auf, da zu sein: *Die Probleme werden weiter bestehen*

wei·te·r- *Adj*; *nur attr*, *nicht adv*; **1** neu hinzukommend, zusätzlich: *Ein weiteres Problem ist das Geld* **2** ≈ zukünftig: *die weitere Entwicklung abwarten* **3** ***ohne weiteres*** einfach so, ohne Schwierigkeiten: *Sie könnte das ohne weiteres tun*; *Sie können hier*

W

nicht so ohne weiteres reinplatzen! **4 bis auf weiteres** bis etw. anderes mitgeteilt wird ≈ vorläufig

wei·ter- *im Verb, betont u. trennbar, sehr produktiv*; Die Verben mit *weiter-* werden nach folgendem Muster gebildet: *weitergehen - ging weiter - weitergegangen*

1 *weiter-* drückt aus, dass e-e Fortbewegung od. Beförderung, oft nach e-r Pause, fortgesetzt wird; **weiterreisen**: *Am Montag reisen wir nach Paris weiter* ≈ Wir sind auf e-r Reise u. setzen sie am Montag fort, indem wir nach Paris fahren

ebenso: ***j-n / etw. weiterbefördern, weiterdürfen, (j-n / etw.) weiterfahren, weiterfliegen, weitergehen, weiterkommen, weiterkönnen, weiterlaufen, weitermarschieren, weitermüssen, j-n / sich / etw. weiterschleppen, weitersollen, j-n / etw. weitertreiben, weiterwandern, weiterwollen, weiterziehen***

2 *weiter-* drückt aus, dass e-e Handlung od. ein Prozess (oft in e-m neuen Stadium) fortgesetzt wird od. dass ein Zustand sich fortsetzt;

weiterbrennen: *Das Feuer brannte weiter* ≈ Das Feuer hörte nicht auf zu brennen

ebenso: ***weiterarbeiten, etw. weiterbehandeln, weiterbestehen, sich / etw. weiterentwickeln, weiterleben, weiterreden, weiterschlafen, weitersprechen, etw. weiterverarbeiten***

3 *weiter-* drückt aus, dass man seinerseits auch etw. tut (was auf ähnliche Weise schon getan wurde); ***j-m etw. weiterschenken***: *Ich habe dasselbe Buch zweimal geschenkt bekommen. Eines schenke ich weiter* ≈ Ich schenke eines davon j-d anderem

ebenso: ***etw. weitererzählen, etw. weitergeben, etw. weiterleiten, etw. weiterreichen, etw. weitersagen, etw. weiterschicken, etw. weitervererben, j-n / etw. weitervermitteln, etw. weiterverkaufen, etw. weitervermieten***

Wei·ter- *im Subst, begrenzt produktiv*; **1** bezeichnet die Fortsetzung e-r Fortbewegung od. des Transports von etw. (*mst* nach e-r Pause); die ***Weiterbeförderung***, die ***Weiterfahrt***, der ***Weiterflug***, der ***Weitertransport*** **2** bezeichnet die Fortsetzung e-r Arbeit od. e-s Prozesses (*mst* in e-m neuen Stadium); die ***Weiterbehandlung***, die ***Weiterverarbeitung*** **3** drückt aus, dass etw., das e-r Person gegeben, vermittelt *o.Ä.* wurde, an e-e andere Person gegeben, vermittelt *o.Ä.* wird; die ***Weiterempfehlung***, die ***Weitergabe***, die ***Weiterleitung***, die ***Weitervermittlung***

wei·ter·bil·den, sich (*hat*) Vr ***sich w.*** e-e zusätzliche Ausbildung machen, *bes* um sein berufliches Wissen zu erweitern u. zu aktualisieren || *hierzu* **Wei·ter·bil·dung** *die*

wei·ter·brin·gen (*hat*) Vt *mst in* ***Das bringt mich / uns nicht weiter*** das hilft mir / uns auch nicht sehr (bei der Lösung e-s Problems *o.Ä.*)

wei·ter·emp·feh·len (*hat*) Vt ***(j-m) j-n / etw. w.*** j-n / etw., mit dem man gute Erfahrungen gemacht hat, auch anderen empfehlen

wei·ter·füh·ren (*hat*) Vt **1** ***etw. w.*** etw. fortsetzen: *Die Verhandlungen werden morgen weitergeführt* **2** *mst* ***Das führt uns nicht weiter*** das hilft uns nicht

wei·ter·füh·rend **1** *Partizip Präsens* ↑ ***weiterführen*** **2** *Adj*; *nicht adv*; ***e-e weiterführende Schule*** e-e Schule, die zu e-r Ausbildung führen kann, die über die allgemeine Schulpflicht hinausgeht (*z.B.* Hauptschule, Realschule, Gymnasium)

wei·ter·ge·ben (*hat*) Vt **1** ***etw. (an j-n) w.*** ↑ ***weiter-*** (3) **2** ***etw. (an j-n) w.*** j-m etw. mitteilen

wei·ter·ge·hen (*ist*) Vi **1** ↑ ***weiter-*** (1) **2** ***etw. geht weiter*** etw. wird fortgesetzt, hört nicht auf || NB: aber: *ich kann weiter gehen als du* (getrennt geschrieben)

wei·ter·hel·fen (*hat*) Vi ***j-m w.*** j-m helfen, seine Probleme zu lösen || NB: aber: *ich werde dir auch künftig weiter helfen* (getrennt geschrieben)

wei·ter·hin *Adv*; **1** auch in der Zukunft **2** auch jetzt noch **3** ≈ außerdem, zusätzlich

wei·ter·kom·men (*ist*) Vi **1** ↑ ***weiter-*** (1) **2** sich *mst* beruflich verbessern **3** ***mit etw. w.*** bei etw. Fortschritte machen ≈ vorankommen || ID ***Mach, dass du weiterkommst!*** ≈ verschwinde!

wei·ter·kön·nen (*hat*) Vi *gespr*; **1** ↑ ***weiter-*** (1) **2** ***nicht mehr w.*** ratlos u. verzweifelt sein

wei·ter·ma·chen (*hat*) Vi *gespr*; (***mit etw.***) ***w.*** e-e Tätigkeit fortsetzen || ID ***Mach nur so weiter!*** *iron*; wenn du dein Verhalten nicht änderst, wirst du sehr bald Probleme haben

wei·ter·schi·cken (*hat*) Vt **1** ***j-n w.*** j-m sagen, dass er zu e-r anderen Person od. Stelle gehen soll **2** ***etw. w.*** ↑ ***weiter-*** (3)

wei·ter·se·hen Vi *gespr*; *mst in* ... ***dann sehen wir weiter / dann werden wir w.*** dann werden wir sehen od. entscheiden, was zu tun ist

wei·ter·ver·brei·ten; *verbreitete weiter, hat weiterverbreitet*; Vt **1** ⟨e-e Krankheit *o.Ä.*⟩ ***w.*** e-e Krankheit *o.Ä.* an andere weitergeben (1) **2** ⟨e-e Nachricht *o.Ä.*⟩ ***w.*** e-e Nachricht *o.Ä.* anderen mitteilen

wei·ter·wis·sen (*hat*) Vi **1** wissen, was in e-r schwierigen Situation zu tun ist **2** ***nicht mehr w.*** ratlos od. verzweifelt sein

weit·ge·hend, *weiter gehend / weitgehender, weitestgehend / weitgehendst-*; *Adj*; **1** *nicht adv*; ⟨Pläne, Ideen⟩ so, dass sie viele Veränderungen bewirken **2** *nicht adv*; ⟨e-e Unterstützung, e-e Vollmacht⟩ so, dass sie j-m in großem Maße gegeben werden || NB: aber: *e-e zu weit gehende Maßnahme* (getrennt geschrieben) **3** *nur adv* ≈ größtenteils

weit·her·zig, *weitherziger, weitherzigst-*; *Adj* ≈ großzügig || *hierzu* **Weit·her·zig·keit** *die*; *nur Sg*

weit·hin *Adv*; **1** bis in große Entfernung ⟨etw. ist w. zu hören, w. sichtbar⟩ **2** in hohem Maße: *Das ist w. sein Verdienst*

weit·läu·fig, *weitläufiger, weitläufigst-*; *Adj*; **1** *nicht adv*; nach allen Richtungen ausgedehnt ⟨Anlagen, ein Gebäude⟩ **2** ausführlich u. umständlich ⟨e-e Schilderung, e-e Beschreibung⟩ **3** *mst adv*; *mst* ***w. verwandt*** entfernt verwandt || *hierzu* **Weit·läu·fig·keit** *die*; *nur Sg*

weit·ma·schig, *weitmaschiger, weitmaschigst-*; *Adj*; mit großen Zwischenräumen ⟨ein Netz⟩

weit·räu·mig, *weiträumiger, weiträumigst-*; *Adj*; ⟨e-e Siedlung, ein Gebäude⟩ so, dass sie viel Platz einnehmen od. bieten: *Die Siedlung ist w. angelegt, geplant* || *hierzu* **Weit·räu·mig·keit** *die*; *nur Sg*

weit·schwei·fig, *weitschweifiger, weitschweifigst-*; *Adj*; sehr ausführlich u. umständlich || *hierzu* **Weit·schwei·fig·keit** *die*

Weit·sicht *die* ≈ Weitblick

weit·sich·tig, *weitsichtiger, weitsichtigst-*; *Adj*; **1** weit blickend **2** *nicht adv*; *mst* ***w. sein*** nahe Dinge nicht gut sehen (also *z.B.* beim Lesen Schwierigkeiten haben), ferne Dinge aber gut sehen ↔ kurzsichtig sein || *hierzu* **Weit·sich·tig·keit** *die*; *nur Sg*

Weit·sprung *der*; *nur Sg*, *Sport*; e-e Disziplin in der Leichtathletik, bei der man versucht, mit einem Sprung möglichst weit zu springen

Weit·win·kel|ob·jek·tiv *das*; ein Objektiv, mit dem man (in Bezug auf die Breite) mehr fotografieren kann als mit e-m normalen Objektiv

Wei·zen *der*; *-s*; *nur Sg*; e-e Getreideart, aus deren Körnern weißes Brot gemacht wird || K-: ***Weizen-, -ähre, -bier, -brot, -ernte, -feld, -flocken, -keim, -korn, -mehl***

welch *Indefinitpronomen*; verwendet in Ausrufen, um ein Subst. od. ein Adj. zu intensivieren ≈ was für ein(e *usw*): *Welche Begeisterung!*; *Welch seltener Gast!* || NB: Steht *welch* vor e-m unbestimmten Artikel od. e-m Adj., bleibt *welch* ohne Endung: *Welch eine schöne Frau!*; das Adj. wird nach Deklinationstyp B flektiert; ↑ *Tabelle unter* **Adjektive**

wel·ch-[1] *Interrogativpronomen*; (*in direkten u. indirekten Fragen*) verwendet, um nach e-r einzelnen Person / Sache aus e-r Gruppe zu fragen: *Welches Buch gehört dir?*; *Ich weiß nicht, welches Auto du meinst* || NB: *welch-* verwendet man wie ein attributives Adjektiv (*welche Farbe*) od. wie ein Substantiv („*Siehst du die Frau da drüben?*" - „*Welche?*")

wel·ch-[2] *Relativpronomen*; verwendet, um sich auf e-e bereits erwähnte Person / Sache zu beziehen ≈ der, die, das[2] (*usw*): *Erfindungen, welche unser Leben verändern*

wel·ch-[3] *Indefinitpronomen*; **1** (wie ein Subst.) verwendet, um sich auf e-e unbestimmte Zahl od. Menge von Personen / Sachen zu beziehen: *Ich habe kein Geld mehr. Hast du welches?*; *Sind alle da od. fehlen noch welche?* **2** (wie ein Adj.) verwendet in Nebensätzen, um sich auf e-e Person / Sache zu beziehen, die nicht näher genannt wird ≈ was für ein(e *usw*): *Es ist egal, welches Material man nimmt*; *Man sieht, welche Mühe er sich gegeben hat*

wel·cher·lei *Indefinitpronomen*; *nur attr*; *indeklinabel*; von welcher Art auch immer: *Es ist gleichgültig, w. Entschuldigungen angeführt wurden*

welk *Adj*; nicht mehr frisch ≈ schlaff ⟨Blumen, Blätter, Gemüse, Laub⟩

wel·ken; *welkte*, *ist gewelkt*; [Vi] **1** ***etw. welkt*** etw. wird welk ⟨Blumen, Blätter, Laub⟩ **2** ***etw. welkt*** *geschr*; etw. vergeht ⟨Jugend, Schönheit⟩

Well·blech *das*; sehr starkes, gewelltes Blech || K-: ***Wellblech-, -dach, -hütte***

Wel·le *die*; -, -*n*; **1** *mst Pl*; der Teil der Wasseroberfläche, der sich (*z.B.* bei Wind od. Sturm) auf und ab bewegt ⟨stürmische, schäumende, leichte, starke Wellen; die Wellen brechen sich⟩: *Nach dem Sturm waren die Wellen zu hoch zum Baden* **2** e-e leicht gebogene Form der Haare, der Frisur **3** *mst Pl*, *Phys*; Schwingungen, die sich in Kurven fortbewegen u. dabei Energie übertragen || -K: ***Kurz-, Lang-, Mittel-***; ***Licht-, Radio-, Schall-*** **4** ≈ Frequenz (2) **5** ***e-e W.*** + *Gen* / ***von*** ein Gefühl od. Verhalten, das plötzlich entsteht u. sich rasch ausbreitet ⟨e-e W. der Begeisterung, der Hilfsbereitschaft⟩ **6** ***grüne W.*** e-e besondere Schaltung von Verkehrsampeln, die es bei e-r bestimmten Geschwindigkeit der Fahrzeuge ermöglicht, dass man nicht halten muss ⟨grüne W. haben⟩ || ID ***etw. schlägt hohe Wellen*** etw. erregt großes Aufsehen

-wel·le *die*; *im Subst*, *nur Sg*; **1** e-e plötzlich einsetzende u. übergreifende Bewegung; ***Flüchtlingswelle, Protestwelle*** **2** drückt aus, dass viele Leute von etw. betroffen sind; ***Grippewelle, Verhaftungswelle*** **3** drückt aus, dass etw. von vielen Leuten betrieben wird; ***Drogenwelle, Reisewelle, Sexwelle*** **4** drückt aus, dass etw. lange u. intensiv vorhanden ist; ***Hitzewelle, Kältewelle***

wel·len; *wellte*, *hat gewellt*; [Vt] **1** ***das Haar w.*** das Haar in Wellen (2) legen ⟨sich (*Dat*) das Haar w. lassen⟩; [Vr] **2** ***etw. wellt sich*** etw. nimmt e-e gebogene Form an: *Feuchtes Papier wellt sich*

Wel·len·be·reich *der*; ein bestimmter Bereich der Radiowellen: *in e-m W. von 100-150 kHz senden*

Wel·len·bre·cher *der*; -*s*, -; ein Damm od. e-e Mauer zum Schutz vor den Wellen (1)

Wel·len·gang *der*; *nur Sg*; die Bewegung der Wellen (1) ⟨hoher, starker W.⟩

Wel·len·kamm *der*; der höchste Teil e-r Welle (1)

Wel·len·län·ge *die*; **1** *Phys*; die Länge von Schwingungen **2** die Frequenz von Radiowellen: *Auf welcher W. sendet Radio Luxemburg?* || ID *mst* ***Wir haben die gleiche W.*** / ***Wir liegen auf der gleichen W.*** *gespr*; wir haben die gleiche Mentalität

Wel·len·sit·tich *der*; e-e Art kleiner Papagei, der oft im Käfig gehalten wird

wel·lig *Adj*; mit e-r Form, die aus *mst* vielen kleinen Kurven besteht, die auf u. ab gehen ↔ glatt

Well·pap·pe *die*; gewelltes Papier, das *mst* an beiden Seiten mit glattem Papier beklebt ist u. als Packmaterial verwendet wird

Wel·pe *der*; -*n*, -*n*; das Junge von Hund, Fuchs, Wolf || NB: *der Welpe*; *den, dem, des Welpen*

Wels *der*; -*es*, -*e*; ein Fisch, der im Süßwasser lebt u. bis zu drei Meter lang werden kann

Welt *die*; -, -*en*; **1** *nur Sg*; die Erde od. ein bestimmter Teil der Erde ⟨die W. kennen lernen, um die W. reisen⟩ **2** *nur Sg*; das Leben, die Lebensverhältnisse ⟨die W. verändern⟩ **3** *nur Sg*; ein besonderer Lebensbereich, ein Interessengebiet ⟨die W. des Kindes, der Mode, der Antike⟩: *Seine W. ist die Musik* **4** *nur Sg*; die Menschen: *Diese Nachricht hat die W. erschüttert* **5** *nur Sg*; e-e besondere Gruppe von Menschen ⟨die gelehrte, vornehme W.⟩ **6** *nur Sg* ≈ Kosmos, Universum: *die Entstehung der W.* **7** ein Planetensystem außerhalb unseres eigenen: *Vielleicht gibt es Leben in fernen Welten* **8** ***die Alte W.*** der Teil der Erde, der im Altertum u. im Mittelalter bekannt war **9** ***die Neue W.*** Amerika **10** ***die Dritte W.*** die Entwicklungsländer **11** ***die Vierte W.*** die ärmsten Länder der Erde || ID ⟨Wie / Wo / Was / Warum⟩ ***in aller W.?*** verwendet, um Fragen u. Ausrufen besonderen Nachdruck zu geben; ***auf die / zur W. kommen*** geboren werden; ⟨e-e Frau⟩ ***bringt ein Kind auf die / zur W.*** e-e Frau gebärt ein Kind; ***aus aller W.*** von überall her; ***viel in der W. herumgekommen sein*** viele Länder gesehen haben; ***e-e verkehrte W.*** e-e Zeit, in der alles anders ist, als es sein sollte; *mst* ***Ich verstehe die W. nicht mehr*** verwendet, um Entsetzen, Erstaunen od. Missbilligung auszudrücken (*mst* nach e-r Enttäuschung); ⟨ein Gerücht⟩ ***in die W. setzen*** ein Gerücht verbreiten; ***etw. aus der W. schaffen*** etw. beseitigen; ***mit sich u. der W. zufrieden sein*** mit seinem Leben zufrieden sein; ***etw. ist e-e W. für sich*** ein Teil e-s Größeren (*z.B.* e-r Stadt) bildet e-n eigenen Lebensbereich; ***j-d lebt in e-r anderen W.*** j-d steht nicht auf dem Boden der Realität; ***für j-n bricht e-e W. zusammen*** j-d ist tief enttäuscht; ***Nicht um alles in der W.!*** auf gar keinen Fall!; ***Die W. ist doch ein Dorf!*** auch in den entferntesten Ländern trifft man Bekannte; *mst* ***Das kostet nicht die W.*** *gespr*; das kostet nicht viel; *mst* ***Vornehm geht die W. zugrunde*** *gespr iron*; verwendet, um j-m vorzuwerfen, dass er zu viel Geld ausgibt; ***e-e W. von*** ⟨Feinden, Vorurteilen *o.Ä.*⟩ sehr viele Feinde, Vorurteile *o.Ä.*; ***Welten liegen zwischen ihnen*** / ***trennen sie*** sie sind völlig verschieden || ► ***weltlich***

-welt *die*; *im Subst*, *nur Sg*, *Kollekt*; verwendet, um die Gesamtheit e-r Gruppe od. e-s Bereichs zu bezeichnen; ***Damenwelt, Frauenwelt***; ***Fachwelt*** (= die Fachleute), ***Gelehrtenwelt***; ***Geschäftswelt*** (= die Geschäftsleute), ***Männerwelt, Pflanzenwelt, Tierwelt, Vogelwelt***

welt·ab·ge·wandt *Adj*; ohne Interesse für das, was außerhalb des eigenen Lebens passiert

Welt·all *das*; der gesamte Weltraum mit allen Himmelskörpern ≈ Universum, Kosmos

welt·an·schau·lich *Adj*; *nur attr od adv*; auf e-r bestimmten Weltanschauung beruhend ⟨Differenzen⟩

Welt·an·schau·ung *die*; -, -*en*; e-e bestimmte An-

W

sicht über den Sinn des Lebens u. die Stellung des Menschen in der Welt

wẹlt·be·kannt *Adj*; den meisten Menschen bekannt

wẹlt·be·rühmt *Adj*; berühmt in weiten Teilen der Welt

wẹlt·bes·t- *Adj*; *nur attr, nicht adv*; besser als alle anderen auf der Welt: *die weltbesten Sprinter* || K-: ***Weltbest-, -leistung, -zeit***

wẹlt·be·we·gend *Adj*; von weltweiter Bedeutung ⟨e-e Idee⟩

Wẹlt·bild *das*; *nur Sg*; die Vorstellung, die sich j-d von der Welt u. den Menschen macht: *das W. des Kopernikus*; *das mittelalterliche W.*

Wẹlt·bür·ger *der*; j-d, der nicht national denkt u. der für alle Kulturen offen ist || *hierzu* **wẹlt·bür·ger·lich** *Adj*; **Wẹlt·bür·ger·tum** *das*

Wẹlt·eli·te *die*; *Kollekt*; diejenigen, die in e-m bestimmten Bereich die besten Leistungen bringen ⟨die W. des Sports⟩

Wẹlt·er·folg *der*; ein Produkt, ein Lied *o.Ä.* das den Menschen in vielen Ländern gut gefällt: *Das Musical „My Fair Lady" war ein W.*

Wẹl·ter·ge·wicht *das*; *nur Sg*, *Sport*; e-e Gewichtsklasse (60-67kg) beim Boxen u. Ringen || *hierzu* **Wẹl·ter·ge·wicht·ler** *der*; *-s*, -

wẹlt·er·schüt·ternd *Adj*; sehr wichtig ⟨e-e Neuigkeit⟩ || NB: *mst* verneint od. ironisch gebraucht

wẹlt·fern *Adj* ≈ weltfremd

Wẹlt·flucht *die*; die Abkehr vom normalen Leben: *Er hält das Klosterleben für reine W.*

wẹlt·fremd *Adj*; mit Ansichten, die wenig Erfahrung u. Kenntnis der Welt zeigen || *hierzu* **Wẹlt·fremd·heit** *die*

Wẹlt·ge·schich·te *die*; **1** *nur Sg*; die geschichtliche Entwicklung der Welt (1) **2** ein Buch über diese Entwicklung || ID ***in der W. herumreisen*** *gespr*; viele Reisen in ferne Länder machen

wẹlt·ge·wandt *Adj*; erfahren, höflich u. geschickt im Verhandeln || *hierzu* **Wẹlt·ge·wandt·heit** *die*; *nur Sg*

Wẹlt·han·del *der*; die Handelsbeziehungen zwischen den Ländern der Erde || K-: ***Welthandels-, -abkommen, -flotte, -konferenz***

Welt|hị̣lfs·spra·che *die*; e-e künstlich geschaffene Sprache (wie *z.B.* das Esperanto), mit der sich alle Menschen verständigen können sollen

Wẹlt·kar·te *die*; e-e Landkarte, die die ganze Welt zeigt

Wẹlt·klas·se (*die*); *mst in* ***W. sein*** / ***zur W. gehören*** zu den Besten in der Welt gehören

Wẹlt·krieg *der*; einer der beiden großen Kriege im 20. Jahrhundert: *der Erste W. (1914-1918)*; *der Zweite Weltkrieg (1939-1945)*

Wẹlt·ku·gel *die*; e-e Darstellung der Erde als Kugel ≈ Globus

Welt|kul·tu̱r·er·be *das*; *nur Sg*; Kunstwerke, Bauwerke u. Städte, die die UNESCO als Ausdruck höchster Kultur eingestuft u. als erhaltenswert erklärt hat, wie *z.B.* Venedig, Machu Picchu, die Akropolis von Athen

wẹlt·läu·fig *Adj*; *geschr* ≈ weltgewandt || *hierzu* **Wẹlt·läu·fig·keit** *die*

wẹlt·lich *Adj*; **1** zum normalen Leben gehörig ⟨Genüsse⟩ **2** nicht zur Kirche gehörig ⟨ein Bauwerk⟩

Wẹlt·li·te·ra·tur *die*; *nur Sg*; die bedeutendste u. weltweit bekannte Literatur aller Völker: *Thomas Manns „Die Buddenbrooks" gehört zur W.* / *ist ein Stück W.*

Wẹlt·macht *die*; ein Staat mit großem politischen u. wirtschaftlichen Einfluss auf viele Länder: *die Weltmacht USA*

Wẹlt·mann *der*; *nur Sg*; j-d, der viel Erfahrung u. Charme hat u. souverän wirkt || *hierzu* **wẹlt·män·nisch** *Adj*

Wẹlt·markt *der*; der internationale Markt, auf dem die Staaten dieser Welt ihre Waren handeln || K-: ***Weltmarkt-, -preis***

Wẹlt·meer *das* ≈ Ozean

Wẹlt·meis·ter *der*; der beste Sportler od. die beste Mannschaft auf der Welt in e-r Disziplin: *W. im Kugelstoßen* || K-: ***Weltmeister-, -titel*** || -K: ***Schach-, Fußball-*** || *hierzu* **Wẹlt·meis·te·rin** *die*; -, *-nen*

Wẹlt·meis·ter·schaft *die*; **1** ein Wettkampf, in dem der Weltmeister festgestellt wird **2** *nur Sg*; der Sieg bei e-r W. (1)

wẹlt·of·fen *Adj*; voll Interesse für alles, was in der Welt geschieht ⟨e-e Haltung, e-e Einstellung⟩

Wẹlt·po·li·tik *die*; die internationale Politik || *hierzu* **wẹlt·po·li·tisch** *Adj*; *nur attr od adv*

Wẹlt·pres·se *die*; die international gelesenen Zeitungen

Wẹlt·rang (*der*); *mst* ***von W.*** in der ganzen Welt anerkannt ⟨ein Wissenschaftler, ein Orchester von W.⟩

Wẹlt·raum *der*; *nur Sg*; der unendliche Raum außerhalb der Erdatmosphäre ⟨den W. erforschen; in den W. vorstoßen⟩ || K-: ***Weltraum-, -forschung***

Wẹlt·reich *das*; ein großes (politisches) Reich, das viele Länder umfasst: *das römische W.*

Wẹlt·rei·se *die*; e-e Reise um die ganze Welt (od. um e-n großen Teil der Welt) || *hierzu* **Wẹlt·rei·sen·de** *der* / *die*; *-n*, *-n*

Wẹlt·re·kord *der*; die beste Leistung der Welt (*mst* in e-r Sportart) ⟨W. im Hochsprung; e-n W. aufstellen, brechen; den W. halten, innehaben⟩ || K-: ***Weltrekord-, -inhaber***

Wẹlt·re·kord·ler *der*; *-s*, -; j-d, der den Weltrekord hält || *hierzu* **Wẹlt·re·kord·le·rin** *die*; -, *-nen*

Wẹlt·ruf (*der*); ein sehr guter Ruf auf der ganzen Welt ⟨W. genießen⟩: *ein Pianist von W.*

Wẹlt·schmerz *der*; *nur Sg*, *geschr*; e-e traurige, verzweifelte Stimmung von j-m, der mit der Welt unzufrieden ist ⟨W. haben⟩

Welt·si̱·cher·heits·rat *der*; e-e Institution der Vereinten Nationen, die den Frieden sichern soll

Wẹlt·spra·che *die*; e-e Sprache, die in vielen Ländern gesprochen wird u. international wichtig ist ⟨die W. Englisch⟩

Wẹlt·stadt *die*; e-e Großstadt von internationaler Bedeutung: *die W. New York* || *hierzu* **wẹlt·städ·tisch** *Adj*

Wẹlt·un·ter·gang *der*; *nur Sg*; das Ende dieser Welt

Wẹlt·un·ter·gangs|stim·mung *die*; *nur Sg*; e-e sehr pessimistische od. depressive seelische Verfassung ⟨in W. sein⟩

Wẹlt·ver·bes·se·rer *der*; *-s*, -; *mst pej*; j-d, der die ganze Welt(ordnung) nach seinen eigenen Vorstellungen verändern möchte

wẹlt·weit *Adj*; *nur attr od adv*; auf der ganzen Welt (vorhanden *o.Ä.*) ⟨etw. ist w. verbreitet, anerkannt, bekannt⟩

Wẹlt·wirt·schaft *die*; *nur Sg*; die internationale Wirtschaft (1) || K-: ***Weltwirtschafts-, -konferenz, -krise***

Wẹlt·wun·der *das*; **1** etw. ganz Besonderes od. Wunderbares **2** eines der sieben besonders berühmten Bauwerke od. Kunstwerke der Antike

wem ↑ ***wer***

We̱m·fall *der* ≈ Dativ

wen ↑ ***wer***

Wẹn·de *die*; -, *-n*; **1** *nur Sg*; e-e entscheidende Änderung ⟨e-e W. in der Entwicklung, im Leben, in der Politik; e-e W. tritt ein, wird herbeigeführt; e-e W. (vom Schlechten) zum Guten, Besseren⟩ **2** ***die W.*** die Änderungen in den politischen, wirt-

W

schaftlichen u. sozialen Verhältnissen nach dem Zusammenbruch des kommunistischen Systems, *bes* in der früheren DDR **3** der Übergang zwischen zwei Zeitabschnitten: *um die W. des 20. Jahrhunderts* || -K: ***Jahres-, Jahrhundert-*** **4** *Sport*; der Punkt e-r Strecke, an dem ein Sportler im Wettkampf wieder umkehren muss **5** das Umkehren an der W. (4)

Die Wende in der DDR

In der **Deutschen Demokratischen Republik** (**DDR**) nahm Ende der achtziger Jahre die Kritik der Bürger an ihrer Regierung immer mehr zu. In der Sowjetunion waren von Michail Gorbatschow weitreichende wirtschaftliche und politische Reformen eingeführt worden, die Führung der DDR lehnte aber Reformen im eigenen Land ab. Gleichzeitig verschärften sich die wirtschaftlichen Schwierigkeiten in der DDR weiter.
1989 besetzten DDR-Bürger, die ihre Ausreise in die Bundesrepublik Deutschland erzwingen wollten, die Botschaften der Bundesrepublik Deutschland in Prag, Budapest und Warschau. Außerdem kam es zu einer Fluchtwelle nach Ungarn. Im September 1989 öffnete Ungarn für die ausreisewilligen DDR-Bürger seine Grenzen nach Österreich.
Gleichzeitig kam es in der DDR zu Massenprotesten in den Großstädten - besonders bekannt sind die **Montagsdemonstrationen** in Leipzig -, bei denen unter anderem die Abschaffung des Machtmonopols der **Sozialistischen Einheitspartei Deutschlands** (**SED**), freie Wahlen und Reisefreiheit gefordert wurden. Unter dem anhaltenden Druck wurden in der Nacht des 9. November 1989 die Grenzübergänge zwischen den beiden deutschen Staaten geöffnet.

Wẹn·de·hals *der*; *pej*; j-d, der seine Überzeugung schnell ändert, wenn es ihm Vorteile bringt

Wẹn·de·kreis *der*; **1** der engste Kreis, den ein Fahrzeug fahren kann **2** *Geogr*; *mst* ***nördlicher / südlicher W.*** der Breitengrad, auf dem die Sonne bei der jeweiligen Sonnenwende im Zenit steht

Wẹn·del·trep·pe *die*; e-e Treppe, deren *mst* schmale Stufen in der Form e-r Spirale angeordnet sind

Wendeltreppe

Wẹn·de·ma·nö·ver *das*; ein Vorgang, bei dem man mit e-m Fahrzeug wendet (5)

wẹn·den; *wendete / wandte, hat gewendet / gewandt*; [Vt] **1** ***etw. w.*** (*wendete*) die Rückseite od. Oberseite von etw. nach vorne od. oben drehen ⟨ein Blatt Papier, e-n Braten, das Heu (zum Trocknen) w.⟩ **2** ***etw. w.*** (*wendete*) die innere Seite e-s Kleidungsstücks zur äußeren Seite machen ⟨e-n Mantel w.⟩ **3** ***etw. irgendwohin w.*** (*wendete / wandte*) etw. in e-e bestimmte Richtung drehen: *den Blick zur Seite w.* **4** ⟨das Unheil *o.Ä.*⟩ ***von j-m w.*** (*wendete / wandte*) *geschr*; das Unheil *o.Ä.* von j-m abwenden; [Vi] **5** (*wendete*) umkehren u. sich in die entgegengesetzte Richtung bewegen (mit e-m Fahrzeug, bei sportlichen Wettbewerben); [Vr] **6** ***etw. wendet sich*** (*wendete*) etw. wird zu seinem Gegenteil ⟨das Glück, das Schicksal⟩: *Das Blatt hat sich gewendet* (= es ist alles anders geworden) **7** ***sich an j-n w.*** (*wendete / wandte*) j-n um Rat u. Hilfe bitten: *Sie können sich in dieser Angelegenheit jederzeit an mich w.* **8** ***sich irgendwohin w.*** (*wendete / wandte*) sich in e-e bestimmte Richtung drehen od. irgendwohin gehen: *sich nach rechts, zu seinem Nachbarn w.* **9** ***sich*** (***mit seiner Kritik***) ***gegen j-n / etw. w.*** (*wendete / wandte*) j-n / etw. kritisieren **10** ***etw. wendet sich an j-n*** etw. ist für e-e bestimmte Person(engruppe) bestimmt: *Das Buch wendet sich an alle Germanistikstudenten* || NB: *zu* **10**: nur im Präsens! **11** ***bitte w.*** bitte auf der Rückseite des Blattes weiterlesen; *Abk* ***b.w.***

Wẹn·de·punkt *der*; **1** der Punkt, an dem der Verlauf e-r Bewegung die entgegengesetzte Richtung nimmt: *der nördliche / südliche W. der Sonne* **2** ein Zeitpunkt, an dem e-e wichtige Veränderung eintritt: *an e-m W. angelangt / angekommen sein*

wẹn·dig *Adj*; **1** leicht zu lenken ⟨ein Auto, ein Boot⟩ **2** körperlich od. geistig sehr beweglich: *ein wendiger Mittelstürmer* || hierzu **Wẹn·dig·keit** *die*; *nur Sg*

Wẹn·dung *die*; -, *-en*; **1** e-e Änderung der Richtung, e-e Drehung ⟨e-e W. nach links, rechts, um 180°⟩ **2** ≈ Redewendung

Wen·fall *der* ≈ Akkusativ

we·nig[1] *Indefinitpronomen*; **1** vor e-m Subst. verwendet, um auszudrücken, dass etw. nur in geringem Maß od. in geringer Menge vorhanden ist ≈ nicht viel: *w. Interesse, Verständnis haben*; *Es besteht w. Hoffnung, dass sie es schafft*; *Er hat nur noch w. Chancen* (= kaum Chancen) *auf den Titel*; *Er hat nur noch wenige Chancen* (= ein paar Chancen); *Wenige Tage später war alles vorbei* || NB: vor e-m Subst. im Sg. ist *wenig* indeklinabel **2** wie ein Subst. verwendet, um e-e nur geringe Anzahl od. Menge auszudrücken: *Sie verdient w.*; *Er hat viele Freunde, aber nur wenige waren bei seiner Party* || NB: *zu* **1** u. **2**: *wenig* kann gesteigert werden: *Sie hat wenig, er hat weniger, u. ich habe am wenigsten* **3** ***die wenigsten*** nur e-e sehr geringe Anzahl: *Viele wollten helfen, aber nur die wenigsten* (= nur sehr wenig Leute) *haben geholfen* **4** ***ein w.*** ≈ ein bisschen

we·nig[2] *Adv* ≈ nicht sehr, nicht besonders: *Das Lied ist w. bekannt / w. beliebt*; *Das hat ihn w. interessiert*

we·ni·ger **1** *Komparativ* ↑ ***wenig*** **2** *gespr* ≈ minus: *fünf w. drei ist zwei*

We·nig·keit *die*; *mst in* ***meine W.*** *gespr hum*; ich

we·nigs·tens *Adv*; **1** verwendet, um auszudrücken, dass etw. das Minimum ist, was man erwarten kann ≈ zumindest, mindestens (2): *Du könntest dich w. entschuldigen, wenn du schon zu spät kommst*; *Wir wollen w. drei Wochen verreisen* **2** verwendet als tröstende od. aufmunternde Einschränkung e-r negativen Aussage ≈ zumindest: *Bei dem Unfall gab es hohen Sachschaden, aber w. wurden keine Menschen verletzt*; *W. regnet es nicht, wenn es schon so kalt ist!* **3** verwendet, um e-e Aussage einzuschränken ≈ zumindest: *Das Haus kostet fast eine Million, w. sagt das der Makler*; *Er ist schon ziemlich alt, glaube ich w.*

wẹnn *Konjunktion*; **1** unter der Voraussetzung / Bedingung, dass ...: *W. ich Zeit habe, rufe ich dich an*; *W. ich Zeit hätte, würde ich dich anrufen*; *W. ich Zeit gehabt hätte, hätte ich dich angerufen* **2** für den Fall, dass ... ≈ falls: *W. sie anrufen sollte, sagst du, dass ich nicht da bin* **3** verwendet, um e-n Zeitpunkt in der Zukunft zu bezeichnen: *Ich schreibe Ihnen, w. ich in*

W

Hamburg angekommen bin **4** immer zu dem genannten Zeitpunkt: *W. ich in Paris bin, gehe ich immer in den Louvre*; *Jedes Mal, w. das Telefon läutet, glaube ich, dass sie es ist* **5 w. ... auch** ≈ obwohl: *W. der Urlaub auch kurz war, so habe ich mich doch gut erholt* **6 w. ... bloß / doch / nur** verwendet, um e-n Wunsch einzuleiten: *W. sie bloß / doch / nur endlich käme!*

wenn·gleich *Konjunktion* ≈ obwohl

wẹnn·schon *Konjunktion*; *gespr*; **1 w., dennschon** wenn etw. getan werden muss, dann soll man es auch richtig tun **2** (**na,**) **w.!** das macht doch nichts

wer[1]; *Akk* **wen**, *Dat* **wem**, *Gen* **wessen**; *Interrogativpronomen*; (*in direkten od indirekten Fragesätzen*) verwendet, um nach e-r Person od. mehreren Personen zu fragen: *Wer mag noch ein Stück Kuchen?*; *Wen möchten Sie sprechen?*; *Wem soll ich das Buch geben?*; *Wessen Brille ist das?*; *Ich habe keine Ahnung, wer das getan hat*; *Ich weiß nicht, wen Sie meinen* || NB: ↑ *Tabelle unter* **Interrogativpronomen**

wer[2]; *Akk* **wen**, *Dat* **wem**, *Gen* **wessen**; *Relativpronomen*; verwendet, um e-n verkürzten Relativsatz einzuleiten ≈ derjenige, der / diejenige, die / dasjenige, das *usw*: *Wer das behauptet, lügt*; *Wer so erkältet ist, sollte zu Hause bleiben*

wer[3]; *Akk* **wen**, *Dat* **wem**, *Gen* **wessen**; *Indefinitpronomen*; *gespr* ≈ jemand: *Da ist wer für dich*; *Ich muss wen finden, der den Kühlschrank reparieren kann* || ID ***j-d 'ist wer*** *gespr*; j-d hat Erfolg, j-d hat e-n großen Namen: *Sie hat sich sehr anstrengen müssen, aber jetzt ist sie wer*

Wẹr·be·agen·tur *die*; ein Unternehmen, das für Produkte anderer Firmen die Werbung (1) macht

Wẹr·be·ak·ti·on *die*; Werbung (1), *mst* in relativ großem Umfang u. mit verschiedenen Mitteln ⟨e-e W. für ein neues Produkt machen⟩

Wẹr·be·feld·zug *der* ≈ Werbeaktion

Wẹr·be·fern·se·hen *das*; der Teil des Fernsehprogramms, in dem die Werbung kommt

Wẹr·be·ge·schenk *das*; ein Geschenk, das die Kunden u. Geschäftsfreunde e-r Firma erhalten

Wẹr·be·kam·pag·ne *die* ≈ Werbeaktion

Wẹr·be·mit·tel *das*; *mst Pl*; alle Dinge, die benutzt werden, um Werbung (1) zu machen, *z.B.* Plakate, Filme

wẹr·ben; *wirbt, warb, hat geworben*; Vt **1 *j-n* (*für j-n / etw.*) *w.*** versuchen, j-n zu finden, der ein Produkt kauft, e-e Idee unterstützt *o.Ä.* ⟨neue Abonnenten (für e-e Zeitung) w., Käufer w., Helfer (für e-e Aufgabe) w.⟩; Vi **2** (***für etw.***) ***w.*** ein Produkt, ein Vorhaben, e-e Idee *o.Ä.* so vorteilhaft darstellen, dass sich andere dafür interessieren ≈ Reklame (für etw.) machen: *für e-e Zigarettenmarke w.* **3 *um etw. w.*** sich bemühen, etw. zu gewinnen ⟨um Freundschaft, Vertrauen w.⟩: *Die Kandidaten w. um die Gunst der Wähler* **4** *geschr veraltend*; ***um e-e Frau w.*** sich als Mann um e-e Frau bemühen, die man heiraten möchte || *zu* **1 Wẹr·ber** *der*; *-s, -*

Wẹr·be·spot *der* ≈ ein Spot (1)

Wẹr·be·trä·ger *der*; ein Medium (*z.B.* Fernsehen, e-e Zeitung), in dem Werbung (1) getrieben wird

Wẹr·be·trom·mel *die*; *nur in* **die W.** (***für j-n / etw.***) ***rühren*** *gespr*; kräftig für j-n / etw. werben (2)

wẹr·be·wirk·sam *Adj*; erfolgreich werbend (2) ⟨ein Plakat, e-e Anzeige⟩ || *hierzu* **Wẹr·be·wirk·sam·keit** *die*

Wẹr·bung *die*; -, *-en*; **1** *nur Sg*; e-e Maßnahme (*z.B.* e-e Anzeige, ein Spot im Fernsehen), mit der man versucht, Leute für sein Produkt zu interessieren ⟨W. für j-n / etw. machen⟩ || K-: ***Werbungs-, -ausgaben, -maßnahmen*** **2** das Werben (1): *die W. neuer Mitglieder* **3** *geschr veraltend*; das Werben (3,4) ⟨j-s W. annehmen, ausschlagen⟩

Wẹr·bungs·kos·ten *die*; *Pl*; **1** die Kosten für die Werbung (1) **2** Kosten, die man im Zusammenhang mit dem Beruf hat u. die man von der Steuer absetzen kann

Wẹr·de·gang *der*; *-s*; *nur Sg*; der Verlauf der Entwicklung e-s Menschen ⟨j-s beruflicher, politischer W.⟩

wẹr·den[1]; *wird, wurde, ist geworden*; Vi **1** *Adj* + **w.** e-e bestimmte Eigenschaft bekommen: *alt, gesund, müde, reich, zornig w.* **2 etw.** (*Nom*) **w.** e-n bestimmten Beruf erlernen od. aufnehmen: *Sie wird Lehrerin*; *Was willst du w.?* **3 etw.** (*Nom*) **w.** (durch Heirat od. die Geburt e-s Kindes) in ein verwandtschaftliches Verhältnis zu j-m treten ⟨j-s Frau / Mann w.; Vater, Mutter, Großvater *usw* w.⟩ **4** *Zahl* + **w.** beim nächsten Geburtstag das genannte Alter erreichen: *Ich werde 40* (= ich bin noch 39) **5 *etw. wird etw.*** (*Nom*) etw. entwickelt sich zu etw.: *ein Plan wird Wirklichkeit* **6 *etw. wird zu etw.*** etw. entwickelt sich zu etw. ⟨etw. wird zur Gewohnheit / zur Routine⟩ **7 *j-d wird zu etw.*** j-d erreicht e-n bestimmten Status od. e-e bestimmte Stellung: *Er wurde zu einem der reichsten Männer der Welt* **8 *wie j-d w.*** sich wie j-d entwickeln: *Er wird wie sein Vater* **9 *etw. wird*** (***et***)***was / nichts*** *gespr*; etw. gelingt / gelingt nicht: *Sind die Fotos was geworden?*; *Das wird doch nichts!*; Vimp **10 *Es wird*** + *Subst / Adj* verwendet, um das (allmähliche) Eintreten e-s bestimmten Zustands zu bezeichnen: *Es wird Tag / Nacht / Frühling usw*; *Es wird spät, dunkel, kalt usw* **11 *j-m wird*** (***es***) + *Adj* j-d empfindet ein bestimmtes Gefühl: *j-m wird (es) schlecht / übel* (= j-d glaubt, er muss erbrechen); *j-m wird es heiß* || ID *mst* ***Das wird schon wieder*** *gespr*; verwendet, um j-n zu trösten od. zu beruhigen; *mst* ***Daraus wird nichts*** *gespr*; das wird nicht gemacht; ***Was soll bloß*** (***daraus***) ***w.?*** *gespr*; wie soll es weitergehen?; *mst* ***Was ist aus ... geworden?*** was macht ... heute?; ***Was ist bloß aus ... geworden? ...*** hat sich sehr zum Schlechteren entwickelt; *mst* ***Das wird*** (***et***)***was w.!*** *gespr iron*; das wird problematisch; *mst* ***Was nicht ist, kann noch w.*** man soll die Hoffnung nicht aufgeben; ***etw. ist im W.*** etw. ist dabei zu entstehen; ↑ ***bald***

wẹr·den[2] *Hilfsverb*; **1 w.** + *Infinitiv* verwendet zur Bildung des Futurs: *Er wird dir helfen*; *Morgen werde ich die Arbeit beendet haben* **2 w.** + *Infinitiv* verwendet, um e-e Vermutung auszudrücken: *Sie wird es wohl vergessen haben* (= sie hat es wahrscheinlich vergessen) **3 w.** + *Infinitiv* verwendet, um e-n Wunsch auszudrücken: *Ihm wird doch nichts passiert sein* (= ich hoffe, dass ihm nichts passiert ist) **4 *würde(n*** *usw*) + *Infinitiv* verwendet zur Bildung des Konjunktivs II: *Ich würde gern kommen, wenn ich Zeit hätte*; *Würden Sie mir bitte die Tür aufhalten?* **5 w.** + *Partizip Perfekt* verwendet zur Bildung des Passivs: *Wir werden beobachtet* **6 w.** + *Partizip Perfekt* verwendet, um e-e energische Aufforderung auszudrücken: *Jetzt wird nicht mehr geredet!*

Wer·fall *der* ≈ Nominativ

wẹr·fen[1]; *wirft, warf, hat geworfen*; Vt/i (**etw.**) (***irgendwohin***) **w.** etw. (*z.B.* e-n Stein, e-n Ball) mit e-r starken Bewegung des Arms aus seiner Hand fliegen lassen ⟨etw. in die Höhe w.⟩: *Er warf den Diskus 60m (weit)*

wẹr·fen[2]; *wirft, warf, hat geworfen*; Vt/i ***ein Tier wirft*** (***Junge***) ein Tier gebärt: *Die Hündin hat (vier Junge) geworfen*

Wẹrft *die*; -, *-en*; e-e Anlage, in der Schiffe gebaut u. repariert werden

Wẹrk[1] *das*; *-(e)s, -e*; **1** e-e große (*mst* künstlerische od. wissenschaftliche) Leistung: *ein W. der Weltliteratur*; *die Werke Michelangelos* || -K: ***Meister-,***

Kunst-* 2** *nur Sg, Kollekt*; alle Werke[1] (1), die von einem Künstler *o.Ä.* geschaffen wurden ≈ Gesamtwerk: *das W. Picassos* **3** *nur Sg*; etw., das j-d getan od. verursacht hat: *Das Attentat war ein W. der Terroristen; Der Aufbau dieser Organisation war sein W.* || ID ***ein gutes W. tun e-m anderen, *bes* aus Nächstenliebe, helfen; ***sich ans W. machen*** mit der Arbeit beginnen; *mst* ***Da waren Diebe*** *o.Ä.* ***am W.*** Diebe *o.Ä.* haben hier ihr Unwesen getrieben

Wẹrk[2] *das*; *-(e)s, -e*; e-e *mst* relativ große Fabrik mit technischen Anlagen || K-: ***Werk-, Werks-, -angehörige(r), -arzt, -halle, -tore*** || -K: ***Elektrizitäts-, Gas-, Stahl-, Wasser-***

-werk *das*; *-(e)s*; *nur Sg, begrenzt produktiv*; **1** alle Teile e-r Gesamtheit; ***Astwerk*** ⟨e-s Baumes⟩, ***Balkenwerk*** ⟨e-s Gebäudes⟩, ***Blattwerk*** ⟨e-s Baumes⟩, ***Gitterwerk*** ⟨e-r Brücke⟩, ***Regelwerk*** ⟨e-r Grammatik⟩ **2** verwendet, um gleichartige Produkte e-r (handwerklichen) Tätigkeit zu bezeichnen; ***Backwerk, Flechtwerk***

Wẹrk·bank *die*; ein sehr stabiler Arbeitstisch in e-r Werkstatt

wẹrk·ei·gen *Adj*; *nicht adv*; e-m Werk[2] gehörend

wẹr·keln; *werkelte, hat gewerkelt*; [Vi] ***(an etw.*** *(Dat)*) ***w.*** kleine handwerkliche Arbeiten machen, *mst* als Laie

wẹr·ken; *werkte, hat gewerkt*; [Vi] *oft iron*; handwerklich, körperlich arbeiten

Wẹr·ken *das*; *-s*; *nur Sg*; ein Unterrichtsfach, in dem Schüler mit Holz, Ton *usw* praktisch arbeiten || K-: ***Werk-, -lehrer, -unterricht***

Wẹr·ke·ver·zeich·nis *das*; *Mus*; e-e Liste der Musikstücke e-s Komponisten

wẹrk·ge·treu *Adj*; der Absicht des Komponisten entsprechend || *hierzu* **Wẹrk·treue** *die*

Wẹrk·meis·ter *der*; ein Facharbeiter, der e-e Arbeitsgruppe in e-m Werk[2] leitet

Wẹrk·schutz *der*; die Personen, die für den Schutz e-s Werks[2] verantwortlich sind

Wẹrk·statt *die*; -, *Werk·stät·ten*; **1** *mst Sg*; der Arbeitsraum *mst* e-s Handwerkers: *Ledertaschen aus eigener W.* || -K: ***Auto-, Schneider-, Schuster-, Reparatur-*** **2** *mst Pl*; e-e Gemeinschaft von Handwerkern u. Künstlern

Wẹrk·stät·te *die* ≈ Werkstatt

Wẹrk·stoff *der*; ein festes Material wie Holz, Stein od. Kunststoff, aus dem Waren hergestellt werden

Wẹrk·stück *das*; ein unfertiger Gegenstand, an dem noch gearbeitet werden muss

Wẹrk·tag *der*; ein Tag, an dem die Leute arbeiten, also Montag bis Samstag, im Gegensatz zu Sonntag u. Feiertagen ≈ Wochentag (2)

wẹrk·tags *Adv*; an Werktagen: *Dieser Bus verkehrt nur w.*

wẹrk·tä·tig *Adj*; *nicht adv*; so, dass der Betreffende e-n Beruf ausübt || *hierzu* **Wẹrk·tä·ti·ge** *der* / *die*; *-n, -n*; **Wẹrk·tä·tig·keit** *die*

Wẹrk·zeug *das*; *-s, -e*; **1** ein Gegenstand (*z.B.* ein Hammer, e-e Zange), den man benutzt, um e-e Arbeit leichter od. überhaupt machen zu können **2** *nur Sg, Kollekt*; die gesamten Werkzeuge (1) für e-e bestimmte Tätigkeit || K-: ***Werkzeug-, -kasten*** **3** *mst* ***j-n als W. benutzen*** j-n benutzen, um ein bestimmtes Ziel zu erreichen

Wẹr·mut *der*; *-s, -s*; **1** e-e Gewürz- u. Heilpflanze **2** ein starker Wein, der mit W. (1) gewürzt ist

Wẹr·muts·trop·fen *der*; etw. Unangenehmes, das die Freude an e-m schönen Ereignis verringert

Wẹrt *der*; *-(e)s, -e*; **1** *nur Sg*; der Preis, den etw. kostet od. kosten würde ⟨etw. fällt, steigt im W.⟩: *Juwelen*

Werkzeug

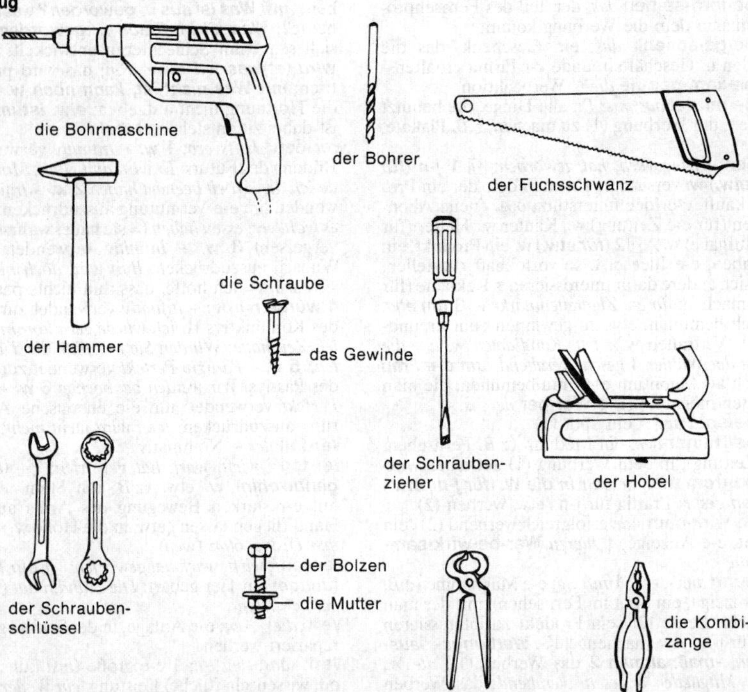

im W. von 3000 Euro **2** die Nützlichkeit u. Qualität von etw. ⟨der erzieherische, geistige, praktische W. von etw.⟩ **3** *nur Pl*; Gegenstände, die e-n hohen W. (1) haben: *Im Krieg gingen unermessliche Werte verloren* **4** *mst* ***bleibende, unvergängliche Werte*** *geschr*; geistige Produkte, die e-e sehr hohe Qualität haben **5** das Ergebnis e-r Messung, in Zahlen ausgedrückt: *Die Temperatur erreicht morgen Werte um 30 °C* || ID ***etw.*** **(*weit*)** ***unter W. verkaufen*** etw. zu e-m (viel) zu niedrigen Preis verkaufen; ***etw.*** (*Dat*) **(*großen / keinen*)** ***W. beimessen / beilegen*** etw. als wichtig (sehr wichtig / unwichtig) ansehen; **(*großen / viel*)** ***W. auf etw.*** (*Akk*) ***legen*** etw. für (sehr) wichtig halten: *Er legt großen W. darauf, dass ...*; ***keinen gesteigerten W. auf etw.*** (*Akk*) ***legen*** *gespr*; etw. für unerwünscht halten; *mst* ***Das hat*** **(*doch*)** ***keinen W.*** das nützt nichts

wert *Adj*; *ohne Steigerung, nicht adv*; **1** ***etw. ist etw. w.*** etw. hat e-n bestimmten finanziellen Wert (1) ⟨etw. ist viel, nichts w.⟩: *Mein altes Auto ist noch 1500 Euro w.* **2** ***etw. ist etw.*** (*Gen*) / **(*j-m*)** ***etw.*** (*Akk*) ***w.*** etw. ist in der Qualität *o.Ä.* so gut, dass der Preis, die damit verbundene Anstrengung *o.Ä.* nicht zu viel dafür sind: *Berlin ist immer e-e Reise w.*; *Die Karten fürs Konzert sind mir das Geld w.*; *Die Arbeit war nicht der Mühe w.*; *„Vielen Dank für Ihre Hilfe!" - „Nicht der Rede w."* (= es war nur e-e Kleinigkeit) **3** ***etw. ist*** **(*j-m*)** ***viel / wenig w.*** etw. ist für j-n wichtig / nicht wichtig: *Diese Auskunft war mir viel w.* **4** ***j-s nicht w. sein*** *geschr*; (wegen e-r bestimmten Eigenschaft *o.Ä.*) nicht gut genug für j-n sein

-wert *im Adj*, *begrenzt produktiv*; drückt aus, dass die betroffene Person / Sache es verdient, dass das im ersten Wortteil Genannte gemacht wird, od. dass es sich für andere lohnen würde, etw. zu tun; ***bewundernswert*** ⟨Geduld; e-e Leistung⟩, ***empfehlenswert*** ⟨ein Buch, ein Rezept⟩, ***erwähnenswert*** ⟨e-e Anekdote⟩, ***lesenswert*** ⟨ein Buch⟩, ***nachahmenswert*** ⟨e-e Tat⟩, ***sehenswert*** ⟨ein Film, e-e Stadt⟩, ***wissenswert*** ⟨e-e Tatsache⟩

Wert·ar·beit *die*; *nur Sg*; e-e Arbeit, die aufgrund der fachmännischen Kenntnisse u. des verwendeten Materials hohen Wert (1,2) hat

Wert·brief *der*; ein Brief mit *mst* wertvollem Inhalt, dessen Wert von der Post ersetzt wird, falls er verloren geht

wer·ten; *wertete, hat gewertet*; [Vt] **1** ***etw. als etw. w.*** ein Urteil über etw. abgeben: *Die Verhandlungen wurden als Erfolg gewertet*; [Vt/i] **2** **(*etw.*)** ***w.*** *Sport*; als Punktrichter e-e sportliche Übung benoten

wert·frei *Adj*; nicht subjektiv od. persönlich, ohne Urteil

Wert·ge·gen·stand *der*; ein Gegenstand, der großen finanziellen Wert besitzt: *Bargeld u. Wertgegenstände*

-wer·tig *im Adj*, *wenig produktiv*; **1** verwendet zusammen mit e-m Adj., um die Qualität von j-m / etw. auszudrücken; ***gleichwertig*** ⟨ein Gegner⟩, ***hochwertig*** ⟨ein Stoff⟩, ***minderwertig*** ⟨ein Produkt⟩ **2** *nicht adv*, *Chem*; drückt aus, dass sich etw. mit der genannten Zahl von Wasserstoffatomen verbinden kann; ***einwertig, zweiwertig, dreiwertig*** *usw*; ***mehrwertig***

wert·los *Adj*; *nicht adv*; **1** ***w.*** **(*für j-n*)** ohne finanziellen Wert (1): *Nach der Inflation war das Geld w.* **2** ***w.*** **(*für j-n*)** so, dass es keinen Nutzen od. Vorteil bringt || *hierzu* **Wert·lo·sig·keit** *die*

Wert|maß·stab *der*; ein Maßstab, mit dem der *mst* ideelle Wert von etw. gemessen wird: *Andere Kulturen haben andere Wertmaßstäbe*

Wert·min·de·rung *die*; -, *-en*; der Verlust an finanziellem Wert ↔ Wertzuwachs

Wert·pa·ket *das*; ein Paket mit *mst* wertvollem Inhalt, dessen Wert von der Post ersetzt wird, falls es verloren geht od. beschädigt wird

Wert·pa·pier *das*; *Ökon*; e-e Urkunde, die e-n bestimmten Wert hat, *z.B.* e-e Aktie || K-: ***Wertpapier-, -börse, -kauf, -verkauf***

Wert·schät·zung *die*; *nur Sg*, *geschr* ≈ Hochachtung ⟨hohe W. genießen; sich j-s W. erfreuen⟩ || *hierzu* **wert·schät·zen** (*hat*) *Vt*

Wert·stoff *der*; *-s*, *-e*; Bezeichnung für gebrauchtes Material (*z.B.* Altglas, Altpapier), das wieder neu verwertet werden kann

Wert·stoff|hof *der*; e-e Sammelstelle, an der gebrauchte Gegenstände od. gebrauchtes Material gesammelt werden, damit man es recyceln kann

Wer·tung *die*; -, *-en*; die Beurteilung e-r Leistung || ID ***in der W. vorne / hinten liegen*** in e-m Wettbewerb gut / schlecht platziert sein

Wert·ur·teil *das*; ein Urteil über den Wert (2) von etw. ⟨ein W. abgeben⟩

wert·voll *Adj*; **1** von großem (finanziellem od. geistigem) Wert (1,2) ⟨Schmuck⟩ **2** sehr nützlich ⟨ein Hinweis, ein Rat, ein Ergebnis⟩

Wert·vor·stel·lung *die*; die Vorstellung davon, was e-n Wert (2) darstellt

Wert·zu·wachs *der*; der Betrag, um den der Wert (1) von etw. gestiegen ist ⟨der W. e-s Unternehmens, e-r Aktie, e-s Grundstücks⟩

We·sen *das*; *-s*, -; **1** *nur Sg*; ***das W.*** + *Gen* / ***von etw.*** das, was für etw. charakteristisch ist u. es von anderem unterscheidet: *Es liegt im W. der Demokratie, dass die Wahlen frei u. geheim sind* **2** *nur Sg*; die charakterlichen Eigenschaften e-r Person ⟨ein einnehmendes W. haben⟩ **3** etw., das in irgendeiner (oft nur gedachten) Gestalt existiert od. erscheint: *ein höheres, göttliches W.*; *ein außerirdisches Wesen* **4** *mst* ***ein kleines, hilfloses W.*** verwendet als Bezeichnung *bes* für ein Baby od. ein kleines od. armes Tier || ID ***viel Wesens / kein W. aus / um / von etw. machen*** etw. sehr wichtig / nicht wichtig nehmen

-we·sen *das*; *nur Sg*, *im Subst*, *sehr produktiv*; verwendet als Bezeichnung für alle Dinge u. Vorgänge, die zu etw. gehören ≈ System; ***Bauwesen, Bibliothekswesen, Bildungswesen, Erziehungswesen, Geldwesen, Gesundheitswesen, Kraftfahrzeugwesen, Meldewesen, Militärwesen, Pressewesen, Rettungswesen, Transportwesen, Verkehrswesen, Verlagswesen, Versicherungswesen, Zollwesen***

We·sens·zug *der*; e-e charakteristische Eigenschaft

we·sent·lich *Adj*; **1** von entscheidender Bedeutung, sehr wichtig ⟨Anteil, ein Merkmal, ein Unterschied⟩ **2** *nur adv*; sehr viel ⟨w. + *Komparativ*; w. zu etw. beitragen⟩ || ID ***im Wesentlichen*** in der Hauptsache, im Grunde; ***um ein Wesentliches*** ⟨älter, besser⟩ *geschr*; bedeutend, viel

We·sent·li·che *das*; *-n*; *nur Sg*; das Charakteristische u. Wichtigste e-r Sache ⟨das W. hervorheben, erkennen⟩ || NB: *Wesentliches*; *das Wesentliche*; *dem, des Wesentlichen*

Wes·fall *der* ≈ Genitiv

wes·halb[1] *Adv* ≈ warum (1)

wes·halb[2] *Konjunktion*; verwendet, um e-n Nebensatz einzuleiten, der die Konsequenz aus der Aussage des Hauptsatzes angibt ≈ u. deswegen: *Es hatte frisch geschneit, w. Lawinengefahr bestand*

Wes·pe *die*; -, *-n*; ein Insekt mit langem, schwarzgelb gestreiftem Hinterleib u. e-m giftigen Stachel: *von e-r W. gestochen werden* || ↑ *Abb. unter* **Biene** || K-: ***Wespen-, -stich***

Wes·pen·nest *das*; das Nest von Wespen || ID ***in ein W. stechen, sich mit etw. ins W. setzen*** sich viele

Menschen zum Gegner machen, indem man ein heikles Thema anspricht *o.Ä.*

Wẹs·pen·tail·le *die*; e-e sehr schmale Taille

wẹs·sen ↑ ***wer***

Wẹs·si *der*; *-s, -s*; *gespr, oft pej od hum*; verwendet, um e-n Bewohner aus den alten Bundesländern der Bundesrepublik Deutschland zu bezeichnen

Wẹst[1] *ohne Artikel, indeklinabel*; *Präp* + ***W.*** ≈ *Präp* + Westen (1): *Der Wind kommt aus W.*; *von W. nach Ost* || K-: ***West-, -europa, -küste***

Wẹst[2] *der*; *-s*; *nur Sg*; *Seefahrt* ≈ Westwind

Wẹst|deutsch·land (*das*) **1** das (geographisch) westliche Deutschland **2** verwendet als inoffizielle Bezeichnung für das Gebiet der Bundesrepublik Deutschland vor 1990 || *hierzu* **wẹst·deutsch** *Adj*

Wẹs·te *die*; -, *-n*; **1** ein ärmelloses Kleidungsstück, das bis zur Hüfte reicht u. über Hemd od. Bluse getragen wird || -K: ***Anzug-*** **2** e-e leichte, gestrickte Jacke || -K: ***Strick-*** || ID ***e-e weiße W. haben*** unschuldig sein

Wẹs·ten *der*; *-s*; *nur Sg*; **1** die Himmelsrichtung des Sonnenuntergangs ↔ Osten ⟨im, gegen, aus, von, nach W.⟩ **2** der westliche Teil e-s Gebietes: *im W. der Stadt* **3** *Pol*; die USA u. die Länder Westeuropas (als politische Verbündete) **4** das Abendland ↔ Orient **5** ***der Wilde W.*** *gespr*; der westliche Teil der USA zur Zeit der Besiedlung durch die Europäer

Wẹs·ten·ta·sche *die*; *mst in* ***etw. wie seine W. kennen*** etw. sehr genau kennen; ***sich irgendwo wie in seiner W. auskennen*** sich irgendwo sehr gut auskennen

Wẹs·tern *der*; *-s*, -; ein Film od. Roman, dessen Handlung in den westlichen Teilen der USA zur Zeit der Besiedlung durch die Europäer spielt

wẹst·lich[1] *Adj*; **1** *nur attr, nicht adv*; nach Westen (gerichtet) ↔ östlich ⟨ein Kurs; in westliche Richtung fahren⟩ **2** *nur attr, nicht adv*; von Westen nach Osten ↔ östlich ⟨ein Wind; der Wind kommt, weht aus westlicher Richtung⟩ **3** *mst attr*; im Westen (1, 2) (befindlich) ↔ östlich: *das westliche Afrika, Mittelmeer* **4** *mst attr, nicht adv*; zum Westen (3) gehörig ⟨Diplomaten, das Bündnis⟩ **5** *mst attr*; in Bezug auf das Abendland ↔ östlich, asiatisch

wẹst·lich[2] *Präp mit Gen*; verwendet, um auszudrücken, dass j-d / etw. (in e-m bestimmten Abstand zu j-m / etw.) im Westen ist ↔ östlich: *fünf Kilometer w. der Grenze* || NB: folgt ein Wort ohne Artikel, verwendet man *w. von*: *w. von Deutschland*

Wẹst·mäch·te *die*; -; *Pl*; verwendet als Bezeichnung für die verbündeten Staaten Frankreich, Großbritannien u. USA im Zweiten Weltkrieg u. danach

west·ọ̈st·lich *Adj*; *nur attr od adv*; von Westen (1) nach Osten gerichtet ⟨e-e Luftströmung⟩

wẹst·wärts *Adv*; in Richtung nach Westen (1)

Wẹst·wind *der*; ein Wind aus Westen (1)

wes·we̱·gen[1] *Adv* ≈ warum (1)

wes·we̱·gen[2] *Konjunktion* ≈ weshalb[2]

Wẹtt·be·werb *der*; *-s, -e*; **1** e-e Veranstaltung, bei der Teilnehmer ihre Leistungen auf e-m bestimmten Gebiet untereinander vergleichen u. bei der es für die besten *mst* Preise gibt ⟨e-n W. veranstalten; e-n / in e-m W. gewinnen⟩ || K-: ***Wettbewerbs-, -bedingungen, -teilnehmer*** || -K: ***Architektur-, Foto-, Schönheits-*** **2** *nur Sg*; der Kampf um Vorteile zwischen Personen, Institutionen od. Firmen ≈ Konkurrenz ⟨fairer, harter, unlauterer W.; mit j-m in W. treten⟩ || *zu* **1** **Wẹtt·be·wer·ber** *der*

wẹtt·be·werbs·fä·hig *Adj*; in der Lage, im wirtschaftlichen Wettbewerb (2) zu bestehen ⟨ein Betrieb⟩ || *hierzu* **Wẹtt·be·werbs·fä·hig·keit** *die*

Wẹtt·bü·ro *das*; e-e Art Laden, in dem man für Pferderennen *o.Ä.* Wetten abschließen kann

Wẹt·te *die*; -, *-n*; **1** ***e-e W.*** (***um etw.***) e-e Vereinbarung zwischen zwei od. mehr Personen, dass derjenige, dessen Behauptung nicht richtig ist, etw. zahlen od. leisten muss ⟨(mit j-m) e-e W. abschließen, eingehen; e-e W. gewinnen, verlieren⟩: *e-e W. um e-e Flasche Wein, um 10 Euro* **2** ein Tipp (2), mit dem man versucht, Sieger e-s Wettbewerbs vorauszusagen (*mst* um so Geld zu gewinnen) ⟨e-e W. abschließen⟩ **3** *mst* ***um die W.*** ⟨fahren, laufen *o.Ä.*⟩ gleichzeitig mit einem od. mehreren anderen fahren, laufen *o.Ä.* u. dabei versuchen, schneller zu sein || K-: ***Wett-, -fahrt, -rennen, -rudern***

Wẹtt·ei·fer *der*; das Bemühen, etw. besser als andere zu machen

wẹtt·ei·fern; *wetteiferte, hat gewetteifert*; [Vi] (***mit j-m***) ***um etw. w.*** versuchen, andere zu übertreffen u. dadurch etw. zu gewinnen: *Die beiden Sänger wetteifern um die Gunst des Publikums*

wẹt·ten; *wettete, hat gewettet*; [Vi] **1** (***mit j-m***) (***etw.***) ***w.*** e-e Wette (1) machen, den Einsatz für e-e Wette (1) angeben: *Was wettest du?*; *Wollen wir w.?*; *Ich wette mit dir 10 Euro, dass Inter Mailand gewinnt*; [Vi] **2** ***w.,*** (***dass***) ***...*** zum Ausdruck bringen, dass man sich e-r Sache ganz sicher ist: *Ich wette, dass sie nicht kommt / Ich wette, sie kommt nicht*; [Vi] **3** ***auf etw.*** (*Akk*) ***w.*** bei e-m Wettrennen e-n Tipp abgeben ⟨auf ein Pferd w.⟩ **4** (***mit j-m***) (***um etw.***) ***w.*** ≈ w. (1) || ID ***Wetten, dass?*** *gespr*; verwendet, um auszudrücken, dass man sich e-r Sache ganz sicher ist: *„Er macht das nie!" - „Wetten, dass?"*

Wẹt·ter *das*; *-s*; *nur Sg*; der Zustand der Erdatmosphäre zu e-m bestimmten Zeitpunkt (u. in e-m bestimmten Gebiet), der in Form von Sonne, Regen, Wind *usw* in Erscheinung tritt ⟨regnerisches, trübes, schönes W.; das W. ist beständig, wechselhaft, schlägt um⟩: *Wie wird das W. morgen?* || K-: ***Wetter-, -aussichten, -beobachtung, -besserung, -verschlechterung*** || -K: ***Frühlings-, Herbst-, Sommer-, Winter-***; ***Regen-, Tau-***

Wẹt·ter·amt *das*; e-e staatliche Institution, die das Wetter erforscht u. vorhersagt

Wẹt·ter·be·richt *der*; ein Bericht über die Wetterlage, mit e-r Wettervorhersage

wẹt·ter·be·stän·dig *Adj*; *nicht adv*; ⟨ein Anstrich, ein Material⟩ so, dass sie durch das Wetter nicht beschädigt werden

wẹt·ter·fest *Adj*; *nicht adv*; unempfindlich gegen Einwirkungen des Wetters ⟨die Ausrüstung, die Kleidung⟩

Wẹt·ter·frosch *der*; *hum* ≈ Meteorologe

wẹt·ter·füh·lig *Adj*; *nicht adv*; **1** ⟨ein Mensch⟩ so, dass das Wetter e-n starken Einfluss auf seinen Zustand ausübt **2** ⟨ein Mensch⟩ so, dass er e-e Wetteränderung im Voraus spürt || *hierzu* **Wẹt·ter·füh·lig·keit** *die*; *nur Sg*

Wẹt·ter·kar·te *die*; e-e Landkarte, auf der das Wetter in den verschiedenen Gebieten angegeben ist

Wẹt·ter·kun·de *die*; *nur Sg* ≈ Meteorologie

Wẹt·ter·la·ge *die*; *Meteorologie*; der allgemeine Zustand des Wetters in e-m relativ großen Gebiet

Wẹt·ter·leuch·ten *das*; das Aufleuchten entfernter Blitze am Himmel, bei dem man den Donner aber nicht hört || *hierzu* **wẹt·ter·leuch·ten** (*hat*) *Vimp*

wẹt·tern; *wetterte, hat gewettert*; [Vi] (***gegen, über j-n / etw.***) ***w.*** über j-n / etw. heftig schimpfen

Wẹt·ter·prog·no·se *die*; (CH) ≈ Wettervorhersage

Wẹt·ter·sa·tel·lit *der*; ein Satellit, der die Wetterlage beobachtet u. die Wetterstationen informiert

Wẹt·ter·schei·de *die*; *mst* ein Fluss od. Gebirge zwischen zwei Gebieten, in denen oft ganz unterschiedliches Wetter herrscht

Wẹt·ter·sei·te *die*; die Seite (e-s Berges, Hauses

o.Ä.), die der Himmelsrichtung zugekehrt ist, aus der das schlechte Wetter kommt

Wẹt·ter·sta·ti·on *die*; **1** ein Schaukasten mit Thermometer, Barometer und Hygrometer **2** ein *mst* kleineres Gebäude zur Beobachtung des Wetters

Wẹt·ter·sturz *der*; ein plötzliches u. starkes Sinken der Lufttemperatur

Wẹt·ter·um·schlag *der*; e-e plötzliche Änderung (*mst* Verschlechterung) des Wetters

Wẹt·ter·vor·her·sa·ge *die*; e-e Aussage darüber, wie das Wetter wird (aufgrund von Wetterbeobachtung)

Wẹtt·kampf *der*; ein (*mst* sportlicher) Kampf um die beste Leistung || K-: ***Wettkampf-, -sport*** || *hierzu* **Wẹtt·kämp·fer** *der*; **Wẹtt·kämp·fe·rin** *die*

Wẹtt·lauf *der*; e-e Konkurrenz, in der mehrere Personen ermitteln, wer der schnellste Läufer von ihnen ist || ID *mst* ***im W. mit der Zeit etw. tun*** versuchen, innerhalb e-r bestimmten Zeit etw. zu tun || *hierzu* **Wẹtt·läu·fer** *der*; **Wẹtt·läu·fe·rin** *die*

wẹtt·ma·chen; *machte wett, hat wettgemacht*; [Vt] ***etw. w.*** ≈ ausgleichen ⟨e-n Mangel, e-n Verlust w.⟩

Wẹtt·rüs·ten *das*; das Bestreben vieler Staaten, mehr u. gefährlichere Waffen zu bekommen als die anderen

Wẹtt·streit *der*; das Bemühen, andere zu übertreffen ⟨mit j-m im W. um etw. liegen⟩

wẹt·zen[1]; *wetzte, hat gewetzt*; [Vt] ***etw. w.*** ein Messer *o.Ä.* an e-m harten Gegenstand reiben, damit es scharf wird u. besser schneidet ⟨ein Messer, e-e Klinge w.; e-e Katze *o.Ä.* wetzt die Krallen⟩ || K-: ***Wetz-, -stahl, -stein***

wẹt·zen[2]; *wetzte, ist gewetzt*; [Vi] *gespr* ≈ rennen

WG [veːˈgeː] *die*; -, -s; *gespr, Kurzw* ↑ ***Wohngemeinschaft***

Whirl·pool [ˈwəːlpuːl] *der*; *-s, -s*; ein Becken (1) zum Baden, in dem das Wasser mithilfe von Düsen zum Sprudeln gebracht wird

Whis·key [ˈvɪski] *der*; *-s, -s*; ein irischer od. amerikanischer Branntwein

Whis·ky [ˈvɪski] *der*; *-s, -s*; ein schottischer Branntwein

wịch *Imperfekt, 1. u. 3. Person Sg*; ↑ ***weichen***

Wịch·se [-ks-] *die*; *-, -n*; *gespr*; **1** ≈ Schuhcreme **2** *nur Sg* ≈ Prügel ⟨W. beziehen⟩

wịch·sen [-ks-]; *wichste, hat gewichst*; [Vt] **1** ***etw. w.*** etw. mit Schuhcreme einreiben ⟨Schuhe w.⟩ || K-: ***Wichs-, -bürste, -lappen***; [Vi] **2** *vulg* ≈ masturbieren (als Mann)

Wịch·ser [-ks-] *der*; *-s, -*; *vulg*; verwendet als Schimpfwort

Wịcht [-çt] *der*; *-(e)s, -e*; **1** *gespr*; ein klein gewachsener Mensch, ein kleines Kind **2** *pej*; verwendet als Schimpfwort

Wịch·tel [-çt-] *der*; *-s, -* ≈ Wichtelmännchen

Wịch·tel·männ·chen [-çt-] *das*; verwendet in Märchen, um e-n Zwerg zu bezeichnen

wịch·tig *Adj*; **1** ***w.*** (***für j-n / etw.***) ***sein*** großen Einfluss u. Macht haben ⟨e-e Persönlichkeit⟩ **2** ***etw. ist w.*** (***für j-n / etw.***) etw. ist in e-r bestimmten Situation notwendig u. hat Konsequenzen ⟨ein Beschluss, e-e Handlung, e-e Funktion⟩: *Diese Entscheidung war w. für die Zukunft*; *Es ist w.*, dass *wir uns einigen* || -K: ***lebens-*** || ID (***das ist***) ***nur halb so w.*** *gespr*; das ist von relativ geringer Bedeutung; ***etw. w. nehmen*** etw. für entscheidend halten; ***sich*** (***mit etw.***) ***wichtig machen / tun*** (mit etw.) prahlen, angeben; ***nichts Wichtigeres zu tun haben als ...*** etw. rasch tun (ohne dass andere das nötig finden): *Er hatte nichts Wichtigeres zu tun, als gleich die Presse zu informieren*

Wịch·tig·keit *die*; *-*; *nur Sg*; die Eigenschaft, wichtig zu sein ⟨etw. ist von großer W. für j-n / etw.; die W. einer Sache für etw.⟩

Wịch·tig·tu·er *der*; *-s, -*; *pej*; j-d, der so tut, als ob er sehr wichtig wäre || *hierzu* **wịch·tig·tu·e·risch** *Adj*; *zu* ***Wichtigtuerei*** ↑ ***-ei***

Wị·cke *die*; *-, -n*; e-e kletternde Pflanze mit mst weißen od. rosa Blüten, die der Erbse ähnlich ist

Wị·ckel *der*; *-s, -*; **1** ein feuchtes Tuch, das man *z.B.* um die Brust legt, um das Fieber zu senken ⟨j-m e-n W. machen, anlegen⟩ || -K: ***Brust-, Waden-*** **2** etw. Gewickeltes, Zusammengerolltes **3** ein Gegenstand, auf den etw. gewickelt wird || -K: ***Locken-*** || ID ***j-n am / beim W. haben*** j-n scharf kritisieren; ***etw. am / beim W. haben*** sich mit e-m Thema *o.Ä.* intensiv beschäftigen

Wị·ckel·kind *das*; ein Kind, das noch Windeln braucht

wị·ckeln; *wickelte, hat gewickelt*; [Vt] **1** ***etw.*** (***um etw.***) ***w.*** e-e Schnur, e-n Faden *o.Ä.* mit e-r drehenden Bewegung *mst* um etw. herumrollen ⟨Wolle, Bänder, e-e Schnur auf e-e Rolle w.⟩ **2** ***etw. w.*** e-n Verband *o.Ä.* um e-n verletzten Körperteil legen **3** ***ein Kind w.*** e-m Kleinkind e-e saubere Windel anlegen || K-: ***Wickel-, -kommode, -tisch*** **4** ***etw. in etw.*** (*Akk*) ***w.*** e-n Gegenstand mit Papier *o.Ä.* einhüllen **5** ***j-n / sich in etw.*** (*Akk*) ***w.*** j-n / sich mit e-r Decke *o.Ä.* umhüllen **6** ***j-n / sich / etw. aus etw. w.*** das Papier, die Decke *o.Ä.*, in die j-d / man / etw. gewickelt (4,5) ist, entfernen: *ein Bonbon aus dem Papier w.*; [Vr] **7** ***etw. wickelt sich um j-n / etw.*** etw. legt sich um j-n / etw.: *Die Leine wickelte sich um die Beine des Hundes*

Wịck·ler *der*; **1** *Kurzw* ↑ ***Lockenwickler*** **2** e-e Schmetterlingsart || -K: ***Apfel-***

Wịd·der *der*; *-s, -*; **1** ein männliches Schaf ≈ Schafbock **2** *nur Sg*; das Sternzeichen für die Zeit vom 21. März bis 20. April || ↑ *Abb. unter* ***Sternzeichen*** **3** j-d, der in der Zeit vom 21. März bis 20. April geboren ist: *Sie ist (ein) Widder*

wi̱·der *Präp*; *mit Akk*, *mst geschr*; gegen, im Gegensatz zu ⟨w. Erwarten⟩: *w. die Vorschrift handeln*; *etw. ist w. die Abmachung*, *w. die Natur*; *etw. geschieht w. Willen*

wi̱·der·bors·tig *Adj*; **1** nur schwer glatt zu machen ⟨Haar, Fell⟩ **2** nicht folgsam ⟨ein Kind⟩

wi·der·fa̱h·ren; *widerfährt, widerfuhr, ist widerfahren*; [Vi] ***etw. widerfährt j-m*** *geschr*; etw. ereignet sich u. betrifft j-n ⟨ihm ist Unheil, Unrecht, etw. Seltsames widerfahren⟩

Wi̱·der·ha·ken *der*; e-e Spitze bei Pfeilen, Angelhaken *o.Ä.*, die so geformt ist, dass sie leicht eindringt, aber schwer herauszuziehen ist

Wi̱·der·hall *der*; *geschr*; **1** ≈ Echo ⟨der W. e-s Schusses, ferner Stimmen⟩ **2** ≈ Beachtung (2): *Der Aufruf fand großen W.*

wi̱·der·hal·len; *hallte wider, hat widergehallt*; [Vi] **1** ***etw. hallt wider*** etw. kommt wie ein Echo zurück ⟨e-e Stimme, ein Rufen⟩ **2** ***etw. hallt von etw. wider*** ein Raum *o.Ä.* ist *mst* von Geräuschen od. Klängen erfüllt

wi·der·le̱·gen; *widerlegte, hat widerlegt*; [Vt] ***j-n / etw. w.*** beweisen, dass etw. nicht richtig od. wahr ist, dass j-d nicht Recht hat ⟨e-e Behauptung, e-e Ansicht, e-e Theorie w.⟩ || *hierzu* **wi·der·le̱g·bar** *Adj*

wi̱·der·lich *Adj*; **1** sehr unsympathisch ⟨ein Mensch, ein Benehmen⟩ **2** Ekel erregend ⟨ein Anblick, ein Gestank⟩ || *hierzu* **Wi̱·der·lich·keit** *die*

Wi̱·der·ling *der*; *-s, -e*; *gespr pej*; j-d, der einem sehr unsympathisch ist

wi̱·der·na·tür·lich *Adj*; *pej*; dem natürlichen, üblichen Empfinden entgegengesetzt ⟨ein Verhalten⟩ || *hierzu* **Wi̱·der·na·tür·lich·keit** *die*

wi̱·der·recht·lich *Adj*; gegen Gesetze od. Verord-

W

nungen verstoßend: *Parken verboten! W. abgestellte Fahrzeuge werden entfernt*

Wi·der·re·de *die* ≈ Widerspruch (1) ⟨ohne W.; keine W. dulden⟩

Wi·der·ruf *der*; e-e Erklärung, dass das, was man behauptet, erlaubt od. versprochen hat, nicht mehr gültig ist || ID ***bis auf W. gestattet*** so lange erlaubt, bis das Gegenteil bekannt gemacht wird || *hierzu* **wi·der·ruf·lich** *Adj*

wi·der·ru·fen; *widerrief, hat widerrufen*; [Vt/i] ***(etw.) w.*** etw. für nicht mehr gültig erklären ⟨seine Aussage, Behauptung, ein Geständnis w.⟩

Wi·der·sa·cher *der*; *-s, -; geschr* ≈ Gegner, Feind ⟨ein persönlicher, politischer W.⟩

wi·der·set·zen, sich; *widersetzte sich, hat sich widersetzt*; [Vr] ***sich j-m / etw. w.*** j-s Anordnungen od. e-r Vorschrift nicht folgen (u. etw. anderes tun) || *hierzu* **wi·der·setz·lich** *Adj*

Wi·der·sinn *der*; *nur Sg, geschr* ≈ Unsinn, Absurdität

wi·der·sin·nig *Adj*; *nicht adv*; dem Sinn e-r Sache entgegengesetzt ≈ absurd ⟨e-e Behauptung, ein Plan⟩

wi·der·spens·tig *Adj*; **1** ⟨ein Jugendlicher, ein Kind; ein Pferd⟩ so, dass sie Anordnungen nur unwillig folgen, sich hartnäckig widersetzen **2** ≈ widerborstig (1) ⟨Haare⟩ || *hierzu* **Wi·der·spens·tig·keit** *die*

wi·der·spie·geln; *spiegelte wider, hat widergespiegelt*; [Vt] **1** ***etw. spiegelt etw. wider*** etw. reflektiert etw.: *Das Wasser spiegelte die Lichter wider* **2** ***etw. spiegelt etw. wider*** etw. bringt etw. deutlich u. anschaulich zum Ausdruck: *Seine Memoiren spiegeln die Verhältnisse der Epoche wider*; [Vr] **3** ***etw. spiegelt sich irgendwo wider*** etw. erscheint als Spiegelbild ⟨ein Gesicht *o.Ä.* spiegelt sich im Wasser, See, Glas wider⟩ **4** ***etw. spiegelt sich irgendwo wider*** etw. kommt irgendwo zum Ausdruck: *In dem Gemälde spiegelt sich die Stimmung des Künstlers wider*

wi·der·spre·chen; *widerspricht, widersprach, hat widersprochen*; [Vi] **1** ***(j-m / etw.) w.*** j-s Meinung für unrichtig erklären u. e-e andere vertreten ⟨e-r Äußerung, e-r Behauptung w.⟩: *Ich muss Ihnen leider w.* **2** ***etw. widerspricht etw.*** (*Dat*) etw. stimmt nicht mit etw. überein: *Seine Aussage widerspricht den Tatsachen* **3** ***sich*** (*Dat*) ***w.*** etw. sagen, das nicht mit e-r früheren Aussage od. seiner bisherigen Einstellung übereinstimmt: *Du widersprichst dir doch ständig!*

Wi·der·spruch *der*; **1** *nur Sg*; das Aussprechen e-r entgegengesetzten Meinung ≈ Widerrede ⟨keinen W. dulden; auf W. stoßen; zum W. reizen⟩ **2** ≈ Gegensatz ⟨etw. ist voller Widersprüche; etw. befindet sich im W. zu etw.⟩: *Seine Ansichten standen in krassem W. zur öffentlichen Meinung* **3** ***W. einlegen*** *Jur*; die Entscheidung e-s Gerichts od. e-r Behörde nicht akzeptieren u. e-n neuen Prozess, e-e Revision *o.Ä.* beantragen || *zu* **2 wi·der·spruchs·voll** *Adj*

wi·der·sprüch·lich *Adj*; **1** ⟨Angaben, Aussagen⟩ so, dass (sich) der Sprecher dabei selbst widerspricht (3) **2** ⟨Meinungen *o.Ä.*⟩ so, dass sie gegensätzliche Positionen enthalten || *zu* **1 Wi·der·sprüch·lich·keit** *die*

wi·der·spruchs·los *Adj*; *mst adv*; ohne Widerspruch (1): *Er nimmt alles w. hin*

Wi·der·stand *der*; **1** ***W. gegen j-n / etw.*** *nur Sg*; Handlungen, mit denen man sich gegen j-n / etw. wehrt ⟨bewaffneter, zäher, verzweifelter, schwacher, starker W.; (j-m) W. leisten; auf W. stoßen; den W. aufgeben⟩ **2** etw., das j-n hindert, etw. zu tun **3** *nur Sg* ≈ Widerstandsbewegung ⟨den W. organisieren⟩ || K-: ***Widerstands-, -kampf, -kämpfer*** **4** *nur Sg, Phys*; e-e Kraft, die e-r Bewegung entgegenwirkt: *an der Kurbel drehen, bis man e-n W. spürt* || -K: ***Luft-, Reibungs-, Strömungs-*** **5** *nur Sg, Phys*; die Eigenschaft e-s Materials, das Fließen des elektrischen Stroms zu hemmen || K-: ***Widerstands-, -messer*** **6** ein elektrisches Bauelement mit e-m bestimmten W. (5) **7** ***passiver W.*** W. (1) ohne die Anwendung von Gewalt **8** ***W. gegen die Staatsgewalt*** e-e Straftat, bei der sich j-d der Festnahme durch e-n Polizisten widersetzt

Wi·der·stands·be·we·gung *die*; e-e Gruppe von Menschen, die gegen e-e *mst* diktatorische Regierung od. e-e Besatzungsmacht Widerstand (1) leistet

wi·der·stands·fä·hig *Adj*; *nicht adv*; fähig, Belastungen zu ertragen, ohne Schaden zu nehmen ↔ anfällig ⟨gesundheitlich w.; w. gegen Krankheiten⟩ || *hierzu* **Wi·der·stands·fä·hig·keit** *die*

Wi·der·stands·kraft *die*; *nur Sg*; die Fähigkeit, sich gegen Krankheiten *o.Ä.* zu wehren

wi·der·stands·los *Adj*; *mst präd*; **1** so, dass man keinen Widerstand leistet ⟨sich w. ergeben, festnehmen lassen⟩ **2** *nur adv*; ohne auf Widerstand zu treffen: *Die Truppen haben das Dorf w. erobert*

wi·der·ste·hen; *widerstand, hat widerstanden*; [Vi] **1** ***j-m / etw. w.*** sich gegen j-n / etw. erfolgreich wehren **2** ***etw. widersteht etw.*** (*Dat*) etw. hält etw. aus: *Dieser Kunststoff widersteht stärksten Belastungen* **3** ***j-m / etw. w.*** seinen Prinzipien treu bleiben u. nicht nachgeben ⟨e-m Verlangen, e-r Verlockung w.⟩ **4** ***etw. widersteht j-m*** etw. erregt in j-m Ekel od. Widerwillen **5** ***nicht w. können*** zu etw. (Angenehmem) nicht nein sagen können: *Ich sollte weniger essen, aber bei Schokolade kann ich nicht w.*

wi·der·stre·ben; *widerstrebte, hat widerstrebt*; [Vi] ***etw. widerstrebt j-m*** etw. ist gegen j-s Prinzipien od. Anschauungen: *Dieser Luxus widerstrebt ihr*; Es *widerstrebt ihm, Schulden zu machen*

Wi·der·streit *der*; *nur Sg, geschr* ≈ Konflikt ⟨ein W. der Gefühle, Meinungen; W. zwischen Furcht u. Hoffnung⟩ || *hierzu* **wi·der·strei·tend** *Adj*

wi·der·wär·tig *Adj*; sehr unangenehm, Ekel erregend || *hierzu* **Wi·der·wär·tig·keit** *die*

Wi·der·wil·le *der*; *nur Sg*; e-e starke Abneigung ⟨e-n (ausgesprochenen) Widerwillen gegen etw. haben, empfinden⟩ || NB: *der Widerwille*; *den, dem Widerwillen, des Widerwillens*

wi·der·wil·lig *Adj*; **1** *nur attr, nicht adv*; ⟨e-e Antwort⟩ so, dass man dabei Widerwillen spüren lässt **2** *nur adv* ≈ ungern: *etw. (nur) w. tun*

wid·men; *widmete, hat gewidmet*; [Vt] **1** ***j-m etw. w.*** j-n mit e-m Kunstwerk, e-r wissenschaftlichen Arbeit *o.Ä.* ehren: *Beethoven widmete Napoleon seine 3. Symphonie* **2** ***j-m / etw. etw. w.*** in starkem Maße für j-n / etw. arbeiten ⟨sein Leben, seine Kraft der Forschung, der Politik w.⟩; [Vr] **3** ***sich j-m / etw. w.*** seine ganze Zeit u. Kraft für j-n / etw. verwenden ⟨sich ganz seinen Kindern w.⟩

Wid·mung *die*; *-, -en*; **1** ***die W.*** + *Gen* ***an j-n*** das Widmen (1) von etw. an j-n **2** ***e-e W.*** (***an j-n***) persönliche Worte, die man *mst* in ein Buch schreibt, das man j-m schenkt

wid·rig *Adj*; *nicht adv*; ungünstig ⟨Winde, Umstände, ein Schicksal⟩

-wid·rig *im Adj, ohne Steigerung, begrenzt produktiv*; drückt aus, dass etw. gegen ein Gesetz verstößt od. e-r Norm, e-r Regel *o.Ä.* nicht entspricht; ***befehlswidrig*** ⟨Verhalten⟩, ***formwidrig*** ⟨ein Protokoll⟩, ***gesetzwidrig / rechtswidrig*** ⟨e-e Handlung⟩, ***naturwidrig*** ⟨ein Leben⟩, ***normwidrig*** ⟨Sprachgebrauch⟩, ***ordnungswidrig*** ⟨Verhalten im Verkehr⟩, ***protokollwidrig*** ⟨Auftreten⟩, ***regelwidrig*** ⟨Spiel, e-e Konstruktion⟩, ***sinnwidrig*** ⟨e-e Übersetzung⟩, ***sittenwidrig*** ⟨Verhalten⟩, ***verfassungswidrig*** ⟨ein Beschluss⟩, ***verkehrswidrig*** ⟨Verhalten⟩, ***vertragswidrig*** ⟨e-e Handlung⟩

wi̲d·ri·gen·falls *Adv*; *Admin geschr*; im Falle, dass e-e Anordnung nicht befolgt wird ≈ andernfalls

Wi̲d·rig·keit *die*; -, *-en*; e-e Schwierigkeit, die j-n daran hindert, etw. zu tun: *mit Widrigkeiten fertig werden*

wie[1] *Adv*; **1** (*in direkten u. indirekten Fragen*) verwendet, um nach der Art u. Weise od. nach den Mitteln zu fragen: *Wie hat sie reagiert?*; *Wie hast du das gemacht?*; *Ich weiß nicht, wie das passieren konnte* **2** (*in direkten u. indirekten Fragen*) verwendet, um nach den Eigenschaften e-r Person od. den näheren Umständen von etw. zu fragen: *Wie war das Wetter?*; *Wie ist er so als Chef?*; *Willst du nicht wissen, wie es im Urlaub war?* **3** ***wie*** + *Adj* / *Adv* (*in direkten u. indirekten Fragen*) verwendet, um danach zu fragen, in welchem Grad / Maß e-e Eigenschaft auf j-n / etw. zutrifft od. um nach genaueren Details zu fragen: *Wie alt bist du?*; *Wie groß ist deine Wohnung?*; *Wie schnell sind Sie gefahren?* **4** ***..., wie?*** *gespr*; verwendet am Ende e-s Satzes, um e-e rhetorische Frage zu verstärken u. *mst* um die Verärgerung des Sprechers auszudrücken: *Du glaubst wohl, du kannst alles, wie?* **5** ***Wie bitte?*** *gespr*; verwendet, um j-n zu bitten, etw. noch einmal zu sagen **6** ***Wie bitte!*** *gespr*; verwendet, um Erstaunen od. Verärgerung auszudrücken: *„Ich habe e-e neue Freundin" - „Wie bitte!"* **7** ***Wie spät ist es?*** *gespr*; verwendet, um nach der Uhrzeit zu fragen **8** ***wie*** + *Adj* / *Adv gespr*; verwendet, um ein Adj. od. Adv. zu intensivieren ⟨wie dumm, wie schrecklich, wie schade⟩ **9** ***Und 'wie!*** *gespr*; verwendet, um e-e bejahende Antwort zu verstärken: *„Möchtet ihr ins Kino gehen?" - „Und wie!"* (= Ja, sehr gern)

wie[2] *Konjunktion*; **1** verwendet, um e-n Vergleich einzuleiten: *Er ist stark wie ein Bär*; *Sie ist so alt wie ich*; *Sie arbeitet nicht so gut wie du* **2** verwendet, um e-n Nebensatz einzuleiten, der e-n Vergleich ausdrückt: *Sie kann fast so schnell tippen, wie ich reden kann* **3** *mst* ... ***so ..., wie ...*** verwendet, um e-n Nebensatz anzuschließen: *Es kam alles so, wie ich es vorausgesagt hatte*; *Ich kann mich (so) anziehen, wie ich will*; *Alles verläuft wie geplant* **4** verwendet, um Beispiele od. Aufzählungen einzuleiten: *Manche Tiere, wie (z.B.) Bären od. Hamster, halten e-n Winterschlaf* **5** ≈ und auch: *Sie war als Politikerin wie als Künstlerin sehr erfolgreich* **6** zu dem Zeitpunkt, als: *Wie ich heimkomme, steht die Polizei vor meiner Tür* **7** ***wie wenn*** ≈ als ob || ID ***Wie du mir, so ich dir*** ich behandle dich so, wie du mich behandelst

wie vi̲el, **wi̲e viel** *Adv*; **1** (*in direkten u. indirekten Fragen*) verwendet, um nach e-r Menge od. Zahl zu fragen: *W. v. Leute kommen zu deiner Party?*; *W. v. ist 39 geteilt durch 13?*; *„W. v. wiegst du?" - „So etwa 75 Kilo"* || NB: bei Substantiven im Nom. u. Akk. Plural sind *wie viel* u. *wie viele* im heutigen Deutsch praktisch austauschbar: *Wie viel / Wie viele Versuche darf ich machen?* **2** ***w. v.*** + *Adj im Komparativ* (*in direkten u. indirekten Fragen*) verwendet, um nach dem Grad e-s Unterschieds zu fragen: *W. v. älter als dein Bruder bist du?* **3** ***w. v. auch*** (***immer***) verwendet, um auszudrücken, dass es gleichgültig ist, wie groß die Menge od. Zahl ist: *W. v. diese Schuhe auch (immer) kosten, ich kaufe sie mir auf jeden Fall* || NB: ↑ ***Uhr*** (3)

Wi̲e *das*; *mst in* ***auf das Wie kommt es an*** es ist wichtig, auf welche Art etw. gemacht wird

wi̲e·der[1] *Adv*; **1** verwendet, um auszudrücken, dass etw. nicht das erste Mal, sondern von neuem geschieht, eintritt *o.Ä.* ⟨immer w.; schon w.; nie w.; w. einmal⟩: *Wann gehen wir w. schwimmen?*; *Die neue Platte ist w. ein Erfolg* **2** verwendet, um auszudrücken, dass ein früherer Zustand hergestellt wird: *die Gefangenen w. freilassen*; *Es geht dir bald w. besser*; *Kann man den Fahrradschlauch w. flicken?* **3** ≈ andererseits: *Das Gerät arbeitet schneller, ist dafür aber w. teurer* **4** *gespr*; verwendet, um den Ton e-r Aussage zu verschärfen: *Wo kommst du w. her!*; *Was soll denn das w. heißen!*; *Das ist w. typisch!*

wie·der[2] *mit Verb, betont u. unbetont, sehr produktiv*; *wieder* ist unbetont, wenn es mit e-m trennbaren Verb verbunden ist; Die Verben mit *wieder* werden dann nach folgendem Muster gebildet: *wieder aufnehmen - nahm wieder auf - wieder aufgenommen*; *wieder* ist betont, wenn das Verb, mit dem es verbunden ist, selbst nicht trennbar ist; Die Verben mit *wi̲eder-* werden dann nach folgendem Muster gebildet: *wi̲eder finden - fand wi̲eder - wi̲eder gefunden*

1 *wieder* drückt aus, dass etw. von neuem od. (nach längerer Pause) noch einmal geschieht;

j-n wi̲eder wählen: *Sie wurde als Vorsitzende wieder gewählt* ≈ Sie war bereits Vorsitzende u. wurde jetzt noch einmal gewählt

etw. wieder herstellen: *Dieses Modell wird jetzt wieder hergestellt* ≈ Dieses Modell wurde früher schon einmal hergestellt, dann eine Zeit lang nicht mehr, und jetzt noch einmal

ebenso: ***etw. wieder aufführen, etw. wieder aufnehmen, etw. wi̲eder entdecken, j-n / etw. wi̲eder erkennen, etw. wi̲eder tun, sich / j-n wi̲eder verheiraten, etw. wi̲eder verwenden, etw. wi̲eder verwerten***

2 *wieder* drückt aus, dass (als Ergebnis e-s Prozesses) ein früherer Zustand von neuem hergestellt wird;

(*etw.*) *wi̲eder eröffnen*: *Unser Geschäft wird morgen wieder eröffnet* ≈ Unser Geschäft war wegen Umbaus *o.Ä.* einige Zeit geschlossen u. ist ab morgen wieder geöffnet

ebenso: ***etw. wieder aufbauen, etw. wieder aufnehmen, j-n wieder aufrichten, j-n wieder einsetzen, j-n wieder eingliedern, wi̲eder entstehen, etw. wi̲eder errichten, wi̲eder erstarken, wi̲eder erwachen, j-n / etw. wi̲eder erwecken, etw. wi̲eder vereinigen***

wie·der auf·be·rei·ten; *bereitete wieder auf, hat wieder aufbereitet*; [Vt] ***etw. w. a.*** etw. Gebrauchtes so bearbeiten, dass es wieder verwendet werden kann ⟨Atommüll w. a.⟩ || *hierzu* **Wie·der·auf·be·rei·tung** *die*

wi̲e·der be·le·ben; *belebte wieder, hat wieder belebt*; [Vt] **1** ***j-n w. b.*** j-n aus e-m bewusstlosen, fast leblosen Zustand (durch Herzmassage, künstliche Beatmung *o.Ä.*) zum Leben erwecken **2** ⟨alte Bräuche, Traditionen⟩ ***w. b.*** alte Bräuche od. Traditionen wieder aktiv pflegen || *hierzu* **Wi̲e·der·be·le·bung** *die*

wi̲e·der er·ken·nen; *erkannte wieder, hat wieder erkannt*; [Vt] ***j-n / etw. w. e.*** j-n / etw. (nach längerer Abwesenheit) noch erkennen: *Ich habe sie kaum wieder erkannt!*

wi̲e·der fin·den (*hat*) [Vt] **1** ***j-n / etw. w. f.*** j-n / etw., den / das man zuvor längere Zeit gesucht hat, finden; [Vr] **2** ***sich*** (***irgendwo***) ***w. f.*** überrascht feststellen, dass man irgendwo ist: *sich nach e-m Unfall in e-r Klinik w. f.*

W

wie·der ken·nen (*hat*) *gespr*; [Vt] ***j-n / etw. w. k.*** j-n / etw. wieder erkennen
wie·der ver·wert·bar *Adj*; *nicht adv*; ⟨e-e Verpackung⟩ so, dass man sie recyceln kann

wie·der- *im Verb, betont u. trennbar, sehr produktiv*; Die Verben mit *wieder-* werden nach folgendem Muster gebildet: *wiedergewinnen - gewann wieder - wiedergewonnen*
1 *wieder-* drückt aus, dass j-d etw. zurückerhält od. von neuem bekommt;
etw. wiederbekommen: *Ich hoffe, ich bekomme die Bücher, die ich ihm geliehen habe, wieder* ≈ Ich hoffe, er gibt mir meine Bücher zurück
j-n / etw. wiederherstellen: *Die Ärzte glauben, seine Gesundheit wiederherstellen zu können* ≈ Die Ärzte glauben, ihn wieder gesund machen zu können
ebenso: ***etw. wiedererhalten, etw. wiedererlangen, etw. wiedererobern, etw. wiedergewinnen, etw. wiederkriegen***
2 *wieder-* drückt aus, dass j-d etw. j-d anderem zurückgibt;
j-m etw. wiedergeben: *Kannst du mir etwas Geld leihen? Ich gebe es dir morgen wieder* ≈ Du bekommst es morgen zurück
ebenso: ***(j-m) etw. wiederbeschaffen, etw. wiederbringen, etw. wiedererstatten***

Wie·der- *im Subst, betont u. unbetont, begrenzt produktiv*; **1** bezeichnet e-e erneute Ausführung e-r Tätigkeit; die ***Wiederaufnahme*** ⟨von diplomatischen Beziehungen⟩, die ***Wiederaufführung*** ⟨e-s Stücks⟩, die ***Wiederaufrüstung*** ⟨nach dem Krieg⟩, die ***Wiedereinführung*** ⟨e-s früheren Gesetzes⟩, die ***Wiederverheiratung***; die ***Wiederwahl*** ⟨e-s Politikers⟩ **2** bezeichnet die erneute Herstellung e-s früheren Zustands; der ***Wiederaufbau***, die ***Wiedereingliederung*** ⟨in e-e Gemeinschaft⟩, die ***Wiedererstarkung***, die ***Wiederentstehung***, die ***Wiedererweckung*** ⟨alter Vorurteile⟩, die ***Wiederherstellung*** ⟨e-s Zustands⟩, die ***Wiedervereinigung*** **3** bezeichnet das erneute Erreichen von etw.; die ***Wiedererlangung***, der ***Wiedergewinn***

Wie·der·auf·be·rei·tungs|an·la·ge *die*; e-e Fabrik, in der *mst* ausgebrannte Brennstäbe von Atomkraftwerken erneuert werden

Wie·der·be·le·bungs|ver·such *der*; der Versuch, j-n wieder zu beleben (1): *ein sofort eingeleiteter W.*

Wie·der·ein·tritt *der*; das erneute Eintreten in etw., das man vorher verlassen hat, das erneute Hineingelangen in etw. ⟨der W. in e-e Partei⟩: *der W. der Raumfähre in die Erdatmosphäre*

wie·der·ge·ben (*hat*) [Vt] **1** ↑ ***wieder-*** (2) **2** ***etw. w.*** über etw. berichten, was man selbst erlebt, gelesen, gehört *o.Ä.* hat: *Er gab den Inhalt des Vortrags sinngemäß wieder* **3** ***etw.*** (***mit etw.***) ***w.*** etw. (mit etw.) ausdrücken od. übersetzen: *Wie gibt man diese Redewendung im Deutschen wieder?* **4** ***etw. w.*** etw. künstlerisch darstellen ⟨e-e Stimmung in e-m Gemälde w.⟩ **5** ***etw. gibt etw. wieder*** etw. macht Klänge, Farben *o.Ä.* hörbar / sichtbar: *Der Lautsprecher gibt die Bässe zu stark wieder* || *zu* **2, 3, 4** u. **5 Wie·der·ga·be** *die*; -, *-n*

W

Wie·der·ge·burt *die*; *nur Sg*; **1** (nach dem Glauben mancher Religionen) e-e neue Geburt nach dem Tode **2** das Wiederaufleben, die Erneuerung von etw. ⟨die W. der Antike; e-e geistige W.⟩

wie·der·ge·win·nen (*hat*) [Vt] **1** ⟨Rohstoffe *o.Ä.*⟩ ***w.*** durch ein besonderes technisches Verfahren neue Rohstoffe *o.Ä.* aus Abfällen, Altpapier *o.Ä.* gewinnen **2** ↑ ***wieder-*** (1) || *hierzu* **Wie·der·ge·win·nung** *die*

Wie·der·gut·ma·chung *die*; **1** e-e (*mst* finanzielle) Leistung, mit der man e-n Schaden *o.Ä.* ausgleicht **2** *hist*; finanzielle u. politische Leistungen der Bundesrepublik Deutschland wegen der Verbrechen des Nationalsozialismus (*bes* gegenüber Israel, Polen und der Sowjetunion) || *hierzu* **wie·der gut·ma·chen** (*hat*) *Vt*

wie·der·ha·ben (*hat*) [Vt] **1** ***etw. w.*** etw. wieder bei sich haben **2** ***etw. w. wollen, können*** *o.Ä.* etw. zurückbekommen wollen, können *o.Ä.*: *Das Buch will ich aber w.!* **3** ***j-n w.*** / ***sich*** (*Pl*) ***w.*** mit j-m wieder zusammen sein: *Bald habt ihr euch wieder*

wie·der·hol·bar *Adj*; *nicht adv*; ⟨e-e Erfahrung, ein Experiment⟩ so, dass sie wiederholt (1) werden können || *hierzu* **Wie·der·hol·bar·keit** *die*; *nur Sg*

wie·der·ho·len; *wiederholte, hat wiederholt*; [Vt] **1** ***etw. w.*** etw. noch einmal machen, ausführen, sagen *o.Ä.* ⟨e-e Durchsage, e-e Sendung, ein Experiment, e-n Appell, e-n Hilferuf w.⟩ **2** ***etw. w.*** etw., das man lernen muss, erneut durchlesen u. durchdenken ⟨unregelmäßige Verben w.⟩ **3** ***etw. w.*** noch einmal an etw. teilnehmen ⟨e-e Klasse, e-e Prüfung, e-n Kurs w.⟩; [Vr] **4** ***j-d wiederholt sich*** j-d erzählt mehrmals das Gleiche: *Der Redner wiederholte sich ständig* **5** ***etw. wiederholt sich*** etw. erscheint immer wieder ⟨ein Muster, e-e Figur⟩ **6** ***etw. wiederholt sich*** etw. ereignet sich noch einmal: *Die damaligen Zustände dürfen sich nicht w.* || *hierzu* **Wie·der·ho·lung** *die*

wie·der·holt 1 *Partizip Perfekt*; ↑ ***wiederholen*** **2** *Adj*; *nur attr, nicht adv* ≈ mehrfach, mehrmalig- ⟨e-e Aufforderung, e-e Warnung⟩ **3** *Adj*; *nur adv, geschr* ≈ mehrmals: *Er hat w. versucht, die Regierung zu stürzen*

Wie·der·ho·lungs·fall *der*; *mst* ***im W.*** / ***für den W.*** ⟨e-e Strafe androhen⟩ für den Fall, dass etw. Verbotenes noch einmal getan wird (e-e Strafe androhen)

Wie·der·ho·lungs·zei·chen *das*; *Mus*; ein Doppelstrich mit zwei Punkten links, der bedeutet, dass der vorhergehende Teil wiederholt wird

Wie·der·hö·ren *das*; *mst* ***auf W.!*** verwendet, um sich am Telefon von j-m (den man *mst* nicht (gut) kennt) zu verabschieden

wie·der·käu·en; *käute wieder, hat wiedergekäut*; [Vt] **1** ***etw. w.*** *pej*; etw., das andere bereits gesagt haben, ständig wiederholen; [Vi] **2** ***ein Schaf / ein Rind käut wieder*** ein Schaf, ein Rind *o.Ä.* bringt bereits gekautes Futter aus dem Magen wieder ins Maul u. kaut es nochmals || *zu* **2 Wie·der·käu·er** *der*; *-s*, *-*

Wie·der·kehr *die*; -; *nur Sg*; **1** *geschr*; das Zurückkommen: *Seit seiner W. ist er irgendwie anders* **2** das erneute Erscheinen e-s bestimmten Tages im Jahr: *Die zehnte W. seines Todestages*

wie·der·keh·ren; *kehrte wieder, ist wiedergekehrt*; [Vi] *geschr*; **1** zurückkommen ⟨von e-r Reise w.⟩ **2** ***etw. kehrt wieder*** etw. wiederholt (5,6) sich: *ein ständig wiederkehrendes Thema*; *e-e nie wiederkehrende Gelegenheit*

wie·der·kom·men (*ist*) [Vi] **1** zurückkommen ⟨von e-m Ausflug w.⟩ **2** noch einmal kommen: *Kommen Sie bitte morgen wieder!*

Wie·der·schau·en (*das*); *mst in* ***Auf W.!*** *südd* Ⓐ ≈ auf Wiedersehen!

wie·der·schen·ken (*hat*) [Vt] ***j-m / e-m Tier die Freiheit w.*** e-n Gefangenen, ein Tier *o.Ä.* freilassen

Wie·der·se·hen *das*; *-s*; *nur Sg*; **1** das Zusammentreffen mit j-m, den man längere Zeit nicht gesehen hat || K-: ***Wiedersehens-, -freude*** **2** ***auf W.!*** verwendet, um sich von j-m zu verabschieden

wie·der·se·hen (*hat*) [Vt] ***j-n / etw. w.*** j-n / etw. erneut sehen od. besuchen || ID *mst* ⟨das Buch *o.Ä.*⟩ ***habe ich nie wiedergesehen*** das Buch *o.Ä.*, das ich j-m ausgeliehen habe, habe ich nie zurückbekommen

wie·de·rum *Adv*; *geschr*; **1** noch einmal **2** meinerseits, deinerseits usw.: *Ich w. bin der Meinung, dass ...*

Wie·der·ver·ei·ni·gung *die*; *nur Sg*; der erneute Zusammenschluss e-s vorübergehend in *mst* zwei Teile getrennten Staates *o.Ä.*: *die W. Deutschlands*

Die Wiedervereinigung

Nach der Öffnung der Grenzen im November 1989 kam es in der DDR zu einer Reihe von Reformen. Gleichzeitig begann man, die Wiedervereinigung der beiden deutschen Staaten konkret anzustreben. Regierungsvertreter der DDR und Oppositionsgruppen schlossen sich zum so genannten **Runden Tisch** zusammen, der die Verhandlungen zwischen den beiden deutschen Regierungen vorbereiten sollte. Im März 1990 kam es zu freien Wahlen in der DDR.
Ab Juli 1990 trat die Wirtschafts-, Währungs- und Sozialunion mit der Bundesrepublik Deutschland in Kraft.
Nach den **Zwei-Plus-Vier-Gesprächen** der beiden deutschen Staaten mit den vier ehemaligen Siegermächten des Zweiten Weltkrieges wurde am 31. August 1990 der **Einigungsvertrag** unterschrieben, der am 3. Oktober des gleichen Jahres in Kraft trat. Die fünf ehemaligen Gebiete der DDR (**Brandenburg**, **Mecklenburg-Vorpommern**, **Sachsen**, **Sachsen-Anhalt** und **Thüringen**) wurden zu Ländern der Bundesrepublik Deutschland. Der 3. Oktober wurde zum Nationalfeiertag erklärt (**Tag der Deutschen Einheit**).

Wie·ge *die*; -, *-n*; **1** ein kleines Bett für e-n Säugling, das auf abgerundeten Brettern steht, so dass man es seitwärts hin u. her bewegen kann **2** *geschr*; der Ort, an dem etw. seinen Anfang nimmt: *Griechenland ist die W. der abendländischen Kultur* || ID ***j-m ist etw. in die W. gelegt worden*** j-d hat e-e Fähigkeit schon seit seiner Geburt

wie·gen[1]; *wog, hat gewogen*; [Vt] **1** ***j-n / sich / etw. w.*** (mit e-r Waage) das Gewicht von j-m / sich selbst / e-m Gegenstand feststellen: *e-n Säugling, ein Paket w.*; [Vi] **2** ***j-d / etw. wiegt*** + *Gewichtsangabe* j-d / etw. hat das genannte Gewicht: *Er wiegt 80kg*

wie·gen[2]; *wiegte, hat gewiegt*; [Vt] **1** ***j-n w.*** j-n sanft hin und her bewegen ⟨ein Kind (in den Armen, in der Wiege) w.⟩; [Vr] **2** ***sich w.*** sich relativ langsam u. rhythmisch hin u. her bewegen: *sich zu den Klängen der Musik w.*; *e-n wiegenden Gang haben*

Wie·gen·fest *das*; *geschr od hum* ≈ Geburtstag

Wie·gen·lied *das*; ein Lied, das man e-m kleinen Kind vorsingt, damit es einschläft

wie·hern ['viːɐn]; *wieherte, hat gewiehert*; [Vi] **1** ***ein Pferd wiehert*** ein Pferd gibt die Laute von sich, die für seine Art typisch sind **2** ⟨vor Lachen, vor Vergnügen⟩ ***w.*** *gespr*; laut u. intensiv lachen

Wie·ner[1] *der*; *-s*, -; j-d, der in der Stadt Wien wohnt od. dort geboren ist || *hierzu* **Wie·ne·rin** *die*; -, *-nen*

Wie·ner[2] *die*; -, -; *mst Pl*; e-e dünne Wurst aus Rind- u. Schweinefleisch, die zum Essen im Wasser heiß gemacht wird ⟨ein Paar Wiener⟩

wie·nern; *wienerte, hat gewienert*; [Vt] ***etw. w.*** *veraltend*; etw. (durch Reiben) sauber putzen ≈ polieren

wies *Imperfekt, 1. u. 3. Person Sg*; ↑ ***weisen***

Wie·se *die*; -, *-n*; e-e relativ große Fläche, auf der Gras u. andere niedrige Pflanzen wachsen

Wie·sel *das*; *-s*, -; ein kleines u. sehr schnelles Raubtier mit braunrotem (im Winter weißem) Fell: *Sie ist flink wie ein W.*

wie·sel·flink *Adj*; sehr schnell u. agil

wie·so *Adv* ≈ warum: *W. hast du derartige Gerüchte verbreitet?*; *Er sagte mir, w. er sie angelogen hatte*

wie·viel *nur in* ***zu w.?*** zu wie vielen Personen?: *Zu w. wart ihr in Paris?*

wie·viel·t- *Adj*; *nur attr, nicht adv*; (*in direkten Fragen*) verwendet, um nach e-r Ordinalzahl zu fragen: *Die wievielte Zigarette ist das heute schon?* || ID ***Den Wievielten haben wir heute?*** welches Datum ist heute?

wie·weit *Konjunktion* ≈ inwieweit

wie·wohl *Konjunktion* ≈ obwohl

Wig·wam *der*; *-s*, *-s*; das Zelt der nordamerikanischen Indianer

wild, *wilder, wildest-*; *Adj*; **1** *mst attr*; ⟨Hafer, Rosen, Wein⟩ so, dass sie in der freien Natur wachsen u. nicht von Menschen angepflanzt sind || K-: ***Wild-, -frucht, -pflanze***; ***wild wachsend*** **2** ***ein wildes Tier*** ein *mst* großes, gefährliches Tier, das in der freien Natur lebt (*z.B.* ein Löwe) **3** ⟨ein Sturm; Toben; Treiben⟩ sehr laut, intensiv u. heftig **4** ⟨e-e Flucht, e-e Jagd, e-e Verfolgung⟩ rasant u. unkontrolliert **5** ⟨ein Kind⟩ völlig undiszipliniert, kaum zu bändigen **6** ≈ wütend ⟨j-n w. machen; w. werden⟩ **7** *nur präd od adv*; (von Tieren) scheu u. ängstlich gemacht (*z.B.* durch ein lautes Geräusch) u. deshalb kaum zu bändigen **8** ⟨ein Wald, ein Gebirge⟩ noch im ursprünglichen Zustand ≈ unberührt || K-: ***Wild-, -bach*** **9** ⟨ein Volksstamm⟩ primitiv u. unzivilisiert **10** *mst attr*; ⟨ein Bart; Haare; e-e Mähne⟩ so, dass sie unkontrolliert wachsen u. ungepflegt aussehen **11** *nur attr, nicht adv*; ⟨e-e Müllkippe; Parken⟩ nicht erlaubt **12** ***ein wilder Streik*** ein Streik, der von der Gewerkschaft nicht angeordnet wurde || ID ***w. sein auf etw.*** (*Akk*) etw. unbedingt haben wollen; ***wie w.*** äußerst heftig: *Sie schrien wie w.*; ⟨etw. ist⟩ ***nicht so / halb so w.*** *gespr*; etw. ist nicht so schlimm || *zu* **3-6** u. **9** **Wild·heit** *die*

Wien

Wien ist die Hauptstadt Österreichs und gleichzeitig eines der österreichischen Bundesländer. Die Stadt liegt an der Donau. Sie zählt mehr als 1,5 Millionen Einwohner.
Die Geschichte Wiens beginnt bereits mit den Kelten und Römern. Im Mittelalter war Wien Residenzstadt des **Heiligen Römischen Reiches Deutscher Nation**. Als Hauptstadt des **Österreich-Ungarischen Reiches** war Wien von deutschen, ungarischen, slawischen und südländischen Einflüssen geprägt, die bis heute zu spüren sind.
Zweifellos lohnt es sich, die vielen historischen Gebäude und Kunstschätze zu bewundern oder eines der berühmten Kaffeehäuser zu besuchen. Eine weitere Attraktion sind die vielen Festspiele, wie zum Beispiel die **Wiener Festwochen**. Sie erinnern daran, dass Wien im 18. Jahrhundert als Zentrum der **Wiener Klassik** mit Komponisten wie **Mozart**, **Schubert**, **Beethoven** und **Haydn** die musikalische Hauptstadt Europas war.

wild le·bend *Adj; ohne Steigerung, nicht adv;* ⟨Tiere⟩ so, dass sie in der freien Natur leben

Wild *das; -(e)s; nur Sg;* **1** *Kollekt;* frei lebende Tiere, die gejagt werden ⟨das W. äst (= frisst Gras); das W. hegen⟩ || K-: ***Wild-, -dieb; wild-, -reich*** || -K: ***Groß-, Reh-*** **2** Fleisch von W. (1) || K-: ***Wild-, -braten***

Wild- *im Subst, nicht produktiv;* verwendet, um ein Tier zu bezeichnen, das in der freien Natur lebt; die ***Wildbiene***, die ***Wildente***, die ***Wildgans***, das ***Wildpferd***, das ***Wildschwein***

Wild·bahn *die; mst in* ***ein Tier lebt in freier W.*** ein Tier lebt in der freien Natur

Wild·bret *das; -s; nur Sg* ≈ Wild (2)

Wil·de *der / die; -n, -n; veraltend, oft pej;* ein Angehöriger e-s Volksstammes, der von anderen Kulturen als nicht zivilisiert angesehen wird || NB: *ein Wilder; der Wilde; den, dem, des Wilden* || ID ***wie ein Wilder*** völlig rücksichtslos: *wie ein Wilder fahren, sich wie ein Wilder benehmen*

wil·dern; *wilderte, hat gewildert;* [Vi] **1** ohne Erlaubnis jagen **2** *mst* ***ein Hund wildert*** ein Hund streunt herum, greift andere Tiere an u. tötet sie: *wildernde Hunde* || *zu* **1** **Wil·de·rer** *der; -s, -;* **Wil·de·rei** *die; -; nur Sg*

wild·fremd *Adj; ohne Steigerung, nicht adv, gespr;* j-m völlig unbekannt ⟨ein Mensch, e-e Stadt⟩

Wild·hü·ter *der; -s, -;* j-d, der für das Wild (1) in e-m bestimmten Revier sorgt

Wild·le·der *das;* ein Leder mit samtartiger Oberfläche || K-: ***Wildleder-, -schuhe*** || *hierzu* **wild·le·dern** *Adj*

Wild·nis *die; -, -se;* **1** ein Gebiet, das unbesiedelt ist u. vom Menschen nicht verändert worden ist **2** *mst Sg, pej;* ein Gartenstück *o.Ä.*, das niemand pflegt u. das daher als verkommen angesehen wird

Wild·park *der;* e-e durch e-n Zaun abgeschlossene Fläche, auf der Wild (1) gehalten wird

Wild·was·ser *das;* ein Fluss od. Bach im Gebirge, der *mst* e-e starke Strömung hat

Wild·wech·sel *der;* der Pfad, auf dem das Wild (1) innerhalb e-s bestimmten Gebiets immer wieder geht

Wild·west- *im Substantiv, begrenzt produktiv;* verwendet, um auszudrücken, dass sich etw. im westlichen Teil der USA zur Zeit der Besiedlung durch die Europäer abspielt; der ***Wildwestfilm***, der ***Wildwestroman***

Wild·wuchs *der; -es; nur Sg;* e-e Entwicklung, die in der Menge nicht gewünscht u. kaum beherrscht wird: *der W. der Verordnungen*

will *Präsens, 1. u. 3. Person Sg;* ↑ ***wollen***

Wil·le *der; -ns; nur Sg;* **1** die Fähigkeit des Menschen, sich für od. gegen etw. zu entscheiden ⟨e-n schwachen, starken, eisernen (= sehr starken) Willen haben⟩ || K-: ***Willens-, -freiheit, -schwäche, -stärke; willens-, -schwach, -stark*** **2** e-e feste Absicht ⟨den Willen haben, etw. zu tun⟩ || K-: ***Willens-, -äußerung, -erklärung*** || -K: ***Arbeits-, Einsatz-*** **3** das, was j-d (unbedingt) haben, tun *o.Ä.* will ⟨seinen Willen durchsetzen; j-m seinen Willen aufzwingen⟩ **4** ***der gute W.*** die Bereitschaft, j-m entgegenzukommen, zu helfen *o.Ä.* **5** ***der letzte W.*** das Testament || ID ***j-m seinen Willen lassen*** *gespr;* j-n tun lassen, was er will; *mst* ***Es war kein böser W.*** es geschah nicht mit Absicht; ***es am guten Willen fehlen lassen*** sich nicht ernsthaft für etw. engagieren; ***j-m zu Willen sein*** tun, was ein anderer will || NB: *der Wille; den, dem Willen, des Willens* || ► ***wollen, willig***

wil·len *Präp; mit Gen; nur in* **(um) *j-s / etw.*** *(Gen)* ***w.*** *geschr;* j-m, e-r Sache zuliebe: *Tu es um unserer Freundschaft w.*

wil·len·los *Adj;* ⟨ein Mensch⟩ so, dass er alles über sich ergehen lässt, ohne eigenen Willen (1)

wil·lens *Adj;* ***w. sein*** + ***zu*** + *Infinitiv* ≈ die Absicht haben od. bereit sein, etw. zu tun: *Unter bestimmten Bedingungen bin ich willens zu helfen*

wil·lent·lich *Adv; geschr* ≈ absichtlich

wil·lig *Adj; auch pej;* bereit, das zu tun, was andere erwarten ≈ folgsam ⟨ein Kind, ein Schüler; j-m w. folgen⟩

-wil·lig *im Adj, begrenzt produktiv, geschr;* **1** mit dem Wunsch od. der Bereitschaft, etw. zu tun; ***arbeitswillig, heiratswillig, opferwillig, zahlungswillig*** **2** mit e-r Einstellung, die vom Adj. im ersten Wortteil charakterisiert ist; ***bereitwillig, böswillig, gutwillig***

will·kom·men *Adj; nicht adv;* **1** erwünscht, angenehm ⟨e-e Abwechslung, e-e Gelegenheit, e-e Pause⟩: *Spenden sind jederzeit w.* **2 (*j-m*) *w.*** (bei j-m) gern gesehen, beliebt ⟨ein Gast⟩: *Du bist uns immer herzlich w.* **3** *mst* ***Herzlich w.!*** verwendet zur Begrüßung nach längerer Trennung od. bei offiziellem Anlass **4** ***j-n w. heißen*** *geschr;* j-n (offiziell) begrüßen

Will·kom·men *das; -s; nur Sg, geschr;* die freundschaftliche Begrüßung, wenn j-d zu einem kommt ⟨j-m ein herzliches W. bieten⟩ || K-: ***Willkommens-, -gruß, -trunk***

Will·kür *die; -; nur Sg;* das Handeln nur nach eigenem Belieben, bei dem man keine Rücksicht auf andere Menschen od. auf irgendwelche Regeln od. Gesetze nimmt ⟨j-s W. ausgesetzt sein; ein Akt der W.⟩ || K-: ***Willkür-, -akt, -herrschaft, -maßnahme***

will·kür·lich *Adj;* **1** e-r persönlichen Meinung folgend, die sich nicht an irgendwelche Regeln hält od. auf objektiven Kriterien beruht ⟨e-e Bewertung, e-e Benotung⟩ **2** dem Zufall folgend, zufällig ⟨e-e Verteilung, e-e Auswahl⟩ **3** *Biol;* vom Willen gesteuert ↔ unwillkürlich || *zu* **1** u. **2** **Will·kür·lich·keit** *die*

willst *Präsens, 2. Person Sg;* ↑ ***wollen***

wim·meln; *wimmelte, hat gewimmelt;* [Vi] **1** ⟨Menschen, Insekten *o.Ä.*⟩ ***wimmeln*** Menschen, Insekten *o.Ä.* bewegen sich rasch u. ungeordnet in großer Zahl: *Vom Turm aus sieht man die Menschen wie Ameisen w.* **2** ***etw. wimmelt von*** ⟨Personen / Tieren / Dingen⟩ etw. enthält e-e große Anzahl von Personen / Tieren / Dingen: *Der See wimmelt von Fischen;* [Vimp] **3** ***es wimmelt von*** ⟨Personen / Tieren / Dingen⟩ es ist e-e große Anzahl von Personen / Tieren / Dingen (irgendwo): *In dem Text wimmelt es von Fremdwörtern*

wim·mern; *wimmerte, hat gewimmert;* [Vi] leise, klagende Töne von sich geben, leise jammern

Wim·pel *der; -s, -;* e-e kleine, *mst* dreieckige Fahne

Wim·per *die; -, -n;* eines der kurzen, leicht gebogenen Haare am vorderen Rand des Augenlids || ↑ *Abb. unter* **Auge** || ID ***ohne mit der W. zu zucken*** ohne Gefühle zu zeigen, kaltblütig

Wim·pern·tu·sche *die;* e-e farbige Substanz, die mit e-r kleinen Bürste auf die Wimpern aufgetragen wird, um diese kräftiger erscheinen zu lassen

Wind *der; -(e)s, -e;* **1** die spürbare Bewegung od. Strömung der Luft im Freien ⟨ein schwacher, starker, stürmischer W.; der W. weht, bläst, legt sich; der W. kommt von Osten⟩ || K-: ***Wind-, -richtung; wind-, -geschützt*** **2** *oft Pl, euph* ≈ Blähungen || ID ***bei W. u. Wetter*** bei jedem, auch bei schlechtem Wetter; ***j-d bekommt W. von etw.*** j-d erfährt etw., das er eigentlich nicht wissen sollte; *mst* ***Ich weiß schon, woher der W. weht*** ich weiß über etw. Bescheid; ***Daher weht / bläst der W.!*** so ist das also! ***(viel) W. machen um etw.*** etw. übertreiben; ***viel W. um nichts machen*** wegen e-r Kleinigkeit viel Aufhebens machen; ***frischen W. in etw.*** (*Akk*) ***bringen*** etw. erneuern od. beleben; *mst* ***Hier weht jetzt ein neuer / anderer W.*** hier herrscht nun ein neuer (*mst* strengerer) Stil; ⟨*mst* e-n guten Rat, e-e Warnung⟩ ***in den W. schlagen*** e-n Rat, e-e Warnung *o.Ä.* nicht beachten; ***j-m den Wind aus den Segeln nehmen*** j-m durch e-e unerwartete Aussage *o.Ä.* die Grundlage für seine Argumente *o.Ä.* nehmen; *mst* ⟨Personen⟩ ***sind in alle Winde zerstreut*** Personen, die früher zusammengehörten, leben jetzt weit voneinander entfernt

Wịnd·beu·tel *der*; ein feines, leichtes Gebäck, das mit Schlagsahne gefüllt ist

Wịn·de *die*; -, -*n*; **1** ein Gerät, mit dem man durch Drehen e-r Kurbel Lasten hebt od. zieht || -K: ***Seil-*** **2** e-e Kletterpflanze

Wịn·del *die*; -, -*n*; *mst Pl*; e-e Art dickes, weiches Tuch aus Stoff od. Papier, das den Kot u. Urin e-s Babys aufnimmt ⟨(e-m Baby) die Windel(n) wechseln⟩ || K-: ***Windel-, -höschen*** || -K: ***Papier-, Mull-***

wịn·den; *wand, hat gewunden*; [Vr] **1** ***e-e Pflanze windet sich (um etw.)*** e-e Pflanze wächst um e-e Stange *o.Ä.* herum **2** ⟨e-e Schlange, ein Wurm *o.Ä.*⟩ ***windet sich (irgendwohin)*** e-e Schlange, ein Wurm *o.Ä.* bewegt sich kriechend **3** ***etw. windet sich (irgendwohin)*** etw. führt in vielen kleinen Kurven irgendwohin ⟨ein Weg, ein Pfad, ein Bach⟩ **4** ***sich w.*** ausweichende Antworten geben **5** ***sich (vor etw.*** (*Dat*)) ***w.*** den Körper in e-r unnatürlichen, verkrampften Haltung haben ⟨sich vor Schmerzen, Krämpfen w.⟩; [Vt] **6** ***etw. irgendwohin w.*** etw. mithilfe e-r Winde (1) irgendwohin transportieren od. ziehen **7** ***etw. (zu etw.) w.*** etw. durch Drehen od. Flechten (zu etw.) formen ⟨Blumen zu e-m Kranz w.⟩ **8** (***sich*** (*Dat*)) ***etw. um / in etw.*** (*Akk*) ***w.*** etw. durch Drehen od. Binden befestigen ⟨sich ein Tuch um den Kopf w., ein Band ins Haar w.⟩ **9** ***j-m etw. aus der Hand w.*** j-m etw. durch starkes Drehen aus der Hand nehmen: *Sie wand ihm das Messer aus der Hand*

Wịn·des·ei·le *die*; *mst* ***in W.*** sehr schnell

Wịnd·fang *der*; ein kleiner Raum zwischen Haus- u. Wohnungstür (zum Schutz vor Kälte)

Wịnd·ho·se *die*; ein Wirbelwind, der Sand u. Staub kreisförmig nach oben weht

Wịnd·hund *der*; **1** ein relativ großer, sehr dünner Hund, der schnell laufen kann **2** *gespr pej*; ein leichtsinniger, unzuverlässiger Mann

wịn·dig *Adj*; *nicht adv*; **1** mit relativ starkem Wind ↔ windstill **2** *mst attr*, *gespr pej*; sehr zweifelhaft ⟨ein Plan, ein Alibi⟩ **3** *mst attr*, *gespr pej*; ⟨e-e Bude, ein Haus⟩ so, dass sie keinen soliden Eindruck machen

Wịnd·ja·cke *die*; e-e leichte Jacke (aus imprägniertem Material) zum Schutz gegen Regen

Wịnd·jam·mer *der*; -*s*, -; ein großes Segelschiff

Wịnd·ka·nal *der*; e-e Vorrichtung, in der ein künstlicher Luftstrom erzeugt wird, um die aerodynamischen Qualitäten *bes* von Fahrzeugen zu messen

Wịnd·kraft·an·la·ge *die*; e-e technische Anlage (ein Windrad), die mithilfe von Wind Energie produziert

Wịnd·licht *das*; e-e Kerze, deren Flamme durch Glas vor Wind geschützt wird

Wịnd·müh·le *die*; e-e Mühle (mit großen Flügeln[1] (4)), die vom Wind angetrieben wird || ID ***gegen***

Windmühle

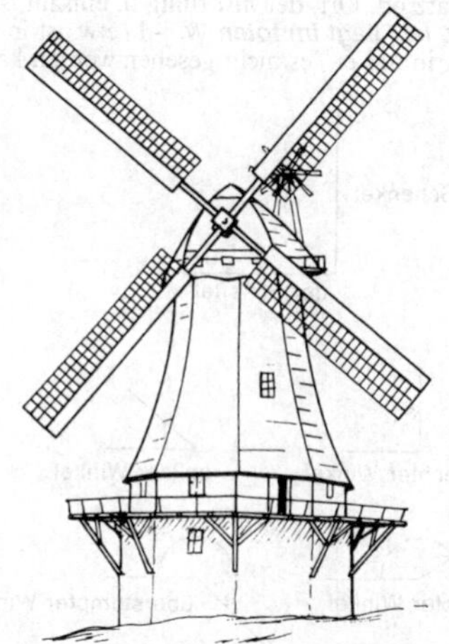

Windmühlen kämpfen ohne Aussicht auf Erfolg gegen etw. kämpfen

Wịnd·po·cken *die*; *Pl*; e-e *mst* ungefährliche Infektionskrankheit, die *bes* bei Kindern vorkommt u. die auf der Haut Flecken u. Bläschen erzeugt

Wịnd·rad *das*; **1** e-e Maschine, deren Flügel[1] (4) durch den Wind gedreht werden und die so Energie erzeugt ≈ Windmotor **2** ein Spielzeug für Kinder ähnlich e-m W. (1)

Wịnd·ro·se *die*; e-e Art runde Scheibe mit Angabe der Himmelsrichtungen

Wịnd·schat·ten *der*; *mst* ***im W. von j-m / etw.*** während des Fahrens hinter j-m / etw. (sodass man selbst weniger Luftwiderstand hat)

wịnd·schief *Adj*; *nicht adv*; (oft durch Einwirkung des Windes) schief, ungerade geworden ⟨ein Haus, ein Baum⟩

Wịnd·schutz|schei·be *die*; die vordere Glasscheibe des Autos ≈ Frontscheibe || ↑ *Abb. unter* ***Auto***

Wịnd·stär·ke *die*; die Geschwindigkeit des Windes (*mst* auf e-r Skala gemessen): *Der Sturm blies mit W. 9; ein Orkan von W. 12*

wịnd·still *Adj*; *nicht adv*; ohne jede Bewegung der Luft || *hierzu* **Wịnd·stil·le** *die*

Wịnd·stoß *der*; ein kurzer, kräftiger Wind

Wịn·dung *die*; -, -*en*; **1** *mst Pl*; e-e Bewegung durch Drehen u. Gleiten auf dem Boden **2** *mst Pl*; der Verlauf von etw., das viele enge Kurven od. Biegungen hat ⟨die Windungen e-s Flusses, e-r Straße; die Windungen des Darms, im Gehirn⟩ || -K: ***Darm-, Gehirn-***

Wink [vɪŋk] *der*; -(*e*)*s*, -*e*; **1** ein Signal, das j-m durch e-e kurze Bewegung des Kopfes, der Augen od. der Hand gegeben wird **2** ≈ Hinweis, Tipp ⟨e-n W. erhalten, bekommen, verstehen⟩ || ID ***ein W. des Himmels / Schicksals*** ein Ereignis im Leben, das man als wegweisend versteht; ***ein W. mit dem Zaunpfahl*** ein sehr deutlicher Hinweis

Wịn·kel ['vɪŋkl] *der*; -*s*, -; **1** das Verhältnis, das zwei Linien od. Flächen bilden, wenn sie aufeinander treffen od. einander schneiden ⟨ein W. von 45°⟩: *Die Winkel im Dreieck ergeben zusammen 180°* || K-: ***Winkel-, -messung*** **2** ***ein spitzer W.*** ein W. (1) von weniger als 90° **3** ***ein rechter W.*** ein W. (1) von 90° **4** ***ein stumpfer W.*** ein W. (1) von mehr als 90° **5** ein dreieckiges Instrument für geometrische Zeichnungen **6** der Raum, der dort entsteht, wo Wände od. Kanten zusammenkommen ≈ Ecke **7** ein Platz od. Ort, der *mst* ruhig u. einsam ist **8** ***j-d / etw. ist / liegt im toten W.*** j-d / etw. ist in e-r Position, in der er / es nicht gesehen werden kann

Winkel

der Schenkel

der Scheitel

rechter Winkel

spitzer Winkel

stumpfer Winkel

überstumpfer Winkel

Wịn·kel·ad·vo·kat *der*; *pej*; ein schlechter Rechtsanwalt

wịn·ke·lig ↑ ***winklig***

Wịn·kel·mes·ser *der*; e-e Scheibe mit e-r kreisförmigen Skala, mit der Winkel (1) gemessen werden

Winkelmesser

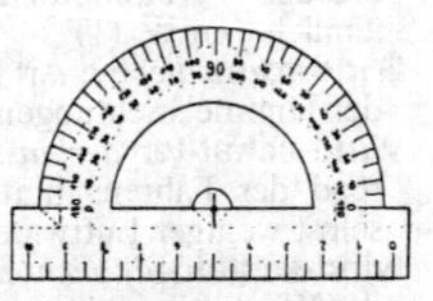

Wịn·kel·zug *der*; *mst pej*; ein schlaues Vorgehen, mit dem man *mst* indirekt sein Ziel erreicht

wịn·ken ['vɪŋkn̩]; *winkte, hat gewinkt / gespr auch gewunken*; Vi **1** (***j-m***) (***mit etw.***) ***w.*** mit der erhobenen Hand od. mit e-m Tuch *o.Ä.* e-e Bewegung machen, die *mst* e-n Gruß ausdrückt ⟨j-m mit dem Taschentuch w.; j-m zum Abschied w.⟩ **2** ***j-m / etw. w.*** j-n durch e-e Bewegung der Hand auffordern zu kommen ⟨dem Kellner, e-m Taxi w.⟩ **3** ***etw. winkt j-m*** etw. steht als mögliche Belohnung für j-n in Aussicht: *Dem Sieger winkt ein hoher Gewinn*; Vt **4** ***j-n / etw. irgendwohin w.*** j-m w. (2), um ihn aufzufordern, irgendwohin zu fahren *o.Ä.*: *Die Polizei winkte den Wagen an den Straßenrand*

wịnk·lig *Adj*; mit vielen Winkeln (6) u. Ecken ⟨e-e Stadt, e-e Gasse, e-e Wohnung⟩

wịn·seln; *winselte, hat gewinselt*; Vi **1** ***ein Hund winselt*** ein Hund erzeugt hohe, jammernde Töne **2** (***um etw.***) ***w.*** *pej*; jammernd um etw. bitten ⟨um Gnade w.⟩

Wịn·ter *der*; *-s, -*; die Jahreszeit, in der es am kältesten ist u. am frühesten dunkel wird. Auf der nördlichen Hemisphäre dauert der W. von Ende Dezember bis Ende März ↔ Sommer: *Wir fahren jeden W. zum Skilaufen* || K-: ***Winter-, -abend, -zeit***

Wịn·ter·an·fang *der*; der Beginn des Winters (zwischen dem 20. u. 23. Dezember)

wịn·ter·fest *Adj*; **1** vor Kälte schützend ⟨Kleidung⟩ **2** *nicht adv*; fähig, die Kälte im Winter zu ertragen ≈ winterhart ⟨Pflanzen⟩

Wịn·ter·gar·ten *der*; ein heizbarer Raum, der direkt an das Haus gebaut ist u. der viele Fenster hat, so dass man dort Zimmerpflanzen halten kann

Wịn·ter·ge·trei·de *das*; Getreide, das im Herbst gesät wird

wịn·ter·hart *Adj*; *nicht adv* ≈ winterfest (2)

wịn·ter·lich *Adj*; **1** typisch für den Winter ⟨Temperaturen, e-e Landschaft⟩ **2** den Bedingungen im Winter angepasst ⟨Kleidung⟩

Wịn·ter·man·tel *der*; ein warmer Mantel für den Winter

Wịn·ter·mo·de *die*; die Mode für die Kleidung im Winter

Wịn·ter·olym·pi·a·de *die*; *nur Sg*; die Olympischen Spiele, die für den Wintersport stattfinden

Wịn·ter·rei·fen *der*; ein Autoreifen, der für das Fahren auf Schnee od. Eis besonders geeignet ist

Wịn·ter·schlaf *der*; ein schlafähnlicher Zustand mancher Tiere während des Winters: *Der Hamster hält e-n W.*

Wịn·ter|schlụss·ver·kauf *der*; der Verkauf der Winterartikel zu reduzierten Preisen (*mst* Ende Januar) ↔ Sommerschlussverkauf

Wịn·ter·se·mes·ter *das*; das Halbjahr von Oktober bis März *bes* an Universitäten ↔ Sommersemester

Wịn·ter·spie·le *die*; *Pl*; ↑ ***Winterolympiade***

Wịn·ter·sport *der*; der Sport, den man auf Schnee od. Eis treibt ⟨W. treiben⟩

Wịn·zer *der*; *-s, -*; j-d, der Weinreben anbaut u. dann Wein herstellt ≈ Weinbauer || *hierzu* **Wịn·ze·rin** *die*; *-, -nen*

wịn·zig *Adj*; **1** sehr klein ⟨Bakterien⟩ **2** sehr gering, ohne Bedeutung ≈ schwach ⟨ein Unterschied⟩ || *hierzu* **Wịn·zig·keit** *die*; *nur Sg*

Wịp·fel *der*; *-s, -*; das obere Ende eines Baumes ≈ Spitze || -K: ***Baum-***

Wịp·pe *die*; *-, -n*; e-e Art Schaukel, bei der ein Brett in der Mitte so befestigt ist, dass das eine Ende nach oben geht, wenn das andere nach unten geht

wịp·pen; *wippte, hat gewippt*; Vi **1** auf e-r Wippe *o.Ä.* auf u. ab schaukeln **2** ***mit etw. w.*** e-n Körperteil leicht u. regelmäßig auf u. ab bewegen ⟨mit den Beinen w.; ein wippender Gang⟩ **3** ***etw. wippt*** etw. schwingt leicht hin u. her od. auf u. ab ⟨der Rock wippt beim Gehen⟩

wir *Personalpronomen der 1. Person Pl*; **1** verwendet, wenn man von zwei od. mehr Personen spricht, zu denen man selbst gehört: *Wir gehen heute Abend ins Kino*; *was habt ihr vor?* **2** verwendet von e-m Redner od. Autor, um nicht in der 1. Person Sg. zu sprechen: *Im nächsten Abschnitt gehen wir auf dieses Problem noch näher ein* **3** oft verwendet, wenn Erwachsene ein Kind (od. Ärzte e-n Patienten) anreden: *Wie haben wir denn heute Nacht geschlafen?* || NB: ↑ *Tabelle unter* ***Personalpronomen***

Wịr·bel *der*; *-s, -*; **1** e-e schnelle, kreisende Bewegung *bes* der Luft od. des Wassers || K-: ***Wirbel-, -sturm*** || -K: ***Wasser-, Luft-*** **2** ein aufgeregtes Durcheinander, Hektik **3** die Stelle auf der Kopfhaut, von der aus die Haare in verschiedene Richtungen wachsen || -K: ***Haar-*** **4** ein einzelner Knochen der Wirbelsäule od. e-r ähnlichen Verbindung von Knochen || K-: ***Wirbel-, -knochen*** || -K: ***Brust-*** **5** der Teil e-s Saiteninstruments in der Form e-r Schraube, um die das Ende der Saite gewickelt ist || ID ***viel W. um j-n / etw. machen*** großes Aufsehen wegen j-m / etw. machen; ***viel W. um nichts*** viel Aufhebens um etw. Unwichtiges

wịr·bel·los *Adj*; *nicht adv*; ohne Wirbelsäule: *Insekten sind wirbellose Tiere*

wịr·beln; *wirbelte, ist / hat gewirbelt*; Vt (*hat*) **1** ***j-n / etw. irgendwohin w.*** j-n / etw. schnell u. in Kurven od. Kreisen bewegen: *Der Wind wirbelte die Blätter durch die Luft*; Vi (*ist*) **2** (***irgendwohin***) ***w.*** sich schnell u. *mst* drehend bewegen: *Konfetti*

W

wirbelten durch die Luft; Sie wirbelte über die Tanzfläche

Wir·bel·säu·le *die; mst Sg;* e-e Reihe von Knochen, die beweglich miteinander verbunden sind u. den Rücken bilden ≈ Rückgrat || ↑ *Abb. unter* **Skelett**

Wir·bel·tier *das;* ein Tier, das e-e Wirbelsäule hat

Wir·bel·wind *der;* ein starker, kreisförmiger, drehender Wind

wirbt *Präsens, 3. Person Sg;* ↑ **werben**

wird *Präsens, 3. Person Sg;* ↑ **werden**

wirft *Präsens, 3. Person Sg;* ↑ **werfen**

wir·ken[1]; *wirkte, hat gewirkt;* [Vi] **1 etw. wirkt irgendwie (auf j-n / etw.)** etw. hat e-n bestimmten Einfluss auf j-n / etw. ⟨anregend, beruhigend, berauschend, heilend w.⟩: *Kaffee wirkt auf die meisten Menschen anregend* **2 etw. wirkt (gegen etw.)** etw. hat e-e bestimmte Eigenschaft u. heilt daher ⟨ein Medikament⟩: *Diese Tabletten wirken gegen Kopfschmerzen* **3 j-d / etw. wirkt irgendwie (auf j-n)** j-d / etw. macht e-n bestimmten Eindruck (auf j-n) ⟨fröhlich, müde, traurig w.⟩ **4 j-d wirkt (als etw.)** *geschr;* j-d ist in e-m bestimmten, *mst* schwierigen Beruf tätig: *Albert Schweitzer wirkte als Arzt u. Missionar;* [Vi] **5** *mst* **j-d / etw. wirkt (wahre) Wunder** j-d leistet etw. Ungewöhnliches (u. *mst* Unerwartetes) / etw. hat e-e sehr positive, erfreuliche Wirkung

wir·ken[2]; *wirkte, hat gewirkt;* [Vt] **etw. w.** Garn, Wolle *o.Ä.* zu e-m festen Stoff od. Gewebe miteinander verbinden ⟨e-e Tischdecke, e-n Teppich w.⟩

wirk·lich *Adj;* **1** der Realität entsprechend, tatsächlich vorhanden: *Es ist w. so geschehen, es war kein Traum* **2** *mst attr;* mit den (*mst* guten) Eigenschaften, die man sich vorstellt ≈ echt[1] (2) ⟨ein Freund, ein Künstler, ein Erfolg, e-e Hilfe⟩ **3** *nur adv;* verwendet, um e-e Aussage zu verstärken: *Das weiß ich w. nicht; Das tut mir w. Leid*

Wirk·lich·keit *die; -, -en; mst Sg;* **1** das, was tatsächlich existiert ≈ Realität || K-: **wirklichkeits-, -nah 2 in W.** so, wie die Dinge wirklich (1) sind || ID **der W. ins Auge sehen** die W. (1) so akzeptieren (müssen), wie sie ist

wirk·lich·keits·fremd *Adj;* **1** ⟨Pläne, Ideale, Vorstellungen⟩ so, dass sie nicht in Erfüllung gehen können, weil die Bedingungen dafür nicht gegeben sind **2** ⟨ein Mensch⟩ so, dass er die Wirklichkeit nicht (an)erkennt

wirk·lich·keits·ge·treu *Adj;* der Realität genau entsprechend ⟨e-e Zeichnung, e-e Nachbildung⟩

wirk·sam *Adj;* ⟨ein Medikament; e-e Maßnahme⟩ so, dass sie den gewünschten Effekt, das gewünschte Resultat erzielen || ID *mst* **etw. wird w.** etw. tritt in Kraft, wird rechtsgültig || *hierzu* **Wirk·sam·keit** *die*

Wirk·stoff *der;* e-e Substanz, die für das Funktionieren des Organismus wesentlich ist (*z.B.* ein Hormon) od. die als Medikament wirkt

Wir·kung *die; -, -en;* **1** der Einfluss, den etw. auf j-n / etw. hat ⟨etw. hat e-e starke, schnelle, nachhaltige W. (auf j-n); etw. bleibt ohne W.⟩ **2** das Ergebnis der Anwendung von etw. (*z.B.* als Medikament) ⟨e-e schmerzlindernde W.⟩ **3** der Eindruck, den j-d bei j-m hinterlässt: *Er hat e-e ziemliche W. auf sie gehabt* (= er hat sie stark beeindruckt) || K-: **Wirkungs-, -bereich** || ID *mst* **mit W. vom** + *Datum* von e-m bestimmten Tag an: *Das Gesetz trat mit W. vom 1. Juli 1990 in Kraft*

Wir·kungs·grad *der; Phys;* die Relation zwischen der aufgewandten Leistung u. dem Nutzen e-r Maschine ≈ Effektivität: *etw. erreicht e-n hohen W.*

Wir·kungs·kreis *der* ≈ Wirkungsbereich

wir·kungs·los *Adj;* ⟨ein Medikament; e-e Maßnahme⟩ so, dass sie ohne Wirkung bleiben, kein Ergebnis aufweisen ↔ wirksam || *hierzu* **Wir·kungs·lo·sig·keit** *die; nur Sg*

Wir·kungs·stät·te *die; geschr;* der Ort, an dem *mst* ein Künstler arbeitet

wir·kungs·voll *Adj;* ⟨e-e Maßnahme⟩ so, dass sie e-e starke Wirkung erzielt ≈ effizient

wirr *Adj;* ⟨Gedanken, Vorstellungen; Haare; Dinge liegen w. durcheinander; j-n w. machen; wirres Zeug reden⟩ so, dass man in ihnen keine Ordnung, kein System sehen kann

Wir·ren *die; Pl;* ungeordnete politische u. soziale Verhältnisse: *die W. der Nachkriegszeit*

Wirr·kopf *der; pej;* j-d, der unklar u. wirr denkt || *hierzu* **wirr·köp·fig** *Adj*

Wirr·warr *der; -s; nur Sg;* ein Durcheinander, e-e Unordnung: *ein W. von Stimmen*

Wir·sing *der; -s; nur Sg;* e-e Kohlart mit krausen Blättern

wirst *Präsens, 2. Person Sg;* ↑ **werden**

Wirt *der; -(e)s, -e;* **1** *Kurzw* ↑ **Gastwirt** || K-: **Wirts-, -haus 2** ≈ Gastgeber **3** *Biol;* ein Organismus, in dem andere Tiere od. Pflanzen leben u. von dem sie sich ernähren: *Bandwürmer benutzen Menschen u. Tiere als W.* || *zu* **1** u. **2 Wir·tin** *die; -, -nen*

Wirt·schaft *die; -, -en;* **1** *mst Sg;* alle Firmen, Geschäfte, Institutionen u. Maßnahmen, die mit der Herstellung u. Verteilung von Waren zu tun haben ⟨die W. ankurbeln, lenken; in der W. tätig sein; die kapitalistische, sozialistische W.; e-e blühende, stagnierende W.⟩ || K-: **Wirtschafts-, -aufschwung, -minister, -wachstum** || -K: **Welt- 2** *Kurzw* ↑ **Gastwirtschaft** ⟨in die W. gehen⟩ **3** *nur Sg, veraltend* ≈ Haushalt (1) || K-: **Wirtschafts-, -buch 4** *nur Sg;* das sinnvolle (u. sparsame) Verwenden von Geld ≈ das Wirtschaften || ID **e-e schöne W.!** *gespr;* was für e-e Unordnung!

wirt·schaf·ten; *wirtschaftete, hat gewirtschaftet;* [Vi] **(mit etw.) w.** vorhandene (finanzielle) Mittel planvoll einteilen u. sparsam verwenden, um möglichst viel Nutzen zu erzielen ⟨gut, schlecht w.; mit Gewinn w.⟩

Wirt·schaf·te·rin *die; -, -nen;* **1** ≈ Haushälterin **2** e-e Frau, die in e-m Hotel od. e-m Heim (3) das Einkaufen u. die Versorgung organisiert

wirt·schaft·lich *Adj;* **1** *mst attr;* die Wirtschaft (1) betreffend, zu ihr gehörend ≈ ökonomisch ⟨die Lage, die Situation, die Verhältnisse⟩ **2** die Finanzen, das Geld betreffend ≈ finanziell ⟨e-e Notlage; es geht j-m w. gut / schlecht⟩ **3** sparsam, nicht verschwenderisch ⟨w. arbeiten, Haus halten; w. mit etw. umgehen⟩ || *zu* **3 Wirt·schaft·lich·keit** *die; nur Sg*

Wirt·schafts·ab·kom·men *das;* ein Vertrag zwischen zwei Staaten über gegenseitige wirtschaftliche (1) Beziehungen

Wirt·schafts·blo·cka·de *die; Pol;* ein Boykott, der *mst* gegen ein Land gerichtet ist u. es wirtschaftlich isolieren soll

Wirt·schafts·flücht·ling *der; pej;* j-d, der aus wirtschaftlichen Gründen seine Heimat verlässt u. in e-m anderen Staat um Asyl bittet

Wirt·schafts·geld *das* ≈ Haushaltsgeld

Wirt·schafts·ge·mein·schaft *die;* e-e Union von Staaten zu wirtschaftlichen Zwecken

Wirt·schafts·kri·se *die;* der Zusammenbruch e-r Konjunktur, der zu wirtschaftlichen (1) Problemen führt || -K: **Welt-**

Wirt·schafts·prü·fer *der;* ein Experte (mit e-r besonderen Ausbildung u. mit e-r Zulassung vom Staat), der die Bilanzen von Firmen prüft

Wirt·schafts·raum *der;* **1** *Ökon;* ein Gebiet, das wirtschaftlich zusammenhängt: *der W. Ruhrgebiet* **2** *mst Pl;* die Räume in e-m großen Betrieb, Krankenhaus *o.Ä.*, in denen gekocht, gewaschen wird *o.Ä.*

Wịrt·schafts·stand·ort *der*; *Ökon*; ein Land, ein Gebiet od. e-e Stadt, in denen Firmen Arbeitsplätze schaffen, Steuern zahlen *usw*

Wịrt·schafts·wis·sen·schaft *die*; *mst Pl*; e-e wissenschaftliche Disziplin, in der besonders Volks-, Betriebs- u. Finanzwirtschaft betrieben wird

Wịrt·schafts·wun·der *das*; **1** ein überraschend schnelles Wachsen der wirtschaftlichen Produktion **2** ***das W.*** die schnelle wirtschaftliche (1) Entwicklung in der Bundesrepublik Deutschland nach 1948

Wịrt·schafts·zweig *der*; ein Bereich der Wirtschaft (1): *Die Stahlindustrie ist ein wichtiger W.*

Wịrts·haus *das* ≈ Gasthaus

wị·schen[1]; *wischte, hat gewischt*; Vt **1** ***(sich*** *(Dat)*) ***etw. w.*** etw. sauber machen, indem man es mit e-m (oft nassen) Tuch reibt ⟨den Tisch, den Boden, die Treppe w.; sich die Stirn, den Mund w.⟩ || K-: ***Wisch-, -lappen, -tuch*** **2** ***etw. w.*** etw. durch Wischen[1] (1) entfernen ⟨Staub w., den Schweiß von der Stirn w., die Krümel vom Tisch w.⟩; Vi **3** *mst* ***sich*** *(Dat)* ***mit der Hand über die Stirn w.*** die Hand über die Stirn führen (13) (*z.B.* um Schweiß abzuwischen) || ID ***j-m eine w.*** *gespr!* j-m e-e Ohrfeige geben

wị·schen[2]; *wischte, ist gewischt*; Vi *gespr*; ***irgendwohin w.*** sich schnell, geschickt u. leise irgendwohin bewegen

Wị·scher *der*; *-s, -*; *Kurzw* ↑ ***Scheibenwischer***

wịsch·fest *Adj*; so, dass es nicht durch Wischen[1] (1) entfernt werden kann: *e-e wischfeste Farbe*

Wi·schi·wạ·schi *das*; *-s*; *nur Sg*, *pej*; unklare, unpräzise Äußerungen: *Alles, was er sagte, war nur W.*

Wị·sent *das*; *-s, -e*; e-e wilde, besonders große europäische Art des Rindes, die es heute nur noch in Reservaten u. Zoos gibt

Wịs·mut *das*; *-s*; *nur Sg*; ein rötlich weißes Schwermetall; *Chem* Bi

wịs·pern; *wisperte, hat gewispert*; Vt/i ***(etw.) w.*** etw. sehr leise sagen ≈ flüstern ⟨j-m etw. ins Ohr w.⟩

Wịss·be·gier(·de) *die*; *-*; *nur Sg*; der starke Wunsch, viel zu erfahren u. zu wissen ⟨von W. besessen sein⟩ || *hierzu* **wịss·be·gie·rig** *Adj*

wịs·sen; *weiß, wusste, hat gewusst*; *(kein Passiv!)* Vt **1** ***etw. w.*** durch seine allgemeinen Kenntnisse, durch Lesen *o.Ä.* gewisse Informationen haben ⟨die Antwort w.; die Lösung e-s Rätsels w.; e-n Rat w.⟩ || NB: *kennen* betont die Kenntnisse, die man aus persönlicher Erfahrung hat, bei *wissen* geht es um Informationen, die man auch *z.B.* aus Büchern hat: *Ich weiß den Weg* (ich habe auf der Karte nachgesehen); *Ich kenne den Weg* (hier war ich schon mal) **2** ***(et)was / viel / wenig / nichts über j-n / etw. w.*** einige / keine Informationen über j-n / etw. haben: *Niemand weiß etwas über unseren Plan* **3** ***sich / etw.*** + ***zu*** + *Infinitiv* ***w.*** verstehen, wie man etw. tut, in der Lage sein, etw. zu tun ⟨sich *(Dat)* zu helfen w.; etw. zu schätzen w.⟩: *Als Arzt muss man mit Menschen umzugehen w.* **4** *mst* ***j-n in Sicherheit w.*** erfahren haben, dass j-d in Sicherheit ist; Vt/i **5** *(mst* ***(et)was / nichts****)* ***von j-m / etw. w.*** (etwas / nichts) über j-n / etw. erfahren haben: *Er hat von der Sache (nichts) gewusst*; Vi **6** ***um etw. w.*** sich der Bedeutung u. der Folgen von etw. bewusst sein: *Ich weiß um die Wichtigkeit Ihres Anliegens* **7** ***ich weiß (schon)*** *gespr*; verwendet, um auszudrücken, dass einem etw. schon bekannt ist (u. *mst* um deswegen seine Ungeduld auszudrücken) **8** ***weißt du / wissen Sie*** *gespr*; verwendet im Gespräch, um e-n neuen Gedanken einzuleiten: *Weißt du, im Grunde hat er Recht* || ID ***Was ich nicht weiß, macht mich nicht heiß*** worüber man nichts erfährt, braucht man sich nicht aufzuregen; ***j-n etw. w. lassen*** j-m etw. mitteilen; ***von j-m / etw. nichts (mehr) w. wollen*** mit j-m / etw. nichts (mehr) zu tun haben wollen; ***etw. (genau) w. wollen*** e-e Entscheidung schnell herbeiführen wollen; ***Was weiß 'ich!*** *gespr!* ich weiß es nicht u. es interessiert mich auch nicht || ► ***Wissen, weise***

Wịs·sen *das*; *-s*; *nur Sg*; **1** ***das W. in etw.*** *(Dat)* die Gesamtheit der Kenntnisse (auf e-m bestimmten Gebiet od. überhaupt) ⟨enormes, großes, umfassendes W.; sich W. aneignen; sein Wissen in Biologie, Mathematik *usw*⟩ || K-: ***Wissens-, -gebiet*** || -K: ***Grund-, Schul-, Spezial-*** **2** ***das W. über etw.*** *(Akk) / gespr auch* ***von etw.*** die Kenntnis e-r bestimmten Tatsache, e-s bestimmten Sachverhalts *o.Ä.*: *Sein W. über die Zusammenhänge in diesem Fall ist von großer Bedeutung* **3** ***das W. um etw.*** *geschr*; die bewusste Kenntnis e-s Sachverhalts: *Trotz seines Wissens um die Brisanz der Sache hat er mit der Presse geredet* || ID ***W. ist Macht*** wer viel weiß, kann über andere Macht ausüben; ***meines (unseres) Wissens*** *Abk* **m. W.** (**u. W.**) soviel ich weiß (soviel wir wissen); ***etw. gegen / wider sein besseres W. tun*** etw. tun, obwohl man sich bewusst ist, dass es falsch od. unrecht ist; ***etw. nach bestem W. u. Gewissen tun*** etw. voll bewusst u. in voller Verantwortung tun; ***ohne j-s W.*** ohne dass j-d davon weiß

Wịs·sen·schaft *die*; *-, -en*; **1** alle Tätigkeiten, die mit dem systematischen Erforschen verschiedener Bereiche der Welt zusammenhängen, um diese besser verstehen u. erklären zu können || -K: ***Natur-, Literatur-, Sprach-*** **2** ein bestimmter Bereich, der mit den Methoden der W. (1) erforscht wird: *Die Biogenetik ist e-e relativ junge W.* **3** *Kollekt*; die Gesamtheit der Wissenschaftler

Wịs·sen·schaft·ler *der*; *-s, -*; j-d mit e-m Hochschulstudium, der in e-r Wissenschaft arbeitet ⟨ein bedeutender, herausragender, anerkannter W.⟩ || *hierzu* **Wịs·sen·schaft·le·rin** *die*; *-, -nen*

wịs·sen·schaft·lich *Adj*; **1** die Wissenschaft betreffend ⟨e-e Tagung, e-e Zeitschrift⟩ **2** auf den Prinzipien e-r Wissenschaft basierend ⟨e-e Untersuchung, e-e Methode; w. arbeiten, denken⟩: *e-e w. fundierte These*

Wịs·sen·schafts·the·o·rie *die*; e-e theoretische Darstellung der Voraussetzungen, Methoden u. Ziele wissenschaftlicher Arbeit

Wịs·sens·durst *der*; *geschr*; das Verlangen, Wissen zu erwerben ⟨seinen W. stillen; vor W. brennen⟩

wịs·sens·wert *Adj*; *nicht adv*; ⟨e-e Tatsache⟩ so wichtig, dass man sie kennen sollte

wịt·tern; *witterte, hat gewittert*; Vt **1** ***ein Tier wittert j-n / etw.*** ein Tier nimmt j-n / etw. am Geruch wahr: *Der Hund witterte das Reh* **2** ***etw. w.*** das Gefühl haben, dass etw. geschehen wird od. dass etw. möglich ist ≈ vorausahnen ⟨e-e Gefahr, e-e Chance, e-e Sensation, ein Geschäft, e-n Vorteil w.⟩

Wịt·te·rung[1] *die*; *-*; *nur Sg*; das Wetter, *bes* während e-s bestimmten Zeitraumes ⟨je nach W.⟩: *die derzeitige kühle W.* || K-: ***witterungs-, -bedingt***

Wịt·te·rung[2] *die*; *-*; *nur Sg*; **1** die Fähigkeit von Tieren, j-n / etw. zu wittern || K-: ***Witterungs-, -vermögen*** **2** der Geruch von j-m / etw., der durch Witterung[2] (1) wahrgenommen wird ⟨ein Tier nimmt die W. auf, verliert die W.⟩ **3** die Fähigkeit, etw. vorauszuahnen ≈ Spürsinn: *Er hat e-e besondere W. für gefährliche Situationen*

Wịt·we *die*; *-, -n*; e-e Frau, deren Ehemann gestorben ist || K-: ***Witwen-, -rente, -schleier*** || *hierzu* **Wịt·wen·tum** *das*; *-s*; *nur Sg*; **Wịt·wen·schaft** *die*; *-*; *nur Sg*

Wit·wer *der*; *-s*, *-*; ein Mann, dessen Ehefrau gestorben ist

Witz *der*; *-es*, *-e*; **1** e-e kurze Geschichte mit e-m Ende, das man nicht erwartet u. das einen zum Lachen bringt ⟨e-n W. erzählen; ein geistreicher, politischer, unanständiger W.⟩ **2** *nur Sg*; die Fähigkeit, etw. treffend u. geistreich erzählen zu können ⟨W. u. Verstand haben, e-n scharfen W. haben; mit viel W. erzählen⟩ **3** *nur Sg*, *veraltend* ≈ Verstand, Klugheit || ID ***der W. e-r Sache*** das Wesentliche e-r Sache; *mst* ***Du machst wohl Witze!*** *gespr*; das ist nicht dein Ernst; ***Das ist (ja wohl) ein W.!*** das kann doch nicht möglich sein; ***ohne W.*** im Ernst

Witz·blatt *das*; e-e Zeitschrift od. e-e Seite e-r Zeitung mit Witzen

Witz·bold *der*; *-(e)s*, *-e*; *gespr*; **1** j-d, der oft Witze macht **2** *pej*; j-d, den man nicht ernst nimmt, weil er inkompetent ist

wit·zeln; *witzelte*, *hat gewitzelt*; Vi ***(über j-n / etw.) w.*** witzige Bemerkungen über j-n, Anspielungen auf etw. machen ≈ spötteln

Witz·fi·gur *die*; *pej*; j-d, der sich oft lächerlich macht od. lächerlich wirkt

wit·zig *Adj*; **1** fähig, Witze (1) gut zu erzählen **2** ≈ lustig, geistreich || ID ***'sehr w.!*** *gespr iron*; das finde ich gar nicht lustig

witz·los *Adj*; **1** *gespr*; sinnlos, keinen Erfolg versprechend: *Es ist völlig w., ihn überzeugen zu wollen* **2** ohne Witz (2) ≈ geistlos

wo[1] *Adv*; **1** (*in direkten u. indirekten Fragen*) verwendet, um nach e-m Ort, e-m Platz od. e-r Stelle zu fragen: *Wo seid ihr gewesen?*; *Wo wohnst du?*; *Sie wollte wissen, wo ich herkomme* **2** verwendet wie ein Relativpronomen, um sich auf e-n Ort *o.Ä.* zu beziehen, der bereits genannt wurde od. der aus dem Kontext zu erschließen ist: *Das war in Wien, wo sie seit vier Jahren lebte*; *das Café, wo* (= in dem) *wir uns immer treffen, …*; *Wo* (= dort, wo) *ich herkomme, ist alles anders* || NB: Konstruktionen mit Subst. + *wo* (die Stelle, wo …) werden von vielen Leuten als nicht korrekt angesehen **3** ***jetzt, wo / nun, wo*** nachdem / da … jetzt: *Jetzt, wo ihr euch ausgesprochen habt, könnt ihr das Problem sicher lösen*

wo[2] *Konjunktion*; *gespr*; **1** da … jetzt, nachdem … jetzt: *Du sollst im Bett bleiben, wo du doch krank bist* **2** ≈ obwohl, obgleich: *Jetzt bist du mir böse, wo ich doch so nett zu dir war* || NB: Der Nebensatz kommt *mst* nach dem Hauptsatz

wo- / wo·r- + *Präp*; **1** verwendet, um ein Fragewort zu bilden, das in direkten od. indirekten Fragen nach Sachen od. Sachverhalten gebraucht wird; ***Wobei*** (= bei was) *ist er erwischt worden?*; ***Wodurch*** (= durch was) *unterscheiden sich die beiden Vorschläge?*; ***Wofür*** (= für welchen Zweck) *brauchst du das?*; ***Wogegen*** (= gegen was) *protestieren sie?*; ***Womit*** *habe ich das verdient?* (= Was habe ich getan, um das zu verdienen?); ***Wonach*** (= nach was) *suchst du?*; ***Woran*** (= an was) *denkst du gerade?*; *Ich weiß nicht*, ***woran*** (= an was) *es liegt*; ***Worauf*** (= auf was) *wartest du noch?*; ***Woraus*** (= aus was) *macht man Mehl?*; ***Worin*** *besteht das Problem?* (= Wo liegt das Problem?); ***Worüber*** (= über was) *lachst du?*; ***Worum*** (= um was) *geht es?*; ***Worunter*** (= unter was) *hast du es eingeordnet?*; ***Wovon*** (= von was) *hast du geträumt?*; ***Wovor*** (= vor was) *fürchtest du dich?*; ***Wozu*** (= zu welchem Zweck, mit welcher Absicht) *willst du sie anrufen?*; **2** verwendet, um e-e Art Relativsatz einzuleiten, in dem man sich auf ein Wort aus dem Hauptsatz od. auf die Satzaussage des Hauptsatzes bezieht; *Sie hat unreifes Obst gegessen*, ***wodurch*** *sie sich den Magen verdorben hat* (= u. dadurch hat sie sich …); *Wir haben alles erreicht*, ***wofür*** (= für das) *wir gekämpft haben*; *Er hat mich als Lügner bezeichnet*, ***wogegen*** *ich mich entschieden wehre* (= u. dagegen wehre ich mich); *Er hat die Prüfung nicht bestanden*, ***womit*** *allerdings auch zu rechnen war* (= aber das war auch keine Überraschung); *Heute tritt e-e Regelung in Kraft*, ***wonach*** (= nach der) *wir alle eine Stunde mehr arbeiten müssen*; *Das ist genau das*, ***worauf*** (= auf das) *ich gewartet habe*; *Er ist nicht gekommen*, ***woraus*** *wir geschlossen haben, dass er krank sei* (= u. daraus haben wir geschlossen, …); *die wesentlichen Punkte*, ***worin*** (= in denen) *sich die Angebote unterscheiden*; *Da ist noch etw.*, ***worüber*** (= über das) *wir uns unterhalten müssen*; *Sie bekam alles*, ***worum*** (= um das) *sie sich bemüht hatte*; *Die Astronomie*, ***worunter*** (= unter der) *ich mehr als nur e-e Wissenschaft verstehe, …*; *ein Ereignis*, ***wovon*** (= von dem) *man noch lange sprechen wird*; *Sie könnten verkaufen*, ***wozu*** *ich Ihnen aber nicht raten würde* (= aber ich würde Ihnen nicht raten, das zu tun) **3** (als Konjunktion) verwendet, um den Bezug zwischen zwei Satzteilen herzustellen; *Im Süden schien die Sonne*, ***wogegen*** *im Norden schlechtes Wetter herrschte* (= u. im Gegensatz dazu herrschte im Norden …); *Er bekam e-n Anruf*, ***worauf*** *er sofort abreiste* (= u. dann / u. deswegen reiste er sofort ab) || NB: Das ***-r-*** wird hinzugefügt, wenn die Präp. mit e-m Vokal anfängt: *worin*

wo·an·ders *Adv*; an e-m anderen Ort, an e-r anderen Stelle

wo·an·ders·hin *Adv*; in e-e andere Richtung, an e-n anderen Ort

wob *Imperfekt*, *1. u. 3. Person Sg*; ↑ ***weben***

wo·bei ↑ ***wo- / wor-*** + *Präp* (1,2)

Wo·che *die*; *-*, *-n*; **1** ein Zeitraum von sieben Tagen u. Nächten || -K: ***Ferien-*** **2** der Zeitraum von Sonntag bis einschließlich Samstag ⟨Anfang, Mitte, Ende der W.; seit, vor, in, nach e-r Woche⟩ || K-: ***Wochen-, -anfang, -beginn, -mitte*** || ID ***die W. über***; ***während der W.*** an den Werktagen der W. (2) (u. nicht am Wochenende)

Wo·chen·bett *das*; *nur Sg*; ein Zeitraum von 6 bis 8 Wochen nach der Geburt e-s Kindes, in dem sich der Körper e-r Frau wieder stark verändert ⟨im W. sein⟩

Wo·chen·end|bei·la·ge *die*; ein zusätzlicher Unterhaltungsteil in der Samstagsausgabe e-r Tageszeitung

Wo·chen·en·de *das*; Samstag u. Sonntag (als die Tage, an denen die meisten nicht im Beruf arbeiten) ⟨übers W. verreisen⟩ || K-: ***Wochenend-, -ausflug***

Wo·chen·end|haus *das*; ein kleines Haus außerhalb der Stadt, in dem man seine Freizeit verbringt

Wo·chen·kar·te *die*; e-e im Preis reduzierte Fahrkarte für Bus od. Bahn, die eine Woche gültig ist

wo·chen·lang *Adj*; *nur attr od adv*; mehrere Wochen dauernd

Wo·chen·markt *der*; ein Markt (1), der jede Woche einmal stattfindet ⟨auf dem W. einkaufen⟩

Wo·chen·schau *die*; *-*; *nur Sg*, *hist*; ein kurzer Film im Kino über aktuelle Ereignisse der Woche

Wo·chen·tag *der*; **1** einer der sieben Tage, aus denen e-e Woche besteht **2** ≈ Werktag

wö·chent·lich *Adj*; in jeder Woche, Woche für Woche sich wiederholend ⟨Bezahlung; zweimal w.; die Zeitung erscheint w.⟩: *Er kommt w. auf Besuch*

-wö·chent·lich *im Adj*, *wenig produktiv*, *nur attr od adv*; in Abständen, die jeweils die genannte Zahl von Wochen dauern; ***zweiwöchentlich, dreiwöchentlich, vierwöchentlich*** *usw*

Wo·chen·zei·tung *die*; e-e Zeitung od. Zeitschrift, die einmal pro Woche erscheint

-wö·chig *im Adj, wenig produktiv, nur attr, nicht adv*; die genannte Zahl von Wochen dauernd od. alt; ***einwöchig, zweiwöchig, dreiwöchig*** *usw* ⟨ein Aufenthalt, ein Kind⟩

Wọ̈ch·ne·rin *die*; -, *-nen*; e-e Frau im Wochenbett

wo·dụrch ↑ ***wo-*** / ***wor-*** + *Präp* (1,2)

wo·fụ̈r ↑ ***wo-*** / ***wor-*** + *Präp* (1,2)

wog *Imperfekt, 1. u. 3. Person Sg*; ↑ ***wiegen***

Wo̱·ge *die*; -, *-n*; *geschr*; **1** e-e große, starke Welle (1) **2** ***e-e W.*** + *Gen* ein (*mst* weit verbreitetes) starkes Gefühl ⟨Wogen der Begeisterung, der Empörung, e-e W. des Hasses⟩ ‖ -K: ***Beifalls-*** ‖ ID ***die Wogen glätten sich*** nach e-m Streit, e-r Unruhe *o.Ä.* tritt wieder Ruhe ein

wo·ge̱·gen ↑ ***wo-*** / ***wor-*** + *Präp* (1,2,3)

wo̱·gen; *wogte, hat gewogt*; [Vi] **1** ***etw. wogt*** etw. bewegt sich wie e-e große Welle: *Das Getreide wogt im Wind; das wogende Meer* **2** ***etw. wogt*** *geschr*; etw. tobt, wütet: *Der Kampf wogte hin u. her*

wo·her [vo'heːɐ̯] *Adv*; **1** (*in direkten u. indirekten Fragen*) verwendet, um nach dem Ort, der Richtung *o.Ä.* zu fragen, von dem bzw. aus der j-d / etw. kommt ≈ von wo: *W. kommst du?*; *Er fragte, w. wir unseren Wein beziehen* **2** (*in direkten u. indirekten Fragen*) verwendet, um nach der Herkunft od. der Ursache von etw. zu fragen: *W.* (= von wem) *weißt du das?*; *Sie wollte wissen, w. ich das Buch habe* **3** verwendet, um e-e Art Relativsatz einzuleiten, in dem man sich auf e-n (schon genannten) Ort *o.Ä.* bezieht, von dem j-d / etw. kommt: *Er ging dorthin zurück, w. er gekommen war*

wo·hịn *Adv*; **1** (*in direkten u. indirekten Fragen*) verwendet, um nach der Richtung zu fragen, in die j-d / etw. geht, fährt *o.Ä.*: *W. gehst du?*; *Ich möchte wissen, w. diese Straße führt* **2** verwendet, um e-e Art Relativsatz einzuleiten, in dem man sich auf e-n (schon genannten) Ort bezieht, zu dem j-d / etw. geht, fährt *o.Ä.*: *Sie kam aus Kanada zurück, w. sie als Jugendliche ausgewandert war* ‖ ID *mst* ***Ich muss mal w.*** *gespr euph*; ich muss auf die Toilette gehen

wo̱hl[1] *Adv*; **1** *wohler, am wohlsten*; körperlich u. geistig fit u. gesund ⟨sich w. fühlen; j-m ist nicht w.⟩: *Ist Ihnen nicht w.?* (= Ist Ihnen schlecht?) **2** *besser, am besten*; genau u. sorgfältig ⟨etw. w. überlegen, planen; ein w. ausgewogenes Urteil; w. bedacht, durchdacht, geordnet, überlegt, vorbereitet⟩ **3** so, wie es sein sollte ≈ gut ⟨w. behütet, gelaunt, gelungen; ein w. gemeinter Rat⟩ **4** ***j-m ist nicht*** (***ganz***) ***w. bei etw.*** j-d hat Bedenken od. Skrupel bei etw.: *Mir ist nicht ganz w. bei dieser Sache!* **5** ***w. oder übel*** ob man will od. nicht: *Die Rechnung werden wir w. oder übel bezahlen müssen* **6** ***w. aber*** verwendet nach e-r verneinten Aussage, um e-n Gegensatz zu verstärken: *Der Norden ist nicht sehr dicht besiedelt, w. aber der Süden* **7** ***W. bekomms!*** *gespr*; verwendet, bevor man (in Gesellschaft) den ersten Schluck e-s alkoholischen Getränks trinkt **8** (***sehr***) ***w.*** *veraltend* ≈ ja, jawohl ‖ ID ***j-d lässt es sich*** (*Dat*) ***w. sein*** j-d genießt etw., *bes* das Essen u. die Getränke; *mst* ***Du tätest w. daran*** + ***zu*** + *Infinitiv* es wäre gut, wenn du … ‖ NB: Das letzte Idiom kann mit *besser, am besten* gesteigert werden

wo̱hl[2] *Partikel, betont u. unbetont*; **1** *unbetont*; verwendet, um auszudrücken, dass etw. mit ziemlicher Sicherheit zutrifft ≈ vermutlich, wahrscheinlich: *Sie wird w. den Zug verpasst haben* **2** *unbetont*; (*bes* in Ausrufen) verwendet, um die subjektive Kommentierung seitens des Sprechers zu verstärken: *Du bist w. übergeschnappt!*; *Er spinnt w.!*; *Ich werde w. ins Kino gehen dürfen, oder?*; *Das kann man w. sagen!* (= das ist ganz richtig) **3** *betont*; verwendet, um e-e Aussage zu bestätigen u. zugleich e-e einschränkende Bemerkung einzuleiten: *Er weiß w., wo der Schlüssel ist, aber er sagt es uns nicht* **4** *unbetont*; verwendet, um e-r Aufforderung starken Nachdruck zu verleihen od. um j-m zu drohen: *Willst du w. deine Hausaufgaben machen!* **5** *unbetont*; drückt in Fragesätzen e-e gewisse Zurückhaltung od. Unsicherheit aus: *Ob er w. weiß, dass wir hier sind?*

wohl- *im Adj* (*mst mit e-m Partizip verbunden*), *betont, begrenzt produktiv*; drückt aus, dass das im zweiten Wortteil Genannte in e-m (relativ) hohen Maß od. zu e-m angenehmen Grad vorhanden ist; ***wohlerzogen*** ⟨ein Kind⟩, ***wohlgeformt*** ⟨Beine, e-e Figur⟩, ***wohlgesinnt*** ⟨j-m w. sein (= j-m freundlich gegenüberstehen)⟩, ***wohlklingend*** ⟨e-e Stimme⟩, ***wohlproportioniert*** ⟨e-e Figur, ein Körper⟩, ***wohlriechend*** ⟨ein Parfüm⟩, ***wohlschmeckend*** ⟨ein Gericht⟩

Wo̱hl *das*; -(*e*)*s*; *nur Sg*; der Zustand, in dem man gesund u. zufrieden od. glücklich ist ⟨das W. der Familie; sich um j-s W. sorgen / kümmern; auf j-s W. bedacht sein⟩ ‖ ID *mst* ***für das leibliche W. der Gäste sorgen*** sich um das Essen u. die Getränke für die Gäste kümmern; ***zu j-s W.*** zu j-s Nutzen, Vorteil; ***Zum W.!*** ≈ Prost!

wohl·ạn! *Interjektion*; *veraltend*; verwendet als Aufforderung, etw. zu tun

wohl·auf *Adv*; *geschr*; *nur in* ***w. sein*** gesund sein

Wo̱hl·be·fin·den *das*; der Zustand, in dem man sich körperlich u. seelisch gut fühlt

Wo̱hl·be·ha·gen *das*; *nur Sg* ≈ Wohlbefinden

wo̱hl·be·hal·ten *Adj*; *nur präd, nicht adv*; *geschr* ≈ gesund ⟨*mst* w. ankommen, eintreffen, zurückkehren⟩

Wo̱hl·er·ge·hen *das* ≈ Wohlbefinden

Wo̱hl·fahrt *die*; *nur Sg, geschr*; **1** das Wohl des einzelnen Bürgers u. aller Bürger (*bes* in finanzieller u. sozialer Hinsicht) ⟨die W. des Staates, die öffentliche W.⟩ **2** *veraltend*; Hilfe für die Armen

Wo̱hl·fahrts|staat *der*; ein Staat mit hoher sozialer Sicherheit für die Bürger: *Schweden gilt als Muster e-s Wohlfahrtsstaates*

Wo̱hl·ge·fal·len *das*; große Freude, großes Gefallen ⟨W. an j-m / etw. finden⟩ ‖ ID ***etw. löst sich in W. auf*** ein Problem verschwindet zur allgemeinen Zufriedenheit ‖ *hierzu* **wo̱hl·ge·fäl·lig** *Adj*

wo̱hl·ge·lit·ten *Adj*; von allen gern gemocht u. hoch geschätzt ⟨e-e Person⟩

wo̱hl·ge·merkt *Adv*; *gespr*; verwendet, um e-e Aussage zu verstärken: *Er war, w., erst 18 Jahre alt*

Wo̱hl·ge·ruch *der*; *geschr*; ein guter, angenehmer Geruch

wo̱hl·ge·setzt *Adj*; *geschr*; gut formuliert ⟨in wohlgesetzten Worten⟩

wo̱hl·ha·bend *Adj*; *nicht adv*; ⟨e-e Person⟩ so, dass sie in guten finanziellen Verhältnissen lebt ≈ vermögend, begütert

wo̱h·lig *Adj*; so, dass man etw. als angenehm, wohltuend empfindet ⟨ein Gefühl, Wärme⟩

Wo̱hl·klang *der*; *nur Sg*; ein angenehmer, harmonischer Klang

wo̱hl·mei·nend *Adj*; mit guter, freundlicher Absicht

Wo̱hl·sein (*das*); *nur in* ***Zum W.!*** ≈ Prost!

Wo̱hl·stand *der*; *nur Sg*; das reichliche Vorhandensein von allem, was man zum Leben braucht ⟨im W. leben, es zu W. bringen⟩

Wo̱hl·stands·den·ken *das*; *pej*; e-e Art zu leben, bei der man sich nur auf das Materielle konzentriert

Wo̱hl·tat *die*; **1** *geschr*; e-e Tat, mit der man *bes* j-m, der in finanzieller Not ist, hilft ⟨j-m e-e W. erweisen⟩ **2** *nur Sg*; etw., das man nach e-r Anstrengung

W

o.Ä. als sehr angenehm empfindet: *E-e Tasse Kaffee wäre jetzt e-e W.*

Wohl·tä·ter *der*; j-d, der anderen etw. Gutes tut

wohl·tä·tig *Adj*; *mst in* ***für e-n wohltätigen Zweck*** ⟨arbeiten / sammeln⟩ arbeiten / Geld sammeln, um dadurch Menschen, die in Not sind, zu helfen || *hierzu* **Wohl·tä·tig·keit** *die*

wohl·tu·end *Adj*; ⟨Ruhe, Wärme; etw. als w. empfinden⟩ so, dass man sie (*bes* nach e-r Anstrengung *o.Ä.*) als angenehm u. erholsam empfindet

wohl·ver·dient *Adj*; *nicht adv*; ⟨e-e Belohnung, Strafe⟩ so, dass es allgemein als richtig od. gerecht angesehen wird, wenn j-d sie erhält: *Er geht bald in den wohlverdienten Ruhestand*

wohl·weis·lich *Adv*; aus gutem Grund ⟨w. schweigen, nichts sagen⟩

Wohl·wol·len *das*; *-s*; *nur Sg*; e-e Einstellung zu j-m / etw., die positiv, freundlich ist u. guten Willen zeigt ⟨j-m / etw. W. entgegenbringen⟩ || *hierzu* **wohl·wol·lend** *Adj*

Wohn·block *der*; *-s*, *-s*; ein großes Gebäude mit mehreren Stockwerken, in dem viele Wohnungen sind

woh·nen; *wohnte*, *hat gewohnt*; [Vi] **1** ***irgendwo w.*** an e-m bestimmten Ort, in e-m bestimmten Gebäude sein Zuhause haben ⟨in der Stadt, in e-m Wohnblock w.⟩ **2** ***zur Miete w.*** das Haus, die Wohnung *o.Ä.*, in dem / der man wohnt (1), nicht besitzen, sondern nur gegen e-e Miete benutzen dürfen **3** ***irgendwo w.*** für *mst* relativ kurze Zeit irgendwo ein Zimmer haben, *mst* nur um zu übernachten: *Wenn ich in Hamburg bin, wohne ich immer im selben Hotel*

Wohn·ge·bäu·de *das*; ein Haus, in dem man wohnt (1) ≈ Wohnhaus ↔ Wirtschaftsgebäude

Wohn·ge·biet *das*; ein Teil *mst* e-r Stadt, in dem hauptsächlich Wohnhäuser sind ↔ Industriegebiet ⟨ein reines W.⟩

Wohn·ge·mein·schaft *die*; e-e Gruppe von Personen (die aber keine Familie sind), die in e-r Wohnung zusammenleben u. e-n gemeinsamen Haushalt führen; *Abk* WG ⟨in e-e W. einziehen⟩

wohn·haft *Adj*; *nur präd*, *nicht adv*; *Admin geschr*; ***irgendwo w.*** mit dem Wohnsitz am genannten Ort || NB: *mst* in Konstruktionen wie *Herr X, w. in Köln*

Wohn·kü·che *die*; ein Zimmer, das Wohnzimmer u. Küche zugleich ist

Wohn·la·ge *die*; die Gegend, in der man wohnt ⟨e-e gute, teure W.; ein Haus in bester W.⟩

wohn·lich *Adj*; ⟨ein Zimmer *o.Ä.*⟩ so eingerichtet, dass man gern darin wohnt || *hierzu* **Wohn·lich·keit** *die*; *nur Sg*

Wohn·mo·bil *das*; *-s*, *-e*; e-e Art großes Auto mit Betten, mit e-r kleinen Küche *usw*, sodass man damit reisen u. darin auch übernachten kann

Wohn·ort *der*; der Ort (3), an dem j-d wohnt (1)

Wohn·sitz *der*; *Admin geschr*; **1** j-s Wohnort (u. volle Adresse) **2** ***ohne festen W.*** ohne Wohnung (u. deshalb ohne feste Anschrift)

Wohn·stra·ße *die*; e-e Straße mit Häusern, in denen nur Wohnungen (u. keine Betriebe) sind

Woh·nung *die*; *-*, *-en*; *mst* mehrere Zimmer in e-m Haus od. e-m Wohnhaus, die e-e Einheit bilden u. in denen j-d lebt ⟨e-e W. mieten, kündigen, beziehen, sich e-e W. einrichten; aus e-r W. ausziehen⟩ || K-: ***Wohnungs-, -bau, -einrichtung, -miete, -tür*** || -K: ***Zweizimmer-, Dreizimmer-*** *usw*, ***Eigentums-***

Wohn·vier·tel *das*; ein Teil e-r Stadt, in dem fast nur Wohnhäuser sind ↔ Geschäftsviertel, Industrieviertel

Wohn·wa·gen *der*; e-e Art von Anhänger, in dem man auf Reisen wohnt u. der von e-m Auto gezogen wird

Wohn·zim·mer *das*; der Raum in e-r Wohnung, in dem man sich vor allem zur Unterhaltung u. Entspannung aufhält

wöl·ben; *wölbte*, *hat gewölbt*; [Vr] **1** ***etw. wölbt sich*** (***über etw.*** (*Akk*)) etw. steht über etw. in der Form e-s Bogens: *Die Brücke wölbt sich über den Fluss* **2** ***etw. wölbt sich*** etw. ist nicht mehr eben ⟨Bretter⟩; [Vt] **3** ***etw. w.*** etw. so bauen, dass es die Form e-s Bogens hat

Wöl·bung *die*; *-*, *-en*; ein Teil *mst* e-s Gebäudes, der die Form e-s Bogens hat ⟨die W. e-r Kuppel, e-r Decke, e-s Torbogens⟩

Wolf *der*; *-(e)s*, *Wöl·fe*; ein Raubtier mit *mst* grauem Fell u. spitzer Schnauze, das mit dem Hund verwandt ist ⟨ein Rudel Wölfe⟩ || K-: ***Wolfs-, -rudel*** || ID ***hungrig sein / Hunger haben wie ein W.*** sehr hungrig sein; ***ein W. im Schafspelz*** j-d, der e-n harmlosen Eindruck macht, aber trotzdem böse od. gefährlich ist; ***mit den Wölfen heulen*** *gespr*; (aufgrund von Zwang od. aus Feigheit) das tun, was die anderen auch tun || *hierzu* **Wöl·fin** *die*; *-*, *-nen*; **wöl·fisch** *Adj*

Wolf·ram *das*; *-s*; *nur Sg*; ein weiß glänzendes Metall, das *z.B.* in Glühbirnen verwendet wird; *Chem* W

Wolfs·hund *der* ≈ Schäferhund

Wol·ke *die*; *-*, *-n*; **1** e-e große (*mst* weiße od. graue) Menge von sehr kleinen Wassertropfen, die hoch in der Luft schwebt ⟨Wolken ziehen auf, stehen am Himmel⟩: *Die Berge sind in Wolken gehüllt* || K-: ***Wolken-, -bildung, -himmel, -wand***; ***wolken-, -bedeckt, -frei*** || -K: ***Gewitter-, Schönwetter-*** **2** e-e Menge kleiner Teilchen von etw., die in der Luft schwebt od. sich in e-r Flüssigkeit ausbreitet || -K: ***Duft-, Dunst-, Rauch-, Staub-, Tabak-*** || ID ***auf / über den Wolken schweben*** die Dinge nicht realistisch sehen; ***aus allen Wolken fallen*** *gespr*; wegen e-r unerwarteten Nachricht *o.Ä.* sehr überrascht sein

Wol·ken·bruch *der*; ein plötzlicher, sehr kräftiger Regenguss, der aber nicht sehr lange dauert

Wol·ken·krat·zer *der*; *-s*, *-*; ein sehr hohes Hochhaus: *die Wolkenkratzer von Manhattan*

wol·ken·los *Adj*; ohne Wolken ⟨der Himmel⟩

wol·kig *Adj*; **1** *nicht adv*; ⟨der Himmel⟩ so, dass er ganz od. zum großen Teil mit Wolken bedeckt ist **2** in der Form e-r Wolke: *Der Rauch stieg w. empor*

Wol·le *die*; *-*, *-n*; **1** *nur Sg*; die geschnittenen dicken Haare *mst* des Schafes ⟨W. spinnen⟩ || -K: ***Schaf-, Schur-*** **2** die langen Fäden aus W. (1), die man beim Stricken, Weben *o.Ä.* verwendet ⟨ein Knäuel W.⟩: *e-n Pullover aus W. stricken* || K-: ***Woll-, -faden, -rest*** || -K: ***Strick-, Stopf-*** **3** ein Gewebe, das aus W. (2) hergestellt wurde ⟨reine W., aus 50% W.⟩ || K-: ***Woll-, -decke, -mantel, -jacke, -stoff, -waren*** **4** *gespr*; sehr dichte Haare || ID ***sich mit j-m in die W. kriegen*** *gespr*; mit j-m streiten || *zu* **3** **wol·len** *Adj*

wol·len[1]; *will*, *wollte*, *hat wollen*; *Modalverb*; **1** *Infinitiv* + ***w.*** die Absicht od. den Wunsch haben, etw. zu tun, zu werden *o.Ä.*: *Wir wollten in den Ferien ans Meer fahren*; *Sie will Ärztin werden* **2** ***j-d will etw. haben*** j-d verlangt od. äußert den Wunsch, dass er etw. bekomme: *Meine Tochter will unbedingt e-n Hund haben* **3** ***wir wollen*** + *Infinitiv* verwendet, als Aufforderung an e-e Gruppe, etw. zu tun ≈ lasst uns + *Infinitiv*: *Wir wollen nun auf sein Wohl trinken* **4** ***ich wollte*** (***… nur***) + *Infinitiv* verwendet als höfliche Einleitung e-r Bitte od. Frage: *Ich wollte Sie bitten, ob Sie mir vielleicht ein Zeugnis ausstellen könnten* **5** ***wollen Sie*** (***bitte***) + *Infinitiv* verwendet als höfliche Aufforderung an j-n, etw. zu tun: *Wollen Sie bitte Platz nehmen!*; *Wenn Sie mir bitte folgen wollen!* **6 willst du / wollt ihr (wohl)** + *Infinitiv* verwendet als energische Aufforderung an j-n, etw. zu tun: *Wollt ihr endlich aufhören zu streiten!* **7 j-d will etw. sein** *mst iron*; verwendet, um j-s Fähigkeiten auf e-m Gebiet zu kritisieren: *Er will Redakteur sein? Er hat doch keine Ahnung!* **8 j-d will (etw.)** + *Partizip Perfekt* + **haben** verwendet, um auszudrücken, dass man j-s Behauptung als unwahrscheinlich ansieht: *Trotz der Dunkelheit will er die Autonummer erkannt haben* **9 etw. will nicht** + *Infinitiv* etw. funktioniert od. geschieht nicht so, wie man es sich wünscht: *Das Fenster wollte einfach nicht zugehen*; *Es will einfach nicht regnen!* **10 etw. will** + *Partizip Perfekt* + **sein** verwendet, um auszudrücken, dass etw. nicht ohne Schwierigkeiten od. Anstrengung geht: *Skifahren will gelernt sein*; *Geld will verdient sein* || ► **Wille**

wollen[2]; *will, wollte, hat gewollt*; [Vt] **1 etw. w.** den Wunsch haben od. äußern, etw. zu bekommen: *Jetzt willst du sicher etwas zu essen*; *Was hat er gewollt?* **2 w., dass ...** verlangen od. den Wunsch äußern, dass etw. gemacht werde: *Ich will, dass man mich nicht mehr stört* **3 etw. will etw.** etw. braucht etw.: *Kakteen wollen wenig Wasser*; [Vi] **4** (*mst* nach e-r negativen Aussage) verwendet, um ein starkes Verlangen od. ein Bestehen auf etw. auszudrücken: *„Du darfst keine Süßigkeiten mehr haben!" - „Aber ich will!"* **5 irgendwohin w.** irgendwohin gehen, fahren *o.Ä.* wollen: *Wir wollen nach Köln - können Sie uns mitnehmen?* **6 etw. will nicht mehr so (recht)** etw. funktioniert nicht mehr ganz richtig ⟨die Augen, die Beine, das Herz; ein Apparat⟩ || ID **Da ist nichts mehr zu w.** daran kann man nichts mehr ändern || NB: *wollen*[2] wird als Vollverb verwendet; zusammen mit e-m Infinitiv wird *wollen* als Hilfsverb verwendet; ↑ **wollen**[1] || ► **Wille**

wol·lig *Adj*; **1** aus Wolle bestehend ⟨ein wolliger Pullover⟩ **2** ⟨ein Fell, Haar⟩ so, dass sie sich wie Wolle anfühlen

Wol·lust *die*; *nur Sg*, *geschr veraltend*; ein starkes Gefühl der (sexuellen) Lust || *hierzu* **wol·lüs·tig** *Adj*

wo·mit ↑ **wo- / wor-** + *Präp* (1,2)

wo·mög·lich *Adv*; vielleicht, möglicherweise: *Das war w. ein Irrtum*

wo·nach ↑ **wo- / wor-** + *Präp* (1,2)

Won·ne *die*; -, *-n*; ein Zustand, in dem man sehr glücklich u. zufrieden ist || K-: **Wonne-, -gefühl**

Won·ne·mo·nat *der*; *veraltend* ≈ der Monat Mai

won·nig *Adj*; ⟨*mst* ein Baby, ein Kind⟩ so, dass sie viel Freude hervorrufen

wo·ran ↑ **wo- / wor-** + *Präp* (1,2)

wo·rauf ↑ **wo- / wor-** + *Präp* (1,2,3)

wo·rauf·hin *Adv*; **1** (*in direkten u. indirekten Fragen*) verwendet, um nach dem Grund od. Anlass von etw. zu fragen: *W. hat er das gesagt?* **2** verwendet, um e-n Nebensatz einzuleiten, der e-e Reaktion auf etw. beinhaltet: *Er beschimpfte uns, w. wir alle das Haus verließen*

wo·raus ↑ **wo- / wor-** + *Präp* (1,2)

wo·rin ↑ **wo- / wor-** + *Präp* (1,2)

W

Work·shop ['vøːɐ̯kʃɔp] *der*; *-s, -s*; ein Treffen, bei dem die Teilnehmer etw. Bestimmtes lernen od. Ideen zu e-m Thema sammeln u. entwickeln: *der W. „Joga für Anfänger"*

Work·sta·tion ['vøːɐ̯ksteɪʃn] *die*; -, *-s*; *EDV*; ein Computer an j-s Arbeitsplatz, der an ein Netz angeschlossen ist

Wort *das*; *-(e)s, Wor·te / Wör·ter*; **1** (*Pl Wörter*) ein Bestandteil der Sprache, der e-e Bedeutung u. eine lautliche bzw. grafische Form hat (u. der in der geschriebenen Sprache durch kleine Zwischenräume von anderen Wörtern getrennt ist): *ein langer Satz mit über dreißig Wörtern* || K-: **Wort-, -bedeutung, -betonung, -gebrauch 2** (*Pl Worte*) e-e schriftliche od. mündliche Äußerung ≈ Bemerkung ⟨ein deutliches, freundliches, geistreiches W.; Worte der Dankbarkeit, des Trostes; ein offenes, ernstes W. mit j-m reden; Worte mit j-m wechseln; etw. mit keinem W. erwähnen; nach Worten suchen; j-m fehlen die Worte⟩ || K-: **Wort-, -gefecht 3** (*Pl Worte*) verwendet, um e-e *mst* berühmte Aussage j-s zu bezeichnen ⟨ein W. Goethes⟩ **4** *nur Sg* ≈ Zusage, Versprechen ⟨sein W. geben, halten, brechen⟩: *Ich bin bei ihm im W.* (= ich habe ihm etw. versprochen) || -K: **Ehren- 5 ein geflügeltes W.** ein bekanntes Zitat **6 das W. Gottes** ≈ die Bibel || ID **in Worten** nicht in Ziffern geschrieben: *25, in Worten fünfundzwanzig*; **das große W. haben / führen** bei e-m Gespräch am meisten sagen; **ums W. bitten / sich zu W. melden** in e-r Diskussion deutlich machen, dass man etw. sagen möchte; **das W. ergreifen** beginnen, über etw. zu sprechen; **j-m das W. erteilen / geben** (in e-r Diskussion) j-n zu e-m Thema sprechen lassen; **j-d hat das W.** j-d ist in e-r Diskussion an der Reihe zu sprechen; **j-m das W. entziehen / verbieten** j-n nicht länger sprechen lassen; **für j-n ein gutes W. einlegen** versuchen, j-m in e-r Sache zu helfen, indem man anderen etw. Gutes über ihn sagt; *mst* **Du nimmst mir das W. aus dem Mund** du sagst genau das, was ich auch gerade sagen wollte; **j-m das W. im Mund umdrehen** etw., das j-d gesagt hat, absichtlich falsch auslegen (u. wiedergeben); **j-m bleibt das W. im Hals / in der Kehle stecken** j-d kann (vor Schreck, aus Überraschung) nicht sprechen; *mst* **kein W. über etw.** (*Akk*) **verlieren** etw. überhaupt nicht erwähnen; **j-m ins W. fallen** j-n unterbrechen; **j-m das W. abschneiden** j-n unterbrechen; *mst* **j-d will / muss das letzte W. haben** j-d will unbedingt zeigen, dass er Recht hat; **etw. ist j-s letztes W.** j-d hat sich endgültig entschieden; **Das letzte W. ist noch nicht gesprochen** etw. ist noch nicht endgültig entschieden; *mst* **aufs W. gehorchen / folgen** ohne Zögern gehorchen; *mst* **Das glaube ich (ihm / ihr** *usw*) **aufs W.** ich habe überhaupt keine Zweifel, dass das, was er / sie *usw* sagt, richtig ist; **mit 'einem W.** kurz gesagt, zusammenfassend; **mit anderen Worten** anders gesagt; **jedes W. auf die Goldwaage legen a**) j-s Worte sehr genau nehmen; **b**) sehr sorgfältig überlegen, bevor man etw. sagt; *mst* **ein W. gab das andere** es kam zu e-m Streit; **zu W. kommen** reden dürfen: *Du lässt mich überhaupt nicht zu W. kommen!*; **Dein W. in Gottes Ohr!** verwendet, wenn man hofft, dass das, was ein anderer gerade gesagt hat, auch Wirklichkeit wird

Wort·art *die*; die grammatische Kategorie e-s Wortes: *Substantiv, Verb u. Adjektiv sind die wichtigsten Wortarten*

Wort·bil·dung *die*; das Bilden von Wörtern, *bes* durch Zusammensetzung (*z.B. Haustür*) od. durch Vorsilben od. Nachsilben (*z.B. verändern, Schönheit*)

Wort·bruch *der*; das Nichteinhalten e-s Versprechens ⟨W. begehen⟩ || *hierzu* **wort·brü·chig** *Adj*; *nicht adv*

Wört·chen *das*; *mst in* **ein W. mitzureden haben** *gespr*; an e-r Entscheidung mitwirken; *mst* **Mit 'dir habe ich noch ein W. zu reden** *gespr*; ich muss dir zu etw. deutlich meine Meinung sagen

Wör·ter·buch *das*; ein Buch, in dem die Wörter e-r Sprache, e-r Fachsprache od. zweier Sprachen alphabetisch aufgeführt u. erklärt od. übersetzt sind

⟨ein einsprachiges, zweisprachiges, deutsch-italienisches, medizinisches W.; etw. in e-m W. nachschlagen⟩ || NB: Ein Wörterbuch beschreibt die *Sprache*, ein Lexikon die *Dinge* u. *Sachverhalte*

Wort·fa·mi·lie *die*; *Ling*, *Kollekt*; alle Bildungen, die zum gleichen Wortstamm gehören: *Fahren, führen u. Fahrt gehören zur gleichen W.*

Wort·füh·rer *der*; ein Mitglied e-r Gruppe, das (im Auftrag der Gruppe) für diese spricht, verhandelt *usw* ≈ Sprecher

wort·ge·treu *Adj*; so, dass die Worte des Originals exakt wiedergegeben werden ⟨etw. w. übersetzen, wiedergeben⟩

Wort·ge·walt *die*; *nur Sg*; die Fähigkeit, die Sprache überzeugend u. wirkungsvoll zu benutzen ⟨mit großer W.⟩ || *hierzu* **wort·ge·wal·tig** *Adj*

wort·ge·wandt *Adj*; ⟨ein Redner, ein Schriftsteller⟩ so, dass sie gut u. überzeugend sprechen od. schreiben

wort·karg *Adj*; **1** ⟨ein Mensch⟩ so, dass er wenig spricht **2** ⟨e-e Unterhaltung, ein Brief⟩ so, dass sie wenig Worte enthalten || *hierzu* **Wort·karg·heit** *die*; *nur Sg*

Wort·klau·be·rei *die*; -, *-en*; *pej* ≈ Haarspalterei

Wort·laut *der*; der wörtliche Text ⟨der genaue W. e-s Briefes, e-r Rede⟩: *e-e Erklärung im (vollen) W. veröffentlichen*

wört·lich *Adj*; dem Originaltext exakt entsprechend ↔ sinngemäß ⟨etw. w. übersetzen, zitieren⟩ || ID ***etw. (allzu) w. nehmen*** etw. zu genau nehmen

wort·los *Adj*; ohne Worte, schweigend || *hierzu* **Wort·lo·sig·keit** *die*; *nur Sg*

Wort·mel·dung *die*; die Bitte (*mst* durch Heben der Hand) bei e-r Versammlung, etw. sagen zu dürfen ⟨e-e W. liegt vor; e-e W. zurückziehen⟩

wort·reich *Adj*; mit vielen Worten (u. *mst* etwas umständlich) ⟨e-e Entschuldigung, e-e Erklärung⟩

Wort·schatz *der*; *mst Sg*; **1** alle Wörter e-r Sprache od. Fachsprache || -K: ***Fach-*** **2** ***aktiver W.*** alle Wörter, die j-d zum Sprechen benutzt **3** ***passiver W.*** alle Wörter, die j-d in ihrer Bedeutung kennt (aber nicht selbst benutzt)

Die Wortarten	
das **Adjektiv**, das Eigenschaftswort	
	ein **großes** Auto
	die Aussicht ist **schön**
das **Adverb**, das Umstandswort	
	Gestern hat es **stark** geregnet.
der **Artikel**	
	der Stuhl, **eine** Tasse
die **Konjunktion**, das Bindewort	
	Alexander **und** Marion
	Er hat angerufen, **weil** er nicht kommen kann.
die **Präposition**, das Verhältniswort	
	aus Glas, **für** die Kinder
das **Pronomen**, das Fürwort	
	Sie geht noch zur Schule.
	meine Schlüssel
	Was hat er dir gegeben?
das **Substantiv**, das Hauptwort	
	das **Haus**, der **Teller**
das **Verb**, das Zeitwort	
	gehen, sprechen

Wort·spiel *das*; die witzige, spielerische Verwendung e-s Wortes od. von Wörtern, bei der der Witz *mst* dadurch entsteht, dass mehrere Bedeutungen möglich sind

Wort·stel·lung *die*; *nur Sg*; die Reihenfolge der Wörter im Satz

Wort·wahl *die*; *nur Sg*; die Wörter, die man zu e-m bestimmten (schriftlichen od. mündlichen) Anlass wählt ⟨e-e sorgfältige W.⟩

Wort·wech·sel *der*; ein Streit, der mit Worten ausgetragen wird

wort·wört·lich *Adj*; *ohne Steigerung*; verwendet, um *wörtlich* zu verstärken

wo·rü·ber ↑ ***wo- / wor-*** + *Präp* (1,2)

wo·rum ↑ ***wo- / wor-*** + *Präp* (1,2)

wo·run·ter ↑ ***wo- / wor-*** + *Präp* (1,2)

wo·von ↑ ***wo- / wor-*** + *Präp* (1,2)

wo·zu ↑ ***wo- / wor-*** + *Präp* (1,2)

Wrack [vrak] *das*; *-s*, *-s*; **1** ein stark beschädigtes Schiff, Flugzeug od. Auto, das nicht mehr verwendet werden kann || -K: ***Flugzeug-, Schiffs-*** **2** ***ein (menschliches) W.*** j-d, der wegen e-r Krankheit od. e-r Sucht keine Kraft mehr hat

wrang *Imperfekt, 1. u. 3. Person Sg*; ↑ ***wringen***

wrin·gen [ˈvrɪŋən]; *wrang, hat gewrungen*; [Vt] ***etw. w.*** nasse Wäsche, e-n nassen Lappen *o.Ä.* mit beiden Händen so drehen, dass das Wasser herausgepresst wird

Wu·cher *der*; *-s*; *nur Sg*; die Forderung e-s sehr hohen (ungesetzlichen) Preises, Mietpreises od. Zinses (den der andere zahlen muss, weil er keine Wahl hat) ⟨W. treiben⟩: *Wenn es nicht genug Wohnungen gibt, wird mit der Miete oft W. getrieben* || K-: ***Wucher-, -preis, -zins*** || -K: ***Miet-, Preis-, Zins-*** || *hierzu* **wu·che·risch** *Adj*

Wu·che·rer *der*; *-s*, -; j-d, der Wucherpreise od. -zinsen verlangt || *hierzu* **Wu·che·rin** *die*; -, *-nen*

wu·chern; *wucherte, hat / ist gewuchert*; [Vi] **1** ***etw. wuchert*** (*hat / ist*) etw. wächst sehr stark u. unkontrolliert (u. verdrängt od. gefährdet so anderes) ⟨Unkraut, ein Geschwür, ein Tumor⟩ **2** (***mit etw.***) ***w.*** (*hat*) Wucher treiben

Wu·che·rung *die*; -, *-en*; **1** *nur Sg*; das schnelle u. unkontrollierte Wachsen von (*mst* krankem) menschlichem, tierischem od. pflanzlichem Gewebe **2** e-e Schwellung, die durch e-e W. (1) entstanden ist ≈ Geschwulst, Tumor ⟨e-e gutartige, harmlose, bösartige W.⟩

wuchs [vu:ks] *Imperfekt, 1. u. 3. Person Sg*; ↑ ***wachsen***

Wuchs [vu:ks] *der*; *-es*; *nur Sg*; **1** das Wachsen[1] (1,2) **2** ≈ Gestalt, Erscheinung ⟨von schlankem, zartem, kräftigem W. sein⟩

-wüch·sig [-vy:ksɪç] *im Adj, wenig produktiv*; drückt aus, dass der Wuchs der Person / Sache so ist, wie im ersten Wortteil beschrieben; ***großwüchsig, kleinwüchsig, schlankwüchsig, schnellwüchsig, zwergwüchsig***

Wucht [vʊxt] *die*; -; *nur Sg*; die Kraft bei e-m starken Schlag, Wurf, Stoß *usw* ⟨mit voller W.⟩ || ID ***etw. ist e-e W.*** *gespr*; etw. ist großartig, toll

wuch·ten [ˈvʊxtn̩]; *wuchtete, hat gewuchtet*; [Vt] **1** ***etw. irgendwohin w.*** e-n schweren Gegenstand mit großer Anstrengung (irgendwohin) heben: *Er wuchtete den Koffer auf den Gepäckträger* **2** ***den Ball irgendwohin w.*** *Sport*; den Ball schnell u. mit großer Kraft irgendwohin schlagen od. schießen: *den Ball ins Tor w.*

wuch·tig [ˈvʊxtɪç] *Adj*; **1** ⟨ein Schlag, Hieb, Stoß, Wurf⟩ so, dass dabei viel Kraft eingesetzt wurde **2** *nicht adv*; groß u. massig ⟨ein Schrank⟩

Wühl·ar·beit *die*; *pej*; Tätigkeiten, mit denen versucht wird, e-m anderen (*mst* politisch) zu schaden

wüh·len; *wühlte, hat gewühlt*; [Vi] **1** ***j-d / ein Tier wühlt (mit etw.) in etw.*** (*Dat*) j-d gräbt mit den Händen / ein Tier gräbt mit der Schnauze od. den Pfoten im Erdboden ⟨im Schlamm, im Sand w.⟩ **2** ***irgendwo (nach etw.) w.*** in e-r Menge von Gegenständen etw. suchen u. dabei Unordnung machen **3** ***gegen j-n / etw. w.*** gegen j-n / etw. hetzen; [Vt] **4** *mst* ***ein Loch in die Erde w.*** durch Wühlen (1) ein Loch in die Erde machen; [Vr] **5** ***ein Tier / etw. wühlt sich irgendwohin*** ein Tier / etw. gräbt sich durch Wühlen (1) in od. durch etw.: *Der Bagger wühlte sich in die Erde; Das Schwein wühlte sich durch den schlammigen Boden* **6** ***sich durch etw. w.*** etw. mit großer Anstrengung leisten ⟨sich durch viel Arbeit w.⟩

Wühl·maus *die*; ein Nagetier, das e-r Maus ähnlich sieht u. unter der Erde Gänge gräbt

Wühl·tisch *der*; ein Tisch im Kaufhaus, auf dem sehr billige Waren, oft Textilien, angeboten werden

Wulst *der*; *-es, Wüls·te / selten Wuls·te*; *od die*; *-, Wüls·te*; e-e Stelle, die länglich u. dick ist u. sich wie e-e Falte *z.B.* auf Leder, Stoff od. auf der Haut bildet

wuls·tig *Adj*; *nicht adv*; ⟨Lippen, ein Nacken⟩ so, dass sie e-n Wulst bilden od. als längliche, dicke Schwellung hervortreten

wund, *wunder, wundest-*; *Adj*; *nicht adv*; **1** ⟨Füße, Knie *o.Ä.*⟩ so, dass sie durch Reibung an der Hautoberfläche verletzt od. entzündet sind: *Ich habe mich am neuen Sattel w. gerieben* **2** ***sich*** (*Dat*) ***die Finger w. schreiben*** *gespr*; sehr viel schreiben **3** ***sich*** (*Dat*) ***die Füße w. laufen*** *gespr*; **a**) sehr viel herumgehen müssen, *mst* um etw. zu besorgen; **b**) durch viel Laufen wunde (1) Füße bekommen

> **wund lie·gen, sich**; *lag sich wund, hat sich wund gelegen*; [Vr] ***j-d liegt sich wund*** j-d bekommt durch langes Liegen im Bett wunde Stellen an der Haut

Wun·de *die*; *-, -n*; **1** e-e Verletzung der Haut (u. des Gewebes, das darunter liegt) ⟨e-e offene, klaffende, tiefe, frische W.; die W. blutet, eitert, nässt, schmerzt, brennt, heilt, vernarbt; e-e W. behandeln, versorgen, desinfizieren, verbinden, nähen; e-e W. am Kopf, am Finger *usw*⟩ || K-: ***Wund-, -behandlung, -puder, -versorgung*** || -K: ***Brand-, Quetsch-, Schnitt-, Schürf-; Kopf-*** **2** ***e-e alte W.*** ein unangenehmes Erlebnis, das man lange Zeit nicht vergessen kann ⟨an alte Wunden rühren, e-e alte W. aufreißen⟩

Wun·der *das*; *-s, -*; **1** ein Ereignis, bei dem göttliche od. übernatürliche Kräfte beteiligt sind ⟨die Wunder Jesu; an Wunder glauben⟩ || K-: ***Wunder-, -glaube, -heiler, -heilung, -zeichen*** **2** ein Ereignis, das zu e-m glücklichen Ende führt (das man eigentlich nicht erwarten konnte): *Es war ein W., dass sie den Flugzeugabsturz überlebte* **3** ein außergewöhnliches Werk, Produkt *o.Ä.* ⟨ein W. der Technik, der Natur, ein W. an Genauigkeit⟩ || K-: ***Wunder-, -werk*** || ID ***es ist kein W., dass …*** es überrascht nicht, dass …; ***Kein W.!*** *gespr*; das ist keine Überraschung; ***etw. wirkt (wahre) Wunder*** etw. hat e-e sehr gute Wirkung ⟨e-e Medizin, ein Rat⟩; *mst* ***Du wirst noch dein blaues W. erleben*** *gespr*; du wirst sicher etwas Unangenehmes erleben

Wun·der- *im Subst, wenig produktiv*; drückt aus, dass das im zweiten Wortteil Genannte e-e sehr starke Wirkung hat; die ***Wunderdroge***, das ***Wundermittel***, die ***Wunderwaffe***

wun·der- *im Adj, nicht produktiv*; verwendet zur Intensivierung e-s Adjektivs ≈ äußerst; ***wunderhübsch, wunderschön***

wun·der·bar *Adj*; **1** wie bei einem Wunder (1,2), übernatürlich erscheinend: *Auf wunderbare Weise wurde er wieder gesund* **2** herrlich, großartig ⟨das Wetter, ein Konzert⟩ **3** *nur adv, gespr*; verwendet, um Adjektive zu verstärken: *ein w. erfrischendes Getränk*

Wun·der·ker·ze *die*; ein Draht, der mit e-r besonderen Masse umgeben ist, die brennt u. kalte Funken gibt

Wun·der·kind *das*; ein Kind, das sehr früh außergewöhnliche Fähigkeiten zeigt: *Mozart war ein W.*

wun·der·lich *Adj*; sonderbar, seltsam ⟨e-e Idee; ein Mensch⟩

Wun·der·mit·tel *das*; *oft iron*; ein Medikament od. e-e Art Medikament, das (*mst* angeblich) sehr gut hilft: *eines der vielen Wundermittel gegen Glatzen*

wun·dern; *wunderte, hat gewundert*; [Vt] **1** ***etw. wundert j-n*** etw. erstaunt, überrascht j-n sehr: *Sein schlechtes Benehmen wunderte seine Eltern sehr*; [Vr] **2** ***sich (über j-n / etw.) w.*** über j-n / etw. sehr erstaunt, überrascht sein: *Ich wundere mich über seine Kochkünste; Er wunderte sich,* dass *alles so gut klappte* **3** ***sich w.*** *südd* (CH) sich erstaunt, überrascht fragen ⟨sich w., warum, wie etw. geschah⟩; [Vimp] **4** ***es wundert j-n (, dass …)***; ***j-n wundert, dass …*** es erstaunt, überrascht j-n sehr: *Es wunderte ihn, dass kein Brief gekommen war* || ID *mst* ***Er / Sie wird sich noch w.*** er / sie wird noch etw. Unangenehmes erleben; *mst* ***Ich muss mich doch sehr (über dich) w.*** das hätte ich nicht (von dir) gedacht

wun·der·voll *Adj* ≈ wunderbar (2,3)

Wund·fie·ber *das*; *Med*; ein Fieber, das nach der Infektion e-r Wunde auftritt

Wund|starr·krampf *der*; *nur Sg, Med*; e-e Krankheit, bei der nach der Infektion e-r Wunde Muskelkrämpfe, Fieber u. Atemnot auftreten; *Med* Tetanus

Wunsch *der*; *-(e)s, Wün·sche*; **1** ***der W. (nach etw.)*** etw. (od. die Vorstellung davon), was j-d gerne haben möchte ⟨ein geheimer, unerfüllbarer, dringender W.; e-n W. haben, äußern; j-m e-n W. erfüllen, abschlagen; sich nach j-s Wünschen richten⟩: *der W. nach Frieden; Mein einziger W. ist ein schöner Urlaub; Hast du e-n Wunsch für Weihnachten?* (= Was möchtest du als Geschenk?) **2** *mst Pl* ≈ Glückwunsch || NB: *mst* in festen Formeln verwendet: *Die besten Wünsche zum Geburtstag / zur Hochzeit!; Alle guten Wünsche für die Zukunft!* || -K: ***Glück-, Segens-*** **3** ***etw. verläuft nach W.*** etw. verläuft so, wie man es sich vorgestellt hatte **4** ***auf W.*** wenn man es so will: *Auf W. liefern wir frei Haus* **5** ***ein frommer W.*** etw., das gut gemeint ist, sich aber nicht verwirklichen lässt || ID ***Hier war der W. der Vater des Gedankens*** diese Idee stammt von e-m unrealisierbaren od. heimlichen Wunsch

Wunsch·bild *das*; e-e Vorstellung von j-m / etw., die durch die eigenen Wünsche bestimmt ist

Wunsch·den·ken *das*; e-e Denkweise, die von (unrealisierbaren) Träumen u. Idealvorstellungen geprägt ist: *Das ist reines W.!*

Wün·schel·ru·te *die*; ein Zweig, ungefähr in der Form e-s Y, mit dem manche Menschen feststellen können, wo viel Wasser unter der Erde ist || K-: ***Wünschelruten-, -gänger***

wün·schen; *wünschte, hat gewünscht*; [Vt] **1** ***sich*** (*Dat*) ***etw. (von j-m) (zu etw.) w.*** den Wunsch haben (u. *mst* auch aussprechen), dass man etw. bekommen könnte: *sich von den Eltern ein Buch zum Geburtstag w.; sich etw. zu Weihnachten w.* **2** ***j-m etw. w.*** zum Ausdruck bringen, dass man sich freuen würde, wenn j-d etw. erleben würde: *Ich wünsche ihr,* dass *sie es schafft* || NB: oft in festen (formelhaften) Wendungen verwendet: *j-m guten Appetit, gute Fahrt, e-n guten Tag, viel Erfolg, alles*

W

Gute zum Geburtstag w. **3** ***etw. w.*** *geschr* ≈ verlangen ⟨mit j-m e-e Unterredung w.⟩: *Sie wünscht, nicht gestört zu werden; Ich wünsche, dass dies sofort geändert wird* || ID ***etw. lässt zu w. übrig*** etw. ist nicht gut (gemacht); ***Was wünschen Sie?*** verwendet als Frage des Verkäufers an e-n Kunden

wụn·schens·wert *Adj*; *nicht adv*; so, dass man sich darüber freuen würde, wenn es einträte, realisiert würde *o.Ä.*

wụnsch·ge·mäß *Adj*; so, wie man es sich gewünscht od. erhofft hat

Wụnsch·kind *das*; ein Kind, das sich die Eltern auch gewünscht (1) haben

Wụnsch·kon·zert *das*; e-e Sendung im Rundfunk od. im Fernsehen, bei der sich die Hörer die Musik aussuchen können

wụnsch·los *Adj*; *mst in* ***w. glücklich sein*** zufrieden sein mit dem, was man hat

Wụnsch·traum *der*; e-e Vorstellung, von der man hofft, dass sie Wirklichkeit wird (die aber *mst* nicht realisierbar ist)

Wụnsch·vor·stel·lung *die* ≈ Wunschtraum

Wụnsch·zet·tel *der*; ein Blatt Papier, auf das ein Kind schreibt, was es sich zu Weihnachten wünscht || ID ***etw. steht auf j-s W.*** j-d möchte etw. haben

wür·de *Imperfekt, 1. u. 3. Person Sg*; ↑ ***werden***

wür·de *Konjunktiv, 1. u. 3. Person Sg*; ↑ ***werden***

Wür·de *die*; -, -*n*; **1** *nur Sg*; der (innere) Wert, den man als Mensch hat u. den andere Menschen respektieren sollen ⟨j-s W. achten, verletzen, antasten⟩: *Die W. des Menschen gilt als unantastbar* || -K: ***Menschen-*** **2** *nur Sg*; die Ausstrahlung e-r starken Persönlichkeit **3** *nur Sg*; der Respekt, das Ansehen (u. die damit verbundenen Pflichten) bestimmter Institutionen ⟨die W. des Gerichts⟩ **4** ein Amt od. Titel[1] mit hohem Ansehen ⟨die W. e-s Bischofs; akademische, geistliche Würden⟩ || ID ***etw. ist unter j-s W.*** j-d tut etw. nicht, weil er sonst seine Selbstachtung verlieren würde

wür·de·los *Adj*; ⟨ein Verhalten⟩ so, dass es nicht der menschlichen Würde entspricht: *etw. als w. empfinden*

Wür·den·trä·ger *der*; e-e Person, die ein hohes, ehrenvolles Amt hat: *geistliche u. weltliche Würdenträger*

wür·de·voll *Adj*; mit Würde (1,2), sich seines Wertes, seines Ansehens bewusst ↔ würdelos

wür·dig *Adj*; **1** mit Ernst u. der Feierlichkeit, die bei e-m bestimmten Anlass nötig ist **2** mit Würde (2) **3** ⟨ein Gegner, Nachfolger⟩ so, dass sie die gleiche Kraft od. Qualität wie die Vergleichsperson haben **4** ***j-s / etw. w. sein*** etw. zu Recht bekommen, etw. verdienen (3) ⟨j-s Vertrauen, Freundschaft w. sein; e-r Ehre, e-s Amtes w. sein⟩

-wür·dig *im Adj, begrenzt produktiv*; **1** drückt aus, dass die betroffene Person / Sache es verdienen würde, wenn etw. gemacht würde; ***auszeichnungswürdig*** ⟨e-e Leistung, ein Werk⟩, ***erhaltungswürdig*** ⟨ein Gebäude⟩, ***förderungswürdig*** ⟨ein Projekt, ein Student⟩, ***verehrungswürdig*** ⟨e-e Persönlichkeit⟩ **2** drückt aus, dass das im ersten Wortteil Genannte berechtigt ist; ***kritikwürdig*** ⟨j-s Auftreten, j-s Verhalten⟩, ***verabscheuungswürdig*** ⟨ein Verbrechen⟩

wür·di·gen; *würdigte, hat gewürdigt*; [Vt] **1** ***j-n / etw. w.*** j-n / etw. anerkennen u. in angemessener Weise loben ⟨j-s Leistungen, Verdienste w.; e-n Künstler, e-n Wissenschaftler w.⟩ **2** ***j-n keines Blickes / keiner Antwort w.*** (auf oft arrogante Weise) j-n nicht ansehen / j-m nicht antworten || *zu* **1 Wür·di·gung** *die*

Wụrf[1] *der*; -*(e)s*, *Wür·fe*; **1** die Tätigkeit (der Vorgang od. das Ergebnis) des Werfens[1] ⟨zu e-m W. ausholen, ansetzen; ein weiter W., ein W. von über 80m⟩ || K-: ***Wurf-, -bahn, -scheibe*** || -K: ***Ball-, Diskus-, Hammer-, Speer-, Stein-*** **2** die Tätigkeit (u. das Ergebnis) des Würfelns **3** *mst* ***j-m gelingt ein großer W.*** j-s (künstlerisches od. wissenschaftliches) Werk ist ein großer Erfolg || ID ***alles auf e-n W. setzen*** in e-r bestimmten Situation alles riskieren

Wụrf[2] *der*; -*(e)s*, *Wür·fe*; *mst Sg*, *Kollekt*; (bei bestimmten Säugetieren) die jungen Tiere, die das Muttertier auf einmal zur Welt gebracht hat ⟨ein W. Katzen, Hunde, Ferkel⟩

Wür·fel *der*; -*s*, -; **1** *Geometrie*; ein (dreidimensionales) Gebilde mit sechs quadratischen u. gleich großen Seiten, die rechtwinklig aufeinander stehen || ↑ *Abb. unter* ***geometrische Figuren*** || K-: ***Würfel-, -kante***; ***würfel-, -förmig*** **2** ein kleiner W. (1), der zum Spielen verwendet wird u. auf dessen Seitenfläche Punkte (eins bis sechs) sind ⟨den W. werfen; der W. zeigt eine Sechs⟩ **3** etw. (*z.B.* ein Stück Fleisch *o.Ä.*) von der (ungefähren) Form e-s Würfels (1) ⟨Fleisch, Zwiebeln in Würfel schneiden⟩ || K-: ***Würfel-, -zucker*** || ID ***Die Würfel sind gefallen*** etw. ist endgültig entschieden

wür·fe·lig *Adj*; in der Form e-s Würfels (1)

wür·feln; *würfelte, hat gewürfelt*; [Vi] **1** ***(um etw.) w.*** ein Spiel mit Würfeln (2) um Geld *o.Ä.* machen || K-: ***Würfel-, -becher, -glück, -spiel*** || *zu* ***Würfelbecher*** ↑ *Abb. unter* ***Becher***; [Vt] **2** ***etw. w.*** beim Würfeln (1) ein bestimmtes Ergebnis erzielen ⟨e-e Sechs w.⟩ **3** ***etw. w.*** etw. in Würfel (3) schneiden ⟨Zwiebeln, Fleisch w., etw. grob, fein w.⟩

Wür·ge·mal *das*; -*(e)s*, -*e*; Flecke an der Haut, die zurückbleiben, wenn j-d gewürgt wurde

wür·gen; *würgte, hat gewürgt*; [Vt] **1** ***j-n w.*** versuchen, j-n zu ersticken, indem man ihm die Kehle zusammendrückt ⟨j-n am Hals w.; j-n bis zur Bewusstlosigkeit, j-n zu Tode w.⟩ || K-: ***Würge-, -griff*** **2** ***etw. würgt j-n*** etw. ist an der Kehle, am Hals sehr eng ⟨der Kragen, das Halsband⟩ **3** ***etw. würgt j-n*** j-d kann etw. nur sehr schwer schlucken ⟨ein zu großer Bissen⟩; [Vi] **4** ***(an etw.*** *(Dat)*) ***w.*** etw. nur schwer hinunterschlucken können, weil es zäh ist, schlecht schmeckt od. zum Erbrechen führen könnte || *zu* **1 Wür·ger** *der*; -*s*, -

Wụrm[1] *der*; -*(e)s*, *Wür·mer*; **1** ein relativ kleines Tier, das kein Skelett u. keine Gliedmaßen hat u. sich kriechend (wie e-e Schlange) fortbewegt ⟨ein W. windet sich, krümmt sich; etw. ist von Würmern befallen; ein Tier hat Würmer⟩ || K-: ***Wurm-, -befall, -erkrankung*** || -K: ***Holz-, Mehl-*** **2** *gespr*; j-d, den man verachtet od. mit dem man Mitleid hat ⟨ein armseliger, elender W.⟩ || ID *mst* ***Da ist / sitzt der W. drin*** *gespr*; da ist etw. nicht in Ordnung, da stimmt etw. nicht; *mst* ***Dem muss man die Würmer aus der Nase ziehen*** *gespr*; den muss man lange fragen, bis man e-e Antwort bekommt

Wụrm[2] *das*; -*(e)s*, *Wür·mer*; *gespr*; ein kleines Kind ⟨ein armes, hilfloses, niedliches W.⟩

wụr·men; *wurmte, hat gewurmt*; *gespr*; [Vt] **1** ***etw. wurmt j-n*** etw. ärgert j-n: *Die schlechte Note hat ihn sehr gewurmt* || NB: kein Passiv!; [Vimp] **2** ***es wurmt j-n, dass ...*** es ärgert j-n, dass ...

Wụrm·fort·satz *der*; ein längliches Stück Gewebe am Blinddarm; *Med* Appendix

wụr·mig *Adj*; von Würmern befallen

wụrm·sti·chig *Adj* ≈ wurmig ⟨Holz⟩

Wụrst *die*; -, *Würs·te*; **1** e-e Masse aus gehacktem Fleisch, Innereien u. Gewürzen, die in e-e Haut (3) aus Darm od. Kunststoff gefüllt u. gekocht od. geräuchert gegessen wird ⟨e-e Scheibe W.; ein Brot mit W. belegen⟩ || K-: ***Wurst-, -brot, -haut, -platte, -salat*** || -K: ***Schnitt-, Streich-*** **2** verwendet

W

als Bezeichnung für etw. in der Form e-r länglichen Rolle || ID ***j-d / etw. ist j-m W. / Wurscht*** *gespr*; j-d / etw. ist j-m gleichgültig; *mst* ***Jetzt gehts um die W.*** jetzt wird sich e-e Sache entscheiden

Würst·chen *das*; *-s*, *-*; **1** e-e kleine Wurst (1), die *mst* paarweise verkauft u. warm (mit Senf) gegessen wird: *Wiener Würstchen* || K-: ***Würstchen-, -bude, -stand*** **2** *gespr*; ein bemitleidenswerter, armer, unbedeutender Mensch ⟨ein armes, kleines W.⟩

wurs·teln [-st-, -ʃt-]; *wurstelte, hat gewurstelt*; *gespr pej*; [Vi] ohne Plan u. System (u. daher *mst* ohne Erfolg) arbeiten

Wür·ze *die*; *-*, *-n*; **1** ein Pulver od. e-e Flüssigkeit, mit denen man den Geschmack von Speisen u. Getränken verändert od. verbessert **2** das Aroma, der Geruch von Speisen, Getränken ⟨die W. des Weines, von Kräutern⟩ **3** *gespr* ≈ Pfiff, Spritzigkeit: *e-r Geschichte die notwendige W. geben*

Wur·zel *die*; *-*, *-n*; **1** der Teil e-r Pflanze, der sich in der Erde verzweigt, der Pflanze Halt gibt u. durch den die Pflanze Wasser u. Nahrung aus dem Boden aufnimmt ⟨e-e Pflanze schlägt, treibt Wurzeln⟩ || K-: ***Wurzel-, -spross, -stock*** || -K: ***Baum-, Gras-*** **2** der Teil e-s Haares, Zahnes *o.Ä.*, der ähnlich e-r W. (1) sich fest in der Haut, im Fleisch befindet: *Der Zahnarzt bohrte bis an die W.* || -K: ***Haar-, Zahn-*** **3** *mst* ***die W. allen Übels*** die Ursache, der Ursprung *mst* e-r Reihe von Problemen **4** e-e rekonstruierte (Ur)Form e-s Wortes, die man durch den Vergleich verschiedener Sprachen erstellt hat **5** die mathematische Größe, die mit dem Zeichen $\sqrt{}$ dargestellt wird ⟨die W. ziehen⟩: $\sqrt{9} = 3$; Die W. aus 9 ist 3 || K-: ***Wurzel-, -rechnung*** || -K: ***Quadrat-*** || ID ***j-d schlägt irgendwo Wurzeln*** j-d lässt sich irgendwo dauerhaft nieder; *mst* ***das Übel an der W. packen*** den Ursprung e-s Problems *o.Ä.* zu beseitigen versuchen

Wur·zel·be·hand·lung *die*; e-e medizinische Maßnahme an e-r erkrankten Zahnwurzel

wur·zel·los *Adj*; **1** ohne Wurzel (2) ⟨ein Zahn⟩ **2** *geschr*; ohne Heimat ⟨ein Mensch⟩

wur·zeln; *wurzelte, hat gewurzelt*; [Vi] **1** ***e-e Pflanze wurzelt irgendwie / irgendwo*** e-e Pflanze ist durch die Wurzeln (1) mit dem Boden, der Erde fest verbunden ⟨e-e Pflanze wurzelt tief, flach; e-e Pflanze wurzelt im Boden⟩ **2** *mst* ***etw. wurzelt tief in j-m*** ein Gefühl, e-e Einstellung *o.Ä.* ist in j-m sehr stark vorhanden ⟨das Misstrauen, Vorurteile⟩ **3** ***etw. wurzelt in etw.*** (*Dat*) etw. hat in etw. den Ursprung, die Wurzel (3)

Wur·zel·werk *das*; *nur Sg*, *Kollekt*; alle Wurzeln e-r Pflanze

Wur·zel·zei·chen *das*; *Math*; das Zeichen $\sqrt{}$, das angibt, dass von der darunter stehenden Zahl die Wurzel (5) gezogen werden muss

wür·zen; *würzte, hat gewürzt*; [Vt/i] **1** (***etw.***) (***mit etw.***) ***w.*** den Geschmack e-r Speise od. e-s Getränks durch Gewürze verbessern od. verstärken ⟨etw. scharf, stark, pikant w.⟩: *e-e Soße mit Kräutern w.*; [Vt] **2** ***etw.*** (***mit etw.***) ***w.*** in e-m Text Worte verwenden, die e-n besonderen Effekt haben ⟨mit Humor gewürzt⟩

wür·zig *Adj*; **1** mit kräftigem Geschmack od. Geruch **2** mit Gewürzen verbessert: *Die Suppe schmeckt sehr w.* **3** leicht obszön, etwas unanständig ⟨Witze, ein Lied, e-e Erzählung⟩

wusch *Imperfekt, 1. u. 3. Person Sg*; ↑ ***waschen***

wu·sche·lig *Adj*; dicht u. lockig ⟨Haar⟩

wuss·te *Imperfekt, 1. u. 3. Person Sg*; ↑ ***wissen***

wüss·te *Konjunktiv II, 1. u. 3. Person Sg*; ↑ ***wissen***

Wust *der*; *-(e)s*; *nur Sg*, *pej*; e-e wirre, ungeordnete Menge von etw. ⟨ein W. an Papier, von Notizen, Gedanken, Zahlen; in e-m W. von etw. ersticken⟩

wüst *Adj*; **1** *nicht adv*; ⟨e-e Gegend, ein Land⟩ so, dass Menschen dort nicht wohnen od. siedeln (können) **2** sehr unordentlich ⟨ein Durcheinander; Dinge liegen w. durcheinander⟩ **3** wild u. schlimm ⟨e-e Drohung, ein Lärm, e-e Schlägerei; Treiben⟩

Wüs·te *die*; *-*, *-n*; e-e sehr große Fläche, in der es große Trockenheit, wenig Pflanzen, kaum Wasser u. *mst* viel Sand gibt: *die W. Sahara* || K-: ***Wüsten-, -klima, -landschaft, -wind*** || -K: ***Salz-, Sand-*** || ID ***j-n in die W. schicken*** j-n (*bes* e-n hohen Politiker od. Funktionär) entlassen

Wüst·ling *der*; *-s*, *-e*; ein sehr grober, rücksichtsloser Mensch (*auch* in sexueller Beziehung)

Wut *die*; *-*; *nur Sg*; ***Wut*** (***auf j-n / etw.***) ein sehr heftiges Gefühl von Ärger u. Zorn, bei dem man *mst* sehr laut wird ⟨voll(er) Wut; e-e Wut haben; in Wut kommen, geraten⟩ || K-: ***Wut-, -anfall*** || ID ***e-e Wut im Bauch haben*** *gespr*; sehr wütend sein

Wut·aus·bruch *der*; plötzlich auftretende Wut ⟨e-n W. haben⟩

wü·ten; *wütete, hat gewütet*; [Vi] **1** ***j-d wütet*** j-d wendet (vor Wut) Gewalt an, verursacht Zerstörung **2** ***etw. wütet*** etw. verursacht Zerstörung ⟨ein Sturm, ein Unwetter, e-e Krankheit⟩

wü·tend *Adj*; **1** ***w.*** (***auf j-n / etw.***) voller Wut gegenüber j-m / etw.: *Ist sie immer noch w. auf mich?* **2** ***w. über etw.*** (*Akk*) voller Wut wegen e-s Vorfalls **3** *nur attr*, *nicht adv*; sehr stark, heftig ⟨Schmerzen; Hunger; ein Sturm⟩

wut·ent·brannt *Adj*; sehr zornig, äußerst wütend (1) ⟨sich w. auf j-n stürzen, w. auf j-n losgehen⟩

-wü·tig *im Adj*, *wenig produktiv*; von allzu großer Lust od. Leidenschaft erfüllt, das Genannte zu tun; ***arbeitswütig, kaufwütig, schießwütig, schreibwütig, tanzwütig***

wut·schnau·bend *Adj* ≈ wutentbrannt

WWW *Abk für* World Wide Web || NB: ↑ ***Web***

W

X, x

X, x [ɪks] *das*; -, -; **1** der vierundzwanzigste Buchstabe des Alphabets ⟨ein großes X; ein kleines x⟩ **2** *groß geschrieben*; verwendet an Stelle e-s Namens: *das Land X, Frau X* **3** *klein geschrieben, gespr* ≈ viele: *Ich warte schon seit x Stunden auf dich!* **4** *klein geschrieben, Math*; verwendet als Zeichen für e-e unbekannte od. veränderliche Größe / Zahl: *Zwei x hoch zwei ist (gleich) achtzehn* ($2x^2 = 18$) **5** ***der Tag / die Stunde X*** verwendet, wenn man den genauen Zeitpunkt e-s Ereignisses noch nicht kennt od. nicht nennen will || ID ***j-m ein X für ein U vormachen (wollen)*** j-n auf nicht sehr geschickte Weise täuschen (wollen) || *zu* **1 x-för·mig, X-för·mig** ['ɪks-] *Adj*

x-Ach·se ['ɪks-] *die*; *Math*; die waagrechte Achse in e-m Koordinatensystem ≈ Abszissenachse

Xan·thip·pe [ksan'tɪpə] *die*; -, -*n*; *pej*; e-e streitsüchtige Frau

X-Bei·ne ['ɪks-] *die*; *Pl*; Beine, deren Unterschenkel nach außen zeigen, wenn sich die Knie berühren ↔ O-Beine || *hierzu* **x-bei·nig, X-bei·nig** ['ɪks-] *Adj*

x-be·lie·big ['ɪks-] *Adj*; *mst attr, gespr*; egal, wer od. welche(r, -s) ≈ irgendein: *eine x-beliebige Zahl nennen*; *Das kann man an jedem x-beliebigen Tag beobachten*; *Da kannst du jeden x-Beliebigen fragen*

X-Chro·mo·som ['ɪks-] *das*; *Biol*; eines der beiden Chromosomen, die das Geschlecht bestimmen ↔ Y-Chromosom

Xe·no·pho·bie *die*; -; *nur Sg, geschr* ≈ Fremdenhass || *hierzu* **xe·no·phob** *Adj*

x-fach ['ɪks-] *Adj*; *mst adv, gespr*; viele Male ≈ tausendfach: *x-fach erprobt, überprüft*

x-fa·che ['ɪks-] *das*; -*n*; *nur Sg, gespr*; e-e um viele Male größere Anzahl, Menge *usw*: *Heute zahlt man dafür das x-fache von damals* || NB: *ein x-faches*

x-mal ['ɪks-] *Adv*; *gespr*; viele Male ≈ tausendmal: *Den Film habe ich schon x-mal gesehen*; *Ich habe dir schon x-mal gesagt, dass du damit aufhören sollst!*

x-t- ['ɪkst-] *Zahladj*; *nur attr, nicht adv, gespr*; verwendet, um e-e große, unbestimmte (Ordnungs)Zahl zu bezeichnen: *Sie liest das x-te Buch von Simenon*

x-ten Mal ['ɪkst-] *Adv*; *nur in* ***beim / zum x-ten Mal*** *gespr*; schon sehr oft u. jetzt wieder: *Sie ist zum x-ten Mal zu spät gekommen*

Xy·lo·phon [-f-] *das*; -*s*, -*e*; ein Musikinstrument aus einer Reihe od. mehreren Reihen verschieden großer, flacher Holz- od. Metallstäbe, die mit zwei Stäben angeschlagen werden. Diese zwei Stäbe heißen Klöppel od. Schlegel u. haben am Ende e-e Kugel ⟨(auf dem) X. spielen⟩

Y, y

Y, y ['ʏpsilɔn] *das*; -, - / *gespr auch -s*; der fünfundzwanzigste Buchstabe des Alphabets ⟨ein großes Y; ein kleines y⟩

y-Ach·se ['ʏpsilɔn-] *die*; *Math*; die senkrechte Achse in e-m Koordinatensystem ≈ Ordinatenachse

Ya̧cht [j-] *die*; ↑ ***Jacht***

Yan·kee ['jɛŋki] *der*; *-s, -s*; *oft pej*; ein Bürger (des nördlichen Teils) der USA

Y-Chro·mo·som ['ʏpsilɔn-] *das*; *Biol*; eines der beiden Chromosomen, die das Geschlecht bestimmen ↔ X-Chromosom

Ye̱·ti [j-] *der*; *-s, -s*; ein Wesen, von dem manche Leute glauben, dass es im Himalaja lebe u. dass es wie ein großer Affe aussehe ≈ Schneemensch

Yo̱·ga [j-] *der, das*; ↑ ***Joga***

Yo̱·gi [j-] *der*; ↑ ***Jogi***

Y̧p·si·lon *das*; *-(s), -s*; ↑ ***Y, y***

Yuc·ca ['jʊka] *die*; *-, -s*; e-e Art kleine Palme, die man oft als Topfpflanze in der Wohnung hat || K-: ***Yucca-, -palme***

Yup·pie ['jʊpi, 'japi] *der*; *-s, -s*; *mst pej*; ein junger Mensch, der Wert auf seine berufliche Karriere u. ein gutes Einkommen legt u. der *mst* modernen Trends folgt (u. viel Geld dafür ausgibt): *Yuppies sind e-e typische Erscheinung der Achtzigerjahre*

Z, z

Z, z [tsɛt] *das*; -, - / *gespr auch -s*; der letzte Buchstabe des Alphabets ⟨ein großes Z; ein kleines z⟩

Zack *gespr*; *nur in* **1** ***auf Z. sein*** etw. gut machen od. gut können: *in Mathe auf Z. sein* **2** ***etw. auf Z. bringen*** bewirken, dass etw. funktioniert **3** ***j-n auf Z. bringen*** (*mst* durch Drohungen od. Befehle) bewirken, dass j-d e-e bestimmte Leistung bringt

Za·cke *die*; -, *-n*; eine von mehreren Spitzen am Rand e-s *mst* flachen Gegenstandes od. e-r flachen Form ⟨die Zacken e-r Krone, e-r Säge, e-r Gabel, e-s Kammes⟩: *ein Stern mit fünf Zacken*; *ein grünes Blatt mit vielen kleinen Zacken* || NB: ***Zahn, Zinke***

Za·cken *der*; *-s*, -; *bes südd* Ⓐ, *gespr* ≈ Zacke || ID *mst* ***Da bricht dir kein Z. aus der Krone*** *gespr*; es ist nicht zu viel von dir verlangt

za·ckig *Adj*; **1** mit (vielen) Zacken ⟨ein Felsen⟩ **2** *gespr*; schnell u. ruckartig ⟨Bewegungen; z. grüßen⟩

zag·haft *Adj*; aus Angst (u. Unsicherheit) langsam u. sehr vorsichtig ≈ zögernd ↔ forsch ⟨ein Versuch; Schritte; z. klopfen, eintreten⟩ || *hierzu* **Zag·haf·tig·keit** *die*; *nur Sg*

zäh, *selten* **zä·he**, *zäher, zäh(e)st-*; *Adj*; **1** ⟨Fleisch⟩ so, dass es auch nach langem Kochen nicht weich wird: *Das Fleisch ist zäh wie Leder* **2** ⟨ein (Motor-) Öl, Harz, Honig⟩ so, dass sie schwer u. langsam fließen ≈ dickflüssig || K-: ***zäh-, -flüssig*** **3** so gesund u. voller Kraft, dass Anstrengungen lange ertragen werden können ≈ widerstandsfähig ⟨ein Mensch, ein Bursche; e-e zähe Natur haben⟩ **4** ⟨Fleiß, Widerstand⟩ so, dass der Betroffene auch über längere Zeit nicht an Kraft verliert ≈ beharrlich: *an etw. zäh festhalten* **5** langsam, nur mit großer Anstrengung: *nur zäh vorankommen* || *hierzu* **Zäh·heit** *die*; *nur Sg*; *zu* **3, 4** u. **5** **Zä·hig·keit** *die*; *nur Sg*

Zahl *die*; -, *-en*; **1** ein Element des Systems, mit dem man rechnen, zählen u. messen kann ⟨e-e einstellige, zweistellige *usw*, mehrstellige Z.; eine hohe, große, niedrige, kleine Z.⟩: *die Zahl 1*; *die Zahlen von 1 bis 100* || K-: ***Zahlen-, -angabe, -folge, -kolonne, -kombination, -lotterie, -reihe, -symbolik, -system*** || -K: ***Bruch-, Kubik-, Quadrat-; Kardinal-, Ordinal-; Jahres-, Kenn-, Lotto-, Maß-, Seiten-*** || NB: ↑ ***Ziffer, Nummer*** **2** ein schriftliches Zeichen, das e-e Z. (1) darstellt ≈ Ziffer: *e-e Z. schreiben* **3** *nur Sg*; e-e bestimmte Menge von Personen od. von zählbaren Dingen ≈ Anzahl: *Die Besucher kamen in großer Z.*; *Die Z. der Mitglieder hat sich in den letzten zehn Jahren verdoppelt* || -K: ***Abonnenten-, Besucher-, Einwohner-, Geburten-, Mitglieder-, Stück-*** **4** ***die arabischen Zahlen*** die Ziffern 1, 2, 3 *usw.* **5** ***die römischen Zahlen*** die Ziffern I, II, III, IV *usw* **6** ***e-e positive / negative Z.*** *Math*; e-e Z. (1), deren Wert größer / kleiner ist als Null **7** ***e-e gerade Z.*** *Math*; e-e Z. (1) wie 2, 4, 6 *usw* (die man durch 2 dividieren kann) **8** ***e-e ungerade Z.*** e-e Z. (1) wie 1, 3, 5 *usw* (die man nicht durch 2 dividieren kann) **9** ***e-e natürliche Z.*** *Math*; e-e positive Z. (1), die kein Bruch ist || ID ***in den roten Zahlen sein***; ***rote Zahlen schreiben*** finanzielle Verluste haben ⟨ein Betrieb, ein Geschäft⟩; ***in den schwarzen Zahlen sein***; ***schwarze Zahlen schreiben*** keine finanziellen Verluste machen; ***keine Zahlen nennen*** *geschr*; keine genauen Angaben über die Z. (3) von etw. machen

Zahl·ad·jek·tiv *das*; ein Wort, das e-e Zahl bezeichnet, *z.B. eins, (der) erste usw* ≈ Zahlwort

zahl·bar *Adj*; *mst präd*, *Ökon*; (von e-r Rechnung *o.Ä.*) so, dass sie zum genannten Termin gezahlt werden muss: *z. binnen drei Wochen* ≈ fällig

zähl·bar *Adj*; *nicht adv*; **1** ⟨e-e Menge⟩ so, dass man sie in Zahlen ausdrücken kann **2** ⟨ein Substantiv⟩ so, dass es e-e zählbare (1) Menge ausdrückt: *„Obst" ist ein nicht zählbares Substantiv*

zäh·le·big *Adj*; *nicht adv*; **1** ⟨Gewohnheiten, Vorurteile, Ansichten⟩ so, dass sie lange bestehen **2** ⟨Tiere, Pflanzen⟩ so, dass sie auch unter schlechten Bedingungen lange leben können || *hierzu* **Zäh·le·big·keit** *die*; *nur Sg*

zah·len; *zahlte, hat gezahlt*; [Vt/i] **1** ***((j-m) etw.) (für etw.) z.*** (j-m) e-e Summe Geld als Gegenwert für e-e Arbeit, e-e Ware *o.Ä.* übergeben ⟨viel, wenig (für etw.) z.; in Euro, Schweizer Franken *usw* z.; bar, mit e-m Scheck z.; im Voraus, in Raten z.; e-e Rechnung z.; die Miete z.; Steuern z.; e-e Strafe z.; Zoll z.⟩: *Wir müssen erst z.*; *Ich habe 200 Euro dafür gezahlt*; *Er hat mir zehn Euro für das alte Buch gezahlt* **2** ***(j-n) z.*** j-m für seine Leistung Geld geben ⟨gut, schlecht z.⟩: *Sie zahlt (ihre Angestellten) recht gut* || ID ***Bitte z.***; ***Z. bitte!*** verwendet, wenn man in e-m Restaurant *o.Ä.* den Kellner od. die Kellnerin um die Rechnung bittet

> **Jeder zahlt für sich**
>
> Wenn mehrere Leute gemeinsam in einem Lokal essen, ist es nicht üblich, dass einer für alle bezahlt, es sei denn, es handelt sich um einen besonderen Anlass, zu dem er einlädt. Man fragt nach der Rechnung, indem man sagt: „**Bitte zahlen!**" oder „**Die Rechnung, bitte!**". Der Kellner ist gewohnt, den Preis für jeden Gast einzeln zu berechnen. Die erste Frage des Kellners, wenn er die Rechnung bringt, ist: „(**Zahlen Sie**) **getrennt oder** (**geht alles**) **zusammen?**", worauf man je nach Situation mit „**Getrennt**" oder „**Zusammen**" antwortet.

zäh·len; *zählte, hat gezählt*; [Vt/i] **1** ***(j-n / etw.) z.*** feststellen, wie viele Personen od. Dinge irgendwo vorhanden sind ⟨Geld z., falsch, richtig z.⟩: *ein Gerät, das die vorbeifahrenden Autos zählt*; *Bei der Inventur müssen alle Artikel gezählt werden* **2** ***etw. zählt (etw.)*** etw. hat e-n bestimmten Wert: *Das Ass zählt elf Punkte / zählt mehr als die Dame*; [Vi] **3** die Zahlen (*mst* ab Eins) in der richtigen Reihenfolge (kennen u.) sagen: *rückwärts z.* (*z.B. von 10 bis 1*); *von 100 bis 1000 z.*; *Kannst du schon bis 10 z.?* **4** ***etw. zählt (irgendwie)*** etw. hat e-e bestimmte Bedeutung, etw. wird irgendwie beachtet ⟨etw. zählt viel, wenig›: *In seinem Job zählt nur Leistung* (= wird nur Leistung anerkannt) **5** ***etw. zählt*** (***nicht***) etw. ist (nicht) gültig ≈ etw. gilt (nicht): *Der Wurf zählt nicht - der Würfel ist auf den Boden gefallen* **6** ***j-d zählt*** + *Altersangabe*; *geschr*; j-d hat das genannte Alter: *Er zählt 80 Jahre* **7** ***etw. zählt*** + *Mengenangabe*; *geschr*; etw. hat die genannte Anzahl od. Menge von Personen / Dingen: *Der Verein zählt 2000 Mitglieder* **8** ***j-d zählt zu etw.*** (*Kollekt od Pl*) j-d ist Teil e-r Gruppe: *Er zählt zu den reichsten Männern der Welt* **9** ‹Personen / Dinge› ***zählen nach*** + *Zahlenangabe* (*Pl*) *od Mengenangabe* (*Pl*); die betroffenen Menschen / Dinge machen e-e so große Anzahl od. Menge aus, dass man sie nicht mehr einzeln zählt: *Die Erdbebenopfer zählen nach Tausenden* **10** ***auf j-n / etw. z.*** (***können***) sich auf j-n / etw. verlassen (können): *Sie können auf unsere Unterstützung z.*; [Vi] **11** ***j-n / etw. zu etw.*** (*Kollekt od Pl*) ***z.*** j-n / etw. zu e-r bestimmten Gruppe von Personen od. Dingen gehörig betrachten: *Kritiker zählen sie zu den bedeutendsten zeitgenössischen Autorinnen*; *Er zählt zur Elite im Land* **12** ***die Stunden, Tage*** *o.Ä.* ***z., bis ...*** ein bestimmtes Ereignis kaum erwarten können: *die Tage bis Weihnachten z.* || ID ↑ ***drei*** || *zu* **1** **Zäh·lung** *die*

zah·len·mä·ßig *Adj*; *nur attr od adv*; in Bezug auf die Anzahl: *die zahlenmäßige Überlegenheit der feindlichen Truppen*

Zah·len·schloss *das*; ein Schloss[1] (1) (*z.B.* für Fahrräder), das so konstruiert ist, dass man es nur durch die Einstellung bestimmter Zahlen öffnen kann

Zäh·ler *der*; *-s*, *-*; **1** ein Gerät, das (an)zeigt, wie groß die Menge od. Anzahl von etw. ist, *bes* wie viel von etw. verbraucht wurde ‹den Z. ablesen› || K-: ***Zähler-, -stand*** || -K: ***Gas-, Kilometer-, Strom-, Wasser-*** **2** *Math*; die Zahl über dem Strich in e-m Bruch ↔ Nenner: *Der Z. in ⅞ ist 7* **3** *Sport gespr*; ein Punkt od. Treffer

Zahl·kar·te *die*; einFormular, mit dem man von e-m Postamt Geld an j-n senden kann || NB: ↑ ***Postanweisung***

zahl·los *Adj*; *ohne Steigerung*; so viele, dass man sie kaum od. nicht mehr zählen kann ≈ unzählig-: *Nach der Sendung gab es zahllose Beschwerden*

zahl·reich *Adj*; in e-r großen Anzahl (vorkommend): *Am Wochenende kam es zu zahlreichen Unfällen*

Zahl·tag *der*; der Tag, an dem etw. (*mst* j-s Lohn) regelmäßig gezahlt wird

Zah·lung *die*; -, *-en*; **1** das (Über)Geben von Geld an j-n (für ein Produkt, e-e Leistung *o.Ä.*) ‹die Z. der Löhne, der Miete, der Zinsen; die Z. erfolgt monatlich, in Raten, bar, per Scheck; e-e Z. leisten; die Zahlungen einstellen›: *Er wurde zur Z. e-r Geldstrafe verurteilt* || K-: ***Zahlungs-, -aufforderung, -aufschub, -bedingung, -frist*** || -K: ***Bar-, Raten-***; ***Voraus-***; ***Gehalts-, Pacht-, Steuer-*** **2** ***etw. in Z. nehmen*** (als Verkäufer) von e-m Kunden einen gebrauchten Gegenstand als Teil der Z. (1) für e-n neuen Gegenstand annehmen: *e-n Gebrauchtwagen in Z. nehmen* **3** (***j-m***) ***etw. in Z. geben*** (als Kunde) e-n gebrauchten Gegenstand als Teil der Z. (1) für e-n neuen Gegenstand geben || ► ***Bezahlung, Einzahlung, Auszahlung***

Zah·lungs·bi·lanz *die*; *Ökon*; **1** das Verhältnis zwischen den Einnahmen u. Ausgaben e-s Staates beim Export u. Import **2** ***e-e positive / negative Z.*** e-e Z. (1), die e-n Gewinn / Verlust aufweist

zah·lungs·fä·hig *Adj*; *nicht adv*; ‹ein Kunde› so, dass er genug Geld hat, um etw. zu bezahlen ≈ solvent ↔ zahlungsunfähig || *hierzu* **Zah·lungs·fä·hig·keit** *die*; *nur Sg*

zah·lungs·kräf·tig *Adj*; ‹ein Kunde› so, dass er sich auch teure Dinge kaufen kann

Zah·lungs·mit·tel *das*; etw., womit man etw. bezahlen kann (*z.B.* (Bar)Geld, Schecks, Wechsel)

zah·lungs·un·fä·hig *Adj*; *nicht adv*; ‹ein Schuldner› so, dass er nicht genug Geld hat, um etw. (*mst* e-e Schuld) zu bezahlen ≈ insolvent ↔ zahlungsfähig || *hierzu* **Zah·lungs·un·fä·hig·keit** *die*; *nur Sg*

Zah·lungs·ver·kehr *der*; *nur Sg*; die Bewegung von Geld von e-m Besitzer zum nächsten ‹der bargeldlose Z.› || -K: ***Bar-***

zah·lungs·wil·lig *Adj*; *nicht adv*; bereit zu zahlen ‹ein Kunde, ein Gast› || NB: *mst* verneint

Zahl·wort *das* ≈ Zahladjektiv

zahm, *zahmer*, *zahmst-*; *Adj*; **1** ‹ein Tier› so, dass es wenig Angst vor Menschen hat (weil es daran gewöhnt ist, mit ihnen zusammen zu sein): *Er hat ein zahmes Reh* || NB: nicht für Haustiere verwendet **2** ‹e-e Kritik› so, dass sie nachsichtig u. mit Schonung vorgetragen *o.Ä.* wird ↔ scharf || *hierzu* **Zahm·heit** *die*; *nur Sg*

zäh·men; *zähmte*, *hat gezähmt*; [Vt] **1** ***ein Tier z.*** ein Tier, das sonst wild lebt, daran gewöhnen, mit Menschen zusammen zu sein u. Befehlen zu gehorchen: *e-n Wolf z.* || NB: ↑ ***dressieren*** **2** ***sich / etw. z.*** *geschr*; bewirken, dass man ein Gefühl *o.Ä.* unter Kontrolle hat ‹seine Ungeduld, seine Neugier, seine Leidenschaft z.› || *hierzu* **Zäh·mung** *die*; *nur Sg*; *zu* **1** **zähm·bar** *Adj*; **Zähm·bar·keit** *die*; *nur Sg*

Zahn *der*; *-(e)s*, *Zäh·ne*; **1** einer der kleinen, harten, weißen Teile im Mund, mit denen man feste Nahrung kaut u. so klein macht ‹(blendend, strahlend) weiße, gelbe, gelbliche, unregelmäßige, schiefe, scharfe, spitze, stumpfe, abgenutzte, gesunde, falsche Zähne; die Zähne kommen, brechen durch; ein Z. wackelt, fällt aus, hat ein Loch, schmerzt, tut weh; e-n Z. bekommen, verlieren; sich die Zähne putzen; j-m e-n Z. ziehen, plombieren›: *Ein erwachsener Mensch hat meistens 32 Zähne* || K-: ***Zahn-, -arzt, -behandlung, -bürste, -creme, -heilkunde, -klinik, -nerv, -pasta, -pflege, -schmerzen, -stummel, -stumpf, -weh, -wurzel*** || -K: ***Backen-, Eck-, Vorder-***; ***Mahl-, Reiß-, Schneide-, Stoß-***; ***Gift-***; ***Gold-***; ***Elefanten-, Haifisch-*** *usw* || *zu* ***Zahnbürste*** ↑ *Abb. unter* ***Bürste*** **2** einer der spitzen Teile an bestimmten Gegenständen wie Kämmen, Sägen ≈ Zacke **3** ***die dritten Zähne*** ein künstliches Gebiss **4** *mst* ***ein irrer / höllischer Z.*** *gespr*; e-e hohe Geschwindigkeit: *e-n irren Z. draufhaben* (= sehr schnell fahren) **5** ***ein steiler Z.*** *gespr veraltend*; ein attraktives Mädchen, e-e attraktive Frau **6** ***ein Tier bleckt / fletscht die Zähne*** ein Hund, ein Wolf *o.Ä.* öffnet drohend das Maul, sodass man die Zähne sieht **7** ***mit den Zähnen klappern*** so stark zittern, dass die Zähne aufeinander schlagen || ID ***die Zähne zusammenbeißen*** *gespr*; etw. (Unangenehmes) tapfer tun od. ertragen; ***j-m die Zähne zeigen*** *gespr*; j-m zeigen, dass man sich wehren kann; ***sich*** (*Dat*) ***an j-m / etw. die Zähne ausbeißen*** sich sehr anstrengen, aber keinen Erfolg haben; ***j-m auf den Zahn fühlen*** *gespr*; kritisch prüfen, was j-d denkt, kann od. tut; ***bis an die Zähne bewaffnet*** mit vielen Waffen ≈ schwer bewaffnet; ***j-m e-n Z. ziehen*** *gespr*; j-m e-e Hoff-

Zahn (1)

nung *o.Ä.* nehmen; ***der Z. der Zeit*** die Kräfte, die die Dinge allmählich (im Laufe der Zeit) zerstören: *An diesem Bauwerk nagt der Z. der Zeit*; ***einen Z. zulegen*** *gespr*; (noch) schneller fahren, gehen od. arbeiten || *zu* **1 zahn·los** *Adj*

Zahn·be·lag *der*; *nur Sg*; e-e gelbliche Schicht, die sich auf den Zähnen bilden kann ≈ Plaque

Zäh·ne·klap·pern *das*; *-s*; *nur Sg*; das schnelle Aufeinanderschlagen der Zähne, wenn man vor Angst oder Kälte zittert || *hierzu* **zäh·ne·klap·pernd** *Adj*; *nur attr od adv*

zäh·ne·knir·schend *Adj*; *nur attr od adv*; so, dass man dabei seinen Widerwillen deutlich zeigt

zah·nen; *zahnte, hat gezahnt*; [Vi] ⟨ein Baby⟩ ***zahnt*** ein Baby bekommt die ersten Zähne

Zahn·fleisch *das*; *nur Sg*; das ziemlich feste Fleisch im Mund, aus dem die Zähne gewachsen sind || K-: ***Zahnfleisch-, -bluten, -entzündung, -schwund*** || ID ***auf dem Z. gehen*** *gespr*; sehr erschöpft sein

Zahn·fül·lung *die* ≈ Plombe (2)

Zahn·lü·cke *die*; e-e Lücke (im Gebiss), die dort entsteht, wo ein Zahn fehlt

Zahn·pas·ta *die*; -, *Zahnpastas / Zahnpasten*; *mst Sg*; e-e weiche Masse, die man (aus e-r Tube) auf die Zahnbürste drückt, um die Zähne zu putzen || K-: ***Zahnpasta-, -tube***

Zahn·rad *das*; e-e Art Rad mit Zacken, das beim Drehen ein anderes solches Rad bewegen kann (als Teil e-r Maschine) || K-: ***Zahnrad-, -bahn, -getriebe***

Zahnrad

Zahn·schmelz *der*; die weiße, harte Schicht, die die Oberfläche der Zähne bildet

Zahn·sei·de *die*; *mst Sg*; ein dünner Faden, den man zwischen den Zähnen hindurchbewegt, um sie zu säubern

Zahn·span·ge *die*; e-e Art Gestell aus Draht u. Plastik, mit dem man schiefe Zähne regulieren kann

Zahn·stein *der*; *nur Sg*; harter Zahnbelag, der *mst* vom Zahnarzt entfernt werden muss

Zahn·sto·cher *der*; *-s*, *-*; ein kleiner, spitzer Stab (*mst* aus Holz), mit dem man kleine Reste von Speisen entfernt, die zwischen den Zähnen sind

Zahn·tech·ni·ker *der*; j-d, der (beruflich) künstliche Gebisse macht || *hierzu* **Zahn·tech·ni·ke·rin** *die*

Zan·der *der*; *-s*, *-*; ein großer Fisch (ähnlich e-m Barsch)

Zan·ge *die*; -, *-n*; **1** ein Werkzeug zum Greifen od. Ziehen. Es besteht aus zwei länglichen Teilen, die quer übereinander liegen. Die Teile berühren sich am oberen Ende, wenn man sie an den unteren Enden zusammendrückt: *die Nägel mit e-r Z. aus der Wand ziehen* || ↑ *Abb unter* ***Werkzeug*** || -K: ***Gebäck-, Kohlen-, Kuchen-, Zucker-***; ***Beiß-, Greif-***; ***Geburts-*** **2** *mst Pl*; die in e-r Art Z. (1) geformten Körperteile bestimmter Tiere (*bes* Krebse), mit denen sie ihre Beute festhalten ≈ Schere (2) || ID ***j-n in die Z. nehmen*** *gespr*; massiven Druck auf j-n ausüben (*z.B.* um Informationen von ihm zu bekommen); ***j-n in der Z. haben*** *gespr*; j-n so fest unter Kontrolle haben, dass er das tun muss, was man von ihm will || *zu* **1 zan·gen·för·mig** *Adj*

Zank *der*; *-(e)s*; *nur Sg*; ***der Z.*** **(*um / über j-n / etw.*)** ein Streit mit Worten

Zank·ap·fel *der*; *nur Sg*; das Thema, das der Anlass zu e-m Streit ist

zan·ken; *zankte, hat gezankt*; [Vi] **1** (***mit j-m***) (***um / über etw.*** (*Akk*)) ***z.*** *gespr*; (mit Worten) streiten u. so j-n tadeln ⟨mit den Kindern z.⟩; [Vr] **2** ***sich*** (*Pl*) (***um / über etw.*** (*Akk*)) ***z.*** e-n Streit haben: *Die beiden Jungen zankten sich um den Fußball* **3** ***sich mit j-m*** (***um / über etw.*** (*Akk*)) ***z.*** mit j-m e-n Streit haben

zän·kisch *Adj*; ⟨*mst* e-e Frau⟩ so, dass sie oft mit anderen streitet

Zäpf·chen *das*; *-s*, *-*; **1** ein Medikament in der Form e-r länglichen Kapsel, das in den After eingeführt wird (u. so vom Körper aufgenommen wird) ⟨ein fiebersenkendes, schmerzstillendes Z.⟩ || -K: ***Fieber-*** **2** ein kleines, fleischiges Stück, das am Ende des Gaumens im Mund hängt; *Med* Uvula

zap·fen; *zapfte, hat gezapft*; [Vt] ***etw. z.*** Flüssigkeit aus e-m großen Gefäß, *z.B.* e-m Fass (durch e-n Hahn) fließen lassen ⟨Bier, Wein, Most, Benzin, ein Pils z.; Wein in Flaschen z.⟩ || K-: ***Zapf-, -hahn***

Zap·fen *der*; *-s*, *-*; **1** die Frucht von Nadelbäumen, die e-e längliche Form hat u. Schuppen, unter denen die Samen liegen || -K: ***Fichten-, Kiefern-, Tannen-*** **2** e-e Art kurzer, dicker Stab, mit dem man das Loch (im unteren Teil) e-s Fasses schließt || *hierzu* **zap·fen·ar·tig** *Adj*; **zap·fen·för·mig** *Adj*

Zap·fen·streich *der*; *nur Sg*; **1** die Zeit, zu der Soldaten am Abend in der Kaserne sein müssen **2** *Mil*; ein musikalisches Signal, das den Z. (1) ankündigt

Zapf·säu·le *die*; e-e Vorrichtung (an der Tankstelle), aus der das Benzin fließt

zap·pe·lig *Adj*; ⟨ein Kind⟩ so, dass es nicht still sitzen kann od. will

zap·peln; *zappelte, hat gezappelt*; [Vi] **1** aufgeregt od. unruhig sein u. kurze schnelle Bewegungen machen, *bes* mit den Armen und Beinen: *Das Baby zappelte mit den Beinen*; *Viele Fische zappelten im Netz* **2** ***j-n z. lassen*** *gespr*; j-n lange auf e-e Entscheidung od. Nachricht warten lassen

Zap·pel·phi·lipp *der*; *-s*, *-e / -s*; *gespr pej*; ein Kind, das nie ruhig sitzt

zap·pen [*auch* 'zɛpn̩]; *zappte, hat gezappt*; [Vi] *gespr*; mit der Fernbedienung in kurzen Abständen (wahllos) von e-m Fernsehsender zum nächsten schalten

zap·pen·dus·ter *Adj*; *nur präd od adv*, *gespr*; **1** völlig dunkel **2** so, dass es keine Hoffnung gibt, aussichtslos ⟨es sieht z. aus⟩

zapp·lig ↑ ***zappelig***

Zar [tsaːɐ̯] *der*; *-en*, *-en*; *hist*; der Herrscher in Russland vor der Revolution || K-: ***Zaren-, -herrschaft, -reich*** || NB: *der Zar*; *den, dem, des Zaren* || *hierzu* **Za·rin** *die*; -, *-nen*

-zar *der*; *im Subst, wenig produktiv*; j-d, der viel Geld hat u. in e-m Bereich sehr mächtig ist; ***Filmzar, Modezar, Pressezar***

za·ris·tisch *Adj*; von e-m Zaren od. e-r Zarin regiert ⟨das zaristische Russland⟩

zart, *zarter, zartest-*; *Adj*; **1** fein u. schmal ⟨ein Kind, ein Gesicht; Arme, Finger⟩ **2** fein u. weich ⟨die Haut⟩ **3** sehr dünn ⟨ein Stoff, ein Gewebe, Spitzen⟩ **4** *nicht adv*; noch sehr jung ⟨e-e Knospe, e-e Pflanze⟩ **5** *nicht adv*; weich u. daher leicht zu kauen ⟨Fleisch, Gemüse⟩ **6** leicht od. sanft u. voller Liebe od. Rücksicht ≈ liebevoll ⟨ein Kuss⟩ **7** nur schwach u. von geringer Intensität ⟨e-e Farbe, ein Ton⟩ || *hierzu* **Zart·heit** *die*; *nur Sg*

zart be·sai·tet, zart·be·sai·tet, *zarter besaitet / zartbesaiteter, zartestbesaitet / zartbesaitetest- od. am zartesten besaitet*; *Adj*; *mst pej*; leicht verletzbar ≈ empfindsam ⟨ein Mensch, ein Gemüt⟩

zart füh·lend, zart·füh·lend *Adj*; mit großer Rücksicht auf die Gefühle anderer ≈ rücksichtsvoll, taktvoll

zart·bit·ter *Adj*; ein bisschen bitter 〈Schokolade〉
zart·glied·rig *Adj*; mit zarten, schmalen Gliedern 〈ein Mensch; Finger, Hände〉
zärt·lich *Adj*; **1** so, dass dabei Liebe od. Zuneigung ruhig u. sanft, nicht heftig ausgedrückt wird 〈ein Blick, ein Kuss, Worte; j-n z. streicheln, berühren, ansehen, anlächeln〉 **2** darauf bedacht, dass es j-m, den man liebt, gut geht ≈ fürsorglich 〈ein Vater, e-e Mutter; voll zärtlicher Sorge sein〉
Zärt·lich·keit *die*; -, *-en*; **1** *nur Sg*; ein starkes Gefühl der Liebe, verbunden mit dem Wunsch, dieses Gefühl zu zeigen 〈e-e große Z. für j-n empfinden; j-n voll Z. ansehen; in j-s Blick liegt (e-e große) Z.〉 **2** *mst Pl*; Küsse, Umarmungen *o.Ä.*, mit denen man j-m zeigt, dass man ihn gern hat
Zas·ter *der*; *-s*; *nur Sg*, *gespr* ≈ Geld
Zä·sur *die*; -, *-en*; *geschr*; der Punkt[1] (5) in e-r Entwicklung, an dem diese unterbrochen od. in e-e völlig andere Richtung gelenkt wird ≈ Einschnitt 〈e-e Z. setzen〉
Zau·ber *der*; *-s*; *nur Sg*; **1** e-e Handlung, bei der der Eindruck entsteht, als habe jemand besondere (übernatürliche) Kräfte ≈ Magie 〈e-n Z. anwenden, e-n Z. über j-n aussprechen〉 || K-: ***Zauber-, -bann, -buch, -kunst, -künstler, -kunststück, -stab, -trank, -trick, -wirkung, -wort*** **2** e-e Eigenschaft, die Bewunderung erregt ≈ Faszination, Magie: *der Z. des verschneiten Waldes*; *der Z. ihrer Stimme* **3** *gespr pej*; Handlungen u. Dinge, die man als überflüssig u. lästig ansieht ≈ Zirkus (4) **4** ***(ein) fauler Z.*** *gespr pej*; etw., durch das j-d getäuscht werden soll ≈ Schwindel
Zau·be·rer *der*; *-s*, *-*; **1** e-e Person in e-m Märchen *o.Ä.*, die magische, übernatürliche Kräfte hat ≈ Magier 〈ein böser, guter Z.〉 || NB: ↑ ***Hexe*** **2** j-d, der Zaubertricks vorführt ≈ Zauberkünstler || *hierzu* **Zau·be·rin, Zaub·re·rin** *die*; -, *-nen*
Zau·ber·for·mel *die*; **1** (*mst* geheimnisvolle) Worte, die j-d bei e-m Zauber (1) sagt **2** *gespr*; etw., das (anscheinend) alle Probleme auf einmal löst ≈ Patentlösung: *Die neue Z. heißt „Energie sparen"*
zau·ber·haft, *zauberhafter*, *zauberhaftest-*; *Adj*; sehr schön (u. angenehm) ≈ bezaubernd: *In diesem Kleid siehst du z. aus*
Zau·ber·hand (*die*); *nur in* ***wie von / durch Z.*** plötzlich u. ohne dass man es erklären kann: *Wie von Z. waren plötzlich alle Wolken verschwunden*
Zau·ber·kas·ten *der*; ein Kasten (*bes* für Kinder) mit Gegenständen, die man für Zaubertricks benutzt
Zau·ber·kraft *die*; e-e magische Kraft, die man e-m Gegenstand zuspricht 〈ein Amulett, ein Ritual mit Z.〉 || *hierzu* **zau·ber·kräf·tig** *Adj*
zau·bern; *zauberte*, *hat gezaubert*; [Vt/i] **1** ***(etw.) z.*** e-n Zauber (1) machen (u. so etw. entstehen lassen): *Regen z.*; *Hexen können z.* || NB: ↑ ***hexen*** **2** ***(etw.) z.*** etw. so geschickt tun, dass andere glauben, man könne z. (1): *ein Kaninchen aus dem Hut z.*; [Vt] **3** ***etw. (aus etw.) z.*** (oft unter schwierigen Bedingungen) in kurzer Zeit etw. machen: *Auf dem Campingplatz hat sie uns ganz schnell ein Essen gezaubert*
Zau·ber·spruch *der* ≈ Zauberformel (1)
Zau·ber·wort *das*; *-(e)s*, *-e* ≈ Zauberformel (1, 2)
zau·dern; *zauderte*, *hat gezaudert*; [Vi] zu vorsichtig sein u. zu lange warten, bis man etw. tut od. sich entscheidet || *hierzu* **Zau·de·rer** *der*; *-s*, *-*
Zaum *der*; *-(e)s*, *Zäu·me* ≈ Zaumzeug || ID ***j-n / sich / etw. im Zaum(e) halten*** die Kontrolle über j-n / sich / etw. behalten: *Die Kinder konnten vor Weihnachten ihre Neugier kaum im Zaum halten*
zäu·men; *zäumte*, *hat gezäumt*; [Vt] ***ein Pferd z.*** e-m Pferd das Zaumzeug um den Kopf legen ↔ abzäumen
Zaum·zeug *das*; die Bänder aus Leder, die man e-m Pferd um den Kopf legt, um es (durch die Zügel) führen zu können
Zaun *der*; *-(e)s*, *Zäu·ne*; **1** e-e Art Gitter aus Draht od. aus vielen Metall- od. Holzstäben, das man um ein Stück Land herum aufstellt 〈ein hoher, niedriger, elektrischer Z.; ein Z. aus Maschendraht, Latten; e-n Z. (um etw.) ziehen (= aufstellen), errichten〉 || K-: ***Zaun-, -latte, -pfahl*** || -K: ***Bretter-, Draht-, Holz-, Latten-***; ***Garten-*** **2** ***ein lebender Z.*** e-e Hecke || ID *mst* ***e-n Streit vom Z. brechen*** plötzlich zu streiten beginnen
zaun·dürr *Adj*; *gespr*; sehr mager
Zaun·gast *der*; j-d, der bei e-r Veranstaltung, *z.B.* e-m Fußballspiel, von außerhalb des Zaunes zuschaut (u. so keinen Eintritt zahlen muss)
Zaun·kö·nig *der*; ein kleiner (Sing)Vogel mit braunen Federn
zau·sen; *zauste*, *hat gezaust*; [Vt] ***etw. z.*** an etw. (leicht) ziehen u. es so in Unordnung bringen 〈j-s Haare, das Fell des Hundes z.〉 || ► ***zerzausen***
z. B. *Abk für* zum Beispiel
ZDF [tsɛtdeː'|ɛf] *das*; *-(s)*; *nur Sg*, Ⓓ **1** (*Abk für* Zweites Deutsches Fernsehen) ein Fernsehsender der Bundesrepublik Deutschland ≈ das Zweite (Programm) **2** das Programm dieses Senders
Ze·bra *das*; *-s*, *-s*; ein Tier in Afrika (ähnlich e-m kleinen Pferd), dessen Fell weiße u. braune od. schwarze Streifen hat
Ze·bra·strei·fen *der*; weiße Streifen auf der Straße, die anzeigen, wo die Fußgänger über die Straße gehen dürfen (u. die Autos deshalb halten müssen)
Zech·bru·der *der*; *gespr pej*; j-d, der oft u. viel Alkohol trinkt
Ze·che[1] *die*; -, *-n*; **1** der (Geld)Betrag, den man in e-m Lokal für das, was man gegessen u. getrunken hat, zahlen muss ≈ Rechnung 〈seine Z. bezahlen〉 **2** ***e-e große Z. machen*** in e-m Lokal viel essen u. trinken **3** ***die Z. prellen*** *gespr*; in e-m Lokal seine Rechnung nicht bezahlen || ID ***die Z. (be)zahlen müssen*** *gespr*; (als Einziger) die negativen Folgen von etw. ertragen müssen || *zu* **3 Zech·prel·ler** *der*; *-s*, *-*; *gespr pej*
Ze·che[2] *die*; -, *-n* ≈ Bergwerk, Grube (2) 〈e-e Z. stilllegen; auf e-r Z. arbeiten〉
ze·chen; *zechte*, *hat gezecht*; [Vi] *gespr*, *mst hum*; mit anderen zusammen viel Alkohol trinken || *hierzu* **Ze·cher** *der*; *-s*, *-*
Ze·cke *die*; -, *-n*; ein kleines Insekt im Wald, das sich in die Haut von Menschen u. Tieren beißt u. sich mit Blut voll saugt 〈von e-r Z. gebissen werden〉 || K-: ***Zecken-, -biss***; ***-impfung***
Ze·der *die*; -, *-n*; **1** ein hoher (Nadel)Baum, dessen Zweige wie ein flaches Dach wachsen u. der *bes* am Mittelmeer vorkommt || K-: ***Zedern-, -holz*** **2** *nur Sg*; das duftende Holz e-r Z. (1)
Zeh *der*; *-s*, *-en* ≈ Zehe (1)
Ze·he *die*; -, *-n*; **1** einer der fünf beweglichen Teile am vorderen Ende des Fußes (*bes* bei Menschen u. Affen) 〈die große, kleine Z.〉 || ↑ *Abb. unter* ***Fuß*** || K-: ***Zehen-, -nagel*** **2** einer der vielen kleinen Teile beim Knoblauch: *e-e Z. Knoblauch* || -K: ***Knoblauch-*** || ID ***j-m auf die Zehen treten*** **a)** j-n kränken; **b)** j-n unter Druck setzen
Ze·hen·spit·zen *die*; *Pl*, *nur in* **1** ***sich auf die Z. stellen*** sich auf die Zehen stellen u. so strecken, dass man etwas größer ist **2** ***auf Z.*** leise u. vorsichtig 〈auf Z. gehen, hereinschleichen〉
zehn *Zahladj*; (als Zahl) 10; ↑ ***Anhang*** (4) || NB: Gebrauch ↑ *Beispiele unter* ***vier***
Zehn *die*; -, *-en*; **1** die Zahl 10 **2** j-d / etw. mit der Zahl / Nummer 10

Zeh·ner *der*; *-s, -*; **1** *gespr*; die Zahl 10 **2** *gespr*; ein (Geld)Schein im Wert von 10 Mark, Franken *usw* **3** *hist.* ≈ Zehnpfennigstück **4** (in e-r Zahl mit mehr als zwei Stellen) die zweite Stelle (von rechts *bzw*) vor dem Komma || K-: ***Zehner-, -stelle*** || NB *zu* **4**: ↑ ***Einer, Hunderter***

Zehn·kampf *der*; *Sport*; ein Wettkampf mit zehn verschiedenen Disziplinen (der Leichtathletik) || *hierzu* **Zehn·kämp·fer** *der*

zehnt *nur in* **zu z.** (mit) insgesamt 10 Personen: *Wir sind zu z.; zu z. am Tisch sitzen*

zehn·t- *Zahladj*; *nur attr, nicht adv*; **1** in e-r Reihenfolge an der Stelle 10 ≈ 10. || NB: Gebrauch ↑ *Beispiele unter* **viert- 2 der zehnte Teil** (**von etw.**) ≈ 1/10

zehn·tau·send *Zahladj*; (als Zahl) 10000 || ID ***die oberen z.*** die reichsten u. elegantesten Leute in e-r Gesellschaft

zehn·tel *Adj*; *nur attr, indeklinabel, nicht adv*; den 10. Teil von etw. bildend ≈ 1/10

Zehn·tel *das*; *-s, -*; der 10. Teil von etw.: *ein Z. der Strecke hinter sich haben* || K-: ***Zehntel-, -sekunde***

zehn·tens *Adv*; verwendet bei e-r Aufzählung, um anzuzeigen, dass etw. an 10. Stelle kommt

zeh·ren; *zehrte, hat gezehrt*; [Vi] **1** ***von etw. z.*** *geschr*; sich von etw. ernähren, von etw. leben ⟨von Vorräten, Ersparnissen z.⟩: *Im Winterschlaf zehren die Tiere von dem Fett, das sie sich im Herbst angefressen haben* **2** ***von etw. z.*** gern an etw. Vergangenes denken u. sich daran freuen: *Von diesem Urlaub werde ich noch lange z.* **3** ***etw. zehrt*** (***an j-m / etw.***) etw. nimmt j-m seine körperliche od. seelische Kraft: *Die Sorgen um das Geschäft haben sehr an seiner Gesundheit gezehrt*

Zei·chen *das*; *-s, -*; **1** etw., das man irgendwohin schreibt od. in e-m Bild darstellt, um so auf etw. aufmerksam zu machen od. e-n Hinweis zu geben || K-: ***Zeichen-, -erklärung*** || -K: ***Erkennungs-, Merk-*** **2** ein Z. (1), dessen Bedeutung od. Zweck allgemein bekannt ist u. mit dem man so Informationen geben kann: *Das Z. „+" steht für die Addition; H_2O ist das chemische Z. für Wasser* || -K: ***Additions-, Divisions-, Gleichheits-, Minus-, Multiplikations-, Plus-, Subtraktions-; Abkürzungs-, Korrektur-, Noten-, Wiederholungs-; Verbots-, Verkehrs-; Firmen-*** **3** e-e Bewegung (*z.B.* ein Wink), ein Blick *o.Ä.*, mit dem man j-m etw. mitteilt ⟨ein heimliches, verabredetes Z.; auf ein Z. hin etw. tun; j-m ein Z. geben / machen⟩ **4** ein Geräusch od. etw., das man sieht u. das e-e Information gibt || -K: ***Feuer-, Klingel-, Leucht-, Rauch-, Pausen-*** **5** etw., an dem man erkennt, in welchem Zustand sich j-d / etw. befindet ≈ Ausdruck, Symptom ⟨ein deutliches, sicheres, untrügliches Z.; etw. für ein Z. der Schwäche / Stärke halten⟩ **6** *Kurzw* ↑ ***Satzzeichen*** || -K: ***Anführungs-, Ausrufe-, Frage-*** **7** *Kurzw* ↑ ***Sternzeichen, Tierkreiszeichen*** **8 zum Z.** + *Gen*; ***zum Z., dass...*** als (symbolische) Geste: *Zum Z. der Versöhnung gab sie ihm die Hand* || ID ***die Zeichen der Zeit erkennen*** die Situation zu e-m bestimmten Zeitpunkt richtig einschätzen (u. entsprechend handeln); ***ein Z. setzen*** etw. tun, das für die Zukunft sehr wichtig ist

Zei·chen- *im Subst, begrenzt produktiv*; in Bezug auf das Zeichnen (1); der ***Zeichenblock***, der ***Zeichenlehrer***, das ***Zeichenpapier***, der ***Zeichenstift***, der ***Zeichenunterricht***

Zei·chen·satz *der*; *EDV*; e-e bestimmte Anzahl von Zeichen (Buchstaben, Zahlen, Sonderzeichen), die e-e Einheit bilden (wie *z.B.* die Buchstaben des Lateinischen, kyrillischen, arabischen Alphabets)

Zei·chen·set·zung *die*; *nur Sg*; **1** die Regeln, die bestimmen, wie man die Satzzeichen (Punkt, Komma *usw*) verwenden muss **2** die Anwendung der Z. (1) ≈ Interpunktion

Zei·chen·spra·che *die*; e-e Art, sich zu verständigen, bei der festgelegte Bewegungen mit den Fingern u. Händen Buchstaben od. Worte bedeuten

Zei·chen·trick·film *der*; ein Film, der aus sehr vielen Zeichnungen besteht, die sich zu bewegen scheinen

zeich·nen; *zeichnete, hat gezeichnet*; [Vt/i] **1** (***j-n / etw.***) ***z.*** mit e-m Bleistift *o.Ä.* ein Bild (in Linien od. Strichen) machen ⟨ein Porträt, e-e Karikatur, e-n Plan, e-n Entwurf z.⟩ || NB: ≠ malen; [Vt] **2** *mst* ***j-d ist von etw. gezeichnet*** bei j-m sind deutliche Spuren e-r Krankheit *o.Ä.* zu sehen: *von Erschöpfung / e-r langen Krankheit gezeichnet sein* **3 ein** + *Adj* + **Bild** (+ *Gen* / ***von etw.***) ***z.*** etw. in der angegebenen Weise beschreiben: *ein düsteres Bild der Zukunft z.* **4 *etw. z.*** *veraltend* ≈ unterschreiben; [Vi] **5 *als etw. z.*** in e-r bestimmten Funktion die Verantwortung für etw. übernehmen ⟨als Herausgeber z.⟩

Zeich·ner *der*; *-s, -*; **1** j-d, der *bes* beruflich (künstlerische) Zeichnungen macht: *Wir brauchen e-n guten Zeichner für das Buch* **2 *ein technischer Z.*** j-d, der (beruflich) Pläne für Gebäude, Maschinen *usw* zeichnet || *hierzu* **Zeich·ne·rin** *die*; *-, -nen*

zeich·ne·risch *Adj*; *nur attr od adv*; **1** in Bezug auf die Kunst des Zeichnens (1) ⟨ein Talent, e-e Begabung, Fähigkeiten⟩ **2** in Form von Zeichnungen (1) ⟨e-e Darstellung, die Unterlagen⟩

Zeich·nung *die*; *-, -en*; **1** das Bild, das entsteht, wenn j-d zeichnet (1) ⟨e-e flüchtige, genaue, künstlerische, technische Z.; e-e Z. entwerfen, anfertigen, ausführen⟩ || -K: ***Bleistift-, Feder-, Kohle-, Kreide-, Tusch-*** || NB: ↑ ***Skizze*** **2** die Farben u. Muster (im Fell) e-s Tieres: *die Z. des Schmetterlings, des Tigers, des Feuersalamanders* || -K: ***Streifen-*** **3** die Darstellung od. Beschreibung von j-m / etw. (*z.B.* in e-m Roman) ⟨e-e (un)realistische, lebendige, lebensechte, übertriebene Z. (der Figuren)⟩ **4** *Ökon*; das Unterschreiben ≈ Unterzeichnung ⟨die Aktien, die Anleihen liegen zur Z. auf⟩ || ► ***Gegenzeichnung, Unterzeichnung***

zeich·nungs·be·rech·tigt *Adj*; *nicht adv*; ⟨e-e Person⟩ so, dass sie das Recht od. die Vollmacht hat, wichtige Briefe od. Schecks für e-e Firma *o.Ä.* zu unterschreiben || *hierzu* **Zeich·nungs·be·rech·tig·te** *der / die*; *-n, -n*; **Zeich·nungs·be·rech·ti·gung** *die*

Zei·ge·fin·ger *der*; der Finger neben dem Daumen ⟨mit dem Z. auf etw. zeigen, deuten; mahnend, warnend den Z. erheben⟩ || ↑ *Abb. unter* ***Hand***

zei·gen; *zeigte, hat gezeigt*; [Vt/i] **1** (***j-m***) (***etw.***) ***z.*** etw. zu j-m bringen, j-s Aufmerksamkeit auf etw. lenken od. etw. so halten, dass er es sieht: *dem Polizisten seinen Ausweis z.*; *Zeig doch mal, was du da hast!*; *Zeig mal!*; [Vt] **2 *j-m etw. z.*** j-m mit Worten u. Bewegungen (*bes* der Arme) erklären, wo etw. ist u. wie man dorthin kommt: *j-m den Weg z.*; *j-m z.*, wie *er zum Bahnhof kommt* **3 *j-m etw. z.*** etw. vor den Augen e-s anderen ausführen, um ihm klarzumachen, wie es geht (sodass er es auch selbst tun kann) ≈ j-m etw. vorführen, demonstrieren: *j-m z.*, wie *man e-n Reifen wechselt* **4 *j-m etw. z.*** j-m helfen, etw. zu erkennen: *j-m die Vorteile e-s Computers z.* **5 *j-m etw. z.*** j-n irgendwohin bringen / führen, damit er etw. kennen lernt ⟨j-m ein Land, e-e Stadt, die Sehenswürdigkeiten z.⟩ **6 *etw. z.*** etw. im Kino, Fernsehen, Theater bringen: *Wir zeigen das Fußballspiel um 22^{00} in der Sportschau* **7 *j-d zeigt etw.*** j-d lässt e-e Emotion deutlich erkennen: *Er zeigte seinen Ärger durch lautes Schimpfen* **8 *etw. zeigt etw.*** etw.

Z

deutet auf etw. hin: *Ihr Gesicht zeigte ihr großes Interesse* **9 etw. z.** etw. (*mst* Geschicktes) vorführen: *Zeig mal*, was *du kannst!* **10** *mst* **Mut z.** in e-r bestimmten Situation mutig sein: *Sie hat bei der Krankheit viel Mut gezeigt* **11 Die Erfahrung zeigt, dass ...** aus früheren Erfahrungen weiß man, dass ... **12 etw. zeigt j-n / etw.** auf e-m Bild, Foto *o.Ä.* kann man j-n / etw. sehen ≈ etw. stellt j-n / etw. dar: *Das Foto zeigt meine Eltern bei ihrer Hochzeit* **13 etw. zeigt etw.** etw. gibt etw. an (durch e-e bestimmte Position auf e-r Skala *o.Ä.*) ⟨etw. zeigt die Temperatur, die Zeit, die Geschwindigkeit *usw*⟩: *Die Uhr zeigt fünf vor zwölf*; *Die Waage zeigte 65 Kilo* || NB: *zu* **13**: kein Passiv!; Vi **14 auf j-n / etw. z.**; **irgendwohin z.** mit dem Finger, der Hand, e-m Stock *o.Ä.* in e-e bestimmte Richtung deuten u. auf etw. aufmerksam machen: *Sie zeigte auf ihn u. sagte*: *„Er war es."* || K-: **Zeige-, -stab, -stock 15 etw. zeigt irgendwohin** etw. deutet in e-e bestimmte Richtung, etw. gibt etw. an: *Der Pfeil zeigt zum Ausgang*; *Die Kompassnadel zeigt nach Norden*; Vr **16 sich (irgendwo) z.** irgendwohin gehen od. irgendwo sein, *mst* damit man von anderen gesehen wird: *Sie zeigt sich kaum in der Öffentlichkeit* **17 etw. zeigt sich (irgendwo)** etw. ist irgendwo zu sehen: *Am Himmel zeigten sich die ersten Wolken* **18 etw. zeigt sich** etw. wird erkennbar, deutlich ≈ etw. stellt sich heraus: *Es muss sich erst zeigen*, ob *die Idee wirklich gut war*; Es *hat sich gezeigt*, dass *ich Recht hatte* **19 j-d zeigt sich irgendwie** j-d verhält sich (als Reaktion auf etw.) in bestimmter Weise: *Sie zeigte sich großzügig u. schenkte ihm hundert Euro*; *Er zeigt sich von seiner besten Seite* (= Er macht e-n guten Eindruck) || ID **es j-m z.** *gespr*; j-m beweisen, dass er Unrecht hat, schwächer ist *o.Ä.*: *Dem werde ich es z. - was der kann, kann ich schon lange!*

Zei·ger *der*; *-s*, *-*; **1** einer der Teile e-r Uhr, die sich auf dem Zifferblatt bewegen u. die Minuten, Stunden *usw* anzeigen: *Die Zeiger stehen auf zwei Uhr* || -K: **Minuten-, Sekunden-, Stunden-**; **Uhr- 2** der lange, spitze, bewegliche Teil, der bei bestimmten Geräten (auf e-r Skala) die Werte anzeigt **3 der große Z.** der Z. (1) e-r Uhr, der die Minuten anzeigt ≈ Minutenzeiger **4 der kleine Z.** der Z. (1) e-r Uhr, der die Stunden anzeigt ≈ Stundenzeiger

zei·hen; *zieh, hat geziehen*; Vt **j-n etw.** (*Gen*) **z.** *geschr veraltend*; behaupten, dass j-d etw. Schlechtes od. ein Verbrechen getan hat ≈ j-n etw. (*Gen*) beschuldigen ⟨j-n des Meineids, der Lüge z.⟩

Zei·le *die*; *-*, *-n*; **1** eine von mehreren (tatsächlichen od. gedachten) parallelen Linien auf e-m Blatt Papier, auf denen man schreibt **2** e-e Reihe von Wörtern, die in e-m gedruckten od. geschriebenen Text nebeneinander stehen || K-: **Zeilen-, -abstand** || -K: **Brief-, Druck-, Lied-, Schluss-, Text-, Zwischen- 3** *nur Pl*; ein *mst* kurzer Text in e-m Brief od. auf e-r Karte: *Danke für deine lieben Zeilen!* || ID **(etw.) zwischen den Zeilen lesen** e-e Aussage in e-m Text erkennen, die nicht direkt ausgesprochen ist

-zei·lig *im Adj, begrenzt produktiv*; mit der genannten Anzahl od. Menge von Zeilen; **einzeilig, zweizeilig, dreizeilig** *usw*: *ein zehnzeiliger Brief*; **mehrzeilig, vielzeilig**

zeit *Präp*; *mit Gen*; *nur in* **z. meines / seines / ihres** *usw* **Lebens** das ganze Leben lang: *Sie träumte z. ihres Lebens von e-m Haus* || NB: aber: *zeitlebens*

Zeit *die*; *-*, *-en*; **1** *nur Sg*; das Vorübergehen von Stunden, Tagen, Jahren *usw* ⟨die Z. vergeht, verrinnt, verstreicht, scheint stillzustehen; die Z. vergeht wie im Flug(e), rasch, schnell, langsam⟩ || K-: **Zeit-, -ablauf, -abschnitt, -einheit 2 Z.** (**für j-n / etw.**); **Z.** + **zu** + *Infinitiv*; *nur Sg*; die Z. (1), die für etw. zur Verfügung steht od. die man für etw. braucht ⟨viel, wenig, keine Z. haben; für j-n / etw. (keine) Z. haben; die / seine Z. nützen, vergeuden, einteilen, mit etw. verbringen / zubringen; viel Z. (u. Mühe) auf etw. (*Akk*) verwenden; etw. braucht, kostet, erfordert (viel) Z.; etw. dauert seine Z.; j-m fehlt die Z., bleibt noch (etwas) Z.; sich (*Dat*) (kaum) (die) Z. für etw. nehmen, gönnen⟩: *Papi, hast du jetzt Z. für mich?*; *Wir haben noch genug Z., in Ruhe zu frühstücken* || K-: **Zeit-, -aufwand, -bedarf, -dauer, -einteilung, -ersparnis, -gewinn, -mangel, -plan, -spanne, -vergeudung, -verlust, -verschwendung 3** *mst Sg*; ein (nicht genau bestimmter) Zeitraum od. e-e Phase, die mit e-m Ereignis od. Zustand verbunden ist ⟨die schönste Z. des Lebens / im Leben; in Zeiten der Not, des Überflusses; e-e schöne, unangenehme *usw* Z. verleben, verbringen; es gibt Zeiten, in denen ...; zu der Z., als ... / da ...; seit der / jener Z.; vor längerer, geraumer, kurzer Z.; etw. ist (erst) kurze, (schon) lange Z. her; auf / für kurze, für einige Z. verreisen; etw. in kürzester Z. tun; nach kurzer, langer Z. wiederkommen; seit kurzer, langer Z.; in letzter, nächster / in der letzten, nächsten Z.⟩: *sich an die Z. der Kindheit erinnern*; *Die Wochen nach dem Tod ihres Vaters waren e-e schreckliche Z. für sie*; *Es wird einige Z. dauern, bis hier wieder Pflanzen wachsen können* || -K: **Advents-, Faschings-, Oster-, Weihnachts-**; **Arbeits-, Ferien-, Urlaubs-**; **Kinder-, Jugend-, Schul-, Studien- 4 Z.** (**für etw.**); **Z.** + **zu** + *Infinitiv*; die begrenzte Z. (2), die j-d für e-e Handlung zur Verfügung hat ≈ Frist ⟨zwei Stunden, drei Jahre *usw* Z. haben; j-m (für etw.) e-n Monat Z. geben; mehr Z. brauchen; die Z. ist um; die Z. überschreiten⟩ || -K: **Ausbildungs-, Besuchs-, Rede-, Sende-, Sprech- 5** das Ergebnis e-r Messung der Z. (2), die j-d für e-e bestimmte Leistung braucht (*bes* im Sport) ⟨die Z. stoppen, nehmen, messen; e-e gute, schlechte Z. laufen, fahren, schwimmen; etw. in e-r bestimmten Z. tun, schaffen, erledigen⟩ || K-: **Zeit-, -messung, -unterschied** || -K: **Best-, Fahr-, Lauf-, Rekord-, Sieger- 6** ein Abschnitt der Geschichte[1] (1) ≈ Epoche ⟨vergangene, kommende, (zu)künftige Zeiten; in unserer Z.; zu allen Zeiten; e-e Sage aus alter Z. / aus alten Zeiten⟩: *die Z. vor der Französischen Revolution*; *zur Z. der Reformation*; *zu Goethes Z. / Zeiten*; *in der Z., als Bücher noch mit der Hand geschrieben wurden* || K-: **Zeit-, -dokument**; **Zeiten-, -wende** || -K: **Barock-, Biedermeier-, Reformations-, Renaissance-**; **Bronze-, Eis-, Eisen-, Stein-**; **Friedens-, Kriegs-, Krisen-**; **Nazi-, Ritter- 7** *nur Sg* ≈ Gegenwart ⟨der Geschmack, der Stil der Z.; in der heutigen Z.⟩ || K-: **Zeit-, -geschehen, -geschmack, -kritik**; **zeit-, -gemäß 8** die Z. (1) in e-r Zone der Erde (nach e-m künstlichen System eingeteilt): *die mitteleuropäische Z.* || K-: **Zeit-, -unterschied, -verschiebung** || -K: **Sommer-, Winter- 9** *nur Sg* ≈ Uhrzeit ⟨die genaue Z. haben, wissen wollen; j-n nach der Z. fragen; j-m die (genaue) Z. sagen; Ort u. Z. (e-r Versammlung) festlegen; e-e Z. ausmachen, verabreden; sich (*Pl*) auf e-e Z. einigen; die Uhr zeigt die (genaue) Z. an; die Z. ansagen⟩: *Um welche Z. wollte sie kommen?* || K-: **Zeit-, -angabe, -ansage** || -K: **Abfahrt(s)-, Abflug(s)-, Ankunfts-, Ladenschluss- 10** der Zeitpunkt od. Zeitraum, zu dem bzw. innerhalb dessen etw. passiert od. gemacht wird ⟨zu jeder Z.; zur rechten Z.; zu bestimmten Zeiten; vor der (festgelegten) Z.; feste Zeiten einhalten⟩ || -K: **Essens-, Frühstücks-, Schlafens- 11** *nur Sg*; die Situation od. Gelegenheit, die richtig od. passend für ein bestimmtes Ereignis od. e-e Handlung ist ⟨für etw. ist die Z. gekommen, steht die Z. bevor; die Z. ist (noch nicht) reif für etw.⟩: *Es ist jetzt nicht die Z., darüber zu sprechen* **12** *Ling* ≈ Tempus || K-: **Zeit-, -form** || ID **im Laufe der Z.**; **mit der Z.** ≈ langsam, nach u. nach, allmählich: *Im Laufe der Z. wird sie es schon lernen*; **zu gegebener Z.** *geschr*; zu dem richtigen od. passenden Zeitpunkt: *Sie werden zu gegebener Z. informiert*; **auf Z.** (nur) für e-e bestimmte Dauer ⟨ein Vertrag auf Z.; j-n auf Z. einstellen, anstellen⟩; **eine Zeit lang** für e-e relativ kurze Zeit (2); **in jüngster Z.** während der letzten Wochen od. Tage; **zur Z.** ≈ zu Lebzeiten; *Abk* z.Z., z.Zt.: *zur Zeit Goethes* || NB: aber: *Ich bin zurzeit* (= jetzt) *krank*; **für alle Zeiten** ≈ für immer: *für alle Zeiten von j-m / etw. genug haben*; **j-m Z. lassen** (+ **zu** + *Infinitiv*) j-m die Möglichkeit geben, etw. in Ruhe zu tun; **sich** (*Dat*) (**bei / mit etw.**) **Z. lassen** etw. in Ruhe tun; **j-m / sich** (**mit etw.**) **die Z. vertreiben** j-n / sich mit etw. (Angenehmem) beschäftigen; **die Z. totschlagen** *gespr pej*; versuchen, sich irgendwie zu beschäftigen (*z.B.* wenn man irgendwo warten muss *o.Ä.*); **sich** (*Dat*) (**für j-n / etw.**) **Z. nehmen**; **sich** (*Dat*) **die Z. nehmen** + **zu** + *Infinitiv*; sich e-n Freiraum schaffen, um etw. zu tun, das man tun will od. muss; **Die Z. drängt** etw. muss schnell getan *o.Ä.* werden, weil es sonst dafür zu spät ist; **keine Z. verlieren dürfen** etw. sehr schnell tun müssen; **zu meiner Z.** als ich jung war; **in meinen** *usw* **besten Zeiten** als es mir *usw* (finanziell, körperlich *usw*) sehr gut ging; **e-e ganze Z.** *gespr*; relativ lange; **seit ewigen Zeiten** (**nicht mehr**) *gespr*; seit langem (nicht mehr); (**Ach**) **du liebe Z.!** *gespr*; verwendet, um auszudrücken, dass man erschrocken ist; **Es wird Z.**; **Es ist an der Z.**; **Es ist** (**höchste**) **Z.** jetzt ist es nötig (etw. zu tun): *Meine Haare sind schon so lang, es wird Z., zum Friseur zu gehen / dass ich zum Friseur gehe*; **mit der Z. gehen** sich so verhalten (in der Kleidung, Sprache *usw*), wie es modern ist; **j-m läuft die Z. davon** die Zeit vergeht so schnell, dass j-d (wahrscheinlich) nicht erledigen kann, was er sich vorgenommen hat; **seine** *usw* **Z. ist gekommen** *geschr*; er *usw* muss jetzt etw. Bestimmtes tun; **seine Z. für gekommen halten** glauben, dass es richtig ist, jetzt zu handeln; **Das hat Z.** das kann man auch später tun; **Z. ist Geld** verwendet, um auszudrücken, dass die Zeit wertvoll ist u. (sinnvoll) genutzt werden sollte; **Kommt Z., kommt Rat** es ergibt sich vielleicht e-e Lösung für ein Problem, wenn man nur geduldig abwartet, was passiert; **Alles zu seiner Z.!** man soll nichts zu schnell tun; *mst* **Die Zeiten ändern sich** die (*bes* gesellschaftlichen) Normen, Verhältnisse u. Bräuche ändern sich; (**Die**) **Z. heilt** (**alle**) **Wunden** auch Schmerz u. Trauer kann man irgendwann überwinden; **Spare in der Z., dann hast du in der Not!** spare (Geld), wenn es dir (finanziell) gut geht || NB: ↑ **zurzeit**

> **Zeit spa·rend, zeit·spa·rend**, *mehr Zeit sparend / zeitsparender, am meisten Zeit sparend / zeitsparendst-*; *Adj*; so, dass man dazu weniger Zeit braucht als andere, als früher, als vorgesehen *o.Ä.* ⟨ein Gerät, e-e Methode⟩ || NB: *e-e viel Zeit sparende Lösung* (getrennt geschrieben), aber *e-e äußerst zeitsparende Lösung* (zusammengeschrieben)

Zeit·al·ter *das*; ein relativ langer Abschnitt in der Geschichte ≈ Epoche: *im Z. der Computertechnik* || -K: **Atom-, Computer-, Bronze-, Maschinen-**

Zeit·ar·beit *die*; *Ökon*; ein System, bei dem j-d bei e-r Firma angestellt ist, die ihn ihrerseits bei verschiedenen anderen Firmen einsetzt, *z.B.* weil dort j-d krank ist

zeit·auf·wen·dig *Adj*; so, dass man viel Zeit dafür braucht ⟨e-e Arbeit⟩

zeit·be·dingt *Adj*; durch die (gesellschaftliche, politische *o.Ä.*) Situation e-r Epoche beeinflusst ⟨Anschauungen⟩

Zeit·be·griff *der*; *nur Sg*; das Gefühl dafür, wie lange etw. dauert ⟨keinen Z. (mehr) haben; jeden, den Z. verlieren⟩

Zeit·bom·be *die*; e-e Bombe, die (automatisch) nach e-r bestimmten Zeit explodiert || ID *mst* **Die Z. tickt / Wir sitzen auf e-r Z.** wir sind in e-r sehr gefährlichen Situation

Zeit·druck *der*; *nur Sg*; der Druck, den man spürt, wenn man in kurzer Zeit viel tun muss ⟨unter Z. stehen, in Z. geraten⟩

Zeit·er·schei·nung *die*; etw., das nur in e-r bestimmten Epoche vorkommt u. für sie typisch ist

Zeit·fra·ge *die*; **1** ein Problem, das gerade (in e-r bestimmten Zeit) aktuell ist ⟨zu aktuellen Zeitfragen Stellung nehmen⟩ **2** *mst* **es ist e-e reine Z.** es hängt nur davon ab, ob genug Zeit dafür da ist

Zeit·geist *der*; *nur Sg*; die Gesamtheit der Meinungen, die für e-e Epoche typisch sind

zeit·ge·mäß *Adj*; ⟨e-e Ansicht, ein Ideal⟩ so, dass sie zu den Vorstellungen der Zeit (Gegenwart) passen

Zeit·ge·nos·se *der*; **1** j-d, der in derselben Zeit (6) wie ein anderer lebt od. gelebt hat **2** *mst* **ein unangenehmer Z.** *pej*; j-d, den die anderen wegen seiner Art nicht mögen || *hierzu* **Zeit·ge·nos·sin** *die*

zeit·ge·nös·sisch *Adj*; *nicht adv*; **1** aus der gleichen (historischen) Epoche, aus der gleichen Zeit (6) ⟨e-e Abbildung, e-e Darstellung; Quellen, Berichte⟩ **2** aus der Gegenwart, von heute ⟨die Literatur, die Musik, die Kunst⟩ || NB: ↑ **modern**

Zeit·ge·schich·te *die*; *nur Sg*; das (historische) Geschehen der letzten Jahre (u. Jahrzehnte), *bes* seit dem Zweiten Weltkrieg || *hierzu* **zeit·ge·schicht·lich** *Adj*

zeit·gleich *Adj*; *Sport*; mit der gleichen Zeit (5) ⟨z. (mit j-m) ins Ziel kommen⟩

Zeit·grün·de *die*; *Pl*; *mst in* **aus Zeitgründen** aus Mangel an Zeit

zei·tig *Adj*; *nur attr od adv* ≈ früh (1) ⟨z. aufstehen, losgehen, schlafen gehen⟩

zei·ti·gen; *zeitigte, hat gezeitigt*; [Vt] **etw. zeitigt etw.** *geschr*; etw. hat etw. als Resultat: *Die Maßnahmen zeitigten Wirkung*

Zeit·kar·te *die*; e-e (Fahr)Karte, mit der man während e-r bestimmten Zeit (*z.B.* innerhalb e-s Monats) so oft fahren kann, wie man will

Zeit·kon·to *das*; e-e Art Übersicht, aus der hervorgeht, wie viele Stunden ein Arbeitnehmer (mit gleitender Arbeitszeit) in e-m bestimmten Zeitraum bisher gearbeitet hat

zeit·le·bens *Adv*; während seines, ihres *usw* ganzen Lebens: *Sie haben z. in Armut gelebt*

zeit·lich *Adj*; *nur attr od adv*; in Bezug darauf, wie lange etw. dauert u. in welcher (Reihen)Folge es geschieht ⟨der Ablauf, die Reihenfolge; ein großer, kleiner zeitlicher Abstand; etw. z. begrenzen⟩ || ID **Er / Sie hat das Zeitliche gesegnet** *veraltend euph*; er / sie ist gestorben

zeit·los *Adj*; nicht von e-r Mode od. Zeit (6) abhängig ⟨ein Modell, ein Stil; e-e Idee, e-e Philosophie, Kunst⟩ || *hierzu* **Zeit·lo·sig·keit** *die*; *nur Sg*

Zeit·lu·pe *die*; *nur Sg*; ein Verfahren, bei dem man im Film Bewegungen viel langsamer zeigt, als sie in Wirklichkeit sind ↔ Zeitraffer: *das entscheidende*

Tor in Z. zeigen, wiederholen || K-: ***Zeitlupen-, -wiederholung***

Zeit·lu·pen|tem·po *das*; *nur Sg*; *gespr*, *mst pej*; *mst in* ***im Z.*** sehr langsam

zeit·nah *Adj*; mit Fragen u. Themen, die in der Gegenwart von Bedeutung sind ⟨ein Bühnenstück, e-e Aufführung, e-e Problematik⟩ || *hierzu* **Zeit·nä·he** *die*; *nur Sg*

Zeit·not *die*; *nur Sg*; Bedrängnis wegen Mangel an Zeit ⟨in Z. sein, geraten; sich in Z. befinden⟩

Zeit·punkt *der*; ***der Z.*** **(*für etw.*)**; ***der Z.*** + *Gen* der Moment, in dem etw. geschieht (od. geschehen soll) ⟨der Z. des Todes, der Ankunft, des Abschieds; e-n günstigen Z. abwarten; den richtigen, rechten, passenden, geeigneten Z. abwarten, verpassen, versäumen; von diesem Z. an; bis zu diesem Z.; zum jetzigen, in diesem Z.⟩: *der Z., zu dem der Vertrag ausläuft*; *Jetzt ist nicht der richtige Z. dafür*

Zeit·raf·fer *der*; *-s*; *nur Sg*; ein Verfahren, bei dem man im Film Bewegungen viel schneller zeigt, als sie in Wirklichkeit sind ↔ Zeitlupe

zeit·rau·bend *Adj*; *nicht adv*; so, dass man sehr viel Zeit dafür braucht ⟨e-e Arbeit, e-e Tätigkeit⟩

Zeit·raum *der*; ein (oft relativ großer) Abschnitt der Zeit ⟨ein längerer Z.; ein Z. von mehreren Tagen, vielen Wochen, zehn Jahren *usw*; etw. über e-n langen Z. hinweg tun⟩

Zeit·rech·nung *die*; *nur Sg*; die Zählung der Jahre von dem Ereignis an, das man beim Datum angibt: *Unsere Z. beginnt mit der Geburt von Jesus Christus*

Zeit·schrift *die*; ein Heft mit Fotos, Werbung u. verschiedenen Texten zur Information u. Unterhaltung, das regelmäßig erscheint ⟨e-e medizinische, wissenschaftliche Z.⟩: *e-e Z. für Kunst u. Literatur* || -K: ***Fach-, Fernseh-, Film-, Frauen-, Jugend-, Literatur-, Mode-, Musik-***

Zeit·ta·fel *die*; e-e Tabelle, in der die wichtigen Ereignisse e-r historischen Epoche stehen

Zei·tung *die*; *-*, *-en*; **1** ein Druckerzeugnis in Form von mehreren großen (gefalteten) Blättern mit Berichten über aktuelle Ereignisse, mit Werbung *usw*, das regelmäßig (*mst* täglich) erscheint ⟨e-e überregionale, regionale, lokale Z.; e-e Z. herausgeben, verlegen, drucken; e-e Z. bestellen, abonnieren, beziehen; Zeitungen austragen; etw. in der Z. lesen; etw. aus der Z. erfahren; etw. steht in der Z.; e-e Annonce, ein Inserat in die Z. setzen⟩ || K-: ***Zeitungs-, -abonnement, -annonce, -anzeige, -artikel, -ausschnitt, -austräger, -bericht, -inserat, -kiosk, -korrespondent, -leser, -meldung, -notiz, -papier, -verkäufer*** || -K: ***Abend-, Morgen-; Sonntags-, Tages-, Wochen-; Gewerkschafts-, Partei-; Sport-, Wirtschafts-; Boulevard-*** **2** ein Betrieb (Verlag), der e-e Z. (1) produziert ⟨bei e-r Z. arbeiten; von der Z. sein, kommen; e-e Z. gründen⟩

Zei·tungs·en·te *die*; *gespr*; e-e falsche Meldung in der Zeitung

Zeit·ver·trag *der*; ein Vertrag, mit dem j-d für e-e bestimmte, relativ kurze Zeit irgendwo angestellt wird ≈ ein befristeter Arbeitsvertrag

Zeit·ver·treib *der*; *-(e)s*, *-e*; *mst Sg*; **1** ≈ Hobby **2** ***zum Z.*** damit man sich nicht langweilt

zeit·wei·lig *Adj*; **1** *nur attr od adv*; nur für e-e bestimmte, begrenzte Zeit (gültig) ⟨e-e Verfügung, e-e Anordnung⟩ **2** *nur adv*; immer wieder für kurze Zeit, gelegentlich

zeit·wei·se *Adv*; **1** für kurze Zeit, vorübergehend: *Die Pässe sind bei Schneefall z. gesperrt* **2** von Zeit zu Zeit

Zeit·wort *das*; *-(e)s*, *Zeit·wör·ter* ≈ Verb

Zeit·zo·ne *die*; ein Gebiet (das durch Längengrade festgelegt ist), in dem die gleiche Uhrzeit gilt

Zeit·zün·der *der*; ein Zünder, der bewirkt, dass e-e Bombe *o.Ä.* nach e-r bestimmten Zeit explodiert

ze·leb·rie·ren; *zelebrierte*, *hat zelebriert*; Vt **1** ***etw. z.*** als katholischer Priester e-n Gottesdienst halten ⟨die Messe z.⟩ **2** ***etw. z.*** *geschr iron*; etw. übertrieben feierlich tun

Zel·le *die*; *-*, *-n*; **1** ein sehr kleiner Raum in e-m Gefängnis od. Kloster, in dem j-d lebt ⟨e-e kahle, enge, dunkle Z.; e-n Gefangenen in e-e Z. sperren, in seine Z. bringen, führen⟩ || -K: ***Dunkel-, Einzel-, Gefängnis-, Kerker-, Kloster-, Todes-*** **2** *Kurzw* ↑ ***Telefonzelle*** **3** der kleinste lebende Teil e-s Organismus ⟨lebende, tote Zellen; die Zellen wachsen (nach), sterben ab, teilen sich⟩ || K-: ***Zell-, -gewebe, -kern, -membran, -plasma, -stoffwechsel, -teilung, -wachstum*** || -K: ***Blut-, Ei-, Gehirn-, Keim-, Nerven-, Samen-; Krebs-*** **4** einer von mehreren ganz kleinen Räumen, aus denen e-e größere Struktur, *bes* e-e Honigwabe, besteht **5** *Tech*; ein (abgeteilter) Raum *z.B.* in e-r Batterie, in dem (durch chemische Reaktionen) elektrischer Strom erzeugt wird || -K: ***Licht-, Foto-*** **6** e-e kleine Gruppe von Menschen, die politisch arbeiten (als Teil e-r geheimen, verbotenen Organisation)

Zel·lo·phan [-'faːn] *das*; *-s*; *nur Sg* ≈ Cellophan® || K-: ***Zellophan-, -tüte***

Zell·stoff *der*; *nur Sg*; **1** e-e weiche Masse, die man aus Holz gewinnt u. zur Herstellung von Papier verwendet || K-: ***Zellstoff-, -fabrik*** **2** ein weicher Stoff, der Blut (u. andere Flüssigkeiten) schnell aufsaugt u. *bes* in der Medizin verwendet wird: *ein Verband aus Z.*

Zel·lu·loid [-'lɔyt] *das*; *-(e)s*; *nur Sg*; ein elastischer Kunststoff (aus dem man früher Filme gemacht hat) || K-: ***Zelluloid-, -streifen***

Zel·lu·lo·se *die*; *-*; *nur Sg*; das Material, aus dem die (Zell)Wände von Pflanzen bestehen

Zelt *das*; *-(e)s*, *-e*; e-e Konstruktion aus Stangen u. e-m festen Stoff darüber, unter der man im Freien wohnen kann: *ein Campingplatz für tausend Zelte* ⟨ein Z. aufstellen, aufbauen, abbauen, abbrechen⟩ || K-: ***Zelt-, -lager, -leinwand, -mast, -pflock, -plane, -platz, -stange*** || -K: ***Beduinen-, Indianer-; Bier-, Fest-, Zirkus-*** || ID ***die / seine Zelte irgendwo aufschlagen*** an e-n Ort ziehen, um dort zu leben; ***die / seine Zelte abbrechen*** e-n Ort verlassen, an dem man längere Zeit gewohnt hat

Zelt·bahn *die*; ein Stück Stoff für ein Zelt

zel·ten; *zeltete*, *hat gezeltet*; Vi in e-m Zelt übernachten od. (relativ kurze Zeit) leben: *auf e-m Campingplatz z.*; *im Urlaub (am Meer) z.*

Ze·ment *der*; *-(e)s*; *nur Sg*; ein feines graues Pulver, aus dem man Beton od. Mörtel machen kann || K-: ***Zement-, -boden, -sack, -werk; zement-, -grau***

ze·men·tie·ren; *zementierte*, *hat zementiert*; Vt **1** ***etw. z.*** e-e Fläche mit e-r Zementmischung fest u. glatt machen: *ein zementierter Weg* **2** ***etw. z.*** *geschr*; durch sein Handeln bewirken, dass ein schlechter Zustand aufrechterhalten wird: *soziale Unterschiede z.* || *hierzu* **Ze·men·tie·rung** *die*; *nur Sg*

Ze·nit, Ze·nit *der*; *-(e)s*; *nur Sg*; **1** der höchste Punkt am Himmel (vom Blickpunkt des Betrachters aus) ⟨die Sonne, ein Stern steht im Z., hat den Z. überschritten⟩ **2** ≈ Höhepunkt ⟨*mst* im Z. des Erfolges, Ruhmes⟩

zen·sie·ren; *zensierte*, *hat zensiert*; Vt/i **1** **(*j-n / etw.*)** ***z.*** als Lehrer die schriftliche Arbeit e-s Schülers bewerten (u. e-e Note geben) ⟨e-n Aufsatz z.; streng, milde z.⟩ **2** **(*etw.*)** ***z.*** e-n Text, e-n Film *o.Ä.* prüfen, ob sie bestimmten, *mst* politischen, moralischen od. religiösen Grundsätzen entsprechen (u. dann bestimmen, ob das Publikum sie sehen darf)

Zen·sor *der*; *-s*, *Zen·so·ren*; j-d, der etw. zensiert (2)

Zen·sur *die*; *-*, *-en*; **1** *nur Sg*; das Zensieren (2) ⟨etw. unterliegt der Z.; e-e (scharfe, strenge) Z. ausüben; die Z. einführen, aufheben, abschaffen; etw. der Z. unterwerfen⟩ || -K: ***Brief-, Film-, Post-, Presse-, Theater-***; ***Militär-, Polizei-*** **2** *nur Sg*; das Amt (die Behörde), das die Z. (1) durchführt **3** die Note[2] (1), mit der die Leistung e-s Schülers bewertet wird ⟨e-e gute, schlechte Z.⟩

zen·su·rie·ren; *zensurierte, hat zensuriert*; [Vt/i] ***(etw.) z.*** Ⓐ Ⓒⓗ ≈ zensieren (2)

Zen·ti·li·ter *der, das*; ein hundertstel Liter; *Abk* cl

Zen·ti·me·ter *der, das*; ein hundertstel Meter; *Abk* cm: *30cm Stoff*; *e-e Schnur von 90cm Länge* || K-: ***Zentimeter-, -maß*** || -K: ***Kubik-, Quadrat-***

Zent·ner *der*; *-s*, *-*; **1** 50 Kilogramm; *Abk* Z., Ztr.: *zwei Zentner Kartoffeln* || K-: ***Zentner-, -gewicht, -last***; ***zentner-, -schwer*** **2** Ⓐ Ⓒⓗ 100 Kilogramm; *Abk* q

zent·ner·wei·se *Adv*; in großen Mengen (mit viel Gewicht): *Er kauft z. Fleisch ein*

zent·ral *Adj*; **1** ungefähr in der Mitte e-s Ortes, also dort, wo die meisten Geschäfte *usw* sind ⟨e-e Lage; etw. ist z. gelegen; z. wohnen⟩ **2** *nicht adv*; von großem Einfluss auf andere Personen od. Dinge u. deshalb sehr wichtig ≈ wesentlich ⟨e-e Frage, ein Problem; etw. ist von zentraler Bedeutung⟩ || K-: ***Zentral-, -figur, -problem*** **3** von e-r höheren (*bes* staatlichen) Stelle gemacht od. geleitet ⟨e-e Planung; etw. z. organisieren, lenken, verwalten; e-e z. geleitete Industrie⟩ || K-: ***Zentral-, -ausschuss, -gewalt, -organ, -rat, -verband, -verwaltung***

Zent·ral- *im Subst, nicht produktiv*; bezeichnet (ungefähr) den mittleren Teil des genannten Gebietes; ***Zentralafrika, Zentralamerika, Zentralasien***

Zent·ra·le *die*; *-*, *-n*; **1** der Teil e-r (größeren) Organisation, der die Planung leitet u. die Arbeit organisiert u. steuert: *Die Z. hat beschlossen, den bisherigen politischen Kurs beizubehalten* || -K: ***Bank-, Partei-*** **2** die Stelle in e-r Firma, e-r Behörde, bei der man Informationen erhalten kann / die Informationen sammelt || -K: ***Fernsprech-, Informations-, Nachrichten-, Sende-, Telefon-***

Zent·ral·hei·zung *die*; ein System, bei dem die Wärme von einem großen Heizkessel *o.Ä.* (oft im Keller) in mehrere Zimmer od. Wohnungen geleitet wird

zent·ra·li·sie·ren; *zentralisierte, hat zentralisiert*; [Vt] ***etw. z.*** etw. so organisieren od. verwalten, dass eine zentrale (3) Stelle dafür verantwortlich ist ⟨die Verwaltung, die Wirtschaft z.⟩ || *hierzu* **Zent·ra·li·sa·ti·on** *die*; *-*, *-en*; **Zent·ra·li·sie·rung** *die*

Zent·ra·lis·mus *der*; *-*; *nur Sg*; e-e Form der Verwaltung (*bes* e-s Staates), bei der die wichtigen Fragen nur von zentralen (3) Stellen entschieden werden ↔ Föderalismus || *hierzu* **zent·ra·lis·tisch** *Adj*

Zent·ral·ko·mi·tee *das*; das höchste (leitende) Gremium *bes* e-r kommunistischen Partei; *Abk* ZK

Zent·ral·ner·ven·sys·tem *das*; die Nerven, die (zusammen) von Gehirn u. Rückenmark ausgehen

Zent·ri·fu·gal·kraft *die*; *Phys* ≈ Fliehkraft

Zent·ri·fu·ge *die*; *-*, *-n*; ein Gerät, mit dem durch schnelles Drehen die Bestandteile e-s Gemisches voneinander getrennt werden

Zent·rum *das*; *-s*, *Zent·ren*; **1** der Punkt, der von allen Seiten gleich weit entfernt ist ≈ Mittelpunkt ⟨das Z. e-s Kreises, e-s Erdbebens⟩ || -K: ***Erdbeben-, Kreis-*** **2** die Gegend in der Mitte e-r Stadt, in der die wichtigsten Geschäfte *usw* sind ≈ Innenstadt, City **3** ein Bereich, der für e-e bestimmte Tätigkeit sehr wichtig ist ⟨ein kulturelles, industrielles Z.; ein Z. der Macht, der Wirtschaft⟩ || -K: ***Einkaufs-, Erholungs-, Handels-, Industrie-, Kultur-, Mode-, Presse-, Touristen-, Urlaubs-, Vergnügungs-, Verwaltungs-*** **4** ***j-d / etw. steht im Z.*** (+ *Gen* / ***von etw.***) j-d / etw. wird am meisten beachtet: *Er stand im Z. der Aufmerksamkeit*

-zent·rum *das*; *im Subst, wenig produktiv*; **1** verwendet als Bezeichnung e-r Institution, in der viele verschiedene Arbeiten ausgeführt werden; ***Forschungszentrum, Rechenzentrum, Rehabilitationszentrum*** **2** verwendet als Bezeichnung e-s Gebäudes, in dem man verschiedenen Freizeitbeschäftigungen nachgehen kann; ***Freizeitzentrum, Jugendzentrum, Kulturzentrum, Sportzentrum***

Zep·pe·lin [-liːn] *der*; *-s*, *-e*; ein Luftfahrzeug in der Form e-r großen dicken Zigarre, das mit Gas gefüllt ist u. von e-m Motor angetrieben wird

Zep·ter *das, der*; *-s*, *-*; e-e Art Stab, den *bes* Kaiser u. Könige als Symbol ihrer Macht tragen || ID ***das Z. schwingen*** *gespr hum*; die Macht haben

zer- *im Verb, unbetont u. nicht trennbar, begrenzt produktiv*; Die Verben mit *zer-* werden nach folgendem Muster gebildet: *zerbeißen - zerbiss - zerbissen*

1 *zer-* drückt aus, dass j-d / ein Tier auf die im zweiten Wortteil genannte Art verletzt wird bzw. dass etw. in kleine Teile geteilt od. völlig kaputtgemacht wird;

etw. zerbeißen: *Er zerbiss die Tablette* ≈ Durch Beißen brach er die Tablette in Teile

ebenso: ***etw. zerbrechen, etw. zerbröckeln, etw. zerbröseln, etw. zerhacken, etw. zerkochen, etw. zerkratzen, etw. zerkrümeln, j-n / etw. zerquetschen, etw. zerreiben, etw. zerreißen, etw. zersägen, etw. zerschmeißen, j-n / etw. zerstechen, j-n / etw. zertrampeln***

2 *zer-* drückt aus, dass etw. in der im zweiten Wortteil genannten Art in kleine Teile auseinander fällt od. sich auflöst;

etw. zerbricht: *Die Vase fiel zu Boden u. zerbrach* ≈ Die Vase fiel zu Boden u. brach in viele einzelne Teile auseinander

ebenso: ***etw. zerbirst, etw. zerbröckelt, etw. zerbröselt, etw. zerkocht, etw. zerplatzt, etw. zerreißt, etw. zerschmilzt***

zer·bre·chen; *zerbrach, hat / ist zerbrochen*; [Vt] (*hat*) **1** ↑ ***zer-*** (1) **2** ***sich*** (*Dat*) ***über etw.*** (*Akk*) ***den Kopf z.*** sehr intensiv über etw. nachdenken; [Vi] (*ist*) **3** ↑ ***zer-*** (2) **4** ***etw. zerbricht*** *geschr*; e-e Beziehung zwischen Menschen scheitert ⟨*mst* die Ehe, die Freundschaft⟩ **5** ***an etw.*** (*Dat*) ***z.*** so großen seelischen Kummer haben, dass man sich davon nicht mehr erholt: *an / am Kummer z.*

zer·brech·lich *Adj*; **1** ⟨Glas *o.Ä.*⟩ so, dass es (leicht) zerbrechen (2) kann **2** mit e-m zarten, schwachen Körper ⟨e-e Frau, ein Kind, e-e Figur⟩ || *hierzu* **Zer·brech·lich·keit** *die*; *nur Sg*

zer·dep·pern; *zerdepperte, hat zerdeppert*; [Vt] ***etw. z.*** *gespr* ≈ zerschlagen[1] (1) ⟨*mst* Porzellan⟩

zer·drü·cken; *zerdrückte, hat zerdrückt*; [Vt] **1** ***etw. z.*** etw. durch Drücken zu e-m Brei machen ⟨ein Ei, Kartoffeln (mit der Gabel) z.⟩ **2** ***etw. z.*** etw. durch Drücken aus der Form bringen ⟨Kleidung z.⟩ **3** ***etw. z.*** etw. durch Drücken platt machen ⟨Blumen z.⟩

Ze·re·mo·nie [tseremoˈniː, -ˈmoːni̯ə] *die*; *-*, *-n* [-ˈniːən, -ˈmoːni̯ən]; e-e *mst* lange u. feierliche Handlung, die festen u. traditionellen Regeln folgt ⟨e-e religiöse, kirchliche Z.⟩: *die Z. der Trauung* || K-: ***Zeremonien-, -meister*** || -K: ***Begrüßungs-, Bestattungs-, Trauungs-*** || *hierzu* **ze·re·mo·ni·ell** *Adj*

Ze·re·mo·ni·ell [-moˈni̯ɛl] *das*; *-s*, *-e*; *geschr*; die festen Formen u. Regeln bei feierlichen Handlungen ⟨das diplomatische, militärische, höfische Z.⟩

zer·fah·ren *Adj*; nervös, wirr u. ohne Konzentration ⟨z. wirken; e-n zerfahrenen Eindruck machen⟩ || *hierzu* **Zer·fah·ren·heit** *die*; *nur Sg*

Zer·fall *der*; *-(e)s*; *nur Sg*; **1** der (*mst* langwierige) Prozess, bei dem sich etw. in einzelne Teile auflöst **2** das Ende e-s Reichs *o.Ä.* || K-: ***Zerfalls-, -erscheinung*** **3** e-e chemische Reaktion, bei der sich ein Stoff in verschiedene Substanzen auflöst || K-: ***Zerfalls-, -produkt, -prozess*** || -K: ***Atom(kern)-***

zer·fal·len; *zerfällt, zerfiel, ist zerfallen*; [Vi] **1** ***etw. zerfällt*** etw. löst sich in einzelne Teile auf ⟨e-e alte Mauer, ein altes Bauwerk zerfällt; etw. zerfällt in / zu Staub⟩ **2** ***etw. zerfällt*** etw. wird schwächer u. existiert dann nicht mehr ⟨ein Imperium, ein Weltreich⟩ **3** ***etw. zerfällt (zu etw.)*** *Phys*; ein *mst* radioaktiver Stoff bildet Teilchen (spaltet sie ab) u. wird so zu e-m anderen Stoff **4** ***etw. zerfällt in etw.*** (*Akk*) etw. setzt sich aus mehreren Abschnitten *o.Ä.* zusammen: *Der Vorgang zerfällt in mehrere Phasen*

zer·fet·zen; *zerfetzte, hat zerfetzt*; [Vt] **1** ***etw. z.*** etw. mit großer Kraft in Stücke reißen: *Er zerfetzte den Brief* **2** ***ein Tier zerfetzt j-n / etw.*** ein Tier reißt j-n / etw. auseinander **3** ***j-n / etw. z.*** j-n / etw. in der Öffentlichkeit sehr streng kritisieren

zer·fled·dert *Adj*; durch häufigen Gebrauch beschädigt ⟨ein Buch⟩

zer·flei·schen; *zerfleischte, hat zerfleischt*; [Vt] **1** ***ein Tier zerfleischt j-n / ein Tier*** ein Tier verletzt j-n / ein Tier durch Bisse schwer od. tödlich **2** ***etw. zerfleischt j-n*** ein sehr starkes (negatives) Gefühl quält j-n ⟨Eifersucht⟩; [Vr] **3** ***sich (in / vor etw.*** (*Dat*)***) z.*** sich seelisch quälen ⟨sich vor Eifersucht z.⟩

zer·flie·ßen; *zerfloss, ist zerflossen*; [Vi] **1** ***etw. zerfließt*** etw. wird flüssig ⟨Butter⟩ **2** ***etw. zerfließt*** e-e Farbe bildet (*bes* auf weichem Papier) unscharfe Linien: *Die Tinte zerfließt* **3** ***j-d zerfließt in / vor etw.*** (*Dat*) *gespr pej*; j-d zeigt ein bestimmtes Gefühl zu stark ⟨*mst* j-d zerfließt in / vor Mitleid⟩

zer·fres·sen; *zerfrisst, zerfraß, hat zerfressen*; [Vt] **1** ***Motten zerfressen etw.*** Motten fressen Löcher in e-n Stoff: *ein von Motten zerfressener Mantel* **2** ***etw. zerfrisst etw.*** Säure od. Rost zerstören etw.

zer·furcht, *zerfurchter, zerfurchtest-*; *Adj*; mit vielen tiefen Falten ⟨e-e Stirn, ein Gesicht⟩

zer·ge·hen; *zerging, ist zergangen*; [Vi] ***etw. zergeht*** e-e feste Substanz wird flüssig ≈ etw. löst sich auf: *e-e Tablette in Wasser, Butter in der Pfanne z. lassen* || NB: ↑ ***Zunge***

zer·glie·dern; *zergliederte, hat zergliedert*; [Vt] ***etw. z.*** etw. in seine einzelnen Teile aufteilen u. analysieren ⟨e-n Vorgang, ein bestimmtes Verhalten, e-n Satz z.⟩ || *hierzu* **Zer·glie·de·rung** *die*; *nur Sg*

zer·klei·nern; *zerkleinerte, hat zerkleinert*; [Vt] ***etw. z.*** aus etw. kleine(re) Stücke machen: *Nüsse z.* || *hierzu* **Zer·klei·ne·rung** *die*; *nur Sg*

zer·klüf·tet *Adj*; *nicht adv*; mit vielen tiefen Spalten u. Schluchten ⟨ein Gebirge, e-e Landschaft⟩ || *hierzu* **Zer·klüf·tung** *die*; *nur Sg* || ► ***Kluft***[1] (1)

zer·knaut·schen; *zerknautschte, hat zerknautscht*; [Vt] ***etw. z.*** *gespr* ≈ zerknüllen, zerknittern

zer·knirscht, *zerknirschter, zerknirschtest-*; *Adj*; so, dass man weiß u. es auch zeigt, dass man etw. falsch gemacht hat ⟨ein zerknirschtes Gesicht machen; z. sein⟩ || *hierzu* **Zer·knir·schung** *die*; *nur Sg*

zer·knit·tern; *zerknitterte, hat zerknittert*; [Vt] ***etw. z.*** e-n Stoff od. Papier zusammendrücken, sodass viele (unregelmäßige) Falten entstehen

zer·knül·len; *zerknüllte, hat zerknüllt*; [Vt] ***etw. z.*** etw. so in der Hand zusammendrücken, dass e-e Art Kugel entsteht ⟨ein (Stück) Papier, e-n Brief z.⟩

zer·las·sen; *zerlässt, zerließ, hat zerlassen*; [Vt] ***etw. z.*** etw. warm machen, sodass es flüssig wird ⟨*mst* Fett, Butter, Margarine⟩: *zerlassene Butter*

zer·lau·fen; *zerläuft, zerlief, ist zerlaufen*; [Vi] ***etw. zerläuft*** *gespr*; etw. zerfließt (1,2)

zer·le·gen; *zerlegte, hat zerlegt*; [Vt] **1** ***etw. z.*** e-n Gegenstand auseinander nehmen ⟨etw. in seine (Einzel)Teile z.⟩: *e-n Motor, e-e Uhr z.*; *Den Schrank kann man für den Transport z.* **2** ***etw. z.*** Geflügel, e-n Fisch *o.Ä.* in Portionen aufteilen || *hierzu* **Zer·le·gung** *die*; **zer·leg·bar** *Adj*

zer·le·sen *Adj*; *nicht adv*; zerrissen u. schmutzig, weil oft darin gelesen wurde ⟨e-e Illustrierte, ein Buch⟩

zer·lumpt, *zerlumpter, zerlumptest-*; *Adj*; alt u. zerrissen ⟨Kleidung⟩ || ► ***Lumpen***

zer·mah·len; *zermahlte, hat zermahlen*; [Vt] ***etw. z.*** etw. zu e-m feinen Mehl machen

zer·mal·men; *zermalmte, hat zermalmt*; [Vt] ***etw. zermalmt j-n / etw.*** etw. sehr Schweres zerstört etw. / tötet j-n, indem es darauf / auf ihn fällt

zer·man·schen; *zermanschte, hat zermanscht*; [Vt] ***etw. z.*** *gespr*; etw. so pressen, dass es zu e-m Brei wird ⟨Kartoffeln, Bananen⟩

zer·mar·tern; *zermarterte, hat zermartert*; [Vt] *mst* ***sich*** (*Dat*) ***den Kopf, das Hirn z.*** *gespr*; sehr angestrengt u. intensiv nachdenken

zer·mür·ben; *zermürbte, hat zermürbt*; [Vt/i] ***etw. zermürbt (j-n)*** etw. strengt j-n über lange Zeit sehr an, nimmt ihm die Hoffnung *o.Ä.* u. macht ihn dadurch schwach || NB: oft im Partizip Präsens: *Das lange Warten ist zermürbend* || ► ***mürbe*** (3)

zer·pflü·cken; *zerpflückte, hat zerpflückt*; [Vt] **1** ***etw. z.*** etw. in kleine Stücke reißen ⟨e-e Blume, Salatblätter z.⟩ **2** ***etw. z.*** *mst pej*; etw. ganz genau analysieren, *bes* um es scharf zu kritisieren ⟨e-e Rede, j-s Äußerung z.⟩

zer·plat·zen; *zerplatzte, ist zerplatzt*; [Vi] ***etw. zerplatzt*** ein Luftballon *o.Ä.* geht kaputt

zer·quet·schen; *zerquetschte, hat zerquetscht*; [Vt] **1** ***j-n / etw. z.*** j-n durch starkes Drücken *o.Ä.* schwer verletzen, etw. stark beschädigen od. zerstören: *Er wurde von e-m Lastwagen an die Wand gedrückt u. zerquetscht* || NB: *mst* im Passiv! **2** ***etw. zerquetscht j-m etw.*** etw. verletzt e-n Körperteil von j-m durch starken Druck

Zerr·bild *das*; e-e (absichtlich) falsche Beschreibung od. Schilderung von etw.: *ein Z. der wahren Zustände geben*

zer·re·den; *zerredete, hat zerredet*; [Vt] ⟨*mst* mehrere Personen⟩ ***zerreden etw.*** mehrere Personen reden so lange über etw., bis sich niemand mehr dafür interessiert ⟨ein Gedicht, ein Buch, ein Thema z.⟩

zer·rei·ßen; *zerriss, hat / ist zerrissen*; [Vt] (*hat*) **1** ***etw. z.*** etw. in zwei od. mehrere Stücke reißen **2** ***ein Tier zerreißt j-n*** ein Tier reißt j-n in Stücke **3** ***etw. zerreißt j-n*** ein Geschoss, e-e Explosion *o.Ä.* reißt j-n in Stücke **4** ***etw. zerreißt j-m etw.*** ein Geschoss, e-e Explosion, *o.Ä.* verletzt e-n Körperteil von j-m **5** ***sich*** (*Dat*) ***etw. z.*** ein Stück von seiner Kleidung beschädigen: *sich beim Klettern die Hose z.*; [Vi] (*ist*) **6** ***etw. zerreißt*** etw. spaltet sich plötzlich in zwei od. mehrere Teile auf od. bekommt Risse: *Papier / Dieser Stoff zerreißt leicht*; [Vr] (*hat*) **7** ***sich (für j-n / etw.) z.*** *gespr*; sich (bei etw.) sehr große Mühe geben, sich für j-n sehr stark einsetzen || ID *mst* ***Ich kann mich doch nicht z.!*** *gespr*; ich kann nicht verschiedene Dinge zur gleichen Zeit tun; ***j-n zerreißt es (fast) (vor Lachen)*** *gespr*; j-d muss sehr laut lachen

Zer·reiß·pro·be *die*; e-e Situation, in der e-e wichtige Entscheidung fällt, für die man viel psychische Kraft braucht

zer·ren; *zerrte, hat gezerrt*; [Vt] **1** ***j-n / etw. in etw.*** (*Akk*) ***/ aus etw. z.*** j-n gegen seinen Willen od. etw.

mit großer Kraft in / aus etw. ziehen: *j-n aus dem Auto, aus dem Bett, ins Haus z.* **2 sich** (*Dat*) **etw. z.** etw. so anstrengen u. spannen, dass man sich verletzt ⟨sich e-n Muskel, e-e Sehne z.⟩ **3 *j-n vor Gericht z.*** *pej*; j-n vor ein Gericht bringen **4 *etw. an die Öffentlichkeit z.*** *pej*; etw., das für j-n unangenehm od. peinlich ist, *bes* in den Medien bekannt machen; Vi **5 *an j-m / etw. z.*** (immer wieder) stark an j-m / etw. ziehen ⟨an j-s Ärmel z.⟩: *Der Hund zerrte an der Leine*

zer·rin·nen; *zerrann, ist zerronnen*; Vi **1 *etw. zerrinnt*** etw. wird (*bes* durch Wärme) flüssig ≈ etw. zerfließt (1) ⟨der Schnee, das Eis⟩ **2 *etw. zerrinnt*** *geschr*; etw. wird nicht Wirklichkeit ⟨e-e Hoffnung, j-s Träume, j-s Ideale⟩

zer·ris·sen 1 *Partizip Perfekt*; ↑ **zerreißen 2** *Adj*; *nicht adv*; so, dass man sich für nichts entscheiden kann u. unter diesem Zustand leidet ⟨(innerlich) z. sein⟩ || *zu* **2 Zer·ris·sen·heit** *die*; *nur Sg*

Zer·rung *die*; -, *-en*; e-e Verletzung e-s Muskels od. e-r Sehne, die entsteht, wenn diese zu stark gedehnt worden sind || -K: ***Muskel-, Sehnen-***

zer·rüt·ten; *zerrüttete, hat zerrüttet*; Vt **1 *etw. zerrüttet j-n / etw.*** etw. strengt j-n / etw. so stark an, dass für immer Schäden bleiben ⟨j-n körperlich, seelisch z.; e-e zerrüttete Gesundheit, zerrüttete Nerven haben⟩ **2** *mst* ***etw. ist zerrüttet*** etw. ist so strapaziert, dass es sich auflöst ⟨e-e zerrüttete Ehe, zerrüttete (Familien)Verhältnisse⟩ || NB: *mst* im Partizip Perfekt od. im Zustandspassiv || *hierzu* **Zer·rüt·tung** *die*; *nur Sg*

zer·schel·len; *zerschellte, ist zerschellt*; Vi ***etw. zerschellt*** etw. stößt sehr heftig gegen etw. u. bricht dadurch in Stücke: *Das Flugzeug zerschellte an den Felsen*

zer·schla·gen[1]; *zerschlägt, zerschlug, hat zerschlagen*; Vt **1 *etw. z.*** etw. auf etw. werfen, fallen lassen od. auf etw. schlagen, sodass es in Stücke bricht ⟨e-n Teller, e-e Fensterscheibe z.⟩ **2 *j-n / etw. z.*** e-e Armee *o.Ä.* im militärischen Kampf besiegen u. vernichten **3** *mst* ⟨die Polizei⟩ ***zerschlägt etw.*** *mst* die Polizei deckt e-e kriminelle Organisation auf u. verhindert so weitere Verbrechen ⟨e-n Spionagering, die Rauschgiftmafia z.⟩; Vr **4 *etw. zerschlägt sich*** etw. wird nicht Wirklichkeit ≈ etw. scheitert ⟨j-s Pläne, Hoffnungen, Ideale⟩ || *zu* **2** u. **3 Zer·schla·gung** *die*; *nur Sg*

zer·schla·gen[2] **1** *Partizip Perfekt*; ↑ **zerschlagen**[1] **2** *Adj*; sehr müde u. schwach ≈ erschöpft

zer·schlis·sen *Adj*; (vom langen Tragen) an vielen Stellen dünn geworden ⟨Ärmel, Kleidung⟩

zer·schmet·tern; *zerschmetterte, hat zerschmettert*; Vt ***etw. zerschmettert etw.*** etw. trifft etw. mit voller Wucht u. zerstört es dadurch: *Sein Knie wurde von e-r Gewehrkugel zerschmettert*

zer·schnei·den; *zerschnitt, hat zerschnitten*; Vt **1 *etw. z.*** etw. in zwei od. mehrere Teile schneiden **2 *etw. z.*** etw. durch Schneiden beschädigen **3 *sich*** (*Dat*) ***etw. z.*** sich an e-m Körperteil verletzen, weil man in Kontakt mit e-m sehr spitzen, scharfkantigen Gegenstand kommt

zer·schun·den *Adj*; mit vielen Narben, Wunden *o.Ä.* ⟨Knie, Ellbogen, Arme, Beine *usw*⟩

zer·set·zen; *zersetzte, hat zersetzt*; Vt **1 *etw. zersetzt etw.*** etw. löst etw. durch chemische Reaktionen (in seine Bestandteile) auf: *Bestimmte Metalle werden von Säuren völlig zersetzt* **2 *etw. z.*** *pej*; durch bestimmte Ideen u. politische Handlungen die bestehende Ordnung *o.Ä.* unterminieren ⟨zersetzende Kritik⟩ || NB: *mst* im Partizip Präsens; Vr **3 *etw. zersetzt sich*** etw. löst sich durch chemische Reaktionen (in seine Bestandteile) auf || *hierzu* **Zer·set·zung** *die*; *nur Sg*

zer·sie·deln; *zersiedelte, hat zersiedelt*; Vt ***etw. z.*** etw. durch das Bauen von zu vielen Häusern hässlich machen ⟨e-e Landschaft z.⟩ || *hierzu* **Zer·sie·de·lung** *die*

zer·sprin·gen; *zersprang, ist zersprungen*; Vi ***etw. zerspringt*** etw. bricht in Stücke od. Scherben ≈ etw. zerbricht (2) ⟨das Porzellan, die Vase, die Tasse, der Teller, die Steinplatte⟩

zer·stamp·fen; *zerstampfte, hat zerstampft*; Vt **1 *etw. z.*** auf etw. so lange mit e-m Instrument (2) stoßen, bis es in sehr kleine Teile zerfallen ist ⟨Kartoffeln, Tomaten z.⟩ **2 *etw. z.*** auf etw. so lange treten od. mit etw. stoßen, bis es zerstört ist

zer·stäu·ben; *zerstäubte, hat zerstäubt*; Vt ***etw. z.*** e-e Flüssigkeit in sehr kleine Tropfen teilen (*mst* mit e-m Gas od. mit Druck) || *hierzu* **Zer·stäu·bung** *die*; *nur Sg*

Zer·stäu·ber *der*; *-s, -*; ein Gerät, mit dem man e-e Flüssigkeit in die Luft sprüht || -K: ***Parfüm-***

zer·stie·ben; *zerstob, ist zerstoben*; Vi ***etw. zerstiebt*** etw. fliegt in kleinen Teilchen in alle Richtungen ⟨Funken, der Schnee, Wassertropfen⟩

zer·stö·ren; *zerstörte, hat zerstört*; Vt **1 *etw. z.*** etw. so beschädigen, dass man es nicht mehr reparieren kann ⟨etw. völlig, restlos, mutwillig z.⟩: *Im Krieg wurden viele Häuser durch Bomben völlig zerstört* **2 *etw. z.*** etw. Positives zunichte machen ⟨j-s Glück, den Frieden, j-s Hoffnungen z.⟩ || *hierzu* **Zer·stö·rung** *die*

Zer·stö·rer *der*; *-s, -*; **1** ein mittelgroßes Kriegsschiff **2** j-d, der etw. zerstört (hat)

zer·stö·re·risch *Adj*; ⟨e-e Kraft, e-e Aktion, e-e Wut⟩ so, dass sie zu Zerstörung führen

Zer·stö·rungs·wut *die*; *nur Sg*; ein starker Wunsch od. ein Trieb, Dinge zu zerstören (1)

zer·sto·ßen; *zerstößt, zerstieß, hat zerstoßen*; Vt ***etw. z.*** etw. durch feste Stöße *bes* im Mörser zu ganz kleinen Teilen machen ⟨Gewürze z.⟩

zer·strei·ten, sich; *zerstritt sich, hat sich zerstritten*; Vr ***j-d zerstreitet sich mit j-m***; ⟨Personen⟩ ***zerstreiten sich*** zwei od. mehrere Personen streiten so miteinander, dass die Freundschaft *o.Ä.* beendet wird

zer·streu·en; *zerstreute, hat zerstreut*; Vt **1 *etw. zerstreut etw.*** der Wind *o.Ä.* verteilt kleine od. leichte Sachen über e-e relativ große Fläche **2** *mst* ***die Polizei zerstreut j-n*** (*Kollekt od Pl*) *mst* die Polizei veranlasst, dass e-e Gruppe von Menschen auseinander geht: *Die Polizei zerstreute die Demonstranten* **3 *etw. z.*** bewirken, dass bei e-m anderen ein negatives Gefühl verschwindet ⟨j-s Zweifel, Sorgen, Ängste z.⟩ **4 *j-n / sich z.*** bewirken, dass j-d / man selbst auf andere, schönere Gedanken kommt; Vr **5** ⟨Menschen⟩ ***zerstreuen sich*** e-e große Menschenmenge geht auseinander

zer·streut 1 *Partizip Perfekt*; ↑ **zerstreuen 2** *zerstreuter, zerstreutest-*; *Adj*; so, dass man an etw. ganz anderes denkt, während man etw. tut ≈ unkonzentriert ⟨ein Mensch; z. lächeln, antworten, nicken; z. wirken⟩ **3** *Adj*; ⟨z. liegende Häuser, Höfe⟩ so, dass sie einzeln u. weit voneinander entfernt liegen || *zu* **2 Zer·streut·heit** *die*; *nur Sg*

Zer·streu·ung *die*; -, *-en*; **1** etw., das zur Unterhaltung dient, *bes* damit man nicht an Probleme *usw* denkt ⟨Z. suchen, finden; für Z. sorgen; j-m Z. bieten⟩ **2** *nur Sg*; das Auseinandertreiben e-r Gruppe von Menschen **3** *nur Sg*; das Auseinandergehen e-r Gruppe von Menschen

zer·stü·ckeln; *zerstückelte, hat zerstückelt*; Vt ***etw. z.*** *pej*; etw. in viele Teile od. kleine Stücke teilen ⟨ein Land, e-e Fläche z.⟩ || *hierzu* **Zer·stü·cke·lung** *die*; *nur Sg*

zer·tei·len; *zerteilte, hat zerteilt*; Vt **1 *etw. z.*** etw. *mst* durch Schneiden, Brechen *o.Ä.* in mehrere Stücke teilen ⟨Fleisch, Geflügel z.; ein Fluss zerteilt das Land⟩; [Vr] **2 *etw. zerteilt sich*** etw. löst sich allmählich auf ⟨der Nebel, die Wolken⟩

Zer·ti·fi·kat *das*; *-(e)s, -e*; **1** e-e Urkunde für e-e bestandene Prüfung **2** *Bank*; ein Wertpapier (Anteil an e-r Investmentgesellschaft) **3** *veraltend* ≈ Bescheinigung

zer·tre·ten; *zertritt, zertrat, hat zertreten*; [Vt] ***etw. z.*** auf etw. mit dem Fuß treten u. es dadurch stark beschädigen, zerstören od. töten ⟨ein Saatbeet, Blumen *o.Ä.* z.; e-n Käfer, e-e Spinne *o.Ä.* z.⟩

zer·trüm·mern; *zertrümmerte, hat zertrümmert*; [Vt] ***etw. z.*** etw. mit großer Kraft od. Gewalt zerbrechen od. in Stücke schlagen || *hierzu* **Zer·trüm·me·rung** *die*; *nur Sg* || ▸ ***Trümmer***

Zer·würf·nis *das*; *-ses, -se*; *geschr*; ein sehr heftiger Streit *mst* zwischen (Lebens)Partnern, nach dem sie *mst* auseinander gehen ⟨ein häusliches, eheliches Z.; ein tiefes, schweres Z.⟩

zer·zau·sen; *zerzauste, hat zerzaust*; [Vt] ***j-n z.***; ***(j-m) etw. z.*** j-m die Haare in Unordnung bringen ⟨j-m das Haar / die Haare z.; j-s Haar(e) z.⟩

Ze·ter *nur in* ***Z. und Mordio schreien*** mit lauter Stimme schimpfen u. protestieren

ze·tern; *zeterte, hat gezetert*; [Vi] laut schimpfen od. jammern

Zet·tel *der*; *-s, -*; ein *mst* kleines, einzelnes Blatt Papier (auf dem etw. steht od. auf das man etw. schreibt): *An der Tür hing ein Z. mit der Aufschrift „Komme gleich“* || -K: ***Notiz-***

Zeug *das*; *-(e)s*; *nur Sg*; **1** *gespr*, *mst pej*; etw., das man nicht mit seiner eigentlichen Bezeichnung nennt (*mst* weil es wertlos od. uninteressant ist): *Hier liegt so viel Z. herum, räum bitte auf!*; *„Magst du e-n Likör?“ - „Nein, so süßes Z. trinke ich nicht“* **2** *gespr pej* ≈ Unsinn ⟨dummes Z. reden⟩ **3** *veraltet*; Stoff für Kleider **4** *veraltet* ≈ Kleidung, Kleider || ID ***j-m ((et)was) am Z. flicken*** *gespr*; etw. Negatives über j-n sagen; ***j-d hat (nicht) das Z. zu / für etw.*** *gespr*; j-d hat (nicht) die nötigen Fähigkeiten für etw.: *Er hat das Z. zum Musiker*; ***j-m fehlt das Z. zu / für etw.*** *gespr*; j-d hat nicht die nötigen Fähigkeiten für etw.; ***was das Z. hält*** mit aller Kraft: *Heute muss ich arbeiten, was das Z. hält*; ***sich (für j-n / etw.) ins Z. legen*** sich viel Mühe geben (u. alles tun, um j-m zu helfen od. etw. zu erreichen)

-zeug *das*; *begrenzt produktiv*, *gespr*; die Gegenstände, die man für e-e bestimmte Tätigkeit braucht ≈ -sachen: ***Angelzeug, Arbeitszeug, Badezeug, Flickzeug, Malzeug, Nähzeug, Rasierzeug, Schreibzeug, Schwimmzeug, Skizeug, Strickzeug, Turnzeug, Waschzeug***

Zeu·ge *der*; *-n, -n*; **1** j-d, der dabei (anwesend) ist, wenn etw., *bes* ein Verbrechen od. ein Unfall, geschieht ⟨ein unfreiwilliger, zufälliger Z. (von etw.); Z. e-s Gesprächs, e-s Einbruchs, e-s Verkehrsunfalls *usw* sein, werden⟩ || -K: ***Augen-, Ohren-; Tat-, Unfall-*** **2** j-d, der vor Gericht (aus)sagt, was er, *bes* im Zusammenhang mit e-m Verbrechen, gesehen od. gehört hat od. von e-r Person weiß ⟨ein Z. der Anklage, der Verteidigung; ein zuverlässiger, glaubwürdiger Z.; als Z. aussagen, auftreten, erscheinen, vorgeladen werden; Zeugen beibringen, (vor)laden, vernehmen; j-n als Zeugen hören, einvernehmen; den Zeugen vereidigen⟩: *Die Aussage des Zeugen belastete den Angeklagten schwer* || K-: ***Zeugen-, -aussage, -befragung, -eid, -einvernahme, -vernehmung, -vorladung*** || -K: ***Belastungs-, Entlastungs-, Haupt-*** **3** j-d, der bei e-r wichtigen Handlung dabei ist u. dies durch seine Unterschrift bestätigt ⟨ein Testament vor Zeugen abfassen, eröffnen; etw. im Beisein von Zeugen tun⟩: *ein Z. bei e-m Vertragsabschluss, bei e-r Trauung* || -K: ***Tauf-, Trau-*** || NB: *der Zeuge*; *den, dem, des Zeugen* || *hierzu* **Zeu·gin** *die*; *-, -nen* || ▸ ***bezeugen***

zeu·gen[1]; *zeugte, hat gezeugt*; [Vt] **1 *ein Kind z.*** (als Mann) durch Geschlechtsverkehr ein Kind entstehen lassen || NB: e-e Frau *empfängt* ein Kind **2 *etw. zeugt etw.*** *geschr* ≈ etw. verursacht etw., bringt etw. hervor || ▸ ***Zeugung***

zeu·gen[2]; *zeugte, hat gezeugt*; [Vi] ***etw. zeugt von etw.*** etw. ist ein Zeichen für etw., macht etw. deutlich: *Ihre Reaktion zeugt nicht gerade von Begeisterung*

Zeu·gen·bank *die*; e-e Bank im Gerichtssaal, auf der die Zeugen sitzen ⟨auf der Z. sitzen⟩

Zeu·gen·stand *der*; *nur Sg*; der Platz im Gerichtssaal, an dem die Zeugen (vor dem Richter) stehen od. sitzen, wenn sie sprechen ⟨j-n in den Z. rufen; in den Z. treten; im Z. sitzen⟩

Zeug·haus *das*; *hist*; ein Haus, in dem *bes* Waffen aufbewahrt wurden

Zeug·nis *das*; *-ses, -se*; **1** e-e Art Urkunde, auf der *mst* in Form von Noten steht, wie gut die Leistungen e-s Schülers, Lehrlings *o.Ä.* waren || K-: ***Zeugnis-, -ausgabe, -mappe, -note*** || -K: ***Abitur-, Abschluss-, Prüfungs-, Schul-; Halbjahres-, Jahres-, Zwischen-*** **2** e-e schriftliche Bescheinigung, die ein Arbeiter od. Angestellter vom Arbeitgeber (als Beweis seiner Leistungen) bekommt, wenn er die Firma verlässt ⟨j-m ein Z. ausstellen⟩ || -K: ***Arbeits-*** **3** ≈ Gutachten ⟨ein ärztliches, amtliches Z.⟩ || -K: ***Gesundheits-*** **4** *geschr* ≈ Zeichen (5): *Zeugnisse der Vergangenheit* || ID ***etw. ist (ein) beredtes Z. von etw.*** etw. zeugt von etw., etw. ist ein Zeichen (1) von etw.

Zeugs *das*; *-*; *nur Sg*; *gespr pej* ≈ Zeug (1)

Zeu·gung *die*; *-*; *nur Sg*; der Vorgang des Zeugens[1] (1) *bes* aus der Sicht des Mannes || K-: ***Zeugungs-, -akt, -fähigkeit, -termin, -unfähigkeit; zeugungs-, -fähig, -unfähig*** || NB: ↑ ***Empfängnis***

z. H., z. Hd. *Abk für* zu Händen || NB: ↑ ***Hand*** (8)

Zi·cke *die*; *-, -n*; **1** e-e weibliche Ziege **2 *(dumme) Z.*** *gespr pej* ≈ Ziege (2) || ID ***Zicken machen*** *gespr*; dumme Dinge tun u. damit j-m Schwierigkeiten machen

zi·ckig *Adj*; *gespr pej*; ⟨ein Mädchen, e-e Frau⟩ schnippisch u. launenhaft

Zick·lein *das*; *-s, -*; e-e junge Ziege

Zick·zack *nur in* ***im Z.*** in e-r Linie, die dauernd von links nach rechts u. wieder nach links geht ⟨im Z. fahren⟩ || K-: ***Zickzack-, -kurs, -linie*** || *hierzu* **zick·zack** *Adv*

Zie·ge *die*; *-, -n*; **1** ein mittelgroßes Tier mit Hörnern, das gut auf steilen Wiesen klettern kann u. das wegen seiner Milch gehalten wird ⟨die Z. me-

Ziege

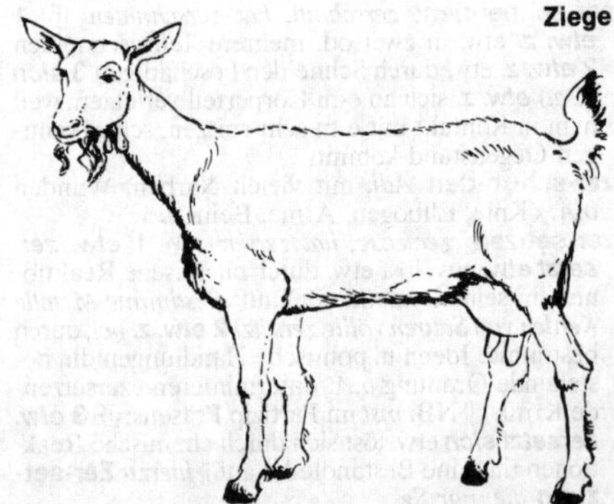

ckert; Ziegen halten, hüten, melken⟩ || K-: ***Ziegen-, -bock, -herde, -käse, -leder, -milch*** **2** *gespr pej*; verwendet als Schimpfwort für ein Mädchen od. e-e Frau ⟨e-e alberne, blöde, dumme Z.⟩

Zie·gel *der*; *-s, -*; **1** e-e Art rechteckiger Stein, *mst* aus gebranntem rotem Ton, mit dem man die Mauern von Häusern baut ≈ Backstein ⟨Ziegel formen, brennen; etw. aus Ziegeln mauern⟩ || K-: ***Ziegel-, -bau, -brennerei, -haus, -mauer, -staub***; ***ziegel-, -rot*** || -K: ***Beton-, Lehm-, Ton-***; ***Mauer-*** **2** eine der flachen Platten, mit denen man das Dach e-s Hauses macht ⟨ein Dach, ein Haus mit Ziegeln decken⟩ || K-: ***Ziegel-, -dach*** || -K: ***Dach-***

Zie·ge·lei *die*; *-, -en*; ein Betrieb, der Ziegel produziert

Zie·gel·stein *der*; ein einzelner Ziegel (1)

Zie·gen·bart *der*; *gespr*; ein schmaler, spitzer Bart am Kinn ≈ Spitzbart

Zie·gen·pe·ter *der*; *-s*; *nur Sg* ≈ Mumps

zieh *Imperfekt, 1. u. 3. Person Sg*; ↑ ***zeihen***

zie·hen; *zog, hat / ist gezogen*; [Vt/i] *(hat)* **1** ***j-d / etw. zieht (j-n / etw.)*** j-d / etw. bewegt e-e Person od. Sache, die hinter ihm / dahinter ist, in die gleiche Richtung, in die er / es sich bewegt ⟨e-n Schlitten, Karren z.⟩: *Die Lokomotive zieht die Waggons*; *Du schiebst, u. ich ziehe!* **2** ***(j-n / etw. irgendwohin / irgendwoher) z.*** j-n / etw. *bes* mit den Händen festhalten u. in seine Richtung bewegen: *Die Retter zogen den Verletzten aus dem brennenden Auto*; *Sie zog mit aller Kraft* **3** ***(etw.) z.*** beim Kartenspielen e-e Karte auf den Tisch legen bzw. bei anderen Spielen e-e Spielfigur bewegen: *das Ass, den Bauern z.* **4** ***(etw.) z.*** schnell zur Waffe greifen ⟨die Pistole, den Revolver, das Schwert z.⟩; [Vt] **5** ***etw. z.*** e-n Mechanismus durch Ziehen (2) betätigen ⟨die Handbremse, die Notbremse z.⟩ **6** ***etw. z.*** etw. befestigen u. spannen ⟨e-e Schnur, e-e Leine, e-n Draht z.⟩ **7** ***etw. z.*** e-e Linie zeichnen ⟨e-e Linie, e-n Strich, e-n Kreis z.⟩ **8** ***e-e Mauer z.*** e-e Mauer bauen: *e-e Mauer um den Garten z.* **9** ***e-e Pflanze z.*** e-e kleine Pflanze pflegen, bis sie größer ist **10** ***Kerzen z.*** Kerzen herstellen **11** ***j-n / etw. z.*** aus e-r Menge von Zahlen, Karten *o.Ä.* eine (od. mehrere) herausnehmen u. so e-n Gewinner feststellen ⟨die Lottozahlen, den Gewinner z.⟩ **12** ***j-n an etw.*** *(Dat)* ***z.*** j-n irgendwo (fest)halten u. dann z. (1) ⟨j-n am Ärmel, an den Haaren z.⟩ **13** ***etw. (aus / von etw.) z.*** etw. durch Ziehen (2) aus etw. nehmen ⟨(j-m) e-n Zahn z., den Nagel aus der Wand z., den Korken aus der Flasche z.⟩ **14** ***etw. auf sich*** *(Akk)* ***z.*** zum Mittelpunkt od. Ziel von etw. werden ⟨j-s Aufmerksamkeit, die Blicke, j-s Wut auf sich z.⟩ **15** ***etw. zieht etw. nach sich*** etw. hat etw. als Folge: *Die Verletzung zog e-e lange Behandlung nach sich* **16** ***etw. über etw.*** *(Akk)* ***z.*** ein Kleidungsstück anziehen, sodass es über e-m anderen ist: *e-n Pullover über das Hemd z.* **17** ***ein Gesicht / e-e Grimasse z.*** den Gesichtsausdruck (*mst* aus Ärger *o.Ä.*) stark verändern **18** ***etw. z.*** verwendet zusammen mit e-m Subst., um ein Verb zu umschreiben; ***Lehren aus etw. z.*** aus etw. lernen; ***Schlüsse aus etw. z.*** etw. aus etw. schließen[2] (1); ***e-n Vergleich z.*** zwei od. mehrere Dinge miteinander vergleichen; ***etw. in Zweifel z.*** etw. bezweifeln; [Vi] **19** ***irgendwohin z.*** *(ist)* seinen Wohnsitz an e-n anderen Ort verlegen ⟨in die Stadt, aufs Land, nach Stuttgart z.⟩ **20** ***irgendwohin z.*** *(ist)* sich (*bes* in e-r Gruppe) irgendwohin begeben: *Junge Handwerker zogen früher oft durchs Land*; *Die Demonstranten zogen vors / zum Rathaus*; *Die Vögel ziehen im Herbst nach Süden* **21** ***an j-m / etw. z.*** *(hat)* versuchen, j-n / etw. in seine Richtung zu bewegen: *Der Hund zog an der Leine* **22** ***an etw.*** *(Dat)* ***z.*** *(hat)* Rauch od. Flüssigkeit aufnehmen ≈ an etw. *(Dat)* saugen ⟨an e-r Zigarette, an e-m Strohhalm z.⟩ **23** ***etw. zieht irgendwohin*** *(ist)* etw. bewegt sich irgendwohin: *Der Rauch / der Gestank zieht ins Wohnzimmer* **24** *mst* ***etw. zieht gut / schlecht*** *(hat)* etw. hat genug / nicht genug Luft zum Brennen ⟨der Ofen, der Kamin zieht gut / schlecht; die Pfeife zieht nicht (= hat nicht den nötigen Zug u. funktioniert nicht richtig)⟩ **25** ***etw. zieht gut / schlecht*** *(hat)* etw. hat viel Kraft (etw. funktioniert gut / schlecht) ⟨das Auto zieht gut / schlecht; der Motor zieht nicht (= funktioniert nicht richtig)⟩ **26** *mst* ***den Tee z. lassen*** *(hat)* den Tee in heißem Wasser lassen, bis die Wirkstoffe im Wasser sind: *Der Tee muss noch z.* **27** ***etw. zieht*** *(hat)* etw. hat den gewünschten Erfolg ⟨e-e Masche, ein Trick⟩: *Komplimente ziehen bei mir nicht* || NB: *mst* verneint; [Vr] *(hat)* **28** ***etw. zieht sich*** etw. dauert sehr lange od. dehnt sich über e-e lange Strecke: *Die Rede zieht sich vielleicht* (= ist sehr lang)!; [Vimp] *(hat)* **29** ***es zieht*** kalte Luft strömt durch od. in e-n Raum, sodass es unangenehm ist: *Bitte mach das Fenster zu, es zieht!* **30** ***j-m zieht es irgendwo*** j-d hat an e-m bestimmten Körperteil Schmerzen ⟨j-m zieht es im Rücken, im Kreuz⟩ **31** ***j-n zieht es irgendwohin*** j-d möchte gerne an e-m bestimmten Ort wohnen od. dorthin gehen

Zieh·har·mo·ni·ka *die*; e-e Art Akkordeon ⟨(auf der) Z. spielen⟩

Zieh·mut·ter *die*; *veraltend* ≈ Pflegemutter

Zie·hung *die*; *-, -en*; das Ziehen (11) von Losen, Nummern *usw*: *die Z. der Lottozahlen*

Zieh·va·ter *der*; *veraltend* ≈ Pflegevater

Ziel *das*; *-(e)s, -e*; **1** die Stelle, an der ein Rennen endet (u. die Zeit gemessen wird) ↔ Start ⟨als Erster, Zweiter *usw* durch das Z. gehen (= dort ankommen), ins Z. kommen⟩ || K-: ***Ziel-, -foto, -gerade, -kamera, -kurve, -linie, -richter*** || -K: ***End-, Etappen-*** **2** der Ort, den j-d am Ende e-r Reise, Fahrt, Wanderung *o.Ä.* erreichen will ⟨am Z. ankommen; mit unbekanntem Z. abreisen⟩ || K-: ***Ziel-, -bahnhof, -flughafen*** || -K: ***Ausflugs-, Fahrt-, Marsch-, Reise-, Wander-*** **3** das, was ein Pfeil, Schuss *o.Ä.* treffen soll ⟨ein bewegliches, festes Z.; das Z. treffen, verfehlen, anvisieren; (j-m) ein gutes Z. bieten; am Z. vorbeischießen⟩: *ein Schuss mitten ins Z.* **4** ***das Z.*** *(+ Gen)* das, was j-d mit seinen Handlungen erreichen möchte ⟨klare, langfristige, kurzfristige, weit gesteckte Ziele; die politischen, militärischen, wirtschaftlichen Ziele e-s Landes; ein Z. anstreben, verfolgen, erreichen, verwirklichen; etw. zum Z. haben; sich *(Dat)* ein Z. / etw. zum Z. stecken, setzen; sich von seinem Z. (nicht) abbringen lassen; etw. führt zum Z.; das Z. seiner Wünsche erreichen⟩: *Sein Z. ist, Politiker zu werden* || -K: ***Arbeits-, Berufs-, Erziehungs-, Lebens-, Studien-***; ***Fern-, Haupt-, Nah-***; ***Lohn-, Produktions-*** || ID ***über das Z. hinausschießen*** *gespr*; bei etw. (stark) übertreiben, viel zu weit gehen

ziel·be·wusst *Adj*; so, dass ganz deutlich ist, was der Betreffende erreichen möchte ≈ entschlossen ⟨ein Mensch, ein Vorgehen; z. handeln; auf etw. z. zusteuern⟩ || *hierzu* **Ziel·be·wusst·heit** *die*; *nur Sg*

zie·len; *zielte, hat gezielt*; [Vi] **1** ***(auf j-n / etw.) z.*** *bes* e-e Waffe *o.Ä.* so auf j-n / etw. richten, dass man ihn / es mit dem Schuss trifft ⟨gut, schlecht, genau z.; ein gut gezielter Schuss, Wurf⟩: *auf ein Reh z.* || K-: ***Ziel-, -vorrichtung*** **2** ***auf j-n / etw. z.*** j-n / etw. mit e-r Äußerung meinen bzw. sich mit e-r Äußerung auf j-n / etw. beziehen: *Seine kritischen Bemerkungen zielten auf gewisse Arbeitskollegen* **3** ***etw. zielt auf etw.*** *(Akk)* e-e Handlung hat e-n bestimmten Zweck: *Die Maßnahmen zielen* darauf, *die sozialen Bedingungen* zu *verbessern*

Ziel·fern·rohr *das*; ein Fernrohr (an e-m Gewehr), mit dem man besser zielen (1) kann

Ziel·grup·pe *die*; e-e Gruppe von Menschen mit ähnlichen Eigenschaften, die als Konsumenten e-s Produkts angesprochen werden sollen

ziel·los *Adj*; ohne Ziel (2,4) ↔ zielstrebig ⟨ein Mensch; z. leben, umherirren⟩ || *hierzu* **Ziel·lo·sig·keit** *die*; *nur Sg*

Ziel·schei·be *die*; **1** e-e Scheibe, Platte *o.Ä.* mit Kreisen, an der man das Zielen (1) übt **2** *mst* ***zur Z. des Spottes / der Kritik werden*** derjenige sein, gegen den sich der Spott / die Kritik richtet

Ziel·set·zung *die* ≈ Ziel (4), Plan ⟨e-e klare, realistische, politische Z.⟩

ziel·si·cher *Adj*; **1** geübt im Zielen (1), daher sicher im Schießen, Werfen *usw* ⟨ein Schütze⟩ **2** *mst adv*; mit dem genauen Wissen, was man tun muss, um sein Ziel (4) zu erreichen ⟨z. vorgehen⟩ || *hierzu* **Ziel·si·cher·heit** *die*; *nur Sg*

ziel·stre·big *Adj*; mit dem festen Willen, sein Ziel (4) zu erreichen ⟨ein Mensch; z. handeln, vorgehen, auf j-n / etw. zugehen⟩ || *hierzu* **Ziel·stre·big·keit** *die*; *nur Sg*

zie·men, sich; *ziemte sich, hat sich geziemt*; [Vr] ***etw. ziemt sich*** *geschr veraltend* ≈ etw. gehört sich || NB: *mst* verneint || *hierzu* **ziem·lich** *Adj*

ziem·lich *Adj*; **1** *nur attr, nicht adv, gespr*; relativ groß ≈ beträchtlich: *etw. mit ziemlicher Sicherheit wissen*; *e-e ziemliche Menge Geld*; *mit ziemlicher Geschwindigkeit* **2** *nur adv* ≈ relativ (2), verhältnismäßig: *ein z. heißer Tag*; *z. viel trinken*; *Diese Aufgabe ist z. schwierig* **3** *nur adv, gespr*; **(so) z.** ≈ fast, ungefähr: *Sie hat so z. alles, was man sich wünschen kann*; *Er war mit seiner Geduld z. am Ende*

zie·pen; *ziepte, hat geziept*; *bes nordd*; [Vi] **1** ***j-n (an etw.*** (*Dat*)) ***z.*** j-n kurz an den Haaren (od. e-m anderen Körperteil) ziehen; [Vi] **2** ***etw. ziept*** etw. verursacht e-n kurzen stechenden Schmerz (*z.B.* wenn man sich beim Kämmen die Haare einklemmt)

Zier *die*; -; *nur Sg*; *veraltend* ≈ Zierde

Zier- *im Substantiv, wenig produktiv*; verwendet, um Dinge od. Tiere zu bezeichnen, die man wegen ihrer Schönheit u. nicht wegen ihres praktischen Nutzens hat od. verwendet: der ***Zierfisch***, der ***Ziergarten***, das ***Ziergras***, die ***Zierleiste***, die ***Ziernaht***, die ***Zierpflanze***, die ***Zierschrift***, der ***Zierstrauch***

Zie·rat *der*; ↑ ***Zierrat***

Zier·de *die*; -, *-n*; *mst Sg*; etw., das durch seine Anwesenheit bewirkt, dass etw. schöner aussieht ≈ Schmuck: *Der alte Brunnen ist e-e Z. für das Dorf*

zie·ren; *zierte, hat geziert*; [Vi] **1** ***etw. ziert etw.*** *geschr*; etw. dient als Schmuck od. Zierde: *Goldene Ringe zierten ihre Hände*; [Vr] **2** ***sich z.*** *pej*; etw. nicht tun wollen (weil man Angst hat, sich schämt, zu stolz dafür ist *o.Ä.*)

zier·lich *Adj*; **1** mit feinen, schlanken Gliedern ⟨e-e Gestalt, e-e Figur, Hände; z. (gebaut) sein⟩: *e-e zierliche alte Dame* **2** ≈ anmutig, graziös ⟨e-e Bewegung, ein Knicks; sich z. verneigen⟩ || *hierzu* **Zier·lich·keit** *die*; *nur Sg*

Zier·rat *der*; *-(e)s, -e*; *geschr* ≈ Verzierung, Dekoration

Zif·fer *die*; -, *-n*; **1** das geschriebene Zeichen, das für e-e Zahl steht: *e-e Zahl mit vier Ziffern* **2** *gespr* ≈ Zahl **3** ***die arabischen Ziffern*** die Zeichen 1, 2, 3, 4 *usw* **4** ***die römischen Ziffern*** die Zeichen I, II, III, IV *usw* **4** e-e Z. (1), die e-n Abschnitt in e-m (Gesetzes)Text kennzeichnet: *Paragraph 5, Z. 9 der Verordnung*

Zif·fer·blatt *das*; der flache Teil e-r Uhr, auf dem die Stunden (in Ziffern) angegeben sind

zig *Zahladj*; *indeklinabel*, *gespr* ≈ sehr viele: *Er hat zig Freundinnen*

Zi·ga·ret·te *die*; -, *-n*; e-e kleine Rolle Tabak, die in e-e Hülle aus Papier eingewickelt ist u. die man raucht ⟨e-e starke, leichte, nikotinarme Z.; e-e Z. rauchen, anzünden, ausdrücken; e-e Z. drehen, stopfen; sich (*Dat*) e-e Z. anstecken; an e-r Z. ziehen; e-e Z. mit, ohne Filter; e-e Schachtel, e-e Packung, e-e Stange Zigaretten⟩ || K-: ***Zigaretten-, -asche, -automat, -etui, -fabrik, -papier, -qualm, -rauch, -sorte, -stummel, -tabak*** || -K: ***Filter-***

Zi·ga·ril·lo *der, das*; *-s, -s*; e-e kurze, dünne Zigarre

Zi·gar·re *die*; -, *-n*; e-e Art Rolle aus (*mst* ganzen, braunen) Tabakblättern, die man raucht ⟨e-e leichte, milde, schwere, starke Z.⟩ || K-: ***Zigarren-, -asche, -fabrik, -qualm, -rauch, -sorte, -tabak*** || -K: ***Havanna-*** || ID ***j-m e-e Z. verpassen*** *gespr*; j-n heftig tadeln

Zi·gar·ren·kis·te *die*; e-e kleine Schachtel aus Holz (für Zigarren)

Zi·geu·ner *der*; *-s*, -; **1** verwendet als Bezeichnung für *Sinti u. Roma* || K-: ***Zigeuner-, -kind, -lager, -leben, -musik, -sprache*** || NB: Diese Bezeichnung wird von *Sinti* u. *Roma* als diskriminierend empfunden **2** *gespr pej*; j-d, der ein unstetes Leben führt || *hierzu* **Zi·geu·ne·rin** *die*; -, *-nen*; **zi·geu·ner·haft** *Adj*

zig·fach *Zahladj*; *gespr* ≈ vielfach ⟨etw. z. vergrößern⟩: *Das kostet heute ein Zigfaches*

zig·mal *Adv*; *gespr*; sehr oft

Zig·tau·send, zig·tau·send *Zahlwort*; *indeklinabel, gespr*; viele (Tausend)

Zig·tau·sen·de, zig·tau·sen·de *Zahlwort*; viele Tausende || NB: Gebrauch ↑ ***Tausende***

Zim·mer *das*; *-s*, -; **1** ein Raum in e-r Wohnung od. in e-m Haus, in dem man arbeitet, schläft *usw* ⟨ein helles, freundliches, geräumiges Z.; ein leeres, möbliertes Z.; ein Z. einrichten, tapezieren; ein Z. lüften; ein Z. (ver)mieten⟩: *e-e Wohnung mit zwei Zimmern, Küche, Bad u. WC* || K-: ***Zimmer-, -antenne, -beleuchtung, -einrichtung, -pflanze, -thermometer***; ***-decke, -ecke, -tür, -wand***; ***-vermietung*** || -K: ***Arbeits-, Bade-, Ess-, Gäste-, Kinder-, Schlaf-, Speise-, Wohn-***; ***Durchgangs-, Konferenz-, Kranken-, Lehrer-***; ***Mansarden-***; ***Studier-, Warte-*** **2** ein Raum in e-m Hotel *o.Ä.*, in dem Gäste *z.B.* im Urlaub wohnen ⟨ein Z. reservieren, bestellen, nehmen; auf / in sein Z. gehen; sich (*Dat*) etw. aufs Z. bringen lassen⟩: *ein Z. mit Dusche u. WC*; *Haben Sie noch Zimmer frei?* || K-: ***Zimmer-, -kellner, -nummer*** || -K: ***Fremden-, Hotel-, Pensions-***; ***Einbett-, Einzel-, Doppel-, Zweibett-*** **3** die Möbel für ein Z. (1) ≈ Zimmereinrichtung || -K: ***Bauern-***; ***Jugend-, Kinder-***; ***Schlaf-, Wohn-***

Zim·mer- *im Substantiv, nicht produktiv*; in Bezug auf das Handwerk des Zimmermanns: der ***Zimmergeselle***, das ***Zimmerhandwerk***, der ***Zimmermeister***, die ***Zimmerwerkstatt***

Zim·me·rer *der*; *-s*, - ≈ Zimmermann || K-: ***Zimmerer-, -arbeit, -handwerk***

Zim·mer·flucht *die*; e-e Reihe von Zimmern, die miteinander durch Türen verbunden sind

Zim·mer|laut·stär·ke *die*; *nur Sg*; e-e so niedrige Lautstärke, dass man außerhalb des Zimmers nichts hört (u. so andere nicht gestört werden): *das Radio auf Z. stellen / drehen*

Zim·mer·mäd·chen *das*; e-e Frau, die in e-m Hotel *o.Ä.* die Zimmer aufräumt, die Betten macht *usw*

Zim·mer·mann *der*; *-(e)s*, *Zim·mer·leu·te*; j-d, der beruflich beim Bau e-s Hauses die Arbeiten macht, die mit Holz zu tun haben (*bes* den Dachstuhl) || NB: ↑ ***Schreiner, Tischler***

zim·mern; *zimmerte, hat gezimmert*; [Vt/i] **(*etw.*) *z.***

etw. (*bes* mit der Hand) aus Holz machen ⟨e-n Tisch, e-n Stuhl, e-e Bank z.⟩: *ein grob gezimmerter Schrank*

Zim·mer·su·che *die*; *nur Sg*; das Bemühen, ein Zimmer zu mieten ⟨*mst* auf Z. sein⟩

Zim·mer·tem·pe·ra·tur *die*; die Wärme (ca. 20° Celsius), die ein (bewohntes) Zimmer gewöhnlich hat ⟨etw. bei Z. lagern, aufbewahren⟩

-zim·mer·woh·nung *die*; *begrenzt produktiv*; e-e Wohnung mit der genannten Zahl von Zimmern (wobei Küche, Bad, Toilette *o.Ä.* nicht mitgezählt werden); ***Einzimmerwohnung, Zweizimmerwohnung, Dreizimmerwohnung*** *usw*

zim·per·lich *Adj*; *pej*; sehr empfindlich (schon bei geringen Schmerzen): *Sei nicht so z., e-e Spritze tut doch gar nicht weh!* || *hierzu* **Zim·per·lich·keit** *die*; *nur Sg*

Zimt *der*; *-(e)s*; *nur Sg*; ein gelblich braunes Gewürz, das als Pulver od. in kleinen Stangen *bes* für süße Speisen verwendet wird: *Milchreis mit Z. und Zucker bestreuen* || K-: ***Zimt-, -stange***

Zink *das*; *-(e)s*; *nur Sg*; ein Metall von bläulich weißer Farbe. Man verwendet es bei der Herstellung von Messing u. besonders als Schutz vor Rost; *Chem* Zn || K-: ***Zink-, -blech, -legierung, -oxid, -salbe, -salz, -verbindung*** || ► ***verzinken***

Zin·ke *die*; *-, -n*; einer der schmalen, spitzen Teile *bes* bei e-r Gabel od. e-m Kamm || ↑ *Abb. unter* ***Gabel*** || -K: ***Gabel-, Rechen-***

zin·ken; *zinkte, hat gezinkt*; [Vt] ***etw. z.*** Spielkarten außen so markieren, dass man sie erkennen kann

Zin·ken *der*; *-s, -*; **1** ≈ Zinke **2** *gespr, oft pej*; e-e *mst* große Nase || -K: ***Riesen-***

Zinn *das*; *-(e)s*; *nur Sg*; **1** ein weiches Metall, das wie Silber glänzt u. das man leicht formen kann; *Chem* Sn || K-: ***Zinn-, -becher, -bergwerk, -figur, -krug, -schale, -teller*** || -K: ***Löt-*** **2** *Kollekt*; Gegenstände, *bes* Geschirr, aus Z. (1) || -K: ***Tafel-***

Zin·ne *die*; *-, -n*; *mst Pl*; viereckige Blöcke auf den Mauern e-r Burg (hinter denen die Verteidiger geschützt waren)

Zin·no·ber *der*; *-s, -*; **1** ein helles, gelbliches Rot || K-: ***zinnober-, -rot*** **2** *nur Sg*, *gespr pej*; unnötige Aufregung ⟨Z. wegen etw. machen⟩

Zinn·sol·dat *der*; e-e kleine (bemalte) Figur e-s Soldaten (aus Zinn)

Zins[1] *der*; *-es, -en*; *mst Pl*; Geld, das man *z.B.* e-r Bank zahlen muss, wenn man von ihr Geld leiht, bzw. das man von ihr bekommt, wenn man bei ihr Geld angelegt hat ⟨hohe, niedrige Zinsen; etw. bringt, trägt Zinsen; j-m Zinsen zahlen; von den Zinsen seines Vermögens leben⟩: *Auf dieses Sparbuch bekommt man 5% Zinsen*; *Für den Kredit zahlen wir 10% Zinsen* || K-: ***Zins-, -erhöhung, -politik, -rechnung, -senkung, -wucher*** || -K: ***Bank-, Kredit-, Verzugs-***; ***Haben-, Soll-***

Zins[2] *der*; *-es, -e*; **1** *südd* Ⓐ Ⓒⓗ ≈ Miete (1) ⟨den Z. zahlen⟩ || -K: ***Miet-, Pacht-***; ***Jahres-, Monats-*** **2** *hist* ≈ Abgabe, Steuer

Zins·ab·schlag *der*; Ⓓ *Bank*; e-e bestimmte Prozentzahl, die e-e Bank von Guthabenzinsen *o.Ä.* abzieht, um damit j-s Kapitalertragssteuern zu zahlen || NB: ↑ ***Freistellungsauftrag***

Zin·ses·zins *der*; das Geld, das man von der Bank für die Zinsen bekommt, die bei ihr (liegen) bleiben || K-: ***Zinseszins-, -rechnung***

Zins·fuß *der* ≈ Zinssatz

zins·güns·tig *Adj*; so, dass man dafür niedrige Zinsen zahlt (bei e-m Kredit) bzw. hohe Zinsen bekommt (bei Ersparnissen) ⟨ein Kredit, ein Darlehen; ein Sparvertrag, Wertpapiere⟩

Zins·satz *der*; die Höhe der Zinsen (in Prozent) ≈ Zinsfuß: *ein Z. von 5¾%*

Zi·o·nis·mus *der*; *-*; *nur Sg*; **1** *hist*; e-e politische Bewegung mit dem Ziel, für die Juden e-n unabhängigen Staat (Israel) zu schaffen **2** e-e politische Strömung, die e-e Vergrößerung des heutigen Israel anstrebt || *hierzu* **Zi·o·nist** *der*; *-en, -en*; **zi·o·nis·tisch** *Adj*

Zip·fel *der*; *-s, -*; **1** das spitze, schmale Ende von etw. (*bes* e-s Tuchs od. an der Kleidung): *die Zipfel e-s Taschentuchs* || -K: ***Bett-, Hemd-, Rock-, Schürzen-, Wurst-*** || NB: ↑ ***Ecke, Spitze*** **2** (*bes* von u. gegenüber Kindern verwendet) ≈ Penis

Zip·fel·müt·ze *die*; e-e (Woll)Mütze mit e-m langen, schmalen Ende, das nach unten hängt

zir·ka *Adv*; **z.** + *Zahl / Maßangabe*; nicht genau, sondern vielleicht etwas mehr od. weniger ≈ etwa, ungefähr; *Abk* ca.: *Ich bin in ca. einer Stunde zurück*; *Er wiegt ca. 80 Kilo*

Zir·kel *der*; *-s, -*; **1** ein Gerät, ungefähr von der Form e-s umgekehrten V, mit dem man Kreise zeichnen kann ⟨mit dem Z. e-n Kreis ziehen, schlagen⟩ || K-: ***Zirkel-, -kasten*** **2** e-e Gruppe von Personen, die ein gemeinsames Hobby od. gemeinsame Interessen haben (u. sich daher oft treffen) || -K: ***Literatur-***

Zirkel

Zir·kel·schluss *der*; e-e Art Beweis, bei dem man das, was man beweisen will, schon voraussetzt

zir·ku·lie·ren; *zirkulierte, hat zirkuliert*; [Vi] **1** ***etw. zirkuliert*** etw. bewegt sich (in e-m System od. Raum) im Kreis: *Das Blut zirkuliert im Körper*; *e-n Ventilator einschalten, damit die Luft besser zirkuliert* **2** ***etw. zirkuliert*** etw. wird von einem zum anderen weitergegeben ≈ etw. kursiert ⟨Gerüchte⟩ || *hierzu* **Zir·ku·la·ti·on** *die*; *-, -en*; *mst Sg*

Zir·kus *der*; *-, -se*; **1** ein Unternehmen, das die Leute mit Akrobatik, Clowns, dressierten Tieren *usw* unterhält || K-: ***Zirkus-, -clown, -direktor, -pferd, -reiter, -vorstellung, -zelt*** || -K: ***Staats-*** **2** e-e einzelne Vorstellung e-s Zirkus (1): *Der Z. beginnt um 20 Uhr* **3** ≈ Zirkuszelt **4** *gespr pej*; unnötige Aufregung ≈ Wirbel ⟨e-n großen Z. machen / veranstalten⟩

zir·pen; *zirpte, hat gezirpt*; [Vi] ***e-e Grille / e-e Heuschrecke zirpt*** e-e Grille / e-e Heuschrecke gibt hohe, leise Töne von sich

zi·scheln; *zischelte, hat gezischelt*; [Vt/i] **(*etw.*) *z.*** wütend flüstern

zi·schen; *zischte, hat / ist gezischt*; [Vt] (*hat*) **1** ***etw. z.*** etw. in ärgerlichem, scharfem Ton sagen: *„Hau ab", zischte sie wütend*; [Vi] **2** ***ein Tier zischt*** (*hat*) e-e Gans, e-e Schlange *o.Ä.* gibt schnell hintereinander Laute von sich, die wie *s*, *sch* od. *z* klingen || K-: ***Zisch-, -laut*** **3** ***etw. zischt*** etw. produziert Laute, die wie *s*, *sch* od. *z* klingen: *Heißes Fett zischt, wenn Wasser dazukommt* **4** ***irgendwohin z.*** (*ist*) *gespr*; sich sehr schnell bewegen **5** ***ein Bier z.*** (*hat*) *gespr*; ein Bier trinken

Zis·ter·ne *die*; *-, -n*; ein großer Brunnen in der Erde, in dem *bes* in trockenen Gebieten das Regenwasser gesammelt wird

Zi·ta·del·le *die*; *-, -n* ≈ Festung

Zi·tat *das*; *-(e)s, -e*; e-e Äußerung, die man wörtlich aus e-m (*mst* bekannten) Text nimmt: *ein Z. aus Shakespeares „Hamlet"* || K-: ***Zitaten-, -lexikon*** || -K: ***Goethe-, Shakespeare-*** *usw*

Zi·ther [-tɐ] *die*; *-, -n*; ein Musikinstrument mit bis zu 40 Saiten, die gezupft werden. Es hat die Form e-s flachen Kastens u. liegt auf dem Schoß des Spielers od. auf e-m Tisch ⟨(die) Z. spielen⟩ || K-: ***Zither-, -spiel, -spieler***

Zither

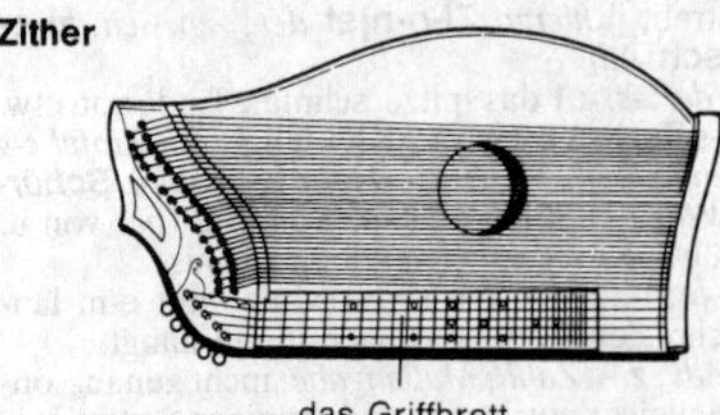

zi·tie·ren; *zitierte, hat zitiert*; [Vt/i] **1** ***(j-n / etw.) z.*** j-s Worte genau wiedergeben; [Vt] **2** ***j-n irgendwohin z.*** *gespr*; j-m den Befehl geben, an e-n bestimmten Ort zu kommen: *Der Schüler wurde zur Direktorin zitiert*

Zit·ro·nat *das*; *-(e)s*; *nur Sg*; die mit Zucker konservierte Schale von Zitronen, die man *bes* für Kuchen verwendet ⟨Orangeat u. Z.⟩

Zit·ro·ne *die*; *-, -n*; e-e kleine, sehr saure Frucht mit e-r dicken gelben Schale ⟨e-e Z. auspressen⟩ || K-: ***Zitronen-, -baum, -kern, -limonade, -presse, -saft, -säure, -schale, -scheibe***; ***zitronen-, -gelb***

Zitrone

Zit·ro·nen·fal·ter *der*; ein Schmetterling mit leuchtend gelben Flügeln

Zit·rus·frucht *die*; eine von mehreren ähnlichen Früchten mit viel Vitamin C, die *mst* e-e dicke, gelbe od. orange Schale u. viel Saft haben, *z.B.* Orangen, Zitronen, Grapefruits

zit·te·rig *Adj*; **1** ⟨Hände, Finger⟩ so, dass sie (oft) zittern **2** nervös u. schwach ⟨e-e Stimme⟩

zit·tern; *zitterte, hat gezittert*; [Vi] **1** (*mst* aus Angst, Nervosität od. Schwäche) schnelle, kleine, unkontrollierte Bewegungen machen ⟨vor Angst, Wut, Nervosität, Kälte z.; am ganzen Körper z.⟩: *Seine Hände zitterten* **2** *mst* ***j-s Stimme zittert*** j-s Stimme klingt brüchig od. nicht gleichmäßig: *Ihre Stimme zitterte vor Zorn* **3** ***vor j-m / etw. z.*** *gespr*; vor j-m / etw. große Angst haben

zitt·rig *Adj*; ↑ ***zitterig***

Zit·ze *die*; *-, -n*; eines der Organe bei weiblichen Säugetieren, an denen die Jungen Milch trinken

Zi·vi [-v-] *der*; *-s, -s*; *gespr*; ein junger Mann, der Zivildienst leistet

zi·vil [-v-] *Adj*; *mst attr*; **1** nicht für das Militär bestimmt, nicht zum Militär gehörig ⟨die Luftfahrt; etw. dient zivilen Zwecken⟩: *Er ist im zivilen Leben Elektrotechniker, bei der Armee war er Funker* || K-: ***Zivil-, -anzug, -behörde, -beruf, -bevölkerung, -gefangene(r), -kleidung, -leben, -luftfahrt, -person, -schutz*** **2** *gespr*; nicht zu teuer ⟨Preise⟩

Zi·vil [-v-] *das*; *-s*; *nur Sg*; **1** die Kleidung, die j-d trägt, wenn er keine Uniform od. besondere Amtskleidung trägt ⟨Z. tragen; in Z. sein; ein Offizier in Z.⟩ || K-: ***Zivil-, -kleidung; -beamte(r), -fahnder, -streife*** **2** (CH) ≈ Familienstand

Zi·vil·cou·ra·ge *die*; der Mut, das zu sagen u. zu tun, was man für richtig u. wichtig hält (auch wenn es einem schaden kann) ⟨Z. beweisen, zeigen, haben, besitzen; die Z. haben + zu + *Infinitiv*⟩

Zi·vil·die·ner *der*; (A) j-d, der den Zivildienst leistet

Zi·vil·dienst *der*; *nur Sg*; der Dienst u. die Arbeiten, die ein junger Mann statt des Wehrdienstes macht ⟨(seinen) Z. (ab)leisten⟩ || *hierzu* **Zi·vil·dienst|leis·ten·de** *der*; *-n, -n*

Zi·vil·ge·richt *das*; ein Gericht, das sich mit Fällen des Zivilrechts beschäftigt ↔ Strafgericht

Zi·vil|ge·setz·buch *das*; (CH) das Gesetzbuch über das bürgerliche Recht; *Abk* ZGB

Zi·vi·li·sa·ti·on [-'tsioːn] *die*; *-, -en*; **1** *nur Sg*; die Stufe in der Entwicklung der Gesellschaft, auf der es technischen Fortschritt, soziale u. politische Ordnung u. kulturelles Leben gibt **2** e-e Gesellschaft in e-r bestimmten Phase ihrer Entwicklung, in der e-e bestimmte Form der Z. (1) herrscht || K-: ***Zivilisations-, -schäden***

Zi·vi·li·sa·ti·ons·krank·heit *die*; e-e Krankheit (wie *z.B.* e-e Allergie), die für die moderne Zivilisation typisch ist

zi·vi·li·sa·to·risch *Adj*; für die Zivilisation typisch od. von ihr verursacht ⟨e-e Entwicklung; Schäden, Krankheiten⟩

zi·vi·li·siert, *zivilisierter, zivilisiertest-*; *Adj*; **1** *gespr*; höflich, mit guten Manieren: *Kannst du dich nicht ein bisschen zivilisierter benehmen?* **2** mit e-m relativ hohen Maß an Zivilisation (1) ⟨ein Staat, ein Land⟩

Zi·vi·list [-v-] *der*; *-en, -en*; j-d, der nicht zum Militär gehört || NB: *der Zivilist; den, dem, des Zivilisten*

Zi·vil·pro·zess *der*; *Jur*; ein Prozess, in dem das Gericht solche Klagen behandelt, die nicht zum Strafrecht od. öffentlichen Recht gehören

Zi·vil·recht *das*; *nur Sg*, *Jur*; die Gesetze, die Handlungen u. Beziehungen privater Personen betreffen u. nicht zum Strafrecht gehören || *hierzu* **zi·vil·recht·lich** *Adj*; *nur attr od adv*

Zo·bel *der*; *-s, -*; **1** e-e Art Marder, der *bes* in Nordasien vorkommt u. ein dichtes, weiches Fell hat || K-: ***Zobel-, -fell, -pelz*** **2** das wertvolle Fell des Zobels (1) || K-: ***Zobel-, -jacke, -kragen, -mantel***

zo·ckeln; *zockelte, ist gezockelt*; [Vi] *gespr* ≈ zuckeln

zo·cken; *zockte, hat gezockt*; [Vi] *gespr*; um Geld Karten, Würfelspiele *o.Ä.* spielen || *hierzu* **Zo·cker** *der*; *-s, -*

Zo·fe *die*; *-, -n*; *hist*; e-e Frau, die e-e reiche, *mst* adelige Dame bediente

Zoff *der*; *-s*; *nur Sg*, *gespr*; Streit, Zank, Ärger ⟨mit j-m Z. bekommen, haben; es gibt Z.⟩

zog *Imperfekt, 1. u. 3. Person Sg*; ↑ ***ziehen***

zö·ge *Konjunktiv II, 1. u. 3. Person Sg*; ↑ ***ziehen***

zö·ger·lich *Adj*; nur langsam, zögernd

zö·gern; *zögerte, hat gezögert*; [Vi] ***z.*** + ***zu*** + *Infinitiv*; ***(mit etw.) z.*** etw. (noch) nicht tun, weil man Angst hat od. weil man nicht weiß, ob es richtig ist *usw*: *Er zögerte lange mit der Antwort*; *Er zögerte nicht, die Frage zu beantworten*

Zög·ling *der*; *-s, -e*; *veraltend*; ein Kind od. ein junger Mensch, die in e-m Heim od. Internat erzogen werden

Zö·li·bat *das / der*; *-(e)s*; *nur Sg*; **1** die Ehelosigkeit (*bes* von katholischen Priestern) **2** ***im Z. leben*** das Z. (1) befolgen || *hierzu* **zö·li·ba·tär** *Adj*

Zoll[1] *der*; *-(e)s, Zöl·le*; **1** e-e Art Steuer, die man e-m Staat zahlen muss, wenn man bestimmte Waren in das Land einführt ⟨Z. (be)zahlen; Z. erheben, verlangen; auf e-r Ware liegt ein hoher, niedriger, kein Z.; die Zölle senken, anheben, abschaffen⟩ || K-: ***Zoll-, -fahnder, -fahndung, -gesetz, -hoheit, -recht, -tarif*** || -K: ***Ausfuhr-, Einfuhr-, Export-, Grenz-, Import-, Schutz-*** **2** *hist*; der Preis, den man zahlen musste, wenn man e-e bestimmte Brücke, Straße *o.Ä.* benützte || K-: ***Zoll-, -einnehmer, -straße*** || -K: ***Brücken-, Straßen-*** **3** *nur Sg*; die Behörde, die die Vorschriften ausführt, die für Zölle[1]

(1) gelten || K-: **Zoll-, -abfertigung, -amt, -beamte(r), -behörde, -formalitäten** || ► **verzollen**

Zoll[2] *der*; -(e)s, -; ein Längenmaß von ungefähr 2,7 bis 3cm || K-: **zoll-, -breit, -lang**

zol·len; *zollte, hat gezollt*; [Vt] *mst* **j-m / etw. Respekt, Achtung, Anerkennung z.** *geschr*; j-m / etw. Respekt, Achtung, Anerkennung zeigen

zoll·frei *Adj*; ⟨Waren, Güter⟩ so, dass man dafür keinen Zoll (1) zahlen muss ↔ zollpflichtig

Zoll|grenz·be·zirk *der*; das Gebiet entlang e-r (Staats)Grenze, das häufig kontrolliert wird

Zoll·kon·trol·le *die*; die Prüfung, ob Reisende Waren über die (Staats)Grenze transportieren, für die sie Zoll (1) zahlen müssen

Zöll·ner *der*; -s, -; *gespr*; ein Beamter (der Zollbehörde) *bes* an e-r (Staats)Grenze || *hierzu* **Zöll·ne·rin** *die*; -, -nen

zoll·pflich·tig *Adj*; *nicht adv*; ⟨Waren, Güter⟩ so, dass man dafür Zoll (1) zahlen muss ↔ zollfrei

Zoll·stock *der*; ein Stab zum Messen (mit e-r Einteilung in Zentimeter u. Millimeter), den man zusammenklappen kann ≈ Metermaß

Zom·bie *der*; -s, -s; **1** e-e zum Leben erweckte, willenlose Leiche in e-m Horrorfilm **2** *gespr pej*; ein Mensch, der so aussieht u. wirkt wie ein Z. (1)

Zo·ne *die*; -, -n; **1 die / e-e** + *Adj* + **Z.** ein (*mst* geographisches) Gebiet mit den jeweils genannten Eigenschaften: *e-e entmilitarisierte, atomwaffenfreie Z.*; *die tropische, arktische Z.* || -K: **Erdbeben-, Gewitter-, Hochdruck-, Kaltluft-; Gletscher-, Seen-, Ufer-, Wald-; Dreimeilen-; Besatzungs-, Fischerei-, Freihandels-, Gefahren-, Gefechts-, Grenz-, Kampf-, Klima-, Puffer-, Rand-, Sperr-, Störungs-, Zeit- 2** ein (begrenztes) Gebiet, in dem bestimmte Preise (*bes* für das Telefonieren u. die öffentlichen Verkehrsmittel) gelten || K-: **Zonen-, -tarif** || -K: **Gebühren-; Fern-, Nah- 3 die Z.** *hist, Kurzw* ↑ **Ostzone**

Zoo *der*; -s, -s; e-e Art Park, in dem Tiere in Gehegen od. Käfigen gezeigt (u. auch gezüchtet) werden ⟨e-n Z. besuchen; in den Z. gehen⟩ || K-: **Zoo-, -besucher, -direktor, -tier**

Zo·o·lo·gie [tsoo-] *die*; -; *nur Sg*; die Wissenschaft, die sich mit den Tieren u. ihrer Art zu leben beschäftigt ≈ Tierkunde || *hierzu* **Zo·o·lo·ge** *der*; -n, -n; **Zo·o·lo·gin** *die*; -, -nen

zo·o·lo·gisch [tsoo-] *Adj*; *nur attr od adv*; die Zoologie betreffend || NB: ↑ **Garten**

Zoom [zu:m] *der*; -s, -s; *Foto, Film*; **1** ein Objektiv, das man stufenlos verstellen kann, um nahe od. ferne Objekte zu fotografieren / filmen **2 Z. auf j-n / etw.** die Handlung, ein Objekt mit e-m Z. (1) näher heranzuholen

Zopf *der*; -(e)s, *Zöp·fe*; **1** lange Haare, die in drei gleich starke Teile gebunden (geflochten) sind ⟨Zöpfe flechten, tragen⟩ **2** ein *mst* süßes Brot in der Form e-s breiten Zopfes (1) || ↑ *Abb. unter* **Brot** || -K: **Mohn-, Nuss- 3 ein alter Z.** *gespr*; etw., das jeder schon weiß u. das niemanden mehr interessiert

Zorn *der*; -(e)s; *nur Sg*; **Z.** (**auf j-n / über etw.** (*Akk*)) ein starkes Gefühl des Ärgers ≈ Wut ⟨blinder, ohnmächtiger, maßloser Z.; j-n packt der Z.; in Z. geraten; rot, bleich vor Z. sein; etw. erregt j-s Z.; von Z. erfüllt sein⟩: *im Z. e-n Stuhl zertrümmern* || K-: **zorn-, -bebend, -rot, -schnaubend; Zorn-, -ausbruch; Zornes-, -falte, -röte, -tränen**

Zor·nes·ader *die*; e-e (senkrechte) Ader auf der Stirn, die bei manchen Leuten sichtbar wird, wenn sie wütend sind

zor·nig *Adj*; voller Zorn ≈ wütend ⟨ein Mensch; z. sein, werden⟩

Zo·te *die*; -, -n; *pej*; ein Witz (über ein sexuelles Thema), der als unanständig empfunden wird || *hierzu* **zo·tig** *Adj*

Zot·teln *die*; *Pl*; lange, *mst* unordentliche od. schmutzige Haare || *hierzu* **zot·te·lig, zott·lig** *Adj*

zot·tig *Adj*; **1** mit dichten u. wirren Haaren ⟨ein Fell, ein Pelz⟩ **2** *pej*; lang u. unordentlich ≈ zott(e)lig ⟨Haare, e-e Mähne, ein Bart⟩

z. T. *Abk*; ↑ **Teil**[1] (2)

zu[1] [tsu:], *unbetont* [tsu] *Präp*; *mit Dat*; **1** verwendet, um das Ziel e-r Bewegung anzugeben: *zum Bahnhof fahren*; *zur Bank, Post, Schule, Arbeit gehen* **2** verwendet, um sich auf e-e Veranstaltung zu beziehen, bei der viele Leute zusammenkommen: *zur Party gehen / kommen*; *zu e-r Tagung fahren*; *zu e-m Kongress eingeladen sein* **3** verwendet, um die Position, Lage *o.Ä.* e-r Person / Sache anzugeben ⟨zu Hause, zu Lande u. zu Wasser, zur Rechten, zur Linken⟩ **4** verwendet, um sich auf den angegebenen Zeitpunkt od. Zeitraum zu beziehen ⟨zu Beginn, zum Schluss; zu Weihnachten / Ostern / Pfingsten; zu jeder / keiner Zeit⟩: *Die Wohnung kann zum 15. April bezogen werden* **5** verwendet, um die Art u. Weise e-r Fortbewegung zu bezeichnen ⟨zu Fuß, zu Pferd⟩ **6** verwendet, um die Zahl der beteiligten Personen anzugeben ⟨zu zweit, zu dritt, zu viert *usw*; zu Tausenden⟩ **7** verwendet, um auszudrücken, inwieweit etw. zutrifft *o.Ä.* ⟨zum Teil, zur Hälfte, zur Gänze⟩ **8** verwendet, um die Menge anzugeben: *Wir geben Benzin nur in Kanistern zu 50 Litern ab* **9** verwendet, um sich auf den Preis e-r Ware zu beziehen: *Im Kaufhaus werden Socken zu 4 Euro das Paar angeboten*; *zu e-m vernünftigen, zum halben Preis* **10** verwendet, um den Anlass od. Zweck e-r Handlung anzugeben: *j-m etw. zum Geburtstag schenken*; *etw. nur zum Spaß / Vergnügen tun*; *zu Ehren der Gäste e-e Rede halten* **11** verwendet, um ein Ergebnis e-s Spiels auszudrücken: *Das Fußballspiel endete drei zu zwei* (geschrieben 3:2) **12** verwendet, um das Ergebnis od. die Folge e-s Vorgangs od. e-r Handlung zu bezeichnen: *j-n zum Lachen, Weinen, zur Verzweiflung bringen*; *zu einem Ergebnis kommen*; *zum Dieb werden*; *etw. zerfällt zu Staub* **13** verwendet, um das Ziel od. den Zweck e-r Handlung anzugeben: *Er geht jeden Abend zum Kegeln* **14** verwendet mit e-m vom Verb abgeleiteten Substantiv, um die Voraussetzungen für etw. anzugeben: *Zum Fotografieren braucht man e-e gute Kamera* **15** verwendet im Namen von Gaststätten *o.Ä.*: *der „Gasthof zum Ochsen"*; *das „Hotel zur Post"* **16** verwendet, um auszudrücken, dass etw. zu etw. gehört: *Zu Fisch trinkt man Weißwein, zu Wild Rotwein*; *Die Schuhe passen nicht zu diesem Kleid* **17 zum Ersten, Zweiten, Dritten** *usw* ≈ erstens, zweitens, drittens *usw*

zu[2] [tsu:], *unbetont* [tsu] *Adv*; **1** verwendet, um auszudrücken, dass etw. in Richtung auf j-n od. etw. hin geht *o.Ä.* ⟨dem Ende zu⟩: *Wir haben zwei Zimmer vermietet - eins geht dem Hof zu u. eins der Straße zu* **2** verwendet, um j-n aufzufordern, mit etw. weiterzumachen ⟨Nur zu!; Immer zu!⟩ **3 zu** + *Adj*; drückt aus, dass etw. in e-m nicht mehr akzeptablen od. angemessenen Grad zutrifft ⟨zu alt, groß, klein, lang, teuer *usw*⟩: *Du bist zu spät gekommen - der Film hat schon angefangen* **4** verwendet, um j-n aufzufordern, etw. zu schließen: *Tür zu, es zieht!*

zu[3] [tsu] *Konjunktion*; **1 zu** + *Infinitiv*; verwendet, um an bestimmte Verben, Substantive u. Adjektive ein Verb im Infinitiv anzuschließen: *Zimmer zu vermieten*; *Es fängt an zu regnen*; *Hier gibt es immer viel zu sehen*; *Er gab uns zu verstehen, dass er nichts mit uns zu tun haben wollte*; *Was ist noch zu tun?* (= Was muss noch getan werden?); *Das Problem ist leicht* *zu lösen* **2 zu** + *Partizip Präsens + Subst*; verwendet, um e-e Möglichkeit, Erwartung, Notwendigkeit *o.Ä.* auszudrücken: *die zu erwartende Flut von Protesten*; *die zu klärenden Fragen*

zu sein *(ist)* [Vi] **1** ***etw. ist zu*** *gespr*; etw. ist geschlossen od. verschlossen, etw. ist nicht offen: *Das Fenster ist zu*; *Die Bank war schon zu, ich konnte das Geld nicht mehr einzahlen* || NB: ↑ *Abb. unter* **Eigenschaften** **2** *gespr*; im Alkohol- od. Drogenrausch sein
zu viel *Indefinitpronomen*; mehr als nötig od. erwünscht ↔ zu wenig ⟨viel z. v.⟩: *Die Gangster töteten den Zeugen, weil er z. v. wusste*; *Haushalt, Kinder u. Beruf - das wurde ihr schließlich z. v.* || ID ***z. v. des Guten / des Guten z. v.*** *iron*; verwendet, um auszudrücken, dass einem etw. zu viel ist; ***z. v. kriegen*** *gespr*; sich ärgern, aufregen (müssen); ***Was z. v. ist, ist z. v.!*** *gespr*; verwendet, um auszudrücken, dass man etw. nicht mehr ertragen kann od. will
zu we·nig *Indefinitpronomen*; weniger als nötig od. erwünscht ↔ zu viel ⟨viel z. w.⟩: *Er weiß z. w., um mitreden zu können*; *Du wiegst z. w. für deine Größe!*

zu- *im Verb, betont u. trennbar, sehr produktiv*; Die Verben mit *zu-* werden nach folgendem Muster gebildet: *zumachen - machte zu - hat zugemacht*
1 *zu-* drückt aus, dass etw., das offen war, geschlossen, bedeckt od. gefüllt wird ↔ auf-;
zufrieren: *Der See ist zugefroren* ≈ Die Oberfläche des Sees ist so stark gefroren, dass der See ganz mit Eis bedeckt ist
ebenso: ***j-n / sich / etw. zudecken, etw. zuklappen, etw. zukleben, (etw.) zumachen, etw. zunageln, (etw.) zunähen, etw. zuscharren, etw. zuschaufeln, etw. zuschieben, (etw.) zuschrauben, (etw.) zuschütten***; ***zuheilen, zuwachsen***
2 ***auf j-n / etw. zu-*** *zu-* drückt die Richtung direkt auf j-n / etw. (hin) aus ↔ weg- (von j-m / etw.);
auf j-n / etw. zugehen: *Er ging auf die Frau zu* ≈ Er ging (direkt) in die Richtung, in der die Frau war
ebenso: ***sich auf j-n / etw. zubewegen, auf j-n / etw. zufahren, auf j-n / etw. zufliegen, auf j-n / etw. zukommen, auf j-n / etw. zulaufen, auf j-n / etw. zumarschieren, auf j-n / etw. zureiten, auf j-n / etw. zuschreiten, auf j-n / etw. zuspringen, auf j-n / etw. zuströmen, auf j-n / etw. zustürmen, auf j-n / etw. zuwanken***
3 *zu-* drückt aus, dass sich j-d durch e-e Geste *o.Ä.* an e-e bestimmte Person wendet (*bes* ihr etw. signalisiert);
j-m zublinzeln: *Sie blinzelte ihrem Mann verstohlen zu* ≈ Sie blinzelte u. wollte ihrem Mann damit heimlich etw. sagen
ebenso: ***j-m zujubeln, j-m zulächeln, j-m zulachen, j-m zunicken, j-m zutrinken, j-m zuwinken, j-m zuzwinkern***
4 *zu-* drückt aus, dass j-d / ein Tier e-e Handlung mit viel Energie u. Willenskraft ausführt;
zuschlagen: *Als sie die Schlange sah, nahm sie einen Stock u. schlug zu* ≈ Sie schlug mit dem Stock auf die Schlange u. wollte sie treffen od. töten
ebenso: ***zubeißen, zugreifen, zulangen, zupacken, zuschnappen***
5 *zu-* drückt aus, dass j-d etw. bekommt;
j-m etw. zuweisen: *Die Wohnung wurde ihm vom Gemeindeamt zugewiesen* ≈ Das Gemeindeamt bestimmte, dass er diese Wohnung haben solle
ebenso: ***j-m etw. zubilligen, j-m etw. zuerkennen, j-m etw. zumessen, j-m etw. zusichern, j-m etw. zuspielen, j-m etw. zuteilen***
6 *zu-* drückt aus, dass noch j-d / etw. zu e-r vorhandenen Gruppe od. Menge kommt ↔ ab-, weg-;
(etw. *(Dat)**)** **etw. zugeben***: *Mehl u. Butter kneten u. etwas Milch z.*; *dem Teig etwas Milch z.* ≈ Milch mit dem Mehl u. der Butter mischen
ebenso: ***(etw.*** *(Dat)**)** **etw. zugießen, etw. zukaufen, j-n / etw. etw.*** *(Dat)* ***zurechnen, (j-m / etw.) etw. zuschießen, j-m / etw. etw. zuwenden***
7 *zu-* drückt aus, dass man etw. e-e bestimmte Form gibt, etw. in e-n bestimmten Zustand bringt;
etw. zuschneiden: *Sie schneidet den Stoff für ein Kleid zu* ≈ Sie schneidet den Stoff so, dass die Teile die richtige Form für ein Kleid haben
ebenso: ***etw. zurichten, etw. zuspitzen***

zu·al·ler·erst *Adv*; *gespr* ≈ als Erstes überhaupt
zu·al·ler·letzt *Adv*; *gespr* ≈ als Letztes überhaupt
zu·bau·en *(hat)* [Vt] ***etw. z.*** *mst* ein freies Grundstück dadurch füllen, dass man dort ein Haus baut
Zu·be·hör *das*; *-(e)s*; *nur Sg*; einzelne Gegenstände, die zu e-m technischen Gerät, e-r Maschine *o.Ä.* gehören (u. mit denen man das Gerät besser od. anders nützen kann): *e-e Nähmaschine mit allem Z.* || -K: ***Auto-, Boots-, Camping-, Kraftfahrzeug-***
zu·bei·ßen *(hat)* [Vi] **1** ***ein Tier beißt zu*** ein Tier fasst, beißt j-n / etw. mit den Zähnen **2** die Zähne kräftig aufeinander pressen
zu·be·kom·men; *bekam zu, hat zubekommen*; [Vt] ***etw. z.*** *gespr*; etw. schließen können: *den Schrank nicht z., weil die Tür klemmt*
zu·be·rei·ten; *bereitete zu, hat zubereitet*; [Vt] ***etw. z.*** Speisen (*mst* durch Kochen) zum Essen fertig machen: *das Mittagessen z.*; *Weißt du, wie man Wild zubereitet?* || *hierzu* **Zu·be·rei·tung** *die*; *nur Sg*
zu·be·to·nie·ren; *betonierte zu, hat zubetoniert*; [Vt] ***etw. z.*** e-e Fläche ganz mit (Häusern aus) Beton bedecken
zu·bil·li·gen *(hat)* [Vt] ***j-m etw. z.*** j-m ein Recht *o.Ä.* gewähren ≈ j-m etw. zugestehen, einräumen ⟨j-m ein Recht, e-e Erleichterung, mildernde Umstände z.⟩ || *hierzu* **Zu·bil·li·gung** *die*; *nur Sg*
zu·bin·den *(hat)* [Vt] ***etw. z.*** Bänder, Schnüre *usw* so binden, dass etw. geschlossen od. fest ist: *e-n Sack z.*
zu·blei·ben *(ist)* [Vi] ***etw. bleibt zu*** *gespr*; etw. bleibt geschlossen
zu·blin·zeln *(hat)* [Vi] ***j-m z.*** j-m mit den Augen (durch Zwinkern) ein Zeichen geben ⟨j-m freundlich, aufmunternd, ermutigend z.⟩
zu·brin·gen *(hat)* [Vt] **1** ⟨den Abend, den Tag, die Woche *usw*⟩ ***(mit etw.) z.*** während der genannten Zeit etw. Bestimmtes tun od. in e-m bestimmten Zustand sein ≈ verbringen: *Die letzte Woche habe ich mit Grippe im Bett zugebracht*; *den Abend* damit *z.* zu *lernen* **2** ***etw. z.*** *gespr*; etw. schließen können
Zu·brin·ger *der*; *-s*, *-*; **1** e-e Straße, die andere Straßen (od. e-n Ort) mit der Autobahn verbindet || K-: ***Zubringer-, -straße*** || -K: ***Autobahn-*** **2** ein Bus *o.Ä.*, der Personen an den Ort bringt, von dem (aus) sie (mit e-m anderen Verkehrsmittel, *bes* e-m Flugzeug) weiterfahren können || K-: ***Zubringer-, -bus, -dienst, -verkehr***
zu·but·tern *(hat)* [Vt] ***(j-m) etw. z.*** *gespr*, *mst pej*; j-m für etw. Geld geben (was sich nachher als unrentabel herausstellt)
Zuc·chi·ni [tsʊ'kiːni] *die*; *-*, *-*; *mst Pl*; **1** e-e lange, grüne Frucht, ähnlich wie e-e Gurke, die man als Gemüse isst || ↑ *Abb. unter* **Gemüse**
Zucht[1] *die*; *-*, *-en*; **1** *nur Sg*; das Züchten: *Die Z. von Pandabären ist sehr schwierig* || K-: ***Zucht-, -erfolg***; ***-perle*** || -K: ***Bienen-, Fisch-, Hunde-*** *usw*; ***Blumen-, Gemüse-***; ***Perlen-*** **2** ein Betrieb, in dem Tiere od. Pflanzen gezüchtet werden: *e-e Z. für Pudel haben* **3** Tiere od. Pflanzen, die durch Zucht (1)

entstanden sind (u. besondere Eigenschaften haben): *e-e Z. Rennpferde*; *Kakteen aus verschiedenen Zuchten*

Zụcht² *die*; -; *nur Sg*, *veraltend* ≈ Disziplin, Gehorsam ⟨Z. u. Ordnung⟩ || *hierzu* **zụcht·los** *Adj*; **Zụcht·lo·sig·keit** *die*; *nur Sg*

Zụcht- *im Subst*, *wenig produktiv*; verwendet, um *mst* männliche Tiere zu bezeichnen, die (wegen ihrer guten Eigenschaften) nur zur Fortpflanzung e-r Art dienen; der ***Zuchtbulle***, der ***Zuchteber***, der ***Zuchthengst***, das ***Zuchttier***

züch·ten; *züchtete*, *hat gezüchtet*; [Vt] ***Tiere / Pflanzen z.*** Tiere od. Pflanzen halten, um weitere junge Tiere bzw. neue Pflanzen *mst* mit besonderen Eigenschaften zu bekommen: *Kakteen z.*; *Rinder mit hoher Fleischqualität z.* || *hierzu* **Zụ̈ch·ter** *der*; *-s*, *-*; **Zụ̈ch·te·rin** *die*; *-*, *-nen*; **Zụ̈ch·tung** *die*

Zụcht·haus *das*; **1** *hist*; ein Gefängnis für Leute, die besonders schwere Verbrechen begangen hatten || K-: ***Zuchthaus-, -strafe*** **2** *gespr*; ein Gefängnis

Zụcht·häus·ler *der*; *-s*, *-*; *pej veraltend*; j-d, der im Zuchthaus od. Gefängnis ist od. war

züch·tig *Adj*; *veraltend od hum*; so wie es den guten Sitten entspricht ⟨ein Mädchen; die Beine z. übereinander schlagen; die Augen z. niederschlagen⟩ || *hierzu* **Zụ̈ch·tig·keit** *die*; *nur Sg*

zụ̈ch·ti·gen; *züchtigte*, *hat gezüchtigt*; [Vt] ***j-n z.*** *geschr*; j-n strafen, *bes* indem man ihn schlägt ⟨j-n mit der Rute / Peitsche z.⟩ || *hierzu* **Zụ̈ch·ti·gung** *die*

zụ·ckeln; *zuckelte*, *ist gezuckelt*; [Vi] ***irgendwo(hin) z.*** *gespr*; langsam gehen od. fahren

zụ·cken; *zuckte*, *hat gezuckt*; [Vi] **1** e-e kurze, schnelle Bewegung machen (die man nicht kontrollieren kann): *Er zuckte, als ihm der Arzt die Spritze gab* **2** ***etw. zuckt*** etw. leuchtet kurz (mehrmals hintereinander) ⟨Blitze, Flammen⟩ **3** ***mit den Schultern / Achseln z.*** die Schultern kurz heben u. so ausdrücken, dass man etw. nicht weiß od. dass es einem gleichgültig ist; [Vt] **4** ***die Schultern / Achseln z.*** ≈ mit den Schultern / Achseln z.

zụ̈·cken; *zückte*, *hat gezückt*; [Vt] **1** ***etw. z.*** e-e Waffe schnell in die Hand nehmen, um zu kämpfen ⟨das Schwert, den Dolch, die Pistole z.⟩ **2** ***etw. z.*** *gespr hum*; etw. aus e-r Tasche nehmen, um es zu verwenden ⟨die Brieftasche, den Füller z.⟩

Zụ·cker *der*; *-s*, *-*; **1** *nur Sg*; e-e weiße od. braune Substanz (in Form von Pulver, kleinen Kristallen od. Würfeln), mit der man Speisen u. Getränke süß macht ⟨brauner, weißer, feiner Z.; ein Stück, ein Löffel Z.; etw. mit Z. süßen; süß wie Z.⟩: *Nehmen Sie Z. in den / zum Tee?*; *Ich trinke den Kaffee ohne Z.* || K-: ***Zucker-, -dose, -fabrik, -glasur, -guss, -lösung, -raffinerie, -streuer, -wasser*** || -K: ***Kandis-, Kristall-, Puder-, Staub-, Würfel-***; ***Rohr-, Rüben-***; ***Roh-*** || *zu* ***Zuckerdose*** ↑ *Abb. unter* ***Frühstückstisch*** **2** *Chem*; eine von mehreren süß schmeckenden Substanzen, die in Pflanzen gebildet werden || -K: ***Frucht-, Trauben-, Malz-*** **3** *nur Sg*, *gespr* ≈ Diabetes ⟨Z. haben; an Z. leiden, erkrankt sein⟩ || *zu* **1** u. **2** **zụ·cker·hal·tig** *Adj*; *nicht adv*; **zụ·cke·rig**, **zụck·rig** *Adj*

Zụ·cker·brot *das*; *mst in* ***mit Z. und Peitsche*** *mst hum*; je nach Situation od. je nach Laune abwechselnd mit freundlichen Worten u. Versprechungen bzw. mit Drohungen u. Strafen

Zụ·cker·krank·heit *die*; *nur Sg* ≈ Diabetes || *hierzu* **zụ·cker·krank** *Adj*

Zụ·ckerl *das*; *-s*, *-(n)*; **1** *südd* Ⓐ *gespr* ≈ Bonbon **2** etw. ganz Besonderes

zụ·ckern; *zuckerte*, *hat gezuckert*; [Vt] ***etw. z.*** etw. mit Zucker süß machen ≈ süßen: *den Kaffee z.*

Zụ·cker·rohr *das*; *nur Sg*; e-e hohe, tropische Pflanze mit dicken Stängeln, aus denen man Zucker macht || K-: ***Zuckerrohr-, -plantage***

Zụ·cker·rü·be *die*; e-e Rübe, aus der man Zucker macht

Zụ·cker·spie·gel *der*; *nur Sg*; die Menge an (Blut)Zucker, die j-d im Blut od. Harn hat

zụ·cker·süß *Adj*; **1** ≈ sehr süß: *Die Trauben sind z.* **2** *gespr*, *mst pej*; übertrieben freundlich od. liebenswürdig

Zụ·cker·wat·te *die*; *nur Sg*; e-e Art Schaum aus Zucker, der wie Watte aussieht (u. den *bes* Kinder gern essen)

Zụ·ckung *die*; *-*, *-en*; **1** e-e schnelle, kurze, unkontrollierte Bewegung des Körpers od. seiner Teile ⟨nervöse, krampfartige, leichte Zuckungen haben⟩ **2** ***j-d / etw. liegt in den letzten Zuckungen*** *gespr*; j-d / etw. hat nicht mehr viel Kraft, Macht, Geld *usw*

zu̲·de·cken *(hat)* [Vt] **1** ***etw. z.*** e-n Deckel *o.Ä.* über etw. legen: *den Topf z.* **2** ***j-n / sich z.*** über j-n / sich e-e Decke legen

zu·de̲m *Adv*; *geschr* ≈ außerdem

Zu̲·drang *der*; *-(e)s*; *nur Sg* ≈ Andrang

zu̲·dre·hen *(hat)* [Vt] **1** ***etw. z.*** etw. dadurch schließen, dass man an e-m kleinen Rad, e-r Kurbel, e-r Schraube *o.Ä.* dreht: *den Wasserhahn z.* **2** *mst* ***j-m den Rücken / das Gesicht z.*** sich so drehen, dass der Rücken / das Gesicht zu j-m gewendet ist; [Vr] **3** ***sich j-m z.*** sich so drehen, dass man j-n ansieht

zu̲·dring·lich *Adj*; **1** ≈ aufdringlich **2** ***z. werden*** j-n sexuell belästigen || *hierzu* **Zu̲·dring·lich·keit** *die*

zu̲·drü·cken *(hat)* [Vt] **1** ***etw. z.*** etw. dadurch schließen, dass man darauf drückt: *e-e schwere Tür z.*; [Vi] **2** kräftig drücken

zu·ei·nạn·der *Adv*; e-e Person / Sache zu der anderen (drückt e-e Gegenseitigkeit aus): *Seid nett z.!*

> **zu·ei·nạn·der fin·den**; *fanden zueinander*, *haben zueinander gefunden*; [Vi] ⟨*mst* zwei Personen⟩ ***finden zueinander*** zwei Personen bauen e-e enge Beziehung zueinander auf
>
> **zu·ei·nạn·der hal·ten**; *hielten zueinander*, *haben zueinander gehalten*; [Vi] ⟨Personen⟩ ***halten zueinander*** zwei od. mehrere Personen helfen u. unterstützen sich gegenseitig

zu̲·er·ken·nen; *erkannte zu*, *hat zuerkannt*; [Vt] ***j-m etw. z.*** bestimmen (*bes* durch den Beschluss e-s Gerichtes), dass j-d etw. bekommt ≈ j-m etw. zusprechen ⟨j-m e-n Preis, ein Recht, e-e Entschädigung z.⟩ || *hierzu* **Zu̲·er·ken·nung** *die*; *nur Sg*

zu·e̲rst, **zu·e̱rst** *Adv*; **1** (als Erstes) vor allen anderen Tätigkeiten ↔ zuletzt: *Ich möchte mir z. die Hände waschen*; *Z. muss man Butter u. Zucker schaumig rühren, dann das Mehl dazugeben* **2** als Erste(r) od. Erstes: *Sie war z. da*; *Spring du z.!* **3** zum ersten Mal ≈ erstmalig: *Die Atombombe wurde z. von den Amerikanern gebaut* **4** während der ersten Zeit ≈ anfangs: *Z. hat die Wunde sehr wehgetan*

zu̲·fah·ren *(ist)* [Vi] **1** ***auf j-n / etw. z.*** ↑ ***zu-*** (2) **2** *gespr* ≈ losfahren, weiterfahren: *Los, fahr doch zu!*

Zu̲·fahrt *die*; e-e Straße od. ein Weg zu e-m Ort od. Haus (aber nicht weiter als bis dorthin) || K-: ***Zufahrts-, -straße, -weg***

Zu̲·fall *der*; ein Ereignis, das nicht geplant wurde u. das nicht notwendigerweise so geschehen musste ⟨ein seltsamer, merkwürdiger, (un)glücklicher Z.; etw. ist (reiner / purer) Z.; e-e Reihe von Zufällen; durch Z.; etw. dem Z. überlassen, verdanken; j-m kommt der Z. zu Hilfe⟩: *Wenn man dreimal hinter-*

einander e-e „6" würfelt, ist das ein Z. || K-: ***Zufalls-, -bekanntschaft, -fund, -treffer***; ***zufalls-, -bedingt***

zu·fal·len *(ist)* Vi **1** ***etw. fällt zu*** etw. schließt sich mit e-r schnellen Bewegung: *Die Klapptür fiel plötzlich zu* **2** ***etw. fällt j-m zu*** etw. wird j-s Eigentum: *Nach dem Tod des Vaters fiel den Kindern das gesamte Vermögen zu* **3** ***etw. fällt j-m zu*** etw. muss von j-m getan werden: *Mir fiel es / die Aufgabe zu, ihm unseren Plan zu erklären* **4** ***etw. fällt j-m zu*** j-d braucht sich nicht anzustrengen, um etw. zu bekommen od. zu erledigen || ID ***j-m fallen die Augen zu*** j-d kann sich kaum noch wach halten

zu·fäl·lig *Adj*; **1** durch e-n Zufall: *Wir haben uns z. auf der Straße getroffen* **2** *gespr* ≈ vielleicht: *Weißt du z., wann der letzte Bus fährt?* || *hierzu* **zu·fäl·li·ger·wei·se** *Adv*; *zu* **1** **Zu·fäl·lig·keit** *die*

zu·flie·gen *(ist)* Vi **1** ***auf j-n / etw. z.*** ↑ *zu-* (2) **2** ***ein Vogel fliegt j-m zu*** ein Vogel, der seinem Besitzer entkommen ist, fliegt zu j-d anderem u. bleibt bei ihm **3** ***etw. fliegt j-m zu*** j-d bekommt od. erreicht etw., ohne sich dafür anstrengen zu müssen ≈ etw. fällt j-m zu (4): *Meiner Schwester fliegt alles zu, sie muss kaum lernen* **4** ***etw. fliegt zu*** *gespr* ≈ etw. fällt zu (1) ⟨e-e Tür, ein Fenster⟩

zu·flie·ßen *(ist)* Vi **1** ***etw. fließt etw.*** *(Dat)* ***zu*** etw. fließt in e-n Fluss, in ein Meer *o.Ä.*: *Die Donau fließt dem Schwarzen Meer zu* **2** ***etw. fließt j-m / etw. zu*** j-d / e-e Organisation bekommt etw. (in Form von Geld): *Die Einnahmen fließen e-m wohltätigen Verein zu* || ► ***Zufluss***

Zu·flucht *die*; *mst Sg*; ein Ort od. e-e Person, die j-m Schutz u. Hilfe geben, wenn er in Gefahr, Not ist ⟨j-m Z. geben, bieten, gewähren; bei j-m / irgendwo Z. suchen, finden⟩ || K-: ***Zufluchts-, -ort, -stätte*** **2** ***zu etw. Z. nehmen*** *geschr*; etw. verwenden, von dem man glaubt, dass es einem hilft ⟨zu e-r Lüge, zum Alkohol, zu Drogen Z. nehmen⟩

Zu·fluss *der*; **1** ein Bach, Fluss *o.Ä.*, der in e-n anderen Bach, Fluss, in e-n See *usw* fließt: *Der See hat mehrere Zuflüsse* **2** *nur Sg*; das Zufließen (2): *der Z. von Spenden*

zu·flüs·tern *(hat)* Vt ***j-m etw. z.*** j-m etw. leise sagen

zu·fol·ge *Präp*; *mit Dativ, nachgestellt*; verwendet, um sich auf j-s Angaben od. auf den Wortlaut von etw. zu beziehen: *Dem Zeugen z. / Seiner Aussage z. hatte der Radfahrer keine Schuld an dem Unfall*

zu·frie·den *Adj*; ***z.*** (***mit j-m / etw.***); ***z. über etw.*** *(Akk)* froh, dass alles so ist, wie man es will (sodass man also keine neuen Wünsche hat u. nichts kritisieren muss) ⟨ein Mensch; ein zufriedenes Gesicht machen; z. sein, aussehen, wirken⟩: *mit j-s Leistungen z. sein*; *z.* (darüber) *sein*, dass *etw. funktioniert hat* || ID ***es z. sein*** *veraltend*; mit etw. einverstanden sein || *hierzu* **Zu·frie·den·heit** *die*; *nur Sg*

> **zu·frie·den ge·ben, sich**; *gibt sich zufrieden, gab sich zufrieden, hat sich zufrieden gegeben*; Vr ***sich mit etw. z. g.*** etw. als genug od. ausreichend akzeptieren: *Ich gebe mich auch mit e-r kleinen Wohnung zufrieden, wenn sie nur e-n Balkon hat*
> **zu·frie·den las·sen**; *lässt zufrieden, ließ zufrieden, hat zufrieden gelassen*; Vt ***j-n z. l.*** *gespr*; j-n in Ruhe lassen (u. nicht stören) ↔ belästigen
> **zu·frie·den stel·len**; *stellte zufrieden, hat zufrieden gestellt*; Vt ***j-n z. s.*** j-s Wünsche od. Erwartungen erfüllen ⟨seine Kunden z. s.; zufrieden stellende Leistungen⟩ || NB: oft im Partizip Präsens

zu·frie·ren *(ist)* Vi ***etw. friert zu*** etw. wird ganz von Eis bedeckt ⟨ein Weiher, ein See⟩

zu·fü·gen *(hat)* Vt **1** ***j-m etw. z.*** bewirken, dass j-d etw. Unangenehmes empfindet, Schaden hat *o.Ä.* ⟨j-m Leid, Schmerzen, Unrecht, e-e Niederlage z.⟩ **2** (***etw.*** *(Dat)*) ***etw. z.*** e-r Mischung, e-r Speise *o.Ä.* etw. beigeben || *hierzu* **Zu·fü·gung** *die*; *nur Sg*

Zu·fuhr *die*; -; *nur Sg*; der Vorgang, bei dem Luft, Flüssigkeiten *o.Ä.* irgendwohin fließen od. gebracht werden (wo sie gebraucht werden) || -K: ***Benzin-, Blut-, Energie-, Luft-, Nahrungs-, Sauerstoff-, Strom-, Wärme-, Wasser-***

zu·füh·ren *(hat)* Vt **1** (***etw.*** *(Dat)*) ***etw. z.*** etw. zu etw. fließen lassen od. bringen (u. es damit versorgen): *e-m Gerät Strom z.*; *Der Gewinn aus diesem Konzert wird wohltätigen Zwecken zugeführt* **2** ***j-m / etw. j-n / etw. z.*** dafür sorgen, dass j-d / etw. zu j-m / etw. kommt: *e-r Firma neue Kunden z.* **3** verwendet, zusammen mit e-m Subst., um ein Verb zu umschreiben; ***j-n seiner (verdienten) Strafe z.*** ≈ j-n bestrafen; ***etw.*** (***s***)***einer Lösung z.*** ≈ etw. lösen; ***etw. e-m Zweck, e-r Verwendung z.*** ≈ etw. (für e-n bestimmen Zweck) verwenden; Vi **4** ***etw. führt auf etw.*** *(Akk)* ***zu*** etw. führt in die Richtung, in der etw. ist: *Der Weg führt direkt auf das Schloss zu* || *zu* **1** u. **2** **Zu·füh·rung** *die*; *nur Sg*

Zug[1] *der*; *-(e)s, Zü·ge*; mehrere zusammengekoppelte (Eisenbahn)Wagen, die von e-r Lokomotive gezogen werden ⟨(mit dem) Zug fahren; den Zug nehmen, benutzen; den Zug erreichen, versäumen, verpassen; der Zug fährt / läuft (im Bahnhof) ein, hält, fährt ab⟩: *der Zug nach Salzburg*; *der Zug aus Hannover* || K-: ***Zug-, -abteil, -personal, -restaurant, -schaffner, -verkehr, -verspätung, -telefon, -unglück*** || -K: ***Güter-, Post-; Eil-, Hochgeschwindigkeits-, Schnell-; D-Zug, S-Bahn-Zug, U-Bahn-Zug; Früh-, Nacht-; Eisenbahn-, Nahverkehrs-, Personen-, Sonder-*** || ID *mst* ***Er / Sie sitzt im falschen Zug*** *gespr*; er / sie hat e-e falsche Meinung od. hat etw. Falsches getan; ***der Zug ist abgefahren*** *gespr*; dafür ist es zu spät

> **Der Zug**
>
> Deutschland verfügt über ein gut ausgebautes Eisenbahnnetz. Für Reisen innerhalb Deutschlands ist der Zug das öffentliche Verkehrsmittel, das am häufigsten benutzt wird.
> Die deutsche Eisenbahngesellschaft heißt **Deutsche Bahn** (**DB**). Es gibt einen Hochgeschwindigkeitszug, den **Intercity Express** (**ICE**), der zum Beispiel für die Strecke Hamburg-München sechs Stunden braucht. Andere Schnellzüge sind der **Intercity** (**IC**) und der **Eurocity** (**EC**). In diesen Zügen muss man einen Zuschlag bezahlen. Regionalzüge sind zum Beispiel der **Interregio** (**IR**) und der **Regionalexpress** (**RE**). Diese halten auch in kleineren Orten.
> Die Deutsche Bahn bietet verschiedene Arten von Sonderangeboten und Ermäßigungen an, wie zum Beispiel eine Jahreskarte, die **Bahncard**, mit der man in allen Zügen in Deutschland zu einem ermäßigten Preis fahren kann.

Zug[2] *der*; *-(e)s, Zü·ge*; **1** die Wirkung e-r Kraft, die etw. in e-e Richtung zieht (1) ↔ Druck: *der Zug der Schwerkraft* **2** die Bewegung e-r Figur an e-n anderen Platz bei e-m Brettspiel, wie *z.B.* Schach ⟨ein kluger, geschickter, guter Zug; den nächsten Zug tun / machen⟩: *j-n in fünf Zügen besiegen* **3** *nur*

Sg; die Bewegung (*bes* von Vögeln od. Wolken) über e-e weite Entfernung hinweg: *der Zug der Vögel in den Süden* || -K: ***Vogel-*** **4** e-e lange Reihe *bes* von Menschen, die miteinander in dieselbe Richtung gehen ⟨sich (*Pl*) zum Zug formieren, ordnen; im Zug mitmarschieren⟩: *Immer mehr Menschen schlossen sich dem Zug von Flüchtlingen an* || -K: ***Braut-, Demonstrations-, Fackel-, Fastnachts-, Fest-, Flüchtlings-, Hochzeits-, Karnevals-, Krönungs-, Leichen-, Masken-, Trauer-*** **5** ein großer Schluck: *e-n kräftigen Zug aus der Flasche tun*; *Er leerte das Glas in wenigen Zügen* **6** das Einatmen von Tabakrauch ⟨e-n Zug an e-r Zigarette, Zigarre, Pfeife tun, machen⟩ || -K: ***Lungen-*** **7** *nur Sg*; e-e Strömung von *mst* kühler Luft, die man als unangenehm empfindet ≈ Zugluft ⟨im Zug sitzen; empfindlich gegen Zug sein⟩ **8** *nur Sg*; die Strömung der Luft in e-m Ofen ⟨der Ofen *o.Ä.* hat e-n guten, e-n schlechten, keinen Zug⟩ **9** *mst Pl*; die charakteristische Form der Linien beim Schreiben od. Zeichnen ⟨etw. in / mit schönen, klaren, feinen, groben, kräftigen Zügen schreiben, zeichnen⟩ || -K: ***Namens-, Schrift-*** **10** der (typische) Gesichtsausdruck, die charakteristischen Eigenschaften von j-s Gesicht ⟨grobe, feine, brutale Züge⟩: *e-n verbitterten Zug um den Mund haben* || -K: ***Gesichts-*** **11** ein (typisches) Merkmal im Charakter e-r Person, e-r Stadt, e-r Landschaft: *Dieses Stadtviertel trägt noch dörfliche Züge* || -K: ***Charakter-, Wesens-*** **12** die Bewegung mit den Armen beim Schwimmen: *ein paar Züge schwimmen* || ID ***im Zuge*** + *Gen geschr*; im Zusammenhang mit etw. od. als Folge von etw.: *Im Zuge der Ermittlungen wurden Bestechung u. Betrug festgestellt*; ***in 'einem Zug*** ohne Pause od. Unterbrechung: *ein Buch in einem Z. lesen*; ***in großen / groben Zügen*** ⟨berichten, erzählen⟩ nur das Wichtigste, ohne Einzelheiten berichten, erzählen; ***am Zug sein*** handeln müssen; ***zum Zug kommen*** die Möglichkeit haben, jetzt zu handeln; ***Zug um Zug*** eines nach dem anderen (ohne Unterbrechung); ***e-n guten Zug (am Leib) haben*** *gespr*; viel auf einmal (u. schnell) trinken (können); ***etw. in vollen Zügen genießen*** etw. sehr genießen; ***in den letzten Zügen liegen*** *gespr*; nicht mehr viel Kraft, Macht, Geld *usw* haben

Zu·ga·be *die*; **1** ***Z.!*** (*mst* von e-m Publikum im Chor gerufen) verwendet, um e-n Sänger *o.Ä.* aufzufordern, am Ende seines Programms noch etw. darzubieten **2** ein Musikstück, das am Ende e-s Konzerts (zusätzlich zum Programm) gespielt wird ⟨e-e Z. fordern, geben⟩ **3** das Hinzufügen, Zugeben (2)

Zu·gang *der*; **1** ***ein Z. (zu etw.)*** der Weg, der zu e-m Gebäude od. Gebiet führt: *Alle Zugänge zur Fabrik waren von Streikenden besetzt* || K-: ***Zugangs-, -straße, -weg*** **2** *nur Sg*; die Möglichkeit, j-n / etw. zu sehen, sprechen *o.Ä.* od. in etw. hineinzukommen ≈ Zutritt ⟨j-m / sich Z. zu j-m / etw. verschaffen; j-m den Z. zu j-m / etw. verwehren⟩ **3** *nur Sg*; die Möglichkeit od. Fähigkeit, j-n / etw. zu verstehen ⟨(keinen) Z. zu j-m / etw. haben, finden⟩ **4** *mst Pl*; die Menschen od. Dinge, die zu e-r vorhandenen Anzahl hinzukommen || -K: ***Neu-***

zu·gäng·lich *Adj*; *nicht adv*; ***z.*** (***für j-n / etw.***) **1** so, dass man dahin gehen (u. es betreten, benützen, anschauen *o.Ä.*) kann: *etw. der breiten Öffentlichkeit z. machen* **2** bereit, sich für Menschen od. Dinge zu interessieren od. Eindrücke zu empfangen ≈ aufgeschlossen: *Sie ist für alles, was mit Kunst zu tun hat, sehr z.* || *hierzu* **Zu·gäng·lich·keit** *die*; *nur Sg*

Zug·brü·cke *die*; *hist*; e-e Brücke *bes* über den Graben e-r Burg, die man in die Höhe ziehen konnte, wenn *z.B.* Feinde kamen

zu·ge·ben (*hat*) [Vt] **1** ***etw. z.*** sagen, dass man etw. getan hat, was böse od. nicht richtig war: *Sie gab den Diebstahl zu*; *Sie gab zu, die Uhr gestohlen zu haben*; *Gib doch zu, dass du gelogen hast!* **2** (***etw.*** (*Dat*)) ***etw. z.*** ↑ ***zu-*** (6)

zu·ge·ge·ben **1** *Partizip Perfekt*; ↑ ***zugeben*** **2** *Partikel*; *betont*; verwendet, um e-e Aussage einzuleiten, die man zwar (aus Gerechtigkeit) erwähnt, die aber nichts an der Hauptaussage ändert: *Z., ihr habt euch viel Mühe gemacht, aber es hat nichts genützt*

zu·ge·ge·be·ner·ma·ßen *Adv*; *geschr*; wie man zugeben muss: *Er hat z. nur zwei Tage für die Prüfung gelernt*

zu·ge·gen *Adj*; *nur in* ***z. sein*** *geschr*; anwesend sein

zu·ge·hen (*ist*) [Vi] **1** ***auf j-n / etw. z.*** ↑ ***zu-*** (2) **2** ***auf j-n z.*** mit j-m (wieder) Kontakt suchen (*bes* nach e-m Streit): *Wenn keiner auf den anderen zugeht, wird es nie zu e-r Versöhnung kommen* **3** ***etw. geht j-m zu*** *Admin geschr*; j-d bekommt etw. (mit der Post) geschickt: *Das Antwortschreiben geht Ihnen in den nächsten Tagen zu* **4** ***etw. geht zu*** *gespr*; etw. schließt sich od. kann geschlossen werden **5** ***etw. geht etw.*** (*Dat*) ***zu***; ***etw. geht auf etw.*** (*Akk*) ***zu*** etw. wird bald e-n bestimmten Zeitpunkt erreichen ⟨etw. geht dem Ende, dem Höhepunkt zu⟩: *Es geht schon auf Mitternacht zu*; [Vimp] **6** ***es geht irgendwie zu*** etw. geschieht od. verläuft in e-r bestimmten Art u. Weise: *Auf unseren Partys geht es immer sehr lustig zu* **7** ***irgendwo geht es zu*** (***wie im Taubenschlag***) *gespr*; an dem genannten Ort *o.Ä.* ist (sehr) viel los: *Bei meinen Eltern geht es ganz schön zu!*

Zu·geh·frau *die*; *bes südd* Ⓐ e-e Frau, die zu bestimmten Zeiten u. für Geld im Haushalt hilft

zu·ge·hö·rig *Adj*; *nicht adv*; **1** *nur attr*; so, dass es zu etw. dazugehört: *Die Firma lieferte die Bretter ohne die zugehörigen Schrauben* **2** *mst* ***sich etw.*** (*Dat*) ***z. fühlen*** das Gefühl haben, dass man ein Teil von etw. ist: *Sie fühlen sich e-r Minderheit z.* || *hierzu* **Zu·ge·hö·rig·keit** *die*; *nur Sg*

zu·ge·knöpft **1** *Partizip Perfekt*; ↑ ***zuknöpfen*** **2** *zugeknöpfter, zugeknöpftest-*; *Adj*; *gespr*; ⟨ein Mensch⟩ so, dass er Kontakte meidet u. wenig spricht ≈ verschlossen: *Sie war so z., dass sie uns nicht einmal ihren Namen sagte*

Zü·gel *der*; *-s, -*; *mst Pl*; die Riemen, mit denen man Pferde am Kopf führt u. lenkt ⟨die Zügel locker, kurz halten, (fest, straff) anziehen; ein Pferd am Z. führen⟩ || ↑ *Abb. unter* ***Pferd*** || ID ***die Zügel (fest) in der Hand haben*** e-e Situation (streng) unter Kontrolle haben; ***die Zügel straffer ziehen*** strenger darauf achten, dass Ordnung u. Gehorsam herrschen; ***die Zügel schleifen / schießen lassen*** alles so geschehen lassen, wie es kommt (anstatt zu versuchen, es zu kontrollieren); ***die Zügel kurz halten*** streng sein || NB: ↑ ***Zaum***

zü·gel·los, *zügelloser, zügellosest-*; *Adj*; so, dass sich j-d seine Wünsche erfüllt, seinen Trieben nachgibt, ohne sich auf vernünftige Weise zu beherrschen ⟨ein Leben, ein Mensch; Ehrgeiz, Gier, Leidenschaft⟩ || *hierzu* **Zü·gel·lo·sig·keit** *die*; *nur Sg*

zü·geln; *zügelte, hat gezügelt*; [Vt] ***etw. / sich z.*** *bes* negative Gefühle unter Kontrolle haben u. sich beherrschen (können) ⟨seine Begierde, seine Eifersucht, seinen Zorn, seinen Hunger z.⟩ || *hierzu* **Zü·ge·lung** *die*; *nur Sg*

zu·ge·sel·len, sich; *gesellte sich zu, hat sich zugesellt*; [Vr] ***sich j-m / etw. z.*** *geschr*; zu j-m / etw. kommen, um e-e Weile zu bleiben

Zu·ge·ständ·nis *das*; **1** ***ein Z.*** (***an j-n / etw.***) etw., das man (*mst* nach e-m Streit od. nach e-r Verhandlung) tut, gibt od. erlaubt ⟨j-m Zugeständnisse machen, abringen⟩ **2** ***ein Z. an etw.*** (*Akk*) etw., das

Z

man macht, um sich anzupassen: *ein Z. an die Mode / an die Sitten*

zu·ge·ste·hen; *gestand zu, hat zugestanden*; [Vt] ***j-m etw. z.*** j-m etw. erlauben od. geben, auf das er ein Recht hat ↔ j-m etw. verweigern

zu·ge·tan *Adj*; *nur präd, nicht adv*; *nur in* ***j-m / etw. z. sein*** j-n / etw. gern mögen ⟨j-m herzlich, liebevoll, in Liebe z. sein⟩

Zu·ge·winn|ge·mein·schaft *die*; *Jur*; e-e gesetzliche Regelung, nach der (bei e-r Scheidung) die Ehepartner das Vermögen behalten, das sie vor der Ehe hatten, u. alles teilen, was sie seit der Heirat erworben haben || NB: ↑ ***Gütertrennung***

Zug·füh·rer *der*; **1** j-d, der im Zug[1] die Aufsicht hat **2** *Mil*; j-d, der e-e relativ kleine militärische Einheit führt

zu·gig *Adj*; so, dass immer ein leichter, unangenehmer Wind zu spüren ist: *ein zugiger Durchgang*

zü·gig *Adj*; relativ schnell (u. ohne Unterbrechung od. Stockung): *mit der Arbeit z. vorankommen* || *hierzu* **Zü·gig·keit** *die*; *nur Sg*

Zug·kraft *die*; **1** die Kraft, mit der etw. irgendwohin gezogen wird **2** *nur Sg*; die Fähigkeit, viele Menschen zu interessieren od. zu begeistern ≈ Anziehungskraft: *ein Film mit großer Z.* || *zu* **2 zug·kräf·tig** *Adj*

zu·gleich *Adv*; **1** genau in demselben Zeitraum od. Moment ≈ gleichzeitig: *Ich kann nicht z. essen u. sprechen* **2** ≈ auch, überdies: *Sie ist Komponistin u. Sängerin z.* || NB: *mst* nach dem Subst. verwendet

Zug·luft *die*; *nur Sg* ≈ Zug[2] (7)

Zug·ma·schi·ne *die*; e-e Art LKW (ohne Ladefläche), der e-n Anhänger zieht

Zug·pferd *das*; **1** ein Pferd, das e-n Wagen, Pflug *o.Ä.* zieht **2** e-e Person od. Sache, durch die viele Leute angelockt werden (*z.B.* zu e-r Veranstaltung)

zu·grei·fen (*hat*) [Vi] **1** sich etw. zu essen *o.Ä.* nehmen: *Diese Kekse habe ich selbst gebacken, greifen Sie bitte zu!* **2** schnell reagieren u. sofort annehmen: *Wenn die Wohnung so billig ist, werde ich sofort z.*

Zu·griff *der*; *mst Sg*; ***der Z.*** (***auf etw.*** (*Akk*)) die Berechtigung od. die Möglichkeit, etw. einzusehen, zu benutzen *o.Ä.*: *Z. auf ein fremdes Konto haben* || K-: ***Zugriffs-, -berechtigung, -geschwindigkeit, -kode, -möglichkeit, -zeit***

zu·grun·de, zu Grun·de *Adv*; *nur in* **1** ***z. gehen*** sterben od. zerstört werden ⟨an etw. (*Dat*) z. gehen⟩: *Er wird am Alkohol z. gehen* **2** ***j-n / etw. z. richten*** bewirken, dass j-d / etw. nicht mehr existieren kann ≈ ruinieren, zerstören: *Die Firma wurde von e-m schlechten Management z. gerichtet* **3** ***etw. liegt etw.*** (*Dat*) ***z.*** etw. ist die Grundlage od. Basis von etw. **4** ***etw.*** (***etw.*** (*Dat*)) ***z. legen*** etw. als Grundlage (für e-n Beweis, e-e Behauptung) benützen

Zug·sal·be *die*; e-e Salbe, die bewirkt, dass sich der Eiter an e-r Stelle sammelt u. aus der Haut kommt

Zug·tier *das*; ein Tier (*z.B.* ein Ochse od. ein Pferd), das e-n Wagen, Pflug *o.Ä.* zieht

zu·gu·cken (*hat*) [Vi] *gespr* ≈ zusehen (1)

zu·guns·ten, zu Guns·ten *Präp*; *mit Gen / Dat*; zum Vorteil von: *e-e Sammlung z. der Welthungerhilfe*; *den Kindern z. / z. der Kinder* || NB: Gebrauch ↑ *Tabelle unter* ***Präpositionen***

zu·gu·te *Adv*; *nur in* **1** ***etw. kommt j-m / etw. z.*** etw. unterstützt j-n / etw. od. nützt j-m / etw.: *Die Einnahmen aus dem Konzert sollen den Flüchtlingen z. kommen* **2** ***j-m / sich etwas z. kommen lassen***; ***j-m / sich etw. z. tun*** etw. tun, das für j-n / einen selbst gut u. angenehm ist: *Arbeite nicht so viel - lass dir auch einmal etw. z. kommen!* **3** ***j-m etw. z. halten*** *geschr*; etw. als Entschuldigung (für etw. Negatives) berücksichtigen: *Es stimmt, dass sie wenig arbeitet, aber du musst ihr z. halten*, dass *sie lange krank war* **4** ***sich*** (*Dat*) ***etwas / viel auf etw.*** (*Akk*) ***z. halten / tun*** *geschr*; auf etw. stolz / sehr stolz sein: *Er tut sich viel auf seine Sportlichkeit z.*

Zug·vo·gel *der*; ein Vogel, der im Herbst aus dem Norden in ein warmes Land fliegt u. im Frühling wieder zurückkehrt: *Schwalben sind Zugvögel*

Zug·zwang *der*; *mst Sg*; die Notwendigkeit, in e-r bestimmten Situation zu handeln od. sich zu entscheiden ⟨unter Z. stehen; in Z. geraten, sein⟩

zu·ha·ben (*hat*) *gespr*; [Vt] **1** ***etw. z.*** etw. geschlossen haben: *die Fenster, die Augen z.*; [Vi] **2** ***etw. hat zu*** etw. ist geschlossen ↔ etw. hat geöffnet ⟨ein Geschäft, ein Laden, ein Lokal, ein Amt⟩ **3** ***j-d hat zu*** j-s Geschäft, Amt, Büro *o.Ä.* ist geschlossen: *Der Friseur hat montags zu*

zu·hal·ten (*hat*) [Vt] **1** (***j-m / sich***) ***etw. z.*** etw. (*z.B.* mit der Hand) ganz bedecken ⟨j-m / sich die Augen, den Mund, die Nase, die Ohren z.⟩: *Wenn sie ins Wasser springt, hält sie sich die Nase zu* **2** ***etw. z.*** durch Drücken od. Ziehen dafür sorgen, dass etw. zubleibt ⟨e-e Tür z.⟩; [Vi] **3** ***auf j-n / etw. z.*** *geschr*; in die Richtung fahren, laufen *o.Ä.*, wo j-d / etw. ist

Zu·häl·ter *der*; *-s, -*; ein Mann, der von dem Geld lebt, das e-e Frau (od. mehrere Frauen) durch Prostitution verdient (verdienen)

zu·hän·gen; *hängte zu, hat zugehängt*; [Vt] ***etw. z.*** etw. verdecken, indem man e-e Decke *o.Ä.* davor od. darüber hängt

zu·hau·en; *haute zu, hat zugehauen / südd* Ⓐ *zugehaut*; [Vi] **1** *gespr* ≈ zuschlagen (5); [Vt] **2** ***etw. z.*** etw. mit Werkzeugen in die gewünschte Form bringen ⟨Holz, Stein z.⟩

zu·hauf *Adv*; *geschr*; in großer Menge od. Zahl

zu·hau·se *Adv*; Ⓐ Ⓒⓗ ≈ nach Hause || NB: ↑ ***Haus*** (4)

Zu·hau·se *das*; *-s*; *nur Sg*; das Haus, die Wohnung od. der Ort, wo man lebt od. wo man aufgewachsen ist (u. sich wohl fühlt) ⟨ein schönes, kein Z. haben; irgendwo, bei j-m ein zweites Z. finden⟩ || NB: aber: *Ich bin jetzt zu Hause*

Zu·hil·fe·nah·me *die*; *-*; *nur Sg*, *geschr*; *mst in* **1** ***unter Z.*** + *Gen* / ***von etw.*** ≈ mit **2** ***ohne Z.*** + *Gen* / ***von etw.*** ohne etw. zu verwenden ≈ ohne || NB: Genitiv *mst* wenn ein Adj. vor dem Subst. steht: *Die Fabrik wurde unter Z. fremder Geldmittel / von Spendengeldern gebaut*

zu·hor·chen (*hat*) [Vi] (***j-m / etw.***) ***z.*** *gespr* ≈ zuhören

zu·hö·ren (*hat*) [Vi] (***j-m / etw.***) ***z.*** bewusst (hin)hören ⟨aufmerksam, genau z.; nicht richtig z.⟩: *Sie hörte der Diskussion schweigend zu* || ID *mst* ***Jetzt hör mir mal 'gut zu!*** *gespr*; verwendet, um *bes* e-e Ermahnung einzuleiten || *hierzu* **Zu·hö·rer** *der*; **Zu·hö·re·rin** *die*

zu·ju·beln (*hat*) [Vi] *mst* ⟨Personen⟩ ***jubeln j-m zu*** *mst* e-e große Anzahl von Personen bringt ihre Freude über j-n laut zum Ausdruck: *Die Menge jubelte dem Sieger zu*

zu·keh·ren (*hat*) [Vt] *mst* ***j-m den Rücken z.*** sich so drehen, dass man den Rücken zu j-m hat

zu·klap·pen (*hat / ist*) [Vt] (*hat*) **1** ***etw. z.*** etw. schließen (wobei *mst* ein knallendes od. dumpfes Geräusch entsteht) ⟨ein Buch z.⟩; [Vi] (*ist*) **2** ***etw. klappt zu*** etw. schließt sich (u. dabei entsteht *mst* ein knallendes Geräusch)

zu·kle·ben (*hat*) [Vt] ***etw. z.*** etw. mithilfe von Klebstoff schließen od. verdecken: *e-n Brief, ein Loch z.*

zu·knal·len (*hat / ist*) [Vt] (*hat*) **1** ***etw. z.*** etw. mit e-r heftigen Bewegung so schließen, dass ein lautes Geräusch entsteht: *vor Wut die Tür z.*; [Vi] (*ist*) **2** ***etw. knallt zu*** etw. schließt sich so, dass ein lautes Geräusch entsteht

zu·knei·fen (*hat*) [Vt] *mst* ***den Mund / die Augen z.*** den Mund / die Augen schließen u. fest zusammenpressen

zu·knöp·fen (*hat*) [Vt] ***etw. z.*** etw. mit Knöpfen schließen ⟨den Mantel, die Jacke z.⟩

zu·kom·men (*ist*) [Vi] **1** ***auf j-n / etw. z.*** ↑ **zu-** (2) **2** ***etw. kommt auf j-n zu*** etw. wird für j-n zu e-r Aufgabe, zu e-m Problem ≈ etw. steht j-m bevor: *Nächstes Jahr kommen e-e Menge Ausgaben auf uns zu* **3** ***etw. kommt j-m zu*** *geschr*; j-d bekommt etw.: *Wem soll dann das Haus z.?* **4** ***j-m etw. z. lassen*** j-m etw. bringen, geben od. schenken: *Er lässt den Armen immer wieder Spenden z.* **5** ***etw. auf sich*** (*Akk*) ***z. lassen*** warten, wie sich etw. entwickelt (ohne dass man selbst handelt od. plant)

zu·krie·gen (*hat*) [Vt] ***etw. z.*** *gespr*; etw. schließen können

Zu·kunft *die*; -; *nur Sg*; **1** die Zeit, die noch nicht da ist, die kommende Zeit ↔ Gegenwart, Vergangenheit ⟨die nächste, nahe, ferne Z.; etw. liegt in der Z.⟩: *Pläne für die Z. machen*; *Das Ziel liegt noch in ferner Z.*; *Ich bin neugierig, was die Z. bringen wird* (= was in der Z. geschehen wird) || K-: ***Zukunfts-, -angst, -aussichten, -forschung, -perspektive***; ***zukunfts-, -orientiert*** **2** das, was (mit j-m / etw.) in der Z. (1) geschehen wird: *die Z. voraussagen können*; *Er denkt überhaupt nicht an seine Z.* || K-: ***Zukunfts-, -roman***; ***zukunfts-, -froh*** **3** positive Aussichten für die persönliche Entwicklung in der Z. (1) ⟨keine, eine Z. haben; mit, ohne Z.; e-e große, erfolgreiche, glückliche, rosige (= angenehme), gesicherte, glänzende (= erfolgreiche) Z.⟩: *ein Beruf mit Z.*; *Ihr wurde e-e große Z. als Pianistin prophezeit* **4** die Form e-s Verbs, die ausdrückt, dass etw. in der Z. (1) geschehen wird ≈ Futur **5** ***in Z.*** von jetzt an ≈ künftig || ID ***j-m / etw. gehört die Z.*** j-d / etw. hat gute Aussichten auf Erfolg

zu·künf·tig *Adj*; *nur attr od adv*; **1** in der Zukunft od. zur Zukunft gehörig ↔ vergangen ⟨die Entwicklung, die Gesellschaft, Generation⟩: *Die zukünftigen Ereignisse werden zeigen, wer Recht hat* **2** ***seine zukünftige Frau*** die Frau, die er heiraten wird **3** ***ihr zukünftiger Mann*** der Mann, den sie heiraten wird

Zu·künf·ti·ge *der / die*; *-n, -n*; *gespr*; *hum* ≈ Verlobte(r) || NB: *mein Zukünftiger*; *der Zukünftige*; *den, dem, des Zukünftigen*

Zu·kunfts·mu·sik *die*; *nur Sg*, *mst pej*; etw., das es (in der Wirklichkeit) noch lange nicht geben wird: *Seine Pläne sind reine Z.*

zu·kunfts·träch·tig *Adj*; mit guten Aussichten auf e-e erfolgreiche Zukunft ⟨e-e Entwicklung, e-e Neuerung⟩

zu·kunft(s)·wei·send *Adj*; ⟨Entscheidungen, Ideen⟩ so, dass sie zeigen u. bestimmen, wie Dinge in der Zukunft aussehen werden

Zu·la·ge *die*; Geld, das man zusätzlich zum normalen Lohn od. Gehalt bekommt: *e-e Z. für Nachtarbeit* || -K: ***Gehalts-***; ***Erschwernis-, Gefahren-***; ***Kinder-***

zu·lan·gen (*hat*) [Vi] *gespr*; **1** von etw. (*bes* Essen), das einem angeboten wird, nehmen ≈ zugreifen ⟨kräftig, tüchtig z.⟩ **2** ≈ zupacken (2)

zu·läng·lich *Adj*; *geschr* ≈ ausreichend, genügend ↔ unzulänglich || *hierzu* **Zu·läng·lich·keit** *die*; *nur Sg*

zu·las·sen (*hat*) [Vt] **1** ***etw. z.*** etw. erlauben, gestatten: *Ich werde nie z.*, dass *du allein verreist*; *Unser Einkommen lässt keinen Luxus zu* **2** *mst* ⟨e-e Behörde⟩ ***lässt j-n / etw.*** (***zu / für etw.***) ***zu*** e-e Behörde *o.Ä.* erlaubt j-m / etw., an etw. teilzunehmen ⟨j-n zur Prüfung, zum Studium z.; ein Auto (für den Verkehr) z.⟩ **3** ***etw. z.*** *gespr*; etw. nicht öffnen

zu·läs·sig *Adj*; (*bes* von e-r Behörde) erlaubt ↔ unzulässig: *die zulässige Geschwindigkeit überschreiten*; *Es ist nicht z., aus diesem Stoff Medikamente herzustellen* || *hierzu* **Zu·läs·sig·keit** *die*; *nur Sg*

Zu·las·sung *die*; -, *-en*; **1** die Erlaubnis, an etw. teilzunehmen *o.Ä.* ⟨j-m e-e Z. erteilen, verweigern; e-e Z. beantragen⟩ || K-: ***Zulassungs-, -stelle, -verfahren*** || -K: ***Erst-, Neu-***; ***Prüfungs-*** **2** *gespr* ≈ Fahrzeugschein

Zu·las·sungs·pa·pie·re *die*; *Pl*; Fahrzeugschein u. Fahrzeugbrief

zu·las·ten, zu Las·ten *Präp*; *mit Gen*; ***etw. geht z. + Gen*** **1** etw. ist von Nachteil für j-n / etw.: *Die Reform ging z. des Steuerzahlers, der Altersversorgung* **3** *Ökon*; etw. muss von j-m bezahlt werden || NB: auch adv. mit *von*: *e-e Abbuchung z. von Peter Meier*

Zu·lauf *der*; *nur Sg*; *mst* ***etw. hat viel / großen Z.*** etw. wird von vielen Menschen besucht *o.Ä.*

zu·lau·fen (*ist*) [Vi] **1** ***auf j-n / etw. z.*** ↑ **zu-** (2) **2** ***ein Tier läuft j-m zu*** ein Tier kommt zu e-m fremden Menschen u. bleibt bei ihm: *Uns ist ein Kater zugelaufen* **3** ***j-m laufen*** ⟨Anhänger, Kunden, Patienten⟩ ***zu*** j-d hat sehr viele Anhänger *usw* **4** *gespr* ≈ loslaufen, weiterlaufen: *Lauf zu, sonst fährt der Zug davon!* || NB: *mst* im Imperativ! **5** ***Wasser z. lassen*** zu dem Wasser, das bereits vorhanden ist (*z.B.* in der Badewanne), mehr Wasser hinzukommen lassen **6** ***etw. läuft irgendwie zu*** etw. hat an e-m Ende e-e spitze od. schmale Form: *Der Rock läuft unten eng zu*

zu·le·gen (*hat*) *gespr*; [Vt] **1** ***sich*** (*Dat*) ***etw. z.*** sich etw. anschaffen, kaufen **2** *mst* ***j-d hat sich etw. zugelegt*** *hum*; j-d hat etw. bekommen: *Er hat sich e-n Bart / e-n Schnupfen zugelegt*; [Vi] **3** sein Tempo steigern u. schneller fahren, laufen, arbeiten *o.Ä.* ⟨e-n Zahn (= ein bisschen) z.⟩

zu·lei·de, zu Lei·de *Adv*; *nur in* ***j-m / e-m Tier etwas / nichts z. tun*** etw. / nichts tun, was j-m / e-m Tier schadet od. wehtut

zu·lei·ten (*hat*) [Vt] ***j-m / etw. etw. z.*** bewirken, dass etw. zu e-r Person od. an e-e bestimmte Stelle kommt: *e-m Gerät Strom z.*; *e-r Zeitung Informationen z.* || *hierzu* **Zu·lei·tung** *die*

zu·letzt *Adv*; **1** (als Letztes) nach allen anderen Tätigkeiten ↔ zuerst: *die Teile ausschneiden, glatt machen und z. bemalen* **2** als Letzte(r) od. Letztes: *Für den, der z. kommt, gibt es keinen Sitzplatz mehr* **3** *gespr*; das letzte Mal (vor dem jetzigen Mal): *Wann warst du z. beim Arzt?* **4** während der letzten Zeit, in der Endphase: *Z. hat er sich überhaupt nicht mehr angestrengt* **5** ***bis z.*** *gespr*; bis zum letzten Moment: *Wir hofften bis z., dass sie den Unfall überleben würde* || ID ***nicht z.*** (zu e-m großen Teil) auch: *Dass wir nicht früher fertig wurden, lag nicht z.* daran, dass *wir nicht genug Leute waren*

zu·lie·be *Präp*; *mit Dat*, *nachgestellt*; **1** ***j-m z.*** um j-m e-e Freude zu machen oder ihm zu helfen: *Das habe ich doch dir z. getan!* **2** ***etw.*** (*Dat*) ***z.*** wegen etw.: *Sie hat ihrer Karriere z. auf Kinder verzichtet*

Zu·lie·fer·be·trieb *der*; ein Betrieb, der Waren produziert u. liefert, die ein anderer Betrieb (*bes* als Teile) für größere Geräte od. Maschinen braucht

zum *Präp mit Artikel* ≈ zu dem: *zum Rathaus fahren* || NB: *zum* kann nicht durch *zu dem* ersetzt werden in Wendungen wie: *zum Beispiel*; *etw. zum Vergnügen tun*; *zum Schwimmen gehen*

zu·ma·chen (*hat*) [Vt/i] **1** (***etw.***) ***z.*** etw. schließen ↔ aufmachen (1): *Mach bitte (die Tür) zu, es zieht* **2** (***etw.***) ***z.*** ein Geschäft *o.Ä.* schließen[1] (5) od. aufgeben ≈ dichtmachen: *Er musste (das Geschäft) z., weil er finanzielle Schwierigkeiten hatte*; [Vi] **3** ***etw. macht zu*** etw. ist nicht mehr für die Kunden offen: *Die Bank macht heute um vier Uhr zu* **4** *bes nordd* *gespr*; (etw.) schnell machen: *Mach zu, wir warten alle nur auf dich!*

zu·mal[1] *Partikel*; *betont u. unbetont*, *geschr* ≈ besonders, vor allem: *Der Smog ist hier schlimm, z. in der Stadt*; *Sie geht gern in die Berge, z. im Sommer*

zu·mal[2] *Konjunktion*; *geschr*; vor allem weil / da: *Niemand warf ihm den Fehler vor, z. er sonst so zuverlässig war*

zu·mau·ern (*hat*) [Vt] ***etw. z.*** e-e Öffnung (in e-r Mauer) mit Ziegeln *o.Ä.* schließen ⟨ein Fenster, e-e Tür z.⟩

zu·meist *Adv*; *geschr* ≈ meistens, meist

zu·mes·sen (*hat*) [Vt] ***j-m / etw. etw. z.*** ≈ beimessen

zu·min·dest *Partikel*; *betont u. unbetont*; **1** verwendet, um auszudrücken, dass etw. das Minimum ist, was man erwarten kann ≈ wenigstens (1), mindestens (2): *Du hättest dich z. bedanken müssen, wenn du die Einladung schon nicht annimmst* **2** verwendet als tröstende od. aufmunternde Einschränkung e-r negativen Aussage ≈ wenigstens (2): *Bei dem Sturm wurden viele Häuser beschädigt, aber z. wurde niemand verletzt* **3** verwendet, um e-e Aussage einzuschränken ≈ wenigstens (3): *Der Film ist sehr gut, z. sagt das Christa*; *Sie hat morgen Geburtstag, glaube ich z.*

zu·mu·te, **zu Mu·te** *Adv*; *nur in* ***j-m ist irgendwie z.*** j-d ist in e-r bestimmten Stimmung: *Im Moment ist mir nicht nach Späßen z.*; *Ihr ist zum Weinen z.*

zu·mu·ten; *mutete zu, hat zugemutet*; [Vt] ***j-m / sich etw. z.*** von j-m / sich selbst etw. fordern, was eigentlich zu schwer, zu viel *o.Ä.* ist: *Du kannst doch e-m so kleinen Kind nicht z.*, dass *es allein zu Hause bleibt* / *allein zu Hause* zu *bleiben* || *hierzu* **zu·mut·bar** *Adj*

Zu·mu·tung *die*; -, *-en*; *pej*; etw., das einen sehr stört od. das man kaum ertragen kann ⟨etw. als Z. empfinden⟩: *E-n solchen Lärm zu machen, das ist doch e-e Z.!*; *Dieses Zimmer ist e-e Z.!*

zu·nächst *Adv*; **1** als Erstes ≈ zuerst (1): *Z.* (*einmal*) *will ich mich ausruhen* **2** am Anfang, zu Beginn ≈ anfangs: *Wir hatten z. gezögert, dem Vorschlag zuzustimmen* **3** was die nächste Zeit betrifft ≈ vorerst, einstweilen: *Ich mach mir da z. keine Sorgen*

Zu·nah·me *die*; -, *-n*; das Zunehmen ↔ Abnahme: *Für die nächsten Jahre ist mit e-r weiteren Z. des Verkehrs zu rechnen* || -K: ***Bevölkerungs-***, ***Geburten-***, ***Gewichts-***

Zu·na·me *der* ≈ Familienname, Nachname ↔ Vorname

zün·deln; *zündelte, hat gezündelt*; [Vi] *südd* Ⓐ (*mst* in Bezug auf Kinder verwendet) mit Streichhölzern *o.Ä.* spielen (u. dabei Feuer machen)

zün·den; *zündete, hat gezündet*; [Vi] **1** ***etw. zündet*** etw. kommt durch brennendes Gas (u. kleine, schnelle Explosionen) in Bewegung od. beginnt zu arbeiten ⟨e-e Rakete, ein Motor⟩ **2** ***etw. zündet*** etw. bewirkt, dass Menschen begeistert sind u. (*bes* geistig) aktiv werden ⟨e-e Ansprache, e-e Rede, j-s Worte⟩ || NB: *mst* im Partizip Präsens; [Vt] **3** ***etw. z.*** bewirken, dass ein Sprengstoff explodiert od. dass ein Gas *o.Ä.* zu brennen anfängt ⟨e-e Bombe, e-e Rakete, e-e Sprengladung z.⟩ || ID ***bei j-m hat es gezündet*** *gespr hum*; j-d hat etw. endlich verstanden

Zun·der *der*; *-s*, -; leicht brennbares Material, das man *bes* früher verwendete, um Feuer anzuzünden ⟨etw. ist trocken, etw. brennt wie Z.⟩ || ID ***j-d kriegt Z.***; ***es gibt Z.*** *gespr*; j-d wird scharf kritisiert od. geschlagen; ***j-m Z. geben*** *gespr*; j-n scharf kritisieren od. schlagen

Zün·der[1] *der*; *-s*, -; der Teil e-r Bombe *o.Ä.*, der die Explosion auslöst

Zün·der[2] *die*; *Pl*, Ⓐ ≈ Zündhölzer

Zünd·fun·ke(n) *der*; ein Funke, der *z.B.* im Motor e-s Autos die Mischung aus Luft u. Benzin zündet (3)

Zünd·holz *das*; *-es*, *Zünd·höl·zer*; *bes südd* Ⓐ ≈ Streichholz || K-: ***Zündholz-***, ***-schachtel***

Zünd·ker·ze *die*; ein kleines Teil *z.B.* im Motor e-s Autos, das den Funken produziert, durch den die Mischung aus Luft u. Benzin explodiert: *die Zündkerzen auswechseln* (*lassen*)

Zünd·schloss *das*; ein Schalter (*z.B.* im Auto), in den man den Schlüssel steckt (u. umdreht), um den Motor zu starten

Zünd·schlüs·sel *der*; ein Schlüssel, mit dem man (im Zündschloss) ein Auto startet

Zünd·schnur *die*; ein Faden, den man an dem einen Ende anzündet u. der dann weiterbrennt, bis er am anderen Ende Dynamit *o.Ä.* zum Explodieren bringt

Zünd·stoff *der*; *nur Sg*; etw., das in der Öffentlichkeit zu heftigen Diskussionen od. Konflikten führt

Zün·dung *die*; -, *-en*; **1** der Vorgang, durch den etw. gezündet (3) wird: *die Z. e-r Rakete* || -K: ***Fehl-*** **2** e-e Anlage, die *z.B.* den Motor e-s Autos (durch den elektrischen Strom der Batterie) startet

zu·neh·men (*hat*) [Vi] **1** ***etw. nimmt zu*** etw. wird größer (stärker, intensiver *usw.*) ↔ etw. nimmt ab (11,12): *Die Zahl der Studenten nimmt ständig zu*; *Die Nachfrage nahm so stark zu, dass wir mit der Produktion kaum folgen konnten* **2** ***j-d nimmt an etw.*** (*Dat*) ***zu*** j-d gewinnt mehr von der genannten Sache: *j-d nimmt an Erfahrung, Einfluss, Macht zu* **3** (dicker u.) schwerer werden ↔ abnehmen (9): *Ich habe in letzter Zeit wieder zugenommen* **4** ***der Mond nimmt zu*** der Mond ist in der Phase, in der man täglich mehr davon sieht ↔ der Mond nimmt ab: *bei zunehmendem Mond* **5** ***mit zunehmendem Alter*** wenn man älter wird **6** ***in zunehmendem Maße*** immer mehr || ► ***Zunahme***

zu·neh·mend **1** *Partizip Präsens*; ↑ ***zunehmen*** **2** *Adv* ≈ immer mehr: *Ihr gesundheitlicher Zustand bessert sich z.*

zu·nei·gen (*hat*) *geschr*; [Vi] **1** ***etw.*** (*Dat*) ***z.*** zu etw. neigen (2), tendieren: *fortschrittlichen Ansichten z.*; [Vr] **2** ***sich j-m / etw. z.*** sich in Richtung auf j-n / etw. beugen **3** ***etw. neigt sich dem Ende zu*** etw. wird bald zu Ende sein ⟨das Jahr, der Tag, der Urlaub⟩

Zu·nei·gung *die*; -; *nur Sg*; ***Z.*** (***zu j-m / für j-n***) die Sympathie, die j-d für j-n empfindet ⟨Z. empfinden; j-m seine Z. schenken, zeigen, beweisen⟩

Zunft *die*; -, *Zünf·te*; **1** *hist*; e-e Organisation von Handwerkern (*bes* im Mittelalter), die die Qualität u. die Preise der Produkte kontrollierte u. die Ausbildung junger Menschen regelte || K-: ***Zunft-***, ***-meister***, ***-ordnung*** || -K: ***Bäcker-***, ***Schneider-***; ***Handwerks-*** **2** *gespr hum*; e-e Gruppe von Leuten mit demselben Beruf ⟨die schreibende Z. (= Journalisten)⟩

zünf·tig *Adj*; *gespr*; so, wie es sein soll, gut u. richtig: *ein zünftiges Fest*

Zun·ge *die*; -, *-n*; **1** das bewegliche Organ im Mund, mit dem man schmeckt, die Nahrung hin u. her schiebt *usw* ⟨sich (*Dat*) auf / in die Z. beißen; e-e belegte Z. haben⟩ || K-: ***Zungen-***, ***-spitze***, ***-wurzel*** **2** die Z. (1) bestimmter Tiere, die man isst || -K: ***Kalbs-***, ***Rinder-***, ***Schweine-***; ***Pökel-*** **3** *lit* ≈ Sprache **4** ***etw. zergeht*** (***einem***) ***auf der Z.*** etw. Essbares ist sehr weich, zart, mild *o.Ä.* **5** ***mit der Z. anstoßen*** *gespr* ≈ lispeln **6** ***j-m die Z. herausstrecken / zeigen*** die Z. (1) aus dem Mund strecken, um j-m zu zeigen, dass man ihn verachtet, über ihn triumphiert *o.Ä.* || ID ***böse Zungen*** boshafte Menschen ⟨böse Zungen behaupten, dass …⟩; ***e-e spitze,***

boshafte Z. haben oft böse Dinge sagen; ***e-e schwere Z. haben*** sehr viel Alkohol getrunken haben u. deshalb langsam u. mit Mühe sprechen; *mst* ***Da bricht man sich*** (*Dat*) ***die Z.!*** *gespr*; das Wort kann man kaum aussprechen; ***sich*** (*Dat*) ***etw. auf der Z. zergehen lassen*** etw. voller Genuss aussprechen od. sagen; ***etw. löst j-m die Z.*** etw. (*z.B.* Alkohol, Geld) bewirkt, dass j-d (lockerer od. unvorsichtiger) redet; ***seine Z. hüten / zügeln / im Zaum halten*** etw. (Böses) nicht sagen, obwohl man es gern täte; ***sich*** (*Dat*) ***auf die Z. beißen*** sich nur mit Mühe beherrschen u. etw. nicht sagen; *mst* ***Es liegt mir auf der Z.! / Ich habs auf der Z.!*** ich bin sicher, dass ich es weiß, aber es fällt mir im Moment nicht ein; ***etw. brennt j-m auf der Z.*** j-d hat den starken Wunsch, etw. Bestimmtes zu sagen; ***sich*** (*Dat*) ***die Z. verbrennen*** etw. sagen, das einem dann schadet; *mst* ***Ich würde mir lieber die Z. abbeißen*** (***als … zu sagen***) ich werde unter keinen Umständen etw. sagen, verraten *o.Ä.*; ***j-m hängt die Z. aus dem Hals*** *gespr*; j-d ist (*bes* vom Laufen) erschöpft (u. durstig); ***mit hängender Z.*** *gespr*; ganz außer Atem || *zu* **1 zun·gen·för·mig** *Adj*

zün·geln; *züngelte, hat gezüngelt*; [Vi] **1 *ein Tier züngelt*** e-e Schlange *o.Ä.* bewegt die Zunge schnell vor u. zurück **2 *Flammen züngeln*** (***irgendwohin***) Flammen bewegen sich

Zun·gen·bre·cher *der*; *-s, -*; *gespr hum*; etw., das wegen vieler ähnlicher Laute schwierig auszusprechen ist || *hierzu* **zun·gen·bre·che·risch** *Adj*

Zun·gen·kuss *der*; ein Kuss, bei dem sich die Zungen derjenigen berühren, die sich küssen

Zun·gen·schlag *der*; *mst in* ***ein falscher Z.*** etw., was j-d falsch sagt, ohne es zu wollen

Züng·lein *das*; *-s, -*; *mst in* ***j-d / etw. ist das Z. an der Waage*** bei e-r schwierigen Entscheidung wird e-e bestimmte Person od. Sache sehr wichtig u. bestimmt daher die Entscheidung

zu·nich·te *Adv*; *nur in* **1 *etw. z. machen*** *geschr* ≈ zerstören, vernichten ⟨j-s Hoffnungen, Pläne, Absichten, Vorstellungen z. machen⟩ **2 *etw. ist / wird z.*** *geschr*; etw. ist / wird zerstört ⟨j-s Hoffnungen, j-s Pläne⟩

zu·nut·ze, zu Nut·ze *Adv*; *nur in* ***sich*** (*Dat*) ***etw. z. machen*** e-n Vorteil aus etw. ziehen: *sich die Errungenschaften der Technik z. machen*

zu·oberst *Adv*; (in e-m Haufen od. Stapel) ganz oben ↔ zuunterst

zu·ord·nen (*hat*) [Vt] ***j-n / etw. etw.*** (*Dat*) ***z.*** j-n / etw. als Teil e-r Kategorie, Gruppe *o.Ä.* ansehen u. in sie einordnen: *Katzen werden den Raubtieren zugeordnet* || *hierzu* **Zu·ord·nung** *die*

zu·pa·cken (*hat*) [Vi] **1** (schnell u.) fest nach etw. greifen: *mit beiden Händen kräftig z.* **2** e-e (körperliche) Arbeit mit viel Energie machen: *Wenn wir alle fest zupacken, dann ist das Zimmer bald tapeziert*

zu·par·ken (*hat*) [Vt] ***etw. z.*** sein Auto so abstellen (parken), dass es andere stört, am Fahren hindert *o.Ä.*: *e-e Einfahrt z.*

zu·pass *Adv*; *nur in* ***etw. kommt j-m z.*** *geschr*; etw. geschieht im richtigen Augenblick

zup·fen; *zupfte, hat gezupft*; [Vt] **1** (***sich*** (*Dat*)) ***etw.*** (***aus etw.***) ***z.*** mehrmals leicht an etw. ziehen, um es von irgendwo zu entfernen ⟨Unkraut z.⟩: *e-n Faden aus der Jacke z.*; *sich mit der Pinzette die Augenbrauen z.*; [Vt/i] **2** (***etw.***) ***z.*** ein (Musik)Instrument spielen, indem man mit den Fingern kurz an den Saiten zieht ⟨die Gitarre, die Geige, die Zither, die Harfe z.⟩: *die Saiten der Mandoline z.* || K-: ***Zupf-, -instrument*** **3** (***j-n / sich***) ***an etw.*** (*Dat*) ***z.*** *bes* mit den Fingern (mehrmals) leicht an etw. ziehen ⟨sich (nachdenklich / nervös) am Bart z.⟩

zu·pros·ten; *prostete zu, hat zugeprostet*; [Vi] ***j-m z.*** sein Glas heben u. zu j-m „Prost" sagen

zur [tsuːɐ, tsʊr] *Präp mit Artikel* ≈ zu der: *zur Tür hinausgehen* || NB: *zur* kann nicht durch *zu der* ersetzt werden in Wendungen wie: *sich zur Ruhe begeben*; *etw. zur Genüge kennen*

zu·ran·de, zu Ran·de *Adv*; *nur in* **1 *mit j-m / etw. z. kommen*** wissen, wie man e-n schwierigen Menschen behandelt od. wie man e-e schwierige Aufgabe bewältigt **2 *etw. z. bringen*** etw. trotz großer Schwierigkeiten machen können

zu·ra·te, zu Ra·te *Adv*; *nur in* **1 *j-n z. ziehen*** mit j-m sprechen, um dessen Meinung zu hören ≈ j-n konsultieren ⟨e-n Arzt, e-n Fachmann z. ziehen⟩ **2 *etw. z. ziehen*** etw. verwenden, um e-e Information zu bekommen ⟨ein Buch, ein Lexikon z. ziehen⟩ **3 *mit sich z. gehen*** über etw. nachdenken, um e-e Entscheidung treffen zu können

zu·ra·ten (*hat*) [Vi] ***j-m*** (***zu etw.***) ***z.*** j-m raten[1], etw. zu tun ↔ j-m (von etw.) abraten: *Der Job ist gut, ich kann dir nur z., ihn zu nehmen*

zu·rech·nen (*hat*) [Vt] ***j-n / etw. etw.*** (*Dat*) ***z.*** j-n / etw. etw. zuordnen: *e-n Maler den Impressionisten z.* || *hierzu* **Zu·rech·nung** *die*; *nur Sg*

zu·rech·nungs·fä·hig *Adj*; *nicht adv*; in der Lage, normal u. klar zu denken u. deshalb (vor dem Gesetz) für seine Handlungen verantwortlich ↔ unzurechnungsfähig || *hierzu* **Zu·rech·nungs·fä·hig·keit** *die*; *nur Sg*

zu·recht- *im Verb, betont u. trennbar, begrenzt produktiv*; Die Verben mit *zurecht-* werden nach folgendem Muster gebildet: *zurechtschneiden - schnitt zurecht - hat zurechtgeschnitten*

1 *zurecht-* drückt aus, dass man etw. die Form gibt, die es haben soll ≈ zu- (7);

etw. zurechtschneiden: *Sie schnitt die Blätter zurecht* ≈ Sie schnitt an den Blättern, bis sie die Form hatten, die sie wollte

ebenso: ***etw. zurechtbiegen, etw. zurechtfeilen, etw. zurechthobeln, etw. zurechtklopfen, etw. zurechtstutzen***

2 *zurecht-* drückt aus, dass etw. an den Platz kommt, der dafür gedacht od. vorgesehen ist od. an dem man es brauchen wird;

etw. zurechtrücken: *Er rückte seine Krawatte zurecht* ≈ Er schob seine Krawatte an die Stelle, an der sie sein sollte

ebenso: ***etw. zurechthängen,*** (***sich***) ***etw. zurechtlegen, etw. zurechtschieben, sich / etw. zurechtsetzen, etw. zurechtstellen***

zu·recht·bie·gen (*hat*) [Vt] **1 *etw. z.*** ↑ ***zurecht-*** (1) **2** (***sich*** (*Dat*)) ***etw. z.*** *gespr*; etw. so formulieren od. interpretieren, dass es für die eigenen Zwecke passt: *die Wahrheit z.*

zu·recht·fin·den, sich (*hat*) [Vr] ***sich*** (***irgendwo***) ***z.*** in e-r fremden Umgebung od. bei e-r neuen Tätigkeit *o.Ä.* die Bedingungen richtig einschätzen, bewältigen *o.Ä.*: *sich in e-r fremden Stadt z.*; *Es dauerte lange, bis ich mich in der neuen Situation zurechtfand*

zu·recht·kom·men (*ist*) [Vi] **1** (***mit j-m / etw.***) ***z.*** ohne große Schwierigkeiten mit j-m / etw. fertig werden: *Kommst du mit dem Apparat zurecht?* **2** (***zu etw.***) ***z.*** pünktlich kommen: *Wenn wir zur Eröffnung z. wollen, müssen wir uns beeilen*

zu·recht·le·gen (*hat*) [Vt] **1** (***sich***) ***etw. z.*** ↑ ***zurecht-*** (2) **2 *sich*** (*Dat*) ***e-e Ausrede / e-e Entschuldigung*** *o.Ä.* ***z.*** sich (im Voraus) ausdenken, warum man etw. nicht tun will od. etw. nicht getan hat

zu·recht·ma·chen (*hat*) [Vt] **1 *etw. z.*** *gespr*; etw. so (ver)ändern, dass es für e-n bestimmten Zweck bereit ist ≈ herrichten (1): *das Zimmer für die Gäste z.* **2 *j-n / sich z.*** j-n / sich (mit Schmuck, Kleidern, Make-up *usw*) schön machen

zu·rẹcht·rü·cken (*hat*) [Vt] **1** ***etw. z.*** ↑ ***zurecht-*** (2) **2** ***etw. z.*** etw., das falsch verlaufen ist od. falsch verstanden worden ist, wieder in Ordnung bringen: *e-e Angelegenheit mit diplomatischem Geschick z.*
zu·rẹcht·schnei·den (*hat*) [Vt] ***etw. z.*** etw. so schneiden, dass es die Form hat, die man wünscht
zu·rẹcht·stut·zen (*hat*) [Vt] **1** ***etw. z.*** ↑ ***zurecht-*** (1) **2** ***j-n z.*** ≈ tadeln
zu·rẹcht·wei·sen (*hat*) [Vt] ***j-n z.*** j-m mit strengen Worten sagen, dass er etw. falsch gemacht hat ≈ tadeln, rügen ⟨j-n scharf, barsch, streng z.⟩ || *hierzu* **Zu·rẹcht·wei·sung** *die*
zu·rẹcht·zim·mern (*hat*) [Vt] ***etw. z.*** *gespr, mst pej*; etw. aus (Holz)Brettern machen, *mst* ohne dass man es gut kann: *ein Regal z.*
zu̲·re·den (*hat*) [Vi] ***j-m z.*** mit j-m lange od. oft (u. ernst) reden, damit er etw. tut ⟨j-m gut z.⟩: *Ich habe ihr lange z. müssen, bis sie endlich zum Arzt ging*
zu̲·rei·chend *Adj*; *geschr* ≈ genügend, hinreichend ↔ unzureichend
zu̲·rei·ten [Vt] (*hat*) **1** *mst* ***ein Pferd z.*** ein Pferd so reiten, dass es sich daran gewöhnt u. gehorcht; [Vi] (*ist*) **2** ***auf j-n / etw. z.*** ↑ ***zu-*** (2)

> **Zürich**
>
> Zürich ist die Hauptstadt des gleichnamigen Kantons und mit etwa einer halben Million Einwohner die bevölkerungsreichste Stadt der Schweiz. Zählt man die Bevölkerung der umliegenden Satellitenstädte hinzu, kommt man auf etwa 900.000 Einwohner für den Großraum Zürich.
> Die Stadt liegt im Norden der Schweiz inmitten von Bergen am Ufer des Zürichsees und ist der größte Industriestandort der Schweiz sowie ein wichtiges Handels- und Finanzzentrum. Die Schweizer Börse und große Banken und Versicherungen haben hier ihren Sitz.

zu̲·rich·ten (*hat*) [Vt] **1** ***etw. z.*** etw. in e-e bestimmte Form bringen od. für den Gebrauch, die Benützung vorbereiten ⟨Leder, Bleche z.; das Essen z.⟩ **2** ***j-n / etw. irgendwie z.*** j-n verletzen od. etw. beschädigen ⟨j-n / etw. arg, schlimm, übel z.⟩
zụ̈r·nen; *zürnte, hat gezürnt*; [Vi] ***(j-m) z.*** *geschr*; zornig u. voll Ärger (über j-n) sein
zu̲·rol·len [Vt] (*hat*) **1** ***j-m etw. z.***; ***etw. auf j-n / etw. z.*** etw. in die Richtung rollen, in der j-d / etw. ist; [Vi] (*ist*) **2** ***etw. rollt auf j-n / etw. zu*** etw. rollt in die Richtung, in der j-d / etw. ist
zu·rụ̈ck *Adv*; (wieder) dorthin (zu dem Ausgangspunkt), woher man / es gekommen ist ↔ hin: *Zum Bahnhof sind wir mit der Straßenbahn gefahren, den Weg z. haben wir zu Fuß gemacht*; *Zwei Fahrkarten nach Essen u. z.!*

> **zu·rụ̈ck sein** (*ist*) [Vi] ***(von etw.) z. s.*** ≈ zurückgekehrt (1) sein ⟨von e-r Reise, Fahrt, e-m Spaziergang, der Arbeit z. s.⟩

zu·rụ̈ck- *im Verb, betont u. trennbar, sehr produktiv*; Die Verben mit *zurück-* werden nach folgendem Muster gebildet: *zurückgehen - ging zurück - ist zurückgegangen*
1 *zurück-* drückt aus, dass e-e Person od. Sache wieder an den Ort (od. in die Stellung) kommt, wo sie vorher war;
zurückkommen: *Sie kommt morgen vom Urlaub zurück* ≈ Sie kommt wieder hierher, wo sie vor dem Urlaub war
ebenso: ***j-n / etw. zurückbefördern, sich zurückbegeben, j-n / etw. zurückbringen, (j-n / etw.) zurückfahren, (j-n / etw.) zurückfliegen, j-n / etw. zurückholen, zurücklaufen, j-n / etw. zurückschicken, etw. irgendwohin zurückstecken***
2 *zurück-* bezeichnet e-e Bewegung von vorne nach hinten;
zurückgehen: *Als er den tiefen Abgrund vor sich sah, ging er aus Vorsicht e-n Schritt zurück* ≈ Er ging e-n Schritt vom Abgrund weg nach hinten
ebenso: ***sich / etw. zurückbiegen, j-n / etw. zurückdrängen, zurückfallen, etw. zurückklappen, sich / etw. zurücklehnen, (etw.) zurückrollen, zurückschieben***
3 *zurück-* drückt aus, dass etw. wieder zu der Person kommt od. kommen soll, der es gehört od. zu der es gehört (hat);
etw. zurückhaben wollen: *Er möchte die Bücher, die er uns geliehen hat, bald wieder z.* ≈ Er möchte seine Bücher bald wiederhaben
ebenso: ***etw. zurückbekommen, etw. zurückerobern, etw. zurückfordern, (j-m) etw. zurückgeben, etw. zurückkaufen, etw. zurückverlangen, (j-m) etw. zurückzahlen***
4 *zurück-* drückt aus, dass j-d auf e-e bestimmte Handlung genauso (mit derselben Handlung) reagiert;
zurückgrüßen: *Ich habe freundlich gegrüßt, aber niemand hat zurückgegrüßt* ≈ Niemand hat mit e-m Gruß reagiert
ebenso: ***zurücklächeln, zurücklachen, zurückrufen, zurückschlagen, zurückwinken***
5 *zurück-* drückt aus, dass man sich mit der Vergangenheit beschäftigt ↔ voraus-;
j-n / sich in etw. zurückversetzen: *Versetzen wir uns in die Zeit der Romantik zurück* ≈ Versuchen wir, uns die Zeit der Romantik vorzustellen
ebenso: ***(auf etw.) zurückblicken, (an j-n / etw.) zurückdenken, (auf etw.) zurückschauen***
Zu·rụ̈ck *das*; *mst in* **es gibt kein Z.** etw. hat sich so entwickelt, dass ein Aufhören od. Umkehren nicht (mehr) möglich ist
zu·rụ̈ck·be·hal·ten; *behält zurück, behielt zurück, hat zurückbehalten*; [Vt] **1** ***(sich*** (*Dat*)***) etw. z.*** etw. *mst* für e-e bestimmte Zeit anderen nicht geben: *etw. als Pfand z.* **2** ***etw. von etw. z.*** von etw. für immer e-n Schaden haben: *von e-r Operation e-e Narbe z.*
zu·rụ̈ck·be·kom·men; *bekam zurück, hat zurückbekommen*; [Vt] **1** ***etw. z.*** ↑ ***zurück-*** (3) **2** ***etw. z.*** etw. beim Geldwechsel von j-m erhalten: *Ich habe Ihnen e-n Hunderter gegeben, also bekomme ich noch 45 Euro zurück* **3** ***etw. z.*** *gespr*; etw. wieder in die Stellung bringen können, in der es vorher war: *den Hebel z.*
zu·rụ̈ck·be·or·dern; *beorderte zurück, hat zurückbeordert*; [Vt] ***j-n z.*** *geschr*; j-m den Befehl geben, wieder dorthin zu gehen, wo er vorher war: *die Botschafter aus dem Krisengebiet z.*
zu·rụ̈ck·be·ru·fen; *berief zurück, hat zurückberufen*; [Vt] ***j-n z.*** *geschr*; j-m befehlen, irgendwohin zurückzukommen ⟨Diplomaten z.⟩
zu·rụ̈ck·beu·gen (*hat*) [Vt] ***sich / etw. z.*** sich / etw. nach hinten beugen ↔ sich / etw. vorbeugen
zu·rụ̈ck·be·we·gen; *bewegte zurück, hat zurückbewegt*; [Vt] ***sich / etw. z.*** sich / etw. nach hinten (rückwärts) bewegen od. wieder dorthin bewegen, wo man / es vorher war
zu·rụ̈ck·bil·den, sich (*hat*) [Vr] ***etw. bildet sich zu-***

rück etw. wird (wieder) kleiner ⟨e-e Geschwulst, ein Muskel, e-e Narbe⟩ || ► ***Rückbildung***

zu·rück·bin·den (*hat*) [Vt] ***etw. z.*** etw. so binden, dass es hinten bleibt ⟨sich die Haare z.⟩

zu·rück·blei·ben (*ist*) [Vi] **1** an e-m Ort bleiben, während ein anderer irgendwohin fährt od. geht ↔ mitkommen: *Er durfte ausreisen, aber seine Frau u. die Kinder mussten zu Hause z.* **2** (***hinter j-m***) ***z.*** Abstand zu j-m bekommen, weil man langsamer als er ist, geht od. fährt: *Wir waren so langsam, dass wir ständig hinter dem Rest der Gruppe zurückblieben* **3** ***etw. bleibt*** (***von etw.***) ***zurück*** etw. bleibt für immer (*bes* als Schaden od. Narbe): *Von dem Unfall sind schreckliche Narben zurückgeblieben* **4** (***in etw.*** (*Dat*)) (***hinter j-m / etw.***) ***z.*** in der Entwicklung weniger weit als normal od. erwartet sein ⟨hinter den Erwartungen z.; geistig zurückgeblieben⟩

zu·rück·blen·den (*hat*) [Vi] in e-m Film eine od. mehrere Szenen zeigen, die in der Vergangenheit spielen || ► ***Rückblende***

zu·rück·bli·cken (*hat*) [Vi] **1** (***zu j-m / etw.***) ***z.***; (***auf etw.*** (*Akk*)) ***z.*** (sich umdrehen u.) j-n / etw. (an)sehen, von dem man sich gerade entfernt ≈ sich (nach j-m / etw.) umsehen: *Er blickte noch einmal auf die Stadt zurück* **2** ***auf etw.*** (*Akk*) ***z.*** *mst* unter e-m bestimmten Aspekt an e-n Zeitraum aus der Vergangenheit denken: *Wenn ich auf die letzten zwei Jahre zurückblicke, dann kann ich große Fortschritte feststellen* **3** ***auf etw.*** (*Akk*) ***z. können*** etw. erlebt od. hinter sich gebracht haben: *auf ein erfülltes Leben z. können* || ► ***Rückblick***

zu·rück·brin·gen (*hat*) [Vt] ***j-n*** / (***j-m***) ***etw. z.*** j-n / etw. wieder zu dem Menschen od. an den Ort bringen, wo er / es vorher war: *das geliehene Fahrrad z.*

zu·rück·da·tie·ren; *datierte zurück, hat zurückdatiert*; [Vt] **1** ***etw. z.*** auf etw. ein älteres Datum schreiben, als richtig ist ↔ vordatieren: *ein Zeugnis z.* **2** ***etw. z.*** feststellen, dass etw. früher entstanden ist, als man bisher gemeint hat: *Die alten Münzen wurden ins 1. Jahrhundert vor Christi zurückdatiert*; [Vi] **3** ***etw. datiert auf etw.*** (*Akk*) ***zurück*** etw. ist zu der genannten Zeit der Vergangenheit entstanden

zu·rück·den·ken (*hat*) [Vi] ***an j-n / etw. z.*** daran denken, wie j-d / etw. früher war ≈ sich an j-n / etw. erinnern: *Ich denke gern an meine Schulzeit zurück*

zu·rück·drän·gen (*hat*) [Vt] **1** ***j-n*** (*mst Kollekt od Pl*) ***z.*** *mst* mehrere Personen nach hinten drängen od. dorthin, wo sie vorher waren: *Die Polizei musste die Menge z.* **2** ***etw. z.*** verhindern, dass etw. e-e große Wirkung hat ≈ unterdrücken ⟨Gefühle z.⟩

zu·rück·dre·hen (*hat*) [Vt] ***etw. z.*** etw. (durch Drehen) so bewegen, dass es nach hinten od. dorthin kommt, wo es vorher war: *den Minutenzeiger der Uhr z.*

zu·rück·dür·fen (*hat*) [Vi] *gespr*; zurückkommen, zurückgehen *o.Ä.* dürfen ⟨in die Heimat z.⟩

zu·rück·ei·len (*ist*) [Vi] schnell dorthin gehen *o.Ä.*, wo man vorher war

zu·rück·er·hal·ten; *erhält zurück, erhielt zurück, hat zurückerhalten*; [Vt] ***etw. z.*** *geschr* ≈ zurückbekommen (1,2)

zu·rück·er·in·nern, sich; *erinnerte sich zurück, hat sich zurückerinnert*; [Vr] ***sich*** (***an j-n / etw.***) ***z.*** daran denken, wie j-d / etw. früher war

zu·rück·er·o·bern; *eroberte zurück, hat zurückerobert*; [Vt] ***etw. z.*** etw. wieder in seinen Besitz bringen, das man (*bes* durch Krieg od. durch geschäftlichen Wettbewerb) verloren hatte || *hierzu* **Zu·rück·er·o·be·rung** *die*

zu·rück·er·stat·ten; *erstattete zurück, hat zurückerstattet*; [Vt] (***j-m***) ***etw. z.*** ≈ zurückzahlen: *j-m die Kosten für e-e Dienstreise z.* || *hierzu* **Zu·rück·er·stat·tung** *die*; *nur Sg*

zu·rück·er·war·ten; *erwartete zurück, hat zurückerwartet*; [Vt] ***j-n irgendwann z.*** davon ausgehen, dass j-d zur angegebenen Zeit wieder zurückkommt ⟨j-n bald z.⟩

zu·rück·fah·ren [Vi] (*ist*) **1** nach hinten (rückwärts) fahren od. wieder dorthin fahren, wo man vorher war: *Sie ist (den ganzen Weg) allein zurückgefahren; ein Stück z., um leichter aus der Parklücke herauszukommen; mit dem Zug nach Hause z.* **2** *bes* seinen Kopf u. Oberkörper schnell u. plötzlich nach hinten bewegen, *mst* weil man e-n Schrecken bekommen hat; [Vt] (*hat*) **3** ***j-n / etw. z.*** j-n / etw. nach hinten (rückwärts) fahren od. dorthin fahren, wo er / es vorher war **4** ***etw. z.*** die Leistung e-r technischen Anlage niedriger schalten: *das Atomkraftwerk bei e-m Defekt z.* || ► ***Rückfahrt***

zu·rück·fal·len (*ist*) [Vi] **1** nach hinten (rückwärts) od. dorthin fallen, wo man vorher war ⟨sich im Sessel z. lassen⟩ **2** *bes* in e-m sportlichen Wettkampf allmählich hinter den Besten (zurück)bleiben: *auf den vierten Platz z.* **3** ***in etw.*** (*Akk*) ***z.*** sich wieder auf dieselbe *mst* schlechte Art wie vorher verhalten ⟨in seine alten Fehler, Gewohnheiten z.⟩ **4** ***etw. fällt an j-n zurück*** etw. kommt wieder in j-s Besitz, *bes* nach dem Tod des früheren Besitzers **5** ***etw. fällt auf j-n zurück*** etw. hat e-e unangenehme Wirkung für den, der die Verantwortung (dafür) hat: *Wenn meine Kollegen schlampig arbeiten, fällt das auf mich zurück*

zu·rück·fin·den (*hat*) [Vt/i] **1** (***den Weg***) ***z.*** den Ort finden, an dem man vorher war: *Sie brauchen mich nicht zu begleiten, ich finde allein (den Weg) in die Stadt zurück*; [Vi] **2** ***zu j-m z.*** (*mst* voller Reue) wieder zu j-m kommen, den man verlassen hat: *Sie hat zu ihrem Mann zurückgefunden*

zu·rück·flie·gen [Vt] (*hat*) **1** ***j-n / etw. z.*** j-n / etw. mit e-m Flugzeug dorthin bringen, wo er / es vorher war; [Vi] (*ist*) **2** dorthin fliegen, wo man vorher war || ► ***Rückflug***

zu·rück·flie·ßen (*ist*) [Vi] ***etw. fließt zurück*** etw. fließt od. kommt wieder dorthin, wo es vorher war: *Nicht gebrauchtes Wasser fließt in den Speicher zurück; Ein Teil des investierten Geldes fließt an die Firma zurück*

zu·rück·for·dern (*hat*) [Vt] ***etw.*** (***von j-m***) ***z.*** verlangen, dass man etw. von j-m (wieder)bekommt: *das geliehene Geld z.*

zu·rück·fra·gen (*hat*) [Vi] auf e-e Frage mit e-r anderen Frage antworten

zu·rück·füh·ren (*hat*) [Vt] **1** ***j-n irgendwohin z.*** j-n dorthin bringen, wo er vorher war: *Er führte seine Partnerin nach dem Tanz wieder an ihren Tisch zurück* **2** ***etw. auf etw.*** (*Akk*) ***z.*** die Ursache, den Grund od. den Ausgangspunkt von etw. in etw. sehen ≈ etw. mit etw. erklären: *Die Krankheit ist* darauf *zurückzuführen*, dass *er sich zu wenig bewegt*; [Vi] **3** ***etw. führt irgendwohin zurück*** etw. verläuft in die Richtung, aus der man gekommen ist: *Führt dieser Weg ins Dorf zurück?*

zu·rück·ge·ben (*hat*) [Vt] **1** (***j-m***) ***etw. z.*** j-m etw. (wieder)geben, das man von ihm genommen, geliehen, gekauft *o.Ä.* hat ↔ behalten **2** ***j-d / etw. gibt j-m etw. zurück*** j-d / etw. bewirkt, dass j-d aus e-r Verzweiflung *o.Ä.* herausfindet ⟨j-m das Selbstvertrauen, seine Sicherheit z.⟩ **3** ***etw. z.*** *geschr* ≈ antworten: *„Nein!", gab sie zurück*

zu·rück·ge·hen (*ist*) [Vi] **1** nach hinten gehen od. dorthin gehen, wo man vorher war ↔ vorgehen **2** (***irgendwohin***) ***z.*** ≈ zurückkehren (1): *Sie wird nach dem Studium in ihre Heimatstadt z.* **3** ***etw. z. lassen*** etw. nicht annehmen, weil es nicht so ist, wie man es bestellt hatte: *das Essen in e-m Restaurant z. lassen* **4 *etw. geht zurück*** etw. wird im Grad, Ausmaß (in der Höhe, Stärke *o.Ä.*) kleiner ≈ etw. sinkt, fällt ↔ etw. steigt an: *Die Temperaturen werden in der Nacht auf Werte zwischen 5 u. 2 Grad z.* **5 *etw. geht auf j-n / etw. zurück*** etw. ist aus etw. entstanden od. von j-m gegründet worden: *Die Stadt geht auf e-e römische Siedlung zurück*

zu·rụ̈ck·ge·win·nen (*hat*) Vt ***etw. z.*** etw., das man verloren hatte, erneut gewinnen, bekommen ⟨seine Freiheit, sein Selbstvertrauen, j-s Vertrauen z.⟩

zu·rụ̈ck·ge·zo·gen **1** *Partizip Perfekt*; ↑ ***zurückziehen*** **2** *Adj*; *nur attr od adv*; mit wenig Kontakt zu anderen Menschen ↔ gesellig ⟨z. leben; ein zurückgezogenes Leben führen⟩ || *zu* **2 Zu·rụ̈ck·ge·zo·gen·heit** *die*; *nur Sg*

zu·rụ̈ck·grei·fen (*hat*) Vi ***auf j-n / etw. z.*** j-s Hilfe suchen od. etw. verwenden, weil die Situation es erfordert: *auf seine Ersparnisse z. müssen*

zu·rụ̈ck·ha·ben (*hat*) Vt *mst* ***etw. z. wollen / können*** *gespr*; etw. wiederbekommen wollen / können: *das geliehene Geld wieder z. wollen*

zu·rụ̈ck·hal·ten (*hat*) Vt **1 *j-n z.*** j-n nicht weggehen, wegfahren *o.Ä.* lassen ≈ aufhalten: *j-n an der Grenze z., um seine Papiere zu kontrollieren* **2 *etw. z.*** etw. (absichtlich) nicht anderen geben od. verkaufen ⟨Informationen z.⟩: *Sie wollen die Waren so lange z., bis der Preis auf das Doppelte gestiegen ist* **3 *etw. z.*** *bes* Gefühle nicht zeigen ≈ unterdrücken ⟨seinen Zorn, seine Wut z.⟩ **4 *j-n* (*von etw.*) *z.*** j-n an e-r bestimmten Handlung hindern, j-n von etw. abhalten: *j-n von e-r Dummheit z.*; Vr **5 *sich* (*mit etw.*) *z.*** etw. Bestimmtes bewusst nicht od. nur in geringem Ausmaß tun ≈ sich beherrschen: *sich mit dem Essen z.* **6 *sich z.*** sich passiv verhalten ↔ sich beteiligen, aktiv werden: *sich bei / in e-r Diskussion, e-m Gespräch z.*

zu·rụ̈ck·hal·tend **1** *Partizip Präsens*; ↑ ***zurückhalten*** **2** *Adj*; so, dass der Betroffene nicht gern selbst im Mittelpunkt des Interesses steht ≈ bescheiden ⟨ein Mensch, ein Verhalten, ein Wesen⟩ **3** *Adj*; *nur präd od adv*; mit nur wenig Interesse, ohne Begeisterung ≈ kühl, reserviert ↔ enthusiastisch: *Die Reaktion auf das Angebot war sehr z.* || *hierzu* **Zu·rụ̈ck·hal·tung** *die*; *nur Sg*

zu·rụ̈ck·ho·len (*hat*) Vt ***j-n / etw. z.*** j-n / etw. holen u. wieder dorthin bringen, wo er / es vorher war

zu·rụ̈ck·kau·fen (*hat*) Vt ***etw. z.*** etw. wiederkaufen, das man vorher verkauft hat

zu·rụ̈ck·keh·ren (*ist*) Vi *geschr*; **1** (***von / aus etw.***) (***zu j-m / nach etw.***) ***z.*** (wieder) dorthin kommen, wo man vorher war ≈ zurückkommen: *von e-r Reise, vom Urlaub, aus der Fremde, nach Hause z.*; *zu den Eltern z.* **2 *etw. kehrt zurück*** etw. erreicht wieder den Zustand, den es vorher hatte: *Erst lange nach dem Unfall kehrte seine Erinnerung ganz zurück* || ▶ ***Rückkehr***

zu·rụ̈ck·klap·pen (*hat*) Vt ***etw. z.*** etw. nach hinten klappen

zu·rụ̈ck·kom·men (*ist*) Vi **1** (***von / aus etw.***) (***nach etw. / zu j-m***) ***z.*** wieder dorthin kommen, wo man vorher war: *von e-r Reise, e-m Spaziergang, e-m Ausflug z.* **2 *auf etw.*** (*Akk*) ***z.*** von etw. sprechen, das man bereits einmal erwähnt hat: *Auf diesen Punkt komme ich später noch zurück* **3 *auf j-n / etw. z.*** j-s Hilfe, ein Angebot *o.Ä.* erst (einige Zeit) später annehmen: *Wir werden zu gegebener Zeit auf Ihr Angebot z.*

zu·rụ̈ck·kön·nen (*hat*) Vi *gespr*; **1** dorthin gehen od. fahren können, wo man vorher war **2** *mst* ***nicht mehr z.*** seine Entscheidung *o.Ä.* nicht mehr ändern können: *Wenn der Vertrag unterschrieben ist, kannst du nicht mehr zurück* || NB: *mst* verneint

zu·rụ̈ck·krie·gen (*hat*) Vt ***etw. z.*** *gespr* ≈ zurückbekommen (1,2)

zu·rụ̈ck·las·sen (*hat*) Vt **1 *j-n / etw. z.*** von e-m Ort weggehen od. wegfahren u. j-n / etw. dort lassen: *Als sie flüchteten, mussten sie ihren gesamten Besitz in der Heimat z.* **2 *j-d lässt j-n zurück*** j-d stirbt, u. die genannte(n) Person(en) in seiner Familie muss / müssen jetzt ohne ihn leben: *Der Verunglückte lässt e-e Frau u. drei Kinder zurück* **3 *etw. lässt etw. zurück*** etw. hat etw. als Folge od. Wirkung ≈ etw. hinterlässt etw.: *Die Wunde ließ e-e Narbe zurück*; *Das Gespräch hat bei mir ein unangenehmes Gefühl zurückgelassen* **4 *j-n z.*** *gespr*; erlauben, dass j-d zurückgeht od. -fährt

zu·rụ̈ck·lau·fen (*ist*) Vi **1 *j-d läuft*** (***irgendwohin***) ***zurück*** ↑ ***zurück-*** (1) **2 *e-e Flüssigkeit läuft*** (***irgendwohin***) ***zurück*** e-e Flüssigkeit fließt zurück **3 *ein Band*** *o.Ä.* ***läuft zurück*** ein Band *o.Ä.* wird zurückgespult

zu·rụ̈ck·le·gen (*hat*) Vt **1 *etw. z.*** etw. wieder dorthin legen, wo es vorher war: *Der Kassierer legte das Geld nach dem Zählen wieder in den Tresor zurück* **2** (***j-m***) ***etw. z.***; ***etw.*** (***für j-n***) ***z.*** etw. in e-m Geschäft nicht verkaufen, sondern für j-n aufbewahren: *Ich habe heute zu wenig Geld bei mir, können Sie mir das Kleid bis morgen z.?* **3 *sich / etw. z.*** sich / e-n Körperteil nach hinten legen: *den Kopf z. u. in die Höhe schauen* **4 *etw. z.*** e-e Strecke gehen, fahren, fliegen *o.Ä.*: *Wir legten pro Tag 80km mit dem Fahrrad zurück* **5 *etw. z.*** Geld für später sparen || ▶ ***Rücklage***

zu·rụ̈ck·leh·nen (*hat*) Vt ***sich / etw. z.*** sich / den Körper beim Sitzen schräg nach hinten lehnen: *sich im Sessel z.*

zu·rụ̈ck·lie·gen (*hat / südd* Ⓐ Ⓒⓗ *ist*) Vi **1 *etw. liegt*** ⟨zwei Monate, ein halbes Jahr, ein Jahr *usw*; schon lange⟩ ***zurück*** etw. ist vor relativ langer Zeit geschehen || NB: bei e-r kürzeren Zeit sagt man: *Es ist schon drei Tage* (*usw*) *her* **2** (***hinter j-m***) ***z.*** in e-m (sportlichen) Wettkampf hinter j-m (*mst* dem Führenden) liegen: *Die österreichische Mannschaft liegt in der Gesamtwertung um zehn Punkte zurück*

zu·rụ̈ck·mel·den, sich (*hat*) Vr ***sich z.*** j-m sagen, dass man wieder da ist: *sich beim Kompaniechef z.*

zu·rụ̈ck·müs·sen (*hat*) Vi *gespr*; dorthin gehen od. fahren müssen, wo man vorher war

zu·rụ̈ck·neh·men (*hat*) Vt **1 *etw. z.*** etw., das man j-m gegeben od. verkauft hat, wiedernehmen u. ihm das Geld dafür geben: *Fehlerhafte Waren werden vom Hersteller zurückgenommen* **2 *etw. z.*** sagen, dass e-e Äußerung, e-e Behauptung *o.Ä.* nicht mehr gilt (*z.B.* weil sie falsch war od. weil sie einem Leid tut) **3 *etw. z.*** erklären, dass etw. nicht mehr gilt ↔ aufrechterhalten ⟨e-n Antrag, e-e Klage, e-n Auftrag z.⟩ **4 *etw. z.*** e-n Arm, ein Bein *o.Ä.* nach hinten bewegen || *zu* **1-3 Zu·rụ̈ck·nah·me** *die*; *nur Sg*

zu·rụ̈ck·pral·len (*ist*) Vi ***etw. prallt*** (***von etw.***) ***zurück*** etw. stößt heftig gegen e-e Wand *o.Ä.* u. kommt wieder zurück: *Der Ball prallt von der Wand zurück*

zu·rụ̈ck·rei·chen (*hat*) Vt **1** (***j-m***) ***etw. z.*** *geschr* ≈ zurückgeben (1); Vi **2 *etw. reicht in etw.*** (*Akk*) / ***bis zu etw. zurück*** etw. hat in etw. seinen Anfang od. Ursprung: *Die Anfänge der Stadt reichen in die Römerzeit zurück*

zu·rụ̈ck·ru·fen (*hat*) Vt **1 *j-n z.*** j-n rufen, damit er zurückkommt: *die Kinder ins Haus z.* **2 *j-n z.*** j-m befehlen, wieder zurückzukommen ⟨Truppen, Angreifer z.⟩ **3 *j-m / sich etw. ins Gedächtnis z.*** j-n an etw. erinnern / bewusst an etw. Vergangenes denken **4 *etw. z.*** j-m mit e-m Ruf antworten: *„Wann kommst du wieder?", rief sie. - „Morgen",* *rief er zurück*; Vt/i **5** ***(j-n) z.*** j-n, der telefoniert hat, später selbst anrufen: *Herr Braun ist im Moment nicht da, kann er (Sie) z.?* || ► ***Rückruf***

zu·rück·schal·ten *(hat)* Vi (*bes* im Auto) e-n niedrigeren Gang einlegen: *vom dritten in / auf den zweiten Gang z.*

zu·rück·schau·en *(hat)* Vi *südd* Ⓐ ⒸⒽ ≈ zurückblicken

zu·rück·scheu·en *(ist)* Vi ***vor etw.*** *(Dat)* ***z.*** etw. nicht tun, weil man Angst vor den Folgen hat ≈ vor etw. zurückschrecken (2)

zu·rück·schi·cken *(hat)* Vt ***j-n / etw. z.*** j-n / etw. wieder dorthin schicken, woher er / es gekommen ist

zu·rück·schie·ben *(hat)* Vt **1** ***etw. z.*** etw. nach hinten schieben od. dorthin schieben, wo es vorher war **2** ***etw. z.*** etw. zur Seite ziehen od. schieben ⟨den Vorhang, e-n Riegel z.⟩

zu·rück·schla·gen *(hat)* Vt **1** ***e-n Ball z.*** e-n Ball mit der Hand, mit e-m Schläger[1] dorthin schlagen, woher er gekommen ist **2** ***j-n / etw. z.*** e-e Attacke, e-n Angriff abwehren u. den Feind zum Rückzug zwingen ⟨den Gegner, e-n feindlichen Angriff z.⟩ **3** ⟨die Decke, den Kragen *o.Ä.*⟩ ***z.*** den oberen Teil e-r Decke, e-s Kragens *o.Ä.* so umklappen, dass man die Unter- bzw. Innenseite sieht; Vi **4** nachdem man von j-m e-n Schlag bekommen hat, ihn auch schlagen **5** (*mst* als Reaktion auf e-n Angriff *o.Ä.*) sich (*z.B.* mit e-m Gegenangriff) wehren

zu·rück·schnei·den *(hat)* Vt ***etw. z.*** etw. durch Schneiden kürzer machen ⟨den Rasen, die Haare, die Äste z.⟩ || ► ***Rückschnitt***

zu·rück·schnel·len *(ist)* Vi ***etw. schnellt zurück*** etw. *mst* Elastisches bewegt sich schnell u. plötzlich wieder dorthin, wo es vorher war

zu·rück·schrau·ben *(hat)* Vt **1** ***etw. z.*** sich mit weniger begnügen, als man eigentlich wollte ⟨seine Erwartungen, seine Ansprüche⟩ **2** ***etw. z.*** etw. reduzieren ⟨j-s Lohn, die Gehälter z.⟩

zu·rück·schre·cken; *schreckt zurück / veraltend schrickt zurück, schreckte zurück / veraltend schrak zurück, ist zurückgeschreckt*; Vi **1** sich plötzlich nach hinten bewegen, weil man e-n Schrecken bekommen hat: *Er schreckte zurück, als er die Spinne sah* **2** ***vor etw.*** *(Dat)* ***z.*** etw. nicht tun, weil man Angst vor den Folgen hat: *vor e-m Verbrechen z.*

zu·rück·schwin·gen *(ist)* Vi ***etw. schwingt zurück*** etw. bewegt sich schwingend wieder dorthin, wo es vorher war ⟨das Pendel, die Schaukel⟩

zu·rück·seh·nen, sich *(hat)* Vr ***sich irgendwohin z.*** den starken Wunsch haben, noch einmal an e-m bestimmten Ort zu sein, in e-r bestimmten Zeit zu leben, etw. zu haben *o.Ä.*: *sich nach seiner Jugend, nach seiner / in seine verlorene Heimat z.*

zu·rück·sen·den; *sandte / sendete zurück, hat zurückgesandt / zurückgesendet*; Vt ***etw. z.*** *geschr*; etw. wieder dorthin schicken, woher es gekommen ist

zu·rück·set·zen *(hat)* Vt **1** ***j-n / sich z.*** j-n / sich nach hinten setzen od. wieder dorthin setzen, wo er / man vorher war: *Setz dich sofort auf deinen Stuhl zurück!* **2** ***etw. z.*** etw. nach hinten versetzen: *die Rosenbüsche e-n Meter z.* **3** ***j-n z.*** j-n schlechter (*bes* weniger freundlich u. aufmerksam) behandeln als andere ≈ vernachlässigen ↔ vorziehen ⟨sich zurückgesetzt fühlen⟩; Vi **4** *bes* mit e-m Auto ein kurzes Stück nach hinten (rückwärts) fahren || *zu* **3** **Zu·rück·set·zung** *die*; *mst Sg*

zu·rück·sin·ken *(ist)* Vi sich nach hinten lehnen *o.Ä.*: *Sie sank vor Erschöpfung tief in den Sessel zurück*

zu·rück·sol·len *(hat)* Vi *gespr*; zurückkommen, zurückgebracht werden *o.Ä.* sollen

zu·rück·spie·len *(hat)* Vt/i ***(etw.) z.*** e-n Ball nach hinten (od. dahin, woher er gekommen ist) schießen, werfen *usw* ⟨den Ball z.⟩

zu·rück·sprin·gen *(ist)* Vi ***j-d / etw. springt zurück*** j-d / etw. springt nach hinten od. dorthin, wo er / es vorher war

zu·rück·spu·len *(hat)* Vt/i ***(etw.) z.*** auf e-e Taste an e-m Kassettenrekorder, Videorekorder *o.Ä.* drücken, um zu e-r Stelle des Bandes zu kommen, die bereits abgespielt wurde ↔ vorspulen ⟨e-e Kassette, ein Band z.⟩

zu·rück·ste·cken *(hat)* Vt **1** ***etw. irgendwohin z.*** ↑ ***zurück-*** (1) ; Vi **2** *gespr*; mit weniger zufrieden sein, als man gewollt u. erwartet hat ⟨z. müssen⟩

zu·rück·ste·hen *(hat / südd* Ⓐ ⒸⒽ *ist)* Vi **1** ***etw. steht ein bisschen / etwas*** *o.Ä.* ***(von etw.) zurück*** etw. steht in Bezug auf e-e Linie, Reihe *usw* weiter hinten: *Unser Haus steht zehn Meter von der Straße zurück* **2** ***j-d muss (hinter j-m) z.*** j-d muss j-d anderem den Vortritt lassen **3** ***etw. muss (hinter etw.*** *(Dat)*) ***z.*** etw. kann (zunächst) nicht berücksichtigt werden, weil etw. anderes wichtiger ist **4** ***(weit) hinter j-m z.*** (viel) schlechter sein als j-d anderer

zu·rück·stel·len *(hat)* Vt **1** ***etw. z.*** etw. nach hinten stellen od. dorthin stellen, wo es vorher war: *die Butter nach dem Frühstück in den Kühlschrank z.* **2** ***etw. z.*** die Angabe (der Zeit) auf e-r Uhr so ändern, dass sie e-e frühere Zeit zeigt ↔ vorstellen ⟨die Uhr, die Zeiger z.⟩: *Beim Wechsel zur Winterzeit stellt man die Uhren e-e Stunde zurück* **3** ***(j-m) etw. z.***; ***etw. (für j-n) z.*** ≈ zurücklegen (2) **4** ***etw. z.*** etw. noch nicht tun, *bes* weil etw. anderes wichtiger ist ↔ vorziehen: *Das Buch muss bis Mitte Februar fertig sein, bis dahin müssen wir alles andere z.* **5** ***j-n z.*** j-n für e-e bestimmte Zeit von etw. befreien: *Sie ist noch nicht reif für die Schule, wir lassen sie ein Jahr z.* || *zu* **3, 4** u. **5** **Zu·rück·stel·lung** *die*

zu·rück·sto·ßen Vt *(hat)* **1** ***j-n / etw. z.*** j-n / etw. (mit e-m Stoß) nach hinten od. dorthin bewegen, wo er / es vorher war **2** ***j-n z.*** j-m deutlich zeigen, dass man ihn (od. sein Verhalten) nicht mag: *Er liebt sie immer noch, obwohl sie ihn ständig zurückstößt*; Vi *(ist)* **3** (*bes* mit e-m Auto) ein kurzes Stück nach hinten fahren ≈ zurücksetzen (4)

zu·rück·strah·len *(hat)* Vi ***etw. strahlt etw. zurück*** etw. reflektiert (1) etw.

zu·rück·strö·men *(ist)* Vi **1** ⟨Personen⟩ ***strömen zurück*** viele Personen bewegen sich wieder dorthin, wo sie vorher waren: *Am Sonntagabend strömen die Ausflügler in die Stadt zurück* **2** ***e-e Flüssigkeit strömt zurück*** e-e Flüssigkeit fließt wieder dorthin, wo sie vorher war

zu·rück·stu·fen *(hat)* Vt ***j-n z.*** j-n zu e-r Gruppe stellen, die weniger Geld verdient ↔ höher stufen ⟨j-n in e-e niedrigere Lohngruppe, Gehaltsstufe z.⟩ || *hierzu* **Zu·rück·stu·fung** *die*

zu·rück·trei·ben *(hat / ist)* Vt *(hat)* **1** ⟨Personen / Tiere⟩ ***z.*** *mst* mehrere Personen / Tiere nach hinten (rückwärts) treiben od. wieder dorthin treiben, wo sie vorher waren: *die Schafe auf die Wiese z.*; Vi *(ist)* **2** ***etw. treibt zurück*** etw. bewegt sich (mit der Strömung, dem Wind) wieder dorthin, wo es vorher war

zu·rück·tre·ten *(ist)* Vi **1** einen od. wenige Schritte nach hinten machen: *Der Zug fährt ein. Bitte treten Sie (von der Bahnsteigkante) zurück* **2** ***(von etw.) z.*** seine Position od. Funktion aufgeben, ein Amt niederlegen: *Er ist so verärgert, dass er von seinem Amt als Vorsitzender z. will* **3** ***(von etw.) z.*** erklären, dass etw. nicht mehr gilt ⟨von e-m Vertrag, e-r Abmachung, vom Kauf z.⟩ **4** ***etw. tritt (hinter etw.*** *(Akk)* ***/ gegenüber etw.) zurück*** etw. ist weniger wichtig als etw. anderes: *Sie haben nur ein Ziel: reich zu werden. Alles andere muss z.* || ► ***Rücktritt***

zu·rụ̈ck·tun (*hat*) Vt **etw. z.** *gespr*; etw. wieder dorthin legen od. stellen, wo es vorher war

zu·rụ̈ck·ver·fol·gen; *verfolgte zurück, hat zurückverfolgt*; Vt **etw. (bis in etw.** (*Akk*)) **z.** die historische Entwicklung von etw. (bis zum Anfang) verfolgen: *Diese Tradition lässt sich bis ins Mittelalter z.*

zu·rụ̈ck·ver·lan·gen; *verlangte zurück, hat zurückverlangt*; Vt **etw. (von j-m) z.** ≈ zurückfordern

zu·rụ̈ck·ver·set·zen; *versetzte zurück, hat zurückversetzt*; Vt **1 etw. versetzt j-n in etw.** (*Akk*) **zurück** etw. gibt j-m das Gefühl , in e-r vergangenen Zeit zu sein: *Die Musik versetzte mich in meine Jugend zurück*; Vr **2 sich in etw.** (*Akk*) **z.** sich vorstellen, dass man wieder in e-r früheren Zeit ist: *Versetz dich in die 60er-Jahre zurück!*

zu·rụ̈ck·wei·chen (*ist*) Vi **1 (vor j-m / etw.) z.** aus Angst, Entsetzen *o.Ä.* ein paar Schritte (von j-m / etw. weg) nach hinten treten ⟨entsetzt, erschrocken z.⟩: *vor dem fahrenden Auto z.* **2 vor etw.** (*Dat*) **z.** darauf bedacht sein, etw. Unangenehmem aus dem Weg zu gehen: *vor e-r Auseinandersetzung, vor Streit, vor Schwierigkeiten z.*

zu·rụ̈ck·wei·sen (*hat*) Vt **1 j-n z.** j-n (*bes* an e-r Grenze) wieder dorthin schicken, von wo er gekommen ist **2 j-n / etw. z.** (j-m) deutlich zeigen, dass man etw. nicht erfüllen, annehmen, beantworten *usw* will ≈ ablehnen ⟨e-e Bitte, e-e Forderung, ein Ansinnen, e-n Antrag, e-n Vorschlag, e-e Entschuldigung z.⟩: *Sie weist niemanden zurück, der mit e-r Bitte zu ihr kommt* **3 etw. z.** energisch zum Ausdruck bringen, dass etw. nicht wahr (od. gerechtfertigt) ist ⟨e-n Verdacht, e-n Vorwurf, e-e Anschuldigung, e-e Äußerung, e-e Behauptung z.; etw. entschieden z.⟩ || *zu* **1** u. **2 Zu·rụ̈ck·wei·sung** *die*

zu·rụ̈ck·wer·fen (*hat*) Vt **1 etw. z.** etw. nach hinten od. dorthin werfen, von wo es gekommen ist **2 *etw. wirft etw. zurück*** etw. reflektiert (1) etw. **3 *etw. wirft j-n / etw. zurück*** etw. bringt j-n / etw. in e-e schlechtere Lage als bisher: *Durch die Inflation wurde die Wirtschaft des Landes weit zurückgeworfen*

zu·rụ̈ck·wir·ken (*hat*) Vi ***etw. wirkt*** (**auf j-n / etw.**) ***zurück*** etw. wirkt auf die Person od. Sache, von der die Wirkung ursprünglich ausgegangen ist

zu·rụ̈ck·wol·len (*hat*) Vi **(irgendwohin) z.** *gespr*; dorthin gehen od. fahren wollen, wo man vorher war

zu·rụ̈ck·wün·schen (*hat*) Vt **1 j-n / etw. z.** wünschen, dass j-d wieder bei einem wäre bzw. dass man etw. wieder hätte: *seine Unabhängigkeit u. Freiheit z.*; Vr **2 sich irgendwohin z.** wünschen, dass man irgendwo wäre, wo man einmal war: *sich in die Heimat z.*

zu·rụ̈ck·zah·len (*hat*) Vt **1 (j-m) etw. z.** das Geld, das man von j-m, e-r Bank *o.Ä.* geliehen hat, diesem / dieser wieder geben ⟨Schulden, ein Darlehen, e-n Kredit (ratenweise) z.⟩ **2 j-m etw. z.** *gespr*; sich an j-m für etw. rächen ≈ j-m etw. heimzahlen || ► ***Rückzahlung***

zu·rụ̈ck·zie·hen Vt (*hat*) **1 j-n / etw. z.** j-n / etw. nach hinten ziehen od. dorthin ziehen, wo er / es vorher war: *das Kind vom offenen Feuer z.* **2 etw. z.** etw. auf die Seite ziehen ⟨die Vorhänge, die Gardinen, den Store z.⟩ **3 j-n z.** *mst* Truppen den Befehl geben, sich aus e-m Gebiet zu entfernen (u. ins Land dahinter zu gehen): *die an der Grenze stationierten Truppen z.* **4 etw. z.** erklären, dass man etw. nicht mehr will ≈ rückgängig machen ⟨seine Kandidatur, e-n Antrag, e-e Klage z.⟩; Vi (*ist*) **5 irgendwohin z.** seinen Wohnsitz wieder an e-n Ort verlegen, an dem man früher einmal gelebt hat: *Wir möchten nie mehr in die Stadt z.*; Vr (*hat*) **6 sich z.** an e-n Ort gehen, wo man allein ist, od. sich so verhalten, dass man nur wenig Kontakt zu Menschen hat ⟨zurückgezogen leben⟩: *Er hat sich auf e-e Hütte in den Bergen zurückgezogen* **7 sich (von / aus etw.) z.** bei etw. nicht mehr aktiv sein ≈ etw. aufgeben ⟨sich aus der Politik, vom Geschäft, vom Hochleistungssport z.⟩ **8** ⟨Truppen *o.Ä.*⟩ ***ziehen sich zurück*** Truppen *o.Ä.* gehen vom Ort der Kämpfe weg; Vimp **9 *es zieht j-n irgendwohin zurück*** j-d spürt das Verlangen, an e-n bestimmten Ort zurückzukehren: *Mich zieht es in die Heimat zurück* || ► ***Rückzug***

zu̲·ru·fen (*hat*) Vt **j-m etw. z.** (aus relativ großer Entfernung) j-m etw. mit lauter Stimme sagen || *hierzu* **Zu̲·ruf** *der*

zur·zeit *Adv* ≈ im Moment, jetzt; *Abk* zz., zzt.: *Ich bin z. krank* || NB: aber: *zur Zeit Goethes*

Zu̲·sa·ge *die*; **1** die positive Antwort auf e-e Einladung od. ein Angebot ↔ Absage ⟨seine Z. geben; e-e Z. bekommen, erhalten⟩ **2** das Versprechen, das zu tun, was sich j-d wünscht ↔ Absage: *Wir haben die Z. des Chefs, dass unser Budget nicht gekürzt wird*

zu̲·sa·gen (*hat*) Vt/i **1 (j-m) (etw.) z.** j-m sagen od. versprechen, dass man tun wird od. dass geschehen wird, was er will ↔ absagen: *j-m seine Unterstützung z.*; *Er sagte zu, den Vortrag zu halten*; *Sie bekommt den Job, sie haben ihr schon zugesagt*; *Fast alle, die ich eingeladen habe, haben zugesagt*; Vi **2 *j-d / etw. sagt j-m zu*** j-d / etw. ist so, wie es sich j-d wünscht ≈ j-m gefallen

zu·sạm·men *Adv*; **1** nicht allein, sondern miteinander ≈ gemeinsam ↔ allein: *Wir fuhren z. in Urlaub, trennten uns aber nach ein paar Tagen*; *Ihr Bruder war mit mir z. in der Schule* **2** als Ganzes od. Einheit betrachtet ≈ insgesamt: *Alles z. hat e-n Wert von 10000 Euro*; *Er wiegt mehr als wir beide z.*

> **zu·sạm·men sein** (*ist*) Vi **1 *j-d ist mit j-m zusammen***; ⟨Personen⟩ ***sind zusammen*** zwei od. mehrere Personen verbringen ihre Zeit miteinander: *Wir waren gestern den ganzen Abend zusammen u. spielten Karten* **2 *j-d ist mit j-m zusammen***; ***zwei Personen sind zusammen*** zwei Personen sind befreundet (u. haben e-e sexuelle Beziehung)

zu·sạm·men- *im Verb*; *betont u. trennbar, sehr produktiv*; Die Verben mit *zusammen-* werden nach folgendem Muster gebildet: *zusammenbrechen - brach zusammen - zusammengebrochen*

1 *zusammen-* drückt aus, dass Personen od. Dinge nicht allein, sondern (in Gemeinschaft) mit anderen sind;

(mit j-m) zusammenwohnen: *Sie wohnt mit zwei Freundinnen zusammen* ≈ Sie wohnt gemeinsam mit zwei Freundinnen in derselben Wohnung

ebenso: **(mit j-m) zusammenbleiben, (mit j-m) zusammenleben, (mit j-m) zusammensitzen**

2 *zusammen-* drückt aus, dass sich Personen od. Dinge treffen, vereinen, u. so auf irgendeine Weise ein Ganzes bilden;

zusammenfließen: *Die beiden Flüsse fließen hier zusammen* ≈ Sie treffen sich hier u. fließen als ein einziger Fluss weiter

ebenso: **(sich** (*Pl*)**) zusammenfinden,** ⟨Personen⟩ **zusammenführen, (mit j-m / etw.) zusammenkommen, (mit etw.) zusammenlaufen, zusammenströmen**

3 *zusammen-* drückt aus, dass aus vielen kleinen Mengen e-e ziemlich große Menge von etw. entsteht;

etw. zusammensparen: *Die alte Frau hat viel Geld*

zusammengespart ≈ Sie hat so viele Beträge gespart, dass e-e große Summe daraus geworden ist; ebenso: ***etw. zusammenbetteln, (etw.) zusammenfegen, etw. zusammenkaufen, etw. zusammenschaufeln, etw. zusammentragen***
4 *zusammen-* drückt aus, dass einzelne Teile od. Dinge zu einem Ding gemacht werden;
etw. zusammennähen: *Die Decke ist aus verschiedenen Stoffflecken zusammengenäht* ≈ Die Decke wurde aus einzelnen Teilen genäht
ebenso: ***etw. zusammenbauen, etw. zusammenbinden, etw. zusammenfügen, etw. zusammenheften, (etw.) zusammenkleben, etw. zusammenknüpfen, etw. zusammennageln***
5 *zusammen-* drückt aus, dass etw. kleiner od. kompakter gemacht wird od. dass sich j-d kleiner macht;
sich zusammenkauern: *Sie versteckte sich unter e-m Busch u. kauerte sich zusammen* ≈ Sie kauerte unter dem Busch u. versuchte, dabei so klein wie möglich zu sein
ebenso: ***etw. zusammendrücken, etw. zusammenfalten, etw. zusammenklappen, sich zusammenkrümmen, etw. zusammenlegen, etw. zusammenpressen***
6 *zusammen-* drückt aus, dass Personen / Tiere / Dinge *o.Ä.* nur sehr wenig Raum zur Verfügung bekommen od. haben;
j-n** (Kollekt od Pl) **/ Tiere zusammenpferchen: *Über 50 Leute standen zusammengepfercht in dem winzigen Zimmer* ≈ Sie standen dicht beieinander u. hatten viel zu wenig Platz
ebenso: ***j-n** (Pl) **/ sich** (Pl) **/ etw.** (Pl) **zusammendrängen, sich** (Pl) **zusammendrücken, sich** (Pl) **zusammenpressen***
7 *zusammen-* drückt aus, dass j-d / etw. (krank, verletzt, beschädigt *usw.*) nach unten fällt;
zusammenfallen: *Das Dach der Almhütte ist unter der Last des Schnees zusammengefallen* ≈ Das Dach ist gebrochen u. auf den Boden gefallen
ebenso: ***zusammenbrechen, zusammenkrachen, zusammensacken, j-n / ein Tier / etw. zusammenschießen, j-n / etw. zusammenschlagen, zusammensinken, zusammenstürzen***
8 *gespr, mst pej*; *zusammen-* drückt aus, dass etw. schnell u. *mst* nicht sehr genau od. gewissenhaft gemacht wird u. von schlechter Qualität ist;
etw. zusammenreden: *Was redest du denn da zusammen!* ≈ Was redest du für dummes Zeug!
ebenso: ***etw. zusammenbasteln, etw. zusammendichten, etw. zusammenfaseln, etw. zusammenlügen, etw. zusammenschreiben, etw. zusammenschwafeln***

zu·sạm·men·ar·bei·ten (*hat*) [Vi] ***j-d arbeitet mit j-m** (**an etw.** (Dat)) **zusammen***; 〈Personen〉 ***arbeiten** (**an etw.** (Dat)) **zusammen*** zwei od. mehr Personen arbeiten am gleichen Ziel od. Projekt ≈ kooperieren || NB: aber: *Wir haben in einem Zimmer zusammen* (=gemeinsam) *gearbeitet* (getrennt geschrieben) || *hierzu* **Zu·sạm·men·ar·beit** *die*; *nur Sg*

zu·sạm·men·bal·len (*hat*) [Vt] **1** ***etw. z.*** e-e Hand zur Faust machen ≈ ballen 〈die Hände (zur Faust) z.〉 **2** ***etw. z.*** etw. zu e-r festen, *mst* runden Masse formen 〈Schnee, Papier z.〉; [Vr] **3** ***etw. ballt sich zusammen*** etw. bildet e-e große, dichte Masse 〈(Gewitter)Wolken〉 || *hierzu* **Zu·sạm·men·bal·lung** *die*

zu·sạm·men·bau·en (*hat*) [Vt] ***etw. z.*** etw. aus einzelnen Teilen bauen ≈ zusammensetzen, montieren 〈ein Auto, ein Radio, ein Bett *usw* z.〉 || *hierzu* **Zu·sạm·men·bau** *der*; *nur Sg*

zu·sạm·men·bei·ßen (*hat*) [Vt] **1** ***die Zähne z.*** die Zähne (bei Schmerzen) fest aufeinander drücken **2** ***die Zähne z.*** etw. Unangenehmes tapfer ertragen

zu·sạm·men·bin·den (*hat*) [Vt] ***etw. z.*** einzelne Teile so binden, dass sie ein Ganzes bilden 〈das Haar, die Haare, Fäden z.〉

zu·sạm·men·blei·ben (*ist*) [Vi] **1** ***j-d bleibt mit j-m zusammen***; 〈Personen〉 ***bleiben zusammen*** zwei od. mehr Personen bleiben irgendwo u. verbringen gemeinsam die Zeit: *Nach dem Vortrag blieben einige Zuhörer noch länger zusammen* **2** ***j-d bleibt mit j-m zusammen***; 〈zwei Personen〉 ***bleiben zusammen*** zwei Personen leben weiterhin gemeinsam *mst* als Paar: *Karl u. Inge wollen z.*

zu·sạm·men·brau·en (*hat*) [Vt] **1** ***etw. z.*** *gespr hum*; aus verschiedenen Stoffen, Wasser *usw mst* ein Getränk mischen od. machen 〈e-n Cocktail, e-n Liebestrank z.〉; [Vr] **2** ***etw. braut sich zusammen*** etw. (*mst* Unangenehmes od. Gefährliches) entsteht langsam 〈ein Gewitter, ein Unwetter, ein Unheil〉

zu·sạm·men·bre·chen (*ist*) [Vi] **1** ***j-d bricht zusammen*** j-d verliert plötzlich seine psychische od. körperliche Kraft (u. wird ohnmächtig, fällt auf den Boden od. beginnt zu weinen) 〈vor Schmerzen, unter e-r Last z.〉 **2** ***etw. bricht zusammen*** etw. funktioniert als System (od. Kreislauf) nicht mehr 〈die Stromversorgung, das Telefonnetz, der Verkehr, der Kreislauf〉 **3** ***etw. bricht zusammen*** etw. zerfällt in einzelne Teile u. stürzt auf den Boden ≈ etw. stürzt ein: *Diese alten Mauern brechen bald zusammen* **4** ***j-s Widerstand bricht zusammen*** j-d kann sich gegen etw. nicht mehr wehren || *zu* **1** u. **2** **Zu·sạm·men·bruch** *der*

zu·sạm·men·brin·gen (*hat*) [Vt] **1** ***etw. z.*** *gespr*; etw. tun können ≈ zustande bringen: *keinen ganzen Satz z.*; *Sie bringt es nicht zusammen, fünf Minuten ruhig zu sitzen* **2** ***etw.*** (*Kollekt od Pl*) ***z.*** die nötige Menge von etw. finden od. beschaffen: *Ich weiß nicht, wie ich das Geld für die nächste Miete z. soll* **3** ***j-n*** (*Kollekt od Pl*) ***z.***; ***j-n mit j-m z.*** zwei od. mehrere Menschen miteinander bekannt machen

zu·sạm·men·drän·gen (*hat*) [Vt] **1** ***j-n*** (*Kollekt od Pl*) ***z.*** bewirken, dass (*mst* viele) Menschen auf sehr engem Raum dicht nebeneinander stehen, *bes* weil man sie zurückschiebt *o.Ä.*: *Eine neugierige Menge stand dicht zusammengedrängt vor dem brennenden Haus* **2** ***etw. z.*** viele Dinge so kurz, knapp wie möglich sagen: *Seine Schilderung wirkte sehr zusammengedrängt*; [Vr] **3** 〈Personen / Tiere〉 ***drängen sich zusammen*** viele Menschen / Tiere kommen auf sehr engem Raum zusammen u. drücken u. schieben sich gegenseitig: *Die Schafe drängten sich fest zusammen, um sich gegenseitig zu wärmen*

zu·sạm·men·drü·cken (*hat*) [Vt] ***etw. z.*** auf etw. drücken, sodass es (flach u.) kleiner wird

zu·sạm·men·fah·ren [Vt] (*hat*) **1** ***j-n / etw. z.*** *gespr*; (bei e-m Unfall) mit dem Auto gegen j-n od. etw. fahren, ihn verletzen od. es beschädigen: *Er übersah beim Abbiegen den Radfahrer u. fuhr ihn zusammen*; [Vi] (*ist*) **2** ***j-d / ein Fahrzeug fährt mit j-m / e-m Fahrzeug zusammen***; 〈Autofahrer / Fahrzeuge *o.Ä.*〉 ***fahren zusammen*** zwei od. mehrere Fahrzeuge (od. deren Fahrer) prallen beim Fahren aufeinander: *Die zwei Züge fuhren auf offener Strecke zusammen* **3** (*mst* vor Schreck) e-e plötzliche, unkontrollierte Bewegung mit dem Körper machen 〈vor Schreck, Entsetzen z.〉 || NB: aber: *Wir sind zusammen* (= gemeinsam) *gefahren* (getrennt geschrieben)

zu·sạm·men·fal·len (*ist*) [Vi] **1** ***etw. fällt** (**in sich** (Akk)) **zusammen*** etw. löst sich in einzelne Teile auf u. fällt zu Boden ≈ etw. stürzt ein 〈etw. fällt wie ein Kartenhaus in sich zusammen〉: *Die Mauer bröckelt überall ab - sie fällt bald zusammen* **2** ***etw.***

fällt (**in sich** (*Akk*)) **zusammen** etw. sinkt in sich u. wird so kleiner ⟨der Kuchen, das Feuer⟩ **3 etw. fällt zusammen** etw. wird schwächer u. verliert (an) Gewicht ≈ etw. magert ab ⟨ein zusammengefallenes Gesicht⟩ **4 etw. fällt mit etw. zusammen** etw. geschieht zur gleichen Zeit wie etw.: *Dieses Jahr fällt mein Geburtstag mit Ostern zusammen* || *zu* **4 Zu·sạm·men·fall** *der*

zu·sạm·men·fal·ten (*hat*) [Vt] **1 etw. z.** etw. so falten, dass es kleiner wird ≈ zusammenlegen ⟨die Zeitung, e-n Brief, e-e Serviette, das Tischtuch z.⟩ **2** *mst* **die Hände z.** die Hände falten (2)

zu·sạm·men·fas·sen (*hat*) [Vt] **1 etw. z.** das Wichtigste aus e-m längeren Text (*mst* am Schluss) noch einmal in wenigen Sätzen wiederholen ⟨e-e Rede, e-n Vortrag, ein Buch z.⟩: *Sie fasste ihre Ansichten zum Schluss in drei Thesen zusammen* **2 etw.** (*Kollekt od Pl*) (**in etw.** (*Akk*) / **zu etw.**) **z.** aus einzelnen Gruppen od. Teilen ein Ganzes bilden: *Die über das ganze Land verstreuten Gruppen wurden zu e-r Partei zusammengefasst* || *hierzu* **Zu·sạm·men·fas·sung** *die*

zu·sạm·men·fe·gen (*hat*) [Vt/i] (**etw.**) **z.** *bes nordd* ≈ zusammenkehren

zu·sạm·men·fin·den, sich (*hat*) [Vr] **sich** (*Kollekt od Pl*) **z.** sich treffen u. gemeinsam etw. tun

zu·sạm·men·fli·cken (*hat*) [Vt] *gespr*; **1 etw. z.** *mst pej*; etw. schnell (u. nicht ordentlich) flicken od. reparieren: *e-n Mantel notdürftig z.* **2 etw. z.** *mst pej*; etw. schnell produzieren (*bes* schreiben) **3 j-n / etw.** (**wieder**) **z.** *mst hum*; j-s (*mst* relativ große) Verletzungen (durch Nähen *o.Ä.*) wieder in Ordnung bringen

zu·sạm·men·flie·ßen (*ist*) [Vi] **1 ein Fluss fließt mit e-m Fluss zusammen**; **zwei Flüsse fließen zusammen** zwei Flüsse treffen sich u. fließen als ein Fluss weiter **2** ⟨Farben, Klänge⟩ **fließen zusammen** Farben, Klänge mischen sich miteinander

zu·sạm·men·fü·gen (*hat*) [Vt] ⟨Dinge⟩ **z.** *geschr*; aus einzelnen Teilen ein Ganzes *mst* bauen od. basteln ≈ zusammensetzen (1) || *hierzu* **Zu·sạm·men·fü·gung** *die*

zu·sạm·men·füh·ren (*hat*) [Vt] **1 j-n** (*Kollekt od Pl*) **z.** dafür sorgen, dass sich Menschen treffen (u. zusammenbleiben): *Unsere Organisation versucht, durch den Krieg getrennte Familien zusammenzuführen*; [Vi] **2** ⟨zwei Wege, Straßen⟩ **führen zusammen** zwei Wege, Straßen treffen aufeinander u. führen als ein Weg, eine Straße weiter || *zu* **1 Zu·sạm·men·füh·rung** *die*

zu·sạm·men·ge·hö·ren (*hat*) [Vi] **j-d / etw.** (*Kollekt od Pl*) **gehört zusammen** zwei (od. mehr) Personen od. Dinge bilden ein Paar, e-e Einheit od. ein Ganzes: *Der Tisch u. die Stühle gehören zusammen* || *hierzu* **zu·sạm·men·ge·hö·rig** *Adj*; **Zu·sạm·men·ge·hö·rig·keit** *die*; *nur Sg*

zu·sạm·men·ge·wür·felt *Adj*; *nicht adv*; (**bunt**) **z.** so, dass die anwesenden Personen bzw. die dazugehörigen Dinge sehr verschieden sind od. nicht zusammenpassen ⟨e-e (Reise)Gruppe, e-e Gesellschaft, e-e Mischung⟩

zu·sạm·men·ha·ben (*hat*) [Vt] **j-n / etw.** (*Kollekt od Pl*) **z.** *gespr*; alle nötigen Personen od. Sachen für e-n bestimmten Zweck gefunden od. gesammelt haben: *Wir haben jetzt genügend Spieler für ein Match zusammen*

zu·sạm·men·hal·ten (*hat*) [Vt] **1 etw. z.** bewirken, dass etw. ein Ganzes od. mit anderem verbunden bleibt: *Die Bretter werden durch Schrauben zusammengehalten* **2 j-n** (*Kollekt od Pl*) / **Tiere z.** dafür sorgen, dass e-e Gruppe von Menschen od. Tieren nicht auseinander geht: *Es ist schwer, die Mannschaft zusammenzuhalten* **3 sein Geld z.** sein Geld nicht ausgeben, sondern sparen; [Vi] **4 j-d** (*Kollekt od Pl*) **hält zusammen** Personen verstehen sich gut u. unterstützen sich gegenseitig: *Die Gruppe hielt zusammen, u. keiner verriet den andern* || *zu* **4 Zu·sạm·men·halt** *der*; *nur Sg*

Zu·sạm·men·hang *der*; **1 der Z.** (**mit etw.**); **der Z.** (**zwischen** ⟨Dingen⟩ / **zwischen etw.** (*Dat*) **u. etw.** (*Dat*)) e-e Beziehung od. Verbindung zwischen Dingen od. Tatsachen ⟨ein direkter, loser, unmittelbarer, historischer Z.; e-n Z. herstellen; e-n, keinen Z. sehen, erkennen; die größeren Zusammenhänge sehen; etw. im Z. sehen; j-n / etw. in Z. mit etw. bringen; j-n / etw. in / im Z. mit etw. nennen⟩: *Zwischen Lungenkrebs u. Rauchen besteht ein enger Z.*; *Ihr Rücktritt steht in / im Z. mit dem Bestechungsskandal* || -K: **Gedanken-, Satz-, Sinn-, Wort- 2 etw. aus dem Z. reißen** Worte, die andere gebraucht haben, in e-m anderen Z. (1) als ursprünglich verwenden ⟨Worte, ein Zitat⟩ **3 in diesem Z. ...** verwendet, um e-n Kommentar zu dem einzuleiten, was vorher gesagt wurde: *In diesem Z. ist zu erwähnen, dass ...* || *zu* **1 zu·sạm·men·hang(s)·los** *Adj*; *nur attr od adv*; **Zu·sạm·men·hang(s)·lo·sig·keit** *die*; *nur Sg*

zu·sạm·men·hän·gen; *hing zusammen, hat / südd* Ⓐ ⒸⒽ *auch ist zusammengehangen*; [Vi] **1 etw. hängt mit etw. zusammen** etw. ist die Folge, das Ergebnis von etw., wird von etw. verursacht: *Die hohe Anzahl der Verkehrsunfälle hängt unter anderem* damit *zusammen*, dass *die Leute zu schnell fahren*; *der Verpackungsmüll u. die damit zusammenhängenden Probleme* **2 etw. hängt mit etw. zusammen** etw. ist mit etw. fest verbunden: *Die Blätter des Buches hängen nur noch lose zusammen*

zu·sạm·men·hän·gend 1 *Partizip Präsens*; ↑ **zusammenhängen 2** *Adj*; *nur attr od adv*; ⟨e-e Darstellung, ein Bericht; etw. z. erzählen, darstellen, schreiben⟩ so formuliert, dass sich e-e Einheit bildet

zu·sạm·men·hau·en (*hat*) [Vt] *gespr*; **1 etw. z.** etw. kaputtschlagen **2 j-n z.** ≈ zusammenschlagen

zu·sạm·men·hef·ten (*hat*) [Vt] **etw.** (*Kollekt od Pl*) **z.** etw. (mit Klammern) zu e-m Ganzen verbinden ⟨Blätter, Seiten z.⟩

zu·sạm·men·kau·fen (*hat*) [Vt] **etw.** (*Kollekt od Pl*) **z.** *gespr pej*; ohne Überlegung (*mst* in mehreren Geschäften) ganz verschiedene Dinge kaufen: *Was hast du denn da zusammengekauft, das brauchen wir doch alles nicht!* || NB: aber: *Meine Schwester u. ich haben das Geschenk zusammen* (= gemeinsam) *gekauft* (getrennt geschrieben)

zu·sạm·men·keh·ren (*hat*) [Vt/i] (**etw.**) **z.** *bes südd* Ⓐ etw. mit e-m Besen zu e-m Haufen schieben ⟨Laub, Dreck, Staub z.⟩

zu·sạm·men·klap·pen (*hat / ist*) [Vt] (*hat*) **1 etw. z.** bei e-m Gegenstand, der aus mehreren beweglichen Teilen besteht, diese Teile so verschieben od. bewegen, dass der ganze Gegenstand kleiner od. kompakter wird ⟨den Campingtisch, den Klappstuhl, den Liegestuhl, das Taschenmesser, den Fächer z.⟩; [Vi] (*ist*) **2** *gespr* ≈ zusammenbrechen (1): *vor Erschöpfung z.* || *zu* **1 zu·sạm·men·klapp·bar** *Adj*; *nicht adv*

zu·sạm·men·kle·ben [Vt] (*hat*) **1 etw.** (*mst Pl*) **z.** etw. (mit Klebstoff) so verbinden, dass die Teile fest gefügt sind: *die zerbrochene Vase z.*; [Vi] (*ist*) **2 etw. klebt mit etw. zusammen**; ⟨Dinge⟩ **kleben zusammen** zwei od. mehrere Dinge sind (*mst* mit Klebstoff) fest verbunden: *Die beiden Buchseiten kleben zusammen*

zu·sạm·men·knei·fen (*hat*) [Vt] **etw.** (*mst Pl*) **z.** etw. durch Pressen od. Drücken fest schließen ⟨die Augen, die Lippen, den Mund z.⟩

zu·sạm·men·knül·len *(hat)* Vt **etw. z.** ein Stück Papier od. Stoff mit der Hand so (zusammen)drücken, dass e-e Art Kugel entsteht ⟨e-n Zettel, e-n Brief, Papier, die Serviette, das Taschentuch z.⟩

zu·sạm·men·kom·men *(ist)* Vi **1** ***j-d kommt mit j-m zusammen***; ⟨Personen⟩ ***kommen zusammen*** zwei od. mehrere Personen treffen sich (*mst* um etw. gemeinsam zu tun): *Sie kamen jeden Tag zusammen, um für die Prüfung zu lernen* **2** ***etw. kommt mit etw. zusammen*** etw. geschieht gleichzeitig mit etw. anderem (*mst* Unangenehmem): *Schlechtes Wetter, Kopfweh u. viel Arbeit: Heute kommt wieder alles zusammen* **3** ***etw.*** (*Kollekt od Pl*) ***kommt zusammen*** etw. sammelt sich, häuft sich an: *Bei der Sammlung ist viel Geld zusammengekommen* || NB: aber: *wir sind zusammen* (= gemeinsam) *gekommen* (getrennt geschrieben) || ▶***Zusammenkunft***

zu·sạm·men·kra·chen *(ist)* Vi *gespr*; **1** ***etw. kracht zusammen*** etw. bricht mit e-m lauten Geräusch zusammen (3) **2** ***j-d / ein Fahrzeug kracht mit j-m / e-m Fahrzeug zusammen***; ⟨Autofahrer / Fahrzeuge *o.Ä.*⟩ ***krachen zusammen*** ≈ zusammenstoßen (1)

zu·sạm·men·krat·zen *(hat)* Vt **etw.** (*Kollekt od Pl*) **z.** *gespr*; etw., von dem nicht viel da ist, sammeln: *Wir haben für diese Reise unsere ganzen Ersparnisse zusammengekratzt*

zu·sạm·men·krüm·men, sich *(hat)* Vr **sich z.** ≈ sich krümmen ⟨sich vor Schmerz z.⟩

Zu·sạm·men·kunft *die*; -, *Zu·sam·men·künf·te*; ein Treffen von Personen, die sich versammelt haben, um etw. zu tun

zu·sạm·men·läp·pern, sich *(hat)* Vr *mst* ***das läppert sich zusammen*** *gespr*; die vielen kleinen Mengen von etw. bilden zusammen mit der Zeit e-e größere Menge: *Er bittet mich immer wieder um ein paar Euro. Mit der Zeit läppert sich das zusammen*

zu·sạm·men·lau·fen *(ist)* Vi **1** ⟨Personen⟩ ***laufen*** (***irgendwo***) ***zusammen*** *mst* viele Menschen laufen von verschiedenen Seiten zu e-r bestimmten Stelle: *Die Menschen liefen auf dem Dorfplatz zusammen* **2** ***etw. läuft mit etw. zusammen*** *gespr*; etw. fließt mit etw. zusammen || NB: aber: *Wenn du willst, können wir beim nächsten Training zusammen* (= gemeinsam) *laufen* (getrennt geschrieben)

zu·sạm·men·le·ben *(hat)* Vi ***j-d- lebt mit j-m zusammen***; ***zwei Personen leben zusammen*** zwei Personen wohnen gemeinsam u. bilden (*mst* als Paar) e-e Gemeinschaft || *hierzu* **Zu·sạm·men·le·ben** *das*; *nur Sg*

zu·sạm·men·le·gen *(hat)* Vt **1** **etw. z.** die einzelnen Teile von etw. so legen od. falten, dass es möglichst klein, flach *usw.* wird ⟨die Zeitung, die Serviette, die Kleider, die Wäsche z.⟩ **2** ⟨Dinge⟩ **z.** verschiedene Dinge so verbinden (od. organisieren), dass sie ein Ganzes bilden ≈ zusammenfassen (2): *Die beiden Kurse hatten so wenige Teilnehmer, dass sie zusammengelegt wurden* **3** ⟨Personen⟩ **z.** mehrere Menschen in einem Raum unterbringen: *Wegen Platzmangels mussten jeweils fünf Patienten in einen / einem Raum zusammengelegt werden*; Vi **4** ***j-d*** (*Kollekt od Pl*) ***legt*** (***für etw.***) ***zusammen*** mehrere Personen bringen gemeinsam das Geld auf, das man für e-n Zweck braucht: *Peter hatte sein Geld vergessen, u. wir mussten für seine Fahrkarte z.* || *zu* **1 zu·sạm·men·leg·bar** *Adj*; *zu* **2** u. **3 Zu·sạm·men·le·gung** *die*

zu·sạm·men·nä·hen *(hat)* Vt **etw. z.** ein Kleidungsstück *o.Ä.* dadurch zu e-m Ganzen machen, dass man die verschiedenen Teile (durch Nähen) miteinander verbindet

zu·sạm·men·neh·men *(hat)* Vt **1** ⟨Dinge⟩ **z.** verschiedene Dinge im Ganzen, als Einheit betrachten: *Wenn man alle Kosten zusammennimmt, muss ich im Monat 1000 Euro für die Wohnung zahlen* **2** **etw. z.** etw. auf e-n Zweck, ein Ziel konzentrieren ⟨seinen ganzen Mut, seinen Verstand, seine ganze Kraft z.⟩; Vr **3** ***sich z.*** seine Gefühle, Impulse *usw* unter Kontrolle haben ≈ sich beherrschen: *Nimm dich doch zusammen u. schrei nicht so!*

zu·sạm·men·pa·cken *(hat)* Vt **1** **etw.** (*Kollekt od Pl*) **z.** alle Dinge, die man für etw. braucht, sammeln u. in e-n Koffer, e-e Tasche *o.Ä.* tun: *die Schulsachen für den nächsten Tag z.*; Vi **2** (*bes* nach e-r Arbeit) alle Dinge, die man gebraucht hat, wieder an ihren Platz tun: *z. u. nach Hause gehen* **3** ***z. können*** *gespr*; aufgeben müssen: *Nach diesem Skandal kann er z.*

zu·sạm·men·pas·sen *(hat)* Vi ⟨Personen / Dinge⟩ ***passen*** (***irgendwie***) ***zusammen*** zwei od. mehr Personen / Dinge bilden e-e harmonische Einheit: *Manche Farben passen gut zusammen*

zu·sạm·men·pfer·chen *(hat)* Vt ***j-n*** (*Kollekt od Pl*) / ***Tiere*** (***irgendwo***) ***z.*** ≈ zusammendrängen

zu·sạm·men·pral·len *(ist)* Vi ***j-d / ein Fahrzeug*** *o.Ä.* ***prallt mit j-m / e-m Fahrzeug*** *o.Ä.* ***zusammen***; ⟨Personen / Fahrzeuge *o.Ä.*⟩ ***prallen zusammen*** zwei od. mehrere Personen / Fahrzeuge *o.Ä.* stoßen heftig gegeneinander || *hierzu* **Zu·sạm·men·prall** *der*; -(e)s; *nur Sg*

zu·sạm·men·pres·sen *(hat)* Vt **1** ⟨Dinge⟩ **z.** *mst* zwei Teile von etw. fest aufeinander drücken ⟨die Lippen z.⟩ **2** **etw. z.** mit Kraft auf etw. pressen od. drücken (sodass es kleiner u. *mst* flacher wird)

zu·sạm·men·raf·fen *(hat)* Vt **1** **etw.** (*Kollekt od Pl*) **z.** in großer Eile alles nehmen, was man gerade in die Hand bekommt: *Voller Wut raffte sie ihre Kleider zusammen u. packte die Koffer* **2** **etw. z.** *pej*; etw. mit großer Gier u. Energie sammeln ⟨Geld, Besitz, ein Vermögen z.⟩ **3** **etw. z.** ein weites Kleidungsstück mit den Händen hochhalten, damit man nicht stolpert *o.Ä.*: *beim Einsteigen ins Auto den Rock z.*

zu·sạm·men·rau·fen, sich *(hat)* Vr ***j-d rauft sich mit j-m zusammen***; ⟨Personen⟩ ***raufen sich zusammen*** *gespr*; zwei od. mehrere Personen lernen, sich trotz anfänglicher Meinungsverschiedenheiten gegenseitig zu akzeptieren: *Das junge Paar musste sich erst z.*

zu·sạm·men·rech·nen *(hat)* Vt/i (⟨Zahlen, Summen *o.Ä.*⟩) **z.** ≈ addieren

zu·sạm·men·rei·men *(hat)* Vt ***sich*** (*Dat*) ***etw. z.*** *gespr*; e-e mögliche Erklärung für etw. finden

zu·sạm·men·rei·ßen, sich *(hat)* Vr **sich z.** *gespr* ≈ sich beherrschen, sich zusammennehmen (3)

zu·sạm·men·rol·len *(hat)* Vt **1** **etw. z.** etw. so zusammenlegen, dass es die Form e-r Rolle[1] (1) bekommt: *den Teppich z. u. auf die Schulter nehmen*; Vr **2** ***sich z.*** sich krumm machen u. den Kopf nahe zu den Beinen legen: *Der Hund rollte sich zum Schlafen zusammen*

zu·sạm·men·rot·ten, sich *(hat)* Vr ⟨Personen⟩ ***rotten sich zusammen*** *mst pej*; mehrere Menschen bilden e-e aggressive Gruppe mit der Absicht, etw. auch mit Gewalt zu erreichen: *Die Aufständischen rotteten sich vor dem Schloss zusammen* || *hierzu* **Zu·sạm·men·rot·tung** *die*

zu·sạm·men·rü·cken Vt *(hat)* **1** ⟨Dinge⟩ **z.** zwei od. mehrere Dinge so stellen od. rücken, dass sie eng beieinander sind: *die Tische z., damit die ganze Gruppe zusammensitzen kann*; Vi *(ist)* **2** ⟨Personen⟩ ***rücken zusammen*** Personen setzen sich od. stellen sich so, dass sie eng beisammen sind: *Wenn wir ein bisschen z., dann haben alle auf der Bank Platz*

zu·sạm·men·ru·fen (*hat*) [Vt] ***j-n*** (*Kollekt od Pl*) ***z.*** verschiedenen Leuten sagen, dass sie zu e-m bestimmten Zeitpunkt an e-n bestimmten Ort kommen sollen, um sich dort zu treffen

zu·sạm·men·sa·cken (*ist*) [Vi] *gespr*; **1** ≈ zusammenbrechen (1) **2** ***etw. sackt*** (***in sich*** (*Akk*)) ***zusammen*** etw. stürzt ein, etw. bricht zusammen

zu·sạm·men·schei·ßen (*hat*) [Vt] ***j-n z.*** *gespr!* j-n heftig tadeln

zu·sạm·men·schie·ben (*hat*) [Vt] ⟨Dinge⟩ ***z.*** mehrere Dinge so schieben, dass sie nahe beieinander sind: *die Bänke so z., dass sie e-e lange Reihe bilden*

zu·sạm·men·schla·gen (*hat*) [Vt] **1** *mst* ***die Hacken / Absätze / Hände z.*** die Hacken / Absätze / Hände so bewegen, dass sie sich mit e-m kurzen, deutlichen Geräusch berühren **2** ***etw. z.*** *gespr*; etw. kaputtschlagen ≈ zertrümmern **3** ***j-n z.*** *gespr*; j-n so brutal schlagen, dass er (verletzt) zusammenbricht

zu·sạm·men·schlie·ßen (*hat*) [Vt] **1** ⟨Dinge⟩ ***z.*** zwei od. mehrere Dinge mit e-m Schloss verbinden ⟨Fahrräder z.⟩; [Vr] **2** ⟨Personen / Institutionen *o.Ä.*⟩ ***schließen sich zusammen*** Personen / Institutionen *o.Ä.* bilden e-e Gemeinschaft, um so ein gemeinsames Ziel zu erreichen: *In der EU haben sich 14 Staaten zusammengeschlossen* || *zu* **2** **Zu·sạm·men·schluss** *der*

zu·sạm·men·schmel·zen (*ist*) [Vi] **1** ***etw. schmilzt zusammen*** etw. schmilzt u. wird dadurch kleiner od. weniger ⟨der Schnee⟩ **2** ***etw. schmilzt zusammen*** etw. wird weniger ⟨Ersparnisse, Geld, Vorräte⟩

zu·sạm·men·schnei·den (*hat*) [Vt] ⟨e-n Film, ein Tonband⟩ ***z.*** Teile aus e-m Film od. e-m Tonband schneiden u. so e-n kürzeren Film *o.Ä.* machen

zu·sạm·men·schnü·ren (*hat*) [Vt] **1** ***etw. z.*** um etw. e-e Schnur wickeln, damit es zusammen bleibt: *das Altpapier zu kleinen Bündeln z.* **2** *mst* ***die Angst schnürt j-m die Kehle zusammen*** j-d hat in e-r bestimmten Situation solche Angst, dass er kaum atmen od. sprechen kann

zu·sạm·men·schrau·ben (*hat*) [Vt] ***etw.*** (*mst Pl*) ***z.*** zwei od. mehrere Dinge mit Schrauben verbinden: *Bretter z.*

zu·sạm·men·schre·cken; *schreckt / veraltend schrickt zusammen, schreckte / veraltend schrak zusammen, ist zusammengeschreckt*; [Vi] vor Angst *o.Ä.* plötzlich e-e heftige (unkontrollierte) Bewegung mit dem Körper machen ≈ zusammenzucken

zu·sạm·men·schrei·ben (*hat*) [Vt] **1** ***etw. z.*** etw. als ein Wort schreiben ↔ getrennt schreiben: *„heimkommen" schreibt man zusammen, „Ski laufen" nicht* **2** ***etw. z.*** e-n schriftlichen Text verfassen, indem man aus verschiedenen Büchern, Zeitschriften *usw* das nimmt u. verbindet, was einem relevant, nützlich *o.Ä.* erscheint ⟨e-e Rede, e-n Vortrag, ein Referat z.⟩ **3** ***etw. z.*** *gespr pej*; etw. (schnell) schreiben, ohne lange darüber nachzudenken: *Was hast du denn da für e-n Unsinn zusammengeschrieben?* || *zu* **1** **Zu·sạm·men·schrei·bung** *die*; *nur Sg*

zu·sạm·men·schrump·fen (*ist*) [Vi] ⟨Vorräte, Ersparnisse *o.Ä.*⟩ ***schrumpfen zusammen*** Vorräte, Ersparnisse *o.Ä.* werden kleiner od. weniger

zu·sạm·men·schwei·ßen (*hat*) [Vt] ⟨Dinge⟩ ***z.*** zwei od. mehrere Dinge fest durch Schweißen miteinander verbinden ⟨Rohre, Schienen, Metallstücke z.⟩ || ID *mst* ***etw. hat j-n*** (*Kollekt od Pl*) ***zusammengeschweißt*** etw. hat bewirkt, dass sich die Betroffenen eng verbunden fühlen

Zu·sạm·men·sein *das*; *-s*; *nur Sg*; ein Treffen, bei dem Menschen privat miteinander reden, etw. trinken, spielen *o.Ä.* ⟨ein gemütliches, geselliges Z.⟩: *zu e-m zwanglosen Z. bei Kaffee u. Kuchen einladen*

zu·sạm·men·set·zen (*hat*) [Vt] **1** ***etw. z.*** etw. aus verschiedenen Teilen bauen ≈ zusammenbauen: *Er nahm das Radio auseinander, aber dann konnte er es nicht mehr z.*; [Vr] **2** ***etw. setzt sich aus j-m / etw.*** (*Kollekt od Pl*) ***zusammen*** etw. besteht aus verschiedenen Personen / Teilen: *Die Sinfonie setzt sich aus vier Sätzen zusammen* **3** ***j-d setzt sich mit j-m zusammen***; ⟨Personen⟩ ***setzen sich zusammen*** zwei od. mehrere Personen treffen sich, *mst* um über etw. Bestimmtes zu sprechen ⟨sich zu Verhandlungen, zu Beratungen, zu e-r Besprechung z.⟩: *Wir sollten uns nächste Woche z. u. e-n Plan erarbeiten* || *zu* **2** **Zu·sạm·men·set·zung** *die*

zu·sạm·men·sin·ken (*ist*) [Vi] (***in sich*** (*Akk*)) ***z.*** in die Richtung zum Boden od. auf den Boden sinken ⟨ohnmächtig z.; zusammengesunken dasitzen⟩

zu·sạm·men·sit·zen (*hat / südd* Ⓐ Ⓒⓗ *ist*) [Vi] **1** ***j-d sitzt mit j-m zusammen***; ⟨Personen⟩ ***sitzen zusammen*** zwei od. mehrere Personen sitzen gemeinsam irgendwo u. reden *o.Ä.*: *Er sitzt gern mit Freunden bei e-m Bier zusammen* **2** ⟨Personen⟩ ***sitzen zusammen*** zwei od. mehrere Personen sitzen nebeneinander ⟨im Kino, im Theater, in der Schule z.⟩

Zu·sạm·men·spiel *das*; *nur Sg*; **1** die Art, wie *bes* Spieler (e-r Mannschaft, e-s Orchesters *o.Ä.*) harmonieren u. das Spiel miteinander gestalten: *Das Z. der Mannschaft muss noch verbessert werden* **2** die Art, wie Vorgänge od. Kräfte aufeinander reagieren u. voneinander abhängen: *das Z. von Angebot u. Nachfrage auf dem freien Markt*

zu·sạm·men·spie·len (*hat*) [Vi] **1** ⟨Personen⟩ ***spielen irgendwie zusammen*** zwei od. mehr Personen harmonieren auf die genannte Art u. Weise **2** ⟨Dinge⟩ ***spielen zusammen*** Dinge wirken (gegenseitig) aufeinander || NB: aber: *Wir wollen zusammen* (= miteinander) *spielen* (getrennt geschrieben)

zu·sạm·men·stau·chen (*hat*) [Vt] ***j-n z.*** *gespr*; j-n heftig tadeln

zu·sạm·men·ste·cken [Vt] (*hat*) **1** ***etw.*** (*mst Pl*) ***z.*** zwei od. mehrere Dinge miteinander verbinden, *bes* indem man Nadeln *o.Ä.* in sie steckt: *ein Kleid / Stoffteile mit Stecknadeln z.; die Haare z.*; [Vi] (*hat / südd* Ⓐ Ⓒⓗ *ist*) **2** ***j-d steckt mit j-m zusammen***; ⟨Personen⟩ ***stecken zusammen*** *gespr*; zwei od. mehrere Personen sind oft zusammen (u. denken sich heimlich etw. aus *o.Ä.*): *Sie stecken ununterbrochen zusammen - was die wohl anstellen?*

zu·sạm·men·ste·hen (*hat / südd* Ⓐ Ⓒⓗ *ist*) [Vi] **1** ***j-d steht mit j-m zusammen***; ⟨Personen⟩ ***stehen zusammen*** zwei od. mehrere Personen stehen nebeneinander: *Wir standen noch lange vor dem Kino zusammen u. diskutierten* **2** ⟨Personen⟩ ***stehen zusammen*** zwei od. mehrere Personen halten zusammen

zu·sạm·men·stel·len (*hat*) [Vt] **1** ***etw. z.*** etw. planen u. organisieren ⟨ein Menü, ein Programm, e-e Reise z.⟩ **2** ***etw.*** (*Pl*) ***z.*** zwei od. mehrere Dinge so stellen, dass sie nebeneinander stehen ⟨die Stühle, Tische, die Betten, die Schränke z.⟩ || *zu* **1** **Zu·sạm·men·stel·lung** *die*

zu·sạm·men·sto·ßen (*ist*) [Vi] **1** ***j-d / ein Fahrzeug stößt mit j-m / e-m Fahrzeug zusammen***; ⟨Personen / Fahrzeuge *o.Ä.*⟩ ***stoßen zusammen*** zwei od. mehrere Personen / Fahrzeuge *o.Ä.* stoßen im Gehen od. Laufen bzw. Fahren gegeneinander: *Die Fahrzeuge sind frontal zusammengestoßen; An dieser Kreuzung ist gestern ein Pkw mit e-m Motorrad zusammengestoßen* **2** ***etw. stößt mit etw. zusammen***; ⟨Dinge⟩ ***stoßen zusammen*** zwei od. mehrere Dinge treffen sich an e-r Linie od. e-m Punkt: *An dieser Hecke stoßen die Grundstücke zusammen* || *zu* **1** **Zu·sạm·men·stoß** *der*

zu·sạm·men·strö·men (*ist*) [Vi] ⟨Personen⟩ ***strömen zusammen*** viele Personen kommen (aus allen Richtungen) zu e-m Ort ⟨die Leute, die Menge⟩
zu·sạm·men·stü·ckeln (*hat*) [Vt] ***etw. z.*** *gespr pej*; etw. ohne Plan aus verschiedenen Teilen, die schlecht zueinander passen, herstellen
zu·sạm·men·stür·zen (*ist*) [Vi] ***etw. stürzt*** (***in sich*** (*Akk*)) ***zusammen*** ≈ etw. bricht zusammen, stürzt ein ⟨das Haus, der Turm, das Gerüst, die Tribüne *usw*⟩
zu·sạm·men·su·chen (*hat*) [Vt] ***etw.*** (*Kollekt od Pl*) ***z.*** die Gegenstände od. Teile, die man für e-n bestimmten Zweck braucht u. die sich an verschiedenen Orten befinden, an eine Stelle bringen: *das Spielzeug der Kinder z. müssen* || NB: aber: *Lass uns zusammen* (= gemeinsam) *suchen* (getrennt geschrieben)
zu·sạm·men·tra·gen (*hat*) [Vt] ***etw.*** (*Kollekt od Pl*) ***z.*** Dinge, die man an verschiedenen Stellen findet, sammeln od. an e-n (bestimmten) Ort bringen: *Material für e-e Dissertation z.*; *Brennholz für den Winter z.* || NB: aber: *Wir können die Kiste zusammen* (= zu zweit) *tragen* (getrennt geschrieben)
zu·sạm·men·tref·fen (*ist*) [Vi] **1** ***j-d trifft mit j-m zusammen***; ⟨Personen⟩ ***treffen zusammen*** zwei od. mehrere Personen begegnen sich: *Wir trafen zufällig mit alten Freunden zusammen* **2** ***etw. trifft mit etw. zusammen*** etw. geschieht gleichzeitig mit etw. anderem ≈ etw. fällt mit etw. zusammen || *hierzu* **Zu·sạm·men·tref·fen** *das*
zu·sạm·men·trei·ben (*hat*) [Vt] ***j-n*** (*Kollekt od Pl*) / ***Tiere z.*** Menschen od. Tiere mit Gewalt an den gleichen Ort bringen: *die Herde z.*
zu·sạm·men·tre·ten (*hat / ist*) [Vt] (*hat*) **1** ***j-n z.*** *gespr*; so lange u. heftig auf j-n treten, bis er schwer verletzt ist; [Vi] (*ist*) **2** ***j-d / etw.*** (*Kollekt od Pl*) ***tritt zusammen*** mehrere Personen versammeln sich (als Mitglieder e-r Organisation, Institution *o.Ä.*), um etw. Bestimmtes zu tun: *Das Gericht wird morgen z., um das Urteil zu verkünden*
zu·sạm·men·trom·meln (*hat*) [Vt] ***j-n*** (*Kollekt od Pl*) ***z.*** *gespr*; *mst hum*; viele Personen auffordern, an e-n bestimmten Ort zu kommen, um sich dort zu treffen
zu·sạm·men·tun, sich (*hat*) [Vr] ***j-d / etw. tut sich mit j-m / etw. zusammen***; ⟨Personen / Organisationen *o.Ä.*⟩ ***tun sich zusammen*** *gespr*; zwei od. mehrere Personen / Organisationen *o.Ä.* werden Partner, um für ein gemeinsames Ziel zu arbeiten: *Vor den Wahlen haben sich die kleinen Parteien zusammengetan, um gemeinsam e-n Sitz im Parlament zu erkämpfen*
zu·sạm·men·wach·sen (*ist*) [Vi] **1** ***etw. wächst mit etw. zusammen***; ⟨Dinge⟩ ***wachsen zusammen*** zwei od. mehrere Dinge bilden (allmählich) (wieder) ein Ganzes: *Die gebrochenen Knochen sind wieder gut zusammengewachsen*; *Die beiden Dörfer wachsen immer mehr zusammen* **2** ⟨Personen⟩ ***wachsen zusammen*** zwei od. mehrere Personen werden allmählich zu (engen) Freunden
zu·sạm·men·wir·ken (*hat*) [Vi] **1** ⟨Personen⟩ ***wirken zusammen*** *geschr*; zwei od. mehrere Personen arbeiten gemeinsam an etw.: *Für diese Platte haben zahlreiche Stars zusammengewirkt* **2** ⟨Faktoren, Umstände *o.Ä.*⟩ ***wirken zusammen*** verschiedene Faktoren, Umstände *o.Ä.* haben e-n Einfluss auf e-e bestimmte Sache
zu·sạm·men·zäh·len (*hat*) [Vt/i] (***etw.*** (*Pl*)) ***z.*** ≈ addieren: *Nun zähl mal zusammen!*
zu·sạm·men·zie·hen [Vt] (*hat*) **1** ***etw. z.*** etw. (durch Ziehen) kleiner od. enger machen : *die Schlinge um den Hals des Tieres z.* **2** ***j-n*** (*Kollekt od Pl*) ***z.*** *mst* Soldaten aus verschiedenen Richtungen an e-n Ort bringen: *an der Grenze Truppen z.*; [Vt/i] (*hat*) **3** (***etw.*** (*Pl*)) ***z.*** ≈ addieren; [Vi] (*ist*) **4** ***j-d zieht mit j-m zusammen***; ⟨Personen⟩ ***ziehen zusammen*** zwei od. mehrere Personen nehmen gemeinsam e-e Wohnung, um dort zu leben; [Vr] (*hat*) **5** ***etw. zieht sich zusammen*** etw. wird kleiner od. enger ↔ etw. dehnt sich aus: *Rauchen bewirkt, dass sich die Blutgefäße zusammenziehen* **6** ***etw. zieht sich zusammen*** ≈ etw. ballt sich zusammen ⟨ein Gewitter, ein Unwetter, (Gewitter)Wolken⟩ || *zu* **1, 2** u. **3** **Zu·sạm·men·zie·hung** *die*; *mst Sg*
zu·sạm·men·zim·mern (*hat*) [Vt] ***etw. z.*** *gespr pej*; etw. *mst* aus Holz schnell u. unfachmännisch bauen: *ein Bücherregal z.*
zu·sạm·men·zu·cken (*ist*) [Vi] aus Schreck od. Schmerz e-e schnelle (unkontrollierte) Bewegung mit dem Körper machen ≈ zusammenfahren
Zu̲·satz *der*; **1** e-e Substanz, die e-r anderen hinzugefügt wird, um diese zu verändern od. irgendwie zu beeinflussen: *Viele Lebensmittel enthalten Zusätze wie Konservierungsmittel u. Farbstoffe* || K-: ***Zusatz-, -stoff*** **2** etw. Neues, mit dem man *bes* e-n Text ergänzt od. etw. erklärt ≈ Ergänzung, Nachtrag: *e-n Z. zu e-m Gesetz verabschieden* || K-: ***Zusatz-, -abkommen, -antrag, -bestimmung*** **3** *nur Sg*; das Hinzufügen e-r Substanz zu e-r anderen ≈ Zugabe: *das Wasser durch Z. von Chlor desinfizieren*
Zu̲·satz- *im Subst, begrenzt produktiv*; drückt aus, dass etw. zu etw. bereits Vorhandenem hinzukommt od. etw. ergänzt; das ***Zusatzgerät***, der ***Zusatzscheinwerfer***, die ***Zusatzsteuer***, das ***Zusatzteil***, die ***Zusatzversicherung***
zu̲·sätz·lich *Adj*; ***z.*** (***zu j-m / etw.***) drückt aus, dass j-d / etw. (als Ergänzung) zu den bereits vorhandenen Personen / Dingen (hinzu)kommt ⟨e-e Belastung; Kosten⟩: *Z. zu den eingeladenen Gästen sind noch ein paar Nachbarn gekommen*; *ein paar Stunden z. arbeiten*
Zu̲·satz·stoff *der*; e-e Substanz, die bei der Herstellung e-r Ware zur Verbesserung der Eigenschaften hinzugefügt wird, *z.B.* Konservierungsmittel, Farbstoff, Parfüm || -K: ***Lebensmittel-***
Zu̲·satz·zahl *die*; *nur Sg*; e-e Zahl, die beim Lotto zusätzlich zu den sechs Gewinnzahlen gezogen wird
zu·schạn·den, zu Schạn·den *Adv*; **1** drückt aus, dass etw. dabei zerstört wird ≈ zunichte ⟨etw. geht / wird z.; etw. z. machen⟩: *j-s Hoffnungen z. machen* **2** drückt in Verbindung mit e-m Verb aus, dass dabei j-d / etw. großen Schaden erleidet (u. *mst* nicht mehr zu gebrauchen ist) ⟨ein Auto z. fahren; ein Pferd z. reiten; j-n / etw. z. richten⟩
zu̲·schan·zen; *schanzte zu, hat zugeschanzt*; [Vt] ***j-m etw. z.*** *gespr*; auf indirekte Weise dafür sorgen, dass j-d etw. bekommt, auf das er (eigentlich) keinen Anspruch hat: *seinen Freunden Geld z.*
zu̲·schau·en (*hat*) [Vi] (***j-m / etw.***) ***z.***; (***j-m***) ***bei etw. z.*** *bes südd* Ⓐ Ⓒⓗ ≈ zusehen
Zu̲·schau·er *der*; *-s, -*; j-d, der bei etw. (*bes* bei e-r Veranstaltung) zusieht ⟨ein unfreiwilliger Z.⟩: *Die Zuschauer klatschten Beifall*; *bei etw. keine Zuschauer gebrauchen können* || K-: ***Zuschauer-, -raum, -tribüne, -zahl*** || *hierzu* **Zu̲·schau·e·rin** *die*; *-, -nen*
zu̲·schi·cken (*hat*) [Vt] (***j-m***) ***etw. z.*** j-m etw. schicken, senden: *j-m e-e Rechnung z.*
zu̲·schie·ben (*hat*) [Vt] **1** ***etw. z.*** ↑ ***zu-*** (1) **2** ***j-m etw. z.*** etw. zu j-m hinschieben **3** *mst* ***j-m die Schuld / die Verantwortung z.*** veranlassen, dass j-d die Verantwortung für etw. Unangenehmes übernehmen muss
zu̲·schie·ßen [Vt] (*hat*) **1** ***j-m*** (***vernichtende / wütende***) ***Blicke z.*** j-n wütend ansehen **2** (***j-m / etw.***) ***etw.***

z. j-m Geld geben u. ihn so unterstützen: *Der Sponsor schießt dem Verein noch 30000 Euro zu*; [Vi] (*ist*) **3 auf j-n / etw. z.** sich sehr schnell in Richtung auf j-n / etw. bewegen: *Das Auto schoss auf den Baum zu*

Zu·schlag *der*; **1** ein Betrag, der zu e-r Gebühr, e-m Gehalt, e-m Preis *o.Ä.* hinzukommen kann: *e-n Z. für Nachtarbeit bekommen*; *den Z. für den Intercityzug bezahlen* **2 der Z.** (**für etw.**) die Erklärung, dass j-d / e-e Firma *o.Ä.* e-e Ware (bei e-r Auktion) bzw. e-n Auftrag (bei e-m Bauprojekt *o.Ä.*) bekommt (weil sie das beste Angebot gemacht haben) ⟨j-m den Z. geben; den Z. bekommen⟩ || *zu* **1 zu·schlag·frei** *Adj*; **zu·schlag·pflich·tig** *Adj*; *nicht adv*

zu·schla·gen [Vt] (*hat*) **1 etw. z.** etw. mit Schwung schließen, sodass dabei ein lautes Geräusch entsteht: *ein Buch, ein Fenster z.*; *Der Wind hat die Tür zugeschlagen* **2 j-m etw. z.** j-m den Zuschlag (2) für etw. geben **3 auf etw.** (*Akk*) **etw. z.**; **etw.** (*Dat*) **etw. z.** den Preis von etw. um e-e bestimmte Summe erhöhen: *auf den Preis 10% Provision z.*; [Vi] **4 etw. schlägt zu** (*ist*) etw. wird mit Schwung u. lautem Geräusch geschlossen: *Als der Sturm aufkam, schlug das Fenster zu* **5** (*hat*) j-n schlagen, auf / gegen etw. schlagen: *Schlag zu, wenn du dich traust!* **6** (*hat*) plötzlich angreifen, gegen j-n aktiv *o.Ä.* werden: *Die Polizei hatte die Schmuggler lange beobachtet, bevor sie in e-m günstigen Augenblick zuschlug u. alle verhaftete* **7** (*hat*) *gespr*; etw. schnell kaufen od. nehmen, bevor es ein anderer tun kann: *Bei so e-m günstigen Angebot muss man einfach z.!* || ID **das Schicksal hat zugeschlagen** etw. Schlimmes (*z.B.* ein Todesfall *o.Ä.*) ist (plötzlich) passiert

zu·schlie·ßen (*hat*) [Vt] **etw. z.** etw. mit e-m Schlüssel schließen ≈ abschließen: *die Haustür, den Koffer, die Wohnung z.*

zu·schnap·pen [Vi] **1 ein Tier schnappt zu** (*hat*) ein Tier beißt plötzlich nach j-m / etw.: *Der Hund schnappte zu u. biss ihn in den Arm* **2 etw. schnappt zu** (*ist*) etw. schließt sich plötzlich ⟨e-e Falle⟩: *Die Tür ist zugeschnappt. Hast du den Schlüssel?*

zu·schnei·den (*hat*) [Vt] **1 etw. z.** ↑ **zu-** (7) **2 etw. z.** den Stoff für etw. z. (1): *e-n Rock z.* || ID **etw. ist auf j-n / etw. zugeschnitten** etw. ist so gestaltet, dass es für j-n / etw. gut passt: *Das Programm war ganz auf den Geschmack junger Leute zugeschnitten* || ► **Zuschnitt**

zu·schnei·en (*ist*) [Vi] *mst* **etw. ist zugeschneit** etw. ist ganz von Schnee bedeckt (od. versperrt): *Die Einfahrt ist zugeschneit*

Zu·schnitt *der*; **1** *nur Sg*; das Sägen, Schneiden *o.Ä.* zu e-r bestimmten Form od. Größe: *der Z. von Brettern* **2** die Form, die etw. durch e-n Z. (1) bekommen hat ≈ Schnitt (3): *der elegante Z. e-s Kleides* **3** *mst Sg* ≈ Format (2), Rang (2): *e-e Veranstaltung internationalen Zuschnittes*

zu·schnü·ren (*hat*) [Vt] **1 etw. z.** etw. mit e-r Schnur fest schließen ≈ zubinden ⟨ein Bündel, ein Paket, die Schuhe z.⟩ **2** *mst* **die Angst schnürt j-m die Kehle zu** j-d hat in e-r bestimmten Situation solche Angst, dass er kaum sprechen kann

zu·schrau·ben (*hat*) [Vt] **etw. z.** etw. mit Schrauben od. durch Drehen e-s Verschlusses schließen ↔ aufschrauben: *das Marmeladenglas z.*

zu·schrei·ben (*hat*) [Vt] **1 j-m etw. z.** die Meinung vertreten, dass etw. das Werk e-r bestimmten Person ist: *Dieses Musikstück wird Mozart zugeschrieben* **2 j-m / etw. etw. z.** glauben, dass j-d / etw. bestimmte Eigenschaften od. Qualitäten hat: *Die Indianer schreiben dieser Pflanze e-e besondere Wirkung zu*

zu·schrei·en (*hat*) [Vt] **j-m etw. z.** *gespr*; etw. laut zu j-m rufen

Zu·schrift *die*; ein Brief als Reaktion auf e-e Annonce, e-e Fernsehsendung *o.Ä.*: *zahlreiche Zuschriften auf ein Inserat erhalten* || -K: **Leser-**

zu·schụl·den, zu Schụl·den *Adv*; *mst* **in sich** (*Dat*) **etwas / nichts z. kommen lassen** etw. / nichts tun, das verboten od. moralisch schlecht ist

Zu·schuss *der*; **ein Z.** (**für / zu etw.**) Geld, das j-d od. e-e Organisation bekommt, damit er / sie etw. finanzieren kann ≈ Unterstützung: *e-n Z. zu den Baukosten bekommen*; *staatliche Zuschüsse für das Theater*

zu·schus·tern; *schusterte zu, hat zugeschustert*; [Vt] **j-m etw. z.** *gespr*; (*bes* heimlich) dafür sorgen, dass j-d e-n Vorteil bekommt ≈ j-n begünstigen ⟨j-m e-n Auftrag, e-n Job, e-n Posten z.⟩

zu·schüt·ten (*hat*) [Vt] **1 etw. z.** etw. mit Erde, Steinen *o.Ä.* füllen u. so zumachen ⟨e-e Grube, ein Loch z.⟩ **2 etw. z.** *gespr*; Flüssigkeit (*mst* in ziemlich großer Menge) hinzugeben

zu·se·hen (*hat*) [Vi] **1** (**j-m / etw.**) **z.**; (**j-m**) **bei etw. z.** aufmerksam mit Blicken verfolgen, wie j-d etw. tut od. wie etw. geschieht: *bei e-m Fußballspiel z.*; *j-m bei der Arbeit z.*; *Sieh zu*, wie *ich das mache, damit du es lernst!* **2** (**bei etw.**) **z.** etw. geschehen lassen, ohne etw. dagegen zu tun, ohne aktiv zu werden: *Wir mussten hilflos z.*, wie *unser Haus abbrannte* **3 z., dass / wie / ob** *o.Ä.* … sich bemühen, etw. (Bestimmtes) zu erreichen: *Sieh zu, dass du rechtzeitig fertig wirst!*; *Ich muss z., dass ich den Zug erreiche*

zu·se·hends *Adv*; so, dass die Veränderungen, die dabei stattfinden, einem auch auffallen: *Das Wetter wird z. besser*

Zu·se·her *der*; Ⓐ ≈ Zuschauer

zu·sen·den; *sandte / sendete zu, hat zugesandt / zugesendet*; [Vt] **j-m etw. z.** ≈ (zu)schicken: *j-m e-n Brief z.* || *hierzu* **Zu·sen·dung** *die*

zu·set·zen (*hat*) [Vt] **1** (**etw.** (*Dat*)) **etw. z.** e-e Substanz e-r anderen hinzugeben u. damit mischen: *e-m Saft Zucker z.*; [Vi] **2 j-m** (**mit etw.**) **z.** j-n dringend bitten od. auffordern, etw. zu tun ≈ j-n bedrängen ⟨j-m mit Bitten, Forderungen, Fragen z.⟩ **3 etw. setzt j-m** (**stark / sehr**) **zu** etw. ist für j-n sehr lästig od. anstrengend: *Die Hitze setzte ihm stark zu*; *Der Stress setzte ihr so zu, dass sie krank wurde*; [Vt/i] **4** (**etw.**) **z.** bei e-m Geschäft *o.Ä.* Geld verlieren || ► **Zusatz**

zu·si·chern (*hat*) [Vt] **j-m etw. z.** j-m (offiziell) versprechen, dass er etw. bekommen wird ⟨j-m etw. vertraglich z.⟩ || *hierzu* **Zu·si·che·rung** *die*

zu·sper·ren (*hat*) [Vt/i] (**etw.**) **z.** *südd* Ⓐ ≈ abschließen (1), zuschließen: *e-e Tür z.*

zu·spie·len (*hat*) [Vt/i] **1** (**j-m** (**etw.**)) **z.** den Ball *o.Ä.* zu e-m anderen Spieler der eigenen Mannschaft schießen od. werfen; [Vt] **2 j-m etw. z.** geschickt dafür sorgen, dass j-d etw. (Geheimes) erfährt ⟨j-m Informationen, e-e Nachricht z.⟩ || *zu* **1 Zu·spiel** *das*; *mst Sg*

zu·spit·zen (*hat*) [Vt] **1 etw. z.** e-n Stock *o.Ä.* mit e-r Spitze versehen; [Vr] **2 etw. spitzt sich zu** etw. wird gefährlicher od. schlimmer ≈ etw. verschärft sich ⟨der Konflikt, die Krise, die Lage⟩ || *hierzu* **Zu·spit·zung** *die*; *nur Sg*

zu·spre·chen (*hat*) [Vt] **1 j-d / etw. spricht j-m etw. zu** e-e Behörde *o.Ä.* entscheidet offiziell, dass j-d etw. bekommen soll ⟨j-m ein Erbe, e-n Preis, ein Recht z.⟩: *Nach der Scheidung sprach das Gericht* (*das Sorgerecht für*) *die Kinder der Mutter zu*; [Vi] **2 etw.** (*Dat*) (**irgendwie**) **z.** von etw. (e-e bestimmte Menge) essen od. trinken: *Die Gäste sprachen dem Essen tüchtig, kräftig, fleißig zu*; [Vt/i] **3 j-m** (**etw.**) **z.**

freundlich mit j-m reden, damit bestimmte (positive) Gefühle in ihm entstehen ⟨j-m Mut, Trost z.; j-m begütigend, beruhigend, besänftigend, gut z.⟩

Zu·spruch *der*; *nur Sg*, *geschr*; **1** Trost, Aufmunterung **2** *mst* ***etw. findet / hat großen, regen, viel Z.***; ***etw. erfreut sich großen Zuspruchs*** etw. ist sehr beliebt, wird von vielen Leuten besucht, benutzt *o.Ä.*

Zu·stand *der*; **1** die Form od. Beschaffenheit: *Bei null Grad Celsius geht Wasser vom flüssigen in den festen Z. über u. wird zu Eis* **2** die körperliche od. psychische Verfassung e-r Person, die äußeren Eigenschaften e-s Gegenstands: *Hat sich sein gesundheitlicher Z. gebessert?*; *Das Haus befindet sich in e-m sehr schlechten Z. - es müsste dringend renoviert werden* || -K: ***Geistes-, Gesundheits-, Straßen-***; ***Dauer-, Ideal-*** **3** *mst Pl* ≈ Verhältnisse, Situation ⟨die politischen, sozialen, wirtschaftlichen Zustände in e-m Land⟩: *Unter diesen Bedingungen kann ich nicht arbeiten. Die Zustände sind unerträglich*; *Katastrophale Zustände führten zu e-m Bürgerkrieg* || -K: ***Alarm-, Ausnahme-, Kriegs-*** || ID ***Zustände bekommen / kriegen*** *gespr*; über etw. entsetzt sein u. wütend *o.Ä.* werden: *Wenn deine Mutter diese Unordnung sieht, bekommt sie Zustände!*; ***Das ist doch kein Z.!*** *gespr*; das muss anders werden

zu·stan·de, zu Stan·de *Adv*; *nur in* **1** ***etw. kommt z.*** etw. entsteht od. gelingt (*bes* trotz Schwierigkeiten): *Nach langen Verhandlungen kam der Vertrag doch noch z.* **2** ***etw. z. bringen*** bewirken, dass etw. gelingt: *Du hast doch noch nie etwas Vernünftiges z. gebracht!* || *zu* **1** **Zu·stan·de·kom·men** *das*; *-s*; *nur Sg*

zu·stän·dig *Adj*; (***für j-n / etw.***) ***z.*** verpflichtet u. berechtigt, bestimmte Entscheidungen zu treffen od. etw. zu tun ⟨der Beamte, die Behörde, das Gericht, die Stelle⟩: *für die Bearbeitung e-s Falles z. sein*; *Wer ist* dafür *z.*, dass *wir so lange warten mussten?*; *Das Standesamt ist* dafür *z.*, *Geburtsurkunden auszustellen* || *hierzu* **Zu·stän·dig·keit** *die*; **Zu·stän·dig·keits·be·reich** *der*

Zu·stands·pas·siv *das*; e-e besondere Form des Passivs, die das Ergebnis e-r Handlung im Passiv angibt u. die mit dem Hilfsverb *sein* gebildet wird: *Mein Auto ist gestohlen* (im Unterschied zu: *Mein Auto wurde gestohlen*)

zu·stat·ten *Adv*; *nur in* ***etw. kommt j-m / etw. z.*** etw. ist ein Vorteil für j-n / etw. ≈ etw. nützt j-m: *Du solltest ein paar Sprachen lernen. Das wird dir im Berufsleben z. kommen*

zu·ste·cken (*hat*) [Vt] ***j-m etw. z.*** j-m etw. heimlich geben: *Ihre Mutter steckte ihr immer wieder Geld zu*

zu·ste·hen (*hat / südd* Ⓐ Ⓒⓗ *ist*) [Vi] ***etw. steht j-m zu*** j-d hat das Recht, etw. zu bekommen: *Der Ehefrau steht die Hälfte des Erbes zu*

zu·stei·gen (*ist*) [Vi] (***irgendwo***) ***z.*** an der Stelle, an der ein Fahrzeug hält, in das Fahrzeug einsteigen: *Noch jemand zugestiegen? Die Fahrkarten bitte!*

zu·stel·len (*hat*) [Vt] **1** ***j-d / etw. stellt*** (***j-m***) ***etw. zu*** ein Postbote *o.Ä.* / e-e Behörde übergibt j-m etw.: *j-m e-n Bescheid z.*; *Eilbriefe werden sofort zugestellt, wenn sie beim zuständigen Postamt eintreffen* || K-: ***Zustell-, -bezirk, -gebühr, -vermerk*** **2** ***etw. z.*** e-e Öffnung schließen od. verdecken, indem man etw. davor stellt: *e-e Tür mit e-m Schrank z.* || *zu* **1** **Zu·stel·ler** *der*; *-s*, *-*; **Zu·stel·le·rin** *die*; *-*, *-nen*; **Zu·stel·lung** *die*

zu·steu·ern [Vi] (*ist*) **1** ***j-d / etw. steuert auf j-n / etw. zu*** ein Autofahrer *o.Ä.* / ein Fahrzeug bewegt sich in Richtung auf j-n / etw. zu: *Das Auto steuerte auf den Abgrund zu* **2** ***etw. steuert auf etw.*** (*Akk*) ***zu*** etw. entwickelt sich in Richtung auf etw.: *Das Land steuert auf e-e Katastrophe zu*; [Vt] (*hat*) **3** ***etw. auf j-n / etw. z.*** etw. in die Richtung von j-m / etw. lenken: *Er steuerte das Boot auf das Ufer zu*

zu·stim·men (*hat*) [Vi] **1** (***j-m***) ***z.*** sagen (od. deutlich machen), dass man der gleichen Meinung wie ein anderer ist ↔ (j-m) widersprechen ⟨zustimmend nicken⟩: *Ich kann Ihnen da nur z., Sie haben vollkommen Recht* **2** (***etw.*** (*Dat*)) ***z.*** sagen, dass man etw. als richtig ansieht ↔ (etw.) ablehnen ⟨e-m Antrag, e-m Vorschlag z.⟩

Zu·stim·mung *die*; **1** ***die Z.*** (***zu etw.***) das Zustimmen ≈ Billigung ↔ Ablehnung ⟨etw. findet allgemeine, j-s Z.⟩ **2** ***die Z.*** (***zu etw.***) ≈ Erlaubnis ⟨seine Z. geben, verweigern; j-m / etw. seine Z. versagen; j-s Z. einholen⟩

zu·stop·fen (*hat*) [Vt] ***etw.*** (***mit etw.***) ***z.*** *gespr*; e-e Öffnung zumachen, indem man etw. hineinstopft: *ein Loch mit Lumpen z.*; *sich die Ohren mit Watte z.*

zu·stöp·seln; *stöpselte zu*, *hat zugestöpselt*; [Vt] ***etw. z.*** etw. mit e-m Stöpsel, Korken *o.Ä.* verschließen: *den Abfluss in der Badewanne z.*

zu·sto·ßen [Vi] (*hat*) **1** ***j-d / ein Tier stößt zu*** j-d greift j-n (*mst* mit e-m spitzen Gegenstand) an, ein Tier greift j-n / ein Tier an: *mit e-m Messer z.*; *Die Schlange stieß zu*; [Vt] (*hat*) **2** ***etw. z.*** etw. schließen, indem man dagegen stößt ⟨e-e Tür mit dem Fuß z.⟩ || ID *mst* ***Hoffentlich ist ihm / ihr nichts zugestoßen*** hoffentlich hat er / sie keinen Unfall gehabt; *mst* ***wenn mir etwas zustößt*** *euph*; wenn ich sterben sollte

zu·stre·ben (*ist*) [Vi] ***etw.*** (*Dat*) ***z.*** sich schnell u. direkt auf ein Ziel zubewegen ⟨dem Ausgang z.⟩

zu·strö·men (*ist*) [Vi] **1** ***etw. strömt etw.*** (*Dat*) ***zu***; ***etw. strömt irgendwoher zu*** Luft, Wasser *o.Ä.* bewegt sich u. kommt zu etw. anderem hinzu: *Kalte Meeresluft strömt aus dem Norden zu* **2** ⟨Personen⟩ ***strömen etw.*** (*Dat*) ***zu / strömen auf etw.*** (*Akk*) ***zu*** *mst* viele Personen bewegen sich zu e-m bestimmten Ziel hin: *Die Zuschauer strömten dem / auf den Ausgang zu* || *hierzu* **Zu·strom** *der*; *-(e)s*; *nur Sg*

zu·stür·zen (*ist*) [Vi] ***auf j-n / etw. z.*** plötzlich u. schnell zu j-m / etw. laufen: *Voller Panik stürzten die Menschen auf den Ausgang zu*

zu·ta·ge, zu Ta·ge *Adv*; *nur in* **1** ***etw. kommt / tritt z.*** etw. wird sichtbar (od. erkennbar) **2** ***etw. z. bringen / fördern*** etw. (*z.B.* ein Geheimnis, e-n Skandal) der Öffentlichkeit bekannt machen: *Das Gerichtsverfahren brachte die Wahrheit z.*

Zu·tat *die*; *-*, *-en*; *mst Pl*; die Dinge, die man braucht, *bes* um etw. zu kochen, zu backen *o.Ä.*: *die Zutaten für e-n Kuchen abwiegen* || -K: ***Back-***

zu·teil *Adv*; *nur in* ***etw. wird j-m z.*** *geschr*; j-d bekommt etw. Angenehmes: *Ihr wurde e-e besondere Behandlung, ein großes Glück, große Ehre z.*

zu·tei·len (*hat*) [Vt] **1** ***j-m etw. z.*** j-m seinen Teil von etw. geben: *j-m seine Ration z.* **2** ***j-m etw. z.*** (als Vorgesetzte(r) *o.Ä.*) j-m e-e Aufgabe geben || *hierzu* **Zu·tei·lung** *die*

zu·tiefst *Adv*; sehr (intensiv) ≈ äußerst, aufs Tiefste ⟨z. beleidigt, bewegt, gekränkt, gerührt, erschüttert sein; etw. z. bedauern, verabscheuen⟩

zu·tra·gen (*hat*) [Vt] **1** ***etw. trägt j-m etw. zu*** etw. bringt etw. zu j-m (hin): *Der Wind trägt j-m e-n Duft, e-n Geruch, ein Geräusch, Stimmen zu* **2** ***j-m etw. z.*** j-m etw. berichten; [Vr] **3** *mst* ***es trug sich zu, dass …*** *geschr*; verwendet in Märchen *o.Ä.*, um ein besonderes Ereignis einzuleiten: *Nun trug (es) sich zu, dass der König starb u. e-e große Not über das Land hereinbrach* || *zu* **2** **Zu·trä·ger** *der*; *-s*, *-*

zu·träg·lich *Adj*; *nicht adv*, *geschr*; ***j-m / etw. z.*** gut für j-n / etw.: *Das raue Klima war ihm nicht z.* || *hierzu* **Zu·träg·lich·keit** *die*; *nur Sg*

zu·trau·en (*hat*) [Vt] ***j-m / sich etw. z.*** glauben, dass j-d / man selbst fähig ist, etw. (*mst* Schwieriges od. Böses) zu tun: *Traust du ihm so e-e Lüge zu?*; *Er traute ihr nicht zu, das Problem zu lösen*; *Du kannst es schon, du musst es dir nur z.!*

Zu·trau·en *das*; *-s*; *nur Sg*; ***Z.*** (***zu j-m***) die Überzeugung, dass man sich auf j-n verlassen od. j-m trauen kann ≈ Vertrauen ⟨Z. fassen, gewinnen; das Z. verlieren⟩

zu·trau·lich *Adj*; ohne Angst od. Scheu ↔ scheu ⟨Tiere⟩: *Die Katze kam z. zu uns her u. ließ sich streicheln* || *hierzu* **Zu·trau·lich·keit** *die*; *nur Sg*

zu·tref·fen (*hat*) [Vi] **1** ***etw. trifft zu*** etw. ist richtig ≈ etw. stimmt ⟨e-e Annahme, e-e Aussage, e-e Behauptung, ein Vorwurf⟩: *Sein Verdacht erwies sich als zutreffend* **2** ***etw. trifft auf j-n / etw. zu*** etw. gilt für j-n / etw. **3** ***Zutreffendes bitte ankreuzen!*** *Admin geschr*; verwendet auf Formularen *o.Ä.* als Aufforderung, diejenige der aufgeführten Möglichkeiten anzukreuzen, die für einen selbst gilt

zu·trei·ben [Vt] (*hat*) **1** ***j-n / ein Tier auf j-n / etw. z.*** j-n / ein Tier in Richtung zu j-m / etw. hintreiben: *die Kühe auf das Tor z.*; [Vi] (*ist*) **2** ***auf j-n / etw. z.*** in Richtung zu j-m / etw. hintreiben: *Das Boot trieb auf den Wasserfall zu*

zu·tre·ten [Vi] **1** ***auf j-n / etw. z.*** (*ist*) in die Richtung auf etw. / zu j-m hingehen ≈ sich j-m / etw. nähern **2** (*hat*) mit dem Fuß nach j-m / etw. stoßen

Zu·tritt *der*; *nur Sg*; **1** ***Z.*** (***zu etw.***) das Betreten e-s Raumes od. Gebiets ⟨j-m den Z. gewähren, verweigern, verwehren, verbieten⟩: *Z. für Unbefugte verboten!* **2** ***Z.*** (***zu etw.***) (***haben***) die Erlaubnis (haben), etw. zu betreten || NB: ↑ ***Einlass***

Zu·tun *das*; *-s*; *nur Sg*; *mst in* ***ohne j-s Z.*** ohne dass die genannte Person aktiv eingreift ≈ von selbst: *Der Vertrag kam ohne mein Z. zustande*

zu·un·guns·ten, zu Un·guns·ten *Präp*; *mit Gen / Dat*; zum Nachteil von: *e-e Entscheidung z. des Angeklagten* || NB: Gebrauch ↑ *Tabelle unter* ***Präpositionen***

zu·un·terst *Adv*; (nach) ganz unten ↔ zuoberst ⟨z. liegen; etw. z. legen⟩

zu·ver·läs·sig *Adj*; ⟨ein Mensch, ein Freund; ein Auto, ein Gerät *o.Ä.*⟩ so, dass man sich auf ihn / darauf verlassen kann: *Der Motor funktioniert z.* || *hierzu* **Zu·ver·läs·sig·keit** *die*; *nur Sg*

Zu·ver·sicht *die*; *-*; *nur Sg*; der feste Glaube daran, dass etw. Positives geschehen wird ≈ Optimismus ⟨voll(er) Z. sein⟩: *voller Z. e-r Entscheidung entgegensehen* || *hierzu* **zu·ver·sicht·lich** *Adj*; **Zu·ver·sicht·lich·keit** *die*; *nur Sg*

zu·viel ↑ ***zu viel*** || NB: im Rahmen nach ***zu***

Zu·viel *das*; *-s*; *nur Sg*; ***ein Z.*** (***an j-m / etw.***) e-e zu große Menge ≈ Übermaß: *Ein Z. an Schlaf ist auch nicht gut*

zu·vor *Adv*; zeitlich vor etw. anderem ≈ vorher: *Nach der Reparatur klang das Radio schlechter als z.*; *Nie z. gab es hier so wenig Wasser*

zu·vor·derst *Adv*; ganz vorne ⟨z. sitzen, stehen⟩

zu·vor·kom·men; *kam zuvor, ist zuvorgekommen*; [Vi] **1** ***j-m z.*** eher u. schneller als ein anderer handeln (u. sich dadurch e-n Vorteil verschaffen): *Er wollte dieses schöne Grundstück auch kaufen, aber ich bin ihm zuvorgekommen* **2** ***etw.*** (*Dat*) ***z.*** (schnell) handeln, bevor etw. eintritt: *Er ist seiner Entlassung zuvorgekommen, indem er selbst kündigte*

zu·vor·kom·mend **1** *Partizip Präsens*; ↑ ***zuvorkommen*** **2** *Adj*; ***z.*** (***gegen j-n / gegenüber j-m***) höflich u. hilfsbereit ⟨ein Gastgeber, ein Verkäufer; j-n z. bedienen, behandeln⟩

Zu·wachs *der*; *-es*; *nur Sg* ≈ Zunahme ↔ Rückgang: *Der Umsatz hatte letztes Jahr e-n Z. von 3 Prozent* || K-: ***Zuwachs-, -rate*** || -K: ***Bevölkerungs-, Kapital-, Umsatz-, Vermögens-*** || ID ***Z. bekommen / erwarten*** *hum*; ein Kind bekommen / erwarten

zu·wach·sen (*ist*) [Vi] **1** ***etw. wächst zu*** etw. heilt ⟨e-e Wunde⟩ **2** ***etw. wächst zu*** etw. wird durch das Wachsen von Pflanzen verdeckt *o.Ä.* ⟨der Garten, ein Haus, ein Weg⟩

zu·wan·dern (*ist*) [Vi] ***j-d*** (*Kollekt od Pl*) ***wandert zu*** e-e Gruppe von Personen zieht in ein Gebiet, um dort zu leben: *Das Dorf wächst, weil viele Leute aus der Stadt zuwandern* || *hierzu* **Zu·wan·de·rung** *die*

zu·war·ten (*hat*) [Vi] (in Ruhe) warten, bis etw. kommt od. geschieht

zu·we·ge, zu We·ge *Adv*; *nur in* ***etw. z. bringen*** etw. *mst* Schwieriges erreichen ≈ etw. zustande bringen: *e-e Einigung z. bringen*

zu·wei·len *Adv*; *geschr* ≈ manchmal

zu·wei·sen (*hat*) [Vt] ***j-m etw. z.*** offiziell bestimmen, dass j-d etw. bekommen soll ≈ zuteilen ⟨j-m e-e Arbeit, e-e Aufgabe, e-n Platz z.⟩ || *hierzu* **Zu·wei·sung** *die*

zu·wen·den; *wandte / wendete zu, hat zugewandt / zugewendet*; [Vt] **1** ***sich / etw. j-m / etw. z.*** sich / etw. in die Richtung zu j-m / etw. hindrehen ≈ sich / etw. j-m / etw. zukehren ↔ sich / etw. von j-m / etw. abwenden ⟨j-m / etw. das Gesicht, den Rücken z.⟩: *Sie wandte sich ihrem Nachbarn zu u. flüsterte ihm etw. ins Ohr* **2** ***sich / etw. j-m / etw. z.*** seine Konzentration auf j-n / etw. richten: *Sie wendet sich ganz ihrer neuen Aufgabe zu* **3** ***j-m / etw. etw. z.*** j-m / e-m Verein *o.Ä.* Geld (für e-n bestimmten Zweck) geben

Zu·wen·dung *die*; *-, -en*; **1** *nur Sg*; Aufmerksamkeit u. e-e freundliche u. liebevolle Behandlung ⟨viel Z. brauchen⟩ **2** Geld, das man j-m od. e-r Institution schenkt ⟨j-m e-e Z. (in Höhe von ...) machen⟩

zu·we·nig ↑ ***zu wenig*** ||NB: im Rahmen nach ***zu***

Zu·we·nig *das*; *-s*; *nur Sg*; *nur in* ***ein Z.*** (***an j-m / etw.***) e-e zu kleine Zahl od. Menge (von Personen / Sachen) ↔ Zuviel

zu·wer·fen (*hat*) [Vt] **1** ***j-m etw. z.*** etw. so werfen, dass ein anderer es fangen kann: *Wirf mir den Ball zu!* **2** ***etw. z.*** etw. mit Schwung schließen: *In seiner Wut warf er die Tür zu* **3** *mst* ***j-m e-n*** (+ *Adj*) ***Blick z.*** / ***j-m*** (+ *Adj*) ***Blicke z.*** j-n ansehen, um ihm dadurch etw. zu signalisieren: *j-m drohende, freundliche Blicke z.*

zu·wi·der[1] *Adv*; ***j-d / etw. ist j-m z.*** j-d / etw. ruft in j-m starke Abneigung hervor ↔ j-d / etw. ist j-m sympathisch: *Diese Person / Ihre Heuchelei ist mir ganz z.*

zu·wi·der[2] *Präp*; *mit Dat, nachgestellt*; entgegen (e-r Erwartung, e-m Wunsch *o.Ä.*): *der Vernunft z. e-e falsche Entscheidung treffen*

zu·wi·der·han·deln; *handelte zuwider, hat zuwidergehandelt*; [Vi] ***etw.*** (*Dat*) ***z.*** *bes Admin geschr*; gegen e-n Befehl, ein Verbot *o.Ä.* verstoßen: *e-m Gesetz z.* || *hierzu* **Zu·wi·der·han·deln·de** *der / die*; *-n, -n*; **Zu·wi·der·hand·lung** *die*

zu·wi·der·lau·fen; *läuft zuwider, lief zuwider, ist zuwidergelaufen*; [Vi] ***etw. läuft etw.*** (*Dat*) ***zuwider*** etw. entspricht nicht j-s Wünschen, bestimmten Normen *o.Ä.*: *Es läuft seinen eigenen Interessen zuwider, wenn er das Haus verkauft*

zu·win·ken (*hat*) [Vi] ***j-m z.*** j-n aus relativ großer Entfernung durch e-e Bewegung der Hand grüßen

zu·zah·len (*hat*) [Vt/i] (***etw.***) ***z.*** noch etw. (zusätzlich) zahlen: *Für den Intercity müssen Sie vier Euro z.*; *Muss man hier (noch was) z.?*

zu·zei·ten *Adv* ≈ manchmal, zuweilen || NB: aber: *zu Zeiten Goethes*

zu·zie·hen [Vt] (*hat*) **1** ***etw. z.*** etw. schließen, indem man daran zieht ⟨e-n Knoten, e-n Vorhang z.⟩: *e-e Tür hinter sich z.* **2** ***j-n z.*** ≈ hinzuziehen: *e-n Spezialisten zur Beratung z.* **3** ***sich*** (*Dat*) ***etw. z.*** (oft durch eigene Schuld) etw. Unangenehmes bekommen: *sich e-e Grippe z.*; *sich j-s Zorn z.*; [Vi] (*ist*) **4** (**von irgendwoher**) **z.** neu an e-n Ort kommen, um dort zu wohnen: *aus der Stadt z.*; [Vi] (*hat*) **5 der Himmel zieht sich zu / es zieht sich zu** der Himmel wird von Wolken bedeckt || *zu* **2 Zu·zie·hung** *die*; *nur Sg*; *zu* **4 Zu·zug** *der*

zu·züg·lich *Präp*; *mit Gen / Dat*, *geschr*; drückt aus, dass etw. (zu etw. anderem) hinzukommt ≈ mit, plus: *Die Miete z. der Nebenkosten beträgt 900 Euro*; *z. Porto* || NB: Gebrauch ↑ *Tabelle unter* **Präpositionen**

zu·zwin·kern (*hat*) [Vi] **j-m z.** in j-s Richtung zwinkern, *mst* um ihm etw. mitzuteilen: *j-m freundlich z.*

zwa·cken; *zwackte, hat gezwackt*; [Vt] *gespr* ≈ zwicken, kneifen

zwang *Imperfekt, 1. u. 3. Person Sg*; ↑ **zwingen**

Zwang *der*; *-(e)s, Zwän·ge*; **1** der Druck, der durch Androhung od. Anwendung von Gewalt entsteht u. der bewirkt, dass der Betroffene etw. tut, was er nicht tun möchte ⟨Z. auf j-n ausüben; etw. unter Z. (= unfreiwillig) tun⟩ || K-: **Zwangs-, -herrschaft, -mittel 2** ein sehr starker Drang, etw. zu tun, den man mit Vernunft od. Logik nicht kontrollieren kann: *unter e-m inneren Z. handeln* || K-: **Zwangs-, -handlung, -idee, -neurose, -vorstellung 3** *mst Pl*; ein sehr starker Einfluss (der *mst* durch die gesellschaftlichen od. moralischen Normen bestimmt ist): *gesellschaftlichen Zwängen ausgesetzt sein* **4** *mst Pl*; unveränderliche Umstände, die die Handlungsweise bestimmen ⟨wirtschaftliche Zwänge⟩ || K-: **Zwangs-, -lage, -pause**

-zwang *der*; *im Subst, begrenzt produktiv*; verwendet, um auszudrücken, dass etw. durch ein Gesetz, e-e Bestimmung *o.Ä.* vorgeschrieben ist; **Frackzwang, Uniformzwang**; **Impfzwang, Meldezwang, Umtauschzwang, Visumzwang**

zwän·ge *Konjunktiv II, 1. u. 3. Person Sg*; ↑ **zwingen**

zwän·gen; *zwängte, hat gezwängt*; [Vt] **1 etw. irgendwohin z.** etw. mit Mühe in etw. hinein- od. durch etw. hindurchpressen: *noch e-n Pullover in den vollen Koffer z.*; *die Füße in kleine Schuhe z.*; [Vr] **2 sich irgendwohin z.** sich mit Mühe durch e-e enge Öffnung *o.Ä.* drücken: *sich durch ein Loch im Zaun z.*

zwang·haft, *zwanghafter, zwanghaftest-*; *Adj*; ⟨Verhalten⟩ so, dass es durch die Vernunft od. den Willen nicht kontrolliert werden kann: *Sie leidet unter dem zwanghaften Bedürfnis, sich ständig zu waschen*

zwang·los, *zwangloser, zwanglosest-*; *Adj*; **1** natürlich u. locker ≈ ungezwungen ⟨ein Benehmen, ein Gespräch, ein Treffen⟩ **2** nicht streng geplant u. daher nicht regelmäßig ⟨e-e Anordnung, e-e Reihenfolge⟩ || *hierzu* **Zwang·lo·sig·keit** *die*; *nur Sg*

Zwangs- *im Subst, begrenzt produktiv*; verwendet, um auszudrücken, dass etw. durch ein Gesetz *o.Ä.* vorgeschrieben ist; die **Zwangsmaßnahme**, der **Zwangsumtausch**, die **Zwangsversteigerung**

Zwangs·ar·beit *die*; *nur Sg*; e-e Strafe, bei der man unter schlechten Bedingungen schwere körperliche Arbeit leisten muss: *zu zehn Jahren Z. verurteilt werden* || *hierzu* **Zwangs·ar·bei·ter** *der*

Zwangs·er·näh·rung *die*; die (künstliche) Ernährung von j-m, der sich weigert, etw. zu essen

Zwangs·ja·cke *die*; **1** e-e Art Jacke mit sehr langen Ärmeln, die auf dem Rücken zusammengebunden werden, u. die dazu dient, Tobsüchtige unter Kontrolle zu bringen **2 j-m e-e Z. anlegen** j-n in e-e unangenehme Situation bringen, in der er etw. tun muss, was er nicht will

zwangs·läu·fig *Adj*; *nur attr od adv*; so, dass nichts anderes möglich ist ⟨e-e Entwicklung, ein Ergebnis, Folgen⟩: *So leichtsinnig wie er ist, musste er ja z. einmal e-n Unfall haben* || *hierzu* **Zwangs·läu·fig·keit** *die*; *nur Sg*

zwangs·wei·se *Adv*; durch Anwendung von Zwang (1,2) ⟨j-n z. ernähren, umsiedeln; etw. z. räumen⟩

zwan·zig *Zahladj*; **1** (als Zahl) 20; ↑ **Anhang** (4) **2 Anfang, Mitte, Ende z. sein** ungefähr 20 bis 23, 24 bis 26, 27 bis 29 Jahre alt sein

Zwan·zig *die*; *-, -en*; *mst Sg*; **1** die Zahl 20 **2** j-d / etw. mit der Zahl / Nummer 20

zwan·zi·ger *Adj*; *nur attr, indeklinabel, nicht adv*; **1** die zehn Jahre (e-s Jahrhunderts od. Menschenlebens) zwischen 20 und 29 betreffend: *ein Mann in den / seinen Zwanzigern*; *in den z. Jahren dieses Jahrhunderts / in den Zwanzigern* || K-: **Zwanziger-, -jahre 2 die goldenen Zwanziger** die Jahre 1920 bis 1929

Zwan·zi·ger *der*; *-s, -*; *gespr*; **1** j-d, der zwischen 20 u. 29 Jahre alt ist **2** ein (Geld)Schein, der zwanzig Mark, Schilling, Franken *o.Ä.* wert ist || *zu* **1 Zwan·zi·ge·rin** *die*; *-, -nen*

zwan·zigs·t- *Zahladj*; *nur attr, nicht adv*; **1** in e-r Reihenfolge an der Stelle 20 ≈ 20. **2 der zwanzigste Teil** (**von etw.**) ≈ 1/20

zwar *Partikel*; **1** *unbetont*; verwendet bei Feststellungen, bei denen man etw. einräumt od. zugibt u. nach denen ein Nebensatz mit *aber* od. *doch* kommt: *Er war z. krank, aber er ging trotzdem zur Arbeit*; *Ich habe z. wenig Zeit, aber ich helfe dir* (*trotzdem*) **2** *betont*; **und z.** verwendet, um etw. näher zu bestimmen ≈ nämlich: *Wir kaufen e-n Hund, und z. e-n Dackel*

Zweck *der*; *-(e)s, Zwe·cke*; **1** das, was man mit e-r Handlung erreichen will ≈ Ziel ⟨e-n Z. verfolgen, erreichen; etw. hat e-n Z., etw. erfüllt / verfehlt seinen Z., etw. dient e-m Z., zum Zweck der / des …; etw. zu e-m bestimmten Z. tun; etw. für seine Zwecke nutzen⟩: *Der Z. dieser Übung ist, die Muskeln zu stärken*; *Rechtfertigt der Z. alle Mittel?* **2** *oft Pl* ≈ Verwendung, Gebrauch: *ein Gerät für medizinische Zwecke* || -K: (*im Sg*) **Verwendungs-**; (*im Pl*) **Forschungs-, Geschäfts-, Privat-, Reklame-, Unterrichts-, Versuchs- 3** *nur Sg* ≈ Sinn (4): *Es hat keinen Z. mehr, das Radio noch zu reparieren. Es ist schon zu alt*; *Es hat wohl wenig Z., wenn ich noch auf ihn warte* || ID *mst* **Das ist ja** (**gerade**) **der Z. der Übung!** *gespr*; genau das soll damit erreicht werden; **Der Z. heiligt die Mittel** *pej*; verwendet, um auszudrücken, dass auch unfaire Mittel verwendet werden dürfen, um sein Ziel zu erreichen

zweck·be·stimmt *Adj*; so, dass der Zweck im Vordergrund steht ≈ zweckbetont ⟨ein Handeln, ein Verhalten⟩

Zweck·den·ken *das*; *nur Sg*; ein Denken, bei dem alles nur nach seiner Nützlichkeit bewertet wird

zweck·dien·lich *Adj*; für den genannten Zweck nützlich ≈ sachdienlich ⟨Angaben, Hinweise⟩ || *hierzu* **Zweck·dien·lich·keit** *die*; *nur Sg*

Zwe·cke *die*; *-, -n*; *Kurzw* ↑ **Reißzwecke**

zweck·ent·frem·den; *zweckentfremdete, hat zweckentfremdet*; [Vt] **etw. z.** etw. zu e-m anderen als dem ursprünglichen Zweck verwenden: *e-e Garage als Büro z.* || *hierzu* **Zweck·ent·frem·dung** *die*

zweck·ent·spre·chend *Adj*; dem vorgesehenen Zweck entsprechend ⟨etw. z. verwenden⟩

zweck·frei *Adj*; ohne bestimmten Zweck, ohne die Absicht e-r sofortigen Anwendung ⟨Forschung⟩

zweck·fremd *Adj*; für e-n anderen als den ursprünglichen Zweck ⟨e-e Verwendung⟩

zweck·ge·bun·den *Adj*; nur für e-n bestimmten Zweck bestimmt ⟨Gelder⟩

zwẹck·ge·mäß *Adj*; **1** ≈ zweckentsprechend **2** ≈ zweckmäßig
zwẹck·ge·rich·tet *Adj*; mit e-m bestimmten Zweck od. Ziel ⟨Handlungen, Denken⟩
zwẹck·los, *zweckloser, zwecklosest-*; *Adj*; so, dass es keinen Erfolg haben kann ≈ sinnlos, vergeblich: *Es ist z., um Hilfe zu rufen. Hier kann uns keiner hören* || *hierzu* **Zwẹck·lo·sig·keit** *die*; *nur Sg*
zwẹck·mä·ßig *Adj*; für e-n bestimmten Zweck gut geeignet ≈ praktisch ↔ ungeeignet ⟨Kleidung⟩ || *hierzu* **zwẹck·mä·ßi·ger·wei·se** *Adv*; **Zwẹck·mä·ßig·keit** *die*; *nur Sg*
zwẹcks *Präp*; *mit Gen / gespr auch Dat, ohne Artikel*, (*Admin*) *geschr*; zum Zweck (der, des …): *e-e Maßnahme z. größerer Sicherheit* || NB: Gebrauch ↑ *Tabelle unter* ***Präpositionen***
zwẹck·wid·rig *Adj*; zu e-m ganz anderen Zweck als ursprünglich gedacht ⟨e-e Verwendung⟩
zwei *Zahladj*; (als Ziffer) 2; ↑ ***Anhang*** (4) || NB: Gebrauch ↑ *Beispiele unter* ***vier*** || ID ***für z.*** ⟨arbeiten, essen, trinken *o.Ä.*⟩ mehr als üblich, sehr viel arbeiten, essen, trinken *o.Ä.*
Zwei *die*; -, *-en*; **1** die Zahl 2 **2** j-d / etw. mit der Ziffer / Nummer 2 **3** e-e gute (Schul)Note ≈ gut (15) || NB: Gebrauch ↑ *Beispiele unter* ***Vier***
Zwei·bett|zim·mer *das*; ein Zimmer im Hotel od. Krankenhaus mit zwei Betten || NB: ↑ ***Doppelzimmer***
zwei·deu·tig *Adj*; **1** auf zwei Arten zu verstehen, erklärbar ↔ eindeutig ⟨e-e Antwort⟩ **2** mit (versteckten) sexuellen Anspielungen ≈ doppeldeutig ⟨e-e Bemerkung, ein Witz⟩ || *hierzu* **Zwei·deu·tig·keit** *die*
Zwei·drịt·tel|mehr·heit *die*; *Pol*; e-e Mehrheit von zwei Dritteln der Stimmen[2] (2): *Für Satzungsänderungen ist e-e Z. erforderlich*
zwei·ei·ig *Adj*; *nicht adv*; aus zwei (Ei)Zellen entstanden ↔ eineiig ⟨Zwillinge⟩
Zwei·er *der*; *-s, -*; *gespr* ≈ Zwei (1,2,3)
Zwei·er·be·zie·hung *die*; e-e enge Beziehung zwischen zwei Partnern ⟨e-e Z. mit j-m eingehen, aufnehmen⟩
zwei·er·lei *Zahladj*; *indeklinabel*; **1** von unterschiedlicher Art: *z. Strümpfe anhaben* **2** *mst* ***es ist z., ob … oder …*** es sind zwei verschiedene Dinge, ob … oder … || ↑ ***Maß***[1]
Zwei·er·rei·he *die*; e-e Reihe, bei der jeweils zwei Personen / Dinge nebeneinander stehen ⟨sich in Zweierreihen hintereinander aufstellen⟩
Zwei·fa·mi·li·en|haus *das*; ein Haus mit zwei Wohnungen ↔ Einfamilienhaus
Zwei·fel *der*; *-s, -*; **1** ***Z.*** (***an etw.*** (*Dat*)) das Gefühl, dass etw. nicht wahr od. richtig sein könnte ⟨berechtigter, quälender, nicht der geringste / leiseste Z.; e-n Z. hegen, haben; Zweifel kommen j-m, steigen in j-m auf; Z. regt sich bei j-m; über allen / jeden Z. erhaben sein; etw. unterliegt keinem Z.⟩: *An seiner Ehrlichkeit besteht kein Z.*; *Er wurde von Zweifeln geplagt, ob er sich richtig verhalten hatte*; *Mir kommen allmählich* Z. daran, ob *unser Plan durchführbar ist* || NB: ↑ ***Skepsis*** **2** (***sich*** (*Dat*)) ***über etw.*** (*Akk*) ***im Z. sein*** etw. nicht sicher wissen od. noch nicht entschieden haben: *Ich bin mir noch* darüber *im Z.*, ob *ich zu dem Vortrag gehen werde* **3** ***etw. steht außer Z.*** etw. steht sicher fest, ist gewiss **4** ***ohne Z.*** ganz sicher ≈ zweifellos: *Das wird ohne Z. geschehen* **5** ***keinen Z. an etw.*** (*Dat*) ***lassen*** etw. entschieden zum Ausdruck bringen: *Sie ließ keinen* Z. daran, dass *sie ihn nicht mehr sehen wollte* **6** ***j-n über etw.*** (*Akk*) ***im Z. lassen*** j-m etw. nicht erzählen od. deutlich zeigen **7** ***etw. in Z. ziehen*** vermuten od. sagen, dass etw. möglicherweise nicht wahr ist || ID ***im Z. für den Angeklagten*** *oft iron*; verwendet, um auszudrücken, dass e-e Entscheidung gegen den Betroffenen falsch od. zu streng sein könnte u. man sich deshalb lieber für ihn entscheidet
zwei·fel·haft, *zweifelhafter, zweifelhaftest-*; *Adj*; **1** *mst präd*; nicht sicher, noch nicht entschieden: *Es ist z., ob wir den Plan durchführen können*; *Das Ergebnis ist noch z.* **2** ⟨e-e Entscheidung, e-e Lösung⟩ nicht gut u. möglicherweise nicht richtig **3** nicht echt, angenehm od. passend ⟨ein Kompliment, ein Vergnügen⟩ **4** *nur attr, nicht adv*; vermutlich nicht (ganz) legal ≈ fragwürdig, dubios ⟨e-e Herkunft, ein Geschäft⟩
zwei·fel·los *Adv*; ganz sicher ≈ bestimmt, ohne Zweifel: *Das stimmt z.*
zwei·feln; *zweifelte, hat gezweifelt*; [Vi] **1** ***an j-m / etw. z.*** nicht sicher sein, ob man j-m od. an etw. glauben, auf j-n / etw. vertrauen kann: *Ich zweifle nicht* daran, dass *er es ehrlich meint*; *Sie zweifelte am Erfolg seiner Bemühungen* **2** ***an sich*** (*Dat*) ***z.*** an Selbstbewusstsein verlieren, Selbstzweifel haben: *Wenn du etw. erreichen willst, darfst du nicht so viel an dir z.*
Zwei·fels·fall *der*; *mst in* ***im Z.*** wenn nicht sicher ist, wie man sich entscheiden soll: *Im Z. kaufe lieber zu viel als zu wenig!*; *Im Z. rufen Sie mich bitte an!* || ID ***im Z. für den Angeklagten*** ↑ ***Zweifel***
zwei·fels·frei *Adj*; so, dass man keine Zweifel daran haben kann ⟨ein Beweis; etw. ist z. erwiesen⟩
zwei·fels·oh·ne *Adv* ≈ sicher, zweifellos
Zweif·ler *der*; *-s, -*; j-d, der (oft) Zweifel hat || NB: ↑ ***Skeptiker***
zwei·flü·ge·li·g-, **zwei·flüg·li·g-** *Adj*; *nur attr, nicht adv*; mit zwei Flügeln[1] (1,3,5) ⟨ein Gebäude, e-e Tür⟩
Zwei·frọn·ten|krieg *der*; ein Kampf gegen zwei Feinde od. an zwei verschiedenen Seiten
Zweig *der*; *-(e)s, -e*; **1** ein kleiner Ast ⟨ein blühender, grüner, dürrer Z.; e-n Z. abbrechen⟩ || -K: ***Blüten-***, ***Birken-***, ***Buchen-***, ***Eichen-*** *usw* **2** ein relativ selbstständiger Bereich: *ein neuer Z. der Elektroindustrie*; *Zoologie u. Botanik sind Zweige der Biologie* || K-: ***Zweig-***, ***-betrieb***, ***-geschäft***, ***-niederlassung***, ***-werk*** || -K: ***Arbeits-***, ***Forschungs-***, ***Geschäfts-***, ***Gewerbe-***, ***Industrie-***, ***Wirtschafts-*** || ID ***auf keinen grünen Z. kommen*** *gespr*; keinen Erfolg haben ≈ es zu nichts bringen
zwei·ge·teilt *Adj*; *nicht adv*; in zwei (selbstständige) Teile getrennt
zwei·glei·sig *Adj*; mit zwei Gleisen ⟨e-e Bahnlinie⟩ || ID ***z. fahren*** *oft pej*; sich zwei verschiedene Möglichkeiten offen halten u. (parallel) erproben
Zweig·li·nie *die* ≈ Nebenlinie
Zweig·stel·le *die*; e-e Filiale *mst* e-r Bank, e-s Betriebs *o.Ä.*
zwei·hun·dert *Zahladj*; (als Zahl) 200
Zwei·kampf *der*; ein Kampf zwischen zwei Menschen ≈ Duell ⟨j-n zum Z. herausfordern⟩
Zwei·mas·ter *der*; *-s, -*; ein Schiff mit zwei Masten
Zwei·par·tei·en|sys·tem *das*; *Pol*; ein politisches System mit nur zwei großen Parteien
zwei·pha·sig *Adj*; *nicht adv*; **1** mit zwei Phasen ⟨Strom⟩ **2** in zwei Abschnitten ⟨e-e Ausbildung⟩
zwei·po·lig *Adj*; *nicht adv*, *Phys*; mit zwei Polen ⟨ein Magnet⟩
Zwei·rad *das*; ein Fahrzeug mit zwei Rädern (*z.B.* ein Fahrrad, ein Motorrad)
Zwei·rei·her *der*; *-s, -*; ein (Herren)Anzug, dessen Jackett zwei Reihen Knöpfe nebeneinander hat || *hierzu* **zwei·rei·hig** *Adj*
Zwei·sam·keit *die*; *-*; *nur Sg*; *mst in* ***in trauter Z.*** zu zweit, ohne andere Personen, die stören könnten
zwei·schnei·dig *Adj*; *mst attr*; mit Vorteilen, aber

auch mit Nachteilen ⟨e-e Angelegenheit, e-e Sache⟩ || ID ***ein zweischneidiges Schwert*** e-e Sache, die vielleicht Vorteile hat, aber durchaus negative Folgen haben könnte

zwei·sei·tig *Adj*; **1** *nur attr, nicht adv*; zwei Seiten lang ⟨ein Artikel⟩ **2** *nur attr od adv*; zwei Gruppen betreffend ≈ bilateral

zweit *nur in* ***zu z.*** mit zwei Personen, als Paar: *Wir sind zu z.*

zwei·t- *Zahladj*; *nur attr, nicht adv*; in e-r Reihenfolge an der Stelle zwei ≈ 2. || NB: Gebrauch ↑ *Beispiele unter* ***viert-***

zweit- *im Adj, sehr produktiv*; verwendet zusammen mit e-m Superlativ, um auszudrücken, dass j-d / etw. in e-r Reihenfolge an der Stelle 2 steht; ***zweitältest-, zweitbest-, zweitgrößt-, zweithöchst-, zweitlängst-, zweitschönst-***

zwei·tau·send *Zahladj*; (als Zahl) 2000

Zwei·tei·lung *die*; e-e (strikte) Trennung in zwei Teile, oft Hälften: *die Z. e-s Landes*

zwei·tens *Adv*; **1** verwendet bei einer Aufzählung, um anzuzeigen, dass etw. an 2. Stelle kommt **2** als zweiter Punkt

zweit·klas·sig *Adj*; *pej*; nicht gut ≈ mittelmäßig ↔ erstklassig ⟨ein Hotel, ein Künstler⟩

zweit·ran·gig *Adj*; weniger wichtig als andere(s) ≈ sekundär ⟨ein Problem; etw. ist von zweitrangiger Bedeutung⟩

Zweit·schlüs·sel *der* ≈ Ersatzschlüssel, Reserveschlüssel

Zweit·schrift *die* ≈ Kopie (2)

Zweit·stim·me *die*; Ⓓ die Stimme[2] (2) bei e-r Wahl, die man e-r Partei (u. nicht e-m einzelnen Kandidaten) gibt ↔ Erststimme

Zweit·wa·gen *der*; ein zweites Auto (*mst* innerhalb einer Familie)

Zweit·woh·nung *die*; e-e zweite Wohnung, die man *z.B.* am Wochenende od. im Urlaub benutzt

Zwerch·fell *das*; die Muskeln u. Sehnen, die Brust u. Bauch innen voneinander trennen; *Med* Diaphragma

zwerch·fell·er·schüt·ternd *Adj*; *mst attr*; **1** sehr heftig ⟨ein Lachen⟩ **2** sehr komisch ⟨ein Witz⟩

Zwerg *der*; *-(e)s, -e*; **1** e-e Figur aus Märchen od. Sagen, die wie ein ganz kleiner alter Mann mit langem Bart u. spitzer Mütze aussieht ↔ Riese: *das Märchen von Schneewittchen u. den sieben Zwergen* **2** *pej*; ein sehr kleiner Mensch || NB: ↑ ***Liliputaner***

Zwerg- *im Subst, betont, wenig produktiv*; verwendet, um auszudrücken, dass das genannte Tier od. die genannte Pflanze zu e-r Art gehört, die wesentlich kleiner ist als normal; der ***Zwergbaum***, das ***Zwerghuhn***, das ***Zwergkaninchen***, die ***Zwergkiefer***, die ***Zwergmaus***, der ***Zwergpudel***, der ***Zwergstrauch*** || NB: Nicht pejorativ!

zwer·gen·haft *Adj*; *oft pej*; sehr klein ⟨ein Mensch, ein Tier; ein Wuchs⟩

Zwerg·staat *der*; *oft pej*; ein sehr kleines Land

Zwet·sche *die*; *-, -n*; **1** e-e Art kleine, längliche, dunkelblaue Pflaume || ↑ *Abb. unter* ***Obst*** || K-: ***Zwetschen-, -baum, -kern, -kuchen, -mus, -schnaps*** **2** der Baum, der Zwetschen (1) als Früchte trägt

Zwetsch·ge *die*; *-, -n*; *südd* Ⓐ ≈ Zwetsche

Zwi·ckel *der*; *-s, -*; ein Stück Stoff in der Form e-s Dreiecks (od. Vierecks), das man in die Kleidung (*bes* unter dem Arm od. zwischen den Beinen) näht, um sie dort stabiler od. weiter zu machen

zwi·cken; *zwickte, hat gezwickt*; [Vt/i] **1** ***(j-n / sich (irgendwohin)) z.*** ein Stück der Haut zwischen zwei Finger nehmen, kurz daran ziehen u. so drücken, dass es leicht wehtut ≈ kneifen[1] (1): *Er zwickte sie in den Arm*; *Zwick mich, wenn ich einschlafe!* **2** ***etw. zwickt (j-n) (irgendwo)*** ein Kleidungsstück ist an e-r Stelle zu eng ≈ etw. kneift[1] (2): *Die Hose zwickt zwischen den Beinen* **3** ***etw. zwickt (j-n)*** *oft hum*; etw. macht j-m Schmerzen: *Mein Rheuma zwickt (mich) heute wieder*; [Vi] **4** ***j-m irgendwohin z.*** ≈ z. (1): *Sie zwickte ihm in den Arm*

Zwick·müh·le *die*; *mst in* ***in der Z. sein / sitzen*** *gespr*; in e-r unangenehmen od. ausweglosen Situation sein, die in jedem Fall Nachteile mit sich bringt

Zwie·back *der*; *-(e)s, -e / Zwie·bä·cke*; *mst Sg*; e-e Art trockenes, hartes Gebäck (in viereckigen Scheiben), das sehr lange haltbar ist

Zwie·bel *die*; *-, -n*; **1** ein Gemüse mit intensivem Geruch u. Geschmack, das aus vielen Häuten besteht ⟨e-e scharfe, milde Z.; Zwiebeln hacken, (in Ringe / Würfel) schneiden⟩: *Tomatensalat mit Zwiebeln* || ↑ *Abb. unter* ***Gemüse*** || K-: ***Zwiebel-, -kuchen, -ring, -schale, -suppe*** || -K: ***Gemüse-*** **2** e-e Art Z. (1), die man in die Erde steckt u. aus der dann Blumen (wie Tulpen, Narzissen od. Gladiolen) wachsen ≈ Knolle || K-: ***Zwiebel-, -blume, -gewächs*** || -K: ***Blumen-, Tulpen-***

zwie·beln; *zwiebelte, hat gezwiebelt*; [Vt] ***j-n z.*** *gespr* ≈ schikanieren

Zwie·bel·turm *der*; ein Kirchturm *o.Ä.* mit e-m Dach, das die Form e-r Zwiebel hat

Zwie·ge·spräch *das*; *geschr*; e-e Unterhaltung zwischen zwei Personen

Zwie·licht *das*; *nur Sg*; das relativ schwache Licht während der Dämmerung ≈ Dämmerlicht: *etw. im Z. nicht genau erkennen* || ID ***j-d / etw. gerät ins Z.*** j-d / etw. wird mit etw. Illegalem in Verbindung gebracht

zwie·lich·tig *Adj*; ⟨e-e Gegend, ein Lokal; e-e Gestalt⟩ so, dass sie mit illegalen Geschäften *o.Ä.* in Verbindung gebracht werden

Zwie·spalt *der*; *-(e)s, Zwie·späl·te*; *mst Sg*; das Gefühl, sich nicht für eine von zwei Möglichkeiten entscheiden zu können: *im Z. sein, was zu tun ist*

zwie·späl·tig *Adj*; **1** ≈ widersprüchlich ⟨Gefühle⟩ **2** ≈ kontrovers ⟨ein Charakter⟩ || *hierzu* **Zwie·späl·tig·keit** *die*; *nur Sg*

Zwie·spra·che *die*; *nur Sg*; *mst in* ***(stumme) Z. mit j-m halten*** *geschr*; sich (in Gedanken) mit j-m unterhalten

Zwie·tracht *die*; *-*; *nur Sg*, *geschr*; ***Z. unter j-m*** *(Kollekt od Pl)* / ***zwischen*** ⟨Personen (*Dat*)⟩ ein Zustand, in dem die Menschen sich nicht einig sind (u. sich streiten) ⟨Z. säen, stiften⟩: *Unter ihnen herrschte / war Z.*

Zwil·lich *der*; *-s*; *nur Sg*; ein fester, haltbarer Stoff, aus dem man *bes* Kleidung für die Arbeit macht || K-: ***Zwillich-, -hose***

Zwil·ling *der*; *-s, -e*; **1** eines von zwei Kindern einer Mutter, die zur gleichen Zeit geboren worden sind ⟨eineiige, zweieiige Zwillinge⟩ || K-: ***Zwillings-, -bruder, -schwester*** **2** *nur Pl, ohne Artikel*; das Sternzeichen für die Zeit von 21. Mai bis 20. Juni || ↑ *Abb. unter* ***Sternzeichen*** **3** *nur Sg*; j-d, der in der Zeit von 21. Mai bis 20. Juni geboren ist: *Er ist (ein) Z.*

Zwin·ge *die*; *-, -n*; ein Werkzeug, mit dem man Bretter *o.Ä.* fest zusammenpresst || -K: ***Schraub-***

zwin·gen; *zwang, hat gezwungen*; [Vt] **1** ***j-n zu etw. z.*** j-n durch Drohungen, Gewalt *o.Ä.* dazu bringen, etw. Bestimmtes zu tun ≈ nötigen: *Er zwang uns, ihm Geld zu geben* **2** ***etw. zwingt j-n zu etw.*** etw. macht ein bestimmtes Verhalten notwendig: *Der Sturm zwang uns (dazu) umzukehren* **3** ***j-n irgendwohin z.*** j-n gewaltsam an e-n Ort, in e-e bestimmte Position bringen: *j-n zu Boden z.*; [Vr] **4** ***sich zu etw. z.*** streng gegen sich selbst sein u. etw. tun, was man nicht mag: *sich zur Ruhe z.*; *sich z., wach zu bleiben*

zwịn·gend **1** *Partizip Präsens*; ↑ **zwingen** **2** *Adj*; ⟨ein Grund, e-e Notwendigkeit⟩ so, dass sie keine (andere) Wahl lassen **3** *Adj*; ganz überzeugend ⟨ein Argument⟩

Zwịn·ger *der*; *-s, -*; e-e Art großer Käfig für Hunde || -K: **Hunde-**

zwịn·kern; *zwinkerte, hat gezwinkert*; Vi eines od. beide Augen (mehrmals) kurz schließen, *mst* um so j-m etw. zu signalisieren ⟨nervös, freundlich z.; mit dem Auge, mit den Augen z.⟩: *Das war nur ein Scherz von ihm. Hast du nicht gesehen, wie er gezwinkert hat?* || NB: ↑ **blinzeln**

zwịr·beln; *zwirbelte, hat gezwirbelt*; Vt **etw. z.** etw. (schnell) zwischen den Fingern drehen ⟨e-e Haarsträhne, seinen Schnurrbart z.⟩

Zwịrn *der*; *-(e)s*; *nur Sg*; festes Garn zum Nähen, das aus mehreren Fäden gedreht ist || ↑ *Abb. unter* **nähen**

zwị·schen *Präp*; **1 z. j-m / etw. u. j-m / etw.** verwendet, um auszudrücken, dass j-d / etw. sich innerhalb e-s Raums befindet, der von zwei Personen / Seiten *o.Ä.* markiert ist: *e-e Nadel z. Daumen u. Zeigefinger halten*; *Sie saß z. ihrem Mann (auf der rechten Seite) u. ihrem Sohn (auf der linken Seite)* || ↑ *Abb. unter* **Präpositionen** || K-: **Zwischen-, -blatt, -boden, -decke, -geschoss, -glied, -mauer, -schicht, -stück, -teil, -tür, -vorhang, -wand** **2** *mit Dat*; von einem Punkt od. Ort zum anderen: *Der Abstand z. den Autos verringerte sich* **3** *mit Dat*; (an e-r Stelle) innerhalb e-r Gruppe od. Menge ≈ inmitten, unter: *Der Ausweis war z. den Papieren in der Schublade*; *Erkennst du ihn auf dem Foto z. all seinen Schulkameraden?* **4 z. etw.** (*Dat*) **u. etw.** (*Dat*) innerhalb der genannten Zeitpunkte: *Wir lernten uns z. Ostern u. Pfingsten kennen*; *Er hat irgendwann z. dem 1. u. 15. Mai Geburtstag* **5 z. etw.** (*Dat*) **u. etw.** (*Dat*) innerhalb der genannten Begrenzungen od. (Grenz)Werte: *Temperaturen z. zehn u. fünfzehn Grad*; *Preise z. zwanzig u. dreißig Euro* **6** *mit Dat*; verwendet, um e-e wechselseitige Beziehung auszudrücken: *das Vertrauen z. alten Freunden*; *Herrscht noch immer Streit z. dir u. ihm?* **7** *mit Dat*; verwendet, um Gegensätze aufeinander zu beziehen: *Man muss z. Gut u. Böse unterscheiden können*; *Er schwankte z. Hoffnung u. Verzweiflung* **8** *mit Akk*; verwendet, um auszudrücken, dass sich j-d / etw. auf e-e Stelle hinbewegt, die an beiden Seiten (von Personen od. Gegenständen) begrenzt ist: *e-n Faden z. die Finger nehmen*; *Das Auto z. zwei andere parken* || ↑ *Abb. unter* **Präpositionen** **9** *mit Akk*; in e-e Gruppe, Menge hinein ≈ unter[1] (7): *Die Polizisten in Zivil mischten sich z. die Demonstranten* **10** *mit Akk*; in e-n Zeitraum hinein, der innerhalb der genannten Zeitpunkte liegt: *den Urlaub z. Ende Januar u. Mitte Februar legen*

Zwị·schen- *im Subst, betont, sehr produktiv*; **1** drückt aus, dass dieses Ergebnis nur vorläufig gilt; die **Zwischenabrechnung**, der **Zwischenbericht**, der **Zwischenbescheid**, die **Zwischenbilanz**, das **Zwischenergebnis**, die **Zwischenprüfung**, die **Zwischenrechnung** **2** drückt aus, dass etw. nur kurzfristig od. provisorisch gilt; das **Zwischenlager**, die **Zwischenlösung**, die **Zwischenregelung** **3** drückt aus, dass etw. e-e Unterbrechung e-r Handlung ist (*mst* zu e-m bestimmten Zweck); der **Zwischenaufenthalt**, der **Zwischenhalt**, die **Zwischenpause**

Zwị·schen·be·mer·kung *die*; e-e Bemerkung, mit der man j-n unterbricht (während er spricht) ≈ Einwurf: *Gestatten Sie mir e-e kurze Z.?*

Zwị·schen·ding *das*; *gespr*; **ein Z.** (**zwischen etw.** (*Dat*) **u. etw.** (*Dat*)) etw., das weder ganz das eine noch ganz das andere ist

zwi·schen·dre̲i̲n *Adv*; **1** ≈ dazwischen: *Die Eltern lagen im Bett u. das Kind legte sich z.* **2** ≈ zwischendurch (1)

zwi·schen·drị̲n *Adv*; *gespr*; **1** ≈ dazwischen: *Die Papiere waren in der Schublade, sein Ausweis z.* **2** ≈ zwischendurch (1): *z. e-e Pause machen*

zwị·schen·durch *Adv*; **1** zu einem od. mehreren Zeitpunkten während e-s Zeitraums od. e-s anderen Vorgangs ≈ zwischendrein, zwischendrin: *Sie arbeiteten von acht bis fünfzehn Uhr u. machten z. nur eine kurze Pause zum Essen*; *Während das Gulasch kocht, muss man z. mehrmals umrühren* **2** ≈ hier u. da, stellenweise: *Auf dem Beet wachsen Rosen u. Tulpen, z. auch ein paar Narzissen*

Zwị·schen·fall *der*; **1** ein plötzliches, *mst* unangenehmes Ereignis (*mst* während e-s anderen Vorgangs) ⟨ein bedauerlicher, peinlicher Z.⟩ **2** *mst Pl* ≈ Unruhen ⟨etw. verläuft ohne Zwischenfälle⟩: *Kam es während der Demonstration zu Zwischenfällen?*

Zwị·schen·fra·ge *die*; e-e Frage, mit der man j-n unterbricht: *Erlauben Sie mir e-e Z.?*

Zwị·schen·grö·ße *die*; (bei Schuhen, Kleidern) e-e Größe, die zwischen den normalen Größen liegt

Zwị·schen·händ·ler *der*; ein Händler, der die Produkte von e-m Hersteller an die vielen einzelnen Händler weiterverkauft, die sie dann in ihren Läden anbieten || *hierzu* **Zwị·schen·han·del** *der*

Zwị·schen·hoch *das*; *Meteorologie*; ein Hoch, das zwischen zwei Tiefs nur kurze Zeit wirksam ist

Zwị·schen·la·ger *das*; ein Raum od. ein Ort, in / an dem etw. e-e Zeit lang gelagert wird ⟨ein Z. für atomaren Abfall⟩ || *hierzu* **Zwị·schen·la·ge·rung** *die*; **zwị·schen·la·gern** (*hat*) *Vt*

zwị·schen·lan·den; *landete zwischen, ist zwischengelandet*; Vi (**irgendwo**) **z.** bei e-m langen Flug unterwegs einmal landen (*z.B.* damit das Flugzeug aufgetankt werden kann): *auf dem Flug nach New York in London z.* || *hierzu* **Zwị·schen·lan·dung** *die*

Zwị·schen·lauf *der*; *Sport*; ein Wettlauf, in dem die Läufer, die sich in den Vorläufen durchgesetzt haben, versuchen, sich für den Endlauf zu qualifizieren

Zwị·schen|mahl·zeit *die*; e-e kleine Mahlzeit am Vormittag od. Nachmittag ≈ Imbiss

zwị·schen·mensch·li·ch- *Adj*; *nur attr, nicht adv*; zwischen einzelnen Menschen, von Mensch zu Mensch ⟨Beziehungen, Kontakte, Probleme⟩

Zwị·schen·raum *der*; **1 ein Z.** (**zwischen etw.** (*Pl*) / **zwischen etw.** (*Dat*) **u. etw.** (*Dat*)) der freie Raum zwischen zwei Dingen: *e-n großen Z. zwischen den Zeilen lassen* **2 ein Z.** (**zwischen etw.** (*Pl*) / **zwischen etw.** (*Dat*) **u. etw.** (*Dat*)) die Distanz zwischen zwei Dingen: *Der Z. zwischen dem ersten u. dem zweiten Auto wurde immer kleiner*

zwi·schen·re̲i̲n *Adv*; *gespr* ≈ zwischendrein

Zwị·schen·ruf *der*; e-e relativ laute Bemerkung, mit der man j-n bei e-r Rede unterbricht || *hierzu* **Zwị·schen·ru·fer** *der*; *-s, -*

Zwị·schen·spiel *das*; **1** ein kleines Stück, das e-e Aufführung *o.Ä.* unterbricht **2** ein relativ unbedeutender Vorgang ≈ Episode

Zwị·schen·zeit *die*; **1 in der Z.** in der Zeit zwischen zwei Zeitpunkten od. Ereignissen ≈ inzwischen, währenddessen **2** *Sport*; die Zeit, die ein Sportler für den ersten Teil e-r (Renn)Strecke braucht ⟨e-e gute, schlechte Z. haben, fahren, laufen⟩

zwị·schen·zeit·lich *Adj*; *Admin geschr*; in der Zeit, die seit e-m bestimmten Zeitpunkt vergangen ist

Zwi·schen·zeug·nis *das*; **1** ein (Schul)Zeugnis, das es nach der ersten Hälfte des Schuljahres gibt **2** ein Zeugnis (2), das ein Arbeiter od. Angestellter vom Arbeitgeber (als Beweis seiner bisherigen Leistungen) bekommen kann, ohne dass er erst kündigen muss

Zwist *der*; *-(e)s, -e*; *geschr*; ein kleiner Streit ⟨e-n Z. mit j-m haben; e-n Z. begraben⟩

Zwis·tig·kei·ten *die*; *Pl*, *geschr* ≈ Streitigkeiten

zwit·schern; *zwitscherte, hat gezwitschert*; Vt/i ***ein Vogel zwitschert* (etw.)** ein Vogel singt: *Die Lerche zwitscherte ihr Lied* || ID ***einen z.*** *gespr*; Alkohol trinken

Zwit·ter *der*; *-s, -*; ein Mensch, ein Tier od. e-e Pflanze, die zugleich männlich und weiblich sind; *Med, Biol* Hermaphrodit

zwo *Zahladj*; *gespr* ≈ zwei || NB: *zwo* wird *bes* am Telefon für „zwei" verwendet, damit der andere es nicht (aus Versehen) mit „*drei*" verwechselt

zwölf *Zahladj*; (als Zahl) 12; ↑ ***Anhang*** (4) || NB: Gebrauch ↑ *Beispiele unter* **vier** || ID ***Es ist kurz / fünf vor z.*** es ist schon fast zu spät, um etw. Schlimmes zu verhindern

Zwölf *die*; *-, -en*; **1** die Zahl 12 **2** j-d / etw. mit der Ziffer / Nummer 12

Zwölf·fin·ger|darm *der*; der erste Teil des Dünndarms nach dem Magen

zwölft *nur in* **zu z.** mit insgesamt zwölf Personen: *Wir sind zu z.*; *zu z. am Tisch sitzen*

zwölf·t- *Zahladj*; *nur attr, nicht adv*; **1** in e-r Reihenfolge an der Stelle 12 ≈ 12. || NB: Gebrauch ↑ *Beispiele unter* **viert-** **2** ***der zwölfte Teil* (von etw.)** ≈ 1/12

zwölf·tel *Adj*; *nur attr, indeklinabel, nicht adv*; den zwölften Teil von etw. bildend ≈ 1/12

Zwölf·tel *das*; *-s, -*; der 12. Teil von etw., *mst* e-r Menge od. Masse

zwölf·tens *Adv*; verwendet bei e-r Aufzählung, um anzuzeigen, dass etw. an 12. Stelle kommt

zwo·t- *Zahladj*; *gespr* ≈ zweit- || ↑ *NB unter* **zwo**

zwo·tens *Adv*; *gespr* ≈ zweitens || ↑ *NB unter* **zwo**

Zy·an·ka·li [tsy̆-] *das*; *-s*; *nur Sg*; ein starkes Gift (aus Blausäure)

Zyk·len ['tsyːklən, 'tsʏk-] *Pl*; ↑ ***Zyklus***

zyk·lisch ['tsyːklɪʃ, 'tsʏk-] *Adj*; *mst in* ***etw. verläuft z.*** etw. (*z.B.* e-e Krankheit, e-e Krise) ist in bestimmten Abständen da u. dann wieder verschwunden, etw. nimmt zu u. dann wieder ab

Zyk·lon [tsy-] *der*; *-s, -e*; ein heftiger (Wirbel)Sturm in den Tropen

Zyk·lop [tsy-] *der*; *-en, -en*; (in der griechischen Mythologie) ein Riese mit nur einem Auge in der Mitte der Stirn || NB: *der Zyklop*; *den, dem, des Zyklopen*

Zyk·lus ['tsyː-] *der*; *-, Zyk·len*; **1** *geschr*; etw., das sich regelmäßig wiederholt ≈ Kreislauf (3) ⟨etw. unterliegt e-m Z., etw. läuft in e-m Z. ab⟩: *der Z. der Jahreszeiten* **2** e-e Reihe von Werken e-s Künstlers od. von Veranstaltungen, die inhaltlich zusammenhängen || -K: ***Bilder-, Lieder-*** **3** *Med*; die Zeit vom ersten Tag der Menstruation (e-r Frau) bis zur nächsten Menstruation ⟨e-n (un)regelmäßigen, kurzen, langen Z. haben⟩ || -K: ***Menstruations-, Monats-***

Zy·lin·der [tsi'lɪndɐ, tsy-] *der*; *-s, -*; **1** *Geometrie*; ein Körper (3) in Form e-s Rohrs *o.Ä.*, das an beiden Enden geschlossen ist || ↑ *Abb. unter* ***geometrische Figuren*** **2** e-e Art Rohr, in dem sich (bei Benzinmotoren *o.Ä.*) ein Kolben auf u. ab bewegt: *ein Motor mit vier Zylindern* || K-: ***Zylinder-, -block*** **3** ein steifer, *mst* schwarzer Hut für Männer, der oben wie ein breites Rohr aussieht ⟨Frack u. Z. tragen⟩: *Der Zauberer zog ein Kaninchen aus dem Z.* || K-: ***Zylinder-, -hut*** || *zu* **1 zy·lind·risch** *Adj*

Zy·ni·ker ['tsyː-] *der*; *-s, -*; j-d, der die Schwächen u. Probleme der Menschen u. Situationen (spöttisch) kritisiert (od. ausnützt), ohne die Gefühle anderer Leute zu schonen || *hierzu* **zy·nisch** *Adj*

Zy·nis·mus [tsy-] *der*; *-, Zy·nis·men*; **1** *nur Sg*; die Einstellung od. die Art e-s Zynikers: *j-n voller Z. ansehen* **2** *mst Pl*; e-e Bemerkung e-s Zynikers: *e-e Rede voller Zynismen*

Zyp·res·se [tsy-] *die*; *-, -n*; ein hoher schmaler (Nadel)Baum (*bes* in den Mittelmeerländern), dessen Nadeln wie Schuppen übereinander liegen || K-: ***Zypressen-, -hain, -holz***

Zys·te ['tsʏ-] *die*; *-, -n*; *Med*; e-e kranke Stelle im Gewebe von Lebewesen, die mit Flüssigkeit gefüllt ist

Anhang 1: Land / Gebiet / Region – Einwohner – Adjektiv

Land / Gebiet / Region	**Einwohner**	**Adjektiv**
Abchasien	Abchasier, -in	abchasisch
Afghanistan	Afghane, Afghanin	afghanisch
Afrika	Afrikaner, -in	afrikanisch
Ägypten	Ägypter, -in	ägyptisch
Albanien	Albaner, -in	albanisch
Algerien	Algerier, -in	algerisch
Amerika	Amerikaner, -in	amerikanisch
Andalusien	Andalusier, -in	andalusisch
Andorra	Andorraner, -in	andorranisch
Angola	Angolaner, -in	angolanisch
Arabien	Araber, -in	arabisch
Argentinien	Argentinier, -in	argentinisch
Armenien	Armenier, -in	armenisch
Aserbaidschan	Aserbaidschaner, -in	aserbaidschanisch
Asien	Asiat, Asiatin	asiatisch
Äthiopien	Äthiopier, -in	äthiopisch
Australien	Australier, -in	australisch
Baden	Badener, -in	badisch
das Baltikum	Balte, Baltin	baltisch
Bangladesch	Bangladescher, -in	bangladeschisch
Bayern	Bayer, -in	bay(e)risch
Belgien	Belgier, -in	belgisch
Birma; (CH) Burma	Birmane, Birmanin; (CH) Burmese, Burmesin	birmanisch; (CH) burmesisch
Böhmen	Böhme, Böhmin	böhmisch
Bolivien	Bolivianer, -in	bolivianisch
Bosnien	Bosnier, -in	bosnisch
Brandenburg	Brandenburger, -in	brandenburgisch
Brasilien	Brasilianer, -in	brasilianisch
die Bretagne	Bretone, Bretonin	bretonisch
Bulgarien	Bulgare, Bulgarin	bulgarisch
Burgund	Burgunder, -in	burgundisch
Chile	Chilene, Chilenin	chilenisch
China	Chinese, Chinesin	chinesisch
Costa Rica	Costa-Ricaner, -in	costa-ricanisch
Côte d'Ivoire (Elfenbeinküste)	Ivorer, -in	ivorisch
Dänemark	Däne, Dänin	dänisch
(*die* Bundesrepublik) Deutschland	Deutsche(r), Deutsche	deutsch
die Dominikanische Republik	Dominikaner, -in	dominikanisch
Ecuador	Ecuadorianer, -in	ecuadorianisch
El Salvador	Salvadorianer, -in	salvadorianisch
das Elsass	Elsässer, -in	elsässisch
England	Engländer, -in	englisch
Estland	Este, Estin / Estländer, -in	estnisch / estländisch
Europa	Europäer, -in	europäisch
Finnland	Finne, Finnin	finnisch
Flandern	Flame, Flämin	flämisch
Franken	Franke, Fränkin	fränkisch
Frankreich	Franzose, Französin	französisch
Friesland	Friese, Friesin	friesisch
Gemeinschaft Unabhängiger Staaten (GUS)	Einwohner(in) der GUS	
Georgien	Georgier, -in	georgisch
Ghana	Ghanaer, -in	ghanaisch
Griechenland	Grieche, Griechin	griechisch
Großbritannien	Brite, Britin	britisch
Grönland	Grönländer, -in	grönländisch
Guatemala	Guatemalteke, Guatemaltekin	guatemaltekisch
Guinea	Guineer, -in	guineisch
Haiti	Haitianer, -in	haitianisch / haitisch
Hawaii	Hawaiianer, -in	hawaiisch
Herzegowina	Herzegowiner, -in	herzegowinisch
Hessen	Hesse, Hessin	hessisch
Holland	Holländer, -in	holländisch
Holstein	Holsteiner, -in	holsteinisch

Land / Gebiet / Region	Einwohner	Adjektiv
Indien	Inder, -in	indisch
Indonesien	Indonesier, -in	indonesisch
(*der*) Irak	Iraker, -in	irakisch
(*der*) Iran	Iraner, -in	iranisch
Irland	Ire, Irin	irisch
Island	Isländer, -in	isländisch
Israel	Israeli	israelisch
Italien	Italiener, -in	italienisch
Japan	Japaner, -in	japanisch
(*der*) Jemen	Jemenit, -in	jemenitisch
Jordanien	Jordanier, -in	jordanisch
Jugoslawien	Jugoslawe, Jugoslawin	jugoslawisch
Kambodscha	Kambodschaner, -in	kambodschanisch
Kamerun	Kameruner, -in	kamerunisch
Kanada	Kanadier, -in	kanadisch
die Kanarischen Inseln, Kanaren	Kanarier, -in	kanarisch
Kasachstan	Kasache, Kasachin	kasachisch
Kastilien	Kastilier, -in	kastilisch
Katalonien	Katalane, Katalanin	katalanisch
Kenia	Kenianer, -in	kenianisch
Kirgisistan / Kirgisien	Kirgise, Kirgisin	kirgisisch
Kolumbien	Kolumbianer, -in	kolumbianisch
(*der*) Kongo	Kongolese, Kongolesin	kongolesisch
Korea	Koreaner, -in	koreanisch
Korsika	Korse, Korsin	korsisch
Kreta	Kreter, -in	kretisch
Kroatien	Kroate, Kroatin	kroatisch
Kuba	Kubaner, -in	kubanisch
Kurdistan	Kurde, Kurdin	kurdisch
Laos	Laote, Laotin	laotisch
Lappland	Lappe, Lappin / Lappländer, -in	lappländisch
Lettland	Lette, Lettin	lettisch
(*der*) Libanon	Libanese, Libanesin	libanesisch
Libyen	Libyer, -in	libysch
Liechtenstein	Liechtensteiner, -in	liechtensteinisch
Litauen	Litauer, -in	litauisch
Lothringen	Lothringer, -in	Lothringer / lothringisch
Luxemburg	Luxemburger, -in	Luxemburger / luxemburgisch
Madagaskar	Madagasse, Madagassin	madagassisch
Mähren	Mähre, Mährin	mährisch
Makedonien	Makedonier, -in	makedonisch
Malaysia	Malaysier, -in	malaysisch
Malta	Malteser, -in	maltesisch
die Mandschurei	Mandschure, Mandschurin	mandschurisch
Marokko	Marokkaner, -in	marokkanisch
Mauretanien	Mauretanier, -in	mauretanisch
Mazedonien	Mazedonier, -in	mazedonisch
Mecklenburg	Mecklenburger, -in	mecklenburgisch
Mexiko	Mexikaner, -in	mexikanisch
Moldau	Moldauer, -in	moldauisch
Monaco	Monegasse, Monegassin	monegassisch
die Mongolei	Mongole, Mongolin	mongolisch
Montenegro	Montenegriner, -in	montenegrisch
Mosambik	Mosambikaner, -in	mosambikanisch
Myanmar	Myanmare, Myanmarin	myanmarisch
Namibia	Namibier, -in	namibisch
Nepal	Nepalese, Nepalesin	nepalesisch
Neuseeland	Neuseeländer, -in	neuseeländisch
Nicaragua	Nicaraguaner, -in	nicaraguanisch
die Niederlande	Niederländer, -in	niederländisch
Niedersachsen	Niedersachse, -sächsin	niedersächsisch
Niger	Nigrer, Nigrerin	nigrisch
Nigeria	Nigerianer, -in	nigerianisch
Nordkorea	Nordkoreaner, -in	nordkoreanisch
die Normandie	Normanne, Normannin	normannisch
Norwegen	Norweger, -in	norwegisch
die Oberpfalz	Oberpfälzer, -in	Oberpfälzer / oberpfälzisch
Österreich	Österreicher, -in	österreichisch

Land / Gebiet / Region	Einwohner	Adjektiv
Pakistan	Pakistaner, -in / Pakistani	pakistanisch
Palästina	Palästinenser, -in	palästinensisch / palästinisch
Panama	Panamaer, -in	panamaisch
Paraguay	Paraguayer, -in	paraguayisch
Persien	Perser, -in	persisch
Peru	Peruaner, -in	peruanisch
die Pfalz (Rheinland)	Pfälzer, -in / (Rheinpfälzer, -in)	pfälzisch / (rheinpfälzisch)
die Philippinen	Philippiner, -in	philippinisch
Polen	Pole, Polin	polnisch
Pommern	Pommer, -in	pommersch
Portugal	Portugiese, Portugiesin	portugiesisch
Preußen *hist*	Preuße, Preußin	preußisch
die Provence	Provenzale, Provenzalin	provenzalisch
Rheinland	Rheinländer, -in	rheinländisch
Rumänien	Rumäne, Rumänin	rumänisch
Russland	Russe, Russin	russisch
Saarland	Saarländer, -in	saarländisch
Sachsen	Sachse, Sächsin	sächsisch
Sardinien	Sarde, Sardin / Sardinier, -in	sardi(ni)sch
Saudi-Arabien	Saudi / Saudi-Araber, -in	saudi-arabisch
Schlesien	Schlesier, -in	schlesisch
Schleswig	Schleswiger, -in	schleswig(i)sch
Schottland	Schotte, Schottin	schottisch
Schwaben	Schwabe, Schwäbin	schwäbisch
Schweden	Schwede, Schwedin	schwedisch
die Schweiz	Schweizer, -in	schweizerisch / Schweizer
(*der*) Senegal	Senegalese, Senegalesin	senegalesisch
Serbien	Serbe, Serbin	serbisch
Sibirien	Sibir(i)er, -in	sibirisch
Siebenbürgen	Siebenbürger, -in	Siebenbürger
Singapur	Singapurer, -in	singapurisch
Sizilien	Sizilianer, -in	sizilianisch
Skandinavien	Skandinavier, -in	skandinavisch
die Slowakische Republik (SR) / *die* Slowakei	Slowake, Slowakin	slowakisch
Slowenien	Slowene, Slowenin	slowenisch
Somalia	Somali / Somalier, -in	somalisch
die Sowjetunion (UdSSR) *hist*	Sowjetbürger, -in *hist*	sowjetisch *hist*
Spanien	Spanier, -in	spanisch
Sri Lanka	Sri-Lanker, -in	sri-lankisch
Südafrika	Südafrikaner, -in	südafrikanisch
(*der*) Sudan	Sudanese, Sudanesin	sudanesisch
Südkorea	Südkoreaner, -in	südkoreanisch
Südtirol	Südtiroler, -in	Südtiroler
Syrien	Syrer, -in	syrisch
Tadschikistan	Tadschike, Tadschikin	tadschikisch
Taiwan	Taiwaner, -in	taiwanisch
Tansania	Tansanier, -in	tansanisch
Thailand	Thai / Thailänder, -in	thailändisch
Thüringen	Thüringer, -in	thüringisch
Tibet	Tibeter, -in / Tibetaner, -in	tibetisch / tibetanisch
die Tschechische Republik (ČR) / Tschechien	Tscheche, Tschechin	tschechisch
die Tschechoslowakei (ČSFR) *hist*	Tschechoslowake, -kin *hist*	tschechoslowakisch *hist*
Tunesien	Tunesier, -in	tunesisch
die Türkei	Türke, Türkin	türkisch
Turkmenistan / Turkmenien	Turkmene, Turkmenin	turkmenisch
Uganda	Ugander, -in	ugandisch
die Ukraine	Ukrainer, -in	ukrainisch
Ungarn	Ungar, -in	ungarisch
Uruguay	Uruguayer, -in	uruguayisch
Usbekistan	Usbeke, Usbekin	usbekisch
Venezuela	Venezolaner, -in	venezolanisch
die Vereinigten Arabischen Emirate	Araber, -in	arabisch
die Vereinigten Staaten (von Amerika) (USA)	Amerikaner, -in / US-Bürger, -in	(US-)amerikanisch
Vietnam	Vietnamese, Vietnamesin	vietnamesisch
Wales	Waliser, -in	walisisch
Weißrussland	Weißrusse, Weißrussin	weißrussisch

Land / Gebiet / Region	Einwohner	Adjektiv
Westfalen	Westfale, Westfälin	westfälisch
Württemberg	Württemberger, -in	württembergisch
Zaire	Zairer, -in	zairisch
Zypern	Zypriot, -in / Zyprer, -in	zypriotisch / zyprisch

NB: Die meisten Gebiets- und Ländernamen sind im Deutschen Neutra und werden in der Regel ohne Artikel gebraucht, *z. B. Frankreich, Deutschland, Italien* (Ausnahme *z. B.*: *das Frankreich Napoleons* = Frankreich zur Zeit Napoleons).
Bei denjenigen Namen, die immer mit dem Artikel verwendet werden, wird dieser in der Liste auch immer angegeben, *z. B. die* Schweiz, *das* Elsass.
Bei Ländernamen ohne Artikel verwendet man die Präpositionen *in* (bei Inseln *auf*) auf die Frage *wo?* bzw. *nach* auf die Frage *wohin?*: *Ich lebe in England / auf Kreta*; *Ich fahre oft nach Spanien.*
Bei Ländernamen mit Artikel wird auf die Frage *wo?* bzw. *wohin?* nur *in* gebraucht: *Sie lebt in der Schweiz*; *Er fährt oft in die Türkei.*

Anhang 2: Stadt – Einwohner

Stadt	Einwohner
Aachen	Aachener, -in
Amsterdam	Amsterdamer, -in
Athen	Athener, -in
Bagdad	Bagdader, -in
Basel	Basler, -in
Beirut	Beiruter, -in
Belgrad	Belgrader, -in
Berlin	Berliner, -in
Bern	Berner, -in
Bonn	Bonner, -in
Bozen	Bozener, -in
Brüssel	Brüsseler, -in
Budapest	Budapester, -in
Bukarest	Bukarester, -in
Damaskus	Damaszener, -in
Den Haag	Den-Haager, -in / Den Haager, -in
Dresden	Dresd(e)ner, -in
Dublin	Dubliner, -in
Edinburg(h)	Edinburg(h)er, -in
Florenz	Florentiner, -in
Frankfurt	Frankfurter, -in
Genf	Genfer, -in
Hamburg	Hamburger, -in
Kairo	Kairoer, -in
Kapstadt	Kapstädter, -in
Kiew	Kiewer, -in
Köln	Kölner, -in
Kopenhagen	Kopenhagener, -in
Leipzig	Leipziger, -in
Lissabon	Lissaboner, -in
London	Londoner, -in
Lüttich	Lütticher, -in
Madrid	Madrider, -in
Mailand	Mailänder, -in
Moskau	Moskauer, -in
München	Münchner, -in
Neapel	Neapolitaner, -in
New York	New-Yorker, -in / New Yorker, -in
Nürnberg	Nürnberger, -in
Oslo	Osloer, -in
Paris	Pariser, -in
Peking	Pekinger, -in
Petersburg	Petersburger, -in
Prag	Prager, -in
Rom	Römer, -in
Rostock	Rostocker, -in
Stockholm	Stockholmer, -in
Straßburg	Straßburger, -in
Stuttgart	Stuttgarter, -in
Teheran	Teheraner, -in
Tokio	Tokioer, -in / Tokioter, -in
Venedig	Venezianer, -in
Warschau	Warschauer, -in
Washington	Washingtoner, -in
Wien	Wiener, -in
Zürich	Zür(i)cher, -in

NB: Soweit Bezeichnungen wie *Römer*, *Mailänder* usw. nicht üblich sind, sagt man *Einwohner*(*in*) *von* + Städtename (*Einwohner*(*in*) *von Sofia*, *Ankara*, *Tel Aviv*, *Istanbul* usw.).
Bei Städten im deutschsprachigen Gebiet wird in der Regel *-er*(*in*) an den Städtenamen angefügt, um den jeweiligen Einwohner zu bezeichnen: *Innsbruck* → *Innsbrucker*(*in*), *Dortmund* → *Dortmunder*(*in*), *Luzern* → *Luzerner*(*in*).

Anhang 3: Bundesländer und Kantone

Deutschland: Bundesländer

Baden-Württemberg
Bayern
Berlin
Brandenburg
Bremen
Hamburg
Hessen
Mecklenburg-Vorpommern
Niedersachsen
Nordrhein-Westfalen
Rheinland-Pfalz
Saarland
Sachsen
Sachsen-Anhalt
Schleswig-Holstein
Thüringen

Österreich: Bundesländer

Burgenland
Kärnten
Niederösterreich
Oberösterreich
Salzburg
Steiermark
Tirol
Vorarlberg
Wien

Schweiz: Kantone
(In Klammern: zugehörige Halbkantone)

Aargau
Appenzell (Inner-Rhoden; Außer-Rhoden)
Basel
Bern
Freiburg
Genf
Glarus
Graubünden
Jura
Luzern
Neuenburg
Sankt Gallen
Schaffhausen
Schwyz
Solothurn
Tessin
Thurgau
Unterwalden (Obwalden; Nidwalden)
Uri
Waadt
Wallis
Zug
Zürich

Anhang 4: Zahlen

Zahlen		
Grundzahlen		Ordnungszahlen
1	eins, ein	(der, die, das) erste
2	zwei	(der, die, das) zweite
3	drei	(der, die, das) dritte
4	vier	(der, die, das) vierte
5	fünf	(der, die, das) fünfte
6	sechs	(der, die, das) sechste
7	sieben	(der, die, das) siebte
8	acht	(der, die, das) achte
9	neun	(der, die, das) neunte
10	zehn	(der, die, das) zehnte
11	elf	(der, die, das) elfte
12	zwölf	(der, die, das) zwölfte
13	dreizehn	(der, die, das) dreizehnte
14	vierzehn	(der, die, das) vierzehnte
15	fünfzehn	(der, die, das) fünfzehnte
16	sechzehn	(der, die, das) sechzehnte
17	siebzehn	(der, die, das) siebzehnte
18	achtzehn	(der, die, das) achtzehnte
19	neunzehn	(der, die, das) neunzehnte
20	zwanzig	(der, die, das) zwanzigste
21	einundzwanzig	(der, die, das) einundzwanzigste
22	zweiundzwanzig	(der, die, das) zweiundzwanzigste
23	dreiundzwanzig	(der, die, das) dreiundzwanzigste
24	vierundzwanzig	(der, die, das) vierundzwanzigste
25	fünfundzwanzig	(der, die, das) fünfundzwanzigste
26	sechsundzwanzig	(der, die, das) sechsundzwanzigste
27	siebenundzwanzig	(der, die, das) siebenundzwanzigste
28	achtundzwanzig	(der, die, das) achtundzwanzigste
29	neunundzwanzig	(der, die, das) neunundzwanzigste
30	dreißig	(der, die, das) dreißigste
40	vierzig	(der, die, das) vierzigste
50	fünfzig	(der, die, das) fünfzigste
60	sechzig	(der, die, das) sechzigste
70	siebzig	(der, die, das) siebzigste
80	achtzig	(der, die, das) achtzigste
90	neunzig	(der, die, das) neunzigste
100	(ein)hundert	(der, die, das) (ein)hundertste
101	(ein)hunderteins	(der, die, das) hunderterste
102	(ein)hundertzwei	(der, die, das) hundertzweite
200	zweihundert	(der, die, das) zweihundertste
300	dreihundert	(der, die, das) dreihundertste
1 000	(ein)tausend	(der, die, das) (ein)tausendste
2 000	zweitausend	(der, die, das) zweitausendste
10 000	zehntausend	(der, die, das) zehntausendste
20 000	zwanzigtausend	(der, die, das) zwanzigtausendste
100 000	(ein)hunderttausend	(der, die, das) hunderttausendste
1 000 000	eine Million	(der, die, das) millionste
1 000 000 000	eine Milliarde	(der, die, das) milliardste

Anhang 5: Die wichtigsten unregelmäßigen Verben

Die wichtigsten unregelmäßigen Verben

Infinitiv	*Präsens (3. Person Sg)*	*Präteritum (3. Person Sg)*	*Perfekt (3. Person Sg)*
backen	bäckt / backt	backte	hat gebacken
bedürfen	bedarf	bedurfte	hat bedurft
befehlen	befiehlt	befahl	hat befohlen
beginnen	beginnt	begann	hat begonnen
beißen	beißt	biss	hat gebissen
bergen	birgt	barg	hat geborgen
bersten	birst	barst	ist geborsten
betrügen	betrügt	betrog	hat betrogen
bewegen*	bewegt	bewog	hat bewogen
biegen	biegt	bog	hat / ist gebogen
bieten	bietet	bot	hat geboten
binden	bindet	band	hat gebunden
bitten	bittet	bat	hat gebeten
blasen	bläst	blies	hat geblasen
bleiben	bleibt	blieb	ist geblieben
braten	brät	briet	hat gebraten
brechen	bricht	brach	hat / ist gebrochen
brennen	brennt	brannte	hat gebrannt
bringen	bringt	brachte	hat gebracht
denken	denkt	dachte	hat gedacht
dreschen	drischt	drosch	hat gedroschen
dringen	dringt	drang	ist gedrungen
dürfen	darf	durfte	hat gedurft
empfangen	empfängt	empfing	hat empfangen
empfehlen	empfiehlt	empfahl	hat empfohlen
empfinden	empfindet	empfand	hat empfunden
erklimmen	erklimmt	erklomm	hat erklommen
erlöschen	erlischt	erlosch	ist erloschen
erschallen	erschallt	erscholl	ist erschollen
erschrecken*	erschrickt	erschrak	ist erschrocken
erwägen	erwägt	erwog	hat erwogen
essen	isst	aß	hat gegessen
fahren	fährt	fuhr	hat / ist gefahren
fallen	fällt	fiel	ist gefallen
fangen	fängt	fing	hat gefangen
fechten	ficht	focht	hat gefochten
finden	findet	fand	hat gefunden
flechten	flicht	flocht	hat geflochten
fliegen	fliegt	flog	hat / ist geflogen
fliehen	flieht	floh	ist geflohen
fließen	fließt	floss	ist geflossen
fressen	frisst	fraß	hat gefressen
frieren	friert	fror	hat gefroren
gären	gärt	gärte / (gor)	hat / ist gegoren
gebären	gebärt	gebar	hat geboren
geben	gibt	gab	hat gegeben
gedeihen	gedeiht	gedieh	ist gediehen
gehen	geht	ging	ist gegangen
gelingen	gelingt	gelang	ist gelungen
gelten	gilt	galt	hat gegolten
genesen	genest	genas	ist genesen
genießen	genießt	genoss	hat genossen
geraten	gerät	geriet	ist geraten
geschehen	geschieht	geschah	ist geschehen
gewinnen	gewinnt	gewann	hat gewonnen
gießen	gießt	goss	hat gegossen
gleichen	gleicht	glich	hat geglichen
gleiten	gleitet	glitt	ist geglitten
glimmen	glimmt	glomm / glimmte	hat geglommen / geglimmt
graben	gräbt	grub	hat gegraben
greifen	greift	griff	hat gegriffen

* Hier gibt es auch eine regelmäßige Form. Vgl. dazu das jeweilige Stichwort im Hauptteil.

Die wichtigsten unregelmäßigen Verben			
Infinitiv	*Präsens (3. Person Sg)*	*Präteritum (3. Person Sg)*	*Perfekt (3. Person Sg)*
haben	hat	hatte	hat gehabt
halten	hält	hielt	hat gehalten
hängen*	hängt	hing	hat gehangen
hauen	haut	haute / (hieb)	hat gehauen
heben	hebt	hob	hat gehoben
heißen	heißt	hieß	hat geheißen
helfen	hilft	half	hat geholfen
kennen	kennt	kannte	hat gekannt
klingen	klingt	klang	hat geklungen
kneifen	kneift	kniff	hat gekniffen
kommen	kommt	kam	ist gekommen
können	kann	konnte	hat gekonnt
kriechen	kriecht	kroch	ist gekrochen
laden	lädt	lud	hat geladen
lassen	lässt	ließ	hat gelassen
laufen	läuft	lief	ist gelaufen
leiden	leidet	litt	hat gelitten
leihen	leiht	lieh	hat geliehen
lesen	liest	las	hat gelesen
liegen	liegt	lag	hat gelegen
lügen	lügt	log	hat gelogen
mahlen	mahlt	mahlte	hat gemahlen
meiden	meidet	mied	hat gemieden
melken	milkt / melkt	melkte / (molk)	hat gemelkt / gemolken
messen	misst	maß	hat gemessen
misslingen	misslingt	misslang	ist misslungen
mögen	mag	mochte	hat gemocht
müssen	muss	musste	hat gemusst
nehmen	nimmt	nahm	hat genommen
nennen	nennt	nannte	hat genannt
pfeifen	pfeift	pfiff	hat gepfiffen
preisen	preist	pries	hat gepriesen
quellen	quillt	quoll	ist gequollen
raten	rät	riet	hat geraten
reiben	reibt	rieb	hat gerieben
reißen	reißt	riss	hat / ist gerissen
reiten	reitet	ritt	hat / ist geritten
rennen	rennt	rannte	ist gerannt
riechen	riecht	roch	hat gerochen
ringen	ringt	rang	hat gerungen
rinnen	rinnt	rann	ist geronnen
rufen	ruft	rief	hat gerufen
salzen	salzt	salzte	hat gesalzen
saufen	säuft	soff	hat gesoffen
saugen	saugt	sog / saugte	hat gesogen / gesaugt
schaffen	schafft	schuf	hat geschaffen
scheiden	scheidet	schied	hat / ist geschieden
scheinen	scheint	schien	hat geschienen
schelten	schilt	schalt	hat gescholten
schieben	schiebt	schob	hat geschoben
schießen	schießt	schoss	hat / ist geschossen
schinden	schindet	schindete	hat geschunden
schlafen	schläft	schlief	hat geschlafen
schlagen	schlägt	schlug	hat geschlagen
schleichen	schleicht	schlich	ist geschlichen
schleifen*	schleift	schliff	hat geschliffen
schließen	schließt	schloss	hat geschlossen
schlingen	schlingt	schlang	hat geschlungen
schmeißen	schmeißt	schmiss	hat geschmissen
schmelzen	schmilzt	schmolz	ist geschmolzen
schneiden	schneidet	schnitt	hat geschnitten
schreiben	schreibt	schrieb	hat geschrieben
schreien	schreit	schrie	hat geschrien
schreiten	schreitet	schritt	ist geschritten
schweigen	schweigt	schwieg	hat geschwiegen
schwellen	schwillt	schwoll	ist geschwollen
schwimmen	schwimmt	schwamm	hat / ist geschwommen

Die wichtigsten unregelmäßigen Verben			
Infinitiv	*Präsens (3. Person Sg)*	*Präteritum (3. Person Sg)*	*Perfekt (3. Person Sg)*
schwinden	schwindet	schwand	ist geschwunden
schwingen	schwingt	schwang	hat geschwungen
schwören	schwört	schwor	hat geschworen
sehen	sieht	sah	hat gesehen
sein	ist	war	ist gewesen
senden	sendet	sandte / sendete	hat gesandt / gesendet
singen	singt	sang	hat gesungen
sinken	sinkt	sank	ist gesunken
sinnen	sinnt	sann	hat gesonnen
sitzen	sitzt	saß	hat gesessen
sollen	soll	sollte	hat gesollt
spalten	spaltet	spaltete	hat gespalten
speien	speit	spie	hat gespien
spinnen	spinnt	spann	hat gesponnen
sprechen	spricht	sprach	hat gesprochen
sprießen	sprießt	spross	ist gesprossen
springen	springt	sprang	ist gesprungen
stechen	sticht	stach	hat gestochen
stecken	steckt	steckte / (stak)	hat gesteckt
stehen	steht	stand	hat gestanden
stehlen	stiehlt	stahl	hat gestohlen
steigen	steigt	stieg	ist gestiegen
sterben	stirbt	starb	ist gestorben
stinken	stinkt	stank	hat gestunken
stoßen	stößt	stieß	hat / ist gestoßen
streichen	streicht	strich	hat gestrichen
streiten	streitet	stritt	hat gestritten
tragen	trägt	trug	hat getragen
treffen	trifft	traf	hat getroffen
treiben	treibt	trieb	hat getrieben
treten	tritt	trat	hat / ist getreten
trinken	trinkt	trank	hat getrunken
trügen	trügt	trog	hat getrogen
tun	tut	tat	hat getan
verderben	verdirbt	verdarb	hat / ist verdorben
verdrießen	verdrießt	verdross	hat verdrossen
vergessen	vergisst	vergaß	hat vergessen
verlieren	verliert	verlor	hat verloren
verlöschen	verlischt	verlosch	ist verloschen
verzeihen	verzeiht	verzieh	hat verziehen
wachsen	wächst	wuchs	ist gewachsen
wägen	wägt	wog	hat gewogen
waschen	wäscht	wusch	hat gewaschen
weben	webt	wob	hat gewoben
weichen	weicht	wich	ist gewichen
weisen	weist	wies	hat gewiesen
wenden	wendet	wandte / wendete	hat gewandt / gewendet
werben	wirbt	warb	hat geworben
werden	wird	wurde	ist geworden
werfen	wirft	warf	hat geworfen
wiegen	wiegt	wog	hat gewogen
winden	windet	wand	hat gewunden
wissen	weiß	wusste	hat gewusst
wollen	will	wollte	hat gewollt
ziehen	zieht	zog	hat / ist gezogen
zwingen	zwingt	zwang	hat gezwungen

Anhang 6: Info-Fenster und Tabellen

Sprache und Grammatik

Landeskunde

Quellennachweis (Illustrationen)

Eva Gleifenstein, München: 9, 70, 79, 94, 102, 105, 116, 173, 195 (rechts), 210, 221, 276, 290, 304, 342 (Feder[3]), 357 (links), 363, 384, 411, 466 (oben), 468, 470, 477, 488, 525, 575 (links), 587, 653, 673, 674, 675, 722 (oben: Stecknadel, Sicherheitsnadel), 723 (oben), 723 (unten), 724, 751, 769, 780, 785 (links), 785 (rechts oben), 789, 810, 816, 822, 831, 837, 850, 855, 859, 869, 870, 874, 875, 877 (unten), 892, 907, 910, 911, 921, 923, 929 (rechts), 933, 939, 948, 955, 960, 965, 966, 968, 972, 976, 989, 996, 1017, 1018, 1025 (links), 1034, 1037, 1039, 1056, 1074, 1090, 1096, 1118, 1154, 1161, 1162, 1176, 1186 (oben), 1186 (unten), 1200, 1201, 1210, 1213

Herbert Horn, München: 27, 29, 30, 33, 131, 139, 146, 159, 185, 187, 191, 195 (links), 197, 204, 206, 248, 267, 333, 336, 346, 352, 357 (rechts), 362, 379, 381, 385, 387, 391, 415, 421, 433 (rechts), 437, 439, 447, 461, 517, 523, 531, 550, 554, 558, 559, 562, 569, 572, 575 (rechts), 577, 582, 585, 603, 605, 606, 630, 646, 655, 656, 667, 672 (links), 672 (rechts), 686, 706, 768, 779, 797, 893, 895, 901, 949, 950, 978, 994, 998, 1025 (rechts), 1214 (unten)

Brockhaus Enzyklopädie in zwanzig Bänden, 17., völlig neu bearbeitete Auflage des Großen Brockhaus, 24. Band: Bildwörterbuch der deutschen Sprache, Wiesbaden: F. A. Brockhaus, 1976: 722 (oben: Nähnadel), 785 (rechts unten)

DUDEN-Langenscheidt, Deutscher Wortschatz – deutsch erklärt, bearb. von P. Grebe et al., Lizenzausgabe von „Schülerduden, Bedeutungswörterbuch", Mannheim: Bibliographisches Institut AG, 1970: 341, 1174

DUDEN-Langenscheidt, Deutsches Lernwörterbuch, hg. und bearb. von W. Müller et al., Lizenzausgabe von „Schülerduden, Bedeutungswörterbuch", 2. Auflage, Mannheim: Bibliographisches Institut, 1986: 118, 174, 180, 240, 331, 342 (Feder[1], Feder[2]), 360, 389, 433 (links), 466 (unten), 670, 722 (unten), 873, 877 (oben), 887, 929 (links), 990, 1156, 1185, 1214 (oben)